Wörterbuch
Deutsch als Fremdsprache

Wörterbuch
Deutsch als Fremdsprache

von
Günter Kempcke

unter Mitarbeit von
Barbara Seelig, Birgit Wolf,
Elke Tellenbach
und
Edelgard Dückert, Margot Richter, Vera de Ruiter,
Renate Schmidt, Karl Wunsch

Walter de Gruyter · Berlin · New York
2000

Wissenschaftlich-technische Mitarbeit: Ursula Scholz
Zeichnungen: Karl-Heinz Wieland

∞ Gedruckt auf säurefreiem Papier,
das die US-ANSI-Norm über Haltbarkeit erfüllt

Die Deutsche Bibliothek − CIP-Einheitsaufnahme

Kempcke, Günter:
Wörterbuch Deutsch als Fremdsprache / von Günter Kempcke.
Unter Mitarb. von Barbara Seelig .... − Berlin ; New York : de
Gruyter, 2000
    ISBN 3-11-016407-8 brosch.
    ISBN 3-11-014639-8 Gb.

Einbandgestaltung: Christopher Schneider, Berlin
Satz: Arthur Collignon GmbH, Berlin
Druck und buchbinderische Verarbeitung: Kösel GmbH & Co., Kempten

Inhaltsübersicht

Vorwort

Den in England und Frankreich als ‚Lernerwörterbuch' geführten sprachlichen Nachschlagewerken ließ sich in Deutschland lange Zeit nichts Vergleichbares an die Seite stellen. Die verfügbaren großen Gesamtwörterbücher der deutschen Sprache wandten sich in erster Linie an Muttersprachler, deren Kenntnis der deutschen Sprache sie bei der Benutzung des Wörterbuchs voraussetzen konnten. Sie verzichteten daher weitgehend auf Ausspracheangaben und auf detaillierte Hinweise zum grammatischen Gebrauch der Stichwörter: die Gebrauchsregeln bei Konjunktionen, Präpositionen, Partikeln und Satzadverbien wurden weitgehend vernachlässigt und Verben nicht entsprechend ihrer Valenz durch das syntaktische Gebrauchsmuster dargestellt.

Der ausländische Deutsch lernende Benutzer dieser Wörterbücher musste sich daher in seiner Kompetenz überfordert fühlen, denn ein spezifischer Informationsbedarf konnte durch diesen Wörterbuchtyp nur bedingt befriedigt werden.

Es galt also, ein benutzerspezifisches Wörterbuch zu entwickeln, das den Anforderungen des Faches ‚Deutsch als Fremdsprache' gerecht würde. Unsere Ermittlungen ergaben, dass der Deutsch lernende Benutzer in erster Linie an grammatischen Informationen, an Bedeutungswissen, an Idiomatik, an Hinweisen zum stilistischen Gebrauch eines Wortes und nicht zuletzt an einer konsequenten Aussprachedarstellung interessiert ist. Seine mangelnde Normkenntnis erstreckt sich auf alle Ebenen des Wortes, den graphischen Bereich, den semantischen, grammatischen und stilistischen, und seine mangelnde Systemkenntnis behindert ihn in seinem Streben nach Wortschatzerweiterung. Das Wörterbuch hätte somit beidem gerecht zu werden, der detaillierten Darstellung des Wortgebrauchs und seiner Regelhaftigkeit sowie der Hinführung vom Einzelwort zum System. Das „de Gruyter Wörterbuch Deutsch als Fremdsprache" ist vor allem als Wörterbuch zur Sprachproduktion gedacht, doch kann es natürlich auch im Rahmen seines Wortschatzausschnitts für die Sprachrezeption verwendet werden.

Man darf davon ausgehen, dass der Deutsch Lernende zunächst als Schlüssel zur Zielsprache ein zweisprachiges Wörterbuch benutzt, dass aber das zweisprachige Wörterbuch in der Darstellung der Normen in der Zielsprache unter den Erwartungen bleibt und auch der Wortschatzvermittlung mittels der Systemdarstellung kaum genügen kann. Hier mag das einsprachige benutzerspezifische Lernerwörterbuch eine ideale Ergänzung bilden, wenn es die Informationsdaten in einer für den Benutzer nachvollziehbaren Form anbietet. Dabei hat die Stichwortauswahl zu berücksichtigen, dass der Lernende zunächst mit einem Grundwissen ausgerüstet ist und so viel Wortschatz benötigt, wie er für die alltägliche Kommunikation braucht, dass aber dieser Wortschatzausschnitt − etwa 17 000 bis 20 000 Stichwörter mit ihren Bedeutungen − in seiner ganzen Breite und mit allen seinen Regularitäten dargestellt werden muss. Die Mitarbeiter dieses Wörterbuchs waren bis zu vier Jahrzehnten lexikographisch auf dem Gebiet der Gegenwartssprache tätig und konnten ihre langjährigen Erfahrungen in die Entwicklung dieses neuen Wörterbuchtyps einbringen.

Der Universität Potsdam ist zu danken, dass dieses Werk unter ihrer Schirmherr-
schaft fortgesetzt und beendet werden konnte. Prof. Dr. Peter Eisenberg danken wir
für seine fördernden Ratschläge.

Wir wünschen uns, dass das Werk für alle, die beim Erlernen der deutschen Sprache
Rat und Hilfe benötigen und für jene, die Deutsch lehren, ein verlässliches Nachschla-
gewerk wird. Für Hinweise und weiterführende Kritik sind wir dankbar.

Günter Kempcke

Erläuterungen zur Konzeption des Wörterbuchs

Für die benutzerspezifische Ausrichtung waren bei der Erarbeitung der Konzeption bestimmte Schwerpunkte zu setzen:

1. Der **Wortschatzausschnitt** war auf die Bedürfnisse von Lernenden zuzuschneiden. Daher wurden die Stammwörter mit den wichtigsten Ableitungen ausgewählt, Komposita nur insoweit, als sie in ihrer Bedeutung nicht transparent sind und zugleich im Alltag häufig vorkommen. Fachwortschatz und stark regional eingeschränkter Wortschatz mussten weitgehend ausgeklammert werden, dgl. Veraltetes oder Veraltendes. Der so ausgewählte Wortschatz mit einem Umfang von ca. 20 000 Stichwörtern wurde mit seinen wichtigsten, in der Alltagskommunikation am häufigsten vertretenen Bedeutungen dargestellt. Die Bedeutungen wurden nach folgender Gewichtung gegliedert: das Allgemeine rangiert vor dem Besonderen, so wie das stilistisch Neutrale vor dem Umgangssprachlichen und Fachsprachlichen. Die Stichwörter sind streng alphabetisch geordnet. Umgelautetes rangiert hinter Nicht-Umgelautetem (*atzen* − *ätzen*), bei gleich lautenden Wörtern rangiert Kleingeschriebenes vor Großgeschriebenem (*abseits* − *Abseits*).

2. Die schriftliche Form der Stichwörter, die **Orthographie**, wurde nach den Festlegungen der jüngst beschlossenen Orthographiereform ausgerichtet, so dass das Werk auch den neuesten Stand der Rechtschreibregeln repräsentiert. Als Grundlagen dafür dienten Bertelsmann: *Die neue deutsche Rechtschreibung* (1996) und Duden: *Die deutsche Rechtschreibung* (21. Aufl., 1996).

Ist neben der neuen Schreibweise auch die alte Form noch gültig, so wird jeweils von der Nebenform auf die heutige Hauptform verwiesen. Die Nebenform wird dort als: /auch … (Alternativform) berücksichtigt. Ist die alte Form jedoch nicht mehr zugelassen, wird, um die Auffindbarkeit zu erleichtern, von dieser auf die heute gültige Schreibung verwiesen (z. B. *Gemse, die:* ↗ *Gämse*).

Ehemals zusammengeschriebene Verbkomposita (Verb + Verb od. Adj./Adv. + Verb) haben wir, wenn sie heute getrennt werden, als Distanzformen an alphabetischer Stelle belassen. Sie erhalten jedoch dann keine Aussprache- und Wortartangabe und keine Wortfamilienzuweisung, da sie nicht mehr als Komposita (als Einwortlexeme) definiert werden können.

3. Jedes Stichwort ist mit einer Lautumschrift versehen; die **Ausspracheangabe** umfasst den Lautwert und den Akzent eines Stichworts. Wir haben uns hinsichtlich der Lautumschrift am neuesten internationalen Standard orientiert, um den Lernenden, die Muttersprachler ganz unterschiedlicher Provenienz sein können, den Zugang zu erleichtern. Aus Gründen der Raumersparnis verzichten wir jedoch auf Angaben, wenn diese sich bei gleich lautenden Stichwörtern wiederholen.

4. Die Beschreibung der Inhaltsseite, die **Bedeutungserklärung**, ist neben der Darstellung der grammatischen Gebrauchsbedingungen das Hauptanliegen dieses Wörterbuchs. Sie ist die schwierigste Aufgabe, da sie das Wort als Einzelnes beschreibt und zugleich seinen Platz in einer Reihe vergleichbarer Wörter bestimmt. Sie ist schwierig, weil sie mit sprachlichen Mitteln erfolgt, die wiederum Objekt der Beschreibung sind, so dass sich Bedeutungsbeschreibungen im Kreise bewegen können. Wir haben uns daher bemüht, die Bedeutungsbeschreibungen so anzulegen, dass sie für den Benutzer und sein begrenztes sprachliches Bedeutungswissen nachvollziehbar sind: wir haben darauf geachtet, dass die in der Bedeutungsbeschreibung verwendeten sprachlichen Mittel selbst Teil des ausgewählten Wortschatzes sind − und ist das verwendete Wort oder die Bedeutungserklärung durch ein Synonym mehrdeutig, so haben wir es mit seiner Bedeutungsziffer versehen, damit der Benutzer an alphabetischer Stelle die entsprechende Bedeutung nachschlagen kann; jedes Stichwort, jede Bedeutung ist mit einer Bedeutungserklärung versehen. Das undefinierte, abgeleitete und einfach beigefügte Stichwort − eine in Wörterbüchern für Muttersprachler viel geübte Praxis − findet sich in diesem Wörterbuch nicht.

Die Bedeutungserklärung kann unterschiedliche Formen haben:
− *die Form der Umschreibung − die Paraphrase,*
− *die Form der Bedeutungserklärung mit Hilfe eines Synonyms,*
− *die Kombination Umschreibung + Synonym, Antonym,*
− *die Form eines Kommentars,*
− *die Kombination Umschreibung + Kommentar.*

Ist eine Bedeutung nur mit Hilfe eines Synonyms erklärt, so steht dieses stellvertretend für eine Bedeutungserklärung, die beim entsprechenden Stichwort an alphabetischer Stelle, beim Grundsynonym, aufgeführt wird. Voraussetzung für Synonymangaben ist die weitgehende Austauschbarkeit im Kontext. Wir haben uns bemüht, dem Benutzer die Grenzen der Austauschbarkeit zu verdeutlichen, indem wir begrenzt substituierbare Synonyme in die entsprechenden Kontextbeispiele integriert haben. Stilistisch begrenzte Lexeme werden meist durch das neutrale Synonym, das Grundsynonym der Reihe, erklärt − das Grundsynonym der Reihe wird jedoch mit einer umschreibenden Bedeutungserklärung versehen; ihr werden die durch SYN bzw. ANT gekennzeichneten Synonyme und Antonyme beigefügt. Dieses Gefüge ermöglicht dem Benutzer, vom Einzelwort zu den Bedeutungsgleichen od. -ähnlichen vorzudringen. Es ermöglicht ihm, vom Einzelwort ausgehend, seinen Wortschatz zu erweitern. Antonyme werden jedoch nicht wie Synonyme als selbständige Bedeutungserklärung verwendet, da der Umweg über den Gegensatz dem Benutzer nur bedingt bei der Identifikation des Wortinhalts behilflich sein kann.

Die Form des Kommentars wird meist in der Kombination mit einer Paraphrase verwendet. Sie dient dazu, situative Gebrauchsweisen zu verdeutlichen. Diese Kommentare stehen in Schrägstrichen.

Schließlich finden sich Bedeutungshinweise in Merke-Kommentaren (MERKE): Immer dann, wenn es uns darauf ankam, Bedeutungsunterschiede zu verdeutlichen, die den Rahmen einer Bedeutungserklärung gesprengt hätten, sind wir auf erzählende Erklärungsformen ausgewichen, die sich am Ende eines Wortartikels unter MERKE finden.

Der Anschaulichkeit wegen und zur Erleichterung der Identifikation der außersprachlichen Fakten, die durch die Bedeutungserklärung beschrieben werden, sind dem Wörterbuch im Bereich der Realien 500 Abbildungen beigegeben. Vom Stichwort wird auf Bilder (↗ BILD) oder Bildtafeln (↗ TABL …) verwiesen. Sie ersparen bei der Bedeutungserklärung umständliche enzyklopädische Sachbeschreibungen.

5. Dem Ziel, den Benutzer auf die Beziehungen der Wörter untereinander hinzuweisen, damit er seinen Wortschatz erweitern kann, dienen in diesem Wörterbuch neben Synonymen und Antonymen auch **Wortbildungsmuster, Wortfamilien** und **Wortfelder**.

In einer Auswahl werden wichtige, heute produktive **Wortbildungsmittel** vorgestellt, ihre Bedeutung und die Elemente, mit denen sie sich verbinden. Dabei wird auf Komposita-Artikel dieses Typs im Wörterbuch verwiesen. Diese Wortbildungsmuster ermöglichen es dem Benutzer, ähnliche, nicht im Wörterbuch verzeichnete Bildungen zu interpretieren (vgl. TAFEL XV). Die traditionell als **Wortfamilien** bezeichneten Wortschatzbeziehungen bieten eine verlässliche Darstellungsform für Systembeziehungen, die sich aus einem Kernwort entwickelt haben; sie umfassen ein Netz von Ableitungen und Komposita, die sich um ein Kernwort gruppieren lassen. Als Kernwort wurde das Stichwort ausgewählt, das als Basis für die Entwicklung der Wortfamilie angesehen werden kann. Die Wortfamilie hat sich im Laufe der Sprachgeschichte entwickelt, und manche Beziehungen sind für den sprachhistorisch ungeschulten Benutzer überhaupt nicht mehr nachvollziehbar. Wir haben daher nur die Elemente zu einem Netz zusammengestellt, die der heutige Sprecher mit seiner gegenwartssprachlichen Kompetenz als zusammengehörig nachvollziehen kann. Dabei wurden auch Stichwörter mit einbezogen, die durch die Orthographiereform in ihrer Schreibung scheinbar verwandten Wörtern angeglichen wurden, wie z. B. *verbläuen* (verbleuen) od. *belämmert* (belemmert). Wenn nötig, werden die Glieder eines Wortnetzes nach Bedeutungen geordnet.

Wir haben die Wortnetze als ein geschlossenes System dargestellt: jedes Stichwort wurde − soweit nachvollziehbar − auf ein Wort reduziert, das das Zentrum, den Kern, bildet und der Kernwort-Wörterbuchartikel umfasst in einer Art Register alle darauf beziehbaren Wörter. Durch die Zusammenordnung dieser alphabetisch mitunter weit auseinander liegenden Stichwörter werden dem Benutzer Zusammenhänge verdeutlicht, die ihm beim Nachschlagen des einzelnen Wortes sonst verschlossen blieben. Den deutschen Wörterbüchern der Gegenwart ist wiederholt zu Recht der Vorwurf der „onomasiologischen Blindheit" gemacht worden. Wenngleich das **Wortfeld** keine so verlässliche Größe wie die Wortfamilie od. das Wortnetz darstellt und die Gliederungen von Wortfeldern ganz unterschiedlich gehandhabt werden − sie sind in unserem Bewusstsein niemals in ihrer Gänze einheitlich gespeichert − bieten Wortfelder sachliche und semantische Nachbarschaft, die dem Benutzer weitere Möglichkeiten der Systemzusammenhänge eröffnet. Wir haben daher in einem Anhang über 80 Wortfelder aus den Stichwörtern dieses Wörterbuchs zusammengestellt.

Wortfeldzusammenhänge werden auch in den Wörterbuchartikeln selbst durch *vgl.* − Verweise verdeutlicht.

Die Summe aller dieser Systemdarstellungen scheint uns die Gewähr dafür zu bieten, dass der Benutzer, vom Einzelwort ausgehend, seinen Wortschatz erweitern und das Einzelwort in allen seinen Bezügen begreifen kann.

6. Bedeutungen und Bedeutungsbeziehungen bilden die inhaltliche Komponente dieses Wörterbuchs. Mit der Bedeutung verbunden sind die stilistischen Gebrauchsnormen der Wörter. Sie beruhen auf sozialen und situativen Voraussetzungen, die sich im Laufe der Zeit als normativ herausgebildet haben. Gegen diese Normen zu verstoßen, könnte zu Missverständnissen in der Kommunikation führen.

Wir unterscheiden **Stilebenen** und **Stilfärbungen** und gehen dabei von einem groben Raster aus, wohl wissend, dass die so genannten Stilebenen kein geschlossenes hierarchisches System bilden, und dass die durchschnittliche Bewertung von vielen Faktoren abhängt, vom Sprecher und Hörer, vom Textvorkommen und vom durchschnittlichen situativen Gebrauch − nicht zuletzt vom schriftlichen oder mündlichen Gebrauch.

Wir unterscheiden neben der neutralen (nicht bezeichneten) Ebene eine *gehobene*, feierlich anmutende Ebene, deren Wörter vorwiegend dem schriftlichen Ausdruck dienen und eine *umgangssprachliche* Ebene, deren Wörter vorwiegend in der mündlichen Kommunikation verwendet werden und eine legere Haltung des Sprechers ausdrücken.

Wörter der Gossensprache werden durch *derb* charakterisiert. In Verbindung mit den genannten Stilebenen werden Stilfärbungen charakterisiert. Es sind spezielle Sprachverwendungen, die zusätzliche Gebrauchshinweise bilden, z. B. *scherzhaft, spöttisch, verhüllend, ironisch.*

Wörter, die einen Sachverhalt emotional charakterisieren, werden durch /*emot.*/ bzw. /*emot. neg.*/, /*emot. pos.*/ bewertet. Wörter mit einer fachspezifischen Bedeutung, die auch außerhalb des Fachgebiets verstanden wird, werden durch die **Angabe des Fachgebiets** charakterisiert, z. B. *Math., Phys., Chem.* u. a., vgl. z. B. *Erosion* (Geol.). Haben Fachwörter als Bestandteil der Alltagssprache ihren spezifischen Fachcharakter weitgehend verloren (vgl. z. B. *Dübel*, ist auf eine Fachkennzeichnung verzichtet worden. Auf **regional verwendete Wörter** wurde weitgehend verzichtet (vgl. Hinweise zur Benutzung des Wörterbuchs).

7. Den **grammatischen Informationen** wurde unter Zugrundelegung der *Deutschen Grammatik* von Helbig/Buscha (8. Aufl. 1984) besondere Aufmerksamkeit geschenkt. Sie betreffen das Genus und die Flexionsparadigmen bei **Substantiven** sowie die Angabe von Restriktionen (das Substantiv bildet keinen Plural, ist nur im Plural gebräuchlich), die obligatorische Verbindung mit einem Attribut (Genitivattribut), mit einer spezifischen Präposition u. a. **Adjektive** werden hinsichtlich ihrer Funktionen charakterisiert, sofern diese Beschränkungen unterliegen, z. B. *nur attributiv, nur prädikativ* (mit *sein, bleiben, werden*), *nur bei Verb, nur attributiv und bei Verb, nur attributiv und prädikativ* etc.

Die Markierung ⟨bei Vb.⟩ wurde gewählt, um die traditionelle Bezeichnung ⟨adv.⟩ zu entlasten und die Einbeziehung des prädikativen Attributs zum Subjekt bzw. zum Objekt zu ermöglichen. Diese wurden früher zu Unrecht unter ⟨adv.⟩ angesiedelt, ohne dass die rein adverbielle Verwendung von der attributiven Funktion geschieden wurde; ⟨bei Vb.⟩ umfasst also die adverbielle Funktion **und** die attribute Funktion des Adverbs (Adjektivadverbs).

Jedes Adjektiv wird hinsichtlich seiner Steigerbarkeit charakterisiert: *Steigerung regelmäßig* (Steig. reg.), *Steigerung ungebräuchlich* (Steig. ungebr.), *ohne Steigerung* (o. Steig.), *Steigerung regelmäßig, ungebräuchlich* (Steig. reg., ungebr.), *unregelmäßige Steigerung* (Steig.: wärmer, wärmste, d. h. mit Angabe des Komparativs und Superlativs).

Bei der grammatischen Charakterisierung der **Verben** sind wir neue Wege gegangen: Neben Angaben, die ein Verb als regelmäßig oder unregelmäßig charakterisieren, die seinen Gebrauch im Aktiv oder Passiv, das Tempus oder den Numerus einschränken, bietet das Wörterbuch für jedes Verb **das syntaktische Gebrauchsmuster** sowie eine inhaltliche **Charakterisierung der Subjekt- und Objektaktanten** (+ *hum,* − *hum, hum abstract* werden durch */jmd./, /etw./, /Institution o. Ä./* wiedergegeben oder durch nähere Angaben charakterisiert). Pluralisches Subjekt oder Objekt wird durch */mehrere (jmd.)/, /zwei od. mehrere (jmd.)/, /mehrere (etw.)/* etc. verdeutlicht. Reziproker Gebrauch erhält die Kennzeichnung ⟨*rez.*⟩.

Ergänzt werden diese grammatischen Informationen durch eine gesonderte Liste der unregelmäßigen Verben und durch ein Tafelwerk zur Deklination der Substantive und Adjektive und Konjugation der Verben (s. TAFELN I, III, IV). Um die Zuordnung der Stammformen unregelmäßiger Verben zu erleichtern, wurden die Formen des Präteritums und Partizips II in das Stichwortverzeichnis integriert und auf den Infinitiv verwiesen.

Konjunktionen, Präpositionen, Gradpartikeln und **Modalpartikeln** werden in einer Form dargestellt, die ihren Funktionen im Text gerecht werden und ihre aktive Verwendung ermöglichen soll. Dies sind bei Präpositionen und Konjunktionen vor allem ihre syntaktischen Gebrauchsbedingungen, bei Konjunktionen die Zuordnung zu einer der beiden Konstruktionsklassen (Koordinierung, Subordinierung) und die Charakterisierung der durch sie verbundenen Glieder; bei Präpositionen die Angabe der Rektionen, die Stellung der Präposition (Postposition, Präposition, Circumposition) und die Charakterisierung ihrer syntaktischen Partner. Bei Modalpartikeln verweisen wir auf ihre Bindung an einen bestimmten Satztyp, ihre Betonung und Stellung, bei Gradpartikeln auf ihre Bindung an ein bestimmtes Bezugsglied und ihre Stellung (Postposition oder Präposition) sowie ihre Betonung.

Im Bereich der **Adverbien** haben wir − dem Forschungsstand entsprechend − eine Trennung der **Satzadverbien** von den übrigen Adverbien vorgenommen. Satzadverbien erhalten die kategoriale Kennzeichnung ⟨*Satzadv.*⟩ und zusätzlich die Charakterisierung des Sprecherstandpunktes.

Ergänzt werden die grammatischen Informationen durch Informationstafeln im Anhang, die Auskünfte zur Flexion des Substantivs (Substantiv + Adj.), des Adjektivs, des substantivierten Adjektivs und Partizips II, zur Flexion der Pronomina (auch der Indefinitpronomina) und des Verbs geben.

Von den Stichwortartikeln wird gegebenenfalls auf diese Tafeln verwiesen (↗ TAFEL ...), z. B. um den Benutzer über die Flexion des substantivierten Adjektivs und Partizips zu informieren (*der Gefangene,* aber: *ein Gefangener,* d. h. Flexion wie bei einem Adjektiv).

8. Der **Wortkombinatorik** kommt in einem Wörterbuch dieser Spezies eine besondere Bedeutung zu. Semantik, grammatische Regularitäten und die lexikalische Verbindbarkeit bilden ein Beziehungsgeflecht, das dem Nichtmuttersprachler bei der Textbildung erhebliche Schwierigkeiten bereitet. Wichtig für den Benutzer sind *die* Verknüpfungen, die Festigkeit erlangt haben: Diese reichen von **idiomatischen Wendungen** (Phraseologismen), deren Bedeutung sich nicht aus der Summe der Teile ergibt und die in ihrer Kombination relativ stabil sind, den **Funktionsverbgefügen**, deren Verben sinnentleert sind und deren Bedeutungen durch die Bedeutung des Substantivs getragen werden, den **kommunikativen Wendungen**, die vorwiegend Satzcharakter haben, bis zu den **Kollokationen** und **freien Verbindungen**; letztere werden in diesem Wörterbuch nicht von den Kollokationen getrennt behandelt, sondern als Kontextbeispiele angeboten, die die Realisierung der Bedeutungen im Text verdeutlichen.

Unter diesen Kombinationsarten nehmen die **Phraseologismen** eine Sonderstellung ein, da sie als selbständige lexikalische Einheiten, als Mehrwortlexeme, fungieren und meistens einem Vollverb oder Adverb entsprechen. Als selbständige lexikalische Einheiten können sie daher nicht Teil des Kontexts sein. Sie werden aus Raumgründen nur dem tragenden Wort der Wendung zugeordnet und hier am Ende des Wörterbuchartikels, außerhalb der Bedeutungsstruktur, abgehandelt.

Anders verfahren wir beim **Funktionsverbgefüge**. Es wird vom sinnentleerten Verb auf das Substantiv der Wendung verwiesen, wo es, wenn nötig, erklärt wird, d. h. es wird innerhalb (nicht außerhalb!) des Wörterbuchartikels abgehandelt, weil das Verb noch als selbständiges Glied gewertet wird.

Die **kommunikativen Wendungen** werden einer Bedeutung des tragenden Lexems dieser Wendungen zugeordnet und dort im Kontext abgehandelt. Sie erhalten neben der Bedeutungserklärung in der Regel auch einen Kommentar, der die situativen Verwendungsbedingungen der Verbindung charakterisiert.

Kollokationen und freie Verbindungen werden in Form von Syntagmen oder Beispielsätzen angeboten. Ihre Kombinatorik bildet **Verknüpfungspartnerklassen**, die zu bestimmen und zu definieren in diesem Wörterbuch erstmals im Adjektivbereich versucht worden ist. Wir geben damit dem Benutzer Hilfestellung bei der Textproduktion, wohl wissend, daß diese Hinweise sehr allgemeiner Art sind und Ausnahmen nicht erfassen können. Als Kollokationen werden übliche Verbindungen (nicht nur Zweierverbindungen) gefasst, die man bei Nennung eines der Glieder erwarten darf. Unter welcher ihrer Komponenten Kollokationen aufgeführt werden, hängt von der jeweiligen Gewichtung ab, z. B. ist *ein Gerät erproben* unter *erproben* dargestellt, nicht aber unter *Gerät*, weil es hier nicht im Zentrum des Gebrauchs stünde. Natürlich kann die Kollokation auch bei beiden Komponenten angeführt werden, was auch mitunter geschieht.

Beispielsätze, d. h. Beispiele in Satzform, werden immer dann beigefügt, wenn die Illustrierung des Gebrauchs einen weiteren Rahmen benötigt oder situative bzw. kulturelle, aber auch syntaktische Kriterien verdeutlicht werden sollen.

Auch Beispielsätze enthalten häufig Kollokationen, daher schien uns eine strikte Trennung wenig nutzbringend − so wie auch die Trennung zwischen freien Verbindungen und Kollokationen. Unser Bemühen war immer darauf gerichtet, das Lemma auch in seiner syntaktischen Umgebung darzustellen.

Hinweise zur Benutzung des Wörterbuchs

1. Der Aufbau des Wörterbuchartikels

Die Informationen zum Gebrauch eines Wortes werden im Wörterbuchartikel in einer bestimmten Reihenfolge angeboten:

1.1. Am Beginn des Artikels steht das fett gedruckte **Stichwort**. Es wird im Kontext durch die Tilde (~) ersetzt:

> **Tisch** [tɪʃ], **der**; ~s/auch ~es, ~e
> **sagen** ['zaːgn̩] ⟨reg. Vb.; hat⟩
> **laut** [laʊt] ⟨Adj.⟩
> **morgens** [mɔʀgn̩s] ⟨Adj.⟩
> **du** [duː] ⟨Personalpron.⟩
> **zwei** [tsvaɪ] ⟨Zahladj.⟩
> **und** [ʊnt] ⟨Konj.⟩
> **auf** [aʊf] ⟨Präp.⟩ etc.

Das Stichwort ist kombiniert mit der Ausspracheangabe, mit der Zuweisung zu einer der Wortkategorien und mit grammatischen Angaben, die für den ganzen Artikel gelten; eine Ausnahme bildet das Substantiv, das an Stelle einer Wortartangabe durch den Artikel charakterisiert wird.

Das Stichwort erscheint als einzelnes Wort oder es wird − sofern es ein Kompositum ist − in einem Kompositumblock abgehandelt, z. B.

> **Abend** ['..]|**-brot, das** ⟨o. Pl.⟩ landsch. **1.** SYN ˈAbendessen (1)ʼ: *das ~ stand auf dem Tisch; ~ essen* (ˈdas Abendessen 1 einnehmenʼ) **2.** SYN ˈAbendessen (2)ʼ: *vor, nach dem ~; ...*

Das allein stehende einzelne Kompositum ist in der Regel durch den senkrechten, die Kompositionsfuge markierenden Strich kenntlich gemacht, z. B.

> **arg|los** ['aʀk..] ⟨Adj.⟩ ˈohne Argwohnʼ; ANT misstrauisch /auf Personen bez./: *ein ~es Kind; er folgte ihm ~, war völlig ~*

Im Kompositumblock entfallen beim Substantiv die Flexionsformen, wenn diese mit dem Grundwort (z. B. *Brot* in *Abendbrot*) identisch sind. Weichen die Flexionsformen, bes. die Pluralformen, von denen des Grundworts ab, werden sie im Block berücksichtigt. Diese Regelung gilt auch für Verben.

Kurzwörter und **Initialwörter** werden nur in einer begrenzten Auswahl als selbständige Stichwörter behandelt, z. B.

> **Abi** ['abi], **das**; ~s, ~s ⟨vorw. Sg.⟩ /Kurzw. für ↗ *Abitur*/ ❖ ↗ **Abitur**

Diminutivformen erscheinen nur als selbständige Stichwörter, wenn sie semantisch von ihrer Basis abweichen, dgl. **Partizipien**. Von Maskulina **abgeleitete Feminina** werden dagegen als selbständige Stichwörter angesetzt und auf das Maskulinum verwiesen:

> **Lehrerin, die**; ~, ~nen /zu *Lehrer*; weibl./

1.2. Den Ausspracheangaben (s. Ausspracheangaben, S. XXV ff.) und kategorialen, grammatischen Angaben folgen stilistische Hinweise, z. B.

> **²Balg, das/der**; ~es/auch ~s, Bälger ['bɛlgɐ] emot. neg. ˈKindʼ: *so ein freches, nichtsnutziges ~!; er hat drei kleine Bälger (zu ernähren)*

1.3. Es folgt die Bedeutungserklärung, z. B.

hart … ʿden Einsatz der ganzen physischen, psychischen Kraft erfordernd'

1.4. Der Bedeutungserklärung folgen Kontextbeispiele.

1.5. Den Schluss des Artikels bilden die Wortfamilie, die Phraseologismen und der MERKE-Kommentar. Die Phraseologismen sind fett gedruckt.

Und so sieht der vollständige Artikel aus:

Stichwort ——————————— **antworten** ['antvɔʀtn̩], antwortete, hat geantwortet ——————————— Flexion
Subjekt-Agens ——————————— /jmd., Institution/ ʿetw. mündlich od.\schriftlich auf ——————————— Perfekt-Angabe
eine vorher erfolgte Frage, Aufforderung eines an-
deren irgendwie äußern': *ausführlich, kurz, mit ʾja'* — Syntaktisches
Beispiele für die ——————— *~; er antwortete nicht; auf etw. ~: antworte (mir)* — Gebrauchsmuster
Kombinatorik *auf die Frage!; ich habe ihm sofort, postwendend,* ——————— Objekt-Agens
noch nicht auf seinen Brief geantwortet; etw. ~ SYN
Antonymie ——————————— *etw. erwidern (1), entgegnen;* ANT *fragen (1): was* — Monosemierung
hat er (dir) geantwortet?; er wusste nicht, was er von Bedeutungs-
darauf ~ sollte; er antwortete etw. Dummes, Unver- angaben
ständliches; „Kommst du morgen mit ins Kino",
fragte er sie. „Ich habe leider keine Zeit", antwor-
MERKE-Kommentar *tete sie (ihm); er antwortete, dass er keine Zeit*
Hinweis auf *habe; „Das lehne ich strikt ab", antwortete (SYN*
Vergleichbares ——————— ʿ*versetzte,* ↗ *versetzen 7') er* ✤ ↗ **Antwort** ——————— Verweis auf die
MERKE Zum Gebrauch von *antworten, entgeg-* Wortfamilie
nen, erwidern (1), versetzen (7): ↗ *versetzen (Merke)*

Aussprache ——————————— **übel** ['yːbl̩] ⟨Adj.⟩ **1.** ⟨Steig. reg.; nicht präd.⟩ SYN ——————— Hinweis auf die
ʿ*abscheulich (I.1)';* ANT *angenehm: ein übler Ge-* Steigerung
stank, Geschmack; etw. riecht, schmeckt ~; einen
üblen Geschmack auf der Zunge haben **2.** ⟨Steig.
reg; nur präd. (mit *sein, werden*)⟩ *jmdm. ist (es) ~* ——————— Hinweis auf die
ʿjmd. fühlt sich so, als müsse er sich übergeben'; Einschränkung
Synonymie ——————————— SYN *schlecht (6.3), unwohl (1.2): ihm war, wurde* der Funktion
ganz ~/ihm ist ganz ~ geworden, als er das sah; von
diesem Geruch, Anblick wurde uns ganz ~ **3.** ⟨Steig.
Stilistische reg.⟩ emot. **3.1.** ⟨nur attr.⟩ ʿeinen schlechten Cha-
Gebrauchshinweise ——————— rakter besitzend und moralisch von negativer Wir-
kung'; SYN *schlecht (3.1)* /vorw. auf Personen ——————— Hinweis auf die
bez./: *er ist ein übler Bursche; sie ist eine üble Per-* Verknüpfungs-
son; er ist in üble Gesellschaft geraten; hüte dich vor partner
ihm, er hat einen üblen Charakter **3.2.** … ✤ **Übel,**
Übelkeit, verübeln ——————— Wortfamilie
Phraseologische ——————— * /jmd./ **jmdm. etw. ~ vermerken** ʿjmdm. etw. übel
Einheiten nehmen': *er hat es (mir) ~ vermerkt, dass ich ihm*
damals nicht geholfen habe
MERKE Zum ʿe'-Ausfall der Endung: ↗ *dunkel*
(Merke)

2. Die Gliederung der Bedeutungen eines Stichwortes

erfolgt in der Regel **mit Hilfe arabischer Ziffern** (1, 2, 3 …).
   Römische Ziffern werden in einigen Fällen von Homonymie angewandt, in der Hauptsache jedoch bei Stichwörtern unterschiedlicher Wortkategorien (I. Adj. − II. Adv.; I. Adv. − II. Satzadv.).

Indizes stehen bei gleichlautenden Wörtern unterschiedlicher Wortkategorien, z. B.
¹modern ⟨Vb.⟩, **²modern** ⟨Adj.⟩,
in einigen Fällen bei semantisch völlig isolierten Bedeutungen, die sich auch durch Genus od. morphologische Besonderheiten unterscheiden, z. B.
¹Band, das, **²Band**, der
Mit Bedacht wurde eine starke Zergliederung (Indizes, röm. Ziffern) vermieden, um die Einheit des Wortes zu verdeutlichen und den Artikel möglichst überschaubar zu gestalten.

3. Zu den Formen der Bedeutungserklärung

Bedeutungserklärungen werden durch einfache Anführungszeichen kenntlich gemacht.

In der Regel werden drei Definitionsformen angewandt:
- die Erklärung − als Umschreibung, Synonym oder Kommentar in Schrägstrichen − steht vor den Kontextbeispielen. Dies ist die häufigste Definitionsform, und in diesem Falle gilt die Bedeutungserklärung für alle folgenden Kontextbeispiele.
- die Erklärung steht hinter einem syntaktischen Gebrauchsmuster. Bei Verben ist dies die gängige Form der Bedeutungserklärung. Damit wird verdeutlicht, dass die Definition an dieses syntaktische Muster gebunden ist. Ihr folgen Beispiele dieses Musters, z. B.

    rammen [ˈʀamən] ⟨reg. Vb.; hat⟩ **1.** /jmd., Fahrzeug/ *etw.* ~ ʿbeim Fahren mit einem Fahrzeug (absichtlich) gegen ein anderes Fahrzeug stoßen und es beschädigenʾ: *in der Kurve, beim Überholen ein Auto von der Seite, von hinten* ~; *ein Schiff frontal* ~; *das Flugzeug wurde gerammt* **2.** /jmd., Gerät/ *etw. in etw.* ~ ʿetw. Längliches mit großer Kraft, mit Hilfe eines Gerätes senkrecht nach unten (in den Boden) schlagen (1.5)ʾ: *Pfähle, eine Stange tief und fest in den Boden, ins Eis* ~
- Die Erklärung steht in Klammern hinter einem Kontextbeispiel. Diese Form wird meist bei Phraseologismen und bei lexikalischen Einheiten mit einer stark eingeschränkten Kontextbreite verwendet, auch bei der Bedeutungsschattierung eines Kontextbeispiels, z. B.

    Rang [ʀaŋ], **der**; ~es/auch ~s, Ränge [ˈʀɛŋə] **1.** ... **2.** ⟨mit best. wertendem Adj.⟩ **2.1.** ⟨o. Pl.⟩ ʿWert (2), der jmdm., etw. im Vergleich zu einem anderen, zu etw. anderem der gleichen Art zugewiesen wirdʾ: *ein Hotel ersten* ~*es; ein Lokal von niederem, mittlerem* ~; *eine Leistung von hohem* ~; *diese Ausstellung, Vorstellung hatte einen hohen künstlerischen* ~; *er ist ein Künstler von* ~ (ʿein hervorragender, berühmter Künstlerʾ) ... * /jmd./ **jmdm. den ~ ablaufen** ⟨hat⟩ (ʿsich im Vergleich mit jmdm. als der Bessere, der Erfolgreichere erweisenʾ); **alles, was ~ und Namen hat** ʿalle gesellschaftlich bedeutenden, hervorragenden Personenʾ: *beim Empfang des Präsidenten war alles, was ~ und Namen hat, erschienen;* /jmd./ **jmdm. den ~ streitig machen** (ʿsich bes. durch bessere Leistung darum bemühen, jmds. höhere Stellung zu erringenʾ)

4. Zu den grammatischen Angaben

4.1. Grundsätzlich wird jedes Stichwort einer Wortart zugeordnet. Unterschieden werden die folgenden Wortarten: Artikel ⟨Art.⟩, Substantiv, Adjektiv ⟨Adj.⟩, Adverb ⟨Adv.⟩, Satzadverb ⟨Satzadv.⟩, Verb ⟨Vb.⟩, Hilfsverb ⟨Hilfsvb.⟩, Modalverb ⟨Modalvb.⟩, Pronomen ⟨Pron.⟩, Personalpronomen ⟨Personalpron.⟩, Determinativpronomen ⟨Determinativpron.⟩, Reflexivpronomen ⟨Reflexivpron.⟩, Relativpronomen ⟨Relativpron.⟩, Pronominaladverb ⟨Pronominaladv.⟩, Konjunktion ⟨Konj.⟩, Konjunktionaladverb ⟨Konjunktionaladv.⟩, Präposition ⟨Präp.⟩, Modalpartikel ⟨Modalpartikel⟩, Gradpartikel ⟨Gradpartikel⟩, Interjektion ⟨Interj.⟩, Zahladjektiv ⟨Zahladj.⟩, Kardinalzahl ⟨Kard.zahl⟩, Ordinalzahl ⟨Ord.zahl⟩.

In der folgenden Übersicht werden Hinweise zu einigen grammatischen Besonderheiten und ihrer Darstellung gegeben:

4.2. Beim Substantiv: Das Substantiv ist durch das Genus gekennzeichnet. Genusvarianten sind durch eine Virgel markiert: *der/das*. Gilt eines der beiden Genera nur für eine von mehreren Bedeutungen, so wird dies so verdeutlicht: **1.** ⟨der/das⟩ ... **2.** ⟨der⟩, z. B.:

> **Radar** [ʀɑˈdaːʀ/ˈʀɑː], **das/der**; ~s, ⟨o. Pl.⟩ ...
>
> **Tau** [tɑu], **der/das**; ~s/auch ~es, ~e **1.** ⟨der; o. Pl.⟩ ˈsich in der Nacht in Form von Tröpfchen auf Boden und Pflanzen niederschlagende Feuchtigkeit der Luftˈ: *das Gras ist nass vom* ~ **2.** ⟨das⟩ ˈstarkes Seil, das bes. auf Schiffen verwendet wirdˈ; SYN Leine (1.3): *ein dickes* ~; *ein* ~*kappen, lösen; die Kinder kletterten am* ~ *in die Höhe*

Der Flexionstyp ist durch die Flexionsparadigmen des Genitivs und Plurals verdeutlicht: ~*es, ~e*. Flexionsvarianten sind wie Genusvarianten durch eine Virgel markiert: ~*s/~es*. Ist eine der beiden Varianten weniger üblich, so wird dies durch *auch* verdeutlicht: ~*s/auch ~es*, z. B.:

> **Regime** [ʀeˈʒiːm], **das**; ~/auch ~s emot. neg. ...

Singular- und Pluralrestriktionen haben folgende Kennzeichnung: ⟨nur im Pl.⟩, ⟨o. Pl.⟩, ⟨vorw. Sg.⟩, ⟨vorw. Pl.⟩. Das Pluraletantum erhält den Zusatz ⟨Pl.⟩, z. B.:

> **Kosten, die** ⟨Pl.⟩

4.3. Beim Adjektiv: Restriktionen sind mit Hilfe von *nur, vorw.* oder *nicht* beschrieben, z. B.:

⟨**nur attr.**⟩, ausgeschlossen sind prädikativer Gebrauch, adverbialer Gebrauch, und prädikatives Attribut zum Subjekt oder Objekt,

⟨**nur präd.**⟩, ausgeschlossen sind attributiver Gebrauch, adverbieller Gebrauch und prädikatives Attribut zum Subjekt oder Objekt. Folgende Formen sind möglich:

- ⟨nur präd.⟩, dies entspricht dem prädikativen Gebrauch mit *sein, bleiben, werden*, ferner
- ⟨nur präd. (mit *sein*)⟩
- ⟨nur präd. (mit *werden*)⟩
- ⟨nur präd. (mit *bleiben*)⟩,

⟨**nicht bei Vb.; vorw. präd.**⟩ Adjektive, die diese Restriktionsangabe aufweisen, haben immer eine infinite (verbale) Konstruktion und Subjektangabe. Folgende Formen sind möglich:

- ⟨nicht bei Vb.; vorw. präd.⟩, dies entspricht dem prädikativen Gebrauch mit *sein, bleiben, werden,* ferner
- ⟨nicht bei Vb.; vorw. präd. (nur mit *ein*)⟩
- ⟨nicht bei Vb.; vorw. präd. (nur mit *werden*)⟩
- ⟨nicht bei Vb.; vorw. präd. (nur mit *bleiben*)⟩,

⟨**nicht attr.**⟩, zugelassen sind damit der prädikative Gebrauch, der adverbielle Gebrauch und das prädikative Attribut zum Subjekt und Objekt,

⟨**nicht präd.**⟩, zugelassen sind damit der attributive Gebrauch, der adverbielle Gebrauch und das prädikative Attribut zum Subjekt und Objekt,

⟨**nur bei Vb.**⟩, zugelassen sind der adverbielle Gebrauch und das prädikative Attribut zum Subjekt und Objekt,

⟨**nicht bei Vb.**⟩, zugelassen sind der attributive und prädikative Gebrauch.

Adjektive, die attributiv in unflektierter Form verwendet werden, sind als ⟨**indekl.**⟩ gekennzeichnet. Ist ein Adjektiv in der Umgangssprache deklinabel, hat es die folgende Charakterisierung: ⟨indekl./umg. dekl.⟩.

Zur Steigerung: Jedes Adjektiv, jede Bedeutungseinheit eines Adjektivs erhält Angaben zur Steigerung. Adjektive, die keine Komparation zulassen, erhalten die Kennzeichnung:

> **o. Steig.**

Die **unregelmäßige** Steigerung wird durch Angabe der Komparativ- und Superlativform dargestellt:

> *stark, stärker, stärkest.*

Adjektive, die **regelmäßig** durch ~*er,* ~*est* steigerbar sind, erhalten die Kennzeichnung:

> **Steig. reg.**

Ist die Steigerung logisch möglich, aber sprachunüblich, steht die Kennzeichnung:

> **Steig. ungebr.**

Sind entweder der Komparativ oder der Superlativ ungebräuchlich, steht die Kennzeichnung:

> **Komp. ungebr./Superl. ungebr.**

Diese Angaben beziehen sich auf die typische durchschnittliche Verwendung

4.4. Beim Verb: Die grammatischen Angaben zum Verb können betreffen:
- die **Flexionsangaben** (regelmäßig, unregelmäßig),
- das **Perfekt** mit *haben* oder *sein,*
- den **Gebrauch des Passivs,**
- die **Valenz** mit den Subjekt- und Objektaktanten,
- den **reflexiven** und **reziproken** Gebrauch,
- das **syntaktische Gebrauchsmuster,**
- das **pluralische Subjekt** und **Objekt,**
- die **Rektionsangabe in der Konstruktion**

4.4.1. Zu den Flexionsangaben und zum Perfekt: Regelmäßige Grundverben, sofern sie das Präteritum mit *-te* und das Partizip mit *ge..t* bilden, haben in Winkelklammern die Angabe ⟨reg. Vb.⟩ = regelmäßiges Verb, z. B.:

ändern ⟨reg. Vb.; hat⟩

Das Perfekt wird mit *haben* gebildet.

altern ⟨reg. Vb.; hat/ist⟩

Das Perfekt kann mit *haben* oder *sein* gebildet werden.

Trennbare regelmäßige Komposita (vgl. Grundverben) haben in Winkelklammern die Angabe ⟨trb. reg. Vb.⟩ = trennbares regelmäßiges Verb. Dazu die Angabe des Perfekts:

ab|...ändern ⟨trb. reg. Vb.; hat⟩

Alle anderen Fälle sind durch die 3. Pers. Sg. Prät. u. Perf. und das entsprechende Hilfsverb gekennzeichnet. Dazu gehören Verben wie:

arbeiten, arbei̱te̱te, hat gearbeitet (doppeltes *-te*); **marschieren**, marschierte, ist marschiert (ohne *ge-*); **binden**, ba̱nd, hat gebu̱nden (unregelmäßig); **geben** (er gi̱bt), ga̱b, hat gege̱ben (unregelmäßig); **erleben**, erlebte, hat erle̱bt (Präfixverb, ohne *ge-*); **aufstehen**, sta̱nd auf, ist aufgesta̱nden (Kompositum); **aus|...arbei-ten**, arbei̱te̱te aus, hat ausgearbeitet (Kompositum, doppeltes *-te*); **ab|...mar-schieren**, marschierte ab, ist a̱bmarschiert (ohne *ge-*).

4.4.2. Zur Valenz des Verbs: Grundsätzlich wird für jedes Verb die syntaktische Valenz durch die Angabe des syntaktischen Gebrauchsmusters berücksichtigt. Dabei werden beide Aktanten, das Subjekt und das Objekt, genannt.

Durch das syntaktische Gebrauchsmuster wird die Rektion, die Zahl der Aktanten und ihre semantische Qualität angegeben (die Ausnahme bilden intransitive Verben ohne Ergänzung, sie erhalten keine Strukturformel).

In der Konstruktion wird zunächst nur die **obligatorische Verbergänzung** angegeben, Erweiterungen oder Varianten folgen im weiteren Kontext. Dadurch werden unübersichtliche Klammerungen vermieden, z. B.:

schummeln ... ʿbei etw., bes. bei einem Spiel ..., nicht ganz ehrlich sein, ...ʾ: *er hat (beim Skatspielen, beim Aufsatz) geschummelt*

Auch *Ellipsen* werden in der Konstruktion nie berücksichtigt, sie erscheinen im Kontext, z. B.:

helfen ... /jmd./ jmdm. ~ ...; *er half gern*

Wenn Verben in nur einer Verbindung üblich sind, wird auf das Gebrauchsmuster verzichtet und das Verb in diesem Kontext dargestellt. In diesem Falle ist der Subjektaktant Teil des Gebrauchsmusters.

Lokale, temporale und modale Adverbialbestimmungen fungieren als enge Verbergänzungen. Sie werden im Gebrauchsmuster durch *irgendwie, irgendwo(her), irgendwohin, irgendwann* wiedergegeben.

4.4.3. Die semantische Charakterisierung von Subjekt und Objekt:

Subjekt: Das Subjekt wird der Konstruktion in Schrägstrichen vorangestellt, z. B.: /jmd./, /männliche Person/, /weibliche Person/, /Mann/, /Schauspieler/, /Frau/, /Kind/, /Tier/, /Institution/, /jmd., Institution/, /Unternehmen/, /Organisation/ oder: /etw., bes. Vorgang/, /etw., bes. Fahrzeug/

Objekt: Das Objekt wird durch *jmdn., etw., jmdm., etw.* ⟨Dat.⟩ oder durch konkrete Objekte (z. B. *ein Satzzeichen* setzen) wiedergegeben. Das Akk.obj. *etw.* wird nicht gesondert als ⟨Akk.⟩ gekennzeichnet, dies im Gegensatz zum Dativ, der immer gekennzeichnet wird ⟨Dat.⟩.

4.4.4. Das pluralische Subjekt und Objekt:

Subjekt: Die folgenden Formen werden angewandt:
/zwei od. mehrere *(jmd.)*/, /zwei od. mehrere *(etw.)*/, /Seeleute/ (als spezifisches Subjekt), /mehrere (jmd.)/, /mehrere (etw.)/
oder in finiter Konstruktion: *zwei od. mehrere Personen* ~ *etw., zwei od. mehrere Sachen* ~ *etw.*

Objekt:
/jmd./ *zwei od. mehrere Sachen* ~ ʿzwei od. mehrere Sachen ...ʾ
/jmd./ *zwei od. mehrere Personen* ~ ʿzwei oder mehrere Personen ...ʾ
oder mit konkretem Objekt:
      koppeln /jmd./ *zwei od. mehrere Waggons* ~

4.4.5. Die Rektionsangabe in der Konstruktion:

jmdn.	Akkusativ der Person
etw.	Akkusativ der Sache
etw. ⟨Gen.⟩	Genitiv der Sache
jmds.	Genitiv der Person
jmdm.	Dativ der Person
etw. ⟨Dat.⟩	Dativ der Sache

Sind außer *es, das, etwas* als Objekt in der Konstruktion keine anderen Realisierungen möglich, so wird dies verdeutlicht, z. B.:
      jmd. tut jmdm. etw. (nur es, das) zum Gefallen

4.4.6. Reflexive Verben: Das reflexive Verb ist durch *sich* gekennzeichnet:

      schämen, sich ⟨reg. Vb.; hat⟩ /jmd./ *sich* ~ ʿ...ʾ
      verbitten, sich, verbat sich, hat sich verbeten /jmd./ *sich* ⟨Dat.⟩ *etw.* ~
Das akkusativische *sich* wird nicht charakterisiert, nur das dativische:
      er hat sich gewaschen, aber *er hat sich* ⟨Dat.⟩ *damit geschadet.*
Reflexiver Gebrauch kann auch, wenn er nicht dominant ist, im Kontext dargestellt werden.

4.4.7. Modales und passivisches *sich*, z. B.:

      etw. findet sich ʿetw. wird gefundenʾ ...
      etw. schält sich gut, schlecht ʿetw. kann man gut, schlecht schälenʾ: *der Apfel schält sich gut*

4.4.8. Reziproke Verben: Das reziproke Verb ist durch *sich* und ⟨rez.⟩ (= reziprok) gekennzeichnet, dazu die Kennzeichnung des Dativs.

      verbrüdern, sich, verbrüderte sich, hat sich verbrüdert /zwei od. mehrere (jmd.)/ *sich* (rez., Dat.⟩ *(miteinander)* ~ ʿ...ʾ: ...; /jmd./ *sich mit jmdm.* ~

In Kombination mit dem singularischen Subjekt ist auch eine andere Abfolge möglich:

> **ähneln** /jmd./ *jmdm. ~ ʿ...ʾ: ...;* ⟨rez.⟩ *sie ~ sich* ⟨Dat.⟩ *sehr*

4.5. Präpositionen: Für den Gebrauch einer Präposition werden für den Benutzer im Wörterbuchartikel folgende Informationen verankert:

1. die Laut- und Schriftform,
2. der Hinweis auf die Wortkategorie ⟨Präp.⟩,
3. der Hinweis auf die Rektion ⟨Präp. mit Gen.⟩,
4. der Hinweis auf die Position im Satz ⟨Präp. mit Gen.; vorangestellt⟩,
5. der Hinweis auf die Verknüpfungspartner ⟨... in Verbindung mit ...⟩,
6. der Hinweis auf die Bedeutung; die Bedeutungserklärung steht in Schrägstrichen,
7. das Synonym oder Antonym bzw. Synonym und Antonym; sie ergänzen die Bedeutungserklärung,
8. die Verwendung, der Kontext.

Vgl. dazu den folgenden Artikel:

> **²jenseits** [jɛnzaɪ̯ts] ⟨Präp. mit Gen.; vorangestellt; in Verbindung mit Begriffen, Namen, die eine Art Grenzlinie darstellen⟩ /lokal; gibt einen Standort an, der nicht auf der Seite des Sprechers liegt/; ANT diesseits: *~ des Rheins; das Haus steht ~ des Flusses; der Ort liegt schon ~ der Grenze*

vgl. auch die Liste der im Wörterbuch abgehandelten Präpositionen.

4.6. Konjunktionen: Für den Gebrauch einer Konjunktion werden für den Benutzer im Wörterbuchartikel folgende Informationen verankert:

1. die Laut- und Schriftform,
2. der Hinweis auf die Wortkategorie ⟨Konj.⟩,
3. der Hinweis auf die Subklasse und die syntaktische Funktion ⟨Konj.; subordinierend⟩, d. h. diese Konjunktion leitet einen Nebensatz ein. Konjunktionen, die einen Hauptsatz, ein Satzglied mit einem anderen Hauptsatz, Satzglied verbinden, gehören zur Subklasse *koordinierend,*
4. der Hinweis auf die Position des mit der Konjunktion eingeleiteten [Neben]Satzes ⟨... steht vor od. hinter dem Hauptsatz bzw. verbindet zwei Hauptsätze⟩,
5. der Hinweis auf die Bedeutung; die Bedeutungserklärung steht in Schrägstrichen,
6. der Hinweis auf das Synonym od. Antonym bzw. Synonym und Antonym; sie ergänzen die Bedeutungserklärung,
7. der Hinweis auf die Verwendung im Kontext.

vgl. dazu den folgenden Artikel:

> **²trotzdem** [trɔts'deːm] ⟨Konj.; subordinierend; der Nebensatz steht vor od. hinter dem Hauptsatz⟩ /konzessiv; gibt an, dass der Sachverhalt des Nebensatzes, auch wenn man es erwarten könnte, den Sachverhalt des Hauptsatzes nicht ändern kann/; SYN obwohl: *er kam, ~ er erkältet war; ~ er sich sehr anstrengte, schaffte er das Examen nicht*

vgl. auch die Liste der im Wörterbuch abgehandelten Konjunktionen.

Von Konjunktionen zu unterscheiden sind **Konjunktionaladverbien.** Sie schließen an einen Vordersatz (Hauptsatz) einen Hauptsatz an, dessen Subjekt dem Prädikat nachgestellt wird, vgl. z. B. ↗ *dabei, dagegen.*

4.7. Partikeln: Unterschieden werden *Gradpartikeln* und *Modalpartikeln*.

Gradpartikeln sind auf eine bestimmte Größe im Satz bezogen und heben diese durch bestimmte Bedeutungsmerkmale heraus.

Modalpartikel beziehen sich nicht auf einzelne Bezugsgrößen, sondern auf den ganzen Satz. Sie drücken die Einstellung des Sprechers aus. Typisch ist ihr Vorkommen in bestimmten Satzarten.

4.7.1. Gradpartikeln: Für den Gebrauch einer Gradpartikel werden für den Benutzer im Wörterbuch folgende Informationen verankert:
1. die Laut- und Schriftform,
2. der Hinweis auf die Wortkategorie ⟨Gradpartikel⟩,
3. der Hinweis auf die Betonung ⟨Gradpartikel; unbetont, betont od. unbetont⟩,
4. der Hinweis auf die Position im Satz ⟨Gradpartikel; unbetont; steht vor der Bezugsgröße⟩,
5. der Hinweis auf die Bezugsgröße ⟨Gradpartikel; unbetont; steht vor der Bezugsgröße; bezieht sich auf verschiedene Kategorien⟩,
6. der Hinweis auf die Bedeutung; die Bedeutungserklärung steht in Schrägstrichen,
7. der Hinweis auf das Synonym; es ergänzt die Bedeutungserklärung,
8. der Hinweis auf die Verwendung im Kontext.

vgl. dazu den folgenden Artikel:

> [4]**einmal** [ˈaɪnmaːl] ⟨als Glied der zusammengesetzten Gradpartikel **nicht einmal**; unbetont; steht vor der Bezugsgröße; bezieht sich auf verschiedene Kategorien⟩ /schließt andere, auf einer gedachten Skala tiefer stehende Sachverhalte aus; der Sprecher drückt aus, dass seine Erwartung in keiner Weise erfüllt ist/: *er hat nicht ~ gewinkt, als er sich verabschiedete; nicht ~ morgens ist er munter; nicht ~ sein Lehrer wusste von dieser Angelegenheit*

vgl. auch die Liste der im Wörterbuch abgehandelten Gradpartikeln.

4.7.2. Modalpartikeln: Für den Gebrauch einer Modalpartikel werden für den Benutzer im Wörterbuch folgende Informationen verankert:
1. die Laut- und Schriftform,
2. der Hinweis auf die Wortkategorie ⟨Modalpartikel⟩,
3. der Hinweis auf die Betonung ⟨Modalpartikel; unbetont⟩,
4. der Hinweis auf die Satzart ⟨... steht in Aussagesätzen ...⟩,
5. der Hinweis auf die Position im Satz, z. B. ⟨... steht in Aussagesätzen, jedoch nicht am Satzanfang⟩,
6. der Hinweis darauf, dass sich die Modalpartikel auf den ganzen Satz bezieht ⟨... bezieht sich auf den ganzen Satz ...⟩,
7. der Hinweis auf die Bedeutung; die Bedeutungserklärung steht in Schrägstrichen,
8. der Hinweis auf das Synonym; es ergänzt die Bedeutungserklärung,
9. der Hinweis auf die Verwendung im Kontext.

vgl. dazu den folgenden Artikel:

> [2]**einmal** ⟨Modalpartikel; unbetont; steht in Aussagesätzen, jedoch nicht am Satzanfang; bezieht sich auf den ganzen Satz; oft verkürzt zu *mal* und in Verbindung mit *nun*⟩ /der Sprecher drückt damit aus, dass er den Sachverhalt

nicht beeinflussen od. ändern kann und dass man ihn folglich so hinnehmen muss/; SYN ³eben (1): *das ist nun ~ so; das kostet nun ~ viel Zeit, das ist nun ~ vorbei, verloren*
vgl. auch die Liste der im Wörterbuch abgehandelten Modalpartikeln.

5. Stilistische Markierungen: Stilebenen, Stilfärbungen, Fachgebietskennzeichnungen u. a.

5.1. Stilebenen (vgl. Erläuterungen zur Konzeption des Wörterbuchs):
gehoben (geh.)
neutral (−)
umgangssprachlich (umg.)
derb (derb)

5.2. Stilfärbungen:
emotional (emot.)
emotional negativ (emot. neg.)
emotional positiv (emot. pos.)
scherzhaft (scherzh.)
spöttisch (spött.)
ironisch (iron.)
verhüllend (verhüll.)
Schimpfwort (Schimpfw.)

Die Stilfärbung *emotional* wird im Unterschied zu *emot. pos., emot. neg.* immer dann angewandt, wenn die positive bzw. negative Einstellung des Sprechers in der Bedeutungserklärung selbst ausgedrückt ist, die emotionale Haltung des Sprechers zum Denotat jedoch nicht; *emot. pos.,* bzw. *emot. neg.* werden dagegen immer dann verwendet, wenn der positive, negative Aspekt nicht in der Bedeutungserklärung ausgedrückt werden kann (vgl. *Pfaffe* emot. neg. ʿGeistlicherʾ).

5.3. Soziolekt/Berufssprache:
Kindersprache (Kinderspr.)
amtssprachlich (amtsspr.)
Jägersprache (Jägerspr.)
Jugendsprache (Jugendspr.)
Schülersprache (Schülerspr.)
Seemannssprache (Seemannsspr.)

5.4. Regionale Kennzeichnungen:
landschaftlich (landsch.)
österreichisch (österr., das Land Österreich)
süddeutsch (süddt.)
schweizerisch (schweiz., der deutschsprachige Teil der Schweiz)

5.5. Temporale Kennzeichnung:
veraltend

5.6. Fachsprachliche Kennzeichnungen (Auswahl; vgl. Abkürzungsverzeichnis):
Biologie (Biol.)
Chemie (Chem.)
fachsprachlich (fachspr.)
Geographie (Geogr.)
Jura (Jur.)
Mathematik (Math.)
Medizin (Med.)
Musik (Mus.)
Physik (Phys.)
Physiologie (Physiol.)
Psychologie (Psych.)
Technik (Techn.)

6. Angaben zur Verknüpfungspartnerklasse

Bei Adjektiven, selten bei Adverbien, werden dem Benutzer Hinweise auf die typische Verknüpfbarkeit mit anderen Wörtern gegeben. Dies geschieht mit Hilfe eines Kommentars, der sich an die Bedeutungserklärung anschließt und die Beziehung angibt (bez. = bezogen), z. B.:

> **übel** ⟨Adj.⟩ ... **3.1.** ⟨nur attr.⟩ ʿeinen schlechten Charakter besitzend und moralisch von negativer Wirkungʾ; SYN schlecht (I.3.1) /vorw. auf Personen bez./: *er ist ein übler Bursche ...*

Ist der Bezug eindeutig: /auf ... bez./.
Ist der Bezug vielfältiger: /vorw. auf ... bez./ oder: /auf ..., ... bez./.

Wenn das Stichwort oder eine seiner Bedeutungen hinsichtlich der Verknüpfbarkeit stark eingeschränkt ist, steht der Kommentar: /beschränkt verbindbar/.

Ist die Verknüpfbarkeit und Distribution nicht klar überschaubar und zu diffus, wird auf eine Kommentierung verzichtet.

7. Ausspracheangaben

7.0. Die Ausspracheangaben werden, von Ausnahmeregelungen abgesehen, für alle Stichwörter als Datentyp berücksichtigt. Dafür dient das ʿInternational Phonetic Alphabetʾ als Grundlage. Berücksichtigt wurden Duden 6. Das Aussprachewörterbuch, 3. Aufl., 1990 und ʿGroßes Wörterbuch der deutschen Ausspracheʾ. Leipzig 1982.

7.1.1. Für das Umschreibungsinventar werden die folgenden Lautzeichen verwendet:

Vokale:

iː	(v<u>ie</u>l	= fiːl	(gespannt, lang)
i	(M<u>i</u>niatur)	= mini̯aˈtuːɐ	(gespannt, kurz)
ɪ	*(S<u>i</u>nn)*	= zɪn	(ungespannt, kurz)
æ	(<u>ä</u>hnlich)	= æːnlɪç	(gespannt, lang)
ɛ	(L<u>e</u>ck)	= lɛk	(ungespannt, kurz)
eː	(St<u>e</u>g)	= ʃteːk	(gespannt, lang)

e   (Pedal)   = pe'dɑːl (gespannt, kurz)
ə   (schade)   = 'ʃaːdə (schwachtonig)
ɑː   (Staat)   = ʃtɑːt (gespannt, lang)
a   (Stadt)   = ʃtat (ungespannt, kurz)
ɑ   (Kamera)   = 'kɑmərɑ (gespannt, kurz)
oː   (Ton)   = toːn (gespannt, lang)
o   (Propeller)   = pʀo'pɛlɐ (gespannt, kurz)
ɔ   (Stoff)   = ʃtɔf (ungespannt, kurz)
ɔː   (Baseball)   = ..bɔːl (ungespannt, lang)
ʊ   (Hund)   = hʊnt (ungespannt, kurz)
uː   (Hut)   = huːt (gespannt, lang)
u   (Husar)   = hu'zɑːʀ (gespannt, kurz)
œ   (können)   = 'kœn (ungespannt, kurz)
øː   (Öl)   = øːl (gespannt, lang)
ø   (Ökonomie)   = økono'miː (gespannt, kurz)
ʏ   (Hütte)   = 'hʏtə (ungespannt, kurz)
yː   (Hüte   = 'hyːtə (gespannt, lang)
y   (dynamisch)   = dy'nɑːm.. (gespannt, kurz)
ɐ   (Meer)   = meːɐ = dunkler flüchtiger, indifferenter Mittelzungenvokal,
       (Leder)   = leːdɐ   Ersatzlaut für r, nach Langvokal oder für -er, er-, -er-
       (füttern)   = fʏtɐn

Diphthonge:
aɪ̯   (mein)   = maɪ̯n
au   (Haus)   = haus
ɔɪ̯   (Häuser)   = 'hɔɪ̯zɐ

Nasal-Vokale:
ɔ̃   (Balkon)   = bal'kɔ̃
ã   (Cancan)   = kãkã Nasal lang ⎫ werden nicht
                              Nasal kurz ⎭ unterschieden
ɛ̃   (Bassin)   = ba'sɛ̃
œ̃   (Parfum)   = paʀfœ̃

Konsonanten:
m   (mein)   = maɪ̯n
n   (nun)   = nuːn
ŋ   (eng)   = eŋ
l   (flach)   = flax
R   (Ring)   = ʀɪŋ [vgl. dagegen ɐ]; die verschiedenen Lautwerte des R werden
                              nicht berücksichtigt (Zäpfchen-R, Zungenspitzen-R etc.)
f   (oft, viel)   = ɔft, fiːl
v   (Ware)   = 'vɑːʀə
s   (los)   = loːs (stimmlos)
z   (lose)   = 'loːzə (stimmhaft)
ʃ   (schön)   = ʃøːn

ʒ   (nur in Fremdwörtern, z. B. Gar<u>age</u>) = ga'ʀɑːʒə
ç   (nach den hellen Vokalen i, e, y, ø, a<u>i</u>, ɔ<u>i</u>) = <u>ich</u>, feu<u>ch</u>t (ɪç, fɔi̯çt)
x   (nach den dunklen Vokalen a, o, u, au) = a<u>ch</u>, Bu<u>ch</u>, au<u>ch</u> (ax, buːx, aux)
j   (<u>j</u>a)   = jɑː
h   (<u>H</u>ut)   = huːt
p   (<u>P</u>uppe)   = 'pʊpə
b   (<u>B</u>iber)   = 'biːbɐ
t   (<u>T</u>on)   = toːn
d   (<u>d</u>ein)   = da<u>i</u>n
k   (<u>K</u>ind)   = kɪnt
g   (<u>g</u>ut)   = guːt

7.1.2. Besonderheiten der Lautwert-Kennzeichnung

7.1.2.1. Kennzeichnung der Unsilbigkeit von Vokalen = i̯, z. B. Union (u'ni̯oːn).

7.1.2.2. Darf keine Bindung über die Silbengrenze hinweg erfolgen, dann: | (senkrechter Strich), z. B. Aorta = a|'ɔʀtɑ.

7.1.2.3. Doppelpunkt hinter dem Vokal = Länge (vgl. ɑː, eː, iː, oː, uː, yː, øː).

7.1.2.4. Kurzer senkrechter Strich unter l, m, n (l̩, m̩, n̩) kennzeichnet die silbische Funktion, z. B.: eben → [eːbm̩], laden → [laːdn̩], leben → [leːbm̩], machen → [maxn̩], Angel → ['aŋl̩], Apfel → ['apfl̩].

7.2. Abweichungen der Lautumschrift gegenüber den Aussprachewörterbüchern

7.2.1. Auf die Angabe des stimmhaften g im Inlaut bei sonst stimmlosem g im Auslaut wird verzichtet: richtig: ʀɪçtɪç → richtige: rɪçtɪgə.

7.2.2. Die regelmäßige Plural-Endung auf -e (Fische) wird nicht umschrieben. Dies betrifft auch den Plural mit den regelmäßigen Lautkombinationen w + -en (Löwen-løːvm̩), d + -en (Waden-vaːdn̩), g + -en (Lagen-laːgn̩). Sonst beschränken wir uns (wenn die Umschreibung des Plurals wegen des Umlauts notwendig ist) auf die -n̩-Form.

7.2.3. Beim Infinitiv beschränken wir uns auf die n̩-Form/m̩-Form, also: koen̩, kɔm̩, gʀaːbm̩, laxn̩, zaːgn̩, ʃafn̩, zeːn̩, haːkn̩, fɪʃn̩, frɛsn̩, treːtn̩.
   Ist der Plural von Substantiven mit einem Umlaut verbunden, wird bei der Ausspracheangabe auch die Endung mit einbezogen. Bei Akzentverlagerung im Plural von Substantiven wird nur der Akzent gekennzeichnet: Motoren (..'toː..).

7.2.4. Für Lexeme mit den Ableitungsmorphemen *-bar* [baʀ], *-chen* [çən], *-ei* [ai̯], *-haft* [haft], *-in* [ɪn], *-isch* [ɪʃ], *-keit* [kai̯t], *-lein* [lai̯n], *-lich* [lɪç], *-ling* [lɪŋ], *-maßen* [maːsn̩], *-sam* [zaːm], *-tum* [tuːm], *-ung* [ʊŋ], *-weise* [vai̯zə], *-wert* [veːɐt], *-wesen* [veːzn̩], *-zeug* [tsɔi̯k] wird auf die Ausspracheangabe verzichtet.
   Ausgenommen sind Ableitungssilben fremdsprachiger Herkunft: *-abel, -ade, -al, -and, -ant, -ation, -ell, -em, -esk, -eur, -euse, -gen, -ie, -iade, -ical, -id, -iev, -ik, -iker, -il, -ion, -ismus, -ist, -itis, -krat, -kratie, -mane, -naut, -oid, -phil, -thek.*

7.2.5. Im Kompositionsblock erhält das Grundwort keine Lautumschrift, wenn es als selbständiges Lexem im Stichwortverzeichnis steht. Die Ausspracheangabe steht nur beim Determinativum der Reihe; wechselt jedoch der Akzent (*um'schreiben*, *'umschreiben*), wird beim ersten Bestimmungswort auf die Akzentangabe verzichtet, sie steht dann beim einzelnen Lexem. Das Bestimmungswort erhält in den Fällen dann lediglich die Lautumschrift. Bei Komposita wie *Schurwolle*, bei denen der erste Teil nicht als selbständiges Lemma erscheint, wird das gesamte Stichwort charakterisiert. Anders wird verfahren, wenn nur der zweite nicht vorhanden ist und das Stichwort im Kompositionsblock steht, vgl. *Buch|...-halter* [haltɐ], *der*. Einsparungen sind auch möglich, wenn bei mehrgliedrigen Komposita ein Teil nicht als Lemma erscheint: *Ab|blendlicht* [blɛnt..], *das*.

7.2.6. Nasalvarianten (ã, aŋ) werden zugunsten des Engelautes eingeschränkt: bal'kɔŋ.

7.2.7. Das lange ungespannte e (*wägen*) wird durch langes eː und ae (veːgn̩/væːgn̩) wiedergegeben.

7.3.1. Die Ausspracheangabe steht bei
- jedem allein stehenden Stichwort, nicht beim Basislexem in der Kompositionsreihe (Ausnahme: das Basislexem ist selbst nicht Stichwort)
- jedem Determinativum eines Kompositionsbereichs, auch beim einsilbigen
- jedem Determinativum mit Aussprachevarianten, z. B. *Seenplatte* = 'zeːən/zeːn̩|
- jedem unregelmäßigen Verb und seinen Flexionsparadigmen, auch in der 3. Pers. Sg. Präs. mit Umlaut (*hält* [hɛlt])
- jedem regelmäßigen Verb mit abweichenden Laut- und Flexionsformen: *kannte, brachte*
- jeder abweichenden Pluralendung: -ien ('iːən), -een ('eːən), beim Umlaut im Plural (hɛndə) und bei Längung des Vokals im Plural (*Cembalos:* ..loːs)
- jeder unregelmäßigen Steigerungsform (*rot, röter*), jedoch nicht bei Suppletivformen, die selbständig angesetzt sind (in dem Falle steht sie dort), z. B. *gern, lieber, am liebsten, liebst*

7.3.2. Die Ausspracheangabe steht nicht bei
- Partizip II regelmäßiger Verben
- morphologisch regelmäßigem Plural auf -*en* und -*e*, vgl. aber 7.2.2
- Ableitungen, vgl. 7.2.4
- steht nicht in Kompositionsblöcken, vgl. aber 7.2.5

7.4. Die Akzentangabe

7.4.1. Der Akzent wird mit der Umschrift kombiniert und wird durch einen hochgestellten Strich vor der betonten Silbe gekennzeichnet. Der hochgestellte Strich gibt den Hauptakzent an. Ist der Akzent schwebend, aber einer der beiden Hauptakzente weniger üblich, wird er in der Ausspracheangabe mit/auch ... wiedergegeben, z. B. Ableitungen auf -*lei*: 'ainɐlai/auch ..'lai, d. h., es können, wenn die Varianz nur den Akzent betrifft, Teile der Lautumschrift ausgespart werden (durch zwei Punkte).

7.4.2. Zweisilbige erhalten in der Regel nicht Haupt- und Nebenakzent, auch wenn Suffixe wie *-haft, -heit, -keit, -lein, -schaft, -seits, -wärts* bei vorausgehender unbetonter Silbe einen Nebenakzent tragen.

7.4.3. Alle zwei- und mehrsilbigen allein stehenden Stichwörter und im Akzent von der Basis abweichenden Ableitungen erhalten die Akzentangabe.

Im Kompositumblock dagegen unterbleibt die Akzentangabe beim Basislexem, wenn dieses als Stichwort verzeichnet ist. Die Akzentangabe erscheint sonst in Kompositumblöcken mit regelmäßiger Betonung beim Determinativum (*Abend* ['ɑ:bənt]‖). Wechselt der Akzent im Kompositumblock ständig, so wird er beim einzelnen Stichwort angegeben, wechselt der Akzent gelegentlich, dann wird der überwiegend vorkommende Akzent im Kopf angegeben, die Abweichung beim Einzelstichwort.

Bei Akzentangaben im Kompositumblock wird die Lautumschrift eingespart. Die Lautumschrift wird nur insoweit einbezogen, als sie dem Benutzer den Einstieg für den Akzent erleichtert ['*umfahren, um'fahren:* → ['..], [..'f..].

7.4.4. Ausspracheangaben bei Kompositumblöcken mit wechselndem Akzent:

Typ I   durch|-beißen I. ['..] biß durch, hat durchgebissen II. [..'b..] durchbiß, hat durchbissen

Typ II   durch|-biegen ['..], bog durch, hat durchgebogen

Typ III durch|-forschen [..'f..], durchforschte, hat durchforscht

Typ IV   durch|-sickern ['..] ⟨trb. reg. Vb.; ist⟩

Typ V   durch|-blättern ['..], blätterte durch, hat durchgeblättert, [..'b..] durchblätterte, hat durchblättert

8. Typographisches

~   **Tilde:** Steht für das Stichwort.

[ ]   **Eckige Klammern:** Sie schließen die Ausspracheangaben ein.

( )   **Runde Klammern:** Dienen zur Klammerung von Teilen innerhalb von Schrägstrichen: /zwei od. mehrere (jmd.)/ oder zur Klammerung nicht generell gültiger Teile im Kontext od. in der Bedeutungserklärung.

⟨ ⟩   **Winkelklammern:** Dienen zur Einrahmung grammatischer Informationen: ⟨Adj.; nur präd.⟩.

↗   **Verweispfeil:** Verweist auf Glieder einer Wendung: ↗ *absoluter Nullpunkt* oder auf morphologisch-semantisch verwandte Wörter: ↗ *auch, laufen.*

| **Senkrechter Strich:** Dient als Fugenstrich bei Komposita.

/   **Schrägstrich, Virgel:** Dient zur Hervorhebung von Varianten.

/ /   **Schrägstriche:** Sie schließen Kommentare ein, kennzeichnen die Subjektaktanten.

◇   **Rhombus:** Trennt umgangssprachliche Phraseologismen von stilistisch neutralen.

*   **Stern:** Steht am Beginn einer oder mehrerer phraseologischer Wendungen.

❖   **Blume:** Kennzeichnet den Block der Wortfamilie und den Verweis darauf.

Verwendete Abkürzungen

Abk.	Abkürzung	jmds.	jemandes
adj.	adjektivisch	Jugendspr.	Jugendsprache
Adj.	Adjektiv	Jur.	Jura
Adv.	Adverb	Kard.zahl	Kardinalzahl
Adv.best.	Adverbialbestimmung	Kaufmannsspr.	Kaufmannssprache
Akk.	Akkusativ	Kinderspr.	Kindersprache
Akk.obj.	Akkusativobjekt	Komp.	Komperativ
amtsspr.	amtssprachlich	Konj.	Konjunktion, Konjunktiv
ANT	Antonym	Konjunktionaladv.	Konjunktionaladverb
Art.	Artikel	Kurzw.	Kurzwort
attr.	attributiv	landsch.	landschaftlich
Attr.	Attribut	marx.	marxistisch
bes.	besonders	Mask.	Maskulinum
best.	bestimmt(en)	Math.	Mathematik
best. Art.	bestimmter Art.	Med.	Medizin
bez.	bezogen	METAPH	metaphorisch
Bez.	Bezeichnung	Mil.	Militär
Biol.	Biologie	Mineral.	Mineralogie
Chem.	Chemie	Modalvb.	Modalverb
chem. Symb.	chemisches Symbol	Mus.	Musik
Dat.	Dativ	Nebens.	Nebensatz
Datenverarb.	Datenverarbeitung	Neutr.	Neutrum
Dat.obj.	Dativobjekt	Nom.	Nominativ
dekl.	deklinabel	norddt.	norddeutsch
Demonstrativpron.	Demonstrativpronomen	o.	ohne
Eisenb.	Eisenbahn	o. Ä.	oder Ähnliches
Elektrotechn.	Elektrotechnik	o. Pl.	ohne Plural
emot.	emotional	o. Sg.	ohne Singular
emot. neg.	emotional negativ	od.	oder
emot. pos.	emotional positiv	Opt.	Optik
etw.	etwas	Ord.zahl	Ordinalzahl
fachspr.	fachsprachlich	österr.	österreichisch
fakult.	fakultativ	Part.	Partizip
Fem.	Femininum	Pass.	Passiv
Flugw.	Flugwesen	Perf.	Perfekt
Forstw.	Forstwirtschaft	Personalpron.	Personalpronomen
Fotogr.	Fotografie	Phys.	Physik
Fut.	Futur	Physiol.	Physiologie
geh.	gehoben	Pl.	Plural
Gen.	Genitiv	Possessivpron.	Possessivpronomen
Gen.attr.	Genitivattribut	präd.	prädikativ
Geol.	Geologie	Präp.	Präposition
Hilfsvb.	Hilfsverb	Präp.obj.	Präpositionalobjekt
hist.	historisch	Präs.	Präsens
Imp.	Imperativ	Prät.	Präteritum
Indefinitpron.	Indefinitpronomen	Pronominaladv.	Pronominaladverb
indekl.	indeklinabel	Psych.	Psychologie
Inf.	Infinitiv	Reflexivpron.	Reflexivpronomen
Interrogativpron.	Interrogativpronomen	reg. Vb.	regelmäßiges Verb
iron.	ironisch	Rel.	Religion
Jägerspr.	Jägersprache	Rel. ev.	Religion evangelisch
Jh., Jhs.	Jahrhundert, Jahrhunderts	Rel. kath.	Religion katholisch
jmd.	jemand	Relativpron.	Relativpronomen
jmdm.	jemandem	rez.	reziprok
jmdn.	jemanden	Rundf.	Rundfunk

Satzadv.	Satzadverb	trb. Vb.	trennbares Verb
scherzh.	scherzhaft	u.	und
Schülerspr.	Schülersprache	u. Ä.	und Ähnliches
Schimpfw.	Schimpfwort	umg.	umgangssprachlich
schweiz.	schweizerisch	unbest. Art.	unbestimmter Artikel
Seemannspr.	Seemannssprache	ungebr.	ungebräuchlich
Sg.	Singular	unpers.	unpersönlich
spött.	spöttisch	usw.	und so weiter
Steig.	Steigerung	Vb.	Verb
Subj.	Subjekt	verhüll.	verhüllend
subst.	substantivisch, substantiviert	Verkehrsw.	Verkehrswesen
Subst.	Substantiv	vgl.	vergleiche
süddt.	süddeutsch	vorw.	vorwiegend
Superl.	Superlativ	vorw. Sg.	vorwiegend Singular
SYN	Synonym	weibl.	weiblich
TABL	Tableau	Wissensch.	Wissenschaft
Techn.	Technik	z. B.	zum Beispiel

a, A

à ⟨Präp.; o. erkennbare Kasusforderung; steht vorw. vor Preisangaben⟩ vorw. Kaufmannsspr., heute veraltend /bezieht sich auf den Wert des einzelnen Stücks einer Menge, Serie/: *ich möchte bitte zwanzig Briefmarken, 3 à zehn Pfennig*

Aal [aːl], **der**; ~/ auch ~es, ~e ʹSpeisefisch mit langem, rundem Körper und schleimiger Hautʹ; ↗ FELD I.8.1, II.3.1 (↗ TABL Fische): ~*e fangen, ↗ stechen, räuchern* ❖ **aalen** — **aalglatt**
* /jmd./ **sich winden wie ein ~** (ʹversuchen, einer unangenehmen Situation so geschickt wie möglich zu entgehenʹ)

aalen [ʹaːlən], **sich** ⟨reg. Vb.; hat⟩ umg. /jmd./ *sich irgendwo* ~ ʹsich irgendwo behaglich und entspannt in ausgestreckter Körperhaltung ausruhenʹ: *er aalte sich in der Sonne, am Strand* ❖ ↗ **Aal**

aal‖glatt [ʹaːl..] ⟨Adj.; Steig. reg., ungebr.⟩ emot. neg. ʹsich in unangenehmen Situationen so geschickt verhaltend, dass man nicht auf etw. Unerwünschtes festgelegt werden kannʹ: *jmd. ist ein ~er Mensch, ist* ~ ❖ ↗ **Aal**, ↗ **glatt**

Aas [aːs], **das**; ~es, ~e/ Äser [ʹɛːzɐ/ʹeː..] **1.** ⟨Pl. ~e; vorw. Sg.⟩ ʹ(verwesender) Kadaverʹ: *Wölfe fressen* ~ **2.** ⟨Pl. Äser; + best. Adj.⟩ derb emot. /meint einen Menschen/: *er, sie ist ein faules, schlaues* ~ (ʹer, sie ist von Natur aus faul, schlauʹ); derb Schimpfw. *du (freches)* ~*!* ❖ **aasen**

aasen [ʹaːzn̩] ⟨reg. Vb.; hat⟩ umg. /jmd./ *mit etw.* ~ ʹmit etw. verschwenderisch umgehenʹ: *er aast mit dem Geld, hat mit der Wurst geaast* ❖ ↗ **Aas**

¹ab [ap] ⟨Adv.⟩ **1.** ⟨in imperativischen Sätzen⟩ /als Aufforderung zum Fortgehen/: *nun aber* ~*!;* ~ *ins Bett!* **2.** ⟨nur präd.⟩ *etw. ist* ~ ʹetw. ist von der Stelle entfernt, an der es befestigt warʹ; ↗ FELD I.7.6.3: *der Knopf ist* ~ (ʹabgetrenntʹ); *die Bleistiftspitze ist* ~ (ʹabgebrochenʹ); *die Briefmarke ist* ~ (ʹabgelöstʹ) ❖ **abwärts** — **abnorm, abnutzen, absondern, abstoßen, abtauen, bergab, Halsabschneider, Luftabwehr, Zeitabschnitt**; vgl. auch **ab/Ab-**
* ~ **und zu**, ~ **und an** (ʹmanchmalʹ)

MERKE Zu ²ab (2): Zur Getrennt-, Zusammenschreibung von *ab* und *sein*: ↗ ²*sein* (Merke)

²ab [ap] ⟨Präp.; vorangestellt⟩ **1.** ⟨vorw. o. erkennbare Kasusforderung; meist in Verbindung mit Ortsnamen⟩ /lokal; gibt den Punkt einer Strecke an, von dem an sich jmd., ein Fahrzeug in eine bestimmte Richtung bewegt; wird meist mit Verkehrswesen verwendet/; ANT ¹bis (2): *der Zug fährt* ~ *Hauptbahnhof,* ~ *Berlin;* ~ *Leipzig hatte ich einen Sitzplatz;* ⟨auch in Verbindung mit ↗ *von 1.2*⟩ *von Leipzig* ~ *hatte ich einen Sitzplatz;* ⟨in Fahrplänen dem Ortsnamen auch nachgestellt; ANT an⟩ ~ *Berlin/Berlin* ~ *7.25 Uhr;* ⟨selten mit Dat.⟩ ~ *dieser Station gibt es Schienenersatzverkehr*; Kaufmannsspr. *die Ware wird* ~ *Werk,* ~ *Lager geliefert*

2. ⟨mit Dat./Akk., aber auch o. erkennbare Kasusforderung; in Verbindung mit temporalem Adv. u. subst. Zeitbegriffen⟩ /temporal; gibt den Anfang eines zeitlichen Ablaufs od. einer bestimmten Zeitspanne an/; ANT ¹bis (1): ~ *dieser Woche gelten neue Regelungen;* ~ *nächstes/nächstem Jahr;* ~ *der ersten Stunde;* ~ *morgen,* ~ *heute,* ~ *sofort; heute* ~ *acht Uhr;* ~ *15. (fünfzehnten) Mai;* ~ *heute Abend,* ~ *heute Morgen,* ~ *morgen früh;* ~ *Mittag ist das Lokal heute geschlossen* **3.** ⟨mit Dat. od. Akk.; ↗ auch *von* (2.1) ... *ab;* in Verbindung mit Zahlenangaben⟩ /gibt die untere Grenze als Ausgangspunkt an/: *der Film ist für Jugendliche* ~ (ʹmit mehr alsʹ) *14 Jahre/Jahren zugelassen; Regale* ~ *zwei Meter(n) Höhe* ❖ vgl. auch **ab/Ab-**

MERKE Zum Verhältnis von ²*ab* (2) und *seit:* ↗ ²*seit* (Merke)

ab- /bildet mit dem zweiten Bestandteil Verben; betont; trennbar (im Präsens u. Präteritum) **1.** /drückt aus, dass sich durch das im zweiten Bestandteil Genannte eine Größe von einer anderen Größe wegbewegt/: ↗ z. B. *abfahren* (1.1) **2.1.** /drückt aus, dass durch das im zweiten Bestandteil Genannte eine Größe von einer anderen Größe entfernt wird/: ↗ z. B. *abschütteln* (1) **2.2.** /drückt aus, dass durch das im zweiten Bestandteil Genannte eine Größe gesäubert wird/: ↗ z. B. *absaugen* (1.2) **3.** /drückt aus, dass durch das im zweiten Bestandteil Genannte eine Größe von einer anderen Größe, mit der sie eine Einheit bildet od. an der sie haftet, entfernt wird od. sich löst/: ↗ *absägen, ablösen* (1,2) **4.** /drückt aus, dass durch das im zweiten Bestandteil Genannte eine Größe unterbrochen wird/: ↗ z. B. *abschalten* (1,2) ❖ **abtauen, verabreden, verabreichen, verabscheuen, verabschieden, unablässig**; vgl. auch **ab/Ab-**

ab/Ab [ʹap..]‖**-artig** ⟨Adj.; Steig. reg., ungebr.⟩ SYN ʹpersversʹ; ANT normal /auf Personen bez./: *er ist sexuell* ~ *(veranlagt)*; *er hat völlig* ~*e Neigungen; auf etw.* ~ *reagieren* ❖ ↗ Art; **-bau, der 1.** ʹdas Abbauen (1)ʹ; ANT Aufbau (1): *der* ~ *eines Gerüstes, Zeltes* **2.** *der* ~ (ʹdas Abnehmenʹ) *der Kräfte im Alter* ❖ ↗ Bau; **-bauen** ⟨trb. reg. Vb.; hat⟩ **1.** /jmd., Unternehmen/ *etw.* ~ ʹetw. Aufgebautes in seine einzelnen Teile zerlegenʹ; ANT aufbauen (2): *ein Gerüst* ~; *ein Zelt* ~ (ANT aufschlagen (6)) **2.** /jmd., Unternehmen/ *etw.* ~ ʹBodenschätze zur Nutzung aus der Erde holenʹ; SYN fördern (2), gewinnen (6): *Kohle, Erze* ~ **3.** /jmd./ ʹin seinem körperlichen, geistigen Leistungsvermögen nachlassenʹ: *er hat in der letzten Zeit sehr abgebaut* ❖ ↗ Bau; **-bekommen**, bekam ab, hat abbekommen /jmd./ *etw.* ~ ʹetw. als Teil eines Ganzen bekommenʹ: *er hat nur ein Stück Kuchen, hat nichts* ~ ❖ ↗ ¹bekommen; **-biegen**, bog ab, hat abgebogen

/etw., jmdn./ *irgendwohin* ~ ΄die Richtung zur Seite hin ändern΄: *das Auto, er, der Weg bog (nach) links ab* ❖ ↗ biegen; **-bild, das** ΄(genaue) Wiedergabe, Darstellung, Entsprechung von Dingen, Vorgängen der Wirklichkeit΄: *der gemalte Blumenstrauß ist ein getreues ~ der Natur; er ist ein ~ seines Vaters; der Roman war ein ~* (SYN ΄Spiegelbild΄) *seiner Zeit* ❖ ↗ Bild; **-bilden,** bildete ab, hat abgebildet ⟨vorw. im Pass.⟩ /jmd./ *etw., jmdn. irgendwo ~* ΄etw., jmdn. (genau) wiedergeben, darstellen, bes. mit einem Bild΄: *das Haus, er ist in der Illustrierten abgebildet* ❖ ↗ Bild; **-bildung, die** ΄gedrucktes Bild, das bes. einem Text beigegeben ist, um ihn anschaulich zu machen΄; SYN Bild (1.3): *ein Reiseführer mit zahlreichen farbigen ~en* ❖ ↗ Bild; **-bitte:** *jmdn. (für etw.) ~ leisten* (΄jmdn. für etw. um Verzeihung bitten΄) ❖ ↗ Bitte; **-blasen** (er bläst ab), blies ab, hat abgeblasen umg. /jmd./ *etw. ~* (΄etw., bes. eine Veranstaltung, absagen΄; ↗ FELD VII.3.2): *die Feier ~* ❖ ↗ blasen; **-blendlicht** [blɛnt..], **das** ⟨o. Pl.⟩ ΄das reduzierte Licht des Scheinwerfers eines Kraftfahrzeuges, durch das entgegenkommende Verkehrsteilnehmer nicht geblendet werden΄; ↗ FELD VI.2.1: *das ~ einschalten* ❖ ↗ blenden, ↗ Licht; **-blitzen** ⟨trb. reg. Vb.; ist⟩ umg. /jmd./ *bei jmdm. ~* ΄bei jmdm. mit etw. keinen Erfolg haben, von jmdm. abgelehnt werden΄: *er blitzte bei ihr (mit seinem Heiratsantrag) ab; jmdn. ~ lassen* (΄jmdn. ablehnen΄) ❖ ↗ Blitz; **-brechen** (er bricht ab), brach ab, hat/ ist abgebrochen **1.** ⟨hat⟩ /jmd./ *etw. ~* ΄etw. durch Brechen abtrennen΄: *einen Ast, den Henkel der Tasse, die Bleistiftspitze ~* **2.** ⟨ist⟩ /etw./ ΄sich durch Brechen abtrennen΄: *der Ast brach ab; der Henkel der Tasse bricht leicht ab, ist abgebrochen* **3.** ⟨hat⟩ veraltend /jmd., Betrieb/ *etw. ~* ΄etw., bes. etw. Gebautes, abreißen (4)΄: *alte Häuser ~* **4.** ⟨hat⟩ /jmd., Regierung/ *etw. ~* ΄etw. unvermittelt, vorzeitig beenden΄; ↗ FELD VII.3.2: *das Studium, Gespräch ~; die diplomatischen Beziehungen ~* ❖ ↗ brechen; **-brennen,** brannte ab, ist abgebrannt ↗ auch *abgebrannt* /etw., bes. Gebäude/ ΄durch Feuer, Brand zerstört werden΄: *die Scheune, Fabrik brannte (bis auf die Grundmauern) ab* ❖ ↗ brennen; **-bruch, der** ⟨o. Pl.⟩ **1.** /zu *abbrechen* 3 u. 4/ ΄das Abbrechen΄; /zu 3/: *der ~ des alten Hauses*; /zu 4/; ↗ FELD VII.3.1: *der ~ der diplomatischen Beziehungen* **2.** *etw.* ⟨Dat.⟩ *keinen ~ tun* ΄einer Sache nicht schaden΄: *das, der Misserfolg tut seinem Ruf, Eifer keinen ~* ❖ ↗ brechen

ABC [aːbeːˈtseː], **das;** ~, ~ **1.** ⟨vorw. Sg.⟩ SYN ΄Alphabet΄ **2.** ⟨o. Pl.⟩ *er muss erst das ~* (΄die elementaren Kenntnisse΄) *der Mathematik, des Schneiderns erlernen*

ab/Ab [ˈap..]**|-dichten,** dichtete ab, hat abgedichtet /jmd./ *etw. ~* ΄etw. dicht, undurchlässig machen΄; SYN dichten (1): *ein Fenster, eine Tür (mit Filzstreifen) ~* ❖ ↗ dicht; **-drehen** ⟨trb. reg. Vb.; hat/ist⟩ **1.** ⟨hat⟩ /jmd., Betrieb/ *etw. ~* SYN ΄etw. abstellen (3)΄; ↗ FELD VII.3.2: *das Wasser, Gas, den Strom*

~; ANT andrehen (1), anstellen (4) **2.** ⟨hat⟩ /jmd./ *etw. ~* SYN ΄etw. abstellen (4)΄; ANT andrehen, anschalten, einschalten (1.1): *das Radio, den Fernseher ~* (ANT anstellen 3); *er hat vergessen, den Heizofen abzudrehen; den Gashahn ~* **3.** ⟨hat⟩ fachspr. /jmd./ *etw. ~* ΄etw., bes. einen Film, zu Ende drehen΄ **4.** ⟨hat/ ist⟩ *das Schiff, Flugzeug drehte ab* (΄schlug einen anderen Kurs ein΄) ❖ ↗ drehen; **-druck, der** ⟨Pl. Abdrücke⟩ ΄nachgebildete Form, die durch das Drücken eines Gegenstands in eine weiche Masse entstanden ist΄: *den ~ eines Gebisses anfertigen* ❖ ↗ drucken

abend: ↗ Abend (1.2)

Abend [aːbn̩t], **der;** ~s, ~e [ˈaːbn̩də] **1.1.** ΄Teil des Tages von etwa Sonnenuntergang bis gegen Mitternacht΄; ANT Morgen (I); ↗ FELD VII.7.1: *er kommt am, gegen, jeden, am frühen, späten ~ nach Hause; im Laufe des ~s anrufen; am ~ des 3. April; er arbeitet drei ~e/an drei ~en in der Woche;* /in der kommunikativen Wendung/ *guten ~!* /als Gruß zur Abendzeit/ **1.2.** ΄am Abend (1.1)΄ /einem Temporaladv. od. der Bez. für einen Wochentag nachgestellt/; ANT Morgen: *heute, morgen, Sonntag A.* **1.3.** *zu ~ essen* (΄das Abendessen einnehmen΄) **2.** ΄Veranstaltung am Abend΄: *ein gelungener, ~ bunter ~*; vgl. *abend* ❖ **abendlich, abends − Abendbrot, Abendessen, Abendmahl, Feierabend, Heiligabend, Heimabend, Polterabend, Vorabend**

Abend [ˈ..]**|-brot, das** ⟨o.Pl.⟩ landsch. **1.** SYN ΄Abendessen (1)΄; ↗ FELD I.8.1: *das ~ stand auf dem Tisch; ~ essen* (΄das Abendessen 1 einnehmen΄) **2.** SYN ΄Abendessen (2)΄: *vor, nach dem ~* ❖ ↗ Abend, ↗ Brot; **-essen, das** ⟨o.Pl.⟩ **1.** ΄am Abend eingenommene Mahlzeit΄; SYN Abendbrot (1); ↗ FELD I.8.1: *das ~ einnehmen* **2.** ΄das (gemeinsame) Einnehmen der abendlichen Mahlzeit΄; SYN Abendbrot (2): *vor, nach dem ~* ❖ ↗ Abend, ↗ essen

abendlich [ˈ..] ⟨Adj.; o. Steig.; nur attr.⟩ ANT morgendlich; ↗ FELD VII.7.2 **1.1.** ΄zur Zeit des Abends΄: *die ~e Stille, Kühle; der ~e Berufsverkehr* **1.2.** ΄jeden Abend wiederkehrend΄ /vorw. auf Tätigkeiten bez./: *die ~e Skatrunde; sein ~er Spaziergang* ❖ ↗ Abend

Abend [ˈ..]**|-mahl, das** ⟨o.Pl.⟩ Rel. ev. ΄als Sakrament verstandene gottesdienstliche Handlung, bei der an Mitglieder der christlichen Gemeinde eine Oblate od. ein Stück Brot und ein Schluck Wein als (Symbol für) Leib und Blut Christi ausgeteilt werden΄; ↗ FELD XII.3.1: *zum ~ gehen* ❖ ↗ Abend, ↗ Mahl; **-rot, das;** ~s/~es, ⟨o. Pl.⟩ ΄roter Schein in der Gegend des Himmels, in der gerade die Sonne untergeht΄; ANT Morgenrot ❖ ↗ Abend, ↗ rot

abends [ˈaːbn̩ts] ⟨Adv.⟩ ΄am Abend, an jedem Abend΄; ANT morgens; ↗ FELD VII.7.2: *er liest ~ gern ein Buch; ~ sieht er fern;* ⟨oft mit Adv.best.⟩ *er liest ~ spät, spät ~; er kommt (um) acht Uhr ~, ~ (um) acht Uhr;* ⟨+ Präp. (von 2.2) bis⟩ *er arbeitete (von morgens) bis ~;* ⟨auch attr.; einem Subst. nachgestellt⟩ *der Spaziergang ~ tut ihm gut* ❖ ↗ Abend

MERKE Wird einem Adv., das einen Wochentag bezeichnet, nachgestellt: *dienstags abends*

Abenteuer ['ɑ:bn̩tɔiɐ], **das;** ~s, ~ **1.** ˈaußergewöhnliches, erregendes, oft mit Gefahren verbundenes Erlebnisˈ: *viele, seltsame, gefährliche* ~ *erleben* **2.** ˈmit Gefahr verbundenes Unternehmen (2), dessen Ausgang ungewiss istˈ: *diese Investition ist ein kühnes, riskantes* ~ **3.** ˈunverbindliches Liebeserlebnis bes. eines Mannesˈ: *er hatte viele kleine, viele kurze* ~ ❖ **abenteuerlich**

abenteuerlich ['..] ⟨Adj.; Steig. reg.; nicht bei Vb.⟩ **1.** ˈvoller Abenteuer (1)ˈ: *eine* ~*e Flucht, Reise* **2.** SYN ˈriskantˈ: *ein* ~*er Plan* ❖ ↗ **Abenteuer**

¹aber ['ɑ:bɐ] ⟨Konj.; koordinierend; verbindet zwei Hauptsätze, zwei Nebensätze, zwei Satzglieder od. Teile von Satzgliedern⟩ /adversativ/ **1.** ⟨die Glieder sind meist parallel angeordnet⟩ **1.1.** /gibt einen Gegensatz an, der durch die Glieder ausgedrückt ist/; SYN ²doch: *er ist groß,* ~ *sein Bruder ist klein; das Haus ist nicht schön,* ~ *groß (vgl. sondern); sie wäscht ab,* ~ *er schläft;* ⟨kann auch dem Satzglied, auf das es sich bezieht, nachgestellt sein⟩ SYN jedoch: *er ist groß, sein Bruder* ~ *ist klein; sie kam heute, er* ~ *schon gestern* **1.2.** ⟨oft in Korrelation mit *zwar*⟩ /gibt einen Gegensatz dadurch an, dass der, das Benannte unterschiedlich bewertet wird; der Wert des einen kann durch den Wert des anderen relativiert werden/; SYN (je)doch: *Fritz ist (zwar) klug,* ~ *faul; sie ist (zwar) sehr gründlich,* ~ *zu langsam; das Gerät ist (zwar) teuer,* ~ *(dafür) sehr stabil* **1.3.** ⟨oft in Korrelation mit *zwar*⟩ /gibt einen Gegensatz dadurch an, dass eine aus dem Inhalt des 1. Teilsatzes abzuleitende Folge negiert wird/; SYN ²allein, ²doch, jedoch: *er war (zwar) hundemüde,* ~ *er konnte nicht einschlafen; er war (zwar) völlig erschöpft,* ~ *er schleppte sich bis nach Hause* **2.** /der Gegensatz schränkt eine Schlussfolgerung ein/: *er ist sehr misstrauisch,* ~ *man kann es ihm nicht übelnehmen; er ist leichtsinnig,* ~ (SYN ¹allerdings) *er ist ja noch sehr jung; ich will Sie (ja) nicht beleidigen,* ~ *Ihr Buch ist schlecht* MERKE Zum Verhältnis von ¹aber (1.3) und *zwar*: ↗ **zwar** (Merke)

²aber ⟨Modalpartikel; unbetont; steht meist nicht am Satzanfang; bezieht sich auf den ganzen Satz; steht in Ausrufesätzen⟩ **1.** ⟨der Ausrufesatz ist ein Aussagesatz⟩ /drückt das Erstaunen, die Überraschung des Sprechers darüber aus, dass das Maß eines Sachverhalts über od. unter der Erwartung liegt/; SYN ²vielleicht (1): *das dauert* ~ *lange!; du bist* ~ *groß geworden!; das schmeckt* ~ *gut!; das ist* ~ *toll!; das war* ~ *auch ein Film!; das war* ~ *eine Reise!* **2.** ⟨der Ausrufesatz ist ein Aufforderungssatz⟩ /drückt mahnend die Ungeduld des Sprechers darüber aus, dass etw. immer noch nicht geschehen ist, obwohl er es erwartet hatte/ **2.1.** ⟨steht in Aufforderungssätzen mit *nun* als Einleitung⟩ *nun schlaft* ~ *endlich!; nun rafft euch* ~ *endlich mal auf!* **2.2.** ⟨steht einleitend in elliptischen Aufforderungssätzen⟩ *Aber schnell ins Bett!; Aber schnell nach Hause!* **3.** ⟨betont, wenn es allein steht; steht einleitend in einem Ausrufesatz⟩ /drückt in einem Dialog den Ärger des Sprechers über einen vorausgegangenen gegensätzlichen Sachverhalt aus/: ~, ~, *so was tut man doch nicht!;* ~ *was soll denn das!;* ~ *nein!*

³aber ⟨+ *ja* o.Ä.⟩ /als nachdrückliche positive Antwort auf eine Entscheidungsfrage, die man eigentlich für unnötig hält, weil man die darin enthaltene Erwartung als erfüllt ansieht/: *„Gehst du morgen mit uns ins Kino?" „Aber ja!"; „Hast du schon bezahlt?" „Aber natürlich!";* „~ *ja!"* MERKE Zum Unterschied von ²aber (1) und dem bedeutungsähnlichen ²ja (2): ²aber (1) drückt das Erstaunen über den hohen Grad eines Sachverhalts aus, ²ja (2) lediglich darüber, dass der Sachverhalt besteht: *das dauert* ~ *lange* (ˈes dauert sehr langeˈ)!; *das dauert ja lange* (ˈes dauert langeˈ)!

Aber/aber ['ɑ:bɐ..]|**-glaube, der** ˈirriger Glaube an das Wirken vermeintlich übernatürlicher, phantastischer Kräfteˈ; ↗ FELD XII.1.1 ❖ ↗ Glaube; **-gläubisch** [glɔib..] ⟨Adj.; Steig. reg., ungebr.; nicht bei Vb.⟩ ˈvoller Aberglaubeˈ; ↗ FELD XII.1.3: *er ist ein* ~*er Mensch, ist* ~ ❖ ↗ Glaube; **-mals** [..mɑːls] ⟨Adv.⟩ ˈnoch einmalˈ: *er versuchte es* ~ ❖ ↗ Mal

ab/Ab |**-ernten,** erntete ab, hat abgeerntet /jmd., Betrieb/ *etw.* ~ **1.1.** ˈetw. völlig erntenˈ: *das Getreide* ~ **1.2.** ˈetw. durch Ernten völlig leer von Früchten machenˈ: ⟨vorw. adj. im Part. II⟩ *abgeerntete Felder, Obstgärten* ❖ ↗ ernten; **-fahren** (er fährt ab), fuhr ab, hat/ ist abgefahren **1.** ⟨ist; vorw. mit Adv.best.⟩ ANT ankommen **1.1.** /Fahrzeug, jmd./ ˈdie Fahrt beginnenˈ; SYN losfahren (1); ↗ FELD VIII.1.2: *der Zug fährt in fünf Minuten, gleich, von Bahnsteig A ab;* vgl. anfahren (1) **1.2.** /jmd./ SYN ˈabreisenˈ: *unser Besuch fährt morgen wieder ab* **2.** ⟨hat⟩ /jmd./ *etw.* ~ ˈetw., bes. eine zusammenhängende Masse, mit einem Fahrzeug irgendwohin bringenˈ; ANT anfahren (3): *Schutt, Müll, Schnee* ~ **3.** ⟨hat; vorw. im Pass.⟩ /Fahrzeug/ *jmdm. etw.* ~ ˈjmdm. einen Körperteil, bes. Arm, Bein, durch Überfahren vom Körper trennenˈ: *bei einem Unfall wurde ihm (von der Straßenbahn) ein Bein, eine Hand abgefahren* ❖ ↗ fahren; **-fahrt, die 1.** ⟨vorw. Sg.⟩ /zu abfahren 1/ ˈdas Abfahrenˈ; /zu 1.1/ ↗ FELD VIII.1.1: *Vorsicht bei* ~ *des Zuges!* **2.** ˈStraße, auf der die Autobahn verlassen werden kannˈ; SYN Ausfahrt (2); ANT Auffahrt **3.** ˈmeist steil abwärts führende Fahrt auf Skiern, auf einem Fahrradˈ: *eine schnelle, rasende* ~ ❖ ↗ fahren; **-fall, der 1.** ˈmeist unbrauchbare Reste, die bei der Zubereitung, Herstellung von etw. entstehenˈ: *die Abfälle, den* ~ *in den Mülleimer werfen* **2.** ⟨o.Pl.⟩ **2.1.** ˈdas Abfallen (5)ˈ; ANT Anstieg: *der* ~ *der Leistung, der Konzentration* **2.2.** ˈdas Abfallen (4)ˈ: *der* ~ *des Drucks* ❖ ↗ fallen; **-fallen** (er fällt ab), fiel ab, ist abgefallen **1.** /etw./ ˈsich von etw. ablösen und herunterfallenˈ: *der Putz fällt (von der Wand) ab* **2.** *etw. fällt für jmdn. ab* ˈjmd. erhält neben der eigentlichen Tätigkeit etw. für sich zum Nutzen,

Vorteil': *für ihn fielen dabei ein paar Mark, Theaterkarten ab* **3.** ⟨oft mit Adv.best.⟩ /etw./ ˈschräg nach unten verlaufen': *dort hinten fällt die Straße steil ab* (ANT ansteigen 1); *abfallende Schultern* **4.** /etw./ ˈabnehmen, sich verringern'; ANT ansteigen (3): *der Druck, die Temperatur ist abgefallen* **5.** /etw./ ˈschlechter werden': *die Leistungen des Schülers sind am Ende des Schuljahres sehr abgefallen; sein zweiter Film fällt gegen den ersten ab* (ˈist schlechter als der erste') ❖ ↗ fallen; **-fällig** ⟨Adj.; Steig. reg.⟩ SYN ˈgeringschätzig' /vorw. auf Äußerungen bez./: *eine ~e Bemerkung, Kritik; sich ~ über jmdn, äußern*; **-fangen** (er fängt ab), fing ab, hat abgefangen /jmd./ **1.1.** *jmdn., etw.* ~ ˈjmdn., etw. auf dem Weg zu seinem Bestimmungsort in seine Gewalt bekommen und nicht weiter gelangen lassen': *einen Agenten, Brief* ~ **1.2.** *den Briefträger* ~ (ˈirgendwo auf ihn warten und ihm direkt die Postsendung abverlangen') ❖ ↗ fangen; **-fassen**, fasste ab, hat abgefasst /jmd./ *etw.* ~ ˈeinen Text schriftlich formulieren': *ein Testament, einen Kaufvertrag* ~ ❖ ↗ fassen (5); **-fertigen** ⟨trb. reg. Vb.; hat⟩ **1.** /jmd./ *etw.* ~ ˈetw. zum Versand Bestimmtes nehmen und es abschicken': *Pakete, Expressgut* ~ **2.** /jmd., Institution/ *jmdn.* ~ ˈjmds. Angelegenheiten, bes. Formalitäten, die zu seiner Beförderung dienen, an einer bestimmten Stelle offiziell erledigen': *die Reisenden, Fluggäste wurden (vom Zoll) schnell, zügig abgefertigt* **3.** ⟨vorw. mit Adv.best.⟩ /jmd./ *jmdn.* ~ ˈjmdn., der mit einem Anliegen zu jmdm. kommt, unfreundlich und abweisend behandeln': *jmdn. kurz, schroff, scharf, an der Tür* ~ ❖ ↗ fertig; **-finden**, fand ab, hat abgefunden **1.** /jmd., Institution/ *jmdn.* ~ ˈjmds. rechtliche Ansprüche meist durch eine einmalige Zahlung erfüllen': *man hat ihn (mit Geld) abgefunden* **2.** /jmd./ *sich mit etw.* ~ ˈsich in etw. fügen (3.2)': *er hat sich mit seinem Schicksal, seiner Lage, damit abgefunden* ❖ ↗ finden; **-flauen** [flɑuən] /etw./ SYN ˈnachlassen (1.1)'; ANT zunehmen: *der Sturm, Verkehr flaute ab; seine Liebe, Begeisterung ist abgeflaut* ❖ ↗ flau; **-fliegen**, flog ab, ist abgeflogen /Luftfahrzeug, jmd./ ˈden Flug beginnen'; SYN starten (1); ANT landen; ↗ FELD VIII.1.2: *das Flugzeug flog pünktlich ab* ❖ ↗ fliegen; **-flug, der** ⟨vorw. Sg.⟩ SYN ˈStart (1)'; ANT Landung; ↗ FELD VIII.2.1: *der ~ der Maschine nach N wird um 30 Minuten verschoben* ❖ ↗ fliegen; **-fluss, der** ˈStelle, Vorrichtung zum Abfließen des Wassers': *der ~ der Badewanne ist verstopft* ❖ ↗ fließen; **-fragen** ⟨trb. reg. Vb.; hat⟩ /jmd., bes. Lehrer/ **1.1.** *jmdn. etw./* auch *jmdm. etw.* ~ ˈdie Beherrschung von etw. Gelerntem durch gezieltes Fragen, bes. von Schülern, prüfen'; SYN abhören (1.1): *der Lehrer fragte die Schüler, den Schülern das Gedicht, die Formeln ab; Vokabeln* ~ **1.2.** *jmdn.* ~ ˈjmdn., bes. einen Schüler, Gelerntes wiedergeben lassen, um zu prüfen, ob er es beherrscht'; SYN

abhören (1.2): *die Schüler* ~ ❖ ↗ fragen; **-fuhr** [fuːɐ̯], **die**: *jmdm. eine ~ erteilen* (ˈschroff zurückweisen'); *sich* ⟨Dat.⟩ *eine ~ holen* (ˈschroff zurückgewiesen werden') ❖ ↗ fahren; **-führen** ⟨trb. reg. Vb.; hat⟩ **1.** /jmd./ *jmdn.* ~ ˈjmdn. mitnehmen und in polizeilichen Gewahrsam nehmen': *der Polizist führte den Einbrecher ab; der Angeklagte, Verhaftete wurde abgeführt* **2.** /Betrieb o.Ä., jmd./ *etw. an etw.* ~ ˈAbgaben an eine (staatliche) Institution zahlen': *der Betrieb führt seinen Gewinn an den Staatshaushalt ab* **3.** /etw./ ˈden Stuhlgang beschleunigen'; ANT stopfen (2.3): *Pflaumen, Feigen führen ab* ❖ ↗ führen; **-füllen** ⟨trb. reg. Vb.; hat⟩ /jmd., Betrieb/ *etw. in etw.* ~ ˈetw. aus einem größeren Behälter in einen kleineren füllen': *Wein in Flaschen* ~ ❖ ↗ füllen; **-gabe, die 1.** ⟨vorw. Sg.⟩ /zu abgeben 1,2,7/ ˈdas Abgeben'; /zu 1/: *die ~ einer schriftlichen Arbeit*; /zu 7/: *die ~ einer Erklärung, eines Versprechens* **2.** ⟨vorw. Pl.⟩ ˈan eine staatliche Institution zu zahlende Gelder': *öffentliche, hohe ~n* ❖ ↗ geben; **-gang, der** ⟨o. Pl.⟩ /zu abgehen 1 u. 2/ ˈdas Abgehen'; /zu 1/; ↗ FELD I.7.2.1: *kurz vor ~ des Zuges* ❖ ↗ gehen; **-gas, das** ⟨vorw. Pl.⟩ ˈbei einem technologischen Verbrennungsprozess austretendes Gemisch aus Gasen' ❖ ↗ Gas; **-geben** (er gibt ab), gab ab, hat abgegeben **1.** /jmd./ *etw. bei jmdm., irgendwo* ~ SYN ˈetw. jmdm. aushändigen': *das Paket beim Nachbarn, im Haus* ~; *der Aufsatz muss bis Montag abgegeben* (ˈabgeliefert') *werden; Blumen, einen Brief* ~ **2.** /jmd./ *etw. irgendwo* ~ ˈetw., bes. Gepäck, irgendwo zur Aufbewahrung geben': *den Koffer in der Gepäckaufbewahrung* ~ **3.** /jmd./ *jmdm. etw., jmdm. von etw.* ~ ˈjmdm. einen Teil von etw. schenken': *er gab ihm Bonbons, gab ihm von seinem Kuchen ab* **4.** /jmd./ *etw.* ~ ˈetw., bes. etw. Gebrauchtes, verkaufen': *einen Fernseher, Schrank billig* ~ **5.** ⟨oft im Futur⟩ /jmd./ *jmdn., etw.* ~: *er gibt einen guten Vater, wird einen tüchtigen Handwerker* ~ (ˈbesitzt die Fähigkeit, ein guter Vater zu sein, einmal ein tüchtiger Handwerker zu werden') **6.** ⟨+ Adv.best.⟩ /jmd./ *sich mit jmdm., etw.* ~ ˈsich mit jmdm., etw. beschäftigen': *er gibt sich viel mit seinem Sohn, Hobby ab* **7.** /abgeblasst in Verbindung mit best. Subst., z. B./: /jmd./ *eine* ↗ *Erklärung* ~; /jmd./ *ein* ↗ *Urteil (über etw.)* ~; /jmd./ *eine* ↗ *Versicherung* ~; /jmd./ *ein* ↗ *Versprechen* ~ ❖ ↗ geben; MERKE Zu *abgeben* (5): Zum Akk.obj. tritt immer ein Adj.; **-gebrannt** [gəbʀant] ⟨Adj.; o. Steig.; nur präd.; ↗ auch *abbrennen*⟩ umg. /jmd./ ~ *sein* ˈkein Geld mehr haben': *er war völlig* ~; **-gebrüht** [gəbʀyːt] ⟨Adj.; Steig. reg.⟩ umg. ˈdurch Lebensumstände psychisch unempfindlich' /auf Personen bez./: *er ist ein ~er Mensch, ist* ~ ❖ ↗ brühen; **-gedroschen** [gədʀɔʃn̩] ⟨Adj.; o. Steig.; nicht bei Vb.⟩ umg. ˈallzu oft gebraucht und daher nur noch wenig wirkungsvoll' /auf Sprachliches bez./: *~e Redensarten, Worte, Phrasen* ❖ ↗ dreschen; **-gefeimt** [gəfaimt] ⟨Adj.; Steig. reg.; vorw. attr.⟩ ˈdurchtrieben, raffiniert' /auf Personen bez./: *er ist ein ~er Lügner*; **-gehen**, ging ab, ist abgegangen **1.**

⟨vorw. mit Adv.best.⟩ /Verkehrsmittel, bes. Zug/ SYN ˈabfahren (1)ˈ; ANT ankommen: *der Express, Dampfer geht gleich, in zehn Minuten ab* **2.** *der Schüler ist nach der achten Klasse abgegangen (*ˈ*hat nach der achten Klasse die Schule beendet*ˈ*)* **3.** ⟨+ lok. Adv.best.⟩ /etw., bes. Weg/ SYN ˈabzweigen (1)ˈ: *dort, links geht ein Weg, eine kleine Straße (von der Hauptstraße, nach N) ab* **4.** /etw., bes. Befestigtes, Haftendes/ SYN ˈsich ablösen (2)ˈ: *der Knopf, Absatz, Henkel, das Rad ist abgegangen* **5.** ⟨vorw. im Prät., Perf.⟩ /etw. (vorw. das, es)/ *irgendwie* ~ ˈirgendwie verlaufen, endenˈ; ↗ FELD VII.3.2: *das ging noch einmal gut ab, ist nicht ohne Streit abgegangen* **6.** /etw., bes. Fähigkeit/ *jmdm.* ~ SYN ˈjmdm. mangeln (I.1)ˈ; ANT besitzen (2): *ihm geht jedes Verständnis, Interesse dafür, die Erfahrung ab* ❖ ↗ gehen; **-geklärt** [gəklɛːɐt] ⟨Adj.; Steig. reg.; vorw. attr.⟩ ˈdurch Lebenserfahrung besonnen und weise gewordenˈ: *auf Personen bez.*/: *ein* ~*er Mensch* ❖ ↗ klar; **-gelegen** [gəleːgn̩] ⟨Adj.; Steig. reg.; vorw. attr.⟩ SYN ˈentlegenˈ /bes. auf Gebäude bez.*/: *ein* ~*es Haus, Dorf*; *das Zimmer befindet sich in einem* ~*en Winkel des Hauses* ❖ ↗ liegen; **-geneigt** [gənɑɪkt] ⟨Adj.; Steig. reg., ungebr.; nicht bei Vb.; vorw. präd. u. verneint⟩ /jmd./ *etw.* ⟨Dat.⟩ ~ *sein* ˈsich zu etw. ablehnend verhaltenˈ: *einem Plan, einer Idee nicht* ~ *sein; nicht* ~ *sein, etw Bestimmtes zu tun* ❖ ↗ neigen; **-geordnete** [gəɔʀtnətə]**, der** u. **die**; ~n, ~n (↗ TAFEL II) ˈgewähltes Mitglied einer Volksvertretung, eines Parlamentsˈ; SYN Volksvertreter: *die* ~*en wählen* ❖ ↗ ordnen; **-gerissen** ⟨Adj.; o. Steig.; ↗ auch abreißen⟩ **1.** ˈsehr abgenutzt (und zerrissen)ˈ /auf Kleidung o.Ä. bez./: *ein* ~*er Mantel, Anzug;* ~*e Kleidung* **2.** *er sieht* ~ *aus* (ˈträgt abgerissene 1 Kleidungˈ; ↗ FELD I.17.3) ❖ ↗ reißen; **-gesehen** [gəzeːən]; ↗ auch absehen (3) /fügt ein Wort, eine Wortgruppe an einen Satz an od. in einen Satz ein/ **1.** ~ *von etw., von etw.* ~ ˈmit Ausnahme von etw.ˈ /dient zur Einschränkung, gibt eine Ausnahme an/: *der Zug fährt jeden Tag,* ~ *von den Feiertagen; er hat sich, von einigen anfänglichen Schwierigkeiten* ~*, schnell eingearbeitet* **2.** ~ *davon/ davon* ~ /leitet einen Satz ein, dessen Inhalt sich unmittelbar auf einen vorangegangenen Satz bezieht/ ˈaußerdemˈ: *er hatte gestern keine Zeit, ins Kino zu gehen. Abgesehen davon, davon* ~ *hatte er keine Lust dazu* ❖ ↗ sehen; **-gespannt** ⟨Adj.; Steig. reg.; nicht attr.⟩ ˈdurch Anstrengung ermüdetˈ; SYN k.o. (2) /auf Personen bez./: *er war* ~*, fühlte sich* ~*; du siehst sehr* ~ (SYN ˈmüde 1ˈ) *aus* ❖ ↗ spannen; **-gewöhnen** ⟨trb. reg. Vb.; hat⟩ /jmd./ *sich* ⟨Dat.⟩*, jmdm. etw.* ~ ˈsich, jmdn. dazu bringen, eine vorw. schlechte Gewohnheit abzulegenˈ; ANT angewöhnen (1.1): *er hat sich das Rauchen abgewöhnt* ❖ ↗ gewöhnen; **-göttisch** [gœt..] ⟨Adj.; o. Steig.; nicht präd.⟩ /beschränkt verbindbar/: *jmdn.* ~ (ˈmit überaus großer Zuneigungˈ) *lieben, verehren; mit* ~*er* (ˈüberaus großerˈ) *Liebe an jmdm. hängen* ❖ ↗ Gott; **-grasen** ⟨trb. reg. Vb.; hat⟩ umg. /jmd./

etw. nach etw. ~ ˈetw., bes. Geschäfte, nach etw. absuchenˈ: *er hat alle Läden, die ganze Stadt (nach einem geeigneten Geschenk) abgegrast* ❖ ↗ Gras; **-grenzen** ⟨trb. reg. Vb.; hat⟩ **1.** ⟨vorw. im Pass. u. adj. im Part. II⟩ /etw. als Markierung Geeignetes/ *etw. gegen/von etw.* ~ ˈetw. in seiner Grenze, seinen Grenzen gegenüber etw. Danebenliegendem festlegenˈ: *die Hecke grenzt den Garten gegen das, vom Nachbargrundstück ab; der Garten wird, ist durch eine Hecke abgegrenzt* **2.** ⟨vorw. adj. im Part. II⟩ /jmd./ *etw.* ~ ˈetw. in seiner Spezifik gegenüber anderem verbindlich bestimmenˈ: *die Aufgabenbereiche, Befugnisse der Mitarbeiter genau* ~; *ihre Pflichten, Rechte sind (gegeneinander) abgegrenzt* **3.** /jmd./ *sich von etw.* ~ ˈseinen unterschiedlichen Standpunkt zu etw. betonenˈ: *sich von jmds. Auffassungen* ~ ❖ ↗ Grenze; **-grund, der** ˈübermäßig große und meist gefährliche Tiefe bes. einer Schluchtˈ; ↗ FELD IV.1.1: *in einen* ~ *stürzen; am Rande eines* ~*s stehen* ❖ ↗ Grund; **-guss, der** bild. Kunst ˈoriginalgetreue Kopie einer Plastik, zu deren Herstellung zunächst flüssiges, dann erstarrendes Material in eine Form gefüllt wirdˈ: *einen* ~ *herstellen* ❖ ↗ gießen; **-halten** (er hält ab), hielt ab, hat abgehalten **1.** /jmd., etw./ *jmdn. von etw.* ~ ˈbewirken, dass jmd. etw. nicht tutˈ: *er versuchte vergebens, ihn von dem unsinnigen Verhalten, der Dummheit abzuhalten; er ließ sich nicht davon* ~*, von niemandem* ~ **2.** /jmd./ *etw.* ~ ˈetw., bes. eine Veranstaltung, stattfinden lassenˈ; SYN veranstalten: *eine Versammlung, Konferenz* ~; *einen Kursus, Gottesdienst* ~; *eine internationale Tagung* ~ (SYN ˈveranstaltenˈ) ❖ ↗ halten; **-handen** [ˈhandn̩] /etw./ ~ *kommen* ˈverloren gehenˈ: *das Buch, den Schlüssel ist (mir)* ~ *gekommen* ❖ ↗ Hand; **-handlung, die** ˈlängere schriftliche, bes. wissenschaftliche Beschreibung der Problematik eines bestimmten Themasˈ: *eine grundlegende* ~ *über etw. schreiben, verfassen*; vgl. Schrift ❖ ↗ handeln; **-hang, der** ˈabfallende (3) Seite einer Erhebung im Geländeˈ; SYN Hang (1): ↗ FELD IV.2.1: *ein steiler, bewaldeter* ~ ❖ ↗ ¹hängen; **-hängen**, hing ab, hat abgehangen **1.** /etw./ *von etw., jmdm.* ~ ˈdurch etw.ˈ, jmdn. in bestimmter Hinsicht bedingt werdenˈ: *die Durchführung des Plans hängt von den Umständen, dem Wetter ab; das, deine Zukunft hängt von dir, deinem Fleiß ab* **2.** ⟨vorw. mit Adj.⟩ /etw., bes. Staat, jmd./ *von etw., jmdm.* ~ ˈvon etw., jmdm. abhängig (1) seinˈ: *das Land hängt politisch, ökonomisch von seinen Nachbarstaaten ab; er hängt finanziell von seinen Eltern ab* ❖ abhängig, unabhängig, Unabhängigkeit; vgl. hängen; **-hängig** [hɛŋɪç] ⟨Adj.⟩ **1.** ⟨Steig. reg.; vorw. präd.⟩ /etw., bes. Staat, jmd./ *von etw., jmdm.* ~ *sein* ˈohne die Unterstützung, Hilfe von etw., jmdm. nicht existieren könnenˈ: *der Staat ist wirtschaftlich, ökonomisch von niemandem* ~ **2.** ⟨o. Steig.; vorw. präd.⟩ /etw./ *von etw.* ~ *sein* ˈdurch etw. in bestimmter Hinsicht bedingt seinˈ: *die Durchführung des Plans, das ist von den Umständen, dem Wetter* ~ **3.** /jmd./ *etw. von etw.* ~ *machen*

ʽetw. zur Bedingung von etw. machen': *sie machten ihre Teilnahme vom Wetter* ~ ❖ ↗ abhängen; **-hauen**, hieb ab /umg. haute ab, hat/ist abgehauen **1.** ⟨hieb ab/ umg. haute ab; hat⟩ /jmd./ *etw.* ~ SYN ʽetw. abschlagen (1)': *Äste mit dem Beil* ~ **2.** ⟨haute ab; ist⟩ umg. /jmd./ ʽheimlich und plötzlich weggehen': *er ist über Nacht (mit dem Geld) abgehauen* ❖ zu 1: ↗ hauen; **-heben**, hob ab, hat abgehoben **1.** /jmd./ *etw.* ~ ʽetw. durch Anheben von der Stelle entfernen, wo es seinen festen Platz hat'; SYN abnehmen (1): *den Deckel (vom Topf)* ~; *den Hörer* ~ (ANT auflegen 1) **2.** /jmd./ *Geld* ~ ʽsich von seinem Konto Geld auszahlen lassen'; ANT einzahlen: *er hat gestern 100 Mark (von seinem Konto) abgehoben* **3.1.** /etw./ *sich von, gegen etw.* ~ ʽsich optisch deutlich von seinem Hintergrund unterscheiden': *die Türme der Stadt hoben sich vom, gegen den Abendhimmel ab* **3.2.** /jmd./ *sich von jmdm., gegen jmdn.* ~ ʽsich von jmdm., einer Gruppe deutlich unterscheiden'; SYN abstechen (1.2): *er hob sich in seinen Leistungen von der Klasse ab; sie hob sich durch ihre Bescheidenheit sehr von den anderen ab* **3.3.** /etw./ *sich von etw., gegen etw.* ~ ʽsich deutlich von etw. in der Qualität unterscheiden'; SYN abstechen (1.1): *sein neues Buch, seine neuen Lieder heben sich von den, gegen die ersten sehr vorteilhaft ab* ❖ ↗ heben; **-hilfe, die** ⟨o. Pl.⟩ ʽBeseitigung eines unangenehmen Zustands': *schnelle* ~ *versprechen, schaffen; für sofortige* ~ *sorgen* ❖ ↗ helfen; **-holen** ⟨trb. reg. Vb.; hat⟩ **1.** /jmd./ *etw. irgendwo* ~ ʽetw., das für jmdn. bereitgehalten wird, an der dafür vorgesehenen Stelle in Empfang nehmen': *ein Einschreiben (von der Post)* ~; *bestellte Theaterkarten an der Kasse* ~ **2.** ⟨vorw. mit Adv.best.⟩ /jmd./ *jmdn.* ~ ʽjmdn. an einem vereinbarten Ort treffen und mit ihm irgendwohin gehen': *jmdn. am Bahnhof, von der Schule, zum Spaziergang* ~ ❖ ↗ holen; **-hören** ⟨trb. reg. Vb.; hat⟩ /jmd., bes. Lehrer/ **1.1.** *jmdn. etw./auch jmdm. etw.* ~ SYN ʽjmdn. etw. abfragen (1.1)': *er hörte ihn, ihm die Vokabeln ab; ein Gedicht* ~ **1.2.** *jmdn.* ~ SYN ʽjmdn. abfragen (1.2)': *die Schüler* ~; ⟨rez.⟩ *die Schüler hörten sich (gegenseitig) ab* **3.** /jmd., bes. Arzt/ *jmdn., etw.* ~ ʽjmdn., ein inneres Organ untersuchen, indem man Geräusche im Körper mit dem Gehör prüft': *der Arzt hörte den Patienten, das Herz ab* **4.** /jmd., Institution/ *Telefongespräche* ~ (ʽheimlich mithören') ❖ ↗ hören

Abi [ˈabi], **das**; ~s, ~s ⟨vorw. Sg.⟩ /Kurzw. für ↗ *Abitur*/ ❖ ↗ **Abitur**

Abitur [abiˈtuːɐ], **das**; ~s, ~e ⟨vorw. Sg.⟩; ↗ auch *Abi* ʽAbschlussprüfung, die zur Aufnahme eines Studiums an einer Hochschule berechtigt': *das mündliche, schriftliche* ~; *das* ~ *machen, bestehen* ❖ **Abi, Abiturient, Abiturientin**

Abiturient [abituˈʀiɛnt], **der**; ~en, ~en ʽSchüler kurz vor dem, im und nach dem Abitur' ❖ ↗ **Abitur**

Abiturientin [abituˈʀiɛntɪn], **die**; ~, ~nen /zu *Abiturient*; weibl./ ❖ ↗ **Abitur**

ab/Ab [ˈap..]‖**-kapseln** [kapsl̩n], **sich** ⟨trb. reg. Vb.; hat⟩ /jmd./ *sich von etw., jmdm.* ~ ʽsich von etw., jmdm. völlig absondern': *er hat sich von der Umwelt, seiner Familie, seinen Kollegen abgekapselt* ❖ ↗ Kapsel; **-kaufen** ⟨trb. reg. Vb.; hat⟩ **1.** /jmd./ *jmdm. etw.* ~ ʽvon jmdm. etw. kaufen (1)'; ANT verkaufen (1): *er hat ihm sein altes Auto abgekauft* **2.** ⟨vorw. verneint⟩ umg. /jmd./ *jmdm. etw.* ~ ʽjmdm. etw. glauben': *diese Ausrede, Geschichte kaufe ich dir nicht ab; hat er ihm das abgekauft?* ❖ ↗ Kauf; **-klatsch, der** ⟨Pl. ~e; vorw. Sg.⟩ ʽvöllig unselbständige und meist schlechte Nachahmung eines Vorbilds': *das Gemälde ist ein* ~ *der Wirklichkeit, Natur*; vgl. Abbild, Spiegelbild (2); **-klingen**, klang ab, ist abgeklungen **1.** /Geräusch/ ʽallmählich leiser werden': *der Lärm, das Geschrei klang ab* **2.** /etw./ SYN ʽnachlassen (1.1)': *das Fieber, der Frost, seine Erregung klingt ab; der Schmerz klingt ab* (ANT ʽnimmt zu', ↗ zunehmen 1.2); *die Epidemie ist im Abklingen; eine* ~*de Begeisterung, Leidenschaft* ❖ ↗ klingen; **-klopfen** ⟨trb. reg. Vb.; hat⟩ **1.** /jmd./ *etw. von etw.* ~ ʽetw. durch Klopfen (3) von etw. entfernen': *den Schnee vom Mantel* ~; *den Putz* ~ **2.** /jmd./ *etw.* ~ ʽetw. durch Klopfen (1) mit etw. untersuchen': *die Mauer (mit dem Hammer)* ~ **3.** /jmd., bes. Arzt/ *den Rücken* ~ (ʽdurch Klopfen auf den Rücken im Brustkorb befindliche Organe untersuchen') ❖ ↗ klopfen; **-knöpfen** ⟨trb. reg. Vb.; hat⟩ **1.** /jmd./ *etw.* ~ ʽetw., das an etw. geknöpft ist, von den Knöpfen lösen'; ↗ FELD I.7.6.2: *die Kapuze (vom Anorak)* ~ **2.** umg. /jmd./ *jmdm. etw.* ~ ʽjmdn. dazu bringen, dass er ihm gegen seinen Willen etw., bes. Geld, gibt': *er hat seinem Vater zehn Mark abgeknöpft* ❖ ↗ Knopf; **-kochen** ⟨trb. reg. Vb.; hat⟩ *etw.* ~ ʽetw., bes. Flüssiges, durch Kochen keimfrei machen': *Trinkwasser* ~; *abgekochte Milch* ❖ ↗ Koch; **-kommandieren**, kommandierte ab, hat abkommandiert /jmd., Institution/ *jmdn.* ~ ʽjmdn. durch einen militärischen Befehl dienstlich vorübergehend zur Erfüllung einer bestimmten Aufgabe an einen bestimmten Ort entsenden': ⟨vorw. im Pass.⟩ *er wurde nach N abkommandiert* ❖ ↗ Kommando; **-kommen**, kam ab, ist abgekommen **1.** /jmd./ *von etw.* ~ ʽsich, ohne es zu wollen, von etw., bes. von der eingeschlagenen Richtung, entfernen': *vom Weg, Kurs, von der Fahrbahn* ~ **2.** /jmd./ *von etw.* ~ SYN ʽvon etw. abschweifen': *vom Thema* ~ **3.** /jmd./ *von etw.* ~ ʽetw., bes. ein Vorhaben, oft nach einigem Zögern aufgeben': *er ist von dem Plan, Gedanken abgekommen* ❖ ↗ kommen; **-kommen, das**; ~s, ~ ʽVertrag, meist zwischen zwei od. mehreren Staaten auf der Grundlage gegenseitiger Übereinstimmung': *ein* ~ *(ab)schließen, unterzeichnen* ❖ ↗ kommen; **-kömmlich** [kœm..] ⟨Adj.; o. Steig.; nicht bei Vb.; vorw. präd. (nur mit *sein*); vorw. mit Adv.best.⟩ /jmd./ ~ *sein* ʽin der Lage sein, sich von seiner Tätigkeit, Pflicht freizumachen': *er ist im Moment nicht, nur für zwei Stunden* ~ ❖ ↗ kommen; **-kühlen** ⟨trb. reg. Vb.; ist⟩ /etw./ ʽkühl(er) werden'; ↗ FELD VI.5.2: *die*

Suppe, der Motor muss erst ~; *die Luft ist abgekühlt;* METAPH *seine Begeisterung kühlte bald ab;* ⟨hat⟩ *sich* ~: *das Wasser, die Luft hat sich schnell abgekühlt;* METAPH *ihre Beziehungen haben sich abgekühlt* ❖ ↗ kühl; **-kürzen** ⟨trb. reg. Vb.; hat⟩ /jmd./ *etw.* ~ ˈetw., bes. ein Wort, eine Gruppe von Wörtern, in Schrift, Druck, Sprache in eine kürzere, knappere Form bringenˈ: *ein Wort, einen Namen* ~ ❖ ↗ kurz; **-kürzung** [KYRts..], **die;** ~, ~en; ABK: Abk. ˈfür ein Wort stehender einzelner Buchstabe, für mehrere Wörter stehende einzelne Buchstaben in Schrift, Druck, Spracheˈ: *im Anhang des Werks befindet sich ein Verzeichnis der verwendeten* ~*en* ❖ ↗ kurz; **-laden** (er lädt ab), lud ab, hat abgeladen /jmd./ **1.1.** *etw.* ~ ˈeine Ladung, Fracht von einem Fahrzeug herunternehmenˈ; ANT aufladen (1): *Kohlen, Säcke, Gepäck* ~ **1.2.** *etw.* ~ ˈein Fahrzeug durch Herunternehmen der Ladung, Fracht leer machenˈ: *einen Lastwagen, Waggon* ~ ❖ ↗ laden; **-lagern** ⟨trb. reg. Vb.; hat/ist⟩ **1.** ⟨hat⟩ /etw., bes. fester Stoff in einer Flüssigkeit/ *sich irgendwo* ~ ˈan irgendeiner Stelle bleiben und sich dort ansammelnˈ: *Kalk lagert sich in den Arterien ab* **2.** ⟨ist/ hat; vorw. im Perf. u. adj. im Part. II⟩ /etw., z. B. Tabak, Wein/ ˈdurch meist langes Lagern an Güte (3) zunehmenˈ: *die Zigarren sind, haben gut abgelagert; abgelagerte Weine* ❖ ↗ liegen; **-lassen** (er lässt ab), ließ ab, hat abgelassen **1.** /jmd./ *etw.* ~ ˈFlüssigkeit, bes. Wasser, aus etw. abfließen lassenˈ: *das Wasser (aus der Wanne)* ~ (ANT einlassen 2); *Öl (aus dem Motor)* ~ **2.** /jmd./ *etw.* ~ ˈetw., bes. ein Behältnis, durch Ablassen (1) leerenˈ: *einen Teich, Kessel* ~ **3.** /jmd./ *jmdm. etw.* ~ ˈjmdm. etw. aus Gefälligkeit (zu einem niedrigen Preis) verkaufenˈ: *er ließ ihm das Fahrrad billig ab* **4.** /jmd./ *von etw.* ~ ˈetw. aufgeben, nicht mehr verfolgen (7)ˈ: *er ließ (nicht, nur schwer) von seiner Absicht, Idee, Gewohnheit ab* ❖ ↗ lassen; **-lauf, der 1.** SYN ˈVerlauf (1)ˈ; ↗ FELD X.1: *der* ~ *der Ereignisse, des Unterrichts; den reibungslosen, zügigen* ~ *des Programms sichern; im* ~ *einer Rede, eines Musikstücks* **2.** ⟨o. Pl.⟩ *nach, vor, mit* ~ *einer Zeitspanne* ˈnach, vor, mit dem Enden einer Zeitspanneˈ: *nach, vor* ~ *der Frist* ❖ ↗ laufen; **-laufen** (er läuft ab), lief ab, hat/ist abgelaufen **1.** ⟨ist⟩ /Flüssigkeit, bes. Wasser/ SYN ˈabfließenˈ: *das Wasser aus der Badewanne* ~ (ANT einlaufen) *lassen; das Regenwasser läuft nur langsam ab* **2.** ⟨ist⟩ /etw./ *irgendwie* ~ ˈirgendwie verlaufen (6)ˈ; ↗ FELD X.2: *das Programm lief reibungslos, zügig ab; alles ist gut abgelaufen* (ˈausgegangenˈ) **3.** ⟨ist⟩ /etw., bes. festgesetzte Zeitspanne/ ˈzu Ende gehenˈ: *die Frist, der Urlaub, das Ultimatum läuft ab; der Paß, das Visum läuft ab* (ˈwird ungültigˈ); *seine Amtszeit läuft ab* (SYN ˈläuft aus, ↗ auslaufen 3ˈ), *ist abgelaufen* **4.** ⟨ist/hat⟩ /jmd./ *etw.* ~ ˈeine Anzahl von Orten, Einrichtungen nacheinander aufsuchen und dort nach etw. fragen, suchenˈ: *ich bin, habe alle Läden, die ganze Gegend danach abgelaufen* **5.** ⟨hat; vorw. adj. im Part. II⟩ /jmd./ *Schuhe* ~ ˈSchuhe durch häufiges Laufen

abnutzenˈ: *seine Schuhe, die Sohlen sind schon abgelaufen* **6.** ⟨hat⟩ umg. /jmd./ *sich* ⟨Dat.⟩ *die Schuhsohlen, Absätze, Hacken, Beine nach etw.* ~ (ˈsehr oft in Geschäften nachfragen, ob etw., was man dringend kaufen möchte, vorhanden istˈ) ❖ ↗ laufen; **-legen** ⟨trb. reg. Vb.; hat⟩ **1.** /jmd./ *etw.* ~ ˈein Kleidungsstück, das man über dem Kleid, Anzug o.Ä. trägt, ausziehenˈ: *der Gast legte den Mantel ab; legen Sie bitte ab!* **2.** /jmd./ *etw.* ~ ˈsich von etw., bes. einer Gewohnheit, Eigenschaft, freimachenˈ: *eine Gewohnheit* ~ (ANT annehmen 4.1); *er hat seine Schüchternheit abgelegt* **3.** /jmd./ *ein* ↗ *Bekenntnis* ~; /jmd./ *ein* ↗ *Geständnis* ~; /jmd./ *eine* ↗ *Prüfung* ~; /jmd./ ↗ *Rechenschaft* ~ **4.** *das Schiff legt ab* (ˈfährt abˈ, ↗ *abfahren* (1.1); ANT anlegen (6); ↗ FELD VIII.3.2 ❖ ↗ legen; **-leger** [le:gɐ], **der;** ~s, ~ ˈeinjähriger Trieb, der zur Vermehrung von einer Pflanze abgetrennt in den Boden gelegt wird, damit er Wurzeln bildetˈ ❖ ↗ legen; **-lehnen** ⟨trb. reg. Vb.; hat⟩ **1.** /jmd., Institution/ *etw.* ~ ˈerklären, dass man etw. Angebotenes, ein Angebot nicht annimmtˈ; SYN ausschlagen (5); ANT annehmen (1): *ein Geschenk* ~; *sie hat seine Einladung abgelehnt* **2.** /jmd., Institution/ *etw.* ~ ˈerklären, dass man etw. Gewünschtes, Gefordertes nicht tutˈ; ANT zustimmen: *eine Bitte, Forderung* ~ (ANT erfüllen 1.1); *einen Antrag* ~ (ANT bewilligen, annehmen 2); *jmds. -de* (ˈjmds. Ablehnung ausdrückendeˈ) *Haltung; der Redner lehnte den Vorschlag der Opposition ab* (SYN ˈverneinen 2ˈ) **3.** ⟨vorw. im Pass.⟩ /jmd., Institution/ *jmdn.* ~ ˈerklären, dass man jmds. Bewerbung nicht berücksichtigtˈ; ANT annehmen (3): *er ist für das Studium der Medizin, Biochemie abgelehnt worden* **4.** /jmd., Institution/ **4.1.** *etw.* ~ ˈerklären, dass man etw. nicht für gut, richtig hältˈ: *einen Vorschlag* ~ (ANT befolgen); *jmds. Plan, Entwurf, Anschauungen* ~ (ANT zustimmen 2) **4.2.** *jmdn. als jmdn.* ~ ˈerklären, dass man jmdn. nicht in einer bestimmten Position, Eigenschaft akzeptiertˈ; ANT akzeptieren; ↗ FELD I.6.2: *er lehnte ihn als Vorgesetzten, Schwiegersohn ab; einen Künstler* ~ (ˈerklären, dass man mit seinen Werken nicht einverstanden istˈ) **4.3.** *einen Richter, Zeugen als befangen* ~ (ˈerklären, dass man mit einem Richter, Zeugen nicht einverstanden ist, weil man ihn für befangen hältˈ); ❖ Ablehnung; **-lehnung** [le:nʊŋ], **die;** ~, ~en /zu ablehnen 1−4/ ˈdas Ablehnenˈ ❖ ↗ ablehnen; **-leiten,** leitete ab, hat abgeleitet **1.** /jmd., Institution, etw., bes. technische Vorrichtung/ *etw.* ~ ˈetw., bes. etw. Fließendes, in eine andere Richtung leiten (3), bes. um Schäden zu vermeidenˈ: *einen Fluss, das Regenwasser, den Blitz* ~ **2.** /jmd./ *etw. aus/auch von etw.* ~ ˈetw. aufgrund eines Tatbestands als Folgerung nehmenˈ: *aus einer Gewohnheit Rechte, einen Anspruch* ~ ❖ ↗ leiten; **-lenken** ⟨trb. reg. Vb.; hat⟩ **1.** ⟨vorw. im Pass.⟩ /jmd., etw./ *etw.* ~ ˈetw. in eine andere Richtung lenken (1,2)ˈ: *die Lichtstrahlen werden im Wasser abgelenkt; das Flugzeug wurde vom Kurs abgelenkt* **2.** /jmd., etw./

2.1. *etw. von etw.* ~ 'veranlassen, dass etw. nicht mehr auf etw., jmdn. gerichtet ist': *jmds. Interesse, Aufmerksamkeit von etw.* ~; *lenk nicht vom Thema ab!*; *etw. von sich* ~: *einen Verdacht von sich* ~ **2.2.** *jmdn. von etw.* ~ 'jmdn. veranlassen, seine Aufmerksamkeit nicht mehr auf die von ihm zu lösende Aufgabe zu richten': *er lässt sich durch niemanden, nicht von der Arbeit* ~; *lenk mich nicht ab!* ❖ ↗ lenken; **-lesen** (er liest ab), las ab, hat abgelesen **1.** /jmd./ *etw.* ~ 'etw. nach einem schriftlich entworfenen Text sprechen'; ↗ FELD I.3.1.2: *eine Rede (vom Blatt, Manuskript)* ~ **2.** /jmd./ *etw.* ~ **2.1.** 'die gemessene Menge von etw. an einem Messgerät feststellen': *das Gas, den Strom, die Kilometer* ~ **2.2.** *das Thermometer* ~ ('feststellen, was das Thermometer anzeigt') **3.** /jmd./ *etw. an / von jmds. Gesicht* ~ 'etw. durch genaue Beobachtung an jmds. Gesicht erkennen': *jmds. Stimmung an, von seinem Gesicht abzulesen versuchen* ❖ ↗ lesen; **-liefern** ⟨trb. reg. Vb.; hat⟩ **1.** /jmd./ *etw.* ~ (pflichtgemäß) dem zuständigen Empfänger übergeben': *eine Ware, einen reparierten Gegenstand* ~; *den Aufsatz, das Manuskript termingemäß* ~ ❖ ↗ liefern; **-lösen** ⟨trb. reg. Vb.; hat⟩ **1.** /jmd./ *etw.* ~ 'etw. von der Stelle, an der es haftet, vorsichtig (ohne etwas zu beschädigen, zu verletzen) entfernen'; SYN lösen (1.1.1); ↗ FELD I.7.6.2: *die Briefmarke (vom Umschlag)* ~; *das Fleisch vom Knochen* ~; *das Pflaster (von der Wunde)* ~ **2.** /etw. Haftendes, Befestigtes/ *sich* ~ 'die Verbindung mit dem, woran es haftet, befestigt ist, verlieren'; SYN abgehen (4): *die Schuhsohle, der Fingernagel löst sich ab, hat sich abgelöst* **3.** /jmd./ *jmdn.* ~ 'eine Arbeit, Pflicht von jmdm. im Wechsel übernehmen': *er löste seinen Kollegen ab;* ⟨rez.⟩ *die Posten lösten sich / einander ab* ❖ ↗ los; **-machen** ⟨trb. reg. Vb.; hat⟩ **1.** umg. /jmd./ *etw.* ~ 'etw. von der Stelle, an der es befestigt ist, haftet, entfernen'; ↗ FELD I.7.6.2: *das Plakat (von der Wand)* ~ (ANT anmachen 1); *den Verband* ~ (ANT anlegen 4) **2.** /jmd./ *etw. mit jmdm.* ~ SYN 'etw. mit jmdm. vereinbaren (1)': *einen Termin, Preis, ein Treffen (mit jmdm.)* ~; *es war abgemacht, dass ...;* /zwei od. mehrere (jmd.)/ *etw.* ~: *wir müssen einen neuen Treffpunkt* ~ ❖ ↗ machen; **-machung** [maxʊŋ], **die** SYN 'Vereinbarung (2)': *er hielt sich an die* ~(*en*); *mit jmdm. eine* ~ *treffen* ('mit jmdm. etw. abmachen 2') ❖ ↗ machen; **-melden**, meldete ab, hat abgemeldet /jmd./ ANT anmelden (2) **1.1.** *sich, jmdn. von etw.* ~ 'sein, jmds. Ausscheiden aus etw., an dem er pflichtgemäß teilnehmen muss, bei der dafür zuständigen Stelle melden': *sich vom Kursus* ~; *er hat seinen Sohn von der Schule abgemeldet* **1.2.** *sich, jmdn.* ~ ('bei einem Amt melden, dass man, jmd. seinen Wohnsitz aufgibt') ❖ ↗ melden; **-messen** (er misst ab), maß ab, hat abgemessen **1.** /jmd./ *etw.* ~ 'etw. in der Länge, Breite od. Höhe messen': *den Abstand zwischen etw., den Umfang von etw.* ~; *die Entfernung, eine Strecke* ~ **2.** ⟨vorw. verneint⟩ /jmd./ *etw.* ~ 'etw. hinsichtlich des Grades beurtei-

len'; SYN überblicken (2): *das Ausmaß, der Umfang des Schadens ist noch nicht abzumessen* ❖ ↗ messen; **-messung** [mɛsʊŋ], **die**; ~, ~en ⟨vorw. Pl.⟩ fachspr. 'bestimmtes festgelegtes Maß von etw.': *diese Maschinenteile haben einheitliche* ~*en* ❖ ↗ messen; **-mühen, sich** ⟨trb. reg. Vb.; hat⟩ /jmd./ *sich mit etw., jmdm.* ~ 'sich sehr anstrengen, etw. in Bezug auf etw., jmdn. zu erreichen': *sich mit einer schwierigen Aufgabe, Handarbeit* ~; *sie hat sich mit dem Kind abgemüht* (SYN 'geplagt, ↗ plagen 1'); *er musste sich sehr* ~, *um die Prüfung zu schaffen;* vgl. *rackern* (1) ❖ ↗ Mühe; **-nahme** [nɑːmə], **die**; ~, ~n ⟨vorw. Sg.⟩ /zu abnehmen 1, 3, 6–8/ 'das Abnehmen' ❖ ↗ nehmen; **-nehmen** (er nimmt ab), nahm ab, hat abgenommen **1.** /jmd./ *etw.* ~ 'etw. von der Stelle, an der es befestigt ist od. von seiner Funktion her seinen festen Platz hat, entfernen'; ↗ FELD I.7.6.2: *die Gardinen, Wäsche* ~ (ANT aufhängen 1); *das Tischtuch* ~ (ANT auflegen 1); *den Verband* ~ (ANT anlegen 4); *den Hut, die Brille* ~ (ANT aufsetzen 1); *dem Gefangenen die Handschellen* ~ (ANT anlegen 4); *jmdm. ein Bein* ~ (SYN 'amputieren'); *den Deckel (vom Topf)* ~ (SYN 'abheben 1'); *den Hörer* ~ (SYN 'abheben 1'; ANT auflegen) **2.** /jmd., Polizei/ *jmdm. etw.* ~ 'jmdm. etw., bes. Dokumente, im dienstlichen Auftrag wegnehmen': *jmdm. den Führerschein, den Ausweis* ~ **3.** /jmd./ *jmdm. Blut* ~ ('aus jmds. Körper Blut für eine medizinische Untersuchung nehmen') **4.** /jmd./ *jmdm. etw.* ~ 'etw., was jmd. hält, trägt, nehmen und es selbst halten, tragen': *er nahm ihr die schwere Tasche, das Paket ab* **5.** /jmd./ *jmdm. etw.* ~ 'von jmdm. etw., für das er verantwortlich ist, an seiner Stelle übernehmen': *jmdm. eine Pflicht, Verantwortung, Arbeit* ~ **6.** /jmd., Institution/ *etw.* ~ 'amtlich prüfen, ob etw. Gebautes, Konstruiertes nach seiner endgültigen Herstellung den Vorschriften entspricht': *einen Neubau, eine technische Anlage, ein Fahrzeug* ~ **7.** /jmd./ 'an Gewicht verlieren'; ANT zunehmen (2): *sie hat (drei Pfund) abgenommen* **8.** /Menge/ ANT zunehmen (1) **8.1.** 'an Menge, Umfang immer weniger werden': *die Vorräte, Kohlen nehmen ab; die Einwohnerzahl der Stadt hat abgenommen* (SYN 'hat sich verringert, ↗ verringern 1.2'); *der* ~*de Mond* ('der Mond in der Phase vor Neumond') **8.2.** 'hinsichtlich der Stärke, Intensität geringer werden': *der Sturm, Frost, die Hitze nimmt ab; seine Konzentration, Leistungsfähigkeit hat stark abgenommen* ❖ ↗ nehmen; **-nehmer** [neːmɐ], **der**; ~s, ~ fachspr. 'jmd., der eine bestimmte Ware, Menge an Waren (gewerbsmäßig) kauft'; ↗ FELD I.16.1: *für dieses Produkt gibt es genügend* ~ ❖ ↗ nehmen; **-neigung, die** ⟨o. Pl.⟩ 'vom Gefühl bestimmte negative Einstellung zu jmdm., etw.'; SYN Antipathie; ANT Zuneigung, Sympathie; ↗ FELD I.6.1: *eine tiefe* ~ *gegen jmdn., etw. haben, empfinden; er konnte seine* ~ (*gegen ihn, gegen Süßigkeiten*) *nicht überwinden* ❖ ↗ neigen

abnorm [apˈnɔʀm] ⟨Adj.; Steig. reg., ungebr.; vorw. attr. u. präd.⟩ **1.** ˈvom Normalen krankhaft abweichend'; SYN anomal (1), anormal (2); ANT normal (2): *das Kind hat ~e Anlagen, ist ~ veranlagt* **2.** ˈvom Normalen über das gewöhnliche Maß abweichend'; ANT normal (1): *ein Baum von ~er Stärke, Höhe; dieser Winter ist ~ kalt* ❖ ↗ **Norm**

ab|nutzen [ˈap..] ⟨trb. reg. Vb.; hat⟩ **1.1.** ⟨vorw. im Pass. u. adj. im Part. II⟩ /jmd./ *etw.* ~ ˈetw. durch Gebrauch in seiner materiellen Beschaffenheit, im Wert mindern': *die Sesselbezüge, Teppiche wurden im Laufe der Jahre abgenutzt; die Schuhe ~* (SYN ˈablaufen 5'); *seine Kleidung ist stark abgenutzt* (SYN abgetragen, ↗ *abtragen* 2) **1.2.** /etw./ *sich* ~ ˈdurch Gebrauch in seiner materiellen Beschaffenheit, im Wert gemindert werden': *die Autoreifen, Schalter nutzen sich stark, schnell ab* ❖ ↗ **ab-**, ↗ **nutzen**

Abonnement [abɔnəˈmãː/..ˈmaŋ], **das**; ~s, ~s ˈVereinbarung, bei der sich jmd. verpflichtet, für einen längeren Zeitraum bestimmte Zeitungen, Zeitschriften, Theater- od. Konzertkarten zu meist billigeren Preisen regelmäßig zu kaufen': *er bezieht mehrere Zeitungen im ~; sie haben ein ~* (SYN ˈAnrecht 2') *für Sinfoniekonzerte, für die Oper* ❖ ↗ **abonnieren**

Abonnent [abɔˈnɛnt], **der**; ~en, ~en ˈjmd., der ein Abonnement besitzt': *~en werben; er ist ~ mehrerer Zeitungen/von mehreren Zeitungen* ❖ ↗ **abonnieren**

abonnieren [abɔˈniːʀən], abonnierte, hat abonniert /jmd., Institution/ *etw.* ~ ˈfür etw., bes. für eine Zeitung o.Ä., ein Abonnement abschließen': *er hat mehrere Zeitschriften abonniert* (ˈbezieht mehrere Zeitschriften im Abonnement') ❖ **Abonnent, Abonnement**

Ab/ab [ˈap]**-ordnung, die** ˈGruppe von Personen, die zur Erfüllung eines offiziellen Auftrages irgendwohin geschickt wird, worden ist': *eine ~ schicken, empfangen* ❖ ↗ **ordnen**; **-packen** ⟨trb. reg. Vb.; hat⟩ /jmd., Maschine/ *etw.* ~ ˈetw., bes. Lebensmittel, für den Einzelhandel meist maschinell in kleine Portionen teilen und verpacken': ⟨vorw. adj. im Part. II⟩ *abgepackter Käse, abgepackte Wurst* ❖ ↗ **packen**; **-putzen** ⟨trb. reg. Vb.; hat⟩ **1.** /jmd./ *etw.* ~ ˈden Schmutz durch Reiben, Wischen von etw. entfernen': *die Schuhe ~; dem Kind die Nase ~* **2.** /jmd./ *etw.* ~ ˈPutz auf Wände, Decken (3) von etw. auftragen'; ↗ FELD V.3.2: *ein Haus, eine Mauer ~* ❖ ↗ **putzen**; **-quälen, sich** ⟨trb. reg. Vb.; hat⟩ /jmd./ *sich mit etw., jmdm.* ~ ˈsich mit etw., jmdm. so abmühen, dass es einem zur Qual wird': *sich mit einer Arbeit, Aufgabe ~; er hat sich mit seinen Schülern abquälen müssen* ❖ ↗ **Qual**; **-raten** (er rät ab), riet ab, hat abgeraten /jmd./ *jmdm. von etw.* ~ ˈjmdm. raten, etw. Bestimmtes nicht zu tun'; ANT zuraten: *jmdm. dringend von einer Reise, einem Plan ~* ❖ ↗ **Rat**; **-raum, der** ⟨o. Pl.⟩ Bergbau ˈaus Erde und Gestein bestehende Massen, die über einer nahe der Erdoberfläche befindlichen Lagerstätte liegen und, damit diese abgebaut werden kann, entfernt werden müssen' ❖ ↗ **Raum**; **-räumen** ⟨trb. reg. Vb.; hat⟩ /jmd./ **1.1.** *etw.* ~ ˈetw., das irgendwo liegt, steht, wegnehmen, bes. um für etw. anderes Platz zu schaffen': *das Geschirr, die Bücher (vom Tisch) ~* **1.2.** *den Tisch* ~ (ˈdas Geschirr vom Tisch abräumen 1.1'; ANT aufdecken 2) ❖ ↗ **Raum**; **-reagieren**, reagierte ab, hat abreagiert /jmd./ **1.1.** *etw.* ~ ˈmeist über längere Zeit gehegte negative Gefühle ausbrechen lassen': *seine Wut, Angst, seinen Ärger ~; etw. an jmdm. ~*: *er reagierte seine schlechte Laune an seinen Geschwistern ab* (ˈnahm seine Geschwister zum Anlass, seine schlechte Laune abzureagieren') **1.2.** *sich* ~ ˈin einer plötzlichen ungehemmten Reaktion seine negativen Gefühle zeigen und sie dadurch loswerden': *er hat sich abreagiert, musste sich* ~ ❖ ↗ **reagieren**; MERKE Zu *abreagieren* (1.1): Zum Akk.obj. tritt immer ein Possessivpron.; **-rechnen**, rechnete ab, hat abgerechnet **1.** /jmd./ *etw.* ~ ˈeine Summe, Zahl von einer anderen Summe, Zahl abziehen (4)': *die Unkosten der Veranstaltung müssen (von den Einnahmen) abgerechnet werden* **2.** /jmd./ ˈbes. bei Geschäftsschluss eine Übersicht über Einnahmen, Ausgaben zusammenstellen': *die Kassiererin rechnet täglich, abends ab, hat schon abgerechnet* **3.** /jmd./ *mit jmdm.* ~ ˈjmdn. für etw. verantwortlich machen und sich an ihm rächen': *er rechnete mit seinen politischen Gegnern ab; warte nur, mit dir werde ich noch ~!* ❖ ↗ **rechnen**; **-rede**: *etw. in ~ stellen* SYN ˈetw. abstreiten'; ANT zugeben (2.1): *er stellte die Tat, Behauptung glatt in ~* ❖ ↗ **reden**; **-reiben**, rieb ab, hat abgerieben **1.** /jmd./ *jmdn., etw., sich* ~ ˈjmdn., etw., sich frottieren': *die Mutter rieb das Kind, seinen Rücken (mit dem Handtuch) ab; er hat sich sofort nach dem kalten Bad abgerieben* **2.** /jmd./ *eine Zitrone* ~ (ˈdie Zitronenschale mit der Reibe entfernen') ❖ ↗ **Reibe**; **-reise, die** ⟨vorw. Sg.⟩ ˈdas Abreisen'; ANT Anreise: *er musste seine ~ verschieben; die ~ verzögerte sich* ❖ ↗ **reisen**; **-reisen** ⟨trb. reg. Vb.; ist⟩ /jmd./ ˈseinen (vorübergehenden) Aufenthaltsort verlassen und nach einem anderen Ort od. nach Hause fahren'; SYN abfahren (1.2); ANT anreisen: *sie reisen morgen ab, sind mit dem Bus (nach N) abgereist; der Besuch reiste bald wieder ab* ❖ ↗ **reisen**; **-reißen**, riss ab, hat/ist abgerissen; ↗ auch *abgerissen* **1.** ⟨hat⟩ /jmd./ *etw.* ~ ˈetw. von etw. reißen (2.1)': *einen Knopf, Faden, Blumen ~; er riss ein Blatt Papier (vom Block) ab; abgerissene Blüten* **2.** ⟨ist; vorw. im Perf.⟩ /etw. Befestigtes/ ˈsich infolge starker Belastung durch Zug von etw. ablösen (2)'; ↗ FELD I.7.6.2: *der Aufhänger am Mantel, der Knopf ist abgerissen* **3.** ⟨ist⟩ /etw., bes. Verbindung/ ˈplötzlich aufhören, nicht mehr bestehen': *die Telefonverbindung riss ab; er ließ die Kontakte, die Beziehungen zu ihnen nicht ~* **4.** ⟨hat; vorw. im Pass. u. adj. im Part. II⟩ /jmd./ *etw.* ~ ˈetw. Gebautes beseitigen, indem man von oben nach unten fortlaufend seine Teile gewaltsam löst od. es einreißt': *eine Mauer ~; die baufälligen Häuser im Stadtzentrum wurden, sind abgerissen;*

vgl. *abtragen (1.2)* ❖ ↗ reißen; **-riegeln** [ʀi:g̣ln]
⟨trb. reg. Vb.; hat⟩ /Institution, bes. Polizei, Mili-
tär/ *etw.* ~ SYN ˈetw. absperren (2)ˈ: *die Polizei*
hatte die Unfallstelle, den Platz abgeriegelt ❖ ↗
Riegel; **-riss, der** ⟨o.Pl.⟩ ˈdas Abreißen (4)ˈ: *der* ~
der Ruine ❖ ↗ reißen; **-runden,** rundete ab, hat ab-
gerundet **1.** ⟨vorw. adj. im Part. II⟩ /jmd./ *etw.* ~
ˈetw., bes. Kanten von Möbelstücken, rund ma-
chenˈ: *ein Tisch, Schrank mit abgerundeten Kanten,*
Ecken **2.** /jmd./ *etw.* ~ ˈeine Zahl durch Abziehen
od. auch Hinzufügen einer Zahl auf die nächste
Zahl 5 od. 10 bringenˈ: *eine Summe* ~; *der Händler*
rundete den Preis (nach oben, unten) ab **3.** *der Be-*
richt rundete das Bild von den Ereignissen ab (ˈver-
vollständigte das Bildˈ) ❖ ↗ ¹rund
abrupt [apˈʀʊpt] ⟨Adj.; Steig. reg., ungebr.⟩ SYN
ˈunvermitteltˈ; ANT allmählich (1.2) /vorw. auf
Äußerungen, Handlungen bez./: *ein* ~*er Wechsel;*
ein Gespräch ~ *beenden*
ab/Ab [ˈap..]|**-rüsten,** rüstete ab, hat abgerüstet /Staat,
Armee/ **1.1.** ˈAbrüstung durchführenˈ: *die Groß-*
mächte rüsten (unter Kontrolle) ab **1.2.** *etw.* ~
ˈWaffen durch Abrüstung vernichtenˈ: *Raketen,*
Atomwaffen ~ ❖ ↗ rüsten; **-rüstung, die** ⟨o. Pl.⟩
ˈVerminderung od. Beseitigung bes. bestimmter
Waffenarten, um ein friedliches Nebeneinander der
Völker zu gewährleistenˈ ❖ ↗ rüsten; **-sacken** ⟨trb.
reg. Vb.; ist⟩ umg. **1.** /etw./ ˈsich nach unten bewe-
genˈ: *der Bahndamm, die Straße sackt ab* (ˈsenkt
sich, weil der Untergrund nachgibtˈ); *das Schiff*
sackt ab (ˈgeht unterˈ, ↗ *untergehen 1*); *das Flug-*
zeug sackte ab (ˈverlor plötzlich an Höheˈ) **2.** *jmd.*
sackt (in seinen Leistungen) ab (ˈjmds. Leistungen
werden schlechter, lassen nachˈ); **-sage, die** ~, ~n
1. ˈMitteilung, mit der jmd. etw. absagt, abgesagt
hatˈ; ANT Zusage: *eine* ~ *erhalten* **2.** *eine* ~ *an*
etw. ˈein völliges Ablehnen von etw.ˈ: *eine* ~ *an Na-*
tionalismus, Militarismus jeder Art ❖ ↗ sagen; **-sa-**
gen ⟨trb. reg. Vb.; hat⟩ /jmd./ *etw.* ~ ˈmitteilen,
dass etw. Geplantes nicht stattfinden, nicht ver-
wirklicht werden kannˈ: *einen Vortrag, eine Thea-*
tervorstellung ~; *er musste (seine Teilnahme)* ~ ❖
↗ sagen; **-sägen** ⟨trb. reg. Vb.; hat⟩ /jmd./ *etw.* ~
ˈetw. mit einer Säge von etw. abtrennen (2)ˈ; ↗
FELD I.7.6.2: *einen Ast, Baum* ~ ❖ ↗ Säge; **-satz,**
der 1. ˈunter der Ferse befindlicher Teil des Schuhs,
durch den die Ferse in eine höhere Lage als die
Zehen gebracht wirdˈ; SYN Hacke (3): *hohe, fla-*
che, schiefe Absätze **2.** ˈdurch die Fortsetzung auf
einer neuen Zeile optisch deutlich gemachte Unter-
brechung in einem fortlaufendem schriftlichen
Textˈ: *einen* ~ *machen* **3.** ˈhorizontale Fläche, die
eine Steigung, bes. bei einer Treppe, unterbrichtˈ:
eine Treppe mit mehreren Absätzen **4.** ⟨vorw. Sg.⟩
ˈVerkauf von Produkten auf dem Markt (2)ˈ: *den*
~ *steigern; diese Ware findet reißenden, guten, kei-*
nen ~ (ˈwird reißend, gut, nicht verkauftˈ) ❖ ↗
setzen; **-saugen** ⟨trb. Vb.; hat⟩ /jmd./ **1.1.** *etw.* ~
ˈetw., bes. Schmutz, von etw. durch Saugen (4) ent-
fernenˈ: *die Krümel (vom Teppich), den Staub von*

den Büchern ~ **1.2.** *etw.* ~ ˈetw. durch Absaugen
(1.1) säubernˈ: *den Teppich, die Polstermöbel* ~ ❖
↗ saugen; **-schaffen** ⟨trb. reg. Vb.; hat⟩ /Institu-
tion, jmd./ *etw.* ~ SYN ˈetw. aufheben (4)ˈ: *ein Ge-*
setz, Privilegien ~; *eine öffentliche Einrichtung* ~
(SYN ˈschließen 4.2ˈ) ❖ ↗ schaffen; **-schalten,**
schaltete ab, hat abgeschaltet **1.** /jmd./ *etw.* ~ SYN
ˈetw. abstellen (4)ˈ; ANT anschalten (2), einschal-
ten (1.1), andrehen (2); ↗ FELD VII.3.2: *das Ra-*
dio, Bügeleisen ~ (ANT anstellen 4); *die Lampe* ~;
das Licht (ˈdie Lampeˈ) ~ **2.** /jmd., Elektrizitäts-
werk/ *den Strom* ~ (SYN ˈabstellen 3ˈ; ANT ein-
schalten) **3.** /jmd./ ˈbewusst aufhören, sich auf etw.
Bestimmtes zu konzentrierenˈ: *er hatte (während
des Vortrags) abgeschaltet; ich muss mal* ~ ❖ ↗
schalten; **-scheu, der;** ~s/auch **die;** ~, ⟨beide o. Pl.⟩
ˈheftige moralische Abneigung gegen etw., jmdn.ˈ;
SYN Widerwille(n) (1.2.); ↗ FELD I.6.1: *diese Tat,
dieser Mensch erfüllte sie mit* ~, *flößte ihnen tiefsten*
~ *ein; jmd. erregt bei jmdm.* ~*/erregt jmds.* ~ ❖
abscheulich; **-scheulich** [ʃɔi..] emot. **I.** ⟨Adj.; Steig.
reg.⟩ **1.** SYN ˈscheußlich (I.1.1)ˈ: *ein* ~*er Geruch,
Geschmack; etw. riecht, klingt, sieht* ~ *aus; das
kann man nicht essen, es schmeckt* ~; *ein* ~*er An-
blick bot sich ihnen* **2.** ˈheftige moralische Abnei-
gung hervorrufendˈ; SYN grässlich (I.1.2), gräulich
(I.1): *eine* ~*e Tat; dieser Gedanke ist* ~ **II.** ⟨Adv.;
vor Adj.; bei Vb.⟩ /bewertet das durch das Bezugs-
wort Genannte neg./ ˈaußerordentlichˈ: *es ist* ~
kalt; das tut ~ *weh* ❖ ↗ Abscheu; **-schicken** ⟨trb.
reg. Vb.; hat⟩ /jmd./ *etw.* ~ ˈetw. von einer be-
stimmten Stelle, bes. der Post, aus befördern las-
senˈ; SYN absenden: *den Brief, das Paket* ~; *er hat
das Geld mit der Post abgeschickt* ❖ ↗ schicken;
-schied [ʃi:t], **der;** ~s, ~e ⟨vorw. Sg.⟩ ˈdas Sichtren-
nen von jmdm., etw.ˈ: *der* ~ *(von der Mutter, von
zu Hause) fiel ihm schwer; jmdm. etw. zum* ~ *schen-
ken; ohne* ~ (ˈohne sich zu verabschiedenˈ) *wegge-
hen;* ~ *nehmen* (ˈsich vor einer längeren Abwesen-
heit von jmdm. verabschiedenˈ) ❖ ↗ scheiden;
-schießen, schoss ab, hat abgeschossen **1.** /jmd./ *etw.*
~ ˈbewirken, dass ein Geschoss durch eine Waffe
in eine bestimmte Richtung geschleudert wirdˈ; ↗
FELD V.6.2: *eine Granate, Rakete, einen Pfeil* ~ **2.**
⟨vorw. im Pass.⟩ /jmd., bes. Gegner/ *ein Flugzeug*
~ (ˈdurch Schießen zum Absturz bringenˈ) **3.** umg.
/jmd./ *jmdn.* ~ ˈjmdn. skrupellos durch Intrigen um
seine Position bringenˈ: *er ist von seinen politischen
Gegnern abgeschossen worden* ❖ ↗ schießen; **-schin-**
den, sich, schindete sich ab, hat sich abgeschunden
umg. /jmd./ *sich* ~ ˈsich mit etw., jmdm. bes. phy-
sisch sehr abmühenˈ: *er hat sich mit der großen Ki-
ste, mit den Schülern abgeschunden; er schindet sich
für seine Familie ab* ❖ ↗ schinden; **-schlagen** (er
schlägt ab), schlug ab, hat abgeschlagen **1.** /jmd./
etw. von etw. ˈetw., das einen Teil von etw. bildet,
durch Schlagen, bes. mit einem Werkzeug, vom
Ganzen lösenˈ; SYN abhauen (1): *einen Ast (vom
Baum)* ~; *ein Stück von etw.* ~ **2.** /jmd./ *jmdm. etw.*
~ ˈetw., das jmd. wünscht, ablehnen (2)ˈ; ANT er-

füllen (1.1): *jmdm. eine Bitte, einen Wunsch* ~; *das kann ich ihm einfach nicht* ~ ❖ ↗ schlagen; **-schlägig** [ʃlɛːgɪç/ʃleː..] ⟨Adj.; o. Steig.; vorw. attr.⟩: *eine* ~*e Antwort* (ʻeine Antwort, in der erklärt wird, dass man ein Angebot nicht annimmt, eine Bitte, Forderung nicht erfüllt, jmds. Bewerbung nicht berücksichtigtʼ); *ein* ~*er Bescheid;* ⟨vorw. im Pass.⟩ amtsspr. *etw.* ~ *bescheiden* (ʻeine Forderung, ein Gesuch ablehnenʼ) ❖ ↗ schlagen; **-schleppen** ⟨trb. reg. Vb.; hat⟩ /jmd., Betrieb/ *etw.* ~ ʻein defektes Kraftfahrzeug mit Hilfe eines anderen Kraftfahrzeugs irgendwohin ziehen, indem man beide mit einem Seil verbindetʼ; ↗ FELD VIII.1.2, 4.1.2: *ein Auto* ~ ❖ ↗ schleppen; **-schließen**, schloss ab, hat abgeschlossen **1.** /jmd./ *etw.* ~ SYN ʻetw. verschließen (1)ʼ; ANT aufschließen (1); ↗ FELD I.7.8.2: *die Tür* ~; *das Zimmer war abgeschlossen; hast du (die Wohnung) abgeschlossen?; den Tresor* ~ **2.** /jmd./ *etw.* ~ SYN ʻetw. beendenʼ; ANT beginnen: *eine Arbeit* ~; *die Untersuchungen sind bereits abgeschlossen* **3.** /jmd., Betrieb, Institution/ *etw.* ~ ʻeinen Vertrag o.Ä. nach Absprache und in gegenseitigem Einvernehmen meist schriftlich als für alle Partner verpflichtend erklärenʼ: *einen Vertrag, ein Abkommen (mit jmdm.)* ~; *er hat eine Versicherung, Wette, ein Geschäft abgeschlossen* ❖ ↗ schließen; **-schluss, der 1.** ⟨o.Pl.⟩ ʻdas Abschließen (2)ʼ; ANT Beginn (1): *der* ~ *der Arbeit, Untersuchungen; nach, vor* ~ *des Studiums* **2.** ⟨o.Pl.⟩ ʻdas Abschließen (3)ʼ: *bei, nach* ~ *des Vertrags, Abkommens* **3.** /jmd./ *etw. zum* ~ *bringen* (ʻabschließen 2ʼ); /etw./ *zum* ~ *kommen/zum* ~ *gelangen* (ʻabgeschlossen werdenʼ, ↗ abschließen 2) ❖ ↗ schließen; **-schneiden**, schnitt ab, hat abgeschnitten **1.** /jmd./ *etw. von etw.* ~ ʻein Stück, ein Teil, Teile mit einem Schneidwerkzeug von etw. Ganzem abtrennenʼ; SYN schneiden (1.2); ↗ FELD I.7.6.2: *ein Stück Kuchen/ein Stück vom Kuchen* ~; *etw.* ~: *eine Scheibe Brot, Wurst* ~; *den Rand (mit der Schere, mit dem Messer)* ~ **2.** ⟨vorw. im Perf.⟩ /jmd./ *bei etw. irgendwie* ~ ʻbei einer Prüfung o.Ä. ein bestimmtes Ergebnis erzielenʼ: *er hat (bei der Prüfung, beim Wettkampf) gut, schlecht abgeschnitten* **3.** /jmd./ *jmdm. etw.* ~ ʻjmdn. zwingen, mit dem Sprechen aufzuhören, indem man selbst zu sprechen anfängtʼ: *jmdm. das Wort, die Rede* ~ **4.** /jmd./ *jmdm. den* ↗ *Weg (2)* ~ ❖ ↗ schneiden; **-schnitt, der 1.** ʻkleiner Teil, bes. eines Formulars, der durch Schneiden od. Reißen vom Ganzen gelöst wird und meist als Beleg dientʼ: *den* ~ *(der Eintrittskarte) abreißen; der* ~ *der Paketkarte muss als Beleg aufbewahrt werden* **2.** ʻinhaltlich und in der äußeren Form eine relativ geschlossene Einheit bildender Teil eines geschriebenen, gedruckten Textesʼ; SYN Passage (II.1): *im ersten* ~ *wird folgendes Problem behandelt ...; der Schriftsteller las einen kurzen* ~ *aus seinem neuen Buch vor* **3.** ʻdurch spezifische Kriterien bestimmter Teil eines Prozesses, einer Entwicklungʼ: *mit diesem Ereignis begann ein neuer* ~ *in seinem Leben, in der Geschichte des Landes* ❖

↗ schneiden; **-schrecken** ⟨trb. reg. Vb.; hat⟩ **1.** /etw., bes. Negatives/ *jmdn.* ~ ʻbewirken, dass sich jmd. vor etw. fürchtet und deshalb etw. Bestimmtes nicht tutʼ: *die Kälte, der weite Weg schreckte ihn (vom Besuch) ab; er lässt sich durch nichts (davon)* ~; *das ist ein* ~*des* (ʻwarnendesʼ) *Beispiel* **2.** /jmd./ *Eier* ~ (ʻunmittelbar nach dem Kochen kurz kaltes Wasser über die Eier gießenʼ) ❖ ↗ Schreck; **-schreiben**, schrieb ab, hat abgeschrieben **1.** /jmd./ *etw.* ~ ʻeinen bestimmten, bereits gedruckten, geschriebenen Text noch einmal schreiben, ohne ihn inhaltlich zu verändernʼ: *ein Gedicht, einen Brief, Noten* ~; *eine Urkunde* ~; *er schrieb den Aufsatz sauber ab* **2.** /Schüler/ *etw.* ~ ʻetw. von einem Mitschüler Geschriebenes (heimlich) bei einer schriftlichen Arbeit übernehmen und als eigenes Wissen ausgebenʼ: *er hat die Lösung der Aufgaben (von seinem Nachbarn) abgeschrieben; keiner darf* ~! ❖ ↗ schreiben; **-schreibung, die** Wirtsch. ʻBestandteil der Kosten, der den physischen Verschleiß von Grundmitteln in den Selbstkosten des Produkts hinsichtlich des Werts zeigtʼ: *die* ~*en buchen* ❖ ↗ schreiben; **-schrift, die** ʻdurch Abschreiben (1) hergestelltes Schriftstückʼ: *die* ~ *eines Zeugnisses, einer Geburtsurkunde beglaubigen lassen* ❖ ↗ schreiben; **-schüssig** [ʃʏs..] ⟨Adj.; Steig. reg.; nicht bei Vb.⟩ ʻsteil abfallend (4)ʼ /auf Gelände, Verkehrswege bez./; ↗ FELD IV.2.3: *eine* ~*e Straße, Strecke* ❖ ↗ schießen; **-schütteln** ⟨trb. reg. Vb.; hat⟩ **1.** /jmd./ *etw.* ~ ʻetw. auf etw. Liegendes, an etw. Haftendes durch Schütteln entfernenʼ: *die Krümel (vom Tischtuch)* ~; *den Schnee (vom Mantel)* ~ **2.** /jmd./ *jmdn.* ~ ʻso geschickt vorgehen, dass man von einer Person, die einen verfolgt od. einem lästig ist, nicht mehr gesehen od. angesprochen werden kannʼ: *es gelang ihm, die Reporter, den Detektiv abzuschütteln* ❖ ↗ schütteln; **-schwächen** ⟨trb. reg. Vb.; hat⟩ **1.1.** /jmd., etw./ *etw.* ~ ʻetw. in seiner Wirkung schwächer machenʼ: *er versuchte, den Eindruck seiner Worte, seine Äußerungen abzuschwächen* **1.2.** /etw./ *sich* ~ ʻin seiner Wirkung schwächer werdenʼ: *der Lärm, das Hoch schwächt sich allmählich ab* ❖ ↗ schwach; **-schweifen** ⟨trb. reg. Vb.; ist⟩ /jmd., jmds. Gedanken/ ʻvorübergehend beim Sprechen, Denken nicht beim eigentlichen Thema bleibenʼ; SYN abkommen (2), abweichen (2): *er, seine Gedanken schweiften ständig ab; von etw.* ~: *vom Thema* ~ ❖ ↗ Schweif; **-sehbar** [zeː..] ⟨Adj.; o. Steig.; nicht bei Vb.; vorw. mit best. Adv., Adj.⟩ ʻabzusehen (↗ absehen 2)ʼ: *die kaum, schwer* ~*en Folgen einer Tat; das wird in* ~*er* (ʻnicht zu langerʼ) *Zeit erfolgen* ❖ ↗ sehen; **-sehen** (er sieht ab), sah ab, hat abgesehen (↗ auch *abgesehen*) **1.** /jmd./ *etw. etw.* ~ ʻdurch genaues Beobachten etw. von jmdm. lernenʼ: *das Kunststück, den Trick, Kniff hat er ihm abgesehen* **2.** ⟨vorw. verneint⟩ /jmd./ *etw.* ~ ʻetw. in seinen Ausmaßen, im Voraus erkennen, beurteilen könnenʼ: *das Ende kann man noch nicht* ~, *ist noch nicht abzusehen; die Folgen des Unglücks lassen sich nicht* ~; *es ist nicht abzuse-*

hen, ob ... **3.** /jmd., Institution/ *von etw.* ~ ˈauf die Ausführung eines Vorhabens verzichtenˈ: *von einer Strafe* ~; *er hat von einem Besuch bei ihnen abgesehen* **4.** /jmd./ **4.1.** *es auf etw. abgesehen haben* ˈetw. unbedingt und auf jede Weise haben wollenˈ: *die Erben haben es auf sein Geld abgesehen* **4.2.** *es auf jmdn. abgesehen haben* ˈbes. aus Liebe jmdn. für sich zu gewinnen suchenˈ: *er hat es auf die Freundin seiner Schwester abgesehen* ❖ ↗ sehen; **-seitig** [zaįt..] ⟨Adj.; Steig. reg.; ungebr.; vorw. attr.⟩ SYN ˈausgefallenˈ /auf Abstraktes bez./: ~*e Interessen, Ideen haben* ❖ ↗ Seite; **-¹seits** [zaįts] ⟨Adv.⟩ **1.** ˈgesondert von etw., aber meist in geringer Entfernung zu diesemˈ: *das Haus steht* ~ *(vom Dorf); das Dorf liegt* ~ *(von der Landstraße); er stellte, hielt sich* ~ **2.** Sport /bei bestimmten Ballspielen/ ~ (ˈim Abseitsˈ) *stehen, sein* ❖ ↗ Seite; **-²seits** ⟨Präp. mit Gen.; vorangestellt; meist in Verbindung mit Begriffen, die Verkehrswege darstellen⟩ /gibt einen Bereich an, der seitlich von etw. entfernt liegt, am peripher ist/: *das Haus lag* ~ *der Straße; ein Ort* ~ *der großen Verkehrswege* ❖ ↗ Seite; **-seits, das**; ~, ⟨o. Pl.⟩ Sport /bei bestimmten Ballspielen/ ˈbestimmte Stellung eines Spielers zwischen gegnerischem Tor und Ball, in der er nicht ins Spiel eingreifen darfˈ: *im* ~ *stehen* ❖ ↗ Seite; **-senden**, sandte ab/sendete ab, hat abgesandt/*auch* abgesendet /jmd., Betrieb/ *etw.* ~ SYN ˈetw. abschickenˈ: *einen Brief, ein Schreiben* ~; *sie haben die Unterlagen schon gestern abgesendet* ❖ ↗ senden; **-sender, der 1.** ABK Abs. ˈPerson, die etw. absendet, abgesandt hatˈ; ANT Empfänger (1): *der Brief ging an den* ~ *zurück* **2.** ˈauf einer Sendung (1.1) geschriebene Anschrift vom Absender (1)ˈ: *er hatte den* ~ *vergessen* ❖ ↗ senden; **-setzen** ⟨trb. reg. Vb.; hat⟩ **1.** /jmd./ *etw.* ~ ˈetw., das sich von seiner Funktion her auf dem Kopf, der Nase befindet, von dieser Stelle entfernenˈ; ANT aufsetzen (1): *den Hut, die Brille* ~ **2.** /jmd./ *etw.* ~ ˈetw. (Schweres od. Umfangreiches), was man mit den Händen trägt, an einen bestimmten Platz od. auf den Boden stellenˈ; SYN abstellen (1), hinstellen (1.1): *das Tablett, den Koffer* ~ **3.** /jmd./ *jmdn.* ~ ˈjmdn., den man in einem Kraftfahrzeug mitgenommen hat, an einer bestimmten Stelle aussteigen lassenˈ: *könnten Sie uns dort an der Kreuzung* ~? **4.** /fester Bestandteil in Flüssigkeiten, Gasen/ *sich* ~ ˈauf den Boden sinken und dort bleibenˈ: *Schlamm, Staub hat sich abgesetzt* **5.** /jmd., Institution/ *jmdn.* ~ ˈjmdn. aus seinem Amt, seiner Funktion entfernen, bes. weil er seine Pflicht verletzt hatˈ; ANT einsetzen (3.2): *einen Minister, Vorsitzenden, Leiter* ~; *er wurde abgesetzt* **6.** /Institution, jmd./ *etw.* ~ ˈbestimmen, dass etw. Anberaumtes nicht stattfindetˈ; ANT ansetzen (7): *ein Theaterstück (vom Spielplan)* ~; *ein Fußballspiel, eine Tagung* ~ **7.** /jmd., Betrieb/ *etw.* ~ ˈeinen Betrag, für den keine Steuer gezahlt werden muss, von der Summe abziehen, für die Steuern gezahlt werden müssenˈ: *er kann die Spesen (von der Steuer)* ~ **8.** ⟨vorw. im Pass.⟩ /jmd., Betrieb/ *etw.*

~ ˈeine Ware in größerer Menge verkaufenˈ: *die erste Auflage des Romans konnte schnell abgesetzt werden/war schnell abgesetzt* ❖ ↗ setzen; **-sichern, sich** ⟨reg. trb. Vb.; hat⟩ *sich* ~ ˈsich durch bestimmte Maßnahmen gegen Gefahren, bes. gegen unliebsame Überraschungen, schützenˈ: *sich (gegen bestimmte Forderungen) vertraglich* ~ ❖ ↗ sichern; **-sicht, die** ˈZiel, das jmd. mit seinem Handeln zu erreichen suchtˈ: *jmds.* ~, ~*en erraten, durchkreuzen, vereiteln; er hat seine* ~ *geändert; ich bin mit der* ~/*in der* ~ *gekommen zu helfen; mit (voller)* ~ (ˈabsichtlichˈ) *jmdn. beleidigen; ohne (jede)* ~ *jmdn. kränken; sich mit der* ~ *tragen, etw. Bestimmtes zu tun* ❖ absichtlich; vgl. sehen * umg. **jmd. hat ernste ~en** /wird von jmdm gesagt, der eine bestimmte Frau heiraten will/; **-sichtlich** [zįçt..] ⟨Adj.; o. Steig.; vorw. bei Vb.⟩ SYN ˈbewusst (3)ˈ: *jmdn.* ~ *kränken, übersehen; eine* ~*e Beleidigung, Täuschung* ❖ ↗ Absicht; **-sitzen**, saß ab, hat/ist abgesessen **1.** ⟨hat; vorw. mit Inf. u. Perf.⟩ /jmd./ *etw.* ~ ˈeine Freiheitsstrafe verbüßenˈ: *er hat seine Strafe abgesessen, muss noch 5 Jahre* ~ **2.** ⟨ist⟩ /jmd./ ˈvon einem Reittier steigenˈ; ANT aufsitzen (1): *er saß ab, war abgesessen* ❖ ↗ sitzen

absolut [apzoˈluːt] ⟨Adj.; o. Steig.; nicht bei Vb.; vorw. attr.⟩ **1.** /drückt den höchsten Grad eines Zustands, einer Entwicklung aus/ ˈnicht mehr zu steigern, das oberste, höchste Maß erreicht habendˈ: *er wußte das mit* ~*er* (ANT relativer I.1) *Sicherheit; sie arbeiteten bis zur* ~*en* (SYN ˈtotalen Iˈ) *Erschöpfung, die Arbeitsproduktivität in diesem Betrieb hat ihre* ~*e* (SYN ˈhöchste, ↗ hochˈ) *Grenze erreicht; er brauchte zum Arbeiten* ~*e* (SYN ˈvöllige Iˈ) *Ruhe; das* ~*e Gehör* (ˈdie Fähigkeit, mit Sicherheit die Höhe eines Tons zu bestimmen od. wiederzugebenˈ) **2.** ⟨nur attr.⟩ *die* ~*e Mehrheit* (ˈMehrheit von über 50 Prozent der Stimmen bei einer Wahlˈ; ANT relativ I.2) ❖ **Absolutismus, verabsolutieren**

Absolutismus [apzoluˈtɪsmʊs], **der**; ~, ⟨o. Pl.⟩ ˈForm des feudalen Staates, bei der der Monarch die Macht auf allen Gebieten ohne Einschränkung ausübtˈ: *das Zeitalter des* ~ ❖ ↗ **absolut**

Absolvent [apzɔlˈvɛnt], **der**; ~*en*, ~*en* ˈjmd., der das Studium an einer Hoch-, Fachschule gerade mit einem Diplom, Examen beendet hatˈ: *viele* ~*en waren ohne Job* ❖ ↗ **absolvieren**

absolvieren [apzɔlˈviːʀən], absolvierte, hat absolviert **1.** /jmd./ *etw.* ~ ˈeine Aus-, Weiterbildung dienende Einrichtung von Anfang bis zum Ende besuchen (und mit einem Examen abschließen)ˈ: *eine Fach-, Hochschule* ~; *er hat einen Lehrgang für Gewerkschaftler absolviert* **2.** /jmd./ *etw.* ~ ˈeine geforderte Leistung erfüllenˈ: *er hat sein tägliches Training, sein Pensum bereits absolviert* **3.** /jmd./ *eine Prüfung* ~ (ˈmachen und bestehenˈ) ❖ **Absolvent**
MERKE Zu absolvieren (2): Zum Akk.obj. tritt meist ein Possessivpron.

ab|sondern ⟨trb. reg. Vb.; hat⟩ **1.** *sich* ~ ˈsich von Menschen seiner Umgebung fernhalten und Kontakt zu ihnen vermeidenˈ: *der Junge sondert sich* immer (von seinen Mitschülern) ab **2.** /etw., bes. Drüse/ etw. ~ ˙etw., bes. ein Sekret, aus dem Körper nach außen gelangen lassen˙: *Speichel, Schweiß ~; die Wunde sondert Eiter ab* ❖ ↗ **sonder-absorbieren** [apzɔʀˈbiːʀən], absorbierte, hat absorbiert ⟨vorw. im Pass.⟩ fachspr. /etw., bes. Flüssigkeit, Gas/ etw. ~ ˙etw. in sich eindringen und zu einem Bestandteil von sich werden lassen, so dass es nicht mehr in seiner ursprünglichen Form existiert˙: *Lichtstrahlen werden absorbiert; Sauerstoff wird von Wasser absorbiert*

ab/Ab [ˈap..]‖**-sparen** ⟨trb. reg. Vb.; hat⟩ /jmd./ sich ⟨Dat.⟩ etw. ~ ˙Geld für etw. unter Entbehrungen sparen˙: *er hat sich das Geld für das Fahrrad, hat sich das Fahrrad (vom Taschengeld) abgespart* ❖ ↗ sparen; **-speisen** ⟨trb. reg. Vb.; hat⟩ /jmd./ jmdn. mit etw. ~ ˙jmdm., der etw. od. mehr von jmdm. erwartet, wenig(er) geben˙: *jmdn. mit leeren Versprechungen, mit Redensarten ~; er hat ihn mit einem kleinen Trinkgeld abgespeist* ❖ ↗ Speise; **-spenstig** [ˈʃpɛnst..] ⟨Adj.; o. Steig.⟩ /jmd./ jmdm. jmdn. ~ machen SYN ˙jmdm. jmdn. ausspannen (3)˙: *er hat ihm seine Freundin ~ gemacht;* **-sperren** ⟨trb. reg. Vb.; hat⟩ **1.** süddt. österr. /jmd./ etw. ~ SYN ˙etw. verschließen (1)˙; ANT aufsperren 2; ↗ FELD I.7.8.2: *die Tür, den Schrank, das Zimmer ~* **2.** /Institution, bes. Polizei, Militär/ etw. ~ ˙ein bestimmtes Gebiet mit Hilfe von Vorrichtungen, Menschen sperren, sodass niemand es betreten od. verlassen kann˙; SYN abriegeln: *die Straße wurde (von der Polizei) hermetisch abgesperrt* **3.** /jmd., Betrieb/ etw. ~ ˙etw. abstellen (3)˙; ANT anstellen (3), andrehen (1): *man hat (in der Straße, ihm) das Gas abgesperrt* ❖ ↗ sperren; **-spielen** ⟨trb. reg. Vb.; hat⟩ **1.** /jmd./ etw. ~ ˙ein Tonband o.Ä. vom Anfang bis zum Ende laufen lassen˙: *eine Kassette, Schallplatte ~* **2.** ⟨+ Adv.best.⟩ /etw./ sich ~ SYN ˙sich ereignen˙; ↗ FELD X.2: *der Vorfall spielte sich auf der Straße, vor seinen Augen, gestern Aabend ab* ❖ ↗ spielen; **-sprache, die** SYN ˙Vereinbarung (2)˙: *nach vorheriger ~; eine ~ treffen* (˙etw. absprechen˙) ❖ ↗ sprechen; **-sprechen** (er spricht ab), sprach ab, hat abgesprochen /zwei od. mehrere (jmd.)/ etw. ~ SYN ˙etw. vereinbaren (1)˙: *sie haben ihre Aussagen, Pläne (miteinander) abgesprochen; wir haben abgesprochen, dass wir uns um zwei Uhr treffen; wir müssen noch den Termin für das nächste Treffen ~; der Preis wurde vorher abgesprochen;* ⟨rez.⟩ sich ~: *sie hatten sich abgesprochen;* /jmd./ sich mit jmdm. ~: *er hatte sich vor der Verhandlung mit ihnen abgesprochen* ❖ ↗ sprechen; **-springen**, sprang ab, ist abgesprungen /jmd./ von etw. ~ ˙etw., bes. ein fahrendes Fahrzeug, verlassen, indem man auf den Boden od. nach unten springt˙; ANT aufspringen (2): *er sprang vom Pferd, von der Straßenbahn ab; der Pilot sprang mit dem Fallschirm ab* ❖ ↗ springen; **-sprung, der** ⟨o.Pl.⟩ ˙das Abspringen˙: *sich beim ~ das Bein brechen* ❖ ↗ springen; **-spülen** ⟨trb. reg. Vb.; hat⟩ /jmd./ **1.1.** etw. von etw. ~ SYN ˙etw. von etw. abwaschen (1.1)˙: *den Schmutz ~;*

das Fett von den Tellern (mit heißem Wasser) ~; etw. ~: *Obst ~* **1.2.** etw., bes. Geschirr ~ SYN ˙etw. spülen (1.1)˙: *Tassen, Geschirr ~; die Teller (mit heißem Wasser) ~* ❖ ↗ spülen; **-stammen** ⟨trb. reg. Vb.; hat; nur im Präs. u. Prät. Akt.⟩ /jmd./ von jmdm. ~ ˙jmds. Nachkomme sein˙: *er stammt (in direkter, gerader Linie) von N ab* ❖ ↗ Stamm; **-stammung** [ˈʃtamʊŋ], **die**; ~, ⟨o.Pl.⟩ ˙das Abstammen˙: *jmds. ~* ❖ ↗ Stamm; **-stand, der** **1.** ˙Entfernung zweier Punkte, Dinge voneinander˙; SYN Distanz (1), Entfernung (1): *der ~ zwischen den Häusern ist sehr gering; der ~ des Hauses von der Straße beträgt nur 5 Meter; die Bäume sind in Abständen von je 10 Meter(n) gepflanzt* **2.** ˙Zeit zwischen zwei Zeitpunkten˙: *etw. in kurzen, regelmäßigen Abständen, in einem ~ von drei Jahren tun;* vgl. Zwischenraum (2) **3.** ~ (zu jmdm.) halten, jmdm. gegenüber (den gebührenden) ~ wahren (˙sich jmdm. gegenüber reserviert verhalten˙); jmd. nimmt von etw. ⟨Dat.⟩ ~ (˙jmd. verzichtet auf etw., bes. auf einen Plan˙); vgl. Distanz (3) ❖ ↗ stehen * mit ~ ˙in hohem Maße im Vergleich mit anderen Personen, Sachen˙: *er ist mit ~ der beste Schüler;* **-statten** [ˈʃtatn], stattete ab, hat abgestattet /jmd./ jmdm. einen ↗ Besuch ~; jmdm. seinen ↗ Dank ~ ❖ ↗ Stätte; **-stechen** (er sticht ab), stach ab, hat abgestochen **1.1.** /etw./ von etw., gegen etw. ~ SYN ˙sich von etw., gegen etw. abheben (3.3)˙: *sein zweiter Roman sticht von dem ersten, gegen den ersten sehr ab* **1.2.** /jmd./ von jmdm., gegen jmdn. ~ SYN ˙sich von jmdm., gegen jmdn. abheben (3.2)˙: *sie stach (in ihrer Kleidung) von den, gegen die anderen Mädchen vorteilhaft ab* ❖ ↗ stechen; **-stecher** [ˈʃtɛçɐ], **der**; ~s, ˙kurze Reise, Fahrt zu einem abseits von der eigentlichen Route liegenden Ziel˙: *einen ~ nach N machen* ❖ ↗ stechen; **-stecken** ⟨trb. reg. Vb.; hat⟩ **1.** /jmd./ etw. ~ ˙die Grenzen einer Fläche, Strecke kennzeichnen, indem man Markierungen in den Boden steckt˙: *neue Parzellen, Bauland ~* **2.** /jmd., bes. Schneiderin/ ein Kleid ~ (˙bei der Anprobe Stecknadeln entsprechend der Figur der Trägerin in den Stoff des Kleides stecken˙) ❖ ↗ stecken; **-steigen**, stieg ab, ist abgestiegen **1.** /jmd./ von etw. ~ ˙von einem Fahrzeug od. von einem Reittier steigen˙; ANT aufsteigen (1); ↗ FELD I.7.2.2: *er war vom Rad, Pferd abgestiegen* **2.** Sport /Mannschaft/ ˙auf einer bestimmten Skala von Leistungen in die nächst tiefere Stelle eingestuft werden˙; ANT aufsteigen (7): *die Mannschaft ist in die zweite Liga abgestiegen* ❖ ↗ steigen; **-stellen** ⟨trb. reg. Vb.; hat⟩ **1.** /jmd./ etw. ~ SYN ˙etw. absetzen (2)˙: *den Koffer (auf die Erde), das Tablett (auf dem Tisch) ~* **2.** /jmd./ etw. irgendwo ~ ˙ein Fahrzeug vorübergehend für die Zeit, in der man es nicht benutzt, an einen dafür geeigneten Ort stellen˙: *er hat das Fahrrad im Hof abgestellt; das Auto in einer Nebenstraße ~* (˙parken˙) **3.** /jmd., Betrieb/ etw. ~ ˙etw., das durch eine Leitung fließt, bes. Gas, Wasser, dadurch in seiner Bewegung unterbrechen, dass man eine dafür vorgesehene Vorrichtung betätigt˙; SYN abdrehen (1), absperren (3), ausdrehen (2); ANT anstellen (3), andrehen (1); ↗ FELD VII.3.2: *der Klempner stellt das Wasser ab; den Strom* ~ (SYN ˈabschalten 2ˈ, ˈausschalten 2ˈ; ANT einschalten 1.1): *das Elektrizitätswerk hat den Strom abgestellt* **4.** /jmd./ *etw.* ~ ˈden elektrischen Stromkreis von etw., bes. von einem elektrischen Gerät, dadurch unterbrechen, dass man einen dafür vorgesehenen Schalter betätigt, und es dadurch außer Betrieb setzenˈ; SYN abdrehen (2), abschalten (1), ausschalten (1); ANT anstellen (4), anschalten (1), einschalten: *das Bügeleisen* ~*; den Motor* ~ (ANT anlassen 1); *das Radio, den Fernseher* ~ **5.** /jmd./ *die Heizung* ~ (ˈeine dafür vorgesehene Vorrichtung an der Heizung so betätigen, dass durch sie keine Wärme geleitet wirdˈ; ANT anstellen 5) **6.** /jmd., Institution/ *etw.* ~ ˈetw. Negatives durch bestimmte Maßnahmen beseitigen, verhindernˈ: *Mängel* ~*; diese Missstände müssen abgestellt werden* ❖ ↗ stellen; **-sterben** (er stirbt ab), starb ab, ist abgestorben /Teil des menschlichen, tierischen, pflanzlichen Organismus/ ˈallmählich aufhören zu lebenˈ; ↗ FELD VII.3.2: *die Zellen sterben ab; das Gewebe stirbt ab; ein abgestorbener* (SYN ˈvertrockneterˈ) *Ast* **2.** /Glied (1)/ ˈinfolge meist durch Frost bewirkter mangelhafter Durchblutung gefühllos werdenˈ: ⟨vorw. im Perf. u. adj. im Part. II⟩ *meine Zehen sind mir (vor Kälte) abgestorben; abgestorbene Finger* ❖ ↗ sterben; **-stieg** [ˈʃtiːk], **der;** ~s, ⟨o. Pl.⟩ Sport /zu *absteigen* 2/ ˈdas Absteigenˈ: *die Mannschaft kämpfte gegen den* ~ ❖ ↗ steigen; **-stimmen** ⟨trb. reg. Vb.; hat⟩ **1.** /jmd., Gruppe, Institution/ *irgendwie* ~ ˈöffentlich od. geheim seinen Willen bei einer Entscheidung, Wahl äußernˈ: *die Abgeordneten stimmten offen, geheim, durch Handzeichen ab; über etw.* ~*: das Parlament stimmte über das Gesetz ab* **2.** /jmd./ **2.1.** *etw. auf etw., jmdn./mit etw.* ~ ˈetw. in einen solchen Zustand bringen, dass es mit etw. anderem übereinstimmt, zu etw., jmd. anderem passtˈ: *er hat seine Rede auf seine Zuhörer abgestimmt; sie hat die Farbe ihrer Schuhe mit der ihres Kleides, die Farben ihrer Kleidung aufeinander abgestimmt* **2.2.** *sich mit jmdm.* ~ ˈsein Handeln nach Absprache mit jmdm. so gestalten, dass es mit dem des anderen übereinstimmt, harmoniertˈ: *er stimmte sich mit seinem Freund (darüber, über ihre Kleidung, ihr Vorgehen) ab;* ⟨rez.⟩ *sie haben sich (miteinander, untereinander) abgestimmt* (ˈabgesprochenˈ, ↗ *absprechen*) ❖ ↗ Stimme

abstinent [apstiˈnɛnt] ⟨Adj.; Steig. reg., ungebr.; nur bei Vb.⟩ /beschränkt verbindbar/: ~ (ˈbes. in Bezug auf den Genuss alkoholischer Getränke enthaltsamˈ) *leben* ❖ **Abstinenz, Abstinenzler**

Abstinenz [apstiˈnɛnts], **die;** ~, ⟨o.Pl.⟩ ˈdas Abstinentseinˈ: *in* ~ *leben* ❖ ↗ **abstinent**

Abstinenzler [apstiˈnɛntslɐ], **der;** ~s, ~ ˈjmd., der abstinent lebt, bes. Antialkoholikerˈ: *er ist* ~ ❖ ↗ **abstinent**

ab|stoßen (er stößt ab), stieß ab, hat abgestoßen **1.** /jmd./ *etw., sich* ~ ˈetw., sich durch einen Stoß von etw., einer Stelle bewegenˈ: *das Boot (vom Ufer)* ~*; er stieß sich (mit den Füßen) ab* **2.** umg. /jmd., Betrieb/ *etw.* ~ ˈetw., was einem nicht mehr nützlich ist, verkaufenˈ: *Aktien, alte Warenbestände* ~ **3.** /jmd., Eigenart, Verhalten/ *jmdn.* ~ ˈbei jmdm. großen Anstoß, Widerwillen erregenˈ: *seine Art, sein Äußeres stößt mich ab; er stieß sie ab, er hatte ein* ~*des Benehmen* ❖ ↗ **stoßen**

abstrahieren [apstʀaˈhiːʀən], abstrahierte, hat abstrahiert /jmd./ *etw.* ~ ˈbestimmte Merkmale, Eigenschaften und Beziehungen einer Sache als wesentlich, bestimmend erkennen und für alle ähnlichen Sachen als zutreffend erklärenˈ; ↗ FELD I.4.1.2: *Normen, Prinzipien (aus einzelnen Fällen)* ~*; Gesetze aus der Natur* ~ ❖ ↗ **abstrakt**

abstrakt [apˈstʀakt] ⟨Adj.; Steig. reg., ungebr.⟩ **1.1.** ⟨vorw. attr.⟩ ˈohne Bezug auf das Sinnliche, Tatsächliche nur vom Denken, von der Theorie ausgehend und daher unanschaulichˈ; ANT konkret (1.1) /vorw. auf Abstraktes bez./; ↗ FELD I.4.1.3: ~*es Denken;* ~*e Vorstellungen; seine Erklärungen waren zu* ~ **1.2.** ⟨vorw. attr.⟩ ˈnicht gegenständlichˈ; ANT gegenständlich /beschränkt verbindbar/: *die* ~*e Kunst* (ˈRichtung der bildenden Kunst, die nicht gegenständliche Dinge darstelltˈ); *die* ~*e Malerei; dieser Künstler malt nur* ~ ❖ **abstrahieren, Abstraktion**

Abstraktion [apstʀakˈtsi̯oːn], **die;** ~, ⟨o. Pl.⟩ ˈdas Abstrahierenˈ; ↗ FELD I.4.1.1: *die Fähigkeit zur* ~ ❖ ↗ **abstrakt**

ab/Ab- [ˈap..]|-**streiten**, stritt ab, hat abgestritten /jmd./ *etw.* ~ ˈetw., wessen man beschuldigt wird, nachdrücklich bestreiten, leugnenˈ; ANT zugeben (2.1): *seine Schuld, Beteiligung an etw.* ~*; er hat die Tat abgestritten* ❖ ↗ streiten; **-strich, der 1.** ˈKürzung eines offiziellen Geldbetragesˈ: *die Regierung musste* ~*e an ihrem Haushaltsplan, am Etat machen*; METAPH *man muss im Leben* ~*e machen* (ˈseine Forderungen, Ansprüche einschränkenˈ) *können* **2.** Med. **2.1.** ˈEntnahme bes. von Sekreten der Schleimhaut für eine mikroskopische Untersuchungˈ: *einen* ~ *machen* **2.2.** ˈdas durch Abstrich (2.1) Entnommene* (↗ *entnehmen* 1.1)ˈ: *die* ~*e mit dem Mikroskop untersuchen* ❖ ↗ **streichen**; **-stumpfen** [ˈʃtʊmpfn̩] ⟨trb. reg. Vb.; hat/ist⟩ **1.1.** ⟨hat⟩ /etw./ *jmdn., etw.* ~ ˈjmdn., etw. stumpf (6) machenˈ: *diese schweren Leiden haben ihn, sein Mitgefühl abgestumpft* **1.2.** ⟨ist⟩ /jmd., etw./ ˈstumpf (6) werdenˈ: *durch diese schweren Leiden ist er, sein Mitgefühl völlig abgestumpft; er hat ein abgestumpftes Gewissen* ❖ ↗ stumpf; **-sturz, der** ˈSturz, bes. eines Flugzeugs, aus großer Höhe auf die Erdeˈ; ↗ FELD I.7.2.1, VIII.2.1: *bei dem* ~ *des Flugzeugs kamen alle Passagiere ums Leben* ❖ ↗ stürzen; **-stürzen** ⟨trb. reg. Vb.; ist⟩ /etw., bes. Luftfahrzeug, jmd./ ˈaus großer Höhe auf die Erde stürzenˈ; ↗ FELD I.7.2.2, VIII.2.2: ⟨vorw. im Perf.⟩ *das Flugzeug ist abgestürzt; er ist (mit dem Flugzeug, vom Felsen) abgestürzt* ❖ ↗ stürzen; **-suchen** ⟨trb. reg. Vb.; hat⟩ /jmd./ *etw. nach etw.* ~ **1.1.** ˈdurch etw.

gehen und dabei gründlich nach etw., jmdm. suchen': *er suchte die ganze Wohnung nach dem Schlüssel, dem Kind ab;* vgl. *durchsuchen* 2.2. ʿmit den Augen irgendwo nach etw. gründlich suchen': *sie suchten den Himmel nach Satelliten ab* ❖ ↗ suchen

absurd [apˈzʊʁt] ⟨Adj.; Steig. reg.⟩ SYN ʿunsinnig (I.1)ʾ /vorw./ auf Mentales bez./; ↗ FELD I.4.1.3: *eine ~e Idee; das ist, klingt ~*

Abszess [apsˈtsɛs], **der**; ~es, ~e Med. ʿdurch Bildung von Eiter entstandener und mit Eiter gefüllter Hohlraum des Gewebes': *einen ~ (auf)schneiden*

Abt [apt], **der**; ~/auch ~es, Äbte [ˈɛptə] kath. Kirche ʿLeiter eines Klosters für Mönche' ❖ **Abtei**

ab|tauen [ˈap..] ⟨trb. reg. Vb.; hat⟩ /jmd./ **1.1.** *das Eis ~* (ʿzum Tauen 1.1 bringen') **1.2.** *etw. ~* ʿetw., bes. Kühlschrank o.Ä., durch Abtauen (1.1) von Eis befreien': *die Fensterscheiben ~* ❖ ↗ **ab-**, ↗ **Tau**

Abtei [apˈtai̯], **die**; ~, ~en kath. Kirche ʿvon einem Abt geleitetes Kloster für Mönche' ❖ ↗ **Abt**

Ab/ab [ˈap..]|**-teil**[..ˈt..ʾap..], **das** ʿkleiner, mit einer Tür versehener Raum für Personen in einem Eisenbahnwagen': *ein ~ für Schwerbeschädigte; alle ~e in diesem Waggon sind besetzt* ❖ ↗ **Teil**; **-teilung** [ˈtai̯l..], **die**; ~, ~en **1.** ʿrelativ selbständiger, eine bestimmte Aufgabe, Funktion innehabender Teil einer größeren organisatorischen Einheit, z. B. eines Betriebs, Warenhauses, Krankenhauses, einer Behörde': *die ~ für Schuhe, Spielzeug im Kaufhaus; eine ~ leiten, einrichten, schließen* **2.** Mil. ʿtaktische Einheit in verschiedenen Gattungen der Land- und Luftstreitkräfte' ❖ ↗ **Teil**; **-tippen** ⟨trb. reg. Vb.; hat⟩ umg. /jmd./ *etw. ~* ʿeinen Text auf der Schreibmaschine abschreiben (1)': *einen Brief, ein Manuskript ~* ❖ ↗ tippen (2); **-tragen** (er trägt ab), trug ab, hat abgetragen **1.** /jmd./ *etw. ~* **1.1.** ʿeine bes. aus Gestein, Erde bestehende Erhebung im Gelände beseitigen, indem man das Material von oben nach unten fortlaufend wegtransportiert': *einen Hügel, Komposthaufen ~* **1.2.** ʿetw. Gebautes beseitigen, indem man seine Teile von oben nach unten fortlaufend meist sorgfältig Stück für Stück löst, sodass man sie weiterhin verwenden kann': *ein Gebäude, eine Mauer, Ruine ~;* vgl. *abreißen (4)* **2.** ⟨vorw. im Perf. u. adj. im Part. II⟩ /jmd./ *etw. ~* ʿein Kleidungsstück durch häufiges Tragen abnutzen (1.1)'; SYN *verschleißen (1.2): er hat seinen Anzug schnell abgetragen; abgetragene Schuhe, Kleidung* ❖ ↗ tragen; **-träglich** [tʁɛːk../tʁeːk..] ⟨Adj.; nicht bei Vb.; vorw. präd. (nur mit *sein*)⟩ /etw./ jmdm., etw. ⟨Dat.⟩ *~ sein* ʿfür jmdn., etw. schädlich sein'; ANT *zuträglich: das Rauchen ist dir, deiner Gesundheit ~* ❖ ↗ tragen; **-treiben**, trieb ab, hat/ ist abgetrieben **1.1.** ⟨hat⟩ /etw. Strömendes/ *etw., jmdn. ~* ʿetw., jmdn. in eine andere, nicht gewünschte Richtung treiben (4)': *die Strömung hat das Boot, den Schwimmer (weit vom Ufer) abgetrieben; der Wind trieb den Luftballon schnell ab* **1.2.** ⟨ist⟩ /jmd., etw./ ʿvon einer Strömung des Wassers, der Luft in eine andere, nicht gewünschte Richtung

getrieben werden': *das Boot, der Schwimmer treibt (vom Ufer) ab* **2.** ⟨hat⟩ /jmd./ *ein Kind ~* (ʿeine Abtreibung vornehmen') ❖ ↗ treiben; **-treibung** [tʁai̯b..], **die**; ~, ~en ʿUnterbrechung der Schwangerschaft': *eine ~ vornehmen* ❖ ↗ treiben; **-trennen** ⟨trb. reg. Vb.; hat⟩ **1.** /jmd./ *etw. ~* ʿetw., das an, auf etw. genäht ist, davon trennen, indem man den Faden zerschneidet'; ↗ FELD I.7.6.2: *die Knöpfe (vom Mantel) ~; die Ärmel (von der Bluse) ~* **2.** /jmd./ *etw. ~* ʿein Stück, ein Teil vom Ganzen lösen, bes. durch Reißen, Abschneiden (1)': *den Abschnitt der Paketkarte ~* **3.** /jmd., etw./ *etw. ~* ʿeinen zusätzlichen Raum entstehen lassen, indem man einen größeren Raum durch etw. dafür Geeignetes teilt': *eine Essecke durch einen Vorhang, ein Regal (vom Wohnzimmer) ~* ❖ ↗ trennen; **-treten** (er tritt ab), trat ab, hat/ ist abgetreten **1.** ⟨ist⟩ /jmd./ *von etw.* ⟨Dat.⟩ *~* ʿdie Stelle, an der man steht, verlassen': *der Redner trat vom Podium ab; der Schauspieler trat unter starkem Beifall (von der Bühne) ab* **2.** ⟨ist⟩ /jmd./ ʿzurücktreten (2)'; ↗ FELD VII.3.2: *der Minister ist aus gesundheitlichen Gründen abgetreten* **3.** ⟨hat⟩ /jmd./ *jmdm. etw. ~/an jmdn. etw. ~* ʿauf den Besitz, die Nutzung von etw. verzichten und es jmd. anderem überlassen': *jmdm. ein Stück Land, ein Zimmer ~; er hat ihr seinen Sitzplatz abgetreten; er hat ihnen, an sie seine Rechte, Ansprüche abgetreten* **4.** ⟨hat⟩ /jmd./ *die Füße, sich* ⟨Dat.⟩ *die Füße (auf der Matte) ~* ʿauf die Matte treten und durch Hin- und Herbewegen der Füße den Schmutz von den Schuhen entfernen') ❖ ↗ treten; **-trocknen**, trocknete ab, hat/ist abgetrocknet **1.** ⟨hat⟩ /jmd./ *jmdn., sich, etw. ~* ʿjmdn., sich, etw. an seiner Oberfläche durch Reiben mit einem Tuch trocken machen': *die Mutter trocknete das Kind ab; sich mit dem Handtuch ~; das Geschirr, die Tassen ~; sich* ⟨Dat.⟩ *einen Körperteil, die Haare ~: sie trocknete sich die Hände (mit dem Handtuch) ab* **2.** ⟨ist⟩ /etw. Flächenhaftes/ ʿan seiner Oberfläche völlig trocken werden'; SYN trocknen (1.1): *nach dem Regen ist die Straße, der Boden, die Wäsche schnell wieder abgetrocknet* ❖ ↗ trocken; **-trünnig** [tʁʏnɪç] ⟨Adj.; nicht bei Vb.; vorw. präd. (nur mit *werden*)⟩ /jmd./ ⟨Dat.⟩ *~ werden* ʿeiner Sache untreu werden'; ⟨vorw. im Perf.⟩ *er ist seinen Idealen, seinem Glauben ~ geworden* ❖ ↗ trennen; **-tun**, tat ab, hat abgetan ⟨+ Adv.best.⟩ /jmd./ *etw. ~* ʿeiner unangenehmen, lästigen Sache keine Bedeutung beimessen und nicht od. nicht näher auf sie eingehen': *einen Einwand, ein Argument mit einem Scherz, schnell, als unwichtig ~* ❖ ↗ ¹tun; **-verlangen** ⟨trb. reg. Vb.; hat⟩ **1.** /jmd./ *jmdm. etw. ~* ʿvon jmdm. etw. haben wollen': *jmdm. einen zu hohen Preis, kein Geld für etw. ~; jmdm. den Ausweis ~;* vgl. *verlangen (2)* **2.** /jmd./ *sich* ⟨Dat.⟩ *etw. ~* ʿsich zwingen, etw. Bestimmtes zu leisten': *er verlangt sich Ausdauer, viel ab* ❖ ↗ verlangen; **-wägen**, wog ab/ auch wägte ab, hat abgewogen/auch abgewägt /jmd./ *zwei od. mehrere Sachen ~* ʿzwei od. mehrere Möglichkeiten sorgsam vergleichen, um sich für die günstigere zu entscheiden': *die Vor- und Nachteile einer Sache (gegeneinander)* ~; *die Vorzüge* ~ ❖ ↗ wägen; **-wälzen** ⟨trb. reg. Vb.; hat⟩ /jmd./ *etw. auf jmdn.* ~ 'Schuld o.Ä. nicht selber tragen wollen und sie daher auf jmd. anderen laden': *die Verantwortung, Kosten auf jmdn.* ~ ❖ ↗ Walze; **-warten**, wartete ab, hat abgewartet /jmd./ *etw., jmdn.* ~ 'warten (1), bis etw. eingetreten, bis jmd. gekommen ist': *den richtigen Moment, eine günstige Gelegenheit* ~; *er wartete den Briefträger ab; sich* ~*d* ('zögernd, ↗ zögern') *verhalten* ❖ ↗ warten

abwärts ['apvɛʀts] ⟨Adv.⟩ 'nach unten'; ANT aufwärts; ↗ FELD I.7.2.3, IV.1.3: *sie steigen* ~; *die Straße führt* ~; *den Fluss* ~ ('in Richtung zur Mündung des Flusses') *fahren* ❖ ↗ **ab-**

Ab/ab ['ap..]‖-**wasch** [vaʃ], **der**; ~es/auch ~s, ⟨o. Pl.⟩ **1.** /zu *abwaschen* 1.2/ 'das Abwaschen': *wer macht heute den* ~? **2.** 'abzuwaschendes Geschirr': *wir lassen den* ~ *bis morgen stehen!* ❖ ↗ waschen * umg. **das ist ein** ~ ('das kann alles gleichzeitig, zusammen erledigt werden'); **-waschen** (er wäscht ab), wusch ab, hat abgewaschen /jmd./ **1.1.** *etw. von etw.* ~ 'etw. von etw. mit Wasser entfernen'; SYN abspülen (1.1): *Schmutz, Erde, Farbe von etw.* ~; *die Soße (mit heißem Wasser) von den Tellern* ~ **1.2.** *etw., bes. Geschirr* ~ SYN 'etw. spülen (1.1)': *die Teller, Bestecke* ~; *du musst erst* ~, *dann kannst du gehen!; hast du die Tassen abgewaschen?; sofort nach der Mahlzeit* ~ ❖ ↗ waschen; **-wasser, das** ⟨Pl. -wässer⟩ 'durch häuslichen, gewerblichen, industriellen Gebrauch verunreinigtes Wasser': *industrielle Abwässer reinigen* ❖ ↗ Wasser; **-wechseln, sich** ⟨trb. reg. Vb.; hat; ↗ auch *abwechselnd*⟩ /jmd./ *sich mit jmdm. bei, in, an etw.* ~ 'eine Tätigkeit im Wechsel mit jmdm. ausführen'; ↗ FELD IX.1.2: *er wechselte sich mit ihr beim Abwasch ab;* /zwei od. mehrere (jmd.)/ ⟨rez.⟩ *sich/ einander* ~: *wir wechselten uns, einander in der Pflege des Kranken ab* ❖ ↗ Wechsel; **-wechselnd** ⟨Adv.; ↗ auch *abwechseln*⟩ 'im Wechsel'; SYN wechselweise; ↗ FELD IX.1.3: *sie wurde* ~ *rot und blass; er sang* ~ *laut und leise; sie machten* ~ *Dienst* ❖ ↗ Wechsel; **-wechslung** [vɛksl..], **die**; ~, ~en **1.** ⟨vorw. Sg.⟩ 'angenehmes vorübergehendes Abweichen vom Üblichen, Alltäglichen': *der Ausflug ist eine willkommene, hübsche* ~; *sie lieben* ~ (SYN 'Zerstreuung'), *brauchen etwas* ~, *haben keine* ~ **2.** ⟨o. Pl.⟩ 'rasch wechselnde Folge von Verschiedenem'; ↗ FELD IX.1.1: *das Programm war reich an* ~, *bot viel* ~ ❖ ↗ Wechsel * spött. /jmd./ **die ~ lieben** ('häufig die Freundin, den Freund wechseln'); **-wege** [ve:gə] ⟨Pl.⟩ /jmd./ *auf* ~ *geraten/kommen* ('den moralischen Halt verlieren') ❖ ↗ Weg; **-wegig** [ve:gɪç] ⟨Adj.; Steig. reg.; vorw. attr.⟩ SYN 'unsinnig (I.1)' /vorw. auf Mentales bez./: *ein* ~*er Gedanke, Plan; diese Schlussfolgerung ist, finde ich* ~ ❖ ↗ Weg; **-wehr, die**; ~, ⟨o. Pl.⟩ **1.** /zu *abwehren* 1/ 'das Abwehren': *die* ~ *des Gegners, eines Angriffs* **2.** 'innerer Widerstand gegen jmdn., etw.': *er spürte ihre* ~,

stieß (*bei ihnen*) *auf* ~ **3.** Sport 'die Gesamtheit der Spieler einer Mannschaft, die das Tor zu verteidigen haben': *die* ~ *des Gegners war stark, reagierte schnell* ❖ ↗ wehren; **-wehren** ⟨trb. reg. Vb.; hat⟩ **1.** /jmd., Truppen/ *jmdn., etw.* ~ 'durch Kämpfen erreichen, dass ein angreifender Gegner rückwärts geht, dass ein Angriff scheitert': *der Feind, Gegner, Angriff konnte abgewehrt werden* **2.** /jmd./ *einen Schlag, Stich, Hieb* ~ ('durch bestimmte Reaktionen erreichen, dass man von einem Schlag, Stich, Hieb nicht getroffen wird') **3.** /jmd./ *etw.* ~ SYN 'etw. abwenden (2)': *eine drohende Gefahr, ein Unglück* ~ **4.** /jmd./ *etw.* ~ SYN 'etw. zurückweisen (2)': *er wehrte ihren Dank ab; sie machte eine* ~*de Geste* ❖ ↗ wehren; **-weichen**, wich ab, ist abgewichen **1.** /jmd., etw./ *von etw.* ~ 'sich von einer eingeschlagenen Richtung entfernen': *er wich von seiner Reiseroute ab; das Flugzeug ist vom Kurs abgewichen* **2.** /jmd./ *von etw.* ~ 'etw. nicht mehr einhalten': *von der Norm, Regel, Gewohnheit* ~; *er ist nicht von seiner Aussage abgewichen; vom Thema* ~ (SYN 'abschweifen') **3.** /etw./ *von etw.* ~ 'anders sein als etw., mit dem es in Beziehung gesetzt wird': *seine Angaben, Aussagen weichen stark, teilweise von denen der anderen Zeugen ab* ❖ ↗ ¹weichen; **-weisen**, wies ab, hat abgewiesen **1.** /jmd., Institution/ *etw.* ~ 'etw. entschieden ablehnen (2)'; SYN zurückweisen (2) /auf Abstraktes bez./: *jmds. Bitte, Forderung* ~; *der Antrag wurde abgewiesen; jmds.* ~*de* ('jmds. Ablehnung ausdrückende') *Miene, Antwort* **2.** /jmd./ *jmdn.* ~ 'jmdn. nicht empfangen wollen und ihm dieses mitteilen': *einen Besucher kühl, höflich* ~ ❖ ↗ weisen; **-wenden**, wandte ab/ wendete ab, hat abgewandt/ abgewendet **1.** /jmd./ *etw., sich* ~ 'etw., bes. den Kopf, sich von etw., jmdm. weg in eine andere Richtung wenden'; ANT zuwenden: *den Kopf* ~; *die Augen, den Blick* ~ (SYN 'wegsehen 1'); *er wandte/ wendete sich wortlos, verächtlich (von ihnen) ab* **2.** ⟨wendete ab, hat abgewendet⟩ /jmd., Regierung o.Ä./ *etw.* ~ 'etw. Schlimmes verhindern'; SYN abwehren (3): *eine drohende Gefahr, Katastrophe* ~; *ein Unheil von jmdm.* ~ ('verhindern, dass jmdm. ein Unheil geschieht') ❖ ↗ wenden; **-werfen** (er wirft ab), warf ab, hat abgeworfen **1.** /etw., jmd./ *etw.* ~ 'etw., bes. eine Last, aus größerer Höhe nach unten werfen': *das Flugzeug warf Lebensmittel für die Opfer des Erdbebens ab* **2.** *das Pferd wirft den Reiter ab* ('bewirkt, dass der Reiter herunterfällt') **3.** *das Geschäft, Unternehmen wirft einen großen Gewinn ab* ('bringt hohen Profit'); *das Geschäft wirft nicht viel ab* ❖ ↗ werfen; **-werten**, wertete ab, hat abgewertet /Staat/ *etw.* ~ 'den Wert einer Währung im Verhältnis zum Gold vermindern': *den Rubel* ~; *der Franc wurde abgewertet* **2.** /jmd., etw./ *etw.* ~ 'etw. in seinem ideellen Wert herabsetzen': *er wertete alles, ihre Ideale ab; eine* ~*de Kritik* ❖ ↗ wert; **-wesend** [ve:znt] ⟨Adj.⟩ **1.** ⟨nicht bei Vb.; vorw. präd. (nur mit *sein*)⟩ /jmd./ ~ *sein* 'nicht an einem bestimmten Ort anwesend sein'; ANT anwesend: *er war meh-*

rere Tage *(von zu Hause, ohne Erlaubnis)* ~; *die*
~*en Mitglieder müssen informiert werden* **2.** ʿmit
den Gedanken beschäftigt und nicht auf die Umge-
bung konzentriert seinʾ: *er war bei der Unterhaltung*
~; *sie hatte einen* ~*en Blick* (ʿihr Blick drückte aus,
dass sie mit ihren Gedanken beschäftigt warʾ) ❖
Abwesenheit — geistesabwesend; vgl. Wesen, anwe-
send; **-wesenheit** [veːzn̩..], **die;** ~, (o. Pl.) /zu *abwe-
send* 1/ ʿdas Abwesendseinʾ; ANT Anwesenheit:
während, in seiner ~, *für die Dauer seiner* ~ *wird
er von N vertreten; jmds.* ~ (ʿFehlenʾ) *bemerken,
feststellen* ❖ ↗ abwesend * umg. spött. /jmd./ **durch
~ glänzen** (ʿabwesend 1 sein und dadurch unange-
nehm auffallenʾ); **-wischen** (trb. reg. Vb.; hat)
/jmd./ **1.1.** *etw. von etw.* ~ ʿetw. durch Wischen (1.3)
von etw. entfernenʾ: *die Krümel (vom Tisch)* ~ **1.2.**
etw. ~ ʿetw. durch Abwischen (1.1) säubernʾ: *den
Tisch* ~ ❖ ↗ wischen; **-würgen** (trb. reg. Vb.; hat)
/jmd., Institution/ *etw.* ~ ʿetw., bes. Auflehnung,
mit Mitteln der Gewalt schon im Entstehen verei-
teln, zum Stillstand bringenʾ: *eine Diskussion, Kri-
tik* ~; *der Streik wurde bald abgewürgt* **2.** /jmd./ *den
Motor* ~ (ʿdurch unsachgemäßes Handhaben den
Motor zum Stillstand bringenʾ) ❖ ↗ würgen; **-zäh-
len** (trb. reg. Vb.; hat) /jmd./ *zwei od. mehrere Sa-
chen, Personen* ~ ʿaus einer Menge von Sachen,
Personen eine bestimmte Anzahl durch Zählen be-
stimmenʾ: *Wäschestücke* ~; *die Anwesenden nach
Gruppen von je fünf Personen* ~; *das Fahrgeld abge-
zählt* (ʿpassendʾ) *bereithalten* ❖ ↗ Zahl; **-zeichen,
das** ʿkleineres Gebilde mit einer figürlichen Dar-
stellung od. Inschrift zum Anstecken, bes. als
Kennzeichen der Zugehörigkeit zu einer Organisa-
tion o.Ä.ʾ: *ein* ~ *tragen, anstecken* ❖ ↗ Zeichen
MERKE Zum Unterschied von *Abzeichen* und
Plakette: *Abzeichen* werden meist an der Kleidung
befestigt. Sie zeigen an, dass man Mitglied einer
Organisation ist. *Plaketten* werden an der Kleidung
befestigt od. irgendwo aufgeklebt. Sie sind flach
und rund, haben eine Aufschrift und werben für
etw. od. dokumentieren die Haltung derer, die es
tragen; **-zeichnen,** zeichnete ab, hat abgezeichnet **1.**
/jmd., etw., jmdn., ein Tier/ ~ ʿetw., jmdn., ein Tier
nach einer Vorlage od. nach der Natur zeichnenʾ:
einen Baum, ein Haus, ein Pferd ~ **2.** /etw./ *sich
gegen/von etw.* ~ ʿsich gegen etw., von etw. abheben
(3.1)ʾ: *die Türme zeichnen sich scharf gegen den
Himmel, vom Himmel ab; die Umrisse des Turmes
zeichnen sich vor dem hellen Hintergrund ab* ❖ ↗
Zeichen; **-ziehen,** zog ab, hat/ist abgezogen **1.** (hat)
/jmd./ **1.1.** *etw.* ~ ʿetw., das etw. als Hülle umgibt,
davon entfernenʾ: *einem Hasen das Fell* ~; *den
Bettbezug* ~ **1.2.** *das Bett* ~ (ʿdie Bettwäsche vom
Bett 2 entfernenʾ; ANT beziehen 1) **2.** (ist) /milita-
rische Einheit/ ʿden jeweiligen Standort wieder (in
Formation) verlassenʾ: *die Truppen zogen ab* **3.**
(hat) /militärische Führung/ *etw.* ~ ʿeine militäri-
sche Einheit durch Befehl auffordern, den Ort ihres
Einsatzes zu verlassenʾ: *die Truppen aus ihren Stel-
lungen* ~ **4.** (hat) /jmd., Betrieb/ *etw. von etw.* ~

ʿeine Zahl, Summe um eine andere Zahl, Summe
vermindernʾ: *die Steuern vom Bruttolohn* ~; *20 von
100* ~ (SYN ʿsubtrahierenʾ; ANT addieren) **5.**
(hat) /jmd./ *etw.* ~ ʿeinen Abzug (4) von einem
Text machen, etw. vervielfältigenʾ: *er hat die Be-
stimmungen für den Arbeitsschutz für alle Mitarbei-
ter abgezogen,* ~ *lassen* ❖ ↗ ziehen; **-zug, der** 1.
(o.Pl.) /zu *abziehen* 2 u. 4/ ʿdas Abziehenʾ; ↗
FELD I.7.2.1; /zu 2/: *der* ~ *der Truppen*; /zu 4/:
nach ~ *der Unkosten blieb ihm nur ein kleiner Ge-
winn* **2.** (nur im Pl.) ʿSteuern und andere Summen,
die vom Lohn, Gehalt abgezogen werdenʾ: *seine
monatlichen Abzüge betragen ...* **3.** ʿAnlage, mit de-
ren Hilfe lästige, schädliche Dämpfe, Gase von der
Stelle, an der sie entstehen, an eine andere Stelle
geleitet werdenʾ: *ein* ~ *über dem Herd* **4.** ʿdurch ein
spezielles technisches Verfahren hergestelltes Ex-
emplar eines Textes, das dem Original genau
gleichtʾ: *er ließ von dem Manuskript, Schreiben zehn
Abzüge machen* **5.** ʿHebel an einer Feuerwaffe,
durch dessen Betätigung ein Schuss bewirkt wirdʾ:
den Finger am ~ *haben* ❖ ↗ ziehen; **-züglich** [tsyːk..]
(Präp. mit Gen.) *auch* o. erkennbare Kasusforde-
rung; vorangestellt; in Verbindung mit kaufmänni-
schen Begriffen) /gibt an, dass ein Betrag um einen
anderen Betrag vermindert wird/: ~ *der Unkosten;
der Preis gilt* ~ *Rabatt* ❖ ↗ ziehen; **-zweigen**
[tsvaign] (trb. reg. Vb.; ist/hat) **1.** (ist) /etw., bes.
Verkehrsweg/ *irgendwo von etw.* ~ ʿirgendwo von
etw., bes. einer Straße, in eine seitliche Richtung
führenʾ; SYN abgehen (3); ANT einmünden (2):
*vorn links zweigt eine kleine Straße von der Haupt-
straße ab; in N zweigt eine Linie der Eisenbahn nach
Norden ab* **2.** (hat) umg. /jmd./ *etw. (von etw.)* ~
ʿeinen Teil von einer bestimmten Sache, über die
man frei verfügen darf, für einen bestimmten
Zweck od. unberechtigt für den eigenen Ge-
brauch wegnehmenʾ: *er zweigt jeden Monat von sei-
nem Gehalt eine kleine Summe für die Urlaubsreise
ab* ❖ ↗ Zweig

ach [ax] (Interj.; alleinstehend od. in Verbindung mit
einem od. mehreren Wörtern) **1.** /drückt unter-
schiedliche Gefühle des Sprechers aus, z. B. Ver-
wunderung, Erschrecken, Betroffenheit, Ärger, Be-
dauern, plötzliches Verstehen/: *„ich kann morgen
nicht kommen." „Ach"; „Er hat sich verletzt."
„Ach!"*; ~, *wie schade!*; ~ *je!* /Bedauern/; ~ *ja!*; ~
nein!; ~ *so!* /plötzliches Verstehen/ **2.** (+ *was, wo,
woher*) /drückt aus, dass der Sprecher eine ihm ge-
genüber gemachte Aussage nicht akzeptiert/: ~
was!, ~ *wo,* ~ *woher (denn)* (ʿkeineswegsʾ)!
* umg. **mit Ach und Krach** ʿnur unter großen Schwie-
rigkeitenʾ: *er hat die Prüfung mit Ach und Krach
bestanden*

Achse [ˈaksə], **die;** ~, ~**n 1.** ʿtragendes Teil eines Stra-
ßenfahrzeugs, an dem je zwei Räder befestigt sindʾ:
die ~ *ist gebrochen* **2.** ʿgedachte, meist mitten durch
einen Körper (2) verlaufende Linie, um die dieser
Körper sich drehtʾ: *die Erde dreht sich um ihre* ~

Achsel ['aksļ], **die**; ∼, ∼n **1.1.** SYN 'Schulter (1)'; ↗ FELD I.1.1: *die ∼n heben, senken; mit den ∼n zucken/die ∼n zucken* /drückt aus, dass man etw. nicht weiß od. ablehnt od. dass einem etw. gleichgültig ist/ **1.2.** *unter der ∼* ('in der Vertiefung unter der Achsel 1.1') *Fieber messen*

acht [axt] ⟨Zahladj.; nur attr. u. subst.; ↗ TAFEL XII⟩ /die Kardinalzahl 8/: *vor, nach, seit ∼ Tagen; er arbeitet täglich ∼ Stunden;* ↗ auch *drei* ❖ **achte, achtel, Achtel, achtzig, achtziger, achtzigste** MERKE Zur Flexion: ↗ *drei* (Merke)

¹Acht
❖ **achten, Achtung, beachten, beachtlich, Beachtung, begutachten, beobachten, Beobachter, Beobachtung, missachten, Obacht, unachtsam, ungeachtet, verachten, Verachtung − Gutachten, Hochachtung, hochachtungsvoll, Todesverachtung**
* /jmd./ **∼ geben 1.** *auf jmdn., etw. ∼ geben* 'dafür sorgen, dass jmd., etw. keinen Schaden nimmt od. anrichtet'; SYN achten (1.2), aufpassen (3): *gib auf die Kinder Acht* **2.** /jmd./ *auf etw., jmdn. ∼ geben* SYN auf etw., jmdn. aufpassen (2)': *auf den Verkehr, auf die Passanten, jmds. Worte ∼ geben;* /jmd./ *etw.* **außer ∼ lassen** 'etw. nicht berücksichtigen, nicht beachten': *die Regeln, gesetzlichen Bestimmungen außer ∼ lassen,* /jmd./ **sich in ∼ nehmen** 'vorsichtig sein': *nimm dich in ∼, dass du dich nicht erkältest*

²Acht
* geh. /jmd., Gruppe/ **jmdn. in ∼ und Bann tun** ('jmdn. verachten und aus der Gemeinschaft ausschließen')

achte ['axtə] ⟨Zahladj.; nur attr.⟩ /die Ordinalzahl zu *acht* (8.)/; ↗ auch *dritte* ❖ **ächten**

achtel ['axtļ] ⟨Zahladj.; indekl.; + vorangestellte Kardinalzahl; nur attr.⟩ /bezeichnet als Nenner einer Bruchzahl den achten Teil einer (Maß)einheit/: *ein, zwei ∼ Liter Milch* ❖ ↗ **acht**

Achtel, das; ∼s, ∼ 'der achte Teil einer (Maß)einheit'; ↗ auch *Drittel* ❖ ↗ **acht**

achten ['axtn̩], achtete ['axtətə], hat geachtet [gə'axtət] ↗ FELD I.4.4.2, 6.2, 18.2 **1.1.** ⟨vorw. verneint⟩ /jmd./ *auf etw., jmdn. ∼* SYN 'auf etw., jmdn. aufpassen (2)': *sie achteten nicht auf seine Worte; er hat nicht auf die Verkehrszeichen, auf die Passanten geachtet; achte auf die Kinder am Straßenrand, auf deine Sachen!* **1.2.** /jmd./ *auf jmdn., etw. ∼* SYN 'auf jmdn., etw. Acht geben': *achte auf das Kind; achte darauf, dass das Essen nicht anbrennt; achte nicht darauf* ('tue so, als hättest du es nicht bemerkt') **2.** /jmd./ *jmdn. ∼* 'vor jmdm. Achtung (2) haben'; ANT verachten: *jmdn. (wegen seiner Zivilcourage) sehr ∼* **3.** /jmd./ *etw. ∼* 'auf etw. Rücksicht nehmen, etw. nicht verletzen': *jmds. Gefühle ∼* ❖ ↗ **¹Acht**

ächten ['ɛçtn̩], ächtete ['ɛçtətə], hat geächtet [gə'ɛçtət] **1.** /jmd., Gruppe/ *jmdn. ∼* 'jmdn. verachten und deshalb aus der Gemeinschaft ausschließen'; ↗ FELD I.12.2, 18.2: *der Junge wurde von seinen Mitschülern geächtet* **2.** /jmd., Institution/ *etw. ∼* 'etw.

(Negatives) völlig ablehnen und seine Beseitigung fordern': *ächtet die Atombombe!* ❖ ↗ **²Acht**

Achtung ['axt..], **die**; ∼, ⟨o. Pl.⟩ **1.** ⟨indekl.⟩ ∼! ('Vorsicht!') /als Ruf, mit dem man jmdn. auffordern möchte, vorsichtig, aufmerksam zu sein/; /als warnende Aufschrift/; ↗ FELD I.4.4.1: *∼, Stufe!; ∼, Lebensgefahr!; ∼, Hochspannung!; ∼!* /als militärisches Kommando, mit dem man alle auffordert, Haltung anzunehmen/ **2.** 'die positive, anerkennende Meinung, die man von jmdm., etw. hat, verbunden mit der entsprechenden Haltung'; SYN Ehrerbietung, Respekt (1); ANT Verachtung; ↗ FELD I.18.1: *vor jmdm., vor jmds. Leistung große, hohe ∼ haben; jmd., etw. flößt jmdm. ∼ ein;* /in der kommunikativen Wendung/ umg. *alle ∼* ('das muss anerkannt werden')! /wird gesagt, wenn jmd. Anerkennung, Bewunderung ausdrücken möchte/ ❖ ↗ **¹Acht**

achtzig ['axtsɪç] ⟨Zahladj.; indekl.; nur attr.; ↗ TAFEL XII⟩ /die Kardinalzahl 80/; ↗ auch *dreißig: er ist ∼ (Jahre alt), ist Mitte ∼* ❖ ↗ **acht**
* umg. /jmd./ *auf ∼* ('sehr wütend, ärgerlich') *sein* MERKE Zur Flexion: ↗ *drei* (Merke)

achtziger ['axtsɪɡɐ] ⟨Zahladj.; indekl.; nur attr. u. subst.⟩; ↗ auch *dreißiger* ❖ ↗ **acht**

achtzigste ['axtsɪçstə] ⟨Zahladj.; nur attr.⟩ /die Ordinalzahl zu *achtzig* (80.)/; ↗ auch *dreißigste* ❖ ↗ **acht**

ächzen ['ɛçtsn̩] ⟨reg. Vb.; hat⟩ /jmd./ 'vor Schmerz od. bei einer körperlichen Anstrengung einen in der fast geschlossenen Kehle gebildeten, kurzen Laut ausstoßen'; ↗ FELD VI.1.2: *laut, leise ∼; sie bückte sich ∼d*

Acker ['akɐ], **der**; ∼s, Äcker ['ɛkɐ] SYN 'Feld (2)'; ↗ FELD II.1.1: *den ∼ bestellen, pflügen, düngen; fruchtbare Äcker*

Adams|apfel ['ɑːdams..], **der** 'in seinen Umrissen nach außen sichtbarer Knorpel des männlichen Kehlkopfs'; ↗ FELD I.1.1 ❖ ↗ **Apfel**

addieren [a'diːʁən], addierte, hat addiert /jmd., Rechenmaschine o.Ä./ *zwei od. mehrere Zahlen, Werte ∼* 'aus zwei od. mehreren Zahlen, Werten die Summe errechnen'; SYN zusammenzählen, zusammenziehen (4); ANT abziehen (4): *Zahlen, Beträge, die Kosten ∼* ❖ **Addition**

Addition [adi'tsjoːn], **die**; ∼, ∼en 'das Addieren': *die ∼ zweier Zahlen;* vgl. *Subtraktion, Division, Multiplikation* ❖ ↗ **addieren**

Adel ['ɑːdļ], **der**; ∼s, ⟨o. Pl.⟩ 'in der Epoche des Feudalismus herrschender Stand, der den größten Teil vom Grund und Boden besaß'; SYN Aristokratie: *die Schlösser des ∼s* ❖ **adeln, adlig**

adeln ['ɑːdļn] ⟨reg. Vb.; hat⟩ /jmd./ *jmdn. ∼* ('jmdm. den Titel verleihen, der ihn dem Stand des Adels zuordnet'): *er wurde von der Königin geadelt* ❖ ↗ **Adel**

Ader ['ɑːdɐ], **die**; ∼, ∼n **1.** SYN 'Blutgefäß'; ↗ FELD I.1.1: *an seinen Schläfen, auf seinem Handrücken schwollen die ∼n an* **2.** ⟨o. Pl.⟩ *jmd. hat eine*

dichterische, künstlerische ~ (SYN ˊBegabung 2ˋ)
❖ **Krampfader, Pulsader, Schlagader**

Adjutant [atjuˈtant], **der**; ~en, ~en ˊeinem höheren Offizier zur Unterstützung in dienstlichen od. persönlichen Angelegenheiten zur Verfügung stehender Offizier mit niederem Rang

Adler [ˈɑːtlɐ], **der**; ~s, ~ ˊgroßer Raubvogel mit kräftigem hakenförmigen Schnabel und stark gekrümmten Krallenˋ; ↗ FELD II.3.1 (↗ TABL Vögel): *der ~ kreist am Himmel*

adlig [ˈɑːtlɪç] ⟨Adj.; o. Steig.; nicht bei Vb.⟩ ˊdem Adel angehörendˋ; SYN aristokratisch: *sie stammt aus einer ~en Familie* ❖ ↗ **Adel**

Admiral [atmiˈʀɑːl], **der**; ~s, Admiräle [..ˈʀɛːlə/ ..ˈʀeː..] /Angehöriger der Seestreitkräfte im Range eines Generals (↗ TAFEL XIX)/: *er wurde zum ~ befördert*

adoptieren [adɔpˈtiːʀən], adoptierte, hat adoptiert /jmd., Ehepaar/ *ein Kind ~* (ˊzu einem Kind, das nicht von einem abstammt, ein rechtlich voll wirksames Eltern-Kind-Verhältnis herstellenˋ) ❖ **Adoption**

Adoption [adɔpˈtsi̯oːn], **die**; ~, ~en ˊdas Adoptierenˋ: *die ~ eines Kindes* ❖ ↗ **adoptieren**

Adresse [aˈdʀɛsə], **die**; ~, ~n ˊAngaben auf einer Postsendung über den Namen und Wohnsitz des Empfängersˋ; SYN Anschrift: *meine ~ lautet ...; bitte die ~ leserlich schreiben!* ❖ **adressieren**

adressieren [adʀɛˈsiːʀən], adressierte, hat adressiert /jmd., Institution/ *etw. ~* ˊauf eine Postsendung die Adresse des Empfängers schreibenˋ: *einen Brief ~* ❖ ↗ **Adresse**

adrett [aˈdʀɛt] ⟨Adj.⟩ ˊsauber und ordentlich in der äußeren Erscheinung und so einen angenehmen Eindruck machendˋ /bes. auf weibl. Personen bez./: *ein ~es Mädchen; sie ist immer ~ (gekleidet)*

Advent [atˈvɛnt], **der**; ~s/auch ~es, ⟨o. Pl.⟩ **1.** ˊZeit vor Weihnachten, die mit dem ersten der vier Sonntage vor dem 25. Dezember beginntˋ **2.** ⟨+ Ordinalzahl⟩ *der erste, zweite, dritte, vierte ~* (ˊder erste, zweite, dritte, vierte Sonntag im Advent 1ˋ)

Affäre [aˈfɛːʀə/..ˈfeːʀə], **die**; ~, ~n ˊpeinlicher, skandalöser Vorfall, Fallˋ; ↗ FELD X.1: *er ist in eine unangenehme, peinliche ~ verwickelt*
* /jmd./ **sich (geschickt) aus der ~ ziehen** (ˊgeschickt erreichen, dass man sich ohne Schaden aus einer unangenehmen Situation befreitˋ)

Affe [ˈafə], **der**; ~n, ~n ˊden Menschen ähnliches Säugetier, das in den Tropen und Subtropen meist auf Bäumen lebt und sich vorwiegend von Pflanzen und Früchten ernährtˋ; ↗ FELD II.3.1 (↗ TABL Säugetiere); /in der kommunikativen Wendung/ umg. *ich denke, mich laust der ~* /sagt jmd., wenn er sehr überrascht ist/; auch Schimpfw. *du blöder ~!* ❖ **affig** − **Lackaffe, Menschenaffe**
* umg. /jmd./ **seinem ~n Zucker geben** (ˊimmer wieder voll Genuss über sein liebstes Thema redenˋ); **einen ~n haben** (ˊbetrunken seinˋ)

Affekt [aˈfɛkt], **der**; ~s/auch ~es, ~e ˊin jmdm. hervorgerufener psychischer Zustand, in dem be-

stimmte negative Gefühle für eine kurze Zeit sehr intensiv wirken und die Selbstbeherrschung mindern od. beseitigenˋ: *im ~ handeln; die Tat wurde im ~ begangen* ❖ **affektiert**

affektiert [afɛkˈtiːɐt] ⟨Adj.; Steig. reg.⟩ ˊnicht natürlich (3,4) wirkendˋ; ANT natürlich (3) /auf das Verhalten und Auftreten von Personen bez./: *ein ~es Benehmen; ~ sprechen, lachen* ❖ ↗ **Affekt**

affig [ˈafɪç] ⟨Adj.; Steig. reg.⟩ umg. ˊübermäßig auf sein Äußeres, sein Auftreten bedacht und daher lächerlich wirkendˋ /auf das Verhalten und Auftreten von Personen bez./: *ein ~es Benehmen; er kleidet sich ~* ❖ ↗ **Affe**

Affront [aˈfʀɔ̃/..fʀɔŋ], **der**; ~s, ~s ⟨vorw. Sg.⟩ ˊschwere Beleidigung, Schmähungˋ: *jmdm. einen ~ antun*

After [ˈaftɐ], **der**; ~s, ~ ˊStelle, an der der Darm endet und nach außen führtˋ; ↗ FELD I.1.1: *ein Zäpfchen in den ~ einführen*

Agent [aˈgɛnt], **der**; ~en, ~en SYN ˊSpionˋ: *einen ~en entlarven; jmdn. als ~en überführen*

Aggression [agʀɛˈsi̯oːn], **die**; ~, ~en **1.** ˊmilitärischer Überfall eines Staates auf einen od. mehrere andere Staatenˋ; ↗ FELD I.14.1: *~ wird durch das Völkerrecht verurteilt* **2.** ˊsich meist im Affekt äußerndes rücksichtsloses, gewalttätiges Verhalten, das auf Schädigung von Personen, Sachen gerichtet istˋ: *er hat seine ~en abreagiert* ❖ ↗ **aggressiv**

aggressiv [agʀɛˈsiːf] ⟨Adj.; Steig. reg.⟩ **1.** ˊauf Aggression (1) gerichtetˋ; ↗ FELD I.14.3: *die ~e Politik eines Staates* **2.** ˊzu Aggression (2) neigendˋ /vorw. auf Verhaltensweisen bez./: *eine ~e Haltung einnehmen; ~ reagieren* ❖ **Aggression, Aggressor**

Aggressor [aˈgʀɛsoɐ], **der**; ~s, ~en [agʀɛˈsoːʀən] ˊStaat, der eine Aggression begeht, begangen hatˋ; ↗ FELD I.14.1: *den ~ zurückschlagen* ❖ ↗ **aggressiv**

Agitation [agitaˈtsi̯oːn], **die**; ~, ~en ⟨vorw. Sg.⟩ ˊpolitisch-ideologisches Einwirken auf Bewusstsein und Stimmung der Volksmassenˋ: *~ betreiben* ❖ ↗ **agitieren**

Agitator [agiˈtatoɐ], **der**; ~s, ~ren [..taˈtoːʀən] ˊjmd., der aktiv Agitation betreibtˋ ❖ ↗ **agitieren**

agitieren [agiˈtiːʀən], agitierte, hat agitiert **1.** /jmd./ *für/gegen etw. ~* ˊfür, gegen etw. Agitation betreibenˋ: *er agitierte für Abrüstung, gegen eine Reform* **2.** umg. /jmd./ *jmdn. ~* ˊjmdn. von etw. zu überzeugen versuchenˋ: *du brauchst mich nicht zu ~, ich komme auch so mit* ❖ **Agitation, Agitator**

Agronom [agʀoˈnoːm], **der**; ~en, ~en ˊFachmann auf dem Gebiet der Landwirtschaftˋ: *er ist ~*

Ahle [ˈɑːlə], **die**; ~, ~n ˊspitzes Werkzeug, mit dem Löcher in Leder o.Ä. gestochen werdenˋ; ↗ FELD V.5.1 (↗ TABL Werkzeuge): *mit der ~ die Löcher stechen*

Ahn(e) [ɑːn], **der**; ~s/auch ~es/~en, ~en SYN ˊVorfahr(e) (1)ˋ; ↗ FELD VII.4.1: *der ~ unserer Familie; er ist unser ~*

ahnden [ˈɑːndn̩], ahndete, hat geahndet geh. /jmd., Institution/ *etw. (mit etw.) ~* ˊetw. (mit etw.) bestrafen': *ein Unrecht, ein Vergehen, jmds. Tat streng, hart ~; dieser Mord kann nur mit einer hohen Freiheitsstrafe für den Täter geahndet werden; die Frechheit des Kindes mit Fernsehverbot ~*

ähneln ['ɛːnəln/eː..] ⟨reg. Vb.; hat⟩ /jmd., etw./ *jmdm., etw.* ⟨Dat.⟩ ~ 'jmdm., einer Sache ähnlich sein, sehen': *er ähnelte seinem Vater*; ⟨rez.⟩ *die Geschwister ~ sich* ⟨Dat.⟩/*einander sehr* ❖ ↗ **ähnlich**

ahnen [ɑːnən] ⟨reg. Vb.; hat⟩ **1.** /jmd./ *etw.* ~ 'von etw. nur eine ungefähre Vorstellung haben': *er hat die Wahrheit geahnt;* /in der kommunikativen Wendung/ *das konnte ich nicht ~!* /wird gesagt, wenn man deutlich machen will, dass man die Folgen seines Tuns bedauert, weil man sie nicht voraussehen konnte/ **2.** /jmd./ *etw.* ~ 'ein deutliches Gefühl von einem kommenden (unangenehmen) Ereignis haben'; ↗ FELD VII.6.2: *er hat das Unglück geahnt; er hat geahnt* (SYN 'befürchtet', 'angenommen 5.2', 'vermutet 1.1'), *dass das im schlimmes Ende nehmen wird;* /in der kommunikativen Wendung/ umg. *(ach) du ahnst es nicht!* /wird gesagt, wenn man sehr überrascht ist/ ❖ **Ahnung − Vorahnung**

ähnlich [ɛːn../'eːn..] ⟨Adj.⟩ **1.1.** ⟨Steig. reg.; ungebr.⟩ 'bestimmte übereinstimmende Merkmale habend, von fast derselben Art wie etw. anderes' /auf Sachen, Abstraktes bez./: *etw. schmeckt, klingt ~; ~e* (SYN 'verwandte 3') *Gedanken, Interessen haben; jmd. reagiert, denkt ~; sie haben einen ~en Beruf; ich habe schon Ähnliches gesehen* **1.2.** ⟨Steig. reg.; nicht attr.; vorw. präd.⟩ 'jmdm., einer Sache in bestimmten äußerlichen od. innerlichen Merkmalen gleichend': *er ist seinem Vater sehr ~; die Geschwister sind sich (zum Verwechseln), einander (täuschend) ~; das Bild ist ihm sehr ~* ('er ist auf diesem Bild so dargestellt, dass man ihn sofort identifiziert'); *jmdm. ~* ↗ *sehen;* /in der kommunikativen Wendung/ umg. *das sieht dir, ihm, euch ~* ('das war nicht anders von dir, ihm, euch zu erwarten')! /wird meist als Ausruf im negativen Sinn gesagt, wenn jmd. etw. getan, gesagt hat, was der Sprecher ihm von vornherein zugetraut hatte/ ❖ **ähneln, Ähnlichkeit**

Ähnlichkeit ['ɛːn../'eːn..], die; ~, ⟨o. Pl.⟩ 'Gesamtheit bestimmter gleicher Merkmale, die jmds. Äußeres, jmds. Charakter mit dem eines anderen hat, fast gleiche Art': *die ~ (zwischen den beiden Jungen) ist groß; mit jmdm. ~ haben* ('jmdm. ähnlich sein') ❖ ↗ **ähnlich**

Ahnung ['ɑːnʊŋ], die; ~, ~en **1.** 'undeutliches Gefühl von einem kommenden (unangenehmen) Ereignis'; ↗ FELD VII.6.1: *meine bösen ~en haben mich nicht getrogen* **2.** umg. *von etw. keine ~ haben: er hat von Mathematik keine ~* ('besitzt keine Kenntnisse in Mathematik') ❖ ↗ **ahnen**

Ahorn ['ɑːhɔrn], der; ~s, ~e 'Laubbaum mit Früchten, die aus zwei Teilen bestehen'; ↗ FELD II.4.1 (↗ TABL Bäume)

Ähre ['ɛːʀə/'eː..], die; ~, ~n 'Teil des Halmes von bestimmten Getreidearten und Gräsern, der die Samen trägt'; ↗ FELD II.4.1: *~n lesen*

Akademie [akade'miː], die; ~, ~n [..'miːən] 'zentrale Einrichtung für Forschung und Bildung': *die ~ der Wissenschaften* ❖ **akademisch**

akademisch [aka'deːm..] ⟨Adj.⟩ **1.** ⟨o. Steig.; nur attr.⟩ 'auf einer Universität, Hochschule beruhend, durch sie erfolgend': *eine ~e Ausbildung haben* **2.** ⟨Steig. reg.; ungebr.⟩ 'nicht praxisbezogen und unangemessen abstrakt, zu theoretisch' /vorw. auf Sprachliches bez./: *ein ~er Vortrag; sein Stil ist sehr ~* ❖ ↗ **Akademie**

Akkordeon [a'kɔrdeɔn], das; ~s, ~s 'Musikinstrument, bei dem durch Ziehen, Drücken ein Luftstrom erzeugt und dünne metallene Teile zum Tönen gebracht werden' (↗ BILD): *~ spielen*

Akku ['aku], der; ~s, ~s /Kurzw. für ↗ *Akkumulator*/ ❖ ↗ **Akkumulator**

Akkumulator [akumu'laːtoɐ], der; ~s, ~en [..la'toːʀən]; ↗ auch *Akku* 'Vorrichtung zum Speichern von Elektroenergie': *einen ~ (auf)laden* ❖ **Akku**

akkurat [aku'ʀaːt] ⟨Adj.⟩ geh. **1.** ⟨Steig. reg., ungebr.; nicht bei Vb.⟩ SYN 'ordentlich (I.3)' /auf Personen bez./: *er ist sehr ~; ein ~er Mensch* **2.** ⟨Steig. reg.⟩ 'mit großer Sorgfalt': *er ist immer ~ gekleidet; seine Schrift ist ~; das ist eine ~e* (SYN 'ordentliche I.4.1') *Arbeit; ~ arbeiten*

Akrobat [akʀo'baːt], der; ~en, ~en 'Artist, der äußerst schwierige Übungen zeigt': *im Zirkus als ~ auftreten* ❖ **Akrobatik**

Akrobatik [akʀo'baːtɪk], die; ~, ⟨o. Pl.⟩ 'sportliche Übungen, die Spitzenleistung an Kraft und körperlicher Geschicklichkeit erfordern': *~ betreiben* ❖ ↗ **Akrobat**

Akt [akt], der; ~s/auch ~es, ~e **1.** ⟨vorw. Sg.; nur mit Attr.⟩ 'durch bestimmte äußere Umstände veranlasste Verhaltensweise': *das war ein rein formaler, ein unfreundlicher ~; ein ~ der Höflichkeit, Verzweiflung* **2.** 'größerer Abschnitt (2) eines Theaterstücks'; SYN Aufzug (3): *eine Oper, ein Schauspiel in drei ~en* **3.** 'Darstellung (2) des nackten Körpers': *einen ~ malen; ein weiblicher ~* ❖ **Akte, Aktion − Aktentasche, Geschlechtsakt**

Akte ['aktə], die; ~, ~n 'meist aus mehreren Schriftstücken und Urkunden bestehende Sammlung von Texten, die einen bestimmten Vorgang, eine bestimmte Person betreffen': *ein Stoß ~n; eine ~ einsehen* ❖ ↗ **Akt**

* / jmd./ *etw. zu den ~n legen* ('als erledigt betrachten')

Akten|tasche ['aktn..], die 'Tasche (2) mit Griff, in der man Schriftstücke, Bücher o.Ä. mit sich tragen

kann'; ↗ FELD V.7.1 (↗ TABL Behälter): *eine le-
derne ~* ❖ ↗ **Akt**, ↗ **Tasche**
Aktie ['aktsi̯ə], **die**; ~, ~n 'Urkunde über einen ge-
nau festgelegten Anteil am Kapital eines Unterneh-
mens'; ↗ FELD I.16.1: *die ~n sind gestiegen, gefal-
len* ('sind im Wert gestiegen, gefallen'); *~n kaufen,
besitzen* ❖ **Aktionär** – **Aktiengesellschaft**
* umg. **jmds. ~n steigen** ('jmds. Aussichten auf Er-
folg werden besser')
Aktien|gesellschaft ['aktsi̯ən..] **die** 'Unternehmen,
dessen Kapital sich auf die Aktien mehrerer Besit-
zer gründet'; ↗ FELD I.16.1 ❖ ↗ **Aktie**, ↗ **gesellen**
Aktion ['aktsi̯oːn], **die**; ~, ~en 'meist von mehreren
Personen nach Plan durchgeführte Handlung, die
einem bestimmten Zweck dient': *eine gemeinsame
~ starten; eine ~ zur Unterstützung der Opfer des
Erdbebens* 2. *in ~ sein* 'tätig sein': *er ist immer in
~; in ~ treten* 'aktiv werden': *nach diesem Vorfall
trat er, das Ministerium in ~* ❖ ↗ **Akt**
Aktionär [aktsi̯oˈnɛːɐ], **der**; ~s, ~e 'Besitzer von Ak-
tien'; ↗ FELD I.16.1 ❖ ↗ **Aktie**
aktiv [akˈtiːf] ⟨Adj.⟩ **1.** ⟨Steig. reg.⟩ 'die Initiative
ergreifend, intensiv handelnd'; SYN rührig /auf
Personen bez./; ↗ FELD I.2.3: *er ist ein ~er
Mensch; er beteiligt sich ~ am öffentlichen Leben;
~en Widerstand leisten* **2.** ⟨nur attr.⟩ *das ~e Wahl-
recht* ('Recht des Bürgers, im Rahmen einer Wahl
Kandidaten zu wählen') ❖ **aktivieren** – **radioaktiv**
aktivieren [aktiˈviːʁən], aktivierte, hat aktiviert **1.**
/jmd./ *jmdn. ~* 'jmdn. zum bewussten intensiven
Handeln bringen': *die Jugend politisch ~* **2.** /jmd./
etw. ~ 'etw. in seiner Wirksamkeit verstärken': *die
Forschungsarbeit auf diesem Gebiet muss aktiviert
werden* ❖ ↗ **aktiv**
aktuell [aktuˈɛl] ⟨Adj.; Steig. reg., ungebr.⟩ **1.** 'zum
gegenwärtigen Zeitpunkt im Mittelpunkt des öf-
fentlichen Interesses stehend': *ein ~es Thema, Pro-
blem; etw. ist, wird ~; die ~e* ('gegenwärtig herr-
schende') *Mode* **2.** ⟨nicht bei Vb.⟩ /beschränkt ver-
bindbar/ *das ~e* ('in der unmittelbaren Gegenwart
sich vollziehende') *Geschehen*
Akustik [aˈkʊstɪk], **die**; ~, ⟨o. Pl.⟩ **1.** 'Teil, Gebiet der
Physik, das die Entstehung, Wirkung, Ausbreitung
und Wahrnehmung des Schalls untersucht' **2.** 'Art
der Wirkung von Schall und Klang in einem ge-
schlossenen Raum': *der Saal hat eine gute,
schlechte ~* ❖ **akustisch**
akustisch [aˈkʊst..] ⟨Adj.; o. Steig.⟩ **1.** ⟨nur attr.⟩ 'die
Akustik (2) betreffend': *die ~en Verhältnisse in die-
sem Saal sind sehr gut* **2.** 'den Schall od. die Fähig-
keit des Hörens betreffend'; ↗ FELD VI.1.3: *eine
~e Erscheinung; ein ~es Signal; etw. ~* ('durch
Hören') *wahrnehmen* ❖ ↗ **Akustik**
akut [aˈkuːt] ⟨Adj.; o. Steig; nicht bei Vb.⟩ 'im
Augenblick vorhanden, zur Zeit wirksam und drin-
gend' /auf Abstraktes bez./: *eine ~ Frage; dieses
Problem ist, wird jetzt ~; etw. ist eine* drohende *~e*
(SYN ↗ 'unmittelbare 5') *Gefahr*
Akzent [akˈtsɛnt], **der**; ~s/auch ~es, ~e **1.** 'das Beto-
nen eines Lauts od. einer Gruppe von Lauten ge-

genüber anderen bes. innerhalb eines Wortes durch
Stärke od. Höhe des Tons': *der ~ liegt auf der ers-
ten, zweiten Silbe* **2.** ⟨o.Pl.⟩ 'eine für die jeweilige
Sprache fremde Aussprache': *eine Sprache mit ~
sprechen; er hat einen englischen, russischen ~* **3.**
⟨vorw. Sg.⟩ *auf etw. einen besonderen ~ legen* ('etw.
besonders betonen, hervorheben')
akzeptabel [aktsɛpˈtaːbl̩] ⟨Adj.; Steig. reg., ungebr.⟩
1. ⟨vorw. attr.⟩ 'so beschaffen, dass man es akzep-
tieren kann' /auf Äußerungen o.Ä. bez./: *ein akzep-
tabler Vorschlag* **2.** 'relativ gut': *die Mannschaft hat
~ gespielt; eine akzeptable Leistung* ❖ ↗ **akzeptie-
ren**
akzeptieren [aktsɛpˈtiːʁən], akzeptierte, hat akzep-
tiert /jmd./ **1.1.** *etw. ~* 'mit etw., so wie es angebo-
ten wird, einverstanden sein'; SYN anerkennen
(3.1): *einen Vorschlag, eine Bedingung ~; diese Sa-
che kann ich nicht ~* (SYN 'gutheißen') **1.2.** *jmdn.
(als jmdn.) ~* 'durch Worte od. sein Verhalten zu
verstehen geben, dass man mit jmdm. in seiner
Rolle, Position einverstanden ist'; SYN anerken-
nen (3.2); ANT ablehnen (4.2): *er akzeptiert seinen
Schwiegersohn, akzeptiert ihn als Schwiegersohn;
er wird als Chef akzeptiert* **1.3.** /jmd./ *etw. ~* 'etw.
als unabänderlich, als gegeben nehmen'; SYN hin-
nehmen (1): *er musste die Tatsachen ~; etw. als
schicksalhaft ~* ❖ **akzeptabel**
Alarm [aˈlaʁm], **der**; ~s/auch ~es, ~e ⟨vorw. Sg.⟩
'Signal als Warnung bei Gefahr, das verbunden ist
mit der Aufforderung, etw. Bestimmtes zu tun': *~
geben, auslösen; ~!* /wird gerufen, wenn eine be-
stimmte Gefahr droht, z. B. Feuer/ ❖ **alarmieren**
* **blinder ~** ('grundlos verursachte Aufregung');
/jmd., Institution/ **~ schlagen** ('in der Öffentlichkeit
auf eine Gefahr aufmerksam machen')
alarmieren [alaʁˈmiːʁən], alarmierte, hat alarmiert
/jmd., Betrieb o.Ä./ *jmdn., etw. ~* 'jmdn., eine Insti-
tution bei Katastrophen, Unfällen, Verbrechen be-
nachrichtigen, damit entsprechende Handlungen
durchgeführt werden': *die Feuerwehr, Polizei ~* ❖
↗ **Alarm**
albern ['albɐn] ⟨Adj.; Steig. reg.⟩ 'lustig in einer Si-
tuation, die als nicht angemessen empfunden wird':
die Mädchen zeigten ein ~es (SYN 'lächerliches 1')
Benehmen, waren äußerst ~; das war einfach ~!
Alb|traum, der: ↗ **Alptraum**
Album ['albʊm], **das**; ~s, Alben ['albm̩] /umg. ~s
'Buch mit nicht bedruckten Seiten, in dem eine
Sammlung von Fotos, Briefmarken aufbewahrt
wird': *ein ~ für Briefmarken, Fotos; in einem ~
blättern; Fotos in ein ~ kleben*
Alge ['algə], **die**; ~, ~n 'Chlorophyll aufweisende
Pflanze von sehr einfacher Struktur, die bes. im
Wasser und auf feuchtem Boden lebt'; ↗ FELD
II.4.1: *giftige ~n; im See haben sich die ~n stark
vermehrt*
Algebra ['algebʁa], **die**; ~, ⟨o.Pl.⟩ 'Teilgebiet der
Mathematik, das sich bes. mit den Gleichungen be-
fasst': *Aufgaben in ~ lösen*

Alibi [ˈɑːlibi], **das**; ~s, ~s ˈNachweis, dass jmd. nicht in der fraglichen Zeit an einem bestimmten Ort war, in der dort eine Straftat begangen wurdeʾ: *ein, kein ~ haben*

Alkali [alˈkɑːli], **das**; ~s, Alkalien [alˈkɑːli̯ən] ˈbasisch reagierende Verbindung bes. des Natriums und Kalziumsʾ

Alkohol [ˈalkohoːl], **der**; ~s, ~e **1.** Chem. ˈorganische, aus Kohlenstoff, Wasserstoff und Sauerstoff bestehende Verbindungʾ **2.1.** ⟨o.Pl.⟩ ˈfarblose, leicht brennbare Flüssigkeit, die z. B. zur Herstellung alkoholischer Getränke verwendet wirdʾ: *reiner, vergällter ~; dieser Wodka enthält 40 Prozent ~* **2.2.** ⟨vorw. Sg.⟩ ˈAlkohol (2.1) enthaltendes Getränkʾ: *jmd. verträgt viel, keinen ~* ❖ **Alkoholiker, alkoholisch** − **Antialkoholiker**

Alkoholiker [alkoˈhoːlɪkɐ], **der**; ~s, ~ ˈjmd., der ständig und viel Alkohol (2.2) trinktʾ: *er ist ~* ❖ ↗ **Alkohol**

alkoholisch [alkoˈhoːl..] ⟨Adj.; o. Steig.; nur attr.⟩ **1.1.** ˈAlkohol (2.1) enthaltendʾ: *~e Getränke* **1.2.** /beschränkt verbindbar/: *die ~e Gärung* (ˈGärung, bei der Alkohol 2.1 entstehtʾ) ❖ ↗ **Alkohol**

all [al] ⟨Indefinitpron.; unflektiert; Mask. Sg. **aller**, Pl. u. Fem. Sg. **alle**, Neutr. Sg. **alles**; ↗ TAFEL X⟩ **1.** /bezeichnet zusammenfassend eine unbestimmte Gesamtheit von Lebewesen, Sachen/ **1.1.** ⟨+ best. Art. od. Possessivpron. im Sg. unflektiert, im Pl. auch unflektiert; der Sg. ist nur möglich, wenn ein Abstraktum, ein Stoff o.Ä. bezeichnet wird; adj.⟩ *~er Fleiß, ~ der Fleiß war umsonst; er hat ~es Geld, ~ sein Geld ausgegeben; etw. in ~er Ruhe* (ˈganz ruhigʾ) *tun; ~e die, ~ die Menschen wollten* (ˈjeder Einzelne wollteʾ) *mit diesem Zug mit; Dinge ~er* (ˈjederʾ) *Art* **1.2.** ⟨nur im Pl.; subst.⟩ *~e waren da* (ANT niemand); *das geht ~e an; ich habe dir ~e gegeben; wir, sie ~e; wir hatten ~e miteinander, ~e zusammen keine Lust zu kommen; unser ~er Leben* **1.3.** ⟨o.Pl.; nur im Neutr.: *alles*; subst.⟩ *~es oder nichts; ~es ist in Ordnung; wir haben es trotz ~em* (ˈtrotz aller Widrigkeitenʾ) *geschafft;* umg. *~es* (ˈjeder Einzelne von den Anwesendenʾ) *aussteigen!* **2.** *wer, was, wem, wen ~es* ˈwer, was, wem, wen im Einzelnenʾ: *wer ~es kommt denn morgen?; was ~es weißt du davon?* **3.** ⟨*alle* + Zeit- od. Maßangabe in Verbindung mit Kardinalzahlen o.Ä.⟩ /bezeichnet die Wiederholung in regelmäßigen Abständen/ ˈim Abstand von ...ʾ: *die Straßenbahn fährt ~e zehn Minuten; etw. ~e halbe(n) Stunden /~e halbe Stunde tun* ❖ **All** − **alledem, allenfalls, allesamt, allgemein, Allgemeinheit, allmächtig, Alltag, alltäglich, alltags, allwissend, überall, verallgemeinern, Verallgemeinerung, Weltall**

* **~es in ~em** ˈim Ganzen gesehenʾ: *~es in ~em hat er Recht;* **vor ~em** ⟨Gradpartikel; betont od. unbetont; steht vor, auch nach der Bezugsgröße; bezieht sich auf verschiedene Wortkategorien, bes. auf Subst., Pronomen⟩ /hebt etw. in einer Reihenfolge als vorrangig, als das Wichtigste hervor, schließt aber das andere nicht aus/: *vor ~em musst du ge-*

sund werden, dann ...; vor ~ du solltest dich darum kümmern!

All [al], **das**; ~s, ⟨o. Pl.⟩ SYN ˈWeltallʾ: *das ~ erforschen; ein Flug ins ~* ❖ ↗ **all**

¹**alle** [ˈalə]: ↗ *all*

²**alle** ⟨Adj.; o. Steig.; nicht attr.; vorw. präd.⟩ umg. *~ sein* ˈvöllig verbraucht (↗ verbrauchen 1) seinʾ: *mein Geld ist ~; die Butter wird ~; etw. ~ machen* (ˈvöllig verbrauchenʾ)

alle|dem [ˈalədeːm] ⟨nur in Verbindung mit *trotz, von*⟩ *trotz ~* ˈtrotz allemʾ: *wir haben trotz ~ nicht aufgegeben; von ~* ˈvon allem diesemʾ: *von ~ haben wir nichts erfahren, nichts gewusst* ❖ ↗ **all,** ↗ **dem**

Allee [aˈleː], **die**; ~, ~n [..ˈleːən] ˈbreite Straße od. breiter Weg mit dicht beieinander stehenden Bäumen an beiden Seitenʾ (↗ BILD): *eine ~ führt zum Portal des Schlosses*

Allegorie [alegoˈriː], **die**; ~, ~n [..ˈriːən] ˈsinnbildliche Darstellung eines abstrakten Begriffs bes. in der bildenden Kunst und Dichtungʾ ❖ **allegorisch**

¹**allein** [aˈlain] / landsch. auch **alleine** ⟨Adj.; o. Steig.; nicht attr.⟩ **1.** ˈohne Anwesenheit eines anderen od. andererʾ: *ich möchte ~ sein; jmdn. ~ lassen; das Problem ~* (ANT zusammen 1) *lösen* **2.** SYN ˈeinsam (1)ʾ: *die alte Frau war sehr ~; fühlte sich ~* **3.** ⟨nur bei Vb.⟩ ˈohne fremde Hilfeʾ: *das Kind läuft, isst schon ganz ~* ❖ **alleinig**

²**allein** [aˈlain] ⟨Konj.; koordinierend; verbindet zwei Hauptsätze miteinander⟩ /adversativ/ geh. SYN ¹ˈaber (1.3)ʾ: *er war sehr müde, ~ er konnte nicht einschlafen; er redete lange auf sie ein, ~ sie war nicht umzustimmen; er setzte alle Hoffnung auf ihn, ~ er wurde bitter enttäuscht*

³**allein** ⟨Gradpartikel; betont od. unbetont; steht vor, auch nach der Bezugsgröße; bezieht sich auf verschiedene Kategorien, bes. auf Subst., Pronomen, Adj.⟩ **1.** /schließt alle anderen Sachverhalte aus/; SYN ³nur (1): *~ er/er ~ kann hierbei helfen; die ~ gültige Fassung des Romans; der Direktor ~/~ der Direktor ist dafür verantwortlich* **2.** ⟨vorw. mit *schon*⟩ /hebt etw. in einer (gedachten) Reihenfolge, Menge als vorrangig, als das Wichtigste hervor, schließt aber das andere, das nicht so wichtig ist, nicht aus/: *~ der Gedanke daran/der Gedanke daran ~ ist (schon) furchtbar; ~ die Idee war (schon) toll; er hat vieles geschrieben, ~ dieses Gedicht hätte ihn (schon) berühmt gemacht*

alleinig [aˈlainɪç] ⟨Adj.; nur attr.⟩ ˈeinzig (1,2)ʾ: *der ~e Grund dafür ist ...* ❖ ↗ ¹**allein**

allein stehend ˊnicht verheiratet od. ohne Angehörige (1)ˈ /auf Personen bez./: *eine ~e Frau; ~e alte Menschen; er ist ~*

allen|falls [ˈalən..] ⟨Adv.⟩ **1.1.** ˊim günstigsten Fallˈ: *er kann ~ in zwei Stunden kommen* **1.2.** SYN ˊhöchstensˈ: *es kann ~ noch eine Stunde dauern* ❖ ↗ **all**, ↗ **Fall** (2,3)

aller: ↗ *all*

¹allerdings [ˈalɐdɪŋs] ⟨Modalpartikel; nicht betont; kann an erster Stelle im Satz stehen; steht in Aussagesätzen⟩ /gibt eine vorsichtige Einschränkung an und mildert od. relativiert dadurch eine vorausgehende Aussage/; SYN ¹aber (2): *B hat das Geld gestohlen, er hat es ~ sofort zurückgegeben; das Argument hat mich überzeugt, ich muss ~ gestehen, dass ich anfangs skeptisch war; wir hatten einen schönen Urlaub, ~ haben wir uns alle erkältet; die Reise war sehr schön, sie war ~ anstrengend/~ war sie anstrengend* ❖ ↗ **all**

²allerdings ⟨Partikel; betont; allein stehend⟩ /als eine nachdrückliche positive Antwort auf eine Frage, die man eigentlich für unnötig hält, weil man die darin enthaltene Erwartung als erfüllt ansieht/: *„Gehst du morgen mit uns ins Kino?" „Allerdings!"; „Hast du schon bezahlt?" „Allerdings!"* ❖ ↗ **all**

Allergie [ˈalɛrˈgiː], **die**; ~, ~n [..ˈgiːən] ˊZustand des krankhaften Reagierens des Organismus auf bestimmte Stoffe, z. B. Blütenstaub, Eiweißˈ: *er leidet an einer ~* ❖ **allergisch**

allergisch [aˈlɛrg..] ⟨Adj.⟩ **1.1.** ⟨o. Steig.; nur attr.⟩ ˊauf einer Allergie beruhendˈ: *~e Krankheiten* **1.2.** ⟨Steig. reg., ungebr.⟩ ˊin Form einer Allergieˈ: *eine ~e Reaktion; er reagiert auf Erdbeeren ~; sie ist gegen Waschmittel ~* (ˊreagiert auf Waschmittel in Form einer Allergieˈ) **2.** ⟨Steig. reg., ungebr.⟩ ˊgefühlsmäßig gegen etw. negativ eingestellt und daher heftig und mit Ablehnung darauf reagierendˈ: *er ist gegen Klatsch, Phrasen, Mitleid ~; auf etw. ~ reagieren* ❖ ↗ **Allergie**

allerhand [ˈalɐhant/..ˈh..] ⟨Indefinitpron.; indekl.; für Mask., Fem., Neutr. Sg. u. Pl.; ↗ TAFEL X⟩ umg. ˊziemlich ¹viel (1.1)ˈ: ⟨adj.⟩ *er hat ~ Bücher, Freunde, Ideen*; ⟨subst.⟩ *er weiß ~, hat ~ erlebt*; /in der kommunikativen Wendung/ umg. *das ist (ja, doch) ~* (ˊdas geht zu weit, ist unerhörtˈ)! /wird gesagt, wenn jmd. über etw., das ihm gerade mitgeteilt wurde, sehr empört ist/

allerlei [alɐˈlai/ˈalɐ..] ⟨Indefinitpron.; indekl.; für Mask., Fem., Neutr. Sg. u. Pl.⟩ ˊeinige von mehreren, einigesˈ; SYN mancherlei: ⟨adj.⟩ *~* (ˊmehrere verschiedeneˈ) *Ausreden, Pflanzen, Flaschen; ~ Obst* (ˊziemlich viel Obst verschiedener Artˈ) *essen*; ⟨subst.⟩ *~* (ˊallerhand Verschiedenesˈ) *zu sehen bekommen*

alles: ↗ *all*

alle|samt [ˈaləzamt] ⟨Indefinitpron.; indekl.; nur als Attr. zum Subj. od. Obj.; subst.; ↗ TAFEL X⟩ umg. ˊalle miteinander, alle zusammenˈ: *sie waren ~ zu uns gekommen* ❖ ↗ **all**, ↗ **gesamt**

all/All [ˈal..]‖**-gemein** ⟨Adj.⟩ **1.** ⟨o. Steig.; nur attr.⟩ ˊallen, der Mehrheit gemeinsamˈ: *die ~e Meinung beachten; etw. geschieht auf ~en Wunsch* **2.** ⟨o. Steig.; nicht präd.; vorw. attr.⟩ ˊalle, die Mehrheit betreffend, für alle, die Mehrheit geltendˈ: *eine Frage von ~er Bedeutung; das ~e Wohl; dieses Problem interessiert ~* **3.** ⟨o. Steig.; nicht präd.; vorw. bei Vb.⟩ ˊvon allen, von der Mehrheitˈ: *das wurde ~ gefordert; diese Meinung wird ~ vertreten; das ist ~* (SYN ˊüberallˈ) *bekannt, gilt ~* ⟨Steig. reg., Superl. ungebr.⟩ ˊnicht auf Einzelheiten eingehend und daher oft zu unbestimmtˈ; ANT ¹speziell: *ein ~er Überblick; ~e Redensarten; seine Ausführungen bleiben, waren zu ~* ❖ ↗ **all**, ↗ **gemein** (*)
*** im Allgemeinen** ˊmeistensˈ: *das wird so gemacht*; **-gemeinheit, die**; ~, ~en **1.** ⟨o. Pl.⟩ SYN ˊÖffentlichkeitˈ: *etw. dient der ~* (ˊallen Menschen der Gesellschaftˈ); *etw. für die ~ tun; die ~ informieren* **2.** ⟨nur im Pl.⟩ ˊallgemeine (4) Redensartenˈ: *seine Rede enthielt nur ~en* ❖ ↗ **all**, ↗ **gemein** (*)

Alligator [aliˈgaːtoɐ], **der**; ~s, ~en [..ˈtoːrən] ˊKrokodil, das in Amerika und China lebtˈ; ↗ FELD II.3.1

alliiert [aliˈiːɐt] ⟨Adj.; o. Steig.; nur attr.⟩ /beschränkt verbindbar/: *die ~en* (ˊin einem Bündnis zusammengeschlossenenˈ) *Mächte, Streitkräfte*

all [al..]‖**-mächtig** [..ˈm..] ⟨Adj.; o. Steig.; nicht bei Vb.⟩ ˊalles bewirken könnendˈ: /in der kommunikativen Wendung/ *er ist auch nicht ~!* /wird von jmdm. gesagt, den man für sehr mächtig hielt, der nun aber auch an die Grenzen seiner Macht stößt/; *Allmächtiger!, ~er Gott* /Ausruf des erschreckten Erstaunens/ ❖ ↗ **all**, ↗ **Macht**; **-mählich** [ˈmɛː../ˈmeː..] ⟨Adj.⟩ **1.** ⟨Steig. reg., ungebr.; nicht präd.⟩ **1.1.** ˊin einem bestimmten Zeitraum langsam erfolgendˈ: *eine ~e Beruhigung trat ein; er beruhigte sich ~; es wurde ~* (ANT sofort 1.1) *dunkel* **1.2.** ˊin so geringem Grad erfolgend, dass die Veränderung kaum bemerkt wirdˈ; ANT abrupt: *ein ~er Wechsel der Farben, Übergang von Hell zu Dunkel* **2.** ⟨o. Steig.; nur bei Vb.⟩ /drückt aus, dass ein Zeitpunkt erreicht wird, an dem etw. unbedingt geschehen muss; drückt die Ungeduld und Erwartung des Sprechers aus/: *es wird für mich nun ~ Zeit abzureisen; du kannst ~ damit aufhören; deine ewige Nörgelei wird mir ~ zu viel*; **-tag** [ˈal..], **der** ⟨nur mit best. Art.; o. Pl.⟩ **1.** ˊdie Werktage im Unterschied zu Sonn- und Feiertagenˈ: *diese Kleidung ist nur für den ~* **2.** ˊder bes. von ständiger Wiederholung und Arbeit geprägte Verlauf des Lebensˈ: *morgen beginnt wieder der ~* ❖ ↗ **all**, ↗ **Tag**; **-täglich** [ˈtɛːk../teːk..] ⟨Adj.; o. Steig.⟩ ˊwie es täglich, immer wieder geschieht, nichts Besonderes aufweisendˈ: *das ist eine ganz ~e Geschichte; ihr Aussehen ist ~, finde ich ~* ❖ ↗ **all**, ↗ **Tag**; **-tags** [ˈaltaks/..taːks] ⟨Adv.⟩ SYN ˊwochentagsˈ: *er trägt den Anzug nur noch ~* ❖ ↗ **all**, ↗ **Tag**

Allüren [aˈlyːrən], **die** ⟨Pl.⟩ ˊnicht dem Üblichen entsprechende, nicht natürlich wirkende Umgangsfor-

men, die jmd. bewusst angenommen hat': *seine* ~
ablegen; er ist ganz ohne ~
all‖-wissend ['alvɪsn̩t] ⟨Adj.; o. Steig.; nicht bei Vb.;
vorw. präd.⟩ 'alles wissend (↗ *wissen*)': /in der
kommunikativen Wendung/ scherzh. *ich bin doch
nicht* ~! /wird gesagt, wenn jmd. auf eine Frage, die
ein bestimmtes Wissen voraussetzt, keine Antwort
weiß/ ❖ ↗ **all,** ↗ **wissen; -zu** ['altsu] ⟨Adv.; vor
Adj./Adv.⟩ 'in sehr hohem, nicht gerechtfertigtem
Maße': *es ist nicht* ~ *weit bis zur Haltestelle; das
ist eine* ~ *große Belastung für die Familie*
MERKE In Verbindung mit bestimmtem Adj.,
Adv. wird *allzu* immer getrennt geschrieben: *allzu
lang, allzu oft, allzu sehr*
Alm [alm], **die;** ~, ~en 'mit Gras bewachsene Fläche
im Hochgebirge, auf der im Sommer das Vieh wei-
det': *die Kühe auf die* ~ *treiben*
Alpen‖veilchen ['alpm̩..], **das** 'Pflanze mit weißen od.
roten Blüten und einer knollenartigen Wurzel, die
zur Zierde in Wohnungen gehalten wird'; ↗ FELD
II.4.1: ~ *vor das Fenster stellen* ❖ ↗ **Veilchen**
Alphabet [alfa'beːt], **das;** ~s/auch ~es, ~e 'Gesamt-
heit der jeweils einem bestimmten Buchstaben zu-
geordneten und in einer festgelegten Reihenfolge
geordneten Laute einer Sprache'; SYN ABC: *das
deutsche, russische* ~ ❖ **alphabetisch, alphabetisie-
ren**
alphabetisch [alfa'beːt..] ⟨Adj.; o. Steig.⟩ 'nach dem
Alphabet (geordnet)': *Namen in* ~*er Ordnung; eine*
~*e Reihenfolge; etw.* ~ *sortieren* ❖ ↗ **Alphabet**
alphabetisieren [alfabeti'ziːrən], alphabetisierte, hat
alphabetisiert **1.** /jmd./ *etw.* ~ 'etw. nach dem Al-
phabet ordnen': *die Namen auf einer Liste* ~; *eine
Kartei* ~ **2.** /jmd., Institution/ *jmdn.* ~ 'Analphabe-
ten lesen und schreiben lehren': *die eingeborene Be-
völkerung* ~ ❖ ↗ **Alphabet**
alpin [alpiːn] ⟨Adj.; o. Steig.⟩ **1.** ⟨nicht bei Vb.⟩ 'die
Merkmale des Hochgebirges aufweisend': *eine* ~*e
Landschaft* **2.** ⟨nur attr.⟩ 'im Hochgebirge vorkom-
mend': *die* ~*e Flora, Fauna* **3.** ⟨nur attr.⟩ Ski: ~*e
Disziplinen* ('die in Gegenden mit der Möglichkeit
für lange Abfahrten 3 als Wettkampf ausgeübten
Disziplinen')
Alptraum /auch **Alb-** ['alp..], **der;** ~s/ auch ~es, Alp-
träume 'von Angst und beklemmenden Gefühlen
begleiteter Traum': *einen* ~, *Alpträume haben* ❖ ↗
Traum
als [als] ⟨Konj.; subordinierend; auch koordinierend
u. verbindet dann Satzglieder⟩ **1.** ⟨subordinierend⟩
/temporal/ **1.1.** ⟨der Nebensatz steht vor od. nach
dem Hauptsatz; die Tempusformen sind gleich⟩
/gibt an, dass der Sachverhalt des Nebensatzes zum
gleichen Zeitpunkt wie der des Hauptsatzes ab-
läuft/; SYN ²da (2.2): ~ *sie das Haus verließen,
(da) begann es zu regnen/es begann zu regnen,* ~ *sie
das Haus verließen; in dem Moment,* ~ *ich schlafen
gehen wollte, klingelte das Telefon;* ~ *ich losfahren
will, streikt das Auto;* ~ *es regnete, kam unser Be-
such (vgl. während)* **1.2.** ⟨mit *kaum* im Hauptsatz;
die Tempusformen sind verschieden; der Nebensatz

steht nach dem Hauptsatz⟩ /gibt an, dass der Sach-
verhalt des Nebensatzes zeitlich unmittelbar nach
dem des Hauptsatzes liegt/: *kaum hatte er gegessen/
er hatte kaum gegessen,* ~ *ihm (schon) übel wurde;
kaum hatte er das Haus erreicht,* ~ *es zu regnen
begann* **1.3.** ⟨der Nebensatz steht nach od. vor dem
Hauptsatz; die Tempusformen sind verschieden⟩
/gibt an, dass der Sachverhalt des Nebensatzes zeit-
lich vor dem des Hauptsatzes liegt/: *das Unglück
ereignete sich,* ~ *er den Wagen überholt hatte/* ~ *er
den Wagen überholt hatte, ereignete sich das Un-
glück* **2.** ⟨subordinierend od. koordinierend⟩ **2.1.**
⟨subordinierend; der Nebensatz steht nach dem
Hauptsatz; am Ende des Hauptsatzes steht ein
Adj., Adv. im Komp.⟩ /gibt im Gegensatz zu ↗ *wie*
(I) im Vergleich zweier Personen, Sachen ein höhe-
res Maß an; gibt ein Verhältnis der Ungleichheit
an/: *das Haus war schöner,* ~ *wir es in Erinnerung
hatten; sie lief schneller, besser,* ~ *wir erwartet hat-
ten; ihr Mann ist jünger,* ~ *er aussieht;* ⟨oft nach
ander, anders, auf andere Weise⟩ *das Haus war an-
ders,* ~ *wir es in Erinnerung hatten; sie spielte diese
Rolle auf eine andere Weise,* ~ *wir es von ihr ge-
wohnt waren* **2.2.** ⟨koordinierend; verbindet Satz-
glieder; vor *als* steht ein Adj., Adv. im Komp.; das
auf *als* folgende Satzglied dient zur Charakterisie-
rung des ersten Teils vor *als*⟩ /gibt im Vergleich
zweier Personen, Sachen (od. einer Person, Sache
unter verschiedenen Umständen hinsichtlich einer
Eigenschaft) ein höheres Maß an; gibt ein Verhält-
nis der Ungleichheit an/: *er ist größer* ~ *ich; er läuft
schneller* ~ *wir; er singt besser* ~ *seine Schwester;
sie ist nicht älter* ~ *du; er fürchtete nichts mehr* ~
('er fürchtete nur') *die Einsamkeit; er fährt lieber ins
Gebirge* ~ *ans Meer; er kam schneller* ~ *erwartet;
er schwimmt jetzt schneller* ~ *vor einem Jahr;* ⟨oft
nach *ander, anders, auf andere Weise*⟩ *er ist jetzt
ein anderer* ~ *vor einem Jahr; er denkt jetzt anders
darüber* ~ *vor einem Jahr;* ⟨nach *doppelt so ... od.
-mal so ...;* vgl. *wie* I⟩ *er leistet doppelt so viel* ~
sein Vorgänger **2.3.** ⟨subordinierend; der Nebensatz
steht nach dem Hauptsatz; oft mit *so* + Adj./Adv.
im Hauptsatz; das unmittelbar folgende Vb. steht
im Konj. II⟩ /gibt eine hypothetische Gleichheit an;
vgl. dazu ²*wie* (II.1.1), das eine wirkliche Gleichheit
angibt/: *er lief so schnell,* ~ *müsste er um sein Leben
rennen; es war so kalt,* ~ *hätte schon der Winter
Einzug gehalten;* ⟨o.Adj./Adv.⟩ *er tat so,* ~ *ginge
ihn das alles nichts an; das hörte sich so an,* ~ *hätte
er seine Meinung geändert* **2.4.** ⟨als Glied zusam-
mengesetzter Konj.; subordinierend⟩ **2.4.1.** ~ **ob**
⟨mit od. o. Konj. II; der Nebensatz steht nach dem
Hauptsatz; mit Endstellung des Vb.⟩ SYN als (2.3)
(wenn 1): *das hört sich so an,* ~ *ob er seine Meinung
geändert hat/* ~ *ob er seine Meinung geändert hätte*
2.4.2. ~ **wenn** ⟨mit od. o. Konj. II; der Nebensatz
steht nach dem Hauptsatz; mit Endstellung des
Vb.⟩ SYN als (2.3) (ob): *das hört sich so an,* ~ *wenn
er seine Meinung geändert hat/* ~ *wenn er seine Mei-
nung geändert hätte* **2.5.** ~ **ob,** ~ **wenn** ⟨ohne vor-

ausgehenden Hauptsatz, als Einleitung eines Aus-
rufesatzes mit Endstellung des Verbs; mit Konj. II⟩
/gibt etw. Hypothetisches, das Gegenteil des Gesag-
ten, an/: ~ *ob ich das nicht wüsste* ('ich weiß es')!;
~ *ob er dazu nicht in der Lage wäre* ('er ist dazu in
der Lage')!; ~ *wenn:* ~ *wenn ich das nicht längst
wüsste* ('ich weiß es längst')! **2.6.** ⟨im Vorfeld eines
Satzes mit Zweitstellung des Verbs; mit Konj. II⟩
~ *wäre das ein Unrecht* ('es ist kein Unrecht')! **3.**
⟨koordinierend; verbindet Satzglieder, bes. Prono-
men und Substantive, Adjektive; beide Satzglieder
stehen im gleichen Kasus⟩ /gibt eine nähere Erläu-
terung an, weist auf die Funktion, Eigenschaft o.A.
von jmdm., etw. hin/: *Herr Müller hat* ~ *Vorsitzen-
der des Vereins darüber zu entscheiden; ich kenne ihn
~ einen vertrauenswürdigen Kollegen; ich rate dir ~
meinem Freund, dies zu beherzigen; etw.* ~ *Medizin
nehmen; jmdn.* ~ *Lehrling einstellen; wir nehmen
das* ~ *sicher, erledigt;* ⟨in Abhängigkeit von Ver-
ben⟩ *er handelte* ~ *Minister, nicht* ~ *Privatmann;
das sollte dir* ~ *Warnung dienen!; etw. erweist sich
~ Trugschluss* **4.** ~ **dass** ⟨subordinierend; + *können*
im Nebensatz u. *zu* + Adj. im Hauptsatz; der Ne-
bensatz steht nach dem Hauptsatz; vorw. mit Konj.
II im Nebensatz⟩ /konsekutiv; gibt an, dass etw. als
Folge eines Übermaßes nicht realisierbar ist/: *er ist
zu jung,* ~ *dass er das schon verstehen könnte; die
Zeit ist zu kurz,* ~ *dass wir das schaffen könnten/
können* **5.** ⟨als Glied mehrteiliger od. zusammenge-
setzter Konj.⟩ **sowohl ...** ~ **auch:** ↗ **sowohl; insofern
~:** ↗ [2]**insofern; um so mehr/weniger ~:** ↗ [2]**um** (2.2)
6. nichts ~: ↗ **nichts**
als|baldig [als'baldɪç] ⟨Adj.; o. Steig.; nur attr.⟩
'möglichst schnell' /auf Tätigkeiten bez./: *die Ware
ist zum ~en Verbrauch bestimmt* ❖ ↗ **bald**
[1]**also** ['alzo] ⟨Adv.⟩ 'als Schlussfolgerung aus dem ge-
nannten Sachverhalt'; SYN demnach, demzufolge,
folglich, infolgedessen, somit; ↗ FELD I.4.2.3: *es
ist schon spät, wir müssen* ~ *gehen; wir wollen uns
~ morgen treffen;* ⟨auch als Konjunktionaladv. mit
Inversion des Subj.; schließt an einen vorausgehen-
den Hauptsatz einen Hauptsatz an; konsekutiv⟩ *es
ist schon spät,* ~ *müssen wir jetzt gehen*
[2]**also** ⟨Modalpartikel; unbetont; steht in Aussagesät-
zen mit Ergänzungs- und Entscheidungsfragen;
steht auch in elliptischen Ausrufesätzen; bezieht
sich auf den ganzen Satz⟩ /bezieht sich meist auf
einen vorangegangenen Sachverhalt und fasst die-
sen schlussfolgernd zusammen/: *wir haben uns* ~
geirrt; wir sehen uns ~ *morgen!; wir hoffen* ~, *dass
wir uns nicht geirrt haben;* /in elliptischen Ausru-
fen/: *bis morgen* ~!; ~, *bis bald!;* /in Entscheidungs-
fragen/: *du kommst* ~ *nicht mit ins Kino?; du hast
es* ~ *nicht getan?;* /in Ergänzungsfragen/: *wann wird
das* ~ *stattfinden?; wann kommst du* ~?
alt [alt] ⟨Adj.; Steig.: älter, älteste⟩ **1.1.** ⟨nicht bei
Vb.⟩ 'schon sehr viele Jahre lebend, wachsend, sich
dem Ende der möglichen Lebenszeit nähernd';
ANT jung (1) /auf Lebewesen bez./: *ein ~er Mann,
Hund, Baum; ~e Leute; er ist noch nicht sehr ~;*

eine ältere (SYN 'betagte') *Dame; ein älterer* (SYN
'betagter') *Herr; seine Geschwister sind schon sehr
~;* /in der kommunikativen Wendung/ umg. *hier
werde ich nicht* ~! /sagt jmd., der sich irgendwo
nicht wohl fühlt und die Absicht hat, bald wieder
wegzugehen/ **1.2.** ⟨o. Steig.; nur bei Vb.⟩ *sich* ~
fühlen, vorkommen ('sich so fühlen, vorkommen,
als ob man alt 1.1 wäre'; ANT jung 2); ~ *aussehen;*
umg. /in der kommunikativen Wendung/ *da siehst
du (aber)* ~ *aus!* /wird zu jmdm. gesagt, der sich
in einer schwierigen Lage befindet/ **2.** ⟨o. Steig.;
vorw. präd.; bei Angabe des Alters der Zahl
nachgestellt⟩ 'ein bestimmtes Alter habend': *das
Kind ist schon zehn Jahre ~; ein zehn Jahre ~es
Kind; wie* ~ *bist du?* **3.** 'lange benutzt od. getragen';
ANT neu (5) /auf Gebrauchsgegenstände bez./: ~e
Möbel, Stühle, Teppiche; ~e *Schuhe, Kleider; sein
Mantel ist schon ziemlich* ~ **4.** ANT neu (1) **4.1.**
⟨vorw. attr.⟩ 'seit langer, längerer Zeit vorhanden,
vor langer, längerer Zeit entstanden': *eine* ~e
Stadt, Kirche; ~e *Kunstwerke;* ~e *Sitten, Vorur-
teile, Erfahrungen; alte* ('von der Ernte des vorigen
Jahres stammende') *Kartoffeln* **4.2.** ⟨nur attr.⟩ /auf
Personen bez./ *er ist ein* ~er *Kunde, Patient* ('ist
schon seit langem bei jmdm. Kunde, Patient') **5.**
⟨o. Steig.; nur attr.⟩ umg. /gibt einer Anrede Ver-
traulichkeit/: *na,* ~er *Junge, Freund, wie geht's?* **6.**
⟨nur attr.⟩ umg. /verstärkt negative Bezeichnungen
für Personen, Schimpfwörter/: *er ist ein* ~er *Gau-
ner, Egoist; du* ~e *Hexe, Ziege!* ❖ **Alten, Alter,
altern, alters, Altertum, altertümlich, ältlich – Alt-
bau, altjüngferlich, Mittelalter, mittelalt, stein-
alt, Zeitalter;** vgl. auch **alt/Alt-**
Alt, der; ~s, ⟨o. Pl.⟩ 'tiefste Lage der Stimme (1.1)
von Frauen, Knaben beim Singen': *sie hat einen
schönen, vollen* ~; ~ ('in Alt') *singen;* vgl. *Sopran,
Bass, Tenor, Bariton*
Altar [al'taːɐ̯], **der;** ~s, Altäre [..'tɛːʀə/..'tɛːʀɑ] 'erhöht
stehendes, einem Tisch ähnliches, oft steinernes Er-
richtetes für kultische Handlungen, bes. in christli-
chen Kirchen'; ↗ FELD XII.4: *das Kreuz auf dem
~; vor dem* ~ *knien*
Alt|bau ['alt..], **der** ⟨Pl.: ~ten⟩ 'vor einem bestimm-
ten, weiter in der Vergangenheit liegenden Stichtag
erbautes Gebäude zum Wohnen'; ANT Neubau: *in
einem* ~ *wohnen* ❖ ↗ **alt,** ↗ **Bau**
Alten ['altn̩], **die** ⟨Pl.; ↗ auch *alt* (1.1)⟩ **1.** ⟨nur mit
best. Art.⟩ 'alte Menschen': *sie kümmert sich um
die* ~ *in ihrem Haus* **2.** umg. ⟨nur mit
Possessivpron.⟩ *meine* ~ ('meine Eltern') *sind heute
nicht zu Hause; wie geht es deinen* ~? ❖ ↗ **alt**
Alter ['altɐ], **das;** ~s, ⟨o. Pl.⟩ **1.** 'Gesamtheit der
Jahre, die ein Lebewesen existiert od. existiert
hat': *das* ~ *eines Menschen, Pferds, Baums schät-
zen; er starb im* ~ *von 70 Jahren, im hohen, höheren
~; das Kind kommt ins schulpflichtige* ~ **2.** 'Zeit
des Bestehens, Vorhandenseins': *das* ~ *einer Hand-
schrift, eines Gemäldes feststellen* **3.** 'letzter Ab-
schnitt (3) des Lebens des Menschen, der durch
eine hohe Anzahl von Lebensjahren gekennzeich-

net ist'; ANT Kindheit: *das* ~ *naht; die Beschwer-*
den des ~*s* **4.** 'lange Zeit des Bestehens, Vorhan-
denseins': *das Buch ist durch das/sein* ~ *abgenutzt*
❖ ↗ **alt**

altern ['altɐn] ⟨reg. Vb.; ist/auch hat⟩ 'alt (1.1) wer-
den, Merkmale des Alters (3) zeigen': *er ist in der*
letzten Zeit stark gealtert/hat stark gealtert ❖ ↗ **alt**

alternativ [altɛʀna'tiːf] ⟨Adj.; o. Steig.; nur attr.⟩
'eine Alternative (2) zu etw. darstellend' /auf Abs-
traktes bez./: ~*e Vorschläge machen; ein* ~*es Kon-
zept* ❖ **Alternative, alternieren**

Alternative [altɛʀna'tiːvə], **die**; ~, ~n **1.** 'freie, aber
unbedingt notwendige Entscheidung zwischen zwei
einander ausschließenden Möglichkeiten': *jmdn.*
vor eine ~ *stellen; er steht vor der* ~, *ob er den*
Vorschlag annimmt oder nicht **2.** 'zweite, ganz an-
dere Möglichkeit': *verschiedene* ~*n zur Lösung des*
Energieproblems bieten ❖ ↗ **alternativ**

alters ['altɐs]
❖ ↗ **alt**
* geh. **seit** ~**/von** ~ **her** 'von jeher, seit (sehr) langer
Zeit': *diese Sitte ist seit* ~, *von* ~ *her üblich*

alters|gerecht ['..] ⟨Adj.⟩ 'den Bedürfnissen alter
Menschen angemessen': ~*es Wohnen;* ~*e Senioren-
heime; die Wohnung ist* ~

Altertum ['altɐ..], **das**; ~s, Altertümer; ↗ FELD
VII.4.1 **1.** ⟨o. Pl.⟩ 'der frühe Abschnitt (3) in der
Geschichte eines Volkes, bes. der zwischen ihren
Anfängen und dem Mittelalter liegende Abschnitt
der Geschichte der Menschheit': *das griechisch-rö-
mische* ~ ('die Antike') **2.** ⟨nur im Pl.⟩ 'Überreste
der Kultur eines Volkes aus dem Altertum (1) und
dem Mittelalter': *Altertümer sammeln* ❖ ↗ **alt**

altertümlich ['altɐtym..] ⟨Adj.; o. Steig.⟩ 'in der Art
früherer Zeiten, aus früheren Zeiten stammend'
/auf Gegenstände bez./; ↗ FELD VII.4.3: ~*e Mö-
bel;* ~ *eingerichtet sein* ❖ ↗ **alt**

alt|-jüngferlich [alt'jʏŋfɐ..] ⟨Adj.; Steig. reg., ungebr.⟩
'etwas verschroben und altmodisch' /auf eine er-
wachsene weibl. Person bez./: *ein* ~*es Benehmen;*
sich ~ *kleiden* ❖ ↗ **jung; -klug** ['..] ⟨Adj.; o. Steig.⟩
'für sein Alter zu klug' /auf ein Kind bez./: *ein* ~*er*
Junge; das Kind redet ~ ('redet von Dingen, die
nur Erwachsene beurteilen können') ❖ ↗ **klug**

ältlich ['ɛlt..] ⟨Adj.; o. Steig.⟩ 'ein wenig alt (1.1)
(wirkend)' /auf Personen bez./: *eine* ~*e weibliche*
Person; er sieht schon etwas ~ *aus* ❖ ↗ **alt**

alt/Alt ['alt..]|**-modisch** ⟨Adj.; Steig. reg.⟩ ANT ¹mo-
dern **1.** 'nicht mehr der herrschenden Mode ent-
sprechend' /vorw. auf Kleidung bez./ SYN anti-
quiert (1); ↗ FELD 1.3: ~*e Kleidung, Schuhe; die*
Frisur ist, wirkt ~ **2.** 'nicht dem neuesten Stand
der gesellschaftlichen Entwicklung entsprechend';
SYN antiquiert (2) /auf Abstraktes bez./: ~*e An-
sichten haben* ❖ ↗ Mode; **-papier, das** ⟨o. Pl.⟩ 'ge-
brauchtes Papier, aus dem wieder Papier hergestellt
wird': ~ *sammeln* ❖ ↗ Papier; **-stadt, die** 'ältester
Teil einer Stadt': *die* ~ *von N wird saniert* ❖ ↗
Stadt; **-stoffe, die** ⟨Pl.⟩ 'gebrauchte Materialien,
bes. Papier, Glas, Metall, die wieder als Rohstoffe

zu verwenden sind': ~ *sammeln, recykeln* ❖ ↗
Stoff; **-väterlich** ⟨Adj.⟩ 'mit einer gewissen, dem
Alter (3) zugeschriebenen Würde' /auf einen Mann
bez./: *sein* ~*es Auftreten* ❖ ↗ Vater; **-weibersommer**
[..'vaibɐ..], **der** ⟨vorw. Sg.⟩ 'ziemlich regelmäßig
Ende September und Anfang Oktober eintretende
Periode des schönen Wetters in Mitteleuropa': *den*
~ *genießen* ❖ ↗ Weib, ↗ Sommer

Aluminium [alu'miːni̯ʊm], **das**; ~s, ⟨o. Pl.⟩ /Element/
'weiches silbrig weißes Leichtmetall' /chem. Symb.
Al/; ↗ FELD II.5.1: *ein Topf, Teller aus* ~

am [am] ⟨Verschmelzung von Präp. *an* (Dat.) + Art.
(dem)⟩ ↗ ²*an*

Amateur [ama'tøɐ], **der**; ~s, ~e **1.** 'jmd., der bes. eine
handwerkliche, künstlerische Tätigkeit nicht beruf-
lich, sondern in der Freizeit ausübt': *ich mache das*
nicht beruflich, ich bin nur ~; vgl. *Laie* **2.** /Bez. für
einen ohne vertraglich festgelegtes Honorar sich
betätigenden Sportler/; ANT Profi: *an dem Wett-
kampf dürfen sich nur* ~*e beteiligen*

Ambition [ambi'tsi̯oːn], **die**; ~, ~en ⟨vorw. Pl.⟩ 'ehr-
geiziges Streben (3)': *wissenschaftliche, künstleri-
sche, politische Ambitionen haben*

Amboss ['ambɔs], **der**; ~es, ~e **1.** 'zweckdienlich ge-
formter Block aus Stahl, auf dem der Schmied
schmiedet' (↗ TABL Werkzeuge): *auf den* ~ *schla-
gen* **2.** Med. 'einer der drei kleinen Knochen des
Gehörs'

ambulant [ambu'lant] ⟨Adj.; o. Steig.; vorw. attr. u.
bei Vb.⟩ **1.** 'bei der betreffenden Tätigkeit nicht an
einen bestimmten Ort gebunden, sondern den Ort
wechselnd': *der* ~*e Handel; das* ~*e Gewerbe; ein*
Gewerbe ~ *betreiben* **2.** 'nicht stationär (erfolgend)'
/beschränkt verbindbar/: ~*e Patienten; einen Pa-
tienten* ~ *behandeln; eine* ~*e Behandlung* ❖ **Ambu-
lanz, Ambulatorium**

Ambulanz [ambu'lants], **die**; ~, ~en 'medizinische
Einrichtung zur ambulanten Behandlung, meist als
Teil einer (Poli)klinik': *sich in der* ~ *einen Verband
anlegen lassen* ❖ ↗ **ambulant**

Ambulatorium [ambula'toːʀi̯ʊm], **das**; ~s, Ambulato-
rien [..'toːʀi̯ən] 'medizinische Einrichtung mit min-
destens zwei Fachabteilungen für die ambulante
Behandlung von Patienten': *zur Behandlung ins* ~
gehen ❖ ↗ **ambulant**

Ameise ['aːmai̯zə], **die**; ~, ~n **I.** 'Insekt, das streng
organisierte Formen der Gemeinschaft bildet'; ↗
FELD II.3.1 (↗ TABL Insekten): *hier wimmelt es*
von ~*n; ich bin von einer* ~ *gebissen worden* − **II.**
umg. 'kleines Fahrzeug für den Transport, das
durch einen Dieselmotor angetrieben wird'

Amethyst [ame'tʏst], **der**; ~es/auch ~s, ~e 'violetter
Halbedelstein'

Amino|säure [a'miːno..], **die**; ~, ~n Chem. 'den wich-
tigsten Baustein der Eiweiße bildende, Stickstoff
enthaltende organische Säure'

Ammoniak ['amoni̯ak/..'ni̯ak], **der**; ~s, ⟨o. Pl.⟩ 'farb-
loses, stechend riechendes Gas aus Stickstoff und
Wasserstoff'

Amnestie [amnɛ'stiː], **die**; ~, ~n [..'stiːən] 'für einen
größeren Kreis von Strafgefangenen durch den

Staat gesetzlich angeordnete völlige od. teilweise Aufhebung von Strafen, die in einer Strafvollzugsanstalt verbüßt werden': *eine ~ erlassen; er ist unter die ~ gefallen* ('ist bei der Amnestie berücksichtigt worden') ❖ **amnestieren**

amnestieren [amnɛ'stiːʀən], amnestierte, hat amnestiert ⟨vorw. im Pass.⟩ /Regierung/ *jmdn.* ~ 'einem Strafgefangenen die Strafe od. einen Teil der Strafe erlassen': *ein großer Teil der Häftlinge wurde amnestiert* ❖ ↗ **Amnestie**

Amok ['aːmɔk/a'mɔk]
* /jmd./ **~ laufen** ('in einem Zustand der Besessenheit ziellos irgendwohin laufen und in blinder Wut nicht beteiligte Personen töten')

Ampel ['ampl̩], **die**; ~, ~n 'technische Anlage, die den Verkehr auf Straßen regelt, indem sie mit Hilfe von elektrischem Licht rote, grüne und gelbe Signale gibt' (↗ BILD)

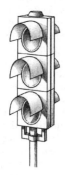

Amphibie [am'fiːbi̯ə], **die**; ~, ~n SYN 'Lurch'; ↗ FELD II.5.1

Ampulle [am'pʊlə], **die**; ~, ~n 'kleiner Behälter aus Glas, der durch Schmelzen steril verschlossen wurde und bes. zum Aufbewahren von Flüssigkeiten für Injektionen dient' (↗ BILD)

Amputation [amputa'tsi̯oːn], **die**; ~, ~en 'das durch eine Operation erfolgende Abtrennen (2) eines Körperteils, bes. eines Beins, Arms': *die ~ eines Beins* ❖ ↗ **amputieren**

amputieren [ampu'tiːʀən], amputierte, hat amputiert ⟨vorw. im Pass. u. Part. II⟩ /jmd., bes Chirurg/ *etw.* ~ 'einen Körperteil, bes. Arm, Bein, durch eine Operation abtrennen (2)': *ihm wurde ein Bein amputiert; man musste ihm das Bein ~* ❖ **Amputation**

Amsel ['amzl̩], **die**; ~, ~n 'größerer heimischer Singvogel, dessen Männchen schwarzes Gefieder und einen gelben Schnabel hat'; ↗ FELD II.3.1

Amt [amt], **das**; ~s/auch ~es, Ämter ['ɛmtɐ] **1.** 'offizielle Stellung (4), die mit bestimmten Pflichten verbunden ist, bes. bestimmte staatliche Funktion': *das ~ eines Ministers, Richters ausüben; ein hohes, öffentliches ~ antreten, innehaben* **2.** 'bestimmte staatliche behördliche Einrichtung' /bes. in Namen amtlicher Institutionen/: *das ~ für Denkmalpflege; ↗ Auswärtiges ~; sich an ein ~ wenden* ❖ **amtieren, amtlich, Beamte, Beamtin – Arbeitsamt, Bahnbeamte, ehrenamtlich, Fernamt, hauptamtlich, Polizeibeamte, Postamt, Sozialamt, Standesamt**
* geh., oft scherzh. /jmd./ **seines ~es walten** 'ausführen, was seinem Aufgabengebiet nach getan werden muss': *Herr Meier, walten Sie Ihres ~es!*

amtieren [am'tiːʀən], amtierte, hat amtiert ⟨oft im Part. I⟩ /jmd./ '(vorübergehend, stellvertretend) ein Amt (1), eine Funktion (3) innehaben': *der zur Zeit ~de Minister; er amtiert als Vorsitzender* ❖ ↗ **Amt**

amtlich ['amt..] ⟨Adj.; o. Steig.⟩ **1.** ⟨nicht präd.⟩ 'von einem Amt (2), einer offiziellen Stelle stammend, ausgehend' /auf Sprachliches bez./: *~e Bekanntmachungen; eine Abschrift ~ beglaubigen lassen* **2.** ⟨vorw. präd.⟩ 'von einer offiziellen Stelle stammend und daher zuverlässig, glaubwürdig'; SYN offiziell (1): umg. „*Er kommt morgen.*" „*Ist das ~* ('ganz sicher, wirklich')?"; *die Sache ist* ~ ❖ ↗ **Amt**

amüsant [amy'zant] ⟨Adj.; Steig. reg.⟩ SYN 'lustig (2)': *eine ~e Geschichte; er hat sehr ~ von seinen Reisen erzählt; es war sehr* ~ ❖ **amüsieren**

amüsieren [amy'ziːʀən], amüsierte, hat amüsiert **1.** /jmd./ *sich* ~ 'angenehm, in heiterer Stimmung die Zeit verbringen': *ich habe mich dabei köstlich amüsiert; amüsier dich gut!* /wird zu jmdm. gesagt, der sich verabschiedet, um auszugehen/ **2.** /jmd./ *sich über jmdn., etw.* ~ ('über jmdn., etw. scherzen, spotten') **3.** /etw./ *jmdn.* ~ 'jmdn. erheitern, belustigen (1.1)': *dieser Gedanke, ihr verdutztes Gesicht amüsierte ihn* ❖ ↗ **amüsant**

¹an [an] ⟨Adv.; nur präd. (mit *sein*)⟩ *etw. ist* ~ 'ein elektrisches Gerät ist angeschaltet'; ANT ²aus (3): *die Lampe, das Radio, Licht ist* ~ ❖ vgl. **an/AnMERKE** Zur Getrennt-, Zusammenschreibung von *an* und *sein*: Getrenntschreibung auch im Infinitiv

²an ⟨Präp. mit Dat. u. Akk.; vorangestellt; vgl. *am, ans*⟩ **1.** ⟨mit Dat.; vor best. Art. Mask., Neutr. auch *am*⟩ /lokal/ **1.1.** ⟨in Verbindung mit Begriffen, die Gegenständliches ausdrücken⟩ /gibt die Lage in der Nähe bes. einer Fläche, auch den Kontakt mit einer Fläche an/: *das Rad lehnt ~ der Wand; die Tapete klebt ~ der Wand; der Schrank steht dicht ~ der Tür; die Lampe hängt ~ der Decke; der Tisch steht am Fenster; er stand ~ der Tür und wartete; er lag am Boden* **1.2.** ⟨in Verbindung mit geografischen Begriffen⟩ /gibt die unmittelbare Nähe zu etw. an/: *Magdeburg liegt ~ der Elbe; Köln liegt am Rhein; Frankfurt am Main* (ABK Frankfurt/a.M.);

eine Stadt ~ der Ostsee, am Bodensee; ⟨in Fahrplä-
nen vor dem Ortsnamen; ANT ²*ab* (1)⟩ /gibt den
Endpunkt einer Strecke an/: *~ Berlin 14.30 Uhr*
1.3. ⟨in Verbindung mit bestimmten Bereichen⟩
/gibt die Nähe zu einem bestimmten Standort an/:
*er stand ~ der Kreuzung, wartete ~ der Ecke, ~
der Grenze, am Bahnhof, am Schalter, ~ der Kasse*
1.4. ⟨in Verbindung mit Begriffen, die Gegenstände
darstellen⟩ /gibt das Befestigtsein an/: *das Medail-
lon hängt ~ einem Kettchen; die Handschellen ~
etw. befestigen* **1.5.** ⟨in Verbindung mit Begriffen,
die Bildungsstätten o.Ä. darstellen⟩ /gibt den Ort
der Beschäftigung an/: *sie ist Lehrerin ~ einer Be-
rufsschule; er arbeitet am Institut für Physik, ~ der
Universität* **2.** ⟨mit Akk.; vor best. Art. Neutr. auch
ans⟩ /lokal/ **2.1.** ⟨in Verbindung mit Begriffen, die
Gegenstände darstellen⟩ /gibt bei einer Bewegung,
Handlung die Richtung an, die zu der Lage von *an*
(1.1) führt/: *er lehnte das Rad ~ die Wand; sie
rückte den Stuhl ~ den Tisch, stellte die Blumen ans
Fenster* **2.2.** ⟨in Verbindung mit geographischen
Begriffen o.Ä.⟩ /gibt die Richtung auf einen Be-
reich an, der eine Randlage hat/: *sie fuhren ~ die
Nordsee, ans Meer; sie liefen ~ den Strand* **2.3.** ⟨in
Verbindung mit Begriffen, die Bildungsstätten o.Ä.
darstellen; meist in Verbindung mit *gehen*⟩ /gibt
den Ort an, wo man arbeiten, studieren will/: *sie
ging ans Theater, ~ die Universität* **3.1.** ⟨mit Dat.;
vor Mask., Neutr. auch *am*; in Verbindung mit
Zeitbegriffen; vor best. Art. Mask., Neutr. vorw.
am⟩ /temporal; gibt einen bestimmten Zeitpunkt
an/: *am Abend, Morgen; am Montag verreise ich; ~
diesem Tag ereignete sich das Unglück; am Wochen-
ende fahren wir ins Grüne; am Anfang, am Ende die-
ses Jahrhunderts, dieses Jahres, Monats, dieser Wo-
che; am Schluss der Vorstellung; am Ende seines Le-
bens;* ⟨bei Angabe des Datums⟩ *am 31. Oktober ist
Reformationstag; er ist geboren am 12. Juni 1930;
unser Urlaub beginnt am 25. Juni, endet am 15. Juli;*
vgl. *von* (2.1) ... *an:* ↗ *seit* (Merke) **3.2.** ⟨mit Akk.;
+ *bis*; in Verbindung mit Zeitbegriffen⟩ /temporal;
gibt die zeitliche Erstreckung und ihren Endpunkt
an; beschränkt verbindbar/: *er rackert bis ~ sein
Lebensende; bis ans Ende des Jahres* **4.** ⟨nur: *am*;
steht vor einem adv. od. präd. gebrauchten
Superl.⟩ /modal; gibt den höchsten Grad an/: *er
sang am lautesten; sie lief am schnellsten; Gemüse
ist am gesündesten* **5.** ⟨in fester Abhängigkeit von
Verben, Adj., Subst.; Dat. od. Akk.⟩ **5.1.** ⟨Dat.⟩ *~
jmdm. hängen; ~ einer Krankheit leiden; ~ jmdm.
zweifeln; ~ einer Versammlung teilnehmen; ~ einer
Sache interessiert sein; sein Interesse ~ dieser Sa-
che;* ⟨Akk.⟩ *~ etw. glauben; ~ etw. denken; sich ~
jmdn. wenden, erinnern; sein Glaube ~ den Erfolg
des Projekts* ❖ **bergan, daran, dran, heran, hieran,
hieran, nebenan, woran;** vgl. **an/An-**
MERKE Zu *an* (3.1): Wochentagsnamen werden
mit *am* verbunden: *am Montag, Sonntag,* Monats-
namen mit *in: im Juli 1930.* Bei den Tagesabschnit-
ten werden *Morgen, Abend* mit *am* verbunden, *die*

Nacht mit *in, der Mittag* vorw. mit *zu.* Wird das
genaue Datum angegeben, wird *am* verwendet: *er
ist geboren am 9. März 1931*
³**an** ⟨Gradpartikel; vor Zahlen oft mit best. Art. im
Nom. Pl.⟩ *~ (die)* ʼetwa, ungefährʼ: *~ (die) hun-
dert Personen waren anwesend*
an- /bildet mit dem zweiten Bestandteil Verben; be-
tont; trennbar (im Präsens u. Präteritum) **1.** /drückt
aus, dass das im zweiten Bestandteil Genannte von
der handelnden Größe aus in Richtung auf eine
Größe erfolgt/: ↗ z. B. *ansehen* (1) **2.** /drückt aus,
dass durch das im zweiten Bestandteil Genannte
eine Größe eine andere Größe zu erreichen sucht/:
↗ *anfliegen* (2) **3.** /drückt aus, dass durch das im
zweiten Bestandteil Genannte eine Größe einer an-
deren Größe näher kommt; oft im Part. II + *kom-
men*/: ↗ z. B. *anlaufen* (1) **4.** /drückt aus, dass durch
das im zweiten Bestandteil Genannte eine Größe
die Oberfläche einer anderen Größe berührt/: ↗
z. B. *anfassen* (1), *anlehnen* (1) **5.** /drückt aus, dass
durch das im zweiten Bestandteil Genannte eine
Größe an einer anderen Größe befestigt wird/: ↗
z. B. *anbinden, annageln* **6.** /drückt aus, dass das im
zweiten Bestandteil Genannte beginnt/: ↗ z. B. *an-
fahren* (1) **7.** /drückt aus, dass das im zweiten Be-
standteil Genannte kurz, ein wenig od. zum Teil
erfolgt/: ↗ z. B. *anschneiden* (2) ❖ **Ansichtskarte,
Ansichtssache, Badeanzug, beantragen, Betriebsan-
gehörige, Bombenangriff, Bombenanschlag, Ge-
brauchsanweisung, Hosenanzug, Kläranlage, Lö-
wenanteil, Schuhanzieher, Staatsangehörige, Stereo-
anlage, Strafanzeige, Sturmangriff, tonangebend,
Trainingsanzug, unangefochten, unangemessen, un-
angenehm, unangetastet, Unannehmlichkeit, unan-
schaulich, unanständig, unantastbar, veranschlagen,
Voranschlag, Weltanschauung, weltanschaulich;** vgl.
an/An-
analog [ana'lo:k] ⟨Adj.; o. Steig.⟩ ʼanderem entspre-
chend und ähnlich od. mit ihm die gleichen Merk-
male habendʼ: *eine ~e Entwicklung, Entscheidung;
in einer Sache ~ verfahren* ❖ **Analogie**
Analogie [analo'gi:], **die**; ~, ~n [..gi:ən] ʼdas Sicht-
sprechen und Sichähnlichsein od. das Übereinstim-
menʼ: *sie stellten eine ~ zwischen beiden Fällen fest*
❖ ↗ **analog**
Analphabet ['analfabe:t], **der**; ~en, ~en ʼjmd., der
nicht lesen und schreiben gelernt hatʼ: *es gibt auf
der Welt noch Millionen von ~en* ❖ ↗ **Alphabet**
Analyse [ana'ly:zə], **die**; ~, ~n ʼsystematische Unter-
suchung und Bestimmung einzelner Faktoren eines
Sachverhalts, um eine genaue(re) Kenntnis seiner
Beschaffenheit zu gewinnenʼ; ANT Synthese (1):
eine ~ vornehmen ❖ **analysieren, analytisch** – **Psy-
choanalyse**
analysieren [analy'zi:rən], analysierte, hat analysiert
/jmd./ *etw., jmdn., sich ~* ʼetw., jmdn., sich auf ein-
zelne Faktoren, Merkmale hin untersuchen, eine
Analyse von etw., jmdm., sich machenʼ: *einen Ro-
man, die Lage ~; einen Patienten, sich genau ~* ❖
↗ **Analyse**

analytisch [ana'ly:t..] ⟨Adj.; o. Steig.; vorw. attr. u. bei Vb.⟩ 'auf Analyse beruhend, sie anwendend': *eine ~e Methode; etw. ~ untersuchen* ❖ ↗ **Analyse**

Anämie [anɛmi:], die; ~, ~n [..'mi:ən] 'Krankheit infolge eines Prozesses, bei dem sich die Gesamtmenge der roten Blutkörperchen verringert': *an ~ leiden*

Ananas ['ananas], die; ~, ~/auch ~se; ↗ FELD II.4.1 **1.** ⟨vorw. Sg.⟩ 'tropische Pflanze, die wegen ihrer fleischigen und saftigen Frucht angebaut wird': *~ anbauen* **2.** 'Frucht von Ananas (1)' (↗ TABL Früchte/ Obst): *eine ~ schälen; ~ in Scheiben, Stücken*

Anarchie [anaʀçi:], die; ~, ~n [..'çi:ən] ⟨vorw. Sg.⟩ 'durch Willkür, fehlende Ordnung und planloses Handeln bestimmter Zustand bes. einer Gesellschaft, in der es keine staatliche und rechtliche Autorität gibt': *in dem Land herrscht ~* ❖ **anarchisch, Anarchismus, Anarchist, anarchistisch**

anarchisch [anaʀç..] ⟨Adj.; Steig. reg., ungebr.; vorw. attr.⟩ 'von Anarchie geprägt' /auf Abstraktes bez./: *~e Zustände, Verhältnisse* ❖ ↗ **Anarchie**

Anarchismus [anaʀçɪsmʊs], der; ~, ⟨o. Pl.⟩ 'jede staatliche Organisation und staatliche Gewalt ablehnende politische Bewegung': *ein Vertreter, Anhänger des ~* ❖ ↗ **Anarchie**

Anarchist [anaʀ'çɪst], der; ~en, ~en 'Anhänger des Anarchismus': *er ist (ein) ~* ❖ ↗ **Anarchie**

anarchistisch [anaʀçɪst..] ⟨Adj.; o. Steig.; nicht bei Vb.⟩ 'den Anarchismus betreffend': *~e Ideen* ❖ ↗ **Anarchie**

Anästhesie [anɛste'zi:], die; ~, ~n [..'zi:ən] ⟨vorw. Sg.⟩ 'das Ausschalten der Schmerzempfindung durch Narkose od. örtliches Betäuben': *eine lokale ~*

Anatomie [anato'mi:], die; ~, ⟨o. Pl.⟩ 'Wissenschaft vom Bau des (menschlichen) Körpers und seiner Organe': *~ studieren; in ~ geprüft werden*

an/An ['an..]|-**bahnen** ⟨trb. reg. Vb.; hat⟩; ↗ FELD VII.1.2 **1.** /jmd., Institution/ *etw. ~* 'etw., bes. etw. Verbindendes, vorbereiten und herzustellen beginnen': *eine Verbindung, Verständigung zwischen künftigen Partnern ~; Handelsbeziehungen ~* **2.** /etw., bes. Verbindendes/ *sich ~* 'sich zu entwickeln beginnen': *zwischen ihnen bahnte sich eine Freundschaft an* ❖ ↗ **Bahn**; -**bau**, der ⟨Pl.: ~ten⟩ **1.** ⟨o. Pl.⟩ /zu *anbauen* 1 u. 2/ 'das Anbauen'; /zu 1/: *der ~ einer Veranda;* /zu 2/: *der ~ von Getreide* **2.** 'angebauter Teil eines Gebäudes'; ↗ FELD V.2.1: *sein Zimmer befindet sich im ~* ❖ ↗ **Bau**; -**bauen** ⟨trb. reg. Vb.; hat⟩ **1.** /jmd./ *etw.* 'einen Raum zusätzlich an ein Gebäude bauen': *einen neuen Stall (an das Haus) ~* **2.** /jmd., landwirtschaftlicher Betrieb/ *etw. ~* 'für die menschliche Nutzung bestimmte Pflanzen auf landwirtschaftlichen Nutzflächen säen, pflanzen'; ↗ FELD II.4.2: *Getreide, Gemüse, Wein ~* ❖ ↗ **Bau**; -**behalten** (er behält an), behielt an, hat anbehalten /jmd./ *etw. ~* 'ein Kleidungsstück nicht auszuziehen'; ANT ausziehen (1): *im Raum war es kalt, daher behielt er den Mantel an* ❖ ↗ **halten**; -**bei** [..'b..] ⟨Adv.⟩ vorw. amtsspr.

'dieser Postsendung beigelegt (↗ beilegen 1)': *~ (sende ich Ihnen) die gewünschten Unterlagen* /als Mitteilung für den Empfänger, dass dem an ihn gerichteten Schreiben ein od. mehrere zusätzliche Schriftstücke o.Ä. beigefügt sind/ ❖ ↗ bei; -**beraumen** [beʀaʊmən] ⟨trb. reg. Vb.; hat⟩ /jmd., Institution/ *etw. ~* 'für etw. einen Termin festsetzen'; SYN ansetzen (7): *eine Sitzung, Verhandlung ~* ❖ ↗ Raum; -**betracht**: *in ~* ⟨+ Gen. attr.⟩ 'im Hinblick auf': *in ~ der schwierigen Lage, Umstände sollte man ...; in ~ der Verdienste des Mitarbeiters wird von einer Bestrafung, Entlassung abgesehen* ❖ ↗ betrachten; -**bieten**, bot an, hat angeboten **1.** /jmd., Institution/ *jmdm. etw. ~* 'jmdn. wissen lassen, dass man bereit ist, ihm etw. zur Verfügung zu stellen': *jmdm. einen Stuhl ~; er bot (ihnen) seine Hilfe an; der Betrieb hat ihm eine gute Stellung angeboten; sich jmdm. als jmd./ zu etw. ~: er bot sich (ihr) als Begleitung, zum Vorlesen an* **2.** /jmd./ *jmdm. etw. ~* 'jmdn. fragen, ob man ihm etw. zum Essen, Trinken reichen darf': *jmdm. eine Tasse Tee, ein Stück Kuchen ~; darf ich Ihnen etwas ~?* /wird zu einem Besucher gesagt/ **3.** /jmd., Geschäft/ *etw. ~* 'auf unterschiedliche Weise, bes. durch Auslegen od. Vorlegen von Waren, wissen lassen, dass man etw. Bestimmtes verkaufen will'; ↗ FELD I.16.2: *die Gärtnerei bietet Blumen und Gemüse (auf dem Markt) an; im Kaufhaus werden Kleider und Röcke zu stark herabgesetzten Preisen angeboten; jmdm. etw. ~: dem Verleger ein Manuskript ~* **4.** /etw./ *etw. bietet sich an* 'etw. lässt sich als Möglichkeit nutzen': *folgende Möglichkeit bietet sich an; es bot sich folgende Möglichkeit an* ❖ ↗ bieten; -**binden**, band an, hat angebunden /jmd./ *etw., ein Tier an etw. ~* 'etw., ein Tier mit einem Seil, einer Leine o.Ä. an etw. befestigen'; ↗ FELD I.7.6.2: *das Boot am Ufer ~; den Hund am Geländer ~* ❖ ↗ binden; -**blick**, der SYN 'Bild (3)': *ein erfreulicher, seltsamer ~ bot sich ihnen dar* ❖ ↗ blicken; -**brechen** (er bricht an), brach an, hat/ ist angebrochen; ↗ FELD VII.1.2 **1.** ⟨hat⟩ /jmd./ *etw. ~* 'den Inhalt von etw. zu verbrauchen beginnen und dafür die Verpackung, das Gefäß öffnen': *eine Tafel Schokolade, eine Tüte Zucker ~; eine angebrochene Flasche Wein* **2.** ⟨ist⟩ /zeitlicher Abschnitt/ 'beginnen (2)': *der Tag, Abend bricht an; bei ~der Dunkelheit* ❖ ↗ brechen; -**brennen**, brannte an, hat/ist angebrannt **1.** ⟨hat⟩ /jmd./ *etw. ~* SYN 'etw. anzünden (1.1)': *eine Kerze, Pfeife, ein Streichholz, eine Zigarette ~* **2.** ⟨ist⟩ /etw./ 'zu brennen beginnen': *nasses Holz brennt schlecht an; die Kohlen sind angebrannt* **3.** ⟨ist⟩ /etw./ 'beim Kochen durch allzu große Hitze eine fest am Boden des Topfes haftende dunkle od. schwarze Schicht bilden': *Milch brennt leicht an; der Pudding ist angebrannt* ❖ ↗ brennen; -**dacht** [daxt], die; ~, ~en **1.** ⟨o. Pl.⟩ 'starke innere Konzentration (1)': *voller ~, mit ~ zuhören* **2.** 'Zusammenkunft von Gläubigen, bei der vor allem gemeinsam gebetet und in der Bibel gelesen wird'; ↗ FELD XII.3.1: *eine ~ halten* ❖ ↗ denken; -**dächtig** [dɛçtɪç] 〈Adj.; Steig. reg.; vorw. bei Vb.〉 'voller Andacht (1)'; ↗ FELD I.4.4.3: ~ zuhören ❖ ↗ denken; **-dauern** 〈trb. reg. Vb.; hat; ↗ auch *andauernd*〉 /etw./ 'nicht aufhören, noch nicht zu Ende sein'; SYN anhalten (3); ↗ FELD VII.1.2: *der Regen, seine schlechte Laune, die Sitzung dauert (noch) an* ❖ ↗ dauern; **-dauernd** 〈Adj.; o. Steig.; nicht präd.; vorw. bei Vb.; ↗ auch *andauern*〉 SYN 'ständig'; ↗ FELD VII.1.3: *das Kind fragt ~ dasselbe; diese ~en Störungen!; er ist ~ krank; es regnet heute ~* ❖ ↗ dauern; **-denken, das**; ~s, ~ 1. 〈o. Pl.〉 'von Liebe, Dankbarkeit, Ehrfurcht begleitetes Denken bes. an eine nicht mehr lebende Person'; ↗ FELD I.5.1: *jmds. ~ in Ehren halten; zum ~ an den großen Dichter* 2. 'Gegenstand, den man aufbewahrt, weil damit eine Erinnerung an jmdn., etw. verbunden ist': *~ kaufen, von einer Reise mitbringen; diese alte Brosche ist ein ~ an meine Großmutter*; vgl. *Souvenir* ❖ ↗ denken

andere ↗ *anderer*

anderer ['andəʁɐ] 〈Indefinitpron.; Mask. Sg.; Pl. u. Fem. Sg. **andere**; Neutr. Sg. **anderes**; ↗ TAFEL X; ↗ auch *anders*〉 1. 'nicht identisch mit einer vorher genannten Sache, einem vorher genannten Lebewesen od. etw. Vorausgesetztem, sondern dazu die nicht näher bestimmte alternative (zweite) Variante darstellend': 〈adj.〉 *sich an einem anderen Ort, zu einer anderen Zeit treffen; etw. aus anderen Gründen tun*; 〈subst.〉 *die anderen haben sich entschuldigt; jemand, niemand anderes/anderer war da; ich habe niemand anderen, jemand anderen erwartet* (vgl. auch *anders 2.1*); *kein ~ als du* ('nur du') *kann das machen; etwas, nichts anderes vorhaben; wir andere(e)n; unter anderem* (ABK u. a.): *unter anderem* ('neben weiterer, aber nicht näher genannten Dingen') *hat er Folgendes gesagt ...* 2. /steht in Korrelation zu ¹*ein*, ¹*einer*; bezeichnet bei zwei Sachen, Lebewesen das Zweite, das an zweiter Stelle Genannte/: 〈subst.〉 *ein Bein über das and(e)re schlagen; einer nach dem anderen (der Wartenden) wurde abgefertigt; weder der eine noch der andere* ('keiner von beiden') *hat sich dazu geäußert*; 〈adj.〉 *sich von einer Seite auf die andere Seite drehen* 3. 'nicht identisch mit einer vorher genannten Sache, einem vorher genannten Lebewesen od. etw. Vorausgesetztem, sondern dazu etw. nicht näher bestimmtes Verschiedenartiges darstellend': 〈adj.〉 *die bisherigen Maßstäbe waren nicht tauglich, man muss andere Maßstäbe anlegen; ~* (SYN 'verschiedener') *Meinung sein*; 〈subst.〉 *das ist etwas ganz anderes; das kannst du anderen* ('Dümmeren') *erzählen (nicht mir)!* ❖ **ändern, Änderung, anders, unveränderlich, veränderlich, verändern, Veränderung – andererseits, andernfalls, andersartig, anderweitig, aneinander, aufeinander, auseinander, auseinandersetzen, Auseinandersetzung, beieinander, durcheinander, füreinander, gegeneinander, hintereinander, ineinander, miteinander, nacheinander, nebeneinander, Sinnesänderung, übereinander, umeinander, untereinander, voneinander, voreinander, zueinander**

❖ /jmd./ **jmdn. eines anderen belehren** ('jmdm. deutlich machen, dass er sich irrt')

anderer|seits ['..zaɪts] 〈Adv.〉 'in anderer Beziehung': *er ist sehr klug, ~ auch oft etwas naiv*; 〈auch als Konjunktionaladv. mit Inversion des Subj. u. in Verbindung mit *einerseits*〉 ↗ *einerseits* ❖ ↗ **anderer**, ↗ **Seite**

anderes ↗ *anderer*; ↗ auch *anders*

ändern ['ɛndɐn] 〈reg. Vb.; hat〉; ↗ FELD IX.1.2 1. /jmd./ etw. ~ 'etw. in eine andere Form, Beschaffenheit bringen, die sich in bestimmten, einzelnen Merkmalen von der bisherigen unterscheidet': *ein Kleid, einen Text ~; er musste seine Pläne ~* 2. /jmd., auch etw./ etw. ~ 'etw. in eine Form, Beschaffenheit bringen, die sich völlig von der bisherigen unterscheidet': *er hat seine Meinung geändert; diese Erkenntnis hat seine Ansichten völlig geändert; das ist nicht/daran ist nichts zu ~!* (sagt jmd., wenn er einen Sachverhalt nicht mehr rückgängig machen od. anders gestalten will/; *jmdn. ~: einen alten Menschen kann man nicht mehr ~* 3. /etw., jmd./ sich ~ SYN 'sich verändern (2)': *das Wetter ändert sich; er hat sich sehr geändert* ('zeigt ein völlig anderes Verhalten') ❖ ↗ **anderer**

andern|falls ['andɐn..] 〈Adv.〉 SYN 'sonst (4)': *wir müssen uns beeilen, weil wir ~ zu spät kommen*; 〈auch als Konjunktionaladv. mit Inversion des Subj.; schließt an einen vorausgehenden Hauptsatz einen Hauptsatz an; konditional〉: *wir müssen uns beeilen, ~ kommen wir zu spät, ~ ist alles ausverkauft* ❖ ↗ **anderer**, ↗ **Fall**

anders ['andɐs] 〈Adv.; ↗ auch *anderer, anderes*〉 1. 'in, von anderer Art und Weise als etw., jmd., mit dem es, er in Beziehung gesetzt wird': *er denkt heute ~ (als früher); es kam ~, als er dachte; er ist ganz ~ als sein Bruder, sieht jetzt ~ aus; die Sache verhält sich ~* ('nicht in dieser Weise'); *es geht nicht ~* ('es geht nur in dieser Weise') 2. 〈nachgestellt in Verbindung mit Interrogativpron. od. Adv.〉 2.1. 〈+ Interrogativpron. od. (in)direkte Fragesätze einleitende Adv. *wann, wie, wo*〉 'außer dem Genannten': *wer käme ~/wer ~ käme in Frage (als er)?; wo ~ sollen wir ihn suchen?; wie könnte es auch ~ sein?* 2.2. 〈+ *jemand, niemand*; vgl. auch *anderer (1)*〉 *ich habe niemand ~* ('keinen anderen') *gesehen; das war jemand ~* ('ein anderer') 2.3. *irgendwo ~: das geschah irgendwo ~* ('an irgendeinem anderen Ort') ❖ ↗ **anderer**

❖ umg. **jmdm. wird ganz ~** 〈das Dat.obj. ist vorw. ein Personalpron.〉 ('jmdm. wird übel')

anders|artig ['..] 〈Adj.; o. Steig.; vorw. attr.〉 'in, von anderer Art' /auf Abstraktes bez./: *ein ~es Verhalten zeigen*; *eine ~e Denkweise; ~e* (SYN 'verschiedene') *Ansichten, Interessen haben* ❖ ↗ **anderer**, ↗ **Art**

anderthalb [andɐt'halp] 〈Zahladj.; indekl.; nur attr.〉 'eineinhalb (1½)': *~ Liter Milch* ❖ ↗ **halb**

Änderung ['ɛndəʁ..], die; ~, ~en; ↗ FELD IX.1.1 /zu *ändern 1–3*/ 'das Ändern'; /zu 1/: *eine kleine ~ am Kleid, des Textes vornehmen*; /zu 2/: *er versuchte,*

die ~ *seiner Meinung, Ansichten zu begründen* ❖ ↗
anderer
anderweitig [ˈandɐvaɪtɪç] ⟨Adj.; o. Steig.⟩ **1.** ⟨nur attr.⟩ ˈanderer (1.1), sonstig᾽ /auf Abstraktes bez./: *er hat ~e Verpflichtungen* **2.** ⟨nur bei Vb.⟩ ˈfür etw. anderes, auf andere Weise᾽: *das kann man doch ~ verwenden* ❖ ↗ **anderer,** ↗ **weit**
an/An [ˈan..]‖**-deuten,** deutete an, hat angedeutet **1.** /jmd./ *etw.* ~ ˈetw. nicht offen, nur durch einen Hinweis zu verstehen geben, etw. nur indirekt mitteilen᾽: *einen Wunsch (durch einen Blick) ~; er deutete an, dass ...* **2.** /jmd./ *etw.* ~ ˈetw. flüchtig, nur mit den wesentlichen Merkmalen darstellen, etw. nicht vollständig ausführen᾽: *die Umrisse mit ein paar Strichen ~; er deutete den Gruß nur an* **3.** /etw., bes. Zukünftiges/ *sich* ~ ˈsich nur mit geringen Anzeichen bemerkbar machen, vage erkennbar werden᾽: *eine neue Entwicklung, günstige Möglichkeit deutet sich an* ❖ ↗ deuten; **-drang, der** ˈdas ungestüme Drängen (1,2) einer großen Menschenmenge zu einem bestimmten Ort hin, bes. um etw. zu kaufen᾽: *im Warenhaus, an der Kasse herrschte großer ~* ❖ ↗ drängen; **-drehen** ⟨trb. Vb.; hat⟩ **1.** /jmd., Betrieb/ *das Wasser, Gas* ~ SYN ˈetw. anstellen (3)᾽; ANT abdrehen (1), ausdrehen (2), abstellen (3); ↗ FELD VII.1.2 **2.** /jmd./ *etw.* ~ SYN ˈetw. anstellen (4)᾽; ANT abdrehen (2), ausdrehen (1), abschalten (1): *das Radio, Bügeleisen* ~ (ANT abstellen 4); *das Licht* (ˈdie Lampe᾽) ~ **3.** umg. /jmd./ *jmdm. etw.* ~ ˈjmdm. etw. Minderwertiges zu einem verhältnismäßig hohen Preis verkaufen᾽: *jmdm. ein altes, defektes Auto* ~ ❖ ↗ drehen; **-ecken** [ɛkn̩] ⟨trb. reg. Vb.; ist/hat⟩ umg. /jmd./ *bei jmdm.* ~ ˈbei jmdm. Anstoß erregen᾽: *er ist, hat bei ihr angeeckt, eckt überall an* ❖ ↗ Ecke; **-eignen, sich,** eignete sich an, hat sich angeeignet **1.** /jmd./ *sich* ⟨Dat.⟩ *etw.* ~ ˈsich etw. meist widerrechtlich nehmen᾽; ↗ FELD I.15.2: *sich jmds. Besitz* ~ **2.** /jmd./ *sich* ⟨Dat.⟩ *etw.* ~ ˈdurch Lernen erreichen, dass man etw. beherrscht᾽: *er hat sich Kenntnisse in der englischen Sprache, gute Manieren angeeignet* ❖ ↗ eigen; **-einander** ⟨Adv.⟩ **1.** ˈeiner an den anderen, eines an das andere᾽: *~ denken; sie haben sich schnell ~ gewöhnt* **2.** ˈeiner, eins an dem anderen᾽: *sie reden ständig ~ vorbei* ❖ ↗ ¹ein, ↗ anderer MERKE Verbindungen aus *aneinander* + Vb. werden getrennt geschrieben
Anekdote [anɛkˈdoːtə], **die;** ~, ~n ˈdas Wesentliche, Charakteristische kurz und treffend wiedergebende Geschichte mit einer meist witzigen Pointe, die meist eine bekannte od. historische Persönlichkeit betrifft᾽: *eine (kleine, wahre)* ~ *erzählen*
Anemone [aneˈmoːnə], **die;** ~, ~n ˈkleine Pflanze mit meist weißen od. gelben, teilweise großen Blüten, die im Frühling blüht᾽; ↗ FELD II.4.1
an/An [an]‖**-erkannt** [ɐkant] ⟨Adj.; o. Steig.; nicht bei Vb.; ↗ auch anerkennen (3.2)⟩ ˈseiner Leistung wegen allgemein Ansehen besitzend᾽: *ein international ~er* (SYN ˈangesehener᾽) *Wissenschaftler, Sportler; wegen seiner Toleranz ist er überall, bei vielen ~* ❖ ↗ kennen; **-erkennen,** erkannte an/auch anerkannte, hat anerkannt; ↗ auch *anerkannt* **1.** /jmd., Institution/ *etw.* ~ ˈetw. für gültig erklären, damit es rechtskräftig wirksam werden kann᾽; ↗ FELD I.4.2.2: *ein Testament, eine Unterschrift* ~ **2.** /Staat, Staatsoberhaupt/ *einen Staat (diplomatisch)* ~ (ˈdie Bereitschaft bekunden, normale völkerrechtliche Beziehungen zu einem neu entstandenen Staat od. zu einer neuen Regierung herzustellen᾽) **3.** /jmd./ **3.1.** *etw.* ~ SYN ˈetw. akzeptieren (1.1): *jmds. Anschauungen, Forderungen, Gründe* ~ **3.2.** *jmdn. als jmdn.* ~ SYN ˈjmdn. als jmdn. akzeptieren (1.2)᾽: *jmdn. als Vorgesetzten, als seinen Schwiegersohn* ~ ❖ ↗ kennen; **-erkennung, die;** ~, ⟨o.Pl.⟩ /zu anerkennen 1−3/ ˈdas Anerkennen᾽; /zu 3.2/: ~ *finden* (ˈanerkannt werden᾽); *jmdm.* ~ ↗ *zollen* ❖ ↗ kennen; **-fahren** (er fährt an, ist/hat angefahren **1.** ⟨ist⟩ /Verkehrsmittel/ ˈzu fahren beginnen᾽: *die Straßenbahn, der Zug fuhr an*; vgl. *abfahren (1.1)* **2.** ⟨ist⟩ /Verkehrsmittel, jmd./ *angefahren kommen* ˈsich fahrend nähern᾽: *das Auto, er kam mit hohem Tempo angefahren* **3.** ⟨hat⟩ /Betrieb, jmd./ *etw.* ~ ˈetw., bes. Schüttgut, in größerer Menge mit einem Fahrzeug an einen bestimmten Ort bringen᾽; ANT abfahren: *Kohlen, Kies, Kartoffeln* ~ **4.** ⟨hat; oft im Pass.⟩ /Verkehrsmittel, jmd./ *jmdn.* ~ ˈbeim Fahren gegen jmdn. stoßen und ihn verletzen᾽: *er, der Bus kam einen Fußgänger angefahren; der alte Mann wurde von einem Auto angefahren* **5.** ⟨hat⟩ /jmd./ *jmdn.* ~ ˈjmdn. in heftigem Ton, unfreundlich zurechtweisen᾽: *jmdn. scharf, grob* ~ ❖ ↗ fahren; **-fahrt, die** ˈStrecke, die man zurücklegen muss und die dafür benötigte Zeit, um eine Ort fahrend zu erreichen᾽: *er hat nach N eine lange, weite* ~ ❖ ↗ fahren; **-fall, der** ⟨vorw. mit best. Attr.⟩ ˈplötzliches, sich über relativ kurze Zeit erstreckendes Wirken bestimmter Symptome einer physischen od. psychischen Krankheit᾽: *einen schweren* ~ *haben; einen* ~ *von Hysterie, Malaria bekommen* ❖ anfällig ~ Schlaganfall, störanfällig, vgl. Fall, fallen; **-fallen** (er fällt an), fiel an, hat/ist angefallen **1.** ⟨hat; oft im Pass.⟩ /jmd., Tier, bes. Raubtier/ *jmdn.* ~ ˈjmdn. plötzlich angreifen (2)᾽: *die Rowdys fielen ihn aus dem Hinterhalt an; er wurde von einem Hund angefallen* **2.** ⟨ist⟩ /etw./ ˈnebenbei, in der Folge von etw. entstehen᾽: *bei diesem Unternehmen fallen hohen Kosten, fällt viel Arbeit an* ❖ ↗ fallen; **-fällig** ⟨Adj.; Steig. reg.⟩ ˈzu Krankheiten neigend, gegen physische, psychische Störungen nicht widerstandsfähig᾽ /vorw. auf Personen bez./: *sie ist ziemlich* ~ *für/auch gegen Erkältungen; ein für Infektionskrankheiten ~es Kind;* SYN labil (1.1): *sie hat eine ~e Konstitution; die ständige psychische Belastung machte ihn sehr ~;* METAPH *diese Literatur, Filme machen die Jugendlichen ~ für radikale Ideen* ❖ ↗ Anfall; **-fang, der** ANT Ende; ↗ FELD VII.1.1 **1.** ⟨vorw. Sg.⟩ ˈerster Zeitpunkt, erstes Stadium eines Geschehens, einer Tätigkeit᾽; SYN Beginn (1); ANT Schluss (1): *er hat den* ~ *(des Vortrags, der Sendung) verpasst; er war von* ~ *an dagegen; am/zu* ~ ˈim ersten

Augenblick'; SYN anfangs, zuerst: *am, zu* ~ *ging alles gut, klappte gar nichts; seinen/ihren* ~ *nehmen* ˈanfangen': *hier nahm das Ereignis seinen, die Entwicklung ihren* ~ **2.** ⟨o. Pl.; vorw. o. Art.⟩ ˈerster Teil eines zeitlichen Abschnitts': ~ *1990;* ~ *Juli;* ~ (SYN ˈzu Beginn 2') *der neunziger Jahre; er ist* ~ *sechzig/*~ *der Sechziger* **3.** ⟨vorw. Sg.⟩ ˈStelle, von der aus sich etw. erstreckt': *der* ~ *der Straße, des Waldes, Tals;* /in der kommunikativen Wendung/ *das ist der* ~ *vom Ende* /wird gesagt, wenn ein bestimmtes Ereignis als Zeichen für den baldigen Zusammenbruch eines Zustands, einer Entwicklung o.Ä. aufgefasst wird/ ❖ ↗ anfangen *** von ~ bis Ende** ˈin seiner ganzen Erstreckung, in seinem ganzen Umfang': *er hat das Buch von* ~ *bis Ende gelesen;* **-fangen** (er fängt an), fing an, hat angefangen **1.** /jmd./ *etw.* ~ SYN ˈetw. beginnen (1)'; ↗ FELD VII.1.2: *einen Streit, ein Gespräch, einen Brief* ~ (ANT beenden); *mit etw.* ~ (ANT aufhören): *er fängt mit der Arbeit an;* ~ *etw. zu tun: er fängt an zu arbeiten/ fängt mit der Arbeit an; er fing sofort an* **2.** /etw./ SYN ˈbeginnen (2)' ANT enden: *der Unterricht, die Schule, die Sitzung fängt um 8 Uhr an; es fängt an zu regnen/fängt zu regnen an* (ANT aufhören); *das Spiel hat bereits angefangen* **3.** /etw./ *irgendwo* ~ SYN ˈirgendwo beginnen (3)'; ANT aufhören, enden (1): *der Wald fängt dort an, fängt hinter dem Dorf, Fluss an* **4.** /jmd./ *nichts mit etw. anzufangen wissen, nichts mit etw.* ~ *können* ˈnicht wissen, wie, wozu man etw. verwenden soll': *er wusste mit dem Gerät, mit seiner Zeit nichts anzufangen* ❖ Anfang, Anfänger, anfänglich, anfangs; **-fänger** [fɛŋɐ], **der;** ~s, ~ ˈjmd., der am Beginn einer Ausbildung, einer (beruflichen) Arbeit steht': *Kurse für* ~; *ein* ↗ *blutiger* ~ ❖ ↗ anfangen; **-fänglich** [fɛŋ..] ⟨Adj.; o. Steig.⟩ **1.1.** ⟨nur attr.⟩ ˈam Anfang sich zeigend'; ↗ FELD VII.1.3: *nach* ~*em Zögern erklärte er sich bereit* **1.2.** ⟨nur bei Vb.⟩ SYN ˈanfangs': ~ *fiel es ihm schwer, hatte er kein Verständnis dafür* ❖ ↗ anfangen; **-fangs** [faŋs] ⟨Adv.⟩ ˈam Anfang, im ersten Augenblick in einer bestimmten Situation'; SYN anfänglich (1.2), zuerst (3); zu Anfang (1); ↗ FELD VII.1.3: ~ *hatte er keine Lust;* ~ *wollte er mitmachen* ❖ ↗ anfangen; **-fassen**, fasste an, hat angefasst **1.** /jmd./ *etw., jmdn.* ~ ˈetw., jmdn. mit der Hand, den Fingern ergreifen'; ↗ FELD I.7.5.2: *eine Tasse vorsichtig* ~; *fass mich nicht an!* /wird drohend zu jmdm. gesagt, handgreiflich oder zudringlich werden will/; *fass mal mit an!* /wird zu jmdm. gesagt als Aufforderung, mit zuzupacken/; *die Mutter fasste das Kind an* (ˈnahm es bei der Hand'), *als sie über die Straße gingen;* ⟨rez.⟩ *sie fassten sich an* (ˈhielten einer des anderen Hand fest') **2.** /etw., jmd./ *sich irgendwie* ~ SYN ˈsich irgendwie anfühlen'; ↗ FELD I.3.5.2, VI.3.2: *seine Stirn, Haut, das Kind fasst sich heiß an; der Stoff fasst sich weich an* **3.** /jmd./ *jmdn. irgendwie* ~ ˈjmdn. irgendwie behandeln': *jmdn. hart, grob, voller Verständnis* ~ **4.** /jmd./ *etw. irgendwie* ~ SYN ˈangehen (3)': *eine Aufgabe, ein Pro-*

blem geschickt, richtig ~ ❖ ↗ fassen; **-fechtbar** [fɛçtbaːʀ] ⟨Adj.; vorw. attr. u. präd. (mit *sein*)⟩ **1.** ˈvon der Art, dass man es anfechten kann' /vorw. auf juristische Belange bez./; ↗ FELD I.4.3.3: *ein* ~*es Testament; das Testament ist* ~; *ein* ~*er Vertrag* **2.** ˈeiner Kritik, Prüfung nicht standhaltend': *seine Theorie, Behauptung ist* ~; ~*e Forschungsergebnisse* ❖ ↗ fechten; **-fechten** (er ficht an), focht an, hat angefochten /jmd., Institution/ *etw.* ~ ˈetw. für nicht gültig, nicht richtig erklären und dagegen meist gerichtlich vorgehen, um zu verhindern, dass es rechtskräftig wirksam wird': *ein Testament, einen Vertrag* ~ ❖ ↗ fechten; **-fertigen** ⟨trb. reg. Vb.; hat⟩ /jmd., Betrieb/ *etw.* ~ ˈetw., bes. ein handwerkliches Produkt, herstellen'; ↗ FELD V.8.2: *eine Übersetzung, einen Aufsatz, ein Protokoll* ~; SYN arbeiten (2): *der Schneider fertigte einen Anzug nach Maß an; er ließ sich beim Schneider einen Anzug* ~; ❖ ↗ fertig; **-feuern** ⟨trb. reg. Vb.; hat⟩ /jmd./ **1.1.** *jmdn.* ~ ˈjmdn. mit antreibenden Worten zu einem verstärkten Tun bewegen': *die Zuschauer feuerten die Mannschaft an; den Sportler beim Hochsprung* ~; *die Lehrerin verstand es, die Schüler zu höheren Leistungen anzufeuern* **1.2.** *etw.* ~ ˈeine positive menschliche Eigenschaft zur verstärkten Wirkung zu bringen suchen': *jmds. Mut, Fleiß, Ehrgeiz* ~ MERKE Zu anfeuern (1.2): Zum Akk.obj. tritt immer ein Possessivpron. ❖ ↗ Feuer; **-finden, sich**, fand sich an, hat sich angefunden /etw. Verlorengegangenes/ *sich* ~: *die Schlüssel haben sich wieder angefunden* (ˈdie Schlüssel sind wieder da, sie sind gefunden worden'); *die Schlüssel werden sich schon wieder* ~ ❖ ↗ finden; **-fliegen**, flog an, ist/hat angeflogen **1.** ⟨ist; vorw. im Part. II + *kommen*⟩ /etw., bes. Flugzeug, Vogel/ ˈsich fliegend nähern': *die Maschine fliegt von Norden an, kommt von Norden angeflogen; ein Schneeball, eine Möwe kam angeflogen* **2.** ⟨hat⟩ /Flugzeug, Unternehmen/ ˈeinen Ort (planmäßig) zum Ziel nehmen': *diese Maschine fliegt auch N an* ❖ ↗ fliegen; **-flug, der 1.** ⟨vorw. Sg.⟩ ˈdas Anfliegen (1)': *die Maschine befindet sich bereits im* ~, *verunglückte beim* ~ **2.** *ein* ~ *von etw.* ˈeine Spur (4.2) von etw., bes. von Abstraktem': *in seiner Stimme lag ein* ~ *von Ironie, Humor* ❖ ↗ fliegen; **-fordern** ⟨trb. reg. Vb.; hat⟩ /jmd., Institution o.Ä./ *etw., jmdn.* ~ ˈetw., jmdn. dringend verlangen': *ein Gutachten* ~; *der Betrieb forderte mehr Fachleute an* ❖ ↗ fordern; **-forderung, die;** ~, ~en **1.** ˈdas Anfordern': *eine telefonische, schriftliche* ~ *von Unterlagen, Ersatzteilen, Arbeitskräften* **2.** ⟨vorw. Pl.⟩ ˈdie von etw., jmdm. erwartete Leistung': *etw., jmd. entspricht (nicht) den* ~*en; jmd. stellt hohe* ~*en an jmdn.* (ˈfordert von jmdm. hohe Leistungen'); *das Spiel stellt hohe* ~*en an seine Geduld* (ˈverlangt von ihm viel Geduld') ❖ ↗ fordern; **-frage, die** ˈBitte um Auskunft': *eine schriftliche* ~ *beantworten, an jmdn. richten* ❖ ↗ fragen; **-fragen** ⟨trb. reg. Vb.; hat; + Nebensatz⟩ /jmd., Institution/ *bei jmdm. etw.* ~ ˈsich an jmdn., an eine Institution mit einer Frage wenden': *er* *fragte bei ihnen an, ob er sie am nächsten Sonntag besuchen dürfte* ❖ ↗ fragen; **-fühlen, sich** ⟨trb. reg. Vb.; hat⟩ *etw., jmd. fühlt sich irgendwie an* ˈetw., bes. die Oberfläche von etw., jmdm. erzeugt, wenn es, er mit der Hand ergriffen wird, ein bestimmtes Gefühl'; SYN anfassen (2): *der Stoff fühlt sich weich an; das Kind, seine Hand fühlt sich heiß an* ❖ ↗ fühlen; **-führen** ⟨trb. reg. Vb.; hat⟩ **1.** /jmd./ *etw.* ~ ˈeiner Gruppe vorangehen und sie dadurch führen': *die Kinder führten den Umzug an* **2.** /jmd./ *etw., zwei od. mehrere (jmd.)* ~ ˈin einer Gruppe praktisch und ideell die Richtung des Handelns bestimmen': *er führt die Bande, die Jugendlichen an; die Gruppe wurde von ihm angeführt* **3.** /jmd./ *etw., jmdn. als etw./zu etw.* ~ ˈetw. jmdm. gegenüber zu einem bestimmten Zweck nennen (2)': *etw. als Beweis, Argument (für etw.)* ~; *er führte zu seiner Entschuldigung an, dass ...; etw.* ~: *Beispiele* ~ (ˈeinzeln nennen, aufzählen') **4.** /jmd./ *etw., jmdn.* ~ SYN ˈetw., jmdn. zitieren (1.1)': *er führte eine Stelle aus dem ˈFaust', führte Goethe an* ❖ ↗ führen; **-führer** [fyʀɐ], **der;** ~s, ~ ˈjmd., der eine Gruppe anführt (2)': *der* ~ *der Bande war N* ❖ ↗ führen; **-gabe, die 1.** ˈEinzelheiten betreffende Mitteilung (an eine offizielle Stelle)': *falsche, genaue* ~*n (über jmdn., etw., zu etw.* ⟨Dat.⟩*) machen* **2.** Ballspiele ˈdas erste Schlagen od. Stoßen des Balls über eine Leine, ein Netz hinweg zu Beginn od. während eines Spiels': *die* ~ *haben* ❖ ↗ geben; **-geben** (er gibt an), gab an, hat angegeben **1.** /jmd./ *etw., jmdn.* ~ SYN ˈetw., jmdn. nennen (2)': *seinen Namen, seine Adresse* ~; *am angegebenen Ort* (ABK a. a. O.); *etw. als etw.* ~: *etw. als Grund, Beweis* ~ **2.** /jmd./ ˈgegenüber einem anderen seine (vermeintlichen) Vorzüge in selbstgefälliger, überheblicher Weise herausstellen'; SYN protzen: *er gibt immer mächtig an; gib nicht so an!; mit etw., jmdm.* ~: *er gibt mit seinem Auto, seiner Freundin an* ❖ ↗ geben; **-geber** [ge:bɐ], **der;** ~s, ~ ˈjmd., der angibt (2)': *er ist ein* ~; *so ein* ~! ❖ ↗ geben; **-geblich** [ge:p..] **I.** ⟨Adj.; o. Steig.; nur attr.⟩ ˈvermutlich fälschlich behauptet, denn nicht verbürgt, bewiesen' /vorw. auf Personen bez./: *Herr N ist der* ~*e Täter; das ist sein* ~*er Onkel* — **II.** ⟨Satzadv.⟩ /drückt die skeptische Einstellung des Sprechers zum genannten Sachverhalt aus/ ˈwie man behauptet, ohne es zu beweisen': *er ist* ~ *verreist, verheiratet;* **-gebot, das 1.** ˈVorschlag, mit dem man sich an jmdn. wendet, um ihm seine Hilfe anzubieten': *jmdm. ein* ~ *machen; ein* ~ *annehmen, ablehnen* **2.** ⟨o. Pl.⟩ ˈzum Kauf angebotene 3) Ware (einer bestimmten Art)'; ↗ FELD I.16.1: *das Geschäft hat ein großes, reiches* ~ *(anlvon Obst, an Mänteln)* ❖ ↗ bieten; **-gedeihen** ⟨Vb.; nur im Inf. + *lassen*⟩ geh. /jmd./ *jmd. etw.* ~ *lassen* ˈdafür Sorge tragen, dass jmd. etw., das für ihn Hilfe, Förderung darstellt, erhält'; SYN zukommen (4.3): *jmdm. Schutz* ~ *lassen; er ließ dem Jungen eine gute Ausbildung* ~ ❖ ↗ gedeihen; **-geheiratet** [gəhaiʀatət] ⟨Adj.; o. Steig.; nicht bei Vb.⟩ ˈdurch Heirat

verwandt' /auf Personen bez./: *er ist ein* ~*er Neffe von mir* (ˈer ist der Neffe meiner Frau, meines Mannes und durch Heirat auch mein Neffe') ❖ ↗ heiraten; **-geheitert** [gəhaitɐt] ⟨Adj.; Steig. reg., ungebr.⟩ ˈdurch Genuss von Alkohol in fröhliche Stimmung versetzt': *eine* ~*e Runde, Gesellschaft; er war, wirkte, lachte* ~ ❖ ↗ heiter; **-gehen**, ging an, ist/ hat angegangen; ↗ auch *angehend* **1.** ⟨ist⟩ /etw./ ˈzu brennen, leuchten beginnen'; ANT ausgehen (8): *das Feuer, Licht geht an, ist angegangen; der Ofen* (ˈdas Feuer im Ofen') *ist angegangen* **2.** ⟨nur im Präs., Prät. u. Fut. Akt.⟩ *etw. geht jmdn., etw. an* ˈbetrifft jmdn., etw.': *dieser Fall geht ihn ganz persönlich an; was mich, diese Angelegenheit angeht* (ˈinsofern es mich, diese Angelegenheit betrifft'), *so ...;* /in den kommunikativen Wendungen/ „*Was geht mit den Vorräten geschehen?" „Das geht dich, euch, niemanden, nur mich etwas an!"; „Was geht das mich an?"* /wird gesagt, wenn jmd. etw. nicht betrifft und er sich nicht darum kümmern soll od. will/ **3.** ⟨hat⟩ /jmd./ *etw.* ~ ˈetw., was man tun muss und dessen Ausführung schwierig ist, irgendwie zu bewältigen suchen'; SYN anfassen (4): *ein Problem, Schwierigkeiten mit Elan* ~ **4.** /jmd., Institution/ *gegen jmdn., etw.* ~ ˈgegen jmdn., etw. vorgehen (5)': *gegen kriminelle Elemente, gegen Vorurteile* ~ **5.** ⟨nur im Präs., Prät. u. Fut. Akt.⟩ /etw. (nur *das, es*)/ *das geht nicht an* (ˈdas ist nicht zu ¹vertreten (3), zu rechtfertigen'); *das geht gerade noch an* ❖ ↗ gehen; **-gehend** [ge:ənt] ⟨Adj.; o. Steig.; nur attr.; ↗ auch *angehen*⟩ ˈin der Ausbildung stehend' /auf Personen bez./; ↗ FELD VII.1.3: *ein* ~*er Schauspieler, Lehrer* ❖ ↗ gehen; **-gehören** ⟨trb. reg. Vb.; hat⟩ /jmd./ *etw.* ⟨Dat.⟩ ~ ˈMitglied, Teil einer bestimmten Gruppe, Institution sein': *einer Delegation, Kommission* ~; *er gehört der Universität an* ❖ ↗ gehören; **-gehörige** [gəhøʀigə], **der** u. **die;** ~n, ~n; ↗ TAFEL II **1.** ⟨vorw. Pl.⟩ ˈVerwandter, der dem engeren Kreis der Familie angehört': *er hat keine* ~n *mehr, hat viele* ~; *seine* ~n *sind im Krieg umgekommen* **2.** ˈjmd., der einer bestimmten Gruppe, Institution angehört': *die* ~n *der Kommission, des Betriebs, der Universität* ❖ ↗ gehören; **-geklagte** [gəklagtə], **der** u. **die;** ~n, ~n; ↗ TAFEL II; ↗ auch *anklagen (1)* ˈjmd., der angeklagt (↗ *anklagen 1*) ist': *die* ~n *wurden vernommen, freigesprochen* ❖ ↗ klagen

Angel [ˈaŋ]], **die;** ~, ~n **1.** ˈGerät zum Fischfang, das aus einem langen, elastischen Stab besteht, an dessen Ende eine Schnur mit einem Haken (und einem Köder) befestigt ist': *einen Fisch an der* ~ *haben* **2.** ˈkurzes rundes Stück Metall am Rahmen einer Tür, eines Fensters, an dem die Tür, das Fenster aufgehängt ist und um das sie sich drehen': *eine Tür, ein Fenster aus den* ~n *heben* ❖ **angeln, Angler** — **Angelhaken, Angelpunkt**

Angelegenheit [aŋgəle:gn̩..], **die;** ~, ~en, ein (nicht näher genannter) Sachverhalt, mit dem jmd. befasst ist, sich befassen muss od. der für jmdn. von (großer) Bedeutung ist'; SYN Ding (2.1), Sache

(2.1): *eine schwierige, dringende, persönliche, dienst-*
liche ~ regeln, erledigen; er mischt sich nicht gern
in fremde ~en; die wirtschaftlichen, inneren ~en
('Belange 1') *eines Staates;* /in der kommunikativen
Wendung/ *das ist meine ~* ('das geht keinen ande-
ren etw. an')! ❖ ↗ **gelegen**
Angel|haken ['..], **der** 'Teil der Angel, das aus einem
dünnen, rund gebogenen Haken besteht, auf den
der Köder gesteckt wird' ❖ ↗ **Angel**, ↗ **Haken**
angeln ['aŋln̩] ⟨reg. Vb.; hat⟩ /jmd./ *einen Fisch ~*
'einen Fisch mit der Angel zu fangen versuchen':
Forellen ~; er hat einen Hecht geangelt; er angelt
gern, geht gern ~ ❖ ↗ **Angel**
Angel|punkt ['aŋl̩..], **der** ⟨Pl. ~e; vorw. mit Gen.attr.⟩
'das, was die Hauptsache von etw. bildet, von dem
alles ausgeht und auf das sich alles beziehen lässt':
dieses ist der ~ unseres Problems ❖ ↗ **Angel**, ↗
Punkt
an/An ['..]**|-gemessen** [gə'məsn̩] ⟨Adj.; Steig. reg.,
ungebr.⟩ 'den gegebenen Umständen entspre-
chend': *eine ~e Strafe; etw. ~ finden; etw. für ~*
('zweckmäßig') *halten; in einem ~en* (SYN gemes-
senen) *Abstand hinter jmdm. fahren* ❖ ↗ **messen;**
-genehm [gəneːm] ⟨Adj.; Steig. reg.⟩ 'bei jmdm.
eine positive Empfindung hervorrufend'; SYN er-
freulich, gut (2.1): *eine ~e Nachricht, Tätigkeit; im*
Urlaub hatten wir ~es Wetter; hier ist es ~ kühl;
das riecht, schmeckt sehr ~; ich wünsche (dir) eine
~e Reise!; „(Mein Name ist) Krause!" „Ange-
nehm!" /als Erwiderung, wenn sich jmd. jmdm. vor-
stellt/ ❖ **unangenehm;** vgl. genehmigen; **-geregt** [gə-
Reːkt] ⟨Adj.; Steig. reg., ungebr.; ↗ auch *anregen*⟩
'durch lautes, rasches Sprechen und das wechsel-
seitige rege Interesse der Gesprächspartner gekenn-
zeichnet' /bes. auf Sprechen, Gesprochenes bez./:
ein ~es Gespräch; eine ~e Diskussion; sich ~ unter-
halten; vgl. *lebhaft (1.1)* ❖ ↗ **regen; -gesehen** [gə-
zeːən] ⟨Adj.; Steig. reg.; nicht bei Vb.; ↗ auch
ansehen⟩ 'wegen seiner Stellung, Haltung od. Leis-
tung in der Öffentlichkeit Ansehen besitzend';
SYN 'anerkannt' /vorw. auf Personen bez./: *ein*
~er Schriftsteller; er ist bei allen, überall ~ ❖ ↗
sehen; **-gesichts** [gəzɪçts] ⟨Präp. mit Gen.; vorange-
stellt; in Verbindung mit Abstrakta⟩ /kausal; gibt
den Grund für einen bestimmten Sachverhalt an/
'auf Grund des Eindrucks von etw.'; SYN wegen:
~ dieser Tatsachen gab er seinen Widerstand auf; ~
seiner Verdienste sollte seine Nominierung erwogen
werden; ~ der Indizien ist mit einem Schuldspruch
zu rechnen ❖ ↗ sehen; **-gestellte** [gəʃtɛltə], **der** u. **die;**
~n, ~n ↗ TAFEL II; ↗ auch *anstellen* (6) 'bes.
im Büro, in der Verwaltung, im kaufmännischen
Bereich oft leitende Tätigkeiten ausführende Per-
son, die ein monatliches Gehalt bezieht'; ↗ FELD
I.10: *die Arbeiter und ~n des Betriebes; er ist von*
Beruf kaufmännischer ~r ❖ ↗ stellen; **-getan** [gə-
taːn] ⟨Adj.; o. Steig.; nicht bei Vb.; vorw. präd.
(nur mit *sein*); ↗ auch *antun*⟩ **1.** /jmd./ *von jmdm.,*
etw. ~ sein 'von jmdm., etw. angenehm berührt,
entzückt sein': *er war sofort von ihr, ihrem Gesang*

~ **2.** ⟨+ Nebens.⟩ /etw./ *(nicht) dazu/danach ~*
sein, dass ... ('nicht dafür geeignet sein, dass ...'):
die Lage war nicht dazu ~, dass man Feste feiert/
Feste zu feiern ❖ ↗ ¹**tun; -getrunken** [gətʀʊŋkn̩]
⟨Adj.; o. Steig.⟩ 'ein wenig betrunken' /auf Perso-
nen bez./: *ein ~er Fahrer; er war, wirkte ~* ❖ ↗
trinken; **-gewiesen** [gəviːzn̩] ⟨Adj.; o. Steig.; vorw.
präd. (nur mit *sein*); ↗ auch *anweisen*⟩ /jmd./ *auf*
jmdn., etw. ~ sein 'jmdn., etw. nötig haben, ohne
jmdn., etw. nicht auskommen können': *er ist auf*
die/seine Eltern, auf Hilfe, gutes Wetter ~; auf sich
selbst ~ sein ('keine Hilfe von anderen haben');
-gewöhnen ⟨trb. reg. Vb.; hat⟩ /jmd./ **1.1.** sich
⟨Dat.⟩ *etw. ~* 'sich ein Tun, eine Verhaltensweise
zur Gewohnheit machen'; ANT abgewöhnen: *er*
hat sich das Rauchen, schlechte Manieren ange-
wöhnt; gewöhn dir an, pünktlich zu sein! **1.2.** *jmdm.*
etw. ~ 'durch Erziehung erreichen, dass jmdm. etw.
zur Gewohnheit wird': *die Eltern haben dem Kind*
Sauberkeit, Selbständigkeit angewöhnt ❖ ↗ gewöh-
nen; **-gewohnheit, die** 'Verhaltensweise, die man
sich angewöhnt hat': *eine schlechte, üble ~ ablegen;*
er hat die ~, Fingernägel zu kauen ❖ ↗ gewöhnen
Angina [anˈgiːna], **die;** ~, Anginen [..ˈgiːnən] ⟨vorw.
Sg.⟩ SYN 'Mandelentzündung': *eine schwere ~ ha-*
ben
angleichen ['an..], glich an, hat angeglichen /jmd., In-
stitution/ *etw. etw.* ⟨Dat.⟩/*an etw. ~* 'etw. einer Sa-
che anpassen': *die Löhne den Preisen/an die Preise*
~; /jmd./ *sich an etw. ~* 'sich an etw. anpassen':
sich an seine Umgebung ~ ❖ ↗ **gleich**
Angler ['aŋlɐ], **der;** ~s, ~ 'jmd., der angelt' ❖ ↗ **An-
gel**
an/An ['an..]**|-greifen**, griff an, hat angegriffen **1.**
/etw., bes. Armee, Land, jmd./ *jmdn., etw. ~* 'den
militärischen Kampf mit dem Gegner (2), gegen ein
Land beginnen'; ↗ FELD I.14.2: *die feindlichen*
Truppen, Stellungen ~; die Armee hat, N hat mit
seiner Armee das Nachbarland, die Stadt N ange-
griffen **2.** /jmd., Tier/ *jmdn. ~* 'in feindlicher Ab-
sicht mit jmdm. den Kampf (1) beginnen'; SYN
attackieren (1): *die Verbrecher griffen die Polizisten*
an; der Bär griff den Jäger an **3.** /jmd., Presse/
jmdn., etw. ~ 'jmdn., etw. scharf kritisieren'; SYN
attackieren (2): *die Presse hat ihn scharf angegrif-*
fen; die Pläne, Vorschläge wurden von mehreren Po-
litikern angegriffen ❖ ↗ greifen; **-greifer** [gʀaɪfɐ],
der; ~s, ~ 'jmd., der jmdn. angreift, angegriffen
hat (2), bes. angreifendes Land, angreifende Ar-
mee': *die ~ wurden zurückgeschlagen* ❖ ↗ greifen;
-griff, der 1. /zu *angreifen* 1 u. 2/ 'das Angreifen';
/zu 1/; ↗ FELD I.14.1: *heftige, schwere ~e abweh-*
ren **2.** 'heftige Kritik'; SYN Attacke (2): *massive*
~e gegen jmdn. richten; der Aufsatz ist ein ~ auf
seine politische Haltung **3.** ⟨o. Pl.⟩ Sport 'die Ge-
samtheit der Spieler bei bestimmten Spielen, die die
Aufgabe haben anzugreifen, um Tore zu erzielen':
der ~ versagte im Finale; etw. in ~ nehmen 'etw.,
was man tun muss und dessen Ausführung, Ver-
wirklichung mit Schwierigkeiten verbunden ist, ir-

gendwie zu bewältigen beginnen': *er hat die Arbeit, Aufgabe in ~ genommen* ❖ ↗ greifen

angst [aŋst]: *jmdm. wird (es)* ~ ('jmd. beginnt, sich zu ängstigen'); *jmdm. wird (es)* ~ *und bang(e)* ('jmd. beginnt, sich sehr zu ängstigen'); ↗ FELD I.6.3 ❖ ↗ **Angst**

Angst, die; ~, Ängste ['εŋstə] 'oft mit bestimmten physischen Reaktionen verbundener negativer emotionaler Zustand, in den jmd. gerät, wenn er sich vor eine Gefahr, vor eine schwierige Situation, Aufgabe o.Ä. gestellt sieht, von der er glaubt, dass er sie nicht bewältigen kann'; ↗ FELD I.6.1: ~ *(vor der Prüfung, vor dem Tod, vor einer Infektion) haben, bekommen; vor* ~ *zittern; große Ängste (um jmdn.) ausstehen, erleiden; ich habe* ~ ('befürchte'), *dass ...; jmdn. in* ~ *(und Schrecken) versetzen jmdm.* ~ *machen* 'jmdn. ängstigen': *das, die Nachricht, seine Brutalität, er hat mich in* ~ *versetzt; das macht mir* ~ ❖ **angst, ängstigen, ängstlich, beängstigend — himmelangst, Höllenangst, Todesangst** * /jmd./ ~ **vor der eigenen Courage kriegen/bekommen** ('fürchten, dass die Konsequenzen einer beabsichtigen Handlung unangenehm sein werden und sie daher lieber unterlassen'); **jmdm. sitzt die ~ im Nakken** ('jmd. wird von Angst gequält'); /jmd./ **in tausend Ängsten schweben** ('in großer Sorge, starker Unruhe sein')

ängstigen ['εŋstIgn̩] ⟨reg. Vb.; hat⟩ **1.** /etw., jmd., Tier/ *jmdn.* ~ 'bewirken, dass jmd. Angst bekommt, in Schrecken versetzt wird'; SYN ¹**schrecken** (1): *die Ungewissheit ängstigte ihn; böse Träume, ein Geräusch haben das Kind geängstigt; sich* ~: *er, der kleine Hund ängstigte sich im Dunkeln; sich durch nichts* ~ *lassen* **2.** /jmd./ *sich vor jmdm., etw./um jmdn., etw.* ~ 'vor jmdm., etw., um jmdn., etw. Angst haben'; ↗ FELD I.6.2: *er ängstigte sich vor der Zukunft; die Mutter ängstigte sich um ihr Kind* ❖ ↗ **Angst**

ängstlich ['εŋst..] ⟨Adj.; Steig. reg.⟩ **1.** 'voller Angst'; SYN furchtsam; ANT mutig (1.1) /vorw. auf Personen bez./; ↗ FELD I.6.3: ~ *blicken; ein* ~*es Gesicht machen; das Kind ist (von Natur aus)* ~; *ein* ~*er* ('leicht Angst empfindender'; ANT kaltblütiger 1) *Mensch* **2.** ⟨o. Steig.; nicht präd.; vorw. bei Vb.⟩ 'sehr sorgsam und vorsichtig': ~ *auf etw. bedacht sein; ein Geheimnis* ~ *bewahren* ❖ ↗ **Angst** MERKE Zum Unterschied von *ängstlich* und *bange*: *ängstlich* bezieht sich vorwiegend auf den Menschen (*er ist ein ängstlicher Mensch*), *bange* auf psychische Prozesse (*bange Träume, Ahnungen, Gefühle*)

an/An ['an..]|**-haben**, (er hat an), hatte an, hat angehabt **1.** umg. /jmd./ *etw.* ~ 'ein Kleidungsstück tragen': *sie hat ein neues Kleid an, hat Stiefel an* **2.** /etw., jmd./ *jmdm., etw.* ⟨Dat.⟩ *nichts* ~ *können* 'nicht die Voraussetzungen haben, jmdm., einer Sache schaden zu können': *seine Gegner konnten ihm nichts* ~; *der Sturm hat den jungen Bäumen nichts* ~ *können* ❖ ↗ haben; **-halten** (er hält an), hielt an, hat angehalten; ↗ auch *anhaltend* **1.** /jmd./ **1.1.** *etw.*

~ 'etw., bes. ein Fahrzeug, dazu bringen, dass es keinen Antrieb mehr hat und aufhört, in Bewegung, in Funktion zu sein': *das Auto, die Uhr* ~; *den Schritt* ~; *den Atem, die Luft* ~ ('die Luft nicht aus der Lunge ausströmen lassen') **1.2.** *jmdn.* ~ 'jmdn. dazu bringen, dass er stehen bleibt (1)': *er hielt die alte Frau (auf der Straße) an und fragte sie nach dem Weg* **2.1.** /etw., bes. Fahrzeug/ SYN 'stehen bleiben (2)': *das Auto hielt vor dem Haus an* **2.2.** /jmd./ SYN 'stehen bleiben (1)'; ↗ FELD I.7.1.2: *er hielt plötzlich vor dem Eingang an und ging dann nach rechts weiter* **3.** /etw., bes. Vorgang, Zustand/ SYN 'andauern'; ↗ FELD VII.2.1: *der Regen, seine gute Laune hält (noch immer) an* **4.** /jmd./ *jmdn. zu etw.* ~ 'jmdn. bes. durch wiederholte Hinweise dazu veranlassen, auf etw. ständig zu achten': *die Eltern hielten das Kind zur Sauberkeit, Selbständigkeit an* ❖ ↗ halten; **-haltend** [haltṇt] ⟨Adj.; o. Steig.; nicht präd.; ↗ auch *anhalten*⟩ 'ohne Unterbrechungen, längere Zeit dauernd'; SYN andauernd; ↗ FELD VII.2.3: ~ *er Beifall, Frost; es schneit* ~ ❖ ↗ halten; **-halter:** *per* ~ 'in einem fremden Auto, das man mit der Bitte, mitfahren zu dürfen, angehalten hat': *per* ~ *fahren, reisen* ❖ ↗ halten; **-hand** [..'h..] ⟨Präp. mit Gen.; vorangestellt; in Verbindung mit Begriffen, die meist den Charakter eines Dokuments haben⟩ /kausal; gibt die Grundlage und das Mittel für etw. an/: ~ *der Unterlagen, Indizien konnte man seine Schuld beweisen*; ⟨+ *von*; Dat.⟩ *etw.* ~ *von Dokumenten, Unterlagen nachweisen* ❖ ↗ Hand; **-hang, der 1.** ⟨vorw. Sg.⟩ '(kommentierender) Zusatz am Ende bes. eines Buchs, längeren Schriftstücks': *im* ~ *der Abhandlung befinden sich die Anmerkungen* **2.** ⟨o. Pl.⟩ 'Gesamtheit der Freunde, Anhänger (1)': *er hat einen großen* ~, *viel* ~ **3.** ⟨o. Pl.⟩ 'Verwandtschaft, die Angehörigen'; *sie ist allein stehend und hat keinen* ~; *ein Mann, eine Frau ohne* ~ ❖ ↗ hängen; **-hängen** ⟨trb. reg. Vb.; hat⟩ **1.** /jmd./ *etw.* ~ 'etw. an etw. ²hängen (1.1.)': *er hängte seinen Mantel (an dem/den Haken) an* **2.** /jmd./ *etw.* ~ 'ein Straßen-, Schienenfahrzeug ohne eigenen Antrieb mit einem Fahrzeug mit Antrieb verbinden': *einen Schlafwagen, Waggon (am/an den Zug), einen Anhänger (an den LKW)* ~ **3.** umg. /jmd./ *jmdm. etw.* ~ 'von jmdm. behaupten, dass er etw. Schlechtes getan hat': *jmdm. einen Diebstahl* ~ ❖ ↗ ¹hängen; **-hänger, der 1.** 'jmd., der sich einer (politischen) Richtung od. einer Person, die eine bestimmte Richtung repräsentativ vertritt, zugehörig fühlt': *er ist ein überzeugter* ~ *des Umweltschutzes, ein* ~ *des großen Musikers N* **2.** 'Straßen-, Schienenfahrzeug ohne eigenen Antrieb, das an ein entsprechendes Fahrzeug mit Antrieb angehängt wird'; SYN Hänger; ↗ FELD VIII.4.1.1 (↗ TABL Fahrzeuge): *ein LKW mit* ~; *die Straßenbahn hat zwei* ~ **3.** 'Schmuckstück, das an einer Kette getragen wird' (↗ TABL Schmuckstücke) **4.** 'kleine Karte mit der Adresse des Eigentümers, die an ein Gepäckstück, bes. an einen Koffer, vor dem Transport, der Reise befestigt wird' ❖ ↗ ¹hängen; **-hänglich** [hɛŋ..] ⟨Adj.; Steig. reg.; nicht bei Vb.⟩ ʿan jmdm. sehr hängend' /auf Menschen, Haustiere bez./: *das Kind, der Hund ist sehr* ~ ❖ ↗ ¹hängen; **-häufen** ⟨trb. reg. Vb.; hat⟩ **1.** /jmd./ *etw.* ~ ʿviele Dinge, bes. als Vorrat, an eine bestimmte Stelle bringen und aufbewahren'; SYN zusammentragen: *Vorräte, Geld, Lebensmittel* ~ **2.** /etw., bes. etw. zu Bewältigendes/ *sich* ~ SYN ʿsich ansammeln': *bei mir hat sich viel schmutzige Wäsche, eine Menge Arbeit angehäuft* ❖ ↗ Haufen; **-heben**, hob an, hat angehoben **1.** /jmd./ *etw.* ~ ʿetw. ein wenig in die Höhe heben': *die Kiste, den Schrank* ~ **2.** /jmd., Institution o.Ä./ *etw.* ~ ʿetw., bes. etw., das mit Geld verbunden ist, erhöhen (2)': *die Gehälter, Steuern, Preise* ~; *das Niveau der Zeitung muss angehoben werden* **3.** veraltend /jmd./ ~, *etw. zu tun* ʿanfangen, etw. Bestimmtes zu tun'; ↗ FELD VIII.1.2: *er hob wieder an zu sprechen/hob zu sprechen an* ❖ ↗ heben; **-heimelnd** [haiməlnt] ⟨Adj.; Steig. reg.⟩ ʿeine vertraute, behagliche Stimmung, Gemütlichkeit verbreitend' /auf Sachen bez./; ↗ FELD V.2.3: *ein* ~*es Zimmer; eine* ~*e Atmosphäre; das Haus sieht* ~ *aus* ❖ ↗ Heim

anheim stellen [anˈhaim..], stellte anheim, hat anheim gestellt geh. /jmd./ **1.1.** *etw. jmdm.*, ~ ʿetw. jmdm. überlassen (3.1)': *ich stelle ihnen anheim, ob Sie uns helfen wollen; er stellte es ihm anheim* **1.2.** *etw. jmds. Entscheidung,* ~ (ʿetw. der Entscheidung von jmdm. überlassen')

an/An [ˈan..]||**-hieb** * umg. **auf** ~ ʿbeim ersten Versuch (2)': *er schaffte, verstand es auf* ~; *das klappte auf* ~; **-höhe, die** ʿnicht sehr hohe Erhebung im Gelände'; ↗ FELD II.1.1: *er stand auf der* ~ *und schaute auf die Stadt; eine* ~ (SYN ʿHöhe 2') *erstürmen* ❖ ↗ hoch; **-hören** ⟨trb. reg. Vb.; hat⟩ **1.** /jmd./ (*sich* ⟨Dat.⟩) *etw., jmdn.* ~ ʿeiner Darbietung, Rede o.Ä., jmdm., der etw. darbietet, einen Vortrag hält o.Ä. aufmerksam (und kritisch) zuhören'; ↗ FELD I.3.2.2: (*sich*) *eine Platte, Sendung* ~; *er hörte sich den Sänger, Redner an; ein Gespräch mit* ~ (ʿunfreiwillig hören') **2.** /jmd./ *jmdm. etw.* ~ ʿjmdm. etw. an der Stimme anmerken': *er hörte ihm seine Erkältung an; man hört (es) dir an, dass du erkältest bist; etw. ist jmdm. anzuhören: seine schlechte Laune ist ihm deutlich anzuhören* **3.** *etw. (vorw. das, es) hört sich nach/wie etw. an* ʿetw. vermittelt durch ein typisches Geräusch einen bestimmten Eindruck': *das hört sich nach Regen, wie Regen an; etw. hört sich an, als ob …: es, das hört sich an, als ob es regnet* **4.** *etw. hört sich gut, schlecht an* ʿetw. scheint, dem Eindruck nach zu urteilen, gut, schlecht zu sein': *dein Vorschlag, dein Plan hört sich gut an* ❖ ↗ hören

animalisch [aniˈmaːl..] ⟨Adj.; vorw. attr.⟩ **1.** ⟨o. Steig.; nicht bei Vb.⟩ SYN ʿtierisch (I.1.2)': ~*er Dünger* **2.** ⟨Steig. reg., ungebr.⟩ ʿzügellos (1) und triebhaft' /auf Psychisches bez./: *ein* ~*er Hass;* emot. *das bereitet ihm ein* ~*es* (ʿüberaus großes') *Vergnügen*

animieren [aniˈmiːʀən], animierte, hat animiert /jmd./ *jmdn. zu etw.* ~ ʿbei jmdm. Lust erwecken, etw. Bestimmtes zu tun': *jmdn. zum Trinken, Singen* ~ (SYN ʿermutigen'); *eine animierte* (ʿin angeregte Stimmung versetzte') *Runde*

Anis [ˈaːniːs/aˈniːs], **der;** ~es, Anise **1.** ⟨vorw. Sg.⟩ ʿim Gebiet des Mittelmeers verbreitete Pflanze, die als Gewürz verwendet wird'; ↗ FELD II.4.1 **2.** ⟨o. Pl.⟩ ʿFrüchte von Anis (1), die als Gewürz, Arznei verwendet werden'; ↗ FELD I.8.1: *Kekse mit* ~ *würzen*

an/An [ˈan..]||**-kämpfen** ⟨trb. reg. Vb.; hat⟩ /jmd./ *gegen etw.* ~ ʿgegen etw. kämpfen, etw. zu überwinden suchen': *er kämpfte vergeblich gegen die Tränen, den Schlaf an* ❖ ↗ Kampf; **-kauf, der** ʿdas Ankaufen': *der* ~ *von Antiquitäten, Grundstücken; das Museum beabsichtigt den* ~ *eines Gemäldes von Rembrandt* ❖ ↗ kaufen; **-kaufen** ⟨trb. reg. Vb.; hat⟩ /Institution, jmd./ *etw.* ~ ʿein Wertstück, Waren in größeren Mengen kaufen': *Antiquitäten* ~; *das Museum hat ein Gemälde von Rembrandt angekauft* ❖ ↗ kaufen

Anker [ˈaŋkɐ], **der;** ~s, ~ ʿan einer Kette od. einem Tau befestigter, schwerer stählerner Haken, der ins Wasser geworfen wird und (durch sein Gewicht) bewirkt, dass das Schiff, Boot sich nicht von seinem Platz bewegt' (↗ BILD): *den* ~ *lichten* ❖ **ankern** * seemannsspr. /Schiff, Mannschaft/ **vor** ~ **gehen** (ʿankern'); /Schiff, Mannschaft/ **vor** ~ **liegen** ʿmit Hilfe des Ankers am Platz bleiben': *wir lagen vor* ~

ankern [ˈaŋkɐn] ⟨reg. Vb.; hat⟩ /Schiff, Mannschaft/ ʿden Anker ins Wasser werfen, geworfen haben und somit am Platz bleiben': *das Schiff ankert; wir* ~ *in einer halben Stunde; das Schiff hat am Kai, draußen auf der Reede geankert* ❖ ↗ Anker

An/an [ˈan..]||**-klage, die 1.** ⟨o. Pl.⟩ ʿAntrag des Staatsanwalts an das Gericht, das Verfahren (2) zu eröffnen und über seinen Gegenstand zu entscheiden': *die* ~ *lautet auf Mord;* ~ *gegen jmdn. erheben* (ʿjmdn. anklagen'); *unter* ~ *stehen* ʿangeklagt sein': *er, die Firma, Regierung, das Regime steht unter* ~ **2.** SYN ʿBeschuldigung': *eine schwere, falsche* ~ *gegen jmdn. vorbringen* ❖ ↗ klagen; **-klagen** ⟨trb. reg. Vb.; hat; ↗ auch Angeklagte⟩ **1.** /jmd., Institution/ *jmdn.* ~ ʿgegen jmdn. eine Anklage (1) vorbringen': *jmdn. wegen Mord* ~ **2.** /jmd./ *etw., jmdn.,* *sich* ~ ˈetw., jmdn., sich wegen etw. für schuldig erklären': *das Schicksal* ~; ⟨+ Gen.obj.⟩ *jmdn., sich der Feigheit, Überheblichkeit* ~; *soziale Missstände, Verhältnisse (in einem Film, Buch)* ~ (SYN ˈanprangern') ❖ ↗ klagen; **-kläger** [klɛːgɐ/klɛː..], **der**; ~s, ~ ˈmit der Anklage (1) im Verfahren beauftragter Staatsanwalt' ❖ ↗ klagen; **-klang** * /etw., jmd./ **(bei jmdm.)** ~ **finden** ˈjmdm. gefallen (1.1)': *der Vorschlag fand (bei allen)* ~; *er fand (mit dem Vorschlag) überall* ~; **-klingen**, klang an, hat angeklungen /etw./ ˈin einer Äußerung spürbar, hörbar sein': *in ihren Worten klang Wehmut an* ❖ ↗ klingen; **-klopfen** ⟨trb. reg. Vb.; hat⟩ /jmd./ an etw. ⟨Akk./Dat.⟩ ~ ˈan eine Tür klopfen zum Zeichen, dass man den Raum hinter der Tür betreten möchte': ⟨vorw. o. Obj.⟩ *er trat ohne anzuklopfen ein* ❖ ↗ klopfen; **-kommen**, kam an, ist angekommen **1.** ⟨vorw. mit Adv.best.⟩ /jmd., etw./ ˈeinen Ort als sein Ziel erreichen'; ANT abfahren (1): *er ist pünktlich (um 20 Uhr) in N, zu Hause angekommen; er kam mit dem Auto, zu Fuß an; dein Brief ist angekommen; ich sah ihn schon von weitem* ~ (ˈsich nähern') **2.** ⟨vorw. mit Adv.best.⟩ /etw., jmd./ ˈbei einem Publikum Anklang finden': *der Film, Schlager ist gut, nicht angekommen; der Sänger, die Werbung kam (bei den Zuschauern) an* **3.** /jmd., Institution/ *gegen jmdn., etw. nicht* ~ SYN ˈgegen jmdn., etw. nicht aufkommen (4)': *gegen ihn, diese Entwicklung kommt man nicht, kaum, nur schwer an* **4.** geh. /etw./ *jmdn. schwer, hart, sauer* ~ ˈjmdm. sehr schwer fallen': *der Abschied kam ihn schwer, hart, sauer an* **5.** /etw. (nur es, das)/ *auf jmdn., etw.* ~ ˈvon jmdm., etw. abhängen': *es kommt auf ihn, auf das Wetter an, ob wir morgen den Ausflug machen; das käme auf einen Versuch an; es kommt darauf an, ob ...* ❖ ↗ kommen * /jmd./ **es auf etw.** ~ **lassen** ˈetw. riskieren (1.1)': *ich lasse es (nicht) auf einen Streit mit ihm* ~; **-können** (er kann an), konnte an, hat angekonnt umg. /jmd./ *gegen jmdn., etw. nicht* ~ ˈsich gegen jmdn., etw. nicht durchsetzen können': *er konnte gegen seinen autoritären Vater, gegen den dichten Strom von Menschen nicht an* ❖ ↗ können; **-kreiden** [kʀaɪdn̩], kreidete an, hat angekreidet umg. /jmd., Institution o.Ä./ *jmdm. etw* ~ ˈjmdm. einen Fehler, ein falsches Verhalten vorwerfen (1)': *jmdm. einen Irrtum, seine Vergangenheit* ~; *jmdm. etw. als etw.* ~: *jmdm. sein Zögern als Feigheit* ~ ❖ ↗ Kreide; **-kreuzen** ⟨trb. reg. Vb.; hat⟩ /jmd./ *etw.* ~ ˈetw. Geschriebenes (↗ schreiben 1), Gedrucktes (↗ drucken) durch ein Kreuz kennzeichnen, um es hervorzuheben': *einen Namen (in einer Liste)* ~ ❖ ↗ Kreuz; **-kündigen** ⟨trb. reg. Vb.; hat⟩ **1.** /jmd., Institution o.Ä./ *etw.* ~ ˈetw., das bevorsteht, jmdm., der Öffentlichkeit mitteilen': *eine Veranstaltung in der Zeitung, durch Plakate* ~; *in dem Brief kündigte er (uns) seinen Besuch an* (SYN ˈanmelden 1') **2.** /jmd./ *jmdn., sich* ~ ˈjmds. sein baldiges Erscheinen mitteilen': *einen Sänger (auf der Bühne)* ~; *ich möchte mich bei dir für morgen* ~ **3.** /etw./ *sich* ~ ˈdurch bestimmte Anzeichen

den Beginn seines Wirkens erkennen lassen': *der Frühling kündigt sich (mit den ersten Tulpen) an; eine Krankheit kündigt sich bei jmdm. an* ❖ ↗ [2]**Kunde**; **-kunft** [kʊnft], **die**; ~, Ankünfte [..kʏnftə] ⟨vorw. Sg.⟩ ˈdas Ankommen (1)'; ↗ FELD I.7.2.1: *wir erwarten seine* ~, *die* ~ *der Gäste gegen 20 Uhr* ❖ ↗ kommen; **-lage, die 1.** ⟨vorw. Pl.⟩ ˈals Park, Grünfläche gestaltete Bodenfläche'; ↗ FELD II.1.1, 4.1: *die öffentlichen* ~*n der Stadt pflegen; er ging in den* ~*n spazieren* **2.** ˈfür einen bestimmten Zweck geschaffene Gesamtheit von Bauten und Flächen': *eine sportliche, militärische* ~ **3.** ˈGesamtheit von technischen Mitteln, Vorrichtungen, Maschinen u.Ä., die eine bestimmte einheitliche Funktion hat': *eine elektrische, automatische* ~ **4.** ˈdurch die Eltern vererbte körperliche, geistige Eigenschaften in einem Menschen'; SYN Veranlagung: *er hat sportliche, musische* ~*n; das Kind hat eine* ~ *zur Musik* **5.** ⟨vorw. Sg.⟩ /zu anlegen 5/ ˈdas Anlegen': *die* ~ *eines neuen Parks planen* **6.** /zu anlegen 7/ ˈdas Anlegen von Kapital, Geld od. das Angelegte': *die Hypothek ist eine sichere* ~; *die Bank bietet sichere* ~*n* ❖ zu (4): veranlagt, Veranlagung; zu 1,2: ↗ liegen, zu 3,5,6: ↗ legen; **-lass** [las], **der**; ~es, Anlässe [lɛsə] **1.** ˈetw., wodurch eine Handlung, Haltung, ein Vorgang ausgelöst wird': *etw. ohne jeden* ~, *bei jedem* ~ *tun*; SYN ˈGrund (4.1)': *bei jedem, bei dem geringsten* ~ *verliert er die Beherrschung; jmdm. (keinen)* ~ *zu etw. geben; etw. zum* ~ *nehmen* (*etw. als Gelegenheit nutzen'), *um etw. Bestimmtes zu tun* **2.** ⟨vorw. Pl.; + Adv.best.⟩ ˈbesonderes, meist festliches Ereignis'; SYN Gelegenheit (2): *wir sehen uns nur zu/bei feierlichen, festlichen, besonderen Anlässen; das ist ein willkommener* ~ (ˈBeweggrund'), *euch zu besuchen* ❖ anlässlich, veranlassen, Veranlassung; **-lassen** (er lässt an), ließ an, hat angelassen **1.** /jmd./ *etw.* ~ SYN ˈetw. starten (2)'; ANT abstellen (4); ↗ FELD VIII.4.1.2: *den Motor* ~ **2.** /etw., jmd./ *sich irgendwie* ~ ˈirgendwie beginnen': *das neue Jahr, der Lehrling lässt sich gut an* ❖ ↗ lassen; **-lässlich** [lɛs..] ⟨Präp. mit Gen.; vorangestellt; in Verbindung mit Begriffen, die besondere Ereignisse darstellen⟩ /kausal; gibt an, dass etw. den Anlass für ein Ereignis bildet/: ~ *unserer Verlobung sind uns viele Glückwünsche zugegangen; eine Feier* ~ *des 100. Todestages von A* ❖ ↗ Anlass; **-lasten**, lastete an, hat angelastet /jmd., Institution/ *jmdm. etw.* ~ ˈjmdm. die Schuld an etw. geben': *jmdm. ein Versäumnis, Verbrechen* ~ ❖ ↗ Last; **-lauf, der** ⟨o. Pl.⟩: /jmd./ *(einen)* ~ *nehmen* ˈeine gewisse Strecke im Lauf zurücklegen, um für die Ausführung einer sportlichen Handlung Schwung zu bekommen': *für einen Sprung (einen)* ~ *nehmen* ❖ ↗ laufen; **-laufen** (er läuft an), lief an, ist/hat angelaufen **1.** ⟨ist⟩ /jmd./ *angelaufen kommen* ˈsich zu Fuß (schnell) nähern': *der Junge kam weinend angelaufen* **2.** ⟨ist⟩ /etw./ ˈ(allmählich) in Gang kommen': *die Produktion (dieses Erzeugnisses) ist angelaufen; die Aktion, Fahndung lief sofort an* **3.** ⟨hat⟩ /Schiff/ etw.

~ 'Kurs auf ein Ziel, bes. auf einen Hafen, nehmen'; ↗ FELD VIII.3.2: *dieses Schiff läuft Genua an* **4.** ⟨ist⟩ /jmd., etw., bes. Gesicht/ *vor etw. irgendwie* ~ 'vor Zorn, Ärger o.Ä. rot werden': *er, sein Gesicht lief vor Wut rot, dunkel an* **5.** ⟨ist⟩ /etw., bes. Glas/ SYN 'ˈbeschlagen (2)': *die Fensterscheiben laufen an, sind angelaufen* ❖ ↗ laufen; **-legen** ⟨trb. reg. Vb.; hat⟩ **1.1.** /jmd./ *etw.* ~ 'etw. an etw. legen (1.1), stellen': *er legte die Leiter (an den Baum) an* **1.2.** /Tier/ *der Hund legt die Ohren an* ('legt die Ohren nach hinten an den Kopf') **2.** /jmd./ *einen bestimmten Maßstab an etw., jmdn.* ~ ('etw., jmdn. nach einem bestimmten Maßstab beurteilen') **3.** /jmd./ *auf jmdn., etw.* ~ 'das zum Schießen bereite Gewehr auf jmdn., etw. richten': *der Jäger legte (auf ihn, den Hirsch) an und schoss* **4.** /jmd./ *jmdn., einem Tier etw.* ~ 'an jmdm., einem Tier etw. befestigen, meist an einer dafür bestimmten Stelle des Körpers'; ANT abnehmen (1): *einem Gefangenen Handschellen* ~; *einem Pferd den Zaum, das Geschirr* ~; *jmdm. einen Verband* ~ ('jmdn. verbinden'; ANT abmachen 1) **5.** /jmd., Institution/ *etw.* ~ 'etw., das sich über eine größere Fläche erstreckt, planmäßig bauen, gestalten': *einen Park, See, eine neue Straße* ~ **6.** /Wasserfahrzeug/ *irgendwo* ~ 'dicht an ein Ufer fahren und dort mit Tauen befestigt werden'; ANT ablegen (4); ↗ FELD VIII.3.2: *der Dampfer legte am Kai an; das Boot legt am Steg an* **7.** /jmd., Betrieb o.Ä./ *etw. irgendwie* ~ 'Kapital so verwenden, dass Profit erzielt wird, dass man einen Vorteil davon hat': *Kapital vorteilhaft, günstig* ~; *seine Ersparnisse in Kunstwerken, Immobilien, Aktien* ~ **8.** /jmd./ *sich mit jmdm.* ~ 'mit jmdm. Streit suchen': *er wollte sich mit seinem Nachbarn nicht* ~, *hat sich mit ihm angelegt* ❖ ↗ legen; **-lehnen** ⟨trb. reg. Vb.; hat⟩ **1.** /jmd./ *sich an etw., jmdn.* ~, *etw. an etw.* ~ 'sich an etw., jmdn. lehnen, etw. an etw. lehnen': *er lehnte sich (mit dem Rücken) an die Wand, an seinen Vordermann an; die Leiter (an die Mauer)* ~ **2.** ⟨oft im Part. II⟩ /jmd./ *etw.* ~ 'ein Fenster, eine Tür nicht ganz schließen': *er hat das Fenster nur angelehnt; die Tür war angelehnt* **3.** /jmd./ *sich an etw., jmdn.* ~ 'bestimmte Elemente von etw. Geistigem, Schöpferischem, das schon vorhanden ist, übernehmen': *der Autor hat sich eng an den Stil von N angelehnt* ❖ ↗ lehnen; **-leihe** [laiə], **die**; ~, ~n 'das Aufnehmen eines langfristigen Kredits bes. durch staatliche Institutionen, staatliche od. private Unternehmen': *staatliche* ~*n aufnehmen; eine* ~ *kündigen, tilgen* ❖ ↗ leihen; **-leiten**, leitete an, hat angeleitet /jmd./ *jmdn.* ~ 'jmdm. bes. für eine Arbeit, Aufgabe nützliche Hinweise, Erklärungen geben': *der Meister leitet die Lehrlinge an* ❖ ↗ leiten; **-leitung, die 1.** ⟨vorw. Sg.⟩ 'das Anleiten': *er arbeitet unter der* ~ *des Meisters* **2.** 'nützlicher, oft schriftlicher Hinweis bes. für die Durchführung einer Arbeit, Aufgabe, für das Handhaben von etw.': *er studierte die* ~ *für die Montage der Regale; sich nach der* ~ *richten* ❖ ↗ leiten; **-lernen** ⟨trb. reg. Vb.;

hat⟩ /jmd./ *jmdn.* ~ 'einen Werktätigen durch systematisches Vermitteln der notwendigen Kenntnisse in die Lage versetzen, eine bestimmte Arbeitsaufgabe selbständig ausführen zu können': *den Nachwuchs* ~; *er wurde für die Bedienung dieser Maschine angelernt* ❖ ↗ lernen; **-liegen, das**; ~s, ~ 'Sachverhalt, der für jmdn. von (großer) persönlicher Bedeutung ist und mit dem er sich an jmdn. wendet, zu erledigen, lösen': *ein persönliches, dringendes* ~ *(an jmdn.) haben; ein* ~ *vorbringen* ❖ ↗ liegen; **-lieger** [liːgɐ], **der**; ~s, ~ vorw. amtsspr. 'Eigentümer, Besitzer eines Grundstücks, das an eine Straße od. an ein Gewässer grenzt': *die Rechte und Pflichten eines* ~*s; diese kleine Straße dürfen nur* ~ *befahren* ❖ ↗ liegen; **-locken** ⟨trb. reg. Vb.; hat⟩ **1.** /jmd., etw./ *ein Tier, jmdn.* ~ 'ein Tier, jmdn. locken, damit es, er näher kommt': *den Hund (mit einem Knochen)* ~; *das Kind (mit Schokolade, Bonbons)* ~; *der Geruch lockt die Insekten an* **2.** /etw./ *mehrere Personen* ~ 'mehrere Personen bes. durch ein attraktives Angebot zu interessieren suchen': *der Winterschlussverkauf hat viele Kunden angelockt* ❖ ↗ locken; **-machen** ⟨trb. reg. Vb.; hat⟩ **1.** umg. /jmd./ *etw.* ~ 'etw. an einer bestimmten (dafür vorgesehenen) Stelle befestigen'; ANT abmachen (1); ↗ FELD I.7.6.2: *ein Bild, eine Lampe* ~ **2.** umg. /jmd./ *etw.* ~ SYN 'etw. anschalten (1)'; ANT ausmachen (1): *das Licht, Radio* ~; *die Lampe* ('das Licht der Lampe') ~ **3.** umg. /jmd./ *etw.* ~ SYN 'etw. anzünden (1.1)'; ANT ausmachen (2): *das Gas* ~; *Feuer* ~; *den Ofen* ('Feuer im Ofen') ~ **4.** /jmd./ *etw.* ~ 'etw. durch Mischen mit etw. zum Gebrauch fertig machen': *Gips, Mörtel* ~; *etw. mit etw.* ~: *den Leim mit Wasser* ~; *Salat mit Essig und Öl* ~ (SYN 'zubereiten') **5.** umg. /etw./ *jmdn.* ~ SYN 'jmdn. ansprechen (3)': *diese Musik macht mich an* **6.** umg. /jmd./ *jmdn.* ~ 'jmds. sexuelles Interesse für sich zu wecken suchen': *er macht alle Mädchen, ihre Freundin an* **7.** umg. /jmd./ *jmdn.* ~ 'jmdn. provozieren od. sich jmdm. gegenüber aggressiv verhalten': *wollen Sie mich etwa* ~? ❖ ↗ machen; **-malen** ⟨trb. reg. Vb.; hat⟩ /jmd./ *etw., einen Menschen, ein Tier* ~ 'etw., einen Menschen, ein Tier auf eine senkrechte Fläche malen': *ein Haus, eine Hexe, einen Hasen (an die Wandtafel)* ~ ❖ ↗ malen; **-maßen** [maːsn̩], **sich** ⟨trb. reg. Vb.; hat; ↗ auch *anmaßend*⟩ **1.** /jmd., Gruppe, Institution/ *sich* ⟨Dat.⟩ *etw.* ~ 'etw. ohne Berechtigung, Befugnisse beanspruchen': *dieser Mitarbeiter will sich Vorrechte* ~; *das Gremium hat sich Autorität angemaßt* **2.** /jmd./ *sich* ⟨Dat.⟩ *etw.* ~ 'sich ohne Berechtigung etw. erlauben': *er hat sich ein Urteil über den neuen Kollegen angemaßt; er maßte sich an, ohne Sachkenntnis diese wissenschaftliche Arbeit zu kritisieren'* ❖ anmaßend; **-maßend** [maːsn̩t] ⟨Adj.; Steig. reg.; ↗ auch *anmaßen*⟩ SYN 'überheblich' /auf Personen bez./: *er ist* ~, *tritt* ~ *auf; ein* ~*er Kerl; sein* ~*er Ton empörte uns* ❖ ↗ anmaßen; **-melden**, meldete an, hat angemeldet **1.** /jmd./ *seinen Besuch* ~ (SYN 'ankündigen 1') **2.** /jmd./ ANT abmelden (1) **2.1.** *jmdn., ein Tier, etw.* ~ ˈjmdn., ein Tier, etw. für einen bestimmten Zweck bei der dafür zuständigen Stelle eintragen lassenˈ: *sein Kind (in der Schule)* ~; *ein Patent* ~; *das Fernsehgerät (bei der Post)* ~; *jmdn. für einen, zu einem Kurs* ~; *sich, jmdn. zu etw.* ⟨Dat.⟩, *für etw.* ~ SYN ˈsich jmdn. zu, für etw. melden (3)ˈ: *sich zu einem Lehrgang, die Sportler zum Wettkampf* ~; *er hat sich für die Reise angemeldet* **2.2.** *sich, jmdn.* ~ (ˈbei einem Amt seinen, jmds. neuen Wohnsitz eintragen lassenˈ) **2.3.** *ein Ferngespräch* ~ (ˈdas Fernamt beauftragen, ein Ferngespräch herzustellenˈ) ❖ ↗ melden; **-meldepflichtig** [..pflɪçtɪç] ⟨Adj.; nicht bei Vb.⟩ ˈzur Anmeldung bei einer Behörde verpflichtetˈ: *die Tätigkeit, dieser Erwerb ist* ~; *die Veranstaltung ist* ~ ❖ ↗ melden, ↗ Pflicht; **-meldung, die 1.** /zu anmelden 1 u. 2/ ˈdas Anmeldenˈ; /zu 2.1/: *die* ~ *eines Patents vornehmen* **2.** ˈRaum, in dem man sich, jmdn. anmeldet (bes. zur Behandlung bei einem Arzt)ˈ: *Sie müssen bitte in der* ~ *warten!* ❖ ↗ melden; **-merken** ⟨trb. Vb.; hat⟩ **1.** /jmd./ *jmdn. etw.* ~ ˈan jmds. Verhalten, Gesicht, Worten o.Ä. erkennen, was er denkt, fühltˈ; SYN ansehen (4): *ich konnte ihm seinen Ärger, Kummer* ~; *man merkte ihm an, dass er sich Sorgen machte; sich* ⟨Dat.⟩ *etw.* ~ *lassen: sich nichts, etw. nicht* ~ *lassen; er ließ sich seinen Kummer nicht* ~; *jmdm. etw. an etw.* ~: *er merkte ihm seine Entrüstung an der Stimme an* **2.** /jmd./ *etw. zu etw.* ~ ˈetw. zu einer Sache äußern (1)ˈ: *zu diesem Thema, dazu möchte ich noch Folgendes* ~ ❖ ↗ merken; **-merkung** [mɛrk..], **die**; ~, ~en **1.** ˈkurze ergänzende Erklärung zu einem Textˈ: *die* ~*en befinden sich im Anhang* **2.** ˈkurze, meist mündliche Äußerungˈ: *eine beiläufige, spöttische, unpassende* ~ *machen* ❖ ↗ merken; **-mut, die**; ~, ⟨o. Pl.⟩ ˈGefallen erregende natürliche liebliche Schönheit, die sich auch in der Übereinstimmung von Gestalt und Bewegung eines Menschen, bes. eines Mädchens, ausdrücktˈ: *sie besitzt* ~, *ist voller* ~; vgl. *Grazie* ❖ anmuten, anmutig; **-muten** [muːtn̩], mutete an, hat angemutet /etw., bes Abstraktes/ *jmdn. irgendwie* ~ ˈeinen bestimmten, meist ungewöhnlichen Eindruck machenˈ: *diese Vorgänge muteten ihn seltsam, ungewohnt an* ❖ ↗ Anmut; **-mutig** ⟨Adj.; Steig. reg.⟩ ˈvoller Anmutˈ /bes. auf eine junge Frau bez./: *ein* ~*es Mädchen; sie tanzt, ist sehr* ~; vgl. *graziös* ❖ ↗ Anmut; **-nageln** ⟨trb. reg. Vb.; hat⟩ /jmd./ *etw.* ~ ˈetw. mit einem od. mehreren Nägeln an etw., bes. etw. Senkrechtem, befestigenˈ; ↗ FELD I.7.6.2: *einen Haken, ein Plakat (an die/der Wand)* ~ ❖ ↗ Nagel ✱ umg. /jmd./ **wie angenagelt** (ˈregungslosˈ) **dastehen**; **-nähen** ⟨trb. reg. Vb.; hat⟩ /jmd./ *etw.* ~ ˈetw. durch Nähen an etw. befestigenˈ; ↗ FELD I.7.6.2: *einen Knopf (an den Mantel)* ~ ❖ ↗ nähen; **-nähernd** ⟨Gradpartikel; unbetont; steht vor der Bezugsgröße; bezieht sich auf verschiedene Kategorien, bes. auf Adj., Adv., auch auf Zahlangaben⟩ /schränkt die Bezugsgröße ein, kommt ihr aber nahe, wenn auch nicht vollständig/: *eine* ~ *richtige*

Lösung; *das war* ~ *richtig; er war nicht* ~ *so gut wie sein Freund*; SYN ²etwa (1): *er hat* ~ *drei Stunden dafür benötigt;* ~ *5000 Zuschauer haben dieses Spiel gesehen* ❖ ↗ nahe; **-nahme** [naːmə], **die**; ~, ~n **1.** ⟨vorw. Sg.⟩ /zu annehmen 1–3/ ˈdas Annehmenˈ; /zu 3/: *die* ~ *eines Gesetzes* **2.** ˈVermutungˈ: *er hat Grund zu der* ~, *dass ...; der* ~ *sein* (ˈannehmen 5ˈ), *dass ...* ❖ ↗ nehmen; **-nehmen** (er nimmt an), nahm an, hat angenommen **1.** /jmd., Institution/ *etw.* ~ ANT ablehnen (1) **1.1.** ˈetw. Angebotenes (↗ anbieten 1 u. 2) in seinen Besitz nehmenˈ: *ein Geschenk, eine Zigarette, eine Tasse Kaffee* ~ **1.2.** ˈerklären, dass man von einem Angebot Gebrauch machen wirdˈ: *jmds. Einladung, Hilfe* ~; *eine Stellung* ~ **2.** /jmd., Institution/ *etw.* ~ ˈerklären, dass man etw. Gewünschtes, Gefordertes tutˈ; ANT ablehnen (2): *einen Antrag* ~; *das Gesetz wurde vom Parlament angenommen* **3.** ⟨vorw. im Pass.⟩ /jmd., Institution/ *jmdn.* ~ ˈerklären, dass man jmds. Bewerbung genehmigtˈ; ANT ablehnen (3): *er ist für das Studium der Medizin angenommen worden* **4.** /jmd./ **4.1.** *eine Gewohnheit, schlechte Manieren* ~ (ˈzum festen Bestandteil seines Verhaltens machenˈ; ANT ablegen 2) **4.2.** *einen Namen* ~ ˈeinen fremden Namen als den eigenen übernehmenˈ: *er hat den Namen seiner Frau angenommen; einen anderen Namen* ~ (ˈsich anders nennenˈ) **5.1.** /jmd./ *etw.* ~ ˈetw. voraussetzen (1)ˈ: *etw. als Tatsache* ~; *angenommen, (dass) er kommt, so ...; nehmen wir an, (dass) er kommt* **5.2.** ⟨nur mit Nebens.⟩ /jmd./ *etw.* ~ ˈetw. aufgrund bestimmter Informationen od. aufgrund von Intuition als ziemlich sicher ansehenˈ; SYN denken (3), glauben (1), meinen (1.2), vermuten (1.1): *ich nehme an, dass er morgen kommt; sie nimmt an, das wird richtig sein; er hatte angenommen, der Film wäre besser gewesen; er nahm an, die Arbeit problemlos bewältigen zu können;* vgl. *ahnen (2)* **6.** /jmd., Institution/ *sich jmds., einer Sache* ~ ˈsich um jmdn., etw. kümmernˈ: *er nahm sich des verletzten Kindes an, hat sich der Aufgabe mit Eifer angenommen* **7.** /abgeblasst in Verbindung mit best. Subst., z. B./: /etw./ *(feste, konkrete)* ↗ *Gestalt* ~; /jmd./ ↗ *Vernunft* ~ ❖ ↗ nehmen

MERKE Zur Unterscheidung von *annehmen, denken, glauben, meinen, vermuten.* Sie drücken unterschiedliche Grade der Gewißheit, Wahrscheinlichkeit bei der Beurteilung von etw. aus; *annehmen* und *denken* meinen ein relativ sicheres objektives Urteil, dagegen drücken *glauben, meinen* und *vermuten* einen hohen Grad von Subjektivität und Ungewissheit bei der Beurteilung von etw. aus

annektieren [anɛkˈtiːrən], annektierte, hat annektiert /Staat/ *etw.* ~ ˈvon einem fremden staatlichen Gebiet gewaltsam und gegen das Völkerrecht verstoßend Besitz ergreifenˈ: *ein Gebiet, Territorium* ~ ❖ ↗ **Annexion**

Annexion [anɛkˈti̯oːn], **die**; ~, ~en ˈdas Annektierenˈ: *die* ~ *eines Gebietes* ❖ **annektieren**

Annonce [aˈnɔŋsə], **die**; ~, ~n SYN ˈAnzeige (1)ˈ; ↗ FELD I.13.1: *eine* ~ *(in der Zeitung) aufgeben; eine* ~ *lesen* ❖ **annoncieren**

annoncieren [anɔŋ'siːʀən], annoncierte, hat annonciert /jmd., Betrieb/ **1.1.** *etw.* ~ ʿetw. durch eine Annonce der Öffentlichkeit mitteilen'; ↗ FELD I.13.2: *Waren, einen neuen Roman* ~ **1.2.** ʿeine Annonce aufgeben': *er möchte sein Haus verkaufen und hat deshalb (in der Zeitung) annonciert* ❖ ↗ **Annonce**

Anode [a'noːdə], **die**; ~, ~n Phys. ʿpositive Elektrode'; ANT Katode

anomal ['anomaːl/ano'maːl] ⟨Adj.; Steig. reg., ungebr.⟩ **1.** SYN ʿabnorm (1)': *das Kind ist geistig* ~*, entwickelt sich* ~ **2.** ⟨vorw. attr. u. präd.⟩ SYN ʿanormal (1)': *~e (Verkehrs)verhältnisse*

anonym [ano'nyːm] ⟨Adj.; o. Steig.⟩ ʿohne Namen des Verfassers' /vorw. auf Sprachliches bez./: *er hat einen ~en Brief bekommen; dieser Roman ist* ~ *erschienen*

Anorak ['anoʀak], **der**; ~s, ~s ʿsportliche, wetterfeste, oft gefütterte Jacke mit Kapuze'; ↗ FELD V.1.1 (↗ TABL Kleidungsstücke): *einen* ~ *anhaben, anziehen, tragen*

an/An ['an..]]**-ordnen**, ordnete an, hat angeordnet **1.** /jmd., Institution/ *etw.* ~ ʿetw., bes. behördliche Maßnahmen, aus offizieller, dienstlicher Befugnis verbindlich veranlassen'; SYN verfügen (1),: *eine Kontrolle* ~*; die Regierung ordnete eine Untersuchung dieses Vorfalls an; den Bau einer neuen Brücke* ~ **2.** /jmd./ *etw. irgendwie* ~ ʿetw. irgendwie ordnen': *das Register ist alphabetisch, nach Sachgebieten angeordnet* ❖ ↗ ordnen; **-ordnung, die 1.** ʿdas, was angeordnet (↗ anordnen 1) wurde, wird': *eine dienstliche, polizeiliche* ~*; eine* ~ *erlassen; eine* ~ *treffen, eine* ~ *erteilen* (ʿetw. anordnen 1') **2.** /zu anordnen 2/ ʿdas Angeordnetsein': *eine alphabetische, übersichtliche* ~ *der Bücher* ❖ ↗ ordnen

anorganisch ['anɔʀgaːn..] ⟨Adj.; o. Steig.; nicht bei Vb.⟩ ʿzum nicht lebenden Teil der Natur gehörend'; ANT organisch (2); ↗ FELD II.5.3: *~e Substanzen, Verbindungen; die ~e Chemie* (ʿChemie, die sich nicht mit den Kohlenstoffverbindungen befasst') ❖ ↗ **Organ**

anormal [a'maːl] ⟨Adj.; o. Steig.⟩ **1.** ⟨vorw. attr. u. präd.⟩ SYN ʿaußergewöhnlich (I.2)': *dieser warme Winter ist* ~*; das ist ein ~er Zustand* **2.** SYN ʿabnorm (1)' /vorw. auf Personen bez./: *~e Anlagen haben; das Kind sieht* ~ *aus* ❖ ↗ **Norm**

an/An ['an..]]**-passen**, passte an, hat angepasst **1.** /jmd./ *etw. etw.* ⟨Dat.⟩ ~ ʿetw. durch Veränderung in Übereinstimmung mit etw. bringen': *sein Verhalten der Situation, Umwelt* ~ **2.** /jmd., Tier, etw./ *sich jmdm., etw.* ⟨Dat.⟩ ~ ʿsich nach jmdm., nach etw. richten': *er passt sich (in der Kleidung, in seiner Meinung) immer seinen Freunden an; der Hund hat sich seinen veränderten Lebensbedingungen angepasst; die Augen passen sich dem Licht an* ❖ ↗ passen; **-passungsfähig** [..pasʊŋs..] ⟨Adj.; Steig. reg.⟩ ʿfähig, sich jmdm., etw. ⟨Dat.⟩ anzupassen (2)' /vorw. auf Personen bez./: *er hat sich schnell eingelebt, er ist aber auch sehr* ~*; er ist ein ~er Mensch* ❖ ↗ passen, ↗ fähig; **-pflanzen** ⟨trb. reg. Vb.; hat⟩

/jmd., Betrieb/ *etw.* ~ ʿPflanzen auf eine bestimmte Fläche pflanzen': ⟨oft im Pass.⟩ *er hat, es wurden in seinem Garten viele Sträucher, Rosen angepflanzt* ❖ ↗ Pflanze; **-pöbeln** [pø:b|n] ⟨trb. reg. Vb.; hat⟩ /jmd./ *jmdn.* ~ ʿjmdn. mit frechen, unflätigen Worten belästigen': *er wurde auf der Straße von zwei Betrunkenen angepöbelt* ❖ ↗ Pöbel; **-prangern** [pʀaŋɐn] ⟨trb. reg. Vb.; hat⟩ /jmd., Institution/ *etw., jmdn.* ~ ʿetw. in scharfem Ton als Missstand kennzeichnen, jmdn. öffentlich beschuldigen': *in der Sendung wurden Verbrechen gegen die Menschlichkeit, die unhaltbaren Zustände in N angeprangert; jmdn. als Betrüger, Feind des Staates* ~ ❖ ↗ Pranger; **-preisen**, pries an, hat angepriesen /jmd., Betrieb o.Ä./ *etw.* ~ ʿetw., bes. eine Ware, wegen seiner besonderen Vorzüge lobend empfehlen': *ein Waschmittel, eine Medizin* ~*; ein Hotel* ~ ❖ ↗ preisen; **-probe, die** ʿdas Anprobieren eines Kleidungsstücks, das gerade angefertigt wird': *der Schneider hat ihn für morgen zur ersten* ~ *(des Anzugs) bestellt* ❖ ↗ Probe; **-probieren**, probierte an, hat anprobiert /jmd./ *etw.* ~ ʿetw., bes. ein Kleidungsstück, anziehen, um zu prüfen, ob es passt': *einen Anzug, ein Kleid, ein Paar Schuhe* ~ ❖ ↗ Probe; **-rechnen**, rechnete an, hat angerechnet **1.** ⟨vorw. im Pass.⟩ /jmd., Unternehmen/ *etw.* ~ ʿetw. beim Berechnen von etw. zu der gesamten Summe zählen': *das alte Auto wurde ihnen beim Kauf des neuen angerechnet/ wurde auf das neue angerechnet* **2.** /jmd., Unternehmen/ *jmdm. etw.* ~ ʿvon jmdm. für eine Leistung eine bestimmte Summe verlangen': *jmdm. die Kosten für den Transport, die Unterkunft* ~*; vgl. berechnen (2)* ❖ ↗ rechnen; **-recht, das 1.** ⟨vorw. Sg.⟩ ʿRecht, Berechtigung, etw. zu fordern'; ↗ FELD I.15.1: *er hat ein* ~ *auf einen Sitzplatz, auf Unterstützung* **2.** ʿAbonnement für Theater, Konzerte': *ein* ~ *erwerben, besitzen* ❖ ↗ Recht; **-rede, die** ʿBezeichnung, die man jmdm. gegenüber gebraucht, wenn man ein Gespräch mit ihm beginnt': *eine höfliche, vertrauliche* ~*; die* ~ *mit ʾduʿ, ʾSieʿ* ❖ ↗ reden; **-regen** ⟨trb. reg. Vb.; hat; ↗ auch angeregt⟩ **1.1.** /jmd., Institution/ *etw.* ~ ʿdurch einen Hinweis, Vorschlag bewirken, dass etw. durchgeführt wird': *den Bau eines Museums* ~*; die Gründung einer Gesellschaft* ~ **1.2.** /jmd., etw./ *jmdn. zu etw.* ~ ʿbewirken, dass jmd. etw. in Angriff nimmt, sich damit beschäftigt': *seine Freunde regten den Maler zur Gestaltung dieses Gemäldes an; dieser Vorfall regte ihn zum Nachdenken an; vgl. inspirieren* **2.** /etw./ **2.1.** *jmdn., etw.* ~ ʿjmds. Nerventätigkeit, Kreislauf, Stoffwechsel verstärken': *Kaffee, Tee regt (mich) an; die anregende Wirkung des Kaffees; das Medikament regt die Verdauung an* **2.2.** *jmds. Phantasie* ~ (ʿin Tätigkeit setzen') ❖ ↗ rege; **-regung, die 1.** ⟨o. Pl.⟩ ʿHinweis, Vorschlag, mit der Durchführung von etw. zu beginnen': *er hat ihre* ~ *befolgt, aufgegriffen* **2.** ⟨vorw. Pl.⟩ ʿdas, was (von außen kommend) jmdn. veranlasst, sein Handeln, Verhalten, Denken in eine bestimmte Richtung zu lenken'; SYN Anstoß (2), Impuls (1): *er hat beim*

Studium der Fachbücher wertvolle ~en erhalten; auf der Reise erhielt er wichtige ~en für seine Arbeit ❖ ↗ rege; **-reise, die** ⟨vorw. Sg.⟩ 'das Anreisen'; ANT Abreise: *ihre ~ verzögert sich, erfolgt mit dem Flugzeug* ❖ ↗ reisen; **-reisen** ⟨trb. reg. Vb.; ist⟩ /jmd./ 'zu einem bestimmten Ort fahren, um sich dort (vorübergehend) aufzuhalten'; ANT abreisen: *er reiste mit viel Gepäck, mit der Bahn an; sie reisen morgen an* ❖ ↗ reisen; **-reißen**, riss an, hat angerissen **1.** /jmd./ *etw. ~* 'etw., bes. Lebens- und Genussmittel, zu verbrauchen beginnen und dafür die Verpackung aufreißen': *eine Schachtel Zigaretten, Tafel Schokolade ~* **2.** /jmd./ *etw. ~* SYN 'etw. anschneiden (2)': *eine Frage, ein Problem ~* ❖ ↗ reißen; **-reiz, der** 'etw., das einen als angenehm empfundenen Beweggrund für jmdn. darstellt': *die Reise nach Griechenland war für ihn ein ~ zum Sparen* ❖ ↗ Reiz; **-richte** [ʀɪçtə]**, die**; ~, ~n 'Schrank zum Aufbewahren von Geschirr, der eine Fläche hat, auf der die zubereiteten Speisen abgestellt werden können'; ↗ FELD V.4.1 ❖ ↗ richten (I); **-richten**, richtete an, hat angerichtet **1.** /jmd./ *etw. ~* 'vorbereitete Speisen mit den letzten Zutaten versehen und auf Platten o.Ä. zum Verzehren bereitstellen': *Salat, belegte Brötchen, das Mittagessen ~* **2.** /jmd., Institution o.Ä., etw./ *etw. ~* 'Schaden, Übel (1) verursachen': *er hat damit Unheil, große Verwirrung angerichtet; der Sturm hat großen Schaden angerichtet* ❖ ↗ richten (I); **-rüchig** [ʀʏçɪç] ⟨Adj.; Steig. reg.; nicht bei Vb.⟩ SYN 'berüchtigt (1.1)': *ein ~es Lokal; dieser Mensch, diese Gegend ist ~;* **-ruf, der** 'hergestellte telefonische Verbindung, telefonisches Gespräch': *einen ~ erwarten, erhalten; durch ihren ~* ('dadurch, dass sie mich anrief') *erfuhr ich, dass ...* ❖ ↗ rufen; **-rufen**, rief an, hat angerufen /jmd., Institution o.Ä./ *jmdn. ~* 'eine telefonische Verbindung zu jmdm. herstellen': *ich werde ihn heute Abend ~; die Auskunft, Polizei ~* ❖ ↗ rufen; **-rühren** ⟨trb. reg. Vb.; hat⟩ **1.** ⟨vorw. verneint⟩ /jmd./ *etw., jmdn. ~:* ('habe alles so gelassen, wie es lag, war'); *sie wagten nicht, den Verletzten anzurühren* ('ließen ihn an seinem Ort liegen'); *er hat das Kind nicht angerührt* ('hat es nicht geschlagen'); *das Bett war nicht angerührt* ('war nicht benutzt') **2.** /jmd./ *etw. nicht ~:* *das Essen nicht ~* ('nichts vom Essen essen'); *keinen Alkohol ~* ('nichts Alkoholisches trinken'); *kein Buch ~* ('keine Bücher lesen') **3.** /jmd./ *etw. ~* 'etw. mit etw. mischen und es durch Rühren zum Gebrauch fertig machen': *Gips, Kleister ~; etw. mit etw. ~: die Farbe mit Wasser ~; die Soße mit Mehl ~* ❖ ↗ rühren

ans [ans] ↗ 'Verschmelzung von Präp. *an* (Akk.) + Art. (*das*)⟩ ↗ ²an

An/an ['an..]∥**-sage, die** 'Bemerkungen des Sprechers vor Beginn einer Sendung, einer Darbietung innerhalb eines Programms o.Ä., mit denen das Folgende eingeleitet od. kommentiert wird': *in der ~ wurde darauf hingewiesen, dass ...* ❖ ↗ sagen; **-sagen** ⟨trb. reg. Vb.; hat⟩ **1.** /jmd./, bes. Sprecher im Rundfunk, Fernsehen/ *etw. ~* 'etw. ('was als Ergebnis vorliegt od. als Darbietung in Kürze zu erwarten ist') der Öffentlichkeit mündlich mitteilen': *der Sprecher (im Radio, Fernsehen) sagte die genaue Zeit, eine Programmänderung an; in der Versammlung wurden einige Termine angesagt* **2.** /jmd./ *sich ~* 'seinen Besuch ankündigen': *für Sonntag haben sich (bei uns) Gäste angesagt* ❖ ↗ sagen; **-sammeln, sich** ⟨trb. reg. Vb.; hat⟩ /etw., bes. etw. zu Bewältigendes/ *sich ~* 'allmählich immer mehr werden'; SYN anhäufen (2): *auf den Möbeln hatte sich viel Staub angesammelt; nach dem Urlaub hatte sich viel schmutzige Wäsche angesammelt; mit der Zeit sammeln sich viele nutzlose Dinge an* ❖ ↗ sammeln; **-sammlung, die** ⟨vorw. Sg.⟩ 'Menschenmenge, die wegen eines bestimmten Vorfalls, Geschehens an einer bestimmten Stelle, einem bestimmten Ort zusammengekommen ist': *eine ~ neugieriger, aufgeregter Zuschauer scharte sich um die streitenden Männer; an der Unfallstelle, vor dem Werk bildete sich schnell eine ~* (SYN 'Auflauf') *von Menschen* ❖ ↗ sammeln; **-sässig** [zɛsɪç] ⟨Adj.; nicht bei Vb.⟩ *irgendwo ~* 'irgendwo seinen festen Wohnsitz habend' /auf Personen bez./; *die in N ~en Ausländer; er ist seit 20 Jahren am Ort ~; die ~e Bevölkerung des Landes* ❖ ↗ sitzen; **-satz, der 1.** 'Stelle, von der ein Körperteil ausgeht, an der er beginnt'; ↗ FELD VII.1.1: ⟨+ Gen. attr.⟩ *der ~ der Nase, des Halses, der Haare* **2.** 'etw., worin sich der Beginn einer Entwicklung, eines Vorgangs andeutet': *der Junge zeigt den ersten ~, (gute) Ansätze zur Verbesserung seiner Leistungen in Mathematik; diese Reformen sind in den (ersten) Ansätzen* ('in den ersten Versuchen') *zunichte gemacht worden* ❖ ↗ setzen; **-schaffen** ⟨trb. reg. Vb.; hat⟩ /jmd., Institution/ *etw. ~* 'einen größeren, für längeren Gebrauch gedachten Gegenstand käuflich erwerben'; ↗ FELD I.16.2: *er hat für sein Restaurant neue Stühle angeschafft; sich* ⟨Dat.⟩ *etw., ein Tier, Kind ~: er hat sich ein Auto, neue Möbel angeschafft; sich einen Hund ~* ('kaufen, um ihn zu halten'); *sie wollen sich noch keine Kinder ~* ('wollen noch keine Kinder haben') ❖ ↗ schaffen; **-schaffung** [ʃaf..]**, die**; ~, ~en 'das, was angeschafft wird, wurde'; ↗ FELD I.16.1: *sie können sich keine großen ~en leisten; du musst dir meine neueste ~ ansehen!* ❖ ↗ schaffen; **-schalten**, schaltete an, hat angeschaltet **1.** /jmd./ *etw. ~* SYN ↗ 'etw. anstellen (4)'; ANT abschalten (1), ausschalten (1); ↗ FELD VII.1.2: *das Radio, Bügeleisen ~* (ANT abstellen 4); *die Lampe ~; das Licht* ('die Lampe') **2.** /jmd., Elektrizitätswerk/ *den Strom ~* ('anstellen 3'; ANT ausschalten 2) ❖ ↗ schalten; **-schaulich** [ʃau..] ⟨Adj.; Steig. reg.⟩ 'so dargeboten, so beschaffen, dass eine (bildliche) Vorstellung vermittelt'; SYN plastisch (2): *eine ~e Darstellung der Ereignisse liefern; etw. ~ beschreiben, erzählen* ❖ ↗ schauen; **-schauung** [ʃau..]**, die**; ~, ~en **1.** ⟨vorw. Pl.⟩ 'grundsätzliche Meinung über einen größeren Kreis von Fragen, Problemen, bes. philosophischer, politischer Art': *moderne,*

*überholte ~en; die beiden Brüder vertreten verschie-
dene politische ~en* **2.** ⟨vorw. Sg.⟩ 'durch das per-
sönliche Betrachten von etw. gewonnene Vorstel-
lung, Erfahrung': *etw. aus eigener ~ kennen* ❖ ↗
schauen; **-schein, der** ⟨o. Pl.⟩ 'äußerer Schein (2)':
*er trat mit dem ~ des Rechts auf; die Schwierigkei-
ten sind größer, als es den ~ hat* ('als es scheint');
den ~ ('Eindruck') *erwecken, als (ob) ...; er er-
weckte den ~, als wäre ihm alles gleichgültig; das
Buch erweckt den ~, als ...; sich den ~ geben* ('so
tun'), *als (ob) ...: er gab sich den ~, als verstünde
er etwas davon/ als ob er davon etwas verstünde;
dem/allem ~ nach* ('anscheinend') *ist er krank* ❖ ↗
scheinen; **-scheinend** [ʃaɪnənt] ⟨Satzadv.⟩ /drückt
die Einstellung des Sprechers zum genannten Sach-
verhalt aus/ SYN 'offenbar (II)': *er ist ~ verreist;
~ hat niemand Lust dazu* ❖ ↗ scheinen; **-scheißen,**
schiss an, hat angeschissen derb **1.** /jmd./ *jmdn. ~*
SYN 'jmdn. betrügen (1.1)': *er hat mich (mit dem
hohen Preis, dem alten Auto) angeschissen* **2.** /jmd./
jmdn. ~ 'jmdn. grob anfahren (5)': *sein Chef hat
ihn gestern angeschissen, als er zu spät kam* ❖ ↗
scheißen; **-schicken, sich** ⟨trb. reg. Vb.; hat⟩ /jmd./
sich ~, etw. zu tun 'gerade anfangen wollen, etw.
Bestimmtes zu tun': *er schickte sich zum Weggehen
an, da kam ein Besucher* ❖ ↗ schicken; **-schlag, der**
1. 'Bekanntmachung, die irgendwo öffentlich ange-
schlagen, ausgehängt ist': *ein ~ am schwarzen
Brett; etw. durch ~ bekannt geben; einen ~ lesen* **2.**
'heimlich geplantes und ausgeführtes Unterneh-
men, bei dem Menschen getötet od. Sachen, Ein-
richtungen vernichtet werden sollen': *einen ~ auf/
gegen jmdn., etw. planen, verüben, vereiteln* **3.**
⟨vorw. Pl.⟩ 'das Betätigen der Taste einer Schreib-
maschine mit Druck nach unten': *die Sekretärin
schreibt, macht 300 Anschläge in der Minute* **4.** fach-
spr. *in, im ~* 'in der, in die Stellung, in der sofort
geschossen werden kann': *der Jäger, Soldat brachte
das Gewehr in ~, hatte, hielt das Gewehr im ~* ❖ ↗
schlagen; **-schlagen** (er schlägt an), schlug an, hat
angeschlagen **1.** /jmd./ Institution/ *etw. ~* 'etw. Ge-
schriebenes, Gedrucktes öffentlich, zur allgemeinen
Information an einer bestimmten Stelle befestigen';
SYN ²aushängen (1); ↗ FELD I.7.6.2: *ein Plakat,
einen Aufruf, eine Bekanntmachung (am schwarzen
Brett) ~* **2.** /jmd./ **2.1.** *etw. ~* 'einen Ton, Töne
durch Niederdrücken der Tasten (eines Klaviers)
erklingen lassen': *die ersten Töne einer Melodie (auf
dem Klavier) ~* **2.2.** *ein Gelächter ~* ('plötzlich laut
zu lachen anfangen') **3.** /jmd./ *etw. ~* 'die Fortbe-
wegung (zu Fuß) im Tempo irgendwie verändern':
ein rascheres, schnelleres Tempo ~ ('schneller ge-
hen'); *einen langsamen Schritt ~* ('langsam gehen')
4. *der Hund schlägt an* ('bellt zur Warnung') **5.**
/etw., bes. Arznei/ *irgendwie ~* 'in Bezug auf die
Gesundheit die gewünschte Wirkung haben, nicht
haben': *die Medizin, Kur schlägt bei ihm (gut,
nicht) an* ❖ ↗ schlagen MERKE Zu anschlagen
(3): Beim Akk.obj. steht immer ein Adj., vorw. im
Komp.; **-schließen,** schloss an, hat angeschlossen;

↗ auch *anschließend* **1.** /jmd./ *etw. ~* 'etw. mit etw.
verbinden': *ein elektrisches Gerät (an das Strom-
netz) ~; einen Schlauch an den/ am Wasserhahn ~;
das Haus ist an das Heizwerk angeschlossen* **2.** *etw.
schließt (sich) an etw. an* **2.1.** 'etw. folgt räumlich
unmittelbar auf etw.': *der Wald schließt (sich) an
das Haus an* **2.2.** 'etw. folgt zeitlich unmittelbar auf
etw.': *an den Vortrag schließt (sich) eine Diskussion
an* **3.** /jmd./ *sich etw.* ⟨Dat.⟩ *~* 'dem vorher Ge-
äußerten (↗ äußern) zustimmen': *sich einer Mei-
nung, Ansicht, einem Wunsch ~* **4.** /jmd./ *sich
jmdm., einer Gruppe ~* 'sich an dem beteiligen, was
jmd., eine Gruppe tut': *sich einer Gruppe, Schar von
Touristen ~* **5.** /jmd./ *sich jmdm. ~* 'zu jmdm. engen
Kontakt finden': *er schloss sich seinen Kollegen,
Nachbarn an; er schließt sich schnell, leicht, schwer
an* ('findet schnell, leicht, schwer engen Kontakt zu
anderen') ❖ ↗ schließen; **-schließend** [ʃliːsənt]
⟨Adv.; ↗ auch anschließen (2.2)⟩ 'unmittelbar da-
nach': *heute Abend gehen wir ins Theater, und ~
trinken wir irgendwo ein Glas Wein* ❖ ↗ schließen;
-schluss, der 1. *~ an etw.* 'Verbindung (2) mit einem
System von Leitungen': *dieses Haus hat keinen ~
an die Kanalisation, an das Stromnetz* **2.** 'telefoni-
sche Verbindung': *ich kann keinen ~ bekommen* **3.**
'Verbindung zwischen zwei Strecken der Eisenbahn
od. zwei verschiedenen öffentlichen Verkehrsmit-
teln, die eine zeitlich günstige Fortsetzung der Reise
ermöglicht': *der Zug hat (keinen) ~ nach N* **4.** 'das
den Anschluss (3) herstellende Verkehrsmittel': *er
hat seinen ~ erreicht, verpasst; auf den ~ warten* **5.**
⟨o. Pl.⟩ 'persönlicher enger Kontakt zu jmdm.':
jmd. sucht ~, findet keinen ~ **6.** *im ~ an etw.* 'un-
mittelbar nach etw.': *im ~ an den Vortrag findet
eine Diskussion statt* ❖ ↗ schließen (1); **-schnallen**
⟨trb. reg. Vb.; hat⟩ **1.** /jmd./ *(sich* ⟨Dat.⟩*) etw. ~*
'etw. mit Riemen und Schnallen an etw. befesti-
gen'; ↗ FELD I.7.6.2: *er schnallte sich die Skier,
Schlittschuhe an; jmdm. ~: das Kind im Wagen ~* **2.**
/jmd./ *sich ~* 'sich in einem Auto, Flugzeug einen
Sicherheitsgurt um den Oberkörper legen und an
einer dafür vorgesehenen Vorrichtung befestigen':
Autofahrer, Fluggäste müssen sich ~ ❖ ↗ Schnalle;
-schnauzen ⟨trb. reg. Vb.; hat⟩ umg. /jmd./ *jmdn. ~*
'jmdn. grob anfahren (5)': *der Vater schnauzte die
Kinder an* ❖ ↗ Schnauze; **-schneiden,** schnitt an,
hat angeschnitten **1.** /jmd./ *etw. ~* 'etw. zu verbrau-
chen beginnen, indem man das erste Stück ab-
schneidet (1)'; ↗ FELD VII.1.2: *den Kuchen, die
Wurst ~* **2.** /jmd./ *etw. ~* 'etw., bes. ein Problem,
im Gespräch berühren'; SYN anreißen (2), antip-
pen (2): *ein Thema, Problem, eine Frage ~* ❖ ↗
schneiden; **-schreiben,** schrieb an, hat angeschrie-
ben **1.** /jmd./ *etw. ~* 'etw. an eine senkrechte Fläche
schreiben': *Vokabeln, Gleichungen (an die/der
Wandtafel) ~* **2.** amtsspr. /jmd., Institution/ *etw.,
jmdn. ~* 'sich (mit einem Problem) schriftlich an
etw., bes. an eine Behörde, an jmdn. wenden': *er
hat die zuständige Behörde, den Leiter der Kommis-
sion angeschrieben* **3.** /jmd./ *bei jmdm. ~ lassen* 'bei

jmdm., bes. dem Inhaber eines Geschäftes, seine Schulden aufschreiben lassen, um sie später zu bezahlen': *er ließ immer beim Bäcker, Wirt* ~ ❖ ↗ schreiben; **-schrift, die** SYN ˈAdresse': *seine* ~ *lautet* ... ❖ ↗ schreiben; **-schuldigung** [ʃʊldig..], **die**; ~, ~en SYN ˈBeschuldigung': *schwere* ~*en gegen jmdn. vorbringen, erheben* ❖ ↗ Schuld; **-schwärzen** [ʃvɛɐtsn̩] ⟨trb. reg. Vb.; hat⟩ umg. /jmd./ *jmdn. bei jmdm., etw.* ~ ˈjmdn. hinter seinem Rücken bei jmdm., einer Behörde o.Ä. in Misskredit zu bringen suchen': *man hat ihn (bei der Leitung seiner Firma) angeschwärzt* ❖ ↗ schwarz; **-schweißen** ⟨trb. reg. Vb.; hat⟩ /jmd./ *etw. an etw.* ~ ˈetw. durch Schweißen an etw. befestigen'; ↗ FELD I.7.6.2: *ein Stück Eisen (an ein/ einem Rohr)* ~ ❖ ↗ schweißen; **-schwellen** (er schwillt an), schwoll an, ist angeschwollen **1.** /etw., Organ, Körperteil/ SYN ˈschwellen': *die Adern auf seiner Stirn, seine Füße, Hände schwollen an* **2.** /etw. Akustisches/ ˈ¹lauter (1) werden': *der Lärm, die Musik schwoll an* ❖ ↗ schwellen; **-sehen** (er sieht an), sah an, hat angesehen; ↗ auch *angesehen* **1.** ⟨vorw. mit Adv.best.⟩ /jmd./ *jmdn.* ~ ˈjmdm ins Gesicht sehen'; ↗ FELD I.3.1.2: *er sah sie an und lächelte; jmdn. freundlich, prüfend, erstaunt, von der Seite* ~ **2.** /jmd./ *sich* ⟨Dat.⟩ *etw., jmdn.* ~ ˈauf etw., jmdn. aufmerksam den Blick richten (um es, ihn kennen zu lernen, um sich eine Meinung über es, ihn zu bilden)'; SYN betrachten (1): *sich ein Bild, einen Film, eine Ausstellung* ~; *sieh dir mal den jungen Mann an, ob er für diese Arbeit geeignet ist; mein Arzt sieht sich jeden Patienten genau an; etw. neugierig, aufmerksam* ~; *etw. mit Wohlgefallen* ~ **3.** /etw., jmd./ *irgendwie anzusehen sein* ˈeinen bestimmten Anblick bieten': *die Verwüstungen waren schrecklich anzusehen; sie ist in dem neuen Kleid hübsch anzusehen; etw. (nur das, es) sieht sich irgendwie an: das sieht sich hübsch, gut an* **4.** /jmd./ *jmdm., etw.* ⟨Dat.⟩ *etw.* ~ SYN ˈjmdm., einer Sache etw. anmerken (1)': *der Vater sah dem Jungen das schlechte Gewissen, seine Freude über das Geschenk an; man sieht ihm sein Alter nicht an; dem Rad sieht man an, dass es viel benutzt wird; es ist ihm anzusehen, man kann ihm* ~, *dass* ... **5.** /jmd./ *jmdn., etw. für/als jmdn., etw.* ~ ˈjmdn., etw. für jmdn., etw. halten': *er sieht ihn als seinen/ für seinen Freund an; etw. als/für seine Pflicht* ~; *er sah diesen Vorfall als ein gutes Zeichen an;* /in den kommunikativen Wendungen/ umg. *sieh (mal) (einer) an/ das sehe ich einer an!* /sagt, ruft jmd., wenn er über etw., das ihm gerade mitgeteilt wurde, sehr erstaunt ist/ ❖ ↗ sehen MERKE Zu ansehen (4): Als Subj. wird oft das Indefinitpron. *man* od. das unpers. Personalpron. *es* gebraucht; **-sehen, das** ~s, ⟨o. Pl.⟩ ˈdie gute Meinung, die die Allgemeinheit od. jmd. von jmdm., etw. hat': *jmd. genießt allgemein* ~, *steht in hohem* ~; *sein* ~ *wächst, sinkt; er verlor durch diesen Vorfall an* ~ * **ohne ~ der Person** ˈohne Rücksicht auf die Stellung, Position der betreffenden Person in der Gesellschaft': *es müssen dazu alle gefragt werden ohne* ~ *der Person;* **von/vom ~:**

jmdn. (nur) von/ vom ~ (ˈvom Sehen, nicht mit Namen') *kennen* ❖ ↗ sehen; **-sehnlich** [zeːn..] ⟨Adj.; nicht bei Vb.⟩ **1.** ⟨Steig. reg., ungebr.⟩ ˈziemlich groß, hoch' /auf Größen und Mengen bez./: *eine* ~*e Summe Geldes besitzen; der Baum hat eine* ~*e Höhe erreicht* **2.** ⟨Steig. reg.⟩ ˈgut aussehend (↗ *aussehen*), stattlich' /auf eine erwachsene Person bez./: *er ist ein* ~*er Mann* ❖ ↗ sehen; **-setzen** ⟨trb. reg. Vb.; hat⟩ **1.** /jmd./ *etw.* ~ ˈetw., bes. ein Musikinstrument, Werkzeug, für eine bestimmte Tätigkeit in die richtige Position bringen': *die Trompete (an den Mund)* ~; *den Meißel, Hebel* ~ **2.** /jmd./ *etw.* ~ ˈetw., meist vom gleichen Material, an etw. (zur Verlängerung) befestigen od. damit verbinden': *etw. an ein/einem Rohr* ~; *ein Stück Stoff, eine Borte (am Rock/an den Rock)* ~ **3.** /jmd., etw./ *zu etw.* ~ ˈim Begriff sein, etw. Bestimmtes zu tun': *er wollte gerade zum Reden, Sprung, zu einer Frage* ~, *als* ...; *das Flugzeug setzt zur Landung an* **4.** ⟨vorw. im Perf.⟩ /Pflanze/ *etw.* ~ ˈetw., bes. Blätter, Früchte, aus sich heraus zu bilden beginnen': *der Baum hat Blätter, Knospen, Früchte angesetzt; die Erdbeeren haben in diesem Jahr gut angesetzt* (ˈhaben viele Früchte gebildet') **5.** *das Eisen hat Rost angesetzt* (ˈan seiner Oberfläche gebildet'); *er hat Fett angesetzt* (ˈist dick geworden') **6.** *etw. setzt (sich) an* ˈetw. bildet beim Erhitzen eine fest am Boden des Kochtopfes haftende Schicht': *der Pudding hat (sich) angesetzt; Milch setzt leicht an* **7.** /jmd., Institution/ *etw.* ~ SYN ˈetw. anberaumen': *eine Versammlung (für) Mittwoch* ~; *er kam zur angesetzten Stunde, Zeit* **8.** /jmd./ *ein Tier, jmdn. auf etw., jmdn.* ~ **8.1.** *einen Hund auf eine Spur* ~ (ˈauf eine Spur bringen und sie verfolgen lassen') **8.2.** *jmdn. auf jmdn.* ~ ˈjmdn. beauftragen, jmdn. ständig (heimlich) zu beobachten': *der Detektiv des Warenhauses ist auf Diebe angesetzt* ❖ ↗ setzen; **-sicht, die 1.** ⟨vorw. Sg.⟩ SYN ˈMeinung': *eine bestimmte, irrige* ~ *von etw., jmdm./über etw., jmdn. haben; seine* ~ *äußern, vertreten, begründen, ändern; meiner* ~ *nach* ...: *meiner* ~ *nach ist das falsch; ich bin der* ~, *dass* ...; *die beiden sind verschiedener* ~ **2.** ˈBild (1) von einer Stadt, Landschaft': *er kaufte einige bunte* ~*en von der Altstadt, Ostseeküste* **3.** ˈSeite eines Gebäudes als Teil einer bildlichen Darstellung': *die vordere, hintere, seitliche* ~ *eines Hauses* **4.** *zur* ~ ˈzum Ansehen'; ↗ FELD I.3.1.1: *sich einen Prospekt zur* ~ *mitnehmen; jmdm. Muster, Waren zur* ~ (ˈzum prüfenden Ansehen, ohne dass er es kaufen muss') *senden* ❖ ↗ sehen; **-sichtig** [zɪçtɪç] ⟨Adj.; o. Steig.; nur präd., mit *werden*⟩ geh. /jmd./ *jmds., etw.* ⟨Gen.⟩ ~ *werden* ˈjmdn., etw. erblicken'; ↗ FELD I.3.1.2: *er wurde der Kinder, der Berge* ~ ❖ ↗ sehen

Ansichts [ˈanzɪçts..]**-karte, die** ˈKarte (1) mit einer Ansicht (2), die mit der Post verschickt werden kann'; SYN Karte (2.2): *eine* ~ *schreiben, schicken;* **-sache:** *etw.* (vorw. *das*) *ist* ~ (ˈüber etw., darüber kann man verschiedener Ansicht 1 sein') ❖ ↗ sehen, ↗ Karte

an/An ['an..]‖**-sinnen, das**; ~s, ~ ⟨vorw. Sg.⟩ 'als Zumutung empfundene Bitte': *das ist ein dreistes, unverschämtes* ~; *an jmdn. ein* ~ *stellen* 'jmdm. etw. zumuten': *du stellst mir da ein* ~, *das ich unverschämt finde* ❖ ↗ Sinn; **-sonsten** ['zɔnstŋ] ⟨Adv.⟩ **1.** SYN 'sonst (1)': *der Schüler hat viele Fehler in der Rechtschreibung gemacht, der Aufsatz ist aber* ~ *recht gut*; **2.** SYN 'sonst (2)': *er hat* ~ *nichts erzählt* ❖ ↗ sonst; **-spielen** ⟨trb. reg. Vb.; hat⟩ /jmd./ *auf etw., jmdn.* ~ 'auf etw., jmdn. gezielt, aber versteckt hinweisen': *er spielte auf ihr Alter, auf ihren Freund an* ❖ ↗ spielen; **-sporn, der** ⟨o. Pl.⟩ 'meist durch ein Vorbild gegebener Anreiz zu einer bestimmten Leistung': *etw. ist ein großer* ~ *für jmdn.; einen* ~ *für jmdn., etw. schaffen*; **-spornen** [ʃpɔʁnən] ⟨trb. reg. Vb.; hat⟩ /jmd., etw./ *jmd. zu etw.* ~ 'jmdn. mit gezielten Worten, durch ein Vorbild in solch eine Verfassung versetzen, dass er zu einer bestimmten, besonderen Leistung bereit ist'; SYN anstacheln: *der Lehrer spornte die Schüler zum Fleiß an; der Erfolg spornte ihn zu noch höheren Leistungen an; etw.* ~: *jmds. Ergeiz, Mut* ~ ❖ ↗ Sporn; **-sprache, die 1.** 'kürzere Rede, oft als Begrüßung': *eine öffentliche, zündende* ~ *halten* **2.** süddt. österr. 'zwischenmenschliche Beziehung durch Gespräch, Unterhaltung': *er hat, findet (keine, viel)* ~ ❖ ↗ sprechen; **-sprechen** (er spricht an), sprach an, hat angesprochen **1.** /jmd./ *jmdn.* ~ 'an jmdn. etw., mit dem man nicht sehr gut od. gar nicht bekannt ist, einige Worte richten': *er sprach eine alte Dame an, um sich nach dem Weg zu erkundigen; er wurde auf der Straße von einem Touristen (höflich, auf Englisch) angesprochen* **2.** /jmd., Institution/ *jmdn.* ~ 'sich mit einem bestimmten Anliegen an eine Gruppe, Person wenden': *die Leitung sprach die Betriebsangehörigen (mit ihrem Vorschlag) direkt an; er fühlte sich angesprochen* ('dachte, er sei persönlich gemeint') **3.** /etw., jmd./ *jmdn.* ~ SYN 'jmdm. gefallen (1.1)': *der Vortrag, seine Persönlichkeit hat mich angesprochen; der Sänger spricht mich (nicht besonders) an* **4.** /jmd./ *auf etw.* ~ 'auf etw. meist positiv reagieren': *der Patient spricht auf dieses Mittel (nicht) an* ❖ ↗ sprechen; **-springen**, sprang an, ist angesprungen **1.** /Tier, bes. Raubtier/ *jmdn.* ~ 'sich mit einem Sprung auf jmdn. stürzen': *der Tiger sprang den Wärter an* **2.** ⟨vorw. mit Adv.best.⟩ /Motor, Kraftfahrzeug/ 'sofort zu laufen (4) beginnen': *der Motor sprang an; der Wagen* ('der Motor des Wagens') *springt sofort, schwer, nicht an* ❖ ↗ springen; **-spruch, der 1.** ⟨vorw. Pl.⟩ 'die von jmdm. gestellte, meist berechtigte Forderung, dass für ihn etw. Bestimmtes geleistet wird'; ↗ FELD I.15.1: *nur bescheidene, keine großen Ansprüche haben, erheben; jmds. Ansprüche befriedigen, erfüllen; diese Darstellung erhebt keinen* ~ *auf Genauigkeit* ('gibt nicht vor, genau zu sein'); *Ansprüche stellen: jmd. stellt keine großen Ansprüche* ('fordert für sich nur geringe Leistungen'); *das Theaterstück stellt hohe Ansprüche an den Zuschauer* ('vom Zuschauer sind hohe geistige Leistungen nötig, damit er das Thea-

terstück versteht') **2.** ⟨vorw. im Sg.⟩ 'Recht, Berechtigung, etw. fordern zu können': *sein* ~ *ist nicht berechtigt; er hat (keinen)* ~ *auf Schadenersatz, Urlaub* **3.** *etw. in* ~ *nehmen: ein Vorrecht für sich in* ~ *nehmen* ('fordern 1, beanspruchen 1'); *jmds. Hilfe, Zeit, Gastfreundschaft in* ~ *nehmen* ('gebrauchen, benutzen'); *jmdn. in* ~ *nehmen: ihre Kinder, die beruflichen Pflichten nahmen sie völlig in* ~ ('forderten ein hohes Maß an nervlichen, physischen Kräften von ihr') ❖ beanspruchen – anspruchslos, -voll, Inanspruchnahme

anspruchs ['anʃpʁʊxs..]‖**-los** ⟨Adj.; Steig. reg.⟩ **1.** 'bes. in materieller Hinsicht keine großen Ansprüche stellend; mit wenigem zufrieden'; SYN ²bescheiden (1.1), ¹einfach (3.2), genügsam; ANT anspruchsvoll; /auf Personen bez./; ↗ FELD I.2.3, 6.3: *er ist ein ~er Mensch, Gast; er ist, lebt* ~ **2.** 'bescheidenen geistigen, ästhetischen Ansprüchen genügend' /auf Sachen, Abstraktes bez./: *ein ~es Theaterstück, literarisches Produkt* ❖ ↗ Anspruch, ↗ los; **-voll** ⟨Adj.; Steig. reg.⟩ **1.** 'bes. in materieller Hinsicht große Ansprüche stellend'; ANT anspruchslos; /auf Personen bez./: *er ist ein ~er Mensch, Gast; er kleidet sich* ~ **2.** 'hohen geistigen, ästhetischen Ansprüchen genügend' /auf Sachen, Abstraktes bez./: *ein ~er Roman, Film* ❖ ↗ Anspruch, ↗ voll

an/An ['an..]‖**-stacheln** [ʃtaxļn] ⟨trb. reg. Vb.; hat⟩ /jmd., etw./ *jmdn. zu etw.* ~ (SYN 'anspornen'): *jmdn. zu hohen Leistungen, zu großem Fleiß* ~; ⟨rez.⟩ *die Kinder stachelten sich (gegenseitig) (zu großem Geschrei) an; etw.* ~: *jmds. Eifer, Ehrgeiz* ~ ❖ ↗ Stachel; **-stalt** [ʃtalt], **die**; ~, ~en **1.** veraltend 'Einrichtung für psychisch Kranke, die einer längeren medizinischen Behandlung bedürfen': *er kam in eine* ~ **2.** Jur. *eine* ~ *des öffentlichen Rechts* ('Einrichtung, die unter staatlicher Kontrolle bestimmte Aufgaben für die Allgemeinheit erfüllt') ❖ Rundfunkanstalt, Strafanstalt, Strafvollzugsanstalt; vgl. veranstalten * /jmd./ **(keine) ~en machen, etw. zu tun** '(keine) Absichten zeigen, etw. Bestimmtes zu tun': *er machte (keine) ~en zu gehen*; **-stand, der** ⟨o. Pl.⟩ 'Verhalten, Benehmen, das den in einer bestimmten Gesellschaft gültigen guten Umgangsformen entspricht': *gegen die Regeln des ~s verstoßen; den* ~ *wahren, verletzen; er hat keinen* ~; *das erfordert, verbietet der* ~; *mit* ~ ('mit Würde, Haltung') *verlieren können* ❖ anständig (I), beanstanden, unanständig; **-ständig** ⟨Adj.; Steig. reg., ungebr.⟩ **I.1.** 'den in einer bestimmten Gesellschaft gültigen guten Umgangsformen entsprechend': *ein ~es Betragen, Benehmen zeigen; er benimmt sich* ~; *das Kind kann schon* ~ *essen* **2.** 'moralisch einwandfrei': *er ist ein ~er* ('Vertrauen verdienender, ehrlicher') *Mensch; das war sehr* ~ *von dir; er hat* ~ *gehandelt*; SYN sauber (4) /vorw. auf Ethisches bez./: *er hat eine ~e Gesinnung, einen ~en Charakter* **3.** ⟨nicht attr.⟩ umg. 'zufrieden stellend': *sein Arbeitgeber bezahlt ihn* ~; *die Fotos sind ganz* ~ *geworden; ich habe nichts Anständiges* ('keine den Ansprüchen genügende Kleidung') *an-zuziehen* **4.** ⟨nur attr.⟩ umg. /emot./ 'ziemlich groß': *das ist eine ~e Summe, Leistung* − **II.** ⟨Adv.; vor Adj.; bei Vb.⟩ umg. 'sehr': *er hat sich ~ ver-letzt; draußen regnet es ~, es ist ~ kalt* ❖ zu (I): ↗ Anstand; **¹-statt** ['ʃtat] ⟨als Glied der mehrteiligen, zusammengesetzten subordinierenden Konj. **an-statt ... zu, anstatt dass**; der Nebensatz steht vor od. nach dem Hauptsatz⟩ /gibt den Ersatz für etw. an; der Nebensatz gibt die nicht realisierte Möglichkeit od. nicht akzeptierte Handlung an, der Hauptsatz den Ersatz dafür/; SYN statt: *~ dass er liest, sitzt er nur vor dem Fernseher; ~ zu schlafen, hört er lieber Radio; sie hat den Vertrag sofort unterschrie-ben, ~ sich erst einmal zu informieren; ~ dass du liest, solltest du lieber spazierengehen; ~ dass du schläfst, solltest du lieber arbeiten* ❖ ↗ ³statt; vgl. ¹,²statt; **²-statt** ['ʃ..] ⟨Präp. mit Gen.; vorangestellt; meist in Verbindung mit Begriffen, die Personen od. Gegenständliches darstellen⟩ /gibt an, dass jmd., etw. als Ersatz für jmdn., etw. eintritt/; SYN anstelle, ²statt: *~ des Ministers sprach der Stellver-treter; ~ der Uhr kaufte er das Armband* ❖ ↗ ³statt; vgl. ¹,²statt; **-stecken** ⟨trb. reg. Vb.; hat⟩ **1.** /jmd./ *etw. ~* 'etw. bes. mit einer Nadel an etw. befesti-gen'; ↗ FELD I.7.6.2: *ein Abzeichen, eine Blume (an der Jacke) ~; sich* ⟨Dat.⟩ *etw. ~: sie steckte sich eine Brosche an* **2.** landsch. /jmd./ *etw. ~* **2.1.** SYN 'etw. anzünden (1.1)': *eine Kerze, das Gas ~; sich* ⟨Dat.⟩ *etw. ~: sich eine Zigarette ~* **2.2.** SYN 'etw. anzünden (1.2)': *eine Scheune ~; sie haben ihre Häuser angesteckt* **3.** /jmd., Tier/ **3.1.** *jmdn., ein Tier ~* 'eine Infektionskrankheit auf jmdn., ein Tier übertragen': *er hat seine Familie (mit seiner Grippe) angesteckt; Haustiere können kleine Kinder ~* **3.2.** *sich ~* 'von jmdm angesteckt (3.1) werden': *ich habe mich (bei ihm, bei meinem Hund) ange-steckt* **4.** /etw./ *jmdn. ~* 'so wirken, dass jmd. an-ders ebenso handelt, fühlt': *sein Lachen, seine gute Laune steckte alle an; Gähnen steckt an, wirkt ~d* ❖ zu (1): ↗ stecken; **-stehen**, stand an, hat ange-standen **1.** /jmd./ 'in einer Reihe von wartenden Personen stehen': *er stand am Kino nach Karten an, hat lange ~ müssen* **2.** /etw./ 'darauf warten, erle-digt (1.1) zu werden': *zwei Gesetze stehen zur Bera-tung an; ~de Probleme* ❖ ↗ stehen; **-steigen**, stieg an, ist angestiegen **1.** ⟨vorw. mit Adv.best.⟩ /etw./ 'schräg nach oben verlaufen'; ANT abfallen (3): *die Straße, das Gelände steigt allmählich, leicht an; eine ~de Linie* **2.** /etw./ SYN 'steigen (3.2)': *das Wasser, die Flut steigt an* **3.** /etw./ '(in Anzahl, Menge, In-tensität) zunehmen'; ANT abfallen (4): *der Druck stieg stark, rapide an; ~de Temperaturen; der Ab-satz ist angestiegen* ❖ ↗ steigen; **-stelle/**auch **an Stelle** ⟨Präp. mit Gen.; vorangestellt; in Verbin-dung mit Personenbezeichnungen⟩ SYN '²anstatt': *er kam ~ seines Bruders; ~ des Ministers sprach der Stellvertreter;* ⟨+ *von;* Dat.; meist o. (erkennbare) Kasusforderung⟩ *~ von B kam A; ~ von Birgit wird Barbara diese Aufgabe übernehmen* ❖ ↗ stellen;

-stellen ⟨trb. Vb.; hat; ↗ auch *Angestellte*⟩ **1.** /jmd./ *etw. an etw. ~* 'etw. an etw. stellen (2)': *eine Leiter an den/am Baum ~* **2.** /jmd./ *sich an etw./nach etw. ~* 'sich für einen bestimmten Zweck an das Ende einer Reihe von wartenden Personen stellen': *sich an der Kasse des Theaters ~; er hat sich lange nach Karten für den Film angestellt; Sie müssen sich hin-ten ~* ('Sie müssen sich an das Ende der Reihe de-rer stellen, die warten und nicht an den Anfang')! **3.** /jmd., Betrieb/ *etw. ~* 'etw., das durch eine Lei-tung fließt, bes. Gas, Wasser, dadurch in Bewegung bringen, dass man eine dafür vorgesehene Vorrich-tung betätigt'; SYN andrehen (1); ANT abstellen, absperren (3), abdrehen (2); ↗ FELD VII.1.2: *der Klempner stellt das Wasser an*; ANT abstellen (3), abschalten, ausschalten: *das Elektrizitätswerk hat den Strom angestellt* **4.** /jmd./ *etw. ~* 'den elektri-schen Stromkreis von etw., bes. von einem elektri-schen Gerät, dadurch schließen, dass man einen dafür vorgesehenen Schalter betätigt, und es da-durch in Betrieb setzen'; SYN anschalten (1), ein-schalten (1.1); ANT abstellen, abschalten, aus-schalten: *das Bügeleisen, den Motor ~*; SYN etw. andrehen (2): *das Radio, das Licht ~* (ANT abdre-hen 1, ausdrehen) **5.** /jmd./ *die Heizung ~* ('eine dafür vorgesehene Vorrichtung so betätigen, dass durch sie Wärme geleitet wird'; ANT abstellen 5) **6.** ⟨vorw. im Pass.⟩ /jmd., Betrieb o.Ä./ *jmdn., einen Angestellten ~* SYN 'jmdn. einstellen (3)': *jmdn. sofort, fest, halbtags, als Aushilfe ~; er ist bei der Post, an einer Hochschule angestellt* **7.** umg. /jmd./ *etw. ~* 'etw., das dumm, nicht erlaubt ist, meist heimlich tun': *was hast du da wieder angestellt?; das Kind hat Unfug, Dummheiten angestellt* **8.** umg. /jmd./ *sich irgendwie ~* 'sich irgendwie verhalten': *er hat sich bei der ungewohnten Arbeit geschickt, dumm angestellt;* ⟨in der kommunikativen Wendung⟩ *stell dich nicht so an!* /wird zu jmdm. gesagt, der bei geringen körperlichen Schmerzen übertrieben empfindlich reagiert od. der sich in ei-ner bestimmten Situation affektiert benimmt/ **9.** /abgeblasst in Verbindung mit best. Subst., z. B./: /jmd./ ↗ *Nachforschungen über etw., jmdn. ~;* /jmd., Institution/ ↗ *Untersuchungen ~* ❖ ↗ stellen MERKE Zu *anstellen* 7: Der Gebrauch des kon-kreten Akk.obj. ist nicht sehr üblich. Gewöhnlich wird für das Akk.obj. das Interrogativpron. *was* verwendet; **-stellung, die** ⟨vorw. mit unbest. Art.⟩ SYN 'Stellung (4)': *eine (feste) ~ haben, suchen, erhalten; er hat wieder eine interessante ~ gefunden* ❖ ↗ stellen; **-stieg** [ʃtiːk], **der**; ~s/auch ~es, ⟨o. Pl.⟩ SYN 'Zunahme'; ANT Abfall (2): *der ~ der Leis-tung, des Drucks* ❖ ↗ steigen; **-stiften**, stiftete an, hat angestiftet /jmd./ **1.1.** *etw. ~* 'bewusst veranlas-sen, dass etw., was böse, voller Unheil ist, begon-nen wird': *einen Krieg, ein Verbrechen, eine Ver-schwörung ~; er hat eine heillose Verwirrung ange-stiftet* ('angerichtet 2') **1.2.** *jmdn. zu etw. ~* 'jmdn. verleiten, etw., was böse, voller Unheil ist, zu tun': *jmdn. zum Diebstahl, Betrug, Meineid ~* ❖ ↗ ²Stift;

-stimmen ⟨trb. Vb.; hat⟩ /jmd./ *etw.* ~ ʿetw. zu singen, spielen beginnenʾ: *er, der Chor stimmte ein Lied an; das Orchester stimmte die Nationalhymne an* ❖ ↗ **Stimme**; **-stoß, der 1.** ⟨o. Pl.⟩ Sport ʿStoß gegen den Ball in der Mitte des Spielfelds, mit dem ein Fußballspiel eröffnet wirdʾ: *den ~ ausführen* **2.** ⟨vorw. Sg.⟩ SYN ʿAnregung (2)ʾ: *der erste ~ zu dieser Reise kam von ihm; den ~ zu etw. geben* (ʿdie Ursache dafür sein, dass eine Sache begonnen, getan wirdʾ) **3.** ~ *erregen* ʿgegen etw., bes. die Moral, Regeln des Anstands, verstoßen und bewirken, dass sein Verhalten von jmdm. missbilligt wirdʾ: *mit seinem schlechten Benehmen, mit dieser Bemerkung hat er (bei ihnen) ~ erregt; an etw. ~ nehmen* ʿbes. aus moralischen Gründen Ärger über etw. empfinden und es missbilligenʾ: *sie nahm ~ an seinem Benehmen* ❖ ↗ **stoßen**; **-stoßen** (er stößt an), stieß an, hat/ist angestoßen **1.** ⟨hat⟩ /jmd./ *etw.* ~ ʿetw. durch einen meist kleinen Stoß in Bewegung setzenʾ: *das Pendel der Uhr, die Billardkugel* ~ **2.** ⟨hat⟩ /jmd./ *jmdn.* ~ **2.1.** ʿjmdn. durch einen kleinen (heimlichen) Stoß gegen den Körper auf etw. aufmerksam machenʾ: *jmdn. lachend, leise, verstohlen* ~; ⟨rez.⟩ *sie stießen sich/einander an* **2.2.** ʿohne Absicht an, gegen jmdn. stoßen (1.1)ʾ: *stoß mich nicht an!* **3.** ⟨hat⟩ /jmd./ Sport ʿden Anstoß (1) ausführenʾ: *die gegnerische Mannschaft stieß (zur zweiten Halbzeit) an* **4.** ⟨hat/ist⟩ /jmd., Fahrzeug/ *etw.* ~ ʿohne Absicht an, gegen etw. stoßenʾ: *das Kind ist, hat an den Schrank angestoßen; das Auto stieß an den Mast an* **5.** ⟨hat⟩ /jmd./ ʿ(zum Bekräftigen eines Toastes) die mit einem alkoholischen Getränk gefüllten Gläser vor dem Trinken erheben und eins leicht an das andere stoßen, sodass sie klingenʾ: *wir wollen (auf sein Wohl, seine Gesundheit, auf die Zukunft) ~!* ❖ ↗ **stoßen**; **-stößig** [ʃtøːsɪç] ⟨Adj.; Steig. reg., ungebr.⟩ ʿungehörig und daher Anstoß erregendʾ; SYN schlüpfrig (2) /auf Äußerungen, Verhaltensweisen bez./: *~e Witze; ihr Benehmen ist* ~, *finde ich* ~; vgl. zweideutig (2) ❖ ↗ **stoßen**; **-streichen**, strich an, hat angestrichen **1.** /jmd./ *etw.* ~ ʿbes. mit dem Pinsel Farbe in einer dünnen Schicht auf etw. auftragenʾ; SYN streichen (2); ↗ FELD V.3.2: *den Zaun, die Tür, das Haus (grün)* ~ **2.** /jmd./ *etw.* ~ ʿetw. mit einem Strich kennzeichnenʾ: *ein Wort, einen Satz auf der Seite rot, dick, mit Bleistift* ~; *Fehler im Diktat* ~ ❖ ↗ **streichen**; **-strengen** [ʃtRɛŋən] ⟨trb. reg. Vb.; hat; ↗ auch *anstrengend*⟩ **1.** ⟨vorw. mit Adv.best.⟩ *sich* ~ ʿmit seinen körperlichen, geistigen Kräften mehr als gewöhnlich leisten, um ein bestimmtes Ziel zu erreichenʾ: *du musst dich sehr, tüchtig* ~, *wenn du eine gute Prüfung machen willst; der Junge hat sich in der Schule, bei dem Wettkampf (gewaltig) angestrengt* **2.** /jmd./ *etw.* ~ ʿden Verstand, die Sinnesorgane zu gesteigerter Leistung zwingenʾ: *seinen Kopf, Verstand, sein Gedächtnis* ~; *er strengte seine Augen an, um etwas in der Dunkelheit zu erkennen* **3.** /jmd., etw./ *jmdn., etw.* ~ ʿdie Leistungsfähigkeit von jmdm., etw. stark beanspruchenʾ: *der Besuch,*

das Sprechen hat den Kranken sehr angestrengt; die kleine Schrift strengt die Augen an ❖ anstrengend, Anstrengung; **-strengend** [ʃtRɛŋənt] ⟨Adj.; Steig. reg.; ↗ auch *anstrengen*⟩ ʿdie körperlichen, geistigen Kräfte stark beanspruchenʾ: *eine ~e Reise; die Arbeit ist sehr* ~, *finde ich* ~; *die Kinder waren heute sehr* ~ ❖ ↗ anstrengen; **-strengung** [ʃtRɛŋ..], **die**; ~, ~en ⟨vorw. Pl.; vorw. mit best. Adj. od. Possessivpron.⟩ /zu anstrengen 1/ ʿdas Sichanstrengenʾ: *seine ~en verstärken; alle seine ~en waren vergeblich; große ~en machen* (ʿsich sehr anstrengen 1ʾ), *um etw. zu erreichen*; ❖ ↗ anstrengen; **-strich, der 1.** ⟨o.Pl.⟩ ʿdas Anstreichen (1)ʾ: *den ~ ausführen* **2.** ʿauf eine Fläche (mit einem Pinsel) aufgetragene (1) Farbeʾ: *ein dunkler, heller* ~; *der ~ ist schon trocken, ist noch feucht* ❖ ↗ streichen; **-sturm, der** ⟨o. Pl.⟩ ʿstarker Andrangʾ: *der ~ nach Eintrittskarten, auf die billige Ware war groß* ❖ ↗ Sturm

Antarktis [antʾaRktɪs], **die**; ~, ⟨o. Pl.⟩ ʿum den Südpol der Erde liegendes Gebietʾ: *eine Expedition in die* ~; *die Erforschung der* ~ ❖ ↗ Arktis

An [ʾan..]‖**-teil, der 1.** ⟨vorw. Sg.⟩ ʿjmdm. zustehender Teil von etw.ʾ: *seinen ~ fordern, erhalten* **2.** *an etw.* ~ *nehmen* (ʿMitgefühl, Interesse für etw. zeigenʾ); *an etw.* ~ *haben* ʿan, bei etw. gemeinsam mit anderen (maßgebend) beteiligt seinʾ: *großen, maßgeblichen ~ an einer Arbeit, jmds. Erfolg haben* ❖ ↗ Teil; **-teilnahme, die**; ~, ⟨o. Pl.⟩ **1.** SYN ʿMitgefühlʾ: ⟨oft mit Possessivpron.⟩ *aufrichtige ~ zeigen; jmdm. seine warme, herzliche ~ aussprechen*; vgl. Beileid **2.** *etw. mit reger, lebhafter, großer ~* (ʿmit regem, lebhaftem, großem Interesseʾ) *verfolgen* ❖ ↗ Teil, ↗ nehmen

Antenne [anʾtɛnə], **die**; ~, ~n ʿVorrichtung zum Empfangen und Ausstrahlen von Sendungen des Rundfunks, Fernsehensʾ: *eine ~ auf dem Dach, am Fenster installieren*

Anthologie [antoloʾgiː], **die**; ~, ~n [..ʾgiːən] ʿSammlung von Texten, bes. Gedichten, die nach besonderen Gesichtspunkten zusammengestellt sindʾ: *eine ~ englischer, französischer Lyrik*

Antialkoholiker [ʾanti..], **der**; ~s, ~ ʿjmd., der grundsätzlich das Trinken von Alkohol (2.2) ablehntʾ: *er ist* ~ ❖ ↗ Alkohol

Antibabypille [antiʾbeːbi..], **die**; ~, ~n ʿPräparat aus Hormonen in Form von Dragees zur Verhütung einer Schwangerschaftʾ: *die ~ verordnen* ❖ ↗ Baby, ↗ Pille

Antibiotikum [antibiʾoːtikʊm], **das**; ~s, Antibiotika [..kɑ] fachspr. ʿvon mikroskopisch kleinen Organismen gebildeter Wirkstoff gegen Krankheitserregerʾ: *eine Krankheit mit Antibiotika bekämpfen; ein ~ verordnen*

Antifaschismus [ʾanti..], **der**; ~, ⟨o. Pl.⟩ ʿgegen den Faschismus gerichtete Bewegung und Auffassungenʾ ❖ ↗ Faschismus

Antifaschist [ʾantifaʾʃɪst], **der**; ~en, ~en ʿVertreter des Antifaschismusʾ: *er ist, war* ~ ❖ ↗ Faschismus

antifaschistisch ⟨Adj.; o. Steig.; vorw. attr.⟩ ˈden Antifaschismus betreffend': *der ~e Widerstandskampf* ❖ ↗ **Faschismus**

antik [anˈtiːk] ⟨Adj.; o. Steig.⟩ **1.** ⟨nur attr.⟩ ˈzu der Antike gehörend, aus der Antike stammend': *die ~e Philosophie, Mythologie; ein ~es Bau-, Kunstwerk* **2.** ˈaus einer vergangenen Stilepoche stammend od. ihr nachgeahmt': *~e Möbel; sich ~ einrichten* ❖ **Antike**

Antike [anˈtiːkə], **die**; ~, ⟨o.Pl.⟩ ˈdas griechisch-römische Altertum und seine Kultur': *die Kunst, Kunstwerke der ~* ❖ ↗ **antik**

Antipathie [antipaˈtiː], **die**; ~, ~n [..ˈtiːən] SYN ˈAbneigung'; ANT Sympathie; ↗ FELD I.6.1: *er hat eine große ~ gegen seinen Nachbarn, gegen Süßigkeiten*

an|tippen [ˈan..] ⟨trb. reg. Vb.; hat⟩ **1.** /jmd./ *jmdn., etw. ~* ˈjmdn., etw. kurz und leicht bes. mit den Fingerspitzen berühren': *er tippte sie von hinten an, tippte sie an der Schulter an* **2.** /jmd./ *etw. ~* ˈetw. nur kurz (vage) anschneiden (2)': *er hat das Thema, die Frage nur angetippt* ❖ ↗ **tippen**

Antiquariat [antikvaˈʀi̯aːt], **das**; ~s/auch ~es, ~e ˈBuchhandlung, in der gebrauchte Bücher gekauft und verkauft werden': *in ~ stöbern, auf eine Rarität stoßen*

antiquiert [antiˈkviːɐt] ⟨Adj.; o. Steig.⟩ **1.** SYN ˈaltmodisch (1)' /vorw. auf Sachen bez./: *~ aussehen; ihre Möbel sind ~; sein Mantel wirkt schon leicht ~* **2.** SYN ˈaltmodisch (2)' /auf Abstraktes bez./: *er hat ~e Ansichten, drückt sich ~ aus*

Antiquität [antikviˈtɛːt/..ˈteːt], **die**; ~, ~en ⟨vorw. Pl.⟩ ˈaus früheren Zeiten stammender, künstlerisch gestalteter Gegenstand od. Gegenstand für den täglichen Gebrauch': *er sammelt, kauft, verkauft ~en*

Antisemitismus [antizemiˈtɪsmʊs], **der**; ~, ⟨o.Pl.⟩ ˈgegen die Juden gerichtete Ideologie und damit verbundenes Verhalten': *den ~ bekämpfen*

Antiseptikum [antiˈzɛptikʊm], **das**; ~s, Antiseptika [..kɑ] Med. ˈMittel gegen Infektion bes. von Wunden': *ein ~ verordnen, anwenden*

Antlitz [antlɪts], **das**; ~es, ~e ⟨vorw. Sg.⟩ geh. SYN ˈGesicht'; ↗ FELD I.1.1: *sie hat ein schönes ~*

An/an[ˈan..]**|-trag** [tʀaːk], **der**; ~s/auch ~es, Anträge [..tʀɛːɡə/..tʀeː..] ˈbes. an eine offizielle Stelle gerichtetes Ersuchen, etw. zu bewilligen od. zu genehmigen': *beim Sozialamt einen ~ auf Unterstützung einreichen; einen ~ ablehnen; einen ~ stellen* (SYN ˈbeantragen 1') **2.** ˈVorschlag, über den abgestimmt werden soll': *einen ~ annehmen, ablehnen, zurückziehen* ❖ ↗ tragen; **-treffen** (er trifft an), traf an, hat angetroffen /jmd./ *jmdn. irgendwo, irgendwie ~* ˈjmdn. irgendwo treffen, in einem bestimmten Zustand finden': *jmdn. zu Hause, bei der Arbeit, gesund ~; ich habe ihn leider nicht angetroffen* ❖ ↗ treffen; **-treiben**, trieb an, hat/ist angetrieben **1.** ⟨hat⟩ /jmd./ *ein Tier ~* ˈein Tier vorwärts treiben': *die Pferde (mit der Peitsche) ~* **2.** ⟨hat⟩ /jmd./ *jmdn. zu etw. ~* ˈjmdn. energisch, rücksichtslos zu größeren Leistungen zwingen': *jmdn. zur Arbeit,*

Eile ~ **3.** ⟨hat⟩ /etw. Psychisches/ *jmdn. zu etw. ~* ˈjmdn. veranlassen, etw. zu tun': *Angst, Verzweiflung hat ihn zu dieser Tat angetrieben* **4.** ⟨hat; vorw. im Pass.⟩ /Motor/ *etw. ~* ˈetw., bes. einer Maschine, einem Fahrzeug die Energie, Kraft geben, damit es arbeitet (6), sich bewegt': *die Mühle, Mähmaschine wird von einem Motor angetrieben; dieses Flugzeug wird von vier Motoren angetrieben* **5.** ⟨ist⟩ /jmd., etw./ ˈvon einer Strömung ans Ufer getrieben werden': *eine Leiche, ein Boot ist angetrieben; an etw. ~: das Boot ist an die Küste, ans Ufer angetrieben* ❖ ↗ treiben; **-treten**, (er tritt an), trat an, ist angetreten **1.** /zwei od. mehrere (jmd.)/ ˈsich in bestimmter Ordnung aufstellen': *die Kompanie, Truppe ~ lassen; die Schüler traten vor dem Sportunterricht der Größe nach, in Reihen zu dreien an* **2.** /jmd./ *etw. ~* ˈbeginnen, etw. auszuführen, auszuüben': *eine Reise, Fahrt ~; seinen Dienst, eine Stellung ~; den Urlaub ~* (ˈin Urlaub gehen'); *eine Strafe ~* (ˈeine Strafe im Gefängnis zu verbüßen beginnen') **3.** /jmd./ *etw. ~* ˈetw. übernehmen (1.3)': *ein Amt, die Nachfolge ~; er trat das Erbe (seines Vaters) an* ❖ ↗ treten; **-trieb, der** ⟨o.Pl.⟩ **1.** ˈEnergie, Kraft (3), die den Mechanismus einer technischen Anlage, ein Fahrzeug o.Ä. (vorwärts) bewegt'; ↗ FELD I.7.3.1: *eine Maschine mit elektrischem, mechanischem ~* **2.** ˈpsychischer Faktor, der jmdn. zu einer Handlung, einem Verhalten veranlasst': *er hat keinen, wenig ~, ist ohne ~; nicht den geringsten, leisesten ~* (SYN ˈTrieb 2') *zum Wandern verspüren; etw. aus eigenem ~* (ˈvon sich aus') *tun* ❖ ↗ treiben; **-tritt, der** ⟨vorw. Sg.⟩ /zu antreten 2 u. 3/ ˈdas Antreten'; /zu 2/: *etw. noch vor ~ der Reise erledigen müssen* ❖ ↗ treten; **-tun**, tat an, hat angetan; ↗ auch *angetan* /jmd./ **1.1.** *jmdm., sich* ⟨Dat.⟩ *etw. ~* ˈjmdm. etw. Unangenehmes, Nachteiliges zufügen': *sie haben ihm Böses, ein Unrecht, Leid angetan*; /in der kommunikativen Wendung/ *tu mir das nicht an* (ˈlass das bitte sein')! /wird zu jmdm. gesagt, um ihn davon abzuhalten, etw. vom Sprecher als unangenehm Empfundenes zu tun/ **1.2.** *jmdm. etw. ~* ˈjmdm. etw. Positives zuteil werden lassen': *er hat ihm viel Gutes angetan* (SYN ˈerwiesen, ↗ erweisen 3'); /in der kommunikativen Wendung/ *tu mir die Liebe an und ...* (ˈsei so lieb und ...') /wird zu jmdm. gesagt, wenn man ihn zu einer für einen selbst positiv sich auswirkenden Handlung auffordern möchte/ ❖ ↗ ¹tun * /jmd., etw./ **es jmdm. angetan haben** ˈvon jmdm. beeindruckt, angenehm berührt sein': *das hübsche Mädchen, die kleine Melodie hat es ihm angetan*; verhüll. /jmd./ *sich* ⟨Dat.⟩ *etw. ~* (ˈSelbstmord begehen')

Antwort [ˈantvɔrt], **die**; ~, ~en ˈmündliche od. schriftliche Äußerung, mit der man auf die vorher erfolgte mündliche od. schriftliche Äußerung eines anderen, bes. in Form einer Frage eingeht'; ANT Frage (1); ↗ FELD I.13.1: *jmdm. eine höfliche, ausführliche, freche, knappe, schnelle ~ geben; jmdm. keine ~ geben; keine (gute) ~ wissen; jmdm. die*

~ *schuldig bleiben* (´nicht antworten`) ❖ **antworten, beantworten, überantworten;** vgl. **verantworten, Wort**
* /jmd./ **jmdm. die ~ in den Mund legen** (´jmd. eine Suggestivfrage stellen`)
antworten [ˈantvɔʁtn̩], antwortete, hat geantwortet /jmd., Institution/ ´etw. mündlich od. schriftlich auf eine vorher erfolgte Frage, Aufforderung eines anderen irgendwie äußern`; ↗ FELD I.13.2: *ausführlich, kurz, mit 'ja' ~; er antwortete nicht; auf etw. ~: antworte (mir) auf die Frage!; ich habe ihm sofort, postwendend, noch nicht auf seinen Brief geantwortet; etw. ~* SYN etw. **erwidern** (1), **entgegnen;** ANT **fragen** (1): *was hat er (dir) geantwortet?; er wusste nicht, was er darauf ~ sollte; er antwortete etw. Dummes, Unverständliches; „Kommst du morgen mit ins Kino“, fragte er sie. „Ich habe leider keine Zeit“, antwortete sie (ihm); er antwortete, dass er keine Zeit habe; „Das lehne ich strikt ab“, antwortete* (SYN ´versetzte, ↗ versetzen 7`) *er* ❖ ↗ **Antwort**
MERKE Zum Gebrauch von *antworten, entgegnen, erwidern* (1), *versetzen* (7): ↗ **versetzen** (Merke)
an/An[ˈan..]|**-vertrauen**, vertraute an/auch anvertraute, hat anvertraut **1.** /jmd./ *jmdm. etw. ~* ´jmdm. etw. vertrauensvoll zum Aufbewahren geben`: *jmdm. sein Geld, einen Wertgegenstand ~* **2.** /jmd./ *jmdn. jmdm. ~* ´jmdn. in jmds. Schutz, Obhut geben`: *jmdm. sein Kind für einige Wochen ~* **3.** /jmd./ *jmdm. etw. ~* ´jmdm. etw. vertrauensvoll mitteilen* (1)`; SYN **erzählen** (1.3): *jmdm. ein Geheimnis, seine Pläne ~* **4.** /jmd./ *sich jmdm. ~* ´sich an jmdn. vertrauensvoll mit seinem Kummer, seinen Sorgen wenden`; SYN **mitteilen** (2), **offenbaren** (2): *er vertraute sich seinem Freund, Arzt an* ❖ ↗ **trauen; -wachsen** (er wächst an), wuchs an, ist angewachsen **1.** /Pflanze/ ´nach dem Pflanzen in der Erde neue Wurzeln bilden`; ↗ FELD II.4.2: *die Büsche, neuen Erdbeeren sind angewachsen* **2.** /etw., bes. Gruppe, Menge/ ´an Menge, Umfang immer mehr werden`; SYN **zunehmen** (1): *die Bevölkerung wächst ständig an; seine Schulden sind beträchtlich angewachsen; der Lärm wuchs an* ❖ ↗ **wachsen; -walt** [valt], der; ~s/auch ~es, Anwälte [..vɛltə] **1.** SYN ´**Rechtsanwalt**`; ↗ FELD I.10: *sich einen ~ nehmen* **2.** ⟨vorw. mit Gen.attr.⟩ ´jmd., der eine Sache, jmds. Interessen vertritt und verteidigt`: *er machte sich zum ~ der allein stehenden Mütter;* vgl. **Fürsprecher** ❖ ↗ **walten; -wärter** [vɛʁtɐ], der; ~s, ~ SYN ´**Bewerber**`: *für dieses Amt gibt es mehrere ~* ❖ ↗ **warten; -weisen**, wies an, hat angewiesen; ↗ auch **angewiesen 1.** /jmd., Institution/ *jmdn. ~, etw. zu tun* ´von jmdm. fordern, etw. Bestimmtes zu tun`: *er hat den Kassierer angewiesen, das Geld sofort auszuzahlen* **2.** /jmd., Betrieb o.Ä./ *etw. ~* ´das Auszahlen einer Geldsumme anordnen* (1)`: *das Gehalt, Honorar ~* ❖ ↗ **weisen; -weisung** [vaɪz..], **die;** ~, ~en **1.** SYN ´**Auftrag** (1)`: *die nötigen ~en geben, erhalten; eine ~ befolgen* **2.** /zu anweisen 2/ ´das Anweisen`; ↗ FELD I.16.1: *die ~ des Gehalts ist erfolgt* **3.** ´Formular für das Auszahlen, Überweisen einer Geldsumme`: *eine ~ aufl über 300 Mark ausstellen, ausschreiben* ❖ ↗ **weisen; -wenden**, wendete an/wandte an, hat angewendet/angewandt; SYN **gebrauchen 1.1.** ⟨+ Adv.best.⟩ /jmd./ *etw. ~* ´etw. so verwenden, dass es zu einer bestimmten Wirkung kommt, einen bestimmten Zweck erfüllt`: *ein Medikament richtig, falsch, bei Erkältung ~* **1.2.** /jmd., Betrieb o.Ä./ *etw. ~* ´etw. zur Wirkung bringen`: *eine neue Technik, Methode ~; das angewandte/angewendete Verfahren; um sein Ziel zu erreichen, hat er List, Gewalt angewendet/angewandt; das angewandte/angewendete Verfahren* ❖ vgl. **verwenden; -werfen** (er wirft an), warf an, hat angeworfen: /jmd./ *einen Motor ~* (´in Gang setzen`) ❖ ↗ **werfen; -wesend** [veːzn̩t] ⟨Adj.; o. Steig.; nicht bei Vb.; vorw. präd. (nur mit *sein*)⟩ /jmd./ *~ sein* ´bes. von Amts wegen, aus beruflichen, gesellschaftlichen Gründen od. weil es erwartet wird, an einem bestimmten Ort sein`; ANT **abwesend** (1): *er war bei der Sitzung nicht ~; er begrüßte die ~en Gäste, Mitglieder; alle Anwesenden erhoben sich von ihren Plätzen* ❖ **Anwesenheit,** vgl. **Wesen, abwesend; -wesenheit** [veːzn̩..], **die;** ~, ⟨o.Pl.⟩ /zu anwesend/ ´das Anwesendsein`; ANT **Abwesenheit:** *jmds. ~ feststellen; das Unglück geschah bei/in/während seiner ~* (´seines Dabeiseins`) ❖ ↗ **anwesend; -widern** [viːdɐn] ⟨trb. reg. Vb.; hat⟩ /etw., jmd./ *jmdn. ~* ´jmds. Widerwillen erregen`: *dieses Essen, dieser Anblick, dieser Mensch widert mich an; mit angewiderter* (´Widerwillen ausdrückender`) *Miene zusehen* ❖ ↗ **wider; -wohner** [voːnɐ], **der;** ~s, ~ vorw. amtsspr. ´jmd., der unmittelbar an etw. wohnt`: *die ~ des Flugplatzes protestierten gegen den Lärm* ❖ ↗ **wohnen; -zahl, die** ⟨o.Pl.; + Attr.⟩ ´eine gewisse Zahl von Personen, Sachen`: *eine ~ Schüler/von Schülern nimmt nicht am Ausflug teil; er konnte eine große ~ von Waren schnell verkaufen* ❖ ↗ **Zahl; -zahlen** ⟨trb. reg. Vb.; hat⟩ /jmd./ *etw. ~* ´eine bestimmte kleinere Summe als ersten Teil eines bestimmten größeren Betrags für etw., das man kauft, zahlen`: *er hat für das Auto tausend Mark angezahlt* ❖ ↗ **Zahl; -zeichen, das 1.** SYN ´**Zeichen** (2)`: *alle ~ sprachen dafür, dass ...; wenn nicht alle ~ trügen, dann ...; er zeigt die typischen ~ von Ungeduld; die ersten ~* (SYN ´**Symptome**`) *einer Krankheit* **2.** ´**Zeichen** (1)`: *der Angeklagte zeigte keinerlei ~ von Reue* ❖ ↗ **Zeichen; -zeige** [tsaɪɡə], **die;** ~, ~n **1.** ´in einer Zeitung, Zeitschrift gegen Bezahlung gedruckte private, geschäftliche Mitteilung`; SYN **Annonce, Inserat;** ↗ FELD 13.1: *eine ~ aufgeben, lesen; eine ~ in die Zeitung setzen lassen* **2.** ´offizielle Meldung einer strafbaren Handlung an eine Institution der Polizei od. Justiz`: *bei der Polizei ist eine (anonyme) ~ eingegangen; einer ~ nachgehen; jmdm. mit einer ~ drohen; (gegen jmdn., etw.) ~ erstatten* (´jmdn., etw. anzeigen`) ❖ ↗ **zeigen; -zeigen** ⟨trb. reg. Vb.; hat⟩ **1.** /jmd./ *etw. ~* ´etw. durch ein Zeichen ankündigen, wissen lassen, etw. mitteilen: das Ändern

der Fahrtrichtung muss rechtzeitig angezeigt werden; die Ergebnisse der Wettkämpfe (auf einer großen Tafel) ~ **2.** /jmd., Unternehmen/ *etw.* ~ ˈetw. durch eine Anzeige (1) mitteilenˈ; ↗ FELD I.13.2: *die Geburt eines Kindes, eine Heirat* ~ **3.** /jmd., Institution/ *jmdn., etw.* ~ ˈjmdn. wegen einer strafbaren Handlung, eine strafbare Handlung bei einer Institution der Justiz od. Polizei offiziell meldenˈ: *jmdn. (wegen Diebstahls)* ~; *einen Diebstahl* ~ ❖ ↗ zeigen; **-ziehen,** zog an, hat angezogen **1.** /jmd./ **1.1.** *sich* ⟨Dat.⟩ *etw.* ~ ˈein Kleidungsstück auf seinen Körper bringenˈ; ANT ausziehen (1.1); ↗ FELD V.1.2: *den Mantel, das Kleid, die Schuhe* ~; *sie zog sich den Mantel an; jmdm. etw.* ~: *sie zog dem Kind warme Strümpfe an* **1.2.** *sich, jmdn.* ~ ˈsich, jmdn. die Kleidung auf den Körper bringenˈ: *sich warm, festlich, schnell* ~; *sie zog das Kind an* (ANT ausziehen 1.2); *er ist sportlich angezogen* (ˈträgt sportliche Kleidungˈ); *ich bin noch nicht angezogen* (ˈhabe noch nicht alle notwendige Kleidung anˈ) **2.** /jmd./ *die Beine, Knie, Arme* ~ (ˈan den eigenen Körper ziehen) **3.** *Salz zieht die Feuchtigkeit an* (ˈverbindet sich leicht mit der Feuchtigkeit der Luftˈ) **4.** *der Magnet zieht Eisen an* (ˈübt infolge seines Magnetfeldes eine Kraft auf Eisen aus, was bei mechanischem Kontakt zu einem Festhalten am Magneten führtˈ; ↗ FELD I.7.3.2) **5.** /etw., jmd./ *jmdn.* ~ ˈjmds. Interesse in starkem Maße erregenˈ: *die Ausstellung, das Museum zieht viele Besucher an; jmd. fühlt sich von etw., jmdm. angezogen* (SYN ˈfasziniertˈ) **6.** /jmd./ *eine Schraube* ~ (ˈfester in etw. drehenˈ) **7.** /jmd./ *die Handbremse* ~ (ˈdurch Ziehen betätigenˈ) **8.** *die Preise haben angezogen* (SYN ˈsind gestiegen, steigen 3.3ˈ) **9.** /jmd./ *das Tempo* ~ (ˈdas Tempo beschleunigenˈ) ❖ ↗ ziehen; **-ziehungskraft** [tsiː·ʊŋs..], **die** ⟨o.Pl.⟩ **1.** ˈmagnetische Kraftˈ; ↗ FELD I.7.3.1: *die* ~ *eines Magneten; die* ~ *der Erde, des Mondes* **2.** ˈstarke Wirkung, die von jmdm. ausgeht und die das Interesse anderer auf sich lenktˈ: *sie übte eine starke* ~ *auf ihn aus; jmd. besitzt eine unwiderstehliche* ~ ❖ ↗ ziehen, ↗ Kraft; **-zug, der 1.** ˈaus langer Hose und Jackett (und Weste) bestehende Kleidung des Mannesˈ; ↗ FELD V.1.1 (↗ TABL Kleidungsstücke): *er trägt einen sportlichen, schwarzen* ~; *den neuen* ~ *anziehen; der* ~ *sitzt, passt schlecht* **2.** *im* ~ *sein* ˈsich nähern (1)ˈ; ↗ FELD I.7.2.2: *ein Gewitter, eine Gefahr ist im* ~ ❖ ↗ ziehen ✱ umg. /jmd./ **jmdn. aus dem** ~ **stoßen** (ˈjmdn. verprügelnˈ); **-züglich** [tsyːk..] ⟨Adj.; Steig. reg., ungebr.⟩ ˈauf etw. Unangenehmes anspielendˈ: *jmdm.* ~*e Fragen stellen;* ~ *lächeln; werde nicht* ~*!;* ~*e* (ˈzweideutigeˈ) *Witze erzählen* ❖ ↗ ziehen; **-zünden,** zündete an, hat angezündet /jmd./ *etw.* ~ **1.1.** ˈetw. zum Brennen bringen, um es für seinen eigentlichen Zweck benutzen zu könnenˈ; SYN anbrennen (1), anmachen (3), anstecken (2.1); ↗ FELD VI.5.2: *ein Streichholz, eine Kerze, Fackel* ~ (ANT auslöschen); *das Gas, Feuer* ~ (SYN ˈentzünden 1.1ˈ); *den Ofen* (ˈdas Feuer im Ofenˈ) ~; *sich* ⟨Dat.⟩ *etw.*

~: *sich eine Zigarette* ~ **1.2.** ˈetw. zum Brennen bringen, um es, bes. ein Gebäude, zu zerstörenˈ; SYN anstecken (2.2): *eine Scheune, Hütte* ~ ❖ ↗ zünden

Aorta [aˈɔʀta], **die;** ~, Aorten [..ˈtn̩] Med. ˈgrößte Arterieˈ; ↗ FELD I.1.1

apart [aˈpaʀt] ⟨Adj.; Steig. reg.⟩ ˈvon besonderem Reiz, von nicht alltäglicher Eigenart ˈ/bes. auf weibliche Personen und ihr Äußeres bez./: *sie ist eine* ~*e Erscheinung, hat ein* ~*es Gesicht; das Mädchen sieht* ~ *aus, ist sehr* ~; *ihr Kleid, ihre Frisur ist* ~

Apfel [ˈapfl̩], **der;** ~s, Äpfel [ˈɛpfl̩] ˈFrucht des Apfelbaumsˈ; ↗ FELD I.8.1, II.4.1 (↗ TABL Früchte/Obst): *ein reifer, saurer, grüner* ~; *einen* ~ *schälen, reiben; Äpfel schütteln, pflücken* ❖ **Apfelsine** – **Adamsapfel, Apfelbaum**
✱ umg. /jmd./ **in den sauren** ~ **beißen** (ˈnotgedrungen etw. Unangenehmes tunˈ) **müssen**

Apfel|baum [ˈ..], **der** ˈObstbaum mit rötlich-weißen Blüten und rundlichen, fleischigen Früchten mit kleinen braunen Kernen (1)ˈ; ↗ FELD II.4.1 ❖ ↗ **Apfel,** ↗ **Baum**

Apfelsine [..ˈziːnə], **die;** ~, ~n ˈrötlich-gelbe runde Frucht mit saftigem Fleisch und dicker Schaleˈ; SYN Orange; ↗ FELD I.8.1 (↗ TABL Früchte/Obst): *eine* ~ *schälen, auspressen; der Saft einer* ~ ❖ ↗ **Apfel**

Apostel [aˈpɔstl̩], **der;** ~s, ~ **1.** Rel. ev. kath. ˈeiner der zwölf engsten Anhänger (1) von Jesusˈ; ↗ FELD XII.1.1: *die zwölf* ~ **2.** spött. ˈjmd., der sich meist mit allzu großem Eifer für etw., bes. eine Anschauung, Lehre, einsetztˈ: *er ist ein* ~ *der gesunden Ernährung*

Apostroph [apɔstʀoːf], **der;** ~s, ~e ˈgrafisches Zeichen in der Form eines Kommas, das an das obere Ende der folgenden od. vorangehenden Buchstaben eines Wortes gesetzt wird und das bes. für einen ausgelassenen Vokal stehtˈ: *einen* ~ *setzen*

Apotheke [apoˈteːkə], **die;** ~, ~n ˈEinrichtung, in der Arzneimittel verkauft od. auf Rezept abgegeben werdenˈ: *er hat in der* ~ *Tabletten gegen Kopfschmerzen gekauft* ❖ **Apotheker, Apothekerin**

Apotheker [apoˈteːkɐ], **der;** ~s, ~ ˈFachmann auf dem Gebiet der Pharmazie, der in einer Apotheke tätig istˈ; ↗ FELD I.10 ❖ ↗ **Apotheke**

Apothekerin [..ˈteːkəʀ..], **die;** ~, ~nen /zu Apotheker; weibl./ ❖ ↗ **Apotheke**

Apparat [apaˈʀaːt], **der;** ~s/auch ~es, ~e **1.** ˈaus Bauelementen zusammengesetztes Gerätˈ; ↗ FELD V.5.1: *ein elektrischer* ~; ~*e bauen, aufstellen; den* ~ *ein-, ausschalten; der* ~ *funktioniert, läuft; den* ~ (ˈdas Radio-, Fernsehgerätˈ) *lauter stellen; bleiben Sie bitte am* ~ (ˈam Telefonˈ) **2.** ⟨vorw. Sg.⟩ ˈGesamtheit der für eine bestimmte Aufgabe, Institution benötigten Arbeitskräfte und Hilfsmittelˈ: *der militärische* ~; *der technische* ~ *eines Ministers, einer Verwaltung, Behörde* ❖ **Morseapparat**

MERKE: Zu *Apparat* (1): Während das *Gerät* auch ein einfaches Werkzeug bezeichnen kann (Gartengerät) im Unterschied zu *Apparat*, der immer ein komplexes Ganzes bezeichnet (Fotoapparat), ist dieser Unterschied bei Komposita vielfach aufgehoben: *Radioapparat/Radiogerät, Fernsehapparat/Fernsehgerät*. Heute überwiegen die Komposita mit *-gerät*

Appell [a'pɛl], **der**; ~s, ~e **1.** 'sehr eindringliche Mahnung an jmdn., eine Institution, bes. an die Öffentlichkeit, an etw.., etw. Bestimmtes zu tun': *einen ~ unterzeichnen; die Versammlung wandte sich an alle Länder der Erde mit einem ~ zur Abrüstung; der Lehrer richtete einen ~ an die Vernunft der Schüler* ('*ermahnte die Schüler, vernünftig zu sein*') **2.** 'Veranstaltung beim Militär, bei der die Soldaten antreten, um Befehle, Anordnungen, Informationen entgegenzunehmen': *einen ~ abhalten; zum ~ antreten* ❖ **appellieren**

appellieren [apɛ'liːʀən], appellierte, hat appelliert /jmd., Institution/ **1.1.** *an jmdn., etw.* ~ 'sich mit einem Appell (1) an jmdn., eine Institution wenden': *er appellierte an die Mitarbeiter, die Öffentlichkeit, Ruhe zu wahren* **1.2.** *an etw.* ~ 'versuchen, mit Appell (1) an etw., bes. an bestimmte Fähigkeiten des Menschen, jmdn. zu einem bestimmten Handeln zu bringen': *an jmds. Vernunft, Ehrlichkeit* ~ ('*jmdn. ermahnen, vernünftig, ehrlich zu sein*'); *an jmds. Gewissen* ~ ❖ ↗ **Appell**

Appetit [apɛ'tiːt], **der**; ~s/auch ~es, ⟨o.Pl.⟩ 'Lust, etw. (Bestimmtes) zu essen': *einen gesunden, großen, keinen ~ haben; ~ auf etw. haben, bekommen; etw. mit, ohne ~ essen;* /in der kommunikativen Wendung/ *guten ~!* /wird am Beginn der Mahlzeit zu den Personen gesagt, die daran teilnehmen/ ❖ **appetitlich**

appetitlich [..'tiːt..] ⟨Adj.; Steig. reg.⟩ 'die Lust, es zu essen, weckend' /auf Speisen bez./; ↗ FELD I.3.4.3: *~e (belegte) Brötchen; diese Desserts sind ~ (zubereitet), riechen ~, sehen ~ aus* ❖ ↗ **Appetit**

applaudieren [aplau'diːʀən], applaudierte, hat applaudiert /jmd., Publikum/: *die Zuschauer applaudierten (den Schauspielern) begeistert* ('*klatschten Beifall*') ❖ ↗ **Applaus**

Applaus [a'plaus], **der**; ~es, ~e ⟨vorw. Sg.⟩ SYN 'Beifall (1)': *der Künstler bekam großen, stürmischen, starken* ~ ❖ **applaudieren**

Aprikose [apʀi'koːzə], **die**; ~, ~n 'Frucht des Aprikosenbaums'; ↗ FELD I.8.1, II.4.1 ❖ **Aprikosenbaum**

Aprikosen|baum [..'k..], **der** 'Obstbaum mit rundlichen, gelben bis rötlich-gelben, außen samtigen Früchten mit einem großen Stein'; ↗ FELD II.4.1 ❖ ↗ **Aprikose**, ↗ **Baum**

April [a'pʀil], **der**; ~/auch ~s, ~e ⟨vorw. Sg.⟩ 'der vierte Monat des Jahres'; ↗ TAFEL XIII: *Anfang, Mitte, Ende ~; der launische ~; ein feuchter ~; ~, ~!* /wird gerufen, wenn man jmdn. in den April geschickt hat/

* /jmd./ **jmdn. in den ~ schicken** ('jmdn. am 1. April necken, indem man ihn auf scherzhafte Weise irreführt')

Aquarell [akva'ʀɛl], **das**; ~s, ~e 'mit Wasserfarben gemaltes Bild'

Aquarium [a'kvaːʀi̯ʊm], **das**; ~s, Aquarien [..ʀi̯ən] **1.** 'mit Wasser gefüllter Behälter aus Glas, in dem Wassertiere, bes. Fische, gehalten und gezüchtet werden': *ein ~ mit Goldfischen; das ~ reinigen* **2.** 'Gebäude, bes. in einem zoologischen Garten, in dem Wassertiere zur Besichtigung untergebracht sind'

Äquator [ɛ'kvaːtoʀ], **der**; ~s, ⟨o.Pl.⟩ 'größter Breitengrad der Erde, der sie in eine nördliche und eine südliche Halbkugel teilt': *das Schiff hat den ~ passiert*

Ar [aːʀ], **das**/auch **der**; ~s, ~e ⟨mit Mengenangabe: Ar⟩ ABK a; /Maßeinheit der Fläche/ '100 Quadratmeter'; ↗ TAFEL XIII: *200 ~ Acker besitzen*

Ära ['ɛːʀa], **die**; ~, Ären ⟨vorw. Sg.⟩ 'unter einem bestimmten Aspekt gesehen, meist durch eine Person, ein Ereignis geprägtes Zeitalter': *eine neue ~ begann; die ~ der römischen Kaiser; die wilhelminische ~; die ~ der Raumfahrt*

arabisch [a'ʀaːb..]: ↗ *Ziffer*

Arbeit ['aʀbaɪt], **die**; ~, ~en **1.** 'zu einem bestimmten Zweck ausgeübte produktive Tätigkeit, bei der körperliche, geistige Kraft verbraucht wird': *eine leichte, monotone, interessante, wissenschaftliche ~; eine ~ übernehmen, ausführen, verrichten, abschließen; die ~en am Staudamm beginnen, stocken; an die ~ gehen; gute ~ leisten; seine ~ tun, machen; er hat viel ~; er ist mit der ~ schon fertig; an/bei der ~ sein* ('*gerade arbeiten*'); *in ~ sein* ('*gerade angefertigt werden*'); *etw. in ~ geben* ('*etw. anfertigen lassen*'); *etw. in ~ haben* ('*etw. gerade anfertigen*') **2.** ⟨o.Pl.⟩ 'bestimmte produktive Tätigkeit, die jmd. erlernt hat und ausübt, um seinen Lebensunterhalt bestreiten zu können': *eine gut bezahlte, geregelte ~ haben; eine ~ aufnehmen; die ~ beginnt um 6 Uhr; ohne ~ sein; keine ~ haben* ('*arbeitslos sein*'); *die ~ niederlegen* ('*streiken*'); *zur, umg. auf ~ gehen* ('*arbeiten gehen*') **3.** ⟨o.Pl.⟩ 'Anstrengung, Mühe, die durch eine Tätigkeit verursacht wird': *etw. macht, bereitet (jmdm.), kostet (jmdn.), erfordert viel ~; wenig, viel ~ mit jmdm., etw. haben; jmd. scheut keine Mühe und ~, um etw. zu erreichen* **4.** 'das durch Arbeit (1) Geschaffene (↗ *schaffen* 1.1, 1.2), bes. auf dem Gebiet der Kunst, Wissenschaft': *eine Ausstellung von ~en junger Künstler; eine wissenschaftliche ~ verfassen, veröffentlichen; eine ausgezeichnete, solide ~ abliefern* **5.** 'schriftlicher Text, der zur Kontrolle des Wissens von einem Schüler, Studenten angefertigt wird, angefertigt worden ist': *die Klasse hat heute eine ~ (in Mathematik) geschrieben; der Lehrer korrigiert, kontrolliert die ~en, gibt den Schülern viele schriftliche ~en auf* ❖ **arbeiten, Arbeiter, Arbeiterin, Arbeiterschaft, bearbeiten, erarbeiten, verarbeiten – ausarbeiten, durcharbeiten, Arbeiterklasse, Arbeitgeber, Arbeit-**

nehmer, Arbeitslosengeld, Arbeitslosenhilfe, Arbeitslosenversicherung, Bauarbeiten, Bauarbeiter, Datenverarbeitung, durcharbeiten, Facharbeiter, Facharbeiterin, Handarbeit, Hausarbeit, Maßarbeit, Mitarbeit, mitarbeiten, Mitarbeiter, Sachbearbeiter, Schichtarbeit, Schichtarbeiter, Schularbeit, Schwarzarbeit, überarbeiten, verarbeiten, Zusammenarbeit; vgl. auch arbeits/Arbeits-
* /jmd./ **die ~ nicht erfunden haben** (ʼsich nicht gern bei der Arbeit 1 anstrengenʼ); vorw. emot. neg. /jmd./ **ganze ~ leisten** ⟨oft im Perf.⟩ (ʼetw. so gründlich tun, dass nichts mehr übrig bleibtʼ)
MERKE Zu Arbeit (1): Der Pl. wird gebraucht, wenn bei *Arbeit* die einzelnen Teile eines komplexen produktiven Vorgangs betont werden, z. B.: *die Arbeiten am Elektrizitätswerk ruhen, gehen voran; die häuslichen Arbeiten verrichten*

arbeiten [ˈaʀbaɪtn̩], arbeitete, hat gearbeitet **1.1.** /jmd./ ʼArbeit (1) leistenʼ: *körperlich, geistig, wissenschaftlich ~; er arbeitet fleißig, intensiv, schnell, schwer, hart; er ist ans selbständige Arbeiten gewöhnt; er will beim Arbeiten nicht gestört werden;* /Unternehmen/ *die Firma arbeitet rationell, produktiv* **1.2.** /jmd./ **an etw.** ⟨Dat.⟩ **~**: *an einem Roman, Kleid ~* (ʼmit dessen Herstellung beschäftigt seinʼ); *an sich* ⟨Dat.⟩ *(selbst)* **~** (ʼsich selbst erziehenʼ) **1.3.** /jmd./ ʼberuflich tätig sein, Arbeit (2) tunʼ: *er arbeitet acht Stunden, halbtags, auf dem Bau, bei der Bahn, als Elektriker* **1.4.** /jmd./ *sich müde ~* (ʼso lange arbeiten, bis man müde istʼ) **2.** /jmd./ *etw. ~* ʼein Produkt, bes. durch die Arbeit (1) eines Handwerkers, herstellenʼ; SYN anfertigen: *einen Anzug (nach Maß) ~; ein sauber, gut gearbeitetes Regal* **3.** /jmd./ *für etw.* **~** ʼsich für etw. einsetzenʼ: *für eine bessere Zukunft, den Frieden ~; gegen jmdn., etw.* **~** (ʼjmdm., einer Sache zu schaden suchenʼ); METAPH *die Zeit arbeitet für jmdn.* (ʼim Laufe der Zeit verändert sich etw. zu jmds. Gunstenʼ) **4.** /jmd./ *sich durch etw.* **~** ʼsich mit großer Mühe einen Weg zu einem Ziel bahnenʼ: *sich durch das Gebüsch, Gestrüpp, den frischen Schnee, die Menschenmenge ~; sich ins Freie ~* **5.** /bestimmtes Körperorgan/ *irgendwie* **~** ʼdie von der Natur gegebene Funktion irgendwie ausführenʼ: *das Herz, die Leber, Lunge des Patienten arbeitet normal* **6.** /Maschine, Anlage/ *irgendwie* **~** ʼseine Funktion in bestimmter Weise ausführenʼ: *die Maschine, der Motor arbeitet gut, einwandfrei, vollautomatisch* ❖ ↗ **Arbeit**

Arbeiter [ˈaʀbaɪtɐ], **der**; ~s, ~ **1.** ʼjmd., der im Bereich der materiellen Produktion Arbeit (2) verrichtet, für die er Lohn erhältʼ: *in dem Betrieb sind 500 ~ beschäftigt; ein* ↗ *ungelernter ~; ~ und Angestellte* **2.** ⟨+ best. Adj.⟩ ʼjmd., der in bestimmter Weise Arbeit (1) verrichtetʼ: *er ist ein guter, langsamer, gewissenhafter, tüchtiger ~* ❖ ↗ **Arbeit**
Arbeiterin [ˈ..], **die**; ~, ~nen /zu *Arbeiter* (1); weibl./ ❖ ↗ **Arbeit**
Arbeiter|klasse [..ˈ..], **die** ⟨o.Pl.⟩ ʼKlasse (2) der Arbeiter (1)ʼ: *für die Rechte der ~ kämpfen* ❖ ↗ **Arbeit, ↗ Klasse**

Arbeiterschaft [ˈ..], **die**; ~, ⟨o.Pl.⟩ ʼGesamtheit von Arbeitern (1)ʼ: *es herrschte Unruhe in/unter/bei der ~* ❖ ↗ **Arbeit**
Arbeit[ˈaʀbaɪt..]||**-geber** [geːbɐ], **der**; ~s, ~ ʼjmd., bes. Betrieb, der eine Arbeitskraft, Arbeitskräfte über längere Zeit gegen Lohn od. Gehalt beschäftigtʼ; ANT Arbeitnehmer ❖ ↗ geben; **-nehmer** [neːmɐ], **der**; ~s, ~ ʼjmd., der regelmäßig gegen Lohn od. Gehalt bes. in einem Betrieb arbeitetʼ; ANT Arbeitgeber ❖ ↗ nehmen
Arbeits/arbeits[ˈaʀbaɪts..]||**-amt, das** ʼkommunale Behörde, die bes. Arbeitsplätze vermittelt und das Arbeitslosengeld auszahltʼ: *sich als Arbeitsloser im ~ melden* ❖ ↗ Amt; **-disziplin, die** ⟨o.Pl.⟩ ʼDisziplin, die jmd., bes. ein Arbeitnehmer, beim Ausüben von Arbeit (2) zeigt, zeigen mussʼ: *er hat, zeigt keine, eine gute ~; die ~ erfordert, dass ...* ❖ ↗ Disziplin; **-ergebnis, das** ʼErgebnis der Arbeit (1,2)ʼ: *er kann gute ~se aufweisen, vorlegen* ❖ ↗ ergeben; **-fähig** ⟨Adj.⟩ ʼnach ärztlichem Befund gesundheitlich fähig, eine Arbeit (2) auszuübenʼ: *er ist nach seiner langen Krankheit wieder ~; der Arzt hat ihn ~ geschrieben; Männer und Frauen im ~en Alter* (ʼin dem Alter, in dem man in der Regel in der Lage ist, eine Arbeit 1,2 auszuübenʼ) ❖ ↗ fähig; **-intensität, die** ⟨o.Pl.⟩ ʼdas, was an körperlicher, geistiger Kraft innerhalb einer bestimmten Zeitspanne im Arbeitsprozess geleistet wirdʼ: *die ~ verstärken* ❖ ↗ intensiv; **-kampf, der** ʼAktivitäten, bes. in Form von Streiks, mit dem die Arbeitnehmer ihre Interessen hinsichtlich der Löhne, Gehälter und der Arbeitsbedingungen gegen die Arbeitgeber durchzusetzen suchenʼ ❖ ↗ Kampf; **-klima, das** ʼdie zwischenmenschlichen Beziehungen betreffende Stimmung, die beim Ausüben einer Arbeit (2) an einem bestimmten Ort herrschtʼ: *im Betrieb herrscht ein gutes ~* ❖ ↗ Klima; **-kraft, die 1.** ⟨o.Pl.⟩ ʼFähigkeit des Menschen zur Arbeit (2)ʼ: *er ist im Besitz seiner vollen ~* **2.** ⟨vorw. Pl.⟩ ʼMensch, der Arbeit leistet, zu leisten vermagʼ: *im Betrieb herrscht Mangel an Arbeitskräften; es müssen neue Arbeitskräfte eingestellt werden* ❖ ↗ Kraft; **-los** ⟨Adj.; o. Steig.; nicht bei Vb.;* ↗ *auch Arbeitslose⟩* ʼkeine Möglichkeit habend, sich durch Arbeit (2) seinen Lebensunterhalt zu verdienenʼ; SYN erwerbslos; ↗ *FELD I.17.3: er ist, wurde ~; ein ~er Angestellter* ❖ ↗ los; **-lose** [loːzə], **der** u. **die**; ~n, ~n; ↗ TAFEL II; ↗ auch *arbeitslos* ʼjmd., der arbeitslos istʼ /auf Personen bez./; ↗ FELD I.17.1: *die Zahl der ~n ist drastisch gestiegen; sich als ~r beim Arbeitsamt melden* ❖ ↗ los
Arbeitslosen[..loːzn̩..]||**-geld, das** ⟨o.Pl.⟩ ʼdurch die Arbeitslosenversicherung aufgebrachte finanzielle Unterstützung, die das Arbeitsamt einem Arbeitslosen eine bestimmte Zeit lang zahltʼ ❖ ↗ Arbeit, ↗ los, ↗ Geld; **-hilfe, die** ʼfinanzielle Unterstützung, die ein bedürftiger Arbeitsloser, der keinen Anspruch (mehr) auf Arbeitslosengeld hat, erhältʼ ❖ ↗ Arbeit, ↗ los, ↗ helfen; **-versicherung, die** ⟨o.Pl.⟩ ʼVersicherung für den Fall der Arbeitslosig-

keit, für die die Beiträge dem Arbeitnehmer vom Lohn, Gehalt abgezogen werden᾽ ❖ ↗ Arbeit, ↗ los, ↗ sicher

Arbeits/arbeits[᾽..]-**losigkeit** [loːzɪç..], **die**; ~, ⟨o.Pl.⟩ ᾽das Arbeitslossein᾽: *die ~ steigt an, verringert sich; der Kampf gegen die ~* ❖ ↗ los; **-material, das** ᾽zur Arbeit (1,2) benötigtes Material᾽ ❖ ↗ Material; **-platz, der 1.** ᾽räumlicher Bereich, in dem jmd. arbeitet᾽: *er hat einen sauberen, freundlichen ~* **2.** ᾽vertraglich gesicherte berufliche Tätigkeit in einem Betrieb o.Ä.᾽; SYN Arbeitsstelle (2): *seinen ~ wechseln, aufgeben; er hat einen gut bezahlten ~; er hat seinen ~ verloren* (᾽ihm ist gekündigt worden᾽) ❖ ↗ Platz; **-produktivität, die** Wirtsch. ᾽Nutzeffekt der gesamten produktiven Tätigkeit in einem Betrieb o.Ä.᾽: *die ~ in diesem Betrieb ist gering; die ~ muss gesteigert werden, ist gestiegen* ❖ ↗ produzieren; **-prozess, der** ᾽Prozess des Schaffens materieller Güter᾽: *der Betrieb muss durch Rationalisierung, Automatisierung des Arbeitsprozesses rentabler gemacht werden* ❖ ↗ Prozess; **-recht, das** ⟨o.Pl.⟩ ᾽Gesamtheit der rechtlichen Regelungen, die als Grundlage für das vertragliche Verhältnis zwischen Arbeitgeber und Arbeitnehmer dienen᾽: *ein Fachmann für ~* ❖ ↗ Recht; **-schutz, der** ᾽Gesamtheit aller Maßnahmen und Mittel zum Schutz der Gesundheit der Arbeitnehmer beim Ausüben von Arbeit (2)᾽: *den ~ verbessern* ❖ ↗ Schutz; **-stelle, die 1.** ᾽räumlicher Bereich, in dem jmd. arbeitet᾽: *seine ~ liegt am Rande der Stadt* **2.** SYN ᾽Arbeitsplatz (2)᾽: *seine ~ wechseln; eine neue ~ suchen* ❖ ↗ Stelle; **-unfähig** ⟨Adj.; o. Steig.⟩ ᾽nicht arbeitsfähig᾽: *~ sein; der Arzt hat ihn ~ geschrieben* ❖ ↗ fähig; **-unfall, der** ᾽mit der Arbeit (2) in ursächlichem Zusammenhang stehender Unfall, der einen körperlichen Schaden des Arbeitnehmers od. dessen Tod zur Folge hat᾽: *er hatte einen ~, ist durch einen ~ erwerbsunfähig geworden* ❖ ↗ Fall (2,3); **-verhältnis, das** ᾽auf vertraglicher Grundlage bestehendes, die berufliche Tätigkeit betreffendes Verhältnis zwischen Arbeitgeber und Arbeitnehmer᾽: *in einem ~ stehen; ein neues ~ eingehen* ❖ ↗ verhalten; **-zeit, die** ᾽gesetzlich od. vertraglich geregelte Dauer der Arbeit (2) eines Arbeitnehmers pro Tag od. Woche᾽: *seine ~ beträgt acht Stunden am Tag, 40 Stunden in der Woche* ❖ ↗ Zeit

Archäologe [aʀçeoˈloːgə], **der**; ~n, ~n ᾽Fachmann, Wissenschaftler auf dem Gebiet der Archäologie᾽; ↗ FELD VII.4.1 ❖ ↗ Archäologie

Archäologie [aʀçeoˈlogiː], **die**; ~, ⟨o.Pl.⟩ ᾽Wissenschaft, die die Überreste alter Kulturen der frühen Geschichte der Menschheit vorw. mit Hilfe von Ausgrabungen erforscht᾽; ↗ FELD VII.4.1 ❖ ↗ Archäologe

Architekt [aʀçiˈtɛkt], **der**; ~en, ~en ᾽auf einer Hochschule ausgebildeter Fachmann auf dem Gebiet der Architektur᾽; ↗ FELD I.10: *das Haus von einem ~en entwerfen lassen* ❖ ↗ Architektur

Architektur [aʀçitɛkˈtuːɐ], **die**; ~, ~en **1.** ⟨o.Pl.⟩ ᾽bes. nach ästhetisch-künstlerischen Prinzipien erfolgte Gestaltung der gebauten räumlichen Umwelt des Menschen᾽: *die ~ der Antike studieren* **2.** ⟨vorw. Sg.⟩ ᾽die Architektur (1) betreffende Gestalt eines Bauwerks᾽: *die klare, einfache, gotische ~ des Doms* ❖ ↗ Architekt

Archiv [aʀˈçiːf], **das**; ~s, ~e [..çiːvə] **1.** ᾽geordnete Sammlung von bes. historisch od. politisch wichtigen Schriftstücken, Dokumenten o.Ä.᾽: *ein ~ sichten; nach etw. in einem ~ suchen, forschen* **2.** ᾽Raum, Gebäude, in dem ein Archiv (1) aufbewahrt wird᾽: *in einem ~ arbeiten; die Urkunden liegen im ~* ❖ Archivar

Archivar [aʀçiˈvaːɐ], **der**; ~s, ~e ᾽Fachmann, der ein Archiv betreut᾽; ↗ FELD I.10 ❖ ↗ Archiv

Areal [aʀeˈaːl], **das**; ~s, ~e SYN ᾽Gebiet (1)᾽; ↗ FELD II.1.1: *das unter Naturschutz stehende Gebiet umfasst ein ~ von mehreren Quadratkilometern*

Arena [aˈʀeːna], **die**; ~, Arenen [..ʀeːnən] ᾽Platz für sportliche Wettkämpfe, dessen Sitzplätze im Kreis und in Stufen ansteigend angeordnet sind᾽: *in der ~ finden Kämpfe mit Stieren statt*

arg [aʀk] ⟨Adj.; Steig.: ärger [ˈɛʀgɐ], am ärgsten [ˈɛʀkstn̩]⟩ **I. 1.** ⟨vorw. im Komp., Superl.⟩ SYN ᾽schlimm (1)᾽: *etw. ärger machen als es ist; er war auf das Ärgste gefasst; N ist sein ärgster Feind; das Schicksal hat ihm ~ mitgespielt* **2.** ⟨nur attr.⟩ emot. neg. ᾽außerordentlich groß (7)᾽: *das war für ihn eine ~e Enttäuschung; er war in ~er Verlegenheit* – **II.** ⟨Adv.; vor Adj.; bei Vb.⟩ emot. /bewertet das durch das Bezugswort Genannte neg./ ᾽außerordentlich᾽: *heute ist es ~ heiß; das Buch hat ~ gelitten* ❖ **Ärger, ärgerlich, ärgern, Ärgernis, Argwohn, argwöhnisch – arglos**

* /etw./ **im Argen liegen** (᾽in Unordnung sein, in einer verworrenen Lage sein᾽)

Ärger [ˈɛʀgɐ], **der**; ~s, ⟨o.Pl.⟩ **1.** ᾽bes. durch Enttäuschung über jmdn., etw., durch Misserfolge od. Missachten der eigenen Wünsche durch jmdn. in jmdm. hervorgerufenes Gefühl des Gereiztseins, das mit einer kritischen, negativen Haltung gegenüber jmdm., etw. verbunden ist᾽; SYN Unmut; ↗ FELD I.6.1: *großen ~ über etw., jmdn. empfinden; jmds. ~ erregen; mit etw. ~ erregen; etw. aus ~ tun; sein ~ verflog schnell; zu jmds. großem ~: zu meinem großen ~: kam er nicht pünktlich* (᾽er kam nicht pünktlich, worüber ich mich sehr ärgerte᾽) **2.** ᾽Gesamtheit unangenehmer Erlebnisse, von Unannehmlichkeiten, die Ärger (1) erregen᾽: *viel ~, nichts als ~ haben; viel ~ mit jmdm., etw. haben; er ertrug den täglichen, häuslichen ~ nicht mehr; /in der kommunikativen Wendung/ umg. mach keinen ~* (᾽mach keine Schwierigkeiten᾽)! /wird zu jmdm. gesagt, der sich nicht so verhalten will, wie es der Sprecher wünscht/ ❖ ↗ arg

ärgerlich [᾽..] ⟨Adj.; Steig. reg.⟩ **1.** ᾽voller Ärger (1)᾽; ↗ FELD I.6.3: *ein ~es Gesicht machen; eine ~e Antwort geben; ~ sein, werden, antworten; über/auf jmdn., über etw. ~ sein* (᾽sich über jmdn., etw. ärgern᾽); *er war über die dauernden Störungen sehr ~* **2.** ᾽Unannehmlichkeiten bereitend᾽: *das ist eine ~e*

Geschichte; es ist sehr ~, dass er nicht gekommen ist ❖ ↗ **arg**

ärgern ['ɛʀgɐn] ⟨trb. reg. Vb.; hat⟩ **1.** /jmd./ *sich ~* 'Ärger (1) empfinden, ärgerlich (1) sein, werden'; ↗ FELD I.6.2: *ich habe mich sehr (über ihn, über seine taktlose Bemerkung) geärgert* **2.** /jmd., etw./ *jmdn. ~* 'jmdn. ärgerlich (1) machen': *er hat seine Freunde (mit seinem taktlosen Benehmen) sehr geärgert; es ärgert mich, dass ...; sein Verhalten in dieser Angelegenheit hat mich sehr geärgert* ❖ ↗ **arg**

Ärgernis ['ɛʀgɐnɪs], **das**; ~ses, ~se **1.** ⟨vorw. Pl.⟩ 'unangenehmes Erlebnis': *die kleinen ~se des Alltags* **2.** *jmd., etw. ist ein ~* 'jmd., etw. erregt jmds. Ärger, den Ärger einer Institution': *der ungezogene Junge, sein ungezogenes Betragen ist ein ~ (für die Nachbarn); etw. ist ein öffentliches ~* ❖ ↗ **arg**

arg|los ['aʀk..] ⟨Adj.; Steig. reg.⟩ 'ohne Argwohn'; ANT misstrauisch /auf Personen bez./; ↗ FELD I.2.3: *ein ~es Kind; er folgte ihm ~, war völlig ~* ❖ ↗ **arg**, ↗ **los**

Argument [aʀgu'mɛnt], **das**; ~s/auch ~es, ~e 'etw., womit man eine Behauptung, einen Standpunkt stützt od. rechtfertigt'; ↗ FELD I.4.2.1: *ein schwerwiegendes, stichhaltiges, überzeugendes, ↗ schlagendes ~; ein ~ für/gegen etw. vorbringen; ich lasse sein ~ gelten* ❖ **argumentieren** – **Gegenargument**

argumentieren [aʀgumɛn'ti:ʀən], argumentierte, hat argumentiert /jmd., Institution/ 'Argumente vorbringen'; ↗ FELD I.4.2.2: *sachlich für/gegen etw., gegen jmdn. ~* ❖ ↗ **Argument**

Argwohn ['aʀkvo:n], **der**; ~s/auch ~es, ⟨o.Pl.⟩ geh. SYN 'Misstrauen'; ANT Vertrauen; ↗ FELD I.2.1, 4.3.1, 6.1: *etw., jmd. erregt jmds. ~; gegen jmdn., etw. ~ haben, hegen; jmdn. mit, voller ~ betrachten* ❖ ↗ **arg**

argwöhnisch ['aʀkvø:nɪʃ..] ⟨Adj.; Steig. reg.⟩ SYN 'misstrauisch' /auf Personen bez./; ↗ FELD I.6.3: *er ist ein ~er Mensch, ist sehr ~ (ANT vertrauensvoll); jmdn. ~ beobachten* ❖ ↗ **arg**

Arie ['ɑːʀiə], **die**; ~, ~n 'längere zusammenhängende Komposition für einen Sänger, eine Sängerin, die bes. in einer Oper, Operette solo gesungen und vom Orchester begleitet wird': *eine ~ singen*

Aristokratie [aʀɪstokʀa'tiː], **die**; ~, ~n [..'ti:ən] SYN 'Adel': *zur ~ gehören* ❖ **aristokratisch**

aristokratisch [aʀɪsto'kʀɑːt..] ⟨Adj.; o. Steig.; vorw. attr.⟩ SYN 'adlig': *die ~e Gesellschaft* ❖ ↗ **Aristokratie**

Arithmetik [aʀɪt'meːtɪk], **die**; ~, ⟨o.Pl.⟩ 'Teilgebiet der Mathematik, das sich bes. mit dem Wesen und den Beziehungen der Zahlen untereinander befasst': *Aufgaben in ~ lösen*

Arktis ['aʀktɪs], **die**; ~, ⟨o.Pl.⟩ 'um den Nordpol der Erde liegendes Gebiet': *eine Expedition in die ~* ❖ **arktisch**

arktisch ['aʀkt..] ⟨Adj.; o. Steig.; nur attr.⟩ **1.** 'in der Arktis vorkommend, aus der Arktis kommend, stammend': *die ~e Flora, Fauna; ~e Luftmassen* **2.** /beschränkt verbindbar/ *eine ~e* ('sehr strenge,

große'; ↗ FELD VI.5.3) *Kälte; ~e* ('sehr niedrige') *Temperaturen* ❖ ↗ **Arktis**

arm [aʀm] ⟨Adj.; Steig.: ärmer ['ɛʀmɐ], ärmste ['ɛʀmstə]⟩; ↗ auch *Arme;* ANT reich **1.** 'nur wenig Geld zum Leben habend, relativ wenig besitzend'; SYN mittellos, ANT reich (1); ↗ FELD I.17.3 /vorw. auf Personen bez./: *er stammte aus einer ~en Familie; seine Eltern waren ~; ~e Leute;* scherzh. *die 100 Mark für das Kleid machen mich nicht ~* ('ich habe trotz der ausgegebenen 100 Mark noch genügend Geld'); *durch diesen Kauf bin ich um 100 Mark ärmer geworden* ('besitze ich 100 Mark weniger') **2.** ⟨Steig. ungebr.; nicht bei Vb.; vorw. präd. (nur mit *sein*)⟩ /etw./ *~ an etw. sein* 'von etw. wenig haben, enthalten'; ANT reich (3.2): *sein Leben ist ~ an Freuden, Abwechslung; dieser See ist ~ an Fischen; das Getränk ist ~ an Mineralstoffen* ❖ **Arme, ärmlich, Armut** – **Blutarmut, kalorienarm, kontaktarm**

Arm, der; ~/auch ~es, ~e **1.** 'eines von zwei aus Ober- und Unterarm und Hand bestehenden Gliedern an der rechten bzw. linken Schulter des Menschen, Affen'; ↗ FELD I.1.1 (↗ TABL Körperteile): *der rechte, linke ~; die ~e heben, senken, ausbreiten; sich* ⟨Dat.⟩ *den ~, die ~e brechen; jmdn. am/beim ~ nehmen, packen; ein Kind auf dem ~, den ~en tragen, auf den ~ nehmen; jmdn. in die ~e nehmen* (SYN 'umarmen'); *jmds. ~ nehmen* ('sich bei jmdm. einhaken'); *beide ~e voll haben* ('so viel unter beiden Armen tragen, dass man keine Hand frei hat') **2.** 'schmaler, oft seitwärts von etw. abzweigender Teil': *ein Leuchter mit sieben ~en; der Fluss teilt sich an der Mündung in drei ~e* ❖ **Ärmel** – **Armband, einarmig, kurzärmlig, langärmlig, Oberarm, umarmen**

* /jmd./ **jmdn. mit offenen ~en** ('freudig, ohne Bedenken') **aufnehmen/empfangen;** /jmd./ **jmdm. in die ~e fallen** ('jmdn. an etw. hindern, von etw. zurückhalten, indem man seinen Arm festhält'); /jmd., Institution/ **jmdm., etw.** ⟨Dat.⟩ **unter die ~e greifen** ('jmdm., einer Institution, einem Land in einer Notlage helfen'); /jmd., Institution/ **den längeren ~** ('größeren, weiter reichenden Einfluss') **haben;** umg. /jmd./ **jmdm. in die ~e laufen** ('jmdm. zufällig begegnen'); /jmd./ **jmdn. auf den ~ nehmen** ('jmdn. meist scherzhaft täuschen')

-arm /bildet mit einem Subst. od. Vb. als erstem Bestandteil Adjektive; drückt aus, dass von dem im ersten Bestandteil Genannten wenig vorhanden ist/ ANT -reich: ↗ z. B. *kalorienarm*

Armatur [aʀma'tuːɐ], **die**; ~, ~en ⟨vorw. Pl.⟩ 'Gesamtheit der Vorrichtungen bes. für Maschinen od. Apparate, die zum Regeln, Messen, Absperren von Wasser, Gas, Strom, Wärme o.Ä. dienen': *die ~en im Badezimmer, eines Kraftfahrzeuges* ❖ **Armaturenbrett**

Armaturen|brett [aʀma'tuːʀən..], **das** 'Platte (1) mit Vorrichtungen zum Messen, Schalten und Bedienen bes. in Kraftfahrzeugen und Flugzeugen': *einen Schalter am ~ betätigen* ❖ ↗ **Armatur**, ↗ **Brett**

Arm|band ['..], **das** ⟨Pl. Armbänder⟩ ˈSchmuckstück, das am Arm dicht über dem Handgelenk getragen wird' (↗ TABL Schmuckstücke): *ein goldenes ~ tragen* ❖ ↗ **Arm,** ↗ **binden**

Arme ['aʀmə], **der** u. **die**; ~n, ~n; ↗ auch *arm* ˈarmer (1) Mensch'; ↗ FELD I.17.1 (↗ TAFEL II): *die ~n und die Reichen; ein ~r* ❖ ↗ **arm**

Armee [aʀ'me:], **die**; ~, ~n [..'me:ən] **1.** ˈGesamtheit der Streitkräfte eines Staates'; ↗ FELD I.11: *eine starke ~; in der ~ dienen* **2.** ˈaus mehreren Divisionen bestehende Formation der Armee (1)': *die erste, zweite ~*

Ärmel ['ɛʀml̩], **der**; ~s, ~ ˈden Arm teilweise od. bis zum Handgelenk bedeckender Teil eines Kleidungsstücks'; ↗ FELD V.1.1: *ein Kleid mit langen, kurzen ~n, ohne ~; die ~ umschlagen* ❖ ↗ **Arm** * umg. /jmd./ **die ~ hochkrempeln** ˈtüchtig bei einer Arbeit zupacken': *sie krempelten die ~ hoch und schafften den Schutt fort;* /jmd./ **sich** ⟨Dat.⟩ **etw. aus dem ~ schütteln** (ˈetw. ohne Mühe zustande bringen')

ärmlich ['ɛʀm..] ⟨Adj.; Steig. reg.⟩ ˈvon Armut zeugend'; SYN dürftig (1); ↗ FELD I.17.3: *eine ~e Wohnung; seine Kleidung ist, wirkt ~; er lebt in ~en* (SYN ˈkümmerlichen 1') *Verhältnissen* ❖ ↗ **arm**

Armut ['aʀmu:t], **die**; ~, ⟨o.Pl.⟩ /zu *arm* 1 u. 2/ ˈdas Armsein'; ↗ FELD I.17.1; /zu 1/: *dort, bei jenem Volk, in jenem Land herrscht tiefe, bittere ~; die ~* (ANT Reichtum 1.1) *des Landes; die Familie lebt in ~; jmd. gerät in ~;* /zu 2/ ⟨vorw. mit Attr.⟩: *die ~ des Landes an Rohstoffen, Wasser; der Aufsatz zeigt eine große ~ an Gedanken; seine geistige ~* (ˈsein Mangel an Geist') *ist erschreckend* ❖ ↗ **arm**

Aroma [a'ʀo:ma], **das**; ~s, Aromen [a'ʀo:mən] ˈangenehmer od. würziger Geschmack, Geruch, bes. eines pflanzlichen Genussmittels'; ↗ FELD VI.4.1: *der Kaffee hat ein starkes, kein ~; das ~ verfliegt schnell* ❖ **aromatisch**

aromatisch [aʀo'ma:t..] ⟨Adj.; Steig. reg.⟩ ˈvoller Aroma, angenehm schmeckend, riechend' /vorw. auf Genussmittel bez./; ↗ FELD VI.4.3: *ein ~er Tee, Tabak, Duft; der Kaffee duftet ~* ❖ ↗ **Aroma**

Arrangement [aʀãʒə'maŋ], **das**; ~s, ~s **1.** ˈplanmäßige Vorbereitung eines Vorhabens, einer Veranstaltung': *das gesamte ~ einer Reise, Tagung, einer Feier übernehmen* **2.** ⟨vorw. mit Attr.⟩ ˈdas geschmackvoll, künstlerisch Angeordnete (↗ *anordnen* 2)': *jmdm. ein ~ aus Blumen überreichen; ein buntes ~ von Südfrüchten zusammenstellen* **3.** Mus. ˈdie Gestaltung (1) eines Musikstückes für bestimmte, meist andere Instrumente als ursprünglich vorgesehen': *ein ~ für Klavier und Geige* ❖ ↗ **arrangieren**

arrangieren [aʀã'ʒi:ʀən], arrangierte, hat arrangiert **1.** /jmd./ *etw.* ~ ˈdie Durchführung, Gestaltung eines Vorhabens, einer Veranstaltung planmäßig vorbereiten': *ein Fest, eine Reise, Zusammenkunft ~* **2.** /jmd./ **sich mit jmdm.** ~ ˈsich mit jmdm., oft trotz gegensätzlicher Standpunkte, meist durch einen Kompromiss für ein gemeinsames Handeln ver-

ständigen': *er hat sich mit seinem politischen Gegner arrangiert* (SYN ˈgeeinigt', ↗ einigen 1); /zwei od. mehrere (jmd.)/ *sich* ⟨rez.⟩ ~: *sie konnten sich trotz erheblicher Meinungsverschiedenheiten ~* ❖ **Arrangement**

Arrest [a'ʀɛst], **der**; ~es/auch ~s, ⟨o.Pl.⟩ **1.** ˈStrafe, bes. für Angehörige des Militärs, mit zeitweiliger Einschränkung der Möglichkeit, sich frei zu bewegen, frei zu handeln': *er bekam drei Tage ~, musste drei Tage ~ absitzen* **2.** *in/im* ~ *sitzen* ˈArrest (1) verbüßen': *er sitzt in ~* ❖ **Stubenarrest**

arrogant [aʀo'gant] ⟨Adj.; Steig. reg.⟩ ˈüberheblich und dünkelhaft' /auf Personen bez./: *ein ~er Mensch; er ist, lächelt ~* ❖ **Arroganz**

Arroganz [aʀo'gants], **die**; ~, ⟨o.Pl.⟩ ˈüberhebliches und dünkelhaftes Wesen, Auftreten': *seine ~ missfiel allgemein; sein Benehmen war voller ~* ❖ ↗ **arrogant**

Arsch [aʀʃ], **der**; ~es/auch ~s, Ärsche ['ɛʀʃə] derb SYN ˈGesäß'; ↗ FELD I.1.1, IV.3.1: *sich auf den ~ setzen;* /in der kommunikativen Wendung/ *leck mich am ~* (ˈlass mich in Ruhe')! /sagt jmd. zu jmdm., der ihm mit Forderungen, die er ablehnt, Fragen, Erklärungen o.Ä. zu sehr zusetzt/ * derb **jmdm. geht der ~ mit Grundeis** (ˈjmd. hat sehr große Angst'); /jmd./ **jmdm. in den ~ kriechen** (ˈjmdm. unter Verlust seiner Würde schmeicheln'); /etw./ **im ~** (ˈentzwei') **sein; am ~ der Welt** ˈam Ende der Welt, sehr abgelegen': *das Dorf liegt am ~ der Welt*

Arsen [aʀ'ze:n], **das**; ~s, ⟨o.Pl.⟩ ˈElement, das zu den Halbmetallen gehört' /chem. Symb. As/

Art [a:ʀt], **die**; ~, ~en ['a:ʀtn̩] **1.** ⟨vorw. Sg.⟩ /gibt als Subst. vorw. in Verbindung mit Attr. an, wie etw. verläuft, geschieht, getan wird/: *er hat eine merkwürdige ~ zu sprechen, zu gehen; das ist die einfachste ~, sein Ziel zu erreichen; etw. in der üblichen, gewohnten ~ tun; die ~ und Weise: die ~ und Weise seines Benehmens erregt überall Anstoß; auf diese ~ und Weise* (ˈso') *hast du keinen Erfolg!;* /in der kommunikativen Wendung/ umg. *das ist keine ~ (und Weise)* (ˈdas ist kein gutes Benehmen, das gehört sich nicht')! /wird zu jmdm. od. von jmdm. gesagt, der gegen die Regeln des Anstands verstößt/; vgl. *Weise* (I), *Form* (3) **2.** ⟨o.Pl.⟩ SYN ˈWesen (2)': *er hat eine lebhafte, lustige ~; das ist nun einmal seine ~; das liegt nicht in seiner ~* (ˈer ist nicht so geartet') **3.1.** *alle ~en Bücher/von Büchern* (ˈdie verschiedensten Bücher') *waren dort ausgestellt; er lehnte jede ~ von Autorität* (ˈAutorität, wie immer sie in Erscheinung tritt') *ab; das sind Probleme allgemeiner ~* (ˈallgemeine Probleme'); *Vorfälle solcher ~* (ˈsolche Vorfälle') *sind selten* **3.2.** *eine ~ (von) Hund* ˈetw. Ähnliches (↗ ähnlich) wie ein Hund': *das ist eine ~ (von) Liegestuhl; sie aßen eine ~ Kartoffelsuppe* **4.** Biol. ˈunterste Einheit im System der Lebewesen'; SYN Spezies (1): *verschiedene ~en von Säugetieren, Bäumen, Blumen; diese ~ (von Vögeln) ist ausgestorben;* vgl. *Familie, Gattung, Klasse, Ordnung, Stamm* ❖ **artig, geartet, Un-**

art, unartig — abartig, andersartig, ausarten, bösartig, derart, derartig, Eigenart, eigenartig, großartig, gutartig, Lebensart, Mundart, neuartig, Redensart, schlagartig, Spielart, Sportart
* /jmd./ aus der ~ schlagen ⟨ist⟩ (ʿanders als die übrigen Angehörigen der Familie sein'); umg. ... dass es (nur so) eine ~ hat: er sagte ihm die Meinung, dass es nur so eine ~ hatte (ʿsagte ihm sehr deutlich die Meinung')
Arterie [aʀ'teːʀi̯ə], die; ~, ~n ʿBlutgefäß, durch das das Blut vom Herzen zu einem Organ od. Gewebe fließt'; SYN Schlagader; ↗ FELD I.1.1: die ~n sind verkalkt; eine verletzte ~
artig ['aʀtɪç] ⟨Adj.; Steig. reg.⟩ ʿsich so benehmend, wie es die Erwachsenen nach bestimmten Normen erwarten'; SYN brav (1), gehorsam, lieb (3) /auf Kinder bez./; ↗ FELD I.2.3: ein ~es Kind (ANT ungezogen); ~ sitzen, zuhören; sei ~!; wenn du nicht ~ bist, dann ... /wird als Drohung zu einem Kind gesagt, das sich nicht so benimmt, wie es soll/ ❖ ↗ **Art**
-artig /bildet mit einem Subst. od. Adj. als erstem Bestandteil Adjektive; drückt eine Art aus, die dem im ersten Bestandteil Genannten entspricht od. ähnlich ist/: ↗ z. B. bösartig, gutartig, schlagartig
Artikel [aʀ'tiːkl̩], der; ~s, ~ **1.** ʿAufsatz, Beitrag, bes. in einer Zeitung, Zeitschrift': einen ~ für die Zeitschrift schreiben, in der Zeitung veröffentlichen; der ~ erscheint erst morgen **2.** ʿselbständiger, meist mit einer Ziffer versehener Abschnitt in einem Gesetz, Vertrag o.Ä.': ~ 3 der Verfassung besagt, dass ... **3.** ʿbestimmte Ware, die gehandelt wird'; ↗ FELD V.8.1: dieser ~ verkauft sich gut, ist sehr gefragt; ein preiswerter, gängiger ~ ❖ zu (3): **Luxusartikel, Scherzartikel**
Artillerie ['aʀtɪləʀi/aʀtɪlə'ʀiː], die; ~, ⟨o.Pl.⟩ ʿbes. mit Geschützen, Raketen ausgerüstete Truppe der Landstreitkräfte'; ↗ FELD V.6.1
Artist [aʀ'tɪst], der; ~en, ~en ʿim Zirkus, Varieté auftretender Künstler, der bes. auf Geschicklichkeit beruhende Kunststücke vorführt' ❖ **artistisch**
artistisch [aʀ'tɪst..] ⟨Adj.; o. Steig.; vorw. attr.⟩ ʿden Artisten betreffend, mit der Geschicklichkeit eines Artisten ausgeführt': ~e Kunststücke ❖ ↗ **Artist**
Arznei [aʀts'naɪ̯], die; ~, ~en veraltend SYN ʿMedikament': seine ~ einnehmen, schlucken ❖ **Arzneimittel**; vgl. **Arzt**
Arzneimittel [..'naɪ̯..], das ⟨vorw. Pl.⟩ fachspr. SYN ʿMedikament': ~ in der Apotheke kaufen; dieses ~ gibt es nur auf Rezept ❖ ↗ **Arznei**, ↗ **Mittel**
Arzt [aʀtst/aːʀtst], der; ~es, Ärzte ['ɛʀtstə/'eːʀtstə] ʿjmd., der nach dem Studium der Medizin die staatliche Genehmigung zur Behandlung und Heilung von Krankheiten erhalten hat'; SYN Doktor (3); ↗ FELD I.10: den (behandelnden, leitenden, diensthabenden) ~ rufen, holen, fragen; zum ~ gehen; der ~ untersuchte den Patienten; das Medikament, die Brille ist ihm vom ~ verordnet worden ❖ **Ärztin, ärztlich** — **Chefarzt, Facharzt, Zahnarzt**; vgl. **Arznei**
Ärztin, die; ~, ~nen /zu Arzt; weibl./

ärztlich ['ɛʀtst../'eːʀtst..] ⟨Adj.; o. Steig.; nicht präd.; vorw. attr.⟩ ʿvom Arzt, durch den Arzt' /vorw. auf Abstraktes bez./: ein ~es Attest ausstellen; in ~er Behandlung sein; die Tabletten nach ~er Vorschrift, Anweisung einnehmen; sich ~ behandeln, untersuchen lassen ❖ ↗ **Arzt**
As: ↗ **Ass**
Asbest [as'bɛst], der; ~es/auch ~s, ~e ʿaus Fasern bestehende mineralische Substanz, die beständig gegen Feuer und Säure ist und durch Spinnen (1) zu Fäden verarbeitet werden kann': das Bügeleisen auf eine Platte aus ~ stellen
asch|blond ['aʃ..] ⟨Adj.; o. Steig.⟩ ʿblond und grau wirkend' /auf das Haar von Personen, bes. Frauen, bez./: sie hat ~es Haar; sich das Haar ~ färben; ihr Haar ist, wirkt ~ ❖ ↗ **Asche**, ↗ **blond**
Asche ['aʃə], die; ~, ~n ⟨vorw. Sg.⟩ ʿpulvriger Rückstand verbrannter Materie': glühende, kalte ~; die ~ glimmt, glüht noch; die ~ aus dem Ofen nehmen; die ~ in den Mülleimer schütten ❖ **aschblond** — **Aschenbecher, Aschermittwoch, einäschern**
* scherzh. /jmd./ sich ⟨Dat.⟩ ~ aufs Haupt streuen (ʿSelbstkritik üben und seine Reue zum Ausdruck bringen')
Aschen|becher ['aʃn̩..], der ʿSchale, Behälter für die Reste, Asche von Tabak' (↗ BILD): den ~ leeren ❖ ↗ **Asche**, ↗ **Becher**

Ascher|mittwoch [aʃɐ'..], der; ~s/auch ~es, ~e ʿMittwoch nach Fastnacht, mit dem die Zeit der übermütigen Vergnügungen beendet ist' ❖ ↗ **Asche**, ↗ **Mitte**, ↗ **Woche**
äsen ['ɛːzn̩] ⟨trb. reg. Vb.; hat⟩ /Tier, das zu bestimmten Arten des Wilds gehört/ ʿin der freien Natur Nahrung zu sich nehmen': die Rehe ~ auf der Lichtung
asozial ['aːzotsi̯al/azotsi̯aːl] ⟨Adj.; Steig. reg., ungebr.⟩ ʿwesentliche Grundsätze des gesellschaftlichen Zusammenlebens missachtend': der Junge stammt aus ~en Verhältnissen; er verhält sich ~, ist ~ ❖ ↗ **sozial**
Aspekt [as'pɛkt], der; ~es/auch ~s, ~e ʿdas, was an einer Sache wichtig ist, wenn sie in einer bestimmten Art und Weise betrachtet, erfasst, beurteilt wird'; SYN Gesichtspunkt: man muss die sozialen, wirtschaftlichen, politischen ~e dieses Vorhabens berücksichtigen; etw. unter dem ~ der Arbeitsproduktivität, unter verschiedenen ~en betrachten
Asphalt ['asfalt], der; ~s, ~e ʿGemisch aus einer teerartigen Masse und mineralischen Stoffen, das die oberste Schicht einer Straße bildet': der ~ ist von der Hitze weich geworden ❖ **asphaltieren**
asphaltieren [asfal'tiːʀən], asphaltierte, hat asphaltiert ⟨vorw. adj. im Part. II⟩ /jmd., Unternehmen/ etw.

~ ´etw., bes. eine Straße, mit einer Schicht Asphalt versehen´: *die Straße wurde asphaltiert; eine asphaltierte Straße* ❖ ↗ **Asphalt**

aß: ↗ **essen**

Ass [as], **das**; ~es, ~e **1.** ´Spielkarte mit einem Zeichen, das in bestimmten Spielen den höchsten Wert darstellt´: *alle vier ~e haben* **2.** umg. ´jmd., der sich durch eine besondere (sportliche) Leistung von anderen auszeichnet, ausgezeichnet hat´: *er ist ein ~ im Hochsprung, in Mathematik*

Assessor [asɛ'so:ɐ], **der**; ~s, ~en [asɛ'so:ʀən] ´jmd., der sich nach der zweiten, von einer staatlichen Kommission abgelegten Prüfung für die höhere staatliche Laufbahn, bes. als Lehrer, Jurist, bewerben darf´: *er ist ~; ~ B hat die Prüfung nicht bestanden* ❖ vgl. **assistieren**

Assistent [asi'stɛnt], **der**; ~en, ~en **1.** ´mit bestimmten Aufgaben für Lehre und Forschung betrauter wissenschaftlicher Mitarbeiter an Hochschulen und Universitäten, der am Anfang seiner wissenschaftlichen Laufbahn steht´: *er ist ~ bei Professor N, im Institut für Germanistik* **2.** ´jmd., der jmdm. assistiert´: *er trat im Varietee als ~ eines Zauberkünstlers auf; er war ~ in einer Fernsehshow* ❖ ↗ **assistieren**

Assistentin ['st..], **die**; ~, ~en /zu Assistent; weibl./ ❖ ↗ **assistieren**

Assistenz [asi'stɛnts], **die**; ~, ~en ⟨vorw. Sg.⟩ ´das Assistieren´: *die Operation fand unter ~ mehrerer Ärzte statt; dank seiner ~ wurde das Experiment ein großer Erfolg* ❖ ↗ **assistieren**

assistieren [asi'sti:ʀən], assistierte, hat assistiert /jmd./ *jmdm.* ~ ´jmdm., bes. einem Arzt, Wissenschaftler, Unterhaltungskünstler, nach dessen Anweisungen bei einer Arbeit, Tätigkeit helfen´: *mehrere Schwestern und Ärzte assistierten dem Chirurgen (bei der schwierigen Operation); bei etw.* ~*: er hat bei dem wissenschaftlichen Versuch, beim Kunststück assistiert* ❖ **Assistent, Assistentin, Assistenz;** vgl. **Assessor**

Ast [ast], **der**; ~es/auch ~s, Äste ['ɛstə] **1.** ´Teil des Baumes, der meist unmittelbar am Stamm beginnt und aus dem die Zweige wachsen´; ↗ FELD II.4.1 (↗ TABL Bäume): *ein dicker, starker, knorriger ~; dürre, trockene, kahle Äste; einen ~ abbrechen, absägen* **2.** ´Stelle im Holz, an der ein Ast (1) seinen Ursprung hatte´: *das Brett hat einen ~, viele Äste* ✽ /jmd./ **den ~ absägen, auf dem man sitzt** ´sich selbst seiner grundlegenden Chancen berauben´: *er hat damit den ~ abgesägt, auf dem er sitzt;* /jmd./ **auf dem absteigenden ~ sein 1.** ´in seinen Fähigkeiten, Leistungen nachlassen´: *der Schüler ist auf dem absteigenden ~* **2.** ´in schlechte Lebensverhältnisse geraten´: *die Arbeitslosen sind schnell auf dem absteigenden ~;* ⟨⟩ umg. /jmd./ **sich** ⟨Dat.⟩ **einen ~ lachen** (´sehr lachen´)

asten ['astn̩], astete, hat geastet umg. **1.** /jmd./ *etw. irgendwohin* ~ ´etw. Schweres, bes. Gepäck, mit großer Anstrengung irgendwohin tragen´: *die Koffer zur Bahn* ~; *das Klavier in die Wohnung* ~ **2.**

/jmd./ ´sich bei einer körperlichen Arbeit anstrengen´: *ich habe heute den ganzen Tag geastet*

Aster ['astɐ], **die**; ~, ~n ´in Gärten wachsende Pflanze mit einfarbigen blauen, violetten, roten od. weißen Blüten´; ↗ FELD II.4.1: *ein Strauß* ~*n*

Ästhet [ɛs'te:t], **der**; ~en, ~en ´jmd., der einen (überaus) stark ausgeprägten Sinn für das Schöne, Künstlerische hat´ ❖ ↗ **Ästhetik**

Ästhetik [ɛs'te:tɪk], **die**; ~, ~en ⟨vorw. Sg.⟩ ´Wissenschaft bes. vom Wesen der Kunst und von den allgemeinen Gesetzen und Kriterien des künstlerischen Schaffens´: *etw. nach den Kriterien der ~ beurteilen* ❖ **Ästhet, ästhetisch**

ästhetisch [ɛs'te:t..] ⟨Adj.⟩ **1.** ⟨o. Steig.; nur attr.⟩ ´der Ästhetik (und ihren Gesetzen) entsprechend´ /auf Abstraktes bez./: ~*e Maßstäbe; etw. unter* ~*en Gesichtspunkten betrachten* **2.** ⟨Steig. reg., ungebr.; nicht bei Vb.⟩ ´auf Grund seiner Schönheit, Kultiviertheit von angenehmer Wirkung´: *der festlich gedeckte Tisch war ein* ~*er Anblick; der Blumenstrauß ist ein* ~*er Genuss* ❖ ↗ **Ästhetik**

Asthma ['astma], **das**; ~s, ⟨o.Pl.⟩ ´vorw. in Form von Anfällen auftretender Zustand, in dem jmd. nach Atem ringt´: ~ *haben, bekommen* ❖ **asthmatisch**

asthmatisch [ast'ma:t..] ⟨Adj.; o. Steig.; nur attr.⟩ ´durch Asthma bedingt´: *an* ~*en Beschwerden, Anfällen leiden* ❖ ↗ **Asthma**

Astrologe [astʀo'lo:gə], **der**; ~n, ~n ´jmd., der beruflich Astrologie betreibt´: *ein berühmter ~ des 17. Jahrhunderts* ❖ ↗ **Astrologie**

Astrologie [astʀolo'gi:], **die**; ~, ⟨o.Pl.⟩ ´Lehre, die bes. aus bestimmten Stellungen der Himmelskörper das zukünftige Geschehen auf der Erde deuten, das Schicksal von Menschen voraussagen will´: *er glaubt nicht an* ~ ❖ **Astrologe**

Astronaut [astʀo'naʊt], **der**; ~en, ~en ´für die bemannte Raumfahrt ausgebildeter Mensch´ /wird auf die amerikanische Raumfahrt angewandt/; vgl. *Kosmonaut*

Astronom [astʀo'no:m], **der**; ~s, ~en ´Fachmann, Wissenschaftler auf dem Gebiet der Astronomie´: ~*en haben einen neuen Planeten entdeckt* ❖ ↗ **Astronomie**

Astronomie [astʀono'mi:], **die**; ~, ⟨o.Pl.⟩ ´Wissenschaft von den Himmelskörpern, ihren Bewegungen und physikalischen Zuständen´: *Entdeckungen auf dem Gebiet der* ~ ❖ **Astronom, astronomisch**

astronomisch [astʀo'no:m..] ⟨Adj.⟩ **1.** ⟨o. Steig.; nur attr.⟩ ´die Astronomie betreffend, auf der Astronomie beruhend´: ~*e Beobachtungen, Untersuchungen* **2.** ⟨Steig. reg., ungebr.; vorw. attr.⟩ umg. ´unvorstellbar hoch (3.1)´ /auf bestimmte Größen bez./: ~*e Preise, Zahlen;* ~*e Gewinne erzielen* ❖ ↗ **Astronomie**

Asyl [a'zy:l], **das**; ~s/auch ~es, ⟨o.Pl.⟩ **1.** ⟨vorw. o. Art.⟩ ´dauernder Aufenthalt, den ein Staat einem Ausländer, der in seinem heimatlichen Staat bes. aus politischen Gründen verfolgt wird, auf seinem Territorium gewährt´: *jmdm. (politisches)* ~ *gewähren; um* ~ *bitten, nachsuchen; sich um* ~ *bewer-*

ben 2. ⟨nur mit unbest. Art.⟩ ʿStätte, an der man Schutz, Hilfe findetʾ: *bei jmdm. ein (sicheres) ~ finden, haben; die Flüchtlinge suchten ein ~ für sich und ihre Familien* ❖ **Asylant** — **Asylbewerber, -recht**
Asylant [azyːˈlant], **der**; ~en, ~en ʿjmd., der sich um Asyl (1) bewirbt od. dessen Bewerbung um Asyl genehmigt worden istʾ: *ein Heim für ~en* ❖ ↗ **Asyl**
Asyl|[aˈzyːl..]**|-bewerber** [beˈvɛʀbɐ], **der** amstspr. ʿjmd., der sich um Asyl (1) bewirbtʾ ❖ ↗ Asyl, ↗ werben; **-recht, das** ⟨o.Pl.⟩ ʿdas Recht politisch Verfolgter auf Asyl in dem Land, in dem sie Zuflucht gesucht habenʾ: *er genießt ~* ❖ ↗ Asyl, ↗ Recht
Atelier [ateˈli̯eː], **das**; ~s, ~s **1.** ʿRaum, in dem bes. ein bildender Künstler od. Fotograf arbeitetʾ: *das ~ eines Bildhauers, Malers* **2.** ʿRaum, Gebäude od. Komplex von Gebäuden für die Produktion bes. von Spielfilmenʾ: *der Film wurde im ~ gedreht*
Atem [ˈaːtm̩], **der**; ~s, ⟨o.Pl.⟩ **1.** ʿdie ein- od. ausgeatmete Luftʾ: *die Mutter spürte den frischen, warmen, ruhigen ~ des Kindes; vor Schreck den ~ anhalten; die Angst verschlägt, raubt ihm den ~; ~ ↗ holen, ↗ schöpfen; als er die vielen Treppen gestiegen war, musste er nach ~ ringen; außer ~ sein* (ʿvor Anstrengung schwer und schnell atmenʾ); *außer ~ kommen/geraten* (ʿbeginnen, außer Atem zu seinʾ) **2.** ʿdas Atmenʾ: *er hatte einen kurzen, leichten, schnellen ~* (ʿatmete kurz, leicht, schnellʾ); *der ~ setzte aus; ihm stockte der ~ beim Anblick des Schadens; sein ~ geht rasselnd, pfeifend* (ʿer atmet rasselnd, pfeifendʾ) ❖ **atmen, Atmung** — **aufatmen, ausatmen, einatmen, kurzatmig, langatmig**
* /jmd./ **den längeren ~ haben** (ʿbei einer Auseinandersetzung eine größere Fähigkeit zeigen sich durchzusetzen, durchzuhaltenʾ); /jmd., etw./ **jmdn. in ~ halten** (ʿjmdn. in einen Zustand andauernder, meist ängstlicher Spannung versetzen, jmdn. ständig mit etw. beschäftigenʾ)
Atem|zug [ˈ..], **der** ʿdas einmalige Einziehen (und Ausstoßen) der Luft beim Atmenʾ: *einen tiefen ~ machen, tun; seine gleichmäßigen Atemzüge* ❖ ↗ **Atem**, ↗ **ziehen**
* **im gleichen/selben ~** ʿfast gleichzeitigʾ: *er spricht und isst fast im gleichen ~*
Atheismus [ateˈɪsmʊs], **der**; ~, ⟨o.Pl.⟩ ʿAblehnung des Glaubens an die Existenz eines Gottes od. mehrerer Götterʾ; ↗ FELD XII.1.1: *ein Anhänger, Vertreter des ~* ❖ **Atheist, atheistisch**
Atheist [ateˈɪst], **der**; ~en, ~en ʿVertreter des Atheismusʾ; ↗ FELD XII.1.1 ❖ ↗ **Atheismus**
atheistisch [..ˈɪst..] ⟨Adj.; o. Steig.; vorw. attr.⟩ ʿden Atheismus vertretend, betreffendʾ /auf Abstraktes bez./; ↗ FELD XII.1.3: *eine ~e Weltanschauung* ❖ ↗ **Atheismus**
Äther [ˈɛːtɐ], **der**; ~s, ⟨o.Pl.⟩ ʿfarblose, sich leicht entzündende, für die Narkose verwendete Flüssigkeitʾ: *jmdn., ein Tier mit ~ betäuben*
Athlet [atˈleːt], **der**; ~en, ~en **1.** ʿtrainierter Sportler, der an sportlichen Wettkämpfen teilnimmtʾ: *die ~en bereiten sich gründlich auf den Wettkampf vor* **2.** emot. pos. ʿkräftig gebauter, muskulöser Mannʾ:

der Junge ist ein ~ geworden ❖ **Leichtathlet, Leichtathletik**
Atlas [ˈatlas], **der**; ~/~ses, Atlanten [atˈlantn̩]/~se **1.** ⟨Pl.: Atlanten/ umg. ~se⟩ ʿnach bestimmten Kriterien zusammengestellte Sammlung von Landkarten in Form eines Buchsʾ: *eine Stadt, einen Fluss im ~ suchen* **2.** ⟨Pl.: ~se⟩ ʿschweres, meist aus Seide hergestelltes Gewebe mit einer sehr glatten, glänzenden Oberflächeʾ
atmen [ˈaːtmən], atmete, hat geatmet /jmd., Tier/ ʿin regelmäßigem Wechsel Luft durch die Nase od. den Mund in die Lungen gelangen lassen und wieder ausstoßenʾ: *ruhig, tief, schnell, schwer ~; durch die Nase, durch den Mund ~; im Zimmer war nur das gleichmäßige Atmen des Kindes zu hören* ❖ ↗ **Atem**
Atmosphäre [atmoˈsfɛːʀə], **die**; ~, ~n **1.** ʿHülle aus bestimmten Gasen über der Oberfläche eines Planeten, bes. Luft, die die Erde als Hülle umgibtʾ: *dieser Planet hat nur eine dünne ~; ein Satellit zur Erforschung der ~ der Erde; der Satellit ist beim Eintritt in die ~ verglüht* **2.** ⟨o.Pl.⟩ **2.1.** ʿStimmung, die durch anwesende Personen und ihre zwischenmenschlichen Beziehungen, ihr Verhalten entstehtʾ: *zwischen ihnen herrschte eine freundliche, frostige, eisige, gespannte ~; die Unterredung, das Gespräch fand in friedlicher, entspannter, gereizter ~ statt; dem Fest fehlte jede ~* **2.2.** ʿWirkung, die auf Grund bestimmter Faktoren von dem ausgeht, was einen umgibtʾ; SYN Fluidum: *seine Wohnung hat keine ~, hat eine besondere, exotische ~; die fremde, kalte ~ der Großstadt ängstigte ihn* ❖ **atmosphärisch**
atmosphärisch [atmoˈsfɛːʀ..] ⟨Adj.; nicht präd.; vorw. attr.⟩ ʿin der Atmosphäre (1), von der Atmosphäre ausgehendʾ: *~e Einflüsse, Erscheinungen; ~e Störungen* (ʿdurch elektrisches Entladen in der Atmosphäre verursachte, störende Geräusche beim Empfang 3ʾ) ❖ ↗ **Atmosphäre**
Atmung [ˈaːtm..], **die**; ~, ⟨o.Pl.⟩ ʿdas Atmenʾ: *die ~ des Patienten ist normal, beschleunigt sich* ❖ ↗ **atmen**
Atom [aˈtoːm], **das**; ~s, ~e ʿkleinstes Teilchen eines chemischen Elements, das noch dessen charakteristische Eigenschaften besitzt und chemisch nicht weiter zu zerteilen istʾ: *die Spaltung des ~s; das Molekül zerfällt in seine ~e* ❖ **atomar** — **Atombombe, -energie, -kern, -physik**
atomar [atoˈmaːʀ] ⟨Adj.; o. Steig.; nicht präd.; vorw. attr.⟩ **1.1.** ʿauf Atomenergie beruhend, sie betreffendʾ: *~e Waffen; ein U-Boot mit ~em Antrieb; ein ~ angetriebenes U-Boot* **1.2.** ʿauf atomaren (1.1) Waffen beruhend, sie betreffendʾ: *ein ~er Krieg* (ʿmit atomaren 1.1 Waffen geführter Kriegʾ); *die ~e* (ʿdie atomaren Waffen betreffendeʾ) *Abrüstung; das Land ist ~ bewaffnet* ❖ ↗ **Atom**
Atom|[..ˈtoːm..]**|-bombe, die** ʿBombe, bei deren Explosion Atomkerne zerfallen, die dabei größte Mengen an Energie produzieren, wodurch eine massenhafte Vernichtung von Menschen und extreme Zerstörung der Umwelt bewirkt werdenʾ; ↗ FELD V.6.1:

die Entwicklung der ~; *der Abwurf einer* ~ ❖ ↗
Bombe; **-energie, die** 〈o.Pl.〉 SYN 'Kernenergie':
die friedliche Nutzung der ~ ❖ ↗ Atom, ↗ Energie;
-kern, der Phys. 'aus Protonen und Neutronen be-
stehender positiv geladener zentraler Teil eines
Atoms': *die Spaltung des* ~*s* ❖ ↗ Atom, ↗ Kern;
-physik, die 'Wissenschaft von den Atomen, ihrem
Aufbau und den in ihnen stattfindenden Vorgän-
gen' ❖ ↗ Atom, ↗ Physik
Attacke [aˈtakə], **die,** ~, ~**n 1.** 'Angriff (1) in einem
sportlichen Wettkampf': *die Spieler konnten die* ~
der gegnerischen Mannschaft abwehren **2.** SYN 'An-
griff (2)': *der Artikel ist eine* ~ *gegen ihn, auf seine
politische Haltung; die* ~ *seiner Gegner hatte keinen
Erfolg* ❖ ↗ **attackieren**
* /jmd./ **eine ~ gegen jmdn., etw. reiten** ('jmdn., etw.
attackieren 2')
attackieren [ataˈkiːʀən], attackierte, hat attackiert **1.**
/jmd., Tier/ *jmdn.* ~ SYN 'jmdn. angreifen (2)': *die
Demonstranten attackierten die Polizisten (mit Stei-
nen); er wurde plötzlich von hinten attackiert; der
Hund attackierte den Passanten* **2.** /jmd., Presse/
jmdn., etw. ~ SYN 'jmdn., etw. angreifen (3)': *man
hat ihn heftig attackiert; er, sein Plan wurde von
mehreren Rednern attackiert* ❖ **Attacke**
Attentat [ˈatəntaːt/..ˈtaːt], **das;** ~*s*/auch ~*es,* ~*e* 'bes.
politisch motivierte Gewalttat gegen eine im öffent-
lichen Leben stehende Persönlichkeit od. gegen ein
(öffentliches) Gebäude': *ein* ~ *gegen/auf einen ho-
hen Beamten, einen General planen; ein* ~ *auf eine
Bank, Kaserne begehen, verüben; ein* ~ *vereiteln,
verhindern* ❖ **Attentäter**
* umg. scherzh. /jmd./ **ein ~ auf jmdn. vorhaben** 'eine
bestimmte Hilfeleistung von jmdm. wollen': *ich
habe ein* ~ *auf dich vor: kannst du für mich etwas
besorgen?*
Attentäter [ˈ..tɛːtɐ/..ˈtɛːtɐ], **der;** ~*s,* ~ 'jmd., der ein
Attentat verübt, verübt hat': *der* ~ *konnte fliehen,
wurde gefasst* ❖ ↗ **Attentat**
Attest [aˈtɛst], **das;** ~*es*/auch ~*s,* ~*e* 'ärztliche Be-
scheinigung (über jmds. gesundheitliche Schäden)':
ein ~ *vorlegen; der Arzt stellte dem Schüler ein* ~
*aus, das ihn vom Sport befreit; für jmdn. ein amt-
liches* ~ (SYN 'Zeugnis 3') *anfordern, ausstellen*
Attraktion [atʀakˈtsi̯oːn], **die;** ~, ~*en* 'etw., das
durch seine außergewöhnliche Gestaltung und Art
jmdn., ein großes Publikum anzieht (6)': *der Zoo
ist eine* ~ *der Stadt; der Zirkus zeigt neue, sensatio-
nelle* ~*en* ❖ ↗ **attraktiv**
attraktiv [atʀakˈtiːf] 〈Adj.; Steig. reg.〉 **1.1.** 'durch ein
gefälliges, angenehm wirkendes Äußeres in starkem
Maße das Interesse, die Aufmerksamkeit von
jmdm., bes. vom anderen Geschlecht, erregend';
SYN flott (2) /auf Personen bez./: *ein* ~*es Mäd-
chen; er ist eine* ~*e Erscheinung; sie ist, sieht* ~ *aus*
1.2. 'durch seine geschmackvolle, hübsche Gestal-
tung in starkem Maße das Interesse, die Aufmerk-
samkeit von jmdm. erregend' /auf Gegenstände
bez./: *ein* ~*es Kleid, Auto; die Möbel sind* ~*, sehen*
~ *aus* **2.** 'durch bes. günstige Voraussetzungen, Be-

dingungen, Vorteile starken Anreiz bietend' /bes.
auf Abstraktes bez./: ~*e Berufe, Löhne, Preise; ein*
~*er Badeort; eine* ~*e Reise; jmdm. ein* ~*es Angebot
machen* ❖ **Attraktion**
Attribut [atʀiˈbuːt], **das;** ~*es*/auch ~*s,* ~*e* 'charakte-
ristische Eigenschaft, Merkmal, das zu jmdn., etw.
gehört': *die* ~*e der Männlichkeit sind ...; ihr, ihm
ist das* ~ *der absoluten Treue eigen*
ätzen [ˈɛtsn̩] 〈trb. reg. Vb.; hat〉 **1.** /Säure, Lauge/
'zerstörend auf etw. wirken': *die Säure ätzt;* ~*de
Chemikalien* **2.** /jmd., Maschine/ *etw. in/auf etw.*
'etw. durch Gebrauch von Säure, Lauge auf der
Oberfläche eines Metalls erzeugen': *das Bild wird
in, auf eine Platte (aus Kupfer) geätzt*
au(a) [au/aua] 〈Interj.; alleinstehend〉 /drückt kör-
perlichen Schmerz aus/: ~*, das tut weh, du tust mir
weh!;* ~*, fass mich nicht so grob an!*
¹auch [aux] 〈Adv.〉 SYN 'ebenfalls': *er hat Recht,
aber du hast* ~ *Recht; ich bin* ~ *müde; er hat sich*
~ *daran beteiligt*
²auch I. 〈als Glied mehrteiliger Konj.〉 **1.** 〈subordi-
nierend; der Nebensatz steht vor od. nach dem
Hauptsatz; Fragewort + ~ (+ immer) /konzessiv/
wer/was/warum/wie/wo/wohin ~ immer): *wer* ~ *(im-
mer) gekommen ist* ('es mag gekommen sein, wer
will; jeder beliebige'), *er sei uns willkommen; was* ~
(immer) geschehen ist, wir werden es erfahren; wo
~ *immer er sein mag, wir denken an ihn/wir denken
an ihn, wo* ~ *immer er sein mag; wohin* ~ *immer er
blickte, er sah nur Wüste* **2. sowohl ... als ~** ...: ↗
sowohl; **nicht nur ... sondern ~:** ↗ ²*sondern (2)* –
II. 〈als Glied zusammengesetzter od. mehrteiliger
subordinierender Konjunktionen〉 /konzessiv/: ↗
wenn/wenn ~ ... (so doch): ↗ *wenn (3);* **wie ... ~:** ↗
³*wie (II.2.4);* **soviel ... ~:** ↗ ²*soviel;* **so ... ~:** ↗ ²*so
(2);* **sosehr ... ~:** ↗ *sosehr;* **~ wenn:** ↗ *wenn (3.2)*
³auch 〈Modalpartikel; unbetont; steht nicht am Satz-
anfang; bezieht sich auf den ganzen Satz **1.** 〈steht in
Aussagesätzen〉 /bezieht sich begründend od. recht-
fertigend auf eine zuvor geäußerte Behauptung/:
„Du siehst ganz blass aus." „Ich fühle mich ~
krank."; man glaubte, *er wäre schuld daran, und das
bestätigte sich* ~*; wir hielten ihn für einen Trinker, und
das war* ~ *so; in der Bibliothek finde ich alles, was ich
brauche, sie enthält* ~ *eine Million Bände* **2.** 〈steht in
Fragesätzen, in Entscheidungsfragen〉 /bezieht sich
auf die Voraussetzungen und stellt sie in Frage; der
Sprecher will sich vergewissern und erwartet eine
positive Antwort/: *du sagst, du bist krank, kann ich
es* ~ *glauben?; hast du dich* ~ *nicht getäuscht?; hast
du es dir* ~ *gut überlegt?; hast du* ~ *den Wecker
gestellt?; hast du es* ~ *verstanden?* **3.** 〈steht in Fra-
gesätzen, in Ergänzungsfragen〉 /bezieht sich auf
eine vorausgehende negative Aussage und gibt vor-
wurfsvoll aus der Sicht des Sprechers den Grund
für den negativen Sachverhalt an/: *dir ist kalt?
Warum hast du* ~ *keinen Mantel angezogen?; „Ich
mag nicht mehr essen." „Warum hast du* ~ *vorher
so viel Süßes gegessen?"; wir besuchen unsere Tante
heute nicht, warum (sollten wir)* ~? **4.** 〈steht in

Aufforderungssätzen⟩ /bezieht sich auf einen Sachverhalt, dessen Realisierung der Sprecher fordert/: *nun iss ~ tüchtig!; nun grüß ~ deine Eltern von mir!; benimm dich ~ anständig!; denk ~ daran, dir die Zähne zu putzen!; schlaf ~ schön!* **5.** ⟨steht in Ausrufesätzen (mit Ergänzungsfragen)⟩ /der Sprecher drückt damit seinen Ärger über den Sachverhalt aus/: *warum ist er ~ immer unpünktlich!; musst du ~ immer dabei sein!; er kann ~ nie den Mund halten!; wie oft habe ich es dir ~ schon gesagt!; wie konnte er das ~ tun!* **6.** ⟨steht in dass-Nebensätzen o. Hauptsatz mit dem Charakter des Ausrufs⟩ /bezieht sich auf einen Sachverhalt, bestätigt und bewertet ihn meist negativ/: *dass er ~ immer zu spät kommt!; dass es ~ heute regnen muss!; dass du ~ immer dazwischenredest!*

⁴auch ⟨Gradpartikel⟩ **1.** ⟨betont od. unbetont; steht vor Aufzählungen, auch nach der Bezugsgröße; bezieht sich auf verschiedene Kategorien, bes. auf Subst., Pronomen, Vb.⟩ /schließt andere Sachverhalte ein; fügt einen Sachverhalt gleichen Sachverhalten hinzu/: *er gab mir ~ (noch) etwas Geld;* SYN ²*ebenfalls,* ²*gleichfalls: Fritz hat sich ~ ein Motorrad gekauft* /so wie die anderen/; *sein Bruder war ~ dabei; gegen Mitternacht gingen alle nach Hause, wir (gingen) ~/~ wir; ich muss heute ~ Einkäufe machen* **2.** ⟨unbetont; steht vor der Bezugsgröße; steht vorw. vor Subst., Pron.⟩ /schließt andere Sachverhalte ein, hebt aber einen Sachverhalt aus einer Menge, Reihe hervor/; SYN sogar, ²selbst: *~ der kleinste Fehler darf nicht passieren! das kann ~ nur mir passieren; ~ du solltest dich darum bemühen!*

Audienz [au̯diˈɛnts], **die**; ~, ~en 'offizieller Empfang bei einer bestimmten, eine hohe (gesellschaftliche) Stellung innehabenden Persönlichkeit (und Unterredung mit ihr)': *jmdn. um eine ~ ersuchen; jmdm. (eine) ~ gewähren*

Auerhahn [ˈau̯ɐ..], **der**; ~s, Auerhähne [ˈ..hɛːnə/ ..heːnə] 'in Wäldern heimischer männlicher Vogel, der im zeitigen Frühjahr auf bestimmte Weise balzt' ❖ ↗ **Hahn**

¹auf [au̯f] ⟨Adv.⟩ **1.** ⟨nur in imperativischen Sätzen⟩ /als Aufforderung, sich sofort in Bewegung zu setzen/: *~, wir müssen abfahren!; ~, an die Arbeit!* **2.** ⟨nur präd. (mit *sein*)⟩ *jmd. ist ~* 'jmd. ist aufgestanden': *er ist immer schon um 5 Uhr ~* **3.** ⟨nur präd. (mit *sein*)⟩ umg. *etw. ist ~* **3.1.** 'etw. ist offen (1.1), geöffnet (1.1)'; ↗ FELD I.7.8.3: *das Fenster, die Tür ist ~* **3.2.** 'etw. ist offen (1.2), geöffnet (3)': *die Geschäfte sind bis 18 Uhr ~* ❖ vgl. **auf/Auf-**
* umg. ~ **und davon** '(schnell, für immer) fort': *er war ~ und davon, ehe ich etwas erwidern konnte* MERKE Zur Getrennt-, Zusammenschreibung von *auf* und *sein*: Getrenntschreibung auch im Infinitiv

²auf ⟨als Glied der zusammengesetzten subordinierenden Konj. **auf dass**; der Nebensatz steht nach dem Hauptsatz; + Konj. des Vb. im Nebensatz⟩ /final/ geh. SYN '²damit': *täglich treibt er Sport, ~ dass er gesund bleibe, werde*

³auf ⟨Präp. mit Dat., Akk.; vorangestellt; vgl. *aufs*⟩ **1.** ⟨mit Dat.⟩ /lokal/ **1.1.** ⟨in Verbindung mit Begriffen, die Gegenstände darstellen⟩ /gibt eine Lage auf der Oberseite von etw. und die Berührung mit der Unterlage an/: *das Buch liegt ~* (ANT unter 1.2) *dem Tisch; ~ dem Stuhl sitzen; wir saßen ~ dem Dach, Berg;* ⟨in Verbindung mit Begriffen, die Reittiere, bestimmte Fahrzeuge darstellen⟩ /gibt auch das Mittel an/: *er reitet ~ einem Pferd, Kamel; er fährt ~ einem Fahrrad, Motorrad* **1.2.** /gibt den Aufenthalt in einem bestimmten Bereich od. Raum an/: *die Kinder spielen ~ der Straße, ~ dem Korridor; sie ist ~ ihrem Zimmer; der Wagen steht ~ dem Hof; er wohnt ~ dem Lande;* ⟨steht vor Namen von Inseln⟩ *er war ~ Kreta, Hawaii; er hat seinen Urlaub ~ Mallorca verlebt* **1.3.** ⟨in Verbindung mit Begriffen, die Institutionen darstellen⟩ /gibt den Aufenthalt und dessen Zweck an/: *er ist ~ dem Postamt, ~ der Bank, Polizei, um ...; er wartete eine halbe Stunde ~ dem Bahnhof, weil der Zug Verspätung hatte* **1.4.** ⟨oft in Verbindung mit Verbalabstrakta⟩ /gibt die Teilnahme an einer Veranstaltung, Zusammenkunft an/: *er war ~ einer Versammlung, Hochzeit, Beerdigung* **1.5.** ⟨+ Subst. o. Art.; + *sein*⟩ /gibt jmds. Aufenthalt und Tätigkeit an/: *wir sind ~ Reisen, Wanderschaft; vom 1.−14. August sind wir ~* (SYN 'im') *Urlaub* **2.** ⟨mit Akk.; vor best. Art. Neutr. auch *aufs*⟩ /lokal/ **2.1.** ⟨in Verbindung mit Begriffen, die Gegenstände darstellen⟩ /gibt bei einer Bewegung, Handlung die Richtung an, die zur Lage von *auf* (1.1) führt/: *das Buch ~ den Tisch legen; sich ~ den Stuhl, aufs Sofa setzen* **2.2.** /gibt die Richtung auf einen bestimmten Bereich, Raum hin an/: *er ging ~ die Straße, ~ den Hof; sie ging ~ ihr Zimmer, ~ den Korridor; das Auto fuhr ~ den Parkplatz* **2.3.** ⟨in Verbindung mit Begriffen, die Institutionen darstellen⟩ /gibt das Ziel an; vgl. 1.3/: *er ging ~ die Bank, aufs Postamt, aufs Polizeirevier* **2.4.** ⟨in Verbindung mit Verbalabstrakta⟩ /gibt die Teilnahme an einer Veranstaltung, Zusammenkunft als Ziel an/: *~* (SYN 'zu') *eine Versammlung, Beerdigung gehen; ~ ein Fest, ~ eine Hochzeit gehen* **2.5.** ⟨+ Subst. o. Art.⟩ /gibt den Beginn von *auf* (1.5) an/: *er geht ~ Reisen, Wanderschaft* **3.** ⟨mit Akk.; meist in Verbindung mit *zu*; in Verbindung mit Begriffen, die Personen, Orte darstellen⟩ /gibt die waagerechte Richtung einer Bewegung auf jmdn., etw. an/: *er kam ~ sie zu und streckte ihr die Hand entgegen; langsam ging er ~ sie zu; sie flogen ~ N zu; die Truppen rückten ~ die Stadt vor; er fuhr langsam ~ die Kreuzung zu* **4.** ⟨mit Akk.; in Verbindung mit Zeitbegriffen⟩ **4.1.** /gibt die Gleichzeitigkeit einer Handlung, eines Vorgangs mit einer Handlung, einem Vorgang an; beschränkt verbindbar/: SYN während: *~ der Wanderung verstauchte sie sich den Fuß; ~ der Tagung waren interessante Vorträge zu hören* **4.2.** /gibt eine bestimmte Zeitdauer an; vgl.

für/: ~ *unbestimmte Zeit verreisen; die Reise ist* ~ *zwei Monate,* ~ *Dezember, Mittwoch,* ~ *morgen festgelegt* **4.3.** ⟨steht zwischen zwei Zeitangaben, Zeitbegriffen; oft in Verbindung mit ↗ *von*⟩ /gibt eine genau festgelegte Zeitspanne zwischen zwei zeitlichen Begrenzungen an/: *der Überfall ereignete sich in der Nacht vom 17.* ~ *den 18. Dezember* **4.4.** ⟨in Verbindung mit Begriffen, die Naturereignisse, Psychisches darstellen⟩ /gibt die Aufeinanderfolge an/: ~ *Regen folgt Sonne;* ~ *Freude folgt Trauer* **4.5.** ⟨in kommunikativen Wendungen⟩ ~ ↗ *Wiedersehen!* **5.** ⟨mit Akk.; steht vor bestimmten Verbalabstrakta⟩ /final; gibt das Ziel, den Zweck einer best. Tätigkeit an; beschränkt verbindbar/: ~ *(die) Jagd gehen;* ~ *Mäusefang aus sein;* ~ *jmds. Wohl trinken* **6.** ⟨mit Akk.; + Subst. o. Art.; steht vorw. vor Verbalabstrakta⟩ /kausal; gibt den Anlass für eine Handlung, Tätigkeit an/: ~ *Befehl des Hauptmanns erstattete er Bericht;* ~ *Wunsch seiner Eltern erlernte er ein Handwerk;* ⟨+ Art.; + *hin*⟩ ~ *seinen Wunsch, Befehl hin verließ er den Raum* **7.** ⟨mit Akk.⟩ /gibt die Art und Weise an/ **7.1.** ⟨in Verbindung mit Maßangaben; mit fakult. *genau*⟩: ~ *die Minute (genau) traf der Zug ein; das Werkstück muss* ~ *den Millimeter genau passen* **7.2.** ⟨in Verbindung mit *Art, Weise*⟩: *etw.* ~ *höfliche Art (und Weise) sagen; er macht es* ~ *seine Weise* **7.3.** ⟨in Verbindung mit Sprachbez.⟩ /weist auf die Sprache hin, in der etw. vermittelt wird/; SYN in (5): *etw.* ~ *Deutsch, Englisch, Französisch sagen, erklären* **7.4.** ~ ↗ ¹*einmal* **8.** ⟨mit Akk.; in Verbindung mit Maßangaben⟩ /gibt an, wieviel jeweils bei einer Verteilung auf jeden einzelnen entfallen/; SYN ¹*je* (1): *man nimmt drei Eier* ~ *ein Pfund Mehl;* ~ *jede Person entfallen 100 Mark* **9.** ⟨mit Akk.; in fester Abhängigkeit von Verben, Adj., Subst.⟩: ~ *jmdn., etw. achten;* ~ *jmdn. warten, sich* ~ *etw., jmdn. freuen; sich* ~ *jmdn., etw. verlassen; stolz auf jmdn., etw. sein; ein Recht* ~ *etw. haben* ❖ **drauf, rauf** – **bergauf, darauf, daraufhin, hierauf, obenauf, Sonnenaufgang, Trickaufnahme;** vgl. **auf/Auf-** MERKE Zu ²*auf* (1.2): In Verbindung mit Bez. für Inseln wird bei lokalen Angaben *auf* statt *in* verwendet: *er war* ~ *Kreta,* aber: *er war in Griechenland;* zu 2.3: *er ging* ~ *die Bank, aufs Postamt,* aber: *er ging zum Bahnhof*

auf- /bildet mit dem zweiten Bestandteil Verben; betont; trennbar (im Präsens u. Präteritum) **1.** /drückt aus, dass das im zweiten Bestandteil Genannte in Richtung nach oben erfolgt od. dass durch das im zweiten Bestandteil Genannte eine Größe nach oben bewegt wird/: ↗ z. B. *aufspringen* (1) **2.** /drückt aus, dass durch das im zweiten Bestandteil Genannte eine Größe auf eine andere Größe gelangt/: ↗ z. B. *aufladen* (1) **3.** /drückt aus, dass durch das im zweiten Bestandteil Genannte eine Größe geöffnet wird/ ANT zu- (1): ↗ z. B. *aufmachen* (1) **4.** /drückt aus, dass das im zweiten Bestandteil Genannte kurz, einmal, plötzlich erfolgt/: ↗ z. B. *aufschreien, auflachen* **5.** /drückt aus, dass

durch das im zweiten Bestandteil Genannte eine Größe schließlich nicht mehr vorhanden ist/: ↗ z. B. *aufessen* ❖ vgl. **auf/Auf-**
auf/Auf-['ɑuf..]|-**atmen**, atmete auf, hat aufgeatmet /jmd./ 'sich von einem psychischen Druck befreit fühlen': *er atmete (erleichtert) auf, als alles vorüber war* ❖ ↗ Atem; **-bahren** [bɑːʀən] ⟨trb. reg. Vb.; hat⟩ /jmd./ *jmdn. irgendwo, irgendwie* ~ 'einen Toten in einen Sarg legen und den offenen Sarg so aufstellen, dass der Tote betrachtet werden kann'; ⟨vorw. im Pass. u. Perf.⟩ *die Opfer des Unglücks wurden öffentlich, auf dem großen Platz aufgebahrt; man hat ihn in der Kapelle aufgebahrt* ❖ ↗ Bahre; **-bau, der** ⟨o.Pl.⟩ **1.** /zu *aufbauen* 1–3/ 'das Aufbauen'; /zu 1/; ↗ FELD V.3.1: *der* ~ *einer zerstörten Stadt;* /zu 2/ ANT Abbau (1): *der* ~ *eines Zelts;* /zu 3/: *der* ~ *eines Industriezweiges* **2.** SYN 'Struktur (1)': *der* ~ *eines Atoms, einer Zelle* ❖ ↗ Bau; **-bauen** ⟨trb. reg. Vb.; hat⟩ **1.** /Institution, Betrieb, jmd./ *etw.* ~ 'etw. Gebautes, das zerstört, abgerissen wurde, von neuem bauen'; ↗ FELD V.3.2: ⟨vorw. im Pass.⟩ *die von Bomben zerstörte Stadt, das abgebrannte Haus wurde (wieder) aufgebaut* **2.** /jmd., Betrieb/ *etw.* ~ 'etw., das aus bestimmten einzelnen, zum Gebrauch im Voraus gefertigten Teilen besteht, zusammensetzen'; SYN aufschlagen (6); ANT abbauen (1): *ein Zelt, einen Bungalow* ~ **3.** /jmd., Institution, Betrieb/ *etw.* ~ 'etw., bes. einen bestimmten geschäftlichen Bereich, schaffen': *eine neue Abteilung im Betrieb, eine Behörde* ~; *einen Industriezweig im Land* ~; *sich* ⟨Dat.⟩ *etw.* ~: *sich eine neue Existenz* ~ **4.** umg. /jmd./ *sich irgendwo* ~ 'sich irgendwo in einer geraden Haltung aufstellen': *sich vor jmdm., neben der Tür* ~ **5.** /jmd., etw./ *jmdn.* ~ 'jmdm. durch Stärkung seines Selbstvertrauens zu einer bestimmten Leistung, zu einem positiven Verhalten verhelfen'; ANT entmutigen: *einen Schüler, Studenten vor der Prüfung* ~; *dieser Erfolg hat mich aufgebaut* **6.** /jmd., Institution/ *jmdn.* ~ 'daran arbeiten, dass jmd. die Fähigkeiten und Kenntnisse erwirbt, eine spezielle (künstlerische, politische) Laufbahn einzuschlagen, einen höheren Posten zu übernehmen': *einen Sänger, Pianisten, Politiker* ~; *die Leitung will ihn zum Abteilungsleiter* ~ ❖ ↗ Bau; **-bäumen, sich** ⟨trb. reg. Vb.; hat⟩ **1.** *das Pferd bäumt sich auf* ('richtet, auf den Hinterbeinen stehend, seinen Körper mit einem Ruck nach oben') **2.** emot. /jmd./ *sich gegen etw.* ~ 'sich gegen etw. empören, auflehnen': *sich gegen sein Schicksal, gegen Unrecht* ~ ❖ ↗ bäumen; **-bauschen** [bɑuʃn̩] ⟨trb. reg. Vb.; hat⟩ **1.** /Luftzug/ *etw.* ~ 'etw. Flächiges aus Stoff füllig und prall machen': *der Wind bauschte die Segel, die Wäsche auf der Leine auf* **2.** /jmd., Institution o.Ä./ *etw.* ~ 'etw., bes. ein Ereignis, in einer mündlichen od. schriftlichen Äußerung größer, besser, schlimmer erscheinen lassen, als es in Wirklichkeit ist'; SYN übertreiben (1.1): *er, die Presse bauschte den Vorfall, die Affäre auf* ❖ ↗ Bausch; **-bessern** ⟨trb. reg. Vb.; hat⟩ /jmd./ *etw.* ~ 'seine Einkünfte durch ei-

nen zusätzlichen Verdienst erhöhen': *sein Gehalt, Taschengeld, seine Rente durch Nachhilfeunterricht ~* ❖ ↗ besser; **-bewahren** ⟨trb. reg. Vb.; hat; vorw. mit Adv.best.⟩ /jmd./ *etw.* ~ ˈetw., bes. etw. Wertvolles od. fremdes Eigentum, das einem vorübergehend anvertraut ist, an eine Stelle bringen, an der es nicht verloren gehen od. nicht verderben kann, und es dort lassen'; SYN aufheben (2): *Dokumente, Schmuck gut, sorgfältig, in einer Kassette ~; Medikamente kühl ~; jmds. Ring, Sparbuch (bis zu seiner Rückkehr) ~* ❖ ↗ wahren; **-bieten**, bot auf, hat aufgeboten /jmd./ *etw.* ~ ˈalles Verfügbare für etw. aufwenden, alle verfügbaren Personen zu etw. holen': *alle Energie, alle seine Kräfte, all seinen Einfluss, seine ganze Autorität ~, um etw. Bestimmtes zu erreichen; er bot die ganze Verwandtschaft als Zuschauer auf* ❖ ↗ bieten MERKE Beim Akk.obj. steht immer das Indefinitpron. *all* od. das Adj. *ganz* und meist ein Possessivpron.; **-blasen** (er bläst auf), blies auf, hat aufgeblasen /jmd./ *etw.* ~ ˈeine leere Hülle füllig und prall machen, indem man durch kräftiges Ausstoßen des Atems Luft in sie hinein befördert': *einen Luftballon, eine Luftmatraze, eine Schwimmweste ~* ❖ ↗ blasen; **-blühen** ⟨trb. reg. Vb.; ist; vorw. im Perf.⟩: *die Rose ist aufgeblüht* (ˈihre Blütenblätter sind aus der Knospe gewachsen'; ↗ FELD II.4.2) ❖ ↗ blühen; **-brechen** (er bricht auf), brach auf, hat/ist aufgebrochen 1. ⟨hat⟩ /jmd./ *etw.* ~ ˈetw. Verschlossenes (↗ *verschließen*) gewaltsam öffnen'; ↗ FELD I.7.8.2: *die Tür, einen Safe, ein Auto* ~ 2. ⟨ist; vorw. im Perf.⟩ /etw., das etw. bedeckt/ ˈplötzlich einen Riss, Risse, ein Loch, Löcher bekommen': *das Eis auf dem Fluss ist aufgebrochen; das Geschwür ist aufgebrochen* 3. ⟨ist⟩ /jmd., Gruppe/ ˈden bisherigen Aufenthaltsort verlassen und in Richtung auf ein bestimmtes Ziel gehen, fortgehen'; ↗ FELD VII.1.2: *er ist in aller Frühe (zu einer Reise) aufgebrochen; wir müssen jetzt ~; es ist Zeit aufzubrechen* ❖ ↗ brechen; **-bringen**, brachte auf, hat aufgebracht 1. /jmd., Betrieb o.Ä./ *etw.* ~ ˈGelder beschaffen, zusammenbringen': *das nötige Geld, die erforderlichen Mittel (für die Gründung einer Firma)* ~ 2. /jmd./ *etw. zu/für etw., etw. für jmdn.* ~ ˈmit großem Einsatz bes. geistiger Kräfte fähig sein, etw. in Bezug auf etw., jmdn. zu tun'; SYN finden (1.8): *den Mut, die Geduld zu etw. ~; er bringt viel Verständnis, Interesse für ihre Probleme, für seine Schüler auf; er brachte nicht die Kraft, Energie auf, sein Examen zu machen* 3. /jmd., etw./ *jmdn.* ~ SYN ˈjmdn. erzürnen (1)': *der Junge, sein Verhalten, das brachte ihn mächtig auf; jmdn. gegen sich* ~; ⟨oft im Pass. u. adj. im Part. II⟩ *über jmdn., etw. aufgebracht* (ˈwütend') *sein: sie waren sehr über die lauten Nachbarn, über den Lärm aufgebracht; er versuchte, die aufgebrachten Leute zu beruhigen* ❖ ↗ bringen; **-bruch, der** ⟨vorw. Sg.⟩ ˈdas Aufbrechen (3)'; ↗ FELD VII.1.1: *die Gäste rüsteten (sich) zum ~, waren im ~ begriffen* ❖ ↗ brechen; **-brühen** ⟨trb. reg. Vb.; hat⟩ /jmd./ *Kaffee, Tee* ~ (ˈKaffee, Tee zubereiten,

indem man kochendes Wasser über Kaffeepulver od. Teeblätter gießt') ❖ ↗ brühen; **-decken** ⟨trb. reg. Vb.; hat⟩ 1. /jmd./ *jmdn., etw.* ~ ˈetw., das jmdn., etw. bedeckt, von ihm, davon nehmen'; ANT zudecken (1.2); ↗ FELD I.7.8.2: *den Kranken, das Kind ~; den Vogelkäfig ~* 2. /jmd./ ˈden Tisch decken'; ANT abräumen (1.2): *kannst du schon mal ~?; im Wohnzimmer war schon aufgedeckt* 3. /jmd., Institution o.Ä./ *etw.* ~ ˈetw. von Menschen verursachtes und geheim gehaltenes Negatives erkennen und andere, bes. die Öffentlichkeit, davon in Kenntnis setzen': *Missstände, eine Verschwörung, ein Verbrechen ~* ❖ ↗ decken; **-drängen** ⟨trb. reg. Vb.; hat⟩ 1. /jmd./ *jmdm. etw.* ~ ˈjmdn. drängen, nötigen, etw. anzunehmen'; SYN aufnötigen: *sie drängte ihrem Gast ein Stück Kuchen, eine Tasse Kaffee auf; jmdm. seine Freundschaft, Gesellschaft ~; er drängte seinen Kollegen seine Ansichten, seine Meinung auf* (ˈzwang sie, seine Ansichten, seine Meinung anzuhören') 2. /jmd./ *sich jmdm.* ~ ˈjmdn. drängen, seine Gesellschaft od. Hilfe anzunehmen, ohne dass dieser darum gebeten hat': *sich einem Fremden als Führer ~; er wollte sich ihnen nicht (mit seinem Rat) ~* 3. /etw./ *sich jmdm.* ~ ˈjmdm. zwingend, zwangsläufig bewusst werden': *ein plötzlicher Gedanke, eine Frage, eine Erinnerung drängte sich ihm auf* ❖ ↗ drängen; **-drehen** ⟨trb. reg. Vb.; hat⟩: /jmd./ *den Wasserhahn, Gashahn* ~ (ˈso drehend bewegen, dass Wasser, Gas ausströmen kann'; ANT zudrehen 1) ❖ ↗ drehen; **-dringlich** [drɪŋ..] ⟨Adj.⟩ 1. ⟨Steig. reg.⟩ ˈsich jmdm. aufdrängend und daher lästig fallend'; ANT zurückhaltend (1) /auf Personen bez./: *ein ~er Mensch; er ist, wirkt ~* 2. ⟨Steig. reg., ungebr.⟩ ˈallzu intensiv und dadurch lästig wirkend' /auf Sachen bez./: *eine ~e Reklame; seine Höflichkeit ist, wirkt ~; das Parfüm riecht ~* ❖ ↗ dringen; **-druck, der** ⟨Pl. ~e⟩ ˈkurzer, auf einen Gegenstand, bes. eine Ware, gedruckter Text, der Informationen o.Ä. zum Inhalt hat': *der ~ auf dem Etikett der Weinflasche gibt das Herkunftsland an* ❖ ↗ drucken; **-einander** [aɪnˈandɐ] ⟨Adv.⟩ 1. ˈeiner auf den anderen, eines auf das andere': *sie nehmen ~ Rücksicht, sind ~ angewiesen; die Farben des Kleids sind ~ abgestimmt* 2. ˈeiner gegen den anderen': *sie gingen ~ los* ❖ ↗ ˈein, ↗ anderer MERKE Verbindungen aus *aufeinander* + Vb. werden getrennt geschrieben

Aufenthalt [ˈaʊfɛnthalt], **der**; ~s/auch ~es, ~e 1. ˈzeitlich begrenzte Anwesenheit an einem Ort': *während seines ~s in N geschah ein Mord; der ~ auf dem Schulhof während des Unterrichts ist verboten* 2. ⟨o.Pl.⟩ 2.1. *der Zug hat 3 Minuten* ~ (ˈhält nur 3 Minuten') 2.2. *ohne* ~ ˈohne Halt (auf einer Station), ohne die Fahrt zu unterbrechen': *sie fuhren ohne ~ nach Hause* ❖ ↗ halten

auf/Auf[ˈaʊf..]**-erstehen**, erstand auf, ist auferstanden ⟨vorw. im Perf.⟩ Rel. /jmd./ ˈnach dem Tod wieder zu leben beginnen': *Christus ist von den Toten, vom Tode ~; die Christen glauben, dass die Toten ~* ❖

↗ stehen; **-essen** (er isst auf), aß auf, hat aufgegessen /jmd./ *etw.* ~ ˈetw. essen, bis nichts mehr davon übrig istˈ; ↗ FELD I.8.2: *das Kind hat alles aufgegessen; iss deine Suppe auf!* ❖ ↗ essen; **-fahren** (er fährt auf), fuhr auf, ist/hat aufgefahren **1.** ⟨ist⟩ /Kraftfahrzeug, jmd./ *auf etw.* ~ ˈwährend der Fahrt von hinten auf etw., bes. ein Fahrzeug, aufprallenˈ: *das Auto, er war auf einen LKW, auf ein Hindernis aufgefahren* **2.** ⟨hat⟩ umg. /jmd./ *etw.* ~ ˈgroße Mengen von Speisen auftischenˈ: *sie hat mehrere Sorten Gemüse und Fleich aufgefahren; er ließ Wein und Likör* ~ **3.** ⟨ist; + Adv.best.⟩ /jmd./ ˈaus liegender, ruhender Stellung sich plötzlich rasch aufrichten (und so aus dem Zustand der geistigen Abwesenheit kommen)ˈ: *er fuhr erschrocken, entsetzt, mit einem Ruck auf; er fuhr aus dem Schlaf, aus seinen Träumen, Gedanken auf* ❖ ↗ fahren; **-fahrt, die** ˈStraße, auf der man mit seinem Fahrzeug auf die Autobahn gelangtˈ; ANT Ausfahrt (2) ❖ ↗ fahren; **-fallen** (er fällt auf), fiel auf, ist aufgefallen /etw., jmd./ ˈdurch etw. Besonderes Aufmerksamkeit erregen, von allen, jmdm. bemerkt werdenˈ: *seine Kleidung, zeichnerische Begabung fiel auf; seine Abwesenheit, das Schweigen des Vaters fiel (nicht weiter) auf; er fiel (durch sein Benehmen) unangenehm auf; es fällt allgemein auf, dass ...; sie ist eine ~de Erscheinung, kleidet sich ~d; die Ähnlichkeit der beiden Schwestern ist ~d* ❖ auffallend, auffällig MERKE Beim Subj. steht meist ein Possessivpron. od. ein Gen.attr.; **-fallend** [falənt] ⟨Adv.; vor Adj., Adv.⟩ ˈin einer Weise, dass man es sofort merktˈ /beschränkt verbindbar/: *er war ~ still, ruhig; es ist hier ~ sauber; die Geschwister sehen sich ~ ähnlich* ❖ ↗ auffallen; **-fällig** ⟨Adj.; Steig. reg.⟩ ˈdurch etw. Besonderes Aufmerksamkeit erregend, auf sich lenkendˈ: *ein ~es Benehmen; sich ~ kleiden; seine Frisur ist sehr ~; er konnte beim Durchsuchen des Gartens keine ~en* (ˈverdächtigenˈ) *Spuren, nichts Auffälliges entdecken* ❖ ↗ auffallen; **-fangen** (er fängt auf), fing auf, hat aufgefangen **1.** /jmd./ *etw.* ~ SYN ˈetw. fangen (3)ˈ: *er fing den Ball, Apfel (geschickt) auf* **2.** /jmd./ *etw.* ~ ˈeine Flüssigkeit in ein Gefäß fließen lassen und so sammelnˈ: *Regenwasser in einer Tonne* ~ **3.** /jmd./ *einen Schlag, Stoß, Hieb* ~ (ˈmit dem Arm od. einem Gegenstand abwehren 2ˈ) ❖ ↗ fangen; **-fassen**, fasste auf, hat aufgefasst **1.** /jmd./ **1.1.** *etw. als etw.* ~ ˈetw. als etw. deuten (1)ˈ: *jmds. Worte als Vorwurf, als eine persönliche Beleidigung* ~ **1.2.** *etw. irgendwie* ~: *er hat meine Bemerkung persönlich aufgefasst* (ˈals persönliche Kränkung, Kritik empfundenˈ); *er hat meine Bemerkung falsch aufgefasst* (ˈmissverstandenˈ); *den Roman kann man verschieden* ~ (ˈinterpretierenˈ) **2.** /jmd./ *etw. irgendwie* ~ ˈetw., bes. einen komplexen Inhalt, irgendwie begreifen, verstehenˈ: *er fasste die Erklärungen schnell, richtig auf; das Kind fasst leicht, schnell auf* ❖ ↗ fassen; **-fassung, die** SYN ˈMeinungˈ: *er vertrat die ~, dass ...; ich kann diese ~ nicht teilen; eine andere, unterschiedliche, strenge ~ (von etw.)*

haben; *ich bin der ~, dass ...; dieser Roman lässt verschiedene ~en* (SYN ˈInterpretationenˈ) *zu* ❖ ↗ fassen; **-finden**, fand auf, hat aufgefunden ⟨oft im Pass.⟩ /Polizei, jmd./ *jmdn., etw. irgendwie, irgendwo* ~ ˈjmdn., den man vermisst, etw., das verloren gegangen, verborgen ist, (nach langem Suchen) entdecken, findenˈ: *die Polizei fand die vermisste Person bewusstlos, tot auf; das Kind, der Schlüssel war nicht aufzufinden* ❖ ↗ finden; **-fordern** ⟨trb. reg. Vb.; hat⟩ **1.1.** /jmd./ *jmdn. zu etw.* ~ ˈjmdn. nachdrücklich bitten, etw. Bestimmtes zu tunˈ: *jmdn. zur Mitarbeit, zum Reden* ~; *er forderte ihn auf, das Zimmer zu verlassen* **1.2.** /jmd./ *jmdn.* ~ ˈjmdn. um einen Tanz bittenˈ: *er forderte das Mädchen (zum Tanz) auf* ❖ ↗ fordern; **-forderung, die** ˈmit Nachdruck vorgebrachte Bitte, etw. Bestimmtes zu tunˈ: *eine (dringende, schriftliche) ~ zur Mitarbeit erhalten; einer ~ Folge leisten, nachkommen* ❖ ↗ fordern; **-führen** ⟨trb. reg. Vb.; hat⟩ **1.** /Theater/ *etw.* ~ ˈein Bühnenwerk vor dem Publikum gestaltenˈ; SYN spielen: *eine Oper, ein Ballett* ~; *das Theater führt (in der nächsten Spielzeit) Brecht auf* (ˈspielt ein Stück, Stücke von Brechtˈ) **2.** /jmd./ *sich irgendwie* ~ ˈsich bes. in der Öffentlichkeit irgendwie benehmenˈ: *er hat sich anständig, schlecht, wie ein Rüpel aufgeführt* **3.** /jmd., Institution o.Ä./ *etw., jmdn., bes. zwei od. mehrere Sachen, Personen* ~ ˈetw., jmdn., bes. zwei od. mehrere Sachen, Personen nennen, aufzählenˈ: *Beispiele, Gründe (für etw.)* ~; *die in der Liste aufgeführten Preise, Teilnehmer* ❖ ↗ führen; **-führung, die 1.** ˈVeranstaltung, bei der ein Bühnenwerk, Film vorgeführt wirdˈ: *die ~ heute Abend war großartig, erfolgreich* **2.** ˈdas Aufführen (1)ˈ: *nach der ~ der neuen Oper gab es großen Beifall; ein Stück zur ~ bringen* (ˈaufführen 1ˈ); *das Stück gelangte zur ~* (ˈwurde aufgeführtˈ) ❖ ↗ führen; **-gabe, die 1.** ˈetw., was jmd. tun muss, weil er dazu verpflichtet ist, sich dazu verpflichtet fühltˈ: *eine interessante, schwierige, lohnende ~; eine ~ übernehmen; er hat die ~ bewältigt, erfüllt; das ist nicht meine ~; ich habe es mir zur ~ gemacht* (ˈzum Ziel gesetztˈ), ... **2.1.** ⟨vorw. Pl.⟩ ˈHausaufgabeˈ: *hast du schon deine ~n für morgen gemacht?; der Lehrer kontrolliert die ~n* **2.2.** ˈetw., bes. etw. Mathematisches, das von einem Schüler gelöst werden mussˈ: *der Junge konnte von den zehn ~n nur fünf lösen* **3.** ⟨vorw. Sg.⟩ /zu aufgeben 1,2,4/ ˈdas Aufgebenˈ; /zu 1/: *die ~ eines Päckchens*; /zu 4.2/: *er war zur ~ seines Geschäfts gezwungen* ❖ ↗ geben; **-gang, der 1.** ˈnach oben führende Treppeˈ: *das Haus hat drei Aufgänge; der ~ zu Bahnsteig 8* (ˈdie zu Bahnsteig 8 führende Treppeˈ) *ist vorübergehend gesperrt* **2.** ⟨vorw. Sg.⟩ ˈdas Aufgehen (1)ˈ; ANT Untergang (1): *den ~ der Sonne beobachten* ❖ ↗ gehen; **-geben** (er gibt auf), gab auf, hat aufgegeben **1.** /jmd./ *etw.* ~ ˈetw., was als Sendung vorgesehen ist, der Bahn, Post zur Beförderung übergebenˈ: *einen Eilbrief, ein Päckchen, Telegramm (bei der Post, am Schalter)* ~; *einen Koffer* ~ **2.** /jmd., Betrieb o.Ä./ *eine*

Annonce ~ ('eine Zeitung mit der Veröffentlichung einer Annonce beauftragen') **3.** /jmd., bes. Lehrer/ *jmdm., einer Gruppe etw.* ~ 'einem Schüler, den Schülern etw. als Hausaufgabe geben': *der Lehrer gab dem Jungen, den Schülern, der Klasse einen Aufsatz, ein Gedicht auf* **4.** /jmd./ *etw.* ~ **4.1.** 'mit etw. aufhören, etw. nicht fortsetzen': *er gab das Rauchen, sein Studium auf; seinen Widerstand* ~; *ein Rennen* ~ ('vor Erreichen des Ziels beenden, weil man einsieht, dass es nicht zu schaffen ist'); *er gab auf, musste* ~ (SYN 'aufstecken') **4.2.** 'aufhören, sich mit etw. zu befassen, etw. zu nutzen, zu betreiben': *sein Geschäft, seine Praxis* ~ (SYN 'schließen 4.2, auflassen 3'); *seinen Beruf* ~ ('nicht weiter ausüben'); *seine Wohnung* ~ ('aus seiner Wohnung ausziehen'); *seinen Plan, seine Gewohnheit, alle Hoffnung* ~ ('nicht länger daran festhalten'); *seinen Plan, diesen Gedanken* ~ (SYN 'fallen lassen 1') **5.** /Arzt, jmd./ *einen Kranken, Verletzten* ~ ('seine Genesung für unmöglich halten') ❖ ↗ geben; **-gedunsen** [gədʊnzn̩] 〈Adj.; Steig. reg., ungebr.〉 'ungesund dick und schwammig' /auf Personen und bestimmte Körperteile bez./: *er hat ein ~es Gesicht, sieht* ~ *aus; die Toten waren* ~; **-gehen**, ging auf, ist aufgegangen **1.** *die Sonne, der Mond geht auf* ('wird am Horizont sichtbar'; ANT untergehen 1) **2.** /Saatgut/ 'aus einem Keim wachsen und aus der Erde hervorkommen'; SYN kommen (2): *der Samen, die Saat ist aufgegangen* **3.** /etw./ **3.1.** 'sich öffnen (2.1)'; ANT schließen (1,2), zugehen (3): *plötzlich ging die Tür auf; das Tor war aufgegangen* **3.2.** *der Schrank, das Fenster geht schwer, leicht auf* ('lässt sich schwer, leicht öffnen 1.1'; ANT schließen 1,2, zugehen 3) **4.** /etw., bes. der Sinn von etw./ *jmdm.* ~ 'jmdm. zum Bewusstsein kommen': *die Bedeutung, der Sinn seiner Worte, die Tragweite des Geschehens ging ihr allmählich auf; mir ist noch nicht aufgegangen, was das alles bedeuten soll* ❖ ↗ gehen; **-gelegt** [gəle:kt] 〈Adj.; o. Steig.; nicht bei Vb.; vorw. präd. (nur mit sein); ↗ auch *auflegen*〉 /jmd./ **1.1.** *gut, schlecht* ~ *sein* 'gut, schlecht gestimmt, gelaunt sein': *er ist heute gut, schlecht, heiter* ~ **1.2.** *zu etw.* ~ *sein* 'in der Stimmung sein, etw. Bestimmtes zu tun': *er ist stets zum Scherzen* ~; *ich bin heute nicht dazu* ~; **-geschlossen** [gəʃlɔsn̩] 〈Adj.; Steig. reg., ungebr.; ↗ auch *aufschließen*〉 'kontaktfreudig und bereit, auf Eindrücke, Gefühle, Anregungen o.Ä. positiv zu reagieren'; SYN zugänglich (3) /auf Personen bez./: *er ist ein ~er Mensch, ist (politisch) sehr* ~; *er zeigt sich allen Problemen gegenüber* ~ ❖ ↗ schließen; **-greifen**, griff auf, hat aufgegriffen **1.** 〈oft im Pass.〉 /Polizei o.Ä., jmd./ *jmdn.* ~ 'jmdn., der sich herumtreibt, der flüchtig ist, festnehmen'; ↗ FELD I.7.5.2: *Polizisten griffen den Ausreißer auf; er wurde von einer Funkstreife aufgegriffen* **2.** /jmd./ *etw.* ~ 'sich mit etw., das von jmdm. geäußert wurde, befassen und es für sich nutzen und weiterentwickeln'; SYN aufnehmen (2)': *einen Vorschlag*

~; *er hat in seinem Vortrag einen Gedanken, eine These von N aufgegriffen* ❖ ↗ greifen; **-grund/**auch **auf Grund** 〈Präp. mit Gen.; vorangestellt〉 **1.** 〈in Verbindung mit Begriffen, die meist den Charakter eines Dokuments haben〉 /gibt die Grundlage für eine Entscheidung o.Ä. an/: *aufgrund, auf Grund* (SYN 'dank') *der Tatsache, dass ...; ~ der guten Ergebnisse konnten die Versuche abgeschlossen werden; er wurde* ~ *sicherer Beweise verurteilt;* 〈+ von; Dat.〉 ~ *von Beweisen wurde er verurteilt;* ~ *von Messungen ...* **2.** 〈in Verbindung mit Begriffen, die Handlungen, Zustände darstellen〉 /kausal; gibt die Ursache, den Grund für etw. an/: ~ *des schlechten Wetters musste die Veranstaltung ausfallen; er wurde* ~ *seiner Haltung, seines Verhaltens entlassen* MERKE Zum Unterschied von *aufgrund* (1) und *wegen: aufgrund* kann im Gegensatz zu *wegen* nicht mit Personalpronomina und Personenbezeichnungen verbunden werden. Die mit *aufgrund* verbundenen Subst. haben meist den Artikel: *aufgrund des schlechten Wetters,* aber: *wegen des schlechten Wetters, wegen Nebel(s)* ❖ ↗ Grund; **-guss, der 1.** 'Lösung aus (getrockneten) Teilen von Pflanzen, über die (siedendes) Wasser gegossen wurde': *einen* ~ *aus Kamillenblüten bereiten* **2.** 'Abklatsch': *sein zweiter Roman war ein schwacher* ~ *des ersten* ❖ ↗ gießen; **-haben** (er hat auf), hatte auf, hat aufgehabt umg. **1.** /jmd./ *einen Hut, eine Mütze* ~ ('auf dem Kopf haben') **2.** /Schüler/ *etw.* ~ 'etw. vom Lehrer als Hausaufgabe aufgetragen bekommen haben': *wir haben heute nichts, einen Aufsatz auf; was hast du für morgen auf?* **3.** /Geschäft, Geschäftsinhaber/ 'für einen Kunden geöffnet haben': *der Laden, das Warenhaus, die Drogerie hat heute nur bis 17 Uhr auf; der Schuster, Drogist hat mittwochs nicht auf* ❖ ↗ haben; **-halten** (er hält auf), hielt auf, hat aufgehalten **1.** /jmd., Institution o.Ä./ *etw.* ~ 'eine Entwicklung, ein Geschehen verhindern': *er, die Regierung konnte die Katastrophe nicht* ~ **2.** 〈vorw. verneint od. mit Adv.best.〉 /jmd./ *sich mit etw., mit jmdm.* ~ 'sich eingehend mit etw., jmdm. befassen': *wir können uns nicht (länger) mit diesen Einzelheiten, bei diesen Fragen* ~; *sie hielt sich (nicht) lange mit dem Kind, Schüler, bei dem Thema auf* **3.** /jmd./ *sich irgendwo* ~ 'irgendwo vorübergehend leben, sein'; ↗ FELD I.7.1.2: *er hält sich im Sommer an der See, im Ausland auf; sie hielten sich selten zu Hause, oft bei Freunden auf* **4.** /jmd./ *etw.* ~ 'etw., bes. eine Tür, einen Behälter, für jmdm. geöffnet halten': *er hielt (ihr) die Tür auf; halt mal bitte das Netz, die Tasche auf!* **5.** /zwei od. mehrere (jmd.)/ *sich über etw., jmdn.* ~ 'sich über etw., jmdn. abfällig äußern': *sie hielten sich über die Kleidung, das Benehmen der Jugendlichen, über die Jugendlichen auf* ❖ ↗ halten; **-hängen** 〈trb. reg. Vb.; hat〉 **1.** /jmd./ *etw.* ~ 'etw. an, auf etw. hängen (1)'; ↗ FELD I.7.6.2: *den Mantel (am Haken)* ~; *ein Bild, Handtuch (an einem Nagel)* ~; *die Wäsche (zum Trocknen), die Gardinen* ~ (ANT abnehmen 1) **2.** /jmd./ *sich, jmdn.* ~ SYN 'sich, jmdn. erhängen':

er hat sich (in der Gefängniszelle, am Baum) aufge-
hängt ❖ ↗ hängen; **-hänger, der 1.** ˈkleines Band,
Schlaufe an einem Kleidungs-, Wäschestück, wo-
mit dieses aufgehängt (1) werden kann': *einen ~*
am Mantel, Handtuch annähen **2.** ˈinteressanter, ak-
tueller Sachverhalt, der als Anlass für die Darstel-
lung eines Themas dient': *er hat das Ereignis, die*
Rede des Politikers als ~ für seinen Artikel, Bericht
benutzt ❖ ↗ hängen; **-heben,** er hob auf, hat aufge-
hoben **1.** /jmd./ **1.1.** *etw.* ~ ˈetw., das (herunterge-
fallen ist und) am Boden liegt, in die Höhe heben,
nehmen': *einen Handschuh, ein Taschentuch ~; er*
hob den Koffer, das Paket, Papier auf **1.2.** *jmd.* ~
ˈjmd., der am Boden liegt, sitzt, auf die Beine stel-
len': *er hob den verletzten, gestürzten Mann auf; die*
Mutter hob das Kind auf (ˈnahm es in den Arm')
2. ⟨vorw. mit Adv.best.⟩ /jmd./ *etw.* ~ SYN ˈetw.
aufbewahren': *etw. gut, sorgfältig ~; er hat ihre Bil-*
der, Briefe (zur Erinnerung, in einer Kassette) auf-
gehoben **3.** /jmd./ *sich* ⟨Dat.⟩ *etw.* ~ ˈetw., bes. etw.
Essbares, noch nicht gleich verbrauchen, sondern
beschließen, dass es zu einem anderen Zeitpunkt,
von einer anderen Person verbraucht werden soll':
er hebt (sich) sein Stück Kuchen (für morgen) auf;
die Mutter hob den Pudding (für die Kinder) auf **4.**
/Institution, jmd./ *etw.* ~ ˈetw., bes. etw. bis dahin
offiziell Gültiges, nicht länger bestehen lassen,
nicht länger wirken lassen': *ein Gesetz ~; einen*
Kontrakt, Privilegien ~ (SYN ˈabschaffen'); *sie ha-*
ben den Vertrag, die Verlobung aufgehoben (SYN
ˈgelöst', ↗ lösen 3') **5.** /jmd., Leitung o.Ä./ *eine*
Versammlung, Sitzung ~ (ˈoffiziell beenden') ❖ ↗
heben; **-heben, das** * /jmd./ **viel, kein, wenig ~/~s**
von etw., jmdm. machen (ˈeine Sache, jmdn. für sehr
wichtig, nicht od. kaum für wichtig halten und
dementsprechend ihr, ihm große, keine, wenig Auf-
merksamkeit schenken'); **ohne (alles, jedes, großes)**
~ ˈohne Aufsehen zu erregen': *er ging ohne (alles,*
jedes, großes) ~ *mit ihnen mit;* **-heitern** [haitɐn]
⟨trb. reg. Vb.; hat⟩ **1.** /jmd., etw./ *jmdn., etw.* ~
ˈjmdn., der betrübt ist, heiter stimmen, jmds. Ge-
fühle o.Ä. heiter machen'; SYN aufmuntern (1),
aufmöbeln (1); ↗ FELD I.6.2: *einen Kranken*
(durch einen Besuch, mit einer lustigen Geschichte)
~*; die gute Nachricht hat ihn aufgeheitert; niemand,*
nichts konnte seine Stimmung, Laune, sein Gemüt ~
1.2. /etw., vorw. Psychisches/ *sich* ~ ˈheiter wer-
den': *bei der guten Nachricht heiterte sich seine*
Stimmung, Laune, sein Gemüt, Gesicht auf **2.** /Wet-
ter o.Ä./ *sich* ~ ˈfreundlicher (2), wolkenloser wer-
den': *der Himmel, das Wetter heiterte sich allmäh-*
lich auf; ⟨oft im Part. I⟩ *am Nachmittag wird es*
~*d* ❖ ↗ heiter; **-hetzen** ⟨trb. reg. Vb.; hat⟩ /jmd.,
Institution/ **1.1.** *zwei od. mehrere Personen gegen*
jmdn., etw. ~ ˈzwei od. mehrere Personen zur Auf-
lehnung gegen einen Herrscher, eine Institution,
Regierung od. zu etw., bes. etw. Negativem, veran-
lassen'; SYN aufwiegeln, aufputschen (1): *er hat*
seine Anhänger, die Organisation hat ihre Mitglieder
gegen die Regierung aufgehetzt; er hetzte ihn gegen

seinen Freund auf; die aufgehetzten Jugendlichen
randalierten **1.2.** *jmdn., eine Gruppe zu etw.* ~
ˈjmdn., eine Gruppe durch Hetze zu etw. Negati-
vem veranlassen': *jmdn. zu einer Gewalttat* ~ ❖ ↗
hetzen; **-holen** ⟨trb. reg. Vb.; hat⟩ /jmd., Betrieb
o.Ä./ *etw.* ~ ˈeinen Rückstand, den Vorsprung ei-
nes anderen, anderer wettmachen': *er hat nach lan-*
ger Krankheit den Vorsprung seiner Klassenkamera-
den rasch aufgeholt; der Zug hat die Verspätung auf-
geholt; beim Wettkampf holte er in der letzten
Runde gewaltig auf; die Verspätung, verlorene Zeit
~ (SYN ˈeinholen 3') ❖ ↗ holen; **-hören** ⟨trb. reg.
Vb.; hat⟩ ANT anfangen **1.** /jmd./ *mit etw. ~/~,*
etw. zu tun ˈseine Tätigkeit in Bezug auf etw. nicht
länger verrichten, mit ihr nicht fortfahren, eine Tä-
tigkeit (für immer) beenden'; ↗ FELD VII.3.2:
⟨oft mit Inf. + zu⟩ *am Abend hörte er mit dem*
Schreiben, mit der Gartenarbeit auf/am Abend hörte
er auf zu schreiben, im Garten zu arbeiten; er konnte
nicht ~ *zu lachen/konnte nicht zu lachen* ~*; er hat*
mit dem Rauchen aufgehört/hat zu rauchen aufge-
hört; er hört demnächst auf (ˈarbeitet demnächst
nicht mehr, nicht mehr hier'); *hör endlich auf*
(ˈschweig, lass das sein')! /sagt der Sprecher zu
jmdm., der ihn durch ein bestimmtes wiederholtes
Tun, bes. durch sein Reden, sehr verärgert/ **2.** /etw./
ˈvon einem bestimmten Zeitpunkt an nicht mehr
geschehen, stattfinden'; SYN enden (2.1): *der Un-*
terricht, die Schule hört um 13 Uhr auf; es hört auf
zu regnen/hört zu regnen auf **3.** /etw./ *irgendwo* ~
SYN ˈirgendwo enden (1)': *der Weg hört am Wald,*
hinter dem Dorf auf ❖ unaufhörlich; **-kauf, der**
⟨vorw. Sg.⟩ ˈdas Aufkaufen': *der* ~ *von Obst, Ak-*
tien ❖ ↗ kaufen; **-kaufen** ⟨trb. reg. Vb.; hat⟩ /jmd.,
Firma/ *etw.* ~ ˈgrößere Mengen einer Ware, einen
ganzen Besitz kaufen': *Obst, Getreide, Aktien* ~*; er*
hat die Gemälde-, Briefmarkensammlung aufgekauft
❖ ↗ kaufen; **-klären** ⟨trb. reg. Vb.; hat⟩ **1.1.** /jmd.,
Institution/ *etw.* ~ ˈetw. völlig klären (2.1)': *einen*
Irrtum, ein Missverständnis, Verbrechen ~; Zusam-
menhänge, Widersprüche ~ **1.2.** /etw./ *sich* ~ SYN
ˈsich klären (2.2)': *das Missverständnis, die Angele-*
genheit klärte sich bald auf **2.** /jmd., Institution/
jmdn. über etw. ~ ˈjmdn. über etw. genau informie-
ren, unterrichten': *jmdn. über ein Ereignis, eine*
Krankheit, über die Gefahren des Rauchens ~*; die*
Polizei klärt die Bevölkerung über die Methoden der
Diebe, Betrüger auf **3.** ⟨oft im Pass.⟩ /jmd., Institu-
tion/ *jmdn.* ~ ˈein Kind, einen Jugendlichen über
sexuelle Belange unterrichten': *sie hat ihre Tochter*
aufgeklärt; die Kinder sind in der Schule, im Biolo-
gieunterricht aufgeklärt worden **4.** /Wetter o.Ä./ *sich*
~ ˈfreundlich (2), wolkenlos werden': *der Himmel,*
das Wetter hat sich aufgeklärt ❖ ↗ klar; **-klärung**
[klɛːR../kleːR..], **die**; ~, ~en ⟨vorw. Sg.⟩ **1.** ⟨o.Pl.⟩
/zu *aufklären* 1.1,2,3/ ˈdas Aufklären'; /zu 1.1/: *die*
~ *eines Irrtums, Verbrechens* **2.** ˈÄußerung, die über
etw., jmdn. aufklärt (2), informiert'; SYN Auf-
schluss: ~ *über etw., jmdn. verlangen, erhalten;*
jmdm. einige ~en geben; jmdm. keine ~ *schuldig*

sein **3.** ⟨o.Pl.⟩ ʿvom Glauben an den Fortschritt bestimmte philosophisch-literarische Richtung im 17. und 18. Jahrhundert, die die Vernunft zum Maßstab alles Existierenden machteʾ: *das Zeitalter, die Dichter der* ~; vgl. *Klassik, Romantik* ❖ ↗ klar; **-kochen** ⟨trb. reg. Vb.; hat⟩ /jmd./ *etw.* ~ ʿetw., bes. flüssige Speisen, kurz einmal kochen lassenʾ: *die Milch, Brühe (kurz)* ~ ❖ ↗ kochen; **-kommen**, kam auf, ist aufgekommen **1.** /meteorologische Erscheinung/ SYN ʿheranziehenʾ: *ein Sturm, Unwetter kommt auf; Nebel kam auf* **2.** /etw., bes. Psychisches/ SYN ʿentstehenʾ: *Unruhe, ein Gerücht kam auf; in ihm kamen Zweifel, kam ein Verdacht auf* (SYN ʿstieg auf, ↗ aufsteigen 5ʾ); *damals kamen die kurzen Röcke auf* (ʿwurden kurze Röcke Modeʾ) **3.** /jmd., Institution/ *für etw., jmdn.* ~ ʿfür etw., bes. für einen entstandenen Schaden, jmdn. die Kosten übernehmenʾ; SYN einstehen (2): *der geschiedene Vater kommt für den Unterhalt der Kinder, für die Kinder auf; er kommt für den Verunglückten, für den gesamten Schaden, für alle Kosten, Schulden auf* **4.** /jmd., Institution o.Ä./ *gegen jmdn., etw. nicht* ~ ʿgegen jmdn., etw. nichts ausrichten (5) könnenʾ; SYN ankommen (3): *gegen ihn, gegen seinen Ehrgeiz kommen sie nicht, nur schwer auf; gegen diese Vorschriften kommt niemand, keiner auf* ❖ ↗ kommen; **-kommen, das**; ~s, ~ ⟨vorw. Sg.⟩ ʿgesamte Menge der Einnahmen, bes. aus Steuern, in einem bestimmten Zeitraumʾ: *das* ~ *aus der Einkommenssteuer; das* ~ *beträgt 200 000 Mark* ❖ ↗ kommen; **-lachen** ⟨trb. reg. Vb.; hat; vorw. mit Adv.best.⟩ /jmd./ ʿkurz, plötzlich einmal lachenʾ; ↗ FELD VI.1.2: *er lachte laut, höhnisch auf* ❖ ↗ lachen; **-laden** (er lädt auf), lud auf, hat aufgeladen **1.** /jmd./ *etw.* ~ ʿeine Ladung, Fracht auf ein Fahrzeug ladenʾ; ANT abladen (1.1): *Kohlen, Schutt, Säcke, Gepäck (auf einen Lastwagen)* ~ **2.** /jmd./ *einem Tier, jmdm., sich* ⟨Dat.⟩ *etw.* ~ ʿeinem Tier, jmdm., sich eine Last auf den Rücken, auf die Schultern packenʾ: *er lud dem Esel, dem jungen Mann das ganze Gepäck auf; er hat sich den Sack aufgeladen* **3.** /jmd./ **3.1.** *jmdm. etw.* ~ ʿjmdm. etw., das eine Last bedeutet, als Aufgabe übertragenʾ: *jmdm. viel Arbeit, eine große Verantwortung, die Sorge für jmdn.* ~ **3.2.** *sich* ⟨Dat.⟩ *etw.* ~ ʿetw., das eine Last bedeutet, als Verantwortung übernehmenʾ: *er hat sich die ganze Verantwortung (für die Kinder) aufgeladen* **4.** /jmd./ *etw.* ~ ʿein als Quelle für Elektroenergie dienendes Gerät mit elektrischer Spannung versehenʾ; ANT entladen: *eine Batterie, einen Akku* ~; vgl. *laden (3)* ❖ ↗ laden; **-lage, die 1.** ʿalle Exemplare eines graphischen Erzeugnisses, die in einem Herstellungsprozess gedruckt wurdenʾ: *die* ~ *des Buchs, der Zeitschrift beträgt 20 000 Exemplare; das Lexikon ist in der dritten, in einer neuen, überarbeiteteten, erweiterten* ~ *erschienen* **2.** ʿzu einer bestimmten Leistung verpflichtende (offiziell festgelegte) Bestimmung, die bei Inanspruchnahme von gewährten Vorteilen, geschenkten Geldsummen o.Ä. erfüllt werden mussʾ: *die Schenkung an das*

Krankenhaus war mit keiner ~ *verbunden; die Reporter hatten die* ~, *keine privaten Fragen zu stellen* **3.** ʿÜberzug (1.1), bes. aus Metallʾ: *die Bestecke haben eine* ~ *aus Silber* ❖ ↗ legen; **-lassen** (er lässt auf), ließ auf, hat aufgelassen **1.** umg. /jmd./ *etw.* ~ ʿetw. geöffnet lassenʾ; ANT zulassen (5); ↗ FELD I.7.8.2: *die Tür, den Schrank* ~; *lass das Fenster auf!; den Keller* (ʿdie Tür des Kellersʾ) ~ **2.** umg. /jmd., bes. Mutter, Vater/ *ein Kind* ~ ʿeinem Kind erlauben, etwas später ins Bett zu gehenʾ: *weil wir heute Besuch haben, werde ich die Kinder länger* ~ **3.** landsch., bes. südd. österr. /jmd./ *ein Geschäft* ~ (ʿaufgeben 4.2ʾ) ❖ ↗ lassen; **-lauf, der** ʿgroße Anzahl von (neugierigen) Menschen, die unter freiem Himmel aus einem bestimmten Anlass spontan an eine bestimmte Stelle geströmt sindʾ: *es gab einen* ~ *an der Unfallstelle; auf der Straße sah man einen* (SYN ʿAnsammlungʾ) *empörter Menschen* ❖ ↗ laufen; **-laufen** (er läuft auf), lief auf, ist aufgelaufen /Wasserfahrzeug/ ʿauf Grund (2.1) geratenʾ; ↗ FELD VIII.3.2: *das Schiff, Boot, der Dampfer ist (auf eine/einer Sandbank) aufgelaufen* ❖ ↗ laufen; **-legen** ⟨trb. reg. Vb.; hat; ↗ auch *aufgelegt*⟩ **1.** /jmd./ *etw.* ~ ʿetw. auf die Stelle, wo es von seiner Funktion her seinen festen Platz hat, legen (1.1)ʾ: *das Tischtuch* ~ (ʿauf den Tisch legenʾ); ANT abnehmen 1); *Briketts* ~ (ʿauf das Feuer im Ofen legenʾ); *eine Platte* ~ (ʿzum Abspielen 1 auf den Plattenspieler legenʾ); *Rouge, Schminke* ~ (ʿauf das Gesicht auftragenʾ); *den Hörer* ~ (ʿauf das Telefon legenʾ; ANT abheben 1, abnehmen 1); *der Teilnehmer hat aufgelegt* (ʿden Hörer auf das Telefon gelegt und dadurch das Gespräch beendetʾ) **2.** ⟨vorw. im Pass.; + Adv.best.⟩ /jmd., Verlag/ *etw.* ~ ʿein Buch drucken, herausgeben (2)ʾ: *der Verlag hat den Roman neu, dreimal aufgelegt; dieses Werk ist noch nicht wieder aufgelegt worden* ❖ ↗ legen; **-lehnen** ⟨trb. reg. Vb.; hat⟩ /jmd., Gruppe/ *sich gegen etw., jmdn.* ~ SYN ʿgegen etw., jmdn. rebellierenʾ; ANT beugen (2); ↗ FELD I.2.2: *sich gegen sein Schicksal* ~; *er lehnte sich gegen seinen Vater auf; das Volk lehnte sich gegen die Tyrannei auf*; vgl. empören (2) ❖ ↗ lehnen; **-lehnung** [leːn..], **die**; ~, ⟨o.Pl.⟩ ʿdas Sichauflehnenʾ; ↗ FELD I.2.1: *seine* ~ *gegen das Schicksal; ihre* ~ *blieb ohne Erfolg* ❖ ↗ lehnen; **-lockern** ⟨trb. reg. Vb.; hat⟩ **1.** /jmd./ *etw.* ~ ʿetw., das fest geworden ist, bes. Erde, wieder locker machenʾ: *die Erde, den Boden mit der Hacke* ~ **2.** *die Bewölkung lockert sich auf* (ʿdie Wolken bilden nicht mehr eine über den ganzen Himmel verbreitete Schichtʾ) ❖ ↗ locker; **-lösen** ⟨trb. reg. Vb.; hat⟩ **1.1.** /jmd./ *etw. in etw.* ⟨Dat.⟩ ~ ʿeinen festen Stoff (2) in Flüssigkeit lösen (4.2)ʾ: *eine Tablette in Wasser* ~; *Zucker in Tee* ~ **1.2.** /fester löslicher Stoff/ *sich in etw.* ⟨Dat.⟩ ~ ʿsich in Flüssigkeit lösen (4.1)ʾ: *Zucker, Salz löst sich in Wasser auf* **2.** *der Nebel löst sich auf* (ʿverschwindet, indem er verdunstetʾ) **3.** /jmd., Betrieb, Regierung/ *etw.* ~ ʿetw., bes. eine Einrichtung (1), nicht länger bestehen lassenʾ: *einen Haushalt, eine Poliklinik, Dienststelle* ~;

einen Vertrag ~; *eine Praxis, ein Geschäft* ~ (SYN 'schließen 6') ❖ ↗ los; **-machen** ⟨trb. reg. Vb.; hat⟩ **1.** umg. /jmd./ *etw.* ~ SYN 'etw. öffnen (1.1)'; ANT zumachen (1.1); ↗ FELD I.7.8.2: *die Tür, den Schrank* ~; *mach bitte das Fenster auf!; den Keller* ~ ('die Tür des Kellers öffnen 1.1'); *er machte die Augen, den Mund auf; jmdm. die Tür* ~; *er klingelte mehrmals, aber es machte niemand auf* ('öffnete niemand die Tür') **2.** umg. /Geschäft o.Ä./ 'öffnen (3), geöffnet werden': *der Laden macht um 8 Uhr auf; die Post macht sonnabends nicht auf* **3.** umg. /jmd., Betrieb/ *etw.* ~ 'ein kaufmännisches, handwerkliches Unternehmen eröffnen': *ein Geschäft, eine Werkstatt, Filiale* ~ **4.** /jmd., Geschäft, Betrieb/ *etw. irgendwie* ~ 'etw., bes. Waren, so gestalten, dass es die erwünschte positive Wirkung (auf den Käufer) ausübt': *die Verpackung einer Ware geschmackvoll, hübsch, ansprechend* ~; *eine groß aufgemachte Werbung* ❖ ↗ machen; **-machung** [max..], **die**; ~, ~en **1.** ⟨+ Adj.⟩ 'Art und Weise, in der etw., bes. eine Ware, (für den Verkauf) aufgemacht (4) ist': *eine Schachtel Konfekt in hübscher, ansprechender, attraktiver* ~; *die Zeitungen berichten darüber in großer* ~ **2.** ⟨+Adj., Demonstrativpron.⟩ 'Art und Weise, in der jmd. zurechtgemacht, gekleidet ist': *in dieser* ~, *in der verrückten* ~ *kannst du nicht mitkommen* ❖ ↗ machen; **-merksam** [mɛrk..] ⟨Adj.⟩ **1.** ⟨Steig. reg.⟩ 'seine ganze geistige Kraft, alle seine Sinne auf etw., jmdn. richtend' /auf Personen, Mimik bez./; ↗ FELD I.4.4.3: *ein* ~*er Zuhörer, Beobachter;* ~ *zuhören, lesen, blicken; etw. mit* ~*en Blicken,* ~*er Miene verfolgen; das Kind war sehr* ~ **2.** ⟨o. Steig.⟩ /jmd./ **2.1.** ⟨nur präd., mit werden⟩ *auf jmdn., etw.* ~ *werden* 'jmdn., etw. wahrnehmen, bes. weil er, es vom Üblichen abweicht': *alle Leute wurden auf ihn wegen seiner auffälligen Kleidung, Frisur* ~; *er ist durch Zufall auf dieses Buch, diese Ausstellung* ~ *geworden* **2.2.** /jmd. auf etw., jmd.* ~ *machen* 'jmdm. etw. deutlich machen, ins Bewusstsein bringen, dass etw. existiert und zu berücksichtigen ist': *jmdn. auf die Gefahren, Folgen, auf einen Irrtum* ~ *machen; er machte sie auf das kleine Kind* ~; *wir machen Sie darauf* ~, *dass ...* ❖ ↗ merken; **-merksamkeit** [mɛrkzam..], **die**; ~, ~en **1.** ⟨o.Pl.⟩ /zu *aufmerksam* 1/ 'das Aufmerksamsein'; ↗ FELD I.4.4.1: *es herrschte höchste, gespannte, allgemeine* ~; *der Vorfall erregte seine* ~; *die* ~ *der Zuschauer ließ allmählich nach; jmds.* ~ *auf sich ziehen, lenken* **2.** ⟨vorw. im Pl.⟩ 'freundliche, zuvorkommende Handlung gegenüber jmdm.'; ↗ FELD I.18.1: *jmdm. manche, viele* ~*en erweisen* **3.** *eine kleine* ~ 'ein kleines Geschenk': *jmdm. eine kleine* ~ *mitbringen* ❖ ↗ merken; **-möbeln** [mø:bļn] ⟨trb. reg. Vb.; hat⟩ umg. **1.** /jmd., etw./ *jmdn., etw.* ~ SYN 'jmdn., etw. aufheitern (1.1)'; ↗ FELD I.6.2: *wir werden dich schon* ~; *die Reise hatte ihn, seine Stimmung aufgemöbelt* **2.** /etw., bes. Genussmittel/ *jmdn.* ~ SYN 'jmdn. aufmuntern (2)': *der Kaffee, Kognak hat ihn aufgemöbelt;* **-muntern** [mʊntɐn]

⟨trb. reg. Vb.; hat⟩ **1.** /jmd., etw./ *jmdn., etw.* ~ SYN 'jmdn., etw. aufheitern (1.1)'; ↗ FELD I.6.2: *sie versuchten, ihn mit Scherzen aufzumuntern; die schöne Reise, die gute Nachricht hat ihn aufgemuntert* **2.** /etw., bes. Genussmittel/ *jmdn.* ~ 'bewirken, dass jmd., der erschöpft ist, wieder frische Kräfte hat'; SYN aufmöbeln (2): *der Kaffee, Kognak hat ihn aufgemuntert* ❖ ↗ munter; **-nahme** [na:mə], **die**; ~, ~n **1.** ⟨vorw. Sg.⟩ /zu *aufnehmen* 1,3−9,11,12/ 'das Aufnehmen'; /zu 1/: *die* ~ *des Studiums;* /zu 3/: *die* ~ *eines Kredits;* /zu 7/: ⟨+ Adj.⟩ *etw. findet gute, begeisterte* ~ ('wird gut, begeistert aufgenommen') **2.** SYN 'Foto': *eine scharfe* ~; *von jmdm., etw. eine* ~ *machen* **3.** 'das Aufgezeichnete (↗ *aufzeichnen* 3)': *heute Abend wird eine* ~ *des Konzerts, Fußballspiels gesendet* ❖ ↗ nehmen; **-nehmen** (er nimmt auf), nahm auf, hat aufgenommen **1.** /jmd., Institution o.Ä./ *etw.* ~ 'mit einer umfangreicheren Tätigkeit beginnen'; ANT beenden: *die Produktion von etw.* ~; *die Polizei hat die Ermittlungen in diesem Fall bereits aufgenommen; er wird seine neue Arbeit, das Studium am 1. Oktober* ~ **2.** /jmd./ *etw.* ~ SYN 'etw. aufgreifen (2)': *einen Gedanken, eine Anregung, ein Thema* ~ **3.** /jmd., Institution/ *etw. mit jmdm., etw.* ~ 'mit etw. beginnen, dass zu jmdm., einer Regierung o.Ä. bestimmte Beziehungen herstellt': *Verhandlungen mit einem Konzern* ~; *diplomatische Beziehungen (mit einem Land, zu einem Staat)* ~ ('zwei od. mehrere (jmd., Institution)/ *etw.* ~: *die beiden Delegationen nahmen die Verhandlungen auf* **4.** ⟨vorw. im Pass.; vorw. mit Adv.best.⟩ /jmd./ *jmdn.* ~ 'jmdn. empfangen und bei sich wohnen und schlafen lassen': *die Reisenden wurden herzlich 'freundlich aufgenommen; er nahm die Flüchtlinge für eine Nacht (bei sich) auf* **5.** ⟨oft im Pass.⟩ /Institution, jmd./ *jmdn. in etw.* ~ 'jmdn. zum Mitglied eines Unternehmens, einer Institution, Gemeinschaft, Organisation machen'; ANT ausschließen (2): *jmdn. (als Teilhaber) in sein Geschäft* ~; *er wurde ins Gymnasium, in den Sportverein, als Mitglied (in die Partei) aufgenommen* **6.** /Institution, jmd./ *etw. in etw.* ~ 'etw. zusätzlich in eine Gesamtheit nehmen, eine Gesamtheit durch etw. ergänzen': *ein Stück in den Spielplan* ~; *ein Kunstwerk in eine Sammlung* ~; *Fremdwörter in ein Wörterbuch* ~ **7.** /jmd., Tier/ *Nahrung* ~ ('zu sich nehmen') **8.** /jmd., Betrieb/ *etw.* ~ 'Geld bei einer Bank, Sparkasse borgen': *einen Kredit, ein Darlehen, eine Anleihe, Hypothek* ~ **9.** /jmd./ *etw. irgendwie* ~ 'auf etw. irgendwie reagieren': *einen Vorschlag, eine Bitte freundlich, kühl, zurückhaltend* ~ **10.** /jmd./ *es mit jmdm.* ~ 'sich jmdm. hinsichtlich einer Leistung, Begabung gewachsen fühlen und dies beweisen': *er nimmt es mit ihnen (im Trinken) zu jeder Zeit auf; mit dir kann es keiner* ~ **11.** /jmd./ *etw., jmdn.* ~ 'etw., jmdn. fotografieren, filmen': *ein Gebäude, eine Szene* ~; *er hat die Kinder beim Spielen aufgenommen* **12.** /jmd., Fernsehen, Rundfunk/ *etw.* ~ SYN 'etw. aufzeichnen (3)': *eine Oper, ein Interview* ~ ❖ ↗ nehmen; **-nötigen** ⟨trb. reg.

Vb.; hat⟩ /jmd./ *jmdm. etw.* ~ SYN ˈjmdm. etw.
aufdrängen (1)ˈ: *jmdm. ein Stück Kuchen, ein Abon-*
nement ~ ❖ ↗ Not; **-opfern, sich** ⟨trb. reg. Vb.;
hat⟩ /jmd./ *sich für jmdn., etw.* ~ ˈsich ohne Rück-
sicht auf die eigene Person, die eigenen Interessen
für jmdn., etw. einsetzenˈ: *die Eltern haben sich für*
die Kinder, für das Wohl, die Ausbildung der Kinder
aufgeopfert ❖ ↗ Opfer; **-opferung** [ɔpfər..], **die**; ~,
~en ⟨vorw. Sg.⟩ ˈdas Sichaufopfernˈ: *jmdn. mit* ~
(ˈunter vollem Einsatz der eigenen Personˈ) *pflegen*
❖ ↗ Opfer; **-opferungsvoll** ⟨Adj.; Steig. reg.⟩ SYN
ˈselbstlosˈ: *jmdn.* ~ *pflegen; seine* ~*e Pflege; sich*
ihrer Mutter, Arbeit ~ *widmen* ❖ ↗ Opfer, ↗ voll;
-passen, passte auf, hat aufgepasst 1. /jmd./ ˈauf-
merksam (1) seinˈ; ↗ FELD I.4.4.2: *die Kinder*
müssen beim Unterricht, in der Schule, im Straßen-
verkehr ~; *er passt nicht auf, wenn die Mutter ihm*
etwas sagt; er hat in der Schule nicht aufgepasst (ˈist
beim Unterricht nicht aufmerksam gewesenˈ); *auf-*
gepasst! /als Ruf, mit dem man jmdn. auffordern
möchte, vorsichtig, aufmerksam zu sein/ 2. /jmd./
auf etw., jmdn. ~ ˈauf etw., jmdn. seine Aufmerk-
samkeit richten, um keinen Schaden zu nehmenˈ;
SYN achten (1.1); Acht geben (2): *auf den Weg, die*
Verkehrszeichen ~; *pass auf deine Sachen, die Kin-*
der am Straßenrand auf!; pass auf den Hund auf, er
rennt weg 3. /jmd./ *auf jmdn., etw.* ~ SYN ˈauf
jmdn., etw. Acht geben (1)ˈ: *pass auf das Kind auf!;*
pass auf, dass du dich nicht erkältest!; pass auf deine
Sachen auf!; der Junge hat nicht auf seine Sachen
aufgepasst und seine Turnschuhe verloren; **-platzen**
⟨trb. reg. Vb.; ist⟩ /etw./ ˈplötzlich an einer be-
stimmten Stelle einen Riss bekommenˈ; ↗ FELD
I.7.8.2: *der Reißverschluss, die Naht ist aufgeplatzt;*
der Koffer, die Narbe platzte auf ❖ ↗ platzen; **-prall**
[pʀal], **der**; ~s, ⟨o.Pl.⟩ ˈdas Aufprallenˈ; ↗ FELD
VIII.2.1: *beim* ~ *auf den LKW stürzte der Motor-*
radfahrer ❖ ↗ prallen; **-prallen** ⟨trb. reg. Vb.; ist⟩
/etw., bes. Fahrzeug/ *auf etw.* ⟨Akk./Dat.⟩ ~ ˈauf,
gegen etw. prallen (1)ˈ; ↗ FELD VIII.1.2: *das Flug-*
zeug ist auf den, dem Erdboden aufgeprallt; das Mo-
torrad ist auf ein Auto aufgeprallt ❖ ↗ prallen;
-preis, der ˈGeldsumme, die auf einen Preis aufge-
schlagen wird, aufgeschlagen worden istˈ: *gegen ei-*
nen ~ *wird das Auto mit einem Radio geliefert* ❖ ↗
Preis; **-pumpen** ⟨trb. reg. Vb.; hat⟩ /jmd./ *etw.* ~
ˈetw., das sich aufblasen lässt, durch Pumpen prall
mit Luft füllenˈ: *einen Reifen, Fußball, eine Luftma-*
tratze ~ ❖ ↗ Pumpe; **-putschen** ⟨trb. reg. Vb.; hat⟩
1. /jmd., Institution/ *zwei od. mehrere Personen* ~
ˈzwei od. mehrere Personen aufhetzen (1.1)ˈ: *die*
Schüler (gegen einen Lehrer, eine Anordnung) ~;
die Menge ~ 2. /jmd., etw./ *etw., jmdn.* ~ ˈetw.,
jmdn. in einen Zustand künstlich gesteigerter Erre-
gung versetzenˈ: *er hat seine Nerven durch Tabletten*
aufgeputscht; der Kaffee hat ihn, seine Nerven auf-
geputscht; etw. putscht jmds. Phantasie, Leiden-
schaft, Sinne ~; ~*de Mittel; sich mit etw.* ~: *er hat*
sich mit Tabletten, Kaffee aufgeputscht ❖ ↗ Putsch;
-raffen, sich ⟨trb. reg. Vb.; hat⟩ 1. /jmd./ *sich* ~

ˈsich mühsam, mit Schwierigkeit erheben (2)ˈ: *er*
fiel hin und raffte sich wieder auf 2. ⟨oft verneint⟩
/jmd./ *sich zu etw.* ~ ˈsich mit aller Willenskraft in
die Lage versetzen, etw. Bestimmtes zu tunˈ: *sie*
raffte sich endlich zum Fensterputzen auf; ich kann
mich nicht dazu ~, *den Brief an sie zu schreiben, sie*
im Krankenhaus zu besuchen ❖ ↗ raffen; **-räumen**
⟨trb. reg. Vb.; hat⟩ 1. /jmd./ *etw.* ~ ˈdie Ordnung
in etw. wiederherstellenˈ: *einen Schrank, eine*
Schublade, ein Zimmer ~; *die Spielsachen* ~ (ˈwie-
der an ihren Platz stellen, legenˈ) 2. /jmd., Institu-
tion/ *mit etw.* ⟨Dat.⟩ ~ ˈetw. Negatives, bes. durch
menschliche Haltungen od. Handlungen Verur-
sachtes, beseitigenˈ: *mit Vorurteilen, falschen An-*
sichten, gefährlichen Meinungen ~; *sie räumten mit*
den Missständen, mit dem Schlendrian auf ❖ ↗
Raum MERKE Zu *aufräumen* (2): Das Dat.obj.
steht meist im Pl.; **-recht** ⟨Adj.; Steig. reg., ungebr.⟩
1. ˈgerade (I.1); in aufgerichteter Haltungˈ: *er hat*
einen ~*en Gang;* ~ *stehen, sitzen; er kann sich kaum*
noch, nicht mehr ~ *halten* (ˈist so müde, erschöpft,
dass er sich hinlegen, hinsetzen möchteˈ); ME-
TAPH *nur die Hoffnung hielt ihn noch* ~ (ˈbe-
wahrte ihn vor der völligen Verzweiflungˈ) 2.
⟨vorw. attr.⟩ ˈaufrichtig und standhaftˈ /vorw. als
Eigenschaft einer Person/; ↗ FELD I.12.3: *er ist*
ein ~*er Mann, hat eine* ~*e Gesinnung; ein* ~*er Pa-*
triot ❖ ↗ richten (I); **-regen** ⟨trb. reg. Vb.; hat⟩ 1.1.
/etw., jmd./ *jmdn.* ˈjmdn. in eine heftige, sich auf
sein gesamtes Befinden negativ auswirkende Ge-
mütsbewegung versetzenˈ: *die Nachricht, sein Ver-*
halten regte sie auf; er, das Kind regte sich schreck-
lich auf; ein ~*der Film; er war vor der Prüfung, vor*
seinem ersten Auftritt sehr aufgeregt (SYN ˈerregt,
↗ erregen 1.1ˈ) 1.2. /jmd./ *sich über etw., jmdn.* ~
ˈdurch etw. in ein starkes Gefühl, bes. des Unmu-
tes, Zorns, versetzt werdenˈ; SYN erregen (1.2); ↗
FELD I.6.2: *er regte sich über seine Nachbarn, über*
die schlechte Nachricht, die Verleumdungen sehr auf
❖ ↗ regen; **-regung, die**; ~, ~en 1. ⟨o.Pl.⟩ /zu *auf-*
regen 1.1 u. 1.2/; /zu 1.1/ ˈdas Aufgeregtseinˈ: *in*
seiner ~ *vergaß er alle guten Vorsätze; er zitterte*
vor ~; /zu 1.2/: *es besteht kein Grund zur* ~ (ˈes
besteht kein Grund, sich aufzuregenˈ) 2. *alle* ~*en*
(ˈalles, was jmdn. aufregen könnteˈ) *von jmdm. fern*
halten ❖ ↗ regen; **-reißen**, riss auf, hat aufgerissen
1. /jmd./ *etw.* ~ ˈetw. schnell, mit einem Ruck öff-
nen (1.1)ˈ; ↗ FELD I.7.8.2: *die Tür, das Fenster* ~;
die Augen, den Mund (vor Schreck) ~ (ˈweit öffnen
1.1ˈ) 2. /jmd./ *etw.* ~ ˈetw. durch Reißen öffnen
(1.3)ˈ: *einen Brief, eine Tüte Zucker, Packung Kekse*
~ 3. /jmd., Maschine/ *die Straße, das Pflaster* ~
(ˈdie feste oberste Schicht der Straße, des Pflasters
mit einem Werkzeug in Stücke brechenˈ) ❖ ↗ rei-
ßen; **-richten**, richtete auf, hat aufgerichtet 1. /jmd./
1.1. *jmd., sich* ~ ˈjmdn., sich aus liegender od. ge-
beugter Haltung in die Höhe richtenˈ: *einen Kran-*
ken ~; *sich hoch, zu voller Länge, im Bett* ~; *eine*
gestürzte Person wieder ~ (ˈauf die Beine stellenˈ)
1.2. *etw.* ~ ˈetw. aus waagerechter Lage in die senk-

rechte Lage bringen': *eine Leiter, einen Pfahl ~; den Oberkörper ~* **2.1.** /jmd., etw./ *jmdn.* ~ ˈjmdm. neuen Mut zum Leben geben, zu finden helfen': *einen Verzweifelten, Trauernden (durch tröstende Worte)* ~ **2.2.** /jmd./ *sich an jmdm., etw.* ⟨Dat.⟩ ~ ˈdurch jmdn., etw. neuen Mut zum Leben schöpfen': *der Kranke hat sich an seiner Mutter, ihren tröstenden Worten aufgerichtet* ❖ ↗ richten; **-richtig** ⟨Adj.; Steig. reg.⟩ ˈsein innerstes Gefühl, seine Überzeugung klar und deutlich ausdrückend'; SYN ehrlich (2), ¹gerade (2), offen (5.1), wahrhaftig (I); ANT heuchlerisch, lügnerisch /vorw. auf Personen bez./; ↗ FELD I.2.3: *er ist ein ~er Mensch, ist sehr ~; etw. ~ bedauern* ❖ ↗ richtig; **-rollen** ⟨trb. reg. Vb.; hat⟩ /jmd./ *etw.* ~ ˈetw. zu einer Rolle, auf eine Rolle wickeln': *einen Teppich, ein Kabel* ~ ❖ ↗ Rolle; **-ruf, der 1.** ⟨o.Pl.⟩ /zu *aufrufen* 1/ ˈdas Aufgerufenwerden': *er wartete im Wartezimmer des Arztes auf seinen ~; Eintritt erst nach ~!* /Aufschrift auf Schildern an Türen bes. von Behörden, die Sprechstunden für Publikum haben/ **2.** ˈöffentlicher Appell (1)': *einen ~ (für Spenden) unterzeichnen, anschlagen* ❖ ↗ rufen; **-rufen,** rief auf, hat aufgerufen **1.** ⟨vorw. mit Adv.best.⟩ /jmd./ *jmdn.* ~ ˈden Namen eines Einzelnen aus einer Menge zu einem bestimmten Zweck meist laut rufen': *die Patienten einzeln, der Reihe nach ~; der Lehrer ruft die Schüler nach dem Alphabet auf; er wurde erst nach langem Warten aufgerufen* **2.** /Institution, jmd./ *mehrere Personen zu etw.* ~ ˈmehrere Personen öffentlich zu einer bestimmten Aktion auffordern (1.1)': *die Metallarbeiter zum Streik, zu einer Demonstration ~; die Bevölkerung zu Spenden für die Opfer des Erdbebens* ~ ❖ ↗ rufen; **-ruhr** [ʀuːɐ̯], **der;** ~s, ~e ⟨vorw. Sg.⟩ **1.** SYN ˈRebellion': *es kam zum offenen ~; einen ~ niederschlagen;* vgl. *Aufstand, Putsch, Revolution* (1) **2.** ˈheftige Erregung (2)': *etw., jmd. bringt, versetzt jmds. Gefühle, Sinne, Leidenschaften in ~;* **-rühren** ⟨trb. reg. Vb.; hat⟩ **1.** /jmd., Maschine/ *etw.* ~ ˈetw. durch Rühren (2) so bewegen, dass die darin enthaltenen Substanzen, festen Bestandteile nach oben steigen': *den Schlamm im Fluss ~; den Bodensatz eines Getränks* ~ **2.** /jmd./ *etw.* ~ ˈetw. Unangenehmes wieder in Erinnerung bringen': *alte Geschichten, die Vergangenheit* ~ ❖ ↗ rühren

aufs [aufs] ⟨Verschmelzung von Präp. *auf* (Akk.) + Art. *(das)*⟩ ↗ ³*auf* (2)

auf/Auf [auf..]**-**‖**-sagen** ⟨trb. reg. Vb.; hat⟩ /jmd./ *etw.* ~ ˈetw. auswendig Gelerntes (↗ *lernen*) vor jmdm., bes. einem Publikum, sprachlich wiedergeben': *ein Gedicht (vor der Klasse, auf der Bühne)* ~; *einen Spruch zur Begrüßung* ~ ❖ ↗ sagen; **-sammeln** ⟨trb. reg. Vb.; hat⟩ /jmd./ *etw.* ~ ˈetw., das auf dem Boden zerstreut ist, einzeln aufheben (1.1)': *Papier, Scherben, Fallobst* ~ ❖ ↗ sammeln; **-sässig** [zɛsɪç] ⟨Adj.; Steig. reg., ungebr.⟩ ˈGebote, Befehle nicht befolgend und Widerstand leistend'; SYN rebellisch (2), widersetzlich /auf Personen bez./: *ein ~es Kind; ~e Arbeiter, Demonstranten; ~e Reden füh-*

ren; *die Schüler waren ~, verhielten sich ~;* **-satz, der 1.** ˈim Unterricht od. zu Hause vom Schüler angefertigte umfangreichere schriftliche Arbeit (5) zu einem vom Lehrer gestellten Thema': *einen ~ (über ˈFaust') schreiben* **2.** ˈkürzere Abhandlung über ein bestimmtes (wissenschaftliches) Thema': *einen ~ (über die neuesten medizinischen Erkenntnisse) schreiben, verfassen, veröffentlichen* ❖ ↗ setzen; **-saugen,** saugte auf/sog auf, hat aufgesaugt/aufgesogen /etw., bes. poröses, durchlässiges Material/ *etw.* ~ ˈFeuchtigkeit so zu seinem Bestandteil machen, dass sie nicht mehr zu sehen ist': *der Boden hat das Regenwasser aufgesaugt, aufgesogen; der Schwamm saugte die Nässe schnell auf; die verschüttete Tinte mit dem Löschblatt* ~ ❖ ↗ saugen; **-schieben,** schob auf, hat aufgeschoben /jmd., Institution/ *etw.* ~ SYN ˈetw. verschieben (3.1)': *er hat seine Abreise, Entscheidung, die Antwort auf seine Frage aufgeschoben; die Operation, Reparatur kann nicht länger aufgeschoben werden* ❖ ↗ schieben; **-schlag, der 1.** ⟨vorw. Sg.⟩ ˈdas Aufschlagen (1)': *man hörte den dumpfen ~ eines Körpers; das Flugzeug ging beim ~ zu Bruch* **2.** ˈGeldsumme, um die ein Preis, bes. für eine spezielle Leistung, zusätzlich erhöht wird': *für diesen Film muss ein ~ (von 50 Prozent) gezahlt werden; für etw. einen hohen ~ erheben* **3.** ˈnach außen umgeschlagener Teil des Stoffes* **3.1.** unten am Rand eines Hosenbeins, Ärmels': *eine Hose mit Aufschlag* **3.2.** ˈam vorderen Ausschnitt von bestimmten Kleidungsstücken der Oberbekleidung': *ein Jackett mit breiten Aufschlägen* ❖ ↗ schlagen; **-schlagen** (er schlägt auf), schlug auf, hat/ist aufgeschlagen **1.** ⟨ist⟩ /etw., jmd./ *auf etw.* ⟨Dat./Akk.⟩ ~ ˈim Fallen heftig auf etw. schlagen': *das Flugzeug, sein Kopf schlug auf dem/den Boden auf; er ist mit dem Kopf auf dem/das Pflaster aufgeschlagen* **2.** ⟨hat⟩ /jmd./ *sich* ⟨Dat.⟩ *etw.* ~ ˈsich einen Körperteil durch einen Sturz, Stoß verletzen': *der Junge hat sich die Knie, Stirn aufgeschlagen* **3.** ⟨hat⟩ /jmd./ *etw.* ~ **3.1.** ˈTeile von einem Buch, einer Broschüre, Zeitung o.Ä. so bewegen, dass eine Seite zu lesen, anzusehen ist': ANT zuschlagen (1): *er schlug die Zeitung, Zeitschrift, den Katalog auf; er schlug das Buch, Heft auf Seite 13 auf* **3.2.** ˈein Buch o.Ä. so aufschlagen (3.1), dass man eine bestimmte Seite, Stelle lesen, ansehen kann': *er schlug die Seite 13 auf; schlagt bitte (die) Seite 13 des Lehrbuchs auf!* **4.** ⟨hat⟩ /jmd./ *das Bett* ~ (ˈdas Bett 2 zurückschlagen') **5.** ⟨hat⟩ /jmd./ *die Augen* ~ (ˈdie geschlossenen Lider heben, sodass man sehen kann'; SYN ˈöffnen 1.1'; ANT schließen 1.1) **6.** ⟨hat⟩ /jmd., Betrieb/ *etw.* ~ SYN ˈetw. aufbauen (2)'; ANT abbauen (1): *Zelte, Buden, Baracken* ~; *er schlug sein Bett im Wohnzimmer auf* (ˈbereitete sich im Wohnzimmer eine Gelegenheit zum Schlafen') **7.** ⟨hat⟩ /jmd./ *seinen Wohnsitz in N* ~ (ˈin N seinen Wohnsitz nehmen') **8.** ⟨hat⟩ /jmd., Firma/ *eine Geldsumme (auf einen Preis)* ~ ˈeinen Preis zusätzlich um eine Geldsumme erhöhen': *er hat 50 Mark, 50 Prozent (auf* *den Preis) aufgeschlagen* ❖ ↗ schlagen; **-schließen,** schloss auf, hat aufgeschlossen; ↗ auch *aufgeschlossen* **1.** /jmd./ *etw.* ~ ˈdas Schloss von etw. mittels Schlüssel so betätigen, dass man es öffnen (1.1) kann'; SYN öffnen (1.2); ANT zuschließen, abschließen (1), verschließen (1); ↗ FELD I.7.8.2: *die Tür, den Schrank* ~; *er schloss (ihnen) das Zimmer auf; er hat ihnen aufgeschlossen* (ˈdas Haus, Zimmer aufgeschlossen') **2.** ⟨vorw. im Präs., Prät. u. Inf.⟩ /jmd., Fahrzeug/ ˈden entstandenen Abstand zwischen Personen, Autos verringern, indem man sich, das Auto vorwärts bewegt und sich dadurch dicht hintereinander befindet': *die Demonstranten schlossen auf; bitte* ~! ❖ ↗ schließen; **-schluss, der** ⟨vorw. Sg.⟩: ~ *über jmdn., etw.* SYN ˈAufklärung (2) über jmdn., etw.': *er verlangte* ~ *über ihn, über sein seltsames Verhalten;* ~ *über etw. erhalten; jmdm. über etw., jmdn.* ~ *geben* (ˈjmdn. über etw., jmdn. aufklären 2') ❖ ↗ schließen (2); **-schneiden,** schnitt auf, hat aufgeschnitten **1.** /jmd./ *etw.* ~ ˈetw. mit einem Schneidewerkzeug öffnen (1.3)': *einen Briefumschlag* ~; *der Chirurg schnitt das Geschwür auf; sich* ⟨Dat.⟩ *etw.* ~: *er hat sich die Pulsadern aufgeschnitten* **2.** /jmd./ *etw.* ~ ˈetw. Ganzes, das zum Essen bestimmt ist, völlig in Scheiben, Stücke schneiden': *die Wurst, den Braten, Kuchen* ~ **3.** ⟨+ Adv.best.⟩ ˈin prahlerischer Weise übertreiben': *er hat fürchterlich aufgeschnitten; er schneidet mit seinen Geschichten, Heldentaten auf* ❖ ↗ schneiden; **-schneider, der** ˈjmd., der aufschneidet (3), aufgeschnitten hat': *er ist ein (fürchterlicher)* ~ ❖ ↗ schneiden; **-schnitt, der** ⟨o.Pl.⟩ ˈmeist verschiedene Sorten von Wurst, Braten, Käse in Scheiben': *zum Abendessen gab es eine Platte mit* ~ ❖ ↗ schneiden; **-¹schrecken** ⟨trb. reg. Vb.; hat⟩ /etw., jmd./ **1.1.** *jmdn.* ~ ˈjmdn. so erschrecken, dass er mit einer heftigen Bewegung auffährt (3)': *das Geräusch, der Junge schreckte ihn auf; jmdn. aus seinen Gedanken, Träumen, aus dem Schlaf* ~ **1.2.** *ein Tier* ~ ˈein Tier so erschrecken, dass es sein Versteck o.Ä. verlässt und flüchtet': *der Schuss, Jäger hat den Hasen, das Wild aufgeschreckt* ❖ ↗ Schreck; **-²schrecken** (er schrickt auf), schrak auf/schreckte auf, ist aufgeschreckt /jmd./ **1.1.** ˈvor Schreck eine heftige Bewegung o.Ä. machen': *er schrak, schreckte von einem Geräusch, Schuss auf* **1.2.** *aus etw.* ⟨Dat.⟩ ~ ˈdurch Aufschrecken (1.1) den Zustand der körperlichen Ruhe, der geistigen Abwesenheit beenden': *er schrak, schreckte aus seinen Träumen, Gedanken, aus dem Schlaf auf* ❖ ↗ Schreck; **-schrei, der** ⟨vorw. mit Gen.attr.⟩ ˈplötzlicher, kurzer Schrei'; ↗ FELD VI.1.1: *sie stieß einen (lauten)* ~ (*der Freude, Verzweiflung*) *aus* ❖ ↗ Schrei; **-schreiben,** schrieb auf, hat aufgeschrieben /jmd./ *etw.* ~ SYN ˈetw. notieren': *ich habe die Adresse, Telefonnummer aufgeschrieben; sich* ⟨Dat.⟩, *jmdm. etw.* ~: *ich werde mir, ihm das Datum* ~ ❖ ↗ schreiben; **-schreien,** schrie auf, hat aufgeschrien /jmd./ ˈkurz, plötzlich einmal schreien (vor Schreck)'; ↗ FELD VI.1.2: *er schrie auf, als er den Toten sah* ❖ ↗

schreien; **-schrift, die** ˈkurzer, meist geschriebener Text auf einem Gegenstand, der Informationen zum Inhalt o.Ä. enthält': *eine Flasche, Akte mit einer* ~ *versehen; das Schild, Etikett trägt die* ~ ... ❖ ↗ schreiben; **-schub, der** ⟨vorw. o. best. Art.⟩ ˈdas Verlegen eines Termins auf einen späteren Zeitpunkt, bes. um eine Frist zu verlängern': *um* ~ *bitten; diese Arbeit duldet keinen* ~ (ˈkann, darf nicht verzögert, aufgeschoben werden'); *etw. ohne* ~ (ˈunverzüglich, sofort') *tun; einem Schuldner zwei Wochen* ~ *geben, gewähren* (ˈdie Frist für etw. um zwei Wochen verlängern') ❖ ↗ schieben; **-schwingen, sich,** schwang sich auf, hat sich aufgeschwungen umg. /jmd./ *sich zu etw.* ~ ˈsich zu etw. aufraffen (2)': *gestern habe ich mich endlich zum Fensterputzen aufgeschwungen* ❖ ↗ schwingen; **-schwung, der** ⟨vorw. Sg.⟩ **1.** SYN ˈElan': *der Erfolg gab ihm* ~, (*einen) neuen, großen* **2.** ˈstarke Entwicklung zu einem neuen, besseren Zustand, bes. in wirtschaftlicher Hinsicht'; ↗ FELD I.7.2.1: *überall im Land war der* ~ *der Wirtschaft, des Wohnungsbaus zu spüren, zu beobachten; den* ~ *des kulturellen Lebens fördern; die Wirtschaft erlebte, nahm einen stürmischen* ~ (ˈentwickelte sich stürmisch zu einem guten, besseren Zustand') ❖ ↗ schwingen; **-sehen** (er sieht auf), sah auf, hat aufgesehen **1.** ⟨+Adv.best.⟩ /jmd./ ˈ(den gesenkten Kopf heben und) nach oben, in die Höhe sehen'; ↗ FELD I.3.1.2: *sie sah verwundert, freundlich, fragend (zu ihm) auf; er sah von der Arbeit, flüchtig auf, als sie ins Zimmer kam* **2.** /jmd./ *zu jmdm.* ~ ˈjmdn. bewundernd verehren': *er sieht (mit Bewunderung) zu seinem Lehrer, Vater auf* ❖ ↗ sehen; **-sehen, das**; ~s, ⟨o.Pl.⟩ ˈallgemeine Aufmerksamkeit, Beachtung, Neugierde, die durch jmdn., etw. hervorgerufen wird': *dieser Vorfall, dieser Film hat viel, großes* ~ *erregt, gemacht, verursacht; ein* ~ *erregender Film* ❖ ↗ sehen; **-setzen** ⟨trb. reg. Vb.; hat⟩ **1.** /jmd./ *etw.* ~ ˈetw., das nach seiner Funktion auf den Kopf, die Nase gehört, auf diese Stelle setzen'; ANT absetzen (1), abnehmen (1): *den Hut, die Brille* ~ **2.** /jmd./, bes. Koch, Hausfrau/ *etw.* ~ ˈetw. zum Kochen auf den Herd stellen': *Wasser (für den Kaffee, Tee)* ~; *einen Topf Kartoffeln, die Suppe* ~ **3.** /Luftfahrzeug/ *irgendwie* ~ ˈbeim Landen irgendwie auf den Boden kommen': *das Flugzeug setzte weich, hart, sanft (auf der/die Piste) auf* **4.** /jmd./ *etw.* ~ ˈden Text, bes. für ein (amtliches) Schreiben so formen, dass daraus die endgültige Fassung hergestellt werden kann': *einen Brief (für jmdn., an eine Behörde)* ~; *eine Annonce, Anzeige* ~ **5.** /jmd./ *etw.* ~ ˈein bestimmtes Gefühl, einen Gemütszustand mimisch ausdrücken (ohne innerlich entsprechend zu empfinden)': *er setzte eine fröhliche, frostige, beleidigte Miene auf; ein freundliches Lächeln, ein unschuldiges Gesicht* ~ ❖ ↗ setzen MERKE Zu *aufsetzen* (5): Beim Akk.obj. steht meist ein Adj.; **-sicht, die** ⟨o.Pl.⟩ ˈständige aufmerksame Beobachtung, Kontrolle, bes. von Personen, die dazu dient festzustellen, ob die Anweisungen, Vorschriften eingehalten werden, ob alles verläuft, wie es soll': *die ~ (über jmdn., etw.) haben, führen; etw. unter jmds. ~ tun; die Kinder waren ohne ~ zu Hause; unter ärztlicher, polizeilicher ~ stehen* ('ärztlich, polizeilich beaufsichtigt werden') ❖ ↗ **sehen**; **-sitzen**, saß auf, hat/ist aufgesessen **1.** ⟨ist⟩ 'auf ein Reittier steigen'; ANT absitzen (2): *er saß auf, war aufgesessen* **2.** ⟨hat; +Adv.best.⟩ landsch. /jmd./ 'nicht zu Bett gehen und statt dessen sich mit etw. (intensiv) beschäftigend irgendwo sitzen': *er hat die ganze Nacht, lange (über seiner Arbeit) aufgesessen* **3.** umg. /jmd./ *jmdn.* ~ *lassen* 'jmdn. im Stich lassen': *der Handwerker, sein Freund hat ihn ~ lassen* **4.** ⟨ist⟩ /jmd./ etw. ⟨Dat.⟩, *jmdm.* ~ 'auf etw., jmdn. reinfallen': *sie sind einem Betrug, Betrüger aufgesessen* ❖ ↗ **sitzen**; **-spannen** ⟨trb. reg. Vb.; hat⟩: *den Schirm* ~ ('durch Betätigen einer Vorrichtung bewirken, dass sich der Regen-, Sonnenschirm zu seinem vollen Umfang ausbreitet und straff gespannt wird') ❖ ↗ **spannen**; **-sperren** ⟨trb. reg. Vb.; hat⟩ **1.** umg. /jmd./ *etw.* ~ 'etw. weit öffnen (1.1)': *das Fenster, die Tür* ~; *den Schnabel, Mund* ~ **2.** landsch., bes. süddt. österr. /jmd./ *etw.* ~ 'etw. aufschließen (1)'; ANT absperren (1); ↗ FELD I.7.8.2: *den Schrank, die Tür, das Zimmer* ~ ❖ ↗ **sperren**; **-spielen** ⟨trb. reg. Vb.; hat⟩ **1.** ⟨+Adv.best.⟩ /Gruppe von Musikern, jmd./ 'zur Unterhaltung, zum Tanz Musik machen': *die Kapelle, Band spielte zum Tanz auf, spielte auf dem Fest, im Schlosspark auf* **2.1.** /jmd./ *sich als etw.* ~ 'sich als etw. Besonderes, Besseres hinstellen': *er hat sich als Anführer aufgespielt; spiel dich nicht als Held/Helden auf!* **2.2.** emot. neg. /jmd./ *sich* ~ SYN 'angeben (2)': *sie spielt sich gern vor anderen auf; er spielt sich ihm gegenüber, vor Freunden, als großer Fachmann auf* ❖ ↗ **spielen**; **-springen**, sprang auf, ist aufgesprungen **1.** /jmd./ 'mit einer raschen, heftigen Bewegung von seinem Sitzplatz aufstehen (1)': *er sprang erschrocken (von seinem Stuhl) auf* **2.** /jmd./ *auf etw.* ~ 'auf etw., bes. ein fahrendes Fahrzeug, springen': *auf eine anfahrende Straßenbahn, auf einen Zug* ~ **3.** *die Hände, Lippen sind aufgesprungen* ('die Haut der Hände, Lippen ist rau und rissig geworden') ❖ ↗ **springen**; **-stacheln** [ˈʃtaxl̩n] ⟨trb. reg. Vb.; hat⟩ **1.** /jmd./ *jmdn. gegen jmdn.* ~ 'jmdn. gegen jmdn. aufhetzen (1.1)': *sie haben seine Mitschüler gegen ihn aufgestachelt* **2.1.** /jmd./ *jmdn. zu etw.* ~ 'jmdn. mit gezielten Worten in eine bestimmte Verfassung versetzen, in der er zu einer meist negativen Handlung bereit ist': *jmdn. (durch Hohn, Spott, Vorwürfe) zum Widerspruch, Widerstand, zur Rebellion* ~ **2.2.** /jmd., etw./ *etw.* ~ 'etw., bes. jmds. Bemühen um Leistung, zu erhöhter Leistung bewegen, bestimmte Gefühle in verstärkte Tätigkeit setzen': *jmds. Ehrgeiz, Eifer, Neid* ~; *der Film hat seine Leidenschaft, die Phantasie der Zuschauer aufgestachelt* MERKE Zu *aufstacheln* (2.2): Beim Akk.obj. steht immer ein Possessivpron. od. Gen.attr. ❖ ↗ **Stachel**; **-stand, der** 'bewaffneter Kampf einer größeren Gruppe von Men-

schen gegen bestehende gesellschaftliche Verhältnisse': *einen* ~ *organisieren, niederschlagen; an einem (bewaffneten)* ~ *teilnehmen*; vgl. *Aufruhr* (1), *Empörung* (2), *Rebellion, Revolution* (1) ❖ ↗ **stehen**; **-stecken** ⟨trb. reg. Vb.; hat⟩ umg. /jmd./ *etw.* ~ 'etw. aufgeben (4.1)': *einen Plan, sein Studium* ~; *er steckte auf, musste* ~ ❖ ↗ **stecken**; **-stehen**, stand auf, ist/hat aufgestanden **1.** ⟨ist⟩ /jmd./ 'aus liegender od. sitzender Stellung in die Höhe richten und auf die Beine stellen'; SYN erheben (2.1): *er stand (von seinem Platz, Stuhl) auf; er half dem gestürzten Mann aufzustehen* **2.** ⟨vorw. mit temp. Adv.best.⟩ ⟨ist⟩ /jmd./ 'das Bett verlassen'; SYN erheben (2.2): *er steht jeden Tag um fünf Uhr, früh, spät auf; wann stehst du auf* ('verlässt du morgens das Bett')?; *der Kranke darf schon* ~ **3.** ⟨ist⟩ /zwei od. mehrere (jmd.), Gruppe/ *gegen jmdn., etw.* ~ 'gegen jmdn., etw. einen Aufstand machen': *das Volk ist gegen den Diktator, gegen das Regime aufgestanden* **4.** ⟨hat⟩ /etw./ 'geöffnet (1.1) sein': *die Tür, das Fenster stand (weit) auf* ❖ ↗ **stehen**; **-steigen**, stieg auf, ist aufgestiegen **1.** /jmd./ *auf etw.* ~ 'auf ein Fahrzeug, Reittier steigen'; ANT absteigen (1): *auf das Fahrrad, Pferd* ~ **2.** /jmd./ *irgendwohin* ~ 'irgendwohin nach oben, aufwärts steigen (1)'; ↗ FELD I.7.2.2, IV.1.2: *auf einen Berg, zum Gipfel* ~ **3.1.** /etw./ 'in die Luft, Höhe steigen (3.1)'; SYN erheben (3): *Rauchwolken, Dämpfe, Luftballons steigen auf; Nebel, ein Flugzeug stieg auf* **3.2.** /jmd./ *in/mit etw.* ~ 'in, mit etw. in die Höhe fliegen'; ↗ FELD VIII.2.2: *er stieg in einem Flugzeug, mit einem Ballon auf* **4.** /etw./ 'an die Oberfläche steigen (3.2)': *Blasen steigen (im Aquarium) auf* **5.** /etw., bes. Psychisches/ *in jmdm.* ~ 'in jmdm. entstehen'; SYN aufkommen (2): *Angst, ein Gedanke, Verdacht, Zweifel stieg in ihm auf* ('kam in ihm auf' ↗ aufkommen 2) **6.** ⟨+Adv.best.⟩ /jmd./ 'befördert werden, einen höheren Rang erreichen': *in eine leitende Stellung* ~; *er war zum Direktor, General aufgestiegen* **7.** /Mannschaft (Fußball, Handball)/ 'auf einer bestimmten Skala von Leistungen in die nächst höhere Stelle eingestuft werden'; ANT absteigen (2): *die Mannschaft ist (in die Bundesliga) aufgestiegen* ❖ ↗ **steigen**; **-stellen** ⟨trb. reg. Vb.; hat⟩ **1.** /jmd./ *etw. irgendwo* ~ 'etw. in einer bestimmten Anordnung an einen dafür vorgesehenen Platz stellen'; ↗ FELD V.4.2: *Tisch und Stühle im Garten* ~; *wegen der Mäuse eine Falle im Keller* ~; *die Trittleiter unter dem Apfelbaum* ~ **2.** /jmd., Betrieb/ *etw.* ~ 'etw. an einem dafür vorgesehenen Ort aufbauen (2)'; SYN errichten (1.2): *ein Denkmal, Zelt, Gerüst* ~; *Buden* ~ **3.** ⟨vorw. mit Adv.best.⟩ /jmd., Institution o.Ä./ *jmdn., sich* ~ 'jmdn., sich an einem bestimmten Ort in einer bestimmten Anordnung stellen': *Wachen, einen Posten (vor dem Gebäude)* ~; *die Schüler stellten sich zu zweit, viert, auf dem Schulhof auf; die Zuschauer stellten sich am Ziel auf* **4.** /jmd., Verein o.Ä./ *eine Gruppe von Menschen* ~ 'für einen bestimmten Zweck geeignete Personen auswählen und mit ih-

nen eine bestimmte feste Gruppe bilden`: *eine Fuß-
ballmannschaft, ein Leitungsteam, ein Schülerorche-
ster* ~ **5.** ⟨vorw. mit Adv.best.⟩ /Gruppe, Institu-
tion o.Ä./ *jmdn.* ~ SYN `jmdn.
nominieren`: *einen
Kandidaten* ~; *er wurde als Kandidat für die Wahl
aufgestellt; er wurde für den Wettkampf, die Olym-
pischen Spiele aufgestellt* **6.** /jmd./ *etw.* ~ `etw.
durch Beobachten od. durch konstruktives Denken
als allgemein gültig erkennen und formulieren`:
eine Theorie, ein physikalisches Gesetz ~; *gramma-
tische Regeln, Normen* ~ **7.** /Sportler/ *einen neuen
Rekord* ~ (`erzielen`) **8.** /abgeblasst in Verbindung
mit best. Subst., z. B./ /jmd./ *eine* ↗ *Behauptung* ~
❖ ↗ Stelle; **-stellung, die** `Liste, die die einzelnen
Posten, Teile, Gegenstände von etw. enthält`: *eine
~ des Inventars anfertigen, abgeben* ❖ ↗ Stelle;
-stieg [ʃtiːk], **der**; ~s/auch ~es, ~e **1.** /zu *aufsteigen*
2 u. 7/ `das Aufsteigen`; /zu 2/ ⟨vorw. Sg.⟩: *der ~
zum Gipfel*; /zu 7/ ⟨o.Pl.⟩: *der ~ der Mannschaft in
die Bundesliga* **2.** ⟨o.Pl.⟩ `Entwicklung einer Gesell-
schaft, eines Landes zu einem guten, besseren Zu-
stand`: *das Land erlebt einen wirtschaftlichen* ~ ❖
↗ steigen; **-stoßen** (er stößt auf), stieß auf, hat auf-
gestoßen **1.** /jmd./ *etw.* ~ `etw. durch einen Stoß
(1.1) öffnen`: *die Tür, das angelehnte Fenster* ~ **2.**
/jmd./ `im Magen gebildete Gase, verschluckte Luft
hörbar durch die Speiseröhre austreten lassen`:
leise, laut ~; *das Baby muss noch* ~ ❖ ↗ stoßen;
-strich, der ⟨vorw. Sg.⟩ `das, was auf die Scheibe
Brot, das Brötchen gestrichen wird`; ↗ FELD
I.8.1: *Butter, Margarine, Marmelade, Honig als* ~
nehmen ❖ ↗ streichen; **-takt, der** ⟨vorw. Sg.; +
Gen.attr.⟩ `(feierliche) Eröffnung einer größeren,
bes. künstlerischen, wissenschaftlichen od. wirt-
schaftlichen Veranstaltung, meist in Form einer
künstlerischen Darbietung`; ↗ FELD VII.1.1: *der
festliche, feierliche ~ eines Film-, Musikfestivals; als
(würdiger) ~ des Kongresses findet ein Konzert
statt* ❖ ↗ Takt; **-tauchen** ⟨trb. reg. Vb.; ist⟩ **1.**
/jmd., U-Boot/ `von unter Wasser an die Oberflä-
che des Wassers kommen und wieder sichtbar wer-
den`; ↗ FELD I.7.2.2, IV.1.2, VIII.3.2: *der Tau-
cher, Schwimmer, das U-Boot tauchte (nach zwanzig
Minuten) (wieder) auf* **2.** /etw., jmd./ `irgendwo` ~
`unerwartet, plötzlich sichtbar werden, wenn man
sich nähert`: *als sie nach Süden fuhren, tauchten in
der Ferne, am Horizont hohe Berge auf; aus dem
Dunkel tauchten plötzlich Gestalten auf* **3.** ⟨+
Adv.best.⟩ /jmd., etw./ `(verschwunden sein und)
unerwartet, plötzlich (wieder) erscheinen (1)`: *er
tauchte wochenlang nicht auf, tauchte nach Monaten
in N (wieder) auf; wo er auftaucht, wird es lustig;
der Verbrecher soll in N aufgetaucht (`gesehen wor-
den`) sein; das Buch ist bei ihm wieder aufgetaucht
(`bei ihm wieder gefunden worden`)* **4.** /etw./ `plötz-
lich, unerwartet auftreten (3)`: *Fragen, Probleme,
Zweifel tauchten auf; bei der Ausführung der Arbei-
ten tauchten Schwierigkeiten auf* ❖ ↗ tauchen;
-tauen ⟨trb. reg. Vb.; ist/hat⟩ **1.** ⟨ist⟩ **1.1.** /Schnee,
Eis/ `durch Tauen (1) vollständig vom festen in den

flüssigen Zustand übergehen`; ANT gefrieren: *der
Schnee, das Eis auf dem See ist aufgetaut* **1.2.** /Ge-
wässer/ `vom Eis frei werden`: *der See, Fluss taut
allmählich auf, ist aufgetaut* **2.** ⟨hat⟩ /Sonne, jmd./
etw. ~ `etw., bes. Schnee, Eis zum Tauen (1) brin-
gen`: *die Sonne taut den Schnee, das Eis auf; das
gefrostete Gemüse muss vor dem Kochen nicht auf-
getaut werden* **3.** ⟨ist⟩ umg. /jmd./ `die Befangenheit
verlieren, gesprächig werden`: *das Kind taute all-
mählich auf und spielte fröhlich mit den anderen Kin-
dern; er taut erst auf, wenn er etwas getrunken hat*
❖ ↗ Tau; **-teilen** ⟨trb. reg. Vb.⟩ **1.1.** /jmd./ *etw.* ~
`ein Ganzes teilen (3.1)`: *den Kuchen, die Äpfel,
alles* ~; /zwei od. mehrere (jmd.)/ *sie haben die
Beute (unter sich) aufgeteilt, jeder bekam ein Drit-
tel* **1.2.** /jmd., Institution/ *etw., eine Gruppe in etw.*
~ `ein Ganzes, eine Menge, Sachen, Personen in
mehrere Mengen teilen`: *das Land in mehrere Zonen*
~; *Ackerland in Parzellen* ~; *die Klasse in mehrere
Gruppen* ~ ❖ ↗ Teil; **-trag** [traːk], **der**; ~s/auch
~es, Aufträge [..trɛːɡə] **1.** `etw., das jmdm. zum Er-
ledigen gegeben wurde`; SYN Befehl (1):
*jmdm. einen ~ erteilen, geben; einen wichtigen,
schwierigen ~* (SYN `Anweisung 1`) *ausführen, er-
ledigen, erhalten; er handelt im ~ seines Vaters/von
seinem Vater* **2.** `Bestellung einer auszuführenden
Arbeit, einer zu liefernden Ware`: *einem Tischler ei-
nen ~, Aufträge (in Höhe von tausend Mark, über
die Lieferung von zehn Regalen) geben; einen ~ ver-
geben, ablehnen, zurückziehen* ❖ beauftragen, auf-
tragen; **-tragen** (er trägt auf), trug auf, hat aufge-
tragen **1.** /jmd./ *etw. auf etw.* ~ `etw., das sich strei-
chen (1.1) lässt, in einer dünnen Schicht auf etw.,
über etw. verteilen`: *Creme auf die Haut, Salbe auf
eine Wunde* ~; *Schminke (auf das Gesicht)* ~;
Farbe auf die Wand, Bohnerwachs auf den Fußboden
~ **2.** /jmd./ *etw.* ~ `Speisen zum Essen auf den
Tisch stellen`: *das Essen, Abendbrot* ~ **3.** /jmd./
jmdm. etw. ~ `jmdm. den Auftrag (1) geben, etw.
Bestimmtes zu tun`: *er hat mir einen Gruß an dich
aufgetragen; er hat mir aufgetragen, dir das Buch
zurückzugeben; er hat mir aufgetragen, ... * **4.** /jmd./
etw. ~ `ein Kleidungsstück so lange tragen, bis es
völlig abgenutzt ist`: *der Junge trägt die Sachen sei-
ner älteren Geschwister auf* ❖ ↗ tragen, ↗ Auftrag;
-treiben, trieb auf, hat aufgetrieben ⟨vorw. mit Mo-
dalvb. od. im Inf.⟩ umg. /jmd., Betrieb o.Ä./ *etw.*
~ `etw., das man dringend benötigt, nach mühe-
vollem Suchen beschaffen`: *er konnte das Buch nir-
gends* ~; *es gelang ihm, das nötige Geld, die Ersatz-
teile aufzutreiben; jmdn.* ~: *in der abgelegenen Ge-
gend war kein Arzt, Handwerker aufzutreiben* ❖ ↗
treiben; **-treten** (er tritt auf), trat auf, ist aufgetreten
1. /jmd./ `als Schauspieler in einem Engagement
auf einer Bühne spielen`: *er ist in N (als Faust, als
Gast) aufgetreten* **2.** /jmd./ *irgendwie* `vor ande-
ren ein bestimmtes Verhalten zeigen`, *in einer be-
stimmten Funktion tätig sein`: *unsicher, selbstbe-
wusst, bescheiden* ~; *in einem Prozess als Zeuge* ~;
gegen einen Plan, gegen jmdn. scharf ~ (`einen

Plan, jmdn. scharf kritisieren') **3.** /etw./ ʿals Folge einer bestimmten Entwicklung, eines Zusammenhanges entstehen'; ↗ FELD X.2: *im Laufe der Arbeiten traten Schwierigkeiten, Probleme, Meinungsverschiedenheiten auf; diese Krankheit tritt in heißen Ländern auf* ❖ ↗ treten; **-trieb, der** ⟨o.Pl.⟩ **1.** SYN ʿElan': *etw. gibt jmdm. neuen, starken ~* **2.** Phys. ʿentgegengesetzt zur Schwerkraft wirkende Kraft, durch die ein in eine Flüssigkeit od. in ein Gas getauchter Körper in die Höhe bewegt werden kann': *sein Körper, er bekam im tiefen Wasser starken ~* ❖ ↗ treiben; **-tritt, der 1.** ʿdas Erscheinen des Schauspielers auf der Bühne während einer Aufführung (1)': *der Schauspieler wartete auf seinen ~, verpasste seinen ~* **2.** SYN ʿSzene (1)': *der zweite ~ des dritten Akts* **3.** ʿheftiger Streit, bes. in Anwesenheit anderer': *es kam zu einem unangenehmen, peinlichen ~; er hatte einen (unliebsamen) ~ mit seinem Vorgesetzten; er wollte jeden ~ vermeiden*; vgl. *Szene (3.2)* ❖ ↗ treten; **-tun**, tat auf, hat aufgetan umg. /jmd./ *etw. ~* ʿetw. zum Essen auf einen Teller tun': *sie tat die Suppe auf* ❖ ↗ ¹tun; **-wachen** ⟨trb. reg. Vb.; ist; +Adv.best.⟩ /jmd./ ʿwach werden'; SYN erwachen (1); ANT einschlafen (1): *er wacht früh, spät, um sechs Uhr auf; das Kind war mitten in der Nacht, von einem Geräusch, aus einem Traum aufgewacht* ❖ ↗ wach; **-wachsen** (er wächst auf), wuchs auf, ist aufgewachsen ⟨+ Adv.best.⟩ /jmd./ ʿvom Kind zum Erwachsenen heranwachsen': *die beiden sind zusammen aufgewachsen; er ist auf dem Land, in der Großstadt, bei seinen Großeltern aufgewachsen* ❖ ↗ wachsen; **-wand** [vant], **der**; ~s/auch ~es, ⟨o.Pl.⟩ **1.** ʿaufgewendete, aufzuwendende finanzielle Mittel, Mühe, Zeit': *den ~ für etw. senken; der ~ (für das Festspiel) lohnt sich* **2.** *großen ~ treiben* (ʿluxuriös, verschwenderisch leben') ❖ ↗ aufwenden; **-wändig** ↗ -wendig; **-wärmen** ⟨trb. reg. Vb.; hat⟩ **1.** /jmd./ *etw. ~* ʿetw., bes. eine kalt gewordene Speise, ein kalt gewordenes Getränk, wieder warm (1.1) machen'; SYN wärmen (1.3); ↗ FELD VI.5.2: *das Mittagessen abends ~; soll ich das Essen ~?* **2.** ⟨+ Adv.best.⟩ /jmd./ *sich ~* ʿmit Hilfe einer Wärmequelle, eines warmen od. alkoholischen Getränks bewirken, dass man nicht mehr friert': *sich am Ofen, mit einer Tasse Kaffee, einem Grog, im warmen Zimmer (wieder) ~* **3.** umg. /jmd./ *etw. ~* ʿetw. Negatives, das der Vergangenheit angehört, erneut zur Sprache bringen': *einen alten Streit, alte Geschichten, Lügen ~* ❖ ↗ warm; **-warten**, wartete auf, hat aufgewartet /jmd., Institution, Betrieb o.Ä./ *mit etw. ~* ʿetw. (überraschend) jmdm., der Öffentlichkeit zeigen, mitteilen': *er wartete mit einer Neuigkeit, Überraschung auf; konnte mit großen Leistungen, neuen Beweisen ~; der Zirkus wartet heute Abend mit einer Sensation auf; die Kaufhäuser warten zum Schlussverkauf mit einem großen Warenangebot auf* (ʿhaben ein großes Warenangebot')

aufwärts [ˈaufvɛrts] ⟨Adv.⟩ ʿnach oben'; ANT abwärts; ↗ FELD I.7.2.3, IV.1.3: *sie stiegen ~; die Straße geht, führt ~; den Fluss ~* (ʿin Richtung zur Quelle hin') *fahren* ❖ ↗ ¹auf

Auf/auf[ˈauf..]|**-wasch** [vaʃ], **der**; ~es/auch ~s landsch. **1.** SYN ʿAbwasch (1)': *ich mach heute den ~* **2.** SYN ʿAbwasch (2)': *wir lassen den ~ bis morgen stehen* ❖ ↗ waschen * **das ist ein ~** (ʿdas kann alles gleichzeitig, zusammen erledigt werden'); **-wecken** ⟨trb. reg. Vb.; hat⟩ /jmd., etw./ *jmdn. ~* ʿjmdn., bes. ein Kind, wach machen, wecken': *sei bitte leise und wecke das Kind nicht auf!; der Lärm hat ihn, das Baby aufgeweckt* ❖ ↗ wecken; **-weisen**, wies auf, hat aufgewiesen **1.1.** /etw./ *etw. ~* ʿetw. Bestimmtes deutlich erkennbar, sichtbar zeigen, haben': *die Arbeit weist Mängel auf; beide Vorgänge weisen Parallelen auf* **1.2.** /jmd., etw./ *etw. aufzuweisen haben* ʿetw. leisten, haben, mit dem Eindruck gemacht, Interesse erweckt werden kann': *er hat gute Zeugnisse, große sportliche Erfolge aufzuweisen; die Stadt hat viele Sehenswürdigkeiten aufzuweisen* ❖ ↗ weisen; **-wenden**, wandte auf/wendete auf; hat aufgewandt/aufgewendet /jmd., Institution, Betrieb/ *etw. für etw. ~/etw. ~, um etw. zu ...* ʿgroße finanzielle, materielle Mittel, viel Mühe, Zeit für etw. verwenden, um etw. zu erreichen': *er wandte, wendete viel Geld, viel Zeit, alle seine Kräfte für dieses Projekt, Ziel auf; er wandte, wendete alles auf, um das Projekt zu verwirklichen, um das Ziel zu erreichen* ❖ Aufwand, aufwendig, Zeitaufwand, zeitaufwendig; **-wendig** /auch **-wändig** ⟨Adj.; Steig. reg.⟩ ʿmit großem Aufwand verbunden': *ein ~es Leben führen; die Reise, Werbung ist mir zu ~; er lebt ~* ❖ ↗ aufwenden; **-werfen** (er wirft auf), warf auf, hat aufgeworfen /jmd., etw./ *etw. ~* ʿetw. zur Sprache bringen, zur Diskussion stellen': *in der Versammlung wurde eine wichtige Frage aufgeworfen; der Roman wirft viele tief greifende Probleme auf* **2.** /jmd., Institution o.Ä./ *sich zu jmdn. ~* ʿsich eigenmächtig zu einer für jmdn. wichtigen Person machen': *er hat sich zum Richter über sie, zum Vertreter ihrer Interessen, zu ihrem Anführer aufgeworfen* MERKE Zu *aufwerfen (2)*: Das Dat.obj. wird immer ergänzt, bes. durch ein Gen.attr. ❖ ↗ werfen; **-wickeln** ⟨trb. reg. Vb.; hat⟩ /jmd./ *etw. ~* ʿetw. dünnes, schmales Langes auf etw. wickeln': *einen Bindfaden (auf eine Rolle) ~; Wolle, eine Mullbinde ~* ❖ ↗ Wickel; **-wiegeln** [viːɡl̩n] ⟨trb. reg. Vb.; hat⟩ /jmd., Institution/ *zwei od. mehrere Personen gegen jmdn., etw., zu etw. ~* ʿzwei od. mehrere Personen gegen jmdn., etw., zu etw. aufhetzen (1)': *sie versuchten, die Menge, Bevölkerung gegen den Diktator, die Regierung, die neuen Gesetze, zum Aufstand aufzuwiegeln; er wiegelte die Jugendlichen zu Gewalttaten auf*; **-wiegen**, wog auf, hat aufgewogen /etw./ *etw. ~* ʿetw. Nachteiliges ausgleichen': *die Vorteile wiegen die Nachteile dieses Kaufs nicht auf; die Freude über den Erfolg wog alle Mühen, Leiden auf* ❖ ↗ ¹wiegen; **-wühlen** ⟨trb. reg. Vb.; hat⟩ **1.** /Tier, etw., jmd./ *etw. ~* ʿden festen Erdboden durch Wühlen (1.1) in einen lockeren und unebenen Zustand bringen': *Wildschweine ha-*

ben den Waldboden aufgewühlt; Panzer haben die Wege aufgewühlt **2.** emot. /etw./ jmdn., etw. ~ 'in jmdm. eine heftige Gemütsbewegung hervorrufen': das Erlebnis hat ihn tief, bis ins Innerste aufgewühlt, hat sein Innerstes aufgewühlt; ein ~der Film ❖ ↗ wühlen; **-zählen** ⟨trb. reg. Vb.; hat⟩ /jmd./ mehrere Sachen, Personen ~ 'mehrere Sachen, Personen einzeln nennen': die Werke eines Schriftstellers, verschiedene Namen ~; er zählte seine Freunde, alle Teilnehmer, Gäste auf ❖ ↗ Zahl; **-zeichnen**, zeichnete auf, hat aufgezeichnet **1.** /jmd./ etw. ~ 'etw. auf etw. zeichnen': ein Muster, einen Grundriss (auf ein Blatt Papier) ~ **2.** /jmd./ etw. ~ 'etw. schriftlich festhalten, damit es für immer erhalten bleibt, nicht vergessen wird': wichtige Begebenheiten, Gedanken, Erinnerungen ~; er hat viele alte Volkslieder gesammelt und aufgezeichnet **3.** /jmd., Fernsehen, Rundfunk/ etw. ~ 'etw. mit einem Film, Tonband o.Ä. elektronisch festhalten, um es zu einem späteren Zeitpunkt zu senden, zu verwenden'; SYN aufnehmen (3): eine Veranstaltung, Oper, Sendung ~ MERKE Zu aufzeichnen (2): Das Akk.obj. steht meist im Pl. ❖ ↗ Zeichen; **-zeichnung, die 1.** ⟨vorw. Sg.⟩ /zu aufzeichnen 2 u. 3/ 'das Aufzeichnen'; /zu 2/: die ~ seiner Erinnerungen; /zu 3/: die ~ einer Oper, eines Fernsehspiels **2.** /zu aufzeichnen 2 u. 3/ 'das Aufgezeichnete'; /zu 2/ ⟨vorw. Pl.⟩: er veröffentlichte seine ~en; /zu 3/: Dienstag Abend wird die ~ der Veranstaltung vom Sonnabend voriger Woche gesendet ❖ ↗ Zeichen; **-zeigen** ⟨trb. reg. Vb.; hat⟩ /jmd., Institution o.Ä./ etw. ~ 'etw. nachweisen, indem man es im Einzelnen deutlich darlegt': die Fehler, Schwächen, Vorzüge einer Methode ~ ❖ ↗ zeigen; **-ziehen**, zog auf, hat/ist aufgezogen **1.** ⟨hat⟩ /jmd./ die Gardine, den Vorhang ~ ('durch Ziehen 2.1 so zu einer od. beiden Seiten schieben, dass dadurch das Fenster, die Öffnung völlig sichtbar, frei wird'; ANT zuziehen 1); ↗ FELD I.7.8.2 **2.** ⟨hat⟩ /jmd./ etw. ~ 'etw. von drinnen nach draußen ziehen'; ANT zuschieben (1): die Schublade ~ **3.** ⟨hat⟩ /jmd./ etw. ~ 'etw. auf etw. befestigen (und es spannen)': Saiten (auf die Gitarre) ~; Stoff, eine Landkarte auf Pappe ~ **4.** ⟨hat⟩ /jmd./ etw. ~ 'durch Betätigen eines Mechanismus bewirken, dass die Feder von etw. gespannt wird': eine Uhr, ein Spielzeugauto ~ **5.** ⟨ist⟩ /metereologische Erscheinung/ 'heraufziehen, sich nähern': ein Gewitter, Unwetter zog auf; Wolken waren aufgezogen **6.** ⟨hat⟩ /jmd./ jmdn., ein Tier ~ 'ein Kind, ein junges Säugetier großziehen': ein fremdes Kind wie sein eigenes ~; ein Reh mit der Flasche ~ **7.** ⟨hat; vorw. im Pass.⟩ /jmd., Institution o.Ä./ etw. irgendwie ~ 'etw., bes. ein größeres Vorhaben, eine größere Veranstaltung, irgendwie vorbereiten und gestalten, arrangieren': ein Festival publikumswirksam ~; das Projekt, Jubiläum wurde groß aufgezogen **8.** ⟨hat⟩ /jmd./ jmdn. ~ SYN 'jmdn. necken': jmdn. wegen seines Namens, mit seinen großen Füßen ~; er wurde in der Schule immer aufgezogen ❖ ↗ ziehen; **-zug, der 1.** 'mechanische Vorrichtung, die Personen, Las-

ten aufwärts od. abwärts transportiert'; ↗ FELD I.7.3.1: den ~ benutzen; ein ~ für Personen ('ein Fahrstuhl, Lift') **2.** ⟨vorw. Sg.⟩ 'negativ auffallende Art, in der jmd. zurechtgemacht, gekleidet ist': er kam in einem unmöglichen, seltsamen ~; in diesem ~ kannst du nicht mit ins Theater kommen **3.** SYN 'Akt (2)': eine Oper in drei Aufzügen ❖ ↗ ziehen

Auge ['auɡə], **das**; ~s, ~n **1.** 'eines von zwei zum Sehen dienenden Organen bei Mensch und bestimmten Tieren'; ↗ FELD I.1.1, I.3.1.1 (↗ TABL Körperteile): das rechte, linke ~; große, blaue, traurige ~n haben; die ~n öffnen, schließen, verdrehen; ein ↗ blaues ~ haben; gute, schlechte ~n ('ein gutes, schlechtes Sehvermögen') haben; etw. mit ↗ bloßem ~ erkennen; die ~n ('den Blick') abwenden **2.** 'Punkt auf einem Würfel (2)': er hat fünf ~n gewürfelt **3.** 'Stelle, an der sich, bes. bei Kartoffeln, Obstbäumen, ein Keim, eine Knospe bildet': die ~n von den alten Kartoffeln entfernen ❖ **Bullauge, Hühnerauge, liebäugeln;** vgl. **Augen/augen-**
* /jmd./ **~n haben wie ein Luchs** ('sehr scharf sehen können und deshalb alles bemerken'); **jmds. ~n sind größer als der Magen** ('jmd. tut mehr auf den Teller auf, als er essen kann'); **jmdm. gehen die ~n auf** ('jmd. erkennt plötzlich den wahren Sachverhalt, die wahren Zusammenhänge'); /etw./ **jmdn., etw. im ~ behalten** ('an etw. ständig denken und nicht vergessen, es zu berücksichtigen, zu klären'); /etw./ **ins ~ fallen** 'so auffällig sein, dass jmds. Aufmerksamkeit sofort darauf gelenkt wird, wenn er es sieht': das neue Kleid fiel mir sofort ins ~; /jmd./ **etw. ins ~ fassen** ('sich etw. Bestimmtes vornehmen, etw. als Möglichkeit erwägen'); /jmd./ **ein wachsames ~ auf jmdn., etw. haben** 'jmdn., etw. genau beobachten, um ein negatives Tun, Geschehen zu vermeiden': auf deinen Sohn musst du ein wachsames ~ haben, der macht sonst die verrücktesten Dinge; wir werden auf die Entwicklung ein wachsames ~ haben; /jmd./ **seine ~n überall haben** ('aus dienstlichen Gründen od. aus Neugier alles beobachten, auf alles achten'); /jmd./ **etw. im ~ haben 1.** 'etw. vorhaben, als Möglichkeit sehen': wir hatten dabei im ~, irgendwann einmal eine große Reise zu machen **2.** 'etw. bei seinem Tun berücksichtigen': wenn du die Wohnung renovieren willst, musst du aber auch die Kosten im ~ haben; /jmd./ **jmdm., sich** ⟨Dat.⟩ **etw. vor ~n halten** 'jmdm., sich die Konsequenzen, Gefahren, Wichtigkeit von etw. bewusst machen': das musst du dir stets vor ~n halten!; du musst dir vor ~n halten, dass ...; /jmd./ **große ~n machen** ('durch Hören od. Sehen von etw. so angenehm überrascht sein, dass das Gesicht großes Erstaunen widerspiegelt'); /Frau, auch Mann/ **jmdm. schöne ~n machen** ('jmdn. verliebt ansehen und mit ihm, ihr flirten'); /jmd./ **jmdn., etw. nicht aus den ~n lassen** ('jmdn., etw. unablässig beobachten, um über jede seiner Handlungen, über jedes Geschehen unterrichtet zu sein'); /jmd./ **die ~n offen halten** 'alles beobachten, um ein negatives Geschehen zu vermeiden': er hält die ~n offen, wenn er durch eine

Menschenmenge geht; /jmd./ **jmdm. die ~n öffnen**
('jmdn. über den wahren, unangenehmen Sachver-
halt aufklären'); ... **so weit das ~ reicht** 'so weit
man von einem bestimmten Punkt aus sehen
kann': *am Ufer des großen Sees sieht man Wasser,
so weit das ~ reicht;* /jmd./ **jmdm. nicht in die ~n
sehen können** ('jmdm. gegenüber ein so großes
Schuldgefühl haben, dass man seinem Blick aus-
weicht, ausweichen möchte'); /jmd./ **etw., jmdn. mit
anderen ~n sehen** ('ein Geschehen, jmdn. mit
neuem Verständnis, meist positiver als bisher, beur-
teilen'); /etw., bes. Gegenstand/ **ins ~ springen** 'so
auffällig sein, dass jmds. Aufmerksamkeit sofort
darauf gelenkt wird, wenn er es sieht': *ihr wertvol-
ler Ring sprang mir sofort ins ~;* /jmd./ **seinen (eige-
nen) ~n nicht trauen** 'etw. Unerwartetes, Überra-
schendes sehen und es nicht fassen, glauben kön-
nen': *er traute seinen eigenen ~n nicht, als sein Auto
plötzlich nicht mehr dastand;* **jmdm. gehen die ~n
über** ('jmd. ist durch den Anblick von etw., das
kostbar, schön, in großer Menge vorhanden ist,
überwältigt'); /jmd./ **jmdn., etw. aus dem ~/aus den
~n verlieren 1.** 'jmdn., etw. nicht mehr mit den
Augen wahrnehmen können' **2.** 'allmählich die per-
sönliche Verbindung zu jmdm. verlieren': *ich habe
ihn nach der Schulzeit aus den ~n verloren;* ⟨rez.⟩
wir haben uns aus den ~n verloren; /jmd./ **die ~n
vor etw. verschließen** ('sich in Bezug auf etw. Nega-
tives, das einen angeht, so verhalten, als ob es nicht
existiert'); **jmdm. wird es schwarz vor ~n** ('jmdm.
wird es schwindlig, jmd. wird fast ohnmächtig');
/jmd./ **kein ~ zumachen** ⟨vorw. im Perf. u. Inf.
+*können*⟩ 'überhaupt nicht schlafen (können)': *ich
habe die ganze Nacht kein ~ zugemacht, kein ~ zu-
machen können;* **mit einem lachenden und einem wei-
nenden ~** 'teils erfreut und teils betrübt': *wir sehen
diese Entwicklung mit einem lachenden und einem
weinenden ~;* **unter vier ~n** 'im Gespräch zwischen
uns, euch, ihnen beiden und ohne, dass ein anderer
zuhört': *das wollen wir, das müsst ihr unter vier ~n
besprechen; die beiden haben alles unter vier ~n ver-
abredet; ich erzähle dir das mal unter vier ~n;* ⟨⟩
umg. /jmd./ ⟨vorw. im Perf.⟩ **mit einem blauen ~**
('glimpflich') **davonkommen;** /etw. (vorw. *das*)/ **ins
~ gehen** 'schlecht ausgehen und üble Folgen ha-
ben': *das ist ins ~ gegangen, kann leicht ins ~ ge-
hen;* **da blieb kein ~ trocken 1.** 'alle lachten so sehr,
dass ihnen die Tränen kamen' **2.** 'alle weinten vor
Rührung'; /etw./ **jmdm. ins ~/in die ~n stechen** ('an
etw., das einen materiellen Wert hat, so sehr Gefal-
len finden, dass man wünscht, es zu besitzen');
/jmd./ **ein ~ auf jmdn., etw. werfen** ('an jmdn., etw.
Gefallen finden'); /jmd./ **ein ~ zudrücken** 'über
jmds. negatives Verhalten, Tun nachsichtig, groß-
zügig hinwegsehen': *der Vater hat ein ~ zugedrückt
und die Kinder am Abend fernsehen lassen*
Augen/augen['augṇ..]|**-blick, der 1.** ⟨vorw. mit unbest.
Art.⟩ 'sehr kurze Zeitspanne'; SYN ¹Moment
(1.1): *die Unterzeichnung des Friedensvertrages, dies
war ein großer, unvergesslicher, erhebender ~; einige*

*~e später kam der Bus endlich; gedulden Sie sich
noch einen ~;* /in der kommunikativen Wendung/
einen ~ bitte! /wird zu jmdm. gesagt, wenn man
noch beschäftigt ist und man möchte, dass der an-
dere noch etwas warten od. Geduld haben soll/ **2.**
⟨vorw. Sg.; vorw. mit best. Art.⟩ 'sehr kurze Zeit-
spanne im Ablauf der Zeit (1), die für etw. von Be-
deutung, Wichtigkeit ist'; SYN ¹Moment (1.2): *etw.
im ersten, geeigneten, entscheidenden ~ tun; er er-
reichte den Zug im letzten ~; ich habe im ~* (SYN
'jetzt 1') *keine Zeit dafür; er muss jeden ~* (*²gleich
1.2*) *kommen* ❖ ↗ blicken; **-blicklich** [blɪk..] ⟨Adj.;
o. Steig.⟩ **1.** ⟨nur bei Vb.⟩ SYN 'sofort': *du hörst
~ damit auf, kommst ~ her!* **2.** ⟨nicht präd.⟩ 'zum
gegenwärtigen Zeitpunkt bestehend'; SYN mo-
mentan (1) /auf Abstraktes bez./: *seine ~e Lage ist
schwierig; das ist der ~e Stand der Dinge; ich habe
~* ('zum gegenwärtigen Zeitpunkt, jetzt') *keine
Zeit dafür; sich in einer ~en Verlegenheit befinden*
❖ ↗ blicken; **-braue, die** ⟨vorw. Pl.⟩ 'in einem Bo-
gen angeordnete dichte, kurze Haare über dem
Auge'; SYN Braue; ↗ FELD I.1.1: *er hat buschige,
schwarze ~n* ❖ ↗ Braue; **-maß, das** ⟨o.Pl.⟩ **1.** 'Fä-
higkeit, mit den Augen Entfernungen, die Menge
von etw. ungefähr zu bestimmen'; ↗ FELD I.3.1.1:
ein gutes, schlechtes ~ haben **2.** 'Fähigkeit, der Si-
tuation entsprechend vernünftig zu handeln, etw.
richtig einzuschätzen': *Politik mit ~ machen* ❖ ↗
messen; **-merk** [mɛrk], **das**: *sein (besonderes) ~*
('seine Aufmerksamkeit') *auf etw., jmdn. richten* ❖
↗ merken; **-schein, der** ⟨o.Pl.⟩ geh. 'eigene Wahr-
nehmung durch Anschauen'; ↗ FELD I.3.1.1: *sich
durch ~ von etw. überzeugen* ❖ ↗ scheinen * /jmd./
jmdn., etw. in ~ nehmen 'jmdn., etw. genau und kri-
tisch betrachten': *er nahm das Bild erst einmal
gründlich in ~;* **-scheinlich** [[ʃain..] **I.** ⟨Adj.; o. Steig.⟩
SYN 'offenbar (I)' /auf Abstraktes bez./: *dort
herrscht ein ~er Mangel an Arzneimitteln* – **II.**
⟨Satzadv.⟩ /drückt die Einstellung des Sprechers
zum genannten Schverhalt aus/ SYN 'offenbar
(II)': *der Film hat ihm ~ gefallen; ~ ist er nicht zu
Hause* ❖ ↗ scheinen; **-zeuge, der** 'Person, die einen
Vorgang, Sachverhalt auf Grund persönlicher
Wahrnehmung schildern kann'; ↗ FELD I.3.1.1:
*er war, wurde ~ des Unglücks; es werden noch ~n
des Verkehrsunfalls gesucht* ❖ ↗ Zeuge
August [auˈgʊst], **der**; ~/auch ~s, ~e ⟨vorw. Sg.⟩
'der achte Monat des Jahres'; ↗ TAFEL XIII: *ein
heißer ~; Anfang, Mitte, Ende ~*
Auktion [aukˈtsi̯oːn], **die**; ~, ~en SYN 'Versteige-
rung (2)'; ↗ FELD I.16.1: *eine ~ abhalten; etw. auf
einer ~ erstehen, versteigern*
Aula ['aula], **die**; ~, Aulen [..lən] 'Saal für Versamm-
lungen und Feste in Schulen, Hochschulen'
¹aus [aus] ⟨Adv.⟩ **1.** ⟨nur präd. (mit *sein*)⟩ umg. **1.1.**
etw. ist ~ 'etw. ist zu Ende'; ↗ FELD VII.3.3: *das
Theater, die Sitzung ist ~; ~* ('Schluss')! /wird laut
fordernd gerufen, wenn eine Tätigkeit beendet wer-
den soll/; *zwischen ihnen ist es ~* ('die Freund-
schaft, Beziehung zwischen ihnen ist beendet'); *mit*

meiner Geduld ist es ~ (ʿmeine Geduld ist erschöpftʾ)! **1.2.** *mit jmdm. ist es* ~ (**1.** ʿjmd. ist am Ende seiner Kraft, seiner Möglichkeitenʾ **2.** ʿjmd. ist ruiniertʾ) **2.** ⟨nur präd. (mit *sein*)⟩ umg. *das Feuer ist* ~ (ʾist erloschen, brennt nicht mehrʾ); *der Ofen* (ʿdas Feuer im Ofenʾ) *ist* ~ **3.** ⟨nur präd. (mit *sein*)⟩ *etw. ist* ~ ʿein elektrisches Gerät ist ausgeschaltetʾ; ANT ²*an: die Lampe, das Radio, Licht ist* ~ **4.** ⟨nur präd. (mit *sein*)⟩ umg. *jmd. ist (mit jmdm.)* ~ ʿjmd. ist (mit jmdm.) ausgegangen, ↗ *ausgehen* (1)ʾ: *ich war gestern Abend (mit Freunden)* ~ **5.** ⟨nur präd. (mit *sein*)⟩ umg. *jmd. ist auf etw.* ~ ʿjmd. möchte etw. sehr gerne haben, erreichen und bemüht sich eifrig darumʾ: *er ist auf Abenteuer, eine Belohnung* ~; *sie sind darauf* ~, *viel Gewinn zu machen* **6.** *von Hamburg* ~: ↗ *von* ❖ vgl. auch **aus/Aus-** /jmd./ **bei jmdm.** ~ **und ein/ein und** ~ **gehen** (ʿbei jmdm. häufig als Gast seinʾ); /jmd./ **nicht** ~ **und ein/ nicht** ~ **noch ein/weder** ~ **noch ein wissen** (ʿvöllig ratlos und verzweifelt seinʾ); **von mir** ~ **1.** ʿmeinetwegen (2)ʾ: *von mir* ~ *kannst du mitkommen*; „*Darf ich mitkommen?" „Von mir* ~!" **2.** ʿohne Aufforderung, selbständigʾ /auf die erste Pers. bez./: *ich habe das von mir* ~ *getan*; **von sich** ~ ʿohne Aufforderung, selbständigʾ /auf die dritte Pers. bez./: *er, sie hat das von sich* ~ *getan*
MERKE Zur Getrennt-, Zusammenschreibung von *aus* und *sein*: Getrenntschreibung auch im Infinitiv
²**aus** ⟨Präp. mit Dat.; vorangestellt⟩ **1.** ⟨in Verbindung mit Begriffen, die Räumliches ausdrücken⟩ /lokal; gibt die Richtung von innen nach außen an/: ~ (ANT *in* 2) *dem Zimmer, Haus gehen*; ~ *dem Bett steigen; die Küken schlüpfen* ~ *dem Ei; jmdn.* ~ *dem Haus weisen; der Vogel ist* ~ *dem Nest gefallen; er kommt* ~ *dem Wald; etw. aus der Tasche ziehen,* ~ *dem Korb, Regal nehmen;* ⟨auch in Verbindung mit Begriffen, die Gegenstände, die Öffnungen eines Gebäudes, Raumes darstellen⟩ *er trat* ~ *der Tür, blickte* ~ *dem Fenster* **2.** ⟨vorw. mit kommen, stammen⟩ **2.1.** ⟨in Verbindung mit geografischen Begriffen, mit Ortsnamen⟩ /gibt die Herkunft aus einer Region an/: *er stammt* ~ *Rostock, Mecklenburg; sie kommen gerade* ~ *Leipzig, sind* ~ *Berlin zugezogen; er bezieht diese Waren* ~ (SYN ʿ*von* 1.4ʾ) *Ungarn; er kommt* ~ *dem Osten, Westen Deutschlands* **2.2.** ⟨in Verbindung mit sozialen Begriffen⟩ /gibt die Herkunft aus einem sozialen Milieu o.Ä. an/: *er stammt* ~ *einer Handwerkerfamilie; sie stammt, kommt* ~ *dem Mittelstand,* ~ *einer Arbeiterfamilie; sie stammt* ~ *guter Familie* **2.3.** ⟨in Verbindung mit Zeitbegriffen, die sich auf die Vergangenheit beziehen⟩ /temporal; gibt die Herkunft aus einer zurückliegenden Zeit an/: *die Plastik stammt* ~ *der Antike,* ~ *dem 12. Jahrhundert; das Gebäude ist* ~ *der Renaissance, Gründerzeit* **3.** ⟨in Verbindung mit Materialbez.; Subst. vorw. o. Art.⟩ /modal; gibt die Beschaffenheit, Zuammensetzung von etw. an/: *das Kleid ist* ~ *Seide, Baumwolle; die Schüssel ist* ~ *Glas, Keramik; die Tür-*

klinke ist ~ *Metall, Kunststoff; die Treppe ist* ~ *Holz, Marmor* **4.** ⟨in Verbindung mit Begriffen, die Materialien, Personen darstellen⟩ /modal; gibt den Ausgangspunkt für eine Entwicklung an/: ~ *Seide ein Kleid nähen;* ~ *Holz eine Bank zimmern;* ~ *Wörtern einen Satz bilden;* ~ *ihm ist ein großer Musiker geworden;* ~ *dem Bach wurde ein reißender Fluss* **5.** ⟨in Verbindung mit Begriffen, die bes. psychische Zustände darstellen⟩ /kausal; gibt den Beweggrund für eine Handlung an/; SYN *vor* (5): *etw.* ~ *Angst, Wut, Rache, Mitleid, Dummheit, Pflichtgefühl, Vorsicht tun; sie hat ihn* ~ *Liebe, Vernunft geheiratet; ich trat ihn* ~ *Versehen auf den Fuß;* ~ *welchem Anlass findet dies statt?;* ~ *welchem Grund* (ʿwarumʾ) *hast du das getan?* ❖ **auswärts − Gepäckausgabe, Kontoauszug, Notausgang, Personalausweis**; vgl. **aus/Aus-**; vgl. **auch daraus, draus, heraus, hieraus, hinaus, woraus**
MERKE Zum Unterschied von *aus* (5) und *vor*: sie sind beide nur bedingt austauschbar, da bei *aus* die Handlung meist bewusst ist und durch das Subst. motiviert wird; Verbindungen mit *vor* geben den Begleitumstand an: *vor Wut brüllen, vor Freude lachen*. Nicht austauschbar sind *vor* und *aus* in Verbindungen wie *Pflichtgefühl, Dummheit, Vorsicht, Versehen, Rücksicht u. a.* (hier nur: *aus*); austauschbar sind sie mit *Angst, Wut, Mitleid u. a.*

aus- /bildet mit dem zweiten Bestandteil Verben; betont; trennbar (im Präsens u. Präteritum) **1.** /drückt aus, dass durch das im zweiten Bestandteil Genannte eine Größe aus einer anderen Größe entfernt wird (wodurch diese gesäubert od. geleert wird)/: ↗ z. B. *ausgießen* (1), *auspressen* (1.1) **2.** /drückt aus, dass das im zweiten Bestandteil Genannte vollständig, bis zu Ende erfolgt/: ↗ z. B. *ausklingen* (1) **3.** /drückt aus, dass durch das im zweiten Bestandteil Genannte eine Größe unterbrochen wird/: ↗ z. B. *ausschalten* (1,2) ❖ **Berufsausbildung, unausbleiblich, unausgeglichen, unauslöschlich, unausstehlich, verausgaben**; vgl. **aus/Aus-**
aus/Aus-[ˈɑus..]|-**arbeiten**, arbeitete aus, hat ausgearbeitet **1.** /jmd./ *etw.* ~ ʿetw., bes. etw. nur vage Formuliertes, in die endgültige sprachliche Form bringenʾ: *einen Plan, Entwurf (sorgfältig, in allen Einzelheiten, schriftlich)* ~; *eine Skizze, Vorlage, einen Vorschlag* ~ **2.** /jmd./ *sich* ~ ʿstark körperlich arbeiten, um die Gesundheit fördernde Bewegung zu habenʾ: *er hat sich (im Garten, bei der Gartenarbeit) tüchtig ausgearbeitet* ❖ ↗ **Arbeit**; -**arten** [ˈɑːrtn̩], artete aus, ist ausgeartet /etw./ *in etw./zu etw.* ⟨Dat.⟩ ~ ʿdas übliche Maß überschreiten und sich zu etw. Negativem entwickelnʾ: *der Streit artete in eine Schlägerei, zu einem großen Krach aus* ❖ ↗ **Art**; -**atmen**, atmete aus, hat ausgeatmet /jmd./ **1.1.** ⟨vorw. mit Adv.best.⟩ ʿdie Luft durch die Nase, den Mund ausströmen lassenʾ: *langsam, tief, kräftig, durch den Mund, die Nase* ~ **1.2.** *die Luft durch den Mund* ~ (ʿausströmen lassenʾ; ANT einatmen) ❖ ↗ **Atem**; -**bau, der** ⟨o.Pl.⟩ /zu *ausbauen* 1 u. 2/ ʿdas Ausbauenʾ; /zu 1/ ANT Einbau

⟨+Gen.attr.⟩: *der ~ eines Motors;* /zu 2.1/ ⟨+Gen.attr.⟩: *der ~ des Straßennetzes;* /zu 2.2/: *der ~ von Handelsbeziehungen zu den Nachbarländern* ❖ ↗ bauen; **-bauen** ⟨trb. reg. Vb.; hat⟩ **1.** /jmd./ *etw. ~* ˈetw. durch Montage aus etw., bes. aus einer technischen Vorrichtung, nehmenˈ; ANT einbauen: *den Motor, die Batterie (aus dem Auto) ~; die ausgebauten Teile einer Maschine reinigen und wieder einbauen* **2.** ⟨oft im Pass.⟩ **2.1.** /Land, Institution, Unternehmen/ *etw. ~* ˈetw. durch Bauen (1) planmäßig vergößern, erweiternˈ: *den Hafen, das Verkehrsnetz ~; die Fabrik wird (zu einem großen Werk) ausgebaut* **2.2.** /Land, Institution, jmd./ *etw. ~* ˈetw. größer gestaltenˈ: *das Land baut die wirtschaftlichen Beziehungen zu seinen Nachbarn aus; die Fachschule wird zu einer Fachhochschule ausgebaut; der Rennfahrer konnte seinen Vorsprung ~* ❖ ↗ Bau; **-bedingen, sich**, bedang sich aus (veraltend), hat sich ausbedungen ⟨vorw. im Perf.⟩ /jmd./ *sich* ⟨Dat.⟩ *etw. ~* ˈetw. zur Bedingung machenˈ: *er hat sich drei Tage Zeit zum Überlegen, bestimmte Vorrechte ausbedungen* ❖ ↗ bedingen; **-bessern** ⟨trb. reg. Vb.; hat⟩ /jmd./ *etw. ~* ˈschadhafte Stellen an etw., bes. an etw. Gebautem, beseitigenˈ: *eine Straße, ein Dach, einen Zaun ~; ein Kleidungsstück ~* (ˈflicken, stopfenˈ) ❖ ↗ besser; **-beute, die** ˈErtrag, Gewinn aus einer bestimmten Tätigkeitˈ: *die wissenschaftliche ~ der Forschungsreise war größer als erwartet* ❖ ↗ Beute; **-beuten** [bɔɪtn̩], beutete aus, hat ausgebeutet /jmd., etw. ~* ˈjmdn., bes. eine Arbeitskraft, etw., bes. jmds. Charaktereigenschaft, Gefühl, skrupellos für sich ausnutzen (2)ˈ: *er beutete seine Angestellten aus; jmds. Gutmütigkeit, Mitleid, Hilfsbereitschaft, Schwäche schamlos ~; er hat die Not, Notlage der Flüchtlinge ausgebeutet* MERKE Beim Akk.obj., das eine Sache bezeichnet, steht immer ein Possessivpron. od. Gen.attr. ❖ ↗ Beute; **-bezahlen** ⟨trb. reg. Vb.; hat⟩ **1.** /jmd., Unternehmen, Institution/ *jmdm. etw. ~* SYN ˈjmdm. etw. auszahlen (1)ˈ: *jmdm. den Lohn, das Gehalt ~; das Darlehen, der Kredit wurde (ihm) sofort ausbezahlt* **2.** /jmd./ *jmdn. ~* ˈjmdm. den Teil (eines Vermögens) zahlen, der ihm zusteht und ihn damit abfindenˈ: *er hat die Erben, den Partner ausbezahlt* ❖ ↗ Zahl; **-bilden**, bildete aus, hat ausgebildet **1.1.** ⟨oft im Pass.⟩ /Unternehmen, Fach-, Hochschule, jmd./ *jmdn. ~* ˈjmdm. für seinen zukünftigen Beruf, für eine bestimmte Tätigkeit die notwendigen Kenntnisse, Fähigkeiten und Fertigkeiten vermittelnˈ: *die Firma bildet viele Lehrlinge aus, bildet ihren Nachwuchs selbst aus; es werden gegenwärtig zu viele Ärzte, Lehrer, Juristen ausgebildet; jmdn. als jmd./zu jmdm. ~: er wurde als, zum Techniker ausgebildet; jmdn. in/an etw.* ⟨Dat.⟩ *~: er ist in Betriebswirtschaft, am Computer ausgebildet (worden)* **1.2.** ⟨vorw. im Inf.⟩ *sich als jmd./zu jmdm. ~ (lassen)* ˈdie für einen bestimmten Beruf notwendigen Kenntnisse, Fähigkeiten und Fertigkeiten vermittelt bekommenˈ: *sie ließ sich als, zur Krankenschwester ~; er hat sich als Pilot, zum Pilo-*

ten ausgebildet **2.** ⟨vorw. im Inf. u. Pass.⟩ /jmd./ *etw. ~* ˈetw., bes. jmds. Anlagen (4), durch Schulung zu höherer Qualiät bringenˈ: *die Eltern ließen, er ließ die musischen Anlagen, das zeichnerische Talent des Jungen ~; seine Stimme wurde von vorzüglichen Lehrern ausgebildet* ❖ ↗ bilden; **-bildung, die** **1.** ⟨vorw. Sg.⟩ /zu ausbilden 1.1 u. 2/ ˈdas Ausbildenˈ; /zu 1.1/ ⟨oft mit Gen.attr.⟩: *die ~ der Lehrlinge; er befindet sich noch in der ~* (ˈwird noch ausgebildetˈ) **2.** ⟨o.Pl.⟩ ˈdie für den zukünftigen Beruf, eine bestimmte Tätigkeit vermittelten notwendigen Kenntnisse, Fähigkeiten und Fertigkeitenˈ: *er hat eine gute ~ (als Arzt, Musiker, Techniker) erhalten; eine medizinische, künstlerische ~ haben, besitzen; er hat eine abgeschlossene ~* ❖ ↗ bilden; **-bitten, sich**, bat sich aus, hat sich ausgebeten **1.** /jmd./ *sich* ⟨Dat.⟩ *von jmdm. etw. ~* ˈjmdn. um etw. bitten und es bekommenˈ: *sich von jmdm. Bedenkzeit, die Erlaubnis für etw. ~; er hat sich das Buch ausgebeten; er hat sich das Bild als Andenken ausgebeten* **2.** /jmd./ *sich* ⟨Dat.⟩ *etw. ~* ˈetw. verlangen, fordernˈ /meist laut, mit Nachdruck geäußert/: *ich bitte mir Ruhe, etw. mehr Rücksicht, Höflichkeit aus!;* /in der kommunikativen Wendung/ *das möchte ich mir auch ausgebeten haben!* /sagt jmd., wenn er es als selbstverständlich erwartet, dass man sich (ihm gegenüber) in bestimmter Weise verhält/: *„Ich werde das Radio leiser stellen“. „Das möchte ich mir auch ausgebeten haben!“* ❖ ↗ bitten; **-blasen** (er bläst aus), blies aus, hat ausgeblasen /jmd./ *etw. ~* ˈetw. durch Blasen auslöschenˈ: *ein Streichholz, eine Kerze, das Licht ~* ❖ ↗ blasen; **-bleiben**, blieb aus, ist ausgeblieben **1.1.** /etw./ ˈnicht eintreten (4), obwohl erwartet wird, dass es geschiehtˈ: *die Wirkung des Medikaments, der Erfolg seiner Bemühungen blieb aus; die erhoffte Hilfe, Unterstützung war ausgeblieben; der für heute Nacht angesagte Frost blieb aus; die Folgen seines leichtsinnigen Verhaltens werden nicht ~* (ˈwerden bestimmt eintretenˈ); *es bleibt nicht aus, kann nicht ~* (ˈmuss zwangsläufig kommenˈ), *dass ... * **1.2.** /etw./ ˈnicht eintreffen (1)ˈ: *die Post, Nachricht, Antwort blieb aus* ❖ ↗ bleiben; **-blick, der** **1.** ⟨vorw. Sg.; vorw. mit Adv.best.⟩ SYN ˈAussicht (1)ˈ: *von dem Turm, Fenster hat man einen schönen, weiten ~, einen ~ auf die Berge; ein Zimmer mit ~ aufs Meer; die Mauer versperrt den ~ (aufs Meer)* **2.** ⟨vorw. mit Präp.⟩ ˈknapp umrissene Aussage darüber, wie sich Zukünftiges gestalten, vollziehen wirdˈ: *einen kurzen optimistischen ~ über die Entwicklung des Landes, in die Zukunft geben* ❖ ↗ blicken; **-booten** [boːtn̩], bootete aus, hat ausgebootet ⟨oft im Pass.⟩ umg. /jmd./ *jmdn. ~* ˈjmdn. aus seiner Position verdrängenˈ: *es gelang ihm, seinen Konkurrenten, Rivalen, Gegner auszubooten; der Minister ist (aus dem Kabinett) ausgebootet worden;* **-brechen** (er bricht aus), brach aus, hat/ist ausgebrochen **1.** ⟨hat⟩ /jmd./ *etw. ~* SYN ˈetw. erbrechenˈ: *der Säugling hat die Milch, den Brei (wieder) ausgebrochen* **2.** ⟨ist⟩ **2.1.** /jmd., bes. Häftling/ ˈaus einem Gefängnis entkommen': *der Sexualtäter ist (aus der Haftanstalt) ausgebrochen;* /Tier, bes. Raubtier/ *aus dem Zoo ist ein Löwe ausgebrochen* **2.2.** /jmd., bes. Partner/ *aus etw.* ~ 'eine Gemeinschaft so verlassen, aufgeben, dass alle bestehenden Bindungen abrupt und ohne Rücksicht auf die entstehenden negativen Folgen zerstört werden': *er ist aus seiner Ehe ausgebrochen; die Partei droht aus der Koalition auszubrechen* **3.** ⟨ist⟩ /etw./ 'plötzlich und unerwartet in Erscheinung treten, heftig zu wirken beginnen'; ↗ FELD VII.1.2: *ein Feuer, Krieg brach aus; eine Seuche, Epidemie, ein Konflikt ist ausgebrochen, drohte auszubrechen; ein ungeheurer Jubel, eine große Begeisterung brach unter den Zuschauern aus; der Vulkan ist wieder ausgebrochen* ('hat plötzlich begonnen, wieder tätig zu werden') **4.** *jmdm. bricht der Schweiß aus* ('jmd. beginnt plötzlich heftig zu schwitzen') **5.** /jmd./ *in etw.* ~ 'plötzlich und unerwartet und meist laut eine bestimmte heftige Gefühlsäußerung zeigen': *er brach in Jubel, Tränen, Zorn, Wehklagen aus* ❖ ↗ brechen; **-breiten** [bʀaitn̩], breitete aus, hat ausgebreitet **1.** ⟨vorw. mit Adv.best.⟩ /jmd./ *etw.* ~ 'etw., bes. etw. Flächiges, das zusammen-, aufeinander gelegt ist, in ganzer Breite hinlegen': *einen Stadtplan (auf dem Tisch), eine Decke (auf der Wiese)* ~ (ANT zusammenlegen)*; ein Laken über das Bett* ~*; das Heu, Stroh zum Trocknen* ~ **2.1.** /jmd., Vogel/ *die Arme, Flügel* ~ ('nach beiden Seiten weit ausstrecken 1.1') **2.2.** *der Baum breitet seine Äste, Zweige aus* ('die Äste, Zweige des Baumes sind weit nach allen Seiten gerichtet') **3.** ⟨oft mit Adv.best.⟩ /etw./ *sich irgendwo, irgendwohin* ~ SYN 'sich irgendwo, irgendwohin verbreiten (3)': *das Unkraut breitet sich (im ganzen Garten) aus; das Feuer, die Epidemie breitete sich rasch aus; der Nebel breitet sich über dem/den See aus* **4.** ⟨+Adv.best.⟩ /flächiges Gebiet/ *sich* ~ 'sich weithin erstrecken': *vor seinen Augen breitet sich ein See aus; die Ebene breitet sich bis zum Horizont aus; hinter dem Dorf breiten sich Felder, Wiesen (bis zum Wald) aus* **5.** /jmd./ *etw. vor jmdm.* ~ 'jmdm. etw., bes. Tatsachen, Meinungen, genau, in Einzelheiten darlegen, schildern': *er breitete seine Ansichten, Forschungsergebnisse, sein Leben vor ihnen, vor einem interessierten Publikum aus* ❖ ↗ breit; **-brennen**, brannte aus, hat/ist ausgebrannt; ↗ auch *ausgebrannt* **1.** ⟨ist; vorw. im Perf. u. im Part. II⟩ *das Feuer ist ausgebrannt* ('zu Ende gebrannt, ↗ brennen 1'); *die Kerze, das Licht ist fast ausgebrannt* ('durch Brennen 1.3. immer kürzer geworden und schließlich fast verbraucht') **2.** ⟨ist⟩ /etw., bes. Gebäude, Fahrzeug/ 'im Inneren durch Feuer, Brand völlig zerstört werden': *das Auto, Haus, die Wohnung brannte völlig aus, ist völlig ausgebrannt; ein ausgebranntes Wrack* **3.** ⟨hat⟩ /jmd./ *etw.* ~ 'etw. Störendes, Schädliches durch Ätzen, Brennen (1) entfernen, beseitigen': *der Arzt brannte das Geschwür, die Warze aus* ❖ ↗ brennen; **-bringen**, brachte aus, hat ausgebracht /jmd./ /beschränkt verbindbar/ *einen Toast (auf jmdn., etw.)* ~ ('spre-

chen'); *ein Hoch (auf jmdn., etw.)* ~ ('rufen') ❖ ↗ bringen; **-bruch, der** ⟨vorw. Sg.⟩ /zu *ausbrechen* 2,3,4/ 'das Ausbrechen'; /zu 2.2/: *der* ~ *aus der Koalition;* /zu 3/: *der* ~ *eines Feuers, einer Epidemie; bei* ~ ('zu Beginn'; ↗ FELD VII.1.1) *des Krieges; zum* ~ *kommen; ein Konflikt kommt zum* ~ ('bricht aus') ❖ ↗ brechen; **-brüten**, brütete aus, hat ausgebrütet /Vogel/ **1.1.** *ein Ei* ~ 'so lange auf dem Ei sitzen, bis der junge Vogel geschlüpft (2) ist': *die Henne brütet die Eier aus* **1.2.** *die Henne brütet die Küken aus* ('brütet die Eier aus, so dass die Küken schlüpfen 2') ❖ ↗ brüten; **-bund:** *ein* ~ *an/von etw.* 'der Inbegriff von etw. meist Negativem': *er ist ein* ~ *an, von Hässlichkeit, Frechheit; dieser* ~ *von Leichtsinn!;* /mit positiven Begriffen vorw. iron./ *sie ist ein* ~ *an, von Tugend und Schönheit;* **-dauer, die** 'Fähigkeit, beharrlich, zäh bei einer Tätigkeit auszuhalten'; ↗ FELD I.2.1: *große, keine* ~ *haben, besitzen, zeigen; er arbeitet mit (großer)* ~ *an dem Experiment, an seinem Plan; etw. durch Fleiß und* ~ *erreichen* ❖ ↗ dauern; **-dauernd** ⟨Adj.; Steig. reg.; nicht präd.; vorw. attr.⟩ 'von, mit großer Ausdauer'; SYN beharrlich (1.2): *er ist ein* ~*er Schwimmer, Arbeiter; er arbeitet* ~*, studiert mit* ~*em Fleiß* ❖ ↗ dauern; **-dehnen** ⟨trb. reg. Vb.; hat⟩ **1.** /etw./ *sich* ~ 'an Umfang, Volumen durch Erwärmung zunehmen (1.1)': *Metall, Wasser, Gas dehnt sich durch Hitze aus; das Gummiband hat sich ausgedehnt* ('ist zu lang, weit geworden') **2.** ⟨+Adv.best.⟩ **2.1.** *etw.* ~ 'etw. zeitlich in die Länge ziehen': *er dehnte seinen Besuch, Aufenthalt bis zum nächsten Morgen, bis zum Wochenende aus* **2.2.** /etw., bes. Sitzung/ *sich* ~ 'sich über einen längeren Zeitraum (als erwartet, als üblich) hinziehen': *die Besprechung dehnte sich über mehrere Stunden, über Gebühr lange aus; einen ausgedehnten Spaziergang machen* **3.** ⟨+Adv.best.⟩ /flächiges Gebiet/ 'sich weithin erstrecken': *die Ebene, der See dehnt sich über viele Kilometer, vor seinen Augen weit aus; ein ausgedehnter* ('großer') *Park, ausgedehnte Ländereien* ❖ ↗ dehnen; **-dehnung, die** /zu *ausdehnen* 1–3/ 'das (Sich)ausdehnen'; /zu 3/: *der See hat eine große* ~ ❖ ↗ dehnen; **-denken**, dachte aus, hat ausgedacht **1.** /jmd./ *sich* ⟨Dat.⟩ *etw.* ~ 'durch (längeres) Nachdenken zu einem bestimmten Ergebnis kommen, das man später verwirklichen möchte'; ↗ FELD I.4.1.2: *sich eine Ausrede, einen Plan, Scherz* ~*; er hat (sich) eine Überraschung für uns ausgedacht; das ist eine ausgedachte* ('nur in jmds. Phantasie ~ Vorstellung existierende') *Geschichte* **2.** *etw. ist nicht auszudenken* 'man kann sich nicht vorstellen, was passierte, wenn man etw. Bestimmtes nicht bedenken würde': *die Folgen sind nicht auszudenken!; (es ist) nicht auszudenken, was passiert wäre, wenn das Gas nicht abgestellt worden wäre* ❖ ↗ denken; **-drehen** ⟨trb. reg. Vb.; hat⟩ **1.** /jmd./ *etw., bes. eine Lampe,* ~ SYN 'etw. abstellen (4)'; ANT andrehen (2): *das Radio* ~ (ANT anstellen 4); *die Lampe* ~*; das Licht* ('die Lampe') ~ **2.** /jmd./ *etw.* ~ SYN 'etw. abstellen (3)'; ANT andrehen (1): *das Gas, das Wasser* ~ ❖ ↗ drehen; **-druck, der** ⟨Pl. Ausdrücke⟩ **1.** ʻWort, Gruppe von Wörtern, Wendung als Bezeichnung für etw., jmdn.ʼ: *den richtigen, passenden* ~ *suchen, finden; einen falschen, fachsprachlichen* ~ *gebrauchen, verwenden; einen* ~ *nicht kennen, nicht verstehen* **2.** ⟨o.Pl.⟩ ʻArt des Formulierensʼ: *er ist sehr gewandt im* ~ **3.** ⟨o.Pl.; +Adj. od. Gen.attr.⟩ ʻWiderspiegelung eines inneren Vorgangs, Zustands in Worten od. auf dem Gesichtʼ: *etw. mit dem* ~ *der Entrüstung, des Erstaunens zur Kenntnis nehmen; sein Gesicht, seine Miene bekam, zeigte einen ärgerlichen, zärtlichen* ~ **4.** ⟨o.Pl.⟩ **4.1.** *etw. zum* ~ *bringen/etw.* ⟨Dat.⟩ ~ *geben/etw.* ⟨Dat.⟩ ~ *verleihen* ʻetw. ausdrücken (3), äußern (1)ʼ: *einen Gedanken, Wunsch, eine Absicht zum* ~ *bringen; er gab der Hoffnung, Überzeugung* ~, *dass ...; mit dieser Geste verlieh er seiner Dankbarkeit, Freude* ~; *er überreichte ihr die Blumen als* ~ ʻsichtbares Zeichenʼ *seiner Zuneigung* **4.2.** *in etw.* ⟨Dat.⟩ *zum* ~ *kommen* ʻsich in etw. ausdrücken (4.2), in etw. erkennbar, deutlich werdenʼ: *in dem Roman kommt das politische Engagement des Autors zum* ~; *die Demonstration war ein* ~ *des friedlichen Miteinanders der Menschen* ❖ ausdrücken (2–4) – ausdrucksvoll, Fachausdruck; **-drücken** ⟨trb. reg. Vb.; hat⟩ **1.** /jmd./ *etw.* ~ **1.1.** ʻFlüssigkeit aus etw. drücken (2)ʼ; SYN ausquetschen (1.1): *den Saft (aus der Zitrone, Apfelsine)* ~ **1.2.** ʻden Saft (aus einer Zitrone, Apfelsine) ausdrückenʼ (1.1)ʼ; SYN ausquetschen 1.2); ↗ FELD I.7.9.2: *eine Zitrone, Orange* ~ **2.** /jmd./ *etw., sich irgendwie* ~ ʻetw., das, was man sagen will, irgendwie formulierenʼ: *er drückte seine Gedanken, Wünsche, Kritik klar, verständlich, präzise aus; er drückte sich gewählt, klar, verständlich aus; er konnte sich nicht richtig* ~ **3.** /jmd./ *etw.* ~ ʻetw., das einen inneren Vorgang, Zustand widerspiegelt, äußern (1)ʼ; SYN aussprechen (1): *er drückte die Hoffnung, Zuversicht, den Wunsch aus, dass ...; seine Freude, sein Befremden über etw.* ~; *jmdm. etw.* ~: *er drückte ihr seine Bewunderung, (An)teilnahme, seinen Dank, sein Beileid mit Worten, einer stummen Geste aus* **4.** /etw./ **4.1.** *etw.* ~ ʻetw., das einen inneren Vorgang, Zustand widerspiegelt, deutlich werden lassen, zeigen (9)ʼ: *seine Worte drückten Besorgnis aus; ihr Gesicht drückte Freude, Angst, Überraschung aus* **4.2.** *sich in etw.* ~ ʻin etw. erkennbar, deutlich werdenʼ: *in seinen Worten, seiner Haltung drückte sich Verachtung, Zustimmung aus* ❖ ↗ drücken, ↗ Ausdruck; **-drücklich** [drʏk..] ⟨Adj.; Steig. reg., ungebr.; nicht präd.⟩ ʻmit Nachdruck geäußertʼ /auf Äußerungen bez./: *es geschah auf seinen* ~*en Wunsch, mit seiner* ~*en Erlaubnis; es wird* ~ *betont, dass ...* ❖ ↗ drücken; **-drucksvoll** [drʊks..] ⟨Adj.; Steig. reg.⟩ **1.** ⟨vorw. attr.⟩ ʻpsychische Prozesse durch Mimik lebendig widerspiegelndʼ; SYN sprechend (1): *er hat ein* ~*es Gesicht,* ~*e Augen* **2.** ʻmit Widerspiegelung eines inneren Vorgangs, innerer Anteilnahme bes. beim Wiedergeben eines literarischen, musikalischen Werkesʼ:

ein Gedicht ~ *vortragen; der Solist spielte, sang sehr* ~; *ein* ~*er Vortrag, Gesang* ❖ ↗ Ausdruck, ↗ voll; **-einander** [ɑin'andɐ] ⟨Adv.⟩ **1.** ʻräumlich voneinander getrenntʼ: *sie wohnen weit* ~; *die Bäume stehen weit* ~; *der Lehrer setzte die beiden Schüler* ~ **2.** ⟨+Adv.best.⟩ ʻzeitlich voneinander getrenntʼ: *die beiden Ereignisse liegen weit* ~; *die beiden Mädchen sind (im Alter) fast zwei Jahre* ~ **3.** ⟨nur präd. (mit sein)⟩ **3.1.** *die beiden sind* ~ ʻnicht mehr befreundet, liiertʼ **3.2.** *die Verlobung, Ehe, Freundschaft ist* ~ ʻbesteht nicht mehr, ist aufgelöstʼ ❖ Auseinandersetzung, vgl. auch ¹ein, ander MERKE Verbindungen aus *auseinander* + Vb. werden getrennt geschrieben

auseinander gehen, ging auseinander, ist auseinander gegangen **1.** ⟨+Adv.best.⟩ /zwei od. mehrere (jmd.)/ ʻnicht länger miteinander an einem Ort bleiben und in verschiedene Richtungen gehenʼ; ↗ FELD I.7.6.2: *sie gingen um Mitternacht, im Zorn, grußlos auseinander* **2.** /zwei od. mehrere (etw., bes. Standpunkt)/ ʻnicht übereinstimmen, voneinander abweichen (3)ʼ: *unsere Meinungen, Ansichten, Auffassungen gehen in diesem Punkt auseinander* **3.** ⟨vorw. im Perf.⟩ umg. /jmd./ ʻdick (2) werdenʼ: *sie ist in letzter Zeit ziemlich auseinander gegangen*

auseinander setzen ⟨hat⟩ **1.** /jmd./ *sich mit etw.* ~ ʻsich eingehend und kritisch mit etw. beschäftigen, etw. gründlich durch Denken analysierenʼ: *er hat sich (lange, kritisch) mit dem Problem, der Frage auseinander gesetzt und ist zu dem Ergebnis gekommen, dass ...* **2.** /jmd./ *sich mit jmdm.* ~ ʻeine strittige Frage, unterschiedliche Standpunkte meist im Gespräch klärenʼ: *er hat sich in einer lebhaften Diskussion mit seinem Gegner, dem Publikum auseinander gesetzt*

Auseinandersetzung [zɛts..], **die**; ~, ~en **1.** ⟨vorw. mit Präp.⟩ SYN ʻMeinungsstreitʼ: *eine wissenschaftliche* ~ *mit jmdm., über verschiedene Probleme haben* **2.** ⟨vorw. mit Präp.⟩ ʻheftiger Streitʼ: *es kam zu einer heftigen, erregten, stürmischen* ~ *(zwischen dem Ehepaar); die Eltern hatten eine* ~ *über diese Frage, eine* ~ *mit ihrer Tochter* **3.** ʻeine militärische, kriegerische* ~ ʻkleinere, territorial eingeschränkte Aktionen von Staaten, Gruppen gegeneinanderʼ; ↗ FELD I.14.1); *es kam zwischen beiden Ländern zu kriegerischen* ~*en* ❖ ↗ auseinander, ↗ setzen

aus/Aus- [ˈaus..]-**fahren** (er fährt aus), fuhr aus, ist/ hat ausgefahren **1.1.** ⟨ist⟩ /jmd./ SYN ʻspazieren fahren (1)ʼ: *sie sind am Nachmittag ausgefahren* **1.2.** ⟨hat⟩ /jmd./ *jmdn.* ~ SYN ʻjmdn., bes. ein Kind, spazieren fahren (2.2)ʼ: *die Mutter fährt heute zum ersten Mal das Baby aus* **2.** ⟨hat⟩ /jmd., Unternehmen/ *etw.* ~ ʻetw. mit einem Fahrzeug zum jeweiligen Empfänger bringenʼ: *der Händler fährt (die) Kohlen aus; die Post fährt (die) Pakete aus* ❖ ↗ fahren; **-fahrt, die 1.** ʻStelle, die für das Hinausfahren aus einem umgrenzten Raum vorgesehen istʼ; ANT Einfahrt (2): *die* ~ *des Hofes, Hafens;* ~ *bitte freihalten!* /Aufschrift auf einem Schild an der Ausfahrt, durch das die Verkehrsteilnehmer aufgefordert werden, dort nicht zu parken/ **2.** SYN ˈAbfahrt (2)ˈ; ANT Auffahrt: *bei der nächsten ~, bei der ~ N müssen wir die Autobahn verlassen* ❖ ↗ fahren; **-fall, der 1.** ⟨vorw. mit Gen.attr.⟩ /zu *ausfallen* 1–4/ ˈdas Ausfallenˈ; /zu 3/: *die Ursache des Zugunglücks war der ~ eines Signals;* /zu 4/: *die Premiere konnte durch den ~ zweier Sänger nicht stattfinden* **2.** ⟨vorw. im Pl.; vorw. mit Adj.⟩ ˈbeleidigende Äußerungˈ: *er machte heftige, persönliche, versteckte Ausfälle (gegen seine Gegner)* ❖ ↗ fallen; **-fallen** (er fällt aus), fiel aus, ist ausgefallen; ↗ auch *ausgefallen* **1.** *jmdm., einem Tier fallen die Haare, Zähne aus* (ˈbei jmdm., einem Tier lösen sich die Haare, Zähne aus ihrer Umgebung, mit der sie organisch verbunden sindˈ) **2.** /geplante Veranstaltung/ ˈnicht stattfindenˈ: *die Veranstaltung, der Vortrag, das Spiel fällt aus; der Unterricht ist heute ausgefallen* **3.** /etw., bes. technische Vorrichtung/ ˈplötzlich nicht mehr funktionierenˈ: *die Maschine, Bremse, das Signal ist ausgefallen; der Strom fiel aus* (ˈes gab plötzlich keinen Stromˈ); *die Straßenbahn ist ausgefallen* (ˈist wegen eines Defekts od. aus anderen Gründen nicht gefahrenˈ) **4.** /jmd./ ˈplötzlich an etw., an dem man mit anderen beteiligt ist, nicht teilnehmen könnenˈ: *zwei Schauspieler sind, ein Sänger, Läufer, Mitarbeiter ist (durch Krankheit) ausgefallen* **5.** /etw./ *irgendwie ~* ˈein bestimmtes Ergebnis zeigenˈ: *seine Zensuren, Leistungen sind gut ausgefallen; das Urteil, der Vertrag ist zu seiner Zufriedenheit ausgefallen* ❖ ↗ fallen; **-fällig** ⟨Adj.; Steig. reg., ungebr.; vorw. attr.⟩ ˈgrob (4) und sehr kränkendˈ /vorw. auf sprachliche Äußerungen bez./: *eine ~e Bemerkung, Bezeichnung; ~ (gegen jmdn.) werden* (ˈjmdn. mit groben Worten beschimpfenˈ) ❖ ↗ fallen; **-fertigen** ⟨trb. reg. Vb.; hat⟩ /Institution, jmd./ *etw. ~* SYN ˈetw. ausstellen (2)ˈ: *eine Urkunde, ein Attest, einen Pass ~; jmdm. ein Zeugnis ~* ❖ ↗ fertig; **-findig** ⟨Adj.; o. Steig.⟩ /jmd./ *etw., jmdn. ~ machen* ˈetw., jmdn. nach langem, mühsamem Suchen findenˈ: *ein gutes Quartier für den Urlaub, jmds. Adresse ~ machen; er hat einen Käufer für sein altes Auto ~ gemacht* ❖ ↗ finden; **-fliegen**, flog aus, ist ausgeflogen **1.1.** /Vogel/ ˈdas Nest fliegend verlassenˈ: *die Störche sind (nach Nahrung) ausgeflogen* **1.2.** umg. /jmd./ *die ganze Familie war ausgeflogen* (ˈwar nicht zu Hause, hatte das Haus verlassenˈ) ❖ ↗ fliegen; **-flug, der** ˈmeist mit anderen zur Erholung, zum Vergnügen unternommene Wanderung od. Fahrt in die nähere Umgebungˈ: *einen kleinen ~ (in den Wald, an den See) machen, unternehmen;* METAPH *einen ~ in die Vergangenheit machen* ❖ ↗ fliegen; **-flügler** [flyːklɐ], **der**; ~s, ~ ˈjmd., der einen Ausflug machtˈ: *in der Gaststätte am See saßen viele ~* ❖ ↗ fliegen; **-fragen** ⟨trb. reg. Vb.; hat⟩ /jmd./ *jmdn. ~* ˈalles, was jmd. über etw., jmdn. wissen möchte, durch fort während gezieltes Fragen von jmdm. zu erfahren suchenˈ; SYN ausquetschen (2): *jmdn. (nach etw., jmdn./über etw., jmdn.) genau ~; jmdn. nach seinen Reiseplänen, über seine Familie ~* ❖ ↗ fra-

gen; **-fuhr** [fuːɐ], **die**; ~, ~en **1.** ⟨o.Pl.⟩ ˈdas Ausführen und Verkaufen von Waren ins Auslandˈ; SYN Export (1); ANT Einfuhr (1), Import; ↗ FELD I.16.1: *die ~ von Getreide, Holz, Maschinen* **2.** ˈGesamtheit ausgeführter Warenˈ; SYN Export (2); ANT Einfuhr (2): *die ~en (an Getreide) steigern, erhöhen, senken, drosseln* ❖ ↗ fahren; **-führen** ⟨trb. reg. Vb.; hat⟩ **1.** /jmd./ *jmdn. ~* ˈjmdn., bes. eine weibliche Person, zu einer unterhaltenden Veranstaltung, in ein Lokal einladen und mit ihm, ihr dahin gehenˈ: *seinen Besuch, seine Freundin, Ehefrau ~* **2.** /Staat, Unternehmen, jmd./ *etw. ~* ˈWaren ins Ausland verkaufenˈ; SYN exportieren; ANT einführen (2), importieren; ↗ FELD I.16.2: *Getreide, Holz, Maschinen ~* **3.** ⟨vorw. mit Adv.best.⟩ /jmd./ *etw. ~* SYN ˈetw. verwirklichen (1.1)ˈ: *einen Plan, ein Vorhaben, eine Idee sofort, schnell ~* **4.** /jmd./ *etw. ~* **4.1.** ˈetw. einen Auftrag gemäß tunˈ: *er führte den Befehl, Auftrag (sofort, genau) aus; er hat nur seine Pflicht, Aufgabe ausgeführt* **4.2.** ˈetw., bes. etw. zu Leistendes, durch Arbeit, Tätigkeit bis zum Abschluss machen, tunˈ; SYN durchführen (2), verrichten: *eine Reparatur, ein Experiment, Messungen ~; der Handwerker hat alle Arbeiten zur Zufriedenheit seines Kunden ausgeführt* **5.** /jmd./ *etw. ~* ˈetw. mündlich, schriftlich (ausführlich) äußernˈ: *der Redner führte Folgendes aus; er führte in seinem Brief die Gründe für seine Absage im Einzelnen aus* ❖ ↗ führen; **-führlich** [fyːɐ..] ⟨Adj.; Steig. reg.⟩ ˈbis ins Einzelne gehendˈ; SYN eingehend /auf sprachliche Äußerung bez./: *eine ~e Beschreibung geben; ein ~er Bericht, Brief; die Darstellung des Problems ist sehr ~; etw. ~ erzählen, begründen* ❖ ↗ führen; **-führung, die 1.** ⟨vorw. Sg.⟩ /zu *ausführen* 3 u. 4/ ˈdas Ausführenˈ; /zu 3/: *jmdm. bei der ~ eines Plans, einer Idee helfen;* /zu 4.2/: *die ~ der Reparaturen nahm sehr viel Zeit in Anspruch* **2.** ˈArt und Weise, wie etw. gestaltet worden istˈ: *das Geschäft hat Taschen in verschiedenen ~en, moderner ~ am Lager* **3.** ⟨nur im Pl.⟩ ˈ(ausführliche) mündliche od. schriftliche Äußerungen in Bezug auf etw., jmdn.ˈ: *das Publikum folgte gespannt den ~en des Redners (über die Umweltschäden)* ❖ ↗ führen; **-füllen** ⟨trb. reg. Vb.; hat⟩ **1.** /jmd./ *etw. ~* ˈauf einem Formular die geforderten Angaben eintragen (1.1)ˈ: *ein Formular, einen Scheck, ein Rezept ~* **2.** /jmd./ *etw. mit etw. ~* ˈeine bestimmte Zeitspanne durch das Sichbeschäftigen (↗ beschäftigen 2) mit etw. Bestimmtem nutzenˈ; ↗ FELD I.7.9.2: *er füllte die Wartezeit, die lange Pause mit Lesen aus* **3.** /etw./ *jmdn. ~* ˈjmdn. stark beanspruchen und dadurch innerlich sehr befriedigenˈ: *die Arbeit, sein Beruf füllt ihn ganz aus; sie ist durch den Haushalt nicht ausgefüllt; sie hatte ein ausgefülltes Leben* (ˈein Leben voller reger Tätigkeitˈ) ❖ ↗ füllen; **-gabe, die 1.** ⟨o.Pl.; vorw. mit Gen.attr.⟩ /zu *ausgeben* 1 u. 2/ ˈdas Ausgebenˈ; /zu 1/: *die ~ des Essens;* /zu 2/: *die ~ des Gepäcks* **2.** ⟨vorw. Pl.⟩ ˈauszugebender, ausgegebener Geldbetragˈ; ANT Einnahme (2): *die laufenden*

~n; die ~n für den Lebensunterhalt; der Kauf des Autos war eine große ~; sie haben große ~n (ʹmüssen viel Geld ausgebenʹ); seine ~n einschränken; seine ~n sind größer als die Einnahmen **3.** SYN ʹEdition (2)ʹ: eine vollständige, kleine, gebundene ~ (von Goethes Briefwechsel mit Schiller); die große, neueste ~ eines Lexikons **4.** ʹzu einem bestimmten Zeitpunkt erscheinende Nummer einer Zeitung, Zeitschriftʹ: die gestrige, neueste ~ der ʹBerliner Zeitungʹ ❖ ↗ geben; **-gang, der 1.** ʹTür, Öffnung zum Verlassen eines Gebäudes, Raums, eines umgrenzten Geländesʹ; ANT Eingang (1); ↗ FELD I.7.8.1: er wartete am ~ auf sie; der Bahnhof Zoo hat mehrere Ausgänge; die Polizei besetzte alle Ausgänge **2.** ʹStelle am Rand, Ende eines lokalen Bereichs, die nach außen führtʹ; ANT Eingang (2): das Dorf liegt am ~ des Waldes, Tals; der ~ des Magens, Darms; er wohnt am ~ des Dorfs (ʹan der Stelle des Dorfs, wo die letzten Häuser stehenʹ) **3.** ⟨o.Pl.⟩ ʹEnde eines größeren (historisch bedeutsamen) Zeitabschnittsʹ; ANT Beginn: am ~ des Mittelalters, des vorigen Jahrhunderts **4.** ʹEnde eines Vorgangs mit einem bestimmten Ergebnisʹ: der ~ des Prozesses ist ungewiss; sie erwarteten den ~ des Wettkampfs mit Spannung; einen guten, schlechten ~ nehmen: die Angelegenheit nahm für ihn einen guten, schlechten ~ (ʹging für ihn gut, schlecht ausʹ) ❖ ↗ gehen; **-gangspunkt** [gaŋs..], **der** ʹStelle, an der etw. anfängtʹ; ↗ FELD VII.1.1: der ~ einer Bewegung ❖ ↗ gehen, ↗ Punkt; **-geben** (er gibt aus), gab aus, hat ausgegeben **1.** /jmd., Institution/ etw. ~ ʹetw. in offizieller Funktion austeilen': Essen, Verpflegung, Tee ~; die Helfer gaben Decken, Medikamente an die Flüchtlinge aus **2.** ⟨vorw. im Pass.⟩ /jmd./ etw. ~ SYN ʹetw. aushändigen': an welchem Schalter wird das Gepäck ausgegeben?; dort drüben werden die Waren ausgegeben **3.** /jmd./ etw. ~ ʹGeld verbrauchen, für etw. verwendenʹ: er hat sein ganzes Geld ausgegeben; er hat für die Reparatur viel Geld, 200 Mark ausgegeben; wieviel hast du dafür ausgegeben (ʹbezahlen müssenʹ)? **4.** /jmd./ sich, jmdn. für/als jmdn., etw. ~ ʹsich, jmdn. fälschlich als jmdn., etw. bezeichnenʹ: er gab sich für einen Arzt, als Arzt aus; er hat ihn für, als seinen Bruder ausgegeben; etw. für/als etw. ~: er gab das Auto für, als sein Eigentum aus; der Maler hat die Kopie des Gemäldes für ein Original, als echt ausgegeben **5.** umg. /jmd./ einen ~ (ʹjmdm., einer Gruppe von Personen Bier, Schnaps o.Ä. spendierenʹ) ❖ ↗ geben; **-gebrannt** [gəbʀant] ⟨Adj.; o. Steig.; nicht bei Vb.; ↗ auch ausbrennen⟩ ʹauf Grund ständiger (beruflicher) Überbelastung physisch nicht mehr in der Lage, etw. Bestimmtes zu leistenʹ /auf Personen bez./: er hat Enormes geleistet, aber nach 20 Dienstjahren ist er jetzt ~ ❖ ↗ brennen; **-gefallen** ⟨Adj.; Steig. reg., ungebr.; nicht bei Vb.; ↗ auch ausfallen⟩ ʹvon der Norm stark abweichend, ungewöhnlich und seltenʹ: das ist eine ~e Farbe; er hat einen ~n Geschmack; seine Idee ist sehr ~ (SYN ʹabseitigʹ) ❖ ↗ fallen; **-geglichen** [gəglɪçn̩] ⟨Adj.;

Steig. reg.; nicht bei Vb.; ↗ auch ausgleichen⟩ ʹnicht von Stimmungen und Launen abhängigʹ; ANT launisch /vorw. auf Personen bez./: er ist ein ~er Mensch; sein Wesen ist sehr ~ ❖ ↗ gleich; **-gehen**, ging aus, ist ausgegangen **1.** /jmd./ ʹin ein Lokal, zu einer unterhaltenden Vorstellung gehenʹ; SYN weggehen (1.2): er geht heute Abend aus; an diesem Wochenende gehen wir mal wieder aus; wollen wir ~? **2.** /jmd./ auf etw. ~ ʹetw., bes. etw. Negatives, erreichen, haben wollen und sich sehr darum bemühen, danach strebenʹ: sie gehen nur auf Abenteuer, Gewinn, Betrug aus; er geht darauf aus, uns zu täuschen, zu schädigen **3.** /jmd./ von etw. ~ ʹetw. Gegebenes zur Voraussetzung, Bedingung für weitere Überlegungen, Handlungen machenʹ: er geht von bestimmten Theorien, falschen, verschiedenen Voraussetzungen, Vorstellungen aus; er ging von der Tatsache aus, dass ...; gehen wir einmal davon aus, dass ... **4.** /etw./ von jmdm. ~ ʹbei jmdm. entstanden sein, auf jmdn. zurückgehen (4)ʹ: der Plan, die Anregung, Anordnung ging von ihm aus; von wem ging der Wunsch, Vorschlag aus (ʹwurde der Wunsch, Vorschlag geäußertʹ)? **5.** /etw., bes. Vorgang/ irgendwie ~ ʹirgendwie enden (2.1)ʹ; ↗ FELD VII.3.2: die Angelegenheit kann schlecht, schlimm, positiv (für ihn) ~; der Prozeß ging günstig für ihn aus; der Roman, Film geht gut aus **6.** /etw./ jmdm. ~ ʹbei jmdm. schwinden, zu Ende gehen, verbraucht werdenʹ: ihm ist das Geld, sind die Zigaretten, Kohlen ausgegangen; wenn du dich weiter so benimmst, geht mir allmählich die Geduld aus **7.** jmdm. gehen die Haare aus (ʹjmdm. fallen die Haare ausʹ) **8.** /etw./ ʹaufhören zu brennen (1)ʹ; ANT angehen (1): das Feuer geht aus; der Ofen (ʹdas Feuer im Ofenʹ) geht aus ❖ ↗ gehen; **-gekocht** [gəkɔxt] ⟨Adj.; Steig. reg., ungebr.; nicht bei Vb.; ↗ auch auskochen⟩ umg. SYN ʹgerissen (I)ʹ /auf Personen bez./; ↗ FELD I.4.1.3: er ist ein ~er Bursche, Gauner, Betrüger ❖ ↗ kochen; **-gelassen** [gəlasn̩] ⟨Adj.; Steig. reg.; ↗ auch auslassen⟩ ʹübermütig und lustigʹ; ↗ FELD I.6.3: es herrschte eine ~e Stimmung; die Kinder lachten, spielten ~, waren ~ ❖ ↗ lassen; **-genommen** [gənɔmən] ⟨Konj.; koordinierend; verbindet zwei Hauptsätze od. fügt Satzglieder an⟩ /schränkt einen im Vordersatz genannten Sachverhalt ein/ ʹes sei dennʹ; SYN ¹außer (1): wir gehen morgen spazieren, ~ (ʹaußer wennʹ) es regnet sehr; im Sommer ist es nicht auszuhalten, ~ an der See; sie tranken nie Wein, ~ zu Weihnachten; alle waren gekommen, ~ mein Bruder; ⟨auch dem Subst. nachgestellt⟩ alle waren gekommen, mein Bruder ~ ❖ ↗ nehmen; **-gepumpt** [gəpʊmpt] ⟨Adj.; o. Steig.; vorw. präd.; ↗ auch auspumpen⟩ umg. ʹvöllig erschöpft (3)ʹ /auf Personen bez./: sie waren nach dem langen Marsch völlig ~; er fühlte sich, wirkte ~ ❖ ↗ Pumpe; **-gerechnet** [gəʀɛçnət] ⟨Gradpartikel; ↗ auch ausrechnen; vorw. unbetont; steht vorw. vor der Bezugsgröße; bezieht sich auf verschiedene Kategorien⟩ /schließt andere Sachverhalte aus; der Sprecher drückt aus, dass er den Sachverhalt von jedem, allen anderen erwartet hätte, nicht aber von der Bezugsgröße/: ~ *ihn/ihm ~ hatte man mit dieser Aufgabe betraut; ~ morgen bin ich mit ihm verabredet; er hat ~ seinen Onkel anzupumpen versucht; warum musste er sich ~ in Berlin niederlassen?; wer hat denn ~ dieses Buch gekauft?* ❖ ↗ **rechnen; -gespielt** ↗ *ausspielen* (2); **-gesprochen** [gəʃpʀɔxn̩] **I.** ⟨Adj.; o. Steig.; nur attr.⟩ 'sehr ausgeprägt, sehr groß (7)'; SYN *regelrecht* (I), *richtig* (9), *richtiggehend* (I) /auf Abstraktes bez./: *das ist ~es Pech; eine ~e Vorliebe für etw. haben; das Mädchen ist eine ~e Schönheit* – **II.** ⟨Adv.; vor Adj., Adv., Indefinitpron.⟩ 'sehr, ganz besonders': *das finde ich ~ komisch; das Mädchen ist ~ hübsch; er kommt ~ oft zu uns, ißt ~ viel (Obst)* ❖ ↗ **sprechen; -gestalten,** gestaltete aus, hat ausgestaltet **1.** /jmd./ *etw.* ~ 'den Ablauf, das Programm von etw., bes. einer Feier, gestalten': *eine Feier, ein Fest (künstlerisch) ~* **2.** ⟨vorw. mit Adv.best.⟩ /jmd./ ~ 'einen Raum ausschmücken, herrichten': *einen Saal für eine Feier (festlich) ~; eine Ausstellung künstlerisch, geschmackvoll ~* ❖ ↗ **Gestalt; -gezeichnet** [gə'tsaiçnət] ⟨Adj.; o. Steig.; ↗ auch *auszeichnen*⟩ 'mit den besten Eigenschaften seiner Art ausgestattet'; SYN *brillant, enorm* (2), *erstklassig, erstrangig* (2), *exzellent, hervorragend, meisterhaft, vortrefflich, vorzüglich*; ANT *schlecht, miserabel, mittelmäßig: er ist ein ~er Arzt, Musiker, Schwimmer, Redner; ein Stoff von ~er Qualität; der Kuchen war ~, schmeckte ~; sein Plan, seine Idee ist ~; sie kann ~ kochen, schwimmen; „Wir machen morgen einen Ausflug." „Ausgezeichnet* ('sehr gut')*!"* /sagt jmd., wenn er einer Aussage begeistert zustimmt/ ❖ ↗ **Zeichen; -giebig** [gi:biç] ⟨Adj.; o. Steig.; nicht präd.⟩ 'das normale Maß von etw. überschreitend, mehr und länger als gewöhnlich, in reichem Maß' /vorw. auf Tätigkeiten bez./: ~ *frühstücken, baden, spazieren gehen; es hat ~ geregnet; sich mit jmdm. ~ unterhalten; etw. ~* ('ausführlich') *besprechen; er machte einen ~en* ('ausgedehnten 2') *Spaziergang, hielt einen ~en Mittagsschlaf; ~e* ('gründliche und umfassende') *Studien betreiben* ❖ vgl. **geben; -gießen,** goss aus, hat ausgegossen /jmd./ *etw.* ~ **1.1.** 'eine Flüssigkeit aus einem Gefäß gießen': *das Wasser (aus dem Eimer;* ↗ FELD I.7.9.2) ~; *den Kaffee ~* **1.2.** 'ein Gefäß durch Ausgießen (1.1) leer machen'; ↗ FELD V.7.2: *eine Flasche, ein Glas ~* ❖ ↗ **gießen; -gleich** [glaiç], **der;** ~s/auch ~es, ~e ⟨vorw. Sg.⟩ **1.** /zu *ausgleichen* 1/ 'das (Sich)ausgleichen': *nach einem ~ der Interessen, Konflikte, der verschiedenen Vorstellungen, Ideen streben; einen gerechten ~ schaffen, herbeiführen* **2.** 'durch Ausgleichen (3) geschaffener Ersatz': *als/zum ~ für seine sitzende Tätigkeit treibt er Sport* ❖ ↗ **gleich; -gleichen,** glich aus, hat ausgeglichen; ↗ auch *ausgeglichen* **1.1.** /jmd., Unternehmen/ *zwei od. mehrere Sachen ~* 'zwei od. mehrere im Niveau (1) unterschiedliche Sachen wechselseitig dahin bringen, dass sie sich nicht mehr voneinander unterscheiden': *Höhenunterschiede des Geländes, Unebenhei-*

ten des Bodens ~ **1.2.** /zwei od. mehrere (etw.)/ *sich* ⟨rez.⟩ ~ 'sich wechselseitig so verändern, dass sie sich voneinander nicht mehr sehr unterscheiden': *die Preise glichen sich bald wieder aus* **2.** /jmd., Institution/ *zwei od. mehrere Sachen ~* 'zwei od. mehrere gegensätzliche Sachen durch Vermitteln, Schlichten wechselseitig dahin bringen, dass sie beseitigt od. gemildert werden': *Meinungsverschiedenheiten, Konflikte, Differenzen, Streitigkeiten ~* **3.** /jmd./ **3.1.** *etw. durch etw.* ~ 'etw. Negatives durch etw. anderes ersetzen, sodass die nachteilige Wirkung beseitigt wird': *eine sitzende Tätigkeit durch Gymnastik ~; eine schlechte Zensur in Mathematik durch eine gute in Englisch ~* **3.2.** *etw.* ~: *ein Unrecht, einen Schaden, Fehler, Verlust ~* ('wieder gutmachen') ❖ ↗ **gleich; -gleiten,** glitt aus, ist ausgeglitten geh. **1.** /jmd., auch etw./ *irgendwo ~* SYN 'irgendwo ausrutschen (1)': *er ist (mit seinen glatten Sohlen), seine Füße sind ~ auf der gebohnerten Treppe ausgeglitten* **2.** /etw./ SYN 'ausrutschen (2)': *das Messer ist (ihm) beim Brotschneiden ausgeglitten* ❖ ↗ **gleiten; -graben** (er gräbt aus), grub aus, hat ausgegraben **1.** /jmd./ *etw., jmdn.* ~ 'etw., jmdn. durch Graben (1) aus der Erde o.Ä. holen'; ANT *eingraben: Pflanzen mit den Wurzeln ~; von Lawinen verschüttete Personen ~* **2.** ⟨oft im Pass.⟩ /jmd., bes. Archäologe/ *etw.* ~ 'im Boden befindliche Altertümer durch Entfernung von Erdschichten sichtbar machen, aus der Erde holen': *es wurden, man hat dort Krüge, Waffen der Bronzezeit ausgegraben; in N wird ein alter Tempel ausgegraben* **3.** umg. /jmd./ *etw.* ~ 'etw. Altes, Vergessenes wieder entdecken (und der Öffentlichkeit zugänglich machen)': *in einem Archiv alte Schriften, Akten, Briefe ~* ❖ ↗ **graben; -grabung** [gʀa:b..], **die;** ~, ~en **1.** /zu *ausgraben* 2/ 'das Ausgraben': *die ~ eines antiken Tempels* **2.** ⟨vorw. im Pl.⟩ 'durch Ausgraben (2) sichtbar gemachte, gewonnene archäologische Funde': *die antiken ~en besichtigen* ❖ ↗ **graben; -guss, der 1.** 'Becken (in der Küche), in das Flüssigkeiten, bes. schmutziges Wasser, ausgegossen werden, damit sie in die Kanalisation o.Ä. abfließen können': *das schmutzige Wasser (aus dem Eimer) in den ~ gießen, schütten* **2.** 'Öffnung, Abfluss im Ausguss (1)': *der ~ ist verstopft; den ~ reinigen* ❖ ↗ **gießen; -halten** (er hält aus), hielt aus, hat ausgehalten **1.** ⟨oft verneint⟩ /jmd./ **1.1.** *etw.* ~ SYN 'etw. ertragen (1.1)': *er kann die Schmerzen, den Hunger, die Kälte, den Lärm nicht mehr, nicht länger ~; er hält viel aus, hält die Belastung gut aus; sein Betragen ist kaum noch zum Aushalten;* /in den kommunikativen Wendungen/ *das halte ich nicht aus!/das ist nicht zum Aushalten!* /sagt jmd. in (gespielter) Verzweiflung, bes. wenn er vor unangenehme, schwierige Probleme gestellt wird/ **1.2.** ⟨vorw. mit *können*⟩ *es irgendwo ~* 'fähig sein, irgendwo (trotz schwieriger Umstände) zu bleiben, es irgendwo zu ertragen': *der Kranke konnte es im Bett, Krankenhaus nicht mehr ~; er hat es dort aber lange ausgehalten;* /in der kommunikativen Wendung/ scherzh. *hier lässt es sich ~!* /sagt jmd., wenn er an einen Ort kommt, an dem es ihm gut gefällt und an dem er gern länger bleiben würde/ **1.3.** ⟨+Adv.best.⟩ 'trotz schwieriger Umstände, trotz großer Belastung bei jmdm., einer Tätigkeit bleiben': *er hat treu, bis zu ihrem Tod bei seinen Eltern ausgehalten; er hält (es) nirgends lange aus, hat es in keinem Beruf ausgehalten* **2.** /etw./ *etw.* ~ 'einer Sache standhalten': *diese Häuser halten Erdbeben, Erschütterungen aus; die Gläser halten den Transport nicht aus* ('wahrscheinlich zerbrechen sie beim Transport'); *seine Nerven halten (nicht) viel aus* ❖ ↗ halten; **-handeln** ⟨trb. reg. Vb.; hat⟩ /jmd., Institution/ *etw.* ~ 'etw. durch Verhandlungen vereinbaren, wobei die Partner danach streben, ihre unterschiedlichen Interessen auszugleichen (2)': *einen Vertrag, Kompromiss, neue Tarife* ~ ❖ ↗ handeln; **-händigen** [hɛndiɡn̩] ⟨trb. reg. Vb.; hat⟩ /jmd./ *jmdm. etw.* ~ 'etw. dem zuständigen Empfänger (offiziell) übergeben' (1): *jmdm. Geld, seine Papiere, eine Vollmacht* ~; *er händigte ihm seinen Lohn, die Autoschlüssel aus; das Paket den Nachbarn* ~ ('beim Nachbarn abgeben 1') ❖ ↗ Hand; **-hang, der** 'ausgehängte Bekanntmachung': *einen* ~ *machen; er las die Aushänge (am schwarzen Brett)*; **-¹hängen**, hing aus, hat ausgehangen /etw./ 'angeschlagen (2) sein': *der Aufruf, die Bekanntmachung hängt (am schwarzen Brett) aus* ❖ ↗ ¹hängen; **-²hängen** ⟨trb. reg. Vb.; hat⟩ **1.** /jmd./ *etw.* ~ SYN 'etw. anschlagen (1)': *eine neue Anordnung* ~; *eine Liste mit den Kandidaten (am schwarzen Brett)* ~ **2.** /jmd./ *etw.* ~ 'etw. aus einer Vorrichtung herausnehmen, durch die es in einer bestimmten Stellung gehalten wird': *eine Tür, ein Fenster* ~ ❖ ↗ ¹hängen; **-harren** ⟨trb. reg. Vb.; hat; +Adv.best.⟩ /jmd., auch Tier, bes. Hund/ 'aushalten (1.3)': *treu bei jmdm., auf seinem Posten* ~ ❖ ↗ harren; **-heben**, hob aus, hat ausgehoben **1.** /jmd., auch Maschine, bes. Bagger/ *etw.* ~ 'durch Graben, Schaufeln eine Vertiefung herstellen': *eine Grube, einen Graben, ein Grab* ~ **2.** /jmd./ *etw.* ~ 'etw. aushängen (2)': *eine Tür, ein Fenster* ~ ❖ ↗ heben; **-hecken** [hɛkn̩] ⟨trb. reg. Vb.; hat⟩ /jmd./ *etw.* ~ 'etw. mit List ausdenken (1), planen': *die beiden hecken doch bestimmt wieder etwas aus!;* **-helfen** (er hilft aus), half aus, hat ausgeholfen **1.** /jmd./ *jmdm. mit etw.* ~ 'jmdm. etw. geben, leihen und ihm damit aus einer Verlegenheit (2) helfen': *er hat mir mit 100 Mark, mit seinem Rasenmäher ausgeholfen* **2.** /jmd./ *irgendwo* ~ 'irgendwo für jmdn. einspringen, vorübergehend helfen': *sie hat vor Weihnachten im Laden, in der Praxis, beim Bäcker ausgeholfen* ❖ ↗ helfen; **-hilfe, die 1.** ⟨o.Pl.⟩ *zur/als* ~ 'als vorübergehende Hilfe (2.1), um dringende Arbeiten zu erledigen': *sie arbeitet im Geschäft, Restaurant als, zur* ~ **2.** 'jmd., der als vorübergehende Hilfe (2.1) Arbeiten verrichtet': *an der See werden in der Saison viele ~n gesucht* ❖ ↗ helfen; **-holen** ⟨trb. reg. Vb.; hat⟩ **1.** ⟨vorw. mit Adv.best.⟩ /jmd./ 'den Arm mit Schwung nach rückwärts bewegen und dadurch zu

einer heftigen Bewegung nach vorn ansetzen (3)': *er holte weit aus und warf den Stock ans andere Ufer; mit dem Arm, dem Stock* ~*, zum Schlag, Stoß* ~ **2.** /jmd./ *weit* ~ 'beim Erzählen, bei der Darstellung von etw. weit in der Vergangenheit beginnen': *um diese Entwicklung, Geschichte verständlich zu machen, muss ich weit* ~ ❖ ↗ holen; **-horchen** ⟨trb. reg. Vb.; hat⟩ /jmd./ *jmdn.* ~ 'jmdn. vorsichtig, hinterlistig ausfragen'; ↗ FELD I.3.2.2, 4.4.2: *er versuchte, das Kind (über seine Eltern) auszuhorchen; jmdn. nach seinen Verhältnissen* ~ ❖ ↗ hören; **-kennen, sich**, kannte sich aus, hat sich ausgekannt **1.** *sich irgendwo* ~ 'mit bestimmten örtlichen Gegebenheiten gut vertraut sein': *ich kenne mich hier, in dieser Stadt nicht aus; er kennt sich bei uns, in unserem Haus aus* **2.** /jmd./ *sich in/mit etw.* ~ 'genaue Kenntnisse auf einem bestimmten Gebiet haben': *er kennt sich in diesen Fragen, mit den neuen Maschinen aus; sich mit/bei jmdm.* ~: *er kennt sich mit, bei den Frauen aus* ('versteht sie richtig zu behandeln') ❖ ↗ kennen; **-klang, der** ⟨o.Pl.⟩ 'das Zuendegehen eines meist festlichen Ereignisses od. eines meist größeren zeitlichen Verlaufs'; SYN Ende (2), Schluss (2); ↗ FELD VII.3.1: *zum* ~ *der Saison gab es noch ein spannendes Fußballspiel; zum* ~ *des Festes sangen alle gemeinsam* ❖ ↗ klingen; **-klingen**, klang aus, hat/ist ausgeklungen **1.** ⟨hat/ist⟩ 'aufhören zu klingen': *die Glocken klangen aus, hatten ausgeklungen; der letzte Ton war ausgeklungen* **2.** ⟨ist⟩ geh. *irgendwie* ~ 'irgendwie enden (2.1)'; ↗ FELD VII.3.2: *der Feiertag, das Fest klang harmonisch aus; die Rede klang mit mahnenden Worten aus* ❖ ↗ klingen; **-kneifen**, kniff aus, ist ausgekniffen umg. /jmd., bes. Kind/ SYN 'weglaufen (1.2)': *der Junge kneift öfters aus* ❖ ↗ kneifen; **-knobeln** ⟨trb. reg. Vb.; hat⟩ **1.** /jmd./ *etw.* ~ 'etw. durch Knobeln (1) entscheiden': *wir müssen* ~*, wer beginnen soll* **2.** umg. /jmd./ *etw.* ~ 'etw., bes. etw. Schwieriges, durch intensives Nachdenken schaffen, ausdenken (1)': *einen Plan, Test, ein Verfahren* ~; *hast du das selbst ausgeknobelt?* ❖ ↗ knobeln; **-kochen** ⟨trb. reg. Vb.; hat; ↗ auch *ausgekocht*⟩ /jmd./ *etw.* ~ 'etw. in kochendem Wasser keimfrei machen': *die Krankenschwester kocht die Instrumente aus* ❖ ↗ Koch; **-kommen**, kam aus, ist ausgekommen **1.** /jmd./ *mit etw.* ~ 'etw. in genügender Menge für einen bestimmten Zweck zur Verfügung haben'; SYN reichen (4.2): *er kommt mit dem Geld, seinem Gehalt (gut, schlecht, nicht) aus* **2.** /jmd./ *mit jmdm.* ~ 'einen konfliktfreien, meist harmonischen Umgang mit jmdm. haben': *er kommt mit seinen Kollegen (gut, schlecht, nicht) aus; kommst du mit ihm aus?; ich komme gut mit ihm aus; sie müssen versuchen, miteinander auszukommen* **3.** ⟨oft um Inf. mit Modalvb.⟩ /jmd./ *ohne jmdn., etw.* ~ 'jmdn., etw. nicht brauchen, ohne jmdn., etw. zurechtkommen': *er kommt ohne seine Frau nicht aus, kann ohne seine Frau nicht* ~; *wir müssen leider ohne ihn, ohne eine Landkarte* ~ ❖ ↗ kommen; **-kommen, das**; ~s, ⟨o.Pl.⟩ 'das, was jmdm. ermöglicht, materiell gesichert zu leben': *er hat ein gutes, sicheres, bescheidenes* ~; *er wird dort sein* ~ *haben, finden* ❖ ↗ kommen; **-kosten,** kostete aus, hat ausgekostet /jmd./ *etw.* ~ ˈetw. Angenehmes bewusst und intensiv genießen (2)': *die Freuden des Lebens, seinen Urlaub* ~; *er kostete jeden Tag seines Urlaubs, seinen Triumph, Erfolg, sein Glück (voll) aus* ❖ ↗ Kost; **-kugeln** [kuːgl̩n] ⟨trb. reg. Vb.; hat⟩ /jmd./ *jmdm., sich* ⟨Dat.⟩ *den Arm* ~: *er hat sich* ⟨Dat.⟩ *beim Sturz, er hat mir den, einen Arm ausgekugelt* (ˈaus dem Gelenk der Schulter gedreht') ❖ ↗ Kugel; **-kundschaften,** kundschaftete aus, hat ausgekundschaftet /jmd./ *etw.* ~ ˈetw. (heimlich) durch Nachforschen herausfinden': *ein Versteck* ~; *er hat einen kürzeren Weg nach N ausgekundschaftet; jmds. Namen, Wohnung* ~ (SYN ˈermitteln') ❖ ↗ ²Kunde; **-kunft** [kʊnft]**, die**; ~, Auskünfte [ˈ..kʏnftə] **1.** ˈInformation .über jmdn., etw., die jmdm., bes. von einer öffentlichen Instanz, auf eine Frage hin gegeben wird'; ↗ FELD I.13.1: *eine* ~ *geben, erteilen, einholen; eine falsche, genaue* ~ *erhalten* **2.** ⟨o.Pl.⟩ ˈEinrichtung bes. beim Fernsprechamt, bei der Eisenbahn, die eine Auskunft (1), bestimmte Information erteilt': *die* ~ *anrufen;* **-lachen** ⟨trb. reg. Vb.; hat; vorw. mit Adv.best.⟩ /jmd./ *jmdn.* ~ ˈjmdn. wegen etw. mit schadenfrohem, höhnischem Lachen verspotten': *jmdn. laut, schallend, tüchtig* ~; *die Kinder lachten den Jungen (wegen seiner zerrissenen Hosen) aus* ❖ ↗ lachen; **-laden,** (er lädt aus), lud aus, hat ausgeladen ↗ auch *ausladend* **1.** /jmd./ *etw.* ~ ˈeine Ladung, Fracht aus einem Fahrzeug, einem für den Transport dienenden Behältnis herausnehmen'; ANT einladen (1): *die Kisten, Fracht (aus dem Waggon, Container)* ~ **2.** /jmd./ *jmdn.* ~ ˈeine jmdm. gegenüber ausgesprochene Einladung rückgängig machen'; ANT einladen (2): *wir müssen euch leider wieder* ~, *weil die Kinder krank geworden sind* ❖ ↗ laden; **-ladend** [ˈlaːdn̩t] ⟨Adj.; nicht bei Vb.; ↗ auch *ausladen*⟩ **1.** ⟨Steig. reg., ungebr.; vorw. mit Adj., Adv.⟩ ˈvon großer Ausdehnung' /auf Körper bez./: *der Baum hat eine weit, breit* ~*e Krone; die Kronen waren* ~; *ein breit* ~*es Schiff; er hat weit* ~*e Schultern* **2.** ⟨o. Steig.⟩ ˈmit großen Bewegungen der Arme' /auf Gestisches bez./: *der Redner machte weit* ~*e Gesten, Gebärden, redete mit* ~*en Handbewegungen;* **-lage, die 1.** ⟨vorw. im Pl.⟩ ˈin einem Schaufenster ausgelegte, ausgestellte Ware': *sie bummelten durch die Straßen und sahen sich die* ~*n der Geschäfte an; die* ~*n betrachten* **2.** ⟨nur im Pl.⟩ ˈausgelegte (↗ *auslegen* 5) Geldbeträge': *jmdm. seine* ~*n erstatten* ❖ ↗ liegen; **-land, das** ⟨o.Pl.; o. unbest. Art.⟩ **1.** ˈdie Länder oder eines der Länder, deren Staatsbürgerschaft man nicht besitzt'; ANT Inland (1.1): *ins* ~ *gehen, reisen; im* ~ *studieren, leben; Waren aus dem* ~ *einführen* **2.** ˈ(offizielle) Vertreter, Bevölkerung vom Ausland (1)'; ANT Inland (1.2): *die Hilfe des* ~*s war groß; das* ~ *reagierte auf die Nachricht mit Protesten* ❖ ↗ Land; **-länder** [lɛndɐ]**, der**; ~s, ~ ˈAngehöriger eines ande-

ren Landes als desjenigen, dessen Staatsbürgerschaft man besitzt': *in diesem Hotel wohnen viele* ~; *man erkennt an seinem Akzent, dass er (ein)* ~ *ist* ❖ ↗ Land; **-ländisch** [lɛnd..] ⟨Adj.; o. Steig.; nur attr.⟩ ˈaus dem Ausland (1) stammend, dem Ausland angehörend': *die* ~*e Presse; einen* ~*en Sender hören;* ~*e Gäste haben;* ~*e Waren* ❖ ↗ Land; **-lassen** (er lässt aus), ließ aus, hat ausgelassen; ↗ auch *ausgelassen* **1.** /jmd./ *etw.* ~ ˈetw. aus einer vorgegebenen Folge bes. von Wörtern, Tönen (versehentlich) nicht schreiben, nicht äußern, nicht berücksichtigen': *der Schüler hat im Diktat, beim Abschreiben des Textes ein Wort, einen Satz ausgelassen; er hat beim Spielen der Sonate ein paar Takte ausgelassen; sie ließ vom Lied eine ganze Strophe aus; er ließ in seinem Bericht die schlimmsten Einzelheiten aus* (ˈerwähnte sie nicht') **2.** /jmd./ *etw.* ~ ˈin einer Reihenfolge das, was als Nächstes folgt, als Möglichkeit nicht nutzen': *er ließ einen Zug aus, um sich die Stadt anzusehen; das Mittagessen* ~ **3.** /jmd./ *etw. an jmdm.* ~ ˈein negatives Gefühl, eine gereizte Stimmung an einem Unschuldigen abreagieren': *er lässt seine Wut, seinen Ärger, seine schlechte Laune an seiner Familie, an seinen Kollegen aus* **4.** /jmd./ *sich irgendwie über jmdn., etw.* ~ ˈsich irgendwie über jmdn., etw. äußern': *er ließ sich kritisch, hämisch über seine Verwandten aus; er lässt sich gern ausführlich, stundenlang über sein Hobby aus* MERKE Zu *auslassen* (3): Beim Akk.obj. steht meist ein Possessiv pron. ❖ ↗ lassen; **-lasten,** lastete aus, hat ausgelastet **1.** ⟨vorw. im Pass. u. adj. im Part. II⟩ /jmd./ **1.1.** *etw.* ~ ˈdie Leistungsfähigkeit von etw. voll nutzen': *die Maschine, Abteilung wird, ist nur ungenügend ausgelastet; die Kapazität des Betriebes muss voll ausgelastet werden* **1.2.** *ein Fahrzeug* ~ (ˈbis an das höchste zulässige Maß mit einer Last versehen') **2.** ⟨oft im Pass. u. adj. im Part. II⟩ /etw., bes. Tätigkeit, jmd./ *jmdn.* ~ ˈjmds. Kräfte voll beanspruchen (3)': *die Hausarbeit, Pflege der kranken Mutter lastet sie voll aus; sie war, wurde durch ihre Kinder (sehr, voll) ausgelastet; gut ausgelastete Arbeitskräfte* ❖ ↗ Last; **-lauf, der** ⟨o.Pl.⟩ ˈMöglichkeit, bes. für ein Kind, für bestimmte Haustiere, sich im Freien zu bewegen': *die Kinder haben in der Großstadt zu wenig* ~; *die Hunde, Hühner brauchen viel* ~ ❖ ↗ laufen; **-laufen** (er läuft aus), lief aus, ist ausgelaufen **1.1.** /Flüssigkeit/ ˈohne dass es von jmdm. beabsichtigt ist, aus einer (nicht dafür vorgesehenen) Öffnung eines Behälters fließen': *das Benzin läuft (aus dem Tank, Kanister) aus; die Milch läuft (aus dem Krug) aus* **1.2.** *der Tank* (ˈdie Flüssigkeit im Tank') *ist ausgelaufen* (ˈhat sich durch Auslaufen 1.1 geleert') **2.** /Schiff/ ˈden Hafen verlassen'; ANT einlaufen (1): *der Dampfer, Kutter läuft gleich aus* **3.** /etw., bes. Vertrag/ ˈaufhören zu bestehen, gültig zu sein'; SYN ablaufen (3): *der Vertrag, das Abkommen, die Hypothek läuft aus; seine Amtszeit läuft demnächst aus, ist ausgelaufen* **4.** *das Modell, die Serie läuft aus* (ˈwird in Zukunft nicht mehr produziert') ❖ ↗

laufen; **-läufer, der** ⟨oft im Pl.⟩ fachspr. ˈäußerster, letzter Teil bes. eines Gebirges, auch eines Sees': *die ~ eines Gebirges* (ˈdie letzten noch zu einem Gebirge gehörenden, immer niedriger werdenden Berge'); *die ~ des Schwarzwaldes; die ~ des Bodensees; die ~ eines Tiefs* (ˈvon einem Tief verursachte schmale Zone tiefen Luftdrucks') ❖ ↗ laufen; **-leeren** ⟨trb. reg. Vb.; hat⟩ /jmd./ *etw. ~* ˈeinen Behälter, ein Gefäß leer machen': *den Papierkorb, Aschenbecher, Eimer ~* ❖ ↗ leer; **-legen** ⟨trb. reg. Vb.; hat⟩ **1.** ⟨vorw. im Pass. u. adj. im Part. II⟩ /jmd./ *etw. ~* ˈWaren, bes. in einem Schaufenster, zum prüfenden Ansehen hinlegen': *Waren im Schaufenster ~; er betrachtete die ausgelegten Pullover* **2.** /jmd./ *etw. ~* ˈetw., bes. etw. Gedrucktes, irgendwo hinlegen, damit man es lesen, zur Kenntnis nehmen kann': *Zeitschriften im Wartezimmer ~; Schriften zur Information (in Behörden) ~; eine Liste (zur Sammlung von Unterschriften) ~* **3.** /jmd./ *etw. ~* ˈetw. hinlegen, um damit ein Tier anzulocken und es zu fangen od. zu töten': *einen Köder, eine Schlinge ~; im Keller Rattengift ~* **4.** /jmd., bes. Handwerker/ *etw. mit etw. ~* ˈden Fußboden od. eine waagerechte Fläche (von etw.) mit einem flächigen Material bedecken': *ein Zimmer mit Teppichboden ~; eine mit Steinplatten ausgelegte Terrasse; den Schrank, die Fächer, Schubladen (mit Papier) ~* **5.** /jmd./ *etw. ~* ˈeinen Geldbetrag für jmdn., der ihn später wiedergibt, vorübergehend zahlen': *er hat mir das Eintrittsgeld ausgelegt; kannst du für mich zehn Mark auslegen?* **6.** /jmd./ *etw. ~* **6.1.** SYN ˈetw. deuten (1)'; ↗ FELD I.4.2.2: *einen Traum ~; er legte die Bemerkung zu seinen Gunsten, zu seinem Vorteil aus; jmds. Verhalten als ein Zeichen von Schwäche ~* **6.2.** *einen Text (richtig, falsch) ~* (SYN ˈinterpretieren 1.1') ❖ ↗ legen; **-leihe** [laɪə], **die**; ~, ~n **1.** ⟨o.Pl.; oft mit Gen.attr.⟩ ˈdas Ausgeben (2) von etw. zur vorübergehenden Benutzung': *die ~ der Bücher, Skier, Boote erfolgt von 10 bis 12 Uhr* **2.** ˈStelle in einer öffentlichen Bibliothek, in der die zur Ausleihe (1) vorgesehenen Bücher ausgegeben werden': *die bestellten Bücher an/in der ~ abholen* ❖ ↗ leihen; **-leihen**, lieh aus, hat ausgeliehen **1.** /jmd./ *sich* ⟨Dat.⟩ *etw. ~* ˈsich von jmdm. etw. (gegen eine geringe Gebühr) leihen': *er hat sich (von/bei seinem Freund) ein Buch ausgeliehen; sich ein Paar Skier, einen Schlitten, ein Boot ~* **2.** /jmd., etw., bes. Bibliothek/ *jmdm. etw. ~* ˈjmdm. etw. (gegen eine geringe Gebühr) leihen': *ich habe ihm ein Buch, meinen Fotoapparat ausgeliehen; heute wurden nur zehn Boote ausgeliehen* ❖ ↗ leihen; **-lese** [leːzə], **die**; ~, ~n **1.** ⟨o.Pl.; vorw. mit Gen.attr.⟩ ˈdas Auswählen der besten, geeignetsten Personen': *eine ~ der geeigneten Bewerber vornehmen; eine ~ treffen* ˈaus einer Menge den Geeigneten auswählen': *er traf eine strenge ~ (unter den Schülern) für den Wettbewerb* **2.** ⟨vorw. Sg.; + Gen.attr.⟩ ˈdie ausgewählten besten, geeignetsten Vertreter einer Personengruppe bes. eines Fachs': *die ~ der Physiker, Pianisten traf sich bei dem gro-*

ßen Ereignis; *die ~ der Sportler nahm an dem Wettkampf teil;* vgl. *Elite* **3.** ⟨vorw. Sg.⟩ ˈWein aus besonders guten, ausgewählten Trauben': *eine Flasche ~ trinken* ❖ ↗ lesen; **-liefern** ⟨trb. reg. Vb.; hat⟩ **1.** /Staat, Institution/ *jmdn. ~* ˈjmdn., der sich strafbar gemacht hat, in die Gewalt einer anderen staatlichen Instanz, bes. die eines anderen Staates, geben': *einen Terroristen, Verbrecher (an sein Heimatland) ~; der Mörder wurde gefasst und an die Polizei seines Wohnortes ausgeliefert* **2.** ⟨vorw. Pass.⟩ /jmd./ *jmd. etw.* ⟨Dat.⟩*, jmdm. ~* ˈjmdn. einer (negativen) Sache, jmdm. schutzlos, ohne Beistand überlassen': *sie lieferten die Flüchtlinge ihrem Schicksal aus; er ist der Willkür seiner Feinde ausgeliefert; sie waren dem Unwetter, Sturm völlig ausgeliefert; jmdm. irgendwie ausgeliefert sein: er war seinen Feinden, ihm hilflos, auf Gedeih und Verderb, auf Gnade und Ungnade ausgeliefert* **3.** /Unternehmen/ *etw. ~* ˈWaren an den Handel, an Geschäfte zum Verkauf liefern': *Waren ~; die neuesten Modelle werden im Juli ausgeliefert* ❖ ↗ liefern; **-liegen**, lag aus, haben ausgelegen **1.** /Ware/ *irgendwo ~* ˈirgendwo ausgelegt (1) sein': *die Waren, Bücher, Stoffe liegen im Schaufenster, auf Tischen aus* **2.** /etw., bes. Gedrucktes/ *irgendwo ~* ˈirgendwo ausgelegt (2) sein': *im Wartezimmer liegen Zeitschriften aus; im Sekretariat liegt eine Liste, ein Verzeichnis aus* ❖ ↗ liegen; **-löffeln** ⟨trb. reg. Vb.⟩ * /jmd./ *~ müssen, was man sich eingebrockt hat* (ˈdie Folgen eines unüberlegten Tuns selbst verantworten müssen'; ↗ auch *Suppe*); **-löschen** ⟨trb. reg. Vb.; hat⟩ /jmd./ *etw. ~* ˈbewirken, dass etw. aufhört zu brennen (1.1) und zu leuchten': *eine Kerze, Fackel ~* (ANT anzünden); *das Licht ~; die Laterne* (ˈdie Flamme in der Laterne') *~;* geh. *das Licht ~* (SYN ˈausmachen 2') ❖ ↗ löschen; **-lösen** ⟨trb. reg. Vb.; hat⟩ **1.** /jmd./ *etw. ~* ˈetw. bes. durch Betätigen einer dafür vorgesehenen Vorrichtung in Gang setzen': *einen Mechanismus ~; er hat die Alarmanlage augelöst* **2.** /etw./ *etw. ~* ˈdie unmittelbare Ursache für eine bestimmte, bes. emotionale Reaktion sein': *sein Besuch löste große Freude bei uns aus; die Nachricht löste Überraschung, Zorn, Wut, Angst, Enttäuschung, Begeisterung (bei ihnen) aus; durch dieses Ereignis wurde eine Krise in der Regierung ausgelöst* ❖ ↗ los; **-machen** ⟨trb. reg. Vb.; hat⟩ **1.** umg. /jmd./ *etw. ~* ˈetw. ausschalten (1)'; ANT anmachen (2); ↗ FELD VII.3.2: *das Radio, Bügeleisen ~; die Lampe ~; das Licht* (ˈdie Lampe') *~* **2.** umg. /jmd./ *etw. ~* ˈbewirken, dass etw. aufhört zu brennen (1.1)'; ANT anmachen (3): *das Gas, Feuer, die Zigarette ~; die Kerze, das Licht ~* (SYN ˈauslöschen') **3.1.** /zwei od. mehrere (jmd.)/ *etw. unter sich/untereinander ~* ˈeine Angelegenheit unter sich/untereinander klären': *sie wollen das Problem, wollen das unter sich ~* **3.2.** /jmd./ *etw. mit sich* ⟨Dat.⟩ *~:* *das musst du mit dir selbst/mit dir allein ~* (ˈdamit musst du allein fertig werden') **4.** /zwei od. mehrere (jmd.)/ *etw. ~* SYN ˈetw. vereinbaren (1)': *wir müssen einen neuen Termin, einen Treff-*

punkt ~; /jmd./ etw. mit jmdm., etw. ~: ich habe mit ihm, mit dem Verlag ein festes Honorar ausgemacht; ich habe mit ihm ausgemacht, dass wir uns alle 14 Tage treffen **5.** ⟨vorw. mit Adv.best.⟩ */jmd./ etw., jmdn. ~* ʽetw., jmdn. durch scharfes Beobachten irgendwo, bes. in der Ferne, entdecken, erkennenʼ: *ein Flugzeug (in großer Höhe), ein Schiff am Horizont ~; er machte den Vogel, Bergsteiger mit dem Fernglas aus; ein schwer auszumachendes Versteck* **6.** */etw., jmd./ etw., jmdn. ~* ʽetw., bes. das Wesentliche, an etw., jmdm. bildenʼ: *unbedingte Ehrlichkeit macht sein Wesen, seinen Charakter aus; die farbenfrohe Gestaltung macht den Reiz, Wert des Bildes aus; den größten Teil der Besucher des Konzerts machten Jugendliche aus* **7.** */etw., oft das/ nichts, viel ~* ʽnichts, sehr ins Gewicht fallenʼ: *die paar Minuten Verspätung machen, das macht nichts, nicht viel, macht wenig aus* **8.** /etw. (nur *das, es*)/ *jmdm. nichts ~* ʽjmdm. keine Mühe, Unannehmlichkeit bereiten, jmdn. nicht störenʼ: *das macht mir nichts aus; es macht ihm nichts aus, zu Fuß zu gehen; jmdm. was/etwas ~: würde es Ihnen was/etwas ~* (ʽwürde es Sie störenʼ), *wenn ich mich neben Sie setze?* ❖ ↗ **machen; -maß, das** ⟨Pl.: ~e⟩ **1.** ⟨vorw. Pl.⟩ ʽGröße hinsichtlich der Länge, Breite, Höheʼ: *ein Krater, Wolkenkratzer von gewaltigen ~en; die ~e eines Platzes, Gebäudes* **2.** ʽGrad, Umfang der Auswirkung von etw., bes. etw. Negativemʼ: *das ~ seiner Niederlage, seines Leidens war groß; eine Katastrophe unvorstellbaren ~es, von erschreckendem ~; etw. nimmt große, unvorstellbare ~e an* (ʽhat eine große, unvorstellbare, erschreckende Folge, Auswirkungʼ) ❖ ↗ **messen; -merzen** [mɛRtsn̩] ⟨trb. reg. Vb.; hat⟩ */jmd./ etw. ~* ʽetw., das man für fehlerhaft, schädlich, nicht erwünscht hält, gründlich beseitigen, tilgenʼ: *Fehler in einem Text ~; diese schlechten Angewohnheiten, Sitten müssen ausgemerzt werden; er hat dieses Ereignis aus seiner Erinnerung ausgemerzt; -misten* [mIstn̩], *mistete aus, hat ausgemistet* **1.** */jmd./ den Stall ~* (ʽvon Mist säubernʼ) **2.** umg. */jmd./ etw. ~* ʽetw. nicht mehr Gebrauchtes und dadurch Ordnung schaffenʼ: *einen Schrank, eine Schublade ~* ❖ ↗ **Mist; -nahme** [nɑːmə], **die**; ~, ~n **1.1.** ʽetw., das von der Regel abweicht (2)ʼ: *sein Zugeständnis ist eine ~, soll eine ~ bleiben; etw. bildet eine (seltene, große) ~, gilt als große ~; für jmdn./mit jmdm./bei jmdm. eine ~ machen* (ʽjmdm. ein Abweichen von der Regel erlaubenʼ) **1.2.** *mit ~* ⟨+ Gen.attr.⟩ /mit ~ von: alle mit ~ zweier Kinder, der Kinder, von zwei Kindern* (ʽnur zwei Kinder, die Kinder nichtʼ); *die Zeitung erscheint täglich mit ~ von Sonntag* (ʽnur am Sonntag nichtʼ); ⟨als Verstärkung von *all, ganz, sämtlich*⟩ *ohne ~: alle Kinder ohne ~ beteiligten sich an dem Fest* (ʽalle Kinder beteiligten sich, auch nicht eines hat gefehltʼ); *er hat sämtliche Bilder ohne ~ verkauft* (ʽer hat alle Bilder verkauft, es ist keines übrig gebliebenʼ); *das ganze Dorf war ohne ~* (ʽwirklich alle Bewohnerʼ) *auf den Beinen* ❖ ↗ **nehmen; -nahmsweise** [nɑːms..] ⟨Adv.⟩ ʽals

Ausnahmeʼ: die Kinder dürfen heute Abend ~ fernsehen ❖ ↗ **nehmen; -nehmen** (er nimmt aus), *nahm aus, hat ausgenommen; ↗ auch ausgenommen* **1.** */jmd./ ein Nest ~* (ʽdie Eier, Jungen aus dem Nest eines Vogels herausnehmen und an sich nehmenʼ) **2.** */jmd./ ein Tier ~* ʽdie Eingeweide aus einem getöteten Tier entfernen (um es zuzubereiten)ʼ; ↗ FELD I.7.9.2: *ein Kaninchen, Huhn, einen Hering ~* **3.** */jmd./ jmdn., sich von etw. ~* ʽjmdn., sich im Gegensatz zu den anderen an etw. nicht teilhaben lassen, nicht beteiligt sein lassenʼ: *kein Schüler wird von der Prüfung ausgenommen; er tadelte alle, ohne sich selbst (davon) auszunehmen, sich selbst ausgenommen; etw. von etw. ~: das Gedicht hat er von der Veröffentlichung ausgenommen* (ʽhat er im Gegensatz zu den anderen nicht veröffentlichtʼ) ❖ ↗ **nehmen; -nutzen** ⟨trb. reg. Vb.; hat⟩ **1.** */jmd./ etw. ~* ʽetw. als eine günstige Möglichkeit für sich nutzen, etw. ganz für sich verwenden, nehmenʼ: *er nutzte die Gelegenheit, Situation, seinen Vorteil aus; man muss die zur Verfügung stehenden Mittel (für die Renovierung, dafür) ~* **2.** */jmd./ jmdn., etw. ~* ʽjmdn., etw. rücksichtslos, egoistisch für seine Zwecke gebrauchenʼ; SYN missbrauchen (1.2): *er nutzt seine Freunde, Kollegen aus; jmds. Gutmütigkeit, Schwäche, Notlage schamlos ~* ❖ ↗ **nutzen; -packen** ⟨trb. reg. Vb.; hat⟩ **1.** */jmd./ etw. ~* **1.1.** ʽetw., das eingepackt, eingewickelt ist, aus seinem Behältnis, der Verpackung nehmenʼ; ANT einpacken; ↗ FELD I.7.9.2, V.7.2: *ein Geschenk ~; die eingekauften Lebensmittel (aus der Tasche) ~* **1.2.** ʽein Behältnis leer machen, indem man die darin eingepackten Gegenstände herausnimmtʼ; ANT packen (1.2): *ein Päckchen, die Tasche ~; ich muss noch meinen Koffer ~* **2.** umg. */jmd./* ʽGeheimnisse (bei einem Verhör an die Polizei) verratenʼ: *wenn er auspackt, geht es uns an den Kragen* ❖ ↗ **packen; -prägen** ⟨trb. reg. Vb.; hat⟩ **1.** */etw./ sich in etw.* ⟨Dat.⟩ ʽsich in etw. zeigen, sichtbar werdenʼ: *Angst und Sorgen prägen sich in seinem Gesicht, seiner Haltung aus* **2.** ⟨vorw. mit Adv.best.; vorw. adj. im Part. II⟩ */etw./ sich ~* ʽsich entwickeln, entstehenʼ: *sein Charakter, Ehrgeiz prägt sich immer mehr aus; er hat einen ausgeprägten* (ʽstark entwickeltenʼ) *Familiensinn, eine ausgeprägte Neigung zur Malerei* ❖ ↗ **prägen; -pressen**, *presste aus, hat ausgepresst /jmd./ etw. ~* **1.1.** SYN ʽetw. ausdrücken (1.1)ʼ; ↗ FELD I.7.9.2: *den Saft (aus einer Zitrone, Apfelsine) ~* **1.2.** SYN ʽetw. ausdrücken (1.2)ʼ: *eine Zitrone, Apfelsine ~* ❖ ↗ **pressen; -puff, der** ⟨Pl. ~e⟩ ʽVorrichtung bes. an einem Kraftfahrzeug, durch die die bei einem Verbrennungsmotor austretenden Abgase abgeleitet werdenʼ; ↗ FELD VIII.4.1.1: *der ~ an meinem Auto ist defekt* ❖ ↗ **puffen; -pumpen** ⟨trb. reg. Vb.; hat; ↗ auch ausgepumpt⟩ */jmd./ etw. ~* **1.1.** ʽeine Flüssigkeit durch Pumpen (1) aus etw. entfernenʼ; ↗ FELD I.7.9.2: *Wasser (aus dem Keller, aus einer Grube) ~* **1.2.** *einen Keller, eine Grube ~* (ʽdie Flüssigkeit aus einem Keller, einer Grube durch Pumpen entfernenʼ); Med. *den Magen*

~ ('den Inhalt des Magens aus dem Magen pumpen') ❖ ↗ Pumpe; **-quetschen** ⟨trb. reg. Vb.; hat⟩ **1.** /jmd./ *etw.* ~ **1.1.** SYN 'etw. ausdrücken (1.1)'; ↗ FELD I.7.9.2: *den Saft (aus der Zitrone, Apfelsine)* ~ **1.2.** SYN 'etw. ausdrücken (1.2)'): *eine Zitrone, Apfelsine* ~ **2.** umg. /jmd./ *jmdn.* ~ SYN 'jmdn. ausfragen': *er versuchte, ihn (über seine Pläne) auszuquetschen* ❖ ↗ quetschen; **-rauben** ⟨trb. reg. Vb.; hat⟩ **1.** ⟨vorw. im Pass.⟩ /jmd./ *jmdn.* ~ 'jmdm. durch Raub alles wegnehmen, was er bei sich trägt, was er besitzt': *er ist auf dem Heimweg, am hellichten Tag überfallen und ausgeraubt worden* **2.** /jmd./ *etw.* ~ 'in etw. eindringen, etw. gewaltsam öffnen und alle Wertgegenstände, das gesamte Geld daraus entwenden': *eine Wohnung, ein Geschäft, Auto* ~; *die Einbrecher haben die Kasse, den Safe ausgeraubt* ❖ ↗ Raub; **-räumen** ⟨trb. reg. Vb.; hat⟩ **1.** /jmd./ *etw.* ~ 'ein Möbelstück, in dem Gegenstände aufbewahrt werden können, einen Raum durch Entfernen der darin befindlichen Gegenstände leer machen'; ANT einräumen (1.2): *einen Schrank, ein Zimmer* ~ **2.** /jmd./ *etw.* ~ 'etw. Negatives, für eine Sache Hinderliches beseitigen': *ein Missverständnis, Vorurteile* ~; *um diesen Plan zu realisieren, müssen erst die Bedenken, Einwände aller Partner, alle Schwierigkeiten ausgeräumt werden* ❖ ↗ Raum; **-rechnen**, rechnete aus, hat ausgerechnet; ↗ auch *ausgerechnet* **1.** /jmd./ *etw.* ~ **1.1.** *eine Rechenaufgabe* ~ ('durch Rechnen lösen') **1.2.** 'etw. durch Rechnen ermitteln': *den Preis einer Ware, die Kosten, das Gewicht von etw.* ~ **1.3.** *sich* ⟨Dat.⟩ *etw. (selbst)* ~ können 'die Folgen von etw. voraussehen können': *dass das nicht gut ausgehen würde, hättest du dir auch selbst* ~ können ❖ ↗ rechnen; **-rede, die** 'falscher od. nicht ganz zutreffender Grund, der als Entschuldigung geäußert wird': *eine passende, glaubhafte* ~ *suchen; er hatte eine gute* ~; *ihm fiel keine (gute)* ~ *ein;* /in der kommunikativen Wendung/ *das sind alles nur* ~n! /wird zu jmdm. gesagt, wenn er nicht überzeugende Gründe äußert, um etw. nicht machen zu müssen/ ❖ ↗ reden; **-reichen** ⟨trb. reg. Vb.; hat; oft adj. im Part. I⟩ /etw., bes. Menge von etw./ 'für einen bestimmten Zweck in genügender Menge zur Verfügung stehen'; SYN langen (2.1), reichen (4.1): *der Platz, das Geld, der Vorrat reicht (dafür) nicht aus; die finanziellen Mittel sind in* ~dem Maße vorhanden; *jmd. ist (nicht)* ~d ('genügend, ungenügend') *informiert* ❖ ↗ reich; **-reise, die** 'das legale Verlassen eines Landes über die Grenze mit einem öffentlichen Verkehrsmittel od. im eigenen Fahrzeug'; ANT Einreise: *bei der* ~ *(nach, aus England) werden die Pässe kontrolliert* ❖ ↗ reisen; **-reißen**, riss aus, hat/ist ausgerissen **1.** ⟨hat⟩ /jmd./ *etw.* ~ 'etw. aus etw. reißen (2.1)'; SYN herausreißen (1): *eine Pflanze (aus dem Boden)* ~; *Unkraut (aus dem Beet)* ~; *sich* ⟨Dat.⟩ *etw.* ~: *er riss sich ein graues Haar aus* **2.** ⟨ist⟩ umg. /jmd., bes. Kind/ SYN 'weglaufen (1.2)': *der Junge ist (von zu Hause) ausgerissen; die Kinder, Diebe rissen aus, als der Hund bellte*

❖ zu (2): Ausreißer, Reißaus; zu (1): ↗ reißen; **-reißer** [ʀɑiˈsɐ], **der**; ~s, ~ umg. 'Kind, das ausgerissen ist': *die Polizei hat die beiden* ~ *gefunden und nach Hause gebracht* ❖ ↗ ausreißen; **-renken** [ʀɛŋkn̩] ⟨trb. reg. Vb.; hat⟩ /jmd./ *sich* ⟨Dat.⟩, *jmdm. den Arm* ~: *er hat sich beim Sturz den Arm ausgerenkt* ('durch Gewalt od. durch eine ungeschickte Bewegung aus der richtigen Lagerung im Gelenk gebracht'; ANT einrenken; ↗ FELD I.1.2); *er hat sich das Bein ausgerenkt* ❖ vgl. verrenken; **-richten**, richtete aus, hat ausgerichtet **1.** ⟨vorw. mit Adv.best.⟩ /jmd./ *etw., sich* ~ 'etw., sich in eine gerade Linie bringen, stellen': *die Pfähle des Zauns (in gerader Linie)* ~; *die Sportler richteten sich gerade, in einer Linie aus* **2.** /jmd., Institution/ *etw. auf etw./etw. nach etw.* ⟨Dat.⟩ ~ 'sich bei der Gestaltung von etw. nach etw. richten': *die Veranstaltung wird, ist auf kein bestimmtes Thema ausgerichtet; das Kaufhaus hat sein Angebot an Waren ganz auf die Bedürfnisse, nach den Bedürfnissen der Käufer ausgerichtet* **3.** ⟨vorw. mit Nebens.⟩ /jmd./ *jmdm. etw.* ~ SYN 'jmdm. etw. bestellen (3)' /beschränkt verbindbar/: *jmdm. einen Gruß (von jmdm.)* ~; *er ließ (ihnen)* ~, *dass er heute nicht kommen könne* **4.** /jmd., Institution/ *etw.* ~ 'etw., bes. eine Veranstaltung, (auf eigene Kosten) vorbereiten und durchführen (3)': *die Eltern haben die Hochzeit der Tochter ausgerichtet; der Verband wird die Meisterschaft, Tagung* ~ **5.** ⟨vorw. im Inf. u. mit *können*⟩ /jmd., etw./ *mit etw. bei jmdm., etw., etwas, nichts* ~ 'mit etw. bei jmdm., etw., etwas, nichts erreichen': *mit Strenge richtet man bei dem Jungen nichts aus/ ist bei dem Jungen nichts auszurichten/kann man bei dem Jungen nichts* ~; *mit diesem Arzneimittel kann man bei einer Erkältung viel, wenig* ~; *gegen etw., jmdn. etwas, nichts* ~: *gegen die Verleumdung, gegen ihn kann man nur gerichtlich etwas* ~; *was hast du* ~ *können?* ❖ ↗ richten; **-rotten** [ʀɔtn̩], rottete aus, hat ausgerottet ⟨oft im Pass.⟩ /jmd./ *eine Tier-, Pflanzenart od. eine Gruppe von Tieren, Pflanzen, Menschen* ~ 'einer Gruppe von Tieren, Pflanzen, Menschen die biologische Existenz nehmen': *er hat in seinem Garten das Unkraut, Ungeziefer ausgerottet; diese Vogelart, dieser Indianerstamm ist (völlig) ausgerottet worden;* **-rücken** ⟨trb. reg. Vb.; ist⟩ umg. /jmd., bes. Kind/ SYN 'weglaufen (1.2)': *der Junge ist vor der Strafe, von zu Hause ausgerückt* ❖ ↗ Ruck; **-ruf, der** ⟨oft mit Gen.attr.⟩ 'kurze gerufene Äußerung, die ein spontan empfundenes Gefühl ausdrückt'; ↗ FELD VI.1.1: *ein* ~ *des Entsetzens, der Angst, Überraschung, Bewunderung; ein freudiger, erstaunter* ~ ❖ ↗ rufen; **-rufen**, rief aus, hat ausgerufen **1.** /jmd./ *etw.* ~ 'spontan eine kurze Äußerung rufen'; ↗ FELD VI.1.2: *er rief begeistert, fröhlich ein paar Worte der Zustimmung, des Dankes aus; „Wunderbar", rief er aus* **2.** /jmd./ *etw.* ~ 'etw. mit lauter Stimme ankündigen (1), mitteilen (1)': *der Busfahrer ruft die Haltestellen aus* **3.** /jmd./ *etw.* ~ 'etw. öffentlich bekannt geben, verkünden': *einen Streik* ~; *nach der Revolution wurde die Repu-*

blik ausgerufen ❖ ↗ rufen; **-rufezeichen** [ʀu:fə..], das 'aus einem senkrechten Strich und einem darunter stehenden Punkt bestehendes Satzzeichen, das bes. nach Sätzen, die einen Wunsch, Ausruf, eine Aufforderung ausdrücken, und nach Interjektionen steht /Zeichen !/' ❖ ↗ rufen, ↗ Zeichen; **-ruhen** ⟨trb. reg. Vb.; hat⟩ /jmd./ *irgendwo* ~ SYN 'irgendwo ruhen (1)'; ↗ FELD I.7.1.2: *er legte sich hin, um (sich) ein wenig auszuruhen; er ruht (sich) von der Reise, nach den Strapazen zu Hause aus; im Schatten eines Baumes* ~; *auf dem Sofa* ~ ❖ ↗ Ruhe; **-rüsten**, rüstete aus, hat ausgerüstet ⟨vorw. im Pass. u. adj. im Part. II⟩ /jmd., Institution/ *etw., jmdn., sich mit etw.* ~ 'etw., jmdn., sich mit etw., das für einen bestimmten Zweck notwendig, nützlich ist, versehen': *die Armee wird, ist mit modernen Waffen ausgerüstet; eine Expedition, einen Wissenschaftler, sich mit den neuesten technischen Geräten* ~; *eine gut, mit allen Werkzeugen ausgerüstete Werkstatt* ❖ ↗ rüsten; **-rüstung, die 1.** ⟨vorw. Sg.; + Gen.attr.⟩ 'das Ausrüsten': *die* ~ *der Expedition mit den notwendigen Hilfsmitteln dauerte mehrere Monate* **2.** 'Gesamtheit der Gegenstände, Vorrichtungen, die für einen bestimmten Zweck nützlich, notwendig sind': *er kaufte sich eine neue* ~ *zum Angeln, Tauchen* **3.** 'die für einen Betrieb notwendige spezielle technische Anlage (3)': *dieser Betrieb produziert* ~*en für chemische Werke* ❖ ↗ rüsten; **-rutschen** ⟨trb. reg. Vb.; ist⟩ **1.** /jmd., auch etw./ *irgendwo* ~ 'irgendwo durch Rutschen plötzlich den festen Halt (unter den Füßen) verlieren und fallen od. zu fallen drohen'; SYN ausgleiten (1): *er ist (mit seinen glatten Sohlen), seine Füße sind auf der gebohnerten Treppe, bei Glatteis ausgerutscht* **2.** /etw./ 'beim Schneiden, Schlagen aus der beabsichtigten Richtung geraten'; SYN ausgleiten (2): *das Messer ist (ihm) beim Brotschneiden, das Beil beim Holzhauen ausgerutscht* ❖ ↗ rutschen; **-saat, die** ⟨o.Pl.⟩ 'das Aussäen'; SYN Saat (1); ↗ FELD II.4.1: *im nächsten Monat beginnt die* ~ *auf den Feldern, im Garten* ❖ ↗ säen; **-säen** ⟨trb. reg. Vb.; hat⟩ /jmd./ *etw.* ~ SYN 'etw. säen'; ↗ FELD II.4.2: *Weizen* ~; *er hat Radieschen, Möhren ausgesät* ❖ ↗ säen; **-sage, die 1.** '(mündliche) Äußerung': *nach* ~ *des Arztes wird er bald gesund; die* ~*n der Politiker zu diesem Sachverhalt, Problem sind widersprüchlich* **2.** 'vor Gericht, vor der Polizei (mündlich) gemachte Angaben, Mitteilungen zu einem Tatbestand'; ↗ FELD I.13.1: *eine (falsche)* ~ *machen; der Zeuge hat die* ~ *verweigert; die* ~*n der beiden Täter, Zeugen widersprechen sich* ❖ ↗ sagen; **-sagen** ⟨trb. reg. Vb.; hat; + präp. Obj. od. Adv.best.⟩ /jmd./ *etw.* ~ 'eine Aussage (2) machen': *der Zeuge hat vor Gericht gegen, für, über den Angeklagten ausgesagt; er hat als Zeuge, im Prozess, falsch ausgesagt; er hat das unter Eid ausgesagt; er hat unter Eid ausgesagt, dass ...* ❖ ↗ sagen; **-schalten**, schaltete aus, hat ausgeschaltet **1.** /jmd./ *etw.* ~ SYN 'etw. abstellen (4)'; ANT anschalten (1), einschalten (1.1); ↗ FELD VII.3.2: *das Radio, Bü-*

geleisen, den Motor ~; *die Lampe* ~; *das Licht* ('die Lampe') ~; *schalte die laute Musik aus!* **2.** /jmd., Elektrizitätswerk/ *den Strom* ~ (SYN 'abstellen 3'; ANT anschalten 2) **3.** /jmd./ *etw.* ~ 'dafür sorgen, dass etw., bes. etw. Negatives, nicht (mehr) bestehen wird, wirksam werden kann': *eine Gefahrenquelle* ~; *er versuchte, alle Mängel, Fehler auszuschalten* **4.** /jmd./ *jmdn.* ~ 'jmdn. daran hindern, auf etw., jmdn. (weiterhin) Einfluss auszuüben': *er verstand es, seine Gegner, Konkurrenten, seinen Partner bei den Verhandlungen auszuschalten* ❖ ↗ schalten; **-schank** [ʃaŋk], **der**; ~s/auch ~es, Ausschänke [..ʃɛŋkə] **1.** ⟨o.Pl.⟩ 'das Ausschenken von (alkoholischen) Getränken': *der* ~ *alkoholischer Getränke, von Bier an Jugendliche unter 16 Jahren ist nicht gestattet* **2.** SYN 'Theke': *am* ~ *standen drei Gäste* ❖ ↗ schenken; **-schau: nach jmdm., etw.** ~ *halten* 'nach jmdm., etw. ausschauen': *er hielt ungeduldig nach dem Briefträger, dem Bus* ~ ❖ ↗ schauen; **-schauen** ⟨trb. reg. Vb.; hat⟩ /jmd./ *nach jmdm., etw.* ~ 'aufmerksam in die Richtung sehen, in der man eine (sehnlich) erwartete Person, Sache, bes. ein Fahrzeug, zu erblicken hofft': *sie schauten nach den angekündigten Besuchern aus; er schaute mit Unruhe nach dem Taxi aus* ❖ ↗ schauen; **-scheiden**, schied aus, hat/ist ausgeschieden **1.** ⟨hat⟩ /jmd., Tier/ *etw.* ~ 'etw. über den Darm, über die Blase aus dem Körper gelangen lassen': *Kot, Urin* ~; *der Patient scheidet mit dem Kot Bakterien aus* **2.** ⟨ist⟩ /jmd., etw./ 'an etw. nicht beteiligt sein dürfen, für etw. nicht genommen, berücksichtigt werden': *drei Bewerber scheiden von vornherein aus; dieser Vorschlag, die zuerst genannte Möglichkeit scheidet aus* **3.** ⟨ist⟩ /jmd., Gruppe/ 'eine Tätigkeit nicht mehr ausüben und damit eine Gemeinschaft verlassen': *er scheidet am 1. Juli (aus dem Betrieb, Amt) aus; die Partei ist aus der Koalition ausgeschieden* **4.** /jmd., bes. Sportler/ 'die Teilnahme an einem Wettbewerb aufgeben müssen': *N schied nach einem Sturz (aus dem Rennen) aus* ❖ ↗ scheiden; **-schenken** ⟨trb. reg. Vb.; hat; oft im Pass.⟩ /Gastwirt/ *etw.* ~ '(alkoholische) Getränke in einer Gaststätte in Trinkgefäßen verkaufen': *Bier* ~; *alkoholische Getränke dürfen an Jugendliche unter 16 Jahren nicht ausgeschenkt werden* ❖ ↗ schenken; **-schlachten**, schlachtete aus, hat ausgeschlachtet **1.** /jmd./ *ein Auto, eine Maschine* ~ ('aus ihm, ihr alle brauchbaren Teile ausbauen') **2.** /jmd., Institution/ *etw.* ~ 'etw. ohne Bedenken für seine (politischen) Zwecke nutzen': *ein Ereignis politisch, in der Presse* ~; *der Regisseur hat den Roman von N für seinen Film ausgeschlachtet* ❖ ↗ schlachten; **-schlafen** (er schläft aus), schlief aus, hat ausgeschlafen /jmd./ 'so lange schlafen, bis man nicht mehr müde ist': *er will (sich) morgen (richtig, endlich einmal, ordentlich)* ~; *er hat ausgeschlafen, ist, wirkt heute ausgeschlafen* ❖ ↗ Schlaf; **-schlag, der** ⟨vorw. Sg.⟩ 'sich über größere Flächen ausbreitende, krankhafte Veränderungen der Haut bes. in Form kleiner, rötlicher Gebilde': *bei Masern bekommt man*

~; *er hat im ganzen Gesicht, auf dem Rücken* ~
❖ ↗ schlagen * /etw./ **den ~ geben** 'durch seinen
dominierenden Einfluss bestimmend für eine Ent-
scheidung sein': *seine Fürsprache gab den* ~ *(da-
für), dass ...;* -**schlagen** (er schlägt aus), schlug aus,
hat ausgeschlagen **1.** ⟨hat⟩ /jmd./ *jmdm. einen
Zahn, ein Auge* ~ ('jmdm. so schlagen, dass er da-
bei einen Zahn, ein Auge verliert') **2.** ⟨hat⟩ *das
Pferd, der Esel schlägt aus* ('stößt mit den Hufen')
3. ⟨hat/ist; nicht im Prät.⟩ /Baum, Strauch/ SYN
'austreiben (2)': *die Bäume, Sträucher schlagen aus,
haben/sind schon ausgeschlagen* **4.** ⟨hat; vorw. im
Pass. u. adj. im Part. II⟩ /jmd./ *etw. mit etw.* ~ 'die
Innenflächen von etw. bes. mit Stoff bedecken': *die
Wände des Saals waren, wurden mit Seide ausge-
schlagen; ein mit Samt ausgeschlagenes Etui* **5.**
⟨hat⟩ /jmd./ *etw.* ~ SYN 'etw. ablehnen (1)', ANT
annehmen (1): *ein Angebot, eine Einladung, Erb-
schaft* ~ ❖ ↗ schlagen; -**schlaggebend** [ʃlakgeːbmt]
⟨Adj.; o. Steig.; nicht bei Vb.⟩ 'entscheidend': *etw.
ist von* ~*er Bedeutung; dieser Gesichtspunkt war da-
bei nicht* ~ ❖ ↗ schlagen, ↗ geben; -**schließen**,
schloss aus, hat ausgeschlossen **1.** /jmd./ **1.1.** *jmdn.
von etw.* ~ 'jmdn. (auf vorangegangenen Beschluss)
an etw. nicht teilhaben lassen': *jmdn. von der Teil-
nahme an einer Feier, von einer Feier* ~*; die Öffent-
lichkeit ist von der Verhandlung ausgeschlossen* **1.2.**
sich von etw. ~ 'an etw. nicht teilnehmen': *er
schließt sich von allen gemeinsamen Unternehmun-
gen aus* **2.** ⟨oft im Pass.⟩ /Institution, Gruppe,
jmd./ *jmdn. aus etw.* ~ 'jmdm. die weitere Zugehö-
rigkeit zu einer Gemeinschaft verweigern'; ANT
aufnehmen (5): *er war, wurde (vom Vorstand) aus
der Partei, dem Verband ausgeschlossen; die Partei,
der Verband hat ihn ausgeschlossen* **3.1.** /jmd., etw./
(vorw. *das*)/ *etw.* ~ 'etw., bes. etw. Negatives, un-
möglich machen': *er versuchte, jeden Fehler auszu-
schließen; ein Irrtum ist ausgeschlossen; das schließt
jeden Zweifel aus* **3.2.** /zwei (etw.)/ *sich* ⟨rez.⟩ *einan-
der* ~ 'zusammen nicht möglich sein': *diese zwei
Dinge schließen sich, einander nicht aus* ❖ ↗ schlie-
ßen; -**¹schließlich** ⟨Adj.; o. Steig.; nur attr.⟩ 'für
jmdn., etw. allein geltend, bestimmt, vorhanden,
ohne jede Einschränkung geltend' /auf Abstraktes
bez./: *das* ~*e Recht auf etw. haben; das Zimmer
steht zu seiner* ~*en Verfügung; sein* ~*es* ('einziges')
Anliegen ist ... ; -**²schließlich** ⟨Präp. mit Gen.; oft
o. erkennbare Kasusforderung; vorangestellt; in
Verbindung mit Subst. aus dem kaufmännischen
Bereich, die bei der Berechnung des Preises eine
Rolle spielen⟩ /gibt an, dass etw. nicht mit einge-
rechnet ist; beschränkt verbindbar/ 'nicht einge-
schlossen; SYN exklusive; ANT einschließlich, in-
klusive: *die Ware kostet* ~ *Porto,* ~ *Verpackung ...;
der Preis versteht sich* ~ *(der) Transportkosten;*
-**³schließlich** ⟨Gradpartikel; betont, auch unbetont;
steht vor der Bezugsgröße; bezieht sich auf ver-
schiedene Kategorien⟩ /schließt andere Sachver-
halte aus, verneint jede andere Möglichkeit, lässt
allein die Bezugsgröße zu/; SYN '³nur (1)': *er hat*

sich ~ *mit Literatur beschäftigt; er macht in Zu-
kunft* ~ *an der Ostsee Urlaub;* ~ *seine Freunde ha-
ben zu seiner Wohnung Zugang; das Geschenk ist* ~
für ihn bestimmt; das betrifft ~ *die Schulanfänger;*
-**schluss, der** ⟨o.Pl.⟩ /zu ausschließen 1.1 u. 2/ 'das
Ausschließen, Ausgeschlossenwerden'; /zu 1.1/: *die
Verhandlung fand unter/mit* ~ ('Verbot der Teil-
nahme') *der Öffentlichkeit statt;* /zu 2/: *sein* ~ *aus
der Partei* ❖ ↗ schließen; -**schmücken** ⟨trb. reg.
Vb.; hat⟩ /jmd./ *etw.* ~ 'einen Raum vollständig
schmücken': *einen Saal für ein Fest* ~*; einen Raum
mit Blumen* ~ ❖ ↗ Schmuck; -**schneiden**, schnitt
aus, hat ausgeschnitten /jmd./ *etw.* ~ 'etw. mit ei-
nem Schneidewerkzeug, bes. mit einer Schere, aus
etw. lösen, trennen': *eine Annonce (aus einer Zei-
tung)* ~ ❖ ↗ schneiden; -**schnitt, der 1.** 'Öffnung
für den Hals in Kleidern, Blusen, die einen Teil der
Brust, des Rückens unbedeckt lässt': *ein Kleid, eine
Bluse mit spitzem, weitem, tiefem* ~ **2.** 'etw., das
aus etw. Gedrucktem, bes. einer Zeitung, ausge-
schnitten ist': *dem Brief einen* ~ *beilegen; ein* ~ *aus
der Zeitung* **3.** 'ausgewählter Teil vom Inhalt, Text
eines Ganzen, der einen Eindruck vom Ganzen
vermitteln soll': *einen* ~ *aus einem Film zeigen; ei-
nen* ~ *aus einem Roman vorlesen* ❖ ↗ schneiden;
-**schöpfen** ⟨trb. reg. Vb.; hat⟩ **1.** /jmd./ *etw.* ~ **1.1.**
'etw. durch Schöpfen aus etw. holen'; ↗ FELD
I.7.9.2: *das Wasser (aus dem Boot)* ~ **1.2.** 'etw.
durch Schöpfen leer machen': *eine Tonne, ein Boot*
~ **2.** /jmd., Institution/ *etw.* ~ 'etw., bes. wirt-
schaftliche Ressourcen, völlig nutzen': *alle Mög-
lichkeiten, Reserven* ~ ❖ ↗ schöpfen; -**schreiben**,
schrieb aus, hat ausgeschrieben **1.** /jmd./ *einen
Scheck* ~ (SYN 'ausfüllen 1') **2.** /jmd., Institution/
etw. ~ 'etw. öffentlich und schriftlich bekannt ge-
ben, um zur Teilnahme aufzufordern': *einen Wett-
bewerb zur Gestaltung eines Wohngebiets, Platzes*
~*; eine Meisterschaft* ~*; eine Stelle* ~ ('in der
Presse bekannt geben, dass eine Stelle frei ist und
auffordern, sich zu bewerben') ❖ ↗ schreiben;
-**schreitungen** [ʃʀait..], **die** ⟨Pl.⟩ 'gewalttätige Hand-
lungen gegen die öffentliche Ordnung': *nach den
Demonstrationen kam es zu schweren* ~ ❖ ↗ schrei-
ten; -**schuss, der 1.** SYN 'Kommission'; ↗ FELD
I.11: *einen* ~ *bilden, einsetzen; in einen* ~ *gewählt
werden; der* ~ *tagt, berät heute;* vgl. *Komitee* **2.**
⟨o.Pl.⟩ 'Teil der Produktion, der Mängel aufweist
und daher nicht als Ware verwendet werden kann';
↗ FELD V.8.1: *das ist alles* ~*!; gestern ist nur* ~
produziert worden ❖ ↗ schießen; -**schütten**, schüt-
tete aus, hat ausgeschüttet **1.** /jmd./ *etw.* ~ **1.1.**
'etw. aus einem Behälter, einem Gefäß schütten':
die Kartoffeln, den Zucker, das Wasser ~ **1.2.** 'einen
Behälter, ein Gefäß durch Ausschütten (1.1) leer
machen': *einen Sack, Eimer, eine Tüte* ~ **2.** /Institu-
tion, Unternehmen/ *etw.* ~ 'einen Teil der Einnah-
men, des Gewinns von etw., bes. der Lotterien, Ak-
tiengesellschaften, an die beteiligten Personen ver-
teilen': *im Lotto werden große Summen ausgeschüt-
tet; hohe Dividenden* ~ ❖ ↗ schütten; -**schweifend**

[ʃvaifn̩] ⟨Adj.; Steig. reg., ungebr.⟩ **1.** ⟨nur attr.⟩ ˈdas normale Maß weit überschreitend' /auf Psychisches bez./: *er hat eine ~e Phantasie, hegt ~e Wünsche, Hoffnungen* **2.** ⟨nicht präd.⟩ ˈohne moralische Bedenken sein Leben maßlos genießend' /beschränkt verbindbar/: *er ist ein ~er Mensch, führt ein ~es* (SYN ˈwüstes 4') *Leben, lebt ~* ❖ ↗ schweifen; **-schweifung** [ʃvaif..], **die**; ~, ~en ⟨vorw. im Pl.⟩ ˈauf den maßlosen Genuss des Lebens gerichtete Handlung, bei der alle moralischen Bedenken außer Acht gelassen werden': *sich wüsten, nächtlichen ~en hingeben* ❖ ↗ schweifen; **-sehen** (er sieht aus), *sah aus, hat ausgesehen /jmd., etw./ irgendwie ~* ˈdurch die äußerliche Erscheinung, durch den Ausdruck in den Gesichtszügen einen bestimmten Eindruck (vom Zustand) erwecken': *er sieht heute gut, schlecht aus; er sieht gesund, müde, ernst, ärgerlich, traurig aus; das Zimmer sieht unordentlich aus; die Wunde sieht schlimm aus; er sieht ganz blass aus* (ˈist ganz blass'); *die Blume sieht rot aus* (ˈhat eine rote Farbe'); *das neue Kleid sieht nach etwas aus, nach nichts aus* (ˈmacht einen guten, keinen besonderen Eindruck'); *er schilderte ihnen, wie die neue Wohnung aussieht* (ˈäußerlich beschaffen ist'); /in der kommunikativen Wendung/ umg. *sehe ich so aus* (ˈtraut man mir das zu')? /sagt jmd., wenn er über das, was man von ihm vermutet, entrüstet ist/; *so siehst du aus* (ˈso wie du dir das vorstellst, geht es nicht, da hast du dich aber geirrt')! /sagt jmd., wenn er das, was ihm zugemutet wird, ablehnt/ ❖ ↗ sehen; **-sehen, das**; ~s, ⟨o.Pl.; vorw. mit Possessivpron.⟩ ˈdie visuell wahrnehmbaren äußeren Eigenschaften eines Menschen, bes. seines Gesichts (als Ausdruck seines Zustandes), od. das Erscheinungsbild einer Sache': *sein ~ hat sich sehr verändert; sie waren über sein schlechtes, ungesundes ~ entsetzt; das ~ der Stadt hat sich in den letzten Jahren verändert* ❖ ↗ sehen

außen [ˈausn̩] ⟨Adv.⟩ **1.** ⟨vorw. mit Präp. von, nach⟩ ˈaußerhalb von Gebäuden, Räumen, Gefäßen'; ANT innen: *die Tür geht von, nach ~ auf; die Tür von ~ zumachen; das Haus von ~ betrachten; ein Gebäude ~* (ˈdie Außenseite eines Gebäudes') *renovieren; der Topf ist ~* (ˈauf der Außenseite') *glasiert* **2.1.** *nach ~: er tritt nach ~* (ˈanderen gegenüber') *selbstbewusst auf, ist sehr auf Wirkung nach ~ bedacht; das darf nicht nach ~* (ˈin die Öffentlichkeit') *dringen* **2.2.** *von ~: er hofft auf Hilfe von ~* (ˈvon anderen Menschen, aus dem Ausland') **2.3.** *von ~* ˈnur dem äußeren Schein nach urteilend, ohne Kenntnisse von den inneren Angelegenheiten, Interessen einer Gruppe': *ich kann das von ~ beurteilen* ❖ **äußer, Äußere,** ¹,²**außerhalb, äußerlich, äußerst** (I.1) − **draußen, veräußern**; vgl. **außen/ Außen-**; vgl. **²aus, Äußerung**

Außen/außen[ˈausn..]|**-handel, der** ˈHandel mit dem Ausland'; ANT Binnenhandel; ↗ FELD I.16.1: *eine positive Bilanz des ~s* ❖ ↗ handeln; **-minister, der** ˈMinister für auswärtige Angelegenheiten'; ANT Innenminister ❖ ↗ Minister; **-ministerium,** **das** ˈMinisterium für auswärtige (2) Angelegenheiten, das Auswärtige Amt'; ANT Innenministerium ❖ ↗ Minister; **-politik, die** ˈPolitik eines Staates gegenüber anderen Staaten'; ANT Innenpolitik: *die ~ eines Landes* ❖ ↗ Politik; **-politisch** ⟨Adj.; o. Steig.; nicht präd.; vorw. attr.⟩ ˈdie Außenpolitik betreffend'; ANT innen politisch /auf Abstraktes bez./: *eine ~e Debatte führen; ~e Fragen, Interessen* ❖ ↗ Politik; **-seite, die** ˈdie dem Betrachter zugewandte Seite von etw., die nicht dem Zentrum von etw. zugewandte Seite'; ANT Innenseite: *die ~ eines Hauses, Gefäßes, Stoffes* ❖ ↗ Seite; **-seiter** [zaitɐ], **der**; ~s, ˈMensch, der sich von seiner Umgebung od. der Gruppe, zu der er gehört, abgesondert und abweichende Meinungen, Interessen entwickelt hat': *er ist schon immer ein ~ gewesen* ❖ ↗ Seite; **-stände** [ʃtɛndə], **die** ⟨Pl.⟩ ˈfinanzielle Forderungen an Schuldner': *~ haben; ~ eintreiben* ❖ ↗ stehen; **-stehende** [ʃteːəndə], **der** u. **die**; ~, ~n (↗ Tafel II) ˈjmd., der nicht zu einer bestimmten Gemeinschaft, Gruppe gehört und deren Angelegenheiten, Interessen nur von außen (2.3) beurteilen kann': *das können ~ nicht verstehen; er als ~r kann das nicht beurteilen* ❖ ↗ stehen; **-wand, die** ˈWand eines Hauses, die das Haus gegen das Freie abgrenzt': *das Zimmer hat drei Außenwände und ist daher nur schwer zu heizen* ❖ ↗ Wand

¹außer [ˈausɐ] ⟨Konj.⟩ **1.** ⟨koordinierend; verbindet zwei Hauptsätze od. fügt ein Satzglied an⟩ /schränkt einen im Vordersatz genannten Sachverhalt ein/; SYN ausgenommen, ²denn, es sei denn: *es gibt keinen anderen Ausweg, ~ wir bitten ihn um Hilfe; ich komme nicht mit ins Kino, ~ du bringst deine Schwester mit; niemand kann mir helfen, ~ ich selbst; er hat mir nie geholfen, ~ vor einem Jahr* **2.** ⟨als Glied zusammengesetzter subordinierender Konj.; in Verbindung mit dass, wenn⟩ **2.1.** *~* **dass** ⟨der Nebensatz steht vorw. nach dem Hauptsatz⟩ /schränkt einen im Vordersatz genannten Sachverhalt ein/: *wir hatten nie etwas an ihm auszusetzen, ~ dass er uns manchmal belog; es gibt keinen anderen Ausweg, ~ dass wir ihn um Hilfe bitten* (ˈes gibt nur den Ausweg, dass wir ihn um Hilfe bitten') **2.2.** *~* **wenn** ⟨der Nebensatz steht vorw. nach dem Hauptsatz⟩ /schränkt einen im Vordersatz genannten Sachverhalt ein und meint zugleich die Bedingung für die Einschränkung/: *ich gehe täglich spazieren, ~ wenn es regnet; er war stets aufmerksam während des Unterrichts, ~ wenn ihn der Lehrer langweilte; sie benötigt keine Hilfe, ~ wenn sie krank wird* (ˈsie benötigt nur dann Hilfe, wenn sie krank wird') **3.** ⟨als Glied der mehrteiligen subordinierenden Konj. *~* **um ... zu**; + Inf. des Vb. im Nebensatz; der Nebensatz steht vorw. nach dem Hauptsatz; der Hauptsatz ist meist verneint⟩ /schränkt einen im Vordersatz genannten Sachverhalt ein und nennt zugleich den Zweck der Einschränkung/: *sie geht meist nie spazieren, ~ um Bekannte zu treffen* (ˈsie geht nur dann spazieren,

wenn sie Bekannte treffen will'); *sie kommt fast nie in die Stadt,* ~ *um etw. zu besorgen*
²außer ⟨Präp. mit Dat. od. o. erkennbare Kasusforderung; vorangestellt⟩ **1.** ⟨mit Dat.⟩ **1.1.** ⟨oft mit einer Art Negation⟩ /gibt an, dass jmd., etw. aus einer Gesamtheit ausgenommen wird/ 'mit Ausnahme von': *ich habe keinen Freund* ~ *dir;* ~ *ihm bestand niemand die Prüfung;* ~ *einem waren sie alle versammelt;* ~ *dem Kind und Herrn B waren alle gekommen* **1.2.** ⟨+ *noch, auch*⟩ /gibt an, dass neben jmdm., etw. noch andere Personen, Sachen hinzukommen/: ~ *ihm waren noch andere Interessenten da;* ~ *Wein gab es auch/noch Sekt und Bier;* ~ *Meyers waren auch noch Schmidts da* **2.** ⟨bes. mit Subst. o. Art.⟩ /lokal; gibt an, dass etw. außerhalb eines Bereiches ist/ ⟨in festen Verbindungen⟩ /beschränkt verbindbar/: *wir verkaufen Kuchen auch* ~ *Haus; die Wäsche* ~ *Haus waschen lassen;* ⟨mit Gen. in Verbindung mit *Land*⟩ *er ging* ~ *Landes, war in der Zeit* ~ *Landes* **3.** ⟨in festen Verbindungen; o.Art.; o. Kasusforderung⟩ /modal/ **3.1.** gibt an, dass ein Zustand nicht mehr besteht/; ANT in (5.3): *der Lift ist* ~ *Betrieb; er ist* ~ *Gefahr; ein Gesetz* ~ *Kraft setzen; etw.* ~ *Dienst stellen;* ⟨mit Dat.⟩ *ich war* ~ *mir vor Wut* ('war sehr wütend') **3.2.** /gibt an, dass etw., jmd. außerhalb eines Bereiches ist, der durch Sehen, Hören bestimmt ist; beschränkt verbindbar/; ANT in: *er war* ~ *Sicht, Hörweite; er geriet* ~ *Sichtweite* ❖ **äußerst** — **außerdem, -gewöhnlich, -ordentlich, außerstande**
äußer ['ɔisɐ] ⟨Adj.; o. Steig.; nur attr.; ↗ auch *Äußere, äußerst*⟩ **1.** 'sich auf der Außenseite befindend'; ANT inner (1.1,1.2): *er muss auf der* ~*en Bahn laufen; die* ~*en Ränder (des Papiers) sind beschädigt; er hat nur* ~*e* ('sich am Körper befindende, die Haut betreffende') *Verletzungen* **2.** 'an einer Sache, einer Person unmittelbar, bes. visuell erkennbar': *die* ~*e Gestalt, Erscheinung, Ordnung; man darf nicht nach dem* ~*en Schein urteilen; die* ~*en Bedingungen waren für das Projekt nicht günstig* ❖ ↗ **außen**
außer|dem [ausɐ'deːm/'ausɐdeːm] ⟨Adv.; Verschmelzung von Präp. *außer* + Art. *(dem)*⟩ ↗ *außer*; SYN 'überdies': *der Angeklagte ist* ~ *vorbestraft; er erzählte uns* ~ *einige Neuigkeiten;* ⟨oft in Verbindung mit *und*⟩ /gibt an, dass etw. Zusätzliches u. Ähnliches hinzukommt/: *es gab Bier (und)* ~ *Wein; es gab artistische Darbietungen und* ~ *gab es noch einen Film; er ist Vorsitzender des Vereins und* ~ *Schatzmeister; bei dem Regen komme ich nicht mit,* ~ *habe ich keine Zeit* ❖ ↗ **²außer,** ↗ **dem**
Äußere ['ɔisərə], **das;** ~n, ⟨o.Pl.; vorw. mit Possessivpron.; ↗ auch *äußer*⟩ (↗ Tafel II) 'Gesamtheit der visuell wahrgenommenen Eigenschaften einer Person'; ANT Innere: *dem* ~*n nach zu urteilen ist er etwa 40 Jahre alt; er hat ein angenehmes, jugendliches* ~*s; sie legt großen Wert auf ihr* ~*s* ('achtet darauf, dass ihre Kleidung, ihr Körper einen guten Eindruck erzeugen') ❖ ↗ **außen**

außer|gewöhnlich ['ausɐ..] **I.** ⟨Adj.; o. Steig.⟩ **1.** 'von der gewöhnlichen, normalen Art bes. in positiver Hinsicht in höchstem Maße abweichend': *er ist ein* ~*er Mensch, verhält sich* ~*; ein* ~*es Erlebnis, Abenteuer; dieser Fall, diese Leistung ist* ~ **2.** ⟨nur attr.⟩ 'überaus weit über das gewöhnliche, normale Maß gehend'; SYN anormal (1), ungewöhnlich (I.2): *sie ist von* ~*er Schönheit; er arbeitet mit* ~*er Sorgfalt, mit* ~*em Fleiß* — **II.** ⟨Adv.; vor Adj.; Adv., Indefinitpron.⟩ SYN 'überaus': *es ist heute* ~ *heiß, kalt; er kommt in der letzten Zeit* ~ *oft, gern zu uns, hat* ~ *viel (Geld) gespendet* ❖ ↗ **²außer,** ↗ **gewöhnen**
¹außerhalb ⟨Adv.; + *von*⟩ 'nicht im Bereich von etw., von einer Stadt, einem Land, Gebäude'; ANT ¹innerhalb (1): ~ *von Berlin, von Brandenburg (gilt diese Verordnung)* ❖ ↗ **außen**
²außerhalb ['ausɐhalp] ⟨Präp. mit Gen.; vorangestellt⟩ ANT innerhalb **1.** ⟨in Verbindung mit Begriffen, die einen Bereich darstellen⟩ /lokal; gibt eine Lage an, die nicht innerhalb eines bestimmten Bereiches ist/: *er wohnt* ~ *Berlins; das Haus liegt* ~ *der Stadt; etw. befindet sich* ~ *des Hauses, der Wohnung; das Problem liegt* ~ *meines Fachgebietes* **2.** ⟨in Verbindung mit Zeitbegriffen⟩ /temporal; gibt an, dass etw. nicht innerhalb eines zeitlichen Rahmens liegt/: *etw. nur* ~ *der Arbeitszeit, Dienstzeit erledigen können* ❖ ↗ **außen**
äußerlich ['ɔisɐ..] ⟨Adj.; o. Steig.; vorw. bei Vb.⟩ 'die visuell erkennbaren Reaktionen, Eigenschaften eines Menschen betreffend, im Gegensatz zu seinen psychischen Vorgängen'; ANT innerlich: *er war* ~ *ruhig, ließ sich* ~ *nichts anmerken; er hat sich nur* ~ *verändert; seine Ruhe ist nur* ~*; seine* ~*e Veränderung ist erstaunlich* ❖ ↗ **außen**
äußern ['ɔisɐn] ⟨trb. reg. Vb.; hat⟩ **1.** /jmd./ etw. ~ 'einen gedanklichen Inhalt, eine Emotion in einer meist hörbaren sprachlichen Form wiedergeben, etw. meist mündlich in Worte fassen': *er wollte nicht seine Meinung (zu dem Problem)* ~*;* SYN aussprechen (1): *er äußerte die Ansicht, den Wunsch, dass ...; seine Freude, sein Befremden über etw.* ~ (SYN 'ausdrücken 3'); *er hat offen (seine) Zweifel an einem Erfolg des Plans geäußert* **2.** ⟨vorw. mit Adv.best.⟩ /jmd./ *sich* ~ 'mündlich od. schriftlich seine Meinung sagen': *sich positiv, abfällig, kritisch über jmdn., etw.* ~*; er hat sich dazu, zu der Frage nicht geäußert* **3.** /etw./ *sich in/durch/als etw.* ~ 'durch etw. deutlich, wahrnehmbar werden': *die Angst, Aufregung des Kindes äußerte sich in seinen unruhigen Bewegungen, durch seine Unruhe, als Hektik* ❖ **Äußerung;** vgl. **außen**
außer|ordentlich [ausɐ'ɔrdnt../'ausɐ..] **I.** ⟨Adj.; o. Steig.; nur attr.⟩ **1.** 'von der normalen Art bes. in positiver Hinsicht in mehr als hohem Maße abweichend': *er ist ein* ~*er Mensch, hat eine* ~*e Begabung; er erzählte von seinem* ~*en Erlebnis, berichtete über ein* ~*es Ereignis* **2.** 'sehr weit über das gewöhnliche Maß gehend': *er arbeitet mit* ~*er Energie, Sorgfalt* — **II.** ⟨Adv.; vor Adj., Adv., Inde-

finitpron.; bei Vb.⟩ 'in mehr als hohem Maße'; SYN wahrhaft (II): *das ist eine ~ erfreuliche Nachricht; er hat ~ viel (Geld) ausgegeben; sein Erfolg freut mich ~; er ist ein ~ guter Dichter* ❖ ↗ **²außer,** ↗ **ordnen**

äußerst ['ɔisɐst] **I.** ⟨Adj.; o. Steig.; nur attr.; ↗ auch *äußer*⟩ **1.** 'von einem bestimmten Bezugspunkt am weitesten entfernt': *er wohnt am ~en Ende der Stadt, sitzt auf dem ~en Rand des Stuhls; der Ort liegt im ~en Norden* ('in dem am weitesten nördlich gelegenen Teil') *des Landes* **2.** 'größt (↗ *groß* 7.1), höchst (↗ *hoch* 3.2)': *etw. mit ~er Vorsicht, Sorgfalt anfassen; er befand sich bei dem Sturm in den Bergen in ~er Gefahr* − **II.** ⟨Adv.; vor Adj., Adv., Indefinitpron.⟩ SYN 'überaus': *er ist ~ glücklich, traurig, vorsichtig, streng; die Sache ist ~ schwierig, wichtig, ernst; er kommt ~ gern zu uns, besitzt ~ wenig (Geld)* ❖ ↗ **außen,** ↗ **²außer**

außerstande, auch **außer Stande** [ausɐ'ʃtandə/'ausɐ..] /jmd./ *~ sein, etw. zu tun, sich ~ sehen, fühlen, erklären, etw. zu tun* 'nicht die Fähigkeit, Möglichkeit haben, etw. Bestimmtes zu tun'; ANT imstande: *ich bin leider ~, sehe, fühle mich ~, dir in dieser Angelegenheit zu raten, zu helfen* ❖ ↗ **²außer;** vgl. **imstande**

Äußerung ['ɔisɐ..], die; ~, ~en 'das in Bezug auf etw., jmdn. Geäußerte (↗ *äußern* 1)': *eine kritische, zustimmende, unvorsichtige ~ machen; er enthielt sich jeder ~* ❖ ↗ **äußern**

aus/Aus ['aus..]**-setzen** ⟨trb. reg. Vb.; hat⟩ **1.** ⟨vorw. im Pass.⟩ /jmd./ *einen Säugling, ein Kind ~* ('an einen Ort, an der er, es nicht gehört, bringen und ihn, es dann für immer verlassen in der Hoffnung, dass sich jmd. ihrer annimmt') **2.** ⟨oft im Pass.⟩ /jmd./ *ein Tier ~* 'ein in Gefangenschaft aufgezogenes Tier in die freie Natur, in ein Gewässer bringen und dort sich selbst überlassen': *Fasane ~; im Teich sind Karpfen ausgesetzt worden; ein Haustier ~* **3.** /jmd./ *sich, jmdn., etw. etw.* ⟨Dat.⟩ *~* 'sich, jmdn., etw. in eine solche Lage bringen, dass etw. meist Unangenehmes, Schädigendes auf jmdn., etw. einwirken kann': *sich, jmdn. einer Gefahr, der Kritik, einem Verdacht ~; seinen Körper der Sonne ~* **4.** /jmd., Institution/ *etw. für etw. ~* 'einen Geldbetrag für eine bestimmte Leistung öffentlich in Aussicht stellen': *für die Ergreifung des Täters wurden 10 000 Mark ausgesetzt* **5.** /etw., bes. Maschine/ 'plötzlich und meist vorübergehend stillstehen und nicht mehr funktionieren': *die Maschine, der Motor, das Triebwerk setzte aus; der Atem, das Herz setzte plötzlich aus* **6.** /jmd./ *etwas, nichts an jmdm., etw. auszusetzen haben* 'etwas, nichts an jmdm., etw. zu kritisieren haben': *er hat wenig, kaum etwas an ihnen, an ihrem Äußeren auszusetzen, findet immer etwas an seinen Kindern auszusetzen; es gibt, ist nichts, viel daran auszusetzen* ('zu kritisieren') ❖ ↗ setzen; **-sicht, die 1.** 'Möglichkeit, von einem bestimmten Standort aus einen freien Blick in die fernere Umgebung, in die weitere Natur zu haben'; SYN Ausblick (1): *von dem Turm hat man eine schöne ~ (auf die Berge); jmdm. die ~ nehmen, ver-*

stellen 2. ⟨der Pl. meint den Sg.⟩ 'Möglichkeit, bestimmte Erwartungen, die Zukunft betreffend, zu realisieren'; SYN Perspektive (2): *gute, schlechte, geringe ~en für etw. haben; es ist, besteht keine ~/ es bestehen keine ~en, nur eine geringe ~/nur geringe ~en, dass sich etw. ändert; der Plan hat ~ auf Erfolg* **3.** *etw. in ~ haben* 'mit etw., bes. etw. Positivem, rechnen können': *er hat ~ auf eine Arbeit, neue Wohnung; etw. für jmdn., jmdn. für etw. vorsehen': jmdn. für ein Amt, einen Posten in ~ nehmen; jmdm. etw. in ~ stellen* 'jmdm. etw., bes. etw. für ihn Positives, als Möglichkeit ankündigen': *jmdm. einen Posten, eine Gehaltserhöhung, hohe Belohnung in ~ stellen; etw. ist in ~/steht in ~* 'mit etw., bes. etw. Positivem, ist zu rechnen': *in diesem Jahr ist, steht eine gute Ernte, eine Gehaltserhöhung in ~* ❖ ↗ sehen; **-söhnen** [zø:nən] ⟨trb. reg. Vb.; hat⟩ **1.** /jmd./ **1.1.** *sich mit jmdm. ~* SYN 'sich mit jmdm. versöhnen (1.1)': *er hat sich mit seinen Eltern, mit seinem Gegner ausgesöhnt; /zwei od. mehrere (jmd.)/ sich* ⟨rez.⟩ *(miteinander) ~: die beiden Gegner haben sich (miteinander) ausgesöhnt* **1.2.** *jmdn. mit jmdm. ~* SYN 'jmdn. mit jmdm. versöhnen (1.2)': *er hat ihn mit seinem Gegner ausgesöhnt; zwei od. mehrere Personen (miteinander) ~: es ist ihm gelungen, die beiden feindlichen Brüder, Parteien (miteinander) auszusöhnen* **2.** ⟨vorw. im Perf.⟩ /jmd./ *sich mit etw. ~* 'zu etw. (Negativem) eine positive Einstellung gewinnen und es daher nicht mehr ablehnen': *er hat sich, er ist mit seinem Schicksal, seinem veränderten Leben ausgesöhnt* ❖ vgl. versöhnen; **-sondern** [zɔndɐn] ⟨trb. reg. Vb.; hat⟩ /jmd./ *etw. ~* 'etw. aus einer Menge als unerwünscht od. erwünscht, besonders tauglich herausnehmen': *die schlechten Kartoffeln, Äpfel ~; die besten Äpfel ~; Buntmetall aus dem Schrott ~; jmdn. ~: die für die Aufgabe untauglichen Bewerber ~* ❖ ↗ sonder-; **-spannen** ⟨trb. reg. Vb.; hat⟩ **1.** /jmd./ *etw. ~* 'etw. ausbreiten (1) und spannen': *ein Netz, Laken ~* **2.** umg. /jmd./ *jmdm. etw. ~* 'von jmdm. nach einigem Zureden etw. erhalten, geborgt bekommen': *er hat seiner Schwester den Fotoapparat ausgespannt* **3.** umg. /jmd./ *jmdm. jmdn. ~* 'jmdn., der zu einem anderen gehört, für sich gewinnen und bewirken, dass dieser sich innerlich vom anderen löst': *er hat ihm seine, die Freundin, Sekretärin ausgespannt* (SYN abspenstig gemacht) **4.** ⟨vorw. mit Adv.best. u. Modalvb.⟩ /jmd./ 'für einige Zeit mit der täglichen Arbeit aufhören, um sich auszuruhen': *er will im Urlaub richtig ~; ich muss mal (ein paar Tage) ~; der Arzt sagt, ich soll mal ~* ❖ ↗ spannen; **-spielen** ⟨trb. reg. Vb.; hat⟩ **1.** /jmd./ *jmdn. gegen jmdn. ~* 'jmdn. zum Gegner eines anderen machen, um selbst einen Vorteil davon zu haben': *er spielte ihn gegen seine Kollegen aus; er spielte die Kollegen gegeneinander aus* **2.** /jmd./ *ausgespielt haben* 'keine Bedeutung, keinen Einfluss mehr haben': *er hat (als Politiker) ausgespielt* ❖ ↗ spielen; **-sprache, die 1.** ⟨o.Pl.⟩ 'Art und

Weise, wie etw. richtig ausgesprochen werden soll':
*in diesem Wörterbuch ist die ~ der Fremdwörter an-
gegeben* **2.** ʹArt und Weise, wie jmd. etw. aus-
sprichtʹ: *er hat eine gute, deutliche ~* **3.** ʹGespräch,
das dazu dienen soll, über jmds. Anliegen zu reden
od. Unstimmigkeiten, Meinungsverschiedenheiten
zu beseitigenʹ: *eine ~ mit jmdm. haben, wünschen;
da er bei der Beförderung übergangen worden war,
bat er seinen Vorgesetzten um eine (klärende, of-
fene) ~* ***** umg. verhüll. scherzh. /jmd./ *eine feuchte
~ haben* (ʹbeim Sprechen ohne Absicht etwas spu-
ckenʹ) **❖** ↗ sprechen; **-sprechen** (er spricht aus),
sprach aus, hat ausgesprochen; ↗ auch *ausgespro-
chen* **1.** /jmd./ *etw. ~* SYN ʹetw. äußern (1)ʹ: *seine
Meinung offen ~; einen Gedanken, Wunsch, eine
Vermutung ~; jmdm. etw. ~: jmdm. seinen Dank,
sein Beileid ~* (SYN ʹausdrücken 3ʹ) **2.** /jmd., Insti-
tution/ *sich für, gegen jmdn., etw. ~* ʹseine positive,
negative Einstellung zu jmdm., etw. äußernʹ: *er hat
sich für den Kandidaten, gegen den Vorschlag ausge-
sprochen* **3.1.** /jmd./ *sich ~* ʹjmdm. alles, was einen
bewegt (3,4), sagenʹ: *sich offen, gründlich (über
seine Sorgen, Probleme) ~; er wollte sich (bei sei-
nem Vater) ~* **3.2.** /zwei od. mehrere (jmd.)/ *sich*
⟨rez.⟩ *~* ʹmiteinander reden, um Meinungsver-
schiedenheiten, Unstimmigkeiten zu beseitigenʹ:
wir müssen uns einmal richtig ~; /jmd./ *sich mit
jmdm. ~: er hat sich mit seinem Sohn ausgesprochen*
❖ ↗ sprechen; **-spruch, der** ʹkürzere überlieferte
und meist wiederholt zitierte Äußerung einer be-
deutenden Persönlichkeitʹ: *ein ~ von Goethe, Napo-
leon; einen ~ zitieren* **❖** ↗ sprechen; **-stand, der**
⟨vorw. Sg.⟩ SYN ʹStreikʹ: *der ~ der Metallarbei-
ter; die Bergleute treten morgen in den ~; die Arbei-
ter des Stahlwerks befinden sich im ~, stehen im ~*
(ʹstreikenʹ) **❖** ↗ stehen; **-statten** [ʃtatn̩], stattete aus,
hat ausgestattet ⟨vorw. mit Adv.best.; oft adj. im
Part. II⟩ /jmd./ *etw. ~* ʹeinen Raum mit einer Ein-
richtung, mit den zu seiner Funktion gehörenden
Gegenständen, Vorrichtungen versehenʹ: *eine Woh-
nung (mit Möbeln) ~; ein geschmackvoll, modern
ausgestattetes Zimmer; eine mit allem notwendigen
Zubehör ausgestattete Küche* **❖** Ausstattung; vgl.
Stätte; **-stattung** [ʃtat..], **die;** ~, ~en **1.** ⟨vorw. Sg.⟩
ʹdas Ausstattenʹ: *die ~ einer Wohnung (mit Mobi-
liar); die ~ der Räume übernahm ein Innenarchitekt*
2. ʹdas, was als Einrichtung vorhanden ist, alle zur
Funktion eines Raums, eines Gebäudes gehören-
den Gegenstände, Vorrichtungenʹ: *die moderne,
zweckmäßige ~ eines Badezimmers, einer Küche;
die technische ~ einer Klinik modernisieren* **❖** ↗
ausstatten; **-stechen** (er sticht aus), stach aus, hat
ausgestochen **1.** /jmd./ *jmdm. ein Auge ~* (ʹjmdm.
mit einem spitzen Gegenstand, einer Stichwaffe ein
Auge zerstörenʹ) **2.** /jmd./ *jmdn. ~* ʹwesentlich bes-
ser sein, wirken als jmd. (und ihn dadurch verdrän-
gen)ʹ: *er wollte (mit seiner Leistung, seinem Auf-
zug) alle Mitschüler ~; einen Konkurrenten, Gegner
~* **❖** ↗ stechen; **-stehen**, stand aus, hat ausgestan-
den **1.** /jmd./ *etw. ~* SYN ʹetw. ertragen (1.1)ʹ:

*Schmerzen, Qualen ~ (müssen); sie hat viel Angst,
Leid (um ihre Kinder) ausgestanden; jmd. hat nichts
auszustehen* (ʹjmdm. geht es gut, jmd. hat keine
Schwierigkeiten zu bewältigenʹ); /in der kommuni-
kativen Wendung/ *das ist nun ausgestanden!* /wird
gesagt, wenn eine unangenehme Sache vorbei ist/
2. /jmd./ *jmdn., etw. nicht ~ können* (ʹabsolut nicht
leiden könnenʹ); ↗ FELD I.6.2 **3.** /etw./ ʹnoch zu
erwarten sein, noch nicht eingetroffen seinʹ: *seine
Antwort auf meinen Brief, auf meine Anschuldigung
steht noch aus; ~de* (ʹnoch nicht gezahlteʹ) *Gelder,
Forderungen* **❖** zu (2): unausstehlich; zu (1,3): ↗
stehen; **-steigen**, stieg aus, ist ausgestiegen **1.** /jmd./
aus etw. ~ ʹaus einem Fahrzeug steigen, ein Fahr-
zeug verlassenʹ; ANT einsteigen (1); ↗ FELD
VIII.4.1.2: *er stieg aus dem Auto, der Straßenbahn,
dem Zug aus; Endstation, alles ~!* /wird gerufen,
wenn ein öffentliches Verkehrsmittel seine Fahrt
beendet und die Fahrgäste es verlassen sollen/
2. /jmd., Unternehmen/ *aus etw. ~* ʹsich an einem
Vorhaben, einem Vorgang nicht mehr beteiligenʹ;
ANT einsteigen (3): *er wollte aus dem Geschäft,
Projekt ~; der verletzte Fahrer ist nach dem Sturz
aus dem Rennen ausgestiegen* **❖** ↗ steigen; **-steiger,
der;** ~s, ~ ʹMann, der seinen Beruf, seine soziale
Umgebung als Zwang empfindet, alles aufgibt, um
ein Leben frei von allen Zwängen zu führenʹ: *er
ist ein ~* **❖** ↗ steigen; **-steigerin, die;** ~, ~nen /zu
Aussteiger; weibl./; **-stellen** ⟨trb. reg. Vb.; hat⟩ **1.**
/jmd., bes. Künstler, Unternehmen/ *etw. ~* ʹetw.,
bes. etw. zum Kauf Angebotenes, in einer Ausstel-
lung zeigen od. zur Ansicht in ein Schaufenster stel-
lenʹ: *auf der Messe stellen viele Betriebe ihre Er-
zeugnisse aus; der Maler stellt in der Galerie seine
Gemälde aus; im Schaufenster sind die neuesten Mo-
delle ausgestellt* **2.** /Institution, jmd./ *etw. ~* ʹein
Schriftstück, bes. mit amtlicher Befugnis für jmdn.,
anfertigenʹ; SYN ausfertigen: *einen Pass, ein At-
test, eine Rechnung, Vollmacht ~; jmdm. ein Zeug-
nis ~;* METAPH *jmd. stellt jmdm. ein gutes,
schlechtes Zeugnis aus* (ʹbeurteilt jmdn. gut,
schlechtʹ) **❖** ↗ Stelle; **-stellung, die 1.** ⟨o.Pl.⟩ /zu
ausstellen 1 u. 2/ ʹdas Ausstellenʹ; /zu 1/: *die ~ von
Gemälden, landwirtschaftlichen Produkten;* /zu 2/:
die ~ eines Passes, einer Geburtsurkunde **2.** ʹVeran-
staltung, bei der in einem Gebäude od. im Freien
industrielle, handwerkliche, landwirtschaftliche Er-
zeugnisse od. Kunstwerke zur Besichtigung od.
zum Verkauf gezeigt, aufgestellt werdenʹ; SYN
Schau (1): *eine ~ eröffnen, besuchen, verlängern;
eine ~ elektronischer Geräte, der Gemälde von N*
❖ ↗ Stelle; **-sterben** (er stirbt aus), starb aus, ist
ausgestorben /Gruppe/ ʹohne Nachkommen blei-
ben od. vernichtet werden und daher aufhören zu
existierenʹ: *das Mammut ist seit der Eiszeit ausge-
storben; die Familie des berühmten Dichters, Musi-
kers starb im vorigen Jahrhundert aus; eine vom
Aussterben bedrohte Gattung; diese Arten müssen
vor dem Aussterben geschützt werden* **❖** ↗ sterben;
-steuer, die; ~, ⟨o.Pl.⟩ ʹvon den Eltern für die zu-

künftige Heirat der Tochter bereitgestellter Hausrat, bereitgestellte finanzielle Mittel': *eine komplette ~; sie hat eine gute ~ mitbekommen* ❖ ↗ Steuer; **-stoß, der** ⟨o.Pl.⟩ 'Ergebnis der Produktion eines Betriebes, einer Maschine zu einem bestimmten Zeitraum': *das Werk, die Maschine hat einen ~ von 1000 Stück pro Tag; den ~ erhöhen, senken* ❖ ↗ stoßen; **-stoßen** (er stößt aus), stieß aus, hat ausgestoßen **1.1.** /jmd./ *die Luft, den Atem ~* ('durch die Nase, den Mund mit Druck nach außen strömen lassen') **1.2.** *die Lokomotive, der Schornstein, der Vulkan stößt Rauch, Rauchwolken aus* ('aus der Lokomotive, dem Schornstein, dem Vulkan dringt mit Druck Rauch, dringen in Intervallen Rauchwolken') **2.** /jmd./ *etw. ~* 'etw. unvermittelt heftig und laut äußern (1) od. unartikuliert schreien': *einen Schrei, Seufzer, Schimpfwörter ~* **3.** ⟨vorw. im Pass.⟩ /Institution, jmd./ *jmdn. aus etw. ~* 'jmdn. unter entwürdigenden Umständen aus einer Gemeinschaft ausschließen (2)': *er wurde aus der Partei, dem Verein (vom Vorstand) ausgestoßen; er war, fühlte sich aus der Gesellschaft, Gemeinschaft ausgestoßen; seine Angehörigen haben ihn aus der Familie ausgestoßen* ❖ ↗ stoßen; **-strahlen** ⟨trb. reg. Vb.; hat⟩ **1.** /etw./ *etw. ~* 'etw. bes. in Form von Strahlen (1), Wellen (4) von sich als Ursprung nach allen Seiten gleichmäßig in den Raum verbreiten': *der Ofen strahlt Wärme aus; die Lampe strahlt ein warmes Licht aus;* METAPH *sein Gesicht strahlt Zufriedenheit aus; er strahlt Ruhe aus* **2.** ⟨oft im Pass.⟩ /Rundfunk, Fernsehen/ *etw. ~* 'etw. senden (3)': *das Fernsehen strahlt diese Sendung im 1. Programm aus; das Hörspiel, der Film wird am Sonntag ausgestrahlt; die Rede des Präsidenten wurde von allen Sendern, auf allen Kanälen ausgestrahlt* ❖ ↗ Strahl; **-strecken** ⟨trb. reg. Vb.; hat⟩ /jmd./ **1.1.** *etw. ~* 'ein Glied des Körpers in ganzer Länge von sich strecken': *er setzte sich in den Sessel und streckte die Beine aus; die Arme, Hände (nach jmdm.) ~* **1.2.** *sich irgendwo ~* 'sich der Länge nach auf irgendetw. legen': *sich auf dem Bett, der Wiese, im Gras ~* ❖ ↗ strecken; **-streichen**, strich aus, hat ausgestrichen /jmd./ *etw. ~* 'etw. Geschriebenes, Gedrucktes durchstreichen (1)': *einen Satz, ein Wort (im Brief) ~* ❖ ↗ streichen; **-strömen** ⟨trb. reg. Vb.; ist⟩ /Flüssigkeit, Gas/ 'aus etw. strömen (1) (und sich nach allen Seiten verbreiten)'; SYN austreten (2): *aus der Leitung strömt Gas aus; Wasser, Luft strömt (aus dem Schlauch) aus* ❖ ↗ Strom; **-suchen** ⟨trb. reg. Vb.; hat⟩ /jmd./ *etw., jmdn. ~* 'sich unter einer Menge von Sachen, Personen für die Sache, Person entscheiden, die einem am besten gefällt': *ein Kleid, einen neuen Teppich ~; für jmdn. Blumen, ein passendes Geschenk ~; such dir selbst ein Tuch aus; einen Spieler für seine Mannschaft ~* ❖ ↗ suchen; **-tausch, der** ⟨vorw. Sg.⟩ 'das Austauschen (2)'; ↗ FELD IX.1.1: *der ~ von Meinungen, Gedanken, Erfahrungen* ❖ ↗ tauschen; **-tauschen** ⟨trb. reg. Vb.; hat⟩; ↗ FELD IX.1.2 **1.** /jmd./ *etw., jmdn. ~* 'etw., jmdn. auswechseln': *der Motor*

muss ausgetauscht werden; der Monteur hat das defekte Teil ausgetauscht; einen verletzten Spieler (gegen einen anderen) ~* **2.** /zwei od. mehrere (jmd.)/ *etw. ~* 'etw. einander mitteilen': *sie tauschten ihre Meinungen, Gedanken, Vermutungen aus;* /jmd. mit jmdm. ~: *er tauschte seine Erlebnisse, Erfahrungen mit seinen Freunden aus* ❖ ↗ tauschen; **-teilen** ⟨trb. reg. Vb.; hat⟩ /jmd./ *etw. ~* 'einzelnen Personen von einer bestimmten Menge jeweils einen Teil, ein ihnen zustehendes Stück geben': *die Mutter teilte den Kindern/an die Kinder Kuchen aus; der Lehrer teilte die Hefte, Zettel, Bücher (an die Schüler) aus; sie teilten unter die/den hungernden Menschen Lebensmittel aus; die Post ~* ('den einzelnen Empfängern geben') ❖ ↗ Teil; **-toben, sich** ⟨trb. reg. Vb.; hat⟩ /jmd./ *sich ~* 'seine überschüssige (körperliche) Kraft in einer Tätigkeit, durch stürmisches, heftiges Sichbewegen völlig verbrauchen': *er hat sich beim Tanzen, Fußballspielen, Holzhacken ausgetobt; die Kinder müssen sich ~, ehe sie schlafen gehen* ❖ ↗ toben; **-tragen** (er trägt aus), trug aus, hat ausgetragen **1.** /jmd./ *etw. ~* 'etw., bes. eine Vielzahl von Dingen, den zuständigen Empfängern bringen'; SYN zustellen (2.1): *Zeitungen, Post, ein Paket ~* **2.** /Frau/ *ein Kind ~* ('eine Schwangerschaft nicht unterbrechen, sondern bis zur normalen Geburt dauern lassen') **3.** /jmd./ *etw. ~* 'über Unstimmigkeiten, unterschiedliche Meinungen mit jmdm., miteinander sprechen, verhandeln und sie endgültig beseitigen, klären': *einen Streit, Konflikt (vor Gericht) ~; Differenzen, Meinungsverschiedenheiten ~* ❖ ↗ tragen; **-treiben**, trieb aus, hat ausgetrieben **1.** /jmd./ *jmdn. etw. ~* 'jmdn., bes. ein Kind, mit Strenge dazu bringen, eine meist schlechte Gewohnheit, Eigenschaft abzulegen': *er versuchte, dem Jungen das Lügen, den Eigensinn auszutreiben* **2.** /Pflanze/ 'Triebe, Blätter bekommen'; SYN ausschlagen (3): *die Sträucher, Kastanien, Tulpen treiben im Frühling aus* ❖ ↗ treiben; **-treten** (er tritt aus), trat aus, hat/ist ausgetreten **1.** ⟨hat⟩ /jmd./ *etw. ~* 'etw. Glühendes, Brennendes durch kräftiges Treten auslöschen': *die Glut, das Feuer, eine brennende Zigarette ~* **2.** ⟨ist⟩ /Flüssigkeit, Gas/ SYN 'ausströmen': *aus der Leitung tritt Wasser, Gas aus; aus der verletzten Ader trat Blut aus* **3.** ⟨ist⟩ /jmd./ *aus etw. ~* 'auf eigenen Wunsch aufhören, Mitglied einer Organisation, Vereinigung zu sein'; ANT beitreten, eintreten (3): *er ist aus der Partei, Kirche, dem Verband, Verein, Sportklub ausgetreten* **4.** ⟨nur im Inf.; vorw. mit Modalvb. *dürfen, müssen*⟩ umg. /jmd., bes. Schüler/ 'einen Raum, bes. in der Schule, verlassen, um zur Toilette zu gehen': *er musste (dringend) ~; darf ich mal ~?; ich gehe mal schnell ~* ❖ ↗ treten; **-trinken**, trank aus, hat ausgetrunken /jmd./ **1.1.** *etw. ~* 'etw. Trinkbares aus einem Gefäß trinken, bis nichts mehr übrig ist': *das Bier, den Tee ~; trink deinen Kaffee endlich aus!* **1.2.** *eine Flasche, ein Glas ~* ('eine Flasche, ein Glas durch Trinken völlig leeren'; ↗ FELD V.7.2) ❖ ↗ trinken; **-tritt, der** 'das

Austreten (3)'; ANT Eintritt (1): *er erklärte seinen ~ aus der Partei; es gab viele ~e aus der Kirche* ❖ ↗ treten; **-trocknen**, trocknete aus, hat/ist ausgetrocknet **1.** ⟨hat⟩ */etw./ etw. ~* 'bes. dem Erdboden, einem Gewässer durch Hitze alle Feuchtigkeit, das Wasser entziehen': *die Hitze hat den Boden, See völlig ausgetrocknet* **2.** ⟨ist⟩ 'völlig trocken werden, alle Feuchtigkeit, alles Wasser verlieren': *der Bach ist bei der Hitze völlig ausgetrocknet* ❖ ↗ trocken; **-üben** ⟨trb. reg. Vb.; hat⟩ **1.** */jmd./ ein Gewerbe, ein Handwerk* 'einen Beruf, eine Tätigkeit ~ 'eine berufliche Tätigkeit (über einen längeren Zeitraum) verrichten': *welches Handwerk, Gewerbe, welche Tätigkeit üben Sie aus?; er übt einen Beruf aus, der ihn sehr beansprucht; sie konnte ihren Beruf nicht länger ~; er übt das Handwerk eines Bäckers, Tischlers aus; er übt* (SYN 'versieht, ↗ versehen 2') *sein Amt gewissenhaft aus* **2.** */jmd., Institution/ etw. ~* 'von etw. ('das man innehat,) Gebrauch machen': *die Macht, Herrschaft in einem Land ~; er wurde daran gehindert, sein Wahlrecht auszuüben; Druck, Zwang auf jmdn. ~* ('gegen jmdn. anwenden') **3.** */jmd., etw./ etw. auf jmdn. ~* 'eine bestimmte Wirkung bei jmdm. hervorrufen, auslösen (2)': *der Lehrer übt einen guten Einfluss auf die Schüler aus; der Film, das Stück übt eine seltsame, faszinierende, unheilvolle, schlechte Wirkung auf die Zuschauer aus; das Bild übte eine starke Anziehungskraft, einen starken Zauber (auf den Betrachter) aus* ❖ ↗ üben; **-verkauf, der** 'vollständiger Verkauf von Waren, meist zu billigeren Preisen, zum Räumen des Lagers bes. am Ende einer Saison': *er hat die Hose günstig im ~ gekauft* ❖ ↗ Kauf; **-verkauft** [fɛkauft] ⟨Adj.; o. Steig.; nicht bei Vb.; vorw. präd.⟩ 'völlig verkauft (1)': *das neueste Modell ist ~; die Eintrittskarten sind ~; die Vorstellung, das Kino ist ~* ('die Eintrittskarten für die Vorstellung, im Kino sind alle verkauft') ❖ ↗ Kauf; **-wahl, die 1.** ⟨o.Pl.⟩ 'das Auswählen': *etw. zur ~ stellen* ('mehrere Sachen als Möglichkeit bieten, daraus auszuwählen'): *es stehen verschiedene Modelle zur ~* ('aus verschiedenen Modellen kann ausgewählt werden'); *der Verkäufer legte ihnen mehrere Stoffe zur ~ vor; eine ~ treffen, vornehmen* 'etw. auswählen': *er traf eine strenge, sorgfältige, kritische ~* **2.** ⟨vorw. Sg.; vorw. mit Adj.⟩ 'Sortiment, Angebot an Waren, aus dem man auswählen kann': *das Kaufhaus hat eine große ~ an elektronischen Geräten, bietet Anzüge in großer ~; die ~ in dem Geschäft ist klein, gering, vielseitig* ❖ ↗ Wahl; **-wählen** ⟨trb. reg. Vb.; hat⟩ */jmd./ etw., jmdn. ~* 'eine bestimmte Menge von Sachen, Personen prüfen und sich für eine Sache, Person, die tauglich, erwünscht ist, entscheiden': *er wählte verschiedene Bücher, Spiele (für seine Kinder) aus; etw. streng, sorgfältig, kritisch ~; er wählte unter den Bewerbern den Geeignetsten aus; sich* ⟨Dat.⟩ *etw. ~: er wählte sich ein Gericht auf der Speisekarte aus* ❖ ↗ Wahl; **-wanderer, der** 'jmd., der ausgewandert ist'; ANT Einwanderer: *~ aus Mexiko*; vgl. *Emigrant* ❖ ↗ wandern; **-wandern** ⟨trb. reg. Vb.; ist⟩ */jmd./* 'sein Land für immer verlassen, um in einem anderen Land eine neue Heimat zu suchen'; ANT einwandern: *er will ~; irgendwohin ~: er ist damals (nach Amerika) ausgewandert*; vgl. *emigrieren* ❖ ↗ wandern; **-wärtig** [vɛʁtɪç] ⟨Adj.; o. Steig.; nur attr.⟩ **1.** 'von einem anderen Ort kommend, stammend' /vorw. auf Personen bez./: *nach Berlin kommen viele ~e Besucher, Gäste* **2.** 'die staatlichen Beziehungen zum Ausland, das Ausland auf staatlicher Ebene betreffend'; ANT inner (3): *~e Angelegenheiten (beraten); die ~e Politik des Landes; er ist im ~en Dienst tätig; das Auswärtige Amt* ('Außenministerium der Bundesrepublik Deutschland'); **-wärts** [vɛʁts] ⟨Adv.; vorw. mit Präp. *von, nach*⟩ 'nicht im Bereich des (Wohn)orts, nicht am Ort': *er arbeitet, wohnt ~; die Gäste waren, kommen von ~* ('von einem anderen Ort'); *jmdn., etw. nach ~* ('an einen anderen Ort') *schicken* ❖ stadtauswärts; **-waschen** (er wäscht aus), wusch aus, hat ausgewaschen /jmd./ *etw. ~* 'ein Wäschestück, auch ein Stück der Oberbekleidung, mit der Hand waschen': *(ein paar) Strümpfe, eine Bluse, die Hose (im Waschbecken) ~* ❖ ↗ waschen; **-wechseln** ⟨trb. reg. Vb.; hat⟩ */jmd./ etw., jmdn. ~* 'etw., jmdn., das, der nicht mehr geeignet od. nicht mehr zu gebrauchen ist, durch eine andere geeignete Person, Sache meist derselben Art ersetzen': *ein defektes Maschinenteil, einen Autoreifen, eine Batterie, Sicherung ~; einen Sportler, Spieler in der Mannschaft ~; er wurde in der 2. Halbzeit ausgewechselt* ❖ ↗ Wechsel; **-weg, der** ⟨vorw. Sg.⟩ 'Hilfe, rettende Lösung in einer schwierigen Situation': *einen ~ (aus dem Dilemma, Konflikt) suchen; keinen ~ (aus einer schwierigen Lage) wissen, sehen; das ist ein guter, kein ~* ❖ ↗ Weg; **-weichen**, wich aus, ist ausgewichen **1.** */jmd., Fahrzeug/ jmdm., einem Tier, etw.* ⟨Dat.⟩ *~* 'gehend, fahrend die ursprüngliche Richtung verlassen, um mit jmdm., einem Tier, etw. nicht zusammenzustoßen, um jmdm., etw. Platz zu machen': *der Radfahrer wich dem Fußgänger, Hund, Hindernis auf der Straße aus; der LKW konnte dem Kind, Reh, Schlagloch im letzten Moment ~* **2.** */jmd./ einem Hieb, Schlag ~* ('sich zur Seite beugen, bewegen, um einem Hieb, Schlag zu entgehen') **3.** */jmd./ etw.* ⟨Dat.⟩, *jmdm. ~* 'versuchen, eine unangenehme Sache, Person von sich fern zu halten, zu meiden': *einem Gespräch, einer Bitte, Frage, Entscheidung, Gefahr ~; er wich seinen Gläubigern aus; jmds. Blicken ~* ('vermeiden, jmdn., der einen ansieht, ebenfalls anzusehen'); *eine ~de* ('nicht auf die Frage eingehende') *Antwort geben* ❖ ↗ ¹weichen; **-weis** [vaɪs], **der**; ~es, ~e 'von einer Behörde, Dienststelle, Organisation, einem Betrieb ausgestelltes Schriftstück, das Angaben zur Person enthält und zu etw. berechtigt': *einen ~ ausstellen, verlängern; er hat keinen (gültigen) ~, war ohne ~* ❖ ↗ weisen; **-weisen**, wies aus, hat ausgewiesen **1.** /Institution, Land/ *jmdn. ~* 'einen Ausländer auf Grund bestimmter staatlicher, gerichtlicher Anordnungen aus dem Land weisen': *einen straffällig gewordenen Ausländer ~; jmdn. als unerwünschte Person ~; abgelehnte Asylbewerber ~* **2.** /jmd./ *sich ~* 'mit Hilfe seines Ausweises seine Identität nachweisen'; SYN legitimieren (2): *er wies sich am Tor des Werkes, beim Zoll mit seinem Pass aus; er konnte sich nicht ausweisen* ❖ ↗ weisen; **-weiten**, weitete aus, hat ausgeweitet **1.1.** /jmd./ *etw. ~* 'bes. durch längeren Gebrauch bewirken, dass etw. zu weit (I.6) wird': *einen Pullover, ein Gummiband, die Schuhe ~* **1.2.** /etw./ *sich ~* 'bes. durch längeren Gebrauch zu weit (I.6) werden': *der Pullover, das Gummiband hat sich ausgeweitet* **2.** /etw./ *sich zu etw. ~* 'die Ausmaße (2) von etw. annehmen': *das Unwetter hat sich zu einer Katastophe, die Unruhen haben sich zu einem Bürgerkrieg ausgeweitet* ❖ ↗ weit; **-wendig** ⟨Adv.⟩ 'aus dem Gedächtnis'; ↗ FELD I.5.3: *ein Gedicht ~ können, vortragen; das weiß ich ~; etw. ~ lernen* ('etw. so lernen, dass man es aus dem Gedächtnis wiedergeben kann'); **-werten**, wertete aus, hat ausgewertet /jmd./ *etw. ~* 'prüfen, welche Ergebnisse etw. enthält und ob od. wie sie genutzt werden können': *einen Bericht, eine Statistik, Umfrage, Vorschläge ~; eine Untersuchung kritisch, wissenschaftlich, statistisch ~* ❖ ↗ Wert; **-wirken, sich** ⟨trb. reg. Vb.; hat; +Adv.best.⟩ /etw./ *sich ~* 'eine bestimmte Wirkung hervorrufen, haben': *der Lärm wirkt sich störend, negativ (auf seine Konzentration, auf ihn) aus; die Luftveränderung wirkt sich positiv auf den Patienten, auf seine Bronchien aus* ❖ ↗ wirken; **-wirkung, die** ⟨vorw. Pl.; + Attr.⟩ 'das, was von einer Person, Sache als eine Kraft ausgeht und den Verlauf, die Beschaffenheit einer anderen Sache, das Handeln, Denken einer anderen Person beeinflusst od. bestimmt↗': *das Unwetter hatte schlimme ~en auf die Ernte, den Straßenverkehr; die ~en* (SYN 'Folgen 3') *der Katastrophe, des neuen Gesetzes sind noch nicht abzusehen* ❖ ↗ wirken; **-wischen** ⟨trb. reg. Vb.; hat⟩ /jmd./ *etw. ~ etw.* durch Wischen (1.2), bes. mit einem feuchten Tuch, innen säubern': *eine Schublade, einen Schrank ~; Gläser, Tassen ~; sich* ⟨Dat.⟩ *etw. ~:* sich die Augen ~ ('Tränen, Feuchtigkeit durch Wischen aus den Augen entfernen') ❖ ↗ wischen * umg. /jmd./ **jmdm. eins ~** ('jmdm. bes. aus Rache absichtsvoll Unangenehmes zufügen'); **-wringen**, wrang aus, hat ausgewrungen /jmd./ *etw. ~* 'Stoff (1), bes. ein Wäschestück, (mit den Händen) so winden und pressen, dass die darin enthaltene Flüssigkeit entfernt wird': *Wäschestücke, Laken spülen und ~;* **-zahlen** ⟨trb. reg. Vb.; hat⟩ **1.** /Unternehmen, Institution, jmd./ *jmdm. etw. ~* 'jmdm. einen ihm zustehenden Geldbetrag zahlen'; SYN ausbezahlen (1): *die Firma, Kasse, der Buchhalter, Kassierer zahlte (ihnen) den restlichen Lohn aus; am 1. des Monats werden die Renten, Gehälter ausgezahlt; jmdm. einen Scheck ~* ('in einer Bank, Sparkasse den auf dem Scheck angegebenen Geldbetrag an denjenigen zahlen, der den Scheck vorlegt') **2.** /etw./ *sich ~* 'für die aufgewendete

Mühe, die aufgewendeten Mittel Nutzen, Gewinn haben'; SYN lohnen (1): *der Aufwand, die Mühe zahlt sich aus; unsere Anstrengungen, die Investitionen werden sich bald ~; lass das, das zahlt sich nicht aus!* ❖ ↗ Zahl; **-zeichnen**, zeichnete aus, hat ausgezeichnet; ↗ auch *ausgezeichnet* **1.** ⟨vorw. im Pass.⟩ /Institution, jmd./ *jmdn. mit etw. ~* 'jmdn. mit etw. Auszeichnung (2) ehren': *jmdn. mit einem Orden, einer Medaille, einem Titel ~; der Schriftsteller ist (mit dem Nobelpreis) ausgezeichnet worden; etw. ~: der Film wurde mit dem ersten Preis ausgezeichnet* **2.** /jmd., etw./ *sich durch etw. ~* 'sich durch etw. von anderen Menschen, Dingen positiv unterscheiden': *jmd. zeichnet sich (gegenüber, vor anderen) durch große Erfahrungen, gute Leistungen, durch einen klaren Verstand aus; dieses Gemüse zeichnet sich durch seinen hohen Gehalt an Vitaminen aus* ❖ ↗ Zeichen; **-zeichnung, die 1.** ⟨o.Pl.⟩ 'das Auszeichnen (1)': *die ~ der Preisträger findet in Stockholm statt; eine ~ vornehmen* ('jmdn., etw. auszeichnen 1') **2.** 'etw., das jmd. als Würdigung besonderer (künstlerischer) Leistungen erhält, erhalten hat, z. B. Orden, Preis o.Ä.': *eine (hohe) ~ erhalten; jmdm. eine ~ überreichen, verleihen* ❖ ↗ Zeichen; **-ziehen**, zog aus, hat/ist ausgezogen **1.** ⟨hat⟩ /jmd./ **1.1.** ⟨sich ⟨Dat.⟩⟩ *etw. ~* 'ein Kleidungsstück von seinem Körper nehmen'; ANT anziehen (1.1); ↗ FELD V.1.2: *sie zog (sich) das Kleid, den Mantel, die Strümpfe aus; jmdm. etw. ~: die Mutter zog dem Kind die Schuhe aus* **1.2.** *sich, jmdn. ~* 'sich, jmdm. die Kleidung (vollständig) vom Körper nehmen'; SYN entkleiden; ANT anziehen (1.2): *er zog sich schnell, ganz aus; sie zog das Kind aus und legte es ins Bett* **2.** ⟨ist⟩ /jmd./ 'eine Wohnung, Unterkunft o.Ä. für immer verlassen'; ANT einziehen (7): *Familie N zieht (aus dem Haus, aus der Wohnung) aus; sie sind im Januar ausgezogen* **3.** ⟨hat⟩ /jmd./ *etw. ~ etw.*, dessen Teile eins ins andere od. eins unter das andere geschoben sind, verlängern, vergrößern, indem man diese Teile nach außen zieht': *eine Antenne (am Radio) ~; einen Tisch ~; eine Couch zum Schlafen ~* ❖ ↗ ziehen; **-zubildende** [ʦuˈbɪldn̩də], **der** u. **die**; ~n, ~n; ↗ auch *Azubi*; ↗ TAFEL II 'jmd., der ausgebildet wird, bes. Lehrling': *der ~ muss sich einer Prüfung unterziehen; ein ~r muss sich auch Tests unterziehen* ❖ ↗ bilden; **-zug, der 1.** ⟨vorw. Sg.⟩ 'das Ausziehen (2)'; ANT Einzug: *nach seinem ~ musste die Wohnung renoviert werden* **2.** 'wörtlich wiedergegebener Teil eines Textes': *einen ~, Auszüge aus einer Rede, Ansprache abdrucken, machen; er las den Brief nur in Auszügen vor* **3.** SYN 'Kontoauszug': *die Auszüge prüfen* ❖ ↗ ziehen

authentisch [auˈtɛnt..] ⟨Adj.; o. Steig.⟩ **1.1.** ⟨nicht bei Vb.⟩ 'im Wortlaut als echt, richtig bestätigt' /bes. auf Schriftliches bez./: *ein ~er Text; ein ~es Dokument* **1.2.** 'glaubhaft, zuverlässig' /auf Schriftliches, mündlich Geäußertes bez./: *eine ~e Darstellung der Ereignisse; ~en Berichten zufolge; etw. ~ äußern, schildern*

Auto ['auto], **das**; ~s, ~s SYN 'Personenkraftwagen'; ↗ FELD VIII.4.1.1 (↗ TABL Fahrzeuge): *ein altes, gebrauchtes ~; ein neues ~ kaufen, fahren; in ein ~ steigen; er fährt gut ~; das ~ fuhr schnell, war falsch geparkt; er ist unters ~ gekommen* ('von einem Auto überfahren worden'); vgl. *Kraftwagen* ❖ **Autobahn, Autobus**
* umg. /jmd./ **gucken wie ein ~** ('sehr erstaunt blicken')
Auto|-bahn, die 'aus zwei in der Mitte bes. durch Planken voneinander getrennten Fahrbahnen bestehende Straße ohne Kreuzungen, auf der Kraftfahrzeuge mit relativ hoher Geschwindigkeit große Entfernungen bewältigen können': *auf der ~ fahren; er benutzte auf der Fahrt nach N die ~* ❖ ↗ Auto, ↗ Bahn; **-bus, der** SYN 'Bus' (↗ TABL Fahrzeuge): *mit dem ~ fahren* ❖ ↗ Auto, ↗ Bus
Autodidakt [auto'dikt], **der**; ~en, ~en 'jmd., der Kenntnisse, Fähigkeiten weitgehend dadurch erwirbt, erworben hat, dass er sich selbst unterrichtet, unterrichtet hat': *der Maler N ist ein Autodidakt*
Autogramm [auto'gram], **das**; ~s, ~e 'von einer bekannten Persönlichkeit selbst geschriebener (Vorund) Familienname': *ein ~ geben; ~e sammeln*
Automat [auto'ma:t], **der**; ~en, ~en **1.** 'Apparat, der selbsttätig Waren aus seinem Inneren zur Entnahme nach außen befördert od. eine Dienstleistung verrichtet, nachdem eine Münze in die dafür vorgesehene Öffnung gesteckt wurde': *ein ~ für Zigaretten, Süßigkeiten, Briefmarken; eine Fahrkarte am ~en kaufen, lösen; der ~ ist kaputt, funktioniert nicht* **2.** 'Maschine, technische Anlage, die nach einem bestimmten Programm verschiedene Teile eines technologischen Prozesses selbsttätig steuert (3) und ausführt': *in der Brauerei wird das Bier von, durch ~en in die Flaschen gefüllt* ❖ **Automatik, automatisch, automatisieren, Automatisierung — Halbautomat, halbautomatisch, Vollautomat, vollautomatisch**
Automatik [auto'ma:tɪk], **die**; ~, ~en 'Vorrichtung, die einen technischen Vorgang selbsttätig steuert (3) und regelt': *ein Fotoapparat, eine Armbanduhr mit ~* ❖ ↗ Automat
automatisch [auto'ma:t..] ⟨Adj.⟩ **1.1.** ⟨nur attr.⟩ 'mit einer Vorrichtung versehen, die einen technischen Vorgang selbsttätig steuert (3) und regelt': *ein ~er Regler; ~e Signale, Schusswaffen; eine ~e Anlage* **1.2.** ⟨nicht präd.⟩ 'durch eine Vorrichtung erfolgend, die einen technischen Vorgang selbsttätig steuert (3) und regelt': *eine ~e Schaltung, Steuerung; die ~e Produktion von Maschinen; ein Flugzeug ~ steuern; Flaschen ~ füllen; Waren ~ abpacken* **2.** ⟨nicht präd.⟩ **2.1.** 'ohne dass derjenige, der an etw. beteiligt ist, etwas dazu tun muss': *die ~e Verlängerung eines Vertrages; einen Vertrag ~ verlängern* **2.2.** *er tat alles ganz ~* ('mechanisch'); *eine ~e Reaktion* ❖ ↗ Automat
automatisieren [automati'zi:ʀən], automatisierte, hat automatisiert /Unternehmen/ **1.1.** *ein Werk, einen*

Betrieb ~ ('mit Automaten 2 versehen') **1.2.** *etw. ~* 'einen technologischen Prozess durch Automaten (2) steuern (3) und regeln lassen': *die Produktion von Stahl, Uhren ~; ein automatisierter Produktionsablauf* ❖ ↗ **Automat**
Automatisierung [automati'zi:ʀ..], **die**; ~, ~en ⟨vorw. Sg.⟩ /zu *automatisieren* 1.1 u. 1.2/ 'das Automatisieren'; /zu 1.1/: *die ~ eines Stahlwerks;* /zu 1.2/: *die ~ der Produktion von Uhren* ❖ ↗ **Automat**
autonom [auto'no:m] ⟨Adj.; o. Steig.⟩ **1.** ⟨nicht bei Vb.⟩ /beschränkt verbindbar/ *ein ~er* ('souveräner') *Staat* **2.** 'Autonomie (2) besitzend, in Bezug auf die Verwaltung selbständig, unabhängig': *eine ~e Institution; diese Behörde ist, handelt ~* ❖ **Autonomie**
Autonomie [autono'mi:], **die**; ~, ⟨o.Pl.⟩ **1.** SYN 'Unabhängigkeit (1.2)': *die ~ eines Landes fordern, herstellen* **2.** 'Selbständigkeit (1), Unabhängigkeit (1.1) in Bezug auf die Verwaltung': *die ~ einer Institution, Behörde; die Gemeinde N fordert, erhält, hat volle ~* ❖ ↗ **autonom**
Autor ['autoɐ], **der**; ~s, ~en [..'to:ʀən] 'Verfasser eines in schriftlicher, gedruckter Form veröffentlichten (literarischen) Textes': *ein bekannter, begabter, junger ~; der ~ las aus seinem neuesten Roman; der ~ des Dramas, der Reportage;* vgl. *Schriftsteller, Verfasser*
autoritär [autoʀi'tɛ:ɐ/..'te:ɐ] ⟨Adj.; o. Steig.⟩ 'die Anerkennung der Autorität (1) des Erwachsenen, des Erziehers ohne jede Kritik fordernd': *eine ~e Erziehung; er erzieht seine Kinder ~; sein Vater ist, handelt, verhält sich ~* ❖ **Autorität**
Autorität [autoʀitɛ:t/..'te:t], **die**; ~, ~en **1.** ⟨o.Pl.⟩ 'sozial, fachlich od. sachlich bedingtes Ansehen und der sich daraus ergebende Einfluss einer meist höher gestellten Person, Institution, die zum freiwilligen Unterordnen anderer Personen in ihrer Tätigkeit, in ihren Anschauungen führt': *die elterliche, väterliche, ärztliche ~; die ~ des Staates, der Kirche anerkennen, untergraben; der Lehrer hat, besitzt (keine) ~, versteht es, sich ~ zu verschaffen* **2.** 'Persönlichkeit, Institution, die bes. in fachlicher Hinsicht Autorität (1) besitzt': *der Mediziner, die Klinik ist eine ~ auf dem Gebiet der Krebsforschung; er ersuchte mehrere ~en um Rat* ❖ ↗ **autoritär**
Axt [akst], **die**; ~, Äxte ['ɛkstə] 'Werkzeug mit langem Stiel und schmaler Schneide, das zum Fällen von Bäumen, zum Spalten von Holz dient'; ↗ FELD V.5.1 (↗ TABL Werkzeuge): *eine scharfe, stumpfe ~; die ~ schwingen*
Azalee [atsa'le:], **die**; ~, ~n [..'le:ən] 'Pflanze mit weißen, rosa od. roten Blüten und kleinen dunkelgrünen Blättern, die zur Zierde vorw. in Töpfen und in geschlossenen Räumen gehalten wird'
Azalie [a'tsa:li̯ə], **die**; ~, ~n ↗ Azalee
Azubi [a'tsu:bi], **der**; ~s, ~s und **die**; ~, ~s umg. /Kurzw. für ↗ Auszubildende/: *er ist ein ~; viele ~s haben ihre Ausbildung abgebrochen*

b, B

Baby ['be:bi], **das**; ~s, ~s SYN ˈSäuglingˈ: *bei unseren Nachbarn ist ein ~ angekommen; sie erwartet, bekommt ein ~* (SYN ˈKind 3ˈ); *das ~ schreit, muss gewickelt, gefüttert werden* ❖ **Babysitter**

Baby|sitter [..sɪtɐ], **der**; ~s, ~ ˈjmd., der kleine Kinder bei gelegentlicher Abwesenheit der Eltern (gegen Bezahlung) beaufsichtigtˈ: *die Eltern überließen die Kinder dem ~ und gingen ins Theater; einen ~ nehmen* ❖ ↗ **Baby**

Bach [bax], **der**; ~es/auch ~s, Bäche ['bɛçə] ˈnatürliches fließendes Gewässer von geringer Breite und Tiefeˈ; ↗ FELD II,2.1: *ein ~ fließt durch die Wiesen; er sprang über den ~, watete durch den ~*

Bache ['baxə], **die**; ~, ~n ˈweibliches Wildschwein vom dritten Lebensjahr anˈ; ↗ FELD II.3.1: *eine ~ mit ihren Frischlingen*; vgl. *Wildschwein, Keiler*

Backbord ['bakbɔʀt], **das** ⟨vorw. o. Art.; unflektiert; + vorangestellte Präp.⟩ Seemannsspr. ˈin Bezug auf seine Längsachse von hinten nach vorn gesehen die linke Seite eines Schiffes, auch Flugzeugsˈ; ANT Steuerbord; ↗ FELD VIII.4.3.1: *die Passagiere begaben sich nach ~; das Ruder nach ~ legen; das Schiff kam von ~; er ging über ~ ins Wasser* ❖ ↗ **Bord**

Backe ['bakə], **die**; ~, ~n **1.** ˈeins von den seitlich von Nase und Mund liegenden fleischigen Teilen des menschlichen Gesichtsˈ; SYN Wange; ↗ FELD I.1.1 (↗ TABL Körperteile): *die rechte, linke ~; rote, blasse, runde ~n haben; er lachte über beide ~n* (ˈer lachte so, dass die Freude sein ganzes Gesicht überstrahlteˈ); *er kaute mit vollen ~n; er hatte eine geschwollene ~*; METAPH *der Apfel hat rote ~n* **2.** ⟨oft im Pl.⟩ umg. ˈeine Hälfte des Gesäßesˈ: *sich auf seine ~ setzen; seine ~n zusammenkneifen* ❖ **Backenknochen, -zahn, Backpfeife**

backen [bakn̩] (er bäckt/backt), backte/veraltend buk [bu:k], hat gebacken **1.** /jmd./ etw. ~ ˈden Teig einer Backware in einer Form, auf einem Blech in der Hitze des Backofens gar werden lassenˈ: *Kuchen, Plätzchen, Brot ~; sie bäckt/backt oft, gern* **2.** landsch. /jmd./ etw. ~ ˈetw. braten (1.1)ˈ: *Eierkuchen ~; ein Hähnchen ~; gebackener Fisch* ❖ **Bäcker, Bäckerei, Gebäck — Backobst, -ofen, -pulver, -ware, Zwieback**

Backen ['bakn̩..]|-knochen, **der** ˈeiner der beiden Knochen unterhalb der Augen, der den Oberkiefer mit dem Schädel verbindetˈ: *er hat stark hervorspringende ~* ❖ ↗ Backe, ↗ Knochen; **-zahn, der** ˈeiner der hinten im Ober-, Unterkiefer stehenden Zähne, die zum Zerkleinern der Nahrung dienenˈ; ↗ FELD I.1.1 ❖ ↗ Backe, ↗ Zahn

Bäcker ['bɛkɐ], **der**; ~s, ~ ˈHandwerker, der Backwaren herstelltˈ; ↗ FELD I.10: *ein Brot, frische Brötchen beim ~ kaufen* ❖ ↗ **backen**

Bäckerei [bɛkə'ʀai], **die**; ~, ~en ˈBetrieb zur handwerklichen Herstellung von Backwaren, die meist im eigenen Laden verkauft werdenˈ: *in der ~ Brot, Kuchen kaufen* ❖ ↗ **backen**

Back ['bak..]|-obst, **das** ˈgedörrtes, getrocknetes Obstˈ: *die Gans mit ~ füllen* ❖ ↗ backen, ↗ Obst; **-ofen, der 1.** ˈzum Backen (1), Braten dienender, durch eine Klappe geschlossener Raum im Herd (1) **2.** ˈOfen, in dem der Bäcker seine Backwaren bäcktˈ ❖ ↗ backen, ↗ Ofen; **-pfeife, die** umg. SYN ˈOhrfeigeˈ: *er gab dem Jungen eine ~* ❖ ↗ Backe; **-pulver, das** ⟨o.Pl.⟩ ˈpulverförmiges Mittel, das dem Teig bestimmter Backwaren zugesetzt wird, damit er sich nach oben ausdehnt und locker wirdˈ ❖ ↗ backen, ↗ Pulver; **-ware, die** ⟨vorw. Pl.⟩ ˈvom Bäcker gebackene Ware wie Brot, Brötchen, Kuchen u.Ä.ˈ; ↗ FELD I.8.1 ❖ ↗ backen, ↗ Ware

Brot
Brötchen
Semmel
Keks

Bad ['ba:t/bat], **das**; ~es/auch ~s, Bäder ['bɛ:dɐ] **1.** ˈgrößere Menge (warmes) Wasser in einer Wanne, in das jmd. steigt, gestiegen ist, um sich zu reinigen, erfrischen od. zu kurierenˈ; ↗ FELD III.2.1: *ein ~ ein-, ablassen; sich ein heißes, kaltes ~ machen; ins ~ steigen; jmdm. medizinische Bäder verordnen; ein ~ nehmen* (ˈbaden 1ˈ) **2.** ⟨o.Pl.⟩ ˈdas Baden (3)ˈ: *er liebt das ~ im Meer, kann auf das tägliche ~ nicht verzichten* **3.** ˈzum Baden (1,2) eingerichteter Raum einer Wohnungˈ; SYN Badezimmer; ↗ FELD V.2.1: *die Wohnung hat nur ein kleines ~, besitzt ein gekacheltes ~* **4.** SYN ˈSchwimmbadˈ: *die öffentlichen Bäder sind ab Mai geöffnet* **5.** ˈOrt, der für die Behandlung bestimmter Krankheiten besonders günstige Bedingungen und entsprechende Einrichtungen wie medizinische Bäder od. Heilquellen bietetˈ: *in ein ~ reisen, fahren; ein ~ für Rheumakranke; /als Zusatz vor Ortsnamen/ ~ Wildungen; ~ Reichenhall* ❖ **baden — Schwimmbad, Sonnenbad;** vgl. *Bade-*

Bade ['ba:də..]|-anzug, **der** ˈvon weiblichen Personen beim Baden (3) getragenes Kleidungsstückˈ (↗ TABL Kleidungsstücke): *ein einteiliger, zweiteiliger*

~; *sie zog ihren ~ an* ❖ ↗ ziehen; **-hose, die** ʼvon männlichen Personen beim Baden (3) getragenes Kleidungsstückʼ (↗ TABL Kleidungsstücke): *er zog seine ~ an* ❖ ↗ Hose; **-mantel, der** ʼeinem Mantel ähnliches Kleidungsstück, das bes. zum Abtrocknen, Sichaufwärmen nach dem Baden dientʼ (↗ TABL Kleidungsstücke): *er zog seinen ~ an* ❖ ↗ Mantel

baden [ˈbaːdn̩], badete, hat gebadet **1.** ⟨+ Adv.best.⟩ /jmd./ ʼsich in einer Badewanne mit meist warmem Wasser zum Zweck der Reinigung, Erfrischung od. Heilung aufhaltenʼ; ↗ FELD III2.2: *er badet warm, heiß, kalt, freitags; er badet immer, wenn eine Erkältung droht* **2.** /jmd./ *jmdn., sich ~* ʼjmdn., sich in einer Badewanne mit meist warmem Wasser waschenʼ: *das Baby wird täglich gebadet; er badet sich oft, gründlich* **3.** ⟨+ Adv.best.⟩ ʼsich mit dem ganzen Körper in einem Schwimmbecken, in einem Gewässer meist schwimmend bewegenʼ: *im Meer, Fluss ~; er badet nackt, mit Badehose; am Sonntag gehen wir ~* **4.** /etw., jmd./ *in Tränen, Schweiß gebadet sein* ʼvon Tränen, Schweiß sehr nass, bedeckt seinʼ: *ihr Gesicht war in Tränen gebadet; er, sein Körper ist in Schweiß gebadet* (ʼist nass von Schweißʼ) ❖ ↗ Bad

baden gehen, ging baden, ist baden gegangen umg. /jmd./ SYN ʼscheitern (2.1)ʼ: *wenn du nicht aufpasst, gehst du baden!; seine Gegner triumphierten, als er baden ging; er ging mit/bei dem Projekt baden* ❖ ↗ Bad, ↗ gehen

Bade [ˈbaːdə..]**-ort, der** ʼan der Küste, an einem See gelegener Ort, zu dem man (in den Ferien, im Urlaub) reist, um zu baden (3)ʼ: *die ~e an der Ostsee, auf Rügen* ❖ ↗ Ort; **-wanne, die** ʼWanne zum Baden (1,2)ʼ; SYN Wanne; ↗ FELD V.7.1: *in die ~ steigen; in der ~ sitzen* ❖ ↗ Wanne; **-zimmer, das** SYN ʼBad (3)ʼ; ↗ FELD V.2.1: *eine Wohnung mit einem hellen, gekachelten ~* ❖ ↗ Zimmer

Bagger [ˈbagɐ], **der**; ~s, ~ ʼMaschine zum Lösen, Heben, Bewegen bes. von Erde, Schuttʼ: *Sand, Trümmer mit einem ~ wegräumen* ❖ baggern

baggern [ˈbagɐn] ⟨reg. Vb.; hat⟩ /jmd., Unternehmen/ etw. ~ ʼeine (lang gestreckte) Vertiefung mit einem Bagger herstellenʼ: *einen Graben, eine Fahrrinne ~* ❖ ↗ Bagger

Bahn [baːn], **die**; ~, ~en **1.** ʼStrecke, die ein Körper nach physikalischen Gesetzen im Raum zurücklegt, zurückgelegt hatʼ: *die ~ einer Rakete, eines Satelliten; die ~en von Himmelskörpern berechnen; der Mond zieht, beschreibt, durchmisst seine ~* **2.** ʼbefestigte lang gestreckte Fläche, die meist in ihrer Länge und Breite markiert ist und für sportliche Zwecke, bes. Wettkämpfe, dientʼ: *der Läufer N startet, läuft auf ~ eins; er schwimmt auf der äußersten ~* **3.** ʼStreifen Stoff, Tapete von bestimmter Breite, die in bestimmter Länge von einer größeren Menge abgeschnitten istʼ: *die ~en für einen Rock zuschneiden; die ~en der Tapete an die Wand kleben* **4.** SYN ʼEisenbahn (1)ʼ: *mit der ~ fahren, reisen; jmdn. in die ~ setzen; er setzte sich auf die ~* (ʼstieg

in den Zugʼ) *und fuhr nach N; ↗ Deutsche ~* **5.** SYN ʼStraßenbahnʼ: *er fuhr mit der ~ ins Stadtzentrum* **6.** ⟨o.Pl.⟩ umg. *jmdn. zur ~* (ʼzum Bahnhofʼ) *bringen; von der ~* (ʼvom Bahnhofʼ) *abholen* ❖ **bahnen – anbahnen, Bahnbeamte, bahnbrechend, Bahnhof, -hofshalle, -steig, Bundesbahn, Einbahnstraße, Eisenbahn, Eisenbahner, Eisenbahnwagen, Fahrbahn, Güterbahnhof, Hauptbahnhof, Landebahn, Rollbahn, S-Bahn, Seilbahn, Straßenbahn, U-Bahn, Wildbahn**

* /etw./ *sich* ⟨Dat.⟩ ~ **brechen** ʼsich durchsetzenʼ: *die neue Idee, sein Genie bricht sich ~, hat sich ~ gebrochen*; /jmd./ *auf die schiefe ~ geraten/kommen* (ʼgegen die geltenden Normen der Moral, gegen das Gesetz verstoßen und beginnen, ein Leben zu führen, das von der Gesellschaft nicht akzeptiert wirdʼ); /jmd., etw./ *freie ~ haben* ʼalle Schwierigkeiten für das Realisieren von etw. beseitigt habenʼ: *wir haben jetzt freie ~ und können mit dem Projekt beginnen; das Projekt hat freie ~*; /jmd./ *aus der ~ geworfen werden* (ʼdurch ungünstige Bedingungen, durch sein eigenes Fehlverhalten dazu gebracht werden, seine bisherige positive Art zu leben, seine bisherigen Ziele aufzugebenʼ)

Bahn/bahn [ˈ..]**-beamte, der** ʼim Dienst der Eisenbahn tätiger Beamterʼ ❖ ↗ Bahn, ↗ Amt; **-brechend** [brɛçnt] ⟨Adj.; o. Steig.; nicht bei Vb.⟩ ʼeine neue Entwicklung einleitend, grundlegend veränderndʼ: *eine ~e Erfindung, Idee* ❖ ↗ Bahn, ↗ brechen

bahnen [baːnən] ⟨reg. Vb.; hat⟩ /jmd., etw., bes. Gewässer/ *sich* ⟨Dat.⟩, *jmdm. einen Weg durch etw. ~* ʼsich, jmdm. eine Möglichkeit schaffen, durch ein Hindernis hindurch irgendwohin zu gelangenʼ: *er bahnte sich, ihr einen Weg durch den frischen Schnee; sich einen Weg, eine Gasse durch die Menschenmenge ~; der Bach, Gletscher hat sich einen Weg durch das Geröll, die Felsen gebahnt* ❖ ↗ Bahn

Bahn [baːn..]**-hof, der 1.1.** ʼKomplex von verschiedenen Gleisen und den dazugehörenden Gebäuden, wo Züge anhalten und abfahren und der für den Verkehr durch Reisende und das Umschlagen (3) von Gütern dientʼ: *jmdn. zum ~ bringen; jmdn., etw. vom ~ abholen; der Zug verließ den ~, fuhr im ~ ein; der Express hält nicht auf diesem ~, fährt durch diesen ~ durch* **1.2.** ʼzu Bahnhof (1.1) gehörendes Gebäude, in dem sich eine Halle od. ein größerer Raum mit Schaltern für Fahrkarten und Gepäck und oft andere Einrichtungen zur Betreuung der Reisenden befindenʼ; ↗ FELD V.2.1: *im ~ ist ein Wartesaal, Restaurant* **2.** /in der kommunikativen Wendung/ umg. *ich verstehe nur ~* (ʼich verstehe nichtsʼ) /sagt jmd., der einer Unterhaltung nicht folgen kann od. eine an ihn gerichtete Bitte nicht verstehen will/ ❖ ↗ Bahn, ↗ Hof * umg. scherzh. **ein großer ~** ʼfestlicher Empfang für jmdn., bes. eine Persönlichkeit des öffentlichen Lebens, bes. auf einem Bahnhof, einem Flugplatzʼ: *es gab einen großen ~ für den Staatsgast; **-hofshalle, die** ʼHalle in einem Bahnhof (1.2) mit Schaltern für Fahrkarten und Gepäckʼ ❖ ↗ Bahn, ↗ Hof, ↗

Halle; **-steig** [ʃtaik̯], **der**; ~s/auch ~es, ~e ʹparallel zu den Eisenbahngleisen gelegene abgegrenzte Fläche auf einem Bahnhof (1.1), die zum Einsteigen und Aussteigen der Reisenden dientʹ: *auf dem ~ standen viele Menschen, die auf den Zug warteten* ❖ ↗ **Bahn**, ↗ **steigen**

Bahre [ˈbaːʀə], **die**; ~, ~n ʹGestell zum Tragen von Totenʹ: *die tödlich verletzten Personen wurden auf ~n gelegt* ❖ **aufbahren**

Bajonett [bajoˈnɛt], **das**; ~s/auch ~es, ~e ʹStichwaffe mit einer spitzen Klinge, die auf einem Gewehr befestigt und beim Nahkampf eingesetzt wirdʹ; ↗ FELD V.6.1 (↗ TABL Hieb- und Stichwaffen): *das ~ aufstecken; die Soldaten kämpften mit ~en*

Bakterie [bakˈteːʀi̯ə], **die**; ~, ~n ⟨vorw. Pl.⟩ ʹeinzelliges kleinstes Lebewesen, das bes. Krankheiten erregen, Gärung, Fäulnis hervorrufen kannʹ; ↗ FELD II.3.1: *schädliche, nützliche ~n; die ~n im Wasser, im Blut, Darm des Menschen; das Fleisch ist von ~n befallen; ~n bekämpfen, züchten* ❖ **bakteriell**

bakteriell [bakteˈʀi̯ɛl] ⟨Adj.; o. Steig.; nicht präd.; vorw. attr.⟩ ʹdurch Bakterien hervorgerufenʹ: *eine ~e Erkrankung* ❖ ↗ **Bakterie**

Balance [baˈlaŋs(ə)/..ˈlãs(ə)], **die**; ~, ~n SYN ʹGleichgewicht (3)ʹ: *jmd. hält, verliert die (innere) ~, kommt aus der ~*

balancieren [balaŋˈsiːʀən], balancierte, hat/ist balanciert **1.** ⟨hat⟩ /jmd./ *etw. ~* ʹeinen Gegenstand auf, mit einem Körperteil im Gleichgewicht halten, während man sich fortbewegtʹ: *einen Korb auf dem Kopf ~; der Kellner balancierte das volle Tablett nur mit einer Hand* **2.** ⟨ist⟩ /jmd./ *über/auf etw. ~* ʹüber etw. sehr Schmales, das meist erhöht ist, gehen, wobei man sich bemüht, das Gleichgewicht zu haltenʹ: *er ist über den Baumstamm, das Seil, über den, auf dem Balken balanciert*

¹bald [balt] ⟨Adv.; Steig.: ↗ eher, ↗ eheste⟩ ʹin(ner)halb kurzer Zeit, nach einem relativ kurzen Zeitraumʹ: *er kommt ~, wird ~ kommen; er kommt so ~ wie/als möglich; er kam ~ darauf, ~ danach; komm bitte möglichst ~!; seine beleidigenden Worte kann ich nicht so ~* (ʹschnellʹ)/*so ~ nicht vergessen;* /in den kommunikativen Wendungen/ *bis ~/auf ~* (ʹauf baldiges Wiedersehenʹ) /wird als Gruß zum Abschied gesagt, wenn man weiß, dass man im Laufe des Tages od. in den folgenden Tagen wieder zusammen sein wird/; *(na) wird's ~?* (↗ **werden** I.3.2) ❖ **baldig, baldigst, alsbaldig;** vgl. auch **ehe, eher, ehesten**

²bald ⟨Gradpartikel; unbetont; steht vor der Bezugsgröße; bezieht sich auf verschiedene Kategorien, bes. auf Zahlangaben⟩ umg. /schränkt die Bezugsgröße ein, kommt ihr aber nahe, wenn auch nicht völlig/: *wir warten schon ~ drei Stunden auf dich; der Braten wog ~ zwei Pfund; du wohnst ja ~ am Ende der Welt!; das war ~ das Einzige, was man ihm schenken konnte*

baldig [ˈbaldɪç] ⟨Adj.; o. Steig.; nur attr.; ↗ auch baldigst⟩ ʹin kurzer Zeit erfolgendʹ /auf verbale Abstrakta bez./: *sie wünschten ihm ~e Genesung,*

Besserung, hofften auf seine ~e Rückkehr; ich bitte um ~e Antwort ❖ ↗ **¹bald**

baldigst [ˈbaldɪçst] ⟨Adv.; ↗ auch baldig⟩ amtssprachl.: *die Ergebnisse werde ~* (ʹso bald wie möglich, schnellstensʹ) *veröffentlicht* ❖ ↗ **¹bald**

¹Balg [balk], **der**; ~es/auch ~s, Bälge [ˈbɛlgə] ʹdas Fell bestimmter Säugetiere, auch die mit Federn versehene Haut von Vögelnʹ: *einem Hasen, Fuchs den ~ abziehen; den ~ eines Raubvogels ausstopfen*

²Balg, **das/der**; ~es/auch ~s, Bälger [ˈbɛlgɐ] emot. neg. ʹKindʹ: *so ein freches, nichtsnutziges ~!; er hat drei kleine Bälger (zu ernähren)*

balgen [ˈbalgn̩], sich ⟨reg. Vb.; hat⟩ /zwei od. mehrere (jmd., bes. Kinder)/ **1.1.** *sich* ~ SYN ʹsich raufen (1.1)ʹ; ↗ FELD I.14.2: *die Jungen balgten sich auf dem Hof; /jmd./ sich mit jmdm. ~:* *er balgt sich mit seiner Schwester* **1.2.** *sich* ⟨rez.⟩ *um etw. ~* SYN ʹsich um etw. raufen (1.2)ʹ: *die Kinder balgten sich um den Fußball, die Süßigkeiten*

Balken [ˈbalkn̩], **der**; ~s, ~ ʹlanges, relativ dickes Stück Schnittholz mit viereckigem Querschnitt, das bes. beim Bauen verwendet wirdʹ; ↗ FELD II.5.1: *ein tragender, morscher, dicker ~; die Decke des Zimmers wird von ~ gestützt, getragen; einen ~ durchsägen*

* /jmd./ **lügen, dass sich die ~ biegen** (ʹmaßlos lügenʹ)

Balkon [balˈkɔŋ/landsch., bes. südtt. ..ˈkoːn], **der**; ~s, ~s/landsch., bes. südtt. ~e [..ˈkoːnə] ʹvom Innern der Wohnung her zugängliche, aus der Außenwand des Hauses ragende Plattform mit einem Geländer od. einer Brüstungʹ; ↗ FELD V.2.1 (↗ TABL Haus/Gebäude): *eine Wohnung mit ~; er trat auf den ~, schaute vom ~ auf die Straße*

Ball [bal], **der**; ~s/auch ~es, Bälle [ˈbɛlə] **1.** ʹkugelförmiger, meist mit Luft gefüllter, bes. aus Leder, Gummi od. Kunststoff hergestellter (elastischer) Gegenstand, der als Spielzeug od. Sportgerät dientʹ; ↗ FELD I.7.4.1: *der ~ rollt, springt, prallt gegen den Torpfosten, geht ins Aus; er wirft, schlägt, fängt den ~, spielt mit dem ~; die Kinder spielten ~; den ~ ins Tor schießen; jmdm. den ~ zuwerfen, zuspielen* **2.** ʹgrößere festliche Veranstaltung, bei der hauptsächlich getanzt wirdʹ: *einen ~ geben; auf einen/zu einem ~ gehen; sie tanzten auf dem ~ oft miteinander* ❖ **zu (1): Ballen, ballen, Ballon, geballt — Baseball, Erdball, Federball, Fußball, Handball, Schneeball, zusammenballen, Zusammenballung; zu (2): Maskenball**

* /jmd. od. zwei od. mehrere (jmd.)/ **jmdm., sich** ⟨rez., Dat.⟩, **einander die Bälle zuspielen/zuwerfen** (ʹjmdn., sich im Gespräch mit Dritten gegenseitig so geschickt durch bestimmte Hinweise, Argumente o.Ä. unterstützen, dass man bei der Führung des Gesprächs im Vorteil istʹ); ⟨⟩ umg. /jmd./ **am ~ sein/bleiben** (ʹeine Sache auch weiterhin ständig verfolgen, intensiv betreibenʹ)

Ballast [ˈbalast/auch ..ˈlast], **der**; ~es/auch ~s, ~e ⟨vorw. Sg.; vorw. o.Art.⟩ **1.** ʹbes. auf Schiffen mitgenommene zusätzliche Last, die zum Einhalten des Gleichgewichts od. zum Verändern des Gewichts dient': *das Schiff hat Sand, Wasser als ~ geladen; den ~ abwerfen, über Bord werfen* **2.1.** 'unnütze, überflüssige Last (1.1)': *der zweite Koffer war nur ~, erwies sich später als ~* **2.2.** 'zusätzliche Last (2), (unnütze) Belastung (2)': *etw., jmdn. als ~ empfinden; das Kind, der Hund ist ihnen nur ein ~; sie brach beinahe unter dem ~ der täglichen Sorgen, des Haushalts zusammen* ❖ ↗ **Last**

ballen ['balən] ⟨reg. Vb.; hat; ↗ auch *geballt*⟩ **1.1.** /jmd./ *etw. zu etw.* ~ 'etw. zu einem Gebilde pressen, das einem Ball, einer Kugel ähnlich ist': *die Hand zur Faust ~; die Faust ('die Hand zur Faust') ~; Papier, Schnee zu einer Kugel ~ ('formen')* **1.2.** /etw./ *sich* ~ 'sich zu dichten Haufen, Klumpen formen': *am Himmel ballten sich Wolken; Rauch, Nebel ballte sich (über dem See); sich zu etw. ~: der Schnee ballte ('formte') sich zu einer Lawine* ❖ ↗ **Ball**

Ballen ['balən], der; ~s, ~ **1.** 'fest zu einem rundlichen Gebilde gepresstes, meist mit Schnüren zusammengebundenes großes Bündel gleicher (Natur)produkte': *ein ~ Tabak, Baumwolle, Tee; Stroh wird in ~ gelagert* **2.** 'meist schwielige, polsterartige Verdickung auf den Handflächen (nahe dem Handgelenk) und Fußsohlen des Menschen und bestimmter Tiere': *die Schuhe drücken am ~, an den ~; er hat sich in den ~ des linken Daumens geschnitten* **3.** 'Gesamtheit der Wurzeln einer Pflanze mit daran haftender Erde (3)': *er nahm die Sträucher mit dem ~ aus dem Beet und pflanzte sie an eine andere Stelle des Gartens* ❖ ↗ **Ball**

ballern ['balən] ⟨reg. Vb.; hat⟩ umg. **1.** /jmd./ *gegen/ an etw.* ~ 'mit Wucht gegen etw. (mit der Faust) schlagen, so dass ein lautes Geräusch entsteht': *er ballerte an, gegen die Tür, Wand* **2.** /jmd./ 'ununterbrochen schießen und dabei lautes Knallen verursachen': *der Junge ballerte den ganzen Tag mit seiner Spielzeugpistole*
* umg. /jmd./ **jmdm. eine ~** ('jmdm. eine kräftige Ohrfeige geben')

Ballett [ba'lɛt], das; ~es/auch ~s, ~e 'Bühnenwerk, das ausschließlich aus Tanz (1) und begleitender Musik ohne Gesang besteht': *ein ~ aufführen, tanzen; sie tanzt im ~ 'Schwanensee' die Odette*

Ballistik [ba'lɪstɪk], die; ~, ⟨o.Pl.⟩ 'Teilgebiet der Physik, das sich mit der Bewegung geworfener od. geschossener Körper im von Luft erfüllten Raum befasst' ❖ **ballistisch**

ballistisch [ba'lɪst..] ⟨Adj.; o. Steig.; nicht präd.⟩ 'die Ballistik betreffend': *~e Berechnungen; eine ~e ('die Bahn eines Körpers, Geschosses darstellende') Kurve* ❖ ↗ **Ballistik**

Ballon [ba'lɔŋ/landsch., bes. süddt. ..'lo:n], der; ~s, ~s/landsch., bes. süddt. ~e [..'lo:nə] **1.** 'Luftfahrzeug, das seinen Auftrieb durch einen vorw. kugeligen, aus einem nicht durchlässigen Stoff bestehenden, mit Gas gefüllten Hohlkörper erhält'; ↗ FELD VIII.4.2: *in einem ~ aufsteigen; mit einem ~ fliegen; in einem ~ die Erde umfliegen* **2.** 'Luftballon': *bunte ~s aufhängen, aufblasen* ❖ ↗ **Ball**

Balsam ['balzɑːm], der; ~s, ⟨o.Pl.⟩ ~ *für etw.* 'etw., das die unangenehme Wirkung von etw. auf jmds. Psyche lindert': *die gute Nachricht ist ~ für seine Seele, seinen Schmerz, Kummer, sein wundes Herz*

Balz [balts], die; ~, ~en ⟨vorw. Sg.⟩ 'Zeit, in der sich bestimmte größere Vögel paaren': *der Auerhahn ist gerade in der ~; während der ~ führt der Hahn einen Tanz auf* ❖ **balzen**

balzen ['baltsn] ⟨reg. Vb.; hat⟩ /Männchen bestimmter größerer Vögel/ 'vor der Paarung durch lockende Rufe und auffallendes Verhalten um das Weibchen werben': *ein ~der Auerhahn* ❖ ↗ **Balz**

Bammel ['baml], der. umg. emot. *(einen)* ~ *haben* 'Angst haben'; ↗ FELD I.6.1: *er hatte einen (großen, mächtigen) ~ vor dem Examen*

banal [ba'naːl] ⟨Adj.; Steig. reg.⟩ **1.1.** 'nichts sagend, ohne geistigen Inhalt' /vorw. auf Sprachliches bez./: *~e Worte, Witze; der Autor schreibt ~* **1.2.** ⟨nicht bei Vb.⟩ /beschränkt verbindbar/ *das ist eine ganz ~e* ('in nichts vom Gewöhnlichen abweichende, normale') *Geschichte, Angelegenheit* ❖ **Banalität**

Banalität [banali'tɛːt/..'teːt], die; ~, ~en **1.** ⟨o.Pl.⟩ /zu *banal*/ 'das Banalsein'; /zu 1.1/: *die ~ seiner Worte, Witze* **2.** ⟨vorw. Pl.⟩ 'nichts sagende Äußerung': *er sagt, äußert nur ~en* ❖ ↗ **banal**

Banane [ba'naːnə], die; ~, ~n 'in Büscheln wachsende längliche, leicht gebogene, gelbliche Frucht einer tropischen Pflanze'; ↗ FELD I.8.1, II.4.1 (↗ TABL Früchte/Obst): *eine ~ schälen, essen; die ~ ist schon weich, ist noch grün*

Banause [ba'nauzə], der; ~n, ~n 'Mensch ohne Verständnis für geistige od. künstlerische Dinge, der sich diesen Dingen gegenüber unangemessen verhält': *er ist auf literarischem, musikalischem Gebiet ein ~; diese ~n haben kein Interesse an Theater, klassischer Musik*

band: ↗ **binden**

¹Band [bant], das; ~es/auch ~s, Bänder ['bɛndɐ] **1.** 'relativ schmaler Streifen, bes. aus Stoff': *ein schmales, breites ~; bunte, seidene Bänder; ein ~ ums Haar binden, knoten* **2.** SYN 'Fließband': *er arbeitet, steht am ~; die laufenden Bänder anhalten, stoppen* **3.** SYN 'Förderband': *Baumaterialien auf einem ~ transportieren* **4.** SYN 'Tonband': *ein ~ besprechen, abspielen, löschen; sie tanzten zur Musik vom ~;* ⟨+ Präp. *auf;* o. Art.⟩: *etw. auf ~ nehmen, aufnehmen, sprechen, diktieren* ❖ ↗ **binden**
* umg. **am laufenden ~** SYN 'fortwährend': *er muss sich am laufenden ~ ärgern, mit unnötigen Dingen abgeben; es klingelt am laufenden ~*

²Band, der; ~es/auch ~s, Bände ['bɛndə] 'einzelnes Buch bes. eines aus mehreren Büchern bestehenden Werkes': *Goethes Werke in zehn Bänden; das Lexikon hat, umfasst fünf Bände; ein ~ italienischer Erzählungen; einen ~ des Lexikons aus dem Regal nehmen;* /in der kommunikativen Wendung/ umg. *das spricht Bände* ('enthält, gibt viel Aufschluss') /wird gesagt, wenn aus bestimmten Handlungen Schlüsse auf die Motive o.Ä. gezogen werden (können)/ ❖ ↗ **binden**

³Band [bɛnt/bɛːnt], **die**; ~, ~s 'Kapelle, die Jazz, Tanzmusik o.Ä. spielt': *die ~ spielte die neuesten Schlager, Hits, machte Rockmusik; der Sänger trat mit seiner eigenen ~ auf; eine ~ gründen*

Bandage [banˈdaːʒə], **die**; ~, ~n 'Halt und Stütze gebender, schützender fester Verband an bestimmten Partien des Körpers': *der Läufer trug an den Knien ~n; der Arzt legte ihm am rechten Handgelenk eine ~ an* ❖ ↗ **binden**

bandagieren [bandaˈʒiːʀən], bandagierte, hat bandagiert /jmd./ *jmdm., etw. ~* 'jmdm. eine Bandage anlegen, um einen Körperteil eine Bandage legen': *einen verletzten Sportler ~; er bandagierte seine Knie, Handgelenke* ❖ ↗ **binden**

Bande [ˈbandə], **die**; ~, ~n **1.** 'organisierte Gruppe von Menschen, die gemeinsam Straftaten begehen'; ↗ FELD I.11: *einer ~ angehören; eine ~ von Erpressern, Autodieben, Einbrechern; die ~ verübte viele Einbrüche, beging viele Autodiebstähle, machte die Gegend unsicher* **2.** ⟨o.Pl.⟩ oft scherzh. 'größere Anzahl von Personen, bes. von Kindern, Jugendlichen, die gemeinsam etw. unternehmen und die fest zusammenhalten'; SYN Clique (1.2): *eine fröhliche, ausgelassene ~; die ~ tobte auf dem Spielplatz, im Garten* **3.** fachspr. 'stabiler, verschieden hoher Rand der Fläche, auf der bestimmte Sportarten betrieben werden, bes. Billard, Eishockey, Eiskunstlauf': *der Eiskunstläufer berührte bei seiner Kür die ~, ist bei seiner Kür an die ~ gestoßen* ❖ **bändigen, unbändig**

-bändig [ˈbɛndɪç] /bildet mit einem (Zahl)adj. als erstem Bestandteil Adjektive/ 'in der Anzahl od. Form des im ersten Bestandteil Genannten': ↗ z. B. *dreibändig*

bändigen [ˈbɛndɪgŋ̩] ⟨reg. Vb.; hat⟩ /jmd./ **1.1.** *ein Tier ~* 'ein sich sträubendes Tier unter seinen Willen, seine Kontrolle zwingen': *der Dompteur konnte die wütenden Raubtiere, die Löwen ~; ein wildes Pferd ~* **1.2.** *jmdn. ~* 'jmdn., der sich laut, widerspenstig benimmt, zum normalen Verhalten, Gehorsam bringen'; SYN zügeln (2): *die tobenden, fröhlichen Kinder, die randalierenden Betrunkenen waren kaum, nur schwer zu ~* **2.** /jmd./ *etw. ~* 'etw. in eine geordnete Form, ein normales Maß bringen': *sie hat ihr langes Haar mit einem Band, in einem Knoten gebändigt; seine Triebe, die Naturkräfte ~; die Fluten wurden durch einen Damm gebändigt* ❖ ↗ **Bande**; vgl. **binden**

Bandit [banˈdiːt], **der**; ~en, ~en emot. 'Verbrecher, der meist gemeinsam mit anderen Straftaten begeht, begangen hat': *er wurde von ~en überfallen, ausgeraubt; nachts treiben sich ~en in dieser Gegend herum; die ~en wurden von der Polizei gestellt*

Band|wurm [ˈbant..], **der** 'im Darm von Menschen und Tieren parasitär lebender sehr langer, platter Wurm'; ↗ FELD II.3.1: *er hat einen ~* ❖ ↗ **binden**, ↗ **Wurm**

bang [baŋ] ↗ **bange**

bange [ˈbaŋə] ⟨Adj.; Steig.: banger/bänger [ˈbɛŋɐ], bangste/bängste [ˈbɛŋstə]; Steig. ungebr.; nicht bei Vb.⟩ 'von Angst und Sorge bestimmt' /vorw. auf Psychisches bez./: *~ Träume, Ahnungen quälten ihn; ein ~s Gefühl der Ungewissheit; dem Besuch in ~r Erwartung entgegensehen; er war von ~r Sorge erfüllt; jmdm. ist, wird ~ (zumute); jmdm. wird (es)* ↗ *angst und ~; ↗ FELD I.6.2, 6.3* ❖ **bang, bangen** MERKE Zum Unterschied von *bange* und *ängstlich:* ↗ **ängstlich**

bangen [ˈbaŋən] ⟨reg. Vb.; hat⟩ /jmd./ *um jmdn., etw. ~* 'sich um jmdn. ängstigen, sich um jmdn., etw. sorgen': *die Mutter bangte um ihren fernen Sohn, bangte um das Leben ihres Sohns* ❖ ↗ **bange**

-bank [baŋk], **die** /bildet mit einem Subst. als erstem Bestandteil Substantive; drückt die Einrichtung aus, die das im ersten Bestandteil Genannte sammelt und in großer Menge bereithält/: ↗ z. B. *Datenbank*

Bank [baŋk], **die**; ~, Bänke [ˈbɛŋkə]/~en **1.** ⟨Pl. Bänke⟩ 'meist aus Holz gefertigte Sitzgelegenheit mit od. ohne Rückenlehne, auf deren Sitzfläche mehrere Personen nebeneinander sitzen können'; ↗ FELD V.4.1 (↗ TABL Sitzmöbel⟩: *sie setzten sich auf eine ~, saßen auf einer ~, ruhten sich auf einer ~ aus; im Park, auf dem Platz stehen viele Bänke* **2.** ⟨Pl. ~en⟩ 'öffentliche Institution, die sich bes. mit der Durchführung von Zahlungen mittels Scheck od. durch Buchungen und mit der Verwaltung von Geldmitteln und der Gewährung von Krediten befasst'; SYN Kasse (5), Sparkasse; ↗ FELD I.16.1: *er hat ein Konto bei der ~ N; die ~ hat ihm (k)einen Kredit gewährt, hat die Zinsen gesenkt* **3.** ⟨Pl. ~en⟩ 'Gebäude von Bank (2)': *er betrat die ~, ging in die ~* ❖ **zu (1): Drehbank, Sandbank; zu (2): Bankier – Banknote, Datenbank** * /jmd., bes. Schauspieler/ **vor leeren Bänken** ('vor wenigen Zuschauern, Hörern') **spielen, sprechen;** ⟨⟩ umg. /Institution, jmd./ **etw. auf die lange ~ schieben** ('etw. aufschieben, was erledigt werden müsste und was meist unangenehm ist'); **durch die ~** 'ohne Ausnahme': *seine Nachbarn sind durch die ~ hilfsbereit; auf den Schwindel sind alle durch die ~ hereingefallen*

Bankier [banˈkje:], **der**; ~s, ~s 'Eigentümer einer Bank (2) od. Mitglied des Vorstands einer Bank'; ↗ FELD I.16.1 ❖ ↗ **Bank**

Bank|note [baŋk..], **die** 'graphisch gestaltetes Stück Papier, das einen bestimmten Wert hat'; SYN Schein (4); ↗ FELD I.16.1: *er steckte die ~n in seine Brieftasche; ~n drucken, aus dem Verkehr ziehen;* vgl. *Münze* ❖ ↗ **Bank**, ↗ **notieren**

bankrott [banˈkʀɔt] ⟨Adj.; o. Steig.⟩ 'nicht zahlungsfähig'; SYN pleite (1.1) /auf Unternehmen, Unternehmer bez./; ↗ FELD I.16.3, 17.3: *ein ~es Unternehmen; das Geschäft ist ~; ein Unternehmen (für) ~ erklären; das Unternehmen, der Eigentümer geht ~ ('ist nicht mehr in der Lage, fällige Zahlungen zu leisten')*

Bankrott, der; ~s/auch ~es, ~e 'die Unfähigkeit eines Unternehmens, Unternehmers, fällige Zahlungen zu leisten'; ↗ FELD I.16.1, 17.1: *die Firma* *muss den ~ erklären, steht kurz vor dem ~; ~ machen* ('bankrott gehen')

Bann [ban], der; ~es/auch ~s, ⟨o.Pl.⟩ **1.** geh. **1.1.** ⟨+ *in*⟩ *sie war(en), stand(en) ganz im ~ des Spiels, der Musik, des Geschehens* ('wurden von der Wirkung des Spiels, der Musik, des Geschehens beherrscht'); *der Zauberer zog die Zuschauer (ganz) in seinen ~, hielt die Zuschauer in seinem ~* ('fesselte, faszinierte sie') **1.2.** ⟨+ Gen.attr.⟩ *den ~ des Schweigens brechen* ('das Schweigen in einer Gesellschaft, Gruppe überwinden und endlich sprechen') **2.** 'vom Papst verfügter Ausschluss einer Person aus der kirchlichen Gemeinschaft': *den ~ über jmdn. verhängen, aussprechen; jmdn. mit dem ~ belegen* ✦ ↗ **bannen**

bannen ['banən] ⟨reg. Vb.; hat⟩ geh. **1.** ⟨vorw. im Part. II⟩ */etw., jmd./ jmdn. ~* 'jmdn. mit zauberhafter, magischer Kraft festhalten': *ihr Blick bannte ihn, hielt ihn gebannt; er war von ihrer Erzählung gebannt; die Zuschauer lauschten gebannt dem Sänger, saßen wie gebannt auf ihren Plätzen; er war von ihr, ihrer Erscheinung, ihrem Gesang gebannt* ('fasziniert') **2.** */jmd./ etw. ~* 'etw. Schlimmes, Unangenehmes verhindern, beseitigen': *er versuchte, ihre Not, Angst, Sorgen zu ~; im Augenblick ist die Gefahr, Krankheit gebannt* ✦ **Bann, verbannen, Verbannung**

Banner ['banɐ], das; ~s, ~ 'an einer quer mit dem Schaft verbundenen Stange befestigte Fahne': *das ~ tragen;* METAPH ⟨+ Gen.attr.⟩ geh. *dem ~ der Wahrheit, Treue folgen*

¹bar [baːʁ] ⟨Adj. o. Steig.⟩ **1.** ⟨nicht präd.⟩ 'in Banknoten, Münzen': *etw. (in) ~, in ~em Geld bezahlen; etw. nur gegen ~* ('gegen sofortige Bezahlung mit Bargeld') *verkaufen* **2.** ⟨nur attr.⟩ geh. SYN '¹rein (I.1.3)': *was du erzählst, ist ~er Unsinn, ~e Erfindung; unsere Begegnung war ~er Zufall* ✦ **zu (1): Bargeld**

²bar ⟨Präp. mit Gen.; voran- od. nachgestellt; in Verbindung mit abstrakten Begriffen + adj. Attr.⟩ geh. */gibt das Fehlen von etw., den Mangel an/: er war ~ aller finanziellen Mittel; er war jeder Vernunft ~/ war ~ jeder Vernunft; sie waren ~ jeder Hoffnung* ✦ **barfuß**

Bar, die; ~, ~s **1.** 'kleines intimes Lokal, das vorw. während der Nacht bis in den frühen Morgen geöffnet ist, mit Bar (2) od. entsprechend ausgestalteter Raum': *in eine ~ gehen* **2.** 'erhöhte Theke, vor der hohe Hocker stehen': *an der ~ sitzen*

Bär [bɛːɐ/beːɐ], der; ~en, ~en 'Raubtier von mittelgroßer Gestalt und kräftigem Körperbau mit dickem Pelz und kurzem Schwanz, das Winterschlaf hält'; ↗ FELD II.3.1 (↗ TABL Säugetiere): *der ~ brummt; einen ~en jagen, fangen, zähmen; er ist stark wie ein ~; er schläft wie ein ~* ('schläft lange') ✦ **Bärenhunger, Eisbär**
* umg. **jmdm. einen ~ aufbinden** 'jmdm. etw., das nicht der Wahrheit entspricht, so erzählen, dass er es glaubt': *er hat dem Jungen einen ~en aufgebunden; lass dir nur keinen ~en aufbinden!*

Baracke [ba'ʁakə], die; ~, ~n 'auf einem Fundament ohne Keller montierter, vorw. aus zerlegbaren Holzteilen und nur aus einem Stockwerk bestehender, als Behelf dienender Bau (3)'; ↗ FELD V.2.1: *eine ~ aufstellen, abbauen; die Flüchtlinge wohnten in ~n*

Barbar [baʁ'baːʁ], der; ~en, ~en emot. 'roher, grausamer, inhumaner Mensch'; ↗ FELD I.18.1: *diese ~en haben die Grabsteine geschändet, die Tiere gequält* ✦ **Barbarei, barbarisch**

Barbarei [baʁbaˈʁai], die; ~, ~en emot. **1.** ⟨o.Pl.⟩ 'Unmenschlichkeit'; ↗ FELD I.18.1: *ihre Taten sind von ~ geprägt* **2.** 'durch Barbarei (1) gekennzeichnete Handlung': *die faschistischen ~en im II. Weltkrieg* ✦ ↗ **Barbar**

barbarisch [baʁ'baːʁ..] **I.** ⟨Adj.; o. Steig.⟩ emot. **1.** 'roh, grausam und inhuman'; ↗ FELD I.18.3: *~e Strafen, Taten; jmdn. ~ schlagen, foltern* **2.** 'nicht kultiviert, von schlechtem Geschmack zeugend': *er hat einen ~en Stil; das sind ja ~e Sitten!* **3.** umg. emot. neg. 'überaus groß': *es herrschte eine ~e Hitze, Kälte; das Kind stimmte ein ~es Geschrei an* – **II.** ⟨Adv.; vor Adj.; bei Vb.⟩ /bewertet das durch das Bezugswort Genannte neg./ 'überaus': *es war ~ kalt, heiß; er hat ~ gefroren; das tut ~ weh* ✦ ↗ **Barbar**

bär|beißig [bɛːɐbaisɪç] ⟨Adj.; Steig. reg., ungebr.⟩ SYN 'brummig': *ein ~es Gesicht machen; eine ~e Antwort geben; ~ antworten, aussehen; er war sehr ~, reagierte ~; vgl. grimmig (1)* ✦ ↗ **beißen**

Bären- ['bɛːʁə../'beːʁən..] /bildet mit dem zweiten Bestandteil Substantive, die umg. emotional sind; bewirkt im positiven Sinne eine Verstärkung/; drückt aus, dass das im zweiten Bestandteil Genannte außerordentlich groß ist/: ↗ z. B. *Bärenhunger*

Bären|dienst, der
* */jmd./ jmdm. einen ~* ('einen gut gemeinten, aber sich hinterher als nachteilig herausstellenden Dient') **erweisen/leisten**

Bären|hunger, der, umg. emot. 'außerordentlich großer Hunger': *ich habe einen ~!*

bar|['baːʁ..]|fuß ⟨Adv.⟩ 'mit bloßen Füßen': *sie lief ~ zum Stand, über den Rasen; er geht gerne ~* ✦ ↗ **²bar, ↗ Fuß**

barg: ↗ **bergen**

Bar|geld, das ⟨o.Pl.⟩ 'Münzen od. Banknoten als Zahlungsmittel im Gegensatz zum Scheck'; ↗ FELD 16.1: *er hat kein ~ bei sich, suchte nach etwas ~ in seinen Taschen* ✦ ↗ **¹bar, ↗ Geld**

Bariton ['baːʁitɔn], der; ~s, ⟨o.Pl.⟩ 'mittlere Lage der Stimme von Männern beim Singen': *er hat einen weichen, lyrischen ~; vgl. Alt, Bass, Sopran, Tenor*

barmherzig [baʁmˈhɛʁtsɪç] ⟨Adj.; Steig. reg.⟩ 'Mitgefühl für andere zeigend und ihre Not zu lindern suchend' /wird meist von Menschen mit christlicher Einstellung gebraucht/; /auf Personen bez./; ↗ FELD I.18.3: *er ist ein ~er Mensch, ist ~ (gegen jmdn., mit jmdm.), zeigte sich ~; ~er Gott, Himmel!* /Ausruf des Entsetzens/ ✦ ↗ **Herz**

Barmherzigkeit, die; ~, ⟨o.Pl.⟩ 'das Barmherzigsein'; ↗ FELD I.18.1: *etw. aus* ~ *tun;* ~ *üben* ('barmherzig sein, handeln') ❖ ↗ **Herz**

barock [ba'ʀɔk] ⟨Adj.; vorw. attr.⟩ 'im Stil des Barocks'; ↗ FELD V.3.3: ~*e Kirchen, Schlösser;* ~*e Malerei, Verzierungen*

Barock, der/das; ~s/~, ⟨o.Pl.⟩ 'bes. durch ovale, nach außen gebogene Formen und reichlichen Schmuck gekennzeichnete europäische Stilepoche von etwa 1600 bis 1750': *die Kirchen, Schlösser des* ~*s/*~

Barometer [baʀo'meːtɐ], **das**; ~s, ~ 'Gerät zur Bestimmung des Luftdrucks in der Atmosphäre': *das* ~ *steigt, fällt; das* ~ *steht auf 'Regen', 'Schön'* ❖ ↗ **Meter**

Barren ['baʀən], **der**; ~s, ~ **1.** 'Gerät zum Turnen, das aus zwei parallel laufenden Holmen besteht, die auf je zwei in der Höhe zu verstellenden Ständern befestigt sind'; ↗ FELD I.7.4.1 (↗ TABL Sportgeräte): *Übungen am* ~*; am* ~ *turnen* **2.** 'in Form einer Stange, eines Quaders gegossenes Stück (Edel)metall': ⟨+ Attr.⟩ *einen* ~ *Gold besitzen*

Barriere [ba'ʀi̯eːʀə/..'ʀi̯eːʀə], **die**; ~, ~n 'künstlich errichtetes Hindernis (1), das dazu dient, etw. abzusperren, den Zugang zu etw. zu verhindern': *eine* ~ *aus Balken, Stacheldraht; eine* ~ *an der Grenze; eine schützende* ~ *errichten, durchbrechen, niederreißen;* METAPH *er musste die (trennende)* ~ *zwischen ihnen beseitigen*

Barrikade [baʀi'kaːdə], **die**; ~, ~n 'bei Kämpfen auf der Straße zur Verteidigung errichtetes, eine Straße versperrendes Hindernis (1) aus beliebigem vorhandenem Material': ~*n (aus Steinen, Gerümpel) errichten; auf den* ~ *kämpfen* ❖ **verbarrikadieren**

barsch [baʀʃ] ⟨Adj.; Steig. reg.⟩ SYN 'schroff (2)' /auf Sprachliches bez./: *eine* ~*e Antwort; jmdn.* ~ *anfahren;* ~ *antworten; sein Ton war* ~

Barsch [baʀʃ], **der**; ~es, ~e '(im Süßwasser lebender) räuberischer Speisefisch mit großem Kopf und stacheligen Flossen'; ↗ FELD II.3.1 ❖ **Rotbarsch**

barst: ↗ **bersten**

Bart [baːʀt], **der**; ~es/auch ~s, Bärte ['bɛːʀtə/'beːʀtə] **1.** 'Haare auf dem unteren Teil des Gesichts und unter dem Kinn beim Mann': *er hat einen langen, dichten, starken, schwarzen, gepflegten* ~*; er ließ sich einen* ~ *wachsen;* /in den kommunikativen Wendungen/ umg. *der* ~ *ist ab* ('jetzt ist es aber genug')! /wird gesagt, wenn jmd. die Geduld verliert und einer Sache ein Ende setzen möchte/; *das hat so einen* ~ ('ist längst bekannt'! /sagt jmd. mit der Satzbetonung auf <u>so</u>, wenn ihm etw. als Neuigkeit mitgeteilt, erzählt wird, was schon lange allgemein bekannt ist/ **2.** 'Haare an der Schnauze vieler Säugetiere ('die vielen Tasten dienen)': *der* ~ *einer Katze, Maus* **3.** 'Teil des Schlüssels, mit dem beim Drehen im Türschloss der Riegel beiseite geschoben wird': *ein Schlüssel mit langem, kurzem* ~*; der* ~ *ist abgebrochen* ❖ **bärtig** – **Vollbart**

* umg. /jmd./ **etw. in seinen ~ brummen/murmeln** ('etw. leise und undeutlich vor sich hin sagen');

/jmd./ **jmdm. um den ~ gehen** ('jmdm. schmeicheln, um etw. Bestimmtes zu erreichen')

bärtig [bɛːʀtɪç/'beːʀ..] ⟨Adj.; nicht bei Vb.; vorw. attr.⟩ 'mit einem (Voll)bart' /vorw. auf Männer bez./: *ein* ~*er Mann; ein* ~*es Gesicht* ❖ ↗ **Bart**

Basalt [ba'zalt], **der**; ~es/auch ~s, ~e 'schwärzliches, von einem Vulkan stammendes Gestein, das als Baustoff und Schotter verwendet wird'; ↗ FELD II.5.1

Basar [ba'zaːʀ], **der**; ~s, ~e **1.** 'Viertel od. Straße mit vielen Geschäften von vielen verschiedenen Händlern in einer orientalischen Stadt': *sie streiften durch den* ~ *in N; etw. auf einem* ~ *kaufen, erstehen* **2.** 'Verkauf von unentgeltlich zur Verfügung gestellten Gegenständen, dessen Erlös einem bestimmten wohltätigen Zweck dienen soll': *einen* ~ *veranstalten*

Base ['baːzə], **die**; ~, ~n **1.** 'chemische Verbindung, die mit Säuren Salze bildet' **2.** veralt. SYN 'Cousine'; ↗ FELD I.9.1: *gestern war ich mit meiner* ~ *einkaufen* ❖ **basisch**

Baseball ['beːsbɔːl], **der**; ~s, ⟨o.Pl.⟩ 'amerikanische Art des Schlagballspiels': *die Jungen spielten* ~ ❖ ↗ **Ball**

basieren [ba'ziːʀən], basierte, hat basiert /etw./ *auf etw.* ⟨Dat.⟩ ~ 'sich auf etw. gründen (2.2), etw. als Basis (1) haben': *seine Vorschläge, Pläne, Berechnungen* ~ *auf gründlichen Recherchen; seine Vorbehalte ihnen gegenüber* ~ *auf schlechten Erfahrungen* ❖ ↗ **Basis**

Basis ['baːzɪs], **die**; ~, Basen ['baːzn̩] **1.** ⟨vorw. Sg.⟩ SYN 'Grundlage': *seine Berechnungen dienen als* ~*, bilden die* ~ *für die weitere Planung; diese Theorie ruht, steht auf einer sicheren, soliden* ~*; Forschungen auf breiter* ~ *betreiben; wir müssen für unsere Zusammenarbeit eine gemeinsame* ~ (SYN 'Plattform 2.1') *finden* **2.** ⟨vorw. Sg.⟩ 'Gesamtheit der Mitglieder einer Organisation, Partei o.Ä. im Gegensatz zu ihren Funktionären, ihrer Führung': *die* ~ *der Gewerkschaft fordert höhere Tarife; die* ~ *ist mit den Beschlüssen ihrer Parteiführung nicht einverstanden* **3.** SYN 'Stützpunkt': *dieser Ort ist geeignet als* ~ *für weitere militärische Operationen* ❖ **basieren**

basisch ['baː..] ⟨Adj.; o. Steig.; vorw. attr. u. bei Vb.; beschränkt verbindbar⟩ 'die Wirkung einer Base habend': *die Lösung reagiert* ~ ❖ ↗ **Base**

Bass [bas], **der**; ~es, ⟨o.Pl.⟩ 'tiefste Lage der Stimme von Männern beim Singen': *er hat einen tiefen, vollen* ~*; vgl. Bariton, Tenor, Alt, Sopran* ❖ **Kontrabass**

Bassin [ba'sɛ̃], **das**; ~s, ~s '(kleineres) gemauertes Becken (2) für die Aufnahme von Wasser': *Wasser in das* ~ *lassen; das Wasser im* ~ *erneuern*

Bast [bast], **der**; ~es, ~e **1.** 'unter der Rinde von Pflanzen liegendes Gewebe mit festen Fasern' **2.** ⟨o.Pl.⟩ 'aus Bast (1) gewonnene Fasern, die bes. zum Flechten verwendet werden': *eine Tasche aus* ~*; Tomatenpflanzen mit* ~ *anbinden*

basta ['basta] ⟨Interj.⟩ umg. /drückt aus, dass man über einen geäußerten Sachverhalt, eine Anordnung nicht mehr diskutieren möchte (und ein striktes Befolgen erwartet)/ 'Schluss, genug'!: *ich habe keine Zeit für solche Sachen, ~!; ihr Kinder bleibt zu Hause, und damit ~!*

basteln ['bastln] ⟨reg. Vb.; hat⟩ 'meist in seiner Freizeit kleine handwerkliche Arbeiten zur Herstellung od. Reparatur von etw. ausführen, die ein bestimmtes Geschick erfordern': *er bastelt gern, viel; an seinem Auto ~; etw. ~: ein Regal, Spielzeug ~* ❖ **Bastler**

Bastler ['bastlɐ], der; ~s, ~ 'jmd., der viel und gern bastelt' ❖ ↗ **basteln**

bat: ↗ *bitten*

Bataillon [batal'joːn], das; ~s, ~e 'Einheit der Landstreitkräfte, die aus mehreren Kompanien besteht'; ↗ FELD I.11

Batterie [batəˈriː], die; ~, ~n [..ˈriːən] **1.** 'aus einem od. mehreren Elementen bestehende Vorrichtung, die auf chemischem Wege Elektroenergie erzeugt und sie speichert'; ↗ FELD VIII.4.1.1: *die stabförmigen ~n einer Taschenlampe; die ~ (eines Autos) ('den Akkumulator') aufladen; die ~ dient zum Starten; eine ~ von 12 Volt; die ~ hat sich entladen; eine ~ aufladen* **2.** ⟨+ Attr.⟩ umg. *eine ~ ('große Anzahl') Bier- und Weinflaschen stand auf dem Tisch* **3.** 'kleinste Einheit der Artillerie'; ↗ FELD V.6.1: *die ~ bezog ihre Stellung*

Batzen [batsn̩], der; ~s, ~ **1.** ⟨+ Attr.⟩ 'Klumpen bes. einer weichen, klebrigen Masse': *eine Schüssel aus einem ~ Lehm, Ton formen* **2.** umg. emot. *ein ~ ('eine größere Summe') Geld: das hat einen ~ (Geld) gekostet*

Bau [bau], der; ~s/auch ~es, ~ten/~e **1.** ⟨o.Pl.; zu bauen 1–3⟩ 'das Bauen'; /zu 1/; ↗ FELD V.8.1/: *der ~ eines Hauses, einer Fabrik, Straße, Brücke; /zu 2/: der ~ von Motoren, Flugzeugen* **2.** ⟨nur mit best. Art.; o.Pl.⟩ *er arbeitet auf dem ~ ('arbeitet auf einer Baustelle, ist Bauarbeiter)* **3.** ⟨Pl. ~ten⟩ SYN 'Bauwerk'; ↗ FELD V.2.1: *einen ~ errichten; an dem Platz entsteht ein großer ~, stehen moderne ~ten; man will den ~ wieder abreißen* **4.** ⟨Pl. ~e⟩ 'System unterirdischer Gänge, das von bestimmten (Säuge)tieren gegraben worden ist und in dem diese leben': *der ~ eines Fuchses, Kaninchens, Dachses; der Fuchs schlüpft, kriecht in seinen ~;* vgl. *Loch (2)* **5.** ⟨o.Pl.⟩ *er ist von schlankem, kräftigem ~ ('ist von schlanker, kräftiger Statur')* **6.** ⟨o.Pl.⟩ SYN 'Struktur (1)': *der ~ eines Atoms; der ~ eines vollständigen Satzes* ❖ **bauen – baulich, bebauen, erbauen, Erbauer, Gebäude – Abbau, abbauen, Altbau, Anbau, Aufbau, aufbauen, Ausbau, ausbauen, Baulement, Bergbau, Einbau, einbauen, Gartenbau, Hochbau, Maschinenbau, Raubbau, Tagebau, Tiefbau, umbauen, vorbauen;** vgl. **bau/ Bau-**
* umg. /jmd./ **vom ~ sein** 'Fachmann auf einem bestimmten Gebiet sein': *er ist vom ~ und kennt sich im Tapezieren, mit Beton aus*

Bau ['..]|-**arbeiten, die** ⟨Pl.⟩ 'Arbeiten an einem Bauwerk': *die ~ stoppen, vorantreiben* ❖ ↗ Arbeit; -**arbeiter, der** 'jmd., der beruflich Bauarbeiten ausführt'; ↗ FELD I.10: *die ~ streiken* ❖ ↗ Arbeit

Bauch [baux], der; ~es/auch ~s, Bäuche ['bɔɪçə] **1.** 'zwischen Zwerchfell und Becken liegender Teil des Rumpfes beim Menschen und bei Wirbeltieren'; ↗ FELD I.1.1 (↗ TABL Körperteile): *der Säugling liegt, schläft auf dem ~; den ~ einziehen, vorstrecken; er klopfte sich auf den ~; jmdn. in, vor den ~ treten* **2.** 'durch die Anlagerung von Fett entstehende Wölbung am Bauch (1)'; SYN Leib (2): *er hat einen dicken, runden, starken ~; er hat einen ~ bekommen* **3.** umg. 'das Innere von Bauch (1), bes. der Magen': *mir, dem Kind tut der ~ weh; er hat einen vollen, leeren ~ ('hat viel, nichts gegessen')* ❖ **bauchig – Bauchnabel, -schmerz**
* umg. /jmd./ **sich** ⟨Dat.⟩ **den ~ vor Lachen halten** ('sehr lachen müssen'); /jmd./ **sich** ⟨Dat.⟩ **den ~ voll schlagen** 'hemmungslos sehr viel essen': *er hat sich bei der Hochzeitsfeier den ~ voll geschlagen*

bauchig ['bauxɪç] ⟨Adj.; Steig. reg., ungebr.⟩ 'nach außen gewölbt' /auf Gefäße u. Behälter bez./; ↗ FELD III.1.3: *ein ~er Krug; die Vase ist ~ (geformt)* ❖ ↗ **Bauch**

Bauch ['baux..]|-**nabel, der** umg. SYN 'Nabel' ❖ ↗ Bauch, ↗ Nabel; -**schmerz, der** ⟨vorw. Pl.⟩ umg. 'Schmerz im Bauch (3)': *der Junge klagte über (starke) ~en* ❖ ↗ Bauch, ↗ Schmerz

Bau|element [bau..], das 'im Voraus gefertigter Bestandteil, der mit anderen gleichen od. ähnlichen Teilen zu Gebäuden, elektrischen, elektronischen, technischen Geräten o.Ä. zusammengesetzt wird': *~e für Hochhäuser, Schaltungen, Waschmaschinen herstellen* ❖ ↗ Bau, ↗ Element

bauen ['bauən] ⟨reg. Vb.; hat⟩ **1.** /jmd., Institution, Unternehmen/ etw. ~ 'einzelne Teile, Materialien, Werkstoffe u.Ä. so zusammensetzen, dass etw. für einen bestimmten Zweck Vorgesehenes, dauerhaft Bestehendes, bes. ein Gebäude o.Ä., entsteht'; ↗ FELD V.3.2: *ein Haus, eine Fabrik, Straße, Brücke ~; in N werden viele Wohnungen gebaut; diese Straße ist gesperrt, weil gebaut wird; am Haus, der Straße, Brücke wird gebaut ('ist man mit Bauarbeiten beschäftigt'); er hat sich* ⟨Dat.⟩ *ein Haus gebaut; er will demnächst ~ ('sich ein Haus errichten lassen'); die Jungen ~ ('graben') sich* ⟨Dat.⟩ *dort eine Höhle* **2.** /jmd., Unternehmen/ etw. ~ 'ein technisches Produkt herstellen, das meist aus vielen einzelnen Teilen zusammengesetzt wird': *er baut Geigen, Orgeln; das Werk baut Motoren, landwirtschaftliche Maschinen, Schiffe, Flugzeuge* **3.** /bestimmtes Tier, bes. Vogel/ (sich ⟨Dat.⟩) etw. ~ 'eine Stätte zum Wohnen und Brüten errichten': *die Schwalben haben (sich) ein Nest (unter dem Dach) gebaut* **4.** ⟨vorw. im Perf.⟩ umg. /jmd./ *einen Unfall ~* ('verursachen') **5.** /jmd./ **auf jmdn., etw. ~** 'sich auf jmdn., etw. verlassen, jmdm., einer Sache fest vertrauen': *er kann auf seinen Freund ~, hat auf das Wort, Versprechen seines Freundes gebaut* ❖ ↗ **Bau**

¹Bauer ['bau̯ɐ], **der;** ~n/auch ~s, ~n **1.** 'jmd., der beruflich landwirtschaftliche Produkte (im eigenen Betrieb) erzeugt'; ↗ FELD I.10: *er ist ein selbständiger* ~, *ist* ~ *in einer Genossenschaft; der* ~ *arbeitet im Stall, auf dem Feld, pflügt den Acker; das Gemüse, die Eier direkt vom* ~n *kaufen; Ferien beim* ~n *auf dem Lande machen* **2.** 'Figur im Schachspiel': *einen* ~n *ziehen* ❖ **bäuerlich, Bäuerin − Bauernhaus, -hof;** vgl. **Bau**

²Bauer, das/auch **der;** ~s, ~ 'Käfig, bes. für Vögel, die in der Wohnung gehalten werden': *den* ~ *öffnen, schließen, zudecken*

Bäuerin ['bɔi̯ɐR..], **die;** ~, ~nen /zu ¹*Bauer* (1); weibl./
bäuerlich ['bɔi̯ɐR..] ⟨Adj.; o. Steig.; nicht präd.; vorw. attr.⟩ 'den ¹Bauer (1) betreffend, zum Bauern (1) gehörend': *eine* ~e *Wirtschaft; die* ~e *Arbeit; das* ~e *Leben; einen* ~en *Besitz bewirtschaften* ❖ ↗ **¹Bauer**

Bauern ['bau̯ɐn..]|**-haus, das** 'in meist überlieferter Weise gestaltetes bäuerliches Wohnhaus'; ↗ FELD V.2.1 ❖ ↗ ¹**Bauer,** ↗ **Haus; -hof, der** 'Grundstück eines Bauern, das das Wohnhaus und die zur Ausübung von landwirtschaftlichen Arbeiten und zur Haltung von Haustieren bestimmten Räume (und Felder) umfasst'; SYN Hof (2): *sie machten Ferien auf dem* ~ ❖ ↗ ¹**Bauer,** ↗ **Hof**

bau/Bau ['bau̯..]|**-fällig** ⟨Adj.; Steig. reg.⟩: *ein* ~es *Haus* ('ein sich in so schlechtem Zustand befindendes Haus, dass es bald einzustürzen droht'; ↗ FELD V.2.3, 3.3) ❖ ↗ **fallen; -kasten, der** 'Kasten mit Bauklötzen' ❖ ↗ **Kasten; -klotz, der** 'kleiner

Klotz aus Holz od. Kunststoff, der mit anderen zusammen als Spielzeug für Kinder dient': *der Junge spielt gern mit Bauklötzen* ❖ ↗ **Klotz** * umg. /jmd./ **Bauklötze(r) staunen** ('sich sehr wundern'); **-kosten, die** ⟨Pl.⟩ 'Kosten, die ein Bau (1) verursacht': *die* ~ *für ein Haus, eine Straße, Brücke berechnen, veranschlagen* ❖ ↗ **kosten**

baulich ['bau..] ⟨Adj.; o. Steig.; nicht präd.⟩ 'das Bauen (1), das Gebaute betreffend'; ↗ FELD V.3.3: *ein Haus* ~ *verändern; der* ~e *Zustand eines Hauses* ❖ ↗ **Bau**

Baum [baum], **der;** ~es/auch ~s, Bäume ['bɔi̯mə] 'Pflanze mit einem Stamm, Ästen und Zweigen aus Holz, die Nadeln od. Blätter trägt'; ↗ FELD II.4.1: *Bäume pflanzen, fällen; der* ~ *wächst, treibt, schlägt aus, hat viele Blüten, große Blätter; im Garten stehen alte, morsche, blühende Bäume;* /in der kommunikativen Wendung/ umg. *es, das ist, um auf die Bäume zu klettern* ('es, das ist zum Verzweifeln')! /sagt jmd., der sich über einen bestimmten Sachverhalt zwar ärgert, aber nicht wirklich tief betroffen ist/; vgl. *Busch, Strauch* ❖ **Apfelbaum, Aprikosenbaum, Birnbaum, Kirschbaum, Laubbaum, Lorbeerbaum, Mandelbaum, Nadelbaum, Nussbaum, Obstbaum, Pflaumenbaum, Pfirsichbaum, Stammbaum, Tannenbaum, Walnussbaum, Weihnachtsbaum;** vgl. **Baum-**
* umg. /jmd./ **Bäume ausreißen können** ('sehr kräftig, leistungsfähig sein'); /jmd./ **zwischen ~ und Borke sitzen, stecken/stehen** ('nicht wissen, wie man sich zwischen zwei Möglichkeiten entscheiden soll')

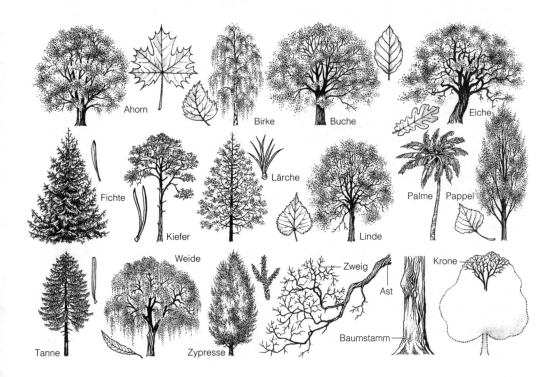

Ahorn · Birke · Buche · Eiche · Fichte · Lärche · Palme · Pappel · Kiefer · Linde · Tanne · Weide · Zypresse · Zweig · Ast · Krone · Baumstamm

Bau|material ['bau..], **das** 'Material, das zum Bauen (1) verwendet wird'; ↗ FELD II.5.1: ~*ien anfahren, abladen* ❖ ↗ **Bau**, ↗ **Material**

baumeln ['baumļn] ⟨reg. Vb.; hat⟩ **1.1.** /etw., jmd./ 'am oberen Ende, Teil an etw. befestigt sein, mit dem übrigen Teil nach unten hängen und dabei eine (gleichmäßig) schwingende Bewegung machen': *die Wäsche baumelt auf der Leine; an den Ästen ~ Lampions; er ließ die Beine (ins Wasser) ~; der verunglückte Bergsteiger baumelte am Seil* **1.2.** /jmd./ *mit den Beinen ~* ('sitzend die Beine nach unten hängen und sie eine schwingende Bewegung machen lassen')

bäumen ['bɔimən], **sich** ⟨reg. Vb.; hat⟩ **1.** /Tier, bes. Pferd/ *sich ~* 'sich (erregt, erschrocken) mit einem Ruck nach oben richten': *das Pferd bäumte sich unter seinem Reiter* **2.** emot. /etw., jmd./ *sich gegen etw. ~* 'sich gegen etw. auflehnen': *sein Stolz bäumte sich gegen die Zumutung; alles bäumte sich in ihm gegen die beleidigende Behandlung; das Volk, er bäumte sich gegen die wachsende Unterdrückung* ❖ **aufbäumen**

Baum/baum ['baum..]|**-krone, die** 'von den Ästen gebildeter oberer Teil des Baumes'; SYN Krone (3); ↗ FELD II.4.1: *die ~n wiegten sich im Wind* ❖ ↗ Krone; **-rinde, die** 'Rinde (1) eines Baumes': *eine glatte, rissige ~* ❖ ↗ Rinde; **-schule, die** 'Gartenbaubetrieb, in dem Bäume und Sträucher zum Verkauf gezüchtet werden' ❖ ↗ Schule; **-stamm, der** SYN 'Stamm (1)'; ↗ FELD II.4.1 (↗ TABL Bäume): *dicke, dünne Baumstämme; quer über dem Bach lag ein ~* ❖ ↗ Stamm; **-wolle, die** ⟨o.Pl.⟩ **1.** 'vorw. in den Tropen und Subtropen angebauter Strauch mit gelben Blüten und Samen mit langen Fasern, die mittels Spinnen (↗ spinnen 1) zu Garn verarbeitet werden' **2.** 'Fasern von Baumwolle (1)': *~ importieren; die Preise für ~ sind gestiegen* **3.** 'Gewebe aus Baumwolle (2)': *Wäsche, ein Kleid aus (reiner) ~* ❖ ↗ Wolle; **-wollen** ⟨Adj.; nur attr.⟩ 'aus Baumwolle (2)' /auf Kleidung o.Ä. bez./: *ein ~es Hemd, Kleid; ~e Unterwäsche* ❖ ↗ Wolle

Bausch [bauʃ], **der**; ~es, ~e/Bäusche ['bɔiʃə] 'kleine, nicht in eine bestimmte Form gebrachte Menge von etw. Weichem, Wolligem': ⟨+ Attr.⟩ *ein ~ Watte, Mull, Schafwolle* ❖ **aufbauschen**

* **in ~ und Bogen** 'meist auf Grund von Vorurteilen das Einzelne nicht berücksichtigend': *etw. in ~ und Bogen ablehnen, verurteilen*

Bau ['bau..]|**-sparen, das**; ~s, ⟨o.Pl.⟩ 'das Sparen bei einer Bausparkasse': *ein Vertrag für ~; durch ~ seinen Hausbau finanzieren* ❖ ↗ sparen; **-sparkasse, die** 'Bank, die Sparern Kredite bes. für den Bau eines Eigenheims gibt': *die ~ gibt für das Eigenheim einen Kredit* ❖ ↗ sparen, ↗ Kasse; **-stein, der 1.** SYN 'Ziegel'; ↗ FELD II.5.1: *~e abladen, aufeinander schichten* **2.** 'struktureller Bestandteil, wichtiges Element von etw.': *die kleinsten ~e der Materie; die Entdeckung ist ein ~ der neuen Theorie* ❖ ↗ Stein; **-stelle, die** 'Stelle, an der gebaut (1) wird': *in der Straße sind viele ~n; er arbeitet auf einer ~;*

Betreten der ~ verboten! /Aufschrift auf einem Schild, das zur Verhütung von Unfällen an einer Baustelle aufgestellt wird/ ❖ ↗ stellen; **-stoff, der** 'Werkstoff, der zum Errichten von Bauwerken verwendet wird, bes. Ziegel, Zement, Holz'; ↗ FELD II.5.1: *~e benötigen, kaufen; ein Lager für ~e* ❖ ↗ Stoff; **-teil, der** 'Bauelement, bes. für Bauwerke'; ↗ FELD V.3.1: *~e montieren, zusammensetzen* ❖ ↗ Teil; **-werk, das** 'oberhalb der Erdoberfläche Gebautes (↗ bauen 1), Gebäude'; SYN Bau (3); ↗ FELD V.2.1: *der Dom, das Hochhaus, die Brücke, Autobahn ist ein beeindruckendes ~; die antiken, mittelalterlichen ~e der Stadt* ❖ ↗ Werk

Bazillus [ba'tsɪlʊs], **der**; ~, Bazillen [..'tsɪlən] ⟨vorw. Pl.⟩ 'Bakterie in Form eines kleinen Stabes, die oft Krankheiten erregt': *das Trinkwasser enthielt Bazillen*

beabsichtigen [bə'apsɪçtɪgn], beabsichtigte, hat beabsichtigt /jmd., Institution/ *etw. ~* 'die Absicht haben, etw. Bestimmtes zu tun, etw. Bestimmtes ausführen zu wollen': ⟨vorw. mit Nebens. u. Inf. mit zu⟩ *er beabsichtigt* (SYN 'plant 2'), *ein Studium aufzunehmen, im Winter ins Gebirge zu reisen, zu verreisen; er hat das beabsichtigt; das, diese Beleidigung war nicht beabsichtigt; ich beabsichtige* (SYN 'denke, ↗ denken 7'), *noch ein wenig zu bleiben; etw. mit etw. ~: was er wohl damit, mit diesen Anrufen beabsichtigt?;* vgl. *vorhaben* ❖ ↗ **sehen**

beachten [bə'|axtṇ], beachtete, hat beachtet **1.** /jmd., Institution/ *etw. ~* 'eine Vorschrift, Regelung o.Ä. bei seinem Tun berücksichtigen, befolgen'; ANT missachten; ↗ FELD I.4.4.2: *Vorschriften, Regeln, Anweisungen, die Vorfahrt ~; bitte, ~ Sie, dass wir um 18 Uhr schließen; der Redner hatte den Einwurf nicht beachtet* **2.** /jmd./ *jmdn. ~* 'jmds. Anwesenheit (sichtbar) zur Kenntnis nehmen'; ANT ignorieren: ⟨vorw. verneint; beschränkt verbindbar⟩ *er hatte ihn den ganzen Abend kaum, wenig, nicht beachtet; er wurde kaum beachtet; er verließ, von niemandem beachtet, das Fest* ❖ ↗ ¹**Acht**

beachtlich [bə'|axt..] ⟨Adj.; Steig. reg.⟩ SYN 'beträchtlich (I)': *eine ~e Summe, Höhe; sein Guthaben ist ~ (gewachsen)* **2.** ⟨nicht bei Vb.⟩ 'von dem Ausmaß, dass es Achtung verdient': *sie haben ~e Leistungen vollbracht; die Leistungen sind ~; sie, er hat ~e Fortschritte gemacht* ❖ ↗ ¹**Acht**

Beachtung [bə'|axt..], **die**; ~, ⟨o.Pl.⟩ **1.** /zu beachten 1 u. 2/ 'das Beachten, Beachtetwerden'; ↗ FELD I.4.4.1; /zu 1/: *die ~ der Vorschriften, Verkehrsregeln;* /zu 2/: *er hat auf dieser Gesellschaft keine ~ gefunden; man hat ihm keine ~ geschenkt* ('er ist ignoriert worden') **2.** *etw. verdient ~:* diese *Leistungen verdienen ~* ('sind es wert, dass man ihnen seine Aufmerksamkeit, Wertschätzung zukommen lässt'); *jmd., etw. findet (keine) ~* 'jmd., etw. wird nicht entsprechend gewürdigt': *sein Vorschlag hat (keine) ~ gefunden; seinem Vorschlag wurde (keine) ~ geschenkt* ('sein Vorschlag wurde beachtet, nicht beachtet') ❖ ↗ ¹**Acht**

Beamte [bə'|amtə], **der**; ~n, ~n ↗ TAFEL II 'jmd., der im Dienst des Staates steht und nicht kündbar ist bis zu seiner Pensionierung'; ↗ FELD I.10: *die mittleren, höheren* ~*n; die Besoldung der* ~*s; er ist* ~*r; als* ~*r ist er zur Verfassungstreue verpflichtet;* ~ *dürfen nicht streiken* ❖ ↗ **Amt**

Beamtin [bə'|amt..], **die**; ~, ~nen /zu *Beamte;* weibl./ ❖ ↗ **Amt**

beängstigend [bə'|ɛŋstɪgənt] ⟨Adj.; Steig. reg., bei Vb.; o. Steig.⟩ 'Angst hervorrufend': *es herrschte eine* ~*e Stille, Stimmung; sein aggressives Verhalten war* ~*; sie sah* ~ ('Besorgnis erregend') *blass aus* ❖ ↗ **Angst**

beanspruchen [bə'|anʃpʀʊxn̩], beanspruchte, hat beansprucht **1.** /jmd., Institution/ *etw.* ~ 'etw. fordern (1), (worauf man einen Anspruch hat od. einen Anspruch zu haben glaubt)'; ANT verzichten: *er kann Schadenersatz* ~*; wir* ~ *das gleiche Recht (auch für uns); sein Erbteil, seinen Anteil* ~ (ANT verzichten)*; einen Sitzplatz* ~*; etw. als sein Verdienst* ~ ('verlangen, dass etw. als sein Verdienst anerkannt wird') **2.** ⟨vorw. verneint⟩ /jmd./ *etw.* ~: *jmds. Gastfreundschaft, Hilfe, Güte, Nachsicht, Aufmerksamkeit nicht länger* ~ (*können, wollen, mögen*) ('nicht länger für sich nutzen, gebrauchen, weil man es als aufdringlich empfindet'); *ich möchte ihre Hilfe nicht noch weiter* ~ ('für mich ausnutzen') **3.** /etw., jmd./ *jmdn., etw. irgendwie* ~ 'bestimmte Anforderungen an die nervlichen, physischen Kräfte eines Menschen, an die Haltbarkeit eines Materials stellen': *seine Familie, sein Beruf beansprucht ihn voll und ganz, beansprucht seine ganze Kraft; er ist nervlich sehr beansprucht; bei deiner Fahrweise werden die Reifen sehr beansprucht* ('strapaziert')*, beanspruchst du deine Reifen übermäßig* ❖ ↗ **Anspruch**

beanstanden [bə'|anʃtandn̩], beanstandete, hat beanstandet /jmd., Institution/ *etw.* ~ 'etw. als mangelhaft, fehlerhaft erkennen und bezeichnen'; SYN bemängeln: *jmds. Ausdruck, Schrift* ~*; eine Rechnung, Ware* ~ (SYN 'reklamieren')*; die beanstandeten Mängel wurden beseitigt; er beanstandete, dass die Ware nicht ordentlich verpackt war; etw. an etw.* ⟨Dat.⟩ ~: *sie hatten nichts an seiner Arbeit, seinen Leistungen, seinem Verhalten zu* ~*; was hast du, gibt es daran zu* ~? ❖ ↗ **Anstand**

beantragen [bə'|antʀaːgn̩], beantragte, hat beantragt **1.** /jmd./ *etw.* ~ 'durch einen schriftlichen, an eine Behörde gerichteten Antrag die Ausführung, Genehmigung von etw. zu erlangen suchen': *einen Pass, Ausweis, ein Visum, einen Urlaub, ein Stipendium* ~*; seine Pensionierung* ~ **2.** /jmd., bes. Jurist/ *etw.* ~ 'mit einem Antrag eine Entscheidung (auf juristischem Wege) in Bezug auf etw. fordern': *der Staatsanwalt beantragte eine Freiheitsstrafe (für den Täter); die Wiederaufnahme eines Verfahrens, die Revision eines Urteils* ~*; die Versammlung beantragte eine Vertagung; er beantragte eine Abstimmung über diesen Beschluss, über die Annahme des Antrags* ❖ ↗ **tragen**

beantworten [bə'|antvɔʀtn̩], beantwortete, hat beantwortet /jmd./ **1.1.** *etw., bes. eine Frage,* ~ 'auf eine Frage eine Antwort geben' /beschränkt verbindbar/: (*jmdm.*) *eine Frage* ~ **1.2.** *eine Eingabe, einen Brief* ~ ('dem Absender mündlich od. schriftlich eine Mitteilung dazu machen') ❖ ↗ **Antwort**

bearbeiten [bə'|aʀbaitn̩], bearbeitete, hat bearbeitet **1.** /jmd./ *etw.* ~ 'durch Arbeit so auf etw. einwirken, dass es in einen besseren Zustand kommt od. dass etw. daraus entsteht': *Holz, Metall* ~*; er hat den Boden seines Gartens intensiv bearbeitet und hofft nun auf eine gute Ernte; einen Felsen mit Hammer und Meißel* ~ **2.** /befugte Person, Behörde/ *etw.* ~ **2.1.** 'etw., bes. Schriftstücke, durchsehen und entscheiden, wie damit zu verfahren ist': *einen Antrag* ~*; die Post, Akten* ~ **2.2.** 'einen Vorgang untersuchen und zu einer Klärung bringen': *die Kriminalpolizei hat den Fall bearbeitet* **3.** /jmd./ *etw.* ~ 'einen Text unter einem bestimmten Gesichtspunkt, zu einem bestimmten Zweck verändern od. verbessern, neu gestalten': *ein Manuskript, einen Text, ein Theaterstück* ~*; etw. für etw.* ~: *man hat das Schauspiel für das Fernsehen, das Buch für den Film bearbeitet* **4.** /jmd./ *etw.* ~: *ein Thema, ein Problem, eine Aufgabe* ~ ('wissenschaftlich untersuchen od. zu einem, bes. literarischen Werk gestalten') **5.** umg. /jmd./ *jmdn.* ~ 'intensiv, unablässig auf jmdn. bes. durch Reden einwirken, um ihn zu etw. zu veranlassen, was er eigentlich nicht will': *sie haben, er hat ihn so lange bearbeitet, bis er einwilligte, mitkam, mitmachte* ❖ ↗ **Arbeit**

beaufsichtigen [bə'|aufzɪçtɪgn̩], beaufsichtigte, hat beaufsichtigt /jmd./ *jmdn., etw.* ~ 'die Aufsicht über jmdn., eine Gruppe von Personen, etw. führen': *eine Schulklasse, Kinder, Häftlinge* ~*; einen Schüler bei seinen Schularbeiten* ~*; jmds. Arbeit* ~ ('kontrollieren') ❖ **sehen**

beauftragen [bə'|auftʀaːgn̩], beauftragte, hat beauftragt /jmd., Vorgesetzter/ *jmdn.* ~*, etw. Bestimmtes zu tun* 'jmdm. den Auftrag erteilen, etw. Bestimmtes zu tun': ⟨vorw. mit Inf. + *zu*⟩ *er wurde beauftragt, der Direktor hat ihn beauftragt, die Verhandlungen zu leiten, einen Entwurf auszuarbeiten, ein Protokoll zu schreiben; jmdn. mit etw.* ~: *jmdn. mit der Durchführung von etw., mit der Ausführung einer Arbeit* ~ ❖ ↗ **Auftrag**

bebauen [bə'bauən], bebaute, hat bebaut **1.** ⟨oft im Pass.⟩ /Gemeinde, Unternehmer/ *etw.* ~ 'Gebäude, Bauwerke auf einem Grundstück, Gelände errichten': *das Grundstück soll bebaut werden; diese Gegend ist dicht (mit Hochhäusern) bebaut; sie haben das letzte freie Land auch noch bebaut* **2.** /jmd., bes. Bauer, Gärtner/ *Land* ~ ('landwirtschaftlich, gärtnerisch bearbeiten und nutzen') ❖ ↗ **Bau**

beben ['beːbm̩] ⟨reg. Vb.; hat⟩ **1.** /etw., bes. die Erde, ein Gebäude/ 'infolge eines Erdbebens, einer Erschütterung sich mehr od. weniger heftig zitternd bewegen': *die Erde bebte; der Boden bebte unter unseren Füßen; bei der gewaltigen Explosion bebten die Mauern, Häuser* **2.** geh. /jmd., etw., bes. ein Teil

des menschlichen Körpers/ ´zittern (1,3)´; ↗ FELD
I.6.2: *vor Kälte, Angst, Wut* ~; *er bebte am ganzen
Körper; etw. bebt jmdm.: seine Lippen, Knie bebten
ihm* ❖ **Beben** — **Erdbeben**

Beben, das; ~s, ~ ´Erdbeben´: *ein heftiges* ~ *hat die
Stadt, das Land erschüttert; durch das, die* ~ *wurden
viele Häuser zerstört* ❖ ↗ **beben**

Becher [´bɛçɐ], **der**; ~s, ~ **1.** ´kleineres, meist zylin-
derförmiges (Trink)gefäß ohne Henkel´ (↗ TABL
Gefäße); ↗ FELD V.7.1: *ein* ~ *aus Steingut, Kunst-
stoff; etw. aus einem* ~ *trinken; ein* ~ *fürs Zähne-
putzen; ein* ~ *(aus Leder) zum Würfeln* **2.** ⟨o.Pl.⟩
´Menge, die den Inhalt von Becher (1) bildet´: *ei-
nen, zwei* ~ *Milch trinken* ❖ **Aschenbecher, Eierbe-
cher, Eisbecher, Messbecher**

MERKE Nicht alle mit *Becher* gebildeten Kompo-
sita bezeichnen auch Gegenstände, die die Form ei-
nes *Bechers* (1) haben, z. B. *Eierbecher, Aschenbe-
cher*

Becken [´bɛkn̩], **das**; ~s, ~ **1.** ´größerer, oben offener,
meist breiter, runder Behälter, der bes. in Küche,
Bad installiert ist´: *ein* ~ *aus Steingut, Marmor; die
Küche hat zwei große* ~ *zum Abwaschen; ein* ~
montieren; sich im ~ *waschen; das* ~ *der Toilette
sauberhalten* **2.** ´(im Freien angelegter) meist im Bo-
den installierter und meist gemauerter, oben offe-
ner großer Behälter für Wasser, in dem man
schwimmen kann´: *das* ~ *eines Springbrunnens, ei-
ner Schwimmhalle; ins* ~ *springen; das Wasser aus
dem* ~ *ablassen, ablaufen lassen; neues Wasser in
das* ~ *füllen* **3.** ´Gesamtheit der Knochen, die die
Verbindung zwischen Beinen und Wirbelsäule bil-
den´: *das männliche, weibliche* ~; *ein breites* ~ *ha-
ben; durch den Sturz ist das* ~ *gebrochen* ❖ **zu (1):
Waschbecken**

bedacht [bə´daxt] ⟨Adj.; o. Steig.; nur präd. (mit
sein); ↗ auch *bedenken*⟩ /jmd./ *auf etw.* ~ *sein* ´ge-
nau darauf achten und dafür sorgen, dass das, was
man möchte, auch realisiert wird´: *er war stets auf
seinen Vorteil, auf ihr Wohl* ~; *auf seinen guten Ruf*
~ *sein; er war immer darauf* ~, *ihr eine Freude zu
machen, einen guten Eindruck zu machen* ❖ ↗ **den-
ken**

Bedacht ❖ ↗ **denken**
* **mit** ~ ´es sich vorher gut überlegend´: *er sprach,
handelte mit* ~; *er fragte dies mit* ~; *er suchte sich
mit* ~ *davon etw. aus;* **ohne** ~ ´ohne es sich vorher
gut zu überlegen´: *er handelte ohne* ~; **voll** ~ ´be-
sonnen und alles vorher gut überlegend´: *etw. voll*
~ *wählen; sich voll* ~ *für etw. entscheiden; voll* ~
über etw. urteilen ❖ ↗ **denken**

bedächtig [bə´dɛçtɪç] ⟨Adj.; Steig. reg., ungebr.⟩ ´ru-
hig und ohne Hast´ /bes. auf Bewegungen, das
Sprechen bez./: *er nickte* ~ *mit dem Kopf, bewegte
den Kopf* ~; *er ging* ~*en Schrittes ins Haus; mit
seinen* ~*en* (´ruhig gesprochenen´) *Worten gelang es
ihm, Ruhe zu schaffen; er sprach* ~; *er sagte* ~, *...*
❖ ↗ **denken**

bedanken [bə´daŋkn̩], **sich**, bedankte sich, hat sich be-
dankt /jmd./ *sich für etw.* ~ ´für etw. danken (1.2)´:

sich höflich, herzlich (bei jmdm.) für etw. ~; *er be-
dankte sich für die Einladung, das Geschenk; er be-
dankte sich beim Wirt für das gute Essen;* /in der
kommunikativen Wendung/ iron. *dafür kannst du
dich bei ihm bedanken* (´daran ist er schuld, das hat
er dir angetan´); vgl. *danken* (1.2) ❖ ↗ **danken**

Bedarf [bə´daʀf], **der**; ~s/auch ~es, ⟨o.Pl.⟩ **1.** ´die
Nachfrage auf dem Markt (1) nach Waren, Leis-
tungen´: ⟨vorw. mit *an*⟩ *der* ~ *an Lebensmitteln,
Baustoffen, Ersatzteilen ist gewachsen; der* ~ *an
Elektroenergie ist gestiegen, gesunken; den* ~ *de-
cken; über* ~: *wir sind schon über* ~ (´mit mehr, als
wir brauchen´) *mit Kraftfahrzeugen eingedeckt* **2.**
´das, was jmd. zu einem bestimmten Zweck
braucht, nötig hat´: ⟨vorw. mit *an*⟩ *der* ~ *des Kör-
pers, mein* ~ *an Vitaminen; wir bestellen nur, wenn*
~ *besteht, bei* ~ *(an dieser Ware); er fragte sie nach
ihrem* ~ (´was sie für sich selbst brauche´); *etw. für
den persönlichen* ~ *einkaufen;* ⟨o.Art.⟩ *sie holte sich
je nach* ~ (´wie sie es brauchte´) *Geld von ihrem
Konto; bei* ~ (´wenn es nötig ist´) *werden zusätzlich
Züge eingesetzt;* /in der kommunikativen Wen-
dung/ *mein* ~ *ist gedeckt* /wird gesagt, wen man
einer Sache überdrüssig ist, genug von etw. hat,
bes. von bestimmten negativen Erfahrungen ❖ ↗
bedürfen

bedauerlich [bə´daoɐ..] ⟨Adj.; Steig. reg.⟩ ´so, dass
man es bedauern (2) muss´ /beschränkt verbind-
bar/; ↗ FELD I.6.3: *das ist ein* ~*er Irrtum, Fehler;
es, das ist* ~, *wir finden es* ~, *dass du nicht mitge-
kommen bist; der Vorfall ist* ~; *am bedauerlichsten
war, dass ...* ❖ ↗ **dauern**

bedauerlicher|weise [bə´daoɐlɪçə..] ⟨Satzadv.⟩ SYN
´leider´: ~ *konnte er nicht kommen* ❖ ↗ **dauern**

bedauern [bə´daoɐn], bedauerte, hat bedauert **1.**
/jmd./ *jmdn.* ~ SYN ´jmdn. bemitleiden´: *einen
Kranken, Unglücklichen* ~; *er, sie ist wirklich zu* ~
2. /jmd./ *etw.* ~ ´ausdrücken, dass einem etw. Leid
tut, man es unerfreulich findet (was man getan od.
unterlassen hat od. was man nicht verhindern
konnte´; SYN bereuen: *er bedauerte seine harten
Worte, sein unnachgiebiges Verhalten; ich be-
dau(e)re diesen Irrtum, Vorfall sehr; ich bedau(e)re
aufrichtig, dass der Vertrag nicht zustande gekom-
men ist; ich bedau(e)re, dass ich nicht dabei sein
konnte;* /in der kommunikativen Wendung/ *be-
daure!* /sagt jmd., wenn er in höflicher Form aus-
drücken will, dass er etw. nicht tun od. eine Bitte
nicht erfüllen kann/ ❖ ↗ **dauern**

bedauerns|wert [bə´daoɐns..] ⟨Adj.⟩ ´in einem Zu-
stand, der Mitleid verdient´ /auf Personen, Abs-
traktes bez./; ↗ FELD I.6.3: *er befand sich in einer*
~*en Lage; er ist ein* ~*er Mensch, ist* ~; *ich fand
ihn* ~ ❖ ↗ **dauern**

bedecken [bə´dɛkn̩], bedeckte, hat bedeckt **1.** /jmd./
etw., jmdn. mit etw. ~ ´etw. auf, über etw., jmdn.
legen, sodass es, er verhüllt ist, nicht mehr zu sehen
ist´: *den Tisch mit einem Tuch, den Toten, Leichnam
mit einer Plane* ~; *sie bedeckte vor Schreck, Scham
ihr Gesicht mit den Händen;* ⟨oft adj. im Part. II⟩

der Fußboden war mit Teppichen bedeckt; der Schreibtisch war mit Akten, Papieren bedeckt **2.1.** *etw. bedeckt etw.* ˈetw. füllt eine bestimmte Fläche aus, sodass sie verhüllt, nicht zu sehen istˈ; SYN verhüllen: *der Rock bedeckt die Knie; das Tuch bedeckt den Tisch nicht ganz; der Schnee bedeckt das ganze Land* **2.2.** *etw. bedeckt sich: der Himmel bedeckt sich* (ˈbewölkt sichˈ); *über Nacht ist der Himmel bedeckt; bei bedecktem* (ˈganz und gar bewölktemˈ) *Himmel sinkt die Temperatur auf ... Grad* ❖ ↗ **Decke**

bedenken [bəˈdɛŋkn̩], bedachte [bəˈdaxtə], hat bedacht; ↗ auch *bedacht* **1.** /jmd./ *etw.* ~ ˈgründlich über etw., bes. etw. Zukünftiges od. etw., das zu tun ist, nachdenken (und dabei Vor- und Nachteile, die möglichen Folgen überlegen)ˈ; ↗ FELD I.4.1.2, 4.3.2, 4.4.2: *die Folgen einer Handlung, Entscheidung* ~; *sein Urteil, seine Entscheidung, seinen Plan genau* ~; *er hatte genau bedacht, was er sagen wollte; wenn ich es recht bedenke, hat er doch recht; du musst dabei* ~, *dass es sehr gefährlich ist; das war nicht gründlich genug bedacht (worden)* **2.** ⟨vorw. mit Adv., Nebens.⟩ /jmd./ *etw.* ~ ˈetw. berücksichtigen, das möglicherweise eintreten könnte od. beachtet werden mussˈ: *bei den Vorbereitungen zur Expedition gab es viel zu* ~; *bedenke, dass er lange krank war; er gab uns zu* ~ (ˈmachte uns deutlich, dass wir zu berücksichtigen hättenˈ), *dass sie noch sehr jung war; das hatten wir dabei nicht bedacht* **3.** geh. /jmd./ *jmdn. mit etw.* ~ ˈjmdm. etw. zuteil werden lassen, zukommen lassenˈ: *jmdn. mit Beifall, Lob, mit guten Ratschlägen* ~; ⟨vorw. im Pass.⟩ *er wurde mit einem Buch bedacht; zum Geburtstag hatte man ihn reichlich mit Geschenken bedacht; er ist bei der Verteilung des Erbes gut bedacht worden; jmdn. in seinem Testament* ~ ❖ ↗ **denken**

Bedenken, das; ~s, ~ ⟨vorw. Pl.⟩ ˈaufgrund von Überlegungen bestehender Zweifel, Vorbehalt bes. im Hinblick auf etw. Geplantesˈ; ↗ FELD I.4.1.1, 4.3.1: /mit bestimmten Verben verwendbar/ ~ *gegen etw. äußern, haben, hegen; seine* ~ *gegen etw. äußern; es bestehen, es gibt keine* ~ *(dagegen), ob jmdn. kommen* ~, *ob ...: ihm kamen* ~, *ob er das richtig entschieden hatte; etw., jmd. gibt zu* ~ *(keinen) Anlass; er hatte schwere, ernste, schwerwiegende* ~, *das zuzulassen; alle* ~ *beiseite schieben; sich über alle* ~ *hinwegsetzen und den Versuch wagen; es war uns nicht gelungen, seine* ~ *zu beseitigen, zu zerstreuen; einem Plan, jmdm. ohne* ~ *zustimmen* ❖ ↗ **denken**

bedenklich [bəˈdɛŋk..] ⟨Adj.; Steig. reg.⟩ **1.** ⟨nicht präd.⟩ SYN ˈskeptischˈ /vorw. auf Mimisches bez./: *ein* ~*es Gesicht, eine* ~*e Miene machen; ihr Gesicht wirkte* ~; *diese neue Wendung der Dinge machte, stimmte uns* ~ **2.** ˈAnlass zu Besorgnis gebendˈ; SYN bedrohlich: *die Entwicklung der Sache hat eine* ~*e Wendung, Richtung genommen; die Lage, sein Gesundheitszustand ist* ~, *hat sich* ~ *verschlechtert* ❖ ↗ **denken**

bedeuten [bəˈdɔytn̩], bedeutete, hat bedeutet; ↗ auch *bedeutend* **1.1.** *etw.* (vorw. *das, was*) *bedeutet etw.*

(vorw. *das, was*) ˈetw., bes. etw. Mimisches, hat eine bestimmte Bedeutung (1.1)ˈ: ⟨vorw. mit Nebens. od. im Fragesatz⟩ *er wusste nicht, was dieser Blick, diese Geste, dieses (Verkehrs)zeichen zu* ~ *hatte; was soll das* ~?; *was hat das zu* ~ (ˈwas bedeutet dasˈ)? **1.2.** *etw. bedeutet etw.* ˈein Wort, Ausdruck, eine Wendung hat eine bestimmte Bedeutung (1.2)ˈ: *das Wort „Gift" bedeutet ursprünglich „Gabe"; was bedeutet (das Wort) Lexikon?; was bedeutet das?* **1.3.** *etw.* (vorw. *es, das*) *bedeutet etw.* ˈetw. ist etw.ˈ: *er wusste nicht, was es bedeutet* (ˈwie es istˈ), *krank zu sein, Erfolg zu haben; wenn wir nachgeben, so muss das nicht* ~ (ˈmuss das nicht so seinˈ), *dass du Recht hast; diese Reise mitzumachen bedeutet* (ˈistˈ) *für sie ein großes Wagnis* **1.4.** *etw.* (vorw. *das*) *bedeutet etw.* ˈetw. deutet auf etw. Bevorstehendesˈ: *das, seine Miene bedeutet nichts Gutes; die dunklen Wolken* ~ *schlechtes Wetter; das bedeutet, dass wir gutes Wetter bekommen; was bedeutet das?* **2.** *etw. bedeutet viel, wenig, nichts* ˈetw. gilt viel, wenig, nichts für jmdn., etw.ˈ: *sein Name bedeutet viel unter Fachleuten; das hat nichts zu* ~ (ˈdas ist unwichtigˈ); *etw. bedeutet jmdm. viel, wenig, nichts: Geld, Schmeicheleien* ~ *ihnen nichts, viel; jmd. bedeutet jmdm. viel: er bedeutet uns viel* (ˈwir schätzen ihn sehrˈ) ❖ ↗ **deuten**

bedeutend ↗ auch *bedeuten* **I.** ⟨Adj.; nicht bei Vb.; vorw. attr.⟩ **1.** ˈhohes Ansehen, große Geltung, besondere Befähigung besitzendˈ; SYN berühmt (1.1), groß (8.2) /auf Personen bez./: *er ist ein* ~*er Gelehrter; Werke* ~*er Künstler* **2.** SYN ˈberühmt (1.2)ˈ /auf Sachen, bes. Kunstwerke bez./: *ein* ~*er Roman, ein* ~*es Gemälde, Bauwerk; einer der* ~*sten Filme der letzten Jahre* **3.** ˈvon besonderem Gewicht, starker Wichtigkeit, mit weit reichenden Folgenˈ; SYN bedeutsam (1), groß (8.1) /auf Abstraktes bez./: *ein* ~*es geschichtliches Ereignis; eine* ~*e Erfindung; etw., jmd. spielt bei diesem Ereignis eine* ~*e Rolle; es handelt sich um nichts Bedeutendes* **4.** SYN ˈbeträchtlich (I)ˈ: *diese Firma verfügt über* ~*e Mittel; er hat einen* ~*en Anteil an dieser Arbeit; sein Anteil an dieser Arbeit ist* ~ – **II.** ⟨Adv.; betont; bei Vb. u. vor Adj. im Komp.⟩ ˈsehrˈ: *sein Zustand hat sich* ~ *gebessert; er ist* ~ (ˈvielˈ) *besser, schlechter, größer als sie* ❖ ↗ **deuten**

bedeutsam [bəˈdɔyt..] ⟨Adj.⟩ **1.** ⟨ Steig. reg.; nicht bei Vb.⟩ SYN ˈbedeutend (I.3)ˈ /auf Abstraktes bez./: *eine* ~*e Entdeckung, Erfindung, Entscheidung; ein* ~*es geschichtliches Ereignis* **2.** ⟨o. Steig.; vorw. attr.⟩ ˈvielsagendˈ /beschränkt verbindbar/: *ein* ~*es Lächeln; jmdn.* ~ *anblicken;* ~ *mit den Augen zwinkern* ❖ ↗ **deuten**

Bedeutung [bəˈdɔyt..], die; ~, ~en **1.1.** ⟨o.Pl.⟩ ˈbestimmter Sinn, der in etw. liegtˈ: *die tiefere* ~ *dieser Dichtung, Worte; diese Sache hatte eine schlimme* ~ **1.2.** ˈeiner sprachlichen Form, einem Zeichen (1) od. einer Geste zugeordneter Inhaltˈ: *die* ~ *eines Wortes erklären; ein Wort hat mehrere* ~*en; jedes Wort hat eine* ~; *was ist die* ~ *dieses Wortes, dieser Geste?; er kannte nicht die* ~ *dieses Wortes* **2.**

⟨o.Pl.⟩ ʿvon besonderer Wichtigkeit für etw., jmdn. od. Wirkung auf etw., jmdn.ʾ; SYN Gewicht (3): *ein Ereignis, die Entscheidung einer Regierung ist von besonderer, ausschlaggebender, untergeordneter, geschichtlicher ~ (für die weitere Entwicklung des Landes); einem Ereignis eine besondere, bestimmte ~ beimessen; diese Beschlüsse haben, bekommen eine große ~ (für uns alle); dieser Unterscheidung kann man keine ~ beimessen; das hat nicht die geringste, hat keine ~* (ʿist völlig belanglosʾ) **3.** ⟨o.Pl.⟩ ʿhohe Qualität und Bedeutung (2)ʾ: *die literarische, künstlerische, wissenschaftliche ~ eines Werkes* ❖ ↗ **deuten**

bedienen [bə'diːnən], bediente, hat bedient **1.1.** /jmd., bes. Kellner/ *jmdn.* ~ ʿjmdm., bes. einem Gast, Angehörigen, das, was er möchte, braucht, bringen, für ihn zurechtlegenʾ: *der Ober, Kellner hat die Gäste schnell und aufmerksam bedient; sie sind gut bedient worden;* emot. neg. *der lässt sich immer nur (von seiner Frau) ~* (ʿpackt selbst nicht mit anʾ) **1.2.** /jmd./ *sich* ~ ʿsich bes. beim Essen selbst nehmen, was man möchte od. brauchtʾ: *er bediente sich selbst;* /in der kommunikativen Wendung/ *bitte, bedienen Sie sich!* /sagt jmd. zu seinem Gast, seinen Gästen, wenn er sie auffordern will, selbst etw. von den angebotenen Speisen, Getränken zu nehmen/ **1.3.** /Verkäufer(in)/ *jmdn.* ~ ʿeinen Kunden beim Kauf von etw. helfen, beratenʾ: *in diesem Geschäft sind wir immer gut bedient worden;* /in der kommunikativen Wendung/ *werden Sie schon bedient?* /Frage, mit der sich ein(e) Verkäufer(in) an einen u.U. noch unschlüssig herumstehenden Kunden wendet/ **2.** /jmd./ *etw.* ~ ʿeine Maschine, ein Gerät, eine Anlage fachgerecht in Betrieb haben und die Funktion überwachen, regelnʾ; ↗ FELD V.5.2: *die (Bohr)maschine, den Fahrstuhl, die Steuerung ~* **3.** geh. /jmd./ *sich etw.* ⟨Gen.⟩ ~ ʿetw. für einen bestimmtem Zweck benutzenʾ: *er bediente sich des Kompasses, um seinen Standort festzustellen; sich eines Werkzeuges ~; sich einer fremden, der französischen Sprache ~, um sich verständlich zu machen; er bediente sich eines Zitates, um seine Meinung zu verdeutlichen* ❖ ↗ **dienen**
* umg. /jmd./ **(mit etw.) gut, schlecht bedient sein** ʿmit etw. (nicht) zufrieden sein könnenʾ: *damit, mit dem Vertrag bist du aber gut bedient!;* /jmd./ **von etw., jmdm. bedient sein** ʿeiner Sache, Person überdrüssig sein, von ihr nichts mehr wissen wollenʾ: *von dem Kerl bin ich ~!*

Bedienung [bə'diːn..], **die**; ~, ~en **1.** ⟨o.Pl.⟩ /zu bedienen 1.1 u. 1.3,2/ ʿdas Bedienenʾ; /zu 1.1 u. 1.2/: *eine Gaststätte mit, ohne ~; die ~ ist im Preis enthalten; die ~ in der Gaststätte, im Kaufhaus war vorbildlich; wir erwarten eine prompte, schnelle ~;* /zu 2/: *die ~ der Maschine erfordert keine besondere Ausbildung* **2.** ⟨vorw. Sg.⟩ ʿin einem Restaurant tätige(r) Kellner(in)ʾ: *die ~ ließ auf sich warten, fragte nach den Wünschen des Gastes; er rief nach der ~; ~, bitte!* /fordernder Ruf des Gastes nach dem Kellner, der Kellnerin/ ❖ ↗ **dienen**

bedingen [bə'dɪŋən], bedingte, hat bedingt; ↗ auch *bedingt* **1.** *etw. bedingt etw.* ʿetw. hat etw. als Ursacheʾ: *die Panne bedingte einen längeren Aufenthalt;* ⟨vorw. adj. im Part. II⟩ *etw. ist durch etw., etw. ist irgendwie bedingt* ʿetw. hat etw. als Ursacheʾ: *das ist durch schlechte Ernährung, durch schlechtes Wetter bedingt; die Krankheit ist psychisch bedingt; etw. ist jahreszeitlich bedingt* **2.** *etw. bedingt etw.* ʿetw. setzt etw. vorausʾ: *die Bewältigung dieser Aufgabe bedingt Fleiß und Können* ❖ **bedingt, Bedingung, unbedingt** — **ausbedingen, bedingungslos, Lebensbedingungen, zeitbedingt;** vgl. **Ding**

bedingt [bə'dɪŋt] ⟨Adj.; o. Steig.; ↗ auch *bedingen*⟩ **1.** ⟨vorw. bei Vb.⟩ ʿmit Einschränkungʾ: *etw. ist nur ~ verwendbar, zutreffend; er hat nur ~e Anerkennung erlangt; seine Ansprüche sind nur ~ anerkannt worden* **2.** ⟨nur attr.⟩ Physiol. /nur beschränkt verbindbar/ *ein ~er* (ʿdurch allmähliche Erfahrung, Gewöhnung erworbenerʾ; ANT unbedingter II) *Reflex* ❖ ↗ **bedingen**

Bedingung [bə'dɪŋ..], **die**; ~, ~en **1.** ʿ(geforderte) Voraussetzung für die Realisierung von etw.ʾ: *die ~ für die Einstellung ist ein entsprechendes Zeugnis; der Vertrag enthält einige harte, ungünstige ~en; er war nur unter dieser ~ bereit, uns zu folgen; unsere ~en sind von der gegnerischen Seite nicht erfüllt worden; es wurden folgende ~en vereinbart ...; wie lauten Ihre ~en?; (jmdm.) eine ~ stellen* ʿfordern, dass etw. als Voraussetzung für etw. realisiert wirdʾ: *er stellte folgende ~ ...; er stellte die ~, dass ...; etw. zur ~ machen: er machte die Bezahlung aller Schulden für seine Lieferung zur ~* (ʿer forderte, dass, bevor er lieferte, alle Schulden an ihn bezahlt würdenʾ) **2.** ⟨vorw. Pl.⟩ ʿgegebene Umstände, die das Leben, die Arbeit von Menschen bestimmen, beeinflussenʾ: *die klimatischen ~en dieser Gegend sagen mir nicht zu; unter ungünstigen, günstigen, guten, erschwerten ~en leben, arbeiten müssen; die ökonomischen ~en haben sich verändert* ❖ ↗ **bedingen**

bedingungs|los [bə'dɪŋʊŋs..] ⟨Adj.; o. Steig.; nicht präd.⟩ **1.** ʿohne Einschränkung, ohne Vorbehalt, Bedingung (1)ʾ; SYN rückhaltlos, vorbehaltlos: *er vertraute, glaubte ihr ~; er verlangte von ihnen ~e Hingabe an seine Person, seine Ideen; jmdn., einen Vorschlag ~ unterstützen* **2.** ʿohne irgendeine Bedingung (1)ʾ /beschränkt verbindbar; vorw. auf Militärisches bez./: *die ~e Kapitulation; sich ~ ergeben* ❖ ↗ **bedingen,** ↗ **los**

bedrängen [bə'drɛŋən], bedrängte, hat bedrängt **1.** /jmd./ *etw., jmdn.* ~ ʿetw., jmdn. durch (hartnäckige) Angriffe (1) in eine schwierige Lage bringenʾ: *die Truppen haben die Stadt, ihre Gegner hart bedrängt* **2.** /jmd./ *jmdn. mit etw.* ~ ʿjmdn. durch etw. in eine schwierige Lage bringen, um ihn zu einem bestimmten Handeln zu zwingenʾ: *jmdn. mit Bitten, Fragen, Forderungen ~; seine Gläubiger haben ihn bedrängt, so dass er Konkurs anmeldete* **3.** *etw. bedrängt jmdn.*: *Sorgen, Zweifel, Ängste, Schuldgefühle ~* (SYN ʿbedrückenʾ) *ihn, sein Herz* ❖ ↗ **drängen**

Bedrängnis [bə'dʀɛŋ..], **die**; ~, ~se ⟨vorw. Sg.⟩ ˈmaterielle od. psychisch schwierige Lage eines Menschen' /beschränkt verbindbar/: *in (großer)* ~ *sein; sich in großer* ~ *befinden; in* ~ *geraten; er hat sie durch seine Waghalsigkeit, seine Liebeswerbungen, durch sein rücksichtsloses Vorgehen in* ~ *gebracht* ❖ ↗ **drängen**

bedrohen [bə'dʀoːən], bedrohte, hat bedroht **1.** /jmd./ *jmdn. mit etw.* ~ ˈjmdm. mit Worten od. Taten drohen, gegen ihn Gewalt einzusetzen': *er hat ihn mit einem Messer, mit erhobenen Fäusten bedroht; sie fühlte sich durch ihn bedroht* **2.** *etw. bedroht etw., jmdn.* ˈetw. ist eine Gefahr für etw., jmdn.': *das Hochwasser bedroht die Einwohner, die Stadt; die Seuche bedrohte das Leben vieler Menschen; viele Tierarten sind vom Aussterben bedroht* ❖ ↗ **drohen**

bedrohlich [bə'dʀoː..] ⟨Adj.; Steig. reg.⟩ SYN ˈbedenklich (2)': *der Angreifer war uns* ~ *nahe gekommen; das Hochwasser war* ~ *gestiegen; es war eine* ~*e Situation entstanden; die Lage wurde immer* ~*er* (SYN ˈgefährlicher 1') ❖ ↗ **drohen**

bedrücken [bə'dʀʏkn̩], bedrückte, hat bedrückt *etw. bedrückt jmdn.* ˈetw. wirkt in quälender Weise auf jmdn., bes. auf seinen psychischen Zustand, ein, schafft ihm seelische Leiden': *Sorgen* ~ *ihn/ihn* ~ *Sorgen; eine große Angst vor der Zukunft bedrückte ihn; etw., die Erinnerung an die Tat bedrückte ihn; ihn bedrückt das Gefühl der Einsamkeit, Hilflosigkeit; sein Geldmangel, seine Krankheit bedrückt ihn; was bedrückt dich* (ˈwas macht dir Kummer, Sorgen')?; *im Zimmer herrschte ein* ~*des, bedrücktes Schweigen; bedrückt* (ˈniedergeschlagen, deprimiert, traurig') *aussehen, wirken*; vgl. *quälen (1.2)* ❖ ↗ **drücken**

bedürfen [bə'dʏʀfn̩] (er bedarf [..'daʀf]), bedurfte [..'dʊʀftə], hat bedurft vorw. geh. /jmd., etw./ *etw.* ⟨Gen.⟩, *jmds.* ~ ˈetw., jmdn. brauchen, nötig haben': *der Verunglückte bedarf dringend (der Hilfe) eines Arztes; er bedarf noch der Schonung und des Trostes; etw., ein Missverständnis, ein Problem bedarf noch der Klärung; das bedarf einer ausführlichen Erläuterung, keiner weiteren Worte, keiner Entschuldigung; es hätte nur eines Hinweises bedurft, und wir hätten ihm geholfen* ❖ **Bedarf, Bedürfnis — Energiebedarf, hilfsbedürftig**

Bedürfnis [bə'dʏʀf..], **das**; ~ses, ~se **1.** ⟨nur im Pl.⟩ ˈdas, was jmd. für seine Existenz, für sein Wohlergehen braucht': *die Befriedigung der materiellen, kulturellen* ~*se der Menschen, der Gesellschaft* **2.** ⟨o.Pl.⟩ **2.1.** *ein, das* ~ *nach etw.* ˈder Wunsch, das Verlangen nach etw.': *er hatte, fühlte, verspürte ein großes* ~ *nach Unterhaltung, Ruhe, Schlaf, Anerkennung, Zärtlichkeit; es besteht ein allgemeines, dringendes* ~ *nach etw.;* ⟨+ Nebens.⟩ *er hatte das* ~, *sich mit jmdm. auszusprechen; ein* ~ *befriedigen;* geh. verhüllend *ein* ~ *haben* (ˈseine Notdurft verrichten müssen') **2.2.** *es ist jmdm. ein* ~ ⟨+ Nebens. mit Inf.⟩: *es ist mir ein* ~, *Ihnen zu danken* (ˈich möchte Ihnen unbedingt danken') ❖ ↗ **bedürfen**

Beefsteak [biːfsteːk], **das**; ~s, ~s **1.1.** ˈScheibe gebratenes Rindfleisch, bes. von der Lende des Rindes'; ↗ FELD I.8.1: *ein* ~ *braten* **1.2.** ˈBeefsteak (2)': *heute gibt es bei uns* ~ *mit Kartoffelsalat* **2.** *ein deutsches* ~ (ˈein gebratener flacher Klops aus Schabefleisch') ❖ ↗ **Steack**

beeilen [bə'|ailən], **sich**, beeilte sich, hat sich beeilt /jmd./ *sich mit, bei etw.* ~ ˈbei der Ausführung von etw. besonders schnell handelnd vorgehen, um in möglichst kurzer Zeit od. um noch rechtzeitig damit fertig zu werden, zu sein': *wir müssen uns* ~, *wenn wir den Zug noch erreichen wollen; nun beeil' dich mal!; er beeilte sich mit seiner Arbeit, bei seinen Vorbereitungen; sich* ~ ⟨+ Nebens. mit Inf. + *zu*⟩: *er beeilte sich, uns zuzustimmen* (ˈstimmte uns eilig und in unterwürfiger Weise zu') ❖ ↗ **eilen**

Beeilung [bə'|ail..], umg. /in der kommunikativen Wendung/ *(etwas)* ~ *(bitte)* (ˈbeeilen Sie sich')! /wird zu jmdm. gesagt, um ihn zu schnellem Handeln zu veranlassen/ ❖ ↗ **eilen**

beeindrucken [bə'|aindʀʊkn̩], beeindruckte, hat beeindruckt /etw., jmd./ *jmdn.* ~ ˈauf jmdn. wegen einer Besonderheit eine starke, nachhaltige psychische Wirkung ausüben, großen Eindruck machen'; SYN imponieren: *das Erlebnis, Bauwerk, die Landschaft des Südens, der Sänger, Film hat uns sehr beeindruckt; er ließ sich davon, von seinem Geschrei, seinen Vorwürfen nicht, nicht im Geringsten* ~; *jmd. ist stark, sichtlich, tief von etw. beeindruckt; das Theater bot eine* ~*de Aufführung*; vgl. *imponieren* ❖ ↗ **Eindruck**

beeinflussen [bə'|ainflʊsn̩], beeinflusste, hat beeinflusst /jmd., etw./ *jmdn., etw.* ~ ˈauf jmdn., etw., bes. auf eine Entwicklung, auf jmds. Denken, Fühlen, Handeln aktiv, vorsätzlich Einfluss nehmen': *er hat immer wieder versucht, sie (in seinem Sinn, im Sinn seiner Vorstellungen, Interessen) zu* ~; *er versuchte unser Urteil, Denken, Handeln zu* ~; *jmdn. in seinem Denken, Handeln* ~; *jmd. ist schnell, leicht, schwer zu* ~; *diese Ereignisse haben die Entscheidungen der Politiker nachhaltig beeinflusst; er war, ist durch ihn, von ihm beeinflusst* ❖ ↗ **Einfluss**

beeinträchtigen [bə'|aintʀɛçtɪgn̩], beeinträchtigte, hat beeinträchtigt /etw./ *etw., jmdn.* ~ ˈauf etw., jmdn. eine negative, störende, hemmende Wirkung ausüben': *Alkohol beeinträchtigt das Reaktionsvermögen; Lärm beeinträchtigt die Konzentrationsfähigkeit; das schlechte Wetter beeinträchtigte unsere Stimmung; jmdn. in etw.* ⟨Dat.⟩ ~: *wir fühlten uns (durch diese Maßnahmen) in unserer (Entscheidungs)freiheit beeinträchtigt; die Krankheit beeinträchtigte* (ˈverminderte') *sein Leistungsvermögen*

beenden [bə'|ɛndn̩], beendete, hat beendet /jmd./ *etw.* ~ ˈeine bestimmte Tätigkeit zu Ende bringen, nicht weiter fortführen'; ANT anfangen (1), beginnen (1); ↗ FELD VII.3.2: *er hat das Gespräch, die Unterhaltung sehr schnell wieder beendet; ich will diese Arbeit heute noch* ~ (SYN ˈabschließen 2'); *ich will diesen Streit* ~; *eine Reise, einen Besuch* ~; *die Ver-*

sammlung war nach zwei Stunden beendet; die Er-mittlungen ~ (ANT aufnehmen 1) ❖ ↗ **Ende**
beerdigen [bə'|eːɐdɪgn̩], beerdigte, hat beerdigt /jmd., Angehörige, Institution/ *einen Verstorbenen* ~ 'einen Verstorbenen in feierlicher Form (in einem Sarg) in ein Grab legen'; SYN begraben, bestatten, beisetzen: ⟨oft im Pass.⟩ *er ist nicht eingeäschert, sondern beerdigt worden; jmdn. kirchlich* ~ ❖ ↗ **Erde**
Beerdigung [bə'|eːɐdɪg..], **die**; ~, ~en **1.** 'das Beerdi-gen'; SYN Beisetzung (1), Bestattung (1): *die* ~ *des Verstorbenen* **2.** 'Feier anlässlich der Beerdigung (1)' ↗; SYN Beisetzung (2), Bestattung (2): *die* ~ *findet statt am ...; viele kamen zu seiner* ~
Beere ['beːɐə], **die**; ~, ~n 'kleine mehr od. weniger kugelige, meist essbare weiche saftige Frucht ver-schiedener Pflanzen mit saftigem Fleisch, die Sa-menkerne enthält': *rote, schwarze, grüne, reife, saf-tige* ~*n; die* ~*n sind essbar, giftig; die reifen* ~*n pflücken, ernten, einwecken;* ~*en als Kompott, Kon-fitüre essen* ❖ **Brombeere, Brombeerstrauch, Erd-beere, Heidelbeere, Himbeere, Himbeerstrauch, Ho-lunderbeere, Johannisbeere, Preiselbeere, Stachel-beere, Stachelbeerstrauch, Weinbeere**
Beet [beːt], **das**; ~es/auch ~s, ~e 'kleine Fläche in-tensiv bearbeiteten Bodens, bes. in einem Garten, die dem Anbau von Nutz- und Zierpflanzen dient'; ↗ FELD II.4.1: *ein langes, schmales, rundes* ~ *mit Rosen, Erdbeeren, Küchenkräutern; ein* ~ *mit Blu-men, Gemüse; ein* ~ *anlegen, abernten; ein* ~ *um-graben; auf dem* ~ *Gemüse anpflanzen; das* ~ *wegen des Nachtfrostes mit einer Folie abdecken*
befähigen [bə'fɛːɪgn̩/..fe:..], befähigte, hat befähigt /jmd., etw./ *jmdn. zu etw.* ⟨Dat.⟩ ~ 'jmdn. bes. durch Ausbildung, Übung zu einer bestimmten Leistung, Tätigkeit fähig machen': *jmdn. zu selb-ständigem Denken, zu selbständiger Arbeit* ~*; sein Fleiß, seine schnelle Auffassungsgabe befähigt ihn zu großen Leistungen;* ⟨+ Nebens. mit Inf. + zu⟩ *die Studenten sollen befähigt werden, selbständig wis-senschaftlich zu arbeiten; ein befähigter* ('mit ent-sprechenden Fähigkeiten begabter') *Lehrer, Arzt, Ingenieur; jmd. ist für/zu etw. befähigt* ❖ ↗ **fähig**
befahl: ↗ **befehlen**
befahren [bə'faːɐən] (er befährt [..fɛːɐt/..feːɐt]), befuhr [..fuːɐ], hat befahren /etw., jmd./ *etw.* ~ 'einen Weg, eine Route zum Fahren mit einem Fahrzeug benut-zen': ⟨vorw. im Pass.⟩ *dieser Weg darf nicht von Lastwagen* ~ *werden; diese Straße darf nur mit 30 Stundenkilometern* ~ *werden; das Befahren der Autobahn mit dem Fahrrad ist verboten; eine viel* ~*e Strecke der Eisenbahn, eine viel* ~*e Straße* ('Strecke, Straße mit viel Verkehr') ❖ ↗ **fahren**
befallen [bə'falən] (er befällt [..fɛlt]), befiel [..fiːl], hat befallen *etw. befällt jmdn., etw.* **1.1.** 'eine Krankheit o.Ä. tritt plötzlich bei jmdm. auf': *ein Fieber hat ihn* ~*/er wurde von einem Fieber* ~*; eine Epidemie befiel die Einwohner der Stadt; er wurde von einer Ohnmacht, Schwäche* ~ **1.2.** 'eine psychische Re-gung ergreift von jmdm. Besitz (2.3)': *Angst befiel*

ihn/er wurde von Angst ~*; Reue, Heimweh, ein Ge-fühl der Unruhe, der Trauer befiel ihn* **1.3.** ⟨vorw. im Pass.⟩ /Schädlinge, Pilze/ *etw.* ~ 'in großen Mengen bes. auf Pflanzen auftreten und großen Schaden anrichten': *der Mehltau hat die Johannis-beersträucher* ~/*Johannisbeersträucher wurden vom Mehltau* ~*; etw. ist von etw.* ~*: die Pflanzen sind vom Ungeziefer* ~*; das Haus ist vom Schwamm* ~ ❖ ↗ **fallen**
befangen [bə'faŋən] ⟨Adj.⟩ **1.** ⟨Steig. reg., ungebr.; vorw. präd. u. bei Vb.⟩ 'verlegen und unsicher wir-kend, voller Hemmungen (2)'; SYN gehemmt: *das Kind ist Fremden gegenüber immer sehr* ~ *gewesen; er wirkte sehr* ~*; seine Gegenwart macht sie* ~ **2.** ⟨o. Steig.; nur präd., mit *sein*⟩ geh. /jmd./ *in etw.* ⟨Dat.⟩ ~ *sein* 'sich von einer bestimmten geistigen Haltung, Denkungsart nicht freimachen können': *er war in einem Irrtum, in einer Illusion* ~*, aber wollte sich nicht belehren lassen; er war so in (sei-nen) Vorurteilen* ~*, dass ihm nicht zu helfen war* **3.** ⟨o. Steig.⟩ 'infolge persönlicher Verbindung mit der Sache, Person voreingenommen': *er ist* ~*, mit ihm können wir nicht rechnen, er wird nicht die Wahrheit sagen;* Jur. *einen Richter, Zeugen als* ~ *ablehnen, für* ~ *erklären; ein* ~*er Richter* ❖ **Befan-genheit, unbefangen**
Befangenheit [bə'faŋən..], **die**; ~, ⟨o.Pl.⟩ /zu *befangen* 1 u. 3/ 'das Befangensein'; /zu 1/: *seine* ~ *überwin-den;* /zu 3/: *die* ~ *eines Richters* ❖ ↗ **befangen**
befassen [bə'fasn̩], **sich**, befasste sich, hat sich befasst /jmd./ *sich mit..., jmdm.* ~ 'etw., jmdn. zum Ge-genstand eingehenden Nachdenkens, eigener Tätig-keit machen, bes. um sich über etw., jmdn. Klarheit zu verschaffen'; ↗ FELD I.4.1.2: *sich mit einem schwierigen Problem, einer neuartigen Aufgabe, ei-nem neuen Thema* ~ (SYN 'beschäftigen 2'); *sich mit einem Kollegen* ~*; mit solchen Kleinigkeiten be-fasse ich mich nicht!; damit haben wir uns schon lange genug befasst* ❖ ↗ **fassen**
Befehl [bə'feːl], **der**; ~s, ~e **1.** 'bindende schriftliche od. mündliche Aufforderung, bes. eines militäri-schen Vorgesetzten, etw. Bestimmtes zu tun': *einen* ~ *verweigern, sich einem* ~ *widersetzen* ('sich wei-gern, ihn auszuführen'); *das hat er auf* ~ *getan; er gab den* ~ *zum Angriff, Rückzug, gab den* ~ *anzu-greifen, sich zurückzuziehen;* SYN '↗ Auftrag (1)': *ein dienstlicher, geheimer, schriftlicher* ~*; einen* ~ *geben, erteilen, ausführen, befolgen; einen* ~ *emp-fangen, entgegennehmen* **2.** 'Befugnis, jmdm., einer Truppe innerhalb eines bestimmten Bereiches Be-fehle zu geben': *den* ~ *über etw., eine Truppe haben; jmds.* ~ *unterstehen;* vgl. *Kommando (2)* ❖ ↗ **befeh-len**
befehlen [bə'feːlən] (er befiehlt [..'fiːlt]), befahl [..'faːl], hat befohlen [..'foːlən] **1.** /jmd., bes. (militärischer) Vorgesetzter/ **1.1.** *jmdm. etw.* ~ 'jmdn. durch einen Befehl (1) beauftragen, etw. Bestimmtes zu tun': *der General hat befohlen, dass ...; er befahl den Sol-daten auszurücken, anzutreten, abzumarschieren; sie ließ sich von ihrem Chef nichts* ~*; der Meister befahl*

uns in barschem Ton, mit ihm zu kommen **1.2.** *jmdn. zu jmdm., irgendwohin* ~ 'jmdn. durch Befehl (1) bindend beauftragen, sich zu jmdm., irgendwohin zu begeben': *er befahl ihn zu seinem Vorgesetzten; er wurde zur Zentrale nach Berlin, an die Ostsee befohlen* **2.** /militärischer Vorgesetzter/ *über etw., eine Truppe* ~ 'die Befugnis haben, innerhalb eines bestimmten Bereichs od. einer Truppe Befehle zu geben'; SYN befehligen, kommandieren (1): *(über) eine Armee* ~ ❖ **Befehl, befehligen − Befehlshaber, Haftbefehl**

befehligen [bə'fe:lɪgn̩], befehligte, hat befehligt /militärischer Vorgesetzter/ *etw., eine Truppe* ~ SYN 'über etw., eine Truppe befehlen (2)': *Truppen, eine Armee* ~ ❖ ↗ **befehlen**

Befehls|haber [bə'fe:lsha:bɐ], der; ~s, ~ 'höherer Offizier, der eine große Truppe befehligt': *der* ~ *der Armee, Division; er ist der* ~ *der Streitkräfte* ❖ ↗ **befehlen, ↗ haben**

befestigen [bə'fɛstɪgn̩], befestigte, hat befestigt **1.** /jmd./ *etw. an etw.* ⟨Dat.⟩ ~ 'etw. bes. mit Nägeln, Schrauben, Leim, einem Seil o.Ä. an einer Stelle anbringen, sodass es fest daran hängt, sitzt'; ↗ FELD I.7.6.2: *ein Plakat, einen Zettel (mit Reißzwecken) an der Wand* ~; *ein Schild (mit Nägeln) an der Tür* ~; *ein Boot am Steg* ~; *etw. mit Leim an etw.* ~ **2.** /jmd., Institution, Unternehmen/ *etw.* ~ 'etw., bes. einen Verkehrsweg, einen Damm, ein Ufer durch entsprechende bauliche Maßnahmen, durch bestimmte Materialien gegen Beanspruchung stabil machen': *einen Weg (mit Schotter), den Deich durch die Anpflanzung von Gras, das Ufer (mit Steinen)* ~ ❖ ↗ **fest**

befinden [bə'fɪndn̩], befand [..'fant], hat befunden [..'fʊndn̩] **1.** /jmd., etw./ *sich irgendwo* ~ /drückt aus, dass sich jmd. an einer bestimmten Stelle, an einem bestimmten Ort (vorübergehend) aufhält, dass etw. an einer bestimmten Stelle steht, liegt, zu finden ist/; ↗ FELD I.7.7.2: *er befindet sich auf dem Lande, in der Stadt, in seinem Arbeitszimmer, auf dem Weg zur Arbeit, auf der Straße, im Kino; das Buch befindet sich im Schrank, auf dem Tisch; das Büro befindet sich in der ersten Etage; der Kiosk befindet sich am Ende der Straße; wo befindet sich der Parkplatz?; unter den Gästen befanden sich mehrere Künstler; er befindet sich oft auf Reisen* ('er reist viel') **2.1.** /jmd., etw./ *sich in etw.* ⟨Dat.⟩ ~ /drückt aus, dass für jmdn., etw. in bestimmter Situation ein bestimmter physischer od. psychischer, geistiger Zustand zutrifft/: *sich im Zustand völliger Erschöpfung* ~; *er befand sich in guten Händen* ('wurde gut versorgt'); *das Haus befindet sich in einem schlechten baulichen Zustand; die beiden Länder* ~ *sich miteinander im Krieg* ('führen Krieg gegeneinander'); *dieses Land befindet sich im Krieg* ('führt Krieg'); *sich im Unrecht, in einer peinlichen Lage* ~; *das Buch befindet sich im Druck* ('wird gerade gedruckt'); *er befindet sich in polizeilichem Gewahrsam* ('er ist verhaftet') **2.2.** geh. /jmd./ *sich irgendwie* ~ sich (gesundheitlich) irgendwie fühlen':

sich gut, wohl, unpässlich ~; *wie* ~ *Sie sich* ('wie geht es Ihnen')? **3.** /jmd., bes. Fachmann, befugte Person/ *etw., jmdn. irgendwie* ~ 'etw., jmdn. irgendwie einschätzen': *eine Entscheidung für/als gut, nützlich* ~; *etw. für/als angemessen, nötig* ~; *jmdn. für/als tauglich, unschuldig* ~; *die Papiere wurden bei der Kontrolle als in Ordnung befunden* **4.** /jmd., Institution/ *über etw., jmdn.* ~ 'über etw., jmdn. urteilen, entscheiden (1.2)': *das Gericht muss über das Strafmaß* ~; *über diese Person muss der Ausschuss* ~ ❖ **Befinden, befindlich − Wohlbefinden**

Befinden, das; ~s ⟨o.Pl.⟩ geh. **1.** 'jmds. physischer, psychischer Zustand, jmds. gesundheitlicher Zustand': *sich nach jmds.* ~ *erkundigen; wie ist ihr, sein* ~?; *mein* ~ *lässt zu wünschen übrig; im* ~ *des Patienten ist eine Besserung eingetreten* **2.** nach jmds. ~ 'nach jmds. Meinung, Ansicht, Urteil': *nach meinem* ~ *ist das (nicht) richtig; Sie können nach (Ihrem) eigenen* ~ *entscheiden* ❖ ↗ **befinden**

befindlich [bə'fɪnt..] ⟨Adj.; o. Steig.; nur attr. + Adv. best.⟩ **1.1.** *irgendwo* ~ 'sich an einem bestimmten Ort befindend': *das am Kessel* ~*e Ventil; der hinter dem Haus* ~*e Garten; das in der Kasse* ~*e Geld* **1.2.** *irgendwie* ~ 'sich in einem bestimmten Zustand befindend': *das im Bau* ~*e Gebäude; das im Umlauf* ~*e Geld* ❖ ↗ **befinden**

befohlen: ↗ **befehlen**

befolgen [bə'fɔlgn̩], befolgte, hat befolgt /jmd./ *etw.* ~ 'einem Rat, einer Forderung o.Ä. entsprechend handeln': *jmds., einen Rat, jmds. Vorschläge* ~ (ANT ablehnen 4, missachten 2); *einen Befehl* ~ ('einen Befehl ausführen'; ANT verweigern); *Gesetze, Vorschriften* ~ ❖ ↗ **folgen**

befördern [bə'fœrdɐn], beförderte, hat befördert **1.** /jmd., Unternehmen, Fahrzeug/ *etw., jmdn. irgendwohin* ~ 'etw., jmdn. (mit einem Fahrzeug) von einem Ort irgendwohin bringen'; SYN transportieren (1.1): *Briefe und Pakete werden von der Post befördert; Waren, Güter (mit der Bahn, mit Lastkraftwagen), Personen (mit, in Bussen)* ~; *der Bus befördert die Reisenden vom Flughafen zur Bahn; die Eisenbahn befördert Stück- und Schüttgut* **2.** vorw. Mil. /militärischer Vorgesetzter, Chef, Institution/ *jmdn. zu etw.* ~ 'jmdn. in eine höhere Dienststellung, in einen höheren militärischen Rang aufrücken lassen'; ANT degradieren: ⟨vorw. im Pass.⟩ *er ist zum Hauptmann, Inspektor befördert worden* ❖ ↗ **fördern**

Beförderung [bə'fœrdɐ..], die; ~, ~en ⟨vorw. Sg.⟩ /zu *befördern* 1 u. 2/ 'das Befördern'; /zu 1/: *die* ~ *von Gütern, Personen mit der, durch die Bahn;* /zu 2/: *er feierte seine* ~ *mit seinen Kollegen; jmdn. für eine* ~ *vorschlagen; seine* ~ *zum Oberamtmann, Hauptmann* ❖ ↗ **fördern**

befragen [bə'fʀa:gn̩], befragte, hat befragt /jmd., bes. befugte Person/ *jmdn.* ~ 'jmdm. meist mehrere Fragen zu einem bestimmten Thema, Ereignis stellen, um etw. Bestimmtes zu erfahren': *die Kriminalpolizei befragte die Einwohner der Straße, in der ein Mord geschehen war (nach ihren Beobachtungen);*

jmdn. nach, über, um, zu etw. ~: *jmdn. nach seiner Meinung/um seine Meinung zur Politik, zur Regierung* ~; *auf Befragen* ('nachdem er befragt wurde') *teilte er mit, dass ...* ❖ ↗ **fragen**

befreien [bə'fʀaiən], befreite, hat befreit **1.** /Gruppe von Personen/ *sich, ein Volk, Land* ~ 'sich, einem Volk, Land durch Kampf seine Freiheit (1) von Unterdrückung, Abhängigkeit durch ein anderes Volk, Land verschaffen': *ein Volk, Land vom Faschismus, aus kolonialer Abhängigkeit* ~ **2.** /jmd./ *sich, jmdn., ein Tier* ~ 'durch sein Handeln bewirken, dass man selbst, jmd., ein Tier aus einer Gefangenschaft, aus einer die Freiheit (1) beschränkenden Lage gelangt': *die Gefangenen wurden von ihren Kameraden (mit Gewalt) befreit; er hatte sich selbst von den Fesseln befreit; jmdn. aus den Händen, der Gewalt von Verbrechern* ~; *ein Tier aus einer Falle, Schlinge* ~ **3.** /jmd./ *jmdn. von etw.* ~ 'bewirken, dass etw. Unangenehmes, eine psychische Belastung, jmdn. nicht mehr bedrückt': *jmdn. von der schweren Last, Bürde, der Verantwortung* ~; *jmdn. von seinen Sorgen, von einer Bedrohung, von (seinen) Gewissensbissen, Hemmungen* ~; *sein* ~*des* ('psychisch erleichterndes') *Lächeln, Lachen; es war ein* ~*des Wort; befreit* ('erleichtert') *aufatmen, lachen* **4.** /jmd., bes. befugte Person/ *jmdn. von etw.* ⟨Dat.⟩ ~ SYN 'jmdn. von etw. entbinden (2)': *einen Schüler vom Turnunterricht, von der Teilnahme am Sport* ~; *jmdn. vom Militärdienst* ~; *jmd. ist von Abgaben, Steuern befreit* ❖ ↗ **frei**
Befreiung [bə'fʀai..], die; ~, ⟨o.Pl.⟩ /zu *befreien 1–4*/ 'das Befreien, Befreitwerden' /zu 1/: *die* ~ *des Volkes von Unterdrückung, Knechtschaft, vom Faschismus*; /zu 4/: *die* ~ *vom Unterricht, Sport, Militärdienst* ❖ ↗ **frei**
befremden [bə'fʀɛmdn̩], befremdete, hat befremdet *etw. befremdet jmdn.* 'jmds. nicht angemessenes Tun, Handeln, Verhalten ruft bei jmdm. eine unangenehme Empfindung hervor, bewirkt jmds. Verärgerung, sodass er sich davon innerlich distanziert': *sein Verhalten, der Ton seines Briefes hat uns sehr befremdet* ❖ ↗ **fremd**
Befremden, das; ~s ⟨o.Pl.⟩ /zu *befremden*/ 'das Befremdetsein': *er äußerte sein* ~ *(über jmdn., jmds. Verhalten)* ❖ ↗ **fremd**
befremdlich [bə'fʀɛmt..] ⟨Adj.; Steig. reg.⟩ 'Befremden hervorrufend': *das war ein* ~*er Gedanke, eine* ~*e Äußerung; sein Verhalten war für uns* ~*, mutete uns* ~ *an; ein* ~*er Eindruck; sein* ~*es Betragen* ❖ ↗ **fremd**
befreunden [bə'fʀɔindn̩], sich, befreundete sich, hat sich befreundet **1.** /jmd./ *sich mit jmdm.* ~ 'mit jmdm. Freundschaft schließen': *er hat sich nach kurzer Zeit mit ihm befreundet;* ⟨rez.⟩ /zwei od. mehrere (jmd.)/ *sie haben sich schnell (miteinander) befreundet* ('sind schnell Freunde geworden') **2.** /jmd./ *sich mit etw.* ~ 'eine positive Einstellung zu etw. finden, gewinnen': *so schnell kann ich mich nicht mit so etwas, damit* ~; *erst allmählich befreundete sie sich mit dem Gedanken, dass ...* ❖ ↗ **Freund**

befriedigen [bə'fʀi:dign̩], befriedigte, hat befriedigt **1.1.** *etw. befriedigt jmdn.* 'etw. ist so, dass es jmdn. zufrieden stellt, sein Verlangen, seine Erwartungen erfüllt': *das Ergebnis der Verhandlungen, seine Antwort befriedigte uns nicht; sich befriedigt über etw. äußern; jmd. ist sichtlich, voll befriedigt; er ist schwer zu* ~ ('er stellt hohe Ansprüche'); *sein Beruf befriedigt ihn nicht; seine Leistungen* ~ *durchaus* ('genügen den Anforderungen durchaus') **1.2.** /jmd./ *jmdn. sexuell* ~ ('jmds. sexuelles Verlangen erfüllen') **2.** /jmd./ **2.1.** *jmdn.* ~ 'jmdn. zufrieden stellen': *die Eltern konnten ihre anspruchsvollen Kinder auf Dauer nicht* ~; *jmd. ist leicht, schwer zu befriedigen* **2.2.** *jmds. Ansprüche, Forderungen, Wünsche, Bedürfnisse* ~ ('erfüllen 1.1') ❖ ↗ **Frieden**
Befriedigung [bə'fʀi:dig..], die; ~, ⟨o.Pl.⟩ /zu *befriedigen 1.1*/ 'das Befriedigtsein'; SYN Genugtuung: *über etw. vollste* ~ *empfinden; diese Nachricht hörte sie mit großer* ~
befristen [bə'fʀistn̩], befristete, hat befristet /etw., jmd., Institution/ *etw.* ~ 'eine Frist für die Gültigkeit von etw. festsetzen': ⟨vorw. adj. im Part. II⟩ *der Vertrag befristet sein Arbeitsverhältnis (auf drei Jahre); die Genehmigung, seine Anstellung ist befristet; eine befristete Aufenthaltserlaubnis* ❖ ↗ **Frist**
befruchten [bə'fʀʊxtn̩], befruchtete, hat befruchtet /jmd., Tier, etw./: *eine Pflanze, ein Tier (künstlich)* ~ ('die Befruchtung einer Pflanze, eines Tieres herbeiführen, vollziehen'); *die Getreidepflanze wird durch Wind befruchtet; ein befruchtetes Ei;* /Arzt/ *eine Frau künstlich* ~ ❖ ↗ **Frucht**
Befruchtung [bə'fʀʊxt..], die; ~, ~en 'Vereinigung einer männlichen Samenzelle mit einer weiblichen (Ei)zelle, die die Fortpflanzung einleitet': *die* ~ *einer Pflanze, eines Tiers, eines Eies* ❖ ↗ **Frucht**
Befugnis [bə'fu:k..], die; ~, ~se 'meist von einer höheren Instanz erteilte Berechtigung, Vollmacht (1), etw. Bestimmtes zu tun': *jmdm.* ~*se erteilen, einräumen, entziehen; er hat, besitzt die* ~*, hierüber zu bestimmen, hier einzugreifen; seine* ~*se überschreiten, missbrauchen; die, keine* ~ *zu etw. haben; eine* ~ *erteilt bekommen, ausüben* ❖ ↗ **befugt**
befugt [bə'fu:kt] ⟨Adj.; o. Steig.; nur präd. (mit *sein*)⟩ /jmd./ ~ *sein, etw. Bestimmtes zu tun* 'die Befugnis haben, etw. Bestimmtes zu tun'; SYN kompetent (1.2): *er ist* ~*, einen Vertrag abzuschließen, Befehle, Anordnungen zu erteilen, eine Unterschrift zu geben; dazu, zu diesen Maßnahmen ist er nicht* ~ ❖ **Befugnis, unbefugt**
Befund [bə'fʊnt], der; ~s/auch ~es, ~e 'Ergebnis, bes. einer medizinischen Untersuchung': *der ärztliche* ~ *liegt noch nicht vor; der* ~ *ist* ↗ *positiv,* ↗ *negativ; ein negativer, positiver* ~; Med. *ohne* ~ (ABK o.B.) ('ohne erkennbare Krankheit') ❖ ↗ **finden**
befürchten [bə'fyʀçtn̩], befürchtete, hat befürchtet /jmd./ *etw.* ~ 'auf Grund bestimmter Anzeichen annehmen, dass etw. Unangenehmes, Schlimmes, Gefährliches eintritt'; SYN fürchten (3): *das*

Schlimmste ~; *ein Unwetter* ~; *er befürchtete* (SYN 'ahnte 2'), *dass das kein gutes Ende nehmen könnte; es ist das Schlimmste zu* ~ ('man muss damit ernsthaft rechnen, dass das Schlimmste passieren kann'); *er hat von der Polizei nichts zu* ~ ('er muss nicht fürchten, dass die Polizei ihn in einer bestimmten Angelegenheit verfolgt'); *er hat nichts zu* ~ ❖ ↗ **Furcht**

befürworten [bə'fy:ɐvɔʁtn̩], befürwortete, hat befürwortet /jmd./ *etw.* ~ 'etw., das man für gut hält, durch Empfehlung unterstützen, damit es z. B. durch ein Amt realisiert, genehmigt wird'; SYN unterstützen (2.1): *einen Antrag, Vorschlag, ein Gesuch, jmds. Bitte* ~ ❖ ↗ **für**, ↗ **Wort**

begabt [bə'ga:pt] ⟨Adj.; nicht bei Vb.⟩ 'mit Anlagen (4), Fähigkeiten für bestimmte, über dem Durchschnitt liegende Leistungen auf einem bestimmten Gebiet ausgestattet'; SYN talentiert; ↗ FELD I.5.3: *ein* ~*er Künstler, Schauspieler, Schüler;* ⟨mit best. Adv.best.⟩ *jmd. ist vielseitig, sehr, handwerklich, künstlerisch* ~ ❖ ↗ **geben**

Begabung [bə'ga:b..], die; ~, ~en **1.** SYN 'Talent (1)'; ↗ FELD I.5.1: *eine bemerkenswerte, künstlerische, musikalische, handwerkliche* ~ *haben; eine* ~ *für/zu etw. haben: er hat eine große, natürliche* ~ *zu einem Lehrer, Wissenschaftler, Arzt; jmd. hat eine dichterische* ~ (SYN 'Ader 2') **2.** 'für, zu etw. begabter Mensch': *(auf künstlerischem Gebiet) ist er, sie eine außergewöhnliche* ~ (SYN 'Talent 2') ❖ ↗ **geben**

begann: ↗ **beginnen**

begatten [bə'gatn̩], begattete, hat begattet /bes. Tier/ *der Hengst begattet die Stute* 'vollzieht als männliches Tier mit der Stute, dem weiblichen Tier, die Begattung'; ⟨rez.⟩ /bes. zwei od. mehrere Tiere/ *sich* ~ SYN 'sich paaren (1)': *diese Tiere* ~ *sich im zeitigen Frühjahr* ❖ ↗ **Gatte**

Begattung [bə'gat..], die; ~, ~en 'geschlechtliche Vereinigung, bes. eines männlichen Tieres mit einem weiblichen': *die* ~ *vollziehen* ❖ ↗ **Gatte**

begeben [bə'ge:bn̩], sich (er begibt [..'gi:pt] sich), begab [..'ga:p] sich, hat sich begeben **1.** /jmd./ **1.1.** *irgendwohin* ~ 'irgendwohin gehen od. fahren': *sich nach Hause, an seinen Platz, ins Nebenzimmer, in den Speisesaal, sich auf den Heimweg* ~; *sich zur Ruhe, zu Bett* ~ ('sich hinlegen, sich ins Bett legen, um auszuruhen, zu schlafen'); *sich zum Arzt* ~ ('einen Arzt aufsuchen, um sich ärztlich behandeln zu lassen'); *sich in ärztliche Behandlung* ~ ('einen Arzt aufsuchen, um sich behandeln zu lassen') **1.2.** *sich in Gefahr* ~ ('etw. tun, was für einen gefährlich werden kann') **2.** ⟨vorw. im Prät. u. Perf.⟩ geh. /etw./ *sich* ~ 'sich ereignen' /beschränkt verbindbar/; ↗ FELD X.2: *damals hat sich etw. Erstaunliches, Außergewöhnliches* ~; *es begab sich Folgendes ...; es hat sich Folgendes* ~ *...* ❖ ↗ **geben**

Begebenheit [bə'ge:bn̩..], die; ~, ~en 'Ereignis von einer meist gewissen Bedeutung'; ↗ FELD X.1: *dem Buch, Film liegt eine wahre* ~ *zugrunde; der Film beruht auf einer wahren* ~; *jmdm. eine merk-*

würdige, heitere ~ *erzählen;* vgl. *Ereignis, Geschehen* ❖ ↗ **geben**

begegnen [bə'ge:gnən], begegnete, ist begegnet **1.** /jmd./ *jmdm. irgendwann, irgendwo* ~ 'jmdn. irgendwann, irgendwo zufällig treffen (2.3)': *wir sind ihm heute (auf dem Weg zum Bahnhof) begegnet; ich bin ihm (erst vor kurzem) in M begegnet;* ⟨rez.⟩ /zwei od. mehrere (jmd.)/ *wir sind uns, einander gestern (ganz zufällig) auf der Straße, in B begegnet* **2.** geh. /jmd./ *etw.* ⟨Dat.⟩ ~ 'mit einer bestimmten Einstellung konfrontiert sein': *dieser Meinung kann man immer wieder* ~ ('diese Meinung kann man immer wieder hören'); *wir begegneten großem Misstrauen* ('man verhielt sich uns gegenüber sehr misstrauisch'); *wir begegneten großer Zurückhaltung* ('man verhielt sich uns gegenüber sehr reserviert') **3.** /beschränkt verbindbar/ geh. *etw. begegnet jmdm.: das Schlimmste, was uns* ~ (SYN 'widerfahren') *kann, ist ...; mir ist etw. Seltsames begegnet* **4.** geh. /jmd./ *jmdm., etw.* ⟨Dat.⟩ *irgendwie* ~ 'sich jmdm., etw. gegenüber irgendwie verhalten': *jmdm. freundlich, höflich, mit großer Achtung, mit Spott* ~; *einer Situation mit Entschlossenheit* ~; *einer Gefahr mutig* ~ ❖ ↗ **gegen**

begehen [bə'ge:ən], beging [..'gɪŋ], hat begangen [..'gaŋən] **1.** geh. /jmd., etw./ *etw.* ~ 'etw. in Gesellschaft mit anderen feiern': *ein Jubiläum, seinen 90. Geburtstag* ~; *er beging dieses Fest im Kreise seiner Familie; dieses Ereignis muss würdig begangen werden* **2.** /jmd./ *etw.* ~ 'etw. Negatives tun' /beschränkt verbindbar/: *ein Verbrechen, einen Mord* ~ (SYN 'verüben'); *eine Indiskretion* ~; *Fahrerflucht* ~; *einen Fehler, eine Dummheit* ~ (SYN 'machen 3.2'); *Selbstmord* ~ ('sich selbst töten') ❖ ↗ **gehen**

begehren [bə'ge:ʁən], begehrte, hat begehrt; ↗ auch **begehrt 1.1.** geh. /jmd./ *etw.* ~ 'heftiges Verlangen haben, etw. Bestimmtes zu besitzen': ⟨vorw. adj. im Part. II⟩ *sie begehrte diesen Ring, Schmuck; diese Ware ist sehr begehrt* (SYN 'gefragt 1.1') **1.2.** /Mann, Frau/ *jmdn.* ~ 'heftiges Verlangen haben, mit jmdm. sexuell verbunden zu sein': *er begehrte sie, sie begehrte ihn* ❖ ↗ **Gier**

begehrlich [bə'ge:ʁ..] ⟨Adj.; Steig. reg., ungebr.⟩ /auf Mimisches bez./ **1.1.** 'von heftigem Verlangen zeugend, etw. Bestimmtes zu besitzen'; ↗ FELD I.6.3: *er sah seinen* ~*en Blick, als sie vor dem Schaufenster standen; er blickte, sah* ~ *auf die Süßigkeiten, den modernen Sportwagen* **1.2.** 'von heftigem Verlangen zeugend, mit jmdm. sexuell verbunden zu sein': *er blickte ihr* ~ *nach, sah sie* ~ *an; sie bemerkte seinen* ~*en Blick* ❖ ↗ **Gier**

begehrt [bə'ge:ɐt] ⟨Adj.; Steig. reg.; nicht bei Vb.; ↗ auch *begehren*⟩ SYN 'gefragt (1.2)': *sie ist eine* ~*e Schauspielerin* ❖ ↗ **Gier**

begeistern [bə'gaɪstɐn], begeisterte, hat begeistert **1.1.** /etw., jmd./ *jmdn.* ~ 'jmdn. in Begeisterung versetzen': *das Spiel der jungen Schauspieler, die Vorführung der Artisten, des Erfinders begeisterte die Zuschauer; die Sängerin begeistert ihr Publikum; von* *etw.* ⟨Dat.⟩, *jmdm. begeistert sein: sie waren begeistert von der großartigen Szenerie der Alpen; die begeisterten Zuhörer hörten nicht auf zu klatschen; er ist ein ~er Segler* (ʼer segelt sehr gernʼ) **2.** /jmd./ *jmdn. für etw.* ~ ʼjmds. Begeisterung für etw. weckenʼ: *er verstand es, uns für seine Pläne, Ideen, für das Fußballspiel zu* ~ **3.** /jmd./ *sich für etw.* ~ ʼsich mit einem sehr starken positiven Gefühl für etw. interessierenʼ: *er begeisterte sich für Sport, Kunst; früher konnten wir uns noch dafür* ~ ❖ **Begeisterung**

Begeisterung [bəˈɡaɪ̯stəʀ..], **die**; ~, ⟨o.Pl.⟩ ʼsich oft laut und lebhaft äußerndes Gefühl großer Freude über etw., das als sehr schön, gut empfunden wird od. über jmdn. und seine Leistungʼ; SYN Enthusiasmus: *es herrschte große, helle* ~ *über den Sieg, die Aufführung eines Stückes, den Gesang, das Spiel der Solisten; die Wogen der* ~ *gingen hoch* (ʼdie Zuschauer, Menschenmenge gerieten in große Begeisterungʼ); *etw. löst (bei jmdm.)* ~ *aus, versetzt jmdn. in* ~; *jmds.* ~ *entfachen, erwecken, hervorrufen; die* ~ *kannte keine Grenzen, ließ bald nach; er geriet in glühende* ~; *voller* ~ *und Eifer ans Werk gehen* ❖ ↗ **begeistern**

Begierde [bəˈɡiːɐ̯də], **die**; ~, ~n ⟨vorw. o.Art.⟩ ʼheftiges Verlangen nach Befriedigung eines Wunsches, bes. nach Genuss, Besitz, Machtʼ: *seine* ~ *nach Besitz, Ruhm, Macht, Reichtum; seine sexuellen, fleischlichen* ~n; *von* ~ *nach etw., jmdm. erfüllt sein; große, heftige, ungezügelte* ~ *nach etw. empfinden; seine* ~ *zähmen, bekämpfen, zügeln; mit voll* ~ *griff er nach den besten Leckerbissen; seine* ~ *nicht bezähmen können; er brannte vor* ~ (ʼwar äußerst begierigʼ), *sie zu sehen, kennen zu lernen* ❖ ↗ **Gier**

begierig [bəˈɡiːʀɪç] ⟨Adj.; Steig. reg.⟩ ʼvon Begierde nach etw., jmdm. erfülltʼ: ~*e Blicke auf etw., jmdn. richten;* ~ *auf etw. warten;* /jmd./ ~ *auf etw. sein: wir waren* ~ *auf die versprochene Antwort, Nachricht, Neuigkeit von ihm;* ⟨+ Nebens.⟩ *er war* ~ *(darauf), sie kennen zu lernen; wir sind* ~ *(darauf), zu erfahren, was du erlebt hast* ❖ ↗ **Gier**

begießen [bəˈɡiːsn̩], *begoss* [..ˈɡɔs], *hat begossen* [..ˈɡɔsn̩] **1.** /jmd./ **1.1.** *Pflanzen* ~ SYN ʼPflanzen gießen (2)ʼ; ↗ FELD II.4.2, III.2.2: *die Blumen, Pflanzen (auf dem Beet)* ~ **1.2.** *den Braten* ~ (ʼden Braten während des Bratens mit Wasser übergießen, damit er saftig bleibtʼ **2.** umg. /mehrere (jmd.)/ *etw.* ~ ʼin Gesellschaft wegen eines freudigen Ereignisses alkoholische Getränke trinkenʼ: *wir wollen seinen Geburtstag* ~, *haben das Jubiläum begossen; er ist Vater geworden, hat seine Prüfung bestanden, das muss begossen werden!* ❖ ↗ **gießen**

Beginn [bəˈɡɪn], **der**; ~s/auch ~es, ⟨o.Pl.⟩ ANT Ende; ↗ FELD VII.1.1 **1.** ⟨vorw. mit Gen.attr.⟩ SYN ʼAnfang (1)ʼ: *ein verfrühter, verspäteter* ~; *er hat den* ~ *(des Vortrags, der Sendung) verpasst; der* ~ *der Vorstellung musste (um eine Stunde) verschoben werden; der Beginn* (ANT Abschluss 1) *des Studiums; am, nach, vor, mit, zu* ~ ⟨+ Gen.attr.⟩: *kurz*

nach, vor, gleich zu ~ *des Unterrichts; am/zu* ~ *der Feier wurde er ohnmächtig; am/zu* ~ *der Reise waren sie voller Erwartungen* **2.** ⟨o.Art.⟩ ʼerster Teil eines zeitlichen Abschnittsʼ; ANT Ausgang (3): *am/zu/mit* ~ ⟨+ Gen.attr.⟩: *zu* ~ *unseres Jahrhunderts, des Ersten Weltkrieges war Deutschland ein Kaiserreich; mit* ~ (SYN ʼAnfang 2ʼ) *des neuen Schuljahres wurde er in unsere Klasse aufgenommen* **3.** ⟨+ Gen.attr.⟩ *den* ~ (ʼdie ersten Sätzeʼ; ANT Schluss 1) *des Romans, seiner Rede kennen wir schon* ❖ ↗ **beginnen**

beginnen [bəˈɡɪnən], *begann* [..ˈɡan], *hat begonnen* [..ˈɡɔnən] **1.** /jmd./ *etw.* ~ ʼseine Tätigkeit in Bezug auf etw., bes. etw. Abstraktes, von einem bestimmten Zeitpunkt an verrichtenʼ; SYN anfangen (1); ↗ FELD VII.1.2: *einen Brief, ein Gespräch, einen Streit* ~ (ANT beenden); *er begann sofort, musste noch einmal von vorn* ~; ⟨+ Inf. mit *zu*⟩ *etw. zu tun* ~: *er begann zu spielen; er begann zu arbeiten; er begann mit der Arbeit; zu reden, zu zweifeln* ~; *mit etw.* ~: *er begann um sieben mit seinem Frühstück;* ANT schließen (5.2.2): *er begann mit den Worten* (ʼsagte als erstes die Worteʼ) ... **2.** /etw./ ʼvon einem bestimmten Zeitpunkt an geschehen, stattfindenʼ; SYN anfangen (2), losgehen (3); ANT aufhören (2), enden (2.1): *der Unterricht, die Schule, die Vorstellung beginnt pünktlich um 8 Uhr; es begann zu regnen; das Spiel hat bereits begonnen* **3.** /etw./ *irgendwo* ~ ʼsich von irgendwo aus erstreckenʼ; SYN anfangen (3); ANT aufhören (3), enden (1): *der Wald beginnt gleich hinter dem Haus, Dorf, Fluss* ❖ ↗ **Beginn**

beglaubigen [bəˈɡlaʊ̯bɪɡn̩], *beglaubigte, hat beglaubigt* **1.** /jmd., befugte Person, bes. Notar, Behörde/ *etw.* ~ ʼein Dokument amtlich als echt, zutreffend bestätigenʼ: *eine Unterschrift* ~; *die Abschrift eines Dokumentes (notariell)* ~; *die beglaubigte Kopie eines Zeugnisses* **2.** ⟨vorw. adj. im Part. II⟩ *ein bei einem Staat beglaubigter* (ʼin seinem Amt von dem Staat, der ihn entsandt hat, bestätigterʼ) *Diplomat, Botschafter* ❖ ↗ **glauben**

begleiten [bəˈɡlaɪ̯tn̩], *begleitete, hat begleitet* **1.** /jmd./ *jmdn. irgendwohin* ~ ʼmit jmdm. irgendwohin mitgehen, mitfahren (um ihm Gesellschaft zu leisten od. um ihn zu schützen)ʼ: *jmdn. ins Konzert, zum Bahnhof, (auf dem Weg) nach Hause* ~; *darf ich Sie* ~? /sagt ein Mann höflich zu einer Frau, bes. wenn er sie kennen lernen möchte/; *jmdn. zur Tür* ~ (ʼjmdn., der sich verabschiedet und der hinausgeht, bis zur Tür begleitenʼ); *jmdn. (als Dolmetscher, zur Gesellschaft) auf einer Reise, auf Reisen* ~ **2.** ⟨im Pass. od. adj. im Part. II⟩ *etw. wird, ist von etw. begleitet* ʼetw. geht gleichzeitig mit etw. anderem od. sich / beschränkt verbindbar/: *das Gewitter war von heftigem Sturm begleitet; alles, was er tat, war von Erfolg begleitet* (ʼwar erfolgreichʼ) **3.** /jmd., bes. Pianist/ *einen Sänger (auf dem/am Klavier)* ~ (ʼzu dem Gesang eines Solisten den instrumentalen Part spielenʼ); *etw.* ~: *ein Lied, jmds. Gesang* ~ ❖ **Begleiter, Begleiterin**

Begleiter [bə'glaɪtɐ], **der**; ~s, ~ **1.** ˈjmd., der jmdn. irgendwohin begleitet, begleitet hatˈ: *er ist ihr (ständiger)* ~ **2.** ˈjmd., bes. Pianist, der den instrumentalen Part zum Gesang eines Solisten spieltˈ: *ihr* ~ *war der Pianist N* ❖ ↗ **begleiten**

Begleiterin, die; ~, ~nen /zu *Begleiter* 1 u. 2; weibl./

beglücken [bə'glʏkn̩], beglückte, hat beglückt /jmd., etw./ *jmdn.* ~ ˈjmdn. glücklich machenˈ: *jmdn. mit, durch etw.* ~: *jmdn. durch ein paar freundliche Worte* ~; *das Lob, ihre Nähe beglückte ihn; das war ein* ~*des Erlebnis;* iron. *er hat uns mit seiner Anwesenheit, seinem Besuch beglückt* ❖ ↗ **Glück**

beglückwünschen [bə'glʏkvʏnʃn̩], beglückwünschte, hat beglückwünscht /jmd./ *jmdn. zu etw.* ~ ˈjmdn. aus bestimmtem, erfreulichem Anlaß zu etw. gratulierenˈ: *jmdn. zum Geburtstag, zur Vermählung, zu seinem Erfolg, seiner Leistung* ~ ❖ ↗ **Glück, ↗ Wunsch**

begnadigen [bə'gnɑːdɪgn̩], begnadigte, hat begnadigt /befugte Person, bes. Staatsmann/ *jmdn.* ~ (ˈeinem Verurteilten die Strafe ganz od. teilweise erlassen od. sie umwandelnˈ); *er wurde (vom Präsidenten der Republik) begnadigt* ❖ ↗ **Gnade**

begnügen [bə'gnyːgn̩], **sich**, begnügte sich, hat sich begnügt /jmd./ *sich mit etw.* ~ ˈmit dem (Wenigen) zufrieden sein, was man hat und keine darüber hinausgehenden Ansprüche stellenˈ; ↗ FELD I.6.2: *er begnügt sich mit dem, was er hat; sich mit einem kleinen Imbiss, einer kleinen Wohnung* ~; vgl. *zufrieden geben* ❖ ↗ **genug**

begonnen: ↗ **beginnen**

begraben [bə'grɑːbm̩] (er begräbt [..'grɛːpt]), begrub [..'gruːp], hat begraben **1.** /jmd., Angehörige, Institution/ *einen Verstorbenen* ~ SYN ˈeinen Verstorbenen beerdigenˈ: 〈oft im Pass.〉 *jmdn. feierlich, in aller Stille* ~; *hier liegen zwei Soldaten* ~; umg. /in der kommunikativen Wendung/ *du kannst dich* ~ *lassen/lass dich* ~ (ˈmit dir ist nichts anzufangen, du hast keinen Erfolgˈ)! /wird zu jmdm. gesagt, der desinteressiert, dumm, faul od. zu ängstlich ist, sodass mit ihm nichts unternommen werden kann/ *etw. begräbt etw., jmdn. unter sich: die Lawine, das einstürzende Haus hat alles, viele Menschen unter sich* ~ (ˈist so darauf, auf sie gestürzt, dass alles, alle verschüttet wurdenˈ) **3.** /jmd./ *etw.* ~ ˈetw. wegen Aussichtslosigkeit resignierend aufgebenˈ /beschränkt verbindbar/: *seine Hoffnungen, Wünsche* ~; *seine Pläne* ~ **4.** /jmd., Institution/ *einen Streit, Zwist* ~ (SYN ˈbeilegen 3ˈ) ❖ ↗ **graben**

Begräbnis [bə'grɛːp..], **das**; ~ses, ~se SYN ˈBeerdigungˈ: *ein würdiges, feierliches* ~; *einem* ~ *beiwohnen; an einem* ~ *teilnehmen; das* ~ *findet Montag statt* ❖ ↗ **graben**

begreifen [bə'graɪfn̩], begriff [..'grɪf], hat begriffen [..'grɪfn̩]; ↗ auch *begriffen* **1.** /jmd./ *etw.* ~ SYN ˈetw. verstehen (2)ˈ; ↗ FELD I.4.1.2, 5.2: *den Sinn einer Sache, einen Zusammenhang, eine Aufgabe* ~; *etw. allmählich, langsam, leicht, schnell* ~; *etw. ist schwer, nicht einfach zu* ~; *hast du das endlich begriffen?; er hatte sofort begriffen* (SYN ˈerfasst, ↗ erfassen 4ˈ), *worum es ihr ging; er hat immer noch nicht begriffen, wie gefährlich das ist; er begreift schnell* (ˈhat die Fähigkeit, etw. schnell intellektuell zu erfassenˈ); /in der kommunikativen Wendung/ *das begreife, wer will* (ˈdas ist völlig unsinnigˈ) /Ausruf, mit dem man seinen Ärger über Unsinniges, Sinnloses ausdrückt/ **2.** /jmd./ *jmdn., etw.* ~ SYN ˈjmdn., etw. verstehen (3)ˈ: *er konnte nicht* ~, *wie man sich so verhalten, entscheiden kann; er begriff seinen Freund, seines Freundes Entschluß sehr gut* ❖ **begreiflich, Begriff, begriffen, begrifflich, unbegreiflich**

begreiflich [bə'graɪf..] 〈Adj.〉 **1.** 〈Steig. reg., ungebr.; nicht bei Vb.〉 ˈvon der Art, dass man Verständnis dafür haben kann, leicht zu begreifen (2)ˈ; SYN verständlich (3) /vorw. auf Psychisches bez./; ↗ FELD I.4.1.3, 5.3: *ein* ~*er Irrtum, Wunsch; sein Zorn, seine Erregung ist durchaus* ~ **2.** 〈o. Steig.〉 /jmd./ *jmdm. etw.* ~ *machen* ˈdurch Erklärung od. Argumente versuchen, dass jmd. etw. begreiftˈ: *er versuchte, ihm* ~ *zu machen, dass sein Plan völlig sinnlos sei* ❖ ↗ **begreifen**

begrenzen [bə'grɛntsn̩], begrenzte, hat begrenzt **1.** 〈oft im Pass. od. adj. im Part. II〉 *etw. begrenzt etw.* ˈetw. bildet die, eine Grenze von etw.ˈ: *eine Reihe von Bäumen begrenzt den Acker zur Straße hin; der Garten wird durch eine Hecke begrenzt, ein begrenztes* (ˈdurch Grenzen in seiner Größe festgelegtes, relativ kleinesˈ) *Gebiet* **2.** 〈oft im Pass. od. adj., im Part. II〉 /befugte Person, Institution/ *etw.* ~ SYN ˈetw. beschränken (1.1)ˈ: *die Redezeit* ~; *die Geschwindigkeit für Autos* ~; *seine Möglichkeiten sind begrenzt* (ˈer kann nur Bestimmtes tunˈ); *meine Zeit ist begrenzt* (ˈich habe nicht viel Zeitˈ) ❖ ↗ **Grenze**

Begriff [bə'grɪf], **der**; ~s/auch ~es, ~e **1.** ˈWort od. Folge von Worten, die den geistigen Gehalt, Inhalt von etw. ausdrücktˈ: *ein definierter, fest umrissener* ~; *einen* ~ *bestimmen, definieren, von einem anderen abgrenzen; er hat die beiden* ~*e miteinander verwechselt; einen* ~ *(nicht) klar zu nennen, zu beschreiben vermögen; ein mathematischer, technischer, philosophischer, physikalischer, umgangssprachlicher* ~; *der* ~ *der Pflicht, Ordnung, Selbstdisziplin* **2.** 〈o.Pl.〉 SYN ˈVorstellung (2)ˈ /beschränkt verbindbar/: *sich keinen rechten* ~ (ˈkeine klare Vorstellungˈ) *von etw. machen können; sich einen falschen* ~ *von etw. machen; er hat überhaupt keinen* ~ *von der Sache; er hat nur einen schillernden, dehnbaren* ~ *von der Sache* ❖ ↗ **begreifen**
* **nach jmds. ~(en)** ˈnach jmds. Meinungˈ: *nach meinen* ~ *sind wir dazu fähig, diese Aufgabe zu lösen;* /jmd./ **im ~ sein/stehen, etw. zu tun** ˈgerade damit anfangen wollen, etw. Bestimmtes zu tunˈ: *er war (gerade) im* ~ *abzureisen, zu Bett zu gehen, als ...;* /jmd./ **schwer von ~ sein** (ˈlange brauchen, um etw. zu begreifenˈ); /jmd., etw./ **ein ~ sein** ˈals besonders gut, fähig, bekannt seinˈ: *der VW ist ein* ~; *als Schauspielerin ist sie weltweit ein* ~; /jmd., etw./ **jmdm. ein/kein ~ sein** ˈjmdm. (nicht) bekannt seinˈ:

ist Ihnen Herr B, die Firma B kein ~?; der Name ist mir ein, kein ~

begriffen [bə'grɪfn̩] ⟨Adj.; nicht bei Vb.; vorw. präd. (mit *sein*)⟩ /etw./ *in etw. ~ sein* ʿsich gerade in einem bestimmten Prozess befindenʾ: *das Hochwasser ist im Sinken ~; etw. ist in der Entwicklung ~; das im Umbau ~e Haus* ❖ ↗ **begreifen**

begrifflich [bə'grɪf..] ⟨Adj.; o. Steig.; nicht präd.⟩ ʿden Begriff (1), die Begriffe (1) betreffendʾ: *~es* (ʿin, mit Begriffen 1 vor sich gehendesʾ) *Denken; ~e Klarheit anstreben* ❖ ↗ **begreifen**

begründen [bə'grʏndn̩], begründete, hat begründet; ↗ auch *begründet* /jmd./ *etw. ~* ʿGründe, einen Grund für etw. nennen (2), beibringen (3)ʾ; ↗ FELD I.4.3.2: *einen Antrag, Vorschlag, seinen Standpunkt ~, seine Ablehnung, Abwesenheit ~* ❖ ↗ **Grund**

begründet ⟨Adj.; ↗ auch *begründen*⟩ **1.** ⟨Steig. reg., ungebr.; nur attr.⟩ ʿdurch Gründe gestütztʾ /auf Abstraktes bez./; ↗ FELD I.4.2.3: *es besteht ~er Verdacht, ~e Hoffnung, dass ...* **2.** ⟨o. Steig.⟩ /etw./ *in, durch etw. begründet sein, in etw. begründet liegen*: *diese Erscheinung, das ist in der Natur der Sache begründet* (ʿhat seinen Grund in der Sache selbstʾ); *das liegt darin ~, dass ...* ❖ ↗ **Grund**

begrüßen [bə'gryːsn̩], begrüßte, hat begrüßt **1.** /jmd./ *jmdn. ~* ʿjmdn. mit einem Gruß empfangenʾ: *Gäste (herzlich) ~; jmdn. mit freundlichen Worten ~;* ⟨rez.⟩ /zwei od. mehrere (jmd.)/ *sich ~*: *sie begrüßten sich (gegenseitig, einander)* **2.** /jmd./ *etw. ~* ʿetw. für gut, richtig halten und ihm freudig zustimmenʾ; ANT ablehnen: *sie begrüßten den Vorschlag, das Erscheinen des Buches, den Bau der Straße; es ist zu ~, dass ...: es ist zu ~, dass mit dem Bau sofort begonnen wird; wir würden es ~, wenn ...: wir würden es ~, wenn Sie sich an unserem Projekt beteiligten* ❖ ↗ **Gruß**

begünstigen [bə'gʏnstɪgn̩], begünstigte, hat begünstigt **1.** /etw./ *jmdn., etw. ~* ʿjmdm., etw. günstig, förderlich seinʾ: ⟨oft im Pass. od. adj. im Part. II⟩ *die Umstände haben ihn, das Wetter hat das Projekt begünstigt; er, das Unternehmen war, wurde vom Glück, Zufall begünstigt* **2.** /jmd./ *jmdn. ~* ʿjmdn. bevorzugenʾ; ANT benachteiligen (1): *einige der Bewerber sind offensichtlich begünstigt worden; jmdn. bei der Besetzung einer Stelle ~* ❖ ↗ **Gunst**

begutachten [bə'guːtaxtn̩], begutachtete, hat begutachtet /jmd./ *etw. ~* ʿetw. fachmännisch durch ein Gutachten beurteilenʾ: *er hat das Gemälde ~ lassen; ein Manuskript ~; technische Pläne ~* ❖ ↗ **gut**, ↗ **¹Acht**

behaart [bə'haːɐt] ⟨Adj.; Steig. reg.; nicht bei Vb.⟩ ʿviele Haare aufweisendʾ: *eine ~e Brust haben; er ist stark ~, sein Körper ist stark ~; jmd. hat ~e* (SYN ʿhaarige 1ʾ) *Beine, Arme* ❖ ↗ **Haar**

behäbig [bə'hɛːbɪç/..heː..] ⟨Adj.; Steig. reg.⟩ **1.** ʿruhig, langsam und schwerfällig auf Grund des großen Körpergewichtsʾ /auf Menschen und ihre Bewegungen bez./: *ein dicker ~er Mann; er stand breit und ~ vor der Haustür; sein Gang war ~* **2.** ⟨nicht präd.⟩

/beschränkt verbindbar/: *ein ~er* (ʿgroßer, dick gepolsterterʾ) *Sessel; große ~e* (ʿbreite und stattlicheʾ) *Bürgerhäuser säumten den Platz*

behaftet [bə'haftət] ⟨Adj.; o. Steig.; nur präd., mit *sein*⟩ /jmd., etw./ *mit etw. ~ sein* ʿetw. Negatives an sich haben, mit etw. Unangenehmem, einem Fehler, Makel versehen seinʾ: *er war mit einer ansteckenden Krankheit, einem Laster ~; die neue Konstruktion ist noch mit Fehlern, Mängeln ~; ein mit Mängeln ~er Bau* ❖ ↗ **haften (1)**

Behagen [bə'haːgn̩], das; ~s, ⟨o.Pl.⟩ ʿdurch die angenehme räumliche Umgebung od. durch bestimmte Genüsse erzeugtes angenehmes Gefühl des Wohlseins, der Zufriedenheitʾ; ↗ FELD I.6.1: *etw. mit sichtlichem, stillem ~ essen, trinken, genießen; sich vor ~ rekeln, strecken; (ein großes) ~ empfinden; etw. weckt ~* ❖ **behaglich, Unbehagen, unbehaglich**

behaglich [bə'haːk..] ⟨Adj.⟩ **1.** ⟨Steig. reg.; vorw. attr.⟩ ʿBehagen weckendʾ; SYN bequem (2.1): *eine ~e Wohnung; ein ~er Sessel; vgl. gemütlich (1)* **2.** ⟨o. Steig.; nur bei Vb.⟩ ʿBehagen empfindendʾ; ↗ FELD I.6.3: *~ in der Sonne sitzen, ein Glas Wein trinken* ❖ ↗ **Behagen**

behalten [bə'haltn̩] (er behält [..'hɛlt]), behielt [..'hiːlt], hat behalten **1.1.** /jmd./ *etw. ~* ʿetw., das man besitzt od. über das man verfügt, nicht hergeben (1), sich nicht von etw. trennen (2.3)ʾ: *ein Geschenk ~; den alten Fernseher noch eine Weile ~* (ʿnoch nicht einen neuen kaufenʾ); *den Rest des Geldes durften sie ~, sie haben das Grundstück ~ dürfen; darf ich das Buch noch eine Woche ~?; etw. zu Recht, widerrechtlich ~; den Gewinn für sich allein ~; etw. als etw. ~: sie behielten die Wertsachen als Pfand; etw. als, zu etw. ~: die Fotos, Briefe als, zum Andenken, zur Erinnerung ~; er hat seine Stellung, seinen Arbeitsplatz ~* (ʿihm ist nicht gekündigt wordenʾ) **1.2.** /jmd./ *jmdn. ~* ʿsich nicht von jmdm. trennen, die Verbindung zu ihm erhalten (4)ʾ: *sie wollte ihren Freund ~; er wollte seinen Mitarbeiter ~; sie hätten ihre Eltern gern noch länger ~* (ʿhätten es gern gehabt, wenn ihre Eltern noch länger gelebt hättenʾ); *jmdn. als etw. ~: jmdn. als Freund, Gast, Mitarbeiter ~ wollen* **1.3.** /jmd., etw./ *etw. ~* ʿetw. im bisherigen Zustand erhaltenʾ; SYN bewahren /beschränkt verbindbar/: *du musst deine Nerven ~* (ʿmusst in dieser schwierigen Lage ruhig bleibenʾ); *dieses Gesetz behält seine Gültigkeit* (ʿbleibt gültigʾ); *das Geld, Gold wird seinen Wert ~; er hat immer seine gute Laune ~* (ʿist immer gut gelaunt gebliebenʾ) **1.4.** ⟨oft verneint⟩ /jmd./ *etw. ~* ʿetw. im Gedächtnis behaltenʾ; SYN merken: *sie kann die Adressen, Telefonnummern, Melodien gut, leicht, nicht ~; ich habe seinen Namen ~* (ANT vergessen 1); *er hat von dem Vortrag nichts ~* **1.5.** /jmd./ *jmdn., etw. in Erinnerung ~: jmdn., das Treffen, den Geburtstag in (freundlicher, guter) Erinnerung ~* (ʿsich gern, gut an jmdn., etw. erinnern, ihn, es nicht vergessenʾ) **2.1.** /jmd., Institution/ *jmdn. irgendwo ~* ʿjmdn. von irgendwo nicht weggehen lassen, nicht wegschickenʾ /beschränkt verbindbar/:

jmdn. in seiner Wohnung, über Nacht bei sich ⟨Dat.⟩
~*; die Ärzte haben den Patienten noch in der Klinik*
~*; die Polizei hat den Verdächtigen einige Tage in*
Haft ~ (´nicht entlassen') **2.2.** /jmd./ *etw. irgendwo*
~ ´etw. irgendwo am Körper, in der Kleidung las-
sen, es nicht entfernen': *den Hut auf dem Kopf, die*
Hände in den Hosentaschen ~*; die Schlüssel, den*
Schirm in der Hand ~ **3.** ⟨vorw. verneint⟩ /jmd./
etw. bei sich ⟨Dat.⟩ ~*: der Kranke konnte nichts,*
keine Nahrung bei sich ~ (´musste alles, was er zu
sich nahm, wieder erbrechen') ❖ ↗ **halten**
* /jmd./ *etw. für sich* ~ ´etw. niemandem erzählen':
ein Geheimnis, eine Neuigkeit für sich ~*;* /jmd./
nichts für sich ~ **können** (´immer alles ausplaudern')
Behälter [bə'hɛltɐ]**, der;** ~s, ~ ´räumlicher, meist fes-
ter Gegenstand, in dem etw. aufbewahrt od. trans-
portiert wird'; ↗ FELD V.7.1: *etw. in einen* ~
packen, fließen lassen; einen ~ *öffnen, verschließen;*
bestimmte Sachen in großen ~*n verschicken; ein* ~
aus Blech, Kunststoff, Stahl, Keramik; ein ~ *für*
Chemikalien, Wasser, Futter, Getreide; ein großer,
kleiner, transportabler ~*; der* ~ *ist oben offen, hat*
einen Deckel; vgl. *Behältnis, Gefäß* ❖ ↗ **halten**
Behältnis [bə'hɛlt..]**, das;** ~ses, ~se ´kleinerer, meist
räumlicher Gegenstand, meist nicht aus festem Ma-
terial, zur Aufbewahrung von etw., das dem per-
sönlichen Bedarf dient'; ↗ FELD V.7.1: *ein* ~ *für*
die Scheckkarten, den Ausweis, ihre Kosmetika, ih-
ren Schmuck; vgl. *Behälter, Gefäß* ❖ ↗ **halten**
behände [bə'hɛndə] ⟨Adj.; Steig. reg.; vorw. präd.
(mit *sein*) u. bei Vb.⟩ ´flink, gewandt und geschickt
in den Bewegungen od. bei einer Tätigkeit' /auf
best. Aktivitäten, Tätigkeiten, bes. Bewegungen
bez./: *sie ist sehr* ~*, ist sehr* ~ *zu Werke gegangen;*
sich ~ *an-, auskleiden; mit einigen* ~*n Griffen Ord-*
nung schaffen
behandeln [bə'handl̩n]**, behandelte, hat behandelt 1.1.**
/jmd., Institution/ *jmdn. irgendwie* ~ ´sich im Um-
gang mit jmdm. irgendwie verhalten (1)'; SYN um-
gehen: *jmdn. gut, schlecht, mit Nachsicht* ~*; sich*
(un)gerecht behandelt fühlen; jmdn. wie einen dum-
men Jungen ~*; jmdn. höflich, mit Hochachtung, als*

Freund ~*; jmd. ist leicht, schwierig zu* ~ (´mit
jmdm. ist es leicht, schwierig auszukommen') **1.2.**
/jmd./ *etw. irgendwie* ~ ´mit etw. irgendwie umge-
hen': *die Maschinen, Geräte müssen mit Sorgfalt be-*
handelt werden; eine Angelegenheit diskret ~ **2.**
/Arzt/ *jmdn., etw.* ~ ´einen Patienten, eine Krank-
heit, Verletzung ärztlich versorgen': *einen Patienten*
ambulant ~*; der* ~*de Arzt; eine Krankheit, Verlet-*
zung ~ (´durch Anwendung geeigneter Mittel zu
heilen versuchen'); *die Wunde muss vom Arzt, muss*
ärztlich behandelt werden; sich wegen einer Krank-
heit ~ *lassen* **3.** /jmd./ *etw. mit etw.* ~ ´zu bestimm-
tem Zweck mit etw. auf etw. einwirken (2)': *die Mö-*
bel mit einer Politur, ein Metall mit Säure ~*; etw.*
irgendwie ~*: Lebensmittel konservierend* ~ **4.** /jmd./
etw. ~ **4.1.** ´ein Thema, einen Stoff (3) in einer wis-
senschaftlichen, pädagogischen od. künstlerischen
Darstellung erörtern od. darbieten': *etw. ausführ-*
lich, erschöpfend, fachmännisch ~*; welches Thema*
wurde in der letzten Stunde behandelt?; er behan-
delte in seinem Roman, Film, in seiner Arbeit ein
aktuelles Thema, Probleme der Gegenwart **4.2.** ´eine
Angelegenheit besprechen (1)': *eine Angelegenheit*
~*; etw. in der nächsten Sitzung* ~*; können wir das*
nicht morgen ~*?* ❖ ↗ **handeln**
Behandlung [bə'handl..]**, die;** ~, ~en /zu *behandeln*
1–4/ ´das Behandeln, Behandeltwerden'; /zu 1/:
eine (un)freundliche ~ *erfahren;* /zu 2/: *sich in ärzt-*
liche ~ *begeben* (´sich von einem Arzt behandeln
lassen') ❖ ↗ **handeln**
beharren [bə'haʀən]**, beharrte, hat beharrt** /jmd., In-
stitution/ *auf, bei etw.* ⟨Dat.⟩ ~ ´zäh und unbeirrt
an seiner Meinung festhalten': *(entschieden, eigen-*
sinnig, trotzig, hartnäckig) auf seinem Willen,
Standpunkt, bei seiner Meinung, Überzeugung, bei
seinem Entschluss, seiner Absicht ~ ❖ ↗ **harren**
beharrlich [bə'haʀ..] ⟨Adj.; Steig. reg.; nicht präd.⟩
1.1 SYN ´hartnäckig (2)' /auf bestimmte verbale
Handlungen bez./: *sich* ~ *weigern, etw. Bestimmtes*
zu tun; der Verdächtige leugnete ~*; sein* ~*es Wer-*
ben, Zureden, Leugnen **1.2.** SYN ´ausdauernd': *er*

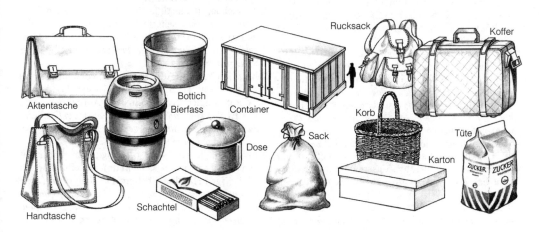

Aktentasche · Bottich · Bierfass · Container · Rucksack · Koffer · Korb · Sack · Dose · Tüte · Karton · Schachtel · Handtasche · ZUCKER

schwimmt ~ seine Runden; er arbeitet ~ an seinem Manuskript ❖ ↗ **harren**

behaupten [bə'hauptn̩], behauptete, hat behauptet **1.** /jmd./ *etw. ~* 'etw. mit Bestimmtheit als richtig, für wahr erklären ('ohne einen Beweis dafür zu liefern'): *etw. hartnäckig, mit Entschiedenheit, voller Überzeugung, steif und fest ~; er behauptete das Gegenteil ~;* ⟨+ Nebens.⟩ *sie behauptete, uns (nicht) gesehen zu haben; er behauptete, nichts davon gewusst zu haben; man kann, soll nicht einfach etw. ~, was man nicht beweisen kann;* /in der kommunikativen Wendung/ *du willst doch nicht ~, dass ...?* /sagt jmd. zu jmdm., wenn dieser eine haltlose Behauptung äußert/: *du willst doch (wohl) nicht ~, dass das alles stimmt?!* **2.** /jmd./ **2.1.** *etw. ~* 'etw., bes. eine bestimmte Position, ein Privileg o.Ä. erfolgreich verteidigen': *die Beamten haben ihre Privilegien ~ können, er hat seinen Platz in der Rangliste erfolgreich behauptet; seine Stellung ~; seinen Standpunkt, seine Meinung ~* (SYN 'durchsetzen I.1') **2.2.** *sich ~* 'sich in seiner Position gegen Widerstände durchsetzen I.2': *er wusste sich zu ~; es gelang ihm, sich auf seinem Posten, in seiner Stellung zu ~* **2.3.** Sport *sich gegen jmdn. in einem Wettkampf ~* ('jmdn. in einem Wettkampf besiegen') ❖ **Behauptung**

Behauptung [bə'haupt..], die; ~, ~en /zu *behaupten* 1/ 'das, was jmd. behauptet (1) od. behauptet hat': *das ist eine kühne, gewagte, dreiste, unhaltbare ~; das ist eine bloße ~; eine ~ aufstellen* ('etw. behaupten'), *widerlegen, zurücknehmen; bei seiner ~ bleiben* ❖ ↗ **behaupten**

beheben [bə'he:bm̩], behob [..'ho:p], hat behoben [..'ho:bm̩] /jmd./ *etw. ~* 'etw. Unangenehmes, bes. einen Schaden, eine technische Störung, beseitigen': *einen Fehler, Schaden ~* (SYN 'reparieren'); *einen Mangel ~; Missstände ~; die Schwierigkeiten können leicht behoben werden* ❖ ↗ **heben**

beheimatet [bə'haimatət] ⟨Adj.; o. Steig.; nicht bei Vb.; vorw. präd. (mit *sein*)⟩ /jmd., Tier, Pflanze/ *irgendwo ~ sein* 'an einem bestimmten Ort seine Heimat haben od. aus einem bestimmten Ort, einer bestimmten Gegend stammen': *er ist in Berlin, Thüringen ~;* SYN 'heimisch (1.2)': *eine in den Tropen ~e Pflanze; der Pinguin ist im Umkreis des Südpols ~* ❖ ↗ **Heim**

Behelf [bə'hɛlf], der; ~s/auch ~es, ~e ⟨vorw. Sg.⟩ 'etw. meist Unzureichendes, womit man sich (vorerst) behilft'; SYN Provisorium /auf Gegenständliches bez./: *eine Sicherheitsnadel als ~ für einen geplatzten Hosenträger; das ist nur ein armseliger, notdürftiger, schlechter ~; etw. dient als ~; etw. als ~ nehmen* ❖ ↗ **helfen**

behelfen [bə'hɛlfn̩], sich (er behilft [..'hɪlft] sich), behalf [..'half] sich, hat sich beholfen [..'hɔlfn̩] /jmd./ *sich mit etw. ~* 'für etw., das man braucht, aber nicht hat, etw. anderes für den Zweck meist weniger Gutes od. Wirksames, Unzureichendes (vorübergehend) als Ersatz nehmen, verwenden': *sich mit einem Taschentuch (als Kopfbedeckung), einer*

Decke (als Zudecke) ~; sich notdürftig mit etw. ~; sich mit wenigem ~ ❖ ↗ **helfen**

behelfsmäßig [bə'hɛlfs..] ⟨Adj.; o. Steig.; vorw. attr. u. bei Vb.⟩ SYN 'provisorisch': *eine ~e Unterkunft für Flüchtlinge; etw. ~ reparieren, befestigen* ❖ ↗ **helfen**

behende: ↗ **behände**

beherbergen [bə'hɛrbɛrgn̩], beherbergte, hat beherbergt /jmd./ *jmdn. ~* 'jmdn. als Gast bei sich aufnehmen, ihm vorübergehend Unterkunft geben': *jmdn., einen Bekannten ein paar Tage (bei sich) ~; jmdn. für eine Nacht ~* ❖ ↗ **bergen**

beherrschen [bə'hɛrʃn̩], beherrschte, hat beherrscht **1.** /Gruppe, jmd./ *etw., jmdn. ~* 'die Herrschaft über ein Land, eine Gruppe, jmdn. ausüben'; SYN herrschen: *die Truppen beherrschten, der Diktator beherrschte das Land, die Stadt, das Volk; mit einem Produkt den Markt ~; sie beherrschte ihren Mann vollkommen* **2.** /jmd./ *die Situation ~* ('die Situation unter Kontrolle haben') **3.** ⟨vorw. im Präs. u. adj. im Part. II⟩ /etw. Psychisches/ *jmdn., etw. ~: wurde, war von dem Gefühl, Wunsch beherrscht* ('erfüllt'), *endlich Erfolg zu haben; er wurde von seinen Sehnsüchten beherrscht; nur dieser eine Wunsch beherrschte ihn, sein ganzes Denken* **4.** ⟨oft mit Modalvb.⟩ /jmd./ *etw., sich ~* 'sein Verhalten unter Kontrolle, seine Gefühle, Äußerungen in der Gewalt haben'; SYN zurückhalten (3.1, 3.3), zusammennehmen (2): *seinen Zorn, seine Gefühle ~; seine Leidenschaft, Worte ~; sich gut, schlecht ~ können; sich zu ~ wissen; er konnte sich nur mühsam ~; er musste sich ~, um nicht laut aufzulachen;* /in der kommunikativen Wendung/ *ich kann mich ~* ('ich werde das bestimmt nicht tun')! /als Antwort auf jmds. Frage, ob man etw. Bestimmtes beabsichtigt, die man aber als töricht empfindet/ **5.** /jmd./ *etw. ~* 'etw. so gut können, dass man es fehlerfrei, sicher und gut an-, verwenden kann'; SYN verstehen (5.1); ↗ FELD I.5.2: *etw. perfekt, vollkommen ~; die Rechtschreibung, Technik eines Verfahrens, die Arbeit mit dem Computer ~; er beherrscht drei Sprachen* ❖ ↗ **herrschen**

Beherrschung [bə'hɛrʃ..], die; ~, ⟨o.Pl.⟩ /zu *beherrschen* 1−5/ 'das Beherrschen'; /zu 4/: *die ~* (SYN 'Kontrolle 2') *verlieren* ('sich nicht bezähmen können'); /zu 5/: *die ~ einer Fremdsprache, mehrerer Sprachen* ❖ ↗ **herrschen**

beherzt [bə'hɛrtst] ⟨Adj.; Steig. reg.; vorw. attr. u. bei Vb.⟩ 'mutig (1.2) und entschlossen handelnd'; SYN couragiert /vorw. auf best. Aktivitäten bez./; ↗ FELD I.6.3: *durch ihr, sein ~es Vorgehen, Eingreifen konnte Schlimmes verhindert werden; ~ vorgehen, zupacken* ❖ ↗ **Herz**

behilflich [bə'hɪlf..] ⟨Adj.; o. Steig.; nur präd., mit *sein*⟩ /jmd./ *jmdn. ~ sein* 'jmdm. bei einer für ihn schwierigen Handlung helfen (1)': *einer alten Dame (beim Aussteigen) ~ sein; darf ich Ihnen, könnten Sie mir ~ sein?; er war mir ~, die Tür zu öffnen; jmdm. beim Umzug ~ sein* ❖ ↗ **helfen**

behindern [bə'hɪndɐn], behinderte, hat behindert; ↗ auch *behindert, Behinderte* /jmd., etw./ *jmdn., etw.* ~ ꞌdie Ursache dafür sein, verursachen, dass jmd. in seiner Tätigkeit, jmds. Tun, der Ablauf von etw. gehemmt, gestört, erschwert wirdꞌ: *seine Verletzung behinderte ihn sehr; das schwere Gepäck behinderte ihn beim Laufen; der Nebel behindert den Verkehr, behinderte ihm die Sicht; jmdn. bei etw. ~: jmdn. bei seiner Arbeit ~* ❖ ↗ **hindern**

behindert [bə'hɪndɐt] ⟨Adj.; o. Steig.; nicht bei Vb.; ↗ auch *behindern*⟩ ꞌdurch einen schweren Schaden am Körper, durch ein Gebrechen dauernd körperlich od. geistig geschädigt und in seinem Tun gehemmt, beeinträchtigtꞌ: *ein ~es Kind haben* ❖ ↗ **hindern**

Behinderte, der u. **die**; ~n, ~n; ↗ auch *behindern*; ↗ TAFEL II ꞌjmd., der durch einen schweren Schaden am Körper, durch ein Gebrechen dauernd körperlich od. geistig behindert istꞌ: *sich der Pflege von ~n widmen; ein körperlich, geistig ~r* ❖ ↗ **hindern**

Behörde [bə'høːɐdə], **die**; ~, ~n ꞌstaatliche od. kommunale, kirchliche Institution für bestimmte (administrative) Aufgaben der Verwaltungꞌ; SYN Amt: *eine staatliche, städtische, kirchliche, kommunale ~; ein Vertreter der ~; bei der zuständigen ~ einen Antrag stellen, ein Gesuch einreichen, eine Genehmigung einholen; ein Gesuch an eine ~ richten; sich an eine ~ wenden* ❖ **behördlich**

behördlich [bə'høːɐt..] ⟨Adj.; o. Steig.; nicht präd.⟩ ꞌdie Behörde betreffend od. von einer Behörde ausgehendꞌ; SYN amtlich (1) /vorw. auf Tätigkeiten der Verwaltung bez./: *das Geschäft ist, bleibt mit ~er Genehmigung geschlossen; etw. ~ genehmigen, beschleunigen, verfügen, verbieten* ❖ ↗ **Behörde**

behüten [bə'hyːtn̩], behütete, hat behütet /jmd./ *jmdn., etw.* ~ ꞌjmdn., etw. vor jmdm. etw. beschützenꞌ: *jmdn. vor Unheil, Gefahr, in einer gefährlichen Lage ~; jmdn., das Kind ~, damit ihm nichts zustößt; jmdn. gut, sorgsam ~;* /Hund/ *der Hund behütet Haus und Garten* ❖ ↗ ²**Hut**

behutsam [bə'huːt..] ⟨Adj.; Steig. reg.; vorw. bei Vb.⟩ ꞌvorsichtig und rücksichtsvoll, um jmdn. vor Schaden zu schützenꞌ; SYN sacht (2), sanft (2.3); ↗ FELD I.4.4.3: *~ mit etw., jmdn. umgehen; sie verband die Wunde ~, mit ~en Händen; jmdm. eine schlechte Nachricht ~ beibringen* ❖ ↗ ²**Hut**

bei [baɪ] ⟨Präp. mit Dat.; vor best. Art. Mask., Neutr. auch *beim*; vorangestellt⟩ **1.** /lokal/ **1.1.** ⟨oft in Verbindung mit *dicht, nahe*⟩ /gibt die räumliche Nähe zu etw., jmdm. an, nicht den Kontakt/: *er stand, saß β ~ seinen Eltern, Freunden; der Kiosk steht dicht beim Bahnhof; wer sitzt ~ ihm am Tisch?; ich bleibe ~ dem Gepäck und warte solange* **1.2.** ⟨meist in Verbindung mit den Namen großer, größerer Orte⟩ /gibt die nahe geografische Lage an/: *Bernau liegt ~ Berlin, Markkleeberg liegt ~ Leipzig; die Schlacht ~ Verdun; die Völkerschlacht bei Leipzig; er ist, liegt bei N begraben;* vgl. dazu *an* (1.2) **1.3.** ⟨in Verbindung mit Begriffen, die Bezeichnungen od. Namen von Unternehmen, Institutionen, Per-

sonen darstellen⟩ /gibt an, wo jmd. lebt, beschäftigt ist o.Ä./: *er arbeitet ~ der Post, Eisenbahn; er arbeitet ~ VW, Krupp; er wohnt ~ seinen Eltern, beim Onkel; er ist jetzt ~ der Bundeswehr, ~ den Panzern* **1.4.** ⟨in Verbindung mit Namen von Autoren o. Kasusforderung⟩ /gibt an, in wessen Gesamtwerk etw. zu lesen steht/: *~ Goethe findet man den folgenden Satz; das steht ~ Schiller; ~ Thomas Mann habe ich das nicht gefunden* **1.5.** ⟨in Verbindung mit Reflexivpron. *sich, mir, dir, uns, euch*⟩ /gibt als Ort den Körper an/: *hast du deinen Ausweis ~ dir?; das soll man möglichst nicht ~ sich tragen* **2.** /temporal/ **2.1.** ⟨in Verbindung mit Zeitbegriffen; meist o. Kasusforderung⟩ /gibt an, dass ein Vorgang, ein Zustand denselben genannten Zeitpunkt hat/; SYN ¹während: *Berlin ~ Nacht; ~ Beginn der Vorstellung ereignete sich Folgendes; er arbeitet lieber ~ Tag; er verlor seine Eltern ~ Kriegsende; ~ Sonnenuntergang, Sonnenaufgang, ~* (SYN ²mit 4.1) *Tagesanbruch, ~ Einbruch der Dunkelheit* **2.2.** ⟨nur *beim;* + *sein;* in Verbindung mit subst. Verben; + fakult. *gerade*⟩ /gibt die Verlaufsform an; gibt an, dass eine Tätigkeit gerade zu diesem Zeitpunkt abläuft/; SYN während: *er war gerade beim Kaffeetrinken, Lesen, Abwaschen, als ...; du darfst beim Essen nicht mit vollem Mund sprechen!* **2.3.** ⟨in Verbindung mit Begriffen, die Ereignisse, Tätigkeiten darstellen⟩ /gibt eine bestimmte Zeitdauer an/; SYN während: *er hat ihn ~ einem/beim Klassentreffen wiedergesehen; jmdn. ~ einer Autorenlesung kennen lernen* **3.** ⟨in Verbindung mit Abstrakta; vorw. o.Art.⟩ /konditional; gibt die Bedingung, Voraussetzung für das Geschehen, den Zustand an/: *~ Regen* (ꞌwenn es regnetꞌ) *fällt die Veranstaltung aus; die Notbremse darf nur ~ Gefahr gezogen werden; der Park darf ~ Glatteis nur auf eigene Gefahr betreten werden* **4.** /kausal; gibt die Begründung für einen Sachverhalt an/: *~ deinen guten Augen* (ꞌda du so gute Augen hastꞌ) *brauchst du doch keine Brille!; ~ deinen Kenntnissen ist das doch kein Problem für dich!* **5.** ⟨oft in Verbindung mit *all, doch* o.Ä.⟩ /konzessiv; gibt an, dass ein bestimmter Umstand ohne Einfluss auf den Sachverhalt ist, obwohl man es hätte erwarten können/; SYN trotz: *~ all dem Unglück hat er (doch) an seine Eltern gedacht; ~ all seiner Bildung fehlt es ihm doch an Takt* **6.** ⟨o. Kasusforderung; vorw. in Verbindung mit Abstrakta⟩ **6.1.** ⟨+ *sein*⟩ /modal; gibt einen Umstand, Zustand an/: *er ist ~ guter Laune, ~ bester Gesundheit; er ist wieder ~ Kräften* **6.2.** ⟨meist o. Art.⟩ /gibt einen Begleitumstand an/: *das ist ~ Strafe verboten* (ꞌist verboten, wobei Verstöße bestraft werdenꞌ); *~ gleichbleibend guter Qualität produzieren; er schläft ~ geöffnetem Fenster* ❖ **anbei, beieinander, beizeiten, dabei, hierbei, nebenbei;** vgl. **bei/Bei-**

bei [baɪ..]-|**behalten** (er behält bei), behielt bei, hat beibehalten /jmd./ *etw.* ~ ꞌetw., das man bisher schon getan hat, das üblich ist, bewusst auch weiterhin in der gleichen Weise fortführenꞌ; SYN festhalten (5.1): *eine bestimmte Richtung, Methode* ~; *du darfst diese Lebensweise nicht* ~, *wenn du ein guter Sportler werden willst; er war dafür, die alten Sitten beizubehalten* ❖ ↗ halten; **-bringen,** brachte bei, hat beigebracht **1.** /jmd./ *jmdm. etw.* ~ ˈjmdn. etw. lehrenˈ: *jmdm. das Lesen, Schreiben, Tanzen* ~; *jmdm. gutes Benehmen* ~; *er hat den Kindern nur Unsinn, schlechte Gewohnheiten beigebracht; jmdm.* ~, *wie man einen Reifen wechselt; das ist ihm nicht beizubringen!* **2.** /jmd./ *jmdm. etw.* ~ ˈjmdn. von etw., das für ihn unangenehm ist, auf schonende Weise in Kenntnis setzenˈ: *jmdm. die Wahrheit über etw.* ~; *er überlegte sich, wie man ihr die Hiobsbotschaft am besten, schonendsten* ~ *könnte; wie soll ich ihm das nur* ~? **3.** /jmd./ *etw., jmdn.* ~ ˈetw. als Beweis für etw. beschaffen und vorlegen, jmdn. ausfindig machen, der als Zeuge für etw. dientˈ: *einen Beleg, ein ärztliches Attest* ~; *einen Zeugen für den Tathergang* ~; *können Sie Referenzen* ~? ❖ ↗ bringen

Beichte [ˈbaiçtə]**, die;** ~, ~n ˈBekenntnis (1) der Sünden, das der Gläubige vor einem Geistlichen od. im Gottesdienst ablegtˈ; ↗ FELD XII.3.1: *zur* ~ *gehen, zur* ~ *in die Kirche gehen; die* ~ *ablegen; der Pfarrer nahm ihm (im Beichtstuhl) die* ~ *ab* ❖ ↗ **beichten**

beichten [ˈbaiçtn̩], beichtete, hat gebeichtet **1.** /Gläubige/ *etw.* ~ ˈseine Sünden vor einem Geistlichen od. im Gottesdienst bekennen und bereuenˈ /beschränkt verbindbar/; ↗ FELD XII.3.2: *seine Sünden* ~; ~ *gehen* (ˈzur Beichte gehenˈ); *dem Priester seine Sünden* ~ **2.** /jmd./ *jmdm. etw.* ~: *er hat ihr seinen Fehltritt gebeichtet; ich muss dir etw.* ~ /meist als Einleitung für das, was man eingestehen, bekennen (1.1) will/: *ich muss dir etw.* ~: *ich habe meine Uhr verloren; ich muss dir* ~, *dass ich wieder viel Geld ausgegeben habe* ❖ **Beichte – Beichtstuhl**

Beicht|stuhl [ˈbaiçt..]**, der** ˈkabinenartige Vorrichtung mit zwei durch eine Wand getrennten Kammern für den Geistlichen und den Beichtendenˈ ❖ ↗ **beichten,** ↗ **Stuhl**

beide [ˈbaidə] ⟨Indefinitpron.; Pl.; Sg. nur als Neutr. Nom. u. Akk.: *beides* od. im Dat.: *beiden*; ↗ TAFEL X /bezieht sich auf zwei als bekannt vorausgesetzte Personen, Sachen/ ˈalle zweiˈ **1.1.** /hebt als Zusammenfassung den Gegensatz, Unterschied zu *ein(s)* hervor; steht im Satz an betonter Stelle, o.Art./ ˈnicht nur der, die eine, sondern auch der, die andereˈ **1.1.1.** ⟨nur im Pl.⟩ /auf Lebewesen, Sachen bez./: ⟨adj.⟩ ~ *Söhne gehen schon zur Schule;* ~ *Bücher sind in Leinen gebunden; die Themen* ~*r Veranstaltungen waren von allgemeinem Interesse;* ⟨subst.⟩ *ich traf zwei ehemalige Schulkameraden,* ~ *wohnen in N; zwei Ingenieure, ein Bäcker und ein Kaufmann,* ~ *arbeiten zu unserer Zufriedenheit, (alle)* ~ *sind sehr tüchtig; wir* ~ *kommen/wir kommen* ~ *zu eurem Fest; ihr* ~ *habt Recht, ihr habt* ~ *Recht* **1.1.2.** *beides* ⟨Sg. Neutr., Nom. u. Akk.; o.Pl.; nicht im Gen., aber im Dat. möglich; subst.⟩ /auf verschiedenartige Sachen bez./ ˈnicht nur das

eine, sondern auch das andereˈ: *sie hat* ~*s verkauft, den Tisch und die Stühle; sie nahm zum Backen Butter und Eier, wobei sie mit* ~*m nicht sparte; Unentschiedenheit und Feigheit, das ist* ~*s misslich* **1.2.** ⟨vorw. mit best. Art.; Determinativ- od. Possessivpron.⟩ **1.2.1.** ˈder, die eine und der, die andereˈ; SYN zwei: ⟨adj.⟩ *die(se)* ~*n Ingenieure haben das erfunden; meine* ~*n Söhne sind schon verheiratet; die* ~*n Töchter noch nicht; die* ~*n Bücher sind in Leinen gebunden; die Themen der* ~*n Veranstaltungen waren von allgemeinem Interesse;* ⟨subst.⟩ *die* ~*n, sie* ~ *sind erst vor kurzem eingestellt worden; die Frauen der* ~*n sind berufstätig; zwischen (den)* ~*n bestehen gute Beziehungen; einer, jeder von* ~*n, einer, jeder der* ~*n wird kommen; wir* ~ *kommen; ihr* ~ *habt Recht* **1.2.2.** *beides* ⟨Sg. Neutr.; Nom. u. Akk.; o.Pl.; nicht im Gen., aber im Dat. möglich; subst.⟩ ˈdas eine und das andereˈ: *dies(es)* ~*s ist möglich, alles andere nicht; wir haben mit* ~*n gute Erfahrungen gemacht* ❖ **beiderlei – beiderseitig, beiderseits** MERKE Das folgende Adj. od. Part. wird schwach flektiert: ~ *jungen Leute/die* ~*n jungen Leute; die Eltern beider jungen Mädchen.* In Verbindung mit *wir, ihr: wir* ~ (nicht: *wir* ~*n*); *ihr* ~ (nicht: *ihr* ~*n*), aber mit Subst.: *ihr, wir* ~*n Brüder, Schwestern;* in Verbindung mit subst. Adj.: ~ *Angestellten* od. *Angestellte*

beiderlei [ˈbaidəlai/..ˈlai] ⟨Indefinitpron.; indekl.; nur adj.; für Mask., Fem., Neutr. u. Pl.⟩ ˈvon, in beiden Arten der genannten Sacheˈ /auf Personen, Sachen bez./: *Personen* ~ *Geschlechts; Möbel (von)* ~ *Arten* ❖ ↗ **beide**

beider [ˈbaidɐ..]**-seitig** [zaitiç] ⟨Adj.; nicht präd.; vorw. attr. u. o.Art.⟩ ˈbeide Seiten, Partner betreffend, von beiden Seiten, Partnern ausgehendˈ /vorw. auf Abstraktes bez./: *die Verhandlungen endeten in* ~*er Übereinstimmung, zu* ~*em/zum* ~*en Vorteil; Gespräche über* ~ *interessierende Fragen; die Ehe wurde in* ~*em Einverständnis geschieden* ❖ ↗ beide, ↗ Seite; **-seits** [zaits] ⟨Adv.⟩ ˈbei beiden Partnernˈ: *es besteht* ~ *der Wunsch nach Verhandlungen; es gab* ~ *Missverständnisse* ❖ ↗ beide, ↗ Seite

bei|einander [bai|ai̯ˈnandɐ] ⟨Adv.⟩ ˈeiner beim anderen, alle zusammenˈ; SYN beisammen, zusammen (2): *morgen sind wir alle wieder* ~ ❖ ↗ **bei,** ↗ **¹ein,** ↗ **anderer** MERKE Verbindungen aus *beieinander* + Vb. werden getrennt geschrieben

beides [ˈbaidəs] ⟨Indefinitpron.; Sg. Neutr.⟩ ↗ **beide**

Bei/bei [ˈbai..]**-fahrer, der 1.** ˈjmd., der in einem Personenauto vorn neben dem Fahrer sitztˈ: *bei dem Unfall ist nur der* ~ *verletzt worden; das Auto ist auch mit einem Airbag für den* ~ *ausgerüstet* **2.** ˈjmd., der berufsmäßig neben dem Fahrer in einem Kraftfahrzeug, bes. einem Lastkraftwagen, sitzt und bestimmte Aufgaben zu erfüllen hatˈ: *er ist* ~ *in einem Transportunternehmen* ❖ ↗ fahren; **-fall, der** ⟨o.Pl.⟩ **1.** ˈZustimmung, Anerkennung ausdrückendes Klatschen der Zuschauer bei einer Veranstaltung'; SYN Applaus: *starker, schwacher, anhaltender, begeisterter, herzlicher, minutenlanger ~; nach der Arie klatschte das Publikum ~; die Aufführung wurde mit ~ aufgenommen; viel ~ erhalten; der Sänger erntet ~; jmdm. ~ ↗ zollen* **2.** *etw. findet jmds. ~* 'ein Vorschlag, eine Leistung wird von jmdm. sehr positiv beurteilt, findet jmds. Billigung': *seine Vorschläge, Ansichten haben (nicht) unseren ~ gefunden;* **-fällig** ⟨Adj.; o. Steig.; nicht präd.⟩ 'Zustimmung, Anerkennung ausdrückend' /vorw. auf Sprachliches bez./: *eine ~e Äußerung, Bemerkung; allenthalben war ~es Gemurmel zu hören; etw. ~ aufnehmen; er nickte, lächelte ~;* **-fügen** ⟨trb. reg. Vb.; hat⟩ /jmd./ *etw.* ⟨Dat.⟩ *etw. ~* 'etw. zusätzlich zu etw. Vorhandenem hinzufügen'; SYN beigeben, beilegen: *der Bewerbung bestimmte Unterlagen, Zeugnisse ~; der Sendung ist die Rechnung beigefügt* ❖ ↗ fügen

beige [be:ʒ] ⟨Adj.; o. Steig.; nicht attr.; nur umg. attr.⟩ 'von sehr blassem, hellem und mattem Gelb'; ↗ FELD VI.2.3: *der Pullover ist ~; etw. ~ färben;* umg. *ein ~s Kleid*

bei/Bei ['baɪ̯..]|**-geben** (er gibt bei), gab bei, hat beigegeben /jmd./ *etw.* ⟨Dat.⟩ *etw. ~* 'einer Sache etw. hinzufügen'; SYN beifügen: *dem Buch Abbildungen ~; der Reisebeschreibung eine Landkarte ~; dem Sammelband ein Inhaltsverzeichnis ~* ❖ ↗ geben; **-geschmack, der** ⟨o.Pl.⟩ 'bei Lebensmitteln, Genussmitteln auftretender, den eigentlichen Geschmack der Sache beeinträchtigender zusätzlicher, meist unangenehmer Geschmack (1.1)': *etw. hat einen ~: der Wein hat einen eigenartigen ~; das Bier aus der Dose hat einen metallischen ~; der Wein hat einen bitteren ~ angenommen* ❖ ↗ schmecken; **-hilfe, die 1.** 'in bestimmten sozialen Fällen von einer Institution, dem Staat gewährte finanzielle Unterstützung': *eine ~ beantragen, bekommen; sie hat, bezieht eine ~; ihr ist die ~ gestrichen worden* **2.** ⟨vorw. o.Art.⟩ Jur. *~ zu etw.* 'strafrechtlich verfolgtes Tun, Verhalten, durch das jmd. einem anderen bei der Vorbereitung od. Durchführung einer Straftat hilft' /beschränkt verbindbar/: *er ist wegen ~ zum Mord verurteilt worden* ❖ ↗ helfen

Beil [baɪ̯l], **das**; ~s/auch ~es, ~e 'Werkzeug aus einem flachen Keil aus Eisen mit breiter Schneide und einem Stiel aus festem Holz, das bes. zum Zerhacken von Holz, Knochen, Fleisch dient'; ↗ FELD V.5.1 (↗ TABL Werkzeuge): *ein scharfes ~; das ~ schärfen; mit dem ~ Holz hacken, spalten; mit dem ~ den Knochen durchhauen;* vgl. *Axt*

Bei/bei ['baɪ̯..]|**-lage, die 1.** 'einer Zeitung, Zeitschrift zusätzlich beigefügte Blätter (3), Seiten (2) mit bestimmter Thematik': *eine literarische ~ in der Wochenendausgabe der Zeitung* **2.** 'etw. wird, bes. Gemüse, das zu einem Gericht (1) gereicht wird': *Salat, Kartoffeln, Reis als ~ zu einem Fleischgericht* ❖ ↗ liegen; **-läufig** [lɔɪ̯fɪç] ⟨Adj.; o. Steig.; nicht präd.⟩ 'nebenbei gesagt, wie zufällig erwähnt': *eine ~e Bemerkung machen; etw. ~ erzählen, erwähnen; jmdn.*

etw. ~ fragen; **-legen** ⟨trb. reg. Vb.; hat⟩ **1.** /jmd./ *etw.* ⟨Dat.⟩ *etw. ~* 'etw. zusätzlich, ergänzend zu etw. legen'; SYN beifügen, beigeben: *dem Antrag einige Unterlagen ~; einem Brief Geld, ein Foto, Rückporto ~* **2.** /jmd./ *etw.* ⟨Dat.⟩ *etw. ~:* 'einer Angelegenheit, Äußerung, einem Gerücht, Geschehen, Vorfall (zu)viel Bedeutung, Gewicht, (zu) großen Wert ~* (SYN 'beimessen') **3.** /jmd./ *etw. ~* SYN 'bereinigen': *Differenzen, Meinungsverschiedenheiten, Zwist, Streitereien (friedlich, gütlich) ~; der Streit ist immer noch nicht beigelegt* ❖ ↗ legen

Beileid ['baɪ̯laɪ̯t], **das**; ~s/auch ~es, ⟨o.Pl.⟩ 'jmdm., der einen ihm nahe stehenden Menschen durch den Tod verloren hat, durch schriftliche od. mündliche Worte zeigen, dass man mit ihm fühlt, trauert': *jmdm. sein (aufrichtiges, herzliches, tief empfundenes) ~ aussprechen, bekunden; er sprach ihm sein herzliches ~ aus;* vgl. *Mitgefühl* ❖ ↗ Leid

beim ['baɪ̯m] ⟨Verschmelzung von Präp. bei (Dat.) + Art. *(dem)* ↗ bei

bei|messen ['baɪ̯..] (er misst bei), maß bei, hat beigemessen /jmd./ *etw.* ⟨Dat.⟩ *etw. ~* 'etw. für wichtig, bedeutsam halten'; SYN beilegen (2), zuerkennen (1.2): *einer Angelegenheit, einem Vorgang große Bedeutung ~* ('eine Angelegenheit, einen Vorgang für wichtig, bedeutsam halten'); *sie maß seinen Beteuerungen großes, wenig Gewicht, keinen Glauben bei* ('glaubte seinen Beteuerungen nicht')

Bein [baɪ̯n], **das**; ~s/auch ~es, ~e **1.** 'eine der zwei Gliedmaßen beim Menschen, mit deren Hilfe er geht, steht, eines der paarigen zwei, vier od. mehreren Glieder, mit denen Tiere gehen, stehen'; /auf Menschen bez./ (↗ TABL Körperteile): *das rechte und das linke ~; lange, kurze, krumme, schlanke, schöne, dicke ~e haben; die ~e ausstrecken, von sich strecken, anziehen; auf den ~en stehen; mit gespreizten ~en dastehen; auf den ~en vorwärts gehen; im Sitzen mit den ~en baumeln; ein ~ über das andere legen, schlagen; mit gekreuzten, übergeschlagenen ~en dasitzen; unruhig von einem ~ auf das andere treten* ('die Beine abwechselnd anheben und wieder aufsetzen'); /auf Tiere bez./: *Säugetiere haben vier, Vögel zwei, Spinnen acht ~e* **2.** 'eines der meist langen, dünnen Teile, auf denen ein Möbelstück, ein Gerät steht': *ein Tisch mit vier ~en; Schemel mit drei ~en; der Schrank steht auf kurzen dicken ~en* **3.** 'Hosenbein': *die Hose passt gut, nur die ~e müssen ein wenig gekürzt werden; die ~e sind zu lang, kurz* ❖ **Gebein** – **bockbeinig, Eisbein, Elfenbein, Hinterbein, Rauhbein, Schienbein**
* /jmd./ **auf eigenen ~en stehen** ('selbständig sein'); /jmd./ **sich nicht mehr/kaum noch auf den ~en halten können** ('vor Schwäche, Müdigkeit nicht mehr od. kaum noch stehen, gehen können'); /jmd./ **jmdm. auf die ~e helfen** ('jmdm., der gestürzt ist od. liegt, so helfen, dass er wieder aufrichten und dass er wieder stehen kann'); /jmd., Institution, etw./ **jmdm., etw. auf die ~e helfen** 'jmdm., einer Firma durch entsprechende Hilfe ermöglichen, eine Schwäche, finanzielle Notlage zu überwinden': *mit*

einem kleinen Kredit könnte man ihm, der Firma wieder auf die ~e helfen; die Tasse Kaffee hat ihm wieder auf die ~e geholfen; /jmd./ **mit einem ~ im Grabe stehen** ('schwer krank, todkrank sein'); /jmd./ **wieder auf die ~e kommen** ('wieder kräftig, gesund werden'); /jmd., Unternehmen/ **wieder auf die ~e kommen** ('eine wirtschaftliche, finanzielle Notlage überwinden'); /jmd./ **mit beiden ~en fest im Leben stehen** ('praktisch, realistisch veranlagt sein und sich dadurch gut im Leben zurechtfinden'); /etw./ **auf schwachen/wackligen ~en stehen** 'nicht gesichert, nicht bewiesen sein': *diese Theorie, dieses Argument, die Anklage steht auf (sehr) schwachen ~en;* /jmd./ **wieder auf den ~en sein** ('wieder kräftig, gesund sein'); /jmd./ **auf den ~en sein 1.1.** 'aufgestanden und tätig sein' vgl. *aufstehen* (2): *er ist schon seit 6 Uhr auf den ~en* **1.2.** 'im Leben, bei der täglichen Arbeit viel gehen, stehen müssen': *sie ist ihr Leben lang ständig, viel auf den ~en gewesen;* /jmd./ **etw. auf die ~e stellen** 'etw., bes. eine Unternehmung, eine Veranstaltung zustande bringen': *was der alles auf die ~e stellt!; es ist erstaunlich, wie er diese Ausstellung in kurzer Zeit auf die Beine gestellt hat;* /jmd./ **jmdm. ein ~ stellen 1.** 'jmdm., der geht, rennt, das gestreckte Bein vor die Beine halten, damit er stolpert und hinfällt' **2.** 'jmdm. vorsätzlich Schaden zufügen, bes. durch Intrigen, durch üble Nachrede'; /jmd./ **sich** ⟨Dat.⟩ **die ~e vertreten** 'sich, nachdem man lange gesessen hat, durch Gehen Bewegung verschaffen': *ich muss, will mir mal die ~e vertreten; er vertrat sich den Garten erst einmal die ~;* ⟨⟩ umg. **alles, was ~e hat** 'sehr viele Menschen': *alles, was ~e hatte, war zum Fest gekommen;* /jmd./ **sich** ⟨Dat.⟩ **kein ~ ausreißen** 'sich bei einer Arbeit nicht besonders anstrengen': *seinetwegen reiße ich mir doch kein ~ aus!; keiner von denen hat sich heute ein ~ ausgerissen;* /jmd./ **sich** ⟨Dat.⟩ **die ~e in den Bauch stehen** ('lange stehen und warten müssen'); **etw. hat ~e bekommen/gekriegt** ('etw. ist plötzlich abhanden gekommen, gestohlen worden'); /jmd./ **sich** ⟨Dat.⟩ **etw. ans ~ binden** 'sich etw. aufbürden': *da habe ich mir vielleicht was ans ~ gebunden!; ich hatte nicht geahnt, dass ich mir mit dem Besuch so viel Arbeit ans ~ binden würde;* /jmd./ **etw. ans ~binden** 'etw. hingeben (2), opfern (1)': *ich habe für das Projekt viel Geld, Zeit ans ~ gebunden, ans ~ binden müssen;* /jmd./ **immer wieder auf die ~e fallen** vorw. emot. neg. 'alle Schwierigkeiten, Niederlagen überstehen und ohne Schaden aus ihnen hervorgehen': *der fällt immer wieder auf die ~e!;* /jmd./ **die ~e in die Hand/unter die Arme nehmen** ('sehr schnell laufen, sich sehr beeilen, um irgendwohin zu gelangen'); scherzh. /jmd./ **mit dem linken ~ zuerst aufgestanden sein** ('missgestimmt, schlechter Laune sein') landsch. /jmd./ **sich auf die ~e machen** ('aufbrechen, um irgendwohin zu gehen'); /jmd./ **jmdm. ~e machen 1.** 'jmdn. durch drohende Worte veranlassen, wegzugehen': *dem werde ich ~e machen!* **2.** 'jmdn. energisch, nachdrücklich antreiben 2': *ich muss meinen*

Mitarbeitern erst einmal ~e machen; /jmd./ **die ~e unter den Tisch stecken/strecken** ('sich bes. zu Hause, von Angehörigen umsorgen, bedienen lassen')

bei|nahe ['baɪ̯../..'n..] ⟨Gradpartikel; unbetont; steht vor der Bezugsgröße; bezieht sich auf verschiedene Kategorien⟩ /schränkt die Bezugsgröße ein, kommt ihr aber nahe, wenn auch nicht völlig/; SYN fast, nahezu: *es war ~ 12 Uhr; der Graben war ~ fünf Meter tief; ~ jeder von uns besitzt einen Fotoapparat; er hätte ~ seinen Schirm vergessen; ~ wäre er gestolpert; eine ~ mannshohe Hecke; sie treffen sich ~ jeden Tag; er sprach ~ keinen Satz zu Ende; das klingt ~ wie ein Märchen* ❖ ↗ **nahe**

beinhalten [bə|'ɪnhaltn̩], beinhaltete, hat beinhaltet /etw., bes. Text/ *etw. ~* 'etw. zum Inhalt (2.1) haben'; SYN enthalten: *das Gesetz beinhaltet neue Regelungen; diese Weisung beinhaltet eine Verschärfung der Bestimmungen; das Schreiben beinhaltet, dass ...; diese Aufgabe beinhaltet eine Reihe komplizierter Probleme* ❖ ↗ **Inhalt**

bei|pflichten ['baɪ̯pflɪçtn̩], pflichtete bei, hat beigepflichtet /jmd./ *jmdm., etw.* ⟨Dat.⟩ *~* 'mit gewissem Nachdruck äußern od. zu erkennen geben, dass man jmdm., einer geäußerten Meinung, Sache zustimmt': *alle pflichteten ihm bei; einer Bemerkung, einem Vorschlag ~; wir konnten ihm, der Satzung (in allen Punkten, in allen Details) ~*

beirren [bə|'ɪrən], beirrte, hat beirrt ⟨vorw. verneint⟩ *etw.* (oft *es*) *beirrt jmdn.*: *diese Einwände können mich nicht ~, haben mich nicht beirrt; es beirrt mich, dass du so schlecht von mir denkst;* ⟨vorw. mit *lassen*⟩ *sich nicht von etw., jmdm., sich von niemandem, sich durch nichts ~ lassen* ('sich nicht von etw., jmdm. unsicher machen, verwirren lassen') ❖ ↗ **irre**

beisammen [baɪ̯'zamən] ⟨Adv.⟩ SYN 'beieinander': *heute Abend sind wir wieder alle ~* ❖ **Beisammensein**

MERKE Zur Getrennt-, Zusammenschreibung von *beisammen* und *sein*: Getrenntschreibung auch im Infinitiv

Beisammensein, das; ~s, ⟨o.Pl.⟩ 'oft nach einer dienstlichen Veranstaltung stattfindendes zwangloses, der Unterhaltung, dem Austausch von Gedanken dienendes Treffen eines (kleinen) Kreises von Personen in einem Restaurant o.Ä.'; SYN Zusammensein: *im Anschluss an den Vortrag findet ein geselliges, gemütliches, fröhliches ~ statt, laden wir zu einem geselligen ~ ein* ❖ ↗ **beisammen**, ↗ **²sein**

Bei/bei ['baɪ̯..]**-schlaf, der** 'Geschlechtsakt': *den ~ vollziehen, ausüben; er hat sie zum ~ gezwungen* ❖ ↗ **schlafen, -sein, das** ⟨o.Pl.⟩ /beschränkt verbindbar/: *in jmds. ~, im ~ von jmdm., im ~* ⟨+ Gen.attr.⟩ 'während eine genannte Person anwesend, dabei ist': *in seinem ~ zog sie sich nicht aus; in ihrem ~ benahm er sich stets korrekt; das Kulturzentrum wurde im ~ des Präsidenten eröffnet; im ~* (SYN 'in der Gegenwart 2') *von Kindern, der Kinder sollte darüber nicht gesprochen werden; er wollte* *nur im* ~ *seines Anwaltes aussagen; ohne jmds.* ~, *ohne* ~ *von jmdm., ohne* ~ ⟨+ Gen.attr.⟩ ʿohne dass die genannte Person anwesend ist': *ohne sein* ~ *wird die Ausstellung nicht eröffnet; ohne* ~ *von Vertretern der Presse ist die Veranstaltung nicht denkbar* ❖ ↗ ²sein; **-seite** [ˈzai̯tə] ⟨Adv.⟩ ʿvon der Stelle weg in Richtung auf die Seite (3)': *er räumte die Bücher* ~, *um Platz zum Schreiben zu bekommen; er drängte die Leute* ~, *um besser sehen zu können; das Geschirr* ~ *bringen* (ʿwegräumen'); *jmdn.* ~ *nehmen* (ʿmit jmdm. ein Gespräch unter vier Augen führen'); *etw.* ~ *schaffen* (ʿetw. wegschaffen, um es zu verbergen'); ~ *stehen* ʿsich an etw. nicht beteiligen': *willst du* ~ *stehen, wenn alle anderen helfen?* ❖ ↗ Seite MERKE *beiseite* wird von einem folgenden Verb stets getrennt geschrieben, z. B. ~ *bringen, gehen, lassen, legen, nehmen, schaffen, schieben, springen, stellen, treten;* **-setzen** ⟨trb. reg. Vb.; hat⟩ /jmd., Angehörige, Institution/: ⟨oft im Pass.⟩ *einen Toten* ~ (SYN ʿbeerdigen'); *eine Urne* ~ (SYN ʿbestatten') ❖ ↗ setzen; **-setzung** [zɛts..], **die**; ~, ~en **1.** SYN ʿBeerdigung (1)': *die* ~ *eines Toten* **2.** SYN ʿBeerdigung (2)': *viele kamen zur* ~ ❖ ↗ setzen; **-spiel, das 1.** ʿfür etw. typischer Sachverhalt od. für eine Gruppe typischer Vertreter, der zur Erklärung, als Beweis angeführt wird'; SYN Exempel: *etw. an einem* ~, *anhand eines* ~*s erklären, erläutern, zeigen, vorführen, demonstrieren; einen Lehrsatz durch ein* ~ *verständlich machen; etw. mit* ~*en belegen; etw., jmd. ist ein* ~ *für etw.: etw., dies ist ein treffendes, anschauliches* ~ *für eine neue Idee, Methode; ein* ~ *für etw. anführen; dieser Schüler ist ein* ~ *dafür, was allein durch Fleiß erreicht werden kann* **2.** ʿals Vorbild od. als Abschreckung, Warnung für andere dienende typische Person od. typisches Verhalten einer Person': *etw., jmd. ist ein* ~ *für jmdn., etw.: diese Tat, dieser Mann ist ein abschreckendes, ein gutes, schlechtes* ~ *für alle Menschen; sie hat ihn immer als* ~ *(für gutes Verhalten) hingestellt; (mit etw.) jmdm. ein* ~ *geben, sein: mit seiner Tat hat er uns allen ein* ~ *gegeben; seine Tat sollte uns allen ein* ~ *sein; jmds.* ~ *folgen: sie folgten unserem* ~ *und stellten sich alle hinten an* **3.** /kündigt ein folgendes Beispiel (1), folgende Beispiele an/ *wie zum* ~ ʿwie etwa': *kleine Geschenke, wie zum* ~ *ein Strauß Blumen, machen immer Freude; zum* ~ (ABK z. B.): *bedeutende Dichter, zum* ~ *Goethe, Schiller u. a.; es sind bedeutende Entdeckungen, Erfindungen gemacht worden, z. B. die Entdeckung der Röntgenstrahlen, des Erregers der Tuberkulose; (nehmen wir) zum* ~ *Fritz* (ʿnehmen wir als Beispiel Fritz'): *er hat nie gelogen; ich zum* ~ (ʿwas mich anbelangt, so ...'), *(ich) würde so etwas nie tun* ❖ beispielhaft, beispiellos, beispielsweise, Paradebeispiel * /jmd./ **jmdm. ein (gutes)** ~ **geben** ʿjmdm. ein Vorbild sein und zur Nachahmung herausfordern': *du solltest deinen Kindern ein gutes* ~ *geben und nicht mehr rauchen!;* /jmd./ **sich** ⟨Dat.⟩ **an jmdm., etw.** ⟨Dat.⟩ **ein** ~ **nehmen** (ʿjmdn., etw. als Vorbild wählen'); emot. *etw.*

ist ohne ~ **1.** ʿetw. ist noch nie da gewesen und nicht mit anderem vergleichbar': *dieser Vorfall ist ohne* ~ **2.** ʿetw. ist unerhört (I.1,2)': *seine Frechheit war ohne* ~; *ein Skandal ohne* ~; /jmd./ **mit gutem** ~ **vorangehen** (ʿetw. meist Schwieriges als Erster tun und andere durch sein Vorbild zu gleichem Tun anspornen')

beispielhaft ⟨Adj.; o. Steig.⟩ SYN ʿvorbildlich' /vorw. auf Arten des Verhaltens bez./; ↗ FELD I.12.3: *eine* ~*e Leistung, Tat; es herrschte in der Wohnung eine* ~*e Ordnung; sein Benehmen, Verhalten war* ~; *er hat sich* ~ *verhalten* ❖ ↗ **Beispiel**

beispiel|los [ˈbai̯ʃpiːl..] ⟨Adj.; nicht bei Vb.⟩ emot. **1.** SYN ʿunvergleichlich (I)': *sie hatte (mit ihrem Gesang) einen* ~*en Erfolg; ihr Erfolg war* ~ **2.** SYN ʿunerhört (I.1,2)': *sein Benehmen war* ~ ❖ ↗ **Beispiel**, ↗ **los**

beispiels|weise [ˈbai̯ʃpiːls..] ⟨Satzadv.⟩ / drückt die Einstellung des Sprechers zum genannten Sachverhalt aus/ ʿwas dies anbelangt, zum Beispiel (3)': *in dieser Abteilung sind* ~ *mehr Frauen als Männer beschäftigt* ❖ ↗ **Beispiel**

beißen [ˈbai̯sn̩], biss [bɪs], hat gebissen [gəˈbɪsn̩]; ↗ auch *beißend* **1.** /jmd./ **1.1.** *in etw.* ~ ʿmit den Zähnen in etw. eindringen, um ein Stück davon abzutrennen': *in einen Apfel, in die Wurst* ~ **1.2.** *auf etw.* ~ ʿbeim Kauen mit den Zähnen auf etw. Hartes treffen': *auf einen Knochen, ein Steinchen* ~ **1.3.** *sich* ⟨Dat.⟩ *auf, in etw.* ~: *ich habe mir (beim Kauen) auf die, in die Zunge gebissen* (ʿmir unabsichtlich durch Beißen 1.1 die Zunge verletzt') **2.1.** /Tier, auch jmd./ *jmdn., ein Tier* ~ ʿmit seinen Zähnen an einer Stelle in den Körper eines Menschen, Tieres eindringen und ihn, es verletzen'; ↗ FELD II.3.2: *der Hund hat mich gebissen; sie hat den Polizisten gebissen; ich bin von einem Hund gebissen worden; jmdn./auch jmdm., ein(em) Tier in etw.* ~: *der Hund hat sie/ihr ins Bein gebissen; sie hat dem, den Polizisten in die Hand gebissen* **2.2.** *dieses Tier, der Hund, unser Pferd beißt* (ʿist bissig') **3.** *die Fische* ~ *heute* (ʿheute können viele Fische mit der Angel gefangen werden') **4.** /etw., bes. Gas, Wind, Kälte/ *irgendwo, irgendwohin* ~ ʿeine unangenehme, bes. die Schleimhäute von Mund und Nase, die Haut stark reizende Wirkung haben'; ↗ FELD VI.3.2: *der Rauch beißt (mir) in der Nase/beißt mir in die Nase, in den, die Augen; der Rettich, Pfeffer beißt auf der Zunge; der scharfe Wind biss uns in die Gesichter* **5.** /etw./ *sich mit etw.* ~: *die Farbe der Gardinen beißt sich mit dem Teppich, mit der Farbe des Teppichs* (ʿdie Farben von Gardinen und Teppich passen nicht zueinander'); ⟨rez.⟩ /zwei od. mehrere (etw.)/ *sich* ~: *die Farben der Gardinen und des Teppichs* ~ *sich* ❖ **beißend, Biss, Bissen, bissig, Gebiss, verbeißen — bärbeißig, durchbeißen, Leckerbissen;** vgl. **verbissen, Verbissenheit**

beißend [ˈbai̯sn̩t] ⟨Adj.; Steig. reg., ungebr.; nicht bei Vb.; ↗ auch *beißen*⟩ **1.** ⟨nur attr.⟩ /beschränkt verbindbar/ ~*e Kälte* (ʿintensive, bes. die Haut des Gesichts reizende Kälte') **2.** ʿverletzend (2.1)' /auf

Sprachliches bez./: *eine ~e Kritik, Ironie; seine Kritik war ~; etw. mit ~em Spott kommentieren* ❖ ↗
beißen
Bei/bei ['baɪ..]‖**-stand, der** ⟨o.Pl.⟩ 'Hilfe, Unterstützung, die man jmdm. gibt, damit er mit einer schwierigen Lage, Aufgabe, einem Problem seines Lebens zurechtkommt' /beschränkt verbindbar/: *er hat uns um ~ gebeten; jmdn. um ~ bitten; er braucht unseren ~; jmdm. ~ leisten* ('jmdm. beistehen, jmdn. unterstützen'); *jmdm. seinen ~ gewähren* ❖ ↗ stehen; **-stehen,** stand bei, hat beigestanden /jmd./ *jmdm. ~* 'jmdm. in schwieriger Lage helfen' /beschränkt verbindbar/: *jmdm. (in schwieriger Lage, in der Not, in Gefahr) ~; jmdm. mit Rat und Tat ~;* ⟨rez.⟩ /zwei od. mehrere (jmd.)/ *einander, sich (gegenseitig) ~* ❖ ↗ stehen; **-trag** [tʀɑːk], **der;** ~s/auch ~es, Beiträge [tʀɛːɡə/tʀɛː..] **1.** 'Geldsumme, die jmd., bes. als Mitglied einer Organisation, regelmäßig zu zahlen hat': *sie zahlt einen monatlichen ~ von 10 Mark; ~ für etw.: den ~ für die Gewerkschaft zahlen, kassieren; die Beiträge für die Sozialversicherung* **2.** *ein ~ zu etw.* 'das, was jmd. zu einem bestimmten Zweck, bes. zum Gelingen, zur Verwirklichung, Erhaltung von etw. leistet'; SYN Teil (2.2): *einen wichtigen, wertvollen, bedeutenden ~ zur Entwicklung von etw. leisten, liefern; ein ~ zur kulturellen, wirtschaftlichen, wissenschaftlichen Entwicklung, zur Erhaltung des Friedens in der Welt, zum Umweltschutz* **3.** 'schriftliche Arbeit für eine Zeitschrift, Zeitung, einen Sammelband': *ein ~ zu einem wichtigen/über ein wichtiges Thema; ein ~ für eine wissenschaftliche Zeitschrift; einen ~ (über Forschungsergebnisse) schreiben, verfassen, veröffentlichen; der Band enthält Beiträge verschiedener Autoren* ❖ ↗ beitragen; **-tragen** (er trägt bei), trug bei, hat beigetragen /etw., jmd./ *etw. zu etw. ~* 'einen Beitrag (2) zu etw. leisten': *diese Konferenz hat zur Abrüstung beigetragen; die Einrichtung dieser Parkanlage trägt zur Verschönerung der Stadt bei; er trägt mit zum Unterhalt der Familie bei; er hat nichts, wenig, viel dazu, zum Gelingen des Festes beigetragen; er hat viel dazu beigetragen, damit ...* ❖ Beitrag; **-treten** (er tritt bei), trat bei, ist beigetreten /jmd./ *etw.* ⟨Dat.⟩ *~* 'Mitglied einer Organisation werden'; SYN eintreten (3); ANT austreten (3): *einem Verein, einer Partei, der Gewerkschaft ~;* ❖ ↗ treten; **-tritt, der** 'das Beitreten': *sein ~ zu dieser Partei, zur Gewerkschaft kam überraschend; seinen ~ erklären* ❖ ↗ treten; **-wohnen** ⟨trb. reg. Vb.; hat⟩ geh. /jmd./ *etw.* ⟨Dat.⟩ *~* 'bei etw. anwesend sein, zuschauen, (als Gast) an etw. teilnehmen': *einer Sitzung des Bundestages, einer Veranstaltung, einem Fest ~; einer kirchlichen Feier, einem Staatsakt ~* ❖ ↗ wohnen
Beize ['baɪtsə], **die;** ~, ~n 'chemisches Mittel, mit dem bes. Holz, Häute, Stoffe bearbeitet werden, um einen bestimmten (farblichen) Effekt auf der Oberfläche zu bewirken' ❖ ↗ beizen
bei|zeiten [baɪ'tsaɪtn̩] ⟨Adv.⟩ 'so früh, dass ein bestimmtes Vorhaben ausgeführt, ein bestimmtes Ziel

erreicht werden kann'; SYN rechtzeitig: *~ aufbrechen, anfangen, ankommen, vorsorgen; sich ~ auf etw. einstellen, vorbereiten* ❖ ↗ bei, ↗ Zeit
beizen ['baɪtsn̩] ⟨reg. Vb.; hat⟩ /jmd./ *etw. ~* 'etw., bes. Holz, Häute, Textilien mit Beize bearbeiten, bes. um einen bestimmten (farblichen) Effekt auf der Oberfläche hervorzurufen': *Holz ~; die Bretter der Täfelung (hell, dunkel) ~; ein Gewebe ~* ❖ **Beize**
bejahen [bə'jɑːən], bejahte, hat bejaht **1.** /jmd./ *etw. ~* 'eine Äußerung, bes. Frage, mit 'Ja' beantworten, ihr zustimmen'; ANT verneinen (1): *eine Frage ~; ~d nicken* **2.** /jmd./ *etw. ~* 'mit etw. einverstanden sein und es für gut, richtig erklären'; SYN gutheißen, akzeptieren, billigen; ANT missbilligen: *einen Plan, eine Entscheidung, ein Vorhaben ~* ❖ ↗ **ja**
bekämpfen [bə'kɛmpfn̩] bekämpfte, hat bekämpft /jmd./ *etw., jmdn. ~* 'gegen etw., jmdn. kämpfen (2)'; ↗ FELD I.14.2: *Rassismus, Kriegshetze ~; Schädlinge, Ungeziefer ~; sie haben ihn bekämpft, bis er zurücktrat* ❖ ↗ **Kampf**
bekannt [bə'kant] ⟨Adj.; vorw. präd. (mit sein); ↗ auch *Bekannte*⟩ **1.1.** ⟨Steig. reg.⟩ 'von der Art, dass viele, alle es, ihn kennen (1.4)': *eine ~e Melodie; ein ~er* ('angesehener') *Künstler; etw. ist allgemein ~; etw., jmd. ist für etw. ~: das Hotel ist für seine gute Küche ~* ('man weiß, dass in diesem Hotel gutes Essen angeboten wird'); *sie ist für ihre Hilfsbereitschaft ~; etw., jmd. ist als etw., jmd. ~: etw., jmd. gilt als etw., jmd., steht im Ruf, etw., jmd. zu sein': dieses Haus ist als Treffpunkt junger Leute ~; er ist als Aufschneider ~* **1.2.** ⟨o.Steig.⟩ /jmd., etw./ *jmdm. ~ sein* 'jmdm., etw. kennen': *er war noch nicht allen Mitarbeitern ~* ('ihn kannten noch nicht alle Mitarbeiter'); *davon ist mir nichts ~* ('davon weiß ich nichts'); *ich kann dort viele ~e Gesichter* ('viele Personen, die ich schon lange kenne') *sehen* **1.3.** ⟨o. Steig.⟩ *jmd., etw. kommt jmdm. ~ vor: diese Frau, Melodie kommt mir ~* (ANT fremd (2) *vor* ('glaube ich zu kennen') **1.4.** ⟨nur präd. (mit sein); o. Steig.⟩ /jmd./ *mit jmdm., etw.* ⟨Dat.⟩ *~ sein* 'jmdn., etw. näher kennen, mit ihm, damit vertraut sein': *sie sind seit langem gut miteinander ~; ich bin gut mit ihr, mit dem Inhalt des Briefes ~* **1.5.** ⟨nur bei Vb.; o. Steig.⟩ /jmd./ *jmdn., sich mit etw. ~ machen* 'sich über etw. informieren, sich mit etw. vertraut machen': *sie hat mich, ich habe mich mit dieser Theorie ~ gemacht* **1.6.** ⟨nur bei Vb.; o. Steig.⟩ /jmd./ *jmdn. mit jmdm. ~ machen: er hat uns mit ihr ~ gemacht* ('hat sie uns vorgestellt'); vgl. *bekannt machen* ❖ ↗ **kennen**
Bekannte, der u. **die;** ~n, ~n; ↗ auch *bekannt;* ↗ TAFEL II 'jmd., mit dem man (näher) bekannt (1.4) ist': *eine ~ von mir, meiner Frau; viele ~ haben; sie begrüßten sich wie alte ~; ein ~r, eine ~ hat mir erzählt, dass ...;* verhüll. *ihr ~r* ('Geliebter') *hat sie verlassen* ❖ ↗ **kennen**
bekannt geben (er gibt bekannt), gab bekannt, bekannt gegeben /jmd., Behörde, Institution/ *etw.*

~ 'etw. der Öffentlichkeit, bes. über die Medien, mitteilen, damit es jeder erfährt': *im Rundfunk, Fernsehen, in der Zeitung, durch Anschlag ~, dass ...; der Minister gab den Abschluss des Vertrages bekannt*

bekanntlich ⟨Satzadv.⟩ /drückt die Einstellung des Sprechers zum genannten Sachverhalt aus/ 'wie jeder weiß, wie allgemein bekannt (1.1) ist': *~ hat er, er hat ~ einen Meineid geschworen; ~ zählt sein Buch zu den bedeutendsten literarischen Werken* ❖ ↗ **kennen**

bekannt machen 1. /jmd., Behörde, Institution/ etw. ~ 'dafür sorgen, dass eine für die Öffentlichkeit bestimmte Information bekannt (1.1) wird': *eine Verordnung durch die Presse ~* **2.** /jmd./ *jmdn. mit etw. ~* 'jmdn. mit etw. vertraut machen, jmdm. Kenntnis von etw. vermitteln': *er machte den neuen Kollegen mit den Örtlichkeiten, Kompetenzen und allen vorkommenden Arbeiten bekannt*

Bekannt|machung [max...], **die**; ~, ~en /zu *bekannt machen* (1)/ **1.** 'das Bekanntmachen': *die ~ der neuen Verordnungen erfolgte durch, über den Rundfunk, durch die Presse* **2.** 'der Inhalt, Text der Information, die der Öffentlichkeit bekannt gemacht (1) werden soll': *das ist eine amtliche ~; eine ~ lesen* **3.** 'Plakate, Zettel o.Ä. mit der Bekanntmachung (2)': *die ~ an eine Mauer kleben; eine ~ aushängen, anschlagen* ❖ ↗ **kennen,** ↗ **machen**

Bekanntschaft [bə'kant...], **die**; ~, ~en **1.** ⟨o.Pl.⟩ 'das persönliche Bekanntsein mit jmdm.': *uns verbindet eine langjährige ~; die ~ mit jmdm. pflegen, erneuern; jmds. ~ machen* ('jmdn. kennen lernen') **2.1.** ⟨o.Pl.⟩ *jmds. ~* 'Kreis der jmdm. bekannten Personen': *er hat viele junge Leute in seiner ~* **2.2.** ⟨vorw. Pl.⟩ 'Person, mit der man bekannt ist, eine gewisse unverbindliche Beziehung hat': *er hat viele ~en* ❖ ↗ **kennen**
* /jmd./ *mit etw. ~ machen* scherzh. 'mit etw. meist Unangenehmem in Berührung kommen': *er hat schon früh mit dem Gefängnis ~ gemacht* ('eine Haftstrafe im Gefängnis absitzen müssen'); *mit seinen Fäusten möchte ich keine ~ machen*

bekennen [bə'kɛnən], bekannte [..kantə], hat bekannt **1.** /jmd./ **1.1.** etw. ~ 'etw. offen zugeben (3)'; SYN gestehen, beichten (2); ANT leugnen (1.1): *seine Schuld, Fehler, die Wahrheit ~; etw. ehrlich, offen, voller Reue ~* **1.2.** *sich schuldig ~* ('öffentlich, meist vor Gericht, gestehen, dass man in einer bestimmten Sache schuldig ist'); *Angeklagter, ~ Sie sich schuldig?* **2.** /jmd./ *sich zu etw., jmdm. ~* 'öffentlich erklären, dass man etw., eine bestimmte Richtung (3), Anschauung vertritt, dass man Anhänger einer bestimmten Gruppierung ist od. sich mit jmdm. verbunden fühlt': *sich zu bestimmten demokratischen Grundsätzen, zu einer Idee, zu seinen Anschauungen, zum Christentum, zur Kirche, zum protestantischen Glauben ~; sich zu seinen Taten ~* ('öffentlich erklären, dass man zu seinen Taten steht'); *sich zu seinem Freund ~* ('öffentlich erklären, dass man mit jmdm. befreundet ist und für ihn

einsteht'); *er bekannte sich in aller Öffentlichkeit zu ihm* ❖ ↗ **kennen**

Bekenntnis [bə'kɛnt..], **das**; ~ses, ~se **1.** SYN 'Geständnis': *ein aufrichtiges, reuiges ~ seiner Schuld, Sünden abgeben* **2.** *das ~ zu/für etw., jmdn.* 'öffentliche Erklärung, mit der man sich zu etw., jmdm. bekennt (2)': *ein ~ zum Christentum, zu einer Weltanschauung; er legte ein flammendes ~ für seine Heimat ab* ('drückte aus, dass er seine Heimat liebt, für gut hält, zu ihr steht'); *das ist ein ~ für die Armen der Welt* ❖ ↗ **kennen**

beklagen [bə'klɑːgn̩], beklagte, hat beklagt **1.** /jmd./ *jmdn., etw. ~* 'um einen Toten, um jmds. Tod klagen (1), trauern': *einen Toten, den Verlust eines Freundes, nahen Verwandten ~; Menschenleben sind nicht zu ~* ('es hat bei etw., meist bei einem Unglück, keine Toten gegeben') /meist in der öffentlichen Mitteilung eines Unglücks/ **2.** /jmd./ *sich über etw., jmdn. ~* 'gegenüber jmdm. klagend äußern, dass man mit etw., jmdm. unzufrieden ist, etw., jmdn. als störend empfindet'; SYN beschweren: *sie hat sich (bei ihm) über ihren Vorgesetzten beklagt, hat sich darüber beklagt, dass ...; sich über jmds. Unfreundlichkeit, über den Lärm, über die lärmenden Kinder, über sein Schicksal ~; er hat sich bei mir (darüber) beklagt, dass er übergangen worden sei; ihr habt keinen Grund, euch zu ~!* ❖ ↗ **klagen**

Bekleidung [bə'klaɪd..], **die**; ~, ⟨o.Pl.⟩ SYN 'Kleidung': *wir haben für den Urlaub zweckmäßige, strapazierfähige ~ gekauft; warme ~ für den Winter kaufen* ❖ ↗ **Kleid**

beklemmend [bə'klɛmənt] ⟨Adj.; Steig. reg.; nicht bei Vb.⟩ 'Angst verursachend' /vorw. auf emotionale Zustände bez./: *im Saale herrschte ein ~es Schweigen; das Schweigen war ~; als er diese Worte hörte, überkam ihn ein ~es Gefühl der Angst*; vgl. *beklommen* ❖ vgl. **klemmen**

beklommen [bə'klɔmən] ⟨Adj.; Steig. reg., ungebr.; vorw. bei Vb. u. attr.⟩ *jmdm. ist ~ ums Herz, ~ zumute* 'jmd. verspürt Angst': *vor der Abreise war ihm ~ ums Herz; er antwortete mit ~er* ('ängstlicher') *Stimme; es herrschte ein ~es* ('beklemmendes') *Schweigen*; vgl. *beklemmend* ❖ vgl. **klemmen**

¹bekommen [bə'kɔmən], bekam [..kɑːm], hat bekommen **1.** /jmd./ etw. ~ **1.1.** SYN 'etw. erhalten (1.1)': *ein Buch, Blumen zum Geburtstag (von jmdm.) ~; ein Geschenk (von jmdm.), hundert Mark, eine Belohnung ~; sie ~ den Lohn, das Gehalt (von der Firma) immer am Anfang des Monats; Finderlohn ~; einen Brief, ein Paket (von den Eltern) ~; jeder von euch hat seinen (An)teil ~; er bekommt Sozialhilfe, Rente* ('ihm wird eine Sozialhilfe, eine Rente gezahlt') **1.2.** 'der Empfänger von etw., bes. einer Anweisung o.Ä. sein'; SYN erhalten (3): *er bekam den Bescheid, Auftrag, Befehl (von seinem Vorgesetzten), sich sofort (bei der Polizei) zu melden; eine, keine Nachricht, Mitteilung ~; wir haben noch keine Antwort von der Firma ~* ('die Firma hat uns noch nicht geantwortet') **1.3.** 'etw. kaufen können':

ich habe noch Karten für das Konzert ~; er hat das Buch nicht mehr ~, hat das Buch besonders billig ~; dort bekommt man die Ware etwas billiger; /in der kommunikativen Wendung/ *was ~ Sie* ('was wünschen Sie, was möchten Sie kaufen')? /Frage des Verkäufers an den Kunden/ **1.4.** 'eine bestimmte Summe Geld (als Entgelt für eine Ware od. Leistung) erhalten': *er bekommt 50 Mark in der/für die/die/pro Stunde; was ~ Sie für diesen Wagen* ('wie teuer ist der Wagen')?; *ich bekomme 20 Mark von Ihnen* ('Sie haben für die Ware, Leistung 20 Mark zu zahlen'); *ich bekomme noch fünf Mark von Dir* ('du schuldest mir noch fünf Mark') **1.5.** *jmd. bekommt etw.* ⟨mit Vb. im Inf. + *zu*⟩: *hier bekommt man etw. zu essen, trinken* ('hier wird einem etw. zu essen, trinken gegeben; hier kann man etw. zu essen, trinken kaufen') **1.6.** ⟨steht mit Vb. im Part. II für eine Passivkonstruktion, in der das Subj. Adressat der Handlung ist⟩; *jmd. bekommt etw. geschenkt* 'jmdm. wird etw. geschenkt': *jmd. bekommt etw. gesagt, ausgezahlt, ausgehändigt* ⟨mit Verben, die einen Dat. u. Akk. haben⟩; *er bekam dort gesagt, dass er sofort abreisen müsste* **2.** /jmd./ *etw. ~* **2.1.** 'etw. Erstrebtes erreichen, erlangen': *vor Gericht hat er schließlich sein Recht ~; bei ihr bekommt er immer seinen Willen* ('sie gibt ihm in allem nach'); *jmd. bekommt die Erlaubnis zu etw.* ('jmdm. wird etw. erlaubt'); *dort ~ Sie die Möglichkeit, etwas zu kaufen* ('dort können Sie etw. kaufen'); *nach langem Warten hat er endlich Anschluss ~* ('ist er endlich telefonisch verbunden worden'); *nach langer Zeit hat er endlich wieder Arbeit, eine Stellung ~* **2.2.** 'etw. dadurch erreichen, dass man sich selbst informiert od. man selbst informiert wird, dass man etw. über etw., jmdn. weiß': *durch sein Studium hat er einen guten Einblick in die moderne Philosophie ~; wir hatten gleich einen guten Eindruck von ihm, von der Sache ~; Kenntnis über etw., jmdn. ~; Kenntnis von etw., jmdm. ~* ('von etw., jmdm. zum ersten Mal etw. erfahren') **3.** /jmd./ *etw. ~* **3.1.** 'eine Strafe (durch gerichtliches Urteil erhalten)': *er bekam (für den Diebstahl) zwei Jahre Gefängnis; eine Haft-, Geldstrafe ~; er hat für dieses Verbrechen 'lebenslänglich'* ~ **3.2.** 'Opfer einer Tätlichkeit werden': *er bekam einen Schlag auf die Nase; eine Ohrfeige, einen Fußtritt* ~ **3.3.** 'mit etw. Unangenehmem konfrontiert werden': *er bekommt Schwierigkeiten, Unannehmlichkeiten, wenn er nicht vernünftig wird; Ärger, Streit ~;* ⟨mit Inf. + *zu*⟩ *etw. zu hören, spüren ~* ('etw. Unangenehmes hören, spüren müssen') **3.4.** 'in jmds. Körper, Psyche entsteht etw., das dieser fühlt, spürt': *Kopf-, Magenschmerzen ~; Angst, Heimweh ~; er bekam Lust, wieder einmal ins Kino zu gehen; Hunger, Durst ~; er hat wieder Mut zum Leben ~* **3.5.** 'an jmds. Körper entsteht etw., zeigt sich etw.': *er hat Falten, graue Haare, einen dicken Bauch ~* **3.6.** *wir ~ Regen* ('es wird regnen'); *wir werden anderes Wetter ~* ('das Wetter wird sich ändern') **4.** /jmd./ **4.1.** *jmd. bekommt etw.* 'jmd. er-

reicht ein Verkehrsmittel gerade noch rechtzeitig': *ich habe den Bus nicht mehr ~; hoffentlich bekommst du (noch) die letzte S-Bahn* **4.2.** *etw. in etw., aus etw.* ⟨Dat.⟩ *~: einen Nagel in die Wand ~* ('es schaffen, einen Nagel in die Wand zu schlagen'); *sie konnte den Fleck nicht aus dem Kleid ~* ('es nicht schaffen, dass der Fleck aus dem Kleid verschwand') **5.** *jmd. bekommt jmdn. irgendwie: jmd. bekommt jmdn. in seine Gewalt* ('jmd. erlangt Gewalt über jmdn., bemächtigt sich einer Person'); *jmd. bekommt jmdn., einen Gefangenen frei* ('erreicht, dass jmd. frei, aus der Haft, einem Gewahrsam gelassen wird'); *die Kinder satt ~* ('erreichen, dass die Kinder satt werden') **6.** SYN kriegen (3) /Frau/ *ein Baby, Kind ~* 'zur Welt bringen, gebären'; /Eltern/ *sie haben Nachwuchs* ('ein Kind') *~* **7.** *etw. bekommt etw.: die Mauer hat Risse ~* ('ist rissig geworden'); *die Bäume ~ wieder Blüten und Blätter* ('an den Bäumen wachsen wieder Blüten und Blätter') ❖ **abbekommen, herumbekommen, mitbekommen, zurückbekommen**

²bekommen, bekam, ist bekommen ⟨vorw. im Perf.⟩ *etw. bekommt jmdm. gut, schlecht* **1.** 'etw. wirkt sich auf jmds. Gesundheit gut, schlecht aus': *die Kur ist ihm gut ~; das Essen, die Therapie, der Klimawechsel ist ihm nicht ~* **2.** 'etw. bringt jmdm. Schaden, Nutzen': *seine Neugier, sein Hochmut ist ihm schlecht ~; das bekam ihm aber schlecht* ❖ **bekömmlich**

bekömmlich [bə'kœm..] ⟨Adj.; Steig. reg.; nicht bei Vb.⟩ SYN 'verträglich (2)' /vorw. auf Ess-, Trinkbares bez./; ↗ FELD I.8.3: *ein ~es Essen; eine ~e Mahlzeit; Obst ist leicht ~; fette Speisen sind schwer ~* ❖ ↗ **²bekommen**

bekräftigen [bə'krɛftɪgn̩], bekräftigte, hat bekräftigt /jmd./ *etw. durch/mit etw. ~* 'seine Äußerung durch etw. mit Nachdruck als absolut sicher, wahr und endgültig bestätigen': *sein Versprechen, seine Äußerung durch einen/mit einem Händedruck, mit einem Gelöbnis, durch einen Eid ~;* /zwei od. mehrere (jmd.)/ *sie bekräftigten ihren Handel durch Handschlag* ❖ ↗ **Kraft**

bekümmern [bə'kʏmɐn], bekümmerte, hat bekümmert /etw./ *jmdn. ~* 'jmdm. Sorge, Kummer bereiten, machen': *der Gesundheitszustand ihrer Mutter bekümmerte sie; es bekümmert mich sehr, dass du so sorglos bist;* ⟨oft im Part. II⟩ *er sah bekümmert aus; tief bekümmert sein* ❖ ↗ **Kummer**

bekunden [bə'kʊndn̩], bekundete, hat bekundet /jmd./ *jmdm. etw. ~* /beschränkt verbindbar/: *jmdm. sein Mitleid, seine Teilnahme, Sympathie ~* ('deutlich zeigen, zum Ausdruck bringen'); *er bekundete* ('zeigte') *keinerlei Absicht, uns zu Hilfe zu kommen;* vgl. *dokumentieren* (1) ❖ ↗ **Kunde**

beladen [bə'laːdn̩] (er belädt [..lɛːt]), belud [..luːt], hat beladen /jmd./ *etw. ~* 'etw., bes. Waren, Güter, auf, in ein Fahrzeug laden (1)'; ANT entladen (1.2); ↗ FELD I.7.9.2: *ein Schiff, einen Lastwagen, Waggon (mit Kies, Kisten) ~* ❖ ↗ **laden**

Belag [bə'lɑːk], **der**; ~s/auch ~es, Beläge [..lɛːgə] **1.** ʿdas, was auf eine Scheibe Brot o.Ä. gelegt, geschmiert wird, bes. Butter, Wurst, Käseʾ; ↗ FELD I.8.1: *das Brot ohne, mit ~ essen* **2.** ʿtextiles od. aus Kunststoff bestehendes, flächiges Material, mit dem Fußböden ausgelegt werdenʾ **3.** ʿdünne Schicht bes. aus Bakterien, die sich auf der Oberfläche von etw., bes. auf der Zunge, auf den Zähnen, gebildet hatʾ: *er hat einen weißen ~ auf der Zunge, einen gelben ~ auf den Zähnen, Mandeln* ❖ ↗ **legen**

belagern [bə'lɑːgɐn], belagerte, hat belagert **1.** /Truppen, ein Heer/ *eine Stadt, Festung ~* (ʿeinschließen 2, um sie schließlich zu erobernʾ) **2.** ⟨vorw. im Pass.⟩ /mehrere (jmd.)/ *jmdn. ~* ʿjmdn. umringenʾ: *der Star, Opernsänger wurde vom Publikum, von seinen Fans belagert* ❖ ↗ **liegen**

Belang [bə'laŋ], **der**; ~s/auch ~es, ~e **1.** ⟨nur im Pl.⟩ ʿAngelegenheiten, die für jmdn., eine Gruppe, für etw. von Bedeutung sindʾ: *die sozialen, wirtschaftlichen, kulturellen ~e des Staates, der Stadt, der Bürger; die Wahrung, Förderung kultureller ~e; jmds. ~e* (SYN Interessen) *wahrnehmen, vertreten; die ~e eines Mandanten* **2.** *etw. ist von, ohne ~* ʿetw. ist von, ohne Bedeutung, Wichtigkeit für jmdn., etw.ʾ: *diese Einwände sind (für mich, für das Urteil) von, ohne ~; es war völlig ohne ~, was da diskutiert wurde; es ist nichts von ~ geschehen* ❖ ↗ **belangen**

belangen [bə'laŋən], belangte, hat belangt /jmd., bes. Jurist, Behörde/ *jmdn. irgendwie wegen etw. ~* ʿjmdn. gerichtlich wegen eines Vergehens zur Verantwortung ziehen, dafür sorgen, dass er angeklagt, bestraft wirdʾ: *jmdn. gerichtlich, gesetzlich, polizeilich, disziplinarisch ~; jmdn. wegen eines Verbrechens, Vergehens, wegen Verleumdung, Unterschlagung ~; er kann belangt werden, wenn seine Angaben nicht der Wahrheit entsprechen; er wurde wegen Betrugs belangt* ❖ **Belang — belanglos, Belanglosigkeit**

belang|los [bə'laŋ..] ⟨Adj.; Steig. reg.; nicht bei Vb.⟩ ʿohne Bedeutung für jmdn., etw.ʾ; SYN gleichgültig (2): *eine ~e Äußerung, Bemerkung machen; das Ergebnis, das ist völlig ~ (für die Forschung); sie sprachen nur über ~e Dinge* ❖ ↗ **belangen**, ↗ **los**

Belanglosigkeit [bə'laŋloːzɪç..], **die**; ~, ~en **1.** ⟨o.Pl.⟩ ʿdas Belanglosseinʾ: *die ~ dieser Angelegenheit, dieses Zwischenfalls* **2.** ⟨vorw. Pl.⟩ ʿbelanglose Äußerungʾ: *verschone uns mit deinen, diesen ~en* ❖ ↗ **belangen**, ↗ **los**

belasten [bə'lastn̩], belastete, hat belastet **1.** /jmd./ *etw. ~* ʿeine Last (1.1) auf etw., bes. eine tragende Konstruktion, bringen, stellenʾ: *eine Brücke, einen Lift, ein Bauteil nicht mehr als zulässig ~; etw. mit etw. ~: diese Brücke darf nur mit 30 Tonnen belastet werden* **2.** *etw. belastet etw.* ʿetw., bes. ein schädlicher Stoff beeinträchtigt die Qualität von etw.ʾ: *die Abwässer, Rückstände der Industrie, der Haushalte ~ das Grundwasser, den Boden; /jmd./ er hat seinen Magen mit diesem Essen sehr belastet* **3.1.** /jmd./ *jmdn. mit etw. ~* ʿjmdn. mit etw. physisch od. psy-

chisch stark beanspruchen (3)ʾ: *ich will dich nicht mit meinen Sorgen, solchen Kleinigkeiten ~; jmdn. mit einer zusätzlichen Arbeit, mit großer Verantwortung für etw. ~; etw. belastet jmdn.: die schwere Arbeit, der Prozess gegen ihn hat ihn sehr belastet* **3.2.** /etw./ *jmdn. ~* ʿjmdn. bedrücken: die Ungewissheit, die Krankheit seiner Frau, die Sorge um seine Familie belastete ihn sehr; etw. belastet etw.: der Kummer belastete ihr Herz* (ʿbedrückte sieʾ) **3.3.** *jmd. ist erblich belastet* (ʿhat eine Veranlagung für eine bestimmte Krankheit geerbtʾ) **4.** /jmd., Institution/ *jmdn. mit etw. ~* ʿjmdn. zu einer finanziellen Leistung verpflichten, jmdm. Geld als Zahlung für etw. abverlangenʾ: *die Bürger wurden mit höheren Steuern belastet; jmdn. mit den Kosten für etw. ~; etw. mit etw. ~: das Haus ist mit einer Hypothek belastet; etw. ~: jmds. Konto, Guthaben ~* (ʿeinen Betrag davon abheben, abbuchenʾ) **5.** /jmd., bes. ein Zeuge od. etw., bes. Indizien, Aussagen/ *jmdn. ~* ʿjmdn. schuldig erscheinen lassenʾ: *der Zeuge, die Aussage des Zeugen, die am Tatort hinterlassenen Spuren ~ den Angeklagten schwer; ~des Beweismaterial* ❖ ↗ **Last**

belästigen [bə'lɛstɪgn̩], belästigte, hat belästigt **1.** /jmd./ *jmdn. mit etw. ~* ʿjmdm. mit etw. lästig werden, jmdn. stören und dadurch verärgernʾ: *jmdn. (immer wieder) mit Fragen, Bitten, seinem Anliegen ~* **2.** /jmd./ *jmdn. ~* ʿjmdm. bes. einer Frau, gegenüber zudringlich werdenʾ: *der Betrunkene hat uns belästigt; er hat die junge Frau belästigt; ~ Sie mich nicht dauernd!* ❖ ↗ **Last**

Belastung [bə'last..], **die**, ~, ~en ⟨vorw. Sg.⟩ **1.** /zu belasten 1 u. 5/ ʿdas Belastenʾ; /zu 1/: *die ~ der Brücke;* /zu 5/: *die ~ durch den Zeugen* **2.** ʿdas, was jmdn., etw. belastet (1,2,3)ʾ: *eine erhebliche ~; diese schädlichen Stoffe sind eine schwere ~ für die Atmosphäre; diese Krankheit ist die schlimmste ~, die er je erfahren hat* **3.** ʿdas Belastetsein (↗ belasten 1,2,5) durch etw.ʾ: *die ~ der Brücke darf nicht überschritten werden; die ~ unserer Gewässer hat drastisch zugenommen; die ~ durch Aussagen und Indizien hat ihn dazu gebracht, ein Geständnis abzulegen* ❖ ↗ **Last**

belaufen [bə'laufn̩], **sich** (er beläuft [..lɔift] sich), belief [..liːf] sich, hat sich belaufen *etw. beläuft sich auf etw.* ʿetw. macht eine bestimmte Menge von etw. aus, beträgt eine bestimmte Geldmengeʾ: *die Zahl der Besucher belief sich auf knapp eine Million; die Kosten, Rechnungen ~ sich auf 1000 Mark* ❖ ↗ **laufen**

belauschen [bə'lauʃn̩], belauschte, hat belauscht /jmd./ *jmdn., etw. ~* ʿjmdm. od. dem, was jmd. sagt, heimlich zuhörenʾ; ↗ FELD I.3.2.2, 4.4.2: *ein Liebespaar ~; ein Gespräch ~* ❖ ↗ **lauschen**

beleben [bə'leːbm̩], belebte, hat belebt **1.** /etw. Stimulierendes/ *etw., jmdn. ~* ʿetw., jmdn., bes. die physischen und psychischen Kräfte eines Menschen, anregen, lebhafter werden lassenʾ; SYN stimulieren: *der Wein belebt die Gemüter; ein Mittel, das den Kreislauf belebt; nach dem Bad, der Kur fühlte er

sich wie (neu) belebt **2.** /etw., bes. Ortschaft, Stra-
ßen/ *sich* ~ 'wieder lebhafter werden'; ANT leeren:
die Straßen belebten (ANT *leerten*) *sich gegen
Abend; der Verkehr belebte sich;* ⟨oft adj. im Part.
II⟩ *eine belebte Straße* ('Straße mit viel Verkehr,
mit Fahrzeugen, Menschen, die sich bewegen') ❖
↗ **leben**

Beleg [bə'le:k], **der**; ~s/auch ~es, ~e *ein ~ für etw.*
'etw., bes. Geschriebenes, Gedrucktes, das jmdm.
als Nachweis für etw. dient': *einen ~ für etw. vorzei-
gen können; eine Quittung als ~ für eine Zahlung
erhalten; etw. als ~ anführen; die ~e abheften* ❖ ↗
legen

belegen [bə'le:gn̩], belegte, hat belegt; ↗ auch *belegt*
1. /jmd./ *etw. mit etw.* ~ **1.1.** 'Brotscheiben mit ei-
nem Belag (1) versehen': *den Tortenboden mit
Früchten* ~; *mit Wurst, Käse belegte Brote; belegte*
('aufgeschnittene und mit einem Belag versehene')
Brötchen **1.2.** 'einen Fußboden mit einem Belag (2)
versehen': *den Flur, Fußboden mit Teppichen* ~ **2.**
/jmd./ *einen Stuhl, Sitzplatz, Platz* ~ ('für sich,
jmdn. reservieren, bes. indem man etw. darauf
legt') **3.** /jmd., bes. Sportler/ *etw.* ~ 'in der Wertung
(eines sportlichen Wettkampfes) einen bestimmten
Platz (7) einnehmen': *im Weitsprung hat er den er-
sten Platz belegt* **4.** /befugte Person, Institution/
jmdn., etw. mit etw. ~ 'veranlassen, dass jmd. für
etw. eine Zahlung als Strafe zu leisten hat, dass für
etw. eine Abgabe zu zahlen ist': *jmdn. mit einer
Geldbuße, Geldstrafe, einem Bußgeld* ~; *Waren mit
Zoll, Zigaretten mit einer Steuer* ~ **5.** /jmd./ *etw.* ~
'etw., bes. Zahlungen, durch einen Beleg nachwei-
sen, beweisen': *die Ausgaben, Spenden durch Quit-
tungen* ~; *einen Kauf durch eine Rechnung* ~; *histo-
rische Fakten durch Quellenangaben* ~; *etw. ist ur-
kundlich, dokumentarisch belegt* ❖ ↗ **legen**

Belegschaft [bə'le:k..], **die**; ~, ~en 'Gesamtheit der
Personen, die in einem Betrieb beschäftigt sind';
SYN Personal: *die* ~ *trat geschlossen in den Streik,
versammelte sich zu einer Feierstunde* ❖ ↗ **legen**

belegt [bə'le:kt] ⟨Adj.; o. Steig.; nicht bei Vb.; ↗ auch
belegen⟩ /beschränkt verbindbar/ **1.** *eine* ~*e* ('mit
einem Belag (3) versehene') *Zunge; die Zunge war*
~ **2.** *mit* ~*er* ('rauher, heiserer') *Stimme sprechen*
❖ ↗ **legen**

belehren [bə'le:ʀən], belehrte, hat belehrt **1.** /jmd.,
bes. Vorgesetzter/ *jmdn. über etw.* ~ 'jmdn. über
etw. aufklären (2)': *der Polizist belehrte die Ver-
kehrssünder über die Regeln des Straßenverkehrs;
jmdn. (darüber)* ~, *wie er sich zu verhalten hat* **2.**
⟨vorw. im Part. I⟩ /etw./ *jmdn.* ~ 'jmdm. Kennt-
nisse vermitteln': *der Schriftsteller will mit seinem
Theaterstück* ~; *etw. wirkt allzu* ~*d; ein* ~*des Buch*
3. *jmd. ist nicht zu* ~ ('lässt sich nicht von seiner
Meinung abbringen') ❖ ↗ **lehren**

beleibt [bə'laipt] ⟨Adj.; Steig. reg.; nicht bei Vb.⟩
'recht dick (2)'; ANT mager (2) /auf Personen
bez./: *ein* ~*er alter Herr; er war ganz schön* ~ ❖ ↗
Leib

beleidigen [bə'laidign̩], beleidigte, hat beleidigt /jmd./
jmdn. ~ 'jmdn. durch eine Äußerung, eine be-
stimmte Handlung od. sein Verhalten in seinem
Selbstgefühl, seiner Ehre verletzen'; SYN kränken:
*er hat ihn persönlich, schwer, tief, sehr beleidigt;
jmdn. durch einen falschen Verdacht, durch eine ab-
fällige Bemerkung* ~; ~*de Äußerungen; jmd. ist,
fühlt sich beleidigt; er ist wegen jeder Kleinigkeit so-
fort beleidigt; er machte ein beleidigtes Gesicht*
('verzog sein Gesicht so, dass man erkennen
konnte, dass er sich beleidigt fühlte'); /in den kom-
munikativen Wendungen/ *wollen Sie mich* ~? /sagt
jmd. zu jmdm., der sich ihm gegenüber provozie-
rend verhält/; *ich wollte Sie nicht* ~ /sagt jmd. zu
jmdm., um sich für seine provozierende Haltung zu
entschuldigen/ ❖ ↗ **Leid**

Beleidigung [bə'laidɪg..], **die**; ~, ~en **1.** 'das Beleidi-
gen': *er musste wegen* ~ *eines Beamten Strafe zah-
len; jmdn. wegen* ~ *verklagen* **2.** 'Äußerung, Hand-
lung, Verhalten, wodurch jmd. beleidigt wird, sich
beleidigt fühlt'; SYN Kränkung: *eine gemeine,
schwere* ~; *etw. als* ~ *auffassen; jmdm. eine* ~ *zufü-
gen; eine* ~ *zurücknehmen* ❖ ↗ **Leid**

beleuchten [bə'lɔiçtn̩], beleuchtete, hat beleuchtet **1.**
⟨oft im Pass. u. adj. im Part. II⟩ /jmd., etw./ *etw.*
~ 'etw., bes. eine Fläche, einen Raum durch Licht,
mit einer künstlichen Lichtquelle hell machen':
Scheinwerfer ~ *die Bühne, Fassade eines Gebäudes;
Kerzen* ~ *den kleinen Raum; der Turm wurde mit
Scheinwerfern beleuchtet; der Platz, die Straße ist
gut, schlecht beleuchtet; ein festlich beleuchteter
Saal* **2.** /jmd./ *etw. irgendwie* ~ 'etw. irgendwie be-
trachten (2)': *ein Problem, Thema, eine Frage näher,
gründlich, von allen Seiten, von verschiedenen Ge-
sichtspunkten aus* ~ ❖ ↗ **leuchten**

Beleuchtung [bə'lɔiçt..], **die**; ~, ~en ⟨vorw. Sg.⟩ **1.**
'die durch Beleuchten mit (künstlichen) Lichtquel-
len erzeugte Helle'; ↗ FELD VI.2.1: *eine festliche,
gedämpfte, unzureichende* ~ **2.** 'Anlage, Vorrich-
tung, durch die etw. beleuchtet (1) wird': *der Saal
hat elektrische* ~ ('wird durch elektrisches Licht
hell gemacht'); *die* ~ *muss erneuert werden* ❖ ↗
leuchten

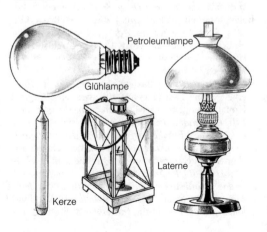

Petroleumlampe

Glühlampe

Kerze

Laterne

Kerze

belichten [bə'lıçtn̩], belichtete, hat belichtet /jmd./ *etw.* ~ 'Licht auf einen Film (in einer Kamera), auf Fotopapier einwirken lassen': *einen Film, Fotopapier* ~; *ist dieser Film schon belichtet?; diese Aufnahme ist* ('der Film ist beim Fotografieren') *zu stark, zu schwach, richtig belichtet (worden)* ❖ ↗ **Licht**

Belieben [bə'li:bm̩] ❖ ↗ **lieb**
* **nach ~**: *du kannst (ganz) nach* ~ ('wie es dir am liebsten ist') *unter den Sachen wählen, dich für etw., jmdn. entscheiden;* geh. **etw.** (vorw. *es, das*) **liegt/ steht in jmds. ~** 'jmd. kann etw. tun od. lassen, wie es ihm am liebsten ist': *es steht in deinem* ~, *uns zu begleiten oder zu Hause zu bleiben*

beliebig [bə'li:bıç] **I.** ⟨Adj.; o. Steig.; nur attr.; in der Art eines Indefinitpron.⟩ 'irgendwelcher, irgendwelche, irgendwelches': *er hat zwei* ~*e Bücher ausgewählt; einen* ~*en* ('irgendeinen') *Zeitpunkt, Namen nennen; jeder Beliebige* ('jeder Mögliche') *kann das gewesen sein; er hat alles Beliebige* ('alles Mögliche') *dabei berücksichtigt; von dem Geld kann er sich etw. Beliebiges kaufen* — **II.** ⟨Adv.; bei Vb. u. vor Adj.⟩ 'nach Belieben': *etw. lässt sich* ~ *variieren; du kannst dir eine* ~ *große Menge von (den) Büchern nehmen* ❖ ↗ **lieb**

beliebt [bə'li:pt] ⟨Adj.⟩ **1.1.** ⟨Steig. reg.; nicht bei Vb.⟩ 'allgemein große Wertschätzung genießend' /auf Personen, Sachen bez./: *er ist ein* ~*er Künstler, Politiker, Lehrer; Fußball, Tennis ist ein* ~*er Sport; B ist ein* ~*er Ausflugsort; Spanien ist ein* ~*es Urlaubsland; er ist sehr* ~; *er ist beim Publikum, bei seinen Schülern sehr* ~ ('das Publikum, seine Schüler schätzen ihn sehr') **1.2.** ⟨nur bei Vb.; o. Steig.⟩ /jmd./ *sich bei jmdm.* ~ *machen* ('jmds. Gunst zu gewinnen suchen'): *er will sich nur beim Lehrer, Chef* ~ *machen* ❖ ↗ **lieb**

bellen ['bɛlən] ⟨reg. Vb.; hat⟩ **1.** *der Hund bellt* ('gibt die für ihn typischen, kurzen lauten Töne von sich'); /auch Füchse, Wölfe/; ↗ FELD II.3.2, VI.1.2: *der Fuchs, Wolf bellt* **2.** emot. neg. /jmd./ *etw.* ~ 'etw. laut in kurzen befehlenden Sätzen rufen': *er bellte seine Kommandos, Anweisungen* **3.** umg. /jmd./ 'laut und kräftig und immer wieder husten': *der bellt, dass alle wach werden;* ⟨auch adj. im Part. I⟩ *ein* ~*der* ('sehr lauter') *Husten* ❖ **Gebell**

belohnen [bə'lo:nən], belohnte, hat belohnt **1.** /jmd./ *jmdn.* ~ 'jmdm. etw. als Dank, Anerkennung, Lohn für etw. geben, schenken': *den ehrlichen Finder* ~; *jmdn. für seine Dienste, Verdienste, Tapferkeit, guten Leistungen (mit einer Summe Geld)* ~; *jmdn. mit einer Reise, einer Auszeichnung* ~ **2.** /jmd., etw./ ~ 'eine besondere Tat, Leistung anerkennen und in bestimmte Weise vergelten': *man hat seine Mühe, Hilfsbereitschaft belohnt; etw. irgendwie* ~: *er hat ihre Anhänglichkeit gut, schlecht belohnt; etw. mit etw.* ~: *er belohnte ihren Fleiß mit einem Theaterbesuch;* /etw./ ⟨im Pass.⟩ *seine Mühe wurde durch den Erfolg belohnt* ❖ ↗ **Lohn**

belügen [bə'ly:gn̩], belog [..'lo:k], hat belogen [..'lo:gn̩] /jmd./ *jmdn.* ~ 'jmdm. nicht die Wahrheit, jmdm. die Unwahrheit sagen': *er hat ihn, seine Eltern, sei-*nen Lehrer frech, dreist, immer(zu) belogen; sich (selbst)* ~ ('sich die Wahrheit nicht eingestehen wollen') ❖ ↗ **lügen**

belustigen [bə'lʊstıgn̩], belustigte, hat belustigt **1.1.** /jmd./ *jmdn.* ~ 'jmdn. erheitern, zum Lachen bringen'; ↗ FELD I.6.2: *er versuchte, uns mit Witzen zu* ~; *er belustigte die ganze Gesellschaft (mit seinen Scherzen und Kapriolen); wir hörten belustigt zu* **1.2.** *etw. belustigt jmdn.* 'jmd. findet etw. amüsant': *sein Benehmen, seine Vorwürfe belustigten uns mehr, als dass sie uns verärgert hätten;* ⟨adj. im Part. I⟩ *wir fanden sein Benehmen* ~*d; es war* ~*d (für uns), wie ungeschickt er sich anstellte* ❖ ↗ **Lust**

bemächtigen [bə'mɛçtıgn̩], **sich**, bemächtigte sich, hat sich bemächtigt /jmd./ *sich etw.* ⟨Gen.⟩ ~ 'sich etw. mit Gewalt nehmen, gewaltsam aneignen': *die Putschisten bemächtigten sich der Waffen, des Rundfunks, der Staatsgewalt; sich jmds.* ~ 'jmdn. in seine Gewalt bringen': *die Wärter bemächtigten sich der Entflohenen; die Gangster bemächtigten sich zweier Geiseln; die Verbrecher bemächtigten sich des Kindes* ('entführten es') ❖ ↗ **Macht**

bemalen [bə'mɑ:lən], bemalte, hat bemalt /jmd./ *etw.* ~ 'etw. mit Farbe(n) anstreichen, mit bunten Verzierungen o.Ä. versehen': *Ostereier, eine Vase, einen Schrank* ~; *die Kinder hatten die Türen bemalt* ❖ ↗ **malen**

bemängeln [bə'mɛŋln̩], bemängelte, hat bemängelt /jmd./ *etw.* ~ 'etw. als Fehler, Mangel kritisieren'; SYN beanstanden; ANT loben: *etw. mit Recht, zu Unrecht* ~; *jmds. Verhalten, Benehmen, jmds. Kleidung, Haarschnitt* ~; *er bemängelte, dass sie immer zu spät kam* ❖ ↗ ¹**Mangel**

bemannt [bə'mant] ⟨Adj.; o. Steig.; nicht bei Vb.⟩ 'mit einer Mannschaft besetzt' /bes. auf Fahrzeuge bez., die auch ohne Mannschaft gesteuert werden können/: *ein* ~*es Raumschiff; das Raumschiff ist* ~; *ein* ~*es Tauchboot* ❖ ↗ **Mann**

bemerkbar [bə'mɛɐk..] ⟨Adj.; o. Steig.⟩ **1.** 'so beschaffen, dass man es bemerken (1) kann'; SYN erkennbar /auf Abstraktes bez./: *zwischen Original und Kopie, zwischen beiden Farben gab es kaum einen* ~*en Unterschied; die Veränderung, Verbesserung ist nur mit Mühe* ~ **2.** /jmd./ *sich* ~ *machen* 'jmdn., andere auf sich aufmerksam machen, etw. Bestimmtes tun, damit man jmds., die Aufmerksamkeit anderer auf sich zieht': *die Eingeschlossenen versuchten, sich (durch Klopfen und Rufen)* ~ *zu machen* **3.** /etw./ *sich* ~ *machen* 'als Wirkung spürbar werden, bes. als eine meist unangenehme Wirkung': *nach der großen Anstrengung machte sich bei allen große Müdigkeit* ~; *sein Einfluss macht sich (in diesem Programm, Kunstwerk) deutlich* ~ ❖ ↗ **merken**

bemerken [bə'mɛɐkn̩], bemerkte, hat bemerkt **1.** /jmd./ **1.1.** *etw., jmdn.* ~ 'etw., jmdn. bes. durch Hören, Sehen wahrnehmen'; ↗ FELD I.3.1.2: *jmdn., seine Anwesenheit* ~; *er tat so, als hätte er uns nicht bemerkt; sie hatten den Radfahrer zu spät bemerkt; er bemerkte sofort, dass sich etw. verändert* *hatte; ein leises Geräusch, eine Bewegung im Busch-werk* ~; *er bemerkte ihr Zögern, seine Unsicherheit* **1.2.** *etw.* ~ ˈetw. erkennen (2)ˈ: *er bemerkte nicht sofort, dass man ihn hintergehen wollte* **2.** /jmd./ *etw.* ~ ˈetw. gleichsam wie nebenbei zu einem Thema, das gerade besprochen wird, sagen, äußernˈ; ↗ FELD I.13.2: *etw. nebenbei, am Rande* ~; *abschließend, bei dieser Gelegenheit möchte ich* ~, *dass ...* ❖ ↗ **merken**

Bemerkung [bəˈmɛrk..], **die**; ~, ~en ˈmeist kurze und mündliche Äußerung zu einem Thema, das gerade besprochen wirdˈ; ↗ FELD I.13.1: *eine abfällige, kritische, treffende, sachliche* ~ *(zu etw.) machen; eine abfällige* ~ *über jmdn. machen* ❖ ↗ **merken**

bemessen [bəˈmɛsn̩] (bemisst [..mɪst]), bemaß [..maːs], hat bemessen /jmd./ *etw. irgendwie* ~ ˈetw., bes. eine Menge von etw., auf Grund von Berechnung od. Schätzung irgendwie festlegenˈ: *er hat die Zeit, das Geld für das Unternehmen zu gering* ~; *der Vorrat war zu knapp* ~; ⟨oft adj. im Part. II⟩ *ein reichlich* ~*es Trinkgeld* ❖ ↗ **messen**

bemitleiden [bəˈmɪtlaɪdn̩], bemitleidete, hat bemitleidet /jmd./ *jmdn.* ~ ˈMitleid mit jmdm. haben, empfinden und es sprachlich äußernˈ; SYN bedauern: *einen Kranken, Unglücklichen* ~ ❖ ↗ **mit,** ↗ **Leid**

bemühen [bəˈmyːən], **sich**, bemühte sich, hat sich bemüht **1.1.** /jmd./ ˈsich anstrengen, etw. zu erreichen, eine Aufgabe zu bewältigenˈ; ⟨mit Vb. im Inf. + zu⟩ *er hat sich redlich, ernstlich, vergeblich, umsonst bemüht, die Prüfung zu bestehen, gute Zensuren zu bekommen; er bemühte sich/war sehr bemüht, immer pünktlich zu sein;* /in der kommunikativen Wendung/ *bitte,* ~ *Sie sich nicht* (ˈmachen Sie sich nicht unnötig Müheˈ)! /sagt jmd. zu jmdm., wenn dieser ihm behilflich sein möchte, er aber auf diese Hilfe nicht angewiesen ist/ **1.2.** /jmd., Institution, Staat/ *sich um etw.* ~ ˈsich Mühe geben, um etw. zu erlangen, zu bekommenˈ: *sich um einen Vertrag, eine Anstellung* ~; *sich um die Erhaltung der guten Beziehungen* ~; *sich um jmds. Verständnis, Freundschaft* ~ **1.3.** /jmd./ *sich um jmdn.* ~ ˈversuchen, jmdn. für sich, als Freund, Freundin, zu gewinnenˈ: *er hat sich sehr um die junge Dame bemüht, aber sie hat ihm einen Korb gegeben* **2.** /jmd./ *sich um jmdn.* ~ ˈsich um jmdn. kümmernˈ: *der Arzt bemühte sich um den Kranken, um die Verletzten; er war immer sehr um seine kranke Mutter bemüht* ❖ ↗ **Mühe**

Bemühung [bəˈmyː..], **die**; ~, ~en ⟨vorw. Pl.⟩ ˈdas Sichbemühen (1.3, 2)ˈ; SYN Anstrengung: *jmdn. in seinen* ~*en (für, um jmdn., etw.) unterstützen; alle seine* ~*en waren umsonst* ❖ ↗ **Mühe**

bemuttern [bəˈmʊtɐn], bemutterte, hat bemuttert /jmd., bes. Frau/ *jmdn.* ~ ˈso voller Eifer für jmdn. sorgen, als wäre man seine Mutterˈ: *sie bemutterte ihren kleinen Bruder; er wurde von seiner Wirtin bemuttert* ❖ ↗ **Mutter**

benachrichtigen [bəˈnaːxrɪçtɪɡn̩], benachrichtigte, hat benachrichtigt /jmd./ *jmdn.* ~ ˈjmdn., eine zuständige Person, Institution von/über etw. unterrichten, in Kenntnis setzenˈ; SYN verständigen (1); ↗

FELD I.13.2: *jmdn., die Polizei sofort* ~; *jmdn. von seinem Vorhaben, die Behörde von dem Vorfall* ~; *jmdn. brieflich, telefonisch* ~; *die Verwandten des Verunglückten* ~; vgl. *informieren* ❖ ↗ **Nachricht**

benachteiligen [bəˈnaːxtaɪlɪɡn̩], benachteiligte, hat benachteiligt **1.** /jmd./ *jmdn.* ~ ˈjmdn. schlechter behandeln als andere, ihm weniger als anderen zukommen lassenˈ; SYN zurücksetzen; ANT favorisieren (2), begünstigen (2): *er hat ihn, seinen ältesten Sohn immer wieder, hat ihn im Testament benachteiligt; sich benachteiligt fühlen* **2.** /etw./ *jmdn.* ~: *dieses Gesetz benachteiligt alle Arbeitnehmer* (ˈschafft für alle Arbeitnehmer Nachteileˈ); *durch das Gesetz werden, sind alle Betroffenen benachteiligt* ❖ ↗ **Nachteil**

benehmen [bəˈneːmən], **sich** (er benimmt [..ˈnɪmt] sich), benahm [..ˈnaːm] sich, hat sich benommen [..ˈnɔmən]; ↗ auch *benommen* /jmd./ *sich irgendwie* ~ ˈsich im Umgang mit anderen Menschen in bestimmter Weise verhaltenˈ; SYN aufführen, betragen: *sich gut, schlecht, anständig, albern, (un)höflich (gegen jmdn., jmdm. gegenüber)* ~; *er hat sich gegen sie, ihr gegenüber wie ein Dummkopf benommen; er kann sich* ~, *weiß sich zu* ~ (ˈverhält sich exakt den Formen des Umgangs entsprechendˈ); *er kann sich bei Tisch nicht* ~ ❖ **Benehmen – danebenbenehmen**

Benehmen, das; ~, ⟨o.Pl.⟩ ˈArt, wie sich jmd. im Umgang mit anderen, in der Gesellschaft benimmtˈ; SYN Betragen, Manieren, Umgangsformen: *er fiel durch sein gutes, schlechtes, (un)höfliches* ~ *auf; ein zurückhaltendes, bescheidenes, linkisches, dreistes, flegelhaftes* ~; *sein* ~ *war tadellos; ein Mensch mit sonderbarem* ~*n* (SYN ˈSitte 3ˈ); *jmd. hat* ~ (ˈweiß sich zu benehmen, verhält sich exakt den Formen des Umgangs entsprechendˈ); vgl. *Verhalten* ❖ ↗ **benehmen**

beneiden [bəˈnaɪdn̩], beneidete, hat beneidet /jmd./ *jmdn. um etw., wegen etw.* ⟨Gen.⟩ ~ ˈauf jmdn. wegen etw. neidisch seinˈ; SYN neiden; ↗ FELD I.6.2: *jmdn. wegen seines Reichtums/um seinen Reichtum* ~, *jmdn. wegen seiner besonderen Fähigkeiten, wegen seines Erfolgs, um seinen Erfolg* ~; *jmdn. wegen seines Erfolgs bei Frauen* ~; *ich beneide dich um deine Ruhe, Geduld; er ist nicht zu* ~ (ˈihm geht es sehr schlecht, er ist in großen Schwierigkeitenˈ); *jmdn. um seine* ~; *er beneidete ihn um seine schöne Freundin* ❖ ↗ **Neid**

beneidens|wert [bəˈnaɪdn̩s..] ⟨Adj.⟩ ˈin einem Zustand, der Neid erweckt, verdientˈ /auf Personen, Abstraktes bez./: *er befand sich in keiner* ~*en Lage; er ist ein* ~*er Mensch, ist* ~; *ich fand ihn* ~ ❖ ↗ **Neid,** ↗ **wert**

benennen [bəˈnɛnən], benannte [..ˈnantə], hat benannt /jmd., Behörde/ *jmdn., etw. nach jmdm., etw.* ~ ˈjmdm., etw. einen Namen geben, der mit dem einer bedeutenden Person od. einer Sache übereinstimmtˈ: ⟨oft im Pass.⟩ *die Straße wurde, ist nach einem berühmten Erfinder, Politiker, nach der*

Schlacht in N benannt (worden); er hat seinen Sohn nach seinem Großvater benannt ❖ ↗ **nennen**

benommen [bə'nɔmən] ⟨Adj.; o. Steig.; nicht attr.; ↗ auch *benehmen*⟩ 'infolge einer Einwirkung auf den Organismus, bes. auf den Kopf, nicht voll reaktionsfähig; wie leicht betäubt': *nach, von dem Sturz, vom Schlag auf den Kopf war er ganz ~; sich (wie) ~ fühlen*

benötigen [bə'nøːtɪɡn̩], benötigte, hat benötigt /jmd./ *etw. für, jmdn. ~, jmdn. für etw. ~* 'etw. für sich, für einen Zweck, für jmdn., jmdn. für etw. nötig haben'; SYN brauchen: *Geld für den Kauf eines Autos, ein Geschenk für die Freundin, ein Visum für die Einreise ~; für seine Schreibarbeiten benötigt er eine erfahrene Sekretärin* ❖ ↗ **Not**

benutzen [bə'nʊtsn̩], benutzte, hat benutzt /jmd./ *etw.* ~ 'etw. für einen bestimmten Zweck nutzen'; SYN gebrauchen (1), verwenden (1.1): *ein Werkzeug, eine Zange, ein Taschentuch ~; etw. zu/für etw.: ein Handtuch zum Abtrocknen ~; für seine Schreibarbeiten eine Schreibmaschine ~; etw. als etw. ~: eine Platte aus Filz als Unterlage ~; diesen Weg benutze ('gehe') ich fast nie; den Bus, die Straßenbahn ~ ('mit dem Bus, der Straßenbahn fahren, um irgendwohin zu gelangen'); den Bus benutze ich nie; benutzen Sie bitte den hinteren Eingang ('gehen Sie bitte durch den hinteren Eingang')!; der Raum wird nicht mehr benutzt* (SYN 'genutzt, ↗ nutzen 2') ❖ ↗ **nutzen**

Benutzung [bə'nʊts..], die; ~, ⟨o.Pl.⟩ 'das Benutzen': *die ~ öffentlicher Verkehrsmittel; für die ~ des Parkplatzes muss eine Gebühr entrichtet werden* ❖ ↗ **nutzen**

Benzin [bɛn'tsiːn], das; ~s, ~e ⟨vorw. Sg.⟩ 'leicht brennbare Flüssigkeit, die als Kraftstoff für Ottomotoren verwendet wird'; ↗ FELD II.5.1: *bleifreies, verbleites ~ tanken; das Auto verbraucht sieben Liter ~ auf 100 km;* vgl. *Dieselkraftstoff*

beobachten [bə'|oːp|axtn̩], beobachtete, hat beobachtet **1.** /jmd./ *jmdn., ein Tier, etw. ~* 'jmdn., ein Tier, etw. (bes. ein Geschehen) über eine gewisse Zeit vorsätzlich (und heimlich) aufmerksam, genau und prüfend betrachten (1), um etw. Bestimmtes zu erfahren'; ↗ FELD I.3.1.2: *jmdn. heimlich, aufmerksam, kritisch (bei seiner Arbeit, Tätigkeit) ~; Tiere (durch ein Fernglas) ~; jmdn. lange ~, um seine Absichten zu erforschen; ⟨mit Nebens.⟩ ~, was jmd., wie jmd. etw. tut, wie sich Kraftfahrer im Straßenverkehr verhalten, wie ein Haus gebaut wird, entsteht* **2.** ⟨oft mit Nebens.⟩ /jmd./ *etw. ~* 'etw. in Bezug auf etw., jmdn. bemerken (1), feststellen': *ich konnte keine Veränderung, nichts Besonderes ~; er hatte beobachtet, dass es neuerdings immer häufiger aus ihm das Haus ging* ❖ ↗ ¹**Acht**

Beobachter [bə'|oːp|axtɐ], der; ~s, ~ **1.** ⟨vorw. mit best. Adj.⟩ 'jmd., der die Fähigkeit hat, das Geschehen um ihn herum, die ihn umgebenden Personen aufmerksam zu beobachten (1), und der alles Wichtige wahrnimmt'; ↗ FELD I.3.1.1: *er ist ein guter, kritischer, aufmerksamer ~, dem nichts entgeht* **2.** 'jmd., der beruflich etw., jmdn. beobachtet (1), bes. ein Angehöriger der Polizei, des Militärs, der Regierung o.Ä.': *ein militärischer, politischer ~; einen ~ zur Konferenz entsenden* ❖ ↗ ¹**Acht**

Beobachtung [bə'|oːp|axt..], die; ~, ~en **1.** ⟨vorw. Sg.⟩ /zu *beobachten* 1/ 'das Beobachten': *bei genauer, selbst bei oberflächlicher ~ kann man feststellen, dass ...; er weiß aus eigener ~, dass dies nicht stimmen kann, was das bedeutet* **2.** ⟨vorw. Pl.⟩ 'durch Beobachten (1) gemachte Feststellung, Erkenntnis': *seine ~en aufzeichnen, jmdm. mitteilen* ❖ ↗ ¹**Acht**

bepflanzen [bə'pflantsn̩], bepflanzte, hat bepflanzt /jmd./ *etw.* ~ 'Pflanzen auf eine Fläche, ein Beet, verteilt pflanzen': *ein Stück Land (mit Obstbäumen) ~; ein Beet (mit Blumen) ~; eine mit Sträuchern bepflanzte Grünanlage* ❖ ↗ **Pflanze**

bequem [bə'kveːm] ⟨Adj.⟩ **1.** ⟨Steig. reg.⟩ 'so beschaffen, dass man sich darin, damit, dabei wohl fühlt, weil es z. B. den Körper nicht einengt, weil es keine Anstrengung verursacht od. weil man sich dabei körperlich zwanglos fühlen kann' /bes. auf Kleidung, Sitz-, Liegemöbel bez./; ↗ FELD V.1.3: *~e Schuhe, Kleidung; ein ~er Sessel; der Sessel ist sehr ~; er stand ganz ~; auf dem Sofa, im Auto sitzt man sehr ~* **2.** ⟨o. Steig.⟩ **2.1.** SYN 'behaglich (1)' /beschränkt verbindbar/: *ein ~es Leben führen, haben; es sich ~ machen: wenn sie nach Hause kommt, macht sie es sich erst einmal ~; /in der kommunikativen Wendung/ machen Sie es sich ~! /Aufforderung, bes. an Gäste, sich zwanglos zu geben, zu verhalten, sich zu setzen/;* vgl. *gemütlich* (1) **2.2.** ⟨vorw. bei Vb.⟩ 'ohne Mühe, Anstrengung'; SYN leicht (2)': *er kommt ~ mit seinem Geld aus; das, diese Arbeit, diesen Weg kannst du ~ in einer halben Stunde schaffen; das ist eine (für uns) ~e Lösung des Problems* **3.** ⟨o. Steig.; nicht bei Vb.⟩ 'sich nicht gern anstrengend' /auf Personen bez./: *er ist ein ~er Mensch, ist sehr ~; er ist zu ~ ('zu faul'), seinen Kindern bei den Schularbeiten zu helfen* ❖ **Bequemlichkeit**

Bequemlichkeit [bə'k..], die; ~, ~en **1.** ⟨vorw. Sg.⟩ /zu *bequem* 2 u. 3/ 'das Bequemsein'; /zu 2/: *er liebt die, seine ~ ('er führt gern ein bequemes Leben'); /zu 3/: aus ~ zu Hause bleiben; jmdn. wegen seiner ~ tadeln* **2.** ⟨vorw. Pl.⟩ 'eine Einrichtung, Vorrichtung, die jmdm. das Leben angenehm und leicht macht, sodass er sich wohl fühlen kann': *ein Hotel mit allen ~en, die die moderne Technik, Zeit zu bieten hat* ❖ ↗ **bequem**

beraten [bə'ʀaːtn̩] (er berät [..'ʀɛːt/..ʀeːt]), beriet [..'ʀiːt], hat beraten **1.** /jmd./ *jmdn.* ~ 'jmdm. durch seinen Rat helfen, eine richtige Entscheidung zu treffen, ein Problem, Schwierigkeiten zu bewältigen': *jmdn. gut, schlecht ~; jmdn. bei, in etw. ~: die Mutter beriet ihre Tochter beim Einkaufen; bei, in dieser Sache berät mich mein bester Freund; sich von einem Rechtsanwalt, Fachmann ~ lassen* **2.** /zwei od. mehrere (jmd.)/ *etw., über etw.* ~ 'etw. gemeinsam mit anderen durchdenken, besprechen, um zu einer richtigen Entscheidung zu kommen': *das Parlament berät, die Abgeordneten* ~ *(über) einen Plan, ein Gesetz; darüber* ~, *ob man etw. tun sollte; darüber* ~, *was man tun könnte, wie man vorgehen sollte;* /jmd./ *sich mit jmdm.* ~: *ich muss mich erst einmal mit dir* ~; *sich mit jmdm. über etw.* ~: *ich will mich mit dir über unser neues Projekt* ~; *er wollte sich erst einmal mit seiner Frau darüber* ~; ⟨rez.⟩ *sich* ~: *wir müssen uns erst einmal (miteinander)* ~ ❖ ↗ **Rat**

* /jmd./ **mit etw., jmdm. gut, schlecht** ~ **sein** ('in einer Angelegenheit das Richtige, Falsche tun, mit jmdm. eine gute, schlechte Wahl getroffen haben': *mit diesem Modell, Mitarbeiter bist du gut* ~

Berater [bə'ʀɑːtɐ], **der;** ~s, ~ 'jmd., der (beruflich, auf seinem Fachgebiet) andere berät': *ein juristischer, technischer, militärischer, ökonomischer* ~; *er ist ein guter* ~ (SYN 'Ratgeber 1') ❖ ↗ **Rat**

Beratung [bə'ʀɑːt..], **die;** ~, ~en /zu beraten 1 u. 2/ 'das Beraten'; /zu 1/: *eine ärztliche, juristische* ~; *die* ~ *des Klienten, Patienten (durch den Rechtsanwalt, Arzt);* /zu 2/: *nach eingehender* ~ *wurde beschlossen, das Projekt durchzuführen* ❖ ↗ **Rat**

berauben [bə'ʀaʊbm̩], beraubte, hat beraubt **1.** /jmd./ *jmdn.* ~ 'jmdm. etw. rauben': *jmdn. überfallen und* ~; *er wurde beraubt; jmdn. etw.* ⟨Gen.⟩ ~: *jmdn. seines Geldes* ~; *er wurde seiner gesamten Barschaft beraubt* **2.** /jmd./ *jmdn. etw.* ⟨Gen.⟩ ~ 'bewirken, dass jmd. bestimmte Werte, die für seine soziale, psychische Existenz wichtig sind, nicht mehr hat': *jmdn. seiner Hoffnung, Freiheit, seiner Rechte, Ehre, Würde* ~; *ein Tier seiner Freiheit* ~ ('ein Tier fangen und einsperren') ❖ ↗ **rauben**

berauschen [bə'ʀaʊʃn̩], berauschte, hat berauscht **1.** geh. /alkoholisches Getränk, bes. Wein/ *jmdn.* ~ 'jmdn. betrunken machen': *der Wein, Sekt hatte uns alle berauscht;* ⟨oft adj. im Part. I⟩ *ein* ~*des Getränk* **2.** /etw. Emotionales/ *jmdn.* ~ 'jmdn. in eine euphorische Stimmung versetzen': *die Freude, das Glück, der Erfolg, die Begeisterung hatte ihn berauscht; er fühlte sich vom Glück berauscht;* /jmd./ *sich an, mit etw.* ⟨Dat.⟩ ~: *er berauschte sich an schönen Reden, an Schlagwörtern;* /in der kommunikativen Wendung/ spött. *das ist ja nicht gerade* ~*d* ('das ist nicht besonders gut') ❖ ↗ **Rausch**

berechnen [bə'ʀɛçnən], berechnete, hat berechnet; ↗ auch *berechnend* **1.** /jmd./ *etw.* ~ 'etw., bes. die Größe, Menge von etw., durch Rechnen ermitteln, ausrechnen, errechnen': *die Kosten, eine Entfernung, die Höhe des Schadens, des Turmes* ~ **2.** /jmd./ *etw. jmdm. mit etw.* ~ 'von jmdm. für etw., bes. für eine Ware, eine Leistung, eine bestimmte Summe Geld verlangen': *die Arbeiten wurden ihm mit 100 Mark berechnet; für die Lieferung* ~ *wir (dem Kunden) 50 Mark; das berechne ich Ihnen nur mit fünf Mark; dafür berechnen wir nichts;* vgl. *anrechnen (2)* **3.** /jmd./ **3.1.** *etw. auf etw.* ~ 'durch Rechnen (1) im Voraus ermitteln, wieviel Zeit, welche Menge von etw. für etw. nötig ist, wieviel von etw. man braucht': *die Bauzeit wurde auf drei Jahre,*

die Kosten auf drei Millionen berechnet (SYN 'veranschlagt'); *das Werk ist auf sechs Bände berechnet* **3.2.** *etw. für zwei od. mehrere Personen* ~ 'etw. in seiner Menge, Größe, o.Ä. für zwei od. mehrere Personen bestimmen, vorsehen': *wir haben diese Räume für zwei Personen (als Mieter) berechnet; dieses Menü ist für vier Personen berechnet* ❖ ↗ **rechnen**

berechnend [bə'ʀɛçnənt] ⟨Adj.; Steig. reg., ungebr.; nicht bei Vb.; ↗ auch *berechnen*⟩ 'auf den eigenen Vorteil, Gewinn bedacht' /auf Personen bez./: *er ist sehr schlau und* ~, *ist ein sehr* ~*er Mensch* ❖ ↗ **rechnen**

Berechnung [bə'ʀɛçn..], **die;** ~, ~en **1.** /zu berechnen 1 u. 3/ 'das Berechnen'; /zu 1/: *die* ~ *der Kosten;* /zu 3/: *die* ~ *der Bauzeit auf drei Jahre* **2.** 'das Verhalten, auf den eigenen Vorteil bedacht zu sein': *er handelt aus reiner, kalter* ~; *er tut alles nur aus* ~; *bei ihm ist alles* ~ ❖ ↗ **rechnen**

berechtigen [bə'ʀɛçtɪgn̩], berechtigte, hat berechtigt; ↗ auch *berechtigt* /etw., bes. ein Dokument, ein bestimmter Umstand/ *jmdn. zu etw.* ~ 'jmdm. das Recht (2.1) zu etw. geben': *diese Karte berechtigt (ihn) zum Eintritt; er ist berechtigt, das Schriftstück zu unterzeichnen; auf Grund dieser Behinderung ist er berechtigt, eine Unterstützung zu beantragen* ('hat er Anspruch auf eine Unterstützung'); *seine Leistungen* ~ *zu den größten, schönsten Hoffnungen* ('lassen hoffen, dass er Großes leisten wird') ❖ ↗ **rechnen**

berechtigt [bə'ʀɛçtɪçt] ⟨Adj.; o. Steig.; nicht bei Vb.; ↗ auch *berechtigen*⟩ 'zu Recht bestehend, weil man es als begründet anerkennt'; SYN legitim (2) /auf Abstraktes bez./: ~*e Klagen, Forderungen, Wünsche; ihr Einwand ist* ~ ❖ ↗ **Recht**

Berechtigung [bə'ʀɛçtɪg..], **die;** ~, ~en ⟨vorw. Sg.⟩ **1.** *die* ~ *zu etw.* 'das Recht, die Genehmigung, etw. Bestimmtes tun zu dürfen': *er hat die* ~, *die Ausweise zu verlangen; jmdm. die* ~ *zu etw. erteilen, absprechen* **2.1.** ⟨+ Gen.attr.⟩ 'das Berechtigtsein (↗ *berechtigt*) von etw.': *die* ~ *einer Forderung anerkennen* **2.2.** *etw. hat seine* ~ 'ist berechtigt, besteht zu Recht': *deine Frage hat ihre volle* ~; *seine Forderungen haben eine gewisse* ~ ❖ ↗ **Recht**

bereden [bə'ʀeːdn̩], beredete, hat beredet **1.** /jmd./ *etw. mit jmdm.* ~ 'etw. mit jmdm. besprechen': *das muss ich noch mit ihm* ~; /zwei od. mehrere (jmd.)/ *etw.* ~: *das müssen wir noch* ~; ⟨rez.⟩ *wir müssen noch einiges miteinander* ~ **2.** /jmd./ *jmdn.* ~, *etw. zu tun* 'jmdn. zu etw. überreden': *er hat ihn beredet mitzukommen; er ließ sich* ~ *dazubleiben* ❖ ↗ **reden**

Beredsamkeit [bə'ʀeːdzam..], **die;** ~, ⟨o.Pl.⟩ 'Fähigkeit, Begabung, gut, flüssig und wirkungsvoll zu reden': *etw. mit großer* ~ *darlegen, vortragen; jmds.* ~ *bewundern; seine ganze* ~ *aufbieten, um jmdn. zu überzeugen* ❖ ↗ **reden**

beredt [bə'ʀeːt] ⟨Adj.⟩ **1.** ⟨Steig. reg.⟩ 'etw. gut, flüssig und wirkungsvoll durch Reden darstellen könnend' /vorw. auf Personen bez./: *ein* ~*er Mensch; er war ein* ~*er Fürsprecher, Anwalt unserer Interes-*

sen; er war sehr ~; ~ für etw. eintreten; sich ~, mit ~en Worten verteidigen, für etw. einsetzen **2.1.** ⟨Steig. reg.; nur attr.⟩ /beschränkt verbindbar/: *das Werk ist ein ~es Zeugnis seines Könnens* (ʻzeigt sein Können in eindrucksvoller Weiseʼ) **2.2.** ⟨o. Steig.; vorw. attr. u. präd.⟩ ʻviel sagendʼ /vorw. auf Mimisches bez./: *ein ~er Blick; sein Schweigen war sehr ~* ❖ ↗ **reden**

Bereich [bəˈʀaiç], der; ~s/auch ~es, ~e **1.** ʻin seinen Grenzen durch etw. bestimmtes Gebietʼ: *dieser Wald gehört zum militärischen ~ (des Truppenübungsplatzes); ⟨+ Gen.attr.⟩ der ~ des ewigen Eises, der Küste; etw. liegt im Bereich, außerhalb des ~s von …* **2.** ʻdurch einen inhaltlichen Rahmen zusammengefasste Gesamtheit von etw.ʼ: ⟨oft mit Gen.attr.⟩ *der ~ der Technik, Wissenschaft, Kunst; diese Erscheinung ist einmalig im ~ der Literatur, Geisteskrankheiten; im politischen, wirtschaftlichen, militärischen ~* (ʻin der Politik, Wirtschaft, beim Militärʼ) *gelten diese Regeln nicht; der ~ der Familie, der Gesellschaft; die ~e von Produktion und Handel; diese Tätigkeit gehört nicht in meinen ~* (ʻgehört nicht zu meinen Aufgabenʼ); *etw. liegt im ~ des Möglichen* (ʻist möglich, wahrscheinlichʼ) ❖ ↗ **Reich (2)**

bereichern [bəˈʀaiçɐn], bereicherte, hat bereichert **1.1.** /jmd./ *etw. durch, mit etw. ~* ʻetw., bes. menschliches Wissen, durch Aneignung von neuem Wissen, durch Erfahrung, durch Erwerb von etw. reichhaltiger, größer machenʼ: *durch seine, mit seinen Reisen hat er sein Wissen (um ferne Länder) bereichert; sein Wissen mit etw. ~; seine Kenntnis durch intensive Studien ~; die Sammlung, das Museum durch Neuerwerbungen ~* **1.2.** /etw./ *etw., jmdn. ~* ʻjmds. Leben, Wissen durch neues Wissen, Kenntnisse, Erfahrungen reichhaltiger machen, jmdn. innerlich reicher machenʼ: *diese Reisen haben sein Wissen, Leben, ihn erstaunlich bereichert* **2.** /jmd./ *sich ~* ʻsich auf Kosten anderer, auf unehrliche Weise Gewinn, Reichtum verschaffenʼ; ↗ FELD I.17.2: *er hat sich als Leiter dieser Klinik skrupellos, schamlos bereichert; sich auf Kosten anderer ~; sich an etw.* ⟨Dat.⟩, *jmdm. ~: sich am Eigentum anderer, an seinen Nachbarn ~* ❖ ↗ **reich**

Bereifung [bəˈʀaif..], die; ~, ~en ⟨vorw. Sg.⟩ ʻGesamtheit der Reifen (2) bes. eines Kraftfahrzeugsʼ: *die ~ eines Autos, Motorrads; die ~ erneuern* ❖ ↗ **Reifen**

bereinigen [bəˈʀainiɡn̩], bereinigte, hat bereinigt /jmd./ *etw. ~* ʻetw., bes. Streit, Meinungsverschiedenheiten (auf friedliche Weise) klären (2.1), sodass eine ausgeglichene Beziehung entstehtʼ; SYN beilegen (3): *Missverständnisse, Differenzen, Streitigkeiten ~; die Sache ist endlich bereinigt* ❖ ↗ ¹**rein**

bereit [bəˈʀait] ⟨Adj.; o. Steig.; nur präd. (mit *sein*)⟩ **1.** /etw., jmd./ *für, zu etw. ~ sein* ʻfür ein bestimmtes Vorhaben vorbereitet, mit allem dazu Nötigen versehen seinʼ: *das Auto ist zur, für die Abfahrt ~; wir sind ~ zum Aufbruch/wir sind zum Aufbruch ~; ich bin ~, wir können anfangen; /etw./ ~ sein: das Essen*

ist ~ (ʻsteht für die Mahlzeit auf dem Tischʼ) **2.** ⟨vorw. mit Nebens. + Inf. mit *zu*⟩ *jmd. ist zu, für etw. ~* ʻjmd. erklärt, dass er an ihn gerichtete Erwartungen, Forderungen erfüllen willʼ: *er ist ~, uns zu helfen, mit auf die Reise zu gehen, diese Aufgabe zu übernehmen; sich zu, für etw. ~ erklären, ~ zeigen: er erklärte, zeigte sich ~, die Arbeit zu übernehmen; er ist zu allem ~;* geh. *sich zu etw. ~ finden: er fand sich nicht ~, uns zu helfen* ❖ **bereiten, Bereitschaft — bereithalten, -stellen, betriebsbereit, einsatzbereit, hilfsbereit, vorbereiten, Vorbereitung, Wegbereiter, zubereiten;** vgl. **bereits**

-bereit /bildet mit einem Subst. od. Vb. als erstem Bestandteil Adjektive; drückt die sofortige Bereitschaft zu dem im ersten Bestandteil Genannten aus/: ↗ z. B. *einsatzbereit* (1,2)

bereiten [bəˈʀaitn̩], bereitete, hat bereitet **1.** geh. /jmd./ ʻetw. zubereitenʼ: *eine Speise, das Essen, Kaffee ~; sich* ⟨Dat.⟩ *etw. ~: sich den Kaffee selbst ~* **2.** /jmd./ *jmdm., sich* ⟨Dat.⟩ *das Bett, ein Lager ~* (ʻdas Bett, ein Lager für jmdn., sich herrichtenʼ) **3.** *jmd., etw. bereitet jmdm. etw.* ʻjmd., etw. ruft bei jmdm. eine bestimmte Emotion hervorʼ: *(jmdm.) Ärger, Freude, Schwierigkeiten ~; etw. bereitet jmdm. Kummer, Sorgen; das hat mir schlaflose Nächte bereitet* (ʻhat mich nächtelang nicht schlafen lassenʼ); *sein Sohn bereitet* (SYN ʻverursachtʼ) *viel Ärger* **4.** /jmd./ *etw.* ⟨Dat.⟩ *ein Ende ~* ʻdafür sorgen, dass etw., bes. etw. Unangenehmes, nicht weiter andauert, sondern aufhörtʼ: *einer Sache, Angelegenheit, dem ständigen Streit ein Ende ~* ❖ ↗ **bereit**

bereit|halten [bəˈʀait..] (er hält bereit), hielt bereit, hat bereitgehalten **1.** /jmd./ *etw. ~* ʻetw. so verfügbar (1) haben, dass man es sofort nehmen, zeigen, geben kannʼ: *halten Sie bitte Ihre Ausweise, Fahrkarten (zur, für die Kontrolle) bereit!; abgezähltes, passendes Geld ~; heißes Wasser ~* **2.** /jmd./ *sich für etw., jmdn., zu etw.* ⟨Dat.⟩ ʻdarauf vorbereitet sein, auf Verlangen etw. Bestimmtes für jmdm., etw. zu tunʼ: *wir halten uns bereit für den, zum Einsatz, bis der Befehl kommt* ❖ ↗ **bereit, halten**

bereits [bəˈʀaits] ⟨Gradpartikel; steht vor, seltener auch nach der Bezugsgröße; bezieht sich auf verschiedene Kategorien, bes. auf Adv., Subst., Vb., Zahlangaben⟩ **1.** ⟨betont od. unbetont; steht vor od. nach der Bezugsgröße⟩ /drückt aus, dass der Sachverhalt früher als erwartet eintritt, eingetreten ist/ SYN ¹*schon* (1): *~ um fünf Uhr stand er auf; die Maschine landet nicht um 9.30, sondern ~ um 9.10 Uhr; heute ~/~ heute verreisen wir; ich habe ~ gegessen; ich habe ~ gehört, dass du kündigen willst; wir kennen uns ~; es schneite ~ im November* **2.** ⟨unbetont; steht vor der Bezugsgröße⟩ /drückt aus, dass der Sachverhalt einen späteren Zeitpunkt als erwartet darstellt/ SYN ³*schon* (2); ANT erst: *es ist ~ sieben Uhr* /nicht etwa sechs Uhr/; *für die Kartoffelernte ist es zu spät, es ist ~ November* **3.** ⟨unbetont; steht vor od. nach der Bezugsgröße; bezieht sich auf Zahlangaben⟩ /drückt aus, dass der

Sachverhalt mehr als erwartet ist/: *er ist ~ seit drei Stunden/seit drei Stunden ~ ist er zu Hause; er hat ~ vier Bücher geschrieben/~ vier Bücher hat er geschrieben; er ist ~ 70 Jahre alt* **4.** 〈unbetont; steht vor der Bezugsgröße; bezieht sich auf Subst.〉 /drückt aus, dass der Sachverhalt einen hinreichenden Grund für etw. darstellt/ SYN ³allein (2): *~ seine Stimme geht mir auf die Nerven; ~ die Vorstellung davon macht ihn glücklich, wütend* ❖ vgl. **bereit**

Bereitschaft [bə'ʀaɪt..], die; ~, 〈o.Pl.〉 **1.** /zu bereit 2/ ˈdas Bereitsein': *jmds. ~ zu etw.: seine ~ zu helfen, mitzumachen; seine ~ zu etw. erklären: seine ~ zur Hilfe erklären; in ~* (ˈbereit') *sein* 〈+ Nebens. mit Inf. und *zu*〉: *in ~ sein, (um) etw. zu tun, einen Befehl auszuführen, irgendwo einzugreifen; in ~ stehen: die Kolonne der Helfer ist eingetroffen und steht zu sofortigem Einsatz in ~* **2.** *etw. in ~ haben* (ˈetw. für sofortigen Gebrauch bereithalten 1'); *in ~ liegen: die Instrumente liegen in ~* (ˈkönnen sofort eingesetzt werden') **3.** ˈDienst, bes. bei Polizei, Militär, im medizinischen Dienst, bei dem sich jmd. für den Fall bereithält (2), dass er benötigt wird': *er hat heute (Nacht) ~* ❖ ↗ **bereit**

bereit [bə'ʀaɪt..]|**-stellen** 〈trb. reg. Vb.; hat〉 /jmd., Institution/ *etw. für etw. ~* ˈetw., bes. finanzielle Mittel, Hilfsgüter, für einen bestimmten Zweck zur Verfügung stellen': *Gelder für den Wohnungsbau, Nahrungsmittel für die Opfer des Krieges, der Katastrophe ~;* **-willig** 〈Adj.; Steig. reg., ungebr.; nicht präd.; vorw. bei Vb.〉 ˈohne zu zögern bereit (2), etw. Bestimmtes zu tun'; SYN willig /auf Personen bez./: *er hat uns ~ geholfen; jmdm. ~ Auskunft geben; ein ~er Helfer* ❖ ↗ **bereit**, ↗ **stellen**

bereuen [bə'ʀɔɪ̯ən], bereute, hat bereut /jmd./ *etw. ~* SYN ˈetw. bedauern (2)'; ↗ FELD I.12.2: *er hat seine Tat aufrichtig, tief bereut; einen Fehler, törichte Worte, seine Sünden ~; er bereute, mitgegangen zu sein;* /in der kommunikativen Wendung/ *das wirst du noch (bitter) ~* (ˈdas wird dir noch sehr Leid tun') /wird zu jmdm. gesagt, wenn dieser ihm gegebene Empfehlungen, Warnungen o.Ä. hochmütig od. leichtfertig missachtet/ ❖ ↗ **Reue**

Berg [bɛʀk], der; ~es/auch ~s, ~e **1.** ˈsich deutlich von der Umgebung abhebende größere Erhebung im Gelände'; ANT Tal; ↗ FELD II.1.1: *ein hoher, sanft ansteigender, steil aufragender, steiler, felsiger ~; die schneebedeckten ~e der Alpen; der Kamm, Gipfel, die Hänge eines ~es; vor uns ragte ein ~ empor, erhob sich ein ~; einen ~ besteigen, auf einen ~ steigen, klettern; die Fahrt ging über ~ und Tal* (ˈaufwärts und abwärts durch bergiges Gelände'); vgl. *Höhe* (2) **2.** 〈nur im Pl.〉 ˈGebirge' /beschränkt verbindbar/: *zum Urlaub, Skilaufen in die ~e fahren* **3.** *~e/ein ~ von etw.* ˈeine große Menge, ein Haufen von etw. Gegenständlichem, bes. von Gegenständen od. festen Materialien': *~e von Schnee, Abfall, Müll mussten weggeräumt werden; er saß hinter einem ~ von Büchern, Akten* ❖ **bergab, bergauf, Bergbau, -mann, -werk, -steiger, Eisberg, Weinberg**; vgl. **bergen**

* /jmd., Institution/ *jmdm. goldene ~e versprechen* ˈjmdm. große Versprechungen machen, die man nicht hält': *vor der Hochzeit hat er ihr goldene ~e versprochen;* /jmd., Institution/ *mit etw. nicht hinter dem ~(e) halten* ˈetw. offen aussprechen': *mit seiner Meinung, mit der Wahrheit nicht hinter dem ~(e) halten;* /jmd./ *jmdm. über den ~ helfen* (ˈjmdm. helfen, etw. für ihn Schwieriges zu bewältigen, zu überwinden'); /jmd., bes. Verbrecher/ *über alle ~e sein* ˈnach einer Tat, nach einem Verbrechen weit weg, fort vom Tatort sein': *als die Polizei eintraf, waren die Einbrecher längst über alle ~e;* /jmd., Institution, Unternehmen/ *über den/dem/übern ~ sein* ˈeine schwierige Situation, eine Krankheit überwunden haben': *er, die Firma ist über den ~*

berg/Berg|**-ab** ['ap] 〈Adv.〉 ˈden Berg, Abhang, die Anhöhe hinab, hinunter'; ANT bergan, bergauf; ↗ FELD I.7.2.3: *~ gehen; der Weg führt steil ~* ❖ ↗ **Berg**, ¹**ab**; **-an** ['an] 〈Adv.〉 SYN ˈbergauf'; ANT bergab; ↗ FELD I.7.2.3: *~ steigen* ❖ ↗ **Berg**, ²**an**; **-auf** ['auf] 〈Adv.〉 ˈden Berg, Abhang, die Anhöhe hinauf'; SYN bergan; ANT bergab; ↗ FELD I.7.2.3: *die Straße führt, geht ~; ~ läuft es sich schwer* ❖ ↗ **Berg**, ↗ ¹**auf**; **-bau** ['bɛʀk..], der 〈o.Pl.〉 **1.** ˈdas Suchen, Fördern bes. von Kohle und Erzen': *die Entwicklung, Modernisierung des ~s* **2.** *im ~* (ˈin einem Betrieb des Bergbaus 1') *angestellt sein* ❖ ↗ **Berg**, ↗ **Bau**

bergen ['bɛʀgn̩] (er birgt [bɪʀkt]), barg [baʀk], hat geborgen [gə'bɔʀgn̩]; ↗ auch geborgen **1.** /jmd./ *jmdn., etw. ~* ˈjmdn. etw. nach einer Katastrophe aus der gefährlichen Lage herausholen und in Sicherheit bringen': *die Leichen, Toten, Verunglückten ~; er konnte nur noch tot geborgen werden; den Hausrat aus den Trümmern ~; ein Schiff nach einer Kollision, ein sinkendes Schiff ~* **2.** geh. *etw. birgt etw.* ˈetw. enthält etw. Wertvolles' /beschränkt verbindbar/: *das Museum birgt bedeutende Kunstschätze, seltene Kostbarkeiten; der Schrank barg viele Überraschungen; die Erde, dieses Gebiet birgt reiche Bodenschätze* **3.** *etw. birgt Gefahren in sich: dieses Projekt, Unternehmen birgt viele, große Gefahren in sich* (ˈist sehr riskant, gefährlich') ❖ **geborgen, verbergen** — **beherbergen**; vgl. **Berg**

Berg ['bɛʀk..]|**-mann**, der 〈Pl.: Bergleute, auch Bergmänner〉 ˈjmd., der beruflich im Bergbau (2) tätig ist'; ↗ FELD I.10 ❖ ↗ **Berg**, ↗ **Mann**; **-steiger** [ʃtaɪɡɐ], der; ~s, ~ ˈjmd., der es als Sport betreibt, auf hohe felsige Berge zu steigen, zu klettern' ❖ ↗ **Berg**, ↗ **steigen**; **-werk**, das ˈAnlage des Bergbaus (1)'; SYN Grube (2), Zeche (2): *ein ~ stilllegen; in das ~ einfahren;* vgl. *Mine* ❖ ↗ **Berg**, ↗ **Werk**

Bericht [bə'ʀɪçt], der; ~s/auch ~es, ~e **1.1.** ˈmündliche od. schriftliche sachliche Wiedergabe, Darstellung eines Geschehens, Sachverhalts'; ↗ FELD I.13.1: *ein authentischer, ausführlicher ~; nach dem ~ von Augenzeugen kann man schließen, dass ...; ein ~ über eine Tagung, Konferenz; einen ~ über, von etw. abfassen, geben;* vgl. *Beschreibung, Schilderung*

1.2. *über etw.* ~ *erstatten* ʿüber etw. berichtenʾ: *der Minister hat (dem Kabinett) über die Finanzlage* ~ *erstattet* ❖ ↗ **berichten**
berichten [bə'rɪçtn̩], berichtete, hat berichtet **1.1.** /jmd./ *jmdm. etw.* ~ ʿmündlich od. schriftlich in sachlicher Weise jmdm. über etw. einen Bericht geben, jmdn. von etw. in Kenntnis setzenʾ; ↗ FELD I.13.2: *er hat uns alles (über den Einbruch) berichtet; er berichtete uns, wie das, es passiert war; jmdm. etw. über, von etw.* ~: *darüber hat er uns viel, wenig, nichts berichtet; er berichtete uns über die Geburtstagsfeier; er hat der Leitung umgehend über den, von dem Vorfall berichtet;* vgl. *erzählen* (1.2) **1.2.** /jmd. in beruflicher Funktion/ *über etw.* ~ ʿin Rundfunk, Fernsehen, Presse über etw. einen Bericht gebenʾ: *der Korrespondent berichtete über aktuelle Ereignisse, über die Katastrophe; aus einem bestimmten Ort* ~: *er berichtete aus dem Krisengebiet, aus N* ❖ **Bericht − Berichterstatter, Wetterbericht**
Bericht|erstatter [bə'rɪçt|ɐʃtatɐ], der; ~s, **1.** ʿjmd., der beruflich als Mitarbeiter in Rundfunk, Fernsehen, Presse über etw., bes. aktuelle Ereignisse, berichtetʾ; ↗ FELD I.13.1: *er arbeitet in China als* ~ *des Fernsehens* **2.** ʿjmd., der vor einem Gremium über ein Sachgebiet referiertʾ: *der* ~ *einer Tagung, eines Ausschusses* ❖ ↗ **berichten,** ↗ **erstatten**
berichtigen [bə'rɪçtɪgn̩], berichtigte, hat berichtigt **1.** /jmd./ *etw.* ~ ʿetw. Fehlerhaftes, Falsches (vorw. in schriftlicher Form) so verändern, dass es richtig, korrekt (1.1) wirdʾ; SYN verbessern (3.1): *einen Schreib-, Rechenfehler, einen (Druck)fehler* ~; *einen Irrtum, falsche Zahlen, falsche Angaben* ~; *eine berichtigte Nachauflage;* vgl. *korrigieren* (1.2) **2.** /jmd./ *sich, jmdn.* ~ *etw.* Unrichtiges, das man selbst, das ein anderer geäußert hat, durch das Richtige ersetzenʾ: *du musst mich nicht dauernd* ~!; /in der kommunikativen Wendung/ *ich muss mich* ~ (ʿich habe etw. Falsches gesagt und ersetze es durch das Richtigeʾ) /sagt ein Sprecher während seiner Rede/ ❖ ↗ **richtig**
Berichtigung [bə'rɪçtɪg..], die, ~, ~en /zu *berichtigen* 1/ **1.** ʿdas Berichtigenʾ: *die* ~ *grammatischer, stilistischer Fehler, von Druckfehlern;* ~en *an einem Manuskript vornehmen;* vgl. *Korrektur* (1) **2.** ʿdie berichtigten (1) Fehler einer schriftlichen Schularbeitʾ: *die* ~ *(eines Aufsatzes) vorlegen* ❖ ↗ **richtig**
beritten [bə'rɪtn̩] ⟨Adj.; o. Steig.⟩ ʿauf einem Reittier, bes. einem Pferd, reitendʾ: *sie waren* ~; ~ *daherkommen;* ~*e Polizei; ein Trupp Berittener* ❖ ↗ **reiten**
Bernstein ['bɛrn..], der; ~s, ⟨o.Pl.⟩ ʿfossiles erstarrtes Harz von gelber bis dunkelbrauner Farbe, das meist zu Schmuck verarbeitet wirdʾ: *am Strand nach* ~ *suchen; Schmuck aus* ~; ~ *finden* ❖ ↗ **Stein**
bersten ['bɛrstn̩] (er birst [bɪrst]), barst [barst], geborsten [gə'bɔrstn̩] geh. **1.** /etw./ ʿplötzlich große Risse bekommen u. so zerbrechen, dass es in einzelne Stücke zerfälltʾ: *das Eis barst, die Mauer ist geborsten* **2.** ⟨vorw. Prät.⟩ /jmd./ *vor Lachen, Wut, Ärger* ~ ʿseine Emotionen nicht länger unterdrü-

cken können und plötzlich ungehemmt lachen, seine Wut, seinen Ärger zeigenʾ: *sie barsten vor Wut, als sie das hörten*
berüchtigt [bə'rʏçtɪçt] ⟨Adj.; nicht bei Vb.⟩ **1.1.** ʿin einem sehr schlechten Ruf stehendʾ; SYN anrüchig, verrufen (1.1): *dies ist eine* ~*e Gegend, ein* ~*es Lokal* **1.2.** ʿdurch seine üblen Eigenschaften, Taten bekanntʾ; SYN verrufen (1.2): *er ist wegen seines Geizes, seiner Brutalität* ~; *ein wegen seiner Boshaftigkeit* ~*er Schauspieler; er ist ein* ~*er Schläger*
berücksichtigen [bə'rʏkzɪçtɪgn̩], berücksichtigte, hat berücksichtigt /jmd./ *etw.* ~ ʿetw. bei seinem Denken, Wollen, Handeln als Faktor, mit dem zu rechnen ist, einbeziehenʾ; ANT übersehen (3.1): *die besonderen Umstände, Bedingungen, Verhältnisse einer Sache, Person (bei seinem Vorgehen)* ~; *die finanzielle Lage eines Menschen, einer Firma* ~; *dabei muss man das Wetter, die Gesundheit der Betroffenen, die schwierige Lage der Leute* ~; *wenn man berücksichtigt, dass er noch sehr jung ist, dann hat er schon sehr viel erreicht; etw. unter* ~ *der zu erwartenden Einnahmen zurückstellen; bei/unter* ~ *aller Faktoren* (ʿwenn man alle Faktoren berücksichtigtʾ) *muss das abgelehnt werden; du musst* ~, *dass sie verheiratet ist*
Berücksichtigung [bə'rʏkzɪçtɪg..], die; ~, ⟨o.Pl.⟩ ʿdas Berücksichtigenʾ: *die* ~ *aller Bedingungen, Hindernisse, der möglichen Konsequenzen, der Vor- und Nachteile; etw. findet keine* ~ (ʿwird nicht berücksichtigtʾ); *alle diese verschiedenen Umstände müssen (ihre)* ~ *finden* (ʿmüssen berücksichtigt werdenʾ) ❖ ↗ **Rücksicht**
Beruf [bə'ru:f], der; ~s/auch ~es, ~e ʿdurch bestimmte Kriterien (amtlich) festgelegte Tätigkeit in einem Aufgabenbereich, für die man meist ausgebildet wurde und die man für seinen Lebensunterhalt als Arbeit (2) ausübtʾ: *ein landwirtschaftlicher, handwerklicher, technischer, kaufmännischer, wissenschaftlicher, interessanter, schwerer, schöner* ~; *ein* ~ *in der Schwerindustrie, im Gesundheitswesen, Handel; einen* ~ *wählen, erlernen, ausüben; einem, seinem* ~ *nachgehen* (ʿberuflich tätig seinʾ); *den* ~ *wechseln; einen* ~ *ergreifen* (ʿsich zur Ausbildung in einem bestimmten Beruf entscheidenʾ); *(nicht) in seinem* ~ *arbeiten; sich in seinem* ~ *wohl fühlen; ihm gefällt sein* ~; *für einen* ~ *besonders geeignet, befähigt sein, er ist sein Leben lang in seinem* ~ *als Maschinenbauer, Friseur, Kapitän, Hotelier, Kraftfahrer, Verkäufer geblieben, tätig gewesen; er ist Bäcker von* ~ (ʿhat den Beruf des Bäckers erlerntʾ); *was sind Sie von* ~?; *er kocht von* ~*s wegen* (ʿweil er Koch istʾ); *die doppelte Belastung der Frau durch Haushalt und* ~ ❖ ↗ **berufen**
berufen [bə'ru:fn̩], berief [..'ri:f], hat berufen **1.** ⟨oft im Pass.⟩ /befugte Person, Institution/ *jmdn. als, zu etw., jmdn. irgendwohin* ~ ʿjmdm. irgendwo eine bestimmte bedeutende, verantwortliche Funktion übertragen (6)ʾ: *einen Wissenschaftler als Professor an die Universität in N* ~; *er wurde ins Ministerium, als Minister nach Berlin* ~; *er ist zum Vorsitzenden,*

Staatsanwalt, zum Nachfolger des verstorbenen Präsidenten ~ worden **2.** /jmd./ *sich auf etw., jmdn.* ~ ˈsich auf etw. als Beweis, Rechtfertigung, auf jmdn. als Gewährsmann, Zeugen beziehenˈ **(6)**ˈ: *sich auf das Gesetz, die Verfassung, einen Präzedenzfall, auf die Aussage seines Nachbarn* ~; *sich auf jmdn. (als Zeugen)* ~; *du kannst dich ruhig auf mich* ~ /sagt man zu jmdn., wenn er eine Empfehlung braucht/ **3.** /jmd./ *sich zu etw.* ~ ˈfühlen ˈglauben, die besondere Befähigung für eine bestimmte Tätigkeit, ein bestimmtes Amt zu besitzenˈ: *er fühlte sich zum Schauspieler, zum Politiker* ~ ❖ **Beruf, beruflich, Berufung** – **einberufen, Traumberuf;** vgl. **berufs/Berufs-, rufen**

beruflich [bəˈʀuːf..] ⟨Adj.; o. Steig.; nicht präd.⟩ **1.** ˈden Beruf betreffend, auf den Beruf bezogenˈ /beschränkt verbindbar/: *er steht noch in seiner ~en Ausbildung; die ~e Weiterbildung; er ist ~/ist durch seine ~e Tätigkeit stark beansprucht* **2.** ⟨nur bei Vb.⟩ ˈwas die Ausübung eines Berufs anbelangtˈ: *er arbeitet* ~ *in einem Handelsbetrieb; er hat sein Leben lang* ~ *als Kraftfahrer gearbeitet; was machst du* ~? ❖ ↗ **berufen**

Berufs/berufs [bəˈʀuːfs..]**-ausbildung, die** ˈAusbildung (2) in einem bestimmten Berufˈ: *er hat eine gute* ~ *erfahren* ❖ ↗ **bilden; -leben, das** ❖ ↗ **leben** * /jmd./ **mitten im ~ stehen** (ˈberufstätig seinˈ); **-schule, die** ˈSchule, die neben der Berufsausbildung als Lehrling bis zu einem bestimmten Alter besucht werden mussˈ ❖ ↗ **Schule; -schüler, der** ˈjmd., der eine Berufsschule besuchtˈ ❖ ↗ **Schule; -schülerin, die** ~, ~nen /zu *Berufsschüler*/ weibl./; **-tätig** ⟨Adj.; o. Steig.; nicht bei Vb.; vorw. präd. (mit *sein*)⟩ /jmd./ ~ **sein** ˈeinen Beruf ausüben, in seinem Beruf tätig seinˈ; ANT arbeitslos: *er, sie ist über 40 Jahre* ~ *gewesen;* ~*e Frauen; Fortbildungskurse für Berufstätige* (↗ TAFEL II) ❖ ↗ **Tat**

Berufung [bəˈʀuːf..]**, die;** ~, ~en **1.** /zu *berufen* 1/ ˈdas Berufenˈ: *jmds.* ~ *als/zu etw., jmds.* ~ *irgendwohin: die* ~ *eines Professors an eine Universität; seine* ~ *als, zum Hochschullehrer, Minister; die* ~ *an eine Hochschule, auf einen Lehrstuhl, in ein Ministerium* **2.** ⟨o.Pl.⟩ /zu *berufen* 2/ ˈdas Sichberufen auf etw., jmdn.ˈ: *die, jmds.* ~ *auf etw., jmdn.: seine* ~ *auf das geltende Recht; unter* ~ *auf die Gesetze, einen Sachverständigen, auf einen Präzedenzfall etw. durchsetzen (wollen)* **3.** ⟨o.Pl.⟩ **3.1.** ˈein Gefühl, das jmdn. dazu bringt zu glauben, dass er alle Fähigkeiten für eine bestimmte Tätigkeit, für ein Amt besitztˈ: *er fühlte, spürte die* ~ *zum Künstler in sich* **3.2.** *jmd. ist etw. aus* ~: *er ist Arzt aus* ~ (ˈer besitzt alle Fähigkeiten für den Beruf eines Arztesˈ) ❖ ↗ **berufen**

beruhen [bəˈʀuːən]**,** beruhte, hat beruht /etw./ *auf etw.* ⟨Dat.⟩ ~ ˈetw. als Grundlage habenˈ /auf Abstraktes bez./: *seine Aussagen* ~ *auf Wahrheit, Tatsachen, auf einem Irrtum; diese Theorie beruht auf exakten Forschungsergebnissen;* /in der kommunikativen Wendung/ *das beruht auf Gegenseitigkeit* /drückt aus, dass in einer bestimmten Angelegenheit die

(meist zwei) Partner, Parteien gegenseitig in der gleichen Weise zu handeln verpflichtet sind/ ❖ ↗ **ruhen (5)**

* /jmd./ **etw. auf sich ~ lassen** ˈeine (verdächtige) Angelegenheit nicht weiter verfolgen, sie nicht weiter analysieren, obwohl es Gründe gäbe, dies zu tunˈ: *einen Fall auf sich* ~ *lassen; wir wollen die Sache, Frage auf sich* ~ *lassen!*

beruhigen [bəˈʀuːɪgn̩]**,** beruhigte, hat beruhigt **1.1.** /jmd., etw./ *jmdn., etw.* ~ ˈvorw. durch Worte bewirken, dass eine aufgeregte, verärgerte Person, dass jmds. Inneres, sein Fühlen wieder in einen Zustand der Ruhe (3,4) kommtˈ: *ein weinendes Kind, einen wütenden Mann* ~; *sein Gewissen, die aufgebrachten Gemüter* ~; *das Medikament beruhigt die Nerven, hat eine* ~*de Wirkung* **1.2.** /jmd./ *sich* ~ ˈnach einem Schreck, Schock o.Ä. sein inneres Gleichgewicht, seine Haltung wiedergewinnen, wieder zur Ruhe (3,4) kommenˈ; SYN fassen (8): *das Kind, der Tobsüchtige hat sich wieder beruhigt; nach diesem schrecklichen Erlebnis hat er sich lange nicht* ~ *können* **2.** /etw. (vorw. *es, das*)/ *jmdn.* ~ ˈbewirken, dass jmd. in Bezug auf etw., jmdn. seine Angst, Sorge verliertˈ; ANT beunruhigen (1.1): *es beruhigte uns (zu wissen), dass nichts Ernstes passiert war; es beruhigte mich, ihn sicher zu Hause zu wissen;* ⟨oft adj. im Part. II⟩ *Sie können ganz beruhigt* (ˈohne sich Sorgen zu machenˈ) *weggehen, weiterarbeiten; du kannst beruhigt sein* (ˈbrauchst dir keine Sorgen zu machenˈ)*, (denn) es ist alles in Ordnung* ❖ ↗ **Ruhe**

Beruhigung [bəˈʀuːɪg..]**, die;** ~, ⟨o.Pl.⟩ **1.** /zu *beruhigen* 1.1/ ˈdas Beruhigenˈ: *ein Medikament zur* ~ *der Nerven* **2.** *es ist mir eine* ~ (ˈes beruhigt michˈ; ↗ *beruhigen* 2) *zu wissen, dass das Kind nicht ohne Aufsicht ist* ❖ ↗ **Ruhe**

berühmt [bəˈʀyːmt] ⟨Adj.; Steig. reg.⟩ **1.1.** ˈwegen herausragender Leistung allgemein angesehen und weithin bekanntˈ /auf Personen bez./: *durch etw., eine Erfindung, heldenhaftes Verhalten* ~ *sein, werden; sein Buch hat ihn* ~ *gemacht; er ist ein* ~*er* (SYN ˈbedeutender I.1ˈ) *Dichter, Künstler, Philosoph* **1.2.** ˈwegen seiner hohen Qualität, historischen Bedeutung allgemein geschätzt und weithin bekanntˈ; SYN bedeutend (I.2) /auf Sachen, bes. Kunstwerke bez./: *ein* ~*es Bauwerk, Gemälde; das Werk ist* ~; *das ist der* ~*este Film aller Zeiten* ❖ ↗ **Ruhm**

berühren [bəˈʀyːʀən]**,** berührte, hat berührt **1.1.** /jmd./ *jmdn., etw.* ~ ˈmit der Hand od. einem anderen Teil des eigenen Körpers od. mit einem Gegenstand einen (leichten, flüchtigen) Kontakt mit jmdm., etw. herstellenˈ; ↗ FELD I.3.5.2, VI.3.2: *jmdn. versehentlich, behutsam, zart* ~; *er berührte leicht ihre Hand; die Ausstellungsstücke, Waren dürfen nicht berührt* (ˈangefasstˈ) *werden; der Hochspringer hat die Latte berührt, aber sie ist nicht abgefallen;* ⟨rez.⟩ *sich* ~: *sie standen so eng beieinander, dass sie sich (an den Schultern) berührten* **1.2.** *etw. berührt etw.* ˈetw. Gegenständliches gelangt an eine Stelle von etw., ist so dicht an etw. anderem, dass dazwischen kein Raum mehr ist': *der Mantel berührte fast den Boden; die Tangente berührt den Kreis in einem Punkt;* ⟨rez.⟩ *sich* ~: *die beiden Grundstücke* ~ *sich an ihrer schmalen Seite* **2.** /jmd./ *etw.* ~ ˈetw. Thematisches kurz und wie nebenbei, bes. bei einem Vortrag, erwähnen, streifen (3)': *er hat das Thema nur kurz berührt; dieses Thema, Problem wurde während der Diskussion nur kurz, nicht berührt* **3.** *etw. berührt jmdn. irgendwie* ˈetw. ruft in jmdm. eine bestimmte Emotion hervor': *etw. berührt jmdn. seltsam, schmerzlich, peinlich, vertraut; das Buch, Stück hat uns tief berührt* (ˈbeeindruckt') ❖ ↗ **rühren**

Berührung [bəˈRYːR..], **die**; ~, ⟨o.Pl.⟩ **1.** /zu berühren 1/ ˈdas Berühren': *eine leichte, zarte, körperliche* ~ **2.** ˈKontakt (1)' /beschränkt verbindbar/: *mit jmdm. in* ~ *kommen: er ist während seiner Tätigkeit mit interessanten Leuten in* ~ *gekommen; jmdn. mit jmdm., etw. in* ~ *bringen: die Reise, sein Beruf hat ihn mit vielen Menschen in* ~ *gebracht* ❖ ↗ **rühren**

besagen [bəˈzaːgn̩], besagte, hat besagt ⟨o. Pass.; vorw. mit Nebens.⟩ *etw. besagt etw.* ˈetw. Gesprochenes od. Geschriebenes bedeutet etw. Bestimmtes, gibt einen bestimmten Inhalt wieder': *dieser Satz, dieses Gesetz, die Vorschrift besagt, dass ...; das besagt nichts, will nichts* ~ (ˈist bedeutungslos'); *deine Miene besagt alles* (ˈverrät mir alle deine Gedanken') ❖ ↗ **sagen**

besänftigen [bəˈzɛnftɪgn̩], besänftigte, hat besänftigt /jmd., etw./ *jmdn., etw.* ~ ˈjmdn., jmds. Gefühle beruhigen (1.1)': *er versuchte, ihn, seinen Zorn, seine Empörung, die erhitzten Gemüter zu* ~; *seine beschwichtigenden Worte konnten die Anwesenden nicht* ~ ❖ ↗ **sanft**

Besatz [bəˈzats], **der**; ~es, Besätze [..ˈzɛtsə] ˈan (den Rändern von) Kleidungsstücken als Schmuck aufgesetzter Streifen aus Stoff, Pelz': *ein* ~ *aus echtem Nerz, echter Spitze* ❖ ↗ **setzen**

Besatzung [bəˈzats..], **die**; ~, ~en **1.** ˈGesamtheit der auf einem Schiff, in einem Flugzeug, Raumfahrzeug, in bestimmten größeren, bes. militärischen, Fahrzeugen Dienst tuenden Personen'; ↗ FELD I.11: *das Schiff, Flugzeug hat eine neue* ~ *bekommen; Passagiere und* ~ *konnten gerettet werden; bei dem Unglück kamen einige Mitglieder der* ~ *ums Leben* **2.** ˈTruppen, die ein bestimmtes ausländisches Gebiet besetzt halten': *die* ~ *ist abgezogen* ❖ ↗ **setzen**

besaufen [bəˈzaufn̩], **sich** (er besäuft [..zɔɪft] sich), besoff [..ˈzɔf] sich, hat sich besoffen [..ˈzɔfn̩] derb /jmd./ ˈsich betrinken': *er hat sich schon wieder besoffen;* ⟨oft adj. im Part. II⟩ *er war total besoffen, kam besoffen nach Hause* ❖ ↗ **saufen**

beschädigen [bəˈʃɛːdɪgn̩/..ˈʃeː..], beschädigte, hat beschädigt /jmd., etw./ *etw.* ~ ˈeinen Schaden an etw. verursachen': *er hat das Auto seines Nachbarn beschädigt, hat fremdes Eigentum beschädigt; durch das Unwetter wurden viele Häuser schwer, stark beschädigt; das Tor, die Mauer wurde durch ein Auto*

leicht, schwer beschädigt; ein an den Rändern beschädigtes Buch ❖ ↗ **schaden**

¹beschaffen [bəˈʃafn̩], beschaffte, hat beschafft /jmd./ *etw.* ~ ˈes erreichen, dass man etw. (dringend) Benötigtes erhält, dafür sorgen, dass etw. (dringend) Benötigtes vorhanden ist, zur Verfügung steht': *etw. zu essen, zum Anziehen* ~; *dieses Material war schwer zu* ~; *etw. für etw.* ~: *ein Buch für den Unterricht* ~; *jmdm., sich* ⟨Dat.⟩ *etw.* ~: *jmdm. eine Unterkunft, eine Eintrittskarte* ~; *sich die Erlaubnis für etw.* ~; *für jmdn., für sich etw.* ~: *für jmdn., für sich Arbeit, Geld* ~ ❖ ↗ **schaffen**

²beschaffen ⟨Adj.; o. Steig.; nur präd., mit *sein*⟩ /etw., jmd./ *so* ~ *sein, dass ...* ˈso geartet sein, dass ...': *sein Charakter, er ist so* ~, *dass man ihm nichts glauben kann* ❖ **Beschaffenheit**

Beschaffenheit, die; ~, ⟨o.Pl.⟩ ˈGesamtheit der spezifischen Eigenschaften von etw.': *die* ~ *des Wassers, der Luft im Gebirge, Industriegebiet; die* ~ *eines Materials, Stoffs, Gerätes untersuchen, erforschen; etw. ist von guter, schlechter* ~ (ˈist von guter, schlechter Qualität') ❖ ↗ **²beschaffen**

beschäftigen [bəˈʃɛftɪgn̩], beschäftigte, hat beschäftigt **1.** /jmd., Institution/ *jmd.* ~ ˈjmdn. gegen Bezahlung, Lohn, Gehalt in einem Arbeits-, Dienstverhältnis haben und für sich arbeiten lassen': *er, die Firma beschäftigt über 1000 Mitarbeiter;* ⟨vorw. adj. im Part. II⟩ *jmd. ist irgendwo, bei irgendjmdm. beschäftigt: er ist bei der Post beschäftigt* (ˈarbeitet bei der Post'); *er ist in einem Großbetrieb, sie ist bei einem Arzt beschäftigt* **2.** /jmd./ *sich mit etw., jmdm.* ~ ˈsich mit etw., jmdm. befassen, bes. außerhalb der beruflichen Tätigkeit': *sich mit Sport und Spiel, mit (dem Lesen von) Büchern; er muss lernen, sich mit sich selbst zu* ~ (ˈetw. aus eigenem Antrieb, ohne Anstoß von außen zu tun'); *er beschäftigte sich damit* (ˈbrachte seine Zeit damit zu'), *Schach zu spielen, zu lesen; sie war gerade damit beschäftigt, ihr Haar zu ordnen;* ⟨adj. im Part. II⟩ *er ist sehr beschäftigt* (ˈer hat viel zu tun'), *ist ein sehr beschäftigter Mann;* SYN ˈwidmen (4)': *er beschäftigt sich gern mit Gartenarbeit; er beschäftigt sich intensiv mit moderner Literatur* (ˈliest viel, setzt sich mit ihr auseinander und verschafft sich dadurch Kenntnisse über sie'); *er beschäftigt* (SYN ˈbefasst, ↗ **befassen 2**') *sich mit wirtschaftlichen Problemen* **3.** /jmd., bes. Institution/ *sich mit etw., jmdm.* ~ ˈsich mit etw., jmdm. auseinander setzen': *die Polizei beschäftigt sich schon mit ihm; mit diesem Fall wird sich das Gericht* ~ *müssen* **4.** /jmd./ *sich mit jmdm.* ~ ˈsich um jmdn. kümmern': *sie hat sich viel mit ihren Kindern, Enkeln beschäftigt* ❖ **Beschäftigung** — **Lieblingsbeschäftigung, Vollbeschäftigung**

Beschäftigung [bəˈʃɛftig..], **die**; ~, ~en **1.** ⟨vorw. mit unbest. Art.⟩ ˈTätigkeit, die man ausübt, um seinen Lebensunterhalt zu verdienen'; SYN Arbeit: *er sucht eine neue* ~; *er hat endlich wieder eine* ~ *gefunden; einer, keiner* ~ *nachgehen* (ˈarbeiten, beruflich tätig sein'); *nicht arbeiten, keine Arbeit haben'); er ist ohne* ~, *war zwei Jahre ohne* ~ (ˈarbeitslos')

2. ˈTätigkeit, mit der man seine Freizeit verbringt': *in seiner Freizeit geht er einer interessanten, eigenartigen ~ nach, er beobachtet die Sterne; für ~ ist in diesem Urlaubsort reichlich gesorgt* **3.** ⟨o.Pl.⟩ /zu *beschäftigen* 1 u. 2/ **3.1.** /zu 1/ ˈdas Beschäftigen': *die ~ von Kindern ist verboten* **3.2.** /zu 2/ *die ~ mit etw.* ˈdas Sichbeschäftigen mit etw.': *die ~ mit einem Problem, mit Fragen der Politik, mit schöner Literatur* ❖ ↗ **beschäftigen**

beschämen [bə'ʃɛːmən/..'ʃeː..], beschämte, hat beschämt **1.1.** /jmd., etw./ *jmdn. ~* ˈdurch eigenes Tun in jmd. anderem, der dies nicht tut, Scham erwecken, bewirken, dass er sich schämt': *er beschämte alle tatenlos Umherstehenden durch sein beherztes Eingreifen; seine Tapferkeit beschämte die Zögernden;* ⟨oft adj. im Part. I, II⟩ *über etw. beschämt sein: er war beschämt über seinen Misserfolg; beschämt* (ˈvoller Scham') *zu Boden blicken; es war ~d, ein ~des Gefühl, das erleben zu müssen* **1.2.** /jmd./ *jmdn. durch/mit etw. ~* ˈjmdm. durch etw. Gutes, das man ihm erweist, dass er nicht erwartet, nicht verdient hat, mit Scham erfüllen': *sie hat uns alle durch ihre/mit ihrer Großmut beschämt; sich beschämt fühlen: ich fühle mich tief beschämt durch sein Vertrauen, durch seine Freundlichkeit, sein Entgegenkommen* ❖ ↗ **Scham**

beschatten [bə'ʃatn̩], beschattete, hat beschattet /jmd., bes. Detektiv/ *jmdn. ~* ˈjmdn. heimlich verfolgen, beobachten, um etw. über ihn zu erfahren, um zu erfahren, was er tut': *einen Verdächtigen, mutmaßlichen Täter ~; jmdn. ~ lassen; jmdn. durch jmdn. ~ lassen* ❖ ↗ **Schatten**

beschaulich [bə'ʃau..] ⟨Adj.; Steig. reg., ungebr.⟩ **1.** ⟨nicht präd.⟩ ˈseinen Gedanken, seiner Phantasie hingegeben'; SYN nachdenklich /vorw. auf Personen bez./: *ein ~er, ~ veranlagter Mensch; er hat ein ~es Wesen* **2.** ˈohne Hast, Hektik, Aufregung'; SYN besinnlich, geruhsam /beschränkt verbindbar/: *ein ~es Leben führen; ein ~er Spaziergang; ~ auf einer Bank sitzen; er lebte ~; sein Leben war ~* ❖ **Beschaulichkeit**

Beschaulichkeit, die; ~, ⟨o.Pl.⟩ /zu *beschaulich* 1 u. 2/ ˈdas Beschaulichsein'; /zu 1/: *er neigt zur ~;* /zu 2/: *etw. mit ~ erzählen* ❖ ↗ **beschaulich**

Bescheid [bə'ʃait], **der**; ~s/auch ~es, ~e **1.** ˈschriftliche od. mündliche Nachricht über die Entscheidung einer Behörde, die den Empfänger betrifft'; ↗ FELD I.13.1: *einen abschlägigen ~ bekommen, erhalten; der ~ geht Ihnen noch schriftlich zu* **2.** ⟨o.Art. u. o.Pl.⟩ ˈInformation über etw.' /beschränkt verbindbar; mit best. Verben/: *jmdm. (über etw.) ~* (ˈAuskunft') *geben; jmdm. ~ sagen: sagen sie mir bitte ~* (ˈinformieren Sie mich bitte darüber'), *wann ich aussteigen muss!; mir hat niemand ~ gesagt* (ˈmich hat niemand informiert') ❖ ↗ **¹bescheiden**
* /jmd./ *~ wissen* (ˈsich bei etw. gut auskennen, etw. genau kennen'); ⟨⟩ umg. /jmd./ **jmdm. ~ sagen/stoßen** (ˈjmdn. zurechtweisen, jmdm. tüchtig die Meinung sagen')

¹bescheiden [bə'ʃaidn̩], beschied [..'ʃiːt], hat beschieden ['ʃiːdn̩]; ↗ auch *beschieden* geh. /jmd., bes. Beamte, Institution/ *jmdn., etw. abschlägig ~* ˈjmdm. eine Absage erteilen, etw., bes. einen Antrag, ablehnen': *sie hatten ihn abschlägig beschieden; einen Antrag abschlägig ~* ❖ **Bescheid, beschieden**

²bescheiden ⟨Adj.⟩ **1.1.** ⟨Steig. reg.⟩ ˈanspruchslos (1)' /vorw. auf Personen bez./; ↗ FELD I.6.3: *ein ~er Mensch; sich zurückhaltend und ~ geben; ~ sein, werden, bleiben; ein ~es Wesen haben, zeigen* **1.2.** ⟨Steig. ungebr.⟩ ˈsich nicht in den Vordergrund stellend, nicht aufdringlich'; SYN zurückhaltend /auf Tätigkeiten bez./: *ein ~es Wesen haben; sein ~es Auftreten, Verhalten fiel angenehm auf; er hielt sich ~ im Hintergrund; er klopfte ~ an, zog sich ~ zurück* **2.** SYN ¹einfach (3)': *er hat nur eine ~e Wohnung; seine Wohnung ist, wirkt ~; in ~en Verhältnissen leben; es gab nur eine ~e Mahlzeit* **3.** ⟨Steig. ungebr.⟩ ˈniedrig (2)'; ANT groß (5): *ein ~es Einkommen haben; er hat nur einen ~en* (ˈgeringen') *Anteil an dem Werk* ❖ **Bescheidenheit**

Bescheidenheit, die; ~, ⟨o.Pl.⟩ /zu *bescheiden* 1.2/ ˈdas Bescheidensein': *er hat aus lauter, aus (falscher) ~ nichts davon erzählt* ❖ ↗ **²bescheiden**

bescheinigen [bə'ʃainɪgn̩], bescheinigte, hat bescheinigt /jmd./ *jmdm. etw. ~* ˈjmdm. etw. schriftlich, durch Stempel und Unterschrift bestätigen (3)': *den Empfang des Geldes, der Ware ~; der Arzt hat seinen Tod bescheinigt; er hat mir bescheinigt, dass ich die Bücher abgegeben habe; ich habe mir von ihm ~ lassen, dass ich die Bücher abgegeben habe* ❖ ↗ **Schein**

Bescheinigung [bə'ʃainig..], **die**; ~, ~en ˈschriftliche Bestätigung, Schriftstück, auf dem jmdm. etw. bestätigt wird, ist'; SYN Schein (3): *eine ~ verlangen; jmdm. eine ~ ausstellen, vorlegen, mitbringen* ❖ ↗ **Schein**

beschenken [bə'ʃɛŋkn̩], beschenkte, hat beschenkt /jmd./ *jmdn. ~* ˈjmdm. etw. schenken, jmdm. (reichlich) Geschenke machen': ⟨+ Adv.⟩ *jmdn. reichlich, reich ~;* ⟨oft im Pass.⟩ *er ist (von ihm) reich beschenkt worden; jmdn. mit etw. ~: seine Frau mit Blumen, die Kinder mit Spielzeug ~* ❖ ↗ **schenken**

bescheren [bə'ʃeːʀən], bescherte, hat beschert **1.** ⟨vorw. im Pass.; + Adv.⟩ /jmd./ *jmdn. ~* ˈjmdm. etw. zu Weihnachten schenken': *wir wurden reich beschert (von unseren Eltern)* **2.** /etw., bes. Schicksal, Zeitbegriff/ *jmdm. etw. ~* ˈbewirken, dass jmd. etw. hat, erlebt': *dieser Winter hat uns viel Schnee beschert; der gestrige Tag hat uns eine große Überraschung beschert; das Schicksal hat ihr viel Gutes, viele Kinder beschert* ❖ **Bescherung**

Bescherung [bə'ʃeːʀ..], **die**; ~, ~en **1.** ˈzu Weihnachten stattfindende Feier im Kreise der Familie, bei der Geschenke verteilt werden': *die Kinder freuen sich schon auf die ~; wann beginnt die ~?* **2.** ⟨o.Pl.⟩ umg. scherzh. ˈunangenehme Überraschung, unangenehmer Vorfall' /beschränkt verbindbar/: *da habt ihr ja eine schöne ~* (ˈgroßes Durcheinander, große Unordnung') *angerichtet;* /in den kommunikativen

Wendungen/ *da haben wir die ~!, das ist (ja) eine schöne ~!* /ruft jmd. verärgert, vorwurfsvoll aus, wenn er sich plötzlich mit etw. konfrontiert sieht, das er als unerfreulich beurteilt (und das er schon vorausgesagt hatte)/ ❖ ↗ **bescheren**

beschieden [bəˈʃiːdn̩] ⟨Adj.; o. Steig. (mit *sein*); vorw. verneint; ↗ auch ¹*bescheiden*⟩ geh. *jmdm. ist etw. ~* ˈjmdm. ist etw. zuteil geworden': *ihm war viel, kein Glück ~; ihm war es nicht ~, erfolgreich zu sein; es war ihm nicht ~, sein Werk zu vollenden* ❖ ↗ ¹**bescheiden**

beschießen [bəˈʃiːsn̩], beschoß [..ˈʃɔs], hat beschossen [..ˈʃɔsn̩] /Truppe/ *etw., eine Truppe, jmdn. ~* ˈauf ein Gebiet, eine Stadt, militärische Stellung, Befestigung, auf eine Truppe, jmdn. (mit Artillerie) schießen': *eine Festung, vorrückende Soldaten, eine Fahrzeugkolonne ~* ❖ ↗ **schießen**

beschimpfen [bəˈʃɪmpfn̩], beschimpfte, hat beschimpft /jmd./ **1.1.** *jmdn. ~* ˈjmdn. mit groben Worten, mit Schimpfworten beleidigen': *jmdn. (unflätig, mit unflätigen Worten) in aller Öffentlichkeit ~* **1.2.** *jmdn. als etw. ~* ˈjmdn. damit verletzen, dass man ihm schimpfend eine bestimmte negative Eigenschaft zuordnet': *jmdn. als einen Lügner, Dieb ~* ❖ ↗ **schimpfen**

beschissen [bəˈʃɪsn̩] ⟨Adj.; Steig. reg.⟩ derb ˈäußerst schlecht': *wir haben heute wieder ~es Wetter; ihm geht es ganz ~; das Essen war ~* ❖ ↗ **scheißen**

Beschlag [bəˈʃlaːk], der; ~s/auch ~es, Beschläge [..ˈʃlɛːgə/..ˈʃleː..] ˈmeist dünnes, breites Teil aus Metall, das auf Möbeln od. hölzernen Bauteilen befestigt wird, um Teile zusammenzuhalten od. Ecken, Kanten vor Beschädigungen zu schützen': *eine Truhe, eine Tür, ein Fenster mit kunstvollen Beschlägen* ❖ **beschlagnahmen**; vgl. **schlagen**

* umg. /jmd./ *jmdn., etw. mit ~ belegen/in ~ nehmen* ˈjmdn., etw. völlig für sich beanspruchen und (aus)nutzen': *er hat mich den ganzen Abend mit ~ belegt; meine Tochter hat unseren Computer mit ~ belegt*

¹**beschlagen** [bəˈʃlaːgn̩] (er beschlägt [..ˈʃlɛːkt/..ʃleːkt]), beschlug [..ˈʃluːk], hat/ist beschlagen **1.** ⟨hat⟩ /jmd./ **1.1.** *etw. mit etw. ~* ˈetw. durch Schlagen auf etw. befestigen': *ein Fass mit Reifen, Schuhe mit Nägeln ~* **1.2.** *ein Pferd ~* (ˈHufeisen an seinen Hufen anbringen') **2.** ⟨ist⟩ /etw./ ˈauf einer Fläche von etw. bildet sich eine dünne Schicht von kondensiertem Wasser'; SYN anlaufen (5): *Glas, Metall beschlägt; die Fenster, Scheiben sind ~* ❖ ↗ **schlagen**

²**beschlagen** [bəˈʃl..] ⟨Adj.; Steig. reg.; nicht bei Vb.; vorw. präd. (mit *sein*)⟩ /jmd./ *in etw.* ⟨Dat.⟩ *~ sein* ˈauf einem bestimmten Gebiet gute Kenntnisse besitzend': *in Mathematik, auf dem Gebiet Informatik sehr ~ sein; ein in Literatur ~er Schüler*

beschlagnahmen [bəˈʃlaːknaːmən], beschlagnahmte, hat beschlagnahmt /Institution, befugte Person/ *etw. ~* ˈjmdm. etw. auf Grund von Gesetz und Befugnis od. amtlicher Anweisung wegnehmen'; SYN konfiszieren: *die Polizei beschlagnahmte das Diebesgut, die Akten des Konzerns; der Zoll hat die ge-*schmuggelten Zigaretten beschlagnahmt; sein Auto wurde beschlagnahmt; jmds. Vermögen ~* ❖ ↗ **Beschlag**, ↗ **nehmen**

beschleunigen [bəˈʃlɔɪnɪgn̩], beschleunigte, hat beschleunigt **1.1.** /jmd./ *etw. ~* ˈdie Geschwindigkeit von etw. erhöhen': *die Fahrt, den Wagen ~; er beschleunigte sein Auto rasch auf über 100 Kilometer pro Stunde; seine Schritte ~* (ˈzunehmend schneller laufen'); *das Tempo ~* (ˈerhöhen'); *beim Überholen muss man ~* (ˈdas Tempo erhöhen') **1.2.** /etw./ *sich ~: die Geschwindigkeit, das Tempo (der Rakete) beschleunigte* (ˈerhöhte') *sich; sein Puls, Atem beschleunigte sich* (ˈdie Frequenz seines Pulses, Atems stieg') **2.** /jmd., etw./ *etw. ~* ˈbewirken, dafür sorgen, dass etw. früher geschieht, fertig wird, der Ablauf eines Vorgangs schneller vonstatten geht': *wir müssen die Abfertigung, Lieferung, den Arbeitsprozess ~; Wasser, Wärme und Licht ~ das Wachstum der Pflanzen* ❖ ↗ **schleunig**

beschließen [bəˈʃliːsn̩], beschloß [..ˈʃlɔs], hat beschlossen [..ˈʃlɔsn̩] **1.1.** /jmd./ *etw. ~* ˈ(nach reiflicher Überlegung) sich entschließen, etw. Bestimmtes zu tun': *er hat den Kauf eines Grundstücks beschlossen; der Direktor, die Leitung hat die Gründung eines Forschungslabors beschlossen;* ⟨oft mit Nebens. u. Inf. + *zu*⟩; *wir beschlossen, noch abzuwarten, zu Hause zu bleiben; er beschloss, die Wahrheit zu sagen* **1.2.** /parlamentarisches Gremium/ *etw. ~* ˈnach (eingehender) Beratung mit der Mehrheit der Stimmen (3) die Durchführung von etw. verbindlich festlegen': *das Parlament beschloss, die Renten zu erhöhen/beschloss eine Erhöhung der Renten; ein neues Gesetz ~* **1.3.** /Gremium/ *über etw. ~* ˈüber etw. abstimmen': *über die neuen Gesetze ~; über die Aufnahme eines Mitgliedes ~* ❖ ↗ **schließen**

Beschluss [bəˈʃlʊs], der; ~es, Beschlüsse [..ˈʃlʏsə] **1.1.** ˈ(nach reiflicher Überlegung) getroffene Entscheidung, gefasster Entschluss, etw. Bestimmtes zu tun': *einen ~ fassen* (ˈetw. beschließen'); *sie fassten den ~, das Grundstück zu verkaufen; einen ~ ausführen, verwirklichen, realisieren* **1.2.** ˈverbindliche Festlegung für etw. nach (eingehender) Beratung und Abstimmung in einem (parlamentarischen) Gremium': *die Beschlüsse des Parlaments, der Direktion; der ~ des Parlaments über den Etat; auf ~ des Vorstands wurde er als Mitglied aufgenommen* ❖ ↗ **schließen**

beschmutzen [bəˈʃmʊtsn̩], beschmutzte, hat beschmutzt **1.** /jmd./ *jmdn., etw., sich ~* ˈjmdn., etw., sich schmutzig machen': *er hat sich, sein Hemd beschmutzt; jmdn., etw., sich mit etw. ~: er hat einen Mitschüler, sich, seine Hände mit Farbe, Erde, Teer beschmutzt* **2.** /jmd./ *jmds. Ruf, Namen, Ehre ~* (ˈdurch üble Nachrede in Verruf bringen') ❖ ↗ **Schmutz**

beschneiden [bəˈʃnaɪdn̩], beschnitt [..ˈʃnɪt], hat beschnitten [..ˈʃnɪtn̩] **1.** /jmd./ *etw. ~* ˈetw. durch Abschneiden eines Teils, von Teilen kürzen od. in die gewünschte Form bringen': *Hecken, Bäume ~* (ˈdurch Kürzen, Abschneiden von Trieben, Zwei-*

gen in die gewünschte Form und Beschaffenheit bringen'); *einem Vogel die Flügel* ~ ('stutzen'); *Papier* ~ ('am Rand gerade schneiden') **2.** /jmd., Staat/ *jmds. Rechte, die Rechte der Bevölkerung, jmds. Freiheiten* ~ ('beschränken 1.3') ❖ ↗ **schneiden**

beschönigen [bə'ʃøːnɪgn̩], beschönigte, hat beschönigt /jmd./ *etw.* ~ 'etw. mehr od. weniger Negatives so darstellen, als ob es gar nicht so schlecht, schlimm wäre, vorteilhafter erscheint': *jmds. Verhalten, Fehler, Schwächen* ~; *ich will nichts* ~!; *die wirtschaftliche Lage zu* ~ *versuchen* ❖ ↗ **schön**

beschränken [bə'ʃʀɛŋkn̩], beschränkte, hat beschränkt; ↗ auch *beschränkt* /jmd./ **1.1.** *etw.* ~ 'festlegen, dass etw. einen bestimmten Umfang, ein bestimmtes Maß nicht überschreiten darf od. dass es geringer werden muss'; SYN begrenzen (2): *seine Ausgaben, die Zahl der Teilnehmer* ~; *jmds. Redezeit* ~; *etw. auf etw.* ~: *die Redezeit auf fünf Minuten* ~; *die Ausgaben auf das Nötigste* ~; *im Part.* II⟩ *meine Zeit ist beschränkt* ('ich habe nur wenig Zeit'); *er hat nur beschränkte* ('nicht für alles geltende') *Vollmachten; in beschränktem* ('mengenmäßig begrenztem') *Maße; er lebt in beschränkten* ('ärmlichen') *Verhältnissen* **1.2.** *sich auf etw.* ~ 'für sich festlegen, dass man etw. nicht überschreiten will': *sich in seiner Rede auf das Wesentliche, Notwendige, Wichtigste* ~ **1.3.** *etw., jmdn. in etw.* ⟨Dat.⟩ ~ 'jmdm. in etw., das seinen Spielraum darstellt, Grenzen setzen und ihn dadurch daran hindern, so zu handeln, wie er will': *jmds. Freiheiten, Rechte* ~; *jmdn. in seinen Freiheiten, in seiner Handlungsfreiheit* ~ ❖ ↗ **Schranke**

beschränkt [bə'ʃʀɛŋkt] ⟨Adj.; Steig. reg.; nicht bei Vb.; ↗ auch *beschränken*⟩ 'von geringer Intelligenz, wenig Weitblick zeugend'; SYN dumm (1.1), eng (4.1): *er ist ein recht* ~*er Mensch, ist ziemlich* ~; *seine Vorstellungen, Ansichten sind sehr* ~ ❖ ↗ **Schranke**

beschreiben [bə'ʃʀaɪbm̩], beschrieb [..'ʃʀiːp], hat beschrieben [..'ʃʀiːbm̩] **1.** /jmd./ *etw.* ~ 'etw. auf etw., bes. auf Papier, schreiben': *ein Blatt Papier* ~; ⟨oft adj. im Part. II⟩ *die Karte ist auf beiden Seiten beschrieben; eine eng beschriebene Karte* **2.** /jmd./ *etw., jmdn.* ~ 'etw., jmdn. mündlich od. schriftlich genau, ausführlich und anschaulich durch Worte charakterisieren, sodass man eine klare Vorstellung davon, von der Person bekommt': *den Vorgang, einen Vorfall* ~ (SYN 'darstellen 3'); *konnte der Zeuge den Täter exakt* ~?; *seine Eindrücke, Erlebnisse* ~; *einen gestohlenen Gegenstand* ~; *jmdm. den Weg (zur Post)* ~; *dieses Gefühl lässt sich schwer* ~; *es ist nicht zu* ~, *wie froh, erschrocken wir waren!* ❖ ↗ **schreiben**

Beschreibung [bə'ʃʀaɪb..], die; ~, ~en **1.** 'das Beschreiben (2)': *seine* ~ *des Täters, Hergangs der Tat* **2.** 'mündliche od. schriftliche genaue, ausführliche und anschauliche Wiedergabe der Merkmale, die jmds. Äußeres, das Äußere eines Gegenstands od. ein Geschehen bestimmen': *die* ~ *trifft auf den Ver-*

missten zu; *dem Gerät liegt eine* ~ *zu seiner Bedienung bei; jmdm. eine* ~ *von etw., jmdm. geben* ('jmdm. jmdn., etw. beschreiben'); vgl. *Bericht, Schilderung* ❖ ↗ **schreiben**

* emot. *etw.* (vorw. *das*) **spottet jeder** ~ 'etw., das ist äußerst schlecht, schlimm' /vorw. als ärgerlicher Ausruf/: *seine Frechheit, Dummheit, diese Liederlichkeit spottet jeder* ~; *das spottet jeder* ~!

beschriften [bə'ʃʀɪftn̩], beschriftete, hat beschriftet /jmd./ *etw.* ~ 'einen schriftlichen Text auf etw. anbringen, um es zu kennzeichnen, zu erklären': *Einmachgläser, Flaschen, Bilder, Zeichnungen* ~ ❖ ↗ **schreiben**

beschuldigen [bə'ʃʊldɪgn̩], beschuldigte, hat beschuldigt /jmd./ *jmdn. etw.* ⟨Gen.⟩ ~ 'behaupten, dass jmd. etwas Schuldhaftes getan habe': *er beschuldigte ihn des Diebstahls, der Unterschlagung, des Mordes; er wurde beschuldigt, dem Täter bei der Flucht geholfen zu haben* ❖ ↗ **Schuld**

Beschuldigung [bə'ʃʊldɪg..], die; ~, ~en 'Äußerung, mit der man jmdn. beschuldigt, etw. getan zu haben'; SYN Anschuldigung: *eine* ~ (SYN 'Anklage 2') *aussprechen, machen, gegen jmdn. erheben* (SYN 'jmdn. beschuldigen'); *eine* ~ *von sich weisen, zurückweisen, zurücknehmen; diese* ~ *entbehrt jeder Grundlage; heftig gegen eine* ~ *protestieren* ❖ ↗ **Schuld**

Beschuss [bə'ʃʊs], der; ~es, ⟨o.Pl.⟩ 'das Beschießen von etw., einer Truppe'; ↗ FELD V.6.1: *die Stadt, gegnerischen Stellungen, Truppen unter* ~ *nehmen* ('beschießen'); *die Stadt, Stellung, Kompanie lag unter schwerem* ~ ('wurde intensiv beschossen') ❖ ↗ **schießen**

beschützen [bə'ʃʏtsn̩], beschützte, hat beschützt /jmd./ *jmdn., etw.* ~ 'dafür sorgen, dass jmdm., etw. durch irgendjmdn., irgendetw. keine Gefahr droht'; SYN schützen: *er hat immer seine kleine Schwester beschützt; das Vogelnest* ~; *jmdn., etw. vor jmdm., etw.* ⟨Dat.⟩ ~: *jmdn. vor einer Gefahr* ~ ❖ ↗ **Schutz**

Beschwerde [bə'ʃveːɐdə], die; ~, ~n **1.** ⟨nur im Pl.⟩ 'körperliche Leiden, Schmerzen': *er hat keine* ~n; *altersbedingte, rheumatische* ~n; *seine alte Verletzung macht ihm immer wieder* ~n; *etw. ruft* ~n *hervor* **2.** 'schriftliche od. mündliche Äußerung, mit der man sich über etw., jmdn. an zuständiger Stelle beschwert': *es liegen keine* ~n *vor; eine* ~ *gegen Missstände, gegen eine gerichtliche, behördliche Entscheidung, gegen jmdn. erheben, vorbringen, über etw., jmdn. führen* ('sich über etw., jmdn. beschweren 2'); *das, jmds. Verhalten gibt keinen Grund zur* ~ (SYN 'Klage 2'); Jur. *eine* ~ *einreichen, einlegen* ('gegen eine Entscheidung eines Gerichts Einspruch erheben') ❖ **beschweren**

beschweren [bə'ʃveːʀən], beschwerte, hat beschwert **1.** /jmd./ *etw. mit etw.* ~ 'etw. Schweres auf etw. legen, damit es fest an seinem Platz bleibt': *die Papiere mit etw., einem Buch, Stein* ~, *damit sie der Wind nicht wegweht; die Dachpappe mit Steinen* ~ **2.** /jmd./ *sich bei jmdm. über jmdn., etw.* ~ 'sich bei jmdm., an amtlicher, zuständiger Stelle über etw.,

jmdn. beklagen (2)': *sich bei den Eltern über deren Kinder, über das ungehörige Benehmen/wegen des ungehörigen Benehmens ihrer Kinder ~; sich beim Hauswirt über Missstände ~; er hatte sich zu Recht beschwert; er beschwerte sich beim Direktor darüber, dass sie zu schlecht bezahlt würden* ❖ **zu (1):** ↗ **schwer, zu (2):** ↗ **Beschwerde**
beschwerlich [bə'ʃveːɐ..] ⟨Adj.; Steig. reg.; nicht bei Vb.⟩ 'anstrengend und mühsam' /vorw. auf Fortbewegungen bez./: *eine ~e Reise, Fahrt; ein ~er Fußmarsch durchs Gebirge; eine ~e Kletterpartie; der Weg war lang und ~* ❖ ↗ **schwer**
beschwichtigen [bə'ʃvɪçtɪgn̩], beschwichtigte, hat beschwichtigt /jmd./ **1.1.** *jmdn. ~* 'auf jmdn., der erregt, empört ist, beruhigend einwirken': *er versuchte, das weinende Kind, seinen zornigen Freund, die beiden Streitenden zu ~; jmdm. ~d die Hand auf die Schulter legen* **1.2.** *etw. ~* 'bewirken, dass eine heftige psychische Regung geringer wird': *jmds. Zorn, Erregung ~*
beschwingt [bə'ʃvɪŋt] ⟨Adj.⟩ **1.1.** ⟨Steig. reg., ungebr.⟩ 'heiter und voller Schwung': *~ an die Arbeit gehen; die Stimmung war ~; er hielt eine ~e Rede* **1.2.** ⟨o. Steig.; vorw. attr.⟩ 'leicht und heiter' /auf Musik bez./: *~e Melodien, Weisen* **2.** ⟨o. Steig.⟩ 'mit viel Schwung ausgeführt und schnell' /auf Bewegungsarten des Menschen bez./: *sein Gang war ~; ~en Schrittes herankommen; sie tanzten ~ durch den Saal* ❖ ↗ **schwingen**
beschwipst [bə'ʃvɪpst] ⟨Adj.; Steig. reg., ungebr.⟩ 'angeheitert' /auf Personen bez./: *wir waren alle leicht, ein wenig ~; die ~en Mädchen kicherten ständig* ❖ ↗ **Schwips**
beschwören [bə'ʃvøːɐn], beschwor [..'ʃvoːɐ], hat beschworen [..'ʃvoːɐn] **1.** /jmd./ *etw. ~* 'etw. durch einen Schwur bekräftigen': *seine Aussagen vor Gericht ~; er konnte beschwören, ihn zu dieser Zeit in N gesehen zu haben* **2.** /jmd./ *jmdn. ~, etw. zu tun* 'jmdn. dringend, inständig bitten, etw. Bestimmtes (nicht) zu tun': *sie beschwor ihn, von seinem Vorhaben abzulassen; ich beschwöre dich, sag die Wahrheit!; ⟨oft adj. im Part. I⟩ etw. mit ~der Stimme, in ~dem Ton sagen* ❖ ↗ **schwören**
beseitigen [bə'zaitɪgn̩], beseitigte, hat beseitigt **1.** /jmd., Institution/ *etw. ~* 'durch sein Tun, Handeln bewirken, dass etw., bes. etw. Störendes od. Schädliches od. etw., was jmds. Absichten im Wege steht, verschwindet'; SYN entfernen (2): *den Abfall, Müll, das Abwasser, den Schmutz ~; einen Fleck (aus dem Rock) ~; die Mängel, Schäden (an dem Gerät) ~ lassen; alle Schwierigkeiten, Hindernisse ~, die dem Unternehmen drohen; Probleme, Missstände ~; die Einbrecher hatten alle Spuren ihres Verbrechens beseitigt; /auch etw./ etw. ~: dieses Reinigungsmittel beseitigt alle Flecken* **2.** ⟨oft im Pass.⟩ /jmd., Institution/ verhüll. *jmdn. ~* 'jmdn. kaltblütig ermorden, weil er sich für den Täter (und sein Vorhaben) als hinderlich, gefährlich erweist': *einen Mitwisser ~; er wurde beseitigt, weil er für die Gangster ein Risiko darstellte* ❖ ↗ **Seite**

Besen ['beːzn̩], der; ~s, ~ **1.** 'Gerät zum Kehren, Fegen' (↗ BILD): *sich einen neuen ~ kaufen; den Schmutz mit dem ~ zusammenkehren; /in der kommunikativen Wendung/ emot. ich will einen ~ fressen/ich fresse einen ~, wenn das stimmt, eintritt* ('ich bin fest davon überzeugt, dass das nicht stimmt, nicht eintritt') /wird gesagt, um auszudrücken, dass man etw. für absolut unmöglich hält/ **2.** umg. /meint eine weibliche Person/: *sie ist ein ~* ('sie ist eine widerborstige, unfreundliche, zänkische Frau')

besessen [bə'zɛsn̩] ⟨Adj.; o. Steig.; nur präd. (mit sein)⟩ /jmd./ *von etw.* ⟨Dat.⟩ *~ sein* 'von einem Gefühl, Wunsch ganz und gar erfüllt sein, danach handeln und sich nicht dagegen wehren können': *jmd. ist vom Ehrgeiz, von Furcht ~; er ist ~ von einer Idee; er ist vom Wunsch ~, alles zu besitzen* ❖ **Besessenheit**
Besessenheit, die; ~, ⟨o.Pl.⟩ 'das Besessensein von etw.': *er arbeitete mit großer ~ an dem Werk* ❖ ↗ **besessen**
besetzen [bə'zɛtsn̩], besetzte, hat besetzt; ↗ auch besetzt **1.** /jmd./ *etw. ~* 'einen Platz, eine Sitzmöglichkeit für jmdn., für sich freihalten': *einen Stuhl, Platz (für jmdn., für sich selbst) ~* **2.** /jmd./ *etw. mit etw. ~* 'etw., bes. ein Kleidungsstück, mit etw. schmücken, (ver)zieren, indem man etw. darauf anbringt, näht, klebt': *einen Rock mit einer Borte ~; eine mit Spitzen besetzte Bluse* **3.** /jmd./ *etw. mit jmdm. ~* 'jmdn. in eine Stellung, eine Funktion, ein Amt einsetzen (3.2)': *wir müssen die Stelle mit einem erfahrenen Mann ~; die Rolle wurde mit einem bekannten Schauspieler besetzt; das Theaterstück ist gut besetzt* ('hat eine gute Besetzung 2') **4.1.** /bewaffnete Gruppe, Truppe/ *etw. ~* 'in ein Land, Gebiet, in einen Ort, ein Gebäude eindringen und dort bleiben, um seine Macht dort auszuüben': *fremde Truppen haben das Land besetzt; die Aufständischen haben die Gebäude des Fernsehens, Rundfunks besetzt; ein Land, eine Stadt besetzt halten; die Stadt, das Haus wurde besetzt* **4.2.** /Institution, Gruppe, bes. Polizei/ *etw. ~* 'in einem Gelände, Gebäude Posten aufstellen, um es zu überwachen, zu kontrollieren od. bestimmte Personen nicht heraus-, od. hineinzulassen': *die Polizei hat das Gelände des Bahnhofs, alle Ausgänge des Gebäudes besetzt* ❖ ↗ **setzen**
besetzt [bə'zɛtst] ⟨Adj.; o. Steig.; nur präd. (mit sein); ↗ auch besetzen⟩ /etw./ *~ sein* **1.** *etw. ist ~* 'über eine Sitzgelegenheit, die jmd. nutzen will, verfügt gerade, bereits ein anderer': *alle Tische (in dem Lo-*

kal) sind ~ ('an allen Tischen ist kein Stuhl mehr
für jmdn. frei, verfügbar'); *der Saal, Zug war nur
wenig* ~ ('in dem Saal, Zug waren noch Plätze
frei'); *die Toilette ist* ~ ('in der Toilette befindet
sich schon jmd.') **2.** *die Nummer, Leitung ist* ~ ('die
telefonische Verbindung, die jmd. bekommen will,
wird bereits von einem anderen genutzt, so dass
keine Verbindung zustande kommt') ❖ ↗ **setzen**
Besetzt|zeichen [bə'zɛtst..], **das** 'Zeichen, das im Tele-
fonhörer ertönt, wenn der gewählte Anschluss be-
setzt ist': *es ertönte das* ~ ❖ ↗ **setzen,** ↗ **Zeichen**
Besetzung [bə'zɛts..], **die**; ~, ~en **1.** ⟨o.Pl.⟩ /zu beset-
zen 3 u. 4/ 'das Besetzen'; /zu 4.1/: *die* ~ *des Lan-
des, der Stadt;* /zu 4.2/: *die* ~ *des Bahnhofs, aller
Ausgänge* **2.** 'Gesamtheit der Künstler, denen die
Rollen eines (Theater)stücks übertragen worden
sind und die gemeinsam an einer Aufführung mit-
wirken': *in welcher* ~ *wird die Oper heute Abend
gegeben?; das Stück wird in/mit neuer* ~ *wieder auf-
geführt, wird heute in bester* ~ ('mit den besten ver-
fügbaren Schauspielern') *aufgeführt* ❖ ↗ **setzen**
besichtigen [bə'zɪçtɪgn̩], besichtigte, hat besichtigt
/jmd./ *etw.* ~ 'etw., bes. etw. Gebautes, eine Samm-
lung o.Ä. aufmerksam (prüfend) betrachten (1),
um es kennen zu lernen': *Besucher, Urlauber besich-
tigten die Kirche, Stadt, Ausstellung; eine Kommis-
sion besichtigte die neuen Arbeitsräume; die Woh-
nung* ~; *die Sammlungen eines Museums* ~; *wir
sollten sein neues Auto* ~ *und begutachten; der Ge-
neral besichtigte* ('inspizierte') *die Truppen* ❖ ↗ **se-
hen**
Besichtigung [bə'zɪçtɪg..], **die**; ~, ~en /zu besichtigen/
'das Besichtigen'; ↗ FELD I.3.1.1: *die* ~ *des
Schlosses; die Besichtigung einer Wohnung; an einer*
~ ('Führung') *teilnehmen; etw. einer eingehenden* ~
unterziehen ('etw. genau, prüfend betrachten') ❖ ↗
sehen
besiegeln [bə'zi:gl̩n], besiegelte, hat besiegelt **1.** /jmd./
etw. mit etw. ~ 'eine Vereinbarung durch eine be-
stimmte Handlung, Geste bekräftigen'; ↗ FELD
VII.3.2: *eine Abmachung, ein Versprechen mit einem
Händedruck, Handschlag* ~; *sie besiegelten ihr Ver-
sprechen, ihre Verlobung mit einem Kuss* **2.** *etw. ist
besiegelt: sein Schicksal, sein Untergang war besie-
gelt* ('war nicht mehr abzuwenden') ❖ ↗ **Siegel**
besiegen [bə'zi:gn̩], besiegte, hat besiegt **1.1.** /jmd.,
Gruppe/ *jmdn., eine Mannschaft* ~ 'in einem Wett-
kampf den Sieg über jmdn., eine Mannschaft errin-
gen': *den Gegner* ~; *unsere Mannschaft hat den
Weltmeister besiegt* **1.2.** /Truppe, Land/ *ein Land,
den Feind, Gegner* ~ ('in einer militärischen Aus-
einandersetzung den Sieg über es, ihn erringen') ❖
↗ **Sieg**
besinnen [bə'zɪnən], **sich,** besann [..'zan] sich, hat sich
besonnen [..'zɔnən]; ↗ auch *besonnen* **1.** /jmd./ *sich*
~ 'sich die Zeit nehmen, über etw. Bestimmtes in
Ruhe nachzudenken, bevor man sich entscheidet
od. tätig wird'; SYN überlegen /beschränkt ver-
bindbar/: *er besann sich (k)einen Augenblick, bevor
er antwortete; sich kurz, eine Weile* ~; *ohne sich*

(erst) lange zu ~, *fuhr er fort; ich muss mich erst
einmal* ~ ('muss erst mal zur Ruhe und zum Nach-
denken kommen'), *ehe ich etwas dazu sagen kann;
er hat sich endlich besonnen* ('ist endlich zur Ver-
nunft gekommen'); *er hat sich anders besonnen* ('ist
zu einer anderen Meinung gekommen') **2.** /jmd./
sich auf etw., jmdn. ~ 'sich an etw., jmdn. erinnern
(1)': *er konnte sich nicht auf den Namen, auf Einzel-
heiten* ~; *ich kann mich nicht darauf, auf sie* ~; *ich
kann mich nicht (darauf)* ~, *das gesagt, getan zu
haben, wie er ausgesehen hat* ❖ ↗ **Sinn**
besinnlich [bə'zɪn..] ⟨Adj.; Steig. reg., ungebr.⟩ 'voller
Besinnung (2) od. der Besinnung dienend'; SYN be-
schaulich /vorw. auf Sprachliches bez./: *der Pfarrer
sprach ein paar* ~*e Worte; eine* ~*e Feier(stunde),
Erzählung; die Stimmung war, wirkte ruhig und* ~
❖ ↗ **Sinn**
Besinnung [bə'zɪn..], **die**; ~, ⟨o.Pl.⟩ **1.** 'Bewusstsein
(1)': *der Verletzte, Verunglückte, Kranke war bei,
ohne* ~, *verlor die* ~; *der Ohnmächtige kam wieder
zur* ~ **2.** 'das ruhige Überlegen, Nachdenken über
etw. (Thematisches), über sich und sein Tun': *er
braucht erst einige Minuten der* ~, *ehe er sich ent-
scheidet; vor lauter Hektik, Arbeit, Stress nicht zur*
~ *kommen* ('nicht dazu kommen, einmal in Ruhe
über etw., sich nachzudenken'); *ehe wir zur* ~ *kom-
men konnten* ('erfassen konnten, was vor sich
ging'), *war alles schon wieder vorbei; jmdn. zur* ~
bringen ('dazu bringen, dass er wieder in Ruhe über
sich und sein Tun nachdenkt und vernünftig wird')
3. *die* ~ *auf etw.* /Vorgang des ruhigen Nachden-
kens, der zu einem bestimmten Erkenntnisziel
führt/; SYN Konzentration: *die* ~ *auf das Wesentli-
che, auf Sinn und Zweck einer Sache* ❖ ↗ **Sinn**
besinnungs/Besinnungs [bə'zɪnʊŋs..]**-los** ⟨Adj.; o.
Steig.⟩ SYN 'bewusstlos': *der Kranke lag* ~ *da, war
schon lange* ~ ❖ ↗ Sinn, ↗ los; **-losigkeit** [lo:zɪç..],
die; ~, ⟨o.Pl.⟩ 'das Besinnungslossein' ❖ ↗ Sinn,
↗ los
Besitz [bə'zɪts], **der**; ~es, ⟨o.Pl.⟩ **1.1.** 'Eigentum (1),
das jmdm. rechtlich gehört'; ↗ FELD I.15.1: *das
Haus ist ihr wertvollster* ~; *das ist mein rechtmäßi-
ger, ererbter, privater, persönlicher* ~; *das ist sein
einziger* ~; *sie hat all ihren* ~ *verloren; etw. geht
(durch Kauf, Erbschaft) in jmds.* ~ *über* **1.2.** 'das
Besitzen (1.2) einer Sache, ohne dass sie Eigentum
sein muss': *das Haus, Grundstück ist nur sein* ~ ('er
bewohnt 1.1, bewirtschaftet 1 es'), *nicht sein Eigen-
tum; jmd. ist im* ~ *von etw., hat etw. in* ~ ('besitzt
etw., kann es nutzen'); *das Grundstück befindet sich
noch in seinem* ~, *aber demnächst wird es wieder in
den* ~ *des Eigentümers übergehen* **1.3.** *in den* ~ *von
etw. kommen, gelangen* ('meist auf gewaltsame
Weise Besitzer 1.2 von etw. werden'); *etw. in* ~ *neh-
men, in seinen* ~ *bringen, von etw.* ~ *ergreifen* 'sich
meist gewaltsam zum Besitzer (1.2), Eigentümer
von etw. machen': *sie haben das herrenlose Gut in
ihren* ~ *genommen; im* ~ ⟨+ Gen.attr.⟩ *sein* 'über
etw. verfügen': *ich bin im* ~ *ihres Briefes, der Doku-
mente* **2.** *im vollen* ~ *seiner geistigen Kräfte sein*

('voll über seine geistigen Kräfte verfügen können') **3.** *etw. nimmt, ergreift von jmdm.* ~ 'eine psychische Regung beginnt jmds. Gefühle, auch jmds. Bewusstsein voll zu beherrschen': *die Sorgen, Ängste nahmen, ergriffen ganz und gar* ~ *von ihm* ❖ ↗ **besitzen**

besitzen [bə'zɪtsn̩], besaß [..'za:s], hat besessen [..'zɛsn̩] **1.** /jmd./ *etw.* ~ **1.1.** 'Besitzer (1.1) von etw. sein'; ↗ FELD I.15.2: *ein Haus, Grundstück, Auto* ~; *er besaß viele Bücher, keinen Pfennig Geld* **1.2.** 'Besitzer (1.2) von etw. sein': *er besitzt zwar das Grundstück, ist aber nicht der Eigentümer* **2.** /jmd./ *etw.* ~ 'über eine Eigenschaft, Fähigkeit verfügen': *(Sprach)kenntnisse* ~; *Mut, Energie, Ausdauer, Geduld, Phantasie, zeichnerisches Talent* ~ (ANT abgehen 6); *die ...* ~ ⟨+ Nebens. mit Inf. + *zu*⟩: *er besaß die Frechheit, Unverschämtheit* ('er war so frech, so unverschämt'), *uns zu belügen* ❖ **Besitz, Besitzer – Grundbesitz, Großgrundbesitz, Vollbesitz**

Besitzer [bə'zɪtsɐ], der; ~s, ~ **1.1.** SYN 'Eigentümer'; ↗ FELD I.15.1: *er ist* ~ *eines Autos, Grundstücks* **1.2.** 'jmd., der die tatsächliche, unmittelbare Gewalt (2) über etw. innehat, ohne Eigentümer zu sein': *er ist nur der* ~, *nicht der Eigentümer des Grundstücks* ❖ ↗ **besitzen**

besohlen [bə'zo:ln̩], besohlte, hat besohlt /jmd./ *die Stiefel, Schuhe* ~ ('mit neuen Sohlen versehen') ❖ ↗ **Sohle**

besonder [bə'zɔndɐ] ⟨Adj.; nur attr.; o. Steig.⟩ **1.** 'vom Gewohnten abweichend, sich vom Üblichen unterscheidend': *es hat keine* ~*en Vorkommnisse gegeben; das ist ein ganz* ~*er Fall; er hatte eine* ~*e Aufgabe, Mission zu erfüllen; für diese Arbeit muss er eine* ~*e* ('spezifische') *Ausbildung haben; er wusste nichts Besonderes zu berichten; er hatte keine* ~*e* (SYN 'sonderliche I.1') *Lust, Meinung dazu* **2.** 'stärker od. intensiver als üblich, als normal'; SYN außerordentlich: *das war für uns eine* ~*e Freude; dafür hat er eine* ~*e Vorliebe; das ist eine* ~*e Leistung; mit* ~*em Eifer, Interesse arbeiten; deine Einladung ist mir eine* ~*e Ehre; ich bitte um Ihre* ~*e Aufmerksamkeit* ❖ ↗ **sonder-**

¹besonders [bə'zɔndɐs] **I.** ⟨Adv.⟩ **1.** 'getrennt von anderem, anderen'; SYN separat, gesondert: *diese Frage werden wir* ~ *behandeln und nicht in diesem Zusammenhang; das wird* ~ ('an anderer Stelle') *aufgeführt, genannt* **2.** 'nachdrücklich': *etw.* ~ *betonen, hervorheben;* ~ *darauf hinweisen, dass ...* **3.** ⟨nur verneint⟩ *nicht* ~ 'nur mittelmäßig und darum ein wenig enttäuschend': *das Buch gefällt mir nicht* ~; *das Essen, Wetter war nicht* ~; *es geht ihm nicht* ~ – **II.** ⟨Adv.; vor Adj., Adv.; bei Vb.⟩ 'außerordentlich': *er hat* ~ *gut, schnell, schlecht, langsam gearbeitet; er hatte es* ~ *eilig; das ist ein* ~ *schwerer Fall; das hat mir* ~ *gefallen; er hat sich* ~ *gefreut, dass wir auch an seinen kranken Vater gedacht hatten* ❖ ↗ **sonder-**

²besonders ⟨Gradpartikel; unbetont od. betont; steht vor, auch nach der Bezugsgröße; bezieht sich auf verschiedene Kategorien, bes. auf Pronomen,

Adv.⟩ /hebt etw. in einer (gedachten) Reihenfolge, Menge als vorrangig, als das Wichtigste hervor, schließt aber das andere nicht aus/; SYN vornehmlich: ~ *er/er* ~ *hat sich dabei verdient gemacht;* ~ *du/du* ~ *solltest das wissen!; man muss dabei* ~ *an die Kinder denken;* ~ *hier/hier* ~ *gefällt es mir;* ~ *in Berlin, an der Küste gefällt es ihm; in Berlin* ~ *gefällt es ihm;* ~ *im Sommer ist es schön am Meer* ❖ **sonder-**

besonnen [bə'zɔnən] ⟨Adj.; Steig. reg.; ↗ auch besinnen⟩ 'ruhig und vernünftig abwägend und sich nicht zu unbedachten Handlungen hinreißen lassend'; SYN bedächtig; ↗ FELD I.4.4.3: *er hat sich immer als ein* ~*er Mensch erwiesen; er blieb, war ruhig und* ~; ~ *handeln* ❖ ↗ **Sinn**

besorgen [bə'zɔRgn̩], besorgte, hat besorgt **1.** /jmd./ *sich* ⟨Dat.⟩, *jmdm./für jmdn. etw.* ~ 'dafür sorgen (3), dass man, jmd. etw. Bestimmtes bekommt, was man, er benötigt'; SYN beschaffen: *(sich, jmdm.) Fahr-, Eintrittskarten* ~; *er hat ihr das Medikament besorgt, nicht* ~ *können; ich muss mir noch etwas zum Essen* ~ ('kaufen'; ↗ FELD I.16.2); *jmdm./für jmdn. etw.* ~: *einem Gast/für einen Gast ein Zimmer (im Hotel)* ~; *er war bemüht, seinem Sohn eine Anstellung (bei der Bahn) zu* ~ **2.** /jmd./ *etw.* ~ 'eine Aufgabe erledigen (1)' /beschränkt verbindbar/: *seine Einkäufe* ~; *eine Inszenierung* ~; *die Auswahl der Gedichte hat B besorgt* ❖ ↗ **sorgen**

Besorgnis [bə'zɔRk..], die; ~, ~se /zu besorgt 1/ 'das Besorgtsein'; SYN Sorge; ↗ FELD I.4.4.1, 6.1: *voller* ~ *lauschten sie den Berichten im Rundfunk; etw. erfüllt jmdn. mit* ~; *seine Krankheit gibt Anlass zur* ~; *es besteht kein Anlass, Grund zur* ~; *jmds.* ~*se zerstreuen* ❖ ↗ **sorgen**

Besorgnis erregend ⟨Steig. reg.; vorw. präd.; nicht bei Vb.⟩ /etw., bes. Gesundheit/ ~ *sein* 'Anlass zur Besorgnis geben'; SYN ernst (4) /beschränkt verbindbar/; ↗ FELD I.6.3: *sein Zustand, Gesundheitszustand ist* ~; *der* ~*e Zustand des Patienten* ❖ ↗ **sorgen, ↗ regen**

besorgt [bə'zɔRkt] ⟨Adj.⟩ **1.** ⟨Steig. reg., ungebr.; nicht bei Vb.⟩ 'von Sorge erfüllt' /vorw. auf Personen bez./; ↗ FELD I.6.3: *eine* ~*e Mutter; die* ~*en Eltern; um jmdn., etw./wegen jmds., etw.* ⟨Gen.⟩ ~ *sein: er ist um sie, um ihren Gesundheitszustand, ihretwegen, wegen ihres Gesundheitszustands* ~ **2.** ⟨o. Steig.; nur präd., mit *sein*⟩ /jmd./ *um jmdn., etw.* ~ *sein* 'sich fürsorglich um jmdn., etw. kümmern (1.1)': *um die Gäste, das Wohl der Gäste* ~ *sein; er war immer sehr um seine Patienten, sein Auto* ~ ❖ ↗ **sorgen**

Besorgung [bə'zɔRg..], die; ~, ~en ⟨vorw. im Pl.⟩ 'Einkauf (1)'; ↗ FELD I.16.1: *ich muss noch einige* ~*en machen* ❖ ↗ **sorgen**

bespitzeln [bə'ʃpɪtsln̩], bespitzelte, hat bespitzelt /jmd./ *jmdn.* ~ 'als Spitzel heimlich Informationen darüber zu gewinnen suchen, was jmd. sagt, tut': *er hatte den Verdacht, bespitzelt zu werden; er hat seine Arbeitskollegen bespitzelt;* ⟨oft im Pass.⟩ *wir* *wurden ständig (von einem/durch einen Kollegen) bespitzelt* ❖ ↗ **Spitzel**

besprechen [bəˈʃpʀɛçn̩] (er bespricht [..ˈʃpʀɪçt]), besprach [..ˈʃpʀɑːx], hat besprochen [..ˈʃpʀɔxn̩] **1.** /jmd./ *etw. mit jmdm.* ~ ʼmit jmdm. über etw. sprechen (4.1), um es zu klären, zu entscheidenʼ: *ich will, muss mit dir noch einiges* ~; *ich habe mit ihm etw. zu* ~; /zwei od. mehrere (jmd.)/ *etw.* ~: *diese Angelegenheit, dieses Problem müssen wir ausführlich, in Ruhe* ~; *wir müssen* ~, *was wir unternehmen können, wohin wir reisen wollen, wie wir uns in dieser Angelegenheit verhalten wollen;* ⟨rez.⟩ *sich* ~: *wir müssen uns deswegen noch einmal* ~; *wir müssen das in Ruhe miteinander* ~ **2.** /jmd. bes. Rezensent/ *etw.* ~ ʼberufsmäßig eine Rezension, Kritik über etw. verfassenʼ: *ein Buch, eine Theateraufführung* ~ ❖ ↗ **sprechen**

Besprechung [bəˈʃpʀɛç..], **die**; ~, ~en **1.** ʼSitzung, auf der bestimmte Fragen diskutiert und entschieden werdenʼ: *eine* ~ *(über dringende Probleme, zum Thema Umweltschutz) ansetzen; an einer* ~ *teilnehmen; er ist auf, in einer* ~ *und darf nicht gestört werden* **2.** SYN ʼRezensionʼ: *die* ~ *eines Buches, Films (in der Zeitung, im Rundfunk, Fernsehen; eine* ~ *schreiben, verfassen, lesen* ❖ ↗ **sprechen**

bespritzen [bəˈʃpʀɪtsn̩], bespritzte, hat bespritzt /jmd./ *etw., jmdn.* ~ ʼeine Flüssigkeit auf, gegen etw., jmdn. spritzenʼ: *jmdn. (mit Wasser)* ~; *er hat uns, sein Auto (mit dem Gartenschlauch) bespritzt;* /etw./ *jmdn.* ~: *das Auto hat die Fußgänger bespritzt* ❖ ↗ **spritzen**

besser [ˈbɛsɐ] ⟨Adj.; Komp. zu ↗ *gut*⟩ **1.** ʼim stärkeren Maße gut (1) als jmd., etw. im Vergleichʼ: *er ist von beiden der* ~*e Mitarbeiter, hat den* ~*en Charakter; er ist* ~ *als sein Kollege, arbeitet* ~; *er schreibt* ~ *als ich; heute ist das Wetter* ~ *als gestern; das Wetter wird* ~; *er kann das* ~ *als ich; sie sieht* ~ *aus als ihre Freundin;* /kann durch Zusätze verstärkt werden/: *er ist viel, bedeutend, wesentlich, weitaus, weit* ~ *als alle anderen;* /in der kommunikativen Wendung/ umg. *das wäre ja noch* ~ (ʼdas kommt nicht in Frageʼ)/ /sagt jmd., um etw. als Zumutung Empfundenes strikt zurückzuweisen/; ~ *ist* (ʼman sollte lieber vorsichtig seinʼ) /sagt jmd., auf sich od. andere bezogen, wenn er dazu raten will, sich abzusichern/ **2.** ⟨nur attr.; o. Positiv⟩ /steht ohne Vergleich/ ʼin sozial gehobener Stellungʼ: *ein* ~*er Herr* (ʼvornehm auftretender, wirkender Herrʼ); *er stammt aus* ~*en Kreisen, aus* ~*em Hause* **3.** ⟨nur attr.; o. Positiv⟩ /steht ohne Vergleich und drückt einen niedrigeren Grad aus/ umg. *der Saal ist eine* ~*e Scheune* (ʼist nicht gut, hat keine höhere Qualität als eine gut aussehende Scheuneʼ) ❖ **bessern, Besserung, best, bestens, verbessern, Verbesserung – aufbessern, ausbessern,** vgl. **gut**

* /jmd./ **jmdn. eines Besseren belehren** (ʼjmdm. klarmachen, dass er sich irrtʼ); /jmd./ **sich eines Besseren besinnen** (ʼzur Einsicht kommen und sich entsprechend verhaltenʼ)

bessern [ˈbɛsɐn] ⟨reg. Vb.; hat⟩ **1.1.** /etw., bes. ein Prozess, Zustand/ *sich* ~ ʼbesser (1) werdenʼ; ANT verschlechtern (1.2), verschlimmern (1.1): *das Wetter, der Zustand des Kranken hat sich etwas, unmerklich gebessert; seine Laune besserte sich von Minute zu Minute* **1.2.** /jmd./ *sich* ~ ʼseine Fehler, Schwächen überwinden und bes. im Verhalten zu anderen besser werdenʼ: *er versprach, sich zu* ~; *er will sich* ~ **2.** /etw., jmd./ *jmdn., etw.* ~ ʼverbessernd auf jmdn., etw. einwirkenʼ: *die Strafe hat ihn nicht gebessert; er will die Zustände* ~; *dadurch wird nichts gebessert; man glaubte, ihn durch die Anstalt* ~ *zu können* ❖ ↗ **besser**

Besserung [ˈbɛsəʀ..], **die**; ~, ⟨o.Pl.⟩ **1.** /zu bessern 1/ ʼdas Sichbessernʼ; /zu 1.1./: *eine* ~ *der sozialen, wirtschaftlichen Lage ist eingetreten; jmdm., einem Kranken gute* ~ *wünschen; der Patient befindet sich auf dem Wege der* ~ (ʼsein Zustand bessert sichʼ); /in der kommunikativen Wendung/ *gute* ~ (ʼich wünsche Ihnen, dass sich Ihr gesundheitlicher Zustand bald verbessertʼ)/ /wird zu jmdm. gesagt, der erkrankt ist, aber Aussicht auf Besserung hat/; /zu 1.2/: *er hat* ~ *gelobt* (ʼversprochen, sich zu bessernʼ) **2.** /zu bessern 2/ ʼdas Bessernʼ: *sich für eine* ~ *der Zustände einsetzen* ❖ ↗ **besser**

best [bɛst] ⟨Adj.; o. Steig.; Superl. zu ↗ *gut*⟩ **1.** ʼin so hohem Maße gut (1) wie niemand anders, nichts anderes im Vergleichʼ: *sein* ~*er Freund; er hat von allen die* ~*en Leistungen; er ist der Beste in der Klasse; er arbeitet am* ~*en; dieses Bild gefällt mir am* ~*en; er ist bei* ~*er Gesundheit, hat die* ~*en Vorsätze; im* ~*en* (ʼgünstigstenʼ) *Falle; mit den* ~*en Grüßen* /Formel am Schluss eines Briefes/ **2.** am ~*en* **2.1.** ⟨Superlativ; bei Vb.⟩ vgl. 1 **2.2.** *es ist das Beste/es ist am besten* ʼes ist die vernünftigste Lösungʼ: *es ist das Beste/am* ~*en, wenn du dich gar nicht mehr darum kümmerst/(es ist) am* ~*en, du kümmerst dich gar nicht mehr darum; es ist das Beste/am* ~*en, wenn du sofort abreist/(es ist) am* ~*en, du reist sofort ab* **3.** ⟨nur attr.; *in + best + Subst.*⟩ /beschränkt verbindbar/: *ein Mann in den* ~*en Jahren* (ʼin dem Alter, in dem seine Kräfte, Reife und seine Leistungen ihren höchsten Stand habenʼ); *in* ~*em Schlafe* (ʼmitten im tiefen Schlafʼ) *liegen* **4.** *das Beste: das tun wir alles, das geschieht alles nur zu deinem Besten* (ʼzu deinem Nutzen und Vorteilʼ) ❖ ↗ **besser**

* **aufs Beste** ʼsehr gutʼ /bes. im Hinblick auf die Vorbereitung von etw./: *er war aufs Beste auf die Prüfung vorbereitet; er hatte alles aufs Beste hergerichtet;* **der, die, das erste Beste** ʼder, die, das Erste, was (in Frage) kommt, sich anbietetʼ: *er hat die erste Beste geheiratet;* /jmd./ **sein Bestes geben/tun** (ʼsich in einer bestimmten Situation sehr anstrengen, um zu leisten, was einem möglich istʼ); /jmd./ **etw. zum Besten geben** (ʼetw. zur Unterhaltung Anwesender erzählen, darbietenʼ); /jmd./ **jmdn. zum Besten haben/halten** (ʼjmdn. neckenʼ); /jmd./ **das Beste aus etw. machen** ʼin einer gegebenen unabänderlichen Situation trotz aller Schwierigkeiten so viel wie möglich Positives zu erreichen suchen': *lasst uns das Beste daraus machen!*; **mit jmdm. steht es nicht zum Besten** ('jmd. hat gesundheitliche, finanzielle, berufliche Probleme'); **mit etw. steht es nicht zum Besten** 'etw., bes. ein Unternehmen, ist finanziell, wirtschaftlich gefährdet': *mit der Firma steht es nicht zum Besten*

Bestand [bə'ʃtant], **der**; ~s/auch ~es, Bestände [..'ʃtɛndə] **1.** ⟨o.Pl.⟩ 'das weitere Vorhandensein, Bestehen (1.1) von etw.': ⟨+ Gen.attr.⟩ *die riskanten Spekulationen gefährdeten den ~ der Firma; der ~ des Projekts ist bedroht; etw. ist von ~/etw. hat ~* 'etw. ist so dauerhaft, dass es bestehen bleiben und nicht aufhören wird (zu existieren)': *diese Koalition, sein Glück ist von ~, hat ~* **2.** 'zu einer bestimmten Zeit in einem bestimmten Bereich (2) vorhandene Menge bes. von Waren, Gütern, finanziellen Mitteln': *die Bestände des Lagers auffüllen, erneuern; die Kasse weist einen ~ von 1.000 Mark auf;* ⟨+ *an*⟩ *der ~ an Waren, Devisen, Vieh* ❖ ↗ **bestehen**

-beständig /bildet mit einem Subst. als erstem Bestandteil Adjektive; drückt aus, dass das im ersten Bestandteil Genannte vertragen wird/: ↗ z. B. *hitzebeständig*

beständig [bə'ʃtɛndɪç] ⟨Adj.⟩ **1.1.** ⟨o. Steig.; nicht präd.⟩ 'ständig, fortwährend' /oft auf psychische, physische Zustände bez./; ↗ FELD VII.2.3: *sie lebten in ~er Angst, in ~er Sorge um ihn; er sprach ~ von ihm, war ~ auf Reisen* **1.2.** ⟨Steig. reg.; nicht bei Vb.; vorw. präd. (mit *sein, bleiben*)⟩ 'im gleichen Zustand bleibend'; SYN stabil; ANT veränderlich /vorw. auf Wetter bez./: *wir hatten während des ganzen Urlaubs ~es Wetter; das Wetter war, blieb ~* **1.3.** ⟨o. Steig.; nicht bei Vb.; vorw. präd. (mit *sein*)⟩ /etw./ *~ sein* 'für immer bestehen bleiben' /vorw. auf Abstraktes bez./: *das, sein Glück war nicht ~* **2.** ⟨Steig. reg.; nicht bei Vb.; vorw. präd. (mit *sein*)⟩ /etw., bes. Pflanzen, Materialien/: *gegen etw. ~ sein* 'gegen Witterungseinflüsse, chemische Einwirkung widerstandsfähig sein': *die Pflanze ist ~ gegen Frost, Hitze, Trockenheit; gegen Korrosion ~es Metall* ❖ ↗ **bestehen**

Bestand|teil [bə'ʃtant..], **der** 'zu einem Ganzen, einer Einheit gehörender unentbehrlicher Teil': *etw., ein Gerät in seine ~e zerlegen; das Gemisch hat sich in seine ~e aufgelöst; etw. ist ein ~ von etw.: etw. ist ein wesentlicher, integrierender, fester, untrennbarer ~ von etw.* ❖ ↗ **bestehen**, ↗ **Teil**

bestärken [bə'ʃtɛrkn̩], bestärkte, hat bestärkt /jmd./ *jmdn. in etw.* ⟨Dat.⟩ *~* 'jmdn. bezüglich seiner Haltung, seines Tuns, Ziels bes. durch Zureden unterstützen, sodass er überzeugt wird, richtig zu handeln': *jmdn. in seinem Vorhaben, in seinem Verdacht, in seiner Absicht, Meinung ~;* ⟨+ Nebens.⟩ *jmdn. darin ~, dass er sich richtig verhält; er hat ihn darin bestärkt, nicht in seinen Bemühungen nachzulassen* ❖ ↗ **stark**

bestätigen [bə'ʃtɛːtɪgn̩/..'ʃteː..], bestätigte, hat bestätigt **1.** /jmd./ *etw.* 'erklären, dass etw., bes. eine Äuße-

rung, so und nicht anders gelautet hat, dass etw. so und nicht anders ist'; ↗ FELD I.4.3.2: *die Aussagen eines Zeugen ~; etw. schriftlich, mündlich ~; eine Nachricht, Meldung amtlich, offiziell ~; der Direktor bestätigte, dass heute schulfrei ist* **2.1.** *etw. bestätigt etw.* 'etw., bes. eine Äußerung od. ein Sachverhalt, erweist, dass etw., bes. eine Vermutung, richtig ist, zutrifft': *die Aussagen des Zeugen, die Beweismittel ~ den Verdacht, bestätigen, dass ...; das bestätigt meine Annahme, Vermutungen* **2.2.** /etw., bes. eine Äußerung od. eine Vermutung/ *sich ~* 'sich als richtig, zutreffend erweisen': *sein Verdacht, seine Aussage, Vermutung hat sich bestätigt* **3.** /jmd./ *den Empfang eines Briefes, einer Nachricht ~* ('dem Absender mitteilen, dem Überbringer bescheinigen'); *einen Auftrag ~* **4.** /jmd., Institution/ *ein Urteil ~* ('für gültig, rechtskräftig erklären') **5.** /jmd., Institution/ *jmdn. in seinem Amt, in seiner Funktion ~* ('verbindlich erklären, dass jmd. in seinem Amt, seiner Funktion bleibt od. dass ihm ein Amt, eine Funktion übertragen wird'); *jmdn. als jmdn., als Direktor ~* ('jmds. Ernennung zu etw., zum Direktor rechtskräftig machen') ❖ **Bestätigung**

Bestätigung [bə'ʃtɛːtɪg../..'ʃteː..], **die**; ~, ~en /zu *bestätigen* 1—3/↗ FELD I.4.3.1 **1.** 'das Bestätigen'; /zu 1/: *zur ~ mit dem Kopf nicken;* /zu 2/: *die ~ durch Belege und Aussagen, dass jmd. unschuldig ist;* /zu 3/: *die ~ des Urteils durch eine höhere Instanz* **2.** 'Schriftstück, in dem etw. bestätigt wird': *die ~ über, für eine Befugnis vorlegen* ❖ ↗ **bestätigen**

bestatten [bə'ʃtatn̩], bestattete, hat bestattet /jmd., Angehörige, Institution/ *einen Verstorbenen ~* 'einen Verstorbenen (in einen Sarg) od. die Urne mit seiner Asche in feierlicher Form in ein Grab legen'; SYN beerdigen, beisetzen: ⟨oft im Pass.⟩ *einen Toten ~* ❖ ↗ **Stätte**

Bestattung [bə'ʃtat..], **die**; ~, ~en **1.** SYN 'Beerdigung (1)': *die ~ des Toten* **2.** SYN 'Beerdigung (2)': *die ~ ist am ..., findet in aller Stille, nur im Kreise der Familie statt* ❖ ↗ **Stätte**

bestaunen [bə'ʃtaunən], bestaunte, hat bestaunt /jmd./ *etw. ~* 'etw. staunend ansehen, betrachten': *sie bestaunten die prächtigen Bauten, die moderne Konstruktion, die neue Erfindung* ❖ ↗ **staunen**

bestechen [bə'ʃtɛçn̩] (er besticht [..'ʃtɪçt]), bestach [..'ʃtaːx], hat bestochen [..'ʃtɔxn̩] **1.** /jmd./ *jmdn. ~* 'jmdn., bes. eine amtliche Person, durch Anbieten bes. von Geld, Geschenken dazu bringen, verleiten, etw. Ungesetzliches, Verbotenes zugunsten des Anbieters zu tun'; SYN schmieren (4): *einen Richter, Zeugen ~ (wollen); er hat sich ~ lassen, ist bestochen worden* **2.** *jmd., etw. besticht durch etw.* 'jmd., etw. macht durch etw. auf andere einen sehr guten Eindruck': *er bestach durch seine Freundlichkeit; das Kleid besticht durch seine schlichte Eleganz;* ⟨oft adj. im Part. I⟩ *sie war von ~der Anmut, Liebenswürdigkeit; seine Schlagfertigkeit war ~d* ❖ **bestechlich, Bestechlichkeit, unbestechlich**

bestechlich [bə'ʃtɛç..] ⟨Adj.; Steig. reg.; nicht bei Vb.; vorw. präd. (mit *sein*)⟩ /jmd./ ~ *sein* SYN ˈkorrupt (1) sein' /vorw. auf amtliche Personen bez./: *er ist* ~; *ein* ~*er Richter, Beamter* ❖ ↗ **bestechen**

Bestechlichkeit [bə'ʃtɛçlıç..], **die**; ~, ⟨o.Pl.⟩ /zu *bestechlich*/ ˈdas Bestechlichsein': *die* ~ *eines Beamten; seine* ~ *hat ihn sein Amt gekostet* ❖ ↗ **bestechen**

Bestechung [bə'ʃtɛç..], **die**; ~, ~en ⟨vorw. Sg.⟩ ˈdas Bestechen (1), das Sichbestechenlassen': *die* ~ *eines Beamten, Zeugen; aktive, passive* ~; *sich durch* ~ *eines Beamten Vorteile verschaffen; sich der* ~ *eines Beamten schuldig machen; der Beamte hat sich der* ~ *schuldig gemacht; er ist wegen* ~ *verurteilt worden* ❖ ↗ **bestechen**

Besteck [bə'ʃtɛk], **das**; ~s/auch ~es, ~e/~s **1.** SYN ˈEssbesteck': *ein* ~ *zusätzlich auflegen; silberne* ~*e*/ ~*s* **2.** ⟨Pl.: ~e⟩ ˈfür einen bestimmten Zweck dienender Satz (4) ärztlicher Instumente und Geräte': *ein chirurgisches* ~ ❖ **Essbesteck**

bestehen [bə'ʃteːən], bestand [..'ʃtant], hat bestanden [..'ʃtandn̩] **1.1.** /etw., bes. eine Einrichtung/ *irgendwann* ~ ˈirgendwann existieren': *diese Einrichtung, Universität besteht seit 500 Jahren; die Funktion des Präsidenten hat schon immer bestanden; diese Vorurteile werden noch lange* ~; *die Firma feiert ihr hundertjähriges Bestehen;* ⟨oft im Part. I⟩ *die* ~*den* (ˈzur Zeit gültigen') *Gesetze; die* ~*de* (ˈzur Zeit herrschende') *Ordnung* **1.2.** ⟨vorw. mit Nebens.⟩ /etw. (vorw. *es*)/ ˈals Möglichkeit existieren': *der Verdacht, die Möglichkeit, Gefahr besteht/es besteht der Verdacht, die Möglichkeit, Gefahr, dass ...; der Verdacht, die Gefahr besteht noch immer, nicht mehr; dein Einwand besteht zu Recht* (ˈtrifft zu'); *zwischen den beiden Aufsätzen besteht kein Unterschied* (ˈist kein Unterschied festzustellen'); *es besteht kein Gesetz, das dies verbietet;* ⟨nur verneint⟩ *darüber besteht kein Zweifel, dass ...*/*es besteht kein Zweifel (darüber), dass ...* **2.** *aus etw.* ~ **2.1.** /etw./ ˈaus mehreren Teilen zusammengesetzt sein': *die Wohnung besteht aus vier Räumen* (ˈhat vier Räume'); *das Frühstück bestand aus Kaffee, Ei und Brötchen* **2.2.** /etw., bes. Gegenstand/ ˈaus einem bestimmtem Material, aus bestimmten Materialien hergestellt sein': *der Gegenstand, das Spielzeug, Gerät besteht aus Holz, Kunststoff* **3.** *etw. besteht in etw.* ˈetw. Abstraktes hat etw. zum Inhalt': *seine Arbeit, Aufgabe bestand darin, die Maschinen zu kontrollieren/dass er die Maschinen kontrollierte; der Unterschied zwischen den beiden Aufgaben besteht darin, dass ...* **4.** /jmd., Institution/ *auf etw.* ⟨Dat.⟩ ~ ˈbeharrlich und mit Nachdruck fordern, dass etw. durchgesetzt, realisiert wird'; SYN dringen (2): *auf seinem Recht, Vorhaben, seiner Forderung* ~; *ich bestehe auf sofortiger Bezahlung der Rechnung; darauf bestehe ich, muss ich* ~ **5.** /jmd./ **5.1.** *etw.* ~ ˈeine Prüfung erfolgreich zum Abschluss bringen': *er hat die Prüfung, das Examen (mit Auszeichnung) bestanden; er hat mit Glanz, Auszeichnung bestanden* **5.2.** *in etw.* ~ ˈsich in einer Gefahr,

schwierigen Situation behaupten' /beschränkt verbindbar/: *in einem Kampf, in einer Gefahr* ~ ❖ **Bestand, beständig** — **Bestandteil, hitzebeständig, Tatbestand**; vgl. **entstehen**

bestehlen [bə'ʃteːlən] (er bestiehlt [..'ʃtiːlt]), bestahl [..'ʃtaːl], hat bestohlen [..'ʃtoːln̩] /jmd./ *jmdn.* ~ ˈjmdm. etw. stehlen (1)': *er hat ihn (um 100 Mark) bestohlen; ich bin bestohlen worden* ❖ ↗ **stehlen**

bestellen [bə'ʃtɛln], bestellte, hat bestellt **1.** /jmd., Institution/ *etw.* ~ **1.1.** ˈdurch einen Auftrag (2) veranlassen, dass etw. geliefert, gebracht wird'; ↗ FELD I.16.2: *Waren, Ersatzteile* ~; *Kohlen, Heizöl* ~; *etw. schriftlich, telefonisch* ~ **1.2.** ˈdem Kellner, Ober in einer Gaststätte sagen, was man zu essen, trinken wünscht': *(beim Kellner) ein Menü, eine Flasche Wein* ~; *haben Sie schon bestellt?; das habe ich nicht bestellt* **1.3.** ˈdurch einen Auftrag veranlassen, dass etw. reserviert wird': *Theaterkarten, ein Zimmer in einem Hotel* ~; *ein Taxi* ~ (ˈan einen bestimmten Ort kommen lassen') **1.4.** *er hat beim Tischler Möbel bestellt* (ˈden Tischler beauftragt, Möbel für ihn herzustellen') **2.** /jmd./ *jmdn. irgendwohin* ~ ˈjmdn. bitten od. beauftragen, irgendwohin zu kommen': *er hat ihn zu sich, in seine Wohnung, in ein Restaurant bestellt* **3.** /jmd./ *jmdm. etw.* ~ ˈjmdm. eine Nachricht überbringen, etw. im Auftrag eines anderen mitteilen'; SYN ausrichten (3) /beschränkt verbindbar/: *er bestellte ihm Grüße von seinem Freund; er ließ uns* ~, *dass wir ihn besuchen möchten; soll ich etw.* ~, *wenn ich ihn treffe?; bestelle ihm (von mir), dass ich ihn nie wieder sehen möchte!* **4.** /jmd., bes. Bauer/ *etw.* ~ ˈden Boden bearbeiten und das Saatgut in die Erde bringen'; ↗ FELD II.4.2: *das Feld, Beet, den Acker* ~ ❖ **Bestellung**

Bestellung [bə'ʃtɛl..], **die**; ~, ~en **1.** ˈgeschäftlicher Vorgang, durch den etw. bestellt wird'; ↗ FELD I.16.1: *die* ~ *eines Autos beim Autohändler; die* ~ *der Möbel; eine* ~ *aufgeben* (ˈetw. bestellen 1'); ~*en laufen ein, häufen sich; etw. auf* ~ (ˈentsprechend einem Auftrag') *anfertigen; eine* ~ *auf, über etw.: eine* ~ *über zehn Flaschen Rum* **2.** ˈbestellte Ware': *die* ~ *ist eingetroffen, liegt zur Abholung bereit* ❖ ↗ **bestellen**

bestens ['bɛstn̩s] ⟨Adv.; ↗ auch *best*⟩ **1.** ˈsehr gut, ausgezeichnet' /mit best. Verben/: *wir haben uns* ~ *unterhalten, amüsiert; es hat alles* ~ *geklappt, hat sich* ~ *bewährt, ist* ~ *gelungen; er war wie immer* ~ *unterrichtet* **2.** /als Ausdruck der Höflichkeit/ *ich lasse* ~ (ˈsehr herzlich') *grüßen; ich danke* ~ ❖ ↗ **besser**

Bestie ['bɛstiə], **die**; ~, ~n emot. neg. ˈgefährliches, meist größeres (Raub)tier': *eine blutrünstige, wilde* ~; *diese* ~ *hat ihn zerfleischt*

bestimmen [bə'ʃtımən], bestimmte, hat bestimmt; ↗ auch *bestimmt* **1.** /jmd., Institution/ *etw.* ~ **1.1.** ˈaufgrund seiner Befugnis bezüglich einer Sache etw. verbindlich festlegen': *den Preis (für eine Ware), den Termin (für etw.), Tag und Stunde für einen Besuch, für eine Besprechung* ~; *die Reihen-*

folge (von etw.) ~ **1.2.** ʾeine Entscheidung, Anordnung treffen, die ein anderer, die andere auszuführen haben': *er will immer alles allein* ~; *er hat hier nichts zu* ~; *etw. testamentarisch, gesetzlich* (ʾdurch ein Testament, Gesetz') ~; *er bestimmte, dass alle mithelfen sollten* **2.** /jmd./ **2.1.** *etw. für jmdn.* ~ ʾetw. in Bezug auf jmdn. festlegen': *er hat das Geld für seine Schwester bestimmt* (ʾer hat festgelegt, dass seine Schwester das Geld bekommt'); *das Geschenk ist für dich bestimmt* (SYN ʾgedacht I.1.1'); *jmdn. zu, als jmdn.* ~: *er hat ihn zu, als seinen Nachfolger bestimmt* (ʾer hat festgelegt, dass er sein Nachfolger wird'); *jmdn. für, zu etw.* ~: *er hat ihn für dieses Amt, zu dieser Funktion bestimmt* (ʾhat ihn für dieses Amt, diese Funktion auserwählt und festgelegt, dass er dieses Amt, diese Funktion übernimmt'); *jmd. ist für jmdn. bestimmt:* ⟨rez.⟩ *die beiden sind füreinander bestimmt* (ʾpassen so gut zusammen, als wären sie füreinander ausersehen'); *oft spött. jmd. ist zu etw.* ⟨Dat.⟩ *bestimmt: er glaubte, fühlte sich zu Höherem bestimmt* (ʾausersehen') **2.2.** *etw. für etw.* ~ ʾetw. für etw. vorsehen': *er hat das Geld für die Reise bestimmt;* ⟨oft adj. im Part. II⟩ *etw. ist für etw. bestimmt: das Geld ist für den Wohnungsbau bestimmt; das ist nur für den dienstlichen Gebrauch bestimmt* **3.** /jmd./ *etw.* ~ ʾetw. (durch wissenschaftliche Untersuchungen) ermitteln, feststellen': *das Alter eines archäologischen Fundes, den Standort eines Schiffes* ~; *Pflanzen, Schmetterlinge* ~ (ʾihre Art ermitteln und sie in das System der Arten einordnen') **4.** *etw. bestimmt etw.* ʾetw. prägt (2) etw., gibt einer Sache seine charakteristischen Züge': *waldige Hügel, Wälder* ~ *das Bild der Landschaft; der Fluss bestimmt diese Landschaft; etw. bestimmt das Gesicht der Epoche; die Landschaft wird durch Wiesen und Berge bestimmt* **5.** /jmd./ *sich von etw.* ~ *lassen: er hat sich (wieder) von seinen Gefühlen* ~ (ʾbeeinflussen') *lassen* ❖ ↗ **stimmen**

bestimmt [bə'ʃtɪmt] **I.** ⟨Adj.; ↗ auch *bestimmen*⟩ **1.** ⟨o. Steig.; nur attr. u. subst.⟩ **1.1.** ʾim Ausmaß, der Menge od. der Art feststehend und Eingeweihten, Betroffenen bekannt, aber nicht näher, nicht genau genannt, beschrieben' /vorw. auf Abstraktes bez./: *eine* ~*e Anzahl, Geldsumme; etw. hat eine* ~*e Höhe;* ~*e Pflichten erfüllen müssen; ein* ~*es Buch suchen; einen* ~*en Zweck verfolgen; etw. Bestimmtes vorhaben* **1.2.** ʾinhaltlich genau umrissen und klar' /vorw. auf Abstraktes bez./: *von etw. eine* ~*e Vorstellung haben; er hat sich noch keine* ~*e Meinung gebildet; niemand weiß bisher etw. Bestimmtes* **1.3.** ⟨nur im Pl.⟩ ʾgewisse, einige' /auf Personen, Abstraktes bez./: ~*e Leute sind da anderer Meinung; dafür sprechen* ~*e Anzeichen* **2.** ⟨Steig. reg., ungebr.⟩ SYN ʾenergisch (2)': *etw. höflich, aber* ~ *ablehnen; er war sehr* ~; *etw. in* ~*em Ton sagen* **3.** ⟨o. Steig.; nur attr.⟩ Gramm. *der* ~*e Artikel* (ʾder Artikel *der, die* od. *das*'; ANT unbestimmt 4) − **II.** ⟨Satzadv.⟩ SYN ʾzweifellos': *es wird* ~ *(bald) besser!; ich werde* ~ *auf dich warten; ich glaube* ~*, dass er kommt; das ist* ~ *(nicht) richtig; er hat* ~ *nur das*

Beste für sie gewollt, aber es hat ihr nicht geholfen ❖ ↗ **stimmen**

Bestimmtheit [bə'ʃtɪmt..], **die;** ~ ⟨o.Pl.⟩ **1.** SYN ʾEntschiedenheit': *die* ~*, mit der er es sagte, die* ~ *seines Tons überraschte alle* **2.** ⟨vorw. o.Art.⟩ *mit* ~ ʾmit völliger Gewissheit': *das kann ich nicht mit* ~ *sagen; kannst du das mit* ~ *sagen, ob du pünktlich sein wirst?* ❖ ↗ **stimmen**

Bestimmung [bə'ʃtɪm..], **die;** ~, ~en **1.** SYN ʾAnordnung, Vorschrift': *eine gesetzliche* ~; *eine* ~ *erlassen, einhalten, beachten, verletzen; etw. nach den geltenden* ~*en erledigen; sich nach den* ~*en richten* **2.** ⟨o.Pl.⟩ ʾZweck, für den etw. bestimmt ist': *etw. seiner eigentlichen* ~ *zuführen; eine Brücke ihrer* ~ *übergeben; endlich waren wir, war der Zug, der Transport am Ort seiner* ~ (ʾdort, wohin er kommen sollte') *angelangt* **3.** ⟨vorw. Sg.⟩ ʾ(wissenschaftliche) Ermittlung': *die* ~ *des Alters eines archäologischen Fundes, des Blutalkohols; die* ~ *von Pflanzen* (ʾdie Zuordnung zu ihrer Art, die Einordnung in das System der Pflanzen') ❖ ↗ **stimmen**

bestrafen [bə'ʃtʀɑːfn̩], bestrafte, hat bestraft /jmd., bes. (amtlich) befugte Person, Institution/ *jmdn., etw.* ~ ʾjmdn. wegen eines Vergehens, jmds. Verhalten mit einer Strafe belegen': *jmdn. streng, hart* ~; *ein ungezogenes Kind* ~; *jmdn. mit Gefängnis* ~; *jmdn. für, wegen etw.* ~; *jmdn. für ein, sein Vergehen, seine Bummelei, seine Unterlassung* ~; *jmdn. wegen Betrugs* ~; *er ist dafür bestraft worden, dass er ...; jmds. ständige Bummelei* ~; *so was muss bestraft werden!* ❖ ↗ **strafen**

bestrahlen [bə'ʃtʀɑːln̩], bestrahlte, hat bestrahlt /jmd., bes. medizinischer Fachmann/ *jmdn., etw.* ~ ʾjmdn., einen Körperteil, ein Organ mit Strahlen zur Heilung behandeln': *jmdn., einen Körperteil, eine Entzündung, Geschwulst, das Gelenk, ein steifes Knie (mit Kurzwellen)* ~ ❖ ↗ **strahlen**

Bestreben [bə'ʃtʀeːbm̩], **das;** ~s, ⟨o.Pl.⟩ ʾdas Streben, Sichbemühen (↗ *bemühen* 1.1)': ⟨mit Inf. + *zu*⟩ *das* ~*, seinen Mitmenschen zu helfen; es ist sein* ~*, sein ganzes* ~ *geht dahin, der Beste zu sein, euch zu helfen; er hatte nie das* ~*, sich weiterzubilden* ❖ ↗ **streben**

bestrebt [bə'ʃtʀeːpt] ⟨Adj.; o. Steig.; nur präd. (mit *sein*)⟩ /jmd./ ~ *sein* ʾbemüht sein': ⟨mit Inf. + *zu*⟩ *er ist* ~*, wir sind* ~*, alles zu tun, damit es euch wieder besser geht;* ~ *sein, jmds. Wünsche zu erfüllen, das Unrecht wieder gutzumachen* ❖ ↗ **streben**

bestreichen [bə'ʃtʀaiçn̩], bestrich [..'ʃtʀɪç], hat bestrichen [..'ʃtʀɪçn̩] /jmd./ *etw. mit etw.* ~ ʾetw. auf etw. streichen (1.1), sodass es damit bedeckt ist': *eine Schnitte Brot mit Butter* ~; *Wände mit Farbe* ~; *eine Wunde mit Salbe* ~ ❖ ↗ **streichen**

bestreiten [bə'ʃtʀaitn̩], bestritt [..'ʃtʀɪt], hat bestritten [..'ʃtʀɪtn̩] **1.** /jmd., Institution/ *etw.* ~ ʾnachdrücklich behaupten, dass etw., bes. eine Aussage, Feststellung, nicht wahr ist'; ANT zugeben: *die Aussagen des Zeugen, eine Behauptung* ~; *etw., das lässt sich nicht* ~; *du kannst doch nicht* ~*, dass das stimmt, dass es so gewesen ist, dass es sich so abge-*

spielt hat; man kann nicht ~, dass er im Recht ist; er bestritt energisch jede Schuld an dem Unfall ('behauptete energisch, dass er keine Schuld an dem Unfall habe'); SYN 'etw. abstreiten': *die Tatsachen, seine Schuld, Beteiligung an etw. entschieden ~; er hat die Tat bestritten* **2.** /jmd., Institution/ *etw. ~* 'die Kosten für etw. aufbringen, tragen (4.1)': *den Lebensunterhalt, die Kosten des Haushalts/für den Haushalt, für die Reise (allein, gemeinsam mit anderen) ~; sein Studium aus eigner Tasche ~* ('finanzieren') **3.** /jmd./ *etw. ~* /beschränkt verbindbar/: *er hat die (ganze) Unterhaltung, das Gespräch allein bestritten* ('das meiste, Wesentliche, Entscheidende an der Unterhaltung, am Gespräch hat nur er gesagt, beigetragen') ❖ ↗ **streiten**

bestreuen [bə'ʃtʀɔiən], *bestreute, hat bestreut* /jmd./ *etw. mit etw. ~* 'etw. auf die Oberfläche von etw. streuen ('sodass es damit bedeckt ist'): *den Kuchen mit Zucker ~; die Wege mit Kies ~* ❖ ↗ **streuen**

bestürmen [bə'ʃtYʀmən], *bestürmte, hat bestürmt* /jmd./ *jmdn. mit etw. ~* 'jmdn. nachdrücklich, temperamentvoll mit einem Anliegen bedrängen (2)': *jmdn. mit Bitten, Forderungen ~; die Eltern mit Fragen ~* ❖ ↗ **Sturm**

bestürzt [bə'ʃtYʀtst] ⟨Adj.; Steig. reg., ungebr.⟩ 'durch ein schlimmes Ereignis heftig erschreckt und erschüttert' /vorw. auf Personen bez./; ↗ FELD I.6.3: *er war zutiefst ~ über die Nachricht, über den Tod seines Bruders; er sah ~ aus; sie machten ~e Gesichter* ❖ **Bestürzung**

Bestürzung [bə'ʃtYʀts..], **die**; ~, ⟨o.Pl.⟩ 'das Bestürztsein'; ↗ FELD I.6.1: *die Vorgänge hatten tiefe ~ ausgelöst, erregt; es herrschte allgemeine ~; er war außer sich vor ~* ❖ ↗ **bestürzt**

Besuch [bə'zu:x], **der**; ~s/auch ~es, ~e **1.** /zu *besuchen* 1,2.1,3/ 'das Besuchen'; /zu 1/ 'das Besuchen eines Verwandten, Bekannten': *ein kurzer, längerer ~; ein ~ bei den Eltern; (bei) jmdm. einen ~ machen, jmdm. einen ~ abstatten, (zu jmdm.) auf, zu ~ kommen* ('jmdn. besuchen'); *sie hatten den Versicherungsvertreter um einen ~ bei sich gebeten* ('ihn gebeten, sie aufzusuchen'); *seinen ~* ('die Absicht, jmdn. zu besuchen') *anmelden, absagen; seinen ~* ('seinen Aufenthalt als Besucher') *abbrechen, verlängern; seine ~e wurden ihr allmählich lästig;* /zu 2.1/ 'das Besuchen einer Veranstaltung, Einrichtung': *der ~ einer Veranstaltung; ein ~ im Theater, Museum; der ~ der Vorstellung ist kostenlos;* /zu 3/ 'das Besuchen einer Schule, Universität o.Ä.': *nach dem ~ der Schule, Universität einen Beruf ergreifen; der ~ dieser Schule ist kostenlos* **2.** ⟨o.Pl.⟩ 'Person od. eine Gruppe von Personen, die jmdn., eine Familie meist auf eine Einladung hin besucht (1), besucht hat': *hohen, lieben ~ erwarten; ~ bekommen; den ~ empfangen, verabschieden; unser ~ ist noch (nicht) da, ist schon wieder abgereist; sie haben viel ~* ('haben oft Besucher bei sich') ❖ ↗ **suchen**
MERKE Zum Unterschied von *Besuch* (2) und *Besucher*: ↗ *Besucher* (Merke)

besuchen [bə'zu:xn̩], *besuchte, hat besucht* **1.** /jmd./ *jmdn. ~* 'zu jmdm. in die Wohnung kommen, gehen, um bei ihm zu Gast zu sein od. um etw. mit ihm zu besprechen': *jmdn. häufig, selten ~; Freunde, Bekannte, einen Kranken (im Krankenhaus) ~; seine Kunden, Klienten ~; die Vertreter haben uns regelmäßig, einmal im Monat besucht; er kommt uns häufig ~/er kommt häufig, uns zu ~* **2.1.** /jmd./ *etw. ~*, bes. eine Veranstaltung, aufsuchen, um daran teilzunehmen': *eine Vorstellung, ein Theater, eine Versammlung ~; diese schöne Gegend, Stadt werden wir nächstes Jahr wieder ~* ('aufsuchen') **2.2.** *etw. ist gut, schlecht besucht* ('zu etw., bes. einer Veranstaltung, sind viele, wenige Besucher 2 gekommen') **3.** /jmd./ *etw. ~* 'an einer Schule, Universität als Schüler, Student lernen, sich unterrichten lassen': *er besucht noch die Schule, Universität* ❖ ↗ **suchen**

Besucher [bə'zu:xɐ], **der**; ~s, ~ **1.** 'jmd., der jmdn., eine Familie als Gast besucht (1), besucht hat': *er war uns ein lieber, gern gesehener, lästiger ~; ein auswärtiger, abendlicher, nächtlicher, unangemeldeter ~* **2.** 'jmd., der eine Veranstaltung besucht (2.1), besucht hat': *er ist ständiger ~ dieser Veranstaltungen, der Oper bei Premieren* ❖ ↗ **suchen**
MERKE Zum Unterschied von *Besucher* (1) und *Besuch* (2): Im Unterschied zu *Besucher* ist der *Besuch* hinsichtlich der Personenzahl nicht bestimmt, es können mehrere Personen sein. Der *Besuch* kommt in der Regel auf eine Einladung hin, der *Besucher* dagegen ist meist nicht angekündigt; auch wird der *Besuch* meist nicht als Gast aufgenommen, er besucht Veranstaltungen etc. (vgl. *besuchen* 2)

betagt [bə'ta:kt] ⟨Adj.; Steig. reg.; nicht bei Vb.⟩ geh. SYN 'alt (1.1)' /auf Personen bez./: *seine ~en Eltern; er ist schon sehr ~; ein ~er Herr, eine ~e Dame* ❖ ↗ **Tag**

betätigen [bə'tɛːtɪgn̩/..,te:t..], *betätigte, hat betätigt* **1.** /jmd./ *sich irgendwie ~* 'irgendwie auf einem bestimmten Gebiet, meist außerhalb seines Berufs, tätig, aktiv sein': *sich als Rentner künstlerisch, schriftstellerisch, sportlich, politisch ~; er muss sich immer ~* ('er hat immer das Bedürfnis, etw. zu tun'); *sich als jmd. ~: sich als Vermittler ~; er betätigt sich jetzt als Funktionär im Sport* **2.** /jmd./ *etw. ~* 'eine Vorrichtung an etw., bes. an einem Gerät, bedienen': *die Bremse, den Hebel, Schalter, die Hupe, den Blinker ~* ❖ ↗ **Tat**

betäuben [bə'tɔibm̩], *betäubte, hat betäubt* **1.** /jmd./ **1.1.** *jmdn., ein Tier ~* 'jmdn., ein Tier in Narkose versetzen': *jmdn. vor einer Operation ~; jmdn. örtlich ~* **1.2.** *einen Schmerz, die Schmerzen ~* 'die Schmerzempfindung durch ein Mittel vorübergehend aufheben': *die Schmerzen durch Tabletten, durch eine Spritze ~* **2.** *etw. betäubt jmdn.* 'etw. bewirkt, dass jmd. vorübergehend nicht klar denken kann, mehr od. weniger leicht bewusstlos ist': *der Schlag auf den Kopf hatte ihn betäubt; er war von dem Lärm, vom Schreck, von der Nachricht wie be-*

täubt **3.** /jmd./ *etw. durch, mit etw.* ~ ˈheftige psychische Regungen durch etw. zu unterdrücken suchen': *seinen Kummer, seine Ängste durch, mit Alkohol* ~; *sich durch, mit etw.* ~.: *nach dem Tod ihres Mannes versuchte sie sich durch Arbeit zu* ~ (ˈvom Kummer abzulenken') ❖ ↗ **taub**

Bete [ˈbeːtə], **die**; ~, ⟨o.Pl.⟩ *Rote* ~ (ˈals Gemüse verwendete, meist runde Rübe mit rotem Fleisch, die meist als Salat verwendet wird'; ↗ FELD I.8.1)

beteiligen [bəˈtailɪgn̩], beteiligte, hat beteiligt **1.** /jmd./ *sich an etw.* ⟨Dat.⟩ ~ ˈan etw., das von mehreren Personen als gemeinsame Sache ausgeführt wird, aktiv mitwirken, teilnehmen': *sich an einem Gespräch, einer Diskussion, einem Unternehmen, einem Wettbewerb, am Ausflug mit Freunden* ~; *sich eifrig am Unterricht* ~ **2.** /jmd., Staat, Unternehmen/ *sich mit etw. an etw.* ⟨Dat.⟩ ~ ˈGeld in ein Unternehmen, Geschäft investieren und damit zum Teilhaber werden': *er hat sich mit 100.000 Mark an dem Geschäft beteiligt; der Staat, die Firma beteiligt sich mit einer Million an den Kosten des Baus; jmd. ist an einem Unternehmen beteiligt* (ˈist Teilhaber an einem Unternehmen') **3.** /jmd., bes. Unternehmer, Unternehmen/ *jmdn. am Gewinn, Umsatz* ~ ˈeinen Mitarbeiter, Angestellten am Gewinn, Umsatz des Unternehmens, in dem er beschäftigt ist, teilhaben lassen': *die Firma will uns am Gewinn* ~; *seid, werdet ihr am Umsatz beteiligt?* ❖ ↗ **Teil**

Beteiligung [bəˈtailɪg..], **die**; ~, ~en /zu beteiligen 1—3/ ˈdas Sichbeteiligen an etw.'; /zu 1/: *seine* ~ *an etw. zusagen, ablehnen; die* ~ *am Ausflug, an der Veranstaltung war gering* (ˈes nahmen nur wenige am Ausflug, an der Veranstaltung teil'); /zu 2/: *durch die* ~ *des Staates konnte der Betrieb saniert werden*; /zu 3/: *die* ~ *der Mitarbeiter, Angestellten am Gewinn, Umsatz; ihre* ~ (ˈBeteiligtsein') *am Gewinn* ❖ ↗ **Teil**

beten [ˈbeːtn̩], betete, hat gebetet /jmd., gläubiger Mensch/; ↗ FELD XII.3.2 **1.1.** ˈsich mit einem Gebet an Gott wenden': *sie betete laut, inbrünstig; zu Gott* ~; *für jmdn.* ~: *für einen Kranken, Sünder* ~; *um etw.* ~: *um Frieden, Rettung, Erlösung* ~ **1.2.** *etw.* ~ ˈetw. als Gebet sprechen': *das Vaterunser, ein Ave Maria* ~ ❖ ↗ **Gebet**

beteuern [bəˈtɔiɐn], beteuerte, hat beteuert /jmd./ *etw.* ~ ˈetw. eindringlich, nachdrücklich versichern (2.1), für gewiss erklären': *er hat seine Unschuld immer wieder beteuert; sie beteuerte (unter Tränen), dass sie es nicht getan, gesagt, verraten hätte; er beteuerte, dass er nichts davon wusste; jmdm. etw.* ~: *er beteuerte ihr seine Liebe* (ˈversicherte sie nachdrücklich seiner Liebe')

Beton [beˈtɔŋ], **der**; ~s, ⟨o.Pl.⟩ ˈBaustoff aus einem Gemenge aus Zement, Wasser und Sand, das nach dem Trocknen sehr fest und hart wird'; ↗ FELD II.5.1, III.4.1: ~ *mischen, gießen; ein Brückenpfeiler, Fundament, Bunker aus* ~ ❖ **betonieren** — **Stahlbeton**

betonen [bəˈtoːnən], betonte, hat betont; ↗ auch *betont* **1.** /jmd./ *ein Wort, eine Silbe* ~ ˈbeim Sprechen durch den Akzent (1) ein Wort, eine Silbe hervorheben': *ein Wort richtig, falsch* ~; *das Wort wird auf der ersten, letzten Silbe betont; das erste Wort eines Satzes* ~ **2.** /jmd./ ⟨vorw. mit Nebens.⟩ *etw.* ~ ˈetw., das einem wichtig ist, mit Worten Nachdruck verleihen': *er betonte, dass er von seinem Vorsatz nicht ablassen werde; ich möchte* ~, *dass Sie meine Anweisungen zu befolgen haben!* **3.** *etw. betont etw.* ˈetw. weist bestimmte Merkmale besonders deutlich aus': *die neue Mode betont die sportliche Linie* ❖ ↗ **Ton**

betonieren [betoˈniːʀən], betonierte, hat betoniert /jmd., bes. Fachmann/ *etw.* ~ ˈetw. aus Beton bauen'; ↗ FELD V.3.2: *die Straßen* ~; *ein Fundament* ~ ❖ ↗ **Beton**

Beton|mischer, der ˈMaschine zum Mischer von Beton' (↗ BILD)

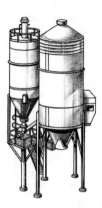

betont [bəˈtoːnt] **I.** ⟨Adj.; Steig. reg., ungebr.; nicht präd. und nicht bei Vb.; ↗ auch *betonen*⟩ ˈetw. demonstrativ zum Ausdruck bringend': *eine* ~*e Gleichgültigkeit an den Tag legen* — **II.** ⟨Adv.; vor Adj., Adv.⟩ /verstärkt die im Bezugswort genannte Eigenschaft/: *sich* ~ *gleichgültig, ruhig geben;* ~ *lässig daherkommen* ❖ ↗ **Ton**

betören [bəˈtøːʀən], betörte, hat betört /jmd., etw./ *jmdn.* ~ ˈjmdn., bes. eine Person des anderen Geschlechts, durch ein bestimmtes Verhalten, eine bestimmte Ausstrahlung, Wirkung so beeinflussen, dass er sich verliebt'; ↗ FELD I.6.2: *sie hat ihn (durch ihre Blicke, Schönheit) betört; ihre Blicke, ihre Schönheit haben ihn betört; ihre* ~*den Blicke;* ~*d lächeln*

Betracht [bəˈtʀaxt]
* /etw., jmd./ **außer** ~ **bleiben** ˈbei etw. nicht berücksichtigt werden': *bei diesem Projekt bleiben die Materialkosten erst einmal außer* ~; /etw., jmd./ **(für etw.) in** ~ **kommen** ⟨oft verneint⟩ ˈfür etw. berücksichtigt werden': *das kommt dabei nicht in* ~; *er kommt für den Posten nicht in* ~; *er kommt als Täter (nicht) in* ~; /jmd./ *etw.* **außer** ~ **lassen** ˈetw. unberücksichtigt lassen': *das wollen wir hier zunächst einmal außer* ~ *lassen*; /jmd./ *etw.* **in** ~ **ziehen** ˈetw. in seine Überlegungen einbeziehen': *man muss*

dabei in ~ *ziehen, dass er noch nie zuvor Auto gefahren ist*

betrachten [bəˈtʀaxtn̩], betrachtete, hat betrachtet **1.** /jmd./ *etw., jmdn.* ~ SYN ˈetw, jmdn. ansehen (2)ʼ; ↗ FELD I.3.1.2: *jmdn., etw. neugierig, aus der Nähe, aufmerksam, schweigend* ~; *ein Gemälde, Gebäude* ~; *etw. mit Muße, mit Wohlgefallen* ~; *sich in etw.* ~: *sich im Spiegel* ~ **2.** /jmd./ *etw. irgendwie* ~ ˈsich mit etw. befassen, indem man es analysiert und beurteiltʼ; SYN beleuchten: *ein Problem, Thema, eine Frage, einen Vorgang, eine Erscheinung wissenschaftlich, isoliert, von zwei Seiten, näher, unter verschiedenen Aspekten, im Zusammenhang* ~

beträchtlich [bəˈtʀɛçt..] **I.** ⟨Adj.; o. Steig.; nicht bei Vb.; vorw. attr.⟩ ˈvon relativ großem Ausmaß od. Wert, von relativ großer Zahl, Mengeʼ; SYN beachtlich (1), bedeutend (4): *für diese Arbeit, Untersuchung, diesen Bau werden* ~*e* (ˈerheblicheʼ) *Mittel, Summen gebraucht; das ist eine* ~*e* (ˈsehr großeʼ) *Entfernung, Höhe; der Gewinn ist* ~; *dieses Vorhaben kostet eine* ~*e* (SYN ˈschöne 4ʼ) *Summe Geld*; SYN respektabel (4): *der Baum hat einen* ~*en Umfang; der Turm hat eine* ~*e Höhe* − **II.** ⟨Adv.; vor Adj. im Komp.; bei Vb.⟩ *er ist in letzter Zeit* ~ (ˈsehrʼ) *gewachsen; er ist* ~ (ˈvielʼ) *größer als ich*

Betrag [bəˈtʀaːk], **der;** ~s/auch ~es, Beträge [bəˈtʀɛːɡə/..ˈtʀɛː..] ˈbestimmte Menge, Summe Geldʼ; ↗ FELD I.16.1: *ein* ~ *von 100 Mark; einen* ~ *auf ein Konto überweisen; es handelt sich um hohe, große, bedeutende Beträge* ❖ ↗ **betragen (1)**

betragen [bəˈtʀaːɡn̩] (er beträgt [..ˈtʀɛːkt/..ˈtʀɛːkt]), betrug [..ˈtʀuːk], hat betragen **1.** ⟨nicht im Pass.⟩ *etw. beträgt etw.* ˈetw. hat ein Meß-, Zählbares mit eine bestimmte Größe, ein bestimmtes Ausmaß, einen bestimmten Wertʼ; SYN belaufen: *der Schaden, die Miete, die Rechnung beträgt 100 Mark; die Kosten* ~ *mehr als der Gewinn; die Entfernung von A nach B beträgt 100 Kilometer; die Länge der Leine beträgt zehn Meter; sein Gewicht beträgt 100 Kilo* **2.** /jmd./ *sich irgendwie* ~ ˈsich im Umgang mit Menschen irgendwie verhaltenʼ; SYN benehmen: *sich gut, schlecht, anständig, unpassend, freundlich, höflich* ~; *er hat sich uns gegenüber immer korrekt, sehr liebenswürdig* ~ ❖ **zu (1): Betrag** − **Geldbetrag; zu (2): Betragen**

Betragen, das; ~s, ⟨o.Pl.⟩ *jmds.* ~ SYN ˈBenehmenʼ /vorw. auf Kinder bez./: *sein gutes, schlechtes* ~; *das* ~ *des Schülers war, gab zum Tadel Anlass; sein* ~ *war liebenswürdig, ungehörig, erregte Anstoß* ❖ ↗ **betragen**

betrauen [bəˈtʀaʊən], betraute, hat betraut /jmd./ *jmdn. mit etw.* ~ ˈjmdm. die Ausführung einer (verantwortungsvollen, wichtigen) Aufgabe, Arbeit übertragenʼ; SYN beauftragen: *jmdn. mit einem schwierigen Auftrag, mit der Lösung einer komplizierten Aufgabe* ~; *jmdn. mit der Leitung des Geschäfts* ~; *er wurde damit betraut, eine Satzung auszuarbeiten* ❖ ↗ **trauen**

betreffen [bəˈtʀɛfn̩] (er betrifft [..ˈtʀɪft]), betraf [..ˈtʀaːf], hat betroffen [..ˈtʀɔfn̩]; ↗ auch *betroffen*

1. *etw. betrifft jmdn., etw.* **1.1.** ˈetw. bezieht sich auf jmdn., etw.ʼ; SYN angehen: *der Schutz der Umwelt, die Verschmutzung der Umwelt betrifft uns alle; das, diese Regelung betrifft nur Jugendliche, den Verkehr auf Autobahnen; dies betrifft den Schluss des Romans* **1.2.** *was jmdn., etw. betrifft* /drückt die Beziehung, den Zusammenhang aus, der, von etw. ausgehend, zu jmdm., etw. besteht/: *was mich betrifft, ich bin/bin ich einverstanden* (ˈich bin einverstandenʼ); *was dies, diese Angelegenheit betrifft* (ˈhinsichtlich dieser Angelegenheitʼ), *brauchen wir uns keine Sorgen zu machen; betrifft* ⟨ABK betr.⟩ /weist am Beginn eines amtlichen Schreibens auf den Inhalt des Schreibens/: *betr.: Strafsache Müller;* ⟨adj. im Part. I; nur attr.⟩ *sich an die* ~*de Instanz wenden; die das Gesetz* ~*den Neuerungen; die* ~*de Stelle im Text lautet: ...* **2.** ⟨vorw. im Perf. u. Pass.⟩ *etw. betrifft jmdn., etw.* ˈetw., bes. etw. Negatives, widerfährt jmdm., trifft etw.ʼ; SYN heimsuchen: *ein schreckliches Unglück hat ihn, die Familie betroffen; weite Gebiete des Landes wurden vom Hochwasser, Erdbeben betroffen* ❖ ↗ **treffen**

betreffs [bəˈtʀɛfs] ⟨Präp. mit Gen.; vorangestellt; in Verbindung mit Verbalabstrakta⟩ vorw. amtsspr. /gibt den Bezug eines Schreibens an/; SYN bezüglich: ~ *Ihrer Anfrage, Ihres Schreibens vom 1.12. dieses Jahres teilen wir Ihnen Folgendes mit ...; Ihre Anfrage* ~ *einer Zimmerreservierung können wir positiv beantworten* ❖ ↗ **treffen**

betreiben [bəˈtʀaɪbm̩], betrieb [..ˈtʀiːp], hat betrieben [..ˈtʀiːbm̩] **1.** /jmd./ *etw.* ~ ˈetw. aktiv tun od. sich sehr darum bemühen, dass etw. realisiert wirdʼ: *(als Bauherr) den Bau, Umbau des Hauses* ~; *ein Hobby* ~; *den Abschluss der Arbeiten energisch* ~; *er betreibt sein Studium sehr ernsthaft; den Umsturz des herrschenden Regimes* ~; *diese Partei betreibt eine Politik, die bei den Wählern ankommt* **2.** /jmd./ *etw.* ~ ˈetw., bes. ein Gewerbe, einen Beruf o.Ä. ausübenʼ: *ein Handwerk* ~; *einen schwunghaften Handel mit etw.* ~ (SYN treiben); *ein Geschäft* ~ **3.** ⟨vorw. im Pass.⟩ /jmd./ *etw. irgendwie* ~ ˈetw. irgendwie antreibenʼ: *der Zug wird elektrisch betrieben;* ⟨oft adj. im Part. II⟩ *ein mit Atomkraft betriebenes Schiff* ❖ ↗ **treiben**

* *auf jmds.* **Betreiben** ˈauf Veranlassung einer Person, Gruppe, die meist im Hintergrund stehtʼ: *auf Betreiben der Leitung wurde er entlassen; auf sein Betreiben wurde das Erscheinen der Zeitschrift eingestellt*

¹betreten [bəˈtʀeːtn̩] (er betritt [..ˈtʀɪt]), betrat [..ˈtʀaːt], hat betreten **1.** /jmd./ *etw.* ~ ˈin das Innere (1) von etw., bes. in ein Gebäude, einen Raum treten (1)ʼ: *ein Zimmer, den Saal, das Gebäude* ~; *er betrat das Haus durch den hinteren Eingang; den Garten* ~ **2.** /jmd./ *etw.* ~ ˈauf eine Fläche treten und darauf weitergehen (wollen)ʼ: *den Rasen* ~; *nach einer Schiffsreise wieder festen Boden* ~; ⟨adj. im Part. II⟩ *ein viel* ~*er Weg* **3.** /in der kommunikativen Wendung/ *Betreten verboten!* (ˈes ist verboten,

diesen Raum, dieses Gebäude, diese Fläche zu betreten') /Hinweis auf einem Schild/ ❖ ↗ **treten**
²betreten ⟨Adj.; Steig. reg.⟩ '²verlegen, bes. aus Schuldbewusstsein, Scham': ~ *schweigen, aussehen, dastehen; ein* ~*es Gesicht machen; es herrschte (ein)* ~*es Schweigen;* ~ *über jmds. Rede, Worte sein*

betreuen [bə'trɔi̯ən], betreute, hat betreut /jmd./ jmdn. ~ 'für jmdn., der einem (vorübergehend) anvertraut ist, sorgen, sich um sein Wohlergehen kümmern': *einen Kranken, die Urlauber, jmds. Kinder* ~; *sie wurden während des Flugs von der Stewardess betreut* ❖ ↗ **treu**

Betrieb [bə'tri:p], der; ~s/auch ~es, ~e **1.1.** 'industrielles, gewerbliches Unternehmen (1) zur Produktion, zum Transport von Gütern od. zur Erbringung von Dienstleistungen': *ein industrieller, landwirtschaftlicher, privater, staatlicher* ~; *ein* ~ *der chemischen Industrie, des Maschinenbaus, des Handels; einen* ~ *aufbauen, gründen, leiten; in einem* ~ *arbeiten; dieser* ~ *stellt elektronische Geräte her; in diesem* ~ *sind zehn, 20.000 Arbeiter beschäftigt; der* ~ *hat 2.000 Mitarbeiter entlassen* **1.2.** 'Gesamtheit der Gebäude, Anlagen und des Geländes eines Betriebes (1)': *jeden Morgen in den* ~ *gehen, zum* ~ *fahren; er kommt um vier Uhr aus dem* ~; *den* ~ *am Abend verlassen* **2.** ⟨o.Pl.⟩ 'das Arbeiten eines Betriebs (1.1), einer Anlage, Maschine': *die Fabrik hat den* ~ *aufgenommen, begonnen, eingestellt, beendet; der* ~ *ruht, ist unterbrochen; zum vollautomatischen* ~ *übergehen* ('anfangen, vollautomatisch zu produzieren'); ⟨o.Art.⟩ *die Fabrik, Anlage, Heizung, Maschine, der Lift ist in* ~ ('arbeitet'; ↗ *arbeiten* 6), *ist außer* ~ ('arbeitet nicht, steht still'); *etw. bleibt in* ~; *etw., eine Anlage, Maschine in* ~ *nehmen* ('zu arbeiten beginnen lassen'); *eine Fabrik, ein Werk in* ~ *nehmen* ⟨oft im Pass.⟩ 'die Produktion anlaufen lassen': *man hat ein neues Werk in* ~ *genommen; etw., eine Anlage, Maschine in, außer* ~ *setzen* ⟨oft im Pass.⟩ ('einschalten, ausschalten') **3.** ⟨o.Pl.⟩ umg. 'das Leben und Treiben vieler Menschen und der Verkehr in einer städtischen Region': ⟨vorw. mit *herrschen* od. *sein* u. bestimmtem Adj., Indefinitpron.⟩ *in den Ländern, auf den Straßen, auf dem Bahnhof herrschte, war (ein) großer* ~; *in dieser Gegend ist am Abend viel, wenig, kein* ~ ❖ ↗ **treiben**
* umg. /jmd./ **den ganzen** ~ **aufhalten** 'den Fortgang, Ablauf einer Arbeit, eines Tuns, Prozesses durch seine Langsamkeit, umständliche Art behindern': *nun mach mal, du hältst hier ja den ganzen* ~ *auf!*

betrieblich [bə'tri:p..] ⟨Adj.; o. Steig.⟩ nur attr.⟩ 'zum Betrieb (1) gehörend, den Betrieb (1) betreffend' /vorw. auf Abstraktes bez./: ~*e Leistungen, Angelegenheiten* ❖ ↗ **treiben**

betriebsam [bə'tri:p..] ⟨Adj.; Steig. reg.⟩ 'auf eine meist übertriebene Weise geschäftig, rührig' /vorw. auf Personen bez./: *ein* ~*er Mensch; plötzlich wurde er* ~; ~ *hin und her gehen, eilen* ❖ ↗ **treiben**

Betriebsamkeit [bə'tri:pzɑm..], **die**; ~, ⟨o.Pl.⟩ 'das Betriebsamsein': *allmählich geht uns ihre* ~ *auf die Nerven; dort herrschte eine hektische, ameisenhafte* ~; *bei dieser Tätigkeit entwickelte er immer eine schreckliche* ~ ❖ ↗ **treiben**

Betriebs/betriebs [bə'tri:ps..]|-**angehörige, der** u. **die**; ~en, ~en; ↗ TAFEL II; ↗ auch *angehören* 'jmd., der in einem Betrieb angestellt ist, arbeitet': *ein Klub für* ~; *als* ~*r hat er einige Vergünstigungen* ❖ ↗ treiben, ↗ gehören; -**bereit** ⟨Adj.; o. Steig.⟩ 'bereit, in Betrieb (2) genommen zu werden' /auf Geräte, Maschinen, Fahrzeuge bez./: *die Anlage, das Fahrzeug ist* ~; *ein Fahrzeug* ~ *machen* ❖ ↗ treiben, ↗ bereit; -**blind** ⟨Adj.; o. Steig.; nicht bei Vb.; vorw. präd. (mit *sein, werden*)⟩ /jmd., bes. Betriebsangehöriger/ ~ *sein* 'bes. durch Gewohnheit und Routine nicht mehr in der Lage sein, neu auftretende Besonderheiten, Fehler und Mängel im eigenen Arbeitsbereich wahrzunehmen': *er ist bereits* ~, *ist* ~ *geworden* ❖ ↗ treiben, ↗ blind; -**sicher** ⟨Adj.; o. Steig.⟩ 'gegen Störungen während des Betriebs (2) gesichert' /auf Geräte, Maschinen bez./: *eine* ~*e Bohrmaschine, Anlage; der Föhn ist nicht* ~; *das Gerät funktioniert* ~ ❖ ↗ treiben, ↗ sicher; -**verfassungsgesetz, das** ⟨o.Pl.⟩ 'Gesetz, das die Rechte und Pflichten, die Mitwirkung und Mitbestimmung der Arbeitnehmer in sozialen, personellen und wirtschaftlichen Angelegenheiten in Betrieben (1) regelt' ❖ ↗ treiben, ↗ fassen, ↗ Gesetz; -**wirtschaft, die** ⟨o.Pl.⟩ 'Wirtschaftswissenschaft, die sich mit dem Aufbau, der Organisation und der Führung von Betrieben befasst': *er studiert* ~ ❖ ↗ treiben, ↗ Wirtschaft

betrinken [bə'trɪŋkn̩], **sich**, betrank [..'traŋk] sich, hat sich betrunken [..'trʊŋkn̩]; ↗ auch *betrunken, Betrunkene* /jmd./ sich ~ 'sich durch übermäßigen Genuss von Alkohol in einen Rausch (1) versetzen': *er hat sich aus Kummer, hat sich sinnlos betrunken* ❖ ↗ **trinken**

betroffen [bə'trɔfn̩] ⟨Adj.; Steig. reg.; ↗ auch *betreffen*⟩ 'voller Bestürzung und erschrocken': *ein* ~*es Gesicht machen; es herrschte* ~*es Schweigen; er war sehr, tief* ~, *als er von dem Unglück hörte; jmdn.* ~ *ansehen;* ~ *stehen bleiben; über etw.* ~ *sein: er war* ~ *über das entsetzliche Geschehen* ❖ ↗ **treffen**

Betroffenheit [bə'trɔfn̩..], **die**; ~, ⟨o.Pl.⟩ /zu *betroffen*/ 'das Betroffensein': *er reagierte mit großer* ~ *auf die schlimmen Nachrichten* ❖ ↗ **treffen**

betrüben [bə'try:bm̩], betrübte, hat betrübt geh. *etw. betrübt jmdn.* 'etw. Negatives, was von einer anderen Person ausgeht, macht jmdm. Kummer, macht jmdn. traurig': *deine Herzlosigkeit, Rücksichtslosigkeit, Gleichgültigkeit hat mich betrübt; die Nachricht, sein Brief betrübte ihn sehr;* ⟨oft adj. im Part. II⟩ *er war betrübt, sah betrübt drein, machte ein betrübtes Gesicht; über etw. betrübt sein: er war über den Verlust, die Nachricht (sehr) betrübt* ❖ ↗ **trüb**

betrüblich [bə'try:p..] ⟨Adj.; Steig. reg., ungebr.; nicht präd.⟩ /vorw. auf Mimisches bez./: *jmd. macht eine* ~*e Miene, ein* ~*es Gesicht, einen* ~*en Ein-*

druck, bietet einen ~en Anblick, sieht ~ aus ('hat offenbar Kummer, was man ihm ansehen kann') ❖ ↗ **trüb**

Betrug [bə'tʀuːk], **der**; ~s/auch ~es, ⟨o.Pl.⟩ 'bewusste, arglistige Täuschung einer Person, Institution, um sich rechtswidrig bes. finanzielle Vorteile zu verschaffen, um jmdm. Schaden zuzufügen': *das ist frecher, glatter, schwerer ~; ein geschickt, raffiniert eingefädelter ~; einen ~ begehen, verüben* ('jmdn., eine Institution betrügen'); *einen ~ durchschauen, aufdecken, planen; jmdn. wegen ~(s) verklagen, verurteilen* ❖ ↗ **trügen**

betrügen [bə'tʀyːgn̩], betrog [..'tʀoːk], hat betrogen [..'tʀoːgn̩] **1.** /jmd./ **1.1.** *jmdn., eine Institution ~* 'jmdn., eine Institution bewusst täuschen, um sich rechtswidrig einen finanziellen Vorteil zu verschaffen'; SYN anscheißen (1), leimen (2): *einen Partner, Kunden ~; jmdn. beim Kauf ~; er ist beim Kauf des Hauses, Autos betrogen worden; da hast du dich ganz schön ~ lassen;* **1.2.** *jmdn. um etw. ~* 'durch Betrügen (1.1) jmdn. um sein Geld, um das, was ihm zusteht, bringen (5) und selbst in den Besitz des Geldes, der Sache gelangen': *jmdn. um seinen Lohn, sein Geld, sein Erbe ~* **2.** /jmd./ *jmdn. ~* 'außerhalb seiner Ehe (od. Beziehung) mit jmd. anderem sexuelle Beziehungen haben': *er hat sie, seine Frau, Freundin betrogen; sie hat ihn, ihren Mann betrogen; jmdn. mit jmdm. ~: er hat seine Frau mit seiner Sekretärin, Nachbarin betrogen* **3.** /jmd./ *sich selbst ~* 'sich selbst täuschen, indem man sich Illusionen hingibt': *gib diese Ideen auf, du betrügst (damit) nur dich selbst* **4.** geh. /jmd./ *sich in etw. betrogen sehen, fühlen: er sah, fühlte sich in seinen Erwartungen, Hoffnungen betrogen* ('seine Erwartungen, Hoffnungen hatten sich nicht erfüllt') ❖ ↗ **trügen**

Betrüger [bə'tʀyːgɐ], **der**; ~s, ~ 'jmd., der jmdn. betrügt (1), betrogen hat'; SYN Gauner (1): *der ~ wurde gefasst, verurteilt;* vgl. *Schwindler* ❖ ↗ **trügen**

Betrügerin [..'tʀyːgəʀ..], **die**; ~, ~nen /zu Betrüger; weibl./

betrunken [bə'tʀʊŋkn̩] ⟨Adj.; Steig. reg., ↗ auch betrinken, Betrunkene⟩ 'in einem Zustand, der durch Trinken von zu viel Alkohol bewirkt wird'; ANT nüchtern /auf Personen bez./: *er ist völlig ~; er torkelte ~ über die Straße; ein ~er Fahrer, Fahrgast, Gast* ❖ ↗ **trinken**

Betrunkene [bə'tʀʊŋkənə], **der**; ~n, ~n; ↗ auch betrinken; ↗ TAFEL II 'jmd., der betrunken ist': *die ~n lallten, lagen auf den Bänken im Park; ein ~r torkelte über die Straße* ❖ ↗ **trinken**

Bett [bɛt], **das**; ~es, ~en/~e **1.** ⟨Pl.: ~en⟩ 'Möbelstück (mit Matratzen, Kissen und Decken), auf das man sich zum Schlafen legt'; ↗ FELD V.4.1 (↗ TABL Liegemöbel): *ein schmales, breites ~; sich ins ~ legen; erschöpft ins ~ fallen; sich aufs ~ werfen; sich schlaflos im Bett herumwälzen; aus dem ~ springen, hüpfen; im ~ liegen; die Kinder ins, zu ~ bringen; das ~ machen* ('die Kissen und Decken

des Bettes in Ordnung bringen') **2.** ⟨Pl.: ~en⟩ 'das, womit man sich in einem Bett (1) zudeckt': *ein leichtes, dünnes, dickes ~; die ~en beziehen, aufschütteln, lüften; ein mit Daunen gefülltes ~* **3.** ⟨Pl.: ~e; vorw. Sg.⟩ 'die von einem fließenden Gewässer im Erdboden gebildete längliche Vertiefung, in der es entlangfließt': *das ~ des Flusses, Baches; ein breites, tiefes ~* ❖ **betten** – **bettlägerig, bettnässen, Bettnässer, -wäsche, Einbettzimmer, Flussbett, Wochenbett, Zweibettzimmer**

* /jmd./ emot. **mit jmdm. ins ~ gehen/steigen** ('mit jmdm. bes. in einem Bett geschlechtlich verkehren'); /jmd./ emot. neg. **sich ins gemachte ~ legen** ('den Wohlstand, den andere geschaffen haben, bes. durch die Heirat einer vermögenden Person bekommen und darauf sein Leben aufbauen'); /jmd./ **das ~ hüten (müssen)** ('krank im Bett liegen müssen')

Bett|bezug ['..], **der** 'Bezug (1.1) für ein Federbett, eine (Stepp)decke' ❖ ↗ **Bett**, ↗ **ziehen**

betteln ['bɛtln̩] ⟨reg. Vb.; hat⟩ **1.** *jmd.* wendet sich in der Öffentlichkeit, bes. auf Straßen, an fremde Personen und bittet sie, ihm etw., bes. Geld, zu geben'; ↗ FELD I.17.2: *er bettelt auf der Straße; um etw. ~: er bettelte um (ein Stück) Brot, um Geld, zehn Mark* **2.** /jmd., bes. Kind/ 'inständig um etw. bitten': *die Kinder bettelten so lange, bis ihre Mutter ihnen ihren Wunsch erfüllte* ❖ **Bettler, Bettlerin**

betten ['bɛtn̩], bettete, hat gebettet geh. /jmd./ *jmdn. irgendwohin ~* 'jmdn., bes. einen Kranken, Verletzten, sorgsam irgendwohin auf etw., bes. ein Bett, (zur Ruhe) legen'; ↗ FELD V.4.2: *sie hatten den Kranken auf ein Sofa gebettet; die Verletzten auf Heu, Stroh ~; etw. ~: sie betteten sein Haupt auf ein Kissen* ❖ ↗ **Bett**

bett/Bett ['bɛt..]-**lägerig** [lɛːgəʀɪç/le..] ⟨Adj.; o. Steig.; nicht bei Vb.; vorw. präd. (mit *sein*)⟩ /jmd./ *~ sein:* der Kranke ist ~ ('muss wegen seiner Krankheit im Bett liegen'; ↗ FELD V.4.3); *~e Patienten* ❖ ↗ **Bett**, ↗ **liegen**; **-laken, das** 'großes Tuch (2), das über die Matratze, Unterlage gespannt wird'; SYN Laken: *ein weißes ~* ❖ ↗ **Bett**, ↗ **Laken**

Bettler ['bɛtlɐ], **der**; ~s, ~ 'jmd., der vom Betteln (1) lebt'; ↗ FELD I.17.1: *der ~ bat um etwas Geld, um eine warme Mahlzeit; ein zerlumpter ~* ❖ ↗ **betteln**

Bettlerin ['bɛtlaʀ..], **die**; ~, ~nen /zu Bettler; weibl./

Bett ['bɛt..]-**nässen, das**; ~s, ⟨o.Pl.⟩ 'ungewollte, unwillkürliche Entleerung der Blase während des Schlafes' ❖ ↗ **Bett**, ↗ **nässer, der**; ~s, ~ 'jmd., der während des Schlafs im Bett ungewollt seine Blase entleert': *er, das Kind ist (ein) ~* ❖ ↗ **Bett**, ↗ **nass; -wäsche, die** 'Bettlaken, Kissenbezug und Bettbezug': *frische, saubere ~ aufziehen* ❖ ↗ **Bett**, ↗ **waschen**

betulich [bə'tuː..] ⟨Adj.; Steig. reg., ungebr.; nicht bei Vb.⟩ 'langsam und umständlich, aber zugleich freundlich und ständig um etw., jmdn. besorgt' /auf

Personen bez./: *eine ~e alte Dame; er hat ein ausge-sprochen ~es Wesen, ist sehr ~* ❖ ↗ **¹tun**

beugen [bɔiɡn̩] ⟨reg. Vb.; hat⟩ **1.** /jmd./ *etw.* ~ ˈden oberen Teil des Körpers, bes. den Rumpf, aus der geraden, aufrechten in eine gekrümmte Haltung nach vorn, hinten, zur Seite bringen'; ↗ FELD I.7.2.2: *den Oberkörper, Rumpf ~; den Rumpf, Kopf nach vorn, hinten, zur Seite ~; sich irgendwohin ~: sich über seine Arbeit, über das schlafende Kind, über die Brüstung ~; sich aus dem Fenster ~*; vgl. *krümmen (1.1)* **2.** /jmd./ *sich jmdm., etw.* ⟨Dat.⟩ ~ ˈsich nach anfänglichem Widerstand nicht mehr gegen jmdn., etw. auflehnen'; SYN fügen; ANT auflehnen: *sich seinen Eltern, dem Willen seiner Eltern ~; sich vor jmds. Autorität ~* **3.** ⟨nur im Pass.⟩ *Phys. Licht-, Schallwellen werden gebeugt* (ˈändern ihre geradlinige Ausbreitung beim Eindringen in ein anderes Medium, unter der Einwirkung eines Magnetfeldes') ❖ **unbeugsam, verbeugen − vorbeugen**

Beule [ˈbɔilə], **die**; ~, ~n **1.** ˈStelle am Körper, an der, bes. infolge eines Schlages, Stoßes das Gewebe geschwollen ist': *eine ~ am Kopf, auf der Stirn haben* **2.** ˈStelle an der Oberfläche eines meist metallenen Gegenstands, die, meist infolge eines Schlages, Stoßes, nach innen od. außen gewölbt ist'; ↗ FELD III.1.1: *die Kanne, der Topf ist voller ~n, hat eine (große) ~; eine ~ im, am Kotflügel* ❖ **verbeulen**

beunruhigen [bə'ʔʊnʁuiɡn̩], beunruhigte, hat beunruhigt **1.1.** /etw./ *jmdn.* ~ ˈjmdm. Unruhe, Sorge verursachen, bereiten'; ANT beruhigen (2): *seine lange Abwesenheit hatte sie sehr beunruhigt; die Nachricht, sein Gesundheitszustand beunruhigte uns; etw. beunruhigt jmdn. sehr, tief; es ist sehr ~d, dass er nicht anruft* **1.2.** ⟨vorw. verneint⟩ /jmd./ *sich* ~ ˈunruhig werden, sich Sorgen machen'; ↗ FELD I.6.2: *du brauchst dich nicht zu* ~ (ˈdir keine Sorgen zu machen'); *bitte, beunruhige dich nicht!* ❖ ↗ **Ruhe**

beurlauben [bə'ʔuːɐlaubm̩], beurlaubte, hat beurlaubt *jmdn.* ~ **1.1.** /Vorgesetzter/ ˈjmdm. Urlaub geben, gewähren' /in der Regel nicht auf Ferien od. gesetzlichen Urlaub bez./: *einen Schüler, Mitarbeiter (aus besonderem Anlass) für einige Tage, aus familiären Gründen* ~ **1.2.** ⟨oft im Pass.⟩ /Institution, Vorgesetzter/ ˈeinem Angestellten, Beamten aus bestimmten triftigen Gründen, wegen einer Verfehlung, die Ausübung seiner (beruflichen) Tätigkeit, seines Dienstes vorübergehend untersagen': *jmdn. bis zur Klärung eines Vorfalls, bis zum Abschluss eines gerichtlichen Verfahrens* ~; *er wurde wegen seiner Affäre beurlaubt* ❖ ↗ **Urlaub**

beurteilen [bə'ʔʊʁtailən], beurteilte, hat beurteilt /jmd./ *jmdn., etw.* ~ ˈüber jmdn., etw. ein, sein Urteil (2) abgeben'; ↗ FELD I.4.2.2: *ein Buch, Theaterstück, einen Mitarbeiter* ~; *jmdn., etw. richtig, falsch, abfällig, streng, ungerecht, nur nach seinem Äußeren, nach seiner Leistung* ~; *jmds. Arbeit, Leistung* ~; *jmd., etw. ist schwer, leicht zu* ~; *das kann*

ich nicht ~; *das kann ich nur nach dem, was in der Zeitung steht,* ~ ❖ ↗ **Urteil**

Beurteilung [bə'ʔʊʁtail..], **die**; ~, ~en **1.** ⟨vorw. Sg.⟩ /zu *beurteilen*/ ˈdas Beurteilen, Einschätzen'; ↗ FELD I.4.2.1: *die ~ eines Mitarbeiters, eines neuen Projekts; eine nüchterne ~ der Lage; etw. entzieht sich jmds.* ~ (ˈjmd. kann etw. nicht beurteilen'); *etw. einer ~ unterziehen* (ˈetw. prüfen und beurteilen') **2.** ˈSchriftstück, mit dem etw., jmd. beurteilt wird': *eine ~ schreiben; eine ~ vorlegen; er hat eine schlechte, gute ~ bekommen* ❖ ↗ **Urteil**

Beute [ˈbɔitə], **die**; ~, ⟨o.Pl.⟩ **1.** ˈmeist eine Menge wertvoller Dinge, die jmd. unrechtmäßig, bes. durch Diebstahl, Raub, Plünderung, in seinen Besitz gebracht hat': *die Plünderer waren, gingen auf ~ aus* (ˈwollten etw. stehlen'); *die Diebe haben reiche ~ gemacht* (ˈhaben viel gestohlen'); *mit der ~ entkommen; den Dieben die ~ wieder abnehmen* **2.** ˈdie Tiere, die durch Jäger bei einer Jagd geschossen wurden': *die Jäger kamen mit reicher ~ heim* **3.** ˈLebewesen, das ein räuberisch lebendes Tier tötet, getötet hat, um es zu fressen': *der Tiger schleppte seine ~ in das Dickicht; der Löwe stürzte sich auf seine ~* (ˈauf sein Opfer') ❖ **erbeuten − ausbeuten**

Beutel [ˈbɔitl̩], **der**; ~s, ~ ˈaus weichem (textilem) Material bestehendes sackförmiges Behältnis zum Transport, zur Aufbewahrung von etw.'; ↗ FELD V.7.1: *ein ~ aus Leder, Kunststoff, Stoff; ein ~ mit Mehl, Zucker; Bücher, Hefte in einen ~ stecken, in einem ~ tragen; die Wäsche in einem ~ zur Wäscherei bringen*; vgl. *Tasche, Sack* ❖ **Beuteltier, Campingbeutel**

Beutel|tier [ˈ..], **das** ˈbes. in Australien lebendes Säugetier, dessen Junges sich nach der Geburt in einer beutelförmigen Hautfalte am Bauch des Muttertieres weiterentwickelt': *das Känguru ist ein ~* ❖ ↗ **Beutel, ↗ Tier**

bevölkern [bə'fœlkɐn], bevölkerte, hat bevölkert **1.** /mehrere (jmd., Tier)/ *etw.* ~ ˈdie Bevölkerung eines Gebietes bilden'; SYN bewohnen: *Menschen und Tiere ~ die Erde; dieses Land ist dicht, schwach bevölkert* (SYN besiedelt); *die Menschen haben fast jede Region der Erde bevölkert* (ˈsind in fast alle Regionen der Erde gewandert, um dort zu leben') **2.1.** /mehrere (jmd., Tier)/ *etw.* ~ ˈin großer Menge irgendwo sein, auftreten': *viele Touristen, Tauben ~ die Straßen und Plätze Venedigs im Sommer* **2.2.** /Gebiet/ *sich* ~ ˈsich mit Menschen füllen': *der Strand, die Straße, der Platz bevölkerte sich allmählich* ❖ ↗ **Volk**

Bevölkerung [bə'fœlkəʁ..], **die**; ~, ~en ⟨vorw. Sg.⟩ ˈGesamtheit der Bewohner eines Gebiets'; ↗ FELD I.11: *die (gesamte) ~ der Erde, eines Landes, Staates; die einheimische, ländliche ~; die ~ eines Landes wächst, schrumpft; eine Umfrage unter der ~ veranstalten*; vgl. *Einwohner, Bewohner* ❖ ↗ **Volk**

MERKE Für die Bewohner einer Ortschaft, Stadt wird vorwiegend der Begriff *Einwohner*, seltener *Bevölkerung* verwendet

bevollmächtigen [bə'fɔlmɛçtɪgn̩], bevollmächtigte, hat bevollmächtigt ↗ auch *Bevollmächtigte* /jmd., Institution/ *jmdn., etw. zu etw.* ⟨Dat.⟩ ~ ῾jmdm., einer Institution eine Vollmacht für etw. erteilen᾿: ⟨vorw. mit Nebens. u. Inf. + *zu*⟩ *er, die Bank hat ihn bevollmächtigt, das Geld abzuholen, in Empfang zu nehmen;* ⟨oft adj. im Part. II⟩ *zu etw. bevollmächtigt sein: er, die Bank ist bevollmächtigt, die Verhandlungen zu führen; sie ist zum Abschluss des Vertrags, zur Unterschrift bevollmächtigt* ❖ ↗ **Vollmacht**

Bevollmächtigte [bə'fɔlmɛçtɪçtə], der u. die; ~n, ~n; ↗ auch *bevollmächtigen;* ↗ TAFEL II ῾jmd., dem eine Vollmacht für etw. erteilt worden ist᾿: *er ist der ~ für die Abwicklung dieses Geschäfts; ein ~r der Regierung, des Unternehmens* ❖ ↗ **Vollmacht**

bevor [bə'fo:ɐ] ⟨Konj.; subordinierend; der Nebensatz steht hinter od. vor dem Hauptsatz⟩ /temporal/ **1.1.** ⟨die Tempusformen sind gleich⟩ /gibt an, dass der Sachverhalt des Nebensatzes dem des Hauptsatzes zeitlich unmittelbar nachgeordnet ist/; SYN ehe (1.1): *~ er fortgeht, schließt er die Tür ab/ er schließt die Tür ab, ~ er fortgeht;* ⟨mit Negation im Hauptsatz und fakultativer Negation im Nebensatz⟩ *er darf die Wohnung nicht verlassen, ~ er (nicht) aufgeräumt hat* **1.2.** ⟨mit Negation im Hauptsatz und fakultativer Negation im Nebensatz; die Tempusformen sind verschieden⟩ /gibt an, dass der Sachverhalt des Nebensatzes zeitlich unmittelbar vor dem des Hauptsatzes liegt/; SYN ehe (1.2): *ich treffe keine Entscheidung, ~ ich mich genau informiert habe; wir werden nicht eher ruhen, ~ wir nicht alles erledigt haben;* vgl. *sobald* **2.** ⟨als Glied der zusamengesetzten Konj. **~ nicht;** bei Negation im Hauptsatz; die Tempusformen sind gleich⟩ /temporal und zugleich konditional; gibt an, dass der Sachverhalt des Nebensatzes zeitlich vor dem des Hauptsatzes liegt/: *~ die Hausaufgaben nicht fertig sind, dürft ihr nicht spielen* (῾erst dann, wenn die Hausaufgaben fertig sind, dürft ihr spielen᾿) ❖ ↗ **vor**

bevormunden [bə'fo:ɐmʊndn̩], bevormundete, hat bevormundet /jmd./ *jmdn.* ~ ῾jmdn., eine Gruppe nicht frei entscheiden lassen, sondern ihnen die Entscheidungen vorschreiben᾿: *jmdn. ständig ~; sich von niemandem ~ lassen; er wurde ständig von seinen Eltern bevormundet* ❖ ↗ **vor-,** ↗ **mündig**

bevorstehen [bə'fo:ɐʃte:ən], stand bevor, hat bevorgestanden **1.1.** *etw. steht bevor* ῾etw. ist in naher Zukunft zu erwarten, wird in naher Zukunft geschehen᾿; ↗ FELD VII.6.2: *ein Fest, seine Abreise steht nahe bevor; die ~den Wahlen* **1.2.** *jmdm. steht etw. bevor* ῾jmd. hat in naher Zukunft etw. (für ihn nicht Angenehmes) zu erwarten, das er zu bewältigen hat᾿: *ihm steht Schlimmes, nichts Gutes, eine düstere Zukunft bevor, wenn er sich darauf einlässt; er weiß, was ihm bevorsteht; wer weiß, was uns noch alles bevorsteht!* ❖ ↗ **vor-,** ↗ **stehen**

bevorzugen [bə'fo:ɐtsu:gn̩], bevorzugte, hat bevorzugt **1.** /jmd./ **1.1.** *etw., jmdn.* ~ ῾etw., jmdn. lieber mö-

gen, für wichtiger, besser halten als andere(s)᾿: *er bevorzugt leichte Kost, eine bestimmte Sorte Wein; er bevorzugt blonde, mollige Frauen* **1.2.** *diese Pflanzen ~ einen schattigen Platz* (῾wachsen besser im Schatten᾿) **2.** /jmd., bes. Lehrer/ *jmdn.* ~ ῾jmdn. gegenüber anderen vorziehen᾿; SYN favorisieren (2): *einen Schüler ~; unser Lehrer hat die Mädchen in der Klasse immer ein wenig bevorzugt* ❖ ↗ **²vor,** ↗ **ziehen**

bewachen [bə'vaxn̩], bewachte, hat bewacht **1.1.** /jmd./ *jmdn.* ~ ῾aufpassen, damit jmd. nicht wegläuft, ausbricht, flüchtet᾿: *die Gefangenen, Häftlinge streng, scharf ~* **1.2.** /jmd. / etw.* ~ ῾aufpassen, dass auf einem Gelände, in einem Gebäude nichts Unrechtes geschieht, niemand unberechtigt eindringt᾿: *die Grenze, das Haus ~; der Hund bewacht das Grundstück; ein bewachter Parkplatz* ❖ ↗ **wach**

bewachsen [bə'vaksn̩] ⟨Adj.; nicht bei Vb.; vorw. präd. (mit *sein*)⟩ /etw./ *mit etw.* ~ *sein* ῾mit Pflanzen bedeckt sein, die darauf wachsen᾿: *die Böschung ist mit Gras und Büschen ~; ein mit Schilf ~es Ufer; dicht mit Moos ~e Felsen* ❖ ↗ **wachsen**

bewaffnen [bə'vafnən], bewaffnete, hat bewaffnet /jmd./ *jmdn.* ~ ῾jmdn., bes. eine Gruppe, mit Waffen ausrüsten᾿: ⟨oft im Pass.⟩ *die Einwohner wurden bewaffnet, damit sie sich verteidigen konnten; sich ~: sie bewaffneten sich, um nicht schutzlos zu sein; sich, jmdn. mit etw. ~: sich, jmdn. mit Gewehren, Messern ~;* ⟨adj. im Part. II⟩ *die Verbrecher waren (mit Revolvern) bewaffnet; ein bewaffneter Aufstand* (῾ein Aufstand, dessen Teilnehmer mit Waffen ausgerüstet sind᾿) ❖ ↗ **Waffe**

Bewaffnung [bə'vafn..], die; ~, ~en ⟨vorw. Sg.⟩ **1.** ⟨o.Pl.⟩ ῾das Bewaffnen᾿: *die ~ der Einwohner verlangen, anstreben* **2.** ⟨vorw. Sg.⟩ ῾Gesamtheit der Waffen, mit denen eine Gruppe, Truppe (1.1), jmd. ausgerüstet ist᾿; ↗ FELD V.6.1: *die ~ der Truppen erneuern, modernisieren* ❖ ↗ **Waffe**

bewahren [bə'va:ʀən], bewahrte, hat bewahrt **1.** /jmd., etw./ *jmdn., etw. vor etw.* ~ ῾dafür sorgen, dass jmdm. nicht etw. Unangenehmes widerfährt, dass etw. keinen Schaden nimmt᾿; SYN schützen: *jmdn. vor Schaden, Verlusten, Verletzung, Gefahren ~; das hat ihn davor bewahrt, leichtsinnig zu werden; er konnte ihn nicht vor solchen bösen Überraschungen ~; eine Tierart vor dem Aussterben ~; Nahrungsmittel vor dem Verderb ~; das Haus, die Möbel vor Beschädigungen ~; vor etw. bewahrt bleiben* ῾von etw. Unangenehmem nicht betroffen werden᾿: *er ist davor bewahrt geblieben, entlassen zu werden* **2.** /jmd./ ⟨vorw. im Prät., Perf.⟩ *etw. im Herzen, in der Brust, im Gedächtnis* ~ ῾etw., bes. eine Erinnerung, nicht vergessen, weil einem emotional zu viel damit verbindet᾿: *eine Erinnerung an etw., jmdn., ein Geheimnis, jmds. letzte Worte in seinem Gedächtnis, tief im Herzen, tief in seiner, der Brust ~* **3.** /jmd./ *etw.* ~ ῾etw., bes. eine bestimmte Haltung, ein Verhalten, auch in schwieriger Situation beibehalten, nicht aufgeben᾿: /beschränkt verbindbar/ *(seine) Ruhe, Haltung ~; Stillschweigen*

über etw. ~; *jmdm. ein ehrendes Andenken* ~ ❖ ↗
wahren

bewähren [bə'vɛːʀən/..veː..], **sich**, bewährte sich, hat sich bewährt /jmd., etw./ *sich* ~ 'sich durch Prüfung, Praxis als fähig, für etw. geeignet erweisen': *er hat sich (in dieser Arbeit, bei dieser Aufgabe) bewährt* (ANT versagt 1); *ein bewährter Fachmann, Mitarbeiter; diese Methode, dieses Material, Werkzeug hat sich (nicht) bewährt; sich als etw.* ~: *er hat sich als Freund bewährt, das Material hat sich als Baustoff bewährt* ❖ **Bewährung**

bewahrheiten [bə'vɑːʀhɑitn̩], **sich**, bewahrheitete sich, hat sich bewahrheitet /etw., was inhaltlich nicht gesichert ist/ *sich* ~ 'sich als wahr, richtig erweisen': *das Gerücht, seine Befürchtungen hatten sich bewahrheitet; seine Vermutungen, Voraussagen* ~ *sich immer wieder, haben sich nicht bewahrheitet* ❖ ↗ **wahr**

Bewährung [bəvɛːʀ../..veː..], **die**; ~, ⟨o.Pl.⟩ **1.** 'Nachweis, dass jmd., etw. für etw. fähig, geeignet ist': *jmdm. die Zeit, Möglichkeit zur* ~ *geben* **2.** Jur. *eine Strafe auf/zur* ~ *aussetzen* ('ihre Vollstreckung aufschieben mit dem Ziel, die Strafe zu erlassen, wenn der Verurteilte im angegebenen Zeitraum nicht rückfällig wird'); *jmdn. zu einem Jahr Gefängnis auf/mit* ~ *verurteilen; er hat* ~ *gekriegt, bekommen* ('seine Strafe ist zur Bewährung ausgesetzt worden') ❖ ↗ **bewähren**

bewältigen [bə'vɛltign̩], bewältigte, hat bewältigt /jmd./ *etw.* ~ 'etw. Schwieriges, bes. eine Aufgabe, Arbeit meist mit großer Anstrengung erfolgreich zu Ende bringen, durchführen'; SYN meistern: *er hat die Arbeit (spielend, nur mit großer Mühe) bewältigt; Schwierigkeiten* ~; *ein Problem* ~ ('lösen'); *der Läufer bewältigte die Strecke in neuer Rekordzeit; die Portion war so groß, dass er sie kaum* ~ ('aufessen') *konnte; eine große Enttäuschung, ein erschütterndes Erlebnis* ~ ('geistig, psychisch verarbeiten und überwinden'); *die Vergangenheit* ~ ('sich mit der Vergangenheit auseinander setzen')

bewandert [bə'vandɐt] ⟨Adj.; Steig. reg.; nur präd. (mit *sein*)⟩ /jmd./ *in etw.* ⟨Dat.⟩, *auf einem Gebiet* ~ *sein* 'auf einem bestimmten (Wissens)gebiet gut Bescheid wissen': *er ist in der Geschichte seines Landes, auf dem Gebiet der Mathematik/in Mathematik (gut, sehr, besonders)* ~ ❖ **unbewandert**; vgl. **wandern**

Bewandtnis [bə'vant..]
* **mit etw., jmdm.** ⟨Dat.⟩ **hat es folgende/eine besondere/seine** ~ 'für etw., jmdn. sind besondere, bestimmte Umstände maßgebend' /einer Aussage vorangestellt/: *mit diesem Zwischenfall, mit ihrem Ehemann hat es folgende, eine besondere* ~ ...

bewässern [bə'vɛsɐn], bewässerte, hat bewässert /jmd./ *etw.* ~ 'eine gärtnerisch, landwirtschaftlich genutzte Fläche durch eine bestimmte Anlage mit Wasser versorgen'; ↗ FELD III.2.2: *Wiesen, Felder, Plantagen (durch Pumpen, Berieselungsanlagen)* ~ ❖ ↗ **Wasser**

¹bewegen [bə'veːgn̩], bewegte, hat bewegt **1.** /jmd., etw., Tier/ **1.1.** *sich* ~ 'sich in Bezug auf Ort, Lage, Haltung, Stellung verändern'; ↗ FELD I.7.2.2: *der Kranke konnte sich vor Schmerzen kaum* ~; *im Gebüsch bewegte sich etwas, eine dunkle Gestalt, ein Tier; die Gardinen, Fahnen* ~ *sich im Wind; der Zeiger der Skala, der Sekundenzeiger bewegte sich ruckartig; er soll sich viel* ~ ('betätigen, spazieren gehen'); *sich irgendwohin* ~: *er, der Hund bewegte sich nicht von der Stelle; die Erde bewegt sich* ('rotiert') *um die Sonne; etw.* ~ *etw. in seiner Lage, Stellung verändern': *er versuchte, die schwere Kiste zu* ~; *den Schrank konnte er nicht ohne Hilfe* ~; *er konnte den rechten Arm nicht mehr* ~; *der Hund bewegte den Schwanz vor Freunde; der Wind bewegt die Blätter der Bäume* **1.2.** /jmd., etw./ *sich irgendwohin* ~ 'irgendwohin gehen, fahren': *wir bewegten uns langsam von der Stelle, zum Zentrum der Stadt; die Demonstranten bewegten sich durch die Straßen zum Marktplatz; der Wagen, Zug bewegte sich in Richtung auf sein Ziel;* METAPH *seine Gedanken, Vorschläge bewegten sich in die gleiche Richtung* ('er hatte letztendlich die gleichen Gedanken, Vorschläge'); *die Preise* ~ *sich* ('schwanken') *zwischen 10 und 20 Mark* **2.** /jmd./ *sich irgendwie, irgendwo* ~ 'sich irgendwie (in einer bestimmten Umgebung) verhalten': *sich irgendwo, in Gesellschaft völlig ungezwungen, natürlich* ~ **3.** *etw. bewegt jmdn.* 'etw., bes. eine Äußerung, lässt in jmdm. bestimmte Gefühle entstehen'; SYN erregen, rühren: *ihre Worte haben ihn (tief) bewegt; er dankte in bewegten* ('seine starken Emotionen ausdrückenden') *Worten; sie hatte eine* ~*de* ('starke Emotionen auslösende') *Rede gehalten; er war freudig bewegt* ('war voller Freude'), *als er die gute Nachricht erhielt* **4.** *etw. bewegt jmdn.* 'jmd. beschäftigt sich gedanklich ständig mit einem bestimmten Problem': *diese Idee hat ihn schon lange bewegt; Fragen, die uns alle* ~ ❖ **beweglich, Bewegung, unbewegt — bewegungslos, fortbewegen, Fortbewegung, Handbewegung, Reflexbewegung**

²bewegen, bewog [..'voːk], hat bewogen [..'voːgn̩] *jmd., etw. bewegt jmdn. zu etw.* 'jmd. erreicht durch Gründe, Zureden, etw. Geäußertes bewirkt, dass jmd. etw. Bestimmtes tut': *jmdn. zum Bleiben, zur Teilnahme an etw.* ~; *er wurde von seiner Mitarbeiterin zur Teilnahme bewogen;* ⟨vorw. mit Nebens. u. Inf. + zu⟩ *seine Bitten haben sie bewogen, ihre Abreise zu verschieben; nichts konnte ihn dazu* ~ *mitzukommen; er war durch nichts dazu zu* ~/*er ließ sich nicht dazu* ~, *einen finanziellen Beitrag zu leisten; was hat dich denn (dazu) bewogen, plötzlich wegzugehen?; er ließ sich schließlich dazu* ~, *bei uns mitzumachen* ❖ **beweglich, Bewegung — Beweggrund, Gemütsbewegung, weltbewegend**

Beweg|grund [bə've:k..], **der** SYN 'Motiv (1)': *das hat er aus persönlichen, niederen, sachlichen Beweggründen getan;* ⟨+ *für*⟩ *er hatte keinen* ~ *für diese Taten* ❖ ↗ **²bewegen**, ↗ **Grund**

beweglich [bə've:k..] ⟨Adj.; Steig. reg.⟩ **1.** ʿso beschaffen, dass man es (leicht) bewegen (1) kann, dass es sich (leicht) bewegen (1) lässtʾ; ANT starr /bes. auf Teile von Gegenständen bez./; ↗ FELD I.7.2.3: *die ~en Teile einer Maschine, eines Autos; die Puppe hat ~e Glieder; sich selbst, seine Gliedmaßen durch Training, die Gelenke eines Mechanismus durch Pflege und Wartung ~ halten; er ist dick, aber sehr ~* (ʿkann sich, bes. seine Arme und Beine, mühelos bewegen'ʾ) **2.** ⟨nur attr.⟩ SYN ʿmobil (2)ʾ /beschränkt verbindbar/: *~er Besitz; die, jmds. ~e Habe* **3.** ⟨nicht bei Vb.; vorw. präd. (mit *sein*)⟩ /jmd./ *~ sein* ʿgeistig sehr aktiv sein, schnell reagieren könnenʾ: *jmd. ist geistig (sehr) ~; er hat ein ~es Wesen* (ʿer ist aktiv und temperamentvollʾ) ❖ ↗ ¹,²**bewegen**

Bewegung [bə've:g..], die; ~, ~en /zu *bewegen* (1)/ **1.1.** ʿdas Sichbewegen von jmdm., etw.ʾ; ↗ FELD I.7.2.1: *die ~en der Tänzerin; die ~en der Wellen, Wolken, Maschine; die ~ des Zeigers der Uhr; die ~ eines Körpers beim Fall;* ⟨o.Pl.⟩ *der Arzt hat ihm viel ~* (ʿSpaziergängeʾ) *verordnet; sich ein wenig ~ verschaffen; die ~ irgendwohin: die ~ der Planeten um die Sonne* **1.2.** ʿdas Bewegen von etw.ʾ: *eine ungeschickte, heftige ~ (mit dem Arm) machen; eine einladende ~ (mit der Hand) machen; die ~ der Hebel mit der Hand* **1.3.** ⟨o.Pl.⟩ *etw. gerät in ~* ʿetw. beginnt sich zu verändernʾ: *der Dollarkurs geriet in ~; etw. in ~ setzen* ʿetw., bes. eine Maschine, anschaltenʾ: *das Gerät, die Maschine in ~ setzen; ein Projekt, einen Prozess in ~ setzen* (ʿbewirken, dass ein Projekt, Prozess beginntʾ); *jmd. setzt sich in ~* ʿbeginnt zu gehen, zu laufenʾ: *er setzte sich sofort in ~; die Maschine, das Auto setzt sich in ~* (ʿbeginnt zu arbeiten, zu fahrenʾ); *ein Prozess, etw. kommt in ~* (ʿbeginnt sich zu entwickelnʾ) **2.** ⟨o.Pl.⟩ ʿdie innere Erregung, Ergriffenheit, Rührung eines Menschenʾ: *er konnte seine (innere) ~ nicht verbergen; dieses traurige Ereignis hat bei vielen Menschen tiefe, schmerzliche ~ ausgelöst; sich seine ~ nicht anmerken lassen; er konnte vor ~ nicht sprechen* **3.** ʿgemeinsames Bestreben, Handeln einer größeren, großen Gruppe von Menschen in der Gesellschaft, die sich für bestimmte geistige, weltanschauliche, politische od. künstlerische Ideen und Ziele einsetzenʾ: *eine patriotische, religiöse, künstlerische, revolutionäre ~; die ~ erfasste die Massen* ❖ ↗ ¹,²**bewegen**

bewegungs|los [bə've:guŋs..] ⟨Adj.; nur bei Vb.⟩ ʿohne sich zu bewegen (1)ʾ /vorw. auf Personen bez./; ↗ FELD I.7.1.3: *er stand ~ da* ❖ ↗ ¹**bewegen**, ↗ **los**

Bewehrung [bə've:ʀ..], die; ~, ~en Bauw. ʿmeist netzartig miteinander verbundene Stäbe und Stangen aus Stahl, die in tragende Konstruktionen aus Beton eingesetzt sind, um ihnen große Stabilität zu gebenʾ: *die ~ einer Brücke*

beweinen [bə'vaɪnən], beweinte, hat beweint /jmd./ *jmdn., etw. ~* ʿ(weinend) um jmdn., etw. trauern,

klagenʾ: *den, die Toten ~; den Tod des Freundes ~; den Verlust des Autos ~* ❖ ↗ **weinen**

Beweis [bə'vaɪs], der; ~es, ~e **1.** ʿetw., bes. Tatsachen, Schlussfolgerungen, woraus unbezweifelbar hervorgeht, dass etw. zu Recht behauptet, vermutet wird, dass etw. zutrifftʾ; ↗ FELD I.4.3.1: *etw. ist ein ~ für etw.: dies ist ein eindeutiger, schlagender, untrüglicher ~ für die Richtigkeit der Aussagen, Auffassungen, Annahmen der Forscher; das ist der beste Beweis dafür, dass er Recht hatte; als/zum ~: als/zum ~ für seine Theorie führte er Beispiele für ihre Umsetzung in die Praxis an; als ~ für seine Behauptung führte er an, dass ...; einen ~, ~e für etw. haben: für seine Aussagen hatte er keine ~e; den, einen ~ (für etw.) antreten, führen, liefern, etw. unter ~ stellen* (ʿetw. beweisenʾ); *der Angeklagte brach unter der Last der ~e zusammen* (ʿhörte auf, seine Schuld zu leugnen, weil es zwecklos war und legte ein Geständnis abʾ); *einen Angeklagten mangels ~en/aus Mangel an ~en freisprechen* **2.** ⟨+ Gen.attr.⟩ ʿetw., das jmds. Fähigkeit, innere Haltung deutlich machtʾ; SYN Zeichen: *der neue Mitarbeiter lieferte schon sehr bald überzeugende ~e seines Könnens; er schenkte ihr einen kostbaren Ring, einen Blumenstrauß als/zum ~ seiner Liebe; ~e der Dankbarkeit, Anteilnahme;* ⟨+ für⟩ *dass sie errötete, nahm er als ~ für ihre (Un)schuld* ❖ ↗ **weisen**

beweisen [bə'vaɪzn̩], bewies [..'vi:s], hat bewiesen [..'vi:zn̩] **1.** /jmd., etw./ *etw. ~* ʿdurch Tatsachen, Schlussfolgerungen unwiderlegbar verdeutlichen, dass etw. zu Recht behauptet, vermutet wird, dass etw. zutrifftʾ; SYN erweisen (1), nachweisen (2); ANT widerlegen; ↗ FELD I.4.3.2: *die Richtigkeit einer Theorie ~; Behauptungen (durch Zeugenaussagen, vorgelegte Belege, Dokumente) ~; er konnte seine Unschuld nicht ~; diese Aussage, dieser Text beweist gar nichts; es lässt sich nicht (mehr) ~, ob/ dass er anwesend, betrunken war; dem Angeklagten konnte die Tat nicht bewiesen werden; er hat damit bewiesen, dass es stimmt; jmdm. etw. ~: er wollte uns ~, dass sein Vorgehen richtig war; das vorliegende Material bewies eindeutig die Schuld des Angeklagten* **2.** /jmd./ *etw. ~* ʿeinen Beweis (2) von etw. geben, zeigenʾ /beschränkt verbindbar/: *er hat Mut, Ausdauer, große Umsicht bewiesen; er hat durch sein Verhalten bewiesen, dass ...* ❖ ↗ **weisen**

Beweis|material [bə'vaɪs..], das ʿVorhandene, Aussagen o.Ä., durch die sich bes. die (Un)schuld eines Angeklagten beweisen (1) lässtʾ; ↗ FELD I.4.3.1: *das ~ (für die Schuld des Angeklagten) war erdrückend, unwiderleglich, überzeugend; das ~ vorlegen* ❖ ↗ **weisen**, ↗ **Material**

bewenden [bə'vɛndn̩] ⟨Vb.; nur im Inf. u. Part. II: *bewendet*⟩ * /jmd./ *es bei/mit etw. ~ lassen/bewendet sein lassen* ʿin Bezug auf etw., bes. auf ein Geschehen, Urteil, die Untersuchung eines Vergehens nichts weiter tun, als das, was schon erfolgt ist; etw. nicht weiter verfolgen (1)': *man ließ es bei einer Verwarnung ~/ bewendet sein*

bewerben [bə'vɛʀbm̩], **sich** (er bewirbt [..'vɪʀpt] sich), bewarb [..,vaʀp] sich, hat sich beworben [..'vɔʀbm̩] /jmd./ **1.1.** *sich um etw.* ~ 'sich (durch einen Antrag) darum bemühen, etw., bes. eine Stellung, zu bekommen': *er hat sich (bei mehreren Firmen) um eine Anstellung, um einen Posten, als Ingenieur, um die Stelle eines Buchhalters beworben; er hat sich darum beworben, in den Verein aufgenommen zu werden; sich um einen Studienplatz, um ein Stipendium ~; sich um das Amt des Präsidenten ~* ('sich für das Amt des Präsidenten zur Wahl stellen'); /Institution, Land, Stadt/ *sich um die Austragung eines Wettbewerbs, Spiels, der Olympischen Spiele ~; sich irgendwo ~: er hat sich in N, in der Firma (um eine Anstellung) beworben* **1.2.** *sich um jmdn.* ~ 'jmdn. als Freund, Freundin, bes. als Partner für eine Ehe, zu gewinnen suchen': *er hat sich lange vergeblich um sie beworben* ❖ ↗ **werben**

Bewerber [bə'vɛʀbɐ], **der**; ~s, ~ 'jmd., der sich um etw., eine Anstellung, jmdn. bewirbt, beworben hat'; SYN Anwärter, Kandidat (1): *für den Posten hatten sich mehrere ~ gemeldet* ❖ ↗ **werben**

Bewerberin [bə'vɛʀbər..], **die**; ~, ~nen /zu Bewerber; weibl./

Bewerbung [bə'vɛʀb..], **die**; ~, ~en /zu bewerben (1.1)/ **1.** 'das Sichbewerben': *die Unterlagen für eine ~ einreichen; nach vielen ~en (um einen Arbeitsplatz) hatte er endlich Erfolg; seine ~ wurde abgelehnt, berücksichtigt* **2.** 'Schreiben, mit dem sich jmd. um etw. bewirbt': *eine ~ schreiben, einreichen, lesen; auf das Stellenangebot gingen mehrere ~en ein; er hat über 30 ~en geschrieben, aber kein Angebot erhalten* ❖ ↗ **werben**

bewerkstelligen [bə'vɛʀk|ʃtɛlɪɡn̩], bewerkstelligte, hat bewerkstelligt /jmd./ *etw.* ~ SYN 'etw. fertig bringen (1.1)': *er hat es bewerkstelligt, dass sie mitkommt, dass wir eine Entschädigung bekommen; wie hast du das nur bewerkstelligt?*

bewerten [bə've:ɐtn̩], bewertete, hat bewertet /jmd./ **1.1.** *etw. irgendwie* ~ 'den finanziellen Wert von etw. irgendwie festlegen'; SYN taxieren, schätzen: *das Grundstück wurde vom Taxator zu hoch, niedrig bewertet; der Hausrat wurde mit 50 000 Mark bewertet* **1.2.** *etw.* ~ 'den ideellen Wert (2) von etw. bestimmen'; SYN einschätzen, werten: *jmds. Leistung ~; einen Aufsatz mit der Note 'gut' ~; sie bewerteten seine Ausführungen als bahnbrechend; jmdn. nach etw. ~: man kann einen Menschen nicht nur nach seinem Erfolg ~* ('beurteilen') ❖ ↗ **wert**

bewilligen [bə'vɪlɪɡn̩], bewilligte, hat bewilligt /jmd., Behörde/ *jmdm. etw.* ~ 'jmdm. etw., das er beantragt hat, offiziell genehmigen'; SYN gewähren: *jmdm. anstandslos, ohne Zögern Unterstützung, einen Kredit, eine Entschädigung ~; die Mittel für den Bau wurden vom Ministerium (nicht) bewilligt; dem Verein wurde ein Zuschuss/man hat dem Verein einen Zuschuss bewilligt; jmdm. jmdn. ~: ihm wurden/man hat ihm zwei Mitarbeiter bewilligt* ('er durfte zwei

Mitarbeiter einstellen 3'); *einen Antrag ~* (ANT ablehnen 2) ❖ ↗ **Wille**

bewirken [bə'vɪrkn̩], bewirkte, hat bewirkt /etw., jmd./ *etw.* ~ 'etw. als Ergebnis hervorrufen': *sein Verhalten bewirkte (bei ihr) das Gegenteil von dem, was er sich erhofft hatte; die Tablette bewirkte eine Linderung seiner Schmerzen;* ⟨mit Nebens.⟩ *er, sein Protest bewirkte, dass Änderungen vorgenommen wurden; durch sein Eingreifen bewirkte er, dass sie sich wieder versöhnten; die Trockenheit bewirkte, dass sich dieser Landstrich immer mehr entvölkerte* ❖ ↗ **wirken**

bewirten [bə'vɪrtn̩], bewirtete, hat bewirtet /jmd./ *jmdn.* ~ 'einem Gast zu essen und zu trinken geben': *seine Gäste gut, reichlich, festlich ~; sie bewirtete ihren Besuch mit Kaffee und Kuchen* ('gab ihrem Besuch Kaffee und Kuchen') ❖ ↗ **Wirt**

bewirtschaften [bə'vɪrt|ʃaftn̩], bewirtschaftete, hat bewirtschaftet **1.** /jmd./ *etw.* ~ 'einen landwirtschaftlichen Betrieb, eine Gaststätte betreiben (2)': *sie ~ den Hof, das Lokal schon in der dritten Generation* **2.** /jmd., bes. Bauer/ 'Boden landwirtschaftlich, gärtnerisch bearbeiten und nutzen': *in seinem Alter kann er das Land, den Boden nicht mehr ~; Felder, Wiesen ~; der Ertrag pro Hektar bewirtschafteter Fläche* ❖ ↗ **Wirtschaft**

bewog: ↗ ²**bewegen**

bewogen: ↗ ²**bewegen**

bewohnen [bə'vo:nən], bewohnte, hat bewohnt /jmd./ *etw.* ~ **1.1.** 'in einem Haus, Raum, in Räumen wohnen'; ↗ FELD V.2.2: *ein Haus, ein (möbliertes) Zimmer* ~ **1.2.** 'seine Wohnung, Unterkunft, seinen ständigen Aufenthalt auf einem Gelände, in einer Gegend haben': *sie* ~ *diese Insel, das Gelände schon seit Generationen; die Insel ist nicht bewohnt* ('auf der Insel wohnen, leben keine Menschen') ❖ ↗ **wohnen**

Bewohner [bə'vo:nɐ], **der**; ~s, ~ 'jmd., der etw. bewohnt (1.1,1.2)': *die ~ des Hauses, der Zimmer im ersten Stock, der Insel, der Erde* ❖ ↗ **wohnen**

bewölken [bə'vœlkn̩], **sich**, bewölkte sich, hat sich bewölkt: *es, der Himmel bewölkt sich* ('Wolken erscheinen am Himmel und bedecken ihn nach und nach (ganz)'); *es, der Himmel ist stark bewölkt* ❖ ↗ **Wolke**

Bewölkung [bə'vœlk..], **die**; ~, ⟨o.Pl.⟩ **1.** 'das Sichbewölken': *eine plötzliche, allmähliche ~ des Himmels* **2.** 'Gesamtheit der am Himmel sichtbaren Wolken': *eine leichte, starke, aufgelockerte ~; am Nachmittag hatten wir wechselnde* ('unterschiedlich starke') *~; die ~ reißt auf* ('die Wolken lösen sich allmählich auf, und an einzelnen Stellen wird der blaue Himmel sichtbar') ❖ ↗ **Wolke**

bewundern [bə'vʊndɐn], bewunderte, hat bewundert /jmd./ **1.1.** *jmdn., etw.* ~ 'jmdm. wegen seiner außergewöhnlich guten Eigenschaft(en), Leistung(en) od. einer außergewöhnlich guten Eigenschaft, Leistung staunend seine besondere Hochachtung erweisen (3)': *er hat seinen Lehrer, Vater, den großen Gelehrten immer bewundert; ich habe ihn immer we-*

gen seiner Großzügigkeit bewundert; an ihm habe ich immer bewundert, dass er nie die Geduld verlor; jmds. Geschicklichkeit, Mut, Geduld, Wissen ~ **1.2.** *etw. ~* ʾetw. außerordentlich Schönes, Wertvolles betrachten und staunend als solches erkennen und sehr achten, wertschätzenʾ: *er bewunderte die alten Gemälde im Museum; die herrliche Aussicht, das hinreißende Spiel des Klaviervirtuosen ~; er bewunderte ihre Schönheit, ihr Haar, ihre Klugheit* ❖ ↗ **Wunder**

Bewunderung [bə'vʊndəʀ..], **die**; ~, ⟨o.Pl.⟩ ʾdas Bewundernʾ: ↗ FELD I.6.1: *etw. nötigt jmdm. ~ ab, erregt jmds. ~, erfüllt jmdn. mit ~; voller ~ für jmdn., etw. sein* ❖ ↗ **Wunder**

bewusst [bə'vʊst] ⟨Adj.; o. Steig.⟩ **1.1.** ⟨nur präd. (mit *sein*)⟩ /jmd./ *sich* ⟨Dat.⟩ *etw.* ⟨Gen.⟩ *~ sein* ʾetw., was einen selbst betrifft, was man als Eigenschaft hat od. was man bedenken sollte, klar erkannt haben und sich danach richtenʾ: *sich einer Sache, seines Verhaltens, seiner Verantwortung, Fehler ~ sein; sich keiner Schuld ~ sein* (ʾsich unschuldig fühlen, wissenʾ); *ich bin mir dessen ~, dass das geändert werden muss; ich bin mir dessen, dieser Vorgänge nicht mehr ~* (ʾich kann mich nicht mehr daran erinnernʾ); *etw. ist jmdm. ~* ⟨+ Nebens.⟩: *ihm war ~* (ʾihm war klar, er wussteʾ), *welche Folgen seine Tat haben könnte, würde* **1.2.** ⟨nur präd. (mit *werden*)⟩ /jmd./ *sich* ⟨Dat.⟩ *etw.* ⟨Gen.⟩ *~ werden* ʾKlarheit darüber gewinnen, was einen selbst betrifft, was man als Eigenschaft hat od. was man bedenken sollte, damit man sich danach richten kannʾ; ↗ FELD I.4.1.3: *er wurde sich allmählich, schließlich seiner Schuld, Verantwortung ~* **1.3.** ⟨nur bei Vb.⟩ *sich* ⟨Dat.⟩, *jmdm. etw. ~ machen* ʾbewirken, dass einem, jmdm. etw. bewusst (1.2) wirdʾ: *er machte sich ~, wie schädlich das Rauchen ist; jmdm. seine Lage ~ machen* **2.** ⟨nur bei Vb.⟩ ʾim Zustand klarer Erkenntnis, mit Bewusstsein (2)ʾ: *ich war noch zu müde, um die Vorgänge ~ aufzunehmen, zu erkennen, zu durchdenken; sie hat den Krieg noch ~ erlebt* **3.** ⟨nicht präd.⟩ ʾin vollem Wissen, mit voller Absicht handelnd, vorgehendʾ; SYN absichtlich, vorsätzlich, wissentlich: *er hat uns ~ belogen; eine ~e Irreführung, Kränkung, Verdrehung der Tatsachen; das habe ich wirklich nicht ~ getan* **4.** ⟨nur attr.⟩ /bezeichnet das Genannte nicht näher, drückt aber aus, dass Sprecher und Hörer darüber informiert sind/: *sie trafen sich an dem ~en Tag, Ort; in dem ~en Brief schrieb sie, dass ...; das ist die ~e Person, von der wir gesprochen haben!* ❖ ↗ **wissen**

-bewusst /bildet mit einem Subst. als erstem Bestandteil Adjektive/ ʾsich des im ersten Bestandteil Genannten bewusst seiendʾ: ↗ z. B. *verantwortungsbewusst*

bewusst/Bewusst [bə'vʊst..]**-los** ⟨Adj.; o. Steig.⟩ ʾohne Bewusstsein (1)ʾ; SYN besinnungslos, ohnmächtig (1): *~ zusammenbrechen; der Verunglückte war tagelang ~, in ~em Zustand; er wurde ~ geschlagen* (ʾso sehr geschlagen, dass er das Bewusst-

sein verlorʾ) ❖ ↗ wissen, ↗ los; **-losigkeit** [lo:zɪç..], **die**; ~, ⟨o.Pl.⟩ ʾdas Bewusstloseinʾ: *in tiefer ~ liegen; aus tagelanger ~ erwachen* ❖ ↗ wissen, ↗ los; **-sein, das**; ~s, ⟨o.Pl.⟩; ↗ FELD I.4.1.1 **1.** ʾZustand, in dem jmd. wach ist und all seine Sinne und seinen Verstand beherrscht, sich selbst und seine Umwelt klar und sicher erkenntʾ: *der Verletzte ist wieder bei ~, ist wieder zu ~ gekommen, hat das ~ wiedererlangt; jmd. verliert das ~, ist ohne ~* **2.1.** ʾZustand des klaren Wissens um etw. Bestimmtes, sodass man sich danach richten kannʾ: *das ~ seiner Schuld bedrückte ihn (nicht):* ⟨+ Gen.attr. od. mit Nebens. + Inf. + zu⟩ *im ~ seiner Kraft, Macht, seines Könnens, Wissens übernahm er die große Aufgabe; im ~, seinen Verpflichtungen nachgekommen zu sein, gut gearbeitet zu haben, fuhr er in den Urlaub* **2.2.** *etw. kommt jmdm. zu(m) ~* (ʾjmd. erkennt etw. klarʾ); *sich etw. ins ~ zurückrufen* (ʾsich an etw. erinnernʾ) **3.** *etw. mit (vollem) ~* (ʾbewusst 3ʾ) *tun* **4.** ʾGesamtheit der Anschauungen, Überzeugungen eines Menschen, einer Gruppe bes. in Bezug auf geistige, politische, kulturelle Fragenʾ: *das religiöse, politische ~ eines Menschen; das geschichtliche ~ eines Volkes* ❖ ↗ wissen, ↗ ¹sein

bezahlen [bə'tsɑːlən], bezahlte, hat bezahlt; ↗ auch *bezahlt* **1.** /jmd./ *etw. ~* **1.1.** ʾden Preis für etw., bes. eine Ware, Dienstleistung in Geld zahlenʾ: *eine Ware, mit Scheck, auf Kreditkarte, in Raten ~; den Transport, die Zeche, das Hotelzimmer, die Reparatur ~; etw. ist nicht mehr zu ~* (ʾdie Kosten für etw. sind derart gestiegen, dass man sie nicht mehr zahlen, aufbringen kannʾ) **1.2.** SYN ʾetw. zahlenʾ: *eine Rechnung, seine Schulden, die Miete, Steuern, Gebühren ~; etw. für etw. ~: er hat lange bei uns gewohnt, ohne einen Pfennig dafür ~ zu müssen; er hat eine Menge Geld dafür (an sie) bezahlt* **1.3.** *jmdm. etw. ~* ʾjmdm. das Geld geben, damit er etw. bezahlen (1.2) kannʾ: *jmdm. sein Studium ~; er bezahlt ihr die Miete (für das Appartement), die Reise, den Aufenthalt* **1.4.** *er hat sich* ⟨Dat.⟩ *seine falsche Aussage teuer ~ lassen* (ʾviel Geld dafür geben lassenʾ) **2.** /jmd., bes. Arbeitgeber/ *jmdn. ~* ʾjmdm., meist nach entsprechender Übereinkunft, Vereinbarung, für etw., bes. eine Leistung, Arbeit, eine Summe Geld als Lohn zahlenʾ: *die Handwerker, Arbeiter ~; diese Angestellten werden nach Tarif bezahlt* (SYN ʾentlohntʾ); *er wird dafür bezahlt, dass er unseren Garten in Ordnung hält; die Überstunden sind ihm nicht bezahlt worden* ❖ ↗ **Zahl**

bezahlt [bə'tsɑːlt] ⟨Adj.; o. Steig.; nicht bei Vb.; ↗ auch *bezahlen*⟩: *ein gut ~er* (ʾhoch entlohnterʾ) *Posten; ~er Urlaub* (ʾUrlaub, während dessen volle Lohn, das volle Gehalt gezahlt wirdʾ) ❖ ↗ **Zahl**

* /etw., bes. eine Leistung/ *sich ~ machen* ʾsich lohnenʾ: *die Mühe, der Aufwand, die neue Heizung hat sich ~ gemacht; das hat sich nicht ~ gemacht* (ʾdas war den Aufwand an Geld nicht wertʾ)

bezähmen [bə'tsɛːmən/..tseː..], bezähmte, hat bezähmt /jmd./ *etw., sich ~* ʾetw., sich beherrschen

(4)': *er konnte seine Neugier, seinen Zorn, sich nicht ~; er musste sich sehr ~, um nicht unhöflich zu werden* ❖ ↗ **zahm**

bezaubern [bə'tsaubɐn], bezauberte, hat bezaubert /jmd., etw./ *jmdn.* ~ 'auf jmdn. einen starken Zauber (2), Reiz (2) ausüben'; SYN entzücken; ↗ FELD I.6.2: *sie bezauberte alle (durch ihren Charme, mit ihrer, durch ihre Anmut, Liebenswürdigkeit); ihre Anmut, ihr Charme bezauberte ihn; sie war von seinem Charme, von der Schönheit der Landschaft bezaubert;* ⟨adj. im Part. I⟩ *eine ~de Frau; ein ~der Anblick;* vgl. *faszinieren* ❖ ↗ **Zauber**

bezeichnen [bə'tsaiçnən], bezeichnete, hat bezeichnet; ↗ auch *bezeichnend* **1.1.** /jmd./ *jmdn., etw.* ~ 'jmdn., etw. mit einem Namen, einer Bezeichnung (1) versehen'; SYN benennen: *wie bezeichnet man ein Tier, das im Wasser lebt?; einen Menschen, der studiert hat, kann man als (einen) Akademiker ~* **1.2.** *etw. bezeichnet etw.* 'etw., ein Wort bezieht sich auf etw.': *das Wort 'Hammer' bezeichnet ein bestimmtes Werkzeug* **2.** /jmd./ *jmdn., sich, etw. als etw.* ~ 'als Charakterisierung jmdm., sich, einer Sache durch eine Äußerung ein bestimmtes, oft negatives Attribut zuordnen': *er bezeichnete ihn als seinen Feind, als seinen besten Freund; er bezeichnete sich als seinen Vertrauten; jmds. Verhalten, jmdn. als feige ~; jmdn. als freundlich, nachlässig ~; etw. als Fehler, als einen Entwurf, als gelungen ~* **3.** /jmd./ *etw.* ~ 'etw. mit einem Zeichen (1) versehen, durch ein Zeichen kenntlich machen'; SYN kennzeichnen, markieren: *die Gepäckstücke sind alle mit einem Kreuz, einer Zahl bezeichnet* ❖ ↗ **Zeichen**

bezeichnend [bə'tsaiçnənt] ⟨Adj.; Steig. reg., ungebr.⟩ ↗ auch *bezeichnen*⟩ 'für jmdn., etw. typisch, charakteristisch und bestimmte, meist negative Rückschlüsse nahe legend': *die Äußerung, Haltung ist ~ für ihn, für sein Vorgehen; dieser Umschwung ist ~ für diese Partei* ❖ ↗ **Zeichen**

bezeichnenderweise [bə'tsaiçnəndɐvaizə] ⟨Satzadv.⟩ /drückt die Einstellung des Sprechers zum genannten Sachverhalt aus/: *er hat es ~ abgelehnt, daran teilzunehmen* ('er hat es abgelehnt, daran teilzunehmen, was bezeichnend für ihn ist') ❖ ↗ **Zeichen**

Bezeichnung [bə'tsaiçn..], die; ~, ~en **1.** ⟨vorw. Sg.⟩ /zu *bezeichnen* 3/ 'das Bezeichnen': *die ~ der zu fällenden Bäume vornehmen* **2.** 'Zeichen, Wort, Name für etw., jmdn.': *eine treffende, passende ~ für eine Sache, Person suchen, finden, zur Verfügung haben; eine irreführende ~ für ein Medikament; eine manipulierende, verhüllende ~ für eine politische Maßnahme; für diese Sache gibt es im Deutschen noch keine ~* ❖ ↗ **Zeichen**

bezeugen [bə'tsɔign̩], bezeugte, hat bezeugt **1.** /jmd./ *etw.* ~ 'als Zeuge (vor Gericht) einen Sachverhalt bestätigen': *er bezeugte die Wahrheit der Aussage; er bezeugte, dass er den Angeklagten am Tatort gesehen hat; das kann ich ~!* **2.** /jmd./ *jmdm. etw.* ~ 'jmdm. etw. erweisen' /beschränkt verbindbar/: *jmdm. (seine) Achtung, Ehrfurcht, (sein) Vertrauen, (seinen) Respekt ~* ❖ ↗ **Zeuge**

bezichtigen [bə'tsɪçtɪgn̩], bezichtigte, hat bezichtigt /jmd./ *jmdn. etw.* ⟨Gen.⟩ ~ 'jmdn. beschuldigen, etw. Verbotenes zu tun, getan zu haben': *jmdn. des Diebstahls, Betrugs ~; er wurde/man hat ihn des Mordes bezichtigt*

beziehen [bə'tsiːən], bezog [..'tsoːk], hat bezogen [..'tsoːgn̩] **1.** /jmd./ *etw.* ~: *die Polstermöbel neu, mit neuem Stoff* ~ ('die Oberfläche mit einem neuen Stoff bespannen'); *einen Regenschirm neu* ~; *die Betten frisch* ~ ('mit einem frischen Bettbezug versehen'; ANT abziehen 1.2); *das Sofa ist mit Leder bezogen* ('hat einen Bezug 1.2 aus Leder') **2.** *es, der Himmel bezieht sich* ('bewölkt sich') **3.** /jmd./ *eine Wohnung, ein neues Büro* ~ ('in eine Wohnung, ein neues Büro einziehen 7') **4.** /jmd., Firma/ *etw. durch, über jmdn., eine Firma, von jmdm., einer Firma, Einrichtung* ~ 'etw., eine Ware aufgrund eines Vertrages, einer Vereinbarung gegen Bezahlung meist regelmäßig über einen längeren Zeitraum erhalten'; ↗ FELD I.16.2: *wir* ~ *nur eine Zeitung; wir* ~ *unsere Möbel von der Firma B; wir* ~ *unsere Waren durch/über den Großhandel, vom Großhandel* **5.** /jmd./ *etw.* ~ 'etw. als Einkommen regelmäßig ausgezahlt bekommen': *ein gutes Gehalt, eine hohe Gage, eine Rente* ~ **6.** /jmd./ *sich auf etw., jmdn.* ~ 'im Rahmen einer Äußerung (und zum Beweis des Gesagten) auf etw., jmdn. hinweisen': *sich auf ein Gespräch, eine Aussage, einen Vorgang* ~; *er bezog sich (mit diesem Hinweis) auf seinen Kollegen, auf einen Artikel in der Zeitung, auf ein Ereignis des vorigen Jahres* **7.** *etw. bezieht sich auf jmdn., etw.* 'etw., bes. eine Äußerung, ist auf jmdn., etw. gerichtet, hat jmdn., etw. zum Ziel'; SYN betreffen (1.1): *diese Entscheidung bezieht sich auf uns alle; meine Bemerkung bezieht sich nicht auf dich, nicht auf deine Arbeit* **8.** /jmd./ *etw. auf sich* ~ 'annehmen, dass man selbst mit etw., bes. einer negativen Bemerkung, Äußerung, gemeint sei': *du darfst nicht immer alles auf dich* ~; *er hat diese Äußerung, Bemerkung, diesen Witz dummerweise auf sich bezogen* ❖ ↗ **ziehen**

Beziehung [bə'tsiː..], die; ~, ~en **1.** ⟨vorw. Pl.⟩ 'spezifisches, mit regelmäßiger Kommunikation verbundenes Verhältnis zwischen Menschen, Völkern, Staaten'; SYN Kontakt (1), Verbindung (8): ⟨+ mit, zu, zwischen u. mit best. Adj.⟩ *beide Familien haben gute, freundschaftliche, verwandtschaftliche ~en miteinander; die wirtschaftlichen, kulturellen ~en zwischen (zwei) Staaten; diplomatische ~en zu einem Land aufnehmen; die diplomatischen ~en abbrechen; die engen ~en zwischen Geschwistern; jmd. unterhält zu/mit jmdm. intime ~en* **2.** 'Verbindung zu jmdm., einer Institution, die bestimmte, meist wirtschaftliche Vorteile verschafft'; SYN Verbindung (9): ⟨+ zu⟩ *diesen großen Auftrag hatten sie nur durch die ~, durch ihre ~en zur Regierung bekommen;* ~ *haben: er, die Firma ist überall (seine, ihre) ~en* **3.** 'Zusammenhang zwischen zwei od. mehreren Größen': *die ~ zwischen Angebot und Nachfrage, Inhalt und Form, Theorie und Praxis;*

zwei Ereignisse zueinander in ~ *setzen* ('prüfen, ob sie sich wechselseitig bedingen') **4.** *in dieser* ~ 'in dieser Hinsicht, unter diesem Gesichtspunkt': *in dieser* ~ *mag er Recht haben; er hat in jeder* ~ ('in jeder Hinsicht') *(Un)Recht; in mancher* ~ ('in mancher Hinsicht') *ist er etwas zu oberflächlich* ❖ ↗ **ziehen**

beziehungs|weise [bə'tsi:ʊŋs..] ⟨Konj.; koordinierend; verbindet zwei Hauptsätze, zwei Nebensätze, zwei Satzglieder od. Teile von Satzgliedern; die Glieder folgen meist direkt aufeinander⟩ ABK bzw. **1.** /gibt an, dass der zweite Teil den ersten genauer bestimmt/ 'genauer gesagt': *er wohnt in Berlin,* ~ *im Randgebiet von Berlin; sie haben sich Weihnachten,* ~ *am zweiten Weihnachtsfeiertag getroffen* **2.** /gibt an, dass bei einer paarweisen Zuordnung die beiden Glieder alternativ zuzuordnen sind/: *zwei Flugzeuge, ein amerikanisches,* ~ *ein französisches, standen am Start;* /die Glieder sind nicht klar alternativ zuzuordnen/: *sie kamen aus Hamburg* ~ *aus Bremen; er hat nicht beides verstehen* ~ *nachvollziehen können* ❖ ↗ **ziehen**

Bezirk [bə'tsɪrk], **der;** ~s/auch ~es, ~e **1.** 'bestimmtes Gebiet mit eigenen Behörden in Teilen der Bundesrepublik, bes. in der Stadt Berlin': *er wohnt in einem anderen* ~ *der Stadt; die* ~*e des Landes Bayern* **2.** 'bestimmtes landschaftliches Gebiet': ⟨+ Gen.attr.⟩ *im* ~ *des Spreewaldes hat es stark geregnet; in diesem* ~ *leben noch seltene Tierarten*

Bezug, der; ~s/auch ~es, Bezüge [..'tsy:gə] **1.1.** 'Hülle aus Stoff, mit der ein Kissen, Federbett, eine (Stepp)decke bezogen wird': *die Bezüge auswechseln, waschen, bügeln* **1.2.** 'Stoff, Material, mit dem die Oberfläche bes. eines Polstermöbels bespannt ist': *den* ~ *der Polstermöbel erneuern* **2.** ⟨o.Pl.⟩ /zu *beziehen* 4/ 'das Beziehen'; ↗ FELD I.16.1: ⟨mit Gen.attr. od. mit *von*⟩ *der* ~ *der Waren durch den Außenhandel, Großhändler; der* ~ *von Zeitungen (durch die Post, aus dem Ausland)* **3.** ⟨nur im Pl.⟩ 'das, was jmd. bezieht (5), bezogen hat'; SYN Einkommen: *wie hoch sind Ihre Bezüge?* **4.** ⟨o. Art.⟩ *auf etw., jmdn.* ~ *nehmen* 'sich auf etw., jmdn. beziehen (6)': *er nahm* ~ *auf unser gestriges Gespräch, auf unseren gemeinsamen Nachbarn* **5.** ⟨o. Art⟩ *in* ~ *auf etw., jmdn.* 'hinsichtlich einer Sache, Person': *in* ~ *auf die Qualität ist an dieser Ware nichts auszusetzen; in* ~ *auf ihn haben wir keine Ansprüche* ❖ ↗ **ziehen**

bezüglich [bə'tsy:k..] ⟨Präp. mit Gen.; vorangestellt; oft in Verbindung mit Verbalabstrakta⟩ vorw. amtsspr. /gibt in schriftlichen Texten den Bezug eines Schreibens od. den Bezug auf einen Sachverhalt an/; SYN betreffs: ~ *dieser Frage gibt es verschiedene Auffassungen;* ~ *Ihres Schreibens vom 1.12. teilen wir Ihnen Folgendes mit ...* ❖ ↗ **ziehen**

Bezug|nahme [bə'tsu:kna:mə], **die;** ~, ⟨o.Pl.⟩ vorw. amtsspr. *mit/unter* ~ *auf etw.* 'das Bezugnehmen (↗ *Bezug* 4) auf etw.': *mit/unter* ~ *auf ihr Schreiben teilen wir Ihnen mit, dass ...* ❖ ↗ **ziehen,** ↗ **nehmen**

bezugs/Bezugs [bə'tsu:ks..]|-**fertig** ⟨Adj.; o. Steig.⟩ 'von der Beschaffenheit, dass man einziehen (7) kann' /auf Wohn-, Gewerberaum bez./: *die Wohnung, das Haus ist im Frühjahr* ~*;* ~*e Wohnungen, Büroräume* ❖ ↗ **ziehen,** ↗ **fertig; -person, die** vorw. fachspr. 'Person, mit der jmd. sich sehr verbunden fühlt und an der er sich ständig orientiert': *B ist seine, ihre* ~*; dem Jungen fehlt eine* ~ ❖ ↗ **ziehen,** ↗ **Person; -punkt, der** 'das, worauf sich etw., jmd. bezieht': *etw. zum* ~ *machen; etw. als* ~ *wählen* ❖ ↗ **ziehen,** ↗ **Punkt**

bezwecken [bə'tsvɛkn̩], bezweckte, hat bezweckt /jmd./ *etw. mit etw.* ~ 'mit etw. ein bestimmtes Ziel zu erreichen suchen': *was hat er damit bezweckt,* ~ *wollen?; was willst du mit diesem Brief, mit dieser Frage* ~*?* ❖ ↗ **Zweck**

bezweifeln [bə'tsvaɪfl̩n], bezweifelte, hat bezweifelt /jmd./ *etw.* ~ 'in Bezug auf etw. Zweifel haben'; ↗ FELD I.4.3.2: *jmds. Glaubwürdigkeit, den Nutzen einer Sache* ~*; die Wahrheit einer Aussage* ~*; seine Angaben wurden (vom Richter) bezweifelt; was er da behauptet, das möchte ich stark* ~ ❖ ↗ **Zweifel**

bezwingen [bə'tsvɪŋən], bezwang [..'tsvaŋ], hat bezwungen [..'tsvʊŋən] **1.** /jmd./ *jmdn.* ~ 'jmdn. besiegen': *seinen Gegner, eine gegnerische Mannschaft (im Wettkampf)* ~ **2.** /jmd./ *etw.* ~ 'eine psychische Regung unterdrücken': *seinen Ärger, Zorn, seine Wut, Neugier* ~*; sich* ~: ⟨vorw. mit *können*⟩ *konnte sich kaum* ~ ('beherrschen 3') **3.** /jmd./ *etw.* ~ 'etw. Schwieriges mit Anstrengung, Mühe bewältigen, überwinden': *er hat alle Schwierigkeiten bezwungen; einen Berg* ~ ('den Gipfel eines Berges unter großer Anstrengung erreichen'); *eine Strecke in guter Zeit* ~ ('zurücklegen') ❖ ↗ **zwingen**

Bibel ['bi:bl̩], **die;** ~, ~n; ↗ FELD XII.3.1 **1.** ⟨o.Pl.⟩ 'Gesamtheit der in einem Buch zusammengefassten Schriften des Alten und Neuen Testaments': *die* ~ *übersetzen* **2.** 'Buch, das die Schriften der Bibel (1) enthält': *eine kostbare alte* ~

Biber ['bi:bɐ], **der;** ~s, ~ 'Nagetier mit bräunlichem Fell, breitem platten Schwanz und Schwimmhäuten zwischen den Zehen der Hinterbeine, das an Binnengewässern lebt und dort aus Bäumen kunstvolle Baue errichtet'; ↗ FELD II.3.1 (↗ TABL Säugetiere)

Bibliographie / auch **Bibliografie** [bibliogra'fi:], **die;** ~, ~n [..'fi:ən] 'Verzeichnis von Büchern, Aufsätzen u.Ä. eines Autors, eines Fachgebiets, zu einem bestimmten Thema mit Angaben über den Verfasser, Titel, Erscheinungsort und das Erscheinungsjahr': *eine* ~ *zu einem Thema zusammenstellen; eine* ~ *zur Literatur des 19. Jahrhunderts* ❖ **bibliographisch**

bibliographisch / auch **bibliografisch** [biblio'gra:f..] ⟨Adj.; o. Steig.; nicht präd.⟩ 'den Verfasser, auch den Titel, das Erscheinungsjahr, den Erscheinungsort eines Buches, Aufsatzes betreffend': ~*e Angaben; bestimmte Titel* ~ *erfassen* ❖ ↗ **Bibliographie**

Bibliothek [biblio'te:k], **die;** ~, ~en **1.** 'größere (private) Sammlung von Büchern, Schriften u.Ä., die nach bestimmten Gesichtspunkten geordnet sind': *eine große, kleine ~ besitzen; seine ~ verkaufen; seine ~ enthält seltene Ausgaben, wertvolle alte Bücher; (s)eine ~ erweitern* ('neue Werke in sie einordnen') **2.** 'Einrichtung zur Verwaltung und (öffentlichen) Nutzung einer Bibliothek (1)': *eine öffentliche, wissenschaftliche ~; in der ~ sitzen, arbeiten; sich aus einer ~ Bücher entleihen, ausleihen; in die ~ gehen* ❖ **Bibliothekar, Bibliothekarin – Handbibliothek, Leihbibliothek**

Bibliothekar [..teˈkaːɐ̯], **der**; ~s, ~e 'Mitarbeiter in einer Bibliothek (2) mit entsprechender (wissenschaftlicher) Ausbildung'; ↗ FELD I.10 ❖ ↗ **Bibliothek**

Bibliothekarin [..teˈkaːʀ..], **die**; ~, ~nen /zu *Bibliothekar;* weibl./

bieder [ˈbiːdɐ] ⟨Adj.; Steig. reg., ungebr.⟩ '(in seinen Anschauungen, im Geschmack) rechtschaffen, aber allzu konservativ und ein wenig beschränkt' /vorw. auf Personen bez./: *ein ~er Mitarbeiter, (Mit)bürger; er hatte eine ~e Gesinnung; ~ aussehen, wirken; seine Wohnungseinrichtung war ~* ❖ **Biedermann, Biedermeier**

Bieder [ˈ..]‖**mann, der** ⟨Pl.: -männer⟩ 'biederer Mensch': *er trat unter der Maske eines ~s auf* ('gab sich bieder') ❖ ↗ **bieder**, ↗ **Mann**; **-meier** [maɪ̯ɐ̯], **das**; ~s, ⟨o.Pl.⟩ 'bes. durch kunstvolle Gestaltung von Möbeln und in der Malerei geprägte Stilepoche der Kunst bes. in Deutschland zwischen 1815 und 1848': *ein Maler des ~(s); Möbel im Stil des ~(s)* ❖ ↗ **bieder**

biegen [ˈbiːɡn̩], bog [boːk], hat/ist gebogen [ɡəˈboːɡn̩] **1.** ⟨hat⟩ /jmd./ **1.1.** *etw. ~* 'etw., einen meist langen od. flächigen geraden Gegenstand (aus Metall) durch physische Einwirkung so formen, dass er gekrümmt ist'; ↗ FELD III.1.2: *Rohre, Bleche, Eisen, Stangen ~; etw. lässt sich ~* **1.2.** *etw. zu etw. ~* 'etw. durch Biegen (1.1) in eine bestimmte Form bringen': *einen Draht zu einer Spirale, einem Kreis ~* **2.** ⟨hat⟩ /jmd./ **2.1.** *etw. irgendwohin ~* 'etw., das an seinem einen Ende fest sitzt, so bewegen, dass es (gekrümmt ist und) in eine andere Richtung weist': *Äste zur Seite, nach unten ~; sie bog den Kopf zur Seite, nach vorn, hinten, oben, unten* **2.2.** *sich irgendwohin ~:* *er bog sich* ('er bewegte seinen Körper') *zur Seite, nach vorn ~* **3.** ⟨hat⟩ /etw., bes. Baum, Ast/ *sich ~* 'durch Druck bes. des Windes gekrümmt werden': *die Bäume bogen sich im Wind; die Äste bogen sich unter der Last des Schnees (nach unten)* **4.** ⟨ist⟩ /jmd., etw./ *irgendwohin ~* 'die Richtung seiner Bewegung (1.1) nach einer Seite hin ändern und den Weg verlassen': *er, das Auto bog um die Ecke, nach links, rechts, in eine Nebenstraße; der Weg bog um den Berg* ❖ **biegsam, Biegung – abbiegen, einbiegen, umbiegen**
* umg. **auf Biegen oder/und Brechen** 'unter allen Umständen, auf jeden Fall, mit Gewalt': *etw. auf Biegen und Brechen durchsetzen wollen*

biegsam [ˈbiːk..] ⟨Adj.; Steig. reg., ungebr.; nicht bei Vb.⟩ 'so beschaffen, dass es sich biegen lässt, ohne zu brechen'; SYN flexibel (1) /auf Material, bes. Holz, bez./: *ein ~er Stock; eine ~e Stange; dieses Material ist ~* (ANT steif 1) ❖ ↗ **biegen**

Biegung [ˈbiːɡ..], **die**; ~, ~en 'bestimmte Strecke bes. eines Weges, die von der geraden Richtung abweicht (und dabei einen Bogen beschreibt)'; SYN Wendung (2); ↗ FELD III.1.1: *die Straße hat, macht mehrere ~en; an der ~ des Flusses stand eine große Linde;* vgl. *Kurve (3)* ❖ ↗ **biegen**

Biene [ˈbiːnə], **die**; ~, ~n 'fliegendes Insekt, das in streng organisierter Gemeinschaft lebt und vom Menschen zur Gewinnung bes. von Honig und Wachs gehalten wird'; ↗ FELD II.3.1 (↗ TABL Insekten): *~n fliegen, summen, schwärmen, sammeln Blütenstaub und Nektar; ~n* ('Honigbienen') *züchten, halten; die ~n produzieren Honig, Wachs; von einer ~ gestochen werden; sie ist (so) fleißig wie eine ~* ('ist sehr fleißig') ❖ **Bienenhonig, -stock, -wachs**

Bienen [ˈbiːnən..]‖**-honig, der** 'Honig'; **-stich, der 1.** 'Verletzung durch den Stich einer Biene': *durch den ~ war sein Gesicht geschwollen* **2.** ⟨vorw. Sg.⟩ 'Kuchen mit (einer Cremefüllung und) einem Belag aus gehackten Mandeln'; ↗ FELD I.8.1 ❖ ↗ Biene, ↗ Honig; **-stock, der** ⟨Pl.: -stöcke⟩ 'Behältnis in Form eines großen Kastens od. Korbs, in dem ein Imker ein Bienenvolk hält' ❖ ↗ Biene; **-wachs, das** ⟨o.Pl.⟩ 'Stoff, der von den Bienen ausgeschieden wird und ihnen zum Bau ihrer Waben dient': *Kerzen aus reinem ~* ❖ ↗ Biene, ↗ Wachs

Bier [biːɐ̯], **das**; ~s/auch ~es, ~e ⟨mit Mengenangabe: Bier⟩ 'aus Malz, Hopfen, Hefe und Wasser durch Gärung hergestelltes alkoholisches Getränk'; ↗ FELD I.8.1: *~ ausschenken, trinken; helles, dunkles ~* ('gelblich und durchsichtig, dunkel aussehende Sorte Bier'); *~e verschiedener Sorten; ein Fass, Glas ~; er hat drei Glas ~ hintereinander getrunken; Herr Ober, bitte zwei* ('zwei Glas') *~!; ein kleines ~* ('ein Glas mit einem Viertelliter Bier'); *ein großes ~* ('ein Glas mit einem halben Liter Bier'); /in der kommunikativen Wendung/ *das ist nicht mein* (auch: *dein, sein, ihr, unser, euer*) *~* ('das ist nicht mein Problem') /sagt jmd., der nicht bereit ist, sich in einer bestimmten Angelegenheit zu engagieren/ ❖ **Bierdeckel, -fass, Malzbier**
* umg. /jmd./ **etw. wie sauer ~ anbieten** ('etw., das keiner kaufen will, dringlich und eifrig anbieten')

Bier [ˈ..]‖**-deckel, der** 'geformtes Stück flache Pappe, auf das man (in einem Restaurant) das Glas Bier stellt' ❖ ↗ Bier, ↗ Decke; **-fass, das** 'Fass zur Aufbewahrung und zum Transport von Bier'; ↗ FELD V.7.1 (↗ TABL Behälter) ❖ ↗ Bier, ↗ fassen; **-flasche, die** 'in bestimmter Weise geformte Flasche, in der das Bier in den Handel kommt'; ↗ FELD V.7.1: *eine ~ mit Pfand* ❖ ↗ Bier, ↗ Flasche

Biest [biːst], **das**; ~es/auch ~s, ~er umg. **1.** emot. neg. **1.1.** /bestimmtes Tier, auf das sich der Sprecher bezieht/: *dieses ~ hat mich gestochen, gebissen; das ~ (von einem Hund) hat wieder die ganze Nacht gebellt; Krokodile sind ganz gefährliche ~er.* **1.2.**

/bestimmter Gegenstand, auf den sich der Sprecher bezieht/: *dieses ~ (von einem Reißverschluss) klemmt wieder einmal!* **1.3.** ʿboshafte, intrigante, hinterhältige (weibliche) Personʾ: *seine Wirtin ist ein ~; sie ist ein falsches, freches, gerissenes ~* (ʿsie ist falsch, frech, gerissenʾ); auch Schimpfw. *du ~!*
bieten [ˈbiːtn̩], bot [boːt], hat geboten [gəˈboːtn̩] **1.1.** /jmd., Institution/ *jmdm. etw. ~* ʿjmdm. wissen lassen, dass man bereit ist, ihm etw. (für etw.) zu gebenʾ: *der Betrieb hat ihm eine neue Stellung geboten; jmdm. Geld, eine Entschädigung, Ersatz (für etw.) ~* **1.2.** /jmd., etw./ *jmdm. etw. ~* ʿjmdm. zu erkennen geben, dass er eine bestimmte Möglichkeit zu seinem Vorteil nutzen kannʾ /beschränkt verbindbar/: *jmdm. die Möglichkeit, eine Chance (für eine besser bezahlte, zu einer besser bezahlten Anstellung) ~; seine Nachlässigkeit (in der Arbeit) bot* (ʿgabʾ) *dem Arbeitgeber die Möglichkeit, eine Handhabe, den Anlass, ihn zu entlassen/für seine, zu seiner Entlassung; etw. bietet sich jmdm.* ʿetw. ergibt sich für jmdn. als Möglichkeitʾ: *hier bietet sich uns ein Ausweg aus der Krise; da bot sich ihm eine Gelegenheit zur Flucht* **1.3.** /jmd./ *jmdm. etw. für etw. ~* ʿjmdm., bes. bei einem Kauf, bei einer Versteigerung, die Summe Geld für einen Gegenstand nennen, die man bereit ist, dafür zu zahlenʾ: *er hat mir 10.000 Mark für das Auto geboten; hundert Mark sind geboten, wer bietet mehr?* /Ausruf des Versteigerers bei einer Versteigerung/ **2.** /jmd./ *jmdm. etw. ~* ʿjmdm. etw. als Hilfe gewährenʾ /beschränkt verbindbar/: *jmdm. Trost, Hilfe, eine finanzielle Unterstützung ~; sie hat den Kindern viel Liebe und Geborgenheit geboten* **3.** *etw. bietet sich jmdm.:* *uns bot sich ein herrlicher Anblick* (ʿwir hatten einen herrlichen Anblickʾ); *etw. bietet etw.:* *die Unfallstelle bot* (ʿwarʾ) *ein Bild des Grauens* **4.** /in der kommunikativen Wendung/ *das lasse ich mir nicht ~* (ʿdas lasse ich mir nicht gefallenʾ)! /sagt jmd., wenn er jmds. Äußerung, Tun als Frechheit und Herausforderung betrachtet/ ❖ **Bote, Botschaft, Botschafter, verbieten, Verbot, verboten – anbieten, Angebot, aufbieten, darbieten, Darbietung, Ehrerbietung, Halteverbot, Postbote, überbieten**
Bigamie [bigaˈmiː], **die**; ~, ⟨o.Pl.⟩ ʿZustand, bei dem eine Person gleichzeitig mit zwei Partnern verheiratet istʾ; ANT Monogamie: *er, sie lebt in ~; er ist wegen ~ angeklagt, verurteilt worden*
Bilanz [biˈlants], **die**; ~, ~en **1.** ʿabschließende und vergleichende Gegenüberstellung und Abrechnung der Einnahmen und Ausgaben, des Vermögens und der Schulden eines Unternehmens (1) zu einem bestimmten Zeitpunkt und rückwirkend für einen bestimmten Zeitraumʾ: *eine ~ (über etw.) aufstellen; die ~ prüfen; die ~ des Tages, Jahres; die ~ frisieren* (ʿzum eigenen Vorteil fälschenʾ); *eine ausgeglichene, unausgeglichene ~* **2.** ⟨oft mit Gen.attr.⟩ ʿdurch einen abschließenden Überblick gewonnenes Ergebnis (einer Folge) von Ereignissenʾ: *die traurige, blutige, erschütternde ~ des Zweiten Weltkrieges; die ~ des bisher Erreichten, des bisherigen*

Studiums ziehen; die Regierung zog die ~ ihrer bisherigen Politik ❖ **bilanzieren**
bilanzieren [bilanˈtsiːʁən], bilanzierte, hat bilanziert /jmd./ *etw. ~* ʿeine Bilanz (1) über etw. aufstellenʾ: *ein Konto, Aktiva und Passiva ~* ❖ ↗ **Bilanz**
Bild [bɪlt], **das**; ~es/auch ~s, ~er **1.1.** ʿetw. durch Zeichnen, Malen auf einer Leinwand, auf Papier künstlerisch Gestaltetesʾ: *ein wertvolles, schönes, meisterliches, altes ~* (SYN Gemälde); *das ~ eines bekannten Malers; das ~ stellt einen berühmten Menschen, eine Landschaft dar; ein ~ malen, zeichnen, betrachten, kaufen, verkaufen, versteigern, aufhängen, rahmen* **1.2.** ʿmit technischen, bes. fotografischen, elektronischen Mitteln hergestelltes Abbild der Wirklichkeit auf Papier, Folieʾ; SYN Foto: *die ~er von der Urlaubsreise entwickeln, vergrößern (lassen), herumzeigen; sie hat ihm ein ~ von sich* ⟨Dat.⟩ *geschenkt; das ist ein (un)scharfes ~* **1.3.** SYN ʿAbbildungʾ: *ein Buch mit vielen (bunten) ~ern* **2.** ⟨vorw. Sg.⟩ ʿdas auf einem Bildschirm Erscheinendeʾ: *das ~ ist gut, schlecht, war gestört* **3.** ʿetw., was für das menschliche Auge in einem bestimmten Moment, in bestimmter Umgebung, Situation od. von einem Standort aus sichtbar wirdʾ; SYN Anblick: *die Straße bot ihr gewohntes, alltägliches ~;* ⟨mit best. Adj. od. mit Gen.attr.⟩ *auf den ersten Blick wirkt das ~ der Stadt recht eintönig; die Landschaft bot ein herrliches, friedliches ~, ein ~ der Ruhe und Beschaulichkeit; die Unglücksstelle bot ein grauenvolles ~, ein ~ des Grauens* **4.** *ein ~ von etw.* ʿdie konkret anschauliche Vorstellung, die man sich von etw. macht od. die man von etw. hatʾ: *der Bericht, Erzähler vermittelte ein realistisches, eindrucksvolles, anschauliches ~ von den Zuständen in diesem Land, in dieser Firma; diese Darlegungen geben ein schiefes ~* (ʿeinen falschen Eindruckʾ) *von der Sachlage; sich ein ~ von etw., jmdm. machen* (ʿsich eine Vorstellung, Meinung von etw., jmdm. machenʾ) ❖ **bilden, bildhaft, bildlich, Bildnis, Gebilde – Abbild, abbilden, Abbildung, Bilderbuch, Bildfläche, -hauer, -röhre, -schirm, bildschön, Bildwerfer, Brustbild, Bühnenbild, einbilden, Einbildung, eingebildet, Lichtbild, Missbildung, nachbilden, Nachbildung, Passbild, Röntgenbild, Sinnbild, sinnbildlich, Spiegelbild, spiegelbildlich, Standbild, Sternbild, Trugbild, umbilden, Vorbild, vorbildlich, Zerrbild, zurückbilden**
* /jmd./ *über etw., jmdn. im ~e sein* (ʿüber etw., jmdn. Bescheid wissen, informiert seinʾ); /jmd./ **jmdn. über etw. ins ~ setzen** (ʿjmdn. über etw. informierenʾ); ⟨ umg. /jmd./ *ein ~ des Jammers bieten/sein* (ʿeinen beklagenswerten Anblick bietenʾ); scherzh. /etw., jmd./ *ein ~ für (die) Götter sein* (ʿeinen überaus komischen, grotesken Anblick bietenʾ)
bilden [ˈbɪldn̩], bildete, hat gebildet; ↗ auch *gebildet* **1.** /jmd., bes. Künstler/ *etw. aus etw. ~* ʿetw. (in künstlerischer Weise) aus einem Material formen, gestaltenʾ: *eine Gestalt, Figur, Plastik aus Ton ~* (SYN formen); *Figuren aus/in Wachs ~; die ~de Kunst* (ʿdie Kunst der Plastik, Malerei, Graphik,*

des Kunsthandwerks'); *er ist ~der Künstler* ('Künstler, der aus, mit einem Material ein Kunstwerk herstellt') **2.1.** /mehrere (jmd., Tier)/ *etw. ~* 'sich zu einer Formation ordnen, aufstellen': *die Kinder bildeten einen Kreis, bildeten Spalier; die Wartenden bildeten eine Schlange; die Wildgänse bildeten ein großes V am Himmel* **2.2.** /jmd., Institution/ *etw. ~* 'eine Gruppe für eine bestimmte Funktion zusammenstellen': *der Kanzler hat eine neue Regierung gebildet; der Bundestag bildete eine Sonderkommission, einen Ausschuss* **3.** /jmd./ *etw. ~* 'etw. Sprachliches (durch Sprechen) formen': *einen Laut ~; Sätze, Beispiele ~; ~ Sie mal einen Satz ohne Passiv; aus Buchstaben ein Wort ~* **4.** /jmd./ *sich* ⟨Dat.⟩ *etw. ~: sich eine Meinung, ein Urteil (zu etw., über jmdn.) ~* ('zu einer Meinung, einem Urteil über jmdn., jmdn. gelangen') **5.1.** *etw. bildet etw.: die Pflanze bildet Ableger, junge Triebe* ('bringt Ableger, junge Triebe hervor') **5.2.** /etw./ *sich ~* SYN 'entstehen': *an den Zweigen haben sich Knospen, auf der Fensterscheibe haben sich Eisblumen gebildet; am Himmel ~ sich Wolken; an seinen Füßen haben sich Blasen gebildet* **6.** *etw. bildet etw.* 'etw. ist etw.': *der Bach bildet die Grenze zwischen den Grundstücken; Wälder und Berge ~ den Hintergrund des Gemäldes; etw. bildet die Regel, die Ausnahme* **7.1.** *etw. bildet* 'etw. fördert jmds. Bildung (2), Kenntnisse': *Lesen, Reisen bildet; das bildet ungemein* **7.2.** /jmd./ *sich ~: er benutzte jede Gelegenheit, um sich zu ~* ('um sich Bildung 2 anzueignen') ❖ **zu (7): Bildung, gebildet – Berufsausbildung, hochgebildet, weiterbilden; zu (1):** ↗ **Bild**
Bilder ['bɪldɐ..]||**-buch, das** 'Buch, bes. für Kinder, das aus einer Folge von Bildern (1.3), Illustrationen besteht' ❖ ↗ **Bild,** ↗ **Buch; -rätsel, das** 'Rätsel, dessen Lösung (meist ein Wort od. ein Satz) aus der Bedeutung von Zeichnungen und Zeichen zu erschließen ist': *ein ~ lösen* ❖ ↗ **Bild,** ↗ **Rat**
Bild|fläche ['bɪlt..]**, die 1.** 'Fläche, auf die (im Kino) der Film projiziert wird'; SYN Leinwand: *eine große, weiße ~* **2.** 'räumlicher Bereich, den man mit einem Blick überschauen kann': *das riesige Haus nahm die ganze ~ ein* ❖ ↗ **Bild,** ↗ **flach**
* umg. /jmd., etw./ *auf der ~ erscheinen* 'unvermittelt, plötzlich erscheinen, zu sehen sein': *plötzlich am Abend, während der Party erschien sie auf der ~;* /jmd./ *von der ~ verschwinden* 'plötzlich verschwinden od. in der Öffentlichkeit nicht mehr zu sehen sein': *er war plötzlich, der Sänger ist (wie) von der ~ verschwunden*
bildhaft ['bɪlt..] ⟨Adj.; o. Steig.⟩ **1.** ⟨vorw. bei Vb.⟩ 'anschaulich wie ein Bild (1)': *jmdm. wird etw. ~ deutlich; sich etw. ~ vorstellen können; seine ~en Vorstellungen* **2.** 'auf einem anschaulichen Vergleich beruhend'; SYN bildlich (2) /auf Sprachliches bez./: *ein ~er Ausdruck, eine ~e Wendung, Sprache sprechen; er spricht sehr ~; der Ausdruck ist ~* ❖ ↗ **Bild**
Bild|hauer ['bɪlthaʊɐ], **der**; ~s, ~ 'Künstler, der plastische Kunstwerke bes. aus Stein, Holz schafft': *er ist ~; das Atelier eines ~s* ❖ ↗ **Bild,** ↗ **hauen**

bildlich ['bɪlt..] ⟨Adj.; o. Steig.; nicht präd.⟩ **1.** ⟨nur attr.⟩ 'mit Hilfe eines Bildes (1), von Bildern': *die ~e Darstellung, Wiedergabe eines Gegenstands, Vorgangs* **2.** 'bildhaft (2)': *ein ~er Ausdruck; das ist nur ~* ('nicht konkret') *gemeint* ❖ ↗ **Bild**
Bildnis ['bɪlt..], **das**; ~ses, ~se geh. 'künstlerische Darstellung eines bestimmten Menschen in Form eines Bildes (1)'; SYN Porträt: *das ~ eines berühmten Dichters* ❖ ↗ **Bild**
Bild/bild ['bɪlt..]||**-röhre, die** 'elektronische Röhre, bes. eines Fernsehgerätes, auf deren großer Oberfläche das Bild erscheint': *die ~ ist kaputt; wir brauchen eine neue ~ für unseren Fernseher* ❖ ↗ Bild, ↗ Rohr; **-schirm, der** 'große Oberfläche einer Bildröhre' ❖ ↗ Bild, ↗ Schirm; **-schön** ⟨Adj.; o. Steig.⟩ emot. 'sehr schön (1)' /bes. auf weibl. Personen bez./: *ein ~es Mädchen, Kleid; sie, das Kleid ist ~!* ❖ ↗ Bild, ↗ schön
Bildung ['bɪld..], **die**; ~, ⟨o.Pl.⟩ **1.1.** ⟨mit best. Adj.⟩ 'die Vermittlung und Aneignung von Kenntnissen und Fertigkeiten, der Normen des Verhaltens und des Zusammenlebens der Menschen, meist im Rahmen der Erziehung, Ausbildung': *eine gründliche, gediegene, vielseitige, umfassende ~ genießen; eine gute, geistige, moralische, kulturelle, (natur)wissenschaftliche ~ erhalten, erfahren, vermitteln* **1.2.** 'das Ergebnis der Bildung (1)': *eine gute, gründliche, lückenhafte ~ besitzen, haben; zur Erweiterung seiner ~ Reisen machen; er hat ~, ist ein Mensch mit/ von ~* ('ist ein gebildeter Mensch'); *er konnte seine akademische ~ nicht verleugnen; jmd. hat keine ~, hat ~* ('besitzt keine, besitzt Umgangsformen') **2.1.** /zu bilden 2.2,3.1/ 'das Bilden'; /zu 2.2/: *die ~ einer Regierung;* /zu 3.1/: *die ~ von Sätzen, Beispielen* **2.2.** /zu bilden 4.2/ 'das Sichbilden': *die ~ neuer Triebe, Knospen; der Arzt entdeckte die ~ eines Geschwürs* ❖ ↗ **bilden**
Bild|werfer ['bɪltvɛrfɐ], **der**; ~s, ~ 'Gerät, mit dem durch Lichtstrahlen Bilder auf einer hellen Fläche vergrößert wiedergegeben werden können': *Dias mit einem ~ projizieren* ❖ ↗ **Bild,** ↗ **werfen**
Billard ['bɪljart], **das**; ~s, ⟨o.Pl.⟩ 'Spiel, bei dem Kugeln mit einem Stock in eine mit grünem Tuch bespannten Tisch (in bestimmte Löcher) gestoßen werden': *eine Partie ~ spielen, verlieren, gewinnen; er spielt gut, schlecht ~*
Billett [bɪl'jɛt], **das**; ~s/auch ~es, ~e veraltend **1.** SYN 'Eintrittskarte': *am Eingang das ~ vorzeigen* **2.** SYN 'Fahrkarte': *ein ~ lösen, kaufen*
billig ['bɪlɪç] ⟨Adj.⟩ **1.** ⟨Steig. reg.⟩ **1.1.** ⟨nicht bei Vb.⟩ 'niedrig im Preis'; SYN preiswert; ANT teuer (1) /auf Produkte bez./: *~e Waren; ein ~es Auto; ein ~er Stoff; das Essen war ~* **1.2.** ⟨vorw. bei Vb.⟩ *etw. ~* ('für wenig Geld') *herstellen, verkaufen; dort kann man ~ leben;* umg. *etw. für ~es* ('für wenig') *Geld zu kaufen bekommen* **2.** ⟨o. Steig.; nicht bei Vb.⟩ 'nicht von guter Qualität und nicht wertvoll' /auf Produkte bez./: *das ist ein recht ~er Schuh, Anzug* **3.** ⟨o. Steig.; nur attr.⟩ 'einfallslos und leicht zu durchschauen' /auf Täuschungs-

versuche bez./: *eine ~e Ausrede; ein ~er Vorwand, Trick* ❖ **spottbillig**

billigen ['bɪlɪgn̩] ⟨reg. Vb.; hat⟩ /jmd./ etw. ~ 'erklären, dass man etw. für gut, richtig hält'; SYN gutheißen; ANT missbilligen: *jmds. Entschluss, Plan, Entscheidung ~; ich kann das nicht ~!; wir können (es) nicht ~, dass darüber dauernd geredet wird;* vgl. *zustimmen* (2) ❖ **Billigung, missbilligen, Missbilligung**

Billigung ['bɪlɪg..], **die**; ~, ⟨o.Pl.⟩: *etw. findet jmds. ~* 'jmd. billigt etw.': *dein Projekt findet nicht unsere ~; das kann nur mit behördlicher ~* (SYN 'Sanktion 1') *geschehen* ❖ ↗ **billigen**

Billion [bɪl'joːn], **die**; ~, ~en ⟨Kardinalzahl⟩ 'eine Million Millionen': *die Schulden des Staates belaufen sich auf zwei ~en Mark*

bimmeln ['bɪml̩n] ⟨reg. Vb.; hat⟩ umg. **1.1.** /bes. kleine Glocke/ 'in hellen, schnell aufeinander folgenden Tönen klingen': *die Glocke bimmelt, hat gebimmelt* **1.2.** *das Telefon, der Wecker bimmelt* ('läutet, klingelt') **2.** /jmd., es bimmelt/ 'jmd. hat die Klingel an der Tür einer Wohnung, eines Hauses betätigt': *da hat schon wieder jmd. gebimmelt; es bimmelt, hat (schon wieder) gebimmelt*

Binde ['bɪndə], **die**; ~, ~n **1.** 'langer schmaler Streifen aus einem besonderen, weichen Stoff, der als Verband um eine Wunde, als Stütze um einen (verletzten) Körperteil gewickelt wird': *eine elastische ~; eine ~ um das Knie legen, wickeln; eine ~ anlegen* **2.** *den Arm in der ~ tragen* ('den angewinkelten Arm in einer Binde 1 od. in einem größeren leinenen Tuch tragen, das um den Arm und Hals gelegt wird') **3.** 'ringförmiger Streifen aus Stoff mit bestimmtem Aufdruck, der als Kennzeichen über der Kleidung am Oberarm getragen wird': *der Blinde trägt eine gelbe ~ mit drei schwarzen Punkten; die Ordner waren durch eine ~ kenntlich gemacht* ❖ ↗ **binden**
* umg. /jmd./ (sich ⟨Dat.⟩) **einen hinter die ~ gießen** 'ein Glas Schnaps trinken': *er goss sich erst einmal einen hinter die ~, bevor er losging*

binden ['bɪndn̩], **band** [bant], **hat gebunden** [gə'bʊndn̩] **1.** /jmd./ **1.1.** *mehrere Dinge zu etw. ~* 'viele einzelne längliche (pflanzliche) Dinge dadurch zu einer Einheit zusammenbringen, dass man einen Faden o.Ä. an einer Stelle fest um sie windet, wickelt' /beschränkt verbindbar/: *Blumen (zu einem Strauß) ~; das gemähte Getreide (zu Garben) ~* **1.2.** *etw. ~: einen Strauß, Kranz (aus Blumen) ~* ('durch Binden 1.1 herstellen') **2.** /jmd./ *etw. ~* **2.1.** 'einen Gegenstand aus einem Stoffstreifen, einem Band, einer Schnur o.Ä. so an den Enden verknüpfen, dass eine (Art) Schleife entsteht' /beschränkt verbindbar/: *die Schnürsenkel ~; die Krawatte ~* **2.2.** *eine Schleife ~* ('durch Binden 2.1 herstellen') **3.** /jmd./ *etw., jmdn. an etw. ~* 'etw., jmdn. dadurch an etw. festmachen, dass man einen Strick o.Ä. darum, um ihn, etw. wickelt und den Strick verknotet, so dass es, er sich nicht wegbewegen kann'; ↗ FELD I.7.6.2: *ein Boot (mit einer*

Leine) *an einen Pflock, Bootssteg ~; jmdn. an einen Baum ~* **4.** /jmd./ *etw. um etw. ~* 'etw., bes. einen Bindfaden, fest (mehrfach) um etw. legen und verknüpfen, so dass es fest zusammenhält': *einen Bindfaden um das Paket ~; jmdm. ein Tuch um den Kopf ~; sich* ⟨Dat.⟩ *etw. um etw. ~: sich einen Schal um den Hals ~* **5.** /jmd./ *jmdn. ~* SYN 'jmdn. fesseln (1)': *den Gefangenen (mit Stricken) ~* **6.** /jmd./ *sich ~* 'sich in einer Angelegenheit verbindlich entscheiden, verpflichten': *er will sich (bezüglich des Kaufpreises) noch nicht ~; er hat sich schon, ist schon gebunden* ('ist schon verlobt, verheiratet'); ⟨adj. im Part. I⟩ *eine ~de* ('zur Einhaltung verpflichtende') *Zusage (machen); eine ~de Entscheidung treffen* **7.** *etw. ist an etw. gebunden* 'etw. ist in Bezug auf etw. festgelegt': *etw. ist, diese Verhandlungen sind an bestimmte Bedingungen, Voraussetzungen, keine Zeit gebunden* **8.** /etw., bes. Zement/ 'hart, fest werden': ⟨oft im Perf.⟩ *der Mörtel, Zement hat bereits gebunden; dieser Zement bindet schnell* **9.** /jmd., bes. Buchbinder/ *ein Buch ~* ('durch Zusammenfügen der Blätter herstellen') ❖ [1], [2]**Band, Bandage, bandagieren, Binde, Bindung, **[1],[2]**Bund, Bündel, bündeln, bündig, Bündnis, entbinden, Entbindung, verbinden, verbindlich, Verbindlichkeit, Verbindung, Verbund, Verbundenheit, unverbindlich, verbünden — anbinden, Armband, Bandwurm, Bindfaden, Bundesbahn, Bundesbürger, bundesdeutsch, Bundesland, -post, -regierung, -republik, -staat, -tag, dreibändig, Einband, einbändig, Fließband, Förderband, Gewerkschaftsbund, Gummiband, Halsband, schienengebunden, Stimmband, Tonband, Tonbandgerät, Verbindungsmann, zusammenbinden;** vgl. **bändigen**

Bind|faden ['bɪnt..], **der** 'dünne Schnur zum Zusammenbinden, Verschnüren von etw.'; ↗ FELD I.7.6.1: *eine Rolle ~; etw. mit einem ~ befestigen; die Bindfäden zusammenknoten; das Paket mit einem ~ verschnüren;* vgl. *Schnur* ❖ ↗ **binden**, ↗ **Faden**
* **es regnet Bindfäden** ('es regnet anhaltend stark')

Bindung ['bɪnd..], **die**; ~, ~en **1.** '(enge freundschaftliche, partnerschaftliche) Beziehung zwischen Menschen': *er hat sich aus allen ~en gelöst; er will eine, keine neue ~ eingehen; eine menschliche ~* ('die verpflichtende Beziehung eines Menschen zu einem anderen') **2.** *die ~ an etw.* **2.1.** 'die innerliche, emotionale Verbundenheit mit jmdm., etw.': *er hat eine starke ~ an seine Familie; die, seine ~ an die Heimat, an ein lieb gewordenes altes Erbstück* **2.2.** *die ~ an einen Vertrag, an ein Versprechen* ('die Verpflichtung, einen Vertrag, ein Versprechen einzuhalten'); *eine vertragliche ~* ('eine verpflichtende Beziehung bezüglich eines Vertrags') **3.** 'Vorrichtung zur beweglichen Befestigung des Skis am Schuh'; ↗ FELD I.7.6.1: *die ~ hat sich gelöst, ist aufgegangen; die ~ einstellen* ❖ ↗ **binden**

binnen ['bɪnən] ⟨Präp. mit Dat., seltener mit Gen.; auch o. erkennbare Kasusforderung; vorangestellt; in Verbindung mit Zeitbegriffen⟩ /temporal; gibt die Dauer einer meist festgelegten Zeitspanne an/:

~ *drei Tagen;* ~ *kurzem* ('innerhalb kurzer Zeit');
~ *einer Minute;* ⟨mit Gen.⟩ ~ *dreier Tage;* ⟨o. er-
kennbare Kasusforderung⟩ ~ *Jahr und Tag*
Binnen ['..]|**-gewässer, das** 'vom Festland umschlosse-
nes Gewässer'; ↗ FELD II.2.1: *die Müritz ist ein*
~ ❖ ↗ Wasser; **-handel, der** 'Handel innerhalb des
Territoriums eines Staates'; ANT Außenhandel; ↗
FELD I.16.1 ❖ ↗ Handel
Binse ['bɪnzə]**, die;** ~, ~n 'an feuchten, moorigen
Stellen wachsende grasartige Pflanze, deren Halme
einen runden Querschnitt haben und auf dem Was-
ser schwimmen'; ↗ FELD II.4.1
* umg. /etw., bes. Unternehmen/ **in die ~n gehen**
'misslingen': *das Projekt ist in die ~n gegangen*
Binsen|weisheit ['bɪnzn̩..]**, die** 'allgemeine bekannte
Tatsache, die sich von selbst versteht': *das ist doch
eine* ~, *das braucht uns niemand zu erklären!* ❖ ↗
weise
Bio-/bio- ['bi:o..] /bildet mit dem zweiten Bestandteil
Substantive, auch Adjektive/ **1.** /drückt aus, dass
das im zweiten Bestandteil Genannte auf natürliche
Weise, ohne Zusatz von chemischen Mitteln, er-
zeugt ist/: ↗ z. B. *Biogemüse* **2.** /drückt aus, dass
das im zweiten Bestandteil Genannte auf die le-
bende Natur als Forschungsgegenstand bezogen
ist/: ↗ z. B. *Biologie*
Bio|chemie ['bi:o..]**, die;** ~, ⟨o.Pl.⟩ 'Wissenschaft, die
sich mit dem chemischen Aufbau von Pflanze, Tier
und Mensch und den in ihnen ablaufenden chemi-
schen Prozessen befasst' ❖ ↗ **Bio-,** ↗ **Chemie**
Bio|gemüse ['bi:o..]**, das** 'Gemüse, das ohne künstli-
chen Dünger erzeugt worden ist': *in dem Laden
wird nur* ~ *verkauft* ❖ ↗ **Bio-,** ↗ **Gemüse**
Biografie [biogʀa'fi:]**, die;** ~, ~n [..'fi:ən] 'Beschrei-
bung des Lebens einer (berühmten, bedeutenden)
Person': *eine* ~ *schreiben, verfassen; die* ~ *eines
Forschers, eines großen Denkers; eine* ~ *von Goethe,
Einstein; der Verfasser einer* ~ ❖ vgl. **Grafik**
Biologe [bio'lo:gə]**, der;** ~n, ~n 'Fachmann, Wissen-
schaftler auf dem Gebiet der Biologie'; ↗ FELD
I.10 ❖ ↗ **Biologie**
Biologie [biolo'gi:]**, die;** ~, ⟨o.Pl.⟩ 'Wissenschaft, die
sich mit der Erforschung aller Formen des Lebens
von Mensch, Tier und Pflanze befasst': ~ *studieren*
❖ **Biologe, biologisch** – **Mikrobiologie**
biologisch [bio'lo:g..] ⟨Adj.; o. Steig.; nicht präd.⟩ **1.**
'die Biologie betreffend' /auf bestimmte Tätigkei-
ten bez./: ~*e Forschungen betreiben;* ~*e Untersu-
chungen; etw.* ~ *untersuchen* **2.** ⟨nur attr.⟩ 'das Le-
ben von Mensch, Tier und Pflanze betreffend' /auf
Personen, Zustände bez./: ~*e Vorgänge im mensch-
lichen Körper; das* ~*e Gleichgewicht von Pflanzen
und Tieren* ('Zustand des Gleichgewichts, der darin
besteht, dass Pflanzen und Tiere in der Weise mit-
einander leben, dass ihr Bestand auf Dauer gesi-
chert ist') **3.** ⟨nur attr.⟩ 'die Natur nicht schädi-
gend' /auf bestimmte Produkte bez./: *ein* ~*es
Waschmittel* ❖ ↗ **Biologie**
birgt: ↗ *bergen*

Birke ['bɪʀkə]**, die;** ~, ~n 'Laubbaum mit weißer
Rinde, herzförmigen hellgrünen Blättern, dünnen
Zweigen'; ↗ FELD II.4.1 (↗ TABL Bäume)
Birn|baum ['bɪrn..]**, der** 'Obstbaum mit weißen Blü-
ten und runden, zum Stiel hin sich verjüngenden
Früchten'; ↗ FELD II.4.1: *einen* ~ *pflanzen, ab-
ernten* ❖ ↗ **Birne,** ↗ **Baum**
Birne ['bɪʀnə]**, die;** ~, ~n **1.** 'Frucht des Birnbaums'
(↗ TABL Früchte/Obst); ↗ FELD I.8.1, II.4.1:
reife, saftige ~*n; die* ~*n sind noch hart* **2.** SYN
'Glühlampe'; ↗ FELD VI.2.1: *die* ~ *ist kaputt;
eine* ~ *in die Lampe schrauben; die* ~ *auswechseln*
3. umg. 'Kopf des Menschen': *er hat sich die* ~
gestoßen ❖ **Birnbaum, Glühbirne**
birst: ↗ *bersten*
¹bis [bɪs] ⟨Konj.; subordinierend; der Nebensatz steht
vor od. hinter dem Hauptsatz; die Tempusformen
stimmen meist überein⟩ /temporal/ **1.** /gibt an, dass
der Sachverhalt des Nebensatzes dem des Haupt-
satzes zeitlich unmittelbar nachgeordnet ist; der
Nebensatz gibt die zeitliche Grenze an, bis zu der
das Geschehen im Hauptsatz reicht/: *er wartete (so
lange),* ~ *ich kam; wir suchten so lange,* ~ *wir den
Schlüssel fanden;* ~ *er ins Ausland fährt, wird alles
erledigt;* vgl. *seitdem, bevor* **2.** ⟨mit Negation im
Hauptsatz⟩ temporal und konditional; /gibt an,
dass der Sachverhalt des Nebensatzes zeitlich vor
dem des Hauptsatzes liegt/ 'bevor nicht': *wir kön-
nen nicht nach Hause gehen,* ~ *die Arbeit fertig ist;*
vgl. *seitdem, bevor* ❖ vgl. **bisher, bisherig, bislang**
²bis ⟨Präp. mit Akk. (meist o. Art.) od. in Verbin-
dung mit einer anderen Präp., die dann den Kasus
bestimmt; vorangestellt⟩ **1.** ⟨in Verbindung mit
subst. Zeitbegriffen, Zeitangaben o. Art. u. vor
temporalem Adv.⟩ /temporal; gibt den Endpunkt
einer Zeitdauer an/; ANT ²ab (2): ~ *morgen muss
das erledigt sein;* ~ *12 Uhr warte ich, dann muss ich
gehen; er bleibt* ~ *Mai,* ~ *Ende der Woche;* ⟨+
Präp. zu (mit Art.), nach, in, gegen⟩ ~ *zum Jahr
2000 sind es noch zwei Jahre;* ~ *zu den Ferien sind
es noch drei Wochen; er wartete* ~ *gegen Mitter-
nacht;* ~ *nach der Vorstellung auf jmdn. warten; er
arbeitete* ~ *in die Nacht hinein;* ~ *an:* ↗ *an* (3.2);
von ... ~: ↗ *von* (2.2) /in den kommunikati-
ven Wendungen/ ~ *bald:* ↗ ²*bald;* ~ *später:* ↗ *später;*
~ *gleich:* ↗ ²*gleich;* ~ *dann:* ↗ *dann* **2.** ⟨in Verbin-
dung mit lokalen Adv., Ortsnamen; auch mit *nach*⟩;
o. Art.⟩ /lokal; gibt den Endpunkt einer Erstre-
ckung, Bewegung an/: ~ *dort,* ~ *hier,* ~ *hierhin,* ~
dorthin, ~ *dahin; (von hier)* ~ *dort sind es zehn
Kilometer;* ~ *(nach) Berlin,* ~ *(nach) Rostock fah-
ren; der Zug geht* ~ *(nach) Rom;* ⟨vor Subst., die
den Endpunkt einer Erstreckung, Bewegung dar-
stellen; mit Präp. an, vor, zu, in⟩ *das Taxi fuhr mich
* ~ *vor den Bahnhof,* ~ *an die Grenze; der Mantel
reichte ihm* ~ *an die Knie/* ~ *zu den Knien; er konnte
mit der Hand* ~ *an die Decke reichen; er lief* ~ *zur
Haltestelle,* ~ *in den Wald; er begleitete sie* ~ *an/
* ~ *vor die Haustür; von ...* ~: ↗ *von* (1.3) **3.** ⟨in
Verbindung bes. mit *auf, zu;* oft als Glied phraseo-

logischer Einheiten⟩ /modal; gibt die Art und Weise eines Zustands, einer Haltung an/: *sie arbeiteten ~ zur völligen Erschöpfung; das Kino war ~ auf den letzten Platz besetzt* (ʿselbst der letzte Platz war besetzt, es war völlig besetztʾ); *er hat sein gesamtes Geld ~ auf den letzten Pfennig* (ʿselbst den letzten Pfennigʾ) *ausgegeben; ~ auf den Salat* (ʿden Salat ausgenommenʾ) *wurde alles aufgegessen; ~ auf zwei waren alle erschienen* **4.** ⟨steht zwischen Zahlangaben; o. Art.⟩ /modal; die erste Zahl gibt den unteren Wert, die zweite den oberen, der nicht überschritten werden darf; der so begrenzte Wert ist ungenau/: *die Mäntel kosten 200 ~ 300 Mark; das dauert etwa drei ~ vier Stunden*

Bischof [ˈbɪʃɔf], **der**; ~s, Bischöfe [..ˈʃøfə] ʿleitender Geistlicher eines größeren territorialen Bereichs in christlichen Kirchenʾ; ↗ FELD XII.4: *jmdn. zum ~ weihen;* vgl. *Kardinal*

bis|-her [bɪsˈheːɐ] ⟨Adv.⟩ ʿbis jetzt, bis heuteʾ /meint einen Zeitraum, der irgendwann in der Vergangenheit beginnt und bis zur Gegenwart reicht/; SYN bislang: *~ hatten wir/wir hatten ~ keine Probleme mit ihm; ich habe sie, das Buch ~ noch nicht gekannt; ~ wurde das Gehalt immer Ende des Monats gezahlt* ❖ bisherig; vgl. ¹*bis;* **-herig** [..heːʀɪç] ⟨Adj.; o. Steig.; nur attr.⟩: *der ~e Außenminister* (ʿder bis vor kurzem noch im Amt gewesene Außenministerʾ); *die ~en* (ʿbisher angewandten, gültigenʾ) *Gesetze, Methoden gelten auch weiterhin; seine ~en Erfolge* (ʿseine Erfolge, die er bisher hatteʾ); *seine ~en* (ʿbisher vorliegendenʾ) *Werke* ❖ ↗ bisher; **-lang** [ ] ⟨Adv.⟩ geh. SYN ʿbisherʾ: *ich habe ~ noch nichts davon gehört* ❖ vgl. ¹*bis*

biss: ↗ *beißen*

Biss [bɪs], **der**; ~es [ˈbɪsəs], ~e [ˈbɪsə] **1.** ʿdas Beißen 2.1ʾ: *der ~ einer Giftschlange, eines Hundes; er ist durch den/am ~ einer Schlange gestorben* **2.** ʿdurch den Biss (1) eines Tieres entstandene Wundeʾ: *der ~ verheilte allmählich* ❖ ↗ **beißen**

¹**bisschen** [ˈbɪsçən] ⟨Indefinitpron.; indekl.; für Mask., Fem., Neutr.; wird allein stehend nur umg. verwendet; ↗ TAFEL X⟩ ʿ¹etwas (3)ʾ: ⟨adj.⟩ *gib mir bitte ein ~/umg. noch ~ Geld, noch ein ~ Suppe; dazu braucht man schon ein ~ Mut; mit ein(em) ~ Geduld schaffst du das; das ~* (ʿdie geringeʾ) *Mühe; mit dem, diesem, deinem ~* (ʿwenigenʾ) *Geld kommst du nicht aus; kein ~:* ich habe kein ~* (ʿüberhaupt keineʾ) *Lust (dazu), das zu machen; das macht kein ~ Arbeit;* ⟨subst.⟩ *von dem ~ werde ich nicht satt;* umg. *ach, du liebes ~!* /Ausruf des Erstaunens, der Ablehnung/

²**bisschen** ⟨Adv.⟩ *ein ~*/umg. *~* ʿ²etwas, ein wenigʾ: *ein ~ spazieren gehen; es regnet ein ~,* umg. *~; sei mal ein ~ still!*

Bissen [ˈbɪsn̩], **der**; ~s, ~ **1.** ʿabgebissenes, abgeschnittenes, abgebrochenes kleines Stück von fester Nahrung, das man auf einmal in den Mund nehmen kannʾ: *ein ~ Brot, Fleisch; einen großen, kleinen ~ (zu sich) nehmen* (ʿviel, wenig von etw. essenʾ); *vor Aufregung konnte er keinen ~* (ʿnichtsʾ)

zu sich nehmen, essen **2.** ⟨o.Pl.⟩ ʿkleine Mahlzeitʾ: *willst du einen ~ mit uns essen?; wir wollen erst noch einen ~* (SYN Imbiss) *zu uns nehmen* ❖ ↗ **beißen**

* /jmd./ **jmdm. keinen ~ gönnen** ʿjmd. gegenüber sehr missgünstig seinʾ: *der gönnt mir keinen ~!;* **jmdm. bleibt der ~ im Halse stecken** ʿjmd. ist sehr erschrockenʾ: *mir blieb der ~ im Halse stecken, als ich bemerkte, dass das Auto gestohlen war;* /jmd./ **jmdm. die/jeden ~ in den Mund zählen (1.** ʿgenau aufpassen, wieviel jmd. isst, weil man für das, was er isst, aufkommen mussʾ **2.** ʿjmdm. neidisch beim Essen zusehen, weil man sich selbst kein bzw. nicht ein so gutes Essen aus Geldmangel od. Sparsamkeit leistetʾ)

bissig [ˈbɪsɪç] ⟨Adj.⟩ **1.** ⟨Steig. reg., ungebr.; nicht bei Vb.⟩ /vorw. auf Hunde bez./: *ein ~er* (ʿzum Beißen 2 neigenderʾ) *Hund; Vorsicht, ~er Hund!* /Aufschrift auf einem Schild vor dem Haus als Warnung vor einem Hund/; *der Hund, das Pferd ist ~* **2.** ⟨Steig. reg.⟩ ʿin aggressiver Weise kritisch und dabei durch scharfe (8) Worte verletzendʾ /vorw. auf Äußerungen und Personen bez./; ↗ FELD I.6.3: *eine ~e Bemerkung machen; etw. in ~em Ton sagen; er hat einen ~en Humor; er ist, wird in Diskussionen schnell ~* ❖ ↗ **beißen**

Bistum [ˈbɪs..], **das**; ~s, Bistümer [..tymɐ] ʿGebiet, das ein katholischer Bischof verwaltetʾ; SYN Diözese; ↗ FELD XII.4: *das ~ Fulda*

bitte [ˈbɪtə] ⟨steht für einen Satz; ↗ auch bitten⟩ **1.** ⟨allein stehend; als höfliche Antwort; betont⟩ **1.1.** /als bejahende Antwort auf jmds. Frage, die ein Angebot enthält/: *„Möchten Sie eine Tasse Kaffee?" „Bitte"/„Ja, ~"* (ʿja, gern; danke jaʾ)! **1.2.** /als bejahende Antwort auf jmds. Frage, die einen Wunsch ausdrückt/: *„Darf ich mich setzen?" „Bitte"* (ʿja, natürlichʾ)*!; „Darf ich das Fenster öffnen"? „Bitte!"* **1.3.** /als Antwort auf jmds. Dank/: *„Ich danke Ihnen herzlich für Ihre Mühe!" „Bitte"/„~ sehr (gern geschehen)"* (ʿSie brauchen sich nicht zu bedanken, ich habe es gerne getanʾ)! **2.** ⟨allein stehend od. isoliert; betont od. unbetont⟩ **2.1.** /als höfliche Aufforderung, Bitte/: *~, treten Sie näher/treten Sie näher/treten Sie näher, ~!; ~, nehmen Sie Platz/nehmen Sie Platz/nehmen Sie Platz, ~!; würden Sie mir ~ helfen?; ~, helfen Sie mir!; reichen Sie mir doch ~ die Butter/würden Sie mir ~ die Butter reichen?; ~, wie spät ist es* (ʿkönnten Sie so freundlich sein, mir zu sagen, wie spät es istʾ)? **2.2.** ⟨allein stehend⟩ /als Aufforderung an jmdn., der angeklopft hat, einzutreten/: *„Bitte"* (ʿhereinʾ)! **2.3.** /in den kommunikativen Wendungen/ *wie ~* (ʿwürden Sie so freundlich sein, Ihre Äußerung zu wiederholenʾ)? /sagt jmd. in höflicher Form zu jmdm., wenn er ihn nicht verstanden hat/; *der Nächste, ~!* /höfliche Form der Aufforderung, mit der derjenige gebeten wird einzutreten, der an der Reihe ist/; *na ~!* (ʿhabe ich es nicht gleich gesagt?ʾ) /sagt jmd., wenn das eintritt, womit er ohnehin gerechnet hat und wenn er sich somit bestätigt sieht/; vgl. *danke* ❖ ↗ **bitten**

* /bes. Kind/ **~**, **~ machen** ˈdurch mehrmaliges Zusammenschlagen der Hände eine Bitte ausdrückenˈ: *mach erst ~, ~!*

Bitte, die; ~, ~n ˈ(höflich formulierter) Wunsch, um dessen Erfüllung man jmdn. ersucht, bittetˈ: *eine dringende, große ~; eine ~ an jmdn.: ich habe eine ~ an Sie; eine ~ an jmdn. richten; jmds. ~ um etw.: jmds. ~ um Beistand, Unterstützung, Ruhe, Verzeihung; eine ~ äußern, aussprechen; jmdm. eine ~ erfüllen, abschlagen; auf jmds. ~ hin: das ist auf ihre ~ hin gemacht worden; auf seine ~ hin bin ich sofort gekommen; vgl. Dank* ❖ ↗ **bitten**

bitten [ˈbɪtn̩], bat [baːt], hat gebeten [gəˈbeːtn̩] **1.1.** /jmd./ *jmdn. um etw. ~* ˈsich in höflicher, freundlicher Form an jmdn. wenden, um ihn zu etw., zur Erfüllung eines Wunsches, Begehrens zu veranlassenˈ: *jmdn. herzlich, inständig um etw. ~; jmdn. um einen Gefallen ~; jmdn. darum ~, nicht zu rauchen, das Zimmer zu verlassen; jmdn. um Antwort, Verzeihung, Auskunft, Hilfe, (guten) Rat ~; um etw. ~: ums* ↗ *Wort ~; um* ↗ *Gehör ~* **1.2.** /in den kommunikativen Wendungen/ *ich muss doch (sehr) ~/ich bitte Sie!* /sagt jmd. zu jmdm., einer Gruppe, um seine Entrüstung, Empörung über etw. auszudrücken, um mit Nachdruck zu erreichen, dass dieser, diese etw. meist Anstößiges nicht tut, tun/; *aber, ich bitte dich, Sie* (ˈaber selbstverständlich, das ist doch keine Frageˈ)*!* /wird gesagt, um einem Zweifelnden zu bestätigen, dass etw. ganz richtig ist/; *darf ich ~* (ˈdarf ich Sie bitten, mit mir zu tanzenˈ)? /sagt ein Mann, wenn er eine Frau zum Tanz auffordert/; *ich lasse ~* (ˈbitte, treten Sie einˈ) /sagt jmd. in einer gehobenen Position od. ein Gastgeber zu jmdm., wenn er ihn auffordert, einzutreten/; ⟨auch in der 3. Pers.⟩ *der Herr Direktor lässt ~* /sagt die Sekretärin/ **2.** /jmd./ **2.1.** *jmdn. irgendwohin ~* ˈjmdn. höflich auffordern, irgendwohin zu kommenˈ: *der Direktor bat ihn zu sich (ins Zimmer), bat ihn ins Nebenzimmer* **2.2.** *jmdn. zu Tisch, zum Essen ~* (ˈjmdn. höflich auffordern, (am Tisch) zum Essen Platz zu nehmenˈ) ❖ **bitte, Bitte, unerbittlich** – **Abbitte**

bitter [ˈbɪtɐ] **I.** ⟨Adj.⟩ **1.** ⟨Steig. reg.⟩ ˈunangenehm und intensiv herb wie Wermut od. Galle schmeckendˈ; ANT süß /bes. auf Pflanzliches od. Pharmaka bez./: *etw. ist ~ wie Galle; ~e Mandeln; diese Medizin, Pille, Tablette ist, schmeckt sehr ~; ~e* (ˈherb schmeckendeˈ) *Schokolade* **2.** ⟨Steig. reg.; nicht bei Vb.⟩ ˈschmerzlich (I) (und enttäuschend)ˈ; SYN herb (3) /bes. auf Psychisches bez./: *das war eine ~e Erfahrung, Enttäuschung für uns; das war sehr ~ (für sie); jmdm. eine ~e* (ˈschwer zu verkraftende, schmerzlicheˈ) *Wahrheit sagen müssen* **3.** ⟨o. Steig.; nur attr.⟩ ˈVerbitterung ausdrückendˈ /beschränkt verbindbar/: *~er Hohn, Spott* **4.** ⟨o. Steig.; nur attr.⟩ ˈsehr groß (7.1)ˈ /auf Negatives bez./: *~e Kälte; ihm ist ~es Unrecht geschehen* – **II.** ⟨Adv.; vor Adj., bei Vb.⟩ ˈäußerstˈ: *es war ihm ~ ernst; sich ~ beklagen; das haben sie*

~ bereut; Geld haben sie ~ nötig ❖ **bitterlich, erbittern, erbittert** – **Magenbitter, verbittert, bitterkalt**

bitter|kalt [ˈb..] ⟨Adj.; nicht bei Vb.⟩ ˈsehr kaltˈ: *es ist ~; ein ~er Wintertag*

bitterlich [ˈbɪtɐ..] ⟨Adj.; Steig. reg., ungebr.⟩ **1.** ⟨nicht präd.⟩ ˈein wenig bitter (1)ˈ /auf den Geschmack bez./: *etw. schmeckt ~, hat einen ~en Geschmack* **2.** ⟨nur bei Vb.⟩ emot. ˈaußerordentlichˈ /auf Negatives bez.; beschränkt verbindbar/: *~ weinen, frieren* ❖ ↗ **bitter**

bizarr [biˈtsaʀ] ⟨Adj.; Steig. reg., ungebr.⟩ **1.** ˈaußergewöhnlich und seltsam, meist unharmonisch geformt, geprägtˈ /auf Gegenstände bez./: *~e Formen, Felsen, Bäume; etw. ist ~, ist ~ geformt* **2.** ⟨nicht bei Vb.⟩ ˈausgefallen, verschrobenˈ /auf Psychisches bez./: *er hat ganz ~e Gedanken, Einfälle, Pläne; seine Gedanken waren ~*

blähen [ˈblɛːən] ⟨reg. Vb.; hat⟩ **1.** *etw. bläht* ˈetw., bes. eine bestimmte Frucht, verursacht Blähungenˈ: *Hülsenfrüchte ~; Kohl bläht; iss das nicht, das bläht so!* **2.1.** *etw. bläht etw.* ˈLuft weht kräftig gegen, in einen textilen Gegenstand, verfängt sich darin, so dass es sich wölbt od. im Wind flattertˈ: *der Wind bläht die Segel, Gardinen* **2.2.** *etw. bläht sich* ˈein textiler Gegenstand wölbt sich durch Wind, flattert im Windˈ: *das Segel, ihr Rock blähte sich (im Wind)* ❖ **Blähung**

Blähung [ˈblɛː..], **die**; ~, ~en ⟨vorw. im Pl.⟩ ˈ(übermäßige) Ansammlung von Gasen in Magen und Darmˈ; SYN Wind (2): *der Genuss von Kohl verursacht ~en; ~en haben; an, unter ~en leiden* ❖ ↗ **blähen**

Blamage [blaˈmaːʒə], **die**; ~, ~n ˈetw. für jmdn. sehr Peinliches, Beschämendes, was bes. durch sein Versagen in einer Angelegenheit begründet ist und das öffentlich bekannt wirdˈ; SYN Schande, Schmach: *er empfand es als große ~, dass er die Prüfung nicht bestanden hatte, dass er von ihr zurückgewiesen wurde; die Niederlage unserer Mannschaft war eine einzige ~ für uns; eine ~ erleiden; Angst vor einer ~ haben* ❖ **blamieren**

blamieren [blaˈmiːrən], blamierte, hat blamiert /jmd./ **1.1.** *jmdn. ~* ˈjmdn. bloßstellen und lächerlich machenˈ: *er hat mich blamiert, hat uns, die ganze Familie mit seinem Roman, durch sein törichtes Verhalten, seine Dummheit (vor allen Leuten) schrecklich blamiert* **1.2.** *sich ~* ˈsich selbst bloßstellen und lächerlich machenˈ: *er hat sich (mit seinem Gedicht, seiner Erfindung) unsterblich, schrecklich blamiert; sich vor jmdm. ~: sich vor den Leuten, vor aller Welt ~* ❖ ↗ **Blamage**

blank [blaŋk] ⟨Adj.⟩ **1.** ⟨Steig. reg., ungebr.⟩ ˈsauber, glatt und glänzendˈ /auf Gegenstände bez./: *~e Knöpfe; ~es Metall; die Oberfläche ~ polieren; die Fensterscheiben, Schuhe ~ putzen; den Fußboden ~ bohnern* **2.** umg. ⟨o. Steig.; nur attr.⟩ /beschränkt verbindbar/ *das ist, war ~er Hohn, Hass, Unsinn* (ˈdas ist, war nichts als Hohn, Hass, Unsinnˈ) **3.** ⟨o. Steig.; nur präd. (mit *sein*)⟩ /jmd./ *~ sein* (ˈüberhaupt kein Geld mehr habenˈ) ❖ **blitzblank**

Bläschen ['blɛːsçən/'bleː..], **das**; ~s, ~ **1.** ʿkleine Blase (1)ʾ: *die ~ des perlenden Sekts* **2.** ʿkleine Blase (3)ʾ: *auf der Lippe haben sich ~ gebildet* ❖ ↗ **blasen**

Blase ['blɑːzə], **die**; ~, ~n **1.** ⟨vorw. im Pl.⟩ ʿkleiner, mit Luft, Gas gefüllter kugeliger Raum in einem festen od. flüssigen Stoffʾ: *~n im Glas, Metall, Mineralwasser; im Beton haben sich ~n gebildet; im Sekt steigen ~ auf; die ~n platzen, wenn sie an die Oberfläche kommen; das Wasser, der Teig wirft ~n* (ʿin ihm entstehen Blasen, die an der Oberfläche sichtbar werdenʾ) **2.** ʿhohles Organ im Becken der Menschen und der meisten Wirbeltiere zur Aufnahme des Harnsʾ: *sich die ~ erkälten; die ~ entleeren* (ʿHarn ausscheidenʾ); *er, sie hat eine schwache ~* (ʿkann den Harn nicht halten und muss häufig urinierenʾ) **3.** ʿoft als Schwellung sichtbarer kleiner Hohlraum unter der obersten Schicht der Haut, der meist durch Reibung od. Entzündung mit einem Sekret gefüllt istʾ: *~n an den Händen, Füßen haben; er hat sich ~n gelaufen* (ʿvom vielen Laufen haben sich Blasen an seinen Füßen gebildetʾ); *er hat sich den Finger verbrannt und davon eine große ~ bekommen* ❖ ↗ **blasen**

blasen ['blɑːzn̩] (er **bläst** [blɛːst/bleː..]), **blies** [bliːs], **hat geblasen** [ɡəˈb..] **1.** /jmd./ **1.1.** *irgendwohin ~* ʿden Atem kräftig aus dem Mund ausstoßen und dadurch bewirken, dass er irgendwohin gelangtʾ; SYN pusten (1.1): *in die Glut, Flamme ~; durch ein Rohr ~* **1.2.** *etw. von etw., etw. irgendwohin ~* ʿdurch Blasen (1.1) gegen etw. bewirken, dass dieses sich von etw. weg od. irgendwohin bewegtʾ; SYN pusten (1.2): *die Krümel vom Tisch ~; jmdm. den Rauch ins Gesicht ~; Luft in den Ballon ~* **2.** /jmd./ **2.1.** *etw. ~, auf etw.* ⟨Dat.⟩ *~* ʿein, auf einem Blasinstrument spielen (4.1)ʾ: *(die) Trompete, (das) Horn ~; auf der Trompete ~* **2.2.** *etw. ~* ʿTöne auf einem Blasinstrument hervorbringen (1.1)ʾ: *eine Melodie, ein Solo ~; ein Signal (auf der Trompete) ~* **2.3.** *zum Sammeln ~* (ʿauf einem Blasinstrument das Signal blasen, das Personen auffordert, zu einer bestimmten Stelle zu kommenʾ) **3.** *der Wind bläst* ʿder Wind wehtʾ: *der Wind bläst kräftig; es bläst eine frische Brise, ein steifer Nordwest; der Wind bläst von irgendwoher: der Wind bläst aus Nordwest* ❖ **Bläschen, Blase, Bläser — abblasen, aufblasen, Blasinstrument, Blechblasinstrument, Gallenblase, Glasbläser, Holzblasinstrument**

Bläser ['blɛːzɐ/'bleː..], **der**; ~s, ~ ʾjmd., der (berufsmäßig, als Solist) in einem Orchester ein Blasinstrument blästʾ ❖ ↗ **blasen**

blasiert ['blaˈziːɐt] ⟨Adj.; Steig. reg.⟩ ʿdünkelhaft, überheblich und sich dabei gelangweilt gebendʾ /vorw. auf Personen bez./: *ein ~er Mensch; sich ~ benehmen; ~ lächeln; der Kerl ist ~*

Blas ['blɑːs..]**-instrument, das** ʿMusikinstrument, bei dem die Töne dadurch entstehen, dass der Bläser mit dem Mund Atemluft hineinblästʾ: *die Trompete, Tuba, das Horn ist ein ~* ❖ ↗ blasen, ↗ Instrument; **-musik, die** ⟨o.Pl.⟩ ʿMusik, die von Blasinstrumenten hervorgebracht wirdʾ: *sie spielen immer nur ~*

Saxophon

Klarinette

Flöte

Fanfare

Posaune

Horn

Fagott

Trompete

blass [blas] ⟨Adj.; Steig.: ~er ['blasɐ]/blässer ['blɛsɐ], ~est ['blasəst]/blässest ['blɛsəst]⟩ **1.** ʿ(vor Schreck) fast weißʾ; SYN bleich (1.1), käsig /auf die Farbe der Haut, bes. des Gesichts und der Hände bez./; ↗ FELD VI.2.3: *sie hat ein ~es Gesicht, einen ~en Teint; ihre Haut ist ~* (ANT braun); *sie, er ist ~ (im Gesicht), sieht ~ aus; vor Schreck ~ werden;* umg. /in der kommunikativen Wendung/ *da siehst du (aber) ~ aus* /wird zu jmdm. gesagt, der in einer schwierigen Lage ist od. bei bestimmtem Verhalten in eine solche Lage gerät/ **2.** ʿim Farbton nicht stark ausgeprägtʾ; SYN fahl (1.2), matt (3.2) /auf Farben bez./: *~e Farben; ein ~es Rot; eine Bluse in einem ~en blauen Ton* **3.** ⟨o. Steig.; nur attr.⟩ SYN ʿvageʾ /auf Mentales bez./: *er hat nur eine, hat keine ~e Ahnung von der Sache, hat nur eine ~e Erinnerung an sie* ❖ **Blässe, erblassen, verblassen — leichenblass**

Blässe ['blɛsə], **die**; ~, ⟨o.Pl.⟩ ʿblasses (1) Aussehenʾ; ↗ FELD VI.2.1: *die ~ seines Gesichts, seiner Hände* ❖ ↗ **blass**

Blatt [blat], **das**; ~es/auch ~s, Blätter ['blɛtɐ] **1.** ˈflächiges, meist grünes Teil an den Zweigen und Stielen, Stängeln von Pflanzen, das je nach Art der Pflanze sehr verschieden geformt istˈ; ↗ FELD II.4.1: *gefiederte, herzförmige, spitze, runde, schmale Blätter; grüne, welke Blätter; die herbstlich (gelb und rot) gefärbten Blätter; die Blätter fallen ab, färben sich, rascheln; die Pflanze hat ihre, der Baum hat seine Blätter verloren* **2.** ˈzu einem bestimmten Format geschnittenes, meist rechteckiges Stück Papierˈ: *ein leeres ~ Papier; lose Blätter; hundert Blätter lochen, einheften;* ⟨mit Mengenangabe: vorw. *Blatt*⟩: *hundert ~ Schreibpapier, Kopierpapier kaufen* **3.** ˈBlatt (2) als Teil eines Buches, Heftes o.Ä., das meist auf beiden Seiten bedruckt, beschrieben istˈ: *ein ~ (aus einem Buch, Heft) herausreißen; die Blätter eines Manuskripts nummerieren; ein Stück vom ~ spielen* (ˈein Musikstück nach den vorliegenden Noten spielenˈ) **4.** Kartenspiel *ein gutes, schlechtes ~ haben* (ˈfür das jeweilige Spiel eine für den Erfolg günstige Anzahl, Zusammenstellung von Karten 6 habenˈ) **5.** veraltend SYN ˈZeitungˈ: *ausländische Blätter haben über diesen Vorfall ausführlich berichtet* **6.** ˈbreiter, flächiger Teil eines Werkzeuges, Gerätesˈ: *das ~ der Säge, des Beiles schärfen; das ~ (des Ruders) ins Wasser tauchen* ❖ **blättern** − **Blätterpilz, Blattlaus, -salat, Blütenblatt, dreiblättrig, Flugblatt, Lorbeerblatt, Löschblatt, Merkblatt**
* etw. ⟨bes. **das**⟩ **steht auf einem anderen ~** (ˈetw., bes. eine Angelegenheit, ein Sachverhalt gehört nicht in diesen Zusammenhang, ist eine andere Sacheˈ); /jmd./ **kein ~ vor den Mund nehmen** ˈoffen seine Meinung sagenˈ: *er nahm in der Sitzung, beim Direktor kein ~ vor den Mund;* /jmd./ **ein unbeschriebenes ~ sein** (**1.** ˈnoch ohne Erfahrung seinˈ **2.** ˈnoch unbekannt seinˈ); ⟨⟩ umg. **das ~ hat sich gewendet** (ˈdie Situation hat sich völlig verändertˈ)
blättern ['blɛtɐn] ⟨reg. Vb.; hat⟩ **1.** /jmd./ *in etw.* ⟨Dat.⟩ *~* ˈdie Blätter eines Buches, Heftes, einer Zeitung wahllos umwenden und sie dabei flüchtig lesen, betrachtenˈ): *in einem Buch, Manuskript ~* **2.** /jmd./ *Geldscheine, Spielkarten auf den Tisch ~* (ˈschnell nacheinander und nebeneinander auf den Tisch legenˈ) ❖ ↗ **Blatt**
Blätter [blɛtɐ..]|**-pilz, der** ˈPilz, dessen ¹Hut an der Unterseite Lamellen (2) hatˈ: *der Champignon ist ein ~* ❖ ↗ Blatt, ↗ Pilz; **-teig, der** ⟨o.Pl.⟩ ˈTeig, der nach dem Backen aus einzelnen dünnen aufeinander liegenden Schichten bestehtˈ: *eine Pastete aus ~* ❖ ↗ Blatt, ↗ Teig
Blatt ['blat..]|**laus, die** ˈkleines Insekt, das Saft aus den Blättern und Stängeln von Pflanzen saugtˈ: *Blattläuse bekämpfen* ❖ ↗ Blatt, ↗ Laus
-blättrig [blɛtʀɪç] /bildet mit einem (Zahl)adj. als erstem Bestandteil Adjektive/ ˈin der Anzahl od. Form des im ersten Bestandteil Genanntenˈ: ↗ z. B. *dreiblättrig*
Blatt ['blat..]|**salat, der** ⟨o.Pl.⟩ ˈSalatpflanze, deren Blätter keinen Kopf (3) bildenˈ: *~ säen, ernten; den*

~ waschen, mit Essig, Zitrone würzen ❖ ↗ **Blatt,** ↗ **Salat**
blau [blau] ⟨Adj.; o. Steig.; ↗ auch *Bläue*⟩ **1.** ˈvon der Farbe des wolkenlosen Himmels am Tageˈ; ↗ FELD VI.2.3: *sie hat ~e Augen; (die) ~e Farbe, Tinte; der ~e Himmel; das ~e Meer; ein ~es Kleid; die Farbe Blau; der Blaue Planet* (ˈdie Erdeˈ) etw. *~ färben, anstreichen; die Kornblume blüht ~; ein helles, dunkles, kräftiges, mattes, blasses Blau; ein ~es Auge* (ˈAuge, dessen unmittelbare Umgebung durch Stoß, Schlag blau angelaufen, blutunterlaufen istˈ); *Karpfen ~* (ˈKarpfen, dessen Haut durch einen Zusatz von Essig beim Kochen blau gefärbt istˈ) **2.** ˈblutleer, unterkühlt und daher eine Färbung aufweisend, die blau (1) ähnlich istˈ /auf Körperliches bez./: *~e Lippen; seine Lippen waren ~; er war fast ~ im Gesicht; seine Hände waren vor Kälte ~* **3.** ⟨nur präd. (mit *sein*)⟩ umg. /jmd./ *~ sein* ˈbetrunken seinˈ: *er war (völlig) ~* ❖ **Bläue, bläulich** − **blauäugig, -grau, Blaulicht, hellblau**
* umg. /jmd./ **das Blaue vom Himmel (herunter) lügen** (ˈhemmungslos und viel lügen, viele Lügen erzählenˈ)
blau|äugig ['blau|ɔig..] ⟨Adj.; vorw. attr.⟩ ˈblaue Augen habendˈ /auf Personen bez./: *ein ~es junges Mädchen;* METAPH *diese Einstellung halte ich für ~* (ˈnaiv und weltfremdˈ) ❖ ↗ blau, ↗ Auge
Bläue ['blɔiə], **die**; ~, ⟨o.Pl.⟩ ˈblaue Färbungˈ /auf Phänomene der Natur bez./; ↗ FELD VI.2.1: *die ~ des Himmels, des Meeres* ❖ ↗ blau
blau|grau ['..] ⟨Adj.; o. Steig.⟩ ˈvon einer Farbe, die aus Blau und Grau gemischt istˈ; ↗ FELD VI.2.3: *sie hat ~e Augen; ihre Augen sind ~* ❖ ↗ blau, ↗ grau
bläulich ['blɔi..] ⟨Adj.; o. Steig.⟩ **1.** ˈleicht blau (1)ˈ; ↗ FELD VI.2.3: *etw. schimmert ~; das ~e Licht der Dämmerung* **2.** ⟨vorw. attr.⟩ ˈleicht blau (2)ˈ: *der Kranke hat ~e Lippen* ❖ ↗ blau
Blau/blau ['..]|**-licht, das** ⟨o.Pl.⟩ ˈoptisches Signal der Kraftfahrzeuge von Polizei, Feuerwehr und Rotem Kreuz, das ungehinderte freie Fahrt auf öffentlichen Verkehrswegen ermöglichtˈ; ↗ FELD VI.2.1 ❖ ↗ blau, ↗ Licht; **-machen** ⟨trb. reg. Vb.; hat⟩ umg. /jmd./ ˈnicht zur Arbeit, zum Dienst gehen, weil man keine Lust hat zu arbeitenˈ; SYN bummeln: *morgen mache ich blau!; er hat schon wieder blaugemacht; eine bestimmte Zeit ~: er hat den Montag, drei Tage blaugemacht* ❖ ↗ blau, ↗ machen
Blech [blɛç], **das**; ~es/auch ~s, ~e **1.** ⟨vorw. Sg. u. o.Art.⟩ ˈdünn gewalztes Metallˈ: *das ist (ein) dünnes, starkes, verzinktes ~; ~(e) schneiden, biegen* **2.** ˈPlatte aus Blech (1)ˈ: *etw. mit einem ~, mit ~en ab-, bedecken; etw. aus ~en herstellen; die ~e in formgerechte Stücke schneiden, verzinken* **3.** ˈmeist viereckige Platte aus Blech (1) (mit einem hoch stehenden Rand), auf dem Kuchen gebacken werdenˈ: *das ~, die ~e mit dem Teig in den Ofen schieben* **4.** ⟨o.Pl.; nur mit best. Art.⟩ ˈGesamtheit der Blechblasinstrumente eines Orchestersˈ: *das ~ ver-*

stärken; das ~ war zu laut **5.** ⟨o.Pl.⟩ umg. ˈUnsinn, törichtes Zeug' /auf menschliche Äußerungen bez./: *das war wieder ein ~, was er da vorgetragen hat!; red' nicht solches, red' kein ~/solch ein ~!* ❖ **ble-chern – Blechblasinstrument, Schutzblech**

Blech|blasinstrument ['..], das ˈBlasinstrument aus dem Blech bestimmter Metalle': *die Trompete ist ein ~*

blechern ['blɛçɐn] ⟨Adj.; o. Steig.⟩ **1.** ⟨nicht bei Vb.⟩ ˈaus Blech (1)' /auf Gegenstände bez./: *ein ~er Löffel* **2.** ˈso klingend, wie wenn Blech aneinander schlägt': *sie hat eine ~e Stimme; die Musik klingt ~* ❖ ↗ **Blech**

Blei [blaɪ], das; ~s/auch ~es, ⟨o.Pl.⟩ /Element; chem. Symb. Pb/ ˈgraues, relativ weiches Schwermetall'; ↗ FELD II.5.1: *Rohre, Kugeln aus ~; die Füße waren ihm schwer wie ~ geworden* ❖ **bleiern; Bleikristall, -stift**

Bleibe ['blaɪbə], die; ~, ~n ⟨vorw. Sg.⟩ geh. ˈUnterkunft, in der man sich eine beschränkte Zeit aufhalten kann': *(k)eine ~ für die Nacht haben; eine ~ suchen* ❖ ↗ **bleiben**

bleiben ['blaɪbm̩], blieb [bli:p], ist geblieben [gə-'bli:bm̩]; ↗ auch *bleibend* **1.1.** ⟨Inf. ohne *zu*⟩ /jmd./ ˈeine bestimmte Tätigkeit beibehalten' /mit best. Vb./; ↗ FELD VII.2.2: *er blieb liegen, sitzen, ist liegen, sitzen geblieben* (ˈer stand nicht auf'), *blieb stehen, ist stehen geblieben* (ˈer ging nicht weiter'); *wo bleibt er nur solange?, wo ist er geblieben?* (ˈich weiß nicht, wo er sich befindet, warum er nicht längst hier ist, ich warte dringend auf ihn'); /etw./ *die Brieftasche fiel zu Boden, aber sie blieb liegen, ist liegen geblieben* (ˈsie wurde nicht aufgehoben') **1.2.** /jmd./ *irgendwo ~* ˈeinen Ort, eine Stelle (für eine bestimmte Zeit) nicht verlassen'; ↗ FELD I.7.1.2, VII.2.2: *in seinem Zimmer, Heimatort ~; zu Hause, im Bett ~; er blieb (noch ein paar Tage) bei uns, hier, in N; bei jmdm. zum Essen ~; bleib, wo du bist!; bleib doch noch ein Weilchen (bei mir)!;* /etw./ *bei dem schlechten Wetter bleibt das Auto in der Garage* (ˈwird das Auto nicht für eine Fahrt genutzt, sondern in der Garage gelassen'); *wo ist mein Bleistift geblieben?* (ˈich weiß nicht, wo sich mein Bleistift befindet, ich vermisse ihn') **1.3.** /in der kommunikativen Wendung/ *~ Sie am Apparat* (ˈlegen Sie den Telefonhörer nicht auf')! /wird am Telefon zum Hörer gesagt, wenn man das Gespräch kurz unterbrechen muss/ **1.4.** *etw. bleibt jmdm. in Erinnerung, im Gedächtnis* ˈjmd. vergisst etw. nicht': *das wird mir immer in Erinnerung ~; das ist mir nicht im Gedächtnis geblieben* **2.1.** ⟨+ Adj., Part. II, Subst.; dem Hilfsvb. *sein* ähnlich⟩ /jmd., Institution, etw./ *irgendwie, etw. ~* ˈunverändert weiterhin so sein, wie er, es vorher war': *er blieb stets anständig, ehrlich; er blieb trotz allem konsequent, gelassen, höflich; er blieb ledig; er ist ganz der Alte, derselbe geblieben; er ist Chef geblieben; im Kühlschrank bleibt das Obst lange frisch; die Frage bleibt offen; das Museum bleibt geöffnet, geschlossen; der Gegenstand blieb verschwunden; es*

bleibt alles beim Alten/bleibt alles, wie es war; etw. bleibt jmdm. erspart (ˈjmd. braucht etw. nicht zu tun, zu erleben'); ⟨steht für ein Pass.⟩ *die Sache blieb ungelöst* (ˈwurde nicht gelöst'); *er ist (von dieser Krankheit) verschont geblieben* (ˈwurde von dieser Krankheit verschont'); *seine Taten ~ unvergessen* (ˈwerden nie vergessen werden'); *das Verbrechen blieb ungesühnt* **2.2.** ⟨+ *in* + Subst.⟩ *jmd. bleibt (mit jmdm.) in ↗ Verbindung; etw. bleibt in ↗ Kraft; etw. bleibt in ↗ Betrieb* **2.3.** /jmd., etw./ *am ↗ Leben ~* **3.1.** /jmd., Institution/ *bei etw.* ⟨Dat.⟩ *~* ˈsein Verhalten in Bezug auf etw. nicht ändern': *er blieb bei seiner Meinung, Ansicht, Aussage, bei seinem Entschluss; bei der Wahrheit ~* (ˈnicht lügen'); *ich bleibe dabei, dass er gelogen hat* (ˈich bin weiterhin davon überzeugt, dass er gelogen hat'); scherzh. *bei diesem Wein können wir ~* (ˈdiesen Wein sollten wir auch weiterhin trinken, denn er ist gut') **3.2.** /in der kommunikativen Wendung/ *es bleibt dabei* (ˈwir halten an unserer Abmachung fest') /wird von zwei od. mehreren gesagt, um sich gegenseitig zur Einhaltung ihrer Verabredung zu verpflichten/ **4.** *jmdm. bleibt etw.* ˈjmd. hat von einer Menge von etw., von vielem nur noch ein wenig, eine Möglichkeit': *ihm blieb nur noch eine Stunde Zeit, um sich zu entscheiden; von seinem Reichtum war ihm fast nichts geblieben; ihm blieb keine andere Wahl, als seine Zustimmung zu geben; uns blieb nur die Hoffnung* (ˈwir konnten nur hoffen'), *dass ...;* ⟨+ Inf. mit *zu*⟩ *es bleibt zu hoffen* (ˈwir wollen hoffen'), *dass ...; was bleibt jetzt noch zu tun?; es bleibt abzuwarten* (ˈman muss abwarten'), *wie sich die Sache entwickeln wird* ❖ **Bleibe, bleibend, Verbleib, verbleiben – dableiben, Hinterbliebene, Überbleibsel, unausbleiblich, wegbleiben, zurückbleiben**

* das bleibt unter uns (ˈdas soll außer uns sonst niemand erfahren')

bleibend ['blaɪbm̩t] ⟨Adj.; o. Steig.; nur attr.; ↗ auch *bleiben*⟩ ˈfür immer bestehend'; ↗ FELD VII.2.3: *das sind ~e Werte, Erinnerungen; etw. ist von ~em Wert* ❖ ↗ **bleiben**

bleich [blaɪç] ⟨Adj.⟩ **1.1.** ⟨Steig. reg.⟩ SYN ˈblass (1)' /auf die Farbe der Haut, bes. des Gesichts und der Hände bez./; ↗ FELD VI.2.3: *sein Gesicht war ganz ~; vor Angst, Schreck war er ~ geworden; sie sieht sehr ~ aus; er war ~ wie der Tod* **1.2.** ⟨o. Steig.⟩ geh. *das ~e* (SYN ˈfahle 1.1') *Licht des Mondes* ❖ ¹,²**bleichen**

¹bleichen ['blaɪçn̩] ⟨reg. Vb.; hat⟩ /jmd./ etw. *~: sich* ⟨Dat.⟩ *die Haare ~* (ˈmit bestimmten Mitteln heller, blond machen'); ↗ FELD VI.2.2); *die Wäsche ~* (ˈan der Sonne, durch bestimmte Mittel wieder leuchtend weiß machen, werden lassen') ❖ ↗ **bleich**

²bleichen, blich [blɪç]/bleichte, ist geblichen [gə'blɪçn̩] gebleicht /etw./ ˈallmählich blasser werden'; ↗ FELD VI.2.2: *die Farbe ist durch die, von der Sonne geblichen/gebleicht* ❖ ↗ **bleich**

bleiern ['blaɪɐn] ⟨Adj.⟩ **1.** ⟨o. Steig.; nur attr.⟩ ˈaus Blei' /auf Gegenstände bez./: *~e Rohre, Gewichte*

2. ⟨Steig. reg., ungebr.; nur attr.⟩ /beschränkt verbindbar/ *eine ~e* (ʼgroßeʼ) *Müdigkeit überkam sie; ein ~er* (ʼtieferʼ) *Schlaf* **3.** ⟨nicht attr.⟩ /beschränkt verbindbar/ *seine Füße fühlten sich ~* (ʼvor Müdigkeit schwer wie Bleiʼ) *an, waren ~* ❖ ↗ **Blei**

Blei [ˈblai̯..]‖**-kristall, das** ⟨o.Pl.⟩ ʼfarbloses, sehr helles Glas, bei dessen Herstellung Blei zugesetzt wirdʼ; SYN Kristall (I.1): *eine Vase, ein Glas aus ~* ❖ ↗ Blei, ↗ Kristall; **-stift, der** ʼkleiner stabförmiger Gegenstand aus Holz mit einer Mine zum Schreiben, Zeichnenʼ (↗ TABL Schreibgeräte): *ein harter, weicher, stumpfer, spitzer ~; den ~ anspitzen, schärfen; der ~ ist abgebrochen; mit einem ~ zeichnen* ❖ ↗ Blei, ↗ ¹Stift

Blende [ˈblɛndə], **die;** ~, ~n **1.** ʼmeist flächiges Teil, das, irgendwo angebracht, vor direkt einfallendem (Sonnen)licht schütztʼ: *Markisen dienen als ~; die ~ im Auto herunterklappen; die Hand als ~ vor die Augen halten* **2.1.** ʼverstellbare Vorrichtung an Kameras, mit der reguliert wird, wie stark der Film belichtet werden sollʼ: *die ~ einstellen* **2.2.** ʼeingestellte Blende (2.1), deren Größe in Zahlen ausgedrückt wirdʼ: *ein Bild mit kleiner, großer ~, mit ~ acht aufnehmen* ❖ ↗ **blenden**

blenden [ˈblɛndn̩], blendete, hat geblendet; ↗ auch *blendend* **1.** *etw. blendet jmdn.* ʼetw., eine Lichtquelle, behindert jmdn. durch die Helligkeit beim Sehenʼ: *der Scheinwerfer, Spiegel, das Licht der Sonne blendet uns; das blendet sehr* **2.** /jmd./ *jmdn. ~* ʼjmdn. durch den äußeren Schein, durch sein Auftreten so stark beeindrucken, dass er Fehler, Mängel nicht erkennen kannʼ: *sie hat alle durch ihr selbstsicheres Auftreten geblendet; ihre Schönheit hatte ihn geblendet; er war von ihr, von ihrer Schönheit geblendet; sich von Äußerlichkeiten nicht ~ lassen* ❖ Blende, blendend, verblenden — **Abblendlicht**

blendend [ˈblɛndnt] ⟨Adj.; Steig. reg., ungebr.; ↗ auch *blenden*⟩ emot. ʼauffallend, außergewöhnlich gutʼ; SYN ausgezeichnet: *er war eine ~e Erscheinung, sah ~ aus, war ein ~er Redner; sich mit jmdm. ~ verstehen, unterhalten; sich ~ amüsieren; es ging ihm ~; „Wie geht es Ihnen?" „Blendend"* ❖ ↗ **blenden**

blich: ↗ *bleichen*

Blick [blɪk], **der;** ~es/auch ~s, ~e **1.** ʼdas bewusste kurze Hinsehen auf etw., jmdn.ʼ: *einen kurzen, flüchtigen, besorgten, argwöhnischen, eisigen, vielsagenden, drohenden, wütenden ~ auf jmdn. richten, lenken, werfen; einen ~ riskieren* (ʼvorsichtig hinsehenʼ); *jmdn. einen aufmunternden ~ zuwerfen; sein Blick glitt, wanderte von einem zum anderen; jmdn. mit seinem ~ durchbohren* (ʼjmdn. durchdringend ansehenʼ); *jmdn. mit einem ~ streifen; einen ~ des Einverständnisses mit jmdm. tauschen; jmdn., etw. mit den ~en verfolgen* (ʼjmdn., einer Sache hinterhersehenʼ); *jmds. ~en ausweichen* (ʼnicht ansehen wollenʼ); *jmds. ~ fällt, trifft auf etw., jmdn.* (ʼjmd. entdeckt etw., jmdn. beim Umhersehenʼ); *etw., jmd. zieht die ~e auf sich* (ʼgefällt so sehr, dass es, er von allen angesehen wirdʼ); *langsam entschwanden die Berge unseren ~en* (ʼkonnten wir, weil wir uns von ihnen entfernten, die Berge immer weniger deutlich und gut und schließlich nicht mehr sehenʼ) **2.** ⟨o.Pl.⟩ ʼder Ausdruck der Augenʼ: ⟨mit best. Adj.⟩ *er hat einen ansprechenden, offenen, durchdringenden, sanften, kalten, bösen, hinterhältigen ~; etw. in jmds. ~ lesen; in seinem ~ lag Verachtung* **3.** ⟨o.Pl.⟩ ʼdie Fähigkeit, etw. rasch und sicher zu erkennen und zu beurteilenʼ; ↗ FELD I.3.1.1: ⟨+ Präp. *für*⟩ *er hat einen ~ für gute Motive, starke Wirkungen; er hat den richtigen ~ für Zusammenhänge und Entwicklungen; die vielen Erfahrungen haben seinen ~ geschärft* ❖ ↗ **blicken**

* *auf den ersten/auf einen/mit einem ~* ʼbei sofortigem Hinsehenʼ: *schon auf den ersten ~ hatte er erkannt, dass er Talent besaß*; /jmd./ *keinen ~ für etw., jmdn. haben* ʼetw., jmdn. nicht beachtenʼ: *sie hatte keinen ~ für uns*; /jmd./ *einen ~ hinter die Kulissen werfen* (ʼsich mit den Hintergründen von etw. befassenʼ)

blicken [ˈblɪkn̩] ⟨reg. Vb.; hat⟩ **1.** /jmd./ *irgendwohin ~* SYN ʼirgendwohin sehen (1.3)ʼ; ↗ FELD I.3.1.2: *aus dem Fenster, ins Zimmer, weit in die Ferne ~; kurz einmal in die Zeitung ~; verschämt blickte sie zu Boden, zur Seite, vor sich hin, von einem zum anderen* **2.** /jmd./ *irgendwie auf jmdn., etw. ~* ʼjmdn., etw. mit bestimmtem Ausdruck ansehenʼ: *forschend auf jmdn., etw. ~; wütend auf jmdn. ~; fragend, vorwurfsvoll ~* **3.** /jmds. Augen ~ irgendwie/ ʼjmds. Augen drücken etw. Bestimmtes ausʼ: *jmds. Augen ~ belustigt, unsicher, pfiffig*; vgl. *sehen, schauen* ❖ Blick, erblicken — Augenblick, augenblicklich, Einblick, Hinblick, Lichtblick, Rückblick, Rundblick, Scharfblick, Silberblick, Überblick, überblicken, Weitblick, weitblickend

* /jmd./ *sich (bei jmdm.) ~ lassen* ⟨vorw. verneint⟩ ʼjmdn. aufsuchen, besuchenʼ: *er hat sich lange nicht (bei uns) ~ lassen*

blieb: ↗ *bleiben*

blies: ↗ *blasen*

blind [blɪnt] ⟨Adj.; ↗ auch *Blinde*⟩ **1.** ⟨o. Steig.; nicht bei Vb.⟩ ʼohne Sehvermögenʼ /auf Menschen, Tiere bez./; ↗ FELD I.3.1.3: *~ sein, werden; ein ~er Mensch; er ist auf einem Auge ~* **2.** ⟨o. Steig.; nur bei Vb.⟩ /beschränkt verbindbar/: *~* (ʼohne hinzusehenʼ) *Schreibmaschine schreiben, Klavier spielen* **3.** ⟨Steig. reg., ungebr.; nur präd. (mit *sein, werden*)⟩ /jmd./ *~ für etw. sein* ʼetw. aus bestimmten Gründen nicht wahrnehmen, wahrhaben wollen, könnenʼ): *er war ~ für die Schönheiten der Landschaft; er war für das Elend der Armen ~ geworden* **4.1.** ⟨Steig. reg., ungebr.; nur präd. (mit *sein*)⟩ /jmd./ *~ sein vor etw.* ʼso sehr von einem (negativen) Gefühl beherrscht sein, dass man nicht mehr klar, vernünftig denken kannʼ): *er war ~ vor Hass, Liebe, Zorn, Eifersucht, Wut* **4.2.** ⟨nur attr.⟩ SYN ʼmaßlosʼ /auf Psychisches bez./: *~e Wut; in ~er Angst davonlaufen* **5.** ⟨nicht präd.⟩ ʼohne nachzudenkenʼ; SYN bedingungslos: *jmdm. ~ vertrauen, glauben; ~es Vertrauen; ~er Gehorsam* **6.** ⟨nicht bei Vb.⟩ ʼnicht mehr glänzend od. nicht mehr durchsichtigʼ; ANT blank (1) /bes. auf gläserne Flächen bez./: *die Fensterscheiben sind ~*

(geworden); der Spiegel, die Politur ist vom Alter ~; vgl. kurzsichtig ❖ Blinde, Blindheit, blindlings, erblinden; betriebsblind, Blinddarm, -gänger, farbenblind

Blind|darm ['..], **der** ˈsackähnliches Teil des Dickdarms unterhalb seiner Einmündung in den Dünndarmˈ: *eine Entzündung des ~s* ❖ ↗ **blind**, ↗ **Darm**

Blinde ['blɪndə], **der** u. **die**; ~n, ~n; ↗ auch TAFEL II; ↗ auch *blind* ˈjmd., der blind (1) istˈ: *der, die ~ wird von einem Hund geführt; ein ~r ging tastend über die Straße* ❖ ↗ **blind**

* umg. **das sieht doch ein ~r (mit Krückstock)** (ˈdas erkennt man doch sofortˈ)

Blind|gänger ['blɪntgɛŋɐ], **der**; ~s, ~ ˈBombe, Granate, deren Sprengladung infolge Versagens des Zünders nicht detoniert istˈ: *einen ~ entschärfen* ❖ ↗ **blind**, ↗ **gehen**

Blindheit ['blɪnt..], **die**; ~, ⟨o.Pl.⟩ /zu *blind* (1)/ ˈdas Blindseinˈ; ↗ FELD I.3.1.1: *angeborene ~* ❖ ↗ **blind**

* umg. scherzh. **jmd. ist mit ~ geschlagen** (ˈjmd. ist blind 3 für etw.ˈ)

blindlings ['blɪntlɪŋs] ⟨Adv.⟩ **1.** ˈbes. vor Angst, Erregung, Entsetzen handelnd, ohne nachzudenken, einer plötzlichen Eingebung folgendˈ: *~ davonlaufen; ~ ins Unglück rennen* **2.** SYN ˈblind (5)ˈ: *~ an jmdn., etw. glauben; jmdm. ~ vertrauen, gehorchen* ❖ ↗ **blind**

blinken ['blɪŋkn̩] ⟨reg. Vb.; hat⟩; ↗ FELD VI.2.2 **1.** /etw./ SYN ˈfunkelnˈ: *die Sterne ~ am Himmel; das Wasser des Sees blinkt im Licht der untergehenden Sonne* **2.1.** /jmd., Schiff/ ˈmit einem Gerät Lichtzeichen gebenˈ: *SOS ~* **2.2.** /jmd., Straßenfahrzeug/ ˈdie Blinkleuchte betätigenˈ: *er bog in eine Nebenstraße ein, ohne geblinkt zu haben; die Änderung der Fahrtrichtung durch Blinken anzeigen* ❖ **Blinker — Blinkleuchte**

Blinker ['blɪŋkɐ], **der** umg. ˈBlinkleuchteˈ: *den ~ betätigen; der ~ hat nicht geleuchtet* ❖ ↗ **blinken**

Blink|leuchte ['blɪŋk..], **die** ˈseitlich vorn und hinten an Kraftfahrzeugen angebrachte Leuchten, die zur Anzeige der Änderung der Fahrtrichtung betätigt werden, sodass sie kurz hintereinander immer wieder aufleuchtenˈ; ↗ FELD VI.2.1: *die ~ betätigen* ❖ ↗ **blinken**, ↗ **leuchten**

blinzeln ['blɪntsl̩n] ⟨reg. Vb.; hat⟩ /jmd./ **1.1.** ˈdie Augenlider mehrere Male schnell hintereinander schließen und ein wenig öffnen, um die Augen an das (helle) Licht zu gewöhnenˈ: *er musste ~, weil die Sonne ihn blendete; verschlafen ~; mit den Augen ~; irgendwohin ~: in die Sonne, in das Licht ~* **1.2.** ˈdurch Blinzeln (1.1) jmdm. heimlich ein Zeichen gebenˈ: *jmdm. ~d zunicken; zum Zeichen des Einverständnisses blinzelte er mit den Augen, mit einem Auge; listig, keck ~*

Blitz [blɪts], **der**; ~es, ~e ˈbei einem Gewitter auftretende sehr starke elektrische Entladung zwischen Wolken in der Atmosphäre oder zwischen Wolken und Erde, die als grelle Lichterscheinung am Himmel in Form einer Linie erscheintˈ; ↗ FELD

VI.2.1: *~ und Donner folgen kurz aufeinander; ein ~ hat irgendwo, in ein Haus, einen Baum eingeschlagen; jmd. ist vom ~ getroffen, erschlagen worden; grelle ~e erleuchten den Himmel, zucken am Himmel* ❖ **blitzen — abblitzen, Blitzbesuch, blitzblank, Blitzlicht**

* /jmd./ **dastehen wie vom ~ getroffen** (ˈvor Schreck, Entsetzen erstaunt und nicht fähig sein zu reagierenˈ); **etw. kommt wie ein ~ aus heiterem Himmel** ˈetw. meist Unangenehmes kommt völlig unerwartet, überraschendˈ: *die Hiobsbotschaft kam wie ein ~ aus heiterem Himmel;* ⟨⟩ umg. **wie der ~/wie ein geölter ~** ˈsehr schnellˈ: *wie ein geölter ~ sauste er davon*

Blitz-/blitz- /bildet mit dem zweiten Bestandteil bes. Substantive; drückt aus, dass das im zweiten Bestandteil Genannte sehr schnell abläuft/: ↗ z. B. *Blitzbesuch*

Blitz|blitz ['..]|-**besuch, der** ˈüberraschender und kurzer Besuchˈ: *einen ~ machen; zu einem ~ nach N fliegen* ❖ ↗ **Blitz**, ↗ **suchen**; **-blank** ⟨Adj.; o. Steig.⟩ emot. ˈsehr sauber und blankˈ /auf die Wohnung, Teile der Wohnung bez./: *eine ~e Wohnung; ihre Wohnung war ~; den Fußboden ~ bohnern* ❖ ↗ **Blitz**, ↗ **blank**

blitzen ['blɪtsn̩] ⟨reg. Vb.; hat⟩ **1.** *es blitzt* ˈein Blitz ist, Blitze sind am Himmel zu sehenˈ; ↗ FELD VI.2.2: *es blitzte und donnerte* **2.** ⟨oft im Pass.⟩ /Polizei/ *jmdn., ein Fahrzeug ~* (ˈjmdn., der od. ein Auto, das zu schnell fährt, fotografierenˈ): *ich bin an der Kreuzung geblitzt worden* **3.** *etw. blitzt* ˈetw. funkeltˈ: *Kristalle, Edelsteine ~ (im Sonnenlicht)* **4.** emot. /etw., bes. Wohnung/ *vor Sauberkeit ~* ˈsehr sauber sein und glänzenˈ: *die Wohnung, alles blitzte vor Sauberkeit* ❖ ↗ **Blitz**

Blitz|licht ['blɪts..], **das** ⟨Pl.: Blitzlichter⟩ ˈkünstliches, wie ein Blitz sehr kurz und sehr hell aufleuchtendes Licht zum Beleuchten bei fotografischen Aufnahmen, bes. in Innenräumenˈ; ↗ FELD VI.2.1: *eine Kamera mit ~; etw. mit ~ aufnehmen* ❖ ↗ **Blitz**, ↗ **Licht**

Block [blɔk], **der**; ~s/auch ~es, Blöcke ['blœkə]/ auch ~s **1.** ⟨Blöcke⟩ ˈgroßes massives, kantiges, quaderförmiges Stück aus einem festen Material, bes. Stein, auch Holz od. Eisenˈ: *ein gewaltiger, riesiger, unbehauener ~ aus Granit, Marmor, Beton* **2.** ⟨Blöcke/Blocks⟩ ˈgrößere Anzahl von Blättern (2), die an einer ihrer Kanten zusammengeklebt od. geheftet sind und einzeln abgerissen werden könnenˈ: *ein ~ für Notizen* **3.** ⟨Blöcke/Blocks⟩ ˈgroßes, meist langgestrecktes od. als Quadrat angelegtes Wohngebäude mit mehreren Etagen und Eingängenˈ: *riesige Blöcke; er wohnt im dritten ~; die Blöcke bilden ein Quadrat* ❖ **Blockade, blockieren — Blockschrift, Wohnblock**

MERKE Zu *Block* (1): Vorwiegend in Komposita: *Granitblock, Marmorblock*

Blockade [blɔkɑːdə], **die**; ~, ~n ˈSperrung aller Wege zu Lande und zu Wasser zum Territorium eines Landes, einer Stadt, um aus bestimmten Gründen einen Druck (3), Zwang auszuüben, bestimmte Forderungen durchzusetzen': *die, eine ~ (über ein Land) verhängen; die ~ aufheben; die ~ brechen* ('eine Möglichkeit finden, trotz der Blockade in ein, aus einem Territorium zu gelangen') ❖ ↗ **Block**

blockieren [blɔ'ki:rən], blockierte, hat blockiert **1.** /Staat, Gruppe von Staaten, Truppe/ etw. ~ 'eine Blockade gegen die Verkehrswege zu einem Territorium durchführen': *einen Hafen, die Zufahrtswege ~* **2.** /mehrere (jmd.), etw./ etw. ~ 'einen Verkehrsweg, Zugang, Durchgang o.Ä. sperren, unpassierbar machen': *die Demonstranten blockierten den Ausgang; Menschenmassen blockierten die Zufahrt zum Ministerium, indem sie Barrikaden errichteten, eine Barriere bildeten; ein entgleister Zug blockierte die Strecke; durch den Unfall war die Straße für längere Zeit blockiert* **3.1.** /etw./ etw. ~ 'bewirken, dass die Bewegung von etw. gehemmt, unterbrochen wird': *die Bremse blockiert die Räder* ('bewirkt, dass die Räder sich nicht mehr drehen') **3.2.** /etw., bes. Rad/ 'sich infolge einer Hemmung nicht mehr bewegen, drehen, arbeiten': *die Räder blockierten* ❖ ↗ **Block**

Block|schrift ['blɔk..], **die** ⟨o.Pl.⟩ 'aus lateinischen großen Buchstaben mit gleichmäßig starken Strichen bestehende Schrift': *ein Formular in ~ ausfüllen* ❖ ↗ **Block,** ↗ **schreiben**

blöd ['blø:t] ⟨Adj.⟩ **1.** ⟨o. Steig.; vorw. attr.⟩ SYN 'schwachsinnig' /auf Personen bez./: *ein ~es Kind; er war von Geburt an ~* **2.** ⟨Steig. reg.⟩ umg. emot. 'dumm (1), töricht' /vorw. auf Personen bez./; ↗ FELD I.5.3: *er ist ~, ist wirklich ein ~er Kerl; ~ grinsen; sich ~* ('ungeschickt') *anstellen* **3.** ⟨Steig. reg., ungebr.; nur attr.⟩ emot. neg. /drückt Ärger über jmdn., etw. aus/: *so ein ~er Kerl!; diese ~e Gans hat uns den ganzen Spaß verdorben; die ~e Karre springt nicht an; das ist ein ~es Buch* **4.** ⟨Steig. reg., umgebr.; nicht bei Vb.⟩ umg. emot. 'unangenehm und ärgerlich'; SYN dumm /auf Abstraktes, Psychisches bez./: *eine ~e Sache, Angelegenheit, Geschichte, in die du da reingerutscht bist!; das ist ein ganz ~es Gefühl, so hilflos dazustehen; ihm wurde es schließlich zu ~, noch länger zu warten; zu ~, dass ich das vergessen habe!* ❖ **Blödsinn, blödsinnig**

blöde ['blø:də] ⟨Adj.; vorw. bei Vb.⟩: ↗ **blöd**

Blöd/blöd ['blø:t..]|**-sinn, der** ⟨o.Pl.⟩ 'dumme (1), sinnlose, törichte Äußerung, Handlung': *er redet nichts als ~; die Jungen haben lauter ~ angestellt; mach keinen ~!* ❖ ↗ blöd, ↗ Sinn; **-sinnig** ⟨Adj.; vorw. attr.⟩ **1.** ⟨o. Steig.⟩ 'schwachsinnig': *das Kind ist (von Geburt an) ~* **2.** ⟨Steig. reg.⟩ umg. 'dumm (1), töricht' /auf Abstraktes bez./: *so ein ~es Gerede!; eine ~e Anordnung* ❖ ↗ blöd, ↗ Sinn

blöken ['blø:kn̩] ⟨reg. Vb.; hat⟩ *ein Schaf, Rind, Kalb blökt* ('lässt seine Stimme wie ein lang gezogenes dumpfes 'Ö' ertönen'; ↗ FELD II.3.2, VI.1.2)

blond [blɔnt] ⟨Adj.; Steig. reg., ungebr.⟩ 'von heller gelblicher Färbung' /nur auf das Kopfhaar von Menschen bez./; ↗ FELD VI.2.3: *sie hat ~es Haar, ~e Locken; Haare von einem natürlichen Blond; eine ~e Frau* ('eine Frau mit blondem Haar') ❖ **Blondine** – **aschblond**

Blondine [blɔn'di:nə], **die**; ~, ~n 'blonde Frau': *seine neue Freundin ist eine ~* ❖ ↗ **blond**

¹bloß [blo:s] ⟨Adj.; o. Steig.⟩ **1.** 'ohne Bekleidung'; SYN nackt /vorw. auf einzelne Teile des menschlichen Körpers bez./: *seine ~en Arme waren von der Sonne verbrannt; seine Arme waren ~; mit ~em Oberkörper in der Sonne sitzen; mit ~en Füßen laufen; er stand nackt und ~ vor uns; mit ~em Kopf* ('ohne Kopfbedeckung') *nach draußen gehen* **2.** ⟨nur attr.⟩ /beschränkt verbindbar/: *auf der ~en Erde* ('unmittelbar auf dem Erdboden') *liegen, sitzen; der ~e* ('nicht bewachsene') *Fels* **3.** ⟨nur attr.⟩ /beschränkt verbindbar/: *etw. mit ~em Auge* ('ohne Brille, Lupe, Fernglas') *erkennen können* **4.** ⟨nur attr.⟩ 'nichts anderes als': *das sind ~e* ('reine') *Vermutungen; das ist ~es Gerede; schon der ~e Gedanke* ('allein der Gedanke') *daran entsetzte sie* ❖ **Blöße – bloßstellen**

²bloß ⟨Modalpartikel; steht meist nicht am Satzanfang; betont od. unbetont; bezieht sich auf den ganzen Satz⟩ **1.** ⟨steht in Aufforderungssätzen⟩ /dient als Warnung od. Drohung/; SYN ²ja (3): *geh mir ~ aus dem Weg!; lass das ~!; fass das ~ nicht an!; störe mich ~ nicht!; glaube ~ nicht, dass das stimmt!; ~ nicht hinfallen!;* /in den kommunikativen Wendungen/ *~ nicht* ('auf keinen Fall darfst du/dürfen wir das tun')! /sagt jmd. beschwörend, wenn er eine falsche Handlung od. eine Handlung mit ungewissem Ausgang verhindern möchte/ **2.** ⟨steht in Ausrufesätzen, in Ergänzungsfragen⟩ /drückt Bewunderung, auch Tadel aus/: *was bist du ~ für ein Narr!; wieso versteht er das ~ nicht!?; wie sieht das ~ aus!* **3.** ⟨steht in Fragesätzen, Ergänzungsfragen⟩ /verstärkt eine Frage und soll den Hörer motivieren, eine bestimmte Information zu geben; der Sprecher ist emotional beteiligt; oft auch monologisch ohne Erwartung einer Antwort/; SYN ²nur (3): *wo habe ich ~ meinen Hut gelassen?; was ist denn ~ los (mit dir)?; wie konnte er das ~ tun?; wo ist ~ mein Portemonnaie geblieben?* **4.** ⟨steht in Wunschsätzen, die selbständige, durch wenn eingeleitete konditionale Nebensätze od. irreale, nicht eingeleitete Wunschsätze mit Inversion des Subj. sind⟩ /verstärkt einen Wunsch; der Sprecher ist emotional beteiligt/; SYN ²doch (6), ²nur (4): *hätte ich ~ nicht auf ihn gehört!; wenn wir ~ erst zu Hause wären!; wenn es ~ schon dunkel wäre!; wenn sie sich ~ dazu äußern würde!; hättest du ~ nichts gesagt!*

³bloß ⟨Gradpartikel; betont od. unbetont; steht vor der Bezugsgröße; bezieht sich auf verschiedene Kategorien⟩ **1.** /schließt andere Sachverhalte aus/; SYN ³nur (1): *~ er hat die Prüfung bestanden; ihn konnte ~ noch ein guter Einfall retten; er spricht ~ eine Fremdsprache; ~ heute kann ich nicht kommen* **2.** ⟨oft mit Mengen-, Zahlangaben⟩ /schließt andere Sachverhalte nicht aus, drückt jedoch aus, dass die Bezugsgröße graduell tiefer als die andere, meist nicht genannte Größe, steht/ SYN ³nur (2): *er ist ~ zum Feldwebel befördert worden; er hat es ~ bis zum Sekretär gebracht; sie wiegt ~ 50 Kilo; er ist ~ 1,60 groß; ich habe sie ~ angeschaut, nicht angesprochen*

Blöße ['bløːsə], **die**; ~, ⟨o.Pl.⟩ veraltend ˈNacktheit des Körpers des Menschen od. eines Teiles des Körpers': *seine ~ bedecken* (ˈsich etw. anziehen, damit man nicht nackt ist') ❖ ↗ ¹**bloß**
* /jmd./ **sich** ⟨Dat.⟩ **eine ~ geben** (ˈsich durch eine Äußerung, Handlung bloßstellen')
bloß|stellen ['bloːs..] ⟨trb. reg. Vb.; hat⟩ /jmdn., sich ~ SYN ˈjmdn., sich kompromittieren': *sie hat ihn in aller Öffentlichkeit, vor aller Welt bloßgestellt; damit hast du dich selbst bloßgestellt* ❖ ↗ ¹**bloß**, ↗ **stellen**
Bluff [blʊf/blaf/blœf], **der**; ~s, ~s ⟨vorw. Sg.⟩ ˈvorsätzliche Täuschung einer Person durch eine andere, wobei etw. als vorhanden od. nicht vorhanden vorgetäuscht wird': *das ist weiter nichts als ~, das ist reiner ~, denn er hat in Wirklichkeit keine Beweise* ❖ ↗ **bluffen**
bluffen ['blʊfn̩/'blafn̩/'blœfn̩] ⟨reg. Vb.; hat⟩ /jmd./ jmdn. ~ ˈjmdn. durch einen Bluff täuschen, meist um des persönlichen Vorteils willen': *der Spieler hat geblufft; er blufft beim Pokern* ❖ **Bluff, verblüffen**
blühen ['blyːən] ⟨reg. Vb.; hat; ↗ auch *blühend*⟩ **1.** /vorw. Blüten, Pflanze/ ˈBlüten, eine Blüte haben'; ↗ FELD II.4.2: *unser Kaktus blüht; etw. blüht rosa, weiß, üppig; es grünt und blüht überall; die Obstbäume, Rosen ~ schon, ~ dieses Jahr spät; ~de Gärten, Wiesen* (ˈGärten, Wiesen mit vielen blühenden Pflanzen') **2.** *der Handel, die Wirtschaft blüht* (ˈfloriert') **3.** *etw.* (bes. *das*) *blüht jmdm.* ˈjmdm. steht etw. Unangenehmes bevor, jmdm. wird etw. widerfahren': *das kann dir (auch) ~, wenn du dich darauf einlässt; das, dieses Schicksal blüht dir auch, wenn ...* ❖ **blühend, Blüte − aufblühen, Blütenblatt, Blütenstaub, Blütezeit**
blühend ['blyːənt] ⟨Adj.; Steig. reg., ungebr.; nur attr.; ↗ auch *blühen*⟩ meist emot. neg. /beschränkt verbindbar/: *jmd. hat eine ~e Phantasie* (ˈist ein allzu, sehr phantasievoller Mensch') ❖ ↗ **blühen**
Blume ['bluːmə], **die**; ~, ~n **1.** ˈrelativ kleine, meist krautige Pflanze, die Blüten (an langen Stielen) hervorbringt'; ↗ FELD II.4.1: *ein Beet mit ~n; die ~n blühen, duften, brechen auf, lassen die Köpfe hängen; ~n säen, pflanzen, gießen; die Rose ist eine ~* **2.** ˈBlüte einer Blume (1), die mit ihrem Stiel abgeschnitten ist und als Schmuck dient': *ein Strauß ~n; jmdm. (einen Strauß) ~n schenken, überreichen; ~n pflücken, schneiden, zu einem Kranz binden; frische, künstliche, verwelkte ~n; ~n trocknen, pressen;* /in der kommunikativen Wendung/ scherzh. iron. *danke/vielen Dank für die ~n* (ˈvielen Dank') /sagt jmd., wenn er auf jmds. (verhüllte) Kritik reagiert/ **3.** ⟨o.Pl.; vorw. mit Gen.attr.⟩ SYN ˈBukett (1)'; ↗ FELD VI.4.1: *die*

~ des Weines, Kognaks; dieser Wein hat eine schöne ~ **4.** ⟨o.Pl.⟩ ˈder Schaum auf frisch eingegossenem Bier': *die ~ abtrinken* ❖ **verblümt, unverblümt − Blumenkohl, -strauß, -topf, Eisblume, Gänseblümchen, Kornblume, Schnittblume, Sonnenblume**
* /jmd./ **jmdm. etw. durch die ~ sagen** (ˈjmdm. etw. nur in Andeutungen, durch Umschreibung verhüllt sagen')

Blumen ['bluːmən..]|**-kohl**, **der** ⟨o.Pl.⟩ ˈKohl mit einem großen fleischigen, kugeligen, weißen Gebilde, der als Gemüse dient'; ↗ FELD II.4.1, I.8.1 (↗ TABL Gemüsearten): *~ pflanzen, ernten, kochen; ~ mit holländischer Soße* ❖ ↗ **Blume**, ↗ **Kohl**; **-strauß**, **der** ˈStrauß aus Blumen (2)' (↗ BILD): *jmdm. einen ~ überreichen, schenken* ❖ ↗ **Blume**, ↗ **Strauß**; **-topf**, **der** ˈGefäß, meist aus Ton, in das eine Blume (1) od. eine Grünpflanze gepflanzt wird' (↗ TABL Gefäße) ❖ ↗ **Blume**, ↗ **Topf *** /jmd./ **mit etw. keinen ~ gewinnen können** ˈmit etw., einem Bemühen kein Erfolg haben (können)': *mit dieser Anbiederung kannst du (bei ihm) keinen ~ gewinnen*
blümerant [blymə'ʀant] ⟨Adj.; o. Steig.; vorw. präd. (mit *sein, werden*)⟩ umg. *jmdm. ist, wird ~ (zumute)* ˈjmdm. ist, wird übel, unwohl': *mir wurde (es) (dabei) ganz ~*
Bluse ['bluːzə], **die**; ~, ~n ˈaus leichtem Stoff gefertigtes Kleidungsstück der Oberbekleidung, das von Personen weiblichen Geschlechts am Oberkörper getragen wird' (↗ TABL Kleidungsstücke); ↗ FELD V.1.1: *eine weite, weiße ~; eine ~ aus Baumwolle, Seide; eine ~ mit langen, kurzen Ärmeln* ❖ **Hemdbluse, Hemdblusenkleid**
Blut [bluːt], **das**; ~es/auch ~s, ⟨o.Pl.⟩ **1.** ˈdurch die Adern des menschlichen, tierischen Körpers zirkulierende rote Flüssigkeit'; ↗ FELD I.1.1: *frisches, helles, dunkles ~; an Sauerstoff reiches ~; jmdm. ~ (zur Untersuchung) entnehmen; ~ fließt aus einer Wunde, gerinnt, wird gestillt; der Verletzte hatte viel ~ verloren; ~ spenden* (ˈsich Blut abnehmen lassen, damit es einem Kranken, Verletzten übertragen werden kann'); *jmdm. ~ übertragen* (ˈin jmds. Körper gespendetes Blut einführen'); *vor Schreck wich ihr alles ~ aus dem Gesicht* (ˈwurde sie sehr blass 1'); *jmd. kann kein ~ sehen* (ˈjmdm. wird beim Anblick von Blut übel'); *~ vergießen* (ˈMenschen töten') **2.** ⟨mit best. Adj.⟩ /meint die psychische Veranlagung eines Menschen/: *heißes, feuriges ~ haben* (ˈsehr temperamentvoll sein'); *jmds. ~ gerät in*

Wallung (ˈjmd. gerät in Erregung, sexuelle Erregung'); *etw. bringt jmds. ~ in Wallung* ˈetw. erregt jmdn. (sexuell)': *sie brachte sein ~ in Wallung;* /in der kommunikativen Wendung/ *nur ruhig ~* (ˈRuhe bewahren, keine Aufregung')! /an jmdn. gerichtete Aufforderung, um ihn in kritischer Situation vor unkontrollierten Reaktionen zu bewahren/ ❖ **bluten, blutig, Blutung, unblutig – Blutarmut, -egel, -erguss, blutsverwandt, Blutsverwandte, Bluttransfusion, Durchblutung, Kaltblüter, kaltblütig;** vgl. **blut/ Blut-**
* **bis aufs ~** ˈso sehr, dass es nicht zu ertragen ist': *jmdn. bis aufs ~ ärgern, reizen, quälen, peinigen;* **etw. macht/erregt/schafft böses ~** (ˈetw., bes. jmds. Verhalten, lässt Unwillen, Zorn entstehen'); /jmd., bes. Herrscher, Staat/ **etw. im ~ ersticken** ⟨oft im Pass.⟩ (ˈetw., bes. einen Aufstand, Unruhen, brutal, blutig niederschlagen'); /jmd./ **kaltes ~ bewahren** ˈkaltblütig bleiben, sich beherrschen (3)': *selbst in gefährlichen Situationen bewahrte er kaltes ~;* **etw. liegt jmdm. im ~** ˈjmd. hat eine natürliche Begabung für etw.': *dem liegt die Schauspielerei im ~;* ⟨⟩ umg. **jmd. hat ~ geleckt** (ˈjmd. hat an etw. Gefallen gefunden und kann nicht mehr davon lassen'); emot. /jmd./ **~ und Wasser schwitzen** (ˈin großer Angst u. Aufregung sein')

Blut [ˈ..]|**-armut, die** ˈAnämie': *an ~ leiden* ❖ ↗ Blut, ↗ arm; **-druck, der** ⟨o.Pl.⟩ ˈder in einem Blutgefäß durch das strömende Blut bewirkte Druck (1)': *er hat zu hohen, niedrigen ~; den ~ messen; ein Medikament gegen hohen ~* ❖ ↗ Blut, ↗ drücken

Blüte [ˈbly:tə], **die;** ~, ~n **1.** ˈauf Pflanzen aus einer Knospe wachsender Teil, der in vielfältigen Formen und Farben auftritt und der Fortpflanzung dient'; ↗ FELD II.4.1: *große, bunte, weiße, unscheinbare ~n; der Strauch, die Pflanze trägt, treibt ~n; der Baum ist voller ~n; die ~ hat sich geöffnet, ist verwelkt, ist abgefallen* **2.** ⟨o.Pl.⟩ ˈdas Blühen (1)': *die Apfelbäume stehen in (voller) ~* (ˈblühen, blühen sehr'); *die ~ hat dieses Jahr früh begonnen; vorüber; vor der, nach der ~: den Zierstrauch nach der ~ zurückschneiden* **3.** ⟨o.Pl.⟩ geh. *Kunst und Wissenschaft standen zu dieser Zeit in voller ~* (ˈhatten einen hohen Stand der Entwicklung erreicht') **4.** ⟨vorw. Pl.⟩ umg. ˈkleine entzündete Stelle auf der Haut'; SYN Pickel (2): *er hatte eine ~ unter der Nase* **5.** umg. ˈgefälschte Banknote': *~n in Umlauf bringen* ❖ ↗ blühen
* geh. **in der ~ seiner/ihrer Jahre** ˈauf dem Höhepunkt seiner, ihrer Entwicklung': *er, sie starb in der ~ seiner, ihrer Jahre*

Blut|egel [ˈblu:t..], **der** ˈwurmförmiges, im Wasser lebendes kleines Tier, das bei Mensch und Tier Blut saugt'; ↗ FELD II.3.1: *an seinem Bein hat sich ein ~ festgesetzt* ❖ ↗ Blut, ↗ Egel

bluten [ˈblu:tn̩], blutete, hat geblutet **1.1.** *jmd. blutet* ˈbei jmdm. fließt Blut aus einer Wunde od. einer Öffnung des Körpers'; ↗ FELD I.1.2: *er blutete stark, sehr; der Verletzte blutete (aus der Nase, dem Mund)* **1.2.** *etw. blutet* ˈaus einer Wunde, Öffnung des Körpers fließt Blut': *seine Nase, die Wunde blutet (stark)* **2.** umg. /jmd./ *für etw. ~ müssen* ˈfür

etw. viel Geld aufwenden, bezahlen müssen': *er musste schwer, ganz schön ~ für die neuen Sachen* ❖ ↗ Blut

Blüten [ˈbly:tn̩..]|**-blatt, das** ⟨Pl.: Blütenblätter⟩ ˈBlatt (1) einer Blüte (1)'; ↗ FELD II.4.1; ❖ ↗ blühen, ↗ Blatt; **-staub, der** ˈauf einer Blüte (1) befindliche staubartige Substanz, deren Teilchen den männlichen Teil für die Befruchtung bilden'; SYN Pollen; ↗ FELD II.4.1 ❖ ↗ blühen, ↗ Staub

Blut|erguß [ˈblu:t..], **der** ˈmeist durch Prellung entstandene Ansammlung von Blut außerhalb der Blutgefäße im Körper': *er hat (durch den Sturz) einen ~ am Knie* ❖ ↗ Blut, ↗ gießen

Blüte|zeit [ˈbly:tə..], **die 1.1.** ˈZeit des Blühens von Pflanzen'; SYN Blüte (2): *die ~ der Obstbäume* **1.2.** ˈZeit, während der etw. Kulturelles auf dem Höhepunkt seiner Entwicklung steht': *die ~ der griechischen Kunst und Kultur* ❖ ↗ blühen, ↗ Zeit

Blut [ˈblu:t..]|**-gefäß, das** ˈröhren-, schlauchartiges Organ im Körper von Mensch und Tier, in dem das Blut fließt, zirkuliert'; SYN Ader (1), Gefäß (2); ↗ FELD I.1.1 ❖ ↗ Gefäß; **-gruppe, die** ˈeiner der Typen des Blutes beim Menschen, die nach bestimmten angeborenen Merkmalen unterschieden werden': *er hat die ~ A, Null (Rhesusfaktor negativ)* ❖ ↗ Gruppe

blutig [ˈblu:tɪç] ⟨Adj.⟩ **1.** ⟨o. Steig.; nicht bei Vb.⟩ ˈFlecken aus Blut aufweisend'; ↗ FELD I.1.3: *ihre Hände waren ~; er hatte ~e Hände; der Verband war ~ (geworden)* **2.** ⟨o. Steig.; nur bei Vb.⟩ *jmdn. ~ schlagen* (ˈso heftig schlagen, dass er blutet') **3.** ⟨Steig. reg.; nicht präd.⟩ ˈmit vielen Todesopfern' /auf gewaltsame Aktionen, kriegerische Auseinandersetzungen bez./: *ein ~er Krieg, Kampf; eine ~e Schlacht; einen Aufstand ~ niederschlagen* **4.** ⟨o. Steig.; nur attr.⟩ emot. /beschränkt verbindbar; verstärkend/ *aus dem Spaß war ~er Ernst* (ˈeine sehr ernsthafte Auseinandersetzung') *geworden; es war ihm ~er Ernst* (ˈsehr ernst') *mit der Angelegenheit* **5.** ⟨o. Steig.; nur attr.⟩ emot. neg. /beschränkt verbindbar; verstärkend/ *er war ein ~er Laie, Anfänger* (ˈer hatte absolut keine Ahnung von seiner Tätigkeit') ❖ ↗ Blut

blut/Blut [ˈblu:t..]|**-jung** ⟨Adj.; o. Steig.⟩ emot. ˈsehr jung (1)' /auf Personen bez./: *sie war (noch) ein ~es Mädchen, Ding; er ist (noch) ~, ist ~ gestorben* ❖ ↗ jung; **-körperchen** [kœʁpɐçən], **das; ~s, ~** ⟨vorw. Pl.⟩ ˈmikroskopisch kleiner, in Massen auftretender Bestandteil des Blutes': *die weißen, roten ~* ❖ ↗ Körper; **-kreislauf** [kʀaɪslaʊf], **der** ⟨o.Pl.⟩ ˈZirkulation des Blutes in den Adern'; SYN Kreislauf (2); ↗ FELD I.1.1 ❖ ↗ Kreis, ↗ laufen; **-rache, die** ˈin alter Zeit und teilweise heute noch illegal geübte Form der Vergeltung unter Umgehung der Justiz, bei der dadurch ein Mord gerächt wird, dass die Angehörigen des Opfers einen aus der Sippe des Mörders töten'; ↗ FELD I.14.1 ❖ ↗ Rache; **-rünstig** [ʀʏnstɪç] ⟨Adj.; Steig. reg.; nicht bei Vb.⟩ emot. ˈschreckliche Greueltaten und Blutvergießen darstellend': *ein ~er Roman, Film; ~e Geschichten;* **-spender** [ʃpɛndɐ], **der; ~s, ~** ˈjmd., der sich aus seinem Körper Blut für Transfusionen entnehmen lässt': *es wurden ~ gesucht; ein ~ mit einer seltenen Blutgruppe* ❖ ↗ spenden

bluts/Bluts ['bluːts..]|**-verwandt** ⟨Adj.; o. Steig.; nicht bei Vb.; ↗ auch *Blutsverwandte*⟩ 'durch gemeinsame Vorfahren miteinander verwandt' /auf zwei od. mehrere Personen bez./: *sie sind beide ~; ~e Personen* ❖ ↗ Blut, ↗ verwandt; **-verwandte, der** u. **die** 'jmd., der mit jmdm. blutsverwandt ist'; ↗ TAFEL II; ↗ auch *blutsverwandt: sie sind ~ ersten Grades; ein ~r* ❖ ↗ Blut, ↗ verwandt

Blut|transfusion ['bluːt..], **die** 'das Übertragen des Blutes eines Spenders auf den Körper eines Kranken': *eine ~ machen, erhalten* ❖ ↗ **Blut**

Blutung ['bluːt..], **die**; ~, ~en 'das Austreten von Blut aus den Blutgefäßen eines Organismus': *innere, äußere ~en haben; eine leichte, schwere, lebensgefährliche ~; eine ~ stillen, zum Stehen bringen; die ~ hat aufgehört* ❖ ↗ **Blut**

Blut ['bluːt..]|**-vergießen, das**; ~s, ⟨o.Pl.⟩ 'Tötung von (vielen) Menschen, bes. während kriegerischer Auseinandersetzungen'; ↗ FELD I.14.1: *man versuchte, dem ~ ein Ende zu setzen* ❖ ↗ gießen; **-vergiftung, die** 'durch eine Verletzung entstandene lebensgefährliche massenhafte Verbreitung von Bakterien und ihren Giften im Blut': *jmd. ist an ~ gestorben; er hat sich (durch eine Schnittwunde) eine ~ zugezogen* ❖ ↗ Gift

Bö [bøː], **die**; ~, ~en 'stoßartig auftretender heftiger Wind': *eine heftige, schwere ~ brachte das Boot zum Kentern; das Boot, Schiff wurde von einer heftigen, orkanartigen ~ erfasst* ❖ **böig**

Bob [bɔp], **der**; ~s, ~s 'für Wettkämpfe dienender Schlitten mit Sitzen für zwei od. vier Sportler'; ↗ FELD I.7.4.1 (↗ TABL Sportgeräte)

Bock [bɔk], **der**; ~s/auch ~es, Böcke ['bœkə] **1.** 'männliches Tier bes. bei Schaf, Ziege, Gemse, Reh'; ↗ FELD II.3.1: *ein ~ mit einem starken Gehörn* **2.** 'Gestell aus vier schräg stehenden Beinen und einem Querbalken, auf das etw. gelegt wird': *ein Brett auf den ~ legen; während des Winters liegen die Boote auf Böcken im Schuppen* **3.** 'Turngerät für Übungen im Springen' (↗ TABL Sportgeräte): *über den ~ springen, grätschen* **4.** umg., emot. neg. ⟨mit best. Adj.⟩ /meint einen Mann/: *er ist ein sturer, geiler, alter ~* ('er ist stur, geil, alt') ❖ **bocken, bockig** – **bockbeinig, Rehbock, Sündenbock**
* /jmd., Institution/ **den ~ zum Gärtner machen** 'jmdn. in gutem Glauben mit einer Aufgabe betrauen, wofür er absolut nicht geeignet ist und wobei er eher Schaden anrichtet als Nutzen bringt': *da haben sie ja den ~ zum Gärtner gemacht!* ⟨⟩ umg. /jmd., bes. Kind/ **einen ~ haben** 'bockig sein': *sie hat einen ~; /jmd./ einen/keinen/null ~ auf etw. haben* '(keine) Lust zu etw. haben': *hast du (einen) ~ auf Schularbeiten?; er hatte null ~ auf die Schule, aufs Schuheputzen; /jmd., Institution/ einen ~ schießen* 'einen dummen Fehler machen (und sich damit der Lächerlichkeit preisgeben)': *da hast du ja einen mächtigen ~ geschossen!*

bock/Bock ['bɔk]|**-beinig** [baɪnɪç] ⟨Adj.; Steig. reg., ungebr.⟩ SYN 'störrisch' /vorw. auf erwachsene Personen bez./; ↗ FELD I.2.3: *sich ~ stellen, benehmen; ~ sein, werden; er war ein ~er Bursche;* vgl. *bockig* ❖ ↗ Bock, ↗ Bein; **-bier, das** 'sehr starkes Bier': *~ trinken; ein Glas ~; Herr Ober, (bitte,) ein ~* ❖ ↗ Bier

bocken ['bɔkn̩] ⟨reg. Vb.; hat⟩ **1.** /Tier, bes. Esel/: *ein Esel, Pferd bockt* ('bewegt sich, gegen den Willen des Menschen, nicht vom Fleck') **2.** /Kind/ 'in einer bestimmten Situation bockig sein': *unsere Kleine bockt jetzt oft* **3.** *das Auto, die Maschine, der Motor bockt* ('läuft nicht richtig im Takt') ❖ ↗ Bock

bockig ['bɔkɪç] ⟨Adj.; Steig. reg.⟩ SYN 'trotzig' /vorw. auf Kinder bez./: *ein ~es Kind; unser Kleiner ist ~, benimmt sich ~;* vgl. *bockbeinig* ❖ ↗ Bock

Bocks|horn ['bɔks..]
* /jmd./ **sich nicht ins ~ jagen lassen** 'sich nicht einschüchtern lassen': *so leicht lasse ich mich doch nicht ins ~ jagen!*

Bock|wurst ['bɔk..], **die** 'Wurst aus magerem Fleisch, die in Wasser heiß gemacht wird und heiß gegessen wird'; ↗ FELD I.8.1: *eine ~ mit Brötchen; eine ~ mit Senf essen* ❖ ↗ **Wurst**

Boden ['boːdn̩], **der**; ~s, Böden ['bøː..] **1.** 'die oberste, meist lockere, für den Anbau, das Wachstum von Pflanzen nutzbare, genutzte Schicht der Oberfläche'; SYN Erde; ↗ FELD II.1.1: *guter, fruchtbarer, lehmiger, sumpfiger, steiniger, sandiger, schwerer, leichter ~; den ~* ('den Acker') *bearbeiten, bestellen; der ~ ist gefroren; diese Böden sind für den Anbau von Kartoffeln gut, sehr geeignet; in diesem ~ gedeiht Spargel besonders gut;* vgl. *Erdboden* **2.** ⟨vorw. Sg.⟩ 'die (große) Fläche, auf der man geht, steht, bes. der Erdboden od. der Fußboden eines Raumes': *ein festgetretener, betonierter ~* ('Erdboden'); *aus Brettern bestehender, mit Teppichen ausgelegter ~* ('Fußboden'); *etw., jmd. ist auf den, zu ~ gefallen; etw. vom ~ aufheben; auf dem nackten, bloßen ~ sitzen; bei dem Erdbeben schwankte der ~* ('Erdboden, Grund'); *den ~* ('Fußboden') *fegen, kehren, säubern; nach der Seereise, dem Flug war er froh, wieder festen ~* ('Grund, Land') *unter den Füßen zu haben* **3.** 'die unterste Fläche eines Behälters': *der ~ einer Flasche, Kanne; etw. hat sich auf dem ~ einer Tonne abgesetzt* **4.** 'die untere begrenzende Fläche eines Gewässers, bes. des Meeres'; SYN Grund: *bis zum ~ des Sees tauchen* **5.** '(unbewohnter) Raum unter dem Dach eines Gebäudes': *Wäsche zum Trocknen auf dem ~ aufhängen; etw. im Haus auf dem ~ abstellen* **6.** ⟨o.Pl.; + Gen.attr.⟩ /beschränkt verbindbar/ *auf dem ~ der Demokratie stehen: jmd., eine Regierung steht auf dem ~ der Demokratie* ('ist ihren Grundsätzen nach demokratisch'); *auf dem ~ der Tatsachen, Realität stehen* ('realistisch denken, handeln'); *den ~ der Realität verlassen* ❖ **Bodenfrost, bodenlos, Bodensatz, -schätze, Erdboden, Fußboden, Hosenboden, Mutterboden, Nährboden, Teppichboden**

* /jmd., etw./ **etw.** ⟨Dat.⟩ **den ~ entziehen 1.** ˊetw.
entkräften': *einer Argumentation, einem Gerücht
den ~ entziehen* **2.** ˊeiner Sache die Grundlagen für
die Existenz nehmen': *dem Unternehmen den ~ ent-
ziehen;* /etw., bes. eine Idee/ **auf fruchtbaren ~ fallen**
ˊgute Voraussetzungen für seine Entwicklung fin-
den, günstig aufgenommen werden': *seine Rat-
schläge waren auf fruchtbaren ~ gefallen;* **jmdm.
brennt der ~ unter den Füßen/jmdm. wird der ~ (un-
ter den Füßen) zu heiß** (ˊjmd., bes. jmd., der straffäl-
lig geworden ist, spürt, dass ihm Gefahr droht, dass
er schleunigst seinen Aufenthaltsort verlassen
muss'); /jmd./ **an ~ gewinnen** (ˊeine Zunahme an
Macht, Einfluss erreichen'); /etw., bes. Ideologie/
(an) ~ gewinnen ˊsich verbreiten': *eine Lehre, An-
schauung gewinnt (an) ~; die Sache hat an ~ ge-
wonnen;* /jmd./ **~ gutmachen** (ˊanderen gegenüber
schneller vorankommen, größere Fortschritte ma-
chen'); **etw. steht auf schwankendem ~** (ˊetw., bes.
ein Thema, hat keine tragfähige Grundlage');
/jmd./ **etw. aus dem ~ stampfen** (ˊetw., bes. ein Pro-
jekt, eine Institution, ein Gebäude, unter großer
Anstrengung und mit großem Aufwand in kurzer
Zeit hervorbringen'); /jmd., etw./ **an ~ verlieren**
(ˊErreichtes wieder einbüßen'); /jmd./ **am ~ zerstört
sein** (ˊphysisch, psychisch am Ende seiner Kräfte,
völlig erschöpft sein')

Boden/boden ['boːdn̩..]**-frost, der** ˊmeist nachts kurz
über und auf dem Erdboden auftretender Frost';
↗ FELD II.1.1: *es ist für die Nacht ~ angesagt* ❖
↗ Boden, ↗ frieren; **-los** ⟨Adj.⟩ **1.** ⟨vorw. subst.⟩
ins Bodenlose (ˊsehr tief') *fallen* **2.** ⟨vorw. attr.⟩
emot. SYN ˊunerhört' /auf Negatives bez./: *eine ~e
Frechheit, Gemeinheit, Lüge; sein Leichtsinn war ~*
❖ ↗ Boden, ↗ los; **-satz, der** ˊdas, was sich von
einer Flüssigkeit auf dem Boden eines Gefäßes ab-
gesetzt (4) hat'; SYN Satz (5) ❖ ↗ Boden, ↗ set-
zen; **-schätze, die** ⟨Pl.⟩ ˊnutzbare Stoffe in der Erde,
die abgebaut werden (können)'; ↗ FELD II.1.1:
*der Abbau von ~n; ~ abbauen; ~ gewinnen; dieses
Land ist reich, arm an ~n* ❖ ↗ Boden, ↗ Schatz
Bofist ['boːfɪst]**, der**; ~s/auch ~es, ~e ˊBauchpilz von
kugeliger Form'
bog: ↗ biegen
Bogen ['boːgn̩]**, der**; ~s, Bögen ['bøː..] **1.** ˊgekrümmte,
gebogene Linie (1), die jmd., etw. bei (s)einer Bewe-
gung ausführt'; ↗ FELD III.1.1: *einen ~ um etw.,
jmdn. machen* (ˊsich um etw., jmdn. herum bewe-
gen, um nicht anzustoßen'); *die Straße, der Fluss
macht hier einen ~; einen ~ auf dem Eis laufen;*
⟨vorw. + Präp. in⟩ *im ~, in einem ~ um etw. her-
umfahren; die Linie verläuft in einem ~/macht einen
~; der Ball flog in hohem ~ über die Mauer; das
Wasser spritzte in hohem ~ aus dem geplatzten
Rohr;* METAPH *die Brücke spannte sich in kühnem
~ über den Fluss* **2.** ˊin der Form eines Bogens (1)
gestaltete obere Begrenzung (der Öffnung) einer
Tür, eines Fensters': *ein romanischer, gotischer ~* **3.**
ˊelastischer Stab, der mit Pferdehaaren bespannt ist
und zum Spielen von Streichinstrumenten dient':

der ~ bringt die Saiten zum Klingen **4.** ˊaus einem
elastischen gebogenen stabartigen Teil mit einer
Sehne (2) bestehende Schusswaffe zum Abschießen
von Pfeilen'; ↗ FELD V.6.1: *mit Pfeil und ~ auf
Jagd gehen, auf eine Tafel schießen; den ~ spannen*
5. ˊgrößeres rechteckig geschnittenes Stück Papier,
das bes. als Schreibpapier od. als Papier zum Ver-
packen von etw. dient': *ein ~ Briefpapier, Ein-
schlagpapier; einen ~ in die Schreibmaschine span-
nen; er hatte mehrere Bögen voll geschrieben* ❖ **Bo-
genschießen, Briefbogen, Flitzbogen, Geigenbogen,
Regenbogen**

* /jmd./ **den ~ überspannen** (ˊzu hohe Forderungen
stellen'); ⟨⟩ umg. /jmd./ **einen (großen) ~ um etw.,
jmdn. machen** (ˊetw., jmdn. bewusst meiden, bes.
aus Abneigung, Furcht'); /jmd./ **große ~ spucken**
(ˊsich sehr aufspielen'); /jmd./ **den ~ heraushaben**
(ˊwissen, wie man etw. machen muss'); /jmd./ **in ho-
hem ~ hinausfliegen** (1. ˊnachdrücklich aufgefor-
dert werden, den Raum zu verlassen' **2.** ˊfristlos
entlassen werden'); /jmd., Unternehmen/ **jmdn. in
hohem ~ hinauswerfen** (1. ˊjmdn. nachdrücklich
auffordern, den Raum zu verlassen' **2.** ˊeinen An-
gestellten fristlos entlassen')
Bogen|schießen ['..]**, das**; ~s, ⟨o.Pl.⟩ ˊsportliche Dis-
ziplin, bei der mit Pfeil und Bogen auf ein Ziel ge-
schossen wird' ❖ ↗ **Bogen,** ↗ **Schießen**
Bohle ['boːlə]**, die**; ~, ~n ˊmeist vierkantiges, vorw.
für Bauten verwendetes sehr dickes Brett'; ↗
FELD II.5.1: *schwere, eichene ~n; die ~n einer
Brücke*
Bohne ['boːnə]**, die**; ~, ~n **1.** ˊkrautige Gemüse-
pflanze mit länglichen flachen Früchten'; ↗ FELD
II.4.1 (↗ TABL Gemüsearten): *~n anbauen; ein
Beet mit ~n* **2.** ˊFrucht der Bohne (1)', die als Ge-
muse verwendet wird'; ↗ FELD I.8.1: *~n ernten,
schneiden; einen Eintopf aus grünen ~n kochen* **3.**
ˊSamen der Bohne (1)': *weiße ~n kochen* **4.** ˊKaf-
feebohne': *die ~n mahlen* ❖ **Bohnenkaffee, Kaffee-
bohne, Kakaobohne**
Bohnen ['boːnən..]**-kaffee, der 1.** ˊKaffee (1.3)': *ein
Kilo (gemahlenen) ~ kaufen* **2.** ˊGetränk aus ge-
mahlenen, mit heißem Wasser zubereiteten Kaffee-
bohnen'; ↗ FELD I.8.1: *~ kochen, filtern, brühen,
trinken* ❖ ↗ Bohne, ↗ Kaffee; **-stroh** * umg. /jmd./
dumm wie ~ sein ˊsehr dumm (1) sein': *der Kerl ist
dumm wie ~!*
bohnern ['boːnɐn] ⟨reg. Vb.; hat⟩ /jmd./ *etw.* ˊˊden
Fußboden (von etw.) mit einer Art Wachs einreiben
und danach blank polieren'; SYN ²wachsen; ↗
FELD III.3.2: *den Fußboden ~; die Treppe, das
Parkett ~; die Treppe war frisch gebohnert*
bohren ['boːʁən] ⟨reg. Vb.; hat⟩ **1.1.** /jmd./ *ein Loch
in etw.* ˊmit einem Bohrer, einer Bohrmaschine
ein Loch in einem festen Material herstellen'; ↗
FELD V.5.2: *ein Loch in ein Brett, in die Wand ~*
1.2. /Fachmann/ *etw. ~:* *einen Brunnen, Schacht ~*
(ˊdurch Bohren (1.1) in der Erde herstellen') **1.3.**
/Zahnarzt/ ˊKaries aus einem Zahn mit einem Boh-
rer (2) entfernen'; ↗ FELD V.5.2: *er musste ~, hat*

überhaupt nicht gebohrt **1.4.** umg. /jmd./ *in der Nase*
~ ('mit dem Finger Schleim aus der Nase entfer-
nen') **2.** /jmd., bes. Unternehmen/ *nach etw.* ⟨Dat.⟩
~ 'Bodenschätze durch Bohren (1.1) in der Erde
zu finden suchen': *nach Erdöl, Erdgas, Kohle, Was-
ser* ~ **3.** *etw. bohrt in etw.* 'ein Schmerz, Gefühl
peinigt jmdn.': *ein Schmerz bohrte in seiner Brust,
in seinem Kopf;* ⟨vorw. adj. im Part. I⟩ *er war von*
~*dem Zweifel,* ~*er Angst, Reue erfüllt* **4.** /jmd./
'hartnäckig, immer wieder nach etw. fragen': *er
bohrte hartnäckig, so lange, bis er die Wahrheit er-
fahren hatte* ❖ **Bohrer − Bohrinsel, -loch, -maschine**
Bohrer ['boːʀɐ], *der*; ~s, ~; ↗ FELD V.5.1 **1.** 'Bohr-
maschine' (↗ TABL Werkeuge): *den* ~ *ansetzen;
mit dem* ~ *ein Loch in der, die Wand bohren* **2.** 'spi-
ralförmiges Teil der Bohrmaschine, mit dem durch
Bohren (1.1) Löcher in festem Material hergestellt
werden': *ein* ~ *für Holz, Metall, Beton; der* ~ *ist
abgebrochen; einen neuen* ~ *einsetzen* **3.** 'Instru-
ment zur Entfernung von Karies aus einem Zahn'
❖ ↗ **bohren**
Bohr ['boːʀ..]|-**insel, die** 'im Meer errichtetes großes
Gestell mit einer Plattform, bes. zum Bohren nach
Erdöl, Erdgas und zu seiner Förderung von der
Wasseroberfläche aus' ❖ ↗ **bohren,** ↗ **Insel; -loch,
das** 'bes. durch Bohren (1.1) hergestelltes rohrför-
miges Loch, das tief in festes Material, in die Erd-
oberfläche reicht': *ein* ~ *für eine Sprengung* ❖ ↗
bohren, ↗ **Loch; -maschine, die** '(elektrisches) Ge-
rät, mit dem Löcher in festes Material gebohrt wer-
den' ❖ ↗ **bohren,** ↗ **Maschine**
böig ['bøː|ɪç] ⟨Adj.; Steig. reg.; nicht bei Vb.; vorw.
attr.⟩ 'mit Böen' /auf Wind, Wetter bez./: *ein* ~*er
Wind;* ~*es Wetter* ('Wetter mit böigem Wind') ❖
↗ **Bö**
Boiler ['bɔɪlɐ], *der*; ~s, ~ 'elektrisches od. mit Gas
betriebenes Gerät zur Bereitung und Speicherung
von heißem Wasser'; ↗ FELD VI.5.1: *den* ~ *an-
stellen; wenn man den Wasserhahn aufdreht, springt
der* ~ *an*
Boje ['boːjə], *die*; ~, ~n 'schwimmender Hohlkörper,
meist aus Metall, der durch Ketten am Grund des
Gewässers befestigt ist und als Zeichen für die
Schifffahrt, bes. zur Markierung der Wasserstraße
vor einem Hafen dient' (↗ BILD): ~*n aussetzen;
eine* ~ *mit einem Leuchtzeichen*

Böller|schuss ['bœlɐ..], *der* 'Schuss aus einem kleinen
Geschütz aus Anlass eines Festes od. als Signal für
etw.': *Böllerschüsse krachen; der Staatsbesuch
wurde auf dem Flugplatz mit Böllerschüssen begrüßt*
❖ ↗ **schießen**
Boll ['bɔl..]|**werk, das**; ~s/auch ~es, ~e **1.** 'Bauwerk
aus eingerammten Pfählen, das zum Schutz des
Ufers und zum Anlegen für Schiffe dient': *das
Schiff legte am* ~ *an, machte am* ~ *fest* **2.** ⟨+
Gen.attr.⟩ *... ist ein* ~ *des Friedens, der Freiheit* ('in
einem Land werden Frieden, Freiheit verteidigt,
sind Frieden, Freiheit gesichert') ❖ ↗ **Werk**
Bolzen ['bɔltsn̩], *der*; ~s, ~ 'kleines, rundes, längli-
ches metallenes Teil zur beweglichen od. festen Ver-
bindung von Teilen aus Holz, Metall': (↗ BILD)
die eisernen Platten sind mit ~ *aneinander befestigt,
sind durch* ~ *miteinander verbunden*

bombardieren [ˌbɔmbaʀˈdiːʀən], *bombardierte, hat
bombardiert* **1.** /jmd., Flugzeug/ *etw.* ~ 'Bomben
auf etw. abwerfen, fallen lassen'; ↗ FELD V.6.2:
⟨oft im Pass.⟩ *eine Stadt* ~; *die Fabrik wurde (von
feindlichen Flugzeugen) bombardiert* **2.** umg. /jmd./
etw., jmdn. mit etw. ~ 'Gegenstände, Stücke von
etw. in böser, zerstörerischer Absicht in Mengen
auf etw., jmdn. werfen': *etw., jmdn. mit Steinen* ~
3. umg. /jmd./ *jmdn. mit Fragen, ein Amt mit Einga-
ben* ~ ('an jmdn. viele Fragen, an ein Amt viele
Eingaben hintereinander richten') ❖ ↗ **Bombe**
bombastisch [bɔmˈbast..] ⟨Adj.; Steig. reg.⟩ emot.
'mit übertrieben viel Aufwand ausgestattet': *ein*
~*er Palast; eine* ~*e* ('schwülstige') *Rede, Reklame,
Aufmachung; ein Projekt* ~ *aufziehen; etw.* ~ *an-
kündigen; seine Rede war* ~ ❖ ↗ **Bombe**
Bombe ['bɔmbə], *die*; ~, ~n; ↗ FELD V.6.1 **1.1.**
'großer, länglicher Sprengkörper, der im Krieg von
Flugzeugen abgeworfen wird': *eine* ~ *mit Zeitzün-
der; eine* ~ *scharfmachen, entschärfen;* ~*n abwer-
fen; eine* ~ *hat das Haus getroffen und es zerstört*
1.2. 'mit Sprengstoff gefüllter Körper (2), der bei
Anschlägen (2) zur Explosion gebracht wird': *die
Terroristen haben eine* ~ *gelegt* ❖ **bombardieren,
bombastisch, Bomber, bombig − Atombombe;** vgl.
Bomben/bomben-
∗ umg. *die* ~ *ist geplatzt* ('etw. Geheimgehaltenes ist
plötzlich öffentlich bekannt geworden'); **etw.
schlägt ein wie eine** ~ ('eine Nachricht, ein Ergebnis
kommt überraschend und ruft große Aufregung
hervor')
Bomben- ['bɔmbm̩] /bildet mit dem zweiten Bestand-
teil Substantive, die umg. emot. sind; bewirkt in
positivem Sinne eine Verstärkung; drückt aus, dass

das im zweiten Bestandteil Genannte außerordentlich gut, außerordentlich groß ist/: ↗ z. B. *Bombenstimmung*

Bomben/bomben ['bɔmbm̩..]|**-angriff, der** 'von Flugzeugen aus mit Bomben geführter Angriff (1) auf Ziele am Boden' ❖ ↗ an-, ↗ greifen; **-anschlag, der** 'Anschlag (2), bei dem eine Bombe (2) gezündet wird' ❖ ↗ an-, ↗ schlagen; **-rolle, die** umg. emot. 'Rolle (3), in der ein Schauspieler alle seine Fähigkeiten beweisen kann, die ihm sehr liegt und die auch beim Publikum beliebt ist': *er hat eine ~ gekriegt; der 'Faust' ist eine ~* ❖ ↗ *Rolle;* **-sicher** ⟨Adj.; o. Steig.⟩ 1. 'sicheren Schutz vor Bomben bietend': *ein ~er Bunker; der Bunker ist ~; eine Befestigung ~ machen* 2. umg. emot. 'ohne jedes Risiko': *ein ~es Geschäft; es ist ~ ('ganz sicher'), dass ...* ❖ ↗ sicher; **-stimmung, die** ⟨o.Pl.⟩ umg. emot. 'sehr ausgelassene, fröhliche Stimmung': *bei der Party herrschte eine ~* ❖ ↗ stimmen

Bomber ['bɔmbɐ], **der;** ~s, ~ 'für den Abwurf von Bomben konstruiertes Flugzeug'; ↗ FELD V.6.1, VIII.4.2 ❖ ↗ Bombe

bombig ['bɔmbɪç] ⟨Adj.; o. Steig.; nicht bei Vb.⟩ umg. emot. SYN 'hervorragend': *der Film war ~; es herrschte eine ~e Stimmung* ❖ ↗ Bombe

Bon [bɔŋ], **der;** ~s, ~s 1. 'kleiner Zettel, auf dem die Preise der Waren stehen, die man gekauft hat': *der Umtausch der Waren erfolgt nur gegen Vorlage des ~s* 2. 'Gutschein, der zum (kostenlosen) Empfang von etw., bes. von Speisen, Getränken, berechtigt': *~s ausgeben; einen ~ einlösen; auf ~ essen*

Bonbon [bɔŋ'bɔŋ], **der/das;** ~s, ~s 'kleines geformtes festes Stück aus Zucker mit Stoffen, die ihm Geschmack und Farbe verleihen, das als Süßigkeit gelutscht wird': *eine Tüte ~s; saure, gefüllte ~s*

Bonze ['bɔntsə], **der;** ~n, ~n umg. emot. neg. 'jmd., bes. führender Funktionär einer Partei, Organisation, der seine Position egoistisch für sich ausnutzt'

Boot [boːt], **das;** ~es/auch ~s, ~e 'meist oben offenes, kleines Wasserfahrzeug'; ↗ FELD VIII.4.3.1 (↗ TABL Fahrzeuge): *(in, mit einem) ~ fahren; das ~ legt an, wird festgemacht; in ein ~ steigen; im ~ sitzen; das ~ zu Wasser lassen; das ~ ist umgekippt, gekentert;* /in der kommunikativen Wendung/ *wir sitzen alle in demselben, im gleichen ~* ('wir sind alle in der gleichen kritischen, bedrohten Lage, der keiner als Einzelner entkommen kann') /wird gesagt, um anderen, jmdm. klarzumachen, dass man die Schwierigkeiten nur gemeinsam meistern kann/ ❖ **Motorboot, Rettungsboot, Ruderboot, Schlauchboot, Segelboot, U-Boot**

Bord [bɔʁt], **der;** ~es/auch ~s, ~e ⟨vorw. Sg. u. vorw. o. Art.⟩ 1. 'oberster seitlicher Rand eines Schiffes, der das Deck begrenzt' /beschränkt verbindbar/: *er wurde von den Wellen über ~ ('ins Wasser') gespült; er sprang über ~; bei dem Sturm gingen Passagiere, ging die Ladung über ~ ('wurden Passagiere, wurde die Ladung ins Wasser gespült')* 2. ⟨o.Pl.⟩ *an ~* ⟨+ Gen.attr.⟩: *an ~ eines Schiffes, Flugzeuges gehen* ('ein Schiff, Flugzeug betreten');

von ~ gehen ('ein Schiff, Flugzeug verlassen') ❖ **Bordstein, Bordsteinkante**

* /jmd./ *etw. über ~ werfen* 'Bedenken, Vorurteile, Pläne, Absichten endgültig aufgeben': *er warf alle guten Vorsätze über ~*

Bordell [bɔʁ'dɛl], **das;** ~s, ~s 'Haus, in dem Prostitution betrieben wird'; SYN Puff (3): *ins ~ gehen*

Bord ['bɔʁt..]|**-stein, der** 'gegenüber der Fahrbahn erhöhter steinerner Rand des Bürgersteigs' ❖ ↗ Bord, ↗ Stein; **-steinkante, die** 'obere Kante des Bordsteins' ❖ ↗ Bord, ↗ Stein, ↗ Kante

borgen ['bɔʁgn̩] ⟨reg. Vb.; hat⟩ 1. /jmd./ *sich* ⟨Dat.⟩ *bei, von jmdm. etw. ~* 'sich von jmdm. etw. leihen': *sich Geld von jmdm. ~; sich ein Buch, das Fahrrad bei, von jmdm. ~* 2. /jmd./ *jmdm. etw. ~* 'jmdm. etw. leihen (1)': *jmdm. Geld ~; ich kann dir das Buch, das Fahrrad nur bis morgen, nur übers Wochenende, nur für zwei Tage ~* ❖ **verborgen**

Borke ['bɔʁkə], **die;** ~, ~n 'dicke, meist ältere, stark rissige Rinde eines Baumstammes'; ↗ FELD II.4.1: *ein Stück ~ vom Stamm schneiden, brechen; die rissige ~ einer Kiefer; die ~ hat sich vom Stamm gelöst;* vgl. *Rinde*

borniert [bɔʁ'niːɐt] ⟨Adj.; Steig. reg.⟩ 'engstirnig, eingebildet und an Vorurteilen festhaltend'; ↗ FELD I.5.3: *ein ~er Mensch; wir fanden ihn, seine Politik, Ansichten ausgesprochen ~; der Kerl ist ~; seine Ansichten sind ~*

Börse ['bœʁzə], **die;** ~, ~n ⟨vorw. Sg.⟩ 'eine Art Markt, auf dem Geschäfte mit Wertpapieren, bestimmten Waren, Devisen getätigt werden, wobei sich ihre Preise herausbilden'; ↗ FELD I.16.1: *an der ~ spekulieren* ('durch Kauf und Verkauf, bes. von Aktien, Geschäfte mit Gewinn zu machen versuchen'); *die Preise für Kaffee, Gold sind an der ~ gefallen, gesunken, gestiegen; die ~ eröffnete lustlos, schloss gut; die Stimmung an der ~; an der ~ herrschte Hektik, Panik* 2. 'Gebäude, in dem die Börse (1) stattfindet': *die ~ betreten*

Borste ['bɔʁstə], **die;** ~, ~n ⟨vorw. Pl.⟩ 1.1. 'starres, dickes und kurzes Haar einiger Säugetiere, bes. des Schweins': *die ~ des Schweines; eine (Zahn)bürste aus natürlichen ~n* 1.2. 'aus Borsten (1.1) od. aus Kunststoff hergestelltes, einer Borste (1.1) ähnliches Teil eines Besens, Pinsels, einer Bürste, einer Zahnbürste': *die ~n des Pinsels, der Zahnbürste sind aus Kunststoff* ❖ **borstig – widerborstig**

borstig ['bɔʁstɪç] ⟨Adj.; o. Steig.⟩ 1. ⟨nicht bei Vb.⟩ 'mit Borsten (1.1) bewachsen' /auf Körperteile von Tieren od. auf Tiere bez./: *der ~e Rücken des Schweins* 2. 'dick und starr wie Borsten (1.1)' /auf das Haar von Menschen bez./: *sein Haar ist ~; seine Haare standen ~ in die Höhe* 3. umg. 'unfreundlich und grob' /auf Personen bez./: *er wird heute wieder sehr ~; sein ~es Benehmen* ❖ ↗ Borste

Borte ['bɔʁtə], **die;** ~, ~n 'meist farbiges, gemustertes ¹Band (1), das als Zierde und meist als Rand auf Kleidung, Gardinen o.Ä. genäht wird': *eine Tischdecke mit einer gehäkelten ~; eine ~ auf den Saum des Rocks nähen*

bös [bøːs]: ↗ *böse*

bös|artig ['..] ⟨Adj.; nicht bei Vb.⟩ **1.** ⟨Steig. reg.⟩ 'darauf abzielend, anderen vorsätzlich zu schaden, Spott zu treiben' /vorw. auf Personen bez./; ↗ FELD I.6.3, 1.2.3: *er ist ~, hat eine ~e Natur; er ist ein ~er Mensch; eine ~e* ('verletzende') *Bemerkung machen; ~ spotten, handeln*; vgl. *hinterhältig* **2.** ⟨o. Steig.⟩ SYN 'lebensgefährlich' /auf Krankheiten o.Ä. bez./: *eine ~e Krankheit, Entzündung; ein ~er Tumor; der Tumor ist ~*; vgl. *boshaft, böse* ❖ ↗ **böse, ↗ Art**

Böschung ['bœʃʊŋ], **die**; ~, ~en 'meist mit Pflanzen bewachsene, schräg abfallende seitliche Fläche bes. eines Dammes, Walles'; ↗ FELD IV.2.1: *eine steile ~; die ~ bepflanzen*

böse [bøːzə] ⟨Adj.⟩ **1.** ⟨Steig. reg.⟩ 'von der Art, dass man, es anderen Schaden zufügt'; ANT *gut* (7.1) /auf Personen od. Psychisches bez./; ↗ FELD I.2.3, 6.3: *ein ~r* (ANT *lieber* 3) *Mensch; eine ~ Tat; ~ Gedanken haben, Pläne hegen; der Plan war ausgesprochen ~* (SYN 'teuflisch 1'); *das hat er in, aus ~r Absicht getan; das war nicht ~, bös gemeint; du bist ~; etw. Böses tun; das Böse in der Welt;* vgl. *gemein* (I.1) **2.** ⟨o. Steig.⟩ 'jmdm. Kummer, Schmerz bereitend'; SYN *schlimm* (1,2) /auf Psychisches bez./: *das war eine ~ Angelegenheit, Überraschung, Enttäuschung (für uns); ~ Erfahrungen mit etw., jmdm. machen; das waren ~ Tage, Jahre für ihn; etw. hat ein ~s Ende genommen, ist ~ ausgegangen* ('ist schlecht, mit schlimmen Folgen ausgegangen'); *das ist ~* ('äußerst unangenehm') *(für ihn, sie); nichts Böses ahnen* ('nicht damit rechnen, dass etw. Unangenehmes eintritt') **3.** ⟨o. Steig.; nicht attr.; nur präd. (mit *sein, werden*)⟩ /jmd./ ~ *sein* 'zornig, wütend sein': *er ist, wird leicht ~; auf jmdn. ~ sein: er ist auf ihn ~; (mit) jmdm. ~ sein: ich bin dir ~* ('bin deinetwegen zornig'), *bin mit dir ~, dass du mich nicht angerufen hast* ❖ **boshaft, Bosheit — bösartig, böswillig**
* /jmd./ **mit jmdm. im Bösen** ('im Streit') **auseinander gehen**

boshaft ['boːs..] ⟨Adj.; Steig. reg.⟩ 'darauf abzielend, andere zu verspotten, anderen Ärger zu bereiten' /vorw. auf Personen, Äußerungen bez./; ↗ FELD I.2.3, 6.3: *er ist ~, ist ein ~er Mensch; eine ~e Bemerkung machen; ~ grinsen* ❖ ↗ **böse**

Bosheit ['boːs..], **die**; ~, ~en **1.** ⟨o.Pl.⟩ 'boshaftes Wesen'; ↗ FELD I.2.1: *er ist voller ~; etw. aus reiner ~ tun* **2.** 'boshafte Bemerkung': *(jmdm.) ~en sagen; das war eine versteckte ~* ❖ ↗ **böse**
* **mit konstanter ~** 'etw. Negatives trotz ermahnendem Hinweis, es zu lassen, immer wieder tuend': *mit konstanter ~ hat er ihn immer wieder dasselbe gefragt*

Boss [bɔs], **der**; ~es, ~e umg., oft scherzh. 'jmd., der ein Unternehmen, eine Gruppe von Mitarbeitern leitet': *unser ~ ist in Ordnung; da muss ich erst meinen ~ fragen*

bös|willig ['bøːs..] ⟨Adj.; Steig. reg., ungebr.; vorw. attr. u. bei Vb.⟩ 'bewusst darauf abzielend, anderen zu schaden' /auf Tätigkeiten bez./; ↗ FELD I.2.3: *eine ~e Beschädigung des Zaunes; ~e Verleumdungen; etw. ~ zerstören; er hat die Familie ~ verlassen* ❖ ↗ **böse, ↗ Willen**

bot: ↗ *bieten*

Botanik [boˈtaːnɪk], **die**; ~, ⟨o.Pl.⟩ 'Wissenschaft von den Pflanzen'; ↗ FELD II.4.1: *~ studieren; ein Lehrbuch der ~*; vgl. *Zoologie* ❖ **botanisch**

botanisch [boˈtaːn..] ⟨Adj.; o. Steig.; vorw. attr.; nicht präd.⟩ 'die Botanik betreffend, mit den Mitteln der Botanik': *~e Studien, Forschungen treiben; eine ~e Exkursion; eine Insel ~ erforschen; der ~e Garten* ('öffentliche Anlage mit Pflanzen aus vielen, allen Teilen der Erde'); *der Botanische Garten in München;* vgl. *zoologisch* ❖ ↗ **Botanik**

Bote ['boːtə], **der**; ~n, ~n 'jmd., der jmdm. etw. im Auftrag eines anderen (über)bringt': *jmdm. Dokumente durch (einen) ~n schicken, überbringen lassen;* METAPH ⟨+ Gen.attr.⟩ *Schneeglöckchen sind die ersten ~n* ('Anzeichen') *des Frühlings* ❖ ↗ **bieten**

Botschaft ['boːt..], **die**; ~, ~en **1.** ⟨vorw. Sg.⟩ '(meist für den Empfänger wichtige) Mitteilung, Nachricht (die man jmdm. zukommen lässt)': *eine frohe, willkommene, traurige ~; jmdm. eine (geheime) ~ senden; eine ~ erhalten; die ~ des Präsidenten an das Volk wurde im Rundfunk übertragen, verlesen* **2.** 'diplomatische Vertretung (2) eines Staates in einem anderen Staat': *die ~ der Bundesrepublik Deutschland in Frankreich, Schweden; als er in England seine Papiere verloren hatte, wandte er sich an die ~ seines Landes um Hilfe; bei der amerikanischen ~ die Erteilung eines Visums beantragen* **3.** 'Gebäude, das Sitz einer Botschaft (2) ist': *in dieser Straße stehen die ~en mehrerer Staaten; die ~ war geschlossen* ❖ ↗ **bieten**

Botschafter ['boːtʃaftɐ], **der**; ~s, ~ 'höchster diplomatischer Vertreter eines Staates bei einem anderen Staat': *einen ~ akkreditieren, abberufen; der ~ überreicht sein Beglaubigungsschreiben* ❖ ↗ **bieten**

Böttcher ['bœtçɐ], **der**; ~s, ~ 'Handwerker, Facharbeiter, der Behälter aus Holz herstellt' ❖ ↗ **Bottich**

Bottich ['bɔtɪç], **der**; ~s, ~e 'großes, rundes od. ovales Gefäß aus Holz'; ↗ FELD V.7.1 (↗ TABL Behälter): *die Wäsche in einem ~ einweichen; ein ~ mit Farbe, Mörtel* ❖ **Böttcher**

Bouillon [bʊlˈjɔŋ], **die**; ~, ~s ⟨vorw. Sg.⟩ 'durch Kochen von Fleisch und Knochen gewonnener Sud, der als Suppe gegessen wird'; ↗ FELD I.8.1: *eine kräftige ~ (mit Ei); ein Teller ~, eine Tasse ~; eine ~ kochen*

Bourgeoisie [bʊrʒoaˈziː], **die**; ~, ⟨o.Pl.⟩ /aus marxistischer Sicht/ 'Schicht der reichen Bürger, die im Besitz der Produktionsmittel sind': *der ~ angehören*

Boutique [buˈtiːk], **die**; ~, ~n 'kleines anspruchsvolles Geschäft bes. für modische Kleidung und Zubehör': *sie, er hat eine ~ eröfnet, aufgemacht, besitzt eine (gut gehende) ~*

Bowle ['boːlə], **die;** ~, ~n **1.** ˈGetränk aus Wein, Sekt und Früchten, das aus festlichem Anlass getrunken wird': *eine ~ ansetzen, zubereiten; ein Glas ~ trinken; die ~ kalt servieren* **2.** ˈGefäß für eine Bowle (1)': *eine ~ aus Glas; der Deckel der ~*
Bowling ['boːlɪŋ], **das;** ~s, ⟨o.Pl.⟩ ˈeine Art Kegelspiel mit zehn Kegeln': *zum ~ gehen*
Box [bɔks], **die;** ~, ~en **1.** ˈabgeteilter Raum in einem größeren Raum, bes. für ein Pferd im Stall, ein Auto in einer Großgarage, für Aussteller in einer Messehalle': *die Pferde aus den ~en holen; den Koffer in einer ~ am Bahnhof einschließen* **2.** ˈkleiner, meist würfel-, kastenförmiger Lautsprecher': *die beiden ~en der Stereoanlage*
boxen ['bɔksn̩] ⟨reg. Vb.; hat⟩ /jmd., bes. Boxer/ *gegen jmdn. ~* ˈnach bestimmten Regeln in sportlichem Zweikampf mit Faustschlägen gegen einen Gegner kämpfen, um ihn kampfunfähig zu machen od. nach Punkten (8) zu besiegen'; ↗ FELD I.7.4.2: *er boxt heute gegen den Weltmeister, Titelverteidiger; er boxt* (ˈbetreibt Boxsport') *seit drei Jahren* ❖ **Boxer, Boxen**
Boxen, das; ~s, ⟨o.Pl.⟩ ˈdas Boxen als sportliche Disziplin'; ↗ FELD I.7.4.1: *die Meisterschaften im ~* ❖ ↗ **boxen**
Boxer ['bɔksɐ], **der;** ~s, ~ ˈjmd., der das Boxen als Sport betreibt'; ↗ FELD I.7.4.1: *ein berühmter ~; er ist ~ von Beruf* ❖ ↗ **boxen**
Boy [bɔi̯], **der;** ~s, ~s ˈbes. in Hotels tätiger, Livree tragender, meist junger Mann mit besonderem Aufgabenbereich': *der ~ brachte uns im Lift in die obere Etage, trug das Gepäck*
Boykott [bɔi̯ˈkɔt], **der;** ~s, ~s ˈbes. aus Protest gegen ein Unternehmen od. einen Staat (wegen seines Verhaltens) gerichtete Maßnahme, die in der Unterbrechung der Beziehungen, des Handels u. seinem Ausschluss von der Teilnahme an etw. besteht': *ein Land mit einem ~ belegen; den ~ (über ein Land) verhängen; einem Land den ~ androhen, erklären; zum ~ gegen … aufrufen* ❖ **boykottieren**
boykottieren [bɔi̯kɔˈtiːʀən], boykottierte, hat boykottiert /mehrere (jmd.), Staat/ *jmdn., etw., bes. ein Land ~* (ˈmit einem Boykott belegen'); *die Arbeiter boykottierten die Maßnahmen* (ˈverweigerten die Annahme der, die Teilnahme an den Maßnahmen') *der Unternehmensleitung; ein Geschäft ~* (ˈin einem Geschäft nicht mehr einkaufen') ❖ ↗ **Boykott**
brach [bʀaːx]: ↗ **brechen**
brach ['bʀaːx..]‖**liegen**, lag brach, hat brachgelegen **1.** /Boden/ *das Feld, der Acker liegt brach* (ˈwird zeitweilig od. dauernd landwirtschaftlich nicht genutzt') **2.** /etw., bes. Fähigkeiten/ *seine Fähigkeiten, Kräfte liegen jetzt brach* (ˈwerden nicht genutzt, nicht gefordert') ❖ ↗ **liegen**
brachte: ↗ **bringen**
Branche ['bʀãʒə/'bʀãː..], **die;** ~, ~n ˈFachgebiet, Zweig (2), bes. in Industrie, Handwerk und Handel': *sie arbeiten beide in derselben ~; er hat lange Erfahrungen, gute Kenntnisse in dieser ~; er kommt*

aus der ~ (ˈhat in dieser Branche gearbeitet und besitzt die entsprechenden Erfahrungen')
Brand [bʀant], **der;** ~s/auch ~es, Brände ['bʀɛndə] **1.1.** ˈFeuer, das (großen) Schaden anrichtet'; ↗ FELD VI.5.1: *ein ~ bricht aus, greift schnell um sich, wütet, hat einen ganzen Stadtteil vernichtet; einen ~ verursachen, legen* (ˈvorsätzlich hervorrufen'), *eindämmen, bekämpfen, löschen; Brände verhüten* **1.2.** ⟨o.Pl.⟩ ˈdas Brennen' /auf einen Brand 1.1 bez./: *der ~ der Scheune, des Hauses, Fernsehgerätes; etw. in ~ setzen, stecken* (ˈden Ausbruch eines Brandes 1.1 verursachen'); *der Wald, die Fabrik ist in ~ geraten* (ˈist von einem Brand 1.1 erfasst worden') **2.** ⟨o.Pl.⟩ umg. ˈstarker quälender Durst' /beschränkt verbindbar/: *einen großen, mächtigen ~ haben; seinen ~ löschen wollen* ❖ ↗ **brennen**
branden ['bʀandn̩], brandete, hat gebrandet /Meer, Wellen/ *gegen, an etw. ~* ˈschäumend und donnernd gegen etw. prallen': *das Meer brandet gegen die Küste, Felsen; die Wogen ~ an den Kai* ❖ **Brandung**
brand/Brand ['bʀant..]‖**-marken** [maʀkn̩], brandmarkte, hat gebrandmarkt /jmd./ *jmdn., etw. ~* ˈjmdn., etw. öffentlich anprangern, scharf kritisieren': *die Missstände im Lande, die Korruption, Heuchelei der Politiker ~; jmdn. als einen Dieb, Verbrecher, Schwindler, Verräter ~* ❖ ↗ markieren; **-neu** ⟨Adj.; o. Steig.; nicht bei Vb.⟩ umg. emot. ˈganz neu (1)' /auf Produkte und Informationen bez./: *ein ~es Auto, eine ~e* (ˈganz aktuelle') *Nachricht* ❖ ↗ neu; **-stiftung, die** ˈvorsätzliche od. fahrlässige Verursachung eines Brandes (1.1)' ❖ ↗ **brennen,** ↗ ²**Stift**
Brandung ['bʀand..], **die;** ~, ⟨o.Pl.⟩ ˈdie starke Bewegung des Meeres, wenn es an die Küste, auf Felsen, auf ein Riff prallt': *eine starke, tosende ~; die ~ durchqueren; das Schiff ist in der ~ gekentert* ❖ ↗ **branden**
brannte: ↗ **brennen**
Brannt['bʀant..]‖**wein, der** fachspr. ˈdurch Gärung von bestimmten Flüssigkeiten und durch Destillation gewonnenes starkes alkoholisches Getränk': *ein Glas ~ trinken; aus Zuckerrüben, Kartoffeln ~ herstellen; vgl. Schnaps* ❖ ↗ **brennen,** ↗ **Wein**
braten ['bʀaːtn̩] (er brät [bʀɛːt/..eːt]), briet [bʀiːt], hat gebraten **1.1.** /jmd./ *etw. ~* ˈein bestimmtes Nahrungsmittel, bes. Fleisch, Fisch, in zerlassenem Fett in einer Pfanne o.Ä. unter starker Hitze braun und gar werden lassen'; ↗ FELD VI.5.2: *Fleisch, Fisch, Kartoffeln ~; etw. in Öl, Butter ~; etw. am Spieß ~; die Ente knusprig ~; sich* ⟨Dat.⟩ *etw. ~: sich ein Schnitzel ~; gebratene Kartoffeln* **1.2.** /etw. zum Braten Geeignetes, bes. Fleisch, Fisch/ ˈin zerlassenem Fett in einer Pfanne o.Ä. unter starker Hitze braun und gar werden': *das Fleisch muss eine halbe Stunde ~; die Kartoffeln ~ in der Pfanne; die Ente brät schon zwei Stunden; vgl. schmoren, dünsten* ❖ **Braten − Bratwurst, Entenbraten;** vgl. **Brat-**
Braten, der; ~s, ~ ˈein gebratenes od. zum Braten bestimmtes, geeignetes (größeres) Stück Fleisch od.

kleineres Tier'; ↗ FELD I.8.1: *ein saftiger, knuspriger ~; den rohen ~ spicken; den ~ auftragen, servieren, tranchieren, aufschneiden, zerteilen; eine Platte mit kaltem ~* ❖ ↗ **braten**
* umg. /jmd./ **den ~ riechen** ('merken, dass etw. Unangenehmes auf einen zukommt od. dass andere einem schaden wollen')
Brat ['bʀɑːt..]|-**hähnchen, das** 'gebratenes od. zum Braten bestimmtes Hähnchen'; ↗ FELD I.8.1: *am Imbissstand ein ~ essen* ❖ ↗ Hahn; -**hering, der** 'Hering, der gebraten und mit einer Marinade versehen in den Handel kommt'; ↗ FELD I.8.1 ❖ ↗ Hering; -**kartoffeln, die** ⟨Pl.⟩ 'in Scheiben geschnittene und in Fett gebratene (gekochte) Kartoffeln'; ↗ FELD I.8.1.: *heute Mittag gibt es ~, ~ mit Spiegelei; ~ mit Speck braten* ❖ ↗ Kartoffel; -**pfanne, die** SYN 'Pfanne' (↗ BILD) ❖ ↗ Pfanne

Bratsche ['bʀɑːtʃə], **die**; ~, ~n 'Streichinstrument, das etwas größer als eine Geige ist und tiefer als diese klingt': *~ spielen*
Brat ['bʀɑːt..]|**wurst, die** 'gebratene od. zum Braten bestimmte Wurst'; ↗ FELD I.81: *eine ~ mit Senf, Ketchup und einem Brötchen; eine ~ essen* ❖ ↗ **braten**, ↗ **Wurst**
Brauch [bʀaux], **der**; ~s/auch ~es, Bräuche ['bʀɔɪçə] 'Sitte (1), die sich als eine in bestimmten Formen ausgebildete Handlung äußert': *es, das ist ein schöner alter ~, zu Weihnachten einen Tannenbaum zu schmücken, jmdm. zum Geburtstag Gesundheit und Glück zu wünschen; man ist bemüht, die ländlichen Bräuche dieser Gegend zu erhalten, zu bewahren; einen vergessenen ~ wieder aufleben lassen; ein christlicher, österlicher ~; das ist hier so ~* ('ist hier üblich'); vgl. *Sitte, Usus* ❖ ↗ **brauchen**
brauchbar ['bʀaux..] ⟨Adj.; Steig. reg., ungebr.; nicht bei Vb.⟩ **1.1.** 'für etw. geeignet' /vorw. auf Gegenständliches bez./: *das Material, mein alter Hut ist noch recht ~; diese Methode ist ~* **1.2.** 'vernünftig und akzeptabel' /vorw. auf Ideen o.Ä. bez./: *er hat ganz ~e Vorschläge gemacht, hat ganz ~e Ideen* ❖ ↗ **brauchen**
brauchen ['bʀauxn̩] ⟨reg. Vb.; hat⟩ **1.1.** /jmd./ etw. ~ 'etw. für einen bestimmtn Zweck haben müssen, nötig haben'; SYN benötigen /auf Gegenständliches und Abstraktes bez./: *ein Paar neue Schuhe, eine neue Brille ~; jmds. Hilfe, Rat, Trost ~; nach dieser Anstrengung braucht er erst einmal Ruhe und Entspannung; jetzt brauche ich einen Hammer, um den Nagel einzuschlagen; sie braucht mehr Geld für ihren Unterhalt, als sie einnimmt; /auch Tier,*

Pflanze/ SYN '³wollen (3)': *Pflanzen ~ Licht, Wärme; diese Pflanze braucht viel Wasser; Tiere ~ Pflege* **1.2.** /jmd., Institution/ *jmdn. ~* 'jmdn. für einen bestimmten Zweck nötig haben': *sie braucht ihn für ihren Umzug; sie braucht ihn, damit er ihr beim Umzug hilft; jmdn. als Partner, Mitarbeiter ~; er braucht jmdn., der sich um ihn kümmert;* /in den kommunikativen Wendungen/ *ich kann dich jetzt nicht ~* ('du störst mich jetzt') /wird gesagt, wenn man mit einer Arbeit beschäftigt ist, die man allein erledigen muss, bei der man seine Ruhe haben muss/; *danke, ich brauche Sie jetzt nicht mehr* ('danke, sie können jetzt gehen, sich zurückziehen') /sagt ein Vorgesetzter zu seinem Mitarbeiter nach dem Ende einer gemeinsamen Arbeit/ **2.1.** /jmd., etw./ *etw. für etw. ~* 'eine betimmte Zeit, Menge für etw. benötigen': *er braucht über zwei Stunden für den Weg zur Arbeitsstelle; der Zug braucht acht Stunden für die Fahrt von N nach M; er hat für diese Arbeit drei Jahre gebraucht; für das Kleid braucht sie zwei Meter Stoff* **2.2.** /in der kommunikativen Wendung/ *das braucht seine Zeit* ('das lässt sich nur in einer Zeit von bestimmter Länge erledigen') /wird gesagt, um jmds. Ungeduld zu besänftigen/ **3.** /jmd./ *etw. ~ können* 'etw. gut verwenden können': *den Mantel kann ich noch (gut) ~; das kann ich gut ~* **4.** ⟨mit Inf. + *zu*, auch ohne *zu*⟩ **4.1.** ⟨nur verneint⟩ /jmd., etw. (das, es)/ *etw. nicht tun ~* 'etw. nicht tun müssen': *morgen brauchst du nicht (zu) kommen; das brauche ich mir nicht gefallen zu lassen; das brauchst du nicht zu machen; deswegen braucht man doch nicht gleich zu weinen; es braucht ja nicht gleich zu sein* ('das hat Zeit, muss nicht sofort erledigt, getan werden'); *das braucht niemand zu wissen* ('das sollte unter uns bleiben, sollte niemand wissen') **4.2.** ⟨+ *nur, bloß*⟩ /jmd./ *etw. nur, bloß zu tun ~* 'nichts anderes tun müssen als ...' /drückt aus, dass etw. als Voraussetzung für ein Tun getan werden muss/: *du brauchst es nur, bloß (zu) sagen, zu wollen, dann tun wir es auch* ❖ **Brauch, brauchbar, gebrauchen, gebräuchlich, Missbrauch, missbrauchen, Verbrauch, verbrauchen, verbraucht – Energieverbrauch, Gebrauchsgegenstand**
Braue ['bʀauə], **die**; ~, ~n ⟨vorw. Pl.⟩ SYN 'Augenbraue': *dichte, schwarze, buschige ~n haben; die ~n hochziehen* /Miene, die Erstaunen ausdrückt/ ❖ **Augenbraue**
brauen ['bʀauən] ⟨reg. Vb.; hat⟩ **1.1.** /jmd., Unternehmen/ *Bier ~* ('Bier herstellen') **1.2.** umg. /jmd./ *ein Getränk ~* 'ein (alkoholisches) Getränk zubereiten': *eine Bowle, einen Punsch ~; sich etw.* ⟨Dat.⟩ *~*: scherzh. *sich einen starken Kaffee ~* ❖ **Brauerei**
Brauerei ['bʀauə'ʀaɪ], **die**; ~, ~en 'Betrieb, in dem Bier hergestellt wird': *eine große ~; die ~ produziert auch alkoholfreies Bier* ❖ ↗ **brauen**
braun [bʀaun] ⟨Adj.; Steig.: brauner ['bʀaunɐ]/bräuner ['bʀɔɪnɐ], braunste ['bʀaunstə]/bräunste ['bʀɔɪnstə], Steig. ungebr.⟩ 'von der Farbe des Kakaos, der reifen Kastanien'; ↗ FELD VI.2.3: *er ist ~ wie*

Schokolade; sie hat ~e Augen, Haare; ein ~er Stoff; ihre Haut ist ~ (geworden) ('ist durch die Sonne gebräunt'; ANT blass 1); *sich von der Sonne ~ brennen* ('bräunen 1') *lassen; die Farbe Braun; ein helles, dunkles, rötliches, warmes Braun* ❖ **Bräune, bräunen, bräunlich, brünett – Braunkohle**
Bräune ['brɔinə], **die**; ~, ⟨o.Pl.⟩ 'durch die (Strahlung der) Sonne hervorgerufene braune Färbung der Haut eines Menschen'; ↗ FELD VI.2.1: *sein Gesicht hat eine leichte, tiefe, gesunde ~* ❖ ↗ **braun**
bräunen ['brɔinən] ⟨reg. Vb.; hat⟩ **1.** *die Sonne hat ihn, seine Haut, sein Gesicht gebräunt* ('hat bewirkt, dass er, seine Haut, sein Gesicht eine braune Färbung bekommen hat'; ↗ FELD VI.2.2): *er ist gebräunt* **2.** */jmd./ etw. ~* 'bestimmte Nahrungsmittel, meist in einer Pfanne, unter Einwirkung großer Hitze braun (und gar) werden lassen': *Zwiebeln, Mehl in Fett ~; Zucker ~* ❖ ↗ **braun**
Braun ['braun..]|**kohle, die** ⟨vorw. Sg.⟩ 'schwarzbraune, relativ lockere Kohle, die beim Verbrennen stark rußt'; ↗ FELD II.5.1: *~ über Tage abbauen; ~ fördern;* vgl. *Steinkohle* ❖ ↗ **braun,** ↗ **Kohle**
bräunlich ['brɔin..] ⟨Adj.; o. Steig.; vorw. bei Vb. u. attr.⟩ 'leicht braun'; ↗ FELD VI.2.3: *etw. schimmert ~, sieht ~ aus; ein ~er Schimmer, Teint* ❖ ↗ **braun**
Brause ['brauzə], **die**; ~, ~n ⟨vorw. Sg.⟩ **1.** 'mit Kohlensäure versetzte Limonade'; ↗ FELD I.8.1: *eine ~ bestellen, trinken* **2.** 'durchlöchertes Teil einer Gießkanne, durch das das Wasser beim Gießen in dünne Strahlen zerteilt wird' (↗ BILD): *die ~ auf das Rohr der Gießkanne stecken; die ~ ist verstopft* **3.** SYN 'Dusche (1)': *die ~ aufdrehen; unter der ~ stehen; sich unter der ~ duschen* ❖ ↗ **brausen**

brausen ['brauzn̩] ⟨reg. Vb.; hat/ist⟩ **1.** ⟨hat⟩ *etw. braust* 'etw., bes. strömendes Wasser, erzeugt ein starkes Rauschen': *das Meer, die Brandung, der Wasserfall braust; im Tunnel braust es, wenn der Zug durchfährt* **2.** ⟨hat⟩ */jmd./ sich ~* 'sich duschen'; ↗ FELD III.2.2: *er braust sich jeden Morgen (heiß, kalt)* **3.** ⟨ist⟩ */etw., bes. Verkehrsmittel/ irgendwohin ~* 'sich mit hoher Geschwindigkeit (und starkem Rauschen) irgendwohin bewegen'; SYN *rasen (1);* ↗ FELD VIII.1.2: *der Zug, das Auto braust über die Brücke, durch den Tunnel* ❖ **Brause**

Braut ['braut], **die**; ~, Bräute ['brɔitə] 'eine Frau am Tage ihrer Hochzeit': *die ~ war ganz in Weiß gekleidet; die ~ sah reizend aus, strahlte vor Glück* ❖ **Bräutigam**
Bräutigam ['brɔitigam], **der**; ~s, ~e 'ein Mann am Tage seiner Hochzeit': *ein schöner ~; der ~ strahlte vor Glück* ❖ ↗ **Braut**
brav [brɑːf] ⟨Adj.⟩ **1.** ⟨Steig. reg.⟩ SYN 'artig' /auf Kinder bez./; ↗ FELD I.2.3: *wenn du ~ bist, darfst du mitkommen; sei schön ~!; ein ~es Kind; ~ zu Bett gehen* **2.** ⟨o. Steig.; nicht attr.; vorw. bei Vb.⟩ 'gut, aber durchschnittlich' /auf Leistungen bez./: *er hat seine Arbeit ~ gemacht; er spielt schon recht ~ Klavier, hat seine Rolle ~ gespielt* **3.** ⟨o. Steig.; vorw. präd. u. bei Vb.⟩ SYN 'hausbacken' /bes. auf Kleidung, Aussehen bez./: *das Kleid war für diesen Anlass zu ~; sie wirkte zu ~ in diesem Kostüm* **4.** ⟨o. Steig.; vorw. attr.⟩ veraltend SYN 'rechtschaffen' /beschränkt verbindbar/: *er war ein Kind ~er Eltern* ❖ **bravo, Bravour**
bravo ['brɑːvo] /Ausruf des Beifalls, der Anerkennung, bes. bei darstellerischen Leistungen/: *„~" rufen* ❖ ↗ **brav**
Bravour [brɑ'vuːɐ] mit ~: **1.** 'tapfer und kühn': *mit ~ kämpfen, reiten, spielen* **2.** 'souverän und meisterhaft': *eine schwere Aufgabe mit ~ lösen, bewältigen* ❖ ↗ **brav**
BRD [beː|ɛr'deː], **die**; ~, ⟨o.Pl.⟩ Kurzw. für ↗ *Bundesrepublik Deutschland*
brechen ['brɛçn̩] (er bricht [brɪçt]), brach [brɑːx], hat/ist gebrochen [ɡə'brɔxn̩], auch brechend, gebrochen **1.** ⟨hat⟩ */jmd./ 1.1. etw. in zwei Teile ~* 'auf etw. Festes durch Anwendung von Druck, Kraft so einwirken, dass es in zwei (od. mehrere) Stücke, Teile auseinander geht'; ↗ FELD I.7.6.2: *einen Stock, eine Latte, einen Zweig (mit den Händen) in (zwei) Stücke, Teile ~* **1.2.** *etw. von etw. ~* 'etw. von etw. abbrechen': *einen Zweig vom Baum ~* **1.3.** *sich* ⟨Dat.⟩ *etw. ~* 'sich durch Sturz, Stoß den Bruch eines Knochens zuziehen': *er hat sich (auf dem Heimweg, bei Glatteis, beim Sport) den Arm, das Bein gebrochen; er hat sich beim Aufprall das Nasenbein, eine Rippe gebrochen* **2.** ⟨ist⟩ *etw. bricht* 'etw. Festes trennt sich durch Einwirkung von Druck, starker Kraft in zwei (od. mehrere) Stücke, Teile'; SYN *entzweigehen (1.1)*: *das Brett ist unter der Belastung gebrochen; das Rad, die Feder, Achse ist gebrochen; die Äste brachen fast unter der Last der Früchte, des Schnees; das Eis auf dem Fluss brach unter dem Druck, der Belastung; der gestrandete Tanker ist in zwei Hälften gebrochen* **3.** ⟨hat⟩ */jmd., Gruppe, Institution, Staat/ etw. ~* 'etw., wozu man sich verpflichtet hat, nicht (mehr) einhalten (1)': *einen Vertrag, sein Wort, Versprechen, den Waffenstillstand ~* (ANT *halten 7.2); die Ehe ~* ('dem ehelichen Partner untreu werden') **4.** ⟨hat⟩ */jmd./ mit jmdm. etw. ~* 'die Beziehung, Verbindung zu jmdm., die Fortführung von etw. beenden': *er hat mit ihr, mit seiner Verlobten, seiner eigenen Familie, mit der Vergangenheit, den Traditionen*

seiner Vorfahren gebrochen **5.** ⟨hat⟩ /jmd./ **5.1.** *etw.*
~ ˈeinen Widerstand, etw., das sich einem entge-
genstellt, überwindenˈ: *sie hat seinen Widerstand,*
Trotz gebrochen (ˈhat so auf ihn eingewirkt, dass er
keinen Widerstand mehr leistet, nicht mehr trotzig
ist, sondern nachgibt˙); *eine Blockade* ~ (ˈdurch die
Sperren der Blockade hindurchgelangen˙) **5.2.** *ei-*
nen Rekord ~ (ˈübertreffen, einen neuen besseren
Rekord aufstellen˙); *er hat den Redord des Welt-*
meisters gebrochen; vgl. *einstellen* **5.3.** *sein Schwei-*
gen ~ (ˈdas sich selbst auferlegte Schweigen über
etw., jmdn. aufgeben und sich schließlich doch
äußern˙) **6.** ⟨ist⟩ geh. *etw. bricht durch, aus etw.*
ˈetw. dringt (plötzlich) aus etw.˙ /beschränkt ver-
bindbar/: *die Sonne brach durch die Wolken; die*
Tränen brachen ihr aus den Augen **7.** ⟨hat⟩ **7.1.**
/etw., bes. Strahlen, Wellen/ *sich in, an etw.* ⟨Dat.⟩
~ ˈauf etw. treffen und in eine andere Richtung
abgelenkt od. zurückgeworfen werden˙ /beschränkt
verbindbar/: *das Licht bricht sich in der Linse; der*
Schall bricht sich an der Mauer; die Wellen ~ *sich*
an der Küste **7.2.** *etw. bricht etw.* ˈetw. lenkt etw.,
das darauf gelangt, in eine andere Richtung od.
wirft es zurück˙: *die Felsen* ~ *die Wellen; die Linse*
bricht das Licht **8.** ⟨hat⟩ /jmd./ **8.1.** ⟨+ müssen⟩
ˈsich übergeben (2), sich erbrechen˙: *er musste*
plötzlich, mehrmals ~; *er hat gebrochen* **8.2.** *etw.* ~
ˈetw. erbrechen˙: *Blut, Galle* ~ ❖ **brechend, Brecher,**
¹Bruch, brüchig, erbrechen, gebrechlich, gebrochen,
radebrechen, verbrechen, Verbrechen, Verbrecher,
verbrecherisch, zerbrechen, zerbrechlich − abbre-
chen, Abbruch, aufbrechen, ausbrechen, Ausbruch,
bahnbrechend, Bruchstelle, Bruchstück, Bruchteil,
Bruchzahl, durchbrechen, Durchbruch, einbrechen,
Einbruch, Eisbrecher, erbrechen, halsbrecherisch,
Landfriedensbruch, losbrechen, Schiffbruch, schiff-
brüchig, Schiffbrüchige, Steinbruch, Umbruch, Ver-
trauensbruch, Wolkenbruch, Wortbruch, wortbrü-
chig, zusanmmenbrechen, Zusammenbruch; vgl. **ver-**
brechen
brechend [ˈbʀɛçn̩t] ⟨Adv.; vor Adj., Adv.; ↗ auch
brechen⟩ ˈin höchstem Grad˙ /beschränkt verbind-
bar/: *es war* ~ *voll im Saal* ❖ ↗ **brechen**
Brecher [ˈbʀɛçɐ], **der;** ~s, ~ ˈsehr hohe Welle, bei der
das Wasser über den Kamm der Welle nach vorn
herunterfällt˙: *die* ~ *donnerten gegen die Kaimauer*
❖ ↗ **brechen**
Bredouille [bʀeˈduljə], **die;** ~, ⟨o.Pl.⟩: umg. *jmd. ist*
in eine ~ (ˈin eine schwierige Lage˙) *gekommen, ge-*
raten, ist in einer ~
Brei [bʀaɪ], **der;** ~s/auch ~es, ~e ⟨vorw. Sg.⟩ ˈdick-
flüssige, gekochte Speise (1)˙: *einen* ~ *kochen, zube-*
reiten; ein ~ *aus Haferflocken, Reis*
breit [bʀaɪt] ⟨Adj.⟩ **1.** ⟨nicht bei Vb.⟩ /bezeichnet im
Vergleich zur Länge die kleinere räumliche Aus-
dehnung eines Gegenstandes, Raumes, einer Flä-
che in einer Richtung, meist der waagerechten,
auch bei hängenden Gegenständen; bezeichnet bei
bestimmten Möbeln im Vergleich zur Höhe waage-
recht die größere Ausdehnung/ **1.1.** ⟨Steig. reg.;

nicht im Superl., im Komp. nur im Vergleich; vorw.
attr. u. präd., mit *sein*⟩ /mit einer Maßangabe und
dieser nachgestellt/; ANT ¹*lang* (1.1) /nicht auf Ge-
genständliches mit vorwiegend eindimensionaler
Ausdehnung wie *Rohr, Staub, Faden* bez./: *das Zim-*
mer ist drei Meter ~; *ein zehn Meter* ~*er Fluss; eine*
vierzehn Meter ~*e Straße; die Platte, das Brett ist*
dreißig Zentimeter ~; *der Stoff ist, liegt einen Meter*
~; *das Bild, Fenster ist einen Meter* ~ *und drei Me-*
ter hoch; der Schrank ist drei Meter ~, *achtzig Zen-*
timeter tief und zwei Meter hoch; dieser Balken ist
zehn Zentimeter ~*er als jener* **1.2.** ⟨Steig. reg.⟩
/ohne Maßangabe/ ˈüber den Durchschnitt, über
die erwartete Norm hinaus große Ausdehnung von
etw. quer zur Länge˙; ANT *schmal* (1): *ein* ~*er*
Fluss, Schrank; der Fluss lag ~ *vor uns; ein* ~*es*
Fenster; ANT *eng* (1): *eine* ~*e Straße; der Weg war*
~*er als wir vermutet hatten* **1.3.** ⟨Steig. reg.⟩ ˈüber
die erwartete Norm hinaus von großer Ausdeh-
nung nach beiden Seiten˙; ANT *schmal* /auf Perso-
nen, Tiere, auf Teile des menschlichen, tierischen
Körpers bez./: *er hat eine* ~*e Stirn, hat* ~*e Schul-*
tern; er ist sehr ~, *ist* ~ *und untersetzt* **2.** ⟨o. Steig.⟩
SYN ˈweitschweifig˙: *eine* ~*e Darstellung; die Dar-*
stellung ist (zu) ~; *etw.* ~ *darstellen; ein* ~ *ange-*
legter Roman **3.** ⟨o. Steig.; nur attr.⟩ **3.1.** ˈsehr
viele, die Mehrheit der Menschen eines Landes be-
treffend˙ /auf Gruppen bez.; beschränkt verbind-
bar/: *der Minister versuchte, mit seinen Vorschlägen*
die Wünsche der ~*en Öffentlichkeit, der* ~*en Masse*
des Volkes zu erfüllen; er hatte ~*e* (SYN ˈ*weite* I.5˙)
Kreise der Bevölkerung für seine Politik gewonnen
3.2. /beschränkt verbindbar/: *die Rede des Präsi-*
denten fand ein ~*es Echo, Interesse bei den Men-*
schen (ˈviele, die meisten Menschen reagierten auf-
merksam, lebhaft, interessiert auf die Rede des Prä-
sidenten˙) ❖ **Breite, verbreiten, verbreitern − aus-**
breiten, Breitengrad, breitschlagen, Handbreit
Breite [ˈbʀaɪtə], **die;** ~, ~n **1.1.** ⟨vorw. Sg.⟩ ˈdie im
Vergleich zur Länge jeweils kleinere räumliche Aus-
dehnung von etw. in waagerechter Erstreckung,
auch bei hängenden Gegenständen; bei bestimmten
Möbeln im Unterschied zur Höhe waagerecht die
größere Ausdehnung˙: *(die) Länge, Höhe und* ~
eines Raumes, Gegenstands; die ~ *der Brücke, des*
Flusses, der Straße; ein Brett von dreißig Zentime-
tern ~, *von/mit einer* ~ *von dreißig Zentimetern;*
Bretter in verschiedenen ~*n* (ˈAbmessungen in der
Richtung quer zur Länge˙); *die* ~ *und Höhe des*
Bildes; die ~ *und Tiefe des Schreibtisches (ausmes-*
sen, angeben) **1.2.** ⟨vorw. Sg.; + Gen.attr.⟩ ˈdie
überdurchschnittliche Ausdehnung nach beiden
Seiten von etw. hin˙: *die enorme* ~ *seiner Schultern*
2. ⟨o.Pl.⟩ ˈWeitschweifigkeit˙: *die* ~ *seiner Darstel-*
lung, Ausführungen, seines Romans wirkte ermü-
dend; der Aufsatz geht zu sehr in die ~ (ˈenthält zu
viele Details, Nebensächlichkeiten, ist zu ausführ-
lich˙) **3.1.** ⟨o.Pl.⟩ *dieser Ort liegt auf dem 50. Grad*
nördlicher, südlicher ~ (ˈliegt auf dem nördlichen,
südlichen 50. Breitengrad˙; ANT *Länge* 4) **3.2.**

⟨nur im Pl.⟩ 'Gebiet zwischen bestimmten Breitengraden': *in diesen (tropischen) ~n herrscht ein feuchtwarmes Klima* ❖ ↗ **breit**
* umg. /jmd./ *in die ~ gehen* ('sehr dick werden')
Breiten ['bʀaᶦtn̩..]|**-grad, der** 'Fläche zwischen zwei um einen Grad auseinander liegenden Breitenkreisen': *die Stadt liegt auf dem 30. ~;* vgl. *Längengrad* ❖ ↗ breit, ↗ Grad; **-kreis, der** 'gedachter, parallel zum Äquator verlaufender Kreis um die Erdkugel' ❖ ↗ breit, ↗ Kreis
breit machen, sich ⟨hat⟩ umg. **1.** /jmd./ emot. neg. *sich irgendwo ~* 'viel Platz für sich beanspruchen': *er hat sich auf dem Sofa, Sessel, Bett breit gemacht; mach dich nicht so breit!* **2.** /etw. als negativ Empfundenes/ *sich ~* 'sich immer weiter ausbreiten, immer mehr Bereiche und Personen erfassen': *Erscheinungen, Unsitten, die sich immer mehr ~*
breitschlagen (er schlägt breit), schlug breit, hat breitgeschlagen umg. /jmd./ *jmdn. ~* 'jmdn. durch wiederholte, hartnäckige Bemühungen zu etw. überreden': *er hat ihn schließlich doch noch breitgeschlagen; er hat sich (nicht) ~ lassen; er hat sich ~ lassen, ihm das Geld zu borgen* ❖ ↗ breit, ↗ schlagen
Bremse ['bʀɛmzə], **die**; ~, ~n **1.** 'Vorrichtung an einem Fahrzeug, mit der die Geschwindigkeit verringert, das Fahrzeug zum Anhalten gebracht werden kann'; ↗ FELD VIII.4.1.1: *eine hydraulische, mechanische ~; die ~ betätigen, anziehen; auf die ~ treten; die ~ hat sich gelöst; die ~n quietschen* **2.** 'große Fliege, deren Weibchen durch Stechen und Saugen Blut von Tieren und Menschen saugt'; ↗ FELD II.3.1: *er ist von einer ~ gestochen, gebissen worden* ❖ **bremsen** – **Bremslicht, Handbremse, Notbremse**
bremsen ['bʀɛmzn̩] ⟨reg. Vb.; hat⟩ /jmd./ 'die Geschwindigkeit eines Fahrzeugs durch das Betätigen einer Bremse (bis zum Stillstand) verringern'; ↗ FELD VIII.1.2, 4.1.2: *der Fahrer musste plötzlich scharf ~; er konnte noch rechtzeitig ~; etw. ~: er hat das Auto, den Wagen noch rechtzeitig ~ können* ❖ ↗ **Bremse**
Brems ['bʀɛms..]|**licht, das** ⟨Pl.: ~er⟩ '(eine der zwei) Lampen an der Rückseite von Kraftfahrzeugen, die beim Bremsen leuchten'; ↗ FELD VI.2.1: *das linke ~ leuchtet nicht; die ~er funktionieren nicht* ❖ ↗ **Bremse**, ↗ **Licht**
brennbar ['bʀɛn..] ⟨Adj.; o. Steig.; nicht bei Vb.⟩ 'so beschaffen, dass es brennen (1.1) kann' /bes. auf Materialien bez./: *~e Flüssigkeiten, Materialien; Holz ist ~, Asbest ist nicht ~* ❖ ↗ **brennen**
brennen ['bʀɛnən], brannte ['bʀantə], hat gebrannt [gə'bʀant]; ↗ auch *brennend* **1.1.** /etw. Brennbares/ 'durch große Hitze und unter Entwicklung von Flammen zerstört werden, sodass nur Asche übrig bleibt'; ↗ FELD VI.5.2: *etw., Papier, Kohle brennt; irgendwie ~: das Streichholz brannte langsam zu Ende; trockenes Holz brennt gut* ('hat die Eigenschaft, leicht zu brennen'); *das feuchte Holz wollte nicht ~* **1.2.** /etw., bes. Gebäude/ 'in Flammen stehen': *das Haus, der Stall brennt; es brennt* ('ir-

gendwo ist ein Brand ausgebrochen'); *im Haus hat es gebrannt* **1.3.** *das Feuer brennt* ('hat angefangen zu brennen') **2.** /jmd./ *ein Loch in etw. ~* 'durch etw. Heißes, Brennendes einen Schaden, eine Öffnung in einem textilen Gewebe, in der Oberfläche von etw. verursachen': *er hat mit der Zigarette ein Loch in die Tischplatte, -decke gebrannt; sich* ⟨Dat.⟩ *ein Loch in etw. ~; /etw./ ein Loch in etw. ~: das Streichholz hat ein Loch in die Hose gebrannt* **3.** emot. *die Sonne brennt* ('scheint sehr heiß'); *die Sonne brennt auf, in etw.: die Sonne brannte aufs Dach, brannte mir auf den Kopf, in den Nacken* **4.** /etw., bes. Lampe/ 'eingeschaltet sein und Licht ausstrahlen': *die Lampen brannten den ganzen Tag; im Zimmer brannte noch (das) Licht* **5.** *etw. brennt jmdm.* 'etw. schmerzt jmdm.'; ↗ FELD VI.3.2: *die geschwollenen, entzündeten Füße ~ ihm; die Augen brannten ihr vor Müdigkeit; die Wunde brannte* **6.** emot. /jmd./ *darauf ~, etw. Bestimmtes zu tun: er brannte darauf* ('war begierig'), *sein Können zu beweisen* **7.** emot. /jmd./ *vor Neugier, Ungeduld, Ehrgeiz ~* ('überaus neugierig, ungeduldig, ehrgeizig sein') ❖ **Brand, brennbar, brennend, brenzlig, verbrennen** – **abbrennen, abgebrannt, anbrennen, ausbrennen, ausgebrannt, Brandstifter, -stiftung, Branntwein, Brennnessel, -punkt, -stoff, durchbrennen, hirnverbrannt, Kriegsbrandstifter, Sonnenbrand, Verbrennungsmotor, Weinbrand, wutentbrannt**
brennend ['bʀɛnənt] **I.** ⟨Adj.; Steig. reg.; ungebr.; nur attr.; ↗ auch *brennen*⟩ /beschränkt verbindbar/: *ein ~es* ('wichtiges, möglichst schnell zu lösendes') *Problem; eine ~e Frage* – **II.** ⟨Adv.; vor Adj.⟩ /beschränkt verbindbar/: *er möchte ~* (SYN 'überaus') *gern ein Motorrad haben; das möchte ich ~ gern wissen* ❖ ↗ **brennen**
Brenn ['bʀɛn..]|**-nessel, die** 'krautige Pflanze, die bei Berührung eine unangenehm schmerzende Reizung auf der Haut hervorruft'; ↗ FELD II.4.1: *ich habe mich an der ~ verbrannt* ❖ ↗ brennen, ↗ Nessel; **-punkt, der 1.** 'Punkt (1), in dem die von einer Linse, einem Hohlspiegel gesammelten Strahlen zusammentreffen' **2.** *etw., jmd. steht im ~ des Interesses* ('das Interesse aller richtet sich auf etw., jmdn.') ❖ ↗ brennen, ↗ Punkt; **-stoff, der** 'Material, bes. Holz, Kohle, Erdöl, Erdgas, das zur Erzeugung von Wärme, Energie verbrannt wird': *ein fester, flüssiger ~* ❖ ↗ brennen, ↗ Stoff
brenzlig ['bʀɛntsliç] ⟨Adj.⟩ **1.** ⟨o. Steig.; nicht präd.⟩ /beschränkt verbindbar/: *hier riecht es ~* ('hier riecht es so, als ob etw. brennt, verbrannt ist'); *ein ~er Geruch* **2.** ⟨Steig. reg., ungebr.; nicht bei Vb.⟩ 'gefährlich, riskant': *in eine ~e Situation geraten; die Sache ist mir zu ~* ❖ ↗ **brennen**
Bresche ['bʀɛʃə], **die**; ~, ~n 'gewaltsam geschaffene große Öffnung, bes. in einer Mauer, die es ermöglicht, hindurchzugelangen'; ↗ FELD I.7.8.1: *eine ~ in eine Mauer schlagen*
* /jmd./ *für jmdn. in die ~ springen* ('sich für jmdn. engagieren, jmdm. in der Not helfen')

Brett [bʀɛt], **das**; ~es/auch ~s, ~er **1.** ˈdurch Sägen, Schneiden hergestelltes langes flaches Stück Holz mit rechteckigem Querschnitt von mindestens acht Zentimetern Breite'; ↗ FELD II.5.1: *ein langes, dickes, schmales ~; ein ~ (auf etw.) festnageln; die Maschine schneidet die Baumstämme zu ~ern* **2.** ˈfür bestimmte Spiele bestimmter, meist quadratischer plattenförmiger Gegenstand mit Feldern (3), auf denen die Figuren nach Spielregeln bewegt werden' **3.** ⟨nur im Pl.⟩ *die ~er* (ˈSkier') *einwachsen* ❖ **Armaturenbrett, Fensterbrett, Reißbrett, Trittbrett**
* umg. /jmd./ **ein ~ vor dem Kopf haben** (ˈbeschränkt sein')
Brief [bʀiːf], **der**; ~es/auch ~s, ~e ˈauf einen Bogen Papier geschriebene Mitteilung an jmdn., die man ihm in einem Briefumschlag durch die Post schickt'; ↗ FELD I.13.1: *(jmdm./an jmdn.) einen ~ schreiben, schicken; einen ~ aufgeben, bekommen, öffnen, lesen, beantworten; den ~* (ˈden Briefbogen mit der Mitteilung') *in den Umschlag stecken; den ~* (ˈden Briefumschlag mit der Mitteilung') *adressieren, frankieren; den ~ in den Briefkasten stecken; den ~ einwerfen; ein ↗ offener ~* ❖ **Eilbrief, Leserbrief, Steckbrief, steckbrieflich;** vgl. **Brief-**
Brief [ˈ..]-**bogen, der** ˈBogen Briefpapier': *den ~ zusammenfalten und in den Umschlag stecken* ❖ ↗ Bogen; **-kasten, der** ˈöffentlich zugänglicher Behälter für Briefe o.Ä., die durch die Post befördert werden sollen' (↗ TABL Post); ↗ FELD V.7.1.1: *einen Brief in den ~ stecken; die Post leert den ~* **2.** ˈbes. im Hausflur, an der Wohnungstür befindlicher Behälter für Briefe, Zeitungen o.Ä., die dem Empfänger von der Post gebracht werden' ❖ ↗ Kasten; **-marke, die** ˈMarke, mit der Postsendungen frankiert werden, indem man sie auf diese klebt' (↗ TABL Post): *er sammelt ~n* ❖ ↗ markieren; **-papier, das** ˈfür Briefe bestimmtes, zu Bogen geschnittenes Papier (und dazu passende Umschläge)' ❖ ↗ Papier; **-tasche, die** ˈkleines flaches Behältnis, bes. aus Leder, für Ausweise, Geldscheine'; ↗ FELD I.16.1, V.7.1 ❖ ↗ Tasche; **-träger, der** SYN ˈPostbote' ❖ ↗ tragen; **-umschlag, der** ˈkleiner Gegenstand aus gefaltetem Papier, in den ein Brief zur Beförderung gesteckt wird'; SYN Kuvert (↗ TABL Post) ❖ ↗ schlagen; **-wechsel, der**: *jmd. steht mit jmdm. im/in ~* ˈjmd. schreibt jmdm. Briefe und empfängt von ihm Briefe'; SYN Korrespondenz: *sie, beide stehen miteinander im ~; einen ~ mit jmdm. führen* (ˈmit jmdm. im Briefwechsel stehen') ❖ ↗ Wechsel
briet: ↗ braten
Brikett [bʀiˈkɛt], **das**; ~s, ~s ˈals Heizmaterial dienender, aus Kohle (1.1) hergestellter, meist quaderförmiger Gegenstand': *dreißig Zentner ~s; ~s im Keller stapeln; mit ~s heizen*
brillant [bʀɪlˈjant] ⟨Adj.; Steig. reg.; vorw. attr.⟩ emot. SYN ˈausgezeichnet' /vorw. auf Personen od. Abstraktes bez./: *er ist ein ~er Redner, Fach-*

mann; das ist eine ~e Idee; der Vortrag war ~ ❖ ↗ **Brillant**
Brillant, der; ~en, ~en ˈgeschliffener, funkelnd glänzender Diamant': *ein Ring mit ~en; ein mit ~en besetztes Diadem* ❖ **brillant**
Brille [ˈbʀɪlə], **die**; ~, ~n ˈGegenstand mit zwei Gläsern (4), die Mängel beim Sehen ausgleichen od. durch bestimmte Färbung dem Schutz der Augen dienen' (↗ BILD): *eine ~ tragen; die ~ aufsetzen, abnehmen, putzen; eine ~ für die Nähe, Ferne, zum Lesen; ich brauche eine stärkere ~* ❖ **Brillenträger, Sonnenbrille**
* /jmd./ **alles durch eine/die rosarote ~ sehen** (ˈalles zu optimistisch beurteilen')

Brillen [ˈbʀɪln..]‖**träger, der** ˈjmd., der ständig eine Brille tragen muss, damit er besser sehen kann': *er ist ~* ❖ ↗ **Brille,** ↗ **tragen**
bringen [ˈbʀɪŋən], brachte [ˈbʀaxtə], hat gebracht [gəˈbʀaxt] **1.** /jmd., Institution/ **1.1.** *etw., jmdn. irgendwohin ~* ˈetw., jmdn. bes. durch Tragen, Fahren (3) irgendwohin gelangen lassen': *jmd. bringt die Koffer auf den Boden, bringt jmdn. im Auto zur Bahn, die Briefe auf die Post; jmd. bringt die Kinder ins/ zu Bett, zu den Großeltern; einen Verletzten ins Krankenhaus ~; die Bahn hat uns unsere Möbel schnell und sicher ans Ziel gebracht* **1.2.** *jmdm. etw. ~* ˈetw. zu jmdm. tragen, fahren, um es ihm zu übergeben': *jmd. bringt jmdm. Blumen, ein Geschenk, eine Akte, einen Stuhl, ein Glas Wasser, eine gute Nachricht; die Post bringt (uns) täglich die Zeitung* **2.** /jmd./ *jmdn. irgendwohin ~* ˈjmdn. irgendwohin begleiten (1)': *jmdn. zum Bahnhof, nach Hause, bis zum Gartentor ~* **3.** /jmd./ *etw., jmdn. irgendwohin ~* ˈdafür sorgen, dass etw., jmd. in eine andere Lage, Stellung, Richtung gelangt': *den Hebel in die richtige Stellung ~; einen Satelliten in, auf die Umlaufbahn ~* **4.** ⟨vorw. im Perf.; oft im Fragesatz⟩ /jmd./ *jmdn. auf etw. ~* ˈbewirken, dass sich jmd. gedanklich mit etw. beschäftigt': *wer hat sie nur auf diese Idee gebracht, auf den Gedanken gebracht, das Haus zu verkaufen?; wer hat ihn darauf gebracht, das Auto zu verkaufen?* **5.** /jmd./ *jmdn. um etw. ~* ˈbewirken, dass jmd. etw. einbüßt': *jmdn. um seine Ersparnisse, um sein Ansehen ~; jmdn. ums Leben ~* (ˈjmdn. töten') **6.** /jmd., etw./ **6.1.** *etw., jmdn. in etw. ~* ˈbewirken, dass für etw., jmdn. ein bestimmter Zustand beginnt': *jmdn. in Gefahr ~; etw., jmdn. in Sicherheit ~; jmdn. in Verlegenheit ~; etw., jmdn. zu etw. ~: eine Bombe zur Explosion ~; ein Stück zur Aufführung ~* (ˈauffüh-

ren'); *Verhandlungen zum Abschluss* ~ ('abschlie-ßen..'); *jmdn. zum Lachen, Reden* ~; *den Zug zum Halten* — **6.2.** *jmdn., etw. aus etw.* ~ 'bewirken, dass für jmdn., etw. ein bestimmter Zustand aufhört': *diese Nachricht, seine Geliebte hat ihn völlig aus dem Gleichgewicht, aus der Ruhe gebracht* **7.** ⟨vorw. im Perf.⟩ /jmd./ *jmd. hat es zu etw. gebracht* ('jmd. hat Ansehen, Reichtum, eine beachtliche berufliche Stellung o.Ä. erlangt'); *es zu etw.* ~*:* *er bringt es sicher noch zum Direktor; er hat es zu Ansehen, Reichtum, (bis) zum Professor gebracht* ('hat Ansehen erlangt, ist reich, Professor geworden') **8.** /etw./ *etw. mit sich* ~ 'in Verbindung mit etw. auftreten, sich als Folge aus etw. ergeben': *die neue Aufgabe bringt viel Arbeit mit sich; das Alter bringt es mit sich, dass man ruhiger wird* **9.** /in der kommunikativen Wendung/ *das bringt nichts* ('es hat keinen Zweck, es zu versuchen') **10.** /abgeblasst in Verbindung mit best. Subst., z. B./: /jmd., etw./ *etw. zum ↗ Ausdruck* ~; /jmd., etw./ *jmdn. zur ↗ Vernunft* ~; /jmd./ *etw. in ↗ Ordnung* ~; /jmd./ *ein Stück auf die ↗ Bühne* ~; /jmd./ *ein ↗ Opfer* ~ ❖ **verbringen — aufbringen, ausbringen, beibringen, einbringen, durchbringen, fortbringen, herausbringen, hinterbringen, hochbringen, mitbringen, nutzbringend, umbringen, vollbringen, voranbringen, vorbringen, zubringen, Zubringer, zurückbringen, zusammenbringen**
* /jmd./ **es nicht über sich** ~**, etw. zu tun** 'sich nicht überwinden können, etw. zu tun, was für jmdn. unangenehm ist': *er brachte es nicht über sich, ihr das zu sagen;* /jmd., etw./ **jmdn. (wieder) zu sich** ~ 'bewirken, dass jmd. das Bewusstsein wiedererlangt': *das kalte Wasser hat ihn wieder zu sich gebracht*
brisant [bʀɪ'zant] ⟨Adj.⟩ **1.** ⟨o. Steig.; nicht bei Vb.⟩ /beschränkt verbindbar/: *ein brisanter* ('sehr schnell und heftig explodierender') *Sprengstoff* **2.** ⟨Steig. reg.⟩ 'zu Konflikten führend' /auf Abstraktes bez./: *ein ~es Thema; eine ~e Idee; sein Plan war* ~
Brise ['bʀiːzə], **die**; ~, ~n 'gleichmäßig wehender, meist schwacher Wind, bes. auf dem Meer'; SYN Hauch (2): *eine leichte, frische, sanfte* ~; *eine ↗ steife* ~
bröckelig ['bʀœkəlɪç] ⟨Adj.; nicht bei Vb.⟩ 'in kleine Brocken zerfallend' /bes. auf Stein bez./; ↗ FELD III.4.3: *~es Gestein, Mauerwerk; das Brot ist* ~ ❖ ↗ **Brocken**
bröckeln ['bʀœkl̩n] ⟨reg. Vb.; hat⟩ /etw., bes. Stein/ 'in kleine Brocken zerfallen'; ↗ FELD III.4.2: *das Gestein bröckelt; etw. bröckelt von irgendwo: der Putz bröckelt* ('fällt in kleinen Brocken') *von der Wand, Decke* ❖ ↗ **Brocken**
Brocken ['bʀɔkn̩], **der**; ~s, ~ **1.** '(von etw. Größerem abgebrochenes) unregelmäßig geformtes Stück eines Materials od. Nahrungsmittels': *kleine, große* ~; *ein* ~ *Kohle, Stein* **2.** *ein paar* ~ ⟨+ Attr.⟩ 'einige Wörter einer bestimmten Sprache': *er konnte nur ein paar* ~ *Französisch (sprechen, verstehen)* ❖ **bröckelig, bröckeln — einbrocken**

* umg. /etw./ **ein harter** ~ **sein** ('eine sehr schwierige Aufgabe, Arbeit sein')
brodeln ['bʀoːdl̩n] ⟨reg. Vb.; hat⟩ /eine Flüssigkeit o.Ä./ 'durch Kochen ständig wallen und dampfen': *das Wasser, die Suppe brodelt (im Topf); ~de Lava*
Brokat [bʀo'kaːt], **der**; ~s/auch ~es, ~e 'textiles Gewebe aus schwerer bunt gemusterter Seide': *ein Kleid aus* ~
Brombeere ['bʀɔm..], **die**; ~, ~n 'Frucht des Brombeerstrauches'; ↗ FELD I.8.1, II.4.1: *~n pflücken;* vgl. *Himbeere* ❖ ↗ **Beere**
Brombeer|strauch ['bʀɔmbeːɐ̯..], **der** 'Strauch mit Stacheln an den Trieben und essbaren schwarzen Früchten, die aus kleinen Kügelchen zusammengesetzt erscheinen'; ↗ FELD II.4.1 ❖ ↗ **Beere**, ↗ **Strauch**
Bronchie ['bʀɔnçiə], **die**; ~, ~n ⟨vorw. Pl.⟩ 'einer der beiden großen Stränge der Luftröhre, die in immer kleinere Stränge übergehen': *eine Entzündung, Verschleimung der ~n* ❖ vgl. **Bronchitis**
Bronchitis [bʀɔn'çiːtɪs], **die**; ~, ⟨o.Pl.⟩, fachspr. Bronchitiden [..i'tiːdn̩] 'Entzündung der Bronchien': *eine leichte, schwere* ~ *(haben)* ❖ vgl. **Bronchie**
Bronze ['bʀɔ̃ːsə], **die**; ~, ⟨o.Pl.⟩ 'Legierung aus Kupfer und Zinn'; ↗ FELD II.5.1: *eine Statue aus* ~ ❖ **Bronzemedaille**
Bronze|medaille ['..], **die** 'Medaille aus Bronze od. Bronze enthaltendem Material, die bei bestimmten sportlichen Wettkämpfen für den dritten Platz verliehen wird': *er gewann die* ~ *im Weitsprung, Hochsprung; die Schwimmerstaffel erkämpfte die* ~; vgl. *Goldmedaille, Silbermedaille* ❖ ↗ **Bronze**, ↗ **Medaille**
Brosche ['bʀɔʃə], **die**; ~, ~n 'Schmuckstück für Frauen zum Anstecken z. B. an die Bluse, den Pullover' (↗ TABL Schmuckstücke): *eine* ~ *aus Gold, Silber; eine mit Brillanten besetzte* ~
broschieren [bʀɔ'ʃiːʀən], broschierte, hat broschiert /jmd., bes. Fachmann/ *ein Buch* ~ 'ein Buch mit einem Einband aus festem Karton versehen': ⟨vorw. adj. im Part. II⟩ *die broschierte Ausgabe eines Romans* ❖ ↗ **Broschüre**
Broschüre [bʀɔ'ʃyːʀə], **die**; ~, ~n 'broschiertes Heft od. Buch, meist von geringem Umfang mit aktuellem informierendem Inhalt': *die* ~ *informiert über das neue Rentengesetz; in einer* ~ *blättern* ❖ **broschieren**
Brösel ['bʀøːzl̩], **das/der**; ~s, ~ ⟨vorw. Pl.⟩ SYN 'Krümel (1)'; ↗ FELD III.4.1: *die* ~ *vom Tisch wischen; die* ~ *zusammenfegen*
Brot [bʀoːt], **das**; ~es/auch ~s, ~e **1.1.** ⟨o.Pl. u. vorw. o.Art.⟩ 'etw., das aus einem Teig aus Mehl, Wasser und Sauerteig od. Hefe gebacken ist und die Form eines größeren runden od. mehr längeren Stückes hat'; ↗ FELD I.8.1 (↗ TABL Backwaren): *dunkles, frisches, knuspriges* ~; ~ *backen;* ~ *kaufen; eine Scheibe* ~ **1.2.** 'einzelnes Exemplar von Brot (1.1)': *ein* ~, *zwei* ~*e kaufen; das* ~ *anschneiden; ein frisches* ~ ❖ **Brötchen, Abendbrot, Brotma-**

schine, **Knäckebrot, Schwarzbrot, Toastbrot, Weißbrot**

Brötchen ['brøːtçən], **das**; ~s, ~ 'etw., das aus Weizenmehl, Wasser od. Milch und Hefe gebacken ist und die Form eines kleinen, rundlichen und länglichen Stückes hat'; ↗ FELD I.8.1 (↗ TABL Backwaren); SYN Semmel: *frische ~; ein knuspriges, belegtes ~; ein ~ durchschneiden; das ~ mit Butter und Marmelade bestreichen* ❖ ↗ **Brot**
* /jmd., Institution/ **kleinere ~ backen müssen** ('sich einschränken müssen')

¹Bruch [brʊx], **der**; ~s/auch ~es, Brüche ['brʏçə] **1.** ⟨vorw. Sg.⟩ /zu *brechen* 2–4/ 'das Brechen'; /zu 2/: *wegen des ~s einer Achse wurde der Wagen aus dem Rennen genommen; etw. geht zu ~* ('etw. zerbricht'); /zu 4/: *er hat den ~ mit seiner Familie später sehr bereut* **2.** 'durch Brechen (2) entstandene Trennung eines Knochens in Teile': *ein einfacher, komplizierter ~; einen ~* ('ein gebrochenes Glied') *schienen; der ~ heilt gut, nur langsam* **3.** ⟨o.Pl. u. vorw. o.Art.⟩ 'etw., bes. Gebäck, Süßwaren, das durch Zerbrechen in viele Teile im Wert zwar gemindert, aber noch verwendbar ist'; ↗ FELD III.5.1: *Waffeln, Schokolade als ~ kaufen, verkaufen* **4.** 'eine nicht ganze, durch Zähler und Nenner, auch als Dezimalzahl, ausgedrückte Zahl': *Brüche addieren, einen ~ mit einer ganzen Zahl addieren, multiplizieren* ❖ **zu (4): Bruchrechnung, -teil, -zahl; zu (1–3):** ↗ **brechen**
* /etw., bes. ein Verhältnis/ **in die Brüche gehen:** *unsere Freundschaft ist in die Brüche gegangen* ('ist durch unseren Konflikt zu Ende gegangen'); /etw., bes. Fahrzeug/ **zu ~ gehen** SYN 'entzweigehen': *die Maschine ist bei der Landung zu ~ gegangen*

²Bruch [bruːx], **der**/auch **das**; ~s/auch ~es, Brüche ['brʏçə] 'sumpfiges, mit Bäumen, Sträuchern bewachsenes Gelände'; ↗ FELD II.4.1: *ein(en) ~ trockenlegen*

brüchig ['brʏçɪç] ⟨Adj.; Steig. reg.; nicht bei Vb.⟩ **1.** 'bes. infolge des Alters, der Verwitterung leicht brechend' /auf Materialien bez./; ↗ FELD III.4.3: *~es Leder, Gestein; etw. ist ~ geworden* **2.** /beschränkt verbindbar/ *eine ~e* (SYN 'raue 3.1') *Stimme; ihre Stimme ist schon ~* ❖ ↗ **brechen**

Bruch [brʊx..]**|-rechnung, die** ⟨o.Pl.⟩ 'das Rechnen mit ¹Brüchen (4)' ❖ ↗ Bruch, ↗ rechnen; **-stelle, die** 'Stelle (1), an der etw., bes. Metall, gebrochen ist': *die ~ war schwer zu finden; die ~ schweißen* ❖ ↗ brechen, ↗ stellen; **-stück, das** 'Pl. ~e⟩ 'durch Zerbrechen, Abbrechen entstandener Teil eines Ganzen'; ↗ FELD III.5.1: *die ~e einer Vase wieder zusammensetzen; wir fanden nur ~e* ❖ ↗ brechen, ↗ Stück; **-teil, der** 'sehr kleiner Teil, äußerst geringe Menge von etw.': ⟨+ Attr.⟩ *im ~ einer Sekunde* ('sehr schnell') *war er im Zimmer; das ist nur ein ~* ('sehr wenig') *von dem, was wir dafür bekommen müssten* ❖ ↗ brechen, ↗ Teil; **-zahl, die** '¹Bruch (4)': *das Rechnen mit ~en* ❖ ↗ ¹Bruch, ↗ Zahl

Brücke ['brʏkə], **die**; ~, ~n **1.** 'Bauwerk, auf dem bes. eine Straße, Gleise über ein Tal, ein Gewässer,

eine Straße od. Gleise geführt wird'; ↗ FELD V.2.1: *eine ~ aus Stahl, Holz; die ~ spannt sich über den Fluss; über eine ~ fahren; den Fluss auf der ~ überqueren* **2.** 'an noch vorhandenen Zähnen befestigte Prothese, die meist mehrere Zähne ersetzt': *sich eine ~ machen lassen* **3.** 'kleiner schmaler länglicher Teppich': *vor die Couch eine ~ legen* ❖ **überbrücken**
* /jmd./ **jmdm. (goldene) ~n bauen** ('jmdm. durch Entgegenkommen helfen, dass er aus einer selbst verschuldeten schwierigen Lage herauskommen kann'); /jmd./ **alle ~n hinter sich abbrechen** ('den Ort verlassen und auch alle bisherigen Beziehungen aufgeben')

Bruder ['bruːdɐ], **der**; ~s, Brüder ['brʏ..] 'männlicher Verwandter einer Person, der mit ihr dieselben Eltern hat'; ↗ FELD I.9.1: *~ und Schwester; sie, er hat einen ~; mein, sein großer, kleiner, älterer, jüngerer ~;* /in der kommunikativen Wendung/ *unter Brüdern* /wird gesagt, wenn betont werden soll, dass bei einem privaten Handel beide sich nicht übervorteilen wollen/: *unter Brüdern kostet der Wagen 10000 Mark, ist der Mantel 500 Mark wert* ❖ **brüderlich, Brüderschaft**

brüderlich ['brʏdɐ..] ⟨Adj.; o. Steig.; nicht präd.⟩ 'wie ein guter Bruder'; ↗ FELD I.9.2: *jmdm. ~ helfen; etw. ~* ('wie gute Brüder') *untereinander, miteinander teilen; ~e Verbundenheit* ❖ ↗ **Bruder**

Brüderschaft ['brʏdɐ..] ❖ ↗ **Bruder**
* /jmd./ **mit jmdm. ~ trinken** ('mit jmdm. Alkohol darauf trinken, dass man sich von nun an duzen wird')

Brühe ['brʏə], **die**; ~, ~n ⟨vorw. Sg.⟩ **1.** 'durch längeres Kochen bes. von Fleisch, Knochen gewonnene klare Flüssigkeit, die mit dem Löffel gegessen, auch getrunken od. als Grundlage für eine Speise, für Eintopf verwendet wird'; ↗ FELD I.8.1: *aus Rindfleisch eine ~ kochen; eine Tasse ~* ('mit Ei, mit Einlage) zu sich nehmen; sie kocht die Nudeln in einer ~* **2.** ⟨o.Pl.⟩ emot. 'sehr schmutziges Wasser': *in der ~ soll ich baden?; der See ist eine einzige ~* ❖ ↗ **brühen**

brühen ['brʏən] ⟨reg. Vb.; hat⟩ **1.** /jmd./ *Kaffee, Tee* ~ ('Kaffee, Tee als Getränk zubereiten, indem kochend heißes Wasser auf den in einem Gefäß befindlichen gemahlenen Kaffee, auf den Tee 1 gegossen wird') **2.** /jmd./ *Gemüse, Mandeln* ~ ('kochend heißes Wasser auf das Gemüse, die Mandeln gießen und sie kurze Zeit darin liegen lassen, damit die Haut abgezogen werden kann') ❖ **Brühe, verbrühen – abgebrüht, aufbrühen, Brühwürfel**

Brüh|würfel ['brʏ..], **der** 'kleiner Würfel (3) aus gepresstem Extrakt von Brühe (1), aus dem unter Zugabe von kochendem Wasser wieder Brühe gemacht wird' ❖ ↗ **brühen**, ↗ **werfen**

brüllen ['brʏln] ⟨reg. Vb.; hat⟩ **1.** /Tier, bes. Löwe, Rind/ 'seine tiefe Stimme laut dröhnend ertönen lassen'; ↗ FELD II.3.2, VI.1.2: *der Löwe brüllt; das Vieh brüllt auf der Weide* **2.** /jmd./ **2.1.** 'seine Stimme sehr laut ertönen lassen, sehr laut schreien'; ↗ FELD VI.1.2: *brüll doch nicht so (laut)!; er brüllte so laut, dass man es im ganzen Haus hören konnte; vor Schmerzen, Wut, Zorn* ~ **2.2.** emot. neg. *etw.* ~ SYN 'etw. schreien (2.1)': *der Offizier brüllte ‚Stillgestanden!'* ❖ **Gebrüll, Gebrülle**

brummen ['bRʊmən] ⟨reg. Vb.; hat⟩ **1.** /etw., bes. Motor, Tier (bes. Bär)/ 'einen meist lang anhaltenden tiefen Ton hervorbringen': *die Motoren* ~; *der Bär brummt* (↗ FELD II.3.2), VI.1.2 **2.** /jmd./ *etw.* ~ 'etw. mit undeutlicher dumpfer Stimme, meist mürrisch sagen'; ↗ FELD VI.1.2: *er brummte irgendetwas Unverständliches, seine Antworten; „Das hättest du mir auch gleich sagen können", brummte er* **3.** umg. /jmd./ 'eine Haftstrafe verbüßen': *er musste drei Jahre* ~ ❖ **Brummer, brummig**

Brummer ['bRʊmɐ], der; ~s, ~ umg. **1.** 'großes Insekt, bes. Fliege, das beim Fliegen einen summenden tiefen Ton von sich gibt': *da sitzt ein (dicker)* ~ *an der Wand, da fliegt ein* ~ **2.** 'großer schwerer Lastkraftwagen' ⟨oft: *Brummi*⟩: *wenn die (schweren, dicken)* ~ *durch die Straße fahren, klirren die Fensterscheiben* ❖ ↗ **brummen**

brummig ['bRʊmɪç] ⟨Adj.; Steig. reg.⟩ 'mürrisch und unfreundlich'; SYN bärbeißig /auf Personen bez./: *ein* ~*er Mensch; er ist, wirkt immer ziemlich* ~; *eine* ~*e Antwort;* ~ *antworten;* vgl. *grimmig* (1) ❖ ↗ **brummen**

brünett [bRy'nɛt] ⟨Adj.; o. Steig.⟩ 'mit bräunlich dunklem Haar und bräunlichem Teint' /vorw. auf Haar bez./: *sie ist* ~; *ein* ~*er Typ; das Haar ist* ~ *gefärbt* ❖ ↗ **braun**

Brunnen ['bRʊnən], der; ~s, ~ **1.** 'Anlage mit einem in den Erdboden gegrabenen, gemauerten Schacht od. einem gebohrten Loch zur Gewinnung von (Grund)wasser': *einen* ~ *anlegen, graben, bohren; Wasser aus dem* ~ *pumpen, schöpfen; der* ~ *ist versiegt* **2.** ⟨oft o.Art.⟩ 'Wasser einer (Heil)quelle': *(ein) kohlensäurehaltiger, heißer* ~; *er musste während seiner Kur* ~ *trinken* **3.** SYN 'Springbrunnen': *das Wasser plätschert im* ~; *am* ~ *sitzen* ❖ **Springbrunnen**

Brunst [bRʊnst], die; ~, Brünste ['bRynstə] 'periodisch auftetender Zustand der Bereitschaft zur Begattung bei Säugetieren': *der Hirsch ist in der* ~; *während der* ~ *kämpfen die Tiere miteinander* ❖ **brünstig**

brünstig ['bRynstɪç] ⟨Adj.; o. Steig.; vorw. attr. u. präd.⟩ 'im Zustand der Brunst befindlich' /auf große Tiere bez./: *ein* ~*er Stier, Hirsch; der Stier ist* ~ ❖ ↗ **Brunst**

brüsk [bRysk] ⟨Adj.; Steig. reg., ungebr.⟩ SYN 'schroff (2)': *eine* ~*e Antwort; sein* ~*es Verhalten; die Antwort war* ~; *jmdn., etw.* ~ *zurückweisen; etw.* ~ *ablehnen; jmdm.* ~ *den Rücken kehren* ❖ **brüskieren**

brüskieren [bRys'ki:Rən], brüskierte, hat brüskiert /jmd./ *jmdn.* 'jmdn. durch brüskes Verhalten kränken, seinen Unwillen erregen': *er hat ihn durch seine Rücksichtslosigkeit, sein Verhalten, seine plötz-* *liche Absage brüskiert; er fühlte sich (durch ihn) brüskiert* ❖ ↗ **brüsk**

Brust [bRʊst], die; ~, Brüste ['bRystə] **1.** 'vorderer oberer Teil des Rumpfes, in dem sich wichtige Organe wie Lunge, Herz befinden'; ↗ FELD I.1.1: *er hat eine breite, behaarte* ~; *jmdn. an seine* ~ *drücken; dem Patienten die* ~ *abhorchen; er hat es auf der* ~ ('hat sich erkältet, hat Bronchitis od. Tbc') **2.** 'auf der Brust (1) der Frau befindliches paariges weiches fleischiges Organ mit Drüsen, die beim Säugen Milch absondern'; SYN Busen, Büste (2) (↗ TABL Körperteile) ⟨der Sg. ist auf eine der beiden Brüste od. auf beide bez.⟩: *eine zarte, kleine, große, straffe, schlaffe* ~ *haben; die rechte, linke* ~; *beide Brüste; dem Säugling die* ~ *geben, den Säugling an die* ~ *legen* ('ihn stillen') ❖ **brüsten, Brüstung** – **Brustbild, -korb, -schwimmen, -tasche, -warze**
* /jmd./ **schwach auf der** ~ **sein** ('sich leicht erkälten'); /jmd./ **sich in die** ~ **werfen** ('sich mit etw. brüsten'); ⟨⟩ umg. /jmd./ **einen zur** ~ **nehmen** ('ein Glas Alkohol trinken')

Brust|bild [bRʊst..], das 'Kopf und (oberer Teil der) Brust eines Menschen darstellendes Bild (1)' ❖ ↗ **Brust**, ↗ **Bild**

brüsten ['bRystn̩], **sich**, brüstete sich, hat sich gebrüstet /jmd./ *sich mit etw.* ~ 'mit etw. prahlen': *er brüstete sich mit seinen Erfolgen (bei den Damen); er brüstete sich damit, dass er der beste Schüler gewesen sei; sich laut vor anderen (mit etw.)* ~ ❖ ↗ **Brust**

Brust ['bRʊst..]**|-korb, der** ⟨Pl.: ~körbe; vorw. Sg.⟩ 'Teil des Skeletts der Brust (1), der Lunge und Herz umschließt': *sein* ~ *hob und senkte sich beim Atmen* ❖ ↗ Brust, ↗ Korb; **-schwimmen, das** ⟨o.Pl.⟩ 'Art des Schwimmens (mit der Vorderseite des Körpers nach unten), bei der die Arme und Beine unter Wasser gleichzeitig gestreckt und wieder angezogen werden'; ↗ FELD I.7.4.1 ❖ ↗ Brust, ↗ schwimmen; **-tasche, die** 'in Höhe der Brust (1) angebrachte Tasche (1), bes. die Innentasche des Jacketts': *die Brieftasche steckt in der* ~ ❖ ↗ Brust, ↗ Tasche; **-ton, der** * /jmd./ **etw. im** ~ **der Überzeugung** ('völlig überzeugt von der Richtigkeit seiner Äußerung') **sagen/äußern/behaupten**

Brüstung ['bRyst..], die; ~, ~en 'zum Schutz gegen Absturz dienende, ein bis anderthalb Meter hohe Mauer am Rand bes. von Brücken, Balkonen': *sich gegen die* ~ *lehnen; die Arme auf die* ~ *stützen; über die* ~ *nach unten schauen; sich über die* ~ *beugen; er fiel über die* ~ *nach unten* ❖ ↗ **Brust**

Brust|warze ['bRʊst..], die 'kleine kugelige dunkelbraune Erhöhung auf der Brust (1) des Mannes, der Brust (2) der Frau'; ↗ FELD I.1.1 ❖ ↗ Brust, ↗ **Warze**

Brut [bRu:t], die; ~, ~en ⟨vorw. Sg.⟩ 'aus Eiern, Laich geschlüpfte Junge': *die* ~ *von Vögeln, Fischen; die* ~ *im Nest füttern, aufziehen; die* ~ *ist flügge geworden* ❖ ↗ **brüten**

brutal [bʀuˈtaːl] ⟨Adj.; Steig. reg.⟩ **1.1.** ˊsich gegenüber Menschen, Tieren grob verhaltend, ohne jegliches Feingefühl, andere physisch, psychisch verletzend'; SYN roh (2.1) /bes. auf männliche Personen bez./; ↗ FELD I.2.3: *ein ~er Kerl, Mensch; er ist ~; jmdn. ~ schlagen, misshandeln* **1.2.** ⟨nicht präd.⟩ ˊvon brutalem (1.1) Verhalten zeugend' /auf Handlungen bez./: *ein ~es Verbrechen; mit ~er Gewalt, Willkür vorgehen; einen Aufstand ~ niederschlagen* ❖ **Brutalität**

Brutalität [bʀutaːliˈtɛːt/..ˈteːt], die; ~, ⟨o.Pl.⟩ /zu brutal 1.1 u. 1.2/ ˊdas Brutalsein'; ↗ FELD I.2.1: *etw. zeugt von ~; die ~ eines Verbrechens, Verbrechers; die Gangster gingen mit ~ vor; etw. ist ein Akt der ~* ❖ ↗ **brutal**

brüten [ˈbʀyːtn̩], brütete, hat gebrütet **1.** /Vogel/ *die Henne, ein Vogel brütet* (ˊsitzt auf den Eiern, um sie warm zu halten, bis die kleinen Vögel aus den Eiern kommen') **2.** /jmd./ *über etw.* ⟨Dat.⟩ *~* ˊ(sitzend) über etw. Schwieriges intensiv und anhaltend nachdenken, grübeln'; ↗ FELD I.4.1.2: *er brütet über der schwierigen Aufgabe; er brütete lange, aber ihm fiel nichts dazu ein* ❖ **Brut** – **ausbrüten**

brutto [ˈbʀuto] ⟨Adv.⟩ **1.1.** ⟨steht vor einer Summe⟩ ˊmit der Verpackung': *das Gerät wiegt ~ 20 Kilo* **1.2.** ⟨einer Summe vor-, od. nachgestellt⟩ ˊohne Abzug der Steuern und ähnlicher Beträge' /auf Lohn, Gehalt bez./: *sie verdient ~ tausend Mark; sie hat tausend Mark ~;* vgl. *netto* ❖ **Bruttogewicht, -lohn**

Brutto [ˈ..]-**gewicht, das** ⟨o.Pl.⟩ ˊdas Gewicht von etw. mit der Verpackung': *das ~ beträgt 100 Kilo* ❖ ↗ brutto, ↗ ¹wiegen; **-lohn, der** ˊLohn ohne Abzug der Steuern und ähnlicher Beträge': *der ~ beträgt 6000 Mark* ❖ ↗ brutto, ↗ lohnen

brutzeln [ˈbʀutsl̩n] ⟨reg. Vb.; hat⟩ **1.1.** /etw., bes. Nahrungsmittel/ ˊin heißem Fett unter Spritzen und Knistern braten (1.2)': *das Fleisch, die Kartoffeln ~ (in der Pfanne)* **1.2.** /jmd./ (*sich* ⟨Dat.⟩) *etw. ~* ˊ(sich) etw. in heißem Fett braten (1.1)': *sich etw. Gutes ~*

Bub [buːp], der; ~en, ~en süddt., österr., schweiz. ˊJunge': *ein aufgeweckter, fleißiger ~; unser ~ lernt gut; er freute sich wie ein kleiner ~; ist's ein ~ oder ein Mädel?* ❖ **Bube** – **Lausbub, Spitzbube, spitzbübisch**

Bube [ˈbuːbə], der; ~n, ~n ˊSpielkarte mit dem Bild eines jungen Mannes'; vgl. *König* (3) ❖ ↗ **Bub**

Buch [buːx], das; ~es/auch ~s, Bücher [ˈbyːçɐ] **1.** ˊaus einer größeren Anzahl gebundener bedruckter Blätter und einem festen Einband bestehendes Erzeugnis'; ↗ FELD V.8.1: *ein gutes, wissenschaftliches, unterhaltendes, fesselndes, spannendes, langweiliges ~; der Titel, Verfasser, Preis eines ~es; ein ~* (ˊden Text für ein Buch') *schreiben, verfassen, drucken, herausbringen; ein ~ aufschlagen, lesen; in einem ~ blättern; ein ~ verschenken; das ~ gilt als Bestseller; ein ~ rezensieren; das ~ ist bereits vergriffen*; vgl. *Schwarte* (2) **2.** ⟨vorw. Pl.⟩ ˊder Buchführung dienende Unterlage(n) in Form von Bele-

gen, Eintragungen in Heften o.Ä.: *die Bücher einsehen, prüfen; ~ führen; die Bücher führen* (ˊdie Buchhaltung machen') ❖ **buchen, Bücherei** – **Bilderbuch, Buchführung, -halter, -handlung, Fachbuch, Klassenbuch, Lehrbuch, Lesebuch, Mitgliedsbuch, Sparbuch, Strafgesetzbuch, Tagebuch, Taschenbuch, Wörterbuch**

* /jmd./ **über etw. ~ führen** (ˊsich regelmäßig über etw. Aufzeichnungen machen'); /etw./ **jmdn./für jmdn. ein ~ mit sieben Siegeln** (ˊfür jmdn. völlig unverständlich') **sein:** *Schach, Computertechnik war für ihn ein ~ mit sieben Siegeln;* **jmd., etw. ist jmd., etw., wie er, es im ~e steht** ˊjmd., etw. stellt jmdn., etw. so vollkommen dar, wie man ihn, es sich im eigentlichen Sinne vorstellt': *er ist ein Streber, Gauner, Sportler wie er, es im ~e steht;* /etw./ **zu ~e schlagen** ˊsich (positiv) auswirken': *dass sie jahrelang trainiert hatten, schlug zu ~e;* ⟨⟩ umg. /jmd./ **wie ein ~** (ˊsehr viel und unaufhörlich') **reden:** *der redet wie ein ~!*

Buche [ˈbuːxə], die; ~, ~n **1.** ˊLaubbaum mit glattem silbergrauem Stamm und kantigen Früchten (↗ *Buchecker*)'; ↗ FELD II.4.1 (↗ TABL Bäume): *das harte Holz der ~* **2.** ⟨o.Pl. u. meist o. Art.⟩ ˊHolz der Buche (1) als Werkstoff': *ein Schrank aus ~* ❖ **Buchecker**

Buch|ecker [ˈbuːx|ɛkɐ], die; ~, ~n ⟨vorw. Pl.⟩ ˊölhaltige Frucht der Buche'; ↗ FELD II.4.1: *~n sammeln* ❖ ↗ **Buche**

buchen [ˈbuːxn̩] ⟨reg. Vb.; hat⟩ **1.** /jmd./ *etw. ~* ˊeinen Betrag als Einnahme od. Ausgabe verzeichnen (1.1), aufschreiben, in die Bücher (2) eintragen': *einen Betrag (auf ein Konto) ~;* METAPH *etw. als etw. ~: etw. als Erfolg ~* **2.** /jmd./ *eine Reise, einen Flug, ein Zimmer, einen Urlaubsplatz ~* (ˊin einem Reisebüro für sich als Bestellung vertraglich vereinbaren') ❖ ↗ **Buch**

Bücherei [byçəˈʀaɪ], die; ~, ~en ˊ(kleinere) öffentliche Bibliothek': *in die ~ gehen; ein Buch aus der ~ entleihen* ❖ ↗ **Buch**

Buch|-führung [ˈbuːx..], die ⟨o.Pl.⟩ ˊdas Buchen (1) aller Eingaben und Ausgaben'; SYN Buchhaltung (1): *er macht die ~* ❖ ↗ Buch, ↗ führen; **-halter** [haltɐ], der; ~s, ~ ˊWerktätiger, der die Bücher (2) in einem Betrieb führt': *er ist ~, arbeitet als ~* ❖ ↗ Buch, ↗ halten; **-haltung, die** ⟨o.Pl.⟩ SYN ˊBuchführung': *jmdm. die ~ machen* **2.** ˊAbteilung in einem Unternehmen, Betrieb für die Buchhaltung (1)': *in der ~ nachfragen; die ~ ist im 1. Stock* ❖ ↗ Buch, ↗ halten; **-handlung, die** ˊGeschäft, in dem Bücher verkauft werden': *das Schaufenster einer ~; ein Buch in einer ~ kaufen, bestellen* ❖ ↗ Buch, ↗ handeln

Büchse [ˈbʏksə], die; ~, ~n **1.** SYN ˊDose (1)'; ↗ FELD V.7.1: *eine ~ für Kaffee, Tee, Farbe; etw. in einer ~ aufbewahren; Milch in ~n* **2.** SYN ˊKonserve': *eine ~ Fleisch, Wurst öffnen* **3.** ˊGewehr, bes. für die Jagd auf Wild'; ↗ FELD V.6.1: *die ~ laden; die ~n krachten, knallten* ❖ **Büchsenöffner**

Büchsen|öffner ['bʏksn̩|œfnɐ], **der**; ~s, ~ 'Gerät zum Öffnen von Büchsen (2), Dosen'; ↗ FELD I.7.8.1, V.5.1 ❖ ↗ **Büchse**, ↗ **offen**

Buchstabe ['buːxʃtaːbə], **der**; ~ns/~n, ~n 'Zeichen in einer Schrift, dem in der Regel ein Laut entspricht': *die* ↗ *großen,* ↗ *kleinen* ~*n; der erste* ~ *des Alphabets; lateinische, griechische, gedruckte, geschriebene* ~*n; ein Wort aus fünf* ~*n* ❖ **buchstabieren, buchstäblich**

buchstabieren [buxʃtaˈbiːʀən], buchstabierte, hat buchstabiert /jmd./ *ein Wort* ~ ('seine Buchstaben in der Reihenfolge einzeln nennen, aussprechen'); *einen Namen* ~*; wie buchstabiert man das?* ❖ ↗ **Buchstabe**

buchstäblich ['buːxʃtɛːp..'/..ʃtɛːp..] ⟨Adv.⟩ emot. /dient der Verstärkung/ 'genau so, wie ich es sage, meine': *er ist* ~ *verhungert, an seiner Sucht zugrunde gegangen* ❖ ↗ **Buchstabe**

Bucht [bʊxt], **die**; ~, ~en 1. 'sich in das Land hinein erstreckender, auf drei Seiten vom Land begrenzter Teil des Meeres od. eines größeren Binnengewässers'; ↗ FELD II.2.1, III.1.1: *eine flache, kleine, stille, weit in das Land reichende* ~*; die Schiffe ankerten in der* ~*; in der* ~ *vor Anker gehen* 2. 'meist durch Bretter geschaffener oben od. vorn offener Raum, in dem Haustiere gehalten werden': *eine* ~ *für Schweine, Kaninchen*

Buckel ['bʊkl̩], **der**; ~s, ~ 1. 'unnormal nach außen gewölbte Stelle an einem Teil des Rückens'; ↗ FELD III.1.1: *er, sie hat einen* ~*; ein Mann mit (einem)* ~ 2. umg. *einen Rucksack, eine Last auf dem* ~ (SYN 'Rücken 1.1'; ↗ FELD I.1.1) *tragen* /in der kommunikativen Wendung/ *rutsch mir doch den* ~ *runter/der kann mir den* ~ *runterrutschen* ('sag, tu, was du willst, mir ist es gleichgültig') ❖ **bucklig – katzbuckeln**

* umg. /jmd./ *einen breiten* ~ *haben* ('sich durch Kritik, Feindseligkeiten nicht aus der Ruhe bringen lassen'); /jmd., Institution/ *den* ~ *für etw. hinhalten* ('alle Last, Verantwortung tragen')

bucklig ['bʊkəlɪç] ⟨Adj.; o. Steig.; nicht bei Vb.⟩ /auf Personen bez./: *ein* ~*er* ('mit einem Buckel 1 behafteter') *Mensch; er ist* ~ ❖ ↗ **Buckel**

bücken ['bʏkn̩], **sich** ⟨reg. Vb.; hat⟩ /jmd./ *sich* ~ 'den Oberkörper nach vorn und nach unten beugen': *er bückte sich zur Erde, ganz tief nach unten, um etw. vom Boden aufzuheben; er muss sich* ~*, wenn er durch die Tür geht; eine Arbeit in gebückter Haltung verrichten müssen*

Bückling ['bʏklɪŋ], **der**; ~s, ~e 'geräucherter Hering': *frische* ~*e; ~e kaufen, essen*

buddeln ['bʊdl̩n] ⟨reg. Vb.; hat⟩ landsch. 1. /jmd./ *etw.* ~ 'etw. durch Graben (1) herstellen': *ein Loch* ~ 2. *die Kinder* ~ ('spielen, indem sie z. B. graben od. Sand formen') 3. /jmd./ *Kartoffeln* ~ ('ernten, indem man sie aus der Erde holt')

Buddhismus [bʊˈdɪsmʊs], **der** ⟨o.Pl.⟩ 'nach Buddha benannte Religion, die bes. in Südostasien verbreitet ist'; ↗ FELD XII.2.1: *er ist ein Anhänger des* ~ ❖ vgl. **Buddhist**

Buddhist [bʊˈdɪst], **der**; ~en, ~en 'Anhänger des Buddhismus'; ↗ FELFD XII.2.1: *er ist* ~ ❖ **buddhistisch**; vgl. **Buddhismus**

buddhistisch [bʊˈdɪst..] ⟨Adj.⟩ 'zum Buddhismus gehörend, den Buddhismus betreffend'; ↗ FELD XII.2.2: *ein* ~*er Mönch; die* ~*e Religion;* ~*e Riten* ❖ ↗ **Buddhist**

Bude ['buːdə], **die**; ~, ~n 1. 'aus Brettern errichtetes einfaches kleines (an einer Seite offenes) Gebäude, meist für den Verkauf auf Märkten benutzt'; ↗ FELD V.2.1: *eine* ~ *auf-, abbauen; in dieser* ~ *werden Süßigkeiten verkauft; an der* ~ *eine Bockwurst essen* 2. emot. neg. SYN 'Gebäude': *die alte* ~ *wird endlich abgerissen* 3. umg. 'möbliertes Zimmer': *sich eine* ~ *mieten; eine gemütliche* ~ *haben*

* umg. *jmdm. fällt die* ~ *auf den Kopf* ('jmd. hält es allein, zu Hause nicht mehr aus, muss ausgehen, etw. erleben'); /mehrere (jmd.)/ *die* ~ *auf den Kopf stellen* ⟨vorw. im Perf.⟩ ('in einem Raum ausgelassen ein Fest feiern')

Budget ['bʏˈdʒeː], **das**; ~s, ~s 1. SYN 'Etat (1)': *das* ~ *aufstellen; das Parlament hat dem* ~ *zugestimmt* 2. SYN 'Etat (2)': *das, mein* ~ *ist erschöpft, verbraucht*

Büffet [bʏˈfeː], **das**; ~s, ~s 1. 'niedriger Schrank für Geschirr': *Gläser, Geschirr aus dem* ~ *holen* 2. 'Tisch, meist mit einem Aufsatz (2), an dem in Gaststätten, Cafés kalte Speisen, Getränke verkauft werden'; ↗ FELD V.4.1: *Kuchen am* ~ *aussuchen, bestellen; am* ~ *ein Bier trinken*

* *ein kaltes* ~ 'bei einer Festlichkeit auf einem Tisch aufgestellte kalte Speisen, von denen sich jeder selbst etwas nehmen kann': *es wird nicht serviert, es gibt kaltes* ~

Büffel ['bʏfl̩], **der**; ~s, ~ 'wild lebendes Rind in Amerika, Asien, Afrika': *eine Herde* ~

büffeln ['bʏfl̩n] ⟨reg. Vb.; hat⟩ umg. /jmd./ 'angestrengt und ausdauernd etw. lernen': *er hat den ganzen Tag (lang) gebüffelt, hat für die Prüfung, fürs Examen gebüffelt; etw.* ~: *Vokabeln, Geschichtszahlen, Latein* ~

Bug [buːk], **der**; ~s/auch ~es, ~s 'vorderster Teil des Schiffs, Flugzeugs'; ANT Heck; ↗ FELD IV.3.1, VIII.4.3.1: *er stand am* ~ *des Schiffs; das Schiff wird über den* ~ *be-, entladen; das Schiff erhielt einen Schuss vor den* ~*; die Kanzel am* ~ *des Flugzeugs*

Bügel ['byːgl̩], **der**; ~s, ~ 1. SYN 'Kleiderbügel': *den Anzug auf den* ~ *hängen* 2. 'einer von zwei Teilen einer Brille, die seitlich am Kopf über die Ohren gelegt werden': *der* ~ *ist abgebrochen, zu lang, zu kurz* ❖ **Kleiderbügel, Steigbügel**

Bügel/bügel- ['..]-**eisen, das** 'elektrisches Gerät zum Bügeln'; SYN Eisen (3); ↗ FELD III.3.1, V.5.1: *das* ~ *anstellen, abstellen; ein* ~ *mit einem Temperaturregler; das* ~ *ist heiß, noch kalt* ❖ ↗ bügeln, ↗ Eisen; **-frei** ⟨Adj.; o. Steig.; vorw. attr.⟩ 'ohne dass es nach dem Waschen und Trocknen gebügelt werden muss' /auf Textilien bez./; ↗ FELD III.3.3:

~e Bettwäsche; ein ~es Oberhemd, eine ~e Bluse ❖ ↗ bügeln, ↗ frei

bügeln ['byːgln̩] ⟨reg. Vb.; hat⟩ /jmd./ etw. ~ 'ein Stück der Kleidung, Wäsche mit einem heißen Bügeleisen glatt machen'; ↗ FELD III.3.2, V.5.2: Wäsche, Hemden ~; sie hat den ganzen Tag gebügelt ❖ **Bügeleisen, bügelfrei**

Buhne ['buːnə], **die**; ~, ~n 'quer in ein Gewässer hinein gebauter Damm, bes. zum Schutz des Ufers' (↗ BILD): die Wellen brechen sich an der ~

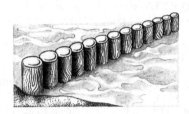

Bühne ['byːnə], **die**; ~, ~n **1.** 'meist erhöhte Fläche bes. in einem Theater, auf der die Aufführung stattfindet': eine drehbare ~; auf die ~ treten, von der ~ abtreten; die Sänger standen mitten auf der ~; ein Stück auf die ~ bringen ('aufführen') **2.** SYN 'Theater (1)': das Stück wird an mehreren ~n zugleich gespielt; die ~n der Stadt N; sie will zur ~ gehen ('will Schauspielerin werden') ❖ **Bühnenbild, -werk**
* umg. /jmd., Institution/ **etw. über die ~ bringen** ('etw. Schwieriges erfolgreich durchführen')

Bühnen ['byːnən..]‖**-bild, das** 'Ausgestaltung der Bühne (1) für eine Szene, ein Theaterstück': ein ~ entwerfen; ein modernes ~ ❖ ↗ Bühne, ↗ Bild; **-werk, das** 'zur Aufführung auf einer Bühne (2) bestimmtes dramatisches, musikalisch-dramatisches od. choreographisches Werk': die Oper als ~ ❖ ↗ Bühne, ↗ Werk

buk: ↗ backen

Bukett [bu'kɛt], **das**; ~s/auch ~es, ~e/~s **1.** 'der Duft, das Aroma des Weines, Weinbrands'; SYN Blume (3); ↗ FELD VI.4.1: dieser Wein hat ein schönes, volles, reines ~ **2.** 'größerer, kunstvoll gebundener Blumenstrauß': ein herrliches, großes ~; dem Jubilar wurde ein ~ Rosen überreicht; ein ~ binden, zusammenstellen

Bulette [bu'lɛtə], **die**; ~, ~n landsch., bes. berl. 'gebratenes flaches Klößchen aus gehacktem Fleisch'; ↗ FELD I.8.1: ~n braten, essen; er mag keine ~n

Bullauge ['bul..], **das** 'wasserdichtes rundes Fenster am Rumpf eines Schiffes': durchs ~ schauen ❖ ↗ **Auge**

Bulldogge ['bul..], **die**; ~, ~n 'mittelgroßer Hund mit kurzem glattem Haar und kurzer faltiger Schnauze'; ↗ FELD II.3.1 (↗ TABL Hunderassen): eine bissige ~; er sieht aus wie eine ~ ❖ ↗ **Bulle, ↗ Dogge**

Bulldozer ['buldoːzɐ], **der**; ~s, ~ 'schweres (1.2.2) Raupenfahrzeug mit angebautem Gerät zur Bewegung von Erdmassen': (die) ~ planieren das Baugelände

Bulle ['bulə], **der**; ~n, ~n **1.** 'erwachsenes männliches Tier bei Rindern und anderen großen, wild lebenden Säugetieren'; ↗ FELD II.3.1: ein mächtiger, starker ~; die Hörner des ~n; er ist stark wie ein ~ **2.** umg. emot. neg. SYN 'Polizist': die ~n haben ihn verhaftet, sind hinter ihm her ❖ **Bulldogge, Hirschbulle**

Bulletin [byl'tɛŋ], **das**; ~s, ~s 'offizieller, meist kurzer Bericht über etw. Bedeutsames': ein ärztliches ~ über das Befinden des Präsidenten; ein ~ veröffentlichen

Bumerang ['buːməraŋ], **der/das**; ~s, ~s/auch ~e **1.** 'gebogener Gegenstand, der von australischen Ureinwohnern als Waffe bei der Jagd geworfen wird'; ↗ FELD V.6.1 (↗ BILD) **2.** ⟨o.Pl.⟩ die Maßnahme, sein Eingreifen hat sich als (ein) ~ erwiesen ('die mit der Maßnahme, dem Eingreifen beabsichtigte schädigende Wirkung hat den Urheber selbst geschädigt')

Bummel ['buml̩], **der**; ~s, ~ ⟨vorw. Sg.⟩ umg. 'Spaziergang ohne festes Ziel, bes. in einer Stadt'; ↗ FELD I.7.2.1: kommst du mit auf einen (kleinen) ~?; einen ~ durch die Stadt machen; jmdn. zu einem ~ einladen ❖ ↗ **bummeln**

Bummelant [bumə'lant], **der**; ~en, ~en 'jmd., der bei der Arbeit trödelt, häufig ohne Grund nicht zur Arbeit kommt'; ↗ FELD I.4.4.1: er ist ein ~; für ~en ist in der Firma kein Platz! ❖ ↗ **bummeln**

bummeln ['buml̩n] ⟨reg. Vb.; hat⟩ umg.**1.** /jmd./ SYN 'irgendwohin schlendern'; ↗ FELD I.7.2.2: ~ gehen; durch die Stadt ~ **2.** /jmd./ bei etw. ~ SYN 'bei etw. trödeln (1.1)': bummele nicht so!; er bummelt heute schon den ganzen Tag über **3.** /jmd./ 'ohne Grund nicht zur Arbeit kommen'; SYN blaumachen: er hat schon wieder (einen Tag) gebummelt; er bummelt oft, nie ❖ **Bummelant, Bummel**

bumsen ['bumsn̩] ⟨reg. Vb.; hat⟩ umg.; ↗ FELD VI.1.2 **1.** /etw. (vorw. es)/ es bumste ('dröhnte dumpf'), als er gegen die Tür prallte; an der Kreuzung hat es wieder gebumst ('hat es einen Zusammenstoß 1 gegeben') **2.** /jmd./ an, gegen etw. ~ 'kräftig gegen etw. (Hohles) schlagen, so dass es dumpf dröhnt': mit der Faust, dem Fuß an, gegen die Tür ~

¹Bund [bunt], **das**; ~es/auch ~s, ~e ⟨mit Mengenangabe: Bund⟩ 'aus einer relativ kleinen Anzahl glei-

cher länglicher kleinerer Gegenstände, Pflanzen zu-
sammengebundenes Ganzes'; ↗ FELD I.7.6.1: ⟨+
Attr.⟩ *ein ~ Möhren; drei, mehrere ~ Radieschen,
Spargel, Zwiebeln* ❖ ↗ **binden**
²**Bund, der**; ~es/auch ~s, Bünde ['bʏndə] **1.1.** 'Ver-
bindung (2.4) zweier od. mehrerer Personen auf der
Grundlage gleicher Interessen und Einstellungen';
↗ FELD I.11: *ein dauerhafter, fester, langjähriger
~ der Freundschaft; die beiden schlossen einen ~
(miteinander)* **1.2.** SYN 'Bündnis': *der ~ zweier
Staaten; der ~ zwischen den (drei) Staaten; einem
~ beitreten; sich zu einem ~ zusammenschließen*
1.3. ⟨o.Pl.⟩ *~ und Länder* ('der gesamte Staat im
Gegensatz zu den Bundesländern'); *das ist eine An-
gelegenheit von ~ und Ländern* **2.** 'verstärkter strei-
fenförmiger Teil am oberen Rand einer Hose, eines
Rockes': *den ~ an der Hose weiter machen* ❖ ↗
binden
* /zwei (jmd.)/ **den ~ der Ehe eingehen/den ~ fürs Le-
ben schließen** ('heiraten')
MERKE *Bund* im Sinne von 'Organisation'
kommt nur in Namen von Organisationen vor,
z. B.: *Deutscher Gewerkschaftsbund*
Bündel ['bʏndl̩], **das**; ~s, ~ 'aus einer Anzahl gleicher
od. verschiedener Gegenstände zusammengebun-
denes Ganzes': *ein ~ Briefe, Zeitungen, Reisig,
Stroh; verschiedene Sachen zu einem ~ schnüren,
zusammenbinden* ❖ ↗ **binden**
* /jmd./ **sein ~ schnüren** ('sich zum Aufbruch bereit-
machen'); /jmd./ **auch sein ~ zu tragen haben** ('seine
Sorgen haben')
bündeln ['bʏndl̩n] ⟨reg. Vb.; hat⟩ /jmd./ *etw. ~* 'eine
Anzahl von Gegenständen zu einem ¹Bund, Bündel
schnüren, zusammenbinden': *Zeitungen, Stroh ~* ❖
↗ **binden**
Bundes/bundes ['bʊndəs..]|**-bahn, die** '(staatlich ver-
waltetes) Unternehmen der Eisenbahn in der Bun-
desrepublik Deutschland, in Österreich, in der
Schweiz'; *die Deutsche ~* (jetzt: *Deutsche Bahn*)
/ABK: DB/; *die Österreichische ~* /ABK: ÖBB/;
Schweizerische ~, ~en /ABK: SBB/ ❖ ↗ binden,
↗ Bahn; **-bürger, der** 'Bürger der Bundesrepublik
Deutschland' ❖ ↗ binden, ↗ Bürger; **-deutsch**
⟨Adj.; nicht bei Vb.; vorw. attr.⟩ 'der Bundesrepu-
blik Deutschland zugehörig' ❖ ↗ binden, ↗
deutsch; **-land, das** SYN 'Land (5.2)'; ↗ FELD
II.1.1: *die alten, neuen Bundesländer Deutschlands*
❖ ↗ binden, ↗ Land; **-post, die**: *die Deutsche ~*
('[staatliche] Post der Bundesrepublik Deutsch-
land') ❖ ↗ binden, ↗ Post; **-regierung, die** 'Regie-
rung der Bundesrepublik Deutschland, Regierung
der Republik Österreich' ❖ ↗ binden, ↗ regieren;
-republik, die ⟨o.Pl.⟩ 'aus Bundesländern beste-
hende Republik': *(die) ~* ↗ *Deutschland* ❖ ↗ bin-
den, ↗ Republik; **-staat, der 1.** 'aus Bundesländern
bestehender Staat': *Deutschland ist ein ~* **2.** 'einzel-
ner Staat eines Bundesstaates (1)' ❖ ↗ binden, ↗
Staat; **-tag, der** 'Parlament der Bundesrepublik
Deutschland' ❖ ↗ binden, ↗ Tag; **-wehr, die**
⟨o.Pl.⟩ 'die Streitkräfte der Bundesrepublik

Deutschland': *bei der ~ Dienst tun* ❖ ↗ binden, ↗
wehren
bündig ['bʏndɪç] ⟨Adj.; Steig. reg, ungebr.; vorw.
attr.⟩ 'treffend, klar und endgültig' /auf den Be-
reich der sprachlichen Tätigkeit bez./: *ein ~er Be-
weis; eine ~e Erklärung abgeben; eine ~e Antwort*
* **kurz und ~** 'präzise und knapp': *jmdm. etw. kurz
und ~ darlegen*
Bündnis ['bʏnt..], **das**; ~ses, ~se 'nach dem Völker-
recht als Vertrag festgelegte Verbindung zwischen
Staaten'; SYN ²Bund (1.2), Liga (1): *ein ~ einge-
hen; einem ~ beitreten; ein militärisches ~; ein ~
mit den Nachbarländern* ❖ ↗ **binden**
Bungalow ['bʊŋgalo], **der**; ~s, ~s 'kleines, vorw. aus
Holz errichtetes, meist außerhalb einer größeren
Ortschaft gelegenes Haus mit nur einem Geschoss,
das im Sommer, in der Freizeit zur Erholung be-
wohnt wird'; ↗ FELD V.2.1: *ein ~ in herrlicher,
ruhiger Lage; einen ~ vermieten, mieten*
Bunker ['bʊŋkɐ], **der**; ~s, ~ **1.** 'Raum, großer Behäl-
ter aus Beton od. Stahl, bes. auf Schiffen, in Ge-
bäuden, zur Lagerung großer Mengen bes. von
Kohle, Erz, Öl': *der ~ ist voll, leer* **2.** 'zum Schutz
gegen Bomben und Granaten mit dicken Wänden
aus Beton versehener, meist unterirdischer Bau':
*Schutz im ~ suchen; der ~ wurde von einer Bombe
getroffen*
bunt [bʊnt] ⟨Adj.⟩ **1.** ⟨Steig. reg.⟩ 'im Unterschied
zu schwarz, weiß, grau in einer od. in mehreren
verschiedenen Farben (1)'; /auf Gegenständliches
bez./: *ein ~es Bild, Kleid; ~e Fahnen; etw. ~ bema-
len, färben* **2.** ⟨o. Steig.; vorw. attr.⟩ 'mehrerlei, vie-
lerlei Verschiedenes enthaltend': *einen ~en Abend*
('eine Abendveranstaltung mit abwechslungsrei-
chem Programm') *besuchen, veranstalten; eine ~e
Platte* ('Platte mit Aufschnitt, Obst, Salaten u.Ä.');
ein ~er Teller ('Teller mit Gebäck, Obst und Süßig-
keiten'); *bei ihnen geht es immer ~* ('abwechslungs-
reich') *und lustig zu* **3.** ⟨o. Steig.; vorw. bei Vb.⟩ 'im
Zimmer, Schrank, Kasten lag alles ~* ('ohne Ord-
nung') *durcheinander; ein ~es Durcheinander* ❖
kunterbunt – **Buntmetall, -stift, -wäsche**
* /etw./ **jmdm. zu ~ werden** ('sich etw. Unangeneh-
mes, Törichtes, Störendes nicht länger bieten lassen
können, wollen')
Bunt ['..]|**-metall, das** 'Metall, das nicht Eisen ist'; ↗
FELD II.5.1: *Kupfer ist ein ~* ❖ ↗ bunt, ↗ Metall;
-stift, der 'Stift mit farbiger Mine, bes. zum Zeich-
nen (1)' ❖ ↗ bunt, ↗ ¹Stift; **-wäsche, die** ⟨o.Pl.⟩
'Textilien, die wegen ihrer Färbung beim Waschen
nicht gekocht werden dürfen' ❖ ↗ bunt, ↗ wa-
schen
Bürde ['bʏʀdə], **die**; ~, ~n ⟨vorw. Sg.⟩ geh. 'Last,
die zu tragen als schwer, mühsam empfunden
wird': *er ächzte unter der ~; die Äste bogen sich
unter der ~ des Schnees*; METAPH *die Pflege ihrer
kranken Eltern war eine große ~ für sie*
Burg [bʊʀk], **die**; ~, ~en 'häufig auf Bergen errich-
tete Anlage aus Wohnhäusern, Ställen, Türmen
und sie umgebenden Mauern, die im Mittelalter

feudalen Herren als Wohnsitz und zur Verteidigung diente'; ↗ FELD V.2.1, V.6.1: *eine alte, verfallene ~; die ~ wurde belagert, erstürmt, bot Schutz vor Feinden*

Bürge ['bʏʀɡə], **der**; ~n, ~n **1.** 'jmd., der sich verpflichtet, dass er – wenn nötig – die Verbindlichkeiten eines anderen erfüllt': *als ~ für jmdn., für die Schulden einer Person eintreten* **2.** 'jmd., der mit seiner ganzen Persönlichkeit dafür haftet, dass jmd., etw. so wird, ist, bleibt, wie man es erwartet': *er musste einen ~n für seinen Bruder benennen, stellen, damit er in den Verein aufgenommen werden konnte; er ist ~ für die gute Qualität der Arbeit, für das einwandfreie Funktionieren des Geräts* ❖ **bürgen, Bürgschaft, verbürgen**

bürgen ['bʏʀɡn̩] ⟨reg. Vb.; hat⟩ **1.** /jmd./ *für jmdn.* ~ 'eine Bürgschaft für jmdn. übernehmen': *sein Freund wird (für ihn)* ~ **2.** /jmd./ *für jmdn., etw.* ~ 'für jmdn., etw. als Bürge (2) eintreten': *dafür, für ihn kann ich ~; er bürgt für ihre Zuverlässigkeit, die Exaktheit der Abrechnungen* **3.** /etw., bes. Warenzeichen/ *für etw.* ~ 'die Gewähr für etw. bieten': *dieses Zeichen, diese Marke bürgt für Qualität, für die Qualität unserer Waren* ❖ ↗ **Bürge**

Bürger ['bʏʀɡɐ], **der**; ~s, ~ **1.** SYN 'Staatsbürger': *die Rechte und Pflichten eines ~s; ~ eines Staates sein; er ist ein freier ~ eines freien Landes* **2.** 'Einwohner einer Stadt, Gemeinde': *er ist ~ der Stadt N; ein Aufruf an alle ~ der Stadt; die ~ von N* ❖ **bürgerlich, Bürgertum, verbürgen – Bundesbürger, Bürgermeister, -steig, einbürgern, Einbürgerung, Kleinbürger, kleinbürgerlich, Kleinbürgertum, Mitbürger, Spießbürger, Staatsbürger, staatsbürgerlich, Staatsbürgerschaft**

bürgerlich ['..] ⟨Adj.; o. Steig.; vorw. attr.⟩ 'dem Bürgertum zugehörig, entsprechend, vom Bürgertum geprägt': *die ~e Gesellschaft; ~e Anschauungen; er ist ~er Herkunft* ('stammt aus dem Bürgertum'); *sie führten ein ~es Leben; eine ~e Partei; er war ihr zu ~* ('sie lehnte ihn ab, weil er in seinem Verhalten, Denken zu konservativ war') ❖ ↗ **Bürger**

Bürger ['..]]-**meister, der** 'Leiter der Verwaltung einer Stadt, Gemeinde': *er wurde zum ~ gewählt; der ~ der Stadt N* ❖ ↗ Bürger, ↗ Meister; **-steig, der** SYN 'Gehweg': *Autos dürfen nicht auf dem ~ geparkt werden* ❖ ↗ Bürger, ↗ steigen

Bürgertum ['..], **das**; ~s, ⟨o.Pl.⟩ 'durch Besitz geprägte mittlere Schicht der Bevölkerung'; ↗ FELD I.11: *das gebildete ~; das aufstrebende ~ des 19. Jhs.* ❖ ↗ **Bürger**

Bürgschaft [bʏʀk..], **die**; ~, ~en '(Vertrag über eine) Haftung als Bürge (1)': *eine ~ übernehmen* ❖ ↗ **Bürge**

Büro [by'ʀoː], **das**; ~s, ~s 'Abteilung (1) und die dazu gehörenden Räume für die Verwaltung (1) in einem Betrieb': *im ~ arbeiten; das ~ ist in der ersten Etage; ins ~ gehen* ❖ **Bürokrat, Bürokratie, bürokratisch – Büroklammer, Fundbüro**

Büro|klammer [..'ʀoː..], **die** 'Klammer (1) aus Draht od. Kunststoff, die zum Zusammenhalten von Blättern (2) dient' ❖ ↗ **Büro**, ↗ **Klammer**

Bürokrat [byʀo'kʀɑːt], **der**; ~en, ~en 'jmd., der im Denken (1) und Verhalten einem pedantisch starren Formalismus verfallen ist': *er ist ein ~; ein eingefleischter, verknöcherter ~* ❖ ↗ **Büro**

Bürokratie [byʀokʀa'tiː], **die**; ~, ⟨o.Pl.⟩ emot. neg. **1.** 'bürokratisches Denken, Handeln und Verhalten': *Erscheinungen der ~ bekämpfen* **2.** 'die Institutionen der Verwaltung in einem Staat, denen man mangelnde Flexibilität zuschreibt': *die deutsche ~; die ~ bläht sich immer mehr auf* ❖ ↗ **Büro**

bürokratisch [byʀokʀaːt..] ⟨Adj.; Steig. reg., ungebr.⟩ 'kleinlich pedantisch und starr nach Vorschrift handelnd': *~ handeln, vorgehen; er ist ein ~er Mensch; dort herrscht ein ~er Geist; das sind ~e Maßnahmen* ❖ ↗ **Büro**

Bursche ['bʊʀʃə], **der**; ~n, ~n **1.1.** 'junge männliche Person etwa im Alter von 14 bis 20 Jahren': *ein adretter, kräftiger junger ~* **1.2.** *ein aufgeweckter, drolliger kleiner ~* (SYN '¹Junge 1') **2.** emot. **2.1.** /meint eine erwachsene männliche Person/: *ein übler, gerissener ~; ein toller ~* ('ein Mann, der Erstaunliches vollbringt'); vgl. *Kerl* (1), ¹*Kunde* (2) **2.2.** /meint ein für seine Art großes, kräftiges Tier/: *er hat einen prächtigen ~n* ('großen Fisch') *an der Angel* ❖ **burschikos**

burschikos [bʊʀʃi'koːs] ⟨Adj.; Steig. reg.⟩ 'betont ungezwungen und ein bisschen forsch': *er, sie benimmt sich, ist ~, hat ein ~es Wesen* ❖ ↗ **Bursche**

Bürste ['bʏʀstə], **die**; ~, ~n 'an einer Seite dicht mit Bündeln aus Borsten (2) besetzter Gegenstand, bes. zum Reinigen, Glätten von Oberflächen durch Darüberstreichen' (↗ BILD): *den Staub mit einer ~ von der Kleidung entfernen; eine ~ für die Haare; die Schuhcreme mit einer ~ auftragen* ❖ **bürsten – Kratzbürste, kratzbürstig, Zahnbürste**

bürsten ['bʏʀstn̩], bürstete, hat gebürstet **1.** /jmd./ *etw.* ~ 'etw. mit einer Bürste bearbeiten, bes. um es zu reinigen, zu glätten': *den Teppich ~; sich* ⟨Dat.⟩, *jmdm. das Haar, die Schuhe ~; dem Hund das Fell ~* **2.** /jmd./ *etw. von etw.* ~ 'etw. durch Bürsten (1) von etw. entfernen': *den Staub von den Schuhen, vom Mantel ~* ❖ ↗ **Bürste**

Bus [bʊs], **der**; ~ses, ~se '(als öffentliches Verkehrsmittel genutztes) Kraftfahrzeug für die Beförderung von mindestens acht Personen'; SYN 'Autobus, Omnibus' ↗ FELD VIII.4.1.1 (↗ TABL Fahrzeuge): *mit dem ~ nach N fahren; der ~ ist voll, leer; in den ~ steigen; der ~ hat eine Klimaanlage* ❖ **Autobus**

Busch [bʊʃ], **der**; ~es/auch ~s, Büsche ['bʏʃə] **1.** 'Strauch mit dicht gewachsenen Zweigen und dich-

tem Laub'; ↗ FELD II.4.1: *ein blühender ~; einen ~ pflanzen, roden; die Büsche am Wegesrand* **2.** '¹Bund aus Zweigen (mit Laub, Blüten)': ⟨+ Attr.⟩ *ein ~ Flieder, Rosen;* vgl. *Baum, Strauch* ❖ **Büschel, Gebüsch, Buschwerk**
* umg. /jmd./ **bei jmdm. auf den ~ klopfen** 'jmdn. durch geschickte Rede, durch Anspielungen dazu bewegen versuchen, dass er wie aus Versehen etw. verrät'); /jmd./ **sich in die Büsche schlagen** ('heimlich verschwinden')

Büschel ['byʃl], **das;** ~s, ~: ⟨+ Attr.⟩ *ein ~* ('kleine Menge zusammenhängender') *Federn, Gras, Haare; die Haare fielen ihm in ~n aus; ein ~ Gras ausreißen, abreißen* ❖ ↗ **Busch**

Buschwerk ['buʃ..], **das** ⟨o.Pl.⟩ SYN 'Gesträuch'; ↗ FELD II.4.1: *ein mit ~ bestandener Hügel, mit ~ bestandenes Gelände* ❖ ↗ **Busch**

Busen ['bu:zn], **der;** ~s, ~ SYN 'Brust (2)': *sie hat einen schönen, üppigen, vollen, zarten ~; ihr ~ wogte vor Erregung*

Bussard ['busaʀt], **der;** ~s, ~e 'Raubvogel mit breiten Flügeln und kurzem Schwanz'; ↗ FELD II.3.1 (↗ TABL Vögel)

Buße ['bu:sə], **die;** ~, ⟨o.Pl.⟩ Rel. 'Reue und Sühne eines Menschen gegenüber Gott'; ↗ FELD XII.3.1: *jmdn. zur ~ anhalten, ermahnen; ~ tun* ('etw. büßen') ❖ **büßen, verbüßen — einbüßen, Einbuße, Lückenbüßer**

büßen ['by:sn̩] ⟨reg. Vb.; hat⟩ /jmd./ *(für) etw. ~* 'die Folgen von etw., das man verschuldet hat, erleiden': *(für) diesen Fehler, Irrtum musste er schwer ~; er musste für seinen Leichtsinn mit dem Leben ~* ('hat deshalb sein Leben eingebüßt'); *seine Sünden ~* (↗ FELD XIII.3.2) ❖ ↗ **Buße**

Büste ['by:stə], **die;** ~, ~n **1.** 'Kopf und Schulter od. Brust eines Menschen darstellende ²Plastik (1)': *eine ~ aus Bronze, Gips, Marmor; eine marmorne ~ Beethovens; eine ~ aufstellen* **2.** SYN 'Brust (2)': *eine straffe, volle, schlaffe ~* ❖ **Büstenhalter**

Büsten|halter ['by:stn̩haltɐ], **der** Abk BH 'Wäschestück, das der weiblichen Brust Halt und Form gibt' (↗ TABL Kleidungsstücke): *sie trägt keinen, einen ~; den ~ schließen* ❖ ↗ **Büste,** ↗ **halten**

Butter ['butɐ], **die;** ~, ⟨o.Pl.⟩ 'aus Milch gewonnenes festes bis weiches, als Nahrungsmittel dienendes Fett'; ↗ FELD I.8.1: *frische, ranzige ~; ~ auf die Schnitten, aufs Brot streichen; ein Stück frische ~; etw. in ~ dünsten, braten; mit ~ braten, kochen; die ~ nicht so dick auftragen!; eine mit ~ bestrichene Scheibe Brot; Blumenkohl mit zerlassener ~* ❖ **Butterbrot, -milch**
* /jmd./ **sich** ⟨Dat.⟩ **nicht die ~ vom Brot nehmen lassen** ('sich nichts gefallen lassen, seinen Willen durchsetzen'); ⟨⟩ umg. **(es ist) alles in ~** ('es ist alles in Ordnung')!

Butter ['..]|-**brot, das** 'mit Butter bestrichene Scheibe Brot'; ↗ FELD I.8.1 ❖ ↗ **Butter,** ↗ **Brot * um/für ein ~** 'fast für umsonst': *er hat das Grundstück um/für ein ~ bekommen, erworben;* **-milch, die** 'leicht säuerlich schmeckende Milch, die sich bei der Herstellung von Butter als Rückstand ergibt'; ↗ FELD I.8.1: *ein Glas ~ trinken* ❖ ↗ **Butter,** ↗ **Milch**

c, C

Café [ka'fe:], **das**; ~s, ~ 'Gaststätte, in der vorw. Kaffee und Kuchen angeboten werden': *ein kleines, gemütliches ~; im ~ sitzen; im ~ einen Capuccino trinken*
MERKE Die Schreibung *Café* gilt nur für die 'Gaststätte', während das Produkt aus Kaffeebohnen und das Getränk ausschließlich *Kaffee* geschrieben wird

campen ['kɛmpm̩] ⟨reg. Vb.; hat⟩ /jmd./ irgendwo ~ 'irgendwo in der Freizeit, während des Urlaubs in einem Zelt, Wohnwagen leben': ⟨vorw. im Inf.⟩ *dieses Jahr wollen wir an der Ostsee ~; wir ~ im Gebirge* ❖ ↗ **Camping**

Camping ['kɛmpɪŋ], **das** ~s, ⟨o.Pl. u. vorw. o. Art.⟩ 'das Campen': *er ist für(s) ~ mit allem Notwendigen ausgerüstet; ein Platz für ~* ❖ **campen** − **Campingbeutel, -platz**

Camping ['..]|-**beutel, der** 'einem Rucksack ähnlicher Beutel, der an (einem) Riemen über einer Schulter, den Schultern getragen wird' ❖ ↗ Camping, ↗ Beutel; **-platz, der** 'offizieller, für Camping vorgesehener und ausgestatteter Platz' ❖ ↗ Camping, ↗ Platz: *auf dem ~ zelten; ein gut ausgerüsteter ~; ein ~ in landschaftlich schöner Lage*

Cape [ke:p], **das**; ~s, ~s 'mantelartiges, ärmelloses Kleidungsstück, das man sich über die Schultern hängt': *ein ~ umhängen; ein langes ~; ein ~ aus Pelz, Stoff*

Cellist [tʃɛ'lɪst], **der**; ~en, ~en 'jmd., der beruflich Cello spielt': *er ist ~ an der Oper* ❖ ↗ **Cello**

Cello ['tʃɛlo], **das**; ~s, Celli ['tʃɛli] 'einer Geige ähnliches großes Saiteninstrument, das beim Spielen auf dem Boden aufgestützt und zwischen den Beinen gehalten wird' (↗ TABL Saiteninstrumente): *er spielt ~; ein Quartett für zwei Violinen, Bratsche und ~* ❖ **Cellist**

Celsius ['tsɛlziʊs] Grad ~ ABK °C /Maßeinheit der Temperatur/: *die Luft, das Wasser hat heute 20 Grad ~; die Temperatur in ~ messen*

chamois [ʃa'moa] ⟨Adj.; o. Steig.; nicht attr.⟩ 'von blassem Gelb mit einem leichten Stich ins Bräunliche' /bes. auf Fotopapier bez./: *dieses Papier ist ~ (gefärbt); eine Bluse in Chamois*

Champagner [ʃam'panjɐ], **der**; ~s, ⟨o.Pl.⟩ 1. umg. SYN 'Sekt': *eine Flasche, ein Glas ~; der ~ perlt, schäumt im Glas; ~ trinken* 2. Markenzeichen für einen in der Champagne (Frankreich) hergestellten Sekt: *echten ~ trinken, kaufen*

Champignon ['ʃampɪnjɔn], **der**; ~s, ~s 'essbarer Blätterpilz von weißlicher Farbe mit zart rosafarbenen Lamellen'; ↗ FELD II.4.1: *er hat einen großen ~ gefunden; ~s züchten, sammeln; ein mit ~s gefülltes Omelett; die ~s zubereiten*

Champion ['tʃɛmpiən], **der**; ~s, ~s 'führender Sportler, führende Mannschaft in einer Sportart': *im Tennis ist er der ~; die schwedische Mannschaft besiegte den ~ aus Kanada*

Chance [[ʃaŋs(ə)/'ʃãːs(ə)], **die**; ~, ~n 'günstige Gelegenheit, durch Handeln einen Erfolg zu haben': *das war für ihn eine große, einmalige ~, war seine letzte ~; eine ~ (aus)nutzen, wahrnehmen, haben, verpassen; diese ~ kommt nie wieder; er hat gute, schlechte, keine ~n für einen Sieg, auf einen Gewinn; jmdm. eine ~ (zur Besserung, Bewährung) geben, bieten; bei jmdm. keine ~n haben* ('bes. als Mann bei einer Frau keinen Anklang finden, keinen Erfolg haben')

Chanson [ʃã'sɔn], **das**; ~s, ~s 'Lied, in dem meist menschliche und gesellschaftliche Probleme gestaltet werden': *ein bekanntes französisches ~; ein ~ singen, vortragen*

Chaos ['ka:ɔs], **das**; ~, ⟨o.Pl.⟩ 'Zustand, der durch ein völliges Durcheinander gekennzeichnet ist': *auf dem Schrottplatz herrschte ein einziges, wildes, wüstes ~; Ordnung in ein ~ bringen; er hat durch sein Ungeschick ein ~ ausgelöst, verursacht; ein ~ drohte; ein ~ brach über uns herein; das ~ entwirren* ❖ **chaotisch**

chaotisch ['ka'o:t..] ⟨Adj.; Steig. reg.⟩ 1.1. 'verworren, ungeordnet und sehr unordentlich'; SYN wüst (2) /auf bestimmte Verhältnisse bez./: *es herrschten ~e Zustände; da ging es ~ zu; die Wohnung sieht ~ aus* 1.2. 'ungezügelt und ohne Disziplin' /auf Personen bez./: *die Gruppe ist ein ~er Haufen, ist, wirkt ~* ❖ ↗ **Chaos**

Charakter [ka'ʀaktɐ], **der**; ~s ~e [..'te:ʀɐ] 1. ⟨o.Pl.⟩ 'Gesamtheit der wesentlichen, relativ konstanten Eigenschaften eines Menschen, die sein Verhalten bestimmen': *einen guten, festen, labilen, schwachen, schwierigen ~ haben; bestimmte Erlebnisse haben seinen ~* (SYN 'Wesen 2') *geformt, gebildet, geprägt; jmd. hat, zeigt ~* ('zeigt Festigkeit der Haltung in seinem Tun'); *jmd. hat keinen ~* ('ist charakterlos') 2. ⟨+ best. Attr.⟩ 'Mensch mit bestimmten Eigenschaften des Charakters (1)': *er ist ein anständiger, schwieriger ~* ('ist anständig, schwierig'); *die Brüder sind gegensätzliche ~e; die großen ~e in den Romanen von Th. Mann* 3. ⟨o.Pl.; mit best. Adj.⟩ 'wesentliche Eigenart von etw.': *der ernste ~ eines Musikstücks; die Gespräche trugen (einen) vertraulichen, offiziellen ~* ('waren vertraulich, offiziell') ❖ **charakterisieren, charakteristisch, Charakteristikum, charakterlich** − **charakterlos**

charakterisieren [kaʀakteʀi'zi:ʀən] charakterisierte, hat charakterisiert 1. /jmd./ 1.1. *jmdn., etw. ~* 'die wesentlichen Eigenschaften von jmdm., etw. beschreiben, schildern': *sie hat ihn, die Zustände, die Gegend (genau, treffend) charakterisiert* 1.2. *jmdn. als jmdn., etw. ~* 'jmdm. eine Eigenschaft als dominante Eigenschaft zuweisen': *er charakterisierte sie* *als zuverlässig, als zuverlässigen Menschen; sie charakterisierte ihn als Lügner, Schwindler; etw. als etw.* ~: *er charakterisierte die Entdeckung als wegweisend* **2**. /etw./ *etw., jmdn.* ~ SYN ˈetw., jmdn. kennzeichnen (2)ˈ: *dieses Verhalten charakterisiert ihn als (einen) Flegel; schroffe Klippen* ~ *diese Küste* ❖ ↗ **Charakter**

Charakteristikum [kɑʀaktəˈʀɪstikʊm], *das;* ~s, Charakteristika ˈcharakteristisches Merkmalˈ: *etw. ist das typische* ~ *einer Person; dies ist ein* ~ *der deutschen Sprache; etw. weist ein besonderes* ~ *auf* ❖ ↗ **Charakter**

charakteristisch [kɑʀaktəˈʀɪst..] ⟨Adj.; Steig. reg., ungebr.; vorw. attr. u. präd.⟩ ˈdas Wesen, die Eigenschaft(en) von etw., jmdm. kennzeichnendˈ /bes. auf Abstraktes bez./: *ein* ~*es Merkmal; eine* ~*e Eigenschaft; dieses Verhalten ist* ~ *für ihn, ist für seine Gesinnung* ~; *die für diese Gegend* ~*e Pflanzenwelt; er schreibt ganz* ~ ❖ ↗ **Charakter**

charakterlich [kɑˈʀaktɐ..] ⟨Adj.; o. Steig.; nicht präd.; vorw. attr.⟩ ˈden Charakter (1) betreffendˈ /auf Abstraktes bez./: *jmds.* ~*e Eigenschaften, Veranlagung; das ist eine* ~*e Schwäche; er hat sich* ~ *gut entwickelt; jmdn.* ~ *einschätzen, beurteilen* ❖ ↗ **Charakter**

charakter|los [kɑˈʀaktɐ..] ⟨Adj.; o. Steig.⟩ ˈkeinen guten, gefestigten Charakter (1) habend, zeigendˈ: *er ist ein* ~*er Mensch, hat sich* ~ *verhalten;* ~ *handeln; er ist völlig* ~; vgl. *gewissenlos* ❖ ↗ **Charakter**, ↗ **los**

charmant [ʃaʀˈmant] ⟨Adj.; Steig. reg.⟩ ˈCharme habend, zeigendˈ: *sie ist eine* ~*e Frau; er ist sehr* ~, *versteht* ~ *zu plaudern;* ~ *lächeln; ihr* ~*es Lächeln; er hat sich heute von seiner* ~*esten Seite gezeigt* (ˈer war heute besonders charmantˈ) ❖ ↗ **Charme**

Charme [ʃaʀm], *der;* ~s, ⟨o.Pl.⟩ ˈfreundliches liebenswürdiges Wesen, Verhalten eines Menschen, das auf andere anziehend, bezaubernd wirktˈ: *weiblicher* ~; *er, sie hat (keinen, viel)* ~; *ihr (natürlicher)* ~ *ist unwiderstehlich; ein gewisser* ~ *ging von ihr, ihm aus; scherzh. er bot an der Theaterkasse seinen ganzen* ~ *auf* (ˈzeigte sich überaus freundlich gewinnend, weil er unbedingt Theaterkarten bekommen wollteˈ) ❖ **charmant**

chartern [ˈʃaʀtɐn] ⟨reg. Vb.; hat⟩ /jmd./ *ein Schiff, Flugzeug (für eine Ferienreise)* ~ (ˈfür eine bestimmte Zeit, Reise samt der Besatzung mietenˈ); *für jmdn. ein Motorboot* ~

Chassis [ʃaˈsiː], *das;* ~, ~ ˈFahrgestell eines Kraftfahrzeugsˈ: *das* ~ *eines Autos; ein neues, modernes* ~

Chauffeur [ʃɔˈføːɐ], *der;* ~s, ~e ˈjmd., der beruflich ein Auto für andere fährtˈ: *als persönlicher* ~ *bei jmdn. angestellt sein; einen* ~ *einstellen; den* ~ *entlassen;* vgl. *Fahrer*

checken [ˈtʃɛkn̩] ⟨reg. Vb.; hat⟩ **1**. /jmd./ *etw.* ~ ˈeinen technischen Prozess, Ablauf, ein Gerät Punkt für Punkt prüfen, ob alles in Ordnung ist, richtig funktioniertˈ: *ein Flugzeug vor dem Start* ~; *ein Fahrzeug* ~ **2**. /jmd./ *etw.* ~ ˈetw. überprüfenˈ: *eine Liste* ~; *die Ausweise der Fahrgäste* ~ ❖ **durchchecken**

Chef [ʃɛf], *der;* ~s, ~s ˈ[1]Leiter (1) eines (privaten) Betriebesˈ: *der* ~ *der Firma, des Betriebes, der Abteilung; wir haben einen neuen* ~ *bekommen* ❖ **Chefarzt, Chefredakteur**

Chef- [ˈ..] /bildet mit dem zweiten Bestandteil Substantive; drückt aus, dass das im zweiten Bestandteil Genannte den höchsten Rang hat, leitend tätig ist/: ↗ z. B. *Chefarzt*

Chef [ˈʃɛf..]**-arzt,** *der* ˈleitender Arzt (einer Abteilung) eines Krankenhausesˈ: *er ist* ~; *der* ~ *macht Visite* ❖ ↗ **Chef**, ↗ **Arzt**; **-redakteur,** *der* ˈleitender Redakteur in einem Verlag, der Zeitungen, Zeitschriften publiziertˈ: *der* ~ *der* ˈBerliner Zeitungˈ ❖ ↗ **Chef**, ↗ **redigieren**

Chemie [çeˈmiː], *die;* ~, ⟨o.Pl.⟩ ˈWissenschaft von den Eigenschaften, der Zusammensetzung, Umwandlung und Reaktion der Stoffe (1) und ihrer Verbindungenˈ: *die* ↗ *organische,* ↗ *anorganische* ~; *die medizinische, pharmazeutische* ~; *er studiert* ~; *die Forschungsergebnisse der modernen* ~ ❖ **Chemikalie, Chemiker, Chemikerin, chemisch** – **Biochemie**

Chemikalie [çemiˈkaːliə], *die;* ~, ~n ⟨vorw. Pl.⟩ ˈ(industriell erzeugter) chemischer Stoffˈ: *flüssige, gesundheitsschädliche* ~*n;* ~*n für etw. anwenden, einsetzen; er arbeitet bei der Reinigung mit* ~*n* ❖ ↗ **Chemie**

Chemiker [ˈçeːmikɐ], *der;* ~s, ~ ˈFachmann, Wissenschaftler auf dem Gebiet der Chemieˈ: ↗ FELD I.10: *ein berühmter* ~; *als* ~ *in der Industrie arbeiten* ❖ ↗ **Chemie**

Chemikerin [ˈçeːmikəʀ..], *die;* ~, ~nen /zu *Chemiker;* weibl./

chemisch [ˈçeːm..] ⟨Adj.; o. Steig.; nicht präd.⟩ **1**. ˈdurch den stofflichen Aufbau, die Zusammensetzung bestimmtˈ: ~*e Stoffe, Präparate, Verbindungen; ein* ~*er Grundstoff,* ~*es Element; ein* ~ *aktiver* (ˈleicht Verbindungen eingehenderˈ) *Stoff* **2**. ˈdurch Methoden, Verfahren der Chemie bestimmtˈ: *sie anwendendˈ: die* ~*e Forschung, Wissenschaft, Industrie; eine* ~*e Fabrik;* ~*e Versuche, eine* ~*e Analyse machen; ein* ~*es Labor; ein* ~ *gewonnenes Produkt;* ~*e Formeln* **3**. ˈmit Hilfe von Chemikalien, mit Methoden der Chemie ausgeführtˈ: *die* ~*e Düngung; Kleidung* ~ *reinigen, behandeln; das Haar* ~ *bleichen* ❖ ↗ **Chemie**

Chiffre [ˈʃɪfʀə/ˈʃɪfɐ], *die;* ~, ~n ˈZeichen, mit dem eine Information verschlüsselt ist, wirdˈ: *die Information bestand nur aus* ~*n; eine Anzeige in der Zeitung unter einer* ~ *aufgeben; eine Annonce unter einer* ~ *veröffentlichen* ❖ **chiffrieren, dechiffrieren**

chiffrieren [ʃɪˈfʀiːʀən], chiffrierte, hat chiffriert /jmd./ *etw.* ~ SYN ˈetw. verschlüsselnˈ; ANT dechiffrieren): *einen Text* ~; *eine chiffrierte Nachricht* ❖ ↗ **Chiffre**

Chip [tʃɪp], *der;* ~s, ~s ˈelektronisches Teil, auf dem sehr viele Daten gespeichert werden könnenˈ: *einen neuen* ~ *entwickeln, auf den Markt bringen*

Chirurg [çiˈʀʊʀk], *der;* ~en, ~en ˈFacharzt für Chirurgieˈ: ↗ FELD I.10: *ein weltbekannter, berümter* ~ ❖ ↗ **Chirurgie**

Chirurgie [çiRʊR'giː], **die**; ~, ⟨o.Pl.⟩ 'Gebiet der Medizin für die Heilung durch Operation (1)': *die modernen Methoden der ~; er ist Facharzt für ~; plastische, orthopädische, kosmetische ~* ❖ **Chirurg, chirurgisch**

chirurgisch [çi'RʊRg..] ⟨Adj.; o. Steig.; nicht präd.⟩ 'die Chirurgie betreffend, durch die Chirurgie bestimmt': *die ~e (Station der) Klinik; ein ~er Eingriff; ~e Instrumente* ❖ ↗ **Chirurg**

Chlor [kloːɐ], **das**; ~s, ⟨o.Pl. u. vorw. o. Art.⟩ 'chemisches Element, das vorw. als stechend riechendes Gas od. in Verbindungen vorkommt' /chem.Symb. Cl/: *mit ~ Wasser desinfizieren, Wäsche bleichen* ❖ **chloren**

chloren ['kloːRən] ⟨reg. Vb.; hat; vorw. adj. im Part. II⟩ /jmd., Betrieb/ *etw. ~* 'etw., bes. Wasser, durch Zusatz von Chlor keimfrei machen': *das Wasser ist gechlort* ❖ ↗ **Chlor**

Chlorophyll [kloRo'fʏl], **das**; ~s, ⟨o.Pl.⟩ 'der grüne Stoff der Pflanzen'

Cholera ['koːləRɑ], **die**; ~, ⟨o.Pl.⟩ 'schwere, epidemisch auftretende Infektion des Darms': *an ~ erkranken, sterben; die ~ grassiert, ist ausgebrochen*

Choleriker [ko'leːRikɐ], **der**; ~s, ~ 'cholerischer Mensch': *er ist ein ~* ❖ **cholerisch**

cholerisch [ko'leːR..] ⟨Adj.; Steig. reg.⟩ 'leicht in Zorn geratend, zu Jähzorn neigend': *er hat ein ~es Temperament, Wesen; er ist ~; ~ reagieren* ❖ ↗ **Choleriker**

¹Chor [koːɐ], **der**; ~s/auch ~es, Chöre ['køːRə] 'größere Gruppe von Menschen, die gemeinsam Lieder einstudieren und singen'; ↗ FELD I.11: *ein ↗ gemischter ('aus Männern und Frauen bestehender') ~; in einem ~ (mit)singen; der ~ trat in einem Konzert auf* ❖ **Choral, Chorist, Choristin**

* im ~: *etw. im ~ ('gemeinsam') rufen, schreien, sprechen*

²Chor, der/auch **das**; ~s/auch ~es, ~e 'meist etwas höher liegender Teil im Inneren einer Kirche, in dem sich meist auch der Hauptaltar befindet'; ↗ FELD V.3.1: *der ~ eines Doms*

Choral [ko'Rɑːl], **der**; ~s, Choräle [..'Rɛːlə] 'religiöses Lied, das (von der Gemeinde) in der Kirche gesungen wird'; ↗ FELD XII.3.1: *ein feierlicher ~; einen ~ anstimmen* ❖ ↗ **¹Chor**

Choreograph/auch **Choreograf** [koRe|o'gRɑːf], **der**; ~en, ~en 'Fachmann für Choreographie': *er ist als ~ an der Oper tätig* ❖ ↗ **Choreographie**

Choreographie/auch **Choreografie** [koRe|ogRɑ'fiː], **die**; ~, ~n [..'fiːən] 'Gestaltung und Einstudierung künstlerischen Tanzes': *für die ~ des Balletts, der Oper ist B verantwortlich; die Aufführung wurde nach der ~ von B gestaltet* ❖ **Choreograph, Choreographin**

Choreographin/auch **Choreografin** [koRe|o'gRɑf..], **die**; ~, ~nen /zu Choreograph; weibl./ ❖ ↗ **Choreographie**

choreographisch/auch **choreografisch** [koRe|o'gRɑf..] ⟨Adj.; nicht präd.⟩ 'die Choreographie betreffend': *die ~e Leitung lag in den Händen von Frau B* ❖ ↗ **Choreographie**

Chorist [ko'Rɪst], **der**; ~en, ~en 'jmd., der beruflich in einem Chor singt' ❖ ↗ **¹Chor**

Choristin, die; ~, ~nen /zu Chorist; weibl./: *sie arbeitet als ~ an der Staatsoper* ❖ ↗ **¹Chor**

Christ [kRɪst], **der**; ~en, ~en 'jmd., der sich zum Christentum bekennt, einer christlichen Kirche angehört'; ↗ FELD XII.2.1: *er ist ein gläubiger, frommer ~; ein evangelischer, katholischer ~* ❖ **Christentum, Christin, christlich**

Christentum ['kRɪstn̩..], **das**; ~s, ⟨o.Pl.⟩ 'auf den Lehren des Jesus von Nazareth beruhende Religion'; ↗ FELD XII.2.1: *sich zum ~ bekennen; die Germanen wurden zum ~ bekehrt; das Kreuz als Symbol des ~s* ❖ ↗ **Christ**

Christin ['kRɪst..], **die**; ~, ~nen /zu Christ; weibl./ ❖ ↗ **Christ**

christlich ['kRɪst..] ⟨Adj.; o. Steig.⟩ **1.** ⟨nicht bei Vb.⟩ 'auf die Lehren des Jesus von Nazareth bezogen' /auf Abstraktes bez./; ↗ FELD XII.2.2: *die ~e Religion, Kirche; der ~e Glaube* **2.** 'im Sinne der Lehren des Christentums' /auf Tätigkeit, Verhalten bez./: *eine ~e Erziehung; ~ leben und handeln* ❖ ↗ **Christ**

Chrom [kRoːm], **das**; ~s, ⟨o.Pl.⟩ /Element/ 'ein silbrig weiß glänzendes Schwermetall' /chem. Symb. Cr/; ↗ FELD II.5.1: *das ~ glänzt in der Sonne; ~ rostet nicht; Metalle mit ~ überziehen*

Chronik ['kRoːnik], **die**; ~, ~en 'Aufzeichnung, Darstellung von (geschichtlichen) Ereignissen in ihrer zeitlichen Folge': *eine mittelalterliche ~; die ~ einer Firma, Universität, Stadt; eine ~ schreiben, verfassen* ❖ **chronisch, Chronist, chronologisch**

chronisch ['kRoːn..] ⟨Adj.; o. Steig.; nicht bei Vb.⟩ **1.** 'langsam verlaufend und meist längere Zeit bestehend' /auf Krankheiten bez./: *eine ~e Krankheit, Bronchitis; das Leiden ist ~ (geworden)* **2.** auch scherzh. SYN 'ständig': *er leidet an ~em Geldmangel; seine ~e Faulheit, seine Faulheit ist ~* ❖ ↗ **Chronik**

Chronist [kRo'nɪst], **der**; ~en, ~en **1.** 'Verfasser einer Chronik': *ein unbekannter ~ hat dies geschrieben* **2.** 'jmd., der über bestimmte Ereignisse berichtet (hat)': ⟨+ Attr.⟩ *er war ein unbestechlicher ~ seiner Zeit* ❖ ↗ **Chronik**

chronologisch [kRono'loːg..] ⟨Adj.; o. Steig.; vorw. bei Vb.⟩ 'zeitlich so geordnet, dass es dem Nacheinander der Ereignisse entspricht': *Ereignisse ~ aufzeichnen; ~ über etw. berichten* ❖ ↗ **Chronik**

clever ['klɛvɐ] ⟨Adj.; Steig. reg.⟩ 'wendig und gerissen (I)' /wird anerkennend, aber auch ablehnend verwendet/ /auf Personen bez./: *ein ~er Bursche; er ist ziemlich ~; der Plan war ~; er hat das ~ gemanagt, ist ~ dabei vorgegangen; vgl. findig, gewitzt*

Clique ['klɪkə], **die**; ~, ~n **1.1.** emot. neg. 'durch gemeinsame Interessen verbundene, meist selbstsüchtig diese Interessen verfolgende Gruppe von Menschen'; ↗ FELD I.11: *eine reaktionäre, verbrecherische ~; die ~ um den Diktator hat das Volk unter-*

drückt **1.2.** SYN ˈBande (2)ˈ: *wir drei bildeten inner-halb unserer Schulklasse eine fest verschworene ~; nach der Arbeit treffen sie sich regelmäßig mit ihrer ~*

Clou [kluː], **der**; ~s, ~s SYN ˈHöhepunktˈ: ⟨vorw. mit Gen.attr.⟩ *das war der ~ (des Festes)!; ihr Auf-tritt war der ~ des Abends*

Clown [klaun], **der**; ~s, ~s ˈSpaßmacher, bes. in ei-nem Zirkusˈ: *der ~ bringt die Kinder zum Lachen; den ~ machen, spielen* (ˈsich albern aufführenˈ)

Comeback/auch **Come-back** [kamˈbɛk], **das**; ~s, ~s ˈerneuter erfolgreicher Beginn einer Karriere eines Künstlers, Sportlers od. erneuter Erfolg von etw. nach längerer Pauseˈ: *er hat ein ~, feiert sein ~; er versucht ein ~; das Werk, Buch erlebt ein ~*

Computer [kɔmˈpjuːtɐ], **der**; ~s, ~ ˈdurch ein Pro-gramm gesteuerte elektronische Anlage zur Daten-verarbeitungˈ; ↗ FELD V.5.1: *den ~ programmie-ren; dem ~ ein Programm eingeben; für den ~ eine neue Software kaufen; ein Buch mit, auf dem ~ schreiben*

Conférencier [kɔnfəraŋˈsi̯eː], **der**; ~s, ~s ˈjmd., der in einer unterhaltenden Veranstaltung auf unter-haltsame Weise das Programm ansagt, durch die Veranstaltung führtˈ ❖ ↗ **konferieren**

Container [kɔnteːnɐ], **der**; ~s, ~ ˈnach bestimmten Normen konstruierter großer verschließbarer Be-hälter, in dem Güter durch verschiedenartige Ver-kehrsmittel wie Schiff, Bahn, LKW befördert wer-denˈ (↗ TABL Behälter): *etw. in ~n befördern; ein Frachter für ~*

Couch [kautʃ], **die**; ~, ~es ˈbreites gepolstertes Mö-belstück zum Liegen, Sitzen mit niedriger Rücken-lehne und Seitenlehnenˈ; ↗ FELD V.4.1 (↗ TABL Liegemöbel): *auf der ~ schlafen, liegen; die Rü-ckenlehne der ~ lässt sich herunterklappen*

Coup [kuː], **der**; ~s, ~s ˈgeschickt geplantes und aus-geführtes (verbrecherisches) Unternehmen (2)ˈ: *ei-nen ~ planen, starten, landen, ausführen; der Über-fall auf die Bank war sein letzter ~; damit war ihm ein großer ~ gelungen*

Courage [kuˈʀaːʒə], **die**; ~, ⟨o.Pl.⟩ ˈdie Fähigkeit, mutig, beherzt und entschlossen in einer schwieri-gen Situation zu handelnˈ; ANT Angst: *da hat er ~ gezeigt, bewiesen; dazu gehört ~; dazu fehlt es ihm an (der) ~, fehlt ihm die ~* ❖ **couragiert – Zivilcourage**

couragiert [kuʀaˈʒiːɐt] ⟨Adj.; Steig. reg.⟩ SYN ˈbe-herztˈ /vorw. auf best. Aktivitäten bez./; ↗ FELD I.6.3: *sein ~es Eingreifen rettete ihr das Leben* ❖ ↗ **Courage**

Cousin [kuzɛŋ], **der**; ~s, ~s ˈSohn des Onkels, der Tante einer Personˈ; SYN Vetter; ↗ FELD I.9.1: *Peter ist mein ~* ❖ **Cousine**

Cousine [kuˈziːnə], **die**; ~, ~n ˈTochter des Onkels, der Tante einer Personˈ; SYN Base (2) /zu *Cousin*; weibl./; ↗ FELD I.9.1 ❖ ↗ **Cousin**

Creme [kʀeːm/kʀɛːm], **die**; ~, ~s **1.** ˈweiche Masse, die zur Pflege der Haut aufgetragen und fein ver-teilt wirdˈ: *sich* ⟨Dat.⟩ *die Hände mit einer ~ einrei-ben* **2.** ˈschaumige, sahnige halbfeste Süßspeiseˈ: *eine ~ als Nachspeise reichen* **3.** ˈdickflüssige, süße Masse, die zur Füllung von Torten, Süßigkeiten dientˈ: *mit (einer) ~ gefüllte Pralinen; eine Torte mit ~ verzieren, füllen* ❖ **cremig**

cremig [ˈkʀeːmɪç] ⟨Adj.; Steig. reg., ungebr.⟩ **1.1.** ⟨nicht bei Vb.⟩ ˈaus Creme (3) bestehendˈ: *eine ~e Füllung* **1.2.** ˈdickflüssig wie eine Creme (2 u. 3)ˈ: *etw. ~ schlagen, rühren; eine ~e Masse; der Quark ist ~* ❖ ↗ **Creme**

Crew [kʀuː], **die**; ~, ~s fachspr. ˈMannschaft, bes. Besatzung eines Schiffs, Flugzeugsˈ; ↗ FELD I.11: *Flugkapität B und seine ~ heißen Sie an Bord unse-rer Maschine willkommen*

Cup [kap], **der**; ~s, ~s ˈPreis, meist ein Pokal, um den im Sport Mannschaften kämpfenˈ: *die Mann-schaft hat den ~ errungen, gewonnen; der Kampf um den ~*

Curry [ˈkœʀi], **der/**auch **das** ˈpulvrige Mischung aus scharfen Gewürzenˈ: *eine Bratwurst, Soße mit ~; er mag keinen ~*

d, D

¹da [daː] ⟨Adv.⟩ **1.1.** /weist vom Sprecher weg auf eine Stelle, die in der weiteren, aber auch näheren Umgebung vor ihm liegt/; ANT hier (1.1): *du stehst ~, und ich stehe hier; ~ ist die Haltestelle bis gestern gewesen, ab heute ist sie hier; ~ kommt der Bus, mein Freund; du musst dich ~ hinsetzen; von ~* (ʹvon dieser Stelle ausʹ) *führt ein Weg in die Berge;* ⟨oft mit Adv.best.⟩ *das Buch liegt ~ auf dem Tisch; ~ oben, unten, hinten, vorn, draußen, drüben* **1.2.** ⟨vor imperativischen Sätzen⟩ ʹhier (1.3)ʹ: *~, nimm es!; ~, lies nach!* **1.3.** ⟨nur attr.; einem Subst., Personalpron., Demonstrativpron. nachgestellt⟩ /weist nachdrücklich auf eine Person, Sache hin/: *er meint den ~; das Buch liegt auf dem Tisch ~; Hallo, Sie ~!* /Ruf, der sich an eine Person richtet, deren Namen man nicht weiß, die man aber damit auffordert, etw. Bestimmtes zu tun/ **1.4.** /verweist auf einen vorher genannten Ort/ SYN dort (1.3): *„Waren Sie schon in Berlin?" „Ja, ~ bin ich oft"* **1.5.** ⟨in Korrelation mit *wo*⟩: *der Mantel hängt ~* (ʹan der Stelleʹ; SYN dort 1.4), *wo er hingehört* **1.6.** ⟨vorw. am Satzanfang⟩ *~* (ʹan dieser Stelle im Textʹ) *ist Folgendes zu lesen …* **2.1.** /verweist auf etw. zeitlich Zurückliegendes/: *früher, ~ war alles besser;* ⟨+ Präp. *von … ab, von …an*⟩ *von ~ ab/an ging es ihm besser* **2.2.** /verweist auf etw., das zeitlich unmittelbar vorausgeht/: *kaum war ich zu Hause, ~ klingelte das Telefon* **3.** /verweist auf einen gegebenen Sachverhalt/: *wir haben heute Glatteis, ~ muss man vorsichtig sein; was ist ~ zu machen?; ~ haben Sie Recht* **4.** ⟨nur präd.⟩ **4.1.** *etw. ist ~* ʹetw. ist vorhandenʹ: *wenn der Brief nicht ~ ist, kann ich dir auch nicht helfen* **4.2.** *jmd. ist ~* (ʹanwesendʹ) **4.3.** *etw., jmd. ist ~* ʹetw., jmd. ist eingetroffenʹ: *der Zug, mein Freund ist schon ~* ❖ **dableiben, dalassen, Dasein, dasitzen, dastehen;** vgl. auch **dabei, dadurch, dafür, dagegen, daheim, daher, dahin, dahinten, dahinter, ¹damit, daneben, daran, darauf, daraufhin, darin, darüber, darum, darunter, davon, davor, dazu, dazwischen, draußen, dran, drauf, drin, drüber, drum, drunter**

* **~ und dort** (1. ʹan manchen Stellenʹ 2. ʹmanchmal, hin und wiederʹ); **jmd. ist für jmdn. ~** (ʹjmd. ist immer bereit, jmdm. zu helfenʹ)

MERKE Zur Getrennt-, Zusammenschreibung von *da* und *sein*: Getrenntschreibung auch im Infinitiv

²da ⟨Konj.; subordinierend; der Nebensatz steht vor od. hinter dem Hauptsatz; die Tempusformen sind gleich⟩ **1.** /kausal; gibt an, dass der Sachverhalt des Nebensatzes die Ursache, der Grund für den des Hauptsatzes ist/; vgl. *weil*: *~ schönes Wetter war, fuhren sie ins Grüne/sie fuhren ins Grüne, ~ schönes Wetter war; er sagte mir, er könne nicht mitkommen, ~ er keine Zeit habe; der Ort ist sehr ruhig, ~ er*

für den Verkehr gesperrt ist **2.** /temporal/ **2.1.** /der Sachverhalt des Nebensatzes liegt zeitlich vor dem des Hauptsatzes/: *~ schon alles beschlossen ist, kommt dein Protest zu spät* **2.2.** /gibt Gleichzeitigkeit an; die Sachverhalte des Nebensatzes und des Hauptsatzes stimmen zeitlich überein/; SYN als (1.1): *~ er das Meer erblickte, beschloss er, Seemann zu werden;* ⟨oft mit zusätzlicher Zeitangabe⟩ *an dem Tage, ~ er sie tanzen sah, verliebte er sich in sie*

MERKE Zum Unterschied von ²*da* (1) und *weil:* Steht der Nebensatz vor dem Hauptsatz, wird meist *da* vorgezogen, steht er hinter dem Hauptsatz: *weil.* Wenn im Hauptsatz Korrelate wie *darum, deshalb, deswegen* stehen, wird meist *weil* verwendet: *ich fühle mich dort deswegen so wohl, weil alles so anheimelnd wirkt*

dabei [da'bai/'daː..] I. ⟨Pronominaladv.⟩ /auf Sachen bez./ **1.1.** /lokal; auch auf Personengruppen bez./ ʹbei der genannten Sache, den genannten Personenʹ: *hier liegen deine Sachen, etwas Geld ist (auch) ~; sie gingen zusammen weg, mein Freund war ~* **1.2.** ⟨nur präd.⟩ *jmd. ist ~* ʹjmd. ist bei etw. anwesendʹ: *ich hoffe, dass er bei der Veranstaltung ~ ist* **2.** /temporal; drückt Gleichzeitigkeit zweier Tätigkeiten einer Person aus/ ʹzur selben Zeitʹ: *er las und hörte Musik ~/und hörte ~ Musik/und ~ hörte er Musik;* vgl. *hierbei* **3.** [..'..'b..] ⟨nur präd.⟩ *jmd. ist ~, etw. zu tun* ʹjmd. tut gerade etw.ʹ: *er war (gerade) ~, sich zu rasieren* **4.** ʹbei (1.4,4) dem Genanntenʹ: *er ist mit Begeisterung ~; ihm war nicht wohl ~; er hat sich nichts ~ gedacht; das ist meine Meinung, ~ bleibe ich* **5.** /in der kommunikativen Wendung/ *was ist schon ~/es ist doch nichts ~* 1. ʹdas kann doch keine schlimmen Folgen haben, was soll da schon passierenʹ: *es ist doch nichts ~, wenn sie sich küssen* 2. ʹdas ist leicht (2.1), das kann jederʹ: *es ist doch nichts ~, das kann jeder, das kannst du auch* – II. ⟨Konjunktionaladv.; mit Inversion des Subj.; schließt an einen vorausgehenden Hauptsatz einen Hauptsatz an; adversativ⟩ SYN ʹjedochʹ: *sie will an die See fahren, ~ täte ihr ein Urlaub im Gebirge besser*

MERKE Zur Betonung der Pronominaladverbien mit *da(r)*-: Der Akzent auf der ersten Silbe ['..] betont etw. nachdrücklich und wird vorwiegend am Satzanfang (*dabei bleibe ich*) angewendet; Erstbetonung am Ende in der Mitte des Satzes nur, wenn mit dem Wort auf einen mit *dass* eingeleiteten Nebensatz vorausgewiesen wird *(das geschieht ~, dass …).* Sie wird immer angewendet bei Gegenüberstellung *(mein Freund war ~* ['..b..] (ʹbei meinen Bekanntenʹ), *nicht bei den Fremden).* – Zur Getrennt-, Zusammenschreibung von *dabei* und

sein: Getrenntschreibung auch im Infinitiv ❖ ↗
bei; vgl. auch **¹da**
da|bleiben ['..], blieb da, ist dageblieben /jmd., etw./
ʹan dem genannten Ort bleibenʹ: *du musst noch ~;
der Ausweis, das Fahrrad kann, muss ~* ❖ ↗ **¹da**, ↗
bleiben
MERKE Zur Getrennt-, Zusammenschreibung:
Stets Getrenntschreibung, wenn im Satz *bleiben*
den Haupton trägt: *du musst noch da* (ʹan dem be-
stimmten Ortʹ) *bleiben, wo du bist*
Dach [dax], **das**; ~s/auch ~es, Dächer ['dɛçɐ] ʹBau-
teil, das die obere Begrenzung eines Gebäudes bil-
detʹ; ↗ FELD IV.1.1, V.3.1 (↗ TABL Haus/Ge-
bäude): *ein schräges, flaches ~; ein ~ neu decken*
❖ **Dachpappe, -rinne, -stuhl, -ziegel, Obdach, ob-
dachlos, Obdachlose**
* /jmd./ **ein, kein ~ über dem Kopf haben** (ʹeine, keine
Unterkunft habenʹ); /jmd., Institution/ **etw. unter ~
und Fach bringen** ʹetw. zu einem guten Abschluss
bringenʹ: *ein Projekt unter ~ und Fach bringen;* ⟨⟩
umg. /jmd./ **jmdm. aufs ~ steigen** (ʹjmdn. zurecht-
weisen, scharf rügenʹ); /jmd./ **jmdm. eins aufs ~ ge-
ben** (ʹjmdn. scharf rügenʹ) ;/jmd./ **eins aufs ~ krie-
gen** (ʹgetadelt werdenʹ)
Dach ['..]∥**-pappe, die** ʹmeist mit Teer getränkte (und
mit Sand, Splitt bestreute) Pappe, die Feuchtigkeit
nicht durchlässt und bes. zum Decken (1.3) von
hölzernen Dächern dientʹ ❖ ↗ **Dach**, ↗ **Pappe**;
-rinne, die ʹan der unteren Kante eines Daches an-
gebrachte Rinne zum Auffangen und Ableiten des
Regenwassersʹ (↗ TABL Haus/Gebäude) ❖ ↗
Dach, ↗ **rinnen**
Dachs [daks], **der**; ~es, ~ ʹdem Marder verwandtes,
in einem Bau lebendes Raubtier mit schwarz-weiß
gezeichnetem spitzem Kopf und langen, starken
Krallenʹ; ↗ FELD II.3.1: *der ~ schlüpft in seinen
Bau*
Dach ['dax..]∥**-schaden, der** * umg. scherzh. /jmd./ **ei-
nen ~ haben** (ʹgeistig nicht normal seinʹ); **-stuhl, der**
ʹtragender Teil der Konstruktion eines Dachesʹ; ↗
FELD V.3.1 ❖ ↗ **Stuhl**; **-ziegel, der** ʹZiegel zum
Decken (1.3) eines Dachesʹ; ↗ FELD II.5.1 (↗
TABL Haus/Gebäude) ❖ ↗ **Ziegel**
dachte: ↗ **denken**
Dackel ['dakl], **der**; ~s, ~ ʹkleiner Hund mit kurzen,
krummen Beinen und hängenden Ohrenʹ; ↗ FELD
II.3.1
dadurch ['dɑ:../..'dʊʁç] ⟨Pronominaladv.⟩ /auf Sa-
chen bez./ **1.** lokal ʹdurch (3) das Genannteʹ: *dort
ist das Tor, (und) die Straße verläuft ~* **2.** [vorw.
'd..] ʹaus dem genannten Grundeʹ: *er war sehr jäh-
zornig und hatte ~ großen Ärger/und ~ großen gro-
ßen Ärger/und hatte großen Ärger ~* **3.** ⟨als Glied
der mehrteiligen Konj.⟩ *~ ... dass:* ↗ *dass* (2.4) ❖
↗ **durch**; vgl. auch **¹da**
MERKE Zur Betonung: ↗ *dabei* (Merke)
dafür ['dɑ:../..'fy:ɐ] ⟨Pronominaladv.⟩ /auf Sachen
bez./ **1.** ʹfür (1,2) das Genannteʹ: *er übernahm die
Verantwortung ~, war ~ verantwortlich; ~ spenden
wir gern; ist er noch zu jung ~;* ANT dagegen: *die*

Mehrheit, ich war ~; es gibt Beweise ~ (ʹfür die
Tatsacheʹ), *dass das so ist* **2.** SYN ʹdagegen (3)ʹ: *er
hat Husten und braucht ein Mittel ~* **3.1.** ʹals Ent-
gelt für das Genannteʹ: *da ist der Gutschein, ~ be-
kommst du ein Bier; er hat zehn Mark ~ bekommen,
ist ~ belohnt worden* **3.2.** ʹstatt des Genanntenʹ;
SYN dagegen (4): *er hat seine Kamera weggegeben
und ~ ein Radio bekommen; er ist mathematisch
nicht begabt, ~ hat er Talent für Sprachen;* vgl. hier-
für ❖ ↗ **für**; vgl. auch **¹da**
MERKE Zur Betonung: ↗ *dabei* (Merke). − Zur
Getrennt-, Zusammenschreibung von *dafür* und
sein: Getrenntschreibung auch im Infinitiv
Dafür|halten
* **nach meinem, seinem ~** (ʹnach meiner, seiner Mei-
nungʹ)
dagegen [dɑ'ge:gn̩/auch 'dɑ:..] **I.** ⟨Pronominaladv.⟩
/auf Sachen bez./ **1.** /lokal/ ʹgegen (1,2) das Ge-
nannteʹ: *die Wellen trieben auf uns zu, wir mussten
heftig ~ ankämpfen* **2.** ʹgegen (2.1) das Genannteʹ:
*er erhob ~ Einspruch/Einspruch ~; ~ kann man
nichts machen; ich habe nichts ~* (ʹkeine Ein-
wändeʹ); ANT dafür: *die Mehrheit, ich war ~* **3.**
ʹgegen das Genannte wirkendʹ; SYN dafür (2): *er
hat Husten und braucht ein Mittel ~* **4.** SYN ʹdafür
(3.2)ʹ: *er hat seine Kamera weggegeben und ~ ein
Radio eingetauscht* − **II.** ⟨Konjunktionaladv.; mit
Inversion des Subj.; schließt an einen vorausgehen-
den Hauptsatz an; adversativ⟩ SYN ʹjedochʹ: *er trinkt gern Bier, ~ trinkt sie gern
Wein* ❖ ↗ **gegen**; vgl. auch **¹da**
MERKE *dagegen* (I.1) wird nur bei Gegenüberstel-
lung verwendet (*die Leiter sollst du nicht hiergegen,
sondern ~* [ ] *lehnen*) und in Verbindung mit be-
stimmten Präfixverben auf *an-* (*~ ankämpfen, an-
rennen*). − Zur Betonung: ↗ *dabei* (Merke). − Zur
Getrennt-, Zusammenschreibung von *dagegen* und
sein: Getrenntschreibung auch im Infinitiv
daheim [dɑ'haim] ⟨Adv.⟩ landsch., bes. süddt.,
österr., schweiz. ʹzu Hauseʹ: *~ sein, bleiben; wir
trafen ihn nicht an/~ nicht an* ❖ ↗ **Heim**; vgl.
auch **¹da**
daher ['dɑ:hɐ/auch dɑ'he:ɐ] ⟨Adv.⟩ **1.** /lokal/ *von ~*
ʹvon, aus dem genannten Ort, der genannten
Stelleʹ; SYN dorther: *er kommt aus Leipzig,
kommst, stammst du auch ~?; von ~ komme ich
gerade;* vgl. hierher **2.** [vorw. 'd..] ʹaus dem genann-
ten Grundeʹ; ↗ FELD I.4.2.3: *er hat das selbst er-
lebt und kann es ~ am besten beurteilen; der Streit
kommt ~* (ʹdurch die Tatsacheʹ), *das ...;* ⟨auch als
Konjunktionaladv.; mit Inversion des Subj.;
schließt an einen vorausgehenden Hauptsatz einen
Hauptsatz an; konsekutiv⟩ *das Flugzeug wird ver-
misst, ~ nimmt man an, dass es abgestürzt ist* ❖ vgl.
daherkommen, daherreden; vgl. auch **¹da, her**
daher [..'he:ɐ]∥**-kommen**, kam daher, ist dahergekom-
men /jmd./ ʹzu Fuß herankommenʹ: ⟨vorw. mit
Adv.best.⟩ *wir sahen ihn langsam, mit langen Schrit-
ten ~* ❖ ↗ **daher**, ↗ **kommen**; **-reden**, redete daher,
hat dahergeredet /jmd./ ʹohne nachzudenken meist

Törichtes sagen': *red nicht so viel (Unsinn) daher!* ❖ daher, ↗ reden

dahin [dɑˈhɪn/auch ˈdɑ..] ⟨Adv.⟩ vgl. *hierhin* **1.** /lokal/ ˈan den genannten Ort, an die genannte Stelle'; SYN dorthin: *er geht, fährt in die Stadt, und ich werde ihn ~ begleiten; den Schrank wollen wir ~ stellen, wo noch kein Teppich liegt* **2.** [vorw. ˈd..] *bis ~* ˈbis zu diesem Zeitpunkt': *er kommt um siebzehn Uhr, bis ~ musst du gepackt haben; bis ~ ist noch genug Zeit/es ist noch genug Zeit bis ~* **3.** ˈin diesen bestimmten Zustand': *~* (ˈin diesen schlimmen Zustand') *ist es nun mit ihm gekommen, dass …* **4.** [nur ˈd..] ˈin die bestimmte gedankliche Richtung': *meine Meinung geht ~, dass …; etw. ~ gehend* (ˈauf diese Weise') *klären, dass …* ❖ **dahingestellt**; vgl. auch ¹**da, hin**

dahingestellt [dɑˈhɪŋɡəʃtɛlt] ⟨Adj.; nur präd.⟩ *es ist, bleibt ~* (SYN ˈoffen 4'), *wie der Unfall zustande kam; jmd. lässt es ~ sein, ob das Zitat zutrifft, wer der Täter war* ❖ ↗ **dahin;** ↗ **stellen**

dahinten [dɑˈhɪntn̩] ⟨Adv.⟩ ˈdort hinten': *lass das ~ stehen!;* ⟨+ Adv.best.⟩ *~ an der Ecke/an der Ecke ~ biegt der Weg ab* ❖ ↗ **hinten,** vgl. auch ¹**da**

dahinter [dɑˈhɪntɐ/ˈdɑ..] ⟨Pronominaladv.⟩ ANT davor /auf Sachen bez./ **1.** /lokal/ **1.1.** ˈhinter dem Genannten': *sie standen vor dem Zaun, ~ warteten die anderen* **1.2.** ˈhinter das Genannte': *vorne stellte er die Bücher auf, ~ stellte er die Büste* **2.** /auch auf Personengruppen bez./ ˈin der Reihenfolge nach der genannten Sache, Personengruppe'; SYN danach (2); ANT davor (3): *die großen Kinder gingen voran, ~ folgten die kleinen* ❖ vgl. auch ¹**da,** ²**hinter** MERKE Zur Betonung: ↗ *dabei* (Merke). − Zur Getrennt- und Zusammenschreibung von *dahinter* und *sein:* Getrenntschreibung auch im Infinitiv

dahinter klemmen, sich ⟨hat⟩ umg. /jmd./ *sich ~* ˈsich sehr anstrengen, um eine Aufgabe zu bewältigen': *wenn du das, die Prüfung noch schaffen willst, musst du dich sehr ~!*

dahinter kommen, kam dahinter, ist dahinter gekommen umg. /jmd./ ˈdie bestimmte, noch unbekannte, verheimlichte Sache herausfinden (1.2), ermitteln': *das ist ihr Geheimnis, aber wir werden schon noch ~; ich kam schließlich dahinter, wer das war, was du vor mir verbargst; er wird auch noch ~* (ˈes auch noch begreifen 1')

dahinter stecken ⟨hat⟩ umg. **1.** /etw./ ˈdie unbekannte, verborgene Ursache für etw. sein': *wer weiß, was da, bei diesen krummen Geschäften (noch alles) dahinter steckt!* **2.** /jmd./ ˈder unbekannte, verborgene Urheber von etw., eines Vorganges, Geschehens sein': *es war lange unklar, wer dahinter steckte, dass der Präsident dahinter steckte*

dahinter stehen, stand dahinter, hat dahinter gestanden **1.** /jmd./ ˈfür das Genannte eintreten': *das lässt sich nur durchsetzen, wenn alle ~* **2.** /etw./ ˈdie treibende Kraft für etw. sein': *wir kannten die Leidenschaft, die dahinter stand, als er seine Experimente machte*

Dahlie [ˈdɑːljə], **die**; ~, ~n ˈim Sommer und Herbst blühende staudenartige Pflanze mit großen Blüten in verschiedenen Farben'

da [ˈdɑː..]‖**lassen** (er lässt da), ließ da, hat dagelassen /jmd./ *etw., jmdn. ~* ˈetw., jmdn. an einer bestimmten Stelle zurücklassen': *sie hat ihre Sachen, ihre Kinder dagelassen* ❖ ↗ ¹**da,** ↗ **lassen**

damalig [ˈdɑːmɑlɪç] ⟨Adj.; o. Steig.; nur attr.⟩ ˈdamals bestehend': *er hat seine ~e Meinung nicht geändert; der ~e* (ˈdamals amtierende') *Ministerpräsident* ❖ ↗ **Mal**

damals [ˈdɑːmɑls] ⟨Adv.⟩ ˈzu, in der genannten zurückliegenden Zeit': *als wir uns ~ kennen lernten …* ❖ ↗ **Mal**

Damast [ˈdɑːmast], **der**; ~s/auch ~es, ⟨o.Pl.⟩ ˈ(einfarbiges) Gewebe mit einem beim Weben erzeugten glänzenden Muster': *Bettwäsche aus ~*

Dame [ˈdɑːmə], **die**; ~, ~n **I.1.** /Bez. für eine erwachsene weibliche Person, die man nicht näher kennt/; ANT Herr /in höflicher Rede/: *eine (junge, ältere, alte) ~ möchte Sie sprechen; die ~ des Hauses* (ˈdie Gastgeberin') **2.** ⟨+ *mein*⟩ /als höfliche Anrede für eine erwachsene weibliche Person, die man nicht näher kennt/; ANT Herr: *was wünschen Sie, meine ~?; meine sehr verehrten ~n und Herren!* /Anrede bei einer Ansprache, einem Vortrag/ **3.** ⟨mit best. Attributen⟩ ˈerwachsene weibliche Person, die durch ihr Äußeres, Benehmen und Auftreten vornehm, kultiviert wirkt'; ANT Herr: *eine elegante ~; wer ist die reizende alte ~?* − **II.1.** ˈdie beweglichste, stärkste Figur im Schach': *mit der ~ den König matt setzen* **2.** ˈSpielkarte mit dem Bild einer Dame (I)': *Herz ~ ausspielen;* vgl. *König* (3) ❖ **Damenbekleidung, -rad, -toilette, -wahl**

Damen [ˈdɑːmən..]‖**-bekleidung, die** ˈKleidung für Frauen': *ein Geschäft für ~* ❖ ↗ **Dame,** ↗ **Kleid; -(fahr)rad, das** ˈFahrrad ohne Stange zwischen Sitz und Lenker' ❖ ↗ **Dame,** ↗ **Rad; -toilette, die** ˈToilette (II.1) für Frauen' ❖ ↗ **Dame,** ↗ **Toilette; -wahl, die** ⟨o.Pl.⟩: *beim nächsten Tanz ist ~* (ˈfordern die Damen die Herren zum Tanz auf') ❖ ↗ **Dame,** ↗ **Wahl**

¹**damit** [dɑˈmɪt/auch ˈdɑ..] **I.** ⟨Pronominaladv.⟩ vgl. *hiermit* /auf Sachen bez./ **1.** ˈmit Hilfe des Genannten': *nimm die Zange und ziehe ~ die Nägel heraus!; jeder kann sich impfen lassen und sich ~ vor einer Erkrankung schützen* **2.** ˈdas Genannte mit sich nehmend': *er nahm die Geschenke und ging ~ davon* **3.** ˈmit der genannten Sache, Tätigkeit': *er wäscht sich noch, ist aber gleich ~ fertig; er hat sich ~* (ˈmit der Tatsache') *abgefunden, nichts zu erben; her ~* (ˈgib es mir sofort')*!* **4.** /temporal/ ˈgleichzeitig mit dem Genannten': *die Versammelten sangen ein Lied, und ~ war die Feier zu Ende* − **II.** ⟨Konjunktionaladv.; mit Inversion des Subj.; schließt an einen vorausgehenden Hauptsatz einen Hauptsatz an; kausal⟩ ˈaus dem genannten Grunde': *die Berechnungen liegen vor, ~ sind wir in der Lage, …* ❖ ↗ **mit;** vgl. auch ¹**da**

MERKE Zur Betonung: ↗ *dabei* (Merke)

²damit ⟨Konj.; subordinierend; der Nebensatz steht
vor od. hinter dem Hauptsatz⟩ /final; der Neben-
satz gibt das Ziel an für den im Hauptsatz genann-
ten Sachverhalt/ ⟨die Subj. der Handlungen im
Haupt- und Nebensatz sind identisch od. nicht
identisch⟩ SYN auf dass; dass (I.2.1): *er beeilte
sich, ~ er rechtzeitig ankommt; ich sage es euch
(deshalb), ~ ihr euch darauf einrichten könnt; Kon-
trollen sind deshalb notwendig, ~ solche Pannen
nicht wieder passieren*
MERKE Zum Verhältnis von *²damit* und *um …
zu: Wenn das Subjekt des Hauptsatzes und das Sub-
jekt des Nebensatzes identisch sind, können ²damit
und um … zu* ⟨+ Inf.⟩ *synonymisch verwendet
werden. Sind sie nicht identisch, wird meist die
Konstruktion mit ²damit verwendet*
dämlich ['dɛm../'deːm..] ⟨Adj.; Steig. reg.⟩ umg.
emot. **1.1.** SYN 'dumm (1.1)' /auf Personen bez./;
↗ FELD I.5.3: *er ist ein ~er Kerl* **1.2.** SYN 'dumm
(1.2)': *stell dich nicht so ~* ('ungeschickt') *an!* **1.3.**
⟨Steig. ungebr.⟩ SYN 'dumm (1.4)': *sein ~es Gere-
de*
Damm [dam], der; ~s/auch ~es, Dämme ['dɛmə] **1.**
'aus Erde, Gestein od. Beton geschaffene lang ge-
streckte Erhöhung an Ufern, Küsten zum Schutz
gegen (Hoch)wasser': *einen ~ bauen, errichten; bei
der Sturmflut ist der ~ gebrochen* **2.** 'erhöhter be-
festigter Untergrund (2) für eine Straße, für
Gleise': *ein ~ verbindet die Insel mit dem Festland*
❖ **dämmen – Staudamm**
* /jmd./ **nicht auf dem ~ sein** ('nicht gesund und leis-
tungsfähig sein') ❖ **dämmen – Staudamm**
dämmen ['dɛmən] ⟨reg. Vb.; hat⟩ **1.** /jmd./ *das Hoch-
wasser ~* ('durch einen Damm 1 aufhalten') **2.**
/jmd./ *seine Wut, Erregung ~* (SYN 'unterdrücken
4') ❖ ↗ **Damm**
dämmerig ['dɛm(ə)ʀɪç] ⟨Adj.; o. Steig.⟩; ↗ FELD
VI.2.3 **1.** ⟨nur präd.⟩ *es ist, wird ~* ('es dämmert
1') **2.** ⟨nicht bei Vb.⟩ 'zwischen hell und dunkel':
im Zimmer war es ~; ~es Licht herrschte im Raum
❖ ↗ **dämmern**
dämmern ['dɛmɐn] ⟨reg. Vb.; hat⟩ **1.** *es, der Morgen,
Abend dämmert* ('die Morgendämmerung, Abend-
dämmerung bricht an; ↗ anbrechen 3'; ↗ FELD
VI.2.2, VII.1.2) **2.** umg. *bei jmdm. dämmert es* 'jmd.
beginnt, etw. zu verstehen, sich an etw. zu erin-
nern': *na, dämmert es endlich bei dir?* **3.** umg. *es
dämmert jmdm.* 'jmd. ahnt etw., jmdm. wird etw.
allmählich klar': *jetzt dämmert's (bei) ihm* ❖ **däm-
merig, Dämmerung**
Dämmerung ['dɛmɐ..], die; ~, ⟨o.Pl.⟩ 'Zeitraum am
Morgen, wenn es allmählich hell wird, od. Zeit-
raum am Abend, wenn es allmählich dunkel wird';
↗ FELD VI.6.2.1: *in der ~ kommen die Rehe aus
dem Wald* ❖ ↗ **dämmern**
dämonisch [dɛ:'moːn..] ⟨Adj.; Steig. reg., ungebr.;
vorw. attr.⟩ 'eine unwiderstehliche, unheimlich wir-
kende Kraft, Macht ausübend': *sein dämonischer
Blick; ~e Leidenschaften; die ~en Gestalten des
Romans; er spielte die Rolle ausgesprochen ~*

Dampf [dampf], der; ~es/auch ~s, Dämpfe ['dɛmpfə]
'regellos geformte undurchsichtige, in der Luft
schwebende, aufsteigende, dahinziehende, bes. aus
Wasser entstandene Masse im Zustand zwischen
flüssig und gasförmig'; ↗ FELD VI.5.1: *durch Er-
hitzen von Wasser ~ erzeugen; ↗ ungesättigter, ↗
gesättigter ~; eine Maschine mit ~ betreiben; gif-
tige Dämpfe von Chemikalien* ❖ **dampfen, dämpfen,
Dampfer**
* umg. /jmd./ **jmdm. ~ machen** ('jmdn. bei einer Ar-
beit zu größerer, großer Eile antreiben 2.1'); **der ~
ist (aus etw.) raus** ('etw. erlahmt in seiner Aktivi-
tät')
dampfen ['dampfn] ⟨reg. Vb.; hat⟩ /etw./ 'Dampf ent-
wickeln, bilden'; ↗ FELD VI.5.2: *die Suppe dampft
noch; ~des Wasser* ❖ ↗ **Dampf**
dämpfen ['dɛmpfn] ⟨reg. Vb.; hat⟩ **1.** /jmd./ *etw. ~*
'etw., bes. Gemüse, in Wasserdampf garen'; ↗
FELD VI.5.2: *Gemüse, Kartoffeln, Fisch ~* **2.**
/jmd./ *etw. ~* 'etw., bes. einen akustischen, opti-
schen Reiz, in seiner Intensität, Wirkung abschwä-
chen': *den Schall, Ton ~; die Geräusche drangen
nur gedämpft herüber* **3.** /jmd., etw./ *etw. ~* 'eine
psychische Regung mildern': *er versuchte ihren
Zorn zu ~; das hat seine Wut ganz schön gedämpft*
❖ **zu (2,3):** Dämpfer; **zu (1):** ↗ Dampf
Dampfer ['dampfɐ], der; ~s, ~ 'durch eine Dampf-
maschine od. durch Motoren angetriebenes größe-
res Schiff'; ↗ FELD VIII.4.3.1 ❖ ↗ **Dampf**
* /jmd./ **auf dem falschen ~ sein** 'irrige Vorstellungen
von etw. haben': *da bist du aber auf dem falschen
~, mein Lieber!*
Dämpfer ['dɛmpfɐ], der; ~s, ~ 'kleiner Gegenstand,
mit dem die Töne bestimmter Musikinstrumente
gedämpft werden': *der ~ für eine Trompete* ❖ ↗
dämpfen
* /jmd./ **einen ~ bekommen** ('gerügt, enttäuscht wer-
den, sodass die Begeisterung, das Selbstgefühl des
Betroffenen sich abschwächt')
Dampf|maschine ['dampf..], die 'Maschine, die Ener-
gie zur Bewegung mittels der Energie von Dampf
erzeugt, der unter Druck steht'; ↗ FELD V.5.1 ❖
↗ **Dampf,** ↗ **Maschine**
danach [da'naːx/auch 'daːn..] ⟨Pronominaladv.⟩ /auf
Sachen bez./ **1.** /temporal/ 'nach dem Genannten';
SYN darauf (I.2), hinterher (2), nachher (1.2);
ANT davor (2), vorher; ↗ FELD VII.4.3: *während
des Urlaubs und ~; erst essen wir zu Mittag, ~ ge-
hen wir spazieren* **2.** /auch auf Personengruppen
bez./ SYN 'dahinter (2)'; ANT davor (3): *die gro-
ßen Kinder gingen voran, (erst) ~ kamen die klei-
nen/die kleinen kamen (erst) ~; zuerst nehmen wir
die Bücher, ~ die Schallplatten* **3.** 'in Richtung auf
das Genannte als Ziel der Handlung': *sobald er die
Flasche entdeckt hatte, griff er ~; danach hatte er
sich schon lange gesehnt; ihm war nicht ~ (zumute)*
('er hatte keine Lust darauf, dazu'), *schwimmen zu
gehen* **4.** 'dem Genannten entsprechend'; ↗ FELD
I.4.2.3: *was vereinbart wurde, ~ muss sich jeder rich-
ten; umg. das war alles sehr billig, es war aber auch*

~ (ˈwar aber auch entsprechend minderwertig') ❖ ↗ **nach**; vgl. auch **¹da**
MERKE Zur Betonung: ↗ *dabei* (Merke)
daneben [daˈneːbm̩/auch 'daː..] **I.** ⟨Pronominaladv.⟩ /auf Sachen bez./ **1.** /lokal/ **1.1.** ˈneben dem Genannten': *da ist das Haus, ~ hat schon immer die Schule gestanden* **1.2.** ˈneben das Genannte': *hierhin kommt der Ofen, und ~ musst du den Sessel stellen* **2.** ˈverglichen mit dem Genannten': *das war eine so gute Leistung, ~ kann es kaum noch eine bessere geben* – **II.** ⟨Konjunktionaladv.; mit Inversion des Subj.; schließt an einen vorausgehenden Hauptsatz einen Hauptsatz an⟩ SYN ˈaußerdem': *er studiert noch, ~ gibt er aber auch schon Unterricht* ❖ **danebenbenehmen, danebenhalten, danebenhauen**; vgl. auch **neben, ¹da**
MERKE Zur Betonung: ↗ *dabei* (Merke). – Zur Getrennt-, Zusammenschreibung von *daneben* und *sein:* Getrenntschreibung auch im Infinitiv
daneben [daˈneːbm̩..]|-**benehmen, sich** (er benimmt sich daneben), benahm sich daneben, hat sich danebenbenommen /jmd./ ˈsich ungehörig benehmen' ❖ ↗ daneben, ↗ benehmen; -**halten** (er hält daneben), hielt daneben, hat danebengehalten /jmd./ *etw. ~* ˈetw. mit dem Genannten vergleichend': *das ist ein schönes Kleid, wenn ich das meine danebenhalte* ❖ ↗ daneben, ↗ halten; -**hauen**, haute daneben, hat danebengehauen umg. /jmd./ SYN ˈsich bei, in etw. irren (1.2)': *er hat bei der Beurteilung dieser Erscheinungen, in dieser Beziehung ganz schön, tüchtig danebengehauen* ❖ ↗ daneben, ↗ hauen
dank [daŋk] ⟨Präp. mit Dat., auch mit Gen.; vorangestellt; oft in Verbindung mit Verbalabstrakta u. subst. Verben⟩ **1.** /kausal; gibt die Voraussetzung od. Begründung für einen positiven Sachverhalt an/; SYN aufgrund (1): *~ ihrem guten Zeugnis wurde sie eingestellt; ~ seiner Vorsicht kam es zu keinem Unfall;* ⟨vor subst. Verben meist mit Gen.⟩ *~ seines Eingreifens konnte der Überfall verhindert werden* **2.** /instrumental; gibt auch das Mittel für die Erreichung eines meist positiven Zieles an/: *~ seinem Fleiß/seines Fleißes konnte er den Termin einhalten;* ⟨vor Pl. meist Gen.⟩ *~ seiner Mithilfe, Kenntnisse konnten wir das Projekt verwirklichen* ❖ ↗ **Dank**
Dank, der; ~es, ⟨o.Pl.⟩ ˈdurch Äußerung, Verhalten, Tun ausgedrückte, an jmdn. gerichtete Anerkennung für etw. Gutes, das dieser ihm erwiesen hat': *er hat uns seinen ~ (für unsere Hilfe) ausgesprochen, übermittelt; wir sind ihm zu ~ verpflichtet; er hat uns zum, als ~ (für unsere Hilfe) ein Geschenk gemacht; Worte des ~es sprechen; jmdm. seinen ~ abstatten; jmdm. ~ ↗ zollen; Gott sei ~!* /Ausruf der Erleichterung/; /in kommunikativen Wendungen, mit denen man seine Dankbarkeit ausdrückt/: *vielen ~!; besten ~!, herzlichen ~!* ❖ **dank, dankbar, Dankbarkeit, danke, danken, bedanken, verdanken** – **Danksagung**

dankbar [ˈdaŋk..] ⟨Adj.⟩ **1.** ⟨Steig. reg.⟩ ˈvon Dank erfüllt und dies erkennen lassend' /vorw. auf Personen bez./: *wir sind dir für deine Hilfe, das Geschenk sehr ~; er hat sich immer wieder ~ gezeigt, erwiesen; sie hat unseren Rat ~ angenommen; ein ~er Blick; ein ~es Kind, Publikum* **2.** ⟨o. Steig.; nicht bei Vb.⟩ *eine ~e* (ˈErfolg bringende, versprechende, leichte') *Arbeit, Aufgabe, Rolle* ❖ ↗ **Dank**
Dankbarkeit [ˈdaŋkbaːʁ..], **die** ~, ⟨o.Pl.⟩ /zu *dankbar* 1/ ˈdas Dankbarsein': *als Zeichen seiner ~ bedachte er sie in seinem Testament* ❖ ↗ **Dank**
danke [ˈdaŋkə] ⟨steht für einen Satz; betont; ↗ auch *danken*⟩ **1.** ⟨allein stehend od. isoliert⟩ /als Dank für jmds. Hilfe, Freundlichkeit, für das, was jmd. getan hat/: *~/~ sehr/~ schön; ~, dass du gekommen bist; ~, dass du mir geholfen hast; ~ für das Geschenk!* **2.** /als Dank für etw., was jmd. gefragt hat/ ⟨allein stehend od. isoliert⟩ /als bejahende Antwort, als Dank auf jmds. Frage, die ein Angebot enthält/: *„Möchten Sie eine Tasse Kaffee?" „Danke!"/„Ja, ~!"/„Danke, gern!";* /als höfliche verneinende Antwort auf jmds. Frage, die ein Angebot enthält/: *„Möchten Sie eine Tasse Kaffee?" „Danke!"/„Danke, nein!"* **3.** ⟨allein stehend od. isoliert /als Dank für das Interesse, das jmd. mit einer Frage, bes. nach der Gesundheit, äußert und worauf man meist Positives antworten kann/: *„Wie geht es Ihnen, Ihrer Frau, Ihren Kindern?" „Danke"!/„Danke, gut!"/„Danke, es geht mir, ihr, ihnen gut!";* vgl. *bitte* ❖ ↗ **Dank**
danken [ˈdaŋkn̩] ⟨reg. Vb.; hat; ↗ auch *danke*⟩ **1.** /jmd./ **1.1.** *jmdm. ~* ˈjmdm. seinen Dank aussprechen': *ich danke Ihnen sehr, herzlich (dafür)!; er hat das Geschenk ~d angenommen* **1.2.** *jmdm für etw. ~* ˈjmdm. sagen, dass man für etw. dankbar ist': *er dankte ihm herzlich, überschwenglich für die Einladung, das Geschenk; ich danke dir vielmals für die schönen Blumen;* vgl. *bedanken* **2.** /jmd./ *jmdm. etw. ~* ˈjmdm. durch sein Handeln seinen Dank für etw. Gutes, das dieser ihm erwiesen hat, ausdrücken'; SYN lohnen (2): *er ist es ihnen, er hat ihnen ihre Liebe ein Leben lang, schlecht, nicht gedankt; wie kann ich Ihnen das jemals ~* (ˈdas jemals gutmachen')*?;* vgl. *vergelten* **3.** /jmd./ ˈden Gruß einer Person erwidern': *wir haben ihn gegrüßt, aber er hat nicht gedankt* ❖ ↗ **Dank**
Dank|sagung [ˈdaŋkzaːg..], **die**; ~, ~en ˈförmliche schriftliche Äußerung, auch als Inserat, mit der man für die Bekundung des Mitleids bei einem Todesfall dankt' ❖ ↗ **Dank,** ↗ **sagen**
dann [dan] ⟨Adv.⟩ **1.** ˈdanach (1)': *erst sagte er zu, ~ wieder ab* **2.** ˈdanach (2)': *die großen Kinder gingen voran, ~ folgten die kleineren* **3.** ˈzu dem betreffenden späteren Zeitpunkt': *noch ein Jahr, ~ ist er mit der Ausbildung fertig; ich sehe ~ noch einmal nach;* /in der kommunikativen Wendung/ *bis ~* /als Gruß zum Abschied, wenn man weiß, dass man zu einem bestimmten Zeitpunkt, meist bald, wieder zusammen sein wird/ **4.** ⟨+ *noch*⟩ ˈaußerdem' /drückt häufig den Überdruss des Sprechers aus/: *sie hatte*

schon genug Probleme und ~ (auch) noch den Ärger mit dem Hausmeister; und ~ kommt noch mein Freund dazu! **5.** ʿin dem genannten Fallʾ: ⟨oft in Korrelation mit *wenn*⟩: *wenn alles klappt, ~ gehen wir heute gemeinsam essen; das geht nur ~, wenn …; wenn es aber so nicht geht, was ~?*
* ~ und wann (ʿab und zu, hin und wiederʾ)

daran [daˈʀan/auch ˈdɑː..; Trennung: dar|an od. da|ran] ⟨Pronominaladv.; ↗ auch *dran*⟩ /auf Sachen bez./ **1.** /lokal/ **1.1.** ʿan dem Genanntenʾ: *achte auf die Tür, ~ muss ein Schild hängen* **1.2.** ʿan das Genannteʾ: *vorn ist eine Tür, ~ kannst du das Rad lehnen* **2.** *im Anschluss ~/~ anschließend* ʿdanach (1)ʾ: *wir werden einen Vortrag hören und im Anschluss ~/ ~ anschließend einen Film sehen* **3.** ʿan das Genannte, an dem Genanntenʾ: *~ ist kein Wort wahr/ es ist kein Wort wahr ~; kannst dich noch ~ erinnern?; er hat Interesse ~, dieses Bild zu kaufen; er hat einen Bart, du erkennst ihn ~; er litt an Diabetes und ist ~ gestorben;* vgl. *hieran* ❖ **daranmachen, daransetzen;** vgl. auch **¹da, ²an**
MERKE Zur Betonung: ↗ *dabei* (Merke). − Zur Getrennt-, Zusammenschreibung von *daran* und *sein:* Getrenntschreibung auch im Infinitiv

daran [daˈʀan..]|**-machen, sich** ⟨trb. reg. Vb.; hat⟩ /jmd./ *sich ~, etw. zu tun* ʿdamit beginnen, etw. Bestimmtes zu tunʾ: *sie machte sich daran, den Tisch zu decken* ❖ ↗ daran, ↗ machen; **-setzen, sich** ⟨trb. reg. Vb.; hat⟩ /jmd./ *alles, alle Kräfte* ~ (ʿaufbietenʾ), *(um) das Spiel zu gewinnen, das Ziel zu erreichen* ❖ ↗ daran, ↗ setzen

darauf [daˈʀauf/auch ˈdɑː..; Trennung: dar|auf od. da|rauf] **I.** ⟨Pronominaladv.; ↗ auch *drauf*⟩ vgl. *hierauf* /auf Sachen bez./ **1.** /lokal/ **1.1.** ʿauf dem Genanntenʾ: *ein Tisch mit einer Vase ~* **1.2.** ʿauf das Genannteʾ: *da ist der Tisch, ~ stelle ich die Vase* **2.** /temporal/ SYN ʿdanach (2)ʾ; ANT davor (2), vorher: *wir meldeten uns an der Rezeption und konnten (gleich) ~ unsere Zimmer aufsuchen; sie spielten einen Walzer und ~ einen Tango* **3.** ʿauf dem Genannten, das Genannte als Grundlage, Zielʾ: *das sind die Grundlagen, ~ müssen wir aufbauen; diese Bemerkung hat ihn ~ gebracht anzunehmen, dass …; er ist ganz versessen ~; ~ hat er sich schon lange gefreut; die Vorfreude ~ ist das Schönste an der Sache; dass du drei Kinder hast, ~ wäre ich nie gekommen; es, das kommt ~ an* (ʿhängt davon abʾ), *ob …, wie …;* vgl. *hierauf* − **II.** ⟨Konjunktionaladv.; mit Inversion des Subj.; schließt an einen vorausgehenden Hauptsatz einen Hauptsatz an; konsekutiv⟩ ʿdaraufhin (2)ʾ: *er hatte sich bewährt, ~ wurde er befördert* ❖ **daraufhin;** vgl. auch **¹da, ³auf**
MERKE Zur Betonung: ↗ *dabei* (Merke). − Zur Getrennt-, Zusammenschreibung mit *sein:* Getrenntschreibung auch im Infinitiv

darauf|hin [daʀaufˈhɪn/auch ˈdɑː..] ⟨Adv.⟩ **1.** ʿim Hinblick auf den genannten Sachverhaltʾ: *das Gerät ist defekt, es sollte ~ überprüft werden* **2.** ʿaus dem genannten Grundeʾ: *sie kritisierten ihn heftig,*

sodass er ~ seine Ansichten neu überdachte; wurde von einem tollwütigen Hund gebissen und ~ geimpft; ⟨auch als Konjunktionaladv.; mit Inversion des Subj.; schließt an einen vorausgehenden Hauptsatz einen Hauptsatz an⟩: *es gab Anzeichen einer Epidemie, ~ wurden die Kinder geimpft* ❖ ↗ **darauf,** ↗ **hin**

daraus [ˈdɑːʀaus/auch ..ˈʀ..; Trennung: dar|aus od. da|raus] ⟨Pronominaladv.; ↗ auch *draus*⟩ /auf Sachen bez./ **1.** /lokal/ ʿaus dem genannten Behältnis, Gefäßʾ: *er öffnete seine Tasche und brachte ein Buch ~ hervor; er nahm das Glas und trank ~* **2.** ʿaus dem Gedruckten, Geschriebenenʾ: *hier ist das Buch, lies ~ vor!* **3.** ʿaus dem genannten Materialʾ: *sie kaufte Stoff und nähte sich ~ ein Kleid* **4.** ʿaus dem, was das Genannte betrifftʾ: *Indizien, Aussagen, Schriftstücke liegen vor, man kann ~ entnehmen, folgern, dass er schuldig ist* ❖ ↗ **¹aus;** vgl. auch **¹da**
MERKE Zur Betonung: ↗ *dabei* (Merke)

darbieten [ˈdɑːʀ..], bot dar, hat dargeboten **1.** /jmd./ *etw.* ~ ʿetw. als künstlerische Leistung im Rahmen einer Veranstaltung bietenʾ: *das Ensemble hat einzelne Szenen aus dem Theaterstück dargeboten; es wurden Volkstänze und Sketche dargeboten* **2.** /jmd./ *etw.* ~ SYN ʿetw. vortragen (1)ʾ: *den Inhalt einer Lektion in flüssiger Form, ein Gedicht ~* **3.** /etw./ *sich* ~ ʿsich zeigen (3.2), zu sehen seinʾ: *ein malerischer Anblick, Ausblick bot sich (uns) dar* ❖ ↗ **bieten**

Darbietung, die; ~, ~en **1.** /zu *darbieten* 1 u. 2/ ʿdas Darbietenʾ /zu 1/: *die ~ moderner Tänze, Theaterstücke;* /zu 2/: *die ~ des Lehrstoffs* **2.** /zu *darbieten* 1 u. 2/ ʿdas Dargeboteneʾ: *musikalische, artistische ~en* ❖ ↗ **bieten**

darf: ↗ *dürfen*

darin [dɑːˈʀɪn/auch ˈdɑː..; Trennung: dar|in od. da| rin] ⟨Pronominaladv.; ↗ auch *drin*⟩ /auf Sachen bez./ **1.** /lokal/ ʿin dem Genanntenʾ: *er öffnete die Dose, es war nichts ~; ein Haus mit lauter neuen Möbeln ~; nimm etwas Wasser und löse die Tablette ~ auf!* **2.** ʿin dem Genanntenʾ: *stimme ich mit dir überein; ~ lag mein Fehler; sie waren sich ~ einig, sicher, dass sie siegen würden* ❖ ↗ **in;** vgl. auch **¹da**
MERKE Zur Betonung: ↗ *dabei* (Merke). − Zur Getrennt-, Zusammenschreibung von *darin* und *sein:* Getrenntschreibung auch im Infinitiv

darlegen [ˈdɑːʀ..] ⟨trb. reg. Vb.; hat⟩ /jmd./ *jmdm. etw.* ~ ʿjmdm. etw. erklären (1.1)ʾ: *wir legten (ihm) unsere Gründe, Ansichten dar* ❖ ↗ **legen**

Darlehen [ˈdɑːʀleːən], **das;** ~s, ~ ʿSumme Geld, die für eine bestimmte Zeit verliehen wirdʾ: *ein zinsloses ~; ein ~ (von 10.000 Mark) bekommen, aufnehmen, geben, gewähren* ❖ ↗ **leihen**

Darm [daʀm], **der;** ~s/auch ~es, Därme [ˈdɛʀmə] ʿlanges schlauchförmiges, der Verdauung dienendes Organ im Bauch von Mensch und Tierʾ; ↗ FELD I.1.1: *den ~ entleeren* ❖ **Blinddarm**

darstellen [ˈdɑːʀ..] ⟨trb. reg. Vb.; hat⟩ **1.** /jmd., bes. Maler/ *jmdn., etw.* ~ ʿjmdn., etw. in einem Bild o.Ä. wiedergebenʾ: *er hat ihn in realistischer Weise,* *hat eine Landschaft dargestellt; etw., die Schwankungen der Temperatur graphisch* ~ **2.** /jmd., bes. Schauspieler, Sänger, Tänzer/ *jmdn., etw.* ~ ˈ(als Schauspieler, Sänger oder Tänzer) eine Rolle od. in einer Rolle einen psychischen Zustand gestalten': *er hat Goethes Faust, einen Liebhaber, Wut und Verzweiflung dargestellt* **3.** /jmd./ *etw.* ~ ˈjmdm. einen Sachverhalt so erklären, dass er für jmdm. verständlich, durchschaubar wird'; ↗ FELD I.13.2: *etw. schriftlich, genau, falsch, anschaulich* ~; *den Hergang, einen Vorfall ausführlich* (SYN ˈbeschreiben 2ˈ) ~ **4.** /etw./ *etw.* ~ ˈetw. sein': *seine Erforschung der Wüste stellt eine große Leistung, den Höhepunkt seines Lebens dar* ❖ **Darsteller, Darstellerin, Darstellung;** vgl. auch **stellen**

Darsteller [ˈdaːʀʃtɛlɐ], **der**; ~s, ~ ˈSchauspieler, Sänger, Tänzer, der eine bestimmte Rolle verkörpert': *der* ~ *des Hamlet* ❖ ↗ **darstellen**

Darstellerin [ˈdaːʀʃtɛləʀ..], **die**; ~, ~nen /zu *Darsteller;* weibl./ ❖ ↗ **darstellen**

Darstellung [ˈdaːʀʃtɛl..], **die**; ~, ~en **1.** ⟨vorw. Sg.⟩ /zu *darstellen* 1–3/ ˈdas Darstellen'; /zu 2/: *seine* ~ *des Hamlet;* /zu 3/ (↗ FELD I.13.1): *in seiner* ~ *der Ereignisse fortfahren* **2.** ˈetw. grafisch Dargestelltes' (↗ *darstellen* 1)': *farbige* ~*en; eine grafische* ~ ❖ ↗ **darstellen**

darüber [daˈʀyːbɐ/auch ˈdaː..; Trennung: darǀüber od. daǀrüber] ⟨Pronominaladv.; ↗ auch *drüber*⟩ /auf Sachen bez./ **1.** /lokal/ **1.1.** ˈüber dem Genannten'; ANT darunter: *im Erdgeschoss sind Geschäfte,* ~ *Wohnungen* **1.2.** ⟨+ *hinweg*⟩ ˈüber das Genannte': *er wollte* ~ *hinwegspringen* **1.3.** ⟨+ *hinaus*⟩ *er wirft den Speer siebzig Meter weit und* ~ *hinaus* (ˈund noch weiter') **2.** /temporal/ **2.1.** [..ˈʀ..] ˈlänger als die genannte Zeit': *er arbeitete oft bis Mitternacht und* ~ *(hinaus); er wollte um drei Uhr kommen, jetzt aber ist es schon zehn Minuten* ~ **2.2.** SYN ˈinzwischen (1)': *er hatte gelesen und war* ~ *eingeschlafen; wer weiß, wann er kommt,* ~ *kann es Abend werden* **3.1.** ˈmehr (I) als das Genannte'; ANT darunter: *der Preis beträgt zehn Mark oder etwas* ~; *die Pakete wiegen zehn Kilo und* ~ **3.2.** ⟨+ *hinaus*⟩ *er bekam eine Prämie und* ~ *hinaus* (ˈaußerdem noch') *einen Blumenstrauß* **4.** ˈüber (1,2) das Genannte': *das ist das Thema, wir haben schon* ~ *gesprochen; er war froh* ~/*freute sich* ~, *dass ...; die Freude* ~ *war unbeschreiblich; er hatte viel Kummer, war aber schließlich* ~ *hinweggekommen;* vgl. **hierüber** ❖ ↗ **über;** vgl. auch **¹da, drüber** MERKE Zur Betonung: ↗ *dabei* (Merke). – Zur Getrennt-, Zusammenschreibung von *darüber* und *sein:* Getrenntschreibung auch im Infinitiv

darum [ˈdaːʀʊm/auch ..ˈʀ..; Trennung: darǀum od. daǀrum] **I.** ⟨Pronominaladv.; ↗ auch *drum*⟩ /auf Sachen bez./ **1.** /lokal/ ˈum das Genannte herum': *ein Haus mit einem Garten* ~ *(herum)* **2.** ˈum das Genannte': *er hat sie immer wieder* ~ *gebeten, ihn zu besuchen; ich werde mich* ~ *kümmern* – **II.** ⟨Konjunktionaladv.; mit Inversion des Subj.; schließt an einen vorausgehenden Hauptsatz einen

Hauptsatz an; kausal⟩ ˈaus dem genannten Grunde'; ↗ FELD I.4.2.3: *der Rock war zu lang,* ~ *hat sie ihn kürzer gemacht* ❖ **³um;** vgl. auch **¹da, drum** MERKE Zur Betonung: ↗ *dabei* (Merke)

darunter [daˈʀʊntɐ/auch ˈdaː..; Trennung: darǀunter od. daǀrunter] ⟨Pronominaladv.; ↗ auch *drunter*⟩ /auf Sachen bez./ **1.** /lokal/ ANT darüber **1.1.** ˈunter dem Genannten': *sie wohnen im dritten Stock, wir direkt* ~ **1.2.** ˈunter das Genannte': *siehst du den Baum? Darunter werden wir die Karre schieben* **2.** [..ˈʀ..] ˈweniger als das Genannte'; ANT darüber: *der Preis beträgt zehn Mark oder auch* ~ **3.** /auch auf Personengruppen bez./ ˈin der genannten Menge'; SYN dazwischen (2): *viele Touristen,* ~ *zahlreiche Ausländer, besuchen Berlin; die Birnen sind gut, es sind kaum schlechte* ~; *viele Papiere,* ~ *auch Briefe des Dichters, wurden gefunden* **4.** ˈunter dem Genannten (als Ursache)': *er leidet* ~, *dass ...; ein neuer Begriff, was wird* ~ *verstanden* (ˈwas bedeutet er')? ❖ ↗ **²unter;** vgl. auch **¹da, drunter** MERKE Zur Betonung: ↗ *dabei* (Merke). – Zur Getrennt-, Zusammenschreibung von *darunter* mit *sein:* Getrenntschreibung auch im Infinitiv

das [das] **1.** ↗ **¹der,** ↗ **²der; 2.** ~ *heißt* ⟨Konj.⟩: ↗ *heißen*

❖ **dasjenige, dasselbe;** vgl. **aufs, hinters, übers, ums, unters, vors**

Dasein [ˈdaːzain], **das**; ~s, ⟨o.Pl.⟩ ˈdas menschliche Leben des. im Hinblick auf seine Bedingungen, Umstände'; ↗ FELD XI.1: ⟨+ best. Adj.⟩ *er hatte ein glückliches, hartes, gesichertes* ~ ❖ ↗ **¹da,** ↗ **sein**

***** /jmd., etw./ *sein* ~ *fristen* (ˈkümmerlich leben')

da [ˈdaː]ǀ-**sitzen,** saß da, hat dagesessen **1.** /jmd./ ˈan einer bestimmten Stelle sitzen': *er saß regungslos da und starrte vor sich hin* **2.** umg. /jmd./ ˈhilf- und ratlos sein': *nun sitzt er da (mit all seinem Geld) und weiß nicht, was er tun soll* ❖ ↗ **¹da,** ↗ **sitzen**

dasǀjenige [ˈdasjeːnɪgə] ⟨Demonstrativpron.⟩ ↗ *derjenige* ❖ ↗ **das,** ↗ **jener**

dass [das] ⟨Konj.⟩ **I.** ⟨subordinierend; der Nebensatz steht vor od. hinter dem Hauptsatz⟩ **1.** ⟨leitet einen Gliedsatz ein, der ein Satzglied im Hauptsatz vertritt⟩ **1.1.** /der durch *dass* eingeleitete Nebensatz vertritt das Subjekt des Hauptsatzes; in Korrelation mit *es, das,* wenn der Subj.satz nachgestellt ist/: *es tut mir leid,* ~ *daraus nichts geworden ist; es ist gut,* ~ *alles so gekommen ist;* ~ *ein neuer Versuch notwendig ist, (das) steht außer Zweifel; bald stellte sich heraus,* ~ *alles ganz anders verlaufen war* **1.2.** /der durch *dass* eingeleitete Nebensatz vertritt das Objekt des Hauptsatzes/ ⟨meist mit Verben des Glaubens, Hoffens, Sagens, Denkens u. a.⟩: *ich weiß,* ~ *er krank ist; ich hoffe,* ~ *du das bald in Ordnung bringst; ich habe ihm mitteilen lassen,* ~ *ich später komme; ich wünsche nicht,* ~ *ich gestört werde* **1.3.** /der durch *dass* eingeleitete Nebensatz vertritt ein Attribut des Hauptsatzes/: *die Tatsache,* ~ *er bereits auf Urlaub gefahren ist, ändert die*

Sachlage; dies berechtigt zu der Hoffnung, ~ aus ihm ein großer Künstler wird; für den Fall, ~ du es dir überlegst, ruf mich vorher an **1.4.** /der Nebensatz steht vorw. nach dem Hauptsatz; der durch *dass* eigeleitete Gliedsatz vertritt ein präpositionales Objekt; mit einem Pronominaladverb als Korrelat im Hauptsatz, z. B. *dabei, dafür, dagegen, daher, dahin, damit, danach, daran, darauf, daraus, darin, darüber, darum, darunter, davon, dazu/: es bleibt dabei, ~ wir nicht ins Kino gehen; er hat dafür zu sorgen, ~ alles in Ordnung bleibt; ich bin nicht dagegen, ~ er mitkommt; er ist damit einverstanden, ~ wir in N Urlaub machen; denkt daran, ~ ihr pünktlich sein müsst!; wir verlassen uns darauf, ~ morgen alles fertig ist; ich schließe daraus, ~ er den Brief gar nicht gelesen hat; er hat sehr darunter gelitten, ~ er keine eigene Wohnung hatte; was hältst du davon, ~ wir morgen in die Oper gehen?* **2.** ⟨*dass* leitet einen Adverbialsatz ein; der Nebensatz steht nach dem Hauptsatz⟩ **2.1.** /final/; SYN '²*damit': zieh deine Jacke an, ~ du dich nicht erkältest; ~ alles gut klappt, dafür wollen wir uns einsetzen* **2.2.** ⟨mit fakult. *so*⟩ /konsekutiv/: *er sang so laut, ~ es im Saale widerhallte; wir mussten lange warten, (so) ~ wir ganz nervös wurden; er sagte es so energisch, ~ niemand zu widersprechen wagte* **2.3.** ⟨mit den Korrelaten *dadurch, damit*⟩ /instrumental; drückt aus, dass der Sachverhalt des Nebensatzes das Mittel ist, mit dem das im Hauptsatz genannte Ziel erreicht wird/; SYN indem (1): *man befreite den Kranken dadurch von den Schmerzen, ~ man ihm Morphium verabreichte; er hat beim Kauf dadurch viel Geld gespart, ~ er nicht gleich das erste Beste gekauft hatte; er nervte mich dadurch/damit, ~ er mich immer wieder dasselbe fragte* **2.4.** /kausal/; SYN 'weil': *er hat sich sehr geärgert, ~ er das falsch gemacht hatte; ich freue mich, ~ alles so gut gegangen ist* **2.5.** ⟨als Glied zusammengesetzter Konj.⟩ **als ~:** ↗ *als* (4); **anstatt ~:** ↗ ¹*anstatt;* **auf ~:** ↗ ³*auf;* **außer ~:** ↗ ²*außer* (2.1); **kaum ~:** ↗ ²*kaum* (1); **nur ~:** ↗ *nur;* **ohne ~:** ↗ ²*ohne* – **II.** ⟨leitet einen elliptischen Satz ein, der einen Wunsch, eine Drohung ausdrückt; mit der Stellung des Verbs in einem Nebensatz; mit Konj. II; + *doch*⟩ geh. SYN wenn (II.1): *~ doch alles nur ein Traum wäre!; ~ er doch noch bei uns wäre!; ⟨auch ohne Konj. II und doch⟩ ~ du das nicht bedacht hast!*
MERKE Zum Unterschied von *dass* (I.1) und ¹*ob* (I.1.2): ↗ ¹*ob* (Merke)

dasselbe [das'zɛlbə] ⟨Demonstrativpron.⟩ ↗ *derselbe* ❖ ↗ **das,** ↗ **selb**

da|stehen ['daː..], stand da, hat dagestanden **1.** /jmd./ 'an einer bestimmten Stelle stehen': *er stand regungslos da und beobachtete das Tier* **2.** /jmd./ irgendwie ~ 'sich in einer bestimmten Situation, Lage befinden': *er steht jetzt wirtschaftlich gut da; er steht jetzt ganz anders da* ('er ist jetzt viel angesehener') ❖ ↗ ¹**da,** ↗ **stehen**

Daten ['daːtn̩], **die** ⟨Pl.; ↗ auch *Datum*⟩ 'bes. durch Messen, Erheben (7) gewonnene Größen': *die technischen ~ eines Geräts; dem Rechner die ~ der Bahnen bestimmter Sterne eingeben* ❖ ↗ **Datum**

Daten ['..]|**-bank, die** 'Einrichtung für die Speicherung von Daten, die meist über Computer einen schnellen Zugriff zu den gewünschten Informationen ermöglicht': *eine ~ aufbauen; eine ~, in der die Verkehrssünder gespeichert sind* ❖ ↗ Datum, ↗ Bank; **-verarbeitung, die** 'Speicherung, Bearbeitung von Daten bes. durch elektronische Geräte, Computer': *die elektronische ~* (Abk EDV) ❖ ↗ Datum, ↗ Arbeit

datieren [da'tiːʀən], datierte, hat datiert **1.** /jmd./ etw. ~ 'etw., bes. ein Schriftstück, mit einem Datum versehen': *einen Vertrag ~* **2.** /etw. Abstraktes/ *seit, von einem Zeitpunkt, Ereignis ~* 'seit einem Zeitpunkt, Ereignis bestehen': *unsere Freundschaft datiert seit vorigen Herbst* ❖ ↗ **Datum**

Dattel ['datl̩], **die;** ~, ~n 'essbare Frucht der Dattelpalme': *süße ~n; ~n haben einen Kern* ❖ **Dattelpalme**

Dattel|palme ['..], **die** 'sehr hoch wachsende Palme mit langen, gefiederten Blättern und süßen dunkelbraunen Früchten (↗ *Dattel*) mit langem Kern' ❖ ↗ **Dattel,** ↗ **Palme**

Datum ['daːtʊm], **das;** ~s, Daten ['daːtn̩] ⟨↗ auch *Daten*⟩ 'Angabe von Tag, Monat und Jahr eines bestimmten Tages entsprechend dem Kalender': *der Brief trägt ('hat') das ~ vom 10. März 1960, welches ~ haben wir heute?; das heutige ~, ein wichtiges ~* ('Tag eines wichtigen Ereignisses') ❖ **datieren – Datenbank, -verarbeitung, Geburtsdatum, vorausdatieren, vordatieren**

Dauer ['dauɐ], **die;** ~, ⟨o.Pl.⟩ 'zeitliche Ausdehnung von etw.'; ↗ FELD VII.2.1: ⟨oft mit Gen.attr.⟩ *die ~ unseres Aufenthalts ist noch unbestimmt; während der ~ des Konzerts; das gilt für die ~* ('den Zeitraum') *von zwei Stunden, Jahren* ❖ ↗ **dauern**
* **auf die ~** 'lange': *auf die ~ kann man den Lärm nicht ertragen;* /etw./ **von (längerer) ~ sein** ('lange Zeit bestehen bleiben')

dauerhaft ['..] ⟨Adj.; o. Steig.⟩; ↗ FELD VII.2.3 **1.1.** SYN 'haltbar (2)' /vorw. auf Gebrauchsgegenstände bez./: *Schuhe, Kleidung aus ~em Material* **1.2.** /beschränkt verbindbar/ *den Frieden ~* ('fest und sicher') *machen; ein ~er Frieden* ❖ ↗ **dauern**

dauern ['dauɐn] ⟨reg. Vb.; hat; ↗ auch *dauernd*⟩ **1.** ⟨+ Adv.best.⟩ /etw./ 'eine bestimmte Dauer haben'; SYN währen; ↗ FELD VII.1.2: *das Konzert dauerte zwei Stunden; es wird nicht lange ~* ('es wird bald vorüber sein'); *es wird lange ~* ('viel Zeit vergehen'), *bis er wiederkommt; so etwas (Schwieriges) dauert seine Zeit; ihr Kummer dauerte nicht lange* **2.** veraltend /jmd., etw./ ~ *jmdn.* 'jmdm. Leid tun': *er dauert mich in seinem Unglück; ihr Unglück dauerte ihn* ❖ **zu (1): Dauer, dauerhaft, dauernd – andauern, andauernd, Ausdauer, ausdauernd; zu (2): bedauerlich, bedauern – bedauernswert, bedauerlicherweise**

dauernd ['dauɐnt] ⟨Adj.; o. Steig.; nicht präd.; ↗ auch *dauern* (1)⟩; ↗ FELD VII.2.3 **1.1.** 'für lange Zeit': *er hat Berlin zu seinem ~en* (SYN 'ständigen') *Wohnsitz gewählt, gemacht; er hat ~ in Berlin gewohnt* **1.2.** SYN 'ständig': *er ist ~ krank; er verbat sich diese ~en Unterbrechungen* ❖ ↗ **dauern**

Däumchen ['dɔɪmçən]; ↗ auch *Daumen* * umg. /jmd./ **~ drehen** ('untätig sein und sich langweilen')

Daumen ['daumən], der; ~s, ~; ↗ auch *Däumchen* 'der kurze, starke Finger mit zwei Gliedern'; ↗ FELD I.1.1 (↗ TABL Körperteile): *am ~ lutschen* ❖ **Däumling** * /jmd./ **jmdm. den/die ~ drücken/halten** 'jmdm. bei einem Vorhaben Erfolg wünschen': *ich drücke dir (fest) die ~, dass du die Prüfung bestehst;* ⟨⟩ umg. /jmd./ **etw. über den ~ peilen** ('nur ungefähr schätzen')

Däumling ['dɔɪmlɪŋ], der; ~s, ~e 'Hülle aus Gummi, (Kunst)stoff, die zum Schutz über den Daumen gezogen wird' ❖ ↗ **Daumen**

Daune ['daunə], die; ~, ~n ⟨vorw. Pl.⟩ 'sehr kleine zarte Feder (1)': *ein mit ~n gefülltes Bett*

davon [da'fɔn/'da:..] ⟨Pronominaladv.⟩ /auf Sachen bez./ vgl. *hiervon* **1.** /lokal/ 'von dem Genannten entfernt (1)': *da ist der Bahnhof, nicht weit ~ die Schule; der Flughafen ist weit ~ entfernt* **2.** 'von dem Genannten': *das Buch fesselte ihn, er kam nicht ~ los; das ist falsch, das Gegenteil ~ ist wahr; er ist weit ~ entfernt, das zu glauben* ('er glaubt es ganz und gar nicht'); *er spielt gern Skat, aber sie ist kein Freund ~, aber sie hält nichts ~* ('schätzt es nicht') **3.** /auch auf Personengruppen bez./ 'von der genannten Menge': *er hatte vier Geschwister, zwei ~ sind noch am Leben; es ist noch Suppe da, ihr könnt ~ essen* **4.** 'auf Grund des Genannten': *iss nicht so viel Schokolade, ~ wirst du nur dick; wir sind viel gelaufen, uns tun die Beine ~ weh;* /in der kommunikativen Wendung/ *das kommt ~* /wird gesagt, wenn die vermuteten Folgen eines verantwortungslosen, achtlosen Tuns eingetreten sind/ MERKE Zur Betonung: ↗ *dabei* (Merke) ❖ **davonkommen, -tragen;** vgl. auch ¹*da, von*

davon [da'fɔn..]|**-kommen,** kam davon, ist davongekommen ⟨vorw. im Perf.⟩ /jmd./ 'einer gefährlichen Lage entgehen (1)': *er brauchte nicht an die Front, er ist (noch einmal) davongekommen; er ist mit dem Schrecken davongekommen* ('hat außer dem Schrecken keinen Schaden genommen'); *er ist mit heiler Haut, mit dem Leben davongekommen* ('ist unversehrt geblieben') ❖ ↗ *davon,* ↗ *kommen;* **-tragen** (er trägt davon), trug davon, hat davongetragen ⟨vorw. im Perf.⟩ /jmd., Personengruppe/: *den Sieg ~* ('erringen'); *eine Niederlage, einen Schaden ~* ('hinnehmen müssen, erleiden') ❖ ↗ *davon,* ↗ *tragen*

davor [da'fo:ɐ/'da:..] ⟨Pronominaladv.⟩ /auf Sachen bez./ **1.** /lokal/ ANT *dahinter* **1.1.** 'vor dem Genannten': *sie haben ein Haus mit einem Garten ~* **1.2.** 'vor das Genannte': *~ hatte er Bücher gestellt*

2. /temporal/ 'vor dem genannten Zeitpunkt'; SYN *vorher;* ANT *danach* (1); ↗ FELD VII.4.3: *am Abend gingen wir ins Theater, ~ machten wir noch einen Besuch; drei Tage ~ hatten wir bei den Proben zugesehen* **3.** /auch auf Personengruppen bez./ 'in der Reihenfolge vor der genannten Sache, Personengruppe'; ANT *danach* (2), *dahinter* (2): *in der Mitte marschierten die Kinder, ~ die Eltern und dahinter die Lehrer* **4.** 'vor dem Genannten': *morgens gab es Glatteis, im Radio hatte man ~ gewarnt; sie hatten Angst ~, dass man sie entdecken könnte/entdeckt zu werden* ❖ ↗ *vor;* vgl. auch ¹*da* MERKE Zur Betonung: ↗ *dabei* (Merke)

dazu [da'tsu:/'da:..] I. ⟨Pronominaladv.⟩ /auf Sachen bez./ vgl. *hierzu* **1.** 'zusätzlich zu dem Genannten': *(ich möchte) bitte eine Wurst und ein Brötchen ~* **2.** 'zu dem Genannten': *diese Entwicklung führt ~, dass …; ihnen zu helfen, ~ ist er fest entschlossen; er hat bisher keine Meinung ~; und wir wollen ihm ~ gratulieren* − II. ⟨Konjunktionaladv.; mit Inversion des Subj.; schließt an einen vorausgehenden Hauptsatz einen Hauptsatz an⟩ SYN 'außerdem': *er ist sehr schüchtern, ~ ist er auch noch ungeschickt* ❖ **Dazutun;** vgl. auch ¹*da,* ²*zu* MERKE Zur Betonung: ↗ auch *dabei* (Merke)

Dazu|tun [da'tsu:..]: *ohne jmds. ~* 'ohne dass jmd. eingegriffen, geholfen hätte': *ohne sein ~ wäre nichts aus der Sache geworden, hätten wir die Arbeit, Aufgabe nicht geschafft, das Geld nicht zusammenbekommen* ❖ ↗ *dazu,* ↗ *tun*

dazwischen [da'tsvɪʃn/'da:..] ⟨Pronominaladv.⟩ /auf Sachen bez./ **1.** /lokal; auch auf Personengruppen bez./ 'zwischen den genannten Sachen': *die Bäume standen in regelmäßigen Abständen, ~ befanden sich Blumenbeete; die beiden Brüder saßen an den Enden der Bank, ~ hatte ihre Schwester Platz genommen* **2.** /vorw. auf Sachen bez./ SYN 'darunter (3)': *es lag ein Päckchen Briefe da, ~ einige Karten* **3.** /temporal/ 'zwischen den genannten Geschehnissen, Zeitpunkten': *das Stück hat drei Akte, ~ ist jeweils eine Pause; ~ lagen mehrere Stunden, Jahre* ❖ **dazwischenfahren, dazwischenkommen;** vgl. auch ¹*da,* **zwischen** MERKE Zur Betonung: ↗ *dabei* (Merke)

dazwischen [da'tsvɪʃn..]|**-fahren** (er fährt dazwischen), fuhr dazwischen, ist dazwischengefahren /jmd./ 'vehement in das genannte Geschehen eingreifen': *als ihm der Lärm zu stark wurde, fuhr er dazwischen; als er dazwischenfuhr, trat sofort Stille ein* ❖ ↗ *dazwischen,* ↗ *fahren;* **-kommen,** kam dazwischen, ist dazwischengekommen /jmd., etw./ *jmdm. ~* 'durch sein Ein-, Auftreten, Tun verhindern, dass jmd. etw. Bestimmtes tun kann': *wenn (mir) nichts, nicht jmd. dazwischenkommt, werde ich euch am Sonntag besuchen; ich wollte anrufen, aber mir ist etwas dazwischengekommen* ❖ ↗ *dazwischen,* ↗ *kommen*

Debatte [de'batə], die; ~, ~n 'meist länger andauernde, oft lebhafte Diskussion, Erörterung, vorw. in einer größeren Gruppe von Menschen'; ↗

FELD I.4.2.1: *eine erregte, stürmische, heftige* ~ *mit jmdm. über etw. haben, führen; der Präsident eröffnete die* ~; *sich in eine* ~ *(mit jmdm.) einlassen; etw., einen Einwand in die* ~ *werfen; in eine* ~ *eingreifen; zur* ~ *stehen* 'debattiert werden': *ein Thema, Gesetz steht zur* ~; *das steht hier nicht zur* ~ ('ist nicht vorgesehen als Thema einer Debatte') ❖ **debattieren**

debattieren [deba'ti:rən], debattierte, hat debattiert /zwei od. mehrere (jmd.)/ *etw.* ~ 'etw. länger andauernd und lebhaft diskutieren, erörtern'; ↗ FELD I.4.2.2: *ein Problem leidenschaftlich, lange* ~; *über etw.* ~; *wir haben bis in die Nacht hinein darüber debattiert* ❖ ↗ **Debatte**

Debüt [de'by:], *das*; ~s, ~s 'erstes öffentliches Auftreten einer Person mit einer beruflichen Leistung, bes. eines Künstlers auf der Bühne'; ↗ FELD VII.1.1: *sie hatte ihr* ~ *in einer Oper von Wagner; sein* ~ *als Komponist, Regisseur, Journalist war gleich ein großer Erfolg; sein* ~ *geben* ('zum ersten Mal in der Öffentlichkeit auftreten, auf der Bühne erscheinen, um etw. darzustellen') ❖ **Debütant, Debütantin, debütieren**

Debütant [deby'tant], *der*; ~en, ~en 'jmd., der sein Debüt gibt' ❖ ↗ **Debüt**

Debütantin, *die*; ~, ~nen /zu *Debütant*; weibl./ ❖ ↗ **Debüt**

debütieren [deby'ti:rən], debütierte, hat debütiert /jmd./ 'sein Debüt geben'; ↗ FELD VII.1.2 ❖ ↗ **Debüt**

dechiffrieren [deʃɪ'fʀi:ʀən], dechiffrierte, hat dechiffriert /jmd./ *einen Text* ~ (SYN 'dekodieren'; ANT chiffrieren) ❖ ↗ **Chiffre**

Deck [dɛk], *das*; ~s, ~s 1. 'den Rumpf eines größeren Schiffes oben abschließendes, eine waagerechte Fläche bildendes Bauteil': *alle Matrosen waren, befanden sich an, auf dem* ~; *an* ~ *gehen; unter* ~ *gehen; das* ~ *reinigen, scheuern* 2. 'eines von meist mehreren, den Rumpf eines großen Schiffes wie in Etagen gliederndes, eine waagerechte Fläche bildendes Bauteil mitsamt dem darüber befindlichen Raum': *ein Passagier aus einem unteren* ~ ❖ ↗ **Decke**

* /jmd./ **nicht/wieder auf** ~ **sein** 'nicht, wieder gesund sein': *er ist wieder auf* ~

Decke ['dɛkə], *die*; ~, ~n 1. 'Gegenstand aus einem rechteckigen, meist flauschigen Stück Stoff (1) zum Zudecken': *sich, jmdn. mit einer warmen, weichen, wollenen* ~ *zudecken* 2. 'aus einem rechteckigen, auch runden od. ovalen Stück Stoff (1) bestehender od. gehäkelter Gegenstand, der bes. auf einen Tisch gelegt wird': *eine bunte, leinene, gehäkelte* ~ *auf den Tisch legen* 3. 'einen Raum (4) oben begrenzendes flächiges (Bau)teil'; ↗ FELD V.3.1: *die Lampe hängt an der* ~; *die* ~ *tapezieren; der Putz ist von der* ~ *gefallen* ❖ **bedecken, Deck, Deckel, decken, Deckung, Gedeck** – **aufdecken, Bierdeckel, Kopfbedeckung, Rückendeckung, Steppdecke, zudecken**

* /jmd./ **an die** ~ **gehen** ('überaus wütend werden'); /jmd./ **mit jmdm. unter einer** ~ **stecken** ('sich mit jmdm. zu gemeinsamem unrechtem Tun verbunden haben'); ⟨⟩ umg. **jmdm. fällt die** ~ **auf den Kopf** ('jmd. fühlt sich in einem Raum, zu Hause nicht wohl, weil er dort unter Einsamkeit leidet, Kontakt mit Menschen braucht')

Deckel ['dɛkl̩], *der*; ~s, ~ 'zum Verschließen der oberen Öffnung eines Behälters, Gefäßes dienender Gegenstand. Teil in der Art einer Klappe'; ↗ FELD I.7.8.1 (↗ TABL Gefäße): *ein Topf mit* ~; *den* ~ *(vom Kochtopf) abnehmen; den* ~ *der Kiste, Truhe, des Klaviers öffnen, schließen; der* ~ *passt nicht* ❖ ↗ **Decke**

decken ['dɛkn̩] ⟨reg. Vb.; hat⟩ 1. /jmd./ 1.1. *etw. über, auf etw.* ~ 'etw. Flächiges über, auf etw. legen, sodass es ganz bedeckt ist': *ein Laken über eine Leiche* ~; *eine Plane über die Ladung des Fahrzeugs* ~; *den Deckel auf den Topf* ~ ('auf die Öffnung des Topfes setzen') 1.2. *ein Dach* ~ 'ein Dach mit einem Material bedecken, das eine schützende Fläche bildet': *das Dach ist mit Ziegeln, Dachpappe, Schilf gedeckt* 1.3. *den Tisch* ~ 'die für eine Mahlzeit gebrauchten Gegenstände, bes. Geschirr und Bestecke, für eine bestimmte Anzahl von Personen in bestimmter Ordnung auf den Tisch legen': *sie hat den Tisch liebevoll gedeckt; der Tisch ist für drei Personen gedeckt* 2. /bes. Institution/ *den Bedarf* ~ ('genügend Waren für den Bedarf der Bevölkerung produzieren, beschaffen, bereitstellen'); *etw. deckt nicht den Bedarf* 3. /jmd., Betrieb, Institution/ *etw.* ~ 'etw. Finanzielles durch Bereitstellung einer entsprechenden Menge Geld sichern': *einen Wechsel* ~; *der Scheck ist gedeckt* 4. /männliches Tier, bes. Hengst, Bulle/: *der Hengst hat die Stute gedeckt* ('begattet') 5. /etw., jmd., mehrere (jmd.)/ *etw., jmdn.* ~ 'etw., jmdn. gegen etw., jmdn. schützen': *Panzer deckten den Rückzug der Truppe; jmdn., etw. gegen etw., vor etw.* ~: *sie deckte das Kind (mit ihrem Körper) gegen die Wucht des Stoßes, vor den herabfallenden Steinen* 6. /jmd., Institution/ *jmdn., etw.* ~ 'dafür sorgen, dass das unrechtmäßige Verhalten einer Person nicht bekannt, nicht verfolgt wird': *er versuchte, seine Komplizen, die Unterschlagungen der Kollegen zu* ~ 7. /jmd./ *einen gegnerischen Spieler* ~ ('so bewachen, dass ihm die Annahme od. das Spielen des Balles schwer od. unmöglich gemacht wird') 8. /zwei od. mehrere (etw.)/ *sich* ⟨rez.⟩ ~ 'in den Merkmalen übereinstimmen': *hier* ~ *sich unsere Ansichten; die zwei Dreiecke* ~ *sich* ('sind kongruent'); /etw./ *sich mit etw.* ~: *seine Aussage deckt sich mit der des Zeugen* ❖ ↗ **Decke**

Deckung ['dɛk..], *die*; ~, ~en ⟨vorw. Sg.⟩ 1. /zu *decken* 3–8/ 'das Decken'; /zu 3/: *die* ~ *des Bedarfs*; /zu 8/: *zwei od. mehrere Sachen zur* ~ *bringen* 'bewirken, dass zwei od. mehrere Sachen übereinstimmen': *unterschiedliche Ansichten, Meinungen, Interessen zur* ~ *bringen* 2. Mil. 'Schutz gegen Entdeckung, Beschuss': ~ *suchen; eine Mauer bot genügend* ~; *in* ~ *gehen* ('Deckung suchen') ❖ ↗ **Decke**

defekt [de'fɛkt] ⟨Adj.; o. Steig.; nicht bei Vb.⟩ 'einen Defekt habend, aufweisend'; SYN kaputt (1.1),

entzwei (1.2) /auf Technisches bez./; ↗ FELD III.5.3: *eine ~e Leitung; der Motor ist ~; ein ~es Radio reparieren* ❖ **Defekt**
MERKE Zum Unterschied von *defekt* und *kaputt* (1.1): ↗ **kaputt** (Merke)
Defekt, der; ~es/auch ~s, ~e 'Schaden, Störung an einem technischen Gerät'; ↗ FELD III.5.1: *der Motor hat einen ~; einen ~ beheben, reparieren* ❖ ↗ **defekt**
defensiv [defɛnˈziːf/auch ˈdeː..] ⟨Adj.; o. Steig.⟩ 'sich verteidigend, ohne selbst anzugreifen'; ANT offensiv (1.1): *sich ~ verhalten; ein ~es* ('nur der Verteidigung dienendes') *Bündnis* ❖ **Defensive**
Defensive [defɛnˈziːvə/auch ˈdeː..], **die**; ~, ~n ⟨vorw. Sg.⟩ 'Abwehr (1), Verteidigung': *er wurde in die ~ gedrängt und gab auf* ❖ ↗ **defensiv**
definieren [defiˈniːʀən], definierte, hat definiert /jmd./ *etw. ~* 'etw. begrifflich exakt, wissenschaftlich erklären': *einen Begriff, ein Wort, einen Sachverhalt ~; das ist schwer zu ~* ❖ ↗ **Definition**
Definition [definiˈtsi̯oːn], **die**; ~, ~en 'begrifflich exakte, wissenschaftliche Erklärung einer Sache, eines Sachverhalts': *die ~ des Begriffs* 'Demokratie' ❖ **definieren**
Defizit [ˈdeːfitsit], **das**; ~s, ~e **1.** 'das Fehlen eines Betrages, das sich bei einer Abrechnung (2) herausstellt': *sie hatten ein ~ in der Kasse; das ~ ausgleichen; eine ~ feststellen* **2.** *ein, jmds. ~* ('ein Mangel') *an Vitaminen*
deftig [ˈdɛftɪç] ⟨Adj.; Steig. reg.⟩ landsch., bes. norddt. **1.** SYN 'derb (4)' /auf Sprachliches bez./: *~e Witze, Späße; ~ fluchen* **2.** *~e Prügel beziehen* ('tüchtig verprügelt werden'; *jmdm. ~ verprügeln*)
Degen [ˈdeːgn̩], **der**; ~s, ~ 'aus einem Griff und gerader, schmaler und spitzer Klinge bestehende Hieb- und Stichwaffe'; ↗ FELD I.7.4.1, V.6.1 (↗ TABL Hieb- und Stichwaffen)
degradieren [degʀaˈdiːʀən], degradierte, hat degradiert /jmd., bes. Institution/ *jmdn. ~* 'jmdn., bes. einen Angehörigen der Streitkräfte, zur Strafe aus einem höheren in einen niedrigeren Dienstgrad versetzen'; ANT befördern (2): *er ist (zum einfachen Soldaten) degradiert worden* ❖ ↗ **Grad**
dehnbar [ˈdeːn..] ⟨Adj.; Steig. reg.; vorw. attr. u. präd.⟩ **1.** SYN 'elastisch (1)' /auf best. Materialien bez./: *ein ~es Material, Gummiband* **2.** 'nicht genau bestimmt und daher in vielerlei Weise auslegbar' /auf Begriffliches bez./: *ein ~er Begriff* ❖ ↗ **dehnen**
dehnen [ˈdeːnən] ⟨reg. Vb.; hat⟩ **1.1.** /jmd./ *etw. ~* 'etw., bes. ein bestimmtes, meist flaches Material, durch Ziehen, Spannen in der Länge, Breite vorübergehend od. für Dauer vergrößern'; SYN ziehen (6.1): *ein Gummiband, ein frisch gewaschenes Laken ~* **1.2.** /etw./ *sich ~* 'sich infolge des Einwirkens von Zug (1) in der Länge, Breite vergrößern': *der Stoff dehnt sich; die (Hand)schuhe ~* (SYN 'weiten 1.1') *sich mit der Zeit* **2.** /jmd., Tier/ *sich ~* 'zumeist nach dem Erwachen den Körper, die Gliedmaßen so weit wie möglich und unter An-

spannung der Kräfte strecken (1)': *er dehnte und reckte sich* ❖ **dehnbar** — **ausdehnen**
Deich [daɪ̯ç], **der**; ~es/auch ~s, ~e 'Damm an Küste und Ufern zum Schutz gegen Hochwasser': *~e anlegen; der ~ bricht*
Deichsel [ˈdaɪ̯ksl̩], **die**; ~, ~n 'stangenförmiges Teil eines Wagens (1.1), mit dem gezogen und gelenkt wird' (↗ TABL Fahrzeuge): *die Pferde an die ~ spannen* ❖ **deichseln**
deichseln [ˈdaɪ̯ksl̩n] ⟨reg. Vb.; hat⟩ umg. /jmd./ *etw. ~* 'etw., das Schwierigkeiten bereitet, unter der Hand durch geschicktes Eingreifen, Agieren (1), Vorgehen in der gewünschten Weise zustande kommen lassen'; SYN drehen (6): *wir werden die Sache schon ~; ich werde es so ~, dass du eingeladen wirst* ❖ ↗ **Deichsel**
dein [daɪ̯n] ⟨Possessivpron. zu *du*; Mask. u. Neutr. Sg.; Fem. Sg. u. Pl. **deine**; ↗ TAFEL VIII⟩ '(zu) dir gehörend' ⟨adj.⟩ *~ Mann, Haus; ~e Frau, Wohnung, Gedanken; das Buch ~es Sohnes; ~er Frau; das Dach ~es Hauses; gehört das ~em Sohn oder ~er Tochter?; wir haben ~en Brief, ~ Schreiben, ~e Karte erhalten* **1.2.** ⟨subst.; geh. auch mit best. Art.⟩ *das ist ~er, ~e, ~(e)s; geh. der ~e steht in der Garage; grüße die deinen, Deinen* ('deine Angehörigen') ❖ **deinige, Deinige** — **deinerseits, deinesgleichen, deinetwegen**
MERKE Beim substantivischen Gebrauch von *dein* (vgl. dein 1.2), *mein, sein, ihr, unser, euer* ist zu beachten, dass die Form ohne Artikel die Flexion wie bei einem Adjektiv mit unbestimmtem Artikel (~er, ~e, ~(e)s) erfordert: *wir haben beide einen Hund, deiner ist größer als meiner;* die Form mit Artikel erfordert die Flexion wie bei einem Adjektiv mit bestimmtem Artikel (~e): *mein Hund ist klein, der ~e ist größer*
deine [ˈdaɪ̯nə] ↗ **dein**
deiner [ˈdaɪ̯nɐ] ⟨Gen. vom Personalpron. *du*; in Verbindung mit best. Verben⟩: *wir werden ~ gedenken;* ↗ **du**
deinerseits [ˈdaɪ̯nɐzaɪ̯ts] ⟨Adv.; dem Subst. voran- od. nachgestellt⟩ 'von dir ausgehend': *gibt es ~ Bedenken/Bedenken ~ gegen diesen Vorschlag?; hast du ~ Bedenken?* ❖ ↗ **dein**, ↗ **Seite**
deinesgleichen [ˈdaɪ̯nəsglaɪ̯çn̩] ⟨Indefinitpron.; indekl.; subst.⟩ 'jmd. wie du, Menschen von deiner Art': *das ist nichts für Leute wie (du und) ~* ❖ ↗ **dein**, ↗ ¹**gleich**
deinetwegen [ˈdaɪ̯nətveːgn̩] ⟨Adv.⟩ 'aus Gründen, die dich betreffen': *er ist ~ gekommen; ~ haben wir uns verspätet* ❖ ↗ **dein**, ↗ **wegen**
dekadent [dekaˈdɛnt] ⟨Adj.⟩ 'von kulturellem Verfall zeugend' /auf Abstraktes, auch auf Personen bez./: *~e Kunst; eine ~e Epoche* ❖ **Dekadenz**
Dekadenz [..ˈdɛnts], **die**; ~, ⟨o.Pl.⟩ /zu *dekadent*/ 'das Dekadentsein': *etw. zeugt von ~; die ~ in der Kunst* ❖ ↗ **dekadent**
Dekan [deˈkaːn], **der**; ~s, ~e 'Leiter einer Fakultät, eines interdisziplinären Bereiches an einer Hochschule' *der ~ unserer Fakultät*

deklamieren [dekla'miːʀən], deklamierte, hat deklamiert /jmd./ etw. ~ 'etw. Sprachliches, bes. Dichtung, ausdrucksvoll (pathetisch) vortragen (1)': *ein Gedicht ~*

dekodieren [deko'diːʀən], dekodierte, hat dekodiert /jmd./ einen Text ~ ('einen chiffrierten Text mit Hilfe eines Kodes entschlüsseln'); SYN dechiffrieren ❖ ↗ **Kode**

Dekoration [dekoʀa'tsi̯oːn], die; ~, ~en **1.** /zu *dekorieren*/ 'das Dekorieren': *die ~ eines Schaufensters, die festliche ~ der Räume übernehmen, ausführen* **2.** 'Gesamtheit dessen, womit ein Raum, ein Schaufenster ausgestaltet, geschmückt ist': *die ~en wechseln; eine festliche ~* ❖ ↗ **dekorieren**

dekorieren [deko'ʀiːʀən], dekorierte, hat dekoriert /jmd./ etw. ~ 'etw., bes. einen Raum, ein Schaufenster ausgestalten, schmücken': *die Räume, Säle für das Fest* ❖ **Dekoration**

Delegation [delega'tsi̯oːn], die; ~, ~en 'Gruppe von Personen, die zu einer (politischen) Konferenz delegiert ist': *eine ~ empfangen; einer ~ angehören* ❖ **delegieren, Delegierte**

delegieren [dele'giːʀən], delegierte, hat delegiert; ↗ auch *Delegierte* /jmd., bes. Institution/ jmdn. ~ 'jmdn. zur Teilnehme an einer Konferenz o.Ä. od. zum Besuch einer Bildungseinrichtung bestimmen und entsenden': *er wurde zum Kongress delegiert* ❖ ↗ **Delegation**

Delegierte [dele'giːʀətə], der/die; ~n, ~n; ↗ TAFEL II; ↗ auch *delegieren* 'jmd., der zu einer Konferenz o.Ä. delegiert worden ist': *zu diesem Kongress wurden 10 ~ entsandt* ❖ ↗ **Delegation**

Delfin: ↗ *Delphin*

delikat [deli'kaːt] ⟨Adj.⟩ **1.** ⟨Steig. reg.⟩ '(würzig und) sehr gut schmeckend'; ↗ FELD I.8.3: *ein ~es Menü; der Salat ist, schmeckt ~* **2.** ⟨o. Steig.; nicht bei Vb.⟩ SYN 'heikel': *ein ~es Problem, Thema; die Angelegenheit ist ~* ❖ **Delikatesse**

Delikatesse [delika'tɛsə], die; ~, ~n 'etw., das sehr gut schmeckt und keine gewöhnliche Speise darstellt': *Hummer ist eine ~; dieser Salat ist eine ~* ❖ ↗ **delikat**

Delikt [de'lɪkt], das; ~es/auch ~s, ~e 'strafbare Handlung': *ein sittliches ~; ein (schweres) ~ begehen*

Delphin /auch **Delfin** [dɛl'fiːn], der; ~s, ~e **1.** 'im Meer lebendes geselliges Säugetier, das leicht zu zähmen und zu dressieren ist' (↗ TABL Säugetiere) **2.** ⟨o.Art.; o.Pl.⟩ 'Delphinschwimmen'; ↗ FELD I.7.4.1: *er war Sieger in den Wettkämpfen über 100 Meter ~* ❖ **Delphinschwimmen**

Delphin|schwimmen [..'f..], das SYN 'Schmetterlingsschwimmen'; ↗ FELD I.7.4.1 ❖ ↗ **Delphin,** ↗ **schwimmen**

dem [deːm] ↗ ¹*der,* ²*der* ❖ **alledem, außerdem, dementsprechend, demnach, demnächst, demzufolge, nachdem, seitdem, trotzdem, zudem;** vgl. **hinterm, vorm, überm, unterm**

Demagoge [dema'goːgə], der; ~n, ~n 'demagogisch vorgehender, meist politisch tätiger Mensch': *er redet wie ein ~* ❖ ↗ **Demagogie**

Demagogie [demago'giː], die; ~, ⟨o.Pl.⟩ 'vorsätzliches Irreführen, Aufwiegeln der Menschen durch heuchlerisches Verfälschen der (historischen) Wahrheit bes. im politischen Kampf': *das ist ~; sich der ~ bedienen; seine Reden sind die reinste ~* ❖ **Demagoge, demagogisch**

demagogisch [dema'goːg..] ⟨Adj.; Steig. reg., ungebr.⟩ '(Mittel der) Demagogie anwendend': *~e Reden, Phrasen; ~ vorgehen* ❖ ↗ **Demagogie**

demaskieren [demas'kiːʀən], demaskierte, hat demaskiert **1.** /jmd./ sich ~ 'sich die Maske vom Gesicht nehmen': *um Mitternacht mussten sich alle Gäste ~* **2.** /jmd./ sich ~ 'seine wirkliche Meinung, Absicht unfreiwillig zu erkennen geben': *damit hat er sich demaskiert* **3.** /jmd./ jmdn. ~ SYN 'jmdn. entlarven': *er wurde demaskiert* ❖ ↗ **Maske**

Dementi [de'mɛnti], das; ~s, ~s 'offizielle Berichtigung, Widerruf einer Meldung, Behauptung': *die Regierung hat ein ~ veröffentlicht* ❖ **dementieren**

dementieren [demɛn'tiːʀən], dementierte, hat dementiert /jmd., Institution/ etw. ~ 'eine Nachricht, Behauptung offiziell richtig stellen, widerrufen': *die Regierung hat die Nachricht dementiert, hat dementiert, dass ...; die Meldung wurde dementiert* ❖ ↗ **Dementi**

dem ['deːm..]||**-entsprechend** ⟨Adj.⟩ 'dem genannten Sachverhalt entsprechend': *eine ~e Antwort; er hatte gewonnen, und seine Stimmung war ~* ❖ ↗ **dem,** ↗ **entsprechen; -nach** ['d../..'n..] ⟨Adv.⟩ SYN ¹*also*; ↗ FELD I.4.2.3: *er ist vor Stunden dort weggegangen und müsste ~ bereits hier sein;* ⟨auch als Konjunktionaladv. mit Inversion des Subj.; schließt an einen vorausgehenden Hauptsatz einen Hauptsatz an; konsekutiv⟩: *er ist vor Stunden dort weggegangen, ~ müsste er bereits hier sein* ❖ ↗ **dem,** ↗ **nach; -nächst** ['d../..'n..] ⟨Adv.⟩ 'in naher Zukunft': *das Kino wird ~ eröffnet* ❖ ↗ **dem,** ↗ **nahe**

Demokrat [demo'kʀaːt], der; ~en, ~en 'jmd., der sich für die Inhalte der Demokratie (1) einsetzt, entsprechend handelt': *ein aufrechter, fortschrittlicher ~* ❖ ↗ **Demokratie**

Demokratie [demokʀa'tiː], die; ~, ~n **1.** ⟨o.Pl.⟩ 'System der Leitung eines Staates, bei dem die Bevölkerung über Wahlen und durch andere Möglichkeiten am Regieren beteiligt ist': *eine parlamentarische ~; die Rolle der Volksvertretung in einer ~* **2.** 'Land mit einer Staatsform von 1': *parlamentarische ~n; in einer ~ leben* ❖ **Demokrat, demokratisch, pseudodemokratisch**

demokratisch [demo'kʀaːt..] ⟨Adj.; o. Steig.; vorw. attr.⟩ /auf Abstraktes bez./ **1.** 'die Ziele einer Demokratie (1) verfolgend, auf die Demokratie bezogen': *~e Forderungen, Interessen* **2.** 'durch die Demokratie (1) bestimmt, festgelegt': *eine ~e Verfassung; ~e Rechte, Freiheiten, Institutionen* **3.** 'für das Recht und die Interessen des Volkes eintretend': *~e Kräfte; eine ~e Haltung* ❖ ↗ **Demokratie**

Demonstrant [demɔn'stʀant], der; ~en, ~en 'Teilnehmer an einer Demonstration': *die ~en forderten so-*

ziale Gerechtigkeit, freie Wahlen; die Polizei schlug auf die ~en ein ❖ ↗ **demonstrieren**

Demonstration [demɔnstʀa'tsi̯oːn], **die**, ~, ~**en** ˋMarsch, Zug (4) einer großen Menge Menschen, die ihre Meinung, ihren Willen, ihre Forderungen öffentlich zum Ausdruck bringen': *die ~ führte durch das Zentrum der Stadt; eine ~ für den Frieden, für freie Wahlen, gegen Aufrüstung; zu einer ~ aufrufen; an einer ~ teilnehmen; eine ~ genehmigen, verbieten, verhindern* ❖ ↗ **demonstrieren**

demonstrieren [demɔn'stʀiːʀən], demonstrierte, hat demonstriert **1.** /jmd./ ˋals Teilnehmer an einer Demonstration seinen Willen, seine Meinung zum Ausdruck bringen': *für, gegen etw. ~* **2.** /jmd., Institution/ *etw. ~* ˋseine Haltung zu etw. nachdrücklich bekunden': *der Minister, Präsident demonstrierte Entschlossenheit, Härte; mit diesen Maßnahmen demonstriert die Regierung ihre Absicht zurückzutreten* **3.** /jmd./ *etw. ~* ˋanschaulich (anhand des Objektes) darlegen, vorführen'; ↗ FELD I.4.3.2: *die Funktion eines Motors an einem Modell ~; er hat mir das sehr einprägsam demonstriert* ❖ **Demonstrant, Demonstration**

Demut ['deːmuːt], **die**; ~, ⟨o.Pl.⟩ ˋmeist religiös verstandene Haltung völliger Ergebenheit, Unterwerfung': *christliche ~; etw. mit/in ~ hinnehmen, ertragen* ❖ **demütig, demütigen**

demütig ['deːmytɪç] ⟨Adj.; Steig. reg.⟩ ˋvoller Demut': *an jmdn. einen ~en Brief richten; ~ lächeln; ~ den Kopf neigen; eine ~e Haltung zeigen* ❖ ↗ **Demut**

demütigen ['deːmyːtɪɡn̩] ⟨reg. Vb.; hat⟩ /etw., jmd./ *jmdn., sich ~* ˋjmdn., sich selbst durch Wort od. Tat in seiner Würde herabsetzen': *die verletzenden Äußerungen seines Nachbarn haben ihn sehr gedemütigt; sich gedemütigt fühlen; er hatte sich vor ihnen ~ müssen; seinen Feinden ~de Forderungen auferlegen* ❖ ↗ **Demut**

dem|zufolge ['deːmtsufɔlɡə] ⟨Adv.⟩ SYN ˋ¹also': *der Sportler hatte sich verletzt und konnte ~ nicht am Wettkampf teilnehmen;* ⟨auch als Konjunktionaladv. mit Inversion des Subj.; schließt an einen vorausgehenden Hauptsatz einen Hauptsatz an; konsekutiv⟩: *er hat sich verletzt, ~ wird er nicht am Wettkampf teilnehmen* ❖ ↗ **dem**, ↗ ³**zu**, ↗ **folgen**

den [deːn] ↗ ¹*der*, ²*der* ❖ vgl. **hintern, übern, untern,** ²**vorn**

denen ['deːnən] ↗ ²*der*

denkbar ['dɛŋk..] **I.** ⟨Adj.; o. Steig.; nicht bei Vb.⟩ ˋals Tätigkeit, Geschehen vorstellbar, vielleicht eintretend'; SYN möglich (1.2) /auf Abstraktes bez./: *alle ~en Vorkehrungen treffen; das ist eine ~e Lösung; es ist ~, dass er zusagt, dass dies eintrifft* — **II.** ⟨Adv.; vor Adj., Adv.⟩ ˋäußerst' /beschränkt verbindbar/: *die Lösung ist ~ günstig, ungünstig* ❖ ↗ **denken**

denken ['dɛŋkn̩], dachte ['daxtə], hat gedacht [ɡə-'daxt] ↗ auch *gedacht* **1.** /jmd./ ˋdie geistigen Kräfte und Fähigkeiten betätigen, anwenden'; ↗ FELD I.4.1.2, 5.2: *der Mensch als ~des Wesen; klar,*

gründlich, logisch, sprunghaft ~; praktisch, realistisch ~; /in der kommunikativen Wendung/ *wo denkst du hin* (ˋda irrst du dich')! /wird zu jmdm. gesagt, wenn man seine Vermutung als falsch zurückweist/; *etw. ~: etw., einen Gedanken zu Ende ~; er hat sich* ⟨Dat.⟩ *nichts Böses dabei gedacht* (ˋer hat arglos gehandelt'); /in den kommunikativen Wendungen/ *das hättest du dir ~ können* (ˋdas hättest du mit ein wenig Überlegung voraussehen können')! /als Tadel, Vorwurf/; *was hast du dir (nur) dabei gedacht* (ˋwie konntest du nur so unklug handeln')! /als Tadel, Vorwurf/ **2.** /jmd./ *irgendwie ~* ˋeine bestimmte Einstellung haben': *kleinlich, großherzig ~; sein kleinbürgerliches Denken* **3.** ⟨nur mit Nebens.⟩ /jmd./ *etw. ~* SYN ˋetw. annehmen (5.2)': *ich denke, das können wir so machen, das wird genug sein; er hat gedacht, er hätte etwas Besonderes geleistet, er brauchte sich keine Mühe zu geben* **4.** /jmd./ *über etw., jmdn./von jmdm. irgendwie ~* ˋüber etw., jmdn. eine bestimmte Meinung haben, in bestimmter Weise urteilen': *wie, was ~ Sie darüber, über den neuen Kollegen?; er denkt ganz anders über dieses Problem; ihr solltet nicht schlecht von ihm ~!; das hätte ich nie von ihm gedacht* (ˋihm nicht zugetraut')! /wird auf Verwerfliches bez./ **5.** /jmd./ *an etw., jmdn. ~* **5.1.** ˋseine Gedanken auf etw., jmdn. richten': *an die Feier, den Freund ~; er denkt immer an seine Familie* (ˋist immer auf ihr Wohl bedacht'); *du musst auch an dich ~* (ˋdu kannst dich nicht nur um andere sorgen, sondern musst auch etwas für dich tun') **5.2.** ˋjmdn., etw. im Gedächtnis behalten, nicht vergessen': *wir werden an dich ~!; wir müssen daran ~, den Brief einzuwerfen; hast du daran gedacht, dass wir heute ins Theater wollen?* **6.** /jmd./ *sich* ⟨Dat.⟩ *jmdn., etw. irgendwie ~* ˋsich jmdn., etw. irgendwie vorstellen': *ich denke ihn mir groß und stark; ich dachte mir die Sache so, dass wir ...; sie konnten sich ~, dass wir eingreifen würden, wie wir vorgehen würden;* /in der kommunikativen Wendung/ umg. *was ~ Sie sich eigentlich* (ˋwas bilden Sie sich ein')? /wird zu jmdm. gesagt, wenn man sein Handeln als dreist zurückweist/ **7.** *ich denke* (SYN ˋbeabsichtige'), *noch ein wenig zu bleiben* ❖ **bedacht, Bedacht, bedächtig, bedenken, bedenklich, denkbar, gedacht, Gedächtnis, Gedanke, gedanklich, gedenken** – **andächtig, Andacht, Andenken, ausdenken, Denkmal, Denkvermögen, denkwürdig, Denkzettel, Gedankenstrich, gedankenlos, unbedenklich, Verdacht, verdächtig, verdächtigen, verdenken** – **gedankenverloren, -voll, Gedenktafel, -stätte, -tag, Grundgedanke, Gutdünken, Hintergedanke, Leitgedanke, Menschengedenken, nachdenken, nachdenklich, rekordverdächtig, umdenken, Vorbedacht, vorbedenken, zudenken**

* /etw./ *jmdm. zu ~ geben* (ˋjmdn. nachdenklich stimmen'); umg. **ich denk nicht dran** (ˋdas tue ich auf keinen Fall')

MERKE Zum Unterschied von *denken* (3), *annehmen, glauben, meinen, vermuten:* ↗ *annehmen*

(Merke); zum Konj. im Nebensatz: ↗ *vermuten* (Merke)

Denkmal ['dɛŋkmɑːl], **das**; ∼, ∼e/Denkmäler [..mɛːlɐ/..meː..] **1.** ʿetw., das zum Gedenken an ein Ereignis, eine bedeutende Person errichtet, angebracht worden ist, meist in Form eines Steines mit Text od. einer plastischen Darstellungʾ; SYN Mal (I.2): *ein* ∼ *aus Marmor; jmdm. ein* ∼ *errichten, setzen* **2.** ʿetw. Bedeutendes, Wertvolles aus einer alten Kultur, früheren Epoche od. aus der Natur, das erhalten werden sollteʾ: *ein literarisches* ∼ *aus dem Mittelalter; eine Burg, Ruine als bauliches* ∼ *erhalten* ❖ ↗ **denken,** ↗ **Mal**

Denk/denk ['dɛŋk..]‖-**vermögen, das** ⟨o.Pl.⟩ ʿFähigkeiten zu denken (1)ʾ; ↗ FELD I.4.1.1 ❖ ↗ denken, ↗ Vermögen; **-würdig** ⟨Adj.; Steig. reg., ungebr.; nicht bei Vb.⟩ ʿso bedeutend, dass es wert ist, (im Gedächtnis) bewahrt zu werdenʾ /auf Abstraktes bez./: *ein* ∼*er Tag, Augenblick; ein* ∼*es Ereignis* ❖ ↗ denken, ↗ Würde; **-zettel, der** ❖ ↗ denken, ↗ Zettel; ↗ FELD I.5.1 * /jmd./ **jmdm. einen** ∼ **geben/ verpassen (1.** ʿjmdn. nachhaltig, streng bestrafenʾ **2.** ʿjmdn. eine als Warnung, Lehre gemeinte unangenehme Erfahrung machen lassenʾ)

¹denn ['dɛn] ⟨Konj.; koordinierend⟩ **1.** ⟨verbindet zwei Hauptsätze, die nicht vertauschbar sind⟩ /kausal/ **1.1.** /der durch *denn* eingeleitete zweite Hauptsatz gibt die Ursache an für den im ersten Hauptsatz genannten Sachverhalt und den Grund für eine Schlussfolgerung/: *er kann heute nicht kommen,* ∼ *er ist krank; die Blumen sind erfroren,* ∼ *es hat Frost gegeben; es hat Frost gegeben heute Nacht,* ∼ *die Tomaten sind ganz schwarz* **1.2.** /der durch *denn* eingeleitete zweite Hauptsatz gibt die Begründung, Motivierung für den im ersten Hauptsatz geäußerten Sachverhalt an/: *er ist vermutlich krank,* ∼ *sonst hätte er angerufen; geh jetzt bitte nach Hause,* ∼ *ich bin müde* **2.** ⟨verbindet zwei Satzglieder; mit vorausgehendem Komp.⟩ /gibt bei einem Vergleich Ungleichheit an; das erste Satzglied bildet ein höheres Maß gegenüber dem zweiten; entspricht *als* (2), wird aber verwendet, um doppeltes *als* zu vermeiden/: *er war als Maler bedeutender als Dichter; er ist als Publizist bekannter* ∼ *als Wissenschaftler; wir möchten dies mehr/eher als kurios* ∼ *als normal ansehen;* ⟨Komp. + *denn je*⟩: ↗ ¹*je* **3.** ⟨als Glied der zusammengesetzten Konj. **geschweige** ∼⟩: ↗ *geschweige* ❖ **dennoch**

²denn: es sei ∼ ⟨konjunktionale Wendung; koordinierend; verbindet Satzglieder, Teilsätze⟩ /konzessiv/ SYN ausgenommen, ¹außer (1): *keiner hat davon gewusst, es sei* ∼ *der Chef; er kommt nicht mit, es sei* ∼, *du entschuldigst dich bei ihm; er wird bestimmt mit der Arbeit fertig, es sei* ∼, *er wird krank*

³denn ⟨Modalpartikel; vorw. unbetont; steht nicht am Satzanfang; bezieht sich auf den ganzen Satz⟩ **1.** ⟨steht in Fragesätzen, in Entscheidungsfragen; das Vb. steht meist am Satzanfang⟩ **1.1.** /bezieht sich auf einen vorausgehenden Sachverhalt, drückt Erstaunen darüber aus, dass etwas nicht wie erwar-

tet vorausgesetzt werden kann/: *bist du* ∼ *heute in der Schule?; arbeitet er* ∼ *schon lange an dem Thema?; hat er* ∼ *Schulden?; hat er* ∼ *alles verloren?* **1.2.** /in rhetor. Fragen; drückt einen Vorwurf aus; der Sprecher erwartet, dass sein Gesprächspartner sich rechtfertigt/: *habt ihr* ∼ *nichts kapiert?; bis du* ∼ *verrückt, wie konntest du das tun?; habt ihr* ∼ *gar keinen Respekt vor eurem Lehrer?; bist du* ∼ *von allen guten Geistern verlassen?; hat er uns* ∼ *nicht bemerkt?; wo bleibst du* ∼ *nur?; was hast du* ∼ *nur so lange gemacht?; was ist* ∼ *los?* **2.** ⟨steht in Fragesätzen, in Ergänzungsfragen⟩ /bezieht sich auf einen (vorausgehenden) Sachverhalt, der in der Unterhaltung eine Rolle spielt; drückt ein freundliches Interesse des Sprechers aus; verstärkt eine Frage und soll den Hörer motivieren, eine bestimmte Information zu geben/: *wann, wohin wollt ihr* ∼ *verreisen?; wie spät ist es* ∼?; *wann kommt ihr uns* ∼ *besuchen?; was hat er* ∼ *getan?* **3.** ⟨steht in Ausrufesätzen, die die Form einer Entscheidungsfrage haben; das Vb. steht am Satzanfang⟩ /drückt die Überraschung des Sprechers über etw. aus, das er so nicht erwartet hatte/: *ist* ∼ *so was möglich!; war des Konzert* ∼ *nicht schön?; was sind* ∼ *das für Sachen!; wie siehst du* ∼ *aus!* **4.** ⟨steht in Aussagesätzen⟩ /drückt eine Folgerung des Sprechers aus dem Gesagten aus/; SYN ²schließlich, letztlich: *es war schon spät geworden, und so gingen sie* ∼ *nach Hause; womit* ∼ *bewiesen ist, dass …; so soll* ∼ *im Folgenden versucht werden, …;* ⟨steht oft vor *doch, auch, schon*⟩ *er war* ∼ *doch, auch bereit, mitzumachen;* ⟨in Ausrufen⟩ *los* ∼!; *auf* ∼!; *nun* ∼!; *wohlan* ∼!

dennoch ['dɛnɔx] ⟨Adv.⟩ ʿtrotz des vorher Gesagtenʾ: *ich will es* ∼ *versuchen;* ⟨auch als Konjunktionaladv. mit Inversion des Subj.; schließt an einen vorausgehenden Hauptsatz einen Hauptsatz an; adversativ⟩: *es regnete oft,* ∼ *war der Urlaub schön* ❖ ↗ ¹**denn,** ↗ **noch**

denunzieren [denʊn'tsiːʀən] ⟨reg. Vb.; hat⟩ /jmd./ *jmdn.* ∼ ʿjmdn. aus niederen Beweggründen anzeigen (3), der Behörde als verdächtige Person meldenʾ; ↗ FELD I.13.2: *er wurde denunziert; jmdn. bei der Polizei* ∼

Deodorant [deʔodoˈʀant], **das**; ∼s, ∼s/auch ∼e ʿkosmetisches Mittel gegen Gerüche des Körpersʾ; ↗ FELD VI.4.1: *ein* ∼ *benutzen*

Deospray ['deːʔospʀeː/..ʃpʀeː], **der**/auch **das**; ∼s, ∼s ʿDeodorant in Form von Sprayʾ; ↗ FELD VI.4.1 ❖ ↗ **Spray**

Deponie [depoˈniː], **die**; ∼, ∼n [..niːən] SYN ʿMülldeponieʾ: *eine* ∼ *anlegen, stilllegen* ❖ vgl. **Depot**

Depot [deˈpoː], **das**; ∼s, ∼s **1.** SYN ʿLager (4)ʾ: *Nahrungsmittel, Waffen in einem* ∼ *lagern* **2.** ʿGelände mit Hallen und Werkstätten für Straßenbahnen, Omnibusseʾ: *die Bahn fährt ins* ∼ ❖ vgl. **Deponie**

Depression [depʀɛˈsi̯oːn], **die**; ∼, ∼en ʿdurch Niedergeschlagenheit und Trübsinn, Hemmung im Denken und Handeln gekennzeichnete psychische

Krankheit'; ↗ FELD I.6.1: *sie leidet unter ~en; er verfiel in eine tiefe ~* ❖ **depressiv;** vgl. **deprimieren**

depressiv [depʀɛˈsiːf/ˈdeː..] ⟨Adj.; Steig. reg., ungebr.; vorw. attr.⟩ **1.** 'zu Depressionen neigend': *er ist ~ veranlagt* **2.** SYN 'niedergeschlagen' /auf Psychisches bez./; ↗ FELD I.6.3: *in einer ~en Stimmung sein; sie wird leicht, wirkt ~* ❖ ↗ **Depression**

deprimieren [depʀiˈmiːʀən] ⟨reg. Vb.; hat⟩ /etw./ jmdn. ~ 'jmdn. in eine depressive (2) Stimmung versetzen'; ↗ FELD I.6.2: *die Zustände dort haben ihn sehr deprimiert;* ⟨vorw. im Part. I u. II⟩ *das war ~d für ihn; sich deprimiert fühlen* ❖ vgl. **Depression**

¹der [deɐ] ⟨best. Art.; Mask.; Fem. u. Pl. **die**, Neutr. **das**; steht vor einem Subst. und gibt Kasus, Numerus und Genus an; ↗ TAFEL VI; ↗ auch ¹*ein*⟩ **1.** /steht vor einem Subst., wenn vorausgesetzt werden kann, dass Sprecher und Hörer wissen, worum es sich dabei handelt/: *gib mir doch mal die Brille!; das Buch ist verschwunden; das Auto stand doch eben noch hier; lass nicht die Tasse fallen!; wie war die Reise, die Prüfung?* **2.** /kennzeichnet das Subst. generalisierend als Vertreter einer Klasse von Gegenständen od. Personen; vgl. ¹*ein* (2)/: *das Kind will spielen; die Pflanze braucht Sonne* **3.** /steht vor Subst., die durch ein Attr. näher bestimmt sind/: *~ Kerl mit dem frechen Mundwerk; ~ freche Kerl; das hübsche Mädchen* **4.** /steht vor Subst., die singuläre Teile eines Ganzen bezeichnen/: *das Dach des Hauses; ~ Inhalt des Buches* **5.** /steht vor Subst., die etw. bezeichnen, das in der Realität nur einmal existiert/: *~ Himmel, die Erde, Sonne, das Weltall; ~ Äquator;* /bei geogr. Namen/: *~ Harz, Bodensee, die Wolga, Antarktis;* /in bestimmten Ländernamen, Namen von bestimmten Landschaften/: *die Schweiz, Türkei; die Niederlande; das Elsass;* /bei Namen von Bauwerken/: *~ Kölner Dom, das Brandenburger Tor, die Wartburg;* /bei Schiffsnamen; nur Fem./: *die Arkona, die Gorch Fock;* /bei Namen der Mythologie/: *~ Weihnachtsmann; ~ Teufel;* /bei Bez. für Wissenschaften/: *die Mathematik, Botanik; er ist Doktor ~ Medizin* (aber: *er studiert Medizin, Botanik; er hat eine Eins in Mathematik;* /bei Abstrakta, wenn sie allgemein verwendet werden/: *~ Frühling ist die schönste Jahreszeit* (aber: *es wird Frühling*) **6.** emot. /steht vor Vor-, Familiennamen/ **6.1.** /steht vor Vornamen; drückt ein vertrauliches Verhältnis aus/: *was sagt denn ~ Hans, die Anna dazu?* **6.2.** /steht vor Familiennamen; drückt ein distanziertes Verhältnis aus/: *~ Meier hat sich aber mächtig blamiert; die Schulze soll sich hier nicht wieder blicken lassen!* **7.** ⟨nur *das*⟩ /kennzeichnet die Substantivierung einer anderen Wortart/: *jmdm. das Du anbieten, das Rauchen verbieten; das Wenn und Aber, Weh und Ach; das ewige Hin und Her* ❖ vgl. **zur**

MERKE Unbetontes den ⟨Akk.Sg., Dat.Pl.⟩, dem ⟨Dat.⟩, der ⟨Dat.⟩, das ⟨Akk.⟩ können mit Präpositionen verschmelzen, z. B. *am (an + dem), zur (zu + der), ans (an + das): wir fahren ans Meer; zur Weihnachtszeit; am Abend, Morgen; ins Bett,*

Kino gehen; sich aufs Ohr legen etc.; vgl. *am, ans, aufs, beim, durchs, fürs, hinterm, hintern, hinters, im, ins, überm, übern, übers, ums, unterm, untern, unters, vorm, vors, zum, zur*

²der ⟨Demonstrativpron.; Mask.; Fem. u. Pl. **die**; Neutr. **das**; flektiert wie der best. Art. der, die, das; ↗ TAFEL IX⟩ **1.** ⟨betont⟩ **1.1.** ⟨adj.⟩ /weist ausdrücklich auf eine best. Person, Sache hin/: *den Mann, die Frau kenne ich; dem Kerl werde ich mal die Leviten lesen; ~ Frau bin ich schon wiederholt begegnet; den Film muss man gesehen haben; in ~ Gegend möchte ich nicht wohnen; er sagte, das wäre zu dem und dem Zeitpunkt geschehen* **1.2.** ⟨subst.⟩ *~ mit dem Hut, Vollbart ist mein Vater; den, die kenne ich von früher; mit denen will ich nichts zu tun haben; das habe ich nie behauptet; wir gedenken derer, die Opfer dieses Krieges wurden;* umg. *~, die da, dort: die da meine ich; ~ und ~* /meint eine bestimmte, aber nicht näher bezeichnete Person, Sache/: *er sagte, ~ und ~ hätte ihm das erzählt* **2.** ⟨subst.; betont⟩ **2.1.** /weist auf eine genannte Person zurück/: *„Wo ist Karl?" „Der ist in seinem Zimmer"; „Was hältst du von seiner Idee?" „Die finde ich gut"; dieser Kerl, dem werde ich meine Meinung sagen* **2.2.** ⟨vorw. *das*⟩ /fasst etw. zuvor Erwähntes zusammen (und bewertet es)/: *morgen fahre ich an die See, das wird schön; vor einem Jahr ist er verunglückt, das werde ich nie vergessen* **3.** ⟨subst.; nur *das*⟩ **3.1.** umg. /als Subj. unpersönl. Verben/: *das regnet heute den ganzen Tag; das hat aber geblitzt!* **3.2.** ⟨mit *sein* + Prädikatsnomen /ausdrücklich hinweisend/ *das ist unser Sohn; das ist meine Frau, mein Mann; das ist unser Haus* **4.** ⟨nur *dessen, deren;* in der Funktion des Possessivpron. *sein, ihr*⟩ *gestern besuchte uns sein Freund und dessen Sohn; Frau N und deren Tochter; die Fehler und deren Folgen* ❖ **derart, derartig, derjenige, derselbe**

³der ⟨Relativpron.; Mask.; Fem. u. Pl. **die**; Neutr. **das**⟩ /für selteneres *welcher, welche, welches*/: *er ist ~ Mann, ~ das getan hat; hier ist das Haus, das wir verkauft haben; wo sind die Leute, die uns helfen wollten?; ~ Mann, dessen wir uns heute noch erinnern; die Frau, derer/deren wir heute gedenken; die Mitarbeiter, deren wir uns erinnern*

der [ˈdeɐ..]**-art** ⟨Adv.; vor Adj., Adv.⟩ 'in einem solch hohen Maße'; SYN derartig (II): *es war lange nicht ~ warm im Januar; er ist ~ erschöpft, dass …; ~ schöne Bilder haben wir nicht; das kommt ~ selten vor, dass …* ❖ ↗ ²der, ↗ Art; **-artig I.** ⟨Adj.; o. Steig.; nicht präd.⟩ 'so geartet, beschaffen': *~e Erfahrungen fehlen uns* – **II.** ⟨Adv.; vor Adj., Adv.⟩ *er ist ~* (SYN 'derart') *erschöpft, dass …; ~ schöne Bilder haben wir nicht* ❖ ↗ ²der, ↗ Art

derb [dɛʀp] ⟨Adj.⟩ **1.** ⟨Steig. reg.; nicht bei Vb.⟩ 'grob (1.1) und fest (2) und dadurch strapazierfähig' /bes. auf Leder, Textilien bez./: *Schuhe aus ~em Leder; dieser Stoff ist sehr ~* **2.** ⟨Steig. reg., ungebr.; nicht bei Vb.⟩ 'nicht verfeinert, aber sehr nahrhaft' /beschränkt verbindbar/: *~e Kost, Speisen* **3.** ⟨Steig. reg.⟩ 'mit voller Kraft und ohne

Schonung der Person ausgeführt': *jmdm. einen ~en* (SYN 'heftigen 1') *Schlag, Stoß versetzen; jmdn. ~ packen, anfassen* **4.** ⟨Steig. reg., ungebr.⟩ SYN 'grob (4)' /auf Sprachliches bez./: *~e Späße, Witze; ~ fluchen*

deren ['deːʀən] ↗ ²*der* ❖ **derentwegen, derentwillen**

derentwegen ['deːʀənt..] ⟨Adv.; relativisch verwendet⟩ 'wegen welcher': *die Frau(en), ~ wir uns heute treffen, ...* ❖ ↗ **deren,** ↗ **wegen**

derentwillen ['deːʀəntvɪln] ⟨Adv.; relativisch verwendet⟩ *um ~* 'wegen welcher': *die Frau(en), um ~ wir uns heute treffen, ...* ❖ ↗ **deren,** ↗ **Wille**

derer ['deːʀɐ] ↗ ²*der*

der|jenige ['deːʀjenɪgə] ⟨Demonstrativpron.; Mask. Sg.; Fem. Sg. **diejenige,** Neutr. Sg. **dasjenige,** Pl. **diejenigen;** nur in Korrelation mit folgendem eingeschobenen Relativsatz; ↗ TAFEL IX⟩ /nachdrücklicher als das Demonstrativpron. *der*/: ⟨adj.⟩ *Schüler, der den Unfall beobachtet hat, soll sich melden;* ⟨subst.⟩ *~, der das verschuldet hat, ...; diejenigen, die derselben Meinung sind, werden um Zustimmung gebeten* ❖ ↗ ²**der,** ↗ **jener**

derselbe ['deːʀˈzɛlbə] ⟨Demonstrativpron.; Mask. Sg.; Fem. Sg. **dieselbe;** Neutr. Sg. **dasselbe;** Pl. **dieselben;** ↗ TAFEL IX⟩ **1.** /bezeichnet die Identität einer Person, Sache mit einer anderen genannten/: ⟨attr.⟩ *er trägt heute denselben Anzug wie gestern* ('den Anzug, den er auch gestern getragen hat'); *das ist ~ Schauspieler, der gestern den 'Faust' gespielt hat; ein und ~: das ist ein ~* ('ganz und gar der gleiche') *Anzug, Schwindel; das ist ein und dieselbe Person;* /subst./ *er hat dasselbe gesagt wie du; sie ist noch immer dieselbe* ('sie hat sich nicht geändert') **2.** umg. /bezeichnet die Gleichheit der Art einer Sache mit einer anderen genannten/: *sie hat denselben Hut wie meine Frau* ❖ ↗ ²**der,** ↗ **selb**

derzeit ['deːɐtsait] ⟨Adv.⟩ 'in der gerade jetzt vor sich gehenden Zeit': *das ist ~ die beste/die ~ beste Ausführung dieses Autos; das ist ~* (SYN 'jetzt 1') *nicht möglich* ❖ ↗ **die,** ↗ **Zeit**

derzeitig ['deːɐtsaitɪç] ⟨Adj.; o. Steig.; nur attr.⟩ SYN 'gegenwärtig (1.1)' /beschränkt verbindbar/; ↗ FELD VII.5.3: *der ~e Zustand ist unbefriedigend; die ~e politische Lage ist gespannt* ❖ ↗ **die,** ↗ **Zeit**

des [dɛs] ↗ ¹*der* ❖ **deswegen**

Deserteur [dezɐˈtøːɐ], **der;** ~s, ~e 'Angehöriger der Streitkräfte, der desertiert (ist)': *der ~ ist über die Grenze entkommen; der ~ wurde erschossen* ❖ ↗ **desertieren**

desertieren [dezɐˈtiːʀən], desertierte, ist, hat desertiert /jmd., bes. Soldat/ 'die militärische Einheit ohne Erlaubnis verlassen, um nicht wieder zu ihr zurückzukehren': *er ist (von seiner Truppe, zum Feind) desertiert* ❖ **Deserteur**

deshalb ['dɛshalp] ⟨Adv.⟩ 'aus dem genannten Grunde'; SYN deswegen; ↗ FELD I.4.2.3: *wir haben heute Glatteis, du musst ~ langsam, vorsichtig fahren;* ⟨auch als Konjunktionaladv. mit Inversion des Subj.; schließt an einen vorausgehenden

Hauptsatz einen Hauptsatz an; kausal⟩: *er war krank, ~ konnte er nicht zum Dienst kommen*

Desinfektion [dɛsʔɪnfɛkˈtsi̯oːn], **die;** ~, ~en 'das Desinfizieren': *die ~ sanitärer Anlagen, von Kleidung, ärztlichen Instrumenten* ❖ ↗ **Infekt**

desinfizieren [dɛsʔɪnfiˈtsiːʀən], desinfizierte, hat desinfiziert /jmd./ *etw.* ~ 'etw. von Krankheitserregern frei machen': *eine Wunde, ärztliche Instrumente, einen Raum ~* ❖ ↗ **Infekt**

Desinteresse ['dɛsʔɪntəʀɛsə], **das;** ~s, ⟨o.Pl.⟩ '(völliges) Fehlen von Interesse': *sein ~ (an ihr, an/für Politik) war unübersehbar* ❖ ↗ **Interesse**

desinteressiert ⟨Adj.⟩ ['dɛsʔɪntəʀɛsiːɐt/..ˈsiːɐt] 'ohne Interesse an einer bestimmten Sache' /auf Personen bez./: *er war (an der Sache), zeigte sich völlig ~* ❖ ↗ **Interesse**

dessen ['dɛsn̩] ↗ ²*der* ❖ **dessentwegen, dessentwillen, infolgedessen, unterdessen**

dessentwegen ['dɛsnt..] ⟨Adv.; relativisch verwendet⟩ 'wegen welchem': *der Freund, das Kind, ~ wir gekommen waren, ...* ❖ ↗ **dessen,** ↗ **wegen**

dessentwillen ['dɛsnt..] ⟨Adv.; relativisch verwendet⟩ *um ~* 'wegen welchem': *das Buch, um ~ ich so lange herumgelaufen bin* ❖ ↗ **dessen,** ↗ **Wille**

Dessert [dɛˈseːɐ], **das;** ~s, ~s SYN 'Nachspeise'; ↗ FELD I.8.1: *das ~ servieren; als ~ gab es Früchte*

destillieren [dɛstɪˈliːʀən], destillierte, hat destilliert /jmd./ *etw.* ~ 'eine Flüssigkeit durch Erhitzen in Dampf übergehen (I.2) und dann wieder kondensieren lassen und dabei von unerwünschten Bestandteilen reinigen od. ihre flüchtigen von weniger flüchtigen Bestandteilen trennen': *Erdöl ~; Alkohol ~* ('durch Destillieren gewinnen'); *destilliertes* ('durch Destillieren gereinigtes') *Wasser*

desto ['dɛsto] ⟨als Glied der mehrteiligen subordinierenden Konj. je ... ~⟩: ↗ **je**

destruktiv ['dɛstʀʊkˈtiːf] ⟨Adj.; Steig. reg., ungebr.⟩ 'durch negatives (ideelles) Einwirken die konstruktive Entwicklung von etw. hemmend, verhindernd'; ANT konstruktiv /auf Abstraktes bez./: *eine ~e Haltung; ~ diskutieren* ❖ vgl. **konstruktiv**

des|wegen ['dɛs../..ˈveː..] ⟨Adv.⟩ ↗ **deshalb** ❖ ↗ **des,** ↗ **wegen**

Detail [deˈtai̯/..ˈtaːj], **das;** ~s, ~s 'einzelner Teil bes. eines komplexen Sachverhalts, Ereignisses': *etw. in, mit allen ~s, bis ins kleinste ~ erzählen, beschreiben, schildern; alle ~s angeben; sich an jedes ~ erinnern; bei der Übersicht auf ~s verzichten; ins ~, in die ~s gehen* ('etw. bis ins Einzelne hinein darlegen') ❖ **detailliert**

detailliert [detaˈjiːɐt] ⟨Adj.; Steig. reg.; nicht präd.⟩ 'in, mit allen Details /auf Sprachliches bez./: *etw. ~ darstellen, vortragen; ein ~er Bericht* ❖ ↗ **Detail**

Detektiv [detɛkˈtiːf], **der;** ~s, ~e [..və] 'Person, die beruflich mit behördlicher Lizenz in privatem Auftrag Ermittlungen anstellt und Beweismaterial sammelt': *er hat seine Frau von einem ~ beobachten lassen, um zu erfahren, ob sie ihn betrügt*

Detonation [detonaˈtsi̯oːn], **die;** ~, ~en 'plötzlich und stoßartig verlaufende starke Explosion'; ↗

FELD VI.1.1: *eine starke, heftige ~ erschütterte die Luft; etw. löst eine ~ aus* ❖ ↗ **detonieren**

detonieren [deto'niːrən], detonierte, ist detoniert /etw., bes. ein explosiver Stoff/ 'plötzlich, stoßartig, heftig explodieren'; ↗ FELD VI.1.2: *eine Bombe ist detoniert* ❖ **Detonation**

deuten ['dɔitn̩], deutete, hat gedeutet **1.** /jmd./ *etw. ~* SYN 'etw. interpretieren (1.2)'; ↗ FELD I.4.2.2: *einen Text, Traum ~; er hat die Zeichen der Zeit, die Worte des Sprechers richtig, falsch, in seinem Interesse gedeutet; sie deutete seine Worte als Ausdruck der Zustimmung* **2.** /jmd./ *auf etw., jmdn., irgendwohin ~* SYN 'auf etw., jmdn., irgendwohin zeigen (1)': *er deutete (mit dem Finger) auf die Tafel, den Jungen, in die falsche Richtung, nach oben, vorn* **3.** /etw./ *auf etw. ~* 'auf etw. hindeuten (2)': *alle Anzeichen ~ auf gutes Wetter* ❖ **bedeuten, bedeutend, bedeutsam, Bedeutung, Deutlichkeit, Deutung, undeutlich, verdeutlichen — andeuten, doppeldeutig, eindeutig, hindeuten, zweideutig**

deutlich ['dɔit..] ⟨Adj.⟩ **1.** ⟨Steig. reg.⟩ 'gut wahrnehmbar': *etw. ~ sehen, erkennen, hören können; ~ sprechen; er hatte einen ~en Vorsprung vor den anderen; eine ~e ('gut lesbare') Schrift, eine ~e ('gut verständliche') Aussprache haben* **2.** ⟨Steig. reg.⟩ /beschränkt verbindbar/: *sich ~ (SYN 'präzis') an etw. erinnern; eine ~e Vorstellung von etw. haben* **3.** ⟨Steig. reg.⟩ SYN 'unmissverständlich (1)' /auf Sprachliches bez./: *ein ~er Hinweis; etw. klar und ~ sagen; sich ~ ausdrücken* **4.** ⟨Steig. reg., ungebr.⟩ 'anschaulich und verständlich': *etw. ~ machen; daran wird ~, dass ...* **5.** ⟨Steig. nur im Komp.⟩ 'rücksichtslos offen (5)': *er ist in der Auseinandersetzung sehr ~ geworden; jmdm. etw. ~ sagen* ❖ ↗ **deuten**

Deutlichkeit ['dɔitlɪç..], **die**; ~, ⟨o.Pl.⟩ /zu *deutlich* 1–5/ 'das Deutlichsein'; /zu 5/: *jmdm. etw. in, mit aller ~ sagen* ❖ ↗ **deuten**

deutsch ['dɔitʃ] ⟨Adj.; o. Steig.⟩ **1.1.** ⟨vorw. attr.⟩ /bezeichnet die Zugehörigkeit zu Territorium, Bevölkerung Deutschlands/: *die ~e Nation, Geschichte; das ~e Volk; ~e Städte und Landschaften* **1.2.** ⟨nur attr.⟩ /häufig in Namen/: *Deutscher Gewerkschaftsbund* (ABK: DGB); *Deutsche Bahn* (vgl. *Bundesbahn*) **2.** ⟨nicht präd.⟩ *die ~e Sprache* 'die Sprache der Bevölkerung der BRD, Österreichs, eines Teils der Schweiz': *~ ('die deutsche Sprache') sprechen; wie heißt das auf Deutsch ('in deutscher Sprache')?; eine ~e Übersetzung ('Übersetzung in die deutsche Sprache')* ❖ **Deutsch, ¹,²Deutsche — Deutschland, deutschsprachig**

Deutsch, das; ~/auch ~s, ⟨o.Pl.⟩ **1.** ⟨o.Art.⟩ 'die deutsche Sprache': *er spricht, versteht (nicht, ein wenig) ~* **2.** ⟨o.Art.⟩ 'die deutsche Sprache (und Literatur) als Unterrichtsfach': *wir haben heute vier Stunden ~; er ist Lehrer für ~, unterrichtet ~* **3.** 'die deutsche Sprache einer bestimmten Person': *das ~ dieses Schülers, das ~ Luthers; sein ~ ist schlecht* ❖ ↗ **deutsch**

¹Deutsche ['dɔitʃə], **das**; ~n, ⟨o.Pl.; nur mit best. Art.⟩ 'die deutsche Sprache': *etw. ins ~ übersetzen* ❖ ↗ **deutsch**

²Deutsche, der u. **die**; ~n, ~n; ↗ auch *deutsch* (1.1, 1.2; ↗ TAFEL II 'jmd., der zum deutschen Volk gehört': *die ~n und ihre Nachbarn; er ist ~r, sie ist ~* ❖ ↗ **deutsch**

Deutsch/deutsch ['dɔitʃ..]|-**land, das** ⟨o.Pl.⟩ /Ländername für das Territorium des deutschen Staates, der Bundesrepublik Deutschland/: *er lebte in ~, hat ~ 1933 verlassen (müssen); das ~ der zwanziger Jahre; ein Spiel ~ gegen Uruguay*

MERKE Zu *Deutschland:* Der Ländername wird nur dann mit einem Art. verwendet, wenn ein Attr. hinzutritt ❖ ↗ **deutsch**, ↗ **Land; -sprachig** [ʃpʁaːxɪç] ⟨Adj.; o. Steig.⟩ **1.** ⟨nicht bei Vb.⟩ 'Deutsch als Muttersprache sprechend' /auf Personen bez./: *die ~e Bevölkerung der Schweiz* **2.** ⟨vorw. attr.⟩ 'in deutscher Sprache': *~e Sendungen von Radio M* ❖ ↗ **deutsch**, ↗ **sprechen**

Deutung ['dɔit..], **die**; ~, ~en /zu *deuten* 1/ 'das Deuten'; ↗ FELD I.4.2.1: *etw. lässt verschiedene ~en zu; die ~ einer Entscheidung, eines Phänomens* ❖ ↗ **deuten**

Devise [de'viːzə], **die**; ~, ~n ⟨vorw. Sg.⟩ SYN 'Motto (1.1)': *die ~ seines Lebens lautete ...; meine ~ heißt ...*

Devisen [de'viːzn̩], **die** ⟨Pl.⟩ 'ausländische Zahlungsmittel'; ↗ FELD I.16.1: *etw. kostet ~, muss in ~ bezahlt werden*

Dezember [de'tsɛmbɐ], **der**; ~/auch ~s, ~ ⟨vorw. Sg.⟩ 'der zwölfte Monat des Jahres'; ↗ TAFEL XIII: *ein kalter ~; Anfang, Mitte, Ende ~*

dezent [de'tsɛnt] ⟨Adj.; Steig. reg.⟩ **1.** 'vornehm zurückhaltend und taktvoll' /auf das Verhalten von Personen bez./: *sein ~es Auftreten, Verhalten; sich ~ zurückziehen* **2.** 'nicht aufdringlich (2)'; SYN zurückhaltend (3) /auf Sachen bez./: *ein ~es Muster, Parfüm; ~e Beleuchtung*

Dezimal [detsi'maːl..]**zahl, die** 'Zahl mit einer od. mehreren Ziffern rechts vom Komma' ❖ vgl. **dezimieren**

dezimieren [detsi'miːʁən], dezimierte, hat dezimiert /etw., jmd./ *etw. ~* 'die Anzahl von Lebewesen, auch Sachen, bes. in einem Bereich durch gewaltsame, zerstörerische Einwirkung stark vermindern': *Seuchen haben die Bevölkerung, das Wild in diesem Gebiet dezimiert; Wilderer hatten den Bestand an Gemsen rücksichtslos dezimiert* ❖ vgl. **Dezimalzahl**

Dia ['diːa], **das**; ~s, ~s 'zur Projektion vorgesehenes Foto auf einer durchsichtigen Folie': *~s machen, vorführen*

Diabetes [dia'beːtɛs], **der**; ~, ⟨o.Pl.⟩ Med. 'Krankheit, bei der der Stoffwechsel des Zuckers im Organismus gestört ist'

Diagnose [diag'noːzə], **die**; ~, ~n 'Bestimmung einer Krankheit'; ↗ FELD I.4.2.1: *wie lautet die ~?; die ~ lautet auf Grippe; (jmdm.) eine ~ stellen* 'die

Krankheit eines Menschen feststellen': *der Arzt stellte die ~, dass …*

diagonal [diɑgo'nɑːl] ⟨Adj.; o. Steig.⟩ **1.** 'zwei nicht nebeneinander liegende Ecken einer viereckigen geometrischen Figur in gerader Linie verbindend'; ↗ FELD IV.2.3: *die Linie verläuft ~ durch das Viereck, den Quader* **2.** 'schräg über etw. verlaufend (↗ verlaufen 4)': *ein Stoff, eine Bluse mit ~en Streifen* ❖ **Diagonale**

Diagonale [diɑgo'nɑːlə], **die**; ~/auch ~n, ~n 'diagonale Gerade'; ↗ FELD IV.2.1 ❖ ↗ **diagonal**

Diagramm [diɑ'gʀam], **das**; ~s, ~e 'graphische Darstellung von Zusammenhängen, Entwicklungen, Sachverhalten, Proportionen': *ein ~ zeichnen, anfertigen*

Dialekt [diɑ'lɛkt], **der**; ~s/auch ~es, ~e 'bes. in Wortschatz und Aussprache abweichende, landschaftlich begrenzte, vorw. im Alltag gesprochene Variante einer Sprache'; SYN Mundart: *er hat den ~ seiner Heimat verlernt; ein mitteldeutscher ~; der bayrische, pfälzische ~*

Dialektik [diɑ'lɛktɪk], **die**; ~, ⟨o.Pl.⟩ 'Wissenschaft von den allgemeinen Gesetzen der Bewegung und Entwicklung in Natur, Gesellschaft und im Denken'; ↗ FELD I.4.1.1: *die marxistische, materialistische ~; Hegels ~* ❖ **dialektisch**

dialektisch [diɑ'lɛkt..] ⟨Adj.; o. Steig.; vorw. attr.⟩ '/zu Dialektik/ /auf Abstraktes bez./': *~e Gesetze, Zusammenhänge, Widersprüche* ❖ ↗ **Dialektik**

Dialog [diɑ'loːk], **der**; ~s/auch ~es, ~e 'Gespräch zwischen zwei od. mehreren Personen': *sie hatten, führten einen ~ miteinander; ein amüsanter, anregender ~*

Diamant [diɑ'mant], **der**; ~en, ~en 'farbloser, durchsichtiger, sehr harter Edelstein, der industriell und als Schmuck genutzt wird'; ↗ FELD III.4.1: *ein mit ~en besetztes Armband; mit einem ~en Glas schneiden*

Diät [di'ɛːt/di'eːt], **die**; ~, ⟨o.Pl.⟩ 'bei bestimmten Krankheiten verordnete od. allgemein der Gesundheit dienliche, dem jeweiligen Zweck entsprechend zusammengestellte Kost, meist wenig Salz und Fett enthaltend'; SYN Schonkost; ↗ FELD I.8.1: *eine ~ zusammenstellen; er muss eine bestimmte ~ (ein)halten; jmdn. auf ~ setzen* ('jmdm. eine bestimmte, die Gesundheit fördernde Kost verabreichen, verordnen')

dich [dɪç] **I.** ⟨Akk. vom Personalpron. ↗ *du*⟩ *ich habe ~ erkannt, gesehen* – **II.** ⟨Reflexivpron. der 2. Pers. Sg. von *du*; Akk.; weist auf das Subj. zurück⟩ *hast du ~ schon gewaschen?*; ↗ *du*

dicht [dɪçt] ⟨Adj.⟩ **1.1.** ⟨Steig. reg.⟩ 'mit geringen Zwischenräumen (1) zwischen den Elementen, die ein Ganzes od. eine Menge bilden': *er hat ~es Haar; ~es Gestrüpp hinderte uns am Weiterkommen; die Blumen, Zuschauer, Autos stehen hier sehr ~; der Verkehr wird immer ~er* ('immer mehr Fahrzeuge fahren auf den Straßen, Schienen'); *das Land ist ~ bevölkert* ('hat besonders viele Bewoh-

ner pro Quadratkilometer'); *ein ~ bevölkertes Land* **1.2.** ⟨Steig. reg., ungebr.⟩ *in ~er Folge fahren, verkehren* 'in kurzen zeitlichen Abständen fahren, verkehren': *die Züge fahren, verkehren in ~er Folge* **1.3.** ⟨Steig. reg.⟩ 'nicht od. nur sehr wenig durchsichtig (1)': *~er Nebel; die Vorhänge waren sehr ~* **1.4.** ⟨Steig. reg., ungebr.⟩ 'nicht durchlässig für Flüssigkeiten, Gase' /auf Gegenstände o.Ä. bez./: *~e Schuhe; das Boot, Fass, die Rohrleitung ist ~; Fugen, Ritzen ~ machen* **2.** ⟨Steig. reg., ungebr.; nur bei Vb.⟩ **2.1.** 'sehr nahe (1)': *ihre Autos standen ~ beieinander;* ⟨+ Präp.⟩ *~ vor, hinter jmdm. gehen; sie standen ~ am Rande der Straße* **2.2.** 'sehr nahe (2)': *das Fest steht ~ bevor* ❖ **Dichte, dichten (1), Dichtung (1)** – **abdichten, schalldicht**

* **~ an ~**/landsch. **~ bei ~** 'sehr nahe (1) beieinander': *die Blumen, Zuschauer standen ~ an ~*

MERKE Zur Getrennt-, Zusammenschreibung mit Part. II: Getrenntschreibung auch in attr. Verwendung. Zur Steigerung: Gesteigert wird *dicht*, nicht das Part. II: *er ist dichter*

Dichte ['dɪçtə], **die**; ~, ⟨o.Pl.⟩ **1.** /zu dicht 1.1, 1.3/ 'das Dichtsein'; /zu 1.1/: *die ~ seines Haares;* /zu 1.3/: *die ~ des Nebels* **2.** Phys. 'Verhältnis der Menge einer physikalischen Größe zur Einheit des Volumens': *die ~ des Wassers bei 3 °C* ❖ ↗ **dicht**

dichten ['dɪçtn̩], dichtete, hat gedichtet **1.** /jmd./ etw. ~ SYN 'etw. abdichten': *die Fenster ~* **2.** /jmd./ etw. ~ 'ein literarisches Kunstwerk, bes. ein Kunstwerk in Form von Versen, schaffen': *er hat vor allem Lieder, ein Epos gedichtet* ❖ **zu (2): Dichter, Dichterin, dichterisch, Dichtung (2), Gedicht; zu (1):** ↗ **dicht**

Dichter ['dɪçtɐ], **der**; ~s, ~ 'Schöpfer von Dichtungen (2.1)': *die großen ~ des vorigen Jahrhunderts; der ~ des 'Faust'* ❖ ↗ **dichten**

Dichterin ['dɪçtəʀ..], **die**; ~, ~nen /zu Dichter; weibl./ ❖ ↗ **dichten**

dichterisch ⟨Adj.; o. Steig.⟩ **1.** ⟨nicht präd.⟩ 'das Dichten (2) betreffend': *er hat eine ~e Begabung; er ist ~ begabt; sein ~es Schaffen* **2.** ⟨nur attr.⟩ /beschränkt verbindbar/: *die ~en Werke* ('die Dichtungen 2.1') *des 18. Jahrhunderts* ❖ ↗ **dichten**

Dichtung ['dɪçt..], **die**; ~, ~en **1.** 'Gegenstand, mit dem etw., bes. Rohre, Leitungen, dicht (1.4) gemacht wird': *eine neue ~ einsetzen* **2.1.** 'sprachliches Kunstwerk in Versen od. Prosa, in dem Themen des menschlichen Lebens künstlerisch gestaltet sind': *er hat viele unvergängliche ~en geschaffen* **2.2.** ⟨o.Pl.⟩ 'Werke von Dichtern als eine Gesamtheit': *die ~ des Mittelalters* ❖ **zu (1):** ↗ **dicht; zu (2):** ↗ **dichten**

dick [dɪk] ⟨Adj.⟩ **1.** /bezeichnet bei bestimmten, besonders in Länge od. Höhe od. auch Länge u. Breite ausgedehnten Objekten die im Vergleich dazu kleinste Ausdehnung/ **1.1.** ⟨Steig. reg.; nicht im Superl., im Komp. nur im Vergleich⟩ /nicht bei Vb.; mit Maßangabe und dieser nachgestellt/ 'stark': *das Brett ist drei Zentimeter ~, einen Zenti-

meter ~er als das andere; die einen Meter ~e Mauer **1.2.** ⟨Steig. reg.⟩ **1.2.1.** ʿeine (entgegen der Erwartung) relativ große Stärke (↗ **stark** 3.1) der kleinsten Ausdehnung aufweisendʾ; ANT **dünn** (1.1) /bes. auf Gegenstände bez./: *ein ~es Brett, Buch; das ist das ~ste Buch im Regal; ein ~er Stoff; das Eis, dieses Papier ist nicht ~ genug; die Butter ~ aufs Brot streichen* **1.2.2.** /bei vorw. eindimensional empfundenen Objekten/ ʿvon relativ großer Ausdehnung quer zur Höhe, Längeʾ; ANT **dünn:** *ein ~er Ast, Pfeiler* **1.3.** ⟨Steig. reg.⟩ ʿaus dickem (1.2.1) Stoff und daher wärmendʾ; ANT **dünn** /vorw. auf Kleidung bez./; ↗ FELD V.1.3: *ein ~er Mantel; der Mantel ist (für diese Jahreszeit) zu ~; du hast dich zu ~ angezogen* (ʿhast, gemessen am Wetter, zu viel od. zu warme Kleidung angezogenʾ) **2.** ⟨Steig. reg.⟩ ʿkörperlich von weit mehr als normalem Umfang, bes. durch Anhäufung von Fett (2) im Gewebeʾ; SYN **korpulent;** ANT **schlank, mager, dünn, dürr** (3) /bes. auf Lebewesen bez./: *ein ~er Mann; eine ~e Frau; eine ~e fette Made; er ist zu ~ (geworden), hat einen ~en Bauch; Schokolade, Zucker macht ~; dieses Kleid macht dich ~* (ʿlässt dich dick erscheinenʾ) **3.** ⟨Steig. reg.⟩ ʿkrankhaft angeschwollenʾ /auf Körperteile bez./: *einen ~en Finger, Fuß haben* **4.** ⟨Steig. reg., ungebr.⟩ SYN ʿdickflüssigʾ /bes. auf flüssige Speisen bez./: *eine ~e Soße, Suppe* ❖ **Dicke, Dickicht, Verdickung — dickfellig, -flüssig, Dickkopf, dickköpfig, Dickschädel**
* /jmd./ **~ auftragen** (ʿsehr übertreibenʾ)

Dicke [ˈdɪkə], die; ~, ~n /zu **dick** 1/ ʿdas Dickseinʾ: *die ~ eines Astes, Baums* ❖ ↗ **dick**

dick [ˈdɪk]||**-fellig** [fɛlɪç] ⟨Adj.; Steig. reg.⟩ umg. ʿsich bes. gegenüber Missbilligung durch andere gleichgültig und unempfindlich zeigendʾ /auf Personen bez./; ↗ FELD I.2.3: *er ist ziemlich ~, ist ein äußerst ~er Mensch* ❖ ↗ **dick,** ↗ **Fell; -flüssig** ⟨Adj.; Steig. reg.; nicht bei Vb.⟩ ʿviele feinste Teilchen fester Stoffe enthaltend und darum nur schwer und langsam fließendʾ; SYN **dick** (4), zähflüssig; ANT **dünnflüssig** /auf Stoffe bez./: *~er Honig, Sirup; Teer ist eine ~e Masse, ist ~* ❖ ↗ **dick,** ↗ **fließen**

Dickicht [ˈdɪkɪçt], das; ~s, ~e ⟨vorw. Sg.⟩ ʿgrößere Menge dicht stehender und mit ihren Ästen und Zweigen stark miteinander zusammengewachsener Sträucher, Büsche, junger Bäumeʾ; ↗ FELD II.4.1: *ein völlig undurchdringliches ~; in das ~ eindringen; sich einen Pfad durch das ~ des Urwalds schlagen* ❖ ↗ **dick**

Dick/dick [ˈdɪk..]||**-kopf, der** umg. **1.1.** ʿeigensinnig auf seiner Meinung beharrender Menschʾ: *er ist ein ~; der ~ ist nicht zu belehren* **1.2.** *er hat einen ~* (ʿist eigensinnig, beharrt auf seiner Meinungʾ; ↗ FELD I.2.1) ❖ ↗ **dick,** ↗ **Kopf; -köpfig** [kœpfɪç] ⟨Adj.; Steig. reg.⟩ ʿeigensinnig auf seiner Meinung beharrendʾ: *er ist ~, ein ~er Mensch* ❖ ↗ **dick,** ↗ **Kopf; -schädel, der** ʿDickkopf (1.1., 1.2.)ʾ: *er ist ein, hat einen ~;* ↗ FELD I.2.1 ❖ ↗ **dick,** ↗ **Schädel**

Didaktik [diˈdaktɪk], **die;** ~, ⟨o.Pl.⟩ ʿWissenschaft von den Problemen des Lehrens und Lernens im Unterrichtʾ: *die ~ des Deutschunterrichts*

die [diː] ↗ [1]*der,* ↗ [2]*der* ❖ **derzeit, derzeitig, diejenige, dieselbe**

Dieb [diːp], **der;** ~es, ~e ʿjmd., der stiehlt, gestohlen hatʾ: *man hat den ~ auf frischer Tat ertappt* ❖ **Diebin — Diebstahl, Taschendieb**

Diebin [ˈdiːb..], **die;** ~, ~nen /zu **Dieb;** weibl./ ❖ ↗ **Dieb**

Diebstahl [ˈdiːpʃtaːl], **der;** ~s, Diebstähle [..ʃtɛːlə/ ..ʃtɛ:..] ʿDelikt, Vergehen des widerrechtlichen Wegnehmens und Aneignens fremden Eigentumsʾ: *jmdn. wegen ~s anzeigen, verurteilen; einen ~ begehen* ❖ ↗ **Dieb,** ↗ **stehlen**

diejenige [ˈdiːjenɪɡə] ⟨Demonstrativpron.; Fem.⟩ ↗ *derjenige* ❖ ↗ **die,** ↗ *jener*

Diele [ˈdiːlə], **die;** ~, ~n **1.** ⟨vorw. Pl.⟩ ʿlanges Brett des Fußbodensʾ: *~n (ver)legen; die ~n knarren* **2.** ʿRaum mit der Garderobe am Eingang einer Wohnungʾ; ↗ FELD V.2.1: *die Gäste in der ~ empfangen, begrüßen*

dienen [ˈdiːnən] ⟨reg. Vb.; hat⟩ **1.** /jmd./ *jmdm., etw.* ⟨Dat.⟩ ~ ʿfür jmdn., etw., bes. eine Institution, wirken (I.1), bestimmte Pflichten erfüllenʾ: *er hat der Stadt jahrelang (als Bürgermeister) gedient* **2.1.** /etw./ etw. ⟨Dat.⟩ ~ ʿfür etw. nützlich, förderlich seinʾ: *etw. dient der Sicherung des Friedens, praktischen Zwecken, der Gesundheit* **2.2.** /jmd./ *jmdm. mit etw.* ʿjmdm. mit etw. helfenʾ /beschränkt verbindbar/: *womit kann ich ~?* /höfliche Frage, mit der der Verkäufer sich an den Kunden wendet/; *damit ist mir nicht gedient* (ʿdas nützt mir nichtsʾ) **3.** /etw./ *jmdm. als etw., zu etw.* ⟨Dat.⟩ ~ ʿvon jmdm. als, zu etw. verwendet werdenʾ: *das dient ihm nur als, zum Ersatz, Vorwand; das Schloss dient heute als Heim für Kinder; das Messer dient zum Schneiden; das lass dir als Warnung ~!* ❖ **bedienen, Bedienung, Diener, Dienerin, dienlich, Dienst, dienstbar, dienstlich, verdienen,** [1,2]**Verdienst — Gottesdienst, Kundendienst, Rettungsdienst, sachdienlich, Selbstbedienung, Staatsdienst, zweckdienlich;** vgl. **dienst-/Dienst-**

Diener [ˈdiːnɐ], **der;** ~s, ~ veraltend ʿjmd., der (beruflich) in einem Haushalt zur Verrichtung bestimmter Dienste gegen Lohn angestellt istʾ; ↗ FELD I.10: *ein ~ in Livree; der ~ empfing den Besucher* ❖ ↗ **dienen**

Dienerin [ˈdiːnəʁ..], **die;** ~, ~nen /zu **Diener;** weibl./ ❖ ↗ **dienen**

dienlich [ˈdiːn..] ⟨Adj.; Steig. reg.; nur präd., mit *sein*⟩ /jmd./ *jmdm., etw.* ⟨Dat.⟩ ~ *sein* ʿjmdm., einer Sache nützlich, förderlich seinʾ: *die leichte Kost wird dir, deiner Gesundheit ~ sein* ❖ ↗ **dienen**

Dienst [diːnst], **der;** ~es, ~e **1.** ⟨o.Pl.⟩ **1.1.** ʿdas Ausüben der beruflichen Tätigkeitʾ /nicht für Tätigkeiten im Bereich der materiellen Produktion/: *der ~ der Ärzte und Schwestern, bei der Polizei; zum ~ gehen; seinen ~ (gut) versehen; ~ tun, machen; vor, nach dem ~; der Genuss von Alkohol im ~* (ʿwährend der Dienstzeit 2') *ist verboten; er hat heute Nacht* ~ ('muss heute Nacht arbeiten') **1.2.** 'das Ausüben der Tätigkeit eines Angehörigen der Streitkräfte': *der* ~ *in, bei der Armee; außer* ~ *ABK a.D.* ('im Ruhestand' /bei Beamten, Offizieren/) **2.** ⟨+ Gen.attr.⟩ *im* ~ 'im Wirken für eine Sache': *seine Tätigkeit im* ~ *des Friedens, der Wissenschaft* **3.** ⟨vorw. Sg.⟩ *jmd. erweist jmdm. einen* ~ ('eine Gefälligkeit'); *das ist (der)* ~ *am Kunden* ('die unentgeltliche Gefälligkeit gegenüber dem Kunden') **4.** *etw. in* ~ *stellen* 'etw. in Betrieb nehmen': *ein Schiff in* ~ *stellen* ❖ ↗ **dienen** * /jmd./ **jmdm. mit etw. einen schlechten ~ erweisen** ('jmdm. mit etw., meist in der Absicht, ihm zu helfen, in Wirklichkeit schaden'); /etw., bes. ein Gerät/ **jmdm. gute ~e leisten** ('jmdm. bei bestimmten Tätigkeiten sehr nützlich sein'); /Geräte, Maschinen/ **noch seinen ~ tun** ('noch seine Funktion erfüllen'); /menschliche Organe, Glieder/ **jmdm. den, seinen ~ versagen** ('seine Funktion nicht mehr erfüllen')

Dienstag ['diːnstaːk], **der**; ~s/auch ~es, ~e 'zweiter Tag der mit Montag beginnenden Woche': *heute ist* ~, *der 1. April; der Lehrgang dauerte von* ~, *dem 4. Mai, bis* ~, *den 11. Mai; am* ~, *dem 4. Mai; der Brief wurde* ~, *den 4. Mai, geschrieben; es geschah an einem* ~, *am* ~ *voriger Woche/der vorigen Woche; (am)* ~ *vor einer Woche; in der Nacht vom* ~ *zum Mittwoch, von* ~ *auf/zu Mittwoch; alle ~e/an allen ~en ist geschlossen* ❖ **dienstags;** vgl. **Tag**

dienstags ['diːnstaːks] ⟨Adv.⟩ 'jeden Dienstag': ~ *abends treffen wir uns immer;* ~ *kommt er immer später* ❖ ↗ **Dienstag**

dienstbar ['diːnst..] ⟨Adj. o. Steig.⟩ *sich* ⟨Dat.⟩ *etw., jmdn.* ~ *machen* 'sich etw. nutzbar machen od. jmdn. derart einwirken, dass man Nutzen von ihm haben kann': *der Mensch hat sich die Atomkraft* ~ *gemacht; er machte sich seine Untergebenen durch kleine Geschenke* ~ ❖ ↗ **dienen**

dienst/Dienst ['diːnst]**-beflissen** [bəflɪsn̩] ⟨Adj.; Steig. reg., ungebr.⟩ 'eifrig bestrebt, jmdm. gefällig zu sein' /auf Personen bez./; ↗ **FELD I.2.3:** *er eilte* ~ *herbei* ❖ ↗ **Fleiß;** **-eifrig** ⟨Adj.; Steig. reg., ungebr.⟩ 'eifrig in der Erfüllung dienstlicher Pflichten'; ↗ **FELD I.2.3:** *ein ~er junger Mann* ❖ ↗ **Eifer;** **-frei** ⟨Adj.; o. Steig.; nicht bei Vb.⟩ 'frei von dienstlichen Verpflichtungen': *ein ~er Nachmittag; er hat, ist heute* ~ ❖ ↗ **frei;** **-geheimnis, das 1.** 'dienstliche Angelegenheit, die als geheim zu behandeln ist': *das ist ein* ~ **2.** ⟨o.Pl.⟩ 'Pflicht zur Geheimhaltung einer dienstlichen Angelegenheit': *das* ~ *wahren, verletzen* ❖ ↗ **geheim;** **-grad, der** 'militärischer Rang': *welchen* ~ *hat er?; der* ~ *eines Majors* ❖ ↗ **Grad**

Dienst habend [haːbm̩t] ⟨nur attr.⟩ 'zu einer bestimmten Zeit Dienst habend' /auf Personen bez./: *der ~e Offizier, Arzt*

Dienst['..]||**leistung, die** ⟨vorw. Pl.⟩ 'in der Wirtschaft die Arbeit, Tätigkeit, die nicht der unmittelbaren Produktion dient, sondern bes. im Handel, Ver-

kehr, Handwerk bestimmte Bedürfnisse der Bevölkerung befriedigt' ❖ ↗ **leisten**

dienstlich ['diːnst..] ⟨Adj.; o. Steig.⟩ **1.** 'den Dienst (1) betreffend, auf den Dienst (1) bezogen' /auf Abstraktes bez./ : *ein ~es Schreiben; diese Angelegenheit ist ~/~er Natur; er ist* ~ *verhindert* **2.1.** ⟨nur attr.⟩ *ein in ~em* (SYN 'förmlichem 2') *Ton abgefasstes Schreiben* **2.2.** ⟨vorw. präd., mit *werden*⟩ *plötzlich wurde er* ~ (SYN 'förmlich 2') ❖ ↗ **dienen**

Dienst ['diːnst..]||**-stelle, die** 'meist kleinere Behörde einer über einen größeren Umfang od. Bereich sich erstreckenden offiziellen Institution': *eine* ~ *der Polizei; in einer* ~ *arbeiten* ❖ ↗ **stellen;** **-zeit, die** ⟨o.Pl.⟩ **1.** 'die Zeit, die jmd. während seines Lebens im Dienst (1) tätig ist': *während seiner* ~ *als Soldat, Lehrer* **2.** 'Arbeitszeit' /außerhalb der materiellen Produktion/: *eine Sitzung in, während, nach, außerhalb der* ~ ❖ ↗ **Zeit**

dies [diːs] ↗ **dieser** ❖ **diesbezüglich, diesjährig,** [1,2]**diesseits, überdies;** vgl. **dieser**

diesbezüglich [diːsbətsyːk..] ⟨Adj.; o. Steig.; nicht präd.⟩ 'auf den genannten Sachverhalt bezogen, ihn betreffend' /beschränkt verbindbar/: *haben Sie* ~ *noch Fragen/noch ~e Fragen?* ❖ ↗ **dies,** ↗ **ziehen**

diese ['diːzə] ↗ **dieser**

Diesel ['diːzl..]||**-kraftstoff, der** 'Kraftstoff für Dieselmotoren'; ↗ **FELD II.5.1** ❖ ↗ **Diesel,** ↗ **Kraft,** ↗ **Stoff;** **-motor, der** 'Motor, bei dem der Kraftstoff in die im Zylinder befindliche, unter hohem Druck stehende Luft gespritzt wird und sich dann entzündet'; ↗ **FELD V.5.1** ❖ ↗ **Diesel,** ↗ **Motor**

die|selbe [diːˈzɛlbə] ⟨Demonstrativpron.; Fem.⟩ ↗ *derselbe* ❖ ↗ **die,** ↗ **selb**

dieser ['diːzɐ] ⟨Demonstrativpron.; Mask. Sg.; Fem. Sg. u. Pl. **diese;** Neutr. Sg. **dieses** (im Nom. u. Akk. auch **dies**); nachdrücklicher als [2]*der* (1); ↗ **TAFEL IX**⟩ **ANT** *jener* **1.** /auf eine Sache, Person hinweisend, die dem Sprecher räumlich relativ nahe, bei Korrelation mit *jener* näher als die andere ist/ ⟨adj.⟩ ~ *Mantel, dieses Stück Kuchen gehört mir; kennst du diese Frau?;* ~ *Ball ist größer als jener (dort);* ⟨+ dem folgenden Nomen nachgestelltes *da, dort, hier*⟩ *ist* ~ *Platz hier, da, dort noch frei?;* ⟨subst.⟩ ~, *diese (da, dort) hat gerufen; dies(es) hier möchte ich haben; dies/dieses ist das Buch, von dem ich gesprochen habe* **2.** /auf eine genannte Person, Sache hinweisend; bei Korrelation mit *jener* bezieht sich *dieser* auf das im Text an zweiter Stelle, *jener* auf das davor genannte Subst./: ⟨adj.⟩ *er sprach über die Liebe, auf dieses Thema kam er immer wieder zurück; an diese Tatsache, diesen Augenblick kann ich mich noch gut erinnern;* ⟨subst.⟩ *wir wollten den Direktor sprechen, aber* ~ *war gerade nicht anwesend; Mutter und Vater waren gekommen,* ~ *trug einen Anzug, jene war im Kostüm;* /am Satzanfang auf die Aussage des Satzes davor hinweisend/: *sie war nicht gekommen, dies/dieses hatte ihn nicht sehr überrascht* **3.** ⟨adj.; in temporalen Adv.-best.⟩ **3.1.** /auf einen Zeitraum, -punkt hinweisend, der im Text erwähnt ist/: *es geschah in den zwanziger Jahren, zu* ~ *Zeit ..., in diesen Jahren ...* **3.2.** /auf einen relativ nahen Zeitraum hinweisend/: *dies(es) Jahr*/*in diesem Jahr, in diesem Sommer wollen wir an die Ostsee verreisen; er kommt Ende* ~ *Woche, ist Anfang* ~ *Woche gekommen* ❖ **dies** MERKE Das nachfolgende Adj. wird schwach flektiert; vgl. *jener* (Merke)

dieses ['diːzəs] ↗ *dieser*

diesig [diːzɪç] ⟨Adj.; Steig. reg.⟩ SYN 'dunstig'; ANT klar (1.2) /wird häufig auf das Wetter am, auf dem Meer angewandt/; ↗ FELD III.2.3: ~*es Wetter; es ist heute sehr* ~; *während der Überfahrt nach Schweden war es* ~ *und wir hatten schlechte Sicht*

dies ['diːs..]|**-jährig** [jɛːʁɪç/jeː..] ⟨Adj.; o. Steig.; nur attr.⟩: *die* ~*e Ernte* ('Ernte dieses, des gegenwärtigen Jahres'; *unsere* ~*e Feier; sein* ~*er Geburtstag* ❖ ↗ dies, ↗ Jahr; **¹-seits** [zaɪ̯ts] ⟨Adv.; + *von*⟩ /vom Sprecher aus gesehen auf der Seite von etw., auf der er sich selbst befindet/; ANT ¹jenseits: *dieses Haus liegt* ~ *von der Grenze, vom Gebirge* ❖ ↗ dies, ↗ Seite; **²-seits** ⟨Präp. mit Gen.; vorangestellt; in Verbindung mit Begriffen, Namen, die eine Art Grenzlinie darstellen⟩ /lokal; gibt einen Standort auf der Seite einer Linie an, auf der sich der Sprecher selbst befindet/; ANT ²jenseits: *wir wohnen* ~ *der Elbe, des Rheins; das Gehöft liegt* ~ *der Grenze* ❖ ↗ dies, ↗ Seite

Dietrich ['diːtʁɪç], **der**; ~s, ~e 'hakenförmig gebogenes Werkzeug zum Öffnen einfacher Schlösser (1)': *mit dem, einem* ~ *die Tür öffnen*

diffamieren [dɪfa'miːʁən], diffamierte, hat diffamiert /jmd./ *jmdn.* ~ SYN 'jmdn. verleumden': *er hat seine Gegner diffamiert; jmdn. als Lügner* ~; ~*de Äußerungen über jmdn. verbreiten*

Differenz [dɪfəʁɛnts], **die**; ~, ~en **1.** '(messbarer) Unterschied zwischen zwei Werten, Größen': *die Stäbe sind verschieden lang, aber die* ~ *ist nicht groß; die* ~ *zwischen fünf und drei ist zwei* **2.** SYN 'Defizit (1.1)': *bei der Abrechnung ergab sich eine* ~ *von 50 Mark* **3.** ⟨vorw. Pl.⟩ SYN 'Meinungsverschiedenheit (1.2)': *eine kleine* ~ *mit jmdm. haben; es gab ernste* ~*en; es kam zu* ~*en zwischen ihnen* ❖ **differenzieren, differenziert**

differenzieren [dɪfəʁɛn'tsiːʁən], differenzierte, hat differenziert; ↗ auch *differenziert* **1.** /jmd./ *zwischen zwei od. mehreren Sachen* ~ 'die spezifischen und unterschiedlichen Kriterien von zwei od. mehreren Sachen (bis ins Einzelne) unterscheidend berücksichtigen': *du musst zwischen diesen beiden Erscheinungen genau* ~; *das kann man nicht unterschiedslos beurteilen, da muss man* ~ **2.** /etw./ *sich* ~ 'sich zu komplizierterer Struktur entwickeln': *der Bereich der Wissenschaften differenziert sich mehr und mehr* ❖ ↗ **Differenz**

differenziert [dɪfəʁɛn'tsiːɐ̯t] ⟨Adj.; Steig. reg., Superl. ungebr.; ↗ auch *differenzieren*⟩ 'Unterschiede genau berücksichtigend' /auf Abstraktes bez./: *etw.* ~ *darstellen, betrachten;* ~*e Methoden; sein* ~*es Urteil;* ~ *urteilen* ❖ ↗ **Differenz**

differieren [dɪfə'ʁiːʁən], differierte, hat differiert /zwei od. mehrere (etw., jmd.)/ 'sich voneinander unterscheiden': *ihre Ansichten* ~ *(in der Beurteilung der Ereignisse); sie* ~ *in ihren Auffassungen sehr stark; die beiden Größen, Texte* ~ *nur wenig; beide Abmessungen* ~ *um zehn Millimeter* ❖ ↗ **Differenz**

diffizil [dɪfi'tsiːl] ⟨Adj.; Steig. reg.⟩ 'besonders schwierig, mit Fingerspitzengefühl zu behandeln': *eine* ~*e Angelegenheit, Sache; er ist ein ausgesprochen* ~*er Mensch; das alles ist sehr* ~

diffus [dɪ'fuːs] ⟨Adj.; Steig. reg.⟩ SYN 'verschwommen' /auf Psychisches bez./: ~*e Gedanken über etw.,* ~*e Eindrücke, Vorstellungen von etw. haben; seine Gedanken waren* ~; *sich* ~ *zu etw. äußern*

digital [digi'taːl] ⟨Adj.; o. Steig.; nicht präd.⟩ Datenverarb. 'Daten in kodierten Signalen od. Ziffern darstellend': *die* ~*e Technik; etw.* ~ *speichern*

Diktat [dɪk'taːt], **das**; ~s/auch ~es, ~e **1.** 'niedergeschriebener diktierter Text': *ein* ~ *aus dem Stenogramm in die Maschine übertragen, auf der Schreibmaschine schreiben* **2.1.** 'das Diktieren (1)': *nach* ~ *schreiben* **2.2.** *die Sekretärin wurde zum* ~ ('zum Niederschreiben eines diktierten Textes') *(in das Büro des Chefs) gerufen* **3.** 'Übung für Schüler, bei der sie einen diktierten Text niederschreiben müssen': *wir schreiben morgen ein* ~; *er hat im* ~ *eine gute Note bekommen* ❖ ↗ **diktieren**

Diktator [dɪk'taːtoɐ̯], **der**; ~s, ~en [..'toːʁən] 'Herrscher, Regierender an der Spitze eines diktatorischen Regimes': *ein faschistischer* ~; *einen* ~ *stürzen* ❖ ↗ **diktieren**

diktatorisch [dɪkta'toːʁ..] ⟨Adj.⟩ **1.** ⟨o. Steig.⟩ 'in der Art einer Diktatur': *ein* ~*es Regime,* ~ *regieren* **2.** 'keinen Widerspruch duldend, Autorität (1) fordernd': *sein* ~*es Vorgehen; er hat* ~ *angeordnet, dass ...; etw.* ~ *handhaben* ❖ ↗ **diktieren**

Diktatur [dɪkta'tuːɐ̯], **die**; ~, ~en 'Staat, in dem jmd., eine Gruppe, Klasse, das Volk od. den anderen Teil der Gesellschaft mit absoluter Macht und autoritär regiert'; ↗ FELD I.14.1: *die* ~ *des Faschismus; die* ~ *einer Junta; eine* ~ *errichten; unter der* ~ ('Gewaltherrschaft') *des Faschismus leben* ❖ ↗ **diktieren**

diktieren [dɪk'tiːʁən], diktierte, hat diktiert **1.** /jmd./ *jmdm. etw.* ~ 'jmdm. einen Text ansagen, damit er ihn niederschreibt': *jmdm., der Sekretärin einen Brief* ~ **2.** /jmd./ *jmdm. etw.* ~ 'jmdm. etw. vorschreiben (1), ohne dass Ein-, Widerspruch erhoben werden darf': *einem Besiegten Bedingungen* ~ ❖ **Diktat, Diktator, Diktatur, diktatorisch**

Dilemma [di'lɛma], **das**; ~s, ~s 'missliche Lage, aus der nur ein schwieriger od. unangenehmer Ausweg herausführt': *da haben wir das* ~!; *in ein* ~ *geraten; aus einem* ~ *herauskommen; vor einem* ~ *stehen*

Dilettant [dile'tant], **der**; ~en, ~en 'jmd., der sich ohne entsprechende Ausbildung bes. auf einem künstlerischen, wissenschaftlichen, handwerklichen Gebiet betätigt': *er ist ein künstlerischer* ~; *das sind* ~*en!* ❖ **dilettantisch**

dilettantisch [..'t..] ⟨Adj.; Steig. reg., ungebr.⟩ ˈlaienhaft und daher unzulänglichˈ: ~*e Versuche, Dichtungen; er ging ausgesprochen* ~ *vor; das Werk war* ~ ❖ ↗ **Dilettant**

Dill [dɪl], **der**; ~s, ⟨o.Pl.⟩ ˈkrautige Pflanze mit Blüten in großen Dolden und schmalen länglichen Blättern, die als Gewürz genutzt werdenˈ; ↗ FELD II.4.1 (↗ BILD): *Gurken, Heringe mit* ~ *würzen*

Dimension [dimɛnzi̯oːn], **die**; ~, ~en **1.** ˈje eine der drei Erstreckungen von etw. im Raum, die als Länge, Breite, Höhe gefasst werdenˈ: *ein Körper hat drei, eine Fläche zwei* ~*en, eine Gerade eine* ~ **2.** ⟨nur im Pl.⟩ *ein Fass, Gebirge von mächtigen* ~*en* (ˈvon mächtiger Ausdehnungˈ)

Ding [dɪŋ], **das**; ~es/auch ~s, ~e/~er [ˈdɪŋɐ] **1.1.** ⟨Pl. ~e⟩ ˈ(verschiedene) nicht näher genannte Gegenstände, bes. des persönlichen Besitzesˈ; SYN Sache (1.1): *so ein Taschenmesser ist ein ganz nützliches* ~; *Schrauben, Nägel und ähnliche* ~*e* **1.2.** ⟨Pl. ~er⟩ umg. ˈDing (1.1) als etw., das für relativ wertlos gehalten wirdˈ: *reich mir mal das* ~ *rüber!; was willst du mit dem alten* ~*? die paar* ~*er kannst du mitnehmen* **2.** ⟨Pl. ~e; nur im Pl.⟩ **2.1.** SYN ˈAngelegenheit(en)ˈ: *es sind nur noch ein paar nebensächliche, private* ~*e zu besprechen, zu erledigen; mit solchen* ~*en befasse ich mich nicht* **2.2.** SYN ˈEreignisseˈ: *es haben sich erstaunliche* ~*e ereignet; den* ~*en gefasst entgegensehen* ❖ **Unding**; vgl. **bedingen**
* **vor allen** ~**en** (ˈbesonders, hauptsächlichˈ); **es geht nicht mit rechten** ~**en zu** (1. ˈdas ist merkwürdig, unglaublich (I.1)ˈ 2. ˈdas ist nicht auf ehrliche Weise zustande gekommenˈ); /jmd./ **(lustig und) guter** ~ **sein** (ˈfröhlich, optimistisch seinˈ); /jmd./ **die** ~**e beim (rechten) Namen nennen** (ˈoffen und ehrlich sagen, wie etw. wirklich istˈ); **das ist ein** ~ **der Unmöglichkeit** (ˈist nicht möglich, nicht zu machenˈ; ⟨⟩ umg. /jmd./ **ein krummes** ~/**krumme** ~**er drehen/ machen** (ˈetw. Rechtswidriges tunˈ)

dingen [ˈdɪŋən], dingte/ veraltend dang [daŋ], hat gedungen [gəˈdʊŋən] /gedingt ⟨vorw. im Perf. u. adj. im Part. II⟩ geh. /jmd./ *jmd.* ~ ˈjmd. durch Bezahlung zur Ausführung eines Verbrechens gewinnenˈ: *man hatte die Mörder gedungen, die Mörder waren gedungen*

ding|fest [ˈdɪŋ..] ⟨Adj.; o. Steig.⟩ ❖ ↗ **fest**

* /jmd., bes. Polizist, die Polizei/ **jmdn.** ~ **machen** (ˈjmdn. festnehmenˈ)

Diözese [diø'tseːzə], **die**; ~, ~n kath. Kirche SYN ˈBistumˈ; ↗ FELD XII.4: *die Würzburger* ~

Diphtherie [dɪftɛˈʀiː], **die**; ~, ⟨o.Pl.⟩ ˈInfektionskrankheit der oberen Luftwege mit starker Schwellung der Mandeln und Schleimhäuteˈ: *gegen* ~ *geimpft werden; an* ~ *erkranken*

Diplom [diˈploːm], **das**; ~s, ~e ˈZeugnis über den Abschluss eines Studiums an einer Hochschule od. für eine bestandene Prüfung in einem Handwerkˈ: *jmdm. das* ~ *ausstellen; sein* ~ *bekommen* ❖ ↗ **Diplomatie**

Diplomat [diploˈmaːt], **der**; ~en, ~en **1.** ˈVertreter eines Staates, der mit der Wahrnehmung von Aufgaben in den offiziellen Beziehungen seines Staates zu anderen Staaten betraut istˈ: *er ging als* ~ *nach N; ein bekannter* ~ **2.** ˈjmd., der diplomatisch (2) vorgehtˈ: *er ist ein* ~, *ist ein schlechter* ~ ❖ ↗ **Diplomatie**

Diplomatie [diploma'tiː], **die**; ~ ⟨o.Pl.⟩ **1.** ˈdie Wahrnehmung von Aufgaben, Interessen durch Beauftragte in den (offiziellen) Beziehungen eines Staates, verschiedener Staaten zu anderenˈ: *die klassischen Methoden der* ~; *die Ziele unserer* ~ **2.** ˈdiplomatisches (2) Vorgehenˈ: *mit viel* ~ *war es ihm gelungen, die Zustimmung seiner Kollegen zu erreichen* ❖ **Diplom, Diplomat, diplomatisch**

diplomatisch [diploˈmaːt..] ⟨Adj.; Steig. reg., ungebr.⟩ **1.1.** ⟨nicht präd.⟩ ˈdie Diplomatie (1) betreffendˈ /auf Abstraktes bez./: *es herrschte eine rege* ~*e Tätigkeit;* ~*e Verhandlungen finden statt; eine* ~*e Laufbahn einschlagen;* ~*e Beziehungen zu, mit einem Lande aufnehmen; ein Land* ~ (ˈdurch Erklärung und Aufnahme offizieller Beziehungenˈ) *anerkennen* **1.2.** ⟨nur attr.⟩ ˈdie Diplomaten (1) betreffenˈ /beschränkt verbindbar/: *aus* ~*en Kreisen verlautet, dass …; das* ~*e Korps* (ˈGesamtheit der bei einem Staat beglaubigten Diplomatenˈ) **2.** ˈmit kluger Berechnung und taktvoller Gewandtheit vorgehendˈ /vorw. auf Personen bez./: *er ist der* ~*ste Mensch, den ich kenne; dies so offen zu sagen, war nicht* ~ *von dir;* ~ *antworten, lächeln* ❖ ↗ **Diplomatie**

dir [diːɐ] **I.** ⟨Dat. vom Personalpron. ↗ *du*⟩: *ich will* ~ *helfen* – **II.** ⟨Reflexivpron. der 2. Pers. Sg., von *du*; Dat.; weist auf das Subj. zurück⟩: *das kannst du* ~ *doch denken*

direkt [diˈʀɛkt] **I.** ⟨Adj.; o. Steig.⟩ **1.** ⟨nicht präd.⟩ ˈohne Umwegˈ; SYN ˈunmittelbar (1)ˈ: *er kam* ~ *auf mich zu; die Straße führt* ~ *zum Bahnhof; eine* ~*e* (ˈkein Umsteigen erforderlicheˈ) *Verbindung nach N* **2.** ⟨nur bei Vb.; + Präp.⟩ SYN ˈunmittelbar (2)ˈ: *er stand* ~ *neben, hinter mir,* ~ *vor dem Eingang,* ~ *unter der Lampe* **3.** ⟨nicht präd.⟩ SYN ˈunmittelbar (3)ˈ: *das ist eine* ~*e Folge dieser Krankheit; er ging* ~ *nach dem Dienst nach Hause* **4.** ⟨nicht präd.⟩ ˈohne eine vermittelnde Person, Sacheˈ; SYN unmittelbar (4): *er wandte sich* ~ *an den Chef; er bezieht seine Kartoffeln* ~ *vom Bauern;*

das geht dich ~ (´persönlich 1´) *an* **5.** ´im Dialog mit jmdm. die Dinge ohne höfliche Rücksichtnahme und ohne Umschweife ausdrückend´; ANT indirekt /beschränkt verbindbar/: *das war eine sehr ~e Frage; er ist immer sehr* ~ *(mit seinen Antworten);* vgl. *geradeheraus* **6.** 〈nur attr.〉 *die ~e Rede* (´wörtliche Wiedergabe einer sprachlichen Äußerung´); *ein ~er Fragesatz* – **II.** 〈Satzadv. /drückt die Einstellung des Sprechers zum genannten Sachverhalt aus/: umg. *das ist* ~ (´tatsächlich II´) *mal was Hübsches; das war mir* ~ (´regelrecht´) *peinlich* ❖ **indirekt**; vgl. **Direktion, Direktive, Direktor, dirigieren**

Direktion [diʀɛk´tsi̯oːn], **die**, ~, ~en ´die leitenden Personen eines Unternehmens, einer öffentlichen Institution mit den entsprechenden Räumlichkeiten´: *eine Anordnung der* ~*; zur* ~ *gerufen werden* ❖ vgl. **direkt**

Direktive [diʀɛk´tiːvə], **die**; ~, ~n ´von einer übergeordneten Instanz erteilte Anweisung zur Durchführung von etw., zu bestimmtem Verhalten´: *eine* ~ *ausgeben, erhalten; sich nach einer* ~ *richten* ❖ vgl. **direkt**

Direktor [di´ʀɛktoʁ], **der**; ~s, ~en [..´toːʀən] ´¹Leiter (1) eines Betriebes, einer Abteilung, Schule´: *jmdn. als* ~ *einsetzen; den* ~ *absetzen* ❖ vgl. **direkt**

Dirigent [diʀi´gɛnt], **der**; ~en, ~en ´jmd., der ein Ensemble von Musikern, Sängern dirigiert, eine musikalische Aufführung leitet´ ❖ ↗ **dirigieren**

dirigieren [diʀi´giːʀən], dirigierte, hat dirigiert **1.** /Dirigent/ *ein Orchester, einen Chor* ~ (´die Darbietung eines musikalischen Werkes durch Zeichen mit den Händen, Armen leiten´); *eine Oper, ein Konzert* ~ (´als Dirigent interpretieren u. leiten´) **2.** /jmd./ *etw., jmdn. irgendwohin* ~ ´durch Worte, Gesten bewirken, dass etw., jmd. irgendwohin gelangt, geht´: *das Auto aus der Garage* ~ ❖ **Dirigent**; vgl. **direkt**

Dirndl [´diʀndl̩], **das**; ~s, ~ **1.** ´bayrische, österreichische Tracht´: *sie trägt* ~ **2.** süddt. österr. ´junges Mädchen´: *ein hübsches* ~

Dirne [´diʀnə], **die**; ~, ~n SYN ´Prostituierte´: *sie ist eine* ~

Disharmonie [dishaʀmo´niː], **die**; ~, ~n [..´niːən] **1.** Mus. ´als Missklang empfundene Folge von Tönen in einem musikalischen Werk´ **2.** ´fehlende Übereinstimmung zwischen den Teilen eines Ganzen, in den zwischenmenschlichen Beziehungen einzelner Menschen´; ANT Harmonie (2): *zwischen beiden Freundinnen ist es zu ~n gekommen* ❖ ↗ **Harmonie**

disharmonisch [dishaʀ´moːn..] 〈Adj.; Steig. reg., ungebr.〉 **1.** Mus. ´von Disharmonie (1) bestimmt´: *~e Folgen von Tönen* **2.** ´von Disharmonie (2) gekennzeichnet´: *der Tag endete* ~ ❖ ↗ **Harmonie**

Disko [´dɪsko], **die**; ~, ~s ´Veranstaltung mit Tanz nach Musik von Schallplatten, Tonbändern o. Ä.´: *zur* ~ *gehen; heute Abend ist* ~

diskreditieren [dɪskʀedi´tiːʀən], diskreditierte, hat diskreditiert /jmd., etw./ *jmdn., etw.* ~ SYN ´jmdn., etw. herabwürdigen´; ↗ FELD I.18.2: *durch seine Äußerungen hat er den Politiker, das von ihm vertre-*

tene System diskreditiert; diese Äußerung, dieser Fehlgriff hat ihn bei seinen Zuhörern diskreditiert

Diskrepanz [dɪskʀe´pants], **die**; ~, ~en **1.** ´Widerspruch (1) zwischen Sachverhalten´: *eine* ~ *zwischen Theorie und Praxis, zwischen beiden Aussagen* **2.** 〈vorw. Pl.〉 *zwischen den beiden Freunden traten immer wieder ~en* (SYN ´Meinungsverschiedenheiten 1.2´) *auf*

diskret [dɪs´kʀeːt] 〈Adj.; Steig. reg., ungebr.〉 ´mit viel Feingefühl, Takt (2)´ /auf Tätigkeiten bez./: *seine ~e Behandlung des Falles;* ~ *vorgehen; sich* ~ *verhalten, zurückziehen; er war sehr* ~; vgl. *heikel* ❖ **Diskretion, indiskret**

Diskretion [dɪskʀe´tsi̯oːn], **die**; ~, 〈o.Pl.〉 **1.** *mit* ~ ´diskret´: *etw., eine heikle Angelegenheit mit* ~ *behandeln* **2.** ´diskreter Zugang mit etw.´: *die Sache verlangt (strengste)* ~*; jmdm. (seine)* ~ *zusichern, versprechen;* ~ *üben* (´sich diskret verhalten´) ❖ ↗ **diskret**

diskriminieren [dɪskʀimi´niːʀən], diskriminierte, hat diskriminiert **1.** /jmd./ *jmdn., etw.* ~ ´jmdn., einer Sache, bes. durch unzutreffende Behauptungen, in der Öffentlichkeit in seinem, ihrem Ansehen schaden´: *er diskriminierte die Leistung des Künstlers durch Verleumdungen; man hat ihn diskriminiert; ~de Äußerungen* **2.** /jmd./ *jmdn.* ~ ´jmdn., bestimmte Teile der Bevölkerung durch unterschiedliche Behandlung benachteiligen, zurücksetzen, herabsetzen´: *die Farbigen wurden diskriminiert*

Diskus [´dɪskʊs], **der**; ~, ~se/auch Disken [´..kən] ´Sportgerät zum Werfen in Form einer Scheibe (1.1)´; ↗ FELD I.7.4.1: *er warf den* ~ *65 Meter weit*

Diskussion [´dɪskʊsi̯oːn], **die**; ~, ~en **1.** ´von einer Gruppe von Menschen im Gespräch geführte (öffentliche) Erörterung bestimmter Fragen´; ↗ FELD I.4.2.1: *eine lebhafte* ~*; die* ~ *verlief sehr stürmisch; nach dem Vortrag fand eine* ~ *statt; sich zur* ~ *melden; zur* ~ *sprechen; sich an der* ~ *beteiligen; etw. in einer* ~ *erörtern* **2.** ´in der Öffentlichkeit, den Medien und vor großem Publikum von einer Anzahl Personen geführte Erörterung eines bestimmten Sachverhalts´: *die* ~ *über den Entwurf des Wahlgesetzes, des Haushaltsplans* **3.** *etw. zur* ~ *stellen* (´zur Diskussion 1,2 über etw. auffordern´); *nicht zur* ~ *stehen* ´nicht Gegenstand der gerade stattfindenden Diskussion sein´: *dieser Plan steht nicht zur* ~ ❖ **diskutabel, diskutieren**

diskutabel [´dɪsku´taːbl̩] 〈Adj.; o. Steig.; nicht bei Vb.〉 ´so beschaffen, geartet, dass man darüber diskutieren kann, sollte´ /vorw. auf Sprachliches bez./; ↗ FELD I.4.2.3: *ein diskutabler Vorschlag; das ist schon lange nicht mehr* ~ (´darüber wird schon lange nicht mehr diskutiert´) ❖ ↗ **Diskussion**

diskutieren [dɪsku´tiːʀən], diskutierte, hat diskutiert **1.** /zwei od. mehrere (jmd.)/ *über etw./etw.* ~ ´etw. in einer Diskussion (1,2) erörtern´; ↗ FELD I.4.2.2: *wir haben über das Thema der Arbeit lange diskutiert; sie diskutierten bis in die Nacht hinein; die Vorschläge der Regierung wurden in der Öffentlich-*

keit diskutiert; /jmd/ *mit jmdm. über etw.* ~*: er hat mit den Schülern darüber leidenschaftlich diskutiert;* ⟨rez.⟩ *sie haben erregt miteinander diskutiert* **2.** /jmd./ *mit jmdm. (über etw.)* ~ ʿsich mit jmdm. über etw. auseinander setzen (1)ʾ*: darüber diskutiere ich nicht mehr mit dir;* ⟨rez.⟩ *sie diskutierten miteinander, ob sie das Haus verkaufen sollten oder nicht* ❖ ↗ **Diskussion**

Dispatcher [dɪsˈpɛtʃɐ], **der**; ~s, ~ ʿjmd., der für die operative Lenkung, Kontrolle von Prozessen in der Produktion und im Verkehr verantwortlich istʾ

disponibel [dɪspoˈniːbl̩] ⟨Adj.; Steig. reg.⟩ ʿin einem Bereich, bes. in der Produktion, vielseitig verwendbarʾ /bes. auf Personen bez./: *er ist* ~; *ein disponibles Team von Fachleuten; ein vielseitig disponibles Gerät* ❖ ↗ **disponieren**

disponieren [dɪspoˈniːʀən], disponierte, hat disponiert; ↗ auch *disponiert* /jmd./ *über etw., jmdn.* ~ ʿüber etw., jmdn. in einer bestimmten Weise verfügen und mit ihm planenʾ*: ich möchte über dieses Geld frei* ~ *können; er hat gut, schlecht über die ihm zur Verfügung stehende Zeit, stehenden Mitarbeiter disponiert* ❖ **disponibel, disponiert**

disponiert [dɪspoˈniːɐt] ⟨Adj.; Steig. reg., ungebr.; + Adv.best.; ↗ auch *disponieren*⟩ ʿin der Lage, zu einer bestimmten Zeit eine bestimmte Leistung zu vollbringenʾ*: der Sänger ist heute gut, schlecht, nicht* ~ ❖ ↗ **disponieren**

Disproportion [dɪspʀopɔʀˈtsi̯oːn], **die**; ~, ~en ⟨vorw. Pl.⟩ ʿals disharmonisch empfundenes Verhältnis zwischen den Größen, Maßen, Teilen eines Ganzenʾ*: auffällige* ~*en zwischen den alten und neuen Gebäuden einer Stadt;* ~*en in der Entwicklung der Wirtschaft eines Landes* ❖ ↗ **Proportion**

disqualifizieren [dɪskvalifiˈtsiːʀən], disqualifizierte, hat disqualifiziert /jmd., Institution/ *einen Sportler* ~ ʿeinen Sportler wegen Verstoßes gegen die Regeln (1.2) vom sportlichen Wettkampf ausschließen, seinen Erfolg im Wettkampf für ungültig erklärenʾ*: der Läufer wurde wegen Dopings, Einnahme von Drogen disqualifiziert* ❖ ↗ **qualifizieren**

Dissertation [dɪsɛʀtaˈtsi̯oːn], **die**; ~, ~en ʿfür die Promotion angefertigte schriftliche wissenschaftliche Arbeitʾ*: er arbeitet an seiner* ~; *die* ~ *fertig stellen und abgeben*

Dissonanz [dɪsoˈnants], **die**; ~, ~en Mus. ʿals spannungsreich (und als Missklang) empfundener Klang zugleich od. nacheinander erfolgender Töneʾ*: die* ~*en in der modernen Musik*

Distanz [dɪˈstants], **die**; ~, ~en **1.** SYN ʿAbstand (1)ʾ*: das Tier kam bis auf eine* ~ *von zwei Metern an uns heran; die* ~ *zwischen den beiden Punkten, Orten beträgt mehrere Kilometer* **2.** Sport ʿStrecke, die bei einem Lauf, Rennen zurückgelegt werden mußʾ*: er hat sich für, auf kürzere* ~*en spezialisiert* **3.** ⟨o.Pl.⟩ *jmdm. mit* ~ *begegnen* (ʿsich im Umgang mit ihm zurückhaltend verhaltenʾ); *er mußte ihm gegenüber* ~ *halten, wahren* (ʿsich ihm gegenüber zurückhaltenʾ); *auf* ~ ʿzurückhaltendʾ*: er verkehrt mit ihr/sie verkehren miteinander auf* ~; *auf* ~ *be-*

dacht sein; vgl. *Abstand* (3) ❖ **distanzieren, distanziert**

distanzieren [dɪstanˈtsiːʀən], distanzierte, hat distanziert; ↗ *distanziert* **1.** /jmd./ **1.1.** *sich von etw.* ~ ʿdeutlich machen, sagen, dass man etw. nicht billigt, damit nichts zu tun haben willʾ*: er distanzierte sich von diesen, solchen Äußerungen, diesem Entschluss, dieser Maßnahme* **1.2.** *sich von jmdm.* ~ ʿdie Verbindung mit jmdm. aufgeben, sich von ihm zurückziehenʾ*: sie haben sich von ihm, ihren Bekannten distanziert* **2.** Sport /jmd./ *jmdn.* ~ ʿjmdn., eine Mannschaft in einem Wettkampf weit hinter sich lassen, sehr übertreffenʾ*: er hat alle seine Gegner distanziert* ❖ ↗ **Distanz**

distanziert [dɪstanˈtsiːɐt] ⟨Adj.; o. Steig.; ↗ auch *distanzieren*⟩ ʿauf Distanz (3) bedachtʾ*: er machte nur wenige* ~*e Bemerkungen; sich* ~ *verhalten, wirken;* vgl. *reserviert* (1.2) ❖ ↗ **Distanz**

Distel [ˈdɪstl̩], **die**; ~, ~n ʿkrautige Pflanze mit Stacheln an Blättern, Stängeln und Blütenʾ; ↗ FELD II.4.1 (↗ BILD)

Disziplin [dɪstsiˈpliːn], **die**; ~, ~en **1.** ⟨o.Pl.⟩ ʿdie strenge Einhaltung der in einem Bereich des Lebens eingeführten gesellschaftlichen Regeln und Normenʾ*: in seiner Klasse herrschte eine strenge* ~(SYN ʿZucht 3ʾ); ~ *halten; die* ~ *wahren; er musste sich erst an (die)* ~ *gewöhnen; für* ~ *sorgen* **2.** ⟨o.Pl.⟩ ʿBeherrschung und Einschränkung des eigenen Willens, der Gefühle und Neigungen, um eine besondere Leistung vollbringen zu könnenʾ; SYN Selbstdisziplin; ↗ FELD I.2.1: *wenn er dieses Studium schaffen will, muss er mehr* ~ *aufbringen; er ist ein Mensch ohne* ~ **3.** ʿTeilgebiet in einer Wissenschaft, einer Sportartʾ*: die* ~*en der Medizin; Wettkämpfe in den alpinen* ~*en* ❖ **disziplinarisch, diszipliniert – Arbeitsdisziplin, disziplinlos, interdisziplinär, Selbstdisziplin, Sportdisziplin**

disziplinarisch [dɪstsipliˈnaːʀ..] ⟨Adj.; o. Steig.; nicht präd.⟩ ʿden Regeln, rechtlichen Normen einer Disziplin (1) entsprechendʾ /vorw. auf Abstraktes bez./: ~*e Vorschriften, Maßnahmen;* ~ *gegen jmdn. vorgehen* ❖ ↗ **Disziplin**

diszipliniert [dɪstsipliˈniːɐt] ⟨Adj.; Steig. reg.⟩ ʿDisziplin (1,2) einhaltend, zeigendʾ /vorw. auf Tätigkeiten bez./: *die Klasse ist, verhält sich sehr* ~ ('zeigt Disziplin 1') *das* ~*e* ('von Disziplin 2 zeugende') *Auftreten der Demonstranten* ❖ ↗ **Disziplin**

disziplin|los [dɪstsi'pliːn..] ⟨Adj.; o. Steig.⟩ 'Disziplin (1,2) nicht (ein)haltend, zeigend': *eine* ~*e Gruppe Jugendlicher* ❖ ↗ **Disziplin,** ↗ **los**

divergieren [divɛrgiːrən], divergierte, hat divergiert /zwei od. mehrere (etw.)/ 'in gegensätzlicher Weise voneinander abweichen': *ihre Interessen* ~; ~*de Ansichten, Aussagen;* /etw./ *seine Meinung divergiert mit/von unserer*

diverse [di'vɛrzə] ⟨Indefinitpron.; Pl.; Neutr. Sg. **diverses;** ↗ TAFEL X⟩ **1.1.** ⟨nur im Pl.; adj.⟩ 'verschiedene' /auf Sachen bez./: ~*e Sorten (Wein) wurden angeboten* **1.2.** ⟨o.Pl.; nur im Neutr.; diverses; subst.⟩ *Diverses* ('verschiedene Sachen') *erörtern*

diverses ↗ *diverse*

Dividende [divi'dɛndə], **die;** ~, ~n Wirtsch. 'Anteil, der Inhabern von Aktien aus dem jährlichen Profit ausgezahlt wird': *der Konzern hat hohe* ~*n ausgeschüttet, seinen Aktionären gezahlt* ❖ ↗ **Division**

dividieren [divi'diːrən], dividierte, hat dividiert /jmd., Rechenmaschine o.Ä./ *eine Zahl durch eine Zahl* ~ 'durch Rechnen bestimmen, wie oft eine (kleinere) Zahl in einer (größeren) Zahl enthalten ist'; SYN teilen (2); ANT multiplizieren: *zwanzig dividiert durch fünf ist, ergibt vier* ❖ ↗ **Division**

Division [divizi̯oːn], **die;** ~, ~en **1.** 'aus mehreren Regimentern bestehende größere od. aus mehreren Schiffen bestehende militärische Einheit': *eine* ~ *aufstellen; die* ~ *rückt zum Manöver aus; eine* ~ *befehligen* **2.** ⟨vorw. Sg.⟩ 'das Dividieren'; ANT Multiplikation: *die* ~ *einer Zahl durch eine andere;* vgl. *Multiplikation, Addition, Subtraktion* ❖ **Dividende, dividieren**

¹doch [dɔx] ⟨Adv.; stets betont⟩ 'dennoch': *er hat es* ~ *geschafft; es ist zwar verboten, aber er hat es* ~ *getan* ❖ vgl. **¹jedoch**

²doch ⟨Konj.; koordinierend; verbindet zwei Hauptsätze, zwei Nebensätze od. zwei Satzglieder od. Teile von Satzgliedern⟩ /adversativ/; SYN ¹aber (1.1, 1.3), jedoch: *ich wollte mit ihm reden,* ~ *er ließ sich entschuldigen; er behauptete, ihn gesehen,* ~ *nicht sofort erkannt zu haben; er ist ein fauler,* ~ *intelligenter Junge* ❖ vgl. **²jedoch**

³doch ⟨Modalpartikel; unbetont; steht nicht am Satzanfang; bezieht sich auf den ganzen Satz⟩ **1.** ⟨steht in Aussagesätzen⟩ /der Sprecher erinnert den Hörer an Bekanntes, was sie beide wissen müssten, was aber wohl in Vergessenheit geraten zu sein scheint, um ihn von etw. zu überzeugen, ihn zu etw. zu bewegen/: *wir wollen* ~ *heute Abend ausgehen; er ist* ~ *ein erfahrener Mitarbeiter; du weißt* ~, *dass das nicht möglich ist; das kennen wir* ~; *das ist* ~ *immer so* **2.** ⟨steht in Aussagesätzen⟩ /drückt in einem Dialog den Widerspruch des Sprechers zum Vorausgehenden aus, weist geäußerte Kritik zurück/: *das habe ich dir* ~ *längst gesagt; das habe ich* ~ *längst erledigt; wir wollen uns* ~ *nicht streiten* **3.** ⟨in

Fragesätzen, in Ergänzungsfragen⟩ /der Sprecher will vom Hörer etwas erfahren, was ihm entfallen ist, will ihn dazu motivieren; auch monologisch möglich/: *wie war* ~ *gleich ihr Name?; wie war das* ~?; *was wollte ich* ~ *hier?; was wollte ich* ~ *sagen?* **4.** ⟨steht in Aufforderungssätzen⟩ /der Sprecher bezieht sich auf Vorausgehendes und leitet daraus eine Forderung an den Hörer ab; drückt oft Ungeduld aus, wenn der Hörer das Erwartete noch nicht realisiert hat/: *hör* ~ *endlich auf (zu jammern)!; sei* ~ *nicht so verbittert!; fang* ~ *nicht schon wieder damit an!; lass mich* ~ *endlich in Frieden!* **5.** ⟨steht in Ausrufesätzen, die meist die Form eines Aussagesatzes haben⟩ /drückt meist die Entrüstung des Sprechers, aber auch die Anerkennung über etw. Vorausgehendes aus, das er so nicht erwartet hatte/: *das ist* ~ *eine Frechheit!; das ist* ~ *die Höhe!; was ist das* ~ *für eine Gemeinheit!; wie ist es* ~ *schön hier!; was war das* ~ *für eine Blamage!* **6.** ⟨steht in Wunschsätzen, die selbständige, durch *wenn* od. *dass* eingeleitete konditionale Nebensätze od. irreale, nicht eingeleitete Wunschsätze mit Inversion des Subj. sind⟩ /verstärkt einen Wunsch, der Sprecher ist emotional beteiligt/; SYN ²bloß (4), ²nur (4): *käme er* ~ *endlich!; wären* ~ *alle so wie sie!; wenn es* ~ *regnen wollte!; wenn ich* ~ *helfen könnte!; dass* ~ *alles nur ein Traum wäre!*

⁴doch ⟨betont⟩ /als nachdrückliche positive Antwort auf eine negative Entscheidungsfrage, auch als Zurückweisung einer Unterstellung od. Behauptung/: *„Du hast wohl keinen Hunger?" „Doch!"; „Du bist mir hoffentlich nicht böse?" „Doch!"; „Ist er noch nicht zu Hause?" „Doch!"; „Kommst du nicht mit ins Konzert?" „Doch!"*

MERKE Zu ⁴*doch: doch* wird im Gegensatz zu *ja* als Antwort auf eine negierte Frage verwendet: *„Ist er schon zu Hause?" „Ja!",* aber: *„Ist er noch nicht zu Hause?" „Doch!"*

Docht [dɔxt], **der;** ~es/auch ~s, ~e 'faden- od. bandartiges Gebilde in einer Kerze, Petroleumlampe, durch das der Flamme der Brennstoff zugeführt wird': *den* ~ *der Kerze kürzer schneiden; der* ~ *der Petroleumlampe*

Dock [dɔk], **das;** ~s, ~s 'große technische Anlage in einem Hafen, in der ein Schiff aufs Trockene gesetzt und repariert wird': *ein Schiff liegt im* ~, *geht ins* ~

Dogge ['dɔgə], **die;** ~, ~n 'großer kräftiger Hund mit kurzem, glattem, gelblich bräunlichem Fell'; ↗ FELD II.3.1 ❖ **Bulldogge**

Dogma ['dɔgma], **das;** ~s, Dogmen [..mən] **1.** 'wissenschaftlich nicht hinreichend bewiesene These, die mit dem Anspruch auf Richtigkeit und Verbindlichkeit vorgetragen, gelehrt wird': *ein politisches, philosophisches* ~; *seine Ansichten sind zum* ~ *gemacht, erhoben worden* **2.** 'Grundsatz der Lehre einer Religion (2), der von den Gläubigen als unveränderlich angenommen, geglaubt werden soll': *das* ~ *von der Unfehlbarkeit des Papstes, von* *der unbefleckten Empfängnis; gegen ein* ~ *verstoßen* ↗ FELD XII.1.1 ❖ **dogmatisch**

dogmatisch [dɔg'maːt..] ⟨Adj.; vorw. attr.⟩ ˈhartnäckig und ohne Toleranz einen bestimmten Standpunkt vertretend, keinen Zweifel und keine Änderung an bestehenden Grundsätzen, Thesen duldend od. sich selbst erlaubendˈ: *er war ein* ~*er Vertreter dieser veralteten Anschauungen; ein* ~*er Denker, der keine Kritik zulässt; seine Thesen* ~*, mit* ~*em Eifer verfechten, vortragen* ❖ ↗ **Dogma**

Doktor ['dɔktoɐ̯], **der;** ~s, ~en [..'toːʀən] **1.** ⟨o.Pl.; ABK Dr.⟩ ˈakademischer Grad, der nach erfolgreich abgeschlossener Promotion zuerkannt od. als Ehrung für besondere (wissenschaftliche) Leistungen, Verdienste verliehen wirdˈ: *jmdn. zum* ~ *promovieren; er ist* ~ *der Medizin* (ABK Dr. med.)*; er ist* ~ *ehrenhalber* (ABK Dr. e.h.), ~ *honoris causa* (ABK Dr. h.c.) **2.** ˈjmd., der den Titel Doktor (1) besitztˈ: *ich bitte die Herren* ~*en, in den Saal zu kommen;* /in der schriftlichen Form in der Anrede vor dem Namen nur: Dr./: *sehr geehrter Herr, geehrte Frau Dr. Meyer* **3.** umg. SYN ˈArztˈ; ↗ FELD I.10: *er hatte sich erkältet und musste zum* ~ *gehen* MERKE In Verbindung mit einem Personennamen wird *Doktor* auch mit bestimmtem Artikel nicht flektiert: *Doktor Meiers Frau; der Vortrag des Doktor Meier;* ↗ auch **Herr** (Merke)

Dokument [doku'mɛnt], **das;** ~s/auch ~es, ~e **1.** SYN ˈUrkundeˈ: *jmdm. ein* ~ *ausstellen* **2.** ˈetw., bes. ein Schriftstück, das etw. belegt, beweistˈ: *diese Tagebücher, Fotos, Filme sind* ~*e für die Schrecken des Kriegesˈ* ❖ **dokumentarisch, Dokumentation, dokumentieren**

dokumentarisch [dokumɛn'taːʀ..] ⟨Adj.; o. Steig.⟩ /beschränkt verbindbar/ **1.** *etw. ist* ~ (ˈdurch Dokumente 2ˈ) *belegt, nachweisbar; ein* ~*er Beleg* **2.** ⟨nicht bei Vb.⟩ *etw. hat* ~*en* (ˈals, wie ein Dokument 2 wirkendenˈ) *Wert, Charakter* ❖ ↗ **Dokument**

Dokumentation [dokumɛnta'tsi̯oːn], **die;** ~, ~en **1.** ˈZusammenstellung, Sammlung von Belegen, Dokumenten, authentischen Materialien für ein, zu einem Themaˈ: *eine* ~ *über einen Autor, Sachverhalt erarbeiten; eine* ~ *zu Fragen der Abrüstung* **2.** *die Demonstration war eine* ~ *des Friedenswillens* (ˈdrückte den Friedenswillen aus, ließ ihn deutlich werdenˈ) ❖ ↗ **Dokument**

dokumentieren [dokumɛn'tiːʀən], dokumentierte, hat dokumentiert **1.** /jmd./ *etw.* ~ ˈetw.jmdm. gegenüber offen zeigen (8.1,8.2)ˈ: *sein Interesse an etw.)* ~*; (mit etw., durch etw.) seine Haltung zu etw.* ~*; den Willen zum Frieden* ~*;* vgl. **bekunden 2.** /etw./ *sich in etw.* ⟨Dat.⟩ ~ ˈin etw. zum Ausdruck kommenˈ: *in dieser Aktion dokumentiert sich die Solidarität der Umweltschützer* ❖ ↗ **Dokument**

Dolch [dɔlç], **der;** ~s/auch ~es, ~e ˈkurze Stichwaffe mit spitzer zweischneidiger Klingeˈ; ↗ FELD V.6.1 (↗ TABL Hieb- und Stichwaffen): *der* ~ *steckt in einer Scheide; jmdn. mit einem* ~ *erstechen, ermorden*

Dolde ['dɔldə], **die;** ~, ~n ˈStängel mit Blüten, die in kreisförmiger Anordnung dicht nebeneinanderstehenˈ

dolmetschen ['dɔlmɛtʃn̩] ⟨reg. Vb.; hat⟩ /jmd./ ˈvorw. Gesprochenes unmittelbar für jmdn. mündlich übersetzenˈ: *er wird auf der Tagung* ~*; etw.* ~*: ein Gespräch, die Rede eines Politikers (für jmdn.)* ~*;* vgl. **übersetzen** ❖ ↗ **Dolmetscher**

Dolmetscher ['dɔlmɛtʃɐ̯], **der;** ~s, ~ ˈjmd., der (beruflich) dolmetschtˈ ❖ **dolmetschen, Dolmetscherin**

Dolmetscherin ['dɔlmɛtʃəʀ..], **die;** ~, ~nen /zu *Dolmetscher;* weibl./ ❖ ↗ **Dolmetscher**

Dom [doːm], **der;** ~s,/auch ~es, ~e ˈgroße, repräsentative Kirche (1) mit einer Kuppelˈ: *der Kölner* ~*; der* ~ *zu Speyer, Worms; der Berliner* ~*;* vgl. **Münster**

Domäne [do'mɛːnə/..'meː..], **die;** ~, ~n ⟨vorw. Sg.⟩ ˈBereich, auf dem jmd. gut Bescheid weiß, beruflich mit besonderem Erfolg tätig istˈ: *seine* ~*, die* ~ *unseres Professors ist die Literatur der Gegenwart; seine* ~ (ˈvon allem, was er malt, das Besteˈ) *sind seine Aquarelle*

dominieren [domi'niːʀən], dominierte, hat dominiert /etw., jmd./ ˈquantitativ und qualitativ vorherrschenˈ: *auf dieser Veranstaltung dominierte die Jugend; gegenwärtig* ~ *in der Mode braune Farbtöne*

Dompteur [dɔmp'tøːɐ̯], **der;** ~s, ~e ˈjmd., der beruflich wilde Tiere zur Vorführungen dressiertˈ: *der* ~ *arbeitet mit Löwen* ❖ **Dompteuse**

Dompteuse [dɔmp'tøːzə], **die;** ~, ~n /zu *Dompteur;* weibl./ ❖ ↗ **Dompteur**

Donner ['dɔnɐ̯], **der;** ~s, ~ **1.** ⟨vorw. Sg.⟩ ˈdas auf einen Blitz folgende laut krachende, dumpf rollende Geräuschˈ; ↗ FELD VI.1.1: *der* ~ *grollt; hast du den* ~ *gehört?* **2.** ⟨o.Pl.⟩ ˈdas Krachen (1.1), Donnern (2)ˈ: *der* ~ *der Geschütze* ❖ **donnern – Donnerwetter**

* /jmd./ *dastehen wie vom* ~ *gerührt* (ˈplötzlich starr vor Schreck, Verblüffung seinˈ)

donnern ['dɔnɐn] ⟨reg. Vb.; hat/ist⟩ **1.** ⟨hat⟩ *es donnert* (ˈder Donner 1 ist zu hörenˈ; ↗ FELD VI.1.2); *es blitzt und donnert* **2.** ⟨hat⟩ /etw./ ˈein dem Donner (1) ähnliches Geräusch hervorrufenˈ: *die Kanonen, Motoren der Flugzeuge* ~*; sie hörten die Brandung* ~ **3.** ⟨ist⟩ /etw., bes. großes Fahrzeug/ *irgendwohin* ~ ˈsich mit einem Geräusch wie Donner (1) irgendwohin bewegenˈ: *der Zug donnert über die Brücke; Lawinen* ~ *ins Tal* **4.** ⟨hat⟩ umg. /jmd./ *an, auf, gegen etw.* ~ ˈso heftig an, auf, gegen etw. schlagen, dass ein Geräusch wie Donner (1) entstehtˈ: *gegen die Tür, ans Fenster* ~ **5.** ⟨hat⟩ umg. /jmd./ *etw. irgendwohin* ~ ˈetw. mit großer Wucht irgendwohin werfen (1), stoßen (2)ˈ: *das Buch in die Ecke, den Ball an den Pfosten* ~ **6.** ⟨ist⟩ umg. /etw., jmd./ *an, auf, gegen etw., jmdn.* ~ ˈmit großer Wucht an, auf, gegen etw., jmdn. prallen, stoßen (3)ˈ: *er, das Auto ist an, gegen einen Baum gedonnert* **7.** ⟨hat⟩ umg. /jmd./ ˈmit tiefer Stimme sehr laut, heftig schimpfen (1)ˈ: *er hat mächtig gedonnert, als er davon erfuhr* ❖ ↗ **Donner**

Donnerstag ['dɔnɐstaːk], **der**; ~s/auch ~es, ~e ˙vierter Tag der mit Montag beginnenden Woche'; ↗ TAFEL XIII; ↗ auch *Dienstag* ❖ **donnerstags**

donnerstags ['dɔnɐstaːks] ⟨Adv.⟩ ˙jeden Donnerstag'; ↗ auch *dienstags: sie treffen sich immer ~* ❖ ↗ **Donnerstag**

Donner|wetter ['..] I. ⟨**das**; ~s, o.Pl.; vorw. mit unbest. Art.⟩ ˙heftig geäußerte Vorwürfe': *das ~ möchte ich nicht erleben!; von jmdm. ein ~ kriegen; auf, gegen jmdn. ein ~ loslassen; mach dich auf ein ~ gefasst!* – II. ⟨Interj.; allein stehend od. in Verbindung mit einem od. mehreren Wörtern⟩ /drückt unterschiedliche Gefühle des Sprechers aus, z. B. Zorn, Entrüstung, Erstaunen/: *(zum) ~, wo bleibt er denn nur?* /Zorn/; *~, das ist eine Leistung!* /Erstaunen/ ❖ ↗ **Donner**, ↗ **Wetter**

doof [doːf] ⟨Adj.; Steig. reg.⟩ umg. **1.** ˙beschränkt und langweilig (1.2)' /vorw. auf Personen bez./; ↗ FELD I.5.3: *er war ein ~er Kerl; guck nicht so ~!; bist du aber ~!* **2.** ˙uninteressant und langweilig (1.1)': *eine ~e Party; der Film ist ~*

dopen ['doːpm̩] ⟨reg. Vb.; hat⟩ /jmd./ *jmdn., ein Tier ~* ˙jmdm., bes. einem Sportler, einem Pferd verbotene stimulierende Mittel, Drogen geben, damit er, es (vorübergehend) höhere Leistungen vollbringt': *jmdn., ein Pferd ~; der Sprinter war gedopt und wurde disqualifiziert* ❖ ↗ **Doping**

Doping ['doːpɪŋ], **das**; ~s, ~s ˙Anwendung von Mitteln, die zum Dopen dienen': *er wurde des ~s überführt* ❖ **dopen**

Doppel/doppel ['dɔpl̩..]|**decker** [dɛkɐ], **der**; ~s, ~ ˙Flugzeug mit zwei übereinander liegenden Tragflächen' (↗ TABL Fahrzeuge); **-deutig** [dɔitɪç] ⟨Adj.; o. Steig.; vorw. attr.⟩ **1.** SYN ˙zweideutig (1)' /auf Äußerungen bez./: *ein ~er Ausdruck, Satz* **2.** SYN ˙zweideutig (2)'/vorw. auf Sprachliches bez./: *~e Anmerkungen, Äußerungen, Witze* ❖ ↗ **deuten; -gänger** [gɛŋɐ], **der**; ~s, ~ *jmds. ~* ˙jmd., der jmdm. zum Verwechseln ähnlich sieht': *er ist mein, sein ~; er hat einen ~*; ❖ ↗ **gehen; -punkt, der** ˙aus zwei übereinanderstehenden Punkten gebildetes Satzzeichen, das bes. vor wörtliche Rede, Aufzählungen o.Ä. gesetzt wird' /Zeichen:/ ❖ ↗ **Punkt**

doppelt ['dɔpl̩t] ⟨Adj.; o. Steig.⟩ **1.** /bezeichnet bes. in Vergleichen das Zweifache einer quantitativen Größe/: *das Haus, mein Freund ist ~ so groß, so alt wie ...; das war ~ so viel (Geld), macht ~ so viel Arbeit, wie er erwartet hatte; das Band lässt sich auf die ~e Länge dehnen; die Zahl der Mitglieder ist auf, um das Doppelte gestiegen* **2.1.** /drückt aus, dass eine Sache, ein Gegenstand in zwei gleichen Exemplaren, Teilen vorhanden ist/: *ein Koffer mit ~em Boden* ('mit einem zusätzlichen Boden 3 über dem eigentlichen'); *der Stoff liegt ~* ('liegt in zwei Lagen übereinander'); *etw. ~ haben* ˙von einer Sache zwei gleiche Exemplare besitzen': *ich habe das Buch ~* **2.2.** ⟨nicht präd.⟩ ˙in zweifacher Ausfertigung': *die ~e Buchführung; der Antrag ist ~ auszufüllen* **3.** ⟨nicht präd.⟩ ˙viel mehr als üblich' /vorw.

auf Psychisches bez./: *bei Nacht und Regen wird von den Kraftfahrern ~e Aufmerksamkeit verlangt; hier heißt es ~ aufpassen* ❖ **verdoppeln;** vgl. **doppel/Doppel-**

* ~ und dreifach ˙aus Gründlichkeit, Vorsicht weit mehr als notwendig': *etw. ~ und dreifach sichern; er macht immer alles ~ und dreifach;* /jmd./ **ein ~es Spiel mit jmdm. spielen/treiben** (˙jmdn. heuchlerisch täuschen')

Doppel/doppel ['dɔpl̩..]|**-zimmer, das** ˙Zimmer mit zwei Betten für Gäste in einem Hotel, einer Pension, für Kranke in einem Krankenhaus'; SYN Zweibettzimmer: *ein ~ bestellen; in ein ~ eingewiesen werden* ❖ ↗ Zimmer; **-züngig** [tsʏŋɪç] ⟨Adj.; o. Steig.⟩ ˙sich heuchlerisch über etw., jmdn. zu verschiedenen Personen unterschiedlich und gegensätzlich äußernd': *er ist ~; eine ~e Politik betreiben* ❖ ↗ Zunge

Dorf [dɔʁf], **das**; ~es/auch ~s, Dörfer ['dœʁfɐ] **1.** ˙kleinerer Ort mit relativ wenigen Einwohnern, die vorw. Landwirtschaft betreiben, in der Landwirtschaft tätig sind': *ein stilles, kleines, abgelegenes ~; ein ~ am Rande der Stadt; die Stadt und ihre umliegenden Dörfer; auf dem, in einem ~ leben, wohnen; aus einem, vom ~ stammen* **2.** ˙sämtliche Einwohner eines Dorfes (1)': *das ganze ~ war auf den Beinen* ❖ **dörflich**

* /etw., bes. das/ **für jmdn. böhmische Dörfer sein** ˙jmdm. unbekannt und daher unverständlich sein': *die Zeichen, das sind für mich böhmische Dörfer*

dörflich ['dœʁf..] ⟨Adj.; nur attr.⟩ ˙das Leben, die Verhältnisse auf dem Dorf betreffend' /vorw. auf Abstraktes bez./: *das ~e Leben; ~e Sitten* ❖ ↗ **Dorf**

Dorn [dɔʁn], **der**; ~es/auch ~s, ~en ˙spitzer harter Teil an den Zweigen bestimmter Pflanzen'; ↗ FELD II.4.1: *sich an einem ~, an den ~en verletzen, reißen; sich einen ~ in den Fuß treten; einen ~ herausziehen, (aus der Haut) entfernen; von ~en zerkratzte, zerstochene Hände haben* ❖ **dornig**

MERKE Der *Dorn* ist ein aus Sprossen, Blättern entstandener Pflanzenteil, der *Stachel* ist ein eigenständiger Teil der Pflanze. Dieser Unterschied wird im Sprachgebrauch, meist aus Unkenntnis, oft nicht berücksichtigt, so dass *Stacheln* als *Dornen* und umgekehrt bezeichnet werden. Es wird gesagt: *keine Rose ohne Dornen*, obwohl die spitzen Gebilde der Rose *Stacheln* sind

dornig ['dɔʁnɪç] ⟨Adj.; vorw. attr.⟩ ˙mit, voll Dornen' /auf Pflanzen bez./: *~es Gestrüpp; ~e Zweige* ❖ ↗ **Dorn**

dörren ['dœʁən] ⟨reg. Vb.; hat/ist⟩; ↗ FELD III.2.2 **1.1.** ⟨hat⟩ /jmd., Sonne/ *etw. ~* ˙etw., bes. bestimmte Lebensmittel od. Pflanzen, durch Hitze, Luft trocken (1) werden lassen': *die Eingeborenen ~ den Fisch an/in der Sonne, damit er haltbar wird; gedörrtes Obst; gedörrter Fisch; die Sonne hat den Rasen gedörrt* ('hat den Rasen vertrocknen lassen') **1.2.** ⟨ist⟩ /Pflanze/ ˙trocken (1.3) werden': *das Gras dörrte in der Sonne* ❖ ↗ **dürr**

Dorsch [dɔRʃ], **der**; ~es, ~e ˈjunger Kabeljau od. kleinere Art Kabeljauˈ; ↗ FELD I.8.1, II.3.1: *es gibt ~ in Dillsoße*

dort [dɔRt] ⟨Adv.⟩ **1.1.** /weist auf eine Stelle in der weiteren, ferneren Umgebung des Sprechers/ ˈan jener Stelle, jenem Ortˈ; ANT hier (1.1), [1]da: *hier stehe ich, und er steht ~; „Wo ist der Ball?" „Dort"; das Buch liegt ~ auf dem Tisch;* ⟨oft mit Adv.best.⟩ *~ drüben, unten, draußen; gleich ~ rechts um die Ecke (in dem Haus) wohne ich;* ⟨+ Präp. *von*⟩ *von ~ wollten wir nicht wieder weggehen* **1.2.** ⟨nur attr. einem Subst., Personalpron., Demonstrativpron. nachgestellt⟩ /weist nachdrücklich auf eine Person, Sache hin, die in weiterer, ferner Umgebung des Sprechers ist/; ANT hier (1.4): *dieser Tisch ~; der ~, dieser Herr ~, sie ~, das ist der Täter* **1.3.** /verweist auf einen vorher genannten Ortˈ; SYN ˈ[1]da (1.4)ˈ: *im Sommer war er auf Sylt, der Krim, an der Nordsee, ~ hat es ihm sehr gefallen; er hat seine Schlüssel im Auto liegen gelassen, sie müssen noch ~ sein* **1.4.** ⟨in Korrelation mit *wo*⟩ SYN ˈ[1]da (1.5)ˈ: *der Mantel hängt ~, wo du ihn hingehängt hast* ❖ **dortig — dorther, dorthin**

dort|-her [ˈ../..ˈh..] ⟨Adv.⟩ /lokal/ *von ~* SYN ˈdaher (1)ˈ: *„Gehst du zur Post?" „Von ~ komme ich gerade"* ❖ ↗ dort, ↗ her; **-hin** [ˈ../..ˈh..] ⟨Adv.⟩ /lokal/ SYN ˈdahin (1)ˈ: *er war schon auf Helgoland und würde immer wieder ~ gehen; der Kühlschrank soll ~ ❖* ↗ dort, ↗ hin

dortig [dɔRtɪç] ⟨Adj.; o. Steig.; nur attr.⟩ ˈan einem Ort, einer Stelle befindlich, die vom Sprecher entfernt liegtˈ: *die ~en Schulen, Verhältnisse ❖* ↗ **dort**

Dose [ˈdoːzə], **die**; ~, ~n; ↗ FELD V.7.1 **1.** ˈkleiner (flacher, runder od. länglicher) Behälter, bes. aus Blech, mit einem Deckelˈ (↗ TABL Behälter); SYN Büchse (1): *eine ~ aus Holz, Porzellan, Blech; eine ~ für Schmuck, für Kaffee, Bonbons* **2.** SYN ˈKonserveˈ (↗ TABL Behälter): *eine ~e Fleisch, Pfirsiche; eine ~ mit dem Büchsenöffner aufmachen ❖* **dosieren, Dosis — Schukosteckdose, Spraydose, Steckdose**

dösen [ˈdøːzn̩] ⟨reg. Vb.; hat⟩ umg. **1.** /jmd./ ˈin entspanntem Zustand vor sich hin blickend seinen Gedanken ziellos freien Lauf lassenˈ: *er saß da, stand da und döste* **2.** /jmd./ ˈsich im Halbschlaf befindenˈ: *er hat ein bisschen, ein Weilchen gedöst*

dosieren [doˈziːRən], dosierte, hat dosiert /jmd./ etw. ~ ˈdie richtige, meist kleinere Menge eines Stoffes, bes. einer Chemikalie, für etw., jmdn. bestimmen, bemessenˈ: *er hat den Wirkstoff für das Waschmittel, für das Medikament zu knapp dosiert; ein Medikament für einen Kranken ~* (ˈbestimmen, wieviel er davon zu bestimmter Zeit nehmen sollˈ) ❖ ↗ **Dose**

Dosis [ˈdoːzɪs], **die**; ~, Dosen [ˈdoːzn̩] ˈexakt abgemessene, auch abgezählte, meist kleinere Menge eines Medikaments für einen Patientenˈ: *ein Medikament in geringer ~, in geringen, kleinen Dosen einnehmen, spritzen, verabreichen; das war eine tödliche ~;* METAPH *man konnte ihm die Wahrheit nur in kleinen Dosen verabreichen* (ˈschonend und nach und nach mitteilenˈ) ❖ ↗ **Dose**

Dotter [ˈdɔtɐ], **das**; ~s, ~ ˈgelbe kugelige Masse im Inneren des (Hühner)eiesˈ; SYN Eigelb: *das ~ vom Eiweiß trennen* ❖ ↗ **Doubel**

doubeln [ˈduːbl̩n] ⟨reg. Vb.; hat⟩ /jmd./ *einen Darsteller ~* (ˈbei Filmaufnahmen für ihn als Double spielenˈ); *er ist gedoubelt (worden)* ❖ ↗ **Doubel**

Double [ˈduːbl̩], **das**; ~s, ~s ˈDarsteller, der bei Filmaufnahmen für einen anderen Darsteller, dem er ähnlich sieht, einen (meist gefährlichen) Teil der Rolle spieltˈ: *diese Szene wurde von einem ~ übernommen* ❖ **doubeln**

Doyen [dɔ̯aˈjɛ̃ː], **der**; ~s, ~s Diplomatie ˈim Range höchster, nach Jahren ältester Diplomat der in einem Lande tätigen Diplomaten, der als ihr Sprecher fungiertˈ

Dozent [doˈtsɛnt], **der**; ~en, ~en ˈjmd., der an einer Universität lehrt, jedoch nicht Professor istˈ: *er ist ~ an der Universität in N*

Drache [ˈdRaxə], **der**; ~n, ~n ˈFabelwesen in der Form einer großen Echse mit Flügelnˈ: *ein Feuer speiender ~; Siegfried hat den ~n getötet*

Drachen [ˈdRaxn̩], **der**; ~s, ~ **1.** ˈSpielzeug, das aus einem mit Papier, Stoff bespannten Rahmen besteht und das man an einer Schnur in die Luft steigen lässtˈ (↗ BILD): *den ~ steigen lassen* **2.** umg. emot. ˈzänkische Frauˈ: *sie ist ein ~; so ein alter ~!*

Dragee, Dragée [dRaˈʒeː], **das**; ~s, ~s ˈPille in Form einer großen Linse (2) mit einem Überzug aus Zuckerˈ: *ein ~ lutschen, (nicht) im Mund zergehen lassen*

Draht [dRaːt], **der**; ~es/auch ~s, Drähte [ˈdRɛːtə/ ˈdRɛ:..] ˈmetallisches, fadenförmiges, langes, biegsames Material mit meist rundem Querschnittˈ: *(ein) dicker, dünner, rostiger ~; ein Stück, eine Rolle ~; (einen) ~ spannen, aufrollen, krümmen, biegen; Drähte miteinander verbinden* ❖ **drahtig — drahtlos, Drahtzieher, Maschendraht, Stacheldraht**
* umg. /jmd./ **einen heißen ~ mit/zu jmdm., einer Institution haben** (ˈeine persönliche, unmittelbare Verbindung, Beziehung zu einer Person, Institution von großem Einfluss habenˈ); /jmd./ **auf ~ sein** (ˈimmer aufpassen und schnell und richtig reagieren, eine Situation gut nutzenˈ)

drahtig ['dʀaːtɪç] ⟨Adj.; vorw. attr.⟩ 'sehnig, hager und sportlich trainiert' /meist auf Männer bez./: *ein ~er kleiner Mann* ❖ ↗ **Draht**

draht/Draht ['dʀaːt..]‖**-los** ⟨Adj.; nicht präd.⟩ /beschränkt verbindbar/: *~* ('durch Funk, nicht an Leitungen gebunden') *telefonieren, telegrafieren; die ~e Telegrafie* ❖ ↗ **Draht**, ↗ **los**; **-zieher** [tsiːɐ̯], **der**; *~s, ~* emot. neg. SYN 'Hintermann (2)': *kennst du die ~ dieser Aktion?* ❖ ↗ **Draht**, ↗ **ziehen**

drall [dʀal] ⟨Adj.; Steig. reg.; vorw. attr.⟩ 'mit rundlichem und kräftigem Körperbau' /auf eine weibl. Person bez./: *ein ~es Mädchen, eine ~e Frau vom Lande*

Drall, der; *~es/auch ~s, ~e* ⟨vorw. Sg.⟩ **1.** 'in schraubenförmigen Windungen verlaufende Rillen im Rohr einer Feuerwaffe, durch die das Geschoss in eine drehende Bewegung gebracht wird' **2.** 'Rotation eines Körpers um seine eigene Achse': *der ~ eines Geschosses* **3.** umg. spött. *jmd. hat einen ~* ('eine Neigung 3') *zum Politisieren, Schwadronieren*

Drama ['dʀaːma], **das**; *~s,* Dramen ['dʀaːmən] **1.** 'ernstes literarisches Bühnenwerk mit einem positiven Ausgang'; SYN Schauspiel (1): *ein ~ verfassen, schreiben, aufführen, inszenieren; die klassischen Dramen; ein ~ in fünf Akten, von Goethe;* vgl. Komödie, Tragödie **2.** ⟨vorw. Sg.⟩ 'an Ereignissen und Komplikationen reiches, meist aufregendes Geschehen': *ihre Ehe war ein einziges ~; man sollte daraus kein ~ machen* ('es nicht schlimmer darstellen, als es wirklich ist') ❖ **Dramatik, Dramatiker, dramatisch, dramatisieren, Dramaturg, Dramaturgie, dramaturgisch**

Dramatik [dʀa'maːtɪk], **die**; *~,* ⟨o.Pl.⟩ **1.** 'die dramatische Dichtung als literarische Gattung': *ein bedeutender Vertreter der europäischen ~* **2.** 'dramatischer (2) Verlauf eines Geschehens': *das war ein Wettkampf voller erregender ~* ❖ ↗ **Drama**

Dramatiker [dʀa'maːtɪkɐ], **der**; *~s, ~* 'Verfasser von Dramen (1)' ❖ ↗ **Drama**

dramatisch [dʀa'maːt..] ⟨Adj.⟩ **1.** ⟨vorw. attr.⟩ 'das Drama und seine Eigenart, Besonderheit betreffend': *die ~e* ('in Form von Dramen 1 vorliegende') *Dichtung; das ~e Schaffen des Dichters* **2.** 'reich an Ereignissen, Handlungen, Wechselfällen und spannend, erregend': *eine ~e Zuspitzung des Konflikts; eine ~e Aktion zur Rettung der Bergsteiger; das Spiel war, verlief äußerst ~* ❖ ↗ **Drama**

dramatisieren [dʀamati'ziːrən], dramatisierte, hat dramatisiert **1.** /jmd./ etw. *~* 'einen Sachverhalt gewichtiger, aufregender, schlimmer darstellen, als er tatsächlich ist': *wir wollen die Vorgänge nicht ~!; er neigt dazu, seine Krankheit zu ~* **2.** /jmd./ etw. *~* 'einen literarischen Stoff, bes. ein Werk einer anderen literarischen Gattung, zu einem Drama (1) gestalten': *einen Stoff, Roman ~* ❖ ↗ **Drama**

Dramaturg [dʀama'tʊʀk], **der**, *~en, ~en* 'an einem Theater od. einem Sender des Rundfunks, Fernsehens od. beim Film tätiger Mitarbeiter für wissenschaftlich-literarische Fragen, die die Auswahl,

Aufführung und Bearbeitung dramatischer Werke betreffen' ❖ ↗ **Drama**

Dramaturgie [dʀamatʊʀ'giː], **die**; *~,* ⟨o.Pl.⟩ 'Lehre vom Aufbau und den Gesetzmäßigkeiten des Dramas, bes. im Hinblick auf seine Aufführung' ❖ ↗ **Drama**

dramaturgisch [dʀama'tʊʀg..] ⟨Adj.; o. Steig.; nicht präd.⟩ 'die Dramaturgie betreffend' /vorw. auf Abstraktes bez./: *der Film hat einen wichtigen ~en Fehler* ❖ ↗ **Drama**

dran [dʀan] ⟨Pronominaladv.; ↗ auch *daran*⟩ **1.** umg. 'daran' (1,3,4) **2.** /jmd./ *~ sein* **2.1.** 'an der Reihe sein': *warte, bis du ~ bist!* **2.2.** 'zur Verantwortung gezogen werden': *da kommt die Polizei, nun ist er ~* **3.** /etw., nur *was/ an der Sache ist was ~* ('die Sache enthält etw. Gutes') ❖ ↗ ²**an**; vgl. ¹**da**

MERKE *dran* kann nicht am Satzanfang und nicht bei Gegenüberstellung für auf der ersten Silbe betontes *daran* eingesetzt werden. – Zur Getrennt-, Zusammenschreibung mit *sein:* Getrenntschreibung auch im Infinitiv

drang: ↗ **dringen**

Drang [dʀaŋ], **der**; *~es/auch ~s,* ⟨o.Pl.⟩ '(triebhaftes) starkes Verlangen (1) nach etw.': *der, sein ~ nach Wissen, Freiheit, Rache; er spürte den (heftigen) ~ in sich, etw. tun zu müssen; einem inneren ~ nachgeben* ❖ ↗ **drängen**

drängeln ['dʀɛŋln] ⟨reg. Vb.; hat⟩ **1.** /jmd./ sich irgendwohin *~* 'sich irgendwohin drängen (2.1)'; ↗ FELD I.7.2.2: *er drängelte sich durch die Menge, nach vorn; Sie brauchen nicht zu ~, es ist genug da, Sie kommen doch nicht früher dran* **2.** /jmd./ jmdn. *~* 'jmdn. drängen (3)': *er drängelt sie ständig, mit ihr ins Kino zu gehen* ❖ ↗ **drängen**

drängen ['dʀɛŋən] ⟨reg. Vb.; hat; ↗ auch *gedrängt*⟩ **1.** /mehrere (jmd.)/ **1.1.** *sich irgendwohin ~* 'sich irgendwo gegenseitig drücken und schieben, um irgendwohin zu gelangen, etw. zu erreichen': *Hunderte von Menschen drängten sich auf dem Platz, um den berühmten Mann zu sehen; die Menge drängte sich vor der Kasse, dem Eingang* **1.2.** *irgendwohin ~* 'sich gegenseitig drückend und schiebend irgendwohin bewegen': *die Menge drängte, die Flüchtenden drängten zum Ausgang* **2.** /jmd./ **2.1.** *sich irgendwohin ~* 'sich durch etw., bes. eine Menge Menschen, durch Drücken (2) und Schieben (1) irgendwohin bewegen'; ↗ FELD I.7.2.2: *er drängte sich mühsam durch den Spalt in der Mauer; er drängte sich durch die Menge nach vorn, zum Ausgang* **2.2.** *jmdn. irgendwohin ~* 'jmdn., oft in einer Menge Menschen, durch Drücken (2) und Schieben von der Stelle bewegen und irgendwohin gelangen lassen'; ↗ FELD I.7.3.2: *er drängte sie, ihn zur Seite, in die Ecke* **3.** /jmd./ **3.1.** *jmdn. zu etw. ~, jmdn. ~, etw. zu tun* 'jmdn. immer wieder eindringlich auffordern, etw. Bestimmtes zu tun': *sie drängten ihn, den Vertrag zu unterschreiben, die Arbeit abzugeben, seine Schulden zu bezahlen; er wollte sich *nicht voreilig zu einer Entscheidung* ~ *lassen; er drängte uns zur Eile; ich lasse mich nicht* ~*!* **3.2.** *auf etw.* ~ ʽ*etw.* mit Nachdruck fordernʼ: *er drängte auf Klarheit der Aussagen* **4.** *etw.* **drängt** ʽ*etw.* ist eilig (2), darf nicht verzögert, aufgeschoben werdenʼ: *die Sache drängt; die Zeit drängt* (ʽes ist Eile gebotenʼ) ❖ **bedrängen, Bedrängnis, Drang, drängeln, Gedränge, gedrängt** – **Andrang, aufdrängen, durchdrängen**

drastisch [ˈdʀast..] ⟨Adj.; Steig. reg.⟩ **1.** SYN ʽgrob (4)ʼ /auf Sprachliches bez./: *eine* ~*e Schilderung; etw.* ~ *schildern; er ist immer sehr* ~ *in seinen Erzählungen* **2.** ʽsehr stark, scharf (8)ʼ: ~*e Einschränkungen, Maßnahmen; die Preise wurden* ~ *gesenkt*

drauf [dʀauf] ⟨Pronominaladv.; ↗ auch *darauf*⟩ umg. ʽdaraufʼ ❖ **draufgehen, Draufgänger, draufgängerisch, obendrauf;** vgl. **auch ¹da, ¹auf** * umg. /jmd./ etw. (vorw. *was, das*) ~ **haben** ʽetwas können, beherrschen, aus dem Stegreif bieten könnenʼ: *so auf der Stelle ein Gedicht aufsagen, das hat er* ~; *der hat was* ~; /jmd./ ~ **und dran sein, etw. zu tun** ʽbeinahe im Begriff sein, etw. Bestimmtes (etw. Negatives) zu tunʼ: *ich war* ~ *und dran, ihr um den Hals zu fallen*
MERKE Zum Gebrauch: ↗ *dran* (Merke) – Zur Getrennt-, Zusammenschreibung mit *sein*: Getrenntschreibung auch im Infinitiv

Drauf/drauf [ˈ..]‖**-gänger** [gɛŋɐ], **der;** ~s, ~ ʽjmd., der ohne viel nachzudenken wagemutig und mit Elan entschlossen beginnt, etw. Schwieriges, Gefährliches zu bewältigen, um sein Ziel zu erreichenʼ; ↗ FELD I.6.1: *er war ein kühner* ~ ❖ ↗ **drauf,** ↗ **gehen; -gängerisch** [gɛŋəʀ..] ⟨Adj.; Steig. reg.⟩ SYN ʽverwegen (1)ʼ /vorw. auf Personen bez./; ↗ FELD I.6.3: *ein* ~*er Bursche; etw.* ~; *sein* ~*er Mut;* vgl. *kühn* (1.1), *unerschrocken* ❖ ↗ **drauf,** ↗ **gehen; -gehen,** ging drauf, ist draufgegangen umg. **1.** ⟨vorw. im Perf.⟩ /etw./ *für etw.* ~ ʽfür etw. verbraucht werdenʼ: *für diesen Rock ist viel Stoff, für die Reise ist viel Geld draufgegangen* **2.** ⟨vorw. im Perf.⟩ /etw./ *bei etw.* ~ ʽbei etw. in einen Zustand geraten, der eine weitere Verwendung unmöglich machtʼ: *bei der Schlägerei ist sein neuer Anzug draufgegangen* **3.** /jmd./ *bei etw.* ~ SYN ʽbei etw. umkommen (1)ʼ: *bei diesem gefährlichen Unternehmen kannst du leicht* ~; *er ist draufgegangen, als die Bombe explodierte* ❖ ↗ **drauf,** ↗ **gehen**

draus [dʀaus] ⟨Pronominaladv.; ↗ auch *daraus*⟩ umg. ʽdarausʼ
MERKE Zum Gebrauch: ↗ *dran* (Merke) ❖ ↗ **¹aus;** vgl. auch **daraus, ¹da**

draußen [ˈdʀausn̩] ⟨Adv.⟩ ANT drinnen **1.1.** ʽaußerhalb eines Raumes, Gebäudes, Grundstücksʼ: *wer ist* ~ *(auf dem Balkon)?* **1.2.** ʽim Freienʼ: ~ *ist es kalt; hier* ~ *auf dem Feld weht immer ein kalter Wind* **1.3.** /bezeichnet meist mit folgender Ortsangabe das Entferntsein eines Ortes vom Sprecher/: ~ *im Wald, auf dem Meer, in der Welt; die Siedlung liegt weit* ~ ❖ ↗ **außen;** vgl. auch **¹da**

drechseln [ˈdʀɛksl̩n] ⟨reg. Vb.; hat⟩ /jmd./ etw. ~ ʽeinen Gegenstand aus Holz, Horn auf der Drehbank, mit Schneidwerkzeugen bearbeiten, herstellenʼ: *einen Kerzenständer, ein Schmuckstück* ~; *gedrechselte Tischbeine* ❖ **Drechsler**

Drechsler [ˈdʀɛkslɐ], **der;** ~s, ~ ʽjmd., der beruflich durch Drechseln Gegenstände herstellt, bearbeitetʼ; ↗ FELD I.10 ❖ ↗ **drechseln**

Dreck [dʀɛk], **der;** ~s, ⟨o.Pl.⟩ **1.** umg. SYN ʽSchmutzʼ: *den* ~ *beseitigen, zusammenfegen, vom Topf abkratzen; auf dem Hof liegt eine Menge* ~; *in den* ~ *fallen; im* ~ *liegen; der Mantel starrt vor* ~ **2.** derb emot. neg. ʽminderwertige Sache(n), bes. minderwertige Ware, minderwertiges Produktʼ; SYN Mist (2), Tinnef (1): *der Motor ist der reinste* ~; *das ist alles lauter* ~*!; kauf nicht allen, jeden* ~ (ʽkauf nicht wahllos alles Mögliche, Minderwertigeʼ)! **3.** derb emot. neg. ʽSachverhalt, mit dem sich jmd. befasstʼ: *kümmere dich um deinen eigenen* ~*!; du sollst dich nicht über jeden, bei jedem* ~ (ʽüber jede, bei jeder Kleinigkeitʼ) *so sehr aufregen!; er ärgert sich über jeden* ~; vgl. Angelegenheit ❖ **dreckig** – **Dreckschwein, Dreckzeug**

dreckig [ˈdʀɛkɪç] ⟨Adj.⟩ umg. **1.** ⟨Steig. reg.⟩ SYN ʽschmutzig (1)ʼ; ANT sauber (1.1) /auf Gegenständliches bez./: ~*e Hände, Schuhe, Wäsche; er hat sich, das Buch* ~ *gemacht; er, das Fenster sieht* ~ *aus, ist* ~ **2.** ⟨o. Steig.⟩ ʽseine Umgebung nicht sauber haltendʼ /auf Personen bez./: *er ist* ~, *ein* ~*er Kerl* **3.** ⟨nicht präd.⟩ **3.1.** ⟨Steig. reg., Komp. ungebr.⟩ SYN ʽunanständig (I)ʼ /vorw. auf Sprachliches bez./: *ein* ~*er Witz;* ~*e Bemerkungen machen* **3.2.** ⟨o. Steig.⟩ ʽherausfordernd frechʼ: *lach nicht so* ~*!; seine* ~*e Lache* **4.** ⟨Steig. reg.⟩ *jmdm. geht es* ~ (ʽjmdm. geht es gesundheitlich od. finanziell schlechtʼ) ❖ ↗ **Dreck**

Dreck [ˈdʀɛk]‖**-schwein, das** derb ʽjmd., der sich, seine Umgebung nicht in sauberem Zustand hältʼ /auch Schimpfw./: *so ein, du* ~*!* ❖ ↗ Dreck, ↗ Schwein; **-zeug, das** umg. emot. neg. ʽetw. Minderwertigesʼ: *solches* ~ *kaufen wir nicht* ❖ ↗ Dreck, ↗ Zeug

Dreh [dʀeː], **der;** ~s/auch ~es, ~s ⟨vorw. Sg.⟩ umg. SYN ʽTrick (2)ʼ: *den richtigen* ~ *herausfinden; wie bist du auf diesen* ~ *gekommen?; den* ~ *kennen wir schon* ❖ ↗ **drehen**

Drehbank [ˈdʀeː..], **die** ⟨Pl. ~bänke⟩ ʽMaschine, mit der ein rotierendes Werkstück durch Spanen geformt, bearbeitet wirdʼ; ↗ FELD V.5.1 ❖ ↗ **drehen,** ↗ **Bank (1)**

drehen [ˈdʀeːən] ⟨reg. Vb.; hat⟩ **1.1.** /etw., jmd./ *sich* ~ ʽsich im Kreis um einen (Mittel)punkt, eine Achse bewegenʼ; ↗ FELD I.7.2.2: *das Rad, Karussell dreht sich (im Kreise); sich um die eigene Achse, im Tanze* ~; /jmd./ *etw.* ~: *eine Kurbel* ~; *den Schlüssel im Schloss* ~ **1.2.** /jmd./ *an etw.* ~ ʽeinen Teil an einem Gegenstand um seine Achse bewegenʼ: *an den Knöpfen des Radios* ~; *er drehte am Schalter* **2.1.** /jmd./ etw., *sich irgendwohin* ~ ʽsich, etw. durch Bewegen um die eigene Achse in eine

bestimmte Richtung, Lage, Stellung bringen': *den Schalter nach links, rechts, den Schrank ein wenig zur Seite, den Kopf nach links, rechts, zur Seite ~; sich im Schlaf auf die andere Seite ~;* /etw./ *irgendwohin ~: das Schiff dreht nach Westen; der Wind hat (sich) gedreht* ('weht jetzt aus einer anderen Richtung') **2.2.** /jmd./ *etw. irgendwie ~* 'etw. durch Drehen (1) eines Teiles irgendwie einstellen': *die Heizung höher, den Apparat leiser, den Herd (auf) klein ~* **3.** /jmd./ *etw. ~* 'etw. herstellen, indem das Material dafür, das Werkstück vorwiegend durch Drehen (1) geformt wird' /beschränkt verbindbar/; ↗ FELD V.5.2: *Seile ~; er dreht sich* ⟨Dat.⟩ *eine Zigarette* **4.** /jmd./ *einen Film ~* 'einen Film (2) machen': *der Film wurde in Babelsberg gedreht; wir ~ seit gestern* ('machen seit gestern Aufnahmen für einen Film') **5.** /etw./ *sich um etw., jmdn. ~* 'etw., jmdn. zum Gegenstand haben': *das Gespräch drehte sich um den Ausflug; alles dreht sich nur um ihn* ('er steht im Mittelpunkt des Interesses'); *es dreht sich alles um die eine Frage, …;* vgl. *handeln* (5.1) **6.** umg. /jmd./ *etw. irgendwie ~* SYN 'etw. irgendwie deichseln': *das hat er schlau gedreht; wir werden die Sache schon ~; wir ~ das so, dass du ungeschoren davonkommst, dass keiner was merkt* ❖ **Dreh, Dreher, Drehung, verdrehen — abdrehen, aufdrehen, ausdrehen, Drehbank, -orgel, -strom, -tür, durchdrehen, herumdrehen, Schraubendreher, umdrehen, zudrehen**
Dreher ['dʀeːɐ], **der**; ~s, ~ 'Facharbeiter für Arbeiten mit der Drehbank'; ↗ FELD I.10: *er arbeitet als ~, ist in einer Maschinenfabrik als ~ beschäftigt* ❖ ↗ **drehen**
Dreh ['dʀeː..]‖**-orgel, die** 'trag-, fahrbares kastenförmiges Musikinstrument, das durch Drehen einer Kurbel zum Erklingen gebracht wird'; SYN Leierkasten (↗ BILD) ❖ ↗ drehen, ↗ Orgel; **-strom, der** ⟨vorw. Sg.⟩ 'aus drei symmetrisch gegeneinander verschobenen Wechselströmen gebildeter elektrischer Strom': *ein Motor für ~* ❖ ↗ drehen, ↗ Strom; **-tür, die** 'um eine mittlere Achse drehbare Tür mit meist vier symmetrisch angeordneten Flügeln' ❖ ↗ drehen, ↗ Tür

Drehung ['dʀeː..], **die**; ~, ~en **1.1.** /zu *drehen* 1.1 u. 2.1/ 'das Drehen'; ↗ FELD I.7.2.1; /zu 1.1/: *die ~ einer Kurbel* **1.2.** /zu *drehen* 1.1 u. 2.1/ 'das Sichdrehen'; /zu 2.1/: *die ~ der Erde um die eigene Achse; er machte eine ~ nach rechts* ❖ ↗ **drehen**
drei [dʀaɪ] ⟨Zahladj.; nur attr. u. subst.; flektiert nur im Gen., Dat. Pl.; attr. o. Art. im Gen. Pl.: *dreier,*

subst. im Dat.Pl.: *dreien;* ↗ TAFEL XII⟩ /die Kardinalzahl 3/: *eins, zwei, ~, vier …; ~ plus/und ~ ist (gleich)/macht/beträgt sechs; bis ~ zählen; ~ Äpfel, Kinder, Mark; ~ Stück Zucker; ~ Glas Bier; das Zitat steht auf Seite ~* ('auf der mit 3 bezifferten Seite'); *die Sitzung findet im Raum ~* ('im Raum mit der Nummer 3') *statt; das dauert ~ Stunden; er ist ~ Jahre (alt); es ist ~ (Uhr); es ist zehn Minuten, ein Viertel vor, nach ~ (Uhr); vor ~ Jahren, Monaten, Wochen kam er nach Berlin; in ~ Minuten beginnt der Unterricht; die Leistungen dieser ~ guten Schüler, ~er guter Schüler/von ~ guten Schülern; er hat lange mit den ~ Kindern, mit den ~en, mit ~en von ihnen gespielt; sie sprangen in Gruppen zu ~en ins Wasser; (die) ~ fehlen unentschuldigt; eine arabische Drei /3/; eine römische Drei /III/; er hat eine Drei* ('das Prädikat „befriedigend"') *bekommen; mit der Drei* ('mit einer Straßenbahn der Linie 3') *fahren* ❖ **Dreier, dreierlei, dreifach, dreißig, dreißiger, Drilling, dritte, Drittel, drittel, drittens;** vgl. **drei/Drei-**
* umg. /jmd./ **nicht bis ~ zählen können** ('sehr dumm sein')
MERKE Das Subst. steht im Sg., wenn die Kardinalzahl nachgestellt ist (*Seite ~, Lektion ~*), wenn das Subst. eine Maß-, Mengenangabe darstellt (*~ Stück Zucker, ~ Glas Bier, ~ Sack Zement*). Die Zahlen *zwei* bis *sechs* werden im Dat. flektiert, wenn sie subst. gebraucht sind und sich auf Personen beziehen od. in bestimmten präpositionalen Verbindungen vorkommen. — Auf Kardinalzahlen folgende Adjektive werden, wenn kein Artikel od. Demonstrativpron. davor steht, stark flektiert; nach *dreier* ist auch schwache Flexion möglich: *die Leistungen dreier guter/auch dreier guten Schüler*
drei/Drei ['..]‖**-bändig** [bɛndɪç] ⟨Adj.; o. Steig.; nicht bei Vb.⟩: *ein ~es* ('aus drei ²Bänden bestehendes') *Werk* ❖ ↗ binden; **-blättrig** [blɛtʀɪç] ⟨Adj.; nicht bei Vb.⟩ 'mit drei Blättern': *ein ~es Kleeblatt* ❖ ↗ Blatt; **-eck, das**; ~s/auch ~es, ~e 'von drei Strecken begrenzte, eine Fläche bildende geometrische Figur' (↗ TABL Geom. Figuren); ↗ FELD III.1.1 ❖ ↗ Ecke; **-eckig** ⟨Adj.; o. Steig.; nicht bei Vb.⟩ 'in der Form eines Dreiecks' /auf Gegenständliches bez./; ↗ FELD III.1.3: *eine ~e Briefmarke; die Briefmarke ist ~* ❖ ↗ Ecke
Dreier [dʀaɪɐ], **der**; ~s, ~: umg. *einen ~* ('drei richtige Zahlen im Lotto') *haben* ❖ ↗ **drei**
dreierlei [dʀaɪɐlaɪ] ⟨Zahladj.; indekl.⟩ ⟨adj.⟩ 'in drei verschiedenen Arten': *~ (Sorten) Kuchen anbieten;* ⟨subst.⟩ 'drei verschiedene Sachen': *er muss noch ~ machen, besorgen, ehe er in Urlaub fahren kann* ❖ ↗ **drei**
dreifach [dʀaɪ..] ⟨Zahladj.; nicht präd.⟩ **1.1.** 'dreimal so viel, so groß': *die ~e Menge, Zeit für etw. brauchen; etw. auf das, um das Dreifache erhöhen* **1.2.** *etw. ~* ('in drei Lagen, Schichten') *aufeinander legen; einen Antrag in ~er Ausfertigung* ('in drei Exemplaren ausgeführt') *einreichen* ❖ ↗ **drei**

drei/Drei ['..]‖**-geschossig** [gəʃɔsɪç] ⟨Adj.; o. Steig.; vorw. attr.⟩ 'aus drei Geschossen (II) bestehend' /auf Gebäude bez./: *ein ~es Gebäude* ❖ ↗ Geschoss (I); **-jährig** [jɛːʀɪç/jeː..] ⟨Adj.; o. Steig.; nur attr.⟩ **1.** 'drei Jahre alt' /auf Personen bez./: *ein ~es Kind* **2.** 'drei Jahre dauernd': *eine ~e Ausbildung* ❖ ↗ Jahr; **-jährlich** ⟨Adj.; o. Steig.; nicht präd.⟩ 'in Abständen von jeweils drei Jahren stattfindend': *die Treffen fanden in einem ~en Turnus statt* ❖ ↗ Jahr; **-köpfig** [kœpfɪç] ⟨Adj.; o. Steig.; nur attr.⟩ /auf Gruppen bez./: *eine ~e* ('aus drei Personen bestehende') *Familie, Besatzung* ❖ ↗ Kopf; **-mal** ⟨Adv.⟩ 'drei Male': *~ klopfen, klingeln; etw. ~ täglich einnehmen* ❖ ↗ Mal (II); **-malig** [mɑːlɪç] ⟨Zahladj.; nur attr.⟩ 'dreimal nacheinander geschehend': *er kam erst nach ~er Aufforderung* ❖ ↗ Mal (II); **-prozentig** [pʀotsɛntɪç] ⟨Adj.; nur attr.⟩ 'mit drei Prozent': *eine ~ige Lösung* ❖ ↗ Prozent; **-rad, das** 'kleines Fahrzeug mit drei Rädern, das als Spielzeug für Kinder dient' ❖ ↗ Rad; **-satz, der** ⟨o.Pl.⟩ 'Verfahren des Rechnens, bei dem aus drei bekannten Größen eine vierte errechnet wird' ❖ ↗ setzen; **-seitig** [zaɪ̯tɪç] ⟨Adj.; o. Steig.; vorw. attr.⟩ **1.** /beschränkt verbindbar/ 'drei Seiten aufweisend' /auf Texte bez./: *ein ~es Manuskript* **2.** 'unter Beteiligung von drei Parteien (2)': *ein ~es Abkommen; ein ~er Vertrag* ❖ ↗ Seite

dreißig ['dʀaɪ̯sɪç] ⟨Zahladj.; indekl.; nur attr. u. subst.; ↗ TAFEL XII⟩ /die Kardinalzahl 30/: *bis ~ zählen; ~ Kinder, Bäume; ein fast, über ~ Jahre alter Mann; ein Mann von ~ Jahren; er ist Mitte, Ende ~; ~* ('mit einer Geschwindigkeit von dreißig Stundenkilometern') *fahren* ❖ ↗ **drei**
MERKE ↗ **drei** (Merke)

dreißiger ['dʀaɪ̯sɪɐ̯] ⟨Zahladj.; indekl.; nur attr. u. subst.⟩: *in den ~ Jahren* ('im vierten Jahrzehnt') *unseres Jahrhunderts* ❖ ↗ **drei**

dreißigste ['dʀaɪ̯sɪkstə] ⟨Zahladj.; nur attr.⟩ /die Ordinalzahl zu *dreißig* (30.); bezeichnet in einer Reihenfolge die Position „dreißig"/: *an seinem ~n Geburtstag* ❖ ↗ **drei**
MERKE ↗ *dritte* (Merke)

dreist [dʀaɪ̯st] ⟨Adj.; Steig. reg.⟩ SYN 'unverschämt (I.1)'; ANT schüchtern: *so ein ~er Kerl!; sein ~es Benehmen, Auftreten; er wurde immer ~er*

drei‖**-stellig** [ʃtɛlɪç] ⟨Adj.; vorw. attr.⟩ 'aus drei Ziffern bestehend': *eine ~e Zahl* ❖ ↗ stellen; **-stündig** [ʃtʏndɪç] ⟨Adj.; nicht bei Vb.⟩ 'drei Stunden dauernd' /auf Vorgänge, Tätigkeiten bez./: *eine ~e Debatte* ❖ ↗ Stunde; **-stündlich** [ʃtʏndlɪç] ⟨Adj.; o. Steig.; nicht präd.⟩ 'in Abständen von drei Stunden (stattfindend) /beschränkt verbindbar/: *die Ablösung erfolgt ~* ❖ ↗ Stunde; **-tägig** [tɛːgɪç/teː..] ⟨Adj.; o. Steig.; nicht bei Vb.⟩ 'drei Tage dauernd' /auf Vorgänge, Tätigkeiten bez./: *eine ~e Tagung* ❖ ↗ Tag; **-viertel** ⟨Zahladj.; indekl.; nur attr.⟩ /Bruchzahl/ 'drei Viertel': *eine ~ Stunde* ('45 Minuten'); *es ist ~ zwei* ('15 Minuten vor zwei Uhr'); *er hat das Glas nur ~* ('zu drei Vierteln') *voll gegossen*

❖ ↗ vier; **-viertelstunde, die** '45 Minuten' ❖ ↗ vier, ↗ Stunde; **-wöchig** [vœçɪç] ⟨Adj.; o. Steig.; nicht bei Vb.⟩ 'drei Wochen dauernd' /auf Vorgänge, Tätigkeiten bez./: *eine ~e Kur; diese Lehrgänge sind immer ~* ❖ ↗ Woche

dreschen ['dʀɛʃn̩] (er drischt [dʀɪʃt]), drosch [dʀɔʃ], hat gedroschen [gə'dʀɔʃn̩] /jmd., Dreschmaschine/ etw. ~ 'die reifen Körner, Samen, bes. des Getreides, durch mechanische Einwirkung aus den Ähren lösen'; ↗ FELD II.4.2: *Korn, Getreide, Roggen, Raps ~* ❖ **Drusch** − **abgedroschen, Dreschmaschine, Mähdrescher**

Dresch|**maschine** ['dʀɛʃ..], die 'Maschine zum Dreschen' ❖ ↗ **dreschen**, ↗ **Maschine**

Dress [dʀɛs], der; ~es, ~e 'bei der Ausübung bestimmter Sportarten getragene Kleidung': *der ~ der Turner, Reiter*

dressieren ['dʀɛ'siːʀən], dressierte, hat dressiert /jmd./ *ein Tier* ~ 'einem Tier Fertigkeiten, Verhaltensweisen beibringen (1), die es von Natur aus nicht hat': *Affen, Hunde, Pferde, Raubtiere* ~ ❖ **Dressur**

Dressur [dʀɛ'suːɐ̯], die; ~, ~en **1.** ⟨o.Pl.⟩ 'das Dressieren': *die ~ eines Hundes, Pferdes* **2.** 'Fertigkeit, die einem Tier durch Dressieren beigebracht worden ist': *im Zirkus eine ~ vorführen, zeigen* ❖ ↗ **dressieren**

Drill [dʀɪl], der; ~s, ⟨o.Pl.⟩ 'das Drillen (1.1)': *der preußische, militärische ~* ❖ ↗ **drillen**

drillen ['dʀɪlən] ⟨reg. Vb.; hat⟩ **1.1.** /militärischer Vorgesetzter/ *jmdn.* ~ 'einem Soldaten durch ständiges mechanisches Wiederholen, Üben eine bestimmte Fertigkeit beibringen': *die Rekruten wurden mächtig gedrillt* **1.2.** /jmd./ *jmdn. auf etw.* ~ 'jmdm. durch ständiges mechanisches Wiederholen eine bestimmte Fertigkeit beibringen': *das kann er im Schlaf, er ist darauf gedrillt worden* **2.** /jmd., Drillmaschine/ *etw.* ~ 'bes. Getreide (2) als Saat mit Hilfe einer Drillmaschine aussäen': *Raps, Getreide* ~ ❖ **Drill, Drillmaschine**

Drilling ['dʀɪlɪŋ], der; ~s, ~e 'eines von drei Kindern, die eine Frau gleichzeitig während einer Schwangerschaft ausgetragen und geboren hat': *er, sie ist ein ~; sie hat ~e* ('hat drei Kinder, die sie während einer Schwangerschaft gleichzeitig ausgetragen hat') ❖ ↗ **drei**

Drill|**maschine** ['dʀɪl..], die 'Maschine, mit der Saatgut in Reihen ausgesät wird' ❖ ↗ **drillen**, ↗ **Maschine**

drin [dʀɪn] ⟨Pronominaladv.; ↗ auch darin, drinnen⟩ umg. **1.** SYN 'darin (1)' **2.1.** SYN 'drinnen (1.1)': *„Ist er im Haus?" „Ja, er ist ~"* **2.2.** *jmd. ist, bleibt den ganzen Tag ~* (SYN 'drinnen 1.2'; ANT draußen) ❖ ↗ **in**; vgl. **darin, ¹da**
MERKE Zum Gebrauch ↗ **dran** (Merke). − Zur Getrennt-, Zusammenschreibung mit *sein*: Getrenntschreibung auch im Infinitiv

dringen ['dʀɪŋən], drang [dʀaŋ], hat/ist gedrungen [gə'dʀʊŋən]; ↗ auch *dringend* **1.** ⟨ist⟩ /etw., jmd./ **1.1.** *durch etw.* ~ 'durch etw., das etw. Hinderndes darstellt, gelangen': *das Wasser dringt durch das Gemäuer, die Dichtung; sie drangen mit ihren Buschmessern durch das Dickicht; die Sonne dringt durch die Wolken* **1.2.** *in etw.* ~ 'in etw. durch Überwindung von etw. Hinderndem gelangen': *das Wasser drang ins Zimmer; das Messer drang ihm tief in den Rücken; sie drangen tief in den Urwald* **2.** ⟨hat⟩ /jmd., Institution/ *auf etw.* ~ SYN 'auf etw. bestehen (4)': *sie drang darauf, dass er umgehend seine Schulden bezahlen sollte; er dringt auf schnelle Erledigung der Angelegenheit* **3.** ⟨ist⟩ /jmd./ *in jmdn.* ~ 'sich inständig bittend od. fordernd an jmdn. wenden': *sie drangen mit Fragen, Bitten und Forderungen in ihn; sie drang in ihn, ihr das Geld sofort zu geben* ❖ **dringend, dringlich – aufdringlich, durchdringen, eindringen, eindringlich, undurchdringlich, vordringen, vordringlich, zudringlich, Zudringlichkeit**

dringend ['dRɪŋənt] ⟨Adj.; ↗ auch *dringen*⟩ **1.** ⟨Steig. reg.⟩ 'keinen Aufschub duldend, möglichst schnelle Erledigung erfordernd'; SYN dringlich: *ein* ~*er Brief, Fall; die Sache ist* ~*; ich muss dich* ~ ('unbedingt, sofort') *sprechen; er braucht das Buch* ~*; es ist* ~ *erforderlich, notwendig, dass …* **2.** ⟨Steig. reg., ungebr.⟩ 'inständig, nachdrücklich'; SYN dringlich /auf Sprachliches bez./: *eine* ~*e Bitte, Mahnung an jmdn. richten; jmdn.* ~ *darum bitten, etw. zu tun* **3.** ⟨o. Steig.⟩ /beschränkt verbindbar/ *er ist der Tat* ~ ('mit großer Wahrscheinlichkeit') *verdächtig; es besteht der* ~*e* ('der sehr wahrscheinliche') *Verdacht, dass er …* ❖ ↗ **dringen**

dringlich ['dRɪŋ..] ⟨Adj.⟩ **1.** ⟨Steig. reg.⟩ SYN 'dringend (1)': *eine* ~*e Angelegenheit; der Fall ist* ~ **2.** ⟨Steig. reg., ungebr.⟩ 'dringend (2)' /auf Sprachliches bez./: *jmdn.* ~ *um etw. bitten; eine* ~*e Bitte* ❖ ↗ **dringen**

drinnen ['dRɪnən] ⟨Adv.⟩ ANT draußen **1.1.** 'innerhalb eines Raumes, Gebäudes, Grundstücks': ⟨vorw. mit Adv.best.⟩ *er steht* ~ *im Zimmer,* ~ *im Garten* **1.2.** *es ist schön warm hier* ~ ('hier im Raum, wo wir nicht der Witterung ausgesetzt sind') ❖ ↗ **¹da**, ↗ **innen**

dritte ['dRɪtə] ⟨Zahladj.; nur attr.⟩ /die Ordinalzahl zu *drei* (3.)/: *die* ~ *Seite; sein* ~*r Sieg; das ist sein* ~*s Kind; heute ist Freitag, der* ~ *September; am* ~*n September haben wir uns getroffen; beim* ~*n Mal klappte es endlich; jeweils am Dritten* ('am dritten Tag') *des Monats wird die Miete gezahlt; er ist der Dritte* /in einer Reihenfolge/; *er ist der Dritte, ist Dritter* /im Hinblick auf die Leistung/; *jeder Dritte wurde ausgewählt; das ist nicht für Dritte* ('Außenstehende') *bestimmt; zu dritt: wir gingen zu dritt* ('wir drei gingen gemeinsam') *ins Kino* ❖ ↗ **drei**
MERKE Ordinalzahlen flektieren wie Adjektive. – Bei Datumsangaben wird die Schreibung der Ziffer (3) bevorzugt

drittel ['dRɪtl] ⟨Zahladj.⟩; indekl.; + vorangestellte Kardinalzahl; nur attr.⟩ /bezeichnet als Nenner einer Bruchzahl den dritten Teil einer (Maß)einheit/: *ein* ~ (⅓) *Liter* ❖ ↗ **drei**

Drittel, das; ~s, ~ 'der dritte Teil einer (Maß)einheit': *nur ein* ~ *der Mitglieder war gekommen; er hat nur ein* ~ *der Zeit gebraucht; er hat Anspruch auf ein* ~ *der Summe; im ersten* ~ *des Jahres* ❖ ↗ **drei**

drittens ['dRɪtn̩s] ⟨Adv.⟩ 'an dritter Stelle, als Drittes': *und* ~ *möchte ich sagen …* ❖ ↗ **drei**

Droge ['dRoːgə], **die**; ~, ~n **1.** 'bes. für die Herstellung von Medikamenten verwendeter, aus Pflanzen, Tieren, Mineralien gewonnener Stoff (2)': *eine* ~, *die Schmerzen lindert* **2.** ⟨vorw. Pl.⟩ 'Rauschgift': *der Handel mit* ~*n;* ↗ *harte,* ↗ *weiche* ~*n; unter* ~*n stehen* ❖ **Drogerie, Drogist, Drogistin**

Drogerie [dRogə'Riː], **die**; ~, ~n [..'Riːən] 'Geschäft (2) für Artikel der Körperpflege, des Haushalts und Medikamente, die ohne Rezept verkauft werden': *Seife, Zahncreme in einer* ~ *kaufen* ❖ ↗ **Droge**

Drogist [dRo'gɪst], **der**; ~en, ~en 'Person mit Fachausbildung zur Arbeit in einer Drogerie': *als* ~ *arbeiten; er ist* ~ ❖ ↗ **Droge**

Drogistin, die; ~, ~nen /zu *Drogist*; weibl./

drohen ['dRoːən] ⟨reg. Vb.; hat⟩ **1.** /jmd./ **1.1.** *jmdm. (mit etw.)* ~ 'jmdn. durch Äußerungen darauf hinweisen, dass man etw. für ihn Unangenehmes, Gefährliches gegen ihn unternehmen wird, wenn er sich nicht bestimmten Forderungen entsprechend verhält': *sie drohte ihrem Nachbarn, ihn anzuzeigen, wenn er sie weiterhin belästige; er drohte (ihm) mit der Polizei, mit einem Verfahren* **1.2.** *jmdm. mit etw.* ~ 'jmdm. mit einer Geste darauf hinweisen, dass man etw. für ihn Unangenehmes, Gefährliches gegen ihn unternehmen wird, wenn er sich nicht bestimmten Forderungen entsprechend verhält': *der drohte ihm mit der Faust, dem Zeigefinger; eine* ~*de Gebärde machen; eine* ~*de Haltung einnehmen* **2.** /etw. Unangenehmes, Gefährliches/ 'bevorstehen, möglicherweise eintreffen'; ↗ FELD VII.6.2: *eine Gefahr, ein Unheil droht; ein* ~*des Unwetter; jmdm., etw.* ⟨Dat.⟩ ~: *ihm droht ein Prozess; dem Land droht eine Krise* **3.** ⟨+ Inf. mit *zu*⟩ /jmd., etw./: *er drohte zusammenzubrechen* ('er sah aus, als würde er gleich zusammenbrechen'); *er drohte vor Erschöpfung in Ohnmacht zu fallen; das Haus drohte einzustürzen* ('sah aus, als würde, könnte es jeden Augenblick einstürzen') ❖ **Drohung, bedrohen, bedrohlich**

dröhnen ['dRøːnən] ⟨reg. Vb.; hat⟩ /etw./ ↗ FELD VI.1.2 **1.1.** 'durchdringend laut und dumpf hallend tönen': *die Motoren* ~*; die Musik, der Lärm dröhnt mir in den Ohren;* ~*des Gelächter* **1.2.** 'von durchdringend lautem und dumpf hallendem Lärm erfüllt sein': *die ganze Gegend, die Halle dröhnte von der Musik, vom Lärm der Maschinen*

Drohung ['dRoː..], **die** ~*de* 'drohende Äußerung, Gebärde': *eine offene, versteckte* ~*; eine* ~ *ausstoßen, wahr machen; jmdn. durch, mit* ~*en einschüchtern* ❖ ↗ **drohen**

drollig ['dRɔlɪç] ⟨Adj.; Steig. reg.⟩ **1.** '(durch eine natürliche Naivität) komisch (1), belustigend wirkend'; SYN putzig (2) /vorw. auf Kinder bez./: *die*

Kleine ist, wirkt drollig; eine ~e Geschichte; ein ~er Kauz, Mensch; sie hat so ~ erzählt; das war so ~, dass wir lachen mussten **2.** ⟨vorw. attr.⟩ SYN ʿpossierlichʾ /bes. auf kleine Tiere bez./: *ein ~es Kätzchen; das Kätzchen ist so ~*

Drops [dʀɔps], **der**; ~es, ~e ʿrunder Bonbon mit säuerlichem fruchtigem Geschmackʾ (↗ BILD): *einen ~ lutschen*

drosch: ↗ *dreschen*
Drossel [ˈdʀɔsl̩], **die**; ~, ~n ʿgroßer Singvogel mit langem, spitzem Schnabelʾ: *die ~ singt, frisst Schnecken, Beeren, Würmer*
drosseln [ˈdʀɔsl̩n] ⟨reg. Vb.; hat⟩ /jmd./ *etw.* ~ ʿdurch Betätigen einer Vorrichtung die Intensität von etw., der Leistung einer Maschine, verringernʾ: *die Geschwindigkeit, den Motor* ~ ❖ **erdrosseln**
drüben [ˈdʀyːbm̩] ⟨Adv.⟩ ʿjenseits eines vom Sprecher aus gesehenen Bereichs, jenseits einer Grenzeʾ: ⟨vorw. mit Adv.best.⟩ *er steht ~ am anderen Ufer, auf der anderen Seite der Straße; ~ bei unseren Nachbarn wird heute gefeiert; er kommt von ~* ❖ vgl. auch ¹**da**, ²**über**
drüber [ˈdʀyːbɐ] ⟨Pronominaladv.; ↗ auch *darüber*⟩ umg. ʿdarüberʾ ❖ ↗ ²**über**; vgl. auch **darüber**, ¹**da**
MERKE Zum Gebrauch: ↗ *dran* (Merke) – Zur Getrennt-, Zusammenschreibung mit *sein*: Getrenntschreibung auch im Infinitiv
Druck [dʀʊk], **der**; ~es/auch ~s, ~e/Drücke [ˈdʀʏkə]
1. ⟨Pl.: Drücke⟩ ʿ(senkrecht) auf etw. wirkende Kraftʾ; ↗ FELD I.7.3.1: *einen hohen* ~ (ANT *Zug* 1.2) *ausüben, erzeugen; den* ~ *messen, erhöhen; der Kessel hat dem* ~ *des Wassers, diesen hohen Drücken nicht standgehalten; etw. steht unter hohem* ~ (ʿauf etw. wirkt hoher Druck ein ʾ); *warmes Wetter bei hohem* ~ (ʿatmosphärischem Luftdruckʾ) **2.** ⟨o.Pl.⟩ ʿdas Drücken (1)ʾ: *der* ~ *seiner Hände; das Radio durch einen* ~ *auf den Knopf einschalten* **3.** ⟨o.Pl.⟩ ʿZwang, der auf jmdn. einwirkt, den jmd. gegen jmdn. anwendetʾ; ↗ FELD I.14.1: *unter dem* ~ *der Verhältnisse, der öffentlichen Meinung änderte er sein Vorgehen; ~ auf jmdn. ausüben* (ʿgegen jmdn. anwendenʾ) **4.** ⟨o.Pl.⟩ ʿdas Drucken (1.1)ʾ: *etw., ein Manuskript in* ~ (ʿzum Druckenʾ) *geben; das Manuskript geht in* ~ (ʿwird zum Drucken gegebenʾ) **5.** ⟨Pl.: Drucke⟩ ʿgedruckte Schrift (4)ʾ: *~e aus früheren Jahrhunderten* ❖ **zu (4, 5): drucken; zu (1–3)** ↗ **drücken**
* /jmd./ **jmdn. unter ~ halten** (ʿjmdn. nicht frei handeln lassenʾ); /jmd./ **~ hinter etw. machen** (ʿetw., das dringend erledigt werden muss, durch Ausübung von Zwang auf jmdn., eine Institution zu beschleunigen versuchenʾ); /jmd., Institution/ **jmdn., ein Land, eine Regierung unter ~ setzen** (ʿunter Andro-

hung von Gewalt, Schwierigkeiten veranlassen, etw. Bestimmtes zu tunʾ); /jmd./ **jmdn. unter ~ setzen** (ʿZwang auf jmdn. ausüben, um ihn zu einem bestimmten Tun zu veranlassenʾ); ⟨⟩ umg. /jmd./ **in ~ sein** (ʿin Zeitnot seinʾ)
Drückeberger [ˈdʀʏkəbɛʀgɐ], **der**; ~s, ~ ʿjmd., der sich vor etw. drückt (↗ *drücken* 4), gedrückt hatʾ: *er ist ein* ~ ❖ ↗ **drücken**
drucken [ˈdʀʊkn̩] ⟨reg. Vb.; hat⟩ **1.1.** /jmd., Maschine/ *etw.* ~ ʿeinen Text, ein Bild, Muster mit Hilfe einer Maschine auf Papier, auch Stoff übertragen und vervielfältigenʾ: *einen Text* ~; *die Maschine druckt schnell und sauber* **1.2.** /jmd., Betrieb/ *etw.* ~ ʿdurch Drucken (1.1) herstellenʾ: *Bücher, Zeitungen* ~ ❖ **Druck, Drucker, Druckerei** – **Abdruck, Aufdruck, Drucksache**
drücken [ˈdʀʏkn̩] ⟨reg. Vb.; hat⟩ **1.** /jmd./ *auf, gegen etw.* ~ ʿDruck (1) auf, gegen etw. ausübenʾ: *auf einen Hebel, den Hebel* ~; *er drückte gegen die Tür, bis sie aufsprang; (auf) den Knopf des Schalters, der Klingel* ~ (ʿden Schalter, die Klingel betätigenʾ); *jmdm. die Hand* ~ (ʿfest die Hand gebenʾ) **2.** /jmd./ **2.1.** *etw., jmdn., sich irgendwohin* ~ ʿdurch Ausüben von Druck (1) bewirken, dass etw., jmdn., man selbst irgendwohin gelangtʾ; ↗ FELD I.7.3.2: *er drückte sein Gesicht in die Kissen; die Mutter drückt das Kind an sich; jmdn. gegen die Tür, an die Wand* ~; *die Butter mit dem Messer in die Dose* ~; *er hat sich (schüchtern) in die Ecke gedrückt* **2.2.** *etw. aus etw.* ⟨Dat.⟩ ~ SYN ʿetw. aus etw. pressen (1.4)ʾ: *die Zahnpasta aus der Tube, den Saft aus der Zitrone* ~ **3.** /etw. Enges, Schweresʾ bei jmdm. das Empfinden von Druck (1) auf Teile des Körpers hervorrufen und dabei Schmerz verursachenʾ; ↗ FELD I.3.5.2, VI.3.2: *der Schuh, Verband drückt; jmdn., jmdm. etw.* ~: *der Rucksack drückt mich, drückt mir (auf) die Schulter* **4.** /jmd./ *sich vor, von etw.* ⟨Dat.⟩, *um etw.* ~ ʿversuchen, eine als unangenehm empfundene Aufgabe, Pflicht, Leistung nicht ausführen, vollbringen zu müssenʾ; ↗ FELD I.2.2: *er drückt sich gern (vor, von der Arbeit, um die Arbeit); er drückt sich immer davor, den Abwasch zu machen* ❖ **bedrücken, Druck, Drücker, Eindruck, eindrücken, erdrücken, erdrückend** – **aufdrücken, ausdrücken, ausdrücklich, Blutdruck, Drückeberger, Druckknopf, eindrücken, Händedruck, herumdrücken, Luftdruck, Nachdruck, nachdrücklich, Überdruck, Zeitdruck**
Drucker [ˈdʀʊkɐ], **der**; ~s, ~ **1.** ʿjmd., der beruflich Bücher, Zeitungen o.Ä. drucktʾ: *er arbeitet als* ~ **2.** ʿGerät, das die im Computer gespeicherten Daten ausdrucktʾ: *den* ~ *ein-, ausschalten* ❖ ↗ **drucken**
Drücker [ˈdʀʏkɐ], **der**; ~s, ~ ʿVorrichtung an einer Tür zum Öffnen, Schließen durch Ausüben von Druck (1)ʾ ❖ ↗ **drücken**
* **auf den letzten ~** ʿim letzten möglichen Augenblickʾ: *er kam erst auf den letzten ~, hat seine Arbeit auf den letzten ~ getan*; /jmd./ **am ~ sitzen** (ʿentscheidenden Einfluss auf etw. habenʾ)

Druckerei [ˈdʀʊkəˈʀɑi̯], **die** ~, ~en ˈBetrieb, der Bücher, Zeitungen o.Ä. druckt' ❖ ↗ **drucken**

Druck [ˈdʀʊk..]‖**-knopf, der** ˈVorrichtung aus zwei Teilen, die zum Verschließen von Kleidungsstücken ineinander gedrückt werden' (↗ BILD): *den ~ öffnen, schließen* ❖ ↗ drücken, ↗ Knopf; **-sache, die** ˈnicht verschlossene Postsendung, die nur Gedrucktes enthält': *etw. als ~ bei der Post aufgeben* ❖ ↗ drucken, ↗ Sache

drum [dʀʊm] ⟨Pronominaladv.; ↗ auch *darum*⟩ umg. ˈdarum' ❖ ↗ ³**um;** vgl. auch ¹**da, darum**
MERKE Zum Gebrauch: ↗ dran – Zur Getrennt-, Zusammenschreibung mit *sein:* Getrenntschreibung auch im Infinitiv

drunter [ˈdʀʊntɐ] ⟨Pronominaladv.; ↗ auch *darunter*⟩ umg. ˈdarunter' ❖ ↗ ²**unter;** vgl. auch ¹**da, darunter**
* umg. **irgendwo geht es ~ und drüber** ˈirgendwo herrscht völliges Durcheinander': *hier, bei euch geht es ja ~ und drüber!*
MERKE Zum Gebrauch: ↗ dran – Zur Getrennt-, Zusammenschreibung mit *sein:* Getrenntschreibung auch im Infinitiv

Drusch [dʀʊʃ], **der;** ~es/auch ~s, ~e **1.** ⟨o.Pl.⟩ ˈdas Dreschen': *mit dem ~ des Getreides beginnen* **2.** ⟨vorw. Sg.⟩ ˈErtrag von Drusch 1': *der ~ wird im Silo gelagert* ❖ ↗ **dreschen**

Drüse [ˈdʀyːzə], **die;** ~, ~n ˈOrgan, das ein Sekret bildet und dieses in einen Hohlraum des Körpers, ins Blut od. nach außen ausscheidet'
MERKE: Vorw. in Zusammensetzungen

Dschungel [ˈdʒʊŋl̩], **der;** ~s, ~ ˈdichter, schwer zu durchdringender Urwald in tropischen Gebieten'; ↗ FELD II.4.1: *sich einem Weg durch ~ bahnen*

du [duː] ⟨Personalpron. 2. Pers. Sg.; subst.; ↗ TAFEL VII; das Verb steht stets in der 2. Pers. Sg., wenn *du* Subj. ist⟩ **1.** /für eine dem Sprecher vertraute Person als Anrede, unabhängig vom Geschlecht/: *gehst du oder ich?; hat dich jemand geschlagen?;* geh. *wir gedenken deiner; hast du dir den Fuß gebrochen?; na, du Kleiner!; zu jmdm. „du" sagen; jmdn. mit Du anreden; jmdm. das Du anbieten;* /auch als Anrede für Tiere, Gegenstände, oft emot./ *verschwinde, du blöder Köter!; du verdammtes Ding!; na, nun spring schon an, du alter Kasten!;* geh. *du mein stilles Tal;* ↗ auch *Sie, ihr* **2.** umg. SYN ˈman': *in solchen Fällen bist du völlig machtlos;* vgl. *deiner, dir, dich* ❖ **duzen**
MERKE Zum Reflexivpron. von *du:* Das Reflexivpron. von *du* lautet *dich, dir;* ↗ auch *er* (Merke)

Dübel [ˈdyːbl̩], **der;** ~s, ~ ˈkleiner Gegenstand bes. aus Holz, Kunststoff, der in eine gebohrte Öffnung der Wand, Decke gesteckt wird, damit ein Nagel, eine Schraube, ein Haken einen festen Halt in ihm bekommt': *einen ~ einsetzen* ❖ **dübeln**

dübeln [ˈdyːbl̩n] ⟨reg. Vb.; hat⟩ *jmd./ etw. ~* (ˈetw., bes. einen Haken, eine Schraube, mit Hilfe eines Dübels in der Wand befestigen': *die Schraube musst du ~* ❖ ↗ **Dübel**

ducken [ˈdʊkn̩] ⟨reg. Vb.; hat⟩ **1.** /jmd./ **1.1.** *sich ~* ˈden Kopf einziehen (2) und sich beugen od. in die Hocke gehen, um sich vor etw. zu schützen od. um nicht gesehen zu werden': *sich schnell ~; er duckte sich, als sein Gegner zuschlug; er duckte sich vor seinen Hieben, duckte sich hinter einer Mauer* **1.2.** *sich irgendwohin ~* ˈsich ducken (1.1) und sich dabei irgendwohin bewegen': *er duckte sich in den Graben* **2.** /jmd./ *sich vor jmdm., etw.* ⟨Dat.⟩*, unter etw., jmdn. ~* ˈsich in Furcht widerstandslos und unterwürfig einer Sache, Person unterordnen': *sich vor der Gewalt, unter seine, ihre Herrschaft, vor dem Stärkeren ~; er hat sich immer ~ müssen;* vgl. *fügen* (3.1) ❖ **Duckmäuser**

Duckmäuser [ˈdʊkmɔi̯zɐ], **der;** ~s, ~ ˈjmd., der sich immer gleich duckt (2), der seine Meinung nicht zu sagen, zu vertreten wagt': *er ist ein ~; so ein feiger ~!* ❖ ↗ **ducken**

dudeln [ˈduːdl̩n] ⟨reg. Vb.; hat⟩ emot. neg. **1.** /jmd./ ˈauf einem Holzblasinstrument lange und eintönig, immer wieder dasselbe spielen': *er hat den ganzen Vormittag (auf seiner Klarinette) gedudelt; etw. ~: er dudelt immer dasselbe Lied* **2.** ˈdie Drehorgel, das Radio hat den ganzen Tag gedudelt (ˈseine eintönig wirkenden Melodien ertönen lassen') ❖ **Dudelsack**

Dudel [ˈduːdl̩..]‖**sack, der** ⟨Pl.: ~säcke⟩ ˈaus Pfeifen (1) und einem mit Luft gefüllten sackartigen Teil bestehendes Blasinstrument' (↗ BILD): *(auf dem) ~ spielen* ❖ ↗ **dudeln,** ↗ **Sack**

Duell [duˈɛl], **das;** ~s, ~e **1.** ˈin früheren Zeiten üblicher, mit Waffen ausgetragener Zweikampf, durch den eine Beleidigung gesühnt, jmds. Ehre wiederhergestellt werden sollte': *jmdn. zum ~ fordern; ein ~ mit jmdm. austragen* **2.** ˈsportlicher Wettkampf zwischen zwei Partnern': *er gewann das ~; beide Rennfahrer lieferten sich ein packendes ~*

Duett [duˈɛt], **das;** ~s/auch ~es, ~e ˈKomposition für zwei Stimmen': *ein ~ vortragen*

Duft [dʊft], **der**; ~es/auch ~s, Düfte ['dʏftə] '(sehr angenehmer) Geruch (1)'; ↗ FELD VI.4.1: *ein betäubender, betörender, aromatischer, köstlicher, würziger ~; der ~ der Rose, eines Parfüms; ein ~ von Rosen, Kuchen; etw. strömt einen angenehmen ~ aus, gibt einen zarten, herben ~ von sich* ❖ ↗ **duften**

duften ['dʊftn̩], duftete, hat geduftet /etw., jmd./ 'einen sehr angenehmen Geruch (1) von sich geben'; ANT stinken; ↗ FELD VI.4.2: *die Rosen ~; das Parfüm duftet; hier duftet es nach Flieder, Kaffee* ('herrscht ein Duft von Flieder, Kaffee') ❖ **Duft**

dulden ['dʊldn̩], duldete, hat geduldet **1.** ⟨oft verneint⟩ /jmd./ **1.1.** *etw.* ~ 'ohne ganz einverstanden zu sein, aus Nachsicht zulassen, dass etw. geschieht, getan od. nicht getan wird'; ANT verbieten; ↗ FELD I.2.2: *Bummelei, Schlamperei wird hier nicht geduldet!; wir konnten sein schlechtes Betragen nicht mehr, nicht länger ~; er duldete keinen Widerspruch;* vgl. *zulassen (2)* **1.2.** *jmdn. irgendwo ~* 'zulassen, dass sich jmd. irgendwo aufhält': *er duldet ihn nicht in seinem Hause; wir sind hier nur geduldet* ('man sieht uns hier nicht gern') **2.** *etw. duldet keinen Aufschub, keine Verzögerung* 'etw. darf nicht aufgeschoben, verzögert werden': *diese Arbeit, die Reparatur duldet keinen Aufschub* ❖ **duldsam, Geduld, gedulden, geduldig, erdulden, Ungeduld, ungeduldig**

duldsam ['dʊlt..] ⟨Adj.; Steig. reg.; nicht bei Vb.⟩ 'bereit, vieles zu dulden (1)' /auf Personen bez./: *er ist ~, ein ~er Mensch* ❖ **dulden**

dumm [dʊm] ⟨Adj.; Steig.: dümmer ['dʏmɐ], dümmste [dʏmstə]⟩ **1.1.** 'nicht klug (1), nicht intelligent'; SYN beschränkt /vorw. auf Personen bez./; ↗ FELD I.4.1.3, 5.3: *er ist nicht ~, sondern faul; er ist am dümmsten von allen; ein ~er Mensch; jmdn. wie einen ~ Jungen behandeln; sich ~ stellen; er ist nicht so ~, wie er aussieht; ein ~er Einfall; eine ~e Frage Mensch* **1.2.** ⟨nicht attr.⟩ 'auf einem bestimmten Gebiet nur geringes od. kein Wissen, Geschick habend': *im Kochen und Backen bin ich ziemlich ~; sich ~ anstellen* **1.3.** ⟨o. Steig.; nicht bei Vb.; vorw. präd. (nur mit *sein*)⟩ /jmd./ *~ sein* 'unvernünftig sein': *sei nicht so ~, dich daran zu beteiligen!; das war sehr ~ von dir* **1.4.** ⟨vorw. attr.⟩ 'unsinnig und lächerlich': *rede nicht solch ~es Zeug!; ich kann das ~e Gerede nicht mehr hören!* **2.** ⟨nicht bei Vb.⟩ 'von dem Betroffenen als unangenehm, ärgerlich empfunden': *ein ~er Zufall; er ist da in eine ~e Sache geraten; das wäre das Dümmste, was passieren könnte; das ist wirklich zu dumm!* ❖ **Dummheit — Dummkopf, stockdumm**
* umg. /jmd./ **jmdm. ~ kommen** ('sich zu jmdm. in dreister und anmaßender Weise äußern'); /etw./ **jmdm. zu ~ sein/werden** 'etw. als so lästig empfinden, dass man es nicht mehr ertragen kann, will': *dein ständiges Nörgeln, deine Anmaßung, das ist, das wird mir allmählich zu ~, das lass ich mir nicht mehr gefallen;* /jmd./ **sich nicht für ~ verkaufen lassen** ('nicht glauben, tun, was einem jmd. einzureden versucht')

Dummheit ['..], **die**; ~, ~en **1.** ⟨o.Pl.⟩ /zu dumm 1.1/ 'das Dummsein'; ↗ FELD I.5.1: *das hat er in seiner ~, aus ~ getan* **2.** 'unvernünftige Handlung, Äußerung': *das war eine große ~ von dir; eine ~, ~en machen; mach' keine ~en!* ❖ ↗ **dumm**

Dumm|kopf ['..], **der** 'dummer (1.1) Mensch'; ↗ FELD I.5.1: *sei kein ~!;* auch Schimpfw. *du ~!* ❖ ↗ **dumm**, ↗ **Kopf**

dumpf [dʊmpf] ⟨Adj.⟩ **1.** ⟨Steig. reg.⟩ 'dunkel (3) und gedämpft klingend' /auf Akustisches bez./: *ein ~es Donnern, Klopfen; seine sanften Schläge gegen die Tür hallten im Korridor ~ wieder* **2.** ⟨Steig. reg.⟩ SYN 'muffig (1)' /auf Geruchseindrücke bez./: *ein ~er Geruch; die Luft im Keller ist ganz ~; hier riecht es ~* **3.** ⟨o. Steig.⟩ **3.1.** SYN 'dunkel (4)' /auf Psychisches bez./: *er hatte eine ~e Ahnung, konnte sich nur ~ erinnern* **3.2.** ⟨vorw. attr.⟩ *er verspürte einen ~en* ('schwachen, anhaltenden unangenehmen, nicht spezifischen') *Druck, Schmerz im Magen*

Düne ['dy:nə], **die**; ~, ~n 'durch den Wind geschaffene große Anhäufung von feinem Sand an der Küste, in der Wüste': *die ~n wandern* ('werden vom Wind vorwärts bewegt')

Dung [dʊŋ], **der**; ~s/auch ~es, ⟨o.Pl.⟩ 'natürlicher Dünger aus Mist': *~ streuen, untergraben; ~ auf die Beete bringen, aufs Feld fahren* ❖ **düngen, Dünger — Kunstdünger**

düngen ['dʏŋən] ⟨reg. Vb.; hat⟩ /jmd./ *etw. ~* 'Felder, Beete, Pflanzen mit Dünger versorgen'; ↗ FELD II.4.2: *die Felder, den Garten ~; Erdbeeren ~* ❖ ↗ **Dung**

Dünger ['dʏŋɐ], **der**; ~s, ⟨o.Pl.⟩ 'Stoffe, bes. Dung, Chemikalien, die auf Felder, Beete gebracht werden, um die Fruchtbarkeit des Bodens zu verbessern'; ↗ FELD II.4.1: *natürlicher, künstlicher ~; ~ streuen* ❖ ↗ **Dung**

dunkel ['dʊŋkl̩] ⟨Adj.⟩ **1.** ⟨Steig. reg.; nicht bei Vb.⟩ 'sehr wenig od. keine Helligkeit aufweisend, ohne Licht'; SYN finster (1); ANT hell (1.2) /vorw. auf Räumlichkeiten bez./; ↗ FELD VI.2.3: *ein dunkles Zimmer, ein dunkler Keller, eine dunkle Straße; in dunkler Nacht spazieren gehen; ein dunkler* (ANT lichter 1.1) *Morgen; plötzlich wurde es ~* (im Zimmer) ('ging das Licht aus'); *es ist, wird schon ~* ('das Tageslicht schwindet'); *im Dunkeln nach Hause kommen; im Dunkeln* ('ohne Licht') *sitzen* **2.** ⟨Steig. reg.⟩ 'in der Farbe, Färbung dem Schwarz nahe'; ANT hell (3): *ein dunkler Stoff, Anzug; er hat dunkles Haar, dunkle Haare, Augen; sie ist ~* ('hat dunkles Haar'); *ein dunkles* (ANT lichtes 1.2) *Rot, Blau; sich die Haare ~ tönen lassen* **3.** ⟨Steig. reg.⟩ 'tief tönend'; ANT hell (4): *eine dunkle Stimme haben; eine ~ tönende Glocke* **4.** ⟨o. Steig.⟩ SYN 'unbestimmt (1)' /auf Psychisches bez./: *eine dunkle Ahnung, einen dunklen Verdacht haben; ich kann mich nur ~ daran erinnern; jmdn. über etw. im Dunkeln/im Dunkeln* ('im Unklaren, Ungewissen') *lassen* ❖ **Dunkel, Dunkelheit, dunkeln, verdunkeln — dunkelblau, -blond, -rot, Halbdunkel**

* /jmd./ **im Dunkeln tappen** (ʿin einer Sache, die aufgeklärt werden soll, noch nichts, kaum etw. wissenʾ)

MERKE Das ‚eʿ der Endung von *dunkel* entfällt in den flektierten Formen und im Komparativ

Dunkel, das; ~s, ⟨o.Pl.; oft mit Gen.attr.⟩ geh. ʿdas Dunkelsein (↗ *dunkel* 1)ʿ; ↗ FELD VI.2.1: *es geschah im* ~ *der Nacht; sie verirrten sich im* ~ *des Waldes; etw. ist in* ~ *gehüllt;* vgl. *Dunkelheit* ❖ ↗ **dunkel**

Dünkel [ˈdʏŋkḷ], **der**; ~s, ⟨o.Pl.⟩ ʿanmaßendes, überhebliches Selbstgefühlʿ: *ein intellektueller* ~; *einen* ~ *haben* ❖ **dünkelhaft**

dunkel [ˈdʊŋkḷ..] ↗ FELD VI.2.3 |**-blau** ⟨Adj.; o. Steig.⟩ ʿvon dunkler blauer Farbeʿ ❖ ↗ dunkel, ↗ blau; **-blond** ⟨Adj.; o. Steig.⟩: *jmd. hat* ~*es* (ʿbraunes, bräunlichesʿ) *Haar* ❖ ↗ dunkel, ↗ blond

dünkelhaft [ˈdʏŋkḷ..] ⟨Adj.; Steig. reg.⟩ SYN ʿeingebildetʿ /auf Personen bez./: *er ist ein* ~*er Mensch, ist sehr* ~ ❖ ↗ **Dünkel**

Dunkelheit [ˈdʊŋkḷ..], **die**; ~, ⟨o.Pl.⟩ /zu *dunkel* 1/ ʿdas Dunkelseinʿ; ANT Helligkeit; ↗ FELD VI.2.1: *die* ~ *bricht an; mit, bei Eintritt der* ~ (ʿwenn es nach Sonnenuntergang dunkel wirdʿ) *werden die Laternen eingeschaltet; er ist im Schutz der* ~ *entkommen;* vgl. *Dunkel* ❖ ↗ **dunkel**

dunkeln [ˈdʊŋkḷn] ⟨reg. Vb.; hat/ist⟩; ↗ FELD VI.2.2 **1.** ⟨hat⟩ *es dunkelt* (ʿes wird nach Sonnenuntergang dunkelʿ) **2.** ⟨ist⟩ /etw., bes. Material/ ʿmit der Zeit eine dunkle Färbung bekommenʿ: *das Holz, der Lack ist nach all den Jahren gedunkelt* ❖ ↗ **dunkel**

dunkel|rot [ˈdʊŋkḷ..] ⟨Adj.; o. Steig.⟩ ʿvon dunkler roter Farbeʿ; ↗ FELD VI.2.3 ❖ ↗ dunkel, ↗ rot

dünken [ˈdʏŋkn̩] ⟨reg. Vb.; hat⟩ **1.** ⟨vorw. im Präs. u. Prät.⟩ *es dünkt jmdn., jmdm., dass …/jmdn., jmdm. dünkt, dass …* ʿjmd. glaubt annehmen zu können, dass …ʿ: *mich dünkt, dass man vergessen hat, uns abzuholen; mich dünkt, man hat vergessen, uns abzuholen; etw.* (bes. *das*) *dünkt jmdn. irgendwie: das dünkt mich* (ʿscheint mirʿ) *vorteilhaft, gut* **2.** /jmd./ *sich* ⟨Abk.⟩ *etw.* ~ ʿsich einbilden, etw. Bestimmtes zu sein, bestimmte Fähigkeiten zu besitzenʿ: *er dünkte sich etwas Besseres, sehr geschickt zu sein* ❖ **Gutdünken**

dünn [dʏn] ⟨Adj.⟩ **1.** ⟨Steig. reg.⟩ **1.1.** ʿeine relativ geringe Dicke, einen relativ geringen Querschnitt aufweisendʿ; ANT dick (1.1) /bes. auf Gegenstände bez./: *ein* ~*er Faden, Ast, Stoff; ein* ~*es Buch; ein* ~*es Brett;* ~*es Blech, Papier; die Wände sind sehr* ~; *den Käse in* ~*e Scheiben schneiden; das Eis ist noch* ~; *die Farbe* ~ *auftragen* **1.2.** ʿaus dünnem (1.1) Stoff und darum nicht genug wärmendʿ /bes. auf Kleidung bez./; ↗ FELD V.1.3: *ein* ~*er Mantel; der Mantel ist (für diese Jahreszeit) zu* ~; *du hast dich zu* ~ *angezogen* (ʿhast, gemessen am Wetter, zu wenig Kleidung angezogen, sodass du frieren wirstʿ) **2.** ⟨Steig. reg.⟩ ʿmager (2) und von geringem Umfangʿ; ANT dick /auf Lebewesen bez./: *ein* ~*es Kind; sie ist zu* ~; *sie will unbedingt* ~*er werden* **3.** ⟨Steig. reg.⟩ ʿvon geringem Gehalt an

bestimmten erwünschten Bestandteilen, die das Wesentliche der Sache darstellenʿ; ANT stark /bes. auf flüssige Speisen bez./: *der Kaffee, Tee ist sehr* ~; *eine* ~*e Suppe* **4.** ⟨Steig. reg.⟩ ʿgeringe Dichte aufweisendʿ: ~*er Nebel, Rauch; sie hat* ~*es Haar; das Land ist* ~ *besiedelt* (ʿhat relativ wenig Einwohner pro Quadratkilometerʿ) **5.** ⟨Steig. reg.; vorw. präd.; nicht bei Vb.⟩ umg. SYN ʿdürftig (2)ʿ: *der Vortrag war ziemlich* ~ ❖ **dünnflüssig, hauchdünn**

dünn|flüssig [ˈ..] ⟨Adj.; Steig. reg.⟩ ʿwenige Teilchen fester Stoffe enthaltend und darum leicht und schnell fließendʿ; ANT dickflüssig /auf Stoffe bez./: ~*er Honig, Sirup; stark erhitzter* ~*er Teer* ❖ ↗ **dünn, ↗ fließen**

Dunst [dʊnst], **der**; ~es, Dünste [ˈdʏnstə] **1.** ⟨o.Pl.⟩ ʿin der Luft schwebende und sie leicht trübende fein verteilte Feuchtigkeit, dünner Nebel, Rauch od. Staubʿ; ↗ FELD III.2.1: *ein leichter, schwacher* ~ *lag über der Stadt, dem Tal, den Wiesen; die Berge sind in* ~ *gehüllt* **2.** ʿmeist unangenehm riechende, von Staub, Ausdünstungen und Rauch erfüllte stickig warme Luft, bes. in einem geschlossenen Raumʿ: *der warme* ~ *des Stalles; ein dichter* ~ *von Tabakrauch und Alkohol erfüllte die Gaststätte; giftige Dünste* ❖ **dünsten, dunstig, verdunsten**

* umg. /jmd./ **keinen (blassen)** ~ **von etw. haben** (ʿnichts davon verstehen, von etw. Bestimmtem nichts wissenʿ); /jmd./ **jmdm. blauen** ~ **vormachen** (ʿversuchen, jmdm. etw. Unwahres glaubhaft zu machenʿ)

dünsten [ˈdʏnstn̩], dünstete, hat gedünstet /jmd./ *etw.* ~ ʿNahrungsmittel im eigenen Saft mit wenig Wasser, Fett in einem geschlossenen Gefäß gar werden lassenʿ: *Kartoffeln, Gemüse, Fleisch* ~; vgl. *braten, schmoren* ❖ ↗ **Dunst**

dunstig [ˈdʊnstɪç] ⟨Adj.; Steig. reg.⟩ ʿmit (viel) Dunst (1)ʿ; SYN diesig; ↗ FELD III.2.3, VI.2.3: *ein* ~*er Morgen; im Tal, über dem Meer war es noch* ~ ❖ ↗ **Dunst**

Duo [ˈduːo], **das**; ~s, ~s **1.** ʿKomposition für zwei Instrumenteʿ **2.** ʿzwei ein Duo (1) ausführende Musikerʿ

Dur [duːɐ], **das**; ~, ⟨o.Pl.⟩ Mus. ʿdas eine der beiden Systeme von Folgen von Tönen, dessen Tonleiter von der dritten zur vierten und von der siebenten zur achten Stufe nur einen halben Ton aufweistʿ; ANT Moll: *eine Sonate in* ~; *das Konzert für Klavier und Orchester in D-Dur*

MERKE Zur Schreibung von *Dur* und *Moll*: ↗ *Moll* (Merke)

¹durch [dʊrç] ⟨Adv.⟩ umg. **1.** *es ist zehn (Uhr)* ~ (ʿes ist kurz nach zehn Uhrʿ) **2.** *der Zug ist schon* ~ (ʿdurchgefahrenʿ) ❖ vgl. **durch/Durch-**

* /etw./ **jmdm.** ~ **und** ~ **gehen** ʿplötzlich und für kurze Zeit das ganze Empfinden einer Person erfassenʿ: *der Anblick, Schrei, Schmerz ging ihr* ~ *und* ~; ~ **und** ~ ʿganz und gar, vollständigʿ: *er war* ~ *und* ~ *nass; der Apfel war* ~ *und* ~ *faul*

MERKE Zur Getrennt- und Zusammenschreibung von *durch* und *sein:* Getrenntschreibung auch im Infinitiv
²durch ⟨Präp. mit Akk.; voran- und nachgestellt; vor best. Art. Neutr. oft *durchs* **1.** ⟨vorangestellt; in Verbindung mit Begriffen, die eine räumliche Interpretation zulassen⟩ /lokal/ **1.1.** /gibt an, dass eine Bewegung in etw. hinein- und wieder daraus hinausführt/: *~ das/durchs Zimmer gehen; ~ den Fluss schwimmen; ~ die Tür gehen; ~ das/durchs Fenster steigen; ~ eine Öffnung kriechen; das Licht dringt ~ die Gardinen; er zwängte sich ~ die Menschenmenge; ein Loch ~ die Wand bohren; den Nagel ~ das Brett schlagen* **1.2.** /gibt an, dass eine Bewegung in einem Raum hin und her führt, ohne dass der Raum verlassen wird/: *wir bummelten, gingen ~ die Stadt; ~ eine Ausstellung gehen; ~ die Straßen schlendern; sich ~ das/durchs Dunkel tasten; ~ die Nacht irren; sie reisten ~ das Land; der Vogel fliegt ~ die Luft* **2.** ⟨nachgestellt; in Verbindung mit zeitlichen Begriffen⟩ umg. SYN hindurch (2), ²über (3.2): *er weinte die halbe Nacht ~; er war den Winter ~ verreist* **3.** ⟨vorangestellt; steht in passivischen Sätzen⟩ /gibt den Urheber, die Ursache an/; vgl. *von* (3.4): *Amerika wurde ~ Kolumbus entdeckt;* ⟨*von* kann nicht stehen, wenn das Subjekt ein Naturereignis ist⟩ *die Stadt wurde ~ ein Erdbeben, das Haus wurde ~ eine Lawine völlig zerstört;* ⟨*von* kann nicht verwendet werden, wenn das Vb. des passivischen Satzes substantiviert ist⟩ *die Entdeckung Amerikas ~ Kolumbus* **4.** ⟨vorangestellt; in Verbindung mit Begriffen, die Personen, Sachen darstellen⟩ /modal; gibt an, dass die genannte Person, Sache den Vermittler, das Mittel bildet, das eine Handlung o.Ä. ermöglicht/: *etw. ~ einen Boten schicken lassen; er erhielt die Meldung ~ einen Kurier; er erfuhr es ~ Zufall; er lässt sie ~ mich grüßen; etw. ~* (SYN ‚²über 5') *Funk bekannt geben; er hat sie ~ eine Dienstreise kennen gelernt;* /kann auch den Grund angeben/: *~ angestrengte Arbeit hat er sich ein Leiden zugezogen; ~ übermäßiges Rauchen hat er seine Gesundheit geschädigt; ~ Fleiß und Ausdauer hat er es schließlich geschafft;* /kann auch das Instrument angeben/: *ein Schiff ~ einen Torpedo versenken* ❖ **dadurch, hindurch, wodurch;** vgl. **durch/Durch-**
durch- /bildet mit dem zweiten Bestandteil Verben; betont; trennbar (im Präsens u. Präteritum) od. unbetont, untrennbar (z. B. *durchleben:* er durchlebt, er durchlebte, er hat durchlebt)/ **1.** /betont; trennbar; drückt aus, dass durch das im zweiten Bestandteil Genannte eine Größe durch eine Öffnung, eine enge Stelle, eine Menschenmenge gelangt/: ↗ z. B. *durchkriechen, durchdrängen* **2.** /betont; trennbar; mit Akk.obj. unbetont und untrennbar; drückt aus, dass durch das im zweiten Bestandteil Genannte eine Größe durch eine andere Größe dringt/: ↗ z. B. *durchdringen* (II.1) **3.** /betont; trennbar; mit Akk.obj. unbetont und untrennbar; drückt aus, dass das im zweiten Bestandteil Ge-

nannte durch einen Raum, Ort, ein Gebiet erfolgt od. diese dadurch passiert werden/: ↗ z. B. *durchfahren* (II.1), *durchqueren* **4.** /betont, trennbar; in einigen Fällen mit Akk.obj. ohne Bedeutungsunterschied betont, trennbar und unbetont, untrennbar; drückt aus, dass durch das im zweiten Bestandteil Genannte aus einer Größe zwei Teile werden/: ↗ z. B. *durchbrechen* (I), *durchbeißen* (1), *durchschneiden* **5.** /betont; trennbar; drückt aus, dass durch das im zweiten Bestandteil Genannte eine Größe beschädigt od. zerstört wird/: ↗ z. B. *durchrosten* **6.** /betont, trennbar; mit Akk.obj. auch unbetont und untrennbar; drückt aus, dass das im zweiten Bestandteil Genannte über eine Zeitspanne ohne Unterbrechung erfolgt/: ↗ z. B. *durcharbeiten* (1) **7.** /betont, trennbar; drückt aus, dass das im zweiten Bestandteil von Anfang bis Ende erfolgt/: ↗ z. B. *durchlesen* ❖ vgl. **durch/Durch-**
durch/Durch|-arbeiten ['..], arbeitete durch, hat durchgearbeitet **1.** /jmd., Betrieb, Institution/ 'während eines bestimmten Zeitraums ohne Unterbrechung, Pause arbeiten': *er, sein Betrieb arbeitet von sieben bis zwölf Uhr durch; wir arbeiten heute durch* **2.** /jmd./ etw. ~ 'einen Text, ein Buch lesen und auswerten': *ein wissenschaftliches Werk ~* **3.** /jmd./ sich durch etw., sich irgendwohin ~ 'sich durch etw., sich irgendwohin durchdrängen': *sich durch die Menschenmenge, durch das Dickicht, sich in einer Menschenmenge nach vorn ~* ❖ ↗ Arbeit; **-aus** ['../ ..'aus] I. ⟨Adv.; vor Adj., Adv.; bei Vb.⟩ 'unbedingt, auf jeden Fall': *das ist ~ richtig; etw. ~* (haben) *wollen; er wollte ~ mitkommen; das ist ~ möglich* – II. /als nachdrückliche positive bestätigende Antwort auf eine Entscheidungsfrage od. als Verstärkung von *nicht* in einer Antwort/; SYN gewiss (III): *„Ob das so richtig ist?" „Durchaus!"* **-beißen** ['..], biss durch, hat durchgebissen **1.** /jmd., Tier/ etw. ~ 'so in etw. beißen, so durch Beißen mit den Zähnen durch etw. dringen (1), dass es in (zwei) Teile getrennt wird'; ↗ FELD I.7.6.2: *einen Bonbon, einen Faden ~; der Hund hat die Leine durchgebissen* **2.** umg. /jmd./ sich ~ 'mit Anstrengung Widerstände überwinden, etw. Schwieriges bewältigen': *ich werde mich schon ~; sich durch etw. ~: sich durch eine schwierige Sache ~* ❖ ↗ beißen; **-blutung** [..'b..], die ⟨vorw. Sg.⟩: *das Medikament fördert die ~* ('sorgt dafür, dass das Blut gut in alle Bereiche des Körpers gelangt'); *die ~ des Gehirns* ('das Fließen des Blutes durch alle Bereiche des Gehirns') ❖ ↗ Blut; **-brechen I.** ['..] (es bricht durch), brach durch, hat/ist durchgebrochen **1.1.** ⟨hat⟩ /jmd./ etw. ~ 'etw. in zwei Teile, Stücke brechen'; ↗ FELD I.7.6.2: *er brach den Stab durch; einen Riegel Schokolade ~* **1.2.** ⟨ist⟩ /etw./ 'in zwei Teile, Stücke brechen': *das Brett, der Stock ist durchgebrochen* **2.** ⟨ist⟩ /jmd., etw./ 'mit Anstrengung etw. Hinderndes überwinden (1.1), durch es hindurchgelangen': *die Sonne bricht durch* ('die Wolken lösen sich auf, und die Sonne wird sichtbar'); *durch etw. ~: die Demonstranten sind an meh-*

reren Stellen durch die Absperrung durchgebrochen
− **II.** [..'b..] (er durchbricht), durchbrach, hat
durchbrochen /jmd., etw./ *etw.* ~ ´etw. Hinderndes
überwinden´: *die Menge durchbrach die Absper-*
rung; das Wasser hat den Deich, das Flugzeug hat
die Schallmauer durchbrochen ❖ ↗ brechen;
-brennen ['..], brannte durch, ist durchgebrannt **1.**
⟨vorw. im Perf.⟩ *die Sicherung ist durchgebrannt*
(´die Sicherung ist durch zu starken Strom ge-
schmolzen und entzweigegangen´) **2.** /Kohle/ ´in
rote Glut übergehen (3.1)´: *der Koks, die Kohlen,*
die Briketts müssen erst ~; *der Koks ist schon*
durchgebrannt **3.** ⟨vorw. im Perf.⟩ umg. /jmd./
´heimlich und treulos meist für immer von jmdm.,
einem Ort weggehen´: *seine Frau ist (ihm) durch-*
gebrannt; der Junge ist von zu Hause durchgebrannt;
mit jmdm., etw. ~: *sie ist mit ihrem Liebhaber*
durchgebrannt (´hat ihren Mann treulos verlassen
und ist mit ihrem Liebhaber weggegangen´); *er ist*
mit dem Geld durchgebrannt (´hat das Geld verun-
treut und ist damit geflohen´) ❖ ↗ brennen;
-bringen ['..], brachte durch, hat durchgebracht **1.**
/jmd./ *jmdn., sich* ~ ´(mit Mühe) das Nötige für
jmds., seinen eigenen Lebensunterhalt aufbringen´:
sie musste ihre Kinder allein ~; *sich mit etw.* ~: *er*
hat sich mit Nachhilfestunden durchgebracht (´hat
Nachhilfestunden gegeben und so seinen Lebens-
unterhalt verdient´) **2.** /jmd./ *etw., jmdn.* ~ ´(gegen
Widerstand) erreichen, dass einer Sache, z. B. ei-
nem Plan, Vorschlag zugestimmt, dass jmd., z. B.
ein Kandidat, gewählt wird´: *einen Plan, Vorschlag,*
Kandidaten ~ **3.** umg. /jmd./ *Geld, Ersparnisse, Be-*
sitz ~ (´durch Verschwenden verbrauchen´) ❖ ↗
bringen; **-bruch** ['..], **der** ⟨vorw. Sg.; zu *durchbrechen*
I.2⟩ ´das Durchbrechen´: *eine Idee kommt zum* ~
(´setzt sich durch´, ↗ *durchsetzen* I.2); *einer Idee*
zum ~ *verhelfen* (´erreichen, dass sich eine Idee
durchsetzt I.2´) ❖ ↗ brechen; **-checken** ['..] ⟨trb.;
reg. Vb.; hat⟩ /jmd./ *etw.* ~ ´etw. in allen Punkten
vollständig checken´: *eine Lieferung, Maschine* ~;
eine Gruppe ~: *Reisende* ~ ❖ ↗ checken; **-drängen**
['..], **sich**, ⟨trb. reg. Vb.; hat⟩ *sich durch etw., sich*
irgendwohin ~ ´sich mit Mühe, Anstrengung durch
etw. Hinderndes, durch eine enge Stelle, durch eine
Menschenmenge, sich irgendwohin durch etw. Hin-
derndes bewegen´; SYN durcharbeiten (3): *sich*
durch die Menge, zum Ausgang ~ ❖ ↗ drängen;
-drehen ['..] ⟨trb. reg. Vb.; hat/ist⟩ /jmd./ ´die Ner-
ven verlieren´: *wir fürchteten, er würde* ~; *vor der*
Prüfung hat, ist er durchgedreht ❖ ↗ drehen;
-dringen I. ['..], drang durch, ist durchgedrungen
/etw., jmd./ ´durch etw. dringen (1), gelangen´: *hier*
dringt der Regen durch; das Gerücht, seine Stimme
ist bis zu uns durchgedrungen; ein ~*der Geruch,*
Schrei − **II.** [..'d..], durchdrang, hat durchdrungen
1. /jmd., etw./ *etw.* ~ ´durch etw. Hinderndes drin-
gen (1)´: *sie durchdrangen das Gestrüpp; Röntgen-*
strahlen ~ *das Gewebe; sie versucht, mit ihren*
Augen die Dunkelheit zu ~ **2.** *ein Gedanke, Gefühl*
durchdringt jmdn. (´füllt jmdn. ganz aus´; ↗ *ausfül-*

len 5): *ein Gefühl der Freude durchdrang ihn* ❖ ↗
dringen; **-einander** [..ɑin'andɐ] ⟨Adv.⟩ **1.** ´aus der
Ordnung gekommen, völlig ohne Ordnung´: *hier ist*
ja alles ~; *alles Mögliche* ~ (´in einer Folge, die
dem Magen meist nicht zuträglich ist´) *essen* **2.**
/jmd./ ~ *sein* ´völlig verwirrt sein´: *ich bin heute*
völlig ~ ❖ ↗ ¹ein, ↗ anderer MERKE Verbindun-
gen aus *durcheinander* + Vb. werden getrennt ge-
schrieben; **-einander, das**; ~s ⟨o.Pl.⟩ **1.** SYN ´Un-
ordnung´: *in der verlassenen Wohnung herrschte ein*
großes, völliges, wüstes, heilloses ~ **2.** *in dem allge-*
meinen ~ (´in dem Wirrwarr kopfloser Menschen´)
konnte der Dieb entkommen; während des Erdbebens
herrschte ein wildes ~ ❖ ↗ ¹ein, ↗ anderer; **-fahren**
I. ['..] (er fährt durch), fuhr durch, ist durchgefah-
ren **1.** /jmd., Verkehrsmittel/ *durch, unter, zwischen*
etw. ~ ´(ohne anzuhalten) ¹durch (1) etw., einen
Tunnel, ein Tor, einen Ort fahren´: *wir sind, der Bus*
ist (ohne anzuhalten) durch das Dorf, Tor, unter der
Brücke, zwischen den Pfeilern durchgefahren **2.** /Ver-
kehrsmittel, jmd./ ´ohne anzuhalten an einer Halte-
stelle, Station vorbeifahren´: *der Schnellzug fährt*
an den kleinen Stationen durch **3.** /jmd., Verkehrs-
mittel/ ´einen bestimmten Zeitraum, eine Strecke
ohne anzuhalten fahren´: *wir sind, der Bus ist die*
ganze Nacht durchgefahren; wir sind, der Zug ist bis
Rostock durchgefahren; mit diesem Zug können wir
~ (´brauchen wir nicht umzusteigen´) − **II.** [..'f..]
(er durchfährt), durchfuhr, hat durchfahren **1.**
/jmd., Verkehrsmittel/ *etw.* ~ ´etw., einen Ort, ein
Gebiet fahrend durchqueren, eine Strecke fahrend
zurücklegen´: *ein Land von Ost nach West* ~; *er*
durchfuhr die Rennstrecke schneller als alle anderen
2. *ein Schreck, Gedanke durchfährt jmdn.* (´jmd. be-
kommt einen Schreck, jmdm. kommt plötzlich ein
Gedanke, der eine heftige Empfindung, Erschütte-
rung in ihm auslöst´) ❖ ↗ fahren; **-fahrt** ['..], **die 1.**
⟨o.Pl.⟩ ´das Durchfahren (I.1)´: ~ *verboten!* /Hin-
weis auf einem Verkehrsschild/; *die Polizei hat freie*
~ **2.** ´Weg zum Durchfahren (I.1)´: *die* ~ *passieren,*
freihalten ❖ ↗ fahren; **-fall** ['..], **der** ´krankhafte
Ausscheidung dünnflüssigen Stuhls (3)´: *an, unter*
~ *leiden; er hat* ~ ❖ ↗ fallen; **-fallen** ['..] (er fällt
durch), fiel durch, ist durchgefallen **1.** /jmd./ *in, bei*
einer Prüfung, einem Examen ~ (´eine Prüfung, ein
Examen nicht bestehen´; ANT durchkommen (I.3))
2. /etw., bes. ein Theaterstück/ ´bei der Aufführung
keinen Erfolg haben´: *das Stück, die Operette fiel*
bei der Premiere durch, ist durchgefallen ❖ ↗ fallen;
-finden ['..], fand durch, hat durchgefunden **1.**
/jmd./ *sich irgendwohin* ~ ´den Weg zu einem Ort,
zu jmdm. mit ein wenig Mühe finden und dahin
gelangen´: *ich werde (mich) schon zu euch* ~; vgl.
zurechtfinden (1) **2.** /jmd./ ´in einer schwierigen Sa-
che die Übersicht gewinnen´: *das ist zwar alles recht*
kompliziert, aber ich werde (mich) schon ~; vgl. *zu-*
rechtfinden (1) ❖ ↗ finden; **-fragen** ['..], **sich** ⟨trb.
reg. Vb.; hat⟩ /jmd./ *sich irgendwohin* ~ ´durch Fra-
gen den Weg zu einem Ort, zu jmdm. finden und
dahin gelangen´: *er hat sich nach dem Zoo, zu uns*

durchgefragt ❖ ↗ *fragen;* **-führen** ['..] ⟨trb. reg. Vb.; hat⟩ **1.** /jmd./ *etw.* ~ SYN ˙*etw.* verwirklichen (1.1)': *einen Auftrag, Plan, Beschluss* ~ **2.** /jmd./ *etw.* ~ SYN ˙*etw.* ausführen (4.2)': *eine Arbeit, Operation, Reparatur* ~; *die Elektriker haben alle Messungen durchgeführt* **3.** /jmd., Institution/ *etw.* ~ ˙*etw.* organisieren und stattfinden lassen': *eine Sammlung, Veranstaltung, Tagung* ~ ❖ ↗ *führen;* **-führung** ['..], **die 1.** /zu *durchführen* 1–3/ ˙*das Durchführen*'; /zu 1/: *die* ~ *eines Beschlusses;* /zu 2/: *die* ~ *einer Reparatur;* /zu 3/: *die* ~ *einer Versammlung* **2.** *etw. gelangt, kommt zur* ~ (˙*wird durchgeführt*'; ↗ *durchführen* 3); *jmd. bringt etw. zur* ~ (˙*führt etw. durch*'; ↗ *durchführen* 3) ❖ ↗ *führen;* **-gang** ['..], **der 1.** ˙*das Durchgehen (1)*': ~ *verboten!* /Hinweis auf Schildern, die meist auf privaten Grundstücken od. von Betrieben aufgestellt sind/ **2.** ˙*durch, zwischen etw. verlaufender Weg, Gang*': *den* ~ *bitte freihalten!* ❖ ↗ *gehen;* **-gefroren** ['..gəfʀoːʀən] ⟨Adj.; Steig. reg., ungebr.; nicht attr.⟩ *nach dem langen Warten in der Kälte waren wir ganz* ~ (˙*froren wir so sehr, als wäre die Kälte in unseren Körper gedrungen*') ❖ ↗ *frieren;* **-gehen** ['..], *ging durch, ist durchgegangen;* ↗ auch *durchgehend* **1.** /jmd./ *irgendwo(hin)* ~ ˙*durch etw., eine Tür, einen Durchgang, eine Menge hindurchgehen*'; ↗ FELD I.7.2.2: *er ist durch die Tür, die Einfahrt durchgegangen; ihr müsst nach vorn* ~ **2.** /etw., bes. Feuchtigkeit/ *durch etw.* ~ ˙*durch etw. durchdringen (I)*': *dieser Mantel ist nicht imprägniert, da geht, durch den geht die Nässe durch* **3.** /etw./ ˙*bis zu einem bestimmten Ende hin verlaufen (5), reichen (2.1)*': *die Straße geht bis zum Wald durch*/*geht durch bis zum Wald; ein Kleid mit* ~*den* (˙*von oben bis unten verlaufenden*') *Streifen; ein* ~*der* (˙*über die ganze Breite der Front eines Hauses verlaufender*') *Balkon* **4.1.** *ein Pferd geht durch* (˙*gehorcht dem Reiter od. Kutscher nicht mehr und rennt vor Angst wie besinnungslos mit äußerster Kraft irgendwohin*') **4.2.** /etw. Psychisches/ *mit jmdm.* ~: *sein Temperament, sein Gefühl geht mit ihm durch* (˙*er verliert die Kontrolle über sein Temperament, sein Gefühl*') **4.3.** /jmd./ *mit jmdm., etw.* ~: *seine Frau ist mit einem anderen durchgegangen* (˙*hat ihn wegen eines anderen treulos verlassen*'); *der Chef ist mit der Kasse durchgegangen* (˙*hat das Geld aus der Kasse gestohlen und ist damit geflohen*') **5.1.** /etw./ *ein Antrag, der Vorschlag ist durchgegangen* (˙*von der zuständigen Instanz gebilligt, akzeptiert worden*') **5.2.** /jmd./ *etw.* ~ *lassen* ˙*etw. Negatives hinnehmen (1)*': *diese Abweichungen kann man gerade noch* ~ *lassen; so etwas kann man nicht mehr* ~ *lassen; jmdm. etw.* ~ *lassen: er ließ seinen Mitarbeitern manchen Fehler* ~ (˙*hat manchen Fehler von ihnen nachsichtig behandelt*'); *sie hat ihren Kindern alle Unarten* ~ *lassen* **6.** /jmd./ *etw.* ~ ˙*etw., bes. etw. schriftlich Fixiertes, (unter einem bestimmten Gesichtspunkt) in allen Einzelheiten der Reihe nach von Anfang bis Ende prüfend ansehen*'; SYN durchsehen: *wir müssen den Plan, Artikel, die Liste*

noch einmal (Punkt für Punkt, Wort für Wort) ~; *der Lehrer ging mit den Schülern die Aufsätze (auf Fehler hin) durch; gehen wir noch einmal durch, was jeder Einzelne bei der Aktion zu tun hat!* ❖ ↗ *gehen;* **-gehend** [geːənt] ⟨Adj.; o. Steig.; vorw. bei Vb.; ↗ auch *durchgehen*⟩: *das Geschäft ist, hat* ~ (˙*ohne Pause über Mittag*') *(von 9–19 Uhr) geöffnet* ❖ ↗ *gehen;* **-greifen** ['..], *griff durch, hat durchgegriffen* /jmd./ *gegen jmdn., etw.* ~ ˙*energisch gegen jmdn., gegen bestimmte (negative) Zustände einschreiten*': *hart, energisch gegen Rowdys, Randalierer, Drogenhandel* ~; *hier muss durchgegriffen werden* ❖ ↗ *greifen;* **-halten** ['..] (*er hält durch*), *hielt durch, hat durchgehalten* /jmd./ ˙*bis zum Ende etw. ertragen (1.1), bei einer Tätigkeit bleiben*'; ↗ FELD I.6.2: *du musst (bis zum Ende)* ~!; *er hält nie lange durch; etw.* ~: *das Studium* ~ ❖ ↗ *halten;* **-hängen** ['..], *hing durch, hat durchgehangen* **1.** /etw./ *die Leinen, Drähte hängen durch* (˙*sind nicht straff gespannt, sondern hängen bogenförmig nach unten*') **2.** umg. /jmd./ ˙*bes. nach einer Anstrengung vorübergehend in schlechter Verfassung und nicht leistungsfähig sein*': *nach der Prüfung, dem Training hing er (völlig) durch* ❖ ↗ *hängen;* **-kämmen I.** ['..] ⟨trb. reg. Vb.; hat⟩ /jmd./ *das Haar* ~ (˙*gründlich und kräftig kämmen*') – **II.** ['../..'k..] *kämmte durch*/*durchkämmte, hat durchgekämmt*/*durchkämmt* /mehrere (jmd.)/ *ein Gebiet* ~ (˙*in einer Reihe nebeneinander gehend ein Gebiet systematisch und gründlich durchsuchen*') ❖ ↗ Kamm; **-kommen** ['..], *kam durch, ist durchgekommen* **1.** /jmd., etw., bes. Verkehrsmittel/ *durch etw., irgendwohin* ~ ˙*mit einiger Mühe, Anstrengung* ¹*durch (1) etw. Hinderndes irgendwohin gelangen*': *er hatte große Mühe, durch den Menschenauflauf durchzukommen; in dem Gewühl war kein Durchkommen; der Bus ist gut (durch den dichten Verkehr) durchgekommen; endlich kommt die Sonne wieder durch* (˙*scheint die Sonne wieder durch die Wolken*') **2.** /Verkehrsmittel, mehrere (jmd.)/ ˙*ohne anzuhalten eine Stelle, einen Ort passieren*': *soeben ist der Zug, Bus durchgekommen* **3.** /jmd./ *durch etw.* ~ ˙*etw. Schwieriges, Gefährliches ohne Schaden überstehen (II)*': *sie sind gut (durch die schweren Zeiten) durchgekommen; sie glaubten, ungeschoren durchzukommen; der Patient ist durchgekommen* (˙*hat die schwere Krankheit, Operation überstanden und wird wieder gesund*'); *er ist bei der, durch die Prüfung durchgekommen* (˙*hat die Prüfung bestanden*; ANT durchfallen 1) **4.** /etw., bes. Flüssigkeit/ *durch etw.* ~ ˙*durch etw. durchdringen (I)*': *hier ist die undichte Stelle, an der, durch die das Wasser durchkommt* **5.** /jmd./ ˙*beim Anrufen eine telefonische Verbindung bekommen*': *ich habe dich mehrfach angerufen, aber ich bin nicht durchgekommen* **6.** *eine Meldung, Nachricht kommt durch* (˙*wird vom Rundfunk, Fernsehen verbreitet*') **7.** /jmd./ *mit etw.* ⟨Dat.⟩ ~ ˙*mit etw. sein Ziel erreichen*': *er ist mit seiner Frechheit, dem Vorschlag durchgekommen; mit Englisch kommt man überall durch* (˙*kann

man sich überall verständigen') ❖ ↗ kommen;
-kreuzen I. ['..] ⟨trb. reg. Vb.; hat⟩ /jmd./ *etw.* ∼
ʿ*etw.* mit zwei sich kreuzenden Diagonalen durch-
streichen (1)': *er hatte jedes Wort, alle Seiten durch-*
gekreuzt − **II.** [..ˈk..] durchkreuzte, hat durchkreuzt
/jmd./ *etw.* ∼ ʿ*etw.*, das jmd. plant, vereiteln': *sie*
hat seine Absichten, Pläne (durch ihr Verhalten, Ein-
greifen) durchkreuzt ❖ ↗ Kreuz; **-kriechen** ['..],
kroch durch, ist durchgekrochen /jmd., Tier/ *ir-*
gendwo ∼ ʿ[1]durch (1), bes. unter etw. hindurch
kriechen'; ↗ FELD I.7.2.2: *er ist unter dem Zaun,*
Auto durchgekrochen ❖ ↗ kriechen; **-lassen** ['..] (er
lässt durch), ließ durch, hat durchgelassen **1.** /jmd./
jmdn., etw. ∼ ʿjmdn., ein Fahrzeug, eine bewachte
Stelle, ein Tor, eine Grenze passieren lassen': *der*
Pförtner, Polizist hat uns, unseren Wagen durchge-
lassen; würden Sie mich bitte ∼? **2.** /jmd./ *jmdm.*
etw. ∼ ʿjmdm. etw. durchgehen (5.2) lassen': *diese*
Unart lasse ich ihm nicht durch ❖ ↗ lassen; **-lässig**
['..] ⟨Adj.; Steig. reg., ungebr.; nicht bei Vb.⟩ ʿ*etw.*
Flüssiges, Gasförmiges durchdringen lassend': *die-*
ser Filter ist nicht ∼ *genug* ❖ ↗ lassen; **-laufen I.** ['..]
(er läuft durch), lief durch, hat/ist durchgelaufen **1.**
⟨ist⟩ /jmd./ *irgendwo* ∼ ʿdurch etw., bes. eine Tür,
einen Durchgang laufen'; ↗ FELD I.7.2.2: *er ist*
durch das Tor, unter der Brücke, zwischen den Pfei-
lern durchgelaufen **2.** ⟨hat⟩ /jmd./ *etw.* ∼: *er hat*
seine Schuhe, hat (sich ⟨Dat.⟩*) die Sohlen durchge-*
laufen (ʿso abgenutzt, dass sie ein Loch, Löcher
aufweisen') **3.** ⟨ist⟩ /etw. Flüssiges/ ʿdurchdringen
(I)': *heißes Wasser (durch den Filter)* ∼ *lassen; wo*
die Decke, das Dach undicht ist, läuft das Wasser
durch − **II.** [..ˈl..] (er durchläuft), durchlief, hat
durchlaufen /etw., jmdn./ *etw.* ∼: *der Prozess, Vor-*
gang hat mehrere Stadien ∼ (ʿhat mehrere Stadien
gehabt'); *jmd. hat die Schule* ∼ (ʿvon Anfang bis
Ende besucht'), *ohne einmal sitzen geblieben zu*
sein; eine Ausbildung ∼ ❖ ↗ laufen; **-leben** [..ˈl..],
durchlebte, hat durchlebt /jmd./ *etw.* ∼ ʿ*etw.*, eine
bestimmte Zeit, Empfindung von Anfang bis Ende
erleben': *er hat eine schöne Jugend, schwere Stun-*
den, Ängste durchlebt; das möchte ich nicht noch ein-
mal ∼ *müssen* ❖ ↗ leben; **-lesen** ['..] (er liest durch),
las durch, hat durchgelesen /jmd./ *etw.* ∼ ʿ*etw.* vom
Anfang bis zum Ende lesen': *einen Brief, Bericht* ∼
❖ ↗ lesen; **-machen** ['..] ⟨trb. reg. Vb.; hat⟩ **1.** /jmd./
etw. ∼ ʿ*etw.* psychisch, auch physisch schwer zu
Bewältigendes erleben und überstehen': *er hat viel,*
hat (viel) Schweres in seinem Leben ∼ *müssen,*
durchgemacht **2.** umg. /jmd./ *wir haben die Nacht*
durchgemacht (ʿdie ganze Nacht bis zum Morgen
gefeiert'); *wir werden das Wochenende* ∼ (ʿdas
ganze Wochenende arbeiten') *müssen, um endlich*
fertig zu werden **3.** /jmd., etw./ *eine* ↗ *Entwicklung*
∼ ❖ ↗ machen; **-messer** ['..], **der** ʿvon einer Seite
zur anderen durch den Mittelpunkt einer regelmä-
ßigen geometrischen Figur, einer Sache verlaufende
Strecke': *der Kreis hat einen* ∼ *von 30 Zentimetern;*
der Stamm ist, misst zwei Meter im ∼ (ʿin der
Dicke') ❖ ↗ messen; **-mischen** ['..] ⟨trb. reg. Vb.;

hat⟩ /jmd./ *etw.* ∼ ʿ*etw.* gründlich mischen': *am*
Ende werden alle Zutaten noch einmal gut durchge-
mischt ❖ ↗ mischen; **-nässen** [..ˈnɛsn̩], durchnässte,
hat durchnässt /etw./ *etw., jmdn.* ∼ ʿ*etw.*, jmdn.
durch und durch nass machen'; ↗ FELD III.2.2:
der Regen hatte uns bis auf die Haut durchnässt;
⟨oft adj. im Part. II⟩ *unsere Kleider, wir waren völlig*
durchnässt ❖ ↗ nass; **-nehmen** ['..] (er nimmt
durch), nahm durch, hat durchgenommen /jmd./
etw. ∼ ʿein Thema, einen Stoff (2) im Unterricht
behandeln': *der Lehrer hat, wir haben heute die*
Französische Revolution durchgenommen ❖ ↗ neh-
men; **-queren** [..ˈkveːʀən], durchquerte, hat durch-
quert /jmd., etw./ *einen Raum, ein Gebiet* ∼ (ʿdurch
einen Raum, ein Gebiet gehen, fahren') ❖ ↗ quer;
-reise ['..], **die** ⟨o.Pl.⟩: *wir sind, befinden uns auf der*
∼ (ʿbeim Passieren eines Ortes auf einer Reise');
-reißen ['..], riss durch, hat/ist durchgerissen **1.**
⟨hat⟩ /jmd./ *etw.* ∼ ʿ*etw.* in zwei Teile reißen (1.1)':
ein Blatt Papier, einen Faden ∼ **2.** ⟨ist⟩ /etw./ ʿin
zwei Teile reißen (1.2)': *der Faden ist durchgerissen*
❖ ↗ reißen; **-rosten** ['..], rostete durch, ist durchge-
rostet /etw./ ʿdurch Rost zerstört, löch(e)rig wer-
den': *der Kübel rostet durch; das Rohr ist durchgero-*
stet ❖ ↗ Rost

durchs [dʊʀçs] ⟨Verschmelzung von Präp. *durch*
(Akk.) + Art. *(das)*⟩ ↗ [2]durch (1)

Durch/durch|-sage ['..], **die** ʿmeist über Lautsprecher
in der Öffentlichkeit verbreitete Mitteilung': *Ach-*
tung, Achtung! Eine ∼!; *eine* ∼ *der Polizei* ❖ ↗ sa-
gen; **-sagen** ['..] ⟨trb. reg. Vb.; hat⟩ /jmd., Institu-
tion/ *etw.* ∼ ʿ*etw.* Wichtiges in der Öffentlichkeit
meist über Lautsprecher mitteilen': *die Verspätung*
des Zuges ∼❖ ↗ sagen; **-schauen** [..ˈʃ..], durch-
schaute, hat durchschaut /jmd./ *etw., jmdn.* ∼ ʿ*etw.*,
jmdn. in seinem (verborgen gehaltenen) wahren
Wesen erkennen'; ↗ FELD I.5.2: *jetzt durchschaue*
ich dich, deine Tricks; ich durchschaue (ʿverstehe')
den Zusammenhang noch nicht ❖ ↗ schauen;
-schlag ['..], **der 1.** ʿunter Verwendung von Kohle-
papier hergestellte Kopie eines meist mit Maschine
geschriebenen Textes': *ein Manuskript mit drei*
Durchschlägen schreiben **2.** ʿeinem Sieb ähnliches
Küchengerät, durch das man etw. gießt, streicht (↗
streichen 1.3)'; ↗ FELD V.5.1: *den grünen Salat im*
∼ *abtropfen lassen* ❖ ↗ schlagen; **-schlagen I.** ['..]
(er schlägt durch), schlug durch, hat durchgeschla-
gen **1.** /jmd./ *etw.* ∼ ʿ*etw.* durch Schläge, einen
Schlag (mit einem Werkzeug) in zwei Teile tren-
nen'; ↗ FELD I.7.6.2: *er schlug das Brett mit einem*
Hieb durch **2.** /jmd./ *sich* ∼ ʿsich mit Anstrengung,
Mühe durchbringen (1)': *sie hat sich immer irgend-*
wie durchgeschlagen **3.** /jmd./ *sich irgendwohin* ∼
ʿunter Überwindung von Schwierigkeiten, Gefah-
ren durch etw. an sein Ziel gelangen': *er hat sich zu*
seiner Truppe, bis nach Hause durchgeschlagen − **II.**
[..ˈʃ..] (er durchschlägt), durchschlug, hat durch-
schlagen /etw./ *etw.* ∼ ʿmit Gewalt durch etw. drin-
gen (und es beschädigen, zerstören, in Teile zertren-
nen)': *das Geschoss durchschlug das Dach* ❖ ↗

schlagen; **-schleusen** ['..] ⟨trb. reg. Vb.; hat⟩ /jmd./ jmdn., ein Fahrzeug ~ 'jmdn., ein Fahrzeug auf einem schwierigen, hinderlichen Weg durch ein Gebiet, einen Ort führen (1.1), leiten (2.1)': *Passanten, eine Kolonne von Autos (durch den Verkehr) ~* ❖ ↗ Schleuse; **-schmuggeln** ['..] ⟨trb. reg. Vb.; hat⟩ /jmd./ etw., jmdn., sich ~ 'etw., jmdn., sich heimlich durch eine Kontrolle bringen': *eine Flasche Weinbrand beim Zoll ~; seinen Freund an der Grenze ~; sich selbst mit ~* ❖ ↗ Schmuggel; **-schneiden** ['..], schnitt durch, hat durchgeschnitten /jmd./ etw. ~ 'etw. in zwei Teile schneiden'; ↗ FELD I.7.6.2: *eine Schnur, einen Apfel ~* ❖ ↗ schneiden; **-schnitt** ['..], der ⟨vorw. Sg.⟩ 'zu errechnender mittlerer Wert, mittleres Maß aus einer Menge vergleichbarer Größen': *den ~ ermitteln, errechnen; der ~ liegt bei drei Prozent, 30 Jahren; er liegt mit seinen Leistungen unter, über dem ~ der Klasse; im ~* 'durchschnittlich (1)': *wir produzieren im ~ zehn Stück pro Tag* ❖ ↗ schneiden; **-schnittlich** ['..ʃnɪt..] ⟨Adj.; o. Steig.⟩ **1.** ⟨nicht präd.⟩ 'den Durchschnitt darstellend': *die ~e Größe, Lebenserwartung der Menschen; es werden ~* ('im Allgemeinen') *zehn Stück pro Tag produziert* **2.** SYN 'mittelmäßig': *ein ~ begabter Mensch; ein ~er Schüler* ❖ ↗ schneiden; **-sehen** ['..] (er sieht durch), sah durch, hat durchgesehen /jmd./ etw. ~ SYN 'etw. durchgehen (6)': *eine Liste ~; er muss immer die Hausaufgaben seiner Kinder ~* ❖ ↗ sehen; **-setzen I.** ['..] ⟨trb. reg. Vb.; hat⟩ **1.** /jmd./ etw. ~ 'etw. gegen jmds. Widerstand erreichen (4)': *er hat seine Forderung, seinen Willen durchgesetzt; er hat seine Forderungen gegen den Senat durchgesetzt; er setzte durch, dass …* **2.** /jmd., etw./ sich ~ 'Widerstand überwinden und (in seiner Absicht) erfolgreich sein'; ↗ FELD I.2.2: *der Kandidat hat sich gegen mehrere Bewerber durchgesetzt; seine Ideen haben sich durchgesetzt; sich gegen jmdn., etw. ~: er hat sich gegen das neue Projekt durchgesetzt; er hat sich (bei, unter seinen Kollegen) mit seiner Meinung durchgesetzt* − **II.** ['..'z..] /jmd./ etw. mit etw., eine Personengruppe mit Personen ~ 'zu einer zusammengehörigen Menge von Sachen, Personen (mit bestimmter Absicht) eine größere Anzahl anderer Sachen, Personen dazugeben, (unter sie) mischen': ⟨vorw. adj. im Part. II⟩ *der Betrieb wurde, war mit Spitzeln durchsetzt; eine stark mit Büschen und Bäumen durchsetzte Anlage* ❖ ↗ setzen; **-sichtig** ['..zɪçtɪç] ⟨Adj.; Steig. reg., ungebr.⟩ **1.** 'so beschaffen, dass man hindurchsehen kann'; SYN transparent /vorw. auf Materialien bez./; ↗ FELD I.3.1.3: *Glas ist ~*; vgl. *transparent (1)* **2.** 'leicht zu durchschauen': *seine Absichten sind ~; eine ~e Ausrede* ❖ ↗ sehen; **-stehen** ['..], stand durch, hat durchgestanden /jmd./ etw. ~ 'eine psychische, physische Belastung ertragen, bewältigen': *eine schwierige Lage, schwere Zeit ~; sie haben viel ~ müssen* ❖ ↗ stehen; **-streichen** ['..], strich durch, hat durchgestrichen **1.** /jmd./ etw. ~ 'etw. Geschriebenes, Gedrucktes mit einem Strich, mit Strichen ungültig machen': *ein Wort, einen Satz ~* **2.** /jmd./

etw. ~ 'etw. durch ein Sieb, einen Durchschlag (2) streichen (1.3)': *den Brei ~* ❖ ↗ streichen; **-suchen** [..'zu:xn̩], durchsuchte, hat durchsucht /jmd., Institution/ etw., jmdn. ~ 'an allen möglichen Stellen von etw. nach etw., jmdm., in den Sachen, der Kleidung einer Person nach etw. suchen (1.1)': *er durchsuchte alle Behältnisse, konnte aber den Ausweis nicht finden; die Wohnung des Verdächtigen wurde (nach Rauschgift) durchsucht; das ganze Stadtviertel wurde nach dem Flüchtigen durchsucht; der Verhaftete wurde durchsucht*; vgl. *absuchen (1.1)* ❖ ↗ suchen; **-trieben** [..'tʀi:bm̩] ⟨Adj.; Steig. reg.; vorw. attr.⟩ SYN 'gerissen (I) /auf Personen bez./; ↗ FELD I.4.1.3: *ein ~er Bursche* ❖ ↗ treiben; **-wachsen** [..'v..] ⟨Adj.; nicht bei Vb.⟩ /beschränkt verbindbar/: *~er* ('mit magerem Fleisch durchsetzter') *Speck* ❖ ↗ wachsen; **-wärmen** ['..], wärmte durch, hat durchgewärmt/auch durchwärmte, hat durchwärmt /etw./ jmdn., etw. ~ 'jmdn., etw. durch und durch erwärmen': *der Tee hat uns gut durchgewärmt/durchwärmt; der neue Ofen kann das Zimmer in kurzer Zeit ~* ❖ ↗ warm; **-waschen** ['..] (er wäscht durch), wusch durch, hat durchgewaschen /jmd./ etw. ~ 'einige kleinere Kleidungsstücke schnell und meist nebenbei waschen (1.1)': *schnell ein paar Sachen, seine Strümpfe ~* ❖ ↗ waschen; **-weg** ['../..'v..] ⟨Gradpartikel; unbetont; steht vor der Bezugsgröße; bezieht sich auf verschiedene Kategorien⟩ /schließt andere Sachverhalte nicht aus, hebt aber die Bezugsgröße hervor; drückt aus, dass etw. überwiegend zutrifft/; SYN ²hauptsächlich, vorwiegend: *die Teilnehmer waren ~ Jugendliche; diese Veranstaltungen finden ~ abends statt; es ist ~ so, dass …*; **-ziehen I.** ['..], zog durch, hat/ist durchgezogen **1.** ⟨hat⟩ /jmd./ etw. ~ 'etw. durch etw., bes. eine Öffnung, ziehen (3)': *einen Faden (durch das Nadelöhr) ~; ein Kabel (durch ein Rohr) ~* **2.** ⟨hat⟩ umg. /jmd./ etw. ~ 'etw., bes. eine Arbeit, Aktion trotz Schwierigkeiten, Hindernissen erledigen, durchführen': *wir haben damit angefangen, und nun ziehen wir es auch (noch) durch; ein Programm ~* **3.** ⟨ist⟩ /jmd., Gruppe, etw./ 'durch ein Gebiet, einen Ort ziehen (8.1)': *gestern ist hier ein Zirkus durchgezogen* **4.** ⟨ist⟩ /Speise/ 'durch Liegen in einer Lösung (3) den gewünschten Geschmack bekommen': *der Salat muss eine Stunde lang ~; gut durchgezogene Gurken* − **II.** [..'tsi:..], durchzog, hat durchzogen **1.** /jmd., Gruppe/ etw. ~ 'durch etw., einen Ort, ein Gebiet ziehen': *Karawanen ~ die Wüste* **2.** /etw./ etw. ~ 'sich linienförmig durch ein Gebiet, über eine Fläche erstrecken (1)': ⟨vorw. adj. im Part. II⟩ *zahlreiche Flüsse ~ das Gebiet; etw. ist von etw. durchzogen: das Gestein ist von Goldadern durchzogen* ❖ ↗ ziehen; **-zug** ['..], der **1.** ⟨vorw. Sg.⟩ 'das Durchziehen (I.3)': *der ~ militärischer Einheiten; der ~ von Wolken* **2.** ⟨o.Pl.⟩ 'starke Bewegung von Luft durch einen Raum hindurch': *bei offenen Fenstern und Türen entsteht ~; ~ machen durch Öffnen von Türen und Fenstern* ❖ ↗ ziehen

dürfen [ˈdʏʁfn̩], ich, er darf [daʁf], durfte [ˈdʊʁftə], er hat gedurft [gəˈdʊʁft] /nach vorangehendem Inf.: *hat ... dürfen* ⟨Modalvb.; + Inf. ohne *zu*; o. Imp.; ↗ TAFEL V⟩ **1.1.** /jmd., Institution/ *etw. tun* ~ SYN ʼetw. können (2.2)ʼ: *er darf baden (gehen), darf nicht rauchen; er hat lesen* ~; *die Post darf solche Sendungen nicht befördern;* ⟨der Inf. kann unter bestimmten Bedingungen wegfallen; unter bestimmten Bedingungen kann er durch *es, das* ersetzt werden⟩ *er darf ins Kino gehen/er darf ins Kino; wir haben es, das gedurft* **1.2.** /jmd./ *etw. nicht tun* ~ ʼetw. Bestimmtes aus moralischen Gründen, aus Gründen, die in der Sache selbst liegen, nicht tun sollenʼ: *so etwas darf man nicht sagen; das darfst du nicht miteinander vergleichen* **2.** ⟨im Konj. II⟩ /jmd., etw./ /drückt eine Vermutung aus/: *er dürfte längst zu Hause sein* (ʼer ist wahrscheinlich längst zu Hauseʼ); *morgen dürfte es Regen geben* (ʼwahrscheinlich wird es morgen regnenʼ); /drückt Höflichkeit aus/: *dürfte ich Sie bitten, zur Seite zu treten?* ❖ **bedürfen, Bedürfnis**
durfte: ↗ **dürfen**
dürftig [ˈdʏʁftɪç] ⟨Adj.; Steig. reg.⟩ **1.** SYN ʼärmlichʼ; ANT luxuriös: *eine* ~*e Unterkunft;* ~ *leben, wohnen* **2.** ʼungenügend hinsichtlich der Qualität, Quantitätʼ: *sie erzielten nur* ~*e Ergebnisse; sein Vortrag war recht* ~ (ʼhatte wenig Substanzʼ); *ein* ~ (SYN ʼspärlichʼ) *beleuchteter Raum; er war nur* ~ *bekleidet* (ʼhatte nur wenig Kleidung auf seinem Körperʼ) ❖ **notdürftig**
dürr [dʏʁ] ⟨Adj.⟩ **1.** ⟨o. Steig.⟩ SYN ʼtrocken (1.3)ʼ /auf Teile von Pflanzen bez./: *ein* ~*er Baum, Ast;* ~*es Laub* **2.** ⟨nicht bei Vb.⟩ ʼtrocken (1.1) und wenig od. nicht fruchtbarʼ; SYN karg (2); ANT fruchtbar (1) /auf den Erdboden bez./: *auf diesem* ~*en Boden kann nichts gedeihen* **3.** ʼsehr dünn (2), sehr mager (2)ʼ; ANT dick (2) /auf Personen, Körperteile bez./: *er war ein langer* ~*er Bursche, war, wirkte ziemlich* ~; *sie hat einen* ~*en Hals; seine* ~*en Arme* ❖ **dörren, Dürre — spindeldürr**
Dürre [ˈdʏʁə], die; ~, ~n ʼZeit großer Trockenheit infolge ausbleibender Niederschlägeʼ; ↗ FELD III.2.1: *seit Jahren herrscht in diesem Land eine schreckliche, furchtbare* ~; *wir hatten diesen Sommer eine große* ~ ❖ ↗ **dürr**
Durst [dʊʁst], der; ~es, ⟨o.Pl.⟩ **1.** ʼ(starkes) Bedürfnis zu trinkenʼ: *(großen)* ~ *haben, leiden; den, seinen* ~ *stillen; er hat* ~ *auf (ein) Bier, einen Kaffee* (ʼer möchte gern Bier, Kaffee trinkenʼ); *kalter Tee löscht den* ~ *gut* **2.** geh. *sein, ihr* ~ (ʼheftiges Verlangenʼ) *nach Rache, Wahrheit, Liebe, Freiheit* ❖ **dursten, dürsten, durstig, verdursten — Wissensdurst**
* /jmd./ **einen/eins über den** ~ **trinken** (ʼmehr Alkohol trinken, als man vertragen kannʼ)
dursten [ˈdʊʁstn̩], durstete, hat gedurstet /jmd., Tier/ ʼDurst (1) habenʼ: *wir haben gehungert und gedurstet;* ⟨oft mit Modalvb. *müssen*⟩ *das Vieh musste* ~ ❖ ↗ **Durst**
dürsten [ˈdʏʁstn̩], dürstete, hat gedürstet geh. *jmd. dürstet nach etw./es dürstet jmdn. nach etw.* ⟨Dat.⟩

ʼjmd. hat ein heftiges Verlangen nach etw.ʼ: *er dürstete, es dürstete ihn nach Rache, Liebe* ❖ ↗ **Durst**
durstig [ˈdʊʁstɪç] ⟨Adj.⟩ **1.** ⟨nicht bei Vb.⟩ ʼDurst habendʼ: *er ist* ~; *ein* ~*er Wanderer* **2.** geh. ⟨nicht bei Vb.; vorw. präd.⟩ /jmd./ ~ *auf, nach etw. sein* ʼein heftiges Verlangen nach etw. habenʼ: *er war* ~ *auf, nach Rache, Liebe* ❖ ↗ **Durst**
Dusche [ˈduːʃə], die; ~, ~n **1.** ʼVorrichtung, bes. in einem Bad (3), mit der man Wasser in fein verteilten Strahlen von oben her über den ganzen Körper fließen lassen kannʼ; SYN Brause (3): *sich unter die* ~ *stellen; du musst noch unter die* ~ (ʼmusst dich noch duschenʼ) **2.** *eine Wohnung mit* ~ (ʼmit einem Raum mit einer Dusche 1ʼ) **3.** ⟨vorw. mit unbest. Art.⟩ ʼdas Sichduschenʼ; ↗ FELD III.2.1: *er verzichtet ungern auf seine morgendliche* ~; *eine heiße, kalte* ~ *nehmen* (ʼsich heiß, kalt duschenʼ) ❖ **duschen**
duschen [ˈduːʃn̩] ⟨reg. Vb.; hat⟩ /jmd./ *sich, jmdn.* ~ ʼsich, jmdn. unter die Dusche (1) stellen und das Wasser aus ihr über den Körper fließen lassenʼ; SYN brausen; ↗ FELD III.2.3: *er duschte sich, seine Kinder jeden Tag; sich heiß, kalt* (ʼmit heißem, kaltem Wasser aus der Dusche 1ʼ) ~ ❖ ↗ **Dusche**
Düse [ˈdyːzə], die; ~, ~n ʼTeil (am Ende) eines Rohres, an dem der Querschnitt sehr klein ist, sich stark verjüngt, sodass ein aus ihm strömendes (flüssiges, gasförmiges) Medium seine Geschwindigkeit erhöhtʼ: *die* ~ *ist verstopft; etw. mit einer, durch eine* ~ *zerstäuben* ❖ **Düsenflugzeug**
Dusel [ˈduːzl̩], der; ~s, ⟨vorw. mit unbest. Art. od. o. Art.; o. Pl.⟩ umg. ʼunerwartetes, nicht verdientes Glückʼ: *ich hatte (einen mächtigen)* ~; *das war vielleicht (ein großer, mächtiger)* ~*!* ❖ **duselig**
duselig [ˈduːzəlɪç] ⟨Adj.; Steig. reg., ungebr.; nur präd.⟩ /jmd./ ~ *sein* ʼsich benommen, schwindlig fühlenʼ: *er war ziemlich* ~; *jmdm. ist, wird* ~: *mir war, wurde* ~ ❖ ↗ **Dusel**
Düsen|flugzeug [ˈdyːzn̩..], das ʼFlugzeug, das durch ein Triebwerk, durch Triebwerke angetrieben wird, aus dem, denen heiße Gase ausgestoßen werdenʼ ↗ FELD VIII.4.2 ❖ ↗ **Düse**, ↗ **fliegen**
Dussel [ˈdʊsl̩], der; ~s, ~/auch ~s umg. SYN ʼDummkopfʼ: *er ist ein alter* ~; *auch* Schimpfw. *du* ~*!; ich* ~ *habe nicht daran gedacht!* ❖ ↗ **dusslig**
dusslig [ˈdʊslɪç] ⟨Adj.; Steig. reg.⟩ umg. ʼdumm (1.1)ʼ: *ein* ~*er Kerl; sich* ~ *benehmen; so etwas Dussliges haben wir noch nicht erlebt!* ❖ **Dussel**
düster [ˈdyːstɐ] ⟨Adj.; Steig. reg.⟩ **1.** ʼziemlich dunkel (1), nur schwach beleuchtet od. leuchtendʼ; ANT hell (1.2); ↗ FELD VI.2.3: *ein* ~*er Gang; ein* ~ *brennendes Licht* **2.** ʼdunkel (2) und unheimlich, bedrückend wirkendʼ: *das Moor ist eine* ~*e Landschaft; ein* ~*er Ort; der Raum wirkt* ~ **3.** ʼschwermütig, bedrückt wirkendʼ: *er wirkte* ~; *in* ~*er Stimmung sein; ein* ~*er Blick*
Dutzend [ˈdʊtsn̩t], das; ~s, ~/auch ~e **1.** ⟨o.Pl.⟩ /Maßeinheit/ ʼzwölf Stück derselben Artʼ: *ein, ein halbes, drei* ~ *Eier; das, ein* ~ *Eier kostet drei Mark* **2.** ⟨o.Art.; nur im Pl.; meist mit Attr.⟩ ʼeine unbestimmte größere Anzahlʼ: ~*e von Menschen dräng-*

ten sich vor dem, am Eingang; ~e warteten auf Einlass

duzen ['duːtsn̩] ⟨reg. Vb.; hat⟩ /jmd./ *jmdn.* ~, *sich mit jmdm.* ~ 'jmdn. mit „Du" anreden': *er duzt ihn; ich duze mich mit ihm; Kinder werden geduzt;* ⟨rez.⟩ *wir* ~ *uns* ❖ ↗ **du**

Dynamik [dy'naːmɪk], **die**; ~, ⟨o.Pl.⟩ **1.** 'Gebiet der Physik, das sich mit dem Einfluss von Kräften (3) auf die Bewegung befasst' **2.** 'auf Veränderung, Entwicklung gerichtete Kraft (1,2)': *die* ~ *seiner Persönlichkeit, der gesellschaftlichen Entwicklung; ein Drama voller Spannung und* ~ ❖ **dynamisch**

dynamisch [dy'naːm..] ⟨Adj.⟩ **1.** ⟨o. Steig.; vorw. attr.⟩ 'die durch eine Kraft hervorgerufene Bewegung (1.3) von etw. betreffend': *die* ~*en Gesetze; ein* ~*er Impuls setzt den Mechanismus in Betrieb* **2.** ⟨o. Steig.⟩ 'lebhafte, kontinuierliche Bewegung, Entwicklung aufweisend': *eine* ~*e Entwicklung der Wirtschaft; eine* ~*e* ('sich durch bestimmte Bedin-

gungen in der Höhe verändernde') *Zahlung erhalten* **3.** ⟨Steig. reg., Superl. ungebr.⟩ 'durch Energie und Tatkraft ausgezeichnet': *wir suchen einen jungen* ~*en Mann für diese Stellung* ❖ ↗ **Dynamik**

Dynamit [dyna'miːt], **das**; ~s/auch ~es, ⟨o.Pl.⟩ 'auf der Grundlage von Nitroglyzerin hergestellter Sprengstoff': *etw. mit* ~ *sprengen*

Dynamo [dy'naːmo], **der**; ~s/auch ~, ~s 'Generator, bes. für ein Fahrrad'; ↗ FELD V.5.1: *sein Fahrrad hat keinen* ~; *der* ~ *ist kaputt*

D-Zug ['deː..], **der** veraltend 'Zug (13), der Personen über große Entfernungen mit hoher Geschwindigkeit befördert und nur an wichtigen Stationen hält'; ↗ FELD VIII.4.1.1: *der* ~ *nach Hamburg* ❖ ↗ **ziehen**

D-Zug-Zuschlag ['..], **der** 'auf den Fahrpreis erhobener Aufschlag (2) für die Benutzung eines D-Zuges': *der* ~ *ist erhöht worden; den* ~ *bezahlen* ❖ ↗ **ziehen**, ↗ **¹zu**, ↗ **schlagen**

e, E

Ebbe ['ɛbə], **die**; ~, ~n ⟨vorw. Sg.⟩ ˈdas periodische Absinken des Wassers an der Küste der Meereˈ; ↗ FELD II.2.1: *das Eintreten der ~; jetzt ist ~;* ↗ auch *Gezeiten, Flut*

¹eben ['eːbm̩] ⟨Adj.; Steig. reg.⟩ **1.1.** SYN ˈflach (1)ˈ; ANT hügelig /auf Bereiche der Erdoberfläche bez./; ↗ FELD II.1.2, III.1.3: *(ein) ~es Land; die Gegend, das Gebiet ist ~* **1.2.** ˈgleichmäßig flach und glattˈ; SYN plan /auf eine Fläche bez./: *der Platz, Fußboden ist ~; die Fläche ~ machen* ❖ **Ebene, ebnen** — **Hochebene, Tiefebene**

²eben ⟨Adv.; betont⟩; ↗ FELD VII.5.3 **1.1.** SYN ˈsoeben (1.1)ˈ: *er kommt ~ herein; ~ beginnt es zu regnen* **1.2.** SYN ˈsoeben (1.2)ˈ: *er war ~ hier, ist ~ weggegangen* **2.** ⟨+ *noch*⟩ ˈmit Mühe und Not innerhalb einer bestimmten Fristˈ: *er hat den Zug ~ noch erreicht* ❖ **soeben**

³eben ⟨Modalpartikel; unbetont; steht nicht in Fragesätzen und nicht am Satzanfang; bezieht sich auf den ganzen Satz⟩ **1.** ⟨steht in Aussagesätzen⟩ /der Sprecher drückt damit aus, dass er den Sachverhalt nicht beeinflussen od. ändern kann und dass man ihn folglich so hinnehmen muss/; SYN halt (1): *das kostet ~ viel Zeit; das ist ~ nicht zu ändern; das geht ~ so nicht; das ist ~ so; wenn der Test nichts ergeben hat, muss er ~ wiederholt werden,* /in der kommunikativen Wendung/ *dann ~ nicht* (ˈdann lässt du es bleibenˈ)! /sagt jmd., wenn er jmds. Weigerung akzeptiert, weil er nicht weiter in ihn dringen will und deutlich machen will, dass die Konsequenzen der andere zu tragen hat; sagt jmd. resignierend, wenn er einen Sachverhalt nicht ändern kann/: *Du willst nicht mitkommen? Dann ~ nicht!* **2.** ⟨steht in Aufforderungssätzen⟩ /der Sprecher drückt mit der Aufforderung aus, dass er den Sachverhalt nicht beeinflussen, ändern kann und dass das Beste ist, ihn so hinzunehmen, so zu handeln/; ⟨oft mit einleitendem *dann*⟩ SYN halt (2): *dann musst du ~ öfter die Zähne putzen!; dann musst du dich ~ damit zufrieden geben!; geh ~ noch einmal hin!; dann lässt du es ~ sein!; fahr ~ langsamer!; iss ~ schneller!*

⁴eben ⟨Gradpartikel; vorw. unbetont; steht vorw. vor der Bezugsgröße; bezieht sich auf verschiedene Kategorien⟩ **1.** /schließt andere Sachverhalte aus, hebt aber die Bezugsgröße hervor/; SYN ²gerade (1): *~ das meinte ich; ~ darum habe ich das gesagt; ~ jetzt brauche ich das Geld; von dem ~ reden wir jetzt; ~ dieser Film hat ihn bekannt gemacht; von diesem Film ~/~ von diesem Film haben wir gesprochen* **2.** ⟨+ *nicht;* nachgestellt⟩ /drückt das Gegenteil aus, mildert aber den Gegensatz/; SYN ²gerade (4): *er ist nicht ~ ein großer Künstler; er war nicht ~* (ˈer war nicht besondersˈ) *begeistert; er ist nicht ~ (sehr) geschickt* (ˈer ist nicht besonders geschicktˈ);

die Zahl der Fehler ist nicht ~ klein (ˈist ziemlich großˈ); *er ist nicht ~ schön* (ˈer ist ziemlich hässlichˈ); *das ist nicht ~ neu* (ˈist schon ziemlich altˈ)

⁵eben ⟨betont⟩ /als nachdrückliche bestätigende Antwort auf einen Aussagesatz; der Sprecher verbindet die Antwort mit einer Schlussfolgerung, die nicht unbedingt mit der Aussage übereinstimmt/: *„Das braucht man sich doch nicht gefallen zu lassen!" „Eben!"* (ˈdas meine ich auch soˈ); *„Herr M ist gar nicht so gesund." „Eben!"* (ˈja, und deshalb sollte er seine Kräfte lieber schonenˈ); *„Der ist auch schon über 50". „Eben!"*; *„Das Projekt ist auch nicht mehr so neu." „Eben!"* ❖ **ebenbürtig, ebenso, ¹,²ebenfalls**

ebenbürtig ['eːbm̩byʀtɪç] ⟨Adj.; o. Steig.; nicht bei Vb.⟩ /jmd./ *jmdm. ~ sein* ˈjmdm. an Fähigkeiten, Leistungen nicht nachstehenˈ: *er war ihm, beide waren sich* ⟨Dat.⟩, *einander ~; ein ihm ~er Gegner;* /etw./ *die Leistung war seiner Leistung ~; eine ~e Leistung* ❖ **⁵eben**

Ebene ['eːbənə], **die**; ~, ~n **1.** ˈgrößeres ebenes Gebiet (1)ˈ; SYN Flachland; ↗ FELD II.1.1, IV.2.1: *eine weite, fruchtbare ~ erstreckte sich vor uns* **2.** ⟨mit best. Adj.⟩ /bezeichnet in einer Hierarchie von Personen od. Bereichen die durch das Adj. genannte Stufe/: *etw. auf höchster ~* (ˈvon den im Range höchsten Personenˈ) *entscheiden lassen; etw. auf internationaler ~* (ˈzwischen Vertretern verschiedener, mehrerer Staatenˈ) *verhandeln; etw. liegt auf der gleichen, auf einer anderen ~* (ˈist unter gleichen, anderen Gesichtspunkten zu betrachtenˈ) ❖ ↗ **¹eben**

eben ['eːbm̩..]-**¹falls** ⟨Adv.; steht nie am Satzanfang⟩ SYN ˈ¹gleichfallsˈ: *der berühmte Künstler wird heute Abend ~ anwesend sein; der Angeklagte hat ~ gestanden, gestand ~;* /in der kommunikativen Wendung/ *„Danke, ~* (ˈdanke, ich wünsche Ihnen, dir das Gleiche!ˈ)" /als Erwiderung auf jmds. gute Wünsche/: *„Schönes Wochenende!" „(Danke,) ~!";* *„Guten Urlaub!" „Ebenfalls!"* ❖ ↗ **⁵eben**, ↗ **Fall (2,3)**; -**²falls** ⟨Gradpartikel; betont od. unbetont; steht vorw. vor der Bezugsgröße; bezieht sich auf verschiedene Kategorien, vorw. auf Verben⟩ /schließt andere Sachverhalte ein; fügt einen Sachverhalt gleichen Sachverhalten hinzu und drückt aus, dass er sich wie diese verhält/; SYN ¹gleichfalls, ⁴auch (1): *ich werde ~ anwesend sein; wir waren ~ dort; Herr N ~/~ Herr N hat diesen Aufruf unterschrieben* ❖ ↗ **⁵eben**, ↗ **Fall (2,3)**; -**¹so** ⟨Adv.⟩ **1.1.** ˈin, von derselben Art und Weiseˈ: *ich empfinde (das) ~; darüber denke ich ~* (ˈdarüber habe ich dieselbe Meinungˈ); *~ gut, ~ sehr: ich liebe das ~ sehr* **1.2.** ⟨vor Adj., Adv. in Korrelation mit nachfolgendem *wie*⟩ /bei einem Vergleich/ ˈin demselben Grad, Maßˈ; SYN ¹genauso, ¹geradeso, ¹so (2.2): *er ist ~ groß wie ich; er hat sich ~ blöd benommen*

wie ich; ich bin ~ *alt wie er* ❖ ↗ ⁵eben, ↗ ¹so; -²**so**
⟨Gradpartikel; betont od. unbetont; steht vor,
auch nach der Bezugsgröße; bezieht sich auf ver-
schiedene Kategorien⟩ /schließt andere Sachver-
halte ein; fügt einen Sachverhalt gleichen Sachver-
halten hinzu/; SYN ²*geradeso: er liebt Jazz, und ich*
~*; mir ist es* ~ *ergangen;* ⟨vorw. im Vergleich mit
wie⟩ *dieses Kleid ist* ~ *schön wie jenes; er spielt* ~
gut Klavier wie sein Bruder; er besitzt ~ *viele Bü-
cher wie ich; er ist* ~ *groß wie ich; ich empfinde das*
~ (SYN '⁴auch 1') *wie du;* ❖ ↗ ⁵eben, ↗ ¹so
Eber ['eːbɐ], **der**; ~s, ~ 'männliches, zur Zucht ge-
haltenes Schwein'; ↗ FELD II.3.1; vgl. *Sau*
Eber|esche ['..], **die** 'Laubbaum mit gefiederten Blät-
tern, weißen Blüten in Dolden und roten od. gelben
kleinen Früchten, die von Vögeln gefressen werden'
❖ ↗ **Esche**
ebnen ['eːbnən], ebnete, hat geebnet /jmd./ etw. ~
'etw., bes. Gelände für Straßen, Wege, ¹eben (2)
machen'; ↗ FELD III.1.2, 3.2, IV.2.2: *die Beete,
den Boden, den Weg* ~ ❖ ↗ **eben**
Echo ['εço], **das**; ~s, ~s **1.** 'durch Reflexion entstan-
dene hörbare Wiederholung eines Schalls'; SYN
Widerhall; ↗ FELD VI.1.1: *von der Bergwand kam
das* ~ *zurück; ein mehrfaches* ~ **2.** SYN 'Resonanz
(2)': *der Vorfall, die Rede des Präsidenten hatte,
fand ein starkes* ~ *in den Medien; das Stück, der
Roman ist beim Publikum auf kein* ~ *gestoßen* ('hat
keinen Anklang gefunden'); *das* ~ *auf die Rede des
Präsidenten*
Echse ['εksə], **die**; ~, ~n 'Kriechtier'; ↗ FELD II.3.1
(↗ BILD): *das Krokodil ist eine* ~ ❖ **Eidechse**

echt [εçt] **I.** ⟨Adj.; o. Steig.⟩ **1.** ⟨nicht bei Vb.⟩ 'nicht
künstlich, nicht imitiert, sondern in der eigentli-
chen Qualität vorhanden' /auf Gegenständliches,
auf bestimmtes Material bez., bes. auf etw., was ei-
nen gewissen Wert, was Bedeutung hat/: *der Ring
ist aus* ~*em Gold/der Ring ist echt Gold; eine Pe-
rücke aus* ~*em* (ANT falschem 1) *Haar; sind dies
*~*e* (ANT künstliche 1) *Perlen?;* ~*er* ('aus Edelme-
tall, Edelsteinen bestehender') *Schmuck; ein* ~*er
Dürer* ('nicht gefälschter, von Dürer selbst gemaltes
Bild'); *die Unterschrift ist* ~ ('nicht gefälscht'); *das
ist eine* ~ (SYN 'original 1') *römische Vase* **2.** 'nicht

nur den Anschein erweckend, sondern wirklich den
Erwartungen, Vorstellungen genau entsprechend';
SYN wahr (2.1), wahrhaft (I), wirklich (I.2): *ein
*~*er Freund; seine Freude war* ~*; er hat* ~ (SYN
'wirklich 1') *gelogen* **3.** ⟨nur attr.⟩ SYN 'typisch
(1.2)' /vorw. auf Personen bez./: *ein* ~*er Berliner*
('ein Berliner mit den Eigenschaften, die Berlinern
zugeschrieben werden'); *das ist* ~ *weiblich* ('so, wie
es allgemein für weiblich gehalten, von einer Frau
erwartet wird') − **II.** ⟨Adv.; vor Adj., Adv.⟩ umg.
emot. 'sehr'; SYN richtig (II): *das war* ~ *gut!; er
war* ~ *erfreut, sie zu treffen* ❖ **waschecht**
Ecke ['εkə], **die**; ~, ~n **1.1.** 'der Teil eines Raums,
einer Fläche, wo die begrenzenden Linien od. Flä-
chen zusammenstoßen'; ↗ FELD III.1.1: *etw. auf
die linke untere* ~ *eines Blattes Papier schreiben;
der Schrank steht in einer* ~ (SYN 'einem Winkel
2') *des Zimmers* **1.2.** 'der Teil eines Gegenstandes,
der die Stelle bildet, wo seine begrenzenden Linien
zusammenstoßen': *das Buch ist an den* ~*n beschä-
digt; die* ~*n des Teppichs umschlagen; das Auto ist
gegen die* ~ *des Hauses geprallt* **2.** 'Stelle, an der
zwei Straßen zusammenstoßen': *an der* ~ *stehen;
das Haus an der* ~*; um die* ~ *biegen; er wohnt gleich
um die* ~*; das Lokal befindet sich* ~ *Bergstraße/
Lindendamm* **3.** 'Punkt, an dem sich zwei Seiten od.
drei Flächen einer geometrischen Figur treffen': *die
*~*n eines Dreiecks, Würfels* ❖ **eckig** − **Dreieck, drei-
eckig, Fünfeck, Rechteck, rechteckig, Viereck, vier-
eckig**
* **an allen** ~**n und Enden** SYN 'überall': *sie haben ihn,
das Dokument an allen* ~*n und Enden gesucht;* **von
allen** ~**n und Enden** 'von überall her': *die Besucher
kamen von allen* ~*n und Enden;* ⟨⟩ umg. /jmd./
jmdn. um die ~ **bringen** ('ermorden')
eckig ['εkɪç] ⟨Adj.; Steig. reg., ungebr.⟩ 'Ecken (1.2)
aufweisend'; ANT ¹rund (1) /bes. auf Gegenstände,
Gebäude bez./; ↗ FELD III.1.3: *ein* ~*er Tisch,
Turm; eine* ~ ('in mehreren scharfen Knicken') *ver-
laufende Linie* ❖ ↗ **Ecke**
edel ['eːdl] ⟨Adj.; Steig. reg.⟩ **1.** 'von vornehmer Ge-
sinnung (zeugend)'; ANT ¹nieder (2); ↗ FELD
I.12.3: *ein edler Mensch; eine edle Tat;* ~ *handeln* **2.**
⟨vorw. attr.⟩ 'von hervorragender, bester Qualität,
hochwertig' /vorw. auf Materialien bez./: *edles
Holz; edler Wein; ein edles* ('aus bester Zucht stam-
mendes') *Pferd* ❖ ↗ **edel,** ↗ **Metall**
MERKE Zum 'e'-Ausfall der Endung: ↗ **dunkel**
(Merke)
Edel/edel ['..]|-**metall, das** 'seltenes und kostbares, we-
gen chemischer Einwirkungen (bes. von Sauerstoff)
widerstandsfähiges Metall'; ↗ FELD II.5.1; -**mut,
der** 'edle Gesinnung, Haltung'; ↗ FELD I.2.1,
1.2.1: *jmdn. wegen seines* ~*s hoch achten* ❖ ↗ **edel,**
↗ **Metall;** -**mütig** ['myːtɪç] ⟨Adj.; Steig. reg.⟩ SYN
'großmütig' /vorw. auf Personen bez./; ↗ FELD
I.2.3, 12.3: *er war ein* ~*er Helfer, Mensch; seine Tat
war* ~*;* ~ *handeln* ❖ ↗ **edel;** -**stein, der** 'natürlicher
od. künstlicher, meist in Form eines Steins (2) vor-
kommendes Stück aus einem seltenen und kostba-

ren, meist sehr harten Mineral, das wegen seiner Färbung und seines Glanzes als Schmuck verwendet wird'; ↗ FELD II.5.1: *ein Ring mit einem ~; mit ~en handeln; ~e schleifen* ❖ ↗ edel, ↗ Stein

Edition [edi'tsi̯oːn], die; ~, ~en **1.** ˈdas Herausgeben (2) eines gedruckten Werkes, bes. unter dem Aspekt kritisch wissenschaftlicher Bearbeitung': *die ~ der Werke Goethes* **2.** ˈvon einem Autor, Verlag nach bestimmten (kritisch wissenschaftlichen) Richtlinien herausgegebenes gedrucktes Werk'; SYN Ausgabe (3): *er hat die ~ der Werke Lessings gekauft; eine ~ von Goethe*

EDV [eːdeːˈfau], die; ~, ⟨o.Pl.⟩ /Kurzw. für *elektronische* ↗ *Datenverarbeitung*/

Efeu [ˈeːfɔɪ̯], der; ~s, ⟨o.Pl.⟩ ˈimmergrüne Kletterpflanze mit dunkelgrünen, glänzenden Blättern und im Frühjahr reifenden Beeren'; ↗ FELD II.4.1: *die Hauswand war mit/von ~ bedeckt*

Effekt [ɛˈfɛkt], der; ~s/auch ~es, ~e **1.** ⟨vorw. Sg.⟩ ˈvon etw. ausgeschenden Wirkung': *seine Worte übten einen überraschenden ~ auf die Zuhörer aus; der ~ dieser Maßnahme war gering* **2.** ⟨mit best. Adj.; vorw. Pl.⟩ ˈMittel, das bei einem Verfahren, Vorgehen, bei der Gestaltung von etw. angewandt, eingesetzt wird, weil mit ihm eine bestimmte Wirkung auf Menschen erzielt werden kann': *er verstand es, sein Publikum mit raffiniert ausgedachten, akustischen, optischen, artistischen ~en zu beeindrucken; ~e anwenden; das ist nur ein billiger ~* ❖ **effektiv, Effektivität** – **Nutzeffekt**

effektiv [ɛfɛkˈtiːf] ⟨Adj.; Steig. reg.⟩ ˈEffektivität aufweisend': *seine Bemühungen erwiesen sich als nicht ~ (genug); der ~e (ˈwirkliche I.2') Nutzen ist entscheidend* ❖ ↗ **Effekt**

Effektivität [ɛfɛktiviˈtɛːt/..ˈteːt], die; ~, ⟨o.Pl.⟩ ˈdie erzielte Leistung, der Nutzen im Verhältnis zu den eingesetzten Mitteln, zum Aufwand': *das Streben nach wirtschaftlicher ~; die ~ der Produktion erhöhen* ❖ ↗ **Effekt**

egal [eˈgaːl] ⟨Adj.⟩ **1.** ⟨nur präd. (mit *sein*)⟩ /etw. (vorw. *es, das*)/ *jmdm. ~ sein* SYN ˈjmdm. gleichgültig (3.1) sein': *es, das ist mir ~/mir ist ~, was du machst, denkst; heute ist mir alles ~; du musst das erledigen, ~ wann und wie* **2.** ⟨nur bei Vb.⟩ umg. landsch.: *er, sie hat ~ (ˈständig, immer wieder') was an mir auszusetzen*

Egel [ˈeːgl̩], der; ~s, ~ ˈmeist im Wasser lebender Wurm, der räuberisch od. schmarotzend lebt'; ↗ FELD II.3.1

Egge [ˈɛgə], die; ~, ~n ˈlandwirtschaftliches Gerät mit einer Reihe von Zinken, mit dem der Boden des Ackers gelockert und geebnet wird' (↗ TABL Landw. Geräte): *den Boden mit der ~ bearbeiten* ❖ **eggen**

eggen [ˈɛgn̩] ⟨reg. Vb.; hat⟩ /jmd./ *den Boden, Acker, das Feld ~* (ˈmit der Egge bearbeiten'; ↗ FELD II.4.2) ❖ ↗ **Egge**

Egoismus [egoˈɪsmʊs], der; ~, ⟨o.Pl.⟩ ˈnur auf den eigenen Vorteil bedachtes Verhalten, Handeln';

SYN Selbstsucht: *aus ~ handeln; sein ~ kennt keine Grenzen* ❖ **Egoist, egoistisch**

Egoist [egoˈɪst], der; ~en, ~en ˈjmd., der egoistisch ist, handelt': *er ist ein ~; so ein ~!* ❖ ↗ **Egoismus**

egoistisch [egoˈɪst..] ⟨Adj.; Steig. reg.⟩ ˈnur auf den eigenen Vorteil bedacht und danach handelnd'; SYN selbstsüchtig; ANT selbstlos: *er ist ein ~er Mensch, ist ~; ~ denken, handeln; sein Vorschlag war sehr ~* ❖ ↗ **Egoismus**

ehe [ˈeːə] ⟨Konj.; subordinierend; der Nebensatz steht nach od. vor dem Hauptsatz⟩ **1.** /temporal/ **1.1.** /gibt an, dass der Sachverhalt des Nebensatzes dem des Hauptsatzes unmittelbar nachgeordnet ist/; SYN bevor (1.1): *~ er fortgeht, schließt er die Tür ab/er schließt die Tür ab, ~ er fortgeht; wir gingen morgens los, ~ die Sonne aufging;* ⟨mit Negation im Hauptsatz und fakultativer Negation im Nebensatz⟩ *er darf die Wohnung nicht verlassen, ~ er (nicht) aufgeräumt hat* **1.2.** ⟨mit Negation im Hauptsatz und fakultativer Negation im Nebensatz; /gibt an, dass der Sachverhalt des Nebensatzes zeitlich unmittelbar vor dem des Hauptsatzes liegt/; SYN bevor (I.2): *ich treffe keine Entscheidung, ~ ich mich genau informiert habe* **2.** ⟨der Nebensatz steht vorw. vor dem Hauptsatz⟩ /der durch ehe eingeleitete Nebensatz gibt eine alternative Möglichkeit an, die nicht realisiert wird/ ⟨korreliert im Hauptsatz mit *lieber, besser*⟩ SYN anstatt dass: *~ ich bei diesem schlechten Wetter zu Fuß gehe, fahre ich lieber mit dem Auto; ~ wir uns damit lächerlich machen, verzichten wir besser darauf, diesen Film zu drehen* **3.** ⟨als Glied der zusammengesetzten subordinierenden Konj. **~ nicht**; bei Negation im Hauptsatz⟩ /temporal und zugleich konditional; gibt an, dass der Sachverhalt des Nebensatzes zeitlich vor dem des Hauptsatzes liegt/ ˈbevor (2) nicht': *~ die Hausaufgaben nicht fertig sind, dürft ihr nicht spielen* (ˈnur dann, wenn die Hausaufgaben fertig sind, dürft ihr spielen') ❖ **ehemalig;** vgl. auch **¹bald**

Ehe, die; ~, ~n ˈurkundlich durch eine staatliche, kirchliche Institution geschlossene und urkundlich bestätigte Verbindung (2.4) zwischen Mann und Frau zu gemeinsamem Leben': *eine gute, harmonische, (un)glückliche ~ führen; die ~ wurde geschieden; das ist sein Sohn aus seiner ersten ~/aus erster ~; der Junge stammt aus der ersten ~ meines Mannes; aus seiner ~ mit Rita N sind zwei Kinder hervorgegangen; die ~ mit jmdm. eingehen, schließen* (ˈjmdn. heiraten') ❖ **ehelich** – **Ehefrau, Ehemann**

Ehe|frau [ˈ..], die; ⟨oft in Verbindung mit Possessivpron. *sein*⟩ ˈFrau, mit der ein Mann verheiratet ist, war'; SYN Frau (2), Gattin, Gemahlin: *dies, sie ist seine ~* ❖ ↗ **Ehe,** ↗ **Frau**

ehelich [ˈeːə..] ⟨Adj.; o. Steig.⟩ **1.** ⟨nicht präd.⟩ ˈin der Ehe bestehend, der Ehe eigentümlich': *~e Rechte und Pflichten; das ~e Zusammenleben* **2.** ⟨nicht bei Vb.⟩ ˈaus einer Ehe hervorgegangen': *~e Kinder; die Kinder sind ~* ❖ ↗ **Ehe**

ehemalig ['e:əmɑːlɪç] ⟨Adj.; o. Steig.; nur attr.⟩ /drückt aus, dass etw., jmd. früher einmal das vom folgenden Subst. Bezeichnete gewesen ist/; SYN einstig, früher (I.2) /vorw. auf Personen bez./; ↗ FELD VII.4.3: *seine ~en Schüler; ihr ~er Chef; der ~e Sitz der Regierung* ❖ ↗ **ehe,** ↗ **Mal (II)**

Ehe ['e:ə..]‖**-mann, der** ⟨oft in Verbindung mit Possessivpron. *ihr*⟩ vorw. amtsspr. ˈMann, mit dem eine Frau verheiratet ist, warˈ; SYN Gatte, Gemahl, Mann(2) ❖ ↗ Ehe, ↗ Mann; **-paar, das** ˈMann und Frau, die miteinander verheiratet sindˈ: *ein junges, älteres ~* ❖ ↗ Ehe, ↗ Paar

eher ['e:ɐ] ⟨Adv.⟩ **1.** ⟨Komp. zu ↗ ¹*bald* (1)⟩ ˈzu einem noch früheren Zeitpunkt als dem erwartetenˈ; ↗ FELD VII.4.3: *ich konnte leider nicht ~ kommen; du hättest ~ aufstehen müssen; je ~ …, desto …: je ~ du anrufst, desto besser ist es, desto schneller kann ich kommen* **2.1.** ˈlieber (I)ˈ: *lieber ~/~ verzichte ich, als dich noch länger warte; alles andere täte ich ~ als dies* **2.2.** ˈmit größerer Wahrscheinlichkeitˈ: *er wird die Schuld nicht auf sich nehmen, ~ klagt er noch einen anderen an; das ist schon ~ möglich* **2.3.** ˈmit größerer Berechtigungˈ: *das könnte man schon ~ sagen* ❖ vgl. ¹**bald**

ehesten ['e:əstn̩] **am ~** ⟨Adv.⟩ **1.** ⟨Superl. zu ↗ ¹*bald*⟩ ˈvon allem Vergleichbaren am frühestenˈ: *diese Kirschen sind am ~ reif* **2.** ⟨Superl.; zu ↗ *eher*⟩ **2.1.** ˈam liebstenˈ: *am ~ würde ich noch spazieren gehen* **2.2.** ˈam wahrscheinlichstenˈ: *das ist noch am ~ möglich* ❖ vgl. **bald**

Ehre ['e:ʀə], **die** ~, **~n** **1.** ⟨o.Pl.⟩ ˈdas Gefühl, Bewusstsein von der eigenen Würde, vom Wert der eignen Persönlichkeitˈ; ↗ FELD I.12.1: *die ~ unserer Familie; seine ~ verbietet es ihm, andere zu hintergehen; das ging ihm gegen seine, gegen die ~; das ist ihm eine Sache der ~; seine ~ bewahren, verlieren; jmdn. in seiner ~ kränken* **2.** ˈWertschätzung, die jmdm. wegen seiner Verdienste, wegen seines Ansehens in der Öffentlichkeit erwiesen wirdˈ: *seine ~ stand auf dem Spiel; etw. macht jmdm. ~, gereicht jmdm. zur ~* (ˈehrt jmdn.ˈ); *jmdn. mit militärischen ~n beisetzen;* /in den kommunikativen Wendungen/ *es ist mir/ist für mich eine (große) ~* (ˈes ist für mich eine große Ehreˈ) */sagt jmd., wenn ihm ein Angebot gemacht wird, das ihm sehr schmeichelt/; auf ~/bei meiner ~* (ˈdas dürfen Sie mir sicher glaubenˈ)*! /sagt jmd., wenn er seine Äußerung beteuert/; mit wem habe ich die ~* (ˈwie ist Ihr Nameˈ)*? /fragt jmd. höflich, wenn sich ein Unbekannter an ihn wendet/; was verschafft mir die ~* (ˈwas ist der Grund Ihres Besuchsˈ)*? /sagt jmd. in höflicher Weise, wenn er einen nicht erwarteten Besucher empfängt/* ❖ **ehren, ehrlich, Ehrlichkeit, Ehrung, geehrt, verehren** – **ehrenamtlich, ehrenhalber, Ehrensache, -wort;** vgl. **ehr/Ehr-**
* /jmd./ **jmdm. die ~ abschneiden** (ˈjmdn. verleumdenˈ); /jmd./ **jmdm., etw.** ⟨Dat.⟩ **zuviel ~ antun/erweisen** (ˈjmdm., etw. zu viel Beachtung, Aufmerksamkeit widmen, ohne dass er, es es verdient hatˈ); /jmd./ **mit etw., jmdm. ~ einlegen (können)** (ˈdurch etw., jmdn. Anerkennung gewinnenˈ); /jmd./ **in ~n ergraut sein** (ˈalt geworden sein und sich mit seiner sehr lange ausgeübten Tätigkeit Ansehen erworben habenˈ); /jmd./ **jmdm. die letzte ~ erweisen** (ˈan jmds. Beisetzung, Trauerfeier teilnehmen und ihn damit ehrenˈ); **auf ~ und Gewissen:** *ich erkläre auf ~ und Gewissen* (ˈmit aller Aufrichtigkeit und nachdrücklichˈ), *dass ich daran nicht beteiligt war!;* /jmd./ **etw. in ~n halten** (ˈetw., was aus der Vergangenheit übernommen ist, mit Achtung pflegen und wahrenˈ); **in ~n:** *dein Onkel, deine Auszeichnung in ~n* (ˈohne deinen Onkel, deine Auszeichnung herabwürdigen zu wollenˈ), *aber wer ist er heute, was ist sie heute noch wert?;* /jmd./ **jmdn. bei seiner ~ packen** (ˈauf jmdn. durch Argumente o.Ä. psychisch so einwirken, dass sein Stolz, sein Gefühl von Ehre angestachelt wirdˈ); /etw./ **aller ~n wert sein** (ˈLob, Anerkennung verdienenˈ); **jmdm. zu ~n:** *man baut ihm zu ~n* (ˈum ihn zu ehrenˈ) *ein Denkmal errichtet*

ehren ['e:ʀən] ⟨reg. Vb.; hat⟩ **1.** /jmd./ **jmdn. ~** ˈjmdm. Anerkennung, Hochschätzung erweisenˈ; ↗ FELD I.12.2, 18.2: *jmdn. (mit, durch etw.) ~; die Sieger wurden mit einem Pokal geehrt; die Eltern ~;* /in der kommunikativen Wendung/ *sehr geehrte Frau, geehrter Herr N!* /höfliche Anrede, bes. in einem Brief/ **2.1.** /etw./ **jmdn. ~** ˈfür jmdn. Anerkennung, Wertschätzung bedeutenˈ: *Ihr Angebot, dein Vertrauen ehrt mich; deine Aufrichtigkeit ehrt dich* (ˈerweist dich als einen rechtschaffenen Menschenˈ) **2.2.** /jmd./ **sich geehrt fühlen** (ˈdas Gefühl haben, in seinem menschlichen Wert anerkannt und geschätzt zu werdenˈ) ❖ ↗ **Ehre**

ehren/Ehren ['e:ʀən..]‖**-amtlich** ⟨Adj.; o. Steig.⟩ ˈunentgeltlich und nicht als Beruf ausgeübtˈ /auf bestimmte offizielle Aufgaben, Funktionen bez./: *eine ~e Funktion, Tätigkeit; das macht er ~* ❖ ↗ Ehre, ↗ Amt; **-halber** [halbɐ] ⟨Adv.⟩ ˈals Ehrungˈ; ↗ FELD I.12.3: *ihm wurde der Vorsitz ~ übertragen; er ist Doktor ~* (ABK: Dr. e.h.) (ˈihm ist als Ehrung für besondere Verdienste der Titel eines Doktors verliehen wordenˈ) ❖ ↗ Ehre; **-sache** ⟨o. best. Art.⟩ umg. *das ist ~, ist eine ~ (für mich)* ˈdas ist für mich selbstverständlichˈ: *an dem Fest teilzunehmen, (das) ist (doch) ~!; „Kommst du mit?“ „~“* (ˈgewißˈ) ❖ ↗ Ehre, ↗ Sache; **-wort, das** ⟨o.Pl.⟩ ˈfeierliche Versicherung, bei der man seine Ehre (1) dafür einsetzt, dass das, was man gesagt hat, wahr ist, od. dass man das, was man versprochen hat, mit Sicherheit tun wirdˈ; ↗ FELD I.12.1: ⟨nur mit den Verben *geben, haben* und elliptisch⟩ *darauf (dass das wahr ist, ich das tun werde) gebe ich (Ihnen) mein ~; Sie haben mein – darauf!; ich werde kommen, schweigen, ~!* ❖ ↗ Ehre, ↗ Wort

Ehr/ehr ['e:ɐ]‖**-erbietung** [ɛɐˈbiːt..], **die;** ~, ⟨o.Pl.⟩ SYN ˈAchtung (2)ˈ: *jmdn. mit ~ grüßen; er empfand hohe ~ vor dem Greis, dem großen Dichter, dem Wissenschaftler, vor dem Werk des Künstlers* ❖ ↗ bieten; **-furcht, die** ˈmit einer gewissen Scheu gepaarte hohe Achtung vor der Würde, Größe, Bedeutung einer Persönlichkeit, Sache'; ↗ FELD I.12.1, 18.1: ~ vor jmdm. haben, jmdm. gegenüber empfinden; etw. flößt jmdm. ~ ein; die ~ vor dem Leben ❖ ↗ Furcht; **-fürchtig** [fʏʀçtɪç] ⟨Adj.; Steig. reg.⟩ 'in, mit, voller Ehrfurcht'; ↗ FELD I.12.3. 18.3: sie verharrten in ~em Schweigen vor dem Denkmal; ~ zuhören; sich ~ verneigen ❖ ↗ Furcht; **-geiz, der** 'meist übertriebenes Streben nach (großem) Erfolg, Reichtum, (hoher) Anerkennung': er hat den (krankhaften) ~, immer der Beste zu sein, als der Beste zu gelten; sein ~ ging allen auf die Nerven; er hatte leider gar keinen ~ ❖ ↗ Geiz; **-geizig** ⟨Adj.; Steig. reg.; vorw. attr. u. präd.⟩ 'Ehrgeiz habend, zeigend': er ist ein ~er Mensch, ist sehr, nur wenig ~; sie hat ~e Pläne; ihre Pläne sind ~ ❖ ↗ Geiz

ehrlich ['eːɐ̯..] ⟨Adj.; Steig. reg., ungebr.⟩ **1.** 'zuverlässig, korrekt im Umgang mit fremdem Eigentum, ohne (die Absicht) zu stehlen, zu lügen od. jmdn. zu täuschen' /auf Personen bez./; ↗ FELD I.2.3, 12.3: er ist ein ~er (ANT lügnerischer, verlogener 1) Mensch; ein ~er Finder ('jmd., der etw., das er gefunden hat, selbstverständlich dem Verlierer wieder zukommen lässt'); er war (nicht) immer ~; sie haben ~ ('jedem das von einer Menge ihm Zustehende gebend') geteilt **2.** SYN 'aufrichtig'; ANT falsch (4) /als Eigenschaft einer Person/: er ist ein ~er Freund; jmd. meint es ~ (mit jmdm.); ihr Erstaunen, ihre Freude war ~; etw. ~ (SYN 'offen 5') zugeben; /in der kommunikativen Wendung/ ~ gesagt ('um es ganz offen und aufrichtig zu sagen') /sagt jmd. jmdm. gegenüber, wenn er die Glaubhaftigkeit seiner Äußerung betonen will/: ~ gesagt, mir ist das zu teuer/mir ist das ~ gesagt zu teuer ❖ ↗ Ehre

Ehrlichkeit ['eːɐ̯lɪç..], **die** ~, ⟨o.Pl.⟩ /zu ehrlich 1 u. 2/ 'das Ehrlichsein'; /zu 1/; ↗ FELD I.2.1, 12.1: mit seiner ~ ist er auch nicht weit gekommen ❖ ↗ Ehre

ehrlos ['eːɐ̯..] ⟨Adj.; Steig. reg., ungebr.⟩ 'ohne Ehre (1)': ein ~er Mensch, Gauner, Schurke; ~ handeln ❖ ↗ Ehre, ↗ los

Ehrung ['eːʀʊŋ..], **die**; ~, ~en /zu ehren (1)/ 'das Ehren, (feierlich vorgenommene) Würdigung für jmdn.': eine würdige ~ des Jubilars; an diesem Tag wurden ihm viele ~en zuteil ❖ ↗ Ehre

Ei [aɪ̯], **das**; ~es/auch ~s, ~er ['aɪ̯ɐ] **1.** 'der Fortpflanzung dienende Zelle des menschlichen od. tierischen Organismus'; ↗ FELD II.3.1: ein befruchtetes ~ **2.1.** 'von einer mehr od. weniger festen Schale umgebenes kugeliges od. ovales, bis mehrere Zentimeter großes Ei (1) bes. der Vögel, Reptilien, das aus dem Körper herausgebracht (und in ein Nest gelegt) wird' (↗ TABL Vögel): die ~er des Vogels, der Schildkröte, Fische; das Huhn hat ein ~ gelegt **2.2.** 'das Ei (2.1) des Huhns als Nahrungsmittel'; ↗ FELD I.8.1: ein rohes, frisches, gekochtes ~; eine Packung ~er kaufen; sich ein ~ braten, kochen ❖ **Eierlöffel, -schale, Eigelb, Rührei, Spiegelei, zweieiig**

* /zwei od. mehrere (jmd.)/ **sich/einander wie ein ~ dem anderen gleichen** ('sich/einander im Aussehen zum Verwechseln ähnlich sein'); /jmd./ etw., jmdn. **wie ein rohes ~ behandeln** 'etw., jmdn. äußerst vorsichtig und rücksichtsvoll behandeln': er behandelt sein neues Auto wie ein rohes ~; du musst diesen sensiblen Menschen wie ein rohes ~ behandeln; **das ~ des Kolumbus** 'eine überraschend, verblüffend einfache Lösung eines Problems': das ist das ~ des Kolumbus: wir fliegen von Stockholm nach Berlin über Kopenhagen!; /jmd./ **wie auf ~ern gehen** 'überaus vorsichtig gehen und dabei ungelenk wirken': der geht ja wie auf ~ern!; /jmd./ **wie aus dem ~ gepellt sein** 'sehr gepflegt und sorgfältig gekleidet sein': er erschien im Theater wie aus dem ~ gepellt; ⟨⟩ umg. **ungelegte ~er** 'Angelegenheiten, die noch nicht spruchreif sind, die nicht zur Debatte stehen': kümmere dich nicht um ungelegte ~er!

Eibe ['aɪ̯bə], **die**; ~, ~n 'immergrüner Nadelbaum od. Strauch mit weichen Nadeln und roten beerenartigen Früchten'; ↗ FELD II.4.1 (↗ TABL Bäume)

Eiche ['aɪ̯çə], **die**; ~, ~n **1.** 'Laubbaum mit hartem Holz und festen Früchten (↗ Eichel), der ein hohes Alter erreicht'; ↗ FELD II.4.1 (↗ TABL Bäume): eine knorrige, alte ~ **2.** ⟨o.Pl.⟩ 'Holz der Eiche (1) als Werkstoff': ein Schrank aus ~ ❖ **Eichel, Eichelhäher, Eichhörnchen**

Eichel ['aɪ̯çl̩], **die**; ~, ~n **1.** 'Frucht der Eiche'; ↗ FELD II.4.1: ~n sammeln **2.** 'vorderer Teil des männlichen Gliedes (4)' ❖ ↗ Eiche

Eichel|häher ['..hɛːɐ̯], **der**; ~s, ~ 'mittelgroßer Singvogel mit buntem Gefieder, der im Herbst einen Vorrat aus Eicheln sammelt'; ↗ FELD II.3.1 ❖ ↗ Eiche

eichen ['aɪ̯çn̩] ⟨reg. Vb.; hat⟩ /jmd./ etw. ~ 'ein Maß (1.2), Gerät zum Messen auf seine Genauigkeit prüfen und mit der Norm in Übereinstimmung bringen': Gewichte, eine Waage ~; ein geeichtes Maß

Eich|hörnchen ['aɪ̯çˌhœʀnçn̩], **das**; ~s, ~ 'flinkes kleines Nagetier mit rotbraunem, schwarzem od. grauem Fell und einem Schwanz mit dichtem langem Haar'; ↗ FELD II.3.1 (↗ TABL Säugetiere): das ~ lebt auf Bäumen ❖ ↗ Eiche

Eid ['aɪ̯t], **der**; ~es/auch ~s, ~e **1.1.** 'gegenüber jmdm., vor einer zuständigen Institution gegebenes Versprechen zur Wahrung, Einhaltung von etw.'; SYN Schwur (1): ein feierlicher, heiliger ~; ein fast einen ~ darauf geschworen, das (nicht) zu tun; seinen ~ halten, brechen; seinen ~ als Angehöriger der Streitkräfte leisten, ablegen; den ~ auf die Verfassung ablegen **1.2.** 'vor Gericht in sprachlich festgelegter Form geäußerte Beteuerung, die Wahrheit zu sagen, gesagt zu haben': einen ~ leisten ('einen Eid schwören'); einen ~ schwören; er steht unter ~ ('hat vor Gericht einen Eid geschworen') und darf nichts verschweigen; er hat unter ~ ('nach Abgabe eines Eides') ausgesagt, dass ...; ein falscher ~

(SYN 'Meineid'); *etw. an ~es statt* ('eidesstattlich')
versichern ❖ **vereidigen − eidesstattlich, Meineid,
meineidig**
Eidechse ['aɪdɛksə], **die**; ~, ~n 'kleines flinkes
Kriechtier mit relativ langem Schwanz'; ↗ FELD
II.3.1: *~n huschen durchs Gras, liegen in der Sonne*
(↗ BILD) ❖ ↗ **Echse**

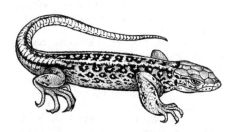

eidesstattlich ['aɪdəsʃtat..] ⟨Adj.; o. Steig.; nicht
präd.⟩ 'an Stelle eines Eides': *eine ~e Versicherung*
('eine Versicherung, die einem Eid entspricht'); *etw.
~ versichern; eine ~e Erklärung abgeben* ❖ ↗ **Eid,**
↗ ³**statt**
Eier ['aɪɐ..]||-**becher, der** 'kleines Gefäß, in das das ge-
kochte Ei gestellt wird' ❖ ↗ Ei, ↗ Becher; -**löffel,
der** 'kleiner Löffel, meist aus Kunststoff, mit dem
das gekochte Ei gegessen wird' ❖ ↗ Ei, ↗ Löffel;
-**schale, die** SYN 'Schale (2)': *überall lagen ~n
herum* ❖ ↗ Ei, ↗ Schale
Eifer ['aɪfɐ], **der**; ~s, ⟨o.Pl.⟩ 'auf ein erstrebtes Ziel
gerichtetes emsiges aktives Bemühen, ständiges
Streben': *mit, voller ~ an eine Arbeit, Aufgabe ge-
hen; er war mit großem ~ bei der Sache; etw., sein
Studium mit ~ betreiben; sein ~ hatte schon wieder
nachgelassen, war bald erlahmt* ❖ **eifrig − dienstei-
frig, Eifersucht, eifersüchtig, nacheifern, Wetteifer**
* umg. **im ~ des Gefechts** 'in der Eile, Aufregung,
Erregung': *etw. im ~ des Gefechts übersehen, ver-
gessen*
Eifer/eifer ['..]-**sucht, die** ⟨vorw. Sg.⟩ 'von Angst und
Argwohn bestimmtes Gefühl, das jmd. hat und in
seinem Verhalten zeigt, wenn er glaubt, dass jmd.,
den er liebt, sich einem anderen zuwendet und er
fürchtet, ihn zu verlieren, od. wenn er jmdm. etw.
neidet'; ↗ FELD I.6.1: *er war von rasender, blinder,
krankhafter ~ (auf seine Partnerin, seinen Bruder)
gepackt, besessen, geplagt, ergriffen; ~ empfinden;
die ~ des Ehemannes auf den Liebhaber; er verfolgte
sie mit seiner ~, setzte ihr mit seiner ~ zu, tötete
sie aus ~; der Erfolg seines Kollegen erregte seine
~* ❖ ↗ Eifer, ↗ Sucht; -**süchtig** ⟨Adj.; Steig. reg.⟩
'von Eifersucht erfüllt, bestimmt' /vorw. auf Perso-
nen bez./; ↗ FELD I.6.3: *ein ~er Ehemann; seine
Frau ~ auf seine Sekretärin; er ist ~ auf seine
Erfolge bei Frauen; jmdn. ~ beobachten; er wollte
seine Frau mit seinen Flirts nur ~ machen* ❖ ↗ Ei-
fer, ↗ Sucht
eifrig ['aɪfRɪç] ⟨Adj.; Steig. reg.⟩ 'voller Eifer' /vorw.
auf Personen bez./: *sie ist ~ um Erfolg im Studium
bemüht; ein ~er* (SYN 'emsiger') *Schüler, Ange-*

*stellter; er ist ~ bei der Arbeit; sie ist ~ um den
Erfolg im Studium bemüht; er ist ein ~er* ('leiden-
schaftlicher, aktiver') *Anhänger dieser Partei* ❖ ↗
Eifer
Ei|**gelb** ['..], **das**; ~s/auch ~es, ~e ⟨bei Zahlenangabe
Pl.: ~⟩ SYN 'Dotter': *die ~e schaumig schlagen;
drei ~ in die Brühe rühren* ❖ ↗ **Ei**, ↗ **Gelb**
eigen ['aɪgn̩] ⟨Adj.; o. Steig.⟩ **1.** ⟨nur attr.; mit
Possessivpron.⟩ 'jmdm. ganz allein gehörend'; ↗
FELD I.15.3: *sie hat ein, ihr ~es/eignes Auto; er
hat jetzt ein, sein ~es/eignes Zimmer; ihr ~er/eig-
ner, der ~e/eigne Mann konnte ihr nicht helfen; er
wollte etwas in ~er/eigner Sache* ('etw. ihn selbst
Betreffendes') *sagen; das geht die ~e Person* ('den,
der betroffen ist') *an; das habe ich mit meinen ~en/
eignen Augen* ('habe ich selbst') *gesehen; eine ~e/
eigne* ('selbständig gebildete, unabhängige') *Mei-
nung haben; etw. aus ~em Antrieb* ('ohne dazu auf-
gefordert zu sein') *tun; etw. auf ~e/eigne Gefahr,
Rechnung, Verantwortung tun; jedes Zimmer hat
seinen, einen ~en/eignen* ('separaten') *Zugang* **2.**
⟨nicht bei Vb.⟩ /etw./ *jmdm., etw.* ⟨Dat.⟩ *~ sein*
'für jmdn., etw. charakteristisch sein'; SYN eigen-
tümlich (2): *ihm war ein Hang zur Sorglosigkeit ~;
er hat eine ihm ~e/eigne Art, sich auszudrücken; der
dieser Gegend ~e/eigne Zauber; dieser Gegend ist
ein besonderer Zauber ~* **3.** ⟨nur attr.⟩ SYN 'spezi-
fisch': *diese Landschaft hat einen (ganz) ~en/eig-
nen Charakter* ('hat eine Eigenart, die man sonst
nicht findet') *etw., jmd. hat seine ~e/eigne Note* ❖
**eigens, Eigenschaft, eignen, Eignung, enteignen,
Enteignung, Eigentum, Eigentümer, eigentümlich,
geeignet − eigenwillig, leibeigen, Leibeigene, Leibei-
genschaft, uneigennützig, ureigen;** vgl. **eigen/Eigen-**
* /jmd./ **sich** ⟨Dat.⟩ **etw. zu Eigen machen** 'etw. von
jmdm. anderen Stammendes, bes. eine Idee, ein
Verhalten o.Ä. sich aneignen': *dieses Prinzip kön-
nen wir uns zu ~ machen;* ⟨⟩ geh. /jmd./ **etw. sein
Eigen nennen** 'etw. besitzen': *sie nennt ein rotes Ca-
briolet ihr ~*
MERKE Das *e* der Endung von *eigen* kann in den
flektierten Formen entfallen, besonders nach dem
Possessivpron.: *er hat seinen eignen Schirm mitge-
bracht*
Eigen/eigen ['..]-**art, die 1.** ⟨o.Pl.; meist mit Posses-
sivpron.⟩ 'das spezifische, persönliche Wesen (2)
eines Menschen, das ihn von anderen unterscheidet
od. die besondere Beschaffenheit einer Sache': *er
hat sich seine ~ über Jahrzehnte hin bewahrt* **2.**
'einzelne charakteristische Besonderheit einer Per-
son, Sache': *er hat sich ~en angewöhnt, die wir
nicht billigen können; eine seiner ~en ist die, dass
…; es ist eine ~ dieses Kuchens, dass er nicht krü-
melt; die besondere ~ dieser Fasern ist ihre hohe
Elastizität und Belastbarkeit* ❖ ↗ Art; -**artig** ⟨Adj.;
Steig. reg., ungebr.⟩ SYN 'merkwürdig' /auf Perso-
nen, Abstraktes bez./: *er war ein (sehr) ~er
Mensch; sie hatte so ein ~es Gefühl; das ist recht
~, kommt mir ~ vor* ❖ ↗ Art; -**händig** [hɛndɪç]
⟨Adj.; o. Steig.; nicht präd.⟩ 'mit der eignen Hand,

den eignen Händen ausgeführt': *eine ~e Unter-schrift; etw. ~ aufbauen* ❖ ↗ Hand; **-mächtig** ⟨Adj.; o. Steig.⟩ 'ohne Auftrag, ohne Befugnis und ohne Rücksicht auf die Zuständigkeit od. Interessen ei-nes anderen, anderer'; SYN selbstherrlich: *~ vor-gehen, Entscheidungen treffen; sein ~es Handeln; er ist immer sehr ~ gewesen* ❖ ↗ Macht; **-name, der** 'Name, der eine Person, Sache bezeichnet und sie von allen anderen unterscheidet': *Familiennamen, Ortsnamen, Flurnamen sind ~n* ❖ ↗ Name; **-nützig** [nʏtsɪç] ⟨Adj.; Steig. reg., ungebr.⟩ 'auf Gewinn, Vorteil für sich selbst bedacht': *die Motive für seine Hilfe waren ~; ~ handeln, denken; er ist ein ~er Mensch* ❖ ↗ Nutzen

eigens [ˈaign̩s] ⟨Gradpartikel; betont; steht vor der Bezugsgröße; bezieht sich auf verschiedene Kategorien⟩ /schließt andere Sachverhalte aus/; SYN nur, [3]allein (1): *der Raum wurde ~ für diesen Zweck hergerichtet; das ist ~ für einen wohltätigen Zweck bestimmt; das wurde ~ für ihn vorbereitet; er ist ~ aus diesem Grund gekommen; das muss hier nicht ~* ('besonders') *betont werden* ❖ ↗ **eigen**

Eigenschaft [ˈaign̩..], **die**; ~, ~en **1.** 'wesentliches Merkmal des Verhaltens eines Menschen, das einen Teil seines Charakters ausmacht': *er hat gute und schlechte ~en; seine hervorragendste ~ ist seine Ordnungsliebe* **2.** 'wesentliches Merkmal der Be-schaffenheit od. des Reagierens eines Stoffes (2), Gegenstandes': *die wesentlichen ~en eines chemi-schen Grundstoffs; ein Produkt mit ausgezeichneten ~en; die bedeutendste ~ dieses Stoffes ist, dass er nicht knittert* ❖ ↗ **eigen**

Eigen/eigen [ˈ..]|**-sinn, der** ⟨o.Pl.⟩ 'hartnäckiges Be-harren auf seinem Tun, seiner Absicht, Meinung, verbunden mit einer Unzugänglichkeit für vernünf-tige Argumente'; ↗ FELD I.2.1: *sturer ~; aus ~ an einer Meinung festhalten;* vgl. *Trotz* (1.1) ❖ ↗ Sinn; **-sinnig** ⟨Adj.; Steig. reg.⟩ 'mit, aus Eigensinn' /vorw. auf Personen bez./; ↗ FELD I.2.3: *ein ~es Kind; ~ auf etw. beharren; unser Kind war früher sehr ~* ❖ ↗ Sinn

[1]**eigentlich** [ˈaignt..] ⟨Adj.; nur attr.; o. Steig.⟩ **1.** 'das Hauptsächliche, Wesentliche bei, von etw. darstel-lend' /vorw. auf Abstraktes bez./: *das ist der ~e Sinn, Zweck der Sache; zu seinen ~en Aufgaben kommt er nicht* **2.** 'im Unterschied zum (äußeren) Anschein, in Wirklichkeit': *sein ~er Name ist Müller; seine ~e Leistung liegt im Sport*

[2]**eigentlich** ⟨Modalpartikel; betont, auch unbetont; bezieht sich auf den ganzen Satz⟩ **1.** ⟨betont; steht auch am Satzanfang; steht in Aussagesätzen⟩ /schränkt durch einen Einwand einen Sachverhalt ein, der Einwand wird aber im folgenden adversati-ven Satz relativiert/: *~ ist er ganz nett, aber er wirkt nicht so; ~ wollte ich ins Kino gehen, habe mich dann aber fürs Theater entschieden; ich habe ~ gar keine Zeit, aber ...* **2.** ⟨unbetont; steht auch am Satzanfang; steht in Aussagesätzen⟩ /drückt aus, dass etw. im Grunde wichtiger, bedeutender ist als etw. anderes/ 'wenn man es recht betrachtet': *~*

hast du Recht; das gehört ~ nicht hierher; es war ~ ganz schön; er ist ~ ein ganz netter Kerl **3.** ⟨unbe-tont; steht in Fragesätzen, in Entscheidungs-, Ergänzungsfragen⟩ /drückt das Interesse des Spre-chers an einem (neuen) Sachverhalt aus und gibt dem Gespräch meist eine neue Richtung/: *hast du ~ nie daran gedacht, ein Buch zu schreiben?; wann ist er ~ mit seiner Dissertation fertig?; wie heißt er ~?; wann willst du ~ in Urlaub gehen?; wart ihr ~ schon in Norwegen?*

Eigentum [ˈaign̩..], **das**; ~s, ⟨o.Pl.⟩ **1.** 'Sache, die jmdm. gehört, über die er verfügen kann und die zu nutzen er das Recht hat'; ↗ FELD I.15.1: *dieses Grundstück ist mein, unser, ist privates, persönliches, staatliches ~; sorgsam mit seinem ~ umgehen; sich an fremdem ~ vergreifen* ('stehlen') **2.** Jur. 'das Recht und die Macht, über eine Sache als Eigen-tum (1) zu verfügen': *das Grundstück ist in das ~ des Staates übergegangen* ❖ ↗ **eigen**

Eigentümer [ˈ..tyːmɐ], **der**; ~s, ~ 'jmd., der über ein Eigentum (1) verfügen kann und das Recht hat, es zu nutzen'; SYN Besitzer (1.1); ↗ FELD I.15.1 ❖ ↗ **eigen**

eigentümlich [ˈ..tyːm../..ˈtyːm..] ⟨Adj.⟩ **1.** ⟨Steig. reg.⟩ SYN 'merkwürdig' /auf Personen, Abstraktes bez./: *ein ~er Mensch, Vorfall; das ist sehr ~; er benimmt sich ~* **2.** ⟨o. Steig.⟩ /etw./ *jmdm., etw.* ⟨Dat.⟩ *~ sein* SYN 'eigen (2) sein': *diese Rede-weise, Bewegung ist ihm ~; die der Steppe ~e Vege-tation* ❖ ↗ **eigen**

eigen|willig [ˈaign̩..] ⟨Adj.; Steig. reg.⟩ 'den eigenen Willen nachdrücklich, deutlich zur Geltung brin-gend, bringen wollend': *er ist ein ~er Mensch, denkt sehr ~; eine ~e* ('vom persönlichen Wollen des Gestaltenden gekennzeichnete') *Formung; die Formung war recht ~* ❖ ↗ **eigen**, ↗ Wille

eignen [ˈaignən], **sich** ⟨reg. Vb.; hat; ↗ auch *geeignet*⟩ /jmd., etw./ *sich für etw. ~* 'die für etw. erforderli-chen Fähigkeiten, Eigenschaften haben': *er eignet sich nicht für diese Aufgabe, ist für diese Tätigkeit nicht geeignet; der Stoff eignet sich gut für diesen Zweck* ❖ ↗ **eigen**

Eignung [ˈaign̩..], **die**; ~, ⟨o.Pl.⟩ /zu *eignen*/ 'das Ge-eignetsein (einer Person)': *ihre ~ für diesen Beruf; (eine) ~ zu, für etw. haben; die ~ dieses Materials für den Brückenbau* ❖ ↗ **eigen**

Eil [ˈail..]|**brief, der** 'Brief, der von der Post beschleu-nigt befördert werden soll' ❖ ↗ **eilen**, ↗ Brief

Eile [ˈailə], **die**; ~, ⟨o.Pl.⟩ 'das Bestreben, etw. so schnell wie möglich zu erledigen und das Gefühl, aus Mangel an verfügbarer Zeit dazu gedrängt zu sein, werden': *jmd. hat große ~, hat keine ~; das hat keine ~* ('das ist nicht so dringend und muss nicht sofort erledigt werden'); *das hat (große) ~* ('ist sehr dringend und muss sofort erledigt wer-den'); *jmd. ist in ~* ('hat keine Zeit, irgendwo zu verweilen, weil er dringend etw. erledigen muss'); *das habe ich in der ~ vergessen; jmdn. zur ~ drän-gen, treiben* ('jmdn. drängen, sich zu beeilen') ❖ ↗ **eilen**

eilen [ˈai̯lən] ⟨reg. Vb.; hat/ist⟩ **1.** ⟨ist⟩ /jmd./ *irgend-wohin* ~ ˈsich schnell, vorw. zu Fuß, irgendwohin bewegen'; ANT trödeln (1.2): *er ist nach Hause, zur Bahn, zu ihr geeilt; jmdm. zu Hilfe* ~ (ˈsich schnell zu einem Hilfesuchenden begeben, um ihm zu helfen') **2.** ⟨hat; vorw. im Präs. u. Prät.⟩ */etw.* (vorw. *es)/* ˈschnelle Erledigung erfordern, dringend sein': *die Sache, es eilt; damit eilt es (mir) nicht* ❖ **beeilen, Beeilung, Eile, eilig — Eilbrief, herbeieilen, übereilen, voreilig**

eilig [ˈai̯lɪç] ⟨Adj.; Steig. reg.⟩ **1.** ⟨vorw. bei Vb.⟩ ˈin Eile': *er ist sehr* ~ *weggelaufen, zu der Stelle hingelaufen; ich habe es* ~ (ˈbin in Eile') **2.** ⟨nicht bei Vb.⟩ ˈschnelle Erledigung erfordernd, dringend' /auf Abstraktes bez./: *ein* ~*er Auftrag; die Sache ist* ~ ❖ ↗ **eilen**

Eimer [ˈai̯mɐ], **der**; ~s, ~ **1.** ˈvorw. zur Aufnahme von Flüssigkeiten dienendes größeres zylinderförmiges, sich meist nach oben erweiterndes Gefäß mit einem Henkel in Form eines Bügels'; ↗ FELD V.7.1 (↗ TABL Gefäße): *den* ~ *füllen, ausschütten; ein* ~ *aus Kunststoff, Blech; ein emaillierter* ~ **2.** ⟨o.Pl.⟩ ˈMenge, die den Inhalt von Eimer (1) bildet': *ein* ~ *Wasser; einen* ~ *Wasser auf das Beet gießen* ❖ **Mülleimer**

¹ein [ai̯n] ⟨unbest. Art.; Mask. u. Neutr.; Fem. **eine**; steht vor einem Subst. und gibt Kasus, Numerus und Genus an; unbetont; ↗ TAFEL VI; nur adj.; ↗ auch ¹**der**, ²**ein**, ²**einer**⟩ **1.** /bezeichnet eine einzelne von mehreren möglichen Sachen od. Personen, ohne dass diese eindeutig identifiziert wird/: ~ *Mann,* ~*e Frau hat angerufen; sie hat* ~*en jungen Mann kennengelernt; es war an* ~*em* (ˈirgendeinem') *Sommertag; ist hier* ~ *Arzt?; gib mir bitte* ~*e Zeitung; das war* ~ *anderer; wir warten auf* ~*e Antwort, auf* ~ *Wort von ihr* **2.** /kennzeichnet das Subst. generalisierend als Vertreter einer Klasse von Gegenständen od. Personen/: *die Tanne ist* ~ *Nadelbaum; das Auto ist* ~ *Verkehrsmittel;* ~ *Kind will spielen* **3.** ⟨steht vor Familiennamen + Herr, Frau im Sg.⟩ /drückt die Distanz des Sprechers aus und dass die betreffende Person ihm unbekannt ist/: *da wollte dich eben* ~ *Herr Maier,* ~*e Frau Lehmann sprechen* **4.** /steht vor Abstrakta, Familiennamen im Sg., um den hohen Grad, die Besonderheit auszudrücken/: *ich habe vielleicht* ~*en Hunger* (ˈich habe sehr großen Hunger')!; *das konnte nur* ~ *Goethe* (ˈein Dichter wie Goethe') *sagen* **5.** ↗ *was für* ~; ~ ↗ *bisschen,* ~ ↗ *wenig;* ↗ *so* ~ ❖ ¹**einander, ¹einer, einerlei, Einerlei — aneinander, aufeinander, auseinander, auseinandersetzen, Auseinandersetzung, durcheinander, einander, füreinander, gegeneinander, hintereinander, ineinander, irgendein, irgendeiner, miteinander, nacheinander, nebeneinander, übereinander, umeinander, untereinander, voneinander, voreinander, zueinander**

²ein ⟨Zahladj. zur Kardinalzahl ¹**eins**; Mask. u. Neutr.; Fem. **eine**; ↗ TAFEL XII; nur adj. (subst. ↗ ²**einer**)⟩ **1.** /der Kardinalzahl 1 entsprechend/: ~*e Mark und drei Mark sind vier Mark;* ⟨oft mit

nur; betont⟩ *wir haben nur* ~ *Kind, nur* ~*e Tochter, nur* ~*en Sohn; das dauert (nur)* ~*e Stunde; ich möchte bitte nur* ~ *Stück Zucker; bitte* ~*en Grog; es war nicht* ~ (ˈkein') *Platz frei; er will* ~ *bis zwei Tage bleiben;* ⟨unflektiert bei Zeitangaben⟩ *es ist (drei Minuten nach)* ~ *Uhr* **2.** /drückt Übereinstimmung zwischen zwei Sachen, Personen aus/: *wir waren* ~*er* (ˈderselben') *Meinung, er war mit ihr* ~*er Meinung; das war in beiden Fällen* ~ *und dieselbe* (ˈdieselbe') *Person; das ist* ~ *und dasselbe* ❖ ²**einer, einfach (1), Einheit, einheitlich, Einheitlichkeit, einig, einigen, Einigkeit, eins, einsam, Einsamkeit, ¹,²einzig — einarmig, -bändig, Einbahnstraße, Einbettzimmer, eindeutig, eineinhalb, einerseits, einfach, einfarbig, -förmig, -gleisig, -hellig, -hundert, Einklang, ¹einmal, einmalig, -motorig, -mütig, Einreiher, einseitig, -silbig, -stimmig, -stündig, -stündlich, -tägig, -tausend, -tönig, Eintopf, einträchtig, Einvernehmen, einwöchig, Einzeller, einzellig, einzeln, einzig; handelseinig, Maßeinheit, uneinig, uneins, Verein, vereinigen, Vereinigung, vereinzelt; vgl. Verein**

* /jmd., etw./ **jmds. Ein und Alles sein** ˈjmds. ganzes Glück ausmachen': *er war ihr* ~ *und Alles; die Kinder waren ihr, sein* ~ *und Alles*

MERKE Zum Unterschied von ²*ein* und *eins*: Die Kardinalzahl *eins* (1) wird nicht flektiert, in adj. flektierter Verwendung steht ²*ein*; vgl. aber die folgenden Unterschiede: **1.** In mathematischen Aufgaben und beim Abzählen: 1, 2, 3 sprich: *eins, zwei, drei;* $1+4=5$ sprich: *eins plus vier gleich fünf;* $4 \times 1 = 4$ sprich: *vier mal eins ist vier,* aber $1 \times 4 = 4$ sprich: *ein mal vier ist vier* **2.** Als letztes gesprochenes Glied einer nicht attr. gebrauchten Zahl, z. B. $101 =$ *einhunderteins,* (aber: $21 =$ *einundzwanzig*); bei attr. Gebrauch werden Zahlen mit *hundert, tausend* usw. mit *-und-* aufgelöst: *die Maschine wiegt* $101 = (ein)hundert und ein Kilogramm$ **3.** Bei Dezimalbrüchen u.Ä.: *er läuft die hundert Meter in 10,1* (= *zehn Komma eins) Sekunden* **4.** Bei Zeitangaben ohne den Zusatz *Uhr: er kommt um halb eins* (aber: *um halb ein Uhr)* — Zur Flexion der auf *ein* folgenden Adjektive ↗ *drei* (Merke)

ein- /bildet mit dem zweiten Bestandteil Verben; betont; trennbar (im Präsens u. Präteritum) **1.** /drückt aus, dass sich durch das im zweiten Bestandteil Genannte eine Größe in eine andere Größe hinein bewegt/: ↗ z. B. *einfahren* (1), *einmarschieren* (1) **2.** /drückt aus, dass durch das im zweiten Bestandteil Genannte eine Größe in eine andere Größe befördert wird/: ↗ z. B. *eingießen, einpacken* **3.** /drückt aus, dass sich durch das im zweiten Bestandteil Genannte eine Größe sich in eine seitliche Richtung bewegt/: ↗ z. B. *einbiegen* **4.** /drückt aus, dass durch das im zweiten Bestandteil Genannte eine Größe konserviert wird/: ↗ z. B. *einkochen, einwecken* ❖ **voreingenommen;** vgl. **ein/Ein-**

ein/Ein [ˈai̯n..]**-ander** [ai̯ˈnandɐ] ⟨rez. Pron.; indekl.⟩ **1.1.** ˈeine(r) den, der anderen, eines das andere und umgekehrt'; SYN sich (2): *wir haben* ~ (ˈuns') *lange nicht gesehen; sie haben* ~ *geküsst;* ~ *gut verstehen* **1.2.** ˊeine(r), eines dem, der anderen und umgekehrtˋ: *sagt* ~ (ˊeuchˋ) *Gute Nacht; sie sind* ~ (SYN ˊsich 2.2ˋ) *näher gekommen;* ~ *entgegengesetzte Standpunkte* ❖ ↗ ¹ein, ↗ anderer; **-arbeiten**, arbeitete ein, hat eingearbeitet **1.** /jmd./ *sich, jmdn. in etw.* ~ ˊsich, jmdn. mit einer Arbeit, einem Arbeitsprozess vertraut machenˋ: *er hat sich gut, schnell (in seine neuen Aufgaben) eingearbeitet; er muss seinen Nachfolger erst noch* ~; *gut eingearbeitete Arbeitskräfte* **2.** /jmd./ *etw. in etw.* ~ SYN ˊetw. einsetzen (1)ˋ: *ein neues Detail, einen Satz in den Text* ~ ❖ ↗ Arbeit; **-armig** [ˈaʀmɪç] ⟨Adj.; o. Steig.; nicht bei Vb.; vorw. attr.⟩ ˊnur einen Arm (1) besitzendˋ /auf Personen bez./: *ein* ~*er Mann* ❖ ↗ ²ein, ↗ Arm; **-äschern** [ˈɛʃɐn] ⟨trb. reg. Vb.; hat⟩ /jmd., Institution/ ⟨vorw. im Pass.; im Akt. nur mit *lassen* od. Modalvb.⟩ *einen Verstorbenen, Toten* ~ ˊden Leichnam eines Verstorbenen in einem Krematorium zu Asche verbrennen lassenˋ: *die Hinterbliebenen wollten, haben ihn* ~ *lassen; er wurde eingeäschert* ❖ ↗ Asche; **-atmen**, atmete ein, hat eingeatmet /jmd./ *die Luft durch den Mund* ~ (ˊbeim Atmen die Luft in die Lunge gelangen lassenˋ; ANT ausatmen 1.2; ↗ FELD I.7.9.2) ❖ ↗ Atem; **-bahnstraße, die** ˊStraße, die nur in einer Richtung befahren werden darfˋ: *in der* ~ *darf man auf beiden Seiten parken* ❖ ↗ ²ein, ↗ Bahn, ↗ Straße; **-band, der** ˊaus fest(er)em Material bestehender äußerer Teil eines Buches, Heftes, der die Blätter vorn, hinten und an einer Seite schütztˋ: *ein lederner* ~; *ein* ~ *aus Leinen* ❖ ↗ binden; **-bändig** [bɛndɪç] ⟨Adj.; o. Steig.; nicht bei Vb.⟩ ˊaus nur einem ²Band bestehendˋ: *ein* ~*es Werk, Wörterbuch* ❖ ↗ ²ein, ↗ binden; **-bau, der** ⟨o.Pl.⟩ /zu einbauen/ ˊdas Einbauenˋ; ANT Ausbau: *der* ~ *eines Motors* ❖ ↗ Bau; **-bauen** ⟨trb. reg. Vb.; hat⟩ /jmd./ *etw.* ~ ˊgenau passende Teile in etw. schon Fertiges, Vorhandenes, an eine dafür vorgesehene Stelle bringenˋ; ANT ausbauen (1): *nachträglich ein Bad in eine Wohnung* ~; *den Motor, einen Thermostaten, nachträglich einen Katalysator* ~; vgl. *einsetzen (1)* ❖ ↗ Bau; **-berufen**, berief ein, hat einberufen **1.** ⟨vorw. im Pass.⟩ /Institution/ *jmdn.* ~ ˊeinen Wehrpflichtigen auffordern, sich zur Ableistung seines Wehrdienstes einzufindenˋ; SYN einziehen (6): *die Reservisten* ~; *er ist (zum Wehrdienst, zu einer Übung) einberufen worden* **2.** /jmd., Institution/ *eine Konferenz* ~ ˊOrt und Zeitpunkt für eine Konferenz festlegen und die betreffenden Personen auffordern, daran teilzunehmenˋ: *die Versammlung, Sitzung wurde auf/für den 1. Dezember (nach Berlin)* ~ ❖ ↗ berufen; **-bettzimmer, das** ˊZimmer in einem Krankenhaus, Hotel mit nur einem Bett und für eine Personˋ: *sie hat ein, liegt in einem* ~ ❖ ↗ ²ein, ↗ Bett, ↗ Zimmer; **-biegen**, bog ein, ist eingebogen /jmd., Straßenfahrzeug/ *irgendwohin* ~ ˊvon der bisherigen Richtung weg nach rechts od. links in eine andere Richtung, bes. in eine Straße, Einfahrt fahren, gehenˋ: *er, der Bus bog in eine Nebenstraße ein; dort hinten musst*

du nach links ~❖ ↗ biegen; **-bilden, sich**, bildete sich ein, hat sich eingebildet; ↗ auch *eingebildet* **1.** /jmd./ *sich* ⟨Dat.⟩ *etw.* ~ ˊetw., bes. auf die eigne Person Bezogenes, auf Grund falscher Vorstellungen für wirklich haltenˋ: *sie bildet sich Chancen ein; er bildete sich alle möglichen Gefahren ein; er bildet sich ein, alle müssten sich nach ihm richten;* ⟨oft attr. im Part. II⟩ *eine eingebildete* (ˊnur in jmds. Vorstellung bestehende, ihn bedrohendeˋ) *Gefahr, Krankheit* **2.** /jmd./ *sich* ⟨Dat.⟩ *etw. auf etw.* ⟨Akk.⟩ ~ ˊohne berechtigten Grund stolz auf etw. seinˋ: *sie bildet sich viel auf ihre Schönheit ein* ❖ ↗ Bild; **-bildung, die 1.** ˊnicht der Wirklichkeit entsprechende Vorstellung (2)ˋ: *das sind doch alles nur* ~*en; das gibt es, das existiert nur in deiner* ~ (SYN ˊPhantasie 2ˋ) **2.** ⟨o.Pl.⟩ /zu einbilden 2/ ˊdas Eingebildetseinˋ: *er hat sich mit seiner* ~ *lächerlich gemacht* ❖ ↗ Bild; **-blick, der 1.** ⟨o.Pl.⟩ SYN ˊEinsicht (1)ˋ; ↗ FELD I.3.1.1: *von hier aus hat man keinen* ~ *in den Garten* **2.** *einen* ~, ~*e in etw. gewinnen* ˊdurch Vermittlung od. durch eigene Wahrnehmung erst Kenntnis von einem Sachverhalt und seinen Zusammenhängen gewinnenˋ: ~*e in jmds. Arbeitsweise, Methoden gewinnen* ❖ ↗ blicken; **-brechen** (er bricht ein), brach ein, ist/hat eingebrochen **1.** ⟨hat/ist⟩ /jmd./ ˊgewaltsam und widerrechtlich in ein verschlossenes Gebäude, einen abgeschlossenen Raum eindringen, bes. um etw. zu stehlenˋ: *bei uns hat/ist man eingebrochen; in etw.* ⟨Dat./Akk.⟩ ~: *Diebe sind in den Keller, haben im Keller eingebrochen; bei unseren Nachbarn, in ihrem Haus ist eingebrochen worden* **2.** ⟨ist⟩ /etw., Bauwerk, bes. Brücke/ SYN ˊeinstürzenˋ: *der mittlere Teil der Brücke, das Dach, die Decke des Zimmers ist eingebrochen* **3.** ⟨ist⟩ /jmd./ *er ist (auf dem Eis), beim Eislaufen eingebrochen* (ˊdurch das zerbrechende Eis ins Wasser gefallenˋ) ❖ ↗ brechen; **-bringen**, brachte ein, hat eingebracht **1.** /jmd., bes. Bauer/ *etw.* ~ ˊetw., bes. Geerntetes, in die dafür vorgesehenen Räume schaffenˋ; SYN einfahren ⟩: *den Weizen, die Ernte* ~ **2.** /etw./ *jmdm. etw.* ~ ˊals Folge, Ergebnis (eines Handelns) Nutzen od. Schaden für jmdn. bringen (6,8)ˋ; SYN eintragen (2): *das, diese Arbeit hat ihm viel Geld, nur Ärger, große Anerkennung eingebracht; das bringt nichts, nichts als Schwierigkeiten ein* **3.** /jmd./ *etw.* ~ ˊetw., bes. ein Schriftstück, einen Vorschlag offiziell vorbringen, vorlegen (1), um darüber entscheiden zu lassenˋ: *eine Vorlage für die Regierung, einen Antrag in der Sitzung des Vorstands* ~ **4.** /jmd./ *etw. in etw.* ~ ˊetw., bes. persönliches Eigentum, bei Eintritt in eine Gemeinschaft mitbringen und es zum gemeinsamen Besitz machenˋ: *ein Haus in die Ehe, Kapital in ein Unternehmen* ~ ❖ ↗ bringen; **-brocken** [bʀɔkn̩] ⟨trb. reg. Vb.; hat⟩ umg. /jmd./ *jmdm., sich* ⟨Dat.⟩ *etw. (bes. das, was)* ~ ˊjmdn., sich durch unbedachtes Vorgehen in eine unangenehme, schwierige Lage bringen, Ärger, Verdruss bereitenˋ: *das hast du dir selbst eingebrockt; da, damit, mit deiner Lüge hast du dir, uns ja was (Schlimmes) ein-*

gebrockt! ❖ ↗ Brocken; **-bruch, der 1.** /zu *einbrechen* 1/ 'das Einbrechen': *einen ~ (in ein Haus, eine Wohnung) verüben, begehen* ('in ein Haus, eine Wohnung einbrechen'); *er ist bei einem ~ überrascht, ertappt worden* **2.** ⟨o.Pl.⟩ *bei, mit ~* ('bei Beginn') *der Dunkelheit, Nacht* ❖ ↗ brechen; **-bürgern** [bʏʀgɐn] ⟨trb. reg. Vb.; hat⟩ **1.** /Institution/ jmdn. ~ 'einem ausländischen Staatsbürger die Staatsbürgerschaft verleihen': *er ist in den/die USA eingebürgert worden* **2.** /etw./ *sich ~* 'üblich werden': *dieser Brauch hat sich (bei uns) eingebürgert* **3.1.** /Tier, Pflanze/ *sich ~* 'heimisch werden': *dieses Tier hat sich bei uns eingebürgert* **3.2.** /jmd./ *ein Tier, eine Pflanze ~* ('heimisch machen') ❖ ↗ Bürger; **-bürgerung** [bʏʀgɐr..], **die** ⟨o.Pl.⟩ /zu *einbürgern* 1 u. 3/ 'das Einbürgern' ❖ ↗ Bürger; **-buße, die** 'Verlust durch Schwinden, Rückgang von etw.': *beträchtliche, schwere finanzielle ~n erleiden; eine ~ an Ansehen, Einfluss, Vermögen* ❖ ↗ Buße; **-büßen** ⟨trb. reg. Vb.; hat⟩ /jmd., Institution/ *etw. ~* 'etw. durch besondere einschneidende Umstände nicht mehr zur Verfügung haben, das für den Betreffenden, das Betreffende notwendig ist'; SYN kommen (10), verlieren (2.2.2): *der Betrieb hat, wir haben bei diesem Handel viel Geld eingebüßt; er hat dadurch seinen guten Ruf, sein Ansehen eingebüßt; sie hat bei dem Unfall ihr Leben eingebüßt* ❖ ↗ Buße; **-deutig** [dɔɪtɪç] ⟨Adj.; o. Steig.⟩ **1.** SYN 'unmissverständlich (1)'; ANT missverständlich /vorw. auf Abstraktes bez./: *ein ~er Begriff; sich ~ ausdrücken; das Signal muss ~ sein* **2.** 'jeden Zweifel ausschließend'; SYN klar (3.1): *er hat ~e Beweise für seine Anklage bei-, vorgebracht; das ist eine ~e Haltung, Entscheidung* ❖ ↗ ²ein, ↗ deuten; **-dringen,** drang ein, ist eingedrungen **1.** /etw./ *in etw. ~* 'in etw. dringen (1.2)': *der Splitter ist tief in das Fleisch eingedrungen; die Salbe dringt schnell in die Haut ein* **2.** /jmd./ *in etw. ~* **2.1.** *in das Dickicht ~* ('durch Aufbietung von Energie in das Dickicht gelangen') **2.2.** 'sich ⟨Dat.⟩ gewaltsam und unbefugt Zutritt in ein Gebäude, einen Raum verschaffen': *die Diebe sind (durch ein Fenster), die Polizei ist rigoros in das Haus eingedrungen* **3.** /jmd./ *mit etw. auf jmdn. ~* 'jmdn. mit etw., bes. einer Waffe, tätlich angreifen': *er drang mit einem Messer auf sie ein* ❖ ↗ dringen; **-dringlich** ⟨Adj.; Steig. reg.⟩ 'mit Nachdruck geäußert und von solcher Wirkung auf den Gesprächspartner, dass es in sein Bewusstsein eindringt': *seine ~en Worte, Mahnungen übten eine nachhaltige Wirkung auf ihn aus; ~ vor etw., jmdm. warnen, auf jmdn. einreden; ich denke, das war ~ genug* ❖ ↗ dringen; **-druck, der** ⟨Pl.: -drücke⟩ **1.** 'das, was sich jmdm. als Vorstellung (2) von etw., jmdm. eingeprägt hat': *jmd. hat einen tiefen, nur oberflächlichen ~ von der Kunst des Schauspielers, der Schönheit der Landschaft erhalten; sie haben nur einen (flüchtigen) ~ von der Sache (mit)bekommen, gewonnen; er machte, hinterließ keinen guten ~ auf uns; der erste ~ war entscheidend für ihn; auf den ersten ~ hin kann man noch nichts, nicht viel*

darüber, dazu sagen; *sein rüdes Vorgehen hat keinen guten ~ bei uns hinterlassen; neue Eindrücke aufnehmen, sammeln, verarbeiten; was für einen ~ hast du von ihm, von der Sache?; ich habe den ~, dass er nicht immer die Wahrheit sagt, nicht aufrichtig ist; er erwecke den ~, als ob er dies zum ersten Male hörte/als hörte er dies zum ersten Male; er machte den ~ eines zuverlässigen Menschen; wir standen noch unter dem ~ der schweren Katastrophe; das macht auf mich keinen ~* ('wirkt nicht auf mich') **2.** 'durch den Druck von etw. Schwerem hervorgerufene Vertiefung'; SYN Spur: *die Räder des Wagens, die Stiefel der Wanderer haben tiefe Eindrücke in dem weichen Boden verursacht, hinterlassen* ❖ zu (1): beeindrucken, eindrucksvoll; zu (2): ↗ drücken * umg. /jmd./ *~ schinden* 'sich durch etw. meist Äußerliches in den Vordergrund der allgemeinen Aufmerksamkeit bringen, um andere zu beeindrucken': *der will (damit) nur ~ schinden;* **-drücken** ⟨trb. reg. Vb.; hat⟩ /jmd., etw./ *etw. ~* 'durch Ausüben von Druck od. eine wie Druck wirkende Kraft etw. verformen, beschädigen, zerstören': *der Dieb drückte die Fensterscheibe ein; der stürzende Baum hat das Verdeck des Wagens eingedrückt* ❖ ↗ drücken

eindrucks|voll [ˈaɪndʀʊks..] ⟨Adj.; Steig. reg.⟩ 'einen starken Eindruck (1) bei jmdm. hervorrufend': *eine ~e Szene; ein ~es Bauwerk; das war sehr ~; er sprach, sang sehr ~* ❖ ↗ Eindruck, ↗ voll

¹eine [ˈaɪnə] ↗ ¹ein
²eine ↗ ¹einer, ²einer
³eine ↗ ²ein

eineinhalb [ˈaɪn|aɪnhalp] ⟨Zahladj.; indekl.; nur attr.⟩ /bezeichnet als Bruchzahl ein Ganzes und den halben Teil einer (Maß)einheit (1 1/2)/: *~ Liter Milch; ~ Äpfel* ❖ ↗ ²ein, ↗ halb

¹einer [ˈaɪnɐ] ⟨Indefinitpron.; Mask.; Fem. **eine,** Neutr. **ein(e)s;** o.Pl.; ↗ TAFEL X⟩ **1.** ⟨subst.⟩ /bezeichnet ein Lebewesen, eine Sache, die man nicht näher bestimmen kann od. will/ ANT keiner **1.1.** *da hat ~ geklopft; das (Geld, Buch) habe ich einem gegeben, dem ich vertraue; wir haben einen gefunden, der das macht; er weiß es von ~, die dabei war; das ist die Meinung eines (unserer Mitarbeiter), der es wissen muss; hier gibt es Kleider, wir wollen eins kaufen;* ↗ ¹so (3.3) *~;* /in den kommunikativen Wendungen/ *das soll nun ~ wissen* ('das konnte ich doch nicht wissen')! /sagt jemand, wenn er sich rechtfertigen will/; *du bist mir (vielleicht) ~, eine!* /sagt jmd. zu jmdm., wenn er sich über dessen Verhalten wundert/ **1.2.** ⟨+ Gen. attr. od. mit *von*⟩ *wir haben einen der Schüler, eins der Bücher gefunden; ~ von den Schülern war dabei* **1.3.** ⟨nur im Dat., Akk.: *einem, einen;* tritt für den Dat., Akk. von *man* (1.2) ein⟩ *das geht einem nahe; man denkt, es ginge einen nichts an* **1.4.** ⟨betont⟩ /bezeichnet die eine von meist zwei, auch mehreren Sachen, Personen; dem Zahladj. ²*ein* nahe stehend/: ⟨subst.⟩ *~ von den Drillingen hat geheiratet; eins seiner Augen wurde verletzt;* /oft in Korrelation mit *anderer;* be-

zeichnet bei zwei Sachen, Lebewesen das an erster Stelle Genannte/ ⟨subst.⟩ ~ *muss dem anderen helfen; ein(e)s kam zum anderen;* ⟨adj.; Neutr. nur *eines⟩ sich von* ~ *Seite auf die andere (Seite) drehen; sein eines Auge ist verletzt* ❖ ↗ ¹**ein** MERKE Die Verneinung des Indefinitpron. *einer* kann nur mit *keiner* erfolgen *(*~, *eine hat gesprochen* — *keiner, keine hat gesprochen);* in der Verbindung *nicht einer* ist *einer* stets betont und Zahladj.
²**einer** ⟨Zahladj. zur Kardinalzahl ¹*eins;* subst. Form des adj. gebrauchten Zahladj. ²*ein;* Mask.; Fem. **eine,** Neutr. **ein(e)s;** ↗ TAFEL XII; steht ¹*einer* nahe⟩ **1.** /der Kardinalzahl 1 entsprechend/: *es hat nur* ~ *gefehlt; du musst dich für einen, eine, ein(e)s von beiden entscheiden;* ⟨mit Art.⟩ *der, die, das eine von beiden kommt nur in Frage* **2.** /bezeichnet ein (weiteres) Exemplar einer vorher genannten Sache, Person/: *ihr habt zwei Autos, wir haben ein(e)s; er hat zwei Söhne, Töchter, wir haben einen, eine* **3.** ⟨vorw. *ein(e)s⟩* /drückt Übereinstimmung zwischen zwei Sachen, Personen aus/: *das läuft auf eins hinaus* ('ist schließlich wieder dasselbe'); *sie ist mit ihm eins* ('einig') *geworden* ❖ ↗ ²**ein**
einerlei ['ai̯nɐlai̯/..'lai̯] ⟨Adj.; indekl.; o. Steig.; nur präd. (mit *sein)⟩* **1.1.** /etw. (nur *es, das)*/ jmdm. ~ *sein* SYN 'jmdm. gleichgültig (3.1) sein': *mir ist es, das* ~, *ob ihr kommt oder nicht; das/es ist (mir)* ~, *ob ihr …; das ist mir alles* ~; *das kann dir doch* ~ *sein!* **1.2.** *jmd. ist jmdm.* ~ SYN 'gleichgültig (3.2)': *dieses Mädchen ist mir* ~ ❖ ↗ ¹**ein**
Einerlei, das; ~s, ⟨o.Pl.⟩ 'die als unerfreulich empfundene Eintönigkeit von etw.'; ↗ FELD I.6.1: *das trostlose, ewige* ~ *des Alltags, dieser Landschaft* ❖ ↗ ¹**ein**
einer|seits ['ai̯nɐzai̯ts] ⟨Adv.⟩ 'in einer Beziehung': *er ist* ~ *sehr freigebig, aber er kann auch sehr sparsam sein;* ⟨auch als Konjunktionaladv. mit Inversion des Subj. u. in Verbindung mit ↗ *andererseits):* ~ *ist er freigebig, andererseits kann er auch sehr sparsam sein,* ↗ ²**ein,** ↗ **Seite**
eines ['ai̯nəs] ↗ ¹,²**einer**
¹**einfach** ['ai̯nfax] ⟨Adj.⟩ **1.** ⟨o. Steig.; nicht präd.⟩ 'nur einmal bestehend od. durchgeführt': *ein* ~*er Knoten; der Stoff liegt* ~ ('in nur einer Lage'); *das Formular ist in* ~*er* (ANT vielfacher 1) *Ausfertigung* ('in einem einzigen Exemplar') *auszufüllen; die* ~*e* ↗ *Mehrheit;* ↗ auch *dreifach* **2.** ⟨Steig. reg.⟩ 'nicht kompliziert und darum leicht zu verstehen, auszuführen, anzuwenden'; ANT schwierig: *eine* ~*e Apparatur; er tut das aus dem* ~*en* ('leicht verständlichen') *Grund, weil …; sich* ~ *ausdrücken;* SYN 'leicht (2.1.2)': *das ist eine* ~*e Aufgabe, Arbeit;* ~*e Lösungen anstreben; das ist nicht so* ~, *wie du denkst; er macht es sich zu* ~ ('strengt sich zu wenig an') **3.1.** ⟨Steig. reg.⟩ 'auf das Notwendigste beschränkt'; SYN ²**bescheiden (2)**: *sie hatten nur ein* ~*es kleines Haus; es war* ~, *aber geschmackvoll eingerichtet* **3.2.** ⟨Steig. reg., ungebr.⟩ SYN 'anspruchslos (1)'; ANT luxuriös/ /vorw. auf Personen bez./: *ein* ~*er Mann; sie lebten sehr* ~; *ihr Leben*

war ~ **3.3.** ⟨Steig. reg., ungebr.⟩ SYN 'schlicht (1.2)' /vorw. auf Sprachliches bez./: *er dankte ihr in, mit* ~*en Worten; er hielt eine* ~*e Rede* ❖ *zu (1):* ↗ ²**ein;** *zu (2,3):* **Einfachheit**
²**einfach** ⟨Modalpartikel; betont, auch unbetont; steht nicht am Satzanfang; bezieht sich auf den ganzen Satz⟩ **1.** ⟨betont od. unbetont; steht in Aussagesätzen⟩ /der Sprecher drückt aus, dass der Sachverhalt, seine Lösung ohne weitere Überlegungen als selbstverständlich angesehen werden und dass man deshalb keine besonderen Umstände macht/: *das muss man* ~ *akzeptieren; ich habe* ~ *kein Interesse an weiteren Verhandlungen;* /drückt auch die Kritik des Sprechers aus/: *er hat sich* ~ *ein Stück Kuchen genommen; er hat sie* ~ *sitzen gelassen; er ließ sich* ~ *nicht abweisen; er ist früh* ~ *nicht aufgestanden* **2.** ⟨betont od. unbetont; steht in Aufforderungssätzen⟩ /der Sprecher empfiehlt dem Hörer damit eine Lösung, die nach seiner Meinung keine Probleme, Umstände macht/: *leg dich doch* ~ *eine Stunde hin!; setz dir* ~ *einen Hut auf!; sag dem Kerl doch* ~, *was du von ihm denkst!; sei doch* ~ *ein bisschen freundlich, dann geht alles besser!* **3.** ⟨unbetont; steht in Ausrufesätzen, die die Form von Aussagesätzen haben (und irreale Bedingungen ausdrücken)⟩ /unterstreicht eine Aussage und verleiht ihr Überzeugungskraft/: *der Film war ja* ~ *phantastisch!; das wäre* ~ *schrecklich!; der Mann ist* ~ *genial!; sie ist* ~ *schön!*
Einfachheit ['..], **die;** ~, ⟨o.Pl.⟩ /zu ¹*einfach* 1,2/ 'das Einfachsein': *etw. der* ~ *halber* ('weil es so einfacher ist') *sofort erledigen* ❖ ↗ ¹**einfach (2,3)**
ein/Ein ['ai̯n]**-fädeln** [fɛːdln/feː..] ⟨trb. reg. Vb.; hat⟩ **1.** /jmd./ **1.1.** *einen Faden, den Zwirn* ~ ('durch ein Öhr ziehen') **1.2.** *die Nadel* ~ ('einen Faden durch das Öhr ziehen') **2.** /jmd./ *etw.* ~ 'etw., einen Plan, eine Aktion geschickt vorbereiten und in die Wege leiten': *er hat die Sache, Verschwörung, seinen Plan schlau eingefädelt* ❖ ↗ *Faden;* **-fahren** (er fährt ein), fuhr ein, ist/hat eingefahren **1.** ⟨ist⟩ /Fahrzeug, jmd./ *in etw.* ~ 'ins Innere von etw. hineinfahren'; SYN einlaufen (1): *der Zug fährt (in den Bahnhof) ein; das Schiff fährt in den Hafen ein* **2.** ⟨hat⟩ /jmd., bes. Bauer/ *etw.* ~ SYN 'etw. einbringen (1)': *die Ernte (in die Scheune)* ~ **3.** ⟨hat⟩ *sein Auto* ~ ('den Motor seines neuen Autos durch angemessenes Fahren nach und nach auf die vorgesehene Leistungsfähigkeit bringen') ❖ ↗ fahren; **-fahrt, die 1.** ⟨o.Pl.⟩ /zu *einfahren 1*/ 'das Einfahren': *bei der* ~ *in den Hafen gingen wir an Deck; Vorsicht bei* ~ *des Zuges!* /Durchsage auf Bahnhöfen, bevor der Zug einfährt/; *der Zug hat* ~ ('das Signal zeigt an, dass der Zug in den Bahnhof einfahren darf') **2.** 'Stelle, Weg zum Hineinfahren'; ANT Ausfahrt (1): *das Haus hat eine lange, breite, gepflasterte* ~; *das Schiff ist in der* ~ *zum Hafen gekentert; bitte,* ~ *freihalten!* /Aufschrift auf einem Schild an der Einfahrt (2), durch das die Verkehrsteilnehmer aufgefordert werden, dort nicht zu parken/ ❖ ↗ fahren; **-fall, der 1.** 'Gedanke, der jmdm.

plötzlich ins Bewusstsein kommt'; SYN Idee (1); ↗ FELD I.4.1.1: *das war ein guter ~, waren gute Einfälle; einen ~ haben; er kam auf den ~, sie anzurufen* **2.** /zu *einfallen* 4/ ʿdas Einfallen': *der ~ feindlicher Truppen* ❖ ↗ **fallen; -fallen** (er fällt ein), fiel ein, ist eingefallen **1.** *jmdm. fällt etw. ein* ʿjmd. hat einen Einfall (1), hat plötzlich einen Gedanken': *mir ist eingefallen, wie man das machen könnte, was man tun könnte; mir fällt nichts Besseres ein; das wäre mir nie eingefallen; wir müssen uns in dieser Sache etwas ~ lassen* (ʿwir müssen eine Lösung suchen'); /in den kommunikativen Wendungen/ *was fällt dir, Ihnen denn ein* (ʿwas erlaubst du dir, erlauben Sie sich zu tun, zu denken')! /sagt jmd. zu jmdm., wenn er ihn scharf zurückweisen will/; *das fällt mir nicht (im Traum) ein* (ʿdas denke, tue ich auf keinen Fall') /sagt jmd., wenn er etw. als Zumutung ansieht und sich strikt weigert, es zu tun/ **2.** *jmdm. fällt etw. ein* ʿjmd. erinnert sich an etw.'; ANT *entfallen* (1): *sein Name fällt mir nicht mehr ein; da fällt mir ein, dass ich noch Brot kaufen wollte* **3.** /etw., Bauwerk, bes. Brücke/ SYN ʿeinstürzen': *die Decke ist eingefallen* **4.** /mehrere (jmd.), bes. Feinde/ ʿgewaltsam und plötzlich in ein Gebiet eindringen (2.2)': *bewaffnete Kräfte sind in das Land eingefallen* ❖ ↗ **fallen**

Einfalt [ˈai̯nfalt]**, die**; ~, ⟨o.Pl.⟩ ʿvon, durch Naivität und einer gewissen Beschränktheit geprägte Wesensart eines Menschen'; ↗ FELD I.2.1, 5.1: *er hatte in seiner kindlichen ~ zugesagt* ❖ ↗ **einfältig**
einfältig [ˈai̯nfɛltɪç] ⟨Adj.; Steig. reg.⟩ ʿnaiv und ein wenig beschränkt'; SYN *simpel* (3) /vorw. auf Personen bez./; ↗ FELD I.2.3, 5.3: *er war ein ~er Mensch, war ~* ❖ **Einfalt**

ein/Ein- [ˈ..]**||-farbig** ⟨Adj.; o. Steig.⟩ ʿin, mit nur einer Farbe und keinem Muster': *ein ~er Stoff; die Wände ~ streichen* ❖ ↗ **²ein**, ↗ **Farbe; -fassung, die** ʿdas, was als Rand von etw. angebracht ist': *ein Grab mit einer ~ aus Büschen; ein Ring mit einer ~ aus Platin* ❖ ↗ **fassen; -finden, sich,** fand sich ein, hat sich eingefunden /jmd./ *sich irgendwo, bei jmdm. ~* ʿmit einem bestimmten Ziel zu jmdm. kommen': *viele hatten sich auf dem Platz zur Demonstration eingefunden; sagen Sie ihm, er möge sich morgen um acht Uhr (dort, bei uns) ~* ❖ ↗ **finden; -flößen** [ˈfløsn̩] ⟨trb. reg. Vb.; hat⟩ **1.** /jmd./ *jmdm. etw. ~* ʿjmdm., bes. einem Kranken, etw. Flüssiges, bes. ein Medikament, meist in geringer Menge in den Mund gelangen lassen, damit er es schluckt': *einem Kranken, einem Erschöpften etw. zu trinken, ein Medikament ~* **2.** /etw., jmd./ *jmdm. etw. ~* ʿin jmdm. eine bestimmte Empfindung hervorrufen': *dieser Mensch, sein großes Vorhaben flößt mir Angst, Ehrfurcht ein; er flößte ihr Vertrauen ein* ❖ ↗ **fließen; -fluss, der 1.1.** ʿWirkung, die etw., jmd. auf etw., jmdn. ausübt und es, ihn dadurch verändert': *sein älterer Bruder, seine Lektüre übte einen guten, nachhaltigen, (un)günstigen ~ auf ihn aus; er stand ganz unter dem ~ seines Freundes, unter seinem ~; etw., jmd. hat großen ~, keinen ~ (mehr) auf jmdn., auf*

etw.; etw. ist von großem ~ auf, für etw., jmdn.; der ~ der Französischen Revolution auf die deutsche Literatur; ich habe keinen ~ auf die Entwicklung der Dinge; er steht unter dem ~ von Alkohol (ʿhat Alkohol getrunken'); *~ auf etw. nehmen* (ʿetw. beeinflussen') **1.2.** ʿMöglichkeit, die jmd. hat, um jmdn., etw. zu beeinflussen': *sein hohes Ansehen verschaffte ihm ~, großen ~ in der Leitung, auf die Gestaltung des Projekts; er musste seinen ganzen ~ aufbieten, um das zu verhindern; seinen ~ geltend machen; sein ~ wächst, schwindet, lässt nach; auf jmdn., etw. ~ nehmen* (ʿjmdn., etw. beeinflussen') ❖ ↗ **fließen; -förmig** [ˈfœrmɪç] ⟨Adj.; Steig. reg., ungebr.⟩ SYN ʿeintönig (1)'; ANT *wechselvoll*; ↗ FELD I.6.3: *ein ~es Leben; eine ~ Tätigkeit; eine ~ wirkende Landschaft* ❖ ↗ **²ein**, ↗ **Form; -frieren,** fror ein, ist/hat eingefroren **1.** ⟨ist⟩ **1.1.** *die Wasserleitung ist eingefroren* (ʿdas Wasser in der Leitung ist gefroren') **1.2.** *das Schiff ist im Eis eingefroren* (ʿkann sich nicht mehr fortbewegen, weil das Wasser darum herum festgefroren ist') **2.** ⟨hat⟩ /jmd./ *etw. ~ etw.*, bes. Nahrungsmittel, dadurch konservieren, dass man es sehr schnell gefrieren lässt': *das Fleisch, die Butter, das Brot, den Braten ~* **3.** ⟨ist⟩ /jmd./ *etw. ~ lassen* ʿetw., bes. Kontakte aus taktischen Gründen nicht weiter betreiben, sondern auf dem derzeitigen Stand belassen': *die diplomatischen Beziehungen zu einem Staat ~ lassen* ❖ ↗ **frieren; -fügen** ⟨trb. reg. Vb.; hat⟩ **1.** /jmd./ *etw. in etw. ~* SYN ʿetw. in etw. einsetzen (1.1)': *einen Stein in das Loch (in) der Mauer, Glieder in eine Kette, einen Satz in einen Text ~* **2.** /jmd./ *sich ~* ʿsein Verhalten in einer Gruppe den herrschenden Normen anpassen'; SYN *einordnen* (2): *er hat sich gut (in die neue Arbeitsgruppe) eingefügt; er will sich nicht ~* ❖ ↗ **fügen; -fuhr, die**; ~, ~en **1.** ⟨o.Pl.⟩ ʿdas Einführen von Waren'; SYN *Import*; ANT *Ausfuhr* (1), *Export*; ↗ FELD I.16.1: *die ~ von Getreide, Erzen, Südfrüchten* **2.** ʿGesamtheit eingeführter Waren'; ANT *Ausfuhr* (2): *die ~en (an Getreide) erhöhen, steigern, senken, drosseln* ❖ ↗ **fahren; -führen** ⟨trb. reg. Vb.; hat⟩ **1.** /jmd., bes. Arzt/ *etw. ~* ʿetw. vorsichtig durch eine Öffnung in einen Hohlraum (des menschlichen Körpers) schieben': *eine Sonde (durch den Mund) in den Magen ~* **2.** /Staat, Unternehmen/ *etw. ~* ʿim Ausland gekaufte Ware(n) in das eigne Land bringen, kommen lassen'; SYN *importieren*; ANT *ausführen* (2), *exportieren*; ↗ FELD I.16.2: *Südfrüchte, Getreide, Eisenerze ~; aus Ungarn wird Paprika eingeführt* **3.** /jmd./ *jmdn. in etw. ~* ʿjmdn. mit den grundlegenden, wichtigsten Kenntnissen von etw. vertraut machen'; SYN *einarbeiten*: *er hat ihn gut in die neue Arbeit, in die Astronomie eingeführt; vor dem Beginn der Veranstaltung einige ~de Worte sprechen* **4.** /jmd., Institution/ *etw. ~* ʿetw. als Neuerung durchsetzen'; ↗ FELD VII.1.2: *einen neuen kosmetischen Artikel, neue Arbeitsmethoden, den schulfreien Sonnabend, neue Lehrbücher ~* ❖ ↗ **führen; -gabe, die 1.** ʿschriftliche Bitte, die jmd., eine Gruppe an eine Behörde richtet, gerichtet hat': *eine ~ einreichen, machen, bearbeiten, ablehnen; eine ~ an den Bürgermeister, die Landesregierung richten* **2.1.** ⟨o.Pl.⟩ 'das Eingeben von Daten, Informationen' in einen Computer': *die ~ der Daten/von Daten* **2.2.** 'Daten, Informationen, die in einen Computer eingegeben werden, worden sind' ❖ ↗ geben; **-gang, der 1.** 'Tür, Tor, Öffnung zum Hineingehen in ein Gebäude, einen Raum, ein eingezäuntes Gelände'; ANT Ausgang (1); ↗ FELD I.7.8.1: *den Saal, das Gebäude durch den vorderen, hinteren, seitlichen ~ betreten; der Park hat mehrere Eingänge; im ~ (zum Hof) steht ein Motorrad; bitte, den ~ freihalten!* **2.** 'Stelle, wo ein Verkehrsweg in einen Ort einmündet'; ANT Ausgang (2): *er wohnt gleich am ~ des Dorfes* **3.** *irgendwo, in etw. ~ finden* 'irgendwo eingeführt, üblich werden': *diese neuen Methoden haben in die/in der Produktion, bei uns ~ gefunden* ❖ ↗ gehen; **-gangs** [gaŋs] ⟨Adv.⟩ 'am Anfang bes. einer Rede, eines Textes': *wie ich ~ erwähnte, …; das ~ zitierte Werk* ❖ ↗ gehen; **-geben** (er gibt ein), gab ein, hat eingegeben **1.** /jmd./ *jmdm. etw. ~* 'jmdm., bes. einem Kranken, ein Medikament in den Mund gelangen lassen, damit er es schluckt': *jmdm. Tabletten, ein paar Tropfen ~* **2.** /jmd./ *einem Computer/in einen Computer Daten, ein Programm ~* ('Daten, ein Programm in einen Computer geben') ❖ ↗ geben; **-gebildet** ⟨Adj.; Steig. reg.; ↗ auch *einbilden*⟩ 'von der Überschätzung der eigenen Fähigkeiten, Leistungen, seiner sozialen Stellung und der Geringschätzung gegenüber anderen geprägt'; SYN dünkelhaft /auf Personen bez./: *eine ~e Person; er ist maßlos ~, wirkt sehr ~* ❖ ↗ Bild; **-geborene** [gəbo:ʀənə], **der/die**; ~n, ~n; ↗ auch TAFEL II 'ursprünglicher Einwohner eines Landes, bes. der früheren Kolonien im Gegensatz zu Einwanderern, Besuchern': *die ~n Afrikas, Australiens; ein ~r* ❖ ↗ gebären; **-gebung** [ge:b..], **die**; ~, ~en 'plötzlicher Impuls, der jmds. Entscheidung, etw. Bestimmtes zu tun, maßgeblich beeinflusst': *einer ~ folgend, wandte er sich seinen Nachbarn zu, kaufte er ein Los der Lotterie* ❖ ↗ geben; **-gefleischt** [gəflaiʃt] ⟨Adj.; Steig. reg., ungebr.; nur attr.⟩: *ein ~er Junggeselle* ('Mann, der auf keinen Fall heiraten will und meist auch ohne Frau lebt') ❖ ↗ Fleisch; **-gehen**, ging ein, ist eingegangen; ↗ auch *eingehend* **1.** /etw./ *in etw. ~: dieses Datum, Ereignis, sein Name wird in die Geschichte ~* ('wird historisch bedeutsam werden'); *dieses Fremdwort ist in den allgemeinen Sprachgebrauch eingegangen* ('ist Teil des Sprachgebrauchs geworden') **2.** *etw. geht jmdm. irgendwie ein* 'jmd. begreift, versteht etw. in bestimmter Weise': *ihm geht alles, die Mathematik, gehen Formeln leicht, schwer, schnell ein; es will mir nicht ~* ('ich kann es nicht begreifen'), *warum er das tut* **3.** /Tier, Pflanze/ 'zu leben aufhören'; SYN verenden: *unsere Katze, Azalee ist eingegangen;* umg. scherzh. /Mensch/ *bei der Hitze geht man ja ein wie ein Primeltopf* **4.** /Textilie/ SYN 'einlaufen (2)': *der Stoff,*

die Bluse ist (durch die Wäsche) eingegangen **5.** /jmd./ *auf jmdn., etw. ~* 'jmdn. anhören, sich jmds. Worte anhören und sich die Zeit nehmen, mit ihm darüber zu sprechen': *(behutsam, freundlich) auf ein Kind, auf seine Fragen, Vorstellungen ~; er ging auf unsere Probleme nicht ein; auf dieses Thema will ich ein anderes Mal, später ~* ('darüber will ich später ausführlich sprechen') **6.** /jmd./ *mit jmdm. etw. ~* 'mit jmdm., einer Institution eine gegenseitige rechtskräftige Vereinbarung über etw. treffen, festlegen, abschließen (6)': *ein Bündnis, die Ehe mit jmdm., eine Versicherung, einen Vertrag, eine Wette (mit jmdm.) ~* **7.** /jmd./ *ein* ↗ *Risiko ~* ❖ ↗ gehen; **-gehend** [ge:ənt] ⟨Adj.; Steig. reg.; vorw. bei Vb.; ↗ auch *eingehen*⟩ SYN 'ausführlich': *eine ~e Darstellung des Vorfalls geben; sich ~ mit jmdm., einer Sache, einem Problem befassen, beschäftigen; eine Angelegenheit ~ erörtern; das war ~ genug* ❖ ↗ gehen; **-gemachte** [gəmaxtə], **das**; ~n, ⟨o.Pl.⟩; ↗ auch TAFEL II 'eingeweckte Lebensmittel, bes. Obst, Gemüse': *ein Glas mit ~m; das ~ steht im Keller/im Keller steht ~s* ❖ ↗ machen; **-genommen** [gənɔmən] ⟨Adj.; o. Steig.; nur präd. (mit *sein*); ↗ auch *einnehmen*⟩ /jmd./ *von etw., jmdm. ~ sein* ('von etw., jmdm. angetan sein'); *von sich ~ sein* ('sich selbst zu hoch einschätzen, eingebildet sein') ❖ ↗ einnehmen; **-geständnis, das** ⟨vorw. im Sg.⟩ 'Äußerung, durch die jmd. etw., was ihm vorgeworfen wird (und was er bestritten hatte) gleichsam als zutreffend erklärt' ⟨+ Gen. attr.⟩ *diese Worte waren das ~ seiner Schuld* ❖ ↗ stehen; **-gestellt** [gəʃtɛlt] ⟨Adj.; o. Steig.; nur präd. (mit *sein*); ↗ auch *einstellen*⟩ /jmd./ *irgendwie ~ sein* 'eine bestimmte politische, religiöse, weltanschauliche Einstellung haben': *er ist konservativ ~* ❖ ↗ stellen; **-geweide** [gəvaidə], **die** ⟨Pl.⟩ 'die in Bauch und Brust (1) bes. von Tieren befindlichen inneren Organe': *die ~ eines Huhns, Fisches; die ~ den Hunden zum Fraß vorwerfen;* **-gießen**, goss ein, hat eingegossen /jmd./ *ein Getränk ~* 'ein Getränk in ein Gefäß zum Trinken gießen'; SYN einschenken; ↗ FELD I.7.9.2, V.7.2: *ich habe (dir) schon (den) Kaffee, Tee eingegossen; er goss ihm einen Whisky ein* ❖ ↗ gießen; **-gleisig** [glaiziç] ⟨Adj.; nicht bei Vb.⟩ *diese Strecke ist ~* ('hat nur ein Gleis'); *eine ~e Strecke* ❖ ↗ ²ein, ↗ Gleis; **-graben** (er gräbt ein), grub ein, hat eingegraben /jmd./ *etw. ~* 'etw. dadurch fest in den Erdboden bringen, dass man seinen unteren Teil in eine gegrabene Vertiefung setzt und die Vertiefung dann wieder mit Erde füllt'; ANT ausgraben (1): *einen Pfahl für den Zaun ~; eine Pflanze ~* ❖ ↗ graben; **-greifen**, griff ein, hat eingegriffen **1.** /jmd./ *in etw. ~* 'durch Handeln entscheidend und verändernd auf ein Geschehen, einen Prozess einwirken': *in einen Konflikt, in eine Diskussion, in einen Streit (helfend, schlichtend) ~; seinem energischen Eingreifen war es zu verdanken, dass …; hier muss man ~* (SYN 'einschreiten') **2.** /etw./ *in etw. ~* 'etw. beeinflussen und verändern': *dieses Ereignis griff tief in sein Leben ein* ❖ ↗ greifen; **-griff, der 1.** *ein ~ in* *etw.* ´das unberechtigte Eingreifen (1) einer Person in etw.´: *diese Maßnahme ist ein ~ in unsere Rechte; sich ~e in die private Sphäre einer Person erlauben* **2.** ´Operation, bes. an einem inneren Organ des Menschen, bestimmter Tiere´: *ein chirurgischer, operativer ~❖ ↗* greifen; **-haken** ⟨trb. reg. Vb.; hat⟩ /jmd./ *sich bei jmdm.* ~ ´seinen Arm in den gebeugten Arm einer anderen Person schieben´: *sie hatte sich bei ihm eingehakt* ❖ ↗ haken; **-halt**: *jmdm. (in seinem Tun), jmds. Tun* ~ *gebieten* (´bewirken, dass jmd. ein bestimmtes Tun, Handeln nicht fortsetzt´) ❖ ↗ halten; **-halten** (er hält ein), hielt ein, hat eingehalten **1.** /jmd./ *etw.* ~ ´etw., was man versprochen hat und das gefordert, erwartet wird, bes. ein bestimmtes Verhalten, Tun, erfüllen, auch wirklich in die Tat umsetzen´: *er hielt den Termin, die Regeln, die Vereinbarung, sein Versprechen ein* **2.** /etw., jmd./ *etw.* ~ ´bei der Fortbewegung etw., bes. die Richtung, den Abstand, die Geschwindigkeit beibehalten´: *das Fahrzeug, der Pilot hat den Kurs eingehalten* ❖ ↗ halten; **-heimisch** ⟨Adj.; o. Steig.; nicht bei Vb.; vorw. attr.⟩ ´in einem bestimmten Ort, einer bestimmten Gegend lebend und auch aus ihr stammend´; SYN hiesig (1.2): *die ~e Bevölkerung; die ~en Tiere und Pflanzen* ❖ ↗ Heim

Einheit [´ainhait], **die**; ~, ~en **1.** ⟨o.Pl.⟩ **1.1.** ´Zusammenhang von Sachverhalten, Vorgängen, Teilen auf Grund (enger) wechselseitiger Beziehungen und Bedingtheiten zwischen ihnen´: *diese Fragen, Bestandteile (seiner Vorstellungen) bilden eine (untrennbare) ~; die ~ von Theorie und Praxis, von Inhalt und Form; die nationale, politische ~ eines Volkes* **1.2.** ´das in der Art von Einheit (1.1) gebildete, existierende Ganze´: *Organisationen, Gemeinden zu einer ~ zusammenschließen, fassen* **2.** ´Größe, die einem System zum Messen, Wiegen, Zählen zugrunde liegt´: *das Meter als die ~ der Länge; das Gramm als die ~ des Gewichts; die DM ist die ~ unserer Währung* **3.** ´militärische Formation kleineren Umfangs´: *~en der Landstreitkräfte; zu einer anderen ~ versetzt werden* ❖ ↗ ²ein

einheitlich [´..] ⟨Adj.⟩ **1.** ⟨Steig. reg., ungebr.; vorw. attr.⟩ ´eine Einheit (1) darstellend, erkennen lassend´: *sie haben alle eine ~e Meinung, Auffassung in dieser/zu dieser Angelegenheit; die drei Werke sind als ein ~es Ganzes aufzufassen* **2.** ⟨o. Steig.⟩ ´für alle Personen, Sachen in gleicher Weise geltend´: *die Schüler trugen alle eine ~e Kleidung; diese Teile sind für alle Typen von Autos ~; etw. ~ gestalten* ❖ ↗ ²ein

Einheitlichkeit [´..], **die** ⟨o.Pl.⟩ /zu einheitlich 1 u. 2/ ´das Einheitlichsein´: *die ~ ihrer Auffassungen* ❖ ↗ ²ein

ein [´ain]|**-hellig** [hɛlɪç] ⟨Adj.; o. Steig.⟩ ´von allen betreffenden Personen in gleicher Weise vertreten´: *es herrschte die ~e Meinung, dass ...; die Zeugen bestätigten ~, dass ...* ❖ ↗ ²ein; **-holen** ⟨trb. reg. Vb.; hat⟩ **1.** umg. /jmd./ ´losgehen und für den persönlichen Bedarf Lebensmittel kaufen´; SYN einkaufen:

ich muss noch ~ (gehen); etw. ~: Brot, Gemüse ~ **2.** /jmd., etw./ *jmdn., etw.* ~ ´jmdn., der, das einen Vorsprung hat, durch Laufen, schnelles Sichfortbewegen erreichen (1)´: *am Bahnhof hatte er ihn, hatte der Bus ihn, hatte er den Bus endlich eingeholt* **3.** /jmd./ *etw., jmdn.* ~ ´etw. Versäumtes, etw. zunächst nicht Erreichtes durch besondere Anstrengung nachträglich noch erreichen´; SYN aufholen: *wir müssen schneller laufen, um die versäumte Zeit wieder einzuholen; er arbeitete sehr intensiv, um den Zeitverlust wieder einzuholen; in Deutsch hatte er seine Mitschüler bald wieder eingeholt* (´den gleichen Stand der Leistungen erreicht´) **4.** /jmd./ SYN ´etw. einziehen (3)´: *eine Flagge, ein Segel* ~ (´am Mast nach unten ziehen´); *die Netze* ~ (´aus der Tiefe des Wassers wieder nach oben auf das, zum Schiff ziehen´) **5.** /jmd./ *von jmdm., von einer Behörde etw.* ~ ´jmdm., eine Behörde um etw. bitten (und es bekommen)´ /beschränkt verbindbar/: *von jmdm. (einen) Rat, eine Auskunft ~; Erkundigungen über jmdn. ~; die Erlaubnis für etw. ~; ein Gutachten* ~ (´sich ein Gutachten ausstellen lassen´) ❖ ↗ holen; **-hundert** [´../..´h..] ⟨Zahladj.; indekl.; nur attr.; ↗ TAFEL XII⟩ /die Kardinalzahl 100/ ´hundert´ ❖ ↗ ²ein, ↗ hundert

MERKE *einhundert* und *eintausend* werden im Unterschied zu *hundert* und *tausend* vorwiegend beim Zählen von Hundertern, Tausendern (*einhundert, zweihundert, dreihundert ... Mark*) od. zum Zwecke besonderer Deutlichkeit gebraucht

einig [´ainɪç] ⟨Adj.; Steig. reg., ungebr.; vorw. präd. (mit *sein, werden*)⟩ *jmd. ist mit jmdm. (in, über etw.)* ~ ´jmd. ist mit jmdm. im Denken und Wollen in guter Harmonie´: *ich war mit ihr (in dieser Angelegenheit) schon immer ~; ich bin mit ihm darüber ~ geworden; /zwei od. mehrere (jmd.)/ sich* ⟨rez.; Dat.⟩ ~ *sein: wir sind uns beide ~; seid ihr euch ~?; wir sind jetzt (miteinander)* ~ ❖ ↗ ²ein

einige [´ainɪgə] ⟨Indefinitpron.; Pl. u. Fem. Sg.; Mask. Sg. *einiger*, Neutr. Sg. *einiges*; der Sg. ist nur möglich, wenn es einen Stoff o.Ä. bezeichnet; ↗ auch TAFEL X⟩ **1.** ´eine unbestimmte kleinere Anzahl, Menge von ...´; SYN einzelne **1.1.** ⟨adj.⟩ ~ *Kollegen, Koffer fehlten; ich habe mit ~n Kolleginnen gesprochen;* ~ *wenige haben sich dazu geäußert; es wird noch* ~ *Zeit dauern; er hat noch* ~ *Hoffnung;* ~*s alte Gerümpel* **1.2.** ⟨nur im Pl.; subst.⟩ ~ *standen da herum; ich habe mit* ~*n (von ihnen) gesprochen* **1.3.** ⟨o.Pl.; nur Neutr. *einiges*; subst.⟩ *hier fehlt* ~*s;* ~*s (davon) ist verloren gegangen* **2.** ⟨o.Pl.⟩ ´ziemlich viel´ **2.1.** ⟨adj.⟩ *es hat* ~*n Ärger gegeben* **2.2.** ⟨subst.; nur Neutr. *einiges*⟩ *das kostet* ~*s;* vgl. auch etliche

einigen [´ainɪgn] ⟨reg. Vb.; hat⟩ **1.** /jmd./ *sich* ⟨Dat.⟩ *mit jmdm.* ~ ´mit jmdm. über etw. zur gleichen Meinung kommen´; SYN verständigen (2.2): *er hat sich mit ihr (über den Preis, darüber) geeinigt/darüber geeinigt, dass beide die Hälfte bezahlen werden, was als Nächstes zu tun sei; er konnte sich mit ihr* ~ (SYN ´arrangieren 2´); /zwei od. mehrere (jmd.)/

sich ⟨rez.⟩ *(miteinander)* ~: *sie einigten sich dar-über, dahin gehend, dass ...; wir haben uns geeinigt* **2.** /jmd., Institution/: *es gelang nicht, die Volks-stämme zu* ~ ('zu einem einheitlichen Ganzen zu verbinden') ❖ ↗ **²ein**

einiger ↗ *einige*

einiger|maßen ['ɑɪnɪgɐmɑːsn̩/..'m..] **I.** ⟨Adv.⟩ **1.** 'so, dass es gerade genügt'; SYN *halbwegs (1)*: *das ist ihm* ~ *gelungen; eine* ~ *gelungene Arbeit; so ist es* ~ *in Ordnung; es geht mir* ~ ('den Umständen ent-sprechend') — **II.** ⟨Adv.; vor Adj., Adv.⟩ **2.1.** /schwächt die im Bezugswort genannte Eigenschaft ab/; SYN *halbwegs (2)*: *er ist wieder* ~ *gesund; es geht ihm* ~ *gut; er arbeitet* ~ *schnell* **2.2.** 'sehr': *ich war doch* ~ *überrascht, als ich das erfuhr*

einiges ↗ *einige*

Einigkeit ['ɑɪnɪç..], **die**; ~, ⟨o.Pl.; vorw. o.Art.⟩ /zu *einig*/ 'das Einigsein': *es herrscht* ~ *unter den Ge-schwistern; es bestand, herrschte* ~ *darüber, dass ...; in* ~ *zusammenhalten* ❖ ↗ **²ein**

ein/Ein ['ɑɪn]**-jährig** [jɛːʀɪç] ⟨Adj.; o. Steig.; nur attr.⟩ **1.** 'ein Jahr alt': *ein ~es Kind, Fohlen* **2.** 'ein Jahr dauernd': *ein ~er Lehrgang* ❖ ↗ **²ein**, ↗ *Jahr*; **-kauf, der 1.** 'das Einkaufen'; ↗ FELD I.16.1: *beim* ~ *von Waren auf das Herstellungsdatum achten; Einkäufe machen* ('etw. einkaufen') **2.** 'eingekaufte Ware': *seine Einkäufe auspacken* ❖ ↗ *kaufen*; **-kau-fen** ⟨trb. reg. Vb.; hat⟩ **1.1.** /jmd., Unternehmen/ *etw.* ~ 'eine Ware, Produkte aus dem Großhandel, von einem Unternehmen beziehen (4)'; ↗ FELD I.16.2: *das haben sie billig eingekauft; er hat das Material in großen Mengen eingekauft; die Kollek-tion wurde im Ausland eingekauft* **1.2.** /jmd./ *etw.* ~ 'Waren für seinen persönlichen, täglichen Bedarf kaufen': *sie gehen* ~; *Brot, Butter* ~; *ein paar Le-bensmittel* ~; *ich habe billig, günstig eingekauft* ❖ ↗ *kaufen*; **-kehren** ⟨trb. reg. Vb.; hat⟩ **1.** /jmd./ *ir-gendwo* ~ 'unterwegs, bes. bei einem Ausflug, in eine Gaststätte gehen, um dort etw. zu essen, zu trinken': *wir sind dreimal, im Gasthof 'Zur Linde' eingekehrt* **2.** geh. /etw./ *irgendwo, bei jmdm.* ~ 'ir-gendwo, bei jmdm. eintreten (4)': *der Winter ist die-ses Jahr sehr früh (bei uns) eingekehrt; endlich kehrt wieder Ruhe bei uns, in unserem Haus ein* ❖ ↗ *kehren*; **-kerkern** [kɛʀkɐn] ⟨trb. reg. Vb.; hat⟩ emot. neg. /jmd., Institution/ *jmdn.* ~ SYN 'jmdn. einsperren (2)' /vorw. bez. auf politische Gefan-gene/: *viele aufrechte Patrioten wurden eingekerkert*; vgl. *inhaftieren, verhaften* ❖ ↗ *Kerker*; **-klang, der**: *etw. steht im* ~ *mit etw.* 'etw. harmoniert mit etw.': *das Kleid stand in schönstem* ~ *mit dem Schmuck; Kleid und Schmuck standen im schönsten* ~ *mitein-ander; jmd. ist mit jmdm. im* ~ ('jmd. versteht sich mit jmdm. sehr gut'); *etw. mit etw. in* ~ *bringen* 'etw. etw. anderem anpassen': *Pflicht und Neigung in* ~ *bringen* ❖ ↗ **²ein**, ↗ *klingen*; **-kochen** ⟨trb. reg. Vb.; hat⟩ /jmd./ *etw.* ~ SYN 'etw. einwecken': *Birnen, Pflaumen, Marmelade* ~ ❖ ↗ *kochen*; **-kommen, das**; ~s, ⟨vorw. Sg.⟩ 'Summe des Gel-des, das jmd., bes. in Form von Gehalt, Lohn, Ho-

norar, (regelmäßig in einem bestimmten Zeitraum) bekommt'; ↗ FELD I.15.1: *mein monatliches* ~ *be-trägt ... DM; er hat ein gutes, regelmäßiges* ~ ❖ ↗ *kommen*; **-kommenssteuer** [kɔmənsʃt..], **die** 'Steuer, die auf jmds. Einkommen bezogen ist und deren Höhe vom Einkommen abhängt': ~ *zahlen* ❖ ↗ *kommen*, ↗ *Steuer*; **-künfte** [kʏnftə], **die** ⟨Pl.⟩ 'das, was jmd. in einem bestimmten Zeitraum an Geld o.Ä. einnimmt od. gewinnt': *er hat feste, unregel-mäßige* ~; *er hat* ~ *aus Grundbesitz, Hausbesitz* ❖ ↗ *kommen*; **-laden** (er lädt ein), lud ein, hat einge-laden **1.** /jmd./ *etw.* ~ 'etw., bes. Stückgut, in ein Fahrzeug, in einen zum Transport dienenden Be-hälter laden (1.1)'; ANT *entladen (1.1), ausladen (1)*: *Kisten und Säcke (in den Waggon, Container)* ~ **2.** /jmd./ *jmdn.* ~ 'jmdn. bitten, zu ihm zu Be-such zu kommen od. mit ihm in eine Gaststätte zu einem geselligen Beisammensein od. zu einer Ver-anstaltung zu gehen und die dafür entstehenden Kosten übernehmen': *er hatte alle seine Freunde (zu sich nach Hause, in seine Wohnung, in eine Gast-stätte) eingeladen* (ANT *ausgeladen 2*); *wir sind heute bei/von/zu ihm eingeladen; jmdn. zu einem Theaterbesuch, Ausflug, zu seinem Geburtstag* ~ **3.** *jmd. lädt jmdn. auf/zu etw. ein* 'jmd. bietet jmdm. an, bes. in einer Gaststätte, auf seine Kosten mit ihm etw. zu essen, zu trinken': *jmdn. auf ein/zu ei-nem Glas Wein* ~ ❖ zu (2,3): *Einladung*, zu (1): ↗ *laden*; **-ladung, die**; ~, ~en 'meist schriftliche Mitteilung, mit der man jmdn. zu sich, zu einer Veranstaltung einlädt (2)': ~*en verschicken; eine* ~ *zur Teilnahme an einem Festakt* ❖ ↗ *einladen*; **-lage, die 1.** 'feste Zutat (1.1), die in eine Suppe gegeben wird': *eine Brühe mit* ~ **2.** ⟨vorw. Pl.⟩ 'orthopädi-sche, den Fuß stützende Sohle (2) aus festem Mate-rial, die in den Schuh eingelegt (1) wird': *er hat Senkfüße und muss* ~*en tragen* **3.** 'meist zur Auflo-ckerung in ein Programm aufgenommene (zusätzli-che) Darbietung': *ein Konzert mit tänzerischen* ~*n* ❖ ↗ *legen*; **-lass** [las], **der**; ~es, ⟨o.Pl.⟩ /zu *einlassen 1*/ 'das Eingelassenwerden': *er bat um* ~; *jmdm. gewähren, den* ~ *verweigern;* ~ *erst ab 18 Uhr;* ~ *nicht für Jugendliche unter 18 Jahren* /schriftliche Mitteilung darüber, ab wann, ab welchem Alter der Raum für eine Veranstaltung betreten werden darf/; **-lassen** (er lässt ein), ließ ein, hat eingelassen **1.** /jmd., Institution/ *jmdn.* ~ 'jmdm., meist den Besu-chern einer Veranstaltung, den Zutritt zu einem Gelände, Raum gestatten': *wegen Überfüllung des Saales kann niemand mehr eingelassen werden* **2.** /jmd./ *etw. in etw.* ~ 'etw. Flüssiges, bes. Wasser, bes. aus einer Leitung, in ein Gefäß fließen lassen'; ANT *ablassen (1)*: *Wasser (in den Eimer), Benzin (in den Tank)* ~ **3.** emot. neg. /jmd./ *sich mit jmdm.* ~ 'mit jmdm. engen (vertraulichen) Kontakt auf-nehmen, mit jmdm. Umgang pflegen': *wie konntest du dich nur mit ihm, einer solchen Person* ~! **4.** /jmd./ *sich auf, in etw.* ~ 'auf etw. eingehen (6), bei etw. mitmachen': *sich auf, in ein Gespräch mit jmdm.* ~; *auf solch eine gefährliche Sache lasse ich*

mich nicht ein; sich auf nichts ~ ❖ ↗ lassen; **-laufen**
(er läuft ein), lief ein, ist eingelaufen **1.** SYN ˈein-
fahren (1)ˈ; ↗ FELD VIII.3.2: *das Schiff ist (in den
Hafen) eingelaufen* (ˈin den Hafen einfahrenˈ;
ANT ausgelaufen (2)); *der Zug läuft (in den Bahn-
hof) ein* (ˈfährt in den Bahnhof einˈ) **2.** /Textilie/
ˈdurch den Waschvorgang in der Länge, Breite
kürzer werdenˈ; SYN eingehen (4): *dieser Stoff, An-
orak läuft nicht ein* ❖ ↗ laufen; **-leben, sich** ⟨trb.
reg. Vb.; hat⟩ /jmd./ *sich irgendwo ~* ˈin einer
neuen Umgebung heimisch werdenˈ: *sie hat sich
gut, schnell bei uns, in der neuen Arbeitsstelle einge-
lebt; hast du dich schon eingelebt?* ❖ ↗ leben; **-legen**
⟨trb. reg. Vb.; hat⟩ **1.** /jmd./ *etw. in etw. ~* ˈetw. in
etw. legenˈ: *die Sohle in den Schuh ~; etw. ~: ein
Blatt (zusätzlich) ~* (ˈzwischen andere Blätter le-
gen, einfügenˈ); *einen Film ~* (ˈin die Kamera ein-
setzenˈ) **2.** /jmd./ *etw. ~* ˈetw. einschiebenˈ: *ein Solo
~* (ˈals Einlage 3 bringenˈ); *eine Pause ~* **3.** /jmd./
mehrere Sachen ~ ˈmehrere Sachen, bes. Gemüse,
Fleisch, Fisch, in eine gewürzte Flüssigkeit legen,
damit es würzig, haltbar, mürbe wirdˈ: *Gurken, He-
ringe, Schnitzel ~* **4.** /jmd./ *etw. ~* ˈetw. geltend ma-
chenˈ: *Einspruch (gegenüber etw.), Protest (gegen
etw.) ~* ❖ ↗ legen; **-leiten**, leitete ein, hat eingelei-
tet; ↗ FELD VII.1.2 **1.** /jmd./ *etw. mit etw. ~* ˈetw.
mit etw. beginnenˈ: *die Feierstunde mit einem
Musikstück, einer Ansprache ~; er sprach ~de
Worte* **2.** /jmd., Institution/ *etw. ~* ˈetw. vorbereiten
und beginnen, es in die Tat umzusetzenˈ: *eine Un-
tersuchung, ein Verfahren ~* ❖ ↗ leiten; **-leitung, die**
1. /zu einleiten 1 u. 2/ ˈdas Einleitenˈ; /zu 2/ *die ~
eines Verfahrens* **2.** ˈTeil bes. eines Buches, der als
Einführung dientˈ; ↗ FELD VII.1.1: *eine ausführ-
liche, kurze ~* ❖ ↗ leiten; **-lenken** ⟨trb. reg. Vb.;
hat⟩ /jmd./ SYN ˈnachgeben (2)ˈ: *er lenkte schließ-
lich ein; es fiel ihm schwer einzulenken* ❖ ↗ lenken;
-leuchten, leuchtete ein, hat eingeleuchtet *etw.
leuchtet jmdm. ein* ˈetw. überzeugt jmdn.ˈ: *das
leuchtet mir ein; es will mir nicht ~, dass …; /im
Part. I/ ~de Argumente; das ist ~d* ❖ ↗ leuchten;
-liefern ⟨trb. reg. Vb.; hat; oft im Pass.⟩ /jmd., In-
stitution/ *jmdn. in ein/ins Krankenhaus, in eine Haft-
anstalt ~* (ˈjmdn. zur Unterbringung in ein Kran-
kenhaus, eine Haftanstalt bringenˈ); *der Verletzte
wurde in die Klinik eingeliefert* ❖ ↗ liefern; **-lösen**
⟨trb. reg. Vb.; hat⟩ **1.** /jmd./ *einen Scheck, Bon ~*
(ˈan befugter Stelle vorlegen und sich auszahlen
lassenˈ) **2.** /jmd./ *ein Pfand, den verpfändeten
Schmuck (im Leihhaus) ~* (ˈgegen Zahlung des
vereinbarten Betrages zurückbekommenˈ) **3.** /jmd./
ein Versprechen, sein Wort ~ (ˈdas Versprechen in
die Tat umsetzenˈ) ❖ ↗ los; **-machen** ⟨reg. Vb.;
hat⟩ /jmd./ *etw. ~* ˈObst, Gemüse einkochen und
in Behältern, Gläsern konservierenˈ: *Erdbeeren,
Kirschen, Bohnen ~; eingemachte Tomaten* ❖ ↗
machen; **-¹mal** [mɑːl] ⟨Adv.⟩ **1.** ⟨betont⟩ ˈein einzi-
ges Malˈ: *das habe ich ~ getan, das tue ich nie wie-
der; das gibt's nur ~, das sage ich dir nur ~; sie ist
nur ~ dort gewesen; das habe ich noch nicht ~*

(ˈkein einziges Malˈ) *gesehen; ~ ums/übers andere
Mal* (ˈimmer wiederˈ) *kam er zu uns gelaufen; ~
mehr* (ˈwiederum, erneutˈ) *zeigt sich hier, dass …;
noch ~: das werde ich noch ~* (ˈein weiteres Malˈ)
versuchen; das ist noch ~ (ˈgerade nochˈ) *gut gegan-
gen; ich brauche noch ~* (ˈdoppeltˈ) *so viel; das
Brett müsste noch ~ so lang sein; er ist noch ~ so
alt wie ich; /in der kommunikativen Wendung/ ~
und nicht wieder* (ˈdas tue ich nicht noch einmalˈ)
/sagt jmd., wenn er mit etw., das er getan hat,
schlechte Erfahrungen gemacht hat/ **2.1.** ⟨meist
verkürzt zu ↗ ¹*mal*⟩ ˈzu einem nicht näher zu be-
zeichnenden Zeitpunkt in der Vergangenheitˈ; SYN
¹mal (2.1); ↗ FELD VII.4.3: *es gab ~ eine Zeit, da
…; das war ~* (ˈist vorbei, kommt nicht wiederˈ);
sie war schon ~ dort **2.2.** ˈzu einem nicht näher
bezeichneten Zeitpunkt in der Zukunftˈ; SYN einst
(2); ↗ FELD VII.6.3: *auch das wird es ~ geben; ~
werden wir uns wiedersehen; dafür möchte ich ~
Zeit haben; es wird dir ~ Leid tun, dass …* ❖ ↗
²ein, ↗ Mal, *** auf ~ 1.** SYN ˈplötzlichˈ: *auf ~ fing
es an zu regnen* **2.** SYN ˈzugleichˈ: *ich kann nicht
alles auf ~ machen; sie kamen alle auf ~;* **-²mal**
⟨Modalpartikel; unbetont; steht in Aussagesätzen,
jedoch nicht am Satzanfang; bezieht sich auf den
ganzen Satz; oft verkürzt zu *mal* und in Verbin-
dung mit *nun*⟩ /der Sprecher drückt damit aus, dass
er den Sachverhalt nicht beeinflussen od. ändern
kann und dass man ihn folglich so hinnehmen
muss/; SYN ³eben (1): *das ist nun ~ so; das kostet
nun ~ viel Zeit; das ist nun ~ vorbei, verloren;* vgl.
auch ²*mal;* **-³mal** ⟨als Glied der zusammengesetzten
Gradpartikel **nicht einmal**; unbetont; steht vor der
Bezugsgröße; bezieht sich auf verschiedene
Kategorien⟩ /schließt andere, auf einer gedachten
Skala tiefer stehende Sachverhalte aus; der Spre-
cher drückt aus, dass seine Erwartung in keiner
Weise erfüllt ist/: *er hat nicht ~ gewinkt, als er sich
verabschiedete; nicht ~ morgens ist er munter; nicht
~ sein Vater wusste von dieser Angelegenheit;* **-malig**
[mɑːlɪç] ⟨Adj.; o. Steig.⟩ **1.** ⟨nicht bei Vb.⟩ ˈnur
einmal (1) vorkommend, stattfindend, erforder-
lichˈ: *ihm genügte eine ~e Aufforderung; pro Monat
erfolgt eine ~e Zahlung; das war eine ~e Gelegen-
heit* (ˈeine Gelegenheit, die sich nicht wiederholtˈ)
2. emot. ˈhervorragend und kaum, nicht zu über-
bietenˈ; SYN ¹einzig (3): *das Wetter war ~; diese
Leistung ist ~; ein ~es Fest* ❖ ↗ ²ein, ↗ Mal;
-marsch, der ⟨vorw. Sg.⟩ /zu *einmarschieren* 1/ ˈdas
Einmarschierenˈ: *der ~ der Sportler ins Stadion* ❖
↗ Marsch; **-marschieren**, marschierte ein, ist ein-
marschiert **1.** /mehrere (jmd.)/ *in etw. ~* ˈsich mar-
schierend (meist als Formation) in einen Bereich,
Ort, ein Gelände hinein bewegenˈ; SYN einziehen
(5),: *in das Stadion ~* **2.** /militärische Streitkräfte/
in ein Land ~ (ˈdie Grenzen zu einem Land über-
schreiten und es besetzenˈ) ❖ ↗ Marsch; **-mischen,
sich** ⟨trb. reg. Vb.; hat⟩ /jmd./ *sich in etw. ~* ˈmit
Worten, Handlungen meist unaufgefordert und
ohne Berechtigung in eine Angelegenheit eingreifen

(die einen nicht betrifft)'; SYN mischen (3): *er mischt sich in alles ein und wird noch Ärger damit kriegen; sich in einen Streit ~ ❖ ↗ mischen;* **-mischung, die** 'das Sicheinmischen': *die Forderung wurde als ~ in die inneren Angelegenheiten des Staates angesehen* ❖ ↗ mischen; **-münden**, mündete ein, ist eingemündet *in etw.* ~ **1.** /fließendes Gewässer/ 'in ein anderes Gewässer münden': *der Bach mündet in den Fluss ein* **2.** /etw., bes. Verkehrsweg/ 'an einer Stelle in etw. anderes (der gleichen Art) übergehend enden'; ANT abzweigen (1): *der Weg mündet in eine Wiese, in eine breite Allee ein; die Straßen münden alle in den Platz ein* ❖ ↗ münden; **-mütig** [myːtɪç] ⟨Adj.; o. Steig.⟩ 'von allen in gleicher Weise vertreten': *eine ~e Zustimmung; etw. ~ beschließen, ablehnen* ❖ ↗ ² **ein; -nahme** [naːmə]**, die**; ~, ~n **1.** ⟨o.Pl.⟩ /zu einnehmen 2 u. 3/ 'das Einnehmen'; /zu 2/: *die ~ von Tabletten*; /zu 3/: *die ~ der Festung* **2.** ⟨vorw. Pl.⟩ 'Geldsumme, die jmd. (als Erlös) einnimmt, eingenommen hat'; ANT Ausgabe (2): *eine unerwartete ~; seine ~n sind sehr gestiegen* ❖ ↗ nehmen; **-nehmen** (er nimmt ein), nahm ein, hat eingenommen; ↗ auch *eingenommen* **1.** /jmd./ *etw.* ~ 'Geld, bes. als Erlös aus einem Verkauf, bekommen': *wir haben in den vergangenen Wochen viel, eine größere Summe eingenommen; er gibt mehr aus, als er einnimmt* **2.** /jmd./ **2.1.** *etw.* ~ 'ein Medikament schlucken'; ↗ FELD I.7.9.2: *ein Medikament, Tabletten, Tropfen* ~ **2.2.** geh. *etw. irgendwo, irgendwann* ~: *das Mittagessen* ~ ('zu sich nehmen'); *er nimmt das Frühstück gern um 9 Uhr, auf der Terrasse ein* **3.** /jmd., bes. Truppe, Staat/ *etw.* ~ SYN 'etw. erobern (1)'; ↗ FELD I.14.2: *eine Festung, Stadt, militärische Stellung* ~ **4.** /jmd./ *eine bestimmte Haltung* ~ 'sich, seinen Körper in eine bestimmte Stellung bringen': *eine gerade, sitzende, stehende Haltung* ~ **5.** /jmd./ *seinen Platz, die Plätze* ~ ('sich auf den für einen bestimmten Platz setzen'); *bitte, nehmen Sie Ihre Plätze ein!* /Aufforderung an die Gäste, Besucher einer Veranstaltung/ **6.** /etw./ *etw.* ~ 'Raum, Fläche bestimmter Größe beanspruchen, ausfüllen': *der Schrank nimmt die ganze Wand, fast die Hälfte des Zimmers ein* **7.1.** /etw./ *jmdn. für, gegen etw., jmdn.* ~ 'jmdn. für, gegen etw., jmdn. beeinflussen': *sein Verhalten, diese Entscheidungen haben mich sehr für, gegen ihn, für, gegen diese Partei eingenommen; dass er das getan hat, nimmt mich für ihn ein;* ⟨im Part. I⟩ *sie hat ein ~des* ('sympathisches, anziehendes') *Wesen* **7.2.** /jmd./ *jmdn. für sich* ~ 'jmds. Sympathie gewinnen': *er hat mich (durch sein Verhalten) für sich eingenommen* ❖ ↗ nehmen; **-ordnen**, ordnete ein, hat eingeordnet **1.** /jmd./ *etw.* ~ 'etw. an die richtige, vorgesehene Stelle od. in etw. bereits Geordnetes einfügen'; SYN einstellen (1): *das Buch ins Regal* ~; *Bücher alphabetisch nach dem Namen des Autors, Karten (in eine Kartei)* ~ **2.** /jmd./ *sich* ~ SYN 'sich einfügen (2)': *er wird sich schon noch (in unsere Gemeinschaft)* ~ **3.** /jmd., etw./ *sich irgendwie* ~ 'während der Fahrt in die vorgeschriebene

Spur auf einer Straße überwechseln': *sich vor der Kreuzung rechts, in die rechte Spur* ~ ❖ ↗ ordnen; **-packen** ⟨trb. reg. Vb.; hat⟩ /jmd./ *etw.* ~ 'etw., meist mehrere einzelne Gegenstände, bes. Waren, (zum Zwecke des Transports) in einen Behälter packen'; ↗ FELD I.7.9.2, V.7.2: *die eingekauften, geschenkten Waren* ~ (ANT auspacken 1); *er ließ sich* ⟨Dat.⟩ *die Bücher* ~ ('in Papier hüllen und zu einem Paket machen'); *seine Sachen* ~ (SYN 'packen 1.1') ❖ ↗ packen; **-prägen** ⟨trb. reg. Vb.; hat⟩ **1.** /jmd./ *sich* ⟨Dat.⟩*, jmdm. etw.* ~ 'sich, jmdm. etw. zu Lernendes, Merkendes bes. durch Wiederholung so gut, eindringlich in das Bewusstsein bringen, dass es im Gedächtnis bleibt': *das musst du dir gut* ~*!; sich die Vokabeln, den Weg zum Bahnhof* ~*; sie hat ihren Kindern immer wieder eingeprägt, dass …* **2.** /etw./ *sich jmdm.* ~ 'in jmds. Bewusstsein dringen und im Gedächtnis fest verankert werden': *das Bild, der Anblick der Schiffbrüchigen hatte sich ihm, seinem Bewusstsein fest eingeprägt* ❖ ↗ prägen; **-quartieren** [kvaʁtiːʁən] ⟨trb. reg. Vb.; hat⟩ **1.1.** /jmd., Institution/ *jmdn. irgendwo* ~ 'jmdn. in einer Unterkunft, bei jmdm. im Haus, in der Wohnung unterbringen': *wir haben ihn bei Freunden einquartiert; die Soldaten wurden in der Stadt einquartiert* **1.2.** /jmd./ *sich irgendwo, bei jmdm.* ~ 'sich irgendwo, bei jmdm. Unterkunft verschaffen': *er hat sich, ohne zu fragen, bei uns einquartiert* ❖ ↗ Quartier; **-räumen** ⟨trb. reg. Vb.; hat⟩ **1.** /jmd./ **1.1.** *mehrere Sachen* ~ 'mehrere Sachen in etw., bes. in Fächern von Möbeln od. in einem Raum, nach bestimmter Ordnung unterbringen (1.2)': *die Bücher in den Schrank, die Möbel in das Zimmer* ~ **1.2.** *das Zimmer, den Schrank* ~ ('die vorgesehenen Sachen in das Zimmer, den Schrank einräumen 1.1'; ANT ausräumen 1) **2.** ⟨vorw. mit Nebens.⟩ /jmd./ *etw.* ~ SYN 'etw. zugeben (2.1)': *er räumte ein, dass er sich geirrt habe* ❖ ↗ Raum; **-reden**, redete ein, hat eingeredet **1.** /jmd./ **1.1.** *jmdm. etw.* ~ 'durch eindringliches Reden bewirken, dass jmd. etw. (Falsches) glaubt, übernimmt od. etw. Bestimmtes tut': *jmdm. einen verwegenen Plan* ~*; wer hat dir diesen Unsinn eingeredet?; er hat ihm eingeredet, die Sachen zu verkaufen* **1.2.** *sich* ⟨Dat.⟩ *etw.* ~ 'sich etw. einbilden (1), sodass man es selbst glaubt'; SYN vormachen (1.2): *das hast du dir alles nur eingeredet!;* vgl. vorspiegeln **2.** /jmd./ *auf jmdn.* ~ 'eindringlich, ununterbrochen, lebhaft zu jmdm. sprechen (um ihn zu überzeugen, zu etw. zu bewegen)': *sie hat stundenlang auf ihn eingeredet, bis er endlich alles zugab* ❖ ↗ reden; **-reiben**, rieb ein, hat eingerieben /jmd./ *sich, jmdn. mit etw.* ~ 'eine streichbare cremige od. flüssige Masse auf die eigene, jmds. Haut auftragen und unter leichtem Druck reibend fein verteilen, sodass sie eindringen (1) kann': *er hat sich, seine Kinder (mit Salbe, Öl, Creme) eingerieben; sich* ⟨Dat.⟩ *das Gesicht, die Schultern (mit einer Salbe, Creme)* ~ ❖ ↗ Reibe; **-reichen** ⟨trb. reg. Vb.; hat⟩ /jmd./ *etw.* ~ 'ein Schriftstück an die zuständige Stelle zur Bearbeitung geben': *einen Antrag, die Unterlagen (beim Arbeitsamt), eine Klage (bei Gericht)* ~ ❖ ↗ reichen (1); **reihen** [ʀɑi̯ən] ⟨trb. reg. Vb.; hat⟩ /jmd./ *sich, jmdn. in etw.* ~ 'sich, jmdn. in eine als Reihe geordnete Gruppe einordnen': *er reihte sich und seine Kinder in die Schlange der Wartenden, in den Zug der Demonstranten ein* ❖ ↗ Reihe; **-reiher** [ʀɑi̯ɐ], **der;** ~s, ~ 'Anzug, dessen Jackett nur eine Reihe Knöpfe hat': *er trägt einen* ~ ❖ ↗ Reihe; **-reise, die** /zu *einreisen*/ 'das Einreisen'; ANT Ausreise: *bei der* ~ *den Pass vorzeigen* ❖ ↗ reisen; **-reisen** ⟨trb. reg. Vb.; ist⟩ /jmd./ *irgendwo* ~ 'legal in ein Land reisen': *nach Ungarn, in ein Land* ~ ❖ ↗ reisen; **-reißen,** riss ein, hat/ist eingerissen **1.1.** ⟨hat⟩ /jmd./ *etw.* ~ 'meist vom Rand her einen Riss in etw. Flächiges machen': *er hat den Papierbogen leicht eingerissen* **1.2.** ⟨ist⟩ /etw. Flächiges/ '(am Rand) einen Riss bekommen': *das Blatt, der Saum ist eingerissen* **2.** ⟨hat⟩ /jmd./ *etw.* ~ 'bewirken, dass Gebautes einstürzt': *ein Haus, eine Mauer* ~ **3.** ⟨hat⟩ /jmd./ *sich* ⟨Dat.⟩ *etw.* ~ 'mit einem Dorn, Splitter so in Berührung kommen, dass er in die Haut eindringt und abbricht': *er hat sich einen Splitter eingerissen* **4.** ⟨ist⟩ umg. /etw. Negatives/ *irgendwo, bei jmdm.* ~ 'irgendwo, bei jmdm., bes. in einem größeren Kreis von Personen, zur Gewohnheit werden': *in diesem Land, in unserer Familie, in der Schule, bei uns, ihnen sind merkwürdige, schlechte Sitten eingerissen; das dürfen wir gar nicht erst* ~ *lassen* ❖ ↗ reißen; **-renken** ⟨trb. reg. Vb.; hat⟩ **1.** /jmd./ *etw.* ~ 'etw., bes. Glied (1), das aus der richtigen Lage (im Gelenk) geraten ist, wieder in die richtige Lage bringen'; ANT ausrenken; ↗ FELD I.1.2: *der Arzt hat ihm den Arm, die Schulter, den Wirbel, Kiefer, das Bein, den Fuß (wieder) eingerenkt* **2.** umg. /jmd., Institution/ *etw.* ~ 'etw., was durch einen Streit o.Ä. aus der Normalität geraten ist, wieder in Ordnung bringen, bereinigen': *eine verfahrene Angelegenheit, die Sache wieder* ~; **-richten,** richtete ein, hat eingerichtet **1.** /Institution, jmd./ *etw.* ~ 'eine Einrichtung (1) schaffen, gründen (1)': *eine neue Buslinie, einen Kindergarten* ~; *im Haus an der Ecke wird die Filiale einer Bank eingerichtet; eine Sprechstunde für Mütter mit kleinen Kindern* ~ **2.** /jmd./ *etw.* ~ 'etw. mit Möbeln, Inventar zweckdienlich ausstatten': *er hat dort, in seiner Wohnung ein Büro eingerichtet; er hat den Laden mit viel Aufwand eingerichtet; sich* ⟨Dat.⟩, *jmdm. etw.* ~: *er hat sich eine Wohnung, hat sich im Keller ein Labor eingerichtet; er hat sich, seinem Sohn (im Keller) eine Werkstatt eingerichtet; er hat sich seine Wohnung, sein Zimmer hübsch, behaglich, geschmackvoll, wohnlich eingerichtet; eine modern eingerichtete Wohnung* **3.** /jmd./ *etw. irgendwie* ~ 'etw. auf einen Zweck hin gestalten': *er wird seine Arbeit so* ~, *dass er noch genügend Zeit für seine Familie übrig behält; ich kann es (so)* ~ ('bewerkstelligen, möglich machen'), *dass wir mitkommen können* **4.** /jmd./ *sich auf etw., jmdn.* ~ SYN 'sich auf etw., jmdn. einstellen (5.1): *er hat sich auf eine lange War-*

tezeit eingerichtet; wir waren nicht auf Gäste eingerichtet* (SYN 'vorbereitet 2') ❖ Einrichtung; **-rich-tung, die 1.** 'etw. zur Wahrnehmung öffentlicher, gesellschaftlicher od. privater Belange, Zwecke Geschaffenes'; SYN Institution: *staatliche, soziale* ~en; *die Post als öffentliche* ~; *die* ~en *des Gesundheitswesens wie Krankenhäuser und Erholungsheime; diese Sprechstunde, der Service ist eine nützliche* ~ **2.1.** ⟨vorw. Sg.⟩ 'Gesamtheit der Möbel samt dem funktionalen Zubehör einer Wohnung, eines Zimmers': *das Zimmer hat eine geschmackvolle* ~ **2.2.** 'technische Vorrichtung, Anlage in einem Raum, Betrieb, an einem Gerät': *die technischen, sanitären* ~en *in diesem Hause; das Gerät hat eine automatische funktionierende* ~ *zur Steuerung* **3.** *etw. ist eine ständigelist zur ständigen* ~ *geworden* 'etw. ist immer wieder veranstaltet und dadurch zu einer gewohnten Sache geworden': *diese Treffen sind zur ständigen* ~ *geworden* ❖ ↗ einrichten; vgl. auch richten

¹eins [ɑi̯ns] ⟨Zahladj.; indekl.; ↗ auch ²ein; ↗ TAFEL XII⟩ /die Kardinalzahl 1/: *die Reihe der Zahlen fängt mit* ~ *an;* ~, *zwei, drei;* ~ *und* ~ *ist zwei; es hat* ~ ('ein Uhr') *geschlagen; er kommt um* ~ ('um ein Uhr'); *es ist fünf Minuten nach, vor* ~ ('ein Uhr'); *er hat eine Eins* ('das Prädikat „sehr gut"'), *drei Einsen (bekommen); er freut sich sehr über die Eins;* ↗ auch *drei* ❖ ↗ ²ein

²ein(e)s [ɑi̯nəs]: ↗ ¹einer, ²einer

ein [ɑi̯n..]|**sacken** ⟨trb. reg. Vb.; hat/ist⟩ **1.** ⟨hat⟩ /jmd./ *etw.* ~ 'etw. in einen Sack, in Säcke füllen, packen, stecken': *Kohlen, Kartoffeln* ~ **2.** ⟨ist⟩ umg. /etw., bes. Fahrzeug, jmd./ *in etw.* ⟨Dat./Akk.⟩ ~ '(plötzlich) in etw. einsinken': (*in dem sumpfigen Gelände) ist der Wagen eingesackt; er ist eingesackt; der Wagen sackte tief in den/dem weichen Boden ein* ❖ ↗ Sack

einsam [ɑi̯nzɑːm] ⟨Adj.⟩ **1.** ⟨Steig. reg.⟩ 'für sich allein, ohne Verbindung (8) mit (einem) anderen (und häufig darunter leidend)' /vorw. auf Personen bez./: *er, sie ist* ~, *lebt* ~ (SYN '¹allein 2'), *er ist ein* ~*er Mensch; sich* ~ *fühlen* ('Verbindung mit anderen Menschen vermissen'); *ein* ~*er* ('ohne Beteiligung, Befragung anderer von jmdm. gefasster') *Entschluss* **2.** ⟨Steig. reg.; nicht präd.⟩ 'ringsum allein als Einziger vorhanden' /auf Personen, Gegenständliches bez./: *ein* ~*er Wanderer;* ~ *stand eine Weide im Moor* **3.1.** SYN '²verlassen (1.1)' /vorw. auf Regionales bez./: *eine* ~*e Gegend; dort ist es noch* ~*er, ist* ~*es,* ~ *gelegenes Haus* **3.2.** ⟨o. Steig.⟩ SYN 'menschenleer' /vorw. auf die Straßen einer Stadt bez./: *wir gingen durch* ~*e Straßen; im Winter liegt der Strand* ~ *und verlassen da* ❖ ↗ ²ein

Einsamkeit [ˈ..], **die;** ~, ⟨o.Pl.⟩ **1.** /zu *einsam 1*/ 'das Einsamsein': *er hatte Angst vor der* ~; *die* ~ *suchen, lieben* **2.1.** 'Gegend, in die kaum, selten jmd. hinkommt': *in dieser* ~ *trifft man nur sehr wenige Menschen* **2.2.** ⟨+ Gen.attr.⟩ 'Ort, Bereich der Ruhe und Besinnlichkeit, in dem wenige od. keine Menschen sind': *er zieht sich gern in die* ~ *des Waldes, Klosters zurück* ❖ ↗ ²ein

ein/Ein ['ɑɪn..]||**-sammeln** ⟨trb. reg. Vb.; hat⟩ /jmd./ *mehrere Sachen* ~ 'jeweils eine od. mehrere Sachen von mehreren Personen verlangen und entgegennehmen': *an der Grenze die Pässe* ~; *der Lehrer sammelt nach der Klassenarbeit die Hefte ein; das Geld für eine Spende* ~ ❖ ↗ sammeln; **-satz, der** ⟨o.Pl.⟩ **1.** /zu *einsetzen* 3 u. 4/ 'das (Sich)einsetzen'; /zu 3/ 'das Einsetzen': *der* ~ *eines Baggers, von Lkws, von Polizei bei einer Havarie; sein* ~ ('Eingesetztwerden') *im Krankenhaus;* /zu 4.1/ 'das Sicheinsetzen': *sein vorbildlicher* ~ *bei den Rettungsarbeiten;* /zu 4.2/ 'das Einsetzen': *er hat ihn unter* ~ *seines Lebens* ('indem er sein Leben wagte') *gerettet* **2.** *im* ~ *stehen, sich im* ~ *befinden* ('eingesetzt sein'); *zum* ~ *kommen, gelangen* ('eingesetzt werden') ❖ ↗ einsetzen (3, 4), ↗ setzen (1,2); **-satzbereit** ⟨Adj.⟩ **1.** ⟨Steig. reg., ungebr.⟩ 'bereit, sich einzusetzen (4.1)'; ↗ FELD I.18.3: *er ist immer* ~; *er braucht* ~*e Mitarbeiter; sich* ~ *zeigen* **2.** ⟨o. Steig.⟩ 'bereit, eingesetzt, genutzt zu werden' /auf Sachen bez./: *die Fahrzeuge müssen jederzeit* ~ *sein; etw.* ~ *machen* ❖ ↗ setzen (1,2), ↗ bereit; **-schalten**, schaltete ein, hat eingeschaltet **1.1.** /jmd./ *etw.* ~ SYN 'etw. anstellen (4)'; ANT ausschalten (1), abschalten (1), abstellen, abdrehen (2); ↗ FELD VII.1.2: *das Radio, die Zündung* ~; *das Licht* ~ **1.2.** /etw./ *sich* ~ 'sich selbst in Betrieb setzen': *der Kühlschrank schaltet sich von selbst, automatisch ein* **2.** /jmd./ *jmdn.* ~ 'bewirken, dass jmd., eine Instanz in eine Angelegenheit eingreift': ⟨vorw. im Pass.⟩ *ein Anwalt musste eingeschaltet werden;* /jmd., Institution/ *sich in etw.* ~ ('in etw. eingreifen') ❖ ↗ schalten; **-schärfen** ⟨trb. reg. Vb.; hat⟩ /jmd./ *jmdm. etw.* ~ 'jmdn. dringend, nachdrücklich zu einem bestimmten Verhalten ermahnen, auffordern': *jmdm. Vorsicht* ~; *jmdm.* ~, *vorsichtig, aufmerksam, höflich zu sein* ❖ ↗ scharf; **-schätzen** ⟨trb. reg. Vb.; hat⟩ /jmd./ *etw., jmdn. irgendwie* ~ 'etw., jmdn. in bestimmter Weise beurteilen': *wie schätzt du dieses Gerät, diesen Mitarbeiter ein?; er hat die Gefahr, Situation falsch, richtig eingeschätzt* ❖ ↗ schätzen; **-schenken** ⟨trb. reg. Vb.; hat⟩ /jmd./ *jmdm. etw., bes. ein alkoholisches Getränk* ~ SYN 'jmdm. etw. eingießen'; ↗ FELD I.7.9.2: *er hat ihr Wein, Limonade eingeschenkt* ❖ ↗ schenken; **-schieben**, schob ein, hat eingeschoben /jmd./ *etw., jmdn.* ~ 'etw., jmdn. zusätzlich, nachträglich in einer (Reihen)folge unterbringen': *ein Zitat, ein Kapitel (in einen Text)* ~; *einen Patienten* ~ ❖ ↗ schieben; **-schlafen** (er schläft ein), schlief ein, ist eingeschlafen **1.** /jmd./ 'zu schlafen beginnen'; ANT erwachen, aufwachen: *er schläft, kaum dass er liegt, immer sofort ein* **2.** /etw., bes. Arm, Bein/ 'vorübergehend ohne Gefühl sein': ⟨vorw. im Perf.⟩ *mir ist der Arm, die linke Hand eingeschlafen* ❖ ↗ schlafen; **-schlag, der 1.** /zu *einschlagen* 3/ 'das Einschlagen': *die Einschläge der Granaten* **2.** 'beschädigte Stelle an etw., die vom Einschlag (1) eines Geschosses herrührt': *die Einschläge in der Mauer* ❖ ↗ schlagen; **-schlagen** (er schlägt ein), schlug ein, hat einge-

schlagen **1.** /jmd./ *etw.* ~ 'einen spitzen Gegenstand in etw. schlagen': *einen Nagel (in die Wand)* ~; *einen Pfahl in den Erdboden* ~; *einen Pflock, Keile* ~ **2.** /jmd./ *etw.* ~ 'etw. (Flächiges) durch einen Schlag, durch Schläge (1) zerstören': *eine Fensterscheibe, die Tür* ~ **3.** /Geschoss, Blitz/ 'beim Aufprall auf etw., bes. auf eine Fläche, darin eindringen und einen Schaden verursachen': *Geschosse schlugen (in die Mauer) ein; der Blitz hat (in das Haus) eingeschlagen; es hat eingeschlagen* ('der Blitz hat irgendwo etw. getroffen') **4.** /jmd./ *auf jmdn., ein Tier* ~ 'jmdn., ein Tier fortgesetzt (heftig) schlagen': *wütend schlug er auf den Jungen, den Hund ein* **5.** /jmd./ *etw.* ~ 'einen Gegenstand, bes. eine Ware, (zum Zwecke des Transports) in Stück Papier, Stoff o.Ä. hüllen'; SYN einpacken: *etw. (in Papier, in ein Tuch)* ~ **6.** /jmd./ *einen bestimmten Weg, eine bestimmte Richtung* ~ 'einen bestimmten Weg, eine bestimmte Richtung wählen und sich (ihn, sie entlang gehend od. fahrend) fortbewegen': *den kürzesten Weg, eine andere Richtung* ~; *den eingeschlagenen Kurs beibehalten* ❖ ↗ schlagen; **-schlägig** [ʃleːgɪç/ʃleː..] ⟨Adj.; nur attr.⟩ 'zu einem Sach-, Fachbereich gehörend, ihn betreffend': *dieser Artikel ist in allen* ~*en Geschäften erhältlich; die* ~*e Literatur nachlesen;* **-schleichen, sich**, schlich sich ein, hat sich eingeschlichen **1.1.** /jmd./ *sich in jmds. Vertrauen* ~ ('geschickt, listig und unehrenhaft jmds. Vertrauen erringen, um es für sich auszunutzen') **1.2.** *da, in den Text, in die Arbeit hat sich ein Fehler eingeschlichen* ('ist, ohne dass es jmd. bemerkt hat, versehentlich ein Fehler hineingekommen') ❖ ↗ schleichen; **-schleusen** ⟨trb. reg. Vb.; hat⟩ /jmd./ *jmdn., etw. irgendwohin* ~ 'jmdn., etw. heimlich, illegal, ohne dass es die Kontrolle bemerkt, irgendwohin, in ein Gebiet, in einen Kreis von Menschen bringen': *einen Agenten, geschmuggelte Waren, Rauschgift in ein Land* ~; *jmdn. in ein Unternehmen, eine Gruppe* ~ ❖ ↗ Schleuse; **-schließen**, schloss ein, hat eingeschlossen /jmd./ **1.1.** *jmdn.* ~ 'durch Abschließen der Tür(en) verhindern, dass jmd. einen Raum, ein Gebäude verlassen kann': *sie haben ihre Kinder (in der Wohnung) eingeschlossen* **1.2.** *sich* ~ 'durch Abschließen der Tür(en) eines Raumes, Hauses anderen den Zugang zu sich verwehren': *der Junge hatte sich eingeschlossen* **1.3.** *etw. in etw.* ⟨Dat.⟩ ~ 'etw. zur Aufbewahrung in einem Behältnis, Raum unterbringen, um es vor Diebstahl u.Ä. zu schützen'; SYN schließen (2.3), verschließen (2), wegschließen: *er hat seine Wertsachen im Tresor, sein Fahrrad im Keller eingeschlossen* **2.** /Truppen/ *jmdn., etw.* ~ 'Truppen, ein Gebiet, eine Stadt bei einer Kampfhandlung umstellen (II)': *die Truppen haben den Gegner, die Stadt eingeschlossen* **3.** /jmd./ *etw. in etw.* ~ 'etw. als zu etw. gehörend festsetzen': *das Fahrgeld in den Preis* ~; *das Fahrgeld, die Nutzung ist im Preis eingeschlossen;* **-¹schließlich** ⟨Adv.⟩ 'das zuletzt Genannte od. Folgende als dazugehörend inbegriffen': *wir machten Urlaub bis Donnerstag* ~/

bis ~ *Donnerstag; das reicht bis Seite 44* ~/*bis* ~ *Seite 44;* **-²schließlich** ⟨Präp. mit Gen.; oft o. o. erkennbare Kasusforderung; vorangestellt; in Verbindung mit Begriffen des kaufmännischen Bereichs, die bei der Berechnung der Preise eine Rolle spielen⟩ /gibt an, dass etw. mit eingerechnet ist; beschränkt verbindbar/ ˊmit eingeschlossen'; SYN inklusive; ANT ausschließlich, exklusive: *der Preis versteht sich* ~ *(der) Mehrwertsteuer,* ~ *(der) Transportkosten, Anlieferung,* ~ *Porto,* ~ *Zubehör;* **-schnappen** ⟨trb. reg. Vb.; ist⟩ **1.** /etw., bes. Tür, Mechanismus/ ˊsich dadurch von selbst schließen, dass eine Vorrichtung in eine Öffnung o.Ä. gelangt und dort an, in etw. irgendwie festen Halt findet': *die Tür schnappte ein, das Schloss ist eingeschnappt* **2.** umg. /jmd./ ˊjmdm. etw. übel nehmen, beleidigt sein und dies zeigen': *er ist leicht, seit Tagen eingeschnappt, schnappt bei jeder Kleinigkeit, die ihm nicht passt, ein* ❖ ↗ schnappen; **-schneidend** [ˈʃnɑɪdn̩t] ⟨Adj.; Steig. reg.; nicht bei Vb.⟩ SYN ˊtief greifend (1)' /auf Abstraktes bez./: ~*e Erlebnisse, (Ver)änderungen,* ~e (SYN ˊscharfe 8') *Maßnahmen verlangen* ❖ ↗ schneiden; **-schnitt, der 1.** ˊschmale Vertiefung im Gelände mit steilen Hängen an den Seiten': *das Tal bildet einen tiefen* ~ *im Bergmassiv* **2.** ˊeinschneidende Veränderung, bes. in einer Entwicklung': *das, seine Heirat, der Wechsel seines Berufes war ein bedeutsamer* ~ *in seinem Leben* ❖ ↗ schneiden; **-schränken** [ˈʃRɛŋkn̩] ⟨trb. reg. Vb.; hat⟩ **1.** /jmd., Institution/ *etw.* ~ ˊbes. wegen einer Not-, Zwangslage vermindern, verringern': *du musst deine Ausgaben, das Rauchen* ~ **2.** /jmd., Institution/ *jmdn. in etw.* ⟨Dat.⟩*, in seinen Rechten* ~ (ˊjmdm. etw., bes. die Wahrnehmung seiner Rechte, erschweren, jmdm. weniger von etw., weniger Rechte als bisher gewähren') **3.** /jmd./ *sich* ~ *(müssen)* ˊwegen einer Not-, Zwangslage sparsam(er) leben': *wir müssen uns* ~; *wenn wir das Haus kaufen wollen, müssen wir uns etwas* ~ ❖ ↗ Schranke; **-schränkung** [ˈʃRɛŋk..], **die;** ~, ~en **1.** *es kam zu* ~*en im Zugverkehr* (ˊauf Grund bestimmter Bedingungen verkehrten nicht alle Züge') **2.** *mit, ohne* ~*en* ˊmit, ohne Vorbehalt': *diese Ware kann nur mit* ~ *empfohlen werden; ich kann dem ohne* ~ *zustimmen* ❖ ↗ Schranke; **-schreiben,** schrieb ein, hat eingeschrieben **1.** /jmd./ **1.1.** *etw. in etw.* ~ SYN ˊetw. in etw. eintragen (1.1)': *etw. ins Notizbuch* ~; *er schreibt seine Notizen in ein Buch ein* **1.2.** *sich, jmdn. in etw.* ~ SYN ˊsich, jmdn. in etw. eintragen (1.2)': *ich habe mich, dich, uns in die Liste, für den Kurs eingeschrieben* **2.** /jmd./ *eine Sendung* ~ (ˊgegen eine Quittung bei der Post versichern') *lassen; er hat den Brief eingeschrieben* (ˊals Einschreiben') *geschickt* ❖ ↗ schreiben; **-schreiben, das** ˊeingeschriebene Postsendung' /nur auf Briefe, Päckchen bez./ ❖ ↗ schreiben; **-schreiten,** schritt ein, ist eingeschritten /jmd., Institution/ *gegen etw., jmdn.* ~ ˊgegen etw., bes. ein Geschehen, gegen jmdn. und sein Tun vorgehen (5), um es zu unterbinden': *gegen Missbrauch, Umweltverschmutzung* ~; *gericht-*

lich gegen etw. ~; *gegen Rowdys* ~; *hier muss man energisch* ~ (SYN ˊeingreifen 1'), *um Schlimmes zu verhüten* ❖ ↗ schreiten; **-schüchtern** ⟨trb. rg. Vb.; hat⟩ /jmd./ *jmdn.* ~ ˊso auf jmdn. einwirken, dass er ängstlich, mutlos wird'; ↗ FELD I.6.2: *jmdn. durch Drohungen* ~; *wir lassen uns nicht* ~! ❖ ↗ schüchtern; **-schulen** ⟨trb. reg. Vb.; hat; vorw. im Pass.⟩ /Institution, jmd./ *ein Kind* ~ (ˊein schulpflichtiges Kind zum Besuch der Schule anmelden und als Schüler(in) aufnehmen'): *er wurde mit sechs Jahren eingeschult* ❖ ↗ Schule; **-segnen,** segnete ein, hat eingesegnet /kirchliche Behörde, Geistlicher/ *jmdn.* ~ (ˊjmdn. konfirmieren'; ↗ FELD XII.3.2) ❖ ↗ Segen; **-segnung, die;** ↗ FELD XII.3.1 **1.** ˊdas Einsegnen': *die* ~ *der Konfirmanden durch den Pfarrer* **2.** ˊFest anlässlich einer Einsegnung (1)': *jmdn. zur* ~ *einladen* ❖ ↗ Segen; **-sehen** (er sieht ein), sah ein, hat eingesehen **1.** /jmd./ *etw.* ~ *können* ˊin etw., bes. ein Gelände, hineinsehen können': *sie kann den Spielplatz gut* ~; *der Garten kann (vom Hause) nicht, gut eingesehen werden* **2.** /jmd./ *etw.* ~ ˊin etw. Geschriebenem, Gedrucktem lesen, um sich einen Eindruck zu verschaffen, um etw. darin zu finden, es zu prüfen': *er wollte die Akten, Unterlagen, Rechnungen* ~; *kann ich das Buch einmal* ~? **3.** /jmd./ *etw.* ~ ˊetw. nach anfänglichem Widerstand, Zögern (auf Argumente hin) als richtig od. falsch erkennen und anerkennen'; SYN begreifen, verstehen; ↗ FELD I.5.1: *er hat es schließlich doch eingesehen, dass es falsch war, ihn zu bestrafen; das sehe ich ein; das ist einzusehen; ich sehe nicht ein, warum ich das tun soll; er sah seinen Irrtum, Fehler ein, wollte seinen Fehler, Irrtum nicht* ~ ❖ ↗ sehen; **-sehen:** *ein, kein* ~ *haben* ˊ(kein) Verständnis für etw., jmdn. zeigen' ⟨mit folgendem verkürztem Hauptsatz⟩: *sie wollten es uns nicht erlauben, aber er hatte ein* ~ *und ließ uns gewähren* ❖ ↗ sehen; **-seitig** [zaɪtɪç] ⟨Adj.; o. Steig.⟩ **1.** ⟨nur bei Vb.⟩ *ein Blatt* ~ (ˊnur auf einer Seite 2.2') *beschreiben, bedrucken; ein* ~ *beschriebenes Blatt* **2.** ⟨nicht präd.⟩ ˊnur von einer der betreffenden Seiten (6.1) ausgehend': *eine* ~*e Erklärung* **3.** ˊnur einen Gesichtspunkt einer Sache berücksichtigend': *das ist eine sehr* ~*e Beurteilung; das Urteil ist* ~; *eine Sache nur* ~ *betrachten, darstellen, wiedergeben* ❖ ↗ ²ein, ↗ Seite; **-setzen** ⟨trb. reg. Vb.; hat⟩ **1.** /jmd./ *etw. in etw.* ~ ˊetw. als Teil in etw., bes. in eine offene Stelle von etw., bringen, sodass er sie ausfüllt, schließt'; SYN einarbeiten (2), einfügen (1): *einen neuen Zahn in die Lücke* ~; *einen zusätzlichen Text in das Manuskript* ~; *einen Flicken in eine Hose* ~ (ˊso befestigen, dass es ein Loch in der Hose bedeckt'); *etw.* ~: *eine Fensterscheibe* ~ (ˊim Rahmen des Fensters befestigen'); vgl. *einbauen* **2.** /Institution/ *einen zusätzlichen Zug, Bus* ~ (ˊfahren lassen') **3.1.** /jmd., Institution, Unternehmen/ *jmdn., eine Gruppe* ~ ˊjmdn., einer Gruppe für eine bestimmte Aktion eine Aufgabe übertragen': *Schüler* ~, *um den Schulhof aufzuräumen; die Polizei gegen Randalierer* ~; *für die Lösung dieser Aufgabe hat* *die Regierung eine Kommission eingesetzt; freiwillige Helfer* ∼*; Truppen* ∼*; er ist mit dieser Aufgabe nicht seinen Fähigkeiten entsprechend eingesetzt worden; etw.* ∼*:* ⸢*Waffen, Maschinen* ∼ (ˈbei, für etw. zur Anwendung bringen⸣) **3.2.** /jmd., Institution/ *jmdn. in eine Funktion, in ein Amt* ∼ (ˈbewirken, dass jmd. eine Funktion, ein Amt hat und dafür tätig wird⸣; ANT entfernen 1.3, absetzen 5); *er wurde feierlich in sein Amt eingesetzt; jmdn. als Lehrer, Verwalter* ∼ (ˈjmdm. die Stelle eines Lehrers, Verwalters geben⸣); *er wurde nach dem Krieg wieder als Lehrer eingesetzt* **4.** /jmd./ **4.1.** *sich für jmdn., etw.* ∼ ⸢mit seinen Kräften und Möglichkeiten jmdn. (bei jmdm., vor einem Gremium) bei der Durchsetzung seiner Interessen, Bestrebungen unterstützen, für die Durchsetzung, Erreichung einer Sache alles tun, was einem möglich ist und dabei seinen Einfluss geltend machen⸣; SYN eintreten (5); ↗ FELD I.18.2: *er hat sich (bei dem Direktor, vor der Kommission) sehr für ihn, für seine Beförderung eingesetzt; sich für die Interessen der Arbeitenden* ∼*; er hat sich mit allen Kräften für diese Aufgabe, die Erreichung dieses Zieles eingesetzt; er hat sich dafür eingesetzt, dass ...* **4.2.** *sein Leben für etw., jmdn.* ∼ (SYN ⸢für etw., jmdn. riskieren 1.1⸣) **5.1.** /etw., bes. ein Geschehen/ ⸢von einem bestimmten Zeitpunkt an geschehen (1.1), beginnen (2)⸣: *als die warme Witterung, der Regen einsetzte, war unser Urlaub zu Ende; es setzte ein wahrer Ansturm auf die Verteiler der Freikarten ein* **5.2.** /Musiker/ ⸢zu spielen (4.2) anfangen⸣: *die Kapelle setzte ein; an dieser Stelle setzen die Bläser, setzt der Tenor ein* zu (3, 4): Einsatz; zu (1−3, 5) ↗ setzen; **-sicht, die 1.** ⟨o.Pl.⟩ ∼ *in etw.* ⸢Möglichkeit, etw. einsehen (1) zu können⸣; SYN Einblick (1); ↗ FELD I.3.1.1: *von hier aus hatte man keine, eine gute* ∼ *in den Garten, das Gelände* **2.** ⟨o.Art.; o.Pl.⟩ ∼ *in etw.* ⸢Möglichkeit, etw. einsehen (2) zu können⸣: ∼ *in etw., in Briefe, Dokumente haben; jmdm.* ∼ *in etw. gewähren;* ∼ *in die Unterlagen, Akten nehmen* (ˈdie Akten, Unterlagen einsehen⸣) **3.** ⸢das Verstehen von etw., das zunächst nicht od. unklar od. falsch verstanden worden ist⸣; SYN Erkenntnis: *diese* ∼ *kam (ihm) zu spät; jetzt haben wir neue* ∼*en gewonnen; ich bin zu der* ∼ *gekommen, gelangt* (ˈhabe erkannt⸣)*, dass ...; (endlich) zur* ∼ *kommen* (ˈsich wieder wie ein vernünftiger Mensch verhalten⸣) ❖ ↗ sehen; **-silbig** [zɪlbɪç] ⟨Adj.; Steig. reg., ungebr.⟩ ⸢wenig zum Reden aufgelegt, nur kurz und meist widerwillig antwortend⸣; SYN wortkarg; ANT redselig /auf Personen bez./: *er ist heute wieder einmal sehr* ∼*, antwortet nur* ∼*; vgl. schweigsam* ❖ ↗ ²ein; **-sinken**, sank ein, ist eingesunken /etw., bes. Fahrzeug, jmd./ *in etw.* ⟨Dat./Akk.⟩ ∼ ⸢infolge der Schwerkraft mit den unteren Teilen in einen weichen Untergrund eindringen (1)⸣: *wir sanken bis zu den Knöcheln im morastigen Gelände, in den Morast ein; die Räder des Wagens waren bis zu den Naben (in den, dem Sand) eingesunken; er ist eingesunken* ❖ ↗ sinken; **-spannen** ⟨trb. reg. Vb.; hat⟩ **1.** /jmd./

ein Pferd ∼ (ˈam Wagen festmachen⸣; ANT ausspannen) **2.** /jmd./ *etw.* ∼ ⸢etw. in eine Vorrichtung spannen (4)⸣: *ein Werkstück (in den Schraubstock), einen Bogen Papier (in die Schreibmaschine)* ∼ **3.** umg. /jmd./ *jmdn. für, zu etw.* ∼ ⸢jmdn., meist einen Bekannten, befreundeten Menschen, zu einer Arbeit heranziehen⸣: *immer wenn wir bei ihnen zu Besuch waren, wurden wir für etw. eingespannt* **4.** /jmd./ *irgendwie eingespannt sein* ⸢irgendwie, meist beruflich, stark beansprucht sein⸣: *ich bin beruflich stark eingespannt* ❖ ↗ spannen; **-sperren** ⟨reg. Vb.; hat⟩ **1.** /jmd./ *jmdn., ein Tier* ∼ ⸢jmdn., ein Tier irgendwo, in einen Raum einschließen (1.1)⸣: *er sperrte seine Kinder (im Keller) ein, um sie zu bestrafen; den Hund (im Käfig)* ∼*;* METAPH *der Staat hat ein ganzes Volk hinter Mauern und Stacheldraht eingesperrt* **2.** umg. /jmd., Institution/ *jmdn.* ∼ ⸢jmdn. ins Gefängnis bringen⸣; SYN einkerkern: *man hat ihn, er wurde (für sein Vergehen) eingesperrt; vgl. inhaftieren, verhaften* ❖ ↗ sperren; **-springen**, sprang ein, ist eingesprungen /jmd./ *für jmdn.* ∼ ⸢eine Arbeit, Aufgabe für jmdn. anderen übernehmen, der aus irgendwelchen Gründen verhindert ist, sie auszuführen⸣: *für einen erkrankten Kollegen* ∼ ❖ ↗ springen; **-spruch, der** ⟨vorw. Sg.⟩ **1.** ⸢juristisches Mittel des Protestes gegen eine Entscheidung einer offiziellen Instanz⸣: *er hat mit seinem* ∼ *vor Gericht (keinen) Erfolg gehabt;* ∼ *gegen etw., ein Urteil erheben, einlegen* (ˈetw., ein Urteil anfechten⸣) **2.** ⸢Äußerung, mit der sich jmd. gegen etw. vorher Gesagtes wendet, weil er nicht damit einverstanden ist⸣: *sein* ∼ *ist nicht beachtet worden; dagegen, gegen etw.* ∼ *erheben, einlegen* (ˈeiner Meinung, Äußerung widersprechen, sie zurückweisen⸣); *vgl. Protest* ❖ ↗ sprechen

einst [ainst] ⟨Adv.⟩ **1.** ⸢vor sehr langer Zeit, in einem weit zurückliegenden Zeitabschnitt⸣; SYN früher (II); ↗ FELD VII.4.3: *hier hat* ∼ *eine Kirche gestanden* **2.** SYN ¹einmal (2.2)⸣; ↗ FELD VII.6.3: *es wird dir* ∼ *Leid tun, dass du nicht geholfen hast* ❖ **einstig − einstweilen, einstweilig**

ein/Ein [ˈain..]⟨-**stecken** ⟨trb. reg. Vb.; hat⟩ **1.** /jmd./ **1.1.** *etw.* ∼ ⸢etw. in etw. (dafür Vorgesehenes) stecken, darin unterbringen (1.2)⸣: *einen Brief (in die Tasche, den Briefkasten)* ∼ **1.2.** *sich* ⟨Dat.⟩ *etw.* ∼ ⸢etw. in (s)eine Tasche, ein Behältnis stecken, um es mit sich zu führen, bei sich zu haben⸣: *ich habe (mir) noch etwas Geld, noch ein Taschentuch eingesteckt* **2.** umg. emot. neg. /jmd./ *etw.* ∼ ⸢etw. Wertvolles nehmen und für sich behalten⸣: *er hat die ganze Beute aus dem Diebstahl, den ganzen Gewinn allein eingesteckt* **3.** umg. /jmd./ *etw.* ∼ ⸢etw. Unangenehmes, bes. etw., was von einem anderen als Herabsetzung beabsichtigt ist, hinnehmen (müssen)⸣: *Kritik, eine Kränkung, Niederlage* ∼ *(müssen)* ❖ ↗ stecken; **-stehen**, stand ein, ist eingestanden **1.** /jmd./ *für jmdn., etw.* ∼ ⸢sich für jmdn., jmds. Handeln, für die Richtigkeit von etw. verbürgen (2)⸣; SYN geradestehen (2): *ich stehe für ihn, seine Zuverlässigkeit ein; er stand dafür ein, dass alles* *vorschriftsmäßig verlaufen sei* **2.** /jmd./ *für etw.,* *jmdn.* ~ SYN ʿfür etw., jmdn. aufkommen (3)ʾ: *für seinen Freund, für den von ihm verursachten Schaden, für jmds. Schulden* ~; *die Versicherung steht dafür ein* ❖ ↗ **stehen;** **-steigen,** stieg ein, ist eingestiegen **1.** /jmd./ *in etw.* ~ ʿin ein Fahrzeug steigen (1.2)ʾ; ANT aussteigen (1); ↗ FELD VIII.4.1.2: *in das Auto, den Bus, Zug* ~; *bitte* ~ *und die Türen schließen!* /Durchsage der Eisenbahn vor Abfahrt des Zuges/ **2.** /jmd./ *in etw.* ~ ʿmeist in krimineller Absicht kletternd in einen umschlossenen Bereich, in ein Gebäude, einen Raum eindringen (2.2)ʾ: *die Diebe sind (durch ein Fenster, über das Dach) in das Haus, die Wohnung, (über den Zaun, über die Mauer) in das Grundstück eingestiegen* **3.** /jmd., Unternehmen, Institution/ *in etw.* ~ ʿsich an einem wirtschaftlichen Vorhaben, Unternehmen finanziell beteiligen (2)ʾ: ANT aussteigen (2): *er ist als Teilhaber in das Geschäft eingestiegen; in ein Projekt* ~ ❖ ↗ **steigen;** **-stellen** ⟨trb. reg. Vb.; hat; ↗ auch *eingestellt*⟩ **1.** /jmd./ *etw.* ~ SYN ʿetw. einordnen (1)ʾ: *ein Buch, Bücher (ins Regal)* ~ **2.** /jmd./ *etw. irgendwie* ~ ʿeine Vorrichtung, bes. an einem technischen Gerät, so betätigen, dass es in der gewünschten, erforderlichen Weise funktioniertʾ: *das Fernglas scharf* ~; *das Radio laut, leise, auf einen bestimmten Sender* ~ **3.** /jmd., Unternehmen, Institution/ *jmdn.* ~ ʿjmdn. durch einen Vertrag als Arbeitskraft für sich tätig sein lassen, in ein Arbeitsverhältnis nehmenʾ; SYN anstellen (6): *die Firma stellt nur Facharbeiter ein; die Post hat ihn eingestellt* (ANT entlassen); *sie wurde nur halbtags, als Aushilfe eingestellt; die Hochschule stellte sie für den neuen Fachbereich ein* **4.** /jmd., Institution, etw./ *etw.* ~ ʿetw., eine Tätigkeit, einen Vorgang, Prozess stoppen und nicht fortsetzenʾ: *die Firma hat die Zahlungen eingestellt* (ʿist in Konkurs gegangenʾ); *ein Gerichtsverfahren* ~; *die Suche nach den Vermissten, die Tätigkeit an diesem Projekt, die Produktion* ~; *die Zeitung hat ihr Erscheinen eingestellt; die Arbeit* ~ (ʿstreikenʾ) **5.** /jmd./ **5.1.** *sich auf etw., jmdn.* ~ ʿsich innerlich, durch bestimmtes Verhalten, durch bestimmte Maßnahmen auf etw. Kommendes vorbereiten, jmdm. anpassenʾ; SYN einrichten (4): *er ist jederzeit auf etwas Unerwartetes eingestellt; wir waren nicht auf (seinen) Besuch eingestellt; hast du dich schon auf die neue Situation eingestellt?; er hat sich auf seine Zuhörer, Gäste eingestellt* (SYN ʿvorbereitet 2ʾ) **5.2.** *sich auf jmdn.* ~ ʿsich in seinem Verhalten so an jmdn. anpassen, dass man guten Kontakt mit ihm herstelltʾ: *ich muss mich auf meine Schüler, Zuhörer* ~ **6.** *sich* ~ **6.1.** /jmd./ *er wird sich schon noch* ~ (ʿer wird sicherlich noch kommenʾ) **6.2.** /etw./ ʿeintreten (4)ʾ: *am zweiten Tag stellte sich Fieber ein; Zweifel stellten sich (bei ihm) ein* ❖ ↗ **stellen;** **-stellung, die** ⟨vorw. Sg.⟩ **1.** /zu *einstellen* 1–4/ ʿdas Einstellenʾ; /zu 3/: *die* ~ *von Fachkräften, Arbeitskräften;* /zu 4/: *die* ~ *des Verfahrens verzögern; die* ~ *der Zahlungen war unnötig; die* ~ *der Bauarbeiten* **2.** ʿArt

und Weise, wie ein technisches Gerät eingestellt (2) istʾ: *die* ~ *des Fernsehers ändern* **3.** ʿdurch eigene Ansichten bestimmtes inneres Verhältnis, das jmd. zu jmdm., etw. hat und wodurch auch sein Verhalten bestimmt wirdʾ: *das ist die einzig richtige* ~ *zu dieser Sache, Weltanschauung, Person; du solltest deine* ~ *zu ihm/ihm gegenüber ändern; eine neue* ~ *gewinnen* ❖ ↗ **stellen**

einstig [ˈɑɪnstɪç] ⟨Adj.; o. Steig.; nur attr.⟩ SYN ʿehemaligʾ /vorw. auf Personen bez./: *die, seine* ~*en Schüler, Kollegen, Freunde* ❖ ↗ **einst**

ein/Ein [ˈɑɪn..]**|-stimmen** ⟨trb. reg. Vb.; hat⟩ **1.** /jmd./ *der Chor sang ein Lied und allmählich stimmten alle Zuhörer mit ein* (ʿbegannen nacheinander alle Zuhörer auch zu singenʾ); *die Streicher begannen und dann stimmten die Bläser ein* (ʿbegannen auch die Bläser zu spielenʾ) **2.** /jmd./ *jmdn., sich auf etw.* ~ ʿjmdn., sich in eine angemessene Stimmung für etw. Bevorstehendes bringenʾ: *sich, seine Kinder auf das Konzert, den Vortrag* ~ ❖ ↗ ²**ein,** ↗ **Stimme;** **-stimmig** ⟨Adj.; o. Steig.; vorw. bei Vb.⟩ ʿohne Gegenstimmeʾ: *der Vorschlag, Antrag wurde von den Delegierten* ~ *angenommen* ❖ ↗ ²**ein,** ↗ **Stimme;** **-studieren,** studierte ein, hat einstudiert **1.** /jmd., bes. Schauspieler, Musiker/ *etw.* ~ ʿetw., bes. einen Text, eine Rolle, ein Musikstück so gut lernen, dass man es beherrscht und auf der Bühne wiedergeben kannʾ: *der Sänger hatte seine Partie, der Schauspieler hatte seine Rolle gut einstudiert* **2.** /jmd., Regisseur/ *eine Oper, ein Drama, Ballett* ~ (ʿkünstlerisch-technisch vorbereiten und mit den Künstlern üben, um es dann auf der Bühne vorführen zu könnenʾ) ❖ ↗ **studieren;** **-stufen** [ˈʃtuːfn̩] ⟨trb. reg. Vb.; hat⟩ /jmd./ *jmdn., etw.* ~ ʿjmdn., etw. in eine bestimmte Stufe eines Systems einordnenʾ: *er ist in eine höhere Gehaltsgruppe, Steuerklasse eingestuft worden; er wurde als Erwerbsunfähiger eingestuft; wie wird eigentlich (s)eine Leistung eingestuft?* ❖ ↗ **Stufe;** **-stündig** [ˈʃtʏndɪç] ⟨Adj.; o. Steig.; nur attr.⟩ ↗ *dreistündig* ❖ ↗ ²**ein,** ↗ **Stunde;** **-stündlich** ⟨Adj.; o. Steig.; nicht bei Vb.⟩ ↗ *dreistündlich* ❖ ↗ ²**ein,** ↗ **Stunde** **-stürzen** ⟨trb. reg. Vb.; ist⟩ /etw., bes. Bauwerk, Brücke/ ʿin Stücke brechen und nach unten stürzen und zerstört werdenʾ; SYN einbrechen (2), einfallen (3), zusammenfallen (1): *die Decke, das Haus, die Brücke ist eingestürzt* ❖ ↗ **stürzen**

einstweilen [ˈɑɪnstvɑɪlən] ⟨Adv.⟩ SYN ʿvorerstʾ: *du musst* ~ *hier bleiben;* ~ *wird sich nichts ändern* ❖ ↗ **einst,** ↗ **Weile**

einstweilig [ˈɑɪnstvɑɪlɪç] ⟨Adj.; o. Steig.; nur attr.⟩ Jur. *eine* ~*e Verfügung* (ʿVerfügung in einem verkürzten Gerichtsverfahren, die zunächst vorläufig wirksam wird, allerdings sofort vollstreckt werden kannʾ) ❖ ↗ **einst,** ↗ **Weile**

ein/Ein [ˈɑɪn]**|-tägig** [tɛːgɪç/teː..] ⟨Adj.; nur attr.⟩ ↗ *dreitägig* ❖ ↗ ²**ein,** ↗ **Tag;** **-tauchen** ⟨trb. reg. Vb.; hat/ist⟩ **1.** ⟨hat⟩ /jmd./ *etw.* ~ ʿetw. in eine Flüssigkeit tauchen (2)ʾ: *den Pinsel in die Farbe, den Zwieback in den Tee, die Unterarme in das Wasser* ~ **2.** ⟨ist⟩ /jmd., Tier/ ʿvorübergehend unter die Wasseroberfläche tauchen (1)': *der Schwimmer, Vogel ist (ins Wasser) eingetaucht* ❖ ↗ tauchen; **-tausend** ⟨Zahladj.; indekl.; nur attr.; ↗ TAFEL XII⟩ /die Kardinalzahl 1000/ 'tausend' MERKE Zur Unterscheidung von *tausend* und *eintausend*: ↗ *einhundert* (Merke) ❖ ↗ ²ein, ↗ Tausend; **-teilen** ⟨trb. reg. Vb.; hat⟩ **1.** /jmd., Institution/ **1.1.** *etw. in etw.* ~ SYN 'etw. in etw. gliedern (1.1)': *den Aufsatz in Abschnitte, eine Strecke in Etappen, eine Stadt in Bezirke* ~ **1.2.** *mehrere Personen, Sachen in, nach etw.* ~ 'mehrere Personen, Sachen nach Merkmalen in Gruppen (2) gliedern': *die Schüler in, nach Gruppen, nach dem Alter/dem Alter nach* ~; *die Äpfel in reife und unreife, Pflanzen nach Arten* ~ **2.** /jmd./ *etw.* ~ 'mit etw. derart nach Plan umgehen, dass es (gleichmäßig) über eine bestimmte Zeit verteilt ist und so reicht od. bewältigt werden kann': *du musst dein Geld besser* ~; *die Arbeit, seine Zeit* ~; *sich* ⟨Dat.⟩ *etw.* ~: *sich die Vorräte* ~ ❖ ↗ ²ein, ↗ Teil; **-tönig** [tøːnɪç] ⟨Adj.⟩ **1.** ⟨Steig. reg.; nicht bei Vb.⟩ 'sich immer in gleicher Form, gleicher Art wiederholend, ohne Abwechslung'; SYN einförmig, monoton (1.2); ↗ FELD I.6.3: *eine* ~*e Arbeit, Landschaft* **2.** ⟨o. Steig.⟩ 'ständig in gleicher Weise tönend'; SYN monoton /auf Akustisches bez./: *das* ~*e Rauschen des Wassers;* ~ *reden, singen* ❖ ↗ ²ein, ↗ Ton; **-topf, der** ⟨o.Pl.⟩ 'Gericht, dessen Bestandteile, meist Kartoffeln, Gemüse und Fleisch, zusammen in einem Topf gekocht werden': *den* ~ *aufsetzen, vom Herd nehmen, abschmecken; heute gibt es bei ihnen* ~ ❖ ↗ ²ein, ↗ Topf; **-tracht, die** ~, ⟨o.Pl.⟩ 'Zustand der Einigkeit und des guten Einvernehmens zwischen Personen'; SYN Harmonie (2); ↗ FELD I.14.1: *in (Frieden und)* ~ *miteinander, mit jmdm. leben* ❖ ↗ ²ein; vgl. *Zwietracht;* **-trächtig** ⟨Adj.; Steig. reg., ungebr.; nicht präd.; vorw. bei Vb.⟩ 'in Eintracht'; ↗ FELD I.14.3: *die Gegner saßen am Ende* ~ *beieinander* ❖ ↗ ²ein; **-tragen** (er trägt ein), trug ein, hat eingetragen **1.1.** /jmd./ *etw. in etw.* ⟨Dat., Akk.⟩ ~ 'etw., eine Notiz, einen kürzeren Text in etw. schreiben'; SYN einschreiben (1.1): *eine Notiz in ein Heft, Buch* ~; *er hat sich den Termin in den Kalender eingetragen; diese Straße ist nicht eingetragen* **1.2.** *sich, jmdn. in, für etw.* ~ 'seinen eigenen, jmds. Namen in eine Liste schreiben'; SYN einschreiben (1.2): *seinen Namen in eine/einer Liste* ~; *sie hat sich für den Kurs eingetragen* **2.** /etw./ *jmdm. etw.* ~ SYN 'jmdm. etw. einbringen (2)': *das, sein mutiges Vorgehen hat ihm eine Menge Geld, Ruhm, nur Ärger eingetragen* ❖ zu (1): Eintragung; zu (2): einträglich; **-träglich** [tʀɛːk..] ⟨Adj.; Steig. reg.; nicht bei Vb.⟩ SYN 'lukrativ': *der Handel mit Getreide war ein* ~*es Geschäft; dieser Handel war nicht* ~ ❖ ↗ eintragen (2); **-tragung** [tʀaːg..], **die;** ~, ~en **1.** ⟨o.Pl.⟩ /zu *eintragen* (1)/ 'das Eintragen': *die* ~ *der Termine vergessen* **2.** 'das Eingetragene': *unleserliche* ~*en* ❖ ↗ eintragen (1); **-treffen** (er trifft ein), traf ein, ist eingetroffen **1.** /jmd., etw./ *irgendwo* ~ 'an einem bestimmten Ort, Ziel ankom-

men': *er ist heute (mit dem Zug, Auto) hier, bei uns, in Berlin eingetroffen; morgen wird der Brief, neue Ware* ~ **2.** /etw./ 'so wie von jmdm. geahnt, wie angenommen, vorausgesagt Wirklichkeit werden'; SYN sich erfüllen (1.2): *von dem, was man ihm prophezeit hatte, ist nichts eingetroffen; was er befürchtet hatte, traf ein; seine Voraussagen sind eingetroffen* ❖ ↗ treffen; **-treten** (er tritt ein), trat ein, ist/ hat eingetreten **1.** ⟨ist⟩ /jmd./ 'in einen Raum hineingehen': *sie klopfte an und trat ein; bitte, treten Sie ein!* /Aufforderung bes. des Gastgebers, an einen Besucher, einen Raum zu betreten/ **2.** ⟨hat⟩ /jmd./ *etw.* ~ 'etw. Flaches, bes. eine Tür, durch einen Tritt, mehrere Tritte (3) zerstören, um in einen dahinter liegenden Raum zu gelangen': *als niemand öffnete, trat er die Tür ein* **3.** ⟨ist⟩ /jmd./ *in etw.* ~ SYN 'etw. beitreten'; ANT austreten (3): *er ist in die (neue) Partei, in den Verein eingetreten* **4.** ⟨ist⟩ /etw./ 'sich im Ablauf eines Geschehens ereignen, geschehen und in es eingreifend'; ↗ FELD X.2: *unvermutet trat eine Wende ein; als die Krise, der Frost eintrat, war es zu spät für rettende Maßnahmen; es ist etw. eingetreten, das vieles ändert; wenn der Fall eintritt, dass …; sein Tod war um zwölf Uhr eingetreten; was er befürchtet hatte, war nun eingetreten* ('eingetroffen 2') **5.** ⟨ist⟩ /jmd./ *für jmdn., etw.* ~ SYN 'sich für jmdn., etw. einsetzen (4.1)'; ↗ FELD I.18.2: *er ist mutig, öffentlich für seinen Freund eingetreten; für die Durchsetzung der Beschlüsse, für Demokratie* ~ ❖ ↗ treten; **-tritt, der 1.** ⟨vorw. Sg.⟩ /zu *eintreten* 1, 3, 4/ 'das Eintreten' /zu 1/ ⟨o.Pl.⟩: ~ *nicht gestattet!* /Aufschrift auf Türen bes. in Büros, Fabriken/; /zu 3/ ANT Austritt: *sein* ~ *in die Partei* **2.** ⟨o.Pl.⟩ *der* ~ *zu dieser Veranstaltung* ('der Besuch dieser Veranstaltung') *ist kostenlos* **3.** ⟨o.Pl.⟩ *wie hoch ist der* ~ ('wieviel kostet die Eintrittskarte') *für diese Veranstaltung?; es kostet keinen* ~ ('für den Besuch der Veranstaltung o.Ä. braucht man kein Geld zu bezahlen') ❖ ↗ treten; **-trittskarte** [tʀɪts..], **die** 'Karte (1), die zum Besuch einer Veranstaltung berechtigt'; SYN Karte (3): *die* ~*en werden an der Kasse verkauft* ❖ ↗ Karte; **-verleiben** [fɐlaɪbm̩] ⟨trb. reg. Vb.; hat⟩ emot. /jmd./ *etw. etw.* ⟨Dat.⟩ ~ 'einer Sache, bes. seinem Besitz, oft auf moralisch nicht ganz einwandfreie Weise, etw. zum Nachteil anderer hinzufügen': *er hatte das (geliehene) Buch seiner Bibliothek einverleibt; sich* ⟨Dat.⟩ *etw.* ~: *sie hat sich den Schmuck ihrer verstorbenen Tante (skrupellos) einverleibt* ('angeeignet') ❖ ↗ Leib; **-vernehmen, das** ⟨vorw. o. Art.; o.Pl.⟩ 'auf gegenseitigem Verständnis, auf Übereinstimmung beruhendes gutes Verhältnis zwischen zwei od. mehrerer Personen miteinander': *zwischen ihnen herrschte (ein gutes)* ~; *sie leben in gutem* ~ *miteinander; im* ~ *mit jmdm., etw. stehen; beide Verhandlungspartner schieden in gegenseitigem/im gegenseitigen* ~; *sich mit jmdm. ins* ~ *setzen* ('sich mit jmdm. über etw. einigen') ❖ ↗ ²ein; **-verstanden** ⟨Adj.; o. Steig.; nur präd. (mit sein)⟩ /jmd./ *mit etw., jmdm.* ~ *sein* 'keine Einwände gegen etw., jmdn., haben': *ist er (damit)* ~?; *ich bin damit* ~, *dass …; wir waren mit ihm (als Leiter der Gruppe)* ~; *„Einverstanden!"* /zustimmende Antwort (auf eine Frage)/; *mit jmdm. in einer Angelegenheit* ~ *sein* ('übereinstimmen') ❖ ↗ verstehen; **-verständnis, das** 'Zustimmung': *sein* ~ *mit etw., jmdm. äußern, erklären; jmds.* ~ *zu etw. einholen, voraussetzen* ❖ ↗ verstehen; **-wand, der;** ~es/auch ~s, Einwände 'das, was von jmdm. gegen etw. eingewendet wird': *ein berechtigter, begründeter* ~; *einen* ~, *Einwände haben, (geltend) machen, vorbringen, äußern* ('etw. einwenden') ❖ ↗ einwenden; *einen* ~ *gegen etw., jmdn. erheben, vorbringen; jmds. Einwände zurückweisen;* **-wanderer, der** 'jmd., der in ein Land einwandert, eingewandert ist'; SYN Immigrant; ANT Auswanderer: ~ *aus Mexiko* ❖ ↗ wandern; **-wandern** ⟨trb. reg. Vb.; ist⟩ /jmd./ 'in ein fremdes Land, in dem man bisher nicht gewohnt hat und dessen Staatsangehörigkeit man nicht besitzt, einreisen, um dort eine neue Heimat zu suchen'; SYN immigrieren; ANT auswandern, emigrieren: *seine Vorfahren sind vor hundert Jahren eingewandert; er ist aus Irland eingewandert; in die Schweiz* ~ ❖ ↗ wandern; **-wandfrei** ⟨Adj.; o. Steig.⟩ **1.** 'sehr gut und ohne jeden Fehler, Mangel; SYN tadellos: *eine* ~*e Arbeit, Ware; sein Betragen war* ~; *dieses Gerät funktioniert* ~; *er hat sich* ~ ('moralisch ohne Fehler') *verhalten; sie hat eine* ~*e* (SYN '¹reine 1.2') *Aussprache* **2.** 'zweifelsfrei, klar und eindeutig' /auf Abstraktes bez./: *das war eine* ~*e Begründung; das steht* ~ *fest, ist* ~ *erwiesen* ❖ ↗ einwenden, ↗ frei; **-wärts** [vɛʀts] ⟨Adv.⟩ 'nach innen (1) gerichtet': *ein* ~ *gebogener Stab* ❖ stadteinwärts; **-wecken** ⟨trb. reg. Vb.; hat⟩ /jmd./ *etw.* ~ 'Lebensmittel, bes. Obst, durch Kochen in luftdicht verschlossenen Behältern, bes. in Gläsern, konservieren'; SYN einkochen: *Erdbeeren* ~; **-weihen** ⟨trb. reg. Vb.; hat⟩ **1.** /jmd./ *etw.* ~ 'etw., bes. ein Bauwerk, Denkmal, durch einen festlichen Akt seiner Bestimmung übergeben'; ↗ FELD VII.1.2: *der Bürgermeister wird das neue Theater, das Denkmal, die neue Schule am Sonntag* ~ **2.** /jmd./ *jmdn. in etw.* ~ 'jmdm. etw., bes. etw. Vertrauliches, Geheimgehaltenes, mitteilen (und ihn damit in den Kreis der darum Wissenden aufnehmen)': *jmdn. in seine Pläne, in eine Verschwörung* ~; *sie hat ihn noch nicht in das Geheimnis eingeweiht* ❖ ↗ weihen; **-wenden,** wandte ein/wendete ein, hat eingewandt/eingewendet /jmd./ *etw. gegen etw., jmdn.* ~ 'Bedenken, Vorbehalte, Zweifel gegen etw., bes. ein Vorhaben, eine Auffassung, gegen jmdn. in einem bestimmten Zusammenhang äußern': *er hat nichts gegen den Plan, dagegen einzuwenden; gegen diesen Vorschlag, Plan ist viel, eine Menge, nichts einzuwenden; gegen ihn, seine Kandidatur ließe sich einiges* ~; *er wendete/wandte ein, dass …* ❖ Einwand, einwandfrei; **-wickeln** ⟨trb. reg. Vb.; hat⟩ /jmd./ *etw., jmdn., sich* ~ 'etw., jmdn., sich in etw. wickeln': *das Geschenk (in Papier), die Wäsche in ein Tuch* ~; *jmdn., sich in eine warme Decke* ~ ❖ ↗

Wickel; **-willigen** [vɪlɪɡn̩] ⟨trb. reg. Vb.; hat⟩ /jmd./ *in etw.* ~ 'sein Einverständnis mit etw., bes. mit einem Vorschlag, erklären': *in den Vorschlag, in die Entscheidung, Scheidung* ~; *sie willigte (darin) ein, dass …; ihr dürft ins Kino gehen, der Vater hat eingewilligt;* vgl. *zustimmen (2)* ❖ ↗ Willen; **-wirken** ⟨trb. reg. Vb.; hat⟩ **1.** /jmd./ *auf jmdn., etw.* ~ 'auf jmdn., etw. einen bestimmten (erzieherischen) Einfluss ausüben': *kannst du nicht auf ihn* ~, *dass/damit er zustimmt?; auf jmds. Meinung, Urteil* ~; *erzieherisch auf jmdn.* ~ **2.** /etw./ *auf etw., jmdn.* ~ 'auf etw., jmdn. eine bestimmte verändernde Wirkung ausüben': *eine Kraft wirkt auf etw. ein; die Strahlung hat auf ihn eingewirkt; Druck, Zug wirkt auf etw. ein; die Salbe auf die Haut* ~ *lassen* ❖ ↗ wirken; **-wöchig** [vœçɪç] ⟨Adj.; o. Steig.; nur attr.⟩ 'eine Woche dauernd': *ein* ~*er Aufenthalt;* ↗ auch *dreiwöchig* ❖ ↗ ²ein, ↗ Woche; **-wohner** [vo:nɐ], **der;** ~s, ~ 'jmd., der in einem bestimmten Bereich, bes. in einem Land, einer Gemeinde, wohnt': *die* ~ *der Stadt Berlin, Sachsens, Deutschlands; dieses Dorf hat dreihundert* ~ ❖ ↗ wohnen; **-wohnerin** [vo:nər..], **die;** ~, ~nen /zu Einwohner; weibl./ ❖ ↗ wohnen; **-zahlen** ⟨trb. reg. Vb.; hat⟩ /jmd./ *etw.* ~ 'einen Betrag an einer Bank als Zahlung hingeben, um ihn auf jmds. od. sein eigenes Konto buchen zu lassen'; ANT abheben (2): *eine Summe, Geld, größere Beträge (an der Kasse, an der Bank, Sparkasse, bei der Post)* ~; *Geld auf jmds., sein eigenes Konto, auf sein Sparbuch* ~ ❖ ↗ zahlen; **-zäunen** [tsɔɪnən] ⟨reg. Vb.; hat⟩ *etw.* ~ 'Gelände mit einem Zaun umgeben': *er hat sein Grundstück* ~ *lassen* ❖ ↗ Zaun

Einzel|handel ['aɪnts̮l..], **der** 'Bereich des Handels, in dem die Waren in Läden, Geschäften an die einzelnen Verbraucher verkauft werden'; ↗ FELD I.16.1: *Geschäfte des* ~*s* ❖ ↗ einzeln, ↗ handeln

Einzelheit ['..], **die;** ~, ~en 'einzelner Teil eines Ganzen, bes. eines Geschehens, Vorgangs'; SYN Detail: *jmdm. etw. in allen* ~*en erklären; sie erwähnte jede* ~; *nicht auf alle* ~*en eingehen können; sich mit den* ~*en des Apparates vertraut machen* ❖ ↗ einzeln

Ein/ein [aɪn..]**-zeller** [tsɛlɐ], **der;** ~s, ~ 'aus nur einer Zelle bestehendes Lebewesen'; ↗ FELD II.3.1 ❖ ↗ ²ein, ↗ Zelle; **-zellig** [tsɛlɪç] ⟨Adj.; o. Steig.; nicht bei Vb.⟩ 'aus nur einer Zelle bestehend': ~*e Lebewesen* ❖ ↗ ²ein, ↗ Zelle

einzeln ['aɪntsl̩n] ⟨Adj.; o. Steig.; nicht präd.; ↗ auch *einzelne*⟩ **1.** 'nur als ein Ding, ein Tier, eine Person (irgendwo auftretend, sich befindend)' /auf Personen, Tiere, Gegenstände bez./: *dort steht ein* ~*er Baum; nur ein* ~*er Spaziergänger ging durch den Park; es fand sich nur ein* ~*er Handschuh; als Einzelner kann man wenig ausrichten* **2.** ⟨nur bei Vb.⟩ 'jeder, jede, jedes gesondert': *die Schüler* ~ *aufrufen; alle wurden* ~ *untersucht, mussten* ~ *vortreten* **3.** ⟨nur attr.; + *jeder, jede, jedes*⟩ 'ohne Ausnahme': *jeder* ~*e Baum, jedes* ~*e Haus wurde untersucht; die Geschenke* ~ *verpacken;* ⟨subst.⟩ *jeder Einzelne von uns muss sich dazu äußern* **4.** ⟨nur attr.⟩ *die* ~*en*

Teile eines Geräts ('die verschiedenen separaten Teile eines Geräts'); *die ~en Kapitel eines Buches* **5.** *im Einzelnen* 'unter Berücksichtigung aller Details': *ich kann hier nicht alles im Einzelnen darlegen, ausführen* ❖ **vereinzeln, Einzelheit – Einzelhandel**; vgl. **²ein**

einzelne [ˈai̯ntsl̩nə] ⟨Indefinitpron.; Pl.; Neutr.: einzelnes; ↗ auch *einzeln*⟩ **1.1.** ⟨nur im Pl.⟩ SYN 'einige' (1.1, 1.2): ⟨adj.⟩ *~ Bäume sind stehen geblieben;* ⟨subst.⟩ *~ waren gekommen* **1.2.** ⟨o.Pl.; Neutr.; subst.⟩ SYN 'einiges (1.3)': *~s muss noch geklärt werden*

einzelnes [ˈai̯ntsl̩nəs] ⟨Indefinitpron.; Neutr.⟩ ↗ *einzelne* (1.2)

ein [ˈai̯n..]‖**ziehen**, zog ein, hat/ist eingezogen **1.** ⟨hat⟩ /jmd./ *etw. in etw. ~* 'etw., bes. ein Band, durch Ziehen, Schieben in das dafür vorgesehene Innere von etw. bringen': *ein Gummiband in den Saum, eine Decke in den Bezug ~* **2.** ⟨hat⟩ /jmd., Tier/ *etw. ~* 'einen Teil des Körpers nach innen hin bewegen': *den Bauch ~; den Kopf ~* ('nach unten gleichsam in den Hals od. zwischen die Schultern hin bewegen'); *die Katze zieht die Krallen ein* **3.** /jmd./ *etw. ~* SYN 'etw. einholen (4)': *eine Fahne, ein Segel ~; die Netze ~* **4.** ⟨ist⟩ /etw., bes. Substrat/ *in etw. ~* 'in etw. eindringen (3)': *die Creme, Lotion, Salbe zieht schnell in die Haut ein* **5.** ⟨ist⟩ /mehrere (jmd.)/ *in etw. ~* SYN 'in etw. einmarschieren (1)': *die Sportler zogen ins Stadion ein; Truppen ziehen in die Stadt ein* **6.** ⟨hat; vorw. im Pass.⟩ /Institution/ *jmdn., eine Gruppe ~* SYN 'jmdn., eine Gruppe einberufen (1)': *er, die ganze Klasse wurde gleich nach dem Abitur eingezogen* **7.** ⟨ist⟩ /jmd./ *in etw. ~* 'eine Wohnung als Wohnsitz nehmen und sich in ihr mit seinen Sachen einrichten (1.2)': *sie sind gestern in den Neubau, in die Wohnung über uns eingezogen* ❖ ↗ **ein-**, ↗ **ziehen**

¹einzig [ˈai̯ntsɪç] ⟨Adj.; o. Steig.⟩ **1.** ⟨nur attr.⟩ 'in der genannten Art nur einmal vorhanden': *er ist das ~e Kind seiner Eltern; dies ist der ~e Weg zu dem Grundstück* **2.** ⟨nur attr. u. subst.⟩ *er als Einziger* ('außer ihm niemand') *hatte dagegen gesprochen; wir waren die ~en Gäste im Lokal* ('außer uns waren sonst keine Gäste im Lokal'); *wir waren nur ein ~es Mal* ('nur einmal, sonst nicht') *hier;* /in der kommunikativen Wendung/ emot. *tu mir den ~en Gefallen und …* 'ich bitte dich, tu mir nur den einen Gefallen' /als Einleitung einer eindringlichen Bitte/: *tu mir den ~en und höre auf zu reden!* **3.** ⟨nicht attr.⟩ emot. SYN 'einmalig (2)': *diese Leistung ist ~, steht ~ da* ❖ ↗ **²ein**

²einzig ⟨Gradpartikel; betont od. unbetont; steht vor, auch nach der Bezugsgröße; bezieht sich auf verschiedene Kategorien⟩ /schließt andere Sachverhalte aus, hebt die Bezugsgröße hervor/: ⟨oft in der Verbindung *einzig und allein*⟩ *~ ihr/ihr ~ ist es zu verdanken, dass …; er kam ~ zu dem Zweck, ihr zu gratulieren; ~ und allein er kann uns helfen; das ist die ~ zuverlässige Methode; er denkt ~ und allein an sich* ❖ ↗ **²ein**

Ein|**zug** [ˈ..], der ⟨o.Pl.⟩ /zu *einziehen* 4 u. 6/ 'das Einziehen'; /zu 4/: *der ~ der Gäste;* /zu 6/: *den ~ in die neue Wohnung feiern* ❖ ↗ **ziehen**

Eis [ai̯s], das; ~es, ⟨o.Pl.⟩ **1.** 'bestimmter flüssiger, gasförmiger Stoff, bes. Wasser, in fester Form bei Temperaturen unter 0 °C'; ↗ FELD VI.5.1: ⟨o. unbest. Art.⟩ *an den Wänden der Kühltruhe hat sich ~ gebildet; eine Gegend mit viel Schnee und ~;* etw. *zum Kühlen auf ~* ('auf ein Stück, auf Stücke aus Eis') *legen; ein Whisky mit, ohne ~* ('mit Würfeln, ohne Würfel aus Eis') **2.** ⟨mit best. Art.⟩ 'Eis (1), das sich auf der Oberfläche eines Gewässers gebildet hat': *das ~ des Flusses aufhacken; das ~ schmilzt, taut, ist noch dünn; sich aufs ~ wagen* **3.** 'aus Milch, Zucker und aromatischen Stoffen hergestellte künstlich gefrorene Speise': *willst du ein ~?; das ~ schmeckt gut; (ein) ~ essen; Herr Ober, zwei ~* ('zwei Portionen Eis') *bitte!; ~ am Stiel; eine Portion ~* ❖ **eisig – eiskalt, Eiskunstlauf, Glatteis**; vgl. **eis/Eis-**

* *das ~ ist, war gebrochen* /wird gesagt, wenn in einer Gruppe von Menschen das abwartende, zurückhaltende Verhalten überwunden, aufgegeben wird, ist/; /jmd./ *etw. auf ~ legen* ('etw. vorerst nicht mehr tun, bearbeiten, sondern auf nicht absehbare Zeit aufschieben')

Eis [ˈ..]‖**-bär**, der 'in der Arktis lebender Bär mit weißem bis gelblichem Fell'; ↗ FELD II.3.1 (↗ TABL Säugetiere) ❖ ↗ **Bär**; **-becher**, der 'eine Portion Eis (3), in einem Becher serviert': *willst du eine Kugel Eis oder einen ~?* ❖ ↗ **Becher**; **-bein**, das ⟨o.Pl.⟩ 'Oberschenkel des geschlachteten Schweines': *(ein) ~ kochen, essen* ❖ ↗ **Bein**; **-berg**, der 'große Masse von im Meer schwimmendem Eis, das wie ein Berg über die Oberfläche ragt' (↗ BILD): *das Schiff ist auf, gegen einen ~ gefahren, gestoßen, mit einem ~ zusammengestoßen* ❖ ↗ **Berg**; **-blume**, die ⟨vorw. Pl.⟩ 'flächiges figürliches Gebilde aus gefrorenem Wasserdampf, bes. an Fensterscheiben': *am Fenster haben sich ~n gebildet* ❖ ↗ **Blume**; **-brecher**, der 'Schiff, das dafür ausgerüstet ist, das gefrorene Eis auf Gewässern aufzubrechen'; ↗ FELD VIII.4.3.1: *einen ~ einsetzen; der ~ hält die Fahrrinne frei* ❖ ↗ **brechen**

Eisen [ˈai̯zn̩], das; ~s, ~ **1.** ⟨o.Pl.; o. unbest. Art.⟩ /Element; chem. Symb. Fe/ 'weißlich graues, am meisten verwendetes, leicht rostendes Schwermetall'; ↗ FELD II.5.1: *flüssiges, glühendes, rostiges ~; ~ schmelzen, gießen, schmieden; ~ zu Stahl*

*verarbeiten; Werkzeuge, eine Pfanne aus ~; etw. ist
so schwer, hart, fest wie ~; das ~ am Gartentor, das
~ der Laterne ist verrostet* **2.** SYN 'Hufeisen': *das
Pferd hat ein, die ~ verloren* **3.** SYN 'Bügeleisen':
das ~ ab-, an-, ausschalten; ein heißes ~ ❖ **eisern
– Eisenbahn, -bahner, -bahnwagen, Bügeleisen,
Gusseisen, Hufeisen, Stemmeisen**
* /jmd./ **ein heißes ~ anfassen/anpacken** ('sich an eine
heikle Angelegenheit, an ein heikles Thema heran-
wagen'); /jmd./ **zum alten ~ gehören/zählen** ⟨oft
verneint⟩ ('auf Grund seines Alters nicht mehr ge-
fragt, verwendbar sein'); /jmd./ **zwei/mehrere/noch
ein ~ im Feuer haben** ('zwei, mehrere Möglichkei-
ten, noch eine Möglichkeit haben, um etw. zu errei-
chen'); /etw./ **ein heißes ~ sein** ('ein heikles Thema,
eine bedenkliche, riskante Angelegenheit sein')
Eisen ['..]|-bahn, die ⟨o.Pl.⟩ **1.** 'auf Schienen fahren-
des Verkehrsmittel für die Beförderung von Perso-
nen, Gütern in mehreren hintereinander gekoppel-
ten Wagen, Waggons, die von einer Lok gezogen
werden'; SYN Bahn (4); ↗ FELD VIII.4.1.1 (↗
TABL Fahrzeuge): *mit der ~ fahren; etw. mit der
~ befördern* **2.** 'Betrieb, der den mit der Eisenbahn
(1) betriebenen Verkehr durchführt': *er ist, arbeitet
bei der ~* ❖ ↗ Eisen, ↗ Bahn * umg. **es ist höchste
~** ('es eilt sehr'); vgl. *S-Bahn, U-Bahn, Straßen-
bahn*; **-bahner** [baːnɐ], **der**; ~s, ~, umg. 'jmd., der
bei der Eisenbahn (2) arbeitet, angestellt ist' ❖ ↗
Eisen, ↗ Bahn; **-bahnwagen, der** 'für die Zwecke
der Eisenbahn konstruierter Wagen, bes. für die
Beförderung von Personen': *nach N setzte man
Züge mit fünf ~ ein* ❖ ↗ Eisen, ↗ Bahn, ↗ Wagen
eisern ['aizɐn] ⟨Adj.; o. Steig.⟩ **1.** ⟨nur attr.⟩ **1.1.** 'aus
Eisen (1)' /auf Gegenstände bez./; ↗ FELD II.5.3,
III.4.3: *ein ~er Ofen, Haken, Topf* **1.2.** *die ~e* ↗
Lunge **2.** 'sehr konsequent, beharrlich und stand-
haft' /auf Personen bez./; ↗ FELD I.2.3: *~ sparen,
an etw. festhalten; wenn er etw. erreichen will, dann
lässt er nicht locker, da ist er ~; er hat einen ~en*
('sehr starken, unbeugsamen') *Willen; hier herrscht
~e* ('sehr strenge') *Disziplin* ❖ ↗ Eisen
eis/Eis ['ais..]|-frei ⟨Adj.; o. Steig.; nicht bei Vb.⟩; ↗
FELD VI.5.3 **1.** 'ohne Eisglätte' /vorw. auf Ver-
kehrswege bez./: *die Straßen sind wieder schnee- und
~* **2.** 'ohne Eis (2)' /auf Gewässer bez./: *der Strom
ist wieder ~; ein ~er* ('auch im Winter benutzbarer,
nicht zufrierender') *Hafen* ❖ ↗ frei; **-glätte, die**
'durch Eis (1) hervorgerufene Glätte'; ↗ FELD
III.3.1: *es herrscht ~, Schnee- und ~* ❖ ↗ glatt;
-heiligen [hailign], **die** ⟨Pl.⟩ /Bez. für die Tage vom
11. bis 15. Mai, an denen mit Nachtfrost gerechnet
werden muss und Gemüse- und Obstkulturen
Schaden nehmen können/; ↗ FELD VI.5.1 ❖ ↗
heilig; **-hockey, das** ⟨o.Pl.⟩ 'auf Schlittschuhen aus-
getragenes Spiel zweier Mannschaften gegeneinan-
der, bei dem der Puck mit einem Schläger so oft
wie möglich in das gegnerische Tor zu schlagen ist';
↗ FELD I.7.4.1 ❖ ↗ Hockey
eisig ['aizɪç] ⟨Adj.⟩ **1.** ⟨Steig. reg.⟩ SYN 'eiskalt
(1.1)'; ↗ FELD VI.5.3: *es ist (draußen) ~; es weht*

*ein ~er Wind; heute ist der Wind noch ~er; das
Wasser ist ~; der Wind weht ~* **2.** ⟨o. Steig.⟩ emot.
'jmdm. seine völlige Ablehnung zeigend, außeror-
dentlich frostig'; ↗ FELD I.18.3: *nach den Worten
des Präsidenten herrschte (ein) ~es Schweigen; die
Begrüßung des Gastes war ~; jmdn. ~ empfangen*
❖ ↗ **Eis**
eis/Eis ['ais..]|-kalt ⟨Adj.; o. Steig.⟩ **1.1.** 'äußerst kalt
(1.1)'; SYN eisig (1); ↗ FELD VI.5.3: *es ist (drau-
ßen) ~; ~es Wasser; der Wind weht ~* **1.2.** *ein Ge-
tränk ~* ('mit Eis 1 gekühlt') *servieren* **2.** emot.
'völlig gefühllos (2,3)' /vorw. auf Personen bez./:
ein ~er Verbrecher, Blick **3.** 'ausschließlich von
Kalkül, von keinerlei Emotion beeinflusst' /auf
Personen bez./; ↗ FELD I.18.3: *er war ein ~er
Rechner; sie reagierte ~ auf die Beschuldigungen;
etw. ~ kalkulieren* ❖ ↗ kalt; **-kunstlauf, der** ⟨o.Pl.⟩
'sportliche Disziplin, bei der auf Schlittschuhen
nach Musik eine Folge von Figuren und Sprüngen
gezeigt wird'; ↗ FELD I.7.4.1: *die Europameister-
schaften im ~* ❖ ↗ Eis, ↗ Kunst, ↗ laufen; **-scholle,
die** 'großes, relativ flaches Stück Eis (2), das auf
einem Gewässer treibt': *driftende ~n; die ~n stau-
ten sich am Ufer* ❖ ↗ Scholle; **-zapfen, der** 'nach
unten hängendes längliches rundes Gebilde aus Eis,
das aus herabrinnendem und dabei gefrierendem
Wasser entstanden ist' (↗ BILD): *vom Rand des
Daches hingen dicke ~ herab* ❖ ↗ Zapfen; **-zeit, die**
⟨vorw. Sg.⟩ 'einer der Zeiträume in der Geschichte
der Erde, in dem große Gebiete der Erde ständig
mit Schnee und Eis bedeckt waren'; ↗ FELD
VI.5.1: *diese Hügel sind durch die ~ entstanden* ❖
↗ Zeit

eitel [aitl] ⟨Adj.; Steig. reg.⟩ 'darauf bedacht, durch
sein Äußeres, bes. auch durch seine Kleidung, Auf-
merksamkeit und Bewunderung zu erregen'; SYN
affig: *er ist ein eitler Mensch; sie könnte ein bisschen
eitler* ('mehr auf ihr Äußeres bedacht') *sein* ❖ **Eitel-
keit**
MERKE Alle flektierten Formen werden ohne das
‚e' der Endung geschrieben und gesprochen außer
beim Superlativ *eitelsten*. Zum Ausfall des ‚e' der
Endung: ↗ *dunkel* (Merke)
Eitelkeit ['..], **die** ~, ⟨o.Pl.⟩ 'das Eitelsein': *etw. aus
~ tun; seine ~ hat ihn dazu verleitet; die Kritik ver-
letzte seine ~; seine ~ befriedigen* ❖ ↗ **eitel**
Eiter ['aitɐ], **der**; ~s, ⟨o.Pl.⟩ 'bei bakteriellen Ent-
zündungen sich bildende gelbliche flüssige Abson-

derung des Gewebes': *in der Wunde hat sich ~ ge-
bildet* ❖ **eitern, eitrig**

eitern ['aɪtɐn] ⟨reg. Vb.; hat⟩ /etw., bes. Wunde/ 'Ei-
ter absondern': *die Wunde hat stark geeitert; sein
Finger hat angefangen zu ~* ❖ ↗ **Eiter**

eitrig ['aɪtʀɪç] ⟨Adj.; o. Steig.; vorw. attr.⟩ 'Eiter ent-
haltend, absondernd' /bes. auf eine Wunde bez./:
eine ~e Wunde, Stelle am Fuß ❖ ↗ **Eiter**

Ei|weiß ['aɪ..], **das**; ~es, ~e **1.** ⟨mit Mengenangabe
vorw.: *Eiweiß*⟩ 'der helle, gallertartige Bestandteil
des (Hühner)eies': *den Dotter vom ~ trennen; das
~, drei ~ (zu Schnee) schlagen* **2.** 'in vielen Varian-
ten vorkommende organische Verbindung, die ein
wichtiger Bestandteil im stofflichen Aufbau der Le-
bewesen und der Nahrung darstellt': *tierisches,
pflanzliches ~; etw. enthält kein, viel ~* ❖ ↗ **Ei,** ↗
weiß

Ekel ['eːkl̩], **der**; ~s, ⟨o.Pl.⟩ 'Übelkeit erregende
starke physische Abneigung, die durch etw. als wi-
derlich Empfundenes ausgelöst wird'; SYN Wider-
will(e)n (1.1): *dieser Anblick erregte seinen ~/er-
regte ~ bei ihm, in ihm; (einen) ~ vor Spinnen ha-
ben; ~ vor fettem Fleisch empfinden; sich vor ~
übergeben müssen* ❖ **ekelhaft, ekeln**

ekelhaft ['..] **I.** ⟨Adj.; Steig. reg.⟩ SYN 'scheußlich
(I.1.1)': *ein ~er Geruch, Geschmack, Anblick; ver-
faultes Gemüse riecht ~* — **II.** ⟨Adv.; vor Adj.⟩
emot. 'äußerst, sehr' /auf Negatives bez./: *es tut ~
weh; draußen ist es ~ kalt* ❖ ↗ **Ekel**

ekeln ['eːkl̩n] ⟨reg. Vb.; hat⟩ **1.1.** /jmd./ *sich vor etw.*
⟨Dat.⟩ ~ *vor etw. Ekel empfinden': er ekelte sich
vor dem Schmutz* ❖ ↗ **Ekel**

Ekstase [ɛk'staːzə], **die**; ~, ~n 'sehr starker, durch
das Gefühl von Begeisterung, Freude, Glück be-
stimmter rauschartiger Zustand, der meist von lau-
ten Rufen, heftigen Bewegungen begleitet ist': *eine
religiöse ~; in ~ geraten: die Zuschauer gerieten in
~; jmdn. in ~ versetzen: das Spiel der Musiker hatte
das Publikum in ~* (SYN 'in einen Rausch 2') *ver-
setzt* ❖ **ekstatisch**

ekstatisch [ɛk'staːt..] ⟨Adj.; Steig. reg.⟩ 'von Ekstase
bestimmt, erfüllt': *sie waren in einem Zustand ~er
Verzückung; ihre Begeisterung hatte sich ins Eksta-
tische gesteigert* ❖ ↗ **Ekstase**

Elan [e'laːn], **der**; ~s, ⟨o.Pl.; vorw. o. Art.⟩ 'von Be-
geisterung und Engagement bestimmte, andere
mitreißende Aktivität, mit der jmd. etw. tut'; SYN
Aufschwung (1), Auftrieb (1), Schwung (2): *mit ju-
gendlichem ~ machten sie sich an die Lösung der
Aufgabe; mit ~ an etw. herangehen; er konnte kei-
nen ~ für die Sache aufbringen; die Mannschaft
spielte ohne ~*

elastisch [e'last..] ⟨Adj.⟩ **1.** ⟨Steig. reg.⟩ 'so beschaf-
fen, dass es sich biegen, dehnen o.Ä. lässt, aber im-
mer wieder die ursprüngliche Form behält' /auf
Materialien bez./: *ein ~es Band; eine ~e Binde; ~es
('dehnbares') Gewebe; die Platte federt, sie ist ~*
2. ⟨Steig. reg.⟩ 'körperlich kraftvoll, gelenkig und
beweglich': *sein ~er Gang; seine ~en Bewegungen;
trotz seines hohen Alters wirkt er noch sehr ~* **3.** ⟨o.

Steig.⟩ SYN 'flexibel (3)': *er hat sehr ~ auf die vie-
len Einwände reagiert*

Elch [ɛlç], **der**; ~es/auch ~s, ~e 'großer, im Norden
Europas, Asiens und Amerikas lebender Hirsch mit
einem Geweih, das an den Enden breit und flach
ist'; ↗ FELD II.3.1 (↗ TABL Säugetiere)

Elefant [ele'fant], **der**; ~en, ~en 'in Afrika und In-
dien lebendes großes Säugetier mit einem Rüssel
und langen Stoßzähnen'; ↗ FELD II.3.1 (↗ TABL
Säugetiere)

* umg. /jmd./ **sich benehmen wie ein ~ im Porzellanla-
den** ('sich plump, ungeschickt od. taktlos beneh-
men')

elegant [ele'gant] ⟨Adj.; Steig. reg.⟩ **1.1.** 'modernem,
gepflegtem, kultiviertem Geschmack entsprechend'
/bes. auf Kleidung bez./: *ein ~er Mantel; ein ~es
Kleid; ein ~ gekleideter Herr; seine Wohnung ist
sehr ~ (eingerichtet)* **1.2.** 'von gepflegtem Äußeren
und in der Art von elegant (1.1) gekleidet' /auf Per-
sonen bez./: *eine ~e Dame; ein ~er Herr* **2.** 'in der
Bewegung gewandt und geschickt': *mit ~em
Schwung sprang er vom Pferd* **3.** /auf Abstraktes
bez./: *dies ist eine ~e ('geschickte') Lösung des Pro-
blems; das hat er ~ gelöst* ❖ **Eleganz**

Eleganz [ele'gants], **die**; ~, ⟨o.Pl.⟩ /zu elegant 1—3/
'das Elegantsein': *er bewunderte ihre ~, die ~ der
Einrichtung, Möbel* ❖ ↗ **elegant**

Elektriker [e'lɛktʀikɐ], **der**; ~s, ~s 'Facharbeiter für
Elektrotechnik'; ↗ FELD I.10 ❖ vgl. **Elektrizität**

elektrisch [e'lɛktʀ..] ⟨Adj.; o. Steig.; nicht präd.⟩ **1.1.**
'die Elektrizität betreffend' /vorw. auf physikali-
sche Begriffe bez./: *die ~e Energie ('Elektroener-
gie'); der ~e Strom ('die Bewegung der Elektro-
energie in einem ¹Leiter 2'); die ~e Spannung
('Stärke des elektrischen Stroms'); der ~e ('von ei-
nem ¹Leiter 2 dem Hindurchfließen der Elektro-
energie entgegengesetzter') Widerstand; er hat einen
~en ('durch Berührung eines unter Strom stehen-
den ¹Leiters hervorgerufenen plötzlichen schmerz-
haften') Schlag bekommen; dieser Zaun ist ~ gela-
den* ('steht unter Strom') **1.2.** 'durch Elektrizität
angetrieben, betrieben': *ein ~es Gerät; das ~e
Licht; ~ ('mit Elektrizität 2') kochen, heizen* ❖ vgl.
Elektrizität

Elektrizität [e'lɛktʀitsi'tɛːt/..tseːt], **die**, ~ ⟨o.Pl.⟩ **1.**
'Energie, die auf der Abstoßung und Anziehung
kleinster Teilchen entsprechend ihrer positiven und
negativen Art beruht und bes. zum Betrieb von Ge-
räten, Maschinen, zur Heizung und Beleuchtung
genutzt wird': *~ wird in Kraftwerken, durch eine
Batterie erzeugt* **2.** SYN 'Elektroenergie': *der Ver-
brauch von ~* ❖ **Elektrizitätswerk**; vgl. **Elektriker,
elektrisch, Elektro-**

Elektrizitäts|werk [..'tɛːts/teːts..], **das** SYN 'Kraft-
werk' ❖ ↗ **Elektrizität,** ↗ **Werk**

elektro/Elektro [e'lɛktʀo..]**-energie, die** 'durch die
Nutzung der Elektrizität (1) gewonnene Energie';
SYN Elektrizität (2), Strom (5): *der Bedarf an ~;
der Verbrauch von ~* ❖ ↗ Energie; **-magnetisch**
⟨Adj.; o. Steig.; vorw. attr.⟩ 'auf Elektromagnetis-

mus beruhend, durch ihn bestimmt': *ein ~es* ↗
Feld; ~e Schwingungen, Wellen ('meist periodische
Änderungen des Elektromagnetismus eines Fel-
des') ❖ ↗ Magnet; **-magnetismus, der** 'Erzeugung
von Magnetismus durch elektrischen Strom (und
die darauf beruhenden Erscheinungen)' ❖ ↗ Ma-
gnet; **-motor, der** 'Motor zur Umwandlung von
elektrischer in mechanische Energie'; ↗ FELD
V.5.1 ❖ ↗ Motor

Elektronen|rechner [elɛktʀo:nənʀɛçnɐ]**, der** 'mit Elek-
trizität betriebener Rechner (2)' ❖ ↗ **Elektronik,** ↗
rechnen

Elektronik [elɛk'tʀo:nɪk]**, die**; ~, ⟨o.Pl.⟩ **1.** 'Teilge-
biet der Elektrotechnik, das sich mit der Entwick-
lung und Nutzung sehr kleiner Bauteile, z. B. für
Computer u.Ä., befasst' **2.** 'elektronischer Teil ei-
nes Gerätes': *die ~* ('elektronische Ausstattung')
*dieses Flugzeuges ist auf dem modernsten Stand der
Technik* ❖ **elektronisch** – **Elektronenrechner**

elektronisch [elɛk'tʀo:n..] ⟨Adj.; o. Steig.; vorw. attr.⟩
'auf der Basis von Bauteilen der Elektronik (1) auf-
gebaut, funktionierend' /vorw. auf Geräte, Gegen-
stände bez./: *ein ~es, ~ gesteuertes Gerät; der
Computer funktioniert auf der Grundlage ~er Bau-
teile; ~e* ↗ *Datenverarbeitung* ❖ ↗ **Elektronik**

Elektro|technik [elɛktʀo..]**, die** ⟨o.Pl.⟩ 'Teilgebiet der
Technik, das sich mit der Anwendung und Nutzung
der Erkenntnisse über Elektrizität befasst' ❖ ↗
Technik

Element [ele'mɛnt]**, das**; ~s/auch ~es, ~e **1.** 'grund-
legender, wesentlicher Bestandteil von etw.': *die ~e
einer Theorie, der Mathematik; Strukturen auf ihre
konstituierenden ~e hin untersuchen; Humor ist ein
grundlegendes ~ seines Wesens; die bunten Vor-
hänge sind ein belebendes ~ dieses Zimmers; die tra-
genden ~e der Konstruktion* **2.** 'chemisch nicht wei-
ter zerlegbarer Stoff, der nur aus einer Art von Ato-
men besteht': *die chemischen ~e; Eisen, Sauerstoff
und Schwefel sind ~e; radioaktive ~e* **3.** 'Gerät,
Vorrichtung zur Umsetzung chemischer in elektri-
sche Energie und zur Entnahme von Elektroener-
gie': *eine Batterie als ~* **4.** ⟨vorw. Pl.⟩ '(moralisch,
sozial) als fragwürdig betrachtete, geltende Per-
son': *kriminelle ~e; vor diesen ~en muss man sich,
die Menschen schützen* ❖ **elementar** – **Bauelement**
* /jmd./ **in seinem ~ sein** 'bei einer Tätigkeit sein, die
man beherrscht und sehr gern ausführt, bei der
man sich wohl fühlt': *beim Basteln ist er ganz in
seinem ~*

elementar [elemɛn'taːɐ] ⟨Adj.⟩ **1.** ⟨Steig. reg., Komp.
ungebr.; nicht bei Vb.⟩ **1.1.** 'für die Existenz von
etw., jmdm. unumgänglich und grundlegend (1)
und meist relativ ¹einfach (3.1)' /auf Abstraktes
bez./: *das sind ~e Rechte, Forderungen; die ~en Be-
dürfnisse der Menschen befriedigen; ihm fehlen die
~sten Voraussetzungen für einen Sportler* **1.2.** 'das
Grundwissen betreffend' /auf Abstraktes bez./: *~e
Kenntnisse auf dem Gebiet der Mathematik besitzen;
die ~en Begriffe der Physik* **2.** ⟨o. Steig.; nur attr.⟩
'außergewöhnlich heftig und intensiv' /bes. auf na-

türliche Vorgänge bez./: *der Sturm hatte mit ~er
Gewalt gewütet; die ~e* (SYN gewaltige) *Kraft des
Erdbebens*❖ ↗ **Element**

elend ['eːlɛnt] ⟨Adj.⟩ **1.1.** ⟨Steig. reg.⟩ 'von materiel-
ler (und psychischer) Not bestimmt, gekennzeich-
net'; SYN jämmerlich'; ↗ FELD I.17.3: *ein ~es
Dasein, Leben fristen; kärglich und ~ leben* **1.2.** ⟨o.
Steig.; nur bei Vb.⟩ *er, das Tier ist ~* ('unter
schrecklichen Umständen') *zugrunde gegangen* **2.**
⟨nicht bei Vb.⟩ **2.1.** ⟨Steig. reg.⟩ 'in sehr schlech-
tem Zustand' /bes. auf Gebäude bez./: *eine ~e Un-
terkunft, Hütte* **2.2.** ⟨o. Steig.⟩ emot. SYN 'er-
bärmlich (3.1)' /auf Produkte bez./: *das Buch war
ein ~es Machwerk* **2.3.** ⟨o. Steig.⟩ emot. SYN 'er-
bärmlich (2)' /auf Personen bez./: *er war ein ~er
Kerl, Lügner, Schmarotzer* **3.** ⟨Steig. reg., Superl.
ungebr.; nur bei Vb.⟩ 'in einer körperlich schlech-
ten Verfassung (II) (und sich so fühlend)': *jmdm.
ist ~ zumute; er sieht (ganz) ~ aus; er fühlt sich ~*
(SYN 'krank') ❖ **Elend** – **hundeelend**

Elend, das; ~s, ⟨o.Pl.⟩ 'große materielle (und psychi-
sche) Not'; ↗ FELD I.17.1: *jmdn. ins ~ bringen,
stürzen; jmdm. aus seinem ~ heraushelfen; es
herrschten Not und ~; im ~ leben; das ~ der Ar-
men, Obdachlosen* ❖ ↗ **elend**
* umg. /jmd./ **das heulende ~ kriegen** ('in tiefe Nie-
dergeschlagenheit, Verzweiflung geraten')

elf [ɛlf] ⟨Zahladj.; indekl.; nur attr. u. subst.; ↗ TA-
FEL XII⟩ /die Kardinalzahl 11/ ❖ **Elf, elfte** – **Elf-
meter**
MERKE ↗ *drei* (Merke)

Elf, die; ~, ~en ⟨vorw. Sg.⟩ 'die aus elf Spielern be-
stehende Mannschaft, bes. beim Fußball': *die sieg-
reiche ~ des Landesmeisters wurde jubelnd in der
Heimat empfangen* ❖ ↗ **elf**

Elfenbein ['ɛlfn..]**, das** ⟨o.Pl.⟩ 'die Substanz der her-
ausragenden zwei Zähne des Elefanten als Mate-
rial, das bes. zu Schmuck verarbeitet wird': *die
Aus-, Einfuhr von ~ ist verboten worden; Schmuck
aus ~* ❖ ↗ **Bein**

Elf|meter [ɛlf'm..]**, der** 'vom Schiedsrichter als eine
Art Strafe festgelegter Schuss des Balles von einem
elf Meter von der Mitte des Tores entfernt liegen-
den Punkt direkt auf das Tor': *der Schiedsrichter
gab, verhängte einen ~ gegen unsere Mannschaft* ❖
↗ **elf,** ↗ **Meter**

elfte ['ɛlftə] ⟨Zahladj.; nur attr.⟩ /die Ordinalzahl zu
elf (11.)/ ↗ auch *dritte* ❖ ↗ **elf**
MERKE ↗ *dritte* (Merke)

Elite [e'liːtə]**, die**; ~, ~n 'Personen, die in einer be-
stimmten Beziehung od. allgemein als die Besten
aus einer größeren Gruppe von Menschen gelten':
*die sportliche, akademische ~; für dieses Projekt
wurde eine ~ an, aus, von Fachleuten eingesetzt; zur
~ gehören;* vgl. *Auslese (2)*

Elle ['ɛlə]**, die**; ~, ~n **1.** 'auf der Seite des kleinen
Fingers liegender Knochen des Unterarms' *die ~
ist gebrochen* **2.1.** 'altes Längenmaß, etwa von der
Länge des Unterarms': *der Stoff ist drei ~n lang*
2.2. 'Stab zum Messen mit der Länge von Elle

(2.1)': *einen Ballen Stoff mit der ~ ausmessen* ❖
Ellenbogen

* /jmd./ **alles mit der gleichen ~ messen** ⟨oft verneint mit *können*⟩ 'alles unterschiedslos beurteilen, behandeln, ohne zu differenzieren': *man kann nicht alles mit der gleichen ~ messen*

Ellen|bogen ['ɛlən..], **der** 'der bei gebeugtem Arm spitz auslaufende Teil des Knochens am Gelenk zwischen Ober- und Unterarm'; ↗ FELD I.1.1 (↗ TABL Körperteile): *sich am ~ stoßen* ❖ ↗ **Elle**

Ellipse [ɛ'lɪpsə], **die**; ~, ~ 'geometrische Figur von ovaler Form'; ↗ FELD III.1.1: *die Erde dreht sich in einer fast kreisförmigen ~ um die Sonne* ❖ **elliptisch**

elliptisch [ɛ'lɪpt..] ⟨Adj.; o. Steig.⟩ 'in der Form einer Ellipse'; ↗ FELD III.1.3: *der Satellit beschreibt eine ~e Bahn um die Erde* ❖ ↗ **Ellipse**

elterlich ['ɛltɐ..] Adj.; nur attr.⟩ **1.1.** 'von den Eltern ausgehend, kommend' /auf Abstraktes bez./; ↗ FELD I.9.2: *die ~e Liebe zu den Kindern; die ~e Erziehung* **1.2.** 'den Eltern zukommend, zustehend' /auf Abstraktes bez./: *~e Pflichten* **1.3.** 'den Eltern gehörend': *die ~e Wohnung; im ~en Haushalt leben* ❖ ↗ **Eltern**

Eltern ['ɛltɐn], **die** ⟨Pl.; vorw. mit Possessivpron.⟩ 'der Mann und die Frau, die gemeinsam einem od. mehreren Kindern Vater und Mutter sind'; ↗ FELD I.9.1: *meine, deine, unsere ~; er lebt, wohnt noch bei seinen ~; sie hat keine ~ mehr; für seine ~ sorgen; er hatte liebe, strenge ~* ❖ **elterlich** – **Elternbeirat, -haus, Großeltern, Rabeneltern**

* scherzh. /etw./ **nicht von schlechten ~ sein** 'in der Ausführung kräftig und wirksam sein': *das, diese Ohrfeige, schlagfertige Antwort war nicht von schlechten ~!*

Eltern ['..]||**-beirat** [baiʀɑːt], **der** 'Vertretung aus Eltern der Schüler einer Schule mit der Funktion, die Zusammenarbeit zwischen Eltern und Schule zu fördern': *sie ist Mitglied des ~s* ❖ ↗ Eltern, ↗ raten; **-haus, das** ⟨vorw. Sg.⟩ **1.** 'die Familie, bes. Vater und Mutter, als Erzieher ihres Kindes, ihrer Kinder': *die Erziehung im ~; sie kommt aus einem guten, bürgerlichen ~* **2.** 'das Haus, das den Eltern gehört, in dem jemand bei seinen Eltern aufgewachsen ist': *nach vielen Jahren in der Fremde konnten sie ihr ~ endlich wiedersehen* ❖ ↗ Eltern, ↗ Haus

Email [e'maɪl], **das**; ~s, ~s: ↗ *Emaille*

Emaille [e'maljə], **die**; ~, ~n 'als Schmuck od. Schutz gegen Korrosion dienender sehr harter, meist farbiger Überzug auf metallischen Oberflächen': *die ~ an dem Topf hat einen Riss bekommen; ein Topf, Eimer aus ~* ('mit Emaille überzogener Topf, Eimer')

Embargo [ɛm'baʀgo], **das**; ~s, ~s 'Verbot eines Landes, Waren, eine bestimmte Ware in ein bestimmtes Land, bestimmte Länder auszuführen od. von dort einzuführen': *ein ~ (über ein Land) verhängen*

Emigrant [emi'gʀant], **der**; ~en, ~en 'jmd., der in die Emigration geht, in der Emigration lebt'; SYN Auswanderer; ANT Immigrant: *albanische, jüdische, osteuropäische ~en* ❖ ↗ **emigrieren**

Emigration [emigʀa'tsi̯oːn], **die**; ~, ⟨o.Pl.⟩ **1.** 'Land, in das man emigriert ist und die Situation und die Bedingungen, unter denen man dort, in einem fremden Land lebt'; SYN Exil: *in der ~ leben; er war lange Zeit in Frankreich in der ~; sein bedeutendster Roman ist in der ~ entstanden; in die ~ gehen* ('emigrieren') **2.** 'das Emigrieren'; ANT Immigration: *die Verhältnisse im Lande zwangen ihn zur ~; seine ~ in die Schweiz* ❖ ↗ **emigrieren**

emigrieren [emi'gʀiːrən], emigrierte, ist emigriert /jmd./ 'sein Land bes. aus politischen Gründen, meist gezwungenermaßen, verlassen'; SYN auswandern; ANT immigrieren, einwandern: *viele Menschen sahen sich gezwungen zu ~; irgendwohin ~: sie sind nach England, in die Schweiz emigriert* ❖ **Emigrant, Emigration**

Emotion [emo'tsi̯oːn], **die**; ~, ~en SYN 'Gefühl (4)': *ein stark von wechselnden ~en bestimmter Mensch; in jmdm. ~en wecken; Intellekt und ~ ansprechen* ❖ **emotional**

emotional [emotsi̯o'nɑːl] ⟨Adj.; Steig. reg., Superl. ungebr.⟩ 'von Emotionen bestimmt': *seine ~e Art zu sprechen; ~ reagieren* ❖ ↗ **Emotion**

empfahl: ↗ *empfehlen*

empfand: ↗ *empfinden*

Empfang [ɛm'pfaŋ], **der**; ~s/auch ~es, Empfänge [..pfɛŋə] **1.** ⟨o.Pl.⟩ /zu *empfangen* 1 u. 2/ 'das Empfangen'; /zu 1/: *den ~ eines Briefes bestätigen; etw. in ~ nehmen* ('etw. entgegennehmen'); /zu 2/: *jmdm. einen begeisterten, freundlichen ~ bereiten* **2.** 'festliches Beisammensein, das jmd., bes. der Repräsentant eines Staates, einer Institution, für Gäste veranstaltet': *der Minister, Direktor gab einen ~ für seine (ausländischen) Gäste, einen ~ zu Ehren seiner (ausländischen) Gäste; ein ~ in der Botschaft; zu einem ~ gehen* **3.** ⟨o.Pl.⟩ 'das Empfangen (3) einer Sendung (2)': *(keinen) guten ~ haben; er besitzt die Berechtigung zum Senden und zum ~ für Amateurfunker* ❖ ↗ **empfangen**

empfangen [ɛm'pfaŋən] (er empfängt [..pfɛŋt]), empfing [..pfɪŋ], hat empfangen **1.** /jmd./ etw. ~ SYN 'erhalten (1)': *einen Befehl, Geschenke ~* (SYN 'erhalten 1.1'); *einen Brief, eine Nachricht ~* (SYN 'erhalten 1.2'); *für etw. Lohn, Dank ~* (SYN 'erhalten 1.3') **2.** /jmd./ jmdn. ~ 'jmdn., der ankommt, als Besucher, Gast bei sich willkommen heißen': *er empfing den Besucher, den Gast; die Reporter in seiner Wohnung, in seinem Arbeitszimmer ~; der Bürgermeister empfing eine Abordnung der Einwohner; um diese Zeit ~ wir keine Gäste mehr; die Gäste wurden dort herzlich, sehr freundlich ~* **3.** /jmd./ etw. ~ 'das Signal eines Senders (1.1) mit einem entsprechenden Gerät wahrnehmen, hören, sehen': *wir haben Morsesignale ~; diesen Sender, das Programm können wir nur auf Mittelwelle ~* ❖ **Empfang, Empfänger, empfänglich, Empfängnis – Sozialhilfeempfänger**

Empfänger [ɛmˈpfɛŋɐ], der; ~s, ~ **1.** ˈjmd., der etw. für ihn Bestimmtes empfängt': *der ~ muss quittieren, dass er die Einschreibesendung erhalten hat; wer ist der ~* (ANT Absender 1) *des Briefes?; der ~ von Lohn, Spenden, Geschenken* **2.** ˈGerät, mit dem drahtlos ausgestrahlte Wellen, Strahlen, Sendungen (2) empfangen werden können': *man kann mit dem ~ nur Sendungen auf Mittelwelle hören* ❖ ↗ **empfangen**

empfänglich [ɛmˈpfɛŋ..] ⟨Adj.; Steig. reg.; vorw. präd. (mit *sein*)⟩ /jmd./ *~ für etw. sein* SYN ˈoffen (5.2) für etw. sein': *er war für Schmeicheleien, Lob, für alles Schöne ~; sein für Abenteuer ~es Gemüt; jmdn. für etw. ~ machen* ❖ ↗ **empfangen**

Empfängnis [ɛmˈpfɛŋ..], die; ~, ~se ˈdas Schwangerwerden': *die Verhütung der ~* ❖ ↗ **empfangen**

empfehlen [ɛmˈpfeːlən] (er empfiehlt [..ˈpfiːlt]), empfahl [..pfaːl], hat empfohlen [..ˈpfoːlən] **1.** /jmd./ *jmdn. etw., jmdn. ~* ˈjmdm. etw., jmdn. als gut, als für etw., jmdn. geeignet charakterisieren und dazu raten, sich dafür, für diese Person zu entscheiden'; ANT abraten: *der Arzt, Apotheker hat uns dieses Mittel sehr empfohlen; das ist eine Gaststätte, die ich nur (jedem) ~ kann; dieser Mann ist uns als Fachmann für Elektrotechnik empfohlen worden; dem Ausschuss einen Entwurf zur Annahme ~; ein Buch, eine Theateraufführung ~; er empfahl uns, vorerst keine großen Käufe zu machen;* Wirtsch. *empfohlener Richtpreis* /vom Hersteller dem Einzelhandel vorgeschlagener unverbindlicher Preis für eine Ware/ **2.** *es empfiehlt sich nicht ...* ⟨mit Nebens.⟩ ˈman muss davon abraten ...': *es empfiehlt sich (nicht), die Sache noch weiter hinauszuschieben, zu bearbeiten; das empfiehlt sich nicht*

empfinden [ɛmˈpfɪndn̩], empfand [..ˈpfant], hat empfunden [..ˈpfʊndn̩] /jmd./ *etw. ~* **1.1.** ˈeinen auf die Sinnesorgane einwirkenden Reiz wahrnehmen'; SYN spüren (1); ↗ FELD I.3.5.2, VI.3.2: *einen Schmerz ~; Kälte, Hunger ~* **1.2.** ˈein bestimmtes Gefühl haben, erleben, von ihm erregt werden': *(über etw., jmdn.) Freude, Trauer, Hass, Enttäuschung ~* (SYN ˈfühlen 3.1'); *Abscheu, Ekel (vor etw., jmdm.), Mitleid (mit jmdm.) ~; Reue, Scham ~* **1.3.** /jmd./ *sehr viel, nichts für jmdn. ~* (ˈjmdn. sehr, nicht mögen') ❖ **empfindlich, empfindsam, Empfindung – nachempfinden**

empfindlich [ɛmˈpfɪnt..] **I.** ⟨Adj.⟩ **1.** ⟨Steig. reg.; vorw. attr.⟩ ˈstark, heftig auf von außen kommende Reize, Wirkungen reagieren und darum starke Schmerzen verursachend'; ↗ FELD VI.3.3: *ein ~er Zahn; eine ~e Wunde* **2.** ⟨Steig. reg.⟩ ˈwenig widerstandsfähig gegen körperliche Belastung und darum leicht erkrankend' /auf Personen bez./: *der Genesende ist noch sehr ~, ist ein ~er Patient; er ist, reagiert ~ gegen Kälte, Zugluft* **3.** ⟨Steig. reg.⟩ SYN ˈsensibel': *er ist sehr ~ gegen Kritik; ~ reagieren; sie war schon als Kind sehr ~* **4.** ⟨Steig. reg.⟩ ˈsich durch äußere Einwirkungen leicht und schnell zum Nachteil ändernd' /auf Materialien bez./: *dieser helle zarte Stoff ist sehr ~; eine ~e Tapete* **5.**

⟨o. Steig.⟩ ˈvon großem Ausmaß und sich darum unangenehm auswirkend' /auf Abstraktes bez./: *es hat ~e Störungen, Verluste, Schäden gegeben* – **II.** ⟨Adv.; vor Adj.⟩ /auf Kälte bez./: *es ist heute draußen ~* (ˈaußerordentlich') *kalt, kühl* ❖ ↗ **empfinden**

empfindsam [ɛmˈpfɪnt..] ⟨Adj.; Steig. reg.; nicht bei Vb.; vorw. attr.⟩ SYN ˈsensibel': *er ist ein ~er Mensch, Künstler* ❖ ↗ **empfinden**

Empfindung [ɛmˈpfɪnd..], die; ~, ~en /zu *empfinden* 1.1 u. 1.2/ ˈdas, was jmd. empfindet'; /zu 1.1/; ↗ FELD I.3.5.1, VI.3.1: *Schmerz ist eine unangenehme ~*; /zu 1.2/: *gegenüber seiner ehemaligen Frau hatte er zwiespältige ~en; eine ~ der Trauer, Freude* ❖ ↗ **empfinden**

empfing: ↗ empfangen

empfohlen: ↗ empfehlen

empfunden: ↗ empfinden

empirisch [ɛmˈpiː..] ⟨Adj.; o. Steig.⟩ ˈsich auf Erfahrung stützend': *~e Forschung; ~e Erkenntnisse sammeln; ~ arbeiten, vorgehen*

empor [ɛmˈpoːɐ] ⟨Adv.⟩ geh. ˈnach oben, aufwärts' /in Aufforderungen/; ↗ FELD IV.1.3: *~ zum Licht, zu den Sternen!*

empören [ɛmˈpøːʀən] ⟨reg. Vb.; hat⟩ **1.1.** /etw./ *jmdn. ~* ˈjmds. Zorn, Entrüstung hervorrufen': *sein Auftreten hatte alle empört; dieses Vorgehen, diese Zustände fanden wir ~d* **1.2.** /jmd./ *sich über etw., jmdn. ~* ˈüber etw., jmdn. in Zorn geraten, wütend werden und seinen Unwillen darüber äußern'; SYN entrüsten; ↗ FELD I.6.2: *er hat sich über das rüpelhafte Verhalten des jungen Mannes, über ihn empört; er war empört über die falschen Anschuldigungen* **2.** /Gruppe/ *sich gegen jmdn., eine Gruppe ~* ˈsich gegen jmdn., eine Gruppe erheben (4)': *das Volk empörte sich gegen den Diktator, die Regierung;* vgl. *auflehnen, rebellieren* ❖ **Empörung**

Empörung [ɛmˈpøːʀ..], die; ~, ~en **1.** ⟨o.Pl.⟩ /zu *empören* 1/ ˈdas Empörtsein, das Sichempören'; ↗ FELD I.6.1: *sich voller (Abscheu und) ~ von jmdm. abwenden; etw. ruft ~ hervor; seiner ~ Luft machen* **2.** SYN ˈRebellion': *eine offene ~; die ~ der Unterdrückten gegen ihre Ausbeuter;* vgl. *Aufstand, Putsch, Revolution (1)* ❖ ↗ **empören**

emsig [ˈɛmzɪç] ⟨Adj.; Steig. reg.⟩ ˈrastlos fleißig, tätig' /vorw. auf Personen bez./: *er ist immer ~; er sammelt ~* (SYN eifrig) *Material; sein ~es* (ˈvon rastlosem Fleiß zeugendes') *Bemühen, sein ~er Fleiß hatte endlich Erfolg*

Ende [ˈɛndə], das; ~s, ~n **1.** ⟨o.Pl.⟩ ˈStelle (1), an der etw. sich lokal lang Erstreckendes aufhört'; ANT Anfang (3); ↗ FELD VII.3.1: *das ~ der Autobahn; am ~ der Straße, des Ganges; einen Waggon an das ~ des Zuges ankoppeln; sie liefen von einem ~ zum anderen* **2.** ⟨o.Pl.⟩ ˈZeitpunkt, an dem ein Zeitabschnitt, Ablauf, Geschehen aufhört'; ANT Anfang (1), Beginn (1): *das ~ der Stunde wird durch Klingeln angezeigt; in dieser Sache ist noch kein ~ abzusehen; auch dein Kummer wird einmal ein ~ haben; die Vorbereitungen nähern sich jetzt ihrem ~, gehen ihrem ~ entgegen; am ~ des Tages, Jahres; ~ der*

Woche, ~ (ANT Anfang) *Mai, (am)* ~ *des Jahres will er uns besuchen;* ~ (ANT Anfang 2) *der achtziger Jahre; er ist* ~ *dreißig* (ˈ38 od. 39 Jahre alt'); SYN Schluss (1,2): *er hat den Lehrgang von Anfang bis* ~ *mitgemacht; das* ~ *der Vorstellung; er kam erst gegen* ~ *der Veranstaltung; eine Stelle am* ~ *des Romans; zum* ~ (SYN ˈAusklang') *des Festes sangen alle gemeinsam; etw. ist zu* ~ ˈetw. hat aufgehört': *die Sitzung, Veranstaltung ist schon zu* ~; *etw. geht zu* ~ ˈetw. endet (2), hört auf': *ein schöner Tag geht nun zu Ende; etw. hat, nimmt, findet ein* ~ (ˈendet 2'); *etw. hat ein gutes, schlechtes* ~ *(genommen, gefunden)* (ˈhat gut, schlecht geendet'); *etw. nimmt kein* ~ (ˈzieht sich sehr, allzu lange hin; ↗ *hinziehen 3)'; (beim Erzählen) kein* ~ *finden* (ˈnicht so bald aufhören'); *jmd. bringt, führt etw. zu* ~ (ˈbeendet etw.'); *etw.* ⟨Dat.⟩ *ein* ~ *setzen* ˈbewirken, dass etw. aufhört': *man sollte diesen Machenschaften ein* ~ *setzen; das Telefon setzte der Unterhaltung ein* ~ **3.** ˈdas letzte, äußerste Teil von etw. Dünnem, Langem'; ↗ FELD IV.3.1: *die beiden* ~*n des Fadens, der Wurst* **4.** ⟨o.Pl.⟩ umg. *bis dahin ist es noch ein ganzes* ~ (ˈein recht langes Stück Weg') ❖ **enden, verenden – endgültig, endlos, vollenden, vollendet, Wochenende**
* **letzten** ~**s** ˈschließlich (2)': *er hat lange gezögert, aber letzten* ~*s doch geheiratet;* ⟨⟩ umg. **das ist das** ~ **vom Lied** (ˈder negative Ausgang der Sache'); **am** ~ **der Welt** ˈweit draußen, sehr abgelegen': *er wohnt, das Haus liegt am* ~ *der Welt*

enden [ˈɛndn̩], *endete, hat geendet* ANT *anfangen, beginnen* **1.** /etw./ ˈsich räumlich nicht weiter erstrecken, an einer Stelle ein Ende (1) haben'; SYN aufhören (3); ↗ FELD VII.3.2: *der Weg endet, wo der Wald anfängt; sie trug einen kurz über dem Knie* ~*den Rock* **2.1.** /etw./ SYN ˈaufhören (2)': *die Vorstellung endete um 22 Uhr, gegen Mitternacht; nicht* ~ *wollender Beifall; mit etw.* ~: *wir freuten uns, dass die Feier harmonisch, mit musikalischen Darbietungen endete* (SYN ˈklang aus, ↗ *ausklingen 2'); der Prozess endete* (SYN ˈschloss, ↗ *schließen 5.2.1') mit einem Freispruch* **2.2.** /jmd./ *mit etw.* ~ ˈeine Darbietung (mit etw.) beenden': *der Redner endete mit einem Appell an die Versammelten; als er geendet hatte, brach ein stürmischer Beifall los* **2.3.** /etw./ *irgendwie* ~ ˈbestimmte Folgen erwarten lassen'; SYN ausgehen (5)': *wer weiß, wie das noch* ~ *wird, das wird nicht gut* ~ (ˈwird ein schlimmes Ende haben') ❖ ↗ **Ende**
endgültig [ˈɛnt..] ⟨Adj.; o. Steig.⟩ SYN ˈunwiderruflich'; ANT vorläufig /auf Abstraktes bez./; ↗ FELD VII.3.3: *diese Lösung ist* ~; *ein* ~*er Beschluss, Bescheid; sich* ~ *(für etw., jmdn.) entscheiden* ❖ ↗ **Ende,** ↗ **gelten**
endlich [ˈɛnt..] **I.** ⟨Adv.⟩ ˈnach langem Warten, langer Zeit'; SYN ¹nun (2), ¹schließlich'; ↗ FELD VII.3.3: ~ *aber musste er doch nachgeben; (schließlich und)* ~ (SYN ˈ¹zuletzt 1') *erwies sich, erkannten wir, dass ...; da* ~ *begriff er, warum ... –* **II.** ⟨Satzadv.⟩ **1.** /drückt die Erleichterung des Sprechers darüber

aus, dass etw. lange Erwartetes eintritt, etw. lange Dauerndes zu Ende ist, man etw. lange Erstrebtes erreicht hat/: ~ *kommt er; nun ist das* ~ *zu Ende;* ~ *ist es so weit; endlich hatte er eine Stellung, Arbeit gefunden* **2.** /drückt die Ungeduld des Sprechers genüber jmdm., etw. aus/: *kommst du* ~ (ˈich möchte, dass du nun schnell kommst')!?; *bist du nun* ~ *fertig* (ˈes wird höchste Zeit, dass du nun fertig wirst')!? ❖ ↗ **Ende**
end/End [ˈɛnt]‖**-los** ⟨Adj.; o. Steig.⟩ **1.1.** SYN ˈunendlich (I.2)'; ↗ FELD VII.2.3: *die Zeit des Wartens erschien ihr* ~; ~*e Diskussionen führen; das kann doch nicht* ~ (SYN ˈewig 1') *so weitergehen* **1.2.** ˈräumlich sehr weit, lange ausgedehnt': *der Weg, das Gebirge zog sich* ~ *hin;* ~*e Kollone von Autos zogen an uns vorbei; die* ~*e* (SYN ˈunendliche I.1') *Weite des Meeres* ❖ ↗ Ende, ↗ los; **-station, die** ˈletzte Station, bis zu der ein öffentliches Verkehrsmittel fährt'; ↗ FELD VII.3.1: *bis zur* ~ *fahren;* ~, *(bitte) alle aussteigen!* /Ansage bei der Eisenbahn, Straßenbahn/ ❖ ↗ **Ende,** ↗ **Station**
Energie [enɛrˈgiː], **die;** ~, ~**n** [..ˈgiːən] **1.** ⟨o.Pl.⟩ ˈgeistige und körperliche, von entschiedenem Willen und von Ausdauer geprägte Kraft, mit der jmd. vorgeht, tätig ist'; SYN Tatkraft: *er hat viel, wenig* ~, *ist ein Mann voller* ~; ~ *(für etw.) aufbringen, anwenden; seine ganze* ~ *für etw. aufbieten; etw. mit großer* ~ *betreiben; sich mit aller* ~ *für etw., jmdn. einsetzen* **2.** ˈeinem Körper od. System innewohnende Kraft (2), die Veränderungen bewirken und zur Leistung von Arbeit genutzt werden kann': ↗ *elektrische* ~; *bei der Spaltung des Atoms frei werdende* ~; *die* ~ *der Bewegung, der Wärme; das Gesetz von der Erhaltung der* ~; *die Einsparung von* ~ (ˈelektrischer Energie') ❖ **energisch – Elektroenergie, Energiebedarf, -gewinnung, -verbrauch, Kernenergie**
Energie [..ˈg..]‖**-bedarf, der** ˈBedarf an Energie (2), bes. elektrischer Energie': *der* ~ *der Haushalte, Industriebetriebe wächst ständig (an); der* ~ *des menschlichen Körpers* ❖ ↗ Energie, ↗ *bedürfen;* **-gewinnung, die** ˈGewinnung, Erzeugung von Energie (2)': *neue Quellen der, zur* ~ ❖ ↗ Energie, ↗ *gewinnen;* **-verbrauch, der** ˈVerbrauch von Energie (2)': *der* ~ *ist gewachsen; den* ~ *senken* ❖ ↗ Energie, ↗ *brauchen*
energisch [eˈnɛrg..] ⟨Adj.; Steig. reg.⟩ **1.** ˈvoller Energie (1), den Willen und die Kraft sich durchzusetzen zeigend'; ↗ FELD I.2.3: *er ist sehr* ~, *ist ein* ~*er* (SYN ˈtatkräftiger') *Mann; er ergreift* ~*e Maßnahmen, greift* ~ *durch;* ~ *gegen Missstände, Schlamperei vorgehen* **2.** ⟨nur bei Vb.⟩ /auf Abstraktes bez./ ˈeine bestimmte Meinung, Haltung entschlossen vertretend'; SYN bestimmt (2), entschieden (I), kategorisch: *sie haben* ~ *protestiert, Einspruch gegen ihn erhoben; sie hat sich seine dummen Witze, seinen rüden Ton* ~ *verbeten* ❖ ↗ **Energie**
eng [ɛŋ] ⟨Adj.⟩ **1.** ⟨vorw. attr. u. präd.⟩ ˈvon (oft als unangenehm empfundener) geringer Ausdehnung

nach den (beiden) Seiten hin'; SYN schmal; ANT breit /vorw. auf Verkehrswege o.Ä. bez./: *~e Straßen, Gassen, Gänge; das Tal wurde zum Ende hin immer ~er* **2.** ⟨Steig. reg.⟩ 'wenig Platz, Zwischenraum lassend'; SYN dicht /bes. auf Pflanzen, Menschen bez./: *den ~en Bestand an Büschen auslichten; die Menschen standen ~ nebeneinander, beieinander; er schreibt sehr ~* ('so, dass die Zeilen, Buchstaben sehr dicht beieinander stehen'); *in dem Zimmer ist es sehr ~* ('ist sehr wenig Platz, weil zu viele Möbel o.Ä. darin untergebracht sind'); *sie hielten sich ~ umschlungen* **3.** ⟨Steig. reg.⟩ 'dicht am Körper und (zu) wenig Spielraum lassend'; ANT weit (6) /auf Kleidung, Schuhwerk bez./; ↗ FELD V.1.3: *(zu) ~e Hosen, Schuhe haben; das Kleid ist ihr zu ~ (geworden); ein ~ anliegender Pullover; den Rock ~er machen* **4.** ⟨o. Steig.⟩ ANT weit (5) **4.1.** ⟨nicht bei Vb.⟩ SYN 'beschränkt': *er hat einen sehr ~en geistigen Horizont; sein Horizont ist sehr ~* **4.2.** ⟨nicht präd.⟩ *ein Gesetz ~* ('nicht großzügig') *auslegen; eine allzu ~e Auslegung des Gesetzes* **5.** ⟨nur attr.; Steig. reg.; vorw. im Komp. u.Superl.⟩ 'den kleineren, bedeutenderen Teil von etw. darstellend': *dieses Modell kommt in die ~ere Wahl; die Beratungen fanden im ~en, ~eren, ~sten Kreis* ('nur mit wenigen vertrauten Personen') *statt; das ist meine ~ere Heimat; im ~eren* ('weniger umfassenden') *Sinne des Wortes heißt das nur, dass …* **6.** ⟨Steig. reg.⟩ 'durch starke Verbundenheit und ein vertrautes Verhältnis gekennzeichnet': *~e Freunde, Freundschaft; ~ befreundet sein; ~e Beziehung zueinander haben; jmdn. ~ an sich binden; unsere Verbindung ist immer ~er geworden; wir stehen mit unseren Partnern in ~em* ('ständigem') *Kontakt* ❖ **engherzig, Engpass, engstirnig, Landenge, Meeresenge**
* umg. /jmd./ *etw. zu ~ sehen* 'etw. engherzig, kleinlich beurteilen, einschätzen': *das musst du nicht so ~ sehen; das siehst du zu ~!*
Engagement [aŋgaʒə'maŋ], *das*; ~s, ~s **1.** ⟨vorw. Sg.⟩ 'das Sichengagieren': *sein ~ für die Rechte der Minderheiten, für den Naturschutz; sein (persönliches) ~ für die Gerechtigkeit; sein politisches ~; etw. mit großem ~ tun* **2.** 'Anstellung eines Künstlers an einem Theater': *er, sie hat ein ~ am hiesigen Theater, ist zur Zeit ohne ~* ❖ ↗ **engagieren**
engagieren [aŋga'ʒiːʀən], engagierte, hat engagiert **1.** /jmd./ *sich für etw., jmdn. ~* 'sich aus Überzeugung und mit innerer Beteiligung für etw., jmdn. einsetzen (4.1)': *er hat sich für die Ziele dieser Partei, für diese Partei, für die Rechte der Minderheiten, für den jungen Künstler engagiert; er hat sich sehr engagiert, er ist politisch engagiert; engagiert an etw. teilnehmen; ein (politisch) engagierter Mensch* **2.** /jmd., Institution, bes. Theater/ *jmdn. ~* 'einen Künstler durch Vertrag an-, einstellen': *das Theater in N hat ihn engagiert; der Sänger wurde vom Fernsehen engagiert; er wurde am hiesigen, an das hiesige Theater engagiert; einen Künstler ~* ('unter Vertrag nehmen') ❖ **Engagemant**

Engel [ɛŋļ], *der*; ~s, ~ **1.** 'als Bote Gottes gedachtes himmlisches Wesen in menschlicher Gestalt, das mit Flügeln (1) ausgestattet ist' **2.1.** ⟨vorw. mit unbest. Art.⟩ meist scherzh. 'Mensch, der einem anderen viel Gutes tut und ihm viel bedeutet': *er ist, du bist ein ~!; er, sie ist ein wahrer ~, ist (auch) kein, (auch) nicht gerade ein ~* ('verhält sich, verhält sich nicht durchweg mustergültig, vorbildlich') **2.2.** ⟨vorw. mit Possessivpron.⟩ /liebevolle Bez. bes. der Eltern für ihr kleines Kind/: *da kommt ja unser (kleiner) ~* **2.3.** ⟨vorw. mit Possessivpron.⟩ /liebevolle, zärtliche Anrede bes. eines Mannes für seine geliebte Frau/: *bist du glücklich, mein ~?*
eng/Eng ['ɛŋ]ļ**-herzig** [hɛʀtsɪç] ⟨Adj.; Steig. reg.⟩ 'durch kleinliches Bedenken, eine gewisse Angst und oft auch Geiz bestimmt': *er war ein sehr ~er* (SYN 'kleinlicher') *Mensch; das ist eine sehr ~e Entscheidung* ❖ ↗ eng, ↗ Herz; **-pass, der** 'durch Knappheit, Mangel gekennzeichnete schwierige Situation in der Wirtschaft (1)': *es gab Engpässe bei der Stromversorgung, bei der Belieferung mit Heizöl* ❖ ↗ eng, ↗ passieren; **-stirnig** [ʃtɪʀnɪç] ⟨Adj.; Steig. reg.⟩ 'im Denken und Urteilen beschränkt (2), ohne Weitblick'; ↗ FELD I.5.3: *ein ~er Mensch; ~ handeln, urteilen; vgl. kurzsichtig (2)* ❖ ↗ eng, ↗ Stirn
Enkel ['ɛŋkļ], *der*; ~s, ~ **1.** 'Kind von jmds. Sohn od. Tochter'; ↗ FELD I.9.1: *der Großvater liebte seinen ~ über alles; wir haben drei ~* **2.** ⟨nur im Pl.⟩ *davon werden noch unsere, die ~* ('die Nachkommen unserer Generation') *erzählen* ❖ **Enkelin — Enkelsohn, -tochter**
Enkelin ['ɛŋkəl..], *die*; ~ ~nen /zu *Enkel* (1); weibl./; ↗ FELD I.9.1 ❖ ↗ **Enkel**
Enkel ['..]ļ**-sohn, der** 'männlicher Enkel (1)'; ↗ FELD I.9.1: *sie haben einen, keinen ~; unser, sein ~ heiratet* ❖ ↗ **Enkel**, ↗ **Sohn**; **-tochter, die** 'weiblicher Enkel'; ↗ FELD I.9.1: *unsere ~ ist glücklich verheiratet* ❖ ↗ **Enkel**, ↗ **Tochter**
enorm [e'nɔʀm] **I.** ⟨Adj.; o. Steig.⟩ umg. emot. **1.** ⟨nicht bei Vb.⟩ 'außerordentlich groß': *es herrschte eine ~e Hitze; eine ~e Menge an Arbeit geschafft; das Tempo ihrer Entscheidungen war ~* **2.** ⟨nicht attr.⟩ SYN 'ausgezeichnet': *das ist, finde ich ~, hat mir ~ gefallen* — **II.** ⟨Adv.; vor Adj., Adv.⟩ 'außerordentlich': *es war ~ kalt, heiß; er ist ein ~ schneller Schwimmer, schwimmt ~ schnell*
Ensemble [ɛŋ'samblļ], *das*; ~s, ~s **1.** 'zusammengehörende, funktional aufeinander abgestimmte und gemeinsam auftretende, oft fest engagierte Gruppe von Schauspielern, Musikern, Sängern, Tänzern': *einem ~ angehören; in einem ~ spielen; das ~ (der Musiker) der Staatsoper, des Orchesters* **2.** 'zwei od. mehrere in Farbe, Form, Material, Muster, Funktion aufeinander abgestimmte Kleidungsstücke der (Damen)oberbekleidung': *ein ~ aus Jacke, Hose und Weste, aus Baumwolle*
entbehren [ɛnt'beːʀən], entbehrte, hat entbehrt **1.** /jmd./ **1.1.** *etw., jmdn. ~* 'jmds. Abwesenheit, das Fehlen von etw. schmerzlich empfinden'; SYN ver-

missen (1.2): *die Kinder ~ seit der Scheidung ihren Vater sehr; er hat in seiner Kindheit vieles ~ müssen* **1.2.** ⟨oft verneint⟩ *etw., jmdn. ~ können* ʿohne etw., jmdn. auskommen, etw., jmdn. nicht brauchenʾ: *ein paar Tage konnte er sein Auto, seine Freunde ~; wir können diesen Mitarbeiter nicht ~* **2.** geh. *etw. entbehrt etw.* ⟨Gen.⟩: *diese Behauptungen, Ausführungen ~ jeder Logik, jeglicher Grundlage, jedes Verständnisses für die Sache* (ʿdiesen Behauptungen, Ausführungen fehlt jede Logik, sie haben keine Grundlage, offenbaren, dass kein Verständnis für die Sache vorhanden istʾ); *das entbehrt nicht einer gewissen Komik* (ʿdas ist gewissermaßen komischʾ) ❖ **entbehrlich, Entbehrung**

entbehrlich [..ˈbeːɐ..] ⟨Adj.; o. Steig.; nicht bei Vb.⟩ ʿnicht unbedingt notwendigʾ; SYN überflüssig: *das sind ~e Dinge, Wiederholungen; bei dieser Arbeit bist du ~* ❖ ↗ **entbehren**

Entbehrung [..ˈbeːɐ..], **die**; ~, ~en ⟨vorw. im Pl.⟩ ʿals schmerzlich empfundener Mangel an etw. Notwendigemʾ; ↗ FELD I.17.1: *unter ~en leiden; ~en auf sich nehmen, erdulden, ertragen (müssen); es war eine Zeit voller ~en* ❖ ↗ **entbehren**

entbinden [ɛntˈbɪndn̩], entband [..ˈbant], hat entbunden [..bʊndn̩] **1.1.** ⟨vorw. mit lokalen Adv.best.⟩ /Frau/ ʿein Kind gebärenʾ: *sie hat in der Klinik, zu Hause entbunden* **1.2.** /bes. Arzt, Hebamme/ *eine Frau ~* ʿeiner Frau bei der Geburt eines Kindes sachkundig helfenʾ: *sie ist von einem Kind entbunden worden* (ʿhat mit ärztlicher Hilfe ein Kind geborenʾ) **2.** /jmd., bes. befugte Person/ *jmdn. etw.* ⟨Gen.⟩, *von etw. ~* ʿverfügen, dass jmd. etw., bes. eine Verpflichtung, ein Amt, einen Auftrag o.Ä. nicht länger wahrzunehmen braucht, nicht länger wahrnehmen darfʾ; SYN befreien (4): *jmdn. von seiner Funktion, von seinem Amt/seiner Funktion, seines Amtes ~* (SYN ʿseines Amtes enthebenʾ); *jmdn. vom Sportunterricht, vom Militärdienst ~; jmdn. von einem Versprechen ~* ❖ ↗ **binden**

Entbindung [..ˈbɪnd..], **die**; ~, ~en /zu *entbinden* 1/ ʿdas Entbinden, Entbundenwerdenʾ; ↗ FELD I.7.6.1: *zur ~ in die Klinik gehen; sie hatte eine leichte, schwere ~* (SYN ʿGeburt 1ʾ) ❖ ↗ **binden**

entdecken [ɛntˈdɛkn̩], entdeckte, hat entdeckt /jmd./ **1.1.** *etw. ~* ʿetw. bisher nicht Bekanntes od. Erkanntes zufällig od. durch Forschung, Suchen finden (1.1,1.6)ʾ: *einen neuen Stern, eine Insel, ein neues chemisches Element ~; damals, als die Kernenergie entdeckt wurde* **1.2.** *etw., jmdn. ~* ʿetw., jmdn. mehr od. weniger zufällig wahrnehmenʾ; ↗ FELD I.3.1.2: *wir haben dort ein gemütliches Lokal entdeckt; unter den Gästen entdecke ich auch N; in dieser Arbeit ist kein Fehler zu ~* (ʿzu findenʾ); *er, sein Talent ist entdeckt worden* (ʿman hat an maßgeblicher Stelle erkannt, dass er talentiert istʾ) ❖ **Entdecker**

Entdecker [..ˈdɛkɐ], **der**; ~s, ~ ʿjmd., der etw. entdeckt (1.1) hatʾ: *Kolumbus ist der ~ Amerikas* ❖ ↗ **entdecken**

Ente [ˈɛntə], **die**; ~, ~n **1.1.** ʿmittelgroßer Schwimmvogel mit breitem Schnabel, kurzem Hals und nach dem Geschlecht verschieden gefärbtem Gefiederʾ; ↗ FELD II.3.1 (↗ TABL Vögel): *die ~n schnattern; ~n schwimmen auf dem, im Teich; sie läuft, watschelt wie eine ~* **1.2.** ʿweibliche Ente (1.1)ʾ; vgl. *Enterich, Erpel* **1.3.** ⟨vorw. Sg.⟩ ʿgebratene Ente (1.1)ʾ; ↗ FELD I.8.1: *heute gibt es bei uns ~* **2.** umg. ʿvon einer Zeitung, dem Rundfunk, Fernsehen verbreitete (lancierte) Nachricht, Meldung, die sich als falsch erweist, erwiesen hatʾ: *die Nachricht, das war eine ~* ❖ **Enterich**

* /jmd./ *wie eine bleierne ~ schwimmen* (ʿunbeholfen schwimmen od. nicht schwimmen könnenʾ); *eine lahme ~* ʿträge weibliche Personʾ: *diese, so eine lahme ~!; sie ist eine lahme ~*

enteignen [ɛntˈʔai̯ɡnən], enteignete, hat enteignet /Institution, bes. Staat/ ⟨oft im Pass.⟩ **1.1.** *etw. ~* ʿjmds. privates Eigentum in staatliches, öffentliches Eigentum überführen (2)ʾ: *eine Bank, Großgrundbesitz ~* **1.2.** *jmdn. ~* ʿjmdm. sein privates Eigentum in staatliches, öffentliches Eigentum überführen (2)ʾ: *man hat ihn enteignet; er wurde enteignet* ❖ ↗ **eigen**

Enteignung [ɛntˈʔai̯ɡn..], **die**; ~, ~en ʿÜberführung von privatem Eigentum in staatliches, öffentliches Eigentumʾ: *die ~ des Großgrundbesitzes durch die Bodenreform* ❖ ↗ **eigen**

enterben [ɛntˈʔɛrbm̩], enterbte, hat enterbt /jmd./ *jmdn. ~* ʿtestamentarisch verfügen, dass jmd. ein, das ihm versprochene Erbe nicht erhältʾ; ↗ FELD I.15.2: *er hat seinen Sohn enterbt; er wurde (von seinem Vater) enterbt* ❖ ↗ **¹Erbe**

Enterich [ˈɛntərɪç], **der**; ~s, ~e ʿmännliche Ente (1.1)ʾ; SYN Erpel; vgl. *Ente (1.2)*; ↗ FELD II.3.1 ❖ ↗ **Ente**

entfachen [ɛntˈfaxn̩], entfachte, hat entfacht **1.** /etw., jmd./ *ein Feuer, einen Brand ~* ʿbewirken, dass ein Feuer, Brand entstehtʾ: *der Wind hat die Glut, einen Brand entfacht* **2.** geh. **2.1.** /jmd., Staat/ ʿbewirken, dass ein Krieg ausbrichtʾ; SYN entfesseln: *einen Krieg ~* **2.2.** /jmd./ *einen Streit, eine Diskussion ~* (ʿbewirken, dass gestritten, diskutiert wirdʾ) **2.3.** /jmd., etw./ *etw. ~* ʿetw. erregen (2)ʾ: *sie, ihre Schönheit hatte seine Leidenschaft, Liebe entfacht*

entfahren [ɛntˈfaːrən] (er entfährt [..ˈfɛːɐt/..ˈfeːɐt]), entfuhr [..ˈfuːɐ], ist entfahren *jmdm. entfährt etw.* ʿjmd. gibt unwillkürlich etw. Lautliches, Sprachliches von sichʾ: *ihm entfuhr ein Fluch, Ausruf der Verwunderung, Seufzer* ❖ ↗ **fahren**

entfallen [ɛntˈfalən] (er entfällt [..ˈfɛlt]), entfiel [..ˈfiːl], ist entfallen **1.** ⟨vorw. im Perf.⟩ /ein Inhalt des Gedächtnisses/ *jmdm. ~* ʿsich nicht an etw., das man einmal gewusst hat, erinnern könnenʾ; ANT einfallen (2); ↗ FELD I.5.2: *sein Name, das Wort ist mir ~*; vgl. *vergessen* (1) **2.** /etw., bes. etw. in einer Reihenfolge/ SYN ʿwegfallenʾ: *damit entfällt dieser Punkt der Tagesordnung; der Vorwurf der Bestechung entfiel* **3.** *etw. entfällt auf jmdn., etw.* ʿjmd., etw. aus einer Gruppe bekommt, erhält etw. als

Anteil von etw.': *auf jeden von euch entfällt ein Betrag von fünf Mark; der Gewinn entfiel auf die Losnummern* ... ❖ ↗ **fallen**

entfernen [ɛntˈfɛʀnən], entfernte, hat entfernt; ↗ auch *entfernt* **1.** /jmd., Institution/ **1.1.** *etw.* ~ 'bewirken, dass etw. von der Stelle verschwindet, an der es bis dahin gewesen war': *ein Schild, eine Aufschrift* ~ **1.2.** *einen Fleck (aus dem Rock)* ~ ('durch Reinigen zum Verschwinden bringen') **1.3.** *jmdn. aus seinem Amt* ~ (SYN 'jmdn. entlassen 1'; ANT einsetzen 3.2) **1.4.** *einen Schüler von der Schule* ~ ('ausschließen 3') **2.** /jmd., etw./ *sich von jmdm., etw.* ~ 'den Abstand zu einer Person od. Sache dadurch, dass man sich von ihr weg bewegt, vergrößern': *er entfernte sich immer weiter von uns; der Satellit entfernte sich mit großer Geschwindigkeit (immer weiter) von der Erde* **3.** /jmd./ *sich von etw.* ~ 'etw. (heimlich) verlassen'; ↗ FELD I.7.2.2: *er entfernte sich heimlich von der Feier, Versammlung, Gesellschaft* ❖ ↗ **fern**

entfernt [ɛntˈfɛʀnt] ⟨Adj.; ↗ auch *entfernen*⟩ **1.1.** ⟨o. Steig.; nur attr.⟩ 'in größerer Entfernung von einem Ort gelegen, befindlich': *sie wohnt in einem weit von der Stadt* ~*en Dorf* **1.2.** ⟨o. Steig.; nicht attr.; in Verbindung mit einer Maßangabe⟩ 'in einer bestimmten Entfernung von einem Ort gelegen': *der Ort liegt drei Kilometer, das Haus befindet sich nur 100 Meter vom Strand* ~; *das ist, liegt (mit dem Auto) fast eine Stunde* ~ ('man braucht dorthin für den Weg fast eine Stunde'); *er stand nur ein wenig von uns* ~ **1.3.** ⟨Steig. reg.; nur attr.⟩ 'abseits liegend': *der Ort liegt in einem ganz* ~*en Winkel unseres Landes; in den* ~*esten Teilen des Landes* **2.** ⟨o. Steig.; nicht präd.⟩ **2.1.** SYN 'weitläufig (2)'; ANT nahe (3.1) /auf Personen bez./: *mit jmdm.* ~ *verwandt sein; ein* ~*er Verwandter* **2.2.** *jmd. hat mit jmdm. eine* ~*e* ('gewisse, geringe') *Ähnlichkeit; er konnte sich nur* ~ ('undeutlich') *an ihn erinnern* ❖ ↗ **fern**

* **nicht** ~/**nicht im Entferntesten** 'in keinster Weise, ganz und gar nicht': *er dachte nicht* ~/*nicht im Entferntesten daran, uns zu helfen*

Entfernung [ɛntˈfɛʀn..], die; ~, ~en **1.** SYN 'Abstand (1)': *das Schild stand in einer* ~ *von zehn Metern von hier, von uns; die* ~ *zwischen den beiden Städten beträgt ... Kilometer; die* ~ *messen, schätzen; in einiger* ~ *von etw., jmdm. stehen; etw. aus geringer, großer* ~ *beobachten; bei den großen* ~*en in dieser Stadt braucht man ein Auto; das ist selbst auf große, weite* ~ ('weithin 1') *zu sehen, zu hören* **2.** ⟨o.Pl.⟩ /zu *entfernen* 1/ 'das Entfernen': *die* ~ *von Flecken* ❖ ↗ **fern**

entfesseln [ɛntˈfɛsl̩n], entfesselte, hat entfesselt emot. neg. /jmd., Staat/ *einen Krieg* ~ (SYN 'entfachen 2.1')

entfliegen [ɛntˈfliːɡn̩], entflog [..ˈfloːk], ist entflogen [..ˈfloːɡn̩] /Vogel/ *unser Wellensittich ist (uns) entflogen* ('ist aus dem Käfig, aus der Wohnung hinaus- und weggeflogen und nicht zurückgekommen') ❖ ↗ **fliegen**

entfliehen [ɛntˈfliːən], entfloh [..ˈfloː], ist entflohen [..ˈfloːən] /jmd./ 'aus der Haft, Gefangenschaft fliehen'; ↗ FELD I.7.2.2: *die Häftlinge sind (aus der Haftanstalt) entflohen* ❖ ↗ **fliehen**

entführen [ɛntˈfyːʀən], entführte, hat entführt **1.1.** /jmd./ *jmdn.* ~ 'jmdn., bes. ein Kind, heimlich und gewaltsam von irgendwo weg an einen verborgenen Ort bringen, bes. um für seine Freilassung Geld zu erpressen': *ein Kind, Unternehmer ist entführt worden; vgl. verschleppen (1)* **1.2.** /jmd./ *ein Flugzeug* ~ 'ein Flugzeug während des Fluges in seine Gewalt bringen, um damit irgendwohin zu gelangen od. um dadurch etw., bes. Geld, zu erpressen': *die Täter hatten versucht, das Flugzeug zu* ~ ❖ ↗ **führen**

Entführer [ɛntˈfyːʀɐ], der; ~s, ~ 'jmd., der jmdn., ein Flugzeug entführt, entführt hat': *die* ~ *(des Flugzeugs) konnten gefasst, überwältigt werden* ❖ ↗ **führen**

Entführung [ɛntˈfyːʀ..], die; ~, ~en /zu *entführen* 'das Entführen': *die* ~ *des Bankdirektors, Schiffes konnte von der Polizei verhindert werden* ❖ ↗ **führen**

entgegen [ɛntˈɡeːɡn̩] ⟨Präp. mit Dat.; voran- od. nachgestellt; in Verbindung mit Begriffen, die vorw. eine Anordnung, eine Behauptung o.Ä. bezeichnen⟩ /adversativ/; gibt an, dass die Handlung konträr zum genannten Sachverhalt ist/: *er hat* ~ *dem Befehl,* ~ *der Anordnung gehandelt;* ~ *diesen Behauptungen müssen wir betonen, dass* ... /*diesen Behauptungen* ~ ... ❖ ↗ **gegen**

entgegen [ɛntˈɡ..]**-gehen**, ging entgegen, ist entgegengegangen **1.** /jmd./ *jmdm.* ~ ('in Richtung auf eine sich nähernde Person gehen, um sie zu treffen') **2.** /jmd., etw./ *etw.* ⟨Dat.⟩ ~: *wir gehen dem Winter entgegen* ('es wird bald Winter'); *der Winter, die Veranstaltung geht seinem, ihrem Ende entgegen* ('geht allmählich zu Ende') ❖ ↗ **gegen**, ↗ **gehen**; **-gesetzt** ⟨Adj.; o. Steig.; nur attr.⟩ **1.** *er wohnt am* ~*en* ('am gegenüberliegenden, anderen') *Ende der Stadt; er fuhr in* ~*er* ('in die Richtung, die das Gegenteil der ursprünglichen, angenommenen Richtung darstellt') *Richtung* **2.** SYN 'gegensätzlich': *er war* ~*er Meinung* ❖ ↗ **gegen**, ↗ **setzen**; **-kommen**, kam entgegen, ist entgegengekommen ↗ auch *entgegenkommend* **1.** /jmd., etw./ *jmdm., etw.* ⟨Dat.⟩ ~ 'aus der Richtung kommen, auf die sich der Sprecher zu bewegt': *auf der Landstraße kamen uns viele Wanderer und Fahrzeuge entgegen; er kam ihr auf halbem Wege entgegen; vor dem Abbiegen nach links die* ~*en Fahrzeuge vorbeilassen* **2.** /jmd./ *jmdm.* ~ 'jmdm. seinen Wünschen, Interessen entsprechend Zugeständnisse machen'; ↗ FELD I.18.2: *wir sind bereit, ihnen darin, bei den Kosten entgegenzukommen* **3.** /etw./ **3.1.** *jmdm.* ~ 'jmds. Wünschen, Interessen entsprechen'; SYN passen: *dass ihr erst morgen kommen wollt, kommt uns sehr entgegen* **3.2.** *etw.* ⟨Dat.⟩ ~: *diese Tätigkeit kommt seinen Neigungen sehr entgegen* ('seine Neigungen stellen die passenden Voraussetzungen für diese Tätigkeit dar'); *das kommt meinen Vorstellungen entgegen* ❖ ↗ **gegen**, ↗ **kommen**; **-kommend** ⟨Adj.; Steig. reg.;

↗ auch *entgegenkommen*⟩ ˊjmds. Wünschen, Interessen entsprechend Zugeständnisse machendˈ; ↗ FELD I.2.3: *sie ist (mir gegenüber) immer ~ gewesen, zeigte sich sehr ~;* vgl. *gefällig* (1), *hilfsbereit, konziliant, kulant* ❖ ↗ **gegen,** ↗ **kommen; -nehmen** (er nimmt entgegen), nahm entgegen, hat entgegengenommen /jmd./ *etw.* ~ **1.1.** ˊetw., das gebraucht wird, annehmen (1.1)ˈ: *eine Postsendung, ein Geschenk ~* **1.2.** ˊetw. als Äußerung annehmen (6), um es zu realisierenˈ: *ein Gesuch, einen Antrag ~* ❖ ↗ **gegen,** ↗ **nehmen**

entgegnen [ɛntˈgeːgnən], entgegnete, hat entgegnet /jmd./ *etw.* ~ SYN ˊetw. antwortenˈ: ⟨vorw. mit Nebens.⟩ *„Ich kann Ihnen das nicht glauben", entgegnete er; jmdm. ~, dass …; er entgegnete ihm, dass er dem nicht zustimmen könnte; er entgegnete, dass er kommen werde/er werde kommen; er entgegnete nichts, wusste darauf nichts, nur Unwichtiges zu ~* ❖ ↗ **gegen**
MERKE Zum Gebrauch von *antworten, entgegnen, erwidern* (1), *versetzen* (7): ↗ *versetzen* (Merke)
Entgegnung [ɛntˈgeːgn..], **die;** ~, ~en ˊdas, was jmd. zu etw. vorher von anderen Gesagtem als Antwort äußertˈ: *eine schroffe, scharfe ~; seine ~ fand keine Zustimmung* ❖ ↗ **gegen**

entgehen [ɛntˈgeːən], entging [..ˈgɪŋ], ist entgangen [..ˈgaŋən] **1.** /jmd./ *etw.* ⟨Dat.⟩ ~ ˊdurch besondere Umstände, Zufall od. eigenes Handeln von etw. Unangenehmem, Gefährlichem verschont bleibenˈ: *einem schlimmen Schicksal, einer Gefahr (glücklich) ~; er ist der Rache seiner Gegner, seiner Strafe nicht entgangen* **2.** *jmdm. entgeht etw.* ˊjmd. verpasst, versäumt (aus Mangel an Interesse) etw. Wichtiges, Erlebenswertesˈ: *wenn du nicht in das Konzert gehst, wird dir etwas (Großartiges) ~; sich* ⟨Dat.⟩ *etw. ~ lassen: da hast du dir aber etwas ~ lassen!; das lasse ich mir doch nicht ~!* **3.** /etw./ *jmdm., etw.* ~ ˊvon jmdm. nicht bemerkt werden, übersehen werdenˈ: *das ist ihm in der Aufregung völlig entgangen; dieser Fehler ist ihm, seiner Aufmerksamkeit entgangen; ihm ist völlig entgangen, dass …; mir ist nicht entgangen, dass …* ❖ **gehen**

entgeistert [ɛntˈgaɪstɐt] ⟨Adj.; Steig. reg., ungebr.⟩ ˊvöllig überrascht, fassungslos und sichtlich verstörtˈ; SYN fassungslos: *sie blickten, starrten den Totgeglaubten ~ an; ein ~es Gesicht machen; sie war regelrecht ~, als er ihr einen Antrag machte*

Entgelt [ɛntˈgɛlt], **das;** ~es, ~e ⟨vorw. Sg.⟩ ˊBezahlung, Vergütung für eine bestimmte Leistungˈ: *dafür hat er kein ~ bekommen, verlangt; jmdm. ein bestimmtes ~ zahlen; gegen/für ein geringes ~ arbeiten* ❖ **unentgeltlich**

entgleisen [ɛntˈglaɪzn̩], entgleiste, ist entgleist **1.** /Schienenfahrzeug/ ˊbeim Fahren mit den Rädern von den Schienen neben das Gleis geratenˈ; ↗ FELD VIII.1.2: *der Zug, die Straßenbahn ist (in der Kurve) entgleist* **2.** /jmd./ ˊin einer Gesellschaft etw. Ungehöriges sagen, tun und dadurch die Normen des gesellschaftlichen Umgangs verletzenˈ;

SYN danebenbenehmen: *wenn er betrunken ist, entgleist er immer* ❖ ↗ **Gleis**

entgleiten [ɛntˈglaɪtn̩], entglitt [..ˈglɪt], ist entglitten [..ˈglɪtn̩] geh. /etw./ *jmdm.* ~ ˊjmdm. aus der Hand gleiten und zu Boden fallenˈ: *das Messer, Buch war ihm entglitten; jmds. Händen ~: der Löffel entglitt ihren Händen* ❖ ↗ **gleiten**

enthalten [ɛntˈhaltn̩] (er enthält [..hɛlt]), enthielt [..ˈhiːlt], hat enthalten **1.1.** /etw., bes. ein Gefäß, Behälter/ *etw.* ~ ˊin etw., bes. einem Gefäß, Behälter, als Inhalt vorhanden sein, sich befindenˈ: *die Flaschen ~ Bier; die Packung enthält 20 Zigaretten* **1.2.** /etw., bes. Stoff, Substanz/ *etw.* ~/*in etw.* ⟨Dat.⟩ ~ *sein: Spinat enthält Eisen/Eisen ist im Spinat ~* (ˊEisen ist im Spinat als Bestandteilˈ) **1.3.** /etw./ *etw.* ~ ˊin etw., bes. in einem Buch, als Inhalt (2.1), Teil des Ganzen vorhanden seinˈ: *das Buch enthält viele Illustrationen, neue Gedanken und Vorschläge* **2.** geh. /jmd./ *sich etw.* ⟨Gen.⟩ ~ **2.1.** ˊaus Gründen der Vernunft auf den Genuss von etw. verzichtenˈ: *er enthält sich des Alkohols, der Zigaretten, des Trinkens, Rauchens* **2.2.** ˊaus bestimmten Gründen etw. nicht sagenˈ: *er enthielt sich eines Urteils über ihr Verhalten* **3.** ⟨nur verneint; nur mit Nebens. u. Inf. + *zu*⟩ geh. *sich nicht ~ können, etw. Bestimmtes zu tun* SYN ˊnicht umhinkönnen, etw. Bestimmtes zu tunˈ: *er konnte sich nicht ~, ihm seine Meinung zu sagen* **4.** /jmd./ *sich der Stimme ~* (ˊbei einer Abstimmung weder mit Ja noch mit Nein stimmen, nicht mit abstimmenˈ) ❖ **enthaltsam** – **Stimmenthaltung, vorenthalten** ❖ ↗ ¹**Gehalt, halten**

enthaltsam [ɛntˈhalt..] ⟨Adj.; Steig. reg., ungebr.⟩ ˊauf (bestimmte) Genüsse, Genussmittel, Nahrung verzichtendˈ /auf Personen bez./: ~ *(SYN ˊkeuschˈ) leben; ein sehr ~er Mensch* ❖ ↗ **enthalten**

enthaupten [ɛntˈhaʊptn̩], enthauptete, hat enthauptet ⟨oft im Pass.⟩ /jmd./ *jmdn.* ~ ˊjmdn. als Strafe für sein Verbrechen, Vergehen hinrichten, indem man ihm den Kopf mit dem Beil o.Ä. abschlägtˈ: *der Mörder wurde, die Rebellen wurden enthauptet* ❖ ↗ **Haupt**

entheben [ɛntˈheːbm̩], enthob [..ˈhoːp], hat enthoben [..ˈhoːbm̩] geh. /jmd., bes. befugte Person/ *jmdn. etw.* ⟨Gen.⟩ ~ SYN ˊjmdn. von etw. entbinden (2)ˈ: *jmdn. seines Amtes, seiner Funktion, seiner Verantwortung ~; wir fühlten uns aller Pflichten enthoben; damit bin ich aller Sorgen enthoben* (ˊbefreit von allen Sorgenˈ) ❖ ↗ **heben**

enthüllen [ɛntˈhʏln̩], enthüllte, hat enthüllt **1.** /jmd., bes. befugte Person/ *eine Statue, ein Denkmal ~* (ˊbei einem Festakt die Hülle von einer Statue, einem Denkmal entfernen und damit die Statue, das Denkmal der Öffentlichkeit übergebenˈ) **2.** /jmd./ *ein Geheimnis, die Wahrheit ~* (ˊaufdecken 3ˈ) ❖ ↗ **Hülle**

Enthusiasmus [ɛntuˈzjasmʊs], **der;** ~, ⟨o.Pl.⟩ SYN ˊBegeisterungˈ: *der Sieg der Fußballmannschaft wurde mit ~ gefeiert; mit/voller ~ an eine Aufgabe (heran)gehen; etw. mit ~ betreiben, vertreten* ❖ vgl. **enthusiastisch**

enthusiastisch [ɛntuˈzi̯ast..] ⟨Adj.; Steig. reg.⟩ ˈvoller Enthusiasmus': ~*er Beifall; der Beifall war* ~; ~ *applaudieren, jubeln; er war ein* ~*er Anhänger dieser Lehre* ❖ vgl. **Enthusiasmus**

entkleiden [ɛntˈklai̯dn̩], entkleidete, hat entkleidet geh. **1.** /jmd./ *sich, jmdn.* ~ SYN ˈsich, jmdn. ausziehen': *er entkleidete sich und ging zu Bett* **2.** ⟨vorw. im Pass. u. Part. II⟩ /jmd./ *jmdn. etw.* ⟨Gen.⟩ ~: *er wurde aller Ämter, Würden entkleidet* (ˈman enthob ihn aller Ämter, nahm ihm alle Würden'); *der Raum war allen Schmuckes entkleidet* (ˈdem Raum war aller Schmuck genommen') ❖ ↗ **Kleid**

entkommen [ɛntˈkɔmən], entkam [..ˈkɑːm], ist entkommen **1.** /Gefangener/ ˈes schaffen zu entfliehen'; ↗ FELD I.7.2.2: *die Häftlinge sind* ~; *aus etw.* ~: *aus der Haft, dem Gefängnis* ~; *irgendwohin* ~: *ins Ausland, über die Grenze* ~ **2.** /fliehende, verfolgte Person/ *jmdm.* ~ ˈes schaffen, von seinen Verfolgern nicht gefasst zu werden': *er ist seinen Verfolgern, Häschern* ~; *sie waren ihm auf den Fersen, aber er entkam* ❖ ↗ **kommen**

entkräften [ɛntˈkrɛftn̩], entkräftete, hat entkräftet **1.** /etw./ *jmdn.* ~ ˈjmdn. schwächen, kraftlos machen': *die Bergtour, Krankheit hatte ihn entkräftet; er war völlig entkräftet, fühlte sich entkräftet* **2.** /jmd./ *etw.* ~ ˈeiner Sache durch Einwände und Widerlegungen die überzeugende Wirkung nehmen'; ↗ FELD I.4.3.2: *eine Behauptung, jmds. Argumente, einen Beweis, Verdacht* ~ ❖ ↗ **Kraft**

entladen [ɛntˈlaːdn̩] (er entlädt [..ˈlɛːt/..ˈleːt]), entlud [..luːt], hat entladen **1.** /jmd./ *etw.* ~ **1.1.** SYN ˈetw. ausladen (1)'; ANT einladen (1): *Kohle, Kartoffeln, Stückgut* ~ **1.2.** ˈdurch Entladen (1.1) leeren'; ANT beladen: *den Lastwagen, das Schiff* ~ **2.** *ein Gewitter entlädt sich* (ˈbricht los', ↗ *losbrechen*) **3.** *eine Batterie, ein Akkumulator entlädt sich* (ˈverliert elektrische Energie'; ANT aufladen 4, laden 3) ❖ ↗ **laden**

¹entlang [ɛntˈlaŋ] ⟨Adv.⟩ *an etw.* ~ ˈan, neben etw., am Rande von etw. in einer Linie, Reihe': *die Kinder hatten sich an der Straße* ~ *aufgestellt* ❖ ↗ **¹lang**

²entlang ⟨Präp. mit Akk., auch mit Dat.; voran- od. nachgestellt; in Verbindung mit Begriffen, die den Charakter einer Linie haben; nachgestellt vorw. mit Akk., auch mit Dat.; vorangestellt vorw. mit Dat.⟩ /lokal; gibt an, dass sich etw. parallel zu einer Linie in deren ganzer Länge erstreckt/: *die Straße* ~ *stand eine lange Reihe parkender Autos; die Häuser sind den Strand* ~ *gebaut worden; die Zuschauer hatten sich* ~ *der Straße aufgestellt; er tastete sich das Geländer* ~ *nach oben* ❖ ↗ **¹lang**

entlarven [ɛntˈlaʀvn̩], entlarvte, hat entlarvt ⟨oft im Pass.⟩ /jmd./ *jmdn. (als jmdn.), etw. (als etw.)* ~ ˈdas wirkliche Wesen einer Person, Sache, jmds. wahre Absichten aufdecken (4.1), enthüllen (2), offenbar machen': *jmdn. als Hochstapler, Agenten* ~; *er wurde (als Schwindler) entlarvt; diese Behaup-*

tungen wurden (als Lügen) entlarvt; man hat sein falsches Spiel entlarvt ❖ ↗ **Larve**

entlassen [ɛntˈlasn̩] (er entläßt [..lɛst]), entließ [..liːs], hat entlassen **1.** /jmd., Unternehmen, Institution/ *jmdn.* ~ SYN ˈjmdn. kündigen (1.2)'; ANT einstellen (3): *jmdn. fristlos* ~; *die Firma will, muss mehrere Arbeiter* ~; *jmdn. aus seinem Amt* ~ (SYN ˈjmdn. aus seinem Amt entfernen 1.3') **2.** /jmd., Institution/ *jmdn.* ~ ˈjmdm. erlauben, einen Ort zu verlassen, an dem zu bleiben er gezwungen war und ihn damit von seinen Verpflichtungen entbinden': *den Gefangenen nach verbüßter Haft (aus der Haftanstalt), die Schüler nach dem Abitur (aus der Schule), Soldaten (bei Ende der Dienstzeit) aus dem Wehrdienst, einen Kranken aus dem Krankenhaus* ~ ❖ ↗ **lassen**

Entlassung [ɛntˈlas..], die; ~, ~en /zu entlassen 1 u. 2/ ˈdas Entlassenwerden'; /zu 1/: *die* ~ *der Arbeiter/ von Arbeitern*; /zu 2/: *die, seine* ~ *aus der Kriegsgefangenschaft* ❖ ↗ **lassen**

entlaufen [ɛntˈlau̯fn̩] (er entläuft [..ˈlɔi̯ft]), entlief [..ˈliːf], ist entlaufen /Haustier, bes. Hund, Katze/ ˈweglaufen und nicht wiederkommen'; ↗ FELD I.7.2.2: *unser Hund, unsere Katze ist (uns* ⟨Dat.⟩) ~ ❖ ↗ **laufen**

entledigen [ɛntˈleːdɪɡn̩], *sich*, entledigte sich, hat sich entledigt /jmd./ **1.1.** *sich etw.* ⟨Gen.⟩ ~: *sich einer Aufgabe, Pflicht* ~ (ˈsie erfüllen und dadurch von ihr befreit werden') **1.2.** *sich jmds.* ~ ˈes auf meist rigorose Weise schaffen, eine lästige, unangenehme, aufdringliche Person loszuwerden': *sich eines Verfolgers, seines Feindes, eines Störenfriedes, einer unangenehmen, lästigen, aufdringlichen Person* ~ ❖ ↗ **ledig**

entlegen [ɛntˈleːɡn̩] ⟨Adj.; Steig. reg.; vorw. attr.⟩ ˈweit entfernt von den großen, größeren Städten, von den Zentren des Verkehrs'; SYN abgelegen: *ein* ~*es Dorf; die Nachricht drang bis in die* ~*sten Orte; eine* ~*e* (ˈeinsame') *Stelle im Wald; sie wohnen sehr* ~ ❖ ↗ **liegen**

entlehnen [ɛntˈleːnən], entlehnte, hat entlehnt /jmd./ *etw.* ~ ˈetw. aus einer fremden Kultur übernehmen und der eigenen anpassen': *ein Wort aus einer anderen Sprache* ~; *ein Element des Baustils aus der Antike* ~

entlohnen [ɛntˈloːnən], entlohnte, hat entlohnt /jmd., Unternehmen/ *jmdn.* ~ ˈjmdm. für geleistete Dienste einen bestimmten Lohn zahlen': *jmdn. nach Tarif* ~ (SYN ˈbezahlen 2'); *er wurde für seine Dienste reichlich entlohnt* ❖ ↗ **Lohn**

entmachten [ɛntˈmaxtn̩], entmachtete, hat entmachtet /jmd., Gruppe/ *jmdn.* ~ ˈjmd., bes. eine herrschende Gruppe, mit Macht, Gewalt aus dem Amt entfernen, als Regierungsform abschaffen'; SYN stürzen (6): *einen Diktator, den politischen Gegner, die herrschende Junta* ~ ❖ ↗ **Macht**

entmilitarisieren [ɛntmilitaʀiˈziːʀən], entmilitarisierte, hat entmilitarisiert /Institution, Staat/: *ein Land, einen Staat* ~ (ˈin einem Land, Staat die militärischen Kräfte verringern od. ganz abschaffen'); *eine* *entmilitarisierte* (ʽvon Truppen und militärischen Einrichtungen frei gemachteʼ) *Zone* ❖ ↗ **Militär**

entmündigen [ɛntˈmʏndɪgn̩], entmündigte, hat entmündigt /jmd., Gruppe, Institution/ *jmdn.* ~ ʽjmdn. bes. wegen seines Geisteszustands durch Beschluss eines Gerichts das Recht entziehen, bestimmte juristische Handlungen vorzunehmenʼ: *die Familie hat ihn entmündigt, ~ lassen; er ist entmündigt worden* ❖ ↗ **mündig**

entmutigen [ɛntˈmuːtɪgn̩], entmutigte, hat entmutigt /jmd., etw./ *jmdn.* ~ ʽjmdn. den Mut nehmen, etw. Bestimmtes weiterhin zu tun, jmdn. mutlos machenʼ; ANT aufbauen (5): *er hat ihn durch seine Einwände, Kritik entmutigt; ständige Misserfolge haben ihn entmutigt; er ließ sich nicht ~ und versuchte es noch einmal* ❖ ↗ **Mut**

Entnahme [ɛntˈnaːmə], die; ~, ~n ⟨vorw. Sg.⟩ /zu *entnehmen* 1.1/ ʽdas Entnehmenʼ: *die ~ von Trinkwasser aus dem See ist verboten* ❖ ↗ **nehmen**

entnehmen [ɛntˈneːmən] (er entnimmt [..ˈnɪmt]), entnahm [..naːm], hat entnommen [..ˈnɔmən] **1.** /jmd./ *etw. etw.* ⟨Dat.⟩, *etw. aus etw.* ~ ʽetw. aus etw., bes. aus einem Behälter, herausnehmenʼ: *drei Mark aus der Kasse ~; der Kasse drei Mark ~; der Mappe ein Dokument ~; an dieser Stelle kann Wasser entnommen werden* **2.** /jmd./ *etw. etw.* ⟨Dat.⟩, *etw. aus etw.* ~ ʽetw. aus einem Text erfahren, schließen (6)ʼ: *wie wir (aus) seinem Brief ~ können, ist er schon abgereist; diese Meldung habe ich (aus) der Zeitung entnommen* (ʽin der Zeitung gelesenʼ) *dem Bericht war nicht viel zu* ~ ❖ ↗ **nehmen**

entpuppen [ɛntˈpʊpm̩], **sich**, entpuppte sich, hat sich entpuppt /jmd./ *sich als jmd.* ~ ʽsich nach einer gewissen Zeit als von anderer Art als bisher erweisenʼ: *er hat sich bald als Betrüger, Heiratsschwindler, intrigant entpuppt; sie entpuppte sich als musikalisches Talent;* /etw./ *sich als etw.* ~: *der Vorschlag entpuppte sich als Täuschungsmanöver* ❖ ↗ **Puppe**

entrechten [ɛntˈʁɛçtn̩], entrechtete, hat entrechtet /Machthaber/ *jmdn.* ~ ʽjmdm. die (politischen, staatsbürgerlichen) Rechte nehmen, vorenthaltenʼ; ⟨vorw. im Part. II⟩: *man hatte sie entrechtet und schließlich aus dem Lande vertrieben; die einfachen Leute fühlten sich entrechtet und resignierten; die entrechteten Bauern mussten Frondienst leisten* ❖ ↗ **Recht**

entreißen [ɛntˈʁaɪsn̩], entriß [..ˈʁɪs], hat entrissen [..ʁɪsn̩] /jmd./ *jmdm. etw.* ~ ʽjmdm. etw. aus den Händen reißen (2.1)ʼ; ↗ FELD I.7.3.2: *der Dieb hat ihr die Tasche entrissen* ❖ ↗ **reißen**

entrüsten [ɛntˈʁʏstn̩], **sich**, entrüstete sich, hat sich entrüstet /jmd./ *sich über etw., jmdn.* ~ SYN ʽsich über etw., jmdn. empören (1.2)ʼ; ↗ FELD I.6.2: *sie entrüstete sich über sein Verhalten, über ihn;* ⟨oft adj. im Part. II⟩ *er war entrüstet* (ʽempörtʼ) *über die Beschuldigung; das entrüstete Publikum* ❖ **Entrüstung**

Entrüstung [ɛntˈʁʏst..], die; ~, ⟨o.Pl.⟩ /zu *entrüsten*/ ʽdas Entrüstetseinʼ; ↗ FELD I.6.1: *die ~ unter den Mitarbeitern ließ nur langsam nach; es gab einen*

Sturm der ~; sie zeigten ~, wandten sich mit ~ ab ❖ ↗ **entrüsten**

entsaften [ɛntˈzaftn̩], entsaftete, hat entsaftet /jmd./ *etw.* ~ ʽden Saft aus Obst mit Hilfe des Entsafters gewinnenʼ: *Kirschen, Johannisbeeren* ~ ❖ ↗ **Saft**

Entsafter [ɛntˈzaftɐ], **der**; ~s, ~ ʽGerät, mit dem der Saft aus Obst gewonnen wirdʼ ❖ ↗ **Saft**

entsagen [ɛntˈzaːgn̩], entsagte, hat entsagt geh. /jmd./ *etw.* ⟨Dat.⟩ ~ ʽfreiwillig, aber schweren Herzens auf etw. verzichtenʼ: *den Freuden des Lebens, seinem Glück, seinen Gewohnheiten* ~ ❖ ↗ **sagen**

entschädigen [ɛntˈʃɛːdɪgn̩/..ˈʃeː..], entschädigte, hat entschädigt /jmd., Institution/ *jmdn.* ~ ʽjmdm. für einen Schaden, den man ihm verursacht hat, für den man verantwortlich ist, einen Ausgleich (1.3) zahlen, Ersatz zukommen lassenʼ: *die Kriegsopfer wurden entschädigt; er ist (für den Verlust) entschädigt worden; jmdn. für seine Mühe, jmdn. für die ihm entstandenen Unkosten ~; jmdn. angemessen, reichlich* ~ ❖ ↗ **schaden**

Entschädigung [ɛntˈʃɛːdɪg../..ˈʃeː..], die; ~, ~en **1.** ⟨o.Pl.⟩ /zu *entschädigen*/ ʽdas Entschädigenʼ: *die ~ der Kriegsopfer; die ~ wird von der Versicherung vorgenommen* **2.** ʽBetrag, mit dem jmd. entschädigt wird, worden istʼ; SYN Ersatz (2): *sie bekam eine ~ (in Höhe von 1000 Mark); (jmdm.) eine ~ (für etw.) zahlen* ❖ ↗ **schaden**

entschärfen [ɛntˈʃɛʁfn̩], entschärfte, hat entschärft **1.** /jmd./ *einen Sprengkörper* ~ ʽden Zünder aus einem Sprengkörper entfernen, sodass er nicht explodieren kannʼ: *Bomben, Minen, Granaten* ~ **2.** /jmd., Institution, Staat, etw./ *etw.* ~ ʽeiner konfliktreichen Situation, Entwicklung ihre Gefährlichkeit, Schärfe nehmenʼ; SYN entspannen (2.1); ANT verschärfen: *die Lage, Auseinandersetzung ~; das hat die Situation entschärft* ❖ ↗ **scharf**

Entscheid [ɛntˈʃaɪt], **der**; ~es/auch ~s, ~e ʽEntscheidung, bes. einer Behördeʼ: *nach dem ~ des Gerichts ist er verpflichtet, ihnen eine Entschädigung zu zahlen* ❖ ↗ **entscheiden**

entscheiden [ɛntˈʃaɪdn̩], entschied [..ˈʃiːt], hat entschieden [..ˈʃiːdn̩], ↗ auch *entscheidend, entschieden* **1.** /jmd./ **1.1.** *sich* ʽsein Handeln, Verhalten auf eine von zwei od. mehreren Möglichkeiten in Bezug auf etw., jmdn. festlegenʼ; ↗ FELD I.4.2.2: *du musst dich ~, was du tun willst; er kann sich nicht ~, hat sich sehr schnell, eindeutig entschieden; sich für, gegen etw., jmdn. ~: für, gegen wen, wofür hast du dich entschieden?; für welchen der Bewerber hast du dich entschieden?* **1.2.** *etw.* ~ ʽbei zwei od. mehreren Möglichkeiten des Handelns, Verhaltens festlegen, was zu realisieren istʼ: ⟨oft mit Nebens.⟩ *das kann ich nicht allein ~!; du musst ~, was getan werden soll; der Direktor hat entschieden, dass dies gemacht werden soll, wie dies gemacht werden soll; sie hat anders entschieden; die Sache ist bereits, ist noch nicht entschieden; über etw.* ~: *darüber wird eine Kommission ~* (SYN ʽbefinden 4ʼ) **2.1.** /etw./ *etw.* ~ ʽfür etw. bestimmend seinʼ: *dieser Vorfall entschied (über) sein ganzes ferneres Leben; das Los* soll ~, wer eine Karte erhält; für, gegen jmdn. ~: das Los hat für, gegen ihn entschieden ('bestimmte den Ausgang in einer Sache für od. gegen ihn, für od. gegen seine Interessen') **2.2.** /etw., vorw. *es, das/ *sich* ~ 'als eine von mehreren Möglichkeiten eintreten'; SYN herausstellen: *morgen wird (es) sich* ~, *ob er geht oder bleibt; das entscheidet sich erst nach seiner Rückkehr* ❖ **Entscheid, entscheidend, Entscheidung, entschieden, unentschieden, Unentschieden;** vgl. **scheiden**

entscheidend [ɛntˈʃaɪdn̩t] ⟨Adj.; Steig. reg., ungebr.⟩ ↗ auch *entscheiden*⟩ 'von großer Bedeutung, bestimmend für etw., jmdn.'; SYN maßgebend (2), maßgeblich: *eine* ~*e Verbesserung; die Lage hat sich* ~ *verändert;* ~ *dafür ist, dass ...; sein Einfluss auf sie war* ~ *für die Wahl ihres Berufs* ❖ ↗ **entscheiden**

Entscheidung [ɛntˈʃaɪd..], die; ~, ~en **1.** /zu *entscheiden* 1/ 'das Sichentscheiden'; ↗ FELD I.4.2.1: *eine* ~ *treffen, fällen, herbeiführen* ('etw. entscheiden 1.2'); *du musst zu einer* ~ *kommen* ('du musst dich entscheiden 1.1'); *die* ~ *ist ihm schwer gefallen* **2.** 'das, was entschieden (1.2) wird, worden ist': *die* ~ *des Gerichts, Direktors anfechten* ❖ ↗ **entscheiden**

entschieden [ɛntˈʃiːdn̩] ↗ auch *entscheiden* **I.** ⟨Adj.; Steig. reg.⟩ SYN 'energisch (2)'; ↗ FELD I.2.3: *er ist ein* ~*er Gegner dieser Auffassung; er ist stets sehr* ~ *aufgetreten, lehnte das Ansinnen* ~, *auf das Entschiedenste ab* — **II.** ⟨Satzadv.⟩ /drückt die Einstellung des Sprechers zum genannten Sachverhalt aus/: *das ist* ~ *das Beste,* ~ *zu viel* ('das ist, dessen bin ich sicher, das Beste, zu viel'); *das geht* ~ *zu weit* ❖ ↗ **entscheiden**

Entschiedenheit [ɛntˈʃiːdn̩..], die; ~, ⟨o.Pl.⟩ /zu *entschieden* I/ 'das Entschiedensein': *die* ~ *ihrer Auffassungen* ❖ ↗ **entscheiden**

entschließen [ɛntˈʃliːsn̩], sich, entschloß [..ˈʃlɔs] sich, hat sich entschlossen [..ˈʃlɔsn̩] ↗ auch *entschlossen* /jmd./ '(nach Erwägen, Zögern) sich endgültig entscheiden, etw. Bestimmtes zu tun, sich in bestimmter Weise zu verhalten': *er konnte sich nur schwer* ~; *er hat sich sofort entschlossen;* ⟨oft mit Nebens.⟩ *er entschloss sich, Physiker zu werden, mit uns wegzugehen; er ist fest entschlossen, morgen aufzubrechen; du musst dich* ~, *ob du das Auto verkaufst oder nicht; kurz entschlossen* ('ohne lange zu überlegen') *sagte er zu; sich zu etw.* ~: *er hat sich zu diesem Kauf entschlossen; er war zu allem entschlossen; er hat sich dazu entschlossen, sein Geschäft aufzugeben* ❖ **Entschließung, entschlossen, Entschluss**

Entschließung [ɛntˈʃliːs..], die; ~, ~en SYN 'Resolution': *sie hatten eine* ~ *verfasst und darüber abgestimmt; eine* ~ *einbringen, vorlegen, annehmen* ❖ ↗ **entschließen**

entschlossen [ɛntˈʃlɔsn̩] ⟨Adj.; Steig. reg.; nicht präd.; ↗ auch *entschließen*⟩ SYN 'energisch (1)': *er ist ein* ~*er Verfechter dieser Theorie; sein* ~*es Eintreten für die gute Sache; er trat* ~ *dafür ein (, dass ...);* ~ *Widerstand leisten* ❖ ↗ **entschließen**

Entschluss [ɛntˈʃlʊs], **der;** ~es, Entschlüsse [..ˈʃlʏsə] 'Absicht, zu der sich jmd. endgültig entschlossen hat': *das ist mein fester* ~; *das war ein weiser* ~; *es ist mein unabänderlicher* ~, *dies zu tun; das war ein schwerer* ~ *für ihn* ('es ist ihm schwer gefallen, sich dazu zu entschließen'); *einen* ~ *fassen, zu einem* ~ *kommen* ('sich zu etw. entschließen'); *einen* ~ *bereuen, revidieren, umstoßen* ❖ ↗ **entschließen**

entschlüsseln [ɛntˈʃlʏsl̩n], entschlüsselte, hat entschlüsselt /jmd./ *einen Text, eine Nachricht* ~ ('einen chiffrierten Text, eine chiffrierte Nachricht in normale Sprache umsetzen'; SYN dechiffrieren, dekodieren; ANT verschlüsseln, kodieren, chiffrieren) ❖ ↗ **schließen**

entschuldigen [ɛntˈʃʊldɪgn̩], entschuldigte, hat entschuldigt **1.** /jmd./ **1.1.** *sich für etw.* ~ 'jmdn. bitten, ihm sein fehlerhaftes Verhalten nachzutragen': *er hat sich (bei mir dafür) entschuldigt, dass er mich beleidigt hatte; er musste sich bei ihm für die Beschimpfung* ~; *entschuldige dich wenigstens (bei deinem Freund) für deine Torheit!* **1.2.** *jmdn., etw.* ~ 'jmdm. fehlerhaftes Verhalten nachsehen, sein, ein fehlerhaftes Verhalten o.Ä. verzeihen': *sie fand immer Gründe, ihn und seine Nachlässigkeit zu* ~; *diese Unhöflichkeit ist nicht zu* ~!; /in den kommunikativen Wendungen/ ~ *Sie (bitte)!* /wird gesagt, wenn man will, dass einem ein anderer sein fehlerhaftes Verhalten nachsieht/; ~ *Sie bitte die Störung!/* ~ *Sie bitte, wenn ich Sie störe!* **2.** /jmd./ *sich, jmdn.* ~ 'jmdm. mit Angabe des Grundes mitteilen, dass man, dass jmd. bei etw. nicht anwesend sein kann, um Verständnis bitten, dass er seine Verpflichtungen nicht erfüllen konnte': *er entschuldigte sich, seinen Freund, dass er nicht zur Versammlung kommen könne; jmdn., sich irgendwo* ~: *sein Kind (wegen Krankheit), sich beim Lehrer, in der Schule* ~; *der Direktor ließ sich* ~ (*er sei verreist*) **3.** *etw. entschuldigt etw.* 'etw. lässt etw. als begründet, verständlich erscheinen': *seine schwere Krankheit entschuldigt diese Versäumnisse* ❖ ↗ **Schuld**

Entschuldigung [ɛntˈʃʊldɪg..], die; ~, ~en **1.1.** 'Begründung, die dazu dient, jmdn., etw. zu entschuldigen (1.2)': *für dein, sein Verhalten, dafür gibt es keine* ~ ('das kann man nicht entschuldigen'); *etw. als* ~ *gelten lassen; etw. zu jmds., seiner* ~ *vorbringen, sagen* **1.2.** ⟨o.Pl.⟩ *er bat ihn um* ~ ('bat ihn darum, dass er ihm sein Verhalten entschuldigen 1.2 möge'); /in der kommunikativen Wendung/ ~ *(bitte)!* /Bitte um Verzeihung, Bitte darum, etw. nachzusehen/ **2.** *einem Kind eine* ~ ('einen Zettel, Brief mit einer Erklärung, die das Kind entschuldigen 2 soll') *schreiben, mitgeben* ❖ ↗ **Schuld**

entsenden [ɛntˈzɛndn̩], entsandte [..ˈzantə]/entsendete, hat entsandt [..ˈzant]/entsendet /jmd., Institution/ *jmdn. irgendwohin* ~ 'jmdn. offiziell, mit einem Auftrag irgendwohin schicken': *er wurde nach N, zu einem Kongress entsandt; einen Delegierten* ~ ❖ ↗ **senden**

entsetzen [ɛnt'zɛtsn̩], entsetzte, hat entsetzt /etw./ *jmdn.* ~ ˈjmdn. vor Schreck, Entsetzen, Abscheu fassungslos machen˙; ↗ FELD I.6.2: *der Anblick entsetzte mich; ich bin entsetzt darüber (, was dort geschehen ist); sich entsetzt abwenden; wir waren über sein Benehmen entsetzt* (ˈvoller Abscheu˙) ❖ **Entsetzen, entsetzt, entsetzlich**

Entsetzen, das; ~s, ⟨o.Pl.⟩ ˈdurch Grauen, Abscheu und damit verbundenen Schreck ausgelöste tiefe psychische Erschütterung˙; ↗ FELD I.6.1: *die Zuhörer waren bei diesem Bericht starr vor* ~; *wir hörten mit* ~/*zu unserem* ~ *von den Folgen der Explosion;* ~ *bemächtigte sich der Zuschauer, ergriff die Zuschauer* ❖ ↗ **entsetzen**

entsetzlich [ɛnt'zɛts..] **I.** ⟨Adj.⟩ emot. **1.** SYN ˈfurchtbar (I.1)˙: *ein* ~*es Verbrechen, Unglück; das ist* ~! **2.** ˈsehr groß (7.1), intensiv˙; SYN grauenhaft (2), grauenvoll (2): *ich hatte einen* ~*en Hunger;* SYN ˈschauderhaft (2.2)˙; ↗ FELD I.6.3: *dort herrschte ein* ~*es Gedränge; hier sieht es ja* ~ *aus!* − **II.** ⟨Adv.; vor Adj., Adv.; bei Vb.⟩ /bewertet das durch das Bezugswort Genannte neg./ emot. ˈin höchstem Grad˙: *es war* ~ *kalt, heiß; es dauerte* ~ *lange; ich habe* ~ *gefroren* ❖ ↗ **entsetzen**

entsetzt ↗ **entsetzen**

entsinnen [ɛnt'zɪnən], **sich**, entsann [..'zan] sich, hat sich entsonnen [..'zɔnən] /jmd./ *sich jmds., etw.* ⟨Gen.⟩/*sich an jmdn., etw.* ~ SYN ˈsich an jmdn., etw. erinnern (1)˙; ↗ FELD I.5.2: *wir konnten uns noch gut des Unglücks/an das Unglück* ~; *sie konnten sich ihres alten Freundes noch gut* ~/*noch gut an ihren alten Freund* ~; *wenn ich mich recht entsinne, (so) geschah das im vorigen Herbst; er entsann sich nicht, ihr je begegnet zu sein; sie konnte sich noch gut der Zeit* ~, *als sie mit ihren Eltern zusammenlebte; er entsann sich gut, wie das damals war* ❖ ↗ **Sinn**

entspannen [ɛnt'ʃpanən], entspannte, hat entspannt **1.** /jmd./ **1.1.** *sich, den Körper, die Muskeln* ~ (ˈvon einer durch Anstrengung entstandenen Spannung frei machen˙); *du musst dich* ~!; *entspannt auf dem Rücken liegen* **1.2.** *sich* ~ ˈsich von den Folgen einer meist nervlichen Anstrengung bes. durch eine ausgleichende Tätigkeit, durch Ausruhen erholen˙: *nach den psychischen Anstrengungen musst du dich erst einmal* ~; *sich am Abend, bei Sport und Spiel, auf einem Spaziergang* ~ **2.1.** /jmd., Institution, Staat, etw./ *etw.* ~ SYN ˈetw. entschärfen (2)˙: *die (politische) Lage, die Atmosphäre in einem Lande* ~; *das hat die Situation entspannt* **2.2.** /kritische Situation/ *die Lage entspannte sich allmählich* (ˈwurde allmählich weniger gefährlich, weniger gespannt 2˙; ANT verschärft 2.2) ❖ ↗ **spannen**

Entspannung [ɛnt'ʃpan..], **die**; ~, ⟨o.Pl.⟩ **1.** /zu entspannen 1/ ˈdas Sichentspannen˙: *beim Schachspiel findet er seine* ~; *das ist eine willkommene* ~ *für mich; am Wochenende zur* ~ *an die See, ins Gebirge fahren* **2.** /zu entspannen 2.2/ ˈdas Sichentspannen˙: *eine weltweite* ~ *(auf dem Arbeitsmarkt, Devisen-*

markt) ist eingetreten; eine Politik der ~ ❖ ↗ **spannen**

entspinnen [ɛnt'ʃpɪnən], **sich**, entspann [..'ʃpan] sich, hat sich entsponnen [..'ʃpɔnən] /etw./ *sich* ~ ˈsich zwischen zwei od. mehreren Personen entwickeln˙: *allmählich entspann sich eine lebhafte Diskussion; zwischen ihnen entspann sich ein heftiger Streit, eine innige Freundschaft* ❖ ↗ **spinnen**

entsprechen [ɛnt'ʃprɛçn̩] (er entspricht [..'ʃprɪçt]), entsprach [..'ʃprɑːx], hat entsprochen [..'ʃprɔxn̩]; ↗ auch *entsprechend* /etw., jmd./ *etw.* ⟨Dat.⟩ ~ ˈmit einem Sachverhalt, bestimmten Gegebenheiten od. Vorstellungen in allen od. bestimmten wesentlichen Merkmalen übereinstimmen (1,2)˙: ⟨oft verneint⟩ *seine Aussage* ~ *nicht der Wahrheit; das entspricht nicht der Wirklichkeit; er entspricht nicht unseren Anforderungen, Vorstellungen, Erwartungen; das entspricht nicht den Tatsachen; für eine Tätigkeit eine* ~*de* (ˈangemessene˙) *Bezahlung bekommen; bei der* ~*den* (ˈdafür zuständigen˙) *Stelle nachfragen; für die Wanderung waren die Schüler* ~*d* (ˈin angemessener Weise˙) *ausgerüstet* ❖ **entsprechend** − **dementsprechend, zweckentsprechend**

entsprechend [ɛnt'ʃprɛçn̩t] ⟨Präp. mit Dat.; voran- od. nachgestellt; ↗ auch *entsprechen*⟩ /gibt an, dass die Ausführung von etw. nach bestimmten vorgegebenen Richtlinien erfolgt/: *jmdm.* ~ *seinen Leistungen bezahlen; etw.* ~ *dem Gesetz/dem Gesetz* ~ *durchführen; wir haben* ~ *seinem Vorschlag entschieden, dass …* ❖ ↗ **entsprechen**

MERKE Zum Verhältnis von *entsprechend, gemäß, zufolge, laut, nach*: Bei Angaben von Nachrichtenquellen wird *laut* und *zufolge* verwendet: ~ *Verordnung vom Juli 1990 …; gemäß* wird angewandt, wenn es sich um die Übereinstimmung mit einer Anweisung handelt: *er hat* ~ *der Verordnung gehandelt; entsprechend* meint den Vergleich mit etw.: *wir haben* ~ *seinem Vorschlag gehandelt*

entspringen [ɛnt'ʃprɪŋən], entsprang [..'ʃpraŋ], ist entsprungen [..'ʃprʊŋən] ⟨vorw. im Präs.⟩ /fließendes Gewässer/ *irgendwo* ~ ˈirgendwo als Quelle aus dem Boden kommen und dort seinen Anfang haben˙; ANT münden: *der Bach, Fluss, Strom entspringt an diesem Berg, im Gebirge; die Elbe entspringt im Riesengebirge* ❖ ↗ **springen**

entstammen [ɛnt'ʃtamən], entstammte, ist entstammt ⟨nur im Präs. und Prät.⟩ **1.1.** /jmd./ *einer Familie, einem Geschlecht* ~ ˈaus einer bestimmten Familie, einem bestimmten Geschlecht stammen˙: *er entstammt einer alten bürgerlichen Familie, einem adeligen Geschlecht* **1.2.** /etw./ *etw.* ⟨Dat.⟩ ~ ˈaus einem bestimmten Bereich, Zeitalter stammen˙: *die Idee entstammt der klassischen Philosophie; die Urkunde entstammt dem 17. Jahrhundert* ❖ ↗ **Stamm**

entstehen [ɛnt'ʃteːən], entstand [..'ʃtant], ist entstanden [..'ʃtandn̩] /etw./ ˈneu zu existieren beginnen, anfangen zu sein˙; ↗ FELD VII.1.2: *wir forschen danach, wie das Leben auf der Erde entstand; im Osten Berlins ist ein neuer Stadtteil entstanden; die Sache ist erst im Entstehen begriffen* (ˈentsteht ge-*

rade erst'); *wenn du das gleich gesagt hättest, wäre gar kein Verdacht entstanden; bei dem Experiment entsteht* ('bildet sich') *ein Gas; als sie die Neuigkeit erfuhren, ist unter den Kollegen große Aufregung entstanden; aus etw.* ⟨Dat.⟩ ~*:* *aus Missverständnissen kann Streit* ~ ('sich ergeben 1.2'); *in jmdm.* ~*: Angst, Verdacht, Zweifel entstand* (SYN 'kam in ihm auf, ↗ *aufkommen* 2') *ein neuer Gedanke, ein ungutes Gefühl entstand* (SYN 'keimte 2') *in ihm; in ihm entstanden Zweifel* (SYN 'stiegen Zweifel auf, ↗ *aufsteigen* 5') ❖ vgl. **bestehen**

entstellen [ɛnt'ʃtɛlən], entstellte, hat entstellt **1.** /etw./ *jmdn., etw.* ~ 'das Ansehen von jmdm., etw. so zu seinem Nachteil verändern, dass er, es kaum wieder zu erkennen ist, jmdn., etw. hässlich aussehen lassen'; SYN verunstalten: *die Narbe entstellte sein Gesicht, ihn (bis zur Unkenntlichkeit); der Tagebau hat die Landschaft vollkommen entstellt* **2.** /jmd., etw./ *etw.* ~ 'etw. so darstellen, wiedergeben, dass ein nicht der Wirklichkeit entsprechendes Bild von der Sache entsteht': *er hat den Text der Rede bei einer Wiedergabe entstellt; der Druckfehler hat den Inhalt des Satzes völlig entstellt; einen Vorfall, den Inhalt eines Briefes entstellt wiedergeben;* ~*de Meldungen, Berichte*

enttäuschen [ɛnt'tɔɪʃn̩], enttäuschte, hat enttäuscht /jmd., etw./ *jmdn.* ~ 'jmds. Erwartungen nicht erfüllen und ihn dadurch traurig machen, verstimmen': *er hat sie sehr enttäuscht; das Buch hat mich enttäuscht, die Aufführung des Stückes enttäuschte (uns)* ('war nicht so gut wie erwartet'); *etw.* ~*: jmds. Erwartungen, Hoffnungen* ~ ('nicht erfüllen'); /jmd./ *jmds. Vertrauen* ~ ('missbrauchen'); ⟨oft adj. im Part. II⟩ *er war tief enttäuscht von ihm, von seinem Verhalten; über etw. enttäuscht sein: sie war (tief, bitter) enttäuscht über sein Versagen* ❖ ↗ **täuschen**

Enttäuschung [ɛnt'tɔɪʃ..], *die;* ~, ~*en* **1.1.** ⟨o.Pl.⟩ /zu *enttäuschen*/ 'das Enttäuschtsein': *seine* ~ *war groß, als er erfuhr, dass …* **1.2.** 'etw., bes. ein Geschehen, eine Handlung, wodurch jmd. enttäuscht wird, worden ist': *etw. ist für jmdn. eine große, bittere* ~*; sein Misserfolg war für uns eine* ~*; er hat im Leben viele* ~*en erfahren, erlebt* ❖ ↗ **täuschen**

entwaffnen [ɛnt'vafnən], entwaffnete, hat entwaffnet **1.** /jmdn., Institution/ *jmdn.* ~ 'jmdm. die Waffe(n) abnehmen (6)': *die Polizei hat den Verbrecher gestellt und entwaffnet; die Truppen, Soldaten wurden entwaffnet* **2.** /etw., bes. jmds. Verhalten, jmd./ *jmdn.* ~ 'jmdn. durch sein unerwartetes Verhalten dazu bringen, dass er seine widerstrebende Haltung aufgibt': *sein Entgegenkommen entwaffnete sie; er hat ihn (durch eine Freundlichkeit) regelrecht entwaffnet; seine Schlagfertigkeit war* ~*d* ❖ ↗ **Waffe**

Entwarnung [ɛnt'vaʀn..], *die;* ~, ~*en* ⟨vorw. Sg.⟩ 'akustisches Signal, das das Ende eines Alarms anzeigt': *nach einer Stunde kam die* ~*, wurde* ~ *gegeben* ❖ ↗ **warnen**

entwässern [ɛnt'vɛsɐn], entwässerte, hat entwässert /jmd./ *ein Gebiet* ~ ('durch bestimmte Maßnahmen

das bes. im Boden befindliche überflüssige Wasser ableiten und so entfernen'; ↗ FELD III.2.2); *einen Sumpf, ein Moor* ~ ❖ ↗ **Wasser**

entweder [ɛnt've:dɐ] ⟨als Glied der mehrteiligen koordinierenden Konj. ~ *… oder*; verbindet zwei Hauptsätze, zwei Nebensätze, zwei Satzglieder od. Teile von Satzgliedern⟩ /gibt an, dass es sich um zwei einander ausschließende Alternativen handelt/: ~ *du sagst mir endlich, was los ist, oder wir sind die längste Zeit Freunde gewesen;* ~ *ich trinke Bier, oder ich trinke Wein, beides zugleich verträgt sich nicht; sie ist* ~ *faul oder krank; am Wochenende gibt es* ~ *Fisch oder Hammelbraten* ❖ ↗ **weder**
MERKE Im Gegensatz zu *entweder … oder* schließen sich bei *oder* (I.1) die Alternativen nicht völlig aus, sie können auch gleichermaßen gültig sein

entwenden [ɛnt'vɛndn̩], entwendete, hat entwendet geh. /jmd./ *etw.* ~ SYN 'etw. stehlen (1.1)': *Geld (aus der Kasse)* ~*; jmdm. die Brieftasche* ~

entwerfen [ɛnt'vɛʀfn̩] (er entwirft [..'vɪʀft]), entwarf [..'vaʀf], hat entworfen [..'vɔʀfn̩] **1.** /jmd./ *etw.* ~ 'für etw. Neu(artig)es nach bestimmten Vorstellungen, Ideen eine erste (graphische) Darstellung erarbeiten, die als Muster für die Produktion dient': *ein Kleid, ein Muster für Tapeten, ein neues Auto, ein verbessertes Design, Modell für eine Lampe* ~*; einen Kühlschrank, einen Bauplan* ~ **2.** /jmd./ *etw., bes. einen Text,* ~ 'einen Text erst einmal nur in seinen wesentlichen, grundsätzlichen Teilen aufschreiben, um ihn später endgültig auszuarbeiten'; SYN konzipieren: *(den Text für) einen Vortrag, eine Rede* ~*; er hat das Gerüst für seinen neuen Roman schon entworfen* ❖ **Entwurf**

entwerten [ɛnt've:ɐtn̩], entwertete, hat entwertet **1.** /jmd. in amtlicher Funktion/ *eine Eintritts-, Fahrkarte, Briefmarke* ~ ('für eine erneute Nutzung ungültig machen') **2.** ⟨oft im Pass.⟩ /Vorgang, jmd. in amtlicher Funktion, Institution/ *etw.* ~ 'etw., bes. Geld, in seinem Wert herabsetzen': *die Inflation hat das Geld entwertet; das Geld ist entwertet* ❖ ↗ **wert**

entwickeln [ɛnt'vɪkl̩n], entwickelte, hat entwickelt **1.** /etw., Tier, Pflanze, jmd./ *sich irgendwie* ~ 'sich über einen Zeitraum irgendwie stufenweise verändern und eine bestimmte Form, Beschaffenheit annehmen'; SYN gestalten (2): *die Beziehungen zwischen den Ländern haben sich in den letzten Jahren gut, schlecht entwickelt; die Verhandlungen* ~ *sich zufrieden stellend; seine Kinder haben sich gut entwickelt; er ist körperlich voll entwickelt; er hat sich in dieser Schule nicht* ~ *können* ('hat seine Fähigkeiten nicht richtig entfalten können'); *diese Pflanzen* ~ *sich* ('wachsen') *hier gut; sich zu etw.* ~*: das Unternehmen hat sich (aus bescheidenen Anfängen) zu einem Großbetrieb, das Land hat sich zu einer Großmacht entwickelt; er hat sich (vom Jüngling) zum Mann entwickelt; sich aus etw.* ~*: aus der Puppe entwickelt sich ein Schmetterling; aus dem Gespräch entwickelte sich ein Streit* **2.** /etw./ *sich* ~ 'entstehen': *es hatte sich schnell eine lebhafte Diskussion entwickelt; bei der Verbrennung* ~ *sich Gase*

3. /jmd., Unternehmen/ *etw.* ~ ˙etw. Neues durch Forschung, im Arbeitsprozess erfinden, konstruieren˙: *neue Maschinen, Methoden, ein neues Medikament, Verfahren* ~ **4.** /jmd./ *etw.* ~ ˙etw. folgerichtig, Punkt für Punkt darlegen˙: *er entwickelte (uns) seinen Plan, seine Theorie; seine Gedanken zu einem Thema* ~ **5.** /jmd./ *einen Film* ~ (˙einen belichteten Film chemisch so bearbeiten, dass die Bilder sichtbar werden˙) ❖ **Entwicklung — weiterentwickeln**

Entwicklung [ɛnt'vɪkl..], **die**; ~, ~en **1.** /zu *entwickeln* 1 u. 2/ ˙das Sichentwickeln˙; /zu 1/: *eine bestimmte* ~ *nehmen: die politischen Verhältnisse in diesem Gebiet haben eine erfreuliche, gefährliche* ~ *genommen* (˙haben sich erfreulich, gefährlich entwickelt˙); *er hatte seine berufliche* ~ *abrupt abgebrochen; in diesen Ländern vollziehen sich demokratische* ~*en; die* ~ *des Kindes zum Erwachsenen; er, das Projekt hat eine* ~ *durchgemacht* (˙hat sich in bestimmter Weise entwickelt˙); /zu 2/: *die* ~ *von Dämpfen, Gasen* **2.** ⟨o.Pl.⟩ ˙der Prozess des Reifens eines Menschen˙: *er ist noch in der* ~ **3.** ⟨o.Pl.⟩ /zu *entwickeln* 3 u. 6/ ˙das Entwickeln˙; /zu 3/: *die* ~ *eines neuen Verfahrens;* /zu 6/: *die* ~ *eines Films* ❖ ↗ **entwickeln**

entwirren [ɛnt'vɪRən], entwirrte, hat entwirrt **1.** /jmd./ *etw.* ~ ˙ungeordnet verschlungene Fäden o.Ä. in einen geordneten Zustand bringen˙: *die Leinen, das Garnknäuel* ~ **2.** /jmd./ *etw.* ~ ˙eine verworrene Angelegenheit so ordnen, dass man sie klar erkennen, verstehen (und beurteilen) kann˙: *die Verhältnisse, Zusammenhänge in diesem Prozess sind kaum, nur schwer zu* ~; *wer kann diese Rätsel* ~? ❖ ↗ **wirr**

entwöhnen [ɛnt'vø:nən], entwöhnte, hat entwöhnt **1.** /Mutter/ *einen Säugling* ~ (˙allmählich daran gewöhnen, statt Muttermilch andere Nahrung aufzunehmen˙) **2.** /jmd., etw./ *etw.* ⟨Gen.⟩ *entwöhnt sein* ˙nicht mehr an etw. gewöhnt sein˙: *er war körperlicher Arbeit völlig entwöhnt; sein Körper war der Sonne entwöhnt* ❖ vgl. **gewöhnen**

entwürdigen [ɛnt'vyRdɪgn̩], entwürdigte, hat entwürdigt /jmd., etw./ *jmdn.* ~ SYN ˙jmdn. erniedrigen (1.1)˙: *sich nicht (von jmdm.)* ~ *lassen; die Zustände waren geeignet, die Menschen zu* ~; *etw. unter* ~*den Bedingungen tun müssen; etw. ist* ~*d* ❖ ↗ **Würde**

Entwurf [ɛnt'voRf], **der**; ~s/auch ~es, Entwürfe [..vyRfə] /zu *entwerfen* 1 u. 2/; /zu 1/ ˙in Form einer Zeichnung entworfenes Muster, Modell˙: ↗ FELD V.3.1: *der* ~ *für ein Wohnhaus; Entwürfe zeichnen, vorlegen* **2.** /zu 2/ ˙entworfener Text˙: *der* ~ *für einen, zu einem Roman* ❖ ↗ **entwerfen**

entziehen [ɛnt'tsi:ən], entzog [..'tso:k], hat entzogen [..'tso:gn̩] **1.** *jmdm. etw.* ~ **1.1.** /jmd./ *jmdm. etw.* nicht mehr gewähren˙: *jmdm. eine Unterstützung, die Zigaretten, den Alkohol* ~; *jmdm. sein Vertrauen* ~ **1.2.** /jmd., bes. in amtlicher Funktion/ ˙jmdm. nicht mehr erlauben, etw. zu nutzen, zu tun˙: *jmdm. den Führerschein* ~; *der Leiter der Diskussion entzog ihm das Wort* **2.1.** *die Pflanzen, Wurzeln* ~ *dem Boden Wasser* (˙saugen Wasser aus dem Boden˙, ↗ *saugen* 1.1) **2.2.** /jmd./ *einem Gemisch etw., Flüssig-*

keit, Fett ~ (˙bewirken, dass etw., bes. Flüssigkeit, Fett, aus einem Gemisch herauskommt, entfernt wird˙) **3.** /jmd./ *sich etw.* ⟨Dat.⟩ ~ /beschränkt verbindbar/: *sie entzog sich seiner Umarmung* (˙ließ sich nicht von ihm umarmen, wich seiner Umarmung aus˙); *er entzog sich der Verantwortung* (˙nahm die Verantwortung nicht auf sich˙); *er konnte sich ihrem Charme nicht* ~ (˙er erlag ihrem Charme˙); *sie entzieht sich ihren Freunden* (˙sie meidet von einem bestimmten Zeitpunkt an ihre Freunde˙); /etw. (bes. *das*)/ *das entzieht sich meiner Kenntnis* (˙davon habe ich keine Kenntnis˙) ❖ ↗ **ziehen**

entziffern [ɛnt'tsɪfɐn], entzifferte, hat entziffert /jmd./ *etw.* ~ ˙etw. zu Lesendes nur mit Mühe Buchstabe für Buchstabe lesen können˙: *sie konnte seine Handschrift kaum* ~; *einen unleserlichen Text, eine alte Inschrift* ~ ❖ ↗ **Ziffer**

entzücken [ɛnt'tsykn̩], entzückte, hat entzückt; ↗ auch *entzückend* /etw., jmd./ *jmdn.* ~ ˙jmds. Begeisterung und Wohlgefallen erregen˙: *der Anblick der Kleinen, ihr Anblick, die Kleine entzückte uns; jmd. ist von etw., jmdm. entzückt* (SYN ˙bezaubert˙); *sie war entzückt über das Buch; ich bin entzückt, Sie zu sehen* /als charmante Begrüßung bes. an eine Frau gerichtet/; *etw. entzückt betrachten* ❖ **Entzücken, entzückend**

Entzücken, das; ~s, ⟨o.Pl.⟩ ˙das Entzücktsein˙; ↗ FELD I.6.1: *etw., jmd. versetzt jmdn. in* ~, *ruft jmds.* ~ *hervor; etw. mit* ~ *betrachten* ❖ ↗ **entzücken**

entzückend [ɛnt'tsykn̩t] ⟨Adj.; ↗ auch *entzücken*⟩ **1.1.** SYN ˙reizend (1)˙; ↗ FELD I.6.3: *ein* ~*es Kind, Mädchen; sie ist eine* ~*e alte Dame* **1.2.** ˙sehr hübsch˙ /auf Kleidung bez./: *eine* ~ *bestickte Bluse; sie hat ein* ~*es Kleid an* ❖ ↗ **entzücken**

Entzug [ɛnt'tsu:k], **der**; ~s/auch ~es, ⟨o.Pl.⟩ /zu *entziehen* 1 u. 2/ ˙das Entziehen˙; /zu 1.2/: *der* ~ *des Führerscheins* ❖ ↗ **ziehen**

entzünden [ɛnt'tsyndn̩], entzündete, hat entzündet **1.** geh. /jmd./ *etw.* ~ SYN ˙etw. anzünden (1.1)˙; ↗ FELD VI.5.2: *die Kohlen, Kerzen, das Feuer im Kamin* ~ **1.2.** /etw. Brennbares/ *sich* ~ ˙von selbst in Brand geraten˙: *die Kohlen haben, das Heu hat sich entzündet* **2.** /Organ, Stelle am Körper/ *sich* ~ ˙krankhaft ungesunde rote Färbung bekommen, sich erhitzen und anschwellen˙: *die Wunde hat sich entzündet; der Finger ist entzündet; entzündete Augen haben* ❖ **zu (2): Entzündung — Mandelentzündung; zu (1):** ↗ **zünden**

Entzündung [ɛnt'tsynd..], **die**; ~, ~en ˙krankhafter Zustand, bei dem etw., ein Teil des Körpers entzündet ist˙: *eine* ~ *am Arm, im Hals, Ohr haben* ❖ **entzünden**

entzwei [ɛnt'tsvai] ⟨Adj.; o. Steig.; nur präd. (mit *sein*)⟩ /etw. Gegenständliches/ ~ *sein;* ↗ FELD III.5.3 **1.1.** SYN ˙kaputt (1.2)˙; ANT ganz (2): *die Vase, das Spielzeug ist* ~ **1.2.** SYN ˙defekt˙: *dieser Motor, dieses Radio ist* ~ ❖ **entzweien — entzweigehen;** vgl. **zwei**

entzweien [ɛntˈtsvai̯ən], entzweite, hat entzweit **1.1.**
/jmd., etw./ zwei od. mehrere (jmd.) ~ ˈzwei od.
mehrere Personen dahin bringen, dass sie aufhö-
ren, ein gutes Verhältnis miteinander zu habenˈ: er
hat die beiden durch Intrigen entzweit; die Streitig-
keiten über die Erbschaft haben sie, die Geschwister,
Verwandten, Familie entzweit **1.2.** /zwei od. mehrere
(jmd.)/ sich ⟨rez.⟩ (miteinander) ~ SYN ˈsich
überwerfen (I)ˈ: die beiden Freunde, Geschwister ha-
ben sich entzweit; /jmd./ sich mit jmdm. ~: er hat
sich, sie haben sich mit ihren Eltern entzweit ❖ ↗
entzwei

entzwei|gehen [..ˈtsvai̯..], ging entzwei, ist entzweige-
gangen /etw./ **1.1.** ˈin Stücke (zer)brechenˈ; ↗
FELD I.7.6.2: die Vase ist entzweigegangen; das
Brett ist unter der Belastung entzweigegangen (SYN
ˈgebrochen, ↗ brechen 2ˈ) **1.2.** ˈinfolge eines Scha-
dens nicht mehr funktionieren, defekt seinˈ: ihr
Fernseher ist gestern entzweigegangen ❖ ↗ entzwei,
↗ gehen

Enzian [ˈɛntsi̯aːn], der; ~s, ⟨o.Pl.⟩ **1.** ˈim Hochge-
birge wachsende Pflanze mit meist blauen glocken-
förmigen Blütenˈ; ↗ FELD II.4.1 **2.** ˈaus der Wur-
zel von Enzian (1) hergestellter Branntweinˈ: einen
~ trinken; zwei ~ bestellen

Epidemie [epideˈmiː], die; ~, ~en [..ˈmiːən] ˈmassen-
haftes Auftreten einer Infektionskrankheit in einem
Gebiet und in einem bestimmten Zeitraumˈ: eine ~
ist ausgebrochen; eine ~ bekämpfen, eindämmen ❖
epidemisch

epidemisch [epiˈdeːm..] ⟨Adj.; o. Steig.; vorw. attr.⟩
ˈin Form einer Epidemieˈ /auf Krankheiten bez./:
eine ~e Erkrankung; diese Krankheit ist ~ aufgetre-
ten ❖ ↗ **Epidemie**

Epik [ˈeːpɪk], die; ~, ⟨o.Pl.⟩ ˈerzählende Dichtung als
literarische Gattungˈ: die ~ des Mittelalters ❖ ↗
Epos

episch [ˈeːp..] ⟨Adj.; o. Steig.; nur attr.⟩ ˈder Epik
entsprechendˈ: die ~e Dichtung (ˈEpikˈ); ein ~es
Gedicht (ˈein Eposˈ); ~e Element in einem Drama;
etw. in ~er Breite (ˈsehr ausführlichˈ) erzählen ❖ ↗
Epos

Episode [epiˈzoːdə], die; ~, ~n **1.** ˈkürzere, nicht son-
derlich wichtige Begebenheit (innerhalb eines grö-
ßeren Geschehens); ↗ FELD X.1: eine kleine, lus-
tige ~ (aus seinem Leben) erzählen; unsere Be-
kanntschaft war nur eine ~ **2.** ˈin einem literari-
schen Werk enthaltener Teil in der Art einer Epi-
sode (1)ˈ

Epoche [eˈpɔxə], die; ~, ~n ˈlängerer historischer
Zeitraum, der durch ihm eigene wirtschaftliche, po-
litische, kulturelle Verhältnisse, Ereignisse, durch
bestimmte Persönlichkeiten geprägt istˈ; SYN Zeit-
alter: eine friedliche, weit zurückliegende ~; die ~
der Industrialisierung, ˈdes Klassikers; eine neue ~ be-
ginnt; die ~ (SYN ˈZeit 5ˈ) Goethes, des Barocks,
der Klassiker; wir befinden uns in der ~ (SYN ˈdem
Zeitalterˈ) der Raumfahrt; vgl. Zeit (5)

* /jmd., etw./ ~ **machen** ˈeine fundamentale Bedeu-
tung erlangen, habenˈ: dieser Staatsmann, diese Er-
findung hat ~ gemacht

Epos [ˈeːpɔs], das; ~, Epen [ˈeːpn̩] ˈumfangreiche er-
zählende Dichtung in Versenˈ: die großen Epen des
Mittelalters ❖ **episch, Epik**

er [eːɐ] ⟨Personalpron.; 3. Pers. Sg. Mask.; subst.; ↗
TAFEL VII⟩ /für ein Subst. mit mask. Genus/: sie
und ~; ~ will morgen verreisen; ich habe ihn gestern
benachrichtigt; sie hat sich den Arm gebrochen, man
hat ihn in Gips gelegt, ~ wurde in Gips gelegt; ich
habe ihm ein Buch gegeben; wir werden uns seiner
annehmen, wenn ~ hierher kommt; da kommt ~, ist
~ ja!; vgl. seiner, ihm, ihn

MERKE Zum Reflexivpron. von er, sie, es, Sie: Im
Gegensatz zu den Personalpron. der 1. u. 2. Pers.
haben die Personalpron. der 3. Pers. u. Sie das ei-
gene Reflexivpron. ↗ sich

Erachten [ɐˈʔaxtn̩]

* **meines ~s** /ABK m. E./ **nach meinem ~/meinem ~
nach** ˈmeiner Meinung nachˈ: nach meinem ~ ist
diese Beurteilung einseitig, ungerecht

erarbeiten [ɐˈʔaʁbai̯tn̩], erarbeitete, hat erarbeitet **1.**
/jmd./ etw. ~ ˈetw. schaffen (1)ˈ: einen Plan, eine
Analyse ~ **2.** /jmd./ sich ⟨Dat.⟩ etw. ~ ˈsich durch
intellektuelle Beschäftigung mit etw. dessen Inhalt
und sein Wesen klarmachen und geistig aneignenˈ:
sich den Inhalt einer Schrift ~; gemeinsam mit den
Schülern den Unterrichtsstoff ~ **3.** /jmd./ sich
⟨Dat.⟩ etw. ~ ˈetw. von Einkünften aus eigner Ar-
beit erwerbenˈ: sie haben sich das erarbeitet; der ge-
meinsam erarbeitete Besitz (eines Ehepaares) ❖ ↗
Arbeit

erbarmen [ɐˈbaʁmən], erbarmte, hat erbarmt geh. **1.**
/jmd./ sich jmds. ~ ˈjmdm. aus Mitleid helfenˈ; ↗
FELD I.18.2: er erbarmte sich der hilflosen alten
Menschen, des Kindes, des verlassenen Hundes **2.**
/etw., jmd./ jmdn. ~ ˈjmds. Mitleid erregen und ihn
veranlassen, Hilfe zu leistenˈ: das Elend, der wei-
nende kleine Junge erbarmte ihn ❖ **Erbarmen, er-
bärmlich – erbarmungslos, -würdig**

* **zum Erbarmen** emot. ˈsehr schlechtˈ: sie sang
zum ~

Erbarmen, das; ~s, ⟨o.Pl.⟩ ˈMitleid, das einen dazu
bewegt, jmdm. zu helfenˈ; ↗ FELD I.2.1, 18.1: ~
mit jmdm. haben; jmd. kennt kein ~ (ˈzeigt keine
Nachsichtˈ) ❖ ↗ **erbarmen**

erbärmlich [ɐˈbɛʁm..] ⟨Adj.⟩ emot. **1.** ⟨Steig. reg.⟩
1.1. ˈin einem Zustand, der jmds. Mitleid erregtˈ;
SYN jämmerlich (2) /vorw. auf Personen bez./: wir
fanden ihn in einem ~en Zustand vor; sein Zustand
war ~; nach der Niederlage war ihm ganz ~ zumute,
er sah ~ aus **1.2.** ˈin einem sehr schlechten Zu-
standˈ /vorw. auf Sachen bez./: die Wohnung war
eine ~e Unterkunft, war ~ **2.** ⟨Steig. reg., ungebr.⟩
ˈwert, verachtet, verabscheut zu werdenˈ; SYN
elend (2.3): er ist ein ~er Lump, hat ~ gehandelt;
sein Verhalten war ausgesprochen ~ **3.** ⟨Steig. reg.,
ungebr.; vorw. attr.⟩ **3.1.** ˈvon schlechter Qualitätˈ;
SYN elend (2): der Vortrag war ein ~es Machwerk;
eine ~e Leistung **3.2.** ˈsehr geringˈ /auf ein Entgelt
bez./: ein ~er Lohn; ein ~es Trinkgeld ❖ ↗ **erbar-
men**

erbarmungs|-los [ɐˈbaʀmʊŋs..] ⟨Adj.; Steig. reg., ungebr.⟩ ˈohne Erbarmen, Mitleidˈ; ↗ FELD I.2.3, 18.3: *er ging ~ vor; er schlug ~ auf das Tier ein* ❖ ↗ **erbarmen**, ↗ **los**; **-würdig** ⟨Adj.; Steig. reg., ungebr.⟩ ˈin einem Zustand, der Mitleid verdientˈ /auf Personen, Abstraktes bez./: *ein ~er Mensch; er befand sich in einer ~en Lage* ❖ ↗ **erbarmen**, ↗ **Würde**

erbauen [ɐˈbauən], erbaute, hat erbaut **1.** ⟨vorw. im Prät. Pass.⟩ /jmd., Architekt/ *etw.* ~ ˈetw., bes. ein größeres Gebäude, bauenˈ; SYN errichten (1.1); ↗ FELD V.3.2: *die Kirche, das Denkmal wurde in den Jahren 1870 bis 1875 erbaut* **2.** geh. /jmd./ *sich an etw.* ⟨Dat.⟩ ~ ˈsich durch etw. in Freude, in gehobene Stimmung versetzen lassenˈ: *wir erbauten uns an den Klängen der klassischen Musik, am Anblick der gotischen Kathedrale* **3.** /jmd./ *von etw., jmdm. nicht erbaut sein* ˈetw., jmdn. nicht mögenˈ: *wir waren von seinem Vorschlag, von ihm nicht (sehr) erbaut; er ist nicht erbaut (davon), dass wir kommen wollen* ❖ ↗ **Bau**

Erbauer [ɐˈbauɐ], **der**; ~s, ~ ˈjmd. der etw. erbaut (1), erbaut hatˈ; ↗ FELD V.3.1: *der, die ~ des neuen Stadtviertels* ❖ ↗ **Bau**

¹Erbe [ˈɛʀbə], **das**; ~s, ⟨o.Pl.⟩ **1.** SYN ˈErbschaftˈ; ↗ FELD I.15.1: *er hat ein großes ~ hinterlassen; ein ~ bekommen; mit jmdm. sein ~ teilen müssen; sein ~ ausschlagen; auf sein ~ verzichten; sein ~ antreten* (ˈannehmen, in Besitz nehmenˈ) **2.** ˈdas, was an positiven, bes. kulturellen Werten, auch Negativem, Mängeln, Schuld(en) aus vergangenen Zeiten auf die gegenwärtig Lebenden überkommen istˈ; ↗ FELD VII.4.1: *sie waren stolz auf ihr kulturelles ~; das unselige ~ des Krieges* ❖ **enterben**, **²Erbe**, **erben**, **erblich**, **Erbschaft**, **vererben** — **Erbfehler**

²Erbe, **der**; ~n, ~n ˈjmd., der etw. erbt, erben (1) wird, geerbt hatˈ; ↗ FELD I.15.1: *die gesetzlichen, natürlichen ~n; jmdn. als ~n einsetzen* ❖ ↗ **¹Erbe**

erben [ˈɛʀbm̩] ⟨reg. Vb.; hat⟩ **1.** /jmd./ *etw.* ~ ˈetw. als Erbschaft bekommenˈ; ↗ FELD I.15.2: *sie hat den Schmuck ihrer Mutter geerbt; er hat das Haus (von seinen Eltern) geerbt; sie hat geerbt* **2.** ⟨vorw. im Perf.⟩ umg. scherzh. /jmd./ *etw.* ~ ˈetw. geschenkt bekommenˈ: *den Rock habe ich (von meiner Schwester) geerbt; bei ihm ist nichts zu ~* (ˈman kann nicht damit rechnen, von ihm etw. geschenkt zu bekommenˈ) **3.** ⟨nur im Perf. u. Plusquamperf.⟩ /jmd./ *etw. von jmdm.* ~ ˈeine bestimmte Eigenschaft, ein bestimmtes Merkmal von einem bestimmten Vorfahren vererbt bekommenˈ: *das dunkle Haar, das Temperament hat sie von der Mutter geerbt* ❖ ↗ **¹Erbe**

erbeuten [ɐˈbɔɪtn̩], erbeutete, hat erbeutet /jmd./ *etw.* ~ ˈetw. durch Kampf, Raub als Beute (1) in seinen Besitz bringenˈ: *die Einbrecher haben eine Menge Geld und Juwelen erbeutet; erbeutete Waffen; erbeutetes Diebesgut* ❖ ↗ **Beute**

Erb [ˈɛʀp..]|-**fehler**, **der** ˈpsychischer od. körperlicher Mangel, den jmd. von einem seiner Vorfahren ge-

erbt hatˈ: *meine Kurzsichtigkeit ist ein* ~ ❖ ↗ **¹Erbe**, ↗ **fehlen**; **-feind, der** ˈVolk, das über Generationen immer wieder als militärischer Gegner bekämpft, angesehen wirdˈ ❖ ↗ **¹Erbe**, ↗ **Feind**

erbittern [ɐˈbɪtɐn], erbitterte, hat erbittert; ↗ auch *erbittert*; /etw./ *jmdn.* ~ ˈjmdn. mit bitterem Groll, Zorn erfüllenˈ: *die schlechte Behandlung erbitterte ihn* ❖ ↗ **bitter**

erbittert [ɐˈbɪtɐt] ⟨Adj.; Steig. reg.; nicht präd.; ↗ auch *erbittern*⟩ ˈmit äußerstem Einsatz, hartnäckig und verbissenˈ; SYN heftig (1): *ein ~er Kampf; ~en Widerstand leisten; ~ um etw. kämpfen* ❖ ↗ **bitter**

erblassen [ɐˈblasn̩], erblasste, ist erblasst /jmd./ ˈplötzlich (vor Schreck) blass im Gesicht werdenˈ: *sie erblasste, als sie das erfuhr* ❖ ↗ **blass**

erblich [ˈɛʀp..] ⟨Adj.; o. Steig.⟩ **1.** ˈmit der Eigenschaft verbunden, dass es von einem Nachkommen geerbt (3) werden kann, worden istˈ; ↗ FELD I.15.3: *eine ~e Krankheit; die Anlage für diese Krankheit ist ~; jmd. ist ~ belastet* (ˈhat eine Anlage für eine bestimmte Krankheit, die es auch bei Vorfahren von ihm schon gegeben hatˈ) **2.** ⟨nicht bei Vb.⟩ ˈbei der Nachfolge rechtlich den Kindern zukommendˈ /bes. auf Adelstitel bez./: *~er Adel; der Titel war ~* ❖ ↗ **¹Erbe**

erblicken [ɐˈblɪkn̩], erblickte, hat erblickt geh. /jmd./ *etw., jmdn.* ~ ˈetw., jmdn. (plötzlich, unvermutet) zu sehen bekommen, in den Blick bekommenˈ; ↗ FELD I.3.1.2: *wir traten aus dem Wald und erblickten das herrliche Tal; ich konnte ihn nirgends ~* ❖ ↗ **blicken**

erblinden [ɐˈblɪndn̩], erblindete, ist erblindet ⟨vorw. im Part. II⟩ /jmd./ ˈblind (1) werdenˈ: *er erblindete durch die Strahlung; er ist (auf dem rechten Auge) erblindet* ❖ ↗ **blind**

erbrechen [ɐˈbʀɛçn̩] (er erbricht [..ˈbʀɪçt]), erbrach [..ˈbʀaːx], hat erbrochen [..ˈbʀɔxn̩] /jmd./ *etw.* ~ ˈetw., bes. Speise, aus dem Magen durch den Mund (wieder) herausbringenˈ; SYN ausbrechen (1), übergeben (2): *er hat alles, das ganze Essen, hat Blut erbrochen; geh. sich ~ (müssen): er hat sich ~ müssen* ❖ ↗ **brechen**

Erbschaft [ˈɛʀp..], **die**; ~, ~en ˈdas, was jmd. als Besitz, Vermögen bei seinem Tode hinterlässt und was in den Besitz anderer, eines anderen übergehtˈ; SYN ¹Erbe (1); ↗ FELD I.15.1: *er hat keine große ~ hinterlassen; eine ~ machen* (ˈetw. erben 1ˈ); *sie ist durch mehrere ~en reich geworden* ❖ ↗ **erben**

Erbse [ˈɛʀpsə], **die**; ~, ~n **1.** ˈPflanze mit dünnen Stängeln und Ranken sowie kleinen kugelförmigen Samen in länglichen Hülsen (2)ˈ (↗ TABL Gemüsearten): *~n anbauen* **2.** ˈFrucht der Erbse (1)ˈ: *~n pflücken*; vgl. *Schote* **3.** ˈSamen der Erbse (1), der als Gemüse verwendet wirdˈ; ↗ FELD I.8.1, II.4.1: *grüne, gelbe ~n*

Erd [ˈeːɐt..]|-**ball**, **der** ⟨o.Pl.⟩ **1.1.** ˈdie Erde (1.1) als kugelförmiger Planetˈ; SYN Erdkugel: *den ~ umkreisen* **1.2.** *die Nachricht ging um den ganzen ~* (ˈum die ganze Weltˈ) ❖ ↗ **Erde**, ↗ **Ball**; **-beben,**

das ˈdurch Vorgänge im Inneren der Erde (1.1) hervorgerufene Erschütterung der äußeren oberen Schicht der Erde': *das ~ verursachte große Schäden; ein starkes, schweres, leichtes ~* ❖ ↗ Erde, ↗ beben; **-beere, die 1.** ˈniedrige krautige Pflanze mit weißen Blüten und fleischigen roten süßen Früchten, die als Obst angebaut wird' (↗ TABL Früchte/Obst): *~n pflanzen* **2.** ˈFrucht der Erdbeere (1)'; ↗ FELD II.4.1: *~n pflücken, essen* ❖ ↗ Erde, ↗ Beere; **-boden, der** ⟨o.Pl.⟩ SYN ˈErde (2)'; ↗ FELD II.1.1, I.8.1: *sich im Wald auf den ~ setzen* ❖ ↗ Erde, ↗ Boden * /etw., jmd./ **wie vom ~ verschluckt sein** ˈ(plötzlich) verschwunden und nicht zu finden sein': *der kostbare Ring, unser Sohn war plötzlich wie vom ~ verschluckt;* /jmd., Truppen/ **etw. dem ~ gleichmachen** ⟨oft im Pass.⟩ ˈeine Stadt, ein Gebäude völlig zerstören': *die Stadt wurde dem ~ gleichgemacht*

Erde [ˈeːɐdə]**, die;** ~, ⟨o.Pl.⟩ **1.1.** ˈder von den Menschen bewohnte Planet': *die ~ wird von Satelliten umkreist; die ~ rotiert um sich selbst und um die Sonne* **1.2.** ˈWelt (1.1)': *alle Menschen, Länder der ~; Gras ist über die ganze ~ verbreitet; die Nachricht ging um die ganze ~* **2.** ˈOberfläche der Erde (1.1) als fester Grund, auf dem man geht, steht'; SYN Erdboden (2): *etw. fällt auf die/zur ~; auf / an der ~ sitzen, liegen; sie wohnen zu ebener ~* (ˈetwa auf gleichem Niveau, in gleicher Höhe wie die Oberfläche der Erde 1.1) **3.** ˈden meist fruchtbaren Teil der Erdoberfläche bildendes lockeres Gemisch aus verwittertem Gestein und organischen Substanzen': *gute, fruchtbare, sandige ~; feuchte, trockene ~; eine Handvoll ~; ~ in einen Blumentopf füllen; die Saat in die ~ bringen; etw. in der ~ vergraben; die ~ umgraben; einen Pfahl in die ~ schlagen* ❖ **erden, irden;** vgl. **Erd-** * /jmd./ **unter der ~ sein/liegen** (ˈtot und begraben sein'); /jmd./ **jmdn. unter die ~ bringen (1.** ˈjmdn. begraben' **2.** emot. ˈjmdm. so viel Leid zufügen, dass er stirbt')

erden [ˈeːɐdn̩], erdete, hat geerdet /jmd./ etw. ~ ˈfür ein elektrisches Gerät, eine elektrische Anlage eine Verbindung mit dem Erdboden herstellen': *das Radio ~* ❖ ↗ Erde

erdenken [ɐˈdɛŋkn̩], erdachte [..ˈdaxtə], hat erdacht [..ˈdaxt] /jmd./ etw. ~ ˈetw. Gedankliches, Ideelles durch (Nach)denken schaffen, entwickeln'; SYN ausdenken: *einen Plan, eine Konstruktion ~; eine erdachte* (ˈfrei nach der Phantasie gestaltete') *Geschichte; das stimmt nicht, das hast du dir nur erdacht* ❖ ↗ denken

erdenklich [ɐˈdɛŋk..] ⟨Adj.; Steig. reg., Komp. ungebr.; nur attr.; vorw. nach *all, jeder*⟩ ˈwas irgend denkbar, möglich ist' /auf Abstraktes bez./: *er gab sich alle ~e Mühe; er wünschte uns alles ~e Gute/ ~ Gute und Schöne; wir haben auf jede (nur) ~e Weise versucht, euch zu helfen* ❖ ↗ denken

Erd [ˈeːɐt..]**-gas, das** ⟨o.Pl.⟩ ˈin der Erde (3) vorkommendes nutzbares Gasgemisch': *mit ~ heizen* ❖ ↗ Gas; **-kruste, die** ⟨o.Pl.⟩ ˈäußere feste Schicht der

Erde (1.1)'; ↗ FELD II.1.1 ❖ ↗ Kruste; **-kugel, die** ⟨o.Pl.⟩ SYN ˈErdball (1.1)' ❖ ↗ Kugel; **-nuss, die** ˈnussartiger essbarer Samen einer (sub)tropischen Pflanze, deren Früchte in der Erde (3) wachsen und reifen': *geröstete Erdnüsse* ❖ ↗ Nuss; **-oberfläche, die** ⟨o.Pl.⟩ ˈOberfläche der Erde (1.1)'; ↗ FELD II.1.1 ❖ ↗ oben, ↗ flach; **-öl, das** ⟨o.Pl.⟩ ˈdickflüssige, fettige (1.2) Substanz, die aus den Tiefen der Erde (1.1) gefördert wird'; ↗ FELD II.5.1: *~ fördern, gewinnen, verarbeiten; die ~ exportierenden Länder, ~ verarbeitende Industrie;* vgl. *Öl (2.2)* ❖ ↗ Öl

erdrosseln [ɐˈdrɔsl̩n], erdrosselte, hat erdrosselt /jmd./ jmdn. ~ ˈjmdn. dadurch töten, dass man ihm die Kehle zudrückt, zuschnürt, sodass er nicht mehr atmen kann': *jmdn. mit den Händen, mit einem Strick ~* ❖ ↗ drosseln

erdrücken [ɐˈdrʏkn̩], erdrückte, hat erdrückt; ↗ auch *erdrückend* ⟨vorw. im Pass.⟩ /etw., Menschen, Tier(e)/ jmdn. ~ ˈjmdn. durch starken Druck auf den Körper töten': *mehrere Personen wurden durch die Menschenmassen, in dem Gewühl erdrückt; er wurde von den herabstürzenden Erdmassen erdrückt* ❖ ↗ drücken

erdrückend [ɐˈdrʏknt] ⟨Adj.; Steig. reg., ungebr.; nicht bei Vb.; ↗ auch *erdrücken*⟩ ˈso groß, stark wirkend, dass man der Situation nicht gewachsen (I) ist, nichts verändern kann': *~e Hitze; ~es Beweismaterial; sie mussten der ~en Übermacht weichen* ❖ ↗ drücken

Erd [ˈeːɐt..]**-satellit, der** ˈdie Erde (1) umkreisender Satellit': *ein bemannter ~; einen ~en auf die Umlaufbahn bringen* ❖ ↗ Satellit; **-teil, der** ˈeine der großen Landmassen der Erde (1)'; SYN Kontinent (1): *der ~ Australien* ❖ ↗ Teil

erdulden [ɐˈdʊldn̩], erduldete, hat erduldet /jmd./ etw. ~ SYN ˈetw. ertragen (1.1)': *er hat viel (Schweres), Schmerz erduldet, ~ müssen; einen Misserfolg mit Gleichmut ~* ❖ ↗ dulden

ereignen [ɐˈʔaiknən]**, sich,** ereignete sich, hat sich ereignet /etw., bes. Geschehen, Prozess/ sich ~ ˈals etw. Beachtenswertes, das zur Kenntnis genommen wird, vor sich gehen'; SYN abspielen (2), geschehen (1.1), passieren (II.1), zutragen (2); ↗ FELD X.2: *es hat sich heute viel, nichts Besonderes, nichts Außergewöhnliches ereignet; das Erdbeben, der Unfall ereignete sich in den frühen Morgenstunden; der Zwischenfall ereignete sich vor unserem Haus* ❖ **Ereignis – Naturereignis**

Ereignis [ɐˈʔaik..]**, das;** ~ses, ~se ˈetw., das sich ereignet (hat)'; SYN Geschehen, Begebenheit; ↗ FELD X.1: *ein bedeutendes, historisches, seltenes, merkwürdiges, trauriges ~; die ~ überstürzten sich; der Auftritt des Sängers war ein ~* (ˈetw. ganz Besonderes') *für die Jugendlichen der Stadt; der Gang der ~se; jmdm. zum freudigen ~* (ˈzur Geburt eines Kindes') *gratulieren; den ~en* (SYN ˈDingen 2.2') *gefasst entgegensehen;* vgl. *Begebenheit, Geschehen* ❖ ↗ ereignen

¹erfahren [ɐˈfaːʀən] (er erfährt [..ˈfɛːɐt/..ˈfeːɐ..]), erfuhr [..ˈfuːɐ], hat erfahren; ↗ auch *²erfahren* **1.** /jmd./

etw. ~ 'von etw. Kenntnis erhalten, etw. zu wissen bekommen': *ich erfuhr* (SYN 'hörte 3.2') *gestern (von/durch meinen Freund), dass ...; hast du wieder etwas Neues* ~*?; etw. über etw.* ~*: kann ich Näheres darüber, über den Unfall* ~*?; etw. aus etw.* ~*: aus dem Buch, Bericht erfährt man viel, nichts (von dem/ über den Vorfall); etw. zufällig, durch Zufall* ~ **2.** /jmd./ *etw.* ~ SYN 'etw. erleben (2)': *dass das Leben in den Tropen kein reines Vergnügen ist, das hatte er schon als junger Mensch* ~*; er hatte mancherlei Glück und Leid, Demütigungen und Undank* ~ **3.** /abgeblasst in Verbindung mit best. Subst. als Umschreibung des Passivs/ *etw. erfährt eine Erweiterung* ('etw. wird erweitert'); *etw. erfährt eine Reduzierung, Vergrößerung* ❖ **²erfahren, Erfahrung – Lebenserfahrung**

²erfahren ⟨Adj.; Steig. reg.; nicht bei Vb.; ↗ auch ¹*erfahren*⟩ 'auf einem bestimmten Gebiet reich an Erfahrung, Kenntnissen, Übung'; SYN routiniert /auf Personen bez./; ↗ FELD I.2.3: *er ist ein* ~*er Arzt, Rechtsanwalt, Maschinenbauer; auf diesem Gebiet ist er sehr* ~ ❖ ↗ ¹**erfahren**

Erfahrung [ɐˈfaːʀ..], **die**; ~, ~en **1.** 'durch praktische Tätigkeit gewonnenes, auf Wahrnehmung, Eindrücken, Erkenntnissen beruhendes Wissen': *ein Mensch mit großer, mit viel* ~ *in seinem Beruf; auf seinen Reisen hat er* ~*en sammeln können;* ~*en machen, austauschen* **2.** *die* ~ *machen* ('erfahren 2'), *dass ...: ich habe dort die* ~ *gemacht, dass man sich am besten auf sich selbst verlässt; etw. aus eigner* ~ ('aus eignem Erleben') *wissen* ❖ ↗ ¹**erfahren**
* /jmd./ *etw. in* ~ *bringen* 'etw. durch Nachforschung erfahren': *das kann ich sicherlich in* ~ *bringen*

erfassen [ɐˈfasn̩], erfasste, hat erfasst **1.** /jmd./ *etw.* ~ 'etw. fassen (1.1)': *jmds. Arm, das Ende eines Fadens* ~ **2.** *etw. erfasst jmdn., etw.* 'etw. in Bewegung Befindliches reißt jmdn., etw. mit sich fort': *der Wind erfasst die Blätter und treibt sie vor sich her;* ⟨oft im Pass.⟩ *er wurde von einem Auto erfasst und mitgeschleift* **3.** *etw. erfasst jmdn.* 'eine bestimmte, meist negative emotionale Regung entsteht in jmdm.'; SYN ergreifen (2); packen (3): *Angst, Sorge, ein heftiges Verlangen, quälender Zweifel hatte ihn erfasst* **4.** /jmd./ *etw.* ~ 'das Wesentliche einer Sache verstehen'; SYN begreifen (1): *er hatte sofort erfasst, worum es dabei ging; etw. intuitiv* ~*; endlich hat er es erfasst!* **5.** /jmd., Institution/ *mehrere (jmdn., etw.)* ~ 'mehrere Personen, Sachen unter bestimmten Aspekten, zu einem bestimmten Zweck ermitteln und registrieren': *die Wehrpflichtigen eines Jahrgangs* ~*; freien Wohnraum* ~ ❖ ↗ **fassen**

erfinden [ɐˈfɪndn̩], erfand [..ˈfant], hat erfunden [..ˈfʊndn̩] **1.** /jmd., Unternehmen/ *etw.* ~ 'durch Nachdenken, Forschen, Experimentieren, bes. auf technischem Gebiet, etw. Neues hervorbringen (1.1)': *er hat ein Gerät erfunden, mit dem man ...; ein neues Medikament, Verfahren* ~ **2.** /jmd./ *etw.* ~ 'etw. ausdenken (1)': *das stimmt nicht, das hat er erfunden; die Figuren des Romans sind frei erfunden*

('nicht nach wirklich lebenden Personen erdacht') ❖ ↗ **finden**

Erfinder [ɐˈfɪndɐ], **der**; ~s, ~ 'jmd., der etw. erfindet (1), erfunden hat': *der* ~ *des Telefons, der Dampfmaschine* ❖ ↗ **finden**

Erfindung [ɐˈfɪnd..], **die**; ~, ~en **1.** ⟨o.Pl.⟩ /zu *erfinden* 1/ 'das Erfinden': *die* ~ *der Dampfmaschine* **2.** /zu *erfinden* 1/ 'etw. Erfundenes': *die Dampfmaschine war eine bahnbrechende* ~*; auf der Messe wurden eine Reihe von* ~*en gezeigt* ❖ ↗ **finden**

Erfolg [ɐˈfɔlk], **der**; ~es/auch ~s, ~e 'positives Ergebnis eines Bemühens'; ANT Misserfolg: *das war ein großer, schöner* ~*; die Aufführung, das Unternehmen wurde ein (voller)* ~*; er hat (keinen)* ~ *(mit seiner Bewerbung) gehabt; mit* ~ *an einer Prüfung, einem Wettbewerb teilnehmen; einen* ~ *erzielen; jmd. hat* ~ ('ist erfolgreich'); *seine Mühe war von* ~ *gekrönt* ('seine Bemühungen waren erfolgreich'); /in der kommunikativen Wendung/ *viel* ~*!* /wird zu jmdm. gesagt, wenn man ihm für seine Unternehmung Erfolg wünscht/ ❖ **Misserfolg – erfolglos, -reich**

erfolgen [ɐˈfɔlɡn̩], erfolgte, ist erfolgt /etw./ 'als Folge, Konsequenz von etw. sich ereignen': *kurz darauf erfolgte eine Explosion; die Ausgabe der Liste erfolgt erst, wenn alle ihre Anträge abgegeben haben; das ist oft gefordert worden, aber es ist nichts Positives erfolgt* ('geschehen') ❖ ↗ **folgen**

erfolg [ɐˈfɔlk..]**-los** ⟨Adj.; o. Steig.; nicht bei Vb.⟩ 'ohne Erfolg'; ANT erfolgreich /bes. auf Tätigkeiten bez./: *seine* ~*en Versuche; alle Bemühungen blieben, waren* ~*; er blieb in seinen Bemühungen* ~ ❖ ↗ Erfolg, ↗ los; **-reich** ⟨Adj.⟩ **1.** ⟨Steig. reg.; nicht bei Vb.⟩ 'auf (s)einem Gebiet viele Erfolge aufweisend' /auf Personen bez./: *ein* ~*er Autor; er war sehr* ~*; es war die* ~*ste Zeit seines Lebens* **2.** 'positives Ergebnis habend'; ANT erfolglos /bes. auf Tätigkeiten bez./: *das Experiment verlief* ~*; hat bei der Prüfung* ~ *abgeschnitten; der* ~*e Abschluss der Verhandlungen; die Verhandlungen waren* ~ ❖ ↗ Erfolg, ↗ reich

erforderlich [ɐˈfɔrdɐ..] ⟨Adj.; o. Steig.; nicht bei Vb.⟩ SYN 'nötig (1.1)': *die* ~*en Mittel, Materialien beschaffen; für diese Ausbildung ist das Abitur* ~*; dafür ist die Einwilligung der Eltern* ~*; es ist dringend, unbedingt* ~*, dass ...* ❖ ↗ **fordern**

erfordern [ɐˈfɔrdɐn], erforderte, hat erfordert *etw. erfordert etw.* 'für die Verwirklichung von etw. ist etw. Bestimmtes notwendig': *diese Aufgabe, dieser Plan, das erfordert viel Geduld, Zeit, Mut, Geld* ❖ ↗ **fordern**

erforschen [ɐˈfɔrʃn̩], erforschte, hat erforscht /jmd./ *etw.* ~ **1.1.** 'etw. durch Forschen (1) zu erkennen suchen'; ↗ FELD I.4.1.2, 4.4.2: *den Weltraum, den Zusammenhang von Sprache und Denken* ~*; historische Zusammenhänge* ~ **1.2.** SYN 'etw. erkunden (1.2)': *die Hintergründe eines Streites, Konflikts* ~ ❖ ↗ **forschen**

Erforschung [ɐˈfɔrʃ..], **die**; ~, ⟨o.Pl.⟩ /zu *erforschen* 1.1/ 'das Erforschen'; ↗ FELD I.4.4.1, 4.1.1: *die* ~ *des Weltraums* ❖ ↗ **forschen**

erfreuen [ɐ'fʀɔɪ̯ən], erfreute, hat erfreut **1.1.** /jmd., etw./ *jmdn.* ~ 'bewirken, dass sich jmd. freut': *jmdn. mit, durch etw.* ~: *jmdn. mit einem Geschenk* ~; *unser Besuch hat ihn sehr erfreut; sie war sehr erfreut, ihn zu treffen* **1.2.** /jmd./ *sich an etw.* ⟨Dat.⟩, *jmdm.* ~ 'Freude durch etw., jmdn. haben'; ↗ FELD I.6.2: *er konnte sich immer wieder an dem schönen Ausblick* ~; *er erfreute sich an seinen Kindern* **2.** /beschränkt verbindbar/ geh. /jmd., etw./ *sich etw.* ⟨Gen.⟩ ~: *er erfreut sich guter Gesundheit, eines guten Rufs als Arzt* ('er ist gesund, hat einen guten Ruf als Arzt'); *er, diese Sendung des Rundfunks erfreut sich großer Beliebtheit* ('ist sehr beliebt') ❖ ↗ **freuen**

erfreulich [ɐ'fʀɔɪ̯..] ⟨Adj.; Steig. reg.; nicht bei Vb.⟩ SYN 'angenehm' /bes. auf Abstraktes bez./: *eine* ~e (ANT leidige) *Angelegenheit, Geschichte; eine* ~e *Neuigkeit; das ist ja sehr, wirklich* ~!; *hier ist es* ~ *warm* ❖ ↗ **freuen**

erfrieren [ɐ'fʀiːʀən], erfror [..'fʀoːɐ], ist erfroren [..'fʀoːʀən] **1.1.** /jmd./ 'durch Frost, Kälte sterben'; ↗ FELD XI.2: *zwei Bergsteiger sind im Schnee erfroren* **1.2.** /Pflanze, Tier/ 'durch Kälte, Frost eingehen (3)': *es gab Nachtfrost, unsere Geranien, Tomatenpflanzen sind alle erfroren* **1.3.** /Gliedmaßen/ 'absterben (2)': *mir sind die Finger ganz erfroren* ❖ ↗ **frieren**

erfrischen [ɐ'fʀɪʃn̩], erfrischte, hat erfrischt **1.1.** *etw. erfrischt jmdn.* 'etw. gibt jmdm. seine körperliche Kraft, Energie wieder': *das Bad, der Kaffee, Spaziergang hat uns erfrischt;* ~*de Getränke* **1.2.** /jmd./ *sich, jmdn. durch, mit etw.* ~ 'sich, jmdm. durch etw. (wieder) frische körperliche Kraft, Energie geben, verschaffen': *sich durch ein Bad* ~; *jmdn. mit einem kühlen Getränk* ~ ❖ ↗ **frisch**

Erfrischung [ɐ'fʀɪʃ..], die; ~, ~en **1.1.** ⟨vorw. Sg.⟩ 'etw., womit man sich, jmdn. erfrischen kann': *ein Bad ist eine herrliche* ~ **1.2.** ⟨oft im Pl.⟩ 'erfrischendes, kühles Getränk, Eis o.Ä.': *jmdm.* ~*en, eine* ~ *anbieten; als* ~*en wurde Bier, Eis, Limonade gereicht* ❖ ↗ **frisch**

erfüllen [ɐ'fʏln̩], erfüllte, hat erfüllt **1.1.** /jmd./ *etw.* ~ 'etw., das gefordert, aufgetragen und erwartet wird, in die Tat umsetzen, ausführen': *einen Auftrag, (s)eine Pflicht* ~; *jmdm., sich* ⟨Dat.⟩ *einen Wunsch, eine Bitte* ~ (ANT abschlagen 2, ablehnen 2): *(jmdm.) ein Versprechen* ~; *er hat seine Arbeit zu aller Zufriedenheit erfüllt* **1.2.** /etw./ *sich* ~ SYN 'eintreffen (2)': *seine Hoffnungen, Wünsche haben sich erfüllt; was er befürchtet hatte, erfüllte sich* **2.1.** *etw. erfüllt jmdn.* 'ein bestimmtes Gefühl beherrscht jmdn. völlig': *Freude, Zorn erfüllte ihn; wir waren erfüllt von all den Eindrücken dieser schönen Reise* **2.2.** *etw. erfüllt jmdn. mit etw.* 'etw. lässt in jmdm. ein bestimmtes starkes Gefühl entstehen': *die Nachricht erfüllte uns mit Sorge, Hoffnung, Begeisterung; diese Untaten haben uns mit Abscheu erfüllt; es erfüllt uns mit Stolz, dass ...* ❖ **Erfüllung**

Erfüllung [ɐ'fʏl..], die; ~, ⟨o.Pl.⟩ **1.** /zu *erfüllen* 1.1 u. 1.2/ 'das (Sich)erfüllen'; /zu 1.1/: *die* ~ *einer Auf-*gabe; /zu 1.2/: *die* ~ *seiner Wünsche; etw. geht in* ~ ('erfüllt sich') **2.** ~ *in etw. finden:* *er findet* ~ *in seiner Arbeit, Bastelei* ('seine Arbeit, Bastelei macht ihn glücklich und zufrieden') ❖ ↗ **erfüllen**

ergänzen [ɐ'gɛntsn̩], ergänzte, hat ergänzt **1.1.** /jmd./ *etw. durch etw.* ~ 'etw. durch etw. Zusätzliches, Fehlendes vervollständigen': *das Haus durch einen Balkon* ~; *eine Liste, eine Sammlung (durch etw.)* ~ **1.2.** *etw. ergänzt etw.* 'etw. fehlt in etw. und macht, wenn es hinzugefügt ist, ansprechender': *die Lampe ergänzt die Zimmereinrichtung (sehr gut)* **1.3.** /jmd./ *etw.* ~ 'einen Text durch zusätzliche mündliche od. schriftliche Äußerungen vervollständigen': *jmds. Ausführungen in einem Diskussionsbeitrag* ~; *er fügte* ~*d hinzu, dass ...* ❖ ↗ **ganz**

ergattern [ɐ'gatɐn], ergatterte, hat ergattert umg. /jmd./ *sich* ⟨Dat.⟩ *etw.* ~ '(sich) etw. Seltenes, Begehrtes, das schwer zu bekommen ist, durch Geschick verschaffen'; SYN erwischen (4): *ich habe (mir) einen Platz am Fenster ergattert*

ergaunern [ɐ'gaʊnɐn], sich, ergaunerte sich, hat sich ergaunert /jmd./ *sich* ⟨Dat.⟩ *etw.* ~ 'sich etw. durch Betrug verschaffen': *dieses Geld hatte er (sich) ergaunert* ❖ ↗ **Gauner**

ergeben [ɐ'geːbm̩] (er ergibt [..'giːpt]), ergab [..'gaːp], hat ergeben **1.** /etw./ **1.1.** *etw.* ~ 'etw. als Ergebnis haben': *die Sammlung ergab einen hohen Betrag; die Abstimmung ergab eine große Mehrheit für den, unseren Kandidaten; die Untersuchung hat ergeben, dass ...; die Überprüfung hat ein Manko* ~ **1.2.** *sich aus etw.* ⟨Dat.⟩ ~ 'aus etw. als Ergebnis zustande kommen'; SYN folgen (4): *aus dem Gesagten ergibt sich, dass nur eine einzige Möglichkeit besteht; bei der Untersuchung hat sich* ~, *dass ...* **2.** /Soldat, Truppe/ *sich* ~ 'dem militärischen Gegner keinen Widerstand mehr leisten und sich in seine Gewalt, in die Gefangenschaft begeben'; SYN kapitulieren (1): *die geschlagene Armee hat, die Soldaten haben sich* ~ **3.** /jmd./ *sich etw.* ⟨Dat.⟩ ~ 'sich einer Sache mit ganzer Hingabe widmen': *er hat sich ganz seiner Arbeit, dem Suff* ~ ❖ **ergiebig, Ergebnis – Arbeitsergebnis;** vgl. **geben**

Ergebnis [ɐ'geːp..], das; ~ses, ~se 'das, wozu ein Handeln, ein Vorgang, eine Entwicklung geführt hat, was am Ende als abschließender Zustand, Sachverhalt vorhanden ist'; SYN Resultat: *das ist ein dürftiges, noch nicht das endgültige* ~; *das ist das zwangsläufige* ~ *seiner Faulheit, Hilflosigkeit; das* ~ *einer Wahl, eines Experiments; dieses Produkt ist das* ~ *jahrelanger Entwicklungsarbeit; die Verhandlungen führten zu keinem* ~; *das* ~ *einer Multiplikation* ('die durch Multiplizieren gefundene Größe'); *die im* ~ ('als Ergebnis') *des Weltkrieges entstandene Lage; die Ausbildung, das Studium, die Untersuchung, die Forschungen mit einem guten* ~ *abschließen* ❖ ↗ **ergeben** MERKE Zum Unterschied von *Ergebnis* und *Produkt:* ↗ *Produkt* (Merke)

ergehen [ɐ'geːən], erging [..'gɪŋ], ist ergangen [..'gaŋən] **1.** geh. *jmdm. ergeht es irgendwie* 'jmd. macht

Erfahrungen bestimmter Art': *mir ist es dort nicht gut ergangen; ihm ergeht es jetzt ähnlich wie dir; sich nach jmds.* Ergehen ('Befinden 1') *erkundigen* **2.** ⟨ist⟩ geh. *etw. ergeht an jmdn.*, *eine Gruppe 'von offizieller Stelle wird an jmdn.*, *eine Gruppe eine bestimmte Aufforderung gerichtet*': *an die Bevölkerung erging die Aufforderung, der Aufruf, sich an der Aktion zu beteiligen; an die Truppen erging der Befehl ...* **3.** /jmd./ *etw. über sich* ∼ *lassen* 'etw. Unangenehmes geduldig, resignierend mit sich geschehen lassen': *er hat die Krankheit, die Vorwürfe über sich* ∼ *lassen (müssen)* ❖ ↗ **gehen**

ergiebig [ɐˈgiːbɪç] ⟨Adj.; Steig. reg.⟩ 'guten Ertrag, Gewinn, Nutzen ergebend': ∼*e Erzvorkommen; ein* ∼*es Thema* ('ein Thema, aus dem viel gemacht werden kann'); *dieses Material, diese Farbe ist sehr* ∼ ('man braucht relativ wenig davon, um großen Nutzen zu erzielen') ❖ ↗ **ergeben**

ergreifen [ɐˈgʀaɪfn̩], ergriff [..ˈgʀɪf], hat ergriffen [..ˈgʀɪfn̩] **1.** /jmd./ *etw., jmdn.* ∼ 'etw., jmdn. mit der Hand, den Händen fassen (1) und festhalten'; SYN packen (2); ↗ FELD I.7.5.2: *jmds. Hand, ein Glas, Messer* ∼; *er ergriff das Kind und rannte mit ihm davon* **2.** ⟨oft im Pass.⟩ *etw. ergreift jmdn.* SYN 'eine Emotion erfasst (3) jmdn.': *Zorn, Erregung, Sehnsucht ergriff ihn; er wurde von einer schlimmen Ahnung, großen Freude ergriffen* **3.** /jmd., bes. Polizei/ *jmdn.* ∼ SYN 'jmdn. erwischen (1)': *einen Verbrecher* ∼ **4.** /etw./ *jmdn.* ∼ 'in jmdm. ein starkes Gefühl entstehen lassen'; SYN bewegen (3): *diese Musik, der Anblick dieser Kinder hat ihn sehr ergriffen; eine* ∼*de Rede; tief ergriffen lauschten sie der Musik* **5.** /abgeblasst in Verbindung mit best. Subst., z. B./ /jmd./ *einen* ↗ *Beruf* ∼; /jmd./ *die* ↗ *Initiative* ∼; /jmd./ *die* ↗ *Macht* ∼; /jmd./ ↗ *Maßnahmen* ∼ ❖ ↗ **greifen**

Ergreifung [ɐˈgʀaɪf..], die; ∼, ⟨o.Pl.⟩ /zu ergreifen 3/ 'das Ergreifen'; ↗ FELD I.7.5.1: *die* ∼ *des Täters* ❖ ↗ **greifen**

Ergriffenheit [ɐˈgʀɪfn̩..], die; ∼, ⟨o.Pl.⟩ /zu ergreifen 4/ 'das Ergriffensein': *voller* ∼, *in tiefer* ∼ *lauschten sie der Musik* ❖ ↗ **greifen**

ergründen [ɐˈgʀʏndn̩], ergründete, hat ergründet /jmd./ *etw.* ∼ 'das Wesen, den tieferen Grund von etw. Abstraktem, Bedeutsamem zu erkennen suchen': *die Ursachen, Zusammenhänge von etw., einer Erscheinung* ∼; *ein Geheimnis zu* ∼ *suchen* ❖ ↗ **Grund**

erhaben [ɐˈhaːbm̩] ⟨Adj.⟩ **1.** ⟨o. Steig.⟩ 'sich plastisch auf einer Fläche abzeichnend' /auf etw. Gestaltetes bez./: *eine Plakette mit einem* ∼*en Muster* **2.** ⟨Steig. reg., ungebr.; nicht bei Vb.⟩ 'eindrucksvoll und erhebend' /auf Abstraktes, Psychisches bez./: *die* ∼*e Größe', Schönheit eines Gebirges, Bauwerkes; er war von* ∼*en Gefühlen, Gedanken beseelt, erfüllt; eine* ∼*e* (SYN 'weihevolle') *Stimmung, Stille verbreitete sich; vgl. feierlich* (1) **3.** ⟨nur präd. (mit *sein*)⟩ /jmd./ *über etw.* ∼ *sein* 'von etw. meist Negativem, nicht berührt, betroffen sein, weil man selbst moralisch unantastbar ist': *er ist über jeden Verdacht,*

Zweifel ∼; *über solch kleinliche Kritik musst du* ∼ *sein*

erhalten [ɐˈhaltn̩] (er erhält [..ˈhɛlt]), erhielt [..ˈhiːlt], hat erhalten **1.** /jmd./ *etw.* ∼ SYN empfangen (1) **1.1.** 'dadurch in den (dauernden) Besitz von etw. gelangen, dass einem etw. gegeben wird'; SYN ¹bekommen (1.1), kriegen (1): *er hat ein Buch als/zum Geschenk* ∼; *er hat für den Verlust eine Entschädigung* ∼; *einen Orden* ∼ ('verliehen bekommen'); ⟨mit Part. II zur Umschreibung eines Pass.⟩ *jmd. erhält etw. geschenkt* ('jmdm. wird etw. geschenkt') **1.2.** 'etw. als Sendung zugestellt bekommen': *er hat einen Brief, ein Paket, ein Telegramm* ∼ **1.3.** 'etw. als Reaktion auf sein Tun erleben': *er hat für seine Hilfe viel Dank* ∼; *er erhielt keine Antwort; Lob, Tadel, einen Verweis* ∼ **2.** *diese Ware* ∼ *Sie nur in der Apotheke* ('können Sie nur in der Apotheke kaufen') **3.** /jmd./ *etw.* ∼ SYN 'etw. ¹bekommen (1.2)': *einen Auftrag für etw., eine Arbeit* ∼; *die Erlaubnis für etw., für die Einreise* ∼; *wir haben neue Instruktionen* ∼ **4.** /jmd./ *etw.* ∼ 'durch bestimmte Maßnahmen bewirken, dass etw. auf Dauer im gleichen Zustand weiter besteht, bestehen (1) kann': *Werte, ein Denkmal, Bestände an Tieren* ∼; *das Naturschutzgebiet soll* ∼ *werden, bleiben; von der Mauer sind noch Reste* ∼; *das Auto ist noch gut* ∼ ('noch in gutem Zustand'); *sich* ⟨Dat.⟩ *etw.* ∼: *sich seine Gesundheit, Arbeitskraft* ∼; *sie haben ihm seinen Anspruch* ∼ ❖ **erhältlich**

erhältlich [ɐˈhɛlt..] ⟨Adj.; o. Steig.; nicht bei Vb.; vorw. präd. (mit *sein*)⟩ *etw. ist irgendwo* ∼ 'etw., bes. eine Ware, ist irgendwo verfügbar, sodass man sie bekommen, kaufen kann'; ↗ FELD I.16.3: *dieser Artikel ist auch im Supermarkt* ∼; *nur in Apotheken* ∼*e Arzneien* ❖ ↗ **erhalten**

erhängen [ɐˈhɛŋən], **sich**, erhängte sich, hat sich erhängt /jmd./ 'Selbstmord begehen, indem man sich an einer um den Hals gelegten Schlinge eines Seiles, Strickes in ausreichender Höhe aufhängt, sodass das Gewicht des Körpers die Kehle zudrückt'; SYN aufhängen (2): *er hat sich (an einem hohen Ast, Balken, in der Gefängniszelle) erhängt* ❖ ↗ **hängen**

erhärten [ɐˈhɛʀtn̩], erhärtete, hat/ist erhärtet **1.** ⟨hat⟩ **1.1.** /jmd., etw./ *etw.* ∼ 'die Richtigkeit, Gültigkeit von etw. Gedachtem, Gesagtem durch Argumente, Tatsachen wahrscheinlicher machen': *er versuchte, seine Behauptungen durch neue Argumente zu* ∼; *neue Indizien* ∼ *den Verdacht; eine Aussage durch einen Eid* ∼ **1.2.** /etw., bes. Zweifel/ *sich* ∼: *der Verdacht, Zweifel hat sich erhärtet* ('ist durch neue Erkenntnisse wahrscheinlicher geworden') **2.** ⟨ist⟩ fachspr. *Beton, Lava erhärtet* ('wird fest und hart') *an der Luft* ❖ ↗ **hart**

erhaschen [ɐˈhaʃn̩], erhaschte, hat erhascht **1.** /jmd./ *etw.* ∼ 'etw., das sich vorwärts bewegt, durch rasches Zugreifen zu fassen bekommen': *einen Schmetterling* ∼ **2.** /jmd./ *etw.* ∼ 'etw. gerade noch flüchtig zu sehen, zu hören bekommen': *er hatte gerade noch einen Blick von ihr, von der Landschaft* *erhascht; er konnte nur ein paar Worte* ~ ❖ ↗ **haschen**

erheben [ɐ'heːbm̩], erhob [..'hoːp], hat erhoben [..'hoːbm̩]; ↗ auch *erhebend* **1.** /jmd./ *etw.* ~ ˈetw. in die Höhe hebenˈ: *die Hand, den Arm* ~; *er erhob das Glas, um einen Toast auf den Jubilar zu sprechen; erhobenen Hauptes* (ˈstolzˈ) *schritt er hinaus* **2.** /jmd./ *sich* ~ **2.1.** SYN ˈaufstehen (1)ˈ: *sich (von seinem Stuhl, Platz)* ~ **2.2.** SYN ˈaufstehen (2)ˈ: *sich (aus dem Bett)* ~; *er erhob sich erst gegen Abend* **3.** /Vogel, Flugzeug/ *sich in die Luft* ~ SYN ˈaufsteigen (3.1)ˈ: *das Flugzeug erhob sich in die Luft; der Adler erhob sich in die Lüfte* **4.** /mehrere (jmd.), Gruppe/ *ein Volk erhebt sich* (ˈbeginnt einen Aufstandˈ) **5.1.** /etw. Geräuschvolles, bes. Handlung, Geschehen/ *sich* ~ ˈbeginnen und schnell zu großer Intensität anwachsenˈ /beschränkt verbindbar/: *ein Sturm, Lärm, Streit, Geschrei erhebt sich* **5.2.** geh. /jmd./ *sie erhob ein lautes Geschrei, Jammern* (ˈsie begann laut zu schreien, zu jammernˈ) **6.** /Staat, Institution/ *etw.* ~ ˈeine Zahlung verlangen, fordernˈ: *Gebühren, Steuern, Zoll* ~; *der Verein erhebt (von seinen Mitgliedern) einen monatlichen Beitrag* **7.** /Institution/ *etw.* ~ ˈetw. feststellen (lassen)ˈ: *den vom Hochwasser verursachten Schaden* ~ *(lassen)* **8.** /abgeblasst in Verbindung mit best. Subst., z. B./: /jmd./ ↗ *Anklage* ~; /jmd./ ↗ *Einspruch* ~; /jmd./ *eine* ↗ *Forderung* ~; /jmd./ *seine* ↗ *Stimme für, gegen etw., jmdn.* ~ ❖ ↗ **heben**

erhebend [ɐ'heːbm̩t] ⟨Adj.; Steig. reg., ungebr.; nicht bei Vb.; ↗ auch *erheben*⟩ ˈin gehobene, feierliche Stimmung versetzendˈ: *ein* ~*er Anblick, Augenblick; ein* ~*es Gefühl* ❖ ↗ **heben**

erheblich [ɐ'heːp..] **I.** ⟨Adj.; Steig. reg., Superl. ungebr.; nicht bei Vb.⟩ ˈin, von großem Ausmaßˈ /auf Abstraktes bez./: *ein* ~*er Sachschaden; das ist ein* ~*er Unterschied; der Nachteil ist* ~ – **II.** ⟨Adv.; vor Adj., Adv. im Komp.; bei Vb.⟩ ˈvielˈ: *er ist* ~ *jünger als ich; sie verdient* ~ *weniger* ❖ ↗ **heben**

Erhebung [ɐ'heːb..], die; ~, ~en ˈTeil einer Landschaft, der mehr od. weniger stark über das Niveau der Umgebung hinaus in die Höhe ragtˈ: *sie hatten von der (kleinen)* ~ *einen guten Ausblick; der Brocken ist die höchste* ~ *des Harzes* ❖ ↗ **heben**

erheitern [ɐ'haitɐn], erheiterte, hat erheitert /jmd., etw./ *jmdn.* ~ ˈjmdn. heiter stimmenˈ; ↗ FELD I.6.2: *er hat uns (mit seinen Geschichten), seine Geschichten haben uns erheitert* ❖ ↗ **heiter**

erhellen [ɐ'hɛlən], erhellte, hat erhellt **1.** /Lichtquelle/ *etw.* ~ ˈetw. hell (1) machenˈ; ↗ FELD VI.2.2: *eine Lampe erhellte das Zimmer* **2.** /etw., jmd./ *etw.* ~ ˈetw. klar, deutlich machenˈ: *diese Erklärungen* ~ *den Zusammenhang; mit dieser Darstellung konnte er den Hintergrund der Ereignisse* ~; geh. *aus dem Gesagten erhellt* (ˈwird klarˈ), *dass ...* ❖ ↗ **hell**

erhitzen [ɐ'hitsn̩], erhitzte, hat erhitzt **1.1.** /jmd./ *etw.* ~ ˈetw., bes. eine Flüssigkeit, so stark erwärmen (1.1), dass es heiß wirdˈ; ↗ FELD VI.5.2: *Wasser (auf hundert Grad Celsius)* ~ **1.2.** /Stoff, Material/ *sich* ~ ˈsich so stark erwärmen (1.2), dass es heiß

wirdˈ: *durch die Reibung hat sich das Material stark erhitzt* **2.1.** /etw./ *jmdn., etw.* ~ ˈjmdn., jmds. Inneres erregen (1.1)ˈ: *der Streit erhitzte die Gemüter, die Versammelten; dieser Gedanke erhitzte ihn, seine Phantasie* **2.2.** /jmd./ *sich* ~ ˈsich erregen (1.2), aufregenˈ: *die Streitenden erhitzten sich (an den unterschiedlichen Auffassungen); er erhitzte sich an diesem Problem* ❖ ↗ **heiß**

erhoffen [ɐ'hɔfn̩], erhoffte, hat erhofft /jmd./ *(sich* ⟨Dat.⟩*) etw.* ~ ˈetw. hoffend für sich erwarten (3)ˈ: *viel vom Leben* ~; *er hat sich davon viel erhofft* ❖ ↗ **hoffen**

erhöhen [ɐ'høːən], erhöhte, hat erhöht **1.** ⟨oft im Pass.⟩ /jmd./ *etw.* ~ ˈetw. höher machenˈ: *eine Mauer, einen Damm (um einen Meter)* ~; *das Haus wurde (um ein Stockwerk) erhöht* **2.1.** /jmd., Institution, etw./ *etw.* ~ ˈetw. in seinem Ausmaß vergrößernˈ: *die Löhne, Produktivität der Arbeit* ~; *die Sicherheit auf den Straßen* ~; *sein mutiger Einsatz erhöhte* (ˈstärkteˈ) *sein Ansehen* **2.2.** /etw./ *sich* ~ ˈan Ausmaß größer werdenˈ; ANT mindern (2): *die Kosten, Ansprüche haben sich erhöht; erhöhte Temperatur* (ˈleichtes Fieberˈ) *haben* ❖ ↗ **hoch**

erholen [ɐ'hoːlən], sich, erholte sich, hat sich erholt /jmd./ *sich* ~ ˈseine durch Anstrengung, Krankheit geminderten Kräfte bes. durch Ruhe, bestimmte Tätigkeiten wiedererlangenˈ; SYN ausspannen: *sich im Urlaub, am Feierabend, bei Sport und Spiel (von den Strapazen einer Reise, Operation)* ~ ❖ ↗ **Erholung**

Erholung [ɐ'hoːl..], die; ~, ⟨o.Pl.⟩ ˈdas Sicherholenˈ: *zur* ~ *an die See fahren; im Gebirge, bei der Lektüre guter Bücher* ~ *suchen, finden* ❖ ↗ **erholen**

erinnerlich [ɐ'|inɐ..] ⟨Adj.; o. Steig.; nur präd. (mit sein)⟩ *etw. ist jmdm.* ~ ˈjmd. erinnert sich an etw., kann sich an etw. erinnernˈ; ↗ FELD I.5.3: *sein Name, Gesicht ist mir noch gut, nicht mehr* ~ ❖ ↗

erinnern [ɐ'|inɐn], erinnerte, hat erinnert **1.** /jmd./ *sich an etw., jmdn.* ~ ˈsich einer Sache, Person, die man im Gedächtnis bewahrt hat, wieder bewusst werden (können)ˈ; SYN entsinnen; ↗ FELD I.5.2: *er konnte sich (noch) gut, (nur) schwach, dunkel an den Vorfall, an seine Großmutter* ~; ⟨+ Nebens.⟩ *ich erinnere mich, davon gehört zu haben; wenn ich mich recht erinnere, fand dieses Spiel vor drei Jahren statt*; geh. *sich jmds.,* ~: *sie erinnerte sich seiner, des Vorfalls* **2.** /jmd./ *jmdn. an etw.* ~ ˈjmdn. auf etw. hinweisen, damit er es nicht vergisstˈ: *jmdn. an sein Versprechen, an einen Termin* ~ **3.** *etw. erinnert jmdn. an etw., etw.,* ~ ˈetw., jmd. hat in bestimmt Hinsicht Ähnlichkeit mit etw., jmdn.ˈ: *das Bild erinnert mich an ein Gemälde von Rubens; er erinnert mich an meinen Bruder* ❖ **erinnerlich, Erinnerung – Erinnerungsvermögen**

Erinnerung [ɐ'|inɐʀ..], die; ~, ~en **1.** ⟨o.Pl.⟩ SYN ˈGedächtnis (1)ˈ; ↗ FELD I.5.1: *hier, bei dieser Sache verlässt mich meine* ~; *wenn mich meine* ~ *nicht täuscht, so ...* **2.** ⟨o.Pl.⟩ SYN ˈGedächtnis (2)ˈ: *etw. aus der* ~ *schreiben, zeichnen, aufsagen; jmdn. in* *guter, schlecher* ~ *haben* (ˈsich gern, ungern an jmdn. erinnernˈ); *sich bei jmdm. in* ~ *bringen* (ˈbewirken, dass jmd. sich wieder an einen erinnert 1ˈ) **3.** ⟨+ Adj.⟩ ˈdurch das Gedächtnis bewahrte Vorstellung, bewahrter Eindruck von etw., jmdm.ˈ: *eine gute, schwache, genaue* ~ *an etw., jmdn. haben; das weckt reizvolle, ungute* ~*en* **4.** ⟨nur im Pl.⟩ SYN ˈMemoirenˈ: *seine* ~*en schreiben, veröffentlichen* **5.** *zur/als* ~ ˈzum Gedenkenˈ: *jmdm. zur/als* ~ *etw. schenken; ein Denkmal zur* ~ *an die Opfer des Holocaust* ❖ ↗ **erinnern**

Erinnerungs|vermögen [..ˈɪn..], **das** SYN ˈGedächtnis (1)ˈ; ↗ FELD I.5.1: *sein* ~ *hat nachgelassen* ❖ ↗ **erinnern**, ↗ **vermögen**

erkalten [ɐˈkaltn̩], erkaltete, ist erkaltet /etw./ ˈkalt werdenˈ: *am offenen Fenster erkaltet die Speise schneller; erkaltete Lava* ❖ ↗ **kalt**

erkälten [ɐˈkɛltn̩], **sich**, erkältete sich, hat sich erkältet ⟨vorw. im Perf.⟩ /jmd./ **1.1.** ˈsich eine Erkältung zuziehenˈ: *er hat sich beim Camping, Baden, im Zug, beim schlechten Wetter erkältet; er ist leicht, stark, etwas erkältet* **1.2.** *sich* ⟨Dat.⟩ *etw.* ~ /beschränkt verbindbar/: *er hat sich die Blase erkältet* (ˈseine Blase ist durch Kälte entzündetˈ) ❖ ↗ **kalt**

Erkältung [ɐˈkɛlt..], **die**; ~, ~en ˈErkrankung, die sich vorwiegend als Husten, Schnupfen, Entzündung in Nase und Rachen (und leichtes Fieber) äußertˈ: *eine leichte, schwere, starke* ~ *haben; er, sie hat sich eine (tüchtige)* ~ *zugezogen, geholt* (ˈhat sich sehr erkältetˈ) ❖ ↗ **kalt**

erkämpfen [ɐˈkɛmpfn̩], erkämpfte, hat erkämpft /jmd./ *etw.* ~ ˈetw. durch Kampf (2) erringen, erreichenˈ: *sie haben den Sieg mühsam* ~ *müssen; sich* ⟨Dat.⟩ *etw.* ~: *er hat sich seinen Erfolg, die Anerkennung, sein Recht erkämpft* ❖ ↗ **Kampf**

erkaufen [ɐˈkaufn̩], erkaufte, hat erkauft **1.** /jmd/ *(sich* ⟨Dat.⟩*) etw. irgendwie, mit etw.* ~ ˈetw. unter großem persönlichen Einsatz irgendwie, bes. durch Verzichten und Opfern (1.1), für sich erreichen, erlangenˈ: *sie hatten ihre Freiheit teuer, schwer, mit dem Verlust all ihrer Habe erkauft* **2.** /jmd./ *sich* ⟨Dat.⟩ *etw.* ~ ˈetw. durch Bestechung erlangenˈ: *er hat sich ihr Schweigen erkauft* ❖ ↗ **Kauf**

erkennbar [ɐˈkɛn..] ⟨Adj.; o. Steig.; nicht bei Vb.⟩ ˈso beschaffen, geartet, dass man es erkennen (1,2) kannˈ; ↗ FELD I.3.1.3: *etw. ist gut* ~; *die Schrift ist gut* ~; ~*e Absichten, Zusammenhänge; etw.* ~ (SYN ˈtransparent 2ˈ) *machen, gestalten* ❖ ↗ **kennen**

erkennen [ɐˈkɛnən], erkannte [..ˈkantə], hat erkannt [..ˈkant] **1.** /jmd./ *etw., jmdn.* ~ ˈetw., jmdn. so deutlich sehen, dass man weiß, was od. wer es ist, worum, um wen es sich handeltˈ; ↗ FELD I.3.1.2, 5.2: *die kleine Schrift kann ich (mit bloßem Auge) nicht* ~; *auf diese Entfernung, bei dieser Dunkelheit kann ich ihn nicht* ~; *erkennst du, wer das ist?; kannst du* ~, *ob er das ist?* **2.** /jmd./ *etw., jmdn. an etw.* ⟨Dat.⟩ ~ ˈaus bestimmten Merkmalen erschließen können, worum, um wen es sich handeltˈ: *etw. an seinem Geruch, jmdn. an seiner Stimme, seinem Gang* ~ **3.** /jmd./ *sich jmdm. zu* ~ *geben*

(ˈjmdm. sagen, zeigen, wer man ist, was man beabsichtigtˈ) **4.** /jmd./ *jmdm. etw. zu* ~ *geben* ˈjmdm. etw. merken, fühlen lassenˈ: *er hat ihm sein Mitleid zu* ~ *gegeben; er gab ihm (nicht) zu* ~, *ob … ***5.** /jmd./ *etw.* ~ ˈvon etw., das einem vorher nicht (genügend) bekannt war, bes. durch (Über)denken (genaue) Kenntnis erlangenˈ; ↗ FELD I.4.1.2: *bestimmte Zusammenhänge, den Ernst der Lage, eine Krankheit, Gefahr (rechtzeitig, zu spät)* ~; *die Bedeutung einer Erfindung* ~; *er hatte das Problem sofort erkannt* ❖ ↗ **kennen**

erkenntlich [ɐˈkɛnt..] ⟨Adj.; o. Steig.; nur bei Vb.⟩ /jmd./ *sich* ~ *erweisen, zeigen* ˈseinen Dank für etw. durch eine Gabe, Gefälligkeit o.Ä. ausdrückenˈ: *sie hat sich (ihm) immer sehr* ~ (SYN ˈdankbarˈ) *erwiesen (für seine Hilfe)* ❖ ↗ **kennen**

Erkenntnis [ɐˈkɛnt..], **die**; ~, ~se ˈdurch Verarbeitung von Beobachtungen, Erfahrung, Fakten gewonnene Kenntnisˈ; ↗ FELD I.4.1.1: *das ist eine bedeutende, historische, wissenschaftliche* ~; *die Forschung hat neue* ~*se gebracht; das war ein bittere* ~ (ˈErfahrungˈ) *für ihn; die* ~ *setzt sich allmählich durch* (ˈes wird allmählich allgemein erkannt, anerkanntˈ), *dass …; *SYN ˈEinsicht (3)ˈ: *er ist zu der* ~ *gekommen, gelangt, dass dieser Maler ein Genie ist* ❖ ↗ **kennen**

Erker [ˈɛrkɐ], **der**; ~s, ~ ˈmit Fenstern versehener, an der Ecke od. Fassade eines Gebäudes befindlicher, nach außen ragender Teil, der nicht bis zum Boden herabreichtˈ; ↗ FELD V.2.1 (↗ TABL Haus/Gebäude)

erklären [ɐˈklɛːʀən/..ˈkleː..], erklärte, hat erklärt **1.1.** /jmd./ *jmdm. etw.* ~ ˈjmdm. klar verständlich alles über eine Sache mitteilen, sagen, was nötig ist, damit er sie richtig kennen lernt, verstehtˈ; SYN darlegen, erläutern: *jmdm. eine schwierige Aufgabe aus der Mathematik ausführlich* ~; *jmdm. den Sinn der/ einer Sache* ~; *etw. durch ein Beispiel* ~; *kannst du mir* ~, *warum der Motor nicht anspringt?; sich* ⟨Dat.⟩ *(von jmdm.) etw.* ~ *lassen* **1.2.** /jmd./ *sich* ⟨Dat.⟩ *etw.* ~ *(können)* ˈdie Ursache(n) für etw. ermitteln, erkennenˈ: ⟨meist verneint⟩ *er konnte es sich nicht* ~, *wie es dazu gekommen war; wir können uns sein Verschwinden nicht* ~; *er versuchte sich ihr Verhalten logisch zu* ~ **1.3.** /etw. (bes. das)/sich aus etw.* ⟨Dat.⟩ ~ ˈin etw. seine Ursache habenˈ: *das erklärt sich aus sich selbst, aus der gegenwärtigen Wirtschaftslage* **2.** /jmd., Staat/ **2.1.** *etw.* ~ ˈetw. verbindlich (2), offiziell sagen, mitteilenˈ: *sein Einverständnis (mit etw.), seinen Beitritt zu einer Organisation, seinen Austritt aus einem Verein* ~; *einem Land den Krieg* ~; *etw. an Eides statt* ~; *seinen Rücktritt* ~; *jmdm. seine Liebe* ~ (ˈjmdm. sagen, dass man ihn liebtˈ) **2.2.** *sich* ~: *sich (jmdm.)* ~ (ˈjmdm. sagen, dass man ihn liebtˈ); *sich (mit etw.) einverstanden* ~ (ˈsagen, dass man einverstanden istˈ); *sich bereit* ~, *etw. zu tun* **3.** /jmd., Institution/ *jmdn. für jmdn., irgendetw.* ~, *etw. für irgendetw., sich für irgendwie* ~ ˈjmdn., etw., sich als jmdn., etw. bezeichnen (2)ˈ: *sie erklärten ihn für den Täter,* *für (un)schuldig; jmdn. amtlich für tot ~; sie erklärte die Perle für ihr Eigentum; eine Abmachung für ungültig ~; er erklärte sich für besiegt, für nicht zuständig* ❖ ↗ **klar**

erklärlich [ɐˈklɛːʁ../..ˈkleː..] ⟨Adj.; o. Steig.; nicht bei Vb.; vorw. verneint⟩ SYN ʿverständlich (2), begreiflich (2)ʾ: *eine (nicht) ~e Veränderung; ein ~er Irrtum; sein Verhalten ist nicht ~* ❖ ↗ **klar**

Erklärung [ɐˈklɛːʁ../..ˈkleː..], die; ~, ~en 1. ʿAufschluss (1) über etw.ʾ: *von jmdm. eine ~ (für/über etw.) verlangen; (jmdm. für etw.) eine ~ geben* (ʿjmdm. etw. erklärenʾ); *jmdm. eine ~ schulden; er hat für alles eine ~; das bedarf keiner ~* 2. ʿverbindliche, offizielle Mitteilungʾ: *eine eidesstattliche, schriftliche ~; eine ~ der Regierung; der Minister hat eine ~ abgegeben* (ʿetw. verbindlich, offiziell gesagtʾ) ❖ ↗ **klar**

erklingen [ɐˈklɪŋən], erklang [..klaŋ], ist erklungen [..ˈklʊŋən] /etw., bes. Musikalisches/ ʿals melodischer Klang ertönenʾ; ↗ FELD VI.1.2: *die Glocken ~; es erklangen fröhliche Lieder* ❖ ↗ **klingen**

erkranken [ɐˈkʁaŋkn̩], erkrankte, ist erkrankt /jmd./ ʿkrank werdenʾ: *er ist erkrankt* (ANT genesen); *jmd. ist schwer, nur leicht erkrankt; an einer Erkältung, Grippe, an Asthma ~; er vertritt seinen erkrankten Chef* ❖ ↗ **krank**

erkunden [ɐˈkʊndn̩], erkundete, hat erkundet /jmd./ *etw. ~* 1.1. SYN ʿetw. auskundschaftenʾ: *jmds. Namen, Wohnung ~; er hat einen neuen Weg nach N erkundet* 1.2. ʿgenaue Einzelheiten über etw. zu erfahren suchenʾ; SYN erforschen (1.2): *die Beschaffenheit des Bodens ~; Hintergründe ~ wollen* ❖ ↗ ²**Kunde**

erkundigen [ɐˈkʊndɪgŋ̩], sich, erkundigte sich, hat sich erkundigt /jmd./ *sich nach jmdm., etw. ~* ʿdurch Fragen etw. über jmdn., etw. zu erfahren suchenʾ: *sich nach seinen Nachbarn, dem Weg, nach jmds. Befinden, nach den Leistungen eines Schülers (bei jmdm.) ~; erkundige dich vorher, wann der Zug fährt; hast du dich erkundigt, ob die Adresse noch stimmt?* ❖ ↗ ²**Kunde**

erlahmen [ɐˈlaːmən], erlahmte, ist erlahmt /etw./ ʿan Stärke, Intensität nachlassen, schwächer werdenʾ: *seine Kräfte erlahmten, sein Eifer erlahmte allmählich* ❖ ↗ **lahm**

erlangen [ɐˈlaŋən], erlangte, hat erlangt /jmd./ *etw. ~* ʿetw. durch eignes Bemühen erreichen (3)ʾ; SYN gelangen (2): *die Genehmigung zum Tragen einer Waffe, eine gute Stellung, Ruhm und Ehre, die Freiheit ~; die Erlaubnis ~, ein Kind zu adoptieren; Gewissheit über das Schicksal eines Vermissten ~; /etw./ die Stadt hat seitdem eine große Bedeutung erlangt; das Gesetz erlangt am 1.1. Geltung* (ʿgilt ab 1.1.ʾ) ❖ vgl. auch **gelangen**

Erlass [ɐˈlas], der; ~es, Erlässe [..ˈlɛsə] ʿvon einer Institution, einem Amt ausgehende Anordnungʾ: *ein amtlicher, öffentlicher ~; einen ~ herausgeben* ❖ ↗ **erlassen (1)**

erlassen [ɐˈlasn̩] (er erlässt [..ˈlɛst]), erließ [..liːs], hat erlassen 1. /Institution, jmd./ *etw. ~* ʿetw. als amt-

liche Anordnung (offiziell) bekannt machenʾ: *ein Verbot, eine Verfügung, ein Gesetz ~; der Präsident hat einen Aufruf ~; einen Haftbefehl ~* (ʿjmds. Verhaftung anordnenʾ) 2. /jmd./ *jmdm. etw. ~* ʿanordnen, dass jmd. von einer Verpflichtung befreit wird, etw. (Unangenehmes) nicht zu machen brauchtʾ: *jmdm. eine Strafe, seine Schulden, die Prüfung ~* ❖ zu (1): **Erlaß**; zu (2): ↗ **lassen**

erlauben [ɐˈlaubm̩], erlaubte, hat erlaubt 1. /jmd./ *jmdm. etw. ~* ʿjmdm. die Möglichkeit geben, etw. Bestimmtes, das er tun möchte, worum er gebeten hat, zu tun od. zu lassenʾ; SYN gestatten (1.1); ANT verbieten (1): *jmdm. ~, Einblick in die Akten des Gerichts zu nehmen; der Aufenthalt in diesen Räumen ist nicht erlaubt; die Mutter erlaubte den Kindern zu spielen; das hat mir der Arzt erlaubt; etw. ist gesetzlich erlaubt; geh. /in höflicher Rede/ ~ Sie, dass ich Ihnen helfe, dass ich vorangehe?; /in der kommunikativen Wendung/ (na,) ~ Sie mal* (ʿwas nehmen Sie sich hier heraus!ʾ)! /wird zu jmdm. als Protest gesagt, wenn dieser sich ihm gegenüber ungebührlich benimmt/; vgl. *zulassen (2)* 2. /etw./ *jmdm. etw. ~* SYN ʿjmdm. etw. ermöglichenʾ; ANT verbieten (2): *seine Gesundheit, sein Vermögen erlaubt (es) ihm, eine Weltreise zu machen; meine Zeit erlaubt (es) mir, zu dir zu kommen; das ist laut Gesetz nicht erlaubt; vgl. zulassen (2) 3.* /jmd./ *sich* ⟨Dat.⟩ *etw. ~* ʿsich so benehmen, als hätte man das Recht, sich über bestimmte Verhaltensnormen hinwegzusetzen und etw. zu tun, was andere verletzen könnteʾ; SYN herausnehmen (3), leisten (2.1): *er hat sich ja allerhand erlaubt; sich einen Scherz mit jmdm. ~; Sie glauben wohl, Sie können sich alles ~!* /als Zurückweisung von jmds. Anmaßung/; *darüber kann ich mir kein Urteil ~* (ʿdas kann ich nicht beurteilenʾ) /als höfliche Zurückweisung eines Verlangens, seine Meinung über etw. zu äußern/ ❖ **Erlaubnis, Fahrerlaubnis**

Erlaubnis [ɐˈlaup..], die; ~, ~se ⟨vorw. Sg.⟩ ʿmündliche od. schriftliche Erklärung (2), durch die jmdm. mitgeteilt wird, dass er etw. Bestimmtes (worum er gebeten, nachgesucht hat) tun darfʾ: *eine mündliche, schriftliche, offizielle ~; jmdm. die ~ zu etw., zum Betreten des Geländes geben, erteilen, verweigern; jmdm. die ~ geben, erteilen* (ʿjmdm. erlauben 1ʾ), *das Gelände zu betreten; er hat die ~, das Gelände zu betreten; jmdn. um (die) ~ bitten, etw. tun zu dürfen; etw. mit, ohne ~ tun; vgl. Genehmigung* ❖ ↗ **erlauben**

erläutern [ɐˈlɔɪtɐn], erläuterte, hat erläutert /jmd./ *jmdm. etw. ~* SYN ʿjmdm. etw. erklären (1.1)ʾ: *(jmdm.) eine schwierige Aufgabe, einen Text ~; ein Problem mit/an einem Beispiel ~; ~de Anmerkungen*

Erle [ˈɛʁlə], die; ~, ~n ʿbes. an Ufern wachsender Laubbaum mit rundlichen Blättern, Kätzchen und holzigen kleinen Zapfenʾ; ↗ FELD II.4.1: *die ~n am Bach*

erleben [ɐˈleːbm̩], erlebte, hat erlebt 1. /jmd./ 1.1. *etw. ~* ʿbei etw., bes. einem Geschehen, aktiv od. passiv dabei sein und auf sich wirken lassen'; ↗ FELD X.2: *einen Sonnenuntergang am Meer, ein Abenteuer ~; ein Konzert ~; er erzählte, was er auf der Reise erlebt hatte; das habe ich selbst erlebt; so eine Frechheit habe ich noch nicht erlebt!* /Ausruf der Entrüstung, Empörung über jmds. Verhalten/ **1.2.** *jmdn.* ~: *einen Sänger, Schauspieler auf der Bühne ~* ('sehen, hören, wie er singt, spielt') **2.** /jmd., etw./ *etw.* ~ 'selbst von einem bestimmten Geschehen betroffen (↗ betreffen 2) sein'; SYN ¹erfahren (2): *eine Überraschung, Enttäuschung ~; viel Schönes, manches Schwere ~; er hat eine Niederlage erlebt* ('ist besiegt worden'); *der Sänger, Boxer erlebt* ('hat') *gerade ein Comeback; die Wirtschaft erlebt einen Aufschwung* ('befindet sich im Aufschwung'); *das Buch hat seine 10. Auflage erlebt* ('ist zum 10. Male aufgelegt worden') ❖ ↗ **leben**

Erlebnis [ɐ'le:p..], **das**; ~ses, ~se 'etw., das jmd. erlebt (1.1) hat'; ↗ FELD X.1: *ein schönes, aufregendes, unangenehmes ~; ein ~ aus seinem Leben, von der Reise; ~se mit Kindern, Tieren; die Ferien auf dem Lande, die Aufführung dieser Oper war ein ~ für ihn, wurde für ihn zu einem großen ~* ('hat ihn sehr beeindruckt') ❖ ↗ **leben**

erledigen [ɐ'le:dɪgn̩], erledigte, hat erledigt; ↗ auch *erledigt* **1.1.** /jmd./ *etw.* ~ 'etw. zu Leistendes, eine Arbeit ausführen, durchführen': *einen Einkauf, Auftrag ~; das muss der Chef ~; etw. schnell, gewissenhaft, pünktlich ~; etw. für/als erledigt erklären* **1.2.** /etw./ *sich* ~ 'sich klären (2)': *das wird sich von selbst ~; die Sache hat sich (von selbst) erledigt* ('ist geklärt und abgeschlossen') ❖ **erledigt**

erledigt [ɐ'le:dɪçt] ⟨Adj.; o. Steig.; vorw. präd. u. bei Vb.; ↗ auch *erledigen*⟩ umg. 'infolge großer Anstrengung erschöpft': *er war vollkommen ~, kam ziemlich ~ nach Hause* ❖ ↗ **erledigen**

erleichtern [ɐ'laiçtɐn], erleichterte, hat erleichtert **1.** /etw., jmd./ *jmdm., sich* ⟨Dat.⟩ *etw.* ~ *jmdm., sich etw. durch bestimmte Veränderungen einfacher, leichter machen, sodass es weniger Anstrengung, Mühe kostet': *neue Methoden, technische Erfindungen ~ (uns) die Arbeit; er will sich das Leben ein wenig ~; etw. ~: die Bedingungen für die Prüfung ~* **2.** /jmd./ *sich, sein Gewissen, Herz* ~ 'sich, sein Gewissen, Herz durch etw., bes. von psychischer Belastung, frei machen': *durch eine Aussprache, ein Geständnis hat er sich seelisch erleichtert; (sich) sein Gewissen, Herz ~; erleichtert aufatmen; sie war erleichtert* ('froh'), *als sie hörte, dass nichts Schlimmes passiert war* ❖ ↗ **leicht**

erleiden [ɐ'laidn̩], erlitt [..'lɪt], hat erlitten [..'lɪtn̩] **1.** /jmd./ *etw.* ~ SYN 'etw. ertragen (1.1)': *Schmerzen, Qualen, Unrecht, Kränkungen ~* **2.** /jmd./ *etw.* ~ 'etw. Unangenehmes erleben, zugefügt bekommen': *eine Niederlage ~* ❖ ↗ **leiden**

erlesen [ɐ'le:zn̩] ⟨Adj.; Steig. reg.; Komp. ungebr.; nicht bei Vb.⟩ geh. 'von besonderer Güte': *ein ~es Publikum; etw. ist ein ~er Genuss;* SYN 'fein (4)': *~e Weine; ~es Gebäck, Obst; er hat einen ~en Geschmack* ❖ ↗ **lesen (II)**

erliegen [ɐ'li:gn̩], erlag [..'lɑːk], ist erlegen [..'le:gn̩] /jmd./ *jmdm., etw.* ⟨Dat.⟩ ~ 'der starken Wirkung einer Person, Sache (innerlich) nicht widerstehen (1.1) können, ihr nachgeben (1)'; ANT standhalten (2): *er ist der Versuchung zum Glücksspiel erlegen; er erlag den schlechten Einflüssen dieser Clique; einer Übermacht, dem Gegner im Kampf ~; verhüll. einer Krankheit ~* ('an einer Krankheit sterben'); *er ist einem Irrtum erlegen* ('hat sich geirrt'); *sie erlag einer Täuschung* ('hat sich getäuscht'); *er erlag ihrem Charme* ('war von ihrem Charme hingerissen')

* /etw., bes. Aktion, Wetter/ **etw. zum Erliegen bringen** 'etw. zum Stillstand bringen, bewirken, dass etw. aufhört zu funktionieren': *der Streik, das Unwetter brachte den Verkehr zum Erliegen;* /etw./ **zum Erliegen kommen** 'zum Stillstand kommen, aufhören zu funktionieren': *der Verkehr ist durch den Streik, durch das Unwetter zum Erliegen gekommen*

erlogen: ↗ **erstunken**

Erlös [ɐ'løːs], **der**; ~es, ~e ⟨+ Präp. *aus, für*⟩ 'durch den Verkauf einer Sache od. durch eine Sammlung eingenommener Geldbetrag': *der ~ aus dem, für den Verkauf des PKW; der ~ aus der Tombola, aus der Versteigerung; von dem ~ hat sie sich Schmuck gekauft, sie lebte vom ~ ihres Schmucks* ❖ ↗ **lösen (5)**

erlosch: ↗ **erlöschen**

erloschen: ↗ **erlöschen**

erlöschen [ɐ'lœʃn̩] (er erlischt [..'lɪʃt]/auch erlöscht), erlosch [..'lɔʃ]/auch erlöschte, ist erloschen [..'lɔʃn̩] auch erlöscht **1.** /etw./ ↗ FELD VI.2.2 **1.1.** 'zu brennen aufhören': *das Feuer erlischt, der Brand, die Kerze ist erloschen; ein erloschener* ('nicht mehr tätiger') *Vulkan* **1.2.** 'aufhören zu leuchten'; ↗ FELD VII.3.2: *die Lampe erlosch* **2.** /etw., bes. Psychisches/ 'schwächer werden und schließlich aufhören': *ihre Liebe, Leidenschaft, ihr Hass war erloschen* ❖ ↗ **löschen**

erlösen [ɐ'løːzn̩], erlöste, hat erlöst /jmd./ *jmdn. aus, von etw.* ~ 'dafür sorgen, dass jmd., der in einer unangenehmen, schwierigen, bedrängten Lage ist, davon befreit wird, ist': *der Arzt hat sie von ihren Beschwerden erlöst; jmdn. aus einer Zwangslage, von seinen Sorgen, von seiner Angst ~; ein Anruf erlöste uns aus/von unseren Sorgen;* scherzh. *ich werde dich gleich ~* ('dir gleich aus der unangenehmen Lage heraushelfen'); verhüll. *er wurde von seinem Leiden erlöst* ('ist gestorben') ❖ ↗ **los**

ermahnen [ɐ'mɑːnən], ermahnte, hat ermahnt /jmd./ *jmdn. zu etw.* ~ 'jmdn. eindringlich zu einem von ihm bisher nicht hinreichend befolgten, notwendigen Handeln, Verhalten auffordern': *jmdn. zur Pünktlichkeit, Vorsicht, zur Ordnung ~; jmdn. ~, pünktlich, ordentlich, vorsichtig zu sein* ❖ ↗ **mahnen**

ermäßigen [ɐ'mɛːsɪgn̩/..'meː..], ermäßigte, hat ermäßigt /jmd./ *etw.* ~ 'die Kosten, den Preis für einen bestimmten (sozialen) Zweck für etw. herabsetzen'; SYN reduzieren: *die Fahr-, Eintrittspreise, den Betrag (für Rentner) ~; der Verkauf, die Angebote zu ermäßigten* ('herabgesetzten') *Preisen* ❖ ↗ **messen**

Ermäßigung [ɐ'mɛːsɪg../..'meː..], **die**; ~, ~en 'das Ermäßigen': *eine ~ der Gebühren, Eintrittspreise* ❖ ↗ **messen**

Ermessen [ɐ'mɛsn̩], **das** 'das Einschätzen': *etw. nach dem eigenen ~ entscheiden; nach jmds. ~/jmds. ~ nach: nach meinem ~* ('so wie ich es einschätze') *ist er dazu nicht in der Lage* ❖ ↗ **messen**

* **nach menschlichem ~** 'soweit man es überhaupt beurteilen kann': *nach menschlichem ~ ist alles getan;* /etw./ **in jmds. ~ stehen** ('von jmdm. persönlich entschieden werden müssen'); /jmd./ **etw. in jmds. ~ stellen** ('etw. von jmdm. selbst entscheiden lassen')

ermitteln [ɐ'mɪtl̩n], ermittelte, hat ermittelt /jmd., Institution/ *etw., jmdn. ~* 'durch Nachforschungen, Untersuchungen in Erfahrung bringen, wo sich etw., jmd. befindet, wer, was jmd. ist': *den Aufenthaltsort, den Täter ~; ~, wer der Täter ist, wo der Täter sich aufhält; es lässt sich nicht ~, wo er sich aufgehalten hat; die genauen Werte, Ergebnisse müssen erst noch ermittelt* ('errechnet') *werden; jmds. Namen, Wohnung ~* (SYN 'auskundschaften') ❖ ↗ **Mittel**

ermöglichen [ɐ'møːglɪçn̩], ermöglichte, hat ermöglicht /jmd., etw./ *jmdm. etw. ~* 'etw. für jmdn. (finanziell) möglich machen': *seine Eltern haben ihm das Studium ermöglicht; etw. ermöglicht etw.: das milde Klima ermöglicht hier den Anbau von Weizen; der Gewinn ermöglichte* (SYN 'erlaubte 2, gestattete 2') *ihm, sich ein Auto zu kaufen, ermöglichte ihm die Reise; vgl. zulassen* ❖ ↗ **möglich**

ermorden [ɐ'mɔrdn̩], ermordete, hat ermordet /jmd./ *jmdn. ~* 'jmdn. vorsätzlich töten'; ↗ FELD XI.2: (oft im Pass.) *er wurde brutal ermordet* ❖ ↗ **Mord**

ermüden [ɐ'myːdn̩], ermüdete, ist ermüdet **1.** /jmd./ 'müde werden': *bei dieser monotonen Arbeit ermüdet man leicht, schnell* **2.** /etw./ *jmdn. ~* 'jmdn. müde machen': *das lange Gespräch hat ihn ermüdet; eine ~de Arbeit* ❖ ↗ **müde**

ermutigen [ɐ'muːtɪgn̩], ermutigte, hat ermutigt /jmd., etw./ *jmdn. zu etw. ~* 'auf jmdn. so einwirken, dass er Mut bekommt, etw. Schwieriges in Angriff zu nehmen'; ↗ FELD I.6.2: *jmdn. zu einer kniffligen Aufgabe, schweren Arbeit ~; das klingt nicht sehr ~d; er hat mich ermutigt, ein Studium zu beginnen; sie hat mich zu dieser Frisur, zu diesem Kauf ermutigt* (SYN 'animiert') ❖ ↗ **Mut**

ernähren [ɐ'nɛːrən/..'neː..], ernährte, hat ernährt **1.** /jmd., Tier/ **1.1.** *jmdn. ~* 'jmdn. mit Nahrung versorgen': *ein Baby mit Muttermilch, mit der Flasche ~; der Kranke wurde künstlich ernährt; er sieht gut, schlecht ernährt aus* **1.2.** *sich von etw. ~* 'von bestimmter Nahrung leben': *er, der Elefant ernährt sich von, mit pflanzlicher Nahrung; er ernährt sich falsch, einseitig* **2.** /jmd./ *sich, jmdn. ~* 'seinen, den Unterhalt einer od. mehrerer Personen bestreiten (2)'; SYN unterhalten (1): *sich von seiner Arbeit gut ~ können; er hat eine große Familie zu ~* ❖ ↗ **nähren**

Ernährung [ɐ'nɛːr../..'neː..], **die**; ~, (o.Pl.) 'das Ernähren (1)': *eine ausgewogene, gesunde, natürliche, künstliche ~* ❖ ↗ **nähren**

ernennen [ɐ'nɛnən], ernannte [..'nantə], hat ernannt [..'nant] /jmd., befugte amtliche Person(engruppe)/ *jmdn. zu jmdm. ~* 'jmdn. in eine bestimmte Funktion, in ein Amt einsetzen (3.2)': *jmdn. zum Vorsitzenden, Botschafter, zu seinem Vertreter ~* ❖ ↗ **nennen**

erneuern [ɐ'nɔɪɐn], erneuerte, hat erneuert /jmd./ *etw. ~* 'etw. (schadhaft, unbrauchbar Gewordenes) auswechseln': *die Gleise, Autoreifen, den Verband ~* ❖ ↗ **neu**

erneut [ɐ'nɔɪt] (Adj.; o. Steig.; nicht präd.) 'ein weiteres Mal geschehen od. unternommen': *~e Versuche; es hat ~ heftige Zusammenstöße gegeben* ❖ ↗ **neu**

erniedrigen [ɐ'niːdrɪgn̩], erniedrigte, hat erniedrigt **1.1.** /jmd., etw./ *jmdn. ~* 'bewirken, dass jmd. seine Würde, Ehre verliert'; SYN entwürdigen: *man hat die Gefangenen (durch Folter, Schikane) erniedrigt; etw. unter ~den Bedingungen tun müssen; sein Ansinnen sollte uns ~;* **1.2.** /jmd./ *sich vor jmdm. ~* 'durch sein eigenes Tun bewirken, dass man jmdm. gegenüber seine Würde, Ehre verliert': *er hat sich (mit dieser Bitte) vor seinem Chef erniedrigt* ❖ ↗ **¹nieder**

ernst [ɛrnst] (Adj.; Steig. reg., ungebr.) **1.** (vorw. attr.) 'von Ernst (1) erfüllt, von Ernst zeugend'; ANT heiter (1); ↗ FELD I.2.3: *er ist ein ~er Mensch; ~e Worte des Gedenkens und der Mahnung sprechen; ein ~es Gesicht machen; ~ aussehen; ~e* ('von Ernst bestimmte') *Musik* **2.** 'wirklich so wie gesagt, gemeint und ohne Verstellung, Scherz': *ein ~es Angebot; ihm ist es ~ damit; er meint es (jetzt) ~* ('im Ernst 3, er spaßt nicht'); *das habe ich nicht ~* ('nicht im Ernst 3') *gemeint; das war nicht ~ gemeint* ('war nicht wirklich so gemeint, wie es klang'); *es ist seine ~e Absicht, zu studieren* (nicht bei Vb.) SYN 'schwerwiegend (1.1)': *sie standen vor einer ~en Entscheidung; ~e Bedenken, Sorgen, Zweifel haben; eine ~e Mahnung* **4.** SYN 'Besorgnis erregend': *eine ~e Lage, Krankheit, Verletzung, Gefahr; die Lage ist ~; es steht ~ um ihn* ('er ist in großer Gefahr zu sterben'); *ist es etw. Ernstes?* ❖ **Ernst, ernsthaft, ernstlich**

* /Mann/ **~e Absichten haben**: *er hat ~e Absichten* ('er will sie wirklich heiraten'); /jmd./ **jmdn. ~ nehmen** (oft verneint) 'jmdn. als Persönlichkeit, als den, der er ist, akzeptieren': *man hat ihn (nicht) ~ genommen;* /jmd./ **etw. ~ nehmen** (oft verneint) 'etw. Bedrohliches als solches erkennen': *er hat die Drohung, Erkältung (nicht) ~ genommen*

Ernst, der; ~es, (o.Pl.) **1.** 'Oberflächlichkeit und Sorglosigkeit ausschließende Haltung, Einstellung eines Menschen'; ↗ FELD I.2.1: (vorw. mit Präp. mit) *etw. mit dem nötigen ~ tun; mit ~ und Würde an eine Aufgabe gehen* **2.** 'auf Ernst (1) schließen lassende mimische od. sprachliche Eigenschaft': (vorw. mit Gen.attr.) *der ~ seiner Miene; der ~ seiner Worte* **3.** 'von Ernst (1) bestimmtes Verhalten eines Menschen': *er sagte das mit allem ~ und Nachdruck, mit tierischem ~; ich meine das im ~* ('ich meine, will das wirklich so, wie ich es sage');

es war ihm ~ damit ('er nahm es ernst') **4.** 'Zustand, der als wichtig, bedeutsam od. gefährlich angesehen werden muss': *aus dem Spiel, Scherz wurde ~; (nach der Schulzeit beginnt) der ~ des Lebens; der ~ der Lage* ❖ ↗ **ernst**

* /jmd., Institution/ **mit etw. ~ machen** 'etw. Angekündigtes, Angedrohtes in die Tat umsetzen': *schließlich machte er ~ (mit seiner Drohung) und zeigte ihn an*

ernsthaft ['..] ⟨Adj.; o. Steig.; nicht präd.⟩ **1.** 'von Ernst (1) bestimmt od. zeugend'; ANT lustig (1.1): *ein ~er Mensch, Charakter; mit ~er Miene etw. sagen; sich ~ über etw. unterhalten* **2.** 'ernst (2)': *ein ~es Angebot; die ~e Absicht haben, etw. Bestimmtes zu tun; etw. ~ bezweifeln; das hat niemand ~* ('wirklich') *gewollt, geglaubt* **3.** ⟨nicht bei Vb.⟩ SYN 'schwerwiegend (1.1)': *~e Bedenken, Sorgen haben; das Auto weist ~e* ('schwere') *Mängel auf; ~e Gründe für etw. haben* ❖ ↗ **ernst**

ernstlich ['..] ⟨Adj.; Steig. reg., ungebr.; nicht präd.⟩ **1.** 'ernst (2)': *~e Anstrengungen, Versuche, Absichten haben; sich, etw. ~ prüfen; etw. ~ wollen* **2.** 'ernst (3)': *~e Bedenken gegen etw. haben; ~e Zweifel, Sorgen, Mängel; jmdn. ~ ermahnen* ❖ ↗ **ernst**

Ernte ['ɛrntə], **die**; ~, ~n **1.** ⟨o.Pl.⟩ 'das Ernten'; ↗ FELD II.4.1: *die ~ beginnt im Spätsommer; bei der ~ helfen* **2.** ⟨mit best. Adj.⟩ 'Gesamtheit von (reifen) Früchten, Pflanzen, die von den Feldern, aus den Gärten geerntet werden od. wurden': *eine gute, schlechte ~; die ~ einfahren, einbringen* ❖ ↗ **ernten**

ernten ['ɛrntn̩], erntete, hat geerntet /jmd./ etw. ~ 'die (reifen) Früchte und Pflanzen auf den Feldern, in den Gärten mähen, pflücken, sammeln und einbringen (1)'; ↗ FELD II.4.2: *Getreide, Klee, Kartoffeln, Obst ~* ❖ **Ernte**

erobern [ɐ'|oːbɐn], eroberte, hat erobert **1.** /jmd., bes. Truppe, Staat/ etw. ~ 'fremdes Gebiet, ein Land durch militärische Gewalt in seinen Besitz, unter seine Herrschaft bringen'; SYN einnehmen (3); ↗ FELD I.14.2: *sie haben ein Land nach dem anderen erobert* /jmd./ **2.1.** etw. ~ 'durch Anstrengung etw. erlangen': *schließlich war es ihm gelungen, den ersten Platz zu ~; sich* ⟨Dat.⟩ *etw. ~: er hatte sich sehr rasch die Sympathien der Zuschauer erobert* **2.2.** jmdn. ~ 'die Sympathie, Zuneigung einer Person gewinnen': *eine junge Frau ~; er hat sie im Sturm erobert; sich* ⟨Dat.⟩ *jmdn. ~* ❖ **Eroberung**

Eroberung [ɐ'|oːbər..], **die**; ~, ~en **1.** ⟨o.Pl.⟩ /zu erobern 1/ 'das Erobern'; ↗ FELD I.14.1: *die ~ fremder Gebiete* **2.** /zu erobern 1, 2/ 'etw., das etw. od. jmd., den jmd. erobert hat'; /zu 1/: *von einem Land ~ machen*; /zu 2.2/: oft spött. *er stellte uns seine jüngste ~* ('seine neueste Freundin, Geliebte') *vor* ❖ ↗ **erobern**

eröffnen [ɐ'|œfnən], eröffnete, hat eröffnet **1.** /jmd./ etw. ~ 'etw., bes. ein Geschäft, eine Ausstellung o.Ä. erstmalig der Öffentlichkeit zugänglich machen'; ↗ FELD VII.1.2: *bei uns ist ein neuer Supermarkt eröffnet worden; an der Ecke hat ein Friseur*

(s)ein Geschäft, ein Arzt (s)eine Praxis eröffnet; eine Ausstellung moderner Kunst ~ **2.** ⟨oft im Pass.⟩ /jmd., bes. befugte Person/ etw. ~ 'etw., an dem mehrere, viele Menschen teilnehmen, durch etw., z. B. eine Ansprache o.Ä. einleiten': *die Saison wurde (mit einem Konzert) eröffnet; die Diskussion (mit einigen Worten, durch den ersten Beitrag) ~; die Sitzung ~* (ANT schließen 5.1) **3.** /jmd., Truppen/ *das Feuer ~* ('zu schießen beginnen') ❖ ↗ **offen**

erörtern [ɐ'|œɐtɐn], erörterte, hat erörtert /zwei od. mehrere (jmd.)/ etw. ~ 'ein Problem, Probleme gemeinsam mit (einem) anderen eingehend besprechen, um es zu klären'; SYN diskutieren; ↗ FELD I.4.2.2: *unklare Fragen, Probleme, einen Plan, Fall, das Für und Wider einer Unternehmung ~*; /jmd./ *etw. mit jmdm. ~: mit jmdm. Maßnahmen ~*

Erosion [ɛʁo'zi̯oːn], **die**; ~, ~en Geol. 'allmähliche, von der Oberfläche her vor sich gehende Zerstörung des festen Bodens, des Gesteins, bei der kleine Teile durch die Wirkung von Wasser, Wind, Eis von irgendwo weg irgendwohin bewegt werden': *durch ~ entstandene Wüsten*

Erotik [e'ʁoːtɪk], **die**; ~, ⟨o.Pl.⟩ **1.** 'das Geistig-Seelische einschließende sinnliche Liebe': *~ im Unterschied zum reinen Sex* **2.** ⟨+ Gen.attr.⟩ verhüll. SYN 'Sexualität': *die billige ~ des Sexfilms* ❖ **erotisch**

erotisch [e'ʁoː..] ⟨Adj.; Steig. reg.; vorw. attr.⟩ **1.** ⟨Steig. ungebr.⟩ 'die Erotik (1) betreffend'; ↗ FELD I.6.3: *er spürte die ~e Kraft, die von den Werken des Meisters ausging; beide haben eine ~e Beziehung; etw. wirkt sehr ~* **2.** ⟨o. Steig.⟩ *~e* (SYN 'sexuelle 2') *Bedürfnisse* ❖ ↗ **Erotik**

Erpel ['ɛrpl̩], **der**; ~s, ~ SYN 'Enterich'; vgl. Ente (1.2); ↗ FELD II.3.1

erpicht [ɐ'pɪçt] ⟨Adj.; o. Steig.; nur präd. (mit sein)⟩ umg. /jmd./ *auf etw. ~ sein* 'begierig, versessen auf etw. sein': *er war auf Geld ~, darauf ~, bewundert zu werden*

erpressen [ɐ'pʁɛsn̩], erpresste, hat erpresst **1.** /jmd./ jmdn. ~ 'jmdn. durch etw. ihn Bedrohendes zwingen, bestimmte, meist geldliche Forderungen, zu erfüllen'; ↗ FELD I.14.2: *er ist mit belastenden Schriftstücken, mit kompromittierenden Fotos erpresst worden* **2.** /jmd./ etw. von jmdm. ~ 'etw., bes. Geld, durch Erpressen (1) von jmdm. erlangen': *er hat von ihm Geld erpresst; von jmdm. ein Geständnis ~* ❖ ↗ **pressen**

erproben [ɐ'pʁoːbm̩], erprobte, hat erprobt /jmd./ etw. ~ 'durch Versuche, Prüfen feststellen, wie etw. beschaffen ist, sich bewährt, ob es funktioniert'; SYN testen (1.2): *ein Gerät (auf seine Funktionstüchtigkeit) ~; die Wirkung von Medikamenten, die Haltbarkeit eines Werkstoffes ~* ❖ ↗ **Probe**

erquicken [ɐ'kvɪkn̩], erquickte, hat erquickt geh. **1.1.** /jmd./ jmdn. mit etw. ~ 'jmdn. mit etw. erfrischen, stärken': *jmdn. mit einem kühlen Trunk, Bad ~* **1.2.** /etw./ jmdn. ~ 'jmdn. wieder frisch, stark machen': *das Bad, der Schlaf hat ihn erquickt*

erraten [ɐ'ʀɑːtn̩] (er errät [..'ʀɛːt/..'ʀeːt]), erriet [..'ʀiːt], hat erraten /jmd./ etw. ~ ˈetw. durch Raten (2) herausfinden, ermitteln': *er hat ihre Gedanken, Absichten, Gefühle, Wünsche ~; er hat ~, worum es sich handelt, was sie wollte* ❖ ↗ **Rat**

errechnen [ɐ'ʀɛçnən], errechnete, hat errechnet /jmd./ etw. ~ ˈetw. durch Rechnen ermitteln, bestimmen': *eine Entfernung, den durchschnittlichen Preis, die Steuern ~; er hat errechnet, wie lange der Vorrat reichen könnte* ❖ ↗ **rechnen**

erregen [ɐ'ʀeːgn̩], erregte, hat erregt **1.1.** /jmd., etw./ jmdn., etw. ~ ˈin jmdm. ein starkes Gefühl, Empfinden hervorrufen'; SYN aufregen (1.1): *die Frechheit seines Nachbarn hatte ihn sehr erregt; ein ~des Erlebnis; in erregter Stimmung sein; die erregten (ˈaufgeregten') Gemüter beruhigen; jmd. ist, wird durch etw., jmdn. stark, sexuell erregt; er war freudig erregt; etw. erregte sein Gemüt (ˈregte ihn auf')* **1.2.** /jmd./ sich über etw., jmdn. ~ SYN ˈsich über etw., jmdn. aufregen (1.2)'; ↗ FELD I.6.2: *er hat sich sehr über die Frechheit seines Nachbarn erregt, hat sich darüber erregt, dass man ihn verleugnet hat* **2.** /jmd., etw./ etw. ~ ˈeinen bestimmten Gefühlszustand hervorrufen': *(durch/mit etw.) Missfallen, Mitleid, großes Aufsehen, Heiterkeit, Freude ~ (SYN ˈhervorrufen'); Anstoß ~ (ˈdurch Verstoßen gegen die geltende Moral Missfallen hervorrufen')* ❖ ↗ **regen**

Erregung [ɐ'ʀeːg..], die; ~, ~en **1.** ⟨o.Pl.⟩ /zu erregen 2/ ˈdas Erregen': Jur. *die ~ öffentlichen Ärgernisses (ˈin der Öffentlichkeit begangene strafbare Handlung, die bes. die geltenden sexuell-moralischen Normen der Mitbürger verletzt')* **2.** ⟨vorw. Sg.⟩ ˈZustand, wenn jmd. erregt ist, das Erregtsein'; SYN Aufregung: *er sprach die Worte des Dankes in heftiger, freudiger ~; seine ~ nur mühsam verbergen können; bei der geringsten Kleinigkeit konnte er in ~ geraten (ˈsich erregen'); Dummheit konnte ihn stets in ~ bringen, versetzen (ˈerregen 1.1')* ❖ ↗ **regen**

erreichen [ɐ'ʀaiçn̩], erreichte, hat erreicht **1.** /jmd., etw./ jmdn., etw. ~ ˈes schaffen, zu jmdm., etw. zu kommen, zu gelangen': *einen Ort nur zu Fuß, mit dem Auto ~ (können); er hat den Anschluss(zug) gerade noch erreicht; der Brief hat ihn rechtzeitig erreicht; das Flugzeug erreichte eine Höhe von zehn Kilometern; ein hohes Alter ~ (ˈsehr alt werden')* **2.** /jmd./ jmdn. ~ ˈmit jmdm. (telefonisch) in Verbindung kommen und mit ihm sprechen': *jmd. ist telefonisch (nicht) zu ~; jmdn. zu Hause ~ (ˈzu Hause antreffen')* **3.** /jmd./ etw. ~ ˈetw., um das man sich bemüht, verwirklichen können': *sein Ziel, einen Rekord, eine gute Leistung ~; sie hat alles erreicht, was sie wollte; bei jmdm. etw. ~ ˈjmdm. gegenüber etw. durchsetzen': *sie hat bei ihm erreicht, dass ...* ❖ ↗ **reichen**

errichten [ɐ'ʀɪçtn̩], errichtete, hat errichtet /jmd., Architekt/ etw. ~ **1.1.** SYN ˈetw. erbauen (1)'; ↗ FELD V.3.1: *moderne Wohnhäuser, ein Denkmal ~* **1.2.** SYN ˈetw. aufstellen (2)': *ein Gerüst, Zelt, eine Tribüne ~* ❖ ↗ **richten (I)**

erringen [ɐ'ʀɪŋən], errang [..'ʀaŋ], hat errungen [..'ʀʊŋən] /jmd./ etw. ~ ˈetw. unter großer Anstrengung erreichen (3)': *einen Preis, den ersten Platz, den Sieg ~* ❖ ↗ **ringen**

Errungenschaft [ɐ'ʀʊŋən..], die; ~, ~en ˈdas, was durch Anstrengung, Leistung geschaffen wurde': *dies ist eine ~ der Forschung, Technik; soziale, kulturelle, medizinische, technische ~en* ❖ ↗ **ringen**

Ersatz [ɐ'zats], der; ~es, ⟨o.Pl.; vorw. mit Präp. für⟩ **1.** ˈPerson od. Sache, die jmdn., etw. ersetzt, ersetzen kann': *jmd. ist ein guter, vollwertiger ~ für einen Erkrankten; für jmdn., etw. einen ~ brauchen, (be)-schaffen, haben* **2.** SYN ˈEntschädigung (2)': *~ für einen Verlust, Schaden fordern; er, die Versicherung wird ihm ~ leisten (ˈihn entschädigen')* ❖ ↗ **ersetzen**

erscheinen [ɐ'ʃainən], erschien [..'ʃiːn], ist erschienen [..'ʃiːnən] **1.** /jmd., etw./ ˈirgendwo sichtbar werden': *jmd. erscheint in der Tür, auf dem Bildschirm; ein Schiff erscheint am Horizont* **2.** /etw. Gedrucktes/ irgendwann, irgendwie ~ ˈirgendwann veröffentlicht, herausgegeben werden, in bestimmter Form in den Handel, auf den Markt kommen'; SYN herauskommen (2): *das Buch erscheint noch in diesem Jahr, erscheint in einer Auflage von ... Exemplaren; die Zeitschrift erscheint monatlich; das neue Produkt soll nächsten Monat auf dem Markt ~* **3.** /etw., jmd./ irgendwie ~ ˈjmdm. einen bestimmten Eindruck machen'; SYN vorkommen': *er, sein Verhalten, diese Rede erschien mir merkwürdig, bemerkenswert, unverständlich; es erschien (ihm) ratsam, sich zurückzuziehen; der Gewinn erschien ihr wie ein Wunder; vgl. vorkommen (4)* ❖ ↗ **scheinen**

Erscheinung [ɐ'ʃain..], die; ~, ~en **1.** ˈetw., was wahrnehmbar ist, wahrgenommen wird, insbesondere ein Vorgang': *eine meteorologische ~; eine ~ in der Natur; es ist eine typische, normale ~, dass ...; eine krankhafte ~ an, in einem Organismus feststellen; in ~ treten ˈwahrnehmbar werden'; SYN auftreten (3): *da ist etw. ~ getreten, das wir nicht begreifen; die Polizei ist bei dieser Demonstration überhaupt nicht in ~ getreten (ˈwar bei dieser Demonstration nicht zu sehen und auch nicht aktiv')* **2.** ⟨mit best. Adj.⟩ ˈdurch ihre Gestalt, ihr Äußeres und ihr Auftreten in bestimmter Weise wirkende Persönlichkeit': *jmd. ist eine stattliche, elegante, sympathische ~* ❖ ↗ **scheinen**

erschießen [ɐ'ʃiːsn̩], erschoß [..'ʃɔs], hat erschossen [..'ʃɔsn̩] /jmd./ **1.1.** ein Tier ~ ˈein Tier durch Schießen töten': *ein verletztes Pferd ~; jmdn. ~ (ˈjmdn. durch einen Schuss ermorden od. hinrichten')* **1.2.** sich ~ ˈSelbstmord begehen, indem man sich durch einen Schuss tötet': *er hat sich erschossen* ❖ ↗ **schießen**

erschlagen [ɐ'ʃlaːgn̩] (er erschlägt [..'ʃlɛːkt/..'ʃleː..]), erschlug [..'ʃluːk], hat erschlagen **1.1.** /jmd./ jmdn. ~ ˈjmdn. durch einen Schlag, durch Schläge (mit einem Gegenstand, einer Waffe) töten': *er hat ihn (mit einem Knüppel) ~* **1.2.** /etw./ jmdn. ~ ˈjmdn. durch die Wucht des Aufpralls töten': *der herabfallende Ziegel, umstürzende Baum erschlug ihn; er*

wurde von einem Blitz ~ ('getroffen und getötet')
❖ ↗ **schlagen**

erschließen [ɐ'ʃliːsn̩], erschloß [..'ʃlɔs], hat erschlossen [..'ʃlɔsn̩] **1.** /jmd., Institution, etw./ *etw.* ~ 'etw. für die Nutzung zugänglich machen, etw. dem Menschen nutzbar machen: *ein Gebiet durch den Bau von Straßen* ~; *durch die neue Straße wird dieses Gebiet erschlossen; neue Märkte für ein Produkt* ~; *mit dieser Erfindung werden neue Möglichkeiten erschlossen* **2.** /jmd./ *etw. aus etw.* ⟨Dat.⟩ ~ 'etw. aus etw. durch Folgern ermitteln, ableiten': *sie konnte aus seinem Verhalten* ~, *dass ...; die Bedeutung eines Wortes aus dem Textzusammenhang* ~ ❖ ↗ **schließen**

erschöpfen [ɐ'ʃœpfn̩], erschöpfte, hat erschöpft **1.** /jmd./ *etw.* ~ 'etw. vollständig verbrauchen': *er hat seine finanziellen Mittel, den Kredit, die Vorräte, die letzten Reserven erschöpft; der Gesprächsstoff war bald erschöpft;* METAPH *mit ihren ständigen Vorhaltungen hat sie seine Geduld erschöpft* **2.** /jmd./ *etw.* ~ 'etw., bes. ein Problem, vollständig, in allen Einzelheiten behandeln (4.2)': *er hat in seinem Vortrag das Thema erschöpft,* ~*d behandelt, dargestellt* **3.** /etw./ *jmdn.* ~ 'jmds. Kräfte derart beanspruchen, dass sie völlig verbraucht sind': *die Arbeit, Anstrengung hatte ihn völlig erschöpft;* ⟨oft im Part. II⟩ *total erschöpft fielen wir nach der Wanderung in die Betten; nach den schwierigen Verhandlungen fühlte sie sich, war sie innerlich völlig erschöpft* ❖ **Erschöpfung, unerschöpflich**

Erschöpfung [ɐ'ʃœpf..], **die**; ~, ~en ⟨vorw. Sg.⟩ 'durch große Anstrengung bewirkter Zustand des Erschöpftseins (↗ *erschöpfen* 3)': *bis zur* ~ *arbeiten; vor* ~ *einschlafen* ❖ ↗ **erschöpfen**

¹**erschrecken** [ɐ'ʃʁɛkn̩] (er erschrickt [..'ʃʁɪkt]), erschrak [..'ʃʁaːk], ist/hat erschrocken [..'ʃʁɔkn̩] /jmd./ **1.1.** ⟨ist⟩ 'einen Schreck bekommen'; ↗ FELD I.6.2: *als es plötzlich knallte, erschrak er sehr; über etw., jmdn.* ~: *er erschrak über die Nachricht, erschrak heftig über sie, weil sie so elend aussah; sich vor etw.* ⟨Dat.⟩ ~: *sich vor einem Hindernis* ~; *er erschrick nicht, wenn jetzt etwas Unerwartetes passiert!* **1.2.** ⟨hat⟩ *sich* ~ 'einen Schreck bekommen': *als es plötzlich knallte, habe ich mich sehr erschrocken; sich über etw.* ~: *ich habe mich sehr über sein Aussehen erschrocken* ❖ ↗ **Schreck**

²**erschrecken**, erschreckte, hat erschreckt **1.1.** /etw., jmd./ *jmdn.* ~ 'bewirken, dass jmd. einen Schreck bekommt': *die Explosion, ihr Aussehen erschreckte ihn heftig; erschrecke nicht das Kind!; er ist leicht zu* ~ **1.2.** /jmd./ *sich* ~ 'einen Schreck bekommen': *sie hat sich sehr erschreckt* ❖ ↗ **Schreck**

erschüttern [ɐ'ʃʏtɐn], erschütterte, hat erschüttert **1.** /etw./ *etw.* ~ 'etw. in heftige, zitternde, schwankende Bewegung versetzen, was normalerweise auf festem Grund steht': *die Detonation, das Erdbeben hat die Häuser stark erschüttert* **2.** /jmd., etw./ *etw.* ~ 'etw. als fraglich erscheinen lassen': *dieses Verhalten hat, er hat durch sein Verhalten sein Ansehen, seine Glaubwürdigkeit erschüttert; einen Beweis,*

Verdacht durch bessere Argumente ~; *sein Vertrauen zu ihr war erschüttert* **3.** /etw./ *jmdn.* ~ 'jmdn. stark ergreifen (4)': *die Nachricht von seinem Tod hat sie (zutiefst) erschüttert;* ~*de Szenen spielten sich dort ab* ❖ **Erschütterung, unerschütterlich — markerschütternd, Gehirnerschütterung**

Erschütterung [ɐ'ʃʏtɐʁ..], **die**; ~, ~en /zu *erschüttern* 1, 3/ 'das Erschüttertsein': /zu 1/: *eine starke* ~ *des Erdbodens;* /zu 3/: *eine tiefe, seelische* ~; *etw. ruft eine* ~ *hervor* ❖ ↗ **erschüttern**

erschweren [ɐ'ʃveːʁn̩], erschwerte, hat erschwert /jmd., etw./ *jmdm. etw.* ~ 'jmdm. etw. schwieriger machen'; ANT erleichtern: *jmdm. durch sein Verhalten das Leben* ~; *sein Verhalten erschwerte es uns, ihm zu helfen; etw. erschwert etw.: Nebel erschwert ('behindert') die Orientierung; unter erschwerten Bedingungen ('unter Bedingungen, die schwerer als erwartet sind') arbeiten müssen;* Jur. ~*de ('die Strafe verschärfende') Umstände* ❖ ↗ **schwer**

erschwinglich [ɐ'ʃvɪŋ..] ⟨Adj.; Steig. reg.⟩ 'im Preis, in den Kosten so günstig, dass man es bezahlen kann'; ANT teuer (1): ~*e Preise, Kosten; diese Reise ist für uns nicht* ~, *die Preise für Urlaubsreisen* ~ *gestalten* ❖ **unerschwinglich**

ersehen [ɐ'zeːən] (er ersieht [..'ziːt]), ersah [..'zaː], hat ersehen /jmd./ *etw. aus etw.* ⟨Dat.⟩ ~ 'etw. aus bestimmten Merkmalen, auf Grund bestimmter Gegebenheiten erkennen, feststellen': *aus den Unterlagen ist nicht zu* ~, *kann man* ~, *dass ...; daraus konnte er* ~, *dass ...; daraus ersieht man, dass ...* ❖ ↗ **sehen**

ersetzen [ɐ'zɛtsn̩], ersetzte, hat ersetzt **1.** /jmd./ **1.1.** *jmdn., etw.* ~ 'jmdn. durch jmdn., etw. durch etw. auswechseln': *einen verletzten Sportler, unfähigen Leiter* ~; *ein schadhaftes Teil durch ein neues* ~; *eine defekte Fensterscheibe* ~ **1.2.** *jmdm. jmdn.* ~ 'die Aufgabe, Rolle einer Person für jmdn. übernehmen': *sie musste ihm die Mutter* ~ **2.** /jmd./ *jmdm. etw.* ~ **2.1.** 'jmdm. für etw., was man verschuldet hat, Ersatz leisten': *jmdm. die zerbrochene Fensterscheibe, das verlorene Buch* ~ **2.2.** 'jmdm. einen Betrag, den er ausgelegt hat, auszahlen'; SYN erstatten (1): *jmdm. seine Unkosten* ~ ❖ ↗ **setzen**

ersichtlich [ɐ'zɪçt..] ⟨Adj.⟩ 'so, dass man es erkennen, verstehen kann': *er tat das ohne* ~*en Grund; hieraus ist, wird* ~, *dass ...; mir ist nicht* ~, *warum das Gerät nicht funktioniert* ❖ ↗ **sehen**

ersparen [ɐ'ʃpaːʁn̩], ersparte, hat erspart **1.** /jmd./ *sich* ⟨Dat.⟩ *etw.* ~ 'eine Summe Geld durch Sparen zusammenbringen': *er hat (sich) fast 10.000 Mark erspart; etw.* ~: *das Geld für den Kauf des Hauses hat er erspart; vom Ersparten leben* **2.** /jmd./ *etw.* ~ 'jmdn. mit etw. Unangenehmem verschonen': *jmdm. zusätzliche Arbeit, viel Ärger, Aufregung* ~; *diesen Vorwurf kann man dir nicht* ~; *sich* ⟨Dat.⟩ *etw.* ~: *ich wollte mir die viele Arbeit* ~, *aber ...* ❖ ↗ **sparen**

Ersparnis [ɐ'ʃpaːʁ..], **die**; ~, ~se **1.** ⟨vorw. Pl.⟩ /zu *ersparen* 1/ 'das Ersparte': *seine* ~*se Gewinn brin-*

gend anlegen; er hat sie um ihre ~se gebracht **2.** ʿdas durch sparsames Wirtschaften, rationelles Vorgehen nicht Verbrauchteʾ: *unsere, eine beträchtliche ~ an/von Kosten, Arbeit, Zeit; die ~se an Kosten summieren sich* ❖ ↗ **sparen**

¹erst [eːɐst] ⟨Adv.⟩ ʿbevor etw. anderes geschieht, zu Beginn eines Vorgangs, einer Tätigkeitʾ; SYN zuerst (1.1), zunächst (1): *~ überlegen, dann handeln; ~ hast du dies und dann das gesagt* ❖ **erste, erstens, erstere, Erstling** – **erstklassig, erstmals, vorerst, zuerst**

²erst ⟨Modalpartikel; unbetont; steht nicht am Satzanfang; bezieht sich auf den ganzen Satz⟩ **1.** ⟨steht in Wunschsätzen, die selbständige, durch *wenn* eingeleitete konditionale Nebensätze od. irreale, nicht eingeleitete Wunschsätze mit Inversion des Subj. sind⟩ /verstärkt einen Wunsch, der auf die Zukunft gerichtet ist/: *wäre er (nur) ~ zu Hause!; hätte ich nur ~ ein Auto!; wenn ich (nur) ~ fertig wäre!; wenn er nur ~ wieder gesund wäre!* **2.** ⟨steht in elliptischen Ausrufesätzen, die sich auf einen Vordersatz beziehen, der eine Aussage enthält⟩ /verstärkt die Aussage, die dadurch eine Steigerung zum Vorausgehenden bildet/: ⟨oft in Verbindung mit *recht*⟩ *er ist sehr lebhaft, aber ~ sein Bruder!; er ist schon verärgert, aber wie wird er ~ toben, wenn er erfährt, dass …; ich war schon wütend und jetzt bin ich es ~ recht!; „Ich bin sehr hungrig" „Und ich ~!"*

³erst ⟨Gradpartikel; unbetont; steht vor od. nach der Bezugsgröße; bezieht sich bes. auf Zeit- und Mengenangaben⟩ **1.** ⟨bezieht sich auf Zeitangaben⟩ **1.1.** /schließt andere Zeitangaben aus; drückt aus, dass ein Zeitpunkt später als erwartet eintritt/: *er kam ~ um zehn Uhr; ich bin ~ um acht Uhr aufgestanden; ich habe ~ heute/heute ~ davon erfahren; man bemerkte es ~, als es zu spät war* **1.2.** ⟨steht vor der Bezugsgröße⟩ /schließt andere Zeitangaben aus; drückt aus, dass ein Zeitpunkt früher als erwartet eintritt/: ⟨vorw. in Verbindung mit *es ist*⟩ *es ist ~ sieben Uhr; es war ~ Mittag, und bis zum Abend war es noch lang; es war ~ Oktober, und doch fiel schon Schnee* **2.** ⟨steht vorw. vor der Bezugsgröße⟩ /schließt andere Sachverhalte aus; drückt aus, dass ein Sachverhalt noch unter der Erwartung des Sprechers liegt, noch nicht der Erwartung entspricht/: *er hat ~ drei Scheiben Brot gegessen, hat ~ 20 Seiten gelesen, ist ~ einen Kilometer gelaufen; er hat ~ zwei Prüfungen bestanden; er ist ~ Leutnant, Geselle, Sekretär*

erstarren [ɐˈʃtarən], erstarrte, ist erstarrt **1.** /etw., bes. eine Substanz/ ʿfest (1), hart (1.1) werdenʾ: *die Larve, der Beton, Gips ist erstarrt; ~: das Wasser erstarrte zu Eis* **2.** /jmd., Gliedmaßen/ *vor Kälte ~* ʿvor Kälte steif (1.1), unbeweglich werdenʾ: *sie waren vor Kälte fast erstarrt; seine Finger erstarrten vor Kälte* **3.** /jmd./ *vor etw.* ⟨Dat.; meist nicht erkennbar⟩ *~* ʿdurch eine psychische Reaktion, bes. durch Angst, nicht imstande sein, etw. zu tunʾ: *er erstarrte vor Schreck, Angst, Entsetzen* ❖ ↗ **starr**

erstatten [ɐˈʃtatn̩], erstattete, hat erstattet **1.** /jmd., Institution/ *jmdm. etw. ~* SYN ʿjmdm. etw. ersetzen (1)ʾ: *jmdm. die Unkosten, das Fahrgeld, die Auslagen ~* **2.** /jmd./ *Anzeige ~* ʿjmdn. anzeigenʾ: *er erstattete Anzeige (gegen den Betrüger); jmdm. Bericht ~* ʿjmdm. über etw. berichtenʾ: *er hat dem Minister (über den Vorfall) Bericht erstattet* ❖ **zu (2): Berichterstatter; zu (1):** ↗ **³statt**

erstaunen [ɐˈʃtaunən], erstaunte, hat/ist erstaunt **1.** ⟨hat⟩ /etw., jmd./ *jmdn. ~* ʿbewirken, dass jmd. stauntʾ: *er hat uns (durch sein großes Wissen) erstaunt; sein Benehmen, seine Frechheit erstaunte uns* **2.** ⟨ist⟩ /jmd./ SYN ʿstaunenʾ: *er erstaunte sehr, als …; über etw. ~: sie erstaunte über sein Wissen;* ⟨vorw. im Part. II⟩ *sehr erstaunt (über etw.) sein* ❖ ↗ **staunen**

Erstaunen, das; ~s ⟨o.Pl.⟩ /zu erstaunen 2/ ʿdas Erstauntseinʾ: *er, es (ver)setzte uns in ~* (ʿbewirkte, dass wir stauntenʾ), *als er einen Kopfstand machte; etw. mit ~ feststellen; zu jmds. ~* ʿwas jmdn. erstauntʾ: *zu seinem (größten) ~ fand er die Wohnung verlassen* ❖ ↗ **staunen**

erstaunlich [ɐˈʃtaun..] **I.** ⟨Adj.; Steig. reg.; nicht bei Vb.⟩ ʿStaunen hervorrufendʾ: *eine ~e Leistung, Begebenheit; es ist ~, dass er davon nichts wusste* – **II.** ⟨Adv.; vor Adj., Adv.⟩ ʿaußerordentlichʾ: *sie sieht ~ jung aus, wirkt ~ erwachsen; es ist jetzt schon ~ warm draußen* ❖ ↗ **staunen**

erste [ˈeːɐstə] ⟨Zahladj.; nur attr.⟩ /die Ordnungszahl zu *eins* (1.);⟩ auch *erstere* **1.** /bezeichnet in einer Reihenfolge die Position „eins"/: *der ~ April; am, zum Ersten des Monats* (ʿam Tag zu Beginn des Monatsʾ); *der, die Erste von links, in der Reihe; die ~n beiden, drei (einer Gruppe); der ~ Stock, Rang; das ~ Mal; beim, zum ~n Male; als Erster durchs Ziel gehen; als Erstes* (ʿzuerstʾ) *müssen wir Folgendes tun; im ~n Gang fahren; ein Schüler der ~n Klasse;* ↗ auch *dritte* **2.1.** ʿnach Qualität und Leistung an der Spitze stehendʾ: *das ist das ~ Hotel der Stadt; ein Wein ~r Güte; Strümpfe ~r Wahl; der Erste* (ʿBesteʾ) *der Klasse* **2.2.** ʿnach Rang, Grad an der Spitze stehendʾ: *eine Fahrkarte ~r Klasse; ein Stern ~r Größe; der Erste Vorsitzende; Erster Offizier eines Schiffes* **2.3.** ʿden Anfang eines Tuns, Vorgangs, Geschehens bildendʾ: *der ~ Schritt zur Versöhnung; den ~n Zug haben* (ʿbei einem Spiel als Erster ziehenʾ); *den ~n Schritt zur Versöhnung machen; ~ Hilfe* ❖ ↗ **¹erst**

* fürs Erste ʿvorläufigʾ: *fürs Erste genügt, reicht das* MERKE ↗ auch *dritte* (Merke)

erstechen [ɐˈʃtɛçn̩] (er ersticht [..ˈʃtɪçt]), erstach [..ˈʃtaːx], hat erstochen [..ˈʃtɔxn̩] /jmd./ *jmdn. ~* ʿjmdn. durch einen Stich, durch Stiche mit einer Stichwaffe o.Ä. tötenʾ: *er hat ihn erstochen; er wurde bei einer Rauferei (mit einem Messer) erstochen* ❖ ↗ **stechen**

erstehen [ɐˈʃteːən], erstand [..ˈʃtant], hat erstanden [..ˈʃtandn̩] ⟨vorw. im Perf.⟩ **1.** /etw., bes. Gebäude, Anlage/ ʿ(von neuem) aufgebaut, errichtet werdenʾ: *die stark zerstörte Kirche ist aus den Trümmern* *(wieder neu) erstanden* **2.** /jmd./ *etw.* ~ ʿ(mit einer gewissen Mühe) etw. käuflich erwerbenʾ: *sie hat drei Eintrittskarten, hat eine hübsche Bluse preiswert erstanden* ❖ ↗ **stehen**

erstens [ˈeːɐ̯stn̩s] 〈Adv.〉 ʿan erster Stelle, als Erstesʾ; ↗ auch *drittens* ❖ ↗ **¹erst**

erstere [ˈeːɐ̯stəʀə], **der, die, das**; ~n, ~n od. **ersterer** [ˈ..ʀɐ], **erstere, ersteres** [ˈ..ʀəs] 〈Demonstrativpron.; subst. u. adj.; korrespondiert mit *letztere/letzterer*; ↗ auch *erste*; ↗ TAFEL IX〉 /dient zur Unterscheidung zweier vorher erwähnter Subst./ ʿder von zweien zuerst Genannteʾ: *er hat zwei Söhne, Rainer und Frank,* ~*r/der* ~ *ist verheiratet, letzterer/der letztere ist noch ledig; im* ~*n Fall ist alles gut gegangen, im letzteren gab es Komplikationen;* /*auch ohne letztere*/: *die* ~ *Frage möchten wir noch zurückstellen* ❖ ↗ **¹erst**

ersticken [ɐ̯ˈʃtɪkn̩], **erstickte, ist/hat erstickt**; ↗ FELD XI.2 **1.** 〈ist〉 /jmd./ ʿaus Mangel an Luft, an Sauerstoff zum Atmen sterbenʾ: *das Kind ist unter den Kissen fast erstickt* **2.** 〈hat〉 /jmd./ *jmdn.* ~ ʿjmdn. durch bestimmte Handlungen, die ihm die Luft zum Atmen entziehen, tötenʾ: *er hat sie (mit einem Kissen, durch Würgen) erstickt* ❖ ↗ **stickig**

erst|klassig [ˈeːɐ̯stklasɪç] 〈Adj.; o. Steig.; nicht bei Vb.〉 SYN ʿausgezeichnetʾ: *eine* ~*e Leistung, Verpflegung; sie ist eine* ~*e Schneiderin; der Film ist* ~ ❖ ↗ **¹erst**, ↗ **Klasse**

Erstling [ˈeːɐ̯stlɪŋ], **der**; ~s/auch ~es, ~e 〈vorw. Sg.〉 ʿerstes Werk, bes. eines Schriftstellers, Künstlersʾ: *dieser Roman, Film ist sein, ihr* ~ ❖ ↗ **¹erst**

erst [ˈeːɐ̯st]|**-mals** [mɑːls] 〈Adv.〉 ʿzum ersten Malʾ: *die Stadt wurde* ~ *im 12. Jh. erwähnt* ❖ ↗ **¹erst**, ↗ **Mal**; **-rangig** [ʀaŋɪç] 〈Adj.; o. Steig.; vorw. attr.; nicht bei Vb.〉 **1.** ʿbes. dringlich, wichtiger als anderesʾ; SYN vornehm (4): *eine* ~*e Aufgabe; etw. ist von* ~*er* (ʿsehr großerʾ) *Bedeutung* **2.** SYN ʿausgezeichnetʾ: *ein* ~*er Schauspieler* ❖ ↗ **¹erst**, ↗ **Rang**

erstrecken [ɐ̯ˈʃtʀɛkn̩], **sich**, **erstreckte sich, hat sich erstreckt 1.** /etw. Räumliches, Zeitliches/ *sich bis irgendwohin* ~ ʿeine bestimmte räumliche od. zeitliche Ausdehnung bis irgendwohin habenʾ: *der Wald erstreckt sich bis zum Gebirge; die Straße erstreckt sich bis zum Horizont, bis vor die Küste; die Untersuchungen* ~ *sich bis zum Jahresende; sich über, auf etw.* ~: *der Wald erstreckt sich über zehn Hektar; die Feier erstreckt sich über, auf drei Tage* **2.** *etw. erstreckt sich auch, nur auf etw., jmdn.* ʿetw. betrifft auch, nur etw., jmdn.ʾ: *diese Bestimmung erstreckt sich auch, nur auf Jugendliche; das erstreckt sich nur auf den Transport* ❖ ↗ **strecken**

erstunken [ɐ̯ˈʃtʊŋkn̩]
* umg. emot. /etw./ **~ und erlogen sein** ʿvöllig unwahr seinʾ: *dieser Bericht, dies alles ist* ~ *und erlogen; seine Angaben waren alle* ~ *und erlogen*

ersuchen [ɐ̯ˈzuːxn̩], **ersuchte, hat ersucht 1.** /jmd./ *jmdn. um etw.* ~ ʿjmdn. höflich um etw. bittenʾ: *jmdn. um Gehör, Geduld, eine Gefälligkeit* ~ (ʿjmdn. bitten, zuzuhören, sich zu gedulden, gefällig zu seinʾ); *sie ersuchte ihn, ihr behilflich zu sein* **2.** /befugte Person, Institution/ *jmdn.* ~, *etw. Bestimmtes zu tun* ʿjmdn. aus amtlicher Befugnis auffordern, etw. Bestimmtes zu tunʾ: *jmdn.* ~, *ein bestimmtes Gelände nicht zu betreten; jmdn.* ~, *seine Steuern zu zahlen* ❖ ↗ **suchen**

Ersuchen, das; ~s, ~ ʿhöfliche Bitte od. Aufforderungʾ: *ein* ~ *an jmdn. richten; jmds.* ~ *stattgeben* ❖ ↗ **suchen**

ertappen [ɐ̯ˈtapm̩], **ertappte, hat ertappt** /jmd., Polizei/ *jmdn. bei etw.* ~ ʿjmdn. bei der Ausführung einer unerlaubten, verbotenen Handlung entdecken (1.2)ʾ; SYN erwischen (2): *jmdn. bei einem Einbruch, ein Kind beim Naschen, den Ehemann bei einem Flirt* ~; *jmdn. bei einer Unwahrheit* ~ (ʿbemerken, dass jmd. die Unwahrheit sagtʾ); *sich ertappt* (ʿentdeckt, durchschautʾ) *fühlen; sich bei etw.* ~ ʿplötzlich bemerken, dass man etw. Verbotenes tun willʾ: *er ertappte sich dabei, wie/dass er bei roter Ampel noch rasch über die Kreuzung fahren wollen*

erteilen [ɐ̯ˈtaɪlən], **erteilte, hat erteilt** /jmd./ *jmdm. etw.* ~ ʿjmdm. etw. in sprachlicher Form zukommen lassen, gebenʾ; SYN geben (4.1): *jmdm. einen Befehl, eine Genehmigung, einen Rat, Tadel, eine Vollmacht* ~; *jmdm. Unterricht* ~ (SYN ʿjmdn. unterrichten 1.1ʾ); *er erteilt* (SYN ʿunterrichtet 1.2ʾ) *in der Oberstufe Chemie; jmdm. das Wort* ~ (ʿihn in der Diskussion sprechen lassenʾ)

ertönen [ɐ̯ˈtøːnən], **ertönte, ist ertönt** /etw., bes. Instrument, Laut/ ʿzu tönen beginnen, hörbar werdenʾ; ↗ FELD VI.1.2: *eine Sirene, ein Ruf, Lachen, Laut ertönte; Stimmen* ~ *laut in der Dämmerung; Musik, Gesang ertönt* ❖ ↗ **Ton**

Ertrag [ɐ̯ˈtʀaːk], **der**; ~es/auch ~s, Erträge [..ˈtʀɛːɡə/ ..ˈtʀɛ:..] **1.** ʿMenge der (in der Landwirtschaft) erzeugten (pflanzlichen) Produkteʾ; ↗ FELD II.4.1: *die Erträge der Landwirtschaft steigern; gute, reiche, hohe Erträge pro Hektar; der* ~ *eines Ackers, Jahres* **2.** ʿfinanzieller Nutzen, Gewinn, Erlös aus etw., den etw., bes. ein Besitz, Geschäft, einbringt (2)ʾ: *der* ~ *aus dem angelegten Kapital; er lebt von den Erträgen der Bücher, die er geschrieben hat; seine Häuser bringen ihm gute Erträge ein* ❖ ↗ **tragen**

ertragen [ɐ̯ˈtʀaːɡn̩] (er **erträgt** [..ˈtʀɛːkt/..ˈtʀɛ:..]), **ertrug** [..ˈtʀuːk], **hat ertragen 1.1.** /jmd./ *etw.* ~ ʿetw. Unangenehmes über sich ergehen lassen und physisch, psychisch bewältigenʾ; SYN aushalten (1.1), ausstehen (1), erdulden, erleiden (1): *Kälte, Hitze, Schmerzen (geduldig), einen Misserfolg mit Gleichmut* ~; 〈oft verneint〉 *er konnte den Anblick, Lärm, ihre Launen nicht (mehr)* ~; *jmd. kann die Wahrheit nicht* ~ (ʿsträubt sich heftig dagegen, dass die Wahrheit offenbar wirdʾ) **1.2.** /etw./ *sich* ~ *lassen: das lässt sich gerade noch* ~ (ʿkann man gerade noch ertragen 1.1ʾ) ❖ ↗ **tragen**

erträglich [ɐ̯ˈtʀɛːk../..ˈtʀɛ:..] 〈Adj.; Steig. reg.〉 **1.** ʿso, dass man es ertragen kannʾ: *das Wetter, die Hitze war* ~; *die Klimaanlage macht die Hitze* ~; *das macht es nicht* ~*er* **2.** 〈o. Steig.〉 ʿzufrieden stellend, leidlichʾ: *seine Leistungen sind* ~; *er hat ein* ~*es Einkommen* ❖ ↗ **tragen**

ertrag|reich [ɐ'tʀɑːk..] ⟨Adj.; Steig. reg.; nicht bei Vb.⟩ 'reichen Ertrag (1, 2) bringend'; ↗ FELD II.4.3: *ein ~er* (SYN fruchtbarer 1; ANT karger 2) *Boden; eine ~e Getreidesorte; ein ~es Geschäft* ❖ ↗ **tragen,** ↗ **reich**

ertränken [ɐ'tʀɛŋkn̩], ertränkte, hat ertränkt /jmd./ *jmdn., ein Tier ~* 'jmdn., ein Tier dadurch töten, dass man ihn, es so lange unter Wasser hält, bis er, es ertrinkt': *junge Katzen ~* ❖ ↗ **trinken**

ertrinken [ɐ'tʀɪŋkn̩], ertrank [..'tʀaŋk], ist ertrunken [..'tʀʊŋkn̩] /jmd./ 'durch Versinken im Wasser ums Leben kommen'; ↗ FELD XI.2: *er ist beim Baden, im Fluss ertrunken; jmdn. vor dem Ertrinken retten* ❖ ↗ **trinken**

erübrigen [ɐ'|yːbʀɪɡn̩], erübrigte, hat erübrigt **1.** /jmd./ *etw. ~ können* 'etw., bes. einen Geldbetrag, Zeit, übrig haben, sodass man es für etw. Bestimmtes od. für jmdn. verwenden kann': *er konnte das Geld für den Wagen nicht ~; kannst du etw. Zeit für mich ~?* **2.** /etw./ *sich ~* 'nicht mehr notwendig sein': *alles Weitere erübrigt sich; weitere Ermittlungen ~ sich* ❖ ↗ **übrig**

erwachen [ɐ'vaxn̩], erwachte, ist erwacht **1.** /jmd./ SYN 'aufwachen'; ANT einschlafen (1): *aus dem Schlaf, vom Lärm ~; er erwachte erst, als der Wecker klingelte* **2.** /jmd./ 'wieder zu Bewusstsein kommen': *aus der Narkose, aus einer Ohnmacht ~* **3.** /etw., bes. ein Gefühl/ *in jmdm. ~* 'in jmdm. entstehen, spürbar werden': *Misstrauen, Neid erwachte in ihm; sein Ehrgeiz, Widerspruch erwachte, war erwacht* ❖ ↗ **wach**

erwachsen [ɐ'vaksn̩] ⟨Adj.; Steig. reg., Superl. ungebr.; vorw. attr. u. präd.; ↗ auch *Erwachsene*⟩ 'im Alter, in dem man nicht mehr Kind od. Jugendlicher ist'; SYN groß (6.1): *er hat schon einen ~en Sohn; sein Sohn ist schon ~, ist jetzt ~er geworden* (ANT kindlich); vgl. *volljährig* ❖ ↗ **wachsen**

Erwachsene [ɐ'vaksənə], **der, die;** ~n, ~n; ↗ auch *erwachsen* (↗ TAFEL II) 'erwachsene Person'; ANT Kind: *Kinder, Jugendliche und ~; ein ~r tut so etwas nicht* ❖ ↗ **wachsen**

erwägen [ɐ'vɛːɡn̩../..'voːk], erwog [..'voːk], hat erwogen [..'voːɡn̩] /jmd./ *etw. ~* 'etw. (das man ausführen will) sehr genau auf alle möglichen Konsequenzen hin durchdenken'; ↗ FELD I.4.1.2: *einen Plan, eine Möglichkeit gründlich, reiflich ~; er hat lange erwogen, ob er das Angebot annehmen soll oder nicht* ❖ ↗ **wägen**

erwähnen [ɐ'vɛːnən/..'veː..], erwähnte, hat erwähnt /jmd./ *etw., jmdn. ~* 'in einem bestimmten Zusammenhang etw., jmdn. nennen (1.2), kurz etw. über etw., jmdn. äußern': *er hat deinen Namen, den Vorfall in seiner Ansprache erwähnt; das hat mit keiner Silbe, mit keinem Wort, nur nebenbei, beiläufig, kurz erwähnt; davon hat er nichts erwähnt; ich vergaß zu ~, dass …*

erwärmen [ɐ'vɛʀmən], erwärmte, hat erwärmt **1.1.** /jmd., etw., bes. Heizung, Sonne/ *etw. ~* 'die Temperatur von etw. erhöhen'; ↗ FELD VI.5.2: *man erwärmt das Wasser auf 40 Grad, das Wasser wird*

auf *40 Grad erwärmt; der Boiler erwärmt das Wasser; die Sonne hat die Luft, das Wasser des Sees erwärmt* **1.2.** *etw. erwärmt sich* 'die Temperatur von etw. erhöht sich, wird höher': *die Luft, Ostsee hat sich allmählich erwärmt* **2.** /jmd./ **2.1.** *sich für etw., jmdn. nicht ~ können* 'etw., jmdn. nicht gern haben, nicht sympathisch finden können': *er hat sich nicht für moderne Musik, für diesen Schauspieler ~ können* **2.2.** *jmdn. für etw. nicht ~ können* 'jmdn. nicht dazu bringen können, dass ihm etw. gefällt': *er konnte uns dafür ~* ❖ ↗ **warm**

erwarten [ɐ'vaʀtn̩], erwartete, hat erwartet **1.** /jmd./ *jmdn., etw. ~* **1.1.** 'darauf warten, dass jmd. kommt, dass etw. eintritt': *jmdn. ungeduldig, sehnsüchtig, am Bahnhof ~; wir ~ dich um acht Uhr vor dem Rathaus* ('wir warten vor dem Rathaus darauf, dass du um acht Uhr dort eintriffst'); *sie erwartete die Ankunft des Zuges; sie erwartet schon lange einen Brief von ihm; den Urlaub nicht ~ können* ('sich ungeduldig auf den Urlaub freuen'); *sie konnte es kaum ~* ('sie sehnte sich sehr danach'), *ihn wieder zu sehen* **1.2.** 'sich darauf verlassen od. sicher sein, dass jmd., etw. eintrifft': *wir ~ ihn heute Abend um acht Uhr bei uns zum Fernsehen/wir ~, dass er heute Abend um acht Uhr zu uns zum Fernsehen kommt; wir ~ heute noch Besuch, Gäste* **1.3.** /Frau/ *ein Kind ~* ('schwanger sein') **2.** *etw. erwartet jmdn.* 'etw. steht jmdm. bevor'; ↗ FELD VII.6.2: *ihn erwartet nicht viel Gutes bei diesem Unternehmen* **3.** /jmd./ **3.1.** *etw. von jmdm. ~* 'damit rechnen, dass jmd. etw. Bestimmtes tut, sich als seine Pflicht ansieht, in bestimmter Weise verhält'; SYN erhoffen: *wir ~ (von dir), dass du hilfst, kommst; es wird allgemein erwartet, dass …* **3.2.** *etw. von etw. ~* 'annehmen, dass etw. in der bestimmten, gewünschten Weise vor sich geht, funktioniert': *wir ~ von der Maschine eine einwandfreie, wartungsfreie Funktion; wir ~ von diesen Maßnahmen den erwünschten Erfolg, /~, dass sie den erwünschten Erfolg bringen* ❖ ↗ **warten**

Erwartung [ɐ'vaʀt..], **die;** ~, ~en; ↗ FELD VII.6.1 **1.** ⟨o.Pl.⟩ 'Zustand des Wartens': *er verbrachte die Zeit in froher, ungeduldiger ~ (dessen, was noch geschehen werde)* **2.** ⟨vorw. Pl.⟩ 'das, was man erwartet (3.2), womit man rechnet': *dieses Ereignis erfüllt, übertrifft alle ~en; große ~en in jmdn. setzen* ('damit rechnen, dass jmd. viel Erfolg erlangen, große Leistungen vollbringen wird'); *bestimmte ~en hegen* ('damit rechnen, dass etwas bestimmtes Positives eintritt, erfolgt') ❖ ↗ **warten**

erwecken [ɐ'vɛkn̩], erweckte, hat erweckt /etw./ *etw. ~* 'etw. wachrufen in jmdm.': *er versuchte, sein Vertrauen zu ~; dies erweckte seine Neugier, seinen Ehrgeiz* ❖ ↗ **wecken**

erweisen [ɐ'vaɪzn̩], erwies [..'viːs], hat erwiesen [..'viːzn̩] **1.** /jmd./ *etw. ~* SYN 'etw. beweisen (1)': *es ist erwiesen, dass …; der Anwalt konnte die Unschuld seines Mandanten ~; eine Behauptung durch Tatsachen ~* **2.** /etw., jmd./ *sich als etw., jmd. ~* SYN 'sich als etw., jmd. herausstellen (3)': *er hat sich als wahrer Freund erwiesen; diese Behauptungen*

haben sich als Trugschluss, als falsch erwiesen **3.**
/jmd./ *jmdm. etw.* ~ ˈjmdm. etw. Gutes zukommen,
zuteil werden lassenˈ: *jmdm. Achtung, einen Dienst,
Gefallen* ~; *er hat ihm viel Gutes erwiesen* (SYN
ˈangetan 1.2ˈ)
erweitern [ɐˈvai̯tɐn], erweiterte, hat erweitert **1.1.**
/jmd., etw./ *etw.* ~ ˈetw. in seinem Umfang, seiner
Ausdehnung, Weite vergrößernˈ: *eine Durchfahrt*
~; *eine Anlage durch neue Gebäude* ~; *Alkohol er-
weitert die Blutgefäße; durch Medikamente erwei-
terte Pupillen* **1.2.** /etw./ *sich* ~ ˈin seinem Umfang,
seiner Ausdehnung größer werdenˈ: *das Tal erwei-
terte sich zum Meer hin; ihre Pupillen haben sich
erweitert* **2.** /jmd., Institution/ *etw.* ~ ˈetw. quanti-
tativ vergrößern (und damit qualitativ verbessern)ˈ:
sein Wissen ~; *das Warenangebot eines Geschäfts*
~; *die Befugnisse eines Leiters, das Programm des
Fernsehsenders* ~ ❖ ↗ **weit**
Erwerb [ɐˈvɛʁp], **der**; ~s/auch ~es, ⟨o.Pl.⟩ **1.1.** ˈdas
Erwerben (1.1)ˈ; SYN Kauf (1): *der* ~ *eines Hau-
ses, Grundstücks, Gemäldes;* **1.2.** ˈdas Erwerben
(1.2)ˈ: *der* ~ *einer Konzession, Berechtigung für etw.*
2.1. ˈberufliche Tätigkeitˈ /beschränkt verbindbar/:
seinem, einem ~ *nachgehen* **2.2.** ˈdas durch berufli-
che Tätigkeit gewonnene Einkommenˈ: *von seinem*
~ *leben, nicht leben können* ❖ ↗ **erwerben**
erwerben [ɐˈvɛʁbm̩] (er erwirbt [..ˈvɪʁpt]), erwarb
[..ˈvaʁp], hat erworben [..ˈvɔʁbm̩] **1.** /jmd./ *etw.* ~
1.1. ˈetw. Wertvolles durch Kauf als Eigentum er-
haltenˈ; ↗ FELD I.16.2: *ein Haus, Grundstück, Ge-
mälde* ~ **1.2.** ˈdas Recht, die Erlaubnis (durch Zah-
lung) erhalten, etw. Bestimmtes ausüben zu kön-
nenˈ: *die Konzession, die Rechte, Berechtigung für
etw.* ~ **2.** /jmd./ *(sich* ⟨Dat.⟩*) etw* ~: *er hat (sich)
Achtung, Ansehen, Vertrauen erworben* (ˈerlangtˈ) **3.**
/jmd./ *etw.* ~ ˈsich Wissen, Fertigkeiten durch Ler-
nen, Üben aneignenˈ: *er hat im Laufe der Zeit ein
solides Wissen erworben; bei dieser Tätigkeit hat er
die Fähigkeit erworben, etw. schnell entscheiden zu
können* ❖ ↗ **Erwerb** — **erwerbslos, erwerbsunfähig**
erwerbs [ɐˈvɛʁps..]|**-los** ⟨Adj.; o. Steig.; nicht bei Vb.⟩
amtsspr. SYN ˈarbeitslosˈ; ↗ FELD I.17.3: *er ist
*~; ~*e Akademiker* ❖ ↗ erwerben, ↗ los; **-unfähig**
⟨Adj.⟩ ˈgesundheitlich nicht fähig, einem Erwerb
nachzugehenˈ; ↗ FELD I.17.3: *er ist seit seinem
Unfall* ~, *ist* ~ *geworden* ❖ ↗ erwerben, ↗ **fähig**
erwidern [ɐˈviːdɐn], erwiderte, hat erwidert **1.** /jmd./
etw. ~ SYN ˈetw. antwortenˈ: ⟨oft mit Nebens.⟩ *er
erwiderte freundlich, dass das nicht stimmen könne;
er erwiderte nichts; „ich komme", erwiderte er; er
erwiderte, er werde kommen; etw. auf etw.* ~: *auf
diese Vorwürfe konnte er (ihr) nichts* ~ **2.** /jmd./
etw. ~ ˈauf etw. in gleicher, entsprechender Weise
reagierenˈ: *er erwiderte ihren Gruß, ihre Liebe; jmds.
Besuch* ~ ❖ ↗ **wider**
MERKE Zum Gebrauch von *antworten, entgeg-
nen, erwidern* (1), *versetzen* (7): ↗ *versetzen* (Merke)
erwischen [ɐˈvɪʃn̩], erwischte, hat erwischt **1.** /jmd.,
Polizei/ *jmdn.* ~ ˈjmdn., der wegen eines Vergehens
gesucht wird, zu fassen (3) bekommenˈ; SYN er-

greifen (3): *die Polizei hat den Täter, den Falschen
erwischt* **2.** /jmd./ *jmdn.* ~ SYN ˈjmdn. ertappenˈ:
*sie erwischte ihn, als er vom Kuchenteig naschte; den
Ehemann bei einer Untreue* ~ **3.** /jmd./ *etw., jmdn.* ~
ˈetw., jmdn. im letzten möglichen Augenblick noch
erreichen (1)ˈ: *er erwischte den Zug in letzter Mi-
nute, seinen Kollegen noch kurz vor Feierabend* **4.**
/jmd./ *etw.* ~ SYN ˈetw. ergatternˈ: *einen Sitzplatz,
das lange gesuchte, gewünschte Buch* ~
erwünscht [ɐˈvʏnʃt] ⟨Adj.; Steig. reg., ungebr.; nicht
bei Vb.⟩ **1.1.** ⟨vorw. attr.⟩ ˈjmds. Wünschen, Vor-
stellungen entsprechendˈ: *der* ~*e Erfolg blieb aus;
er erreichte das* ~*e Ergebnis* **1.2.** ⟨vorw. präd. (mit
sein); oft verneint⟩ /jmd., etw./ ~ *sein: er ist hier
nicht* ~ (ˈman möchte nicht, dass er hier anwesend
istˈ); *Rauchen ist nicht* ~ (ˈman möchte nicht, dass
geraucht wirdˈ) ❖ ↗ **wünschen**
erwürgen [ɐˈvʏʁɡn̩], erwürgte, hat erwürgt /jmd./
jmdn. ~ ˈjmdn. durch Würgen (1) tötenˈ: *jmdn. mit
den bloßen Händen, mit einem Schal* ~ ❖ ↗ **würgen**
Erz [eːɐ̯ts/ɛʁts], **das**; ~es, ~e ˈMetall enthaltendes
Mineralˈ; ↗ FELD II.5.1: ~, ~*e unter, über Tage
abbauen*
erzählen [ɐˈtsɛːlən/..ˈtseː..], erzählte, hat erzählt /jmd./
1.1. *etw.* ~ ˈjmdm., oft mehreren, etw. in Inhalt
und Form Vorliegendes, etw. Erdachtes mündlich
(od. schriftlich) unterhaltsam und lebendig wieder-
geben, darstellenˈ: *(jmdm.) einen Witz, Anekdoten*
~; *(jmdm.) eine Geschichte (spannend, interessant)*
~; *er kann gut* ~ **1.2.** *etw.* ~ ˈjmdm. einen Vor-
gang, etw. Erlebtes mündlich (od. schriftlich) zur
Kenntnis bringenˈ; SYN berichten, mitteilen; ↗
FELD I.13.2: *den Hergang des Unfalls in allen Ein-
zelheiten* ~; *er erzählte, was er auf der Reise gese-
hen, erlebt hat; jmdm. von etw., jmdn., über etw.,
jmdn.* ~: *er hat uns viel Interessantes von seiner
Reise, seinem Freund, über seine Reise, seinen
Freund erzählt;* vgl. *berichten (1.1)* **1.3.** *jmdm. etw.*
~ SYN ˈjmdm. etw. anvertrauen (3)ˈ: *mir kannst
du alles* ~ (ˈich sage es nicht weiter, ich habe Ver-
ständnis dafürˈ); *er hat mir erzählt, dass er morgen
abreist* ❖ ↗ **Erzählung**
Erzählung [ɐˈtsɛː..l../..ˈtseː..], **die**; ~, ~en **1.** ˈschrift-
stellerisches, dichterisches Werk von meist gerin-
gem Umfangˈ: *eine* ~ *schreiben; eine kurze, span-
nende, realistische, historische* ~ *lesen* **2.** /zu erzäh-
len 1.2/ ˈdas Erzählenˈ; ↗ FELD I.13.1: *jmdn. in
seiner* ~ *unterbrechen; das weiß ich aus seinen* ~*en*
❖ ↗ **erzählen**
Erz|**bischof** [ˈɛʁts..], **der** kath. Kirche ˈerster Bischof
und Leiter einer kirchlichen Provinzˈ ❖ ↗ **Bischof**
erzeugen [ɐˈtsɔi̯ɡn̩], erzeugte, hat erzeugt **1.** /jmd., Un-
ternehmen/ *etw.* ~ SYN ˈetw. produzieren (1), bes.
landwirtschaftliche Erzeugnisse od. Energieˈ; ↗ FELD
V.8.2: *Waren, landwirtschaftliche Produkte* ~;
Strom, Energie ~ **2.** /etw., jmd./ *etw.* ~ ˈetw. durch
bestimmte Vorgänge, Handlungen entstehen las-
senˈ: *die Sonne, Reibung erzeugt Wärme; seine Er-
zählung erzeugte Heiterkeit; er erzeugte durch sein
Verhalten Misstrauen, Spannung* ❖ ↗ **zeugen**

Erzeuger [ɐ'tsɔi̯gɐ], der; ~s, ~ 'Unternehmen, jmd., der etw., bes. landwirtschaftliche Produkte, erzeugt, erzeugt hat'; ↗ FELD V.8.1: *wir beziehen unser Gemüse direkt vom ~; der Weg vom ~ zum Verbraucher*; vgl. *Produzent* (1) ❖ ↗ **zeugen**

Erzeugnis [ɐ'tsɔi̯k..], das; ~ses, ~se SYN 'Produkt (1.1)'; ↗ FELD V.8.1: *landwirtschaftliche, tierische, pflanzliche ~se; ~se von hoher Qualität* ❖ ↗ **zeugen** MERKE Zum Unterschied von *Erzeugnis, Produkt:* ↗ *Produkt* (Merke)

erziehen [ɐ'tsiːən], erzog [..'tsoːk], hat erzogen [..'tsoːgn̩] /jmd., Lehrer, Eltern/ *jmdn.* ~ 'jmdn., bes. ein Kind, einen Jugendlichen, in seiner charakterlichen, geistigen Entwicklung formen und fördern': *ein Kind mit Strenge, Güte, frei, antiautoritär ~; er wurde von seinen Eltern, in einem Internat erzogen; jmd. ist gut, schlecht erzogen; ein Kind zu einem aufrechten, tüchtigen Menschen, zur Selbständigkeit* ~ ❖ **Erzieher, erzieherisch, Erziehung** − **Erziehungsberechtigte**; vgl. **ziehen**

Erzieher [ɐ'tsiːɐ], der; ~s, ~ 'jmd. (mit pädagogischer Ausbildung), der ein Kind, Kinder od. Jugendliche erzieht': *Lehrer und Eltern sollten als* ~ *zusammenarbeiten; er ist, arbeitet als* ~ *('als Pädagoge')* ❖ ↗ **erziehen**

erzieherisch [ɐ'tsiːəʀ..] ⟨Adj.; Steig. reg.; vorw. attr.⟩ **1.1.** ⟨o. Steig.; nicht bei Vb.⟩ 'die Erziehung betreffend'; SYN pädagogisch (1.1): *eine ~e Aufgabe, Frage* **1.2.** 'der Erziehung dienend'; SYN pädagogisch (1.2): *die ~e Absicht, Wirkung eines Buches, einer Maßnahme; ~ auf jmdn. einwirken* ❖ ↗ **erziehen**

Erziehung [ɐ'tsiː..], die; ~, ⟨o.Pl.⟩ **1.** 'das Erziehen': *die geistige, charakterliche, schulische, elterliche ~; sie hat ihm die ~ der Kinder überlassen* **2.** 'das durch die Erziehung resultierende Verhalten, Benehmen': *er hat, zeigt eine gute, schlechte ~; jmd. hat keine ~ ('benimmt sich schlecht')* ❖ ↗ **erziehen**

Erziehungs|berechtigte [..'tsiːʊŋsbəʀɛçtɪçtə], der u. die; ~n, ~n (↗ TAFEL II) 'jmd., bes. Elternteil, der die Aufgabe, das Recht und die Pflicht hat, ein Kind, einen Jugendlichen zu erziehen': *der ~ hat die Pflicht, …; als ~r hat er die Pflicht, …* ❖ ↗ **erziehen**, ↗ **Recht**

erzielen [ɐ'tsiːlən], erzielte, hat erzielt /jmd./ *etw.* ~ 'etw., was man als Ziel angestrebt hat, erlangen': *ein gutes Ergebnis ~; sie haben durch die Spekulation hohe Gewinne erzielt; mit etw. eine bestimmte Wirkung ~; in der Diskussion wurde keine Übereinstimmung erzielt* ❖ ↗ **Ziel**

erzürnen [ɐ'tsYʀnən], erzürnte, hat erzürnt **1.** /etw., jmd./ *jmdn.* ~ 'jmdn. wütend, zornig machen'; SYN aufbringen (3): *seine Schwindelei, ihr schlechtes Benehmen hat uns sehr erzürnt; er erzürnte uns durch seine albernen Streiche; sie war sehr erzürnt, weil …* **2.** /jmd./ *sich über etw., jmdn.* ~ 'wegen etw., jmds. zornig werden'; ↗ FELD I.6.2: *sie hat sich sehr über seine Frechheit, über ihn erzürnt* ❖ ↗ **Zorn**

es [ɛs] /kann in unbetonter Stellung zu 's gekürzt werden/ **I.** ⟨Personalpron. 3. Pers. Sg. Neutr.; subst.;

↗ TAFEL VII; Nom. u. Akk.⟩ **1.** /für ein Subst. mit neutr. Genus/: *das Kind spielt gerade, es ist beschäftigt, still, artig; das Buch liegt dort auf dem Tisch, nimm es, lies es; das Buch soll interessant sein, ich möchte es lesen* **2.** /steht als Subj. in Verbindung mit sein und dem nachfolgenden Prädikatsnomen; auch für Mask., Fem. u. Pl.; die Verbform richtet sich nach dem Subst./: *ich kenne diesen Mann, es ist unser Nachbar; dort sangen Kinder, es waren Schüler* **3.** /steht für ein Prädikatsnomen in Verbindung mit sein, bleiben, werden/: *ich bin es; er ist groß, und sein Bruder ist es auch; er ist ein Querulant und er bleibt es* **4.** /steht für den Inhalt eines vorausgehenden od. folgenden Haupt- od. Nebensatzes/: *sie las ein Buch, er tat es auch; er bemerkte es nicht, dass sie ins Zimmer trat; geh. ich bin es müde, ständig mahnen zu müssen; /auch ohne Nebens./: ich bin es müde; ich bin es leid, immer alles wiederholen zu müssen; ich bin es leid; ich bin es zufrieden* − **II.** ⟨Indefinitpron.; als Subj. des Satzes⟩ /steht für einen unbestimmten, nicht näher genannten Träger der Handlung/: *da kommt es tappend die Treppe herauf; es warf den Wagen aus der Kurve* − **III.** ⟨dient als Korrelat eines Subst., eines subst. gebrauchten Pron. od. eines Nebensatzes; vorw. am Satzanfang⟩ **1.** /als Korrelat eines Subst. od. eines subst. gebrauchten Pron.; nur am Satzanfang; es ist weglassbar; die Verbform richtet sich nach dem Subst., Pron./: *es hat sich gestern ein schwerer Unfall ereignet; es haben sich viele gemeldet; es sind viele Häuser gebaut worden* **2.** /als Korrelat eines Nebensatzes; nicht weglassbar/: *es freut mich/mich freut, dass du wohlauf bist; es ist merkwürdig, dass er nicht erschienen ist; es fällt mir schwer/mir fällt es schwer, mich davon zu trennen; ich bedaure es sehr, ihn gekränkt zu haben* **3.** /in subjektlosen Passivsätzen; das Vb. steht im Sg./: *es wurde viel getanzt, gelacht* **4.** /in unpers. Konstruktionen von Verben körperlicher od. seelischer Empfindung; mit Akk. od. Dat. der Pers./: *es friert mich/mich friert's; es hat mir gefallen; es tut mir Leid; es widerstrebt mir, das zu tun; es drängte mich, ihr das zu sagen* − **IV.** ⟨dient als formales Subj. od. Obj.⟩ **1.** /als formales Subj./ **1.1.** /bei unpers. Verben, die Witterungsvorgänge bezeichnen/: *es regnet, schneit, donnert, blitzt* **1.2.** /in anderen unpers. Konstruktionen/: *es grünt, blüht, raschelt, zischt, knallt; es dämmert schon; es überlief mich heiß, kalt; es gibt noch viel zu tun; es geht um Folgendes; /bei reflexivem Gebrauch von Verben + Modalbestimmungen/: es arbeitet sich gut, schlecht; hier sitzt es sich gut* **2.** /als formales Obj. in bestimmten Verbindungen/: *er meint es gut; er hat es eilig; er macht es sich schwer; er hat es weit gebracht* (↗ **bringen**) MERKE Zum Reflexivpron. von *es:* ↗ *er* (Merke)

Esche ['ɛʃə], die; ~, ~n **1.** 'Laubbaum mit länglichen gefiederten Blättern und glatter grauer Rinde, der schnell heranwächst und ein festes widerstandsfähiges Holz bes. für Geräte liefert'; ↗ FELD II.4.1

2. ⟨o.Pl.⟩ 'Holz der Esche (1) als Werkstoff': *Skier aus ~* ❖ **Eberesche**

Esel ['eːzl̩], **der;** ~s, ~ **1.** 'dem Pferd ähnliches, aber kleineres Säugetier mit langen Ohren und meist grauem Fell'; ↗ FELD II.3.1 (↗ TABL Säugetiere) **2.** Schimpfw. 'Dummkopf'; ↗ FELD I.5.1: *du bist ein alter ~!; so ein ~!; ach ich ~!* ❖ **Eselei — Maulesel**

Eselei [ezə'laɪ], **die;** ~, ~en umg. 'dumme, törichte Handlung'; ↗ FELD I.5.1: *da hat er eine sehr große ~ begangen* ❖ ↗ **Esel**

Eskimo ['ɛskimo], **der;** ~s, ~s 'Ureinwohner von Grönland und anderer arktischer Gebiete Nordamerikas und Ostasiens'

Eskorte [ɛs'kɔRtə], **die;** ~, ~n 'Gruppe von Soldaten od. Polizisten zur Bewachung od. zum schützenden Geleit': *die Gefangenen wurden von einer ~ (von Soldaten) bewacht; der Wagen des Staatsgastes wurde von einer ~ (von Motorradfahrern) der Polizei begleitet*

Espe ['ɛspə], **die;** ~, ~n 'Laubbaum mit runden Blättern, die sehr leicht in zitternde Bewegung geraten' ❖ **Espenlaub**

Espen|laub ['ɛspn̩..] ❖ ↗ **Espe,** ↗ **Laub**
* /jmd./ **zittern wie ~** ('heftig zittern')

¹Espresso [ɛs'pRɛso], **der;** ~/auch ~s, ~s/auch Espressi ⟨mit Mengenangabe: Espresso⟩ 'in einer speziellen Maschine zubereiteter sehr starker Kaffee (2)': *einen ~ bestellen; Herr Ober, bitte zwei ~*

²Espresso, das; ~/auch ~s, ~/auch ~s 'kleines Café, in dem man ¹Espresso bekommen kann'

Esprit [ɛs'pRiː], **der;** ~s, ⟨o.Pl.⟩ 'feinsinnige, geistreiche witzige Art (1), sich zu äußern'; ↗ FELD I.5.1: *eine Frau voller ~; sein sprühender ~; ein mit viel ~ geschriebener Roman*

essbar ['ɛs..] ⟨Adj.; o. Steig.; nicht bei Vb.⟩ 'so beschaffen und geartet, dass man es ohne Gefahr für die Gesundheit essen kann'; ↗ FELD I.8.3: *~e* (ANT giftige) *Pilze; die Beeren sind ~* ❖ ↗ **essen**

Ess|besteck ['ɛs..], **das** 'Messer, Gabel und Löffel als Gerät für eine Person zum Einnehmen der Mahlzeit': *ein ~ aus Silber; das ~ neben den Teller legen; er hat sein ~ vergessen* ❖ ↗ **essen,** ↗ **Besteck**

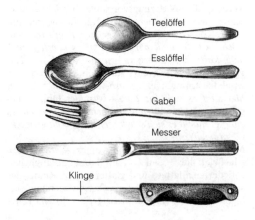

Teelöffel
Esslöffel
Gabel
Messer
Klinge

essen ['ɛsn̩] (er isst [ɪst]), aß [aːs], hat gegessen [gə'gɛsn̩] **1.** /jmd./ *etw. ~* '(feste) Nahrung (kauen und) durch Schlucken in den Magen gelangen lassen'; ↗ FELD I.8.2: *einen Apfel, Nüsse, ein Stück Brot, Kuchen ~; eine Schnitte, einen Teller Suppe ~; jmd. isst kein Fleisch* ('lehnt Fleisch als Nahrung ab'); *etw. (nicht) gern ~; jmdm. etw. zu ~ geben; das Kind will nichts ~* ('hat keinen Appetit'), *isst gut* ('hat guten Appetit'); *was gibt es heute zu ~?; viel, wenig, hastig, langsam ~; gut* ('reichlich') *~ und trinken; hast du heute schon etwas gegessen?; hast du was zu ~ für mich?* **2.** /jmd./ **2.1.** 'eine warme Mahlzeit zu sich nehmen': *wir ~ gemeinsam, um 12 Uhr, zu Mittag, im Restaurant; man kann dort gut und preiswert ~; (zu) Mittag, zu Abend ~* **2.2.** *~ gehen* 'irgendwohin, in ein bestimmtes Restaurant, gehen, um dort eine Mahlzeit einzunehmen': *heute Mittag essen wir nicht zu Hause, sondern wir gehen ~* **2.3.** *warm, kalt ~* 'ein warmes, kaltes Gericht essen': *heute Abend ~ wir kalt* **2.4.** *sich satt ~* ('von etw. so viel essen, bis man satt ist') ❖ **essbar, Essen, Esser — aufessen, Essbesteck, -löffel, mitessen, Mittagessen**

Essen, das; ~s, ~ ⟨vorw. Sg.⟩ **1.** 'Speise(n) für eine bestimmte (Haupt)mahlzeit'; ↗ FELD I.8.1: *ein warmes, schmackhaftes, ausgezeichnetes ~; (das) ~ kochen, zubereiten; das ~ und die Getränke beim Kellner bestellen; das ~ servieren; das ~ schmeckt gut, wird kalt; was für ein schlechtes ~* (SYN 'Fressen 2') **2.1.** SYN 'Mahlzeit (1)': *nach dem ~ pflegt er sich auszuruhen; wollen Sie nicht zum ~ bleiben?* **2.2.** 'festliche Mahlzeit in einem Restaurant': *der Chef gibt ein ~, hat alle zum ~ eingeladen; ein festliches ~* ❖ ↗ **essen**

Essenz [ɛ'sɛnts], **die;** ~, ~en **1.** 'Flüssigkeit, die in hoher Konzentration Stoffe enthält, mit denen man Getränken od. Speisen einen bestimmten Geschmack verleihen kann': *die Limonade mit ~en versetzen* **2.** *etw. ist die ~ von etw.* 'etw. ist das Wesentliche einer Sache, bes. einer Äußerung': *diese Frage bildet die ~ des gesamten Problems; die ~ seiner Aussage war: „So darf es nicht weitergehen!"* ❖ **Quintessenz**

Esser ['ɛsɐ], **der;** ~s, ~ **1.** 'jmd., der in einer Gruppe mit Essen zu versorgen ist'; ↗ FELD I.8.1: *wir haben jetzt einen ~ mehr in der Familie* **2.** *jmd. ist ein guter, schlechter ~* ('isst immer viel, wenig') ❖ ↗ **essen**

Essig ['ɛsɪç], **der;** ~s, ⟨o.Pl.⟩ 'aus einer sauren Flüssigkeit bestehendes Mittel zum Würzen, Konservieren von Speisen': *den Salat, die Soße mit ~ würzen; Gurken in ~ einlegen*
* **mit etw. ist es ~** 'aus etw. wird nichts': *mit Fernsehen ist es heute ~, ich habe Spätdienst*

Ess|löffel ['ɛs..], **der** 'größerer Löffel, mit dem vor allem Suppe gegessen wird' (↗ TABL Essbesteck) ❖ ↗ **essen,** ↗ **Löffel**

Estrich ['ɛstRɪç], **der;** ~s, ~e 'aus Beton und ohne Fugen hergestellter Fußboden, auf den der Fußbodenbelag gelegt od. geklebt wird': *den ~ gießen,* *legen;* fachspr. *ein schwimmender* ~ ('ein Estrich, der an seinen Rändern nicht fest mit der Wand verbunden ist und den Schall beim Gehen dämpft')

Etage [e'taːʒə], **die**; ~, ~n SYN 'Stockwerk'; ↗ FELD V.3.1: *ein Haus mit vier ~n; in der ersten ~* ('im Stockwerk über dem Parterre') *wohnen* MERKE Zum Verhältnis von *Etage, Geschoss, Stock, Stockwerk:* ↗ *Stockwerk* (Merke)

Etappe [e'tapə], **die**; ~, ~n **1.** 'bestimmter Teil einer Strecke': *einen Weg in mehrere ~n einteilen, in mehreren ~n zurücklegen* **2.** 'Abschnitt, bes. einer Entwicklung': *diese Entwicklung verläuft in mehreren ~n; das war eine wichtige ~* (SYN 'Stufe 2.1') *auf dem Weg zum Erfolg; in eine entscheidende ~* (SYN 'Stadium') *treten*

Etat [e'ta/e'taː], **der**; ~s, ~s **1.** 'Plan für einen öffentlichen, staatlichen Haushalt (2)'; SYN Budget (1): *den ~ aufstellen; den ~ zur Beratung vorlegen* **2.** 'jmd., einer Institution zur Verfügung stehende geldliche Mittel'; SYN Budget (2): *mein ~ ist erschöpft; das übersteigt meinen ~* ('das kann ich nicht bezahlen')

Ethik ['eːtɪk], **die**; ~, ⟨o.Pl.⟩ 'Werte, Normen, Anschauungen, die die Beziehungen und das Verhalten der Menschen untereinander regeln (als philosophische Lehre, Theorie)'; ↗ FELD I.12.1: *die ~ des Mittelalters; die christliche ~* ❖ ↗ **Ethos**

ethisch ['eːt..] ⟨Adj.; o. Steig.; nicht präd.⟩ **1.** 'die Ethik betreffend'; ↗ FELD I.12.3: *eine ~e Frage* **2.** 'auf moralischen Grundsätzen beruhend': *ihn hatten ~e Motive geleitet; ein ~ einwandfreies Verhalten* ❖ ↗ **Ethos**

Ethos ['eːtɔs], **das**; ~, ⟨o.Pl.⟩ 'vom Bewusstsein sittlicher Werte bestimmte Haltung, Gesinnung eines Menschen': *seinem Auftreten und Handeln lag ein hohes (berufliches) ~ zugrunde* ❖ **Ethik, ethisch**

Etikett [eti'kɛt], **das**; ~s/auch ~es, ~e/auch ~s 'auf Gegenstände, an Waren, befestigter, geklebter Zettel mit einem Text, der über den jeweiligen Gegenstand, die jeweilige Ware informiert': *ein ~ auf eine Flasche mit Most, auf ein Heft kleben, in ein Kleidungsstück nähen*

etliche ['ɛtlɪçə] ⟨Indefinitpron.; Pl. u. Fem. Sg.; Neutr. *etliches;* ↗ TAFEL X⟩ **1.1.** ⟨nur im Pl.⟩ /bezeichnet eine unbestimmte, relativ große Anzahl, Menge/; SYN mehrere (1.1): ⟨adj.⟩ *in dem Kleid sind ~ Meter Stoff verarbeitet; bis dahin haben wir noch ~ Kilometer zurückzulegen; es ist schon ~ Jahre her; er hatte mit ~n Teilnehmern des Wettkampfes gesprochen;* /subst./ *~ fehlten; ~ der Beispiele wurden gestrichen* **1.2.** ⟨o.Pl.; Neutr.; subst.⟩ SYN 'mehreres': *hier fehlt noch ~s; da wäre noch ~s hinzuzufügen* **2.** ⟨o.Pl.; adj.⟩ veraltend 'einige (1.1)' /vorw. auf Abstraktes bez./: *~ Hoffnung* MERKE Das nachfolgende (substantivierte) Adjektiv wird schwach flektiert: *etliche neue Erfahrungen; etliches Gute, Neue,* vgl. auch *einige*

etliches ['ɛtlɪçəs] ⟨Indefinitpron.; Neutr.⟩ ↗ *etliche* (1.2)

Etui [e'tviː], **das**; ~s, ~s 'kleines flaches Behältnis, meist aus Leder od. Stoff, in dem ein bestimmter Gebrauchsgegenstand untergebracht ist'; ↗ FELD V.7.1: *die Brille in das ~ stecken; ein ~ für den Kugelschreiber*

¹etwa ['ɛtva] ⟨Modalpartikel; unbetont; steht nicht am Satzanfang; bezieht sich auf den ganzen Satz⟩ **1.** ⟨steht in Fragesätzen, in Entscheidungsfragen⟩ /der Sprecher drückt mit leicht vorwurfsvollem Ton damit seine Hoffnung aus, dass das nicht zutrifft, was er befürchtet und erwartet vom Hörer eine negative Antwort/: *ist er ~ krank?; bist du ~ anderer Meinung?; hast du dich ~ verplappert?; bist du ~ beleidigt?;* ⟨verneint; + *doch;* der Fragesatz hat die Form eines Aussagesatzes⟩ *er ist doch nicht ~ krank?; du bist doch nicht ~ anderer Meinung?; du hast dich doch nicht ~ verplappert?; du rauchst doch nicht ~?* **2.** ⟨steht in Konditionalsätzen⟩ /drückt die Begrenzung einer Möglichkeit aus/ 'unter Umständen': *falls ~ die Rede davon sein sollte, lass es mich wissen; wenn du ihn ~ sehen solltest, dann grüße ihn bitte von mir; sollte er ~ gänzlich anderer Meinung sein, müssen wir das Konzept ändern* ❖ **etwaig**

²etwa ⟨Gradpartikel; betont, auch unbetont; steht vor od. nach der Bezugsgröße; bezieht sich auf verschiedene Kategorien⟩ **1.** ⟨betont od. unbetont; bezieht sich vorw. auf Zeit-, Ortsangaben⟩ /schließt andere, größere od. kleinere Sachverhalte nicht aus, da die Bezugsgröße nur ungenau bestimmt wird/; SYN ²rund, ²ungefähr: *er ist ~ 50 Jahre alt; in ~ zwei Stunden/in zwei Stunden ~ müssen wir losfahren; wann ~ kann er kommen?; so ~/~* (SYN annähernd) *so kann das Haus ausgesehen haben; ich habe das Buch ~ bis/bis ~ Donnerstag durchgelesen; ~ 300 Personen/300 Personen ~ haben daran teilgenommen* **2.** ⟨unbetont; steht vor der Bezugsgröße⟩ /leitet meist eine Aufzählung von dazu passenden Beispielen ein/ 'wie zum Beispiel': *andere Schriftsteller, ~ Thomas Mann und Franz Werfel, haben ...;* ⟨oft + *wie*⟩ *in Ländern, wie ~ Frankreich, Spanien ...*

etwaig ['ɛtva|ɪç] ⟨Adj.; o. Steig.; nur attr.; vorw. Pl.⟩ 'möglicherweise vorhanden, auftretend': *~e Änderungen werden rechtzeitig bekannt gegeben; ~e zusätzliche Wünsche können nicht berücksichtigt werden* ❖ ↗ **¹etwa**

¹etwas ['ɛtvas] ⟨Indefinitpron.; indekl.; o.Pl.; ↗ TAFEL X; ↗ auch *was*⟩ **1.** ⟨subst. im Nom. od. Akk.⟩ /bezeichnet ganz allgemein ein einzelnes od. mehreres nicht näher Bestimmtes, Bestimmbares im weiteren Sinne/; ANT nichts: *in ihm geht ~ vor; ~ zwingt mich dazu, hier zu bleiben; jmd. muss ~ gemerkt haben; da klappert ~* (SYN 'was III.1'); *~ suchen, finden, ~ zum Schreiben, ~ zu lesen brauchen; so geht das nicht weiter, da muss ~ geschehen;* ⟨vor einem Relativsatz, durch den es näher bestimmt wird⟩ *das ist ~, das ungeahnte Folgen haben kann;* ⟨in Verbindung mit *irgend, so;* vor *anderes* od. substantiviertem neutr. Adj.⟩ *das ist ~ anderes, Neues; ~ so Interessantes sieht man nicht alle Tage;*

↗ *irgendetwas;* ↗ *so* ~ **2.** ⟨subst.⟩ /bezeichnet ein Bestimmtes als erheblich, beachtlich, bedeutsam/; ANT nichts: *das will (schon)* ~ *bedeuten, heißen* ('will viel bedeuten'); *wie er das geschafft hat, das ist schon* ~ ('ist beachtlich'); *er möchte gern* ~ *sein, vorstellen* ('eine angesehene berufliche, gesellschaftliche Stellung haben'); *sein Wort gilt* ~ ('gilt sehr viel; man hört auf ihn') **3.1.** /bezeichnet eine unbestimmte kleine Menge von einem Stoff, einer Masse/ SYN 'ein ¹wenig (1.3)': ⟨adj.⟩ ~ *Suppe, Brot essen; gibt du mir noch* ~ *Geld, Zucker?; ich habe noch* ~ *Zeit;* ⟨subst.⟩ *ich nehme mir noch* ~ **3.2.** ⟨subst.; meist mit *davon*⟩ /bezeichnet eine unbestimmte Menge/: *kann ich noch* ~ *von dem Obst, (davon) haben?; verstehst du* ~ *davon?;* ~ *davon gehört mir*
MERKE Das nachfolgende (substantivierte) Adjektiv wird stark flektiert: ~ *Großes, Kleines;* ~ *trockenes Heu;* ~ *frisches Brot*
²etwas ⟨Adv.; vor Adj., Adv. im Komp.⟩ 'ein wenig': *ich habe ihn mir* ~ *größer vorgestellt; es hat* ~ *länger gedauert*
³etwas ⟨Adv.⟩ **1.** 'in geringem Grad': *sich* ~ *überanstrengt haben;* ~ *müde sein* **2.** *ich möchte noch* ~ ('eine kleine Weile') *warten*
euch [ɔiç] **I.1.** ⟨Akk. vom Personalpron. *ihr*⟩: *wir haben* ~ *erkannt* **2.** ⟨Dat. vom Personalpron. *ihr*⟩: *ich will* ~ *helfen* – **II.** ⟨Reflexivpron. der 2. Pers. Pl. im Akk. u. Dat. von *ihr*; weist auf das Subj. zurück⟩ *habt ihr* ~ *gestritten?; könnt ihr* ~ *das nicht denken?*
¹euer ['ɔiɐ] ⟨Possessivpron. zu *ihr*; Mask. u. Neutr. Sg.; Fem. Sg. u. Pl. **eu(e)re**; ↗ TAFEL VIII⟩ 'zu euch gehörend' **1.1.** ⟨adj.⟩ ~ *Sohn, Kind, Hund, Buch; das Fahrrad* ~*es/eures Sohnes; in* ~*(e)m/eurem neuen Garten; wir gehen in* ~ *neues Haus; wir halten uns in* ~*(e)m/eurem neuen Garten auf;* ~*e/ eure Tochter, Kinder, neue Wohnung* **1.2.** ⟨subst.; geh. auch mit best. Art.⟩ *wenn wir unsren Wagen nehmen, könnt ihr* ~*(e)n/euren/den euren zu Hause lassen; dort steht* ~*er/eurer,* ~*e/eure,* ~*(e)s/eures; das sind* ~*e/eure; sein Haus steht neben* ~*(e)m/ eurem/neben dem* ~*(e)n/euren; die Euren* ('eure Angehörigen') *könnt ihr mitbringen, sind uns willkommen*
MERKE Wird auch in Briefen kleingeschrieben: *Was macht* ~ *Sohn?* Zur Flexion des substantivischen Gebrauchs von *euer:* ↗ *dein* (Merke)
²euer ⟨Gen. des Personalpron. *ihr*; in Verbindung mit best. Verben⟩: *wir werden* ~ *stets gedenken; wir werden uns* ~ *würdig erweisen* ❖ **eurerseits, euresgleichen, euretwegen**
eu(e)rerseits ['ɔiʀɐzaits] ⟨Adv.; dem Subst. voran- od. nachgestellt⟩ 'von euch ausgehend': *gibt es* ~ *Bedenken/gibt es Bedenken* ~*?* ❖ ↗ **²euer,** ↗ **Seite**
Eule ['ɔilə], **die;** ~, ~**n** 'in der Nacht jagender Raubvogel mit dickem rundem Kopf, kurzem kräftigem, hakenförmigem Schnabel und nach vorn gerichteten sehr großen Augen' (↗ TABL Vögel)

* /jmd./ ~**n nach Athen tragen** ('etw. sagen, beginnen, was schon bekannt, üblich ist')
eure ['ɔiʀə] ↗ **¹euer**
euresgleichen ['ɔiʀəsglaiçn̩] ⟨Indefinitpron.; indekl.; subst.; ↗ TAFEL X⟩ 'jmd. wie er, Menschen von eurer Art': *das ist nichts für Leute wie uns und* ~ ❖ ↗ **²euer,** ↗ **¹gleich**
euretwegen ['ɔiʀətve:gn̩] ⟨Adv.⟩ 'aus Gründen, die euch betreffen': *wir sind* ~ *gekommen* ❖ ↗ **²euer,** ↗ **wegen**
Euter ['ɔitɐ], **das;** ~**s,** ~ 'bei bestimmten Säugetieren, bes. Rindern, zwischen den Leisten herabhängendes beutelartiges Organ mit den Drüsen, die die Milch (1.2) abgeben' (↗ BILD): *das* ~ *der Kuh, des Schafs; ein pralles, volles* ~

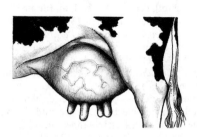

evakuieren [evaku'|iːʀən], evakuierte, hat evakuiert /jmd., bes. Institution/ ⟨oft im Pass.⟩ **1.1.** *mehrere (jmd.), auch jmdn.* ~ 'die, den Bewohner eines Gebiets wegen einer (drohenden) Gefahr vom Wohnsitz weg an einen sicheren Ort bringen': *sämtliche Einwohner der Stadt wurden evakuiert; die vom Erdbeben, Hochwasser Betroffenen* ~ **1.2.** *etw.* ~ 'ein Gebiet, einen Ort, ein Haus von den Bewohnern räumen': *die Stadt, das Haus wurde evakuiert*
evangelisch [evaŋ'geːl..] ⟨Adj.; o. Steig.; vorw. attr. u. präd.⟩ 'zu den aus der Reformation hervorgegangenen Kirchen (2) gehörend'; SYN protestantisch; ↗ FELD XII.2.2: *die* ~*e Konfession; ein* ~*er Pfarrer; er, sie ist* ~; vgl. *katholisch*
eventuell [evɛntu'|ɛl] **I.** ⟨Adj.; o. Steig.; nur attr.⟩ 'unter betimmten Umständen möglich': ~*e Schwierigkeiten einkalkulieren; für einen* ~*en Notfall Vorsorge treffen* – **II.** ⟨Satzadv.⟩ /drückt die Einstellung des Sprechers zum genannten Sachverhalt aus/: ~ *ist er/er ist* ~ *noch nicht zu Hause* ('ich halte es für möglich, dass er noch nicht zu Hause ist')
Evolution [evolutsi̯oːn], **die;** ~, ~**en 1.** 'im Wesentlichen kontinuierlich fortschreitende Entwicklung bes. in großen umfassenden Bereichen von Natur, Gesellschaft': *die* ~ *kosmischer Körper, des menschlichen Denkens, der menschlichen Gesellschaft; etw. hemmt, fördert die* ~ **2.** Biol. 'Entwicklung der Organismen von biologisch einfachen zu differenzierten, höher organisierten Lebewesen': *Darwins Theorie von der* ~; *der Mensch als Ergebnis der* ~
ewig ['eːvɪç] ⟨Adj.; o. Steig.⟩ **1.** ⟨vorw. attr.⟩ 'zeitlich ohne Ende, immer fortdauernd'; ↗ FELD VII.2.3:

das ~e Werden und Vergehen; die ~n Naturgesetze; Rel. *das ~e Leben* ('Leben über den Tod hinaus in der Ewigkeit 1'; ANT vergänglich); *sie haben sich ~e* ('niemals aufhörende') *Treue geschworen; der ~e* ('nie ganz wegtauende') *Schnee der Gletscher; das kann doch nicht ~* (SYN 'endlos 1.1') *so bleiben!* **2.** ⟨nicht präd.⟩ umg. emot. neg. 'übermäßig lange dauernd (1.1), immer wieder vor sich gehend und daher von jmdm. als unangenehm empfunden': *in ~er Unruhe, Angst leben; sie hatte das ~e Einerlei satt; dieser ~e* (SYN 'fortwährende') *Lärm; lass dein ~es Klagen;* SYN 'andauernd': *deine ~en Vorwürfe; er hat ~ etwas auszusetzen;* vgl. *ständig* **3.** ⟨nur bei Vb.⟩ emot. umg. 'sehr lange': *wir haben ihn ~ nicht gesehen; das dauert ja ~!; dieses Material hält ~* ❖ **Ewigkeit**

Ewigkeit ['..], **die**; ~, ~en **1.** ⟨o.Pl.⟩ **1.1.** 'ewige Dauer'; ↗ FELD VII.2.1: *an der ~ des Universums zweifeln* **1.2.** Rel. 'Bereich, in dem Ewigkeit (1), bes. ewiges Leben besteht': *er glaubt, dass er nach dem Tode in die ~ eingehen wird* **2.** emot. 'sehr lange, von jmdm. als unangenehm empfundene Zeitdauer': *die Stunden bis zum Wiedersehen wurden ihm zur ~; das dauert ja eine ~!* ❖ ↗ **ewig**

exakt [ɛ'ksakt] ⟨Adj.; Steig. reg.⟩ SYN 'genau (1)': *eine ~e Definition, Berechnung, Beschreibung; eine Arbeit ~ ausführen; er ist sehr ~ (in seiner Arbeit)*

Examen [ɛ'ksaːmən], **das**; ~s, ~/Examina 'Prüfung als Abschluss, bes. eines Studiums': *das schriftliche, mündliche ~ ablegen, (nicht) bestehen; er ist durchs ~ gefallen* ❖ **Staatsexamen**

exekutieren [ɛksekuˈtiːʀən], exekutierte, hat exekutiert /jmd./ *jmdn. ~* SYN 'jmdn. hinrichten'; ↗ FELD XI.2: *der Verbrecher wurde exekutiert; einen Verbrecher, zum Tode Verurteilten ~* ❖ **Exekution**

Exekution [ɛksekuˈtsi̯oːn], **die**; ~, ~en 'das Exekutieren'; ↗ FELD XI.1: *die ~ des Verbrechers* ❖ ↗ **exekutieren**

Exemplar [ɛksɛmˈplaːʀ], **das**; ~s, ~e 'ein einzelnes Ganzes aus einer Menge gleichartiger Dinge, Gegenstände, Tiere, Pflanzen': *dieses Buch, dieser Schmetterling ist ein seltenes, wertvolles ~ seiner Art; wir haben nur noch ein ~ davon*

exerzieren [ɛksɐˈtsiːʀən], exerzierte, hat exerziert /Soldat(en)/ 'während der militärischen Ausbildung bestimmte Übungen ausführen, bes. das Marschieren, Grüßenüben': *die Soldaten haben den ganzen Tag lang exerziert, mussten ~*

Exil [ɛ'ksiːl], **das**; ~s, ~e ⟨vorw. Sg.⟩ SYN 'Emigration (1)': *ins ~ gehen; im ~ leben; dieses Werk des Dichters ist im ~ entstanden*

existent [ɛksiˈstɛnt] ⟨Adj.; o. Steig.; nicht attr.; vorw. verneint⟩ 'wirklich vorhanden, bestehend': *etw., jmdn. als nicht ~ ansehen, betrachten; für ihn waren diese Regeln nicht ~ ('er hat sie einfach nicht beachtet')* ❖ **Existenz, existieren**

Existenz [ɛksiˈstɛnts], **die**; ~, ~en **1.** ⟨o.Pl.⟩ /zu *existieren 1, 2*/ 'das Existieren': /zu 1/: *die ~ von etw. behaupten, bestreiten, leugnen; er konnte nichts von*

der ~ des Mannes, Briefes, Testaments wissen; /zu 2/ ⟨beschränkt verbindbar⟩: *jmd. muss um die bloße, nackte ~ kämpfen* ('um das Leben, sein menschliches Dasein als solches'; SYN Dasein; ↗ FELD XI.1) **2.** ⟨vorw. Sg.; beschränkt verbindbar⟩ 'bes. durch die berufliche Stellung gesicherte materielle Grundlage für das Leben': *eine gesicherte ~ haben; sich eine neue ~ aufbauen* **3.** ⟨mit best. Adj.⟩ /meint einen Menschen/: *sie hielt ihn für eine dunkle, fragwürdige ~* ('einen undurchschaubaren, verdächtigen, anrüchigen Menschen'); *er ist eine gescheiterte, verkrachte ~* ('ein Mensch, der beruflich gescheitert ist') ❖ ↗ **existent**

existieren [ɛksiˈstiːʀən], existierte, hat existiert **1.** /etw., jmd./ 'als etw. Wirkliches, als jmd. irgendwie vorhanden sein'; SYN bestehen: *diese Einrichtung existiert nicht mehr; das alte Haus, der Klub existiert noch; darüber existiert eine Anekdote; das, diese Person existiert nur in deiner Einbildung* **2.** ⟨vorw. verneint⟩ /jmd./ *von/mit etw. ~ können, müssen* 'von etw. leben können, müssen (1.1)'; ↗ FELD XI.2: *von/mit diesen 200 Mark kann man nicht ~* ❖ ↗ **existent**

exklusiv [ɛkskluˈziːf] ⟨Adj.; Steig. reg.⟩ **1.** ⟨nicht bei Vb.⟩ 'auf einen ausgewählten, privilegierten Personenkreis beschränkt, nur ihm zugänglich': *ein ~er Klub; er verkehrt nur in ~en Kreisen* **2.** ⟨nicht bei Vb.⟩ 'erlesene Ansprüche befriedigend': *ein ~es Restaurant, Geschenk* **3.** ⟨o. Steig.; nur bei Vb.⟩ '³ausschließlich, ³nur (1)' /auf Informationen bez./: *~ für eine Zeitung berichten; ein Bericht, Interview ~ für diese Zeitung*

exklusive [ɛkskluˈziːvə] ⟨Präp. mit Gen.; oft o. erkennbare Kasusforderung; vorangestellt⟩ SYN '²ausschließlich'; ANT inklusive: *der Preis versteht sich ~ Mehrwertsteuer*

Exkurs [ɛks'kʊʀs], **der**; ~es, ~e 'vom Thema abschweifende Erörterung in einem größeren Text': *einen philosophischen, medizinischen ~ in die Darstellung einfügen* ❖ **Exkursion**

Exkursion [ɛkskʊʀˈzi̯oːn], **die**; ~, ~en 'Ausflug einer Gruppe zu einem wissenschaftlichen od. der Bildung dienenden Zweck': *eine ~ ins Gebirge unternehmen; sich auf einer ~ befinden* ❖ **Exkursion**

exotisch [ɛ'ksoːt..] ⟨Adj.; o. Steig.⟩ **1.** ⟨nicht bei Vb.⟩ 'fernen, meist tropischen Ländern entstammend, zugehörig, eigentümlich' /vorw. auf Tiere, Pflanzen bez./: *~e Blumen, Pflanzen* **2.** 'aus einem fernen, fremden Land stammend und dadurch einen besonderen Zauber ausstrahlend': *ein ~er Anblick; sie sah ~ aus, wirkte ~, war eine ~e Schönheit*

Expansion ['ɛkspanzi̯oːn], **die**; ~, ~en ⟨vorw. Sg.⟩ 'Ausdehnung der Macht, des Einflusses eines Staates, einer wirtschaftlich mächtigen Gruppe': *eine Politik der ~ betreiben; die ~ einer Großmacht, eines Unternehmens*

Expedition [ɛkspedi'tsi̯oːn], **die**; ~, ~en **1.** 'Reise einer Gruppe von Experten mit großer Ausrüstung zu wissenschaftlichen Forschungen in ein fernes*

Gebiet': *eine ~ in die Antarktis; eine ~ ausrüsten, antreten, durchführen, unternehmen; die ~ scheiterte, war erfolgreich* **2.** 'Gruppe, die eine Expedition (1) unternimmt': *die ~ brach die Reise ab*

Experiment [ɛkspeʀi'mɛnt], **das**; ~s/auch ~es, ~e **1.** SYN 'Versuch (1)': *ein chemisches, physikalisches, psychologisches ~; ein ~ im Weltall; mit, an Tieren ~e durchführen; das ~ ist geglückt, gescheitert* **2.** 'gewagtes Unternehmen (1)': *ein mutiges, kühnes, gefährliches ~; das wirtschaftliche ~ der Regierung ist gescheitert* ❖ **experimentell, experimentieren**

experimentell [ɛkspeʀimɛn'tɛl] ⟨Adj.; o. Steig.; nicht präd.⟩ 'auf Experimenten (1) beruhend': *die ~e Bestätigung einer Theorie; ~e Untersuchungen, Ergebnisse; etw. ~* ('mit Hilfe von Experimenten') *beweisen* ❖ ↗ **Experiment**

experimentieren [ɛkspeʀimɛn'tiːʀən], experimentierte, hat experimentiert **1.** /jmd./ 'Experimente (1) machen': *mit Werkstoffen, Chemikalien, mit, an Tieren ~* **2.** /jmd./ 'Versuche (1.1) durchführen': *er experimentiert immer wieder (mit Farben, Mustern) und bringt ständig etwas Neues auf den Markt* ❖ ↗ **Experiment**

Experte [ɛks'pɛʀtə], **der**; ~n, ~n 'jmd., der auf einem bestimmten Fachgebiet ausgebildet ist, spezifische Kenntnisse besitzt'; SYN Fachmann; ANT Laie: *er ist ein ~ auf dem Gebiet der Computertechnik, der Chirurgie; ein ~ in/für Steuerfragen; er gilt als ~; einen ~n befragen, hinzuziehen; vgl. Sachverständige*

explodieren [ɛksplo'diːʀən], explodierte, ist explodiert **1.** /etw., bes. ein explosiver Stoff/ 'extrem schnell reagieren, bes. verbrennen, und dabei durch den entstehenden hohen Druck zerstörerisch wirken'; SYN detonieren: *das Benzin, die Sprengladung, Bombe ist explodiert* **2.** /etw., bes. ein Behälter/ 'infolge sehr hohen (Gas)druckes zerplatzen': *der Kessel, Tank ist explodiert* **3.** emot. ⟨Kosten, Preise⟩ 'sehr schnell wachsen, ansteigen, außer Kontrolle geraten': *die Mietpreise, Preise für Immobilien, die Lohnkosten ~* ❖ **explosiv, Explosion**

Explosion [ɛksplo'zi̯oːn], **die**; ~, ~en /zu *explodieren* 1–3/ 'das Explodieren'; /zu 1/ SYN Detonation: *eine schwere, heftige ~; die ~ einer Bombe;* /zu 3/: *die ~ der Mietpreise, Lohnkosten* ❖ ↗ **explodieren**

explosiv [ɛksplo'ziːf] ⟨Adj.; o. Steig.; nicht bei Vb.⟩ 'sehr leicht, spontan od. durch Zündung explodierend': *ein ~es Gemisch; Dynamit ist ein ~er Stoff; der Stoff ist ~* ❖ ↗ **explodieren**

Export [ɛks'pɔʀt], **der**; ~s/auch ~es, ~e **1.** ⟨o. Pl.⟩ SYN 'Ausfuhr (1)'; ANT Import, Einfuhr (1); ↗ FELD I.16.1: *den ~ von Maschinen steigern, fördern; den ~ von Kaffee, Rohöl drosseln* **2.** SYN 'Ausfuhr (2)': *die ~e erhöhen, steigern, einschränken* ❖ **exportieren**

exportieren [ɛkspɔʀ'tiːʀən], exportierte, hat exportiert /Staat, Unternehmen; jmd./ etw. ~ SYN 'etw. ausführen (2)'; ANT importieren, einführen (2); ↗ FELD I.16.2: *Waren, Artikel, Erzeugnisse, Produkte ~* ❖ ↗ **Export**

Express [ɛks'pʀɛs], **der**; ~es, ~e 'über größere Entfernungen sehr schnell fahrender Zug'

¹extra ['ɛkstʀa] ⟨Adj.; indekl.; nicht präd.⟩ **1.** SYN 'gesondert': *etw. ~ einwickeln, bezahlen; dafür haben wir ein ~ Zimmer* **2.** 'über das Übliche hinaus'; SYN zusätzlich: *eine ~ Belohnung; jmdm. noch 20 Mark ~ geben* **3.** ⟨nur bei Vb.⟩ 'nur für diesen Zweck': *sie hat ~ einen Kuchen für ihn gebacken; er bekam ein ~* ('besonders') *großes, langes, kleines Stück*

Extrakt [ɛks'tʀakt], **der**; ~es/auch ~s, ~e **1.** 'durch bestimmte Methoden aus pflanzlichen, auch tierischen Stoffen gewonnener, die wesentlichen Substanzen enthaltendes Konzentrat': *einen ~ aus Heilkräutern, Rindfleisch herstellen* **2.** 'konzentrierte Zusammenfassung des wesentlichen Inhalts eines Textes': *der ~ des Romans, eines Buches*

extrem [ɛks'tʀeːm] **I.** ⟨Adj.; Steig. reg., ungebr.; nicht bei Vb.⟩ **1.** 'von einem mittleren Wert abweichend bis an die äußersten Grenzen reichend' /bes. auf Temperaturen bez./: *es herrschte eine ~e Kälte* **2.** SYN 'radikal': *er vertritt ~e Ansichten; seine Ansichten sind ~* – **II.** ⟨Adv.; vor Adj., Adv.⟩ 'außerordentlich': *die Temperaturen waren ~ hoch, niedrig; er reagierte ~ schnell, langsam; er wiederholt sich ~ oft*

exzellent [ɛkstsɛ'lɛnt] ⟨Adj.; Steig. reg., ungebr.⟩ SYN 'ausgezeichnet' /auf Sachen, Personen bez./: *ein ~er Plan, Wein; er ist ein ~er Kenner seines Fachs; das ist ~!*

f, F

Fabel ['fɑːbl̩], **die** ~, ~n **1.** ʽoft satirische od. moralisch belehrende kurze Erzählung in Prosa od. Versen, in der Tiere wie Menschen denkend und handelnd auftreten und mit der eine Moral od. allgemeine Wahrheit veranschaulicht wirdʼ: *eine ~ von Lessing, Lafontaine* **2.** ʽdas Wesentliche der Handlung einer Dichtungʼ: *der Roman zeichnet sich durch eine sehr einfache, komplizierte ~ aus* ❖ **fabelhaft** − **Fabelwesen**

fabelhaft ['..] ⟨Adj.; Steig. reg.⟩ emot. SYN ʽgroßartigʼ: *das ist eine ~e Leistung, ein ~er Mensch; er hat sich in dieser Situation ~ benommen; das war ~* ❖ ↗ **Fabel**

Fabel‖wesen ['..], **das** ʽmythologisches Wesen von meist ungewöhnlichem Aussehenʼ: *die Sphinx, der Drache ist ein ~* ❖ ↗ **Fabel**, ↗ **Wesen**

Fabrik [fɑˈbʀiːk], **die;** ~, ~en **1.** ʽindustrieller Betrieb, in dem Produkte, Waren in großen Mengen maschinell hergestellt werdenʼ: *eine chemische ~; in der ~ werden Möbel, Konserven hergestellt; eine ~ für elektronische Erzeugnisse; eine ~ gründen, stilllegen; in einer ~ arbeiten* **2.** ʽGebäude (samt dem Gelände) einer Fabrik (1)ʼ: *nach Feierabend die ~ verlassen; die ~ wird abgerissen* ❖ **Fabrikant, Fabrikat, fabrizieren**

Fabrikant [fɑbʀiˈkant], **der;** ~en, ~en ʽEigentümer einer Fabrik, Hersteller industrieller Produkteʼ; ↗ FELD I.10, V.8.1 ❖ ↗ **Fabrik**

Fabrikat [fɑbʀiˈkaːt], **das;** ~s/auch ~es, ~e ʽbestimmtes, industriell hergestelltes Produkt, meist als spezifischer Typ eines Produktsʼ; ↗ FELD V.8.1: *dieser Fernseher, dieses Motorrad ist ein deutsches, japanisches ~; ein ~ herstellen, kaufen* ❖ ↗ **Fabrik**

fabrizieren [fɑbʀiˈtsiːʀən], fabrizierte, hat fabriziert emot., oft spött. /jmd./ *etw.* ~ ʽetw. laienhaft anfertigenʼ; ↗ FELD V.8.2: *dieses Regal hat er selbst fabriziert; was hast du denn da schon wieder fabriziert (ʽzustande gebrachtʼ)?* ❖ ↗ **Fabrik**

Fach [fax], **das;** ~s/auch ~es, Fächer ['fɛçɐ] **1.** ʽ(nach vorn offener) separater räumlicher Teil in einem Möbelstück, Behältnisʼ: *ein Schrank mit mehreren Fächern; etw. im rechten unteren ~ des Schreibtisches aufbewahren; die Aktentasche, Brieftasche hat mehrere Fächer* **2.** ʽspezieller Bereich (2), bes. der Lehre, Forschung, in dem jmd. ausgebildet wird, ist, tätig istʼ; SYN Fachgebiet: *das ~ Mathematik in der Schule; welche Fächer hat er studiert?; er versteht, beherrscht sein ~; er ist ein Meister seines ~es (ʽleistet Hervorragendes in seinem Fachʼ); er ist vom ~ (ʽFachmann auf dem bestimmten Gebietʼ); das schlägt, fällt nicht in mein ~ (ʽdafür bin ich nicht zuständig, und darum verstehe ich davon nichtsʼ)* **3.** ʽBereich (2) der Tätigkeit für Schauspie-

ler, Sänger, für den sie dank einer bestimmten darstellerischen, stimmlichen Fähigkeit, auch körperlicher Besonderheit, geeignet sindʼ: *das ~ der jugendlichen Naiven; aus dem, vom lyrischen in das dramatische ~ wechseln* ❖ **fachlich, Fach** − **Schließfach, Schubfach**; vgl. **fach/Fach-**

Fach ['..]‖**-arbeiter, der** ʽArbeiter mit abgeschlossener Ausbildung, Lehre in einem bestimmten Berufʼ; ↗ FELD I.10: *ein ~ für Elektrotechnik; ~ ausbilden; die Industrie braucht ~* ❖ ↗ **Arbeit; -arbeiterin, die** /zu Facharbeiter; weibl./; **-arzt, der** ʽArzt mit einer speziellen Ausbildung auf einem bestimmten Gebiet der Medizinʼ; ↗ FELD I.10: *ein ~ für Orthopädie*; umg. *seinen, den ~ machen (ʽdie Prüfung für die Qualifikation als Facharzt ablegenʼ)* ❖ ↗ **Arzt; -ärztin, die** /zu Facharzt; weibl./; **-ausdruck, der** SYN ʽFachwortʼ: *ein ~ (aus) der Medizin, Technik; der ~ für „Lungenentzündung" ist „Pneumonie"* ❖ ↗ **Ausdruck; -buch, das** ʽBuch, in dem spezifisch Fachliches wissenschaftlich dargestellt istʼ ❖ ↗ **Buch**

fächeln ['fɛçl̩n] ⟨reg. Vb.; hat⟩ /jmd./ sich, jmdn., etw. ~ ʽsich, jmdn., einen Teil des Körpers durch rasches Hin- und Herbewegen eines Fächers od. von etw. Ähnlichem mit kühler Luft versorgenʼ: *er fächelte sich, seine Stirn, den Kranken (mit einer Zeitung, mit der flachen Hand); sich* ⟨Dat.⟩, *jmdm. etw. ~: ich fächelte mir, dem Kranken die Stirn (mit einer Zeitung, mit der flachen Hand)* ❖ **Fächer**

Fächer ['fɛçɐ], **der;** ~s, ~ ʽzum Fächeln dienender, oft kunstvoll gearbeiteter Gegenstand, der zu einer Fläche in der Form eines Halbkreises ausgebreitet werden kannʼ: *ein seidener ~; den ~ entfalten, öffnen, zusammenlegen* ❖ ↗ **fächeln**

Fach ['fax..]‖**-gebiet, das** SYN ʽFach (2)ʼ: *sein ~ ist die Physik; Vertreter verschiedener ~e* ❖ ↗ **Gebiet; -hochschule, die** ʽHochschule, an der bestimmte, bes. künstlerische od. naturwissenschaftlich-technische Fächer mit besonderer Betonung der praktischen Ausbildung gelehrt werdenʼ ❖ ↗ **hoch**, ↗ **Schule**

fachlich ['fax..] ⟨Adj.; Steig. reg., ungebr.; nicht präd.⟩ ʽein bestimmtes Fach (2), bestimmte Fächer betreffendʼ /auf Abstraktes bez./: *~e Kenntnisse, Leistungen, Voraussetzungen, Probleme; sich ~ (ʽin einem bestimmten Fach 2ʼ) weiterbilden; etw. ~ (ʽals Fachmann, fachmännischʼ) beurteilen* ❖ ↗ **Fach**

Fach/fach ['fax..]‖**-mann, der** ⟨Pl.: Fachleute, seltener Fachmänner⟩ SYN ʽExperteʼ; ANT Laie: *einen ~ für etw. benötigen; ich lass mir das nur von einem ~ reparieren; sich von einem ~ beraten lassen;* ⟨+ Präp. *für, auf*⟩ *gesucht wird ein ~ für Computertechnik; er ist (ein) ~ auf dem Gebiet der Herz-*

chirurgie; vgl. *Sachverständige* ❖ ↗ Mann; **-männisch** [mɛn..] ⟨Adj.; o. Steig.; nicht präd.⟩ ʽmit dem Wissen und Können eines Fachmanns'; SYN professionell (2); ANT laienhaft /auf Abstraktes bez./: *etw. ~ bauen, beurteilen; jmdn. ~ beraten; ein ~er Rat;* vgl. *sachkundig* ❖ ↗ Mann; **-simpeln** [zɪmpl̩n], fachsimpelte, hat gefachsimpelt oft spött. /jmd./ *mit jmdm. ~* ʽsich mit jmdm. meist in lockerer Form über Themen, Angelegenheiten, Probleme (s)eines Fachgebietes unterhalten': *er hat wieder ausschließlich mit ihm gefachsimpelt;* /zwei od. mehrere (jmd.)/ *an diesem Abend haben sie nur gefachsimpelt; die beiden ~ schon wieder (miteinander)* ❖ ↗ simpel; **-sprache, die** ʽder für ein spezifisches Fachgebiet geschaffene und verwendete Wortschatz': *die ~ der Chemie, Physik* ❖ ↗ sprechen; **-werk, das** ⟨o.Pl.⟩ ʽBauweise für die Errichtung bes. von Häusern, bei der die Wände aus waagerecht, senkrecht und schräg angeordneten und miteinander verbundenen Balken bestehen und der Raum zwischen ihnen mit Lehm od. Mörtel und Ziegeln ausgefüllt ist' (↗ TABL Haus/Gebäude) ❖ ↗ Werk; **-wort, das** ⟨Pl.: -wörter⟩ ʽfester, definierter Ausdruck (1) für etw. spezifisch Fachliches in einem bestimmten Fachgebiet'; SYN Fachausdruck, Terminus: *ein ~ (aus) der Medizin, der Technik; das ~ für „Lungenentzündung" ist „Pneumonie"* ❖ ↗ Wort

Fackel [ˈfakl̩], **die**; ~, ~n ʽStab, um den an einem Ende brennbares Material gewickelt ist, das angezündet längere Zeit mit großer Flamme hell brennt und als Lichtquelle dient': *bei dem Umzug wurden ~n (ʽbrennende Fackeln') getragen; eine ~ anzünden; die ~ brennt*

fade [ˈfaːdə], landsch. auch **fad** [faːt] ⟨Adj.; Steig. reg.⟩ ʽohne Geschmack, nicht od. schlecht gewürzt' /auf Getränke u. Speisen bez./: *eine ~ Brühe; das Bier ist, schmeckt ~, fad*

Faden [ˈfaːdn̩], **der**; ~s, Fäden [ˈfɛːdn̩/ˈfeː..] **1.** ʽaus (textilen) Fasern od. aus Metall hergestelltes sehr dünnes, (unterschiedlich) langes Gebilde': *ein langer, dünner, fester, dicker, seidener, wollener ~; ein ~ aus Nylon; mit Nadel und ~ arbeiten; der ~ ist gerissen; einen ~ einfädeln, abschneiden; acht Tage nach der Operation wurden die Fäden gezogen* (ʽdie Fäden entfernt, die die Wunde zusammenhielten') **2.** ʽetw. in der Form einem Faden (1) Ähnliches': *der Honig zieht Fäden* (ʽfließt fadenförmig von irgendwo herab'); *silberne Fäden* (ʽeinzelne graue Haare') *durchziehen ihr dunkles Haar* ❖ **Bindfaden, einfädeln, Leitfaden**
* /jmd./ **die/alle Fäden (fest) in der Hand haben/halten** (ʽalles überblicken, beherrschen und lenken können'); /etw., bes. Projekt, Leben/ **an einem seidenen ~ hängen** ʽsehr ungewiss, gefährdet sein': *sein Leben hing an einem seidenen ~;* **der rote ~** (ʽder leitende Gedanke eines Inhalts, Textes'); /jmd./ **den ~ verlieren** (ʽbeim Sprechen den gedanklichen Zusammenhang der Darlegungen plötzlich aus dem Gedächtnis verlieren, nicht mehr wissen, was man sagen wollte'); ⟨⟩ umg. /jmd. od. zwei, mehrere

(jmd.)/ **einen guten ~ mit jmdm., miteinander spinnen** ʽgut mit jmdm., miteinander auskommen': *er spinnt einen guten ~ mit ihr;* ⟨rez.⟩ /zwei od. mehrere (jmd.)/: *sie spinnen einen guten ~ miteinander;*

Fagott [faˈɡɔt], **das**; ~s/auch ~es, ~e ʽtief wie ein Bass klingendes Holzblasinstrument mit U-förmigem langem Rohr' (↗ TABL Blasinstrumente)

fähig [ˈfɛːɪç/auch ˈfeː..] ⟨Adj.; nicht bei Vb.⟩ **1.1.** ⟨Steig. reg.; nur attr.⟩ ʽauf Grund von Ausbildung, Begabung, Wissen, Können für eine Tätigkeit, Aufgabe geeignet und sie gut ausführen könnend'; ↗ FELD I.2.3: *er ist ein ~er Arzt, Ingenieur* **1.2.** ⟨o.Steig.; vorw. präd. (mit *sein*)⟩ /jmd./ *zu etw. ~ sein* ʽauf Grund von Wissen, Können eine Tätigkeit, Arbeit gut ausführen können, eine Aufgabe lösen können': *wir glauben, dass er zu dieser Leistung ~ ist; er ist ~, selbständig wissenschaftlich zu arbeiten; man hält ihn für ~, diese schwere Arbeit allein auszuführen;* vgl. imstande **2.** ⟨o. Steig.; vorw. präd. (mit *sein*)⟩ /jmd./ *zu etw. ~ sein* **2.1.** ʽdie physische, psychische Anlage (2), Kraft dafür haben, etw. Bestimmtes zu tun': *er war zu keinem vernünftigen Gedanken ~;* geh. *etw.* ⟨Gen.⟩ *~ sein: vor Aufregung war sie keines Wortes ~, war sie nicht ~, ein Wort zu sagen; er war keiner Lüge ~* **2.2.** ʽdie materiellen Voraussetzungen dafür haben, etw. Bestimmtes zu tun': *er ist zur Zahlung seiner Schulden ~/er ist nicht ~, seine Schulden zu bezahlen* ❖ **Fähigkeit, unfähig, Unfähigkeit ~ anpassungsfähig, arbeitsfähig, erwerbsunfähig, kampfunfähig, Konzentrationsfähigkeit, leistungsfähig, Leistungsfähigkeit, Leitfähigkeit, reaktionsfähig, salonfähig, saugfähig, strapazierfähig, widerstandsfähig, Widerstandsfähigkeit, zahlungsfähig, zahlungsunfähig, zurechnungsfähig**
* /jmd./ **zu allem ~ sein** (ʽimstande sein, jederzeit jede mögliche Untat, etw. Schlimmes, Schlechtes od. auch nur Überraschendes, Kurioses zu tun')

-fähig /bildet mit einem Subst. od. Vb. als erstem Bestandteil Adjektive/ **1.** /in Bezug auf Menschen, Tiere/ ʽzu dem im ersten Bestandteil Genannten fähig (2)': ↗ z. B. *anpassungsfähig* **2.** ʽso beschaffen, dass das im ersten Bestandteil Genannte getan werden, erfolgen kann': ↗ z. B. *strapazierfähig*

Fähigkeit [ˈfɛːɪç../ˈfeː..], **die**; ~, ~en /zu *fähig* 1.2, 2.1/ ʽdas Fähigsein zu etw. Bestimmtem'; /zu 1.2/ ↗ FELD I.2.1: *seine, ihre geistigen, künstlerischen ~en; jmds. ~en wecken, fördern; er hat nie an ihren ~en gezweifelt; die ~ zur Abstraktion; jmdm. eine ~ zutrauen, absprechen;* /zu 2.1/ ⟨o.Pl.⟩: *die ~, sich anzupassen, etw. intensiv zu erleben; die ~ haben, ein Kind zu zeugen* ❖ ↗ **fähig**

fahl [faːl] ⟨Adj.; Steig. reg.; vorw. attr.⟩ SYN blass; ↗ FELD VI.2.3 **1.1.** ʽvon einer Helligkeit, Färbung, die bleich (1.1) und matt (3.1) wirkt': *das ~e Licht des Mondes; der Tote hatte eine ~e Haut* **1.2.** ʽblass (2)' /auf Farben bez./: *ein ~es Blau*

fahnden [ˈfaːndn̩], fahndete, hat gefahndet /jmd., bes. Polizei/ *nach jmdm., etw. ~* ʽjmdn. suchen, um ihn festzunehmen, nach etw. Verbotenem suchen': *nach* *einem flüchtigen Verbrecher ~; die Polizei fahndete nach Rauschgift* ❖ **Fahndung**

Fahndung ['faːnd..], **die**; ~, ~en ʿdas Fahnden': *die ~ der Polizei nach dem Mörder, nach Rauschgift war erfolgreich* ❖ ↗ **fahnden**

Fahne ['faːnə], **die**; ~, ~n **1.** ʿmeist rechteckiges, mit der schmalen Seite an einer Stange befestigtes Stück Stoff in bestimmter Farbe, in bestimmten Farben und oft auch mit einem symbolhaften Zeichen, das eine Art Sinnbild für einen Staat, ein Land, eine Gemeinde od. einen Verein ist, auch als Signal, bes. in der Schiffahrt, dient' (↗ BILD); SYN Flagge: *die schwarzrotgoldene, rote ~; eine seidene ~; die ~ tragen, schwenken, hissen; die ~n wehen im Wind; die ~ des Roten Kreuzes;* vgl. *Flagge* **2.** umg. ʿder unangenehme Geruch aus dem Mund nach reichlichem Genuss von Alkohol': *der hat aber eine ~!*

Fahr|bahn ['faːɐ], **die** ʿfür den Verkehr der Fahrzeuge bestimmter Teil einer Straße': *als Fußgänger die ~ überqueren; eine Einengung der ~; eine ~ mit zwei Fahrspuren* ❖ ↗ **fahren**, ↗ **Bahn**

Fähre ['fɛːɐ/'feː..], **die**; ~, ~n ʿSchiff, Boot, mit dem Personen, Fahrzeuge, Güter über einen Fluss, See, über das Meer übergesetzt werden'; ↗ FELD VIII.4.3.1: *mit der ~ übersetzen, ans andere Ufer, nach Schweden, England fahren* ❖ ↗ **fahren**

fahren ['faːɐən] (er fährt [fɛːɐt/feː..], fuhr [fuːɐ], ist/ hat gefahren **1.** ⟨ist⟩ /Fahrzeug/ *irgendwie, irgendwohin ~* ʿsich mit Hilfe einer antreibenden Kraft, bes. eines Motors, auf der Erdoberfläche, auch auf dem Wasser, irgendwie, irgendwohin vorwärts bewegen'; ↗ FELD VIII.1.2: *der Zug, das Auto fährt schnell, langsam; das Schiff fährt stromabwärts; der Zug fuhr* (SYN ʿrollte 3.1') *langsam in die, aus der Halle; wann fährt der nächste Zug nach Berlin?; dieser Bus fährt* (ʿverkehrt') *täglich; das Auto fährt* (SYN ʿläuft, ↗ laufen 4.2') *180 Kilometer die/pro Stunde* (ʿhat eine Höchstgeschwindigkeit von 180 Kilometern in der Stunde') **2.** ⟨ist⟩ /jmd./ ʿsich als Fahrer od. Fahrgast mit Hilfe eines Land-, Wasserfahrzeugs irgendwohin begeben': *wir wollen lieber ~ als laufen; mit einem Fahrzeug ~: mit dem, einem Auto, Omnibus, Schiff, Fahrrad, mit der (Eisen)- bahn ~; mit einem Fahrzeug irgendwohin ~: sie sind im Urlaub mit dem Schlitten durch die Wälder ge-*

fahren; (mit dem Auto) ins Gebirge, nach Hause, an die See, in den Urlaub ~; wie lange fährt man mit der Bahn, dem Auto bis, nach Berlin?; irgendwo ~: rechts (ʿauf der rechten Seite der Fahrbahn') *fahren; irgendwie ~: gut, sicher, schnell, rücksichtsvoll, (im) Schritt* (ʿin der Geschwindigkeit des Gehens') *, per Anhalter ~; er ist, wir sind die ganze Zeit im vierten Gang, mit hoher Geschwindigkeit, mit hundert, mit hundert Kilometern in der Stunde gefahren* **3.** ⟨hat⟩ /etw., jmdn. irgendwohin ~* ʿetw., jmdn. mit Hilfe eines Fahrzeugs irgendwohin befördern, bringen': *Kisten und Säcke (mit, auf einem Lastwagen, Handwagen) zum Müllplatz ~, die Tante zur Bahn ~; er hat den ganzen Tag lang Lebensmittel in die Geschäfte gefahren; ein Kraftfahrzeug irgendwohin ~: er fährt sein Auto jeden Abend in die Garage* **4.** ⟨hat⟩ /jmd./ *ein Kraftfahrzeug ~* ʿBesitzer eines Kraftfahrzeuges sein und damit fahren (2)': *er hat früher einen Mercedes gefahren; sie fährt heute zum ersten Mal (ein) Auto* **5.** ⟨ist⟩ /jmd./ **5.1.** *Ski, Schlittschuh ~* (ʿsich zum Vergnügen auf Skiern, Schlittschuhen gleitend vorwärts bewegen') **5.2.** *Karussell ~* (ʿsich auf einem Karussell, bes. im Kreis, bewegen lassen') **6.** ⟨ist⟩ **6.1.** /jmd./ *mit der Hand in die Tasche ~* (ʿdie Hand rasch in die Tasche stecken, bes. um etw. herauszuholen') **6.2.** /jmd./ *in die Höhe ~* (ʿaufspringen, bes. wegen großer Eile, aus Wut, Zorn, vor großer Freude') **6.3.** /jmd./ *in die Kleider ~* (ʿsich in großer Eile anziehen') **6.4.** /jmd./ *jmdm., sich* ⟨Dat.⟩ *durch etw. ~* ʿsich, jmdm. flüchtig und schnell mit etw. über, durch etw. streichen (2.1)': *jmdm., sich (mit der Hand) über, durch das Haar, über die Stirn ~; mit etw. über etw. ~: rasch mit dem Staubtuch über die Möbel ~* **6.5.** /Blitz/ *irgendwohin ~* ʿirgendwohin einschlagen (3)': *der Blitz fuhr in den Baum, in die Scheune* **7.** ⟨ist⟩ umg. /jmd./ *mit etw., jmdm. gut, schlecht ~*: *mit diesem Vertrag, dem neuen Mitarbeiter sind wir gut, schlecht gefahren* (ʿhaben wir Glück, Erfolg, Pech, Misserfolg gehabt') ❖ **entfahren, Fähre, Fahrer, Fahrt, Fuhre, ¹verfahren – abfahren, Abfuhr, anfahren, Anfahrt, Ausfuhr, Beifahrer, Damenfahrrad, dazwischenfahren, durchfahren, Durchfahrt, einfahren, Einfahrt, Einfuhr, einfahren, Fahrbahn, Fahrerflucht, festfahren, fortfahren, Fuhre, Fuhrwerk, Herrenfahrrad, herumfahren, Himmelfahrt, Hinfahrt, hinausfahren, Irrfahrt, Klassefahrer, Kraftfahrer, Kraftfahrzeug, Kreuzfahrt, losfahren, Luftfahrzeug, Luftkissenfahrzeug, Radfahrer, Radfahrerin, Raumfahrt, Raumfahrzeug, Raupenfahrzeug, Rückfahrkarte, Schienenfahrzeug, Schifffahrt, schwarzfahren, Stadtrundfahrt, Straßenfahrzeug, überfahren, Vorfahrt, Wasserfahrzeug, zurückfahren;** vgl. **fahr/Fahr-, führen**

Fahrer ['faːɐɐ], **der**; ~s, ~ ʿjmd., der beruflich od. privat ein (Kraft)fahrzeug fährt'; ↗ FELD I.10: *er ist ein guter, sicherer, rücksichtsloser, leichtsinniger ~; der ~ des Lastkraftwagens, Busses, der Straßenbahn;* vgl. *Kraftfahrer*

MERKE *Fahrer* kann sich nicht auf den Führer eines Luft-, Wasserfahrzeugs beziehen ❖ ↗ **fahren**
Fahrer|flucht ['faːʁɐ..], die ⟨vorw. Sg.⟩ 'Delikt, das darin besteht, dass sich ein Fahrer nach einem (von ihm verschuldeten) Unfall fluchtartig mit seinem Kraftfahrzeug vom Ort des Unfalls entfernt, um sich der Verantwortung, der polizeilichen Untersuchung zu entziehen': *~ begehen; wegen ~ vor Gericht stehen, verurteilt werden* ❖ ↗ **fahren**, ↗ **fliehen**
Fahr ['faːʁ..]|**-erlaubnis, die** 'amtliche Genehmigung, ein Fahrzeug, bes. ein Kraftfahrzeug, zu lenken'; SYN Führerschein: *ihm wurde nach dem Unfall die ~ (für zwei Jahre) entzogen* ❖ ↗ erlauben; **-gast, der** 'Benutzer eines (öffentlichen) Verkehrsmittels, bes. eines Busses, einer Bahn' MERKE Der Benutzer eines Schiffes heißt auch *Fahrgast*, der eines Flugzeugs nur *Passagier* ❖ ↗ Gast; **-geld, das** ⟨vorw. Sg.⟩ 'für die Benutzung eines öffentlichen Verkehrsmittels zu zahlender Betrag': *jmdm. das ~ erstatten* ❖ ↗ Geld; **-gestell, das** 'Gesamtheit der Teile eines Kraftfahrzeugs, auch eines Flugzeugs, an denen die Räder befestigt sind'; ↗ FELD VIII.4.1.1 ❖ ↗ stellen
fahrig ['faːʁɪç] ⟨Adj.; Steig. reg.⟩ 1. 'in den Bewegungen, Handlungen nicht kontrolliert und hastig': *eine ~e (Hand)bewegung machen; seine Gesten waren ~; ~ reden, gestikulieren* 2. ⟨nicht bei Vb.⟩ 'ohne Konzentration und hastig'; SYN oberflächlich: *das Kind war bei seinen Hausaufgaben sehr ~*
Fahr/fahr ['faːʁ..]|**-karte, die** 'kleine Karte (1), die man für einen entsprechenden Geldbetrag erhält und die zur Benutzung eines öffentlichen Verkehrsmittels berechtigt'; SYN Karte: *~n kaufen; die ~ entwerten* ❖ ↗ Karte; **-lässig** ⟨Adj.; Steig. reg.⟩ 'ohne die erforderliche Aufmerksamkeit und Vorsicht'; SYN unachtsam; ANT verantwortungsbewusst; ↗ FELD I.4.4.3: *jmd. hat (außerordentlich) ~ gehandelt; das Unglück wurde durch ~es Verhalten verursacht; sein Verhalten war ~; ~e Tötung* ('durch Nichtbeachten der nötigen Aufmerksamkeit und Vorsicht verursachte Tötung eines Menschen') ❖ Fahrlässigkeit; **-lässigkeit, die**; ~, ⟨o.Pl.⟩ 'das Fahrlässigsein'; ↗ FELD I.4.4.1 ❖ ↗ fahrlässig; **-plan, der** 1. 'die nach Tag, Stunde und Minute festgelegten Zeiten für Abfahrt und Ankunft eines öffentlichen Verkehrsmittels, die auf Tafeln, Anschlägen, in Broschüren angegeben sind': *den ~ einhalten; laut ~ trifft der Zug um acht Uhr ein; einen ~ ausarbeiten; der neue ~ gilt ab 27. Mai* 2. 'Tafel, Anschlag, Broschüre mit dem Fahrplan (1)': *einen ~* ('eine Broschüre mit dem Fahrplan 1') *kaufen* ❖ ↗ Plan; **-preis, der** 'Geld, das für die Benutzung eines Busses, Zuges zu entrichten ist': *die ~e sind erhöht worden; der ~ beträgt ... Mark* ❖ ↗ Preis; **-rad, das** 'Fahrzeug aus einem Gestell mit Sattel, Lenker und zwei Rädern, das von einer auf ihm sitzenden Person durch Treten (3) von Pedalen vorwärts bewegt wird'; SYN Rad (3) (↗ TABL Fahrzeuge): *~ fahren; mit dem ~ einen Ausflug machen* ❖ ↗ Rad; **-schule, die** 1. 'Unternehmen, in

dem man theoretischen und praktischen Unterricht nehmen kann, um das Führen eines Kraftfahrzeugs zu erlernen': *sich in der ~ anmelden* 2. 'Unterricht in einer Fahrschule (1)': *er hat die ~ erfolgreich absolviert* ❖ ↗ Schule; **-stuhl, der** 'Aufzug (1) zur Beförderung von Personen'; SYN Lift; ↗ FELD V.3.1: *den ~ nehmen, benutzen; der ~ ist stecken geblieben, ist außer Betrieb* ❖ ↗ Stuhl
Fahrt ['faːʁt], die; ~, ~en /zu *fahren* 1, 2/ 'das Fahren'; /zu 1/ ↗ FELD VIII.1.1: ⟨o.Pl.⟩ *die ~* ('die Geschwindigkeit des Fahrens') *des Wagens verlangsamen; allmählich kam der Zug in ~* ('erreichte der Zug eine angemessene Geschwindigkeit'); *der Zug hat freie ~* ('das Signal zeigt an, dass der Zug abfahren, durchfahren kann'); /zu 2/: *während der ~ haben wir uns gut unterhalten; nach vier Stunden ~ waren wir am Ziel; er hat auf allen Verkehrsmitteln freie ~* ('kann alle Verkehrsmittel unentgeltlich benutzen'); *es war eine lange, bequeme, anstrengende, schöne ~; eine ~ mit dem Auto, Bus, mit der Bahn machen; eine ~ nach Berlin, an die See, ins Gebirge unternehmen, machen* ❖ ↗ **fahren**
* **eine ~ ins Blaue** ('ein Ausflug, bei dem das Ziel nicht festgelegt, nicht bekannt ist'); ⟨⟩ umg. /jmd./ **in ~ kommen** (1. 'in gute Stimmung kommen' 2. 'zornig werden'); /jmd./ **in ~ sein** (1. 'in guter Stimmung sein' 2. 'zornig sein')
Fährte ['fɛːʁtə/feː..], die; ~, ~n 1.1. 'aus den Abdrücken der Füße sich fortbewegender Tiere entstandene Spur': *einer frischen ~ im Schnee folgen* 1.2. 'nicht sichtbare, nur von einem Hund als Geruch wahrnehmbare Spur, die ein sich fortbewegender Mensch, auch ein Tier, hinterlassen hat': *den Hund auf die ~ setzen; der Hund hat die ~ des Flüchtigen gefunden, verfolgt* ❖ vgl. **führen**
* /jmd./ **jmdn. auf die falsche ~ locken** ('jmdn. durch falsche Hinweise bei der Suche nach etw., jmdm. irreführen'); /jmd./ **eine falsche/richtige ~ verfolgen** ('falschen, richtigen Hinweisen, Indizien nachgehen'); /jmd./ **jmdm., etw.** ⟨Dat.⟩ **auf der ~ sein** ('auf dem richtigen Weg sein, auf dem man jmdn., etw. findet')
fahr/Fahr ['faːʁ..]|**-tüchtig** ⟨Adj.; o. Steig.; nicht bei Vb.⟩ 1. 'körperlich und geistig in der Lage, ein Kraftfahrzeug zu bedienen und zu lenken' /auf Personen bez./: *in diesem Zustand ist er nicht ~* 2. ⟨oft verneint⟩ /Fahrzeug/ 'in einem technischen Zustand, dass es ohne Risiko benutzt werden kann': *das Auto ist nicht (mehr) ~* ❖ ↗ tüchtig; **-wasser, das** ⟨Pl.: ~; vorw. Sg.⟩ 'durch Bojen o.Ä. markierter Bereich in einem Fluss od. im Meer vor der Küste, den größere Schiffe wegen ausreichender Tiefe passieren können' ❖ ↗ Wasser * /jmd./ **in jmds. ~ schwimmen/segeln** ('jmdm. unkritisch in Denken, Handeln folgen, durch ihn beeinflusst sein'); **-zeug, das** ⟨Pl.: ~e⟩ 'technische Konstruktion, mit deren Hilfe man sich, etw., jmdn. vorwärts bewegen, irgendwohin fahren kann'; ↗ FELD V.8.1: *ein einfaches, modernes ~; ein motorisiertes, schnelles ~; ein ~ kaufen, reparieren*

Anhänger

Auto
Lenkrad

Autobus

Motorrad

Kesselwagen

Fahrrad
Lenkstange
Luftpumpe
Speiche
Felge
Reifen

Lore

Kipper

Lokomotive

Pferdewagen
Deichsel

Traktor

Eisenbahn

Boot
Paddel

U-Boot

Panzer

Gondel

Frachter

Segelboot

Zerstörer

Doppeldecker

Flugzeug

Hubschrauber

fair [fɛːɐ̯] ⟨Adj.; Steig. reg., ungebr.⟩ 'die Rechte und Interessen eines anderen, anderer achtend, einen anderen, andere in keiner Weise übervorteilend, behindernd, schädigend': *er ist ein ~er Verhandlungs-, Geschäftspartner, Sportler, Gegner; ein ~es Angebot, Verhalten;* SYN 'sportlich (3)': *ein ~er Wettbewerb, Wettkampf; er war ~, hat sich ~ benommen* ❖ **Fairness**

Fairness ['fɛːɐ̯nɛs], **die**; ~, ⟨o.Pl.⟩ 'das Fairsein': *seine ~ im Wettkampf* ❖ ↗ **fair**

Fakt [fakt], **der/auch das**; ~s/auch ~es, ~en 'feststehende (nachweisbare) Tatsache'; SYN Faktum: *diese Erscheinung ist ein naturwissenschaftlicher, historischer ~* ❖ **faktisch, Faktor, Faktum**

faktisch ['..] I. ⟨Adj.; o. Steig.; nur attr.⟩ SYN 'wirklich (I.1)' /auf Abstraktes bez./: *der ~e Nutzen, das ~e Ergebnis dieser Arbeit* — II. ⟨Satzadv.⟩ /drückt die Meinung des Sprechers zum genannten Sachverhalt aus/ SYN 'praktisch (II)': *~ ist damit das Projekt gescheitert* ❖ ↗ **Fakt**

Faktor ['faktoːɐ̯], **der**; ~s, ~en [..'toːʀən] 'konstituierender Teil, Umstand in einem Ablauf (1)': *ein entscheidender, bestimmender, wichtiger ~ im Ablauf der Geschichte, in der Entwicklung dieses Menschen; mehrere ~en wirkten zusammen; soziale, biologische ~en* ❖ ↗ **Fakt**

Faktum ['faktʊm], **das**; ~s, Fakten ['faktn̩] SYN 'Fakt': *ein historisches, politisches ~; Fakten sammeln; von bestimmten Fakten ausgehen* ❖ ↗ **Fakt**

Fakultät [fakʊl'tɛːt/..'teːt], **die** ~, ~en 'Abteilung einer Universität, Hochschule, die ein Wissenschaftsgebiet od. eine Gruppe zusammengehöriger Wissenschaften umfasst': *die Philosophische, Medizinische ~; an der Juristischen ~ studieren, lehren* ❖ **fakultativ**

fakultativ [fakʊltaˈtiːf] ⟨Adj.; o. Steig.; nicht bei Vb.⟩ 'hinsichtlich der Teilnahme an etw., bes. an einer Lehrveranstaltung, dem eigenen Ermessen, der freien Entscheidung überlassen'; ANT obligatorisch: *der Besuch dieses Kurses, die Teilnahme am Seminar ist ~; die Vorlesung, das Seminar ist ~; eine ~e Veranstaltung* ❖ ↗ **Fakultät**

Falke ['falkə], **der**; ~n, ~n 'Raubvogel mit schlankem Körper, einem langen Schwanz und spitzen Flügeln'; ↗ FELD II.3.1

Fall [fal], **der**; ~s/auch ~es, Fälle ['fɛlə] **1.** ⟨o.Pl.⟩ /zu *fallen* 1/ 'das Fallen'; ↗ FELD I.7.2.1; /zu 1.1/: *während des ~s öffnet sich der Fallschirm*; Phys. *der ↗ freie ~*; /zu 1.2/: *sich bei einem ~ verletzen; jmdn. zu ~ bringen* ('verursachen, dass jmd. hinfällt'); *jmd. kommt zu ~* ('fällt hin') **2.** 'möglicherweise eintretender Umstand': *eine Übernahme dieser Verpflichtung durch eine Bank, das wäre der günstigste, wäre ein idealer ~; für den äußersten, schlimmsten ~, für den ~ der Entlassung ist Vorsorge getroffen; das gilt nur für den ~, dass ...; für diesen ~* ('wenn das eintritt') *ist Folgendes vorgesehen: ...* **3.** 'bestimmte einzelne auftretende Erscheinung': *es ist leider ein alltäglicher ~, dass der Bus nicht pünktlich kommt; etw., das ist ein bedauerlicher, komplizierter, ungewöhnlicher ~; ein Fall von* ⟨+ Attr.⟩: *dies ist*

ein (typischer) ~ von Leichtsinn, Habgier, Interesselosigkeit; das ist in jedem (einzelnen) ~ wieder anders **4.** 'von der Polizei, dem Gericht untersuchter, vor dem Gericht verhandelter Tatbestand': *ein ~ von* ⟨+ Subst.⟩: *ein ~ von Betrug, Hochstapelei; der ~ kam zur Verhandlung* ('wurde vor Gericht verhandelt'); Jur. *der ~* ('das Verfahren') *Schulze (gegen Müller)* **5.1.** 'vom Arzt behandelter Patient mit einer bestimmten Krankheit': *das ist ein schwerer, akuter ~; einen ~ behandeln; ein ~ von Hepatitis; er ist ein schwerer ~* ('Patient mit einer schweren Krankheit') **5.2.** 'bestimmte auftretende Krankheit': *es sind mehrere Fälle von Typhus aufgetreten* ❖ **zu (2–5): falls, Unfall** — **anfallen, Arbeitsunfall, ebenfalls, Einfall (1), einfallen (1,2), gleichfalls, jedenfalls, keinesfalls, Notfall, notfalls, nötigenfalls, Rechtsfall, Rückfall, rückfällig, straffällig, Todesfall, Überfall, überfallen, Wechselfälle, Vorfall, Zufall, zufällig, Zwischenfall;** vgl. **fallen;** zu (1): ↗ **fallen**
* **auf alle Fälle** 'ganz bestimmt, gewiss': *das erledige ich auf alle Fälle;* **auf/für alle Fälle** 'vorsichtshalber, zur Sicherheit': *auf, für alle Fälle gebe ich dir ein paar Mark mit;* **im ~(e)/für den ~, dass ...** 'falls, wenn': *im ~(e), dass unser Plan scheitert, müssen wir Folgendes vorsehen: ...;* /jmd./ **jmdn., etw. zu ~ bringen** ('bewirken, dass jmd., etw. scheitert'); **gesetzt den ~ (, dass ...)** 'falls, wenn': *gesetzt den ~, wir sehen ihn nie wieder, was machen wir dann?;* **auf jeden ~** 'unter allen Umständen': *ich komme auf jeden ~;* **auf keinen ~** 'unter keinen Umständen': *das tue ich auf keinen ~;* /jmd./ **zu ~ kommen** ('scheitern'); ⟨⟩ umg. /etw., jmd./ **jmds. ~ sein** 'jmdm. sympathisch sein': *das genau ist mein ~!; er ist nicht gerade mein ~;* **von ~ zu ~** 'jeweils einzeln': *das muss von ~ zu ~ entschieden werden*

Falle ['falə], **die**; ~, ~n 'versteckt angebrachte) Vorrichtung zum Fangen von Tieren': *~n für Mäuse, Ratten; ein Fuchs ist in die ~ gegangen, geraten* ('hat sich in der Falle gefangen 2'); *~n stellen, legen* ❖ ↗ **fallen**

fallen ['falən/'faln̩] (er fällt [fɛlt]), fiel [fiːl], ist gefallen; ↗ auch *gefallen, Gefallene* **1.1.** /etw., jmd./ *irgendwohin ~* 'sich infolge der Schwerkraft (beschleunigt) nach unten bewegen (und auf den Boden gelangen)'; ↗ FELD I.7.2.2: *der Teller fiel zu Boden, auf die Erde; der Dachziegel fiel auf die Straße; etw. ist vom Tisch auf die Erde gefallen; es ist Schnee, Regen gefallen* ('es hat geschneit, geregnet'); *der Vorhang fällt* ('wird herabgelassen') **1.2.** /jmd./ 'beim Gehen, Laufen, Radfahren o.Ä. (aus einer Bewegung heraus) den festen Halt, Stand verlieren und durch Fallen (1.1) meist unerwartet und schnell auf den Boden geraten'; SYN stürzen (1.2): *er war über einen Stein gestolpert und gefallen; er fiel (von der Leiter) in den Schmutz, auf den Rücken, mit dem Kopf auf das Pflaster; er ist weich, hart* ('auf etw. Weiches, Hartes gefallen'); *er ist unglücklich gefallen* ('so gefallen, dass er sich verletzt hat') **1.3.** /jmd./ *etw. ~ lassen* 'etw., das man in der Hand hält, loslassen, so dass es zu Boden fällt': *er hat das Glas (absichtlich) ~ lassen; lass das Kind* *nicht ~!* **2.** /etw./ SYN sinken; ANT steigen **2.1.** ʿniedriger werden'; SYN sinken (3): *das Hochwasser, der Wasserspiegel ist gefallen* **2.2.** SYN ʿsinken (4.1)': *das Thermometer fällt* (ʿzeigt ein Sinken der Temperatur an'); *die Preise, Aktien, Wertpapiere ~* (ʿsinken im Wert'); *die Zahlen der Arbeitslosen sind im letzten Monat gefallen* **3.** /Soldat/ ʿim Kampf (1.1) getötet werden, sein Leben verlieren'; ↗ FELD XI.2: *er ist (im Krieg) gefallen* **4.** /etw./ *(von irgendwoher) in, auf etw. ~* ʿwie zufällig in, auf etw., zu etw. hin gelangen' /beschränkt verbindbar/: *Licht, ein Sonnenstrahl fällt durch das Fenster, vom Fenster ins Zimmer; ein Schatten fiel auf die Wand; ihr Blick fiel auf ein Bild im Flur* **5.** /jmd./ *in etw. ~* ʿunvermittelt in einen bestimmten Zustand geraten' /beschränkt verbindbar/: *in Ohnmacht ~; in tiefen Schlaf, in Schwermut ~; bei jmdm. in Ungnade ~* (ʿjmds. Wertschätzung verlieren'); *er fiel während der Unterhaltung immer wieder in seinen Dialekt* (ʿwechselte abrupt in seinen Dialekt über') **6.** /etw./ *auf, in etw. ~* ʿzu einem bestimmten Zeitpunkt stattfinden': *der Heilige Abend fällt in diesem Jahr auf einen Dienstag; in diese Zeit ~* (ʿin dieser Zeit entstehen') *die bedeutendsten Werke des Dichters* **7.1.** /etw./ *an, auf jmdn. ~* /beschränkt verbindbar/: *die Wahl, der Verdacht fiel auf ihn* (ʿer wurde gewählt, verdächtigt'); *das Erbe fiel an die Kinder* (ʿging in den Besitz der Kinder über') **7.2.** *der Hauptgewinn fällt auf die Losnummer …* (ʿdie Losnummer … wurde zur Nummer des Hauptgewinns') **7.3.** /etw., jmd./ *in, unter etw. ~* ʿzu etw. gehören, einer Sache zugeordnet werden, sein': *das fällt in, unter dieselbe Kategorie; etw., jmd. fällt nicht unter dieses Gesetz* (ʿdieses Gesetz kommt für etw., jmdn. nicht zur Anwendung'); *diese Angelegenheit fällt in die Kompetenz der Länder* **8.** ⟨vorw. im Prät., Perf.⟩ **8.1.** *eine Entscheidung über etw. fällt* ʿüber etw. wird entschieden': *die Entscheidung (über seine Anstellung) ist heute gefallen; wann fällt die Entscheidung?* **8.2.** *ein Urteil fällt* ʿein Urteil wird gefällt* (↗ *fällen*)': *ist das Urteil schon gefallen?; wann wird das Urteil ~?* **8.3.** *ein Schuss fällt* ʿein Schuss wird abgefeuert': *während des Aufruhrs fielen überall Schüsse; da ist ein Schuss gefallen* **8.4.** *ein Tor fällt* ʿein Tor wird geschossen': *während des Spiels fiel nicht ein einziges Tor* **9.** /etw. Gesprochenes/ ʿgeäußert, gesprochen werden': *trotz der erregten Stimmung fielen keine bösen Worte, Bemerkungen; dein Name ist nicht gefallen* **10.** /jmd./ *durch die Prüfung, das Examen ~* (ʿdie Prüfung, das Examen nicht bestehen') ❖ **entfallen, Fall (1), Falle, fällen, fällig, falls, Gefälle, Gefallene, Verfall, verfallen, zerfallen − Anfall, anfallen, Ausfall, ausfallend, ausfällig, ausgefallen, Durchfall, durchfallen, Einfall (2), einfallen (3,4), Fallobst, -schirm, herabfallen, herunterfallen, flachfallen, hinfallen, hinfällig, Mausefalle, Schneefall, schwerfällig, umfallen, Wasserfall, wegfallen, zufallen, zurückfallen, zusammenfallen**; vgl. auch **Fall (2−5)**

fällen [ˈfɛlən/ˈfɛln̩] ⟨reg. Vb.; hat⟩ **1.** /jmd./ *einen Baum ~* (ʿeinen Baum am Stamm kurz über dem Boden durch Sägen, Hacken abtrennen, sodass er umfällt'; ↗ FELD IV.2.2) **2.** /jmd./ *eine Entscheidung ~* (ʿetw. entscheiden 1.2'); *Jur. ein Urteil ~* (ʿein Urteil finden 1.5 und verkünden') ❖ ↗ **fallen**

fallen lassen er lässt fallen, ließ fallen, hat fallen gelassen/auch fallen lassen **1.** /jmd./ *etw. ~* ʿaufhören etw. zu erreichen, zu verwirklichen zu suchen'; SYN aufgeben (4.2): *ein Vorhaben, Thema, einen Plan, Gedanken ~* **2.** /jmd./ *etw. ~* ʿetw. beiläufig äußern': *eine Andeutung, eine Bemerkung über jmdn. ~*

fällig [ˈfɛlɪç] ⟨Adj.; o. Steig.; nicht bei Vb.; vorw. präd. (nur mit *sein*)⟩ *etw. ist ~* **1.1.** ʿetw. muss zu einem bestimmten Termin bezahlt werden': *die Miete ist am ersten Tag des Monats ~; die ~e Summe anweisen* **1.2.** ʿetw. muss zu einem bestimmten Termin, möglichst bald durchgeführt werden': *eine Änderung des Gesetzes ist ~; die längst ~e Änderung* **1.3.** ʿetw. muss zu einem bestimmten Zeitpunkt eintreffen': *der Zug ist um 18 Uhr ~; die Lieferung ist morgen ~* ❖ ↗ **fallen**

Fall [ˈfal..]|**obst, das** ʿ(vor der Reife) vom Baum gefallenes Obst': *~ verwerten* ❖ ↗ **fallen,** ↗ **Obst**

falls [fals] ⟨Konj.; subordinierend; der Nebensatz steht vorw. vor dem Hauptsatz⟩ /konditional; gibt an, dass der im Nebensatz genannte Sachverhalt die Bedingung für den im Hauptsatz genannten Sachverhalt ist; die Bedingung kann real, aber auch irreal sein/ ʿim Falle, dass …/wenn …': *~ du kommst, gehen wir ins Theater; ~ es morgen nicht regnet, fahren wir nach N; ~ vom Arzt nicht anders verordnet, dreimal täglich 10 Tropfen einnehmen* /als Empfehlung auf Beipackzetteln für Medikamente/; *~ wir uns nicht noch einmal sehen* (ʿfür den möglicherweise eintretenden Fall, dass wir uns …'), *gebe ich dir jetzt gleich den Schlüssel* ❖ ↗ **fallen**

MERKE Zum Unterschied von *falls* und *wenn:* ↗ *wenn* (Merke)

Fall [ˈ..]|**schirm, der** ʿVorrichtung, die sich in der Luft schirmartig öffnet und an der hängend ein Mensch, ein Gegenstand langsam und sicher zu Boden sinken kann' (↗ BILD): *mit einem ~ abspringen; den ~ zusammenlegen; der ~ hat sich nicht geöffnet* ❖ ↗ **fallen,** ↗ **Schirm**

Fall|schirm|jäger, der ʼSoldat der Luftlandetruppe, der für den Einsatz aus der Luft mit dem Fallschirm ausgerüstet ist und hinter den feindlichen Linien zum Kampf abgesetzt wirdʼ: ~ *einsetzen* ❖ ↗ **fallen,** ↗ **Schirm,** ↗ **jagen**

falsch [falʃ] 〈Adj.; o. Steig.〉 **1.** 〈nicht bei Vb.; vorw. attr.〉 ʼetw. Echtem oft täuschend ähnlich nachgebildetʼ; ANT echt (1), richtig (I.7): ~*e Edelsteine, Zähne,* ~*es Haar, ein* ~*er Zopf* (SYN ʼkünstlich 1ʼ); ~*e* (ʼgefälschte,* ↗ *fälschen 1.1ʼ*) *Pässe, Banknoten* **2.** ANT richtig **2.1.** 〈nicht bei Vb.〉 ʼauf Grund eines Irrtums mit dem Beabsichtigten, Gemeinten nicht übereinstimmendʼ; SYN verkehrt (1); ANT richtig (I.2) /vorw. auf Gegenständliches bez./: *an die* ~*e Tür klopfen; in den* ~*en Zug einsteigen; die* ~*e Brille eingesteckt haben; einen* ~*en Pass vorweisen; das war ein* ~*er* (ʼauf einem Irrtum beruhenderʼ) *Alarm; sich* ~ *ausdrücken; ein* ~*es Wort;* ~ *verbunden sein* (ʼtelefonisch nicht mit dem Teilnehmer verbunden sein, den man sprechen wollteʼ) **2.2.** ʼeinen Irrtum, Fehler (2) darstellend, enthaltendʼ; ANT richtig (I.1) /vorw. auf Abstraktes bez./; ↗ FELD I.4.2.3: *er hat* ~*e Vorstellungen, einen* ~*en Eindruck von der Sache, von ihr; eine* ~*e Diagnose; das Ergebnis der Mathematikaufgabe ist* ~ (SYN ʼfehlerhaft 1ʼ; ANT richtig I.1); *die Lösung war* ~; *die Uhr geht* ~; *eine Prüfungsfrage* ~ *beantworten; ein Wort* ~ *schreiben;* ~ *gerechnet haben; das hast du* ~ *verstanden;* ~ *informiert sein* **2.3.** ʼdie Wirklichkeit, Wahrheit nicht wahrheitsgemäß darstellend, sie vorsätzlich verbergendʼ; ANT richtig (I.2) /auf Abstraktes, Äußerungen bez./: *unter* ~*em Namen leben, reisen; vor Gericht eine* ~*e Aussage machen; seine Aussage war* ~; *eine* ~*e Adresse angeben; die Adresse war* ~; ~*e Anschuldigungen gegen jmdn. erheben; sich unter Vorspiegelung* ~*er Tatsachen Vorteile verschaffen* **2.4.** ANT richtig (I.2): *die Uhr geht* ~ (ʼzeigt die Zeit nicht korrekt anʼ); SYN ʼverkehrt 3ʼ) **3.** 〈nur attr.〉 ʼin eine gegebene Situation nicht passend, den sittlichen Normen nicht entsprechendʼ; ANT richtig (I.4): *das ist* ~*e Rücksichtnahme, Sparsamkeit;* ~*e Scham, Bescheidenheit; etw.* ~ *finden* **4.** SYN ʼheuchlerischʼ; ANT ehrlich (2): *er ist ein* ~*er Mensch; der Kerl ist* ~, *sage ich dir!;* ~ *lächeln, sein Lächeln ist* ~ ❖ **fälschen, fälschlich, Fälschung, verfälschen – grundfalsch, fälschungssicher**

* /jmd./ **(mit etw. bei jmdn.) an den Falschen kommen/ geraten** (ʼbei jmdm. eine andere als die erwartete Reaktion erleben und sein Ziel nicht erreichenʼ)

fälschen [ˈfɛlʃn̩] 〈reg. Vb.; hat〉 /jmd./ *etw.* ~ **1.1.** ʼetw. in betrügerischer Absicht nachbilden und für echt ausgebenʼ: *Banknoten, einen Ausweis* ~; *er hat die Unterschrift seines Vaters gefälscht* **1.2.** ʼetw. so verändern, dass es für echt gehalten werden kannʼ: *er hat die Rechnung gefälscht; die Unterlagen sind alle gefälscht* ❖ ↗ **falsch**

fälschlich [ˈfɛlʃl..] 〈Adj.; o. Steig.; nicht präd.〉 SYN ʼirrtümlichʼ: *eine* ~*e Behauptung; jmdn.* ~ *verdächtigen; etw.* ~ *behaupten* ❖ ↗ **falsch**

falsch liegen, lag falsch, hat falsch gelegen /jmd./ *mit etw.* ~ ʼetw. nicht richtig einschätzen, beurteilenʼ: *mit der Annahme, damit liegst du (völlig) falsch*

Fälschung [ˈfɛlʃ..], **die**; ~, ~en **1.** /zu *fälschen*/ ʼdas Fälschenʼ; /zu 1.1/: *die* ~ *der Banknoten;* /zu 1.2/: *die* ~ *geschichtlicher Tatsachen* **2.** ʼetw. Gefälschtesʼ (1.1)ʼ: *dieses Gemälde ist eine* ~ ❖ ↗ **falsch**

fälschungs|sicher [ˈ..] 〈Adj.〉 ʼso beschaffen, dass man es nicht fälschen kannʼ /vorw. auf Ausweise, Geldnoten bez./: ~*e Banknoten; der Personalausweis ist* ~ ❖ ↗ **falsch,** ↗ **sicher**

Falte [ˈfaltə], **die**; ~, ~n **1.** 〈vorw. Pl.〉 **1.1.** ʼdurchgehende, einen scharfen Knick (2) darstellende Linie im Stoff eines Kleidungs-, Wäschestücks, die durch Bügeln od. festes Zusammenlegen entstanden istʼ: ~*n in die Hose bügeln; die* ~*n der Hose neu bügeln; das Tischtuch in* ~*n legen* **1.2.** ʼdurch Druck bes. beim Sitzen entstandene, einen scharfen Knick (2) darstellende, unregelmäßige Linie im Stoff, bes. von Kleidungsstückenʼ: *die* ~*n durch Bügeln beseitigen; bei diesem Stoff hängen sich die* ~*n aus* **2.** ʼdurch Übereinanderlegen und Bügeln von Stoff entstandener langer schmaler, locker fallender Stoffteilʼ: *einen Stoff in dichte* ~*n legen; die* ~*n in den Rock einbügeln* **3.1.** 〈vorw. Pl.〉 ʼunregelmäßige, als schmale Vertiefung erscheinende Linie in der Hautʼ: *er hat schon viele* ~*n auf der Stirn, im Gesicht* **3.2.** 〈nur im Pl.〉 *die Stirn in* ~*n legen, ziehen* (ʼdie Haut der Stirn hochziehen, sodass dicke Wülste entstehenʼ) ❖ **falten, Falter, faltig**

falten [ˈfaltn̩], faltete, hat gefaltet **1.** /jmd./ *etw.* ~ (ʼeinen Teil von etw. aus) Papier, Stoff so knicken, umbiegen, zusammenlegen, dass scharfe Falten (1), Knicke entstehen und die sichtbare Oberfläche kleiner wirdʼ: *eine Serviette, ein Taschentuch* ~ **2.** /jmd./ *die Hände* ~ (ʼdie Finger der Hände so ineinander schieben, dass jeweils ein Finger der linken neben den entsprechenden der rechten Hand kommtʼ: *die Hände (zum Gebet)* ~; *mit gefalteten Händen dasitzen* ❖ ↗ **Falte**

Falter [ˈfaltɐ], **der**; ~s, ~ SYN ʼSchmetterling (1)ʼ; ↗ FELD II.3.1: *ein bunter* ~; ~ *gaukeln, flattern durch die Luft* ❖ ↗ **Falte**

faltig [ˈfaltɪç] 〈Adj.; Steig. reg.〉 **1.** ʼdurch Zusammendrücken des Materials Falten (1.2,2) aufweisendʼ; SYN zerknittert /auf Kleidung bez./: *ihr Kleid sah sehr* ~ *aus* **2.** ʼFalten (3) aufweisendʼ; SYN runz(e)lig /auf Körperteile bez./: *ein* ~*es Gesicht; eine* ~*e Hand* ❖ ↗ **Falte**

Falz [falts], **der**; ~es, ~e **1.** ʼdurch Falten (1) eines Bogens Papier entstandene scharfe Kante (1)ʼ: *die Bogen eines Buches im* ~ *zusammenheften* **2.** ʼkantige, meist einen rechten Winkel bildende längliche Vertiefung an Gegenständen, Bauteilenʼ: *Bretter im* ~ *zusammenfügen* ❖ ↗ **falzen**

falzen [ˈfaltsn̩] 〈reg. Vb.; hat〉 **1.** /jmd., Maschine/ *etw.* ~ ʼeinen Bogen Papier scharfkantig falten (1)ʼ: *die Bogen mit der Maschine* ~ **2.** /jmd., Maschine/ *etw.* ~ ʼetw. mit einem Falz (2) versehenʼ: *ein Brett, Blech* ~ ❖ **Falz**

familiär [fami'liɛːɐ̯] ⟨Adj.; nicht präd.⟩ **1.** ⟨o. Steig.⟩ 'die Familie (1) betreffend': *~e Angelegenheiten, Verpflichtungen, Schwierigkeiten, Sorgen; das wird bei uns ~* ('im Kreise der Familie') *geregelt* **2.** ⟨Steig. reg., ungebr.⟩ 'ungezwungen (wie in einer Familie 1)': *zwischen ihnen bestand ein ~es Verhältnis; ein ~er Umgangston; er gab sich ganz ~* ❖ ↗ **Familie**

Familie [fa'miːli̯ə], **die**; ~, ~n **1.** 'die eine Gemeinschaft bildenden, in einem Haushalt miteinander lebenden ehelichen Partner und ihr Kind, ihre Kinder'; ↗ FELD I.11: *eine ~ mit vier Kindern; eine große, kleine, glückliche ~; hier wohnt ~ N; etw. im Kreise der ~ besprechen; für seine ~ sorgen* **2.** Biol. 'Einheit im System der Lebewesen, die zwischen Ordnung (5.1) und Gattung steht': *unsere Katze gehört zu derselben ~ wie Löwen und Tiger;* vgl. *Ordnung, Gattung, Klasse, Art, Stamm* ❖ **familiär** – **Familienangehörige, familienfeindlich, Familienname**

Familien/familien [fa'miːli̯ən..]|-**angehörige**, **der** u. **die**; ↗ TAFEL II 'zu einer Familie gehörige Person' ❖ ↗ **Familie**, ↗ **gehören**; -**feindlich** ⟨Adj.; vorw. attr.⟩ 'für Familien nicht günstig': *eine ~e Sozialpolitik; ein ~er Wohnungsbau* ❖ ↗ **Familie**, ↗ **Feind**; -**name**, **der** 'Name, den alle Angehörigen einer Familie neben dem Vornamen haben'; SYN Nachname, Zuname: *ihr, sein ~ ist Schmidt* ❖ ↗ **Familie**, ↗ **Name**

famos [fa'moːs] ⟨Adj.; Steig. reg.⟩ veraltend umg. SYN 'großartig': *das ist eine ~e Idee; das ist ~, hat ~ geklappt; er ist ein ganz ~er Kerl, Kumpel*

Fan [fɛn], **der**; ~s, ~s umg. 'begeisterter, vorw. jugendlicher Anhänger von etw., jmdm., einer Gruppe': *dieser Sänger, Tennisspieler, die Mannschaft hat überall seine, ihre ~s*

fanatisch [fa'naːt..] ⟨Adj.; Steig. reg.⟩ 'von Fanatismus erfüllt, bestimmt': *er ist ein ~er Anhänger der Rechten; sein ~er Eifer, Hass; er ist ~, glaubt ~ an diese Ideen* ❖ ↗ **Fanatismus**

Fanatismus [fana'tɪsmʊs], **der**; ~, ⟨o.Pl.⟩ 'hemmungsloser und unduldsamer Eifer für eine Auffassung, Idee, Lehre': *sein religiöser, politischer ~ ist unerträglich; von ~ erfüllt sein; mit ~ für etw. eintreten, kämpfen* ❖ ↗ **fanatisch**

fand: ↗ **finden**

Fanfare [fan'faːʀə], **die**; ~, ~n 'einer Trompete ähnliches, langes gerades, hell tönendes Blechblasinstrument ohne Ventile' (↗ TABL Blasinstrumente): *~n schmettern, erklingen*

Fang [faŋ], **der**, ~es/auch ~s, Fänge ['fɛŋə] **1.** ⟨o.Pl.⟩ 'das Fangen von Tieren': *der ~ von Pelztieren, Fischen* **2.** ⟨vorw. Pl.⟩ 'die Gesamtheit der von jmdm. mit entsprechenden Geräten gefangenen Fische und anderen Tiere des Meeres': *die Fischer hatten einen guten ~; den ~ verkaufen, verarbeiten* ❖ ↗ **fangen**
* umg. /jmd./ **mit etw., jmdm. einen guten ~ gemacht haben** ('mit etw., jmdm. etw. Gutes erlangt, bekommen haben')

fangen ['faŋən] (er fängt [fɛŋt]), fing [fɪŋ], hat gefangen; ↗ auch *gefangen, Gefangene* **1.1.** /jmd., ein

Tier/ *ein Tier ~* 'ein Tier schnell verfolgen, um seiner habhaft zu werden (und es seiner Freiheit zu berauben'): *Schmetterlinge, Vögel ~; die Katze hat eine Maus gefangen* **1.2.** /jmd., Polizei/ *einen Dieb ~* ('einen flüchtenden, flüchtigen Dieb festhalten und verhaften') **2.** /Tier/ *sich in etw.* ⟨Dat.⟩ *~* 'in etw., bes. eine Falle, geraten und nicht wieder freikommen': *der Fuchs hat sich in der Falle gefangen* **3.** /jmd./ *etw. ~* 'einen (geworfenen) sich durch die Luft bewegenden Gegenstand zu fassen und festzuhalten'; SYN auffangen (1): *den Ball ~* **4.** /jmd./ *von etw., jmdm. gefangen* ('fasziniert') *sein* ❖ **Fang, Gefangene, Gefangenschaft, Gefängnis, verfangen, verfänglich** – **Fischfang, Kriegsgefangene, Kriegsgefangenschaft, Staubfänger, Windfang**

Farbe ['faʀbə], **die**, ~, ~n **1.** 'optisch wahrnehmbare Erscheinung, die in vielen Varianten auftritt, z. B. in Gelb, Blau, Grün, Rot'; ↗ FELD VI.2.1: *die ~ des Himmels ist blau; die rote ~ der Tomate; die ~n Gelb und Grün; die verschiedenen ~n des Regenbogens; helle, dunkle, leuchtende, kräftige, grelle, matte, zarte, warme, kalte ~n; etw. schillert, glänzt in allen ~n; in ~: die meisten Bilder sind in ~* ('nicht nur in schwarzen, weißen und grauen, sondern auch in gelben, blauen, grünen u. roten Tönen') *gedruckt; jmd. hat wieder ~ bekommen* ('sieht wieder gesund aus'); *vor Schreck verlor er, sein Gesicht alle ~* ('wurde er bleich, blass') **2.** 'natürlicher, meist synthetisch hergestellter fester, pulverförmiger od. dickflüssiger Stoff (1) in einer bestimmten Farbe (1), mit dem man etw. färben od. anstreichen, malen kann'; SYN Farbstoff: *in Wasser, Terpentin lösliche ~n; Stoff, ein Kleidungsstück mit blauer ~ färben; eine ~ dick, dünn auftragen; Farben verdünnen; die Wand mit weißer ~ anstreichen* ❖ **färben, Färber, Färberei, farbig, Farbige, farblich, Färbung, verfärben** – **einfarbig, farbenblind, -froh, lachsfarben, Lackfarbe, Schönfärberei, Wasserfarbe**; vgl. **farb/Farb-**
* /jmd./ **~ bekennen (müssen)** 'seine wahre Meinung, Einstellung, seine Absichten offenbaren, offen aussprechen müssen': *er musste schließlich ~ bekennen, hat ~ bekannt*

färben ['fɛʀbn̩] ⟨reg. Vb.; hat⟩ **1.** /jmd./ *etw. irgendwie ~* 'einer Sache mit Hilfe einer Farbe (2) eine bestimmte Färbung (1) geben'; ↗ FELD VI.2.2: *Wolle, einen Stoff (rot, grün, bunt) ~; sich* ⟨Dat.⟩ *etw. irgendwie ~: sie hat sich die Augenbrauen, Haare schwarz, blond gefärbt; ihr Haar ist gefärbt* ('hat eine andere als die natürliche Farbe') **2.** /etw./ *sich irgendwie ~* 'eine bestimmte Färbung (1) annehmen': *der Himmel hatte sich rot gefärbt; das Laub der Bäume färbt sich im Herbst* ❖ ↗ **Farbe**

-**farben** ['faʀbn̩] /bildet mit einem Subst. als erstem Bestandteil Adjektive/ 'von der Farbe, die für das im ersten Bestandteil Genannte typisch ist': ↗ z. B. *lachsfarben*

farben ['..]; ↗ FELD VI.2.3 |-**blind** ⟨Adj.; o. Steig.; nicht bei Vb.⟩ 'nicht imstande, nicht fähig, (bestimmte) Farben als solche wahrzunehmen und zu identifizieren': *da er ~ ist, kann er das Rot und das Grün der Früchte nicht unterscheiden* ❖ ↗ Farbe, ↗ blind; **-froh** ⟨Adj.; Steig. reg., Superl. ungebr.⟩ 'verschiedene leuchtende Farben (1) aufweisend': *ein ~es Kleid; etw. ~ gestalten* ❖ ↗ Farbe, ↗ froh

Färber ['fɛʀbɐ], **der**; ~s, ~ 'jmd., der beruflich textile Materialien färbt' ❖ ↗ **Farbe**

Färberei [fɛʀbəˈʀaɪ], **die**; ~, ~en 'Betrieb, in dem textile Materialien gefärbt werden': *in einer ~ arbeiten* ❖ ↗ **Farbe**

Farb ['faʀp..] ↗ FELD VI.2.1 |**-fernsehen, das** 'Fernsehen, das die Bilder in Farbe (1) wiedergibt' ❖ ↗ fern, ↗ sehen; **-film, der 1.** 'Film (1) für Farbfotos': *einen ~ entwickeln; ein hoch empfindlicher ~* **2.** 'Spielfilm mit farbiger Wiedergabe des Aufgenommenen' ❖ ↗ Film; **-foto, das** 'Foto mit farbiger Wiedergabe des Aufgenommenen' ❖ ↗ Foto

farbig ['faʀbɪç] ⟨Adj.; Steig. reg.; ↗ auch *Farbige*⟩ **1.** 'eine bestimmte Farbe (1), bestimmte Farben aufweisend' /auf Gegenständliches bez./; ↗ FELD VI.2.3: *ein ~es Bild, Foto; eine ~e Mine für Kugelschreiber; ~es Glas; etw. ~ anstreichen* **2.** ⟨o. Steig.; vorw. attr.⟩ 'nicht zu den Menschen mit weißer Hautfarbe gehörend' /auf Menschen bez./: *die ~e Bevölkerung des Landes; ein ~er Sänger* ❖ ↗ **Farbe**

Farbige ['faʀbɪɡə], **der** u. **die**; ~n, ~n; ↗ auch *farbig*, ↗ auch TAFEL II 'Angehöriger einer Menschengruppe, die nicht zu den Menschen weißer Hautfarbe gehört': *die Probleme der ~n; ein ~r;* vgl. *Neger* ❖ ↗ **Farbe**

farblich ['faʀp..] ⟨Adj.; o. Steig.; nicht präd.⟩ 'die Farbe (1), Färbung (1) von etw. betreffend'; ↗ FELD VI.2.3: *die ~e Gestaltung eines Raumes, Bildes; die Einrichtung des Zimmers ist ~ ausgewogen; etw. stimmt ~ mit etw. anderem gut zusammen, überein* ❖ ↗ **Farbe**

farb/Farb ['faʀp..]|**-los** ⟨Adj.⟩ **1.1.** ⟨o. Steig.; vorw. attr.⟩ 'ohne Farbe (1, 2), meist blass-weißlich': *~er Lack; ~e Schuhcreme* **1.2.** ⟨Steig. reg.⟩ 'nur eine blasse Farbe (1) aufweisend'; ↗ FELD VI.2.3: *der Himmel war trüb und ~; ein ~es ('blasses') Gesicht* ❖ ↗ los; **-stoff, der** SYN 'Farbe (2)'; ↗ FELD VI.2.1: *einen natürlichen ~ verwenden* ❖ ↗ Stoff; **-ton, der** 'spezifische Nuance einer Farbe (1)'; ↗ FELD VI.2.1: *er liebt kräftige, satte Farbtöne; Rock und Bluse passen im ~ zusammen* ❖ ↗ Ton

Färbung ['fɛʀb..], **die**; ~, ~en **1.** 'Art und Weise, wie etw., ein Tier farblich beschaffen ist'; ↗ FELD VI.2.1: *das Laub hatte eine kräftige ~ angenommen; der Hahn, das Fell des Tigers hat eine reizvolle ~* **2.** ⟨o.Pl.⟩ 'das Färben (1)': *die ~ von Garnen, Stoffen vornehmen* ('Garne, Stoffe färben') ❖ ↗ **Farbe**

Farm [faʀm], **die**; ~, ~en **1.** 'auf die Zucht und Haltung einer Tierart, bes. Hühner, Pelztiere, spezialisierter landwirtschaftlicher Betrieb' **2.** 'größerer, meist spezialisierter landwirtschaftlicher Betrieb, bes. in englisch sprechenden Ländern': *er besitzt eine ~ in Kanada*
MERKE *Farm* wird in der ersten Bedeutung vorw. in Komposita verwendet, z. B. *Hühnerfarm, Pelztierfarm*

Farn [faʀn], **der**; ~s/auch ~es, ~e 'sich durch Sporen vermehrende Pflanze in der Form einer Staude mit meist reich gefiederten Blättern'; ↗ FELD II.4.1 (↗ BILD): *der Waldboden war von ~ bedeckt*

Fasan [faˈzaːn], **der**; ~s, ~e 'mit dem Huhn verwandter Vogel, dessen Hahn lange Federn am Schwanz und ein prächtiges Gefieder hat, während die Henne unauffällig grau aussieht'; ↗ FELD II.3.1: *einen ~ schießen, zubereiten*

Fasching ['faʃɪŋ], **der**; ~s, ⟨o.Pl.⟩ **1.** 'Zeit, in der Fastnacht (1) gefeiert wird'; SYN Karneval (1): *das übermütige Treiben während des ~s* **2.** 'Veranstaltung zur Feier der Fastnacht'; SYN Fastnacht (2), Karneval (2): *~ feiern; zum ~ gehen*

Faschismus [faˈʃɪsmʊs], **der**; ~, ⟨o.Pl.⟩ 'Bewegung (3), System mit extrem radikalem, nationalistischem, demagogischem und mit offen diktatorischem und brutal aggressivem Charakter': *der ~ unter Hitler, Mussolini; der deutsche, italienische ~; der Kampf, Widerstand gegen den ~* ❖ **Antifaschismus, Antifaschist, antifaschistisch**

faseln ['faːzln] ⟨reg. Vb.; hat⟩ umg. /jmd./ *von, über etw. ~* 'nicht sachgemäß, wirr und meist weitschweifig von, über etw. sprechen': *er hat die ganze Zeit (von seinen, über seine Pläne) gefaselt; etw. ~: er faselt nur dummes Zeug; was faselst du da?*

Faser ['faːzɐ], **die**; ~, ~n 'aus pflanzlichem, tierischem Rohstoff bestehendes od. synthetisch hergestelltes feines fadenförmiges Gebilde': *lange, dünne, elastische, holzige ~n; die ~n der Baumwolle; Garne, Stoffe aus synthetischen ~n; ~n aus Glas; die ~n eines Muskels* ❖ **fasern** — **Naturfaser**

fasern ['faːzɐn] ⟨reg. Vb.; hat⟩ *etw. fasert* 'von etw., bes. aus Fasern Hergestelltem, etw. Pflanzlichem lösen sich Fasern ab': *die Stängel der Pflanze ~; das Seil fasert* ❖ ↗ **Faser**

Fass [fas], **das**; ~es, Fässer ['fɛsɐ] **1.** 'großer zylindrischer, meist bauchig geformter Behälter aus Holz od. Metall, bes. zur Aufnahme von Flüssigkeiten'; ↗ FELD V.7.1: *ein großes, schweres ~; ein ~ Bier, Wein; drei Fässer Bier, Wein; ein ~ über den Hof rollen; ein ~ anstecken, anzapfen; ein ~ mit Heringen, sauren Gurken, mit Teer; drei (halb)volle Fäs-*

ser; /in der kommunikativen Wendung/ *das schlägt dem ~ den Boden aus* ('das ist empörend, schändlich, das darf man sich nicht gefallen lassen') /wird gesagt, wenn man nach einer Reihe von schlechten Erfahrungen mit einer Person in Bezug auf sie od. von ihr etw. ganz Schlimmes, Unverzeihliches erfährt od. gesagt bekommt/ **2.** ⟨o.Pl.⟩ 'Menge, die den Inhalt von Fass (1) bildet': *ein, drei ~ Wein bestellen, kaufen* ❖ ↗ **fassen**

* /etw./ **ein ~ ohne Boden sein** ('so beschaffen sein, dass man immer wieder viel Geld darin investieren muss'); ⟨⟩ umg. /jmd., bes. mehrere (jmd.)/ **ein ~ aufmachen 1.** '(bei einer Feier) ganz besonders ausgelassen sein': *heut Abend machen wir ein ~ auf!* **2.** 'sich über etw., jmdn. empören und energisch dagegen einschreiten': *der hat da wegen dieser Geschichte vielleicht ein ~ aufgemacht!*

Fassade [fa'sɑːdə], **die**; ~, ~n **1.** '(die baulich interessante) meist vordere, der Straße zugekehrte Außenseite eines (größeren) Gebäudes'; ↗ FELD V.3.1: *die reich verzierte ~ des Theaters, der alten Bürgerhäuser* **2.** *das war, bei ihm war alles nur ~* ('das gute äußerliche Bild, das jmd., etw. bot, war nur Schein, sagte nichts über das wahre Wesen aus')

fassen ['fasn̩], *fasste, hat gefasst;* / auch *gefasst* **1.** /jmd./ *etw. ~* 'etw. (mit der Hand, den Händen) greifen und es festhalten'; SYN packen: *er fasste ihren Arm, das Seil an seinem Ende; etw. gerade noch zu ~ kriegen* ('etw. gerade noch an einem Ende greifen und festhalten können'); *etw. mit etw. ~: er fasste den Draht mit der Zange, den Griff mit den Händen, das Brötchen mit den Zähnen; jmdn., etw. an, bei etw. ~: das Messer am Griff ~; jmdn. beim/am Arm, bei/an der Hand ~* **2.** /jmd./ *irgendwohin ~* 'mit der Hand (tastend) nach etw. greifen und es berühren': *an den Ofen, auf den Schrank, unter die Tischplatte ~; jmdm., jmdn. auf die Schultern, ins Gesicht ~* **3.** ⟨vorw. im Perf. u. Pass.⟩ /jmd., bes. Polizist, Polizei/ *jmdn. ~* 'jmdn. ergreifen und ihn festnehmen'; SYN kriegen (4), schnappen (3): *man hat den Einbrecher gefasst; der Dieb, Agent ist bei einer Razzia gefasst worden* **4.** /Behälter, Raum/ *etw., mehrere (jmd.)* ~ 'ein bestimmtes Fassungsvermögen für eine bestimmte Menge von etw., von Menschen in seinem Inneren haben': *der Behälter fasst zehn Liter; der Saal fasst über tausend Menschen* **5.** /jmd./ *etw. irgendwie ~* 'etw. irgendwie sprachlich ausdrücken, formulieren': *einen Text verständlich, neu ~; ein Schreiben kurz ~; etw. in etw. ~: ein Gefühl in Worte ~* ('mit Worten ausdrücken') **6.** /jmd./ **6.1.** *etw. irgendwie ~* 'etw. irgendwie verstehen od. interpretieren': *man kann einen Begriff (zu) weit oder (zu) eng ~; das Bewusstsein als philosophischen Begriff ~* **6.2.** ⟨meist verneint⟩ *etw. ~* 'etw. Schwieriges voll begreifen, verstehen': *er hat den Sinn der Worte, des Vorgangs nie ganz gefasst, nie richtig ~ können* **7.** ⟨meist verneint⟩ /jmd./ *etw. ~* 'etw. in seinem vollen Umfang begreifen, für wirklich halten': *sie konnte ihr Glück nicht ~; jmd. kann etw. nicht ~* ('glauben'),

kann es nicht ~, dass ...; /in der kommunikativen Wendung/ *das ist nicht zu ~!* /Ausruf der Entrüstung/ **8.** ⟨meist verneint; meist mit best. Adv.best.⟩ /jmd./ *sich ~* SYN 'sich beruhigen (1.2)': *er hat sich nach dem Schreck schnell wieder gefasst; sie konnte sich nur mühsam ~; sich vor Freude kaum, nicht ~ können* **9.** /jmd./ **9.1.** *zu jmdm. Vertrauen, Zutrauen ~* ('beginnen, jmdm. zu vertrauen') **9.2.** *keinen klaren Gedanken ~ können* ('in einer bestimmten Situation aus Mangel an Konzentration nicht klar denken können') **10.** /abgeblasst in Verbindung mit best. Subst., z. B./ /jmd./ *~ Mut ~;* /jmd./ *einen* ↗ *Beschluss,* ↗ *Entschluss ~* ❖ **erfassen, Fass, fasslich, Fassung, gefasst, unfassbar, verfassen, Verfasser, Verfassung** — **abfassen, anfassen, Betriebsverfassungsgesetz, Bierfass, einfassen, Einfassung, fassungslos, Fassungsvermögen, umfassen, umfassend, zusammenfassen;** vgl. **Gefäß**

fasslich ['fas..] ⟨Adj.; Steig. reg.⟩ SYN 'verständlich (2)': ⟨+ Adv.best.⟩ *das ist eine schwer ~e Abhandlung, Darstellung; die Darstellung war schwer ~; dieses Buch ist in einer (gut, leicht) ~en Art geschrieben; etw. ~ formulieren, vortragen* ❖ ↗ **fassen**

Fasson [fa'sɔŋ], **die**; ~, ~s **1.1.** SYN 'Schnitt (4)': *ein Anzug nach neuester ~; der Anzug hat eine moderne ~* **1.2.** 'die (stabile) ursprüngliche Form eines Kleidungsstücks': *der Hut hat keine ~ (mehr); nach dem Waschen hat der Pullover seine, die ~ verloren*

Fassung ['fas..], **die**; ~, ~en **1.** 'genormte Vorrichtung, in die eine Glühlampe eingesetzt wird, damit sie dort festen Halt und elektrischen Kontakt hat': *eine Glühbirne in die ~ schrauben, einsetzen; die Glühbirne passt nicht in die ~* **2.** 'meist eine sich von anderen durch Veränderungen unterscheidende spezifische formale, inhaltliche Gestaltung eines sprachlichen od. musikalischen Werkes'; SYN Version (2): *die erste, ursprüngliche, letzte ~ des Romans, Dramas, der Sonate; von dem Stück gibt es eine kürzere und eine längere ~* **3.** 'Selbstbeherrschung in einer Situation, in der jmd. aus dem inneren Gleichgewicht gebracht werden kann': *die, seine ~ bewahren, verlieren, zurückgewinnen; vor Schreck außer ~ sein, geraten, kommen* ('sich nicht mehr beherrschen können'); *er verliert nicht so schnell die ~, ist leicht aus der ~ zu bringen* ❖ ↗ **fassen**

fassungs/Fassungs ['fasʊŋs..]|**-los** ⟨Adj.⟩ **1.1.** ⟨Steig. reg.⟩ 'außer Fassung (3) geraten, verwirrt und oft auch sprachlos': *jmd. ist ~ vor Glück, Verzweiflung, Wut; er war ~ über diese Nachricht, über sein schlechtes Benehmen* **1.2.** ⟨o. Steig.⟩ 'das Fassungslossein ausdrückend'; ANT gefasst (1): *jmdn. ansehen; ein ~es Gesicht machen* ❖ ↗ fassen, ↗ los; **-vermögen, das** ⟨o.Pl.⟩ 'vorhandener Raum eines Behälters, Raumes für die Aufnahme einer bestimmten Menge von etw., von Menschen': *das ~ eines Behälters, Saales* ❖ ↗ fassen, ↗ vermögen

fast [fast] ⟨Gradpartikel; betont od. unbetont; steht vor (selten nach) dem Satzglied, auf das es sich bezieht; bezieht sich auf Subst., Adj., Vb.,

Zahlangaben⟩ /drückt aus, dass das, worauf es sich bezieht, nicht völlig, aber annähernd erreicht wird od. zutrifft/; SYN beinahe, nahezu: *es war ~ 12 Uhr; er war ~ ununterbrochen tätig; der Graben ist ~ fünf Meter tief; ~ tausend Demonstranten zogen durch die Innenstadt; er wäre ~ hingefallen/~ wäre er hingefallen; eine ~ mannshohe Hecke; er wäre ~ wütend geworden; das kann ich ~ nicht glauben; die Arbeit ist ~ fertig*

fasten ['fastn̩], fastete, hat gefastet /jmd./ 'für eine bestimmte Zeit aus religiösen od. gesundheitlichen Gründen auf bestimmte Nahrung od. ganz auf Nahrung verzichten': *er fastet schon drei Tage lang; einen Tag in der Woche ~, um schlanker zu werden* ❖ **Fastenzeit**

Fasten|zeit ['fastn̩..], **die** ⟨o.Pl.⟩ 'Zeit von Aschermittwoch bis einschließlich des Sonnabends vor Ostern, in der von gläubigen Christen gewisse Nahrung gemieden wird' ❖ ↗ **fasten,** ↗ **Zeit**

Fast|nacht ['fast..], **die** ⟨o.Pl.⟩ **1.** 'die letzten Tage, bes. aber und eigentlich der letzte Tag vor der mit dem Aschermittwoch beginnenden Fastenzeit': *während der ~* **2.** SYN 'Fasching (2)': *~ feiern* ❖ ↗ **Nacht**

Faszination ['fastsinatsi̯o:n], **die;** ~, ~en ⟨vorw. Sg.⟩ 'von etw., jmdm. ausgehende bezaubernde, starke Wirkung auf jmdn.'; SYN Anziehungskraft: *etw., jmd. übt auf jmdn. eine (unwiderstehliche) ~ aus, der er sich nicht entziehen kann; von diesem Redner, dieser Landschaft ging eine große, eigenartige ~ aus* ❖ ↗ **faszinieren**

faszinieren [fastsi'ni:ʀən], faszinierte, hat fasziniert /etw., jmd./ jmdn. ~ SYN 'jmdn. fesseln (2)': *diese Idee, Künstlerin faszinierte ihn; von jmdm., etw. fasziniert sein; eine ~de Persönlichkeit; ein ~des Lächeln;* vgl. *anziehen* (5), *bezaubern* ❖ **Faszination**

fatal [fa'ta:l] ⟨Adj.⟩ **1.** ⟨Steig. reg.; nicht bei Vb.⟩ 'für jmdn. sehr unangenehm und ärgerlich (2)'; SYN misslich: *durch sein Zögern hat er sich in eine ~e Lage gebracht; das ist eine ~e Angelegenheit; es war ihr äußerst ~* (SYN 'peinlich I.1'), *sich bei ihm entschuldigen zu müssen* **2.** ⟨Steig. reg., ungebr.⟩ 'schlimme Folgen habend': *ein ~er Fehler, Irrtum; da hat eine ~e Entwicklung begonnen; seine ~e Neigung zum Alkohol; etw. wirkt sich ~ aus*

fauchen ['fauxn̩] ⟨reg. Vb.; hat⟩; ↗ FELD VI.1.2 **1.** /bes. Raubkatze/ 'als Ausdruck der Gereiztheit die eingeatmete Luft heftig und geräuschvoll ausstoßen': *der Löwe, Tiger faucht; Schwäne können ~* **2.** /etw., bes. heftig strömende Luft/ 'das Geräusch des Fauchens (1) hervorrufen, von sich geben': *die Lokomotive faucht; der Dampf entweicht ~d aus der Leitung* **3.** /jmd./ etw. ~ 'in gereizter Stimmung etw. in scharfem Ton sagen': *„damit habe ich nichts zu tun", fauchte er*

faul [faul] ⟨Adj.⟩ **1.** ⟨o. Steig.⟩ 'in Fäulnis übergegangen und daher nicht genießbar': *~es Obst, Gemüse, Holz; ~e Eier, Kartoffeln; das Wasser ist, riecht ~* ('faulig') **2.** ⟨Steig. reg.⟩ 'wenig od. keine Neigung zeigend, etw. zu tun, zu arbeiten, sich zu

bewegen'; ANT fleißig (1), strebsam; ↗ FELD I.2.3: *ein ~er Schüler, Mitarbeiter; er ist zu ~ zum Aufstehen/ um aufzustehen, einen Brief zu schreiben; der Kerl ist ~; er liegt den ganzen Tag ~ im Liegestuhl* **3.** ⟨o. Steig.; nicht bei Vb.⟩ umg. 'nicht auf korrekte Weise zustande gekommen, sachlich (und moralisch) nicht einwandfrei': *ein ~er Trick, Kompromiss; an der Sache ist etwas ~* (SYN 'zweifelhaft 3'); *sie hatten nur ~e* ('wenig glaubhafte') *Ausreden; ein ~er* ('schlechter') *Witz* ❖ **faulen, faulenzen, Faulheit, faulig, Fäulnis**

faulen ['faulən] ⟨reg. Vb.; hat/ist; vorw. im Präs., Prät.⟩ /etw. Organisches/ 'faul (1) werden, sich im Zustand der Fäulnis befinden': *die Äpfel, Kartoffeln ~ schon; das Fleisch fault bereits; das Holz, Stroh fault bei der Feuchtigkeit* ❖ ↗ **faul**

faulenzen ['faulɛntsn̩] ⟨reg. Vb.; hat⟩ **1.** /jmd./ 'aus Faulheit seine Arbeit vernachlässigen': *er wehrte sich gegen den Vorwurf, er hätte während des Studiums gefaulenzt* **2.** /jmd./ 'seine Zeit (zur Erholung) ohne Arbeit, mit Müßiggang verbringen': *im Urlaub wollen wir einmal so richtig ~!* ❖ ↗ **faul**

Faulheit ['faul..], **die;** ~, ⟨o.Pl.⟩ /zu *faul (2)*/ 'das Faulsein'; ANT Fleiß; ↗ FELD I.2.3: *etw. aus reiner ~ nicht tun; seine ~ stinkt zum Himmel!* ❖ ↗ **faul**

* /jmd./ ⟨vorw. im Präs.⟩ **vor ~ stinken** emot. 'sehr faul (2) sein': *der stinkt ja vor ~*

faulig ['fauliç] ⟨Adj.; o. Steig.⟩ 'im Zustand der Fäulnis'; ↗ FELD VI.4.3: *~es Obst, Gemüse, Wasser; etw. riecht, schmeckt ~* ❖ ↗ **faul**

Fäulnis ['fɔil..], **die;** ~, ⟨o.Pl.⟩ 'Zustand des Faulens, der Zersetzung': *ein Geruch von Moder und ~; in ~ übergehen: das Holz ist schon in ~ übergegangen* ❖ ↗ **faul**

Fauna ['fauna], **die;** ~, Faunen ⟨vorw. Sg.⟩ 'Gesamtheit der Tiere auf der Erde od. eines bestimmten Gebietes'; ↗ FELD II.3.1: *die ~ der Alpen*

Faust [faust], **die;** Fäuste ['fɔistə] 'durch Krümmen der Finger kugelförmig geformte Hand': *die Hand zur ~ ballen; jmdm. mit erhobenen Fäusten drohen; jmdn. mit der ~ (ins Gesicht) schlagen* ❖ **Fäustling** – **Faustregel**

* umg. **das passt wie die ~ aufs Auge** ('das passt überhaupt nicht zusammen'); **auf eigene ~** 'selbständig und ohne sich mit anderen darüber abzusprechen': *etw. auf eigene ~ tun, unternehmen, entscheiden, beenden*

Fäustling ['fɔist..], **der;** ~s, ~e 'Handschuh mit einem beutelförmigen Teil und nur einem gesonderten, für den Daumen bestimmten Fingerling (2)'; ↗ FELD V.1.1: *ein Paar gefütterte ~e* ❖ ↗ **Faust**

Faust|regel ['faust..], **die** 'allgemeine, meist grob gefasste (auf Erfahrung gegründete) Regel, nach der man sich richten kann, wenn keine große Exaktheit erforderlich od. möglich ist': *schließlich ist das nur eine ~; eine alte, bekannte ~ besagt, dass …* ❖ ↗ **Faust,** ↗ **Regel**

Fauxpas [fo'pa], **der;** ~, ~ [..'pas] 'Verstoß gegen Umgangsformen': *einen schlimmen, groben ~ bege-

hen; sich für einen ~ entschuldigen; er ärgerte sich über seinen ~

favorisieren [favoʀi'ziːʀən], favorisierte, hat favorisiert **1.** /jmd./ *einen Sportler, eine Mannschaft, ein Rennpferd ~* ('für den Favoriten 1 halten') **2.** geh. /jmd./ *jmdn. ~* SYN 'jmdn. gegenüber anderen bevorzugen (2)'; ANT benachteiligen (1): *er hat den Bewerber favorisiert, den er schon lange kannte*

Favorit [favo'ʀiːt], der; ~en, ~en **1.** 'Sportler, Mannschaft, Rennpferd mit den größten Aussichten, bei einem bevorstehenden Wettbewerb zu siegen': *N gilt als klarer, hoher ~; der Hengst startete als ~* **2.** geh. 'jmd., der von jmdm. vorgezogen wird'; SYN Günstling: *er war der ~ der Königin* ❖ **Favoritin**

Favoritin [favo'ʀiːt..], die, ~, ~nen /zu Favorit; weibl./

Faxen ['faksn̩], die ⟨Pl.⟩ 'unsinnige, alberne Späße, Einfälle': *er hatte nur ~ im Sinn; lass diese ~!* ***** umg. /jmd./ *die ~ dicke haben* ('einer unangenehmen Sache, Tätigkeit überdrüssig sein')

faxen ['faksn̩] ⟨reg. Vb.; hat⟩ /jmd./ *etw. ~* 'Texte mit dem Faxgerät senden': *(jmdm.) eine Rechnung, Nachricht, Bestellung ~* ❖ **Faxgerät**

Fax|gerät ['faks..], das 'Gerät, mit dem über Telefonleitung Kopien von Texten, Dokumenten gesendet od. empfangen werden können' ❖ ↗ **faxen**, ↗ **Gerät**

Fazit ['faːtsɪt], das; ~s, ~e/~s 'schlussfolgerndes zusammenfassendes Urteil über etw.': *das ~ seiner Ausführungen, der Untersuchungen; das ~ (aus etw.) ziehen* ('über etw. schlussfolgernd, zusammenfassend urteilen')

Februar ['feːbʀua:ʀ], der; ~/auch ~s, ~e ⟨vorw. Sg.⟩ 'der zweite Monat des Jahres'; ↗ TAFEL XIII: *es war ein sonniger, kalter ~; Anfang, Mitte, Ende ~*

fechten ['fɛçtn̩] (er ficht [fɪçt]), focht [fɔxt], hat gefochten [gə'fɔxtn̩] /jmd./ *mit etw. ~* 'bes. im sportlichen Wettkampf mit Hieb-, Stoßwaffen kämpfen'; ↗ FELD I.7.4.2, V.6.2: *mit dem Degen, Florett, Säbel ~; mit jmdm./gegen jmdn. ~: Don Carlos ficht mit seinem Freund; er hat mit ihm gefochten;* ⟨rez.⟩ *sie fochten miteinander/gegeneinander* ❖ **Fechten, Gefecht** – **anfechten, anfechtbar, Spiegelfechterei, unangefochten**

Fechten, das; ~s, ⟨o.Pl.⟩ 'das Fechten mit Degen, Florett, Säbel als sportliche Disziplin'; ↗ FELD I.7.4.1: *er wurde Sieger im ~* ❖ ↗ **fechten**

Feder ['feːdɐ], die; ~, ~n **1.** 'eines von vielen auf der Haut von Vögeln wachsenden und ihren Körper bedeckenden Gebilde aus Horn, das aus einem Schaft und vielen nach links und rechts von ihm abgehenden fadenartig dünnen Teilchen besteht'; ↗ FELD II.4.1 (↗ TABL Vögel): *bunte ~n; die ~ einer Gans, eines Eichelhähers; die Hühner verlieren bei der Mauser ihre ~n; ein mit ~n gefülltes Kissen; sie ist leicht wie eine ~* ('ist sehr leicht') **2.** 'kleines spitzes Teil aus dünnem Metall am unteren Ende eines Schreibgerätes zum Schreiben mit Tinte': *die ~ des Füllfederhalters; die ~ eintauchen; die ~ kratzt auf dem Papier; die ~ kleckst* **3.** 'spiral- od.

blatt-, bandförmiges Teil aus elastischem Metall zum Abfangen od. Ausüben von Druck, Stoß, Zug': *die ~ des Uhrwerks; die ~n der Couch knarren; eine ~ des Autos ist gebrochen* ❖ **federn, Gefieder** – **Federball, Füllfederhalter, Triebfeder**

* /jmd./ *zur ~ greifen* ('zu schreiben beginnen, als Schriftsteller tätig werden'); /jmd./ *nicht aus den ~n kommen* 'zu lange schlafen od. nicht aufstehen mögen': *der kommt morgens immer nicht aus den ~n;* /jmd./ *sich mit fremden ~n schmücken* ('Leistungen, Verdienste, Gedanken anderer als die eigenen ausgeben'); /Text/ *aus/von jmds. ~ stammen* ('von jmdm. verfasst sein'); ⟨⟩ umg. /jmd./ *~n lassen (müssen)* ('Verluste, Einbußen erleiden, bes. bei einer Unternehmung, bei der man etw. erreichen will')

Feder ['..]|**-ball, der 1.** ⟨o.Pl.⟩ 'Spiel, bei dem zwei Spieler mit leichten Tennisschlägern einen kleinen ballartigen, mit einem Kranz von Federn o.Ä. versehenen Gegenstand hin und her (über ein Netz) schlagen'; ↗ FELD I.7.4.1: *~ spielen* **2.** 'ballartiger Gegenstand für Federball (1)' ❖ ↗ Feder, ↗ Ball; **-lesen *** /jmd./ *nicht viel ~/~s (mit etw., jmdm.) machen* ('rücksichtslos mit jmdm., etw. umgehen, um etw. durchzusetzen'); **ohne viel/großes/langes ~** 'sich rasch und ohne Diskussion durchsetzend': *sie zog ihre Kinder ohne viel ~ aus und brachte sie zu Bett*

federn ['feːdɐn] ⟨reg. Vb.; hat⟩ **1.** /etw./ 'bei einer einwirkenden Kraft nachgeben und bei Nachlassen der Einwirkung wieder die ursprüngliche Stellung, Form annehmen': *das Polster, Auto, Sprungbrett federt (gut)* **2.** ⟨vorw. im Part. II⟩ /jmd./ *etw. ~* 'etw. mit Federn (3) versehen': *einen Sessel mit Spiralen ~; ein gut, schlecht gefedertes Auto* ❖ ↗ **Feder**

Fee [feː], die; ~n ['feːən] 'schönes (hilfsbereites) weibliches Fabelwesen in Märchen, das menschliche Gestalt hat': *eine gute, böse ~*

fegen ['feːgn̩] ⟨reg. Vb.; hat/ist⟩ **1.** ⟨hat⟩ /jmd./ **1.1.** *etw. ~* 'etw., bes. den Boden reinigen, indem man den darauf liegenden Staub, Sand o.Ä. mit einem Besen beseitigt'; SYN kehren (II.1.1): *den Fußboden, die Treppe, Straße ~; das Zimmer ~* **1.2.** *etw. von etw. ~* 'etw., bes. auf dem Boden liegenden Staub, Sand o.Ä., mit einem Besen o.Ä. von etw. entfernen'; SYN kehren (II.1.2): *die Krümel vom Tisch, Teppich, den Sand vom Boden ~; Schnee ~* ('Schnee von einer Fläche beseitigen') **1.3.** *eine Bahn, einen Weg ~* ('durch Fegen eine Bahn (1), einen Weg schaffen') **2.** ⟨ist⟩ /etw., jmd./ *irgendwohin ~* 'sich sehr schnell irgendwohin bewegen': *der Sturm fegte durch die Straßen, über die Felder;* umg. *die Jungen fegten über die Straße, um die Ecke* ❖ **Schornsteinfeger**

Fehde ['feːdə], die; ~, ~n **1.** 'im Mittelalter übliche gewaltsame Austragung von Streitigkeiten zwischen Sippen, Familien des Adels'; ↗ FELD I.14.1 **2.** SYN 'Streit': *eine literarische ~ ausfechten; mit jmdm. in ~ liegen* ('mit jmdm. Streit haben')

fehl [feːl] ***** ↗ Platz ❖ **unfehlbar, verfehlen, Verfehlung**; vgl. **Fehl-**

Fehl- [feːl..] /bildet mit dem zweiten Bestandteil Substantive; drückt aus, dass das im zweiten Bestandteil Genannte falsch od. misslungen ist/: ↗ z. B. *Fehlverhalten*

fehlen [ˈfeːlən] ⟨reg. Vb.; hat⟩ **1.1.** *etw. fehlt* ˈetw., das zu etw. gehört, ist nicht vorhanden (obwohl es benötigt wird)ˈ: *besondere Kennzeichen ~ bei der Beschreibung; in dem Buch ~ zwei Seiten; dein Bericht fehlt noch; für eine Anklage ~ noch die Beweise; bei der Abrechnung fehlte ein Zwanzigmarkschein; an der Suppe fehlt noch das Salz/es fehlt noch das Salz an der Suppe; an der Jacke fehlt ein Knopf* **1.2.** *es fehlt an etw.* ⟨Dat.⟩, *jmdm.* ˈes mangelt an etw., an bestimmten Personenˈ: *es fehlt (uns) an guten Ratschlägen; es fehlte an Material und Arbeitskräften; an Getränken, daran soll es nicht ~* (ˈdavon wird genug vorhanden seinˈ); *in diesem Betrieb fehlt es an moderner Technik, an Personal, an einem guten Direktor; jmdm. fehlt es an etw.: es fehlt ihm an Ausdauer, am nötigen Ernst; es fehlt* (SYN ˈmangelt I.1ˈ) *ihnen an zuverlässigen Mitarbeitern; wir wollen es an nichts ~ lassen* (ˈwir sorgen dafür, dass alles Nötige vorhanden istˈ)/; /in der kommunikativen Wendung/ *an mir soll es nicht ~* (ˈich werde tun, was ich kannˈ) **1.3.** *jmdm. fehlt etw., jmd.* ˈjmd. muss etw., jmdn. entbehren, benötigt etw., jmdn. dringendˈ: *ihm fehlte das Geld für den Kauf des Hauses; ihm fehlt der nötige Mut für das Unternehmen; diesen Kindern ~ die Eltern; ihm fehlt ein erfahrener Helfer bei dieser Arbeit; ihm fehlte jeglicher Humor* (ˈer hatte keinen Humorˈ); *ihm fehlt noch viel für einen richtigen Lehrer* **1.4.** *jmdm. fehlt jmd., etw.* ˈdie Abwesenheit einer Person, das Nichtvorhandensein einer Sache wird von jmdm. als unangenehm, schmerzlich empfundenˈ: *du fehlst mir sehr; sie hat ihm sehr gefehlt, während er verreist war; dort in der Einöde hat uns das Auto sehr gefehlt; vgl. vermissen* (1.2) **2.** /jmd./ *irgendwo ~* ˈirgendwo, bei jmdm. nicht erschienen, nicht anwesend seinˈ: *er hat drei Tage in der Schule gefehlt; bei der Feier fehlte die Hauptperson* **3.** *jmdm. fehlt etw.* ⟨vorw. *was*⟩ ˈjmd. fühlt sich nicht gesund, ist krankˈ: *was fehlt ihm denn* (ˈworan ist er erkranktˈ)*?; mir fehlt nichts* (ˈich bin gesundˈ); *fehlt dir was* (ˈbist du etwa krankˈ)*?* ❖ **Fehler, fehlerhaft** − **Erbfehler, Tippfehler**

Fehler [ˈfeːlɐ], **der**; ~s, ~ **1.** ˈetw., was falsch ist, weil es einem objektiven Sachverhalt nicht richtig entspricht od. einen Verstoß gegen eine Festlegung, eine Regel darstelltˈ; ↗ FELD III.5.1: *ein leichter, grober, schwerer ~; einen orthographischen, grammatischen ~ machen, übersehen, korrigieren; in der Berechnung, Übersetzung einen ~ finden; jmdm. unterläuft ein ~; er macht immer wieder denselben ~; er hat drei ~ im Diktat* **2.** ˈauf einer irrtümlichen Entscheidung beruhende falsche Handlung, Haltungˈ: *mit dem Kauf dieses Autos hast du einen ~ gemacht; einen ~ begehen, wieder gutmachen; einen ~ erkennen, einsehen; es war ein ~, das (nicht) zu tun; das war mein ~* (ˈmeine Schuldˈ) **3.** ˈnegative

charakterliche Eigenschaft od. körperlicher Mangel einer Personˈ; SYN ¹Mangel (2): *jmd. hat einen körperlichen, charakterlichen, geistigen ~; das ist ein angeborener organischer ~; jeder hat seine ~* (ˈseine charakterlichen Schwächenˈ); *er hat nur einen ~, er raucht zu viel* **4.** ˈunzulängliche Beschaffenheit von etw.ˈ; SYN ¹Mangel (3): *ein technischer ~; ein ~* (ˈeine fehlerhafte Stelleˈ) *im Material; der Stoff hat einige ~* (*im Muster*); *einen ~ beheben* ❖ ↗ **fehlen**

fehlerhaft [ˈ..] ⟨Adj.; o. Steig.⟩ **1.** ˈmit Fehlern, einem Fehler (1) behaftetˈ /auf Abstraktes bez./; SYN falsch (2.2): *eine ~e Berechnung; zu einem ~en Ergebnis kommen* **2.** ˈmit einem Fehler (4), Fehlern behaftetˈ; ↗ FELD III.5.3: *die Ware ist ~; ~es Material; vgl. schadhaft* ❖ ↗ **fehlen**

Fehl [ˈfeːl..]-**geburt, die** ˈ(vorzeitige) Geburt eines nicht zum Leben fähigen Kindesˈ: *sie hatte eine ~, schon mehrere ~en* ❖ ↗ gebären; -**griff, der** ˈfalsche Entscheidung, falsche Maßnahmeˈ: *einen ~ tun, vermeiden* ❖ ↗ greifen; -**schlag, der** SYN ˈMisserfolgˈ: *nach manchem ~, manchen Fehlschlägen hatte er nun endlich Erfolg* ❖ ↗ schlagen; -**verhalten, das** ˈdurch Fehler (3) gekennzeichnetes Verhalten einer Personˈ: *das kriminelle ~ eines Jugendlichen* ❖ ↗ verhalten

Feier [ˈfaɪɐ], **die**; ~, ~n ˈfestliches Zusammensein einer größeren Anzahl von Menschen aus Anlass eines besonderen (freudigen) Ereignisses, meist mit Musik und Tanz, Essen und Trinkenˈ; SYN Fest (1), Fete: *das war eine schöne, gelungene ~; zu seinem Geburtstag, Jubiläum will er eine gemütliche, kleine ~ veranstalten; eine ~ in kleinem Kreise, im Kreise der Familie, Kollegen; vgl. Party* ❖ **feiern, feierlich** − **Feierabend, -stunde, -tag**

* **zur ~ des Tages** ˈaus diesem besonderen, erfreulichen Anlassˈ: *zur ~ des Tages wollen wir ein Glas Sekt trinken*

Feier|abend [ˈ..], **der 1.** ˈZeitpunkt des Endes der täglichen Arbeit, des täglichen Dienstesˈ; ↗ FELD VII.3.1: *um 17 Uhr ist bei uns ~; ~ machen* (ˈnach getaner Arbeit aufhören zu arbeitenˈ) **2.** ˈZeit nach dem Ende der Arbeit, des Dienstesˈ: *jmdm. einen schönen ~ wünschen; seinen ~ genießen* ❖ ↗ **Feier,** ↗ **Abend**

feierlich [ˈ..] ⟨Adj.⟩ **1.** ⟨Steig. reg.⟩ ˈaus einem besonderen erfreulichen Anlass ernst und würdevollˈ: *in ~er Stimmung sein; es war ein ~er* (SYN ˈerhabener 2ˈ) *Augenblick, als die Statue enthüllt wurde; eine ~e Zeremonie; es war sehr ~ bei der Veranstaltung; etw. ~ gestalten; das Denkmal wurde ~ enthüllt* ⟨o. Steig.⟩ *jmdm. etw. ~* (ˈmit Ernst und nachdrücklichˈ) *versprechen, geloben, erklären; ein ~es Gelöbnis* ❖ ↗ **Feier**

feiern [ˈfaɪɐn] ⟨reg. Vb.; hat⟩ **1.** /jmd./ *etw. ~* ˈetw., bes. ein mit einem bestimmten Datum verbundenes Ereignis von bestimmter Bedeutsamkeit in (vertrauter) geselliger Runde festlich gestalten, zubringenˈ: *ein Fest ~, den Geburtstag, (die) Hochzeit, ein Jubiläum, Weihnachten ~; das Wiedersehen mit einem Freund (bei, mit einer Flasche Wein) ~; heute werden wir ~! **2.** /jmd./ jmdn. ~ ˈjmdm. (öffentlich) durch Beifall, Jubel, in Worten o.Ä. seine Bewunderung ausdrücken': den Jubilar in einer, mit einer, durch eine Ansprache ~; er war ein gefeierter Sänger; jmdn. als etw., jmd. ~: er wurde als der Retter des Vaterlandes gefeiert ❖ ↗ **Feier**

Feier [ˈfai̯ɐ..]]-**stunde, die** ˈauf etwa eine Stunde berechnete Veranstaltung, in der mit musikalischen Beiträgen und einer Ansprache einer verstorbenen Persönlichkeit od. eines historischen Ereignisses würdig gedacht wird': eine ~ zum Gedenken an die Gefallenen, zu Ehren des berühmten Wissenschaftlers, Arztes; eine ~ anlässlich des Jahrestages der Französischen Revolution ❖ ↗ Feier, ↗ Stunde; -**tag, der** ˈbestimmter Tag des Jahres, an dem nicht gearbeitet wird und der aus bestimmtem Anlass festlich begangen wird': ein gesetzlicher, kirchlicher ~; jmdm. frohe ~e wünschen; dieser Zug verkehrt nicht an Sonn- und ~en; vgl. Werktag ❖ ↗ Feier, ↗ Tag

feig [fai̯k]: ↗ feige

feige [ˈfai̯gə] ⟨Adj.⟩ **1.** ⟨Steig. reg.⟩ ˈin verachtenswerter Weise jede Gefahr, jeden Konflikt ängstlich meidend, keinen Mut zeigend'; ANT tapfer (1), mutig (1.1); ↗ I.6.3: er hat sich immer wieder als ~, als ~r Mensch erwiesen; sich ~ verhalten, verstecken, verkriechen; du bist ja ~! **2.** ⟨o. Steig.⟩ SYN ˈhinterhältig': ein ~r Mord, Anschlag ❖ **Feigheit, Feigling**

Feigheit [ˈfai̯k..], **die**; ~, ⟨o.Pl.⟩ /zu feige 1/ ˈdas Feigesein'; ANT Tapferkeit, Mut; ↗ FELD I.6.1: aus ~ etw. nicht tun; er schämte sich seiner ~ ❖ ↗ **feige**

Feigling [ˈfai̯k..], **der**; ~s, ~e ˈfeiger (1) Mensch'; ↗ FELD I.6.1: er ist ein ~; so ein ~! ❖ ↗ **feige**

Feile [ˈfai̯lə], **die**; ~, ~n ˈWerkzeug, meist aus Stahl, mit einer Oberfläche aus vielen scharfen, dicht und regelmäßig nebeneinander stehenden feinen Zacken, mit dem man hölzerne, auch metallene Gegenstände bearbeitet, glättet'; ↗ FELD V.5.1 (↗ TABL Werkzeuge): eine grobe, feine ~; etw. mit der ~ bearbeiten ❖ **feilen**

feilen [ˈfai̯lən] ⟨reg. Vb.; hat⟩ **1.** /jmd./ etw. ~ ˈetw. durch Bearbeiten mit einer Feile formen, gestalten': ein Werkstück (rund, glatt, passend) ~; einen Schlüssel ~ (ˈdurch Bearbeiten mit einer Feile aus einem Rohling herstellen, sodass er ein bestimmtes Schloss schließen kann'); an etw. ⟨Dat.⟩ ~: er hat den ganzen Tag an diesem Schlüssel gefeilt **2.** /jmd./ an etw. ⟨Dat.⟩ ~ ˈeinem Text durch ständige Überarbeitung die gewünschte Form, den passenden Inhalt geben': er hat lange an dem Aufsatz, an der Rede gefeilt ❖ ↗ **Feile**

feilschen [ˈfai̯lʃn̩] ⟨reg. Vb.; hat⟩ /jmd./ mit jmdm. um den Preis einer Ware ~ ˈkleinlich, hartnäckig mit jmdm. handeln (3), um einen möglichst niedrigen Preis zu erzielen'; ↗ FELD I.16.2: er feilschte (mit dem Händler) um jede Mark

fein [fai̯n] ⟨Adj.⟩ **1.** ⟨Steig. reg.⟩ ANT grob (1) **1.1.** ˈdünn (1.1) und zart (1.1)' /vorw. auf Materialien

bez./: ein ~es Gewebe, Garn; ~e Wolle; sie hat ~es Haar; ~e Linien, Striche ziehen; die Wolle ist ~ gesponnen **1.2.** ⟨nicht bei Vb.⟩ SYN ˈzart (1.3)' /auf bestimmte Körperteile bez./: ~e Hände, Glieder, ein ~es Gesicht haben **1.3.** ˈaus kleinsten Teilchen bestehend, wie Staub' /auf Materialien bez./: ~es Mehl; ~er Sand; ~ gemahlener Kaffee **2.1.** ⟨Steig. reg., ungebr.; vorw. attr.; nicht bei Vb.⟩ ˈfähig, auch schwächste Eindrücke von etw. sehr genau wahrzunehmen, zu registrieren' /beschränkt verbindbar/: er hat ein sehr ~es Gehör, eine ~e Nase (ˈer hört, riecht sehr gut'); ein ~es Empfinden für etw. haben **2.2.** ⟨o. Steig.; nicht präd.; vorw. bei Vb.⟩ ein Gerät ~ (SYN ˈ¹genau 1') einstellen **2.3.** ⟨Steig. reg., ungebr.; nicht bei Vb.⟩ ˈgeringfügig od. kaum wahrnehmbar': zwischen den beiden Mustern bestehen nur ~e Unterschiede; ein ~es Geräusch; sie konnte ein ~es Lächeln nicht unterdrücken **3.** ⟨Steig. reg.; nicht präd.⟩ ˈvon Scharfsinn zeugend': er hat da eine ~e Beobachtung gemacht; seine ~en Bemerkungen trafen ins Schwarze; sein ~er (SYN ˈfeinsinniger') Humor; ein ~ ausgeklügelter Plan; das habt ihr euch ja ~ (SYN ˈraffiniert 1') ausgedacht **4.** ⟨Steig. reg., ungebr.; nur attr.⟩ ˈvon ausgezeichneter, verwöhnten Ansprüchen genügender Qualität': ~es (SYN ˈerlesenes') Gebäck, Obst; ~e Weine; Delikatessen vom Feinsten (ˈvon ausgezeichneter Qualität'); das schmeckt aber ~ (ˈsehr gut')!; ~e Wäsche, Seide **5.** ⟨o. Steig.; nicht präd.⟩ ˈim Denken und Handeln anständig' /vorw. auf Personen bez./: sie ist ein ~es Mädchen, hat sich in dieser Situation sehr ~ benommen; er ist ein ~er Kerl, Mensch; iron. du bist mir ja ein ~er (ˈkein zuverlässiger') Freund! **6.** ⟨o. Steig.⟩ ˈelegant (1.2) und vornehm' /vorw. auf Personen bez./: eine ~e Dame; er war ihr nicht ~ genug; sie tut immer so ~ **7.** ⟨o. Steig.⟩ ˈAnerkennung verdienend, gut (1.1)': das war eine ~e Leistung; das ist eine ~e Sache!; es ist ~, dass ihr noch gekommen seid; das hast du ~ gemacht!; /in den kommunikativen Wendungen/ das ist aber ~; wie ~ (ˈdas ist so wunderbar')! /als Ausruf der Freude od. als Lob/ ❖ **Feinheit, verfeinern — feinfühlig, Feingefühl, feingliedrig, Feinschmecker, staubfein**

* umg. /jmd./ ~ **heraus sein** ˈ(nach Überwindung von Schwierigkeiten) in einer glücklichen Lage sein': ihr habt endlich eine gut bezahlte Arbeit bekommen, da seid ihr ~ heraus

feind: ↗ Feind (4)

Feind, der; ~es/auch ~s, ~e **1.** ⟨oft mit Possessivpron.⟩ ˈjmd., der zu jmdm. in einem Verhältnis der Abneigung, des Hasses, der Aggressivität steht'; SYN Widersacher; ANT Freund: er ist mein, sein größter, schlimmster, ärgster, persönlicher ~; die beiden (Familien) waren seit langem ~e; sich jmdn. zum ~/ ~e machen (ˈdurch sein Verhalten bewirken, dass einem jmd. zum Feind wird'); Freund und ~ empfanden Respekt vor ihm, für ihn **2.** ⟨o.Pl.⟩ SYN ˈmilitärischer Gegner': der ~ war in der Übermacht, hatte die Übermacht; der ~ griff an; den ~

angreifen, besiegen, (in die Flucht) schlagen **3.** ⟨+ Gen.attr.; vorw. mit unbest. Art.⟩ ʽjmd., der etw. ablehnt, verurteilt'; ANT Freund: *er war ein ~ gro-ßer Worte/von großen Worten, des Spießertums, des Rauchens; sie ist ein ~ des Alkohols/von Alkohol* **4.** ⟨o. Art.; mit *sein, bleiben*⟩ geh. *jmdm., etw.* ⟨Dat.⟩ *~ sein, bleiben* ʽjmdm., etw. entschieden abgeneigt sein, bleiben': *er war ihm ~; sie waren einander nicht ~; er blieb sein Leben lang dem Alkohol ~* ❖ **feind, feindlich, Feindschaft, feindselig, Feindselig-keit, verfeinden − Erbfeind, familienfeindlich, Men-schenfeind, menschenfeindlich, spinnefeind, Tod-feind, todfeind**
-feindlich /bildet mit einem Subst. als erstem Be-standteil Adjektive/ ʽfür das im ersten Bestandteil Genannte nicht günstig od. im Gegensatz dazu ste-hend'; ANT -freundlich: ↗ z. B. *familienfeindlich*
feindlich [faịnt..] ⟨Adj.; Steig. reg., ungebr.⟩ **1.** ⟨vorw. attr.⟩ **1.** ʽvon Feindschaft bestimmt, geprägt'; ANT freundlich /vorw. auf Abstraktes bez./: *seine ~e Einstellung gegen sie, ~e Haltung ihr gegenüber; ~e Absichten, Blicke, Worte, Gefühle; jmdm. ~ gegen-überstehen, jmdm./gegen jmdn. ~ gesinnt sein* (ʽjmdm. als Feind 1 gegenüberstehen') **2.** ʽbedroh-lich und gefährlich'; ANT freundlich /auf Abstrak-tes bez./: *eine ~e Umwelt, Atmosphäre* **3.** ⟨o. Steig., nur attr.⟩ ʽzum Feind (2) gehörend'; SYN gegne-risch: *die ~en Truppen, Stellungen; ein ~er* (ʽvom Feind ausgehender') *Angriff* ❖ ↗ **Feind**
Feindschaft [faịnt..], **die**; ~, ~en ⟨vorw. Sg.⟩ ʽVer-hältnis zwischen Personen, das durch Ablehnung, Hass, Aggressivität gekennzeichnet ist': *zwischen den beiden (Familien, Staaten) besteht, herrscht (offene, eine alte) ~; mit jmdm. in (persönlicher) ~ leben, liegen* (ʽmit jmd. verfeindet sein'); *sich jmds. ~ zuziehen* (ʽsich mit jmdm. verfeinden') ❖ ↗ **Feind**
feind/Feind [faịnt..]‖**-selig** ⟨Adj.; Steig. reg., ungebr.⟩ ʽeine feindliche (1) Haltung zeigend'; ↗ FELD I.14.3: *~e Handlungen; eine ~e Haltung zeigen; jmdm., sich gegenseitig ~ anblicken* ❖ ↗ Feind; **-se-ligkeit, die**; ~, ~en **1.** ⟨o.Pl.⟩ /zu *feindselig*/ ʽdas Feindseligsein'; ↗ FELD I.6.1, 14.1: *die ~ seiner Haltung; seine ~ äußert sich darin, dass …; jmdm. mit offener ~ gegenübertreten* **2.** ⟨nur im Pl.⟩ SYN ʽKampfhandlungen': *der Gegner eröffnete die ~en, stellte die ~en ein* ❖ ↗ Feind
fein/Fein [faịn]‖**-fühlig** [fy:lịç] ⟨Adj.; Steig. reg.⟩ ʽFeingefühl (1) besitzend'; SYN sensibel: *er ist ein ~er Mensch; sie war sehr ~ und verstand den Vor-wurf sofort* ❖ ↗ fein, ↗ fühlen; **-gefühl, das** ⟨o.Pl.⟩ **1.** ʽin den zwischenmenschlichen Beziehungen be-sonders fein (2.1) reagierendes Empfinden, das ge-genüber Personen zu taktvollem Verhalten befä-higt': *er hat bei dieser Angelegenheit viel ~ gezeigt, ist mit ~ vorgegangen; vgl. sensibel* **2.** *der Künstler hat ein außergewöhnlich musikalisches, stilistisches ~* (ʽhat ein feines Gefühl für Musik, Stil') ❖ ↗ fein, ↗ fühlen; **-gliedrig** [gli:drịç] ⟨Adj.; Steig. reg.⟩

ʽzart und schlank in seiner körperlichen Erschei-nung'; SYN zierlich (1) /auf Gliedmaßen, Personen bez./: *er hatte ~e Hände; ein ~er Mensch* ❖ ↗ fein, ↗ Glied
Feinheit [ʼ..], **die**; ~, ~en **1.** /zu *fein 1*/ ʽdas Feinsein'; /zu 1.2/: *die ~ ihrer Hände* **2.** ⟨vorw. Pl.⟩ ʽspezifi-sche Eigenschaft von etw., dessen Beherrschung be-sondere Fähigkeiten, Fertigkeiten voraussetzt': *die ~en einer Sprache, eines Handwerks beherrschen; stilistische ~en; sich mit den ~en von etw. vertraut machen* ❖ ↗ fein
Fein/fein [ʼfaịn]**-schmecker** [ʃmɛkɐ], **der**; ~s, ~ ʽjmd., der einen ausgeprägten Sinn für gute, gut zuberei-tete Speisen, Leckerbissen hat und ihren Ge-schmack beurteilen kann'; SYN Gourmet; ↗ FELD I.3.4.1: *er, sie ist ein ~* ❖ ↗ fein, ↗ schme-cken; **-sinnig** ⟨Adj.; vorw. attr.⟩ ʽgeistvoll und ein feines Empfinden für etw. zeigend': *ein ~er Künst-ler; er war ein besonders ~er Mensch; eine ~e Ant-wort, Bemerkung; er stellte ~ fest, dass …; er hat einen sehr ~en* (SYN ʽfeinen 3') *Humor* ❖ ↗ fein, ↗ Sinn
feist [faịst] ⟨Adj.; Steig. reg.; vorw. attr.⟩ emot. neg. ʽdick (2) und prall' /vorw. auf best. Körperteile bez./: *er hat ein ~es Gesicht; sein ~er Nacken; ein ~er Kerl*
feixen [ʼfaịksņ] ⟨reg. Vb.; hat⟩ umg. /jmd./ ʽschaden-froh grinsen': *unverschämt, über das ganze Gesicht ~*
Feld [fɛlt], **das**; ~es/auch ~s, ~er [ʼfɛldɐ] **1.** ⟨o.Pl.⟩ ʽunbebautes und nicht mit Wald bedecktes Ge-lände': /beschränkt verbindbar/ *sie wanderten durch Wald und ~; über freies/übers freie ~ laufen; auf offenem ~e zelten* **2.** ʽgrößere begrenzte, für den Anbau von Nahrungs- und Futtermitteln (außer Gras) genutzte Fläche des Bodens (1)'; SYN Acker; ↗ FELD II.1.1: *die ~er, ein ~ bebauen, be-stellen, pflügen, eggen, düngen, abernten; ein ~ mit Weizen, Rüben, Klee; auf einem ~ arbeiten; frucht-bare ~er* **3.** ʽin bestimmter Weise, meist farblich od. durch Linien markierter, abgegrenzter viereckiger Teil einer Fläche': *die ~er des Schachbrettes, eines Formulars; etw. in ein ~ eintragen* **4.** ʽfür bestimmte sportliche Zwecke, bes. für Ballspiele, dienende, hinsichtlich seiner Größe, Form festgelegte ebene Fläche (des Erdbodens)': *einen Ball quer über das ganze ~ werfen, schießen; einen Spieler vom ~* (ʽFußballplatz') *weisen, des ~es verweisen* (ʽwegen unsportlichen Verhaltens vom weiteren Spiel aus-schließen') **5.** ʽRaum (1.1) mit bestimmten wirksa-men physikalischen Größen, bes. elektrischen, magnetischen Kräften': *ein elektrisches, elektro-magnetisches ~; das magnetische ~ der Erde* ❖ **Feldrain, -spat, -zug, Magnetfeld, Schlachtfeld**
Feld [ʼfɛlt]**-rain, der** SYN ʽRain': *Blumen, die am ~ wachsen* ❖ ↗ Feld, ↗ Rain; **-spat, der** ʽam weitesten verbreitetes, Gestein bildendes, helles od. farbloses Mineral'; ↗ FELD II.5.1 ❖ ↗ Feld, ↗ Spat
Feldwebel [ʼfɛltve:b‖], **der**; ~s, ~ ʽAngehöriger der Land-, Luftstreitkräfte mit einem bestimmten

Dienstgrad' (↗ TAFEL XIX): *er ist zum ~ befördert worden*

Feld|zug ['fɛlt..], **der 1.** ⟨+ Präp. *gegen*⟩ 'größere militärische Aktion gegen einen bestimmten Gegner'; ↗ FELD I.14.1: *der ~ Alexander des Großen gegen die Perser* **2.** ⟨+ Präp. *gegen, für*⟩ 'mit Einsatz aller Mittel durchgeführte Kampagne gegen, für etw.': *einen ~ gegen das Rauchen, den Alkoholismus starten* ❖ ↗ **Feld,** ↗ **ziehen**

Felge ['fɛlgə], **die;** ~, ~n 'Teil des Rades, auf dem der Reifen angebracht ist und von dem die Speichen nach innen zur Nabe verlaufen'; ↗ FELD VIII.4.1.1 (↗ TABL Fahrzeuge): *die ~ ist verbogen*

Fell ['fɛl], **das;** ~/auch ~es, ~e **1.** 'die Gesamtheit der Haare auf der Haut von Säugetieren'; ↗ FELD II.3.1: *ein dichtes, braunes, weiches ~; der Katze sträubte (sich) das ~; einem Hasen das ~* ('die behaarte Haut') *abziehen* **2.** 'Fell (1) in gegerbtem Zustand': *eine Mütze aus weißem ~* ❖ **dickfellig**

Fels ['fɛls], **der;** ~en, ~en **1.** ⟨o.Pl.; vorw. undekliniert⟩ SYN 'Gestein (1)'; ↗ FELD II.1.1, III.4.1: *beim Graben, Bohren auf ~ stoßen; hier liegt der ~ nur wenige Zentimeter unter der Erde* **2.** geh. SYN 'Felsen': *ein steiler ~ ragte aus dem Wasser* ❖ **Felsen, felsig**

Felsen ['fɛlzn̩], **der;** ~s, ~ 'größere, in die Höhe ragende, meist kantige Masse von Gestein'; SYN Fels (2): *steile, schroffe ~; auf einen ~ klettern* ❖ ↗ **Fels**

felsig ['fɛlzɪç] ⟨Adj.; nicht bei Vb.⟩ **1.** ⟨o. Steig.⟩ 'aus Fels (1) bestehend': *ein ~er Gipfel, Boden, Grund; der Boden ist ~* **2.** ⟨Steig. reg.⟩ 'mit vielen Felsen': *ein ~er* ('über Felsen führender') *Weg; ein ~es Gelände* ❖ ↗ **Fels**

feminin ['feminiːn] ⟨Adj.; Steig. reg.; vorw. attr.⟩ **1.1.** ⟨o. Steig.⟩ 'weiblich (2.1)': *~e körperliche Merkmale; eine ~e Stimme, Figur* **1.2.** SYN 'weiblich (2.2)': *ihre ~e Ausstrahlung; eine ~e Mode; die Mode ist betont ~* **2.** SYN 'weibisch' /auf einen Mann, auf das Verhalten eines Mannes bez./: *sein ~es Gebahren, Benehmen; er wirkt ~* **3.** ⟨o. Steig.; nicht bei Vb.⟩ Gramm. 'mit dem Artikel *die* verbunden' /auf Substantive bez./: *das Wort ist ~, ~en Geschlechts* ❖ vgl. **Femininum**

Femininum ['feːminʊm], **das;** ~s, Feminina ['..ɑ] Gramm. 'Substantiv femininen Geschlechts mit dem Artikel 'die' im Nominativ Singular': *das Substantiv 'Erde' ist ein ~;* vgl. *Maskulinum* ❖ vgl. **feminin**

Fenchel ['fɛnçl̩], **der;** ~s, ⟨o.Pl.⟩ **1.** 'als Tee verwendete Pflanze mit hohen festen Stängeln und gelb blühenden Dolden, deren Früchte ätherische Öle enthalten'; ↗ FELD II.4.1 **2.** 'Gewürz, Extrakt aus Fenchel (1)': *etw. mit ~ würzen*

Fenster ['fɛnstɐ], **das;** ~s, ~ 'Bauteil von Gebäuden, Fahrzeugen, das aus Scheiben (1.2) (in einem Rahmen) besteht, durch das Licht in den inneren Raum eindringen und das geöffnet und geschlossen werden kann'; ↗ FELD V.3.1 (↗ TABL Haus/Gebäude): *ein großes, kleines, sauberes ~; die ~ des Hauses, Eisenbahnwagens, Autos öffnen, schließen; die ~ waren offen, geöffnet, geschlossen; aus dem ~ blicken; die ~* ('Fensterscheiben') *putzen; die ~ sind beschlagen; sich zum ~* ('aus dem geöffneten Fenster') *hinauslehnen* ❖ **Fensterbrett, -rahmen, -scheibe, Schaufenster**

* /jmd./ *weg vom ~ sein* ('nicht mehr gefragt sein') /bes. bez. auf Leute im Showgeschäft/

Fenster ['..]‖**-brett, das** 'Platte aus Stein od. Holz, die am unteren Ende der Öffnung eines Fensters innen od. außen angebracht ist'; ↗ FELD V.3.1; *die Blumentöpfe aufs ~ stellen* ❖ ↗ **Fenster,** ↗ **Brett; -rahmen, der** SYN 'Rahmen (1.2)': *~ die müssen gestrichen werden* ❖ ↗ **Fenster,** ↗ **Rahmen; -scheibe, die** 'Scheibe (1.2) eines Fensters': *Rowdys haben die ~n eingeworfen, zertrümmert* ❖ ↗ **Fenster,** ↗ **Scheibe**

Ferien ['feːʀjən], **die** ⟨Pl.⟩ 'der Erholung dienende, für jedes Jahr (erneut) festgelegte Zeitspanne, in der bestimmte Institutionen, bes. Schulen, Universitäten, Theater, geschlossen sind': *die Kinder haben ~; im Sommer machen die Theater ~; in den ~ an die See, ins Gebirge reisen*

MERKE Zum Unterschied von *Ferien* und *Urlaub*. Schüler, Studenten, auch Ämter haben *Ferien*, alle anderen, die zumeist berufstätig sind, haben (bezahlten) *Urlaub*. *Ferien* wird manchmal auch wie *Urlaub* verwendet: *wir gehen, fahren in die Ferien/ in den Urlaub, verbringen unsere Ferien/unseren Urlaub in N; Ferien/Urlaub in den Bergen, an der See machen*

Ferkel ['fɛrkl̩], **das;** ~s, ~ **1.** 'junges Schwein (1) von der Geburt bis zur Entwöhnung'; ↗ FELD II.3.1: *ein rosiges ~; das ~ quiekt* **2.** umg. emot. 'unsauberes Kind, unsauberer Mensch': *du bist ein kleines ~!; wasch dich erst einmal, du ~!* **3.** 'sich hinsichtlich der sexuellen Moral unanständig benehmender Mensch': *schäm dich, du altes ~!; er ist ein ~; dieses ~ erzählt dauernd obszöne Witze!* ❖ **Ferkelei, ferkeln**

Ferkelei ['fɛrkə'laɪ], **die;** ~, ~en ⟨vorw. Pl.⟩ 'obszönes, unanständiges Reden, Handeln': *lass deine ~en!* ❖ ↗ **Ferkel**

ferkeln ['fɛrkl̩n] ⟨reg. Vb.; hat⟩ **1.** *die Sau hat geferkelt* ('hat Ferkel zur Welt gebracht') **2.** /jmd./ 'sich durch Unachtsamkeit beschmutzen': *du hast schon wieder geferkelt* **3.** /jmd./ 'sich bes. hinsichtlich der sexuellen Moral unanständig benehmen' ❖ ↗ **Ferkel**

¹fern [fɛrn] ⟨Adj.; Steig. reg.; ↗ auch *ferner*⟩ **1.** 'räumlich weit(er) entfernt von einer Stelle, bes. vom Sprecher'; ANT ¹nahe (1): *in ~e Länder reisen; in der ~eren* ('weiteren') *Umgebung des Sees gab es Wälder und Berge; ein ~ gelegenes Dorf; am: ~ am Himmel, Horizont tauchte ein Flugzeug auf; ~ von: ~ von uns, ~ von hier, ~ von der Stadt; von ~: etw. von ~* ('aus großer Entfernung') *beobachten; von ~/~e* ('aus der Ferne') *konnte man Stimmen hören; von ~ betrachtet, gefällt mir das*

Bild besser **2.1.** ⟨nur attr.⟩ ʹweit in der Vergangenheit liegendʹ /auf Zeitliches bez./: *in ~er Vergangenheit, Zeit hat es das noch gegeben; eine Geschichte aus ~en* (ʹlängst vergangenenʹ) *Tagen* **2.2.** ⟨nicht bei Vb.⟩ ʹweit in der Zukunft liegendʹ /auf Zeitliches bez./: *in ~er* (ANT ¹naher 2) *Zukunft, Zeit wird es das wieder geben; davon wird man noch in ~en Tagen sprechen; der Tag ist nicht mehr ~* (ʹwird bald da seinʹ)*, an dem …* ❖ **entfernen, entfernt, Entfernung, ²fern, Ferne, ferner, ¹,²unfern − Farbfernsehen, Fernamt, Fernseher, Fernsehgerät;** vgl. **fern/Fern-**

²fern ⟨Präp. mit Dat.; vorangestellt; beschränkt verbindbar⟩ /lokal; gibt eine nicht näher bestimmte große räumliche Distanz zu etw. an/: *sie lebten ~ der Heimat, ~ der Großstadt, ~ allem Trubel* ❖ ↗ **¹fern**

Fern|amt [ʹ..], das veraltend ʹDienststelle der Post, die für die Verbindung von Ferngesprächen zuständig istʹ ❖ ↗ **¹fern,** ↗ **Amt**

Ferne [ˈfɛrnə]*, die*; ~, ~n ⟨vorw. Sg.; nicht mit unbest. Art.; vorw. mit Präp. *aus, in*⟩ **1.** ʹvon einem bestimmten Standort aus bestehende, gesehene große räumliche Entfernungʹ: *in die ~ blicken; in der ~ hörte man ein Kind rufen; etw., jmdn. aus der ~ beobachten; in nicht weiter, großer ~* (ʹnicht sehr weit entferntʹ) *erkennt man die Berge; das Geräusch kam aus weiter ~* (ʹvon weit herʹ)*; in der ~ rauschte das Meer* **2.** ʹvon einem bestimmten Zeitpunkt aus gesehene große zeitliche Entfernungʹ **2.1.** ʹin der Zukunftʹ: *das liegt noch in weiter ~; das liegt (noch) weit in der ~* (ʹbis dahin ist noch sehr viel Zeitʹ) **2.2.** ʹin der Vergangenheitʹ: *das liegt schon in weiter ~* ❖ ↗ **¹fern**

ferner [ˈfɛrnɐ] **I.** ⟨Adj.; o. Steig.; ↗ auch *fern*⟩ **1.** ⟨Komp. zu *fern;* nur attr.⟩ ʹin der Zukunft liegendʹ; SYN zukünftig: *sein ~es Verbleiben an diesem Platz ist fraglich; jeder ~e Versuch ist zwecklos* **2.** ⟨nur bei Vb.⟩ geh. *dieses Amt wird er auch ~* (ʹauch in Zukunftʹ) *ausüben; das werden wir auch ~ so machen* − **II.** ⟨in konjunktionaler Verwendung; schließt mit Inversion des Subj. an einen vorausgehenden Hauptsatz einen Hauptsatz an od. verbindet Satzglieder⟩ /das Folgende wird als etw. Zusätzliches charakterisiert/ ʹaußerdemʹ: *er hat den Vorderen Orient bereist, ~ war er in China und Korea; er hat Afrika bereist, ~ (auch) China und Korea* ❖ ↗ **¹fern**

Fern [ˈfɛrn..]**|-gespräch,** das ʹTelefongespräch mit einem Teilnehmer in einem anderen Ort, Landʹ: *ein ~ in die, aus den USA* ❖ ↗ sprechen; **-glas,** das ⟨Pl.: -gläser⟩ ʹoptisches Gerät, mit dem man entfernte Objekte genau erkennen kann, das entfernte Objekte vergrößertʹ: *Tiere mit dem ~ beobachten* ❖ ↗ Glas;

fern halten (er hält fern), hielt fern, hat fern gehalten /jmd./ **1.1.** *etw., jmdn. von etw., jmdm.* ~ ʹetw., jmdn. nicht in die Nähe zu etw., jmdm., nicht in Berührung mit etw., jmdm. kommen lassenʹ: *er hat*

schlechte Einflüsse, den Kranken von den Kindern, von seiner Familie fern gehalten; das Mittel soll Ungeziefer ~ **1.2.** *sich von etw., jmdm.* ~ ʹdie Gesellschaft, das Tun anderer bewusst nicht wollenʹ: *sich vom Treiben anderer, von den anderen ~*

fern liegen, lag fern, hat fern gelegen **1.** ⟨vorw. verneint⟩ /etw./ ʹin einem bestimmten Zusammenhang nicht in Betracht kommenʹ: *solche Vorstellungen liegen sehr fern* (ANT nahe liegen)*; der Gedanke lag nicht fern* **2.** /etw. (vorw. *es, das*)/ *jmdm.* ~ ʹnicht in jmds. Absicht, Interesse seinʹ: *es liegt mir fern, das zu behaupten, dich beleidigen zu wollen*

fern/Fern|-sehen (er sieht fern), sah fern, hat ferngesehen /jmd./ ʹsich Sendungen des Fernsehens ansehenʹ; ↗ FELD I.3.1.2: *sie haben den ganzen Abend ferngesehen* ❖ ↗ sehen; **-sehen, das;** ~s, ⟨o.Pl.⟩ **1.** ʹ(drahtlose) Übertragung von bewegten Bildern und Tönen, Filmen (3), die mit Hilfe eines Fernsehgerätes empfangen werden könnenʹ: *farbiges, technisches ~; das ~ ist eine Erfindung des 20. Jahrhunderts* **2.** ʹInstitution für das Fernsehen (1)ʹ: *eine Sendung des ~s; das Konzert wird vom ~ übertragen* **3.** ⟨+ Präp. *in*⟩ ʹProgramm des Fernsehens (2)ʹ: *was gibt es, kommt heute im ~?; das Konzert wird im ~ übertragen* ❖ ↗ sehen; **-seher, der;** ~s, ~ umg. ʹFernsehgerätʹ: *unser ~ ist kaputt, sich einen neuen ~ kaufen* ❖ ↗ sehen

Fernseh|gerät [ˈfɛrnze:..]*, das* ʹGerät für den Empfang von Sendungen des Fernsehens (2) (↗ BILD): *das ~ ein-, ausschalten* ❖ ↗ **¹fern,** ↗ sehen, ↗ Gerät

Fern|sprecher, der amtsspr. SYN ʹTelefonʹ: *ein öffentlicher ~* ❖ ↗ sprechen

fern stehen, stand fern, hat fern gestanden /jmd./ etw. ⟨Dat.⟩*, jmdm.* ~ ʹkeine nähere Beziehung zu etw., jmdm haben *diesem Plan standen wir schon immer fern*

Fern|verkehr, der ʹVerkehr (1) über große Entfernungen, für die Beförderung von Gütern, Personenʹ; ANT Nahverkehr: *der ~ hat zugenommen* ❖ ↗ Verkehr

Ferse [ˈfɛrzə]*, die*; ~, ~n **1.** ʹhinterster Teil des Fußesʹ; SYN Hacke (2); ↗ FELD I.1.1: *jmdn. unabsichtlich in, auf die ~ treten* **2.** ʹTeil des Schuhes, Strumpfes, der die Ferse (1) bedecktʹ: *der Strumpf hat ein Loch in der ~*
* /jmd./ sich an jmds. ~n heften ʹjmdn. hartnäckig verfolgenʹ: *die Polizisten hefteten sich an seine ~n;*

/jmd./ jmdm. (dicht) auf den ~n sein/sitzen ('jmdn. verfolgen und dabei dicht hinter ihm bleiben')

Fersen|geld ['fɛʁʦn̩..]

* umg. scherzh. /jmd./ ~ **geben** ('weglaufen 1.1')

fertig ['fɛʁtɪç] ⟨Adj.; o. Steig.⟩ **1.** ⟨nur präd. (mit sein)⟩ /jmd./ ~ sein 'bereit sein für etw., bereit sein, etw. Bestimmtes zu tun': *ich bin* ~, *wir können aufbrechen; bist du* ~?; *er ist* ~ *zur Abreise; die zum Versand* ~*en Bücher; er war rechtzeitig* ~*; auf die Plätze,* ~, *los!* /Kommando zum Start für einen Lauf/ **2.1.** 'endgültig, vollständig hergestellt' /auf ein Produkt bez./: *ein* ~*es Manuskript, Buch; das Mittagessen, der Neubau ist* ~; *etw.* ~ *haben* **2.2.** ⟨nur präd. (mit *sein, werden*)⟩ /jmd./ *mit etw.* ~ *sein* 'eine Arbeit abgeschlossen, erledigt haben'; ↗ FELD VII.3.3: *er ist mit dem Umgraben, mit seinem Aufsatz, damit* ~; *mit etw.* ~ *werden* 'eine Arbeit abschließen (2)': *wirst du heute noch mit dem Aufsatz, damit* ~ *(werden)?* ❖ **Fertigkeit, fertigen, Fertigung — anfertigen, bezugsfertig — Fingerfertigkeit, friedfertig, Handfertigkeit, kunstfertig, tafelfertig, tischfertig**

-fertig /bildet mit einem Subst. od. Vb. als erstem Bestandteil Adjektive/ 'so weit fertig gestellt, dass das im ersten Bestandteil Genannte sofort getan werden, erfolgen kann': ↗ z. B. *bezugsfertig*

fertig bringen, brachte fertig, hat fertig gebracht /jmd./ es ~, *etw. zu tun* **1.1.** 'imstande, fähig sein, etw. Schwieriges durch geschicktes Vorgehen zustande zu bringen, zu erreichen'; SYN bewerkstelligen: ⟨+ Nebensatz⟩ *er hat es fertig gebracht, hier Ordnung zu schaffen, alle zu überrunden; sie hat es fertig gebracht, dass er mitkommt* **1.2.** ⟨oft verneint⟩ 'fähig sein, etw. zu tun, was für einen anderen unangenehm ist': *er brachte es nicht fertig, ihm die volle Wahrheit zu sagen, ihn abzuweisen*

fertigen ['fɛʁtɪgn̩] ⟨reg. Vb.; hat⟩ /jmd./ *etw.* ~ 'etw., bes. Produkte, herstellen'; SYN anfertigen: *diese Geräte werden am Fließband, von Hand, mit der Hand, den Händen, industriell gefertigt; sie hat das Kleid selbst gefertigt* ❖ ↗ **fertig**

Fertigkeit ['fɛʁtɪç..], die; ~, ~en ⟨oft im Pl.; der Pl. meint oft den Sg.⟩ '(durch Ausbildung, Übung erworbene) Fähigkeit, eine bestimmte Tätigkeit, Arbeit geschickt und gewandt auszuführen': *seine* ~/~*en im Reparieren von elektrischen Geräten; seine, ihre handwerklichen, künstlerischen* ~*en; für die Ausführung dieser Tätigkeit ist einige* ~, *sind bestimmte* ~*en erforderlich* ❖ ↗ **fertig**

fertig machen 1. /jmd./ *sich, jmdn., etw. für etw.* ~ 'sich, jmdn., etw. für einen bestimmten Zweck zurechtmachen'; SYN vorbereiten: *sich zum Schlafen, die Kinder für die Schule, den Tisch zum/für das Abendbrot* ~ **2.** /jmd./ *etw.* ~ 'eine Arbeit zum Abschluss bringen, vollständig herstellen': *die Arbeit, den Aufsatz* ~ **3.** umg. **3.1.** /jmd./ *jmdn.* ~ SYN 'jmdn. runterputzen'; ANT loben: *er hat ihn wegen seines Verhaltens fertig gemacht* **3.2.** /jmd., etw./ *etw.* ~ 'etw. aufs Schärfste kritisieren': *er, die*

Presse hat den Roman total fertig gemacht **4.** umg. /jmd./ *jmdn.* ~ ('jmdn. brutal zusammenschlagen')

fertig stellen /jmd./ *etw.* ~ 'etw. bis zu seinem völligen Abschluss herstellen': *die Wohnungen sollen bis zum Jahresende fertig gestellt werden; das Manuskript pünktlich zum vorgegebenen Termin* ~

Fertigung ['fɛʁtɪg..], die; ~, ⟨o.Pl.⟩ 'das Fertigen': *die* ~ *von Gütern, Waren, Kinderwagen* ❖ ↗ **fertig**

Fessel ['fɛsl̩], die; ~, ~n, bes. Kette, Strick, mit dem man jmdn., bes. jmds. Arme, Beine, fesseln kann': *jmdm.* ~*n anlegen; jmdm. die* ~*n abnehmen* **2.** 'Teil des Fußes von Huftieren oberhalb der Zehen': *das Pferd hat sich die* ~*n verletzt* **3.** 'Teil des menschlichen Beins zwischen Wade und Fußgelenk': *sie hat schlanke* ~*n* ❖ ↗ **fesseln**

fesseln ['fɛsl̩n] ⟨reg. Vb.; hat⟩ **1.** /jmd./ *jmdn., jmds. Arme, Beine* ~ 'einen Strick, eine Kette o.Ä. um jmdn., jmds. Arme, Beine schlingen und fest verbinden, sodass er sich nicht (fort)bewegen, seine Gliedmaßen nicht benutzen kann': *sie hatten ihn (an den Händen und Füßen) gefesselt; jmdn. mit Handschellen* ~; *jmdn. an etw.* ~: *jmdn. an einen Stuhl* ~ ('so fesseln, dass er an einen Stuhl angebunden ist') **2.** /etw., jmd./ *jmdn.* ~ 'jmds. Interesse so stark erregen, dass er sich voll auf etw., jmdn. konzentriert'; SYN faszinieren, packen (4); ANT langweilen (1.2): *der Roman, die Diskussion, die Künstlerin fesselte ihn; ein* ~*der* (SYN 'spannender') *Roman, Film* ❖ **Fessel**

fest [fɛst] ⟨Adj.⟩ **1.** ⟨Steig. reg., ungebr.; nicht bei Vb.⟩ 'hart, und seine Form (4) behaltend'; ANT flüssig /auf Materialien bez./; ↗ FELD III.4.3: *der Stein ist ein* ~*er Körper; Metalle sind* ~*e Stoffe; Kohle ist ein* ~*er Brennstoff;* ~*e Nahrung* ('Nahrung, die gekaut werden muss'); *Eis ist Wasser in* ~*er Form; wenn der Pudding abkühlt, wird er* ~ **2.** ⟨Steig. reg.; nicht bei Vb.⟩ 'so beschaffen, dass es Belastung (1) aushält' /auf Gegenstände bez./: *ein* ~*es Gewebe, Seil; ein* ~*er Faden aus Zwirn;* ~*e* (SYN 'strapazierfähige') *Schuhe* **3.** ⟨Steig. reg.⟩ **3.1.** 'nicht ohne weiteres von etw. zu lösen (1), nicht ohne weiteres lose werdend'; ANT locker (1.1), lose (1.1); ↗ FELD I.7.1.3, 7.6.3: *ein* ~*er Verband; der Verband ist, sitzt* ~; *der Zahn, Nagel sitzt* ~; *etw.* ~ *an, um etw. binden; eine Schraube* ~ *anziehen; ein Paket* ~ *verschnüren* **3.2.** SYN 'kraftvoll': *ein* ~*er Händedruck; sie löste sich langsam aus seiner* ~*en Umarmung; die Lippen* ~ *zusammenpressen* **4.** ⟨Steig. reg., ungebr.⟩ **4.1.** ⟨nicht präd.⟩ '(gefühlsmäßig) keinen Schwankungen unterworfen': *er hat das* ~*e Gefühl, die* ~*e Hoffnung, Meinung, dass ...; einen* ~*en* (SYN 'standhaften') *Charakter haben; er, sie hat den* ~*en Willen durchzuhalten; er ist* ~ *davon überzeugt, glaubt* ~ *daran, dass ...; jmdm.* ~ *vertrauen* **4.2.** SYN 'verbindlich (2)': *dafür gibt es* ~*e Regeln; ein* ~*er Termin besteht noch nicht; in einem Betrieb* ~ ('vertraglich und ohne zeitliche Begrenzung') *an-, eingestellt, am Theater* ~ *engagiert sein; etw.* ~ *versprechen, zusagen, vereinbaren;* ~*e* ('nicht Schwankungen unterworfene'; SYN 'fixe 3') *Preise; ein ~es* ('festgelegtes und kontinuierlich gezahltes') *Gehalt* **5.** ⟨o. Steig.⟩ 'ständig gleich bleibend, nicht wechselnd': *einen ~en Wohnsitz, Beruf haben; das ist eine ~e Gewohnheit von ihm, ein ~er Brauch, eine ~e Einrichtung in unserer Gemeinde; er hat eine ~e Freundin* ❖ **befestigen, festigen, Festigkeit, Festung − dingfest, Grundfesten, handfest, kochfest, reißfest, sattelfest, standfest, wasserfest, Weihnachtsfest, wetterfest;** vgl. **fest/Fest-**

-fest /bildet mit einem Subst. od. Vb. Adjektive/ **1.** /drückt aus, dass das im ersten Bestandteil Genannte getan werden kann und vertragen wird/: ↗ z. B. *kochfest* **2.** /drückt aus, dass das im ersten Bestandteil Genannte nicht zu befürchten ist/: ↗ z. B. *reißfest*

Fest, das; ~es, ~e **1.** SYN 'Feier': *ein schönes, großes, fröhliches ~; ein ~ feiern, veranstalten; zu seinem Geburtstag gab er ein ~; jmdn. auf einem ~ kennen lernen; sich auf einem ~ amüsieren, vergnügen; das ~ findet in einem großen Saal, auf dem Marktplatz, im Kreise der Familie statt;* vgl. *Party* **2.** 'festgelegter Zeitraum eines od. mehrerer kirchlicher Feiertage' /bes. für Ostern, Pfingsten, Weihnachten/: *Weihnachten ist das ~ des Friedens; Einkäufe für das ~ machen; bleibt ihr das ~ über zu Hause?;* /in der kommunikativen Wendung/ *frohes ~!* /wird zu Ostern, Pfingsten, Weihnachten zu jmdm. gesagt, um ihm Gutes zu wünschen/; vgl. auch *Ostern, Pfingsten, Weihnachten* ❖ **festlich**

fest ['fɛst..]‖**-fahren, sich** (er fährt sich fest), fuhr sich fest, hat sich festgefahren **1.** /Straßenfahrzeug/ *sich ~* SYN 'stecken bleiben (1)': *das Auto hat sich festgefahren* **2.** /etw./ *sich ~* 'aufgrund plötzlich auftretender Schwierigkeiten nicht vorankommen': *die Verhandlungen haben sich festgefahren* ❖ ↗ **fahren; -halten** (er hält fest), hielt fest, hat festgehalten **1.** /jmd./ *jmdn., etw. irgendwie ~* SYN 'jmdn., etw. irgendwie halten (1.1)': *jmdn. (am Ärmel, Arm) ~; jmds. Arm, den Hund am Halsband, den Schirm ~* **2.** /jmd., Institution/ *jmdn. irgendwo ~* 'jmdn. daran hindern, von irgendwo wegzugehen, wegzufahren, nach irgendwohin zu gehen, zu fahren': *man hat ihn, er wurde an der Grenze festgehalten, weil sein Pass nicht in Ordnung war; jmdn. widerrechtlich ~* **3.** /etw., bes. Arbeit/ *jmdn. ~* 'jmdn. so in Anspruch nehmen, dass er nicht weggehen kann': *die Verhandlungen halten mich (hier) noch eine Weile fest* **4.** /jmd./ *sich an jmdm., etw.* ⟨Dat.⟩ *~* 'jmdn., etw. fassen (1) und nicht loslassen, um Halt zu haben': *sich (in der Dunkelheit, um nicht zu fallen) am Geländer, an jmdm., an jmds. Arm ~; halte dich gut fest!* **5.** /jmd./ **5.1.** *an etw.* ⟨Dat.⟩ *~* SYN 'etw. beibehalten': *an einer Gewohnheit, einem Vorsatz ~; er hielt trotz aller Widerstände an seiner Absicht/daran fest, ein Studium aufzunehmen* **5.2.** *an jmdm. ~* 'die Beziehungen zu jmdm. nicht abbrechen, weiterhin zu jmdm. halten': *er hielt an seinem Freund fest* **6.** /jmd./ *etw. irgendwie ~* 'etw. Erlebtes,

Ergebnisse in Form von Schrift, Bild, Film, Ton aufzeichnen': *die Ergebnisse der Forschungen schriftlich, durch Film und Fotografie ~; Beschlüsse in einem Protokoll ~; eine Diskussion in Stichworten ~; ein Geschehen mit der Kamera ~* ('fotografieren, filmen') ❖ ↗ **halten**

festigen ['fɛstɪgn̩] ⟨reg. Vb.; hat⟩ **1.1.** /etw., jmd./ *etw.* ~ 'etw. (zwischen Menschen Bestehendes) intensiver und sicherer machen'; SYN stärken: *gemeinsame Erlebnisse ~ die Freundschaft; die Politiker wollen die Beziehungen, das Bündnis zwischen beiden Ländern ~; seine Kenntnisse durch Wiederholung ~* **1.2.** /etw./ *sich ~* 'intensiver und sicherer werden': *die Beziehungen zwischen den beiden Ländern haben sich gefestigt; seine Gesundheit hat sich allmählich wieder gefestigt* **2.** /etw./ *jmdn. ~* 'jmdn. (charakterlich) stärken': *sein schweres Schicksal hat ihn charakterlich sehr gefestigt; er ist eine (charakterlich) gefestigte Persönlichkeit geworden* ❖ ↗ **fest**

Festigkeit ['fɛstɪç..], **die**; ~, ⟨o.Pl.⟩ **1.** /zu *fest* 1/ 'das Festsein'; ↗ FELD III.4.1: *ein Material mit, von großer, geringer ~* **2.** 'Eigenschaft, gegenüber Einflüssen festzubleiben': *die ~ seines Charakters, Glaubens, Willens; mit ~ allen Versuchungen widerstehen* **3.** SYN 'Stabilität': *die ~ der Währung, des Euro* ❖ ↗ **fest**

Fest/fest ['fɛst..]‖**-land, das** ⟨o.Pl.⟩ 'große zusammenhängende Masse Land (1) im Unterschied zu den (dazugehörenden) Inseln'; SYN Kontinent (2); ANT Insel (1): *das australische, griechische ~; mit der Fähre aufs ~ fahren* ❖ ↗ **Land; -legen** ⟨trb. reg. Vb.; hat⟩ **1.** /jmd., Institution/ *etw. ~* 'etw. verbindlich machen'; SYN festsetzen (1): *den Preis für etw., einen Termin ~; etw. gesetzlich, testamentarisch ~; wir legten fest/es wurde festgelegt, dass …* **2.** /jmd./ *sich auf etw. ~* 'sich in Bezug auf etw. binden (6.2)': *mit deiner Zusage, diesen Äußerungen hast du dich festgelegt; sich nicht auf etw. ~ lassen* ❖ ↗ **legen**

festlich ['fɛst..] ⟨Adj.⟩ **1.** ⟨Steig. reg., ungebr.⟩ 'mit einem Aufwand gestaltet, der dem besonderen Anlass angemessen ist und freudige Stimmung aufkommen lässt': *eine ~e Aufführung, Tafel, Veranstaltung; ein Kleid für ~e Stunden, Gelegenheiten; einen Geburtstag ~ begehen* **2.** ⟨Steig. reg., ungebr.; nur bei Vb.⟩ *jmd. ist ~* ('voll freudiger Erwartung auf das Fest') *gestimmt* **3.** ⟨Steig. reg.; nur attr.⟩ 'einem Fest (1) angemessen': *ein ~es Kleid; eine ~e Aufmachung* ❖ ↗ **Fest**

fest/Fest ['fɛst..]‖**-machen** ⟨trb. reg. Vb.; hat⟩ **1.** /jmd./ *etw. an etw.* ⟨Dat.⟩ *~* 'einen Gegenstand an etw. befestigen (1)'; ↗ FELD I.7.6.2: *ein Bild an der Wand, ein Boot am Ufer ~* **2.** /jmd./ *etw. ~* 'etw. mit jmdm. verbindlich vereinbaren': *(mit jmdm.) einen Termin ~* ❖ ↗ **machen; -nahme** [nɑːmə], **die**; ~, ~n /zu *festnehmen*/ 'das Festnehmen'; ↗ FELD I.7.5.1: *die ~ eines Verdächtigen, Verbrechers* ❖ ↗ **nehmen; -nehmen** (er nimmt fest), nahm fest, hat festgenommen /jmd., bes. Polizist/ *jmdn. ~* SYN 'jmdn. verhaften'; ↗ FELD I.7.5.2: ⟨oft im Pass.⟩

er ist bei einer Demonstration, auf Verdacht, auf frischer Tat festgenommen worden ❖ ↗ **nehmen; -setzen** ⟨trb. reg. Vb.; hat⟩ **1.** /jmd., Institution/ *etw.* ~ SYN ˈetw. festlegen (1)ˈ: *den Preis für eine Ware, den Zinssatz, einen Termin, die Dauer der Ausbildung* ~ **2.** /etw., bes. eine aus kleinen Teilen bestehende Masse/ *sich* ~ ˈauf der Oberfläche von etw. haften (II) und dort bleibenˈ: *der Schnee hat sich an den Schuhen, Staub, Sand hat sich in den Ritzen festgesetzt* ❖ ↗ **setzen; -stehen,** stand fest, hat festgestanden *etw. steht fest* **1.1.** ˈetw. ist endgültig entschieden und festgesetztˈ: *der Termin für die Hochzeit steht bereits fest; mein Entschluss steht fest* **1.2.** ˈetw. ist sicher, gewissˈ: *eines steht jedenfalls fest: es muss sich etwas ändern* ❖ ↗ **stehen; -stellen** ⟨trb. reg. Vb.; hat⟩ **1.** /jmd./ *etw.* ~ ˈetw., bes. einen Sachverhalt, durch Nachforschungen ermittelnˈ: *die Windrichtung, Todesursache, einen Tatbestand, jmds. Personalien, jmds. (Un)schuld* ~; *die Höhe eines Schadens* ~ **2.** /jmd./ *etw.* ~ ˈetw. durch Wahrnehmung als tatsächlich, wirklich bemerken, erkennen (2)ˈ; SYN konstatieren (1): *er hat an dem Gebrauchtwagen einige Mängel festgestellt; eine Veränderung (an jmdm., einer Sache)* ~; *mit Schrecken stellte er fest, dass ...* **3.** /jmd./ *etw.* ~ ˈnachdrücklich, entschieden auf etw. hinweisenˈ; SYN konstatieren (2): *dazu möchte ich einmal eines, Folgendes* ~: *...; es muss mit aller Deutlichkeit festgestellt werden, dass ...* ❖ **Feststellung; -stellung, die 1.** ⟨o.Pl.⟩ /zu *feststellen* 1/ ˈdas Feststellenˈ: *diese Untersuchungen dienen der* ~ *der Todesursache* **2.** *die* ~ *machen* ˈfeststellen (2)ˈ: *bei der Untersuchung konnte er die* ~ *machen, dass ...* **3.** ˈnachdrücklicher Hinweisˈ: *er schloss mit der* ~, *dass ...* ❖ ↗ **feststellen**

Festung [ˈfɛst..], **die;** ~, ~en ˈder militärischen Verteidigung dienende größere Anlage mit Bauten aus starken Wänden und Decken zum Schutz gegen Bomben und Granatenˈ; ↗ FELD V.6.1: *eine strategisch wichtige* ~; *eine* ~ *belagern, einnehmen* ❖ ↗ **fest**

Fete [feːtə/ˈfɛː..], **die;** ~, ~n umg. scherzh. SYN ˈFeierˈ: *wann beginnt eure* ~?; *heute Abend gehen wir zu einer* ~; *zu einer* ~ *einladen; eine* ~ *machen; eine (kleine)* ~ *feiern;* vgl. *Party*

fett [fɛt] ⟨Adj.; Steig. reg.⟩ **1.** ˈviel Fett (1) enthaltendˈ; ANT mager (1) /auf bestimmte Lebensmittel bez./: *eine* ~*e Brühe;* ~*er Käse;* ~*er* (ˈkein od. nur wenig mageres Fleisch enthaltenderˈ) *Speck;* ~*es Fleisch; das Fleisch ist ziemlich* ~; ~ (ˈNahrung mit relativ viel Fett 1ˈ) *essen* ⟨nicht bei Vb.⟩ ˈmit viel Fett (1) enthaltende Gewebe (2)ˈ /auf bestimmte Tiere, auf Menschen bez./: *ein* ~*es* (ANT mageres 2) *Schwein, Huhn;* umg. emot neg. *er hat einen* ~*en* (ˈdickenˈ) *Bauch; er ist sehr* ~ (SYN dick, ANT mager 2) **3.** ⟨nur attr.⟩ ˈeinen relativ großen Anteil an einem bestimmten Bestandteil enthaltendˈ /beschränkt verbindbar/: ~*er* (ˈviel Zement enthaltenderˈ) *Beton* ❖ **Fett, fettig**

Fett, das; ~s/auch ~es, ~e **1.** ˈbes. aus tierischen, pflanzlichen Zellen gewonnene feste, weiche od. flüssige, meist helle od. gelbliche Substanz, die leichter als Wasser, in ihm nicht löslich ist und für die menschliche Ernährung eine wichtige Rolle spieltˈ: *tierische, pflanzliche, synthetische* ~*e;* ~ *kann ranzig werden;* ~ *zum Kochen und Braten;* ~ *zum Schmieren von beweglichen Teilen von Maschinen; das auf der Suppe schwimmende* ~ *abschöpfen* **2.** ⟨o.Pl.⟩ ˈweiße od. gelbliche weiche, im Gewebe (2) von Tier und Mensch gespeicherte Substanz aus Fett (1)ˈ: *die Gans, das Schwein hat viel* ~; *im Alter hat er* ~ *angesetzt* (ˈist er dick gewordenˈ) ❖ ↗ **fett** * /jmd./ *das* ~ *abschöpfen* (ˈsich in Bezug auf etw. seinen materiellen Vorteil sichernˈ); ⟨⟩ umg. /jmd./ *sein* ~ *kriegen* (ˈgehörig die Meinung gesagt bekommen, getadelt werdenˈ)

fettig [ˈfɛtɪç] ⟨Adj.; Steig. reg.⟩ **1.** ⟨vorw. attr.⟩ ˈvon anhaftendem Fett (1) bedeckt, beschmutztˈ: *er hat* ~*e Hände, Haare;* ~*es Papier* **2.** ⟨nicht bei Vb.⟩ ˈfett (1)ˈ: *eine* ~*e Brühe; die Brühe ist* ~ ❖ ↗ **fett**

Fett|näpfchen [ˈfɛtnɛpfçən], **das** * /jmd./ *ins* ~ *treten* ˈjmds. Unwillen erregen, indem man etw. unbedacht äußert, tut, was seine Empfindlichkeit berührtˈ: *da bin ich ja (bei ihm) ganz schön ins* ~ *getreten*

Fetzen [ˈfɛtsn̩], **der;** ~s, ~ **1.** ˈmeist kleineres, unregelmäßig geformtes abgerissenes Stück von einem dünnen Material, bes. von Papier, Stoff (1)ˈ: ⟨vorw. mit Attr.⟩ *ein* ~ *Papier, Stoff, Seide; nach der Explosion hing die Tapete in* ~ *von der Wand; vor Wut zerriss er die Zeitung in/zu* ~; umg. *ohne Unterschrift ist das nur ein* ~ *Papier* (ˈein Dokument ohne Bedeutung und Wertˈ) **2.** ⟨nur im Pl.; + Attr.⟩ *man konnte aus der Entfernung nur* ~ (ˈkeinen Zusammenhang bildende Teileˈ) *des Gespräches, der Musik hören* **3.** umg. emot. neg. ˈKleidungsstück, vorw. von weibl. Personen getragenˈ: *sie trägt immer denselben* ~ (ˈdasselbe Kleidˈ) * /zwei od. mehrere (jmd.)/ **streiten/sich prügeln, dass die** ~ **fliegen** ˈsich heftig und lärmend prügeln, streitenˈ: *sie schlugen sich, dass die* ~ *(nur so) flogen*

feucht [fɔiçt] ⟨Adj.; Steig. reg.⟩ **1.** ˈgeringfügig, aber gleichmäßig mit Flüssigkeit, bes. Wasser, getränkt od. bedecktˈ; ANT trocken (1.2); ↗ FELD III.2.3: *ein* ~*es Tuch;* ~*er Sand;* ~*e Lippen, Hände haben; die Wäsche ist noch* ~ (ˈnoch nicht trockenˈ); *das Gras ist* ~ *vom Tau; vor Rührung wurden ihr die Augen* ~ (ˈtraten ihr Tränen in die Augenˈ); *etw.* ~ (ˈmit einem feuchten Tuchˈ) *aufwischen;* vgl. *nass* **2.** ⟨nicht bei Vb.⟩ ˈviel Wasserdampf enthaltendˈ /auf Atmosphärisches bez./: ~*e Luft; die Luft ist* ~; *das* ~*e Klima der Tropen* ❖ **Feuchtigkeit**

Feuchtigkeit [ˈfɔiçtiç..], **die;** ~, ⟨o.Pl.⟩ ˈFlüssigkeit, bes. Wasser(dampf), die sich in geringer Menge in,auf etw. befindet, die von etw. aufgenommen, abgegeben wirdˈ; ↗ FELD III.2.1: *die* ~ *der Luft, des Bodens (bestimmen); etw. saugt* ~ *auf, gibt* ~ *ab* ❖ ↗ **feucht**

feudal [fɔi̯'dɑːl] ⟨Adj.⟩ **1.** ⟨o. Steig.; vorw. attr.⟩ ʹden Feudalismus betreffend, auf ihm beruhendʹ: *die ~e Gesellschaft; ein ~ rückständiges Land* **2.** ⟨Steig. reg.⟩ ʹsehr vornehm, komfortabel und teuerʹ /bes. auf Gebäude, Einrichtungen bez./: *ein ~es Hotel, Restaurant; ~ wohnen; unser Hotel war ~* ❖ **Feudalismus**

Feudalismus [fɔi̯dɑ'lɪsmʊs], **der**; ~, ⟨o.Pl.⟩ ʹgesellschaftliches und wirtschaftliches System, das auf der Herrschaft des weltlichen und geistlichen (Hoch)adels, auf der Grundlage von großem Grundbesitz und auf der Verleihung von Grundbesitz an Untertanen beruhteʹ: *das Zeitalter des ~; das Leben der Bauern im ~* ❖ ↗ **feudal**

Feuer ['fɔi̯ɐ], **das**; ~s, ~ **1.** ⟨vorw. Sg.⟩ ʹsichtbarer Vorgang des Brennens von etw., wobei sich große Hitze entwickelt und meist Flammen entstehenʹ; ↗ FELD VI.2.1, 5.1: *ein helles, loderndes ~* (ʹFeuer mit hoch aufschlagenden Flammenʹ); *ein glimmendes, schwelendes ~* (ʹFeuer ohne Flammenʹ); *ein ~ speiender Vulkan* **1.1.** /als vom Menschen genutzter Vorgang/: *(ein, das) ~ anzünden, anmachen; das ~ brennt (im Ofen, Kamin), geht aus, erlischt; sich am ~ wärmen; das Essen aufs ~* (ʹzum Kochen auf den Herdʹ) *stellen; das ↗ olympische ~* **1.2.** ⟨o.Pl.⟩ *jmdm. ~ geben* (ʹjmdm. die Zigarette anzündenʹ); *jmdn. um ~ bitten* (ʹjmdn. bitten, dass er ihm die Zigarette anzündetʹ); /in der kommunikativen Wendung/ *haben Sie ~* (ʹkönnen Sie mir die Zigarette anzündenʹ)? /fragt jmd. jmdn., wenn er rauchen möchte, aber kein Feuerzeug, keine Zündhölzer bei sich hat/ **1.3.** /als Brand, der Werte vernichtet/: *ein großes, verheerendes ~; das ~ löschen; ~ legen* (ʹeinen Brand absichtlich verursachenʹ); *ein ~ ist ausgebrochen; das ~ greift um sich, greift auf die Nachbarhäuser über, droht den Wald zu vernichten* **2.** ⟨o.Pl.⟩ ʹdas Schießen mit Feuerwaffen auf etw., jmdn., bes. auf den militärischen Gegnerʹ; SYN Beschuss; ↗ FELD V.6.1: *das feindliche ~; gezieltes ~; das ~ eröffnen, einstellen; etw., jmdn. unter ~ nehmen* (ʹetw., den Gegner beschießenʹ); *~ geben* (ʹschießenʹ); *~!* /Befehl zum Schießen/ **3.** ⟨o.Pl.⟩ ʹlebhafte emotionale Energieʹ: *sein jugendliches ~; das ~ der Leidenschaft; er ist beim Reden,*

Spielen in ~ geraten (ʹvor Eifer sehr lebhaft gewordenʹ); *dieses Pferd hat viel ~* (SYN ʹTemperament 1ʹ) ❖ **feuern, feurig – anfeuern, Feuerlöscher, -waffe, -werk, -zeug, Handfeuerwaffe, Kreuzfeuer, Lagerfeuer, Strohfeuer**

* /jmd./ **~ fangen** (**1.** ʹsich plötzlich für etw. begeisternʹ **2.** ʹsich plötzlich in jmdn. verliebenʹ); /jmd./ **(für jmdn., etw.) ~ und Flamme sein** (ʹvon jmdm., etw. begeistert seinʹ); /jmd./ **für jmdn. durchs ~ gehen** (ʹjmdn. so sehr mögen, dass man alles für ihn tun würdeʹ); /jmd./ **mit dem ~ spielen** (ʹaus Leichtsinn eine Gefahr für andere und für sich verursachenʹ)

Feuer|löscher ['fɔi̯ɐlœʃɐ], **der** ʹ(handliches) Gerät zur Bekämpfung kleiner Brändeʹ; SYN Löscher (↗ BILD) ❖ ↗ **Feuer**, ↗ **löschen**

feuern ['fɔi̯ɐn] ⟨reg. Vb.; hat⟩ **1.** /jmd./ *mit Kohle, Holz, Gas, Öl ~* (SYN ʹheizen 1.2ʹ) **2.** /Soldat, Feuerwaffe (bes. Geschütz), Fahrzeug/ SYN ʹschießen (1.1,1.2)ʹ; ↗ FELD V.6.2: *wir feuerten, bis die Munition verbraucht war; die Batterie, das Kriegsschiff, Flugzeug feuerte aus allen Rohren; auf etw., jmdn. ~* **3.** umg. /jmd./ *etw. irgendwohin ~* ʹetw. im Affekt mit Wucht irgendwohin werfenʹ: *die Schulmappe in die Ecke ~; etw. wütend an die Wand ~* **4.** umg. /jmd., Unternehmen/ *jmdn. ~* ʹjmdn. (fristlos) entlassen (1)ʹ: *sie haben ihn gefeuert; er wurde sofort gefeuert* ❖ ↗ **Feuer**

Feuer ['fɔi̯ɐ..]**|-waffe, die** ⟨vorw. Pl.⟩ ʹWaffe, bei der das Geschoss durch die bei der Verbrennung eines explosiven Gemisches entstehende Energie abgeschossen wirdʹ: *Geschütze, Gewehre sind ~n; das*

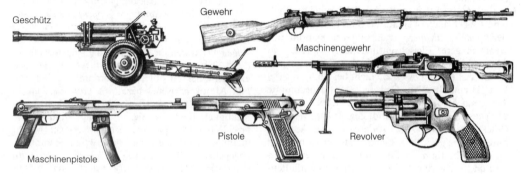

Geschütz · Gewehr · Maschinengewehr · Maschinenpistole · Pistole · Revolver

Feuerwaffen

Flugzeug ist mit automatischen ~n ausgerüstet ❖ ↗
Feuer, ↗ Waffe; **-wehr, die**; ~, ~en **1.** ⟨vorw. Sg.⟩
ʼmeist kommunale Einrichtung für die Verhütung
und Bekämpfung von Bränden und für den Einsatz
bei Katastrophenʼ: *die ~ alarmieren; er ist bei der
~ beschäftigt; die ~en von Berlin und Brandenburg*
2. ʼaus Fahrzeugen, Geräten und Personen beste-
hende Einheit der Feuerwehr (1)ʼ: *die ~ war sofort
zur Stelle; alle ~en der Umgebung waren im Einsatz*
* *wie die ~* ʼsehr schnellʼ: *sie fuhren, rannten wie
die ~* ❖ ↗ Feuer, ↗ wehren; **-werk, das** ⟨o.Pl.⟩
ʼbes. als Abschluss, Höhepunkt eines Festes vorge-
führte Darbietung mit eindrucksvollen optischen
und akustischen Effekten, die durch kleine Rake-
ten u.Ä. erzeugt werdenʼ; ↗ FELD VI.2.1: *ein ~
veranstalten, abbrennen* ❖ ↗ Feuer, ↗ Werk; **-zeug,
das** ⟨Pl.: ~e⟩ ʼkleines Gerät zum Erzeugen einer
Flamme, mit der bes. Zigaretten, Zigarren ange-
zündet werdenʼ; ↗ FELD VI.5.1 ❖ ↗ Feuer
Feuilleton [ˈfœjətɔŋ/..ˈtɔŋ], **das**; ~s, ~s ʼliterarischer,
kultureller Teil einer Zeitungʼ: *er schreibt fürs ~* ❖
feuilletonistisch
feuilletonistisch [fœjətoˈnɪst..] ⟨Adj.; o. Steig.; vorw.
attr.⟩ ʼden Eigenarten des Feuilletons entspre-
chend, für das Feuilleton bestimmtʼ /auf Texte
bez./: *ein ~er Text, Artikel* ❖ ↗ **Feuilleton**
feurig [ˈfɔɪRɪç] ⟨Adj.⟩ **1.** ⟨ Steig. reg., ungebr.⟩ ʼwie
Feuer, meist tiefrot, leuchtendʼ; ↗ FELD VI.2.3:
*der ~e Ball der untergehenden Sonne; ein ~er, ~
glänzender Rubin* **2.** ⟨Steig. reg.⟩ ʼvon lebhafter
emotionaler Energieʼ: *er ist ein ~er Liebhaber; ~e
Küsse; seine Küsse waren ~; ein ~er* (SYN ʼtempe-
ramentvollerʼ) *Tänzer, Redner* **3.** ⟨Steig. reg., un-
gebr.; nicht bei Vb.⟩ *ein ~er* (ʼschnell berauschen-
derʼ) *Wein* ❖ ↗ Feuer
Fiasko [fi̯ˈasko], **das**; ~s, ~s ⟨vorw. Sg.⟩ ʼgroßer Miss-
erfolg und Reinfallʼ: *die Premiere war ein ~; mit
etw. ein ~ erleben; das Ganze endete mit einem ~*
Fichte [ˈfɪçtə], **die**; ~, ~n ʼNadelbaum mit kurzen,
kantigen Nadeln und langen hängenden Zapfenʼ;
↗ FELD II.4.1 (↗ TABL Bäume): *eine schlanke,
hohe ~*
fidel [fiˈdeːl] ⟨Adj.; Steig. reg.⟩ ʼunbeschwert und ver-
gnügtʼ; SYN lustig (2), fröhlich (1.2): *er ist immer
lustig/munter/heiter und ~; er war ein ~er Bursche;
eine ~e Gesellschaft; sie ist ein ganz ~es* ↗ Haus
Fieber [ˈfiːbɐ], **das**; ~s, ⟨o.Pl.⟩ **1.** ʼals Symptom einer
Krankheit auftretende Temperatur des menschli-
chen Körpers über 37 Gradʼ; ↗ FELD VI.5.1:
*(leichtes, hohes) ~ haben; das ~ steigt, fällt; das ~
messen; er hat 39 (Grad) ~* **2.** ⟨+ Gen.attr.⟩ *ihn
hatte das ~ der Spielleidenschaft gepackt* (ʼer wurde
von der Sucht nach Glücksspiel beherrschtʼ) ❖ **fie-
bern, fiebrig – Fieberthermometer, Lampenfieber,
Startfieber**
fieberhaft [ˈfiːbɐ..] ⟨Adj.⟩ **1.** ⟨o. Steig.; vorw. attr.⟩
eine ~e (ʼmit Fieber 1 verbundeneʼ) *Erkrankung;
ein ~er Infekt* **2.** ⟨Steig. reg., ungebr.; nicht präd.⟩
ʼeilig und hektischʼ: *~ arbeiten; etw. ~ suchen; etw.
in ~er* (ʼhektischerʼ) *Eile tun* **3.** ⟨Steig. reg., un-
gebr.; nicht bei Vb.⟩ ʼvon großer Erregung, Unruhe

bestimmtʼ /beschränkt verbindbar/: *es herrschte
eine ~e Spannung; alle waren von einer ~en Nervo-
sität getrieben* ❖ ↗ **Fieber**
fiebern [ˈfiːbɐn] ⟨reg. Vb.; hat⟩ **1.** /jmd./ ʼFieber (1)
habenʼ; ↗ FELD VI.5.2: *er, das Kind fiebert
(stark)* **2.** /jmd./ *vor Spannung, Aufregung ~*
(ʼäußerst gespannt, aufgeregt seinʼ) **3.** /jmd./ *nach
etw. ~* ʼetw. leidenschaftlich gern haben, erlangen
wollenʼ: *er fieberte nach Anerkennung, fieberte da-
nach, ein Star zu sein* ❖ ↗ **Fieber**
Fieber|thermometer [ˈfiːbɐ..], **das** ʼThermometer zum
Messen der Temperatur des menschlichen Kör-
persʼ: *das ~ unter die Zunge, Achsel stecken* ❖ ↗
Fieber, ↗ **Thermometer**
fiebrig [ˈfiːbRɪç] ⟨Adj.⟩ **1.** ⟨Steig. reg., ungebr.⟩ **1.1.**
⟨nicht attr.⟩ ʼFieber (1) habendʼ; ↗ FELD VI.5.2:
jmd. ist ~, sieht ~ aus **1.2.** ʼauf Fieber (1) hindeu-
tendʼ: *seine ~en Augen; seine Augen glänzten, waren
~* **2.** ⟨o. Steig.; nur attr.⟩ *eine ~e* (ʼmit Fieber 1
verbundeneʼ) *Erkältung* **3.** ⟨Steig. reg., ungebr.⟩
ʼfieberhaft (3)ʼ: *es herrschte eine ~e Spannung, Ner-
vosität* ❖ ↗ **Fieber**
fiel: ↗ *fallen*
fies [fiːs] ⟨Adj.; Steig. reg.⟩ umg. **1.1.** SYN ʼwiderlich
(2)ʼ: *ein ~er Kerl, Typ* **1.2.** SYN ʼgemein (I.1)ʼ
/vorw. auf Personen bez./; ↗ FELD I.2.3: *so ein
~er Kerl!; das war aber ~!; er hat sich ~ benommen*
Figur [fiˈɡuːɐ], **die**; ~, ~en **1.** ⟨vorw. Sg.⟩ ʼGestalt
eines Menschen im Hinblick auf die körperlichen
Proportionenʼ: ⟨mit best. Adj.⟩ *er, sie hat eine gute,
tolle, schlechte, schlanke, schöne, füllige ~; er ist
von kleiner, untersetzter, stämmiger ~* (SYN Sta-
tur); *ich muss auf meine ~ achten* (ʼdarf nicht zu
viel und zu gut essen, da ich leicht dick werdeʼ) **2.**
ʼ(künstlerisch geformte od. gezeichnete) Gestalt
(4), bes. eines Menschen, Tieresʼ: *eine ~, ~en aus
Stein, Holz, Ton; eine ~ schnitzen, in Stein hauen,
aus Ton formen* **3.** ʼeine Fläche, einen Körper (2)
darstellendes Gebilde, bes. als Objekt der Geome-
trie, Mathematikʼ: *den Inhalt, Umfang einer geome-
trischen ~ berechnen; er hat aus Langeweile alle
möglichen ~en auf das Papier gezeichnet, gekritzelt*
4. ʼbes. für Brettspiele gebräuchlicher kleiner, in be-
stimmter Weise geformter Gegenstandʼ: *die weißen,
schwarzen ~en des Schachspiels; die ~en aufstellen;
eine ~ setzen, ziehen, wegnehmen* **5.1.** ⟨mit best.
Adj.⟩ ʼjmd., der in der Beziehung zu Vorgängen,
Handlungen und den daran beteiligten Personen
eine wichtige Rolle spieltʼ: *er war eine wichtige ~
in diesem Intrigenspiel, in der Französischen Revolu-
tion; er war die beherrschende ~ dieser Zeit* **5.2.**
⟨mit Gen.attr.⟩ ʼGestalt (2.2) in einem literarischen
Werkʼ; SYN Person (2): *die ~en des Romans, Dra-
mas; eine ~ aus einem Märchen* **5.3.** ⟨mit best.
Adj.⟩ umg. emot. neg. ʼeine dem Sprecher unbe-
kannte, zweifelhafte, vorw. männliche Personʼ: *an
der Ecke stehen ein paar merkwürdige, verdächtige
~en* ❖ **figürlich**
* /jmd./ *eine gute* **~** *machen* (ʼeinen vorteilhaften Ein-
druck machenʼ)

figürlich [fi'gy:ɐ..] ⟨Adj.; o. Steig.⟩ **1.** ⟨vorw. bei Vb.⟩ ˈin Bezug auf die Figur (1)ˈ: ~ *ähnelt sie ihrer Schwester überhaupt nicht* **2.** ˈeine Figur (2), Figuren aufweisendˈ: *die ~e Gestaltung der Wände; ~er Schmuck; etw.* ~ *gestalten* ❖ ↗ **Figur**

Fiktion [fɪk'tsi̯o:n], die; ~, ~en ˈetw. Erdachtes, nur in der Phantasie (2) Existierendesˈ: *etw. ist (dichterische)* ~; *an einer* ~ *festhalten* ❖ ↗ **fiktiv**

fiktiv [fɪk'ti:f] ⟨Adj.; o. Steig.; vorw. attr.⟩ **1.** ˈder Phantasie entstammend, nicht wirklichˈ: *eine ~e Welt beschreiben* **2.** ˈvorgetäuscht (↗ vortäuschen)ˈ: *ein ~es Vermögen, Unternehmen* ❖ **Fiktion**

Filiale [fi'li̯a:lə], die; ~, ~n **1.1.** ˈeinzelnes von mehreren Geschäften eines größeren od. großen Unternehmens, bes. im Einzelhandelˈ: *dieses Unternehmen hat ~n in allen Teilen des Landes* **1.2.** SYN ˈZweigstelleˈ: *die* ~ *einer Bank leiten; eine* ~ *eröffnen*

Filigran [fili'ɡʀa:n], das; ~s, ~e ˈaus feinen Fäden von Gold, Silber hergestellte Art von Geflecht, Gitter als (Teil von) Schmuckˈ: *eine Brosche aus, mit* ~

Film [fɪlm], der; ~s/auch ~es, ~e **1.** ⟨vorw. Sg.⟩ ˈaus einer meist öligen Flüssigkeit bestehende sehr dünne Schicht auf der Oberfläche von etw.ˈ: *ein in allen Farben des Regenbogens schimmernder* ~ *(von Benzin, Öl) bedeckte die Oberfläche des Wassers; ein öliger* ~; *das Sonnenöl bildet einen schützenden* ~ *auf der Haut* **2.** ˈfür fotografische Aufnahmen dienender Streifen aus elastischem Material mit einer auf Licht reagierenden Schichtˈ: *einen neuen* ~ *in die Kamera einlegen; einen* ~ *belichten, abknipsen, entwickeln* **3.** ˈmit einer Kamera auf einen Film (2) aufgenommene Folge von Bildern, Vorgängen, Handlungen (und Tönen), die zur Vorführung mit einem entsprechenden Gerät im Kino od. Fernsehen vorgesehen istˈ: *ein historischer, populärwissenschaftlicher, unterhaltsamer* ~; *einen* ~ *herstellen, (ab)drehen, vorführen; sich einen* ~ *ansehen; wer hat bei dem* ~ *Regie geführt?* **4.** ⟨o.Pl.⟩ ˈEinrichtung für die Produktion von Filmen (3)ˈ: *sie arbeitet beim* ~; *zum* ~ *gehen* (ˈSchauspieler beim Film werden wollenˈ) ❖ **filmen, filmisch, verfilmen — Farbfilm, Kriminalfilm, Trickfilm**

filmen ['fɪlmən] ⟨reg. Vb.; hat⟩ /jmd./ *etw.* ~ ˈetw. mit einer Filmkamera aufnehmen (11)ˈ: *eine Szene* ~; *die Kinder beim Spielen* ~ ❖ ↗ **Film**

filmisch ['fɪlm..] ⟨Adj.; o. Steig.; nicht präd.⟩ ˈden Film (3) betreffendˈ: *ein ~es Meisterwerk; etw.* ~ (ˈmit den Mitteln des Films 3ˈ) *darstellen, gestalten* ❖ ↗ **Film**

Filter ['fɪltɐ], der/das; ~s, ~ **1.** ˈdurchlässiges (papierdünnes) Material, das beim Hindurchfließen eines flüssigen od. gasförmigen Stoffes bestimmte (feste) Teilchen zurückhältˈ: *die Flüssigkeit, Milch durch ein(en)* ~ *gehen lassen; ein* ~ *aus weichem Papier; ein Leinentuch als* ~ *benutzen; Kies dient als* ~ *bei der Reinigung von Wasser* **2.** ˈin bestimmter Weise präparierte Scheibe aus Glas, die man vor das Objektiv einer Kamera setzt, damit nur bestimmte Anteile der Strahlung hindurchgelangenˈ: *bei hellem Sonnenschein mit einem* ~ *fotografieren* ❖ **filtern**

filtern ['fɪltɐn] ⟨reg. Vb.; hat⟩ /jmd./ *etw.* ~ ˈeinen flüssigen od. gasförmigen Stoff durch einen Filter (1) gehen lassen und dadurch bestimmte (feste) Bestandteile von ihm trennenˈ: *eine Flüssigkeit* ~; *Luft* ~; *Kaffee* ~ (ˈKaffee herstellen, indem man heißes Wasser durch einen Filter mit gemahlenem Kaffee fließen lässtˈ) ❖ ↗ **Filter**

Filz [fɪlts], der; ~es, ~e ⟨vorw. Sg.⟩ ˈdickes, dichtes, weiches, stoffartiges Material aus gepressten (tierischen) Fasernˈ: *eine Unterlage, ein Hut, Stiefel aus* ~; *etw. mit Streifen von* ~ *abdichten* ❖ **filzen**

filzen ['fɪltsn̩] ⟨reg. Vb.; hat⟩ **1.** *Wolle filzt* (ˈwird durch die Einwirkung von Feuchtigkeit, Waschpulver, Hitze fest und hartˈ) **2.** umg. /jmd., bes. Beamter des Zolls, der Polizei/ *jmdn., etw.* ~ ˈjmdn., etw. bei einer Kontrolle besonders gründlich durchsuchenˈ: *sie haben ihn, sein Auto, Gepäck (an der Grenze) gefilzt; er wurde an der Grenze, bei der Kontrolle gefilzt* ❖ ↗ **Filz**

Fimmel ['fɪml̩], der; ~s, ~ umg. ˈabsonderliche, übertrieben wirkende Vorliebe für etw.ˈ; SYN Spleen: *jmds.* ~ *für etw.: sein* ~ *für (das Sammeln von) Briefmarken;* SYN Tick: *sie hat den* ~, *sich dauernd zu kämmen; einen* ~ *haben: der hat doch einen* ~ (ˈist doch verrücktˈ)!

Finale [fi'nɑ:lə], das; ~s, ~/Finals/Finali ['nɑ:li:] **1.** ⟨Pl.: Finali⟩; ↗ FELD VII.3.1 **1.1.** ˈ(mitreißend gestaltete) Schlussszene eines Aktes eines musikalischen Bühnenwerkesˈ: *das* ~ *des dritten Aktes* **1.2.** ˈ(mitreißend gestalteter) letzter Satz eines Musikstückesˈ: *das* ~ *von Beethovens 9. Sinfonie* **2.** ⟨Pl.: Finals⟩ ˈabschließender Wettkampf eines in mehreren Runden, Etappen ausgetragenen sportlichen Wettbewerbsˈ: *er, die Mannschaft hat das* ~ *erreicht; ins* ~ *kommen, sich fürs* ~ *qualifizieren* **3.** ⟨Pl.: ~; vorw. Sg.⟩ ˈden Abschluss (und Höhepunkt) bildende Programmnummer einer unterhaltenden Veranstaltung mit Publikumˈ: *im* ~ *traten noch einmal alle Künstler auf; ein Feuerwerk als* ~ *des Festes*

Finanzen [fi'nantsn̩], die ⟨Pl.⟩ **1.** ˈdie finanziellen Verhältnisse, bes. das Einkommen, Vermögen und die Ausgaben eines Staates, Landes, einer Körperschaftˈ; ↗ FELD I.16.1: *die* ~ *des Staates ordnen, sanieren* **2.** ⟨+ Possessivpron.⟩ umg. ˈGeld, das jmd. zur Verfügung hatˈ: *das erlauben mir meine* ~ *nicht; wie steht es mit deinen* ~? ❖ **finanziell, Finanzier, finanzieren — finanzkräftig, -schwach**

finanziell [finan'tsi̯ɛl] ⟨Adj.; o. Steig.; nicht präd.⟩ **1.** ⟨nur attr.⟩ ˈGeld betreffendˈ; SYN wirtschaftlich (2) /vorw. auf Abstraktes bez./; ↗ FELD I.16.3: *die ~e Lage des Sportvereins, der Firma, meines Onkels;* ~ *Mittel; die Reise kann er sich aus ~en Gründen nicht leisten* **2.** ˈmit Geldˈ; SYN materiell (3): *jmdn.* ~ *unterstützen; sich* ~ *an einem Projekt, Unternehmen beteiligen; jmds. ~e Hilfe* ❖ ↗ **Finanzen**

Finanzier [finan'tsi̯e:], der; ~s, ~s ˈjmd., der etw. finanziert, finanziert hatˈ; ↗ FELD I.16.1: *es fand sich kein* ~ *für das Projekt* ❖ ↗ **Finanzen**

finanzieren [finanˈtsiːʀən], finanzierte, hat finanziert /jmd., Institution/ etw. ~ ˈfür etw., bes. ein Vorhaben, ein Unternehmen, das nötige Geld zur Verfügung stellen'; ↗ FELD I.16.2: *ein Unternehmen* ~; *jmdm. etw.* ~*: sie finanziert ihm das Studium; etw. durch/mit etw.* ~*: er finanziert sein teures Hobby durch eine Nebenbeschäftigung* ❖ ↗ **Finanzen**

finanz [fiˈnants..]‖**-kräftig** ⟨Adj.; Steig. reg.; nicht bei Vb.⟩ ˈfinanziell leistungsfähig'; ANT finanzschwach /vorw. auf ein Unternehmen bez./; ↗ FELD I.16.3: *ein* ~*er Betrieb; ein* ~*es Unternehmen* ❖ ↗ Finanzen, ↗ Kraft; **-schwach** ⟨Adj.; Steig. reg.; nicht bei Vb.⟩ ˈfinanziell nicht leistungsfähig'; ANT finanzkräftig /vorw. auf ein Unternehmen bez./; ↗ FELD I.16.3: *ein* ~*er Betrieb; ein* ~*es Unternehmen* ❖ ↗ Finanzen, ↗ schwach

Findel‖kind [ˈfɪndl̩..], **das** ˈmeist von seinen Eltern ausgesetztes, verlassen aufgefundenes kleines Kind': *er war ein* ~ ❖ ↗ **finden**, ↗ **Kind**

finden [ˈfɪndn̩], fand [fant], hat gefunden [gəˈfʊndn̩] **1.1.** /jmd./ etw., jmdn. ~ ˈetw., jmdn. zufällig od. durch Suchen entdecken': *er hat auf der Straße eine Brieftasche gefunden; gefundene Gegenstände im Fundbüro abgeben; die Polizei hat eine Spur von den Dieben, das Versteck der Diebe gefunden; wir haben eine Menge Pilze gefunden; er konnte die Straße nicht (auf der Karte)* ~*; im Eingang des Hauses fanden sie ein ausgesetztes Kind* **1.2.1.** /jmd./ etw., jmdn. ~ ˈeine Sache, Person, die verloren, vermisst wurde, durch Suchen, auch zufällig, wieder finden (1.1)'; ANT verlieren: *er fand die vermissten Schlüssel in seiner eigenen Tasche; hast du deine Brille (endlich) gefunden?; sie fand ihr Kind schließlich auf dem Spielplatz* **1.2.2.** /etw./ sich ~: *der Handschuh hat sich gefunden* (ˈist wieder gefunden worden, wieder zum Vorschein gekommen') **1.3.** /zwei od. mehrere (jmd.)/ sich ~: *die beiden haben sich (gesucht und) gefunden* (ˈdie beiden begegneten sich und blieben in Freundschaft, Liebe beieinander, weil sie sehr gut zueinander passten') **1.4.** /jmd./ etw. ~ ˈdurch Überlegen erreichen, dass man auf etw. Bestimmtes kommt, einem etw. Bestimmtes einfällt': *die richtige Lösung, (k)eine Antwort* ~*; er findet immer die richtigen Worte* (ˈweiß sich immer passend zu äußern') **1.5.** /jmd./ etw. ~ ˈ(durch eigenes Bemühen) in den Besitz von etw. kommen, das man haben wollte': *er hat eine gute Arbeit(sstelle), endlich eine Wohnung gefunden* **1.6.** /jmd./ **1.6.1.** jmdn. ~ ˈ(durch eigenes Bemühen) jmdn. ausfindig machen, den man für etw., für sich braucht': *wir haben endlich einen Fachmann für diese Arbeit gefunden; sie hat den idealen Partner gefunden; sie fand niemanden, der diese Arbeit übernehmen wollte* **1.6.2.** es findet sich jmd.: *hat sich jmd. gefunden, der das übernehmen will* (ˈman hat jmdn. gewinnen können, das zu übernehmen'); *es hat sich niemand gefunden, der dazu bereit war* **1.6.3.** /in der kommunikativen Wendung/ *das wird sich (alles) noch* ~ (ˈdas wird sicherlich in Ordnung kommen') /wird beruhigend zu jmdm. gesagt, wenn dieser glaubt,

mit dem Problem nicht fertig zu werden/ **1.7.** /jmd./ etw. ~ ˈes zustande bringen, dass man etw. bekommt od. hat': *er konnte keinen Schlaf* ~ (ˈkonnte nicht einschlafen'); *er hat endlich sein Recht, (bei seinen Freunden) Hilfe und Beistand gefunden* **1.8.** /jmd./ etw. für etw., jmdn. ~ SYN ˈetw. für etw., jmdn. aufbringen (2)' /beschränkt verbindbar/ *Zeit, Mut, Kraft für etw., jmdn.* ~*; er fand nicht die Energie, um sein Studium zu beenden; sie findet bei ihm immer viel Verständnis für ihre Probleme* **1.9.** /jmd./ etw. an etw. ⟨Dat.⟩, jmdm. ~: /beschränkt verbindbar/ *er hatte immer schon Spaß, Freude, Gefallen am Schachspiel gefunden* (ˈer spielte schon immer gern Schach'); *was er nur an ihr, daran findet* (ˈwas nur gefällt ihm an ihr, daran so gut')? **2.** /jmd./ irgendwohin ~ ˈ(suchend durch eigenes Bemühen) irgendwohin gelangen': *trotz der Trunkenheit fand er nach Hause, zum Ausgang* **3.** /jmd./ **3.1.** ~, dass … ˈder Ansicht, dass …': *ich finde, dass man das ändern müsste, finde, dass er Recht hat* **3.2.** etw., jmdn. irgendwie ~ ˈder Ansicht sein, dass etw., jmd. irgendwie zu beurteilen ist': *das, den Roman finde ich gut, interessant, komisch, zum Lachen, Weinen; er fand sie nett, hübsch, oberflächlich; deine Bemerkung finde ich überflüssig; wie findest du diesen neuen Schlager?; darüber zu reden, fand er nicht der Mühe wert* **4.** /jmd./ sich in etw. ~ ˈsich in etw. für einen Unangenehmes fügen (3.2)': /beschränkt verbindbar/ *sich in sein Schicksal, in eine missliche Lage* ~ **5.** /abgeblasst in Verbindung mit einem Subst., z. B./: /jmd., etw./ (keine) ↗ *Beachtung*, ↗ *Anerkennung* ~*;* /etw./ keine ↗ *Berücksichtigung* ~ ❖ **Befund, erfinden, Finder, findig, Fund, fündig – abfinden, Abfindung, anfinden, durchfinden, einfinden, Findelkind, Fundbüro, -grube, -sache, herausfinden, spitzfindig, stattfinden, zurechtfinden;** vgl. **fundieren**
* /jmd./ **nichts dabei** ~ ˈnichts Bedenkliches, Besonderes bei etw. erkennen': *er fand nichts dabei, dass seine Tochter einen Ring in der Nase trug*

Finder [ˈfɪndɐ], **der**; ~s, ~ ˈjmd., der etw. gefunden hat, der einem anderen verloren gegangen ist (und es ihm zurückgibt)': *der ehrliche* ~ *wird belohnt* ❖ ↗ **finden**

findig [ˈfɪndɪç] ⟨Adj.; Steig. reg.; nicht bei Vb.⟩ ˈvoller guter Einfälle und klug und dadurch fähig, Schwierigkeiten zu meistern' /auf Personen bez./: *er ist* ~*, ist ein* ~*er Bursche;* vgl. *clever, gerissen* (I), *gewitzt* ❖ ↗ **finden**

Finesse [fiˈnɛsə], **die**; ~, ~n ⟨vorw. Pl.⟩ ˈdem neuesten Stand der Technik entsprechende Einzelheit, entsprechendes Detail, mit dem ein technisches Gerät ausgerüstet, versehen ist'; SYN Raffinesse (3): ⟨vorw. mit *all*⟩ *ein Radio, Auto, eine Waschmaschine mit allen* ~n **2.** ˈraffinierte und listige Art des Vorgehens': *seiner diplomatischen, taktischen* ~ *war niemand unter uns gewachsen*

fing: ↗ **fangen**

Finger [ˈfɪŋɐ], **der**; ~s, ~ ˈeines der fünf beweglichen Glieder der Hand des Menschen und des Affen'; ↗

FELD I.1.1 (↗ TABL Körperteile): *jmd. hat lange, kurze, schlanke, dicke ~; die ~ ausstrecken, krümmen, spreizen; sie friert leicht an den ~n; einen Ring am ~ tragen; wenn der Lehrer den ~ an den Mund legt (*'quer über die Lippen hält*'), müsst ihr ganz leise sein, dürft ihr nicht reden* ❖ **Fingerling, fingern — Mittelfinger, Ringfinger, Zeigefinger; vgl. Finger-** * /jmd./ **jmdm. auf die ~ klopfen** (ʼjmdn. scharf, streng zurechtweisen'); /jmd./ **jmdm. auf die ~ gucken/sehen** (ʼauf jmdn. genau achten, damit er alles richtig macht, nicht etw. Verbotenes tut'); /jmd./ **sich ⟨Dat.⟩ die ~ verbrennen** (ʼsich durch unvorsichtiges Vorgehen in einer Angelegenheit, bes. durch Äußerungen, selbst schaden und andere verärgern'); /jmd./ emot. **sich ⟨Dat.⟩ die ~ wund schreiben** ʼfür sein Anliegen sehr viel und meist vergeblich (Briefe) an ein Amt od. einflussreiche Personen schreiben': *da hat er sich die ~ wund geschrieben, aber es hat alles nichts genützt;* ⟨⟩ umg. /jmd./ **sich ⟨Dat.⟩ etw. an den (fünf) ~n abzählen können** ʼetw. leicht voraussehen können': *dass daraus nichts wird, kannst du dir doch an den ~n abzählen!;* /jmd./ **sich ⟨Dat.⟩ alle zehn, die ~ nach etw. lecken** (ʼsehr begierig auf etw., bes. etw. zu essen, zu trinken, sein'); /jmd./ **sich ⟨Dat.⟩ an jmdm., etw. nicht die ~ schmutzig/dreckig machen** ʼsich nicht mit jmdm., etw. befassen, weil er/es es nicht wert ist': *mach dir doch an dem nicht die ~ schmutzig!;* /jmd./ **sich ⟨Dat.⟩ nicht gern die ~ dreckig/schmutzig machen** ʼversuchen, unangenehme Arbeiten zu vermeiden (und sie auf andere abzuwälzen), weil man sich für zu gut dafür hält': *wenn's anstrengend wird, drückt er sich, der macht sich nicht gern die ~ schmutzig;* /jmd./ **(für jmdn., etw.) keinen ~ krumm machen/keinen ~ rühren** ʼsich nicht für jmdn., etw. einsetzen': *er hat keinen ~ krumm gemacht, um uns zu helfen; dafür, für den mache ich keinen ~ krumm!;* /jmd./ **lange ~ machen** ⟨vorw. im Perf.⟩ ʼstehlen': *er hat lange ~ gemacht;* /jmd./ **die ~ von etw., jmdm. lassen** (ʼsich aus Vorsicht nicht mit etw., jmdm. befassen, weil damit, mit ihm ein Risiko, eine Gefahr verbunden ist'); /jmd./ **sich ⟨Dat.⟩ etw. aus den ~n saugen** (ʼsich etw., meist Boshaftes, Unwahres, über etw., jmdn. ausdenken und es anderen mitteilen'); /jmd./ **bei etw. seine ~ im Spiele haben** ʼheimlich an etw. Negativem, z. B. einer Intrige, beteiligt sein': *ich glaube, dass er dabei seine ~ im Spiel gehabt hat;* /jmd./ **jmdn. um den (kleinen) ~ wickeln können** (ʼjmdn. sehr leicht beeinflussen, sich gefügig machen können')

Finger [ʼ..]-**fertigkeit, die** ʼFähigkeit, geschickt und flink bei Arbeiten zu sein, die mit den Fingern verrichtet werden': *sie besitzt eine große, erstaunliche ~* ❖ ↗ **fertig; -hut, der** ʼkleiner Gegenstand aus Metall, der beim Nähen auf die Kuppe des Mittelfingers gesetzt wird, um ihn vor Stichverletzungen zu schützen' ❖ ↗ **Hut**

Fingerling [ʼ..], **der**; ~s, ~e **1.** ʼauf einen Finger passende, an einem Ende geschlossene schlauchförmige Hülle, die zum Schutz über einen (verletzten)

Finger gezogen wird': *einen ~ auf, über den Finger stülpen* **2.** ʼTeil des Handschuhs für einen Finger' ❖ ↗ **Finger**

fingern [ʼfɪŋɐn] ⟨reg. Vb.; hat⟩ umg. **1.** /jmd./ **1.1. an etw. ⟨Dat.⟩ ~** ʼmit den Fingern (nervös und umständlich) an etw. tastend, suchend tätig sein': *fingere nicht dauernd an dem Apparat!; nervös, ungeduldig am Türschloss, Reißverschluss ~; nach etw. ~: (in der Tasche) nach dem Schlüssel, Kamm ~* **1.2. etw. aus etw. ⟨Dat.⟩ ~** ʼetw. (nervös und umständlich) tastend, suchend aus etw. herausholen': *den Kamm aus dem Beutel ~* **2.** /jmd./ **etw. ~** ʼetw. Heikles mit Geschick bewerkstelligen': *wir werden die Sache schon ~!* ❖ ↗ **Finger**

Finger [ʼfɪŋɐ..]-**nagel, der** ʼNagel (II) eines Fingers'; ↗ FELD I.1.1: *gepflegte, schmutzige Fingernägel haben; sich die Fingernägel schneiden, feilen, lackieren* ❖ ↗ **Nagel; -spitze, die** ⟨vorw. Pl.⟩ ʼdie das vordere Ende eines Fingers bildende rundliche Fläche'; ↗ FELD I.1.1: *etw. nur mit den ~n berühren, betasten* ❖ ↗ **spitz; -spitzengefühl** [[ʃpɪtsn̩..], **das** ⟨o.Pl.⟩ ʼdas sichere Gefühl dafür, wie man sich angemessen zu verhalten hat, wie man etw. mit Geschick und ohne Anstoß zu erregen regelt'; ↗ FELD I.3.5.1: ~ *(für etw.) haben; mit viel ~ hat er den Streit geschlichtet* ❖ ↗ **spitz**, ↗ **fühlen; -zeig** [tsaɪk], **der;** ~es, ~e SYN ʼHinweis (1)': *von jmdm. einen wertvollen ~ bekommen; jmdm. einen ~ geben* ❖ ↗ **zeigen**

fingieren [fɪŋˈgiːʀən], fingierte, hat fingiert /jmd./ **etw. ~** ʼetw. zu meist eigennützigen Zwecken vortäuschen, vorspiegeln': *einen Einbruch ~;* ⟨oft adj. im Part. II⟩ *ein fingierter* (ʼfrei erfundener, in Wirklichkeit nicht vorhandener') *Briefwechsel; fingierte* (ʼgefälschte') *Quittungen, Bilanzen*

Fink [fɪŋk], **der;** ~en, ~en ʼKörner fressender kleiner Singvogel mit kurzen Flügeln und kurzem, dickem Schnabel'; ↗ FELD II.3.1 (↗ TABL Vögel)

finster [ʼfɪnstɐ] ⟨Adj.⟩ **1.** ⟨Steig. reg.; nicht bei Vb.⟩ SYN ʼdunkel (1)'; ANT hell; ↗ FELD VI.2.3: *es war eine ~e Nacht* (ʼeine Nacht ohne Mond und Sterne'); *es wird jetzt schon zeitig ~; es ist draußen ziemlich ~* **2.** ⟨Steig. reg., ungebr.⟩ ʼziemlich dunkel (1) und ein wenig unheimlich wirkend'; SYN düster /vorw. auf Gebäude bez./: *ein ~es altes Gebäude; eine ~e alte Kneipe; ein ~er enger Hof; eine ~e Gasse* **3.** ⟨Steig. reg., Superl. ungebr.⟩ ʼunfreundlich wirkend' /auf die Mimik bez./: *er machte eine ~e Miene, ein ~es Gesicht; ~ dreinblicken; jmdn. ~ anblicken, ansehen* **4.** ⟨o. Steig.; nicht bei Vb.⟩ emot. **4.1.** ʼAngst einflößend, unheimlich und gefährlich wirkend' /auf Personen bez./: *~e Gestalten trieben sich am Hafen herum* **4.2.** ʼfür andere bedrohlich' /auf Mentales, Sprachliches bez./: *~e Gedanken haben; ~e Drohungen aussprechen* ❖ **Finsternis — Mondfinsternis, Sonnenfinsternis**

Finsternis [ʼ..], **die;** ~, ⟨o.Pl.⟩ ʼvöllige Dunkelheit'; ↗ FELD VI.2.1: *nächtliche, tiefe ~; alles war in ~ getaucht; es herrschte (eine) völlige ~* ❖ ↗ **finster**

Finte ['fɪntə], **die**; ∼, ∼n ˈbestimmte Handlung, Aussage, die jmd. als Täuschung, Trick anwendet': *das ist nur eine* ∼; *eine, jmds.* ∼*n durchschauen*

Firlefanz ['fɪrləfants], **der**; ∼es, ⟨o.Pl.⟩ **1.** ˈüberflüssiges, unnötiges Zeug': *lass all diesen* ∼ *beiseite!; was soll dieser* ∼*!* **2.** SYN ˈUnsinn (2)': *er hat nur* ∼ *im Sinn;* ∼ *treiben, machen*

firm [fɪrm] ⟨Adj.; o. Steig.; nur präd. (mit *sein*)⟩ /jmd./ *in etw.* ⟨Dat.⟩ ∼ *sein* ˈin etw. erfahren sein, etw. beherrschen': *in diesem Fach, im Maschineschreiben, auf diesem Gebiet ist er* ∼

Firma ['fɪrma], **die**; ∼, Firmen ['fɪrmən] ˈkaufmännisches od. gewerbliches Unternehmen': *eine alte, solide* ∼; *er hat lange in, bei dieser* ∼ *gearbeitet; eine* ∼ *gründen; eine* ∼ *leiten, führen; der Chef der* ∼

Firnis ['fɪrnɪs], **der**; ∼ses, ∼se ˈmeist aus Leinöl bestehende, rasch trocknende farblose flüssige Substanz, die als Lack od. als Grundstoff von farbigen Lacken dient': *ein Ölgemälde, einen Schrank mit* ∼ *bestreichen; der Lack enthält* ∼

First [fɪrst], **der**; ∼es, ∼e ˈoberste waagerechte Kante eines schrägen, spitzen Daches'; ↗ FELD V.3.1: *der* ∼ *des Hauses; die Vögel sitzen auf dem* ∼

Fisch [fɪʃ], **der**; ∼es, ∼e **1.** ˈim Wasser lebendes, durch Kiemen atmendes Wirbeltier mit Flossen und einem meist seitlich abgeflachten länglichen Körper': *einen* ∼, ∼*e angeln, fangen; einen* ∼ *ausnehmen, braten, kochen, räuchern* **2.** ⟨o.Pl.⟩ *heute gibt es (bei uns)* ∼ (ˈeine Speise, ein Gericht aus, mit Fisch 1') ↗ FELD I.8.1, II.3.1): *marinierter, geräucherter* ∼ ❖ *fischen, Fischer, Fischerei − Fischfang, Goldfisch, Haifisch, Schellfisch, Seefisch, Speisefisch*
* /etw./ **weder** ∼ **noch Fleisch sein** ˈsich nicht genau einordnen lassen, nicht eindeutig alle Merkmale von etw. aufweisen und daher nicht vollwertig': *die Hauptfigur in seinem Roman ist weder* ∼ *noch Fleisch;* /jmd./ **stumm wie ein** ∼ **sein** (ˈgar nichts sagen'); /jmd./ **sich wohl fühlen wie ein** ∼ **im Wasser** (ˈsich sehr wohl fühlen'); ⟨⟩ umg. /jmd./ **die** ∼**e füttern** (ˈsich bei Seekrankheit, meist über die Reeling gebeugt, übergeben'); **ein großer** ∼ ˈeine wichtige (kriminelle) Person': *der Polizei ist ein großer* ∼ *ins Netz gegangen;* **kleine** ∼**e** ˈunbedeutende Angelegenheiten': *das sind (für ihn) nur kleine* ∼*e*

fischen [fɪʃn̩] ⟨reg. Vb.; hat⟩ **1.** /jmd./ ˈmit einem dafür konstruierten Gerät einen Fisch, Fische fangen': *er will heute* ∼ *(gehen); in diesem Gewässer*

ist das Fischen verboten; mit etw. ∼: *mit einer Reuse, Angel, einem Netz* ∼; *etw.* ∼: *Forellen* ∼ **2.** umg. /jmd./ *etw. aus etw.* ⟨Dat.⟩ ∼ ˈmit den Fingern, einem Löffel, einer Gabel in etw. nach etw. suchen und es herausholen': *die Fleischstückchen aus der Suppe, die Brotkrümel aus der Milch* ∼; *sich* ⟨Dat.⟩ *etw. aus etw.* ∼: *sich das Beste aus dem Suppentopf* ∼ ❖ ↗ **Fisch**

Fischer ['fɪʃɐ], **der**; ∼s, ∼ ˈjmd., der gewerbsmäßig Fischfang betreibt'; ↗ FELD I.10: *die* ∼ *haben heute wenig gefangen* ❖ ↗ **Fisch**

Fischerei ['fɪʃəraɪ], **die**; ∼, ⟨o.Pl.⟩ ˈgewerbsmäßig betriebener Fischfang': *von der* ∼ *leben* ❖ ↗ **Fisch**

Fisch|fang ['fɪʃ..], **der** ⟨o.Pl.⟩ ˈdas gewerbliche Fangen von Fischen': *vom* ∼ *leben; auf* ∼ *gehen* ❖ ↗ **Fisch**, ↗ **fangen**

Fisimatenten [fizima'tɛntn̩] ⟨Pl.⟩
* umg. /jmd./ **keine** ∼ **machen** ˈnicht lange zögern, nicht lange drum herum reden': *mach keine* ∼, *sondern sag endlich, was du willst*

fit [fɪt] ⟨Adj.; o. Steig.; nicht attr.⟩ ˈin guter Verfassung (II)': ∼ *sein, bleiben; sich* ∼ *fühlen; er hält sich durch Gymnastik* ∼; vgl. *leistungsfähig*

Fittich ['fɪtɪç], **der**; ∼s/auch ∼es, ∼e ⟨vorw. Pl.⟩ geh. ˈgroßer Flügel eines großen Vogels'
* /jmd./ **jmdn. unter seine** ∼**e nehmen** (ˈsich jmds. annehmen, jmdn. fördern')

fix [fɪks] ⟨Adj.⟩ **1.** umg. ⟨Steig. reg., Superl. ungebr.; nur bei Vb.⟩ ˈsofort und schnell': *ich will nur noch* ∼ *etwas essen, trinken, einkaufen; mach ein bisschen* ∼ (ˈbeeil dich')! **2.** ⟨Steig. reg.; nicht bei Vb.⟩ SYN ˈflink' /bes. auf Menschen bez./: *sie ist eine* ∼*e Verkäuferin, Friseuse; er ist ein* ∼*er Junge, ist sehr* ∼ *in seiner Arbeit* **3.** ⟨o. Steig.; nicht bei Vb.⟩ ˈfestgelegt, keinen Schwankungen unterworfen' /beschränkt verbindbar/: *er hat ein* ∼*es Einkommen;* ∼*e* (SYN ˈfeste 4.2.') *Preise*
* ∼ **und fertig** ⟨nicht attr.⟩ **1.** ˈvollkommen beendet, fertig': *die Arbeit war zum Termin* ∼ *und fertig; er lieferte alles pünktlich* ∼ *und fertig ab* **2.** umg. ˈvöllig erschöpft': *nach seinem Auftritt war er* ∼ *und fertig; das hat mich* ∼ *und fertig gemacht*

flach [flax] ⟨Adj.⟩ **1.** ⟨Steig. reg.⟩ ˈnach Länge und Breite ausgedehnt und ohne (größere) Erhebung od. Vertiefung'; SYN ¹eben (1.1); ↗ FELD II.1.2, III.1.3: *auf dem* ∼*en Land wohnen; das Gelände, die Gegend war bis zum Horizont* ∼ *wie eine Tisch-*

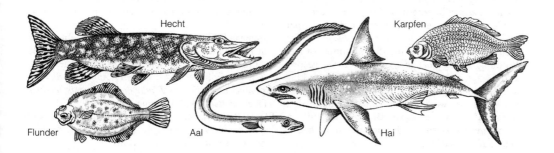

Hecht

Karpfen

Flunder

Aal

Hai

platte; ein ~*es* ('waagerechtes od. fast waagerechtes') *Dach; mit der* ~*en Hand* ('mit der Handfläche') *auf den Tisch schlagen; sich* ~ ('gerade ausgestreckt auf den Rücken, Bauch') *hinlegen* **2.** 〈Steig. reg.; vorw. attr.〉 'mehr lang und breit als hoch; von geringer Höhe'; ANT hoch (1.1) /vorw. auf Konstrukte bez./: *ein* ~*er Bau, Kuchen; Schuhe mit* ~*en Absätzen* **3.** 〈Steig. reg.; nicht bei Vb.〉 SYN 'seicht (1)'; ANT tief /auf Gewässer bez./: *ein* ~*es Gewässer; der Teich ist* ~ **4.** 〈Steig. reg.; nur attr.〉 'von geringer Wölbung nach unten'; ANT tief (5) /auf Gegenstände, Geschirr bez./: *ein* ~*er Teller; eine* ~*e Schüssel* **5.** 〈o. Steig.; vorw. attr. u. präd.〉 SYN 'oberflächlich (2)'; ANT niveauvoll /auf Kulturelles bez./: *eine* ~*e Unterhaltungssendung; der Vortrag war* ~ *und langweilig* ❖ **Fläche, flächig – Erdoberfläche, flachfallen, Flachland, Handfläche, Grundfläche, Grünfläche, Ladefläche, Nutzfläche, Oberfläche, oberflächlich, Schnittfläche, Tragfläche**

Fläche ['flɛçə], **die;** ~, ~**n 1.1.** 'durch zwei Dimensionen bestimmtes geometrisches Gebilde': *eine* ~ *von zehn mal hundert Metern; die* ~ *des Kegels berechnen* **1.2.** 'durch zwei Dimensionen bestimmter, mehr od. weniger ebener Teil (auf) der Oberfläche von etw.'; ↗ FELD IV.2.1: *die sechs quadratischen* ~*n eines Würfels, die rauhe* ~ *eines Brettes glätten* **2.** 'flaches (1) Stück Land, flaches Gebiet (1)': *vor uns dehnte sich eine weite* ~, *die Weite* ~ *des Meeres; große, riesige* ~*n waren landwirtschaftlich nicht genutzt* ❖ ↗ **flach**

flach|fallen ['flax..] (er fällt flach), fiel flach, ist flachgefallen umg. /bes. etw. Erhofftes, Erwartetes/ 'nicht stattfinden, nicht eintreten (4)'; SYN ausfallen: *Fernsehen fällt heute Abend flach, wir gehen früh schlafen; unsere Urlaubsreise musste* ~, *weil ...* ❖ ↗ **flach, ↗ fallen**

flächig ['flɛçɪç] 〈Adj.; o. Steig.〉 'sich als Fläche erstreckend (und nur sehr geringe od. keine Dicke aufweisend)': *ein* ~*es Gebilde,* ~*er Gegenstand;* ~*e Ornamente* ❖ ↗ **flach**

Flach|land ['flax..], **das** 〈o.Pl.〉 'relativ flaches Gebiet (1)'; ↗ FELD II.1.1: *an die Hügel schloss sich (ein) weites* ~ *an* ❖ ↗ **flach, ↗ Land**

Flachs [flaks], **der;** ~es, 〈o.Pl.〉 **1.** 'Pflanze mit Bast (1) enthaltenden Stängeln und ölhaltigen Früchten'; ↗ FELD II.4.1: ~ *anbauen* **2.** 'aus den Stängeln von Flachs (1) gewonnene Fasern, die zur Herstellung von Leinen verwendet werden': ~ *spinnen, hecheln* **3.** 〈meist o. Art.〉 'nicht ernst gemeinte Äußerung, mit der man jmdn. zum Spaß erschrecken, necken will': *das war doch nur* ~*!; mach nicht solchen* ~*!;* /in der kommunikativen Wendung/ *(jetzt mal) ohne* ~ ('im Ernst gesprochen') /sagt jmd. zu einem anderen, wenn er klarmachen möchte, dass er von nun an wieder ernsthaft redet od. wenn er den anderen auffordern möchte, doch wieder ernsthaft zu reden od. um sich zu vergewissern, ob der andere wirklich alles ernst gemeint hat/

flachsen ['flaksn̩] 〈reg. Vb.; hat〉 /jmd./ 'etw. nicht ernst Gemeintes äußern, um damit jmdn. zu erschrecken, zu necken': *er hat nur geflachst; er flachst gern; mit jmdm.* ~

flackern ['flakɐn] 〈reg. Vb.; hat〉 **1.** /Feuer, Lichtquelle/ 'unruhig, zuckend brennen, leuchten'; ↗ FELD VI.2.2: *die Flamme, Kerze, Lampe flackert* **2.** *seine Augen flackerten* ('bewegten sich schnell unruhig hin und her')

Fladen ['flɑːdn̩], **der;** ~s, ~ 'Kuchen od. Brot in flacher, runder Form': *(einen)* ~ *backen*

Flagge ['flagə], **die;** ~, ~**n** 'meist quadratische Fahne, die mit einer Leine an einem Mast gehisst wird und die als international eingeführtes Ehren-, Hoheits- od. Erkennungszeichen von Staaten, Ländern und Städten gilt' (↗ BILD, Fahne): *die deutsche, englische, französische* ~; *die* ~ *aufziehen, hissen, einholen, auf halbmast setzen; die* ~ *weht im Wind; das Schiff fährt unter schwedischer* ~ ('ist an der Fahne als in Schweden registriertes Schiff zu erkennen'); vgl. *Fahne (1)* ❖ **flaggen**
* /jmd., Institution, Land/ ~ **zeigen** ('seine Meinung deutlich zu erkennen geben')

flaggen ['flagn̩] 〈reg. Vb.; hat〉 'die Flagge hissen, hinaushängen': *alle öffentlichen Gebäude haben, waren geflaggt* ❖ ↗ **Flagge**

Flakon [fla'kõ], **der;** ~s, ~s 'bes. zur Aufnahme von Parfüm dienendes kleines Fläschchen aus (geschliffenem) Glas mit einem gläsernen Stöpsel' (↗ TABL Gefäße)

Flamme ['flamə], **die;** ~, ~**n** 'der sich bewegende obere, meist gelb od. rot leuchtende Teil von einem Feuer'; ↗ FELD VI.2.1: *helle, große, leuchtende* ~*n; die* ~*n flackern, lodern; die* ~*n mit einem Laken ersticken; die* ~ *erlosch; etw. in* ~*n setzen* ('etw. anzünden, damit ein Brand entsteht'); METAPH 〈+ Gen.attr.〉 geh. *die* ~*n der Liebe, Leidenschaft (schlugen hoch)* ❖ **flammen, flammend – Stichflamme**
* /etw., bes. Gebäude/ **in** ~**n aufgehen** ('völlig verbrennen'); /etw., bes. Gebäude, Gebäudeteil/ **in** ~**n stehen** 'brennen': *das Haus, der Dachstuhl stand in* ~*n;* 〈〉 geh. /jmd./ **etw. den** ~**n übergeben** 'etw., bes. Schriftstücke, Bücher, verbrennen': *er übergab das Manuskript den* ~

flammen ['flamən] 〈reg. Vb.; hat; ↗ auch *flammend*〉 geh. /beschränkt verbindbar/ **1.** *ein Feuer flammt* ('lodert'; ↗ FELD VI.2.2) *im Kamin* **2.** *seine Augen flammten vor Zorn* ('funkelten zornig') ❖ ↗ **Flamme**

flammend ['flamənt] 〈Adj.; Steig. reg., ungebr.; vorw. attr.; ↗ auch *flammen*〉 **1.** *ein* ~*es* ('leuchtendes, strahlendes') *Rot* **2.** 'leidenschaftlich vorgetragen' /auf Sprachliches bez./: *sein* ~*er Appell an die Versammelten; sein* ~*es Plädoyer, Bekenntnis; er hielt eine* ~*e Rede* ❖ ↗ **Flamme**

Flanell [fla'nɛl], **der;** ~s, 〈o.Pl.〉 'auf einer od. beiden Seiten ein wenig rau gemachter leichter, weicher Stoff (1)': *ein (Schlaf)anzug aus* ~

Flanke ['flaŋkə], **die**; ~, ~n **1.** ´einer der beiden seitlichen, weichen Teile des Rumpfes von vierbeinigen Tieren, bes. der Pferde´; ↗ FELD IV.3.1: *dem Pferd die Sporen in die ~(n) drücken; die ~n des Pferdes zitterten, bebten* **2.** Mil. ´eine der beiden Seiten einer marschierenden od. in Stellung befindlichen Truppe´: *den Gegner in der ~ angreifen* **3.** Turnen ´Sprung über ein Turngerät, bei dem man sich mit den Händen auf das Gerät stützt und beide Beine gestreckt und dicht nebeneinander seitlich über das Gerät schwingt´; ↗ FELD IV.3.1: *eine ~ über das Reck, Pferd, den Barren machen, ausführen* **4.** Ballspiele ´Schuss, Wurf von einer Seite des Spielfeldes zur anderen od. zur Mitte, bes. vor das gegnerische Tor´: *eine ~ quer über das ganze Feld; eine ~ schießen* ❖ **flanken, flankieren, flankierend**

flanken ['flaŋkn̩] ⟨reg. Vb.; hat⟩ **1.** /Sportler in einem Mannschaftsballspiel/ *irgendwohin* ~ ´irgendwohin eine Flanke (4) ausführen´; ↗ FELD IV.3.2: *er flankte zur Mitte, zum Tor, zum Linksaußen* **2.** /jmd., bes. Turner/ *über etw.* ~ ´über etw., bes. ein Turngerät, hinweg eine Flanke (3) ausführen´: *er flankte über das Pferd, Reck, über den Zaun, die Mauer* ❖ ↗ **Flanke**

flankieren [flaŋ'ki:ʀən], flankierte, hat flankiert; ↗ auch *flankierend* /jmd., etw./ *etw., jmdn.* ~ ´an einer od. beiden Seiten von etw., jmdm. stehen, gehen (und dabei eine schützende Funktion ausüben)´; ↗ FELD IV.3.2: *die begeisterten Bürger flankierten den Weg des berühmten Gastes; Fahnen flankierten den Eingang; der Sarg war, wurde von einer Ehrenwache flankiert* ❖ ↗ **Flanke**

flankierend [flaŋ'ki:ʀənt] ⟨Adj.; o. Steig.; nicht präd.; vorw. attr.; ↗ auch *flankieren*⟩ ´zusätzlich eingesetzt, um die Wirkung von etw. zu unterstützen´ /beschränkt verbindbar/: *etw. durch ~e Maßnahmen fördern, verbessern* ❖ ↗ **Flanke**

Flasche ['flaʃə], **die**; ~, ~n **1.** ´bes. aus Glas gefertigtes, verschließbares, meist zylindrisches Gefäß, das sich in seinem oberen Teil zur Öffnung hin verengt und das zur Aufnahme bes. von Flüssigkeiten dient´ (↗ TABL Gefäße): *eine schlanke, bauchige ~ aus Glas, Kunststoff; eine ~ (mit) Bier, Wein, Milch; Bier aus der ~ trinken; eine ~ öffnen, mit einem Korken verschließen; eine ~ mit Wasser füllen* **2.** ⟨vorw. Sg.⟩ ´zylindrisches Gefäß aus feuerfestem Glas, auf dessen Öffnung ein Sauger gesteckt wird, damit Säuglinge für sie bestimmte Nahrung daraus trinken können´: *dem Baby die ~ geben* (´das Baby Nahrung aus der Flasche trinken lassen´) **3.** ´Menge, die den Inhalt einer Flasche (1) bildet´: *eine ~ Wein, zwei ~n Bier trinken* **4.** umg. emot. SYN ´Versager´: *du (bist eine) ~!* ❖ **Bierflasche, Flaschenhals, -öffner, Milchflasche, Thermosflasche, Wärmflasche**
* /jmd./ **einer ~ den Hals brechen** (´eine Flasche Sekt, Wein o.Ä. öffnen, um sie auszutrinken´)

Flaschen ['flaʃn̩..]**-hals, der** ´der schmale obere Teil einer Flasche (1)´ ❖ ↗ Flasche, ↗ Hals; **-öffner, der**

´kleines Gerät zum Öffnen einer Flasche, die mit einem Deckel aus Blech verschlossen ist´ (vgl. auch *Korkenzieher*; ↗ FELD I.7.8.1) ❖ ↗ Flasche, ↗ offen

flattern ['flatɐn] ⟨reg. Vb.; ist/hat⟩ **1.** ⟨ist⟩ /Vogel, Schmetterling, Fledermaus/ *von irgendwoher irgendwohin od. irgendwo, irgendwohin* ~ ´mit schnellen Bewegungen der Flügel, (von irgendwoher) irgendwohin, meist hin und her, kurze Strecken fliegen (1.1)´: *die Vögel flatterten (im Käfig) von Stange zu Stange; der Schmetterling flatterte von Blume zu Blume, über die Wiese; Fledermäuse ~ durch die Dämmerung* **2.** ⟨ist⟩ /Blatt vom Baum, Stück Papier/ *irgendwohin, irgendwo* ~ ´vom Wind in der Luft hin und her, auf und ab bewegt, irgendwohin fortgetrieben werden´: *die Blätter ~ zu Boden, auf die Erde; Papierfetzen ~ durch die Luft, im Wind* **3.** ⟨hat⟩ /Fahne, Wäsche/ ´heftig vom Wind hin und her bewegt werden und dabei knattern´: *die Fahne, die Wäsche hat heftig (auf der Leine) geflattert* ❖ vgl. **fliegen, Fledermaus**

flau [flau] ⟨Adj.⟩ **1.1.** ⟨Steig. reg.; vorw. präd. (mit *sein*)⟩ ´ohne Schwung (2), nicht anregend´: *die Stimmung bei der Feier gestern Abend war ziemlich ~* **1.2.** ⟨Steig. reg.; nicht attr.; vorw. präd. (mit *sein*)⟩ *die Börse, der Umsatz ist ~* (´die Geschäfte entsprechen nicht den Erwartungen, gehen schlecht´); *Kaffee, Baumwolle ist ~* (´ist auf dem Markt nicht gefragt´) **1.3.** ⟨o. Steig.; nur attr.⟩ *es wehte eine ~e* (´schwache 4.1´) *Brise* **2.** ⟨Steig. reg., ungebr.⟩ **2.1.** *jmdm. ist (es) ~ (im Magen), jmd. fühlt sich ~ (im Magen)* (´jmdm. ist ein wenig übel´); *jmdm. ist (es) ganz ~* (´jmd. fühlt sich matt, kraftlos´) *vor Hunger* **2.2.** *jmdm. wird ~ bei etw.* ´jmdm. wird es durch etw. unbehaglich, unheimlich zumute´: *bei dem Gedanken, dieser Vorstellung wird mir ganz ~*

Flaum [flaum], **der**; ~s/auch ~es, ⟨o.Pl.⟩ **1.** ´Gesamtheit der kleinen zarten Federn eines Vogels´: *der zarte, weiche ~ des jungen Vogels* **2.** ´Gesamtheit der feinen weichen Haare auf der Haut eines Menschen, bes. des Bartes eines jungen Mannes´: *er hatte schon etwas ~ auf der Oberlippe* ❖ **flaumig**

flaumig ['flaumɪç] ⟨Adj.; o. Steig.; vorw. attr.⟩ ´aus Flaum (1) bestehend´ /beschränkt verbindbar/: *das ~e Gefieder eines jungen Vogels* ❖ ↗ **Flaum**

Flausch [flauʃ], **der**; ~es, ~e ⟨vorw. Sg.⟩ ´dickes und weiches Gewebe aus Wolle, bes. für Mäntel´: *ein Mantel aus kariertem ~* ❖ **flauschig**

flauschig ['flauʃɪç] ⟨Adj.; Steig. reg., Superl. ungebr.⟩ ´weich (und angenehm warm) wie Flausch´ /auf Textilien bez./: *eine ~e Wolldecke; mein Pulli ist (so) ~, fühlt sich (so) ~ an* ❖ ↗ **Flausch**

Flausen ['flauzn̩], **die** ⟨Pl.⟩ ´törichte, nicht ernst zu nehmende Vorstellungen, Gedanken´: *was sind das für ~!; er hat nur, nichts als ~ im Kopf*
* /jmd./ **jmdm. seine/die ~ austreiben** (´jmdn. dazu bringen, dass er seine törichten Vorstellungen aufgibt´); /jmd./ **jmdm. ~ in den Kopf setzen** (**1.** ´jmdm.

unbegründete Hoffnungen machen' **2.** 'jmdn. zu
etw. Ausgefallenem, meist Unsinnigem, animieren')
Flaute ['flautə], **die**; ~, ~n; ↗ FELD IX.2.1 **1.** 'Zu-
stand geringer od. fehlender Bewegung der Luft,
der die Möglichkeit zu segeln einschränkt': *bei der
~ können wir nicht segeln; endlich ließ die ~ nach*
2. 'Zustand im Handel, der dadurch gekennzeich-
net ist, dass nur wenig gekauft, verkauft wird und
wegen der mangelnden Nachfrage wenige Ge-
schäfte gemacht werden': *es herrschte (an der
Börse) eine allgemeine ~*
Flechte ['flɛçtə], **die**; ~, ~n **1.** 'aus gemeinschaftlich
lebenden Algen und Pilzen bestehende Pflanze, die
bes. an Felsen od. Baumstämmen wächst'; ↗
FELD II.4.1: *die Felswand war mit ~n bedeckt* **2.**
'durch einen Pilz hervorgerufene Schädigung der
Haut': *er hat eine ~ auf dem Kopf* ❖ ↗ **flechten**
flechten ['flɛçtn̩] (er flicht [flɪçt]), flocht [flɔxt], hat ge-
flochten [gə'flɔxtn̩] /jmd./ **1.1.** *etw. zu etw.* ~ 'meist
drei längliche Teile eines biegsamen Materials ab-
wechselnd so umeinander legen, dass dabei ein
längliches (flächiges) Gebilde entsteht': *das Haar
zu Zöpfen ~; Blumen zu einem Kranz ~* **1.2.** *etw.* ~
'etw. durch Flechten (1.1) herstellen': *Zöpfe, einen
Kranz, Korb ~; aus Stroh eine Matte ~* ❖ **Flechte**
Fleck [flɛk], **der**; ~s/auch ~es, ~e **1.** 'durch etw. ver-
schmutzte Stelle auf der Oberfläche bes. von Klei-
dung': *ein ~ auf dem neuen Anzug, auf dem Tisch-
tuch; Rotwein macht ~e; einen ~ entfernen; /in der
kommunikativen Wendung/ umg. mach dir nur kei-
nen ~ ins Hemd* ('sei nicht so ängstlich und klein-
lich')! **2.** 'kleine Stelle auf etw., bes. auf der Haut,
die sich durch ihre Färbung von der Umgebung
unterscheidet': *er hat braune ~e auf der Haut; ein
blauer ~* ('Bluterguss') *am Bein; der Apfel hat eine
Menge ~e* **3.** 'bestimmte Stelle (1), an der man sich,
an der sich jmd., etw. befindet': *er steht schon eine
Stunde lang auf demselben ~; er rührte sich nicht
vom ~* ('ging nicht weg') ❖ **fleckig, Flecken — Le-
berfleck, Schandfleck, Stockfleck**
* /jmd./ **mit etw. nicht vom ~ kommen** ('mit etw., bes.
einer Arbeit, nicht vorankommen'); **vom ~ weg**: *er
hat sie vom ~ weg* ('unmittelbar in der betreffen-
den Situation') *geheiratet, engagiert*
Flecken ['flɛkn̩], **der**; ~s, ~ landsch. **1.** SYN 'Fleck
(1)' **2.** 'kleine Ortschaft': *in einem einsamen ~ (im
Gebirge) wohnen* ❖ ↗ **Fleck**
fleckig ['flɛkɪç] ⟨Adj.; Steig. reg.⟩ **1.** 'durch Flecke
(1) verschmutzt' /auf Stoffe bez./: *eine ~e Hose; ein
~es Tuch, Kleid; die Jacke war ~* **2.** 'mit Flecken
(2) versehen': *~e Haut; die Kartoffeln sind ~* ❖ ↗
Fleck
Fleder|maus ['fle:dɐ..], **die** 'kleines Säugetier, das in
der Dämmerung und nachts fliegt, bes. Insekten
jagt und in Ruhelage mit dem Kopf nach unten
hängt' (↗ TABL Säugetiere) ❖ ↗ **Maus**; vgl. **flat-
tern, fliegen**
Flegel ['fle:gl̩], **der**; ~s, ~ 'sich frech und ungezogen
benehmende (junge) männliche Person'; SYN

Lümmel; ↗ FELD I.18.1: *so ein ~!;* auch
Schimpfw. *du, Sie ~!* ❖ **flegelhaft — Flegeljahre**
flegelhaft ['..] ⟨Adj.; Steig. reg.⟩ 'frech und unerzo-
gen, wie es für einen Flegel typisch ist' /beschränkt
verbindbar/; ↗ FELD I.18.3: *sich ~ benehmen; ~e
Manieren; sein Benehmen war ~* ❖ ↗ **Flegel**
Flegel|jahre ['..], **die** ⟨Pl.⟩ 'für männliche Jugendliche
typischer Lebensabschnitt, in dem diese sich frech
und ungehörig benehmen': *er kommt jetzt in die ~,
ist in den ~n* ❖ ↗ **Flegel,** ↗ **Jahr**
flehen ['fle:ən] ⟨reg. Vb.; hat⟩ /jmd./ *um etw.* ~ 'in-
ständig, demütig und eindringlich um etw. bitten':
*(bei jmdm.) um Hilfe, Rettung, Gnade ~; ein ~der
Blick; jmds. Flehen erhören*
Fleisch [flaɪʃ], **das**; ~es/auch ~s, ⟨o.Pl.⟩ **1.** 'das unter
der Haut liegende weiche Gewebe, bes. der Mus-
keln, bei Mensch und Tier': *bei der Wunde war das
rohe ~* ('das Fleisch ohne die bedeckende Haut')
*zu sehen; das Messer war tief ins ~ gedrungen; ~
fressende Pflanzen* **2.** 'das als Nahrungsmittel die-
nende, durch Schlachten bestimmter Tiere gewon-
nene (und zubereitete) Fleisch (1)'; ↗ FELD I.8.1:
*frisches, mageres, fettes, zähes, geräuchertes ~; das
~ kochen, braten, grillen, dünsten; gern, viel, wenig
~ essen; ein Kilo ~ zum Kochen kaufen* **3.** 'das wei-
che saftige Gewebe von Früchten und bestimmten
Gemüsesorten': *das ~ des Apfels, der Kirsche, Ana-
nas, Tomate* ❖ **Fleischer, Fleischerei, fleischig — ein-
gefleischt, Hackfleisch, Hammelfleisch, Rindfleisch,
Schweinefleisch**
* **etw. ist jmdm. in ~ und Blut übergegangen** 'etw.,
bes. eine Fertigkeit, ist jmdm. zur Gewohnheit ge-
worden und wird von ihm beherrscht, ohne dass er
nachdenken muss': *das gute Benehmen, dieser
Handgriff ist ihm in ~ und Blut übergegangen;*
/jmd./ **sich** ⟨Dat./Akk.⟩ **ins eigene ~ schneiden** ('sich
selbst schaden'); ⟨⟩ umg. /jmd./ **vom ~ fallen** ('für
alle sichtbar stark abmagern, meist aus gesundheit-
lichen Gründen': *er ist mächtig vom ~ gefallen*
Fleischer ['flaɪʃɐ], **der**; ~s, ~ 'jmd., der beruflich Vieh
schlachtet und dessen Fleisch zu Nahrungsmitteln
verarbeitet'; SYN Metzger, Schlachter; ↗ FELD
I.10: *zum ~ (einkaufen) gehen* ❖ ↗ **Fleisch**
Fleischerei [flaɪʃə'ʀaɪ], **die**; ~, ~en 'Betrieb eines
Fleischers, in dem Fleisch (2) und Wurst zubereitet
und verkauft werden'; SYN Metzgerei, Schlachte-
rei ❖ ↗ **Fleisch**
fleischig ['flaɪʃɪç] ⟨Adj.; Steig. reg.; nicht bei Vb.⟩ **1.**
'mit viel Fleisch (1) und dick'; ANT mager (2) /auf
bestimmte Körperteile bez./: *~e Hände, Arme, Wa-
den; seine ~e Nase* **2.** 'dick und saftig' /auf Teile
von Pflanzen bez./: *~e Blätter, Stängel* ❖ ↗ **Fleisch**
Fleiß [flaɪs], **der**; ~es, ⟨o.Pl.⟩ 'eifriges, intensives und
kontinuierliches Arbeiten, bes. um ein Ziel zu errei-
chen'; ↗ FELD I.2.1: *mit ~ und Ausdauer arbeiten,
lernen; viel ~ auf eine Arbeit verwenden, an etw.
wenden; etw. durch eisernen, unermüdlichen ~ errei-
chen; er wurde für seinen ~ (ANT Faulheit) belohnt*
❖ **fleißig — dienstbeflissen**

fleißig ['flaɪsɪç] ⟨Adj.⟩ **1.** ⟨Steig. reg.⟩ 'zielstrebig, intensiv und kontinuierlich tätig' /auf Personen bez./; ↗ FELD I.2.3: *er ist ein ~er* (ANT fauler 2) *Schüler, Arbeiter, Mensch; er ist (sehr) ~; ~ arbeiten, lernen* **2.** ⟨o. Steig.; nicht präd.⟩ umg. 'aus Neigung etw. oft und regelmäßig tuend': *~ spazieren gehen; jmd. ist ein ~er Leser, Besucher des Theaters* ('liest viel, geht oft ins Theater') ❖ ↗ **Fleiß**

fletschen ['flɛtʃn̩] ⟨reg. Vb.; hat⟩ /Raubtier, bes. Hund, Wolf/ *die Zähne ~* ('als Ausdruck seiner Drohung, aggressiven Haltung seine Zähne zeigen')

flexibel [flɛk'siːbl̩] ⟨Adj.; Steig. reg.⟩ **1.** SYN 'biegsam'; ANT starr (3) /auf Material, Gegenstand bez./: *ein flexibler Einband; flexibles Material verwenden* **2.** SYN 'wendig (1)': *eine flexible Politik; ~ verhandeln; dafür ist er nicht ~ genug; auf etw. ~* (SYN 'elastisch 3') *reagieren*
MERKE Zum Ausfall des 'e': ↗ dunkel (Merke)

flicht: ↗ *flechten*

flicken ['flɪkn̩] ⟨reg. Vb.; hat⟩ **1.** /jmd./ *etw. ~* 'einen Riss, ein Loch in etw., bes. in einem Kleidungsstück, durch Aufsetzen eines Flickens ausbessern': *die zerrissene Hose, ein Loch im Bettbezug ~; das Netz ~; den Schlauch des Fahrrads ~; den Kessel ~* **2.** /jmd./ *etw. ~* 'etw. (notdürftig) reparieren': *die Leitung, das Dach ~* ❖ **Flicken**

Flicken, der; ~s, ~ 'kleines Stück eines bestimmten Materials, bes. ein Stück Stoff, Leder, Gummi, zum Ausbessern einer defekten Stelle auf, in etw.': *einen ~ auf den Ärmel nähen; er hat einen ~ auf der Hose* ❖ ↗ **flicken**

Flieder ['fliːdɐ], **der;** ~s, ⟨o.Pl.⟩ **1.** 'Strauch mit herzförmigen Blättern und lila od. weißen, stark duftenden Blüten'; ↗ FELD II.4.1: *der ~ blüht, duftet; ein Strauß ~* ('mit blühenden Zweigen des Flieders') **2.** landsch. 'Holunder'

Fliege ['fliːɡə], **die;** ~, ~n **1.** 'kleines Insekt mit zwei Flügeln und kurzen Fühlern'; ↗ FELD II.3.1 (↗ TABL Insekten): *die ~n summen, fliegen im Zimmer umher, krabbeln an der Decke; ~n fangen, wegjagen* **2.** 'zu einer Schleife gebundene Krawatte, die zu einem eleganten Auszug getragen wird'; ↗ FELD V.1.1 ❖ ↗ **fliegen**
* /jmd./ **keiner ~ etwas zuleide tun (können)** 'sehr friedfertig sein': *der tut keiner ~ was zuleide;* /jmd./ **zwei ~n mit einer Klappe schlagen** ('durch eine einzige Handlung zwei Angelegenheiten zugleich erledigen'); ⟨⟩ umg. /jmd./ **eine/die ~ machen** 'schnell verschwinden, sich rasch (und heimlich) entfernen': *als er uns kommen sah, machte er die ~;* **jmdn. ärgert/stört (schon) die ~ an der Wand** 'jmd. ärgert sich selbst über Kleinigkeiten': *den ärgert schon die ~ an der Wand*

fliegen ['fliːɡn̩], flog [floːk], ist/hat geflogen [ɡə'floːɡn̩] ↗ auch *fliegend* **1.** ⟨ist⟩ **1.1.** /Vogel, Insekt/ *von irgendwoher irgendwohin od. irgendwo, irgendwohin ~* 'sich mit Hilfe seiner Flügel in der Luft (von irgendwoher) irgendwohin bewegen'; ↗ FELD II.3.2: *der Vogel fliegt von Ast zu Ast; die Biene, der*

Schmetterling, Käfer fliegt von Blüte zu Blüte; der Vogel flog auf das Dach, hoch in die Luft **1.2.** /Luftfahrzeug/ *irgendwie, irgendwohin ~* 'sich mit Hilfe eines Motors od. nur durch Auftrieb (1) der Luft irgendwie, irgendwohin bewegen'; ↗ FELD VIII.2.2: *das Flugzeug, Segelflugzeug, der Hubschrauber, Ballon fliegt hoch, tief; dieses Flugzeug fliegt* ('verkehrt') *täglich von Berlin nach Paris; die Rakete, das Raumschiff fliegt* ('bewegt sich dank eines starken Impulses, durch Rückstoß') *in den, durch den Weltraum, zum Mond* **2.1.** ⟨ist⟩ /jmd., bes. Pilot/ *irgendwohin ~* 'sich als Pilot, Passagier mit einem Luftfahrzeug, Raumfahrzeug irgendwohin durch die Luft, den Raum (1.2) bewegen': *in den Urlaub, nach Griechenland, Amerika ~; die drei Wissenschaftler ~ in einer Rakete zum Mond; von Berlin nach Paris fliegt man in einer Stunde; das ~de Personal* ('Personal an Bord eines Flugzeugs'); *wir wollen dieses Mal ~ und nicht (mit dem Auto) fahren* **2.2.** ⟨ist/hat⟩ /jmd., Luftfahrzeug/ *eine Strecke ~* 'eine Strecke durch Fliegen (1.2) zurücklegen': *die Strecke Berlin-Budapest, einen Umweg ~* **2.3.** ⟨hat⟩ /jmd./ *etw. ~* 'als Pilot ein Luftfahrzeug bedienen, steuern': *er fliegt ein Segelflugzeug, einen Hubschrauber, ein Flugzeug* **3.** ⟨hat⟩ /jmd., Luftfahrzeug, Unternehmen/ *jmdn., etw. irgendwohin ~* 'jmdn., etw. mit einem Luft-, Raumfahrzeug irgendwohin befördern': *wir, unsere Maschinen ~ Sie an jeden Ort, zu jedem Flugplatz in Europa; Medikamente und andere Hilfsgüter in ein Katastrophengebiet ~* **4.** ⟨ist⟩ /etw., jmd./ *irgendwo(hin) ~* 'sich aufgrund einer einwirkenden Kraft in die und durch die Luft (und wieder zurück auf den Boden) bewegen': *der Springer flog (in einem weiten Bogen), Trümmer flogen durch die Luft; der Ball flog, er flog durch den Luftdruck gegen die Wand; die Blätter ~ im Wind;* /etw./ *von irgendwoher ~: die Zettel flogen vom Tisch* **5.** ⟨ist⟩ umg. /etw., jmd./ *irgendwohin ~* 'irgendwohin fallen(5)': *ein Ziegel ist (vom Dach) auf die Straße geflogen; er rutschte aus und flog aufs Pflaster, in den Dreck* **6.** ⟨ist⟩ umg. /jmd./ **6.1.** *aus, von etw. ~: er ist aus dem Betrieb geflogen* ('er ist entlassen worden'), *ist aus der Schule geflogen* ('verwiesen worden') **6.2.** *er ist aus dem Lokal, Restaurant geflogen* ('hinausgeworfen worden') ❖ **entfliegen, Fliege, Flieger, fliegend, Flug, flügge, verfliegen – abfliegen, Abflug, anfliegen, Anflug, Düsenflugzeug, Flugblatt, -hafen, -platz, -zeug, Flugzeugträger, Jagdflugzeug, Raumflugkörper, rausfliegen, Segelflugzeug, Wasserflugzeug, zufliegen;** vgl. **flattern, Fledermaus**

fliegend ['fliːɡn̩t] ⟨Adj.; o. Steig.; nur attr.; ↗ auch *fliegen*⟩ /beschränkt verbindbar/ **1.** 'ohne festen, gleich bleibenden Standort': *~e Verkaufsstände; ein ~er Händler* ('Händler ohne festen Stand') **2.** *etw. in ~er* ('sehr großer') *Eile, Hast erledigen* **3.** *ein ~er Start* ('Start bes. eines Rennwagens aus der Bewegung heraus') ❖ ↗ **fliegen**

Flieger ['fliːɡɐ], **der;** ~s, ~ **1.** SYN 'Pilot': *er will ~ werden* **2.** umg. 'Flugzeug': *mit dem ~ fliegen* **3.**

ˊAngehöriger der Luftstreitkräfte mit einem be-
stimmten Dienstgrad' (↗ TAFEL XIX) ❖ ↗ **flie-
gen**

fliehen ['fliːən], floh [floː], ist geflohen [gəˈfloːən]
/jmd./ *irgendwohin* ~ ˊsich schnell (und heimlich)
von einem Ort, an dem man festgehalten wird, an
dem man in Gefahr droht, irgendwohin entfernen';
SYN flüchten, türmen; ↗ FELD I.7.2.2: *ins Aus-
land, über die Grenze (nach N)* ~; *aus etw.* ⟨Dat.⟩
~: *er ist aus dem Gefängnis, Lager geflohen; der
Gefangene ist geflohen; vor jmdm.* ~: *vor den an-
greifenden Truppen, vor den Verfolgern, dem Feind*
~ ❖ **entfliehen, Flucht, Floh — Fahrerflucht**

Fliese ['fliːzə], die; ~, ~n ˊdünne, meist viereckige
Platte aus Keramik, Stein, Glas od. Kunststoff, mit
der Wände, Fußböden verkleidet, bedeckt werden';
↗ FELD II.5.1: ~*n (ver)legen; die Wand in der
Küche, im Bad mit* ~*n verkleiden; den Fußboden des
Badezimmers mit* ~*n auslegen* ❖ **fliesen — Fliesenle-
ger**

fliesen ['fliːzn̩] ⟨reg. Vb.; hat⟩ /jmd., bes. Fliesenleger/
etw. ~ ˊWände, den Fußboden eines Raumes mit
Fliesen verkleiden, bedecken'; ↗ FELD V.3.2: *das
Bad* ~; *ein gefliestes Bad* ❖ ↗ **Fliese**

Fliesen|leger ['fliːzn̩leɡɐ], der; ~s, ~ ˊFacharbeiter,
Handwerker, der Fliesen verlegt'; ↗ FELD I.10 ❖
↗ **Fliese,** ↗ **legen**

Fließ [fliːs..]|**band,** das ⟨Pl.: ~bänder⟩ ˊmechanisch
bewegte Vorrichtung, durch die die Werkstücke zur
weiteren Bearbeitung von einem Arbeitsplatz zum
nächsten transportiert werden und so etappenweise
hergestellt werden'; SYN ¹Band (2): *am* ~ *arbeiten;
das* ~ *steht still; Kraftfahrzeuge am* ~ *herstellen* ❖
↗ **fließen,** ↗ **Band**

fließen ['fliːsn̩], floss [flɔs], ist geflossen [gəˈflɔsn̩] ↗
auch *fließend* **1.** /Flüssigkeit, bes. Wasser, Gewäs-
ser, auch Gas/ *irgendwo(hin)* ~ ˊsich bes. unter
dem Einfluss der Schwerkraft in seiner Gesamtheit
gleichmäßig zum jeweils niedrigeren Niveau hin be-
wegen'; ↗ FELD II.2.2: *hinter dem Haus fließt ein
Bach; der Fluss fließt ins Meer; der Bach fließt rau-
schend ins Tal; die Elbe fließt durch Dresden; milde
Luft fließt in unser Gebiet; die Lava fließt langsam
den Berg hinab; aus etw.* ~: *aus der Wunde floss
Blut; aus der Leitung fließt Wasser; ein Zimmer mit
*~*dem Wasser* (ˊmit Anschluss an die Wasserlei-
tung') **2.** /etw., bes. Strom, Verkehr/ ˊin bestimmten
Bahnen ohne Stau und in ständiger Bewegung sein,
sich irgendwohin bewegen': *der Strom fließt durch
die Leitung, fließt von einem Pol zum anderen; der
Verkehr floss ungehindert;* ⟨adj. im Part. I⟩ *der* ~*de
Verkehr* (ˊdie sich im Verkehr fortbewegenden
Fahrzeuge') **3.** /etw., bes. Geld/ *irgendwohin* ~ ˊir-
gendwohin gelangen': *die Gelder sind ins Ausland
geflossen; irgendwie* ~: *die Gelder, Mittel, Nachrich-
ten flossen spärlich, reichlich* ❖ **fließend, Floß, Flö-
ßer, Fluss, flüssig, Flüssigkeit, verfließen — abflie-
ßen, Abfluss, dickflüssig, dünnflüssig, einflößen, Ein-
fluss, Fließband, Flussbett, -ufer, Nebenfluss, Sa-
menflüssigkeit, Überfluss, überflüssig, zähflüssig**

fließend ['fliːsn̩t] ⟨Adj.; o. Steig.; ↗ auch *fließen*⟩ **1.**
⟨nur bei Vb.⟩ *eine Fremdsprache* ~ (ˊperfekt und
mühelos') *sprechen; er spricht* ~ *Französisch; er
konnte* ~ (ˊohne zu stocken') *lesen* **2.** ⟨nicht bei
Vb.⟩ ~*de* (ˊnicht klar abgegrenzte') *Übergänge,
Grenzen zwischen zwei Sachverhalten; die Grenzen
sind* ~ ❖ ↗ **Fluss**

flimmern ['flɪmɐn] ⟨reg. Vb.; hat⟩; ↗ FELD VI.2.2
1.1. /etw. Helles/ ˊunruhig, zitternd leuchten': *das
Licht, die Oberfläche des Wassers flimmert* **1.2.** *die
heiße Luft flimmert* (ˊist sichtbar, weil sie sich unru-
hig zitternd bewegt') *über dem Asphalt; der Film,
das Bild (auf dem Fernsehschirm) flimmert* (ˊweist
viele, auf der Bildfläche sich zitternd hin und her
bewegende, meist dunkle Punkte, Linien auf'); *es
flimmert jmdm. vor den Augen* (ˊjmd. sieht unru-
hige, sich zitternd bewegende, meist dunkle
Punkte, Linien vor den Augen')

flink [flɪŋk] ⟨Adj.; Steig. reg.⟩ ˊsich schnell, geschickt
und gewandt bewegend, betätigend, bes. bei der
täglichen Arbeit'; SYN fix (2) /bes. auf Personen
bez./: *sie war ein* ~*es Mädchen; mit* ~*en Fingern
öffnete er das Päckchen;* ~ *arbeiten; sie war sehr* ~

Flinte ['flɪntə], die; ~, ~n ˊJagdgewehr mit einem od.
zwei Läufen zum Schießen mit Schrot'; ↗ FELD
V.6.1: *die* ~ *schultern; mit der* ~ *auf Hasen schießen*
* /jmd./ **die ~ ins Korn werfen** (ˊvorschnell aufgeben
4')

Flirt [flœɐt/flœːɐt], der; ~s, ~s **1.** ˊdas Flirten': *ein
kleiner, harmloser* ~ **2.** ˊunverbindliche, meist nicht
lange dauernde erotische Beziehung': *mit jmdm. ei-
nen* ~ *anfangen, haben* ❖ **flirten**

flirten ['flœɐtn̩], flirtete, hat geflirtet /jmd./ *mit jmdm.*
~ ˊeiner Person des anderen Geschlechts durch
Verhalten und Worte sein erotisches Interesse, seine
Zuneigung zu erkennen geben und so unverbind-
lich eine Beziehung anbahnen'; SYN kokettieren
(1): *er hat mit ihr, sie hat mit ihm geflirtet;* /zwei
od. mehrere (jmd.)/ *die beiden flirteten den ganzen
Abend (miteinander);* vgl. *schäkern* ❖ ↗ **Flirt**

Flitter ['flɪtɐ], der; ~s, ⟨o.Pl.⟩ **1.** ˊkleine runde dünne
Plättchen aus glänzendem Material, bes. Metall,
die als Schmuck bes. auf Kleidungsstücke genäht
werden': *glänzender* ~; *(der)* ~ *ist wieder in Mode
gekommen; ein Kleid mit* ~ **2.** ˊetw. Unechtes, das
als wertlos angesehen wird': *das ist alles nur* ~! ❖
vgl. **Flitterwochen**

Flitter|wochen ['..], die ⟨o.Pl.⟩ ˊdie ersten Wochen
nach der Hochzeit, bes. in Bezug auf das Liebesle-
ben': *sie sind noch in den* ~, *verbringen die* ~ *in
Italien* ❖ ↗ **Woche;** vgl. **Flitter**

Flitz|bogen ['flɪts..], der ˊals Kinderspielzeug dienen-
der kleiner Bogen (4)' ❖ ↗ **flitzen,** ↗ **Bogen**
* umg. /jmd./ **gespannt sein wie ein ~** (ˊsehr gespannt,
neugierig sein')

flitzen ['flɪtsn̩] ⟨reg. Vb.; hat⟩ umg. **1.1.** /jmd./ *irgend-
wohin* ~ ˊsehr schnell irgendwohin laufen, rennen';
↗ FELD I.7.2.2: *er flitzte über den Platz, zum
Strand* **1.2.** /Straßenfahrzeug/ ˊsehr schnell irgend-

wohin fahren'; ↗ FELD VIII.1.2: *die Autos ~ durch die Straßen* ❖ **Flitzbogen**

flocht: ↗ *flechten*

Flocke ['flɔkə], **die**; ~, ~n **1.** SYN 'Schneeflocke': *dicke, große, nasse ~n fielen (vom Himmel)* **2.** 'kleine zusammenhängende Menge einer weichen lockeren Masse, bes. von Fasern, Schaum': *~n von Wolle, das geschlagene Eiweiß in kleinen ~n auf die Speise setzen* ❖ **Haferflocke, Schneeflocke**

flog: ↗ *fliegen*

floh: ↗ *fliehen*

Floh [floː], **der**; ~s/auch ~es, Flöhe ['fløːə] 'sehr kleines Insekt ohne Flügel, das zu großen Sprüngen befähigt ist und als Schmarotzer auf der Haut von Vögeln, Säugetieren Blut saugt'; ↗ FELD II.3.1: *der Hund hat Flöhe; mich hat ein ~ gebissen* ❖ ↗ **fliehen**

* /jmd./ **die Flöhe husten hören** 'aus den kleinsten Anzeichen zu erkennen glauben, was in der Zukunft geschehen wird': *der hört doch immer, hört wohl die Flöhe husten!;* ⟨⟩ umg. /jmd./ **jmdm. einen ~ ins Ohr setzen** ('in jmdm. Vorstellungen und Wünsche wecken, die schwer, meist nicht zu verwirklichen sind, von denen er aber schwer wieder loskommt')

Flor [floːɐ], **der**; ~s/auch ~es, ~e **1.** 'feines durchsichtiges Gewebe (1)': *bunte ~e; ein Kleid aus ~* **2.** ⟨vorw. Sg.⟩ 'die von den aufrecht stehenden Fasern gebildete Oberfläche bes. bei Teppichen, Plüsch, Samt': *Teppiche mit samtweichen ~en, zartem ~*

Flora ['floːʀɑ], **die**; ~, ⟨o.Pl.⟩ 'die Gesamtheit der Pflanzen (eines Gebietes)'; ↗ FELD II.4.1: *die heimische ~ (und Fauna)*; vgl. auch *Fauna*

Florett [floˈʀɛt], **das**; ~s/auch ~es, ~e 'bes. zum Fechten dienende Stichwaffe, deren Klinge lang und biegsam ist und einen quadratischen Querschnitt hat'; ↗ FELD I.7.4.1, V.6.1 (↗ TABL Hieb- und Stichwaffen): *mit dem ~ fechten*

florieren [floˈʀiːʀən], florierte, hat floriert /Unternehmen, Wirtschaft/ 'sich günstig, vorteilhaft entwickeln': *sein Geschäft floriert; die Wirtschaft floriert*

Floskel ['flɔskl̩], **die**; ~, ~n 'formelhafte, nichts sagende, stereotype Redewendung': *das sind nur höfliche ~n; er redete fast nur in ~n*

floss: ↗ *fließen*

Floß [floːs], **das**; ~es, Flöße ['fløːsə] 'nebeneinander gelegte und miteinander verbundene Baumstämme, die als Wasserfahrzeug dienen, bes. aber in dieser Weise als Material befördert werden'; ↗ FELD VIII.4.3.1 (↗ BILD): *eine Fahrt auf einem ~ mitmachen* ❖ ↗ **fließen**

Flosse ['flɔsə], **die**; ~, ~n **1.** 'fächerartiges äußeres Organ der Fische und der im Wasser lebenden Säugetiere, mit dessen Hilfe diese sich fortbewegen und die Bewegung steuern'; ↗ FELD II.3.1: *die ~n des Karpfens, Seehunds* **2.** 'dem Fuß eines Schwimmvogels nachgebildeter Gegenstand aus Gummi, der auf den menschlichen Fuß aufgesetzt wird und schnelleres Schwimmen ermöglicht': *mit ~n schwimmen* **3.** umg., oft scherzh. SYN 'Hand'; ↗ FELD I.1.1: *reich' mir deine ~!; wasch dir erst mal deine ~n!*

Flößer ['fløːsɐ], **der**; ~s, ~ 'jmd., der ein Floß lenkt, der Holz in Flößen befördert': *der ~ muss auf die Strömung achten* ❖ ↗ **fließen**

Flöte ['fløːtə], **die**; ~, ~n 'röhrenförmiges Blasinstrument (aus Holz)' (↗ TABL Blasinstrumente): *die, auf der ~ blasen, spielen* ❖ **flöten**

flöten ['fløːtn̩], flötete, hat geflötet; ↗ FELD VI.1.2 **1.** /Singvogel/ 'den Tönen der Flöte ähnliche Laute hervorbringen': *die Amsel flötet* **2.** landsch. /jmd./ SYN 'pfeifen (1.1)': *er flötet immer bei der Arbeit* ❖ ↗ **Flöte**

Flöten|töne ['..], **die** ⟨Pl.⟩

* umg. /jmd./ **jmdm. die ~ beibringen** ('jmdm. in strenger Weise klarmachen, wie er sich zu benehmen hat')

flott [flɔt] ⟨Adj.⟩ **1.** ⟨Steig. reg.⟩ 'in erfreulicher Weise schnell' /vorw. auf Tätigkeiten bez./: *eine ~e Bedienung; die Bedienung ist ~; hier wird ~ gearbeitet, bedient, ein ~es Tempo vorgelegt* **2.** ⟨o. Steig.⟩ umg. SYN 'attraktiv (1.1)' /auf Personen bez./: *ein ~es Mädchen, ~er Bursche; sie sieht ~ aus* **3.** ⟨o. Steig.; vorw. attr.⟩ SYN 'schick (1.1)' /auf Kleidungsstücke bez./: *eine ~es Kleid, ein ~er Anzug; ihr Hut ist wirklich ~; sie ist immer ~ angezogen* **4.** ⟨o. Steig.⟩ 'lustig und unbeschwert' /beschränkt verbindbar/: *ein ~es Leben führen; ~ leben*

Flotte ['flɔtə], **die**; ~, ~n **1.** 'Gesamtheit der Schiffe eines Staates, einer Reederei': *die ~ soll verkleinert, modernisiert werden* **2.** 'größerer Verband von Schiffen': *die englische ~; die Reederei unterhielt eine ansehnliche ~; eine ~ von Fischerbooten stach in See* ❖ **Handelsflotte**

Flöz [fløːts], **das**; ~es, ~e 'annähernd waagerecht, mehr od. weniger tief unter der Erdoberfläche liegende Schicht Braun- od. Steinkohle von unterschiedlicher Stärke und meist großer Ausdehnung': *ein abbauwürdiges, mächtiges ~; ein ~ abbauen*

Fluch [fluːx], **der**; ~es, Flüche ['flyːçə] **1.** 'in (zorniger, ärgerlicher) Erregung ausgestoßener sehr derber Ausdruck'; ↗ FELD I.6.1: *ein kräftiger, gotteslästerlicher, deftiger ~; Flüche ausstoßen* ('fluchen') **2.** ⟨o.Pl.⟩ *auf etw.* ⟨Dat.⟩, *jmdm. liegt, lastet ein ~* ('etw., bes. ein Unternehmen, jmd. scheint nur Misserfolge, Rückschläge zu haben'); *etw. lastet wie ein ~ auf etw., jmdm.* **3.** ⟨o.Pl.⟩ *etw. wird zum ~ für etw., jmdn.* 'etw. Segensreiches wird zum Verhängnis für etw., jmdn.': *wird die Atom-*

energie zum ~ für die Menschheit, für das Land? ❖
↗ **fluchen**

fluchen ['fluːxn̩] ⟨reg. Vb.; hat⟩ /jmd./ ˈin (zorniger, ärgerlicher) Erregung einen Fluch, Flüche äußernˈ: *er fluchte laut und unflätig; über, auf etw., jmdn. ~: über das schlechte Wetter, die mangelhafte Verpflegung, über, auf den Vorgesetzten ~; „Scheiße", fluchte er; du sollst nicht immer ~!* ❖ **Fluch, verfluchen, verflucht**

Flucht [fluxt], **die**; ~, ~n ⟨vorw. Sg.⟩ **1.** ˈdas Fliehen, Flüchtenˈ; ↗ FELD I.7.2.1: *sich durch die ~ (vor den Verfolgern) zu retten suchen; die ~ von irgendwoher, irgendwohin: die ~ aus dem Gefängnis, ins Ausland; auf der ~ sein; die ~ ergreifen* (ˈaus akutem Anlass plötzlich und schnell fliehenˈ) **2.** ˈfestgelegte gerade Linie, bes. in einer Ebene (1), bis zu der Häuser, Räume, Bauteile reichen (dürfen)ˈ: *die Häuser stehen alle in einer ~* ❖ ↗ **flüchten**
* /jmd./ **jmdn. in die ~ schlagen** (ˈeinen Gegner durch Angriff zu fliehen zwingenˈ); /jmd./ **die ~ nach vorn antreten** (**1.** ˈin hoffnungsloser Lage angreifen statt zu fliehenˈ **2.** ˈdem Angriff, Tadel, den Vorwürfen anderer durch eigene Kritik, Beschuldigungen zuvorkommenˈ)

flüchten ['flʏçtn̩], flüchtete, ist geflüchtet /jmd., Tier/ *irgendwohin, vor jmdm., etw.* ⟨Dat.⟩ *(irgendwohin)* ~ SYN ˈvor jmdm., etw. irgendwohin fliehenˈ; ↗ FELD I.7.2.2: *er war (vor den Nachstellungen seiner Gegner) ins Ausland geflüchtet; der Vogel flüchtete auf den Baum; vor dem Krieg, den Soldaten ~; (sich) vor dem Regen unter ein schützendes Dach ~* (ˈsich in Sicherheit bringenˈ) ❖ **Flucht, flüchtig, Flüchtling**

flüchtig ['flʏçtɪç] ⟨Adj.⟩ **1.** ⟨o. Steig.; nicht bei Vb.⟩ ˈaus der Haft, Gefangenschaft entkommen und auf der Flucht befindlichˈ /auf Personen bez./; ↗ FELD I.7.2.3: *ein ~er Verbrecher, Häftling; er ist ~ (geworden)* (ˈist geflohenˈ) **2.1.** ⟨o. Steig.; nicht präd.⟩ ˈnur kurz und oberflächlich, nicht intensivˈ /auf bestimmte Tätigkeiten, auf Zwischenmenschliches bez./: *einen ~en Blick auf etw. werfen; das war nur ein ~er Besuch, Gruß, Kuss, eine ~e Umarmung; ich habe nur einen ~en Eindruck von der Sache (mitbekommen); etw. ~ durchlesen, durchsehen, behandeln; ich kenne ihn nur ~* (ˈnicht gut, nicht genauˈ) **2.2.** ⟨Steig. reg., ungebr.; nicht attr.⟩ ˈschnell und oberflächlich und nicht sorgfältig vorgehend und daher Fehler machendˈ; ANT gründlich (I), sorgfältig /auf Tätigkeiten bez./; ↗ FELD I.4.4.3: *~ arbeiten, rechnen; er ist in seiner Arbeit zu ~; ein ~ geschriebener Brief* ❖ ↗ **flüchten**

Flüchtling ['flʏçt..], **der**; ~s, ~e ˈjmd., der aus zwingenden, oft politischen, religiösen Gründen od. wegen eines Krieges sein Land, seine Heimat (oft unter Zurücklassung seines Besitzes) eilig verlässt, verlassen hat, um anderswo Zuflucht zu suchenˈ; ↗ FELD I.7.2.1: *~e aufnehmen, unterstützen; einem ~ Asyl gewähren; als politischer ~ anerkannt werden* ❖ ↗ **flüchten**

Flug [fluːk], **der**; ~es/auch ~s, Flüge ['flyːgə] /zu *fliegen ..*/ ˈdas Fliegen (in einem Luft-, Raumfahrzeug)ˈ; ↗ FELD VIII.2.1: *wir hatten einen angenehmen, guten ~; der ~ zum Mond; sich auf dem ~ nach Wien befinden; einen ~ nach London buchen, absagen* ❖ ↗ **fliegen**
* **wie im ~e/~** ˈaußerordentlich schnell ablaufendˈ: *die Zeit verging wie im ~(e)*

Flug|blatt ['..], **das** ⟨Pl.: ~blätter⟩ ˈder Information über bestimmte, bes. aktuelle politische Themen, Sachverhalte, Probleme dienendes bedrucktes Blatt, das kostenlos verteilt wirdˈ: *Flugblätter drucken, verteilen; das Flugzeug warf Flugblätter ab* ❖ ↗ **fliegen,** ↗ **Blatt**

Flügel ['flyːgl̩], **der**; ~s, ~ **1.** ˈeines der zwei am Rumpf der Vögel, Insekten, Fledermäuse befindlichen (gefiederten) Organe, die das Fliegen ermöglichenˈ (↗ TABL Vögel): *der Vogel schwebt mit ausgebreiteten ~n durch die Luft, bewegt die ~ auf und ab, schlägt mit den ~n* **2.** SYN ˈTragflächeˈ; ↗ FELD VIII.4.2: *das Flugzeug schaukelt mit den ~n, rutscht über den linken ~ ab* (ˈgleitet nach links abˈ) **3.1.** ˈdas bewegliche flächige Teil einer Tür, eines Fenstersˈ: *die zwei ~ des Portals; der eine ~ des Fensters stand offen* **3.2.** ˈeines von mehreren symmetrisch auf einer Achse sitzenden, strahlenartig nach außen sich erstreckenden flächigen Teilen, bes. einer Windmühle, einer Schiffsschraube, eines Hubschraubersˈ: *die ~ der Mühle drehen sich im Wind* **4.** ˈlängliches Gebäude, das sich seitlich an das Hauptgebäude anschließtˈ; ↗ FELD IV.3.1, V.2.1: *der linke, rechte ~ des Schlosses* **5.** ˈKlavier, dessen Saiten horizontal und in gleicher Richtung wie die Tasten angeordnet sindˈ (↗ BILD): *den ~ aufklappen, schließen; der Sänger wurde von N am ~ begleitet* ❖ ↗ **fliegen**

flügge ['flʏgə] ⟨Adj.; nicht bei Vb.; vorw. präd. (mit *sein, werden*)⟩ **1.** /Vogel/ ˈzum Fliegen (1.1) fähigˈ: *der Vogel ist ~, ist gerade ~ geworden; ein ~r Adler* **2.** /Kind/ ~ *sein, werden* ˈselbständig (und erwachsen) sein, werdenˈ: *unsere Kinder sind nun auch schon ~* ❖ ↗ **fliegen**

Flug ['flu:k..]‖**-hafen, der** ˌgrößerer, mit allen nötigen Einrichtungen für den planmäßigen zivilen Verkehr ausgestatteter Flugplatzˋ; ↗ FELD VIII.4.2: *ein internationaler ~; der ~ Berlin-Tegel, Berlin-Schönefeld* ❖ ↗ **fliegen,** ↗ **Hafen; -platz, der** ˌGelände mit Einrichtungen für Start und Landung von zivilen od. militärischen Flugzeugenˋ; ↗ FELD VIII.4.2: *den ~ ansteuern; auf dem ~ landen, starten* ❖ ↗ **fliegen,** ↗ **Platz; -zeug, das** ⟨Pl.: ~e⟩ ˌLuftfahrzeug mit Flügeln (2) und Motor(en)ˋ; ↗ FELD VIII.4.2 (↗ TABL Fahrzeuge): *das Heck, der Bug, Rumpf des ~s; ein ~ mit einem Motor, vier (Düsen)motoren; ein ~ steuern, starten, landen, warten; das ~ (SYN* ˌdie Maschine 4ˋ*) startet, landet, muss notlanden, ist abgestürzt; an Bord des ~(e)s befinden sich 200 Passagiere; mit dem ~ nach New York fliegen* ❖ ↗ **fliegen**

Flugzeug‖träger ['..], **der** ˌgroßes Schiff der Seestreitkräfte mit einem großen Deck, auf dem dort stationierte Flugzeuge starten und landen könnenˋ; ↗ FELD V.6.1 ❖ ↗ **fliegen,** ↗ **tragen**

Flunder ['flʊndɐ], **die;** ~, ~n ˌim Meer lebender breiter flacher Speisefisch mit bräunlicher od. grünlichgrauer Färbung der oberen Körperseiteˋ; ↗ FELD I.8.1 (↗ TABL Fische): *geräucherte ~n*

¹Flur [flu:ɐ], **der;** ~s/auch ~es, ~e ˌmeist länglicher schmaler Raum vor den Räumen in einer Wohnung, in einem öffentlichen Gebäude od. vor den Wohnungen eines Hausesˋ; SYN Korridor; ↗ FELD V.2.1: *ein langer, schmaler, dunkler ~; die hellen ~e des Krankenhauses, der Schule; Schritte im, auf dem ~ hören* ❖ **Hausflur**
MERKE Zum Unterschied von ¹*Flur, Gang, Korridor:* ¹*Flur* und *Korridor* bilden meist einen langen, schmalen Raum vor den Räumen in einer Wohnung. Der ¹*Flur* kann aber auch wie *Gang* der lange schmale Raum in einem großen Gebäude (z. B. Schule, Kaserne, Verwaltungsgebäude) od. großen Mietshaus sein, von dem die einzelnen Räume od. Wohnungen abgehen. Der *Gang* wird meist nicht auf Wohnungen bezogen, sondern nur auf große Gebäude (Schule, Kaserne etc.).

²Flur, die; ~, ~en ⟨vorw. Pl.⟩ ˌdas freie Gelände, auf dem kein Wald steht und das nicht mit Häusern bebaut istˋ; ↗ FELD II.1.1: *Nebel lag auf den ~en, der ~; wir wanderten durch Wald und ~ (*ˌdurch die Naturˋ*)*
* /jmd./ **allein auf weiter ~ sein** (ˌvon anderen allein gelassen, ohne Gesellschaft, Unterstützung seinˋ)

Fluss [flʊs], **der;** Flusses, Flüsse ['flʏsə] **1.** ˌgrößeres fließendes natürliches Gewässerˋ; ↗ FELD II.2.1: *die Mündung eines Flusses; ein breiter, langer, tiefer, reißender ~; der ~ entspringt im Gebirge, mündet in einen Strom, in das Meer; der ~ führt Hochwasser, tritt über die Ufer, ist schiffbar; mit einem Boot, einer Fähre über den ~ setzen, den ~ überqueren; im ~ baden, schwimmen* **2.** ⟨o.Pl.⟩ ˌkontinuierlicher Fortgang od. kontinuierliche Bewegung von etw.ˋ: *der ~ des Verkehrs, der Ereignisse, seiner Rede; einmal in ~ (*ˌbeim Redenˋ*), ließ er sich nicht unterbre-*

*chen; die Unterhaltung wollte nicht in ~ kommen (*ˌverlief stockendˋ*); es ist alles noch in/im ~ (*ˌnoch in der Entwicklung, noch nicht entschiedenˋ*); vgl. Bach, Strom* ❖ ↗ **fließen**

Fluss‖bett ['..], **das** ⟨o.Pl.⟩ ˌdie lange Vertiefung im Boden, in der ein Fluss fließtˋ: *ein ausgetrocknetes ~; ein ~ ausbaggern* ❖ ↗ **fließen,** ↗ **Bett**

flüssig ['flʏsɪç] ⟨Adj.⟩ **1.** ⟨Steig. reg.; vorw. attr.⟩ ˌso beschaffen, dass es fließen kannˋ; ANT fest /auf Materialien o.Ä. bez./: *~e Brennstoffe, Fette, Nahrung, Waschmittel; Butter, Honig durch Erhitzen ~ machen; ~es (*ˌgeschmolzenes, ↗ *schmelzenˋ) Metall* **2.** ⟨Steig. reg.⟩ ˌkontinuierlich vonstatten gehend, ohne Unterbrechung, Pause /vorw. auf best. Tätigkeiten bez./: *der ~e Ablauf des Verkehrs, der Arbeiten; das Spiel war ~; ~ reden* **3.** ⟨Steig. reg., ungebr.⟩ ˌin der Darstellung sprachlich gewandt und lockerˋ /bes. auf schriftlichen Äußerungen bez./: *der Roman, das Buch ist ~ geschrieben; sein ~er Stil* **4.** ⟨o. Steig.; nicht bei Vb.⟩ ˌsofort verfügbarˋ /auf finanzielle Mittel bez./: *~e Gelder (*ˌGeld, über das sofort verfügt werden kannˋ*); /jmd./ (nicht) ~ sein* ˌin einer bestimmten Situation (kein) Geld zur Verfügung habenˋ: *er ist zur Zeit nicht ~, ist immer ~* ❖ ↗ **fließen**

Flüssigkeit ['..], **die;** ~, ~en ˌStoff, Substanz in flüssigem Zustandˋ: *eine klare, trübe, rote, übel riechende ~; dem Körper ~ zuführen (*ˌetw. trinken, Nahrung in flüssiger Form zu sich nehmenˋ*)* ❖ ↗ **fließen**

Fluss‖ufer ['flʊs..], **das** ˌUfer eines Flussesˋ ❖ ↗ **fließen,** ↗ **Ufer**

flüstern ['flʏstɐn] ⟨reg. Vb.; hat⟩ /jmd./ ˌmit tonloser Stimme und leise sprechen (damit andere das Gesagte nicht hören können, andere nicht gestört werden)ˋ; ↗ FELD VI.1.2: *sie flüsterten, um die Schlafenden nicht zu wecken; etw. ~: er flüsterte nur ein paar Worte; jmdm. etw. ins Ohr ~; sie flüsterte: „Und was soll jetzt werden?"*
* umg. /jmd./ **jmdm. was ~** ˌjmdm. nachdrücklich die Meinung sagen, jmdn. zurechtweisenˋ: *na, dem werde ich was ~!*

Flut [flu:t], **die;** ~, ~en **1.** ⟨o.Pl.⟩ ˌdas periodische Ansteigen des Wassers an den Küsten der Meereˋ; ↗ FELD I.7.2.1, II.2.1: *Ebbe und ~; die ~ kommt; das Schiff läuft mit der ~ aus; ↗ auch Gezeiten, Ebbe* **2.** ⟨vorw. Pl.⟩ ˌgroße, sich (stark) bewegende Menge Wasserˋ: *die ~en des Ozeans; viele Menschen sind in den ~en (des Meeres) umgekommen* **3.** *eine ~ von etw.* ˌeine große Menge von etw., bes. von Äußerungenˋ: *sie empfing ihn mit einer ~ von Schimpfwörtern; eine ~ von Protesten; er bekam eine ~ von Briefen auf das Inserat* ❖ **fluten** – **Sturmflut, Sturzflut**

fluten ['flu:tn̩], flutete, ist geflutet /etw. Flüssiges, bes. Wasser/ *irgendwohin ~* ˌirgendwohin fließen, strömenˋ: *(eine Menge) Wasser flutete in den Keller; die Brandung flutete über den Deich* ❖ ↗ **Flut**

focht: ↗ *fechten*

Föderation [fødəʁa'tsjoːn], **die;** ~, ~en ˌ(zeitlich befristetes) Bündnis von Staaten, in dem die einzelnen

Staaten mehr od. weniger selbständig bleiben': *eine* ~ *gründen*

fohlen ['fo:lən] ⟨reg. Vb.; hat⟩: *die Stute hat gefohlt* ('hat ein Fohlen zur Welt gebracht') ❖ ↗ **Fohlen**

Fohlen, das; ~s, ~ 'Junges vom Pferd, auch Esel, Kamel, Zebra'; ↗ FELD II.3.1 ❖ **fohlen**

Föhn [fø:n], **der**; ~s/auch ~es, ~e **1.** ⟨vorw. Sg.⟩ 'über ein Gebirge strömender warmer, trockener Wind, der sich auf das körperliche und seelische Befinden der Menschen oft negativ auswirkt': *wir haben* ~ **2.** 'elektrisches Gerät, das heiße Luft erzeugt und zum Trocknen der Haare dient': *die Haare mit dem* ~ *trocknen* ❖ **föhnen**

föhnen ['fø:nən] ⟨reg. Vb.; hat⟩ /jmd./ *sich, jmdn.* ~, *sich* ⟨Dat.⟩, *jmdm. die Haare* ~ ('sich, jmdm. die Haare mit einem Föhn trocknen') ❖ ↗ **Föhn**

Folge ['fɔlgə], **die**; ~, ~n **1.** 'das (geregelte, gleichmäßige) Nacheinander, Aufeinander von mehreren Dingen, Geschehnissen': ⟨vorw. mit Attr. + *von*⟩ *eine* ~ *von Tönen, Bildern, Rufen und Befehlen; eine* ~ *von Unfällen; eine fast regelmäßige* ~ *von Überfällen; die Züge verkehren in dichter* ~; *diese Bühne bietet ein Programm in abwechslungsreicher* ~; *in rascher, stetiger* ~ *erschienen mehrere Romane des Autors* **2.** 'einzelner Teil eines Ganzen, einer Serie, deren Teile in fester Folge (1) erscheinen': *die nächste* ~ *dieses Fernsehspiels wird am Sonnabend gesendet; einen Roman in drei, mehreren* ~*n erscheinen lassen* **3.** 'etw., was sich aus etw., bes. einem Geschehen, einer Handlung, ergibt': *das ist die unausbleibliche, gesetzmäßige, logische* ~ *davon, eines solchen Handelns; sein Verhalten ist die* ~ *einer falschen Erziehung; die* ~ *davon ist, dass ...; vorher alle* ~*n bedenken; die* ~*n auf sich nehmen, tragen; die* ~*n* (SYN 'Auswirkungen') *der Katastrophe; er ist an den* ~*n des Unfalls gestorben; die Sache, das wird noch* ~*n* ('unangenehme Auswirkungen') *haben, nach sich ziehen; sein Verhältnis zu ihr blieb nicht ohne* ~*n* ('sie erwartete, bekam ein Kind von ihm'); *etw. hat etw. zur* ~ 'etw. führt zu etw.': *sein Leichtsinn hatte die Entlassung zur* ~ **4.** *etw.* ⟨Dat.⟩ ~ *leisten* 'einer Weisung, Aufforderung, Einladung, einem Rat, Befehl (meist einer Autorität) entsprechend handeln': *er hat seinem Vorschlag* ~ *geleistet* ❖ ↗ **folgen**

folgen ['fɔlgn̩] ⟨reg. Vb.; ist/hat⟩ **1.** ⟨ist⟩ **1.1.** /jmd., Gruppe/ *jmdm., etw.* ⟨Dat.⟩, *einem Tier* ~ '(absichtlich) auf dem gleichen Weg hinter jmdm., etw. herlaufen, hergehen, herfahren': *jmdm. dicht, heimlich, unauffällig* ~; *die Gruppe folgte ihrem Anführer; die Jäger folgten der Spur; /Tier/ jmdm., etw.* ⟨Dat.⟩ ~: *der Hund folgte ihm auf allen Wegen, folgte der Spur; /etw./ etw.* ⟨Dat.⟩ ~: *die Motorräder folgten dem voranfahrenden Auto* **1.2.** /jmd./ *jmdm., etw.* ⟨Dat.⟩ *mit den Augen* ~ ('verfolgen'), *bis er, sie, es nicht mehr zu sehen ist* **2.** ⟨ist⟩ /jmd./ **2.1.** *etw.* ⟨Dat.⟩ ~ 'einer Sache konzentriert zusehen, zuhören, um zu verstehen, was gesagt wird, was zu hören ist': *den Ausführungen des Redners, dem Unterricht, Geschehen auf der Bühne (aufmerk-*

sam) ~ **2.2.** ⟨vorw. verneint⟩ *jmdm., etw.* ⟨Dat.⟩ ~ *können* 'etw. verstehen': *jmdm., jmds. Gedanken, Absichten (nicht)* ~ *können* **3.** ⟨ist⟩ /etw., jmd./ **3.1.** /etw./ *etw.* ⟨Dat.⟩, *auf, nach etw.* ~ 'zeitlich nach etw. erscheinen, auftreten': *dem Regen, auf Regen folgte Sonnenschein; er ließ dem Wort sogleich die Tat* ~; *nach dem Tango folgte ein Walzer; es folgt der Wetterbericht* /Ansage im Rundfunk, Fernsehen/; *Fortsetzung folgt* /Hinweise am Ende einer Folge eines in der Zeitung in Teilen abgedruckten Romans/; /jmd./ *jmdm.* ~: *sein alter Widersacher folgte ihm im Amt; wie folgt: das hat sich wie folgt* ('folgendermaßen') *zugetragen;* /oft im Part. I/; ↗ FELD VII.4.3: *der* ~*de Bericht behandelt ein brisantes Problem; am* ~*en Dienstag fällt die Entscheidung; dazu muss man Folgendes, das Folgende wissen, sagen; im Folgenden wird darauf hingewiesen* **3.2.** /etw./ *irgendwo, irgendwann* ~ 'nach dem Rang, der vorgesehenen Anordnung, in bestimmter Reihenfolge erscheinen': *die Beispiele* ~ *nach der Angabe der Bedeutung; das Literaturverzeichnis folgt am Ende des Buches; siehe Seite 20* ~*de* (ABK ff) ('lies nach auf Seite 20 und den nächsten Seiten') /Hinweis in Büchern/ **4.** ⟨ist⟩ /etw./ *aus etw.* ~ 'sich (logisch) aus etw. ergeben (1.2)': ⟨vorw. im Präs. u. Prät.⟩ *aus diesen Darlegungen, Ereignissen, Handlungen folgt, dass ...; was folgt daraus für unser Vorgehen, unsere Pläne?* **5.** ⟨ist⟩ /jmd./ *etw.* ⟨Dat.⟩, *jmdm.* ~ 'einem Appell, der von jmdm., etw. ausgeht, entsprechen und danach handeln': *einer Einladung, einem, jmds. Rat, Wunsch, Befehl* ~; *er folgte seinem Gefühl, seinem Verstand, seiner Vernunft; er folgte ihm in allem, was er tat* **6.** ⟨hat⟩ /jmd./ *jmdm.* ~ 'jmdm. gehorchen'; ↗ FELD I.2.2: *das Kind soll den Eltern* ~ ❖ **befolgen, erfolgen, Folge, folgend, Folgerung, folgern, folglich, Gefolge, verfolgen — folgendermaßen, folgerichtig, -widrig, [1,2]infolge, infolgedessen, Nachfolge, nachfolgen, nachfolgend, Nachfolger, Reihenfolge, schlussfolgern, Schlussfolgerung, Spätfolge, Todesfolge, zufolge**

folgend ['fɔlgənt]: ↗ *folgen* (3.1)

folgendermaßen ['fɔlgəndɐma:sn̩/..'m..] ⟨Adv.⟩ 'auf die folgende Art und Weise'; SYN [1]*so* (1): *das hat sich* ~ *zugetragen; ich habe mir das* ~ *vorgestellt; ...; etw. wird* ~ *gemacht: ...* ❖ ↗ **folgen**

folge|richtig ['fɔlgəʀɪçtɪç] ⟨Adj.; Steig. reg., ungebr.⟩ 'auf einer logischen Folgerung beruhend' /auf Abstraktes bez./; ↗ FELD I.4.2.3: *er ist zu dem einzigen* ~*en Schluss gekommen; der Entschluss zu heiraten, das war eine* ~*e Entscheidung;* ~ *handeln, reagieren; seine Handlungsweise war* ~; *daraus ergibt sich* (SYN 'zwangsläufig') *das Problem, dass ...* ❖ ↗ **folgen**, ↗ **richtig**

folgern ['fɔlgɐn] ⟨reg. Vb.; hat⟩ /jmd./ *etw. aus etw.* ~ 'auf Grund der Beurteilung von etw. folgerichtig denkend zu einem bestimmten Ergebnis, einer bestimmten Erkenntnis kommen'; SYN schließen (8.1); ↗ FELD I.4.2.2: *aus diesen Worten, ihrer Zurückhaltung folgerte er (richtig, voreilig), dass ...; er hat richtig gefolgert* ❖ ↗ **folgen**

Folgerung ['fɔlgəʀ..], **die**; ~, ~en 'Ergebnis des Folgerns'; SYN Schluss (3), Schlussfolgerung; ↗ FELD I.4.2.1: *daraus ergibt sich die logische, zutreffende, falsche* ~, *dass ...; die* ~ *daraus, aus dieser Angelegenheit ist ...; eine* ~ *aus etw. ableiten* ❖ ↗ **folgen**

folge|widrig ['fɔlgə..] ⟨Adj.; o. Steig.⟩ 'einer logischen Folgerung widersprechend' /auf Abstraktes bez./: *das war ein* ~*er Entschluss;* ~ *handeln, reagieren* ❖ ↗ **folgen**, ↗ **wider**

folglich ['fɔlk..] ⟨Adv.⟩ SYN '[1]also': *er hatte sich verletzt und konnte* ~ *nicht am Wettkampf teilnehmen;* ⟨auch als Konjunktionaladv. mit Inversion des Subj.; schließt an einen vorangehenden Hauptsatz einen Hauptsatz an; konsekutiv⟩: *das traditionelle Verfahren reicht nicht mehr aus,* ~ *müssen wir nach neuen Möglichkeiten suchen* ❖ ↗ **folgen**

Folie ['foːli̯ə], **die**; ~, ~n 'wie Papier dünnes flächiges Material, bes. aus Kunststoff, Metall, das vorwiegend zur Verpackung, Umhüllung, Isolation dient': *ein Stück* ~; *etw. mit einer* ~ *umwickeln, abdecken*

Folter ['fɔltɐ], **die**; ~, ~n **1.** ⟨vorw. Sg.⟩ /zu *foltern* 1/ 'das Foltern': *die* ~ *anwenden; die Aussage war durch die* ~ *erzwungen* **2.** geh. 'psychische Qual': *das lange Warten ist für ihn eine* ~, *wurde ihm zur* ~ ❖ ↗ **foltern**
* /jmd./ **jmdn. auf die** ~ **spannen** 'jmdn. auf quälende Weise warten lassen, bis man das Erlösende tut, sagt': *nun spann uns nicht auf die* ~ *und sag uns, wie es war*

foltern ['fɔltɐn] ⟨reg. Vb.; hat⟩ **1.** /jmd./ *jmdn.* ~ 'jmdn. mit bestimmten Werkzeugen, Geräten, durch bestimmte Methoden quälen und ihm Schmerzen zufügen, bes. um ihn gefügig zu machen, eine Aussage, ein Geständnis zu erzwingen': *die Gefangenen wurden gefoltert* **2.** geh. /etw., jmd./ *jmdn.* ~ 'jmdm. psychische Qualen bereiten, zufügen': *du folterst mich mit deinen ständigen Vorhaltungen; die Angst, Reue folterte ihn; er fühlte sich, war von Angst gefoltert* ❖ **Folter**

Fön: ↗ *Föhn* (2)

Fonds [fõ], **der**; ~, ~ [fõs] 'Gesamtheit von materiellen, bes. finanziellen Mitteln zur Realisierung bestimmter Aufgaben': *einen* ~ *bilden, schaffen, ausschöpfen; ein* ~ *für die Lösung sozialer Aufgaben*

fönen: ↗ *föhnen*

Fontäne [fɔn'tɛːnə/..teː..], **die**; ~, ~n **1.** SYN 'Springbrunnen' **2.** 'starker Strahl aus Wasser, der (aus einem Springbrunnen) nach oben schießt'

foppen ['fɔpm̩] ⟨reg. Vb.; hat⟩ /jmd./ *jmdn.* ~ 'jmdn. aus Spaß etw. Falsches sagen, um ihn irrezuführen und zu necken': *du willst mich wohl* ~?; *sich gefoppt fühlen*

Förder|band ['fœrdɐ..], **das** ⟨Pl.: ~bänder⟩ 'Vorrichtung aus einem über Rollen laufenden breiten [1]Band (1), auf dem Gegenstände, Materialien von einer Stelle zu einer anderen befördert werden'; SYN [1]Band (3): *das* ~ *steht still; Kies, Kohle über das* ~ *laufen lassen* ❖ ↗ **fördern**, ↗ **binden**

Förderer ['fœrdəʀɐ], **der**; ~s, ~ 'jmd., der jmdn., etw. fördert, gefördert hat': ⟨+ Gen. attr.⟩ *er war ein* ~ *junger Wissenschaftler, Künstler; ein* ~ *der Wissenschaft, Kunst* ❖ ↗ **fördern**

förderlich ['fœrdɐ..] ⟨Adj.; Steig. reg.; nicht bei Vb.; vorw. präd. (nur mit *sein*)⟩ /etw./ *jmdm., etw.* ⟨Dat.⟩ ~ *sein* 'geeignet sein, jmdm., einer Sache zu nützen': *ein wenig Sport zu treiben, das könnte dir, deiner Gesundheit sehr* ~ *sein; nichts ist* ~*er als Bewegung; eine der Weiterbildung* ~*e Lektüre* ❖ ↗ **fördern**

fordern ['fɔrdɐn] ⟨reg. Vb.; hat⟩ **1.** /jmd./ *etw. von jmdm., für sich, jmdn., etw.* ~ 'nachdrücklich, mit einem gewissen rechtlichen Anspruch, etw. von jmdm. für sich, jmdn., etw. verlangen (1.1)': *der Anwalt forderte (vom Gericht) Freispruch für den Angeklagten; einen hohen Preis für eine Ware (von jmdm.)* ~; *Rechenschaft von jmdm. (für sein Verhalten)* ~; *er forderte mehr Geld, ein höheres Gehalt (für sich, seine Mitarbeiter); die Bestrafung der Schuldigen* ~ **2.** /etw./ *etw.* ~ /beschränkt verbindbar/: *der Körper fordert sein Recht* ('körperliche Bedürfnisse wie Schlafen, Essen, Trinken müssen befriedigt werden'); *der Unfall hat mehrere Menschenleben gefordert* ('bei dem Unfall starben mehrere Menschen') **3.** /etw., Institution, jmd./ *jmdn.* ~ 'jmdm. große Leistungen abverlangen (1)': *der Trainer, diese Aufgabe hat ihn (stark) gefordert* ❖ **erfordern, erforderlich, Forderung** – **anfordern, Anforderung, auffordern, Aufforderung, herausfordern, überfordern, unterfordern, zurückfordern**

fördern ['fœrdɐn] ⟨reg. Vb.; hat⟩ **1.** /jmd., Betrieb/ *jmdn., etw.* ~ 'jmdn. in seiner Entwicklung, bei seinem Vorankommen, etw. (bei seiner Entwicklung) so unterstützen, dass er, es Fortschritte macht, Erfolg hat': *den Nachwuchs, junge Künstler* ~; *jmds. Anlagen, Fähigkeiten* ~; *den Handel mit dem Ausland, die Kunst, eine Entwicklung, jmds. Bestrebungen* ~; *einen* ~*den Einfluss auf jmdn., etw. ausüben* **2.** /jmd., Unternehmen/ *etw.* ~ SYN 'etw. abbauen (2)': *Kohle, Erze, Erdöl* ~ ❖ **befördern, Beförderung, Förderer, förderlich, Förderung** – **Förderband**

Forderung ['fɔrdəʀ..], **die**; ~, ~en **1.** /zu *fordern* 1/ 'das, was nachdrücklich gefordert, verlangt wird': *das sind (un)berechtigte, übertriebene, (un)annehmbare* ~*en; seine* ~*en durchsetzen; jmds.* ~ *erfüllen, ablehnen, zurückweisen; einer* ~ *nachkommen; er bestand auf seiner/ der* ~, *dass ...; mit seiner* ~ *nicht durchkommen; von seiner* ~ *absehen, ablassen; eine* ~ *erheben, stellen* ('etw. fordern'); *jmds.* ~*en nach etw.: jmds.* ~*en nach höherem Lohn, besserer Betreuung* **2.** ⟨vorw. im Pl.⟩ 'finanzieller Anspruch (des Gläubigers) gegenüber jmdm., einer Institution': *wie hoch sind seine* ~*en?;* ~*en geltend machen, eintreiben, einziehen; jmds.* ~*en an jmdn.: seine* ~*en an den Chef, die Firma, an die Gemeinde beliefen sich auf ...* ❖ ↗ **fordern**

Förderung ['fœrdəʀ..], **die**; ~, ~en **1.** ⟨o.Pl.⟩ /zu *fördern* 1, 2/ 'das Fördern'; /zu 1/: *die* ~ *begabter Schüler, des Nachwuchses* **2.** /zu 2/: *die* ~ *von Kohle,*

Erzen, Öl **3.** ´geförderte Menge bestimmter Boden-schätze´: *die jährliche ~ beträgt ...* ❖ ↗ **fördern**

Forelle [fo'ʀɛlə], **die**; ~, ~n ´in kalten, rasch fließen-den Gewässern heimischer Speisefisch´; ↗ FELD II.3.1, I.8.1: *~n angeln, ~n braten, kochen*

Form [fɔʀm], **die**; ~, ~en **1.** ´das Äußere, Sichtbare von etw., wie es hinsichtlich seiner begrenzenden Flächen, Linien erscheint´; SYN Gestalt (3): *die Vase hat eine ansprechende, bauchige ~; etw. hat die ~ eines Dreiecks, Würfels, ist in ~ einer Blüte gestaltet; die ~ der Erdoberfläche; die Erde hat die ~ einer Kugel; die vielfältigen ~en in der Natur, bei Tieren und Pflanzen; diese Sachen sind in ~ und Farbe ganz verschieden; der Hut hat seine ~* (´ur-sprüngliche Gestaltung´) *verloren; ihre weiblichen, üppigen, anmutigen ~en; etw. wieder in seine ~ bringen* **2.** ´Vorrichtung, Gegenstand mit einem zweckbestimmt geformten Inneren, in das etw. ge-füllt wird, das darin in fest gewordenem Zustand eine entsprechende Form (1) erhalten soll´: *eine runde ~ aus Blech; den Teig in eine ~ geben, füllen; flüssiges Metall in eine ~ gießen* **3.** ´Art und Weise, in der etw. angelegt, organisiert, strukturiert ist´: *die ~en des Denkens, des menschlichen Zusammen-lebens; ein Fehler in der ~ des Verfahrens; etw., ei-nen Stoff, ein Thema in allgemein verständlicher ~ darbieten, in Form eines Romans gestalten;* vgl. *Art* (1), *Weise* (I) **4.** ⟨+ Adj.⟩ ´der materielle Zustand von etw. Stofflichem´: *Wasser in flüssiger, fester ~* **5.** ´verbindlich festgelegtes korrektes Verhalten´: *die ~ wahren, verletzen; der ~ genügen; ein Mensch ohne ~, ~en* (´ohne gutes Benehmen´) **6.** ⟨o.Pl.⟩ *(gut) in ~ sein* (´als Sportler in guter körperlicher und geistiger Verfassung sein´); *nicht in ~ sein; seine ~* (´Fähigkeit zu hoher sportlicher Leistung´) *noch verbessern* **7.** *etw. nimmt (feste) ~(en) an* ´etw. Gedachtes, sich noch Entwickelndes wird deutlich erkennbar´: *der Plan nimmt allmählich ~ an;* vgl. *Gestalt* (3) ❖ **formal, Formalismus, Forma-lität, Format, Formation, Formel, formell, formen, förmlich, Formular, formulieren, unförmig, Uniform – einförmig, Plattform, stromlinienförmig, Um-gangsformen, Uniform**

* **in aller ~** ´offiziell und exakt nach Vorschrift´: *in aller ~ gegen etw. protestieren; sich in aller ~ ent-schuldigen*

formal ['fɔʀma:l] ⟨Adj.; o. Steig.⟩ **1.** ⟨nicht präd.⟩ ´die Form (1) betreffend´ /beschränkt verbindbar/: *die ~e Gestaltung des Essgeschirrs, der Fassade des Hauses; etw. ~ gestalten* **2.** ⟨nicht präd.⟩ ´die Form (3), Struktur von etw. betreffend´; ANT inhaltlich: *die ~e Gestaltung, Gliederung des Stoffes im Unter-richt, des Dramas, Aufsatzes; inhaltliche und ~e Unterschiede; den Stoff ~ gliedern* **3.1.** ´nur die Äußerlichkeiten, die Regeln abstrakt berücksichti-gend´ /auf Abstraktes bez./: *eine ~e Auslegung des Textes, eines Gesetzes; die Gesetze ~ einhalten; der Rücktritt der Regierung ist nur eine rein ~e Angele-genheit; sich ~* (´der Regel, Sitte, Etikette gemäß´) *(einwandfrei) verhalten* **3.2.** ⟨vorw. attr.⟩ ´nur

äußerlich, dem Wortlaut nach bestehend, nicht mit Inhalt gefüllt´ /auf Abstraktes bez./: *das war nur die ~e Durchsetzung der Gleichberechtigung* ❖ ↗ **Form**

Formalismus [fɔʀmɑ:'lɪsmʊs], **der**; ~, Formalismen [..'..mən] ⟨vorw. Sg.⟩ ´rein formales (3.1) Herange-hen an eine Aufgabe´: *~ in der Verwaltung vermei-den* ❖ ↗ **Form**

Formalität [fɔʀmalɪ'tɛ:t/..'te:t], **die**; ~, ~en **1.** ⟨vorw. Pl.⟩ ´die von einer Behörde, Verwaltung vorge-schriebenen notwendigen Arbeiten als Vorausset-zung für die Bearbeitung, Genehmigung von An-trägen´: *alle erforderlichen ~en erledigen, einhalten; vor seiner Reise ins Ausland hatte er allerhand ~en zu erledigen* **2.** ´nicht nötige formale (3.2) Angele-genheit´: *sich nicht mit ~en aufhalten; das ist doch nur eine ~, das lassen wir sein!* ❖ ↗ **Form**

Format [fɔʀ'mɑ:t], **das**; ~s/auch ~es, ~e **1.** ´die bes. durch Länge und Breite bestimmte (einer Norm entsprechende) Größe von etw. meist Rechtecki-gem (aus Papier)´: *das ~ des Briefbogens, Briefum-schlags, Buches, Fotos; ein großes, kleines ~ wählen, bevorzugen; etw. hat ein mittleres, handliches ~* **2.** ⟨o.Pl.⟩ *jmd. von ~* ´jmd., der wegen seiner Leistung eine außerordentlich hohe Wertschätzung genießt´: *er war ein Wissenschaftler, Politiker, Künstler von (großem) ~; jmd. hat ~* (´hat außergewöhnliche Fähigkeiten´); *ihm fehlt (das) ~* ❖ ↗ **Form**

Formation [fɔʀ'matsjo:n], **die**; ~, ~en **1.** ´bestimmte äußere Ordnung, die eine Gruppe von Menschen zu einem bestimmten Zweck zueinander eingenom-men haben, in der sich Fahrzeuge zueinander befin-den´: *in ~: die Truppe marschierte in exakter ~; die Flugzeuge flogen, die Panzer fuhren in ~* **2.** ´Gruppe von Menschen, Dingen, die sich in einer Formation (1) fortbewegen´: *die ~en der Sportler zogen in das Stadion ein; eine militärische ~; eine ~ von Panzern* **3.** ´Zeitabschnitt in der Geschichte der Erde, der durch eine bestimmte Entwicklungsstufe von Fauna und Flora gekennzeichnet ist´: *eine frühe, späte ~* ❖ ↗ **Form**

Formel ['fɔʀml], **die**; ~, ~n **1.** ´kurzer, einfacher sprachlicher Ausdruck für einen komplizierten Sachverhalt´: *ein kompliziertes Problem auf eine einfache ~ bringen* **2.** ´in Buchstaben, Zahlen, Sym-bolen ausgedrückter mathematischer, physikali-scher, chemischer Sachverhalt´: *eine komplizierte physikalische ~; die ~ für eine mathematische Re-gel; die chemische ~ für Wasser ist H_2O* ❖ ↗ **Form**

formell [fɔʀ'mɛl] ⟨Adj.; vorw. attr.⟩ **1.** ⟨o. Steig.⟩ ´ei-ner bestimmten offiziellen Regelung entsprechend´; SYN förmlich (1), konventionell (2) /auf Abstrak-tes bez./: *~e Vereinbarung, Einigung, Genehmi-gung; Ansprüche ~ anerkennen* **2.** SYN ´förmlich (2)´; ANT persönlich: *eine ~e Begrüßung; er wurde allen Anwesenden ganz ~ vorgestellt; er benahm sich uns gegenüber sehr ~* (´sehr korrekt, höflich aber unpersönlich´) ❖ ↗ **Form**

formen ['fɔʀmən] ⟨reg. Vb.; hat⟩ **1.** /jmd., auch Ma-schine/ *etw. ~* **1.1.** ´etw. aus einem bestimmten, meist weichen Material herstellen, indem man dem

Material eine bestimmte Form (1) gibt'; ↗ FELD II.5.2: *Gefäße, Figuren (aus Ton, Holz) ~; ein Modell (in Ton, Gips) ~* **1.2.** ˊein bestimmtes weiches Material in eine bestimmte, die gewünschte Form (1) bringen': *den Teig ~; Ton (zu einer Vase) ~* **2.** /etw., bes. Umstände/ *jmdn.* ~ ˊjmdn. (charakterlich) in bestimmter Weise verändern, prägen (2), meist reifer werden lassen': *das Leben, das schwere Schicksal, die Umwelt hat ihn geformt* ❖ ↗ **Form**

-förmig [..fœrmɪç] /bildet mit einem Subst. als erstem Bestandteil Adjektive/ ˊdie Form des im ersten Bestandteil Genannten habend; in der Form des im ersten Bestandteil Genannten': ↗ z. B. *stromlinienförmig*

förmlich [fœrm..] ⟨Adj.; Steig. reg.⟩ **1.** ⟨Steig. ungebr.; nicht präd.⟩ SYN ˊformell (1)': *eine ~e Erklärung zum Beginn des Kongresses, Wettkampfes abgeben; ein Arbeitsverhältnis ~ beenden* **2.** ˊstreng die Form (5) wahrend und daher unpersönlich wirkend'; SYN formell (2): *seid nicht so ~ miteinander!; jmdn. sehr ~ empfangen; auf dieser Veranstaltung ging es sehr ~ zu; der Empfang war sehr ~; er wurde plötzlich sehr ~* (SYN ˊdienstlich 2.2'); *ein in einem ~en* (SYN ˊdienstlichen 2.1') *Ton gehaltener Brief* **3.** umg. ⟨vor Adj., Adv., auch vor Subst.; o. Steig.; bei Vb.⟩ /betont in Verbindung mit dem Bezugswort das unerwartete Ausmaß eines Zustands, Vorgangs, Geschehens und die Richtigkeit des dafür gewählten Wortes/; SYN geradezu (3): *er schrie, kochte ~ vor Wut; er hüpfte ~ vor Freude; das macht mir ~ Spaß; er hat mich mit Vorwürfen ~ überschüttet* ❖ ↗ **Form**

Formular [fɔrmuˈlaːr], das ~s, ~e ˊamtliches Blatt (2) mit Rubriken und Text, auf dem Fragen zu beantworten, Angaben einzutragen sind': *für seine Bewerbung, bei der Anmeldung ein ~ (korrekt) ausfüllen* ❖ ↗ **Form**

formulieren [fɔrmuˈliːrən], formulierte, hat formuliert /jmd./ *etw.* ~ ˊeinen gedanklichen Inhalt in eine sprachliche Form (3) bringen': *eine Frage, ein Problem, Gesetz, einen Satz, Vertrag (knapp, gut, exakt) ~* ❖ ↗ **Form**

forsch [fɔrʃ] ⟨Adj.; Steig. reg.⟩ ˊenergisch und entschlossen auftretend, handelnd'; SYN resolut: *er ist ein ~er junger Mann; sein ~es Benehmen, Auftreten; etw. ~ ansprechen; ~ an etw. herangehen; er ist sehr ~*

forschen [ˈfɔrʃn̩] ⟨reg. Vb.; hat; ↗ auch *forschend*⟩ **1.** /jmd., bes. Wissenschaftler/ *auf einem bestimmten Gebiet* ˊauf einem bestimmten Gebiet gründlich, systematisch, mit wissenschaftlichen Methoden an etw. arbeiten, etw. untersuchen, um wissenschaftliche (Er)kenntnisse darüber zu erlangen'; ↗ FELD I.4.4.2: *er hat (lange Jahre) auf dem Gebiet der Raumfahrt geforscht* **2.** /jmd./ *nach etw., jmdm.* ~ ˊsich intensiv bemühen, etw., jmdn. zu ermitteln': *nach seinem Aufenthaltsort, nach der Ursache des Unglücks, der Krankheit ~; nach dem Täter ~* ❖ **erforschen, Erforschung, forschend, Forscher, For-**schung **— nachforschen, Nachforschung, Naturforscher**

forschend [ˈfɔrʃənt] ⟨Adj.; o. Steig.; nicht präd.; ↗ auch *forschen*⟩ *jmdn., etw. kritisch musternd' /auf Vorgänge des Sehens bez./; ↗ FELD I.4.4.3: *jmdn. ~ anblicken, ansehen; sein ~er Blick* ❖ ↗ **forschen**

Forscher [ˈfɔrʃɐ], der; ~s, ~ ˊWissenschaftler, der in der Forschung tätig ist'; ↗ FELD I.4.4.1: *ein bedeutender, berühmter ~; ein ~ auf dem Gebiet der Chemie; ~ haben herausgefunden, dass ...* ❖ ↗ **forschen**

Forschung [ˈfɔrʃ..], die; ~, ~en **1.** /zu *forschen* 1/ ˊdas Forschen'; ↗ FELD I.4.4.1: *die Ergebnisse exakter, wissenschaftlicher ~(en); ~ betreiben* (ˊforschen 1') **2.** ⟨o.Pl.⟩ ˊWissenschaft in ihrer Funktion, neue Erkenntnisse zu finden, zu ermitteln': *die medizinische ~; die experimentelle ~ fördern; in der ~ tätig sein; die neuere ~; der neueste Stand der ~ hat bestätigt, dass ...* ❖ ↗ **forschen**

Forst [fɔrst], der; ~es, ~e/auch ~en ˊbewirtschafteter Wald von bestimmter Größe'; ↗ FELD II.4.1: *ein ausgedehnter, dichter ~; die Pflege des Wildes in unseren ~en* ❖ **Förster — Forstwirtschaft**

Förster [ˈfœrstɐ], der; ~s, ~ ˊjmd., der beruflich als Fachmann für die Forstwirtschaft ausgebildet, tätig ist'; ↗ FELD I.10: *der ~ geht durch sein Revier* ❖ ↗ **Forst**

Forst|wirtschaft [ˈfɔrst..], die ⟨o.Pl.⟩ ˊZweig der Volkswirtschaft, der mit der Pflege und Nutzung der Wälder und ihrer Tiere befasst ist': *in der ~ arbeiten* ❖ ↗ **Forst,** ↗ **Wirtschaft**

fort [fɔrt] ⟨Adv.⟩ ANT da **1.1.** ˊetw., jmd. ist ~ ˊetw., jmd. ist nicht mehr an einem bestimmten Ort, einer bestimmten Stelle': *die Gäste sind schon ~* (ˊweggegangen'); *der Zug ist schon ~* (ˊabgefahren'); *das Buch ist ~* (ˊnicht mehr da, ist nicht zu finden'); *er ist schon weit ~* (ˊentfernt') *von hier, von uns* **1.2.** /fordert in imperativischen Sätzen dazu auf, sich od. etw. zu entfernen (1,3)/; SYN weg (1.2): *~ mit dir* (ˊverschwinde')!; *~ mit dem Abfall* (ˊschaffe den Abfall weg')!; *schnell ~* (ˊlasst uns schnell von hier weggehen')! ❖ vgl. **fort/Fort-**
* in einem ~ ˊfortwährend, andauernd': *sie redet in einem ~*

MERKE Zur Getrennt- und Zusammenschreibung von *fort* und *sein*: Getrenntschreibung auch im Infinitiv

fort/Fort- [ˈ..]|**-bewegen**, bewegte fort, hat fortbewegt **1.** /jmd., Fahrzeug/ *sich irgendwie ~* ˊsich irgendwie in eine bestimmte Richtung bewegen'; ↗ FELD I.7.2.2: *er konnte sich nur langsam, mit Mühe, auf Krücken ~* **2.** /jmd., etw./ *etw., jmdn.* ~ ˊetw., jmdn. von der Stelle, in eine bestimmte Richtung bewegen': *er kann die Karre kaum ~* ❖ ↗ bewegen; **-bewegung,** die ⟨vorw. Sg.⟩ /zu *fortbewegen* 1, 2/ ˊdas (Sich)fortbewegen, das Fortbewegtwerden'; ↗ FELD I.7.2.1: *das Auto als Mittel zur ~* ❖ ↗ bewegen; **-bringen,** brachte fort, hat fortgebracht /jmd./ *etw., jmdn.* ~ ˊetw., jmdn. von da, wo er, es sich befindet, entfernen und an eine andere Stelle befördern'; SYN fortschaffen, wegbringen, -schaffen: *ich habe dir versprochen, die Sachen fortzubringen; den Verletzten rasch im Taxi (ins Krankenhaus) ~* ❖ ↗ bringen; **-fahren** (er fährt fort), fuhr fort, ist/ hat fortgefahren **1.** ⟨ist/hat⟩ /jmd./ *in, mit etw.* ⟨Dat.⟩ ~ 'etw. (nach einer Unterbrechung, Pause) weiterhin tun, fortsetzen': *(nach einer kurzen Pause) in, mit seiner Rede, in, mit seiner Arbeit ~;* ⟨+ Nebens. mit *zu* + Inf.⟩ *er fuhr fort, (über seine Pläne) zu sprechen* **2.** ⟨ist⟩ /jmd./ 'sich mit einem Fahrzeug von einem bestimmten Ort entfernen'; ↗ FELD VIII.1.2: *die Gäste sind schon fortgefahren* **3.** ⟨hat⟩ /jmd./ *etw., jmdn. ~* 'etw., jmdn. mit einem Fahrzeug irgendwohin bringen, befördern': *er fuhr die Gäste (in, mit einer Kutsche) fort* ❖ ↗ fahren; **-gang, der** ⟨o.Pl.⟩ **1.** 'Art und Weise, wie etw., bes. ein Vorgang, weiterhin verläuft, weiter vor sich geht'; ↗ FELD IX.2.1: *der stetige, schleppende ~ der Arbeit, der Verhandlungen; den ~ der Diskussion, des Prozesses verfolgen; etw. nimmt seinen ~* 'etw. wird weiterhin getan, durchgeführt, geht weiterhin vor sich': *die Verhandlungen nahmen ihren ~* **2.** 'das (endgültige) Verlassen, das Weggehen von irgendwo, aus einer bestimmten Umgebung': *wir haben seinen ~ aus unserer Stadt sehr bedauert* ❖ ↗ gehen; **-gehen**, ging fort, ist fortgegangen /jmd./ SYN 'weggehen (1.1)'; ↗ FELD I.7.2.2.: *heimlich, ohne sich zu verabschieden, ist er fortgegangen; er ist bereits fortgegangen* ❖ ↗ gehen; **-geschritten** [gəʃʀɪtn̩] ⟨Adj.; ↗ auch *fortschreiten*⟩ **1.** ⟨Steig. reg.⟩ 'in der Entwicklung auf einer vergleichsweise höheren Stufe als andere, anderes befindlich': *ein industriell, sozial, wirtschaftlich ~es Land, System; ein Kurs für Fortgeschrittene* ('für Personen, die auf einem bestimmten Gebiet schon bestimmte größere Kenntnisse haben') **2.** ⟨Steig. reg., Superl. ungebr.⟩ 'in einem späteren, dem Höhepunkt, Ende näheren Stand der Entwicklung' /auf Zeitliches bez./: *eine Krankheit in ~em Stadium; zu ~er Stunde, Zeit* ('zu einer relativ späten Zeit am Abend') *aufbrechen; in ~em* ('höherem') *Alter muss man sich schonen* ❖ ↗ schreiten; **-gesetzt** [gəzɛtst] ⟨Adj.; o. Steig.; nicht präd.; ↗ auch *fortsetzen*⟩; ↗ FELD VII.2.3 **1.1.** SYN 'ständig': *dieser ~e* (SYN 'fortwährende') *Ärger, Lärm hat ihn nervös gemacht; ~ reden* **1.2.** ⟨vorw. attr.⟩ /auf Straftaten bez./ *er wurde wegen ~en Betrugs, Diebstahls* ('weil er sich wiederholt des Betrugs, Diebstahls schuldig gemacht hatte') *verurteilt* ❖ ↗ setzen; **-kommen**, kam fort, ist fortgekommen /jmd./ 'sich von einem bestimmten Ort entfernen (können)'; SYN wegkommen: *wir müssen sehen, dass wir (von) hier ~; mach, dass du fortkommst!* /drohend an jmdn. gerichtete Aufforderung, sich sofort von der Stelle zu entfernen, weil man ihn dort nicht haben will/ ❖ ↗ kommen; **-kommen, das** ⟨o.Pl.⟩ 'erfolgreiche berufliche Entwicklung': *das ist für sein ~ sehr wichtig* ❖ ↗ kommen; **-laufen** (er läuft fort), lief fort, ist fortgelaufen; ↗ auch *fortlaufend* /jmd./ 'sich durch Laufen von einem bestimmten Ort entfernen'; SYN weg-

laufen: *vom Spiel, aus Angst, einfach ~* ❖ ↗ laufen; **-laufend** ⟨Adj.; o. Steig.; nicht präd.; ↗ auch *fortlaufen*⟩ 'in stetiger Folge'; ↗ FELD VII.2.3: *treffen neue Meldungen ein; der Film der hat keine ~e Handlung; die Seiten sind ~* ('in kontinuierlicher Reihenfolge') *nummeriert* ❖ ↗ laufen; **-pflanzen** ⟨trb. reg. Vb.; hat⟩ /Lebewesen/ **1.1.** *sich ~* 'Nachkommen zeugen'; SYN vermehren (2) **1.2.** *sein Geschlecht ~* ('durch Fortpflanzen 1.1 erhalten') ❖ ↗ Pflanze; **-pflanzung, die** ⟨o.Pl.⟩ /zu *fortpflanzen*/ 'das (Sich)fortpflanzen': *die geschlechtliche ~; die ~ durch Zellteilung* ❖ ↗ Pflanze; **-schaffen** ⟨trb. reg. Vb.; hat⟩ /jmd./ *etw., jmdn. ~* 'etw., jmdn. fortbringen': *altes Gerümpel, die Kinder aus der Gefahrenzone ~* ❖ ↗ schaffen; **-schreiten**, schritt fort, ist fortgeschritten; ↗ auch *fortgeschritten* /etw./ 'sich weiterentwickeln, stärker, größer werden': *das Leben, eine Krankheit schreitet fort; eine ~de* ('zunehmende') *Erwärmung* ❖ ↗ schreiten; **-schritt, der** 'die positiv bewertete Entwicklung zu einer höheren Stufe'; ↗ FELD IX.2.1: *der ~* (ANT Rückschritt) *in der Wissenschaft, Technik; bei den Verhandlungen wurde ein großer ~, wurden große ~e erzielt; in einer Angelegenheit, bei einer Arbeit ~e machen* ('vorankommen') ❖ ↗ schreiten; **-schrittlich** [ʃʀɪt..] ⟨Adj.; Steig. reg.⟩ **1.1.** 'sich für den Fortschritt, für die weitere Entwicklung zum Besseren einsetzend'; SYN progressiv; ANT konservativ /auf Personen bez./ *ein ~er Künstler, Politiker; er ist ~ eingestellt* **1.2.** ⟨nicht bei Vb.⟩ 'den Fortschritt repräsentierend'; SYN progressiv (1.2); ANT rückschrittlich /auf Abstraktes bez./: *~e Ideen, Methoden; seine Methoden sind ~* ❖ ↗ schreiten; **-setzen** ⟨trb. reg. Vb.; hat; ↗ auch *fortgesetzt*⟩ /jmd./ *etw. ~* 'etw. Begonnenes weiterhin tun'; ↗ FELD VII.2.2, IX.2.2: *die Arbeit, ein Gespräch, eine Reise, die Diskussion ~* ❖ ↗ setzen; **-setzung, die** ⟨~, ~en⟩ **1.** 'Teil eines hintereinander in einzelnen Teilen bes. in einer Zeitung gedruckten literarischen Werkes, bes. eines Romans': *der Roman erscheint in ~en; auf die nächste ~* (*des Romans*) *gespannt sein* **2.** 'das Fortsetzen'; ↗ FELD VII.2.1: *die ~ der Diskussion* ❖ ↗ setzen; **-während** ⟨Adj.; o. Steig.; nicht präd.⟩ SYN 'ständig'; ↗ FELD VII.2.3, IX.2.1: *die ~e Aufregung macht mich krank; er hatte ~ etwas zu klagen, an ihr auszusetzen* ❖ ↗ währen

Forum ['fo:ʀʊm], **das**; ~s, Foren ['fo:ʀən] ⟨vorw. mit unbest. Art.⟩ **1.** 'für die Erörterung und Entscheidung wichtiger Fragen geeigneter Personenkreis, geeignete Institution': *ein ~ von Fachleuten; vor einem ~ sprechen; ein ~ für eine Diskussion* **2.** 'öffentliche Aussprache (3)': *ein literarisches, politisches ~ veranstalten; an einem ~ teilnehmen*

fossil [fɔ'si:l] ⟨Adj.; o. Steig.; nicht bei Vb.⟩: *~e Pflanzen, Tiere* ('als Abdruck od. in zu Stein gewordener Form erhaltene Pflanzen, Tiere aus dem Altertum der Erde') ❖ Fossil

Fossil, das; ~s, ~ien [..'si:li̯ən] 'als Abdruck od. in zu Stein gewordener Form erhaltenes Tier, erhaltene

Pflanze aus dem Altertum der Erde': ~*ien aus dem Tertiär* ❖ ↗ **Fossil**

Foto ['fo:to], das; ~s, ~s 'fotografisch hergestelltes Bild von etw., jmdm.'; SYN Aufnahme (2), Fotografie: *ein farbiges ~; ein ~ von einer Landschaft, von jmdm. machen* ('eine Landschaft, jmdn. fotografieren'); *von einem ~ eine Vergrößerung anfertigen lassen* ❖ **Fotograf, Fotografie, fotografieren, fotografisch — Fotokopie;** vgl. **Photo**

Fotograf [foto'gʀɑ:f], der; ~en, ~en 'jmd., der (beruflich) Fotos herstellt': *beim, vom ~en Passbilder machen lassen; er ist ~, arbeitet als ~* ❖ ↗ **Foto;** vgl. **Grafik**

Fotografie [fotogʀɑ'fi:], die; ~, ~n [..'fi:ən] SYN 'Foto': *eine ~ machen; die ~ ist unscharf* ❖ ↗ **Foto**

fotografieren [fotogʀɑ'fi:ʀən], fotografierte, hat fotografiert /jmd./ *jmdn., etw. ~* 'von jmdm., etw. ein Foto, Fotos machen': *das Brautpaar, die Landschaft ~* ❖ ↗ **Foto**

fotografisch [foto'gʀɑf..] ⟨Adj.; o. Steig.; nicht präd.⟩ 'auf der Anwendung eines Verfahrens beruhend, durch das mit Hilfe einer Kamera und einem auf Licht reagierenden Material sowie seiner chemischen Behandlung Abbilder erzeugt werden': *ein ~es Verfahren; eine ~e Aufnahme* ('ein Foto') ❖ ↗ **Foto**

Foto|kopie [foto..], die 'fotografisch hergestellte Kopie von Schriftstücken, Bildern'; SYN Kopie (3): *eine ~ des Artikels aus der Zeitung anfertigen* ❖ ↗ **Foto,** ↗ **kopieren**

Foxterrier ['fɔks..], der; ~s, ~ 'kleiner Terrier'

Fracht [fʀaxt], die; ~, ~en 'Gut (3), das gegen Bezahlung befördert wird'; ↗ FELD I.7.9.1: *die ~ einladen, ausladen, ans Ziel bringen, fahren, befördern; ~ nach Übersee;* vgl. *Ladung* (1) ❖ **Frachter**

Frachter ['fʀaxtɐ], der; ~s, ~ 'für die Beförderung von Frachten bestimmtes Schiff'; ↗ FELD VIII.4.3.1 (↗ TABL Fahrzeuge): *der ~ hat seine Ladung gelöscht* ❖ ↗ **Fracht**

Frack [fʀak], der; ~es/auch ~s, Fräcke ['fʀɛkə] 'meist schwarze Herrenjacke, die vorn kurz ist, hinten in zwei Teilen bis zu den Knien reicht und mit dazu passender Hose, Weste und Hemd als festlicher Anzug od. als Kleidung für bestimmte Berufe getragen wird' (↗ TABL Kleidungsstücke): *die Herren erschienen im ~; der Kellner hatte einen ~ an*

Frage ['fʀɑ:gə], die; ~, ~n **1.** 'etw. in bestimmter Weise sprachlich Formuliertes, das jmd. schriftlich od. mündlich äußert, um darauf eine Antwort, Information zu erhalten'; ANT Antwort; ↗ FELD I.13.1: *eine neugierige, kluge, verfängliche ~; eine* ↗ *direkte,* ↗ *indirekte,* ↗ *rhetorische ~; eine ~ beantworten, bejahen, verneinen; auf eine ~ antworten; eine ~ an jmdn. richten; sich mit einer ~ an jmdn. wenden; jmdm. eine ~ stellen* ('jmdn. etwas fragen'); *~en stellen* ('fragen'); *einer ~ ausweichen; ein Spiel in Form von ~ und Antwort; vor der ~ stehen: er stand vor der ~* ('fragte sich'), *ob er seinen Beruf wechseln sollte* **2.** 'zu klärende Angele-

genheit, ungelöste Aufgabe': *das ist eine schwierige, entscheidende, technische, strittige ~; eine ~* (SYN 'Problem 1') *aufwerfen, erörtern, klären, lösen; es bleibt die ~, ob wir das zustande bringen können; eine ~* ⟨+ Gen.attr.⟩: *das ist eine ~ des Anstands* ('das hängt davon ab, ob man sich anständig benimmt'); *das ist (nur) eine ~ des Geldes* ('das hängt davon ab, ob genug Geld vorhanden ist'); /in den kommunikativen Wendungen/ *das ist (noch sehr) die ~* ('das ist noch sehr zweifelhaft') /sagt jmd., wenn er seine Skepsis in Bezug auf etw. ausdrücken will/; *das ist keine ~* ('das ist ganz gewiss') /sagt jmd., wenn er seine Zuversicht in Bezug auf etw. ausdrücken will/; *das kommt nicht in ~* ('das wird verboten, wird nicht zugelassen') ❖ ↗ **fragen**

* **ohne ~** 'zweifellos' /gibt den Standpunkt des Sprechers zum genannten Sachverhalt an/: *das ist ohne ~ richtig; das war ohne ~ eine große Leistung,* /etw./ **außer ~ stehen** 'gewiss sein': *dass er gewinnt, steht außer ~;* **etw. in ~ stellen 1.** /etw./ 'etw. gefährden': *dadurch, durch sein Verhalten wurde alles in ~ gestellt* **2.** /jmd./ 'etw. für ungewiss, fraglich erklären': *mit seiner Antwort stellte er alles in ~;* /jmd./ **für etw. in ~ kommen** ('für etw. in Betracht kommen')

fragen ['fʀɑ:gn̩] ⟨reg. Vb.; hat; ↗ auch *gefragt*⟩ **1.** /jmd./ *jmdn. etw. ~* 'sich mit einer Frage (1) an jmdn. wenden' (ANT antworten); ↗ FELD I.13.2: *darf ich dich etwas ~?; er hat mich etwas gefragt, aber ich habe ihn nicht verstanden; er fragt sie: „Kommst du mit?"; jmdn. ~* ⟨+ Nebens.⟩, indirekter Frages.): *er fragte den Lehrer, ob, wann er nach Hause gehen dürfe; er fragte sie, warum sie lache, wohin sie gehe, woher sie komme, wo sie wohne, was sie täte, welchen Beruf sie habe; jmdn. um etw. ~: jmdn. um Rat ~* ('sich mit der Frage 1 an jmdn. wenden, ob er ihm einen Rat geben kann'); *jmdn. um Erlaubnis ~* ('sich mit der Frage 1 an jmdn. wenden, ihn bitten, ob er ihm etw. Bestimmtes erlaube'); *nach etw.* ⟨Dat.⟩, *jmdm. ~: er hat nach dir, nach dem Weg gefragt* ('hat sich nach dir, nach dem Weg erkundigt'); /in den kommunikativen Wendungen/ *du bist nicht gefragt!* ('sei still, du bist nicht nach deiner Meinung gefragt worden, deine Meinung will niemand wissen') /wird zu jmdm. gesagt, wenn dieser sich in ein Gespräch einmischt, ohne gefragt worden zu sein/; *da(s) fragst du noch* ('das versteht sich von selbst, ist selbstverständlich')? /sagt jmd. entrüstet, wenn jmd. etw. fragt, was er eigentlich wissen müsste/; *da fragst du mich zu viel* ('ich weiß das auch nicht') /sagt jmd., wenn er glaubt, dass er überfragt ist/; *das frage ich dich* ('das weißt du doch besser als ich') /wird als Antwort auf eine Frage gegeben, von der man annimmt, dass der Fragende sie selbst besser beantworten kann/ **2.** /jmd./ *nicht nach etw.,* ⟨Dat.⟩, *jmdm. ~* 'sich nicht um etw., jmdn. kümmern': *er fragt nicht danach, ob das erlaubt ist oder nicht, er tut es einfach; er hat seine Familie, Frau verlassen und nie wieder nach ihr gefragt* **3.** *es fragt sich* 'es ist nicht sicher, es ist fraglich': *es fragt sich, ob du Recht hast, ob das stimmt; ich würde eingreifen, fragt sich nur, warum ich das tun sollte* ❖ **befragen, Frage, fraglich, gefragt — abfragen, Anfrage, anfragen, durchfragen, Fragezeichen, fraglos, -würdig, Grundfrage, Nachfrage, nachfragen, Suggestivfrage, Umfrage, Volksbefragung**

Frage|zeichen ['fʀɑːgə..], das 'aus einer oben nach rechts und unten nach links schwingenden Linie mit einem Punkt darunter bestehendes (Satz)zeichen, das im Text an das Ende einer direkten Frage gesetzt wird /Zeichen ?/': *ein ~ schreiben, setzen* ❖ ↗ **fragen**, ↗ **Zeichen**

fraglich ['fʀɑːk..] ⟨Adj.⟩ **1.** ⟨Steig. reg., ungebr.; nicht bei Vb.⟩ /auf Abstraktes bez./ **1.1.** ~ *sein* SYN 'unsicher (5) sein': *es ist ~, ob er kommt; seine Teilnahme am Kongress ist ~; das ist ein sehr ~es* (SYN 'unsicheres 2') *Vorhaben, Projekt* **1.2.** SYN 'zweifelhaft (2)'; ↗ FELD I.4.3.3: *das ist ein recht ~es Vergnügen, Kompliment* **2.** ⟨o. Steig.; nur attr.⟩ 'betreffend' /beschränkt verbindbar/: *zu der ~en Zeit: wo hat er sich zu der ~en Zeit aufgehalten?; die ~en* ('betreffenden') *Personen wurden vorgeladen* ❖ ↗ **fragen**

frag|los ['fʀɑːk..] ⟨Satzadv.⟩ 'drückt die Einstellung des Sprechers zum genannten Sachverhalt aus/ 'zweifellos': *er ist ~ ein großer Schauspieler* ❖ ↗ **fragen**, ↗ **los**

Fragment [fʀagˈmɛnt], das; ~s/auch ~es, ~e **1.** 'unvollendetes (literarisches) Werk': *das Drama ist ein ~ geblieben* **2.** SYN 'Bruchstück': *~e einer antiken Vase*

frag|würdig ['fʀɑːk..] ⟨Adj.⟩ **1.** ⟨Steig. reg.; nicht bei Vb.⟩ SYN 'zweifelhaft (1)'; ↗ FELD I.4.3.3: *diese These ist recht ~; eine ~e These, ein ~es Resultat; ein ~es Verhalten* **2.** ⟨o. Steig.; nur attr.⟩ SYN 'zweifelhaft (3)': *er ist eine ~e Existenz; seine ~en Geschäfte sind bekannt; ein ~es* (SYN 'anrüchiges') *Lokal* ❖ ↗ **fragen**, ↗ **Würde**

Fraktion [fʀakˈtsi̯oːn], die; ~, ~en 'Gruppe aller Angehörigen einer Partei innerhalb eines Parlaments': *die ~en des Bundestages; die liberale ~; die ~ der SPD, CDU*

frank [fʀaŋk]
* ~ **und frei** 'offen und ehrlich': *etw. ~ und frei bekennen, erklären; ~ und frei seine Meinung sagen*

frankieren [fʀaŋˈkiːʀən], frankierte, hat frankiert /jmd./ *etw.* ~ 'durch Aufkleben einer Briefmarke o.Ä. auf eine Postsendung nachweisen, dass die Gebühr für die Beförderung bezahlt ist': *einen Brief* ~

Franse ['fʀanzə], die; ~, ~n ⟨vorw. Pl.⟩ 'eines von vielen, als Verzierung am Rand eines textilen Gegenstands angebrachten faden- od. schnurartigen Gebilden': *Teppiche, ein Lampenschirm mit ~n*

fraß: ↗ **fressen**

Fratze ['fʀatsə], die; ~, ~n **1.** umg. emot. neg. SYN 'Gesicht (1)': *sie mochte seine ~ nicht mehr sehen* **2.** umg. SYN 'Grimasse': *das Gesicht zu einer ~ verziehen; ~n, eine ~ ziehen, schneiden*

Frau [fʀau], **die**; ~, ~en **1.1.** 'erwachsene Person weiblichen Geschlechts'; SYN Weib; ANT Mann (1): *eine junge, hübsche, blonde, kluge, gepflegte, verheiratete, emanzipierte ~; eine ~ lieben, heiraten; in dieser Abteilung arbeiten nur ~en; diese ~ schikanierte ihn den ganzen Tag; sie ist eine hübsche, tolle ~* **1.2.** ⟨o.Pl.⟩ *junge ~* /höfliche Anrede an eine nicht zu alte Frau, deren Namen man nicht kennt od. nennen will/: *junge ~, treten Sie bitte näher!* **1.3.** ⟨o.Pl.⟩ /tritt in der höflichen Anrede vor den Namen od. Titel od. vor den Titel und Namen einer verheirateten, erwachsenen weiblichen Person (ANT Herr 1.4)/: *sehr geehrte ~ (Dr.) N; kommen Sie bitte, ~ Dr., ~ Professor, ~ Studienrätin, Sie werden am Telefon verlangt* **1.4.** ⟨o.Pl.⟩ /in der Rede über eine erwachsene weibliche Person/: *das kann ~ (Dr.) Müller erledigen; rufen Sie bitte ~ (Professor) Müller herein* **2.** SYN 'Ehefrau' (2) ⟨oft in Verbindung mit Possessivpron. sein⟩: *das ist meine ~; seine zukünftige ~; die ~ meines Freundes; er liebt seine ~, hat seine ~ verlassen, ist seiner ~ treu (geblieben), untreu (geworden), hat sich von seiner ~ getrennt, scheiden lassen; seine geschiedene(n) ~(en)* ❖ **Fräulein, fraulich — Ehefrau, Hausfrau, Jungfrau, jungfräulich, Putzfrau**

MERKE In Verbindung mit Personennamen: Der Personenname wird flektiert, wenn vor *Frau* kein Artikel steht: *Frau (Doktor) Meiers Vortrag.* Mit Artikel: *Der Vortrag der Frau Doktor Meier.* Nach *Frau* werden Titel und Berufsbezeichnungen in maskuliner od. femininer Form verwendet: *Frau Professor, Frau Direktor, Frau Rechtsanwalt* od. *Rechtsanwältin,* aber nur *Frau Kammersängerin;* vgl. *Herr*

Fräulein [ˈfʀɔi̯lai̯n], das; ~s, ~e/umg. ~s ABK Frl. **1.1.** 'unverheiratete, meist junge Person weiblichen Geschlechts, die kein Kind hat': *sie ist zu einem hübschen, sportlichen ~ herangewachsen; ein junges ~ kam uns entgegen, stieg aus dem Auto; unsere Lehrerin ist ein älteres ~* **1.2.** ⟨o.Pl.⟩ /höfliche Anrede für eine unbekannte junge Frau/: *~, können Sie mir sagen, wie ich zum Bahnhof komme?* **1.3.** /in der höflichen Anrede vor dem Namen, Titel/: *sehr geehrtes ~ (Dr.) N* **1.4.** ⟨o.Pl.⟩ /in der Rede über eine junge unverheiratete Person weiblichen Geschlechts/: *das kann ~ (Dr.) Müller erledigen; rufen Sie bitte ~ Müller!* **2.** ⟨vorw. Sg.⟩ /Anrede für eine Kellnerin in einer Gaststätte/: *~, bitte zahlen!* ❖ ↗ **Frau**

MERKE In der Anrede wird *Fräulein* heute schon weitgehend durch *Frau* ersetzt. In Verbindung mit Personennamen wird *Fräulein* nicht flektiert. Steht vor *Fräulein* kein Artikel, wird der Personenname flektiert: *Fräulein (Doktor) Meiers Vortrag.* Steht vor *Fräulein* ein Artikel, wird auch der Personenname nicht flektiert: *der Vortrag des Fräulein (Doktor) Meier*

fraulich [ˈfʀau..] ⟨Adj.; Steig. reg., Superl. ungebr.⟩ 'im Aussehen, Verhalten einer reifen mütterlichen Frau entsprechend': *sie ist ein ~er Typ, ist, wirkt sehr ~* ❖ ↗ **Frau**

frech [fʀɛç] ⟨Adj.; Steig. reg.⟩ **1.** ʹin herausfordernder Weise respektlos anderen gegenüberʹ; SYN dreist; ANT höflich /vorw. auf Personen bez./: *ein ~er Junge, Kerl; so eine ~e Person!; er gab ~e Antworten; sie war sehr ~ zu ihren Eltern;* ~ (ʹherausforderndʹ) *lachen, grinsen; jmdn.* ~ *belügen; etw.* ~ *behaupten; jmdm.* ~ *kommen* (ʹsich jmdm. gegenüber frech verhaltenʹ); *schließlich ist er* ~ (ʹzudringlichʹ) *(zu ihr) geworden* **2.** ⟨Steig. reg., ungebr.⟩ ʹin positiver Weise herausfordernd kritisch und ein wenig respektlosʹ /auf Texte bez./: *eine ~e Karikatur, ein ~es Lied* **3.** ⟨Steig. reg., ungebr.⟩ ʹauf lustige Weise herausfordernd und respektlosʹ /vorw. auf weibl. Kleidung bez./: *ein ~es Kleid, ein ~er Hut* ❖ **Frechheit**
Frechheit [fʀɛç..], **die**; ~, ~en **1.** ⟨o.Pl.⟩ /zu *frech* 1/ ʹdas Frechseinʹ: *solche* ~ *darf nicht ungestraft bleiben* **2.** ʹfreche (1) Äußerung, Handlungʹ: *ich verbiete mir diese ~en* ❖ ↗ **frech**
frei [fʀɑi̯] ⟨Adj.⟩ **1.** ⟨Steig. reg.⟩ ʹim Zustand der Freiheit (1), nicht in jmds. Abhängigkeit befindlich, nicht von Herrschenden unterdrücktʹ /vorw. auf Personen, Gruppen bez./: *ein ~es Volk; das Land ist ~; eine Gemeinschaft ~er Menschen; sie fühlten sich, waren* ~ *von Unterdrückung; dort waren wir* ~*er, haben wir uns* ~*er gefühlt* **2.** ⟨o. Steig.⟩ **2.1.** ʹnur von der eigenen Entscheidung abhängig, nicht durch die Einwirkung anderer bestimmtʹ /auf Abstraktes bez./: *es war sein ~er Wille, Entschluss, seine ~e Entscheidung; jeder hat das Recht auf ~e Meinungsäußerung; er soll sich* ~ *entscheiden können, wir wollen ihm nicht dreinreden; jeder hat ~e Arztwahl; die Arztwahl ist* ~ **2.2.** ⟨nur attr.⟩ ʹnicht fest angestellt, sondern auf der Basis von Honorar arbeitendʹ /auf Personen bez./: *er ist ~er Mitarbeiter einer Tageszeitung, eines Verlages; er arbeitet als ~er Fotograf für die Presse* **3.** ⟨o. Steig.; nicht attr.⟩ ʹnicht (mehr) in Haft, Gefangenschaft und nicht (mehr) in seiner Freiheit eingeschränktʹ: *er war in Haft, ist aber wieder* ~, *läuft wieder* ~ *herum;* ~ *lebende Tiere* **4.** ⟨o. Steig.⟩ **4.1.** ⟨nur attr.⟩ *der Zug hat ~e Fahrt* (ʹdas Signal zeigt an, dass er losfahren, ohne Halt durchfahren darfʹ) **4.2.** ⟨nicht präd.⟩ ~ (ʹohne Rezeptʹ) *verkäufliche Medikamente;* ~ (ʹnicht an ein Anrecht gebundenerʹ) *Kartenverkauf* **4.3.** ⟨nicht bei Vb.⟩ ʹnicht von jmdm. beansprucht, nicht besetztʹ /bes. auf Sitzmöglichkeiten bez./: *der Stuhl, Platz ist* ~; *ist der Tisch* ~? /fragt jmd. in einem Restaurant, wenn er sich vergewissern will, ob der Tisch auch nicht besetzt ist/; *einen ~en Tisch, Platz suchen; jmdm. einen ~en Platz sichern* **5.** ⟨o. Steig.; nicht bei Vb.⟩ ʹnicht durch (berufliche, schulische) Pflichten in Anspruch genommenʹ /bes. auf einen Zeitraum bez./: *sie liest in jeder ~en Minute; heute habe ich einen ~en Nachmittag; keine, viel ~e Zeit haben;* umg. *morgen ist* ~ (ʹist kein Unterricht, kein Dienstʹ) **6.** ⟨o. Steig.; nicht bei Vb.⟩ SYN ʹkostenlosʹ: *der Eintritt ist* ~; ~ *Haus: die Ware wird* ~ *Haus* (ʹohne Kosten für die Beförderung vom Verkäufer zum Kundenʹ) *geliefert* **7.** ⟨o. Steig.⟩ **7.1.** ⟨nur attr.⟩

ʹohne (eine von Menschen geschaffene) Begrenzungʹ /beschränkt verbindbar/: *wir liefen über das ~e Feld; Tiere in der ~en Natur beobachten; unter ~em Himmel schlafen* **7.2.** ⟨nur bei Vb.⟩ ~ *stehen* ʹfür sich allein, ohne etw. od. jmdn. drum herum stehenʹ: *ein mitten auf der Wiese* ~ *stehender Baum; das Bildnis eines* ~ *stehenden Menschen* **7.3.** ⟨nur attr.⟩ Phys. *der ~e Fall* (ʹdas nur durch die Schwerkraft verursachte beschleunigte Fallenʹ) **8.** ⟨o. Steig.⟩ ~ *von etw.* ʹohne etw., bes. dem Menschen Eigentümlichesʹ: *jmd. ist* ~ *von Schuld;* ~ *von Fehlern, Sorgen, Vorurteilen sein; das Produkt ist* ~ *von chemischen Zusätzen* **9.** ⟨o. Steig.⟩ *etw. ist* ~ *erfunden* (ʹentstammt nur der Phantasieʹ) **10.** ⟨o. Steig.⟩ /in der kommunikativen Wendung/ *(danke,) ich bin so* ~ (ʹdanke, ich nehme Ihr Angebot gerne anʹ) /höflicher, förmlicher Dank/ ❖ **befreien, Befreiung, Freiheit, Freie, freiheitlich — dienstfrei, einwandfrei, eisfrei, Freiheitskampf, Freiheitsstrafe, keimfrei, jugendfrei, rostfrei, schulfrei, straffrei, unfreiwillig, vorurteilsfrei, widerspruchsfrei, Willensfreiheit, zweifelsfrei;** vgl. **frei/Frei-**
* /jmd., bes. Angeklagter/ ~ **ausgehen** (ʹjuristisch nicht bestraft werdenʹ)
-frei /bildet mit einem Subst. od. Vb. als erstem Bestandteil Adjektive/ **1.** /drückt aus, dass das im ersten Bestandteil Genannte nicht besteht/: ↗ z. B. *vorurteilsfrei* **2.** /drückt aus, dass das im ersten Bestandteil Genannte nicht eintreten kann/: ↗ z. B. *rostfrei* **3.** /drückt aus, dass das im ersten Bestandteil Genannte nicht getan zu werden braucht/: z. B. *bügelfrei*
MERKE Zum Unterschied von *-frei* und *-los*: ↗ *-los* (Merke)
Freie [ˈfʀɑi̯ə], **das** /in best. Verbindungen/: *ins ~:* das *warme Wetter hat uns ins* ~ (ʹaus den Häusern hinaus in die Naturʹ) *gelockt; er trat ins* ~ (ʹnach draußen, aus dem Hausʹ); *im ~n: der Tisch war im ~n* (ʹaußerhalb des Hauses, unter freiem Himmelʹ) *gedeckt* ❖ ↗ **frei**
frei [ˈfʀɑi̯..]|**-geben** (er gibt frei), gab frei, hat freigegeben **1.1.** /(befugte) Person, Institution/ *jmdn.* ~ SYN ʹjmdn. freilassen (1.1)ʹ: *die Gefangenen, Geiseln wurden freigegeben* **1.2.** /jmd./ *jmdn.* ~ ʹjmdn. aus einer Bindung (1) entlassenʹ: *sie hat ihren Verlobten wieder freigegeben; der Betrieb will den guten Mitarbeiter nicht* ~; *der Fußballclub will den Spieler (nicht)* ~, *gibt den Spieler nur ungern frei* **2.** /jmd., amtliche Person, Institution/ *etw.* ~ ʹerlauben, zulassen, dass über etw. verfügt werden kann, etw. sachgemäßer Benutzung durch, für die Öffentlichkeit übergebenʹ: *er trat zur Seite und gab uns den Weg frei; eine neue Brücke für den Verkehr, den Film zur Aufführung* ~ **3.** /jmd., befugte Person/ *jmdm. etw.* ~ ʹjmdm. für kurze Zeit Urlaub, Freizeit gewährenʹ: *der Direktor hat ihm (für einen Arztbesuch) den Nachmittag freigegeben; ich habe mir (dafür)* ~ *lassen* ❖ ↗ geben; **-gebig** [ɡeːbɪç] ⟨Adj.; Steig. reg.⟩ ʹgern (und viel) gebend, schenkendʹ; SYN spendabel /auf Personen bez./; ↗ FELD I.2.3: *ein ~er Freund; er war sehr* ~, *hat sich* ~ *gezeigt*

❖ ↗ geben; **-halten** (hält frei), hielt frei, hat freigehalten /jmd./ *jmdn.* ~ ʿfür jmdn., mit dem man in einer Gaststätte zusammen speist, trinkt, die Zeche bezahlenʾ: *er hat uns alle freigehalten* ❖ ↗ halten; **-händig** [hɛndɪç] ⟨Adj.; o. Steig.; nicht präd.⟩ **1.** ʿnur mit der Hand, ohne Hilfsmittelʾ: *etw.* ~ *zeichnen; ~es Zeichnen;* ~ (ʿohne die Schusswaffe anzulegen und ohne die Arme auf etw. aufzustützenʾ) *schießen* **2.** ⟨nur bei Vb.⟩ ~ (ʿohne die Hand, Hände am Lenker zu habenʾ) *Rad fahren* ❖ ↗ Hand

Freiheit [ˈfʀaɪ..], **die**; ~, ~en **1.** ⟨o.Pl.⟩ ʿZustand, in dem jmd., eine Gruppe von Menschen, ein Land souverän und ohne Unterdrückung durch Herrschende leben kannʾ: *die* ~ *ist das höchste Gut des Menschen; die* ~ *der Persönlichkeit; die persönliche* ~ *des Bürgers; für die* ~ *und Unabhängigkeit eines Landes kämpfen; die* ~ *erringen, verlieren* **2.** ⟨+ Gen.attr.⟩ ʿZustand, in dem jmd., etw. nur von der eigenen Entscheidung bestimmt wird und nicht der Einwirkung anderer unterliegtʾ: *die* ~ *des Geistes, des Handelns; die* ~ *der Meinung, der Presse, von Forschung und Lehre* **3.** ⟨o.Pl.⟩ ʿZustand, nicht in Haft, Gefangenschaft (2) zu seinʾ; ANT Gefangenschaft (1.2): *nach Jahren der Gefangenschaft hatte er seine* ~ *endlich wiedererlangt; er war verhaftet, aber wieder in* ~ (ʿfrei 2ʾ); *Tiere in der* ~ *beobachten* **4.** ⟨vorw. Pl.⟩ ʿVorrecht, das jmdm. gewährt wird, das sich jmd. nimmtʾ: *er genießt gewisse* ~*en, die dichterische* ~*; er nimmt sich zu viele* ~*en heraus* ❖ ↗ **frei**
* /jmd./ gespreizt **sich** ⟨Dat.⟩ **die** ~ **nehmen, etw. Bestimmtes zu tun** ʿsich erlauben, etw. Bestimmtes zu tunʾ: *er nahm sich die* ~*, das Programm völlig zu ändern, die Dame des Hauses zu küssen*

freiheitlich [ˈfʀaɪhaɪt..] ⟨Adj.; Steig. reg., ungebr.; vorw. attr.⟩ ʿden Willen zur Freiheit (1) ausdrückendʾ /vorw. auf Abstraktes bez./: *eine* ~*e Gesinnung, eine* ~*e Verfassung; eine* ~ *organisierte Gesellschaft* ❖ ↗ **frei**

Feiheits [ˈfʀaɪhaɪts..]**|-kampf, der** ʿKampf (eines Volkes) um die Freiheit (1), um Unabhängigkeitʾ ❖ ↗ frei, ↗ Kampf; **-strafe, die** ʿvon einem Gericht verhängte Strafe, die im Entzug der Freiheit (3) bestehtʾ: *eine* ~ *verbüßen* ❖ ↗ frei, ↗ strafen

frei [ˈfʀaɪ..]**|-heraus** ⟨Adv.⟩ SYN ʿgeradeherausʾ: *etw.* ~ *sagen, aussprechen, bekennen* ❖ ↗ heraus; **-lassen** (lässt frei), ließ frei, hat freigelassen **1.1.** /befugte Person, Institution/ *jmdn., bes. einen Häftlig, Gefangenen* ~ ʿjmdn., bes. einen Häftlig, Gefangenen (unter Erlassung eines Teils der zu verbüßenden Strafe) aus der Haft, Gefangenschaft entlassenʾ; SYN freigeben (1.1): *der Gefangene, Häftling wurde freigelassen* **1.2.** /jmd./ *ein Tier* ~ ʿeinem gefangenen, eingesperrten Tier die Freiheit (2) gebenʾ: *einen Vogel* ~ ❖ ↗ lassen

freilich [ˈfʀaɪ..] landsch., bes. süddt. **I.** /als nachdrückliche, positive Antwort auf eine Entscheidungsfrage/: *„Kommst du morgen mit?" „Freilich* (ʿselbstverständlichʾ)"! — **II.** ⟨Satzadv.⟩ /drückt die

Einstellung des Sprechers zum genannten Sachverhalt aus; schränkt eine Aussage ein, relativiert sie/: *man muss* ~ (ʿallerdings, jedochʾ) *bedenken, dass er noch sehr jung ist* — **III.** ⟨Konjunktionaladv. mit Inversion des Subj.; schließt an einen vorangehenden Hauptsatz einen Hauptsatz an; adversativ⟩ *der Schüler ist begabt,* ~ *fehlt es ihm noch an der nötigen Selbstdisziplin*

frei/Frei [ˈfʀaɪ..]**|-mütig** [mytɪç] ⟨Adj.; Steig. reg.⟩ ʿrückhaltlos offenʾ: *ein* ~*es Geständnis; eine* ~*e Aussprache; etw.* ~ *bekennen, kritisieren;* **-sprechen** (spricht frei), sprach frei, hat freigesprochen /Richter, Gericht/ *jmdn.* ~ ʿgerichtlich entscheiden, dass ein Angeklagter nicht schuldig ist od. dass ihm keine Schuld nachgewiesen werden kannʾ: *das Gericht sprach den Angeklagten (wegen erwiesener Unschuld, mangels Beweisen, von der Anklage des Mordes) frei* ❖ ↗ sprechen; **-spruch, der** ʿgerichtliche Entscheidung, durch die ein Angeklagter freigesprochen wirdʾ: *der Verteidiger beantragte* ~ *für den Angeklagten; das Gericht erkannte auf* ~ ❖ ↗ sprechen; **-stehen**, stand frei, hat freigestanden *es steht jmdm. frei* (ʿes ist jmds. Entscheidung überlassenʾ), *etw. Bestimmtes zu tun od. nicht zu tun: es steht dir frei, dies abzulehnen, ins Kino oder ins Theater zu gehen; das steht dir frei* ❖ ↗ stehen; **-stellen** ⟨trb. reg. Vb.; hat⟩ **1.** /jmd./ *jmdn. etw.* ~ ʿetw. jmds. Entscheidung überlassenʾ: *man hat ihm freigestellt, sich zu beteiligen oder nicht; die Beteiligung war ihm freigestellt; es war ihm freigestellt, sich zu beteiligen* **2.** ⟨oft im Pass.⟩ /befugte Person, Institution/ *jmdn.* ~ ʿjmdn. (für eine bestimmte Zeit) aus bestimmten Gründen vom Dienst befreienʾ: *er wurde vom Militärdienst, für die Teilnahme an einem Kursus freigestellt* ❖ ↗ stellen; **-stellung, die** /zu freistellen 2/ ʿdas Freigestelltwerdenʾ: *seine* ~ *beantragen; sein Antrag auf* ~ *wurde abgelehnt* ❖ ↗ stellen; **-stil, der** ⟨o.Pl.⟩ **1.** ʿDisziplin im Schwimmen mit freier Wahl des Schwimmstilsʾ; ↗ FELD I.7.4.1: *200 m* ~ *für Herren* **2.** ʿDisziplin im Ringen, bei der Griffe am ganzen Körper erlaubt sindʾ; ↗ FELD I.7.4.1: *er wurde Sieger im* ~ ❖ ↗ Stil; **-stoß, der** Fußball ʿSchuss (4.1), der ohne Behinderung durch ein-, angreifende Gegner ausgeführt werden darf und der einer Mannschaft nach einem Verstoß ihres Gegners zugesprochen wirdʾ: *einen* ~ *ausführen* ❖ ↗ stoßen; **-tag, der** ⟨vorw. Sg.⟩ ʿfünfter Tag der mit Montag beginnenden Wocheʾ; ↗ TAFEL XIII; ↗ auch *Dienstag* ❖ freitags — Karfreitag; **-tags** [taːks] ⟨Adv.⟩ ʿjeden Freitagʾ: ~ *geht er immer in die Sauna;* ↗ auch *dienstags* ❖ ↗ Freitag; **-willig** ⟨Adj.; o. Steig.⟩ ʿaus freiem Willen, nicht gezwungenʾ: *sich* ~ *zu einer, für eine Aufgabe melden;* ~ *mit jmdm. mitkommen; ein* ~*es Geständnis; die Teilnahme an dieser Aktion ist (für alle)* ~ ❖ ↗ Wille; **-zeichen, das** ʿTon, der beim Telefonieren ertönt, wenn man den Hörer abnimmt und anzeigt, dass man die Nummer wählen kann: *es ertönte das* ~ ❖ ↗ Zeichen; **-zeit, die** ⟨o.Pl.⟩ ʿjmdm. zur Verfügung stehende Zeit, die

nicht durch berufliche od. andere Pflichten in An-
spruch genommen ist': *er wusste nicht, was er in
seiner ~, mit seiner ~ machen sollte* ❖ ↗ Zeit; **-zü-
gig** [tsy:gɪç] ⟨Adj.; Steig. reg.⟩ 'sich nicht streng
nach Vorschriften richtend' /auf bestimmte Tätig-
keiten bez./: *eine ~e Auslegung der Bestimmungen;
seine Auslegung ist sehr ~; etw. ~ handhaben; die
~e Handhabung einer Vorschrift*

fremd [frɛmt] ⟨Adj.; ↗ auch [1]*Fremde*⟩ **1.** ⟨o. Steig.;
nur attr.⟩ **1.1.** 'einem anderen Gebiet, Land od.
Volk als dem eigenen zugehörig': *ein Bericht über
~e Länder, Menschen, Sitten; ~e Sprachen lernen*
1.2. 'ursprünglich einem anderen Land, Volk zuge-
hörig und von ihm ausgehend od. von ihm über-
nommen': *~e Einflüsse; ~e Wörter in unserer
Sprache* **1.3.** *~es Eigentum* 'einer anderen Person
gehörendes Eigentum': *sich nicht an ~em Eigentum
vergreifen; ~e Angelegenheiten* 'Angelegenheiten,
die eine andere Person, andere Personen betreffen,
einen selbst jedoch nicht': *sich nicht in ~e Angele-
genheiten mischen; unter ~em Namen* (SYN 'inkog-
nito') *reisen* **2.** ⟨Steig. reg., Superl. ungebr.⟩ 'jmdm.
nicht bekannt, nicht vertraut' /vorw. auf Personen,
Orte bez./: *ein ~er* (ANT bekannter 1.3) *Mann
hatte sie angesprochen; die vielen ~en Menschen,
Gesichter verwirrten ihn; er, das ist uns völlig ~*
('wir kennen ihn, das nicht');
sich irgendwo ~
(ANT vertraut 3.2) *fühlen; sie sind sich allmählich
~, immer ~er geworden* ('haben die innere Bindung
zueinander verloren'); *seine Stimme klang mir ganz
~; er ist mir ~* ❖ **befremden, Befremden, befremd-
lich,** [1,2]**Fremde** – **weltfremd, wildfremd;** vgl. **fremd/
Fremd-**

[1]**Fremde** ['frɛmdə], **der** u. **die**; ~n, ~n; ↗ *auch fremd;*
(↗ TAFEL II) **1.** 'sich an einem Ort aufhaltende,
aus einem anderen Gebiet, Land, Volk stammende
Person': *zur Messe halten sich viele ~ in N auf; als
Gastarbeiter, Urlauber war, blieb er ein ~r in diesem
Land* **2.** 'jmdm. nicht bekannte, nicht vertraute
Person': *einem ~n, ~n gegenüber ist sie sehr zu-
rückhaltend* ❖ ↗ **fremd**

[2]**Fremde, die**; ~, ⟨o.Pl.⟩ 'Gegend, Land fern der Hei-
mat': *in die ~ ziehen; in der ~ leben* ❖ ↗ **fremd**

Fremd/fremd ['frɛmt..]**-körper, der** 'kleines Stück,
Teilchen von etw., kleiner Gegenstand, der in das
Gewebe, einen Hohlraum des Körpers eingedrun-
gen, gelangt ist': *einen ~ aus dem Auge, Hals ent-
fernen* ❖ ↗ **Körper; -ländisch** [lɛnd..] ⟨Adj.; o.
Steig.⟩ 'einem fremden Land zugehörig': *~e Pflan-
zen, Tiere, Sitten; er sieht ~ aus* ❖ ↗ **Land;
-sprache, die** 'Sprache, die nicht die Muttersprache
ist': *eine ~ erlernen, beherrschen, sprechen* ❖ ↗
Sprache; -sprachig [ʃpra:xɪç] ⟨Adj.; o. Steig.; nur
attr.⟩: *~e* ('in einer fremden Sprache verfasste, ge-
schriebene') *Literatur; eine ~e Zeitung; ein ~er*
('in einer fremden Sprache sendender') *Sender* ❖
↗ **Sprache; -sprachlich** [ʃpra:x..] ⟨Adj.; o. Steig.;
vorw. attr.⟩: *~er* ('dem Erlernen einer Fremdspra-
che dienender'; ANT muttersprachlicher') *Unter-
richt* ❖ ↗ **Sprache; -wort, das** ⟨Pl. ~wörter⟩ 'aus

einer fremden Sprache in eine andere, in die eigene
Sprache übernommenes Wort, das bes. in Schrei-
bung und Aussprache noch als fremd erkennbar
ist': *er benutzte in seinem Aufsatz viele Fremdwör-
ter; Fremdwörter aus dem Englischen, Französischen*
❖ ↗ **Wort**

Frequenz [fre'kvɛnts], **die**; ~, ~en ⟨oft. + Gen.attr.⟩
1. Phys. 'Anzahl der Schwingungen einer Welle (4)
pro Sekunde': *die ~ einer Schallwelle, elektro-
magnetischen Welle; die ~ einer Welle messen* **2.**
'Bereich der Frequenz (1), in dem ein Sender sein
Programm ausstrahlt': *der Rundfunk X sendet, liegt
auf der ~ 91,4* **3.** ⟨o.Pl.⟩ 'die Häufigkeit von etw.,
die Häufigkeit, mit der Personen erscheinen': *die
~ der Besuche; die ~ der Hörer, Urlauber hat zu-,
abgenommen; die steigende ~ der Museumsbesucher*

Fresse ['frɛsə], **die**; ~, ~n derb SYN 'Gesicht (1)';
↗ FELD I.1.1: *jmdn., jmdm. in die ~ hauen; jmdm.
eins in die ~ geben; ein paar in die ~ kriegen*
* /jmd./ **die große ~ haben** ('sich sehr aufspielen');
derb /jmd./ **die ~ halten** ⟨vorw. im Imp.⟩ 'nicht
mehr reden, nichts mehr sagen': *halt die ~!; wenn
du nicht sofort die ~ hältst, lange ich dir eine;* /jmd./
jmdm. die ~ polieren 'jmdm. heftig ins Gesicht
schlagen': *dem werd' ich mal tüchtig die ~ polieren!*

fressen ['frɛsn̩] (frisst [frɪst]), fraß [fra:s], hat gefres-
sen **1.** /Tier/ 'feste Nahrung zu sich nehmen': *die
Tiere ~ gerade; etw. ~: Kühe ~ Gras; Raubtiere
~ Fleisch; dem Hund (etwas) zu ~ geben* **2.** derb
/Mensch/ **2.1.** *etw. ~* 'etw. essen (1.1)'; ↗ FELD
I.8.2: *damals mussten sie trockenes Brot ~; wer hat
meine Schokolade gefressen?* **2.2.** 'besonders viel
und schnell essen': *er hat gefressen, bis er nicht
mehr konnte* **3.** umg. *etw. frisst* (SYN 'verbraucht
2') *etw.: das Projekt hat viel Zeit, Geld gefressen;
der Motor frisst viel (Benzin)* **4.** /etw., bes. Werk-
zeug/ *sich in/durch etw. ~* 'durch, in etw. dringen
und dabei ein Loch machen': *der Bohrer, die Säge
frisst sich in, durch das Holz* ❖ **Fressen, gefäßig**
* umg. /jmd./ **etw.** ⟨vorw. *es*⟩ **gefressen haben** 'etw.
vollständig begriffen haben': *endlich hatte ich es ge-
fressen;* /jmd./ **jmdn., etw. gefressen haben** 'jmdn.,
etw. absolut nicht leiden (4) können': *ich hab den
Kerl gefressen!;* /jmd./ **jmdn. zum Fressen gern haben**
⟨vorw. in der direkten Anrede⟩ 'jmdn. überaus lie-
ben' /sagt vorw. ein Mann/: *ich hab dich zum ~
gern!*

Fressen, das; ~s, ⟨o.Pl.⟩ **1.** 'Nahrung, Futter für ein
(Haus)tier': *das ~ in den Trog, Napf schütten* **2.**
derb emot. neg. SYN 'Essen (1)': *das war heute
wieder mal ein ~* ('schlechtes Essen')!; *er schlang
das ~ in sich hinein* ❖ ↗ **fressen**
* /etw./ **für jmdn., etw. ein gefundenes ~ sein** 'jmdm.,
etw. hoch willkommen, weil es großen Erfolg,
Gewinn bringt': *der Skandal war für die Presse ein
gefundenes ~*

Freude ['frɔydə], **die**; ~, ~n **1.** ⟨o.Pl.⟩ '(am Gesichts-
ausdruck des Menschen erkennbarer) psychischer
Zustand gehobener Stimmung, des Beglücktseins,
bes. nachdem einem etw. Gutes widerfahren ist,

man etw. Ersehntes erreicht, bekommen hat od. durch etw., von jmdm. angenehm überrascht worden ist'; ANT Kummer, Verdruss; ↗ FELD I.6.1: *das Gefühl der ~; jmdn. erfüllt (eine) große, tiefe ~; etw. macht, bereitet jmdm. (viel) ~; jmdn. eine ~ machen* 'jmdn. mit etw. erfreuen': *du hast mir (mit den Blumen) eine große ~ gemacht!; vor ~ strahlen, weinen; die ~ über das Geschenk war groß; er empfand große ~ über das Erreichte; er hat viel ~ an seinen Kindern; jmdm. die ~ an etw., einem Hobby, Erfolg nehmen, verderben; es ist eine ~ (für sie, ihn), ihm (beim Turnen) zuzusehen;* /in den kommunikativen Wendungen/ *es ist, war mir eine ~* ⟨+ Nebens. mit Inf. + zu⟩ 'ich tue, tat es gerne' /in höflicher Rede, wenn jmd. seine Hilfsbereitschaft ausdrücken will/: *es ist mir eine ~, Ihnen dabei helfen zu können, Sie begleiten zu können!; das ist aber eine ~* ('das ist eine freudige Überraschung für mich') **2.** ⟨nur im Pl.; + Attr.⟩ 'das, was als Erlebnis jmdn. erfreut': *die geistigen, sinnlichen ~n; die ~n der Jugend, der Liebe; die kleinen ~n des Alltags* ❖ ↗ **freuen**

* /jmd./ **vor ~ an die Decke springen** ('sich sehr über etw. freuen'); /jmd./ **herrlich und in ~n leben** ('ein in jeder Hinsicht gutes Leben haben'); **Freud und Leid** 'Glück und Unglück': *Freud und Leid miteinander teilen; in Freud und Leid zusammenhalten;* /etw./ **keine reine ~ für jmdn. sein** 'in mancherlei Hinsicht unangenehm für jmdn. sein': *diese Arbeit zu übernehmen, das ist, war keine reine ~ (für mich)* MERKE *Die Freude an etw., jmdn. od. die Freude über etw., jmdn.* Die *Freude über etw.* bezieht sich auf etw., das neu hinzugekommen ist: *ein Geschenk, Sieg, Erfolg.* Die *Freude an etw., jmdn.* bezieht sich auf Vorhandenes, das sich als Grund für Freude erweist. Die Freude *über* das Buch ist die über seinen Erwerb. Die Freude *an* dem Buch ist die an seiner Qualität, d. h. darüber, dass es sich als gut erweist.

freudig ['frɔɪdɪç] ⟨Adj.; Steig. reg.; nicht präd.⟩ **1.1.** 'von Freude bestimmt' /vorw. auf Psychisches bez./; ↗ FELD I.6.3: *ein ~es Gefühl; in ~er Erwartung, Aufregung sein; ~ erregt, überrascht sein* **1.2.** SYN 'froh (1.2)' /vorw. auf Mimisches bez./: *ein ~es* (ANT *klägliches 2) Gesicht machen; jmdn. ~ begrüßen* **1.3.** ⟨nur bei Vb.⟩ 'von herzlicher innerer Bereitschaft bestimmt': *etw. ~ tun, anerkennen* ❖ ↗ **freuen**

-freudig /bildet mit einem Subst. od. Vb. als erstem Bestandteil Adjektive; drückt aus, dass das im ersten Bestandteil Genannte gern getan wird od. dass man dazu gern bereit ist/: ~ z. B. *kontaktfreudig*

freuen ['frɔɪən] ⟨reg. Vb.; hat⟩ **1.** /jmd./ *sich ~* 'aus einem bestimmten Anlass Freude (1) empfinden'; ↗ FELD I.6.2: *er hat sich sehr gefreut, als er uns sah, traf; ich freue mich, dass du mich besuchen willst; wir ~ uns, dir helfen zu können; sich über etw., jmdn. ~: sich von Herzen, sehr über eine gute Nachricht, jmds. Erfolg, ein Geschenk, sein Kind ~; ich habe mich sehr über ihn gefreut; sich (mit jmdm.) über etw. ~; sich an jmdm., etw.* ⟨Dat.⟩ *~: sich an seinen Kindern, seinen Büchern, an einem Geschenk ~* ('erfreuen'); *sich auf etw., jmdn. ~* ('sich in der Erwartung einer Sache, Person freuen'): *sich auf den Urlaub, das Fest, die (Ankunft der) Tante ~; sich etw.* ⟨Gen.⟩ *~* 'sich an etw. erfreuen': *sich seines Lebens, Erfolges ~; sich für jmdn. ~: er freute sich für sie* ('gönnte es ihr sehr'), *dass sie die Prüfung bestanden hatte* **2.** *etw. freut jmdn.* 'etw. bereitet jmdm. Freude, erfreut jmdn.': *sein Lob, ihre Dankbarkeit, der Besuch des Freundes hat uns sehr gefreut; es freut mich, dass alles geklappt hat; es freut mich (zu hören), dass es dir gut geht* ❖ **erfreuen, erfreulich, Freude, freudig – kontaktfreudig, Schadenfreude, Vorfreude;** vgl. **Freund**

MERKE *sich über etw., jmdn. freuen* bezieht sich auf etw., das hinzugekommen ist: *sich über sein Kind freuen; sich an etw., jmdn. freuen:* etw., jmdn. als Grund für Freude empfinden; *sich an seinem Kind freuen* meint: sich an der Schönheit, Begabung o.Ä. des Kindes freuen; *sich auf etw. freuen* ist die Vorfreude auf Künftiges

Freund [frɔɪnt], **der;** ~es/auch ~s, ~e **1.** 'männliche Person, die mit einer anderen in der Regel männlichen und nicht verwandten Person durch enge, gute Freundschaft verbunden* (↗ *verbinden 10) ist': *er ist mein (bester) ~/ist ein (guter) ~ von mir, einer meiner (alten) ~e; die beiden wurden ~e, sind zwei unzertrennliche, enge ~e* ('miteinander befreundete Personen'); *in jmdm. einen (wirklichen) ~ finden; jmdm. ~ sein; viele ~e haben; zu seinem Geburtstag hatte er alle seine ~e und Freundinnen eingeladen; er ist ein ~* ('ein guter Bekannter') *der Familie, des Hauses;* vgl. *Kumpel (2)* **2.** 'männliche Person, die zu einer weiblichen Person in (fester) erotischer Beziehung steht' ⟨oft mit Possessivpron. *mein, dein, ihr*⟩; ↗ FELD I.6.1: *ihr ~ hat sie, mein ~ hat mich verlassen; sie hat noch keinen, sie hat schon einen (festen) ~;* vgl. *Geliebte (2)* **3.** ⟨+ Gen.attr.; vorw. mit unbest. Art.⟩ 'jmd., der mag, liebt': *er war ein ~* (SYN 'Liebhaber 3') *guter Musik, des Kartenspielens; er ist kein ~ großer Worte/von großen Worten, von vielen Worten* ('spricht nicht viel über etw., sondern zieht es vor zu handeln') **4.** ⟨+ Possessivpron.⟩ 'jmd., der jmds. politischen Ansichten teilt und ihn im Falle eines Konflikts unterstützt': *seine politischen ~e; seine ~e haben ihn im Stich gelassen* **5.** emot. pos. *unsere vierbeinigen ~e* /Haustiere wie Hunde, Katzen/ ❖ **befreunden, Freundin, freundlich, Freundlichkeit, Freundschaft, freundschaftlich, unfreundlich, gastfreundlich, Gastfreundschaft, Jugendfreund, kinderfreundlich, menschenfreundlich, Schulfreund;** vgl. **freuen**

* **~ und Feind** 'jedermann': *der, die bedeutende Gelehrte wurde von ~ und Feind geachtet;* /jmd./ **mit jmdm. gut ~ sein** ('mit jmdm. gut befreundet sein')

Freundin ['frɔɪndɪn], **die;** ~, ~nen **1.** 'weibliche Person, die mit einer anderen in der Regel weiblichen und nicht verwandten Person durch enge, gute

Freundschaft verbunden (↗ *verbinden 10*) ist': *sie ist meine (beste) ~, ist eine (gute) ~ von mir; sie ist die ~ meiner Tochter; die beiden sind (zwei) unzertrennliche ~nen; sie hat viele ~nen* **2.** 'weibliche Person, die zu einer männlichen Person in (fester) erotischer Beziehung steht'; SYN Geliebte': ⟨oft mit Possessivpron. *mein, sein*⟩ *er hat schon eine, wieder eine, keine (feste) ~; meine ~ hat mich verlassen* ❖ ↗ **Freund**

-freundlich /bildet mit einem Subst. als erstem Bestandteil Adjektive/ 'für das im ersten Bestandteil Genannte günstig, dafür positiv wirkend'; ANT -feindlich: ↗ z. B. *kinderfreundlich*

freundlich [fʀɔɪnt..] ⟨Adj.; Steig. reg.⟩ **1.1.** 'im Umgang mit Menschen entgegenkommend und liebenswürdig'; ↗ FELD I.2.3: *ein ~er Mensch; eine ~e Verkäuferin, Bedienung; ein ~er alter Herr; er hat ein ~es Wesen; jmdn. ~ empfangen, behandeln; er wirkt ~* (ANT muffelig); *~ zu jmdn./gegen jmdn. sein; ~e* (SYN 'liebe 2.1') *Worte an jmdn. richten;* /in der kommunikativen Wendung/ *würden Sie so ~ sein, ...* /höfliche Einleitung einer Bitte, Aufforderung/: *würden Sie so ~ sein, und mir beim Einsteigen helfen/, mir beim Einsteigen zu helfen?* **1.2.** 'heiter (1) und liebenswürdig'; ANT sauer (3.1) /auf Mimisches bez./: *ein ~es Lächeln, Gesicht; ihr Lächeln war ~; jmdn. ~ anblicken* **2.** 'angenehm auf jmdn. wirkend': *eine ~e Gegend, Umgebung; ein ~er Anblick; das Zimmer wirkt, ist ~* (SYN 'hell 1.2'); *~es* (SYN 'heiteres 3') *Wetter* ❖ ↗ **Freund**

Freundlichkeit [ˈfʀɔɪntlɪç..], **die**; ~, ⟨o.Pl.⟩ /zu *freundlich 1*/ 'das Freundlichsein'; ↗ FELD I.2.1: *etw. mit betonter ~ sagen, tun* ❖ ↗ **Freund**

Freundschaft [ˈfʀɔɪnt..], **die**; ~, ~en **1.** ⟨vorw. Sg.⟩ 'enges Verhältnis, innige Beziehung zwischen Menschen gleichen, auch verschiedenen Geschlechts, die auf gegenseitiger Zuneigung, Übereinstimmung der Gesinnung und auf Vertrauen beruht': *uns verbindet eine enge, herzliche ~; zwischen den beiden, den Schülern besteht eine echte, wahre ~; mit jmdm. ~ schließen* ('miteinander Freunde werden'); *etw. aus (reiner) ~ tun; in aller ~* ('ohne Streit') *auseinander gehen* **2.** ⟨o.Pl.⟩ *in Frieden und ~* ('im Zustand freundschaftlicher Beziehungen') *mit seinen Nachbarn leben* ❖ ↗ **Freund**

freundschaftlich [ˈfʀɔɪntʃaft..] ⟨Adj.; Steig. reg., ungebr.; vorw. attr. u. bei Vb.⟩ 'auf Freundschaft beruhend, von Freundschaft zeugend': *zwischen den beiden Familien besteht ein ~es Verhältnis; jmdm. ~ auf die Schulter klopfen; jmdm. ~ gesinnt, zugetan sein* ❖ ↗ **Freund**

Frevel [ˈfʀeːfl̩], **der**; ~s, ~ geh. 'verwerfliche, gegen Ordnung und Gesetz gerichtete Handlung'; ↗ FELD I.12.1: *einen ~ begehen, verüben; ein ~ am, gegen das Gesetz; ein schlimmer, unerhörter ~* ❖ **frevelhaft**

frevelhaft [..] ⟨Adj.; Steig. reg.; vorw. attr.⟩ 'einen Frevel darstellend'; ↗ FELD I.12.3: *eine ~e Tat; sein ~er Leichtsinn, Übermut* ❖ ↗ **Frevel**

Friede [ˈfʀiːdə], **der**; ~ns, ⟨o.Pl.⟩ veraltend ↗ *Frieden*

Frieden [ˈfʀiːdn̩], **der**; ~s, ⟨o.Pl.⟩ **1.** '(vertraglich gesicherter) Zustand innerhalb von Ländern, Staaten und zwischen Ländern, Staaten, in dem keine bewaffneten Auseinandersetzungen stattfinden od. drohen'; ↗ FELD I.14.1: *ein dauerhafter, beständiger, langer ~; in ~ und Freiheit leben; den ~ stützen, bewahren; in ~ mit den anderen Völkern leben (wollen); mit dem Gegner ~ schließen; etw., ein Land bedroht, gefährdet den ~* **2.** 'Zustand der Eintracht und Harmonie in zwischenmenschlichen Beziehungen': *der häusliche, eheliche ~; mit jmdm. ~ halten; in ~ miteinander leben, auskommen; ~ stiften* ('zwei od. mehrere sich zankende, streitende Personen miteinander aussöhnen'); umg. *um des lieben ~s willen nachgeben, zustimmen* **3.** 'heitere (1) Stille, Ruhe (2)': *den ~ der Natur genießen, lieben, nicht stören; etw. bietet ein Bild des ~s* ❖ **befriedigen, friedlich — friedfertig, Friedhof, friedliebend, Landfriedensbruch, selbstzufrieden, Störenfried, unzufrieden, Unzufriedenheit, zufrieden, Zufriedenheit**

* /jmd./ **keinen ~ geben** ('immer wieder von neuem streiten'); /jmd./ **jmdn. in ~ lassen** ⟨oft im Imp.⟩ 'aufhören, jmdn. zu stören, zu ärgern': *nun lass ihn, mich doch (endlich) in ~!*; /jmd./ **dem ~ nicht trauen** 'nicht überzeugt sein, dass die (nach einem Streit, Konflikt eingetretene) Ruhe von Dauer ist': *die Streitigkeiten haben aufgehört, aber ich traue dem ~ nicht*

fried/Fried [ˈfʀiːt..]-**fertig** ⟨Adj.; Steig. reg.; vorw. attr.⟩ SYN verträglich (1); ANT streitsüchtig, unverträglich (1) /auf Personen bez./: *ein ~er Charakter, Mensch* ❖ ↗ **Frieden**, ↗ **fertig**; **-hof, der** 'abgegrenztes Gebiet (neben einer Kirche), wo die Toten begraben werden, sind': *der Verstorbene wurde auf dem ~ beerdigt* ❖ ↗ **Frieden**, ↗ **Hof**

friedlich [ˈfʀiːt..] ⟨Adj.⟩ **1.** ⟨vorw. attr. u. bei Vb.⟩ **1.1.** ⟨Steig. reg., Superl. ungebr.⟩ 'ohne Anwendung von Gewalt, ohne das Mittel des Kampfes, Krieges'; ↗ FELD I.14.3: *die ~e Lösung internationaler, zwischenstaatlicher Probleme, Konflikte; das ~e Zusammenleben der Menschen, Völker; die friedliche Entwicklung eines Landes; eine ~e Demonstration, Revolution; die Demonstration verlief ~er als erwartet; etw., einen Konflikt auf ~em Wege, mit ~en Mitteln regeln, beilegen; einen Konflikt ~ lösen* **1.2.** ⟨o. Steig.⟩ 'nicht dem Krieg dienend, nicht für militärische Zwecke bestimmt': *die ~e Nutzung der Atomenergie; etw. dient ~en Zwecken* **2.** ⟨o. Steig.⟩ **2.1.** 'auf Frieden (2) gerichtet, von Frieden (2) bestimmt, geprägt': *ein ~es Zusammenwirken von Menschen verschiedener Anschauungen; ein ~es Heim, Zusammenleben; ein ~er* ('friedfertiger') *Mensch;* umg. /in der kommunikativen Wendung/ *sei, bleib ~* ('reg dich nicht auf, werde nicht gewalttätig')/ /wird mäßigend zu jmdm. gesagt/ **2.2.** ⟨o. Steig.; nicht präd.⟩ 'ohne Streit, ohne rechtliche Maßnahmen in Anspruch zu nehmen': *einen Streit ~ beile-*

gen, schlichten; sich ~ einigen; die ~e Beilegung eines Konflikts **3.** ⟨o. Steig.⟩ **3.1.** ⟨nicht bei Vb.⟩ 'von Frieden (3) erfüllt': *ein ~er Morgen, Anblick; ein ~es Tal* **3.2.** ⟨nur bei Vb.⟩ 'geruhsam und ungestört': *das Wild äste ~ im Morgengrauen, am Waldrand; das Kind spielte ~ im Garten; wir lagen ~ im Gras* ❖ ↗ **Frieden**

fried|liebend ['fʀiːtliːbənt] ⟨Adj.; Steig. reg., ungebr.; nicht bei Vb.⟩ 'bestrebt, den Frieden (1) zu erhalten'; ↗ FELD I.14.3: *ein ~es Volk; die ~en Menschen der Welt* ❖ ↗ **Frieden**, ↗ **lieb**

frieren ['fʀiːʀən], fror [fʀoːɐ̯], hat/ist gefroren [ɡəˈfʀoːʀən]; ↗ FELD VI.5.2 **1.** ⟨hat⟩ *jmd. friert/jmdn. friert (es)/es friert jmdn.* 'Kälte wirkt so stark auf jmds. Körper ein, dass er sie als unangenehm empfindet': *in, bei der Kälte, beim Warten im Freien sehr, stark, tüchtig, schrecklich ~; es fror ihn sehr; mich friert (es); jmd. friert an den Händen, Füßen/ jmdm. ~ die Hände, Füße* **2.** ⟨ist⟩ /Flüssigkeit/ SYN 'gefrieren': *die Milch ist gefroren; zu Eis ~: das Wasser fror zu Eis, ist zu Eis gefroren* **3.** ⟨hat⟩ *es friert* 'es herrscht Frost, so dass Flüssigkeiten gefrieren': *heute nacht wird es ~, hat es gefroren* ❖ **erfrieren, Frost, frösteln, frostig, gefrieren – durchfrieren, einfrieren, frostklar, Halbgefrorene, Schüttelfrost, tiefgefrieren, zufrieren**

Frikassee [fʀikaˈseː], **das**; ~s, ~s 'Gericht aus kleinen Stücken von (Hühner-, Kalb)fleisch in heller, säuerlicher Soße': *heute Mittag gibt es ~ mit Reis*

frisch [fʀɪʃ] ⟨Adj.⟩ **1.1.** ⟨Steig. reg.⟩ 'gerade erst erzeugt, geerntet und für den Verbrauch in bestem Zustand' /auf Lebensmittel bez./: *ein ~es Brot, Ei; ~e Butter, Milch; ~es Gemüse; ~e ('nicht geräucherte') Wurst; das Gemüse ist ~, kommt ~ auf den Markt* **1.2.** ⟨Steig. reg.; nicht bei Vb.⟩ 'noch nicht durch etw. in der Qualität beeinträchtigt': *ein Glas ~es Wasser; die Blumen in der Vase sind noch ~; ~e Luft ins Zimmer lassen* **1.3.** ⟨Steig. reg., ungebr.⟩ 'vor kurzem entstanden'; ANT alt: *ein ~er Fleck; eine ~e Wunde; das ~e Grün der Blätter; das sind ganz ~e Eindrücke, Erinnerungen; die Fährte des Wolfes ist noch ~; ~ ('gerade erst') rasiert sein; die Farbe ist noch ~ ('noch nicht getrocknet'); ~er ('gerade gerösteter') Kaffee; ~ gebackener Kuchen;* /in der kommunikativen Wendung/ *Vorsicht, ~ gestrichen!* /Warnung vor der Berührung/ **2.1.** ⟨Steig. reg.⟩ 'erfrischt': *ich muss mich erst noch ~ machen ('durch Wasser, Waschen erfrischen'); nach der Rast mit ~en Kräften weiterwandern; nach dem Mittagsschlaf war er, fühlte er sich wieder ~, ~er* **2.2.** ⟨o. Steig.; nicht bei Vb.⟩ 'gewaschenes und danach noch nicht wieder getragenes': *ein ~es Hemd anziehen; ~e Wäsche; ein ~es Handtuch* **3.** ⟨Steig. reg., ungebr.⟩ 'voller Tatkraft und Lust am Leben, heiter und rege': *er sieht sehr ~ (ANT müde 1) aus; er fühlt sich ~ (ANT k.o. 2); sie hat ein entzückend ~es Naturell, Wesen; er ist wieder ~ und munter; ~ ('tatkräftig') ans Werk gehen; eine ~e ('gesunde') Gesichtsfarbe* **4.** ⟨Steig.

reg.⟩ 'spürbar kühl (1)' /auf den Wind, das Wetter bez./: *eine ~e Brise; ein ~er Wind; heute früh war es ziemlich ~, noch ~er als gestern* ❖ **erfrischen, Erfrischung, Frische – taufrisch**

Frische ['fʀɪʃə], **die**; ~, ⟨o.Pl.⟩ /zu frisch 3, 4/ 'das Frischsein'; /zu 3/: *in gewohnter ~ beging sie ihren 70. Geburtstag; sich in alter ~ wiedersehen; die unbeschwerte ~ der Jugend;* /zu 4/; ↗ FELD VI.5.1: *die ~ der morgendlichen Brise* ❖ ↗ **frisch**

Friseur [fʀiˈzøːɐ̯], **der**; ~s, ~e 'jmd., der beruflich den Kunden die Haare pflegt, schneidet': *sich die Haare vom, beim ~ waschen, schneiden, frisieren lassen; zum ~ gehen* ❖ ↗ **frisieren**

Friseuse [fʀiˈzøːzə], **die**; ~, ~n /zu Friseur; weibl./: *sie hat ~ gelernt, ist ~, arbeitet als ~*

frisieren [fʀiˈziːʀən], frisierte, hat frisiert **1.** /jmd., bes. Friseuse/ *jmdn. ~* 'jmdm., bes. einer Frau, das Haar zu einer Frisur herrichten': *sich ~ lassen; sich ~ ('sich selbst das Haar herrichten')* **2.** emot. /jmd./ *etw. ~* 'etw., bes. einen Text, eine Abrechnung, in betrügerischer Weise zu seinen eigenen Gunsten, in seinem Interesse verändern': *eine Nachricht, Statistik, Bilanz ~* ❖ **Friseur, Friseuse, Frisur**

Frist [fʀɪst], **die**; ~, ~en 'genau begrenzter Zeitraum, bis zu dessen Ende etw. erledigt, geschehen, getan sein muss'; SYN Zeit (2.2): *eine kurze, angemessene ~; eine ~ von ...: eine ~ von drei Tagen; eine ~ für etw., für die Regelung einer Sache festlegen, (fest)setzen, bestimmen, verlängern; er gab ihm eine ~ von zehn Tagen, um die Angelegenheit zu erledigen; die vereinbarte ~ beträgt einen Monat, ist abgelaufen; jmdm. ist, wird noch eine kleine ~ ('ein befristeter Aufschub') gewährt, gegönnt* ❖ **befristen – fristlos, kurzfristig, langfristig**

frist|los ['..] ⟨Adj.; o. Steig.; nicht präd.⟩ *jmdm. ~* ('mit sofortiger Wirkung, ohne Einhaltung der Kündigungsfrist') *kündigen; jmdn. ~ entlassen; eine ~e Kündigung, Entlassung* ❖ ↗ **Frist**, ↗ **los**

Frisur [fʀiˈzuːɐ̯], **die**; ~, ~en 'durch Frisieren hergestellte Form von jmds. Haar': *sie hat, trägt eine neue, moderne, flotte ~; die ~ sitzt (gut, nicht mehr)* ❖ ↗ **frisieren**

froh [fʀoː] ⟨Adj.⟩ **1.1.** ⟨Steig. reg.⟩ 'von Freude erfüllt'; ↗ FELD I.6.3: *er ist ein ~er (SYN fröhlicher, heiterer; ANT trauriger) Mensch; jmdn. ~ machen; er war ~ gelaunt; diese Nachricht stimmte ihn ~ (SYN fröhlich 1.1; ANT traurig 1.1); ~ sein: er war ~ ('freute sich'), dass ...; er war ~, dass alles so gut verlaufen war; über etw. ~ sein: er war ~ über unseren Erfolg; ich bin ~ darüber ('bin beruhigt, erleichtert') dass ihm nichts passiert ist; du kannst ~ sein ('dich freuen'), dass ...; du kannst ~ sein, dass du das miterleben kannst, darfst; geh. etw.* ⟨Gen.⟩ *nicht ~ werden* 'über etw. nicht glücklich werden': *er konnte, sollte seines Erfolges nicht ~ werden, denn es kam ganz anders* **1.2.** ⟨Steig. reg.; vorw. attr.⟩ 'Freude ausdrückend'; ANT traurig: *in ~er (SYN 'freudiger 1.2') Stimmung; sie hatten alle ~e Gesichter* **1.3.** ⟨Steig. reg., ungebr.; nur

attr.〉 'Frohsinn, Freude bringend, vermittelnd': *eine ~e Nachricht, Botschaft erhalten; ein ~es Ereignis;* SYN fröhlich (1.3): *wir haben ~e Tage miteinander verbracht; die Kinder zu ~en Spielen und Liedern anregen;* /in der kommunikativen Wendung/ *~es Fest!; ~e Weihnachten!; ~e Ostern!* /in Glückwünschen für bestimmte christliche Festtage/ ❖ **fröhlich – farbenfroh, frohlocken, Frohsinn, schadenfroh**
MERKE Zum Unterschied von *froh, fröhlich:* ↗ *fröhlich* (Merke)

fröhlich ['frøː..] 〈Adj.〉 **1.1.** 〈Steig. reg.〉 'von lebhafter Freude und Unbeschwertheit erfüllt' /vorw. auf Personen bez./; ↗ FELD I.6.3: *ein ~es Kind; er hat ein ~es Gemüt; ~ lachen, spielen, feiern;* SYN heiter (1), vergnügt (1): *ein ~er Mensch; in ~er Runde, Gesellschaft feiern; er war ~, wirkte ~* **1.2.** 〈Steig. reg.〉 'Freude und Unbeschwertheit ausdrückend'; SYN vergnügt (2): *ringsum blickte er in ~e* (SYN 'frohe 1.2'; ANT traurige) *Gesichter; ein ~es Gelächter, Treiben; eine ~e Feier; er ist sehr ~* (SYN 'fidel'); SYN heiter (1): *in ~er Stimmung sein; nachdem sie Wein getrunken hatten, ging es sehr ~* ('lustig und ausgelassen') *bei ihnen zu* **1.3.** 〈o. Steig.; vorw. attr.〉 'froh (1.3)': *~e Lieder und Tänze, Spiele;* /in Glückwünschen für bestimmte christliche Feiertage/: *~e Weihnachten, ~e Ostern!* ❖ ↗ **froh**
MERKE Zum Unterschied von *fröhlich, froh:* In der Bedeutung 'Frohsinn, Freude bringend, vermittelnd': Man erhält eine *frohe Botschaft*, aber keine *fröhliche;* man sagt in Glückwünschen *frohes Fest*, nicht *fröhliches Fest*

Fröhlichkeit ['frøːlıç..], **die**; ~, 〈o.Pl.〉 /zu *fröhlich* 1.1/ 'das Fröhlichsein'; ↗ FELD I.6.1: *seine ~ wirkte ansteckend* ❖ ↗ **froh**

froh/Froh|-locken [fro'l..], frohlockte, hat frohlockt /jmd./ *über etw. ~* 'über etw. Schadenfreude empfinden und ausdrücken'; SYN triumphieren: *er frohlockte über den Misserfolg, die Niederlage seines Gegners;* vgl. *triumphieren* (2) ❖ ↗ *froh;* **-sinn** ['..], **der** 〈o.Pl.〉 'frohe, heitere Stimmung'; ↗ FELD I.6.1: *~ und gute Laune, Heiterkeit verbreiten* ❖ ↗ froh, ↗ **Sinn**

fromm [from], frommer/frömmer ['frœmɐ], frommste/frömmste ['frœmstə] 〈Adj.; vorw. attr. u. präd.〉 **1.1.** 'an Gott glaubend und entsprechend lebend'; ↗ FELD I.12.3, XII.1.3: *ein ~er Mensch, Christ; er ist sehr ~* **1.2.** 〈o. Steig.〉 'vom Glauben an Gott zeugend': *ein ~es Leben führen; ein ~es Lied* ❖ **Frömmigkeit**

Frömmigkeit ['frœmıç..], **die**; ~, 〈o.Pl.〉 /zu *fromm* 1.1/ 'das Frommsein'; ↗ FELD XII.1.1: *er, sein literarisches Werk war von echter, tiefer ~ erfüllt; sein Buch zeugt von echter ~* ❖ ↗ **fromm**

frönen ['frøːnən] 〈reg. Vb.; hat〉 geh. /jmd./ *etw.* 〈Dat.〉 ~ 'sich etw. Angenehmem, bes. einer Leidenschaft, rückhaltlos hingeben und es genießen': *seinem Hobby, dem Spiel, Wein ~; dem Luxus ~*

Fronleichnam [froːn'l..], **der**; ~s, ~e 〈vorw. o.Art. u. o.Pl.〉 'am zweiten Donnerstag nach Pfingsten von Katholiken begangener Feiertag'; ↗ FELD XII.3.5: *vor, nach, zu,* landsch. *an ~* ❖ ↗ **Leiche**

Front [front], **die**; ~, ~en **1.** 'vordere od. hintere Seite eines größeren Gebäudes od. einer Reihe von Gebäuden'; ↗ FELD IV.3.1: *die vordere, hintere ~ eines Hauses; die prächtige ~* ('die vordere Seite') *des Rathauses* **2.** 〈o.Pl.〉 'die ausgerichtete vordere Reihe einer angetretenen Truppe': *vor der ~ der Kompanie stehen; die ~ der Ehrenkompanie abschreiten* **3.1.** 'Gebiet, in dem während eines Krieges gekämpft wird': *er wurde eingezogen und kam gleich an die ~; er war, stand zwei Jahre lang an der ~; an zwei ~en wurde gekämpft* **3.2.** 'Linie, an der sich die gegnerischen Truppen im Kampf gegenüberstehen': *die gegnerische ~ durchbrechen; auf breiter ~ vorrücken, angreifen; die ~ verläuft entlang des Flusses; die ~ zurücknehmen, begradigen* **3.3.** 〈nur im Pl.〉 'gegensätzliche Standpunkte': *die ~en haben sich verhärtet, versteift* ('man ist hinsichtlich seiner Standpunkte noch unnachgiebiger geworden'); *die ~en klar abstecken* ('die gegensätzlichen Standpunkte deutlich machen') ❖ **frontal**
* /jmd./ *~ gegen jmdn., etw. machen* ('sich in einer Angelegenheit gegen jmdn., etw. wenden'); /jmd./ *klare ~en schaffen* 'dafür sorgen, dass in einer strittigen, verworrenen Angelegenheit wieder klar erkennbar wird, worum es geht, welche Meinungen gegeneinander stehen, wer welche Position einnimmt': *wir müssen erst einmal klare ~en schaffen*

frontal [fron'taːl] 〈Adj.; o. Steig.; nicht präd.〉 /beschränkt verbindbar/; ↗ FELD IV.3.3 **1.1.** 'mit der Vorderseite': *die beiden Autos sind ~ zusammengestoßen; ~ gegen einen Baum fahren; ein ~er Zusammenstoß* **1.2.** 'nach vorn gerichtet od. von vorn kommend': *ein ~er Angriff; den Gegner ~ angreifen* ❖ ↗ **Front**

fror: ↗ **frieren**

Frosch [frɔʃ], **der**, ~s/auch ~es, Frösche ['frœʃə] 'kleiner Lurch mit grün od. braun gefärbtem, plumpem Körper, hervortretenden Augen, breitem Maul und langen hinteren Gliedmaßen'; ↗ FELD II.3.1 (↗ BILD): *die Frösche quaken im Teich; die Frösche laichen;* /in der kommunikativen Wendung/ *sei kein ~!* 'hab dich nicht so und tu es endlich, mach mit' /wird tadelnd und auffordernd zu jmdm. gesagt, Entschlossenheit, Mut zu zeigen/: *nun sei kein ~ und spring' endlich!* ❖ **Laubfrosch**
* /jmd./ *einen ~ im Hals haben* ('heiser sein')

Frost [fʀɔst], **der**; ~es/auch ~s, Fröste ['fʀœstə] ⟨vorw. Sg.; vorw. mit best. Art. od. o. Art.⟩ ˈTemperatur unter null Grad Celsius im Freien'; ↗ FELD VI.5.1: *es herrscht (ein) strenger, leichter, starker, harter, klirrender ~; heute nacht hatten wir ~; der erste ~, die ersten Fröste im Herbst; diese Pflanzen vertragen keinen ~, müssen vor ~ geschützt werden* ❖ ↗ **frieren**

frösteln ['fʀœstl̩n] ⟨reg. Vb.; hat⟩ /jmd./ ˈunter leichtem Zittern ein wenig frieren'; ↗ FELD VI.5.2: *bei Regen, nasskaltem Wetter, vor Müdigkeit ~; ihn überlief ein leichtes Frösteln; es fröstelt jmdn./jmdn. fröstelt* (ˈjmd. friert ein wenig'); vgl. *schaudern* (2) ❖ ↗ **frieren**

frostig ['fʀɔstɪç] ⟨Adj.; Steig. reg., Superl. ungebr.⟩ **1.** ⟨nicht bei Vb.⟩ ˈmit Temperaturen unter null Grad Celsius'; ↗ FELD VI.5.3: *~es Wetter; ein ~er Wind; die Nacht war ~* **2.** SYN ˈkühl (2)'; ANT herzlich (I) /vorw. auf Zwischenmenschliches bez./; ↗ FELD I.18.3: *ein ~er Empfang; der Empfang war ~; eine ~e Atmosphäre; ~ antworten* ❖ ↗ **frieren**

frost|klar ['fʀɔst..] ⟨Adj.; o. Steig.; nicht bei Vb.⟩ ˈfrostig (1) und ohne Wolken am Himmel': *eine ~e Nacht* ❖ ↗ **Frost**, ↗ **klar**

Frottee ['fʀɔteː/auch fʀɔ'teː], **der/das**; ~/auch ~s, ~s ˈsaugfähiges Gewebe, dessen Oberfläche aus kleinen Schlingen besteht': *Handtücher, ein Bademantel aus ~*

frottieren [fʀɔ'tiːʀən], frottierte, hat frottiert /jmd./ *jmdn., sich, etw. ~* ˈjmds. Körper, sich, einen Teil des Körpers (eines anderen Menschen) mit einem Tuch, einer Bürste kräftig reiben (damit er trocken wird)'; ↗ FELD I.3.5.2: *den Körper, die Haut, die Schultern, sich ausgiebig, den Rücken, seine Kinder ~*

frotzeln ['fʀɔtsl̩n] ⟨reg. Vb.; hat⟩ umg. /jmd./ *über jmdn., etw. ~* ˈspöttische, anzügliche Bemerkungen über jmdn., etw. machen': *über ihn, sein Benehmen wurde gefrotzelt; es wurde, er hat ständig gefrotzelt*

Frucht [fʀʊxt], **die**; ~, Früchte ['fʀʏçtə] **1.1.** ˈaus einer Hülle und dem Samen bestehendes Produkt (1.2) einer Pflanze'; ↗ FELD II.4.1: *reife, essbare, giftige Früchte; die Eichel ist die ~ der Eiche; der Baum, Busch trägt reiche ~* (ˈviele Früchte') **1.2.** ⟨nur im Pl.⟩ ˈPflanzliches, das der Ernährung dient': *die Früchte des Feldes, Gartens, Waldes* **1.3.**

ˈ(großes) einzelnes Stück Obst': *auf dem Teller liegen große, süße, saftige Früchte; der Saft, Kern, das Fleisch einer ~* **2.** ⟨vorw. Pl.; + Gen.attr.⟩ ˈErgebnis von Anstrengungen, Bemühungen, Arbeit': *das sind die Früchte seines Schaffens, seiner Forschungen; die Früchte seiner Arbeit, seines Fleißes genießen; jmdn. um die Früchte seiner Arbeit, Bemühungen bringen, betrügen* ❖ **befruchten, fruchtbar, fruchten, fruchtig, fruchtlos, unfruchtbar − Fruchtsaft, Hülsenfrucht, Hülsenfrüchtler, Meeresfrüchte, Südfrucht**

fruchtbar ['fʀʊxt..] ⟨Adj.; Steig. reg.⟩ **1.** SYN ˈertragreich'; ANT karg (2) /bes. auf Boden bez./; ↗ FELD II.4.3: *ein ~er Boden, Acker; ~es Land; das Land ist ~; Boden ~ machen* **2.** ⟨nur präd. (mit sein)⟩ /Tier/ *~ sein* ˈviele Nachkommen hervorbringend': *Kaninchen, Katzen sind sehr ~* **3.** ˈsich als nützlich erweisend' /auf Abstraktes bez./: *eine ~e Kritik; seine Kritik war ~; Erfahrungen, Erkenntnisse für die Allgemeinheit ~* (ˈnutzbar') *machen; ein ~er Gedankenaustausch* ❖ ↗ **Frucht**

Fruchtbarkeit ['fʀʊxtbaʀ..], **die**; ~, ⟨o.Pl.⟩ /zu fruchtbar 1−3/ ˈdas Fruchtbarsein'; /zu 1/; ↗ FELD II.4.1: *die ~ des Bodens erhöhen* ❖ ↗ **Frucht**

fruchten ['fʀʊxtn̩], fruchtete, hat gefruchtet ⟨vorw. verneint⟩ /etw., bes. auf jmdn. gerichtete Aktivitäten/ *bei jmdm. ~* ˈbei jmdm. angestrebte Wirkung, den beabsichtigten Nutzen zeigen': *alle Bemühungen um ihn, alle Ratschläge, Ermahnungen haben bei ihm nicht(s) gefruchtet* ❖ ↗ **Frucht**

fruchtig ['fʀʊxtɪç] ⟨Adj.; Steig. reg., ungebr.⟩ ˈdem Geschmack, Duft von Früchten (1.2) entsprechend' /bes. auf Getränke bez./: *~er Geschmack; ein ~es Aroma; eine ~ schmeckende Limonade; der Wein ist ~* ❖ ↗ **Frucht**

frucht/Frucht ['fʀʊxt..]|**-los** ⟨Adj.; Steig. reg., ungebr.; nicht bei Vb.⟩ ˈohne die beabsichtigte Wirkung, ohne den beabsichtigten Nutzen': *alle Bemühungen, Ermahnungen blieben, waren ~; das waren ~e Diskussionen, Versuche* ❖ ↗ Frucht, ↗ los; **-saft, der** ˈSaft von (frischen) Früchten (1.3)': *den ~ auspressen; ~ trinken* ❖ ↗ Frucht, ↗ Saft

früh [fʀyː] ↗ auch *früher, frühestens* **I.** ⟨Adj.⟩ **1.** ⟨o. Steig.; nicht bei Vb.⟩ ˈden Anfang eines bestimmten Zeitabschnitts betreffend'; ANT spät (I.1) /auf Zeitliches bez./: *am ~en Morgen, Nachmittag,*

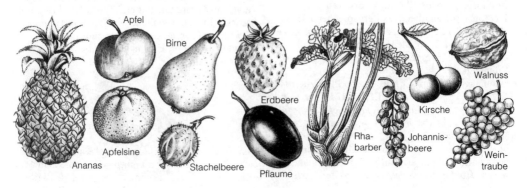

Apfel

Birne

Walnuss

Erdbeere

Kirsche

Apfelsine

Rha-
barber

Johannis-
beere

Ananas

Stachelbeere

Pflaume

Wein-
traube

*Abend; das ~e Mittelalter; in der ~en Kindheit, es
ist noch ~ (am Tage)* **2.** ⟨Steig. reg.⟩ ˈvor der er-
warteten, üblichen Zeit liegendˈ; ANT spät (I.2):
*ein ~er Winter, Tod; er ist ~ verstorben; in diesem
Jahr haben wir ~e Ostern; ein ~es* (ˈrechtzeitigesˈ)
*Erkennen der Krankheit; einen ~eren Termin, Zug
wählen; es ist noch zu ~, um darüber urteilen zu
können; er steht immer sehr ~ auf; von ~ auf*
(ˈschon seit der Kindheitˈ) *hat er arbeiten müssen;
das Kind hat ~ sprechen gelernt; schon ~ mit den
Vorbereitungen beginnen; (möglichst, sehr) ~ kom-
men, losgehen; ~ altern; ich konnte nicht ~er kom-
men;* /in den kommunikativen Wendungen/ *da
musst du ~er aufstehen* (ˈda musst du schon etwas
gewitzter sein, dich rechtzeitig kümmern, wenn du
etwas Bestimmtes erreichen willstˈ) /wird meist
spöttisch zu jmdm. gesagt, der Schwierigkeiten od.
jmdn. unterschätzt hat/: *Du willst den Preis gewin-
nen? Na, da musst du (schon etwas) ~er aufstehen!;
da hast du dich zu ~ gefreut* /wird gesagt, wenn
jmd. schon geglaubt hatte, seines Erfolges sicher zu
sein, und nun doch keinen Erfolg hat/ — **II.** ⟨Adv.;
vorw. mit tempor. Adv.best.⟩ ˈmorgens, in der
Früheˈ; ↗ FELD VII.7.2: *heute, morgen, gestern,
Montag ~; ~ um fünf Uhr klingelte der Wecker; ~
trinke ich meinen Kaffee; er arbeitet von ~ bis spät*
(ˈvon morgens bis abendsˈ) ❖ **Frühe, früher, frühes-
tens, Frühling — Frühjahr, Frühlingsgefühle, Früh-
stück, frühstücken**
* **~er oder später** ˈirgendwann bestimmtˈ: *kauf dir
lieber gleich ein Auto, denn ~er oder später brauchst
du es doch*
Frühe [ˈfʀyːə] ↗ FELD VII.7.1 ❖ ↗ früh
* **in aller/in der ~** ˈganz früh am Morgenˈ: *in aller ~
aufstehen*
früher [ˈfʀyːɐ] ↗ auch *früh* **I.** ⟨Adj., o. Steig.; nur
attr.⟩; ↗ FELD VII.4.3 **1.** ˈzeitlich weit zurück-
liegendˈ /vorw. auf Zeitliches bez./: *in ~en Zeiten;
eine ~e* (ˈältereˈ) *Ausgabe des Werkes* **2.** SYN ˈehe-
maligˈ /auf Personen bez./: *der ~e Chef, Besitzer;
mein ~er Verlobter* — **II.** ⟨Adv.⟩ SYN ˈeinst (1)ˈ;
ANT jetzt (2): *das war ~ ganz anders; ~ dachte
man anders darüber; sie war ~ Verkäuferin; sich von
~ her* (ˈaus früheren Zeitenˈ) *kennen* ❖ ↗ **früh**
frühestens [ˈfʀyːəstn̩s] ⟨Adv.; + tempor. Adv.best.; ↗
auch *früh*⟩ ˈnicht früher alsˈ; ANT spätestens: *er
kann ~ (am) Montag kommen; er kommt ~ in einer
Stunde/kommt in ~ einer Stunde* ❖ ↗ **früh**
Früh|jahr [ˈfʀyː..], **das** ⟨vorw. Sg.⟩ ˈdie auf den Win-
ter folgende Zeit des Jahres, in der es wieder wär-
mer wird und Acker und Garten bestellt werdenˈ;
↗ FELD VII.8.1: *ein mildes, regnerisches, kaltes ~;
im ~ werden wir unsere Wohnung renovieren* ❖ ↗
früh, ↗ Jahr
MERKE Zum Unterschied von *Frühjahr, Frühling*:
↗ *Frühling* (Merke)
Frühling [ˈfʀyː..], **der**; ~s, ~e ⟨vorw. Sg.⟩ ˈdie auf
den Winter folgende Jahreszeit, in der es wieder
wärmer wird und Wachstum und Blüte der Pflan-
zen wieder beginnenˈ; SYN Lenz (1); ↗ FELD

VII.8.1: *es ist, wird ~; der ~ hat Einzug gehalten;
ein warmer, sonniger ~;* vgl. *Sommer, Herbst, Win-
ter* ❖ ↗ **früh**
MERKE Zum Unterschied von *Frühling, Frühjahr.
Frühling, Sommer, Herbst* und *Winter* sind die Jah-
reszeiten. Und so verbinden sich auch mit *Frühling*
alle die Empfindungen und poetischen Bilder, die
auf die schöne Jahreszeit gerichtet sind. Das *Früh-
jahr* ist dagegen eine eher sachliche Bezeichnung
für die erste Zeit nach dem Winter. Man sagt *Früh-
jahrsmüdigkeit, Frühjahrsbestellung*, aber *Frühlings-
lied, Frühlingsbote, Frühlingsgefühle*
Frühlings|gefühle [ˈ..] ⟨Pl.⟩ ❖ ↗ **Frühling**, ↗ **fühlen**
* scherzh. /jmd./ **~ haben/bekommen** ˈsich bes. im
Frühling plötzlich stark zum anderen Geschlecht
hingezogen fühlenˈ: *der hat, kriegt wohl ~?*
Früh/früh [ˈfʀyː..]‖-**stück, das** ⟨Pl.: ~e; vorw. Sg.⟩ **1.**
ˈMahlzeit am Morgen, Vormittagˈ: *das erste, zweite
~; beim ~ sitzen; zum ~ ein gekochtes Ei essen* **2.**
ˈSpeisen und Getränke für ein Frühstück (1)ˈ; ↗
FELD I.8.1: *ein kräftiges ~ einnehmen; als ~ gab
es belegte Brote und Milch* ❖ ↗ früh; **-stücken**
[ʃtʏkn̩] ⟨reg. Vb.; hat⟩ /jmd./ **1.1.** ˈdas Frühstück
(2) einnehmenˈ: *um acht Uhr wird gefrühstückt; gut,
ausgiebig ~* **1.2.** *etw. ~* ˈetw. als Frühstück zu sich
nehmenˈ: *belegte Brote ~* ❖ ↗ früh
Frust [fʀʊst], **der**; ~es/auch ~s, ⟨o.Pl.⟩ ˈpsychischer
Zustand des Frustriertseinsˈ; ↗ FELD I.6.1: *der ~
überkam ihn; er hatte ~; das war wieder einmal der
totale ~!* ❖ ↗ frustrieren
frustrieren [fʀʊsˈtʀiːʀən], frustrierte, hat frustriert
/etw. für jmdn. Negatives/ *jmdn. ~* ˈjmds. Erwar-
tungen enttäuschen, ihn in einen psychischen Zu-
stand tiefer Niedergeschlagenheit versetzen, weil er
sich übergangen, ungerecht behandelt und als Ver-
sager fühltˈ; SYN deprimieren; ↗ FELD I.6.2:
*seine Misserfolge, die Kritiken haben ihn völlig
frustriert; sich frustriert fühlen* ❖ ↗ **Frust**
Fuchs [fʊks], **der**; ~es, Füchse [ˈfʏksə] **1.** ˈkleines, als
vorsichtig und listig geltendes Raubtier mit meist
gelblich-rötlichem Fell, spitzer Schnauze, spitzen
Ohren und einem buschigen Schwanzˈ; ↗ FELD
II.3.1 (↗ TABL Säugetiere): *einen ~ jagen, schie-
ßen; der ~ jagt kleine Tiere, hat ein Huhn gerissen*
2.1. ⟨o.Pl.; o.Art.⟩ ˈFell des Fuchses (1)ˈ: *einen
Mantel mit ~ besetzen* **2.2.** ˈdie Formen des Tieres
nachbildendes vollständiges Fell (2) des Fuchses
(1), das von Frauen um die Schultern getragen
wirdˈ: *sie trägt einen ~* **3.** ⟨vorw. Sg.⟩ ˈim Umgang
mit anderen vorsichtige und schlau, listig agierende
männliche Personˈ: *er ist ein ~; dieser (alte) ~ hat
es wieder einmal geschafft* ❖ **Fuchsschwanz**
fuchsen [ˈfʊksn̩] ⟨reg. Vb.; hat⟩ /etw. für jmdn. Nega-
tives/ *jmdn. ~* ˈjmdm. heftigen Ärger verursachen,
jmdn. sehr ärgerlich machenˈ: *seine ironischen Be-
merkungen haben, das hat mich mächtig gefuchst; es
fuchste ihn, dass …*
Fuchs|schwanz [ˈfʊks..], **der 1.** ˈSchwanz eines Fuch-
sesˈ **2.** ˈkleine Säge mit einem Griff an einem Ende
und einem breiten, schmal auslaufenden Blattˈ (↗

TABL Werkzeuge): *ein Brett mit dem ~ durchsägen*
❖ ↗ **Fuchs,** ↗ **Schwanz**

Fuchtel ['fʊxtl̩]**, die**
* umg. /jmd./ **jmdn. unter der/seiner ~ haben** 'über jmdn. herrschen, ihn in seinem Verhalten kontrollieren und lenken': *sie hat ihn ganz schön unter ihrer ~;* /jmd./ **unter jmds. ~ stehen/sein** 'von jmdm. beherrscht, in seinem Verhalten kontrolliert und gelenkt werden': *sie steht immer noch unter der ~ ihrer Tante*

fuchteln ['fʊxtl̩n] ⟨reg. Vb.; hat⟩ umg. /jmd./ *mit etw. ~: mit den Armen, einem Stock ~* ('die Arme, einen Stock heftig, wild in der Luft hin und her bewegen')

Fuder ['fuːdɐ]**, das**; ~s, ~ 'bes. aus Heu, Stroh, Dung bestehende Ladung eines Fuhrwerks': *ein ~ Heu, drei ~ Heu; das, ein ~ Heu abladen, in die Scheune fahren*

Fug [fuːk]
* **mit ~ und Recht** 'mit vollem Recht': *man kann mit ~ und Recht behaupten, dass …*

Fuge ['fuːɡə]**, die**; ~, ~n **1.** 'linienförmiger, meist mit Mörtel gefüllter Zwischenraum zwischen aneinander gefügten Ziegeln, Platten, Fliesen': *die ~n mit Mörtel, Gips (ab)dichten, verschmieren* **2.** Mus. 'Komposition, in der das gleiche Thema in mehreren Stimmen (1) nacheinander durchgeführt wird': *eine ~ von Bach spielen* ❖ ↗ **fügen**
* /etw., bes. ein System/ **aus den/aus allen ~n geraten** 'das verlieren, wodurch es zu einem Ganzen zusammengehalten wurde': *das Regime, die Ordnung ist aus den ~n geraten*

fügen ['fyːɡn̩] ⟨reg. Vb.; hat⟩ **1.** /jmd./ **1.1.** *etw. aus etw.* ⟨Dat.⟩ *~* 'etw., bes. Mauerwerk, in bestimmter Weise aus einer Vielzahl von Ziegeln zu einem Ganzen zusammensetzen': ⟨vorw. im Part. II⟩ *die Mauer ist aus Feldsteinen gefügt* **1.2.** *etw. zu etw.* ⟨Dat.⟩ *~* 'viele Dinge zu einem Ganzen zusammensetzen': *(die) Steine zu einer Mauer ~* **2.** /jmd./ *etw. an etw. ~* 'etw. an, neben etw. von der gleichen Art setzen, sodass es sich daran anschließt, eine Reihe ergibt': *einen Stein an den anderen ~; Wort an Wort ~* **3.** /jmd./ **3.1.** *sich jmdm., etw.* ⟨Dat.⟩ *~* 'sich nach einigem Widerstand jmdm., einem gewissen Zwang unterordnen (1.1), sich nicht (mehr) widersetzen'; ↗ FELD I.2.2: *sich jmdm., seinen Anordnungen, der Notwendigkeit ~; sich widerstrebend, unwillig ~;* vgl. *ducken* (2) **3.2.** *sich in etw. ~* 'etw. Unangenehmes hinnehmen und damit zurechtzukommen suchen'; SYN schicken (3): *er fügte sich ins Unvermeidliche, in sein Schicksal* ❖ **Fuge, Fügung, Gefüge, gefügig – beifügen, einfügen, hinzufügen, zufügen, zusammenfügen**

Fügung ['fyːɡ..]**, die**; ~, ~en 'ein für den Betroffenen meist glückliches Geschehen, Ereignis, das so empfunden wird, als wäre es von einer imaginären Macht herbeigeführt worden': ⟨+ Attr.⟩ *das war eine ~ des Himmels, Schicksals; es war eine glückliche, seltsame ~, dass …; er wurde durch eine glückliche ~ gerettet* ❖ ↗ **fügen**

fühlbar ['fyːl..] ⟨Adj.; Steig. reg., ungebr.⟩ SYN 'spürbar (1.1)'; ↗ FELD I.3.5.3, VI.3.3: *eine ~e Entspannung; ein kaum ~er Unterschied; er war ~* ('sichtlich I') *erleichtert* ❖ ↗ **fühlen**

fühlen ['fyːlən] ⟨reg. Vb.; hat⟩ **1.** /jmd./ *etw. ~* 'etw. von außen auf dem Körper als Sinneseindruck od. im Inneren des Körpers als Reiz wahrnehmen'; SYN spüren (1); ↗ FELD I.3.5.2: *einen Stich, Schmerz im Rücken ~; er fühlt sein Herz schlagen; ich fühlte seine Hand auf meinem Arm* **2.** /jmd./ *etw. ~* 'etw. mit dem Tastsinn prüfen, nach etw. tasten'; ↗ FELD VI.3.2: *er fühlte, ob die Brieftasche noch da war; (jmdm.) den Puls ~; nach dem Kamm in der Tasche ~; fühl doch mal, wie weich der Stoff ist!* **3.** /jmd./ **3.1.** *etw. ~* 'etw. gefühlsmäßig, vom Verstand wenig kontrolliert, wahrnehmen'; SYN spüren (2): *etw. undeutlich, dunkel, instinktiv ~; er fühlte, dass da etwas nicht stimmte; er fühlte, dass er sich geirrt hatte; Angst vor jmdm., vor einem Unwetter ~; Unbehagen über etw. ~* (SYN 'empfinden 1.2'); *jmdn. seine Abneigung ~ lassen; etw. in sich* ⟨Dat.⟩ *~: er glaubte, die Berufung zum Künstler in sich zu ~; mit jmdm. ~: wir alle ~* ('haben Mitleid') *mit dir* **3.2.** *sich irgendwie ~* 'in Bezug auf sich selbst, seine seelische od. körperliche Situation im Leben, eine bestimmte, vom Verstand wenig od. nicht kontrollierte undeutliche Empfindung haben': *sich beobachtet, betrogen, erleichtert ~; sich schuldig ~; in dieser Umgebung fühle ich mich fremd, (un)glücklich, wohl, geborgen; er fühlte sich dieser Aufgabe (nicht) gewachsen; er fühlte sich verpflichtet, uns zu helfen; sich gesund, krank, wieder besser ~; man ist so alt, wie man sich fühlt* ❖ **fühlbar, Fühler, Fühlung, Frühlingsgefühle, Gefühl – anfühlen, feinfühlig, Fingerspitzengefühl, gefühllos, Gefühlssache, gefühlvoll, mitfühlen, Mitgefühl, Schamgefühl, Selbstgefühl, Sprachgefühl, Taktgefühl, Tuchfühlung, vorfühlen, wetterfühlig**

Fühler ['fyːlɐ]**, der**; ~s, ~ 'einer von zwei am Kopf von Insekten, Krebsen, Schnecken befindlichen, länglichen, dünnen Sinnesorganen'; ↗ FELD I.3.5.1: *die Schnecke streckt die, ihre ~ aus, zieht die, ihre ~ ein* ❖ ↗ **fühlen**
* /jmd./ **die/seine ~ ausstrecken** (1. 'vorsichtig etw. zu erkunden suchen' 2. 'vorsichtig Verbindung zu jmdm. aufnehmen')

Fühlung ['fyːl..]**, die**; ~, ⟨o.Pl.⟩ 'Verbindung (8), Kontakt (1)' /beschränkt verbindbar/: *mit jmdm. ~ aufnehmen, haben, halten; mit jmdm. in ~ kommen, bleiben* ❖ ↗ **fühlen**

fuhr: ↗ **fahren**

Fuhre ['fuːʀə]**, die**; ~, ~n **1.** 'von einem Lastkraftwagen, Fuhrwerk transportierte Ladung': ⟨+ Attr.⟩ *eine ~ Sand* **2.** 'Fahrt mit einer Fuhre (1) zu einem bestimmten Ort': *er macht ~n nach allen Ländern, in alle Gegenden Europas* ❖ ↗ **fahren**

führen ['fyːʀən] ⟨reg. Vb.; hat⟩ **1.** /jmd./ *jmdn. irgendwohin ~* **1.1.** 'mit jmdm. irgendwohin gehen (ihn an der Hand haltend) und ihm dadurch den Weg weisen': *den Hund an der Leine, das Kind an der*

Hand ~; *einen Blinden, ein Kind über die Straße* ~ (SYN ʾgeleitenʾ) **1.2.** ʾmit jmdm. zusammen, ihn begleitend, irgendwohin gehenʾ: *den Gast ins Haus, die Dame zum Tanz* ~; *Gäste durch die Stadt* ~ (ʾmit ihnen durch die Stadt gehen und sie dabei über die Stadt informierenʾ); vgl. *leiten* (2.1) **2.** /jmd./ *jmdn.* ~ ʾjmdn. durch erzieherisches Wirken zu einem bestimmten Ziel in der Entwicklung und Ausbildung bringenʾ: *junge Menschen verantwortungsbewusst, geschickt* ~ **3.** /jmd., Institution/ *etw.* ~ **3.1.** ʾein Unternehmen leiten (1)ʾ: *ein Geschäft, eine Firma, ein Hotel* ~ **3.2.** ʾeine Tätigkeit in verantwortlicher Position ausübenʾ: *das Kommando, den Vorsitz, die Verhandlungen* ~; *die Aufsicht, Regie* ~; *jmdm. den Haushalt* ~ **4.** /etw., jmd./ ʾin den Leistungen (in einem Wettbewerb) an der Spitze liegenʾ: *N führt bei dem Rennen; unsere Mannschaft führt mit 3:1 (Toren); der Konzern führt/ist ~d bei der Entwicklung und dem Verkauf von Autos* **5.1.** *etw. führt irgendwohin* ʾetw., bes. ein Weg o.Ä., verläuft in eine bestimmte Richtung, an einen bestimmten Ort, eine bestimmte Stelleʾ: *diese Straße führt nach Berlin; die Brücke führt über den Fluss; die Buslinie führt vom Bahnhof zum Rathaus; die Treppe, die in den Garten führt* **5.2.** *etw. führt jmdn. irgendwohin* ʾdurch etw. gelangt jmd. irgendwohinʾ: *sein Weg, die Reise führte* (ʾbrachteʾ) *ihn nach Hamburg; der Tip führte die Polizei auf eine Fährte* **6.** /etw./ *zu etw.* ⟨Dat.⟩ ~ ʾetw. zur Folge habenʾ: *diese Untersuchungen führten zu guten Ergebnissen; die Werbung führte zu einer Steigerung des Umsatzes; Infektionen* ~ *zu einer Schwächung des Organismus* **7.1.** *jmd. führt etw. bei/mit sich* ʾjmd. hat, trägt etw. (bei sich)ʾ: *jmd. führt viel Gepäck, eine Waffe bei/mit sich; (k)einen Ausweis mit/bei sich* ~ **7.2.** *etw. führt etw.* /beschränkt verbindbar/: *die Leitung führt Strom* (ʾin der Leitung ist Stromʾ); *der Fluss führt Hochwasser* (ʾdas Wasser im Fluss ist stark angestiegenʾ) **8.** /Geschäft, Verkäufer/ *etw.* ~ ʾetw. als Ware zum Verkauf anbietenʾ: *das Geschäft führt ein reiches Sortiment an Textilwaren; diesen Artikel* ~ *wir nicht* /Antwort eines Verkäufers auf die Frage eines Kundenʾ/ **9.** /jmd./ *ein geordnetes Leben* ~ (ʾsich so verhalten, dass man in geordneten Verhältnissen lebtʾ); *eine glückliche Ehe* ~ ʾsich so verhalten, dass man in einer glücklichen Ehe lebtʾ: *er, sie führt, beide* ~ *eine glückliche Ehe* **10.** /jmd./ *Selbstgespräche* ~ (ʾmit sich selbst sprechen, ohne dass ein Partner anwesend istʾ) **11.** *etw. führt zu weit* (ʾetw. gehört nicht mehr zum Thema und wird daher nicht berücksichtigtʾ) **12.** /jmd./ *sich gut, schlecht* ~ ʾsich (unter Aufsicht) während eines längeren Zeitraums im Hinblick auf die geltenden Normen gut, schlecht verhaltenʾ: *der Gefangene hat sich in dieser Zeit gut geführt und konnte vorzeitig aus der Haft entlassen werden* **13.** /abgeblasst in Verbindung mit best. Subst., z. B./: /jmd./ ↗ *Verhandlungen mit jmdm.* ~; /jmd./ ↗ *Klage,* ↗ *Beschwerde über etw., jmdn.* ~; /jmd./ *einen* ↗ *Prozess (gegen jmdn.)* ~; /jmd./ *den* ↗ *Nachweis* ~, *dass*

...; /jmd./ *den, einen* ↗ *Beweis für etw.* ~; /Staat/ ↗ *Krieg (gegen ein Land)* ~; /jmd./ *einen* ↗ *Briefwechsel mit jmdm.* ~; /jmd./ *etw. zu* ↗ *Ende* ~ ❖ **entführen, Entführer, Entführung, Fuhre, Führung, verführen, verführerisch** – **abführen, anführen, durchführen, Durchführung, einführen, Führerschein, geschäftsführend, Geschäftsführer, herbeiführen, irreführen, Rädelsführer, Reiseführer, Stadtführer, Überführung, Unterführung, vorführen, Vorführung;** vgl. **fahren, Fährte**

Führer|schein [ˈfyːʀɐ..], **der**; ʾAusweis, der zum Fahren eines Kraftfahrzeuges berechtigtʾ: *den* ~ *machen* (ʾdurch eine Prüfung die Berechtigung erlangen, ein Kraftfahrzeug fahren zu dürfenʾ); *ihm wurde der* ~ *abgenommen, entzogen* ❖ ↗ **führen,** ↗ **Schein**

Führung [ˈfyːʀ..], **die**; ~, ~**en 1.** ⟨zu *führen* 2–4, 9, 10/ ʾdas Führenʾ; /zu 2/: *Jugendliche bedürfen einer verständnisvollen* ~; /zu 3.2/: *die* ~ *des Geschäfts durch den Stellvertreter* **2.** ⟨vorw. Sg.⟩ ʾGruppe von Personen, die etw., eine Gruppe, leitetʾ: *die* ~ *der Partei, Armee* **3.** ʾBesichtigung von etw., bes. in einem Museum, einer Stadt, unter Anleitung durch eine dafür ausgebildete sachkundige Personʾ: *sie veranstaltet, macht* ~*en (durch die Stadt); an einer* ~ *(durch ein Museum) teilnehmen* **4.** ⟨o.Pl.⟩ ʾführende Position (3), bes. auf wirtschaftlichem, sportlichem Gebietʾ: *in der Produktion von Stahl hat dieses Land die* ~ *in der Welt; in* ~ *gegangen* (ʾdie führende Mannschaft gewordenʾ); *die Mannschaft liegt mit 2:1 in* ~ **5.** ⟨o.Pl.⟩ *jmdn. wegen guter* ~ (ʾwegen guten Verhaltensʾ) *vorzeitig aus der Haft entlassen* ❖ ↗ **führen**

Fuhr|werk [ˈfuːɐ..], **das** ʾvon Tieren, bes. Pferden, gezogener Wagen (1), mit dem Lasten transportiert werdenʾ; ↗ FELD VIII.4.1.1 ❖ ↗ **fahren**

Fülle [ˈfʏlə], **die**; ~, ⟨o.Pl.⟩ **1.** *eine* ~ ⟨+ Gen.attr.⟩/ *eine* ~ *von etw.* ʾeine große Menge von etw.ʾ: *das Buch weist eine* ~ *origineller/von/an originellen Gedanken auf; aus der* ~ *des Angebots einiges auswählen; eine* ~ *von Eindrücken* **2.** ʾdas Dickseinʾ /auf den menschlichen Körper bez./: *seine körperliche* ~ *macht ihm (keine) Beschwerden; sie neigt zur* ~ **3.** ʾZustand eines Raumes, in dem sich eine große Menge Menschen befindenʾ: *die* ~ *im Wartezimmer macht ihn immer nervös; die* ~ *im Zug, in den Geschäften war heute unerträglich; dort herrschte eine unbeschreibliche* ~ ❖ ↗ **füllen**

füllen [ˈfʏln] ⟨reg. Vb.; hat⟩ **1.1.** /jmd./, *etw./ etw. mit etw.* ~ ʾetw. in etw., einen Behälter, Hohlraum schütten, gießen, tun und es, ihn dadurch voll machenʾ; ↗ FELD I.7.9.2, V.7.2: *Gläser mit Wein, einen Sack mit Getreide, den Teller bis zum Rand (mit Suppe)* ~; *das Kissen ist mit Federn prall gefüllt; ein mit Honig gefülltes Glas; die Maschine füllt die Flaschen automatisch; das Staubecken ist bis zum Rand gefüllt* **1.2.** /etw., bes. Raum/ *sich mit Personen, mit etw.* ~ ʾdurch Hereinkommen von Personen, durch fließendes Wasser voll werdenʾ: *der Saal* *füllte sich allmählich (mit den geladenen Gästen); die Schleuse, Wanne füllt sich (mit Wasser); ihre Augen füllten sich mit Tränen* (ʹsie begann zu weinenʹ) **1.3.** /jmd., etw./ *etw. auf, in etw.* ~ ʹetw. auf, in etw. schütten, gießen, tun (und es dadurch voll machen)ʹ: *Milch in Flaschen, Suppe auf den Teller* ~; *die Maschine füllt das Bier in die Flaschen* **2.** /jmd./ *etw.* ~ ʹetw. mit einer Füllung (1) versehenʹ: *eine Torte, den Gänsebraten, die Paprikaschoten* ~; *gefüllte* (ʹmit einer Creme versehereʹ) *Schokolade* ❖ **Fülle, füllig, Füllung — abfüllen, Füllfederhalter, nachfüllen**

Füllfeder|halter [ˈfʏlfeːdɐhaltɐ], **der** ʹSchreibgerät mit einem kleinen Behälter für Tinte, der immer wieder gefüllt werden kannʹ; ↗ FELD I.7.9.1 (↗ TABL Schreibgeräte): *er schreibt nur mit dem* ~ ❖ ↗ **füllen,** ↗ **Feder,** ↗ **halten**

füllig [ˈfʏlɪç] ⟨Adj.; Steig. reg.⟩ verhüll. SYN ʹrundlich (2)ʹ /vorw. auf (weibliche) Personen, auf den Körper von (weiblichen) Personen bez./: *sie ist* ~, *hat eine* ~*e Figur, wirkt* ~; *er ist etwas* ~ *geworden* ❖ ↗ **füllen**

Füllung [ˈfʏl..], **die**; ~, ~en **1.** ʹaus bestimmten Zutaten bestehende Masse, mit der bestimmte Speisen gefüllt werdenʹ: *die* ~ *der Torte, des Gänsebratens, der Rouladen; die* ~ *der Schokolade besteht aus Nougat* **2.** ʹMaterial, mit dem Betten (2), Kissen, Matratzen o.Ä. gefüllt werden, sindʹ; ↗ FELD I.7.9.1: *Gänsefedern dienen als* ~ *für ein Kopfkissen* **3.** ʹspezifische Substanz, mit der ein Loch in einem Zahn gefüllt wurdeʹ; SYN Plombe (2): *die* ~ *ist herausgefallen* ❖ ↗ **füllen**

fummeln [ˈfʊmln̩] ⟨reg. Vb.; hat⟩ umg. **1.** /jmd./ *an etw.* ⟨Dat.⟩ ~ ʹmeist unnötig od. in verdächtiger Weise an etw. fingern (1.1)ʹ: *er fummelte an dem Schloss, an seiner Krawatte* **2.** /jmd./ *etw. aus etw.* ⟨Dat.⟩ ~ ʹnervös und umständlich etw. aus etw. fingern (1.2)ʹ: *er fummelte den Schlüssel aus der Tasche*

Fund [fʊnt], **der**; ~es/auch ~s, ~e **1.** ʹetw., bes. ein Gegenstand, der bes. bei archäologischen Ausgrabungen, Forschungen gefunden wurdeʹ: *ein seltener, kostbarer* ~; *einen* ~ *melden* **2.** SYN ʹFundsacheʹ: *einen* ~ *beim Fundbüro abgeben* ❖ ↗ **finden**

Fundament [fʊndaˈmɛnt], **das**; ~s/auch ~es, ~e **1.** ʹMauerwerk, Beton, eine Platte od. ein Sockel als stabile Grundlage für ein darauf errichtetes Bauwerk, Denkmalʹ: *das* ~ *eines Hauses legen, mauern, bauen; ein* ~ *aus Beton* **2.** ʹGrundlage, auf der etw. aufgebaut werden kannʹ: *diese Untersuchungen haben ein solides wissenschaftliches* ~; *diese Ausbildung ist das* ~ *für seinen späteren Erfolg* ❖ **fundamental**

fundamental [fʊndamɛnˈtɑːl] ⟨Adj.; Steig. reg., Komp. ungebr.; vorw. attr. u. bei Vb.⟩ SYN ʹgrundlegend (1)ʹ: *ein* ~*es Werk über die Klassik; eine* ~*e Leistung, Erkenntnis; eine Entdeckung von* ~*er Bedeutung; diese beiden Anschauungen unterscheiden sich* ~; *ein* ~*er Unterschied* ❖ ↗ **Fundament**

Fund [fʊnt..]‖-**büro, das** ʹamtliche Stelle, Einrichtung, zu der gefundene Sachen gebracht und von der sie vom Eigentümer abgeholt werden könnenʹ: *einen Fund im* ~ *abgeben* ❖ ↗ finden, ↗ Büro; **-grube, die** ⟨o.Pl.⟩ *etw. ist eine* ~ *für jmdn., etw.* ʹetw. ist für jmdn., für jmds. Bedarf eine Möglichkeit, viel für ihn Wichtiges, Wertvolles zu findenʹ: *diese Bibliothek war eine wahre* ~ *für ihn, für seine Untersuchungen* ❖ ↗ finden, ↗ graben

fundieren [fʊnˈdiːʀən], fundierte, hat fundiert /jmd./ ⟨oft adj. im Part. II⟩ *etw.* ~ SYN ʹetw. untermauernʹ: *seine neuen Gedanken theoretisch* ~; *etw. ist gesetzlich, wissenschaftlich fundiert; ein fundiertes Wissen haben* ❖ vgl. **finden**

fündig [ˈfʏndɪç] ⟨Adj.; o. Steig.; nur präd. (mit *sein, werden*)⟩ **1.** /jmd./ *~ werden: die Arbeiter sind bei ihren Bohrungen* ~ *geworden* (ʹhaben beim Suchen nach Bodenschätzen eine Lagerstätte gefunden, die ausgebeutet werden kannʹ); /etw./ *~ werden: die Bohrungen sind* ~ *geworden* (ʹhaben eine Lagerstätte, bes. mit Erdöl, erreichtʹ) **2.** /jmd./ *~ werden* ʹetw. durch Suchen entdeckenʹ: *beim Suchen nach Beweismitteln wurden die Beamten* ~ ❖ ↗ **finden**

Fund|sache [ˈfʊnt..], **die** ʹGegenstand, den jmd. verloren, irgendwo aus Versehen liegen gelassen hat, den ein anderer gefunden und im Fundbüro abgegeben hatʹ; SYN Fund (2): *nicht abgeholte* ~*n versteigern* ❖ ↗ **finden,** ↗ **Sache**

fünf [fʏnf] ⟨Zahladj.; nur attr. u. subst.; flektiert nur im Dat. Pl.; subst. im Dat. Pl.: fünfen; ↗ TAFEL XII⟩ /die Kardinalzahl 5/: *in Reihen zu* ~*en antreten; eine arabische Fünf* /5/; *eine römische Fünf* /V/; *mit der Fünf* (ʹmit einer Straßenbahn der Linie 5ʹ) *fahren;* ~ *fehlten unentschuldigt; er musste* ~ *Stunden warten;* ↗ *auch drei* ❖ **Fünfer, fünfte, fünfzig, fünfziger, fünfzigste — Fünfeck** MERKE ↗ drei (Merke)

Fünf|eck [ˈfʏnfʔɛk], **das**; ~s/auch ~es, ~e ʹvon fünf Strecken begrenzte, eine Fläche bildende geometrische Figurʹ (↗ TABL Geom. Figuren) ❖ ↗ **fünf,** ↗ **Ecke**

Fünfer [ˈfʏnfɐ], **der**; ~s, ~ **1.** ʹMünze im Wert von fünf Pfennigenʹ; ↗ FELD I.16.1: *ich brauche einen* ~ *für den Automaten* **2.** ʹGewinn im Zahlenlotto mit fünf richtigen Zahlenʹ: *er hat einen* ~ *im Lotto* ❖ ↗ **fünf**

fünfte [ˈfʏnftə] ⟨Zahladj.; nur attr.⟩ /die Ordinalzahl zu *fünf* (5.)/; ↗ *auch dritte* ❖ ↗ **fünf**

fünfzig [ˈfʏnftsɪç] ⟨Zahladj.; indekl.; nur attr. u. subst.⟩ ↗ TAFEL XII⟩ /die Kardinalzahl 50/; ↗ *auch dreißig* ❖ ↗ **fünf** MERKE ↗ dreißig (Merke)

fünfziger [ˈfʏnftsɪɡɐ] ⟨Zahladj.; indekl.; nur attr. u. subst.⟩ *in den* ~ *Jahren* (ʹim sechsten Jahrzehntʹ) *unseres Jahrhunderts* ❖ ↗ **fünf**

fünfzigste [ˈfʏnftsɪçstə] ⟨Zahladj.; nur attr.⟩ /die Ordinalzahl zu *fünfzig* (50.)/; ↗ *auch dreißigste: an seinem* ~*n Geburtstag* ❖ ↗ **fünf** MERKE ↗ dritte (Merke)

fungieren [fʊŋ'giːʀən], fungierte, hat fungiert /jmd./ *als etw.* ~ 'in einer bestimmten Funktion (2) wirksam sein': *er fungierte als Schiedsrichter, Zeuge der Anklage*

Funk [fʊŋk], der; ~s, ⟨o.Pl.⟩ **1.** ⟨o.Art.⟩ 'drahtlose Übermittlung von Informationen mit Hilfe von Geräten zum Senden und Empfangen': *der Pilot spricht über* ~, *ist über/durch* ~ *mit dem Flughafen verbunden* **2.** SYN 'Rundfunk (1)': *über den* ~ *kam eine wichtige Meldung; das Konzert ist auch im* ~ *zu hören; ein Stück für den* ~ *bearbeiten* **3.** SYN 'Rundfunk (2)': ~ *und Fernsehen haben das Spiel übertragen* **4.** SYN 'Sprechfunk': *der Wagen ist mit* ~ *ausgerüstet; jmdn., ein Taxi über* ~ *anfordern* ❖ **Funk, funken, Funker – Funkspruch, -streife, -taxi, Rundfunk, Rundfunkanstalt, Sprechfunk**

funkeln ['fʊŋkl̩n] ⟨reg. Vb.; hat⟩ /etw./ 'schnell wechselnd kurze helle glänzende Strahlen von (reflektiertem) Licht von sich geben'; ↗ FELD VI.2.3: *die Sterne* ~ *(am Himmel); der Edelstein funkelt; der See funkelt (in der Sonne); der Wein funkelt (im Glase);* vgl. auch *glänzen, glitzern* ❖ ↗ **Funken**

funken ['fʊŋkn̩] ⟨reg. Vb.; hat⟩ **1.** /jmd./ etw. ~ 'etw., bes. Informationen, Nachrichten, durch Funk (1), durch Morsen (einem Empfänger) übermitteln': *einen verschlüsselten Text, bestimmte Ergebnisse* ~; *SOS* ~ **2.** umg. /etw./ *nicht mehr* ~ 'nicht mehr funktionieren': *der Apparat funkt nicht mehr* **3.** umg. *bei jmdm. hat es gefunkt* ('jmd. hat begriffen, worum es geht') ❖ ↗ **Funk**

Funken, der; ~s, ~ ⟨vorw. Pl.⟩ 'durch die Luft fliegendes glühendes, glimmendes Teilchen, das bei einem Brand, bei Reibung, bei einer elektrischen Entladung entsteht'; ↗ FELD VI.2.1: *die* ~ *flogen (umher); es flogen die* ~; *die* ~ *beim Schweißen, Schmieden; ein elektrischer* ~; *eine* ~ *sprühende Lokomotive* ❖ **funkeln**

* umg. /jmd./ *keinen* ~ *von etw. haben* 'überhaupt nichts von einer Eigenschaft besitzen': *er hat keinen* ~ *(von) Ehrgeiz, Mitgefühl, Ehrgefühl, Interesse, Humor, Verstand*

Funker ['fʊŋkɐ], der; ~s, ~ 'jmd., der für das Funken (1) ausgebildet ist und es beruflich, als Amateur od. als Soldat bei der Armee ausübt': *der* ~ *an Bord eines Schiffes, Flugzeugs* ❖ ↗ **funken**

Funk ['fʊŋk..]|**-spruch,** der 'durch Funk gesendete Nachricht, Mitteilung' ❖ ↗ **funken,** ↗ **sprechen;** **-streife,** die 'Streife der Polizei mit einem mit Sprechfunk ausgestatteten Kraftfahrzeug, Motorrad' ❖ ↗ **funken,** ↗ **streifen;** **-taxi,** das 'mit Sprechfunk ausgestattetes Taxi': *per Telefon ein* ~ *bestellen* ❖ ↗ **funken,** ↗ **Taxi**

Funktion [fʊŋk'tsi̯oːn], die; ~, ~en **1.** 'Zweck, Aufgabe von etw. innerhalb eines größeren Zusammenhangs': *die* ~*(en) der Schilddrüse für den Organismus; die* ~ *der Kunst in unserer Gesellschaft* **2.** ⟨o.Pl.⟩ 'das Wirksamsein, das Tätigsein von etw. innerhalb eines größeren Zusammenhangs': *die* ~ *der Maschine überwachen; die* ~ *des Herzens durch Medikamente beeinflussen* **3.** 'verantwortliche (or-

ganisatorische) Tätigkeit, die jmdm. für ein klar umgrenztes Aufgabengebiet, bes. in einer Partei, Organisation, übertragen wird': *eine leitende* ~ *in der Partei (inne)haben, ausüben; jmdn. von seiner* ~ *(als Kassierer) entbinden; einige* ~*en ('Aufgabenbereiche') neu besetzen* **4.** *in* ~ *treten:* 'in einem solchen Fall tritt die Notbeleuchtung in* ~ *('schaltet sich die Notbeleuchtung ein'); um den Sachverhalt genau zu klären, trat jetzt der Direktor (persönlich) in* ~ *('wurde jetzt der Direktor im Rahmen seiner Aufgaben aktiv'); etw. in, außer* ~ *setzen* 'bewirken, dass etw. zu arbeiten beginnt, aufhört zu arbeiten': *er setzte die Maschine in* ~; *die Explosion setzte den Betrieb außer* ~ ❖ **funktional, Funktionär, funktionell, funktionieren – Gewerkschaftsfunktionär**

funktional [fʊŋktsi̯o'naːl] ⟨Adj.; o. Steig.; nicht präd.⟩ Wissensch. 'auf die Funktion (1) bezogen, die Funktion (1) berücksichtigend': ~*e Beziehungen; etw. bildet eine* ~*e Einheit* ❖ ↗ **Funktion**

Funktionär [fʊŋk'tsi̯oːnɛːɐ/..'nɛːɐ], der; ~s, ~e 'jmd., der eine Funktion (3) bes. in einer Partei, Organisation innehat'; ↗ FELD I.10: *er ist (ein) hoher, führender* ~ *im Sport, in der Gewerkschaft* ❖ ↗ **Funktion**

funktionell [fʊŋktsi̯o'nɛl] ⟨Adj.; o. Steig.; vorw. attr.⟩ Wissensch. 'eine Funktion (1) erfüllend'; /auf Abstraktes bez./: ~*e Gesichtspunkte in der Architektur (eines Gebäudes)* ❖ ↗ **Funktion**

funktionieren [fʊŋktsi̯o'niːʀən], funktionierte, hat funktioniert /etw., bes. Gerät, Maschine, Organ/ 'imstande sein, seine Funktion (2) störungsfrei zu erfüllen': *das Telefon, Feuerzeug, die Gangschaltung funktioniert nicht; sein Gedächtnis funktioniert noch gut; wie funktioniert dieses Gerät ('wie muss man dieses Gerät bedienen, damit es einwandfrei arbeitet')?* ❖ ↗ **Funktion**

für [fyːɐ] ⟨Präp. mit Akk.; vorangestellt; vor best. Art. Neutr. auch *fürs*⟩ **1.** /final/ **1.1.** ⟨oft in Verbindung mit Verbalabstrakta⟩ /gibt den Zweck an, auf den sich eine Handlung richtet/: *er spart* ~ *ein Auto,* ~ *sein Alter;* ~ *eine Prüfung, fürs Examen lernen; Mittel* ~ *den Bau von Straßen; alle Vorbereitungen* ~ *etw. treffen; eine Sammlung* ~ *die Opfer des Erdbebens; etw.* ~ *den Urlaub kaufen, besorgen;* ~ *die Behandlung des Kranken benötigt er ein bestimmtes Medikament; ich brauche diese Unterlagen dringend* ~ *die Vorbereitung der Konferenz; er tut sehr viel* ~ *seine Kinder; etw.* ~ *den Export herstellen* **1.2.** ⟨in fester Abhängigkeit von Verben⟩; ANT *gegen: sich* ~ *jmdn., etw. einsetzen;* ~ *jmdn., etw. eintreten;* ~ *jmdn., etw. eine Partei stimmen; sich* ~ *etw., jmdn. entscheiden* **1.3.** /gibt die Wirksamkeit gegen eine Krankheit o.Ä. an/; SYN *gegen (2)*: *ein Mittel* ~ *Husten; etw.* ~ *den Durst, Hunger tun* **2.** /gibt den Adressatsbezug zu etw., jmdm. an/: *der Brief, das Geschenk ist* ~ *dich; etw. ist* ~ *jmdn. bestimmt; ein Institut* ~ *Geschichte, Germanistik; ein Facharzt* ~ *Allgemeinmedizin; ein Gedeck* ~ *zwei Personen; ein Konzert* ~ *Klavier und Orchester; die Straße ist* ~ *den Verkehr gesperrt; der Koffer ist* ~ *ihn, sie zu* *schwer; ~ uns ist das ein schwerer Verlust;* ⟨in fester Abhängigkeit von Verben, Subst., Adj.⟩ ~ *jmdn. schwärmen; sich ~ etw. interessieren; ~ Ruhe, Ordnung sorgen; sein Interesse ~ Archäologie; etw. ist ~ etw. nicht geeignet; er ist ~ den Wehrdienst nicht tauglich* **3.** ⟨in Verbindung mit Zeitbegriffen⟩ /temporal/ **3.1.** /gibt eine begrenzte Zeitdauer in der Vergangenheit od. Zukunft an/; SYN auf (4.2): *sie wollen ~ zwei Jahre ins Ausland; sie sind ~ eine Woche nach Österreich gefahren; sie wollen ~ immer nach Norwegen gehen* **3.2.** /gibt einen festgesetzten Zeitpunkt an/: *das Treffen ist ~ Montag, ~ 17 Uhr angesagt; sie haben sich ~ morgen verabredet; die Prüfung war ~ den Morgen, fürs nächste Jahr angesetzt* **3.3.** /gibt einen vorläufigen Zeitpunkt an/: *für heute/fürs Erste ist es genug* **4.** /modal/ **4.1.** ⟨das damit verbundene Subst. ist betont⟩ /relativiert bei einem Vergleich/: ~ *einen Ausländer spricht er gut Deutsch* ('Ausländer sprechen in der Regel nicht so gut Deutsch, er als Ausländer beherrscht es jedoch gut'); ~ *sein Alter hat er schon ganz vernünftige Ansichten;* ~ *diese Jahreszeit ist es viel zu kalt* **4.2.** ⟨steht zwischen zwei gleich lautenden Subst. o. Art.⟩ /gibt an, dass von dem genannten Sachverhalt alles vollständige (und in ständiger Wiederholung) Berücksichtigung findet/: *wir haben alles Punkt ~ Punkt* ('in allen Punkten') *durchgearbeitet; er wiederholte alles Wort ~ Wort; Tag ~ Tag* ('jeden Tag') *warteten wir auf ihn; alles Stück ~ Stück nachzählen* **5.1.** /gibt an, dass ein Gegenstand beim Kauf, Tausch o.Ä. durch einen anderen ersetzt wird/: ~ *die Erdbeeren nehme ich lieber Kirschen;* ~ *das Geld erhielt er ein gutes Fahrrad; das ist ~ diese Summe nicht zu haben* **5.2.** ⟨in Verbindung mit Begriffen, die Personen darstellen⟩ /gibt an, dass jmd. als Stellvertreter fungiert/: *er spricht ~ die ganze Klasse; ich schäme mich ~ dich; ich spreche nicht ~ mich, sondern ~ meine Kollegen; er hat ~ sie unterschrieben* **6.** ⟨in Verbindung mit Zahlenangaben⟩ /gibt an, dass jedes einzelne Stück von etw. einen bestimmten Preis hat/; SYN ²zu (4.2): *ich habe Kinokarten ~ zehn Mark genommen* /jede Karte kostete zehn Mark/; *er kaufte zwei Kilo Apfelsinen ~ drei Mark* /jedes Kilo kostete drei Mark/; ⟨oft in Verbindung mit *je*⟩ *er kaufte fünf Kilo Äpfel ~ (je) drei Mark;* /meint auch die gesamte Summe/: *er kaufte Apfelsinen ~ 20 Mark* /die Apfelsinen kosteten insgesamt 20 Mark/ **7.** /kausal/ gibt den Grund für eine Handlung an/: *er wurde ~ seine Leistungen ausgezeichnet; er wurde ~ seine Tat schwer bestraft, ~ sein Vergehen verurteilt; er ist ~ seine Gewissenhaftigkeit bekannt* ❖ **befürworten – dafür, füreinander, fürsorgen, Fürsorge, -sprache, -sprecher, hierfür**

Furche ['fʊʀçə], **die**; ~, ~n **1.** 'lange schmale Vertiefung im Erdboden, die durch die Arbeit mit einem Pflug entstanden ist': *auf dem Acker mit dem Pflug ~n ziehen* **2.** 'tiefe Falte in der Gesichtshaut': *der Alte hatte tiefe ~n auf der Stirn, im Gesicht*

Furcht [fʊʀçt], **die**; ~, ⟨o.Pl.⟩ SYN 'Angst (1.1)'; ANT Mut (1); ↗ FELD I.6.1: *jmdn. erfasst, befällt, ergreift (eine) starke, kindliche, leise, lähmende ~; ~ verbreiten; seine ~ überwinden, verlieren, bekämpfen; er kannte keine* ('hatte grundsätzlich keine') *~; ein ~ einflößendes, erregendes Tier;* ⟨+ Präp. *vor*⟩ *jmd. hat ~ vor dem Tode, vor Bestrafung; aus ~ vor Bestrafung hat er seine Tat geleugnet; etw. aus ~ tun; in ständiger ~ leben* ❖ **befürchten, furchtbar, fürchten, fürchterlich, furchtsam – Ehrfurcht, ehrfürchtig**

furchtbar ['..] **I.** ⟨Adj.; Steig. reg.⟩ **1.** 'Entsetzen, Grauen erregend, Beklemmung hervorrufend'; SYN entsetzlich (I.1), fürchterlich (I.1), schrecklich (I.1), scheußlich (II.1) /bes. auf Eindrücke bez./; ↗ FELD I.6.3: *ein ~es Unglück, Erlebnis; die Unfallstelle bot einen ~en Anblick; in seiner Wut ist er ~; der Misshandelte sah ~* (SYN 'scheußlich 2.1') *aus* **2.** umg. emot. 'in der Qualität, Art, Leistung als auffallend schlecht erachtet'; SYN fürchterlich (I.2): *ein ~er Kaffee; seine Rechtschreibung, Aussprache ist ~; sie singt ~* **3.** umg. emot. **3.1.** 'als außerordentlich unangenehm, unerfreulich empfunden'; SYN fürchterlich (I.3.1): *~e Zeiten, Nachrichten, Erfahrungen; eine ~e Unordnung; wir waren in einer ~en Lage; er ist ein ~er Mensch; das einzugestehen war ihm ~* ('unerträglich'); *die Schuhe drücken ~* **3.2.** ⟨nur attr.⟩ /bewertet das durch das Bezugswort Ausgedrückte negativ/ SYN 'schrecklich (4)': *~e Angst, ~en Hunger haben; eine ~e Hitze, Müdigkeit, Unordnung; das war ein ~er Irrtum –* **II.** ⟨Adv.; vor Adj., Adv.; bei Vb.⟩ umg. emot. 'äußerst, sehr': *ich finde das ~ spannend, traurig, lustig; das ist ~ nett von dir; es tut mir ~ Leid; sie hat ~ viel zu tun; sie hat ~ gelacht, geweint; sich über etw. ~ freuen, ärgern* ❖ ↗ **Furcht**

fürchten ['fʏʀçtn̩], fürchtete, hat gefürchtet **1.** /jmd., Institution/ *sich vor jmdm., einem Tier, etw.* 'Angst, Furcht vor jmdm., einem Tier, etw. empfinden'; ↗ FELD I.6.2: *er fürchtete sich vor dem Fremden, dem Löwen, dem Tod, vor der Wahrheit; die Regierung fürchtete sich vor dem Volk; er fürchtete sich davor, durch den dunklen Wald zu gehen; er fürchtet sich* (SYN 'es graut ihm', ↗ grauen II') *vor der Prüfung; etw., jmdn. ~: er fürchtete die Wahrheit, seinen Gegner; er fürchtete, seinen Arbeitsplatz zu verlieren; er ist ein gefürchteter Gegner; sich ~* SYN 'sich graulen 1': *er fürchtet sich im Dunkeln, vor dieser Arbeit* **2.** /jmd./ *für, um etw., jmdn. ~* 'wegen einer Sache, Person sehr besorgt sein': *für, um jmds. Leben, Gesundheit ~; sie fürchtet um ihn, weil er so waghalsig ist; er fürchtet für seinen Bruder* **3.** /jmd./ ⟨vorw. mit Nebens.⟩ *etw. ~* SYN 'etw. befürchten': *er fürchtet, dass er sich erkältet; er fürchtet, zu spät zu kommen; ich fürchte, dass wir das nicht schaffen werden, nicht verhindern können; ich fürchte, das war noch nicht die ganze Wahrheit, damit hat er den Bogen überspannt, das wird nicht gut gehen; er fürchtet das Allerschlimmste* ❖ ↗ **Furcht**

fürchterlich ['fʏʀçtɐ..] I. ⟨Adj.; Steig. reg.⟩ **1.** SYN 'furchtbar (I.1)'; ↗ FELD I.6.3: *ein ~es Unglück, Erlebnis; das war ~, ein ~er Anblick* **2.** umg. emot. SYN 'furchtbar (I.2)': *ein ~es Essen; das Essen war ~; sie spricht ein ~es Deutsch; sie singt ~* **3.** ⟨nicht bei Vb.⟩ umg. emot. **3.1.** SYN 'furchtbar (I.3.1)': *es waren ~e Zeiten* **3.2.** ⟨nur attr.⟩ SYN 'schrecklich (4)': *ich hatte ~e Angst; ein ~es Durcheinander; er ist ein ~er Pedant* – **II.** ⟨Adv.; vor Adj., Adv.; bei Vb.⟩ umg. emot. 'sehr': *es war ~ aufregend, heiß; sie ist ~ neugierig, dumm; sich ~ blamieren, ärgern, freuen; da haben wir ~ geschwitzt* ❖ ↗ **Furcht**

furchtsam ['fʊʀçt..] ⟨Adj.; Steig. reg.⟩ SYN 'ängstlich (1)'; ANT mutig (1.1) /vorw. auf Personen bez./; ↗ FELD I.6.3: *Peter ist ~, ist ein sehr ~es Kind; ~ zurückweichen; ~e Blicke* ❖ ↗ **Furcht**

für|einander [fyɐ|aɪ̯'nandɐ] ⟨Adv.⟩ 'einer für den anderen': *~eintreten, Verständnis haben, Sympathie empfinden* ❖ ↗ **für**, ↗ **¹ein**, ↗ **anderer**

Furnier [fʊʀ'niːɐ], **das**; ~s, ~e 'sehr dünne (großflächige) Platte, die aus wertvollem Holz geschnitten ist und als Schicht auf geringwertiges Holz, Material geklebt wird': *ein ~ mit einer schönen Maserung*

Furore [fu'ʀoːʀə]
* /jmd., etw./ **~ machen** 'mit Beifall verbundenes allgemeines Aufsehen erregen': *er hat mit seinem Roman, seiner Erfindung ~ gemacht; die Neuinszenierung des Theaterstückes hat ~ gemacht*

fürs [fyːɐs] ⟨Verschmelzung von Präp. *für* (Akk.) + Art. *(das)*⟩ ↗ **für**

Für/für|-sorge ['fyːɐ..], **die** ⟨o.Pl.⟩ **1.** 'das Bemühtsein um jmdn., der Beistand, Hilfe braucht'; ↗ FELD I.4.4.1: *die ~ der Eltern für ihre Kinder; seine wohlwollende ~; den Alten, Kranken, verwaisten Kindern gilt unsere (ganze) ~; jmdm. ~ angedeihen lassen; jmdn. jmds. ~ anvertrauen* **2.** umg. SYN 'Sozialamt': *eine Prothese von der ~ erhalten; einen Antrag um Unterstützung an die ~ richten* **3.** umg. 'finanzielle Unterstützung durch das Sozialamt': *er muss von der ~ leben* ❖ ↗ für, ↗ sorgen; **-sorglich** [zɔʀk..] ⟨Adj.; Steig. reg.⟩ 'um jmds. Wohl bemüht'; ↗ FELD I.4.4.3: *er ist ein sehr ~er Mensch, Vater; sich ~ um jmdn. kümmern;* ❖ ↗ für, ↗ sorgen; **-sprache, die** ⟨vorw. Sg.⟩ 'das Sicheinsetzen für jmdn. bei einer dritten Person, auf die man Einfluss hat': *jmdn. um seine ~ bitten; für den Freund durch ~ etw. erreichen; trotz ~ wurde sein Antrag abgelehnt; bei jmdm. ~ einlegen ('als Fürsprecher für jmdn. tätig sein, wirksam werden')* ❖ ↗ für, ↗ sprechen; **-sprecher, der** 'jmd., der sich für jmdn. bei einer dritten Person einsetzt, auf die er Einfluss hat': *einen guten ~ haben; in ihm hatte er einen guten ~ (gefunden)*; vgl. *Anwalt (2)* ❖ ↗ für, ↗ sprechen

Fürst [fʏʀst], **der**; ~en, ~en **1.** 'Herrscher, Monarch in der Rangstufe zwischen Graf und Herzog': *der ~ von Monaco* **2.** ⟨vorw. Pl.⟩ 'Angehöriger des hohen Adels, der einem Kaiser, König untergeordnet und an der Regierung eines Landes beteiligt war': *weltliche, geistliche ~en (versammelten sich im Reichstag)* ❖ **fürstlich**

fürstlich ['..] ⟨Adj.⟩ **1.** ⟨o. Steig.; nur attr.⟩ 'einem Fürsten (1, 2) gehörend': *die ~e Familie; die ~en Besitzungen* **2.** ⟨Steig. reg., ungebr.⟩ emot. pos. *ein ~es ('bemerkenswert großzügiges und hochwertiges') Geschenk; das Essen war ~; wir sind dort ~ ('auf das Allerbeste, Allerfeinste') bewirtet worden* ❖ ↗ **Fürst**

Furt [fʊʀt], **die**; ~, ~en 'seichte Stelle eines Flusses, an der man durch das Wasser an das andere Ufer gehen, fahren kann': *durch die ~ waten, fahren; die ~ passieren, durchfahren*

Furunkel ['fu'ʀʊŋkl̩], **der**/auch **das**; ~s, ~ 'Geschwür mit eitrigem Pfropf': *er hat einen ~ im Nacken; den ~ aufschneiden*

Fusel ['fuːzl̩], **der**; ~s, ~ ⟨vorw. Sg.⟩ umg. 'Branntwein von minderer Qualität': *billiger ~; das ist ja ~, den trinke ich nicht!; es roch nach ~*

Fusion [fu'zi̯oːn], **die**; ~, ~en **1.** 'Zusammenschluss, Vereinigung zweier od. mehrerer Unternehmen od. Organisationen, Parteien': *es wird eine ~ der beiden Betriebe, Banken, Verlage angestrebt* **2.** fachspr. 'Verschmelzung von Atomkernen': *durch die ~ wird Energie freigesetzt*

Fuß [fuːs], **der**; ~ es, **Füße** ['fyːsə] **1.** 'unterster Teil des Beines beim Menschen und bei Wirbeltieren, der durch ein Gelenk mit dem Unterschenkel verbunden ist'; ↗ FELD I.1.1 (↗ TABL Körperteile): *zierliche, dicke, plumpe, geschwollene, kalte Füße haben; er hat sich* ⟨Dat.⟩ *den linken ~ gebrochen, verstaucht; mit dem linken, rechten ~ zuerst auftreten; ich muss mir noch die Füße waschen; an den Füßen frieren; mit dem ~ aufstampfen; den Weg zu ~ ('gehend') zurücklegen; vom Berg blicken wir auf die uns zu Füßen ('unter uns') liegende Stadt* **2.** 'unterster, tragender Teil eines Möbelstücks od. eines Gegenstandes der Wohnungseinrichtung': *die Füße des Sessels, Schranks; der ~ der Stehlampe* **3.** am ~(e) ⟨+Gen. attr.⟩ 'an der Stelle, wo ein Boden-erhebung beginnt, ein Gebäude aufragt': *am ~ des Berges, der Pyramide, des Turmes stehen* ❖ **fußen** – **barfuß**; vgl. **Fuß-**
* /jmd./ **immer wieder auf die Füße fallen** ('aus persönlichen Krisen, Schwierigkeiten immer wieder unbeschadet hervorgehen'); /jmd./ **festen ~ fassen** ('sich nach einer gewissen Zeit in seiner neuen Umgebung einleben, sich dort durchsetzen'); /etw./ **auf dem ~e folgen** 'unmittelbar als Folge von etw. eintreten': *nach dem Fest folgte die Ernüchterung, Enttäuschung auf dem ~e*; /jmd./ **auf freiem ~ sein** ('sich noch nicht od. nicht mehr in Haft befinden'); /jmd./ **(noch) gut zu ~ sein** ('bes. als alter Mensch noch ohne Beschwerden weit laufen können'); /jmd./ **auf großem ~e leben** ('aufwendig und verschwenderisch leben'); /jmd./ **jmdm. zu Füßen liegen** ('jmdn. über die Maßen verehren'); /jmd., Institution/ **jmdn. auf freien ~ setzen** ('jmdn. aus der Haft entlassen'); /jmd./ **mit jmdm. auf gutem, gespanntem ~e stehen** ('mit jmdm. in einem guten, gespannten

Verhältnis stehen'); /etw./ **auf schwachen, tönernen Füßen stehen** ʹunbewiesen od. ungesichert seinʹ: *seine Beweise stehen auf schwachen Füßen;* **stehenden ~es** ʹsofort, ohne zu zögern, ohne sich lange aufzuhaltenʹ: *stehenden ~es machte er sich auf die Suche nach dem vermissten Kind;* umg. /jmd./ **sich die Füße vertreten** (ʹsich nach langem Sitzen Bewegung verschaffen, indem man hin und her gehtʹ)

Fuß[ʹ..]|**-ball, der 1.** ⟨o.Pl.⟩ ʹzwischen zwei Mannschaften ausgetragenes Spiel, bei dem der Ball nach bestimmten Regeln (mit den Fuß) ins gegnerische Tor zu stoßen istʹ; ↗ FELD I.7.4.1: *~ spielen* **2.** ʹmit Luft gefüllter Lederball von bestimmtem Gewicht und Umfang für Fußball (1)ʹ (↗ TABL Sportgeräte) ❖ ↗ Ball; **-boden, der** ʹbegehbare Fläche eines Raumes, bes. eines Zimmersʹ; ↗ FELD V.3.1: *den ~ aufwischen, scheuern, fegen; auf den ~ einen Teppich legen; auf dem ~ sitzen, liegen* ❖ ↗ Boden; **-breit * um keinen ~, auch nicht um einen ~** (ʹüberhaupt nichtʹ) **von etw. abgehen**

Fussel [ʹfʊsl̩], **die**; ~, ~n/auch **der/das**; ~s, ~n ⟨vorw. Pl.⟩ ʹkleines Stück Faser od. Faden, das bes. an der Kleidung, am Teppich haftetʹ: *auf seinem Anzug sind ~n; die ~n abbürsten* ❖ **fusselig, fusseln**

fusselig [ʹfʊsəlɪç] ⟨Adj.; vorw. präd. u. bei Vb.⟩ umg. **1.** ʹvoller Fusselnʹ /bes. auf Kleidung bez./: *die Jacke ist ganz ~* **2.** ʹunruhig, nervösʹ /auf Personen bez./: *bei dieser Arbeit wird man ganz ~; das macht mich ~!* ❖ ↗ Fussel

fusseln [ʹfʊsl̩n] ⟨reg. Vb.; hat⟩ /etw., bes. textiles Gewebe/: *das Geschirrtuch, der Wollstoff, Schal fusselt* (ʹvom Geschirrtuch, Wollstoff, Schal lösen sich leicht Fusseln abʹ) ❖ ↗ Fussel

fußen [ʹfuːsn̩] ⟨reg. Vb.; hat⟩ /etw./ *auf etw.* ⟨Dat.⟩ ~ ʹsich auf etw. gründenʹ: *dieses Gesetz fußt auf den Prinzipien des Völkerrechts* ❖ ↗ Fuß

Fuß[ʹfuːs]|**-gänger** [gɛŋɐ], **der**; ~s, ~ ʹjmd., der sich als Verkehrsteilnehmer zu Fuß fortbewegtʹ: *er hat einen ~ angefahren; der ~ wurde von einem Auto erfasst* ❖ ↗ gehen; **-gelenk, das** ʹGelenk, das Unterschenkel und Fuß verbindetʹ: *er hat sich das ~ verrenkt* ❖ ↗ Gelenk; **-note, die** ʹAnmerkung zum Text am Ende einer Manuskript-, Druckseiteʹ: *man muss auch die ~n lesen* ❖ ↗ notieren; **-sohle, die** ʹuntere Seite des Fußesʹ; SYN Sohle (1); ↗ FELD I.1.1 ❖ ↗ Sohle; **-stapfe** [ʃtapfə], **die** ⟨vorw. Pl.⟩ ʹAbdruck des Fußes in einem weichen Untergrundʹ; SYN

Fußtapfe: *es waren ~n im Schnee, Sand zu sehen;* **-tapfe** [tapfə]; **die** ⟨vorw. Pl.⟩ SYN ʹFußstapfeʹ ❖ ↗ stapfen; **-tritt, der** ʹStoß mit dem Fußʹ: *jmdm., einem Tier einen ~ geben* ❖ ↗ treten

futsch [fʊtʃ] ⟨Adj.; o. Steig.; nur präd.⟩ umg. /etw./ ~ **sein 1.** ʹunversehens verschwunden, verloren seinʹ: *das ganze Geld, mein Schlüssel ist ~* **2.** ʹentzwei und daher nicht mehr verwendbar seinʹ: *eine unachtsame Handbewegung, und die Vase war ~*

Futter [ʹfʊtɐ], **das**; ~s, ~ **I.** ⟨o.Pl.⟩ ʹNahrung für Tiere, bes. Haustiere, die ihnen der Mensch gibtʹ: *den Pferden, Hühnern, dem Hund ~ geben; den Vögeln ~ hinstreuen; die Hühner brauchen ~, haben kein ~ mehr* − **II.** ⟨vorw. Sg.⟩ **1.** ʹdünner Stoff (1) auf der Innenseite von Kleidungsstücken, Taschen, Schuhenʹ: *glattes, glänzendes, kariertes ~ (aus Seide)* **2.** ʹzum Wärmen bestimmter dickerer Stoff od. Pelz zwischen der Außenseite und dem Futter (II.1) eines Kleidungsstückes od. auf der Innenseite von Kleidungsstücken, Schuhenʹ: *ein Wintermantel, Parka mit (ausknöpfbarem) ~* ❖ **Futteral, füttern, futtern, Fütterung − Studenten futter**

Futteral [fʊtəˈʀaːl], **das**; ~s, ~e ʹBehältnis für Gebrauchsgegenstände, das ihnen in der Form entspricht und für sie als schützende Hülle dientʹ; ↗ FELD V.7.1: *die Brille ins ~ stecken, legen; das Musikinstrument, Gewehr aus dem ~ nehmen* ❖ ↗ Futter

futtern [ʹfʊtɐn] ⟨reg. Vb.; hat⟩ umg. /etw. ~ ʹetw. (mit Vergnügen, in großen Mengen) essenʹ; ↗ FELD I.8.2: *auf dem Fest haben die Kinder viel Obst, Schokolade gefuttert; wir haben tüchtig gefuttert; dort gab es ordentlich zu ~* ❖ ↗ Futter

füttern [ʹfʏtɐn] ⟨reg. Vb.; hat⟩ **I.** /jmd./ **1.1.** *ein Tier ~* ʹeinem Tier Futter gebenʹ: *das Vieh, die Kühe, Hühner, Schweine ~; im Winter die Vögel ~* **1.2.** *Rüben, Körner ~* (ʹRüben, Körner als Futter I verwendenʹ) − **II. 1.** /jmd./ *etw. ~* ʹetw. mit einem Futter (II.2) versehenʹ: *den Wintermantel (dick, warm, mit Pelz) ~;* ⟨vorw. adj. im Part. II⟩ *gefütterte Stiefel, Handschuhe* **2.** /jmd./ *etw. ~* ʹein Kleidungsstück mit einem Futter (II.1) versehenʹ: *den Rock mit Taft ~; das Kleid ist auf Seide gefüttert* (ʹhat ein Futter II.1 aus Seideʹ) ❖ ↗ Futter

Fütterung [ʹfʏtɐ..], **die**; ~, ~en ⟨vorw. Sg.⟩ ʹdas Füttern (I.1.1)ʹ: *die ~ der Raubtiere im Zoo* ❖ ↗ Futter

g, G

gab: ↗ *geben*

Gabe ['gɑːbə], **die;** ~, ~n **1.1.** *scherzh. ich bitte um eine milde* ~ ('eine kleine Spende') **1.2.** *veraltend geh.* /beschränkt verbindbar/: *viele* ~*n* ('Geschenke') *lagen unter dem Weihnachtsbaum;* METAPH *das ist als eine* ~ *der Natur anzusehen* **2.** *geh.* 'Talent, Begabung': *seine vielen* ~*n anwenden, nutzen; er hat die* ~, *etw. fesselnd vorzutragen* **3.** *Med.* 'Dosis': *die* ~ *erhöhen; Vitamin C in bestimmten* ~*n verabreichen* ❖ ↗ **geben**

Gabel ['gɑːbļ], **die;** ~, ~n **1.** 'kleines Gerät (als Teil des Essbestecks), das zum Aufnehmen, Vorlegen od. auch Zerlegen, Zerdrücken von Speisen dient'; ↗ FELD V.5.1 (↗ TABL Essbesteck): *mit Messer und* ~ *essen; etw. mit der* ~ *aufspießen; etw. auf die* ~ *nehmen* **2.** 'größeres Gerät mit zwei od. mehreren Zinken und einem langen Stiel, das zum Aufnehmen, Heben bes. von Stroh, Heu, Mist dient'; ↗ FELD V.5.1: *mit der* ~ *das Heu wenden, aufstecken; Mist mit der* ~ *aufnehmen* ❖ **gabeln – Stimmgabel**

gabeln ['gɑːbļn], **sich** ⟨reg. Vb.; hat⟩ /etw./ *sich* ~ 'sich bes. in zwei Richtungen verzweigen': *der Ast gabelt sich; an dieser Stelle gabelt* (SYN 'teilt 1.2') *sich die Straße* ❖ ↗ **Gabel**

gackern ['gakɐn] ⟨reg. Vb.; hat⟩ **1.** *das Huhn gackert* 'lässt seine Stimme mehrmals kurz hintereinander ertönen'; ↗ FELD II.3.2, VI.1.2: *die Hühner liefen* ~*d und pickend hin und her* **2.** *umg.* /jmd./ 'unter albernem Lachen Belangloses (miteinander) reden': *was haben die beiden Mädchen dauernd zu* ~?

gaffen ['gafņ] ⟨reg. Vb.; hat⟩ /jmd./ '(auf etw., jmdn.) starr und ausdruckslos, bes. mit offenem Mund, blicken, ohne etw. zu sagen, zu tun': *warum gaffst du so?; viele Neugierige standen* ~*d an der Unfallstelle, ohne zu helfen*

Gage ['gɑːʒə], **die;** ~, ~n 'Gehalt für darstellende Künstler': *eine hohe, niedrige* ~; *eine höhere* ~ *verlangen, bekommen; sie waren, spielten ohne* ~ MERKE *Zum Unterschied von Gage, Lohn, Honorar, Gehalt:* ↗ *Lohn* (Merke)

gähnen ['gɛːnən] ⟨reg. Vb.; hat⟩ /jmd./ 'bes. aufgrund von Müdigkeit den Mund unwillkürlich weit öffnen und einmal tief ein- und ausatmen': *vor Müdigkeit, Langeweile laut, heimlich* ~; *ein Gähnen unterdrücken; er musste herzhaft* ~; *sein Gähnen wirkte ansteckend*

galant [ga'lant] ⟨Adj.⟩ **1.1.** ⟨Steig. reg.⟩ 'gegenüber Frauen höflich und zuvorkommend, dabei die Umgangsformen perfekt und gefällig anwendend' /auf einen Mann bez./: *ein* ~*er älterer Herr; er war sehr* ~; *er küsste ihr* ~ *die Hand; er bot der alten Dame* ~ *den Arm* **1.2.** ⟨o. Steig.⟩ /beschränkt verbindbar/ *eine* ~*e* ('betont höfliche und formvollendete') *Verbeugung machen; sich* ~ *verbeugen*

Galerie [galə'ʀiː], **die;** ~, ~n [..'riːən] **1.** 'langer, erhöhter Gang (6) an einer Wand, den Wänden eines Raumes od. an der Außenseite eines Gebäudes, der durch ein Geländer, durch Säulen begrenzt wird': *die* ~ *über dem Saal* **2.** 'zum Ausstellen und zum Verkauf von Kunstwerken bes. der Malerei bestimmte Räumlichkeit(en)': *die Führung durch die* ~ *war sehr interessant*

Galgen ['galgņ], **der;** ~s, ~ 'aus einem horizontalen und vertikalen Balken bestehendes Gerüst, an dem die zum Tode durch den Strang Verurteilten hingerichtet werden' (↗ BILD): *am* ~ *hängen*

* *umg.* /jmd./ **jmdn. an den** ~ **bringen** ('jmdn. der Hinrichtung am Galgen durch das Gericht ausliefern'); /jmd./ **an den** ~ **kommen** ('als Strafe: durch den Galgen hingerichtet werden')

Galle ['galə], **die;** ~, ~n **1.** ⟨o.Pl.⟩ 'von der Leber abgesondertes, in der Gallenblase gespeichertes, bitteres gelbes Sekret, das die Verdauung von Fetten ermöglicht': *das schmeckt bitter wie* ~ **2.** 'Gallenblase': *er muss an der* ~ *operiert werden* ❖ **Gallenblase**

* *umg.* **jmdm. kommt/steigt die** ~ **hoch/läuft die** ~ **über** 'jmd. wird überaus wütend': *wenn ich das höre, kommt mir die* ~ *hoch*

Gallen|blase ['galən..], **die** 'Organ zur Speicherung von Galle (1)': *die* ~ *ist entzündet, wird operativ entfernt* ❖ ↗ **Galle,** ↗ **blasen**

Gallert ['galɛʀt/..lɐt], **das;** ~s, ~e ⟨vorw. Sg.⟩ 'durchsichtige Masse, die aus dem Sud gekochter Knochen durch Kochen hergestellt und nach dem Erkalten erstarrt ist'

Galopp [ga'lɔp], **der;** ~s, ⟨o.Pl.⟩ **1.** 'schnellste Gangart bes. der Pferde, die aus einer Folge von Sprüngen besteht': *das Pferd lief die ganze Strecke im* ~;

im ~ *reiten, davonjagen; die Pferde liefen in vollem, gestrecktem, scharfem* ~*; die Pferde fielen in* ~ (ʹbegannen zu galoppierenʹ); ↗ FELD I.7.2.1; vgl. *Trab* **2.** umg. *im* ~ ʹin sehr großer Eileʹ: *kurz vor der Abreise ging alles im* ~*; wir liefen im* ~ (ʹunter Zeitdruck sehr schnellʹ) *zum Bahnhof; er hat alles im* ~ *erledigen müssen* ❖ **galoppieren**

galoppieren [galɔʹpiːʁən] galoppierte, hat/ist galoppiert **1.** /bes. Pferde/ **1.1.** ⟨hat/ist⟩ ʹsich in der Art des Galopps fortbewegenʹ; ↗ FELD I.7.2.2: *das Pferd ist, hat die ganze Strecke galoppiert* **1.2.** ⟨ist⟩ *irgendwohin* ~ ʹsich irgendwohin in der Art des Galopps (1) irgendwohin fortbewegenʹ: *das Pferd ist über Wiesen, durch das Ziel galoppiert* **2.** ⟨ist⟩ /jmd./ *irgendwohin* ~ ʹeine Strecke im Galopp (1) reitend zurücklegenʹ: *er ist mit seinem Pferd durch das Dorf, Feld galoppiert* ❖ ↗ **Galopp**

galt: ↗ **gelten**

gammeln [ʹgamln̩] ⟨reg. Vb.; hat⟩ umg. /jmd./ ʹvöllig planlos, ohne sinnvolle Beschäftigung seine Zeit verbringenʹ: *im Urlaub haben wir viele Tage lang nur gegammelt*

Gämse [ʹgɛmzə], **die**; ~, ~n ʹmit der Ziege verwandtes, im Hochgebirge lebendes Säugetierʹ; ↗ FELD II.3.1 (↗ TABL Säugetiere): scherzh. *er kann klettern wie eine* ~ (ʹsehr schnell und gewandt kletternʹ)

gang [gaŋ]
* umg. /etw./ ~ *und gäbe sein* ʹüblich sein, gewohnheitsmäßig allgemein praktiziert werdenʹ: *es ist* ~ *und gäbe, dem Gastgeber ein kleines Geschenk mitzubringen*

Gang, der; ~es/auch ~s, Gänge [ʹgɛŋə] **1.** ⟨o.Pl.⟩ ʹArt und Weise des Gehens (1.1)ʹ: *der aufrechte* ~ *des Menschen; jmd. hat einen schleppenden, federnden* ~*; jmds.* ~ *nachahmen; jmdn. am* ~ *erkennen* **2.** ⟨+ Adv.best.⟩ ʹdas Gehen (1.2)ʹ; ↗ FELD I.7.2.1: *der tägliche* ~ *zur Bushaltestelle, Schule; der nächtliche* ~ *des Wächters durch das Betriebsgelände; jmd. muss einen schweren, bitteren* ~ *tun* (ʹmuss sich irgendwohin begeben, wo ihn Unangenehmes erwartetʹ); *ich habe noch ein paar Gänge* (ʹBesorgungenʹ) *zu machen* **3.** ⟨o.Pl.; vorw. mit Gen.attr.⟩ **3.1.** *den* ~ (ʹdas Funktionierenʹ) *einer Uhr, Maschine überprüfen, regulieren* **3.2.** ʹVerlauf, Ablaufʹ; ↗ FELD X.1: *den* ~ *der Verhandlungen, Ereignisse beobachten; alles geht seinen (gewohnten)* ~ (ʹnimmt seinen gewohnten Verlaufʹ) **4.** ʹeine der Übersetzungen (II) eines Getriebesʹ; ↗ FELD VIII.4.1.1: *den ersten, vierten* ~ *einlegen; den* ~ *herausnehmen* (ʹin den Leerlauf schaltenʹ); *in den zweiten* ~ *schalten; im vierten* ~ *fahren*; ↗ auch *Gangschaltung* **5.** ʹlanger, schmaler unterirdischer Hohlraum, der als Weg dientʹ: *dieser* ~ *führt zu einer Höhle; der* ~ *ist verschüttet* **6.** ʹlanger, schmaler Raum in einem großen Gebäude, von dem aus man in seine einzelnen Räume gelangtʹ: *die Schüler versammelten sich auf dem* ~ *vor dem Klassenzimmer; er hörte Schritte draußen auf dem* ~ **7.** ʹeinzel-

nes Gericht einer Folge von Speisenʹ: *der erste* ~ *eines Menüs; dieses Festessen besteht aus vier Gängen* **8.** ⟨o.Pl.⟩ *etw. in* ~ *setzen, bringen* (ʹbewirken, dass sich etw. bewegtʹ); *in* ~ *kommen: die Maschine kommt in* ~ (ʹfängt an, sich zu bewegen, zu arbeitenʹ); *die Verhandlungen kommen in* ~ (ʹnach anfänglichen Schwierigkeiten gehen die Verhandlungen jetzt voranʹ) ❖ ↗ **gehen**
* /etw./ *im* ~*e sein* ʹgerade geschehenʹ: *die Beratung ist bereits im* ~*e*; umg. *da ist allerlei im* ~*e* (ʹda wird allerlei heimlich geplant, unternommenʹ) MERKE Zu *Gang* (6), ¹*Flur, Korridor*: ↗ ¹*Flur* (Merke)

gangbar [ʹgaŋ..] ⟨Adj.; o. Steig.; nicht bei Vb.⟩: *ein* ~*er Weg* ʹeine mögliche Art und Weise des Vorgehensʹ: *das ist der einzig* ~*e Weg, um zu einem gesicherten Resultat zu kommen; eine* ~*e* (ʹproblemlos anwendbareʹ) *Methode* ❖ ↗ **gehen**

Gängelband [ʹgɛŋl..], **das**
* umg. /jmd./ *jmdn. am* ~ *haben/halten/führen* (ʹjmdn. ständig unter seiner Kontrolle habenʹ)

gängeln [ʹgɛŋl̩n] ⟨reg. Vb.; hat⟩ umg. /jmd./ *jmdn.* ~ ʹjmdn. unselbständig halten und bevormundenʹ: *ich lasse mich doch nicht von dir* ~*!; sich von jmdm. (nicht)* ~ *lassen*

gängig [ʹgɛŋɪç] ⟨Adj.; Steig. reg.; Komp. ungebr.; nicht bei Vb.⟩ **1.** ʹallgemein akzeptiert, verbreitet und angewandtʹ: *eine* ~*e Ansicht, Meinung; er arbeitet nach der* ~*en* (SYN ʹüblichenʹ) *Methode; die* ~*e Meinung ist, dass …; dies ist ein sehr* ~*es* (ʹvon vielen häufig benutztesʹ) *Wort, ein* ~*er Begriff* **2.** ʹhandelsüblich und viel gekauftʹ: *dies ist ein sehr* ~*er Artikel, eine* ~*e Ware; Schuhe in* ~*en Größen anbieten* ❖ ↗ **gehen**

Gang|schaltung [ʹgaŋ..], **die** ʹVorrichtung an Fahrzeugen, Maschinen, mit der die einzelnen Gänge (↗ *Gang* 4) eines Getriebes eingelegt werden könnenʹ; ↗ FELD VIII.4.1.1: *die* ~ *des Autos, Rennrades* ❖ ↗ **gehen**, ↗ **schalten**

Gangster [ʹgɛŋstɐ], **der**; ~s, ~ ʹVerbrecher, der Mitglied einer organisierten Gruppe von Verbrechern istʹ: *den* ~*n auf die Spur kommen; von* ~*n überfallen, ausgeraubt werden*

Gangway [ʹgɛŋveː], **die**; ~, ~s ʹ(fahrbarer) nicht fest montierter Steg (in Form einer Treppe), der den Passagieren von Flugzeugen, Schiffen zum Ein- und Aussteigen dientʹ: *er stieg die* ~ *hinauf und winkte; er wurde an der* ~ *begrüßt, empfangen*

Ganove [gaʹnoːvə], **der**; ~n, ~n umg. ʹGauner, Verbrecherʹ: *dem* ~*n wurde das Handwerk gelegt; er ist ein* ~*!*

Gans [gans], **die**; ~, Gänse [ʹgɛnzə] **1.** ʹals Haustier gehaltener od. wild lebender Schwimmvogel mit gedrungenem Körper und langem Halsʹ; ↗ FELD I.8.1, II.3.1 (↗ TABL Vögel): *Gänse füttern, mästen, schlachten, auf der Jagd schießen; die Gänse watscheln, schwimmen auf dem See* **2.** ʹweibliches Tier von Gans (1)ʹ: *unsere* ~ *brütet*; vgl. *Gänserich* **3.** ⟨o. Pl.⟩ ʹGänsebratenʹ: *heute gibt es bei uns* ~

4. umg. /auf eine weibl. Person bez./ *damals war ich noch eine ~* (ʼnoch unreif, unerfahrenʼ); Schimpfw. *du dumme, blöde, alberne ~* (ʼdu bist dumm, blöd, albernʼ)! ❖ **Gänserich**

Gänse|blümchen [ˈgɛnzəbly:mˈçən], **das** ʼauf Wiesen wachsende kleine Pflanze, deren weiße Blüten rings von strahlenförmigen rosa Blütenblättern umgeben sindʼ; ↗ FELD II.4.1: *aus ~ einen Kranz winden* ❖ ↗ **Blume**

Gänserich [ˈgɛnzərɪç], **der**; ~s, ~e ʼmännliches Tier von Gans (1)ʼ; ↗ FELD II.3.1 ❖ ↗ **Gans**

ganz [gants] **I.** ⟨Adj.; o. Steig.⟩ **1.1.** ⟨nur attr.; dient flektiert auch als Nenner einer Bruchzahl⟩ ʼetw. in seiner Gesamtheit umfassendʼ: *drei ~e, eine ~e (1/1) Kartoffel(n) reiben* (vgl. auch *halb*); *diese Arbeit verlangt den ~en Mann* (ʼverlangt jmdn., der alle Energie auf diese Arbeit konzentriertʼ); SYN ʼgesamtʼ: *er hat den ~en Tag, die ~e Zeit gearbeitet; seine ~e Kraft für etw. einsetzen; dies ist ein Problem der ~en Menschheit; ein ~es Leben (lang) mit jmdm. befreundet sein; die ~e Geschichte kann ich in der Eile nicht erzählen;* umg. *er hat mir die ~e Geschichte* (ʼallesʼ) *erzählt* **1.2.** ⟨wird unflektiert u. o. Art. vor Länder- und Ortsnamen wie ein Indefinitpron. gebraucht⟩ *er hat ~ Europa, Amerika bereist* (ʼer war überall als Reisender in Europa, Amerikaʼ); *~ Berlin* (ʼalle Berlinerʼ) *war auf den Beinen;* auch: *das ~e Europa, Amerika; das ~e Berlin;* vgl. auch *halb* **2.** ⟨nicht attr.⟩ umg. ʼohne (eine denkbare) Beschädigungʼ; SYN heil (2); ANT entzwei (1.1); ↗ FELD III.5.3: *die Vase, Puppe ist wieder ~; etw. (Zerbrochenes, Zerrissenes) wieder ~ machen* (ʼreparierenʼ) **3.** ⟨nur attr.⟩ umg. *eine ~e Weile* (ʼziemlich langeʼ) *warten; das war eine ~e Menge* (ʼziemlich vielʼ) **4.** Math. ⟨nur attr.⟩ *eine ~e Zahl* ʼeine Zahl, die keine Bruch-, Dezimalzahl istʼ: *3 ist eine ~e Zahl* − **II.** ⟨Adv.; betont; vor Adj., Adv.⟩ **1.** ʼsehrʼ: *ein ~ klarer Fall; ~ offen mit jmdm. reden; das habe ich ~* (ʼausschließlichʼ) *allein gemacht* **2.** /schränkt eine Bewertung ein/ SYN ʼleidlichʼ: *sie ist ~ nett; das Gedicht ist ~ gut* **3.** ⟨vor Subst. mit Art.⟩ *sie, er ist ~ der Vater* (ʼist ihrem, seinem Vater sehr ähnlichʼ); *er ist ~ die Mutter* **4.** ⟨vor Subst. o. Art.⟩ *er ist ~ Chef* (ʼbetont seine Stellung als Chef und verhält sich auch soʼ); *sie ist ~ Dame, ~ Mutter* ❖ **ergänzen, Ganze, gänzlich**

* *~ und gar* ʼvölligʼ: *er ist damit ~ und gar einverstanden; ~ und gar* (ʼüberhauptʼ) **nicht/nichts/kein**: *das passt ~ und gar nicht zu dir; er ist ~ und gar kein sportlicher Typ* (ʼer ist alles andere als ein sportlicher Typʼ); *~ zu schweigen von ...* /die folgende Aussage ist noch negativer als die vorausgehende/: *das Essen war schlecht, ~ zu schweigen von der Bedienung* (ʼund noch viel schlechter war die Bedienungʼ)

Ganze [ˈgantsə], **das**; ~n, ⟨o. Pl.; ↗ TAFEL II⟩ **1.** *ein Ganzes* ʼeine aus vielen Einzelteilen bestehende Einheit, etw. in sich Geschlossenesʼ: *die Bilder der Ausstellung, die aparten, ausgefallenen Farben, bilden ein harmonisches, untrennbares ~es* **2.** *das ~* ʼdas allesʼ: *das ~ ist zwecklos; man muss hier das große ~* (ʼunabhängig von Einzelheiten das ausschlaggebende Wichtigeʼ) *sehen; aufs ~ gesehen* (ʼvon Einzelheiten abgesehenʼ) *können wir zufrieden sein* ❖ ↗ **ganz**

* **es geht ums ~** (ʼes muss jetzt entscheidend, sinnvoll gehandelt werdenʼ); ⟨⟩ umg. /jmd./ **aufs ~ gehen** (ʼenergisch vorgehen und alles riskierenʼ); **im ~n** ʼim Allgemeinen, von bestimmten Einzelheiten abgesehenʼ: *die Reise war im ~n schön*

gänzlich [ˈgɛntsl..] **I.** ⟨Adj.; nur attr.⟩ ʼvöllig, vollkommenʼ /auf Abstraktes bez./: *das war eine ~e Fehleinschätzung* − **II.** ⟨Adv.; vor Adj., Adv.⟩ ʼvölligʼ: *das ist ~ unmöglich* ❖ ↗ **ganz**

¹gar [ga:ɐ] ⟨Adj.; o. Steig.; vorw. präd. u. bei Vb.⟩ ʼdurch Kochen (auch Backen, Braten) weich geworden und zum Verzehr geeignetʼ /auf Speisen bez./: *die Kartoffeln sind jetzt (noch nicht, erst halb) ~; das Fleisch ~ kochen; das Fleisch muss erst ~ werden* ❖ **garen**

²gar ⟨Modalpartikel; unbetont; steht nicht am Satzanfang; bezieht sich auf den ganzen Satz; steht in rhetorischen Fragesätzen⟩ /verstärkt eine Frage und deutet die erhoffte verneinende Antwort an; der Sprecher ist emotional beteiligt/; SYN ¹etwa (1): *er wird doch nicht ~ verunglückt sein? hast du das ~ selbst gemacht?*

³gar ⟨Gradpartikel; unbetont; steht vorw. vor der Bezugsgröße; bezieht sich vorw. auf Subst., Vb.⟩ /schließt andere Sachverhalte ein; hebt aber die Bezugsgröße hervor und drückt Erstaunen des Sprechers über den Sachverhalt aus/; SYN sogar: *er beschimpfte ihn ~/er hat ihn ~ beschimpft; er hat ihn beleidigt, und das ~ vor allen Leuten; er hat ~ etwas gewonnen; er arbeitet ~ in der Nacht*

Garage [gaˈʀa:ʒə], **die**; ~, ~n ʼBauwerk, Raum zum Unterbringen, Abstellen von Kraftfahrzeugen, bes. Autosʼ: *das Auto in die ~ fahren; das Auto ist, steht in der ~*

Garant [gaˈʀant], **der**; ~en, ~en ʼInstitution, Person, die durch ihr Engagement, ihre Funktion die Gewähr dafür bietet, dass etw. sicher ist, bleibtʼ: ⟨+ Gen. attr.⟩ *dieser Staat, Staatsmann, Vertrag ist ein ~ des Friedens* ❖ ↗ **Garantie**

Garantie [gaʀanˈti:], **die**; ~, ~n [..ˈti:ən] **1.** ʼSicherheit, dass sich in bestimmter Weise geschieht, sich verhältʼ; SYN Gewähr: *dafür, dass alles gelingt, kann ich keine ~ übernehmen; dafür gibt es keine ~* **2.** ʼschriftliche Zusicherung des Herstellers dem Käufer gegenüber, innerhalb eines bestimmten Zeitraums für solche Schäden an der gekauften Ware aufzukommen, die die Funktionstüchtigkeit der Ware betreffen und nicht vom Käufer verursacht worden sindʼ: *das Werk gibt, leistet, übernimmt für dieses Gerät ein Jahr ~; die Uhr hat ein Jahr ~* ❖ **Garant, garantieren, garantiert − Garantieurkunde**

* umg. **unter ~** ˈzweifelsohne, garantiert': *das ist unter ~ gelogen; unter ~ wird er sich als unschuldig erweisen*

garantieren [ɡaʀanˈtiːʀən], garantierte, hat garantiert; ↗ auch *garantiert* **1.1.** /jmd., Institution, Betrieb/ *jmdm. etw. ~* ˈjmdm. etw. fest zusichern': *der Betrieb garantiert den Mitarbeitern einen guten Verdienst* **1.2.** /jmd., Institution, Betrieb/ *für etw. ~* ˈfür etw. die Gewähr geben, dass etw. so verläuft, ist wie erwartet': *die Firma, der Betrieb garantiert für eine einwandfreie Qualität des Produkts* **1.3.** /etw., Institution, Betrieb/ *(jmdm.) etw. ~* ˈdurch etw., bes. Vertrag, Gesetz, jmdm. bestimmte Rechte einräumen'; SYN *gewährleisten, sichern (2.1)*: *dieser Vertrag garantiert eine erfolgreiche Zusammenarbeit der beiden Partner; eine kostenlose Unterbringung ist garantiert* ❖ ↗ **Garantie**

garantiert [ɡaʀanˈtiːɐt] ⟨Satzadv.; ↗ auch *garantieren*⟩ /drückt den Standpunkt des Sprechers, seine subjektive Überzeugung zum genannten Sachverhalt aus/ ˈmit absoluter Sicherheit': *ich werde ~ mein Versprechen einlösen; das ist ~ eine echte Kette; da hat er ~ gelogen; das hat er ~ vergessen; das hat das Kind ~ nicht allein gemacht* ❖ ↗ **Garantie**

Garantie|urkunde [ɡaʀanˈtiː..], **die** ˈSchein, den der Kunde zusammen mit der von ihm gekauften Ware erhält und auf dem der Anspruch des Kunden auf Garantie (2) vermerkt ist': *die ~ ordnungsgemäß ausfüllen* ❖ ↗ **Garantie**, ↗ **²Kunde**

Garaus [ɡaˈʀ|aus], **der**
* umg. scherzh. /jmd., etw./ **jmdm. den ~ machen** ˈjmdn. umbringen, vernichten': *das hat ihm den ~ gemacht*

Garbe [ˈɡaʀbə], **die**; ~, ~n **1.** ˈgemähtes, (für das Aufstellen zum Trocknen) gebundenes Getreide' (↗ BILD): *die ~n auf-, zusammenstellen; ~n binden* (ˈgemähtes Getreide zusammenbinden, sodass Garben entstehen') **2.** ˈSerie von Schüssen bes. aus einem Maschinengewehr, einer Maschinenpistole': *eine ~ aus einem Maschinengewehr; ~n abfeuern; die Tür wurde von einer ~ durchlöchert*

Garderobe [ɡaʀdəˈʀoːbə], **die**; ~, ~n **1.** ⟨vorw. Sg.⟩ **1.1.** ˈjmds. Kleidung, bes. Oberbekleidung': *sie hat für diesen Anlass nicht die passende ~; seine ~ erneuern* **1.2.** *für die ~* (ˈdie an der Garderobe 3 aufgehängten Mäntel, Hüte o. Ä.') *übernimmt das Restaurant keine Haftung* **2.** ˈ(abgeteilter) Raum bes. in einem Restaurant, Theater, in dem die Besucher Mantel, Hut, Tasche o. Ä. vorübergehend abgeben (können)': *den Mantel an der ~ abgeben, von der ~ holen* **3.** ˈVorrichtung od. Möbelstück in Korridoren zum Aufhängen bes. von Mänteln, Jacken, zum Ablegen von Kopfbedeckungen': *den Mantel an die ~ hängen*

Gardine [ɡaʀˈdiːnə], **die**; ~, ~n ˈdurchsichtiger, heller, meist weißer Vorhang an der Innenseite eines Fensters': *die ~ vor-, zu-, aufziehen, anbringen, abnehmen; ~n waschen, zum Trocknen aufhängen*
* umg. scherzh. /jmd./ **hinter schwedischen ~n** (ˈim Gefängnis') **sitzen**

garen [ˈɡaːʀən] ⟨reg. Vb.; hat⟩ fachspr. **1.1.** /jmd./ *etw. ~* ˈetw. ¹gar werden lassen': *Gemüse, Kartoffeln ~; das Fleisch bei hoher Temperatur ~* **1.2.** /Speisen/ ˈ¹gar werden': *das Gemüse muss langsam ~; etw. auf kleiner Flamme ~ lassen* ❖ ↗ **¹gar**

gären [ˈɡɛːʀən/ˈɡeː..], gor [ɡoːɐ]/gärte, hat gegoren [ɡəˈɡoːʀən]/hat gegärt **1.** ⟨gor, selten gärte, hat gegoren, selten gegärt⟩ /etw./ ˈsich unter Ablauf bestimmter chemischer Prozesse, meist unter Bildung von Alkohol, zersetzen': *der Most gärt; der Teig hat gegoren; Sekt ist gegorener Wein; der Saft ist gegoren* **2.** ⟨gärte, hat gegärt⟩ /etw. Psychisches, bes. es/ *es gärt in jmdm., in einer Menschenmenge* (ˈin jmdm., einer Menschenmenge entsteht allmählich immer mehr Unzufriedenheit, die zu einem Aufruhr drängt'); *vor der Revolution hat es im Volk gegärt; Wut, Hass gärte in ihm* (ˈWut, Hass erfüllte ihn immer mehr'); *~de Wut, Unzufriedenheit* ❖ **gärig, Gärung**

gärig [ˈɡɛːʀɪç/ˈɡeː..] ⟨Adj.; o. Steig.⟩ ˈim Zustand der Gärung befindlich (und daher nicht genießbar, sondern etwas verdorben)': *der Saft ist schon (etwas) ~, schmeckt, riecht schon etwas ~* ❖ ↗ **gären**

Garn [ɡaʀn], **das**; ~s, ~e ˈaus Fasern gesponnener Faden von unterschiedlicher Struktur und unterschiedlichem Verwendungszweck': *für eine Handarbeit dünnes, feines, festes, dickes ~ verwenden; ~ aufspulen, -wickeln; Flachs zu/aus Flachs ~ spinnen; eine Rolle (schwarzes) ~; etw. aus ~ häkeln, sticken, stricken* ❖ **umgarnen**

garnieren [ɡaʀˈniːʀən], garnierte, hat garniert /jmd./ **1.1.** *etw. (mit etw.) ~* ˈauf eine angerichtete Speise (vor dem Servieren) etw. legen, spritzen, damit sie hübsch und appetitanregend aussieht': *den Kartoffelsalat mit Petersilie, Tomatenscheiben ~* **1.2.** *eine Torte ~* ˈauf eine Torte ein Muster aus Buttercreme, Sahne spritzen od. einzelne Nüsse, Obst-, Schokoladenstücke o. Ä. so darauf legen, dass sich ein Muster ergibt': *sie hat die Torte sehr hübsch (mit Buttercreme) garniert* ❖ **Garnierung, Garnitur**

Garnierung [ɡaʀˈniːʀ..], **die**; ~, ~en **1.** ⟨vorw. Sg.⟩ /zu *garnieren* 1.1 u. 1.2/ ˈdas Garnieren'; zu 1.1: *zur ~ nehmen wir Petersilie* **2.** ˈetw., das sich zum

Garnieren eignet': *als* ~ *eignen sich Tomatenstücke, Petersilie u. a.* ❖ ↗ **garnieren**

Garnison [gaʀniˈzoːn], **die**; ~, ~en **1.** 'ständiger Standort einer Truppe mit den entsprechenden Einrichtungen': *die* ~ *liegt in N; die Truppe liegt, steht in* ~ ('ist an ihrem Standort') **2.** 'Gesamtheit der Truppen einer Garnison (1)': *die (ganze)* ~ *ist zum Manöver ausgerückt*

Garnitur [gaʀniˈtuːɐ̯], **die**; ~, ~en **1.** 'Gesamtheit unterschiedlicher, jedoch funktional zusammengehörender, bes. in Bezug auf Aussehen und Material aufeinander abgestimmter Gebrauchsgegenstände': *eine* ~ *Polstermöbel; eine* ~ ('Unterwäsche für Damen od. Herren') *aus Baumwolle, Seide kaufen* **2.** ⟨vorw. Sg.; vorw. mit Ordinalzahlen⟩ umg. *die erste, zweite* ~ 'die besten, die weniger guten Vertreter einer in der Öffentlichkeit wirkenden Gruppe von Personen': *bei der Premiere der Oper singt die erste* ~*; diese beiden Sänger, beide Spieler gehören, zählen zur ersten, zweiten* ~*, sind erste, zweite* ~ ❖ ↗ **garnieren**

Garten [ˈgaʀtn̩], **der**; ~s, Gärten [ˈgɛʀtn̩] **1.** '(durch einen Zaun) begrenztes Stück Land (am Wohnhaus), das dem Anbau von Gemüse, Obst und Blumen (für den eigenen Bedarf) dient'; ↗ FELD II.1.1, 4.1: *ein großer, gepflegter, verwilderter* ~*; im* ~ *etw. säen, pflanzen, ernten; den* ~ *umgraben, harken; im* ~ *arbeiten, Unkraut jäten* **2.** *ein* ↗ *botanischer,* ↗ *zoologischer* ~ ❖ **Gärtner, Gärtnerei – Gartenbau, -gerät, Kindergarten, Kleingarten, Kleingärtner, Tiergarten**

Garten [ˈ..]|**-bau, der** ⟨o.Pl.⟩ 'fachmännisch betriebener Anbau von Gemüse, Obst, Blumen auf kleineren Flächen od. in Gärten': *der Betrieb hat sich auf* ~ *spezialisiert; vom* ~ *leben* ❖ ↗ Garten, ↗ Bau; **-gerät, das** 'Gerät für die Bearbeitung kleinerer Flächen, bes. eines Gartens'; ↗ FELD V.5.1: *Spa-*

Gartengeräte

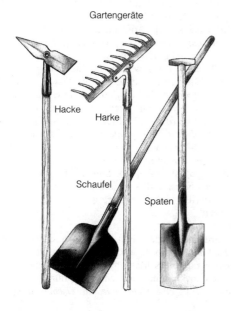

Hacke
Harke
Schaufel
Spaten

ten, Hacke, Harke sind ~*e; die* ~*e stehen im Schuppen* ❖ ↗ Garten, ↗ Gerät

Gärtner [ˈgɛʀtnɐ], **der**; ~s, ~ 'Fachmann für den Gartenbau'; ↗ FELD I.10: *er ist* ~ *(von Beruf); er will* ~ *werden, arbeitet als* ~*; sich vom* ~ *die Bäume, Büsche schneiden lassen* ❖ ↗ **Garten**

Gärtnerei [gɛʀtnəˈʀai̯], **die**; ~, ~en 'kleiner Betrieb, der Gartenbau betreibt': *Blumen, Pflanzen in einer* ~ *kaufen; eine* ~ *am Rande der Stadt; der Inhaber der* ~ *ist Familie B* ❖ ↗ **Garten**

Gärung [ˈgeːʀ../ˈgeːʀ..], **die**; ~, ~en ⟨vorw. Sg.⟩ **1.** 'das Gären (1)': *etw. geht in* ~ *über* ('beginnt zu gären'); *die* ↗ *alkoholische* ~ **2.** 'das Gären (2)': *es kam zur* ~ *unter den Arbeitern; soziale* ~*; alles war in* ~ ❖ ↗ **gären**

Gas [gaːs/gas], **das**; ~es, ~e [ˈgaːzə] **1.** 'Stoff in einem Zustand von so geringer Dichte, dass er unsichtbar ist und die Tendenz hat, sich auszubreiten': *ein brennbares, explosives, giftiges* ~ *erzeugen, verflüssigen, kondensieren; die* ~*e der Luft; einen Ballon mit* ~ *füllen* **2.** ⟨o.Pl.⟩ 'als Energiequelle zum Heizen, Kochen verwendetes Gemisch aus Gas (1)': *mit* ~ *heizen, kochen; es riecht nach* ~*; das* ~ *(der Heizung, des Gasherdes) anzünden, abstellen; das Essen zum Kochen aufs* ~ ('auf den Gasherd') *bringen, stellen* **3.** ⟨o.Pl.⟩ ~ *geben, (das)* ~ *wegnehmen* ('verstärkt, vermindert dem Motor ein Gemisch aus Kraftstoff und Luft zukommen lassen und dadurch die Fahrgeschwindigkeit vergrößern, vermindern'); ↗ FELD VIII.4.1.1) ❖ **Gasherd, Abgas, Erdgas, Vollgas**

Gas|herd [ˈ..], **der** 'mit Gas beheizter Kochherd': *ein* ~ *mit vier Flammen; die Brenner des* ~*s auswechseln* ❖ ↗ **Gas,** ↗ **Herd**

Gasse [ˈgasə], **die**; ~, ~n **1.** 'sehr schmale Straße mit eng aneinander stehenden (kleinen) Häusern': *die kleinen, winkligen* ~*n der Altstadt* **2.** ⟨vorw. Sg.⟩ *sie bahnten sich eine* ~ *durch die Menschenmenge* ('sie drängten sich, die Menschen zur Seite drückend, durch die Menge'); *für den Ehrengast eine* ~ *bilden* ('in der Menschenmenge so viel Platz lassen, dass der Ehrengast hindurchgehen kann') ❖ **Sackgasse**

Gast [gast], **der**; ~es, Gäste [ˈgɛstə] **1.** 'jmd., der von jmdm. eingeladen wurde und von ihm zur Bewirtung (und Beherbergung) empfangen wird': *heute Abend erwarten, haben wir Gäste; sich Gäste einladen; einen* ~ *ausladen; er ist ein gern gesehener* ~ ('man freut sich, wenn er zu Besuch kommt'); *seine Gäste bewirten, willkommen heißen, verabschieden, empfangen; Sie sind heute Abend mein* ~ ('ich bezahle, was Sie heute Abend verzehren') **2.** 'jmd., der gegen Bezahlung in einem Restaurant, Hotel bewirtet, beherbergt wird': *die Gäste des Restaurants, Hotels; das sind zahlende Gäste; der* ~ *möchte zahlen* /sagt ein Kellner zum anderen, wenn er ihn darauf aufmerksam machen will, dass der Gast bezahlen und gehen möchte/ **3.** 'jmd., der sich vorübergehend (als Besucher) an einem fremden Ort, in einem fremden Personenkreis aufhält und dort eine bestimmte Aufgabe erfüllt': *er ist* ~ *der Regierung, der Akademie; jmd. singt als* ~ *an der*

Oper, nimmt als ~ *am Unterricht teil* **4.** *jmdn. zu* ~ *haben* (ʿjmdn. als Gast 1 bei sich habenʾ); *bei jmdm. zu* ~ (ʿals Gast 1ʾ) *sein* ❖ **gastieren, gastlich — gastfreundlich, Gastfreundschaft, -geber, -spiel, Fahrgast, Stammgast, Zaungast**

gast/Gast [ʾ..]**-freundlich** ⟨Adj.; Steig. reg.⟩ ʿgern Gäste aufnehmend, den Gast (1) freundlich aufnehmendʾ: *das ist eine ~e Familie, ein ~es Land* ❖ ↗ Gast, ↗ Freund; **-freundschaft, die** ⟨o.Pl.⟩ ʿBereitschaft anderen gegenüber, sie (jederzeit) zu bewirten (und zu beherbergen)ʾ; ↗ FELD I.2.1: *jmds.* ~ *in Anspruch nehmen; (bei jmdm.)* ~ *genießen* (ʿvon jmdm. gastfreundlich bewirtet, beherbergt werdenʾ) ❖ ↗ Gast, ↗ Freund; **-geber** [geːbɐ]**, der;** ~s, ~ ʿderjenige, der andere als Gäste einlädt, aufnimmt und bewirtetʾ: *er war ein aufmerksamer, freundlicher* ~; *unser* ~ *hatte vergessen, Wein zu besorgen* ❖ ↗ Gast, ↗ geben

gastieren [gaʿstiːrən], gastierte, hat gastiert /Künstler/ *irgendwo* ~ ʿirgendwo als Gast (3) auftretenʾ: *der Tenor gastiert (im November) an der Oper in N; er gastiert nächste Woche in N* ❖ ↗ Gast

gastlich [ʿgast..] ⟨Adj.; Steig. reg.⟩ ʿgastfreundlichʾ: *eine ~e Familie; jmdn.* ~ *aufnehmen, bewirten; Familie B ist sehr* ~ ❖ ↗ Gast

Gastronomie [gastRonoʿmiː], die; ~, ⟨o.Pl.⟩ ʿdas Gewerbe, in dem Gaststätten, Hotels unterhalten werdenʾ: *er ist in der* ~ *tätig; seine langjährige Tätigkeit in der* ~; *die* ~ *in N hat Existenzsorgen; das Niveau der* ~ *ist gestiegen, gesunken* ❖ **gastronomisch**

gastronomisch [gastRoʿnoːm..] ⟨Adj.; o. Steig.; nicht präd.⟩ ʿdie Gastronomie betreffendʾ: *die ~en Einrichtungen einer Stadt; das ~e Gewerbe* ❖ ↗ **Gastronomie**

Gast [ʾ..]**-spiel, das** ʿdas Auftreten eines Künstlers, eines künstlerischen Ensembles auf einer fremden Bühneʾ: *ein* ~ *absagen; irgendwo ein* ~ *geben* ʿirgendwo gastierenʾ: *das Ensemble gibt ein* ~ *in N* ❖ ↗ Gast, ↗ spielen; **-stätte, die** ʿEinrichtung der Gastronomie mit einem od. mehreren Räumen, in der jmd. gegen Bezahlung Speisen und Getränke erhalten kannʾ; SYN Lokal: *eine berühmte* ~; *die* ~ *schließt um 24 Uhr, öffnet um 11 Uhr; die* ~ *hat sich auf Wildgerichte spezialisiert* ❖ ↗ Gast, ↗ Stätte; **-wirt, der** SYN ʿWirtʾ: *er ist* ~ ❖ ↗ Gast, ↗ Wirt

Gatte [ʿgatə]**, der;** ~n, ~n ⟨vorw. Sg.⟩ oft in Verbindung mit Possessivpron., jedoch nicht mit *mein, unser*⟩ geh. SYN ʿEhemannʾ: *grüßen Sie bitte Ihren* ~n ❖ **begatten, Begattung, Gattin, Gattung**
MERKE *Gatte* wird nicht für die Bezeichnung des eigenen Ehemannes od. des Ehemannes einer geduzten Person gebraucht

Gatter [ʿgatɐ]**, das;** ~s, ~**1.** ʿZaun od. Tor, bestehend aus breiten, starken Lattenʾ: *das Pferd steht am* ~ **2.** ʿdurch einen Zaun aus breiten Latten begrenzte Flächeʾ: *die Rehe sind im* ~

Gattin [ʿgat..]**, die;** ~, ~nen /zu *Gatte*; weibl./ SYN ʿEhefrauʾ ❖ ↗ Gatte
MERKE *Gattin* wird nicht für die Bezeichnung der eigenen Ehefrau od. der Ehefrau einer geduzten Person gebraucht

Gattung [ʿgat..]**, die;** ~, ~en **1.1.** ʿGesamtheit von einzelnen Dingen, Erscheinungen, Lebewesen u.Ä., die jeweils in wesentlichen Merkmalen übereinstimmenʾ: *verschiedene ~en von Schiffen, Eisenbahnwagen; die Epik ist eine literarische* ~ **1.2.** Biol. ʿEinheit im System der Lebewesen, die zwischen Familie und Art steht und mehrere Arten umfasstʾ: *dieser Baum gehört zur* ~ *Ahorn;* vgl. *Art, Familie, Ordnung, Klasse, Stamm* ❖ ↗ **Gatte**

gaukeln [ʿgauk|n] ⟨reg. Vb.; ist⟩ /best. Insekt/ ʿschaukelnd und unstet und ohne feste Richtung fliegenʾ: *irgendwohin* ~: *der Schmetterling gaukelt von Blüte zu Blüte*

Gaul [ʿgaul]**, der;** ~s/auch ~es, Gäule [ʿgɔilə] **1.** umg. emot. neg. SYN ʿPferdʾ; ↗ FELD II.3.1: *dieser alte, störrische, lahme* ~ *will einfach nicht mehr ziehen, laufen* **2.** landsch. SYN ʿPferdʾ: *der Bauer spannt die Gäule an; die Gäule sind ihm durchgegangen*

Gaumen [ʿgaumən]**, der;** ~s, ~ **1.1.** ʿWand (2) zwischen Mund- und Nasenhöhleʾ; ↗ FELD I.1.1: *der vordere harte, hintere weiche* ~; *das Kind ist mit einem gespaltenen* ~ *geboren worden* **1.2.** ʿGaumen (1.1) als Geschmacksorganʾ; ↗ FELD I.3.4.1: *das ist etwas für den* ~ (ʿdas schmeckt gutʾ); *jmd. hat einen feinen* ~ (ʿist ein Feinschmeckerʾ)

Gauner [ʿgaunɐ]**, der;** ~s, ~ **1.** SYN ʿBetrügerʾ: ~ *treiben in N ihr schmutziges Handwerk; die Polizei warnt vor ~n und Taschendieben; von einem* ~ *geprellt werden* **2.** umg. emot. ʿgerissener Mensch, der merklich auf seinen Vorteil bedacht istʾ; SYN Spitzbube: *so ein (kleiner)* ~!; scherzh. *du alter* ~! ❖ **ergaunern**

Gaze [ʿgaːzə]**, die;** ~, ~n **1.** ʿgitterartiges Gewebe mit weiten Maschenʾ: *durchsichtige* ~; *ein Stück* ~ *auf die Wunde legen* **2.** ʿGebilde aus gitterartig geflochtenem dünnen Draht, Kunststoffʾ: *ein mit* ~ *bespannter Fensterflügel*

geartet [gəʿaːRtət] ⟨Adj.; nicht bei Vb.; vorw. präd. (mit *sein*)⟩ *irgendwie* ~ *sein* **1.** /jmd./ ʿirgendwie veranlagt seinʾ: *das Kind ist gut* ~; *sie ist so* ~, *dass* ... **2.** /etw./ ʿirgendwie beschaffen seinʾ: *der Fall ist so* ~, *dass* ...; *ein besonders ~er Fall* ❖ ↗ **Art**

Gebäck [gəʿbɛk]**, das;** ~s, ⟨o.Pl.⟩ ʿetw. Gebackenes, das schon vor dem Backen zu einzelnen Stücken geformt wurdeʾ; ↗ FELD I.8.1: *knuspriges* ~ *zum Tee knabbern; eine Schale mit* ~ *auf den Tisch stellen* ❖ ↗ **backen**

gebacken: ↗ *backen*

geballt [gəʿbalt] ⟨Adj.; o. Steig.; nur attr.; ↗ auch *ballen*/ /vorw. auf Abstraktes bez./: *mit ~er* (ʿkonzentrierterʾ) *Kraft, Energie gingen sie ans Werk* ❖ ↗ **Ball**

gebar: ↗ *gebären*

Gebärde [gəʿbɛːɐdə/..beː..]**, die;** ~, ~n ʿdurch Einsatz der Hände (und Arme), der Mimik hervorgerufene Bewegung eines Menschen, durch die er etw. mitteilen, nachahmen od. eine Empfindung ausdrücken willʾ: *eine einladende, abweisende, drohende,* *ungeduldige, hilflose* ~ *machen; sie verständigten sich durch* ~*n* ❖ ↗ **Gebaren**

gebärden [gəˈbɛːɐdn̩], sich, gebärdete sich, hat sich gebärdet /jmd./ *sich irgendwie* ~ ʹsich irgendwie auffällig bewegen, verhalten, meist in Form von Körperbewegungenʹ: *er hat sich wild, wie toll, wie ein Verrückter gebärdet* ❖ ↗ **Gebaren**

Gebaren [gəˈbɑːʀən], das; ~s, ⟨o.Pl.⟩ oft emot. neg. ʹBenehmen, Verhalten in Bezug auf die Art, wie Bewegungen, Handlungen ausgeführt werdenʹ: *er hat, zeigt ein ausgesprochen auffälliges, wildes, schwerfälliges, weltmännisches* ~; *das geschäftliche* ~ *einer Firma; er fiel durch sein* ~ *auf* ❖ **Gebärde, gebärden**

gebären [gəˈbɛːʀən/..beː..], (sie gebärt/veraltend gebiert), geh. gebar [..ˈbɑːʀ], hat geboren [..ˈboːʀən]; ↗ auch *geboren* **1.1.** /Frau/ *ein Kind* ~ ʹein Kind zur Welt bringenʹ: *sie hat in ihrem Leben zwei Jungen und drei Mädchen geboren* **1.2.** ⟨nur im Prät., Perf. Pass.; + Adv.best.⟩ /jmd./ *geboren werden* ʹauf die Welt kommenʹ: *sie wurde in N, kurz vor Mitternacht, (genau) am 31. Dezember geboren; er ist in N geboren worden* ❖ **geboren – Eingeborene, Gebärmutter, Geburtsdatum, -jahr, ort, -tag**

Gebär|mutter [gəˈbɛːɐ../..beːɐ..], die ⟨o.Pl.⟩ ʹOrgan der Frau und der höheren weiblichen Säugetiere, in dem die Entwicklung des befruchteten Eis vor sich gehtʹ; ↗ FELD I.1.1: *eine Operation der* ~; *an der* ~ *operiert werden* ❖ ↗ **gebären, ↗ Mutter**

Gebäude [gəˈbɔɪdə], das; ~s, ~ ʹgrößeres Bauwerk, das Menschen zum Aufenthalt od. als dienstliche Einrichtung od. zur Produktion dientʹ; ↗ FELD V.2.1: *die Schule, die Sporthalle, das Restaurant, Krankenhaus sind moderne* ~ *der Stadt; das* ~ *ist baufällig* ❖ ↗ **Bau**

Gebeine [gəˈbaɪnə], die ⟨Pl.⟩ ʹals Rest eines verwesten Menschen noch vorhandene Knochenʹ: *die, jmds.* ~ *ausgraben; bei Grabungen stieß man auf* ~ ❖ ↗ **Bein**

Gebell [gəˈbɛl], das; ~s/**Gebelle**, das; ~s, ⟨beide o.Pl.⟩ ʹdas (fortwährende) Bellen (1)ʹ; ↗ FELD VI.1.1: *das laute, freudige, wütende* ~ *der Hunde war weithin zu hören*
MERKE *Gebelle* wird auch im abfälligen Sinne gebraucht: *das ewige* ~*e des Hundes geht mir auf die Nerven* ❖ ↗ **bellen**

geben [geːbn̩] (er gibt [giːpt]), gab [gɑːp], hat gegeben; ↗ auch *gegeben* **1.** /jmd./ *jmdm. etw.* ~ **1.1.** ʹjmdm. etw. überreichen, aushändigen, damit er darüber verfügen (3.1) kannʹ: *jmdm. ein paar Geldstücke (als Fahrgeld), ein Buch (zum Lesen)* ~; *jmdm. ein Glas Wasser* ~ (SYN ʹreichen 1ʹ); *ich gebe dir für heute Nachmittag den Wohnungsschlüssel; er hat mir (für den Ausflug) sein Fahrrad gegeben* **1.2.** SYN ʹjmdm. etw. reichen (1)ʹ: *gib mir bitte meinen Mantel; dem Kranken das Essen* ~; *sie gab ihm die Hand* (ʹbegrüßte ihn mit Handschlagʹ) **1.3.** ʹdafür sorgen, dass jmd. (persönlich) etw. von einem erhält (worauf er ein Anrecht hat)ʹ: *jmdm. eine Bescheinigung, seinen Lohn, eine Quittung, sein Zeugnis* ~; *dem Kind zu essen, zu trinken* ~ **1.4.**

jmdm. eine Ohrfeige ~ (ʹjmdn. mit der flachen Hand auf die Backe schlagenʹ) **2.** /jmd./ *etw., jmdn. irgendwohin, jmdn. zu jmdm.* ~ ʹetw., jmdn. irgendwohin, jmdn. zu jmdm. bringen und damit zugleich eine Dienstleistung annehmenʹ: *den Koffer in die Gepäckaufbewahrung, das Auto zur Reparatur, den Jungen zum Onkel* ~ **3.1.** /jmd./ *jmdm. etw.* ~ ʹjmdm. etw. für ihn Nützliches, Angestrebtes, meist etw. Abstraktes, zukommen lassenʹ: *jmdm. einen Rat, Hinweis, das Jawort* ~; *jmdm. eine Chance, eine neue Perspektive* ~; *(jmdm.) ein Autogramm, Interview* ~; *jmdm. Gelegenheit, Grund, Veranlassung zu etw.* ~; *jmdm. Rückhalt* ~ (ʹsich so verhalten, dass jmd. bei einem Rückhalt findetʹ); *dem Kind einen Namen* ~ (ʹeinen Namen für das Kind festlegenʹ) **3.2.** /etw., jmd./ *etw.* ⟨Dat.⟩, *jmdm. etw.* ~ ʹbewirken, dass jmd., etw. eine bestimmte (neue) Eigenschaft erhältʹ: *das Studium, Kind gibt ihrem Leben, ihr einen neuen Sinn; der Kragen gibt dem Kleid eine sportliche Note; das gibt mir neuen Mut* **3.3.** ⟨vorw. mit Nebens.⟩ /jmd., etw./ *jmdm. etw.* ~, *etw. zu tun* ʹjmdm. einen Anlass für eine bestimmte Reaktion, Tätigkeit bieten (1)ʹ: *er gibt ihm (keine) Veranlassung, misstrauisch zu sein; jmdm. (die) Gelegenheit* ~, *seinen Standpunkt zu erläutern; das Flugzeug gibt uns die Möglichkeit, weite Strecken zu überwinden* **4.1.** /jmd., bes. Lehrer/ SYN ʹerteilenʹ: *der Lehrer gibt (den Schülern) Unterricht in Deutsch; er gibt* (SYN ʹunterrichtet 1.2ʹ) *Physik* **4.2.** /Pflanze, Tier/ *der Baum gibt* (SYN ʹspendet 2.2ʹ) *viel Schatten; die Kuh, Ziege gibt Milch* (ʹproduziert Milch, die wirtschaftlich genutzt wirdʹ) **5.** /etw./ *etw.* ~ ʹetw. ergeben (1.1)ʹ: *drei mal drei gibt neun; das gibt ein schiefes Bild, nichts Gutes, keinen Sinn; ein Wort gibt das andere* (ʹaus einem harmlosen Gespräch entwickelt sich ein ernst zu nehmender Streitʹ) **6.** *etw.* ~ **6.1.** /Gastgeber/: *ein Fest, Essen, eine Party* ~ (ʹzu einem Fest, Essen, einer Party einladen und sie gestaltenʹ) **6.2.** /Künstler, Institution von Künstlern u.Ä./: *eine Vorstellung, ein Konzert, Gastspiel* ~ (SYN ʹveranstaltenʹ); *er hat den Titelhelden, Ersten Liebhaber, einen Verbrecher gegeben* (ʹin der Theateraufführung dargestellt, gespieltʹ) **7.** /jmd./ **7.1.** *sich irgendwie verhalten*ʹ: *sich liebenswürdig, unbefangen, nach außen hin gelassen* ~ **7.2.** *sich besiegt, geschlagen* ~ (ʹeingestehen, dass man besiegt, geschlagen istʹ) **8.** /krankhafte Erscheinungen des Körpers/ *sich* ~ SYN ʹnachlassen (1.1)ʹ: *der Schmerz hat sich gegeben; die Hustenanfälle haben sich inzwischen gegeben* **9.1.** *es gibt etw., jmdn.* ʹetw., jmd. ist vorhandenʹ: *es gibt für jeden Arbeit; in dieser Stadt gibt es kein Theater; es gibt (einige) Wissenschaftler, die diese Ansicht nicht vertreten; es gibt keinen Grund dafür, keinen Hinweis darauf; es gibt da noch Probleme; was gibt es Neues?; es gibt nichts zu essen* (ʹes ist nichts vorhanden, was man essen könnteʹ); *es gibt nichts, was sich nicht erklären ließe* (ʹes lässt sich grundsätzlich alles erklärenʹ); *was gibt es denn da* (ʹwas hat sich denn da ereignetʹ)?; *es gibt nichts*

Schöneres, als ('am allerschönsten ist es,') *am Abend ein wenig Musik zu hören; es gibt kein Zurück, kein Entkommen* ('ein Zurückweichen, Entkommen ist nicht möglich'); /in den kommunikativen Wendungen/ *was es nicht alles gibt* ('das kann doch nicht möglich sein')! /wird gesagt, wenn man seine Verwunderung über etw. ausdrücken will, das man nicht für möglich gehalten hätte/; *das gibt's (doch) nicht!* /wird gesagt, wenn man sein ungläubiges Erstaunen über etw. ausdrücken will/; *gibt es dich auch noch?* /wird zu jmdm. zur Begrüßung gesagt, den man lange nicht gesehen hat und der lange nichts von sich hat hören lassen/ **9.2.** *es gibt etw.* 'etw. ist im Angebot, ist verfügbar, erhältlich': *es gibt in diesem Geschäft Spezialitäten aus der Toscana; es gibt ein neues Telefonbuch; es gibt noch Eintrittskarten; heute gibt es Gehalt* ('heute wird Gehalt ausgezahlt'); *auf der Party gab es Sekt* ('wurde Sekt angeboten, gereicht'); *jetzt gibt es Mittag* ('jetzt steht das Mittagessen bereit'); *heute gibt es kein Abendbrot* ('wird nicht zu Abend gegessen'); *was gibt es heute im Fernsehen, Theater* ('was wird heute im Fernsehen, Theater geboten')? **9.3.** *es gibt etwas, einiges zu tun* 'da ist etwas, einiges, das getan werden muss': *es gibt etwas bekannt zu geben, zu verbessern, einiges richtig zu stellen; hierbei gibt es einige Dinge zu bedenken* **9.4.** *etw. gibt jmdm. zu denken* 'etw. veranlasst jmdn., darüber nachzudenken': *sein beharrliches Schweigen gibt mir zu denken; es gibt mir zu denken, dass man sich darüber nicht öffentlich äußern will; das gab mir zu denken* **9.5.** *es gibt etw.* 'mit etw. kann ganz sicher gerechnet werden': *in diesem Jahr gibt es eine gute Ernte; wenn das nicht verhindert wird, gibt es ein Unglück; bald gibt es Regen, wird es Regen ~;* /in der kommunikativen Wendung/ umg. *gleich gibt's was (hinten drauf)* ('gleich bekommst du einen Klaps, Schläge') /wird als Drohung zu einem ungehorsamen Kind gesagt/ **10.** /etw./ *jmdm. etwas ~* ('für jmdn. von Bedeutung sein und ihn bereichern': *ein guter Vortrag, klassische Musik, diese Freundschaft gibt mir etwas, was* **11.** /jmd./ *etwas auf etw. ~* 'etw. für wichtig halten und sein Verhalten danach ausrichten': *er gibt etwas auf korrekte Umgangsformen, pünktliches Erscheinen* **12.** /abgeblasst in Verbindung mit best. Subst./, z. B.: /jmd./ *einen ↗ Bericht über, von etw. ~;* /jmd./ *etw. in ↗ Druck ~;* /jmd./ *(jmdm. für etw.) eine ↗ Erklärung ~;* /jmd./ *sich ↗ Mühe ~;* /jmd./ *jmdn. in ↗ Pflege ~;* /jmd./ *etw. ⟨Dat.⟩, jmdm. den ↗ Vorzug ~;* /jmd./ *eine ↗ Zusage ~* ❖ **begabt, Begabung, begeben, Begebenheit, Gabe, gegeben, vergeben, vergebens, vergeblich – abgeben, Angabe, angeben, Angeber, angeblich, Arbeitgeber, aufgeben, Aufgabe, Ausgabe, ausgeben, ausschlaggebend, beigeben, Eingabe, Eingebung, freigeben, freigiebig, Gastgeber, Gegebenheit, gesetzgebend, Gepäckaufgabe, -ausgabe, herausgeben, Hingabe, hingeben, Kundgebung, nachgeben, nachgiebig, Preisgabe, preisgeben, Ratgeber, tonangebend, unnachgiebig, verausgaben, ver-**

geben, vorgeben, vorgeblich, Widergabe, wiedergeben, Zugabe, zugeben, zurückgeben; vgl. **ausgiebig, ergeben**

* /jmd./ **alles wieder von sich ⟨Dat.⟩ ~** ('alles erbrechen'); /jmd./ **nichts auf jmdn., etw. ~** ('nichts von jmdm., jmds. Worten, von etw. halten'); /jmd./ **es jmdm. (ordentlich) ~** (**1.** 'jmdn. scharf zurechtweisen **2.** 'jmdn. verprügeln'); /jmd./ spött. **etw. von sich ⟨Dat.⟩ ~** ('etw. äußern')

Gebet [gə'be:t], *das;* ~s/auch ~es, ~e 'sprachliche, gedankliche Form des Betens'; ↗ FELD XII.3.1: *ein ~ sprechen; die Hände zum (stillen) ~ falten* ❖ ↗ **beten**

gebeten: ↗ *bitten*

Gebiet [gə'bi:t], *das;* ~s/auch ~es, ~e **1.** 'Teil der Erdoberfläche, der durch bestimmte (natürliche) Gegebenheiten geprägt ist'; ↗ FELD II.1.1: *große, weite ~e des Landes sind unbewohnt, überschwemmt; ein fruchtbares, sumpfiges ~* **2.** '(Teil von einem) Staatsgebiet, Territorium': *dies ist ein autonomes ~; ein ~ besetzen, verwalten, sich einverleiben* **3.** 'Bereich (2), Fach (2)': *auf diesem ~ wird viel geforscht; er ist Fachmann auf diesem ~, ist auf diesem ~ führend* ❖ **Hoheitsgebiet, Fachgebiet, Naturschutzgebiet, Sachgebiet, Staatsgebiet**

gebieten [gə'bi:tn̩], gebot [gə'bo:t], hat geboten [..'bo:tn̩] **1.** /jmd./ *jmdm. etw. ~* 'jmdm. etw. befehlen (1), von jmdm. etw. verlangen': *jmdm. Ruhe, Zurückhaltung, Vorsicht ~;* /abgeblasst in Verbindung mit dem Subst. Einhalt/ *jmdm., jmds. Tun ↗ Einhalt ~* **2.** /etw./ *etw. ~* 'etw. erforderlich, notwendig machen': *der Anstand gebietet Zurückhaltung; die Krankheit gebietet, vorsichtig zu sein; in diesem Fall ist, war, schien rasche Hilfe (dringend) geboten* ('erforderlich, notwendig') ❖ **gebieterisch, Gebot**

gebieterisch [gə'bi:tər..] ⟨Adj.; Steig. reg., ungebr.⟩ **1.1.** 'keinen Widerspruch zulassend' /bes. auf Äußerungen bez./; ↗ FELD I.2.3: *mit ~er Stimme etw. sagen; seine Geste war ~; etw. ~ verlangen, fordern, sagen* **1.2.** ⟨nur bei Vb.⟩ *die Not fordert ~* ('macht es dringend erforderlich'), *dass Hilfe geleistet wird* ❖ ↗ **gebieten**

Gebilde [gə'bɪldə], *das;* ~s, ~ 'etw. zumeist Gegenständliches, das hinsichtlich seines Zwecks, seiner Form nicht genau bestimmbar ist': *ein ~ aus Holz, Stein; ein flächiges, symmetrisches ~; die Schneeflocke ist ein ~ aus Eiskristallen; Wolken sind zarte, luftige ~; das ist ein flächiges, seltsames, merkwürdiges ~;* METAPH *Gespenster sind ~ der Phantasie* ❖ ↗ **Bild**

gebildet [gə'bɪldət] ⟨Adj.; nicht bei Vb.; ↗ auch *bilden*⟩ **1.1.** ⟨Steig. reg.⟩ *jmd. ist ~, ist ein ~er Mensch, Kopf* ('jmd. hat eine gute allgemeine Bildung') **1.2.** ⟨o. Steig.⟩ *jmd. ist irgendwie ~: jmd. ist vielseitig, akademisch, künstlerisch ~* ('besitzt eine vielseitige, akademische, künstlerische Ausbildung') ❖ ↗ **bilden (7)**

Gebirge [gə'bɪrgə], *das;* ~s, ~ 'Gebiet mit einer Anzahl hoher Berge, die eine Einheit bilden'; ↗

FELD II.1.1: *ein kahles, felsiges ~; im ~ wandern, klettern; der Kamm, der Gipfel, die Täler des ~s; im ~ Urlaub machen; ins ~ fahren* ❖ ↗ **Berg**

gebirgig [gə'bɪʀɡɪç] ⟨Adj.; Steig. reg.; nicht bei Vb.⟩ 'von Gebirge geprägt' /auf Regionen bez./; ↗ FELD II.1.2: *eine ~e Gegend, Landschaft; der Süden des Landes ist sehr ~* ❖ ↗ **Berg**

Gebiss [gə'bɪs], **das**; ~es [gə'bɪsəs], ~e **1.** 'die Zähne eines Menschen, Tieres in ihrer Gesamtheit' (↗ BILD): *ein gesundes, schadhaftes ~ haben* **2.** umg. 'vollständiger Zahnersatz': *er hat, trägt ein (künstliches) ~; das ~ sitzt nicht richtig; das ~ herausnehmen* ❖ ↗ **beißen**

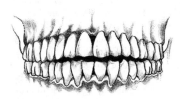

gebissen: ↗ *beißen*
geblasen: ↗ *blasen*
geblichen: ↗ *bleichen*
geblieben: ↗ *bleiben*
gebogen: ↗ *biegen*
geboren [gə'boːʀən] ⟨Adj.; o. Steig.; nur attr.; ↗ auch *gebären*⟩ **1.** /charakterisiert bei einer verheirateten Frau den nachfolgenden Namen als Mädchennamen; auf Familiennamen bez./; bei amtlichen Angaben in der ABK *geb./: sie ist eine ~e Müller* ('ihr Mädchenname ist „Müller"'); *Frau Elsa Klein, geb.* (sprich: *geborene*) *Schulze* **2.** ⟨+ unbest. Art.⟩ 'gebürtig' /auf die Bezeichnung von Ortseinwohnern bez./: *er ist ein ~er Berliner* ('er ist in Berlin geboren') **3.** ⟨+ best. Art.⟩ /drückt aus, dass jmd. auf Grund seiner Veranlagung, natürlichen Begabung speziell für den genannten Beruf geeignet ist; auf Berufsbezeichnungen bez./: *er ist der ~e Lehrer, Schauspieler* ❖ ↗ **gebären**
geborgen [gə'bɔʀɡn̩] **I.** ⟨Adj.; Steig. reg., ungebr.; nicht attr.; ↗ auch *bergen*⟩ 'sicher (I.1), beschützt': *sich bei jmdm. ~ fühlen, wissen; bei ihm bin ich ~* **II.** ↗ *bergen* ❖ ↗ **bergen**
geborsten: ↗ *bersten*
Gebot [gə'boːt], **das**; ~es/auch ~s, ~e 'das Handeln bestimmender unabdingbarer Grundsatz'; ↗ FELD I.12.1: *hier helfend einzugreifen, ist ein moralisches ~; etw. ist oberstes/das oberste ~* ('ist das Wichtigste, das jmds. Handeln bestimmen muss'); *die zehn ~e* ('die zehn moralischen Grundsätze des christlichen Glaubens'); ⟨+ Gen.attr.⟩ *das ~ der Fairness, Höflichkeit befolgen* ('Fairness, Höflichkeit zur verbindlichen Grundlage seines Handelns machen') ❖ ↗ **gebieten**
geboten: ↗ *bieten*
gebracht: ↗ *bringen*
gebrannt: ↗ *brennen*
gebraten: ↗ *braten*

Gebrauch [gə'bʀaux], **der**; ~es/auch ~s, ⟨o.Pl.⟩ **1.** 'das Benutzen, Verwenden': *etw. ist für den persönlichen, täglichen ~ bestimmt; vor ~ schütteln!* /schriftliche Anweisung für den Benutzer, bes. in Bezug auf Medikamente/; *der ~ einer Zange ist bei dieser Arbeit unerlässlich; etw. ist sparsam im ~* ('etw. wird aufgrund seiner Beschaffenheit langsamer als etw. Vergleichbares aufgebraucht'); *etw. in ~ haben* ('dabei sein, etw. zu benutzen, zu verwenden'); *etw. in ~ nehmen* ('beginnen, etw. zu benutzen, zu verwenden') **2.** 'das Handhaben': *der ~ des neuen Gerätes ist kompliziert; das Kind muss den ~ von Messer und Gabel lernen* **3.** *von etw. ~ machen* 'etw. ausnutzen': *von einer Regelung (keinen) ~ machen* ❖ ↗ **brauchen**
gebrauchen [gə'bʀauxn̩] ⟨reg. Vb.; hat⟩ **1.** /jmd./ etw. ~ SYN 'etw. benutzen': *für diese Arbeit gebraucht er einen festen Faden, einen weichen Bleistift* **2.** /jmd./ etw. ~ SYN 'etw. handhaben (1)': *er versteht es, Hammer und Zange zu ~; Messer und Gabel ~* **3.** /jmd./ etw. ~ 'etw. anwenden': *eine List ~; Sie müssen es lernen, Ihren Verstand zu ~* ('einzusetzen') **4.** *etw. ist (zu etw.) nicht (mehr) zu ~* ('ist nicht mehr in einem Zustand, in dem es von Nutzen, Interesse ist'); *jmd. ist für etw. nicht zu ~* ('jmd. kommt für etw. nicht in Frage, weil er dafür nicht geeignet ist'); *jmd. ist zu nichts zu ~* ('jmd. ist zu nichts nütze') ❖ ↗ **brauchen**
gebräuchlich [gə'bʀɔɪç..] ⟨Adj.; nicht bei Vb.⟩ 'allgemein, oft gebraucht, verwendet': *eine ~e Redensart; eine ~e* ('oft angewendete') *Methode; das ist hier nicht ~* (SYN 'üblich') ❖ ↗ **brauchen**
Gebrauchs [gə'bʀauxs..]**-anweisung, die** 'schriftliche Beilage für ein Produkt, die seinen Gebrauch (2) erläutert': *vor der ersten Benutzung des Radios, Staubsaugers sollte man die ~ lesen* ❖ ↗ brauchen, ↗ an-, ↗ weisen; **-gegenstand, der** 'Gegenstand, der für den täglichen Gebrauch produziert und bestimmt ist': *die Zahnbürste ist ein ~* ❖ ↗ brauchen, ↗ Gegenstand
gebrechlich [gə'bʀɛç..] ⟨Adj.; Steig. reg.⟩ 'durch Alter, Krankheit schwach und hinfällig': *er ist alt und ~ geworden, sieht ~ aus, wirkt ~; ein ~er alter Mann* ❖ ↗ **brechen**
gebrochen [gə'bʀɔxn̩] **I.** ⟨Adj.; o. Steig.; ↗ auch *brechen*⟩ **1.** ⟨nicht präd.⟩ /auf Äußerungen, Sprachliches bez./: *~* ('mangelhaft, oft mit falschem Akzent') *Deutsch sprechen; er machte sich in ~em Deutsch verständlich* **2.** ⟨nur attr.⟩ Math. *eine ~e Zahl* ('ein ¹Bruch 4') – **II.** ↗ *brechen* ❖ **zu (I.1):** ↗ **brechen**; **zu (I.2):** ↗ **Bruch (4)**
Gebrüll [gə'bʀʏl], **das**; ~s/auch ~es/**Gebrülle, das**; ~s, ⟨beide o.Pl.⟩ **1.1.** 'das fortwährende Brüllen'; ↗ FELD VI.1.1: *das ~ der Löwen, Rinder, Zuschauer* **1.2.** umg. /emot. neg./ 'das laute Weinen': *das ~ der Kinder ist nicht zu ertragen* ❖ ↗ **brüllen** MERKE *Gebrülle* (1.1) wird auch in abfälligem Sinne gebraucht: *das ~e des Lehrers*
Gebühr [gə'byːɐ], **die**; ~, ~en **1.1.** 'Betrag, den eine staatliche Institution für die Inanspruchnahme ih-

rer Leistungen erhebt': *die ~ für das Telefon bezahlen; gegen ~ etw. entleihen; jmdm. die ~en erlassen* **1.2.** 'Entgelt für bestimmte geleistete od. entgegengenommene Dienste': *die ~ für eine notarielle Beglaubigung entrichten, anfordern* ❖ **gebühren, gebührend**

gebühren [gə'byːʀən] ⟨reg. Vb.; ↗ auch *gebührend*⟩ **1.** *jmdm., etw.* ⟨Dat.⟩ *gebührt etw.* 'jmdm., einer Sache kommt etw. zu': *ihm, seinem unermüdlichen Einsatz gebührt (unser aller) Dank, Anerkennung, Achtung; das Verdienst, schnell für Abhilfe gesorgt zu haben, gebührt ganz allein ihm* **2.** veraltend *es gebührt sich (nicht)* 'es gehört sich (nicht), schickt sich (nicht)': *es gebührt sich, alten Leuten seinen Platz anzubieten* ❖ ↗ **Gebühr**

gebührend [gə'byːʀənt] ⟨Adj.; o. Steig.; nicht präd.; ↗ auch *gebühren* 1⟩ **1.1.** 'seinem Verdienst, Rang entsprechend, wie es sein soll': *jmdn. ~ würdigen, loben; etw. ~ bewundern; etw., jmdn. in ~er Weise, Form beurteilen* **1.2.** 'auf jmds. ungehöriges Verhalten in angemessener Weise reagierend'; SYN geziemend (2): *jmdm. ~ die Meinung sagen; jmdm. die ~e Antwort geben* ❖ ↗ **Gebühr**

gebunden: ↗ **binden**

Geburt [gə'buːʀt], **die**; ~, ~en **1.** 'das Gebären, Vorgang des Gebärens': *sie hatte eine leichte, schwere ~* (SYN 'Entbindung'); *einen Kursus für schmerzarme ~ besuchen;* /in der kommunikativen Wendung/ umg., oft spött. *das war (aber) eine schwere ~* ('das war nur nach Überwindung von allerlei Schwierigkeiten, Hindernissen zu bewerkstelligen') /sagt jmd., wenn ein anderer recht umständlich mit etw. umgegangen ist od. wenn etw. sich nur schwer handhaben ließ/ **2.** ⟨vorw. Sg.⟩ 'das Geborensein': *wir geben die glückliche ~ unserer Tochter Steffi bekannt: Sabine und Fritz Müller* /Text einer Geburtsanzeige/; *er ist von ~ an, seit der/seiner ~* ('seit er geboren, seit er auf der Welt ist') *blind; vor, nach Christi ~* ('vor unserer Zeitrechnung, nach unserer Zeitrechnung') **3.** *von ~:* ⟨+ Bez. für Einwohner⟩ *er ist von ~ Schweizer, Berliner/ist Schweizer, Berliner von ~* ('ist gebürtiger Schweizer, Berliner'); *er ist adlig von ~* ('er ist der Abstammung nach adlig') ❖ ↗ **gebären**

gebürtig [gə'byʀtɪç] ⟨Adj.; o. Steig.; nicht bei Vb.⟩ /auf die Bezeichnung von Einwohnern bez./: *er ist (ein) ~er Berliner, Mecklenburger, Franzose* ('er ist in Berlin, Mecklenburg, Frankreich geboren, lebt entgegen der Erwartung dort od. nicht mehr dort'); *er ist aus Berlin ~* ('ist in Berlin geboren') ❖ ↗ **gebären**

Geburts [gə'buːʀts..]**-datum, das** ⟨o.Pl.; oft mit Possessivpron.⟩ 'Datum der Geburt': *sein ~ ist der 14. August 1965* ❖ ↗ gebären, ↗ Datum; **-jahr, das** ⟨vorw. Sg.⟩ 'Jahr, in dem jmd. geboren ist': *das ~ angeben* ❖ ↗ gebären, ↗ Jahr; **-ort, der** ⟨vorw. Sg.; oft mit Possessivpron.⟩ 'Ort, an dem jmd. geboren ist': *sein ~ ist Rostock* ❖ ↗ gebären, ↗ Ort; **-tag, der** 'Tag, an dem sich der Tag von jmds. Geburt (2) jährt': *ich gratuliere dir zum ~/ zu deinem (20.)*

~; er hat heute ~; alle Freunde zu seinem ~ einladen ❖ ↗ gebären, ↗ Tag

Gebüsch [gə'byʃ], **das**; ~es/auch ~s, ~e ⟨vorw. Sg.⟩ 'viele eng beieinander stehende Büsche als Ganzes'; SYN Buschwerk: *dichtes, dorniges ~; sich im ~ verstecken; ins ~ kriechen; im ~ nisten Vögel* ❖ ↗ **Busch**

Geck [gɛk], **der**; ~en, ~en emot. neg. 'eitler, übertrieben modisch gekleideter junger Mann': *so ein eitler, aufgeblasener ~!*

gedacht [gə'daxt] **I.** ⟨Adj.; o. Steig.; nur präd. (mit *sein*); ↗ auch *denken*⟩ /etw./ **1.1.** *für jmdn. ~* (SYN 'bestimmt 2.1') *sein: dieses Geschenk ist für dich ~* **1.2.** *als etw. ~* ('geplant 2') *sein: das ist nur als Notlösung ~* **II.** ↗ *denken* ❖ ↗ **denken**

Gedächtnis [gə'dɛçt..], **das**; ~ses, ~se ⟨vorw. Sg.⟩ **1.** 'Fähigkeit eines Menschen, auch eines höher entwickelten Tieres, Informationen im Gehirn zu speichern und sie sich zu einem bestimmten Zeitpunkt, zu einem bestimmten Zweck wieder bewusst zu machen'; SYN Erinnerung (1), Erinnerungsvermögen; ↗ FELD I.5.1: *er hat ein gutes, schlechtes, zuverlässiges ~; sein ~ (für Zahlen, Namen) lässt nach, lässt ihn im Stich; sie hat ein kurzes ~* ('vergisst alles schnell'); *wenn mich mein ~ nicht täuscht, trügt* ('wenn ich mich recht erinnere'), *dann hast du morgen Geburtstag; wenn mich mein ~ nicht täuscht, haben wir diesen Film schon einmal gesehen* **2.** ⟨o.Pl.⟩ 'Gesamtheit der durch das Gedächtnis (1) gespeicherten und damit verfügbaren Informationen'; SYN Erinnerung (2): *etw. aus dem ~ aufsagen; sein ~ reicht weit zurück* ('er kann sich an weit Zurückliegendes gut erinnern'); *sich wieder etw. ins ~ rufen* ('die Erinnerung an etw. aktivieren'); *etw. dem ~ (fest) einprägen* ('sich etw. genau merken'); *etw. aus dem ~ verlieren* ('etw. vergessen'); *etw. im ~ behalten, bewahren* ('etw. nicht vergessen') ❖ ↗ **denken**

* umg. spött. /jmd./ **ein ~ wie ein Sieb haben** ('sehr vergesslich sein')

Gedanke [gə'daŋkə], **der**; ~ns, ~n **1.1.** 'etw., das Bestandteil des Denkens od. Ergebnis des Denkens ist'; ↗ FELD I.4.1.1: *einen ~n entwickeln, zu Ende denken, fallen lassen, (von jmdm.) aufgreifen; zu diesem Thema hat er einen guten, klugen, kritischen ~n geäußert; sich seinen ~n überlassen* ('in verträumter Weise über etw. nachdenken'); *ich habe nur den einen ~n* ('muss immerzu nur an das Eine denken'), *wie ich das bewerkstelligen kann* **1.2.** ⟨vorw. Sg.⟩ 'als Ergebnis des Denkens entstandene Vorstellung von etw.': *sich an einen ~n gewöhnen; sich mit einem ~n vertraut machen; es ist mir ein verlockender, trauriger ~* ('ich empfinde es als verlockend, traurig'), *dass ...; schon der bloße ~ daran* ('allein die Vorstellung davon') *erschreckt mich sehr* **1.3.** ⟨nur im Pl.⟩ SYN 'Meinung': *zu diesem Problem hatte er seine eigenen ~n; sie tauschten ihre ~n aus; sich über etw. seine eigenen ~n machen* ('sich über etw. seine eigene Meinung bilden') **1.4.** ⟨o.Pl.⟩ 'spontaner Einfall': *er hatte einen interes-*

*santen, verwegenen ~n; das war der rettende, erlö-
sende ~!; einen ~n in die Tat umsetzen; das bringt
mich auf den ~n (* inspiriert mich*), alles genau auf-
zuschreiben; ich kam plötzlich auf den ~n/mir kam
plötzlich der ~ (* ich hatte plötzlich den Einfall*),
eine große Reise zu machen* 1.5.* ⟨o.Pl.; + Gen.
attr.⟩ der ~ (SYN 'das Prinzip 1.1*) des Friedens,
der Sicherheit, Wahrheit* ❖ ↗ **denken**
* /jmd./ **sich** ⟨Dat.⟩ **über etw., jmdn. ~n machen** 'sor-
genvoll längere Zeit über etw., jmdn. nachdenken':
ich mache mir über deine Gesundheit, über dich ~n;
/jmd./ **sich** ⟨Dat.⟩ **wegen etw., über etw. keine ~n
machen** 'etw. so hinnehmen, wie es ist od. in Aus-
sicht steht und nicht weiter darüber nachdenken':
wegen der schlechten Beurteilung mache ich mir
keine ~n; darüber brauchst du dir keine ~n zu ma-
chen; /jmd./ **in ~n bei jmdm. sein** 'an jmdn. denken,
mit dem man nicht zusammen sein kann': an dei-
nem Geburtstag werde ich in ~n bei dir sein; /jmd./
in ~n (* zerstreut, geistesabwesend*) **sein; (ganz) in
~n** 'automatisch und ohne sich daran erinnern zu
können': den Schlüssel habe ich (ganz) in ~n in die
Tasche gesteckt; /jmd./ **in ~n versunken sein** 'vor
sich hin träumen, sinnen': (ganz) in ~n versunken
schaute sie aus dem Fenster; /jmd./ **mit dem ~n spie-
len, etw. zu tun** 'etw. Bestimmtes erwägen': an die-
sem Abend spielte ich mit dem ~n, nicht wieder nach
Hause zurückzukehren; /jmd./ **sich mit dem ~n tra-
gen, etw. zu tun** (* ernsthaft überlegen, ob man nicht
etw. Bestimmtes tun sollte*): ich trage mich mit dem
~n, ins Ausland zu gehen; ⟨⟩ umg. **kein ~ (daran)!**
/wird als Erwiderung auf etw. gesagt, das man weit
von sich weist/: „wirst du demnächst heiraten?“
„Kein ~ (daran) (* keineswegs*)!“*
Gedanken/gedanken [gə'daŋkn̩..]|-**gut, das** ⟨o.Pl.⟩ 'die
Gesamtheit der Ideen, von der eine Epoche geprägt
ist, die für jmds. literarisches Werk typisch ist'; ↗
FELD I.4.1.1: das ~ der deutschen Klassik, Aufklä-
rung* ❖ ↗ denken, ↗ Gut; **-los** ⟨Adj.; Steig. reg.,
ungebr.; vorw. bei Vb.⟩ **1.** SYN 'unbedacht': das
war von dir sehr ~ gehandelt; **2.** SYN 'gedanken-
verloren': ~ in den Zeitschriften blättern, in die
Runde schauen; ~ (SYN 'zerstreut') vor sich hin
starren* ❖ ↗ denken, ↗ los; **-strich, der** 'Satzzei-
chen, das aus einem waagerechten Strich besteht
und zur Kennzeichnung einer Pause dient od. einen
eingeschobenen Satz, ein eingeschobenes Satzteil
kennzeichnet' /Zeichen −/: einen ~ setzen; eine Pa-
renthese wird durch ~e eingeschlossen* ❖ ↗ denken,
↗ streichen; **-verloren** ⟨Adj.; Steig. reg., ungebr.;
vorw. bei Vb.⟩ 'in Gedanken versunken'; SYN ge-
dankenlos (2), geistesabwesend; ↗ FELD I.4.1.3:
~ dasitzen und vor sich hin starren; ~ (* zer-
streut*) antworten* ❖ ↗ denken, ↗ verlieren; **-voll**
⟨Adj.; Steig. reg., ungebr.; vorw. bei Vb.⟩ SYN
'nachdenklich (1.2)'; ↗ FELD I.4.1.3: „Wie schnell
doch die Zeit vergeht“, sagte sie ~* ❖ ↗ denken, ↗
voll
gedanklich [gə'daŋk..] ⟨Adj.; o. Steig.; nicht präd.⟩
1.1. ⟨nur attr.⟩ 'die Gedanken, das Denken betref-

fend* /auf Abstraktes bez./: die ~e Tiefe, Schärfe
seiner Ausführungen; etw. steht mit etw. in ~em Zu-
sammenhang* **1.2.** 'durch Denken, mit den eigenen
Gedanken': ein Problem ~ durchdringen, erfassen;
die ~e Verarbeitung des Stoffes* ❖ ↗ **denken**
Gedeck [gə'dɛk], **das**; ~s/auch ~es, ~e **1.** 'ein od.
mehrere Teller und das Besteck, das eine Person
für eine Mahlzeit benötigt': ein ~ für zwei Personen
auflegen* **2.** Gastron. 'feste Folge von Speisen': es
wurden ~e für 30 Personen bestellt* ❖ ↗ **Decke**
Gedeih [gə'dai]
* **auf ~ und Verderb** 'bedingungslos und ungeachtet
guter od. schlimmer Folgen': die beiden haben auf
~ und Verderb zusammengehalten; er ist ihm auf ~
und Verderb ausgeliefert*
gedeihen [gə'daiən], **gedieh** [..'diː], **ist gediehen**
[..'diːən] **1.1.** /jmd., Tier, Pflanze/ 'sich äußerlich
sichtbar gut entwickeln': das Baby ist bei der guten
Pflege gut, prächtig gediehen; auf diesem Boden ge-
deiht kaum etwas; scherzh. wachse, blühe und ge-
deihe! /wird zu jmdm. bei einer Gratulation gesagt,
einem Unternehmen bei seiner Gründung/ **1.2.**
/etw./ 'in der Entwicklung, Vollendung voran-
schreiten': die Verhandlungen sind inzwischen so
weit, dahin gediehen, dass …; der Bau ist immer
noch nicht über seine Grundmauern hinaus gediehen;
die Arbeit ist noch nicht zur Vollendung gediehen
(* ist noch nicht fertig, konnte noch nicht abge-
schlossen werden*)* ❖ **gedeihlich**
gedeihlich [gə'dai..] ⟨Adj.; Steig. reg., ungebr.; vorw.
attr.⟩ geh. 'nützlich und fruchtbar (3) /auf Abstrak-
tes bez./: eine ~e (SYN 'fruchtbare 3*) Zusammen-
arbeit anstreben; die Wirtschaft hat eine ~e Ent-
wicklung genommen* ❖ ↗ **gedeihen**
gedenken [gə'dɛŋkn̩], **gedachte** [..'daxtə], **hat gedacht**
geh. **1.** jmds., etw. ⟨Gen.⟩ ~ **1.1.** /jmd., Gruppe/
'sich in einer Feierstunde meist in Form einer Rede
an jmdn., bes. eine berühmte verstorbene Persön-
lichkeit, oder an ein bestimmtes Ereignis voller
Ehrfurcht erinnern'; ↗ FELD I.5.2: auf der Veran-
staltung wurde des großen Toten (ehrend) gedacht;
man gedachte der gefallenen Soldaten, der Revolu-
tion, der Schlacht bei V.* **1.2.** /jmd./ 'an jmdn., ein
bestimmtes in der Vergangenheit liegendes Ereig-
nis, eine bestimmte Zeit aus gegebenem Anlass po-
sitiv gestimmt denken': sie gedachte (liebevoll,
dankbar) ihres früh verstorbenen Vaters; der unbe-
schwerten Jugend(zeit), Ferien ~* **2.** ⟨+ Vb. im Inf.
mit zu⟩ /jmd./ ~, etw. zu tun 'beabsichtigen, etw.
Bestimmtes zu tun': wir gedachten, noch etwas län-
ger zu bleiben; wir ~ bald zu heiraten; was ~ Sie
dagegen zu tun?* ❖ ↗ **denken**
Gedenk [gə'dɛŋk..]|-**stätte, die** 'Stätte, die dem Ge-
denken (1.1) einer bekannten verstorbenen Persön-
lichkeit od. eines historischen Ereignisses dient':
Goethes Haus in Weimar ist zu einer ~ (der Klas-
sik) geworden* ❖ ↗ denken, ↗ Stätte; **-tafel, die** 'mit
einer Inschrift versehene Tafel (1), die zum Geden-
ken an jmdn., an ein historisches Ereignis ange-
bracht wird, wurde': am Geburtshaus von Luther ist

eine ~ angebracht ❖ ↗ denken, ↗ Tafel; **-tag, der** 'Tag, an dem einer berühmten verstorbenen Persönlichkeit, eines historischen Ereignisses gedacht wird'; ↗ FELD I.5.1 ❖ ↗ denken, ↗ Tag

Gedicht [gə'dɪçt]**, das**; ~s/auch ~es, ~e 'Dichtung, die in Strophen, Verse gegliedert ist und meist einen bestimmten Rhythmus hat': *ein ~ (von Schiller) lernen, (mit Betonung) aufsagen; ein lyrisches, episches, dramatisches ~; ein ~ in freien Rhythmen* ❖ ↗ **denken**

gediegen [gə'diːgn̩] ⟨Adj.⟩ **1.** ⟨Steig. reg.; nicht bei Vb.⟩ **1.1.** ⟨Steig. ungebr.⟩ 'qualitativ hochwertig (und geschmackvoll)' /vorw. auf Gebrauchsgegenstände bez./: *~es Geschirr; ~er Schmuck; eine ~e Handarbeit, Einrichtung; das Buch ist in einer sehr ~en Ausstattung erschienen; die Ausstattung war ~* **1.2.** ⟨o. Steig.⟩ *er besitzt ein ~es* ('umfassendes und differenziertes') *Wissen* **2.** ⟨Steig. ungebr.; nicht bei Vb.; vorw. attr.⟩ SYN '¹rein (I.1.1)' /auf Metalle bez./: *hierbei handelt es sich um ~es Gold, Silber*

gedieh: ↗ *gedeihen*

gediehen: ↗ *gedeihen*

Gedränge [gə'drɛŋə]**, das**; ~s, ⟨o.Pl.⟩ **1.** 'das Drängeln einer meist großen Menge Menschen auf engem Raum': *vor dem Eingang herrschte ein großes ~; es entstand ein großes, fürchterliches ~* **2.** 'drängelnde Menge von Menschen': *die beiden verloren sich im ~ aus den Augen; er bahnte sich einen Weg durch das ~* ❖ ↗ **drängen**

gedrängt [gə'drɛŋt] ⟨Adj.; Steig. reg., ungebr.; vorw. attr.; ↗ auch *drängen*⟩ 'auf das Wesentliche beschränkt und alles knapp zusammenfassend' /auf Sprachliches bez./: *eine ~e Übersicht; etw. in ~er Form zusammenfassen* ❖ ↗ **drängen**

gedroschen: ↗ *dreschen*

gedrungen: ↗ *dringen*

Geduld [gə'dʊlt]**, die**; ~, ⟨o.Pl.⟩ 'Fähigkeit eines Menschen, bei bestimmtem Anlass ausdauernd, beherrscht, nachsichtig zu sein': *voller ~ hörte sie der alten Dame zu; mit (viel) ~ die einzelnen Teile wieder zusammensetzen; er trug seine Krankheit in/mit ~; sie hatte große ~ mit ihrem bockigen Kind; mit deinem Benehmen hast du meine ~ auf eine harte Probe gestellt; die ~ verlieren; keine ~* ('Ausdauer') *für eine knifflige Arbeit haben; jmdn. um (ein wenig) ~ bitten* ('jmdn. bitten, noch ein wenig zu warten, bis man sich um seine Belange kümmert') ❖ ↗ **dulden**

* /jmd./ **sich in ~ fassen** ⟨oft im Imp.⟩ 'etw. in aller Ruhe, Geduld abwarten': *fassen Sie sich in ~!*; **jmdm. reißt die ~** ('jmd. verliert schließlich die Geduld und wird ärgerlich')

gedulden [gə'dʊldn̩] **sich**, geduldete sich, hat sich geduldet /jmd./ *sich ~* 'mit Ruhe, Geduld warten, bis sich das Betreffende ereignet': *bitte, ~ Sie sich noch etwas, einen Augenblick!; ich muss mich weiter, bis morgen ~* ❖ ↗ **dulden**

geduldig [gə'dʊldɪç] ⟨Adj.; Steig. reg.⟩ 'Geduld erkennen lassend': *er ist ein ~er Zuhörer, Kranker, Lehrer; er ist ~; etw. ~ ertragen, über sich ergehen lassen; mit jmdm. sehr ~ sein, umgehen* ('auf jmds.

eigenwillige Art verständnisvoll und freundlich reagieren') ❖ ↗ **dulden**

gedurft: ↗ *dürfen*

geehrt [gə'eːɐ̯t]: ↗ *ehren* (1)

geeignet [gə'aignət] ⟨Adj.; Steig. reg.⟩ 'dem jeweiligen Zweck, den jeweiligen Anforderungen entsprechend, genügend': *ein (für diesen Zweck) ~es Mittel wählen; er ist, scheint für diese Tätigkeit ~; etw. im ~en* ('in einem günstigen') *Moment zur Sprache bringen* ❖ ↗ **eigen**

Gefahr [gə'faːɐ̯]**, die**; ~, ~en 'Umstand, durch den jmdm. Unheil, Misserfolg, einer Sache Schaden, Zerstörung droht': *etw. ist, bedeutet für jmdn. eine große, akute, ernstliche, tödliche ~; es besteht höchste, äußerste ~; es besteht die ~, dass ...; eine ~ abwenden, heraufbeschwören; die ~ bannen; der ~ trotzen; eine ~ bringende Krise; etw. ist mit ~ verbunden* ('ist gefährlich'); *in der Stunde der ~, bei ~* ('im Fall ernsthafter Bedrohung') *Ruhe bewahren!; auf die ~ hin, dass ...; er tat das auf die ~ hin* ('den ungünstigsten Fall eingerechnet'), *dass ...; in ~ kommen, geraten; (selbst) auf die Gefahr hin, dass ...* 'selbst negative Folgen einberechnend': *selbst auf die ~ hin, dass er dadurch Schwierigkeiten bekommen würde, äußerte er freimütig seine Meinung; sich in ~ begeben: wenn du das tust, begibst du dich in ~; jmdn. in ~ bringen, einer ~ aussetzen; in ~ sein: die Obsternte, der Frieden ist in ~; er ist in ~;* ⟨+ Nebens., Inf. mit *zu*⟩ *er war in ~, abzustürzen, sein Vermögen zu verlieren; außer ~ sein: der Kranke ist außer ~* ❖ **gefährden, gefährlich − gemeingefährlich, Lebensgefahr, lebensgefährlich**

* **auf eigene ~** 'auf eigene Verantwortung': *das Betreten des Geländes geschieht auf eigene ~;* /jmd./ **~ laufen, etw. zu tun/zu erleiden** 'in Gefahr geraten, etw. Bestimmtes zu tun, zu erleiden': *sie liefen ~, mit ihrem Vorhaben zu scheitern*

gefährden [gə'fɛːɐ̯dn̩/..'feː..], gefährdete, hat gefährdet /jmd., etw./ *jmdn., etw. ~* 'jmdn., etw. einer Gefahr aussetzen': *durch sein fahrlässiges Verhalten hat er viele Menschenleben gefährdet; alle diese Bedenken ~ den Erfolg der Aktion; die Versetzung des Schülers ist gefährdet* ('ist fraglich') ❖ ↗ **Gefahr**

gefahren: ↗ *fahren*

gefährlich [gə'fɛːɐ̯../..'feː..] ⟨Adj.⟩ **1.** ⟨Steig. reg.; nicht bei Vb.⟩ 'eine Gefahr bildend': *eine ~e Kurve, Situation; ein ~er Gegner, Verbrecher; er hat eine ~e* (SYN 'lebensgefährliche') *Krankheit; mit jmdm. ein ~es Spiel treiben; auf der Straße ist es heute ~ glatt* ('so glatt, dass man leicht Schaden erleiden kann'); *das zu tun ist nicht so ~* (SYN 'riskant'); *die Lage wurde immer ~er* (SYN 'bedrohlicher') **2.** ⟨o. Steig.; nur bei Vb.⟩ spött. *er sieht ja heute ~* ('unmöglich') *aus* ❖ ↗ **Gefahr**

Gefährte [gə'fɛːɐ̯tə/..feː..]**, der**; ~n, ~n 'jmd., der ständig bei jmdm. ist, ihn ständig begleitet und zu ihm hält': *er war ihr treuer ~; sie hat ihren ~n verloren; der ~ seiner Kindheit* ❖ **Gefährtin − Lebensgefährte, Lebensgefährtin**

Gefährtin [..tɪn]**, die**; ~, ~nen /zu *Gefährte*; weibl./ ❖ ↗ **Gefährte**

Gefälle [gə'fɛlə], **das**; ~s, ~ **1.1.** ⟨vorw. Sg.⟩ ˈGrad der Neigung nach unten bei einem Gelände, Fluss, Bach'; ↗ FELD I.7.2.1, IV.2.1: *das Gelände, der Fluss, die Straße hat ein starkes, leichtes ~; die Straße hat ein ~* (ANT Steigung 1); *die Piste hat ein ~ von 500 Metern* ('einen Höhenunterschied zwischen Start und Ziel von 500 Metern') **1.2.** ˈGrad des Unterschieds zwischen höheren und niedrigeren Werten von etw. od. etw. Vergleichbarem': *die Temperatur in den einzelnen Räumen hat ein großes ~; das wirtschaftliche ~ zwischen den beiden Staaten ist beträchtlich* ❖ ↗ **fallen**

gefallen [gə'falən] (er gefällt [..'fɛlt]), gefiel [..'fiːl], hat gefallen **1.** /etw., jmd./ **1.1.** *jmdm. ~* ˈvon jmdm. als angenehm, positiv empfunden werden'; SYN ansprechen (3), zusagen (3); ANT missfallen: *das Bild, Buch, Programm, dein Vorschlag, dieser Schauspieler gefällt mir (gut); es hat uns im Urlaub (ausgezeichnet) ~; mit der neuen Haarfrisur gefällst du mir (nicht); das Mädchen gefiel ihm* ('er fand es hübsch und sympathisch') **1.2.** *jmdm. nicht ~* ˈbei jmdm. Besorgnis hervorrufen': *deine blasse Hautfarbe gefällt mir nicht; du gefällst mir heute (gar) nicht* ('du siehst heute krank aus') **2.** /jmd./ *sich* ⟨Dat.⟩ *in etw.* ⟨Dat.⟩ *~* ˈetw. häufig und auffällig tun, weil man glaubt, damit als interessant zu gelten': *er gefällt sich in maßlosen Übertreibungen, bösartigen Anspielungen; du gefällst dir wohl in der Rolle des strengen Vaters, flotten Liebhabers?* **3.** /jmd./ *sich* ⟨Dat.⟩ *etw. (nicht) ~ lassen* ˈetw., das einem zugefügt wird, (nicht) ohne Widerstand hinnehmen': *eine solche Behandlung lasse ich mir nicht ~, brauche ich mir (von dir) nicht ~ zu lassen!; lass dir nichts ~* ('wehre dich')*!; du lässt dir immer alles ~!; von dir lässt er sich alles (ruhig, gern) ~* ('Unangenehmes nimmt er nur dann widerstandslos hin, wenn es ihm von ihr zugefügt wird') ❖ ♦ **1,2Gefallen, gefällig, Gefälligkeit, gefälligst, missfallen – selbstgefällig, Wohlgefallen**

gefallen: ↗ **fallen**

1Gefallen, der; ~s, ~ ⟨vorw. Sg.⟩ /beschränkt verbindbar/: *jmdm. einen ~ tun, erweisen* ˈfür jmdn. etw. tun, leisten, was für ihn eine Hilfe darstellt': *er hat mir einen großen ~ getan; jmdn. um einen ~ bitten* ˈjmdn. bitten, ihm in einer bestimmten Situation, Angelegenheit behilflich zu sein': *dürfte ich Sie um einen ~ bitten?; würden Sie mir einen ~ tun und mir ein Stück Kuchen mitbringen?;* /in Aufforderungen/: *tu mir den ~ und sei vorsichtig* ('sei mir zuliebe vorsichtig')*!; tu mir den ~ und überlege dir alles noch einmal gründlich* ('in deinem eigenen Interesse rate ich dir dringend, überlege dir alles noch einmal gründlich'); /verleiht der Aufforderung den beabsichtigten Nachdruck/: *tu mir den (einen, einzigen) ~ und stell das Radio aus* ('ich fordere dich auf, sofort das Radio auszustellen, da ich es nicht länger ertragen kann') ❖ ↗ **gefallen**

2Gefallen, das /beschränkt verbindbar/ *jmd. findet an etw., jmdm. (kein) ~* ˈetw., jmd. gefällt jmdm.': *er fand (viel, großes, kein) ~ an seiner neuen Tätig-*

keit, an der Methode; *sie fand ~ an der neuen Lehrerin; jmd. hat an etw.* ⟨Dat.⟩, *jmdm. (sein) ~, kein ~ ˈetw., jmd. gefällt jmdm., gefällt jmdm. nicht': er hat (sein, kein) ~ an solch ausgelassenem Treiben, an moderner Musik; er hat kein ~ an den lebhaften Kindern* ❖ ↗ **gefallen**

Gefallene [gə'falənə], **der**; ~n, ~n; ↗ TAFEL II; ↗ auch *fallen* ˈjmd., bes. Soldat, der im Kampf, im Krieg sein Leben verloren hat'; ↗ FELD XI.1: *die ~n beider Weltkriege ehren; die ~n bestatten* ❖ ↗ **fallen**

gefällig [gə'fɛlɪç] ⟨Adj.; ↗ auch *gefälligst*⟩ **1.** ⟨Steig. reg.⟩ ˈgern bereit, jmdm. einen Gefallen zu tun, Gefälligkeiten zu erweisen': *er ist ein sehr ~er Mensch; jmdm. ~ sein* ('jmdm. einen 1Gefallen tun'); *sich jmdm. ~ zeigen, erweisen;* vgl. *entgegenkommend, hilfsbereit, konziliant, kulant* **2.1.** ⟨Steig. reg.; vorw. attr.⟩ ˈso beschaffen, dass es andere anspricht (3,4)': *etw. hat ein ~es Muster, eine ~e Form* **2.2.** ⟨o. Steig.; nur präd. (mit *sein*)⟩ /in höflichen Fragen, die meist ein Angebot enthalten/: *ein Stück Zucker, etwas Sahne ~?; wir nehmen beide den Lift, wenn's ~ ist* ❖ ↗ **gefallen**

Gefälligkeit [gə'fɛlɪç..], **die**; ~, ~en **1.** ⟨o.Pl.⟩ *etw. aus (reiner) ~* ('ganz uneigennützig') *für jmdn. tun* **2.** ˈkleine Leistung für jmdn., mit der man ihm helfen möchte': *jmdm. eine ~ erweisen; jmdn. um eine ~ bitten; dürfte ich Sie um eine kleine ~ bitten?; all die vielen ~en, die er ihm zu danken hat* ❖ ↗ **gefallen**

gefälligst [gə'fɛlɪçst] ⟨Adv.; ↗ auch *gefällig*⟩ umg. /drückt in Aufforderungen Unmut, Unwillen aus/: *lass das ~ (sein)!; pass ~ auf!; lassen Sie mich ~ los!* ❖ ↗ **gefallen**

gefangen: ↗ **fangen**

Gefangene [gə'faŋənə], **der** u. **die**; ~n, ~n (↗ TAFEL II; ↗ auch *fangen*) **1.** ⟨vorw. *der* ⟩ ˈjmd. der in Kriegsgefangenschaft genommen (1.2) worden ist; SYN Kriegsgefangene': *auf beiden Seiten wurden viele ~ gemacht; ~ austauschen, freilassen, entlassen* **2.** ˈStrafgefangene(r)': *in der Anstalt gab es politische und kriminelle ~; die politischen ~n wurden amnestiert; die ~n haben Freigang* ❖ ↗ **fangen**

gefangen nehmen, er nimmt gefangen, nahm gefangen, hat gefangen genommen /jmd., Institution/ *jmdn. ~* ˈjmdn. zum Kriegsgefangenen machen': *es wurden viele Soldaten gefangen genommen; er wurde in N gefangen genommen* ('geriet in N in Gefangenschaft')

Gefangenschaft [..'f..], **die**; ~, ⟨o.Pl.⟩ **1.** ˈKriegsgefangenschaft': *er ist in ~ geraten, war drei Jahre in (russischer, amerikanischer) ~; aus der ~ entlassen werden* **2.** ˈZustand des Gefangenseins'; ANT Freiheit (3): *diese Löwen sind in ~ geboren, leben in ~* ❖ ↗ **fangen**

Gefängnis [gə'fɛŋ..], **das**; ~ses, ~se **1.** ˈStrafvollzugsanstalt für Häftlinge mit leichten Haftstrafen'; SYN Kittchen: *jmd. ist (jetzt) im ~; er muss seine Strafe im ~ abbüßen* **2.** ⟨o.Pl.⟩ umg. ˈHaftstrafe, die in einem Gefängnis (1) verbüßt wird': *er hat zwei Jahre ~ bekommen; jmdn. zu einem Jahr ~ verurteilen; auf Fälschung, Meineid steht ~* ❖ ↗ **fangen**

Gefäß [gəˈfɛːs/..ˈfeːs], **das**; ~es, ~e **1.** ˈkleiner Behälter zur Aufbewahrung von Flüssigkeiten od. feinkörnigem Material'; ↗ FELD V.7.1: *ein ~ aus Glas; ein irdenes ~; etw. in ein ~ gießen, füllen; etw. in einem ~ aufbewahren; die Blumen (vorübergehend) in ein ~ mit Wasser stellen* **2.** ⟨vorw. Pl.⟩ SYN ˈBlutgefäß'; ↗ FELD I.1.1: *die Patientin hat zu enge ~e; durch Alkohol werden die ~e erweitert* ❖ **Blutgefäß;** vgl. **fassen**

Gefäße

Becher

Eimer

Blumentopf

Flasche

Flakon

Glas

Kanne

Karaffe

Kelch

Milchflasche

Vase

Kognak-
schwenker

Henkel

Krug

Deckel

gefasst [gəˈfast] ⟨Adj.; ↗ auch *fassen*⟩ **1.** ⟨Steig. reg., Superl. ungebr.⟩ ˈtrotz großer (zu erwartender) psychischer Belastung, trotz Gefahr beherrscht und ruhig, die Fassung bewahrend'; ANT fassungslos (1.2): *sie nahm die schreckliche Nachricht (ganz) ~ auf; trotz allem, was ihr an Schlimmem bevorstand, war sie ~ und zuversichtlich; der Verurteilte machte einen ~en Eindruck* **2.** ⟨o. Steig.⟩ **2.1.** ⟨nur präd. (mit *sein*)⟩ /jmd./ *auf etw. ~ sein* ˈauf das mögliche Eintreten eines unangenehmen Ereignisses innerlich vorbereitet sein': *auf das Allerschlimmste, auf alles ~ sein; auf einen solch unfreundlichen Empfang war er nicht ~* **2.2.** umg. *sich auf etw. ~ machen* ⟨+ Modalvb.; vorw. mit *können*⟩ ˈsich psychisch auf etw. zu Erwartendes, auf Unangenehmes einstellen': *am Wochenende kann man sich auf viele Staus ~ machen;* /als Drohung/ *wenn du wieder so spät nach Hause kommst, kannst du dich auf was, auf ein Donnerwetter ~ machen!* ❖ ↗ **fassen**

Gefecht [gəˈfɛçt], **das**; ~(e)s, ~e **1.** ˈkürzere Kampfhandlungen zwischen gegnerischen Streitkräften'; ↗ FELD I.14.1: *ein schweres, kurzes, blutiges ~; neue Truppen ins ~ führen; dem Gegner harte ~e liefern; einen Panzer, ein Kriegsschiff, jmdn. außer ~ setzen* (ˈkampfunfähig machen') **2.** ˈStreit': *ein politisches ~; etw. führt zu einem heftigen, hitzigen ~* ❖ ↗ **fechten**

* /jmd./ *jmdn. außer ~ setzen* ˈbewirken, dass jmd. in seinem Handeln nicht mehr wirksam sein kann': *mit diesem Argument setzte er seinen Kontrahenten außer ~*

gefeit [gəˈfait] ⟨Adj.; o. Steig.; nur präd. (mit *sein*)⟩ geh. /jmd./ *gegen etw. ~ sein* ˈgegen etw. durch innere Kraft, inneren Widerstand geschützt sein': *gegen Ansteckung, Furcht, Spott ~ sein*

Gefieder [gəˈfiːdɐ], **das**; ~s, ~ ˈalle Federn eines Vogels': *der Vogel hat ein buntes, farbenprächtiges ~; sein ~ sträubt, glättet sich* ❖ ↗ **Feder**

gefiedert [gəˈfiːdɐt] ⟨Adj.; o. Steig.; nicht bei Vb.⟩ **1.** ⟨vorw. attr.⟩ ˈmit Federn (1)': *die ~en Tiere* (ˈdie Vögel'); ↗ FELD II.3.3) **2.** Bot. *ein ~es Blatt* (ˈein Blatt, bei dem zu beiden Seiten der mittleren Rippe mehrere kleine einzelne Blätter angeordnet sind'; ↗ FELD II.4.3); *das Blatt ist ~* ❖ ↗ **Feder**

Gefilde [gəˈfɪldə], **das**; ~s, ~ ⟨vorw. Pl.⟩ geh. SYN ˈLandschaft': *eine Fahrt durch herrliche ~; die himmlischen ~, die ~ der Seligen* (ˈdas Paradies'); scherzh. *sich den heimatlichen ~n nähern* (ˈauf dem Wege nach Hause sein und sein Zuhause bald erreicht haben')

Geflecht [gəˈflɛçt], **das**; ~es/auch ~s, ~e **1.** ˈetw. aus biegsamem Material Geflochtenes': *ein ~ aus Bast, Stroh, Draht, Rohr anfertigen* **2.** ˈaus vielfach verzweigten Teilen bestehendes Gebilde': *ein ~ von Zweigen, Wurzeln* ❖ ↗ **flechten**

geflissentlich [gəˈflɪsn̩t..] ⟨Adj.; o. Steig.; nicht präd.; vorw. bei Vb.⟩ ˈin Bezug auf andere(s) mit einer bestimmten, deutlich erkennbaren Absicht handelnd': *jmdn., etw. ~ übersehen; jmdm. ~ aus dem*

Weg gehen; seine ~e Missachtung der Verhaltensregeln
geflochten: ↗ *flechten*
geflogen: ↗ *fliegen*
geflohen: ↗ *fliehen*
geflossen: ↗ *fließen*
Geflügel [gə'fly:gl̩], *das*; ~s, ⟨o.Pl.; oft o. Art.⟩ **1.** ˈalle gefiederten Haustiere, die zur Ernährung des Menschen gehalten werdenˈ: ~ *halten, aufziehen; das ~ füttern, schlachten* **2.** ˈFleisch von Geflügel (1)ˈ; ↗ FELD I.8.1: *gern ~ essen* ❖ ↗ **fliegen**
gefochten: ↗ *fechten*
Gefolge [gə'fɔlgə], *das*; ~s, ~ ⟨vorw. Sg.⟩ ˈGruppe von Menschen, die eine Person von hohem Rang (ständig) begleitetˈ; SYN Geleit (2): *diese Männer bildeten das ~ des Ministers; in jmds. ~ sein* ❖ ↗ **folgen**
gefragt [gə'fʀaːkt] ⟨Adj.; nicht bei Vb.; ↗ auch *fragen*⟩ **1.1.** ⟨Steig. reg.⟩ ˈbesonders gut, schön und daher allgemein stark zum Kauf begehrtˈ /auf Waren bez./: *ein ~es Produkt; dieser Artikel, dieses Erzeugnis ist stark ~* **1.2.** ⟨Steig. reg.⟩ ˈwegen seiner Fähigkeiten großes Ansehen genießend und daher viel verlangtˈ /auf Personen bez./: *er ist ein sehr ~er Künstler, ist sehr ~* **1.3.** ⟨o. Steig.; nur präd. (mit sein)⟩ spött. *Mut, Kritik war nicht ~* (ˈnicht erwünschtˈ) ❖ ↗ **fragen**
gefräßig [gə'fʀɛːsɪç/..fʀɛ:..] ⟨Adj.; nicht bei Vb.⟩ ˈmaßlos, unersättlich im Fressen, Essenˈ /auf Insekten, Personen bez./: *ein Schwarm ~er Heuschrecken;* umg. scherzh. *sei nicht so ~!* ❖ ↗ **fressen**
Gefreite [gə'fʀaɪtə], *der*; ~n, ~n /Angehöriger der Land-, Luft-, Seestreitkräfte mit einem bestimmten Dienstgrad/ (↗ TAFEL II, XIX): *er ist der jüngste ~ der Kompanie; er ist ~r, ist zum ~n befördert worden*
gefressen: ↗ *fressen*
gefrieren [gə'fʀiːʀən], gefror [..'fʀoːɐ̯], ist gefroren [..'fʀoːʀən] /Wasser, Wasser enthaltende Stoffe/ ˈdurch Einwirkung von Frost fest und hart, zu Eis werdenˈ; SYN frieren (2); ANT tauen (1.1), auftauen (1.1); ↗ FELD VI.5.2: *das Wasser ist (zu Eis) gefroren;* ⟨oft adj. im Part. II⟩ *den gefrorenen Boden aufhacken* ❖ ↗ **frieren**
gefroren: ↗ *frieren*
Gefüge [gə'fyːgə], *das*; ~s, ~ **1.** ˈetw., was aus Teilen zusammengefügt istˈ: *das ~ eines Fachwerks; ein ~ aus Balken und Brettern* **2.** ⟨oft mit Gen.attr.⟩ SYN ˈStruktur (1)ˈ: *das soziale, wirtschaftliche ~ eines Staates; das architektonische ~ eines Bauwerks; das ~ der modernen Gesellschaft* ❖ ↗ **fügen**
gefügig [gə'fyːgɪç] ⟨Adj.; Steig. reg.⟩ ˈsich jmds. Willen, Zwang unterordnendˈ /auf Personen bez./; ↗ FELD I.2.3: *er wurde nicht ~; sich nicht ~ zeigen; er war ein sehr ~er Diener seines Staates, ein ~es Werkzeug seines Herrschers; sich* ⟨Dat.⟩ *jmdn. ~ machen* ˈauf jmdn. so einwirken, dass er den Forderungen, Wünschen zustimmtˈ; SYN kirre: *er hat sich ihn durch Drohungen, Versprechungen ~ gemacht* ❖ ↗ **fügen**

Gefühl [gə'fyːl], *das*; ~s/auch ~es, ~e **1.** ⟨o.Pl.⟩ **1.1.** ˈdurch Nerven vermitteltes Empfinden, das den eigenen Körper betrifftˈ; ↗ FELD I.3.5.1, VI.3.1: *in dem warmen Raum überkam sie ein wohliges ~; jmd. hat ein prickelndes ~ in den Händen; vor Kälte kein ~ in den Fingern haben* (ˈdie Finger nicht mehr spürenˈ); *ein ~ des Schmerzes in der Magengegend haben* **1.2.** ˈdurch den Tastsinn hervorgerufene Wahrnehmungˈ: *dem ~ nach* (ˈso wie man es durch Fühlen erkennen kannˈ) *handelt es sich bei diesem Material um Holz, reine Wolle* **2.** ⟨o.Pl.⟩ ˈpsychisch bedingter unbestimmter subjektiver Eindruckˈ: *ich habe das ~, es ist schon Mitternacht, als stünde jemand im Dunkeln hinter mir; ich habe das ungute ~, es wird noch etwas Schlimmes passieren* **3.** ⟨o.Pl.⟩ ˈinstinktives, nicht verstandesmäßig begründetes, begründbares Vermögen, etw. einzuschätzenˈ: *(nur) vom ~ her etw. beurteilen, jmdn. nicht leiden können; mein ~ täuscht mich selten; mein ~ sagt mir, hierbei handelt es sich um Betrug; ein ~ für etw. haben: ein sicheres, feines ~ für etw. haben; er hat ein ~ für Recht und Unrecht; der Pianist hat ein untrügliches ~ für Rhythmus* **4.** ˈdurch Fühlen, Empfinden hervorgerufene Regung, Reaktion auf etw., jmdn.ˈ: *etw. erzeugt in jmdm. ein frohes, stolzes, ängstliches ~; für jmdn. zärtliche ~e haben; es kam in ihr ein tiefes, starkes, beglückendes ~ der Liebe, Geborgenheit, Dankbarkeit, Freude auf; er konnte sich des, seines ~s nicht erwehren, dass ...;* SYN ˈEmotionˈ: *er ließ sich von seinen ~en hinreißen; er schämte sich seiner ~e; jmd. hat, zeigt ~, kein ~* (ˈlässt durch seine Reaktion erkennen, nicht erkennen, dass er zum Empfinden, Mitempfinden fähig istˈ); *ein Musikstück, Gedicht mit ~ vortragen* (ˈso vortragen, dass das eigene diesbezügliche Empfinden zum Ausdruck kommtˈ); umg. *dieses Schloss muss man mit ~* (ˈin Bezug auf die Technik vorsichtig, einfühlsamˈ) *öffnen;* vgl. *Regung (1)* ❖ ↗ **fühlen**
* **mit gemischten ~en** ˈnicht eindeutig positiv, sondern distanziert und mit einem gewissen Unbehagenˈ: *die Einladung zu dem Treffen hat er mit (sehr) gemischten ~en aufgenommen;* /jmd./ **etw. im ~ haben 1.** ˈetw. ahnen (2)ˈ: *sie hatte es im ~, dass das nicht gut gehen würde* **2.** ˈetw. aus Erfahrung instinktiv wissenˈ: *sie hat es im ~, wieviel Salz man für die Kartoffeln nehmen muss*
gefühl|los [..'f..] ⟨Adj.⟩ **1.** ⟨o. Steig.; nicht bei Vb.⟩ ˈohne Gefühl (1.1)ˈ /auf Körperteile bez./; ↗ FELD I.3.5.3: *seit der Verletzung ist sein Fuß, Arm ~* **2.** ⟨Steig. reg.⟩ ˈohne Mitgefühl, ohne Anteilnahme für andereˈ; SYN hartherzig /auf Personen bez./: *er ist ein ~er Mensch, ist ~; mit jmdm. sehr ~ umgehen; er ist, zeigt sich, verhält sich ihr, ihren Sorgen gegenüber ausgesprochen ~* **3.** ⟨Steig. reg., ungebr.; vorw. bei Vb.⟩ ˈkeine seelische Regung, innere Beteiligung erkennen lassendˈ: *der Musik, Dichtung ~ gegenüberstehen* ❖ ↗ **fühlen**, ↗ **los**
gefühls/Gefühls- [gə'fyːls..]|-**mäßig** ⟨Adj.; nur attr. u. bei Vb.⟩: *(rein) ~* ˈwenn ich mich nur nach mei-

nem Gefühl richten würde': *rein ~ würde ich so ent-scheiden ...; eine ~e Überlegung, Reaktion* ❖ ↗ fühlen; **-sache, die**: *etw. ist (reine) ~* ˈetw. lässt sich ausschließlich vom Gefühl (2) her beurteilen, lässt sich nur mit dem Gefühl, nicht mit dem Verstand bewältigen': *ob man es akzeptiert oder nicht, ist (reine) ~; die Bewertung der Leistung war in diesem Fall reine ~, darf keine ~ sein* ❖ ↗ fühlen, ↗ Sache

gefühl|voll [gəˈfyːl..] ⟨Adj.⟩ **1.** ⟨Steig. reg.; nicht bei Vb.⟩ ˈtiefer Gefühle (4) fähig'; ANT kalt (2) /auf Personen bez./: *er ist ein ~er Mensch, ist ~;* vgl. *sensibel* **2.** ⟨Steig. reg., Superl. ungebr.⟩ ˈdurch (allzu) viel Gefühl (4) bestimmt, (allzu) viel Gefühl ausdrückend' /vorw. auf Äußerungen bez./: *er sang ~; ein Gedicht ~ vortragen; ~e Schwärmerei* ❖ ↗ **fühlen,** ↗ **voll**

gefunden: ↗ *finden*
gegangen: ↗ *gehen*
gegeben [gəˈgeːbm̩] **I.** ⟨Adj.; o. Steig.; ↗ auch *geben*⟩ **1.** ⟨nicht bei Vb.; vorw. attr.⟩ ˈbereits vorhanden, bereits bestehend und deshalb für Weiteres zu berücksichtigen' /auf Abstraktes bez./: *etw. als ~ voraussetzen, (hin)nehmen; etw. aus ~em Anlass tun; unter den ~en Verhältnissen, Umständen ist das nicht anders möglich* **2.** ⟨nur attr.⟩ ˈfür bestimmte Umstände, Erfordernisse passend, geeignet': *er ist der ~e Mann dafür; er wird sich zu ~er Zeit* (ˈwenn die Bedingungen passen, günstig sind') *dazu äußern* − **II.** ↗ *geben* ❖ ↗ **geben**
Gegebenheit [gəˈgeːbm̩..]**, die;** ~, ~en ⟨vorw. Pl.⟩ ˈgegebener (1) Umstand': *gesellschaftliche, natürliche, körperliche ~en berücksichtigen* ❖ ↗ **geben**
gegen [ˈgeːgn̩] ⟨Präp. mit Akk.; vorangestellt; vor best. Art. Neutr. auch *gegens*⟩ **1.** /lokal/ **1.1.** ⟨vorw. in Verbindung mit Begriffen, die optische Erscheinungen darstellen⟩ /gibt die Richtung in Bezug auf etw. an; das Ziel ist statisch/: *er hielt das Foto, Glas, die Folie ~ das/gegens Licht; die Bäume hoben sich ~ den* (SYN vom) *Himmel ab* **1.2.** /gibt bei einer Bewegung die Richtung auf das Ziel an; das Ziel ist statisch/ vorw. süddt., österr., schweiz.: *er lenkte seine Schritte ~ das Haus, ~ den Strand, ~ den Ausgang* **1.3.** /gibt bei einer Bewegung die Richtung auf das Ziel an, das sich entgegengesetzt bewegt; das Ziel ist dynamisch/: *~ den Wind laufen; ~ den* (ANT mit) *Strom schwimmen; ~ den Sturm ankämpfen; ~ den Feind anrennen; die Haare ~ den Strich bürsten; sich ~ etw. stemmen* **1.4.** /gibt den Endpunkt einer (zielgerichteten) Bewegung an, das Ziel ist vorw. statisch/: *er ist ~ einen Baum gefahren; der Regen klatschte ~ die Fensterscheiben, gegens Fenster; einen Ball ~ die Wand werfen; mit der Faust ~ die Tür donnern, schlagen* **1.5.** ⟨in fester Abhängigkeit von Verben, Subst.⟩ /gibt das Ziel einer Handlung, die feindliche Absicht an/: *sie schmiedeten ein Komplott ~ die Regierung; er hat ~ das Gesetz, einen Befehl verstoßen; ~ jmdn. vorgehen; ~ etw. einschreiten; ein Fußballspiel ~ die ungarische Mannschaft; ~ jmdn. das Spiel gewin-*

nen; das ist ~ die Abmachung **1.6.** ⟨in übertr. Verwendung⟩ /gibt das Ziel einer Handlung an, die meist in freundlicher Absicht auf eine Person gerichtet ist/; SYN gegenüber (3): *~ jmdn. gefällig, höflich, freundlich, gut, gemein, hart, streng sein* **2.** /gibt ein absichtliches Entgegenwirken (eines Stoffes) und den Schutz an/; SYN für (1.2): *ein Mittel ~ Fieber, Husten; jmdn. ~ Grippe impfen; er ist ~ Diebstahl, Einbruch, Feuer versichert* **3.** /gibt einen Vergleich an, der Ungleichheit ausdrückt/ ˈim Gegensatz zu'; SYN gegenüber (2): *~ seinen Bruder ist er klein, groß, fleißig, sportlich; ~ sein Segelboot ist unser Boot nur eine Nussschale; ~ gestern ist es heute kalt; ~ früher ist das gar nichts* **4.** ⟨vorw. in Verbindung mit Zahlungsmitteln; meist o. erkennbare Kasusforderung⟩ /gibt den Austausch einer Größe mit einer anderen an/: *Mark ~* (SYN ˈfür 5.1') *Dollar tauschen; etw. ~ Geld, ~ bar verkaufen; das Medikament gibt es nur ~ Rezept; etw. ~ Quittung abliefern* **5.** ⟨in Verbindung mit Zahlen⟩ /gibt eine ungefähre Menge an/: *es waren ~ 40 Kinder in dem Raum; ~ 100 Personen waren erschienen* **6.** ⟨in Verbindung mit Zeitangaben (o.Art.), außer Adv.⟩ /temporal; gibt einen ungefähren Zeitpunkt an/: *~ sieben Uhr geht die Sonne auf; ~ Abend fing es an zu regnen; ~ Morgen klingelte das Telefon* ❖ **begegnen, entgegen, entgegnen, Entgegnung, Gegner, gegnerisch − dagegen, entgegengehen, -gesetzt, -kommen, -kommend, -nehmen, Gegenargument, gegeneinander, Gegensatz, gegensätzlich, gegenseitig, Gegenteil, wogegen, wohingegen, zugegen;** vgl. **gegenüber**
Gegen- /bildet mit dem zweiten Bestandteil Substantive; drückt aus, dass sich das im zweiten Bestandteil Genannte gegen etw. Gleichartiges richtet, um es unwirksam zu machen/: ↗ z. B. *Gegenargument*
Gegen [ˈgeːgn̩..]**|argument, das** ˈArgument, das sich gegen ein zuvor geäußertes Argument richtet und es entkräften soll': *ein überzeugendes ~; mit einem ~ kontern* ❖ ↗ **gegen,** ↗ **Argument**
Gegend [ˈgeːgn̩t]**, die;** ~, ~en **1.1.** ˈein dem Sprecher bekannter, aber von ihm nicht näher bestimmter Teil einer Landschaft': *(das ist hier) eine schöne, öde, einsame, verlassene ~* **1.2.** ˈein dem Sprecher bekannter, aber von ihm nicht näher bestimmter Teil einer Stadt, nicht näher bestimmte Gesamtheit von Ortschaften': *er wohnt in einer angenehmen, vornehmen ~; das ist eine rein katholische ~* **2.1.** *die ~ von* ⟨+ Ortsname⟩ ˈdie nähere Umgebung von': *die ~ von Dresden erkunden; er lebt jetzt in der ~ von Mannheim* **2.2.** ⟨o.Pl.⟩ *er ist sinnlos in der ~* (ˈziellos') *umhergeirrt; etw. in die ~* (ˈachtlos irgendwohin') *werfen*
gegen|einander [ˈgeːgn̩..] ⟨Adv.⟩ **1.** ˈeiner od. mehrere gegen den, die anderen und umgekehrt': *die beiden kämpfen ~; beide Bereiche müssen sich ~ abgrenzen* **2.** ˈeinen od. mehrere gegen den, die anderen und umgekehrt': *zwei Freunde ~ ausspielen, aufhetzen; Gefangene ~ austauschen* ❖ ↗ **gegen,** ↗ **anderer**

gegens ['geːgn̩s] ⟨Verschmelzung von Präp. *gegen* (Akk.) + Art. *(das)*⟩ ↗ *gegen*

Gegen/gegen ['geːgn̩..]|**-satz, der** 1. SYN 'Widerspruch (2)': *die beiden Ansichten bilden einen ∼, stehen in einem scharfen, krassen ∼ zueinander; seine Worte stehen in starkem ∼ zu seinen Taten; im ∼ zu: im ∼ zu ihm ist sie sehr sensibel* ('sie ist sehr sensibel, was sie von ihm unterscheidet'); *beide Brüder bilden charakterlich einen großen ∼* ('sind charakterlich sehr unterschiedlich') 2. ⟨nur im Pl.⟩ 'zwischen zwei od. mehreren Personen, Gruppen bestehende, entgegengesetzte Meinungen': *beide Parteien wollen ihre Gegensätze überbrücken, abbauen, ausgleichen; die Gegensätze haben sich verschärft; zwischen den beiden Parteien bestehen tiefe Gegensätze* 3. 'etw., das zu etw., jmd., der zu jmdm. einen Gegensatz (1) bildet': *der ∼ von* 'schwarz' *ist* 'weiß'; *sie ist der ∼ von/ zu ihrer Schwester* ❖ ↗ *gegen,* ↗ *setzen;* **-sätzlich** [zɛts..] ⟨Adj.; Steig. reg.⟩ 'einen Gegensatz (1) bildend, enthaltend'; SYN *unverträglich (2)* /bes. auf Abstraktes bez./: *∼e Tatbestände, Standpunkte, Handlungsweisen, Aussagen, Partner; ein ∼es Begriffspaar; etw. ∼ beurteilen; er war ∼er* (SYN 'entgegengesetzter 2') *Meinung* ❖ ↗ *gegen,* ↗ *setzen;* **-seitig** [zai̯tɪç] ⟨Adj.; o. Steig.⟩ 1. ⟨nicht bei Vb.⟩ 'von dem einen ausgehend auf das andere wirkend und sich (gleichzeitig) umgekehrt vollziehend'; SYN *wechselseitig (1.1)* /auf Abstraktes bez./: *etw. in ∼em Einvernehmen, zum ∼en Nutzen, Vorteil regeln* 2. ⟨zur Unterstützung der rez. Pron. *sich, euch, uns*⟩ 2.1. ⟨Pron. im Akk.⟩ 'einer den anderen, eines das andere und umgekehrt'; SYN *wechselseitig (1.2.2)*: *sie haben sich, wir haben uns ∼ unterstützt* 2.2. ⟨Pron. im Dat.⟩ 'einer, eines dem anderen und umgekehrt'; SYN *wechselseitig (1.2.1)*: *sie haben sich, wir haben uns ∼ geholfen* ❖ ↗ *gegen,* ↗ *Seite*

Gegen|stand ['geːgn̩..], **der** 1. 'meist fester, kleinerer Körper (2), der hinsichtlich seines Materials, seiner Form und seines Zwecks nicht näher bestimmt ist': *hierbei handelt es sich um einen schweren, runden, spitzen, formschönen, metallischen ∼; Gegenstände des täglichen Bedarfs* 2. ⟨o.Pl.; + Gen. attr.⟩ 2.1. SYN 'Objekt (1)': *etw., jmd. wird zum ∼ heftiger Kritik, zum ∼ der Bewunderung* 2.2. SYN 'Thema': *der ∼ des Gesprächs, der Abhandlung, wissenschaftlichen Untersuchung war folgender ...* ❖ **gegenständlich − Gebrauchsgegenstand, gegenstandslos, Wertgegenstand**

gegenständlich ['geːgn̩ʃtent..] ⟨Adj.; o. Steig.⟩ 'Gegenstände (1), Personen, Erscheinungen der konkreten Umwelt in der bildenden Kunst einsetzend'; ANT *abstrakt (1.2)*: *dieser Maler vertritt die ∼e Kunst; ∼ malen, etw. ∼ darstellen* ❖ ↗ *Gegenstand*

gegenstands|los ['geːgn̩ʃtants..] ⟨Adj.; o. Steig.⟩ 1. ⟨nicht bei Vb.⟩ SYN 'unbegründet': *die Verdächtigungen, Vorwürfe gegen ihn sind ∼* 2. ⟨nicht attr.; vorw. präd. (mit *sein, werden*)⟩ SYN 'hinfällig (2)' /auf Abstraktes bez./: *hierdurch werden alle Änderungen, neuerlichen Überprüfungen ∼; eine solche*

Haltung, Einstellung macht alle Pläne, Änderungsversuche ∼ ❖ ↗ **Gegenstand,** ↗ *los*

Gegen|teil ['geːgn̩..], **das** ⟨o.Pl.; o. unbest. Art.⟩ 1. 'Person, Sache, die zu einer anderen Person, Sache den Gegensatz (1) bildet': *er ist das genaue ∼ von seinem Bruder; die fröhliche Stimmung wendete sich plötzlich ins ∼; damit erreicht man genau das ∼* (*von dem Beabsichtigten*); *ich behaupte, dass das ∼ davon wahr ist* 2. /in der kommunikativen Wendung/ *im ∼* 2.1. /als Einleitung einer Antwort, die gegenüber dem möglichen oder erwarteten Inhalt etwas ganz anderes od. Gegensätzliches enthält/: „*Bist du (auch) ein Fußballfan?*" „*Im ∼* ('ganz und gar nicht, sondern'), *ich interessiere mich für Tennis*" 2.2. /als Einleitung einer positiv formulierten Aussage, die die vorangegangene negativ formulierte Aussage ergänzt und präzisiert/: *ich habe keine Vorbehalte gegen deine Mutter, (sondern/ganz/ sondern ganz) im ∼* ('sondern, genauer gesagt'), *ich finde sie ausgesprochen sympathisch* ❖ ↗ *gegen,* ↗ **Teil**

¹gegen|über [geːgn̩'yːbɐ] ⟨Adv.; auch attr.; einem Subst. nachgestellt⟩ 'von einem Bezugspunkt aus auf der anderen Seite befindlich': *an der Wand ∼ hängt ein Bild; er ist in das Haus ∼ gegangen; das Auto wurde (genau) ∼ geparkt* ❖ **gegenübersehen, -stellen;** vgl. **gegen**

²gegen|über ⟨Präp. mit Dat.; voran- od. nachgestellt; einem Personalpron. immer nachgestellt⟩ 1. ⟨in Verbindung mit Sachen, Personen⟩ /lokal; gibt eine Lage auf der entgegengesetzten Seite von jmdm., etw. an/: *∼ dem Bahnhof/dem Bahnhof ∼ ist ein Taxistand; Calais liegt Dover ∼/liegt ∼ Dover; er nahm ihm ∼ Platz; er wohnt ihr ∼ auf der anderen Straßenseite;* ⟨+ *von*⟩ *∼ vom Rathaus steht ein Brunnen* 2. /modal; gibt einen Vergleich an, der meist Ungleichheit ausdrückt/; SYN *gegen (3)*: *∼ dem Vorjahr/dem Vorjahr ∼ hat sich die Lage verschlechtert; ∼ seinem Bruder/seinem Bruder ∼, ihm ∼ ist er klein; er war ihm ∼ im Vorteil* 3. /modal; gibt eine persönliche Beziehung, eine bestimmte Haltung zu einer Person, Sache an/: *ich fühle mich ihm ∼ dankbar; er hat sich ihr ∼ allerhand Frechheiten geleistet; er hat sich seinen Schülern ∼/∼ seinen Schülern immer korrekt verhalten; ich war diesen Ideen ∼/∼ diesen Ideen immer skeptisch*

gegen|über [..'yːbɐ..]|**-sehen, sich** (er sieht sich gegenüber, sah sich gegenüber, hat sich gegenübergesehen) 1. /jmd./ *sich (plötzlich) jmdm., etw.* ⟨Dat.⟩ ∼ 'sich unvermittelt vor jmdm., etw. befinden': *er sah sich plötzlich seinem früheren Lehrer, dem alten Schloss gegenüber* 2. /jmd./ *sich etw.* ⟨Dat.⟩ ∼ 'mit etw. konfrontiert sein': *er sah sich (plötzlich) größeren Problemen, einem allgemeinen Misstrauen gegenüber* ❖ ↗ *gegenüber,* ↗ *sehen;* **-stellen** ⟨trb. reg. Vb.; hat; vorw. im Pass.⟩ /jmd./ *jmdn. jmdm., etw.* ⟨Dat.⟩ ∼: *der Täter wurde dem Zeugen gegenübergestellt* (SYN 'mit dem Zeugen konfrontiert 1.1'), *um seine Schuld zu beweisen; einen Sachverhalt ei-*

nem anderen ~ (ˊihn mit ihm vergleichen 1ˋ) ❖ ↗
²gegenüber, ↗ stellen

Gegenwart [ˈgeːgn̩vaʀt], **die**; ~, ⟨o.Pl.⟩ **1.** ⟨+ best. Art.⟩ ˊZeitraum, den die jeweils lebende Generation erlebt, Zeit, die gerade abläuftˋ; ↗ FELD VII.5.1: ~, *Vergangenheit und Zukunft; die Kunst, Kultur der* ~; *jmd. lebt nur für die* ~; vgl. *Vergangenheit, Zukunft* **2.** *jmds.* ~ ˊjmds. Anwesenheitˋ: *seine, deine, eure* ~ *ist nicht erwünscht;* ⟨+ Präp. *in;* + Gen. attr.⟩ *in* ~ (SYN ˊim Beiseinˋ) *der Gäste, Kinder sollte man so etwas nicht sagen* ❖ **gegenwärtig** — **Geistesgegenwart, geistesgegenwärtig**

gegenwärtig [ˈgeːgn̩vɛʀtɪç] ⟨Adj.; o. Steig.⟩ **1.1.** ⟨nur attr.⟩ ˊin der Gegenwart (1) bestehend, vorhandenˋ; SYN derzeitig; ANT künftig (1.1); ↗ FELD VII.5.3: *die* ~*e Kunst(auffassung), politische Lage;* vgl. *zeitgenössig (2)* **1.2.** ⟨nur bei Vb.⟩ ˊzum jetzigen Zeitpunktˋ: *er wohnt* ~ *bei seinen Großeltern, macht* ~ *eine große Reise* ❖ ↗ **Gegenwart**
* /jmd./ **etw. (nicht)** ~ **haben** (ˊsich an etw. erinnern, nicht erinnern könnenˋ); /etw., jmd./ **jmdm. (nicht)** ~ (ˊerinnerlichˋ) **sein**: *seine genaue Adresse, dieser Mensch ist mir nicht* ~

gegessen: ↗ essen

geglichen: ↗ gleichen

geglitten: ↗ gleiten

geglommen: ↗ glimmen

Gegner [ˈgeːgnɐ], **der**; ~s, ~ **1.** ˊPerson, Institution, deren Verhältnis zu einer anderen Person, Institution durch eine prinzipielle Gegensätzlichkeit der Interessen, Anschauungen gekennzeichnet istˋ: *die beiden Staatsmänner, Staaten sind politische* ~; *seinen* ~ *verleumden, zu Fall bringen; jmds.* ~: *er ist sein (persönlicher)* ~ *(auf wissenschaftlichem Gebiet); jmdn. zum* ~ *haben* **2.** ⟨vorw. mit best. Art.⟩ ˊdie Truppen, die Streitmacht desjenigen Landes, gegen das das eigene Land Krieg führtˋ; SYN Feind (2): *dem* ~ *gegenüberstehen; der* ~ *hat die Front durchbrochen; der* ~ *ergriff die Flucht; den* ~ *angreifen, besiegen, in die Flucht schlagen, überlisten, ausschalten; zum* ~ *überlaufen; den Angriff des* ~*s abwehren; ein übermächtiger, gefährlicher* ~ **3.** ˊSportler, Mannschaft, gegen den, die man selbst, die eigene Mannschaft in einem Wettkampf antrittˋ: *ein überlegener* ~; *er war ein fairer, ebenbürtiger* ~; *der* ~ *unterlag nach Punkten, siegte 3:2; die Mannschaft war ihrem* ~ *nicht gewachsen* ❖ ↗ **gegen**

gegnerisch [ˈgeːgnɐ..] ⟨Adj.; o. Steig.; nur attr.⟩ /zu Gegner 1–3/; /zu 1/ ˊvom Gegner (1) vertretenˋ: *die* ~*en Meinungen, Auffassungen;* /zu 2/ SYN ˊfeindlich (3)ˋ: *die* ~*en Truppen, Stellungen;* /zu 3/ ˊzum Gegner (3) gehörendˋ: *den Ball ins* ~*e Tor schießen* ❖ ↗ **gegen**

gegolten: ↗ gelten

gegoren: ↗ gären

gegossen: ↗ gießen

gegraben: ↗ graben

gegriffen: ↗ greifen

gehabt: ↗ haben

Gehackte [gəˈhaktə], **das**; ~n, ⟨o.Pl.; ↗ auch *hacken;* ↗ TAFEL II⟩ ˊfein zerkleinertes Fleischˋ; SYN Hackfleisch; ↗ FELD I.8.1: *aus* ~*m ein Beefsteak zubereiten; ich möchte bitte 200 Gramm* ~*s* /beim Kauf in der Fleischerei/ ❖ ↗ **hacken**

¹**Gehalt** [gəˈhalt], **der**; ~s/auch ~es, ⟨o.Pl.⟩ **1.1.** *der* ~ *an etw.* ⟨Dat.⟩ ˊder Anteil eines Stoffes (2) in einer Mischung, in einem Stoff (2)ˋ: *der* ~ *an Eisen in diesem Stoff ist gering* **1.2.** *dieses Essen hat wenig* ~, *ist ohne* ~ (ˊenthält wenige, keine wertvollen Nährstoffeˋ) **2.** ⟨+ Gen. attr.⟩ ˊgedanklicher Inhalt, geistiger, idealer Wertˋ: *der poetische* ~ *seines Werkes; den politischen, religiösen* ~ *der Dichtung erfassen* ❖ vgl. **Inhalt, enthalten**

²**Gehalt, das**; ~s/auch ~es, Gehälter [..ˈhɛltɐ] ˊmonatlich ausgezahlte Vergütung eines Angestelltenˋ: *ein hohes, niedriges, festes, anständiges* ~ *beziehen; die Gehälter erhöhen, kürzen; er bekommt sein* ~ *überwiesen; das* ~ *auszahlen* ❖ **gehaltlich**
MERKE Zum Unterschied von *Gehalt, Lohn, Honorar, Gage:* ↗ **Lohn** (Merke)

gehalten: ↗ halten

gehaltlich [gəˈhalt..] ⟨Adj.; o. Steig.; nicht präd.⟩ ˊdas ²Gehalt betreffendˋ: ~*e Zusagen machen;* ~ *höher eingestuft werden* ❖ ↗ ²**Gehalt**

gehandikapt [gəˈhɛndikɛpt] ⟨Adj.; o. Steig.; nicht bei Vb.; vorw. präd. (mit *sein*)⟩ ˊdurch ein Handikap benachteiligt, nicht wie andere leistungsfähigˋ: *durch seine Verletzung war er bei der Wanderung sehr* ~ ❖ ↗ **Handicap**

gehangen: ↗ hängen

gehässig [gəˈhɛsɪç] ⟨Adj.; Steig. reg.⟩ ˊdarauf abzielend, anderen zu schaden, andere durch Spott herabzusetzenˋ; SYN bösartig; ↗ FELD I.6.3: *er ist ein* ~*er Mensch, ist* ~; *ein* ~*er Blick, Kommentar; über jmdn., von jmdm.* ~ *reden; sei nicht so* ~! ❖ ↗ **Hass**

gehauen: ↗ hauen

Gehäuse [gəˈhɔi̯zə], **das**; ~s, ~ **1.** ˊfeste Umhüllung der Krebse, Schnecken, Muschelnˋ: *die Schnecke zieht sich in ihr* ~ *zurück, kriecht in ihr* ~ **2.** ˊTeil des Apfels, der Birne, der die Samenkerne enthältˋ: *das* ~ *herausschneiden; das* ~ *nicht essen* **3.** ˊfeste Hülle für den inneren, die Technik enthaltenden Teil eines Gerätesˋ: *das* ~ *des Kassettenrekorders, der Uhr ist sehr formschön, altmodisch* ❖ ↗ **Haus**

geh|behindert [ˈgeː..] ⟨Adj.; o. Steig.; nicht bei Vb.⟩ ˊauf Grund eines körperlichen Fehlers, Schadens nicht normal gehen könnendˋ: *ein* ~*er Passagier; sie, er ist stark* ~ ❖ ↗ **gehen, ↗ hindern**

Gehege [gəˈheːgə], **das**; ~s, ~ ˊeingezäunter Bereich (in einem Zoo), in dem bestimmte Tiere gehalten werdenˋ: *das* ~ *der Giraffen, Rehe; Tiere in einem* ~ *halten; die Löwen sind aus dem* ~ *ausgebrochen* ❖ ↗ **hegen**
* /jmd., Institution/ **jmdm. ins** ~ **kommen** ˊjmdn. durch eigenes Handeln in seinen Plänen störenˋ: ⟨oft verneint⟩ *komm mir nicht ins* ~!

geheim [gəˈhai̯m] ⟨Adj.; nicht bei Vb.⟩ **1.** ⟨o. Steig.⟩ ˊnicht für die Öffentlichkeit bestimmtˋ: *ein* ~*es Do-*

kument; ~*e Mitteilungen an eine staatliche Behörde; eine* ~*e Wahl* ('Wahl mit einem solchen Verfahren, das nicht erkennen lässt, wofür *od.* für wen jmd. gestimmt hat'); *die Wahl ist* ~ **2.** ⟨o. Steig.⟩ SYN ˈheimlichˈ /auf Abstraktes bez./: *eine* ~*e Verschwörung; die* ~*en Absichten des Gegners ergründen; im Geheimen* ˈheimlichˈ: *es wurde alles im Geheimen vorbereitet, durchgeführt* **3.** ⟨Steig. reg., Komp. ungebr.⟩ ˈnur im Innersten bestehend, ohne sich anderen damit anzuvertrauenˈ /vorw. auf Psychisches bez./: *sich* ~*e Sorgen um jmdn. machen;* ~*e Wünsche, Pläne haben; jmds.* ~*ste Gedanken erraten; ich habe da so meine* ~*en Gedanken, Vermutungen; im Geheimen* (ˈinsgeheimˈ) *gab er ihm Recht, hatten wir mehr erwartet* ❖ **Geheimnis – Dienstgeheimnis, geheimnisvoll, insgeheim**

geheim halten, (er hält geheim), hielt geheim, hat geheim gehalten /jmd., Institution/ *etw.* ~ ˈetw. nicht über einen Kreis Sachverständiger, Zuständiger hinaus bekannt werden lassenˈ: *dieser Plan muss streng geheim gehalten werden; Forschungsergebnisse* ~

Geheimnis [gə'h..], *das;* ~ses, ~se **1.1.** ˈetw., was jmd. od. ein kleiner Kreis miteinander verbundener Menschen bewusst für sich behält, keinem anderen mitteiltˈ: *(keine)* ~*se voreinander haben; die beiden haben ein* ~ *miteinander; ein* ~ *verraten; jmdm. ein* ~ *anvertrauen; es wird ewig ein* ~ (ˈwird unerklärlichˈ) *bleiben, wie dies zustande gebracht werden konnte;* /in der kommunikativen Wendung/ *das ist das ganze* ~ (ˈdas ist die Erklärung und mehr ist dazu nicht zu sagenˈ) /wird abschließend gesagt, wenn man jmdm. etw. für ihn Schwerverständliches verblüffend einfach erklärt hat/ **1.2.** ˈstaatliche Angelegenheit, die nur wenigen Personen bekannt ist und über die für sie Schweigepflicht bestehtˈ: *der Abgeordnete hat wichtige* ~*se (an einen Agenten) verraten* **1.3.** ˈetw., was noch nicht erforscht ist, was man nicht erforschen kannˈ; SYN Rätsel (2): *in die* ~*se der Natur eindringen; das* ~ *des Lebens* ❖ ↗ **geheim**

* /etw./ **ein offenes** ~ **sein** ˈoffiziell zwar geheim gehalten, aber dennoch vielen längst schon bekannt seinˈ: *dass es in ihrer Ehe Probleme gibt, ist doch längst ein offenes* ~

geheimnis|voll [gə'h..] ⟨Adj.; Steig. reg., ungebr.⟩ **1.1.** ˈso beschaffen, geartet, dass man es (zunächst) nicht erklären, nicht durchschauen kannˈ; SYN mysteriös, rätselhaft /vorw. auf Abstraktes bez./: *die Sache erschien ihm sehr* ~; *eine* ~*e Andeutung machen* **1.2.** ˈein Geheimnis (1.1) andeutendˈ /bes. auf Mimisches bez./: *ein* ~*es Gesicht, eine* ~*e Miene machen; sein Benehmen war sehr* ~; *(mit etw.) sehr* ~ *tun* ❖ ↗ **geheim**, ↗ **voll**

geheißen: ↗ **heißen**

gehemmt [gə'hɛmt] ⟨Adj.; Steig. reg., ungebr.; ↗ auch hemmen⟩ SYN ˈbefangen (1)ˈ; ANT unbefangen: *jmd. ist, wirkt Fremden gegenüber sehr* ~; *das ist ein sehr* ~*es* (ˈin seinem Auftreten unsicheresˈ) *Kind; er machte einen* ~*en Eindruck* ❖ ↗ **hemmen**

gehen [ge:ən], ging [gɪŋ], ist gegangen [gə'gaŋən] **1.** /jmd./ **1.1.** ⟨+ Adv.best.⟩ ˈsich aufrecht so fortbewegen, dass abwechselnd einer der beiden Füße Berührung mit dem Boden hatˈ; SYN laufen (1.1); ↗ FELD I.7.2.2.: *wollen wir* ~ *oder fahren?; langsam, rückwärts, geradeaus* ~; *mit jmdm. Arm in Arm* ~ **1.2.** *irgendwohin* ~ (ˈsich durch Gehen (1.1) irgendwohin bewegenˈ); SYN laufen (1.2): *zum Bahnhof, auf den Balkon, durch das Tor, über die Straße, um die Ecke* ~; *nach Hause* ~ **2.** /jmd./ SYN ˈweggehen (1.1)ˈ: *er drehte sich um und ging (wortlos, mit einem Gruß)* **3.1.** /jmd./ *irgendwohin* ~ ˈsich irgendwohin, bes. in eine Veranstaltung o.Ä., begeben, um (regelmäßig) daran teilzunehmenˈ: *ins Kino, Theater, Konzert, in die Kirche, Schule, Disko* ~; *er geht schon, noch in die, zur Schule* (ˈist schon, noch in dem Alter, wo man allgemein am Unterricht in der Schule teilnimmtˈ) **3.2.** /jmd./ *irgendwohin* ~ ˈsich irgendwohin begeben, um dort (beruflich) tätig zu seinˈ: *ins Ausland, an die Universität, zum Fernsehen, Theater* ~ **3.3.** ⟨+ Inf. ohne *zu*⟩ /jmd./ ˈsich irgendwohin begeben, um eine bestimmte Tätigkeit auszuführenˈ: *einkaufen, tanzen, baden* ~ **4.** umg. /jmd./ *mit jmdm.* ~ ˈals junger Mensch mit jmdm. eine nicht verborgen gehaltene Liebesbeziehung habenˈ: *wie lange geht er schon mit ihr, geht sie schon mit ihm?; die beiden* ~ *nun schon ein Jahr miteinander* **5.** /jmd./ *an etw.* ~ **5.1.** ˈsich unerlaubt mit etw. beschäftigen (2), an etw. unerlaubt hantierenˈ: *wer ist an meine Tasche, meinen Schreibtisch gegangen?* **5.2.** ˈsich unerlaubt von etw. etw. nehmenˈ: *da ist doch jemand an mein Portemonnaie, an das Konfekt gegangen!* **6.** /jmd./ *an, auf, in etw.* ~ ˈmit etw. beginnenˈ: *an die Arbeit, auf Reisen, in (den) Urlaub, in Pension* ~; *auf die Suche nach etw.* ~ **7.** /Gerät, bes. Uhr/ *die Uhr geht* ˈdie Uhr zeigt die Zeit an, ist in Betriebˈ; *die Uhr geht richtig, falsch* (ˈzeigt die Zeit richtig, falsch anˈ) **8.** /Verkehrsmittel/ *irgendwann* ~ ˈirgendwann abfahren, startenˈ: *der Zug (nach Leipzig) geht um acht Uhr, in zehn Minuten* **9.** /etw./ *irgendwohin* ~ ˈeine bestimmte Richtung habenˈ: *der Weg geht durch den Wald; hier geht es zum Bahnhof, auf den Boden; wohin geht die Reise?; die Fenster* ~ *nach Süden* (ˈdurch sie kann man in die südliche Richtung schauenˈ); *die Tür geht auf den Flur* (ˈdurch die Tür gelangt man auf den Flurˈ) **10.1.** *etw.* (vorw. *es*) *geht* ˈetw. kann so, wie es ist, (für einen bestimmten Zweck) akzeptiert werdenˈ: *der Brief, Aufsatz, dein neues Kleid geht (so); das Wetter auf unserer Reise ging (so einigermaßen); die alten Schuhe* ~ *noch* (ˈsind in einem solchen Zustand, dass sie noch getragen werden könnenˈ); *es geht* ˈeinigermaßen (2.1)ˈ /wird als ausweichende positive Antwort auf eine Frage nach der Beurteilung von etw. gesagt/: „*Wie bist du mit deinem neuen Auto zufrieden?" „Es geht"; „War es im Urlaub schön, sehr heiß?" „Es ging"* **10.2.** /etw./ *(nicht) irgendwohin* ~ ˈ(nicht) irgendwohin bewegt werden könnenˈ: *der Faden geht nicht durch das Nadelöhr; der Schrank geht nicht*

durch die Tür **10.3.** *es, das geht nicht* ⟨+ Nebens.⟩ **10.3.1.** ʻes darf nicht hingenommen, zugelassen werden': *es geht nicht, immer nur zu kritisieren und nichts zu verbessern; es geht nicht, dass du immer unpünktlich bist; das geht auf keinen Fall, um keinen Preis* (ʻdas darf man ja nicht geschehen lassen'); *so etwas geht doch nicht* (ʻist so ungeheuerlich, dass es unbedingt verhindert werden muss') **10.3.2.** ʻes lässt sich nicht bewerkstelligen': *so wie du das willst, geht es, das nicht!* **10.4.** *es geht (bei etw.) um etw., jmdn.* ʻjmd., etw. ist, das Thema, der Inhalt, der Anlass für etw.': *bei diesem Streit geht es um die Erbschaft, um seinen Sohn, um sein Verhalten* **10.5.** *jmdm. geht es um etw., jmdn.* ʻetw., jmd. ist jmdm. besonders wichtig': *mir geht es (dabei) um ein gutes Betriebsklima; es geht uns (dabei) um unseren Nachbarn;* ⟨+ Nebens.⟩ *es geht uns darum herauszufinden, wer das getan hat* **11.** /abgeblasst in Verbindung mit best. Subst., z. B./: */etw./ zu* ↗ *Bruch ∼; /etw./ in* ↗ *Erfüllung ∼* ❖ **begehen, entgehen, ergehen, Gang, gängig, gangbar, vergänglich, Vergangenheit, vergehen, Vergehen − Abgang, abgehen, angehen, angehend, Ausgang, Ausgangspunkt, ausgehen, Blindgänger, Doppelgänger, durchgehen, durchgehend, Draufgänger, draufgängerisch, draufgehen, durchgehen, Durchgang, durchgehend, Eingang, eingangs, eingehen, eingehend, entzweigehen, Fußgänger, Gangschaltung, gehbehindert, Gehweg, Grenzübergang, herausgehen, herumgehen, hinaufgehen, hintergehen, hochgehen, kaputtgehen, Kirchgang, Lehrgang, Müßiggang, nachgehen, Niedergang, niedergehen, Notausgang, richtiggehend, Rundgang, Seegang, Sonnenaufgang, Sonnenuntergang, Spaziergang, Spaziergänger, Tiefgang, Übergang, übergehen, Umgang, Umgangsformen, umgehen, umgehend, Untergang, untergehen, unumgänglich, vorangehen, vorbeigehen, Vorgang, Vorgehen, vorgehen, Vorgänger, weggehen, weitergehen, Wellengang, Werdegang, Zugang, zugänglich, zugehen, zurückgehen**
* /jmd./ **in sich ∼** ʻsein Verhalten kritisch überdenken und bedauern'; /etw./ **jmdm. über alles ∼** (ʻjmdm. mehr als alles andere bedeuten'; /etw./ **vor sich ∼** ʻablaufen, sich ereignen': *kann mir jemand sagen, was hier vor sich geht; in letzter Zeit sind große Veränderungen vor sich gegangen;* ⟨⟩ umg. /etw./ **wie geschmiert ∼**: *das Gedicht, das Einmaleins geht (ja) wie geschmiert* (ʻkann mühelos und schnell aufgesagt werden') ❖ ↗ **schmieren**
gehen lassen (er lässt gehen), ließ gehen, hat gehen lassen/auch gehen gelassen **1.** /jmd./ umg. *jmdn. ∼* ʻvon jmdm. nichts mehr wollen und ihn davongehen lassen': *wenn du diese Arbeit erledigt hast, lass ich dich gehen* **2.** /jmd./ *sich ∼* **2.1.** ʻin seinem Benehmen, Auftreten keinerlei Selbstdisziplin zeigen': *er hat sich gestern auf der Party ziemlich ∼; lass dich nicht so gehen und sitz gerade!* **2.2.** ʻsein Äußeres über längere Zeit vernachlässigen': *seit seiner Scheidung lässt er sich (ausgesprochen, ziemlich) gehen* ❖ ↗ **gehen,** ↗ **lassen**

geheuer [gə'hɔiɐ] ⟨Adj.; o. Steig.; nicht attr.; vorw. präd. (mit *sein*)⟩ /etw./ *nicht (ganz) ∼ sein* ʻAngst, Zweifel hervorrufen': *das ist nicht ganz ∼; etw. ist jmdm. nicht (ganz) ∼: der dunkle Wald, der Weg durch den Park, die dunklen Gassen war mir nicht (ganz) ∼* (ʻwar mir unheimlich'); *jmdm. ist bei etw. nicht (ganz) ∼ : bei dem Gedanken an das gemeinsame Vorhaben, an die Prüfung war ihm nicht ∼* (ʻfühlte er sich verunsichert, unbehaglich'); *die ganze Sache kam ihm nicht (ganz) ∼ vor* (ʻkam ihm verdächtig vor') ❖ **Ungeheuer, ungeheuerlich**
Geheul [gə'hɔil], **das**; ∼s/auch ∼es/**Geheule, das**; ∼s, ⟨beide o.Pl.⟩ **1.** ⟨vorw. *Geheul*⟩ ʻdas (fortwährende) Heulen (1.1)'; ↗ FELD VI.1.1: *das Geheul der Wölfe, des Sturmes, der Sirenen* **2.** ⟨vorw. *Geheule*⟩ umg. emot. neg. ʻfortwährendes Weinen': *dein ewiges ∼ geht mir auf die Nerven!* ❖ ↗ **heulen**
Gehilfe [gə'hɪlfə], **der**; ∼n, ∼n ʻjmd., der ohne die entsprechende Fachausbildung in einem Betrieb arbeitet': *er arbeitet als ∼ beim Bäcker, ist als ∼ beim Bäcker tätig* ❖ ↗ **helfen**
Gehirn [gə'hɪrn], **das**; ∼s, ∼e ʻim Schädel gelegener wichtigster Teil des Zentralnervensystems, der beim Menschen Sitz des Bewusstseins (1.1) ist'; ↗ FELD I.1.1: *das menschliche ∼; einen Tumor im ∼ operativ entfernen* ❖ ↗ **Hirn**
Gehirn|erschütterung [..'h..], **die** ʻdurch starke Erschütterung verursachte (vorübergehende) Schädigung des Gehirns': *er hat eine ∼; durch den Sturz erlitt er eine ∼* ❖ ↗ **Hirn,** ↗ **erschüttern**
gehoben [gə'hoːbm̩] **I.** ⟨Adj.; o. Steig.; nicht bei Vb.; ↗ auch *heben*⟩ /beschränkt verbindbar/ **1.** ⟨nur attr.⟩ *eine ∼e* (ʻleitende') *Stellung, Position haben, bekleiden; der ∼e Mittelstand* (ʻdie sozial höher stehenden Schichten des Mittelstands') **2.** *in ∼er* (ʻheiterer') *Stimmung sein; ihre Stimmung war ∼* **II.** ↗ *heben* ❖ ↗ **heben**
geholfen: ↗ *helfen*
Gehölz [gə'hœlts], **das**; ∼es, ∼e ʻmeist in einer Landschaft frei stehender kleiner Wald aus (niedrigen) Bäumen und Sträuchern'; ↗ FELD II.4.1: *ein dichtes ∼; durch das ∼ streifen* ❖ ↗ **Holz**
Gehör [gə'høːɐ], **das**; ∼s, ⟨o.Pl.⟩ **1.** ʻSinn (1.1) zum Wahrnehmen akustischer Erscheinungen'; ↗ FELD I.3.2.1: *er hat ein feines, scharfes ∼; nach dem ∼* (ʻohne Noten') *ein Instrument spielen; das ↗ absolute ∼* **2.** ʻGelegenheit, von jmdm. angehört zu werden': *sich ∼ verschaffen; (kein) ∼ finden; um ∼ bitten* **3.** *etw. kommt zu ∼* (ʻwird vorgetragen'); *etw. zu ∼ bringen* (ʻvortragen') ❖ ↗ **hören**
gehorchen [gə'hɔrçn̩], gehorchte, hat gehorcht **1.** /jmd., Tier, bes. Hund/ *jmdm. ∼* ʻtun, was jmd. von jmdm. verlangt, befiehlt'; ↗ FELD I.2.2, 12.2: *er gehorcht ihm blind, sofort, aufs Wort; der Hund gehorcht seinem Herrn; etw.* ⟨Dat.⟩ *∼: der Hund gehorchte dem leisesten Wink seines Herrn;* METAPH *sie gehorchte der Stimme ihres Herzens* **2.** ⟨oft verneint⟩ /etw./ *jmdm., etw.* ⟨Dat.⟩ *∼* ʻin der Weise funktionieren, wie man es möchte, wie es geregelt ist': *die Stimme, seine Zunge, das Fahrzeug gehorchte ihm*

nicht mehr; das Schiff gehorchte der kleinsten Dre-hung des Steuers ❖ ↗ **hören**

gehören [gə'høːʀən], gehörte, hat gehört **1.** /etw./ jmdm. ~ ˈjmds. Eigentum sein': das Buch, Haus ge-hört mir; METAPH der Jugend gehört die Zukunft; ihm gehört (ˈgilt') unsere Sympathie **2.** /jmd., etw./ zu jmdm., etw. ~ ˈTeil einer Gruppe, eines Ganzen sein': du gehörst zu mir; er gehört zur Familie, zum Freundeskreis; der Roman gehört zur Weltliteratur (ˈwird der Weltliteratur zugeordnet') **3.** /etw./ ir-gendwohin ~ ˈirgendwo an der richtigen Stelle, pas-send sein': dieses Thema gehört (nicht) hierher; das gehört nicht zur Sache **4.** /etw./ zu etw. ~ ˈfür etw. nötig, erforderlich sein': es gehört viel Mut, Aus-dauer dazu, das zu tun; zu deinem Projekt gehört viel Weitsicht, Erfahrung **5.** etw. (vorw. das, es) ge-hört sich ˈetw. entspricht den gültigen Normen des Verhaltens, des Umgangs untereinander in einer Gesellschaft'; SYN geziemen (1), schicken (4), zie-men ⟨oft verneint⟩: das gehört sich nicht!; es gehört sich nicht, dass du das zu deinem Vater sagst ❖ **gehö-rig (1)**

gehörig [gə'høːʀɪç] ⟨Adj.; o. Steig.⟩ **1.** ⟨nicht bei Vb.⟩ zu etw., jmdm. (nicht) ~ ˈeinen Teil von etw., jmdm. bildend': eine Frage als nicht zur Sache ~ zurückweisen; nicht zur Familie ~e Personen werden nicht in der Liste aufgeführt **2.** ⟨nicht präd.⟩ SYN ˈgebührend (1.1)': den ~en Abstand halten; er hat die ~e Belohnung erhalten **3.** ⟨nicht präd.⟩ ˈsehr heftig (3)'; SYN ordentlich (I.5): jmdm. ~ die Mei-nung sagen; jmdm. einen ~en Schreck einjagen; jmdn. ~ (SYN ˈtüchtig I.3') verprügeln ❖ **zu (2): ungehörig, zu (1):** ↗ **gehören**

gehorsam [gə'hoːʀ..] ⟨Adj.; Steig. reg., ungebr.⟩ SYN ˈartig' /auf Kinder bez./; ↗ FELD I.2.3: ein ~es Kind; ~ sein; sich ~ an den Tisch setzen; ~ einen Diener machen ❖ ↗ **hören**

Gehorsam, der; ~s, ⟨o.Pl.⟩ ˈBereitschaft, jmdm., zu gehorchen, jmds. Weisungen zu folgen'; ↗ FELD I.2.1, 12.1: unbedingten ~ fordern; blinder, kritiklo-ser ~; jmdm. den ~ verweigern; jmdm. ~ leisten (ˈjmdm. gehorchen') ❖ ↗ **hören**

Geh|weg ['geː..], der ˈ(durch eine Bordsteinkante ab-gegrenzter) Fußweg neben einer Fahrbahn in Ort-schaften'; SYN Bürgersteig: den ~ säubern; mit dem Fahrrad nicht den ~ befahren ❖ ↗ **gehen,** ↗ **Weg**

Geier ['gaɪɐ] der; ~s, ~ ˈAas fressender großer Raub-vogel mit nacktem Kopf und nacktem Hals'; ↗ FELD II.3.1 (↗ TABL Vögel): die ~ kreisen über der Beute; sich wie die ~ (ˈgierig') auf etw. stürzen

Geifer ['gaɪfɐ], der; ~s, ⟨o.Pl.⟩ **1.** ˈaus dem Maul, der Schnauze eines Tieres fließender Speichel': dem Hund lief der ~ aus der Schnauze **2.** /emot./ ˈwüten-des, boshaftes Reden': Hass und ~ der Feinde stör-ten ihn nicht ❖ **geifern**

geifern ['gaɪfɐn] ⟨reg. Vb.; hat⟩ emot. /jmd./ ˈwütend und boshaft reden'; ↗ FELD I.6.2: sie geiferten vor Hass, geiferten gegen ihn ❖ ↗ **Geifer**

Geige ['gaɪgə], die; ~, ~n ˈStreichinstrument mit vier Saiten, das beim Spielen zwischen Kinn und Schul-ter gehalten wird'; SYN Violine: eine alte, kostbare ~; ein Stück auf der ~ spielen ❖ **Geigenbogen** * /jmd./ **die erste ~ spielen** (ˈtonangebend sein')

Geigen|bogen ['gaɪgn̩..], der ˈBogen, mit dem die Sai-ten der Geige gestrichen werden': den ~ spannen ❖ ↗ **Geige,** ↗ **Bogen**

Geiger|zähler ['gaɪgɐ..], der ˈGerät zum Nachweis ra-dioaktiver Strahlung': der ~ tickt ❖ ↗ **Zahl**

geil [gaɪl] ⟨Adj.⟩ **1.** umg. ⟨Steig. reg.⟩ ˈgierig nach geschlechtlicher Befriedigung' /auf Personen bez./: er ist ~ wie ein Bock; dieser ~e Kerl! **2.** ⟨o. Steig.; vorw. attr.⟩ ~e (ˈallzu üppig gewachsene') Triebe verschneiden **3.** ⟨o. Steig.; vorw. mit echt⟩ jugend-spr. SYN ˈgroßartig': der Film ist (echt) ~; die Idee finde ich echt ~; ein echt ~es Buch

Geisel ['gaɪzl], die; ~, ~n ˈjmd., der irgendwo ge-waltsam festgehalten wird, um mit seinem Leben als Pfand etw. zu erpressen': jmdn. als ~ nehmen, festhalten; die ~n wurden freigelassen, nachdem das Lösegeld gezahlt war

Geißel ['gaɪsl], die; ~, ~n **1.** ⟨vorw. mit Gen.attr.⟩ /beschränkt verbindbar/ geh. der Krebs ist eine ~ der Menschheit (ˈist ein großes Unheil für die ge-samte Menschheit') **2.** landsch., bes. süddt., österr., schweiz. SYN ˈPeitsche': dem Ochsen eins mit der ~ überziehen ❖ **geißeln**

geißeln ['gaɪsl̩n] ⟨reg. Vb.; hat⟩ geh. **1.** /jmd./ etw. ~ ˈetw. aufs schärfste tadeln, anprangern': (soziale) Missstände ~; die Dummheit, Faulheit der Mitbür-ger ~ **2.** /etw./ das Volk, die Menschheit ~ ˈdas Volk, die Menschheit aufs Äußerste peinigen': Hunger und Krankheit geißelten das Volk, die Menschheit ❖ ↗ **Geißel**

Geist [gaɪst], der; ~es/auch ~s, ~er/auch ~e **I.** ⟨Pl. ~er⟩ **1.** ⟨o.Pl.⟩ ˈVerstand, Denkvermögen'; ↗ FELD I.5.1: einen wachen ~ haben, besitzen; den, seinen ~ anstrengen; die Errungenschaften des menschlichen ~es **2.** ⟨o.Pl.; vorw. mit Gen.attr.⟩ ˈgeistige (I.2) Haltung': die Begegnung verlief im ~e der Freundschaft; in jmds. ~e (ˈSinn') handeln; der ~ (ˈdie charakteristischen Gesinnungen, Über-zeugungen') unserer, dieser Zeit; den ~ des Revan-chismus bekämpfen; der revolutionäre ~ jener Epo-che; der olympische ~ (ˈdie Einstellung im Sinne der olympischen Idee') **3.** ˈnach abergläubischer Vorstellung ein überirdisches, dem Menschen in Furcht erregender (menschlicher) Gestalt erschei-nendes gut od. böse gesinntes Wesen'; SYN Ge-spenst: an ~er glauben; ~er beschwören; /in der kommunikativen Wendung/ du bist wohl von allen guten ~ern verlassen (ˈbist wohl verrückt')? /Aus-ruf; wird zu jmdm. gesagt, wenn dieser etw. völlig Unsinniges getan hat/ – **II.** ⟨Pl. ~e⟩ ˈfast farbloser Branntwein, der durch Destillieren von Früchten gewonnen wird, die mit Alkohol angesetzt wur-den': ein ~ aus Himbeeren, Kirschen ❖ **geistern, geistig, geistlich, Geistliche** – **geistesabwesend,**

Geistesgegenwart, geistesgegenwärtig, geisteskrank, geistreich, Quälgeist, Widerspruchsgeist
* ... wes ~es Kind jmd. ist ʿwie jmds. (wahre) Einstellung istʾ: *als er dem zustimmte, zeigte es sich, wes ~s Kind er ist*; /jmd./ **im ~e bei jmdm. sein** ʿan jmdn. denken, mit dem man nicht zusammen sein kannʾ: *an deinem Geburtstag werde ich im ~e bei dir sein;* **da scheiden sich die ~er** ʿda gehen die Meinungen auseinander, da zeigt sich, wer welche Meinung vertrittʾ: *in dieser Frage, da scheiden sich die ~er;* scherzh. **der gute ~ des Hauses** ʿjmd., der sich um alles im Hause kümmertʾ: *unser Opa ist der gute ~ des Hauses;* ⟨⟩ umg. /jmd., etw./ **jmdm. auf den ~ gehen** (ʿjmdm. durch lästig sein, werdenʾ) MERKE Zu *Geist* (II): In dieser Bedeutung wird das Stichwort vorwiegend als zweiter Bestandteil von Komposita verwendet, z. B. *Himbeergeist, Kirschgeist*
geistern [ˈɡaɪstɐn] ⟨reg. Vb.; ist⟩ /jmd./ *irgendwohin ~* ʿsich wie ein Geist (I.3) irgendwohin bewegenʾ: *die Kinder geisterten nachts durchs Haus* ❖ ↗ **Geist**
geistes/Geistes [ˈɡaɪstəs..] |**-abwesend** ⟨Adj.; o. Steig.⟩ SYN ʿgedankenverlorenʾ; ↗ FELD I.4.1.3: *er saß ~ in einer Ecke* ❖ ↗ Geist, ↗ abwesend; **-gegenwart, die** ʿFähigkeit, in unvorhergesehenen Situationen rasch und angemessen zu reagierenʾ; ↗ FELD I.5.1: *seine ~ rettete die Situation* ❖ ↗ Geist, ↗ Gegenwart; **-gegenwärtig** ⟨Adj.; vorw. attr. u. bei Vb.⟩ ʿGeistesgegenwart besitzend, zeigendʾ; ↗ FELD I.5.3: *eine ~e Reaktion; ~ reagieren, handeln* ❖ ↗ Geist, ↗ Gegenwart; **-krank** ⟨Adj.; o. Steig.; nicht bei Vb.⟩ ʿan psychischen, geistigen Störungen leidendʾ; ↗ FELD I.5.3: *er ist ~; ~e Patienten;* vgl. *wahnsinnig* (I.1) ❖ ↗ Geist, ↗ krank
geistig [ˈɡaɪstɪç] ⟨Adj.;o. Steig.⟩ **1.** ⟨nicht präd.⟩ ʿden menschlichen Verstand, das Denkvermögen betreffendʾ; ANT körperlich /vorw. auf Abstraktes bez./: *eine ~e Arbeit, Tätigkeit; ~e Fähigkeiten, Anlagen; ~ rege, träge, behindert sein; ~ tätig sein, arbeiten; etw. ~ verarbeiten* **2.** ⟨nicht präd.⟩ ʿdie grundsätzliche gedankliche Haltung, Einstellung betreffendʾ: *sich jmdm. ~ verbunden fühlen; jmds. ~e Haltung, Einstellung* **3.** ⟨nur attr.⟩ *~e* (ʿalkoholischeʾ) *Getränke* ❖ ↗ Geist
geistlich [ˈɡaɪst..] ⟨Adj.; o. Steig.; nicht präd.; ↗ auch *Geistliche* **1.1.** ⟨nicht bei Vb.⟩ SYN ʿkirchlich (1)ʾ; ANT weltlich: *~e Lieder; ein ~er Würdenträger; ein ~es Amt* **1.2.** ʿmit den Mitteln der Kircheʾ: *nach ~em Beistand* (ʿBeistand durch einen Geistlichenʾ) *verlangen; jmdm. ~ beistehen* ❖ ↗ Geist
Geistliche [ˈɡaɪstlɪçə] **der;** ~n, ~n; ↗ TAFEL II; ↗ auch *geistlich* ʿTheologe, der die Aufgaben des Gottesdienstes und der Seelsorge wahrnimmtʾ; ↗ FELD I.10, XII.4: *ein katholischer, protestantischer ~er; der ~ spendet den Segen* ❖ ↗ Geist
geist|reich [ˈɡaɪst..] ⟨Adj.; Steig. reg.⟩ ʿviel Geist (I.1) zeigend, voller Espritʾ; ↗ FELD I.4.1.3, 5.3: *er ist sehr ~, ein ~er Unterhalter; eine ~e Unterhaltung,*

Bemerkung; *er versteht ~ zu plaudern* ❖ ↗ Geist, ↗ reich
Geiz [ɡaɪts], **der;** ~es, ⟨o.Pl.⟩ ʿübertriebene Sparsamkeitʾ; ↗ FELD I.2.1: *sein krankhafter ~; seine Sparsamkeit grenzt schon an ~; aus ~ auf etw. verzichten; daran ist sein ~ schuld* ❖ **geizen, geizig –** Ehrgeiz, ehrgeizig, Geizhals
geizen [ˈɡaɪtsn̩] ⟨reg. Vb.; hat⟩ /jmd./ *mit etw. ~* ʿmit etw. kleinlich u. übertrieben sparsam umgehenʾ; ↗ FELD I.2.2: *mit jedem Pfennig, jedem Tropfen Wasser, jeder Minute ~;* METAPH *das Publikum geizte nicht mit Beifall, Lob* ❖ ↗ Geiz
Geiz|hals [ˈɡaɪts..], **der** emot. neg. ʿgeiziger Menschʾ: *dieser ~ gönnt keinem Menschen etwas; so ein ~!; solche Geizhälse!* ❖ ↗ Geiz
geizig [ˈɡaɪtsɪç] ⟨Adj.; Steig. reg.; vorw. attr. u. bei Vb.⟩ ʿauf kleinliche Weise übertrieben sparsam (1)ʾ; SYN knaus(e)rig, knick(e)rig /auf Personen bez./; ↗ FELD I.2.3: *sei nicht so ~!; ein ~er Mensch; sie gönnt sich nicht einmal eine Reise, dazu ist sie zu ~* ❖ ↗ Geiz
gekannt: ↗ kennen
geklommen: ↗ klimmen
geklungen: ↗ klingen
gekniffen: ↗ kneifen
gekommen: ↗ kommen
gekonnt: ↗ können
gekrochen: ↗ kriechen
Gelächter [ɡəˈlɛçtɐ], **das;** ~s, ⟨o.Pl.⟩ ʿlautes (Auf)lachen meist mehrerer Personenʾ; ↗ FELD I.6.1, VI.1.1: *die Anwesenden brachen in ein schallendes, dröhnendes, herzhaftes, hämisches ~ aus; etw. wird mit ~ aufgenommen; etw. mit ~ quittieren; seine Antwort ging im ~ unter* ❖ ↗ lachen
geladen [ɡəˈlaːdn̩] **I.** ⟨Adj.; o. Steig.; nur präd. (mit sein)⟩; ↗ auch *laden* umg. /jmd./ *~ sein* ʿsehr zornig, wütend seinʾ: *ich war vielleicht ~ (als ich das erfuhr)!; er war mächtig ~* **II.** ↗ laden
Gelage [ɡəˈlaːɡə], **das;** ~s, ~ ʿüppiges, lange dauerndes Essen, Trinken in größerem Kreisʾ: *ein ~ veranstalten; da fand ein großes ~ statt* ❖ ↗ liegen
Gelände [ɡəˈlɛndə], **das;** ~s, ~ ⟨vorw. Sg.⟩ SYN ʿTerrainʾ **1.** ʿTeil der Landschaft in seiner natürlichen Beschaffenheit, bes. in der Gestaltung des Bodensʾ; ↗ FELD II.1.1: *hügeliges, flaches, sumpfiges, abschüssiges, unwegsames ~; das ~ erkunden, durchkämmen* **2.** ʿfür bestimmte Zwecke abgegrenztes großes Stück Landʾ: *das ~ des Flugplatzes, der Gartenbauausstellung; die Polizei sperrte das ~ ab* ❖ ↗ Land
Geländer [ɡəˈlɛndɐ], **das;** ~s, ~ ʿeinem Zaun ähnliche Vorrichtung bes. an Treppen, Balkons, die zum Sichfesthalten dient und das Hinunterfallen verhindern sollʾ: *ein hölzernes, schmiedeeisernes ~; sich am ~ festhalten; sich über das ~ lehnen, beugen; über das ~ klettern*
gelang: ↗ gelingen
gelangen [ɡəˈlaŋən] ⟨reg. Vb.; ist⟩ **1.** /jmd., etw./ *irgendwohin ~* ʿan einen Ort (1.1), ein Ziel kommenʾ:

nach langer Wanderung *gelangten sie an einen See;
der Brief ist zu seinem Empfänger gelangt;* ME-
TAPH *ans Ziel seiner Wünsche ~* **2.** /jmd., Gruppe/
zu etw. ~ SYN 'etw. erlangen': *zu Ansehen, Ein-
fluss, zu einer Erkenntnis ~; an die ↗ Macht ~* **3.**
⟨als Umschreibung des Passivs⟩ */etw./ zu etw. ~:
die Ware gelangt morgen zur Auslieferung* ('wird
morgen ausgeliefert'); *die Arbeit ist zum Abschluss
gelangt* ('ist abgeschlossen 2 worden'); *die Maschi-
nen, Waffen ~ nicht zum Einsatz* ('werden nicht
eingesetzt')

gelassen [gə'lasn̩] **I.** ⟨Adj.; Steig. reg.; vorw. bei Vb.;
↗ auch *lassen*⟩ 'Erregendes, Beunruhigendes ruhig
und gleichmütig aufnehmend': *dem großen Ereig-
nis, der Gefahr ~ entgegensehen; eine Kränkung, ei-
nen Tadel ~ hinnehmen; ~ bleiben; er zeigte eine ~e
Haltung* – **II.** ↗ *lassen* ❖ **Gelassenheit**; vgl. **lassen**

Gelassenheit [gə'l..], **die**; ~, ⟨o.Pl.⟩ 'gelassene Hal-
tung': *~ zeigen; er nahm das Ereignis mit ~ zur
Kenntnis; eine Kritik mit ~ hinnehmen* ❖ ↗ **gelassen**

Gelatine [ʒela'tiːnə], **die**; ~, ⟨o.Pl.⟩ 'geschmack- und
geruchlose Masse in Form von Pulver od. Blättern
zur Herstellung bes. von Gelee, Sülze': *~ in heißem
Wasser auflösen*

gelaufen: ↗ *laufen*

geläufig [gə'lɔɪfɪç] ⟨Adj.; o. Steig.⟩ **1.** ⟨nicht bei Vb.⟩
'häufig gebraucht und allgemein bekannt' /auf
Sprachliches bez./: *eine ~e Redensart; der Name ist
mir nicht ~* **2.** ⟨nicht präd.⟩ 'ohne Stocken, flie-
ßend': *in ~em Französisch antworten; eine Etüde ~
spielen* ❖ ↗ **laufen**

gelaunt [gə'laʊnt] ⟨Adj.; o. Steig.; nicht bei Vb.;
vorw. präd. (nur mit *sein*)⟩ /jmd./ *irgendwie ~ sein*
'sich in einer bestimmten Gemütsverfassung befin-
den': *er ist heute gut, froh, schlecht ~; ein schlecht
~er Gast* ❖ ↗ **Laune**

gelb [gɛlp] ⟨Adj.; Steig. reg., ungebr.⟩ 'von der Farbe
einer reifen Zitrone'; ↗ FELD VI.2.3: *~e Erbsen;
~es verwelktes Laub; die Farbe Gelb; ein zartes,
strahlendes, schmutziges Gelb; die Ampel zeigt Gelb;
etw. ~ anstreichen; Löwenzahn blüht ~; dieses Gelb
hat einen Stich ins Grün* ('geht ins Grün über'); *das
Getreide wird, ist schon ~* ('wird, ist reif') ❖ **gelb-
lich** – **Eigelb, Gelbsucht**
* umg. /etw./ *das Gelbe vom Ei sein* ⟨vorw. verneint⟩
'von mehreren vergleichbaren Sachen das Beste
sein': *diese Lösung ist auch nicht gerade das Gelbe
vom Ei*

gelblich ['gɛlp..] ⟨Adj.; Steig. reg., Superl. ungebr.⟩
'leicht gelb'; ↗ FELD VI.2.3: *er hat vom Rauchen
~e Zähne; ~es Licht; etw. schimmert ~* ❖ ↗ **gelb**

Gelb|sucht ['gɛlp..], **die** ⟨o.Pl.⟩ 'gelbliche Verfärbung
der Haut und des Weißen im Auge als Symptom
bestimmter Krankheiten'; umg. auch für 'Hepati-
tis': *er hat die ~, ist an ~ erkrankt* ❖ ↗ **gelb**, ↗
Sucht

Geld [gɛlt], **das**; ~ es/auch ~s, ~er ['gɛldɐ] **1.** ⟨o.Pl.⟩
'allgemeines gesetzliches Zahlungsmittel in Form
von Münzen od. Banknoten'; ↗ FELD I.16.1: *ba-*

*res ~; ↗ großes ~; ↗ kleines ~; etw. kostet viel,
wenig ~; jmd. hat nicht genug ~, hat kein ~ bei
sich; ~ verdienen, ausgeben, sparen, wechseln, zäh-
len, ein-, auszahlen, überweisen; ~ vom Konto abhe-
ben; jmdm. ~ borgen; ~ umtauschen* ('gegen eine
andere Währung tauschen'); *Hauptsache, das ~*
(SYN 'die Kohle 3') *stimmt* ('das Geld, der Lohn
entspricht der Leistung'); *er hat verdammt viel ~*
(SYN 'Koks II.3') **2.** ⟨nur im Pl.⟩ SYN 'Mittel
(3)': *staatliche, öffentliche ~er; ~er veruntreuen* ❖
**Arbeitslosengeld, Bargeld, Fahrgeld, Geldbetrag,
geldgierig, Geldgier, -strafe, Kindergeld, Kleingeld,
Lösegeld, Schmerzensgeld, Taschengeld, Trinkgeld,
Wirtschaftsgeld**
* /etw./ *nicht mit ~ zu bezahlen sein* ('für jmdn. von
unschätzbarem Wert, sehr wichtig sein'); /etw./ *ins
~ gehen* 'für jmdn. teuer werden': *dauernd Konzerte
besuchen, das geht ins ~;* /jmd./ *etw. zu ~ machen*
'aus Geldmangel etw. von seinem Eigentum ver-
kaufen': *er hat seine Briefmarkensammlung zu ~
gemacht;* geh. *~ und Gut* 'der gesamte Besitz': *er
verlor (sein ganzes) ~ und Gut;* ⟨⟩ umg. /jmd./ *das
~ aus dem Fenster werfen/zum Fenster hinauswerfen*
('verschwenden'); /jmd./ *das/sein ~ mit vollen Hän-
den ausgeben* ('verschwenderisch ausgeben'); /jmd./
~ wie Heu haben ('sehr viel Geld besitzen'); /jmd./
das (ganze) ~ auf den Kopf hauen (+ 'alles Geld
leichtsinnig ausgeben'); /jmd./ *im ~ schwimmen*
('sehr viel Geld besitzen'); /jmd./ *auf dem/seinem ~
sitzen* ('geizig sein'); *bei jmdm. sitzt das ~ locker*
('jmd. gibt leicht Geld aus'); /jmd./ *nach ~ stinken*
('offensichtlich sehr viel Geld besitzen'); *nicht für
~ und gute Worte* 'um keinen Preis': *nicht für ~
und gute Worte werde ich das tun, werde ich mich
auf so was einlassen!*

Geld/geld ['..]**-betrag, der** 'bestimmte Summe Gel-
des'; ↗ FELD I.16.1: *den, einen ~ auf der Bank
einzahlen* ❖ ↗ **Geld**, ↗ **betragen**; **-gier, die** 'Gier
nach Geld'; ↗ FELD I.2.1, 16.2: *seine ~ kannte
keine Grenzen; etw. aus ~ tun* ❖ ↗ **Geld**, ↗ **Gier**;
-gierig ⟨Adj.; Steig. reg.⟩ 'voller Geldgier' /vorw.
auf Personen bez./; ↗ FELD I.2.3: *so ein ~er
Mensch!; er war mehr als ~* ❖ ↗ **Geld**, ↗ **Gier**;
-strafe, die 'Strafe, die in der Zahlung eines be-
stimmten Geldbetrages besteht'; ↗ FELD I.16.1:
eine ~ bezahlen; jmdm. eine ~ auferlegen ❖ ↗
Geld, ↗ **strafen**

Gelee [ʒe'leː], **das**/auch **der**; ~s, ~s **1.** '(unter Zusatz
von Zucker) durch Kochen von Fruchtsaft gewon-
nene gallertartige Masse': *~ aus Johannisbeeren,
Kirschen; ~ kochen; als Nachtisch gab es ~* **2.** '(un-
ter Zusatz von Gelatine) durch Kochen einer Brühe
gewonnene gallertartige Masse': *Aal in ~*

gelegen [gə'leːgn̩] **I.** ⟨Adj.; o. Steig.; ↗ auch *liegen*⟩
'in Bezug auf den Zeitpunkt günstig, passend';
ANT unpassend: *zu ~er Zeit wiederkommen; etw.
ist, kommt jmdm. (sehr) ~: das kommt mir sehr ~!*
– **II.** ↗ *liegen* ❖ **Angelegenheit, Gelegenheit, gele-
gentlich** – **Sitzgelegenheit**; vgl. **liegen**

Gelegenheit [..'l..], **die**; ~, ~en **1.1.** 'für ein bestimmtes Tun sich bietende günstige Umstände'; SYN Chance: *das war eine gute, einmalige ~; verpasste ~en; jmdm. bietet sich eine günstige ~; die ~ ergreifen, nutzen, (ungenutzt) vorübergehen lassen; man muss ihm (die) ~ dazu geben; er hatte nie die ~, sein Können zu beweisen* **1.2.** *bei* ~ SYN 'gelegentlich (2)': *er will uns bei ~ anrufen* **2.** ⟨vorw. Sg.⟩ SYN 'Anlass (2)': *ein Kleid, ein Anzug für besondere ~en; das ist die ~, mit euch zu feiern!* ❖ ↗ **gelegen**

gelegentlich [gə'le:gn̩t..] ⟨Adj.; o. Steig.⟩ **1.** ⟨nur attr.⟩ 'aus irgendeinem Anlass stattfindend' /auf Vorgänge, Tätigkeiten bez./: *bei einem ~en Zusammentreffen sprachen sie darüber* **2.** ⟨nur bei Vb.⟩ 'bei günstiger Gelegenheit': *das muss ~ in Angriff genommen werden* **3.** ⟨nur bei Vb.⟩ SYN 'manchmal': *er raucht (nur) ~* ❖ ↗ **gelegen**

gelehrig [gə'le:rɪç] ⟨Adj.⟩ 'schnell und leicht sich Kenntnisse und Praktiken zu Eigen machend' /vorw. auf Personen, Tiere bez./: *ein ~er Schüler; Elefanten sind sehr ~; er zeigte sich sehr ~* ❖ ↗ **lehren**

gelehrt [gə'le:ɐt] ⟨Adj.; Steig. reg.; ↗ auch *lehren*⟩ **1.** 'gründliche und umfassende, wissenschaftliche Kenntnisse besitzend' /auf Personen bez./: *ein ~er Mann, eine ~e Frau; er ist sehr ~, gab sich ~* **2.** ⟨nicht bei Vb.⟩ 'auf gründlichen und umfassenden wissenschaftlichen Kenntnissen beruhend' /auf Abstraktes bez./: *eine ~e Abhandlung; er schrieb sehr ~* ❖ ↗ **lehren**

Geleit [gə'laɪt], **das**; ~s/auch ~es, ⟨o.Pl.⟩ **1.** geh. *jmdm. das ~ geben* 'jmdn. in ehrender, schützender Absicht begleiten': *er gab den beiden Damen bis zur Haustür das ~* **2.** SYN 'Gefolge': *der Präsident mit seinem ~; einen hohen Gast mit großem ~ auf dem Flughafen verabschieden* **3.** *jmdm. freies, sicheres ~* ('Bewegungsfreiheit und Unverletzlichkeit der Person auf dem Weg zu einem bestimmten Ort') *zusichern, gewähren* ❖ ↗ **leiten**
* /jmd./ *jmdm. das letzte ~ geben* ('an jmds. Beerdigung teilnehmen')

geleiten [gə'laɪtn̩], geleitete, hat geleitet geh. /jmd./ *jmdn. irgendwohin ~* 'jmdn. irgendwohin begleiten, um ihn zu schützen od. ihm Ehre zu erweisen': *jmdn. bis an die Tür, nach Hause ~; einen Blinden über die Fahrbahn ~* (SYN 'führen 1.1')

Gelenk [gə'lɛŋk], **das**; ~s,/auch ~es 'bewegliche Verbindung zweier od. mehrerer Knochen'; ↗ FELD I.1.1: *das ~ schmerzt, ist geschwollen; sich ein ~ verstauchen; seine ~e sind versteift, sind steif geworden* ❖ **gelenkig** − **Fußgelenk, Handgelenk, Kiefergelenk**

gelenkig [gə'lɛŋkɪç] ⟨Adj.; Steig. reg.⟩ 'körperlich gewandt, flink in den Bewegungen': *jmd. ist trotz seines Alters noch sehr ~; er sprang ~ über den Zaun, kroch ~ durch den Zaun; er hat ~e Glieder* ❖ ↗ **Gelenk**

gelernt [gə'lɛʀnt] ⟨Adj.; o. Steig.; nur attr.; ↗ auch *lernen*⟩ 'eine in einer Lehre erworbene abgeschlos-

sene Ausbildung für einen bestimmten Beruf besitzend' /auf Berufsbezeichnungen bez./: *einen ~en Tischler, Mechaniker, eine ~e Verkäuferin einstellen; er ist (ein) ~er Elektriker und hat sich zum Computerfachmann qualifiziert; als ~er Autoschlosser konnte der Busfahrer die Panne schnell beheben* ❖ ↗ **lernen**

gelesen: ↗ **lesen**

Geliebte [gə'li:ptə], **der** u. **die**; ~n ~n; ↗ TAFEL II 'jmd., mit dem jmd. ein (außereheliches) sexuelles Verhältnis hat'; ↗ FELD I.6.1: *sie ist seine ~; er ist ihr ~r; sie hat einen ~n; er hat eine ~*; vgl. *Freund (2), Freundin (2)* ❖ ↗ **lieb**

geliehen: ↗ **leihen**

gelind(e) [gə'lɪnt/gə'lɪndə] ⟨Adj.⟩ **1.** ⟨Steig. reg.; nicht bei Vb.⟩ SYN 'milde (3)'; ANT rauh (4) /auf Meteorologisches bez./; ↗ FELD VI.5.3: *es soll wieder gelinder werden; ein gelindes Klima; eine gelinde Witterung* **2.** ⟨Steig. reg.; nicht bei Vb.⟩ 'von geringer Intensität, nicht heftig (1)': *ein gelinder Regen; einen gelinden Schmerz spüren; der Schmerz war ~* **3.** ⟨o. Steig.; nur bei Vb.⟩ /in der kommunikativen Wendung/ *gelinde gesagt* /steht als Einschub im Satz und charakterisiert das Folgende als zurückhaltend, diplomatisch formuliert/: *dies ist eine, gelinde gesagt* ('um es vorsichtig, ohne die eigentlich nötige Schärfe auszudrücken'), *merkwürdige Vorgehensweise, Maßnahme; dein Verhalten ist, gelinde gesagt, für mich nicht mehr nachzuvollziehen* **4.** ⟨o. Steig.; nur attr.⟩ umg. SYN 'heftig (1)' /auf Psychisches bez./: *ihn packte eine gelinde Wut*

gelingen [gə'lɪŋən], gelang [..'laŋ], ist gelungen [..'lʊŋən] /etw., bes. Ergebnis einer Tätigkeit/ *jmdm. ~* 'für jmdn. den von ihm angestrebten Erfolg haben'; SYN glücken; ANT missglücken: *die Überraschung ist dir wirklich gelungen; das, die Zeichnung ist ihm gut, schlecht gelungen; der Kuchen ist ihr ausgezeichnet gelungen* (SYN 'geraten I.1'); ⟨+ Nebens.⟩ *es ist ihm nicht gelungen, sie umzustimmen; es muss ~, diese Schwierigkeiten zu überwinden; zum guten Gelingen* ('erfolgreichen Verlauf') *einer Sache beitragen; das ist eine gelungene* ('jeglicher Kritik standhaltende') *Handarbeit, Fotografie, Farbzusammenstellung, Opernaufführung; es war ein gelungenes* ('allen Erwartungen gerecht gewordenes') *Fest, Programm; die Probe, Sache muss unbedingt ~* (SYN 'klappen 3') ❖ **misslingen**

gelitten: ↗ **leiden**

gellen ['gɛlən] ⟨reg. Vb.; hat⟩ /etw./ 'durchdringend und schrill tönen': *Schreie, Pfiffe ~ in den Ohren, durch die Nacht; ~d auflachen*

geloben [gə'lo:bm̩] ⟨reg. Vb.; hat⟩ geh. **1.** /jmd./ *jmdm. etw. ~* 'jmdm. etw. feierlich und fest versprechen': *jmdm. Treue, Besserung ~; er gelobte, es nie wieder zu tun; das gelobe ich, das ~ wir!* /wird bei einer Vereidigung o.Ä. gesagt als Erwiderung auf den vorgesprochenen Text des Gelöbnisses/ **2.** /jmd./ *sich* ⟨Dat.⟩ *etw. ~* 'sich etw. fest vornehmen (1)': ⟨+ Nebens.⟩ *er hatte (es) sich* ⟨Dat.⟩ *gelobt,* *das Haus nicht wieder zu betreten* ❖ **Gelöbnis, verloben, Verlobte, Verlobung;** vgl. **loben**

Gelöbnis [gə'løːp..], das; ~ses, ~se geh. ʿfeierliches und festes Versprechenʾ: *ein ~ ablegen, leisten* (ʿetw. feierlich und fest versprechenʾ); *er hat das ~ abgelegt, nie wieder zu stehlen* ❖ ↗ **geloben**

gelogen: ↗ *lügen*

gelten ['gɛltn̩] (er gilt [gɪlt]), galt [galt], hat gegolten [..'gɔltn̩] **1.** /etw./ ʿgültig, in Kraft seinʾ: *die Fahrkarte gilt einen Monat, gilt nicht mehr; die Anordnung gilt für alle; jmdn. nach ~dem Recht aburteilen* **2.** /jmd., etw./ *als etw., jmd. ~/ für jmdn. ~ ʿals etw., jmd. angesehen (4) werdenʾ: *jmd. gilt als klug, als ein Sonderling; jmd. gilt für einen ehrlichen Mann; sie galt als schön; es, das gilt als sicher, dass …* **3.** /etw., bes. Äußerung/ jmdm. ~: *diese Bemerkung, das sollte dir ~* (ʿdurch diese Bemerkung solltest du dich angesprochen und provoziert fühlenʾ); *diese Anspielung galt ihm* ❖ **Geltung, gültig, Gültigkeit, unentgeltlich, vergelten, Vergeltung − endgültig, gleichgültig, mustergültig**
* /jmd./ **etw. ~ lassen** ʿetw. als berechtigt anerkennenʾ: *den Einwand lasse ich ~;* /jmd./ **etw. ~d machen** ʿetw. vorbringen und durchzusetzen versuchenʾ: *Ansprüche ~ machen*

Geltung ['gɛlt..], die; ~, ⟨o.Pl.⟩ **1.** /beschränkt verbindbar/ *diese Verordnung hat immer noch, hat allgemeine ~* (ʿGültigkeitʾ); *die Bestimmung bleibt in ~* (ʿbleibt gültigʾ) **2.** *sich* ⟨Dat.⟩, *etw. ~ verschaffen* ʿsich, etw. durchsetzen (2)ʾ: *in dieser Sache musste ich mir (mit meiner Meinung, meinem Vorhaben) ~ verschaffen; er hat seinen Forderungen ~ verschafft* **3.** *zur ~ kommen* ʿseine beste Wirkung erzielenʾ: *an dieser Stelle kommt das Bild gut, nicht zur ~; etw. zur ~ bringen* ʿbewirken, dass etw. seine beste Wirkung erzieltʾ: *die Farbe des Kleides bringt den Schmuck (gut) zur ~* ❖ ↗ **gelten**

gelungen: ↗ *gelingen*

gelüsten [gɛ'lʏstn̩], gelüstete, hat gelüstet geh. *es gelüstet jmdn. (nach etw.)* ʿjmd. hat ein heftiges Verlangen, etw., worauf er gerade Lust hat, zu bekommen od. zu tunʾ: *es gelüstete ihn nach (noch mehr) Wein;* ⟨+ Nebens.⟩ *ihn gelüstete (es)/es gelüstete ihn/ ihr, die ganze, die volle Wahrheit (ins Gesicht) zu sagen* ❖ ↗ **Lust**

gemächlich [gə'mɛç..] ⟨Adj.; Steig. reg.; vorw. attr.⟩ ʿohne Eile, ohne Hastʾ: *ein ~es Tempo; ~en Schrittes/~ auf jmdn. zugehen*

Gemahl [gə'maːl], der; ~s/auch ~es, ~e ⟨vorw. Sg.; oft in Verbindung mit Possessivpron., jedoch nicht mit *mein, unser*⟩ geh. SYN ʿEhemannʾ: *der ~ der Königin; ihr ~ hat ihr ein beträchtliches Vermögen hinterlassen;* /in der Anrede, die sich an die Ehefrau richtet, meist in Verbindung mit *Herr*/ geh.: *bitte, grüßen Sie Ihren Herrn ~!* ❖ **Gemahlin**
MERKE *Gemahl* wird nicht für die Bezeichnung des eigenen Ehemannes od. des Ehemannes einer geduzten Person gebraucht

Gemahlin [..'m..], die; ~, ~nen ⟨vorw. Sg.⟩ /zu *Gemahl*/ weibl./ SYN ʿEhefrauʾ ❖ ↗ **Gemahl**

gemahnen [gə'maːnən] ⟨reg. Vb.; hat⟩ geh. /etw./ *(jmdn.) an etw., jmdn. ~* ʿ(jmdn.) an etw., jmdn. eindringlich erinnernʾ: *das Denkmal gemahnt (uns) an die Opfer des Krieges; seine Worte ~ uns an unsere Verpflichtung, Schuld* ❖ ↗ **mahnen**

Gemälde [gə'mɛːldə/..'meː..], das; ~s, ~ ʿvon einem Künstler (in Öl) gemaltes Bildʾ: *ein altes, kostbares ~; expressionistische ~; ein ~ rahmen; ein ~ von Rembrandt* ❖ ↗ **malen**

¹gemäß [gə'mɛːs/..'meːs] ⟨Adj.; o. Steig.; nicht bei Vb.⟩ *etw.* ⟨Dat.⟩, *jmdm. ~* ʿeiner Sache, jmdm. angemessenʾ: *jmd. erhält eine ihm, seinen Kenntnissen ~e Arbeit; er erhielt die ihm ~e Anerkennung; er führte ein einem Künstler ~es Leben* ❖ **naturgemäß, sachgemäß, sinngemäß, termingemäß, wahrheitsgemäß, zeitgemäß;** vgl. **messen**

²gemäß ⟨Präp. mit Dat.; nachgestellt, auch vorangestellt; oft in Verbindung mit Begriffen, die eine Anweisung, einen Wunsch od. einen Vertrag o.Ä. darstellen⟩ vorw. amtsspr. /modal; gibt eine korrekte Entsprechung zu etw. an/: *etw. der Vorschrift, Anordnung ~ durchführen; er wurde ~ Paragraph … zu fünf Jahren Gefängnis verurteilt; er wurde seinem Wunsch ~/~ seinem Wunsch nach N versetzt*
MERKE Zum Verhältnis von *gemäß, laut, entsprechend, nach, zufolge:* ↗ *entsprechend* (Merke)

-gemäß /bildet mit einem Subst. als erstem Bestandteil Adjektive; drückt aus, dass etw. dem im ersten Bestandteil Genannten entspricht, ihm gemäß ist/: ↗ z. B. *wahrheitsgemäß*

gemäßigt [gə'mɛːsɪçt/..'meː..] ⟨Adj.; Steig. reg., Superl. ungebr.; vorw. attr.; ↗ auch *mäßigen*⟩ **1.** ʿnicht übertriebenʾ: *~er Optimismus* **2.** ʿnicht radikalʾ: *seine Anschauungen waren in allem sehr ~; die ~en Kräfte, der ~e Flügel einer Partei* ❖ ↗ **messen**

Gemäuer [gə'mɔɪ̯ɐ], das; ~s, ~ ʿdie verwitterten Mauern od. Mauerreste eines alten Gebäudesʾ: *das, die ~ der alten Burg* ❖ ↗ **Mauer**

gemein [gə'maɪ̯n] **I.** ⟨Adj.⟩ **1.** ⟨Steig. reg.⟩ ʿin moralisch besonders anfechtbarer Weise übel wollend gegenüber den Mitmenschenʾ; SYN fies (1.2), hässlich (2), infam (1), niederträchtig, schäbig (2) /vorw. auf Personen bez./; ↗ FELD I.2.3, 12.3: *er ist ein ~er* (SYN ʿmieser 1.2ʾ) *Kerl; jmdn. ~ behandeln;* umg. *du bist ~/das ist ~ von dir!* /wird zu jmdm. gesagt, wenn man sein Verhalten kritisiert/; *eine ~e Verdächtigung, Lüge; sei nicht so ~ (zu ihm)* (ʿsei ein bisschen netter zu ihmʾ)!; vgl. *böse* (1) **2.** ⟨Steig. reg.⟩ SYN ʿunanständig (I)ʾ /auf Sprachliches bez./: *ein ~er Witz; jmdn. mit ~en Ausdrücken beschimpfen* **3.** ⟨Steig. reg.⟩ ʿin einer Art, die andere abstößt (↗ *abstoßen* 3)ʾ /auf Verhalten, Eigenart, Personen bez./: *er hat einen ~en Gesichtsausdruck; er lachte ~; etw. sieht (ganz) ~ aus* **4.** ⟨o. Steig.⟩ Bot., Zool. /in Verbindung mit Pflanzen-, Tiernamen, oft die jeweils verbreitetste Art bezeichnend/: *der Gemeine Löwenzahn; die Gemeine Stubenfliege* − **II.** ⟨Adv.; vor Adj., Adv.; bei Vb.⟩ ʿin höchstem Gradʾ /auf Negatives bez./: *das tut weh, schmerzt ~; er hat sich ganz ~ verbrannt* ❖

zu (1): **Gemeinheit, hundsgemein, zu (*): Gemeinde, gemeinsam, Gemeinschaft, gemeinschaftlich – allgemein, Allgemeinheit, Gemeinderat, gemeingefährlich, gemeinhin, verallgemeinern, Verallgemeinerung, Wirtschaftsgemeinschaft**

* /jmd., etw./ etw. (vorw. *das*) *mit jmdm., etw.* **~ haben** ʿeine bestimmte Eigenschaft besitzen, die auch ein anderer, anderes besitzt': *das hat er mit ihr ~;* /jmd./ **sich mit jmdm. ~ machen** ʿin seinem Handeln sich jmdm. angleichen, der im Allgemeinen als moralisch tiefer stehend bewertet wird': *er hat sich mit diesem Kerl ~ gemacht*

Gemeinde [gəˈmaɪndə], **die**; ~, ~n **1.1.** ʿunterste Einheit (1.2) der Verwaltung eines Staates': *eine ländliche, städtische ~; eine ~ von 500 Einwohnern; die Wiese gehört der ~; der Bürgermeister, die Einwohner der ~* **1.2.** ʿunterster selbständiger kirchlicher Bereich, der unter der Leitung eines Pfarrers steht'; ↗ FELD XIII.4: *eine große, kleine, eine christliche, jüdische ~; die ~ hat einen neuen Pfarrer* **2.1.** ʿEinwohnerschaft von Gemeinde (1.1)'; ↗ FELD I.11: *die ~ hat einen neuen Bürgermeister gewählt* **2.2.** ʿalle Mitglieder von Gemeinde (1.2)': *die ~ ist zu einer Spende für die Renovierung der Kirche aufgerufen* **3.** ʿalle Menschen, die zu einem gemeinsamen Gottesdienst versammelt sind': *die ~ erhebt sich zum Gebet, singt den Choral* ❖ ↗ **gemein (*)**

Gemeinde|rat [..ˈm..], **der** ʿGesamtheit der gewählten Vertreter einer Gemeinde (1.1)': *der ~ tagt; eine Sitzung des ~(e)s; der ~ hat beschlossen, dass …* ❖ ↗ **gemein (*)**, ↗ **raten**

gemein|gefährlich [gəˈmaɪn..] ⟨Adj.; o. Steig.; nicht bei Vb.⟩ ʿallgemein, für alle gefährlich' /vorw. auf Personen bez./: *ein ~er Verbrecher; scherzh. seine Ideen sind geradezu ~!* ❖ ↗ **gemein (*)**, ↗ **Gefahr**

Gemeinheit [gəˈmaɪn..], **die**; ~, ~en **1.** ⟨o.Pl.⟩ ʿgemeine, niederträchtige Gesinnung gegenüber den Mitmenschen'; ↗ FELD I.2.1: *das zeugt von seiner ~; das hat er aus ~ getan, gesagt* (ʿdas hat er getan, gesagt, um andere bewusst zu ärgern') **2.** ʿgemeine Verhaltensweise, niederträchtige Tat'; SYN Sauerei (2), Schweinerei (2): *diese Behauptung ist eine ~!; zu solchen ~en ist nur er fähig* ❖ ↗ **gemein**

gemein|hin [gəˈmaɪn..] ⟨Adv.⟩ ʿfür gewöhnlich, im Allgemeinen': *das ist gefährlicher, als ~ angenommen wird; der Wal gilt ~ als Fisch; es ist ~ so, dass …* ❖ ↗ **gemein (*)**

gemeinsam [gəˈmaɪn..] ⟨Adj.; o. Steig.; nicht präd.⟩ **1.** ʿmehreren Personen od. Sachen zugleich gehörend (1) od. eigen': *das ist ihre ~e Wohnung; die ~en Kinder des Ehepaars; der ~e Besitz; die beiden haben ~ Interessen; das Haus gehört den Geschwistern ~* (ʿgehört allen Geschwistern'); *beide Sprachen haben ~e Merkmale* **2.** etw. hat mit etw., jmd. hat mit jmdm. etw. ~ ʿetw. stimmt mit etw., jmd. mit jmdm. in bestimmter Hinsicht überein': *beide Bücher, Brüder haben vieles miteinander ~, sie haben mit ihnen ~, dass sie nie aufgeben* **3.** ʿin Gemeinschaft (3) mit anderen (unternommen)': *eine*

~e *Wanderung; ihre ~en Anstrengungen hatten Erfolg; das haben sie ~* (SYN ʿzusammen 1') *zu verantworten; etw. ~* (SYN ʿmiteinander 1.2') *unternehmen* ❖ ↗ **gemein (*)**

Gemeinschaft [gəˈmaɪn..], **die**; ~, ~en **1.1.** ʿdurch etw. Gemeinsames (1) verbundene Gruppe von Menschen, Völkern'; ↗ FELD I.11: *die Jugendlichen in die ~ der Erwachsenen aufnehmen; eine ~ bilden; jmdn. aus der ~ ausschließen; sich außerhalb der ~ stellen* **1.2.** ʿdurch ein Bündnis zusammengeschlossene Staaten': *die atlantische ~; die ~ Unabhängiger Staaten* (ABK: GUS; ʿBündnis von Staaten der ehemaligen Sowjetunion') **2.** ⟨+ best. Adj.; o.Pl.⟩ ʿdas Zusammensein, Zusammenleben von zwei od. mehreren Menschen': *mit jmdm. in enger, häuslicher, elterlicher ~ leben* **3.** in ~ mit jmdm., etw.: *er hat die Aufgabe in ~ mit* (ʿgemeinsam mit') *seinem Freund gelöst; die Stadt hat dieses Fest in ~ mit den Vereinen gestaltet* ❖ ↗ **gemein (*)**

gemeinschaftlich [gəˈmaɪnʃaft..] ⟨Adj.; o. Steig.; nicht präd.⟩ **1.** ʿmehreren Personen zugleich gehörend od. eigen': ~e *Interessen;* ~es *Eigentum an Grund und Boden; etw. ~ besitzen* **2.** SYN ʿkollektiv' /vorw. auf Tätigkeiten bez./: *etw. ~ unternehmen, bearbeiten; ihre ~e Anstrengung, Zusammenarbeit hatte Erfolg; wegen ~en Mordes vor Gericht stehen; ~ an einem Buch arbeiten* ❖ ↗ **gemein (*)**

Gemenge [gəˈmɛŋə], **das**; ~s, ~ **1.** ʿGemisch (2) von verschiedenartigen chemischen Stoffen, in dem die Bestandteile ihre spezifischen Eigenschaften behalten und auch wieder getrennt werden können': *Gesteine sind ein ~ von Mineralien; die Emulsion ist ein ~ von Flüssigkeiten* **2.** ⟨o.Pl.⟩ ʿverschiedenartige Getreide- od. Futterpflanzen, die gleichzeitig auf demselben Feld angebaut werden': *~ säen, anbauen* ❖ ↗ **mengen**

gemessen [gəˈmɛsn̩] **I.** ⟨Adj.; nur attr.⟩ /beschränkt verbindbar/ **1.** ⟨Steig. reg., Superl. ungebr.⟩ ~en *Schrittes* (ʿlangsam und würdevoll') *auf jmdn. zugehen* **2.** ⟨o. Steig.⟩ in ~em (SYN ʿangemessenem') *Abstand hinter jmdm. hergehen* – **II.** ↗ **messen** ❖ ↗ **messen**

gemieden: ↗ **meiden**

Gemisch [gəˈmɪʃ], **das**; ~es/auch ~s, ~e **1.** ʿMischung (2) aus verschiedenartigen Bestandteilen': *ein buntes ~; das Vieh mit einem ~ von Schrot (1) und Fischmehl füttern* **2.** ʿMischung aus verschiedenartigen (chemischen) Stoffen': *ein ~ aus Gips und Sand; ein heterogenes, homogenes ~* **3.** ʿKraftstoff aus einer Mischung von Benzin und Öl': *~ tanken* ❖ ↗ **mischen**

gemischt [gəˈmɪʃt] ⟨Adj.; Steig. reg., Superl. ungebr.; ↗ auch *mischen*⟩ umg. ʿauf weitgehend unbefriedigendem Niveau'; SYN gewöhnlich (3), ordinär: *auf der Feier ging es ziemlich ~ zu; jetzt wird's ~!* ❖ ↗ **mischen**

gemocht: ↗ **mögen**
gemolken: ↗ **melken**
Gemse: ↗ **Gämse**

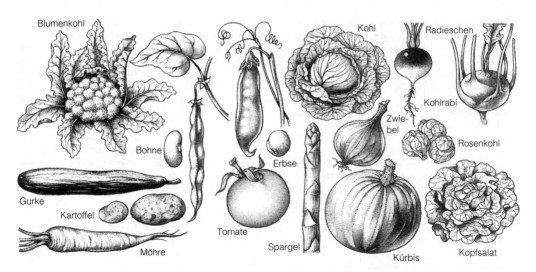

Blumenkohl | Kohl | Radieschen | Kohlrabi | Zwiebel | Rosenkohl | Bohne | Erbse | Gurke | Kartoffel | Tomate | Spargel | Kürbis | Kopfsalat | Möhre

Gemüse [gə'myːzə], **das**; ~s, ⟨o.Pl.⟩ 'Pflanzen, die roh od. gekocht dem Menschen als Nahrung dienen und oft als Beilage zum Essen (1) verwendet werden'; ↗ FELD I.8.1, II.4.1: *heute Mittag gibt es Kartoffeln, Fleisch und ~; ~ anbauen, ernten; ~ putzen, kochen* ❖ **Biogemüse, Gemüsepflanze** * scherzh. *junges ~* 'unerfahrene junge Menschen': *das ist nur junges ~; das junge ~ hat auf unserer Party nichts zu suchen*

Gemüse|pflanze [..'m..], **die** 'als Gemüse dienende Pflanze'; ↗ FELD II.4.1: *Kohl ist eine ~* ❖ ↗ **Gemüse,** ↗ **Pflanze**

gemustert [gə'mʊstɐt] ⟨Adj.; o. Steig.; nicht bei Vb.⟩ 'mit einem bestimmten Muster (1) versehen': *eine ~e Tapete, ein ~er Stoff* ❖ ↗ **Muster**

gemusst: ↗ *müssen*

Gemüt [gə'myːt], **das**; ~es/auch ~s, ~er **1.** ⟨o.Pl.⟩ 'die bes. durch seine psychische Veranlagung geprägte Haltung od. Art eines Menschen': *ein sanftes, zartes, empfindsames, heiteres ~ haben; er hat ein sonniges ~;* iron. *der hat vielleicht ein sonniges ~* ('der ist überaus naiv')!; *sie hat viel ~; er ist ein Mensch mit ~* ('ist stark emotional veranlagt') **2.** ⟨mit best. Adj.⟩ 'Mensch mit einer bestimmten Gemütsart': *er ist ein harmloses, ängstliches, ehrliches ~* **3.** ⟨nur im Pl.⟩ /beschränkt verbindbar/ *darüber erhitzten sich die ~er* ('die Leute'); *ich muss erst einmal die ~er* ('die erregten Leute') *beruhigen* ❖ **Gemütsbewegung, gemütskrank** * umg. /jmd./ **sich** ⟨Dat.⟩ **etw. zu ~e führen** ('etw. Gutes mit Genuss essen, trinken'); spött. /etw./ **etw. fürs ~ sein** ('eine rührselige Wirkung haben')

gemütlich [..'m..] ⟨Adj.⟩ **1.** ⟨Steig. reg.⟩ 'behaglich und anheimelnd'; ANT unbehaglich (1); ↗ FELD V.2.3: *hier ist es ~; das Zimmer ist ~ (eingerichtet), wirkt ~; mach es dir ~;* vgl. *bequem (2.1)* **2.** ⟨o. Steig.; nicht präd.⟩ 'in unterhaltsamer und zwangloser Weise': *ein ~es Beisammensein; ~ bei-*

sammensitzen **3.** ⟨o. Steig.; nicht präd.⟩ 'bei der Bewegung, Tätigkeit ruhig und gemächlich': *in ~em Tempo (fahren); ~ Kaffee trinken* ❖ **ungemütlich**

Gemüts/gemüts [gə'myːts..]|**-bewegung, die** 'emotionale Regung': *seine ~en verbergen; jmdm. seine ~en nicht anmerken* ❖ ↗ **Gemüt,** ↗ **²bewegen;** **-krank** ⟨Adj.; nicht bei Vb.⟩ 'psychisch krank, meist an Depressionen leidend': *er, sie ist ~* ❖ ↗ **Gemüt,** ↗ **krank**

gen [gɛn] ⟨Präp. mit Akk.; vorangestellt⟩ geh. /lokal; gibt die Richtung bei einer zielgerichteten Bewegung an/ ⟨vorw. mit Verben der Fortbewegung, bes. *wandern, gehen, reiten, fahren*⟩; SYN 'nach': *sie zogen, reisten ~ Süden, pilgerten ~ Rom, fuhren ~ Sonnenuntergang; auf der Fahrt ~ München*

genannt: ↗ *nennen*

genas: ↗ *genesen*

¹genau [gə'nau] ⟨Adj.⟩ **1.** ⟨Steig. reg.⟩ 'mit einer vergleichbaren Größe (1.1, 4) der Wirklichkeit, mit einem Richtwert bis ins Detail übereinstimmend'; SYN exakt: *von einem Ort, einem Ereignis eine ~e* (SYN 'präzise') *Beschreibung geben; die Angaben waren ~; ein Gerät ~* (SYN 'fein 2.2') *einstellen; die ~e Uhrzeit, den ~en Preis feststellen; ~e Maße benötigen; etw. ~ wissen, berechnen; etw. aufs Genau(e)ste ausführen; etw. ~ nacharbeiten, nachempfinden; das stimmt ~; ~ abgezähltes Geld;* /als eine nachdrückliche positive Antwort auf eine Frage/ *„Man sollte diesen Fall nicht überbewerten." „Genau"* ('ja, das stimmt, das ist auch meine Ansicht')! **2.** ⟨o. Steig.⟩ SYN 'gewissenhaft' /auf Personen bez./; ↗ FELD I.4.4.3: *jmd. ist ein sehr ~er Mensch, ist immer sehr ~; sich ~ nach der Vorschrift richten; peinlich ~ auf alles achten; er ist in Geldsachen sehr ~* ('geht gewissenhaft und überaus sparsam mit dem Geld um') ❖ **¹genauso** * /jmd./ **etw., es (sehr) ~ nehmen** ('in Bezug auf etw. fast übertrieben gewissenhaft, sorgfältig sein');

/jmd./ es (mit etw.) nicht so ~ nehmen (ʽauf die Einhaltung, Erfüllung von etw. nicht bedacht seinʼ) **²genau** ⟨Gradpartikel; betont od. unbetont; steht vor od. nach der Bezugsgröße; bezieht sich auf verschiedene Kategorien, bes. auf Zahladj., Pronomina⟩ /schließt andere Sachverhalte aus; hebt die Bezugsgröße hervor; drückt die präzise Übereinstimmung der Bezugsgröße mit etw. aus/: *es ist ~ zwölf Uhr/es ist zwölf Uhr ~; das Paket wiegt ~ ein Kilo; das Boot ist ~ drei Meter lang; ~ ihn betrifft das; ~ dort haben wir ihn gefunden; er kam ~ auf die Minute zum Unterricht* ❖ **²genauso**
³genau ⟨betont⟩ /als nachdrückliche positive Antwort auf einen Aussagesatz od. Fragesatz; bestätigt emotional die Äußerung des Gesprächspartners, stimmt ihr zu/: *„Die Preise sind wieder gestiegen.“ „Genau!“; „Sie sollte sich mal etwas anstrengen!“ „Genau!“; „Ich glaube, wir haben uns geirrt!“ „Genau!“*
genau genommen ⟨Modalpartikel⟩ ʽwenn man es genau nimmtʼ; SYN streng genommen: *~ ist das nicht korrekt, aber …*
¹genau|so [gəˈnau..] ⟨Adv.⟩ SYN ʽ¹ebenso (1.2)ʼ: *ich werde es ~ machen (wie du); glaub mir, mich betrifft es ~!* ❖ ↗ **¹genau,** ↗ **¹so**
²genau|so ⟨Gradpartikel; betont od. unbetont; steht vor od. nach der Bezugsgröße; bezieht sich auf verschiedene Kategorien⟩ SYN ʽ²ebensoʼ: *er liebt Jazz, und ich ~; mir ist es ~ ergangen;* ⟨vorw. im Vergleich mit *wie*⟩ *der ist ~ blöd wie sein Freund; er ist ~ groß wie sein Bruder; das Tischtuch ist ~ lang wie breit; ich empfinde das ~ wie du; etw. ~ gut machen; ~ wenig benötigen, ~ lange fahren* ❖ ↗ **²genau,** ↗ **¹so**
genehmigen [gəˈneːmɪgn̩] ⟨reg. Vb.; hat⟩ ⟨oft im Pass.⟩ /Institution, jmd./ etw. ~ ʽfür ein Vorhaben, das als Antrag eingereicht ist, die amtliche Zustimmung erteilenʼ; ANT ablehnen: *der Antrag wurde (nicht) genehmigt; es wurde ihm nicht genehmigt, ins Ausland zu reisen; der Aufenthalt in N wurde ihm nicht genehmigt; das Bauamt hat das Projekt genehmigt* ❖ **Genehmigung,** vgl. **angenehm**
Genehmigung [gəˈneːmɪg..] die; ~, ~en ʽamtliche Zustimmung für ein Vorhaben, das als Antrag eingereicht istʼ; ANT Ablehnung: *eine polizeiliche, schriftliche ~ einholen, erhalten; die für etw. geben, verweigern; etw. ohne ~ der Polizei tun;* vgl. **Erlaubnis** ❖ ↗ **genehmigen**
General [geneˈʁaːl] der; ~s, ~e/auch Generäle [..ˈʁɛːlə/ˈʁɛː..] /Angehöriger der Land-, Luftstreitkräfte mit einem bestimmten Dienstgrad (↗ TAFEL XIX)/: *er ist ~; mehrere Generäle kapitulierten mit ihren Truppen*
General- /bildet mit dem zweiten Bestandteil Substantive/ 1. /drückt aus, dass das im zweiten Bestandteil Genannte den höchsten Rang einnimmt und leitend tätig ist/: ↗ z. B. *Generalstaatsanwalt* 2. /drückt aus, dass das im zweiten Bestandteil Genannte allgemein gilt, wirksam ist/: ↗ z. B. *Generalstreik*

General|probe [..ˈʁ..], die ʽletzte, meist ohne Unterbrechungen abgehaltene Probe eines Theater-, Musikstücks o.Ä. vor seiner Premiereʼ: *morgen ist ~* ❖ ↗ proben; **-sekretär, der** ʽoberster geschäftsführender Sekretär einer (internationalen) Organisation, eines Verbandesʼ: *der ~ der UNO* ❖ ↗ Sekretär; **-staatsanwalt, der** ʽoberster Staatsanwalt eines Landes, Bundeslandesʼ: *der ~ des Landes Hessen* ❖ ↗ Staat, ↗ walten; **-streik, der** ʽ(politischen Zielen dienender) Streik ausnahmslos aller Arbeitnehmer eines bestimmten Wirtschaftszweigs od. Landes, Gebietsʼ: *den ~ ausrufen* ❖ ↗ Streik; **-versammlung, die** ʽVersammlung aller Mitglieder eines Verbandes, einer (internationalen) Organisationʼ: *die ~ der UNO* ❖ ↗ sammeln
Generation [genəraˈtsi̯oːn], die; ~, ~en 1. ʽMenschen, die hinsichtlich der Altersstufe als eine Gesamtheit aufgefasst werden, weil sie unter ähnlichen Lebensumständen leben, lebtenʼ; ↗ FELD I.11, VII.5.1: *die ältere, junge ~; die ~ unserer Mütter und Väter; die heutige ~* (ʽalle in der gegenwärtigen Zeit lebenden jüngeren Menschenʼ); *das Problem werden zukünftige ~en* (SYN ʽGeschlechter 2ʼ) *lösen müssen* 2. ⟨oft mit Zahladj.⟩ ʽStufe in der Abfolge der jeweiligen Nachkommenschaft bei Mensch, Tier und Pflanzeʼ: *aus dieser Familie sind seit drei ~en Musiker hervorgegangen; die Degenerationserscheinungen bei dieser Pflanze sind jetzt in der fünften ~ aufgetreten* 3. ʽZeitabschnitt, der ungefähr die mittlere Dauer eines Menschenlebens umfasstʼ: *sie ist eine ~ älter als ich*
Generator [genəˈʁaːtoɐ̯], der; ~s, ~en [..ˈtoːʁən] ʽMaschine, die mechanische Energie in elektrische umformtʼ; ↗ FELD V.5.1: *mit einem ~ Strom erzeugen, für Beleuchtung sorgen*
generell [genəˈʁɛl] ⟨Adj.; o. Steig.; nicht präd.⟩ ʽgrundsätzlich (1.2) und für alle verbindlichʼ: *eine ~e Entscheidung, Lösung, Regelung; etw. ~ zulassen, verbieten*
genesen [gəˈneːzn̩], genas [..ˈnaːs], ist genesen ⟨o. Präs.⟩ geh. /jmd./ ʽgesund werdenʼ: *er ist ~* (ANT erkrankt); *nach einer langen Krankheit ist er jetzt ~; sie ist von einer Grippe ~* (ʽsie hatte die Grippe und ist jetzt wieder gesundʼ) ❖ **Genesung**
Genesung [gəˈneːz..], die; ~, ⟨o.Pl.⟩ ʽdas Genesen, Gesundwerdenʼ: *man darf mit seiner baldigen, völligen ~ rechnen; sie befindet sich auf dem Wege der ~* (ʽist dabei zu genesenʼ) ❖ ↗ **genesen**
genial [geˈni̯aːl] ⟨Adj.; Steig. reg.; nicht adv.⟩ ʽvon überragendem, schöpferischem Intellektʼ; ↗ FELD I.5.3: *ein ~er Philosoph, Künstler, Erfinder; das war eine ~e Idee, Konstruktion; das ist ~!* ❖ ↗ **Genie**
Genick [gəˈnɪk], das; ~s/auch ~es, ~e ʽhinterer Teil des Halses mit den Halswirbeln beim Menschen und bei bestimmten Wirbeltierenʼ; ↗ FELD I.1.1: *hinunterstürzen und sich das ~ brechen; umg. ein steifes ~ haben* (ʽden Kopf nicht richtig bewegen können, weil die Muskeln im Nacken schmerzenʼ)
* umg. /etw., jmd./ **jmdm. das ~ brechen** ʽdazu führen, dass jmd. scheitertʼ: *das neue Gesetz, seine Un-*

ehrlichkeit, Maßlosigkeit hat ihm (letztlich) das ~ gebrochen

Genie [ʒə'niː], **das**; ~s, ~s **1.** 'überragend intelligenter und schöpferischer Mensch': *jmd. ist ein musikalisches, sprachliches, mathematisches ~; Beethoven war ein ~ (auf dem Gebiet der Komposition); er fühlt sich als verkanntes ~* ('hält sich für einen bedeutenden Menschen, ohne es zu sein') **2.** ⟨o.Pl.⟩ 'überragende Intelligenz, gepaart mit schöpferischem Geist'; ↗ FELD I.5.1: *jmd. hat das ~ eines Dichters, Erfinders; ich bewunderte sein ~* ❖ **genial**

genieren [ʒə'niːʀən] ⟨reg. Vb.; hat⟩ **1.** /jmd./ *sich ~* 'sich vor anderen verlegen, gehemmt fühlen, weil man die Situation, sein Tun als peinlich, unangenehm empfindet'; SYN schämen: *bitte, ~ Sie sich nicht (lange) und sagen Sie Ihre ehrliche Meinung!; er genierte sich, von seinem großen Erfolg zu erzählen; sich vor jmdm. ~: du brauchst dich vor mir nicht zu ~* ('du kannst dich mir gegenüber so geben, wie du bist') **2.** /etw., bes. es, das/ jmd. ~ 'jmdn. verlegen machen': *seine dauernden Anspielungen, ihre Blicke brauchen dich nicht zu ~; es geniert ihn nicht* ('er hat keine Skrupel'), *auf Kosten anderer zu leben; das braucht dich nicht zu ~!* ❖ **ungeniert**

genießbar [gə'niːs..] ⟨Adj.; o. Steig.; vorw. präd. (mit sein); nicht bei Vb.⟩ **1.1.** ⟨vorw. verneint⟩ *das Essen, Getränk ist nicht ~* ('ist geschmacklich so beschaffen, dass man es nicht zu sich nehmen kann'; ↗ FELD I.8.3) **1.2.** *dieser Pilz ist ~* ('ist so beschaffen, dass man ihn, ohne Schaden zu nehmen, essen kann') ❖ ↗ **genießen**

genießen [gə'niːsn̩], genoß [..'nɔs], hat genossen [..'nɔsn̩] **1.** /jmd./ ⟨vorw. verneint⟩ *etw. ~* 'etw. essen, trinken'; ↗ FELD I.8.2: geh. *der Kranke hat heute noch nichts genossen; ich habe davon noch nichts genossen; etw. ist nicht zu ~* 'etw. schmeckt so schlecht, dass man es nicht zu sich nehmen kann': *dieser Brei, (saure) Wein ist nicht, kaum zu ~*; METAPH *er ist heute nicht, kaum, nur mit Vorsicht zu ~* ('ist heute wegen seiner schlechten Laune nicht, nur schwer zu ertragen') **2.** /jmd./ *etw. ~* 'etw. Angenehmes bewusst auf sich wirken lassen und dabei Befriedigung, Freude, Wohlbehagen, Genuss empfinden': *die Ruhe, den Feierabend, schönen Ausblick, seinen Urlaub, das herrliche Wetter ~; das Leben ~; er hat es (förmlich, so richtig, regelrecht) genossen, so verwöhnt zu werden* **3.** /beschränkt verbindbar/ **3.1.** /jmd./ *er hat eine gründliche, gediegene Ausbildung genossen* ('ist gründlich ausgebildet worden') **3.2.** /jmd., etw./ *er genießt die Achtung, Sympathie aller seiner Kollegen* ('er wird von allen Kollegen geachtet, alle zeigen ihm ihre Sympathie') ❖ **genießbar, Genießer, genießerisch, Genuss, genüsslich, ungenießbar — Genussmittel**

Genießer [gə'niːsɐ], **der**; ~s, ~ 'jmd., der es versteht, oft ausgiebig etw. zu genießen (1, 2)'; ↗ FELD I.8.1: *er ist (doch) ein richtiger, alter ~* ❖ ↗ **genießen**

*** ein stiller ~** 'jmd., der sich still einem bestimmten Genuss hingibt od. unauffällig andere beim Genießen (2) von etw. beobachtet': *er ist ein stiller ~*

genießerisch [gə'niːsɐ..] ⟨Adj.; o. Steig.; nicht präd.; vorw. bei Vb.⟩ 'wie ein Genießer'; SYN genüsslich: *etw. ~ auf der Zunge zergehen lassen; ~ an einem Glas Wein nippen; er schaute ~ dem Tanz der jungen Leute zu; etw. mit ~er Miene betrachten* ❖ ↗ **genießen**

genommen: ↗ **nehmen**

genoss: ↗ **genießen**

Genosse [gə'nɔsə], **der**; ~n, ~n 'Mitglied links stehender Parteien': *er ist ein alter, kampferprobter ~; (verehrte, liebe) Genossinnen und ~n!* /Anrede für eine versammelte Gruppe von Mitgliedern einer links stehenden Partei/ ❖ **Genossenschaft, Genossin** MERKE Zur Verbindung mit Eigennamen: ↗ **Kollege**

genossen: ↗ **genießen**

Genossenschaft [gə'nɔsn̩...], **die**; ~, ~en 'Gruppe von Menschen, die sich freiwillig mit dem Ziel zusammengeschlossen haben, durch gemeinschaftliches Wirtschaften bestimmte, meist ökonomische Interessen des Einzelnen durchzusetzen'; ↗ FELD I.11: *eine ~ gründen; sich zu einer ~ zusammenschließen* ❖ ↗ **Genosse**

Genossin [gə'nɔs..], **die**; ~, ~nen /zu *Genosse;* weibl./ ❖ ↗ **Genosse**

genug [gə'nuːk/..'nʊx] ⟨Adv.; o. Steig.⟩ **1.** ⟨auch attr.; einem Subst. voran-, nachgestellt⟩ präd. einem Adj. nachgestellt⟩ 'in genügendem, ausreichendem Maße': *jmd. hat ~ Geld, Zeit/hat Geld, Zeit ~; ~ Mitarbeiter für eine bestimmte Aufgabe haben; ~ zu essen, zu tun haben; (nicht) ~ verdienen; jmd. ist alt, klug ~ (für etw.); jmd. ist klug ~, um etw. zu begreifen* (↗ ²*um* 1.2); *der Schrank ist (nicht) groß ~; das Wasser ist zum Baden (nicht) warm ~; das ist mehr als ~!; jmd. kriegt nie ~* ('möchte immer noch mehr haben'); *nicht ~ damit, dass ...* 'als wäre es nicht schon ausreichend': *nicht ~ damit, dass er ungeschickt war, er war auch noch faul* **2.** 'ein bestimmtes hohes Maß, eine äußerste Grenze des Erträglichen, Zumutbaren erreicht habend': *das ist schlimm ~!; ~ der Worte* ('statt länger darüber zu reden, muss jetzt gehandelt werden')!; /in den kommunikativen Wendungen/ *~ davon* ('reden wir jetzt von etw. anderem')! /wird zu jmdm. gesagt, wenn man nach einer Diskussion das Thema zu wechseln wünscht/; *jetzt ist's aber ~* ('jetzt bin ich am Ende meiner Geduld')! /wird zu jmdm. gesagt, wenn man ihn auffordern will, mit seinem Tun, das man nicht billigt, aufzuhören/ ❖ **begnügen, genügen, genügsam, ungenügend — Genugtuung**

* /jmd./ **von etw., jmdm. ~ haben** ('einer Sache, jmds. überdrüssig sein'); /jmd./ **es ~ sein lassen** ⟨oft im Imp.⟩ ('etw. nicht weiter fortsetzen, da ein Erfolg nicht zu erreichen ist')

Genüge [gə'nyːgə], **die**

* /jmd./ *etw.* ⟨Dat.⟩, *jmdm. ~ tun* ('tun, was etw., jmd. von einem fordert'); oft emot. neg. **zur ~** 'in einem solchen Maße, dass es mehr als ausreichend ist od. dass man damit nichts mehr zu tun haben möchte': *das Elend dieser Leute kenne ich zur ~; das zeigt zur ~, wie notwendig eine Reparatur ist*

genügen [gə'ny:gn] ⟨reg. Vb.; hat⟩ **1.** ⟨etw., bes. *das*⟩ ʻausreichen': *für das Kleid ~ zwei Meter Stoff; das genügt (uns) fürs Erste;* ⟨oft im Part. I⟩ *(nicht)* ~*d* ʻgenug (1)': ~*d Zeit, Geld haben* **2.** /jmd./ *etw.* ⟨Dat.⟩ ~ ʻdie nötige Kraft, Fähigkeit besitzen, um etw. bewältigen zu können': *einer Aufgabe, den wachsenden Anforderungen ~* ❖ ↗ **genug**

genügsam [gə'ny:k..] ⟨Adj.⟩ SYN ʻanspruchslos (1)' /vorw. auf Personen, Tiere bez./; ↗ FELD I.2.3, 6.3: *Schafe sind ~; ein ~es Leben führen; er lebt ~* ❖ ↗ **genug**

Genugtuung [gə'nu:ktu../..'nʊx..], **die**; ~, ~en ⟨o. best. Art.; vorw. Sg.⟩ **1.** SYN ʻBefriedigung': *~ empfinden; eine Nachricht mit ~ hören; etw. bereitet jmdm. ~* **2.** ⟨o.Art.⟩ ʻAusgleich für erlittenes Unrecht': *~ fordern, leisten; er erhielt ~* ❖ ↗ **genug,** ↗ **tun**

Genuss [gə'nʊs], **der**; ~es, Genüsse [..'nʏsə] **1.** ⟨o.Pl.⟩ /zu *genießen* 1/ ʻdas Genießen': *der ~ alkoholischer Getränke; der ~ von Pilzen, alkoholischen Getränken, Kaffee; nach dem ~ der Pilze traten Vergiftungserscheinungen auf* **2.** ʻGefühl der Freude, des Wohlbehagens beim Genießen (1, 2)': *etw. mit ~ essen; ein ungetrübter, zweifelhafter, ästhetischer ~; etw. mit ~ betrachten, hören* ❖ ↗ **genießen**
* /jmd./ **in den ~ von etw. kommen** ʻetw. nutznießen können': *er ist nicht in den ~ seiner Rente gekommen; wenn er in den ~ seiner Zinsen kommen will, dann ...*

genüsslich [gə'nʏs..] ⟨Adj.; o. Steig.; nicht präd.; vorw. bei Vb.⟩ SYN ʻgenießerisch': *etw. ~ auf der Zunge zergehen lassen; er schlürfte ~ seinen Kaffee* ❖ ↗ **genießen**

Genuss|mittel [gə'nʊs..], **das** ʻmeist pflanzliches Produkt, das wegen seines angenehmen Geschmacks, wegen seiner anregenden Wirkung genossen wird'; ANT Nahrungsmittel; ↗ FELD I.8.1: *Wein, Tabak, Schokolade sind ~* ❖ ↗ **genießen,** ↗ **Mittel**

Geografie /auch **Geographie** [geogʀa'fi:], **die**; ~, ⟨o.Pl.⟩ ʻWissenschaft, die die natürlichen Gegebenheiten sowie die Beziehungen zwischen Mensch und Natur auf der Erdoberfläche beschreibt': *er hat ~ studiert; Unterricht in ~* ❖ **geografisch**

geografisch /auch **geographisch** [geo'gʀa:f..] ⟨Adj.; o. Steig.⟩ **1.** ⟨nur attr.⟩ ʻdie Geografie betreffend': *eine ~e Expedition durch Grönland* **2.** ⟨nicht bei Vb.⟩ ʻdie Lage und das Klima betreffend': *die ~ günstige Lage eines Orts; die ~e Verbreitung bestimmter Pflanzen* ❖ ↗ **Geografie**

Geographie: ↗ *Geografie*

geographisch: ↗ *geografisch*

Geologie [geolo'gi:], **die**; ~, ⟨o.Pl.⟩ ʻWissenschaft vom Aufbau und von der Entwicklung der Erde und von den Kräften, unter denen sich diese Entwicklung vollzieht': *er hat ~ studiert, arbeitet auf dem Gebiet der ~* ❖ **geologisch**

geologisch [geo'lo:g..] ⟨Adj.; o. Steig.; nicht präd.⟩ ʻdie Geologie betreffend': *eine ~e Expedition; ein Gebiet ~ untersuchen* ❖ ↗ **Geologie**

Geometrie [geome'tʀi:], **die**; ~, ⟨o.Pl.⟩ ʻTeilgebiet der Mathematik, das sich mit räumlichen und ebenen Gebilden befasst': *Unterricht in ~* ❖ **geometrisch**

geometrisch [geo'me:tʀ..] ⟨Adj.; o. Steig.⟩ **1.** ⟨nur attr.⟩ ʻdie Geometrie betreffend' /bes. auf Abstraktes bez./: *Dreiecke, Kreise sind ~e Figuren; ~e Grundbegriffe* **2.** ⟨nicht bei Vb.⟩ ʻden geometrischen Figuren ähnlich': *~e Muster* ❖ ↗ **Geometrie**

Gepäck [gə'pɛk], **das**; ~s/auch ~es, ⟨o.Pl.⟩ ʻalle Behältnisse, bes. Koffer und Taschen, in denen etw. eingepackt ist und die jmd. auf einer Reise mit sich führt': *nicht viel ~ haben; mit großem ~ reisen* (ʻviel Gepäck haben auf der Reise'); *das ~ am Schalter für Reisegepäck aufgeben* ❖ ↗ **packen**

Gepäck [..'p..|**-aufbewahrung, die** ʻSchalter mit dazugehörigem Raum, an dem man Reisegepäck zur Aufbewahrung abgeben kann'; ↗ FELD V.7.1: *mein Koffer ist in der ~* ❖ ↗ packen, ↗ wahren; **-aufgabe, die** ʻSchalter, an dem man Reisegepäck aufgeben (1) kann' ❖ ↗ packen, ↗ geben; **-ausgabe, die** ʻSchalter, an dem das aufgegebene od. zur Aufbewahrung abgegebene Reisegepäck ausgegeben wird' ❖ ↗ packen, ↗ geben; **-stück, das** ʻGegenstand, bes. Tasche, Koffer, der als Gepäck mitgenommen, befördert wird' ❖ ↗ packen, ↗ Stück; **-träger, der 1.** ʻüber dem Hinterrad eines Fahrrads angebrachtes Gestell, auf dem einzelne kleine Gepäckstücke, Gegenstände befestigt und befördert werden können': *die Einkaufstasche auf den ~ stellen; das Kind saß auf dem ~* **2.** ʻjmd., der bes. auf Bahnhöfen, Flugplätzen gegen Bezahlung den Reisenden das Gepäck trägt, befördert' ❖ ↗ packen, ↗ tragen

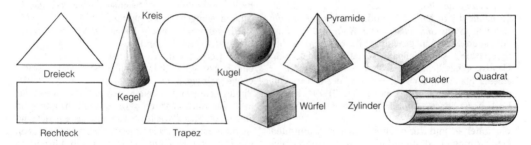

Geometrische Figuren

gepfiffen: ↗ *pfeifen*
gepflegt [gə'pfle:kt] ⟨Adj.; ↗ auch *pflegen*⟩ **1.** ⟨Steig. reg.⟩ 'durch Körperpflege, Kleidung ästhetisch ansprechend'; ANT verwahrlost: *sie, er ist eine ~e Erscheinung, wirkt, war sehr ~; ein ~es Äußeres haben* **2.** ⟨o. Steig.; nicht bei Vb.; vorw. attr.⟩ 'hohen Ansprüchen genügend': *ein ~es Restaurant, ~e Weine* ❖ ↗ **pflegen**
gepflogen: ↗ *pflegen*
Gepflogenheit [gə'pflo:gn̩..], die; ~, ~en SYN 'Gewohnheit': *nach alter ~ etw. tun; entgegen den sonstigen ~en wird heute Mittag bereits um 12 Uhr gegessen; es gehört zu seinen ~en, nachmittags einen Spaziergang zu machen* ❖ ↗ **pflegen**
gepriesen: ↗ *preisen*
gequollen: ↗ *quellen*
¹gerade [gə'ʀa:də] **I.** ⟨Adj.⟩ **1.** ⟨Steig. reg.⟩ 'ohne Krümmung'; ANT krumm; ↗ FELD III.1.3: *eine ~ Linie; ein ~r Weg; in ~r* (SYN 'aufrechter I.1') *Haltung sitzen; ~ sitzen, stehen; er ist ~ gewachsen; einen Draht ~ biegen* **2.** ⟨o. Steig.; nicht bei Vb.⟩ SYN 'aufrichtig'/als Eigenschaft einer Person/; ↗ FELD I.2.3: *ein ~r Charakter; jmd. ist ~ und offen* **3.** ⟨nicht präd.⟩ 'in jeder Beziehung' /verstärkt eine gegensätzliche Aussage/: *das ~ Gegenteil ist der Fall; es verhält sich ~ umgekehrt* **4.** ⟨o. Steig.⟩ Math. /beschränkt verbindbar/ *eine ~* ('durch zwei ohne Rest dividierbare'; ANT ungerade) *Zahl —* **II.** ⟨Adv.⟩ **1.** SYN 'soeben (1.1)'; ↗ FELD VII.5.3: *er telefoniert ~; da fällt mir ~ ein, dass …; es ist ~ fünf (Uhr)* **2.** SYN 'soeben (1.2)': *er ist ~ (erst) gekommen, fortgegangen* ❖ **Gerade, ungerade — geradeaus, geradeso, -wegs, -zu**
* /jmd./ **fünfe ~ sein lassen** ⟨oft im Imp.⟩ 'es nicht so genau nehmen': *nun lass mal fünfe ~ sein und lass die Kinder länger spielen*
²gerade ⟨Gradpartikel; betont od. unbetont; steht vor od. nach der Bezugsgröße; bezieht sich auf verschiedene Kategorien⟩ **1.** ⟨meist unbetont⟩ /schließt andere Sachverhalte ein, hebt aber die Bezugsgröße hervor; der Sprecher ist emotional beteiligt und betont damit, dass er anderes erwartet hatte/: *warum muss ~ ich das machen?; ~ heute muss es regnen!;* ⟨oft mit Pronominaladv.⟩ *~ darum, ~ deshalb müssen wir uns dafür engagieren!; ~ darauf/darauf ~ hatte ich mich so gefreut* **2.** /drückt die präzise Übereinstimmung der Bezugsgröße mit etw. aus/; SYN ²genau: *heute sind es ~ drei Jahre her, dass wir uns das erste Mal getroffen haben; das Paket wiegt ~ ein Kilo; du kommst ~ im rechten Augenblick* **3.** ⟨+ noch; betont⟩ /der Sprecher drückt damit seine Genugtuung darüber aus, dass etw. im letzten Augenblick möglich wurde/: *wir haben den Zug ~ noch geschafft; wir sind ~ noch davongekommen* **4.** ⟨+ nicht⟩ /drückt das Gegenteil aus, mildert aber den Gegensatz/: *Fritz ist nicht ~ fleißig* ('Fritz ist etwas faul'); *du bist nicht ~ pünktlich gewesen; das ist mir nicht ~ angenehm; das ist nicht ~ viel*

Gerade, die; ~n/auch ~, ~n **1.** Math. 'als unendlich zu denkende Linie ohne Krümmung': *eine ~ zeichnen;* vgl. *Strahl, Strecke* **2.** '¹gerade (1) verlaufender Teil einer Strecke für einen Wettlauf, für ein Wettrennen': *die Rennwagen, die Läufer bogen in die ~ ein* ❖ ↗ **¹gerade**
gerade [..'ʀ..]|-aus [gəʀa:də'|aus] ⟨Adv.⟩ 'immer in der gleichen Richtung nach vorn': *~ blicken, gehen* ❖ ↗ **¹gerade; -heraus** ⟨Adv.⟩ 'offen und ohne Umschweife'; SYN freiheraus, rundheraus, rundweg: *er sagte ihm ~, dass er von ihm enttäuscht sei;* vgl. *direkt (5)* ❖ ↗ **¹gerade**, ↗ **heraus; -¹so** ⟨Adv.⟩ SYN '¹ebenso (1.2)': *er ist ~ groß; er ist ~ alt;* **-²so** ⟨Gradpartikel; betont od. unbetont; steht vor, auch nach der Bezugsgröße; bezieht sich auf verschiedene Kategorien⟩ SYN '²ebenso': ⟨kann nicht für eine elliptische Aufzählung verwendet werden⟩ *mir ist es ~ ergangen;* ⟨vorw. im Vergleich mit *wie*⟩ *er ist ~ groß wie ich; ich empfinde das ~ wie du; er spielt ~ gut Klavier wie sein Bruder* ❖ ↗ **¹gerade**, ↗ **¹so**
gerade stehen 1. /jmd./ 'in aufrechter Haltung stehen': *steh gerade!;* verhüll. *er konnte nicht mehr ~* ('er war betrunken') **2.** /jmd./ für etw. *~* SYN 'für etw. einstehen (1)': *für eine Tat, die Folgen ~ (müssen)*
gerade [..'ʀ..]|-wegs [ve:ks] ⟨Adv.⟩ **1.** 'ohne Umweg': *er kam ~ auf sie zu* **2.** 'ohne Umschweife': *jmdn. ~ nach etw. fragen; er kam ~ darauf zu sprechen* ❖ ↗ **¹gerade**, ↗ **¹Weg; -zu** ⟨Adv.⟩ **1.** umg. 'geradeheraus, unverblümt': *jmd. ist sehr ~* **2.** '¹gerade (I.3)': *unsere Interessen sind ~ entgegengesetzt* **3.** ⟨vor Adj., Adv., auch vor Subst.; bei Vb.⟩ /betont in Verbindung mit dem Bezugswort das unerwartete Ausmaß eines Zustands, Vorgangs, Geschehens und die Richtigkeit des dafür gewählten Wortes/; SYN förmlich (3), schlechthin (2): *er schrie ~ vor Wut; das ist ~ gemein, sensationell; das macht mir ~ Spaß; er schrie ~* ❖ ↗ **¹gerade**
gerannt: ↗ *rennen*
gerät: ↗ *geraten*
Gerät [gə'ʀɛ:t/..'ʀe:t], das; ~s/auch ~es, ~e 'technisch konstruierter, meist elektrisch betriebener Gegenstand, mit dem man bestimmte Arbeiten ausführen kann, der bestimmte Arbeiten ausführt'; ↗ FELD V.8.1, 5.1: *technische, elektrische ~e; stellen Sie bitte Ihr ~* ('Ihr Radio, Fernsehgerät') *auf Zimmerlautstärke!; an den ~en* ('Turngeräten') *turnen* ❖ **Geräteturnen, Gartengerät, Küchengerät, Schreibgerät, Sportgerät, Tonbandgerät, Turngerät** MERKE Zum Unterschied von *Apparat, Gerät*: ↗ *Apparat* (Merke)
geraten: ↗ *raten*
geraten [gə'ʀa:tn̩] (er gerät [..'ʀɛ:t/..'ʀe:t]), geriet [..'ʀi:t], ist geraten **I.1.** /etw., jmd./ 'etw. mit einem bestimmten Ergebnis zustande bringen': *der Kuchen ist (ihr) ausgezeichnet ~* (SYN 'gelungen, ↗ gelingen'); *der Rock ist zu kurz, zu lang ~* ('versehentlich zu kurz, zu lang gearbeitet worden'); umg. *seine Kinder sind gut ~* ('haben sich körperlich, geistig positiv entwickelt') **2.** /jmd./ *nach jmdm. ~*

ˈjmdm. ähnlich werdenˈ: *das Kind ist nach der Mutter* ~ **3.** /jmd., etw./ *irgendwohin* ~ ˈohne es beabsichtigt zu haben, irgendwohin gelangen, kommenˈ: *in einen Sumpf, Schneesturm* ~; *wohin sind wir* ~!; *die Unterlagen sind in fremde Hände* ~ **4.** /jmd., etw./ **4.1.** *in etw.* ~ /drückt aus, dass für jmdn., etw. ein bestimmter Zustand beginnt/: *in Gefahr, Schwierigkeiten* ~; *in Wut, Begeisterung* ~; *mit jmdm. in Streit* ~; *die Scheune geriet in Brand; das Auto geriet ins Schleudern* **4.2.** *aus etw.* ⟨Dat.⟩ ~ /drückt aus, dass für jmdn., etw. ein bestimmter Zustand aufhört/: *er ist völlig aus dem Gleichgewicht* ~ **5.** /abgeblasst in Verbindung mit best. Subst., z. B./: /jmd./ *in* ↗ *Schweiß* ~; /jmd./ *in* ↗ *Verdacht* ~; /etw./ *außer* ↗ *Kontrolle* ~; /jmd./ *auf* ↗ *Abwege* ~; /jmd./ *außer* ↗ *Atem* ~ − **II.** ↗ *raten* ❖ **missraten**
* /jmd./ **außer sich** ~ ˈvor Erregung die Selbstbeherrschung verlierenˈ: *als er das erfuhr, geriet er außer sich*

Geräte|turnen [..ˈRɛːtə..ˈRɛːtə..], das ˈdas Turnen an und auf Turngeräten als Sportartˈ; ↗ FELD I.7.4.1 ❖ ↗ **Gerät,** ↗ **turnen**

Gerate|wohl [gəˈRɑːtə..], das
* **aufs** ~ ˈohne die Gewissheit eines Erfolges, eines glücklichen Ausgangsˈ: *er sprach sie aufs* ~ *an, ging aufs* ~ *in Richtung Stadt*

geraum [gəˈRaʊm] ⟨Adj.; o. Steig.⟩: /beschränkt verbindbar/ *(eine)* ~e (ˈlängereˈ) *Zeit, eine* ~e *Weile: es dauerte (eine)* ~e *Zeit; seit, vor, nach* ~er *Zeit* (ˈseit, vor, nach langer Zeitˈ)

geräumig [gəˈRɔɪ̯mɪç] ⟨Adj.; Steig. reg.; nicht bei Vb.⟩ ˈviel Platz bietendˈ SYN groß /auf Räume bez./: *ein* ~es *Zimmer; das Zimmer war sehr* ~ ❖ ↗ **Raum**

Geräusch [gəˈRɔɪ̯ʃ], das; ~es/s, ~e ˈGemisch von Tönen, das hinsichtlich seiner Ursache und seiner Art nicht genau od. sofort bestimmt werden kann (und oft als störend empfunden wird)ˈ; ↗ FELD VI.1.1: *ein leises, lautes, verdächtiges* ~ *hören, vernehmen; jedes* ~ *vermeiden; scherzh. mach nicht soviel* ~ (ˈsei nicht so lautˈ)! ❖ ↗ **rauschen**

gerben [ˈgɛRbm̩] ⟨reg. Vb.; hat⟩ /jmd./ *Häute, Felle* ~ (ˈaus Häuten 1.2 und Fellen durch ein bestimmtes Verfahren Leder herstellenˈ)

gerecht [gəˈRɛçt] ⟨Adj.⟩ **1.1.** ⟨Steig. reg.; nicht bei Vb.⟩ ˈdem Recht(sempfinden) gemäß urteilend, handelndˈ /auf Personen bez./; ↗ FELD I.12.3: *ein* ~er *Richter, Lehrer; er war stets* ~ **1.2.** ˈdem Recht(sempfinden) gemäßˈ: *ein* ~es *Urteil; er wird seiner* ~en *Strafe nicht entgehen!; jmdn.* ~ *beurteilen, behandeln; etw.* ~ *verteilen; handeln* **2.** ⟨o. Steig.⟩ **2.1.** /jmdm., etw.* ⟨Dat.⟩ ~ *werden* ˈjmdn., etw. angemessen beurteilenˈ: *der Kritiker, die Kritik ist dem Autor, Buch (nicht)* ~ *geworden* **2.2.** /jmd., etw./ *etw.* ⟨Dat.⟩ ~ *werden* ˈeiner Sache genügen (2)ˈ: *er, seine Leistungen wurden den Anforderungen (nicht)* ~ **3.** ⟨Steig. reg., ungebr.⟩ ˈberechtigt, gerechtfertigtˈ: *sich für eine* ~e *Sache einsetzen; seine Ansprüche sind durchaus* ~ ❖ **zu (1): Gerechtigkeit, selbstgerecht, ungerecht, Unge-**

rechtigkeit; zu (2): kunstgerecht, werkgerecht; vgl. **Recht**

-gerecht /bildet mit einem Subst. als erstem Bestandteil Adjektive/ ˈdem im ersten Bestandteil Genannten angemessen, seinen Bedürfnissen gerecht werdendˈ: ↗ z. B. **altersgerecht**

gerechtfertigt [..ˈRɛçtfɛRtɪçt] ⟨Adj.; Steig. reg.; nicht bei Vb.; vorw. präd. (mit *sein*); ↗ auch *rechtfertigen*⟩: /etw./ ~ *sein: die Maßnahme war (voll)* ~ (ˈals zu Recht durchgeführt, angewandtˈ) ❖ ↗ **rechtfertigen**

Gerechtigkeit [gəˈRɛçtɪç..], die; ~, ⟨o.Pl.⟩ **1.** ˈdem Recht(sempfinden) gemäßes Handelnˈ; ↗ FELD I.12.1: *jmdm.* ~ *widerfahren lassen, zuteil werden lassen;* ~ *üben* ˈgerecht (1.2) handelnˈ: *er wollte* ~ *üben; der soziale* ~ **2.** ˈzu gerecht 1.1 u. 1.2/ ˈdas Gerechtseinˈ: *die* ~ *eines Urteils; er wurde wegen seiner* ~ *gerühmt* **3.** geh. ˈRecht (1)ˈ: *der* ~ *zum Sieg verhelfen;* ~ *fordern; sich* ~ *verschaffen* **4.** geh. ˈInstitution der öffentlichen Rechtsprechungˈ: *sich der* ~ *entziehen; jmdn. der* ~ *überantworten, übergeben* ❖ ↗ **gerecht**

Gerede [gəˈReːdə], das; ~s, ⟨o.Pl.⟩ **1.** ˈnichts sagendes, lästiges Redenˈ; ↗ FELD VI.1.1: *das ist ein müßiges, dummes, leeres* ~; *ich kann das* ~ *nicht mehr hören* **2.** SYN ˈKlatschˈ: *er will sich nicht dem* ~ *der Leute aussetzen; er kümmert sich einfach nicht um das* ~ *der Leute; durch seine Affären ist er ins* ~ *gekommen* (ˈwird viel Negatives über ihn geäußertˈ); *sie, seine Äußerung hat ihn ins* ~ *gebracht* (ˈhat bewirkt, dass viel Negatives über ihn geäußert wirdˈ); *er bringt sich noch ins* ~, *wenn er so weitermacht* ❖ ↗ **reden**

gereizt [gəˈRaɪ̯tst] ⟨Adj.; Steig. reg., Superl. ungebr.; ↗ auch *reizen*⟩ **1.** ˈempfindlich und heftig reagierendˈ; ↗ FELD I.6.3: *er ist heute sehr* ~; *sie antwortete* ~; *etw. in* ~em *Ton sagen* **2.** ⟨nicht bei Vb.⟩ ˈerregt und angespanntˈ /vorw. auf Psychisches bez./: *die Stimmung, Atmosphäre war* ~; *es herrschte eine* ~e *Atmosphäre* ❖ ↗ **Reiz**

Gericht [gəˈRɪçt], das; ~s/auch ~es, ~e **1.** ˈ(zubereitetes) Essenˈ: *ein einfaches, warmes* ~; *tafelfertige* ~e; *ein schmackhaftes* ~ *zubereiten* **2.1.** ˈ(staatliches) Organ, das die Rechtsprechung ausübtˈ: *das zuständige* ~; *jmdn. bei* ~ *verklagen; eine Sache vor* ~ *bringen; vor* ~ *erscheinen, aussagen; jmdn. vor* ~ *stellen: er wurde vor* ~ *gestellt* (ˈwurde angeklagt und ihm wurde der Prozess gemachtˈ); *vor* ~ *stehen: er stand wegen Unterschlagung, Diebstahl vor* ~ (ˈwar wegen Unterschlagung, Diebstahl angeklagtˈ) **2.2.** ˈGesamtheit der in einem Rechtsfall urteilenden Richter und Schöffenˈ: *das* ~ *zieht sich zur Beratung zurück; Hohes* ~ /Anrede während einer Gerichtsverhandlung für die im Rechtsfall urteilenden Richter und Schöffen/ **3.** ˈGebäude, in dem das Gericht (2.1) seinen Sitz hatˈ: *das* ~ *befindet sich dem Rathaus gegenüber* ❖ **zu (1): Leibgericht; zu (2,3):** ↗ **Recht**
* /jmd., Gruppe/ **mit jmdm. streng, hart ins** ~ **gehen** (ˈjmdn. streng bestrafen od. scharf tadelnˈ);

/Gruppe/ **über jmdn. ~ halten/zu ~ sitzen** ˈjmds. Verhalten verurteilen˘: *die Familie saß über ihn zu ~*
gerichtlich [..ˈʀ..] ⟨Adj.; o. Steig.; nicht präd.⟩ ˈvom Gericht (2.1) durchgeführt˘: *eine ~e Verhandlung, Klage, Anordnung, Verfügung; das wird noch ein ~es Nachspiel haben; jmdn. ~* (ˈmit Hilfe des Gerichts˘) *belangen, verklagen; jmdn. ~ bestrafen; ein gerichtliches* (ˈvom Gericht beschlossenes˘) *Urteil* ❖ ↗ **Recht**
gerieben [gəˈʀiːbm̩] **I.** ⟨Adj.; Steig. reg.; nicht bei Vb.; vorw. attr.; ↗ auch *reiben*⟩ umg. ˈgerissen (in geschäftlichen Dingen)˘: *ein ~er Bursche, Geschäftsmann –* **II.** ↗ *reiben*
geriet: ↗ *geraten*
gering [gəˈʀɪŋ] ⟨Adj.; Steig. reg.⟩ **1.** ⟨nicht bei Vb.⟩ ˈklein in Bezug auf die Erstreckung, Menge, Gewicht u. a.˘: *in ~er Entfernung vom Tatort; die Entfernung war ~; etw. hat ein ~es Gewicht; ~e Mengen von etw.* **2.** ⟨oft im Superl.⟩ ˈklein in Bezug auf das Ausmaß, den Grad (2.1)˘: *das macht mir nur ~e Mühe; das ist meine ~ste Sorge; nicht die ~ste* (ˈgar keine˘) *Lust zu etw. haben; die Anforderungen waren zu ~; etw. nur ~ veranschlagen; eine ~e Abweichung feststellen; beim ~sten Anzeichen den Arzt aufsuchen; es geht um nichts Geringeres als um die Frage* (ˈes geht um so Wichtiges wie die Frage˘), *ob …; das war das Geringste* (ˈdas Mindeste˘), *was er tun konnte; nicht das Geringste* ˈgar nichts˘: *nicht das Geringste an etw. auszusetzen haben; er hat nicht das Geringste damit zu tun; das stört mich nicht im Geringsten* (ˈüberhaupt nicht˘) **3.** ˈniedrig in Bezug auf den Wert, nicht hoch˘: *~e Einkünfte haben; etw. ist von ~er* (SYN ˈminderer I˘) *Qualität; jmdn, etw. ~ achten, schätzen; ~ geschätzt, wird es 100 Mark kosten; der Wert des Rings ist ~; er hat nur ein ~es* (SYN ˈknappes I˘) *Taschengeld* ❖ **geringfügig, geringschätzig**
* **nicht im Geringsten** ˈüberhaupt nicht˘: *das stört mich nicht im Geringsten*
gering [..ˈʀ..]**-fügig** [fyɡɪç] ⟨Adj.; Steig. reg.⟩ ˈvon unerheblichem Ausmaß˘: *etw. aus ~em Anlass tun; etw. ~ ändern; ihm ist ein ~er* (SYN ˈkleiner 5˘) *Fehler, Irrtum unterlaufen* ❖ ↗ *gering;* **-schätzig** [[ʃɛtsɪç] ⟨Adj.; Steig. reg.⟩ ˈVerachtung ausdrückend˘; SYN abfällig: *ein ~es Lächeln; ~ lächeln; eine ~e Bemerkung; jmdn. ~ behandeln* ❖ ↗ *gering,* ↗ *schätzen*
gerinnen [gəˈʀɪnən], gerann [..ˈʀan], ist geronnen [..ˈʀɔnən] /bes. Milch, Blut/ ˈdickflüssig werden und kleine Klumpen bilden˘: *die Milch ist geronnen; geronnenes Blut; du musst die Soße rühren, damit sie nicht gerinnt*
Gerippe [gəˈʀɪpə], das; ~s, ~ ˈKnochengerüst, bes. als Überrest eines verwesten Menschen, Tieres˘; SYN Skelett (1.2): *ein menschliches ~* ❖ ↗ *Rippe*
gerippt [gəˈʀɪpət] ⟨Adj.; o. Steig.; nicht bei Vb.⟩ ˈin Form von Rippen strukturiert˘ /auf textiles Gewebe bez./: *~er Samt; ein ~er Stoff* ❖ ↗ *Rippe*
gerissen [gəˈʀɪsn̩] **I.** ⟨Adj.; Steig. reg.; ↗ auch *reißen*⟩ umg. ˈschlau seinen Vorteil wahrend˘; SYN ausge-

kocht, durchtrieben, raffiniert (2) /auf Personen bez./; ↗ FELD I.4.1.3: *er ist ein (ganz) ~er Bursche; er ist ziemlich ~ –* **II.** ↗ *reißen*
geritten: ↗ *reiten*
gern [gɛʀn], auch **gerne I.** ⟨Adv.; Steig.: lieber, am liebsten⟩ **1.** ˈmit Vergnügen, Freude an etw.˘: *er liest, bastelt, isst ~; das tut er ~; ich helfe dir ~!; er ist ein ~ gesehener Gast* (ˈman freut sich, wenn er zu Besuch kommt˘); /als Erwiderung auf jmds. Dank/: *„Herzlichen Dank!" „~ geschehen!"* (ˈSie sind mir keinen Dank schuldig, es hat mir Freude gemacht, Ihnen gefällig zu sein˘) **2.** ⟨in einem Wunschsatz + Konj. **II**⟩ /drückt einen Wunsch aus/: *ich hätte, möchte ~* (ˈich möchte bitte˘) *ein Kilo Haselnüsse; ich wüsste ~, ob er kommt –* **II.** ⟨Satzadv.⟩ /drückt die positive Haltung des Sprechers zum genannten Sachverhalt aus/: *das kannst du ~ mitnehmen; von mir aus kannst du ~ mitkommen*
* /jmd./ **jmdn. ~ haben** (ˈjmdn. mögen II.1˘); ❖ umg. scherzh. **der, die kann mich mal ~ haben** (ˈist mir gleichgültig˘)!
gerochen: ↗ *riechen*
Geröll [ɡɛˈʀœl], das; ~s/auch ~es, ~e ⟨vorw. Sg.⟩ ˈAnsammlung von Steinen, die durch das Einwirken von Wasser, Eis, Wind ihre eckige Form verloren haben˘: *das ~ am Fuße des Berges, am Ufer des Meeres, im Bach* ❖ ↗ *rollen*
geronnen: ↗ *rinnen*
Gerste [ˈɡɛʀstə], die; ~, ⟨o.Pl.⟩ **1.** ˈGetreidepflanze mit kurzem Halm und langen Grannen, deren Samenkörner bes. zum Brauen von Bier und als Futter verwendet werden˘; ↗ FELD II.4.1 (↗ TABL Getreidearten): *~ säen, mähen* **2.** ˈSamenkörner von Gerste (1)˘: *~ mahlen, verfüttern*
Gerte [ˈɡɛʀtə], die; ~, ~n ˈlanger biegsamer dünner Stock˘: *dem Pferd einen Schlag mit der ~* (ˈPeitsche˘) *geben; sie ist schlank wie eine ~* (ˈist sehr schlank˘)
Geruch [gəˈʀʊx], der; ~s/auch ~es, Gerüche [..ˈʀʏçə] ˈArt, wie etw. riecht˘; ↗ FELD VI.4.1: *ein (un)angenehmer, betäubender, strenger, muffiger ~; der ~ frischen Brotes; ein ~ nach, von angebrannter Milch* ❖ ↗ *riechen*
Gerücht [gəˈʀʏçt], das; ~s/auch ~es, ~e ˈvon Mund zu Mund weitergegebene Nachricht, von der man nicht genau weiß, ob sie wirklich stimmt˘: *ein ~ kursiert, verbreitet sich wie ein Lauffeuer; ein ~ in Umlauf bringen; man hört ja jetzt die tollsten ~e!*
gerufen: ↗ *rufen*
geruhsam [gəˈʀuː..] ⟨Adj.; Steig. reg.⟩ ˈruhig und gemächlich, ohne Hast˘: *~ frühstücken; ein ~er Lebensabend; jmdm. eine ~e Nacht* (ˈeine Nacht ohne Störungen˘) *wünschen* ❖ ↗ *Ruhe*
Gerümpel [gəˈʀʏmpl̩], das; ~s, ⟨o.Pl.⟩ ˈGegenstände, die nicht mehr gebraucht werden und herumliegen, bes. alter Hausrat˘: *die Kammer, der Dachboden stand voll ~, war mit ~ vollgestopft*
gerungen: ↗ *ringen*

Gerüst [gə'ʀʏst], **das**; ~s/auch ~es, ~e **1.** ˈKonstruktion aus Stangen, Rohren, die an Bauwerken das Arbeiten in der Höhe ermöglichtˈ: *ein ~ auf-, abbauen; jmd. fällt vom ~* **2.** ˈGrundzügeˈ: *das ~ eines Romans, Vortrags*

gesalzen [gə'zaltsn̩] ⟨Adj.; Steig. reg., ungebr.; nicht bei Vb.; ↗ auch *salzen*⟩ umg. ˈunangemessen hochˈ /auf Preise o.Ä. bez./: *eine ~e Rechnung; die Preise sind dort ~* ❖ ↗ **Salz**

gesamt [gə'zamt] ⟨Adj.; o. Steig.; nur attr.⟩ ˈalle der genannten Gruppe, ohne Ausnahme, Einschränkungˈ /auf einen bestimmten Personenkreis, eine komplexe Sache bez./; SYN *ganz* (I.1.1): *die ~e Familie, Belegschaft; sein ~es Vermögen; an der Veranstaltung nimmt die ~e Schule* (ˈnehmen alle Schüler und alle an der Schule Beschäftigtenˈ) *teil* ❖ **Gesamtheit, insgesamt, ¹samt, sämtlich, sämtlicher – Gesamtschule, allesamt, mitsamt**; vgl. **zusammen**

Gesamtheit [gə'z..], **die**, ~, ~en **1.** ⟨vorw. Sg.⟩ ˈalle unter einem bestimmten Aspekt zusammengehörenden Personen, Sachenˈ: *die ~ der Mitarbeiter, der verwendeten Mittel* **2.** *in seiner, ihrer ~* ˈin vollem Umfangˈ: *das Problem in seiner ~ behandeln; eine Generation in ihrer ~* (ˈals Ganzesˈ) ❖ ↗ **gesamt**

Gesamt|schule [gə'z..], **die** ˈSchule, die Hauptschule, Realschule und Gymnasium als organisatorische Einheit zusammenfasstˈ ❖ ↗ **gesamt,** ↗ **Schule**

Gesandte [gə'zantə], **der** u. **die**; ~n, ~n; ↗ auch *senden*; ↗ TAFEL II ˈdiplomatischer Vertreter eines Staates im Ausland im Rang unter dem Botschafterˈ: *der deutsche, französische ~; der ~ überreichte sein Beglaubigungsschreiben* ❖ ↗ **senden**

Gesandtschaft [gə'zant..], **die**; ~, ~en **1.** ˈunter der Leitung eines Gesandten stehende diplomatische Vertretung eines Staates im Auslandˈ: *in der britischen ~ ein Visum beantragen* **2.** ˈGebäude, in dem die Gesandtschaft (1) ihren Sitz hatˈ ❖ ↗ **senden**

Gesang [gə'zaŋ], **der**; ~s/auch ~es, Gesänge [..'zɛŋə] **1.** ⟨o.Pl.⟩ **1.1.** ˈdas Singenˈ; ↗ FELD VI.1.1: *fröhlicher, lauter ~ war zu hören; der ~ riss ab, verstummte; der ~ der Nachtigall* **1.2.** ˈdie Kunst des Singens als Studierfachˈ: *~ studieren* **2.** ˈKomposition zum Singenˈ: *geistliche Gesänge* ❖ ↗ **singen**

Gesäß [gə'zɛ:s/..'ze:s], **das**; ~es, ~e ˈhinterer Teil des (menschlichen) Körpers, mit dem man sich auf etw. setztˈ; SYN *Arsch*; ↗ FELD I.1.1 ❖ ↗ **sitzen**

gesättigt [gə'zɛtɪçt] ⟨Adj.; o. Steig.; nicht bei Vb.; ↗ auch *sättigen*⟩ **1.** ⟨vorw. attr.⟩ Chem. *eine ~e Lösung* (ˈLösung, die nicht noch mehr von der aufzulösenden Substanz aufnehmen kannˈ): *eine ~e Kochsalz-, Zuckerlösung* **2.** Phys. *~er Dampf* (ˈDampf, der bei gleich bleibender Temperatur nicht noch mehr von einer verdunstenden Flüssigkeit aufnehmen kannˈ) ❖ ↗ **satt**

geschaffen: ↗ **schaffen**

Geschäft [gə'ʃɛft], **das**; ~s/auch ~es, ~e **1.** ˈkaufmännisches od. gewerbliches Unternehmenˈ: *ein ~ gründen, aufgeben; ein ~ führen, leiten; ein gut gehendes ~* **2.** ˈRaum, Räume, in dem, in denen Waren zum Verkauf angeboten werdenˈ; SYN *Laden* (1): *ein ~ für Delikatessen, Damenmoden; die ~e öffnen um 9 Uhr; das ~ ist wegen Inventur geschlossen* **3.** ˈkommerzielle Tätigkeit, bes. der Abschluss eines (Gewinn bringenden) Handelsˈ; ↗ FELD I.16.1: *die ~e gehen gut, schlecht; (mit jmdm.) ein ~ abschließen, tätigen; zweifelhafte, dunkle ~e; ein gutes ~ machen, ~e machen* (ˈfinanziellen Gewinn aus etw. habenˈ); *mit jmdm. ins ~ kommen* (ˈjmdn. dafür gewinnen, mit ihm ein Geschäft zu machenˈ); *ein ~* (ˈeinen Gewinnˈ) *wittern* **4.** ˈberufliche, dienstliche Angelegenheiten, Aufgabenˈ: *dringende, die laufenden ~e erledigen; umg. jmd. versteht sein ~* (ˈist tüchtig in seinem Berufˈ) **5.** ⟨o.Pl.⟩ umg. *sein ~* (ˈseine Notdurftˈ) *verrichten; das Kind muss ein großes, kleines ~ machen* (ˈseinen Darm, seine Blase entleerenˈ) ❖ **geschäftig, geschäftlich – geschäftsführend, Geschäftsführer, -mann, geschäftstüchtig**; vgl. **schaffen**

geschäftig [gə'ʃɛftɪç] ⟨Adj.; Steig. reg., ungebr.⟩ ˈemsig und eilig (1)ˈ /beschränkt verbindbar/: *~ hin und her eilen; jmd. ist sehr ~; auf der Straße herrscht ~es Treiben* ❖ ↗ **Geschäft**

geschäftlich [gə'ʃɛft..] ⟨Adj.; o. Steig.; nicht präd.⟩ ˈdas Geschäft (3), die Geschäfte betreffendˈ; ↗ FELD I.16.3: *~e Beziehungen; (mit jmdm.) ~ zu tun haben; ~ verhindert sein; ~e (Miss)erfolge; die ~e Seite einer Angelegenheit besprechen; eine ~e Verabredung; er ist ~ sehr tüchtig; wir besprechen das Geschäftliche morgen*; vgl. **kommerziell** ❖ ↗ **Geschäft**

geschäfts/Geschäfts [gə'ʃɛfts..]-**führend** ⟨Adj.; o. Steig.; nur attr.⟩ ˈfür die Aufgaben verantwortlich, die mit der Führung eines öffentlichen Amtes verbunden sindˈ /auf Personen bez./; ↗ FELD I.16.3: *der ~e Direktor eines Instituts; der ~e Vorstand einer Organisation* ❖ ↗ Geschäft, ↗ **führen; -führer, der**; ~s, ˈleitender Angestellter eines Unternehmensˈ; ↗ FELD I.16.1: *der ~ eines Verlags; er wurde ~ des Unternehmens* ❖ ↗ Geschäft, ↗ **führen; -mann, der** ⟨Pl. Geschäftsleute, seltener Geschäftsmänner⟩ ˈMann, der beruflich (als Inhaber eines Geschäfts 1) kaufmännisch tätig istˈ; ↗ FELD I.16.1: *er ist ein tüchtiger, seriöser ~* ❖ ↗ Geschäft, ↗ **Mann; -ordnung, die** ˈGesamtheit der Festlegungen, die die Durchführung von Tagungen, Versammlungen, Verfahren regeln, bes. bei Körperschaften und gesellschaftlichen Organisationenˈ: *die ~ aufstellen, ändern* ❖ ↗ Geschäft, ↗ **ordnen; -tüchtig** ⟨Adj.; Steig. reg.⟩ ˈkaufmännisch tüchtig und erfolgreich (und dabei in den Mitteln nicht wählerisch)ˈ; ↗ FELD I.16.3: *ein ~er Kaufmann; er ist sehr ~* ❖ ↗ Geschäft, ↗ **tüchtig**

geschah: ↗ **geschehen**

geschehen [gə'ʃe:ən] (es geschieht[..'ʃi:t]), geschah [..'ʃa:], ist geschehen **1.1.** /etw./ SYN ˈsich ereignenˈ; ↗ FELD X.2: *was ist ~, wie konnte das nur*

~?; es geschieht bisweilen, dass ...; das Geschehene bedauern; /in den kommunikativen Wendungen/ es ist nun einmal ~ ('es ist nicht mehr zu ändern') /wird resignierend gesagt, wenn etw. Unerwünschtes geschehen ist, dessen Verlauf man nicht mehr beeinflussen kann, dass man sich damit abfinden muss/; es muss etw. ~ ('in dieser Angelegenheit muss etw. getan werden')! /als dringende Aufforderung, nun endlich in einer Sache aktiv zu werden, um Schlimmeres zu verhüten/; es soll sofort ~ ('ausgeführt, erledigt werden'); scherzh. es ~ noch Zeichen und Wunder! /wird gesagt, wenn etw. angenehm Überraschendes eintritt/ 1.2. /jmd./ etw. ~ lassen 'etw. zulassen (2), dulden (1.1)': wie konntest du das nur ~ lassen!; er ließ es, das Unglück ~ 2. jmdm. geschieht etw. 'jmdm. widerfährt etw.': ihm ist (ein) Unrecht ~; /in der kommunikativen Wendung/ umg. das geschieht ihm recht ('er hat es nicht besser verdient')! /wird gesagt, wenn jmdm. etw. widerfährt, das man als gerechte Strafe ansieht/ ❖ Geschehen, Geschichte, geschichtlich, ungeschehen — Weltgeschichte

* es ist um jmdn., etw. ~ 'jmd., etw. ist verloren': als die Unterschlagung bekannt wurde, (da) war es um seinen guten Ruf, um ihn ~; es ist um jmdn. ~ 'jmd. hat sich sehr in jmdn. verliebt': als sie ihm zulächelte, (da) war es um ihn ~

Geschehen, das; ~s, ⟨o.Pl.⟩ 'das, was (gerade) geschieht (↗ geschehen 1)': der Ablauf des ~s; das ~ auf der Bühne verfolgen; vgl. Begebenheit, Ereignis ❖ ↗ geschehen

gescheit [gə'ʃai̯t] ⟨Adj.; Steig. reg.⟩ 1. SYN 'klug (1)' /vorw. auf Personen bez./; ↗ FELD I.4.1.3, 5.3: er ist ~, ist ein ~er Kopf; eine ~e Frage, das hast du ganz ~ angestellt 2. 'vernünftig': es wäre ~er, das Gescheiteste, jetzt aufzuhören; dabei wird nichts Gescheites herauskommen; /in der kommunikativen Wendung/ du bist wohl nicht ganz ~ ('du bist wohl nicht bei Verstand')! /wird zu jmdm. gesagt, wenn man an seine Vernunft appelliert/

Geschenk [gə'ʃɛŋk], das; ~s/auch ~es, ~e 'etw., das jmd. jmdm. schenkt, schenken will od. geschenkt hat'; SYN Präsent: ein kleines, passendes ~; ein geeignetes ~ (zum Geburtstag) aussuchen; jmdm. etw. zum ~ machen ('jmdm. etw. schenken'); jmdn. mit ~en überhäufen; das ist ein ~ (von) meiner Mutter ❖ ↗ schenken

Geschichte [gə'ʃɪçtə], die; ~, ~n 1. ⟨o.Pl.⟩ 1.1. 'Entwicklungsprozess der menschlichen Gesellschaft in ihrer Gesamtheit od. in bestimmten Teilen': die ~ der Menschheit, Europas, Englands; die ~ der Arbeiterbewegung; der Lauf, Gang der ~; etw. ist in die ~, in die Annalen der ~ eingegangen; etw. gehört bereits der ~ ('der Vergangenheit') an; auf eine bewegte, wechselhafte ~ zurückblicken 1.2. ⟨+ Gen.attr.; vorw. mit best. Art.⟩ 'Entwicklungsprozess eines fachlichen Bereichs von den Anfängen bis zur Gegenwart': die ~ der Philosophie, Musik, Technik, Medizin 2. ⟨o.Pl.⟩ 'Wissenschaft von Geschichte (1.1)': ~ studieren, unterrichten 3. ⟨+ Gen.attr.; vorw. mit unbest. Art.⟩ 'Werk über Geschichte (1.2)': eine ~ der Kunst, Literatur veröffentlichen 4. '(literarisch gestaltete) Schilderung eines tatsächlichen od. erfundenen Geschehens': eine spannende, traurige, wahre ~; ~n vorlesen, erzählen; umg. erzähl mir keine ~n ('lüg nicht')! 5. umg. 5.1. '(unangenehme) Angelegenheit, Sache': das ist eine schlimme, unangenehme ~; ich will mit dieser ~ nichts zu tun haben; wir wollen die alten ~n nicht wieder aufwärmen; /in der kommunikativen Wendung/ du machst ja schöne ~n, das sind ja schöne ~n! /wird zu jmdm. gesagt, wenn er etwas verschuldet hat und man ihn auf eine kritische, aber wohlwollende Art dafür tadelt/ 5.2. die ganze ~ 'alles zusammen': die ganze ~ hat nur fünf Mark gekostet ❖ ↗ geschehen

* /jmd., etw./ ~ machen 'für die Entwicklung der Menschheit etw. Entscheidendes leisten, bedeuten': Napoleon hat ~ gemacht; diese Erfindung hat ~ gemacht

geschichtlich [gə'ʃɪçt..] ⟨Adj.; o. Steig.; nicht präd.⟩ 1. ⟨nicht bei Vb.⟩ SYN 'historisch (1)'; ↗ FELD VII.4.3: die ~e Entwicklung; den ~en Zusammenhang sehen; die ~e Überlieferung 2. ⟨nicht bei Vb.⟩ SYN 'historisch (3)' /vorw. auf Abstraktes bez./: es ist eine ~e Tatsache, dass ...; die ~e Wahrheit 3. SYN 'historisch (2)' /vorw. auf Vorgänge, Zeitliches bez./: ein ~es, ~ bedeutsames Ereignis, Verdienst; eine ~e Leistung ❖ ↗ geschehen

Geschick [gə'ʃɪk], das; ~s/auch ~es, ~e 1. ⟨o.Pl.⟩ 'besondere Fähigkeit, etw. Bestimmtes zu tun'; ↗ FELD I.2.1: sie hat ~ für, zu Handarbeiten; er hat kein ~, mit Kindern umzugehen; er besitzt handwerkliches, diplomatisches ~ 2. ⟨vorw. Pl.⟩ 'Umstände, die das Leben in einem Land, einem Ort, einer Familie bestimmen, gestalten': die ~e der Stadt, des Staates lenken; die ~e der Stadt lagen in seinen Händen ('er hatte über das Wohl der Bürger zu entscheiden') ❖ Geschicklichkeit, geschickt, Missgeschick; vgl. Schicksal

Geschicklichkeit [gə'ʃɪklɪç..], die; ~, ⟨o.Pl.⟩ 'Fertigkeit, etw. Bestimmtes erfolgreich, schnell und zweckentsprechend zu tun, zu lösen'; ↗ FELD I.2.1: jmd. besitzt manuelle, handwerkliche ~; mit erstaunlicher ~ ein Hindernis überwinden; etw. mit großer ~ bewältigen ❖ ↗ geschickt

geschickt [gə'ʃɪkt] ⟨Adj.; Steig. reg.⟩ 1. 'die Fertigkeit besitzend, etw. Bestimmtes erfolgreich, schnell und zweckentsprechend zu tun, zu lösen'; ↗ FELD I.2.3: ein ~er Handwerker; ~e Finger haben; ein Boot ~ steuern; jmd. ist (sehr) ~ 2.1. 'gewandt im Umgang mit Menschen': ein ~er Diplomat; ~ verhandeln, vorgehen 2.2. SYN 'raffiniert': etw. ~ verschleiern; etw. mit ~en Fragen herausbekommen ❖ ↗ Geschick

geschieden: ↗ scheiden
geschieht: ↗ geschehen
geschienen: ↗ scheinen

Geschirr [gə'ʃɪʀ], **das**; ~s/auch ~es, ~e **1.** ⟨o.Pl.⟩ 'Gesamtheit von Gefäßen, bes. aus Porzellan, Steingut, Glas, in denen Speisen aufgetragen werden und solchen, aus denen man isst od. trinkt': *formschönes, modernes ~; das gute* ('nur zu besonderen Anlässen benutzte') *~; das ~ abwaschen, spülen, abtrocknen* **2.** 'Gesamtheit der Teile, bes. die Riemen, Gurte, mit denen Zugtiere angespannt werden': *dem Pferd das ~ anlegen, abnehmen; die Pferde legten sich ins ~* ('begannen, mit Anstrengung den Wagen zu ziehen')

Geschirr

Sauciere

Tasse

Untertasse

Schüssel

Teller

Terrine

geschissen: ↗ *scheißen*
geschlafen: ↗ *schlafen*
geschlagen [gə'ʃlaːgn̩] **I.** ⟨Adj.; o. Steig.; nur attr.; ↗ auch *schlagen*⟩ /drückt den Unwillen des Sprechers darüber aus, dass etw. unverhältnismäßig lange dauert, gedauert hat; auf Zeitliches bez./: *er musste eine ~e* ('volle') *Stunde warten, hat dafür einen ~en* ('ganzen') *Tag gebraucht* – **II.** ↗ *schlagen* ❖ ↗ **schlagen**
Geschlecht [gə'ʃlɛçt], **das**; ~s/auch ~es, ~er **1.1.** ⟨o.Pl.⟩ 'eine der beiden Gruppen, in die die höheren Lebewesen, bes. Menschen, als männlich od. als weiblich eingeteilt sind': *ein Kind männlichen, weiblichen ~s* **1.2.** 'die Lebewesen, bes. die Men-

schen des männlichen od. weiblichen Geschlechts (1.1)': *das männliche ~* ('die Männer'); *das weibliche ~* ('die Frauen'); *das andere ~* ('die Frauen'); *die Unterschiede zwischen den ~ern* **2.** 'Generation (1)': *spätere, kommende ~er; etw. vererbt sich von ~ zu ~* ❖ **geschlechtlich**; vgl. **geschlechts/Geschlechts-**
* scherzh. *das schöne ~* ('die Frauen'); *das schwache ~* ('die Frauen'); *das starke ~* ('die Männer')
geschlechtlich [..'ʃ..] ⟨Adj.; o. Steig.; nicht präd.⟩ **1.** 'das Geschlecht (1.1), bes. die sexuellen Beziehungen der beiden Geschlechter (1.2) betreffend': *die ~e Entwicklung, Reife; ~e Beziehungen; die ~e Vereinigung* ('der Geschlechtsakt'); *mit jmdm. ~ verkehren* **2.** Biol. *die ~e* ('durch Partner der Geschlechter 1.2, durch Übertragung von Blütenstaub auf den weiblichen Teil der Blüte bewirkte') *Fortpflanzung* ❖ ↗ **Geschlecht**
Geschlechts/geschlechts [gə'ʃlɛçts..]|**-akt, der** 'die natürliche Vereinigung der Geschlechtsorgane von Mann und Frau': *den ~ vollziehen* ❖ ↗ **Akt**; **-krank** ⟨Adj.; nicht bei Vb.⟩ 'an einer Geschlechtskrankheit leidend': *er ist ~* ❖ ↗ **krank**; **-krankheit, die** 'Infektionskrankheit, die in der Regel durch Geschlechtsverkehr übertragen wird' ❖ ↗ **krank**; **-organ, das** 'der Fortpflanzung dienendes Organ (1)' ❖ ↗ **Organ**; **-reif** ⟨Adj.; o. Steig.; nicht bei Vb.⟩ 'der körperlichen Entwicklung nach zur Fortpflanzung fähig' /auf Tiere, auch auf Menschen bez./: *ein ~es junges Tier; das Tier ist schon, ist mit ... Jahren ~* ❖ ↗ **reif**; **-trieb, der** ⟨vorw. Sg.⟩ 'Trieb zur geschlechtlichen Vereinigung' ❖ ↗ **treiben**; **-verkehr, der** 'sexueller Kontakt in Form des Geschlechtsakts mit einem Partner': *mit jmdm. ~ haben* ❖ ↗ **Verkehr**
geschlichen: ↗ *schleichen*
geschliffen: ↗ *schleifen*
geschlossen [gə'ʃlɔsn̩] **I.** ⟨Adj.; o. Steig.; ↗ auch *schließen*⟩ **1.** ⟨nur attr.⟩ *eine ~e* ('in sich zusammenhängende') *Ortschaft, Wolkendecke; die Aufführung machte einen ~en Eindruck* ('machte den Eindruck, dass sie nach einem einheitlichen, schlüssigen Konzept inszeniert war') **2.** ⟨nur bei Vb.⟩ **2.1.** 'als ganze Gruppe ohne Ausnahme': *die Belegschaft legte ~ die Arbeit nieder; eine Arbeitsgruppe ~ in eine andere Abteilung übernehmen* **2.2.** 'hinsichtlich des Ziels, des Handelns als Gruppe völlig übereinstimmend': *~ vorgehen, auftreten* – **II.** ↗ *schließen* ❖ ↗ **schließen**
geschlungen: ↗ *schlingen*
Geschmack [gə'ʃmak], **der**; ~s/auch ~es, Geschmäcke [..'ʃmɛkə] /umg. Geschmäcker [..'ʃmɛkɐ] **1.1.** ⟨o.Pl.⟩ 'Art, wie etw. schmeckt'; ↗ FELD I.3.4.1: *das Essen hat einen guten, kräftigen ~; einen schalen, üblen ~ im Munde haben; etw. ist angenehm im ~* **1.2.** 'individuelle Vorliebe für einen bestimmten Geschmack (1.1)': *eine Speise ist (ganz, nicht) nach jmds. ~; das Essen ist für meinen ~ zu salzig* **2.1.** ⟨o.Pl.⟩ 'Fähigkeit, etw. vom ästhetischen Standpunkt aus als allgemein anerkannt, richtig zu bewerten': *jmd. hat viel, keinen ~; einen guten, schlechten ~ haben; sich mit ~ kleiden* **2.2.** ⟨vorw.

mit Possessivpron.⟩ ˈindividuelle Vorliebe für etw. Bestimmtes': *das ist ganz mein ~, ganz nach meinem ~;* umg. scherzh. *die Geschmäcker sind verschieden* **2.3.** ⟨o.Pl.⟩ ˈvorherrschender Geschmack (2.2) einer Epoche': *etw. ist im ~ dieser, jener Zeit gestaltet* **2.4.** ⟨vorw. Sg.⟩ *der gute ~* SYN ˈder Anstand': *das verstößt gegen den guten ~* ❖ ↗ **schmecken**
* /jmd./ **an etw., jmdm. ~** (ˈGefallen') **finden:** *er hat am Basteln ~ gefunden;* /jmd./ **auf den ~ kommen** ˈanfangen, etw. als gut, angenehm zu empfinden und sich weiter dafür interessieren': *nach der Lektüre bin ich auf den ~ gekommen und habe mir gleich zwei weitere Romane gekauft*

geschmacklich [..ˈʃ..] ⟨Adj.; o. Steig.; nicht präd.⟩ **1.** ˈden Geschmack (1.1) betreffend': *die ~e Verfeinerung der Speisen durch Gewürze; etw. ~ verbessern* **2.** ˈden Geschmack (2.1) betreffend': *sich ~ bilden; sein Anzug, ihr Kleid ist eine ~e Entgleisung* ❖ ↗ **schmecken**

geschmack/Geschmack [..ˈʃ..]**|-los** ⟨Adj.⟩ **1.** ⟨Steig. reg., ungebr.; nicht bei Vb.⟩ ˈohne spezifischen Geschmack (1.1)': *eine ~e Substanz* **2.** ⟨Steig. reg.⟩ **2.1.** ˈvon mangelndem Geschmack (2.1) zeugend': *eine ~e Krawatte; sich ~ kleiden; etw. wirkt ~* **2.2.** ˈgegen den guten Geschmack (2.4) verstoßend': *eine ~e Bemerkung* ❖ ↗ schmecken, ↗ los; **-losigkeit** [lo:zıç..], **die;** ~, ~en /zu geschmacklos 2.1, 2.2/ ˈdas Geschmacklossein'; /zu 2.1/: *das Kleid, Gemälde ist der Gipfel der ~!* ❖ ↗ schmecken, ↗ los

Geschmacks|sache [gə'ʃmaks..] /beschränkt verbindbar/: *das ist ~* ˈdarüber urteilt jeder anders, ganz nach seinem Geschmack (1.2, 2.2)': *ob du Oper oder Operette bevorzugst, das ist ~; „Interessierst du dich für Musik?" „Nein, nur für Literatur." „Na, das ist ~!"* ❖ ↗ schmecken, ↗ Sache

geschmack|voll [gə'ʃmak..] ⟨Adj.; Steig. reg.⟩ ˈvon viel Geschmack (2.1) zeugend': *eine ~e Kette; eine Wohnung ~ einrichten* ❖ ↗ schmecken, ↗ voll

geschmeidig [gə'ʃmaidıç] ⟨Adj.; Steig. reg.⟩ **1.1.** SYN ˈschmiegsam (1)' /auf Leder o.Ä. bez./: *Stiefel aus ~em Leder* **1.2.** ˈweich und formbar' /auf bestimmte Materialien bez./: *die Zutaten zu einem ~en Teig verarbeiten* **2.** ˈkraftvoll, elastisch und anmutig in der Art, sich zu bewegen': *sich ~ bewegen; sie ist ~ wie eine Katze*

geschmissen: ↗ **schmeißen**
geschmolzen: ↗ **schmelzen**
geschnitten: ↗ **schneiden**
geschnoben: ↗ **schnauben**
geschoben: ↗ **schieben**
geschollen: ↗ **schallen**
gescholten: ↗ **schelten**
Geschöpf [gə'ʃœpf], **das;** ~es/auch ~s, ~e ⟨+ Attr.⟩ **1.** ˈLebewesen': *Fledermäuse sind eigenartige ~e* **2.** *jmd. ist ein armes, bedauernswertes, harmloses ~* (ˈist bedauernswert, harmlos'); *sie ist ein reizendes, kluges ~* (ˈist reizend, klug') ❖ ↗ **schöpfen**
geschoren: ↗ **scheren**

Geschoss [gə'ʃɔs], **das;** ~es, ~e **1.** ˈdetonierender Gegenstand, der mit einer Waffe, bes. einem Geschütz, Gewehr, abgeschossen (1) wird'; ↗ FELD V.6.1: *das ~ hat die linke Schulter gestreift* **2.** ˈalle auf gleichem Niveau (1) liegenden Räume eines Gebäudes'; SYN Etage, Stock (3), Stockwerk; ↗ FELD V.3.1: *das Haus hat vier Geschosse* ❖ **zu (2): dreigeschossig; zu (1):** ↗ **schießen**
MERKE Zum Verhältnis von *Geschoss, Stock, Stockwerk* und *Etage:* ↗ Stockwerk (Merke)
geschossen: ↗ **schießen**
Geschrei [gə'ʃʀai], **das;** ~s/auch ~es, ⟨o.Pl.⟩ ˈdas (fortwährende) Schreien'; ↗ FELD VI.1.1: *es erhob sich ein lautes, wildes ~; die Kinder machten viel ~* (ˈschrie(e)n viel und laut') ❖ ↗ **schreien**
geschrieben: ↗ **schreiben**
geschrie(e)n: ↗ **schreien**
geschritten: ↗ **schreiten**
geschunden: ↗ **schinden**
Geschütz [gə'ʃʏts], **das;** ~es, ~e ˈfahrbare od. montierte schwere Feuerwaffe, mit der Granaten auf ein Ziel geschossen werden'; ↗ FELD V.6.1 (↗ TABL Feuerwaffen): *die ~e einer Festung, eines Schlachtschiffs; ein ~ in Stellung bringen; die ~e feuerten aus allen Rohren;* vgl. Kanone ❖ ↗ **schießen**
Geschwätz [gə'ʃvɛts], **das;** ~es, ⟨o.Pl.⟩ **1.** ˈbelangloses, phrasenhaftes, unnützes Reden': *das ist nichts als leeres, dummes, allgemeines, sentimentales ~* **2.** ˈKlatsch': *solchem (bösartigen) ~ sollte man nicht glauben* ❖ ↗ **schwätzen**
geschweige [gə'ʃvaigə] ⟨in der zusammengesetzten koordinierenden Konj. **~ denn;** verbindet Satzglieder, Teile von Satzgliedern; verbindet auch Nebensätze; mit vorausgehender verneinender od. einschränkender Aussage⟩ /gibt an, dass das Folgende erst recht nicht zutrifft/: *er konnte nicht sitzen, ~ (denn) stehen; er besaß nicht einmal einen Mantel, ~ (denn) einen Hut; von dem Gehalt kann kaum ein Mensch allein leben, ~ (denn) zwei; ich glaube kaum, dass es zu regnen aufhören wird, ~ (denn), dass die Sonne scheint*
geschwiegen: ↗ **schweigen**
Geschwindigkeit [gə'ʃvındıç..], **die;** ~, ~en **1.** ˈdas Verhältnis des bei einer Fortbewegung zurückgelegten Weges zu der dazu aufgewendeten Zeit': *das Auto fuhr mit einer ~ von 100 Kilometern in der Stunde; die ~ messen, steigern, verringern, herabsetzen, (ab)bremsen* **2.** ⟨o.Pl.⟩ SYN ˈSchnelligkeit (2)': *das Feuer griff mit großer, rasender, wachsender ~ um sich; mit der größten ~ hat er die Sachen zusammengelegt* ❖ **Höchstgeschwindigkeit, Schallgeschwindigkeit**
* **mit affenartiger** (ˈdurch Eile, Hast bestimmte, kaum fassbar hohe') **~:** *mit affenartiger ~ hat er sich davongemacht, ist er auf den Baum geklettert, hat das Kind alles vom Tisch gerissen*
Geschwister [gə'ʃvıstɐ], **die** ⟨Pl.⟩ ˈmännliche und/od. weibliche Personen, die dieselben Eltern haben, in ihrer Beziehung zueinander'; ↗ FELD I.9.1: *die drei ~ sehen sich sehr ähnlich; ich habe noch drei ~*

('meine Eltern haben außer mir noch drei Kinder')
❖ ↗ **Schwester**
MERKE *Geschwister* gebraucht man selten zur Bezeichnung von zwei od. mehreren männlichen (bes. männlichen erwachsenen) Personen mit denselben Eltern. Dafür wird *Brüder* bevorzugt

geschwollen [gə'ʃvɔln̩] **I.** ⟨Adj.; Steig. reg.; ↗ auch *schwellen*⟩ /auf Gesprochenes bez./ 'schwülstig, wichtigtuerisch': *red nicht so ~!* – **II.** ↗ *schwellen*
❖ ↗ **schwellen**

geschwommen: ↗ *schwimmen*

geschworen: ↗ *schwören*

Geschwulst [gə'ʃvʊlst], **die**; ~, Geschwülste [..'ʃvʏlstə] 'krankhaftes neu gebildetes Gewebe'; SYN Gewächs (2), Tumor: *eine gut-, bösartige ~; eine ~ operativ entfernen* ❖ ↗ **schwellen**

geschwunden: ↗ *schwinden*

geschwungen: ↗ *schwingen*

Geschwür [gə'ʃvyːɐ], **das**; ~s, ~e 'entzündeter und eiternder Bereich der Haut od. Schleimhaut': *es hat sich bei ihm ein ~ gebildet; ein eiterndes ~; ein ~ aufschneiden* ❖ **Magengeschwür**

gesandt: ↗ *senden*

gesehen: ↗ *sehen*

Geselle [gə'zɛlə], **der**; ~n, ~n 'Facharbeiter in einem Betrieb des Handwerks': *er arbeitet bei ihm als ~* ❖ vgl. **gesellen**

gesellen [gə'zɛlən], **sich**, gesellte sich, hat sich gesellt /jmd./ *sich zu jmdm., einer Gruppe ~* 'sich jmdm. anschließen (4,5)': *er gesellte sich auf dem Spaziergang zu ihnen* ❖ **gesellig, Geselligkeit, Gesellschaft, gesellschaftlich** – **Aktiengesellschaft, Junggeselle**; vgl. **gesellschafts/Gesellschafts-**, vgl. **Geselle**

gesellig [gə'zɛlɪç] ⟨Adj.⟩ **1.** ⟨Steig. reg., Superl. ungebr.; vorw. attr.⟩ 'den Umgang, den Verkehr mit anderen Menschen pflegend, die Gesellschaft (3) anderer suchend und leicht Kontakt zu anderen findend'; SYN kontaktfreudig /auf Personen bez./: *jmd. ist ein ~er Mensch; sie, er ist nicht (sehr) ~* **2.** ⟨o. Steig.; nur attr.⟩ 'in zwangloser Gesellschaft (3) mit anderen stattfindend': *ein ~er Abend; ein ~es Beisammensein* ❖ ↗ **gesellen**

Geselligkeit [gə'zɛlɪç..], **die**; ~, ⟨o.Pl.⟩ 'Umgang, Verkehr mit anderen Menschen': *(die) ~ lieben, pflegen* ❖ ↗ **gesellen**

Gesellschaft [gə'zɛl..], **die**; ~, ~en **1.** ⟨o.Pl.⟩ 'Gesamtheit von Menschen, die unter bestimmten ökonomischen, sozialen, geistig-kulturellen, politischen Verhältnissen zusammenleben und durch diese Verhältnisse in ihrem Zusammenleben bestimmt werden'; ↗ FELD I.11: *die bürgerliche ~; die Stellung der Frau in der ~; Natur und ~* **2.1.** ⟨o.Pl.⟩ 'obere Schicht der Gesellschaft, die, bedingt durch Besitz, Stellung, tonangebend ist': *er gehört zur (guten) ~* **2.2.** 'Gruppe von Menschen, die gesellig beisammen ist, bes. geladener Kreis von Gästen': *eine lustige ~; eine gemischte ~;* vgl. *Kreis (2), Runde (6)* **2.3.** 'durch eine Satzung organisierter Zusammenschluss von Menschen zur Pflege bestimmter Interessen, Ziele, bes. auf kulturellem, wissenschaftlichem Gebiet': *eine wissenschaftliche,*

literarische ~; die ~ für deutsche Sprache; einer ~ beitreten **2.4.** 'durch vertraglichen Zusammenschluss von Teilhabern gegründetes Unternehmen': *die ~ ist bankrott; ~ mit beschränkter Haftung* (ABK: GmbH) ('ein Unternehmen, bei dem die Teilhaber nur mit dem Kapital haften, das sie eingebracht haben') **3.** ⟨o.Pl.⟩ 'das Zusammensein, der Umgang mit jmdm.': *jmds. ~ suchen, meiden; jmdn. oft in ~ eines Freundes sehen; jmdm. ~ leisten* ('mit jmdm. zusammen sein, um ihn zu unterhalten, zu begleiten'); *zur ~* 'um die Geselligkeit zu fördern, um jmdm. gefällig zu sein': *zur ~ einen Kognak trinken* ❖ ↗ **gesellen**

gesellschaftlich [gə'zɛlʃaft..] ⟨Adj.; o. Steig.; nicht präd.⟩ **1.** 'die Gesellschaft (1) betreffend' /auf Abstraktes bez./: *die ~e Entwicklung; das ~e Leben; die ~en Verhältnisse* **2.** 'die in der Gesellschaft (2.1) üblichen Normen des Umgangs betreffend': *gegen die ~en Formen verstoßen; er hat sich ~ unmöglich gemacht* ❖ ↗ **gesellen**

gesellschafts/Gesellschafts [gə'zɛlʃafts..]‖**-kritisch** ⟨Adj.; o. Steig.⟩ 'die bestehenden gesellschaftlichen Verhältnisse kritisierend' /vorw. auf Abstraktes bez./: *ein ~er Roman* ❖ ↗ **kritisch**; **-ordnung, die** 'konkret-historische Entwicklungsstufe der Gesellschaft (1)' ❖ ↗ **ordnen**; **-spiel, das** 'Spiel (1.2), das von mehreren Personen, bes. Kindern, zur Unterhaltung im geselligen Kreis gespielt wird': *sich an einem ~ beteiligen; Halma ist ein ~* ❖ ↗ **ordnen**; **-wissenschaft, die** ⟨vorw. Pl.⟩ 'Wissenschaft, die die Gesellschaft (1) zum Gegenstand hat, die bes. Fächer wie Soziologie, politische Wissenschaften o.Ä. umfasst': *die Geschichte gehört zu den ~en* ❖ ↗ wissen; **-wissenschaftlich** ⟨Adj.; o. Steig.; nicht präd.⟩ 'die Gesellschaftswissenschaft(en) betreffend': *~e Forschungen* ❖ ↗ wissen

gesessen: ↗ *sitzen*

Gesetz [gə'zɛts], **das**; ~es, ~e **1.** 'von dem zuständigen Organ eines Staates festgesetzte, allgemein verbindliche Norm des Rechts': *das ~ tritt (sofort) in Kraft; ein ~ einbringen, verabschieden, erlassen; die (geltenden) ~e einhalten, verletzen, übertreten; gegen die ~e verstoßen; mit dem ~ in Konflikt geraten* ('straffällig werden') **2.** 'fester, sich nicht verändernder Zusammenhang zwischen bestimmten Dingen und Erscheinungen bes. in der Natur, der sich unter den gleichen Bedingungen stets wiederholt': *ein physikalisches ~; das ~ von der Erhaltung der Energie, von der Erhaltung der Art; ein ökonomisches ~; die ~e in der Natur erforschen* ❖ **gesetzlich, gesetzmäßig** – **Betriebsverfassungsgesetz, gesetzgebend, -widrig, Grundgesetz, Naturgesetz**; vgl. **setzen**

gesetz|gebend [gə'zɛtsgeːbm̩t] ⟨Adj.; o. Steig.; vorw. attr.⟩ 'Gesetze (1) beratend und verabschiedend': *eine ~e Versammlung; die ~e Gewalt* ('durch die Verfassung geregelte Befugnis, Gesetze 1 zu erlassen')

gesetzlich [gə'zɛts..] ⟨Adj.; o. Steig.⟩ 'im Gesetz (1) festgelegt, durch das Gesetz geregelt': *die ~en Fei-*

ertage; etw. entspricht nicht den ~en Bestimmungen; die ~en Vorschriften einhalten; etw. ist ~ verankert ❖ ↗ **Gesetz**

gesetz|mäßig [gə'zɛts..] ⟨Adj.; o. Steig.⟩ **1.** 'durch ein Gesetz (2) bestimmt, einem inneren Gesetz folgend': *die ~en Zusammenhänge in Natur und Gesellschaft erkennen; diese Entwicklung verläuft ~* **2.** 'einem Gesetz (1) entsprechend': *der ~e Eigentümer, Erbe; einer ~en Verpflichtung nachkommen;* vgl. **rechtmäßig** ❖ ↗ **Gesetz**

gesetzt [gə'zɛtst] ⟨Adj.; Steig. reg., Superl. ungebr.; ↗ auch *setzen*⟩ /auf Personen bez./ 'auf Grund des Alters od. der Erfahrung in sich gefestigt und ruhig': *er ist für sein Alter, seine Jugend schon sehr ~; das Mädchen macht einen ~en Eindruck, benimmt sich, wirkt (ausgesprochen) ~;* SYN 'reif (2)': *es handelt sich um einen ~en, älteren Herrn; ein Mann im ~en Alter* ❖ ↗ **setzen**

gesetz|widrig [gə'zɛts..] ⟨Adj.; o. Steig.⟩ 'gegen ein Gesetz verstoßend' /bes. auf Tätigkeiten bez./: *~e Handlungen werden bestraft; was er da getan hat, ist ~; ~ handeln, vorgehen* ❖ ↗ **Gesetz**, ↗ **wider**

Gesicht [gə'zɪçt], *das;* ~s/auch~es, ~er [..tɐ] **1.** 'Vorderteil des menschlichen Kopfes vom Kinn bis zum Ansatz des Kopfhaars'; SYN **Antlitz, Fratze (1), Fresse**; ↗ FELD I.1.1: *jmd. hat ein schmales, breites, rundes, frisches, verhärmtes, sympathisches ~; etw. treibt jmdm. die Schamröte ins ~; jmdm. ins ~ sehen* ('jmdn. fest ansehen, um jmds. Ehrlichkeit zu prüfen od. die eigene prüfen zu lassen') **2.** SYN 'Miene': *ein ängstliches, fröhliches, erstauntes, ernstes ~ machen; sein ~ verfinsterte sich bei dieser Nachricht* ❖ **Gesichtszüge**; vgl. **sehen**
* /jmd./ **jmdn., etw. zu ~ bekommen** 'jmdn., etw. zu sehen bekommen': *ich habe ihn lange nicht, den Brief nie zu ~ bekommen;* /jmd./ **jmdm. wie aus dem ~ geschnitten sein** 'jmdm. sehr ähnlich sehen': *sie ist ihrer Mutter wie aus dem ~ geschnitten;* /etw., bes. Gefühlsregung/ **jmdm. im ~ geschrieben stehen** 'am Ausdruck des Gesichts abzulesen sein': *dass sie verliebt ist, steht ihr im ~ geschrieben;* /etw., bes. Kleidung/ **jmdm. gut zu ~ stehen** ('jmdm. gut kleiden'); /jmd./ **ein langes ~ machen** ('enttäuscht sein, aussehen'); /jmd./ **jmdm. etw. ins ~ sagen** ('jmdm. etw., bes. die Wahrheit, etw. für ihn Unangenehmes, unverblümt sagen'); /jmd./ **jmdm. nicht ins ~ sehen können** ('jmdm. gegenüber ein schlechtes Gewissen haben'); /jmd., Institution/ **das ~ wahren** ('den guten Schein wahren'); /jmd./ **sein wahres ~ zeigen** ('sein tatsächliches Wesen, seine wirklichen Absichten erkennen lassen'); ⟨⟩ umg. /jmd./ **ein ~ machen** 'sein Missfallen, seinen Unmut durch seine Mimik andere erkennen lassen': *mach nicht solch ein ~!; er machte ein ~ wie sieben Tage Regenwetter;* /jmd./ **jmdm. ins ~ springen wollen** ('sehr wütend auf jmdn. sein, reagieren')

Gesichts [gə'zɪçts..]|**-punkt, der** 'gedanklicher Aspekt, unter dem etw. betrachtet, beurteilt wird': *etw. unter einem bestimmten ~ betrachten; vom medizinischen, pädagogischen ~ aus gesehen, ist das nicht*

zu empfehlen ❖ ↗ Punkt; **-züge** [tsy:gə], **die** ⟨Pl.⟩ 'Gesamtheit der das Gesicht prägenden Merkmale': *jmd. hat harte, strenge, weiche, feine ~* ❖ ↗ Gesicht, ↗ ziehen

Gesindel [gə'zɪndl], *das;* ~s, ⟨o.Pl.⟩ emot. 'heruntergekommene und zweifelhafte Menschen'; ↗ FELD I.11: *das ist doch lichtscheues ~!; dort treibt sich abends allerlei ~ herum*

gesinnt [gə'zɪnt] ⟨Adj.; o. Steig.⟩ **1.** ⟨nicht bei Vb.⟩ /jmd./ irgendwie ~ sein 'eine bestimmte Gesinnung (1) haben': ⟨+ Attr.⟩ *er ist ein demokratisch ~er Politiker; jmd. ist demokratisch, fortschrittlich, christlich ~* **2.** ⟨ nicht bei Vb.; vorw. präd.⟩ /jmd./ *jmdm., gegen jmdn. irgendwie ~ sein* 'jmdm. gegenüber irgendwie eingestellt sein': *er ist ihm freundschaftlich, wohlwollend, feindlich, übel ~; der ihm gut, günstig ~e Chef hat sich für ihn eingesetzt* ❖ ↗ **Sinn**
MERKE Zum Unterschied von *gesinnt* (1) und *gesonnen* (I.1): *gesinnt* meint die grundsätzliche sittliche Einstellung zu etw., *gesonnen* dagegen die Bereitschaft, etw. Bestimmtes zu tun. Nur in der Bedeutung 2 sind beide austauschbar: *er ist ihm freundlich, feindlich gesinnt/gesonnen*

Gesinnung [gə'zɪn..], *die;* ~, ~en **1.** 'grundsätzliche geistige, sittliche Einstellung (3)'; ↗ FELD I.12.1: *eine demokratische, fortschrittliche, christliche ~ haben; für seine ~ eintreten* **2.** *jmdm. gegenüber, gegen jmdn. eine freundschaftliche, feindliche ~ haben, zeigen, hegen* ('jmdm. gegenüber freundschaftlich, feindlich gesinnt (2) sein und dies zeigen') ❖ ↗ **Sinn**

gesondert [gə'zɔndɐt] ⟨Adj.; o. Steig.; nicht präd.⟩ 'von etw. anderem getrennt'; SYN ¹**extra (1)**: *etw. ~ aufbewahren, berechnen, waschen; eine ~e Abrechnung verlangen* ❖ vgl. **sondern-**

gesonnen [gə'zɔnən] ⟨Adj.; o. Steig.⟩ **I.1.** ⟨nur präd.⟩ /jmd./ *(nicht) ~ sein, etw. Bestimmtes zu tun* 'aus prinzipiellen Erwägungen (nicht) gewillt, bereit sein, etw. (nicht) als opportun Erachtetes zu tun': *ich bin nicht ~, diese unsinnigen Pläne noch zu unterstützen; er war nicht ~ nachzugeben; er war, schien ~* ('den wohl überlegten festen Vorsatz zu haben'), *gegen ihn gerichtlich vorzugehen, es darauf ankommen zu lassen; ich bin ~, jetzt die ganze Wahrheit aufzudecken* **2.** ⟨nicht bei Vb.; vorw. präd.⟩ umg. /jmd./ *jmdm., gegen jmdn. irgendwie ~* ('gesinnt 2') *sein: er ist ihm freundschaftlich, feindlich, gut ~; ein ihm freundlich ~er Kollege gab ihm diesen Rat* — **II.** ↗ **sinnen** ❖ ↗ **Sinn**
MERKE Zum Unterschied von *gesonnen* und *gesinnt:* ↗ **gesinnt** (Merke)

gesotten [gə'zɔtn̩] ⟨Adj.; nicht bei Vb.; ↗ auch *sieden*⟩ vorw. landsch. 'in Flüssigkeit gar gekocht' /auf bestimmte Nahrungsmittel bez./: *~es Fleisch; ~e Eier; es gab Gesottenes und Gebratenes zu essen* ❖ ↗ **sieden**
MERKE Zum Unterschied von *gesiedet* und *gesotten:* ↗ **sieden** (Merke)

Gespann [gə'ʃpan], **das**; ~es/auch ~s, ~e **1.** ⟨+ Attr.⟩ 'zwei od. mehrere vor einen Wagen, ein landwirtschaftliches Gerät gespannte Zugtiere': *ein ~ Pferde, Ochsen* **2.** scherzh. 'zwei Menschen, die in bestimmter Hinsicht, bes. bei der Arbeit, als zusammengehörend empfunden werden': *die beiden arbeiten ständig zusammen und sind ein gutes ~* ❖ ↗ **spannen**

gespannt [gə'ʃpant] ⟨Adj.; Steig. reg., ungebr.⟩ **1.1.** 'konzentriert und voller Erwartung den Ablauf eines Geschehens verfolgend'; ↗ FELD I.4.4.3: *die ganze Familie saß ~ vor dem Fernseher; ~ verfolgten alle das Fußballspiel; ~ zuhören; das Publikum wartete ~ auf den Beginn der Vorstellung; alle waren sehr ~; etw. mit ~er Aufmerksamkeit verfolgen; es herrschte (eine) ~e Stille im Saal* ('große Stille, weil alle sehr gespannt waren') **1.2.** /jmd./ *auf etw., jmdn. ~ sein* 'auf etw., jmdn. neugierig sein': *ich bin ~ auf das Ergebnis, auf unsere neuen Nachbarn, unseren neuen Lehrer; alle waren ~, was nun kommen würde; ich bin ~, wie er nach so vielen Jahren aussieht; ich bin ~* ('würde zu gern wissen, da ich es mir einfach nicht vorstellen kann'), *wie er das begründen wird, welche Ausrede er nun wieder hat, ob er diesmal sein Versprechen hält;* /in der kommunikativen Wendung/ umg. *da bin ich (aber) ~* /wird als Antwort gesagt, wenn man seinen Zweifel an dem Eintreten, Gelingen des Gehörten, Angekündigten ausdrücken will/: *„Ab morgen werde ich eine Diät machen." „Da bin ich aber ~"* ('da habe ich so meine Zweifel') **2.** ⟨nicht bei Vb.⟩ 'so beschaffen, dass jederzeit ein offener Konflikt ausbrechen kann': *zwischen ihnen herrschen ~e Beziehungen; ihr Verhältnis zueinander war sehr ~; die politische Lage ist ~* ❖ ↗ **spannen**

Gespenst [gə'ʃpɛnst], **das**; ~es, ~er SYN 'Geist (I.3)': *glaubst du an ~er?; nicht an ~er glauben; im alten Schloss soll ein ~ umgehen* ❖ **gespenstisch**

* /jmd./ **(schon) ~er sehen** 'Gefahren sehen, die nicht vorhanden sind': *du siehst wohl schon ~?*

gespenstisch [..'ʃp..] ⟨Adj.; Steig. reg., ungebr.⟩ 'unheimlich (I.1)': *~ Schatten; eine ~e Stille; die Stille war ~; die Zweige sahen im Mondlicht ~ aus* ❖ ↗ **Gespenst**

gespie(e)n: ↗ **speien**

Gespinst [gə'ʃpɪnst], **das**; ~es, ~e 'feines, dünnes, leichtes (gesponnenes) Gewebe': *ein zartes, durchsichtiges, grobes ~;* METAPH geh. *ein ~ von Lüge, Wunschträumen zerreißen* ❖ ↗ **spinnen**

gesponnen: ↗ **spinnen**

Gespräch [gə'ʃprɛːç/..'ʃprɛːç], **das**; ~es/auch ~s, ~e **1.** 'länger anhaltende, zwischen zwei Personen wechselnde Rede (über ein bestimmtes Thema)'; SYN Unterhaltung (1): *er hatte ein offenes, vertrauliches ~ (mit ihm), hat an einem ~ teilgenommen; mit jmdm. ein ~ führen* ('sich mit jmdm. über etw. Bestimmtes unterhalten'); *sie führten beide ein anregendes ~ (miteinander); ich bin mit ihm ins ~ gekommen* ('habe Gelegenheit gefunden, mich mit ihm zu unterhalten'); *ich bleibe mit ihm im ~* ('werde den mit ihm begonnenen Gedankenaustausch nicht aufgeben'); *jmdn. in ein ~ ziehen, verwickeln* ('jmdn. in eine Unterhaltung einbeziehen') **2.** 'Gespräch per Telefon': *ein dienstliches, privates ~; das ~ wurde unterbrochen; ein ~ mit Paris* ('mit einem Teilnehmer in Paris') *führen; legen Sie das ~ auf mein Zimmer!; auf ein ~* ('einen Anruf 1') *aus Leipzig warten* ❖ ↗ **sprechen**

* /jmd., etw./ **im ~ sein** 'als eine von mehreren Möglichkeiten Gegenstand von (öffentlich geführten) Verhandlungen sein': *für diesen Arbeitsplatz waren mehrere Bewerber, für die Lösung der Aufgabe verschiedene Vorschläge im ~*

gesprächig [gə'ʃprɛːçɪç/..'ʃprɛː..] ⟨Adj.; Steig. reg., Superl. ungebr.⟩ 'zum Reden, Erzählen aufgelegt': *du bist heute nicht sehr ~; der Alkohol hatte ihn ~ gemacht; ein ~er älterer Herr* ❖ ↗ **sprechen**

gesprenkelt [gə'ʃprɛŋklt] ⟨Adj.; o. Steig.; nicht bei Vb.; ↗ auch *sprenkeln*⟩ 'mit vielen kleinen (farbigen) Flecken versehen': *sein Gesicht wirkte durch die Sommersprossen wie ~; ein blau und weiß ~es Plakat; das Plakat war blau und weiß ~* ❖ ↗ **sprenkeln**

gesprochen: ↗ **sprechen**

gesprossen: ↗ **sprießen**

gesprungen: ↗ **springen**

Gespür [gə'ʃpyːɐ], **das**; ~s, ⟨o.Pl.⟩ *das ~ für etw.* 'die Fähigkeit, etw. intuitiv zu erfassen': *ein sicheres, feines ~ für etw. haben; jmdm. fehlt das ~ für etw.* ❖ ↗ **spüren**

Gestade [gə'ʃtaːdə], **das**; ~s, ~ geh. 'Küste (mit einem Teil des hinter ihr liegenden Landes)': *ferne ~ aufsuchen; es zog ihn zu den südlichen ~n;* vgl. **Küste**

Gestalt [gə'ʃtalt], **die**; ~, ~en **1.** 'die durch den Körperbau bestimmte äußere Erscheinung eines Menschen': *jmd. hat eine kräftige, schmächtige ~; ihre zierliche ~; jmd. ist von untersetzter ~, ist klein von ~* ('ist untersetzt, klein') **2.1.** 'nicht näher bestimmbare, meist in der Ferne auftauchende Person': *in der, aus der Ferne tauchten ~en auf; dunkle, zweifelhafte ~en* **2.2.** ⟨+ Gen.attr.⟩ 'im (dichterischen) Kunstwerk dargestellte Person, Geschöpf der (dichterischen) Phantasie': *die ~en einer Sage, eines Romans; dies ist die zentrale ~ des Gemäldes* **2.3.** 'bedeutende (historische) Persönlichkeit': *Caesar ist eine zentrale ~ der römischen Geschichte; historische ~en* **2.4.** *~ annehmen* 'allmählich feste Umrisse bekommen, gewinnen': *das Projekt nimmt langsam ~ an* **3.** ⟨oft mit Gen.attr.⟩ 'Form (1), in der etw. erscheint': *ein Ring in ~ einer Schlange; die Umlaufbahn des Planeten hat die ~ einer Ellipse; in ~ von: Kohlenstoff in ~ von Ruß* ❖ **gestalten, Gestaltung, verunstalten − ausgestalten, umgestalten**

gestalten [gə'ʃtaltn̩], gestaltete, hat gestaltet **1.** /jmd./ *etw. ~* 'einer Sache eine bestimmte Form, Beschaffenheit geben': *ein Programm, einen bunten Abend ~; etw. irgendwie ~: ein Erlebnis literarisch, künstlerisch ~; ein Zimmer nach seinem Geschmack ~*

('einrichten 4'); *sich* ⟨Dat.⟩ *etw.* ∼: *sich sein Schicksal, Leben selbst* ∼ **2.** /etw./ *sich irgendwie* ∼ SYN 'sich irgendwie entwickeln (1)': *wie wird sich die Zukunft, das Wetter* ∼?; *die Beziehungen zwischen ihnen* ∼ *sich (allmählich) recht positiv, immer komplizierter; der Abstieg gestaltete sich schwieriger als erwartet; das hat sich alles genau nach meinen Vorstellungen gestaltet; die Veranstaltung gestaltete sich* ('wurde') *zu einem großen Erfolg* ❖ ↗ **Gestalt**

Gestaltung [gə'ʃtalt..], **die;** ∼, ∼en ⟨+Gen.attr.⟩ **1.** ⟨vorw. Sg.⟩ /zu *gestalten* 1/ 'das Gestalten': *die* ∼ *eines Programms, bunten Abends übernehmen* **2.** 'Art und Weise, wie etw. gestaltet worden ist': *die (architektonische)* ∼ *einer Fassade betrachten, bewundern; die* ∼ *eines Buches* ❖ ↗ **Gestalt**

gestanden: ↗ **stehen**

geständig [gə'ʃtɛndɪç] ⟨Adj.; o. Steig.; nicht bei Vb.⟩ /jmd./ ∼ *sein* 'ein Geständnis abgelegt haben': *der Angeklagte war* ∼; *es handelte sich bei ihm um einen* ∼*en Angeklagten* ❖ ↗ **gestehen**

Geständnis [gə'ʃtɛnt..], **das;** ∼ses, ∼se 'Aussage, mit der jmd. (gegenüber dem Gericht o.Ä.) seine Schuld bekennt, eine Straftat zugibt': *der Angeklagte hat ein (umfassendes)* ∼ *abgelegt, hat sein* ∼ *widerrufen;* /in der kommunikativen Wendung/ *oft scherzh.* ich muss dir ein ∼ machen … ('ich will dir jetzt ganz offen und ehrlich sagen …') /dient als Einleitung zu einer den Sprecher Überwindung kostenden, peinlichen persönlichen Mitteilung/: *ich muss dir ein* ∼ *machen: Ich habe deinen Schlüssel verloren und habe vergessen, dich davon zu informieren* ❖ ↗ **gestehen**

Gestank [gə'ʃtaŋk], **der;** ∼es/auch ∼s, ⟨o.Pl.⟩ 'widerlicher Geruch'; ↗ FELD VI.4.1: *ein abscheulicher, übler, durchdringender* ∼; *ein* ∼ *von Fäkalien, verdorbenem Fisch; so ein* ∼!; *etw. verbreitet einen widerlichen* ∼; *woher kommt nur dieser, was ist das nur für ein* ∼? ❖ ↗ **stinken**

gestatten [gə'ʃtatn̩], gestattete, hat gestattet **1.1.** /jmd., Institution/ *jmdm. etw.* ∼ SYN 'jmdm. etw. erlauben (1)': *jmdm. den Aufenthalt in einem Raum, die Benutzung von etw.* ∼ (ANT *verwehren*); *jmdm.* ∼, *Einblick in die Akten zu nehmen;* /als höfliche Frage/ ∼ *Sie eine Frage* ('darf ich Sie etw. fragen')?; ∼ *Sie, dass ich rauche?; etw. ist (nicht) gestattet: das Baden ist hier nicht gestattet* **2.** /etw./ *jmdm. etw.* ∼ SYN 'jmdm. etw. ermöglichen': *sein Einkommen gestattet, seine Mittel* ∼ *es ihm, große Reisen zu machen; wenn die Umstände es* ∼, *werde ich kommen* ❖ ↗ **Statt**

Geste ['gɛstə/'ge:stə], **die;** ∼, ∼n **1.** 'unwillkürliche od. beabsichtigte Bewegung der Hände, Arme, die die Rede begleitet od. sie ersetzt': *eine abwehrende, hilflose, beruhigende* ∼; *seine Worte durch* ∼n *unterstreichen, mit großen, heftigen, fahrigen* ∼n *begleiten; jmdn. mit einer einladenden* ∼ *ins Haus bitten; er sprach mit lebhaften* ∼en **2.** 'etw., bes. eine bestimmte Handlung, mit der etw. indirekt ausgedrückt werden soll': *diese Einladung war eine*

freundliche, höfliche ∼; ⟨+ Gen.attr.⟩ *eine* ∼ *der Höflichkeit, des Entgegenkommens* ❖ **gestikulieren**

gesteckt: ↗ **stecken**

gestehen [gə'ʃte:ən], gestand [..'ʃtant], hat gestanden **1.** /jmd./ *etw.* ∼ 'eine (Straf)tat zugeben, die man begangen hat': *der Angeklagte hat die Tat, das Verbrechen, den Diebstahl gestanden; er hat alles gestanden; er hat gestanden, dass …* **2.** /jmd./ *etw.* ∼ *etw.*, 'worüber man sonst nur ungern spricht, unter Überwindung von Hemmungen jmdm. gegenüber offen aussprechen': *er gestand ihr seine Liebe, die ganze Wahrheit; ich muss (zu meiner Schande)* ∼, *dass …; ich muss* ∼, *dass ich das vergessen habe; offen gestanden* 'um der Wahrheit die Ehre zu geben': *ich bin, offen gestanden, sehr enttäuscht; ich bin, offen gestanden, an dererlei Dingen überhaupt nicht interessiert* ❖ **geständig, Geständnis** – **zugestehen, Zugeständnis**

Gestein [gə'ʃtain], **das;** ∼s, ∼e **1.** 'aus einem od. mehreren Mineralien bestehender fester Teil der Erdkruste'; SYN Fels (1); ↗ FELD II.1.1: *vulkanisches, kristallines* ∼ **2.** ⟨o.Pl.⟩ 'Masse von Steinen, Felsen': *graues, brüchiges, hartes* ∼; *das* ∼ *brechen, sprengen* ❖ ↗ **Stein**

Gestell [gə'ʃtɛl], **das;** ∼s, ∼e **1.** 'etw. aus Brettern, Stangen (grob) Zusammengefügtes, auf das etw. gestellt werden kann': *ein* ∼ *für Bücher bauen* **2.** *umg. langes* ∼ 'langer dünner Mensch': *ist das, der ein langes* ∼! ❖ ↗ **stellen**

gestern ['gɛstɐn] ⟨Adv.⟩ 'an dem Tag, der dem heutigen unmittelbar vorausgeht'; ↗ FELD VII.4.3: ∼ *früh, Mittag, Abend; ich war* ∼ (vor einer Woche) *im Theater; sie weiß es erst seit* ∼; *bis* ∼ *hat sie es nicht gewusst; das Brot ist von* ∼ ('wurde am Vortag gebacken'); METAPH *die Welt von* ∼ ('von früher') ❖ **gestrig**
* *umg.* /etw., jmd./ *von* ∼ *sein* 'rückständig, altmodisch sein': *deine Ideen, Ansichten sind von* ∼!; *er ist von* ∼; /jmd./ *nicht von* ∼ *sein* 'nicht dumm, nicht unerfahren sein': *ich bin, du bist doch nicht von* ∼!

gestiegen: ↗ **steigen**

gestikulieren [gɛstiku'li:ʀən], gestikulierte, hat gestikuliert /jmd./ 'lebhafte, aufgeregte Bewegungen machen, um etw. auszudrücken': *die Teilnehmer der Diskussion gestikulierten wild, mit den Armen, heftig* ∼ ❖ ↗ **Geste**

gestoben: ↗ **stieben**

gestochen: ↗ **stechen**

gestohlen: ↗ **stehlen**

gestorben: ↗ **sterben**

gestoßen: ↗ **stoßen**

Gesträuch [gə'ʃtʀɔiç], **das;** ∼es/auch ∼s, ∼e ⟨vorw. Sg.⟩ 'größere Anzahl dicht stehender Sträucher'; SYN Buschwerk; ↗ FELD II.4.1: *dichtes* ∼; *Vögel nisten im* ∼ ❖ ↗ **Strauch**

gestrichen: ↗ **streichen**

gestrig ['gɛstʀɪç] ⟨Adj.; nur attr.⟩ 'von gestern'; ↗ FELD VII.4.3: *die* ∼*e Zeitung, das* ∼*e Datum* ❖ ↗ **gestern**

gestritten: ↗ **streiten**

Gestrüpp [gə'ʃtRʏp], **das**; ~s/auch ~es, ~e ⟨vorw.
Sg.⟩ 'verwildertes Gesträuch'; ↗ FELD II.4.1:
*dichtes ~; etw. ist von ~ überwuchert; sich durchs
~ einen Weg bahnen*
gestunken: ↗ *stinken*
Gestüt [gə'ʃtyːt], **das**; ~s/auch ~es, ~e 'auf die Züch-
tung von Pferden spezialisierter Betrieb' ❖ ↗ **Stute**
gesund [gə'zʊnt] ⟨Adj.; Steig.: gesünder [gə'zʏndɐ]/
auch gesunder, gesündeste [..'zʏndəstə]/auch
gesundeste⟩ **1.1.** ⟨o. Steig.⟩ 'frei von Krankheit,
ohne körperliche und geistige Störung'; ANT
krank /auf Personen, auch Tiere bez./: *es wurde ein
~es Kind geboren; (wieder ganz) ~ sein; einen
Kranken ~ pflegen* ('so lange pflegen, bis er wieder
gesund ist') **1.2.** ⟨Steig. reg.⟩ 'voll leistungsfähig,
nicht geschädigt' /auf Körperteile, Organe bez./:
ein ~es Herz, ein ~er Magen (ANT krank); *~e
Zähne haben* **1.3.** ⟨o. Steig.; nicht präd.⟩ 'auf Ge-
sundheit schließen lassend, von Gesundheit zeu-
gend': *~ aussehen; eine ~e Gesichtsfarbe haben; ei-
nen ~en* ('starken') *Appetit entwickeln* **2.** ⟨Steig.
reg., ungebr.⟩ 'der Gesundheit dienlich'; ↗ FELD
I.8.3: *eine ~e Lebensweise, Ernährung; Obst ist ~;
sich ~ ernähren* ❖ **gesunden, Gesundheit, gesund-
heitlich, Gesundheitswesen, ungesund**
gesunden [gə'zʊndn̩], gesundete, ist gesundet geh.
/jmd./ 'gesund (1.1) werden': *nach schwerer Krank-
heit ~* ❖ ↗ **gesund**
Gesundheit [gə'zʊnt..], **die**; ~, ⟨o.Pl.⟩ 'Zustand des
körperlichen und geistigen Wohlbefindens, der Ab-
wesenheit von Krankheit': *eine robuste, eiserne,
gute ~ haben; sich bester ~ erfreuen; jmds. ~ ist
angegriffen; etw. schadet jmds. ~; du solltest etw.
für deine ~ tun; auf deine, Ihre ~! /Zuruf beim
Trinken alkoholischer Getränke/: auf jmds. ~ trin-
ken, anstoßen* ❖ ↗ **gesund**
gesundheitlich [gə'zʊnthaɪt..] ⟨Adj.; o. Steig.; nicht
präd.⟩ **1.** 'die Gesundheit betreffend': *~e Probleme
haben; es geht ihm ~ nicht gut; ~ nicht auf der
Höhe sein* **2.** ⟨nur attr.⟩ 'die Gesundheit fördernd':
der ~e Wert bestimmter Nahrungsmittel ❖ ↗ **ge-
sund**
Gesundheits|wesen [gə'zʊnthaɪts..], **das** ⟨o.Pl.⟩ 'Ge-
samtheit der staatlichen Einrichtungen, die dem
Schutz der Gesundheit und der Bekämpfung von
Krankheiten dienen': *das ~ reformieren* ❖ ↗ **ge-
sund**
gesundschreiben [..'z..], schrieb gesund, hat gesundge-
schrieben /Arzt/ *jmdn. ~* 'jmdm. nach überstande-
ner Krankheit die Arbeitsfähigkeit bescheinigen':
er hat ihn (ab Montag) gesundgeschrieben
gesungen: ↗ *singen*
gesunken: ↗ *sinken*
getan: ↗ *tun*
getragen: ↗ *tragen*
Getränk [gə'tRɛŋk], **das**; ~s/auch ~es, ~e 'zum Trin-
ken zubereitete Flüssigkeit'; ↗ FELD I.8.1, V.8.1:
*ein heißes, warmes ~; ein erfrischendes ~; alkoholi-
sche, alkoholfreie ~e; auf einer Feier ~e anbieten* ❖
↗ **trinken**

getrauen [gə'tRauən] ⟨reg. Vb.; hat⟩ **1.** /jmd./ *sich ~/
sich* ⟨Dat.⟩ *etw. ~* 'sich trauen (2), etw. Bestimmtes
zu tun'; ↗ FELD I.6.2: ⟨vorw. + Nebens.⟩ *ich
habe mich/mir nicht getraut, ihn anzureden; ich ge-
traute mich nicht zu fragen; getraust du dir das?* **2.**
⟨vorw. verneint⟩ geh. /jmd./ *sich irgendwohin ~*
'wagen (1), sich irgendwohin zu begeben': *sich
nicht aus dem Haus ~; ich getraute mich nicht in
das Zimmer, ins kalte Wasser* ❖ ↗ **trauen**
Getreide [gə'tRaɪdə], **das**; ~s, ⟨o.Pl.⟩ **1.** 'gräserartige
Pflanzen, deren Samenkörner eine wesentliche
Grundlage der menschlichen Ernährung bilden';
SYN ¹Korn (1.1); ↗ FELD II.4.1: *~ anbauen, ern-
ten, mähen, dreschen; das ~ steht gut, ist reif* **2.** 'Sa-
menkörner von Getreide (1)': *~ in einen Sack fül-
len; ~ mahlen; das ~ in Silos lagern*

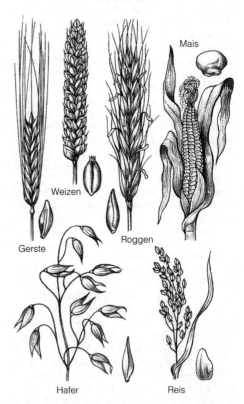

Getreidearten

Mais

Weizen

Roggen

Gerste

Hafer   Reis

getrennt [gə'tRɛnt] ⟨Adj.; nur attr.; ↗ auch *trennen*⟩
SYN 'separat': *sie haben ~e Schlafzimmer; beide
führen ~e Kassen, Bücher* ('führen keine gemein-
same Wirtschaft') ❖ ↗ **trennen**
getreu [gə'tRɔy] ⟨Adj.; o. Steig.⟩ **1.** ⟨vorw. attr.⟩ geh.
SYN 'treu (2)' /auf Personen bez./; ↗ FELD
I.12.3: *er war ein ~er Freund, Diener; ~ zu jmdm.
stehen* **2.** ⟨vorw. attr.⟩ 'genau der Wirklichkeit ent-
sprechend'; SYN treu (3) /bes. auf Abstraktes,
Künstlerisches bez./: *dies ist eine ~e Wiedergabe*

der allgemeinen Stimmung; ein ~es Abbild von etw.
vor sich haben; einen Text ~ (ʹgenau nach der Vor-
lageʹ) *übersetzen* **3.** ⟨einem Subst. vor- od.
nachgestellt⟩ *einer Sache ~* ʹeiner Sache gemäß,
genau entsprechendʹ: *seinem Versprechen ~/~ sei-
nem Versprechen; ~ seinem Wahlspruch/seinem
Wahlspruch ~ handeln* ❖ ↗ **treu**

-getreu /bildet mit einem Subst. als erstem Bestand-
teil Adjektive; drückt aus, dass das im ersten Be-
standteil Genannte genau wiedergegeben wird, das
Vorbild ist/: ↗ z. B. *wahrheitsgetreu*

Getriebe [gəʹtʀiːbə], das; ~s, ~ ʹVorrichtung in Ma-
schinen zum Übertragen, Umwandeln von Bewe-
gungen und Kräftenʹ; ↗ FELD VIII.4.1.1: *ein hy-
draulisches, automatisches ~; ein synchronisiertes
~; das ~ des Autos reparieren* ❖ ↗ **treiben**

getroffen: ↗ *treffen*

getroffen: ↗ *triefen*

getrogen: ↗ *trügen*

getrunken: ↗ *trinken*

Gewächs [gəʹvɛks], das; ~es, ~e **1.** ʹbes. vom Gärtner
gepflegte, gezogene Pflanzeʹ: *das ist ein seltenes ~;
ein Treibhaus für tropische ~e*; vgl. *Pflanze* **2.** SYN
ʹGeschwulstʹ: *ein ~ operieren* ❖ ↗ ¹**wachsen**

gewachsen [gəʹvaksn̩] **I.** ⟨Adj.; o. Steig.; ↗ auch
¹*wachsen*⟩ /jmd./ *etw.* ⟨Dat.⟩, *jmdm. ~ sein* ʹim-
stande sein, etw. zu bewältigen, jmdm. nicht unter-
legen seinʹ: *einer schwierigen Situation durchaus ~
sein; sich einer Aufgabe ~ zeigen* (ʹbeweisen, dass
man eine Aufgabe bewältigen kannʹ); *ein den Auf-
gaben nicht ~er Mitarbeiter; sich den Anforderun-
gen nicht ~ fühlen* (ʹder Ansicht sein, den Anforde-
rungen nicht zu genügenʹ); *er war seiner Konkur-
rentin nicht ~* (ʹsie war ihm überlegenʹ) − **II.** ↗
¹*wachsen* ❖ ↗ ¹**wachsen**

gewagt [gəʹvaːkt] ⟨Adj.; nicht bei Vb.; ↗ auch
wagen⟩ **1.** ⟨Steig. reg.⟩ ʹim Hinblick auf den Erfolg
sehr unsicher (2) und mit Risiko verbundenʹ; SYN
riskant /vorw. auf Abstraktes bez./: *das ist ein ~es
Unternehmen, ist sehr ~* **2.** ⟨o. Steig.⟩ ʹleicht anstö-
ßigʹ; SYN *kühn* (1.3): *ihr Dekolleté ist sehr ~; eine
~e Filmszene* ❖ ↗ **wagen**

gewahr [gəʹvaːʀ] ⟨Adj.; o. Steig.; nur präd. (mit
werden)⟩ /jmd./ *jmdn., etw. ~ werden* ʹjmdn., etw.
wahrnehmen (1), bemerken (1.1)ʹ: *erst als ich mich
umdrehte, wurde ich ihn ~; einen Fehler, Irrtum ~
werden* ❖ ↗ **wahr**

Gewähr [gəʹvɛːʀ/..ʹveːʀ], die; ~, ⟨o.Pl.; + Präp. *für*⟩
SYN ʹGarantie (1)ʹ: *das Abkommen bietet, leistet
die ~ für einen regen Handel; keine ~ für etw. über-
nehmen; die Angaben erfolgen ohne ~* (ʹfür ihre
Richtigkeit wird nicht garantiertʹ) ❖ ↗ **gewähren**

gewahren [gəʹvaːʀən] ⟨reg. Vb.; hat⟩ geh. **1.** /jmd./
jmdn., etw. irgendwo ~ ʹjmdn., etw. irgendwo be-
merken (1.1)ʹ; ↗ FELD I.3.1.2: *plötzlich gewahrte
er in der Menge seinen Freund; in der Ferne ein
Schiff ~* **2.** /jmd./ *etw. ~* ʹetw., bes. eine psychische
Reaktion, an einer Person wahrnehmen (1)ʹ: *jmds.
Erregung, Zögern ~* ❖ ↗ **wahr**

gewähren [gəʹvɛːʀən/..ʹveː..] ⟨reg. Vb.; hat⟩ **1.** /jmd./
jmdm. etw. ~ ʹdafür sorgen, dass jmd. etw., worum

er gebeten hat, erhält (weil er darauf ein bestimm-
tes Anrecht hat)ʹ: *jmdm. Kredit, eine Vergünstigung,
Unterkunft, Schutz ~; jmdm. ein Interview ~;
jmdm. Einblick in bestimmte Akten, Unterlagen ~*
(ʹjmdm. die Möglichkeit geben, sie einsehen zu
könnenʹ) **2.** geh. /jmd./ *jmdm. eine Bitte, einen
Wunsch ~* (ʹjmdm. erlauben, eine Bitte, einen
Wunsch zu äußern und sie erfüllenʹ) **3.** geh. /jmd./
jmdn. ~ lassen ʹjmdn. in seinem Tun nicht hin-
dernʹ: *sie ließ die Kinder ruhig ~* ❖ **Gewähr, ge-
währleisten**

gewährleisten [gəʹvɛːʀ../..ʹveː..], gewährleistete, hat
gewährleistet /jmd., etw./ *etw. ~* SYN ʹgarantieren
(1.3)ʹ: *die Bahn muss die Sicherheit der Fahrgäste
~; diese Maßnahme gewährleistet einen geordneten
Ablauf; um zu ~, dass alles ordnungsgemäß verläuft,
muss man bestimmte Maßnahmen treffen* ❖ ↗ **ge-
währen**, ↗ **leisten**

Gewahrsam [gəʹvaːʀ..] /beschränkt verbindbar/:
jmdn. in ~ nehmen (SYN ʹverhaftenʹ); *sich in poli-
zeilichem ~* (ʹin Haftʹ) *befinden, in ~ sein* ❖ ↗ **wah-
ren**

Gewalt [gəʹvalt], die; ~, ~en **1.** ⟨o.Pl.⟩; ↗ FELD
I.14.1 **1.1.** ʹEinsatz von Macht, um bestimmte (po-
litische) Absichten, Interessen durchzusetzenʹ: *mit
militärischer ~ vorgehen; jegliche Anwendung von ~
ist zu verurteilen, muss verhindert werden; die staat-
liche, richterliche ~* **1.2.** ʹAnwendung von physi-
scher Kraft gegen etw., jmdn., um etw. zu errei-
chenʹ: *eine Tür mit ~ öffnen; jmdn. mit ~ daran
hindern, den Raum zu verlassen; etw. unter Andro-
hung von ~ fordern* **2.** ⟨o.Pl.; + Präp. *in, unter,
über*⟩ ʹdie Macht, jmdn. physisch od. psychisch zu
beherrschenʹ: *~ über jmdn. gewinnen, haben; in, un-
ter jmds. ~ sein, stehen; jmdn. in seine ~ bringen,
bekommen; Besitzungen in seine ~ bringen* (ʹan sich
reißenʹ) **3.** ⟨+ Gen.attr.⟩ ʹelementare Kraftʹ; SYN
*Wucht: die ~ einer Explosion, des Sturms, der Wel-
len erleben; das Unwetter brach mit elementarer ~
herein*; METAPH *sich mit unwiderstehlicher ~ zu
jmdm. hingezogen fühlen*; vgl. *Wucht* (1) ❖ **gewalt-
sam, gewaltig, vergewaltigen − Gewalttat, -täter,
gewalttätig, Regierungsgewalt**; vgl. **walten**

❋ /jmd./ *sich in der ~ haben* (ʹsich unter Kontrolle
habenʹ); ⟨⟩ umg. *mit aller ~* ʹunbedingt, um jeden
Preisʹ: *etw. mit aller ~ erreichen, durchsetzen wollen*

gewaltig [gəʹvaltɪç] ⟨Adj.⟩ **1.** ⟨Steig. reg.; vorw. attr.⟩
ʹvon ungewöhnlich großer räumlicher Ausdeh-
nungʹ; SYN *gigantisch* (1), *kolossal* (I.1), *riesig*
(1.2) /auf Gegenständliches bez./: *~e Felsen, Bau-
ten* **2.** ⟨Steig. reg.⟩ ʹvon ungewöhnlicher Intensi-
tätʹ; SYN *gigantisch* (2), *kolossal* (I.2), *riesig* (2):
*eine ~e Kraft war dafür nötig; einen ~en Sturm er-
leben*; umg. *~en Hunger haben* **3.** ⟨Steig. reg.⟩ ʹvon
ungewöhnlich großer Quantitätʹ; SYN *riesig: eine
~e Menge; ~e Vorräte; eine ~e Anzahl von ... * **4.**
⟨Steig. reg.⟩ ʹvon sehr großer Bedeutungʹ /auf Abs-
traktes bez./: *eine ~e Leistung, ein ~es Werk* **5.** ⟨o.
Steig.; nur bei Vb.⟩ umg. ʹüberaus, sehrʹ: *er musste
sich ~ anstrengen* ❖ ↗ **Gewalt**

gewaltsam [gə'valt..] ⟨Adj.; o. Steig.; nicht präd.⟩; ↗ FELD I.14.3 **1.1.** ʽmit Gewalt (1.2)ʼ: ~ *in eine Wohnung eindringen; jmdn.* ~ *festhalten;* ~*es Eindringen in eine Wohnung* **1.2.** ʽmit Gewalt (1.1)ʼ: *die* ~*e Unterdrückung eines Volkes; ein Volk* ~ *unterdrücken* ❖ ↗ **Gewalt**

Gewalt/gewalt [gə'valt..]∥**-tat, die** ʽunter Anwendung von Gewalt (1.2) durchgeführte (verbrecherische) Tatʼ; ↗ FELD I.14.1: *er schreckte nicht vor* ~*en zurück; eine* ~*,* ~*en verüben; er neigt zu* ~*en* ❖ ↗ **Gewalt,** ↗ **tun; -täter, der** ʽjmd., der eine Gewalttat, Gewalttaten verübt, verübt hatʼ ❖ ↗ **Gewalt,** ↗ **tun; -tätig** ⟨Adj.; Steig. reg., ungebr.; nicht bei Vb.⟩ ʽzu Gewalttaten neigendʼ; ↗ FELD I.14.3: *er ist ein* ~*er Mensch;* ~ (ʽhandgreiflichʼ) *werden* ❖ ↗ **Gewalt,** ↗ **tun**

Gewand [gə'vant], **das;** ~*es/auch* ~*s*, Gewänder [..'vɛndɐ] **1.** ʽlanges, am Körper lose herabhängendes Stück der Oberbekleidungʼ: *ein wallendes, weißes* ~ **2.** ⟨o.Pl.; + Attr.⟩ *die Zeitschrift erscheint in neuem* ~ (ʽin neuer Aufmachung 2ʼ); *einen literarischen Stoff in das* ~ *der Legende kleiden*

gewandt [gə'vant] **I.** ⟨Adj.; Steig. reg.⟩ ʽsicher und geschickt, bes. im Hinblick auf das Auftreten, das Benehmen, das Sprechen und bestimmte Bewegungenʼ; ↗ FELD I.2.3: *ein* ~*er Redner, Tänzer; er weiß sich sehr* ~ *zu bewegen; sein* ~*es Auftreten, Benehmen* – **II.** ↗ *wenden* ❖ **weltgewandt**

gewann: ↗ **gewinnen**

gewärtig [gə'vɛʁtɪç] ⟨Adj.; o. Steig.; nicht bei Vb.; nur präd. (mit *sein*)⟩ /jmd./ *etw.* ⟨Gen.⟩ ~ *sein* ʽauf etw. gefasst seinʼ: *man muss des Schlimmsten, mancher Überraschungen* ~ *sein; du musst (dessen)* ~ *sein, dass dir unangenehme Fragen gestellt werden* ❖ ↗ **gewahr**

gewaschen: ↗ **waschen**

Gewässer [gə'vɛsɐ], **das;** ~*s*, ~ ʽgrößere natürliche Ansammlung von Wasser auf dem Festlandʼ; SYN Wasser (2); ↗ FELD II.2.1: *ein fließendes, stehendes* ~; *die Verunreinigung der* ~ *durch Abwasser* ❖ ↗ **Wasser**

Gewebe [gə've:bə], **das;** ~*s*, ~ **1.** ʽdurch Weben hergestelltes textiles Produktʼ: *ein feines, grobes, synthetisches* ~ **2.** ʽVerband gleichartiger Zellen von Pflanzen, Tierenʼ: *pflanzliches, tierisches* ~; *krankes* ~ *operativ entfernen;* ~ *verpflanzen* ❖ ↗ **weben**

Gewehr [gə've:ɐ], **das;** ~*s/auch* ~*es*, ~*e* ʽHandfeuerwaffe mit langem Lauf (4)ʼ; SYN Knarre; ↗ FELD V.6.1 (↗ TABL Feuerwaffen): *das* ~ *laden, entsichern, abfeuern, schultern, im Anschlag haben, in Anschlag bringen; mit dem* ~ *auf etw., jmdn. zielen* ❖ ↗ **wehren**

Geweih [gə'vai], **das;** ~*s/auch* ~*es*, ~*e* ʽan der Stirn des männlichen Hirsches entspringendes, knöchernes, sich mehrfach gabelndes Gebildeʼ (↗ TABL Säugetiere; Hirsch): *der Hirsch hat das* ~ *abgeworfen*

Gewerbe [gə'vɛʁbə], **das;** ~*s*, ~ ʽauf regelmäßigen Erwerb zielende berufliche Tätigkeit eines in den Bereichen Handwerk, Handel, Dienstleistungen selbständig Arbeitendenʼ: *das ambulante* ~; *ein* ~ *anmelden, ausüben; etw. ist ein einträgliches* ~; *seinem* ~ *nachgehen* ❖ **gewerblich** – **Kunstgewerbe;** vgl. **werben**

* scherzh. verhüll. **das horizontale** ~ (ʽdie Prostitutionʼ)

gewerblich [gə'vɛʁp..] ⟨Adj.; o. Steig.; nicht präd.⟩ ʽdas Gewerbe betreffendʼ: *einer* ~*en Tätigkeit nachgehen; einen Raum zu* ~*er Nutzung vermieten; die Räume dienen* ~*en Zwecken* ❖ ↗ **Gewerbe**

Gewerkschaft [gə'vɛʁk..], **die;** ~, ~*en* ʽOrganisation, in der sich Arbeitnehmer zur Durchsetzung gemeinsamer Interessen zusammenschließenʼ; ↗ FELD I.11: *die* ~ *der Eisenbahner, Metallarbeiter, Angestellten; er ist Mitglied der* ~; *die Forderungen der* ~ *nach höheren Löhnen; die* ~ *hat zum Streik aufgerufen; einer* ~ *beitreten, angehören* ❖ ↗ **Werk**

Gewerkschaftler [gə'vɛʁkʃaftlɐ], **der;** ~*s*, ~ ʽMitglied einer Gewerkschaftʼ ❖ ↗ **Werk**

gewerkschaftlich [gə'vɛʁkʃaft..] ⟨Adj.; o. Steig.; nicht präd.⟩ ʽdie Gewerkschaft betreffend, von der Gewerkschaft ausgehendʼ: *die* ~*e Arbeit; der* ~*e Kampf um höhere Löhne; sich* ~ *engagieren* ❖ ↗ **Werk**

Gewerkschafts|-bund [gə'vɛʁkʃafts..], **der** ʽVereinigung einzelner Gewerkschaftenʼ /vorw. in Namen/: *Deutscher* ~ /ABK: DGB/ ❖ ↗ **Werk,** ↗ **binden; -funktionär, der** ʽin der Gewerkschaft tätiger Funktionärʼ ❖ ↗ **Werk,** ↗ **Funktion**

gewesen: ↗ **sein**

gewichen: ↗ **weichen**

Gewicht [gə'vɪçt], **das;** ~*s/auch* ~*es*, ~*e* **1.** ʽSchwere eines bestimmten Körpersʼ: *das zulässige* ~ *eines Produkts; das* ↗ *spezifische* ~; *etw. hat ein großes, geringes* ~ (ʽist sehr schwer, ist nicht schwerʼ); *an* ~ *zunehmen* (ʽschwerer werdenʼ) **2.1.** ʽ(zum Ermitteln von Gewicht 1 dienender) Körper von genau bestimmter und geeichter Schwereʼ: *die* ~*e einer Waage* **2.2.** ʽKörper mit einem genau festgelegten Gewicht (1), der für bestimmte Zwecke dientʼ: *die* ~*e einer Standuhr; beim Gewichtheben ein* ~ *reißen, stoßen* **3.** ⟨o.Pl.⟩ SYN ʽBedeutung (2)ʼ: *seine Stimme hat* ~; *einer Sache* ~ *beimessen, beilegen* ❖ ↗ **¹wiegen**

* /etw./ **kaum, (gar) nicht ins** ~ **fallen** (ʽkeine entscheidende Rolle spielen, etw. nicht wesentlich beeinflussen könnenʼ); */jmd./* **auf etw.** ~ **legen** ʽdarauf dringen, dass (bei der Durchführung von etw.) spezifische Details besonders berücksichtigt werdenʼ: *er legt (besonderes, großes)* ~ *auf die Reinheit der Aussprache*

Gewicht|heben [..'v..], **das;** ~*s*, ⟨o.Pl.⟩ ʽSportart für Männer, bei der ein Gewicht (2.2) durch Reißen od. Stoßen hoch gehoben und mit gestreckten Armen über dem Kopf gehalten wirdʼ; ↗ FELD I.7.4.1 ❖ ↗ **¹wiegen,** ↗ **heben**

gewichtig [gə'vɪçtɪç] ⟨Adj.; Steig. reg.⟩ **1.** ⟨nicht bei Vb.⟩ ʽgroß im Umfang und von großem Gewicht (1)ʼ /auf Gegenständliches bez./: *ein* ~*es Paket* **2.** ⟨vorw. attr.⟩ ʽbedeutend (I.3) und wichtig (1)ʼ /auf

Abstraktes bez./: *ein ~es Wort mitzureden haben; ~e Gründe für etw. haben* **3.** ⟨vorw. attr.⟩ SYN ʻwichtigtuerischʼ /auf Mimik, Gestik bez./: *ein ~es Gesicht machen; ein ~es Gehabe* ❖ ↗ **¹wiegen**

gewieft [gəˈviːft] ⟨Adj.; Steig. reg.⟩ umg. SYN ʻgewitztʼ /auf Personen bez./; ↗ FELD I.2.3: *ein ~er Bursche, Geschäftsmann; er ist ganz schön; ~* vgl. *schlau*

gewiesen: ↗ **weisen**

gewillt [gəˈvɪlt], ⟨Adj.; o. Steig.; nur präd. (mit *sein*)⟩ /jmd./ *~ sein, etw. zu tun* ʻwillens, bereit sein, etw. Bestimmtes zu tunʼ: *er ist nicht ~, das hinzunehmen, mitzumachen* ❖ ↗ **Wille**

Gewinde [gəˈvɪndə], das; *~s, ~* ʻin einen zylindrischen Körper außen od. innen geschnittene Rille, die zum Verbinden mit einem anderen Teil dientʼ: *ein ~ schneiden; das ~ ist ausgeleiert* ❖ ↗ **winden**

Gewinn [gəˈvɪn], der; *~s, ~e* **1.** ʻfinanzieller Ertrag, bes. eines wirtschaftlichen Unternehmensʼ; SYN Profit (1): *einen hohen ~ erwirtschaften; Waren mit ~ verkaufen; das Unternehmen wirft kaum ~ ab* **2.** ʻGeldbetrag, Sachwert, den jmd. gewinnt (3), gewonnen hatʼ: *ein ~ in der Lotterie, beim Toto; ~e ausschütten, auszahlen* **3.** ⟨o.Pl.⟩ ʻvorteilhaftes Ergebnis, das man aus der Anwendung, dem Gebrauch von etw., durch jmds. Wirken erhältʼ: *ein Buch mit ~ lesen; diese Erkenntnis ist von großem ~ für ihn; der neue Kollege ist ein ~* (ʻeine Bereicherungʼ) *für die Abteilung* ❖ ↗ **gewinnen**

gewinnen [gəˈvɪnən], gewann [..ˈvan], hat gewonnen [..ˈvɔnən] **1.** /jmd., Gruppe/ *etw. ~* ʻSieger in einem (Wett)kampf seinʼ; ANT verlieren (5): *eine Schlacht ~; ein Spiel klar, verdient ~; einen Prozess ~; wir haben gewonnen* **2.** /jmd./ *etw. ~* ʻetw. durch Anstrengung, Mühe erlangenʼ: *in einem Wettkampf die meisten Punkte ~; er wollte Zeit, einen Vorsprung ~; jmds. Vertrauen, Zuneigung ~; Ansehen, Einfluss ~* **3.** /jmd./ ʻin einem Spiel (1.2, 4) etw. durch Glück erhaltenʼ: *er hat im Lotto 1000 Mark gewonnen; nicht jedes Los gewinnt* (ʻist ein Trefferʼ) **4.** /jmd., Institution/ *jmdn. ~* ʻjmdn. zu einer bestimmten Einstellung, Wirksamkeit, Rolle bewegen könnenʼ: *neue Mitglieder, Abonnenten zu ~ suchen; jmdn. als jmdn. ~: jmdn. als Helfer, Mitarbeiter ~; jmdn. für etw. ~: jmdn. für seine Pläne, einen Vortrag ~; jmdn. für sich zu ~ suchen* **5.1.** *etw. ~* **5.1.1.** ⟨vorw. mit Präp. *an, in*⟩ /jmd./ ʻetw. Wünschenswertes bekommen (2.2)ʼ: *Geschmack an etw. ~* (ʻlernen, etw. zu schätzenʼ); *Einblick in etw. ~* (ʻKenntnisse über einen größeren Zusammenhang erlangenʼ); *den Eindruck, die Überzeugung ~, dass … * **5.1.2.** *etw. gewinnt etw.*: *etw. gewinnt besonderes Gewicht, aktuelle Bedeutung* (ʻetw. wird besonders wichtig, erhält aktuelle Bedeutungʼ) **6.** ⟨oft im Pass.⟩ /jmd., Unternehmen/ *etw. ~* SYN ʻetw. abbauen (2)ʼ: *dort wird Kupfer, Erdöl gewonnen* ❖ **Gewinn, Gewinner – Energiegewinnung, wiedergewinnen**

Gewinner [gəˈvɪnɐ], der; *~s, ~* ʻjmd., der (etw.) gewinnt (1, 3), gewonnen hatʼ ❖ ↗ **gewinnen**

Gewirk [gəˈvɪrk], das; *~s/auch ~es, ~e* ʻmaschinell hergestelltes, gewirktes (↗ wirken 5) textiles Gewebeʼ ❖ ↗ **wirken**

Gewirr [gəˈvɪr], das; *~s/auch ~es, ⟨o.Pl.⟩ ein ~ von etw.* **1.1.** ʻeine unübersichtliche Vielzahl wirr miteinander verschlungener, meist fadenförmiger Dingeʼ: *ein ~ von Fäden, Haaren* **1.2.** ʻgroße unübersichtliche und verwirrende Vielzahl von etw., von Menschenʼ: *ein ~ von Stimmen, Gassen, Menschen* ❖ ↗ **wirr**

gewiss [gəˈvɪs] **I.** gewisser [..ˈvɪsɐ], gewisseste [..ˈvɪsəstə] ⟨Adj.; Steig. reg., ungebr.⟩ **1.** ⟨nur attr.⟩ **1.1.** /drückt aus, dass man zwar eine bestimmte Person, Sache meint, diese aber nicht näher bezeichnen kann od. will/: *das geschah aus einem ~en Grunde, in ~er Beziehung hast du Recht* **1.2.** /drückt in Verbindung mit Personennamen aus, dass die Person nicht genau bekannt ist/: *gestern besuchte uns ein ~er Herr N* **2.** ⟨nur attr.⟩ /drückt einen nicht genau bestimmbaren (geringen) Grad aus/: *er hielt sich in einer ~en Entfernung; ihre Schriftzüge haben eine ~e Ähnlichkeit mit denen ihrer Mutter* **3.** ⟨nur präd. (mit *sein*)⟩ SYN sicher (4) **3.1.** /etw., bes. *es, das*/ *~ sein* ʻsicher (4.1.1), unbestreitbar seinʼ: *so viel ist ~, es wird noch lange dauern; es ist ~, dass …; man weiß darüber noch nichts Gewisses* (ʻGenauesʼ) **3.2.** *etw. ist jmdm. ~* ʻjmd. erhält etw. ganz bestimmtʼ; SYN sicher (4.1.2): *der Sieg, die Belohnung, Strafe ist ihm ~* **4.** ⟨nicht bei Vb.; vorw. präd.⟩ /jmd./ *einer Sache ~ sein* ʻnicht daran zweifeln, dass etw. zutrifft, dass mit etw. gerechnet werden kannʼ: *er war seiner Sache, ihrer Zustimmung, Treue ~, kann deswegen ~ sein;* – **II.** ⟨Satzadv.⟩ /drückt die Einstellung des Sprechers zum genannten Sachverhalt aus/ **1.1.** /drückt aus, dass der Sprecher vom Bestehen od. von der Realisierung eines Sachverhalts, von der Richtigkeit eines Tatbestands überzeugt ist/; SYN sicher (III), sicherlich, *das hat er ~ nicht getan; das wird ihn ~ freuen* **1.2.** /korrespondiert mit *aber, doch, jedoch* im Nebensatz; drückt aus, dass der Sprecher den im Nebensatz genannten Gegensatz einschränken möchte/ SYN ʻzweifellosʼ: *du hast ~ das Beste für ihn gewollt, aber es hat ihm nur geschadet* – **III.** /als eine nachdrückliche positive Antwort auf eine Entscheidungsfrage od. als Verstärkung von *nicht* in einer Antwort/; SYN durchaus (II), natürlich (II.3), selbstverständlich (I.2), sicher (II): „*Hast du dir das alles genau überlegt?*" „*Gewiss!*" ❖ ↗ **wissen**

Gewissen [gəˈvɪsn̩], das; *~s, ~* ⟨vorw. Sg.⟩ ʻmoralisches Bewusstsein des Menschenʼ; ↗ FELD I.12.1: *jmd. hat kein ~; etw. vor seinem ~ nicht verantworten können; sein ~ erleichtern* (ʻeine Schuld bekennenʼ); *ein gutes, schlechtes ~ haben* (ʻsich keiner moralischen Schuld bewusst seinʼ) ❖ ↗ **wissen**

* /jmd./ *etw., jmdn. auf dem ~ haben* (ʻan etw., an jmds. Unglück, Tod schuld seinʼ); /jmd./ *jmdm. ins ~ reden* (ʻjmdm. moralische Vorhaltungen ma-

chen'); **jmdm. schlägt das ~** ('jmd. hat Gewissensbisse')

gewissenhaft [gə'vɪsn̩..] ⟨Adj.; Steig. reg.⟩ 'aus dem Gefühl der Verantwortung heraus sorgfältig und genau seine Aufgaben bewältigend'; SYN ¹genau (2) /auf Personen bez./; ↗ FELD I.4.4.3: *er ist ein (sehr) ~er Mensch, arbeitet, ist ~* ❖ ↗ **wissen**

gewissenlos [gə'vɪsn̩..] ⟨Adj.; Steig. reg.⟩ 'ohne Gewissen, anderen ohne jeden Skrupel schadend'; SYN schamlos (2.2), skrupellos: *ein ~er Geschäftemacher; er hat in dieser Angelegenheit ~ gehandelt; so ein ~es* (SYN 'lumpiges 1') *Pack, Gesindel!;* vgl. *charakterlos* ❖ ↗ **wissen**, ↗ **los**

Gewissens|bisse [gə'vɪsn̩sbɪsə], **die** ⟨Pl.⟩ 'Bewusstsein, sich durch sein Tun schuldig gemacht zu haben od. sich schuldig machen zu können'; ↗ FELD I.4.3.1, 12.1: *~ haben; sich ~ machen* ('in Bezug auf die Richtigkeit seines eigenen Tuns ernste Bedenken haben') ❖ ↗ **wissen**

gewissermaßen [gə'vɪsɐma:sn̩] ⟨Satzadv.⟩ /drückt aus, dass der Sprecher seine Aussage in Bezug auf etw. relativieren möchte/ 'in gewisser Hinsicht, in gewissem Maße, man kann es so ausdrücken'; SYN sozusagen: *das ist ~ für uns alle wichtig; damit hat er sich ~ selbst belastet; in dieser Angelegenheit hat er ~ Recht; ~ ist auch er dafür verantwortlich; das war ~ nur ein Experiment; dies ist ~ seine zukünftige Frau* ❖ ↗ **wissen**

Gewissheit [gə'vɪs..], **die**; ~, ⟨o.Pl.⟩ SYN Sicherheit (3) /zu *gewiss* I.3.1, 4/ 'das Gewisssein'; /zu I.3.1/: *etw. steht mit ~ fest;* /zu I.4/: *jmd. ist zu der ~ gelangt, hat die ~, dass ...; was gibt dir die ~, dass er dich nicht belogen hat?* ❖ ↗ **wissen**

Gewitter [gə'vɪtɐ], **das**; ~s, ~ 'Unwetter mit Blitz und Donner': *ein ~ zieht auf, entlädt sich; ein schweres ~* ❖ **gewittrig**; vgl. **Wetter**

gewittrig [gə'vɪtʀɪç] ⟨Adj.; o. Steig.; nicht bei Vb.⟩ 'durch Gewitter bedingt, gekennzeichnet': *~e Niederschläge; der Sommer war sehr ~* ❖ **gewittrig**; vgl. **Wetter**

gewitzt [gə'vɪtst] ⟨Adj.; Steig. reg.; nicht bei Vb.⟩ 'durch lange Erfahrung so geschickt, dass man sich weder leicht täuschen noch übervorteilen lässt'; SYN gewieft /auf Personen bez./; ↗ FELD I.2.3: *ein ~er Bursche; er ist sehr ~;* vgl. *schlau* ❖ ↗ **Witz**

gewoben: ↗ **weben**

gewogen [gə'vo:gn̩] **I.** ⟨Adj.; Steig. reg., ungebr.; vorw. präd.⟩ geh. /jmd./ **jmdm. ~ sein** 'jmdm freundlich gesinnt sein': *er war mir sehr ~; bleiben Sie mir ~!; er zeigte sich mir ~; ein mir sehr ~er Bekannter; etw.* ⟨Dat.⟩ **~ sein**: *er war meinem Projekt sehr ~* – **II.** ↗ **wiegen**

gewöhnen [gə'vø:nən] ⟨reg. Vb; hat⟩ **1.** /jmd./ **jmdm., sich an etw. ~** 'jmdm., sich etw. zur Gewohnheit werden lassen, zur Gewohnheit machen': *die Schüler an Ordnung, Disziplin ~; er hat sich daran gewöhnt, früh aufzustehen* **2.** /jmd., etw./ **sich an etw., jmdn. ~** 'sich an etw., jmdn. anpassen': *die Augen haben sich an die Dunkelheit, der Hund hat sich an seinen neuen Herrn gewöhnt; jmd. ist an Entbehrun-*

gen gewöhnt ❖ **Gewohnheit, gewöhnlich, gewohnt, ungewöhnlich, ungewohnt** − **abgewöhnen, angewöhnen, Angewohnheit, außergewöhnlich**; vgl. **entwöhnen, verwöhnen**

Gewohnheit [gə'vo:n..], **die**; ~, ~en 'durch häufige Wiederholung zur Selbstverständlichkeit gewordenes Handeln, Verhalten'; SYN Gepflogenheit: *das ist eine gute, schlechte ~; etw. aus reiner, alter ~ tun; eine ~ annehmen, ablegen; seine ~en ändern; das ist die* ↗ *Macht der ~* ❖ ↗ **gewöhnen**

gewöhnlich [gə'vø:n..] ⟨Adj.; o. Steig.⟩ **1.** ⟨nicht bei Vb.⟩ 'dem entsprechend, was für die Mehrzahl der Fälle gilt'; SYN üblich: *das ist seine ~e Beschäftigung; es war wie ~* ('war so, wie auch sonst immer'); *für ~* 'normalerweise': *für ~ steht er früh auf* **2.** ⟨vorw. attr.⟩ 'den ganz normalen Verhältnissen entsprechend': *einen ganz ~en Briefbogen benutzen; im ~en Leben kommt so etwas kaum vor* **3.** 'im Benehmen, Auftreten ein niedriges Niveau zeigend': *jmd. ist, benimmt sich ziemlich, sehr ~; er verwendet immer so ~e Ausdrücke;* vgl. *ordinär* ❖ ↗ **gewöhnen**

gewohnt [gə'vo:nt] ⟨Adj.; o. Steig.⟩ **1.** ⟨nur attr.⟩ 'zur festen Gewohnheit geworden, einer festen Gewohnheit entsprechend': *etw. mit ~er Sorgfalt, in ~er Weise, zur ~en Zeit tun; er fühlt sich nur in seiner ~en* ('vertrauten') *Umgebung wohl* **2.** ⟨nur präd. (mit sein)⟩ /jmd./ **etw. ~ sein** 'durch häufige Wiederholung als selbstverständlich empfinden': *er ist (es) ~, früh aufzustehen; seine ironischen Bemerkungen bin ich schon ~* ❖ ↗ **gewöhnen**

Gewölbe [gə'vœlbə], **das**; ~s, ~ **1.** 'gewölbte Decke eines Raumes': ↗ FELD V.3.1: *das ~ eines Kirchenschiffs* **2.** '(niedriger, unter der Erdoberfläche gelegener) Raum mit einem Gewölbe (1)': *ein dunkles, dumpfes, kühles ~* ❖ ↗ **wölben**

gewollt: ↗ **wollen**

gewonnen: ↗ **gewinnen**

geworben: ↗ **werben**

geworden: ↗ **werden**

geworfen: ↗ **werfen**

gewrungen: ↗ **wringen**

gewunden: ↗ **winden**

Gewürz [gə'vʏʁts], **das**; ~es, ~e 'Mittel zum Würzen von Speisen'; ↗ FELD I.8.1, II.4.1: *ein scharfes, mildes ~; das ~ eignet sich besonders für Braten, Gemüsesuppen* ❖ ↗ **Würze**

gewusst: ↗ **wissen**

Gezeiten [gə'tsaitn̩], **die** ⟨Pl.⟩ 'Ebbe und Flut in ihrem regelmäßigen Wechsel': *der Wechsel der ~* ❖ vgl. **Zeit**

gezielt [gə'tsi:lt] ⟨Adj.; Steig. reg., Superl. ungebr.; ↗ auch zielen⟩ 'auf ein bestimmtes Ziel gerichtet': *~e Maßnahmen ergreifen; ~ nachforschen* ❖ ↗ **Ziel**

geziemen [gə'tsi:mən] ⟨reg. Vb.; hat; oft verneint; ↗ auch geziemend⟩ geh. **1.** *etw. (vorw. das, es) geziemt sich* SYN 'etw. gehört sich (↗ gehören 5)': *er weiß nicht, was sich geziemt; das geziemt sich nicht; es geziemt sich nicht, anderen Leuten ins Wort zu fallen* **2.** /etw., bes. es, das/ **jmdm. ~** 'jmdm. aufgrund seiner Stellung zukommen': *es hätte mir nicht geziemt, danach zu fragen* ❖ ↗ **ziemen**

geziemend [gə'tsiːmənt] ⟨Adj.; o. Steig.; ↗ auch *geziemen*⟩ geh. **1.** 'wie es die gesellschaftliche Norm des Verhaltens vorschreibt, wie es sich gehört' /auf Abstraktes bez./: *in ~em Abstand jmdm. folgen; jmdn. etw. mit ~er Bescheidenheit fragen; sich in ~er Weise bedanken* **2.** SYN 'gebührend (1.2)': *er wies sein Ansinnen in ~er Weise zurück* ❖ ↗ **ziemen**

gezogen: ↗ **ziehen**

gezwungen: ↗ **zwingen**

gibt: ↗ **geben**

Gicht [gɪçt], **die**; ~, ⟨o.Pl.⟩ 'durch eine Störung des Stoffwechsels verursachte Krankheit, die sich durch Entzündung der Gelenke äußert': *an (der) ~ leiden; (die) ~ haben*

Giebel ['giːbl̩], **der**; ~s, ~ 'meist dreieckige Außenwand zwischen den geneigten Flächen des Daches an der schmalen Seite eines Hauses'; ↗ FELD IV.3.1, V.3.1: *ein spitzer, hoher ~; ein gotischer ~; der ~ eines hanseatischen Kaufmannshauses; die Häuser stehen mit dem ~ zur Straße*

Gier [giːɐ̯], **die**; ~, ⟨o.Pl.⟩ 'bes. auf die Befriedigung von Wünschen gerichtetes heftiges, maßloses Verlangen (1)'; vgl. *Lust* (1.2): *eine unbezwingbare, unersättliche, krankhafte, hemmungslose ~ (nach Alkohol, Macht, Geld) erfüllt jmdn.; er konnte seine ~ nicht beherrschen* ❖ **begierig, gierig — Geldgier, geldgierig, Habgier, habgierig, Neugier, neugierig, raffgierig, wissbegierig**

gierig ['giːʁɪç] ⟨Adj.; Steig. reg.⟩ 'voller Gier, von Gier erfüllt': *~ trinken; iss nicht so ~!; etw. ~ verschlingen; ~ nach Geld, Macht sein; etw. mit ~en Blicken betrachten; mit ~en Händen nach etw. greifen* ❖ ↗ **Gier**

gießen ['giːsn̩], goss [ɡɔs], hat gegossen [..'ɡɔsn̩] **1.** /jmd/ *etw. in, auf, über etw. ~* 'eine Flüssigkeit aus einem (geneigten) Gefäß in, auf, über etw. fließen lassen'; ↗ FELD I.7.9.2: *Wasser in ein Glas, Kaffee in eine Tasse ~; Wasser auf, über die Blumen ~* **2.** /jmd./ *Pflanzen ~* 'Pflanzen mit Hilfe eines Gefäßes, bes. einer Gießkanne, das nötige Wasser zuführen, damit sie nicht vertrocknen'; SYN begießen (1.1); ↗ FELD II.4.2, III.2.2: *die Blumen ~; bei dieser Trockenheit müssen die Bäume, Sträucher, Gemüsepflanzen gegossen werden* **3.** umg. *es gießt (in Strömen)* ('es regnet stark'; ↗ FELD III.2.2); *gestern hat es mächtig gegossen* **4.** /jmd./ *etw. ~* 'etw. dadurch herstellen, dass man etw., bes. flüssiges Metall, in eine Form fließen und darin erstarren lässt'; ↗ FELD II.5.2: *Metall ~; Glocken, Kerzen ~* ❖ **begießen, Gießer, Gießerei, Guss — Abguss, Aufguss, ausgießen, Ausguss, Bluterguss, eingießen, Gießkanne, Gusseisen**

Gießer ['giːsɐ], **der**; ~s, ~ 'Facharbeiter für das Gießen (4) bes. metallischer Produkte'; ↗ FELD I.10: *er ist, arbeitet als ~* ❖ ↗ **gießen**

Gießerei [giːsə'ʁaɪ], **die**; ~, ~en 'Betrieb der Metallindustrie, in dem Metall, Produkte aus Metall gegossen werden': *in einer ~ arbeiten* ❖ ↗ **gießen**

Gieß|kanne ['giːs..], **die** 'Gefäß, meist mit einem Rohr (1) ausgestattet, das zum Gießen von Pflanzen dient' ❖ ↗ **gießen**, ↗ **Kanne**

Gift [gɪft], **das**; ~es/auch ~s, ~e 'Stoff (2), der den Organismus sehr schädigt'; der tödlich wirkt': *ein pflanzliches, starkes, tödliches ~; verhüll. er, sie hat ~ genommen* ('hat absichtlich Gift eingenommen, um sich das Leben zu nehmen'); /in der kommunikativen Wendung/ *darauf kannst du ~ nehmen* ('daß es so sein wird od. sich so verhält, kannst du als völlig gesichert ansehen') /wird zu jmdm. gesagt, wenn man seine feste Gewissheit bezüglich des Gesagten ausdrücken will/ ❖ **giftig, vergiften — Blutvergiftung, Giftmüll, -pilz, -schlange, -zwerg, Rauschgift**
* umg. *ein blondes ~* ('Frau, Mädchen mit sehr auffällig blond gefärbtem Haar, das auf Männer herausfordernd wirkt') ⟨⟩ /etw./ umg. *~ für jmdn. sein* 'für jmds. Gesundheit schädlich sein': *Kaffee am Abend ist für mich ~!*; /jmd./ *~ und Galle spucken* ('sehr wütend sein, wütend schimpfen')

giftig [gɪftɪç], ⟨Adj.; Steig. reg.⟩ **1.** ⟨nicht bei Vb.⟩ 'Gift enthaltend und schädigend wirkend' /auf Stoffe, Pflanzen, Tiere bez./: *~e Dämpfe; manche Pilze sind ~ (ANT essbar); eine ~e Schlange* **2.** 'boshaft und aggressiv (2), gehässig' /vorw. auf Äußerungen bez./: *~e Bemerkungen machen; jmdn. ~ ansehen, anfahren* ❖ ↗ **Gift**

Gift [gɪft..]-**müll, der** 'giftige Abfallstoffe der Industrie': *~ entsorgen; eine Deponie für ~* ❖ ↗ **Gift**, ↗ **Müll**; **-pilz, der** 'giftiger Pilz'; ↗ FELD II.4.1: *der Knollenblätterpilz ist ein ~* ❖ ↗ **Gift**, ↗ **Pilz**; **-schlange, die** 'Schlange, bei deren Biss ein giftiges Sekret abgesondert wird, das dann in die Wunde gelangt und tödlich wirken kann'; ↗ FELD II.3.1: *die Kreuzotter ist eine ~* ❖ ↗ **Gift**, ↗ **Schlange**; **-zwerg, der** umg. emot. 'boshafter, meist kleiner Mensch'; ↗ FELD I.6.1: *so ein ~!; er ist ein ~* ❖ ↗ **Gift**, ↗ **Zwerg**

Gigant [gi'gant], **der**; ~en, ~en ⟨vorw. mit Gen.attr.⟩ **1.1.** 'etw. in seiner Ausdehnung sehr Großes': *die ~en der Industrie* ('die großen Industriewerke') **1.2.** 'jmd., der durch außergewöhnliche Leistungen beeindruckt': *Einstein war ein ~ der Wissenschaft; die ~en des Sports; die ~en der Meere* ('die großen, die Meere befahrenden Schiffe') ❖ **gigantisch**

gigantisch [gi'gant..] ⟨Adj.; Steig. reg.; nicht bei Vb.⟩ SYN 'gewaltig (1)': *~e Bauwerke, Schiffe; ~e Felsen* **2.** SYN 'gewaltig (2)': *es tobten ~e Machtkämpfe; ~e Anstrengungen unternehmen; das war ein ~er Erfolg; das ist ein ~es Projekt* ❖ ↗ **Gigant**

gilt: ↗ **gelten**

ging: ↗ **gehen**

Ginster ['gɪnstɐ], **der**; ~s, ~ ⟨vorw. Sg.⟩ 'auf trockenem Boden gedeihender, gelb blühender Strauch mit langen dünnen Zweigen'; ↗ FELD II.4.1

Gipfel ['gɪpfl̩], **der**; ~s, ~ **1.** 'höchste Spitze eines Berges'; ↗ FELD II.1.1, IV.1.1: *steile, schneebedeckte ~; den ~ (des Berges) besteigen, ersteigen, erklimmen (wollen)* **2.** ⟨vorw. Sg.; + Gen.attr.⟩ 'Höhepunkt' /beschränkt verbindbar/: *auf dem ~ des Ruhms, der Macht angelangt sein;* /in Ausrufen der Empörung/: *das ist doch wirklich der ~ der Geschmacklosigkeit, Unverfrorenheit* ('das ist über alle Maßen geschmacklos, unverfroren')!; *das ist (doch) der ~ der Unverschämtheit, Gedankenlosigkeit!; das ist doch der ~* ('das ist eine Unverschämtheit')! ❖ ↗ **gipfeln**

gipfeln ['gɪpfl̩n] ⟨reg. Vb.; hat; vorw. im Prät.⟩ emot. /etw./ in etw. ⟨Dat.⟩ ~ 'in etw. seinen (unrühmlichen) Höhepunkt erreichen, haben': *die Diskussion gipfelte in gegenseitigen heftigen Anschuldigungen; seine Ausführungen gipfelten in der Feststellung, Behauptung, Lüge, er habe von allem nichts gewusst* ❖ **Gipfel**

Gips [gɪps], **der**; ~es, ⟨o.Pl.⟩ 'aus schwefelsaurem Kalk hergestelltes Pulver, das nach Aufnahme von Wasser schnell erhärtet'; ↗ FELD II.5.1: ~ *(mit Wasser) anrühren; die Wand, Statue ist aus ~; etw. aus ~ formen; Fugen, ein Loch in der Wand mit ~ verschmieren* ❖ **gipsen, gipsern**

gipsen ['gɪpsn̩] ⟨reg. Vb.; hat⟩ **1.** /jmd./ etw. ~ 'etw. mit Gips ausbessern, reparieren'; ↗ FELD II.5.2: *eine Wand, Decke ~* **2.** ⟨oft im Pass.⟩ umg. /jmd./ *einen gebrochenen Arm, ein gebrochenes Bein ~* ('mit einem Gipsverband versehen'); *der Arm wurde gegipst* ❖ ↗ **Gips**

gipsern ['gɪpsɐn] ⟨Adj.; o. Steig.; vorw. attr.; nicht bei Vb.⟩ 'aus Gips bestehend'; ↗ FELD II.5.3: *eine ~e Büste* ❖ ↗ **Gips**

Giraffe [gi'ʀafə], **der**; ~, ~n 'großes, in Afrika lebendes, Pflanzen fressendes, wiederkäuendes Säugetier' (↗ TABL Säugetiere)

Girlande [gɪʀ'landə], **die**; ~, ~n 'langes, schmales, meist in nach unten hängenden Bogen angeordnetes Gebilde aus Blumen, Zweigen od. buntem Papier, das bei heiteren festlichen Anlässen als Dekoration dient': *der Saal war mit ~n geschmückt; ~n anbringen, aufhängen*

Giro|konto ['ʒiːʀo..], **das** 'Konto, über das Zahlungen per Scheck od. Überweisung getätigt werden': *ein ~ einrichten; das Gehalt wird aufs ~ überwiesen* ❖ ↗ **Konto**

girren ['gɪʀən] ⟨reg. Vb.; hat⟩ /Vogel/ 'in hohen Tönen gurren': *die Hühner, Tauben ~*

Gischt [gɪʃt], **die**; ~, ~en/auch **der**; ~es, ~e ⟨vorw. Sg.⟩ 'in die Höhe sprühendes, schäumendes Wasser heftig bewegter Wellen': *der weiße ~ der Wellen; ~ schäumt vor dem Bug des Schiffs*

Gitarre [gi'taʀə], **die**; ~, ~n 'Zupfinstrument mit sechs Saiten und einem flachen Körper' (↗ TABL Saiteninstrumente): ~ *spielen*

Gitter ['gɪtɐ], **das**; ~s, ~ 'nebeneinander angeordnete, oft kreuzweise miteinander verbundene (metallene) Stäbe, die als Absperrung od. Schutzvorrichtung dienen': *ein schmiedeeisernes ~; vor den Fenstern waren ~*
* umg. /jmd./ **hinter ~n sitzen** ('im Gefängnis eine Strafe abbüßen')

Gladiole [gla'di̯oːlə], **die**; ~, ~n 'in Gärten wachsende hohe Pflanze mit großen, farbenprächtigen, trichterförmigen Blüten, die aus einer Zwiebel wächst': *ein Strauß ~n*

Glanz [glants], **der**; ~es, ⟨o.Pl.⟩ **1.** 'Spiegelung des meist hellen Lichtscheins auf der sehr glatten Oberfläche von Gegenständen und bestimmten Geweben'; ↗ FELD VI.2.1: *der ~ des Goldes, des Edelsteins; das Metall hat einen strahlenden, hellen ~; der matte ~ der Seide; ihr Haar hat einen seidigen ~; der fieberhafte, feuchte ~ ihrer Augen; etw. auf ~ polieren* ('etw. so lange polieren, bis es anfängt zu glänzen') **2.** ⟨vorw. mit Gen.attr.⟩ geh. 'Bewunderung erregender Eindruck der Vollendung, der von etw. Wunderbarem, meist etw. Abstraktem, ausgeht': *der ~ der Jugend, Schönheit lag auf ihrem Gesicht; der ~ des Ruhms* ❖ **glänzen, glänzend** – **Hochglanz**
* umg. **mit ~**: *etw. mit ~* ('mit ausgezeichnetem Ergebnis') *bestehen, absolvieren; er hat die Prüfung mit ~ bestanden*; umg. iron. **mit ~ und Gloria**: *mit ~ und Gloria durchfallen* ('in einer Prüfung vollständig versagen und die Prüfung nicht bestehen'); *er ist mit ~ und Gloria durch die Prüfung gefallen*

glänzen ['glɛntsn̩] ⟨reg. Vb.; hat; ↗ auch glänzend⟩ **1.** /etw./ ↗ FELD VI.2.2 **1.1.** 'Glanz (1) aufweisen': *das Gold, der Lack glänzt; die geputzten Schuhe ~; sie hat seidiges, das Haar*; SYN 'spiegeln (2)': *das Wasser des Sees glänzt in der Abendsonne; hier glänzt alles vor Sauberkeit* ('hier ist alles so sauber, dass es sofort zu bemerken ist') **1.2.** 'strahlendes Licht von sich geben': *am nächtlichen Himmel ~ die Sterne* **2.** /jmd./ 'durch eine bestimmte besondere Leistung Bewunderung hervorrufen': *in der Prüfung glänzte er; er glänzte mit seinen Sprachkenntnissen, seinem Klavierspiel; er glänzte in der Rolle des Liebhabers; jmd. glänzt durch sein Wissen und Können; sie wollte immer vor ihren Kollegen ~* ('sich hervortun'); vgl. auch *funkeln, glitzern* ❖ ↗ **Glanz**

glänzend ['glɛntsn̩t] ⟨Adj.; Steig. reg.; ↗ auch glänzen 2⟩ emot. **1.** ⟨vorw. attr.⟩ 'durch besondere Leistung Bewunderung hervorrufend': *er ist ein ~er Redner, Virtuose, Tänzer; eine ~e Theateraufführung; er hat ~e Zeugnisse; ein ~es Examen* **2.** 'sehr gut': *jmdm. geht es ~; er ist ~ in Form/in ~er Form; sich mit jmdm. ~ verstehen; das ist ein ~es Beispiel dafür; er war in ~er Stimmung; seine Laune war ~* ❖ ↗ **Glanz**

Glas [glaːs/auch glas], **das**; ~es, Gläser ['glɛːzɐ/'gleː..] **1.** ⟨o.Pl.; o. unbest. Art.⟩ 'meist durchsichtiger, harter, leicht zerbrechlicher Werkstoff'; ↗ FELD II.5.1: *ein Gefäß, eine Schale aus ~; dünnes, dickes, geschliffenes, farbiges, feuerfestes, optisches ~; ~ zerbricht leicht; das ~ (zer)splitterte; ~ schneiden, schmelzen; ~ blasen* ('aus geschmolzenem Glas durch Blasen Gegenstände herstellen'); *etw. hinter ~* ('in einer Vitrine') *ausstellen* **2.1.** 'meist zylindrisch od. konisch geformtes Gefäß aus Glas (1), aus dem getrunken wird'; ↗ FELD V.7.1 (↗ TABL

Gefäße): *ein schlankes, farbiges, geschliffenes ~; ein ~ mit Saft, Bier, Wein, Sekt, Tee füllen; das ~ ist leer, voll; sein, das ~ (auf jmds. Wohl) erheben* (ˈdas mit einem alkoholischen Getränk gefüllte Glas in die Hand nehmen und es nach einem Trinkspruch leeren'); *mit den Gläsern anstoßen, die Gläser klingen lassen* **2.2.** ˈverschließbares, meist zylindrisch geformtes Gefäß aus Glas (1)ˈ: *zwei Gläser mit Marmelade; die Blumen vorübergehend in ein ~ stellen; ein ~ mit Eingemachtem; ein ~ (Obst, Gemüse) öffnen* **3.** ⟨bei Mengenangabe: Glas⟩ ˈMenge, die den Inhalt von Glas (2.1) bildetˈ: *er trank zwei ~ Bier; Herr Ober, bitte drei ~ Bier, Sekt* **4.1.** ⟨vorw. Pl.⟩ ˈLinse einer Brilleˈ: *eine Brille mit großen, dunklen Gläsern; jmd. braucht starke Gläser* (ˈbraucht eine Brille mit starker Leistungˈ) **4.2.** umg. ˈFernglas, Opernglasˈ: *durchs ~ gucken* ❖ **Glaser, gläsern, glasieren, glasig, Glasur** – **Fernglas, Milchglas, Sicherheitsglas, Glasbläser** * /jmd./ scherzh. **zu tief ins ~ geguckt haben** (ˈangeheitert, betrunken seinˈ)

Glas|bläser [ˈ..], *der* ˈjmd., der beruflich aus geschmolzenem Glas (1) bes. durch Blasen Gegenstände herstelltˈ: *er arbeitet als ~, ist ~* ❖ ↗ **Glas, ↗ blasen**

Glaser [ˈglaːzɐ], *der*; ~s, ~ ˈHandwerker, der Scheiben in Fenster einsetzt und Bilder rahmtˈ; ↗ FELD I.10: *er ist ~ (von Beruf); das Fenster zum ~ bringen; der ~ hat neue Scheiben eingesetzt* ❖ ↗ **Glas**

Glaserei [ˈglaːzəRai], *die*; ~, ~en ˈBetrieb, Werkstatt des Glasersˈ ❖ ↗ **Glas**

gläsern [ˈglɛːzɐn/ˈgleː..] ⟨Adj.; o. Steig.; nur attr.⟩ ˈaus Glas (1)ˈ: *~e Gefäße, Figuren, Türen* ❖ ↗ **Glas**

glasieren [glaˈziːRən], glasierte, hat glasiert **1.** /jmd./ *etw.* ~ ˈkeramische Erzeugnisse mit einer Glasur (1) überziehenˈ: *Kacheln, Steingut ~* **2.1.** *etw.* ~ ˈbes. Kuchen, süßes Gebäck mit einer Glasur (2) versehenˈ: *Pfefferkuchen ~* **2.2.** *Fleisch, Wurst mit Gelee ~* (ˈmit einem glänzenden Überzug 1.1 aus Gelee 1.2 versehenˈ) ❖ ↗ **Glas**

glasig [ˈglaːzɪç] ⟨Adj.⟩ **1.** ⟨Steig. reg., Superl. ungebr.⟩ ˈfast durchsichtig wie Glas (1) wirkendˈ /vorw. auf Gekochtes, Gebratenes bez./: *~e Kartoffeln; den Speck braten, bis er ~ ist* **2.** ⟨o. Steig.⟩ *der Betrunkene hatte ~e Augen, seine Augen wirkten ~* (ˈseine Augen wirkten feucht und hatten einen starren Ausdruckˈ) ❖ ↗ **Glas**

Glasur [glaˈzuːɐ], *die*; ~, ~en **1.** ˈdünner, harter, glänzender Überzug (1.1) auf keramischen Erzeugnissenˈ: *von der ~ ist etwas abgeplatzt; die ~ hat feine Risse* **2.** ˈsüßer, glänzender Überzug (1.1) bes. auf Kuchen, süßem Gebäckˈ: *der Kuchen hat eine ~; ein Kuchen mit ~* ❖ ↗ **Glas**

glatt [glat] ⟨Adj.; Steig.: glatter /auch glätter [ˈglɛtɐ], glatteste /auch glätteste [ˈglɛtəstə]⟩ **1.** ˈgleichmäßig eben, ohne jegliche Erhöhung, Vertiefungˈ: *eine ~e Fläche; ein ~er Wasserspiegel; das Brett ~ hobeln; das Haar ~ kämmen; das Papier ~ streichen; das Laken ~ ziehen; ihre Haut ist ~* (ANT runzlig, rau 1); *~es* (ˈnicht lockigesˈ; ANT krauses 1) *Haar* **2.** ⟨nicht bei Vb.⟩ ˈso beschaffen, dass es keinen Halt

bietetˈ /vorw. auf Verkehrswege bez./; ↗ FELD III.3.3: *~e Straßen; die Straße war sehr ~; die Rutschbahn war ~* (ANT stumpf 4); *heute ist es draußen sehr ~* (ˈsind die Wege, Straßen durch Eis, Schnee sehr glattˈ) **3.** ⟨o.Steig.; nicht präd.⟩ *eine ~e Summe* (ˈSumme ohne Pfennigbeträgeˈ); *die Rechnung geht ~* (ˈohne Restˈ) *auf* **4.** ⟨Steig. reg.; nicht präd.⟩ ˈohne Schwierigkeiten, Hindernisseˈ; SYN reibungslos /auf einen Vorgang, eine Tätigkeit bez./: *eine ~e Fahrt, Landung; die Operation, Reise ist ~ verlaufen* **5.** umg. ⟨o. Steig.; nicht präd.⟩ **5.1.** emot. ˈso eindeutig (2), dass es nicht bezweifelt werden kannˈ /vorw. auf Negatives bez./: *das ist eine ~e Lüge, Fälschung, Unterstellung, ein ~es Missverständnis; das ist ~ gelogen, erfunden, danebengegangen* **5.2.** ˈoffen und ohne zu zögernˈ: *etw. ~* (SYN ˈrundherausˈ) *ablehnen; das hat er ~ abgestritten; da wurde er ~ ausgelacht* ❖ **Glätte, glätten, Glatze** – **aalglatt, Eisglätte, Glatteis, Schneeglätte** * umg. **etw. geht jmdm. ~ runter** (ˈjmd. freut sich über eine für ihn schmeichelhafte Äußerungˈ)

Glätte [ˈglɛtə], *die*; ~, ⟨o.Pl.⟩ /zu glatt 2/ ˈdas Glattseinˈ; ↗ FELD III.3.1: *auf den Straßen herrschte ~; gefährliche ~* ❖ ↗ **glatt**

Glatt|eis [ˈglat|ais], *das* ⟨o.Pl.⟩ ˈdurch Gefrieren von (Sprüh)regen entstandene dünne Eisschicht auf Wegen, Straßenˈ; ↗ FELD III.3.1: *bei ~ vorsichtig sein, fahren; bei ~ muss gestreut werden* ❖ ↗ **glatt, ↗ Eis** * /jmd./ **jmdn. aufs ~ führen** (ˈjmdn. bewusst durch irreführende Fragen, Behauptungen so täuschen, dass er etw. tut, was er besser nicht tun sollteˈ)

glätten [ˈglɛtn], glättete, hat geglättet **1.** /jmd./ *etw.* ~ ˈetw., was nicht gleichmäßig eben ist, glatt (1) machenˈ; ↗ FELD III.3.2: *einen zerknüllten Brief, Geldschein ~; sich* ⟨Dat.⟩ *die Schürze, das Haar mit der Hand ~* **2.** /etw., bes. Wasseroberfläche/ *sich* ~ ˈglatt (1) werdenˈ: *sein Haar glättete sich* (ANT kräuselte 1) *sich; die aufgewühlte See begann sich wieder zu ~; seine Gesichtszüge glätteten sich wieder* (ˈer blickte wieder etwas freundlicherˈ) ❖ ↗ **glatt**

Glatze [ˈglatsə], *die*; ~, ~n ˈdurch Ausfall (1) der Haare entstandene kahle Fläche auf dem Kopf, bes. bei Männernˈ; SYN Platte (6): *er hat eine ~ (bekommen); seine ~ glänzt; ein Mann mit ~* ❖ ↗ **glatt**

Glaube [ˈglaubə], *der*; ~ns, ⟨o.Pl.⟩ **1.** ˈgefühlsmäßige Überzeugung, dass etw. existiert, richtig ist, sich so und nicht anders verhältˈ: *ein blinder, falscher ~; jmd. hat den (festen, tiefen, unerschütterlichen) ~n, ist des ~ns, dass ...; der ~ an etw.: der ~ an die Zukunft, an das Gute im Menschen, an jmds. Aufrichtigkeit, Liebe; jmdm., jmds. Worten ~n schenken* (ˈjmdm., jmds. Worten glaubenˈ); *den ~n an etw. verlieren; den ~n an jmdn. verlieren* (ˈdie Überzeugung verlieren, dass sich jmd. auch in Zukunft richtig verhält, sich positiv entwickeltˈ) **2.1.** ˈreligiöse Überzeugung von der Existenz und dem Wirken (eines) Gottesˈ; ↗ FELD XII.1.1: *der ~ an Gott; von echtem ~n erfüllt sein* **2.2.** ˈKonfessionˈ: *der christliche, jüdische ~; zum katholischen ~n* *übertreten, überwechseln* ❖ **beglaubigen, glauben, glaubhaft, gläubig, Gläubige, Gläubiger, glaublich − Aberglaube, abergläubig, glaubwürdig, gutgläubig, unglaublich, unglaubwürdig, kleingläubig**

* **in gutem ~n** ʿin der Annahme, dass es richtig seiʾ: *er hat in gutem ~n gehandelt*

glauben [ˈɡlaʊbm̩] ⟨reg. Vb.; hat⟩ **1.** ⟨oft mit Nebens.⟩ /jmd./ *etw.* ~ SYN ʿetw. annehmen (5.2)ʾ: *ich glaube, er ist zu Hause; ich glaube, das stimmt; ich glaube, dass ich ihm schon einmal begegnet bin; ich glaube, das beweisen zu können; sich irgendwie* ~: *sich unbeobachtet, in Sicherheit* ~ (ʿannehmen, dass man nicht beobachtet wird, dass man in Sicherheit istʾ); *jmdn. irgendwo* ~: *ich glaubte ihn im Urlaub* (ʿich nahm an, dass er im Urlaub seiʾ) **2.** /jmd./ *(jmdm.) etw.* ~, *jmdm.* ~, *etw.* ⟨Dat.⟩ ~ ʿjmds. Aussage, etw. vertrauensvoll für wahr haltenʾ: *ich glaube ihm, glaube ihm das; er hat ihm alles, kein Wort geglaubt; sie hat ihm seine Reue, Betroffenheit, sein Versprechen geglaubt; sie hat ihm geglaubt, als er von Liebe und Treue sprach; das Volk hat den Politikern, hat den Reden/die Reden der Politiker geglaubt; der glaubt jedes Wort* (ʿallesʾ); *er glaubt, dass er ihn wiedersehen wird;* /in der kommunikativen Wendung/ *das ist (ja, doch) nicht/kaum zu* ~ (ʿdas kann man nicht, nur schwerlich für wahr haltenʾ) /wird gesagt, wenn man Zweifel, Verwunderung ausdrücken will/ **3.** /jmd., auch Institution/ *an etw., jmdn.* ~ ʿden Glauben (1) an etw., jmdn. besitzenʾ: *an das Gute im Menschen, an jmds. Können* ~; *die Direktion glaubt an ihn; sie glaubt daran, dass er es schaffen wird; sie glaubt an seine Liebe, seinen Erfolg; nicht an Wunder* ~ (ʿdie Dinge realistisch betrachtenʾ); *sie hatte immer an ihn geglaubt und wurde nun durch ihn enttäuscht* **4.** /jmd./ *an Gott* ~ (ʿdie religiöse Überzeugung von der Existenz und dem Wirken Gottes habenʾ; ↗ FELD XII.1.2) ❖ ↗ **Glaube**

* /jmd., etw./ **dran ~ müssen 1.** ʿzugrunde gehen, sterbenʾ: *er hat bei dem Unglück dran ~ müssen* **2.** ʿzerstört werdenʾ: *unser Haus hat bei dem Lawinenunglück dran ~ müssen*

MERKE Zum Unterschied von *glauben* (1), *annehmen, denken, meinen, vermuten:* ↗ **annehmen** (Merke); zum Konj. im Nebensatz: ↗ **vermuten** (Merke)

glaubhaft [ˈɡlaʊp..] ⟨Adj.; Steig. reg.⟩ SYN ʿüberzeugendʾ /auf Abstraktes, bes. auf Äußerungen bez./: *eine ~e Entschuldigung, Darstellung des Hergangs; was er da sagt, klingt, ist* ~ ❖ ↗ **Glaube**

gläubig [ˈɡlɔɪbɪç] ⟨Adj.; Steig. reg., ungebr.; vorw. attr.⟩ ʿdie religiöse Überzeugung von der Existenz und dem Wirken (eines) Gottes habendʾ; SYN religiös (1.2); ↗ FELD XII.1.3: *er ist ein ~er Christ, Moslem; er ist* ~ ❖ ↗ **Glaube**

Gläubige [ˈɡlɔɪbɪɡə], **der**; ~n, ~n (↗ TAFEL II) ʿgläubiger Menschʾ; ↗ FELD XII.3.1: *die Prozession der ~n, eine Prozession von ~n; eine Menge ~/ ~r versammelte sich vor der Kirche* ❖ ↗ **Glaube**

Gläubiger [ˈɡlɔɪbɪɡɐ], **der**; ~s, ~ ʿjmd., der Forderungen an einen Schuldner hatʾ; ANT Schuldner: *Schuldner und* ~ *einigten sich; er ist mein* ~, *ich bin sein* ~; *seine* ~ *hinhalten, befriedigen; sein* ~ *hat ihm eine Zahlungsfrist gesetzt* ❖ ↗ **Glaube**

glaublich [ˈɡlaʊp..] ⟨Adj.; o. Steig.; vorw. präd. (mit *sein*)⟩ *etw.* (nur *es, das) ist kaum* ~ ʿetw. wirkt nicht sehr wahrscheinlichʾ: *dass du den ersten Preis gewonnen hast, ist kaum* ~ ❖ ↗ **Glaube**

glaub|würdig [ˈɡlaʊp..] ⟨Adj.; Steig. reg.⟩ **1.** ⟨nicht bei Vb.⟩ *ein ~er Zeuge* (ʿein Zeuge, dem man glauben 2 kannʾ); *jmd. ist* ~ **2.** ʿüberzeugendʾ /auf Abstraktes bez./: *eine ~e Erklärung, Aussage; die Erklärung war, klang* ~ ❖ ↗ **Glaube,** ↗ **Würde**

¹gleich [ɡlaɪç] ⟨Adj.; o. Steig.⟩ **1.** /drückt eine Übereinstimmung einer Sache, Person mit zwei od. mehreren damit verglichenen aus/; ANT verschieden, unterschiedlich **1.1.** ʿin allen Merkmalen völlig übereinstimmendʾ; SYN identisch: *beide sprechen die ~e Sprache, bewohnen das ~e Haus; zwei Autos vom ~en Typ; die Pullover haben die ~e Farbe;* ~ *lautende Wörter,* ~ *gesinnte Menschen; wir haben am ~en Tag Geburtstag; für alle gilt das ~e Recht, das Gleiche, gelten die ~en Bedingungen; alle erhalten den ~en Lohn; beide Teile sind ~; die Kinder werden ~ behandelt; beide Kinder sind ~ groß* **1.2.** ⟨nicht bei Vb.⟩ ʿin vielen Merkmalen vergleichbar, übereinstimmendʾ: *die beiden Schwestern haben die* ~ *Figur; die beiden Geschwister sind sich, einander (in ihren Interessen, Anschauungen) in mancher Beziehung* ~ **2.** ⟨nur präd. (mit *sein*)⟩ /etw./ *jmdm.* ~ *sein* SYN ʿjmdm. gleichgültig (3.1) seinʾ: *ihm ist alles* ~; *es ist mir (völlig)* ~, *was die Leute erzählen, ob er zustimmt oder nicht* ❖ **gleichen, Gleichnis, Gleichung, unvergleichlich, Vergleich, vergleichen − angleichen, ausgleichen, ausgeglichen, deinesgleichen, euresgleichen, ihresgleichen, meinesgleichen, unausgeglichen, unseresgleichen, zugleich;** vgl. **gleich/Gleich−**

²gleich ⟨Adv.⟩ **1.1.** SYN ʿsofort (1.1)ʾ: *die Vorstellung beginnt* ~; *ich komme* ~ *wieder;* ~ *nach, nachdem* ʿunmittelbar nach etw.ʾ: *wir treffen uns* ~ *nach Feierabend;* ~ *nach dem Blitz kam der Donner;* ~ *nachdem der Vorhang gefallen war, setzte tosender Beifall ein;* /in den kommunikativen Wendungen/ *es muss nicht* ~ *sein* (ʿes hat noch etwas Zeit damitʾ) /sagt jmd. vorwiegend dann, wenn sich jmd. eilfertig anbietet, etw. zu erledigen, und er seinen Eifer etw. bremsen möchte/; *das werden wir* ~ *haben* (ʿdas werden wir schnell bewältigt habenʾ)/sagt jmd., der sich imstande fühlt, eine komplizierte, anstehende Aufgabe in kurzer Zeit zu bewältigen/; *bis* ~ /sagt als Abschiedsgruß jmd., der in kurzer Zeit wieder da sein will/ **1.2.** ʿinnerhalb kürzester Fristʾ; SYN sofort (1.3): *das muss* ~ *erledigt, berichtigt, veröffentlicht werden; als ich das Buch erhielt, habe ich es* ~ *gelesen; sie hat* ~ *alles weitererzählt; mein Mann kommt* ~ **1.3.** ⟨betont⟩ ʿbereits von Anfang an, von vornhereinʾ /in Verbindung mit Handlungen, die auf einen zurückliegenden

Zeitpunkt bezogen werden/: *das hätte man ~ wissen, durchschauen, berücksichtigen können, müssen; das war doch ~ zu erkennen; dieser Mensch war mir ~ nicht sympathisch; konntest du das nicht ~ zugeben, gesagt haben; das habe ich doch ~ gesagt* (˺ich habe es von Anfang an so beurteilt und mein Urteil hat sich als richtig erwiesen˹)!; /in der kommunikativen Wendung/ *warum nicht ~ so* (˺warum konnte das nicht auf Anhieb gelingen, konnte das nicht von vornherein richtig gemacht werden˹)? /wird gesagt, wenn etw. endlich doch gelungen ist/ **2.** ⟨+ Präp., z. B. *neben, hinter, über*⟩ ˺unmittelbar in der Nähe von etw., jmdm.˹: *die Kasse ist ~ neben dem Eingang; der Wald fängt ~ hinter dem Ort an; er stand ~ neben mir*

³gleich ⟨Modalpartikel; unbetont; steht nicht am Satzanfang; bezieht sich auf den ganzen Satz; steht in Fragesätzen, in Ergänzungsfragen⟩ /der Sprecher fragt nach etw., das ihm entfallen ist; er möchte es sich wieder in Erinnerung rufen/: *wie ist (doch) ~ Ihr Name?; was war das ~?; wie schreibt sich ~ der Name?; wo wohnt er ~?*

⁴gleich ⟨Gradpartikel; betont od. unbetont; steht vorw. vor der Bezugsgröße; bezieht sich auf verschiedene Kategorien, vorw. auf Mengen-, Zahlangaben⟩ /drückt aus, dass der Sachverhalt gleichzeitig auf mehrere zutrifft; der Sprecher drückt seine Überraschung darüber aus/: *sie hat ~ mehrere Blusen gekauft; er hat ~ drei Flaschen (auf einmal) zerschlagen; er hat ~ drei Häuser geerbt; er hat ~ zwei Rekorde gebrochen*

gleich/Gleich [˹..]|**-berechtigt** ⟨Adj.; o. Steig.; vorw. präd. u. attr.⟩ ˺die ¹gleiche (2) juristische Stellung in allen Bereichen des Lebens innehabend˹: *Mann und Frau sind der Verfassung nach ~; zwei ~e Partner* ❖ ↗ **Recht**; **-berechtigung, die** ⟨o.Pl.⟩ ˺das Innehaben der ¹gleichen (2) juristischen Stellung bes. von Mann und Frau in allen Bereichen des Lebens˹: *für die ~ von Mann und Frau, aller Völker und Rassen eintreten* ❖ ↗ **Recht**

gleichen [ˈglaiçn̩], glich [gliç], hat geglichen [..ˈglıçn̩] /jmd., etw./ *jmdm., etw.* ⟨Dat.⟩ ˺mit jmdm., etw. in vielen, den wesentlichen Merkmalen übereinstimmen˹: *er gleicht seinem Bruder, gleicht ihm sehr, gleicht ihm in der Art, wie er spricht; jmdm. im Wesen, in allen Stücken ~; das Grundstück glich einem Urwald;* /zwei od. mehrere (jmd., etw.)/ *sich* ⟨rez., Dat.⟩ /einander ~/: *die beiden ~ sich/einander wie ein Ei dem anderen; die Brüder, Ringe ~ sich sehr; beide Gesichter, beider Interessen ~ sich* ❖ ↗ **¹gleich**

gleich/Gleich [ˈglaiç..]|**¹-falls** ⟨Adv.⟩ ˺in ¹gleicher Weise, wie es jmd. anderes tut, getan hat, wie etw. anderweitig geschieht, geschehen ist˹; SYN ¹eben-falls: *ich arbeite, und er arbeitet ~; das gilt für dich ~; er hat sich ~ davon distanziert; das kann dir ~ passieren; er hat ~ Recht;* /in der kommunikativen Wendung/ *danke ~* ˺dasselbe wünsche ich dir˹ /als Erwiderung auf jmds. Wunsch/: *„Ich wünsche dir alles Gute". „Danke ~!"* ❖ ↗ **Fall**; **-²falls** ⟨Gradpartikel; betont od. unbetont; steht vor od. nach der Bezugsgröße; bezieht sich auf verschiedene

Kategorien⟩ /schließt andere Sachverhalte ein; fügt einen Sachverhalt gleichen Sachverhalten hinzu/; SYN ⁴auch (1), ²ebenfalls: *er hat ~ Recht; er hat ~ laut* (˹auch so laut˺) *gepfiffen; ich werde ~ teilnehmen; ich war ~ dort/ich war dort ~* ❖ ↗ **Fall**; **-gewicht, das** ⟨o.Pl.⟩ **1.** ˺Zustand eines Körpers (1) ohne Schwankungen˹: *das ~ halten, verlieren; er hat das ~ verloren; jmd., das Flugzeug kommt aus dem ~ und stürzt ab* **2.** ˺stabiler, ausgeglichener Zustand der wirksamen Kräfte in Bezug auf bestimmte Verhältnisse˹: *auf das biologische, ökologische ~ in der Natur achten; das biologische ~ ist gestört; das europäische, militärische ~ sichern, herstellen* **3.** ˺psychische Ausgeglichenheit˹; SYN Balance: *die innere, seelische ~ bewahren; ihn kann nichts aus dem ~ bringen* (˹er ist sehr ruhig und ausgeglichen˺); *sie ist völlig aus dem ~ geraten* (˹ist auf Grund bestimmter Erlebnisse psychisch sehr labil˺) ❖ ↗ **wiegen**; **-gültig** ⟨Adj.⟩ **1.** ⟨Steig. reg.⟩ ˺allgemein nicht interessiert, nicht engagiert˹: *er ist ein (ziemlich) ~er Mensch, steht allen Dingen des Lebens ~ gegenüber; ein ~es Gesicht machen* **2.** ⟨o. Steig.; nicht bei Vb.⟩ SYN ˺belanglos˹: *über ~e Dinge plaudern; es ist doch völlig ~, ob man es so oder so macht* **3.** ⟨nur präd.⟩ /jmd., etw./ **3.1.** ⟨o. Steig.⟩ *etw. ist jmdm. ~* ˺etw. interessiert und berührt jmdn. nicht, ist für jmdn. unwichtig, bedeutungslos˹; SYN einerlei (1.1), ¹gleich (2): *diese Freundschaft, sein Rat, Urteil ist mir nicht ~; es ist mir ~, was du von mir denkst* **3.2.** ⟨Steig. reg., Superl. ungebr.⟩ *jmd. ist jmdm. ~* ˺weder hasst jmd. jmdn., noch bringt er ihm irgendwelche positiven Gefühle od. ein Interesse entgegen˹; SYN einerlei (1.2): *er ist ihr ~; er liebt sie nicht mehr, sie ist ihm ~ geworden* ❖ ↗ **gelten**; **-mäßig** ⟨Adj.; Steig. reg.⟩ ˺stets in gleicher Weise wiederkehrend, sich in stets ¹gleicher (1) Weise wiederholend˹: *~e Atemzüge, Bewegungen; der Kranke atmete ~* ❖ ↗ **Maß**; **-mut, der** ˺Haltung, die auf Gelassenheit und Teilnahmslosigkeit beruht˹: *etw. mit ~ ertragen, hinnehmen* ❖ **gleichmütig**; **-mütig** [my:tıç] ⟨Adj.; Steig. reg.⟩ ˺von Gleichmut zeugend˹: *er hat die traurige Nachricht ~ entgegengenommen; sie wandte sich ~ ab, blieb ~; ein ~es Gesicht machen* ❖ ↗ **Gleichmut**

Gleichnis [ˈglaiç..], **das**; ~ses, ~se ˺kurze bildhafte Erzählung, die einen abstrakten Sachverhalt durch Schilderung eines konkreten vergleichbaren Sachverhalts in belehrender Absicht veranschaulicht˹: *als Text für die Predigt ein ~ aus der Bibel wählen; etw. mit einem ~ ausdrücken, verdeutlichen; das ~ vom verlorenen Sohn* ❖ ↗ **¹gleich**

Gleich [ˈglaiç..]|**-schritt, der** ⟨o.Pl.⟩ ˺nach Schritt und Rhythmus abgestimmte, gleichmäßige Art des Marschierens in einer Gruppe˹: *im ~ marschieren; im ~ marsch* /militärisches Kommando/! ❖ ↗ schreiten; **-strom, der** ⟨o.Pl.⟩ ˺elektrischer Strom, der stets in eine Richtung fließt˹; vgl. *Wechselstrom* ❖ ↗ **Strom**

Gleichung [ˈglaiç..], **die**; ~, ~en ˺Reihe mathematischer Zeichen, bei der zwei gleiche Größen (4)

durch ein Zeichen (=) verbunden sind': *eine ~ mit zwei Unbekannten; eine algebraische ~; eine ~ aufstellen, lösen* ❖ ↗ **¹gleich**

gleich|zeitig [ˈglaiç..] ⟨Adj.; o. Steig.⟩; ↗ FELD VII.5.3 **1.** ⟨nicht präd.⟩ 'zur selben Zeit (stattfindend)'; ANT nacheinander: *es gibt Regen mit ~er Abkühlung; sie redeten beide ~* **2.** ⟨nicht präd.; vorw. bei Vb.⟩ SYN 'zugleich (2)': *die kleine Vase dient ~ als Kerzenständer* ❖ ↗ **Zeit**

Gleis [glais], **das**; ~es, ~e 'aus zwei parallel verlegten Schienen bestehende Vorrichtung und Unterlage, auf der sich die Schienenfahrzeuge fortbewegen': *die ~e der Eisenbahn, Straßenbahn; ~e verlegen, erneuern; ein Güterwagen ist aus dem ~/den ~en gesprungen; das Überschreiten der ~e ist verboten!* ❖ **entgleisen – eingleisig**
* /jmd./ **aus dem ~ kommen/geraten/geworfen werden** ('aus dem gewohnten Rhythmus des Lebens, aus seiner sozialen Ordnung geraten'); /etw./ **wieder ins rechte ~ kommen** 'wieder in seine Ordnung kommen': *das kommt sicher bald wieder ins rechte ~!;* /jmd./ *etw.* **wieder ins rechte ~** ('in die gewohnte Ordnung') **bringen**

gleiten [ˈglaitn̩], glitt [glit], ist geglitten [..ˈglitn̩] **1.1.** /jmd., etw./ *über, durch etw.* ~ 'sich leicht über eine Fläche hin, durch etw. bewegen, ohne sich vom Untergrund zu lösen'; ↗ FELD III.3.2: *mit Schlittschuhen über das Eis ~; der Schlitten glitt über, durch den Schnee; das Boot glitt über, durch das Wasser* **1.2.** /Vogel/ *irgendwohin* ~ 'schwebend irgendwohin fliegen'; ↗ FELD VIII.2.2: *ein Adler gleitet durch die Luft; das Flugzeug glitt zu Boden* **2.** /jmd., etw./ 'sich langsam (über eine Fläche) nach unten bewegen': *jmd., das Boot gleitet ins Wasser; das Tuch glitt von ihren Schultern; die Seife ist ihr aus der Hand geglitten* (SYN 'geglitscht, ↗ glitschen') ❖ **entgleiten – ausgleiten**

Gletscher [ˈglɛtʃɐ], **der**; ~s, ~ 'große, kompakte, sich sehr langsam abwärts bewegende Masse von Eis in den Polargebieten und in den Tälern der Hochgebirge': *die ~ der Eiszeit; der ~ schmilzt, geht zurück; der ~ kalbt* ('große Massen Eis brechen vom Gletscher ab')

glich: ↗ **gleichen**

Glied [gliːt], **das**; ~es/auch ~s, ~er [ˈ..iːdɐ] **1.** 'durch ein Gelenk mit dem Rumpf verbundener Körperteil, bes. Arm, Bein': *gesunde, heile ~er; an allen ~ern* ('am ganzen Körper') *zittern* **2.** 'beweglicher Teil des Fingers, der Zehe': *die ~er der Finger, Zehen* **3.** 'eines von vielen ineinander greifenden Teilen einer Kette, eines Armbands': *die ~er eines Armbands, einer Kette; die goldene Kette hat sehr feine ~er;* METAPH *das fehlende ~ in einer Beweiskette; die Großmutter ist das verbindende ~ der Familie* **4.** 'männliches Glied (1)'; ↗ FELD I.1.1 ❖ **gliedern, Gliederung – feingliedrig, Gliedmaßen, Mitglied, Mitgliederversammlung, Mitgliedsbuch**

gliedern [ˈgliːdɐn] ⟨reg. Vb.; hat⟩ **1.1.** /jmd./ *etw. (in etw.)* ~ 'ein zusammenhängendes Ganzes sinnvoll in mehrere Abschnitte, einzelne Teile teilen'; SYN

einteilen (1.1): *ein Institut in Abteilungen, eine Erzählung in sechs Kapitel ~; der Aufsatz ist klar gegliedert; eine hierarchisch gegliederte Ordnung* **1.2.** /etw./ *sich in etw.* ~ 'in zusammenhängende Teile unterteilt sein': *der Kursus gliedert sich in einen praktischen und einen theoretischen Teil* ❖ ↗ **Glied**

Gliederung [ˈgliːdər..], **die**; ~, ~en 'sinnvolle Einteilung eines zusammenhängenden Ganzen': *die (klare) ~ des Aufsatzes wurde gut beurteilt; die ~ einer Fläche* ❖ ↗ **Glied**

Gliedmaßen [ˈgliːtmaːsn̩], **die** ⟨Pl.⟩ 'die Glieder (1): *die oberen ~* ('die Arme'), *unteren ~* ('die Beine') *des Menschen* ❖ ↗ **Glied**

glimmen [ˈglimən], glomm [glɔm]/auch glimmte, hat geglommen [..ˈglɔmən]/auch geglimmt /etw./ 'schwach glühen (1.2)': *die Glut glomm, glimmte noch unter der Asche; die Zigarette glimmte in der Dunkelheit* ❖ **Glimmer**

Glimmer [ˈglimɐ], **der**; ~s, ~ 'Mineral, das in dünne Blättchen spaltbar ist'; ↗ FELD II.5.1 ❖ ↗ **glimmen**

glimpflich [ˈglimpf..] ⟨Adj.; Steig. reg.⟩ **1.** ⟨nicht präd.⟩ 'ohne größeren Schaden'; SYN gnädig (2.2): *er ist noch ~ davongekommen; die Sache ist ~ ausgegangen; der ~e Ausgang eines Streits* **2.** 'mit Nachsicht': *jmdn. ~ behandeln; die Strafe war ~; eine ~e Strafe* ❖ vgl. **verunglimpfen**

glitschen [ˈglitʃn̩] ⟨reg. Vb.; ist⟩ umg. /etw. Feuchtes, Glattes, Schlüpfriges (1)/; ↗ FELD III.3.2: *die Seife, das ist mir aus der Hand geglitscht* (SYN 'geglitten, ↗ gleiten 2') ❖ **glitschig**

glitschig [ˈglitʃiç] ⟨Adj.; Steig. reg.; nicht bei Vb.⟩ umg. SYN 'schlüpfrig (1)' /bes. auf Wege bez./; ↗ FELD III.3.3: *~e Stufen, Wege; die Straßen waren ~* ❖ ↗ **glitschen**

glitt: ↗ **gleiten**

glitzern [ˈglitsɐn] ⟨reg. Vb.; hat⟩ /etw./ 'aufblitzend, funkelnd glänzen'; ↗ FELD VI.2.2: *der Schnee glitzert in der Sonne; die Lichter der Großstadt ~; ~der Schmuck;* vgl. auch *glänzen, funkeln*

Globus [ˈgloːbus], **der**; ~/auch ~ses, Globen [ˈgloːbən]/auch ~se 'verkleinerte, kugelförmige Nachbildung der Erde, des Mondes od. Sternenhimmels' (↗ BILD)

Glocke ['glɔkə], **die**; ~, ~n ˈin der Form einem umgekehrten Kelch ähnlicher, meist metallener Hohlkörper mit einem Klöppel (1.1), durch den er zum Klingen gebracht wird' (↗ BILD): *eine ~ gießen; die ~ läuten; vor dem Gottesdienst, zur Trauung, Beerdigung läuten die ~n; die ~ vom Kirchturm schlägt acht (Uhr)* **2.** ˈeiner Glocke (1) ähnlicher Gegenstand, der meist zum Schutz über etw. gestülpt wird': *über den Käse, die Butter eine ~ stülpen* ❖ **Maiglöckchen, Schneeglöckchen**
* umg. /jmd./ **wissen, was die ~ geschlagen hat** (ˈerkennen, dass die Lage ernst ist'); /jmd./ **etw. an die große ~ hängen** ˈbes. etw. Vertrauliches überall erzählen, sodass es allgemein bekannt wird': *das brauchst du aber nicht gleich an die große ~ zu hängen*

glomm: ↗ glimmen
glorifizieren [gloʀifi'tsiːʀən], glorifizierte, hat glorifiziert /jmd./ *jmdn., etw. ~* SYN ˈjmdn., etw. verherrlichen': *jmdn. als Helden ~; eine Tat ~*
Glosse ['glɔsə], **die**; ~, ~n **1.** ⟨vorw. Pl.⟩ ˈspöttische Bemerkung': *seine ~n über, zu etw., über jmdn. machen* **2.** ˈkurzer, polemischer, spöttischer Kommentar zu aktuellen Ereignissen, Problemen in einer Zeitung': *(über das Ereignis) eine polemische, politische ~ schreiben*
glotzen ['glɔtsn̩] ⟨reg. Vb.; hat⟩ umg. /jmd./ ˈmit dumpfem Ausdruck im Gesicht, mit weit aufgerissenen Augen vor sich hin, auf etw., jmdn. blicken'; ↗ FELD I.3.1.2: *die Leute standen am Unfallort herum und glotzten;* derb *glotz* (ˈguck') *doch nicht so dumm!; auf etw., jmdn. ~: sie glotzten alle auf das Foto*
Glück [glʏk], **das**; ~es/auch ~s, ⟨o.Pl.⟩ **1.1.** ˈvorteilhafte Umstände, die jmds. Leben günstig beeinflussen': *jmdm. ~ für, zu etw. wünschen; ~ auf!* /Gruß der Bergleute/ **1.2.** ˈgünstiger Zufall, vorteilhafter Umstand in einer meist heiklen Situation'; ANT Pech (II): *~ im Spiel haben; das war ~ im Unglück; ein ~ (ˈwie gut ist es'), dass mir das gleich eingefallen ist, dass gleich ein Arzt zur Stelle war, dass ich dich angetroffen habe, dass es nicht regnet!; da hast du ja großes, (ein) unverschämtes ~ gehabt, dass das geklappt hat; (es ist) ein ~ Glück* (SYN ˈSegen 4'), *dass dir nichts passiert ist; das ist dein ~ (ˈwie gut ist es für dich'), dass du daran gedacht hast!; etw. bringt (jmdm.) ~* **2.** ˈZustand einer sehr tief empfundenen Freude, Befriedigung (nach Erlan-

gung von etw., wonach man sich gesehnt hat)'; ↗ FELD I.6.1: *das ~ des jungen Paares, der jungen Mutter; jmd. genießt ein tiefes, stilles, ungetrübtes ~; sie lebten in ~ und Zufriedenheit, ~ und Wohlstand; das war nur ein kurzes ~; etw. kann jmds. ~ nicht trüben; jmd. ist jmds. (ganzes) ~* (ˈjmd. macht jmd. glücklich') ❖ **beglücken, glücken, glücklich, verunglücken – beglückwünschen, glücklicherweise, -selig, Glücksache, -wunsch, missglücken, überglücklich**
* **auf gut ~** ˈohne zu wissen, was sich daraus ergibt und ohne Garantie eines günstigen Ausgangs': *etw. auf gut ~ versuchen, tun;* /jmd./ **sein ~ mit Füßen treten** ˈseine günstige Lage grob missachten': *er hätte mit ihr glücklich werden können, doch er trat sein ~ mit Füßen;* /jmd./ **mit etw. bei jmdm. kein ~ haben** (ˈmit etw. bei jmdm. nichts erreichen können'); /jmd./ **von ~ sagen, reden können** ˈeinem glücklichen Umstand etw. zu verdanken haben, obwohl es eigentlich hätte schlimm ausgehen müssen': *der kann von ~ sagen, dass ich ihn nicht verprügelt habe;* /jmd./ **sein ~ versuchen** ˈetw. in der Hoffnung auf Erfolg beginnen': *er will dort sein ~ versuchen;* **zum ~** ˈglücklicherweise': *zum ~ war die Tür noch nicht verschlossen*
Glucke ['glʊkə], **die**; ~, ~n ˈbrütende, die Küken führende Henne, Pute'; ↗ FELD II.3.1: *sie wacht wie eine ~ über ihre Kinder*
glücken ['glʏkn̩] ⟨reg. Vb.; hat⟩ /etw./ SYN ˈjmdm. gelingen'; ANT missglücken, misslingen: *das Experiment, der Plan ist geglückt; der Kuchen ist (mir) diesmal nicht geglückt; ein geglückter Versuch* ❖ ↗ **Glück**
glücklich ['glʏk..] ⟨Adj.⟩ **1.** ⟨o. Steig.; nicht präd.⟩ **1.1.** ˈgut verlaufend, ohne Störung': *jmdm. eine ~e Reise wünschen; trotz des Sturms sind wir ~ gelandet* **1.2.** ⟨nur attr.⟩ *jmd. ist ein ~er Gewinner* (ˈein Gewinner, der viel Glück 1.2 gehabt hat') **2.** ⟨Steig. reg.⟩ ˈvon tiefer Freude, Befriedigung erfüllt (nach Erlangung von etw., wonach man sich gesehnt hat)'; ↗ FELD I.6.3: *ein ~es Paar; eine ~e Zeit verleben; wunschlos ~ sein; sie hat ihn ~ gemacht; es macht mich ~, das noch erleben zu können; sich wegen etw. ~ schätzen* **3.** ⟨Steig. reg., ungebr.; nicht präd.⟩ ˈsich als günstig erweisend': *ein ~er Zufall, Umstand; das Thema war nicht gerade ~ gewählt* ❖ ↗ **Glück**
glücklicher|weise ['glʏklɪçɐ../..'vaɪzə] ⟨Satzadv.⟩ /drückt den Standpunkt des Sprechers zum genannten Sachverhalt aus/ ˈweil die Umstände günstig, glücklich sind, waren': *~ wurde niemand verletzt* ❖ ↗ **Glück**
glück|selig ['glʏk../..'zeːlɪç] ⟨Adj.; Steig. reg., ungebr.; nicht präd.⟩ ˈsehr glücklich (2), von Glück (2) erfüllt'; ↗ FELD I.6.3: *~ lächeln; sich ~ ansehen, umarmen; ihr ~es Lächeln* ❖ ↗ **Glück**
glucksen ['glʊksn̩] ⟨reg. Vb.; hat⟩ /Flüssigkeit/ ˈdurch Bewegung hin und her leise, dumpfe Töne hervorbringen'; ↗ FELD VI.1.2: *das Wasser gluckst am Kai*

Glücks ['glʏks..]‖**-sache, die** ⟨o.Pl.⟩ umg. *etw. ist (reine)* ~ ('hängt von glücklichen Umständen ab') ❖ ↗ Glück, ↗ Sache; **-spiel, das** 'Spiel mit Würfeln, Karten, bei dem Gewinn, Erfolg von Zufall abhängen': *ein verbotenes* ~ ❖ ↗ **Glück,** ↗ **spielen**

Glück|wunsch ['glʏk..]**, der** 'Wunsch für Glück (1.2) und Wohlergehen'; SYN Gratulation: *jmdm. (zum Geburtstag) seine Glückwünsche aussprechen;* /in der kommunikativen Wendung/ *(meinen) herzlichen* ~! /mündlich od. schriftlich geäußerter Glückwunsch/ ❖ ↗ **Glück,** ↗ **Wunsch**

Glüh|birne ['gly:..]**, die** 'birnenförmige Glühlampe'; SYN Birne (2); ↗ FELD VI.2.1: *eine neue* ~ *eindrehen, einschrauben; die* ~ *ist kaputt* ❖ ↗ **glühen,** ↗ **Birne**

glühen ['gly:ən] ⟨reg. Vb.; hat⟩ **1.1.** *etw. glüht* 'etw., bes. ein Metall, ist so stark erhitzt, dass es (hell)rot scheint'; ↗ FELD VI.2.2, 5.2: *die Herdplatte, Heizspirale glüht;* METAPH *es ist heute* ~*d* ('sehr') *heiß* **1.2.** 'etw. Brennbares brennt mit rotem Schein, aber ohne Flamme': *die Kohlen* ~ *noch; die Zigarette glühte im Dunkeln; die* ~*de Masse der Lava* **2.** emot. *die Sonne glüht* ('scheint sehr heiß') **3.** emot. *jmds. Kopf, Gesicht, Stirn glüht* ('ist vor Erregung od. Fieber sehr heiß und rot'); *die Kinder hörten mit* ~*den Wangen zu* **4.** emot. /jmd./ 'leidenschaftlich erregt od. engagiert sein, sehr begeistert sein': *für etw.* ~: *für eine Idee, ein Ziel* ~; *vor etw.* ⟨Dat.⟩ ~: *vor Eifer, Ehrgeiz* ~; ⟨oft im Part. I.⟩ *jmd. ist ein* ~*der Patriot; jmdm.* ~*d etw. bewundern, beneiden; von* ~*dem* ('leidenschaftlichen') *Hass, der Liebe erfüllt sein* ❖ **Glut** – **Glühbirne, -lampe**

Glüh|lampe ['gly:..]**, die** vorw. fachspr. 'Lichtquelle, bei der in einem Hohlkörper aus Glas ein elektrisch leitender Faden od. Stift vom durchfließenden Strom zum Glühen gebracht wird'; SYN Lampe (2); ↗ FELD VI.2.1 (↗ TABL Beleuchtung): *die* ~ *auswechseln, herausdrehen* ❖ ↗ **glühen,** ↗ **Lampe**

Glut [glu:t]**, die;** ~, ~**en 1.** ⟨vorw. Sg.⟩ 'glühende (1.2) Masse'; ↗ FELD VI.5.1: *die* ~ *der Kohlen im Ofen; die* ~ *der brennenden Zigarette; die* ~ *schüren* **2.** ⟨o.Pl.⟩ *die sengende* ~ ('sehr starke Hitze') *der Sonne; unter der tropischen, sommerlichen* ~ *leiden* **3.** ⟨o.Pl.⟩ geh. 'durch Erregung bewirkte tiefe Röte des Gesichts': *die* ~ *ihrer Wangen* **4.** ⟨vorw. Sg.⟩ geh. 'leidenschaftliche Erregung, heftige Gemütsbewegung': *die* ~ *der Liebe, des Hasses verspüren* ❖ ↗ **glühen**

Glyzerin [glʏtseˈʀiːn]**, das;** ~s, ⟨o.Pl.⟩ 'ölige farb- und geruchlose, süß schmeckende Flüssigkeit, die vielseitig verwendet wird'

Gnade ['gnɑːdə]**, die;** ~, ~**n** ⟨vorw. Sg.⟩ **1.1.** '(große) Güte, Gunst, die jmd. aus einer überlegenen Position jmdm. zuteil werden lässt': *jmdm. eine* ~ *erweisen;* iron. *er hatte die* ~ ('ließ sich dazu herab'), *das Geschenk anzunehmen, mir sein Auto zur Verfügung zu stellen; ich hatte die* ~ ('mir wurde die Gunst zuteil'), *von ihr eingeladen zu werden; von jmds.* ~ *abhängen; etw., jmd. findet* ~ *vor jmdm., jmds. Augen* ('etw., jmd. kann vor jmdm.

bestehen, wird von jmdm. akzeptiert'); *etw. aus* ~ *und Barmherzigkeit* ('aus Mitleid') *tun; jmd. wurde in* ~*n* ('nachdem man ihm verziehen hatte') *wieder aufgenommen* **1.2.** Rel. *die* ~ ('die Güte und das Erbarmen') *Gottes; die göttliche* ~; ↗ FELD XII.1.1 **2.** ⟨o.Pl.⟩ 'Milderung od. Erlass einer (verdienten) Strafe': *der (zum Tode) Verurteilte bat um* ~ ❖ **begnadigen, gnädig** * /jmd./ ~ **für/vor Recht ergehen lassen** 'von einer Bestrafung absehen, Nachsicht üben': *er ließ* ~ *vor Recht ergehen und ließ ihn laufen;* /jmd./ **jmdm. auf** ~ **und/oder Ungnade** ('bedingungslos') **ausgeliefert sein**: *er war dem Gegner, seinem Widersacher auf* ~ *und Ungnade ausgeliefert*

gnädig ['gnɛdɪç/'gneː..] ⟨Adj.⟩ **1.** ⟨o. Steig.⟩ vorw. iron. 'herablassend gütig, wohlwollend': ~ *nicken, lächeln; die Chefin war so* ~, *mir einen freien Tag zu geben;* /in der kommunikativen Wendung/ *zu* ~! /wird gleichsam als Dank zu jmdm. gesagt, der sich einem gegenüber als sehr entgegenkommend verhalten hat, dessen Entgegenkommen aber eher als widerwillig empfunden wird/: „*Ich habe die Rechnung für dich gleich mitbezahlt.*" „*Zu* ~!" **2.1.** ⟨Steig. reg.; nicht bei Vb.⟩ *ein* ~*es* ('unverdient mildes') *Urteil* **2.2.** ⟨o. Steig.; nur bei Vb.⟩ umg. *das ist noch einmal* ~ (SYN 'glimpflich 1') *abgegangen* **3.** ⟨o. Steig.; nur attr.⟩ geh., veraltend ~*e Frau,* ~*es Fräulein,* ~*er Herr* /höfliche, respektvolle Anrede/ ❖ ↗ **Gnade**

Gobelin [gobəˈlɛ̃:]**, der;** ~s, ~s 'Wandteppich mit kunstvoll gewirkten (↗ wirken …) Bildern': *ein alter, wertvoller* ~

Gold [gɔlt]**, das;** ~es/auch ~s, ⟨o.Pl.⟩ /Element; chem. Symb.: Au/ 'gelb glänzendes, wertvolles Edelmetall'; ↗ FELD II.5.1: *reines* ~; *der Ring ist aus* ~; *nach* ~ *suchen, graben;* METAPH ⟨+ Gen.attr.⟩ geh. *das* ~ *der Sonne, ihres Haares* ❖ **golden, goldig** – **Goldfisch, Goldmedaille, -regen, -schmied** * /jmd./ ~ **in der Kehle haben** ('sehr schön singen können'); /jmd./ **treu wie** ~ **sein** ('sehr treu sein'); /etw., jmd./ ~**es wert sein, nicht mit** ~ **zu bezahlen sein** ('sehr wertvoll (1), wichtig sein')

golden ['gɔldn̩] ⟨Adj.; Steig. reg., ungebr.⟩ **1.** ⟨nur attr.⟩ 'aus Gold bestehend' /auf Gegenstände bez./; ↗ FELD II.5.3: *eine* ~*e Kette, Uhr;* ~*e Münzen, Medaillen* **2.** geh. 'wie Gold glänzend, von der Farbe des Goldes': ~*er Sonnenschein;* ~*e Ähren;* ~ *funkelnder Wein;* ~*er Honig* **3.** ⟨nur attr.⟩ **3.1.** emot. 'herrlich, unvergleichlich schön': ~*e Jugendzeit; die* ~*en 20er Jahre; der Traum vom* ~*en Westen;* /oft in Eigennamen/ *das Goldene Horn* /Bucht des Bosporus/; *die Goldene Stadt* /Prag/ ↗ **Gold**

Gold ['gɔlt..]‖**-fisch, der** 'Fisch mit gewöhnlich (rot)goldenen Schuppen, der in Aquarien od. in den Teichen von Parks gehalten wird' ❖ ↗ Gold, ↗ Fisch; **-grube, die** * umg. /etw./ *eine (wahre)* ~ *sein* ('ein sehr einträgliches Unternehmen, Geschäft sein')

goldig ['gɔldɪç] ⟨Adj.; Steig. reg.⟩ umg. emot. ˈentzückend': *ein ~er kleiner Kerl* ❖ ↗ **Gold**

Gold ['gɔlt]|-**medaille, die** ˈMedaille aus Gold od. aus einem Gold enthaltenden Material, die bei bestimmten sportlichen Wettkämpfen für den ersten Platz verliehen wird'; vgl. *Bronzemedaille, Silbermedaille* ❖ ↗ Gold, ↗ Medaille; -**regen, der** ˈStrauch od. Baum mit in Trauben (2) herabhängenden goldgelben Blüten' ❖ ↗ Gold, ↗ Regen; -**schmied, der** ˈHandwerker, der aus Edelmetallen und ihren Legierungen bes. Schmuck herstellt' ❖ ↗ Gold, ↗ Schmied

¹Golf [gɔlf], **der**; ~s/auch ~es, ~e ˈsehr große Bucht südlicher Meere'; SYN Meerbusen /auch in geografischen Namen/; ↗ FELD II.2.1: *der ~ von Mexiko; der Persische ~*

²Golf, das; ~s, ⟨o.Pl.⟩ ˈSpiel auf einer größeren Rasenfläche, bei dem ein Ball aus Hartgummi mit Schlägern in die einzelnen Löcher im Boden befördert werden muss'; ↗ FELD I.7.4.1: *~ spielen*

Gondel ['gɔndl̩], **die**; ~, ~n **1.** ˈin den Kanälen von Venedig verwendetes, schmales Boot, das stehend gerudert wird'; ↗ FELD VIII.4.3.1 (↗ TABL Fahrzeuge) **2.** ˈhängende Kabine (2) einer Seilbahn, eines Luftschiffs, Korb eines Ballons für Personen und Lasten' ❖ **gondeln**

gondeln ['gɔndl̩n] ⟨reg. Vb.; ist⟩ **1.** /jmd./ *irgendwohin ~* ˈlangsam, gemächlich irgendwohin mit einem Boot fahren': *wir sind über den See gegondelt* **2.** salopp /jmd./ *irgendwohin ~* ˈgemächlich (planlos) irgendwohin fahren'; ↗ FELD VIII.1.2: *wir sind durch die Stadt, die Straßen der Stadt gegondelt* ❖ ↗ **Gondel**

Gong [gɔŋ], **der**/auch **das**; ~s, ~s ˈmeist frei aufgehängte Scheibe aus Metall, die mit einem Schlegel angeschlagen, einen vollen, nachhallenden Ton erzeugt': *der ~ ertönt* /als Zeichen im Boxkampf, als Aufruf zum Essen/

gönnen ['gœnən] ⟨reg. Vb.; hat⟩ **1.** /jmd./ *jmdm. etw. ~* ˈauf jmds. Vorteil, Glück nicht neidisch sein'; ANT missgönnen: *sie gönnt ihm die Freude, sein Glück (von Herzen); er hat ihm den Erfolg nicht gegönnt; ich gönne es ihm, dass er Professor geworden ist* **2.** /jmd./ *sich ⟨Dat.⟩ etw. ~* ˈsich etw. Gutes leisten': *sich ein paar Tage Ruhe ~; er wollte sich etwas ~ und machte eine Schiffsreise* ❖ **Gönner, gönnerhaft, missgönnen, vergönnen**

Gönner ['gœnɐ], **der**; ~s, ~ ˈjmd., der jmdn. in seinen (künstlerischen) Bestrebungen (finanziell) fördert, gefördert hat': *er war sein ~; er hatte einen ~* ❖ ↗ **gönnen**

gönnerhaft ['gœnɐ..] ⟨Adj.; Steig. reg.⟩ SYN ˈherablassend': *~ lächeln; sich (gegen jmdn.) ~ zeigen; jmdm. etw. mit ~er Miene schenken; jmdm. ~ auf die Schulter klopfen* ❖ ↗ **gönnen**

gor: ↗ **gären**

Gorilla [goˈʀɪla], **der**; ~s, ~s ˈMenschenaffe von gedrungener Gestalt'; ↗ FELD II.3.1

goss: ↗ **gießen**

Gosse ['gɔsə], **die**; ~, ~n ˈRinne für Regen und Abwasser zwischen Fahrbahn und Gehweg': *das Brot war ihm in die ~ gefallen, lag in der ~* * /jmd./ **jmdn. aus der ~ ziehen** (ˈjmdm. aus seiner moralischen, sozialen Verkommenheit helfen'); /jmd./ **in der ~ enden** (ˈzu völliger moralischer, sozialer Verkommenheit herabsinken')

Gotik ['goːtɪk], **die**; ~, ⟨o.Pl.⟩ ˈbes. durch Spitzbogen geprägte europäische Stilepoche des Mittelalters vom 12. bis zum 15. Jahrhundert'; ↗ FELD V.3.1: *die Architektur, Malerei, Musik der ~* ❖ **gotisch**

gotisch ['goːt..] ⟨Adj.; o. Steig.; vorw. attr.⟩ ˈim Stil der Gotik'; ↗ FELD V.3.3: *eine ~e Kirche, die ~e Baukunst* ❖ ↗ **Gotik**

Gott [gɔt], **der**; ~es/auch ~s, Götter ['gœtɐ]; ↗ FELD XII.1.1 **1.** ⟨o.Pl.; mit best. Art. nur in Verbindung mit Attr.⟩ ˈals überirdisch und allmächtig gedachtes und kultisch verehrtes Wesen in monotheistischen Religionen': Rel. *~, der Herr; zu ~ beten; ~ preisen, ehren, leugnen; an ~ glauben; auf ~ vertrauen; die Allmacht ~es; der liebe ~* /in Ausrufen/: umg. *mein ~!, o ~!, großer ~!; ach du lieber ~!;* /Ausrufe der Bestürzung, Verwunderung/; *um ~es willen!* /Ausruf der Ablehnung, Abwehr/; *~ sei Dank!* /Ausruf der Erleichterung/; süddt. *grüß ~!* /Gruß/ **2.** ˈeines der vielen kultisch verehrten, als überirdisch und mit übernatürlicher Kraft und Macht begabt gedachten Wesen in polytheistischen Religionen': *die griechischen, germanischen Götter* ❖ **Gottheit** — **abgöttisch, Gottesdienst, gottverlassen, gottvoll** * umg. **leider ~es** (ˈleider'): *es ist leider ~es nun mal so; ich bin leider ~es zu spät gekommen;* **in ~es Namen** (ˈmeinetwegen': *tue das in ~es Namen!*); „*Bist du damit einverstanden?" „In ~es Namen, ja";* **weiß ~** (ˈwirklich, in der Tat': *er hat weiß ~ keinen Grund zum Klagen;* /jmd./ **wie ~ in Frankreich leben** (ˈim Überfluss leben'); /jmd./ **dem lieben ~ den Tag stehlen** (ˈfaulenzen'); **das wissen die Götter** (ˈdas weiß ich nicht und auch sonst niemand')

Gottes|dienst ['gɔtəs..], **der** ˈkultische Feier zur Verehrung Gottes (1)': *zum ~ gehen; der evangelische, katholische ~* ❖ ↗ **Gott**, ↗ **dienen**

Gottheit ['gɔt..], **die**; ~, ~en ˈGott (2)'; ↗ FELD XII.1.1: *die ägyptischen ~en*

göttlich ['gœt..] ⟨Adj.; Steig. reg., ungebr.⟩ **1.** ⟨nicht bei Vb.⟩ ˈals von Gott (1) ausgehend (3) betrachtet' /auf Abstraktes bez./: *die ~e Gnade* **2.** emot. ˈherrlich, wunderbar': *eine ~e Musik; sie sang ~; ihr Gesang war ~* ❖ ↗ **Gott**

gott ['gɔt..]|-**verlassen** ⟨Adj.; Steig. reg., ungebr.; nicht bei Vb.⟩ umg. ˈabgelegen und trist' /auf Ortschaften u.Ä. bez./: *das ist hier ja eine ~e Gegend!* ❖ ↗ Gott, ↗ lassen; -**voll** ⟨Adj.; Steig. reg., ungebr.⟩ umg., oft scherzh. ˈsehr komisch': *ein ~er Anblick; er sah ~ aus in seinem zu engen Anzug* ❖ ↗ Gott, ↗ voll

Gourmand [guʀˈmãː], **der**; ~s, ~s geh. ˈjmd., der viel isst'; SYN Schlemmer: *er ist ein ~* ❖ vgl. **Gourmet**

Gourmet [guʀ'meː], **der**; ~s, ~s geh. SYN ´Feinschmecker´: *er ist ein* ~ ❖ vgl. **Gourmand**

Gouvernante [guvɐ'nantə], **die**; ~, ~n **1.** ´private Erzieherin, bes. der Kinder adliger Familien´ **2.** spött. ´(ältliche) streng wirkende weibliche Person, die dazu neigt, andere zu belehren´: *sie ist eine richtige* ~

Grab [gʀaːp/gʀap], **das**; ~es/auch ~s, Gräber ['gʀɛːbɐ/'gʀɛː..] ´oft durch einen Erdhügel gekennzeichnete Stelle, an der ein Toter begraben ist´: *ein* ~ *bepflanzen, pflegen; Blumen auf jmds.* ~ *legen; auf dem Friedhof wurden Gräber geschändet; ein* ~ (´die für die Beerdigung eines Toten bestimmte Grube´) *ausheben, schaufeln* ❖ ↗ **graben**
* /jmd./ **verschwiegen sein/schweigen können wie ein** ~ (´sehr verschwiegen sein´); /jmd./ **sich** ⟨Dat.⟩ **selbst sein** ~ **graben/schaufeln** (´selbst seinen Untergang herbeiführen´); /etw., jmd./ **jmdn. noch ins** ~ **bringen** (´jmdn. maßlos ärgern 2´); /jmd./ **seine Hoffnungen, Wünsche zu** ~**e tragen** (´seine Hoffnungen, Wünsche endgültig aufgeben´)

graben ['gʀaːbm̩] (er **gräbt** [gʀɛːpt/gʀɛː..]), **grub** [gʀuːp], hat **gegraben 1.** /jmd./ *etw.* ~ ´mit einem geeigneten Werkzeug, Gerät eine Vertiefung, einen Hohlraum in der Erde (3) ausheben (1)´; ↗ FELD V.5.2: (*mit dem Spaten, der Schaufel) ein Loch, ein Grab* ~; *einen Stollen* ~ **2.** /jmd./ *nach etw.* ~ ´grabend (1) nach etw. suchen´: *nach Bodenschätzen, Gold* ~; *nach Resten alter Siedlungen* ~ **3.** /etw., bes. Fahrzeug/ *sich in etw.* ~ ´durch sein Gewicht in etw., bes. in die Erde (3), eindringen (1)´: *die Räder des Autos gruben sich tief in den Sand* ❖ **begraben, Begräbnis, Grab, Graben, Grube — ausgraben, eingraben, Fundgrube, Grabstein, Massengrab, Straßengraben, umgraben, untergraben**

Graben ['gʀaːbm̩], **der**; ~s, Gräben ['gʀɛː/'gʀɛː..] ´durch Graben (1) hergestellte lang gestreckte, schmale Vertiefung in der Erde, in der meist Wasser fließt´; ↗ FELD II.2.1: *ein tiefer, breiter* ~; *einen* ~ *ausheben; in einen* ~ *fallen; über einen* ~ *springen* ❖ ↗ **graben**

Grab|stein ['gʀaːp../'gʀap..], **der** ´an einem Grab aufgestellter, meist künstlerisch gestalteter großer Stein mit dem Namen, dem Tag der Geburt und des Todes des Verstorbenen´: *einen* ~ *setzen; der* ~ *ist umgekippt* ❖ ↗ **graben,** ↗ **Stein**

Grad [gʀaːt], **der**; ~es/auch ~s, ~e **1.** ⟨mit Mengenangabe: Grad⟩ **1.1.** ´Maßeinheit auf der Skala eines Messgeräts, bes. eines Geräts zum Messen der Temperatur´: *5* ~ *Celsius; das Thermometer zeigt 6* ~ *über, unter null, stieg auf 20* ~; *heute sind 6* ~ *Kälte, minus, 30* ~ *im Schatten; jmd. hat 40* ~ *Fieber* **1.2.** /Maßeinheit des Winkels/: *ein Winkel von 45* ~ **1.3.** ´Breiten-, Längengrad´: *der Ort liegt auf dem 50.* ~ *nördlicher, südlicher Breite, auf dem 20.* ~ *östlicher, westlicher Länge* **2.** ⟨vorw. Sg.⟩ ´Stufe des mehr od. weniger starken Vorhandenseins von etw., der Intensität von etw.´: *den* ~ *der Verschmutzung, der Reife von etw. feststellen;* Med. *Verbrennungen dritten* ~*es; bis zu einem gewissen* ~*(e)*

übereinstimmen **3.** ⟨vorw. Sg.⟩ ´akademischer Titel als Stufe einer Rangordnung´: *einen akademischen* ~, *den* ~ *eines Doktors erwerben* ❖ **graduell — Breitengrad, degradieren, Dienstgrad, hochgradig, Längengrad**

graduell [gʀa'dŭɛl] ⟨Adj.; o. Steig.⟩ ´einen bestimmten Grad (2) aufweisend´ /auf Abstraktes bez./: ~*e Unterschiede; etw. unterscheidet sich* ~ *von etw.* ❖ ↗ **Grad**

Graf [gʀaːf], **der**; ~en, ~en ´Angehöriger des mittleren Adels im Range unter dem eines Fürsten´ /nur in Verbindung mit Familiennamen/ ❖ **Gräfin**

Grafik ['gʀaːfɪk], **die**; ~, ~en **1.** ⟨o.Pl.⟩ ´die Kunst der Darstellung auf Papier, Karton, Pergament, insbesondere unter Verwendung von Verfahren, die Abzüge ermöglichen´: *er war ein Meister der* ~; *Werke der Malerei und* ~ *ausstellen* **2.** ´Werk der Grafik (1)´: *eine farbige* ~; *eine* ~ *kaufen;* ~*en sammeln* ❖ **Grafiker, grafisch —** vgl. **Biografie, Fotograf, fotografisch, Fotografie, Orthographie**

Grafiker ['gʀaːfikɐ], **der**; ~s, ~ ´Künstler auf dem Gebiet der Grafik (1)´ ❖ ↗ **Grafik**

Gräfin ['gʀɛːf../'gʀɛː..], **die**; ~, ~nen /zu *Graf;* weibl./ ❖ ↗ **Graf**

grafisch ['gʀaːf..] ⟨Adj.; o. Steig.; nicht präd.⟩ **1.** ´die Grafik (1) betreffend´: *die* ~*e Kunst* **2.** ´etw. zeichnerisch durch Kurven, Linien u.Ä. veranschaulichend´: *etw.* ~ *darstellen; eine* ~*e Darstellung* ❖ ↗ **Grafik**

Grafit [gʀa'fiːt], **der**; ~s/auch ~es, ~e ´schwarzgraues Mineral aus reinem Kohlenstoff´; ↗ FELD II.5.1

gram [gʀaːm] ⟨Adj.; o. Steig.; nur präd. (mit *sein, bleiben*)⟩ geh. /jmd./ *jmdm.* ~ *sein* ´jmdm. böse (3) sein´: *er konnte ihm nicht* ~ *sein, blieb ihm lange* ~ ❖ ↗ **Gram**

Gram, der; ~es/auch ~s, ⟨o.Pl.⟩ geh. ´quälender Kummer´; ↗ FELD I.6.1: *ein tiefer* ~ *nagte an ihm; er war von* ~ *erfüllt;* vgl. *Kummer* ❖ **gram, grämen, vergrämen — griesgrämig**

grämen ['gʀɛːmən/'gʀɛː..] ⟨reg. Vb.; hat⟩ **1.** /etw., bes. etw. Abstraktes/: *jmdn.* ~ ´jmdn. mit Gram erfüllen´: *diese Zurücksetzung grämte ihn sehr* **2.** /jmd./ *sich* ~ ´von Gram erfüllt sein´; ↗ FELD I.6.2: *sich über einen Verlust, sich um jmdn., wegen einer Sache* ~ ❖ ↗ **Gram**

Gramm [gʀam], **das**; ~s, ~e ⟨mit Mengenangabe: Gramm⟩ ABK: g /Maßeinheit der Masse/: *der Brief wiegt 20* ~; *50* ~ *Hefe kaufen* ❖ **Kilogramm**

Grammatik [gʀa'matɪk], **die**; ~, ~en **1.** ⟨vorw. mit best. Art.; o.Pl.⟩ ´(Wissenschaft von der) Struktur einer Sprache und die Regeln des Gebrauchs einer Sprache in inhaltlicher, morphologischer und syntaktischer Beziehung´: *die Regeln der* ~ *lernen* **2.** ⟨vorw. mit unbest. Art.⟩ ´Lehrbuch der Grammatik (1) für eine Sprache´: *eine deutsche* ~; *eine* ~ *der deutschen Sprache* ❖ **grammatisch**

grammatisch [gʀa'mat..] ⟨Adj.; o. Steig.; nicht präd.⟩ ´die Grammatik (1) betreffend´: *die* ~*e Struktur ei-*

ner Sprache; er macht ~e Fehler; ~ richtig sprechen ❖ ↗ **Grammatik**

Granate [gʀaˈnɑːtə], **die**; ~, ~n ˈSprengstoff enthaltendes Geschoss (1), bes. der Artillerieˈ; ↗ FELD V.6.1: *~n heulen durch die Luft, schlagen ein; die ~ detoniert; der Zünder einer ~* ❖ **Handgranate**

grandios [gʀanˈdi̯oːs], ⟨Adj.; Steig. reg.⟩ SYN ˈgroßartigˈ: *eine ~e Leistung, das war ~, war ein ~er Einfall; das hat er ~ gemacht*

Granit [gʀaˈniːt], **der**; ~s/auch ~es, ~e ˈsehr hartes Gestein von körniger Beschaffenheitˈ; ↗ FELD II.5.1, III.4.1: *ein Grabstein aus ~; etw. ist hart wie ~* * umg. /jmd./ **bei jmdm. auf ~ beißen** ˈbei jmdm. mit einer Forderung o.Ä. nichts erreichen könnenˈ: *da beißt er bei mir auf ~!*

Granne [ˈgʀanə], **die**; ~, ~n ⟨vorw. im Pl.⟩ **1.** ˈeine der borstenartigen Spitzen an den Blüten von Gräsern und Getreideˈ **2.** ˈeines der langen, oben verdickten Haare im Haarkleid von Pelztierenˈ

Graphik: ↗ *Grafik*

Graphiker: ↗ *Grafiker*

graphisch: ↗ *grafisch*

Graphit: ↗ *Grafit*

grapschen [ˈgʀapʃn̩], ⟨reg. Vb.; hat⟩ landsch. umg. /jmd./ **1.1.** *etw. ~* ˈetw. rasch (und gierig) ergreifenˈ: *er grapschte den Apfel, das Geld und rannte hinaus* **1.2.** *nach etw. ~* ˈrasch und gierig nach etw. greifenˈ: *das Kind grapschte nach der Hand der Mutter, nach dem größten Stück Kuchen*

Gras [gʀaːs/gʀas], **das**; ~es, Gräser [ˈgʀɛːzɐ/ˈgʀɛː..] **1.** ˈin vielen Arten vorkommende Pflanze mit einem durch Verdickungen gegliederten Halm, langen, schmalen Blättern und unscheinbaren Blütenˈ; ↗ FELD II.4.1 **2.** ⟨o.Pl.⟩ ˈGesamtheit von den Erdboden bedeckenden Gräsern (1), z. B. als Wiese, Rasenˈ: *grünes, dürres ~; ~ säen, mähen* ❖ **grasen** – **abgrasen** * /jmd./ **über eine Sache ~ wachsen lassen** (ˈetw. in Vergessenheit geraten lassenˈ); ⟨⟩ umg. spött. /jmd./ **das ~ wachsen hören** (ˈsich besonders klug dünkenˈ); salopp /jmd./ **ins ~ beißen (müssen)** ⟨oft im Perf.⟩ (ˈsterben müssenˈ)

grasen [ˈgʀɑːzn̩], ⟨reg. Vb.; hat⟩ /bes. Kuh, Pferd/ SYN ˈweiden (1.1)ˈ: *die Kühe grasten friedlich (auf der Weide)* ❖ ↗ **Gras**

grassieren [gʀaˈsiːʀən], grassierte, hat grassiert: *eine Krankheit grassiert* (ˈtritt gehäuft, epidemisch aufˈ); *ein Gerücht grassiert* (ˈbreitet sich ausˈ)

grässlich [ˈgʀɛs..] **I.** ⟨Adj.; Steig. reg.⟩ emot. **1.1.** SYN ˈscheußlich (I.1.1)ˈ: *ein ~er Gestank; etw. riecht ~, sieht ~ aus; der Anblick war ~; der Kuchen schmeckt ~* **1.2.** ⟨nicht bei Vb.⟩ SYN ˈverwerflichˈ: *ein ~es Verbrechen* **1.3.** emot. ˈsehr unangenehmˈ: *~e Schmerzen haben; es tat ~ weh* – **II.** ⟨Adv.; vor Adj.; bei Vb.⟩ emot. /bewertet das durch das Bezugswort Genannte negativ/ ˈsehrˈ: *jmd. ist ~ müde, hat sich ~ gelangweilt; es war ~ kalt*

Grat [gʀaːt], **der**; ~es/auch ~s, ~e ˈschmaler Kamm (I.1), oberste Kante eines Berges, Gebirgesˈ; ↗

FELD II.1.1: *ein schmaler, steiler, scharfer ~; den ~ eines Berges entlangwandern*

Gräte [ˈgʀɛːtə/ˈgʀɛː..], **die**; ~, ~n ˈspitzes, dünnes Gebilde zwischen den Muskeln von Fischenˈ: *die ~ entfernen; er hat eine ~ verschluckt*; vgl. *Knochen*

gratis [ˈgʀɑːtɪs] ⟨Adv.⟩ SYN ˈkostenlosˈ: *etw. ~ bekommen; (jmdm.) etw. ~ liefern; die Lieferung ist ~*

Grätsche [ˈgʀɛːtʃə/ˈgʀɛː..], **die**; ~, ~n Turnen ˈSprung mit gegrätschten Beinen über etw., bes. ein Turngerätˈ: *mit einer ~ über den Barren springen* ❖ **grätschen**

grätschen [ˈgʀɛːtʃn̩/ˈgʀɛː..] ⟨reg. Vb.; hat, ist⟩ Turnen **1.** ⟨hat⟩ /jmd./ *die Beine ~* (ˈbeide gestreckten Beine gleichzeitig seitwärts spreizenˈ) **2.** ⟨ist⟩ /jmd./ *über etw. ~* ˈmit gestreckten, seitwärts gespreizten Beinen über etw., bes. ein Turngerät, springenˈ: *er ist über den Barren gegrätscht* ❖ ↗ **Grätsche**

Gratulant [gʀatuˈlant], **der**; ~en, ~en ˈjmd., der jmdm. gratuliert (hat)ˈ: *zum Jubiläum, Geburtstag kamen viele ~en; für die ~en einen Empfang geben* ❖ ↗ **gratulieren**

Gratulation [gʀatulaˈtsi̯oːn], **die**; ~, ~en ⟨vorw. Sg.⟩ SYN ˈGlückwunschˈ: *jmdm. seine ~ aussprechen; meine herzlichste ~!; es gingen zum Jubiläum viele ~en ein* ❖ ↗ **gratulieren**

gratulieren [gʀatuˈliːʀən], gratulierte, hat gratuliert /jmd./ *jmdm. zu etw. ~* ˈjmdm. seinen Glückwunsch zu etw. aussprechenˈ: *jmdm. zum Geburtstag, zur Hochzeit, zum bestandenen Examen ~; /in der kommunikativen Wendung/ darf man (schon) ~* (ˈist die Sache schon erfolgreich überstandenˈ)? ❖ **Gratulant, Gratulation** * umg. /jmd./ **sich** ⟨Dat.⟩ **zu etw., jmdm. ~ können** ˈüber etw. sehr froh, mit jmdm. sehr zufrieden sein könnenˈ: *zu diesem Erfolg, zu deiner Schwiegertochter kannst du dir (aber, wirklich) ~!*; /jmd./ **sich** ⟨Dat.⟩ **~ können** ˈauf etw. für einen selbst sehr Unangenehmes gefasst sein müssenˈ: *wenn du deine Rechnung nicht bezahlst, kannst du dir ~!/du kannst dir ~, wenn du deine Rechnung nicht bezahlst!*

grau [gʀau] ⟨Adj.⟩ **1.1.** ⟨Steig. reg., ungebr.⟩ ˈvon einer Farbe, die aus Schwarz und Weiß gemischt istˈ; ↗ FELD VI.2.3: *ein ~er, ~ gestreifter Rock; jmd. hat ~e Augen; sie trägt gern Grau* (ˈträgt gern Kleidung in grauen Farbtönenˈ); *die Farbe Grau; ein helles, dunkles Grau* **1.2.** ⟨Steig. reg.; Superl. ungebr.; nicht bei Vb.⟩ *jmd. hat ~es Haar* (ˈHaar, das durch Alter seine Farbe verloren hatˈ); *jmd. ist ~* (ˈhat graues Haarˈ); *alt und ~ werden* (ˈsichtlich alt werdenˈ) **1.3.** ⟨Steig. reg., Superl. ungebr.; nicht bei Vb.⟩ SYN ˈtrübe (2.2)ˈ; ANT klar (1.2); ↗ FELD VI.2.3: *ein ~er Himmel; ein ~er Tag, Morgen* **2.** ⟨Steig. reg., Superl. ungebr.⟩ ˈeintönig (2) und deprimierendˈ: *der ~e Alltag; alles schien ihm, alles war ~ und öde* **3.** ⟨o. Steig.; nur attr.⟩ ˈzeitlich weit in der Vergangenheit od. Zukunft liegend und daher unbestimmtˈ: *in ~er Vorzeit; das liegt in ~er Zukunft* ❖ **blaugrau, grauhaarig**

* /jmd./ **alles ~ in ~ sehen, malen** (ʹalles pessimistisch beurteilen, darstellen')

Gräuel [ˈgʀɔiəl], **der**; ~s, ~ **1.** ⟨vorw. Pl.⟩ ʹunmenschliche Gewalttat': *die ~ des Krieges; in dieser Zeit, unter diesem Regime wurden ~ begangen, verübt* **2.** *etw., jmd. ist jmdm. ein ~* ʹetw., jmd. ist jmdm. äußerst zuwider': *ich esse keinen Fisch, denn Fisch ist mir ein ~; der Kerl ist mir ein ~!* ❖ ↗ **grauen**

grauen [ˈgʀaʊən] ⟨reg. Vb.; hat⟩ **I.** ⟨vorw. im Präs., Prät.⟩ *der Morgen, Abend graut* (ʹdie Morgen-, Abenddämmerung bricht an') – **II.** emot. *jmdm./ jmdn. graut (es) vor etw., jmdm.* ʹjmd. empfindet Grauen (1) vor etw., jmdm.'; ↗ FELD I.6.2: *mir graut's/es graut mir vor dir, vor der Prüfung, vor dem Besuch, vor morgen; mich/mir graut's, wenn ich an morgen denke* ❖ **Grauen, grausam, Grausamkeit, grauenhaft, graulen, grausen, Gräuel, gräulig, gruseln, gruselig – grauenvoll**

Grauen, das; ~s, ~ **1.** ⟨o.Pl.⟩ ʹ(lähmendes) Entsetzen vor etw. Unheimlichem, Drohendem, Scheußlichem'; ↗ FELD I.6.1: *ein tiefes, leises ~ überkommt, erfüllt jmdn.; ~ vor etw., jmdm. empfinden; ein ~ erregender Anblick* **2.** ⟨vorw. mit Gen.attr.⟩ ʹetw., was Grauen (1) hervorruft': *das ~, die ~ des Krieges schildern, miterlebt haben; das war, die zerstörte Stadt bot ein Bild des ~s* ❖ ↗ **grauen**

grauenhaft [ˈgʀaʊən..] ⟨Adj.; Steig. reg.⟩ emot. **1.** SYN ʹscheußlich (I.1.1)'; ↗ FELD I.6.3: *ein ~er Anblick; das ist ja ~, sieht ja ~ aus!* **2.** ⟨nicht präd.⟩ SYN ʹentsetzlich (I.2)': *eine ~e Angst überkam ihn* ❖ ↗ **grauen**

grauen|voll [ʹ..] ⟨Adj.; Steig. reg.⟩ emot. **1.** SYN ʹscheußlich (I.1.1)'; ↗ FELD I.6.3: *ein ~er Anblick bot sich uns; hier sieht es ja ~ aus!; der Anblick war ~* **2.** SYN ʹentsetzlich (I.2)': *eine ~e Angst haben* ❖ ↗ **grauen**, ↗ **voll**

grau|haarig [ˈgʀaʊ..] ⟨Adj.; o. Steig.; vorw. attr.⟩ ʹmit grauem Haar' /auf Personen bez./: *ein ~er alter Mann* ❖ ↗ **grau**, ↗ **Haar**

graulen [ˈgʀaʊlən] ⟨reg. Vb.; hat⟩ umg. **1.** /jmd./ *sich ~* SYN ʹsich fürchten (1)': *sich im Dunkeln ~; sich vor etw. ~: vor dieser Arbeit graule ich mich (schon) lange* **2.** /jmd./ *jmdn. aus dem Haus, der Wohnung ~* (ʹjmdn. durch unfreundliches Verhalten aus dem Haus, der Wohnung vertreiben') ❖ ↗ **grauen**

gräulich [ˈgʀɔi..] **I.** ⟨Adj.; Steig. reg.⟩ **1.** SYN ʹabscheulich (I.1,2)': *das ist ein ~er Gestank; es stinkt ~; der Gestank war ~; etw. sieht ~ aus* **2.** ⟨nicht bei Vb.⟩ umg. emot. ʹsehr unangenehm': *so ein ~es Wetter!* – **II.** ⟨Adv.; vor Adj., Adv.⟩ /bewertet das durch das Bezugswort Genannte neg./ emot. ʹsehr, überaus': *es war ~ kalt; das tut ~ weh* ❖ ↗ **grauen**

Graupe [ˈgʀaʊpə], **die**; ~, ~n ⟨vorw. Pl.⟩ ʹgeschältes Getreidekorn, bes. der Gerste': *aus ~n einen Brei kochen; eine Suppe mit ~n* ❖ vgl. **Graupel**
MERKE Zum Unterschied von *Graupe, Grütze* und *Sago:* Im Gegensatz zu *Graupen* besteht *Grütze* aus grob geschnittenen, nicht geschälten Körnern. *Sago* besteht aus körniger Stärke

Graupel [ˈgʀaʊpl̩], **die**; ~, ~n ⟨vorw. Pl.⟩ ʹals Niederschlag fallendes kleines Körnchen aus festem Schnee': *Schnee mit ~n* ❖ **graupeln;** vgl. **Graupe**
MERKE Zum Unterschied von *Graupel* und *Hagelkorn: Graupeln* bestehen aus Schnee, *Hagel* aus Eis

graupeln [ˈgʀaʊpl̩n] ⟨reg. Vb.; hat⟩ *es graupelt* (ʹGraupeln fallen als Niederschlag') ❖ ↗ **Graupel**

grausam [ˈgʀaʊ..] ⟨Adj.⟩ **1.** ⟨Steig. reg.⟩ ʹvon der Wesensart, dass man dazu neigt, anderen gefühllos und roh Schmerzen zuzufügen, gegen sie roh Gewalt anzuwenden' /auf Personen bez./; ↗ FELD I.2.3: *jmd. ist ein ~er Mensch, ist (kalt und) ~; das Volk wurde ~ unterdrückt; jmdn. ~ behandeln, unterdrücken; ein Tier ~ quälen* **2.** ⟨Steig. reg.⟩ ʹhart (3) und unmenschlich': *ein ~es Urteil; eine ~e Strafe; sich ~ an jmdm. rächen; seine Rache war ~* **3.** ⟨o. Steig.; nicht bei Vb.⟩ emot. ʹsehr schlimm und qualvoll': *~en Durst, ~e Schmerzen haben* ❖ ↗ **grauen**

Grausamkeit [ˈgʀaʊzaːm..], **die**; ~, ~en **1.** ⟨o.Pl.⟩ /zu **grausam** 1/ ʹdas Grausamsein'; ↗ FELD I.2.1: *was er anderen antut, ist seelische ~; mit beispielloser ~ vorgehen* **2.** ⟨vorw. Pl.⟩ ʹvon Grausamkeit (1) zeugende Handlung': *es wurden im Bürgerkrieg unvorstellbare ~en begangen* ❖ ↗ **grauen**

grausen [ˈgʀaʊzn̩] ⟨reg. Vb.; hat⟩ *jmdm./jmdn. graust (es) vor jmdm., bei etw.* ʹjmd. empfindet Grauen (1), großen Widerwillen vor jmdm., etw., bei etw.'; ↗ FELD I.6.2: *mir graust es vor diesem Kerl!; mir/ mich graust es bei dem Gedanken, dass wir bald Prüfung haben* ❖ ↗ **grauen**

gravieren [gʀaˈviːʀən], gravierte, hat graviert /jmd., bes. Fachmann/ **1.1.** *etw. in etw. ~* ʹeine Verzierung od. Buchstaben, einen Text in hartes Material schneiden': *ein Monogramm in die silbernen Löffel ~* **1.2.** *einen Ring ~* (ʹeinen Ring mit einer Gravur versehen') ❖ **Gravur**

gravierend [gʀaˈviːʀənt] ⟨Adj.; Steig. reg.; nicht bei Vb.⟩ **1.1.** SYN ʹschwerwiegend (1.1)' /auf Abstraktes bez./: *das ist ein ~er Unterschied; der Unterschied ist ~* **1.2.** SYN ʹschwerwiegend (1.2)' /auf Abstraktes bez./: *ein ~er Fehler, Irrtum; ~e Verluste; etw. als ~ ansehen*

Gravur [gʀaˈvuːɐ̯], **die**; ~, ~en ʹin etw. gravierte Verzierung, Buchstaben od. Text': *ein Armband, Ring mit einer ~* ❖ ↗ **gravieren**

Grazie [ˈgʀaːtsiə], **die**; ~, ⟨o.Pl.⟩ ʹnatürliche Anmut und Leichtigkeit bes. einer jungen Frau, die sich bes. in ihrer Bewegung ausdrückt': *sie bewegte sich mit jugendlicher ~;* vgl. **Anmut** ❖ **graziös**

graziös [gʀaˈtsjøːs] ⟨Adj.; Steig. reg.⟩ ʹGrazie zeigend, ausdrückend' /bes. auf Bewegungen des menschlichen Körpers bez./: *~e Bewegungen; eine ~e Verneigung; ~ tanzen; sich ~ verneigen;* vgl. **anmutig** ❖ ↗ **Grazie**

greifbar [ˈgʀaɪf..] ⟨Adj.; o. Steig.⟩ **1.1.** ⟨nur präd. (mit *sein*)⟩ /etw./ *nicht ~ sein* ʹnicht aufzufinden sein': *die Unterlagen sind nicht, das Buch ist nicht ~* **1.2.** *etw. liegt, ist ~ nahe, liegt, ist in ~er Nähe* 'etw. liegt sehr nahe': *das Gebirge, die Stadt lag* ~, *in* ~*er Nähe vor uns* **2.** ⟨nicht bei Vb.⟩ 'deutlich erkennbar; konkret': ~*e Erfolge, Beweise* ❖ ↗ **greifen**

greifen ['gʀaɪfn̩], griff [gʀɪf], hat gegriffen [..'gʀɪfn̩] **1.** /jmd./ **1.1.** *irgendwohin* ~ 'gezielt die Hand auf etw., jmdn. hin bewegen, es danach mit den Fingern umfassen (1), um es an sich zu bringen, um jmdn. festzuhalten'; ↗ FELD I.7.5.2, VI.3.2: *nach einem fliegenden Insekt* ~; *nach dem Mantel, in die Tasche* ~; *ins Leere* ~; *er griff nach ihrer Hand und hielt sie fest; sie griff nach ihm, um sich festzuhalten; das Gebirge lag zum Greifen* ('greifbar') *nahe vor uns* **1.2.** *sich* ⟨Dat.⟩ *etw.* ~ 'durch Greifen (1.1) von irgendwo wegnehmen': *er griff (sich) seinen Hut und ging; sich ein Buch vom, aus dem Regal* ~ *und darin lesen* **1.3.** *jmdn. irgendwo* ~ 'jmdn. irgendwo fest anfassen': *er griff sie am Arm, an der Schulter* **2.** /jmd./ **2.1.** *zu etw.* ⟨Dat.⟩ ~ 'etw. in die Hand nehmen, um damit etw. zu tun': *zum Spaten* ~ *(und das Land umgraben); gern zu einem guten Buch* ~ ('gern ein gutes Buch lesen') **2.2.** *zu einer List, zur Selbsthilfe* ~ ('eine List, die Selbsthilfe meist als letzte Möglichkeit anwenden') **3.** /jmd./ *an etw.* ~ 'etw. mit seiner Hand, seinen Händen, Fingern berühren'; SYN fassen: *an seine Mütze* ~ *und sie ins Gesicht ziehen; sich* ⟨Dat.⟩ *an die Stirn, den Kopf* ~ **4.** /jmd./ *in die Tasten, Saiten* ~ ('mit Schwung auf einem Tasten-, Saiteninstrument spielen'); *einen schwierigen Akkord* ~ ('anschlagen 2.1') **5.** ⟨vorw. verneint⟩ **5.1.** /etw., bes. Räder/ 'mit dem Untergrund (1), Boden (2) eine so feste Berührung haben, dass die Bewegung ohne Rutschen abläuft': *auf dem vereisten Boden griffen die Räder nicht* **5.2.** *diese Maßnahmen* ~ *nicht* ('wirken nicht') ❖ **ergreifen, Ergreifung, Ergriffenheit, greifbar, Griff, griffig, vergreifen, vergriffen – angreifen, Angreifer, Angriff, aufgreifen, Bombenangriff, durchgreifen, eingreifen, Eingriff, herzergreifend, Kunstgriff, Sturmangriff, übergreifen, zugreifen, Zugriff, zurückgreifen**
* /etw., bes. Feuer, Epidemie/ *um sich* ~ ('sich ausbreiten'); umg. /jmd./ *sich* ⟨Dat.⟩ *jmdn.* ~ 'jmdn. zur Rede stellen, zur Verantwortung ziehen': *den werde ich mir erst einmal* ~!

greis [gʀaɪs] ⟨Adj.; o. Steig.; vorw. attr.⟩ geh. 'dem Aussehen, Verhalten, der Eigenart eines Greises entsprechend': *ihre* ~*en Eltern; Kinder mit* ~*en Gesichtern; seine brüchige,* ~*e Stimme; ihr* ~*es Haar; er wirkte schon* ~ ❖ **Greis, Greisin, greisenhaft**

Greis, der; ~*es,* ~*e* 'sehr alter Mann': *ein rüstiger* ~ ❖ ↗ **greis**

Greisin ['gʀaɪz..], **die;** ~, ~*nen* /zu *Greis;* weibl./ ❖ ↗ **greis**

greisenhaft ['gʀaɪzn̩..] ⟨Adj.; Steig. reg., Superl. ungebr.⟩ 'wie ein Greis, einem Greis ähnlich': *er sprach mit* ~*er Stimme, wirkte schon* ~, *ist schon* ~ *geworden* ❖ ↗ **greis**

grell [gʀɛl] ⟩Adj.; Steig. reg.⟩ **1.1.** 'blendend hell (1)'; ↗ FELD VI.2.3: ~*e Blitze;* ~*es Scheinwerferlicht;*

aus dem Schatten in die ~*e Sonne treten; das Licht ist zu* ~; *etw. leuchtet* ~ **1.2.** 'zu intensiv im Farbton': *der Farbton ist zu* ~; *ein* ~*es Rot* **1.3.** *in den* ~*sten Farben* 'stark übertreibend': *etw. in den* ~*sten Farben schildern* **2.** SYN 'schrill'; ↗ FELD VI.1.3: *ein* ~*er Schrei;* ~ *lachen; ihr* ~*es Lachen; etw. klingt* ~; *ihr Lachen war* ~

Gremium ['gʀeːmi̯ʊm], **das;** ~*s,* Gremien ['gʀeːmi̯ən] 'für eine bestimmte Aufgabe gebildete Gruppe von Fachleuten'; ↗ FELD I.11: *ein internationales* ~; *ein* ~ *von Wissenschaftlern; ein* ~ *bilden, zusammenstellen; in einem* ~ *mitarbeiten;* vgl. *Komitee, Kommission*

Grenze ['gʀɛntsə], **die;** ~, ~*n* **1.1.** 'den äußeren Rand eines Staates bildende festgelegte Zone, in der sich der Staat mit einem anderen, benachbarten Staat berührt u. die beide voneinander trennt': *politische* ~*n; die* ~ *zwischen Deutschland und Polen; die* ~ *zur Türkei; die* ~ *verläuft auf dem Gebirgskamm; eine* ~ *festsetzen, markieren; die* ~ *öffnen, sperren; er wohnt direkt an der* ~; *die* ~ *passieren, überschreiten; jmdn. über die* ~ *abschieben; über die* ~ *gehen* **1.2.** 'etw., was Grundstücke od. Gebiete voneinander, von der Umgebung trennt': *ein Graben, Zaun bildet die* ~ *zwischen beiden Grundstücken; das Gebirge bildet eine natürliche* ~; METAPH *die fließenden* ~*en zwischen Biologie und Chemie* **2.** ⟨+ Gen.attr.⟩ 'das äußerste od. zulässige Maß': *etw. geht bis an die* ~ *des Möglichen; das überschreitet die* ~ *des Erträglichen, des guten Geschmacks; die* ~ *der Leistungsfähigkeit ist erreicht* ❖ **begrenzen, grenzen – abgrenzen, grenzenlos, Grenzübergang, -verkehr, umgrenzen**
* /etw./ *sich in* ~*n halten* **1.** 'ein erträgliches Maß nicht überschreiten': *meine Schmerzen halten sich in* ~*n* **2.** 'die Erwartungen nicht ganz erfüllen': *seine Leistungen hielten sich in* ~*n;* /jmd./ *seine* ~*n kennen* ('wissen, wie weit man gehen kann, was man leisten kann'); /etw./ *keine* ~*n kennen* 'jedes vernünftige Maß überschreiten': *seine Begeisterung, sein Ehrgeiz, Hass kannte keine* ~*n;* **jmdm., etw.** ⟨Dat.⟩ *sind* ~*n gesetzt* ('jmd. kann nicht alles tun, was er will; etw. kann sich nicht beliebig entfalten')

grenzen ['gʀɛntsn̩] ⟨reg. Vb.; hat⟩ **1.** /etw., bes. Staat, Gebiet, Grundstück/ *an etw.* ~ 'sich an seiner Grenze (1) mit etw. berühren': *unser Land grenzt an Polen, Frankreich; der Garten grenzt an den See* **2.** /etw., bes. Fähigkeit, Vorgang, bes. *das*/ *an etw.* ~ 'einer Sache fast gleichen': *seine Geschicklichkeit grenzt an Zauberei; das grenzt schon an Beleidigung; das grenzt (schon fast) an (ein) Wunder* ❖ ↗ **Grenze**

grenzen|los ['gʀɛntsn̩..] ⟨Adj.; o. Steig.⟩ **1.** 'von nahezu unendlicher Ausdehnung (3)': *die* ~*e Weite der Landschaft* **2.** ⟨nicht bei Vb.⟩ 'außerordentlich groß (1.1)'; SYN unendlich (I.3) /vorw. auf Psychisches bez./: *jmds.* ~*e Geduld bewundern; ihre* ~*e Liebe zu ihm* ❖ ↗ **Grenze,** ↗ **los**

Grenz ['gʀɛnts..]**-übergang, der** 'Stelle, an der Personen, Fahrzeuge, Güter (3) eine Staatsgrenze passieren dürfen': *die Autos mussten stundenlang am ~ warten* ❖ ↗ Grenze, ↗ über-, ↗ gehen; **-verkehr, der**: *der kleine ~* ('erleichterter Personenverkehr zwischen den Bewohnern der Gebiete an der Grenze zweier benachbarter Staaten') ❖ ↗ Grenze, ↗ Verkehr

Greuel: ↗ *Gräuel*

greulich: ↗ *gräulich*

Griebe ['gʀiːbə], **die**; ~, ~n ⟨vorw. Pl.⟩ 'fester Rückstand von ausgelassenem fettem Fleisch, Speck in Form kleiner Stücke': *Schmalz mit knusprigen ~n* ❖ **Griebenschmalz**

Grieben|schmalz ['gʀiːbn̩..], **das** 'Schmalz mit Grieben': *~ aufs Brot streichen* ❖ ↗ **Griebe**, ↗ **Schmalz**

griesgrämig ['gʀiːsgʀɛːmɪç/..gʀɛ..] ⟨Adj.; Steig. reg.⟩ SYN 'mürrisch' /auf Personen bez./: *ein ~er Mensch; ~ dreinschauen; ein ~ verkniffener Mund* ❖ ↗ **Gram**

Grieß [gʀiːs], **der**; ~es, ⟨o.Pl.⟩ 'feinkörniges Nährmittel aus gemahlenen Getreidekörnern': *einen Brei aus ~ kochen; ein Pudding aus ~*

griff: ↗ *greifen*

Griff [gʀɪf], **der**; ~es/auch ~s, ~e **1.1.** ⟨vorw. mit unbest. Art.⟩ 'das Greifen (1.1)': *ein letzter, rascher ~, ein paar ~e und alles war fertig; ein ~ nach der Uhr* **1.2.** 'das Greifen (1.3)': *jmdn. mit einem harten, festen, eisernen ~ festhalten* **1.3.** ⟨vorw. mit best. Art.; o.Pl.⟩ 'das Greifen (2.1)'; ↗ FELD I.7.5.1: *der ~ zum Buch, zur Flasche* **2.** ⟨vorw. o.Pl.⟩ 'bestimmte, gezielt greifende Bewegung der Hand, Finger bei einer Tätigkeit': *mit geübten ~en das Gerät betätigen; auf dem Klavier, der Gitarre ein paar ~e üben; verbotene ~e beim Ringen, Judo* **3.** 'zum Anfassen bestimmte Vorrichtung an einem Gegenstand, um diesen handhaben, bewegen, tragen zu können': *der ~ an einem Koffer, Schubfach; das Messer am ~ anfassen* ❖ ↗ **greifen**
* /jmd./ *etw. in den ~ bekommen/kriegen* ('ein Problem zu meistern, zu beherrschen (4) lernen'); /jmd./ *einen guten ~ mit etw., jmdm. getan haben* ('mit etw., jmdm. eine gute Wahl getroffen haben'); /jmd./ *etw. im ~ haben* ('ein Problem meistern, etw. unter Kontrolle haben'); /jmd./ verhüll. *einen ~ in die Kasse tun* ⟨oft im Perf.⟩ ('Geld aus der Kasse stehlen')

griffig ['gʀɪfɪç] ⟨Adj.; Steig. reg.; nicht bei Vb.⟩ **1.** 'von der Form, dass es leicht zu umfassen und festzuhalten ist'; SYN handlich: *eine ~e Kamera, Bohrmaschine; der Hammer ist ~* **2.1.** *der Reifen hat ein ~es* ('gut haftendes I') *Profil* **2.2.** *eine ~e Fahrbahn* ('eine Fahrbahn, auf der die Reifen gut haften I') ❖ ↗ **greifen**

Grill [gʀɪl], **der**; ~s, ~s 'Gerät od. Vorrichtung zum Grillen': *Steaks, Hähnchen vom ~* ❖ **grillen**

Grille ['gʀɪlə], **die**; ~, ~n **1.** 'mit der Heuschrecke verwandtes Insekt mit langen Fühlern, bei dem die Männchen helle vibrierende Töne hervorbringen': *die ~n zirpen* **2.** veraltend 'seltsamer, schrulliger Einfall (1)': *das ist wieder einmal so eine ~ von ihm; er hat nur ~n im Kopf*

* veraltend /jmd./ *~n fangen* ('trüben Gedanken nachhängen')

grillen ['gʀɪlən] ⟨reg. Vb.; hat⟩ /jmd./ etw. ~ 'Fleisch, Wurst auf, mit dem Grill rösten': *Steaks, Würstchen ~; ein gegrilltes Hähnchen* ❖ ↗ **Grill**

Grimasse [gʀiˈmasə], **die**; ~, ~n 'verzerrtes Gesicht, aus Spaß od. um jmdn. zu verspotten'; SYN Fratze (2): *das Gesicht zu einer ~ verziehen; ~n* ↗ schneiden, ↗ ziehen

grimmig ['gʀɪmɪç] ⟨Adj.; Steig. reg.⟩ **1.** 'von tiefem Zorn, verhaltener Wut erfüllt'; ↗ FELD I.6.3: *ein ~er Alter; der sieht aber ~ aus, schaut ~ drein; ein ~er* ('bissiger 2') *Humor*; vgl. brummig **2.** emot. ⟨nicht bei Vb.⟩ 'sehr groß (7.1), sehr stark (9.1), heftig' /auf Negatives bez./: *eine ~e Kälte; ~en Hunger haben*

grinsen ['gʀɪnzn̩] ⟨reg. Vb.; hat⟩ /jmd./ 'meist aus Spott, Bosheit den Mund in die Breite ziehend lächeln': *schadenfroh, hämisch, höhnisch, dümmlich ~; grins' nicht so dämlich!; ~de Gesichter; sein hämisches Grinsen machte mich wütend*

Grippe ['gʀɪpə], **die**; ~, ~n ⟨vorw. Sg.⟩ **1.** 'Viruskrankheit des Menschen, die mit Fieber, Schnupfen und Bronchitis verbunden ist': *jmd. hat (die) ~, ist an ~ erkrankt, liegt mit einer ~ im Bett* **2.** umg. 'fiebrige Erkältung': *er hat eine ~*

Grips [gʀɪps], **der**; ~es, ⟨o.Pl.⟩ umg. SYN 'Verstand'; ↗ FELD I.5.1: *er hat nicht viel ~* (*im Kopf*); *streng deinen ~ mal ein bisschen an!*

grob [gʀoːp/gʀɔp] ⟨Adj.; Steig.: gröber ['gʀøːbɐ], gröbste ['gʀøːpstə]⟩ **1.** ANT fein (1) **1.1.** 'von derber und rauer Beschaffenheit' /vorw. auf Gewebe bez./: *~es Leinen, Papier; ein ~ gewebter Mantel; die Säcke sind aus ~em Material; das Material ist zu ~* **1.2.** 'von einer Struktur, bei der die einzelnen Teilchen, Stückchen größer, stärker als gewöhnlich sind' /auf bestimmte, meist zerkleinerte Materialien bez./: *~e Späne; ~er Kies, Sand; der Kies ist zu ~; etw. ~ zerkleinern; die Mandeln ~ hacken, den Kaffee ~ mahlen; ~ gemahlenes Getreide* **1.3.** ⟨Superl. ungebr.⟩ 'bezüglich der Form ohne Feinheit'; ANT zierlich (1) /auf menschliche Körperteile bez./: *hat ein ~es Gesicht; sein Gesicht ist ~; ein ~ geformtes Gesicht; er hat von der Arbeit ~e Hände* **1.4.** ⟨Superl. ungebr.; nicht bei Vb.⟩ *er hat eine ~e* ('raue, wenig geschmeidige') *Stimme* **2.** ⟨o. Steig.; nicht präd.⟩ 'ungefähr, nicht detailliert'; ANT genau /beschränkt verbindbar/: *etw. in ~en Zügen wiedergeben; etw. ~ schätzen; eine ~ Schätzung* **3.** ⟨o. Steig.; nicht präd.⟩ 'üble Folgen habend': *das war ~e Fahrlässigkeit, Belästigung, ein ~er Irrtum; ~er* (SYN 'schlimmer 2') *Unfug; ein ~er Verstoß; Vorschriften ~ missachten* **4.** 'rücksichtslos offen (5.1), unverblümt deutlich und ohne Feingefühl'; SYN derb (4), drastisch (1): *~e Späße; daraufhin ist er ~ geworden; ~ antworten; sei nicht so ~* ('fass nicht so derb, unsanft zu'), *das tut doch weh!; das ist ein ~er* ('in seiner Art ohne Feingefühl') *Mensch*; ❖ **Grobheit, Grobian** – **grobschlächtig**

* umg. /jmd./ **aus dem Gröbsten heraus sein** (ʾin der Entwicklung das Schwierigste, Schlimmste hinter sich haben und nicht mehr so sehr auf Hilfe angewiesen seinʾ) /oft auf jmds. wirtschaftliche Verhältnisse bez./

Grobheit ['..], **die**; ~, ~en **1.** ⟨o.Pl.⟩ ʾMangel an Feingefühlʾ: *er ist wegen seiner ~ bekannt* **2.** ⟨vorw. Pl.⟩ ʾÄußerung, die jedes Feingefühl vermissen lässtʾ: *jmdm. ~en sagen* ❖ ↗ **grob**

Grobian ['gro:bi̯a:n], **der**; ~s/auch ~es, ~e ʾMann, dessen Benehmen, Äußerungen als grob (4), derb (4) empfunden werdenʾ: *er ist ein ~; so ein (alter) ~!* ❖ ↗ **grob**

grobschlächtig ['gro:pʃlɛçtɪç/'grɔp..] ⟨Adj.; nicht bei Vb.⟩ **1.** ʾvon massiger (1), unförmiger, plumper Gestaltʾ; SYN ungeschlacht (1) /auf Personen, Tiere bez./: *ein ~er Kerl; ~ sein* **2.** ʾunbeholfen und von Mangel an Feingefühl zeugendʾ; SYN ungeschlacht (2) /beschränkt verbindbar/: *mit seinem ~en Benehmen hat er alle vor den Kopf gestoßen* ❖ ↗ **grob**

Grog [grɔk], **der**; ~s, ~s ⟨mit Mengenangabe Pl.: Grog⟩ ʾGetränk aus heißem Wasser mit Rum od. Weinbrand und Zuckerʾ: *einen ~ brauen; ein* ↗ *steifer ~; wie viele ~s hast du getrunken?; Herr Ober, bitte zwei* (ʾzwei Glasʾ) *~!*

grölen ['grø:lən] ⟨reg. Vb.; hat⟩ umg. emot. neg. /jmd./ ʾlaut und misstönend singen od. schreienʾ; ↗ FELD VI.1.2: *die Betrunkenen, jungen Leute grölten und schrien; eine ~de Menge; etw. ~: sie grölten Beifall, einen alten Schlager, ein Lied*

Groll [grɔl], **der**; ~s, ⟨o.Pl.⟩ ʾsich nicht nach außen entladender, verhaltener (4), heimlicher Zorn, Haßʾ; ↗ FELD I.6.1: *ein tiefer, bitterer, dumpfer ~ erfüllt jmdn.; einen ~ auf jmdn. haben; ~ gegen jmdn. hegen; seinen ~ in sich hineinfressen; voller ~ an jmdn., etw. denken* ❖ **grollen**

grollen [grɔlən] ⟨reg. Vb.; hat⟩ **1.** /jmd./ ʾGroll empfindenʾ; ↗ FELD I.6.2: *er grollt noch immer; mit jmdm. (wegen etw.) ~* (ʾwegen etw. Groll gegen jmdn. hegenʾ) **2.** /etw., bes. Donner/ ʾdumpf rollend dröhnenʾ: *der Donner grollt; das ferne Grollen der Geschütze* ❖ ↗ **Groll**

Gros [gro:], **das**; ~ [gro:s], ~ ⟨vorw. Sg.; vorw. mit Gen.attr.⟩ ʾder größte Teil einer bestimmten Gruppeʾ: *das ~ der Schüler, Studenten nimmt an der Veranstaltung teil; das ~ der Bevölkerung nahm an der Wahl teil*

Groschen ['grɔʃn̩], **der**; ~s, ~ umg. **1.** ʾMünze mit dem Wert von zehn Pfennigenʾ: *drei ~ zum Telefonieren brauchen; einen ~ in den Automaten stecken* **2.** ʾzehn Pfennigʾ: *das kostet einen ~; sich ein paar ~ dazuverdienen*

* /jmd./ **jeden ~ (einzeln) umdrehen** (ʾübertrieben sparsam seinʾ); ⟨⟩ umg. **bei jmdm. ist der ~ (endlich) gefallen** (ʾjmd. hat etw. endlich begriffenʾ)

groß [gro:s] ⟨Adj.; Steig.: größer ['grø:sɐ], größte ['grø:stə] **1.1.** ʾhinsichtlich der Fläche, des Raums in der Ausdehnung über einen bestimmten, als Norm angesehenen Wert hinausgehendʾ; ANT klein (1): *ein ~es Gelände, Gebiet; ein ~er See; die*

Wohnung ist ~; die neue Wohnung ist größer als die alte; ein ~es Haus, Zimmer, Fenster; jmd. hat ~e Augen, Hände, Füße, einen ~en Mund **1.2.** ⟨o. Steig.; nicht bei Vb.; mit Maßangabe und dieser nachgestellt⟩ ʾeine bestimmte räumliche Ausdehnung habendʾ: *das Grundstück ist 1000 m² ~; ein 1000 m² ~es Grundstück* **2.1.** ʾhinsichtlich der Länge, der Ausdehnung, nach oben über einen bestimmten, als Norm angesehenen Wert hinausgehendʾ; ANT klein: *ein ~er Baum, Schornstein; das Kind ist für sein Alter schon recht ~; ein ~er Mann; der ~e Zeiger der Uhr; die ~e Zehe; er ist der Größte in der Klasse; ein ~er Buchstabe* (ʾBuchstabe, der sich meist von den anderen durch seine Ausdehnung nach oben abhebt und vorwiegend am Anfang von Sätzen, von Substantiven, Eigennamen stehtʾ); *ein Wort ~ schreiben* (ʾam Anfang mit einem großen Buchstaben schreibenʾ) **2.2.** ⟨o. Steig.; nicht bei Vb.; mit Mengenangabe und dieser nachgestellt⟩ ʾvon hohem Wuchsʾ/auf Personen bez./: *er ist 1,80 m ~; ein 1,80 m ~er Mann; ein ~es* (SYN ʾhoch gewachsenesʾ) *Mädchen* **3.** ⟨nicht bei Vb.; vorw. attr.⟩ ʾeinen allgemein als lang angesehenen Zeitraum umfassendʾ: *ein ~er Zeitraum; mit ~er Verspätung eintreffen; die ~e Pause* (ʾdie längste Pause zwischen den Unterrichtsstundenʾ); *die ~en Ferien* (ʾdie Sommerferienʾ) **4.** ⟨nicht bei Vb.⟩ ʾaus einer als beträchtlich angesehenen Anzahl einzelner zusammengehörender Menschen, Dinge bestehendʾ; ANT klein (3) /vorw. auf Gruppen, Mengen bez./: *eine ~e Familie, Menschenansammlung; er kam mit einem ~en Gefolge; etw. in einem ~eren Kreis* (ʾmit mehreren Menschen gleichzeitigʾ) *besprechen; der größte Teil der versammelten Personen, einer Menge von Gegenständen; ~e Vorräte, eine ~e Auswahl an Schuhen; das alles bildet ein ~es Ganzes* (ʾeine Ganzheitʾ); *eine ~e Koalition* (ʾeine Koalition der stärksten Parteien im Parlamentʾ) **5.** ⟨nicht bei Vb.⟩ ʾvon einem in hohen Zahlen ausdrückbaren Wertʾ; ANT klein, ²bescheiden (3): *~e Beträge, Kosten, Gewinne; ein ~es Vermögen besitzen; sein Besitz ist größer geworden* ⟨nur attr.⟩ umg. *~es Geld* (ʾGeldscheine von höherem Wertʾ); *das ~e Einmaleins* (ʾdie Multiplikation der Zahlen von 11–20 mit den Zahlen von 1–10ʾ) **6.** ⟨o. Steig.⟩ **6.1.** ⟨nicht bei Vb.⟩ SYN ʾerwachsenʾ /auf Personen bez./: *jmd. hat schon ~e Kinder; unsere Tochter ist nun (schon) ~;* umg. *die Großen* (ʾdie Erwachsenen in ihrer Beziehung zu den Kindernʾ) **6.2.** ANT klein (4.1) ⟨nur attr.; + Possessivpron.⟩ *jmds. ~e Schwester, ~er Bruder* (ʾdiejenige Schwester, derjenige Bruder von jmdm., die, der älter als er selber istʾ) **7.1.** ⟨nicht bei Vb.⟩ /drückt einen hohen Grad aus; auf Abstraktes bez./ ANT klein (5): *~er Jubel, Lärm, Applaus; ~e Gefahren, Schwierigkeiten, Sorgen; ein ~er Unterschied; ~e Angst, ~en Durst, Hunger, ~es Glück haben; die Angst wurde größer; das erregte ~es Aufsehen, Interesse; eine ~e Anteilnahme, Herzlichkeit verspüren; etw. mit ~em Fleiß, Vergnügen, ~er Geduld,*

Genauigkeit tun; das war eine ~e Arbeit, Überraschung; ein ~er Fortschritt; da war seine Freude, Enttäuschung ~; auf etw. ~en Wert legen; das war ein ~er (*'schwerwiegender'*) *Fehler, Irrtum; er war ihre ~e Liebe* (*'so sehr wie in ihn war sie in niemand anderen verliebt'*); umg. *zu etw. keine ~ Lust haben* *etw.* tunlichst zu vermeiden versuchen': *ich habe keine ~e Lust, mich damit noch einmal auseinanderzusetzen; das ist jetzt ~e Mode* (*'ist jetzt sehr modern'*) **7.2.** ⟨nur attr.⟩ /drückt aus, dass jmd. die durch ihn ausgedrückte Haltung, Tätigkeit in hohem Maße verkörpert/ /auf Personen bez./: *jmd. ist ein ~er Optimist, Idealist, Spötter; er ist ein ~er Verfechter, Anhänger, Verteidiger dieser Idee; er ist ein ~er Verehrer der Kunst; er ist ein, kein ~er Esser* (*'pflegt viel, wenig zu essen'*) **7.3.** umg. ⟨Komp. ungebr.; nur attr.⟩ /verstärkt eine negative Bezeichnung/: *er ist ein ~er Esel, Dummkopf, Gauner, Narr, Betrüger; er ist der größte Esel, den ich kenne; er ist ein (ganz) ~er Angeber* (*'gibt sehr stark an'*) **8.** ⟨nicht bei Vb.⟩ **8.1.** SYN *'bedeutend* (I.3)' /auf Abstraktes bez./: *das ist eine ~e Aufgabe, Frage, Tat, Leistung, ein ~es Ereignis; das war ein ~er Tag, Augenblick für ihn; dies ist sein größtes Werk; das war ein ~es Wort; einen ~en Namen haben* (*'berühmt sein'*); *er wollte schon immer etw. Großes bewirken, erreichen* **8.2.** SYN *'bedeutend* (I.1)' /auf Personen bez./: *jmd. ist ein ~er Gelehrter, Wissenschaftler, Künstler, Politiker; Luther, der ~e Reformator;* /als nachgestelltes Attr. bei Namen von Herrschern/ *Friedrich der Große; er gehört zu den ganz Großen dieses Landes; jmd. ist ein ~es Talent* (*'jmd. besitzt für etw. Bestimmtes ein besonderes Talent'*); ⟨+ *kein*⟩ /relativiert eine positive Aussage/: *er ist kein ~er Redner, Pädagoge, Schauspieler* **8.3.** 'in der entsprechenden Tätigkeit bemerkenswert perfekt' /auf Personen bez./: *er ist ein ~er Tänzer, Schwimmer, Kartenspieler, Organisator; in etw. ganz ~ sein* 'eine Tätigkeit bemerkenswert perfekt ausführen': *im Kopfrechnen, Rätselraten, Schauspielern ist sie ganz ~; in dieser komplizierten Situation warst du (ganz) ~* ('beeindruckend gut 1') **9.** ⟨o. Steig.; nur präd.⟩ 'mit viel Aufwand ausgeführt und meist auf eine starke Wirkung abzielend': *eine ~e Geste; mit ~en Worten etw. verkünden; in ~er Toilette erscheinen; etw. ~ ankündigen, anpreisen, hinausposaunen; (etw.) ~* ('mit vielen Gästen und allem, was dazugehört') *feiern; ~ ausgehen* **10.** ⟨o. Steig.; nur bei Vb.; nur verneint⟩ umg. *nicht ~* 'nicht besonders': *du brauchst nicht ~ zu fragen, ob du das darfst; er hat nicht ~ darauf geachtet* ❖ **Größe, vergrößern — Größenwahn, größenwahnsinnig, großstädtisch, Großeltern, -teil, größtenteils, mittelgroß;** vgl. **groß/Groß-**
* umg. emot. neg. **~ und breit** 'in aller Ausführlichkeit': *das habe ich dir doch alles ~ und breit erzählt!; das hat er ~ und breit vor allen erzählt;* **im Großen (und) Ganzen** 'im Allgemeinen, von bestimmten Einzelheiten abgesehen': *im Großen (und) Ganzen kann man damit einverstanden sein;*

im Großen Ganzen hast du Recht; /Kind/ **~ machen** ('seinen Darm entleeren') **(müssen)**

groß|artig ['..] ⟨Adj.; Steig. reg.⟩ 'alle Erwartungen in positiver Hinsicht übertreffend'; SYN fabelhaft, famos, grandios, phantastisch (2.1): *eine ~e Leistung, ein ~er Fachmann; es hat ~ geklappt;* vgl. *ausgezeichnet* ❖ ↗ **groß,** ↗ **Art**

Größe ['grøːsə], **die** ⟨~, ~n⟩ **1.** ⟨vorw. Sg.⟩ **1.1.** 'bestimmte räumliche, flächenhafte Ausdehnung (2)': *die ~ eines Grundstücks, eines Raumes angeben, messen; einen Gegenstand in natürlicher ~ darstellen* **1.2.** 'bestimmte Ausdehnung des menschlichen Körpers (1) nach oben': *jmds. ~ messen; sich der ~ nach aufstellen; ein Mann von mittlerer ~* **2.** ⟨vorw. Sg.⟩ 'überdurchschnittliche räumliche Ausdehnung': *die ~ des Landes, Bauwerks imponierte uns; er fiel durch seine ~ auf; er stand in seiner ganzen, vollen ~* ('selbstbewusst und unübersehbar') *da* **3.** 'nach einem bestimmten System genormtes Maß (I.1.1) für jeweils eine Klasse von Gegenständen'; ↗ FELD V.1.1: *Schuhe in allen, in kleinen ~n; der Pullover ist nur in ~ 42 am Lager; das Modell ist in den ~n 42, 44, 46 nicht mehr vorrätig* **4.** Phys. Math. 'durch Zahlen ausdrückbarer Begriff, der Merkmale, Eigenschaften bestimmter Erscheinungen erfasst': *eine gegebene, unbekannte, variable ~* **5.** ⟨vorw. Sg.⟩ 'edle Gesinnung, vorbildliche Haltung': *jmd. zeigt (eine) wahre, menschliche, innere ~* ❖ ↗ **groß**

Groß|eltern ['groːs..], **die** ⟨Pl.⟩ 'Eltern von jmds. Mutter od. Vater': *meine ~ kommen zu Besuch* ❖ ↗ **Eltern**

Größen/größen ['grøːsn̩..]**|-wahn, der** '(krankhafte) Überschätzung der eigenen Fähigkeiten, Leistungen': *jmd. leidet an ~; das grenzt an ~!* ❖ ↗ groß, ↗ Wahn; **-wahnsinnig** ⟨Adj.; Steig. reg.; nicht bei Vb.⟩ 'an Größenwahn leidend': umg. *du bist wohl ~ geworden!* ❖ ↗ groß, ↗ Wahn, ↗ Sinn

Groß/groß ['groːs..]**|-grundbesitz** [..'grʊnt..], **der** 'privater landwirtschaftlicher Grundbesitz von großer Ausdehnung': *der ~ wurde enteignet* ❖ ↗ Grund, ↗ besitzen; **-grundbesitzer** [..'grʊnt..], **der** 'Eigentümer von Großgrundbesitz' ❖ ↗ Grund, ↗ besitzen; **-handel, der** 'Handel (1), der als Bindeglied zwischen Hersteller und Einzelhandel fungiert': *Waren direkt beim ~ kaufen* ❖ ↗ handeln; **-herzig** [hɛrtsɪç] ⟨Adj.; Steig. reg.⟩ 'von edelmütiger und selbstloser Gesinnung zeugend'; ↗ FELD I.2.3: *er ist ein ~er Mensch; ein ~es Angebot; jmdm. etw. ~ gestatten* ❖ ↗ Herz; **-macht, die** 'Staat mit erheblichem Einfluss auf die internationale Politik': *die ~ USA; Russland ist eine ~* ❖ ↗ Macht; **-mut, die** ⟨o.Pl.⟩ 'Edelmut und Großzügigkeit': *an jmds. ~ appellieren; dabei zeigte er ~* ❖ großmütig, **-mütig** [myːtɪç] ⟨Adj.; Steig. reg.⟩ 'eine edle Gesinnung zeigend und großzügig (2)'; ↗ FELD I.2.3: *~ handeln; jmdm. ~ verzeihen; eine ~e Tat* ❖ ↗ Großmut; **-mutter, die** 'Mutter von jmds. Mutter od. Vater'; SYN Oma; ↗ FELD I.9.1: *meine ~ hat mir oft Märchen erzählt; unsere Großmütter haben viel*

in der Kriegs- und Nachkriegszeit geleistet ❖ ↗
Mutter; **-sprecherisch** [ʃprɛçəʀ..] ⟨Adj.; Steig. reg.⟩
SYN 'prahlerisch': *ein ~er Mensch; ~e Worte; etw.
~ verkünden; seine Rede war ~* ❖ ↗ sprechen;
-spurig [ʃpuːʀɪç] ⟨Adj.; Steig. reg.⟩ SYN 'großtue-
risch': *~ auftreten; seine ~e Art des Auftretens; sein
Auftreten war ~; ~e Reden führen;* **-stadt, die**
'Stadt mit mehr als 100000 Einwohnern': *in einer
~ leben, aufwachsen* ❖ ↗ Stadt; **-städter, der** 'jmd.,
der in einer Großstadt lebt': *für einen ~ ist das Le-
ben auf dem Lande ungewohnt* ❖ ↗ Stadt; **-städtisch**
⟨Adj.; o. Steig.; vorw. attr.⟩ 'für eine Großstadt ty-
pisch': *der ~e Verkehr* ❖ ↗ Stadt; **-teil, der** ⟨o.Pl.;
+ Gen.attr.⟩ **1.** ⟨nur mit best. Art.⟩ 'der größere
Teil von etw.': *der ~ der Mitarbeiter hat diese Neue-
rung begrüßt* **2.** ⟨nur mit unbest. Art.⟩ 'ein erhebli-
cher Teil von etw.': *ein ~ des Tages ging für Besor-
gungen drauf; einen ~ des Tages verbringt man am
Arbeitsplatz* ❖ ↗ Teil
größten [ˈɡʀøːstn̩..]‖**teils** ⟨Adv.⟩ 'zum überwiegenden
Teil'; SYN hauptsächlich: *die Schuld liegt ~ bei
ihm, bei einem selbst; ich war heute ~ zu Hause* ❖
↗ **groß,** ↗ **Teil**
groß/Groß [ˈɡʀoːs..]‖**-tuerisch** [tuə..] ⟨Adj.; Steig.
reg., ungebr.⟩ 'wichtigtuerisch und prahlerisch';
SYN großspurig: *sein ~es Auftreten, Gehabe stieß
alle ab* ❖ ↗ ¹tun; **-vater, der** 'Vater von jmds. Mut-
ter od. Vater'; SYN Opa; ↗ FELD I.9.1: *meinen
~ habe ich nicht kennen gelernt; das Haus hatte
mein ~ gekauft* ❖ ↗ Vater; **-ziehen,** zog groß, hat
großgezogen /jmd./ *jmdn., ein (Haus)tier* 'für ein
Kind, Jungtier so lange sorgen, bis es selbständig
geworden ist': *sie hat ihren Enkel, vier Kinder groß-
gezogen; ein Reh, einen kleinen Affen (mit der Fla-
sche) ~* ❖ ↗ ziehen; **zügig** ⟨Adj.; Steig. reg.⟩ **1.** 'in
Geldangelegenheiten, im Schenken freigebig';
ANT knauserig; ↗ FELD I.2.3: *er ist ~ im Geben,
Schenken; das war ein ~es Entgegenkommen; er
war in allem sehr ~; jmdn. ~ unterstützen; ein ~es
(*'von einer freigebigen Art zeugendes') *Geschenk,
Angebot* **2.** ⟨vorw. bei Vb.⟩ 'Unwichtiges nicht
überbewertend und andere Ansichten gelten las-
send'; ANT kleinlich: *~ über etw. hinwegsehen;* vgl.
tolerant ❖ Großzügigkeit; **-zügigkeit** [tsyɡɪç..], **die**;
~, ⟨o.Pl.⟩ /zu *großzügig* 1,2/ 'das Großzügigsein';
↗ FELD I.2.1 ❖ ↗ **großzügig**
grotesk [ɡʀoˈtɛsk] ⟨Adj.; Steig. reg., Superl. ungebr.⟩
'durch Übertreibung od. Verzerrung absonderlich,
lächerlich wirkend': *ein ~er Einfall; die Situation
war, wirkte ~; das war einfach ~, was uns da gebo-
ten wurde*
Grotte [ˈɡʀɔtə], **die**; ~, ~n 'natürliche od. künstlich
angelegte Felsenhöhle': *eine feuchte, kühle ~; mit
einem Boot in eine ~ fahren*
grub: ↗ **graben**
Grube [ˈɡʀuːbə], **die**; ~, ~n **1.** 'natürliche od. künst-
lich angelegte Vertiefung im Erdboden'; ↗ FELD
IV.1.1: *eine ~ ausheben, abdecken; in eine ~ fallen*
2. SYN 'Bergwerk': *auf, in der ~ arbeiten; in die
~ einfahren; die ~ wurde geschlossen* ❖ ↗ **graben**

Grübelei [ɡʀyːbəˈlai], **die**; ~, ~en /zu *grübeln* 1.1, 1.2/
'das Grübeln'; ↗ FELD I.4.1.1, 6.1; /zu 1.2/ ⟨vorw.
Pl.⟩: *lass doch diese, deine ~en, sie nützen dir doch
nichts* ❖ ↗ **grübeln**
grübeln [ˈɡʀyːbl̩n] ⟨reg. Vb.; hat⟩ /jmd./ **1.1.** *über etw.*
⟨Dat.⟩ ~ 'fortgesetzt scharf darüber nachdenken,
wie die schwierige, vor einem liegende Aufgabe zu
bewältigen, das Problem zu lösen ist'; ↗ FELD
I.4.1.2, 6.2: *er saß am Schreibtisch und grübelte über
seiner Doktorarbeit, der Mathematikaufgabe, dem
Kreuzworträtsel* **1.2.** *über etw. ~* 'immer wieder
quälende Gedanken nachhängen, wie etw. und
das, was damit verbunden ist, in der gegenwärtigen
schwierigen Situation zu bewältigen ist': *sie saß im
Sessel und grübelte über ihr weiteres Leben, über den
Tod ihres Mannes; ins Grübeln kommen, geraten,
verfallen* ❖ **Grübelei, grüblerisch**
grüblerisch [ˈɡʀyːbləʀ..] ⟨Adj.; Steig. reg., ungebr.⟩
'zum Grübeln (1.2) neigend' / auf Personen bez./;
↗ FELD I.6.3: *er ist ein ausgesprochen ~er
Mensch; im Alter ist er ~ geworden; ~ veranlagt
sein* ❖ ↗ **grübeln**
Gruft [ɡʀʊft], **die**; ~, Grüfte [ˈɡʀyftə] 'Gewölbe als
Grabstätte': *er fand in der ~ seiner Vorfahren, Fa-
milie seine letzte Ruhestätte*
grün [ɡʀyːn] ⟨Adj.; Steig. reg., ungebr.; ↗ auch Grün,
Grüne⟩ **1.** 'von der Farbe frischen Laubes, Grases';
↗ FELD VI.2.3: *~e Wiesen, Wälder; ~e Bohnen;
~es Glas, Licht; ein ~es Kleid; das Papier ist ~;
~e Weihnachten (*'Weihnachten ohne Schnee'); *etw.
~ anstreichen, färben; die Farbe Grün; sie trägt gern
Grün (*'grüne Kleidung'); *die Ampel zeigt Grün; die
~e Welle (*'hintereinander auf Grün geschaltete
Ampeln im Straßenverkehr, die ein zügiges Fahren
ohne Stockungen ermöglichen'); *die ~e* ↗ Lunge
2. ⟨nicht bei Vb.⟩ 'noch nicht reif (1.1)' /auf
Früchte bez./; ↗ FELD II.4.3: *~e Äpfel, Pflaumen,
Tomaten; man sollte kein ~es Obst essen; die Äpfel
sind ja noch ~* **3.** ⟨nur attr.⟩ 'roh (1), nicht durch
Salzen, Räuchern konserviert' /auf Nahrungsmittel
bez./: *~e Heringe; ~er Speck; Aal ~ (*'gekochter,
nicht geräucherter Aal'); *~e (*'aus geriebenen ro-
hen Kartoffeln hergestellte, in siedendem Wasser
gegarte') *Klöße* **4.** ⟨nicht bei Vb.⟩ umg. 'einen
Mangel an Reife (1.1) erkennen lassend': *er ist noch
ein ~er Junge; um das zu beurteilen, bist du noch
viel zu ~* ❖ **Grün, Grüne, grünen, grünlich – Grün-
fläche, -kohl, -zeug, immergrün, lindgrün**
* umg. /jmd./ *sich ~ und gelb/ und blau ärgern (*'sich
sehr ärgern'); /jmd./ *jmdn. ~ und blau schlagen*
('jmdn. heftig verprügeln'); *das ist dasselbe in Grün*
('das ist im Grunde nichts anderes'); /jmd./ **jmdm.
nicht ~ sein** ('jmdm. nicht wohl gesinnt sein, jmdn.
nicht leiden können')
Grün, das; ~s, ⟨o.Pl.; ↗ auch grün, Grüne⟩ 'grü-
nende Pflanzen, frisches Laub, Gras': *das erste
zarte ~ im Frühling* ❖ ↗ **grün**
Grund [ɡʀʊnt], **der**; ~es/auch ~s, Gründe [ˈɡʀʏndə]
1. ⟨o.Pl.⟩ 'Erdboden': *auf festem, schlüpfrigem ~
stehen* **2.** ⟨o.Pl.⟩ **2.1.** 'Boden (5) eines Gewässers':

auf dem ~ des Meeres; man konnte bis auf den ~ des Sees sehen; mit dem Schiff auf ~ laufen **2.2.** ʿBoden (5) eines Gefäßes, Behälters`: *den Becher bis auf den ~* (ʿvölligʾ) *leeren; etw. setzt sich am ~e des Gefäßes ab* **3.** ⟨vorw. Sg.⟩ ʿeinheitlich gefärbte Fläche, von der sich etw. optisch deutlich abhebtʾ: *der ~ der Tapete ist blau; ein rotes Kreuz auf weißem ~* **4.1.** ʿdas, was jmdn. zu seinem Verhalten, Handeln veranlasst, veranlasst hat bzw. dem Handeln zugrunde liegtʾ: *ein schwerwiegender ~; berufliche, politische Gründe; einen einleuchtenden, stichhaltigen ~ für etw. haben; aus wichtigen, zwingenden, praktischen Gründen etw. Bestimmtes tun; Gründe für etw. vorbringen; etw. als ~ angeben; einen ~ zum Feiern haben; du hast allen ~* (ʿsolltest dich verpflichtet fühlenʾ), *dankbar zu sein; es gibt nicht den geringsten ~ zur Aufregung; dafür hatte ich (auch) meine Gründe* (ʿdas habe ich sehr bewusst, nicht leichtfertig gemachtʾ); *er hatte allen ~, vorsichtig zu sein; jmdm. (keinen) ~* (SYN ʿAnlass 1ʾ) *zu etw. geben* **4.2.** SYN ʿUrsache (1)ʾ: *nach den objektiven Gründen für ein Verbrechen forschen; die Gründe sind unbekannt* **4.3.** *auf ~* (auch in der Schreibung: *aufgrund*) ʿwegenʾ: *auf ~ des schlechten Wetters; auf ~ von* (ʿwegenʾ) *Terminänderungen, Beschwerden, Krankheit* ❖ **begründen, begründet, ergründen, gründen, Gründer, grundieren, gründlich, Gründung** – **Abgrund, Beweggrund, Großgrundbesitz, Hintergrund, hintergründig, tiefgründig, unbegründet, Untergrund, Vordergrund, vordergründig, Wassergrundstück, Zeitgründe, zugrunde;** vgl. **grund/Grund-**
* **~ und Boden** ʿGrundbesitzʾ: *sein ~ und Boden; auf eigenem ~ und Boden leben; eigenen ~ und Boden besitzen;* **im ~e (genommen)** ʿwenn man es recht bedenktʾ; SYN eigentlich: *im ~e (genommen) hatte sein Vorschlag auch Positives;* **aus/mit gutem ~:** *wir haben diese Farbe aus gutem ~* (ʿsehr bewusst und weil es so das Beste warʾ) *gewählt;* **von ~ auf** ʿvöllig, ganz und garʾ: *etw. von ~ auf erneuern, ändern;* umg. /jmd., Institution, etw./ **etw. in ~ und Boden wirtschaften** ʿdurch Misswirtschaft ruinieren, herunterwirtschaftenʾ: *er hat den (Bauern)hof, die Firma, das Unternehmen, die Regierung hat den Staat in ~ und Boden gewirtschaftet;* **zu ~e:** ↗ **zugrunde**
¹grund- /bildet mit dem zweiten Bestandteil Adjektive; verstärkt das im zweiten Bestandteil Genannte emotional/: ↗ z. B. **grundfalsch**
²Grund- /bildet mit dem zweiten Bestandteil Substantive; drückt aus, dass das im zweiten Bestandteil Genannte grundsätzlichen Charakter hat/: ↗ z. B. **Grundfrage, Grundgedanke**
Grund [ˈ..]**-besitz, der** ʿLand, Boden (1), den jmd. besitztʾ; ↗ FELD I.15.1: *sein ~ wurde enteignet* ❖ ↗ besitzen; **-besitzer, der** ʿjmd., der Grundbesitz hatʾ: *er ist ~* ❖ ↗ besitzen
gründen [ˈgʀʏndn̩], gründete, hat gegründet **1.** /jmd., Institution/ *etw. ~* ʿetw., bes. ein Unternehmen, eine Organisation, entstehen lassen, indem man die

ersten Voraussetzungen dafür schafftʾ: *wer hat den Verlag, das Unternehmen gegründet?; wann wurde das Unternehmen gegründet?; die Stadt wurde um 1200 gegründet* **2.1.** /jmd./ *etw. auf etw. ~* ʿetw. als Grundlage, Anhaltspunkt für etw. nehmenʾ: *er gründet seinen Verdacht auf einige Zeugenaussagen; sie gründete alle Hoffnung auf die Erbschaft* **2.2.** /etw./ *sich auf etw. ~* ʿseine Grundlage, seinen Ausgangspunkt in etw. habenʾ: *sein Verdacht gründet sich auf einige Zeugenaussagen; alle Hoffnung gründete sich auf die Erbschaft* ❖ ↗ **Grund**
Gründer [ˈgʀʏndɐ], **der;** ~s, ~ ʿjmd., Institution, die etw. gründet (1), gegründet hatʾ: *der ~ der Stadt, des Vereins ist ...* ❖ ↗ **Grund**
grund/Grund [ˈgʀʊnt..]**]-falsch** ⟨Adj.; o. Steig.; vorw. präd. (mit *sein*)⟩ emot. ʿvöllig falschʾ /vorw. auf eine Entscheidung, Handlungsweise bez./: *die Entscheidung, die Ansicht ist ~; es wäre, ist ~, sich davon beeinflussen zu lassen, die Sache nicht weiter zu verfolgen* ❖ ↗ falsch; **-festen** [fɛstn̩], **die** ⟨Pl.⟩ ***** /jmd., etw./ **an den ~ von etw. rütteln** ʿetw. grundsätzlich in Frage stellenʾ; **-frage, die** ʿgrundsätzliche, für etw. entscheidende Frage (2.1)ʾ: *politische, philosophische ~n; sich in den ~n einig sein* ❖ ↗ fragen; **-gedanke, der** ʿgrundlegender (1) Gedankeʾ: *seine Weltanschauung beruht auf dem ~n der Toleranz, Gleichberechtigung; der ~ bei dem Vorhaben war, möglichst vielen Menschen zu helfen* ❖ ↗ denken; **-gesetz, das 1.** ʿdie einer Sache zugrunde liegende Gesetzmäßigkeitʾ: *das biogenetische ~* **2.** ⟨o.Pl.⟩ ʿfür die Bundesrepublik Deutschland geltende Verfassung (I)ʾ: *etw. verstößt gegen das ~, steht mit dem ~ im Einklang* ❖ ↗ Gesetz
grundieren [gʀʊnˈdiːʀən], grundierte, hat grundiert /jmd./: *etw. ~* ʿden ersten Anstrich auf etw. auftragen, auf den später weitere Farbe gebracht wirdʾ: *eine Wand, Tür, ein Gemälde ~* ❖ ↗ **Grund**
Grund/grund [ˈgʀʊnt..]**]-lage, die** ʿetw., das einer Sache zugrunde liegt, worauf sich etw. stützen kannʾ; SYN Basis (1): *die geistigen, theoretischen ~n einer Wissenschaft; die gesetzlichen ~n für etw. schaffen; jmds. Behauptungen entbehren jeder ~* (ʿkönnen nicht begründet werden, sind unsinnigʾ); *diese Untersuchungen haben eine solide wissenschaftliche ~* (SYN ʿFundament 2ʾ) ❖ ↗ liegen; **-legend** [leːgn̩t] ⟨Adj.⟩ **1.** ⟨o. Steig.; nur attr.⟩ ʿdie Grundlage für etw. bildendʾ; SYN fundamental: *eine ~e Voraussetzung dafür ist, dass ...; einen ~en Unterschied feststellen* **2.** ⟨nicht präd.⟩ ʿin seiner Gesamtheitʾ /drückt einen hohen Grad bei einem Zustand, Vorgang, einer Tätigkeit aus/: *etw. ~ verändern; eine ~e Veränderung; etw. ~ neu gestalten* ❖ ↗ legen
gründlich [ˈgʀʏnt..] **I.** ⟨Adj.; Steig. reg.⟩ ʿsorgfältig und genauʾ; SYN gewissenhaft; ANT oberflächlich (1), flüchtig (2.2); ↗ FELD I.4.4.3: *eine ~e Arbeit; jmdn., etw. ~ untersuchen; jmd. ist in allem, was er tut, sehr ~; er ist ein ~er Mensch; etw. ~ vorbereiten; sich etw. ~ überlegen; er arbeitet ~* – **II.** ⟨Adv.; bei Vb.⟩ ʿsehrʾ /auf Negatives bez./: *sich ~ irren; jmdm. etw. ~ heimzahlen* ❖ ↗ **Grund**

Grund/grund ['gʀʊnt..]‖**-mauer, die** ⟨vorw. Pl.⟩ 'Fundament eines Bauwerks': *das Haus brannte bis auf die ~n nieder* ❖ ↗ Mauer; **-pfeiler, der** 'tragender Pfeiler eines Bauwerks' ❖ ↗ Pfeiler * /jmd., etw./ **an den ~n von etw. rütteln** ('etw. grundsätzlich in Frage stellen'); **-recht, das** ⟨vorw. Pl.⟩ 'verfassungsmäßig gewährleistetes Recht, das wesentliche Bedingungen der Existenz und Entwicklung des Menschen garantiert': *die in der Verfassung garantierten ~e* ❖ ↗ Recht; **-riss, der** 1. Bauw. 'maßstabgerechte Zeichnung eines waagerechten Schnitts durch ein Bauwerk od. eine geometrische Figur': *einen ~ zeichnen* 2. 'Lehrbuch, in dem der Stoff in gedrängter Form dargestellt ist': *ein ~ der Anatomie, Grammatik*; vgl. *Leitfaden* ❖ ↗ reißen; **-satz, der** 'Prinzip (1)': *moralische, pädagogische Grundsätze; er vertrat den ~, handelte nach dem ~: Alles muss sofort erledigt werden; er hatte den ~, niemals etw. übereilt zu tun; an seinen Grundsätzen festhalten* ❖ ↗ setzen; **-sätzlich** [zɛts..] ⟨Adj.; nicht präd.⟩ **1.1.** ⟨Steig. reg.⟩ SYN 'prinzipiell (1.1)': *eine Frage von ~er Bedeutung; er hat Bedenken ~er Art; sich ~ zu etw. äußern; es besteht in diesem Punkt eine ~e Übereinstimmung* **1.2.** ⟨o. Steig.⟩ SYN 'prinzipiell (1.2)': *etw. ~ ablehnen; er sieht ~ nicht fern; ~ bin ich dazu bereit, aber ...* ❖ ↗ setzen; **-schule, die** 'von allen schulpflichtigen Kindern gemeinsam zu besuchende Schule, die die ersten vier Klassen umfasst und auf weiterführende Schulen vorbereitet' ❖ ↗ Schule; **-stein, der** ⟨o.Pl.⟩ 'Stein, der (in einem feierlichen Akt) symbolisch als erster Stein der Grundmauer eines (öffentlichen) Gebäudes gesetzt wird': *den ~ für eine neue Schule legen* ❖ ↗ Stein * /jmd./ **den ~ für/zu etw. legen** ('die Grundlage für die Entwicklung von etw. schaffen'); **-steuer, die** 'auf Grundbesitz erhobene Steuer': *~n zahlen* ❖ ↗ ²Steuer; **-stock, der** ⟨o.Pl.⟩ 'anfänglicher Bestand (2), den man erweitern, ausbauen kann': *diese Gemälde bildeten den ~ für seine Sammlung; den ~ erweitern*; **-stoff, der** 'Material, das weiter verarbeitet wird und für die Herstellung bestimmter industrieller, bes. chemischer Produkte die Grundlage darstellt': *~e liefern, verarbeiten* ❖ ↗ Stoff; **-stück, das** 'Stück Land, das jmds. Eigentum ist'; ↗ FELD II.1.1: *ein ~ kaufen, bebauen* ❖ ↗ Stück
Gründung ['gʀʏnd..], **die**; ~, ~en 'das Gründen (1)': *die ~ eines Instituts, Verlags, Vereins, Unternehmens; die ~ der Stadt im Jahre 1200* ❖ ↗ Grund
Grund|wasser ['gʀʊnt..], **das** ⟨o.Pl.⟩ 'in Hohlräumen unter der Erdoberfläche sich sammelndes Wasser': *beim Graben auf ~ stoßen* ❖ ↗ Wasser
Grüne ['gʀyːnə], **das**; ↗ auch *grün, Grün*; ↗ FELD VI.2.1 ❖ ↗ grün
* **im ~n** 'in der freien Natur und nicht in der Stadt': *wir wohnen jetzt im ~n*; **ins ~** 'in die freie Natur': *wir wollen am Wochenende ins ~ (fahren)*
grünen ['gʀyːnən] ⟨reg. Vb.; hat; vorw. unpers. od. im Part. I⟩ geh. /Pflanze/ 'im Frühjahr grüne Triebe, Blätter bekommen, haben': *die Bäume ~; die Birke*

grünt; ~de Wiesen, Zweige; jetzt grünt und blüht es in der Natur ❖ ↗ grün
Grün ['gʀyːn..]‖**-fläche, die** 'in einer Ortschaft angelegte größere Fläche mit Rasen (und Zierpflanzen)' ❖ ↗ grün, ↗ flach; **-kohl, der** 'Kohl mit krausen dunkelgrünen Blättern, die keine Köpfe bilden'; ↗ FELD I.8.1 ❖ ↗ grün, ↗ Kohl
grünlich ['gʀyːn..] ⟨Adj.; o. Steig.⟩ 'leicht grün'; ↗ FELD VI.2.3: *eine ~e Farbe wählen; etw. schimmert ~* ❖ ↗ grün
grunzen ['gʀʊntsn̩] ⟨reg. Vb.; hat⟩ **1.** /bes. Schwein/ 'dunkle, laute kehlige Laute von sich geben': *das Schwein hat laut gegrunzt* **2.** umg. emot. neg. /jmd./ etw. ~ 'mit dunklen, kehligen Lauten etw. sagen': *daraufhin hat er irgendetwas gegrunzt*
Grün|zeug ['gʀyːn..], **das** ⟨o.Pl.⟩ /Sammelbez. für Gemüse, frischen Salat, Gewürzkräuter/; ↗ FELD I.8.1 ❖ ↗ grün
Gruppe ['gʀʊpə], **die**; ~, ~n **1.1.** 'als Einheit gefasste kleinere Anzahl zusammenstehender, -gehender Personen, beieinander befindlicher Dinge oder zusammengehöriger, miteinander lebender Tiere gleicher Art'; ↗ FELD I.11: *einzeln und in ~n verließen sie den Raum; eine ~ Jugendlicher, eifrig diskutierender Jugendlicher; sie standen in ~n zusammen und diskutierten; eine ~ von 20 Touristen; eine ~ Häuser, Bäume* **1.2.** 'Kreis von Menschen, die durch gemeinsame Interessen, Ziele, Aufgaben, Tätigkeiten miteinander verbunden sind': *eine ~ künstlerisch, literarisch Interessierter, sozial Engagierter; radikale politische ~n; eine ~ von Wissenschaftlern steht hinter diesem Aufruf* **2.** 'auf Grund bestimmter gemeinsamer Merkmale aus einer größeren Menge ausgesonderte Teilmenge bes. von Personen, Sachen': *Dinge, Gegenstände, Personen in ~n einteilen, gliedern, zu einzelnen Gruppen zusammenfassen; die ~ der starken Verben* ❖ **gruppieren** – Blutgruppe, Gruppenreise
Gruppen|reise ['gʀʊpm̩..], **die** 'von einem Reisebüro organisierte und geführte gemeinsame Reise einer größeren Anzahl von Personen': *wir haben eine ~ nach Paris gemacht; eine ~ buchen* ❖ ↗ Gruppe, ↗ reisen
gruppieren [gʀʊ'piːʀən], gruppierte, hat gruppiert **1.** /jmd./ mehrere Personen, Sachen ~ 'mehrere Personen, Sachen in Gruppen (2) einteilen': *Archivmaterial, Personen nach bestimmten Merkmalen ~* **2.1.** mehrere Personen, Sachen ~ 'mehrere Personen, Sachen in bestimmter Ordnung (um etw., jmdn. herum) auf-, zusammenstellen': *Sessel um einen Tisch ~; der Fotograf gruppierte uns anders als wir uns aufgestellt hatten* **2.2.** /mehrere (jmd.)/ sich ~ 'sich in Gruppen in bestimmter Ordnung (um jmdn., etw. herum) auf-, zusammenstellen': *die Kinder gruppierten sich um die Lehrerin* ❖ ↗ Gruppe
grus(e)lig ['gʀuːzəlɪç] ⟨Adj.⟩ SYN 'unheimlich (I.1)'; ↗ FELD I.6.3: *eine ~e Geschichte erzählen; im dunklen Wald, im Keller, hier ist es so ~; das hörte*

sich ~ an; mir ist ganz ~ (SYN ʼunheimlich I.2ʼ)
❖ ↗ **grauen**

gruseln [ˈgʀuːz̩ln] ⟨reg. Vb.; hat⟩ *jmdm., jmdn. gruselt (es)* ʼjmdm. ist es vor Angst unheimlich zumute, jmd. erschauert aus Angst vor etw. Unheimlichemʼ; ↗ FELD I.6.2: *ihm, ihn gruselt (es) auf der dunklen, menschenleeren Straße; mir gruselte (es) bei dem Gedanken; mir/mich gruselt so vor dem Weg durch den dunklen Wald; mich/mir hat es gegruselt, als …* ❖ ↗ **grauen**

Gruß [gʀuːs], **der;** *~es,* Grüße [ˈgʀyːsə] **1.** ⟨vorw. Sg.⟩ ʼin einem Wort, wenigen Worten od. einer bestimmten Gebärde bestehendes Zeichen einer Person für eine andere Person, bes. bei einer Begegnung, beim Abschied, als Ausdruck der Höflichkeit, Verbundenheit, Ehrerbietungʼ: *ein höflicher, förmlicher, stummer, kühler ~; mit einem freundlichen ~ empfing er den Gast, trat er in den Raum, vor die Versammelten; sie wechselten Grüße, als sie sich begegneten; er ging ohne ~; jmds. ~ erwidern;* geh. *jmdm. einen ~ entbieten; jmdm. die Hand zum ~* (ʼzur Begrüßungʼ) *reichen; der militärische ~* (ʼdas Anlegen der Hand an die Kopfbedeckungʼ) **2.1.** ʼetw., das jmd. einem Abwesenden durch jmdn., die Post od. durch Rundfunk, Fernsehen übermittelt und damit ausdrückt, dass er an ihn denkt und sich ihm verbunden fühltʼ: *an jmdn. einen ~* (ʼeine Karte, einen Brief mit einem Gruß 1ʼ) *senden, schicken; jmdm. für jmdn. einen ~ mitgeben; hiermit, mit dieser Musik, auf diesem Weg sende ich Grüße an meine Schwester in N /persönliche Aussage in einem Rundfunkprogramm/; (viele) herzliche, liebe Grüße von (Deinem) Rainer; mit freundlichem, bestem ~ (Ihre) A. Schulz /als Schluss in Briefen/* **2.2.** ʼetw., das jmd. jmdm. von einem Abwesenden übermittelt und das ausdrückt, dass dieser an den Empfänger denkt und sich mit ihm verbunden fühltʼ: *jmdm. von jmdm. einen ~ bestellen; wenn du ihn siehst, bestell ihm einen schönen ~ von mir!; von jmdm. einen ~, Grüße ausrichten, überbringen, übermitteln, sagen; /als Einleitung beim Überbringen eines Auftrags/: schönen ~ von deinem Vater (und) du möchtest sofort nach Hause kommen;* METAPH *diese Blumen sind ein ~ aus unserem Garten* ❖ **begrüßen, grüßen**

grüßen [ˈgʀyːsn̩] ⟨reg. Vb.; hat⟩ **1.** /jmd./ *jmdn. ~* ʼjmdm. durch einen Gruß (1) seine Achtung erweisen, seine Zuneigung zeigenʼ: *(jmdn.) freundlich, zuerst, flüchtig, kühl, mit einem Nicken ~; jmdn. auf der Straße, im Vorübergehen, beim Abschied ~; jmdn. nicht (mehr) ~* (ʼzu jmdm. die Beziehung völlig abgebrochen habenʼ); *grüß dich,* südd. *grüß Gott!* /Grußformeln/; scherzh. *sei mir gegrüßt* (ʼich begrüße dichʼ) *in meiner neuen Wohnung* **2.** /jmd./ **2.1.** *jmdn. ~* ʼeinem Abwesenden bes. durch die Post, durch Rundfunk, Fernsehen einen Gruß (2.1), Grüße übermitteln:ʼ *ich grüße dich herzlich aus meinem Urlaub, zu deinem Geburtstag; mit dieser Musik ~ wir herzlich alle Senioren des Heimes in N /Aussage im Rundfunk/* **2.2.** *jmdn. (von*

jmdm.) ~ ʼjmdm. einen Gruß (2), Grüße von einem Abwesenden übermittelnʼ: *ich soll dich (herzlich), möchte dich (noch) von meinen Eltern ~; grüß deine Familie von mir!; sag, ich lasse (ihn) ~; Peter lässt dich vielmals ~* ❖ ↗ **Gruß**

Grütze [ˈgʀʏtsə], **die;** *~,* ⟨o.Pl.⟩ **1.** ʼNährmittel aus geschälten, grob gemahlenen Getreidekörnernʼ **2.** ʼaus Grütze (1) gekochte Speiseʼ: *~ kochen, essen* **3.** *rote ~* (ʼSüßspeise aus Grieß und rotem Fruchtsaftʼ)

MERKE Zum Unterschied von *Graupe, Grütze* und *Sago:* ↗ *Graupe* (Merke)

gucken [ˈgʊkn̩] ⟨reg. Vb.; hat⟩ **1.** ⟨vorw. mit Präp.obj.⟩ /jmd./ ʼin eine bestimmte Richtung sehen (1.3)ʼ; ↗ FELD I.3.1.2: *guck mal, was ich hier habe!; aus dem Fenster, in die Ferne, in den Spiegel, ins Buch, durchs Schlüsselloch ~* **2.** /jmd./ *irgendwie ~* ʼin bestimmter Weise blickenʼ: *freundlich, böse, verständnislos ~*

Gulasch [ˈguːlaʃ/ˈgʊl..], **das/**auch **der;** *~s, ~e/*auch *~s* ⟨vorw. Sg.⟩ ʼGericht aus in kleine Stücke geschnittenen, leicht gebratenem und danach gedünstetem Fleisch vom Rind, Schwein od. Kalbʼ: *ein scharf gewürztes ~*

gültig [ˈgʏltɪç] ⟨Adj.; o. Steig.; vorw. attr. u. präd.⟩ ʼfür den vorgesehenen Zweck verwendbar, weil es den dafür festgelegten Bedingungen od. dem damit verbundenen zeitlichen Rahmen der Verwendung entsprichtʼ: *ein ~er Fahrschein, Ausweis, Vertrag; der ~e Fahrplan hängt aus; diese Briefmarken, Münzen sind nicht mehr ~* ❖ ↗ **gelten**

Gültigkeit [ˈ..], **die;** *~,* ⟨o.Pl.⟩ /zu *gültig*/ ʼdas Gültigseinʼ: *der Vertrag hat seine ~ verloren, besitzt keine ~ mehr* ❖ ↗ **gelten**

Gummi [ˈgʊmi], **der/**auch **das;** *~s, ~s* **1.** ⟨o.Pl.⟩ ʼaus (synthetischem) Kautschuk hergestellter elastischer und dehnbarer Werkstoffʼ: *Autoreifen, Fahrradschläuche, Spielzeug, Stiefel aus ~* **2.1.** ⟨der⟩ ʼRadiergummiʼ: *etw. mit dem ~ wegradieren; leihst du mir mal deinen ~?* **2.2.** ⟨das⟩ ʼGummibandʼ: *das ~ ist gerissen* ❖ **gummieren, Gummierung – Gummiband, Kaugummi, Radiergummi**

Gummi|band [ˈ..], **das** ʼschmales elastisches ¹Band (1) mit Fäden aus Gummi (1)ʼ: *in das Bündchen ~ einziehen; das ~ ist gerissen* ❖ ↗ **Gummi,** ↗ **binden**

gummieren [gʊˈmiːʀən], *gummierte, hat gummiert* ⟨vorw. im Pass. u. im Part. Prät.⟩ **1.** /Maschine/ *etw. ~* ʼauf Papier maschinell eine Schicht auftragen, die klebt, wenn man sie anfeuchtetʼ: *die Etikette, Briefumschläge werden, sind gummiert; schlechtgummierte Briefmarken* **2.** /Maschine/ *etw. ~* ʼeine Schicht aus Gummi o.Ä. auf ein textiles Gewebe auftragen, um es wasserdicht zu machenʼ: *der Stoff wird, ist gummiert; gummierter Stoff* ❖ ↗ **Gummi**

Gummierung [gʊˈmiːʀ..], **die;** *~, ~en* **1.** ⟨o.Pl.⟩ ʼdas Gummieren (1,2)ʼ **2.** ʼdurch Gummieren (1) entstandene Schicht, die klebt, wenn man sie anfeuchtetʼ: *die ~ der Briefmarke anfeuchten* ❖ ↗ **Gummi**

Gunst [gʊnst], **die**; ~, ⟨o.Pl.⟩ SYN 'Wohlwollen': *jmds. ~ erlangen, gewinnen, verlieren; jmdm. seine ~ schenken; um die ~ des Publikums buhlen;* METAPH *die ~ der Stunde, der Umstände nutzen* ❖ **begünstigen, günstig, Günstling, Missgunst, missgünstig, zugunsten**
* **zu jmds. Gunsten** 'zu jmds. Vorteil, Nutzen': *er hat sich zu seinen (eigenen), zu meinen Gunsten, zu Gunsten seines Kunden, zu Gunsten von Herrn N beim Verkauf verrechnet;* vgl. *zugunsten*

günstig ['gʏnstɪç] ⟨Adj.; Steig. reg.⟩ 'von der Art, Beschaffenheit, dass es sich für etw., jmdn. positiv auswirkt' /auf Abstraktes bez./: *ein ~er Termin, Umstand; ein preislich sehr ~es Angebot; eine ~e Beurteilung, Witterung; bei jmdm. einen ~en Eindruck erwecken; etw. nimmt einen ~en Verlauf; die Gelegenheit ist ~; etw. wirkt sich ~ aus; das Hotel liegt ~, hat eine ~e Lage* ❖ ↗ **Gunst**

Günstling ['gʏnst..], **der**; ~s, ~e emot. neg. 'jmd., der von einer viel Macht besitzenden, einflussreichen Person bevorzugt wird': *er war der ~ des Königs* ❖ ↗ **Gunst**

Gurgel ['gʊʀgl̩], **die**; ~, ~n 'vorderer Teil des Halses mit dem Kehlkopf'; ↗ FELD I.1.1: *jmdn. an, bei der ~ packen; jmdm. die ~ zudrücken; der Hund sprang ihm an die ~; einem Tier die ~ durchschneiden* ❖ **gurgeln**
* umg. /jmd./ **etw. durch die ~ jagen** 'Geld, Besitz durch den Genuss großer Mengen Alkohol verschwenden': *er hat sein ganzes Geld, Vermögen durch die ~ gejagt*

gurgeln ['gʊʀgl̩n] ⟨reg. Vb.; hat⟩ /jmd./ 'den Rachen mit etwas Flüssigkeit, die durch Ausstoßen von Atemluft in Bewegung gebracht wird, spülen, wobei kehlige Laute zu hören sind': *laut, geräuschvoll ~; zweimal täglich (mit Mundwasser, Kamille) ~; bei Halsschmerzen, beim Zähneputzen ~* ❖ ↗ **Gurgel**

Gurke ['gʊʀkə], **die**; ~, ~n; ↗ FELD II.4.1 (↗ TABL Gemüsearten) **1.** 'Pflanze mit dicken länglichen grünen bis gelblichen Früchten': *~n anbauen* **2.** 'Frucht von Gurke (1)'; ↗ FELD I.8.1: *~n ernten, einlegen, schälen, in Scheiben schneiden; saure* ('in gewürztem Essigwasser eingelegte') *~n*

gurren ['gʊʀən] ⟨reg. Vb.; hat⟩ /Taube/ 'einen dumpfen, weich rollenden kehligen Ruf ertönen lassen': *die Tauben ~ auf dem Dach*

Gurt [gʊʀt], **der**; ~es/auch ~s, ~e **1.** 'festes, breites ¹Band (1) zum Tragen, Halten, Befestigen von jmdm., etw.'; ↗ FELD I.7.6.1: *die ~e des Fallschirms; im Auto den ~* (SYN 'Sicherheitsgurt') *anlegen; sich mit einem ~ anschnallen* **2.** 'breiter Gürtel, bes. als Teil einer Uniform': *den ~ umlegen, ablegen* ❖ **Gürtel − Gurtmuffel, Sicherheitsgurt**

Gürtel ['gʏʀtl̩], **der**; ~s, ~ **1.** 'fester Streifen aus Leder od. Stoff, der (zur Zierde) über der Oberbekleidung um Taille od. Hüfte getragen wird und bei Männern meist dazu dient, das Rutschen der Hose zu verhindern'; ↗ FELD I.7.6.1: *ein breiter, schmaler ~; den ~ umschnallen, umbinden* **2.** 'längeres,

schmales Gebiet bestimmten landschaftlichen Gepräges, das etw. umgibt': *ein ~ von Wald und Seen umgibt die Stadt, zieht sich um die Stadt* ❖ ↗ **Gurt**
* umg. /jmd./ **den ~ enger schnallen** ('sich einschränken 2') **müssen**

Gurt|muffel ['gʊʀt..], **der** emot. neg. 'jmd., der sich während der Fahrt mit dem Auto nur selten anschnallt': *er, sie ist ein ~* ❖ ↗ **Gurt**

Guss [gʊs], **der**; ~es, Güsse ['gʏsə] **1.** 'mit Schwung gegossene Menge einer Flüssigkeit, bes. Wasser': *der Patient bekam kalte Güsse verordnet* **2.** umg. 'heftiger kurzer Schauer (3)'; ↗ FELD III.2.1: *es gab einen kräftigen ~;* vgl. *Schauer (3)* **3.** ⟨vorw. Sg.⟩ 'Überzug (1.1) auf Backwaren, der aus einer Zucker enthaltenden Masse besteht': *Berliner Pfannkuchen mit ~* ❖ ↗ **gießen**
* /etw./ **(wie) aus einem ~ sein** 'in den Teilen, Details hinsichtlich seiner Gestaltung einheitlich und in sich völlig geschlossen wirken': *die Inszenierung war wie aus einem ~*

Guss|eisen ['..], **das** ⟨o.Pl.⟩ 'sprödes, nur durch Gießen (4) formbares Eisen (1)' ❖ ↗ **gießen**, ↗ **Eisen**

gut [guːt] ⟨Adj.; Steig.: besser, beste⟩ **1.1.** 'bestimmten Ansprüchen, bes. den Ansprüchen an Qualität (1), in jeder Hinsicht entsprechend'; ANT schlecht (1.1): *ein ~er Kleiderstoff, Wein; eine ~e Straße; das ist eine ~e Ware, Armbanduhr, ist ein ~es Gerät; es handelt sich um eine ~e Arbeit, Leistung, Malerei; ein ~es* ('niveauvolles') *Buch; der Vorschlag, das Ergebnis, die Auswahl ist ~; das ist ~ durchdacht, ~ wiedergegeben, dargestellt; sie war ~ gekleidet; etw. ist ~ geraten, ist für etw. ~ geeignet; das hast du ~ gemacht* ('genau so musste das gemacht werden')!; /in den kommunikativen Wendungen/ *~ (so)* ('das ist in Ordnung, wird so akzeptiert') /wird zu jmdm. als bekräftigende Zustimmung zu seiner Äußerung, zu seinem Tun gesagt/; *also ~* ('meinetwegen') /wird zu jmdm. gesagt, wenn man bereit ist, einzulenken/; *schon ~* ('lassen wir es dabei bewenden') /wird zu jmdm. beschwichtigend gesagt/; *das ist ja alles ~ und schön, aber ...* ('das mag ja im großen Ganzen so in Ordnung sein, aber ...') /sagt jmd., wenn er trotz seiner Zustimmung Kritik und Bedenken anmelden möchte/ **1.2.** '(auf Grund von Begabung, Fleiß) den Anforderungen an die Leistung(sfähigkeit) gewachsen, ihnen entsprechend'; ANT schlecht (1.2) /auf Personen bez./: *bei ihm handelt es sich um einen ~en Schüler, Arbeiter; jmd. ist ein ~er Arzt, Schauspieler, Schriftsteller, Pädagoge; er ist ~ in der Schule; ~ tanzen, rechnen, reagieren können; in etw.* ⟨Dat.⟩ *~ sein* 'auf einem bestimmten Gebiet, bei einer bestimmten Tätigkeit beachtliche Leistungen zeigen': *im Kopfrechnen, Hochsprung, Zeichnen, Improvisieren ist sie ~* **1.3.** ⟨nur attr.⟩ 'auf Grund von Veranlagung und Können den Erwartungen in Bezug auf etw. voll gerecht werdend'; ANT schlecht (1.4) /auf Personen bez./: *jmd. ist ein ~er Liebhaber, Ehemann, Christ, Geschäftsmann, Organisator; er ist ein ~er Beamter* **1.4.** ⟨Superl. ungebr.; nicht bei Vb.⟩

ˈgesund und leistungsfähigˈ; ANT schwach /auf bestimmte Organe bez./: *einen ~en Magen, ~e Nerven haben; er hat ~e* (ANT *schlechte*) *Augen, Ohren* **1.5.** 〈nicht bei Vb.〉 SYN ˈwirksam (2), bes. gegen Krankheitˈ: *ein ~es Medikament; eine ~e Therapie; das ist eine ~ e Methode, seinen Willen durchzusetzen; diese Tabletten sind ~ gegen I bei I für Heiserkeit* **2.1.** SYN ˈangenehmˈ; ANT schlecht (2.1): *eine ~ Nachricht erhalten; im Urlaub hatten wir ~es Wetter; das ist kein ~es Zeichen; etw. riecht, schmeckt ~; hast du ~ geschlafen?; das hört sich ~ an* (ˈes scheint sich um etw. Positives zu Handelnˈ); *~ gelaunt sein; jmd. hat es ~* (ˈjmds. Lebensumstände sind positivˈ); *jmd. hat es bei jmdm. ~* (ˈwird von jmdm. zu seiner Zufriedenheit behandeltˈ); *damit sieht es nicht ~ aus; die Sache sieht ~ aus; die Sache hat auch ihr Gutes* (ˈhat auch eine erfreuliche Seite bei allem Negativenˈ); /in den kommunikativen Wendungen/ iron. *das kann (ja) ~ werden, fängt (ja) ~ an* (ˈdas wird sicherlich nicht gut ausgehenˈ) /wird gesagt, wenn sich zu Beginn eines Vorhabens bereits etw. Negatives ereignet/; *das ist zu viel des Gutenldes Guten zu viel* (ˈdas geht zu weitˈ)!; *~en Morgen, ~en Tag, ~en Abend, ~e Nacht!* /Grußformeln/; *~e Reise, ~e Besserung, ~en Appetit, alles Gute!* /Wunschformeln/ **2.2.** 〈nur bei Vb.〉 *sie sieht ~* (SYN ˈattraktivˈ) *(in dem Kleid) aus; ein ~ aussehender junger Mann* **2.3.** 〈nur bei Vb.〉 *heute siehst du ~* (ˈgesund, wohlˈ); ANT schlecht 6.1) *aus* **2.4.** 〈Superl. ungebr.; nur präd.〉 *jmdm. ist (nicht) ~* ˈjmd. fühlt sich gesundheitlich (nicht) wohlˈ; ANT schlecht (6.1): *mir ist heute gar nicht ~, ich weiß auch nicht, was das ist* **3.1.** 〈nicht bei Vb.〉 ˈertragreichˈ; ANT schlecht (4): *eine ~e Ernte; die Ernte war ~; ein ~es Jahr* **3.2.** 〈o. Steig.; nicht präd.〉 ˈüber das durchschnittliche Maß hinausgehendˈ: *der Sack wiegt ~ zwei Zentner; wir haben eine ~e Stunde, ~* (ˈmehr alsˈ) *eine Stunde gewartet; das hat ein ~es Jahr/ ~ ein Jahr gedauert* **4.** 〈nur bei Vb.〉 ˈohne besondere Schwierigkeiten, ohne besondere Müheˈ; SYN leicht (2.3); ANT schwer: *das kann man sich ~ merken; darauf kann ich ~ verzichten; damit kann man ~ auskommen* **5.** 〈o. Steig.; nicht präd.〉 ˈbesonderen Anlässen vorbehalten und nicht für den alltäglichen Gebrauch bestimmtˈ: *für den Theaterbesuch seinen ~en Anzug anziehen; dieses Service, Kleid ist (nur) für ~* **6.1.** ˈin engerer Beziehung zu jmdm. stehendˈ: *er war ein ~er Freund, Kamerad; er ist ein ~er Bekannter, Kollege von mir; zu jmdm. ein ~es Verhältnis haben; sich mit jmdm. ~ stellen* (ˈzu jmdm. ein gutes Verhältnis herstellenˈ); *sich mit jmdm. ~ stehen* (ˈzu jmdm. in einem guten Verhältnis stehenˈ); *jmdm. ~ sein; an jmdm. ~ handeln; die beiden sind wieder ~ miteinander; jmdm. ~ zureden* (ˈjmdn. freundschaftlich zu etw. ermunternˈ); /in der kommunikativen Wendung/ *auf ~e Nachbarschaft* (ˈlassen Sie uns freundliche Nachbarn seinˈ) /sagt jmd. zu jmdm., wenn er ihn als neuen Nachbarn willkommen heißt/ **7.** 〈Steig. ungebr.〉 **7.1.**

〈nicht bei Vb.〉 ˈmoralisch, charakterlich einwandfreiˈ; ANT schlecht (3.1), böse (1); ↗ FELD I.12.3: *er ist ein ~er Mensch; eine ~e Tat vollbringen, für eine ~e Sache kämpfen; ein ~es Werk* (ˈetw. Gutesˈ) *tun; einen ~en Charakter, ein ~es Gewissen haben; einen ~en Ruf zu verlieren haben; dafür bin ich mir zu ~* (ˈdafür gebe ich mich nicht herˈ); *an das Gute im Menschen glauben; nicht Gutes mit Bösem vergelten* **7.2.** 〈nicht bei Vb.〉 ˈcharakterlich einwandfrei und anderen Menschen herzlich, liebevoll zugetanˈ; ↗ FELD I.2.3: *~e Eltern haben; du ~es Kind!; jmd. ist ein ~er Kerl, eine ~e Seele, hat ein ~es Herz* (ˈist gutˈ); *er war immer ~ zu ihr* **7.3.** ˈim Verhalten den geltenden Normen entsprechendˈ: *ein ~es Benehmen; sich nicht ~ benehmen; sein Betragen war ~* ❖ **besser, Güte, gütig, gütlich, ungut, vergüten − begutachten, Gutdünken, Wiedergutmachung, zugute**; vgl. **gut/Gut-**

* /jmd./ **bei jmdm. ~ angeschrieben sein** (ˈvon jmdm. sehr geschätzt, bevorzugt werdenˈ); /jmd./ **~ dran sein** (ˈin einer glücklichen Lage sein, obwohl es hätte unangenehm werden könnenˈ); /jmd./ **~ drauf** (ˈin guter 1 körperlicher, geistiger Verfassungˈ) **sein**: *er war ~ drauf und hat sich beim Wettbewerb den ersten Preis geholt, sich überzeugend verteidigt, sehr schlagfertige Antworten gegeben*; **~ und gern(e)** ˈmehr als; mindestensˈ: *es ist ~ und gern(e) zehn Jahre her*; /jmd./ **~ lachen/reden haben** ˈnicht selbst von etw. Unangenehmem betroffen seinˈ: *sein Haus blieb ja verschont, der hat ~ lachen!*; **im Guten** ˈohne Streitˈ: *wir haben uns im ~en getrennt*; /jmd./ 〈meist im Imp.〉 **es damit ~ sein lassen** ˈes damit bewenden lassenˈ: *er hat den Schaden wieder gutgemacht, nun lass es damit ~ sein!; lassen wir's damit ~ sein!*

Gut, das; ~es/auch ~s, Güter [ˈgyːtɐ] **1.** ˈgroßer landwirtschaftlicher Grundbesitz mit dazugehörigen Wohn- und Wirtschaftsgebäudenˈ: *ein ~ bewirtschaften* **2.** ˈmaterieller Besitz, der einen Wert darstelltˈ: *das ist sein rechtmäßiges ~; fremdes, herrenloses ~; bewegliche Güter* (ˈgrößere Gegenstände von Wert, die bewegt, transportiert werden könnenˈ); *liegende, unbewegliche Güter* (ˈImmobilienˈ); METAPH *Gesundheit ist das höchste ~; die geistigen Güter des Volkes* **3.** 〈oft im Pl.〉 ˈzur Beförderung bestimmter Gegenstand, bestimmte Wareˈ: *sperrige Güter; Güter abfertigen, verladen, verzollen* ❖ **Gedankengut, Gütertaxi, -wagen, -zug, Konsumgüter, Saatgut, Schüttgut, Steingut, Streugut**

-gut, das 〈o.Pl.〉 /bildet mit einem Subst. od. Vb. als erstem Bestandteil Substantive/ **1.** /drückt die Gesamtheit von dem im ersten Bestandteil Genannten aus (einer Epoche, eines Menschen): ↗ z. B. *Gedankengut* **2.** /gibt Material an, mit dem das im ersten Bestandteil Genannte getan wird, worden ist/: ↗ z. B. *Streugut*

Gut/gut [ˈ..]**-achten, das**; ~s, ~ ˈmeist schriftlich fixierte fachmännische Beurteilung eines Projekts, einer Person durch einen Sachverständigenˈ; ↗ FELD I.4.2.1: *ein ~ für eine Dissertation; ein juris-*

tisches, medizinisches ~ *anfordern, einholen; das* ~ *ist schlecht ausgefallen* ❖ ↗ ¹Acht; **-artig** ⟨Adj.; nicht bei Vb.⟩ **1.** ⟨Steig. reg., ungebr.⟩ 'von gutem (7.2) Charakter': *ein* ~*es Kind; ein* ~*er* ('nicht aggressiv reagierender') *Hund* **2.** ⟨o. Steig.⟩ 'nicht bösartig (2)' /auf Krankhaftes bez./: *eine* ~*e Geschwulst; die Geschwulst ist* ~ ❖ ↗ Art; **-dünken:** *nach* ~ 'nach eigenem Ermessen': *nach* ~ *verfahren; etw. nach* ~ *entscheiden, bemessen* ❖ ↗ denken

Güte ['gy:tə], **die**; ~, ⟨o.Pl.⟩ **1.** 'das Gütigsein'; ↗ FELD I.2.1: *seine* ~ *kannte keine Grenzen; seine unendliche* ~*; sie war die* ~ *selbst* ('war sehr gütig'); geh. *hätten Sie die* ~ ('wären Sie so freundlich'), *mir zu helfen?;* /in der kommunikativen Wendung/ *ach du liebe* ~*!* /Ausruf des Erstaunens, Erschreckens/; *das hat sie in ihrer grenzenlosen* ~ *getan* **2.** *in* ~ 'ohne Streit, gütlich': *sich in* ~ *einigen* **3.** 'gute (1.1) Beschaffenheit eines Erzeugnisses': *diese Marke bürgt für* ~ ❖ ↗ **gut**

Güter ['gy:tɐ..] vgl. *Gut* (3)|**-bahnhof, der** 'dem Umschlag von Gütern dienender Bahnhof' ❖ ↗ Gut, ↗ Bahn, ↗ Hof; **-taxi, das** 'Taxi für den Transport von Gütern'; ↗ FELD VIII.4.1.1 ❖ ↗ Gut, ↗ taxieren; **-wagen, der** 'Waggon (1) für den Transport von Gütern' ❖ ↗ Gut, ↗ Wagen; **-zug, der** 'aus Güterwagen bestehender Zug (13)'; ↗ FELD I.15.1 ❖ ↗ Gut, ↗ ziehen

gut/Gut ['gu:t..]|**-gläubig** ⟨Adj.; Steig. reg.⟩ 'bei anderen nur Ehrlichkeit, gute Absichten voraussetzend und ihnen vorbehaltlos vertrauend': *er ist ein* ~*er Mensch;* ~ *wie er ist, traut er niemandem etw. Hinterhältiges, Böses zu; etw.* ~ *unterschreiben; auf einen Handel, Vorschlag* ~ *eingehen* ❖ ↗ glauben; **-haben, das;** ~*s,* ~ 'Geld, das jmd. auf seinem Konto bei einer Bank, Sparkasse od. bei jmdm. zur Verfügung hat': *er hat auf seinem Konto, bei mir ein* ~ *von 5000 Mark* ❖ ↗ haben; **-heißen,** hieß gut, hat gutgeheißen /jmd./ *etw.* ~ SYN 'etw. billigen': *eine schärfere Kontrolle ist nicht nur zu empfehlen, sondern sogar auch gutzuheißen;* ⟨oft verneint⟩ *ein solch egoistisches Verhalten, ausgeklügelte Verfahren ist nicht gutzuheißen/kann man (doch) nicht* ~ (SYN 'akzeptieren 1.1')*!; Disziplinlosigkeit habe ich noch nie gutgeheißen* ❖ ↗ heißen; **-herzig** [hɛrtsɪç] ⟨Adj.; Steig. reg.; nicht bei Vb.⟩ 'von weicher Gemütsart und anderen Menschen gegenüber hilfsbereit und freundlich': *ein* ~*er Mensch; sie war sehr* ~ *und immer bestrebt, in Not geratenen Menschen zu helfen* ❖ ↗ Herz

gütig ['gy:tɪç] ⟨Adj.; Steig. reg.⟩ 'von selbstlos liebevollem, freundlichem Wesen und voller Geduld,

Nachsicht'; ↗ FELD I.2.3: *sie war eine sehr* ~*e Frau; jmd. zeigt sich, ist* ~ *gegen jmdn.* ❖ ↗ **gut**

gütlich ['gy:t..] ⟨Adj.; o. Steig.; nicht präd.⟩ 'bei einem Streit-, Rechtsfall ohne Streit, Gerichtsurteil und in gegenseitigem Einvernehmen der Partner eine Einigung herbeiführend': *sich mit jmdm.* ~ *einigen; einen Streitfall* ~ *regeln, beilegen; eine* ~*e Lösung anstreben* ❖ ↗ **gut**
* /jmd./ **sich an etw.** ⟨Dat.⟩ ~ **tun** ('mit Behagen reichlich von einer Speise, einem Getränk zu sich nehmen')

gut/Gut ['gu:t..]|**-machen** ⟨trb. reg. Vb.; hat⟩ **1.** /jmd./ **1.1.** *etw.* ~ 'ein eigenes Verschulden ausgleichen, einen jmdm. zugefügten Schaden ersetzen': *einen Fehler in seinem Verhalten, seine Unhöflichkeit, sein Versäumnis (wieder) gutzumachen versuchen; er hat vieles an ihr gutzumachen* ('hat ihr erheblichen Schaden zugefügt und muss versuchen, es wieder gutzumachen') **1.2.** umg. *etw.* ~ (*bes. das, es*) (*wieder*) ~ SYN 'sich für etw. (bes. das, es) revanchieren (3)': *ich weiß (gar) nicht, wie ich das (alles), es (wieder)* ~ *kann, soll* **2.** /jmd./ *etw.* ~ 'einen geschäftlichen Gewinn erzielen': *er hat bei dem Verkauf 100 Mark gutgemacht* ❖ ↗ machen; **-mütig** [my:tɪç] ⟨Adj.; o. Steig.⟩ 'in ausgeprägter Weise nachgiebig, nachsichtig, friedfertig und die eigenen Interessen nicht so wichtig nehmend': *jmd. ist ein ausgesprochen* ~*er Mensch, hat einen* ~*en Charakter; über etw.* ~ *hinwegsehen;* ~ *in etw. einwilligen; er ist viel zu* ~ ('lässt sich ausnutzen, zu viel gefallen'); **-schein, der** 'Bescheinigung, durch die der Inhaber Anspruch auf bestimmte Waren od. eine Summe Geld hat': *den* ~ *einlösen* ❖ ↗ Schein (3)

gut situiert [zitu'i:ɐt] ⟨o. Steig.; nicht bei Vb.⟩ 'in guten wirtschaftlichen Verhältnissen lebend': ~*e Leute; sie sind* ~ ❖ ↗ Situation

gut|willig ['..] ⟨Adj.; Steig. reg.⟩ 'stets bereit, auf die Wünsche anderer einzugehen': *er ist ein* ~*er Junge, Mensch, ist* ~*, hat sich* ~ *gezeigt* ❖ ↗ Willen

Gymnasiast [gʏmna'ziast], **der**; ~*en,* ~*en* 'Schüler eines Gymnasiums': *er ist* ~ ❖ ↗ **Gymnasium**

Gymnasium [gʏm'na:ziʊm], **das**; ~*s,* Gymnasien [..'na:ziən] 'zur Hochschulreife führende höhere Schule': *das* ~ *besuchen; aufs* ~ *gehen* ❖ **Gymnasiast**

Gymnastik [gʏm'nastɪk], **die**; ~, ⟨o.Pl.⟩ 'körperliche Übungen als Sportart od. zu therapeutischen Zwecken'; ↗ FELD I.7.4.1: *medizinische* ~*;* ~ *machen, treiben* ❖ **gymnastisch**

gymnastisch [gʏm'nast..] ⟨Adj.; o. Steig.; nicht präd.⟩ 'die Gymnastik betreffend, der Gymnastik dienend': ~*e Übungen* ❖ ↗ **Gymnastik**

h, H

Haar [haːʀ], *das*; ~es/auch ~s, ~e **1.** ʿauf der Haut des Menschen, der meisten Säugetiere in großer Anzahl wachsendes feines, fadenförmiges Gebilde aus Horn (2)ʾ: *ein blondes, schwarzes* ~*; sich ein paar graue* ~*e ausreißen* **2.** ʿdie Gesamtheit von Haar (1), bes. auf dem menschlichen Kopfʾ; ↗ FELD I.1.1: *jmd. hat blondes, schwarzes, graues, volles, schütteres, glattes, strähniges, lockiges* ~*; er, sie trägt das* ~*/die* ~*e, sein, ihr* ~*/seine, ihre* ~*e lang, kurz, offen; jmdm. das* ~*/die* ~*e schneiden; sich das* ~*/die* ~*e, sein* ~*/seine* ~*e kämmen, bürsten, waschen, föhnen; sich das* ~*/die* ~*e färben, tönen lassen; die* ~*e fielen, das* ~ *fiel ihm ins Gesicht* ❖ **behaart, haaren, haarig** – **haarscharf, -sträubend, grauhaarig, schwarzhaarig, weißhaarig**
* **jmdm. stehen die** ~**e zu Berge** ⟨vorw. im Prät.⟩ (ʿjmd. ist über schwerwiegende Fehler anderer entsetztʾ); /zwei od. mehrere (jmd.)/ ⟨rez.⟩ **sich** ⟨Dat.⟩ **in die** ~**e geraten** (ʿmiteinander Streit bekommenʾ); /zwei od. mehrere (jmd., etw.)/ ⟨rez.⟩ **sich** ⟨Dat.⟩ **aufs** ~ (ʿbis in Kleinigkeiten, sehrʾ) **gleichen**; /jmd./ **sich** ⟨Dat.⟩ **über/wegen etw., jmds. wegen keine grauen** ~**e wachsen lassen** ⟨oft im Imp.⟩ (ʿsich wegen etw., jmds. keine Sorgen machenʾ); /jmd./ **etw. an den** ~**en herbeiziehen** ⟨oft im Part. II⟩ (ʿetw. als Begründung anführen, das nicht od. nur sehr entfernt zur Sache gehörtʾ); /jmd./ **jmdm. kein** ~**/niemandem ein** ~ **krümmen (können)** ⟨oft im Pass.⟩ ʿjmdm., niemandem nicht das geringste zuleide tun (können)ʾ: *er war ein gütiger Mensch und konnte niemandem ein* ~ *krümmen; ihm wurde kein* ~ *gekrümmt*; /jmd./ **an jmdm., etw. kein gutes** ~ **lassen** (ʿnichts als Schlechtes über jmdn., etw. sagenʾ); /zwei od. mehrere (jmd.)/ ⟨rez.⟩ **sich** ⟨Dat.⟩ **in den** ~**en liegen** (ʿmiteinander Streit habenʾ); **jmdm. sträuben sich die** ~**e** ⟨vorw. im Prät.⟩ (ʿjmd. ist über schwerwiegende Fehler anderer entsetztʾ); /jmd./ **ein** ~ **in der Suppe finden** (ʿan einer sonst guten, allgemein als gut angesehenen Sache irgendetwas auszusetzen findenʾ); **um ein** ~ ʿes hätte nicht viel gefehlt und ...ʾ; SYN beinahe: *um ein* ~ *wäre er von einem Auto erfasst worden*; ⟨⟩ umg. /jmd./ **jmdm. die** ~**e vom Kopf fressen** ʿauf jmds. Kosten sehr viel essen und ihn dadurch übermäßig belastenʾ: *der frisst mir, uns noch die* ~*e vom Kopf*; /jmd., Institution/ ~**e lassen müssen** (ʿbei einer Aktion nicht ohne Schaden, Einbuße davonkommenʾ); /jmd., bes. Frau/ ~**e auf den Zähnen haben** (ʿherrschsüchtig, rechthaberisch seinʾ)
MERKE Zum Sg. und Pl. von *Haar* (2): Auch der Sg. meint die Gesamtheit der Haare, daher können Sg. und Pl. meist unterschiedslos nebeneinander verwendet werden. Bei den phraseologischen Verbindungen besteht diese Möglichkeit jedoch nicht

(vgl. *jmdm. die Haare vom Kopf fressen*, nicht: *das Haar ...*); vgl. *Hose*
haaren [ˈhaːʀən] ⟨reg. Vb.; hat⟩ /Tier mit einem Fell, Fell/ ʿHaare verlierenʾ: *ein Hund, eine Katze haart/ haart sich; das Fell haart* ❖ ↗ **Haar**
haarig [ˈhaːʀɪç] ⟨Adj.; Steig. reg., ungebr.⟩ **1.** ⟨nicht bei Vb.⟩ ʿ(stark) behaartʾ /auf bestimmte Körperteile bez./: *jmd. hat* ~*e Beine, Arme* **2.** SYN ʿheikelʾ /auf Abstraktes bez./: *eine* ~*e Angelegenheit, Geschichte; die Sache, das Problem war ziemlich* ~ **3.** ⟨vorw. bei Vb.⟩ ʿunerfreulich heftigʾ: *bei der Auseinandersetzung ist es* ~ *hergegangen; der Streit war ziemlich* ~; vgl. *schlimm (2,3)* ❖ ↗ **Haar**
-haarig /bildet mit einem (Farb)adj. als erstem Bestandteil Adjektive/ ʿdie Farbe od. Form des im ersten Bestandteil Genannten habendʾ: ↗ z. B. *grauhaarig*
haar/Haar [ˈhaːʀ..]**|-scharf** ⟨Adv.⟩ emot. ʿso dicht (1.1) an einer Person, Sache, dass es fast zu einer Kollision gekommen wäreʾ: *der Ball ging* ~ *an seinem Kopf vorbei; er fuhr* ~ *am Radfahrer vorbei* ❖ ↗ Haar, ↗ scharf; **-schnitt, der** ʿdurch Schneiden des Haares geformte Frisurʾ: *einen modernen* ~ *haben* ❖ ↗ Haar, ↗ schneiden; **-spalterei** [ʃpaltəʀai], **die**; ~, ~en ʿspitzfindige Argumentationʾ; SYN Wortklauberei: *was du da sagst, ist doch* ~*; das sind doch unnütze* ~*en!* ❖ ↗ Haar, ↗ spalten; **-sträubend** [ʃtʀɔibn̩t] ⟨Adj.; Steig. reg.⟩ emot. ʿunerhört und schockierendʾ; ↗ FELD I.6.3: *das ist* ~*er Unsinn; sein Benehmen ist einfach* ~*!* ❖ ↗ Haar, ↗ sträuben
Hab [haːp]
* geh. **jmds.** ~ **und Gut** ʿjmds. Besitzʾ: *er hat durch die Überschwemmung sein ganzes* ~ *und Gut verloren*
Habe [ˈhaːbə], **die**; ~, ⟨o.Pl.⟩ geh. ʿjmds. Besitz (1.1)ʾ; ↗ FELD I.15.1: *seine (gesamte, ganze)* ~ *verlieren; alle bewegliche* ~ ❖ ↗ **haben**
haben [ˈhaːbm̩] (er hat [hat/haːt]), hatte [ˈhatə], hat gehabt [..ˈhapt]; ↗ auch *gehabt* **I.** ⟨o. Pass.⟩ **1.** /jmd./ **1.1.** etw. ~ ʿetw. besitzen (1.1)ʾ; ↗ FELD I.15.2: *ein Haus, Auto, wenig, kein Geld* ~ **1.2.** *jmd. hat jmdn.*: *er hat einen Bruder, eine Schwester* (ʿfür ihn ist ein Bruder, eine Schwester existent, zu ihm, ihr steht er in einem Verhältnis der Zugehörigkeitʾ); *er hat, wir haben keine Eltern; er hat drei Geschwister; sie* ~ *vier Kinder; er hat viele Feinde, Freunde; sie hat viele Verehrer, hat einen Geliebten; er hat eine Frau; sie hat einen Mann* **1.3.** /jmd./ *jmdn. zum Mann, zur Frau (2)* ~ *wollen* ʿeine Frau, einen Mann heiraten wollenʾ: *sie will ihn zum Mann, er will sie zur Frau* ~ **2.1.** /jmd./ etw. ~ ʿüber etw. verfügen (I.3) (können)ʾ: *kein Taschentuch (bei sich)* ~*; Erfahrungen, Kenntnisse auf einem bestimmten Gebiet* ~*; ein gutes Gedächtnis* ~*; Ausdauer* ~*; viel Phantasie* ~*; (keinen) Humor* ~*; keine Zeit* ~ **2.2.** /jmd./ etw. ~: *Erfolg* ~ (ʿerfolg-

reich sein'); *Glück* ~ ('vom Glück begünstigt sein'); *Urlaub* ~ ('sich im Urlaub befinden') **2.3.** /jmd., etw./ *etw.* ~ 'mit etw. versehen (1.2) sein': *jmd. hat schönes Haar, schlechte Zähne; das Zimmer hat einen Balkon* **2.4.** /etw./ *etw.* ~ 'durch eine bestimmte Eigenschaft charakterisiert sein': *etw. hat eine große Bedeutung, keinen Sinn, Zweck* **2.5.** /jmd./ *etw.* ~ 'etw. empfinden, verspüren': *(große) Schmerzen, (einen großen) Hunger, (einen großen) Durst* ~; *Angst* ~; *großen Kummer* ~; *zu etw. keine Lust* ~ **2.6.** umg. /jmd./ *es irgendwo* ~: *es im Knie* ~ 'Schmerzen im Knie haben': *sie hat es im Rücken, in den Beinen; er hat es auf der Lunge* **3.** /jmd./ *es gut, leicht, schwer* ~ 'sich in einer als gut, leicht, schwer empfundenen Situation befinden': *sie hat es sehr schwer gehabt; er hat's nicht leicht (gehabt); /in der kommunikativen Wendung/ du hast es gut/ hast du's aber gut* /sagt man zu jmdm. fast scherzhaft, wenn man andeuten will, dass man ihn wegen seiner angenehmen Lage ein wenig beneidet/ **4.** umg. /jmd./ *sich irgendwie* ~ 'sich zieren, zimperlich sein': *wie der sich immer hat!; hab dich nicht so, wenn du ein Gedicht aufsagen sollst!* **5.** *etw. ist irgendwo zu* ~ 'etw. kann man irgendwo kaufen': *das Buch ist überall, in jeder Buchhaltung zu* ~ **6.** /jmd./ ⟨~ + *zu* + Inf.⟩ **6.1.** 'etw. Bestimmtes tun müssen': *er hat zu kommen, wenn ich es anordne; er hat keine Zeit* — *er hat zu studieren; er hat noch viel zu tun* **6.2.** 'etw. Bestimmtes tun können': *wenn er von der Reise zurück ist, hat er immer viel zu erzählen* **6.3.** ⟨*nichts* + *zu* + Inf. + ~⟩ 'nicht berechtigt sein, etw. Bestimmtes zu tun': *der hat hier nichts zu sagen, zu befehlen!* **7.** /in den kommunikativen Wendungen/ *ich hab's* (1. 'jetzt habe ich die Lösung für dieses Problem' 2. 'jetzt fällt es mir wieder ein') /sagt jmd. emphatisch, wenn er seine Erleichterung ausdrücken will/; *da* ~ *wir's* ('das war als Folge zu erwarten') /sagt jmd., wenn etw. eintrifft, wovor er schon zuvor gewarnt hatte/ **8.** /abgeblasst in Verbindung mit best. Subst., z. B./: /jmd./ *die* ↗ *Absicht* ~; /etw./ *den* ↗ *Anschein* ~ — **II.** ⟨Hilfsvb.; + Part. II⟩ /jmd., etw./ dient zur Bildung des Perf. u. Plusquamperf. bei transitiven, reflexiven und bestimmten intransitiven Verben/: *er hat, wir, sie* ~ *gegessen; ich habe, hatte ihn nicht gesehen; hast du ihn gesehen?; er hat es nie verstanden, hat es nie verstehen können, dass …* ❖ **Habe, habhaft** — **anhaben, aufhaben, Befehlshaber, Guthaben, Habgier, -seligkeiten, -sucht, habsüchtig, Handhabe, handhaben, innehaben, Inhaber, Liebhaber, Machthaber, teilhaben, Teilhaber, überhaben, voraushaben, wahrhaben, weghaben, wiederhaben, wohlhabend**

* /jmd./ *etw.* ⟨meist *das*⟩ **an sich** ⟨Dat.⟩ ~ 'eine bestimmte, meist charakterliche Eigenart, Besonderheit haben': *das hat er so an sich;* /etw., bes. *das, es*⟩ **nichts, was auf sich** ⟨Dat.⟩ ~ 'nichts, etw. Bestimmtes zu bedeuten haben': *sei unbesorgt, das, es hat nichts auf sich; hat das was auf sich?; was hat das auf sich?;* /etw., bes. *das*/ **etw.** (bes. *was*) **für sich** ~ 'positive Seiten haben, positiv zu beurteilen sein':

das hat was für sich; /jmd./ **etw., was gegen jmdn., etw.** ~ 'jmdn., etw. in bestimmter Hinsicht nicht mögen': *ich glaube, der hat was gegen mich;* /jmd./ **etw. hinter sich** ⟨Dat.⟩ ~ 'etw. bewältigt, überstanden haben': *wenn ich erst die Prüfung, den Besuch hinter mir habe, sieht die Welt wieder anders aus;* /etw./ **es in sich** ⟨Dat.⟩ ~ 'nicht zu unterschätzen sein': *der Wein hat es in sich* ('ist kräftig, hat seine Wirkung auf den, der ihn trinkt'); *die Mathematikaufgabe hat es in sich* ('ist nur schwer zu lösen'); /jmd./ **von etw. nichts** ~ ('von etw. keinen Nutzen haben'); /jmd./ **für etw. zu** ~ **sein** 'einer Sache etw. abgewinnen können': *für Rotwein, für eine Reise nach Schweden bin ich immer zu* ~; /jmd./ **etw. (noch) vor sich** ⟨Dat.⟩ ~ ('etw. noch bewältigen müssen'); ⟨⟩ umg. /jmd./ **was mit jmdm.** ~ 'ein Verhältnis **3.3** mit jmdm. haben': *der hat was mit ihr, mit seiner Nachbarin; sie hat was mit ihrem Zahnarzt*

Hab/hab ['haːp..]**-gier, die** 'Gier nach Besitz, Vermehrung des Besitzes'; SYN Habsucht; ↗ FELD I.2.1: *etw. aus* ~ *tun; seine grenzenlose* ~; *voller* ~ *sein* ❖ ↗ haben, ↗ gierig; **-gierig** ⟨Adj.; Steig. reg.⟩ SYN 'habsüchtig, raffgierig' /auf Personen bez./; ↗ FELD I.2.3: *ein* ~*er Mensch; er ist so* ~, *dass er keinem anderen Menschen etwas gönnt* ❖ ↗ haben, ↗ gierig

habhaft ['..] ⟨Adj.; o. Steig.; nur präd. (mit *werden*)⟩ amtsspr. /jmd., bes. Institution/ geh. **1.1.** *jmds.* ~ *werden* 'jmdn. ausfindig gemacht haben und ihn zu fassen bekommen': *bis jetzt konnte die Polizei des Verbrechers nicht* ~ *werden* **1.2.** *etw.* ⟨Gen.⟩ ~ *werden* 'etw. auffinden und an sich bringen': *es ist ihm nicht gelungen, dieser wichtigen Urkunden* ~ *zu werden; endlich ist man der geschmuggelten Ware, der entscheidenden Beweisstücke* ~ *geworden; er sammelte einfach alles, dessen er* ~ *werden konnte* ❖ ↗ haben

Habicht ['haːbɪçt], **der;** ~s, ~e 'am Tage jagender mittelgroßer Raubvogel mit langem Schwanz und kurzen Flügeln'; ↗ FELD II.3.1: *über dem Hühnerhof kreist ein* ~

Habitus ['haːbɪtʊs], **der;** ~, ⟨o.Pl.⟩ 'das Erscheinungsbild eines Menschen und die Art seines Auftretens': *seinem (ganzen)* ~ *nach kann man ihn für einen Künstler, Boxer halten*

Hab/hab ['haːp]**-seligkeiten** [zeːlɪçkaɪtn̩], **die** ⟨Pl.⟩ 'aus wenigen Stücken von meist geringem Wert bestehender Besitz'; ↗ FELD I.15.1, V.4.1: *nur ein paar* ~ *konnte er auf die Flucht mitnehmen; seine* ~ *zusammenpacken* ❖ ↗ haben; **-sucht, die** ⟨o.Pl.⟩ SYN 'Habgier'; ↗ FELD I.2.1: *seine* ~ *kannte keine Grenzen; etw. aus* ~ *tun* ❖ ↗ haben, ↗ Sucht; **-süchtig** ⟨Adj.⟩ SYN 'habgierig': *ein* ~*er Mensch* ❖ ↗ haben, ↗ Sucht

Hacke ['hakə], **die;** ~, ~n **1.** 'Gerät aus einem (langen) Stiel und einem quer daran befestigten Blatt (7) aus Stahl, das zur Bearbeitung des Erdbodens dient'; ↗ FELD V.5.1 (↗ TABL Gartengeräte): *den Boden mit der* ~ *lockern; das Unkraut mit der* ~ *beseitigen* **2.** landsch. SYN 'Ferse (1)'; ↗ FELD

I.1.1: *er hat sich die* ~ *wund gescheuert, hat Blasen an der* ~ **3.** landsch. SYN ʿAbsatz (1)ʾ: *ein Schuh mit einer hohen* ~; *die* ~*n sind schief gelaufen* ❖ **hacken, Häcksel – Hackfleisch**

hacken [ˈhakn̩] ⟨reg. Vb.; hat⟩ **1.** /jmd./ etw. ~ **1.1.** ʿetw. (aus Holz) durch Schlagen mit dem Beil spalten, zerkleinernʾ: *Holz* ~; ⟨+ Attr.⟩ *ein altes Möbelstück zu Brennholz* ~; *die Kiste, Möbel, den Stuhl in Stücke* ~ **1.2.** ʿetw., bes. Gemüse, durch wiederholte schnelle Schläge mit einem Messer od. kleinem Küchengerät zerkleinernʾ: *Petersilie, Zwiebeln* ~ **1.3.** *ein Loch ins Eis* ~ (ʿdurch Schlagen mit einem scharfen Gerät, bes. mit der Spitzhacke, ein Loch im Eis herstellenʾ) **2.** /jmd./ etw. ~; ↗ FELD II.4.2, V.5.2 **2.1.** ʿden Erdboden von etw. mit der Hacke (1) auflockern und vom Unkraut befreienʾ: *ein Beet, Feld* ~ **2.2.** ʿeine Pflanze vom Unkraut befreien und den Boden um sie herum mit der Hacke (1) auflockernʾ: *Kartoffeln, Bohnen, Salatpflanzen* ~ ❖ ↗ **Hacke**

Hacken, der; ~s, ~ landsch. SYN ʿHacke (2,3)ʾ

Hack|fleisch [ˈhak..], **das** SYN ʿGehackteʾ; ↗ FELD I.8.1: ~ *aus Schweine- und Rindfleisch* ❖ ↗ **Hacke**, ↗ **Fleisch**

Häcksel [ˈhɛksl̩], **der/das;** ~s, ⟨o.Pl.⟩ ʿin kurze Stücke geschnittenes Stroh, Heu, Gras o.Ä.ʾ: *die Pferde mit Hafer und* ~ *füttern* ❖ ↗ **Hacke**

hadern [ˈhaːdɐn] ⟨reg. Vb.; hat⟩ geh. /jmd./ *mit etw., jmdm* ~: *mit seinem Schicksal, seinem Leben, mit Gott* ~ (ʿmit seinem Schicksal, Leben, mit Gott unzufrieden sein, über sein Schicksal, über Gott klagenʾ)

Hafen [ˈhaːfn̩], **der;** ~s, Häfen [ˈhɛfn̩/ˈheː..] **1.** ʿgeschützter Platz für Schiffe an der Küste od. an Wasserstraßen, wo Passagiere ein-, aussteigen, Fracht ein-, ausgeladen wirdʾ: *das Schiff läuft einen* ~ *an, läuft in den* ~ *ein, liegt im* ~ **2.** süddt. schweiz. österr. ʿGefäß, bes. Topf ( ) aus Ton, Porzellanʾ: *ein* ~ *mit Milch* ❖ **Flughafen**
* scherzh. /jmd./ ⟨vorw. im Perf.⟩ **im ~ der Ehe landen** (ʿheiratenʾ)

Hafer [ˈhaːfɐ], **der;** ~s, ⟨o.Pl.⟩ **1.** ʿGetreidepflanze mit kurzem Halm, deren Samen bes. als Futter für Pferde und für die Herstellung von Haferflocken dienenʾ; ↗ FELD II.4.1 (↗ TABL Getreidearten): ~ *säen, mähen* **2.** ʿSamenkörner von Hafer (1)ʾ: *die Pferde mit* ~ *füttern* ❖ **Haferflocken**
* **jmdn. sticht der ~** (ʿjmd. ist übermütig und wird dabei leichtsinnigʾ)

Hafer|flocken [ˈ..flɔkn̩], **die** ⟨Pl.⟩ ʿNahrungsmittel aus gepresstem Hafer (2)ʾ: *einen Brei aus* ~ *kochen* ❖ ↗ **Hafer**, ↗ **Flocke**

Haft [haft], **die;** ~, ⟨o.Pl.⟩ **1.** ʿZustand, Lage desjenigen, der von der Polizei verhaftet worden ist und von ihr in einem Gefängnis festgehalten wirdʾ: *jmd. befindet sich/ ist in* ~; *jmdn. in* ~ *nehmen: die Polizei nahm ihn in* ~ (ʿverhaftete ihnʾ); *jmdn. aus der* ~ *entlassen* **2.** ʿFreiheitsstrafeʾ: *jmdn. zu zwei Jahren* ~ *verurteilen; eine lange* ~ *verbüßen müssen* ❖ ↗ **haften (2)**

haftbar [ˈ..] ⟨Adj.; o. Steig.⟩ /jmd., Institution, Unternehmen/ **1.1.** ⟨nur präd. (mit *sein*)⟩ *für etw.* ~ *sein* ʿfür einen Schaden verantwortlich sein und verpflichtet sein, ihn wieder gutzumachenʾ: *er, die Firma, das Amt ist für diesen Schaden (am Fahrzeug)* ~; *er ist für die Schulden seiner Frau* ~ (ʿmuss die Schulden seiner Frau begleichenʾ) **1.2.** *jmdn., eine Institution, ein Unternehmen für etw.* ~ *machen* ʿjmdn., eine Institution, ein Unternehmen dazu verpflichten, den verursachten Schaden wieder gutzumachenʾ: *man hat ihn für den Unfall, die Folgen des Unfalls* ~ *gemacht; die Firma wurde für die Umweltverschmutzung* ~ *gemacht* ❖ ↗ **haften**

Haft|befehl [ˈ..], **der** ʿschriftlich ausgefertigte richterliche Anordnung, jmdn. zu verhaftenʾ: *einen* ~ *gegen jmdn. erlassen; den* ~ *aufheben* ❖ ↗ **haften,** ↗ **befehlen**

haften [ˈhaftn̩], haftete, hat gehaftet **1.** /etw./ *auf der Oberfläche von etw.* kleben': *das Pflaster haftet auf der Haut, das Etikett haftet auf der Flasche; etw. haftet nicht richtig; Lehm haftet* (SYN ʿ[1]hängt 3ʾ) *an seinen Schuhen; die Reifen* ~ *gut* (ʿrutschen nicht auf der Fahrbahnʾ); METAPH *sein Blick haftete an ihr, blieb an ihr* ~; *an jmdm. haftet ein Makel* **2.** /jmd./ *für etw.* ~ ʿfür etw. haftbar seinʾ: *der Besitzer des Hotels haftet nicht für die Garderobe der Gäste; für jmdn.* ~ ʿan jmds. Stelle für etw. haftbar seinʾ: *Eltern* ~ *für ihre Kinder* ❖ **zu (1): behaftet, verhaftet; zu (2): Haft, haftbar, Häftling, Haftung, verhaften – Haftpflicht, Untersuchungshaft**

Häftling [ˈhɛft..], **der;** ~s, ~e SYN ʿStrafgefangeneʾ ❖ ↗ **haften**

Haft [ˈhaft..]**-pflicht, die** ⟨o.Pl.⟩ ʿgesetzliche Verpflichtung, für einen Schaden zu haften (2), den man selbst verursacht hat od. ein anderer, für den man haftbar gemacht werden kannʾ: *es besteht* ~; *eine Versicherung gegen* ~ *abschließen* ❖ ↗ **haften,** ↗ **Pflicht; -pflichtversicherung, die** ʿVersicherung gegen Haftpflichtʾ: *eine* ~ *abschließen; für meinen Schaden tritt die* ~ *des Verursachers ein; vgl. Kaskoversicherung* ❖ ↗ **haften (2),** ↗ **Pflicht,** ↗ **sicher**

Haftung [ˈhaft..], **die;** ~, ~en ⟨vorw. Sg.⟩ ʿdas Haften (2)ʾ: *die* ~ *für einen selbst verursachten Schaden* ❖ ↗ **haften**

Hagebutte [ˈhaːɡəbʊtə], **die;** ~, ~n ʿkleine orangefarbene bis rote Frucht der Heckenroseʾ: ~*n sammeln; aus* ~*n Tee, Marmelade kochen*

Hagel [ˈhaːɡl̩], **der;** ~s, ⟨o.Pl.⟩ **1.** ʿNiederschlag in Form von körnigen Eisstückchenʾ; ↗ FELD III.2.1: *(der)* ~ *prasselt nieder, gegen die Scheiben; die ganze Ernte wurde durch* ~ *vernichtet; der* ~ *hat die ganze Ernte vernichtet* **2.** emot. *ein* ~ *von etw.* ʿetw., das in großer Menge auf jmdn., etw. niedergeht (2)ʾ: *ein* ~ *von Steinen;* METAPH *jmd. wird von einem* ~ *von Vorwürfen überschüttet; es gab einen* ~ *von Protesten* ❖ **hageln**

hageln [ˈhaːɡl̩n] ⟨reg. Vb.; hat⟩ **1.** *es hagelt* ʿHagel (1) fällt als Niederschlagʾ; ↗ FELD III.2.2: *es fängt an zu* ~; *es hat gehagelt* **2.** /etw./ *es hagelt etw.* ʿeine große Menge von etw. trifft jmdn., etw.ʾ: *es hagelte*

Schläge; METAPH *es hagelte Vorwürfe, Proteste* ❖ ↗ **Hagel**

hager ['haːgɐ] ⟨Adj.; Steig. reg.⟩ ʿ(von meist hohem Wuchs und dabei) mager und knochig' /auf Personen bez./: *er ist sehr ~; jmds. ~e Gestalt; er hat ein ~es Gesicht; er wirkte ~*

Hahn [haːn], **der**; ~s/auch ~es, Hähne ['hɛːnə/'hɛː..]; ↗ auch *Hähnchen* **1.1.** ʿmännliches Tier des Haushuhns'; ↗ FELD II.3.1: *ein junger ~; der ~ kräht, tritt die Henne;* vgl. *Henne, Huhn* **1.2.** ʿmännliches Tier vieler Vogelarten' **2.** ʿVorrichtung zum Verschließen und Öffnen von Rohrleitungen, Behältern': *den ~ auf-, zudrehen; der ~ ist undicht, tropft; Wasser, Bier aus dem ~ laufen lassen* ❖ **Hähnchen** − **Auerhahn, Brathähnchen**

* umg. /jmd./ **(der) ~ im Korb(e) sein** ('der einzige Mann in einem Kreis von Frauen und dadurch im Mittelpunkt') **sein; danach, nach etw.** ⟨Dat.⟩ **kräht kein ~** ('für etw., dass meist kritikwürdig ist od. einen Verstoß darstellt, interessiert sich in diesem Zusammenhang niemand, sodass es keine unangenehmen Folgen gibt')

Hähnchen ['hɛːnçn/'hɛː..], **das**; ~s, ~; ↗ auch *Hahn* ʿjunger Hahn (1.1), bes. hinsichtlich seiner Verwertung als Brathähnchen': *ein gebratenes, gegrilltes ~* ❖ ↗ **Hahn**

Hai [haĭ], **der**; ~s/auch ~es, ~e ʿin südlichen Meeren räuberisch lebender großer Fisch mit scharfem Gebiss und einer sichelförmig verlängerter Flosse' (↗ TABL Fische): *der Taucher wurde von einem ~ angegriffen* ❖ **Haifisch**

Hai|fisch ['..], **der** ʿHai' ❖ ↗ **Hai,** ↗ **Fisch**

häkeln ['hɛːkln/'hɛː..] ⟨reg. Vb.; hat⟩ /jmd./ *etw.* ~ ʿeine Handarbeit (2) dadurch herstellen, dass man mit Hilfe einer Häkelnadel aus einem Faden Maschen herstellt': *einen Schal, Topflappen, Pullover, eine Decke ~; gehäkelte Spitzen* ❖ ↗ **Haken**

Häkel|nadel ['hɛːk|../'hɛː..], **die** ʿan der Spitze (2.1) hakenartig geformter Gegenstand zum Häkeln' ❖ ↗ **Haken,** ↗ **Nadel**

haken ['haːkn] ⟨reg. Vb.; hat⟩ /jmd./ *etw. an etw.* ~ ʿetw. an etw., das meist mit einem Haken versehen ist, hängen, befestigen': *die Feldflasche an das Koppel ~* ❖ ↗ **Haken**

Haken, der; ~s, ~ ʿwinklig od. rund gebogener Gegenstand, der zum Anhängen, Halten von etw. dient': *einen ~ in die Wand schlagen; den Mantel an den ~* ('Kleiderhaken') *hängen; ein Fisch hängt am ~* ('Angelhaken') ❖ **häkeln, haken** − **Angelhaken, einhaken, Häkelnadel, Kanthaken, Kinnhaken, Kleiderhaken, Widerhaken**

* /etw./ **einen ~ haben** ʿSchwierigkeiten, Nachteile aufweisen, die man nicht sofort erkennt': *wir würden dort gerne bauen, die Sache hat aber einen ~: der Boden ist zu feucht;* /jmd., Tier, bes. Hase/ **einen ~ schlagen** ('bei der Flucht plötzlich die Richtung ändern')

halb [halp] ⟨Adj.; o. Steig.; nicht präd.⟩ **1.1.** ⟨dient flektiert auch als Nenner einer Bruchzahl⟩ ʿdie Hälfte von einer quantitativen od. messbaren Größe umfassend': *ein ~es (1/2) Kilo, Jahr; ein ~er (1/2) Meter, Liter; ein ~es Brot; der Zug fährt in einer ~en, alle ~e Stunde, alle ~e(n) Stunden; auf ~em Wege* ('in der Mitte der Wegstrecke') *umkehren; er ist einen ~en Kopf größer als ich; den ~en Preis zahlen;* umg. emot. *die ~e Klasse war* ('sehr viele Schüler der Klasse waren') *krank; das Glas ist nur ~ voll; das Fenster steht ~ offen; dieses Zimmer ist nur ~ so groß wie meines* **1.2.** /dient in Verbindung mit einer Kardinalzahl als Zeitangabe/: *es ist, die Uhr schlägt ~ zwölf* (11.30); *die Uhr schlägt ~; wir treffen uns um ~ (drei); es ist fünf Minuten vor, nach ~ (drei)* **1.3.** ⟨wird unflektiert u. o. Art. vor Länder- und Ortsnamen wie ein Indefinitpron. gebraucht⟩ *er hat ~ Europa, Amerika* ('einen großen Teil von Europa, Amerika') *bereist; ~ Berlin* ('sehr viele Berliner') *war auf den Beinen; auch: das ~e Europa, Amerika; das ~e Berlin* **2.1.** ⟨+ *erst, nur*⟩ ʿnicht ganz, nicht vollständig' /meint einen Zustand, der unter dem erwarteten liegt/: *das ist nur die ~e Wahrheit; das Getreide ist erst ~ reif; nur ~ hin-, zuhören;* ⟨+ *noch*⟩ *das Fleisch ist noch ~ roh* ('ist noch nicht ganz gar'); *sie waren noch ~e Kinder* ('sie waren noch nicht ganz erwachsen') **2.2.** ⟨nur vor Adj., Adv.⟩ ʿfast, schon beinahe': *er war ~ tot, erfroren, verhungert* **2.3.** ⟨nur attr.⟩ *er ist ein ~er Künstler, Philosoph* ('fast ein Künstler, Philosoph') **3.** ⟨unflektiert⟩ **3.1.** ~ *..., ~ ...* ʿzur Hälfte ... zur Hälfte ...': *die Sphinx ist ~ Mensch, ~ Tier; sie lächelte ~ belustigt, ~ verlegen* **3.2.** ~ *und ~* **3.2.1.** ʿin gleicher Menge, zu gleichen Teilen' /auf zwei verschiedene Dinge bez./: *ich möchte bitte Gehacktes, ~ und ~* ('zu gleichen Teilen aus Rind- und Schweinefleisch') **3.2.2.** ⟨bei Vb.⟩ ʿfast, beinahe': *er war ~ und ~ beruhigt, entschlossen; wir hatten es ihm ~ und ~ versprochen* ❖ **Halbe, Halbheit, halbieren, Hälfte;** − vgl. **halb/Halb-**

* /etw./ **nichts Halbes und nichts Ganzes sein** ('unvollständig, unzureichend sein, so dass man damit nichts Rechtes anfangen kann'); ⟨⟩ umg. /etw., bes. es, das/ **nicht ~ so wild sein** ('nicht so schlimm sein wie zunächst erwartet': *na, es wird wohl nicht ~ so wild sein!*

Halb/halb ['..]|**-automat, der** ʿMaschine, bei der nicht alle Arbeitsgänge automatisch ablaufen': *in der Produktion ~en einsetzen* ❖ ↗ Automat; **-automatisch** ⟨Adj.; nicht präd.⟩ ʿnicht voll automatisch angelegt, arbeitend' /auf Maschinen bez./: *eine ~e Presse* ❖ ↗ Automat; **-dunkel, das** ⟨oft mit Gen.attr.⟩ ʿzum Teil Dunkel, Licht aufweisender Zustand'; ↗ FELD VI.2.1: *der Raum lag im ~; das ~ der Höhle, des Kellers, des Gewölbes* ❖ ↗ dunkel

Halbe ['halbə], **der/das**; ~n, ⟨o.Pl.⟩; ↗ TAFEL II; /Maßeinheit/ umg. ʿein halber Liter, ein Glas mit einem halben Liter, bes. Bier, Wein': *noch einen ~n, zwei ~ bestellen; Herr Ober, ein ~s* ('ein halbes Glas Bier, Wein'), *bitte!; Herr Ober, bitte, drei ~* ❖ ↗ **halb**

Halb ['halp..]|**edelstein, der** ʿMineral mit Eigenschaften eines Edelsteins, aber von geringer Härte': *der Opal, Aquamarin, Onyx ist ein ~* ❖ ↗ edel, ↗ Stein

halber ['halbɐ] ⟨Präp. mit Gen.; nachgestellt; beschränkt verbindbar⟩ /kausal/; gibt den Grund für etw. an/; SYN wegen: *der Form, Ordnung, Vollständigkeit ~ werden wir das so handhaben;* ⟨o.Art. nur mit Attr.⟩ *gewisser Umstände, Geschäfte ~ seine Pläne ändern*

Halb|gefrorene ['halp..], **das**; ~n, ⟨o.Pl.⟩; ↗ TAFEL II 'in einer Form gefrorenes, aus Schlagsahne zubereitetes Speiseeis': *ich esse gerne (ein) ~s* ❖ ↗ **frieren**

Halbheit ['halp..], **die**; ~, ~en ⟨vorw. Pl.⟩ 'unzureichende Handlung, Lösung, unzureichendes Ergebnis': *sich nicht mit ~en zufrieden geben* ❖ ↗ **halb**

halb|herzig ['halphɛʀtsɪç] ⟨Adj.; o. Steig.⟩ 'nicht mit voller, echter Überzeugung geschehend, getan' /vorw. auf Äußerungen, Handlungen bez./: *etw. ~ tun; er hat ihn nur ~ unterstützt; eine ~e Zusage erhalten; die Zusage war ~* ❖ ↗ **Herz**

halbieren [hal'bi:ʀən], halbierte, hat halbiert /jmd./ *etw. ~* 'etw. in zwei Hälften teilen': *den Kuchen, Apfel ~; einen Winkel, eine Strecke ~* ❖ ↗ **halb**

Halb/halb ['halp..]|**-insel, die** 'in das Meer, einen See hineinragendes Gebiet, das an drei Seiten von Wasser umgeben ist': *Italien ist eine ~* ❖ ↗ **Insel**; **-jahr, das** 'Hälfte des jeweiligen Jahres': *ein Vorhaben im ersten, zweiten ~ durchführen; das erste ~ 1998* ❖ ↗ **Jahr**; **-jährig** [jɛ:ʀɪç/je:..] ⟨Adj.; o. Steig.; nur attr.⟩ **1.** 'ein halbes Jahr alt' /auf Personen bez./: *ein ~es Kind* **2.** 'ein halbes Jahr dauernd' /vorw. auf Veranstaltungen bez./: *ein ~er Kursus; ein ~er Urlaub* ❖ ↗ **Jahr**; **-jährlich** ⟨Adj.; o. Steig.; vorw. attr. u. bei Vb.⟩ 'in Abständen von jeweils einem halben Jahr (stattfindend)': *~e Kontrollen; die Untersuchungen werden ~ durchgeführt* ❖ ↗ **Jahr**; **-kreis, der 1.** 'Hälfte eines Kreises'; ↗ FELD III.1.1: *einen ~ zeichnen* **2.** 'in der Art von Halbkreis (1) gebogene Linie': *sich im ~ aufstellen* ❖ ↗ **Kreis**; **-kugel, die 1.** 'Hälfte einer Kugel': *das Volumen einer ~ berechnen;* ↗ FELD III.1.1 **2.** 'vom Äquator begrenzte Hälfte der Erdkugel': *die nördliche, südliche ~* ❖ ↗ **Kugel**; **-leiter, der** 'Stoff, dessen Fähigkeit, Elektrizität zu leiten, zwischen der eines guten [1]Leiters (2) und eines Isolators liegt' ❖ ↗ **leiten**; **-mast** ⟨Adv.⟩ /auf Fahnen bez., die am Mast hängen/ 'als Zeichen offizieller Trauer etwa auf der Mitte der Fahnenstange befestigt': *~ flaggen, die Fahne auf ~ setzen; die Fahne weht auf ~, steht auf ~* ❖ ↗ [1]**Mast**; **-mond, der** 'Mond in der Phase, in der er nur zur Hälfte zu sehen ist': *wir haben heute ~; /Sinnbild des Islam/: der türkische ~* ❖ ↗ **Mond**; **-pension, die** ⟨o.Pl.⟩: *ein Zimmer mit ~* ('mit Frühstück und Abendbrot od. einem warmen Mahlzeit'); *wir haben für unsere Ferienreise ~ gebucht* ❖ ↗ **Pension**; **-schlaf, der** 'Zustand zwischen Schlafen und Wachen': *im ~ liegen; etw. im ~ wahrnehmen, aus dem ~ aufschrecken* ❖ ↗ **schlafen**; **-seiden** ⟨Adj.; o. Steig.; vorw. attr.⟩ 'moralisch fragwürdig' /auf Personen, Gruppen bez./: *ein ~es Publikum, Milieu;* **-starke, der**; ~n, ~n; ↗ TAFEL II; emot. neg. 'Jugendlicher, der meist in einer

Gruppe Gleichaltriger in der Öffentlichkeit laut (und randalierend) auftritt, sich auffällig benimmt'; SYN Hooligan: *ein ~er; eine Gruppe ~r, von ~n* ❖ ↗ stark; **-stündig** [ʃtʏndɪç] ⟨Adj.; o. Steig.; nur attr.⟩ 'eine halbe Stunde dauernd': *eine ~e Untersuchung; ein ~er Vortrag* ❖ ↗ Stunde; **-stündlich** ⟨Adj.; o. Steig.; nicht präd.⟩ 'in Abständen von jeweils einer halben Stunde (stattfindend)': *er wird ~ abgelöst; es finden ~e Kontrollen statt* ❖ ↗ Stunde; **-tags** ⟨Adv.⟩ 'den halben Arbeitstag über': *(nur) ~ arbeiten* ❖ ↗ Tag; **-waise, die** 'Kind, das einen Elternteil durch Tod verloren hat' ❖ ↗ Waise; **-wegs** [ve:ks] ⟨Adv.; vorw. Adj., Adv.; bei Vb.⟩ umg. **1.** SYN 'einigermaßen (1)': *ein ~ brauchbares Werkzeug; etw. ~ begriffen haben* **2.** /schwächt die im Bezugswort genannte Eigenschaft ab/; SYN einigermaßen (2.1): *es geht ihm ~ gut; die ~ arbeitet ~ schnell;* **-welt, die** ⟨o.Pl.⟩ 'elegant auftretende, zwielichtige Personen, die ein bestimmtes Milieu bilden': *in dem Lokal trifft sich, verkehrt die ~* ❖ ↗ Welt; **-wüchsig** [vy:ksɪç] ⟨Adj.; o. Steig.; nicht bei Vb.⟩ 'noch nicht ganz erwachsen' /auf Personen bez./: *~e Jungen, Mädchen* ❖ ↗ [1]wachsen; **-zeit, die** ⟨vorw. Sg.⟩ 'eine der beiden Hälften der Spielzeit, bes. beim Fußball': *die Tore fielen in der ersten, zweiten ~* ❖ ↗ Zeit

Halde ['haldə], **die**; ~, ~n **1.** '(sanft) abfallende Seite eines Hügels, Berges': *die ~ hinabsteigen; eine mit Wald bestandene ~* **2.** 'große Menge von Schlacke, taubem Gestein im Bergbau od. (noch) nicht verkauften Vorräten an Kohle und Erz von der Höhe, Größe eines Hügels': *Schlacke, Steine, Müll auf die ~ schütten, kippen*
* **auf ~** 'auf Vorrat und ohne sichere Möglichkeit des Absatzes': *das Werk produziert auf ~*

half: ↗ helfen

Hälfte ['hɛlftə], **die**; ~, ~n 'eine von zwei (gleichen) Größen, die durch Teilung eines Ganzen entstanden ist': *die ~ einer Strecke, eines Apfels, Jahres, des Lebens; Kinder (be)zahlen die ~ (des Fahrpreises); die ~ der Kosten selbst tragen; dieser Weg ist um die ~ kürzer; die größere, kleinere ~ von etw.; zur ~:: er hat die Arbeit (schon, nur) zur ~* ('zu etwa fünfzig Prozent') *fertig, geschafft;* umg. *er hat die ~ davon* ('ziemlich viel davon') *vergessen; sie hat doch nur die ~* ('ziemlich wenig') *begriffen* ❖ ↗ **halb**
* umg. scherzh. **jmds. bessere ~** ('jmds. Ehefrau')

Halfter ['halftɐ], **das/der**; ~s, ~ 'Zaumzeug ohne Gebiss (1)': *einem Pferd das, den ~ anlegen, umlegen, abnehmen; ein Pferd am ~ führen*

Hall [hal], **der**; ~s/auch ~es, ~e ⟨vorw. Sg.; + Gen.attr.⟩ 'weithin hörbarer Schall'; ↗ FELD VI.1.1: *der ~ des Donners, seiner Schritte; der ~ wuchtiger Axtschläge; er ~ der Glocken* ❖ ↗ **hallen**

Halle ['halə], **die**; ~, ~n **1.** 'vorwiegend aus einem großen hohen Raum bestehendes Gebäude'; ↗ FELD V.3.1: *eine riesige ~; in den ~n der Fabrik dröhnen die Maschinen; die ~ des Flughafens, Messegeländes; unser Messestand befindet sich in ~ drei*

2. ʿgroßer, zentrale Funktionen erfüllender Raum, meist im Erdgeschoss hinter dem Eingang eines (öffentlichen) Gebäudesʾ: *die ~ des Hotels; jmdn. in der ~ bei der Rezeption erwarten* ❖ **Kaufhalle, Bahnhofshalle, Markthalle, Messehalle**

hallen [ˈhalən] ⟨reg. Vb.; hat⟩ **1.** /etw. Akustisches/ *irgendwo(hin)* ~ ʿweithin hörbar irgendwo(hin) schallenʾ; ↗ FELD VI.1.2: *Marschmusik hallte über den Platz; ein Schrei, Schuss hallte durch die Nacht; der Donner hallte laut* **2.** /etw. Akustisches/ ʿwiederhallenʾ: *das Echo hallte (von den Felswänden)* ❖ **Hall – Widerhall, widerhallen**

hallo [ˈhalo/..ˈloː] ⟨Interj.; alleinstehend⟩ **1.** /meist lauter Ruf, mit dem jmd. die Aufmerksamkeit anderer auf sich lenken will od. mit dem er in Erfahrung bringen will, ob jmd. da ist/: ~, *ist hier jemand?*; ~, *sind Sie noch am Apparat?* /beim Telefonieren/ **2.** /drückt freudige Überraschung aus/: ~, *da seid ihr ja!* **3.** umg. /wird bes. von Jugendlichen als lockere Form der Begrüßung benutzt/: ~, *Freunde!;* ~, *Leute, wie geht's?*

Hallo, das; ~s, ~s umg. ʿ(freudig) aufgeregtes lautes Durcheinander beim Reden, von Rufenʾ: *es gab ein großes, freudiges* ~, *als wir eintrafen*

Halm [halm], **der;** ~es/auch ~s, ~e ʿmeist hoher biegsamer Stengel der Gräser, Getreideartenʾ; ↗ FELD II.4.1: *kräftige, geknickte* ~e; *die Gerste ist noch auf dem* ~ (ʿist noch nicht gemähtʾ), *ist vom* ~ (ʿist gemähtʾ) ❖ **Strohhalm**

Hals [hals], **der;** ~es, Hälse [ˈhɛlzə] **1.** ʿden Kopf mit dem Rumpf verbindender Körperteil des Menschen und der höheren Wirbeltiereʾ; ↗ FELD I.1.1: *ein kurzer, dicker, schlanker* ~; *sich den* ~ *waschen; bis an den, zum* ~ *im Wasser stehen; alle reckten die Hälse, um besser sehen zu können* **2.** ⟨vorw. Sg.⟩ ʿRachen mit Kehlkopf, mit Luft- und Speiseröhreʾ: *einen trockenen, rauhen* ~ *haben; der* ~ *ist entzündet, tut (jmdm.) weh; ihm ist eine Gräte im* ~ *stecken geblieben; der* ~ *war ihm wie zugeschnürt;* umg. *es im* ~ *haben* (ʿHalsschmerzen, Beschwerden beim Schlucken habenʾ) **3.** ʿsich verjüngender oberer Teil eines (gläsernen) Gefäßes, bes. einer Flascheʾ: *eine Flasche mit einem langen* ~ ❖ **Halsabschneider, -band, halsbrecherisch, -starrig**

* /jmd./ **bis an, über den, zum** ~ ʿgänzlich, völligʾ: *bis zum* ~ *in Schulden stecken;* /etw., bes. Handlung/ **jmdm. den ~ brechen** (ʿdazu führen, dass jmd. scheitertʾ); /jmd., bes. Frau/ **jmdm. um den ~ fallen** (ʿjmdn. plötzlich und temperamentvoll umarmenʾ); /jmd./ **~ über Kopf** ʿüberstürzt, in größter Eileʾ: ~ *über Kopf aufbrechen, weglaufen, abreisen;* /jmd./ **den/seinen ~ aus der Schlinge ziehen** (ʿaus einer gefährlichen Lage einen Ausweg findenʾ); /jmd./ **aus vollem ~e** ʿsehr laut und ungehemmtʾ: *aus vollem* ~*e lachen, singen, schreien;* /jmd., bes. Frau/ **sich jmdm. an den ~ werfen** ʿsich einem Mann aufdrängenʾ: *sie hat sich ihm an den* ~ *geworfen;* ⟨⟩ umg. /jmd./ **jmdm. mit etw. vom ~e bleiben** (ʿjmdn. nicht mit etw. belästigenʾ); /jmd./ **etw. in den falschen ~ kriegen** (ʿetw. missverstehen und deshalb übel neh-

men·); /jmd./ **jmdn., etw. am, auf dem ~ haben** (ʿmit jmdm., etw. belastet sein, für ihn, etw. sorgen, sich um ihn, etw. kümmern müssenʾ); /jmd./ **sich** ⟨Dat.⟩ **jmdn., etw. vom ~(e) halten** (ʿsich nicht mit jmdm., etw. einlassenʾ); /etw./ **jmdm. zum ~ heraushängen** (ʿjmdm. wegen ständiger Wiederholung bis zum Überdruss lästig seinʾ); /jmd./ **jmdm. jmdn. auf den ~ hetzen** ʿjmdm. eine ihm nicht angenehme Person, Institution schickenʾ: *er hat mir den Gerichtsvollzieher, die Polizei auf den* ~ *gehetzt;* /jmd./ **sich** ⟨Dat.⟩ **jmdn., etw. auf den ~ laden** (ʿsich mit jmdm., etw. belastenʾ); /jmd./ **einen langen ~ machen** (**1.** ʿsich recken, um besser sehen zu könnenʾ **2.** ʿneugierig, erwartungsvoll auf etw., jmdn. blickenʾ); /jmd./ **sich** ⟨Dat.⟩ **jmdn., etw. vom ~(e) schaffen** (ʿsich von einer lästigen Person, Sache befreienʾ); /jmd./ **den ~ nicht voll kriegen (können)** (ʿnicht genug bekommen können, habgierig seinʾ)

Hals/hals[ˈ..]-|**abschneider** [apʃnaidɐ], **der;** ~s, ~ umg. emot. ʿjmd., der jmdn. skrupellos übervorteiltʾ: *bei Geschäften, Verhandlungen mit ihm muss man aufpassen, er ist (so) ein richtiger* ~ ❖ ↗ Hals, ↗ schneiden; **-band, das** ⟨Pl.: ~bänder⟩ ʿlederner Riemen um den Hals bes. eines Hundesʾ: *dem Hund das* ~ *anlegen; die Katze hat ein* ~ ❖ ↗ Hals, ↗ binden; **-brecherisch** [bʀɛçɐr..] ⟨Adj.; Steig. reg., ungebr.; vorw. attr.⟩ ʿso riskant, gefährlich, dass man verunglücken, stürzen kannʾ: *ein* ~*er Pfad; eine* ❖*e Kletterpartie; mit* ~*er Geschwindigkeit fahren* ❖ ↗ Hals, ↗ brechen; **-starrig** [ʃtarɪç] ⟨Adj.; Steig. reg.⟩ emot. neg. **1.** SYN ʿstur (1)ʾ /vorw. auf alte Personen bez./; ↗ FELD I.2.3: *der Alte ist so* ~, *dass er kein Angebot, keine Hilfe annimmt; er bestand* ~ *auf seinen Forderungen; ein* ~*er Greis* ❖ ↗ Hals, ↗ starr

¹halt [halt] ⟨Modalpartikel; unbetont; steht nicht am Satzanfang; bezieht sich auf den ganzen Satz⟩ vorw. landsch., bes. süddt. **1.** ⟨steht in Aussagesätzen⟩ SYN ʿ³eben (1)ʾ: *das kostet* ~ *viel Zeit; das ist* ~ *nicht zu ändern; das ist* ~ *so; da kann man* ~ *nichts machen* (ʿda ist man machtlosʾ); *dann muss er* ~ *sehen, wie er allein damit fertig wird* **2.** ⟨steht in Aufforderungssätzen⟩ SYN ʿ³eben (2)ʾ: ⟨oft mit einleitendem *dann*⟩ *dann musst du* ~ *öfter die Zähne putzen!; dann musst du dich* ~ *damit abfinden!; iss* ~ *schneller!; fahr* ~ *langsamer!*

²halt ⟨Interj.; alleinstehend; ↗ auch halten⟩ /Ruf, mit dem man jmdn. auffordert, sofort anzuhalten od. mit etw. aufzuhören/: ~, *wer da?* /Ruf des Wachpostens/; *Abteilung* ~! /militärisches Kommando, den Marsch zu beenden, anzuhalten/ ❖ ↗ **halten**

Halt, der; ~s/auch ~es, ~e **1.** ⟨o.Pl.⟩ ʿMöglichkeit, sich festzuhalten, sich zu stützenʾ: *keinen (festen)* ~ *finden (können); er verlor den* ~ *und stürzte; der Stützverband gibt jmdm., dem Fuß* ~ **2.** ⟨vorw. Sg.⟩ ʿMöglichkeit, sich materiell od. psychisch zu sichernʾ: *an jmdm., etw.* ~ *haben, finden, wenn man sich unsicher fühlt, wenn man verzweifelt ist; ohne inneren moralischen* ~ *sein* **3.** ⟨vorw. Sg.⟩ ʿdas (kurze) Anhaltenʾ; ↗ FELD I.7.1.1: *ohne* ~ *bis zum*

Reiseziel fahren; das Auto machte plötzlich ~*; an der Ecke* ~ *machen* ('anhalten, stehen bleiben') ❖ ↗ **halten**
* /etw./ **vor jmdm., etw. nicht** ~ **machen** 'jmdn., etw. nicht verschonen': *der Krieg machte auch vor unserer Familie nicht Halt; sein Spott machte selbst vor den heiligsten Gütern nicht Halt;* /jmd./ **vor nichts** ~ **machen** ('in Bezug auf etw. keine Skrupel haben')
hält: ↗ *halten*
haltbar ['..] ⟨Adj.⟩ **1.** ⟨Steig. reg.⟩ 'nicht schnell verderbend, längere Zeit genießbar bleibend' /auf Lebensmittel bez./: *Lebensmittel* ~ *machen; die Konserve ist lange* ~*; ~e* (ANT verderbliche 1) *Lebensmittel* **2.** ⟨Steig. reg.⟩ 'so beschaffen, dass es der Beanspruchung längere Zeit standhält'; SYN dauerhaft (1.1) /vorw. auf Gebrauchsgegenstände bez./: *ein ~er Stoff; Kleidung aus ~em Material; mit Haarfestiger die Frisur* ~ *machen* **3.** ⟨o. Steig.⟩ /etw., bes. Behauptung/ ~ *sein* 'so geartet sein, dass man es nicht widerlegen kann': ⟨oft verneint⟩ *die These, Behauptung ist nicht* ~ ('kann widerlegt werden'); *eine nicht* ~*e Behauptung* ❖ ↗ **halten**
halten ['haltn] (er hält [hɛlt]), hielt [hi:lt], hat gehalten; ↗ auch *halt* **1.** /jmd./ **1.1.** *etw., jmdn. irgendwie* ~ 'etw., jmdn. mit den Händen fassen und in bestimmter Stellung, Lage nicht loslassen'; SYN festhalten (1): *etw. in der Hand, mit der Zange* ~*; ein Kind an der Hand* ~*; etw.* ~*: die Leiter* ~ ('die Leiter festhalten, solange jmd. darauf steht, damit er nicht mit der Leiter umkippt'); *jmdm. den Mantel* ~ ('jmdm. beim Anziehen des Mantels behilflich sein'); *würdest du bitte mal meine Tasche* ~ ('solange meine Tasche festhalten, bis ich meine Hände wieder frei habe') **1.2.** *etw.* ~ 'einen auf das Tor geschossenen Ball fangen, aus dem Tor schlagen und so abwehren': *er hat den Ball, Elfmeter gehalten* **2.** /jmd./ **2.1.** *etw. irgendwohin* ~ 'etw. mit der Hand, den Händen gefasst haben und in der Höhe, meist vom Körper entfernt, lassen (, um es richtig betrachten zu können od. damit es seine Berührung mit dem Körper hat)': *einen Geldschein, eine Briefmarke gegen das Licht* ~*; etw. weit von sich* ~*; die Zeitung vors Gesicht* ~ **2.2.** *etw. irgendwie* ~ 'einen Körperteil, bes. Kopf, Arm, in einer bestimmten Lage, Haltung (1.1) lassen': *den Kopf gesenkt, schief, gerade* ~*; den Arm gestreckt* ~ **3.** /jmd./ *sich irgendwie* ~ **3.1.** 'bewusst eine bestimmte Haltung (1.1) einnehmen': *sich gerade, aufrecht* ~ **3.2.** ⟨+ *können*⟩ 'in einer bestimmten Stellung, Lage des Körpers bleiben': ⟨meist verneint⟩ *er konnte sich nicht länger auf dem Pferd, am Abgrund* ~ *und fiel herab; sich auf dem Eis nur mit Mühe* ~ *können* **4.** /jmd., etw./ SYN 'stehen bleiben (2)'; ↗ FELD I.7.1.2: *der Zug hielt auf freier Strecke, hält hier nicht; wir* ~ *hier, an der Ecke, vor dem Haus* **5.** /etw./ 'bei Beanspruchung nicht entzweigehen': *das Seil, die Naht hält; diese Strümpfe* ~ *gut, lange* **6.1.** /jmd./ *sich* ~ 'sich in seiner Position behaupten': ⟨meist verneint, mit *können*⟩ *sich nicht mehr lange (in dieser Stellung)*

~ *können* **6.2.** /jmd./ *etw.* ~ 'etw., das man als kommerzielles Unternehmen betreibt, trotz finanzieller Probleme fortsetzen können': ⟨meist verneint, mit *können*⟩ *das Geschäft nicht mehr, länger* ~ *können* **6.3.** /jmd./ *etw.* ~*:* 'die Stellung, einen Brückenkopf* ~ 'erfolgreich verteidigen': *der Gegner hielt die Stellung, konnte den Brückenkopf nicht lange* ~*; etw. ist nicht zu* ~ 'etw. hält nicht einer kritischen Prüfung stand': *die Behauptung, Theorie ist nicht zu* ~*; die These, Theorie lässt sich nicht* ~ **7.** /jmd./ **7.1.** *etw.* ~ 'nicht von etw., das eine bestimmte Richtung od. Folge aufweist, abweichen'; SYN beibehalten: *den Kurs, das Tempo, den Takt, die Melodie* ~ **7.2.** *etw.* ~ 'etw., das eine Verpflichtung darstellt, einhalten'; ANT brechen (3): *ein Versprechen, sein Wort* ~ **7.3.** *etw.* ~ 'dafür Sorge tragen, dass etw. besteht und nicht gestört wird, nicht aufhört': *er muss streng Diät* ~*; Disziplin* ~*; haltet Ordnung in Euren Schränken!; Ruhe, Frieden* ~ **8.** *sich an jmdn., eine Institution* ~ **8.1.** /jmd./ 'sich in einer Angelegenheit an den dafür Verantwortlichen, die dafür zuständige Institution wenden': *sich an den Hauswart, Geschäftsführer, die Versicherung* ~ **8.2.** /jmd., etw./ 'sich an etw. orientieren (2)': *sich an die Tatsachen* ~*; der Film hält sich eng an den Roman* **8.3.** /jmd./ 'etw. befolgen': *sich an die Abmachungen, Gesetze, Vorschriften, an den Vertrag* ~ **9.** /jmd./ (*sich* ⟨Dat.⟩) *ein Tier* ~ 'ein Haustier haben und für es sorgen': *Haustiere, Hühner* ~*; einen Hund* ~ **10.** ⟨meist im Fragesatz⟩ /jmd./ *es irgendwie (mit etw.)* ~ 'sich in bestimmter Hinsicht in Bezug auf etw. verhalten': *er stand früh am Morgen auf, wie er es seit Jahren hielt; wie hältst du es mit der Religion?;* /in der kommunikativen Wendung/ *das kannst du* ~ ('machen 2.2.1'), *wie du willst* /wird zu jmdm. gesagt, wenn man ihm die Entscheidung für eine alternative Lösung überlassen will/ **11.** /jmd./ **11.1.** *etw. für etw., jmdn., sich für jmdn., etw.* ~ 'etw. für etw., jmdn., sich für jmdn., etw. ansehen': *etw. für Unsinn, für seine Pflicht, für (nicht) angebracht, zweckmäßig, für wahrscheinlich* ~*; jmdn. für einen Betrüger, für (un)zuverlässig, klug, dumm* ~*; sich für einen Könner, für ein Genie, für klug* ~ **11.2.** *viel, wenig, nichts von etw., jmdm.* ~ ('etw., jmdn. sehr, wenig, nicht schätzen'); *ich weiß nicht, was ich davon, von ihm* ~ ('wie ich es, ihn einschätzen') *soll* **12.** /jmd./ *etw.* ~ 'etw. realisieren, durchführen': *einen Vortrag, eine Deutschstunde* ~*; seinen Mittagsschlaf* ~ **13.** /abgeblasst in Verbindung mit best. Subst., z. B./: /jmd./ ↗ *Wache* ~*;* /jmd./ *nach jmdm., etw.* ↗ *Ausschau* ~ ❖ **behalten, Behälter, Behältnis,** ²**halt, Halt, haltbar, Halter, Haltung, unhaltbar − abhalten, anhalten, anhaltend, Anhalter, aufhalten, Aufenthalt, beibehalten, bereithalten, Buchhalter, Büstenhalter, danebenhalten, durchhalten, einhalten, Füllfederhalter, Haltestelle, Halteverbot, haltlos, Haushalt, haushalten, heraushalten, hinhalten, Instandhaltung, Lebenshaltung, Lebensunterhalt, nachhaltig, ranhalten, Rückhalt, rückhaltlos, Stammhalter, standhalten, Statthalter,**

stichhaltig, **Unterhalt, unterhalten, Vorbehalt, vorbehalten, vorbehaltlos, vorhalten, Vorhaltung, wohlbehalten, zuhalten, Zuhälter, zurückbehalten, zurückhaltend**; vgl. **enthalten, Gehalt, Inhalt**
* /jmd./ **an sich ~ (müssen)** 'sich beherrschen und sich nicht zu etw. äußern, nicht seinen Gefühlen freien Lauf lassen': *ich musste an mich ~, als ich diesen Blödsinn hörte;* /jmd./ **auf sich ~** 'auf sein Äußeres, sein Ansehen bedacht sein': *sie hielt stets auf sich*

Halter ['haltɐ], der; ~s, ~ 1. 'Vorrichtung, an der etw. befestigt wird': *die Rolle Toilettenpapier hängt an einem ~* 2. ⟨+ Gen.attr.⟩ 2.1. 'jmd., der ein Tier hält (9)': *der ~ dieses Hundes muss Steuern zahlen, ist dafür verantwortlich/wird dafür verantwortlich gemacht, dass …* 2.2. 'Eigentümer eines Kraftfahrzeugs': *den ~ des gestohlenen Fahrzeugs ausfindig machen; wer ist der ~ des Fahrzeugs?* ❖ ↗ **halten**
Halte ['haltə..]‖**-stelle, die** 'gekennzeichnete Stelle, an der ein Bus, eine Straßenbahn im Linienverkehr planmäßig anhält, damit die Fahrgäste aus- und einsteigen können': *an der ~ auf den Bus warten* ❖ ↗ halten, ↗ stellen; **-verbot, das** ⟨vorw. Sg.⟩ 1. '(durch ein Verkehrszeichen angezeigtes) Verbot für (Kraft)fahrzeuge, in einem bestimmten Bereich, an einer bestimmten Stelle zu halten': *in dieser Straße, hier besteht ~* 2. 'Bereich, für den das Halteverbot (1) gilt': *(mit seinem Auto) im ~ stehen* ❖ ↗ halten, ↗ verbieten
-haltig [..haltɪç] /bildet mit einem Subst. als erstem Bestandteil Adjektive; drückt aus, dass das im ersten Bestandteil Genannte enthalten ist/: ↗ z. B. *kalkhaltig*
halt/Halt ['halt..]‖**-los** ⟨Adj.⟩ 1. ⟨Steig. reg.⟩ 'ohne psychischen od. moralischen Halt (2)' /auf Personen bez./: *ein ~er Mensch; nach dem Tode ihres Mannes ist sie gewissermaßen ~ geworden; das hat sie völlig ~ gemacht;* vgl. *labil (2)* 2. ⟨o. Steig.; nicht bei Vb.⟩ 'einer kritischen Prüfung, sachlichen Beurteilung nicht standhaltend' /vorw. auf Äußerungen bez./: *eine ~e Hypothese; ~e Behauptungen, Beschuldigungen (mit Leichtigkeit) widerlegen* ❖ ↗ los; **-losigkeit** [lo:zɪç..], die; ⟨o.Pl.⟩ /zu *haltlos 1 u. 2*/ 'das Haltlossein'; /zu 1/: *durch ihre ~ wurde die Familie zerrüttet;* /zu 2/ ⟨+ Gen.attr.⟩: *die ~ ihrer Behauptungen* ❖ ↗ halten, ↗ los
Haltung ['halt..], die; ~, ~en ⟨vorw. Sg.⟩ 1.1. 'gewöhnliches Erscheinungsbild des (Ober)körpers od. eines Körperteils einer Person': *jmd. hat eine aufrechte, gerade, gute, schlechte ~; eine bestimmte ~ einnehmen* 1.2. 'Erscheinungsbild des (Ober)körpers einer Person in bestimmten Situationen': *in gebückter ~ verharren, etw. tun; der Skispringer, Turner beeindruckte durch seine hervorragende ~* 2. 'die sein Verhalten prägende Einstellung, Überzeugung eines Menschen': *jmds. politische, religiöse ~; in/zu einer Frage eine zögernde, klare, progressive, konservative, realistische ~ einnehmen; jmds. ~ zu etw., jmdm.: seine ~ zur Atomenergie, zum Umweltschutz; seine ~ zu Goethe* 3. ⟨o.Pl.⟩ 'Beherrschung

ausdrückendes Verhalten': *~ bewahren; um ~ bemüht sein; seine ~ verlieren* 4. ⟨o.Pl.; + Gen.attr. od. mit *von*⟩ 'das Halten (9)': *die ~ landwirtschaftlicher Nutztiere; die ~ von Ziegen, Hunden* ❖ ↗ **halten**
Halunke [ha'lʊŋkə], der; ~n, ~n 'nichtswürdiger, an anderen Menschen gemein handelnder Mann': *so ein ~!; dieser ~ hat mich betrogen*
hämisch ['hɛ:m../'he:..] ⟨Adj.; Steig. reg.⟩ 'Freude, Genugtuung über etw. zeigend, äußernd, das für einen anderen ärgerlich, peinlich, nachteilig ist' /vorw. auf Mimisches, Äußerungen bez./: ↗ FELD I.6.3: *sein ~er Blick; seine ~en Äußerungen über etw.; sich ~ über etw., jmdn. äußern; ~ lachen, grinsen*
Hammel ['haml], der; ~s, ~ 1.1. 'kastriertes männliches Schaf'; ↗ FELD II.3.1: *einen ~ schlachten* 1.2. ⟨o.Art.; o.Pl.⟩ 'Hammelfleisch'; ↗ FELD I.8.1: *ein Kilo ~ kaufen; er isst nicht gern ~* 2. derb Schimpfw. 'einfältiger, törichter Mensch': *du blöder ~, kannst du das nicht gleich richtig machen* ❖ **Hammelfleisch**
Hammel‖fleisch ['..], das 'Fleisch vom Hammel (1.1)'; ↗ FELD I.8.1 ❖ ↗ **Hammel**, ↗ **Fleisch**
Hammer ['hamɐ], der; ~s, Hämmer ['hɛmɐ] 1. 'Werkzeug zum Schlagen und Klopfen, bestehend aus einem Stiel und einem dazu rechtwinklig angebrachten länglichen, meist metallenen Teil'; ↗ FELD V.5.1 (↗ TABL Werkzeuge): *ein großer, schwerer, kleiner ~; ein Schlag mit dem ~; Metall mit dem ~ bearbeiten; ~ einen Nagel in die Wand schlagen* 2. umg. emot. 2.1. 'etw. Großartiges': *unser neues Auto ist ein ~!; das ist der ~!* 2.2. 'unangenehme Überraschung': *das war vielleicht ein ~!* ❖ **hämmern**
* /etw./ **unter den ~ kommen** ('versteigert werden'); ⟨⟩ umg. /jmd./ **einen ~ haben** 'verrückt sein': *du hast wohl 'nen ~?; der hat 'nen ~!*
hämmern ['hɛmɐn] ⟨reg. Vb.; hat⟩ 1. /jmd./ 'mit dem Hammer wiederholt schlagend, klopfend arbeiten'; ↗ FELD V.5.2: /beschränkt verbindbar/ *er hämmert nun schon den ganzen Tag; man hörte ihn laut ~* 2. /jmd./ 'schnell hintereinander heftig mit der Faust, den Fäusten an, auf, gegen etw. schlagen': *jmd. hämmert wütend gegen die Tür, an die Wand* 3. /Specht/ 'mit dem Schnabel schnell und heftig gegen Holz schlagen': *man hört einen Specht ~* ❖ ↗ **Hammer**
Hampel‖mann ['hampl..], der ⟨Pl.: ~männer⟩ 1. 'Kinderspielzeug aus Pappe, Holz in Gestalt eines Mannes, der die Arme und Beine spreizt, wenn an einem daran befestigten Faden gezogen wird': *ein bunt bemalter ~* 2. umg. emot. neg. 'leicht beeinflussbarer, willensschwacher Mann': *er ist ein ~; so ein ~!* ❖ ↗ **Mann**
Hamster ['hamstɐ], der; ~s, ~ 'kleines Nagetier mit hellbraunem bis gelblichem Fell, das in seinen großen Backen Vorräte an Getreidekörnern für den Winter sammelt'; ↗ FELD II.3.1 ❖ **Hamsterer, hamstern**

Hamsterer ['hamstəʀɐ], der; ~s, ~ umg. ʿjmd., der bes. in Notzeiten Lebensmittel hamstert, gehamstert hatʾ ❖ ↗ **Hamster**

hamstern ['hamstɐn] ⟨reg. Vb.; hat⟩ umg. emot. neg. /jmd./ etw. ~ SYN ʿetw. hortenʾ; ↗ FELD I.16.2: *Zucker, Mehl, Lebensmittel ~* ❖ ↗ **Hamster**

Hand [hant], die; ~, Hände ['hɛndə] **1.** ʿKörperteil am Ende des Arms von Menschen und Affen, der zum Greifen und Halten dient und beim Menschen zum Organ vielfältiger praktischer Tätigkeit entwickelt istʾ; ↗ FELD I.1.1 (↗ TABL Körperteile): *die linke, rechte ~; kräftige, schmale, gepflegte, abgearbeitete Hände haben; sich die Hände waschen; jmdm. (zur Begrüßung) die ~ geben; jmds. ~ schütteln; ein Kind an der ~ halten; jmdm. etw. aus der ~ nehmen; etw. aus der ~ legen; jmdn. bei der ~ nehmen; etw. in die ~, zur ~ nehmen; den Kopf in beide Hände stützen; in die Hände klatschen; etw. mit bloßen Händen anfassen; der Brief ist mit der ~ (ʿhandschriftlichʾ) geschrieben; sie gingen beide ~ in ~ (ʿeiner des anderen Hand haltendʾ); etw. von ~ (ʿmit der Handʾ; ANT maschinell) anfertigen, steuern; Klaviermusik für vier Hände, zu vier Händen (ʿvon zwei Personen zu spielenʾ); eine ~ voll, zwei Hände voll* ⟨+ Attr.⟩: *eine ~ voll Kirschen, Himbeeren;* METAPH *eine ~ voll Zuschauer* (ʿnur wenige Zuschauerʾ) **2.** /meint eine Person, auch eine Institution/: *sie wollte ihren Hund nicht in fremde Hände (ʿzu fremden Leutenʾ) geben; wir brauchen jetzt jede ~ (ʿjede Arbeitskraftʾ);* scherzh. *der Wein wurde von zarter ~ (ʿvon einer weiblichen Personʾ) kredenzt; etw. aus privater ~ (ʿvon einer privaten Personʾ) erwerben, kaufen; die öffentliche ~ (ʿKörperschaft des Staates od. der Staat selbst als Verwalter des öffentlichen Vermögensʾ)* ❖ **Hand, Händel, handlich** – **abhanden, anhand, aushändigen, eigenhändig, handbreit, Händedruck, händeringend, Linkshänder, linkshändig, Menschenhand, rechtshändig, Rechtshänder;** vgl. **hand/Hand-, handeln;** vgl. auch **hantieren**

* /jmd./ (selbst) mit ~ anlegen (ʿbei einer meist körperlichen Arbeit mithelfen, um ganz sicherzugehen, dass die Arbeit geschafft wirdʾ); /zwei od. mehrere (jmd., Institution)/ ~ in ~ arbeiten (ʿsich gegenseitig ergänzend zusammenarbeiten, so dass es keine Stockungen gibtʾ); /jmd./ emot. die ~ nicht (mehr) vor Augen sehen können (ʿvor Dunkelheit, Nebel nichts (mehr) sehen könnenʾ); /jmd./ etw. aus erster/zweiter ~ (ʿvon jmdm., der unmittelbare, nur mittelbar Kenntnis hatʾ) haben/wissen; /jmd./ etw. aus erster/zweiter ~ (ʿvom Hersteller, ersten Einzelhändler od. gebrauchtʾ) kaufen; /etw., jmd./ jmdm. in die Hände fallen **1.** /jmd./ ʿin jmds. Gewalt geratenʾ: *er ist Gangstern in die Hände gefallen* **2.** /etw./ ʿetw. zufällig, plötzlich bei einer Aktion, die eigentlich auf etw. anderes gerichtet war, findenʾ: *mir ist da ein Buch in die Hände gefallen;* /jmd./ für jmdn., etw. die/seine ~ ins Feuer legen (ʿsich für jmdn., etw. aus voller Überzeugung, voller Vertrauen verbürgen könnenʾ); emot. /Mann, bes. Ehemann/ eine/

seine Frau auf Händen tragen (ʿeine, seine geliebte Frau umsorgen, verwöhnenʾ); /jmd./ jmdm. freie ~ lassen (ʿjmdm. die Freiheit lassen, selbst etw. zu entscheiden, zu tunʾ); /etw., bes. Plan, Projekt/ ~ und Fuß haben (ʿim Hinblick auf seine Effektivität gut durchdacht, logisch begründet seinʾ); /jmd./ sich mit Händen und Füßen wehren/sträuben (ʿsich heftig gegen etw. wehren, sträubenʾ); jmdm. sind die Hände gebunden (ʿjmd. kann nicht so handeln, entscheiden, wie er möchteʾ); /etw./ mit etw. ~ in ~ gehen ʿmit etw. eng verbunden sein und daher gleichzeitig mit etw. vor sich gehenʾ: *der Bau des Projekts geht ~ in ~ mit der Gestaltung seiner Umgebung;* /jmd./ jmdm. zur ~ gehen (ʿjmdm. bei seiner praktischen Arbeit, bes. durch Handreichungen, helfenʾ); /jmd., Institution/ eine glückliche ~ bei/mit etw. haben ʿim Umgang mit etw. besonderes Geschick und Erfolg habenʾ: *bei der Gründung dieses Unternehmens, bei der Züchtung von Rosen hatte er eine glückliche ~;* /jmd., etw./ bei jmdm. in guten Händen (ʿin guter Obhutʾ) sein; /jmd., Institution/ etw. gegen jmdn. in der ~ haben (ʿüber etw. verfügen, womit jmd. unter Druck gesetzt werden kannʾ); /jmd., Institution/ jmdn. in der ~ haben (ʿjmdn. mit etw. erpressen könnenʾ); /jmd./ die Hände überm Kopf zusammenschlagen (ʿbes. wegen einer Neuigkeit, wegen etw., das man nicht für möglich hielt, fassungslos, entsetzt seinʾ); /jmd./ etw. von langer ~ vorbereiten ⟨oft im Pass.⟩ ʿetw. Folgenschweres, gegen andere Gerichtetes gründlich und langfristig vorbereitenʾ); /jmd./ die/seine Hände von etw. lassen (ʿsich nicht mit etw. Heiklem, moralisch Bedenklichem befassenʾ); mit leeren Händen ʿohne ein positives Ergebnis seiner Bemühungen vorweisen zu können, ohne etw. erreicht zu habenʾ: *er kam mit leeren Händen, stand schließlich mit leeren Händen da;* /etw., bes. manuelle Tätigkeit/ jmdm. leicht von der ~ gehen (ʿjmdm. mühelos gelingenʾ); /etw. (bes. es)/ (klar) auf der ~ liegen ʿoffensichtlich seinʾ: *es liegt (klar) auf der ~, dass dies nicht ohne Folgen bleiben wird;* /etw./ in jmds. ~ liegen ʿjmds. Entscheidung unterliegenʾ: *es liegt in seiner ~, ob er diese Pläne verwirklicht oder nicht;* linker ~/zur linken ~ ʿauf der linken Seite gelegen, von einem bestimmtem Standpunkt aus gesehenʾ: *linker ~ liegt das Schloss von N, rechter ~ der Harz;* /jmd./ etw. mit der linken ~ tun/erledigen (ʿetw. tun, ohne sich viel, die nötige Mühe zu gebenʾ); /jmd./ von der ~ in den Mund leben (ʿalle Einkünfte sofort wieder für den Lebensunterhalt ausgeben müssen, ohne etwas sparen zu könnenʾ); /jmd./ etw. in die ~ nehmen (ʿsich um etw. kümmern, die Leitung für etw. übernehmen, was bisher nicht richtig bewältigt wurdeʾ); /jmd./ mit etw. rasch/schnell bei der ~ sein ʿrasch, meist vorschnell auf etw. reagieren, sich zu etw. äußernʾ: *er war rasch mit einer Antwort, Ausrede bei der ~;* rechter ~/zur rechten ~ ʿauf der rechten Seite gelegen, von einem bestimmten Standpunkt aus gesehenʾ: *rechter ~ liegt das Schloß von N, linker ~ der Harz;*

/jmd./ **jmds. rechte ~** (ʼjmds. bester, unentbehrlicher Mitarbeiter, Helfer seinʼ) **sein**; /jmd./ **sich** ⟨Dat.⟩ **die Hände reiben** (ʼschadenfroh seinʼ); /jmd./ **die Hände in den Schoß legen** (ʼresignieren und untätig sein, nicht zupackenʼ); /jmd., Institution/ **bei etw. seine ~/Hände im Spiel haben** ʼheimlich an etw. meist Negativem beteiligt seinʼ: *man vermutet, dass die Mafia bei dem Attentat ihre Hände im Spiel hatte*; /jmd./ **jmdm. etw. zu treuen Händen** (ʼim Vertrauen darauf, dass es sorgsam aufbewahrt, behandelt wirdʼ) **übergeben**; /jmd., Institution/ **die/seine Hände in Unschuld waschen** (ʼalle Schuld von sich weisenʼ); /jmd./ **alle Hände voll zu tun haben** (ʼsehr beschäftigt seinʼ); /etw./ **nicht von der ~ zu weisen sein/sich nicht von der ~ weisen lassen** (ʼnicht zu bestreiten seinʼ); ⟨⟩ umg. /jmd., Institution/ **sich** ⟨Dat.⟩ **nicht die Hände an etw. dreckig/schmutzig machen** (ʼsich nicht auf etw. Unrechtes einlassenʼ); /jmd./ **sich** ⟨Dat.⟩ **nicht die Hände an jmdm. dreckig/schmutzig machen** (ʼsich nicht an jmdm. vergreifen 2ʼ); /jmd./ **in festen Händen sein** (ʼeinen festen Freund od. eine feste Freundin habenʼ); scherzh. /jmd./ **mit Händen und Füßen reden** (ʼsehr lebendig reden und dabei gestikulierenʼ); /jmd./ **zwei linke Hände haben** (ʼungeschickt in der praktischen Arbeit seinʼ); /jmd./ **(sich** ⟨Dat.⟩**) in die Hände spucken** (ʼenergisch an die Arbeit gehenʼ)

Hand [ʼ..]|**arbeit, die 1.** ⟨o.Pl.⟩ **1.1.** ʼmit den Händen verrichtete Arbeitʼ: *für, bei etw. ~ leisten, verrichten; etw., der Schuh ist durch, in ~* (ANT maschinell) *angefertigt* **1.2.** /Sammelbez. für mit der Hand ausgeführtes Nähen, Sticken, Stricken, Häkeln/: *sie ist in ~ sehr versiert, geschickt, gut* **2.** ʼProdukt von Handarbeit (1)ʼ: *dieser Pullover, die Tischdecke ist (eine) ~; die Stickerei ist ~, ist eine (gediegene) ~; der Schuh ist ~* ❖ ↗ **Arbeit; -ball, der 1.** ⟨o.Pl.⟩ ʼzwischen zwei Mannschaften ausgetragenes Spiel, bei dem der Ball nach bestimmten Regeln mit der Hand in das gegnerische Tor zu werfen istʼ; ↗ FELD I.7.4.1: *~ spielen* **2.** ʼBall von bestimmtem Umfang und Gewicht für Handball (1)ʼ ❖ ↗ **Ball; -bewegung, die** ʼmit der Hand ausgeführte Bewegungʼ: *eine kurze, unwillkürliche, abweisende, wegwerfende, einladende ~ machen; etw. mit einer ~ abtun; jmdn. mit einer ~ zum Platznehmen einladen* ❖ ↗ ¹**bewegen; -bibliothek, die** ʼals Arbeitsmittel unmittelbar zugängliche größere Anzahl von Büchern (einer Bibliothek), bes. Nachschlagewerkenʼ: *die ~ eines Instituts, einer Forschungsgruppe, Bibliothek* ❖ ↗ **Bibliothek; -breit** ⟨o. best. Art.; o.Pl.⟩ /als eine Art Maßeinheit/ ʼungefähr von der Breite einer Hand (1)ʼ: *den Rock um eine ~ kürzer machen; den Saum des Mantels (um) zwei ~ kürzen* ❖ ↗ **breit; -bremse, die** ʼBremse bes. an Straßenfahrzeugen, die mit der Hand betätigt wirdʼ; ↗ FELD VIII.4.1.1: *die ~ betätigen, anziehen, lösen; er ist mit angezogener ~ gefahren* ❖ ↗ **bremsen**

Hände|druck [ʼhɛndə..], **der** ⟨o.Pl.⟩ ʼdas Ergreifen und Drücken von jmds. rechten Hand bei Begrüßung und Abschiedʼ: *jmdn. mit einem kräftigen ~*

begrüßen, verabschieden; mit einem ~ bekräftigten beide ihr Abkommen (ʼbeide drückten sich gegenseitig die Hand und bekräftigten damit ihr Abkommenʼ) ❖ ↗ **Hand,** ↗ **drücken**

Handel [ʼhandl̩], **der**; ~s, ⟨o.Pl.⟩ **1.** ʼKauf und Verkauf von Warenʼ; ↗ FELD I.16.1: *ein lebhafter, ausgedehnter, einträglicher ~; der ~ belebt sich, steigert sich, ist rückläufig; den ~ erweitern, fördern; der ~ mit etw.: der ~ mit Rohstoffen, Industrieerzeugnissen; ~ treiben; schwunghaften ~ mit Gebrauchtwagen betreiben* **2.** ʼHandel (1) treibende Einrichtungen, Unternehmen als Bereich der Wirtschaftʼ: *der private, genossenschaftliche, ambulante ~; ~ und Gewerbe; der ~ hat die Preise für Heizöl erhöht, gesenkt; etw. ist im ~* (ʼin den Geschäften des Einzelhandelsʼ) *erhältlich, wird im ~ angeboten* **3.** ʼgeschäftliche Vereinbarungʼ: *ein günstiger, vorteilhafter ~; einen ~ (mit jmdm.) (ab)schließen, per Handschlag bekräftigen; einen ~ rückgängig machen; der ~ ist (nicht) zustande gekommen* ❖ ↗ **handeln**

Händel [ʼhɛndl̩], **die** ⟨Pl.⟩ ʼhandgreifliche (1) Auseinandersetzungʼ: *(mit jmdm.) ~ suchen, anfangen; ~ mit jmdm. haben; es kam zwischen ihnen zu ~n* ❖ ↗ **Hand**

handeln [ʼhandl̩n] ⟨reg. Vb.; hat⟩ **1.** /jmd., Unternehmen, Land/ **1.1.** *mit jmdm., etw.* ʼmit jmdm., einem Unternehmen, Land Handel (1) treibenʼ; ↗ FELD I.16.2: *mit jmdm., einer Firma, mit vielen Ländern ~* **1.2.** *mit etw.* ʼWaren in einer Einrichtung, einem Unternehmen des Handels (2) vertreiben, verkaufenʼ: *mit Gemüse, Gebrauchtwagen ~* **2.** ⟨vorw. im Pass.⟩ /jmd./ *etw. ~* ʼetw. (zu einem bestimmten Preis) im Handel (2) anbieten und verkaufenʼ: *etw. mit Gewinn, Verlust ~; Wertpapiere, Aktien ~; Bananen werden für, mit zwei Mark das Kilo gehandelt; dieses Papier wird nicht an der Börse gehandelt* **3.** /jmd./ ʼzielgerichtet tätig werden, aktiv seinʼ: *wir müssen jetzt ~!; jetzt muss gehandelt werden!; er hat klug, umsichtig, selbstlos, gedankenlos, leichtfertig, verantwortungsbewusst, eigenmächtig gehandelt; in Notwehr ~; nach Vorschrift ~; in jmds. Einverständnis ~; sich zu gemeinsamem Handeln verbinden* **4.** /etw., bes. Buch, Film/ *von, über etw. ~* ʼetw. zum Thema, Inhalt habenʼ: *der Film, das Buch handelt von einer, über eine Expedition, über neue Entdeckungen, über Abenteuer, von Abenteuern* **5.1.** *es handelt sich (bei etw.) um etw., jmdn.* ʼes geht (bei etw.) um etw., jmdn.ʼ: *es handelt sich (dabei) um eine wichtige, private Angelegenheit; worum handelt es sich?; es handelt sich dabei um unsere Sekretärin; es handelt sich darum, schnell zu helfen; vgl. drehen (5)* **5.2.** *es handelt sich bei etw., jmdm. um etw., jmdn.* ʼetw., jmd. ist etw., jmd.ʼ: *bei dem Vortrag handelt es sich um eine Einführung* (ʼder Vortrag ist eine Einführungʼ); *bei dem Vermissten handelt es sich um einen Jugendlichen* (ʼder Vermisste ist ein Jugendlicherʼ) ❖ **behandeln, Behandlung, Handel, Händler, Handlung, misshandeln, verhandeln, Verhandlung – Abhandlung, aushan-**

deln, **Außenhandel, Buchhandlung, Einzelhandel, Großhandel, Kampfhandlungen, Kuhhandel, Schwarzhandel, Schwarzhändler, verhandeln, Verhandlung, Welthandel, zuwiderhandeln;** vgl. **handels/Handels-;** vgl. auch **Hand**

Handels/handels ['hand|s..]|-**beziehungen, die** ⟨Pl.⟩ ꞌden Handel (1,2) betreffende Beziehungen (zwischen zwei Staaten)ꞌ; ↗ FELD I.16.1: *mit einem Land gute ~ unterhalten; ~ aufnehmen, abbrechen* ❖ ↗ ziehen; -**einig** ⟨Adj.; o. Steig.; nicht bei Vb.; vorw. präd. (mit *werden, sein*)⟩ /jmd./ *(mit jmdm.)* *~ werden, sein* ꞌmit jmdm. über eine geschäftliche Abmachung einig werden, seinꞌ; ↗ FELD I.16.3: *er wurde mit ihm bald ~;* /zwei oder mehrere (jmd.)/ *die beiden Partner waren schnell ~;* ⟨rez.⟩ *die beiden wurden sich* ⟨Dat.⟩ *schnell ~* ❖ ↗ ²ein; -**flotte, die** ꞌsämtliche Handelsschiffe eines Staatesꞌ: *die französische, englische, deutsche ~* ❖ ↗ Flotte; -**partner, der** ꞌLand od. Unternehmen, mit dem ein anderes Land od. Unternehmen Handelsbeziehungen unterhältꞌ; ↗ FELD I.16.1: *Japan ist ein angesehener, verlässlicher ~* ❖ ↗ Partner; -**schiff, das** ꞌder Beförderung von Gütern für den Außenhandel dienendes Schiffꞌ; ↗ FELD VIII.4.3.1: *ein modernes ~; ~e, die unter fremder Flagge fahren* ❖ ↗ Schiff; -**schule, die** ꞌFachschule für die Ausbildung in kaufmännischen Berufenꞌ: *die ~ besuchen; er hat den Abschluss einer ~* ❖ ↗ Schule; -**üblich** ⟨Adj.; o. Steig.; nicht bei Vb.⟩ ꞌim Handel üblichꞌ /auf Produkte bez./; ↗ FELD I.16.3: *die Kleidung hat eine ~e Größe; Schuhe in ~en Größen; diese Packung ist ~; ~e Erzeugnisse* ❖ ↗ üblich; -**vertreter, der** ꞌjmd., der von einer Firma mit der Vermittlung und dem Abschluss von Geschäften beauftragt istꞌ; ↗ FELD I.16.1: *er ist ~, arbeitet als ~; als ~ muss er regelmäßig die Kunden besuchen* ❖ ↗ ¹vertreten; -**ware, die** ⟨vorw. Pl.⟩ ꞌim Handel angebotene Wareꞌ; ↗ FELD V.8.1: *etw. ist (keine) ~; ~n verkaufen* ❖ ↗ Ware

hände|ringend ['hɛndəʀɪŋənt] ⟨Adv.⟩ emot. ꞌsehr dringendꞌ /beschränkt verbindbar; vorw. mit *bitten, suchen*/ drückt die verzweifelte Situation des Bittenden, Suchenden aus/: *er bat uns ~ um Hilfe; unser Bäcker sucht ~ eine Verkäuferin* ❖ ↗ Hand, ↗ ringen

Hand/hand ['hant..]|-**fertigkeit, die** ⟨o.Pl.⟩ ꞌGeschicklichkeit für das Ausführen von manueller Arbeitꞌ; ↗ FELD I.2.1: *er besitzt, hat eine große, beachtliche ~ beim Drechseln* ❖ ↗ Fertigkeit; -**fest** ⟨Adj.; Steig. reg., ungebr.⟩ **1.** ⟨vorw. attr.; nicht bei Vb.⟩ ꞌkräftig und robustꞌ /auf Personen bez./: *er ist ein ~er Bursche, Kerl* **2.** ⟨nur attr.⟩ ꞌso groß, intensiv, dass es offensichtlich istꞌ /vorw. auf Handlungen, Vorgänge bez./: *das ist schon ein ~er Betrug, Krach, Skandal; sie lieferten sich eine ~e Prügelei* **3.** ⟨nicht bei Vb.⟩ ꞌkonkret, nicht anfechtbar und von besonderem Gewichtꞌ /auf Informationen bez./: *~e Informationen, Beweise, Vorschläge; ~es Tatsachenmaterial* ❖ ↗ fest; -**feuerwaffe, die** ꞌmit der Hand zu betätigende, tragbare Feuerwaffe, bes.

Gewehrꞌ; ↗ FELD V.6.1: *mit ~n ausgerüstet sein* ❖ ↗ Feuer, ↗ Waffe; -**fläche, die** ꞌInnenseite der Hand (1)ꞌ: *schwielige ~n; die ~ vor den Mund halten* ❖ ↗ flach; -**gelenk, das** ꞌdie Hand (1) mit dem Unterarm verbindendes Gelenkꞌ; ↗ FELD I.1.1: *sich die ~ verstauchen* ❖ ↗ Gelenk * umg. /jmd./ *etw. aus dem ~ schütteln* ꞌetw. mühelos zustande bringenꞌ: *den Aufsatz hat er (nur so) aus dem ~ geschüttelt;* -**gemenge, das** ꞌhandgreifliche (1) Auseinandersetzung mehrerer Personenꞌ; SYN Schlägerei; ↗ FELD I.14.1: *es kam zu einem ~; in ein ~ geraten;* vgl. *Schlägerei* ❖ ↗ mengen; -**gepäck, das** ꞌGepäck, das man auf einer Reise im Zug, Flugzeug bei sich hat und nicht extra befördern lässtꞌ: *kleines, leichtes ~ bei sich haben* ❖ ↗ packen; -**granate, die** ꞌkleine Granate, die mit der Hand auf ein Ziel geworfen wirdꞌ; ↗ FELD V.6.1: *eine ~ werfen; die ~ explodiert* ❖ ↗ Granate; -**greiflich** [gʀaɪf..] ⟨Adj.; Steig. reg., ungebr.⟩ **1.** ⟨nicht bei Vb.⟩ SYN ꞌtätlichꞌ /auf Streitigkeiten bez./: *~e Auseinandersetzungen* **2.** ⟨vorw. attr. u. bei Vb.⟩ ꞌkonkret fassbarꞌ /auf Abstraktes bez./: *~e Beweise; einen ~en Erfolg verbuchen; jmdm. etw. ~ vor Augen führen* ❖ ↗ greifen; -**griff, der 1.** ꞌBewegung mit der Hand, die für eine Arbeit, Tätigkeit notwendig istꞌ: *ein geschickter, falscher ~; bei ihm sitzt jeder ~; jmdm. die nötigen ~e beibringen, zeigen; mit wenigen ~en hatte er den Schaden behoben; er beherrscht jeden ~* **2.** ꞌGriff (3)ꞌ: *den Koffer am ~ anfassen; der ~ ist abgerissen* ❖ ↗ greifen; -**habe, die** ⟨~, ~n ⟨vorw. Sg.⟩ ꞌ(gesetzliche) Möglichkeit, um gegen jmdn., etw. vorzugehenꞌ: *keine rechtliche, gesetzliche ~ zu etw. haben; jmdm. (k)eine ~ (für eine, zu einer Beschwerde, Kritik) bieten* ❖ ↗ haben; -**haben,** handhabte ['hanthaːptə] hat gehandhabt [..'hanthaːpt] **1.** ⟨vorw. im Inf.⟩ /jmd./ etw. *~* ꞌein Werkzeug, Gerät mit der Hand, den Händen bedienen, benutzenꞌ; SYN gebrauchen (2): *ein Werkzeug ~;* ⟨vorw.⟩ *etw. irgendwie ~:* *dieses Gerät, dieser Kassettenrecorder ist leicht, schwer zu ~/läßt sich leicht, schwer ~; etw. gut, richtig, geschickt, falsch ~* **2.** /jmd./ etw. *irgendwie ~* ꞌetw. irgendwie anwendenꞌ: *der Autor weiß die Sprache meisterhaft zu ~; die Vorschriften lax, großzügig ~; das Recht unparteiisch ~; das Gesetz mit äußerster Strenge ~; wir haben es bisher so gehandhabt (ꞌgemachtꞌ), dass ...* ❖ ↗ haben

Handikap/Handicap ['hɛndikɛp], **das;** ~s, ~s ꞌetw., das sich für jmdn. als nachteilig, hinderlich erweistꞌ: *das Ausscheiden dieses Mitarbeiters ist ein (schweres) ~ für unsere Abteilung; dass wir kein Auto hatten, war ein großes ~ während der Reise* ❖ **gehandikapt**

Händler ['hɛndlɐ], **der;** ~s, ~ ꞌjmd., der gewerbsmäßig (in kleinerem Umfang) mit etw. Handel (1) treibtꞌ: *ein ambulanter ~; die ~ auf dem Wochenmarkt; Eier, Gemüse, die Ware, das Auto beim ~ bestellen, kaufen* ❖ ↗ **handeln**

handlich ['hant..] ⟨Adj.; Steig. reg.; vorw. attr. u. präd.⟩ ꞌso konstruiert, dass es bequem, leicht zu handhaben (1) ist' /vorw. auf Geräte bez./: *ein ~es Gerät; ein ~er Staubsauger, Koffer; dieses Format ist nicht sehr ~;* vgl. *griffig* (1) ❖ ↗ **Hand**

Handlung ['handl..], die; ~, ~en **1.** 'das Handeln (3), Tun als ein in sich abgeschlossener Vorgang': *die Beweggründe seiner ~(en); eine ~ im Affekt; seine ~ fand Anerkennung; eine bewusste, spontane, eigennützige, eigenmächtige ~; sich zu einer unüberlegten ~ hinreißen lassen; kriminelle, strafbare ~en begehen; eine ~ planen, ausführen, vollziehen, gutheißen; eine ungesetzliche ~ verhindern* **2.** 'das künstlerisch dargestellte Geschehen in einem epischen od. dramatischen Werk': *die ~ des Romans, Schauspiels, Films; eine realistische, spannende, straffe ~; die ~ des Romans spielt im 16. Jahrhundert, in England; die ~ des Films ist frei erfunden; das Stück hat wenig ~* ❖ ↗ **handeln**

Hand/hand ['hant..]|**-mixer, der** 'mit einer Hand zu haltender Mixer (2)': *mit einem ~ Kartoffeln pürieren* ❖ ↗ mixen; **-rücken, der** 'die Oberseite der Hand (1)': *sein breiter, behaarter ~; sich mit dem ~ die Stirn wischen* ❖ ↗ Rücken; **-schelle, die** ⟨vorw. Pl.⟩ 'einer von zwei miteinander verbundenen stählernen Ringen, die dazu bestimmt sind, die Handgelenke einer verhafteten Person zu umschließen und so die Hände zu fesseln'; ↗ FELD I.7.5.1: *jmdm. ~n anlegen; jmdn. in ~n abführen; jmdm. die ~n abnehmen;* **-schlag, der** ⟨vorw. o. Art.; o. Pl.⟩ **1.** '(kräftiger) Händedruck bei Begrüßung und Abschied': /beschränkt verbindbar/ *jmdn. mit ~ begrüßen* **2.** 'kräftiger Händedruck als Bekräftigung einer Vereinbarung': *einen Kauf durch, mit, per ~ besiegeln; jmdn. durch, per ~ verpflichten, in eine Gemeinschaft aufnehmen* ❖ ↗ schlagen; **-schrift, die 1.** 'beim Schreiben mit der Hand hervorgebrachtes, für den Schreibenden charakteristisches Schriftbild'; SYN Schrift (2): *jmd. hat eine unleserliche, ausgeschriebene ~* **2.** 'mit der Hand geschriebenes Werk, bes. vor der Erfindung des Buchdrucks': *mittelalterliche ~en; eine ~ des 13. Jahrhunderts* ❖ ↗ **-schriftlich** ⟨Adj.; o. Steig.; nicht präd.⟩ 'mit der Hand und nicht mit der Maschine geschrieben'; ANT maschinenschriftlich /auf Schriftliches bez./: *~e Notizen, Bemerkungen; der Lebenslauf soll ~ eingereicht werden* ❖ ↗ schreiben; **-schuh, der** 'Kleidungsstück für die Hand'; ↗ FELD V.1.1 (↗ TABL Kleidungsstücke): *~e aus Gummi, Leder, Wolle; warme, lederne, wollene, gestrickte, gefütterte ~e; (die) ~e anziehen, ausziehen; sie trägt ~e, hatte ~e an* ❖ ↗ Schuh; **-streich, der** 'überraschender Angriff, bei dem ein Gegner überrumpelt wird': *ein kühner ~; der ~ ist misslungen; eine Stellung im ~ nehmen;* **-tasche, die** 'kleinere Tasche (2) bes. für Frauen, in der persönliche Dinge mitgeführt werden'; ↗ FELD V.7.1 (↗ TABL Behälter): *eine ~ aus Krokodilleder; eine lederne ~; eine ~ mit einem Riemen, Bügel; die ~ unter dem Arm tragen; den Inhalt der ~ auskippen; in seiner ~ nach etw. suchen* ❖ ↗ Tasche; **-tuch, das** ⟨Pl. ~tücher⟩ 'rechteckiges, längliches Tuch zum Abtrocknen des Körpers nach dem Waschen od. Baden': *ein frisches, sauberes, schmutziges ~* ❖ ↗ Tuch * umg. /jmd./ **das ~ werfen** ('eine Arbeit, anstrengende Tätigkeit, der man sich nicht gewachsen fühlt, resignierend aufgeben'); **-umdrehen** * **im ~** 'schnell, mühelos und ohne viel Aufhebens': *etw. im ~ erledigen; im ~ hatte er das Fahrzeug repariert, war das Zimmer aufgeräumt;* **-wagen, der** 'kleiner Wagen (1), der mit der Hand gezogen wird'; SYN Wagen (1.2); ↗ FELD VIII.4.1: *einen Sack Kartoffeln mit dem ~ transportieren* ❖ ↗ Wagen; **-werk, das 1.** ⟨vorw. Sg.⟩ 'als Gewerbe ausgeübte, erlernte Tätigkeit in einem meist kleineren Unternehmen, bei der die manuelle Arbeit mit Werkzeugen vorherrscht': *das ~ des Tischlers, Bäckers; ein bodenständiges ~; ein ~ (er)lernen, ausüben* **2.** ⟨o.Pl.⟩ 'Gesamtheit der ein Handwerk (1) betreibenden Unternehmen, Personen': *das ~ fördern; Industrie und ~* ❖ ↗ Werk /jmd., Institution/ **jmd. das ~ legen** 'jmds. Machenschaften ein Ende setzen': *dem werden wir das ~ legen!; dem haben sie endlich das ~ gelegt;* /jmd./ **jmdm. ins ~ pfuschen** 'auf einem Gebiet, für das ein anderer zuständig ist, in unerwünschter Weise tätig werden': *pfusch mir nicht dauernd ins ~!;* /jmd./ **sein ~ verstehen** 'in seinem Beruf, auf seinem Gebiet tüchtig, erfahren sein': *der versteht sein ~!;* **-werker** [vɛrkɐ], **der;** ~s, ~ 'jmd., der ein Handwerk (1) ausübt': *jmd. ist (ein) selbständiger ~; die ~ (im Hause) haben* ('sich von bestimmten Handwerkern im Haus, in der Wohnung etw. in Ordnung bringen lassen') ❖ ↗ Werk; **-werklich** [vɛrk..] ⟨Adj.; o. Steig.; nicht präd.⟩ 'das Handwerk (1) betreffend' /auf Eigenschaften bez./: *jmd. ist ~ begabt; seine ~en Fähigkeiten, Fertigkeiten sind beachtlich* ❖ ↗ Werk; **-zeichen, das** 'mit der Hand gegebenes Zeichen': *der Polizist stoppte das Auto durch ~; eine Abstimmung durch ~* ('durch Erheben der Hand') *durchführen, vornehmen; darf ich um das, Ihr ~ bitten* ('darf ich Sie bitten, darüber abzustimmen durch Heben der Hand')? ❖ ↗ Zeichen

Hanf [hanf], **der;** ~es/auch ~s, ⟨o.Pl.⟩ **1.** 'Pflanze mit hohen, Bast enthaltenden Stengeln und ölhaltigen Samen; Pflanze, aus der man Haschisch gewinnt'; ↗ FELD II.4.1: *~ anbauen* **2.** 'aus den Stengeln von Hanf (1) gewonnene reißfeste Faser': *ein Seil aus ~*

Hang [haŋ], **der;** ~es/auch ~s, Hänge ['hɛŋə] **1.** SYN 'Abhang': *ein steiler, bewaldeter ~; den ~ hinaufklettern; das Haus liegt am ~* **2.** ⟨o.Pl.⟩ 'Neigung, bes. zu einem negativ bewerteten Verhalten': *einen (starken, unbezähmbaren) ~ zur Bequemlichkeit, zum Träumen, zur Verschwendung haben, zeigen* ❖ ↗ ¹hängen

hangeln ['haŋln] ⟨reg. Vb.; ist⟩ /jmd./ *irgendwohin ~* 'sich hängend und mit abwechselnd greifenden Händen irgendwohin fortbewegen': *an einem Seil über den Fluss ~* ❖ ↗ ¹hängen

Hänge|matte [ˈhɛŋə..], **die** ʿan zwei gegenüberliegen-
den Punkten aufzuhängendes längliches Netz, in
das man sich zur Entspannung hineinlegen kannʾ
(↗ BILD): *in der ~ schaukeln, liegen und sich aus-
ruhen* ❖ ↗ ¹**hängen**, ↗ **Matte**

¹**hängen** [ˈhɛŋən], hing [hɪŋ], hat gehangen [..ˈhaŋən]
1. *irgendwo* ~ **1.1.** /etw./ ʿirgendwo so an seinem
oberen Ende mit etw. darüber Befindlichem fest
verbunden sein, dass es nach unten und nach allen
übrigen Seiten hin frei beweglich istʾ; ↗ FELD
I.7.7.2: *die Wäsche hängt auf der Leine, auf dem
Hof; an der Decke, im Zimmer hängt ein Kronleuch-
ter; an den Zweigen, Bäumen ~ viele Äpfel, Tannen-
zapfen; Eiszapfen ~ am Dach, Haus; Glocken ~ im
Turm, an starken Seilen; Gardinen ~ am Fenster;
aus dem Fenster, an der Fahnenstange hängt eine
Fahne; die Lampe hängt genau über dem Tisch* (ʿist
an der Decke an der Stelle angebracht, die sich ge-
nau über dem Tisch befindetʾ) **1.2.** /etw./ ʿirgendwo
mit seinem oberen Ende so an einer senkrechten
Fläche befestigt sein, dass es nach unten, rechts
und links hin frei beweglich istʾ: *das Bild hängt an
der Wand, im Zimmer; an den Gebäuden hingen
Transparente; der Spiegel, das Handtuch hängt an
einem Haken; über dem Schreibtisch hängt eine Uhr*
(ʿan dem Teil der Wand, an dem der Schreibtisch
steht, ist über dem Schreibtisch eine Uhr ange-
brachtʾ); *das Gemälde hängt gerade, schief, schräg,
zu tief, zu hoch; an dieser Stelle hängt das Bild gut*
(ʿdies ist die richtige Stelle für das Bildʾ) **1.3.** /jmd./
ʿsich (notgedrungen) an etw. oberhalb von einem
Befindlichen festhalten und von unten keinen Halt
habenʾ: *der Turner hängt am Reck; abrutschen und
an einem Ast, Geländer, vorspringenden Fels ~* **1.4.**
umg. /jmd./ *der Verbrecher soll ~* (ʿsoll gehenkt [↗
henken] werdenʾ) **2.** /etw./ *irgendwohin ~* ʿvom eige-
nen Gewicht nach unten gezogen werden und so in
einer bestimmten Position bleibenʾ: *die Zweige der
Birke, Weide ~ bis an die Erde; die Äste mit den
vielen Äpfeln ~ nach unten; die Haare ~ (ihr) ins
Gesicht, auf die Schultern; jmd. hat ~de Schultern*
3. /etw./ *irgendwo ~* SYN ʿirgendwo haften (1)ʾ: *an
seinen Schuhen hängt (eine Menge) Schmutz; Klet-
ten hingen in, an der Kleidung, im Haar; ihr Ärmel
hing am Gebüsch* (ʿwar am Gebüsch hängen geblie-
benʾ) **4.** /jmd./ **4.1.** *an jmdm. ~* ʿzu jmdm. eine ge-
fühlsmäßige Beziehung haben und deswegen den
Kontakt zu ihm unter keinen Umständen missen,
verlieren wollenʾ: *jmd. hängt (sehr) an seiner Groß-
mutter, jüngsten Schwester, seinem Onkel, alten Leh-
rer; mit besonderer Liebe hing sie an ihrem ältesten*

Sohn **4.2.** *an etw.* ⟨Dat.⟩ *~* ʿzu etw. eine positive
Einstellung haben und es deswegen um keinen
Preis hergeben wollenʾ: *am Beruf, Geld, an der Hei-
mat ~; jmd. hängt an seinen Büchern, seinem alten
Auto, an den Möbeln der verstorbenen Eltern; als
Kranker am Leben ~* (ʿnoch nicht sterben wollenʾ)
❖ **Hang, hangeln, ²hängen, Hänger, verhängen ~
Abhang, Anhang, ¹,²anhängen, Anhänger, anhäng-
lich, aufhängen, Aufhänger, Aushang, ¹,²aushängen,
durchhängen, erhängen, umhängen, Vorhang, Zu-
sammenhang, zusammenhängen, zusammenhängend;**
vgl. **abhängen**
* umg. **mit Hängen und Würgen** ʿmit sehr großer
Müheʾ: *mit Hängen und Würgen hat er die Arbeit
noch geschafft, den Zug, das Klassenziel erreicht*
²**hängen** ⟨reg. Vb.; hat⟩ **1.** /jmd./ **1.1.** *etw. irgendwohin
~* ʿetw. (an seinem oberen Ende) an etw. so befesti-
gen, dass es ¹hängt (1.1,1.2)ʾ: *den Mantel, Hut an
den Haken, an die Garderobe ~; die Wäsche auf die
Leine, das Kleid in den Schrank ~; das Gemälde
gerade, höher ~; das Bild an die Wand, eine Fahne
aus dem Fenster ~* **1.2.** *sich an etw. ~* ʿsich so an
etw. festhalten, dass man ¹hängt (1.3)ʾ: *sich ans
Reck, an einen Ast ~* **2.** ⟨vorw. im Pass.⟩ /Vertreter
einer Institution, Henker/ *jmdn. ~* (ʿjmdn. hen-
kenʾ) **3.1.** /jmd./ *etw. an etw. ~* ʿetw. an etw. so befes-
tigen, dass es von ihm gezogen werden kannʾ: *den
Anhänger an das Auto ~; an den Zug wurden noch ei-
nige zusätzliche Wagen gehängt* **3.2.** /jmd., etw./ *sich
an jmdn., etw. ~* ʿjmdm., einem Fahrzeug zu einem
bestimmten Zweck dichtauf folgenʾ: *die Polizisten,
der Polizeiwagen hängten sich an den flüchtenden
Verbrecher, an das Fluchtauto; der Verfolger hängte
sich an den Wagen des Weltmeisters* **3.3.** /jmd./ *sich an
jmdn. ~* ʿsich jmdm. (zum Zwecke des eigenen Vor-
teils) aufdrängenʾ: *er hat sich an ihn gehängt und ihn
alles organisieren, ausarbeiten lassen* ❖ ↗ ¹**hängen**
hängen bleiben, blieb hängen, ist hängengeblieben **1.**
/jmd./ *an, in etw. ~* ʿdurch ein Hindernis an etw.,
bes. an seinem Kleidungsstück, festgehalten und
dadurch an der Fortbewegung gehindert werdenʾ:
*(mit dem Pullover, Mantel, Ärmel) an einem Haken,
Nagel, Zweig ~; er ist an der Türklinke, im Ge-
strüpp hängen geblieben; er wollte über den Zaun
klettern und ist dabei hängen geblieben* **2.** umg.
/jmd./ *irgendwo ~* ʿirgendwo spontan länger ver-
weilen als beabsichtigtʾ: *sicher ist er wieder ir-
gendwo, wieder in einer Kneipe hängen geblieben;
nach dem Unterricht ist er noch bei seinem Freund
hängen geblieben* **3.** /etw./ *an, in etw. ~* ʿan etw.,
bes. an Kleidung, geraten und daran haftenʾ: *an
der Jacke, im Haar ist eine Klette, ist Heu, sind Tan-
nennadeln hängen geblieben* **4.** /etw./ *an jmdm. ~*:
etwas von dem Verdacht ist an ihm hängen geblieben
(ʿman neigt immer noch dazu, ihn zu verdächti-
genʾ); umg. *bei ihm ist (aber auch gar) nichts (aus
der Schulzeit) hängen geblieben* (ʿim Gedächtnis ge-
bliebenʾ); *an mir bleibt wieder alles hängen* (ʿletzt-
endlich muss ich wieder alles allein, ohne die Mit-
hilfe der anderen erledigenʾ)

hängen lassen (er lässt hängen), ließ hängen, hat hängen lassen/auch hängen gelassen **1.** /jmd./ etw. ~ ʿetw., bes. ein angehängtes Kleidungsstück, vergessen mitzunehmenʾ: *er hat (im Restaurant) seine Jacke, seinen Hut ~, hängen gelassen* **2.** /jmd., Tier, Pflanze/ etw. ~ ʿbewirken, dass etw, ein Teil des eigenen Körpers, nach unten ¹hängt (2) und in dieser Position bleibtʾ: *er hat den (kranken) Arm locker nach unten ~/auch hängen gelassen; der Hund ließ den Schwanz hängen; den Kopf ~; die Blumen lassen schon ihre Köpfe hängen* (ʿwerden schon welkʾ) **3.** umg. /jmd./ jmdn. ~ ʿjmdn. bes. in Bezug auf eine ihm versprochene Hilfe-, Dienstleistung im Stich lassenʾ: *die Handwerker haben mich (ganz schön) ~* **4.** umg. /jmd./ sich ~ ʿnicht die notwendige Selbstdisziplin aufbringenʾ: *seit dem Tode seiner Frau hat er sich ~; lass dich (doch) nicht so hängen (und geh mit uns ins Theater, mach eine schöne Reise)!*

Hänger [ˈhɛŋɐ], der; ~s, ~ umg. SYN ʿAnhänger (2)ʾ; ⁊ FELD VIII.4.1.1: *ein LKW mit ~; den ~ an-, abkoppeln* ❖ ⁊ ¹**hängen**

hänseln [ˈhɛnzl̩n] ⟨reg. Vb.; hat⟩ /jmd./ jmdn. ~ ʿjmdn., der sich nicht od. schlecht wehren kann, wegen seines Makels neckenʾ: *jmdn. wegen seines Sprachfehlers ~; weil er lispelte, hänselte man ihn oft, wurde er oft gehänselt*

hantieren [hanˈtiːʀən], hantierte, hat hantiert /jmd./ mit etw. ~ ʿbestimmte Handgriffe (1) mit etw. verrichtenʾ: *in der Küche mit Töpfen, Schüsseln ~; am Auto ~; mit Hacke und Schaufel ~; irgendwo ~: sie hantierte in der Küche* ❖ vgl. **Hand**

hapern [ˈhaːpɐn] ⟨reg. Vb.; hat⟩ umg. **1.** es hapert an etw. ⟨Dat.⟩, an jmdm. ʿes fehlt (vorübergehend) an etw., an bestimmten Personenʾ: *es haperte an/am Geld, an/am Material, an Arbeitskräften* **2.** es hapert mit, in etw. ʿes gibt (bei jmdm.) Probleme mit, in etw.ʾ: *es hapert mit der Finanzierung; bei ihm, dem Schüler hapert es in Chemie, Latein, mit der Rechtschreibung*

Happen [ˈhapn̩], der; ~s, ~ umg. ʿBissen, kleine Menge einer festen Speiseʾ; ⁊ FELD I.8.1: *die Mutter schob ihm manchen guten ~ zu; noch keinen ~ (ʿnichtsʾ) gegessen haben; iss doch noch einen ~ (ʿein wenigʾ); ich muss schnell noch ein paar ~ (ʿetwasʾ) essen*

happig [ˈhapɪç] ⟨Adj.; Steig. reg., ungebr.; nicht bei Vb.⟩ umg. ʿein erträgliches, vertretbares Maß weit überschreitendʾ: *das sind ja ~e Preise!; was du dir da erlaubt hast, ist ganz schön ~* (ʿdas geht zu weitʾ)

Harfe [ˈharfə], die; ~, ~n ʿgroßes Saiteninstrument mit dreieckigem Rahmen und mit Saiten, die mit beiden Händen gezupft werdenʾ (⁊ TABL Saiteninstrumente): *(die) ~ spielen; die ~ zupfen; einen Sänger mit, auf der ~ begleiten*

Harke [ˈharkə], die; ~, ~n ʿGartengerät mit (langem) Stiel und quer dazu stehenden Zinkenʾ; ⁊ FELD V.5.1 (⁊ TABL Gartengeräte): *mit der ~ das Laub vom Rasen entfernen; das Heu mit der ~ aufhäufeln;* vgl. *Rechen* ❖ **harken**

* umg. /jmd./ **jmdm. zeigen, was eine ~ ist** (ʿjmdm. deutlich die Meinung sagen, jmdn. zurechtweisenʾ)

harken [ˈharkn̩] ⟨reg. Vb.; hat⟩ **1.** /jmd./ etw. ~ ʿErde mit der Harke bearbeitenʾ; ⁊ FELD II.4.2, V.5.2: *das Beet, den Boden, Garten ~* **2.** /jmd./ etw. von etw. ~ ʿetw., bes. Blätter, Laub, mit der Harke von etw. entfernenʾ: *(das) Laub vom Gehweg, das gehackte Unkraut vom Beet ~; das gemähte Gras vom Rasen ~* ❖ ⁊ **Harke**

harmlos [ˈharm..] ⟨Adj.; Steig. reg.⟩ **1.** ʿohne Falschheit, Bosheitʾ /vorw. auf Personen, bestimmte Tiere, sprachliche Äußerungen bez./: *jmd. ist ~, ist ein ~er Mensch; eine ~e Bemerkung machen; jmdn. ganz ~ etw. fragen; unser Hund ist ~, er beißt nicht!* **2.** ⟨nicht bei Vb.⟩ ʿnicht gefährlich in seiner Wirkung auf die Gesundheitʾ; SYN unschädlich (2) /vorw. auf Medikamente, Verletzungen bez./: *eine ~e Schnittwunde, ein ~es Schlafmittel; die Pillen sind ~* **3.** ʿmoralisch, sittlich einwandfreiʾ /bes. auf Sprachliches bez./: *ein ~er Witz, der Witz, das Buch, der Film war ~; das war ein ~es Vergnügen* ❖ **verharmlosen**

Harmonie [harmoˈniː], die; ~, ~n [..ˈniːən] **1.** ʿdie in bestimmter Weise klingende Verbindung von Tönen, Akkordenʾ: *wohlklingende, dissonante ~n; die Komposition besticht durch ihre ~, ~n* **2.** ⟨vorw. Sg.⟩ SYN ʿEintrachtʾ: *eine Zusammenarbeit, ein Zusammenleben in ungetrübter ~; in glücklicher, dauernder ~ miteinander leben; das Fest verlief in ungetrübter ~; ~ schaffen; die ~ wahren, stören* ❖ **Disharmonie, disharmonisch, harmonieren, harmonisch**

harmonieren [harmoˈniːʀən], harmonierte, hat harmoniert **1.** /etw./ mit etw. ⟨Dat.⟩ ~ ʿhinsichtlich der Form, Farbe zu etw. passenʾ: *das Gelb der Tapete, Gardinen harmoniert mit den Farben des Teppichs; das Rot harmoniert nicht mit dem Gelb; die beiden Farbtöne, Schmuckstücke ~ (nicht) miteinander* **2.** /jmd./ mit jmdm. ~ ʿmit jmdm. in einem guten, harmonischen Verhältnis seinʾ: *mit seiner älteren Schwester harmoniert er besonders gut, schon immer; sie harmoniert nicht mit ihrer Mutter; die beiden harmonierten (stets) miteinander* ❖ ⁊ **Harmonie**

harmonisch [harˈmoːn..] ⟨Adj.⟩ **1.** ⟨Steig. reg.; vorw. attr.⟩ ʿklanglich gut zueinander passend und wohlklingendʾ /auf Musikalisches bez./: *~e Klänge, Akkorde; etw. klingt ~* **2.** ⟨Steig. reg., ungebr.⟩ ʿgut zusammenpassend, ein ausgewogenes Ganzes bildendʾ /vorw. auf Gegenständliches bez./: *ein ~es Bild; das ~e Verhältnis der Teile zum Ganzen; etw. ~ in ein Ganzes einordnen; ~ aufeinander abgestimmte Farben, Formen* **3.** ⟨Steig. reg.⟩ ʿHarmonie (2) darstellendʾ /auf Kollektives bez./: *eine ~e Ehe, Zusammenarbeit; das Familientreffen, das Fest ist sehr ~ verlaufen, war sehr ~; ~ zusammenleben* ❖ ⁊ **Harmonie**

Harn [harn], der; ~s/auch ~es, ⟨o.Pl.⟩ ʿgelbe Flüssigkeit, die vom Organismus durch die Nieren ausgeschieden wirdʾ; SYN Urin: *der ~ ist trüb, klar; ~ ausscheiden; ~ lassen* (ʿdie Blase entleerenʾ)

Harpune [haʀˈpuːnə], **die**; ~, ~n ˈbes. zum Walfang benutztes Geschoss mit einem Widerhaken, das an einer Leine befestigt istˈ: *mit der ~ einen Wal fangen*

harren [ˈhaʀən] ⟨reg. Vb.; hat⟩ geh. **1.1.** /jmd./ *jmds., etw.* ⟨Gen.⟩ ~ ˈauf jmdn., etw. warten (I.1.1)ˈ: *er harrte seiner; er harte der Dinge, die da kommen sollen;* auch: *auf jmdn., etw.* ~: *er harrte auf eine Nachricht, auf ein freundliches Wort; die geduldig ~de Menschenmenge auf dem großen Platz* **1.2.** ⟨vorw. mit Personalpron.⟩ /etw./ *etw. harrt jmds.* ˈetw. erwartet jmdn.ˈ: *große Aufgaben harrten seiner* ❖ **beharren, beharrlich, verharren — ausharren**

hart [haʀt] ⟨Adj.; Steig.: härter [ˈhɛʀtɐ], härteste [ˈhɛʀtəstə]⟩ **1.** ANT weich (1) **1.1.** ˈsehr fest und widerstandsfähig gegen mechanische Einwirkungˈ /vorw. auf Materialien bez./; ↗ FELD III.4.3: *~es Holz, Gestein; Glas ist ~ und spröde; die Nuss hat eine ~e Schale* **1.2.** ˈdurch Trockenwerden, Gefrieren, Kochen relativ fest gewordenˈ: *~es Brot, ~e Eier; der Boden ist ~ geworden; ~ gefrorener Boden* **1.3.** ⟨nicht bei Vb.⟩ *hartes* (ˈviel Kalk enthaltendesˈ; ANT weiches 2) *Wasser* **2.** ⟨nicht bei Vb.⟩ ˈphysisch und psychisch stark belastbarˈ; ANT weich (3) /auf Personen bez./; ↗ FELD I.2.3: *er ist ein ~er Bursche, ist (sehr) ~* **3.** SYN ˈstrengˈ; ANT milde (1); ↗ FELD I.18.3: *eine ~e Strafe; ein ~es* (ANT mitleidiges) *Herz haben; jmdn. ~ bestrafen, kritisieren; ~* (SYN ˈunerbittlichˈ) *sein, bleiben* **4.** ⟨o. Steig.; nur attr.⟩ *Heroin ist eine ~e Droge* (ˈist eine Droge, die den, der sie nimmt, völlig abhängig machtˈ; ANT weich 6); *ein ~er* (ˈhochprozentigerˈ) *Drink* **5.** ˈmit großer Wuchtˈ; ANT weich (7), sanft: *ein ~er Aufprall, Schlag; er schlug ~ zu; der Aufprall war ~* **6.** ˈden Einsatz der ganzen physischen und psychischen Kraft erforderndˈ; ANT leicht /bes. auf Arbeit bez./: *ein ~er Kampf; ~e Strapazen; das war ~e Arbeit; ~ arbeiten, kämpfen; es war ziemlich ~* (ˈpsychisch sehr belastendˈ), *das mit ansehen zu müssen* **7.** ⟨nicht bei Vb.⟩ ˈreich an Schwierigkeiten, Entbehrungenˈ; ANT leicht /auf einen Zeitraum, Lebensabschnitt bez./: *er hatte eine ~e Jugend; sein Leben war ~* **8.** ⟨o. Steig.; nur attr.⟩ *eine ~e* (SYN ˈstabile 3ˈ) *Währung* ❖ **erhärten, Härte, härten — hartherzig, steinhart, wetterhart**

Härte [ˈhɛʀtə], **die**; ~, ~n /zu hart 1.1,3,5,6,7/ ˈdas Hartseinˈ; /zu 1.1/: *die ~ des Gesteins, der Schale;* /zu 3/; ↗ FELD I.2.1, 18.1, III.4.1: *die ~ seiner Kritik; eine unangemessene ~ der Strafe;* /zu 6/: *die ~ des Kampfes* ❖ ↗ **hart**

härten [ˈhɛʀtn̩], härtete, hat gehärtet ⟨oft im Pass.⟩ /jmd., bes. Fachmann/ *etw.* ~ ˈeinem Material durch ein technisches od. chemisches Verfahren (eine größere) Härte (1.1) verleihenˈ; ↗ FELD III.4.2: *Stahl ~; das Fett wird gehärtet* ❖ ↗ **hart**

hart [hart]|**-herzig** [ˈhɛʀtsɪç] ⟨Adj.; Steig. reg.⟩ SYN ˈgefühllos (2)ˈ; ANT weichherzig /auf Personen bez./: *jmd. ist ein ~er Mensch; jmdm. gegenüber (nicht) ~ sein, bleiben* ❖ ↗ **hart**, ↗ **Herz**; **-näckig**

[nɛkɪç] ⟨Adj.; Steig. reg.⟩ **1.** ˈtrotz vorhandenen Widerstands sein Ziel verfolgend, nicht vom Vorsatz abweichendˈ; SYN konsequent (1.2) /auf Personen, Tätigkeiten bez./: *~ so lange fragen, bis man eine Antwort erhält; etw. ~ behaupten, fordern; ein ~er Verfolger; der Antragsteller war sehr ~ und kam immer wieder* **2.** ˈsich zäh widersetzendˈ; SYN beharrlich (1.1) /vorw. auf Tätigkeiten bez./; ↗ FELD I.2.3: *~ leugnen, schweigen; ~en Widerstand leisten; in seinem Schweigen blieb er ~* **3.** ⟨nicht bei Vb.⟩ ˈlange anhaltendˈ /vorw. auf Erkältungen o.Ä. bez./: *er hat eine ~e Bronchitis, Erkältung; sein Schnupfen war diesmal ~* ❖ ↗ **hart**

Harz [haːʀts], **das**; ~es, ~e ˈbei Verletzung der Rinde bes. von Nadelbäumen austretendes zähflüssiges, stark duftendes Sekret, das zur Herstellung von Lack, Firnis, Seife verwendet wirdˈ: *das ~ ist klebrig; den Kiefern ~ abzapfen*

haschen [ˈhaʃn̩] ⟨reg. Vb.; hat⟩ **1.** /jmd./ *etw.* ~ ˈetw. zu ergreifen suchenˈ: *er versuchte, den Ball zu ~; einen Schmetterling ~;* /Tier/ *die Möwen haschten die zugeworfenen Brocken im Flug;* /jmd./ *nach etw.* ~ ˈnach etw. greifen, um es festzuhaltenˈ: *er haschte nach ihrer Hand, nach dem Schmetterling* **2.** /jmd./ *jmdn.* ~ ˈjmdn. (im Spiel) fangen (1.2)ˈ: *jmdn. zu ~ suchen* **3.** /jmd./ *nach etw.* ~ ˈgierig nach etw. sein, das Anerkennung bringtˈ: *er haschte nach Beifall, Zustimmung* ❖ **erhaschen**

Haschisch [ˈhaʃɪʃ], **das**/auch **der**; ~s, ⟨o.Pl.⟩ ˈaus einer Hanfsorte gewonnenes Rauschgift, das meist mit Tabak geraucht wirdˈ: *~ rauchen; ~ schmuggeln*

Hase [ˈhaːzə], **der**; ~n, ~n **1.** ˈnicht in Höhlen lebendes kleines Säugetier mit dichtem bräunlichem Fell, langen Ohren, kurzem Schwanz und langen Hinterbeinen, das sehr schnell laufen kannˈ; ↗ FELD II.3.1 (↗ TABL Säugetiere): *einen ~n jagen, schießen; dem ~n das Fell abziehen; ein ~ hoppelt über das Feld, schlägt Haken, macht Männchen;* /in der kommunikativen Wendung/ *da liegt der ~ im Pfeffer* (ˈdas ist die plötzlich erkannte entscheidende Ursache für eine Schwierigkeitˈ) /meist als Ausruf/; vgl. *Kaninchen* **2.** ˈmännlicher Hase (1)ˈ ❖ **Häsin, Hasenpanier**

* umg. **ein alter ~** ˈein erfahrener Fachmannˈ: *er ist ein alter ~ auf diesem Gebiet; einem alten ~n wie dir fällt diese Arbeit doch nicht schwer;* /jmd./ **sehen, wie der ~ läuft** ˈbeobachten, wie sich eine Angelegenheit entwickelt; verfolgen, wie etw. gehandhabt, wie mit etw. umgegangen wirdˈ: *ich will erst einmal sehen, wie der ~ läuft*

Hasel [ˈhaːzl̩..]|**-nuss, die** ˈFrucht des Haselstrauches mit harter Schale und einem essbaren ölhaltigen Kernˈ: *Haselnüsse knacken, essen* ❖ ↗ Nuss; **-strauch, der** ˈStrauch, dessen männliche Blüten lange gelbe Kätzchen sind und der im Herbst Nüsse trägtˈ; ↗ FELD II.4.1: *einen ~ pflanzen, abernten* ❖ ↗ Strauch

Hasen [ˈhaːzn̩..]|**-panier, das** ***** umg. scherzh. /jmd./ **das ~ ergreifen** (ˈin einer bedrängten Situation einfach weg-, davonlaufenˈ); **-scharte, die** ˈvon Geburt an bestehende Missbildung in Form einer Spalte in der Oberlippe, im Gaumen des Menschen': *das Kind ist mit einer ~ geboren worden, hat eine ~*

Häsin ['hɛːz../'heː..], **die**; ~, ~nen /zu *Hase*; weibl./ ❖ ↗ **Hase**

Haspe ['haspə], **die**; ~, ~n 'am Rahmen von Türen, Fenstern befestigter Haken, an dem Türen, Fenster beweglich befestigt sind': *die Tür in die ~n einhängen*

Hass [has], **der**; ~es, ⟨o.Pl.; oft o.Art.⟩ 'starkes Gefühl der Abneigung, Ablehnung, Feindlichkeit gegenüber jmdm., einer Gruppe von Menschen od. gegenüber einer bestimmten Denk-, Handlungsweise'; ↗ FELD I.2.1, 6.1: *~ schüren, säen, ernten; jmdn. erfüllt (ein) bitterer, tiefer, blinder, kalter, heimlicher ~ auf, gegen jmdn.; ~ auf jmdn. haben; er ist gegen seinen Vorgesetzten, Stiefvater, gegen diese Familie, dieses Volk von ~ erfüllt; ~ gegen jmdn. hegen; sie empfindet nichts (mehr) als (nur noch) ~* (ANT *Liebe*) *für ihn; ~ für jmds. Handlungsweise, Tat empfinden; sein ~ gilt dieser Verlogenheit, Gleichgültigkeit, jeder Art von Ausländerfeindlichkeit; jmds. Liebe schlägt in ~ um; sich jmds. ~ zuziehen; etw. aus ~* (ANT *Liebe*) *tun; sein ~ ist geschwunden* ❖ ↗ **hassen**

hassen ['hasn̩], hasste, hat gehasst **1.** /jmd./ *jmdn., etw. ~* 'gegen jmdn., etw. von Hass erfüllt sein'; ANT *lieben*; ↗ FELD I.2.2: *seinen Gegner, Rivalen, Peiniger glühend, erbittert, tödlich, abgrundtief ~; wegen dieses Verhaltens begann sie ihn zu ~* (ANT *lieben 1.1*); *die beiden haben sich ein Leben lang (heimlich) gehasst; das Volk hasste seine Unterdrücker; er hasste den Krieg, die Lüge, Falschheit* **2.** umg. emot. /jmd./ *etw., jmdn. ~* SYN 'etw., jmdn. verabscheuen'; ANT *lieben (2)*: *er hasst grelle Farben, dicke Bücher, (zu) enge Kleidung, Blasmusik, Gartenarbeit; ich hasse Unpünktlichkeit, solche Angeberei, diese Unentschlossenheit, dein ewiges Gejammere; ich hasse vorlaute Kinder, schreiende Babys, klatschsüchtige Frauen; ich hasse (es), unter Zeitdruck arbeiten zu müssen, dauernd von dir bevormundet zu werden; er hasst es, wenn ihm widersprochen wird, wenn er beim Sprechen unterbrochen wird, wenn er bei der Arbeit gestört wird* ❖ **gehässig, Hass, verhasst**

hässlich ['hɛs..] ⟨Adj.⟩ **1.** ⟨Steig. reg.⟩ 'beim Anblick, Hören das ästhetische Empfinden verletzend'; ANT *hübsch (1), schön (I.1.1)* /bes. auf Personen, Körperteile, Gegenstände bez./: *das ist ein (ausgesprochen) ~es Kind, Tier, Bild, Schmuckstück; jmd. hat ein ~es Gesicht, eine ~e Nase, Frisur, hat ~e Beine; etw. hat eine ~e Form; ein ~er Anblick, Klang, eine ~e Farbzusammenstellung, Verzierung; ein ~es Muster; die Brille ist ~; sein Lachen klingt ~; eine ~e* ('nicht gut verheilte, auffällige') *Narbe* **2.** ⟨Steig. reg.⟩ SYN 'gemein (I.1)'; /bes. auf Psychisches, Äußerungen, Mimisches bez./: *er hat einen ~en Charakter; er hat einen ~en Gedanken, Plan; das waren sehr ~e Worte; ~ grinsen; von jmdm. ~* ('abfällig') *reden; sich ~ benehmen; was*

du da gemacht, zu mir gesagt hast, war sehr ~ (*von dir*); *zu jmdm. ~ sein: sei doch nicht so ~ zu deiner Schwester!* **3.** ⟨Steig. reg.; nicht bei Vb.⟩ 'Missbehagen, Unbehagen hervorrufend' /auf Vorgänge, Zustände bez./: *das ist eine ~e Sache, Angelegenheit; ein ~er Vorfall, Zwischenfall; in einer ~en Situation sein; mit jmdm. eine ~e Auseinandersetzung haben; jmd. hat ~e Angewohnheiten* **4.** ⟨Steig. reg., ungebr.; nicht bei Vb.⟩ 'eine Belastung darstellend'; SYN **scheußlich** /beschränkt verbindbar/: emot. *welch ein ~es* ('schlechtes') *Wetter!; ein ~r* ('starker, quälender') *Husten plagte sie*

Hast [hast], **die**; ~, ⟨o.Pl.⟩ 'mit Nervosität, innerer Unruhe einhergehende größte Eile bei einer Tätigkeit, beim Gehen'; ↗ FELD I.2.1: *voller ~, mit, in (großer) ~ (und Eile), ohne (jegliche) ~ etw. tun, erledigen, ausführen; in atemloser, rasender, wilder, fliegender ~ die Treppen hinaufeilen, zum Bahnhof laufen; keine ~ zeigen, aufkommen lassen; nur keine ~ (und Eile)* ('immer die Ruhe bewahren')! ❖ **hasten, hastig**

hasten ['hastn̩], hastete, ist gehastet *irgendwohin ~* 'in Hast sich zu Fuß irgendwohin begeben'; SYN **hetzen**; ↗ FELD I.7.2.2: *zur Arbeit, in die Schule ~; durch die Stadt, die Geschäftshäuser ~* ❖ ↗ **Hast**

hastig ['..] ⟨Adj.; Steig. reg.⟩ 'voller Hast' /vorw. auf Tätigkeiten bez./; ↗ FELD I.2.3: *~e Bewegungen, Schritte; ~ nach etw. greifen; ~ etw. essen, erzählen; ~* ('schnell und deutlich hörbar') *atmen; sei nicht immer so* ('sei nicht so schnell und unbedacht')! ❖ ↗ **Hast**

hat: ↗ *haben*

hatte: ↗ *haben*

Haube ['haubə], **die**; ~, ~n **1.** 'meist aus steifem Stoff hergestellte Kopfbedeckung für Frauen, die Haare (und Ohren) bedeckt' /nur in best. Berufen od. als Teil einer Tracht/; ↗ FELD V.1.1: *eine ~ mit Schleifen, Bändern; die (weiße) ~ der Krankenschwester, Diakonieschwester, Nonne, Verkäuferin, Köchin; eine ~ tragen; zu dieser Volkstracht gehört eine bunte, bestickte ~; die ~ aufsetzen, abnehmen* **2.** umg. 'Deckel über dem Motor eines Autos, Lastkraftwagens': *wieviel PS hat dieses Auto unter der ~* ('mit wieviel PS kann dieses Auto fahren')?; *die ~ aufklappen*

* umg. scherzh. /weibl. Person/ **unter die ~ kommen** 'von einem Mann geheiratet werden': *nun ist sie (endlich, ja auch noch) unter die ~ gekommen*

Hauch [haux], **der**; ~s/auch ~es, ⟨o.Pl.⟩ **1.** 'der beim Ausatmen deutlich wahrnehmbare (sichtbare) Atem': *jmds. ~ im Gesicht, im Nacken spüren; bei der Kälte sah man jeden ~; der letzte ~* ('Ein- und Ausatmen') *des Sterbenden* **2.** geh. SYN 'Brise': *vom Meer her kam ein frischer, kühler ~; kein ~ regte sich, war zu spüren* ('es war völlig windstill') **3.** geh. **3.1.** *ein ~* ⟨+ Attr.⟩ 'dünne, kaum sichtbare Schicht von etw.': *einen ~ Puder, Rouge auftragen* **3.2.** *ein/der ~ von etw., ein/der ~* ⟨+ Gen.attr.⟩: *ein ~* ('ein kaum wahrnehmbarer Duft') *von Lavendel; ein ~* ('eine Spur') *von*

Schwermut, eines Lächelns lag auf ihrem Gesicht; einen ~ ('ein ganz klein wenig der Atmosphäre') *von Gemütlichkeit, Zufriedenheit, Eleganz um sich verbreiten* ❖ **hauchen − hauchdünn**

hauch|dünn [ˈhaux..] ⟨Adj.; o. Steig.⟩ emot **1.** ˈüberaus, ganz besonders dünn' /auf Gegenstände, Materialien bez./: *ein ~er Schleier; ~e Seide, Strümpfe; die Rasierklinge ist ~; die Creme ~ auftragen* **2.** ⟨nicht bei Vb.⟩ ˈzahlenmäßig sehr gering' /beschränkt verbindbar/: *bei der Wahl eine ~e Mehrheit erringen; sie errangen einen ~en* ('sehr knappen') *Punktsieg* ❖ ↗ **Hauch,** ↗ **dünn**

hauchen [ˈhauxn̩] ⟨reg. Vb.; hat⟩ *irgendwohin ~* ˈdie warme Atemluft durch den geöffneten Mund in eine bestimmte Richtung hin ausstoßen': *auf die Brillengläser, an, gegen die gefrorene Fensterscheibe ~; er hauchte in die vor Kälte erstarrten Hände* ❖ ↗ **Hauch**

hauen [ˈhauən], haute/hieb [hiːp], hat/ist gehauen **1.** ⟨hat; haute⟩ umg. **1.1.** /jmd./ *jmdn. ~* SYN ˈjmdn. schlagen (1.1)' /vorw. von und zu Kindern gesagt/: *der große Junge hat mich gehauen; du sollst doch nicht deine kleine Schwester ~!; meine Mutter haut (mich) nicht* ('straft nicht durch Schläge'); *jmdn. mit dem Stock, der Rute ~* **1.2.** /zwei od. mehrere (jmd.)/ *sich* ⟨rez.⟩ SYN ˈsich schlagen (1.2)': *die großen Jungen, die Betrunkenen haben sich gehauen;* /jmd./ *sich mit jmdm. ~* **1.3.** /zwei od. mehrere (jmd.)/ *sich* ⟨rez.⟩ *um etw. ~* SYN ˈsich um etw. schlagen (1.2)': *die Hungernden haben sich um die Lebensmittel gehauen; um diesen Job, Posten, dieses Angebot, diese Reise haben sich die Interessenten regelrecht gehauen; die Kinder haben sich darum gehauen, wer beim Backen helfen durfte;* /jmd./ *sich mit jmdm. um etw. ~* **2.** ⟨hat⟩ /jmd./ **2.1.** ⟨haute/ veraltend hieb⟩ *irgendwohin, nach jmdm. ~* ˈin Richtung von etw., jmdm. schlagen (1.5)': *mit der Hand, Faust auf den Tisch ~; sich* ⟨Dat.⟩ *klatschend auf die Schenkel ~, mit einem Stock nach jmdm., einem Tier, um sich ~* **2.2.** ⟨haute⟩ *etw. in etw. ~* ˈetw. durch Schlagen mit dem Hammer in ein festes Material treiben (5)': *(mit dem Hammer) einen Nagel, Haken in die Wand ~* **3.** ⟨hat; haute⟩ /jmd./ **3.1.** *etw. in etw. ~* ˈdurch kräftiges Schlagen mit einem Werkzeug in eine Öffnung o.Ä. etw. herstellen': *ein Loch in das Eis, in die Mauer ~; Stufen in den Fels ~* **3.2.** *jmdn., etw. in Stein ~* ('mit Hilfe von Hammer und Meißel in Stein plastisch darstellen') **4.** ⟨haute⟩ umg. **4.1.** ⟨ist⟩ /jmd./ *mit etw. an, gegen etw. ~* ˈunabsichtlich mit etw., bes. einem Körperteil, an, gegen etw. stoßen': *mit dem Kopf, Fuß an, gegen die Wand, Tür ~* **4.2.** ⟨ist⟩ /etw./ *jmdm. irgendwohin ~* ˈplötzlich jmdm. irgendwohin schlagen (6)': *pass auf, dass dir die Tür nicht an den Kopf haut* **4.3.** ⟨hat⟩ /jmd./ *sich an etw.* ⟨Dat.⟩ *~* ˈan etw. prallen und sich wehtun': *er hat sich am Türpfosten gehauen* **5.** ⟨hat; haute⟩ umg. /jmd./ *etw. irgendwohin ~* ˈetw. aus einer Emotion heraus mit Schwung irgendwohin werfen': *seine Sachen in den Schrank, die Schultasche in die Ecke ~* **6.** ⟨hat;

haute⟩ /jmd./ *Holz ~* ('mit dem Beil Holz zerkleinern'); *etw. in Stücke ~* ('etw. zerschlagen') ❖ **Hauer, Hieb − abhauen, Bildhauer, danebenhauen, Hiebwaffe, hinhauen, Seitenhieb**

Hauer [ˈhauɐ], **der;** ~s, ~ ˈeiner der beiden rechts und links aus der Schnauze herausragenden Eckzähne im Unterkiefer des Keilers': *der Keiler wühlt mit der Schnauze und den ~n den Boden um* ❖ ↗ **hauen**

Haufen [ˈhaufn̩], **der;** ~s, ~ **1.** ˈeine Menge von Dingen, die nicht sperrig und nicht systematisch geschichtet sind, die übereinander liegen und so eine bestimmte Höhe erreichen': *ein ~ Sand, Steine, Kartoffeln, Heu, Blätter; den Schmutz, das Laub zu einem ~ zusammenfegen; alles auf einen ~ legen, werfen* ('alles so hinlegen, -werfen, dass daraus ein Haufen entsteht') **2.** umg. *ein ~* ⟨+ Attr.⟩ ˈviel(e)': *einen ~ Bücher, Schallplatten, Kinder haben; das kostet einen ~* ('viel') *Geld; jmd. hat einen ~* ('viel') *Arbeit, Ärger* **3.** *ein ~ (von)* ⟨+ Attr.⟩ ˈeine Ansammlung von Personen, Tieren'; ↗ FELD I.11: *ein ~ von Menschen, Tieren; ein aufgeregter ~ Leute* **4.** *auf einem ~ stehen:* *viele Leute standen auf einem ~* ('standen dicht beieinander, bildeten eine Gruppe'); vgl. *Stapel* ❖ **häufen, häufig − anhäufen, überhäufen**

* umg. /jmd./ **jmdn. über den ~ fahren, rennen** ˈjmdn. versehentlich od. absichtlich überfahren, umrennen': *der hat mich doch glatt über den ~ gerannt*

häufen [ˈhɔyfn̩] ⟨reg. Vb.; hat⟩ **1.1.** /jmd./ *mehrere Sachen ~* ˈmehrere Sachen irgendwo(hin) zu einem Haufen (1) ungeordnet übereinanderlegen': *Schnitten, Gebäck auf dem Teller ~; Waren auf dem, den Ladentisch ~; eine gehäufte Schale Obst; ein gehäufter Teelöffel Zucker* ('ein Teelöffel mit kugelförmig aufgehäuftem Zucker') **1.2.** /mehrere (etw.)/ *sich irgendwo ~* ˈsich irgendwo anhäufen (1.2)': *auf seinem Schreibtisch häuft sich unerledigte Post* **2.1.** /jmd./ *etw. auf jmdn. ~:* *Gunstbeweise, Vorwürfe auf jmdn. ~* ('jmdn. mit Gunstbeweisen, Vorwürfen überschütten') **2.2.** /mehrere (etw.)/ *sich ~* ˈhäufiger auftreten (3)': *Fehler, Sorgen ~ sich (jetzt); die Klagen über ihn häufen sich; in letzter Zeit häuften sich die Unfälle;* ⟨oft adj. im Part. II⟩ *Unfälle, Infektionen treten jetzt gehäuft* ('häufiger als üblich') *auf; ein gehäuftes* ('ein sehr großes') *Maß an Leid* ❖ ↗ **Haufen**

häufig [ˈhɔyfɪç] ⟨Adj.; Steig. reg.; vorw. attr. u. bei Vb.⟩ ˈbemerkenswert oft vorkommend' /vorw. auf Abstraktes bez./: *das ist ein ~er Fehler, Irrtum, Wunsch, Einwand; seine ~en Besuche bei Frau N; ~er die Zähne putzen;* SYN ˈoft (1.1)': *etw. geschieht, ereignet sich ~; jmd. geht ~ ins Theater, kommt ~ zu spät; sie sehen sich ~* ❖ ↗ **Haufen**

Haupt [haupt], **das;** ~es/auch ~s, Häupter [ˈhɔyptɐ] geh. **1.** SYN ˈKopf (1.1)'; ↗ FELD I.1.1: *sein ~ heben, neigen, senken; mit gesenktem, stolz erhobenem ~ davongehen, vor jmdm. stehen; mit entblößtem ~ dem Sarg folgen; missbilligend, traurig das, sein ~ schütteln* **2.** ⟨mit best. Adj.⟩ geh. ˈPerson':

scherzh. *ein bemoostes* ~ (ʹalter Menschʹ); *ein graues* ~ (ʹPerson mit grauem Haarʹ); *Ehrfurcht vor einem grauen* ~ *haben* **3.** ʹtonangebende, an der Spitze einer Gruppe, Institution, Aktion stehende Personʹ: *er, sie ist das* ~ *der Familie; er war das* ~ *der Verschwörung* ❖ **enthaupten, Häuptling** – **Oberhaupt, Staatsoberhaupt;** vgl. **Haupt/ Haupt-**

Haupt- /bildet mit dem zweiten Bestandteil Substantive; drückt aus, dass das im zweiten Bestandteil Genannte am wichtigsten, größten, schwerwiegendsten ist od. als zentral angesehen wird/: ↗ z. B. *Hauptgericht, Hauptbahnhof, Hauptstadt*

haupt/Haupt [ʹ..]|**-amtlich** ⟨Adj.; o. Steig.; nicht präd.⟩ ʹetw. als berufliche Tätigkeit ausübendʹ: *er ist* ~*er Funktionär; eine Funktion* ~ *ausüben* ❖ ↗ Amt; **-bahnhof, der** ʹzentraler, größter Bahnhof einer Stadtʹ ❖ ↗ Bahn, ↗ Hof; **-gericht, das** ʹGericht, das nach der Vorspeise und vor dem Nachtisch gegessen wird und das auch das größte und reichlichste istʹ; ↗ FELD I.8.1: *das* ~ *servieren; als* ~ *gab es Schweinebraten mit Klößen* ❖ ↗ richten

Häuptling [ʹhɔipt..], **der**; ~s, ~e ʹOberhaupt eines Stammes, Dorfes bei Naturvölkernʹ: *der* ~ *eines Indianerstammes* ❖ ↗ **Haupt**

Haupt/haupt [hɑupt..]|**-mann, der** ⟨Pl. ~leute⟩ /Angehöriger der Land-, Luftstreitkräfte mit einem bestimmten Dienstgrad (↗ TAFEL XX)/ ❖ ↗ Mann; **-sache, die** ⟨o.Pl.⟩ **1.1.** ʹetw., das in erster Linie zu berücksichtigen ist; das Wichtigsteʹ: *die* ~ *fehlt (noch, hierbei); wir kommen jetzt zur* ~ **1.2.** *in der* ~ ʹ²hauptsächlichʹ: *in der* ~ *geht es um Folgendes ...; in der* ~ *wurde über Finanzen beraten* ❖ ↗ Sache; **-¹sächlich** ⟨Adj.; Steig. reg., o. Komp.; nur attr.⟩ ʹdie Hauptsache (1.1) darstellendʹ: *seine* ~*e Arbeit besteht im Redigieren von Büchern; das sind die* ~*en Vertreter dieser Richtung; sein* ~*es Anliegen war ...; sein* ~*ster Einwand war ...* ❖ ↗ Sache; **-²sächlich** ⟨Gradpartikel; vorw. betont; steht vor der Bezugsgröße; bezieht sich auf verschiedene Kategorien⟩ SYN ʹdurchweg, ²vorwiegendʹ: *das*

Theater spielt ~ *klassische Stücke; er hat* ~ *die folgenden Aufgaben zu erfüllen;* ~ *seine Nachbarn haben sich um ihn gekümmert* ❖ ↗ Sache; **-schule, die** ʹauf die Grundschule aufbauende, im Allgemeinen das 5. bis 9. Schuljahr umfassende weiterführende Schuleʹ: *er hat nicht einmal den Abschluss der* ~ ❖ ↗ Schule; **-stadt, die** ʹ(größte) Stadt eines Landes, in der sich der Regierungssitz befindetʹ: *Berlin ist die* ~ *Deutschlands; er wohnt in der* ~ *des Landes* ❖ ↗ Stadt; **-straße, die 1.** ʹwichtigste Straße einer nicht allzu großen Stadt, eines Ortesʹ; ANT Nebenstraßeʹ: *in der* ~ *befinden sich viele Geschäfte* **2.** ʹStraße in einer Stadt, einem Ort, auf der man Vorfahrt hatʹ: *er befand sich auf der* ~*; das Fahrzeug befand sich auf der* ~ *und brauchte an der Kreuzung nicht zu halten; diese Straße ist als* ~ *ausgeschildert* ❖ ↗ Straße

Haus [hɑus]**, das**; ~es, Häuser [ʹhɔizɐ]; vgl. *Häuschen* **1.1.** ʹein- od. mehrstöckiges Gebäude, das zum Wohnen dientʹ; ↗ FELD I.15.1: *ein hohes, modernes, baufälliges, neues, altes* ~*; ein* ~ *bauen, einrichten, beziehen, sanieren, verkaufen, umbauen, renovieren, abreißen; ein* ~ *besitzen; das* ~ *steht unter Denkmalschutz; von* ~ *zu* ~ *gehen* **1.2.** ⟨o.Pl.; vorw. o.Art.; + Präp.⟩ /meint den Bereich, in dem jmd. (ständig) wohnt/: *jmdn. aus dem* ~ *jagen; bei diesem Wetter gehe ich nicht aus dem* ~*; etw. frei* ~ (ʹgebührenfrei dorthin, wo der Empfänger wohntʹ) *liefern; zu* ~*e* (ʹdort, wo man ständig wohntʹ) *sein, bleiben; ich bin heute zu* ~*e* (ʹbin in meiner Wohnung anzutreffenʹ); *ich bleibe heute zu* ~*e* (ʹverlasse meine Wohnung nichtʹ); *um sieben Uhr von zu* ~*e weggehen; sich bei jmdm. (ganz) wie zu* ~*e fühlen* (ʹbei jmdm. kein Gefühl der Fremdheit habenʹ); *nach* ~*e* (ʹdorthin, wo man ständig wohntʹ) *gehen, kommen; jmdn. nach* ~*e bringen* (ʹdorthin, wo er ständig wohnt, begleitenʹ); METAPH *jmd. ist in Frankreich zu* ~*e* (ʹFrankreich ist jmds. Heimatland, jmd. wohnt ständig in Frankreichʹ) **2.** ⟨o.Pl.⟩ ʹsämtliche Bewohner von Haus 1.1.ʹ: *das ganze* ~

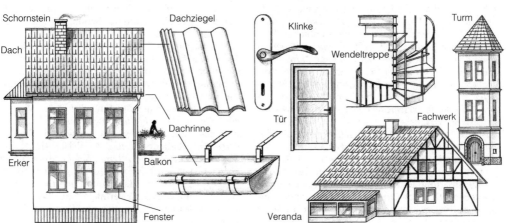

Haus/Gebäude

Schornstein · Dach · Dachziegel · Klinke · Turm · Wendeltreppe · Dachrinne · Tür · Fachwerk · Erker · Balkon · Fenster · Veranda

war auf den Beinen **3.** ⟨o.Pl.; mit best. Adj. + *sein*⟩ umg. scherzh. /meint einen Menschen/: *er, sie ist ein fideles, gelehrtes, gemütliches* ~ (ʼist fidel, gelehrt, gemütlichʼ); /als vertrauliche Anrede/: *altes* ~*!; na, wie geht's, altes* ~? ❖ **Häuschen, hausen, Haushalt, haushalten, häuslich** — **Elternhaus, Hochhaus, Kaufhaus, Kühlhaus, Mietshaus, Rathaus, Treibhaus, Warenhaus, Wohnhaus, Zuhause;** vgl. **haus/Haus-**

* /mehrere (jmd.)/ **jmdm. das** ~ **einrennen** ʼjmdn. ständig mit dem gleichen Anliegen aufsuchenʼ: *kaum war die Annonce erschienen, rannten ihm die Leute das Haus ein;* /jmd./ ~ **und Hof** (ʼden gesamten Besitz an Immobilienʼ) **verlieren;** /jmd./ **jmdm. ins** ~ **platzen/schneien/geschneit kommen** ʼjmdn. unerwartet, überraschend aufsuchenʼ: *abends platzten uns die Eltern ins Haus;* /jmd./ **in etw.** ⟨Dat.⟩ **zu** ~**e sein** ʼauf einem bestimmten Gebiet sich gut auskennen, Fachmann seinʼ: *in Chemie ist er zu* ~*e;* /etw., bes. Ereignis/ **(jmdm.) ins** ~ **stehen** ʼjmdm. bevorstehenʼ /meist im Rahmen der Familie/: *eine Hochzeit steht ins* ~*; wer weiß, was uns alles noch ins* ~ *steht;* /jmd./ **von** ~**(e) aus** ʼvon seiner Ausbildung herʼ: *von* ~*(e) aus ist er Lehrer, arbeitet aber jetzt als Redakteur*

Haus/haus [ʼ..]|**-arbeit, die 1.** ⟨o.Pl.⟩ ʼim Haushalt (1) anfallende Arbeiten wie Waschen, Kochen u.Ä.ʼ: *nach dem Dienst ist noch allerlei* ~ *zu erledigen; sie schafft die* ~ *nicht mehr* **2.** ʼ(umfangreiche) schriftliche Hausaufgabeʼ: *eine* ~ *in Biologie, Geschichte schreiben müssen* ❖ ↗ **Arbeit; -aufgabe, die** ⟨oft im Pl.⟩ ʼdem Schüler vom Lehrer aufgetragene Aufgabe, die zu Hause erledigt werden sollʼ: ~*n aufgeben, aufhaben; die* ~*n erledigen, machen* ❖ ↗ **geben; -backen** ⟨Adj.; Steig. reg., ungebr.⟩ ʼbieder, reizlos und etwas langweilig wirkendʼ /auf Personen, Denkweise bez./: *jmd. hat* ~*e Ansichten; seine* ~*e Kleidung; sich* ~ *kleiden*

Häuschen [ʼhɔɪsçən], **das;** ~s, ~; vgl. *Haus* ʼkleines Hausʼ: *wir haben ein* ~ *am See* ❖ ↗ **Haus**

* umg. /jmd./ **aus dem** ~ **geraten** (ʼvor Wut, Ärger außer sich geratenʼ); /jmd./ **ganz/völlig aus dem** ~ **sein** (ʼvor Freude, Begeisterung außer sich seinʼ)

hausen [hauzn̩] ⟨reg. Vb.; hat⟩ **1.** /jmd./ **irgendwo** ~ **1.1.** ʼunter schlechten Bedingungen irgendwo dürftig wohnenʼ: ↗ **FELD** V.2.2: *in Baracken* ~ *(müssen)* **1.2.** umg. emot. neg. ʼin unordentlichen Verhältnissen irgendwo wohnenʼ: *er haust mit seinem Freund in einer leer stehenden Wohnung* **2.** /mehrere (jmd.), Unwetter/ **irgendwie, irgendwo** ~ ʼirgendwo große Unordnung, Verwüstung anrichtenʼ: *die Soldaten haben in dem Dorf fürchterlich gehaust; das Unwetter hat in verschiedenen Gegenden schrecklich gehaust* ❖ ↗ **Haus**

Haus/haus [haus..]|**-frau, die** ʼden eigenen Haushalt führende (und nicht berufstätige) Frauʼ: *sie ist (nur)* ~*, ist* ~ *und Mutter* ❖ ↗ **Frau; -halt, der;** ~*s/auch* ~*es,* ~*e* **1.1.** ⟨vorw. Sg.⟩ ʼalle Tätigkeiten für die Führung des persönlichen Lebens einer zusammen wohnenden Gruppe von Personen, bes. einer Familie, auch einer einzeln lebenden Personʼ: *den* ~ *besorgen; jmdm. den* ~ *führen; im* ~ *helfen*

1.2. ʼder Bereich, bes. die Wohnung mit allem Zubehör, in dem ein Haushalt (1.1) vor sich geht (und die dazugehörigen Personen)ʼ: *einen großen* ~ *haben; die* ~*e mit Gas und Strom versorgen; dieser Sender erreicht vier Millionen* ~*e; einen* ~ *auflösen* **2.** ʼeinem Staat, Land, einer kommunalen Einheit, einer öffentlichen Einrichtung zur Verfügung stehende Geldmittel, ihre Nutzung und Verwaltungʼ: ↗ **FELD** I.15.1: *der öffentliche* ~*; der* ~ *des Bundes, eines Ministeriums; die* ~*e der Länder, Gemeinden; der* ~ *ist ausgeglichen* (ʼEinnahmen und Ausgaben decken sichʼ); *über den* ~ *beraten, den* ~ *im Parlament beraten; den* ~ *im Parlament beschließen, verabschieden* ❖ ↗ **halten; -halten:** ↗ *Haus halten*

Haus halten (er hält Haus), hielt Haus, hat Haus gehalten /jmd./ **mit etw.** ~ ʼmit etw. sparsam umgehen, etw. sinnvoll einteilen und nutzenʼ; ↗ **FELD** I.2.2: *mit dem Wirtschaftsgeld, den Vorräten, seinen Kräften* ~

Haus/haus|**-herr, der** veraltend ʼder Familienvater (als Gastgeber)ʼ: *der* ~ *begrüßte die Gäste, schenkte den Wein ein* ❖ ↗ **Herr; -hoch** ⟨Adj.; vorw. attr. u. bei Vb.⟩ emot. ʼin der Leistung alle überragendʼ: *ein haushoher Favorit, ein haushoher Sieg; jmdm.* ~ (ʼabsolutʼ) *überlegen sein* ❖ ↗ **hoch**

häuslich [ʼhɔɪs..] ⟨Adj.⟩ **1.** ⟨o. Steig.; nur attr.⟩ ʼdas Zuhause, die Familie, den Haushalt (1.2) betreffendʼ: *die* ~*en Verhältnisse von jmdm. (nicht) kennen; die* ~*en Arbeiten; jmd. hat* ~*e Pflichten; jmds.* ~*e Angelegenheiten; die* ~*en Sorgen, Freuden; die* ~*e Pflege* **2.** ⟨Steig. reg.; nicht bei Vb.⟩ ʼdazu neigend, sich dem Leben in der Familie und den Arbeiten im Haushalt (1) besonders zu widmenʼ /vorw. auf Personen bez./: *sie ist (nicht) sehr* ~*; er ist ein* ~*er Typ* ❖ ↗ **Haus**

* umg. scherzh. /jmd./ **sich irgendwo** ~ **niederlassen/einrichten** (ʼAnstalten machen, längere Zeit bei jmdm., irgendwo zu bleiben, und sich dort wie zu Hause fühlenʼ)

Haus [haus..]|**-nummer, die** ʼeine der laufenden Nummern, mit denen die Häuser einer Straße bezeichnet sindʼ: *bei der Adresse Straße und* ~ *angeben* ❖ ↗ **Nummer; -schuh, der** ⟨vorw. Pl.⟩ ʼbequemer, aus weichem Material gefertigter Schuh, der nur in der Wohnung getragen wirdʼ: ~*e an-, ausziehen* ❖ ↗ **Schuh; -segen, der** * umg. scherzh. **bei jmdm. hängt der** ~ **schief** (ʼin jmds. Ehe gibt es aus einem bestimmten Anlass (längeren) Streit, herrscht gereizte Stimmungʼ); **-suchung** [zuç..], **die;** ~, ~en ʼpolizeiliche Durchsuchung einer Wohnung, eines Hauses zur Aufklärung einer Straftatʼ: *bei jmdm. eine* ~ *durchführen; die* ~ *hat nichts ergeben* ❖ ↗ **suchen; -tier, das** ʼvom Menschen bes. zur wirtschaftlichen Nutzung gehaltenes Tierʼ: ↗ **FELD** II.3.1: *die Katze ist ein* ~*; Kühe, Pferde, Schafe, Hunde sind* ~*e* ❖ ↗ **Tier; -wirt, der** ʼjmd., der Eigentümer eines Hauses ist, in diesem Haus wohnt und die anderen Wohnungen des Hauses vermietet hatʼ: *der* ~ *lässt unsere Wohnung sanieren, hat die Miete erhöht* ❖ ↗ **Wirt**

Haut [haut], **die**; ~, Häute ['hɔitə] **1.1.** ⟨o.Pl.⟩ ˙den Körper von Menschen und Tieren bedeckendes und ihn nach außen abdeckendes Gewebe (2)˙ /auf Personen bez./; ↗ FELD I.1.1: *jmd. hat eine helle, dunkle, empfindliche, trockene, fettige, welke ~; die ~ schält sich, ist gerötet; sich die ~ abschürfen;* umg. *nass bis auf die ~* (˙völlig durchnässt˙) *sein;* /auf Tiere bez./ *die graue ~ des Elefanten; die Schlange streift ihre alte ~ ab; die knusprige ~ der gebratenen Gans* **1.2.** ˙vom Körper bestimmter Tiere abgelöste Haut (1.1) als Rohmaterial für Leder˙: *mit Häuten handeln; Häute gerben* **2.** ˙das Innere einer Frucht abdeckende dünne äußere Schicht˙: *die ~ des Pfirsichs; von Mandeln die ~ abziehen; die vielen Häute der Zwiebel* ❖ **häuten, Hornhaut, Schleimhaut**
* /etw., bes. Erlebnis/ **jmdm. unter die ~ gehen** (˙jmdn. emotional sehr berühren˙); /jmd./ **sich etw.** ⟨Dat.⟩ **mit ~ und Haar(en)** (˙ganz und gar, völlig˙) **verschreiben;** /jmd./ **mit heiler ~ davonkommen** (˙etw. unverletzt, ohne Schaden überstehen˙); /jmd./ **nur noch ~ und Knochen sein** (˙sehr abgemagert sein˙); /jmd./ **nicht aus seiner ~ (heraus)können** (˙sich, sein Verhalten nicht ändern können˙); /jmd./ **nicht in jmds. ~ stecken mögen** (˙nicht in jmds. übler Lage sein mögen˙); /jmd., Land/ **sich seiner ~ wehren** (˙sich energisch wehren˙); /jmd./ **sich in seiner ~ nicht wohl fühlen** (˙sich unbehaglich fühlen˙); ⟨⟩ umg. /jmd./ **auf der faulen ~ liegen** (˙faulenzen˙); /jmd./ **sich auf die faule ~ legen** (˙nichts mehr tun, nur noch faulenzen˙)
häuten ['hɔitn̩], häutete, hat gehäutet **1.** /jmd./ *ein Tier ~* ˙einem Tier die Haut (1.1) abziehen˙: *ein Kaninchen ~* **2.** /bestimmtes Tier/ *sich ~* ˙die alte Haut (1.1) abstreifen˙: *die Schlange häutet sich* ❖ ↗ **Haut**
Havarie [hava'ʀiː], **die**; ~, ~n [..'ʀiːən] **1.** ˙Schaden an größeren Maschinen, technischen Anlagen˙: *eine ~ im Kraftwerk; eine ~ beheben; eine ~ melden* **2.** ˙durch Unfall verursachter Schaden bes. an Schiffen˙: *das Schiff treibt mit schwerer ~ auf See, liegt mit einer ~ im Hafen; eine ~ haben*
Hebamme ['heːp|amə], **die**; ~, ~n ˙staatlich geprüfte, fachlich ausgebildete Frau (1.1), die bei einer (normal verlaufenden) Geburt Hilfe leistet˙: *die ~ holen, rufen, bestellen*
Hebel ['heːbl̩], **der**; ~s, ~ **1.** ˙Griff an einem Gerät, einer Maschine, der dazu dient, dieses Gerät, diese Maschine ein-, auszuschalten od. zu regeln˙: *den ~ betätigen, bedienen, herumlegen, hochdrücken, nach unten drücken, schieben* **2.** ˙Werkzeug in Form einer Stange, eines Stabes, mit dem man mit geringem Kraftaufwand Lasten heben od. verschieben kann˙; ↗ FELD V.5.1: *einen ~ ansetzen, benutzen, um das Möbelstück an der einen Seite anzuheben, den Schrank wegzurücken* ❖ ↗ **heben**
* /jmd., Institution/ **irgendwo den ~ ansetzen** ˙von einem Erfolg versprechenden Ansatzpunkt her eine schwierige Angelegenheit anpacken˙: *wenn wir die Jugendkriminalität bekämpfen wollen, müssen wir den ~ bei einer besseren sozialen Betreuung Jugend-*

licher ansetzen; /jmd., Institution/ **alle ~ in Bewegung setzen** ˙alles Mögliche aufbieten, aktivieren, um ein Vorhaben zu verwirklichen˙; /jmd., Institution/ **am längeren ~ sitzen** (˙eine bessere Position als der Gegner haben˙)
heben ['heːbm̩], hob [hoːp], hat gehoben [..'hoːbm̩]; ↗ auch *gehoben* **1.1.** /jmd., Gerät/ **1.1.1.** *etw., jmdn. ~* ˙etw. (Schweres), jmdn. (mit der Hand, den Händen) anfassen und unter Anwendung von Kraft von derjenigen Stelle, auf der es sich befindet, ein Stück in die Höhe bewegen˙: *etw. mühelos ~; er kann ohne Mühe einen Zentner ~; einen schweren Koffer, Sack, ein Möbelstück ~ (müssen); sie kann das große Kind nicht mehr ~; der Kran kann Lasten bis zu 5000 Kilo ~* (˙in die Höhe befördern˙) **1.1.2.** *etw., jmdn. irgendwohin ~* ˙etw., jmdn. heben (1.1.1) und von dieser Stelle irgendwohin bewegen˙: *das Gepäckstück auf den, vom Wagen ~; die Tür aus den Angeln ~; den Kranken aus dem Bett, auf die Trage ~* **1.2.** /jmd./ *etw. ~* ˙einen Körperteil, seinen Arm, Kopf, in die Höhe bewegen˙; ANT senken (1.1): *den Arm, Kopf, die Schultern, das Bein ~; wer damit einverstanden ist, der hebe die Hand!; die Augen, den Blick ~* (˙mit den vorher tiefer gerichteten Augen nun entweder geradeaus od. nach oben blicken˙) **1.3.** /jmd., bes. Dirigent/ *den Taktstock ~* (˙den mit der Hand gehaltenen Taktstock in eine höhere Position bringen und dadurch den Musikern den bevorstehenden Einsatz, ↗ einsetzen 5.2, signalisieren˙) **1.4.** /etw./ *sich ~* ˙sich nach oben bewegen od. nach oben ausdehnen˙; ANT senken: *die Bahnschranke, der Vorhang hebt sich; der Nebel, Wasserspiegel hat sich gehoben* **1.5.** /jmd./ *sich* ⟨Dat.⟩ *einen Bruch ~* ˙durch Heben (1.1.1) einen ¹Bruch (2) bekommen˙: *er hat sich beim Möbeltragen einen Bruch gehoben* **2.** /jmd./ *etw. ~* ˙etw. Schweres, Gewichtiges mit Hilfe von Geräten aus der Tiefe nach oben befördern˙: *ein gesunkenes Schiff, ein Wrack ~; einen Schatz ~* (˙ausgraben˙) **3.** /jmd., etw./ *etw. ~* ˙etw. verbessern, steigern˙: *den Lebensstandard, Umsatz ~; so etw. hebt sein Ansehen, Selbstbewusstsein; die allgemeine Stimmung ~* ❖ **beheben, entheben, erheben, erhebend, Erhebung, gehoben, Hebel, Hebung, Hub — abheben, anheben, aufheben, ausheben, Gewichtheben, hochheben, Hubschrauber, Schalthebel, überheblich, Überheblichkeit**
* umg. /jmd./ **einen ~** (˙ein alkoholisches Getränk zu sich nehmen˙)
Hebung ['heːbʊ..], **die**; ~, ~en ANT Senkung **1.** ⟨vorw. Sg.⟩ /zu *heben* 1.4/ ˙das Sichheben˙: *Wissenschaftler haben eine ~ des Meeresspiegels beobachtet;* Geol. *diese Hügel, Berge sind auf ~en der Erdkruste zurückzuführen* **2.** Verslehre ˙betonte Silbe im Vers (1)˙: *ein Vers mit fünf ~en* ❖ ↗ **heben**
hecheln ['hɛçl̩n] ⟨reg. Vb.; hat⟩ **1.** /bes. Hund/ ˙mit offenem Maul (und heraushängender Zunge flach und schnell atmen, so, dass es hörbar ist˙: *bei der Hitze hechelte der Hund ständig* **2.** umg. emot. neg. /jmd./ *über jmdn., etw. ~* ˙über jmdn., etw. klat-*

schen': *während seiner Abwesenheit wurde über ihn, sein neues Outfit gehechelt (und getratscht)*

Hecht [hɛçt], **der**; ~es/auch ~s, ~e **1.** ʼim Süßwasser lebender räuberischer Speisefisch'; ↗ FELD I.8.1, II.3.1 (↗ TABL Fische): *einen ~ angeln, fangen; heute Mittag gibt es ~*
* umg. emot. /jmd./ **ein toller ~ sein** ʼein extravaganter und gewisse Bewunderung hervorrufender Mann, Bursche sein': *er ist ein toller ~*

Heck [hɛk], **das**; ~s, ~s/auch ~e ʼhinterster Teil eines Schiffes, Autos, Flugzeugs'; ANT Bug; ↗ FELD IV.3.1, VIII.4.3.1: *bei diesem Auto befindet sich der Motor im ~; beim Zusammenstoß wurde das ~ beschädigt; die Flagge weht am ~ des Schiffes; das ~ wurde gerammt*

Hecke [ʼhɛkə], **die**; ~, ~n ʼschmale, dichte Reihe von meist gleichartigen Büschen, Sträuchern, die oft dazu dient, etw. abzugrenzen'; ↗ FELD II.4.1: *eine hohe, schmale, niedrige, dichte, verwilderte ~; eine ~ anpflanzen; die ~ verschneiden; der Garten ist von einer ~ umgeben*

Hecken|rose [hɛkn̩..], **die** ʼals Strauch wachsende wilde Rose mit weißen od. rosa Blüten und ↗ Hagebutten als Früchten': *es blühen die ~n; die ~n duften* **❖** ↗ **Rose**

Heer [heːɐ], **das**; ~es/auch ~s, ~e **1.** ⟨o.Pl.⟩ SYN ʼLandstreitkräfte': *~ und Flotte waren gleichzeitig im Einsatz; das ~ der Bundeswehr; er ist Soldat des ~es, dient im ~; ~, Marine und Luftwaffe bilden die Streitkräfte des Landes; der Führungsstab des ~es; die Verbände des ~es* **2.** veraltend ʼdie Gesamtheit der Streitkräfte eines Landes': *das ~ Napoleons wurde vernichtend geschlagen* **3.** ⟨+ präp. Attr.; + von⟩ geh. ʼeine sehr große unüberschaubare Menge von Menschen od. Dingen'; ↗ FELD I.11: *ein ~ von Demonstranten zog durch die Straßen; die Folge der Krise war ein ~ von Arbeitslosen; ein ~ von Touristen bevölkerte die Insel*

Hefe [heːfə], **die**; ~, ⟨o.Pl.⟩ ʼaus kleinen Pilzen bestehende Substanz, die zur Erzeugung von Gärung bei der Herstellung alkoholischer Getränke und als Triebmittel für den Teig bestimmter Backwaren dient': *Obstwein mit ~ ansetzen; für den Kuchenteig ~ und nicht Backpulver nehmen*

Heft [hɛft], **das**; ~es/auch ~s, ~e **1.** ʼvorwiegend mit Linien od. Karos bedruckte Blätter, die durch Klammern (1) od. Fäden zusammengefügt sind und für schriftliche Arbeiten in der Schule dienen': *ein leeres, voll geschriebenes ~; ein ~ mit, ohne Linien; ein ~ für Hausaufgaben, Klassenarbeiten; etw. in sein ~ eintragen, schreiben; die ~e einsammeln, austeilen* **2.** ʼeinzelnes Exemplar einer Zeitschrift od. einer Reihe von Publikationen': *die Abhandlung erscheint in mehreren ~en; drei ~e der Serie fehlen ihm; die Fortsetzung des Beitrags erscheint im nächsten ~* **3.** ʼbroschiertes kleineres Buch': *ein ~ mit neuester Lyrik, wissenschaftlichen Aufsätzen* **4.** ⟨vorw. Sg.⟩ ʼGriff einer Stichwaffe, eines Messers, eines Werkzeugs': *das ~ des Dolches,*

Messers; er stieß ihm das Messer bis ans ~ in den Rücken **❖** ↗ **heften**

heften [ʼhɛftn̩], heftete, hat geheftet **1.** /jmd./ *etw. an etw. ~* ʼetw. mit einer Reißzwecke od. Klammer (1) od. Nadel an etw. befestigen'; ↗ FELD I.7.6.2: *einen Zettel an das schwarze Brett, an die Tür, Wand ~; an das Original ist ein Durchschlag geheftet; jmdm. einen Orden an die Brust, Uniform ~* (ʼjmdn. mit einem Orden auszeichnen und ihm diesen mit einer Nadel an der Kleidung des Oberkörpers befestigen') **2.** /jmd./ *etw. ~* ʼein Buch, Heft (1), einen Block dadurch herstellen, dass man die dafür bestimmten Blätter mit Klammern (1) od. Fäden zusammenfügt': *ein Buch, einen Block ~* **❖** **Heft** – **Heftpflaster**

heftig [ʼhɛftɪç] ⟨Adj.⟩ **1.** ⟨Steig. reg.⟩ ʼvon, mit großer Intensität': *ein ~er* (SYN ʼschwerer I.5.1') *Sturm; ein ~er Regen, Stoß, Schmerz; der Schmerz war ~; eine ~e Leidenschaft; ein ~er* (SYN ʼerbitterter') *Kampf; ~ weinen, schimpfen; ein ~er* (SYN ʼderber 3') *Aufprall, Schlag; ~e* (SYN ʼrasende I') *Kopfschmerzen haben; ihn packte eine ~e* (SYN ʼgelinde 4') *Wut* **2.** ⟨Steig. reg., Superl. ungebr.; vorw. attr. u. bei Vb.⟩ ʼplötzlich und mit einem Ruck' /auf Bewegungen des Körpers bez./: *sie machte eine ~e Bewegung; eine ~e Drehung machen; ~ nicken, den Kopf schütteln; sich ~ abwenden* **3.** ⟨Steig. reg.⟩ ʼmit scharfen Worten und emotional geführt'; SYN massiv (4) /auf Äußerungen bez./: *eine ~e Auseinandersetzung, Diskussion; der Streit war ~; jmdn. ~ zurechtweisen, kritisieren; jmdm. ~e Vorwürfe machen; ~e Drohungen, Beleidigungen ausstoßen* **4.** ⟨Steig. reg.⟩ ʼleicht erregbar und dabei unkontrolliert scharf und grob vorgehend' /vorw. auf Personen bez./: *er ist ein sehr ~er Mensch, hat eine sehr ~e Art; in Diskussionen ist, wird er leicht ~; schon auf die leiseste Kritik reagiert sie sehr ~*

Heft|pflaster [ʼhɛft..], **das 1.** ʼmit einem Klebstoff versehener (meist rosafarbener) Streifen zum Befestigen von Verbänden': *den Verband mit (einem) ~ festkleben* **2.** ʼmit einem Klebstoff und mit Müll versehener Streifen, der als Schnellverband dient': *(ein) ~ auf die Wunde kleben; das ~ abreißen* **❖** ↗ **heften**, ↗ **Pflaster**

hegen [heːgn̩] ⟨reg. Vb.; hat⟩ **1.** fachspr. /jmd./ *Tiere, Pflanzen ~* ʼbestimmte Tiere, Anpflanzungen pflegen': *das Wild, den Fischbestand, Wald ~* **2.** geh. /jmd./ *etw. ~* ʼeine bestimmte Empfindung haben (in Bezug auf jmdn., etw.)': *Bewunderung, Zuneigung, Hoffnung, Misstrauen, Abscheu ~; er hegte den Verdacht, dass ...; etw. gegen, für jmdn., etw. ~: Liebe, Achtung für jmdn. ~; Hass, Zorn, Abneigung gegen jmdn., etw. ~; er hegte gegen ihn, das Regime ein abgrundtiefes Misstrauen* **❖** **Gehege**
* /jmd./ **jmdn., etw. ~ und pflegen** (ʼjmdn., etw. liebevoll, betulich umsorgen')

Hehl [heːl]
* /jmd./ **kein/keinen ~, nie ein/einen ~ aus etw. machen** ʼetw. (meist Persönliches) trotz möglicher negativer Konsequenzen nicht verheimlichen, son-

dern es andere wissen, erkennen lassen': *jmd. machte kein/keinen ~ aus seiner Enttäuschung, Schadenfreude, Herkunft; ich habe nie ein/einen ~ aus meiner (religiösen) Überzeugung gemacht; er hat nie ein/einen ~ daraus gemacht, dass er in die Sache verwickelt war* ❖ **Hehler, Hehlerei, verhehlen**

Hehler ['heːlɐ], **der**; ~s, ~ 'jmd., der Hehlerei begeht, begangen hat': *er ist als ~ überführt worden; jmdn. als ~ gerichtlich verurteilen* ❖ ↗ **Hehl**

Hehlerei [heːlə'ʀai̯], **die**; ~, ~en 'Straftat, die darin besteht, dass jmd. heimlich und auf eigenen Vorteil bedacht eine Ware erwirbt und verkauft, die von einem Diebstahl od. Einbruch o.Ä. stammt': *jmd. hat sich der (fortgesetzten) ~ schuldig gemacht; wenn man diese illegal eingeführten Zigaretten kauft, so ist das ~!* ❖ ↗ **Hehl**

Heide ['hai̯də], **die**; ~, ~n ⟨vorw. Sg.⟩ 'flache Landschaft mit sandigem Boden, in der hauptsächlich Heidekraut, Wacholder und Birken wachsen'; ↗ FELD II.1.1: *die grüne, blühende ~; die ~ blüht; durch die ~ wandern* ❖ ↗ **Heidekraut, Heidelbeere**

Heide|kraut ['..], **das** ⟨o.Pl.⟩ 'sehr niedriger immergrüner Strauch, der vorw. rötlich lila gefärbte Blüten hat und im Nadelwald und auf der Heide wächst'; ↗ FELD II.4.1: *das ~ blüht; einen Strauß ~ pflücken* ❖ ↗ **Heide**, ↗ **Kraut**

Heidel|beere ['hai̯dl̩..], **die**; ~, ~n; ↗ FELD II.4.1 **1.** 'besonders in Wäldern, auf kalkarmem Boden wachsender immergrüner Strauch mit blauschwarzen essbaren Beeren': *die ~n blühen* **2.** 'Frucht von Heidelbeere 1': *~n sammeln, pflücken; aus ~n ein Kompott kochen* ❖ ↗ **Heide**, ↗ **Beere**

heikel ['hai̯kl̩] ⟨Adj.; Steig. reg.; nicht bei Vb.⟩ 'Schwierigkeiten bereitend und daher Fingerspitzengefühl, Takt (2) erfordernd'; SYN delikat (2), haarig (2) /auf Abstraktes bez./: *ein heikles Thema, Problem; eine heikle Aufgabe; in der Diskussion an einen heiklen Punkt kommen; ob man das unterstützen soll oder nicht, ist eine heikle Frage; diese Angelegenheit, Situation ist äußerst ~, beginnt ~ zu werden;* vgl. diskret
MERKE Zum Ausfall des ,e': ↗ dunkel

heil [hai̯l] ⟨Adj.; o. Steig.⟩ **1.1.** ⟨nur bei Vb.⟩ 'ohne (eine denkbare) Verletzung': *einen Unfall, eine kritische Situation ~ überstanden haben; ~* ('ohne dass einem etw. Nennenswertes zugestoßen wäre') *am Ziel ankommen, aus dem Gedränge herauskommen; er ist (noch einmal) ~ davongekommen* **1.2.** ⟨nur präd. (mit sein)⟩ /Körperteil/ *wieder ~ sein* 'nach einer Verletzung geheilt und wieder in Ordnung, gesund sein': *der Finger, das Knie ist nun wieder ~* **2.** SYN 'ganz (2)'; ANT entzwei, kaputt; ↗ FELD III.5.3: *nach dem Transport, Sturz, nach der Karambolage waren nur noch drei Gläser, Eier ~; das Geschirr ist ~ geblieben; sie suchte ein Paar ~e Strümpfe heraus; nach dem Angriff waren nur noch wenige Häuser ~;* umg. *etw. ~ machen* ('etw. reparieren'); *wieder ~ sein : die Wasserleitung, das Radio ist wieder ~* ('ist nach einer Reparatur wieder in Ordnung, wieder funktionstüchtig') ❖ **Heil, hei-**

len, heilsam, Heilung, Unheil — heilkräftig, -los, Heilmittel, -quelle; vgl. heilig

Heil, das; ~s, ⟨o.Pl.⟩ **1.** geh. 'etw., das für jmdn. höchstes Glück, größtes Wohlergehen bedeutet': *für ihn lag das ~ in der Musik, im Studium der Medizin, in der sozialen Arbeit; dies wirkte sich (ihm) zum ~ aus; in etw. das ~ der Welt, Menschheit erblicken, sehen; er suchte, fand das ~* ('die völlige Verwirklichung seiner Intensionen') *in der Fürsorge für andere* **2.** Rel. ev. kath. /beschränkt verbindbar/ 'Zustand, in dem der Gläubige im Jenseits von seinen Sünden erlöst ist und das ewige himmlische Glück erlebt': *das ewige ~ erlangen; um das ~ der Seele bangen* **3.** /in Wendungen, die bes. im Sport gebräuchlich sind und als Gruß, Glückwunsch unter Gleichgesinnten dient/ *Ski ~* /Gruß der Skisportler!/; *Petri ~* /Gruß der Angler!/ ❖ ↗ **heil**
* spött. /jmd./ **sein ~ in der Flucht suchen** 'fliehen': *der Gegner suchte sein ~ in der Flucht;* /jmd./ **(bei jmdm. irgendwo) sein ~ versuchen** ('trotz einiger Bedenken versuchen, ob man bei jmdm., irgendwo Glück, Erfolg hat')

Heil|butt ['..bʊt], **der**; ~s/auch ~es, ~e 'Fisch mit asymmetrischem, seitlich abgeflachtem Körper, der in den nördlichen Meeren lebt und sehr gut schmeckt': *geräucherter ~*

heilen ['hai̯lən] ⟨reg. Vb.; hat/ist⟩ **1.** ⟨hat⟩ /jmd., bes. Arzt, auch Medikament/ **1.1.** *etw. ~* 'eine Krankheit, einen körperlichen Schaden durch eine medizinische Behandlung beseitigen': *ein Leiden, einen Knochenbruch ~; eine Entzündung, Krankheit (mit etw.) ~; diese Salbe hat den Ausschlag geheilt; etw. hat eine ~de Wirkung* **1.2.** *einen Kranken ~* 'einen Kranken mit Erfolg ärztlich behandeln (2) und wieder gesund machen'; SYN kurieren (1): *den Patienten (von seiner Krankheit, seinem Leiden) ~; jmd. wird als geheilt aus dem Krankenhaus entlassen* **1.3.** iron. /jmd./ *von etw. (für immer) geheilt sein* 'auf Grund negativer Erfahrungen fernerhin nichts mehr mit der entsprechenden Sache zu tun haben wollen': *von dieser Illusion, Leidenschaft bin ich (für immer) geheilt* **2.** ⟨ist⟩ *eine Wunde heilt* ('schwindet dadurch, dass sich das Gewebe regeneriert'); *der Bruch, Muskelriss heilt gut, schnell;* umg. *der Finger* ('die Wunde am Finger') *ist schnell geheilt* ❖ ↗ **heil**

heilig ['hai̯lɪç] ⟨Adj.; nicht bei Vb.; ↗ auch Heilige⟩ **1.** ⟨o. Steig.⟩ **1.1.** ⟨nicht bei Vb.⟩ Rel. ev. kath. 'von einer Reinheit und Vollkommenheit, die über alles Irdische erhaben und daher würdig ist, verehrt zu werden' /auf Wesen bez., die der Religion, den Mythen zuzuordnen sind/; ↗ FELD I.12.3: *~ ist Gott der Herr; die Heilige Dreieinigkeit, Dreifaltigkeit* /Gott Vater, Sohn und Heiliger Geist/; *der Heilige Geist* /Teil der Dreieinigkeit Gottes/; *die Heilige Familie* /Christus, Maria und Joseph/; *die ~en Propheten, Apostel; die Heilige Jungfrau Maria; der Heilige Vater* /Titel des Papstes/ **1.2.** ⟨nur attr.⟩ Rel. kath. 'von der katholischen Kirche für heilig (1.1) erklärt' /auf Personen bez., bei Nennung des

Vornamens/: *die ~e Elisabeth; der ~e Franziskus*
1.3. ⟨nur attr.⟩ Rel. ev. kath. ʿgöttliches Heil (2)
spendend, von Gottes Geist erfülltʾ: *die Heilige
Schrift /die Bibel/; das Heilige Abendmahl, Sakra-
ment; der Heilige ↗ Abend; die ~e Taufe, Messe,
Beichte, Kirche* **1.4.** ʿdurch besondere Nähe zur Re-
ligion, zu Mythen gekennzeichnet und sich dadurch
vom Alltäglichen abhebendʾ: *die ~en Stätten der
Hindus; an einem ~en Ort weilen; das Heilige Land
/Palästina/; eine ~e Handlung vollziehen; die Drei
gilt als eine ~e Zahl* **2.** ⟨Steig. reg., Komp.
ungebr.⟩ geh. emot. ʿdurch seinen Ernst, seine
hohe moralische Bewertung und Gewichtigkeit
Ehrfurcht erweckendʾ; SYN unantastbar: *die
~sten Güter der Menschheit verteidigen; sich hüten,
jmds. ~ste Gefühle zu verletzen; das ist die ~e
Wahrheit!; sein Leben, mein Eigentum ist mir ~; das
ist meine ~e Überzeugung, Pflicht* **3.** ⟨Steig. reg.⟩
umg. *etw. ist jmdm. ~* ʿjmd. möchte etw., das ihm
sehr wichtig ist, nicht angetastet wissenʾ: *meine
Mittagsruhe, mein Glas Rotwein am Abend ist mir
~; ihm ist (überhaupt) nichts ~* (ʿer hat vor nichts
Respektʾ) ❖ **Heilige, Heiligtum – Eisheilige, Hei-
ligabend, scheinheilig;** vgl. **heil**
Heilig|abend [haɪlɪç|ˈaːbm̩t]**, der;** ~s, ~e ʿder Heilige
Abendʾ (↗ *Abend*); ↗ FELD XII.5: *(am) ~ arbei-
tet er bis zum Mittag; die Kinder werden am ~ be-
schert* ❖ ↗ **heilig,** ↗ **Abend**
Heilige [ˈhaɪlɪgə]**, der** u. **die;** ~n, ~n; ↗ auch *heilig;*
↗ TAFEL II Rel. kath. ʿjmd., der (nach seinem
Tode) vom Papst für heilig (1.2) erklärt worden ist,
von Gläubigen verehrt wird und um Hilfe angeru-
fen werden kannʾ; ↗ FELD XII.1.1: *einen ~n an-
rufen; bei Gott und allen ~n schwören; sie ist eine
~, er ist ein ~r, wird als ~(r) verehrt* ❖ ↗ **heilig**
Heiligtum [ˈhaɪlɪç..]**, das;** ~s, Heiligtümer [ˈ..tyːmə]
1. ʿStätte der Verehrung (eines) Gottesʾ; ↗ FELD
XII.1.1: *antike, christliche Heiligtümer* **2.** ⟨vorw.
Sg.⟩ oft spött. *etw. ist jmds. ~* ʿetw., bes. etw. Ge-
genständlichs, bedeutet jmdm. sehr viel (sodass er
es ängstlich hütet)ʾ: *die Briefe seiner Mutter sind
sein ~; sein Auto, sein altes Fahrrad, sein Fotoappa-
rat ist sein ~* ❖ ↗ **heilig**
heil/Heil [ˈhaɪl..]**|-kräftig** ⟨Adj.; o. Steig.; nicht bei
Vb.⟩ ʿdie Heilung (1.2), Gesundung förderndʾ
/vorw. auf Heilmittel bez./: *~e Kräuter; eine ~e
Quelle; dieser Tee, diese Salbe ist (sehr) ~; etw.
besitzt eine ~e Wirkung* ❖ ↗ **heil,** ↗ **Kraft; -los**
⟨Adj.; Steig. reg.⟩ umg. emot. neg. ʿsehr groß
(7.1)ʾ: *es herrschte ein ~es Durcheinander; das
Durcheinander war ~; eine ~e Verwirrung; eine ~e
Angst ergriff ihn; einen ~en Schreck bekommen;
jmd. ist ~* (ʿsehr hochʾ) *verschuldet* ❖ ↗ **heil,** ↗ **los;
-mittel, das** ʿMedikament od. Verfahren, mit dem
eine Krankheit behandelt, bekämpft werden kannʾ:
*natürliche ~; ein sehr wirksames ~; Kräuter, Quell-
wasser, Wassertreten als ~ verwenden;* vgl. *Medika-
ment, Arzneimittel* ❖ ↗ **heil,** ↗ **Mittel; -quelle, die**
ʿheilkräftige Quelle, die zur Behandlung bestimm-
ter Krankheiten genutzt wirdʾ ❖ ↗ **heil,** ↗ **Quelle**

heilsam [ˈhaɪl..] ⟨Adj.; Steig. reg.; nicht bei Vb.⟩
ʿdazu geeignet, jmdn. endlich einsichtig werden zu
lassen, jmdm. eine Lehre zu seinʾ /vorw. auf Psychi-
sches bez./: *das ist für ihn eine sehr ~e Erfahrung,
Ernüchterung; dieser Schock kann für ihn nur ~
sein; der Schock hatte (für ihn) eine ~e Wirkung* ❖
↗ **heil**
Heilung [ˈhaɪl..]**, die;** ~, ~en ⟨vorw. Sg.⟩ /zu *heilen*
1.1,1.2,2/ ʿdas Heilenʾ; /zu 1.1/: *eine operative, hyp-
notische ~ der Krankheit anstreben;* /zu 1.2/: *die ~
des Kranken durch den Arzt;* /zu 2/: *die ~ (der
Wunde) macht Fortschritte* ❖ ↗ **heil**
Heim [haɪm]**, das;** ~s/auch ~es, ~e **1.** ⟨o.Pl.; vorw.
mit Possessivpron.⟩ emot. pos. ʿjmds. Wohnung als
Stätte, wo er sich geborgen fühlt, sich wohl fühltʾ:
*jmd. ist glücklich, (s)ein eigenes ~ zu haben; sich in
seinem ~ wohl fühlen; es sich in seinem ~ gemütlich
machen; der Wunsch nach einem eigenen ~* (ʿnach
einem eigenen Hausʾ) **2.** ʿprivate od. öffentliche
Einrichtung, in der ein bestimmter Personenkreis
für eine befristete Zeit od. ständig untergebracht
ist (und versorgt wird)ʾ; ↗ FELD V.2.1: *ein ~ für
Senioren, Alte, Waisen, Gastarbeiter, Asylbewerber,
schwer erziehbare Kinder; in ein ~ eingewiesen, in
einem ~ untergebracht werden; in einem ~ leben,
versorgt werden; ein ~ für (werdende) Mütter* (ʿeine
Einrichtung, in der sich Mütter, werdende Mütter
erholen könnenʾ); *ein ~ einrichten, eröffnen, schlie-
ßen* ❖ **beheimatet, daheim, Heimat, heimatlich, hei-
misch, heimwärts – anheimelnd, einheimisch, Heim-
abend, -kehr, heimkommen, Heimreise, Heimstatt,
heimsuchen, Heimweh**
Heim|abend [ˈ..]**, der** ʿnichtöffentlicher, bes. in einem
Heim (2) stattfindender geselliger Abend (2), der
von den dort wohnenden Menschen gemeinschaft-
lich gestaltet wirdʾ: *einen ~ organisieren, veranstal-
ten; auf dem ~ wurden Gesellschaftsspiele gespielt,
Volkslieder gesungen, Sketche aufgeführt* ❖ ↗
Heim, ↗ **Abend**
Heimat [ˈhaɪmaːt]**, die;** ~, ~en ⟨vorw. Sg.⟩ **1.** ʿderje-
nige Ort (mit Umgebung), dasjenige Land, Gebiet,
in dem jmd. (geboren und) aufgewachsen ist, über
längere Zeit gelebt hat und zu dem er daher ge-
fühlsmäßige Bindungen hatʾ /oft aus der Sicht des-
jenigen, der weit davon entfernt lebt od. fortzieht/:
*die Berge, Seen, Wälder der ~; Lieder, Geschichten,
Bräuche aus der ~; Grüße aus der ~ bekommen, in
die ~ senden; die ~ lieben; die ~ verlassen müssen
(und ins Exil gehen); Sehnsucht nach der ~ haben;
sich freuen, die ~ wiederzusehen; nach vielen Jahren
in die ~ zurückkehren; Berlin, Frankreich ist seine
zweite ~ (geworden)* (ʿin Berlin, Frankreich fühlt
er sich inzwischen so wohl wie in seiner Heimat,
hat er sich völlig eingelebtʾ); *in der Schweiz hat er
(s)eine neue ~ gefunden* (ʿin der Schweiz fühlt er
sich inzwischen heimischʾ) **2.** ʿLand, Gebiet, aus
dem ein Tier, eine Pflanze stammtʾ: *die ~ dieses
Elefanten ist Afrika; die ~ des Tigers ist die Taiga,
ist Indien* ❖ ↗ **Heim**

heimatlich ['haɪmɑːt..] ⟨Adj.; o. Steig.; nicht präd.; vorw. attr.⟩ **1.1.** ʿfür jmds. Heimat, für die Heimat typisch': ~*e Klänge, Sitten und Gebräuche* **1.2.** ʿzu jmds. Heimat, zur Heimat gehörend': *die* ~*en Wälder, Seen, Berge; die* ~*en Gefilde; der* ~*e Dialekt; für eine Gegend ein* ~*es Gefühl* (ʿein Gefühl heimatlicher Zugehörigkeit') *haben; hier mutet mich alles so* ~ *an* **1.3.** ⟨nur attr.⟩ ʿdurch jmds. Heimat bestimmt' /beschränkt verbindbar/: *jmdm. aus* ~*er Verbundenheit helfen* ❖ ↗ **Heim**
heimisch ['haɪm..] ⟨Adj.; Steig. reg.⟩ **1.1.** ⟨o. Steig.; nur attr.⟩ ʿzur Heimat (1) von einem selbst gehörend, im eigenen Land angesiedelt, vorhanden' /auf Personen, etw. bez./: *die* ~*e* (SYN ʿeinheimische') *Bevölkerung, Fußballmannschaft, Industrie; die* ~*e Tier- und Pflanzenwelt; die* ~*en Gewässer; die* ~*en Sitten und Gebräuche* **1.2.** ⟨o. Steig.; nicht bei Vb.; vorw. präd. (mit *sein, werden*); + Adv.best.⟩ /Tier, Pflanze/ *irgendwo* ~ *sein* SYN ʿirgendwo beheimatet sein': *der Elefant ist in Afrika, Indien* ~; *die in Afrika, auf diesem Kontinent, in unserem Land, bei uns* ~*en Tiere und Pflanzen* **1.3.** ⟨nur bei Vb.⟩ /jmd./ *ein Tier irgendwo* ~ *machen* ʿeiner Tierart irgendwo solche Bedingungen verschaffen, dass sie in freier Wildbahn leben kann': *man wird dieses Tier bei uns nicht* ~ *machen können; man hat dieses Tier hier im Norden* ~ *gemacht; es ist gelungen, dieses an Wärme gewöhnte Tier in den nördlichen Breiten* ~ *zu machen* **2.** ⟨nicht attr.⟩ /jmd./ *irgendwo* ~ *sein, werden, sich irgendwo* ~ *fühlen* ʿsich irgendwo so wohl wie in der Heimat, wie zu Hause fühlen, zu fühlen beginnen': *obwohl ich schon seit längerer Zeit in dieser Stadt wohne, bin ich hier immer noch nicht* ~; *nirgends habe ich mich* ~*er gefühlt als in N; in N (wo ich studiert habe) bin ich nie* ~ *gewesen, habe ich mich nie* ~ *gefühlt'; in meiner neuen Wohnung fühle ich mich inzwischen* ~; *bei diesen Leuten kann man sich doch nicht* ~ *fühlen!; in der Großstadt, in dieser tristen Gegend werde ich wohl nie* ~; *hier (in Hamburg, bei euch) bin ich schnell* ~ *geworden* ❖ ↗ **Heim**
Heim/heim ['haɪm]‖**-kehr** [keːɐ], **die**; ~, ⟨o.Pl.⟩ /zu *heimkehren* 1 u. 2/ ʿdas Heimkehren': *bei seiner* ~ *fand er alles verändert vor; alle warteten auf seine* ~ ❖ ↗ **Heim**, ↗ **kehren (I)**; **-kehren** ⟨trb. reg. Vb.; ist⟩ **1.** /jmd./ SYN ʿheimkommen (2)': *erst nach vielen Jahren ist er (von seiner Reise, aus der Gefangenschaft) heimgekehrt* **2.** /jmd./ SYN ʿheimkommen (1)': *er kehrt abends meist sehr spät (von der Arbeit) heim* ❖ ↗ **Heim**, ↗ **kehren (I)**; **-kommen**, kam heim, ist heimgekommen **1.** /jmd./ ʿ(von der Arbeit) nach Hause kommen'; SYN heimkehren (2): *er ist heute erst kurz vor Mitternacht heimgekommen; wann kommst du heim?* **2.** /jmd./ ʿin die Heimat (1) zurückkehren'; SYN heimkehren (1): *im Alter ist er (in seine Geburtsstadt) heimgekommen* ❖ ↗ **Heim**, ↗ **kommen**
heimlich ['haɪm..] ⟨Adj.; Steig. reg., ungebr.; vorw. attr. u. bei Vb.⟩ ʿvor anderen verborgen gehalten und daher für sie nicht wahrnehmbar, erkennbar'

/vorw. auf Psychisches od. Äußerungen bez./: *(eine)* ~*e Angst, Freude, Genugtuung empfinden;* ~*en Kummer,* ~*es Misstrauen, einen* ~*en Wunsch haben; für jmdn. ein* ~*es Faible haben; das war mir ein* ~*es Vergnügen; jmd. ist ein* ~*er Bewunderer, Verehrer von jmdm.; ein* ~*er* (SYN ʿgeheimer 2') *Plan, eine* ~*e Abmachung, Verabredung; etw.* ~ *vorbereiten, erledigen, verändern, auskundschaften; das brauchtest du doch nicht* ~ *(vor mir) zu tun!;* ~ *lachen, lästern, naschen, gähnen; jmdn.* ~ *lieben, beneiden; jmdm. etw.* ~ (SYN ʿverstohlen') *zuflüstern, zustecken, wegnehmen; sich* ~ *davonmachen;* vgl. *geheim (2)* ❖ **Heimlichkeit, verheimlichen;** vgl. **unheimlich**
* emot. ~, *still und leise* ʿganz unauffällig und unbemerkt': ~, *still und leise wurde der Plan geändert*
Heimlichkeit ['haɪmlɪç..], **die**; ~, ~**en 1.** ⟨vorw. Pl.⟩ ʿetw., was heimlich ausgeführt wird, aber von anderen oft intuitiv erfasst wird': *solche, deine* ~*en gefallen mir nicht!; in der Zeit vor Weihnachten gibt es viele* ~*en/viel* ~ (ʿviel, was zum Zwecke der Überraschung heimlich getan wird'); *vor jmdm.* ~*en haben* ʿvor jmdm. etw. heimlich tun, vor jmdm. etw. geheim halten': *ich habe vor dir keine* ~*en* (ʿdu weißt alles, was meine Angelegenheiten betrifft'); *er hat (mit seiner Schwester) allerlei* ~*en vor seinen Eltern* **2.** ⟨o.Pl.⟩ emot. *in aller* ~ ʿgeschickt vor anderen verborgen gehalten und sie damit in Unkenntnis gelassen': *das alles geschah in aller* ~, *hat er in aller* ~ *getan; die Zusammenkunft fand in aller* ~ *statt; etw. in aller* ~ *vorbereiten, planen, verändern* ❖ ↗ **heimlich**
heimlich tun (er tut heimlich), tat heimlich, hat heimlich getan ⟨vorw. im Inf. u. Part. Prät.⟩ /jmd./ ʿdurch sein Benehmen jmdm. Bestimmten zu erkennen geben, dass man etw. letztlich als sein Geheimnis betrachtet und es nicht preiszugeben gedenkt': *ich will nicht lange* ~ *und euch gleich das Neueste mitteilen; du musst nicht immer so* ~!; *mit etw.* ~: *mit deinem Plan, deinen Freundschaften, Geldangelegenheiten brauchst du (doch) nicht heimlich zu tun; damit hat er immer (mächtig) heimlich getan*
Heim/heim ['haɪm..]‖**-reise, die** ʿReise zurück nach Hause': *die* ~ *antreten; es passierte während der* ~ ❖ ↗ **reisen; -reisen** ⟨trb. reg. Vb.; ist⟩ ʿzurück nach Hause reisen': *morgen muss, will er* ~ ❖ ↗ **reisen; -statt, die**; ~, ~**stätten** [ʃtɛtn̩] ⟨vorw. Sg.⟩ geh. ʿStätte, an der sich jmd. zu Hause fühlt, ein Tier langfristig und gesund lebt, wo etw. seinen festen Platz hat': *jmdm. eine (neue)* ~ *geben, bieten; ein Tier hat im Zoo seine* ~ *gefunden; die Gemälde werden im Museum eine würdige* ~ *haben* ❖ ↗ **Stätte; -suchen** ⟨trb. reg. Vb.; hat; vorw. im Perf.⟩ **1.** ⟨oft im Pass.⟩ geh. /etw., bes. Unheil/ *jmdn., etw.* ʿplötzlich auftreten und jmdm., einer Region Schaden zufügen': *eine Epidemie, ein Erdbeben hat das Land heimgesucht; jmd. wird von einer schweren Krankheit heimgesucht* **2.** /jmd./ *jmdn., etw.* ~ ʿbei jmdm., in etw. eindringen, um etw. zu stehlen od.

zu zerstören': oft scherzh. *Diebe haben ihn, sein Grundstück heimgesucht* **3.** iron. /jmd./ *jmdn.* ~ ʿjmdn. überraschend besuchen': *am Sonntag hat uns unsere Tante, die ganze Verwandtschaft heimgesucht* ❖ ↗ suchen; **-tückisch** ⟨Adj.; Steig. reg.⟩ **1.** SYN ʿhinterhältig' /auf Personen bez./: *jmd. ist ein ~er Mensch, ist ~; jmdn.* ~ (SYN ʿmeuchlings') *überfallen, ermorden* **2.** ⟨nicht bei Vb.⟩ ʿgefährlich und schwer einschätzbar' /vorw. auf Krankheiten bez./: *eine ~e Krankheit; die Krankheit ist* ~ ❖ ↗ Tücke; **-wärts** [vɛʀts] ⟨Adv.⟩ ʿzurück nach dem Heimatort, nach Hause': ~ *fahren, eilen;* **-weh, das**; ~s, ⟨o.Pl.⟩ ʿquälende Sehnsucht nach der Heimat, dem Zuhause, den dort lebenden geliebten Menschen': *in der Fremde* ~ *nach dem Zuhause, nach den Bergen, nach Berlin, nach der Mutter, den Spielgefährten haben; sehr unter* ~ *leiden; jmd. ist fast krank vor* ~ ❖ ↗ ¹weh; **-zahlen** ⟨trb. reg. Vb.; hat⟩ /jmd./ *jmdn. etw.* ⟨vorw. das⟩ ~ ʿjmdn. etw. vergelten, das dieser ihm angetan hat': *das hat er ihm heimgezahlt; das werde ich ihm* ~! ❖ ↗ Zahl

Heirat [ˈhaɪʀaːt], **die**; ~, ~en ⟨vorw. Sg.⟩ **1.1.** ʿdas Heiraten als amtlicher Vorgang': *ihre* ~ *fand (nicht nur) standesamtlich, (auch) kirchlich statt; die* ~ *wurde auf den 25. April festgesetzt; nach ihrer* ~ *zogen sie in die neue Wohnung; eine* ~ *stiften, hintertreiben, vermitteln* **1.2.** ʿdie mit jmdm. eingegangene eheliche Verbindung': *die Eltern waren mit der* ~ *ihres Sohnes nicht einverstanden; durch ihre, die, mit ihrer* ~ *hat sich vieles in ihrem Leben verändert* ❖ ↗ **heiraten**

heiraten [ˈhaɪʀaːtn̩], heiratete, hat geheiratet /jmd./ *jmdn.* ~ ʿmit jmdm. eine Ehe schließen': *er hat sie sofort, allein aus Liebe, nicht wegen des Geldes geheiratet; sie hat einen Ingenieur geheiratet; jung, früh, spät, zum zweiten Mal* ~; *die beiden wollen bald* ~ (ʿmiteinander eine Ehe schließen'); *die beiden wollen nicht* ~ (ʿschließen für ihr gemeinsames Leben eine Heirat aus'); *jmd. hat nicht, nie geheiratet* (ʿist ledig geblieben'); *irgendwohin* ~: *in die Stadt, nach Berlin* ~ (ʿjmdn. heiraten, der in der Stadt, in Berlin wohnt und dort mit ihm zusammenleben') ❖ **Heirat, verheiraten**

heiser [ˈhaɪzɐ] ⟨Adj.; Steig. reg.⟩ ʿsich rau und klanglos anhörend' /auf die Stimme, Person bez./: *jmd. hat durch die Erkältungskrankheit, vom vielen Reden, Singen, Rauchen eine ~e Stimme; jmd. ist* ~ (ʿhat eine heisere Stimme'); *jmd. spricht* ~ (ʿspricht mit heiserer Stimme')

heiß [haɪs] ⟨Adj.⟩ **1.1.** ⟨Steig. reg.⟩ ʿvon relativ sehr hoher Temperatur, die oft als unangenehm, gefährlich empfunden wird'; ANT kalt /auf Materielles od. auf Zeitabschnitte bez./; ↗ FELD VI.5.3: *ein ~er Ofen, ein ~es Bügeleisen; ~e Quellen; der Kaffee, Tee, Grog ist (noch) schön* ~; *Vorsicht, der Topf, das Wasser ist* ~!; *der Motor ist* ~, *hat sich* ~ *gelaufen; ~e* (ʿin heißem Wasser sehr warm gemachte') *Würstchen; ein ~es Bad* (ʿein Bad in besonders warmem, gerade noch erträglichem Wasser') *nehmen; ein ~er Sommertag; wir hatten einen*

~*en Sommer* (ʿeinen Sommer mit durchschnittlich sehr hohen Temperaturen am Tage'); *es ist heute sehr* ~ (ʿdie Temperatur der Luft draußen ist sehr hoch') **1.2.** ⟨Steig. reg., ungebr.⟩ ʿ(auf Grund von Fieber) eine hohe Körpertemperatur aufweisend od. davon zeugend' /auf Körperteile, Personen bez./: *einen ~en Kopf, ~e Hände haben; er hat eine ~e Stirn* (ʿer ist fiebrig, und seine Stirn fühlt sich heiß an'); *jmdn. ist* ~ (ʿjmd. verspürt ein Gefühl der Hitze im Körper und schwitzt'); *das Kind ist* ~ (ʿhat eine höhere als normale Körpertemperatur, weil es fiebert'), *fühlt sich* ~ *an* **2.** ⟨nicht präd.⟩ **2.1.** ⟨Steig. reg., Komp. ungebr.⟩ ʿheftig und leidenschaftlich' /auf Psychisches bez./: *(eine) ~e Sehnsucht nach jmdm., etw. verspüren; (ein) ~es Verlangen nach etw. haben; etw.* ~ *ersehnen; jmd. ist in ~er Liebe zu jmdm. entbrannt; es war sein ~ester Wunsch, das Mädchen, die Heimat wiederzusehen;* umg. scherzh. *das Kind liebt seinen Teddybär* ~ *und inniglich';* /in der kommunikativen Wendung/ scherzh. *~en Dank* /wird gesagt, wenn man jmdm. trotz eines relativ geringen Anlasses seinen Dank zum Ausdruck bringen möchte/: *„Ich habe für dich gleich eine Fahrkarte mitgekauft." „Heißen Dank!"* **2.2.** ⟨Steig. reg., ungebr.⟩ ʿheftig und erbittert' /vorw. auf sprachliche Auseinandersetzungen bez./: *um dieses Thema entstand eine ~e Diskussion, Debatte; jetzt beginnt die ~e* (ʿfür die Lösung des Problems entscheidende') *Phase der Auseinandersetzung; es steht ein ~er* (ʿmit entscheidenden politischen Auseinandersetzungen befrachteter') *Herbst bevor; auf der Versammlung ging es* ~ *her* (ʿprallten die Meinungen krass aufeinander'); *dieses Problem ist* ~ *umstritten; dieses Gebiet war* ~ *umkämpft* **3.** ⟨Steig. reg., ungebr.; nicht bei Vb.⟩ ʿheikel und gefährlich': *damit wurde ein ~es Thema aufgegriffen, angepackt; die Sache ist mir zu* ~, *wird mir allmählich zu* ~ (ʿzu gefährlich') **4.** ⟨Steig. reg., ungebr.; nicht bei Vb.; vorw. attr.⟩ umg. emot. ʿmit größter Wahrscheinlichkeit den jeweils angestrebten Erfolg bringend' /vorw. auf Abstraktes, Personen bez./: *das war ein ~er Tip; eine* ~*e* (ʿdie höchstwahrscheinlich zum Erfolg der polizeilichen Fahndung führende') *Spur verfolgen; jmd. ist ein ~er* (ʿallgemein als der mit den größten Aussichten auf Sieg, Gewinn angesehener') *Favorit* **5.** ⟨o. Steig.⟩ **5.1.** ⟨nur attr.⟩ ʿstark rhythmisch und schnell und die Sinne erregend' /vorw. auf Musikstücke bez./: *~e Musik, ~e Rhythmen, Rockmusik* **5.2.** umg. ʿauf das andere Geschlecht erregend wirkend' /auf Personen bez./: *er ist ein (ganz) ~er Typ; ~e Mädchen waren auf der Disko* **5.3.** ⟨nur präd. (mit *sein*)⟩ umg. /jmd./ *auf jmdn., etw.* ~ (ʿerpicht, begierig') *sein: er ist (ganz)* ~ *auf schöne Mädchen, spannende Videos, moderne Musik* ❖ **erhitzen, Hitze, hitzig – Hitzkopf, hitzköpfig**

* **es läuft jmdm.** ~ **und kalt über den Rücken/den Rücken hinunter** (ʿjmdn. schaudert es'); /etw., bes. *das*/ **jmdn. nicht** ~ **machen** (ʿjmdn. gleichgültig lassen, nicht erregen')

¹heißen [ˈhaɪsn̩], hieß [hiːs], hat geheißen **1.1.** ⟨+ Vor- und/od. Familienname⟩ /jmd./ *irgendwie ~* ʿeinen bestimmten Namen habenʾ: *ich heiße Karl, Müller, Karl Müller; wie heißt du (denn, eigentlich)?; wie ~ Sie mit Vor- und Familiennamen* (ʿwie lauten Ihr Vor- und Familiennameʾ)?; *er heißt nach seinem Onkel* (ʿhat aus bestimmten Gründen den Vornamen bekommen, den sein Onkel hatʾ); /in den kommunikativen Wendungen/ umg. *so wahr ich B heiße* /sagt jmd. mit Nennung des eigenen Vor- und/od. Familiennamens im Anschluss an eine Behauptung, um sie zu bekräftigen, ihr Nachdruck zu verleihen/: *das werde ich zu verhindern wissen/das habe ich nie gesagt/nicht gewusst, so wahr ich Inge Müller heiße* (ʿworauf sich jedermann verlassen kannʾ); *wenn das stimmt, heiße ich Hans* /sagt jmd. mit Nennung eines bestimmten, meist sehr alltäglichen Namens, um starke Zweifel an der Richtigkeit, Korrektheit des Gehörten auszudrücken/: „*Es soll bald eine Gehaltserhöhung geben.*" „*Wenn das stimmt, heiße ich Hans/will ich Hans ~, will ich Lieschen Müller ~* (ʿda bin ich sehr skeptischʾ); *wenn das gerecht ist/sein soll, heiße ich Hans* (ʿdas ist für mein Verständnis auf keinen Fall gerechtʾ) **1.2.** ⟨+ Eigenname⟩ /Tier, Pflanze, etw./ *irgendwie ~* ʿeinen bestimmten Namen, eine bestimmte Bezeichnung habenʾ: *unser Hund heißt Karo; diese kleine Blume heißt Vergissmeinnicht; der Fuchs heißt in der Fabel Reineke; die Hauptstadt Deutschlands heißt Berlin; wie heißt dieser Fluss, das Schiff, diese Apfelsorte, dein Parfüm?; der Sonntag vor Ostern heißt Palmarum; der Betrieb, die Schule heißt jetzt anders* (ʿhat den Namen gewechseltʾ); *die kalte Jahreszeit heißt Winter; weiße Pferde ~ Schimmel; der Geistliche heißt in der evangelischen Kirche Pfarrer od. Pastor* **1.3.** /Wort, Satz/ *auf etw., in etw.* ⟨Dat.⟩ *~* ʿin einer anderen Sprache lautenʾ: *auf Englisch heißt „gut" „good"; wie heißt „Buch" auf Französisch, im Französischen?; wie heißt dieses Wort, dieser Satz auf Englisch, Französisch/im Englischen, Französischen?* **2.1.** ⟨vorw. mit Nebens. od. Haupts.⟩ /etw., nur es/ *es heißt, ... * ʿman sagtʾ ...ʾ: *es heißt, morgen soll es losgehen; es heißt, sie haben den Dieb gefasst;* ⟨oft mit Konj. I, II im abhängigen Satz⟩ *es heißt, man habe den Dieb gefasst; nun hieß es auf einmal, alle sollten daran teilnehmen* **2.2.** ⟨mit bestimmtem Vb. im Inf. ohne *zu*⟩ *es heißt ...* ʿman muss ... tunʾ: ⟨mit temporalem, lokalem Adv.⟩ *hier, dort heißt es aufpassen; da heißt es, sich sputen; morgen heißt es früh aufstehen; hier heißt es, sich schnell entscheiden*

²heißen ⟨als Glied der zusammengesetzten koordinierenden Konj. **das heißt** ⟨verbindet zwei Hauptsätze, zwei Nebensätze, zwei Satzglieder od. Teile von Satzgliedern⟩ ABK d. h. /der durch *das heißt* eingeleitete Teil präzisiert od. korrigiert das Vorausgehende/: *er wohnt in Berlin, das heißt, am Rande von Berlin; er ist sehr fleißig, das heißt, ich glaube es wenigstens; die Behörde hat angekündigt, dass die*

Brücke Ende nächsten Jahres fertig gestellt sein muss, das heißt, dem Verkehr übergeben werden soll

Heiß|hunger [ˈhaɪs..], der ⟨vorw. o.Art. od. mit unbest. Art.⟩ *~ auf etw.* ʿunbezähmbarer Appetit auf eine bestimmte Speiseʾ: *~ auf saure Gurken haben; ~ auf etw. Süßes; ich habe heute einen ~ auf Hering; etw. mit ~ essen; sich mit ~ auf etw. stürzen* ❖ ↗ **Hunger**

heiter [ˈhaɪtɐ] ⟨Adj.⟩ **1.** ⟨Steig. reg.⟩ SYN ʿfröhlich (1.2)ʾ; ANT ernst (1) /vorw. auf Personen bez./; ↗ FELD I.6.3: *jmd. ist ein ~er Mensch, hat ein ~es Gemüt; er war ~, wirkte ~; etw. stimmt jmdn. ~; ein ~es* (ANT verdrießliches 1) *Gesicht machen* **2.** ⟨o. Steig.; nicht bei Vb.⟩ ʿfröhlich stimmendʾ /auf Musik, Literatur bez./: *~e Musik; eine ~e Sendung; ein ~es Buch lesen; er liebt ~e Literatur;* /in den kommunikativen Wendungen/ umg. iron. *das ist ja ~* (ʿdas ist ja nicht gerade erfreulichʾ); *das kann ja ~ werden* (ʿdas sind ja nicht gerade erfreuliche Aussichten, da steht ja noch Unangenehmes bevorʾ)!; vgl. *vergnüglich* (2) **3.** ⟨Steig. reg., ungebr.; nicht bei Vb.⟩ ʿfast ohne Wolken und reich an Sonnenscheinʾ; SYN sonnig (1.2); ↗ FELD VI.2.3: *~es Wetter; heute haben wir einen ~en Tag; morgen wird es ~ bis wolkig sein; bei diesem ~en* (SYN ʿfreundlichen 2ʾ) *Wetter können wir baden gehen* ❖ **erheitern, Heiterkeit – aufheitern**

Heiterkeit [ˈhaɪtɐ..], die; ~, ⟨o.Pl.⟩ **1.** /zu heiter 1/ ʿdas Heiterseinʾ; ↗ FELD I.6.1: *jmd. strahlt ~ aus, verbreitet ~ um sich; jmd. ist von einer strahlenden, kindlichen, naiven, unbekümmerten ~* **2.** ʿfröhliche Stimmung, fröhliches Gelächterʾ: *jmd., etw. erregt (allgemeine), große ~; etw. ist voller ~* (ANT Melancholie); *der Witz löste große ~ aus* ❖ ↗ **heiter**

heizen [ˈhaɪtsn̩] ⟨reg. Vb.; hat⟩; ↗ FELD VI.5.2 **1.1.** /jmd./ *etw. ~* ʿdie Luft in einem Raum, einem Gebäude mit einem Ofen od. einer dafür bestimmten technischen Anlage erwärmenʾ: *ein Zimmer, eine Wohnung ~; wir ~ täglich alle Räume* **1.2.** /jmd./ *mit etw. ~* ʿzum Heizen (1.1) bestimmtes Heizmaterial benutzenʾ: *wir ~* (SYN ʿfeuern 1ʾ) *mit Kohle, Holz, Öl, Gas; wir ~ elektrisch; etw. mit etw. ~:* *die Wohnung wird mit Kohle, Briketts geheizt; der Saal war schlecht, gut geheizt* **1.3.** *das Zimmer, die Wohnung heizt sich gut, leicht, schlecht* (ʿdie Luft lässt sich gut, leicht, schlecht erwärmenʾ) **2.1.** /jmd./ *einen Ofen ~* (ʿin einem Ofen Heizmaterial verbrennen und dadurch den Ofen heiß werden lassenʾ) **2.2.** *der Ofen heizt gut, schlecht* (ʿerzeugt im Verhältnis zum verbrauchten Heizmaterial viel, wenig Wärmeʾ) ❖ **Heizer, Heizung, Heizmaterial, -öl**

Heizer [ˈhaɪtsɐ], der; ~s, ~ ʿjmd., der beruflich Öfen heizt, eine zum Heizen dienende technische Anlage bedientʾ; ↗ FELD VI.5.1

Heiz|-material [ˈhaɪts..], das ʿzum Heizen dienendes Verbrennungsmaterial, wie z. B. Kohle, Holzʾ: *als ~ Kohle, Koks verwenden* ❖ ↗ heizen, ↗ Material; **-öl, das** ʿzum Heizen verwendetes Ölʾ: *er stellt seine Heizung von ~ auf Erdgas um* ❖ ↗ heizen, ↗ Öl

Heizung ['haits..], **die**; ~, ~en 'technische Anlage zum Heizen (1.1) von Räumen, Gebäuden'; ↗ FELD VI.5.1: *die ~ an-, abstellen, warten; die ~ ist ausgefallen* ❖ ↗ **heizen**

Hektar ['hɛktaːʀ/hɛk'taːʀ], **der**/auch **das**; ~s, ⟨o.Pl.⟩ /Maßeinheit/ '100 Ar': *eine Fläche von 50 ~; ein zehn ~ großer Acker; das Grundstück umfasst zwei ~*

Hektik ['hɛktɪk], **die**; ~, ⟨o.Pl.⟩ 'hektische Eile, hektische Betriebsamkeit': *die ~ des Winterschlussverkaufs, des Großstadtverkehrs nicht ertragen; etw. in größter ~ tun, vorbereiten*; scherzh. *er verbreitet immer solche ~, wenn er bei uns zu Besuch ist*; ⟨+ Gen.attr.⟩ *in der ~ des Alltags, des allgemeinen Aufbruchs etw. übersehen, vergessen*; /in der kommunikativen Wendung/ umg. *nur keine ~* ('immer schön ruhig bleiben')! ❖ **hektisch**

hektisch ['hɛkt..] ⟨Adj.; Steig. reg.⟩ 'von nervöser Hast, höchster, meist uneffektiver Betriebsamkeit geprägt': *sein ~es Treiben; die ~e Atmosphäre vor dem großen Fest, beim Winterschlussverkauf; er ist ein ~er Mensch, entwickelt immer eine ~e Aktivität*; umg. *sei doch nicht immer so ~* ('mach alles mit etwas mehr innerer Ruhe')!; *er reagierte ziemlich ~ auf unsere Ankündigung* ❖ ↗ **Hektik**

Held [hɛlt], **der**; ~en, ~en 'jmd., der sich (im Kampf, Widerstand) durch ein besonderes Maß an Mut und Unerschrockenheit auszeichnet, ausgezeichnet hat'; ↗ FELD I.6.1: *die ~en des Befreiungskrieges, der Widerstandsbewegung; die namenlosen, gefallenen ~en; der Retter des verunglückten Kindes wurde als ~ gefeiert*; /in der kommunikativen Wendung/ spött. *du bist mir (ja) ein (schöner) ~* ('was du dir da geleistet hast, ist nicht besonders rühmlich')! ❖ **heldenhaft, Heldentum**
* /jmd./ **in etw.** ⟨Dat.⟩ **kein ~ sein** 'in einem bestimmten (Schul)fach keine großen Fähigkeiten zeigen': *im Turnen, Rechnen bist du (wirklich) kein ~!*; /jmd./ **den ~en spielen (wollen)** 'so tun, als wäre man mutig': ⟨oft verneint⟩ *der will hier den ~ spielen!; spiel hier nicht den ~en!*; oft scherzh. **der ~ des Tages** 'jmd., der vorübergehend wegen einer besonderen Leistung im Mittelpunkt des allgemeinen Interesses steht': *der Torhüter, Polizist, Lebensretter war der ~ des Tages*

heldenhaft ['hɛldn̩..] ⟨Adj.; Steig. reg., ungebr.⟩ 'von großem Mut, großer Unerschrockenheit zeugend'; SYN heroisch /bes. auf Auseinandersetzungen bez./; ↗ FELD I.6.3: *~er Widerstand, Kampf gegen die Unterdrücker; der Kampf war ~; ~ kämpfen* ❖ ↗ **Held**

Heldentum ['hɛldn̩..], **das**; ~s, ⟨o.Pl.⟩ 'heldenhaftes Verhalten'; ↗ FELD I.6.1: *echtes, wahres ~; stilles ~; das ~ der Widerstandskämpfer* ❖ ↗ **Held**

helfen ['hɛlfn̩] (er hilft [hɪlft]), half [half], hat geholfen [..'hɔlfn̩] **1.** /jmd./ **1.1.** *jmdm. ~* ⟨+ Vb. im Inf. mit od. ohne *zu*⟩ 'dazu beitragen, dass jmd. etw. (leichter, schneller) erreicht, zustande bringt'; ↗ FELD I.18.2: *ich half ihm tragen; ich half ihm den Koffer tragen/ich half ihm, den Koffer zu tragen;* ⟨im Perf. kann bei vorausgehendem Inf. statt des Part. II der

Inf. von *helfen* stehen⟩ *sie hat ihm (das Buch) suchen geholfen/suchen ~; jmdm. bei etw. ~: jmdm. beim Umzug, bei den Hausaufgaben ~; jmdm. beim Aussteigen ~*; /in den kommunikativen Wendungen/ *ich kann mir nicht ~, (aber) … 'ich bin der festen Überzeugung, dass …'* /leitet eine Aussage ein, von deren Inhalt der Sprecher fest überzeugt ist, obwohl er Zweifel hat/: *ich kann mir nicht ~, (aber) da stimmt was nicht!; ich kann mir nicht ~, (aber) gestern stand das Auto noch hier; dir werde ich/will ich ~* ⟨auch mit Nebens.⟩ 'hüte dich, das noch einmal zu tun'! /wird als Drohung gesagt/: *dir will ich ~, mir meine Kirschen zu stehlen!; dir will ich ~, lass dich hier nie wieder sehen!* **1.2.** *jmdm. in etw./ aus etw.* ⟨Dat.⟩ *~* 'jmdm. helfen (1.1), in, aus etw. zu gelangen': *jmdm. in den Mantel, in die Straßenbahn ~; jmdm. aus dem Mantel, aus der Straßenbahn ~; jmdm. aus einer Verlegenheit ~* **2.** *etw. hilft nicht* /etw. bewahrt jmdn. nicht vor etw. Unausweichlichem/: *da half (ihm) kein Sträuben, kein Bitten; es hilft (alles) nichts* ('es ist nun einmal so'), *ich muss jetzt gehen* **3.** /etw., bes. Medikament/ *bei etw.* ⟨Dat.⟩, *gegen etw. ~* 'bei einer Erkrankung Heilung, Linderung bewirken': *die Tabletten ~ gegen, bei Kopfschmerzen; du musst Knoblauch essen, das hilft!* ❖ **Behelf, behelfen, behelfsmäßig, behilflich, Gehilfe, Helfer, Hilfe, verhelfen; Abhilfe, Arbeitslosenhilfe, aushelfen, Aushilfe, Beihilfe, hilflos, hilfsbedürftig, -bereit, Hilfskraft, -mittel, mithelfen, nachhelfen, Nachhilfe, Sozialhilfe, Sozialhilfeempfänger, Starthilfe, unbeholfen, weghelfen, weiterhelfen**
* **jmdm. ist nicht zu ~** ('jmd. setzt sich (vermeintlich zu seinem Nachteil) über alle wohl gemeinten Ratschläge hinweg'); /jmd./ **sich** ⟨Dat.⟩ **nicht zu ~ wissen** ('nicht mehr wissen, wie etw. zu lösen, zu bewältigen ist')

Helfer ['hɛlfɐ], **der**; ~s, ~ 'jmd., der jmdm. hilft, geholfen hat': *jmdn. als ~ gewinnen; er war der ~ in der Not* ('hat plötzlich in einer schwierigen Lage geholfen') ❖ ↗ **helfen**

hell [hɛl] ⟨Adj.; Steig. reg.⟩ **1.** ⟨nicht bei Vb.⟩ ANT dunkel (1) **1.1.** 'von natürlichem od. künstlichem Licht erfüllt, mit (viel) Licht' /bes. auf Tagesabschnitte bez./; ↗ FELD VI.2.3: *der Tag war ~ und klar; am Strand, auf den schneebedeckten Feldern ist es sehr ~; es ist draußen so ~, dass ich eine Sonnenbrille aufsetzen muss; draußen wird es schon ~* ('geht die Sonne auf, beginnt der Morgen'); *im Zuschauerraum wurde es ~* ('ging allmählich das elektrische Licht an'); *noch im Hellen* ('bei Tageslicht, vor Einbruch der Dunkelheit') *nach Hause kommen*; emot. *er schlief bis in den ~en Morgen* ('bis weit in den Tag hinein'); *es ist schon ~er Tag* ('die Sonne ist längst aufgegangen'); *es geschah am* ('hellichten') *Tag!* **1.2.** 'von natürlichem od. künstlichem Licht so erhellt, dass man alles gut sehen kann'; ANT dunkel (1), düster (1) /auf Räume bez./: *das Zimmer, der Raum ist (schön) ~* (SYN 'freundlich 2'); *~e Flure, Treppenhäuser; ein ~er*

(SYN 'lichter 1.1') *Schein* **1.3.** 'wegen Mondschein, des klaren Himmels wegen eine bestimmte Helligkeit aufweisend'; ANT finster (1) /bes. auf die Nacht, den Himmel bez./: *das ist heute eine ~e Sommer-, Winternacht; jetzt wird es (wieder) ~* ('die dunklen Wolken ziehen ab, und die Sonne scheint wieder') **2.** '(verhältnismäßig viel) Licht abgebend, ausstrahlend'; ANT matt (3) /auf Licht, Lichtquellen bez./: *die Glühbirne, Lampe ist sehr ~, ist mir zu ~; von Ferne ein ~es Licht, den ~en Schein eines Lichtes sehen; dies ist ein besonders ~er Stern; der Mond leuchtet ~ am Himmel* **3.** '(in der jeweiligen Farbe) dem Weiß angenähert'; ANT dunkel (2) /auf Farben, Gegenstände bez./: *ein ~es Rot, Grün; ~e Farben bevorzugen; ein ~er Stoff, Anzug; ~e Tapeten, Möbel; eine Wohnung ~ tapezieren; der Rock ist nach dem Waschen ~er geworden* ('durch das Waschen hat die Farbe des Rockes an Intensität verloren'); *Menschen mit ~er Hautfarbe* ('mit einer Haut, die wenig Pigmente hat'; SYN 'weiß 2') **4.** '(im Ton, Klang) nicht gedämpft, sondern verhältnismäßig hoch, daher vom Ohr besonders deutlich wahrnehmbar'; ANT dunkel (3) /auf Akustisches bez./: *~e Kinderstimmen; ein ~es Gelächter; der ~e Klang der Posaunen, Flöten; die Stimmen klangen ~; von Ferne war das ~e Geläut einer Glocke zu hören* **5.** ⟨nicht bei Vb.⟩ 'schnell denkend und intelligent': *das ist ein ~es Bürschchen, Kind; die kleine ist für ihr Alter schon recht ~; jmd. ist ein ~er Kopf; jmd. hat einen ~en Kopf, Verstand* ('denkt schnell und ist intelligent'); *etw. mit ~em* ('kritisch geschärftem') *Verstand beobachten, verfolgen* ❖ **erhellen, Helligkeit – helllicht, taghell;** vgl. **hell/Hell-**
hell ['..]|**-blau** ⟨Adj.; o. Steig.⟩ 'von heller blauer Farbe'; ↗ FELD VI.2.3: *ein ~es Kleid; eine Babygarnitur in Hellblau; etw. ist ~ gefärbt* ❖ ↗ **blau**; **-hörig** [hø:ʀɪç] ⟨Adj.⟩ **1.** ⟨o. Steig.⟩ **1.1.** ⟨nur präd., mit *werden*⟩ /jmd./ ~ *werden* 'in Bezug auf jmdn., etw. plötzlich auf Grund bestimmter Indizien aufmerksam werden und die ganze Wahrheit herauszufinden suchen': *als ich von diesem Vorhaben, ihrem Kauf, Streit hörte, bin ich ~ geworden* **1.2.** /etw./ *jmdn. ~ machen* 'bewirken, dass jmd. hellhörig (1.1) wird': *seine plötzliche Parteinahme für diesen Menschen, sein Interesse für Waffen machte mich ~* **2.** ⟨Steig. reg.; nicht bei Vb.⟩ 'Schall nicht od. nur schlecht isolierend' /auf Räume, Gebäude bez./; ↗ FELD I.3.2.3: *ein ~er Neubau; das Haus, die Wohnung ist sehr ~* ❖ ↗ **hören**
Helligkeit ['hɛlɪç..], **die**; ~, ⟨o.Pl.⟩ /zu hell 1.1,1.2,2/ 'das Hellsein'; ↗ FELD VI.2.1 /zu 1/: *die ~ des Tages ist heute groß, sodass man eine Sonnenbrille braucht; seine Augen gewöhnten sich allmählich an die ~* ('den hohen Grad des Hellseins') *am Strande, im Saal; der Raum war von großer ~ erfüllt; /zu 2/: die Kerze verbreitete eine gedämpfte ~* ❖ ↗ **hell,** ↗ **Licht**
helllicht ['hɛlɪçt] ⟨Adj.; nur attr.⟩ /beschränkt verbindbar/: *am ~en Tag* 'während des Tages, bei vol-

lem Tageslicht': *das Verbrechen geschah, der Angriff erfolgte am ~en Tag; es ist ~er Tag* 'die Sonne scheint bereits': *steh auf, es ist ~er Tag!* ❖ ↗ **hell,** ↗ **Licht**
hell/Hell ['hɛl..]|**-sehen** ⟨Vb.; nur im Inf.; vorw. mit Modalvb. *können*⟩ 'nicht am Ort stattfindende od. zukünftige Ereignisse als visuelle Vorstellung wahrnehmen': *sie meint, ~ zu können*; umg. *ich kann doch nicht* ('ich kann doch nicht wissen, was geschehen wird, irgendwo geschieht'); *du kannst wohl ~* ('du scheinst etw. zu wissen, was du eigentlich gar nicht wissen kannst') ❖ ↗ **sehen**; **-seher** [ze:ɐ], **der**; ~s, ~ 'männliche Person, die den Ruf hat, hellsehen zu können': *zu einem ~ gehen, um sich die Zukunft voraussagen zu lassen* ❖ ↗ **sehen**; **-wach** ['h../auch ..'vax] ⟨Adj.; o. Steig.⟩ **1.** ⟨nicht attr.⟩ 'völlig wach, keinerlei Müdigkeit verspürend': *als der Wecker klingelte, war er sofort ~; es war schon spät, aber er war noch ~, saß noch ~ vor dem Fernseher* **2.** ⟨nicht bei Vb.⟩ 'klar denkend und voller Konzentration' /vorw. auf Personen bez./: *er ist ~, hat einen ~en Verstand; er war sofort ~* ('erkannte sofort die Gefahr'), *als man ihm diese Frage stellte* ❖ ↗ **wach**
Helm [hɛlm], **der**; ~es/auch ~s, ~e 'bes. aus Metall od. Kunststoff bestehende (abgerundete), zum Schutz gegen Verletzung od. Verwundung dienende Kopfbedeckung'; ↗ FELD V.1.1, 6.1: *der ~ des Soldaten* ('der Stahlhelm'); *der ~ des Bauarbeiters, Feuerwehrmannes, Motorradfahrers; den ~ aufsetzen, abnehmen, festschnallen; er trug auf der Baustelle keinen ~ und wurde verletzt* ❖ **Schutzhelm, Stahlhelm, Sturzhelm**
Hemd [hɛmt], **das**; ~es/auch ~s, ~en; ↗ FELD V.1.1 **1.** 'von weiblichen Personen getragenes, zur Unterwäsche gehörendes Kleidungsstück, das auf dem Oberkörper getragen wird, bis zur Hüfte reicht und meist keine Ärmel, aber Träger hat'; vgl. *Unterhemd: ~ und Slip als Garnitur kaufen; sie trägt keine ~en; ein ~ unterziehen; das ~ über den Kopf ziehen; das ~ an-, ausziehen* **2.** SYN 'Oberhemd': *ein bügelfreies, lang-, kurzärmeliges ~; ein frisches ~ anziehen; ein ~ bügeln* ❖ **Hemdbluse, Hemdblusenkleid, Oberhemd, Sporthemd, Unterhemd**
 *** /jmd./ umg. **kein ~ auf dem Leibe haben** ('nicht einmal das Nötigste besitzen')**
Hemd ['..]|**bluse, die** 'wie ein Hemd (2) gearbeitete Bluse'; ↗ FELD V.1.1 ❖ ↗ **Hemd,** ↗ **Bluse**; **-blusenkleid** [blu:zn̩..], **das** 'im oberen Teil wie ein Hemd (2) gearbeitetes Kleid'; ↗ FELD V.1.1 ❖ ↗ **Hemd,** ↗ **Bluse,** ↗ **Kleid**
hemmen ['hɛmən] ⟨reg. Vb.; hat; ↗ auch *gehemmt*⟩ **1.** /etw. Gegenständliches, jmd./ *etw. ~* 'eine Bewegung durch Widerstand verlangsamen (und zum Stillstand bringen)' /beschränkt verbindbar/: *ein Wehr hemmt den Lauf des Flusses; jmd. hemmt seinen Schritt; die Schlaglöcher hemmten die Fahrt des Wagens* **2.** /etw., jmd./ *etw. ~* 'einen Ablauf, die Entwicklung von etw. behindern und dadurch verzögern'; ↗ FELD IX.2.2: *die hohen Preise, Zölle ~*

die Entwicklung des Handels, ~ den Handel; jmd. hemmt (mit seinen Einwürfen) die Verhandlungen; sich (in seinem Tun) durch nichts ~ lassen; ~de Faktoren in einem Prozess ausschalten; etw., jmdn. in etw. ⟨Dat.⟩ *~: durch die Kälte werden die Pflanzen in ihrem Wachstum gehemmt; er wurde durch die falsche Erziehung in seiner Entwicklung gehemmt* ❖ **gehemmt, Hemmnis, Hemmung, Hemmnis — hemmungslos**

Hemmnis ['hɛm..], **das**; ~ses, ~se 'etw., das etw. hemmt (2)': *etw. ist ein ~ für die, seine Entwicklung; (alle) ~se beseitigen, überwinden* ❖ ↗ **hemmen**

Hemmung ['hɛm..], **die**; ~, ~en **1.** 'das Hemmen (2)': *die ~ des Wachstums, der (wirtschaftlichen) Entwicklung verhindern* **2.** ⟨vorw. Pl.⟩ **2.1.** 'durch psychische Faktoren, bes. durch Unsicherheit, bedingtes Gefühl, das das eigene ungezwungene, natürliche Verhalten einschränkt': *jmd. hat (große, starke) ~en* ('ist gehemmt'); *er, sie hat ~en, nackt zu baden; sie hat ~en, ihm ihre Geheimnisse anzuvertrauen; er ist voller ~en; an ~en leiden; etw. nimmt jmdm. seine ~en; jmdn. von seinen ~en befreien; seine ~en zu überwinden suchen* **2.2.** 'durch Erziehung, sittliche Normen bedingte geistige Haltung, die einem verbietet od. zweifeln lässt, etw. zu tun, was dem widerspricht'; SYN Skrupel /vorw. in einem verneinenden Kontext/; ↗ FELD I.4.3.1, 6.1: *jmd. kennt, hat keine (moralischen) ~en; der Alkohol nahm ihm alle ~en; er war ohne jede, jegliche ~, ohne ~en; er schoss ihn ohne ~en nieder* ❖ ↗ **hemmen**

hemmungs|los ['hɛmuŋs..] ⟨Adj.; Steig. reg.⟩ 'ohne jegliche Hemmung (2)': *jmd. ist ein ~er Mensch* ('ein Mensch ohne Hemmungen 2.2'); *~er Genuss (von etw.); ~* ('skrupellos') *seine Position ausnutzen; ~* ('ohne Hemmung 2.1') *lachen, weinen, seine Enttäuschung zeigen* ❖ ↗ **hemmen**, ↗ **los**

Hengst [hɛŋst], **der**; ~es, ~e 'erwachsenes männliches Tier bei Pferden, Eseln, Kamelen, Zebras'; ↗ FELD II.3.1: *ein stattlicher, brauner, schwarzer ~; ein dreijähriger ~; einen ~ reiten;* vgl. *Stute*

Henkel ['hɛŋkļ], **der**; ~s, ~ 'an einem Behältnis seitlich od. über dessen Öffnung angebrachter, gebogener Griff' (↗ TABL Gefäße): *der ~ der Tasse, Kaffeekanne, des Eimers; den Topf an beiden ~n anfassen; ein Korb mit einem ~; der ~ ist abgerissen, abgebrochen;* vgl. *Bügel*

henken ['hɛŋkn̩] ⟨reg. Vb.; hat; oft im Pass.⟩ /jmd., bes. Henker/ *jmdn. ~* 'jmdn. durch den Strang hinrichten' *man hat den Mörder gehenkt; er wurde zum Tode verurteilt und gehenkt* ❖ **Henker**

Henker ['hɛŋkɐ], **der**; ~s, ~ 'jmd. der die Todesstrafe vollstreckt': *der ~ vollstreckte das Urteil* ❖ ↗ **henken**

Henne ['hɛnə], **die**; ~, ~n 'weibliches Tier beim Haushuhn und bei vielen Vogelarten': *die ~ brütet; die ~ scharrt, pickt Körner;* vgl. *Hahn, Huhn*

her [heːɐ] ⟨Adv.⟩ **1.** ⟨in imper. Sätzen⟩ 'von (irgendwo) dort hierher (1)'; ANT hin (1) /in barschen Aufforderungen, irgendwohin zu kommen, etw. zu geben od. etw. zu bringen/: *~ zu mir!;* umg. *Bier ~* ('bringt mir Bier'); *~ mit dem Brief, Geld!; ~ damit!;* vgl. *hierher* **2.** ⟨in räuml. od. zeitl. Verwendung; einem Subst., Adv. nachgestellt⟩ **2.1.** *von irgendwo ~* 'von irgendwo hierher (1)'; ANT hin (2.1)': *vom Fenster ~ zieht es; der Mann grüßte vom Nachbartisch ~* **2.2.** *von irgendwann ~* 'seit irgendwann': *das weiß ich (noch) von der Schulzeit ~; diese Rezepte stammen (noch) von früher ~; die beiden kennen sich von Dresden ~* ('seit sie beide in Dresden wohnten') **3.** ⟨nur präd.; einem Zeitbegriff nachgestellt⟩ *etw. ist … ~* 'etw. liegt eine bestimmte Zeit zurück': *etw. ist eine Weile, ist lange ~; der Unfall ist zwei Stunden ~; es ist/sind zwei Jahre ~, dass …* **4.** ⟨nur präd. (mit *sein*)⟩ umg. /jmd./ *hinter jmdm., etw.* ⟨Dat.⟩ *~ sein:* *die Polizei ist hinter dem Täter ~* ('fahndet nach dem Täter'); *er ist hinter dem Mädchen ~* ('umwirbt das Mädchen'); *er ist hinter dem Original des Bildes ~* ('möchte gern das Original des Bildes haben') **5.** *hin und her* 'ständig die Richtung wechselnd, kreuz und quer': *hin und ~ laufen, fliegen* ❖ **daher, dorther, Herfahrt, herfallen, Hergang, hergeben, -gehen, -haben, -kommen, -kömmlich, Herkunft, herrichten, Hersteller, -stellung, herziehen, hierher, hinterher, nachher, ringsumher, umher, weither, woher; herab, heran, herauf, heraus, herbei, herein, herüber, herum, herunter, hervor**

MERKE Zur Getrennt-, Zusammenschreibung von *her* und *sein*: Getrenntschreibung auch im Infinitiv

her- ['..] /bildet mit dem zweiten Bestandteil Verben; betont; trennbar (im Präsens u. Präteritum); drückt aus, dass das im zweiten Bestandteil Genannte in Richtung (von dort, irgendwo weg) nach hier erfolgt/: ↗ z. B. **herkommen** ❖ vgl. **her/Her-**

herab [hɛ'ʀap; Trennung: he|rab od. her|ab] ⟨Adv.⟩ 'hinunter' od. 'herunter'; ↗ FELD IV.1.3: *den Berg ~* ('hinunter') *dauert der Weg eine Stunde; vom Balkon ~* ('herunter') *grüßte er uns;* METAPH *alle Mitarbeiter bis ~ zum jüngsten Lehrling;* vgl. *hinab, herunter, hinunter* ❖ **herabfallen, -lassen, -sehen, -setzen;** vgl. **her**

herab- [..'ʀap..] /bildet mit dem zweiten Bestandteil Verben; betont; trennbar (im Präsens u. Präteritum); drückt aus, dass das im zweiten Bestandteil Genannte in Richtung von (dort) oben nach (hier) unten erfolgt/: ↗ z. B. *herabfallen*

herab [..'ʀ..]**|-fallen** (er fällt herab), fiel herab, ist herabgefallen /etw./ *von irgendwo ~* 'von irgendwo (dort) oben nach irgendwo (hier) unten fallen': *Putz fällt herab von der Decke;* /jmd./ *er fiel herab (vom Dach)* ❖ ↗ **herab**, ↗ **fallen; -lassen** (er lässt herab), ließ herab, hat herabgelassen; ↗ auch *herablassend* **1.** /jmd./ **1.1.** /etw./ *jmdn., sich ~* 'etw., jmdn. sich herunterlassen': *einen Eimer ~* (ANT heraufziehen 1); *sich an einem Seil ~* **1.2.** *die Jalousien ~* ('sich nach unten bewegen lassen') **2.** /jmd./ oft spött. *sich zu etw.* ⟨Dat.⟩ *~* 'sich gnädig zu etw. bereit finden': *sich zu einem Gruß, anerkennenden*

Wort ~; *er ließ sich herab und setzte sich zu uns* ❖ ↗ herab, ↗ lassen; **-lassend** [lasn̩t] ⟨Adj.; o. Steig.; ↗ auch *herablassen*⟩ 'einem anderen gegenüber eine wohlwollend, übertrieben freundliche Art zeigend und damit seine (soziale) Überlegenheit spüren lassend'; SYN gönnerhaft: *er grüßte, behandelte ihn* ~; *seine* ~*e Art ärgerte mich; er war* ~ *zu mir* ❖ ↗ herab, ↗ lassen; **-sehen** (er sieht herab), sah herab, hat herabgesehen /jmd./ *auf jmdn.* ~ 'jmdn., dem man sich überlegen fühlt, geringschätzig behandeln'; ↗ FELD I.18.2: *auf seine Mitschüler sah er nur herab* ❖ ↗ herab, ↗ sehen; **-setzen** ⟨trb. reg. Vb.; hat⟩ 1. /jmd., etw./ *etw.* ~ SYN 'etw. verringern (1.1)': *die Geschwindigkeit, Arbeitszeit, den Preis von etw.* ~; *Alkohol setzt die Reaktionsfähigkeit herab* 2. /jmd./ *jmdn., etw.* ~ SYN 'jmdn., etw. herabwürdigen'; ↗ FELD I.18.2: *jmdn., jmds. Verdienste, Leistungen* ~; *jmdn. in der allgemeinen Achtung der anderen* ~ ❖ ↗ herab, ↗ setzen; **-würdigen** ⟨trb. reg. Vb.; hat⟩ /jmd./ *jmdn., etw.* ~ 'die Bedeutung, den Wert von jmdm., etw. schmälern, jmdn., etw. um seinen guten Ruf bringen' SYN diskreditieren, herabsetzen (2); ↗ FELD I.18.2: *jmdn., jmds. Arbeit, Verdienste* ~; *jmdn. in* ~*der Weise beschimpfen* ❖ ↗ herab, ↗ Würde

heran [hɛˈʀan; Trennung: he|ran od. her|an] ⟨Adv.⟩ 1. 'von irgendwo nach hier, dort, in unmittelbare Nähe von etw. jmdm.' /in (barschen) Aufforderungen zu kommen od. sich irgendwohin zu begeben/: ~ *(zu mir)!; alle an den Tisch* ~*!* 2. *jmd., etw. ist* ~ 2.1. 'jmd., etw. ist nahe gekommen': *als er* ~ *war, erkannte ich ihn; als der Hirsch nahe genug* ~ *war, schoss er* 2.2. 'etw., bes. Zeitpunkt, beginnt bald': *bald ist unser Urlaub, die Adventszeit* ~ ❖ ↗ **her,** ↗ **²an;** vgl. **ran, heran-**
MERKE Zur Getrennt-, Zusammenschreibung von *heran* und *sein:* Getrenntschreibung auch im Infinitiv

heran- [..ˈran..] /bildet mit dem zweiten Bestandteil Verben; betont; trennbar (im Präsens u. Präteritum) 1. /drückt aus, dass das im zweiten Bestandteil Genannte in Richtung von irgendwo nach hier od. in die Nähe von etw., jmdm. erfolgt/: ↗ z. B. *herankommen* 2. /drückt aus, dass das im zweiten Bestandteil Genannte eine allmähliche Entwicklung aufwärts bis zu einem Endpunkt darstellt/: ↗ z. B. *heranwachsen;* vgl. **ran-**
heran [..ˈʀ..]|**-gehen,** ging heran, ist herangegangen 1. /jmd./ *an jmdn., etw.* ~ 'in unmittelbare Nähe von jmdm., etw. gehen': *dicht an jmdn., ein Tier, einen Unglücksort* ~ 2. /jmd./ *an etw.* ~ 'mit etw., meist mit einer schwierigen Arbeit, beginnen': *mit Elan an eine Arbeit* ~; *er geht selbstbewusst an die schwierigsten Aufgaben heran* ❖ ↗ gehen; **-kommen,** kam heran, ist herangekommen /jmd., etw./ 'von irgendwo nach hier od. in die Nähe von jmdm., etw. kommen'; ↗ FELD I.7.2.2: *er, der Elefant, der Zug kam langsam heran; der* ~*de Nebel* ❖ ↗ kommen; **-machen, sich** ⟨trb. reg. Vb.; hat⟩ umg. 1. /jmd./ *sich an etw.* ~ 'an etw. herangehen (2)': *sich*

an die Lösung des Problems ~ 2. /jmd./ *sich an jmdn.* ~ 'jmds. Kontakt suchen, um seine Gunst zu erlangen': *sich an die neue Kollegin, den Chef* ~ ❖ ↗ machen; **-wachsen** (er wächst heran), wuchs heran, ist herangewachsen 1.1. /jmd./ 'allmählich groß, erwachsen werden': *unsere Kinder sind inzwischen herangewachsen; die* ~*de Generation* 2. /jmd., ein Tier/ ~ 'durch Wachsen zu etw. werden': *er ist zu einem stattlichen Mann herangewachsen; das Fohlen ist zu einer kräftigen Stute herangewachsen* ❖ ↗ ¹wachsen; **-wagen, sich** ⟨trb. reg. Vb.; hat⟩ /jmd./ *sich an etw.* ~ ('den Mut haben, mit einer schwierigen Aufgabe zu beginnen': *sich an ein schwieriges Thema* ~ ❖ ↗ wagen; **-ziehen,** zog heran, hat/ist herangezogen 1. ⟨hat⟩ /jmd./ *jmdn., etw. an sich, etw. an etw.* ~ 'jmdn., etw. an sich, etw., in die Nähe von etw. ziehen': *jmdn. an sich* ~; *einen Stuhl an den Tisch* ~ 2. ⟨hat⟩ /jmd./ *etw., jmdn. zu etw.* ~: *etw. zum Vergleich* ~ ('benutzen'); *zur Bewältigung einer schwierigen Aufgabe sämtliche Mitarbeiter* ~ ('einsetzen 3'); *(zum Prozess) Sachverständige* ~ (SYN 'hinzuziehen') 3. ⟨hat⟩ /jmd./ *sich* ⟨Dat.⟩ *jmdn.* ~ 'jmdn. so qualifizieren, dass er einem für eine bestimmte Aufgabe zur Verfügung steht': *sich zuverlässige Mitarbeiter, einen Nachfolger* ~ 4. ⟨ist⟩ /meteorologische Erscheinung/ 'sich nähern (1)'; SYN heraufkommen (1), heraufziehen (3); ↗ FELD I.7.2.2: *Wolken, ein Gewitter zieht von Westen heran; ein* ~*der Tiefausläufer beeinflusst unser Wetter* ❖ ↗ ziehen

herauf [hɛˈʀaʊf; Trennung: he|rauf od. her|auf] ⟨Adv.⟩ 'von (dort) unten nach (hier) oben': *er kommt* ~ *zu uns;* ~ *sind wir gefahren, hinunter wollen wir laufen; von … ~: von der Straße* ~ *wurde laut gerufen;* vgl. **hinauf** ❖ **heraufbeschwören, -kommen, -ziehen; rauf, raufkommen;** ↗ **her;** vgl. **rauf**
herauf- [..ˈʀaʊf..] /bildet mit dem zweiten Bestandteil Verben; betont; trennbar (im Präsens u. Präteritum); drückt aus, dass das im zweiten Bestandteil Genannte in Richtung von (dort) unten nach (hier) oben erfolgt/: ↗ z. B. *heraufkommen;* vgl. **rauf-**
herauf [..ˈʀ..]|**-beschwören,** beschwor herauf, hat heraufbeschworen /etw., jmd./ *etw.* ~ 'etw. Unangenehmes, Unheilvolles verursachen': *die Arbeitslosigkeit kann die Gefährdung des sozialen Friedens* ~; *jmd. hat durch eine Provokation einen Konflikt heraufbeschworen* ❖ ↗ herauf, ↗ schwören; **-kommen,** kam herauf, ist heraufgekommen 1. /jmd./ 'von (dort) unten nach (hier) oben kommen': *komm schnell herauf!; wie bist du so schnell heraufgekommen?* 2. /etw., bes. Gewitter/ SYN 'heranziehen (4)': *ein Gewitter kommt herauf; das* ~*de Gewitter, Unwetter machte dem Gartenfest ein Ende* ❖ ↗ herauf, ↗ kommen; **-ziehen,** zog herauf, hat/ist heraufgezogen 1. ⟨hat⟩ /jmd./ *etw., jmdn.* ~ 'etw., jmdn. von (dort) unten nach (hier) oben ziehen'; ANT herablassen (1): *einen Eimer am Seil* ~; *beim Bergsteigen jmdn. (zu sich)* ~ 2. ⟨ist⟩ /vorw. zwei od. mehrere (jmd.)/ '(zu Fuß) von (dort) unten nach (hier) oben ziehen (8.1)'; ↗ FELD I.7.2.2: *sie*

kamen singend den Berg heraufgezogen **3.** ⟨ist⟩ /meteorologische Erscheinung/ SYN ˈheranziehen (4)ˈ: *ein Gewitter, Unwetter zieht herauf* ❖ ↗ herauf, ↗ ziehen

heraus [hɛˈʀaus; Trennung: he|raus od. her|aus] ⟨Adv.⟩ **1.** ˈvon (dort) drinnen nach (hier) draußenˈ /vorw. in barschen Aufforderungen, zu kommen/: ∼ *mit euch!*; ⟨+ Präp. *aus*⟩ ∼ *aus dem Haus!*; ∼ *aus dem Bett!* **2.** ⟨die Präp. *aus, von* verstärkend; dem Subst. nachgestellt⟩ /weist auf den Ausgangspunkt, die Ursache/: *aus dem Stand* ∼ *eine Rolle machen; aus einer Notlage* ∼ *handeln* **3.** ⟨nur präd. (mit *sein*)⟩ umg. /etw./ ∼ *sein* **3.1.** ˈveröffentlicht seinˈ: *der Spielplan für den nächsten Monat ist schon, noch nicht* ∼ **3.2.** *es ist noch nicht* ∼, *ist jetzt* ∼ (ˈsteht fest, steht noch nicht festˈ), *wer sein Nachfolger wird; ob sich das nach unseren Vorstellungen entwickelt, ist (noch) nicht* ∼ ❖ **raus − freiheraus, geradeheraus, rausfliegen, rauskommen, rundheraus;** vgl. **heraus-;** vgl. auch **her,** ²**aus**
MERKE Zur Getrennt-, Zusammenschreibung von *heraus* und *sein:* Getrenntschreibung auch im Infinitiv

heraus- [..ˈʀaus..] /bildet mit dem zweiten Bestandteil Verben; betont; trennbar (im Präsens u. Präteritum)/ **1.** /drückt aus, dass das im zweiten Bestandteil Genannte in Richtung von (dort) drinnen nach (hier) draußen erfolgt/: ↗ z. B. *herauskommen* **2.** /drückt aus, dass durch das im zweiten Bestandteil Genannte eine Größe aus einer anderen entfernt wird/: ↗ z. B. *herausreißen* (1); vgl. **raus-**
heraus/Heraus- [..ˈʀ..]/**-bekommen,** bekam heraus, hat herausbekommen **1.** /jmd./ *etw.* ∼ ˈetw. durch Ziehen aus etw. lösen könnenˈ: *den Korken (aus der Flasche) nicht* ∼ **2.** /jmd./ *etw.* ∼ ˈbes. einen Fleck aus einem textilen Gewebe durch Waschen od. ein Reinigungsmittel entfernen könnenˈ: *ich habe den Fleck (aus der Bluse)* ∼ **3.** /jmd./ *etw. aus jmdm.* ∼ ˈetw. von jmdm. durch geschicktes Vorgehen in Erfahrung bringenˈ; SYN herausbringen: *aus ihm war nichts herauszubekommen; ich habe (aus ihm)* ∼, *dass ...* ❖ ↗ ¹**bekommen; -bringen,** brachte heraus, hat herausgebracht **1.** /jmd., Unternehmen/ *etw.* ∼ ˈetw. neu auf den Markt bringenˈ: *ein neues Waschmittel* ∼; *der Verlag will eine neue Taschenbuchreihe* ∼ (SYN ˈveröffentlichenˈ) **2.** /jmd./ *etw. aus jmdm.* ∼ SYN ˈetw. aus jmdm. herausbekommen (3)ˈ: *aus ihm war nichts herauszubringen; ich habe (aus ihm) herausgebracht, dass ...* **3.** /jmd./ *etw.* ∼ ˈetw. äußern könnenˈ: *er war so überrascht, dass er nur herausbrachte: „Damit hatte ich nicht gerechnet.";* vor Aufregung, innerer Erregung, Heiserkeit *kein Wort, keinen Ton* ∼ (ˈnicht sprechen könnenˈ) ❖ ↗ **bringen; -finden,** fand heraus, hat herausgefunden /jmd./ *etw.* ∼ ˈetw. durch längeres Überlegen ermittelnˈ: *den Fehler (schnell)* ∼; *man hat nicht* ∼ *können, was der wahre Grund, die eigentliche Absicht war* ❖ ↗ **finden; -fordern** ⟨trb. reg. Vb.; hat⟩ **1.** /jmd./ **1.1.** *jmdn. zu etw.* ∼ ˈjmdn. zu einem Zweikampf auffordern (1.1)ˈ: *jmdn. zu ei-*

nem Kampf, zum Duell ∼ **1.2.** *jmdn.* ∼ ˈden Inhaber eines Meistertitels zum Kampf um den Titel auffordern (1.1)ˈ: *den Weltmeister, Champion, Titelverteidiger* ∼ **2.** /jmd., etw./ *jmdn.* ∼ ˈjmdn. zu bestimmten (unbedachten) Reaktionen reizen (3)ˈ: *er fühlte sich durch ihn, diese Äußerung herausgefordert;* ⟨vorw. adj. im Part. I⟩ *ein* ∼*des* (ˈaufreizendesˈ) *Lächeln; jmdn.* ∼*d ansehen* ❖ ↗ fordern; **-geben** (er gibt heraus), gab heraus, hat herausgegeben **1.** /jmd./ *jmdn., etw.* ∼ ˈeinen Gefangenen, etw. jmdm. (auf dessen Forderung hin) überlassenˈ: *die Gefangenen, das gestohlene Gut* ∼; *der Hausmeister wollte den Schlüssel nicht* ∼ **2.** /jmd., Unternehmen, Institution/ *ein Buch o.Ä.* ∼ ˈdie Veröffentlichung eines Buchs o.Ä. verantwortlich übernehmenˈ: *jmd., ein Verlag will eine neue Zeitschrift* ∼; *die Akademie will die gesammelten Werke des Dichters, ein Wörterbuch* ∼ ❖ ↗ geben; **-geber** [geːbɐ], **der;** ∼s, ∼ ˈjmd., der ein Buch o.Ä. herausgibt (2), herausgegeben hatˈ: *wer ist der* ∼ *dieses Wörterbuchs?* ❖ ↗ geben; **-gehen,** ging heraus, ist herausgegangen **1.** /etw./ ˈsich durch Ziehen aus etw. lösen lassenˈ: *der Korken ist nicht (leicht) herausgegangen* **2.** /etw., bes. Fleck/ *der Fleck ist (nicht) herausgegangen* (ˈhat sich aus dem textilen Gewebe durch Waschen od. ein Reinigungsmittel entfernen, nicht entfernen lassenˈ) ❖ ↗ gehen * /jmd./ **aus sich** ∼ (ˈseine Zurückhaltung aufgeben und sich frei und unbefangen geben, äußernˈ); **-halten** (er hält heraus), hielt heraus, hat herausgehalten /jmd./ *sich, jmdn., etw. aus etw.* ∼ ˈsich, jmdn., etw. bewusst von etw. fernhalten, um eine Verwicklung zu vermeiden od. zu verhindernˈ: *aus dieser Sache, eurem Streit halte ich mich heraus; er wollte seine Angehörigen, sein Land aus dem bewaffneten Konflikt* ∼ ❖ ↗ halten; **-kommen,** kam heraus, ist herausgekommen **1.** /jmd., Tier/ *aus etw.* ∼ ˈaus etw., bes. einem Raum, Gebäude, nach (hier) draußen kommenˈ: *die Kinder kamen gerade aus der Klasse heraus; sie ist nie aus ihrem Dorf herausgekommen* (ˈhat ihr Dorf nie verlassenˈ); *selten* ∼ (ˈsich meist zu Hause aufhalten und wenig Gelegenheit haben, etw. zu unternehmenˈ) METAPH *wie kommen wir aus dieser Lage am besten heraus?; aus dem Staunen nicht* ∼ (ˈsich lange sehr über etw. wundernˈ) **2.** /Produkt, bes. Buch/ *irgendwie, irgendwann* ∼ SYN ˈerscheinen (2)ˈ: *wann soll das neue Modell* ∼*?; von dem Roman soll jetzt die dritte Auflage* ∼ **3.** umg. /etw./ ˈnicht verborgen bleiben, (der Öffentlichkeit) bekannt werdenˈ: *wenn das herauskommt, kann er sich auf was gefasst machen; das darf nicht* ∼*!* ❖ ↗ kommen * /etw./ **auf eins/dasselbe** ∼ (ˈkeinen Unterschied ergebenˈ); **-machen** ⟨trb. reg. Vb.; hat⟩ umg. /jmd./ ⟨vorw. im Perf.⟩ *sich* ∼ ˈsich körperlich, geistig gut entwickelnˈ: *der Junge hat sich in letzter Zeit (gut) herausgemacht; die Kleine macht sich heraus* ❖ ↗ machen; **-nehmen** (er nimmt heraus), nahm heraus, hat herausgenommen **1.** /jmd./ *etw.* ∼ ˈetw. aus etw. nehmen (1.2)ˈ: *ein Buch (aus dem Regal), Geld aus der Kassette* ∼ **2.** /Arzt/ *etw.* ∼ ˈein Organ operativ entfernen': *(jmdm.) den Blinddarm, die Mandeln ~;* /jmd./ sich ⟨Dat.⟩ *den Blinddarm, die Mandeln ~ lassen* 3. /jmd./ sich ⟨Dat.⟩ *etw. ~* SYN 'sich etw. erlauben (3)': *er hat sich Eigenmächtigkeiten, allerlei, zu viel herausgenommen; was du dir da herausgenommen hast, geht ein bisschen zu weit; sich jmdm. gegenüber etw. ~:* er hat sich uns gegenüber zu viele Freiheiten herausgenommen ❖ ↗ nehmen; **-reden, sich**, redete sich heraus, hat sich herausgeredet /jmd./ sich ~ 'eine Ausrede gebrauchen, Ausflüchte machen': *er versuchte sich herauszureden; sich mit etw. ~:* er versuchte, sich mit seiner Krankheit, mit der vielen Arbeit herauszureden ❖ ↗ reden; **-reißen**, riß heraus, hat herausgerissen **1.** /jmd./ etw. ~ SYN 'etw. aus etw. durch Reißen entfernen': *eine Seite (aus einem Buch, Heft) ~; Unkraut aus dem Beet ~* **2.** /jmd., etw./ jmdn. aus etw. ~ 'jmdn. aus einem bestimmten Zustand reißen (2.2)': *jmdn. aus seiner Umgebung, einem Gespräch, seiner Arbeit ~* **3.** umg. /jmd., etw./ jmdn. ~ 'jmdn. aus einer bedrängten, schwierigen Lage befreien': *mit dieser Aussage wollte er seinen Freund ~; der Lottogewinn hat ihn herausgerissen;* /etw./ etw. ~ 'etw. wettmachen': *die gute mündliche Prüfung reißt die schlechte Klausur (wieder) heraus; das reißt alles wieder heraus* ❖ ↗ reißen; **-schlagen** (er schlägt heraus), schlug heraus, hat herausgeschlagen umg. /jmd./ etw. ~ 'durch geschicktes Vorgehen etw. Vorteilhaftes erlangen': *(bei etw.) Profit, ein paar freie Tage ~; ich will aus der Sache keinen Vorteil für mich ~* ❖ ↗ schlagen; **-stellen** ⟨trb. reg. Vb.; hat⟩ **1.** /jmd./ etw. ~ 'Gegenstände von (dort) drinnen nach (dort od. hier) draußen stellen (2.1)': *der Ober, Kellner, das Café hatte Tische und Stühle herausgestellt* **2.** /jmd./ etw. ~ SYN 'etw. hervorheben': *der Referent stellte die Hauptaufgabe (deutlich) heraus;* ⟨+ Nebens.⟩ *er stellte heraus, dass es trotz manch ungelöster Probleme auch Erfolge, Fortschritte gebe* **3.** ⟨vorw. im Perf. u. Prät.; vorw. mit Nebens. od. mit Adv.best. + als⟩ /etw./ sich ~ 'erst später sichtbar, deutlich werden'; SYN erweisen (2): *es hat sich herausgestellt, dass das ein Irrtum war; seine Behauptungen stellten sich als unwahr heraus* ❖ ↗ stellen

herb [hɛrp] ⟨Adj.; Steig. reg.⟩ **1.** 'im Geschmack od. Geruch leicht bitter (und säuerlich)'; ANT süß (1,2) /bes. auf Früchte, Getränke, Parfüms bez./: *ein ~er* (SYN 'trockener 2') *Wein, Duft; der Duft ist ~; die Äpfel schmecken ~* **2.1.** 'verschlossen wirkend, wenig menschliche Wärme, Zuwendung vermittelnd' /auf Personen bez./: *er ist ein ~er Mensch, Typ, hat einen ~en Charakter; er ist, wirkt sehr ~ in seiner Art, mit anderen umzugehen, zu sprechen; sie hat ein ~es* (ANT liebliches) *Wesen, hat ~e Züge* **2.2.** ⟨nicht bei Vb.⟩ SYN 'unfreundlich (1)' /auf Sprachliches bez./: *etw. hat ~e Kritik erfahren; er äußerte sich in ~en Worten, in ~em Ton* **3.** ⟨vorw. attr.⟩ SYN 'bitter (2)': *das war eine ~e Enttäuschung, ein ~er Verlust; er wurde ~ enttäuscht*

herbei [hɛʁ'bɑi] ⟨Adv.⟩ 'von irgendwo dort hierher (1.1)' /vorw. in Aufforderungen, zu kommen/: *~ (zu mir)!; alle Mann ~!* ❖ **herbeieilen, -führen;** ↗ **her**

herbei- /bildet mit dem zweiten Bestandteil Verben; betont; trennbar; drückt aus, dass das im zweiten Bestandteil Genannte in Richtung nach hier, an den Ort des Geschehens erfolgt/: ↗ z. B. *herbeieilen*

herbei [..'b..]|**-eilen** ⟨trb. reg. Vb.; ist⟩ /jmd./ 'von irgendwo dort nach hier od. an den Ort des Geschehens eilen (1)': *als ich rief, eilte er sofort herbei; sofort nach dem Unfall eilten Sanitäter herbei* ❖ ↗ herbei, ↗ eilen; **-führen** ⟨trb. reg. Vb.; hat⟩ /jmd., etw./ etw. ~ 'bewirken, dass etw. zustande kommt, geschieht': *jmd. hat eine Einigung, Aussprache beider Parteien herbeigeführt; letztlich hat eine Lungenentzündung den Tod herbeigeführt; damit wurde eine Wende im Prozess herbeigeführt* ❖ ↗ herbei, ↗ führen

Herbst [hɛrpst], der; ~es/auch ~s, ~e ⟨vorw. Sg.⟩ 'Jahreszeit zwischen Sommer und Winter, in der die Tage kürzer und kühler werden und das Laub sich färbt'; ↗ FELD VII.8.1: *ein sonniger, milder, nasser ~; es wird (jetzt schon langsam) ~;* METAPH ⟨mit Gen.attr.⟩ geh. *der ~ des Lebens* ('die Periode des Alters 1'); vgl. *Frühling, Sommer, Winter* ❖ **herbstlich**

herbstlich ['..] ⟨Adj.; Steig. reg., Superl. ungebr.⟩ 'dem Herbst entsprechend, wie im Herbst'; ↗ FELD VII.8.2: *~er Nebel; ein ~er Morgen; das ~e Laub; die ~e Laubfärbung; es ist ~ kühl; es wird nun schon ~; draußen riecht es schon ~* ❖ ↗ **Herbst**

Herd [heːɐt], der; ~es/auch ~s, ~e **1.** 'Vorrichtung (in der Küche) zum Kochen, Braten (und Backen), die die Höhe eines Tisches hat'; ↗ FELD VI.5.1: *einen Topf, die Pfanne auf den ~ stellen, vom ~ nehmen; das Essen auf dem ~ haben* ('gerade dabei sein, das Essen zu kochen'); *den ~* ('elektrischen Herd') *ein-, ausschalten, anmachen; ein ~* ('mit Gas betriebener Herd') *mit vier Flammen; das Feuer im ~* ('in einem mit Kohle betriebenen Herd') *anzünden* **2.** 'Zentrum, von dem etw. meist Negatives ausgeht, z. B. eine negative Entwicklung od. eine Krankheit': *der ~ der Unruhen, des Erdbebens befindet sich im Süden des Landes; die Universität war der ~ des Aufruhrs; ein tuberkulöser ~* ❖ **Gasherd**

Herde ['heːɐdə], die; ~, ~n **1.** 'größere Gruppe von Säugetieren der gleichen Art, die zusammen leben od. einen Hirten haben'; ↗ FELD II.3.1: *eine ~ Schafe, Rinder; auf einer Safari eine ~ (von) Elefanten filmen; die ~ auf die Weide treiben; eine ~ hüten; der Hirte und seine ~; die ~ wurde unruhig, geriet in Panik, trampelte alles nieder* **2.** emot. neg. 'größere Gruppe von Menschen, in der jeder das tut, was die Gruppe tut od. der Anführer befiehlt'; ↗ FELD I.11: *er ist auch so einer, der (immer) in der ~ mitläuft*

herein [hɛˈʁɑin; Trennung: he|rein od. her|ein] ⟨Adv.⟩ 'von (dort) draußen nach (hier) drinnen': *von draußen ~ weht es kalt; ~!* /Aufforderung einzutreten,

wenn jmd. an die Tür geklopft hat; ANT hinaus/; vgl. *hinein* ❖ **hereinfallen, -kommen, -reißen, -legen;** ↗ **her**
herein- /bildet mit dem zweiten Bestandteil Verben; betont; trennbar (im Präsens u. Präteritum); drückt aus, dass das im zweiten Bestandteil Genannte in Richtung von (dort) draußen nach (hier) drin erfolgt/: ↗ z. B. *hereinkommen;* vgl. *rein-*
herein [..ˈʀ..] vgl. *rein-*|-**fallen** (er fällt herein), fiel herein, ist hereingefallen umg. **1.** /jmd./ *bei, mit etw.* ~ 'bei, mit etw. reinfallen (1)': *jmd. ist bei einem Kauf, Tausch, ist mit dem neuen Fernsehgerät hereingefallen* **2.** /jmd./ *auf jmdn., etw.* ~ 'auf jmdn., etw. reinfallen (2)': *auf einen Betrüger, auf sein ehrliches Gesicht, seine schönen Worte* ~; *auf so etw. falle ich nicht herein* ❖ ↗ herein, ↗ fallen; **-kommen,** kam herein, ist hereingekommen /jmd./ 'von (dort) draußen nach (hier) drinnen kommen': *er kam herein und setzte sich; ins Zimmer, zur Tür* ~ ❖ ↗ herein, ↗ kommen; **-legen** ⟨trb. reg. Vb.; hat⟩ /jmd./ *jmdn.* ~ 'jmdn. in raffinierter Weise betrügen'; SYN lackieren (2): ⟨oft im Pass.⟩ *jmdn. (bei einem Kauf, Geschäft)* ~; *er ist bei dem Tausch, mit der Wohnung hereingelegt worden; die Schüler haben ihren Lehrer hereingelegt* ('haben ihm einen Streich gespielt') ❖ ↗ herein, ↗ legen
Her/her [ˈheːɐ̯..]|-**fahrt, die** 'Fahrt (2) hierher, zu diesem Ort'; ANT Hinfahrt; ↗ FELD VIII.1.1: *auf der* ~ *war der Zug überfüllt* ❖ ↗ her, ↗ fahren; **-fallen** (er fällt her), fiel her, ist hergefallen **1.** /jmd./ *über jmdn.* ~ 'sich auf jmdn. stürzen und ihn brutal angreifen': *die Rowdys fielen über ihn her und schlugen ihn zusammen* **2.** /jmd., Tier/ *über etw.* ~ 'etw. gierig (und in großen Mengen) zu essen, zu fressen beginnen': *hungrig fielen die Kinder (nach der Wanderung) über das Essen her; die Hunde fielen über Fleischstücke her* **3.** /jmd./ *mit etw. über jmdn.* ~ 'jmdn. mit etw. auf lästige Weise bedrängen': *die Reporter fielen mit Fragen über ihn her; mit Vorwürfen über jmdn.* ~ ❖ ↗ her, ↗ fallen; **-gang, der** ⟨o.Pl.⟩ 'Verlauf eines Geschehens'; ↗ FELD X.1: *den* ~ *des Unfalls schildern; er konnte sich (nicht mehr) genau an den* ~ *erinnern* ❖ ↗ her, ↗ gehen; **-geben** (er gibt her), gab her, hat hergegeben **1.** ⟨nicht in der 1. Pers. Sg., Pl.⟩ /jmd./ *etw.* ~ 'etw. hierher zu einem selbst, jmdm. reichen (1)': /vorw. in Aufforderungen/ *gib mir bitte mal das Buch, einen Bleistift her!* **2.** /jmd./ *etw., jmdn.* ~ 'etw., jmdn. (der Allgemeinheit) schenken, zur Verfügung stellen': *dieses Buch gebe ich ungern her* ('verschenke ich ungern'); *jmd. gibt für seine Freunde alles, sein Letztes her* ('ist bereit, für seine Freunde alles zu opfern'); *viele Mütter haben im Krieg ihre Söhne* ~ *müssen* ('haben ihre Söhne dadurch verloren, dass sie gefallen sind'); *etw. für etw.* ~: *seine Ersparnisse für ein Unternehmen* ~; *seinen Namen für ein Projekt* ~; *dafür gebe ich meinen Namen nicht her!* **3.** /jmd./ *sich für etw.* ~ 'sich an einer zweifelhaften Sache beteiligen': *willst du dich (etwa) für solche zwielichtigen Geschäfte* ~?; *dafür, für Spitzeldienste*

gebe ich mich nicht her! ❖ ↗ her, ↗ geben; **-gehen,** ging her, ist hergegangen **1.** /jmd./ *hinter, neben, vor jmdm., etw.* ⟨Dat.⟩ ~ '(längere Zeit) hinter, neben, vor jmdm., etw. gehen (1.1)': *die Kinder gingen hinter, neben der Musikkapelle her* **2.** /etw. (nur *es*)/ *irgendwo irgendwie* ~ 'irgendwo irgendwie zugehen (5)'; ↗ FELD X.2: *es ging dort lustig her; bei der Feier ist es hoch hergegangen* ('herrschte ausgelassene Stimmung'); *bei der Diskussion ging es heiß her* ('man diskutierte heftig und kontrovers') ❖ ↗ her, ↗ gehen; **-haben** (er hat her), hatte her, hat hergehabt ⟨in Fragesätzen mit *wo* am Satzanfang⟩ /jmd./ umg. *etw.* ~ 'etw. bekommen haben': *wo hast du das Buch, die Neuigkeit her?; wo kann er diese Begabung bloß* ~ ('von wem kann er diese Begabung nur geerbt haben')? ❖ ↗ her, ↗ haben
Hering [ˈheːʀɪŋ], **der;** ~s, ~e **1.** 'im Meer in großen Gruppen lebender, schlanker Speisefisch, der an den Seiten silbrig glänzt'; ↗ FELD I.8.1, II.3.1: ~*e fangen, fischen, räuchern; einen* ~ *ausnehmen, braten; grüne, marinierte* ~*e; Pellkartoffeln mit* ~ *essen;* vgl. *Bückling* **2.** 'einer von mehreren Pflöcken (aus Metall), die zur Befestigung der Schnüre eines Zeltes in die Erde geschlagen werden': ~*e aus Holz, Eisen; die* ~*e haben sich beim Sturm gelöst*
her/Her [ˈheːɐ̯..]|-**kommen,** kam her, ist hergekommen **1.** /jmd., Tier/ 'hierher kommen (1)': *komm (sofort) her!; er kam sofort her, um uns zu helfen* **2.** ⟨in Verbindung mit *wo* als Satzanfang⟩ umg. /etw./ *wo soll das Geld* ~ ('wer, welche Institution sollte bereit sein, mir das Geld zu geben')? **3.** /jmd./ *von etw.* ⟨Dat.⟩, *jmdm.* ~ 'etw., jmdn. als geistige, fachliche Grundlage haben': *er kommt von der Physik her, von Hegel her* ❖ ↗ her, ↗ kommen; **-kömmlich** [kœm..] ⟨Adj.; o. Steig.; nur attr.⟩ SYN 'traditionell': ~*e Methoden; ein* ~*es Verfahren; in* ~*er Weise arbeiten, etw. tun* ❖ ↗ her, ↗ kommen; **-kunft** [kʊnft], **die;** ~, Herkünfte [..kʏnftə] ⟨vorw. Sg.⟩ **1.** 'soziale Schicht od. Land od. Familie, aus der jmd. stammt': *jmd. ist bürgerlicher* ~; ⟨mit Possessivpron.⟩ *jmds. soziale* ~ *(berücksichtigen, feststellen); seine* ~ *nicht verleugnen wollen, können; seiner* ~ *nach ist er Däne* **2.** *die Waren sind überseeischer, holländischer* ~ ('sind in Übersee, Holland hergestellt worden'); *die* ~ *des Wortes ist unbekannt* ('woher das Wort stammt, ist unbekannt') ❖ ↗ her, ↗ kommen
hermetisch [hɛʀˈmeːt..] ⟨Adj.; o. Steig.; nicht attr.; vorw. bei Vb.⟩ 'so beschaffen, dass nichts durchdringen, niemand passieren kann': *die Kabine ist* ~ *abgeschlossen; einen Raum* ~ *verschließen; die Polizei hat das Gelände* ~ *abgeriegelt*
heroisch [heˈʀoː..] ⟨Adj.; Steig. reg., ungebr.⟩ SYN 'heldenhaft' /bes. auf Auseinandersetzungen bez./; ↗ FELD I.6.3: *der* ~*e Kampf der Verteidiger, der Armee; eine* ~*e Tat; sich* ~ *verteidigen;* oft iron. *es war ein* ~*er Entschluss, nicht mehr zu rauchen*
Herr [hɛʀ], **der;** ~n/auch ~en, ~en **1.1.** /Bez. für eine erwachsene männliche Person, die man nicht näher kennt/; ANT Dame /in höflicher Rede/: *ein* ~

möchte Sie sprechen; ein Kaufhaus für den ~n; die ~en und Damen waren festlich gekleidet; die ~en forderten die Damen zum Tanz auf; bitte, der nächste Herr!; der ~ des Hauses ('der Gastgeber'); Sport *bei den ~en siegte N* 1.2. ⟨mit best. Attr.⟩ 'erwachsene männliche Person, die durch ihr Äußeres, Benehmen vornehm, kultiviert wirkt'; ANT Dame: *er ist ein vornehmer, eleganter, älterer ~; wer ist der reizende alte ~?* 1.3. ⟨+ *mein*⟩ /als höfliche Anrede für eine erwachsene männliche Person, die man meist nicht näher kennt/; ANT Dame: *was wünschen Sie, mein ~?; meine sehr verehrten Damen und ~en!* /Anrede bei einer Ansprache, einem Vortrag/ 1.4. ⟨vorw. Sg.⟩ /tritt in der höflichen Anrede vor den Namen od. Titel od. vor den Titel und Namen einer erwachsenen männlichen Person/; ANT Frau (1.3): *guten Tag, ~ (Professor) Müller!; ein Anruf für Sie, ~ Professor (Schmidt); ~ Ober, bitte zahlen!; die ~en (Professoren) Müller und Schmidt lassen sich entschuldigen, waren nicht anwesend* 1.5. ⟨o.Pl.⟩ /in der Rede über eine erwachsene männliche Person/; ANT Frau: *das kann ~ (Dr.) Müller erledigen; rufen Sie bitte ~n (Professor) Müller an* 2. '(männliche) Person, die über andere herrscht (1)': *die Eroberer machten sich zu den ~en des Landes* 3. ⟨nicht mit unbest. Art.; o.Pl.; in der 3. Pers. mit best. Art.⟩ Rel. 'Gott' /vorw. in Ausrufen/: *~, erbarme dich unser!; der ~ sei dir gnädig!* ❖ **herrisch – Herrenbekleidung, -fahrrad, -toilette;** vgl. **herrschen**
* /jmd./ **sein eigener ~ sein** ('unabhängig 1 sein'); /jmd./ **~ der Lage sein** ('eine kritische Situation beherrschen'); **aus aller ~en Länder(n)** 'aus allen Teilen der Erde, von überall her' /in Verbindung mit Personen, Sachen/: *es kamen Gäste aus aller ~en Ländern; Produkte aus aller ~en Ländern;* scherzh. **die ~en der Schöpfung** ('die Männer'); /jmd./ **nicht mehr ~ seiner Sinne sein** ('nicht mehr wissen, was man tut'); /jmd./ etw. ⟨Gen.⟩, **jmds. ~ werden** ('etw. Schwieriges doch noch meistern können'; sich gegen jmdn. durchsetzen')
MERKE In Verbindung mit Personennamen: Der Personenname wird flektiert, wenn vor *Herr* kein Artikel steht: *Herrn (Rektor) Meiers Vortrag;* mit Artikel: *Der Vortrag des Herrn (Rektor) Meier.* In der Anrede wird *Herr* nur selten ohne den Familiennamen gebraucht: *Herr Meier, Sie möchten zum Chef kommen;* ohne Familiennamen drückt sie eine Drohung aus; *Kollege* dagegen kann auch als bloße Anrede verwendet werden: *Kollege (Meier), kannst du mir sagen, wie spät es ist?* Die Kombination *Herr Kollege* ist vorwiegend unter Beamten und Angestellten gebräuchlich; vgl. *Frau, Fräulein, Kollege*

Herren ['hɛʀən..] vgl. *Damen*|**-bekleidung, die** ⟨o.Pl.⟩ 'Kleidung für Männer': *ein Geschäft für ~; ~ kaufen* ❖ ↗ **Herr**, ↗ **Kleid**; **-fahrrad, das** 'Fahrrad für Männer, dessen Rahmen oben eine waagerechte Stange hat': *ein ~ mit Gangschaltung* ❖ ↗ **Herr**,

↗ **fahren**, ↗ **Rad**; **-toilette, die** 'Toilette (2.1) für männliche Benutzer': *die ~ aufsuchen, benutzen*
her|richten [heːʀ..], *richtete her, hat hergerichtet* /jmd./ *etw. ~* 'etw. für einen bestimmten Zweck durch vorbereitende Maßnahmen in den angemessenen Zustand bringen': *(für einen Gast) ein, das Zimmer, Bett ~* ❖ ↗ **her**, ↗ **richten**
herrisch ['hɛʀ..] ⟨Adj.; Steig. reg.⟩ 'in einer Weise, von einer Art, die ausdrückt, dass man von anderen erwartet, dass sie gehorchen'; SYN gebieterisch (1.1); ↗ FELD I.2.3: *etw. in ~em Ton sagen, verlangen; jmd. ist sehr ~, ist ein ~er Mensch* ('ist herrschsüchtig'); *jmdn. ~ anfahren, anschreien; etw. ~ fordern* ❖ ↗ **Herr**
herrlich ['hɛʀ..] ⟨Adj.; Steig. reg.⟩ emot. **1.1.** 'außerordentlich schön (1)'; SYN himmlisch (1.1,2) /auf Eindrücke bez./: *das ist ein ~er Anblick, Ausblick, ein ~es Bild; ~e Farben; die Orgelmusik ist, klingt ~* **1.2.** ⟨vorw. attr.⟩ 'außerordentlich gut' /vorw. auf Künstlerisches bez./: *das war eine ~e Aufführung, Ausstellung; ein ~es Gemälde, Bauwerk* **2.** 'außerordentlich angenehm'; SYN himmlisch (1.1): *wir verleben hier einen ~en Urlaub; er hatte ein ~es Leben; das Wetter war ~; es war ~ dort!; wir haben uns ~ amüsiert* ❖ **Herrlichkeit, verherrlichen – selbstherrlich**
Herrschaft ['hɛʀ..], **die;** ~, **~en** **1.1.** 'Ausübung, Besitz von Macht': *die ~ des Volkes, eines Diktators; jmds. unumschränkte ~; die ~ (über jmdn., etw.) erringen, ausüben, verlieren; die ~ an sich reißen; zur ~ gelangen, kommen* **1.2.** *die ~ über das Auto verlieren* ('das Auto nicht mehr lenken können') **2.** ⟨nur im Pl.; vorw. mit *mein*⟩ /als höfliche Anrede für anwesende Personen männlichen, weiblichen Geschlechts/: *meine ~en, nehmen Sie bitte Platz!;* umg. *Ruhe, (meine) ~!; aber, meine ~en!* ❖ ↗ **herrschen**
herrschen ['hɛʀʃn] ⟨reg. Vb.; hat⟩ **1.** /jmd., Gruppe/ *über etw. ~* 'über ein Volk, Land die Herrschaft ausüben': *er herrschte über Preußen, ganz Europa; das Volk herrschte (während der Revolution); irgendwo ~: im Land herrschte der Adel; die ~de Klasse; der Fürst herrschte uneingeschränkt* **2.** *etw. herrscht irgendwo, irgendwann, es herrscht etw. (irgendwo, irgendwann)* 'etw. ist irgendwo allgemein gegenwärtig': *Frieden herrscht im Land; im Hause herrschte Ruhe, große Aufregung; es herrschte eine feierliche Stille (im Saal); es herrschte in der Stadt ein reges Treiben; es herrschte eine drückende Hitze, eine schreckliche Schwüle; am Abend herrschte eine eisige Kälte* ❖ **beherrschen, Beherrschung, Herrschaft – herrschsüchtig, Selbstbeherrschung, Vorherrschaft, vorherrschen;** vgl. **Herr**
Herrscher ['hɛʀʃɐ], **der;** ~s, ~ SYN 'Machthaber': *er war ein unumschränkter, absoluter ~; den ~ entmachten, stürzen* ❖ ↗ **herrschen**
herrsch|süchtig ['hɛʀʃ..] ⟨Adj.; Steig. reg.; vorw. attr. u. präd. (mit *sein*)⟩ 'von einer Art, die zeigt, dass man stets eine bestimmende Rolle spielen, andere

beherrschen will' /auf Personen bez./: *ein ~er
Mensch; er ist ~* ❖ ↗ **herrschen**, ↗ **Sucht**
her/Her ['heːɐ̯..]-**stellen** ⟨trb. reg. Vb.; hat⟩ **1.** /jmd.,
Unternehmen/ *etw.* ~ SYN 'etw. produzieren
(1.1)'; ↗ FELD V.8.2: *Maschinen ~; etw. von
Hand, maschinell ~; etw. wird aus Metall herge-
stellt; die Firma stellt Computer her* **2.** /jmd./ *etw.*
~ 'etw. zustande bringen': *eine Telefonverbindung
~; zu jmdn. ein gutes Verhältnis ~* ❖ **Hersteller,
Herstellung** − wiederherstellen, Wiederherstellung;
-steller [ʃtɛlɐ], **der**; ~s, ~ SYN 'Produzent (1)'; ↗
FELD V.8.1: *welche Firma ist der ~ dieses Pro-
dukts?; etw. direkt vom ~ beziehen; der ~ ist re-
gresspflichtig; den ~ regresspflichtig machen;* vgl.
Erzeuger ❖ ↗ **herstellen; -stellung, die** ⟨o.Pl.⟩ 'das
Herstellen (1)'; ↗ FELD V.8.1: *die ~ von Massengü-
tern, Maschinen; die ~ eines Autos* ❖ ↗ **herstellen**
herüber [heˈʀyːbɐ; Trennung: he|rüber od. her|über]
⟨Adv.⟩ 'von (dort) drüben nach hier'; SYN rüber
(1): *wie lange dauert der Flug von Amerika ~?* ❖
rüber − **herüberreichen**; ↗ **her**
herüber- /bildet mit dem zweiten Bestandteil Verben;
betont; trennbar (im Präsens u. Präteritum); drückt
aus, dass das im zweiten Bestandteil Genannte in
Richtung von dort drüben nach dieser Seite er-
folgt/: ↗ z. B. *herüberreichen;* vgl. *rüber-*
herüber|reichen [..'ʀ..] ⟨trb. reg. Vb.; hat⟩ /jmd./ *etw.*
~ 'etw. von (dort) drüben nach hier reichen (1)':
*bitte, reich mir das Salz herüber!; er hat es mir sofort
herübergereicht* ❖ ↗ **herüber**, ↗ **reichen**
herum ['hɛˈʀʊm; Trennung: he|rum od. her|um]
⟨Adv.⟩ **1.** 'im Bogen um etw., sich selbst'; SYN rum
(1): *er ging nach rechts, links ~* **2.** *um etw., jmdn.,* ~
⟨*herum* ist dem Subst. immer nachgestellt⟩ **2.1.**
⟨lokal⟩ '³um': *eine Wanderung um den See ~ ma-
chen; die Wälder um Berlin ~* ('in der Umgebung
von Berlin') **2.2.** /modal; gibt das Ungefähre einer
Zeit-, Maß-, Wertangabe an/ SYN rum (2.2): *um
den 10. Mai ~* ('in der Zeit von kurz vor bis kurz
nach dem 10. Mai'); *ein Mann um die Fünfzig ~*
('von ungefähr 50 Jahren'); *es sind um die 100 Kilo-
meter ~* ('ungefähr 100 Kilometer'); *es kostet (so)
um die 50 Mark ~;* vgl. *rum* ❖ **ringsherum, rund-
herum;** vgl. **her, herum-, rum, ringsum, rundum**
herum- /bildet mit dem zweiten Bestandteil Verben;
betont; trennbar (im Präsens u. Präteritum)/ **1.**
/drückt aus, dass das im zweiten Bestandteil Ge-
nannte im Kreis, Bogen (um eine Größe herum)
erfolgt/: ↗ z. B. *herumfahren* (1) **2.** /drückt aus,
dass durch das im zweiten Bestandteil Genannte
eine Größe in eine andere Richtung, auf die andere
Seite gelangt/: ↗ z. B. *herumdrehen* (2) **3.** /drückt
aus, dass das im zweiten Bestandteil Genannte ziel-
los, ohne bestimmte Richtung erfolgt/: ↗ z. B. *her-
umfahren* (2); vgl. *rum-*
herum [..'ʀ..]-**bekommen**, bekam herum, hat herum-
bekommen umg. /jmd./ *jmdn.* ~ 'jmdn. durch psy-
chologisches Geschick dazu bringen, dass er in ei-
ner bestimmten Frage nachgibt und tut, was man

will': *sie hat ihn doch noch* ~ ❖ ↗ ¹**bekommen;
-drehen** ⟨trb. reg. Vb.; hat⟩ **1.** /jmd./ *etw., jmdn.,
sich* ~ 'etw., jmdn., sich um die eigene Achse dre-
hen': *den Schlüssel (im Schloss) ~; sich langsam
~, um die Länge des Rockes abstecken zu lassen;
die Kinder drehten sich im Kreis herum* **2.** /jmd./ *etw.*
~ 'einen Gegenstand auf seine andere Seite dre-
hen': *eine Münze, den Braten* ~ ❖ ↗ **drehen;
-drücken, sich** ⟨trb. reg. Vb.; hat⟩ **1.** umg. /jmd./
sich um etw. ~ 'sich einer Verpflichtung entziehen':
*er versuchte, sich um den Abwasch, die Gartenarbeit,
das Rasenmähen herumzudrücken* **2.** umg. emot.
neg. /jmd./ *sich irgendwo* ~ 'sich längere Zeit ir-
gendwo aufhalten, ohne etwas Nützliches zu tun':
*er drückt sich auf dem Bahnhof herum, statt zu
Hause zu helfen* ❖ ↗ **drücken; -fahren** (er fährt
herum), fuhr herum, ist herumgefahren **1.** /jmd./
um etw., jmdn. ~ 'im Kreis, Bogen um etw., jmdn.
fahren (1.2.1)': *um die Insel, den Ort, den See* ~ **2.**
/jmd./ *irgendwo* ~ 'ohne festes Ziel in einer be-
stimmten Gegend hierhin und dorthin fahren (2)':
(mit dem Auto) in der Gegend, im Land ~ **3.** /jmd./
'sich mit einem heftigen Ruck umwenden (1.4)': *er-
schrocken* ~ ❖ ↗ **fahren; -gehen**, ging herum, ist
herumgegangen **1.** /jmd./ *um etw., jmdn.* ~ 'im
Kreis, Bogen um etw., jmdn. gehen': *um den Tisch,
das Denkmal* ~ **2.** /jmd./ *irgendwo* ~ 'irgendwo,
bes. in einem Raum, ohne festes Ziel, längere Zeit
hin und her gehen': *unruhig im Zimmer, im Garten*
~ **3.** umg. /Zeitraum/ 'vergehen (1)': *der Tag, der
Urlaub ist schnell herumgegangen* ❖ ↗ **gehen; -kom-
men**, kam herum, ist herumgekommen **1.** umg.
/jmd./ *zu jmdn.* ~ 'jmdn., der in der Nähe wohnt,
(kurz) besuchen': *komm doch mal am Nachmittag
(kurz) herum!* **2.** /jmd./ *um etw.* ~ 'einer unange-
nehmen Sache entkommen können, etw. umgehen
(I.2) können': ⟨oft verneint⟩ *um diese Entscheidung
wirst du nicht ~; um die Aufräumungsarbeiten, die
Prüfung ist er herumgekommen* **3.** /jmd./ *viel (in der
Welt), (viel) irgendwo* ~ 'viel auf Reisen sein und
dadurch vieles kennen lernen': *durch seinen Beruf
ist er viel (in der Welt), (viel) in Asien, Europa her-
umgekommen* ❖ ↗ **kommen; -schlagen, sich** (er
schlägt sich herum), schlug sich herum, hat sich
herumgeschlagen umg. /jmd./ *sich mit etw.* ⟨Dat.⟩,
jmdm. ~ 'sich ständig mit etw., jmdm. auseinander-
setzen müssen': *sich mit Zweifeln, Steuererklärun-
gen, dem Hauswirt* ~ ❖ ↗ **schlagen; -treiben, sich**,
trieb sich herum, hat sich herumgetrieben umg.
emot. neg. /jmd./ *sich irgendwo* ~ 'kein geordnetes
Leben führen und sich irgendwo abwechselnd auf-
halten': *sie treibt sich in Kneipen, mit Männern
herum; er treibt sich viel im Ausland herum;* vgl.
rum- ❖ ↗ **treiben**
herunter [hɛˈʀʊntɐ; Trennung: he|runter od. her|un-
ter] ⟨Adv.⟩ **1.** ⟨vorw. in Aufforderungen⟩ 'von
(dort) oben nach (hier) unten'; SYN runter (1); ↗
FELD IV.1.3: ~ *mit euch!; vom Dach ~ tropft es;
vom Balkon ~ grüßte er uns;* METAPH *vom Chef*

bis ~ *zu den Hilfskräften nahmen alle an der Feier teil* **2.** umg. *etw. ist* ~ '*etw. ist unten, herabgelassen*': *alle Jalousien sind* ~; vgl. *hinunter* ❖ vgl. **herunter-**; vgl. **her, runter**
MERKE Zur Getrennt-, Zusammenschreibung von *herunter* und *sein:* Getrenntschreibung auch im Infinitiv
herunter- /bildet mit dem zweiten Bestandteil Verben; betont; trennbar (im Präsens u. Präteritum); drückt aus, dass das im zweiten Bestandteil Genannte in Richtung von (dort) oben nach (hier) unten erfolgt/: ↗ z. B. *herunterfallen*; vgl. *runter-*
herunter [..'ʀ..]|**-fallen** (er fällt herunter), fiel herunter, ist heruntergefallen /jmd., etw./ '(von dort oben) nach (hier) unten fallen (1.1)': *jmd. ist gestürzt und die Treppe heruntergefallen; von etw.* ~: *fall nicht von der Leiter herunter; die Tasche ist vom Gepäckträger heruntergefallen* ❖ ↗ fallen; **-holen** ⟨trb. reg. Vb.; hat⟩ **1.** *etw., jmdn. von etw.* ~ '*etw., jmdn. von (dort) oben nach (hier) unten holen (1)*': *eine Kiste vom Boden, den Koffer vom Schrank, den kleinen Jungen von der Leiter* ~ **2.** umg. /jmd./ *einen Vogel* ~ ('*mit einem Schuß treffen, so dass er herunterfällt, zu Boden stürzt*') ❖ ↗ holen; **-kommen**, kam herunter, ist heruntergekommen **1.** ⟨mit lokalen Ergänzungen⟩ /jmd., etw./ '*auf einem bestimmten Weg nach (hier) unten kommen*': *die Treppe, den Berg, von der Leiter* ~; *die Fahrzeuge kamen die Straße* ~ **2.** umg. /jmd., etw./ SYN '*verkommen (1)*'; ↗ FELD I.17.2: *nach dem Tod seiner Frau kam er völlig herunter; jmd. macht einen heruntergekommenen Eindruck* **3.** SYN '*verkommen (3)*' /etw., z. B. Gebäude, Grundstück, Anlage/: *ein heruntergekommenes Anwesen; der Betrieb kam immer mehr herunter* ❖ ↗ kommen; **-lassen** (er lässt herunter), ließ herunter, hat heruntergelassen /jmd./ *etw., jmdn., sich* ~ '*etw., jmdn., sich mittels eines Seils von oben nach unten gelangen lassen*': *er ließ den Eimer herunter, ließ sich am Seil herunter;* vgl. *herablassen* ❖ ↗ lassen; **-leiern** ⟨trb. reg. Vb.; hat⟩ umg. **1.** /jmd./ *etw.* ~ '*eine technische Vorrichtung durch Kurbeln von oben nach unten bewegen*': *das Wagenfenster* ~ **2.** /jmd./ *etw.* ~ '*etw. Auswendiggelerntes eintönig aufsagen*': *sie hat das Gedicht (nur so) heruntergeleiert* ❖ ↗ leiern; **-spielen** ⟨trb. reg. Vb.; hat⟩ /jmd./ *etw.* ~ '*etw. bewusst als unbedeutend, geringfügig hinstellen*': *er versuchte den Vorfall, Skandal herunterzuspielen* ❖ ↗ spielen; **-wirtschaften**, wirtschaftete herunter, hat heruntergewirtschaftet /jmd., Unternehmen/ *etw.* ~ '*ein Unternehmen, einen Bauernhof durch Misswirtschaft ruinieren*': *einen Bauernhof* ~; *er hat die Firma heruntergewirtschaftet* ❖ ↗ Wirtschaft
hervor [hɛʀˈfoːɐ̯] ⟨Adv.; in Verbindung mit Präp. dem Subst. nachgestellt⟩ '*aus etw. heraus nach (hier) vorn, von innen nach außen*': *aus der Ecke* ~ *ertönte ein Zwischenruf; jmdn. hinter der Gardine* ~ *beobachten* ❖ vgl. **hervor-**; ↗ **her**
hervor- /bildet mit dem zweiten Bestandteil Verben; betont; trennbar (im Präsens u. Präteritum); drückt

aus, dass durch das im zweiten Bestandteil Genannte eine Größe, die sich hinter od. unter od. in etw. befindet, zum Vorschein kommt/: ↗ z. B. *hervorkommen*
hervor [..ˈfoːɐ̯]|**-bringen**, brachte hervor, hat hervorgebracht **1.1.** ⟨vorw. im Prät. u. Perf.⟩ /jmd./ *etw.* ~ '*etw. (in schöpferischer Arbeit) zustande bringen*': *der Dichter hat bedeutende Werke hervorgebracht;* auch /etw./: *das Land hat große Dichter hervorgebracht; bewundernswert, was dieses Land Schönes hervorgebracht hat* **1.2.** /beschränkt verbindbar/ /jmd./ *(vor Schreck) keinen Ton, kein Wort* ~ ('*nicht fähig sein, einen Ton, ein Wort von sich zu geben*') **2.** /Pflanze/ *etw.* ~ '*durch Wachstum entstehen lassen*': *der Baum bringt viele Blüten, gute Äpfel hervor* ❖ ↗ bringen; **-heben**, hob hervor, hat hervorgehoben /jmd./ *etw.* ~ '*in Äußerungen: nachdrücklich betonen (2)*'; SYN herausstellen (2): *etw. in einer Rede, in einem Aufsatz (besonders)* ~; *der entscheidende Satz war durch kursiven Druck hervorgehoben* ('*kenntlich gemacht*') ❖ ↗ heben; **-kommen**, kam hervor, ist hervorgekommen /jmd., etw./ '*aus etw. heraus nach (hier) vorn kommen od. zum Vorschein kommen*': *aus einem Versteck* ~; *die Sonne kommt (hinter, zwischen den Wolken) hervor* ❖ ↗ kommen; **-ragend** [ʀaːɡn̩t] ⟨Adj.; Steig. reg., Komp. ungebr.⟩ SYN '*ausgezeichnet*'; ANT mittelmäßig, mäßig (3): ~*e Leistungen; ein Erzeugnis von* ~*er Qualität; sie ist eine* ~*e Ärztin; die Arbeit ist* ~, *er hat* ~ *gearbeitet* ❖ ↗ ragen; **-rufen**, rief hervor, hat hervorgerufen /etw., jmd./ *etw.* ~ '*etw. verursachen*': *diese Krankheit wird durch ein Virus hervorgerufen; mit seinen Bemerkungen rief er stürmischen Beifall hervor; Heiterkeit, Freude* ~ (SYN '*erregen 2*') ❖ ↗ rufen; **-tun, sich** (er tut sich hervor), tat sich hervor, hat sich hervorgetan /jmd./ '*sich vor anderen durch besondere Leistungen auszeichnen*': *sich bei der Arbeit* ~; *er hat sich nicht gerade sonderlich hervorgetan; sich als jmd.* ~: *er hat sich als Erfinder hervorgetan* ❖ ↗ tun
Herz [hɛʀts], *das;* ~*ens,* ~*en* **1.** '*muskulöses Organ, das den Blutkreislauf in Gang hält*'; SYN Pumpe (2); ↗ FELD I.1.1: *jmd. hat ein gesundes, schwaches* ~; *das* ~ *schlägt (gleichmäßig, ruhig, unregelmäßig); jmdm. schlägt, klopft (vor Angst) das* ~ *bis zum Hals hinauf; jmd. hat es am, mit dem* ~*en* ('*jmd. hat ein krankes Herz*'); *die Kugel traf ihn mitten ins* ~; *sein* ~ *hat aufgehört zu schlagen* ('*er ist gestorben*'); *sein* ~ *schmerzt; mein* ~ *stockte vor Schreck; jmdn. an sein* ~ *drücken* ('*jmdn. an sich drücken, umarmen*'); geh. *ein Kind unter dem* ~*en tragen* ('*schwanger sein*') **2.** ⟨vorw. Sg.⟩ '*Herz (1) als gedachtes Zentrum des Gefühls, der charakterlichen Eigenschaften des Menschen*': *jmd. hat ein gutes, hartes, weiches* ~ ('*jmd. ist gut 7, hart 3, weich 3*'); *jmd. hat ein* ~ *für Kinder, alte Menschen* ('*jmd. ist gegenüber Kindern, alten Menschen mitfühlend*') ❖ **beherzt, herzhaft, herzlich, Herzlichkeit – engherzig, gutherzig, halbherzig, hartherzig, herzergreifend, Herzinfarkt, -klopfen, -schlag, herzzer-**

reißend, hochherzig, treuherzig, warmherzig, weich-
herzig, weitherzig; vgl. auch barmherzig
* alles, was das/jmds. ~ begehrt 'alles, was man, jmd.
sich wünscht': *du kannst hier alles haben, essen, was
das/dein ~ begehrt*; /jmd./ **jmdm. sein ~ ausschütten**
('jmdm. seine Sorgen anvertrauen, sein Leid kla-
gen'); **jmdm. blutet das ~** ⟨mit Nebens.⟩ 'jmd. ist
über etw. tief bekümmert, wird durch etw. schmerz-
lich berührt': *mir blutete das ~, als ich sah, wie ver-
lottert alles war*; /jmd./ **etw. nicht übers ~ bringen**
'sich nicht entschließen können, etw. zu tun, was
einem anderen schaden, einen anderen betrüben
könnte': *ich brachte es nicht übers ~, ihm dies zu
sagen*; **sein ~ für etw. entdecken** 'Interesse für etw.
gewinnen': *er hat sein ~ für die Malerei entdeckt*;
/jmd./ **sich** ⟨Dat.⟩ **ein ~ fassen** 'seinen ganzen Mut
zusammennehmen, sich überwinden, etw. Unange-
nehmes in Angriff zu nehmen': *er fasste sich ein ~
und fragte, bat ihn, ob ...*; /jmd./ **das ~ auf dem
rechten Fleck haben** ('in Bezug auf Fragen des tägli-
chen Lebens eine vernünftige, richtige Einstellung
haben und eigenständig denken, engagiert han-
deln'); **von ganzem ~en** 'sehr innig, mit dem ganzen
Gefühl, herzlich': *jmdn. von ganzem ~en lieben;
jmdn. von ganzem ~en Glück, Erfolg wünschen*; **von
~en gern** 'sehr gern': *etw. von ~en gern für jmdn.
tun*; /etw., bes. *das*/ **jmdm. aus dem ~en gesprochen
sein** ('völlig jmds. Meinung entsprechen, ganz in
jmds. Sinne sein'); /jmd., Tier, etw./ **jmdm. ans ~
gewachsen sein** ('jmdn., ein Tier, etw. lieb gewon-
nen haben'); **im Grunde jmds. ~ens**: *im Grunde sei-
nes ~ens* ('insgeheim') *dachte er anders*; /jmd./ **etw.
auf dem ~en haben** ('ein Anliegen haben, das man
jmdm. mitteilen möchte'); **mit halbem ~en** 'ohne
großes Interesse und ohne sich Mühe zu geben';
SYN **halbherzig**: *etw. nur mit halbem ~en tun; bei
einer Aktion nur mit halbem ~en dabei sein*; /jmd./
das ~ in die Hand/in beide Hände nehmen ('seinen
ganzen Mut zusammennehmen'); **jmds. ~ schlägt
höher/jmdm. schlägt das ~ höher** ('jmd. ist freudig
erregt'); /etw., bes. Geschenk/ **von ~en kommen**
('aufrichtig gemeint sein'); /jmd./ **jmdm. etw. ans ~
legen** ('jmdn. eindringlich bitten, sich um etw.,
jmdn. zu kümmern'); /jmd./ **kein ~ im Leibe haben**
('gefühllos, ohne Mitgefühl sein'); **jmdm. lacht das
~ im Leibe** ('jmd. ist bes. beim Anblick von etw.
überaus erfreut'); /jmd./ **etw. leichten ~ens** ('gern'),
schweren ~ens ('ungern') **tun**; /etw./ **jmdm. (sehr)
am ~ liegen** ('jmd. sehr wichtig sein, dass es
realisiert wird, weil er emotional daran beteiligt
ist'); /jmd./ **seinem ~en Luft machen** 'ungehemmt
aussprechen, was einen schon länger ärgert': *er
machte schließlich seinem ~en Luft und schimpfte
über den schlechten Service*; /jmd./ **aus seinem ~en
keine Mördergrube machen** ('offen aussprechen,
was man denkt'); /jmd./ **sich** ⟨Dat.⟩ **etw. zu ~en
nehmen 1.** 'etw. beherzigen': *nun nimm dir das mal
zu ~en!* **2.** 'etw. schwer nehmen': *er nimmt sich im-
mer alles so zu ~en*; /jmd./ **etw., jmdn. auf ~ und**

Nieren ('eingehend, sorgfältig') **prüfen**; /jmd./ **jmdn.
in sein/ins ~ schließen** ('jmdn. lieb gewinnen');
jmdm. ist das ~ schwer/jmdm. ist es schwer ums ~
('jmd. ist über etw. traurig, hat großen Kummer');
/jmd., etw./ **jmdm. das ~ schwer machen** ('jmdn.
traurig machen'); /zwei od. mehrere (jmd.)/ **ein ~
und eine Seele sein** 'sich gegenseitig, miteinander
gut verstehen, miteinander eng verbunden sein': *die
beiden sind ein ~ und eine Seele*; /jmd./ **ein ~ aus
Stein haben** ('hartherzig sein'); /jmd./ **seinem ~en
einen Stoß geben** ('seine Zurückhaltung, Ängstlich-
keit mit einem raschen Entschluss überwinden');
aus tiefstem ~en 'aufrichtig und mit starker innerer
Beteiligung': *etw. aus tiefstem ~en bedauern, wün-
schen*; /jmd./ **das ~ auf der Zunge tragen** ('offenher-
zig zu reden pflegen'); ⟨⟩ geh. /etw., bes. *das*/ **jmdm.
das ~ brechen** ('jmdn. sehr bekümmern'); /jmd./
sein ~ an jmdn., etw. hängen ('jmdm. seine ganze
Zuneigung geben; sich ganz einer Sache widmen');
umg. **jmdm. rutscht/fällt das ~ in die Hose(n)** ('jmd.
verliert den Mut, bekommt Angst')

Herzens ['hɛʁtsn̩s..]|**-grund * aus vollem ~** 'aufrichtig
und mit starker innerer Beteiligung': *jmdn. aus vol-
lem ~ lieben, verachten*; **-lust * nach ~** 'so wie es
einem gefällt': *nach ~ essen, schlafen, sich amüsie-
ren*

herz|ergreifend ['hɛʁts|ɐɡʁaɪfn̩t] ⟨Adj.; Steig. reg.;
vorw. attr. u. bei Vb.⟩ 'sehr ergreifend' /vorw. auf
Ereignisse bez./; ↗ FELD I.6.3: oft spött. *~ wei-
nen; das ist ja eine ~e Geschichte, Szene!* ❖ ↗ **Herz,
↗ greifen**

herzhaft ['hɛʁts..] ⟨Adj.; Steig. reg.⟩ **1.** ⟨vorw. attr. u.
bei Vb.⟩ 'intensiv und mit Lust getan': *~ lachen,
gähnen; jmdm. einen ~en Kuss geben; ein ~es La-
chen; einen ~en Schluck nehmen* **2.** 'von kräftigem
Geschmack' /auf Speisen bez./: *der Salat schmeckt
~; zum Frühstück etw. Herzhaftes bevorzugen; das
Essen war ~; ein ~es Frühstück* ❖ ↗ **Herz**

her|ziehen ['heːɐ..], zog her, hat/ist hergezogen **1.**
⟨hat⟩ /jmd./ *etw., jmdn. hinter sich* ⟨Dat.⟩ *~* 'etw.,
jmdn. durch Ziehen (1) mit sich führen': *einen
Handwagen, ein störrisches Kind hinter sich ~* **2.**
⟨ist⟩ umg. /jmd./ 'nach hierher umziehen (1)': *er ist
vor kurzem hergezogen* **3.** ⟨ist/hat⟩ umg. /jmd./ *über
jmdn., etw. ~* 'über einen Abwesenden gehässig re-
den, etw. in übler Weise kritisieren': *über einen Kol-
legen, den Chef, jmds. Arbeitsstil, über das Essen ~*
❖ ↗ **her, ↗ ziehen**

Herz ['hɛʁts..]|**-infarkt, der** 'plötzliche schwere Er-
krankung des Herzens, die durch die Verengung
der Herzgefäße verursacht wird': *einen ~ bekom-
men, haben; an einem ~ sterben* ❖ ↗ **Herz, ↗ In-
farkt; -klopfen, das**; -s, ⟨o.Pl.⟩ 'durch Erregung
verursachter schneller, starker Herzschlag (1)': *vor
Angst, Freude ~ bekommen, haben* ❖ ↗ **Herz, ↗
klopfen**

herzlich ['hɛʁts..] **I.** ⟨Adj.; Steig. reg.⟩ 'von warmher-
ziger Freundlichkeit geprägt'; ↗ FELD I.2.3, 6.3:
in ~er Freundschaft, ~em Einvernehmen mit jmdm.

leben; seine Art, mit Menschen umzugehen, ist sehr ~; *jmdn.* ~ (ANT *frostig* 2, *kühl* 2) *begrüßen, beglückwünschen; jmdm.* ~ *danken; sich (mit jmdm.)* ~ *freuen;* /in kommunikativen Wendungen, die einen Dank, Gruß, Wunsch ausdrücken/ ~*en Dank!;* ~*e Grüße!;* ~*en Glückwunsch!; mein* ~*es Beileid!;* vgl. *warm* (3) – **II.** 〈Adv.; vor Adj., Adv.〉 umg. emot. 'sehr': *der Vortrag war* ~ *schlecht; etw. kümmert jmdn.* ~ *wenig, ist jmdm.* ~ *gleichgültig* ❖ ↗ **Herz**

Herzlichkeit ['hɛʀtslɪç..], **die**; ~, 〈o.Pl.〉 /zu *herzlich* I/ 'das Herzlichsein': *jmdn. mit* ~ *begrüßen; etw. mit überschäumender* ~ *tun, sagen; mit großer* ~ (SYN 'Wärme 2') *empfangen werden; seine* ~ *machte mich verlegen; uns schlug bei unserer Ankunft eine große* ~ *entgegen* ❖ ↗ **Herz**

Herzog ['hɛʀtsoːk], **der**; ~s/auch ~es, Herzöge [..tsøːgə]/auch ~e 'Herrscher, Monarch in der Rangstufe zwischen Fürst und König': *ein regierender* ~; *die Herzöge von Franken* ❖ **Herzogin**

Herzogin ['hɛʀtsoːg..], **die**; ~, ~nen /zu *Herzog*; weibl./ ❖ ↗ **Herzog**

Herz/herz ['hɛʀts..]|-**schlag, der 1.** 'fühl-, hörbarer Schlag des Herzens': *die Anzahl der Herzschläge pro Minute zählen, feststellen* **2.** 〈o.Pl.〉 'plötzliches Versagen des Herzens': *jmd. hat einen* ~ *erlitten, ist einem* ~ *erlegen, ist an einem* ~ *gestorben* ❖ ↗ Herz, ↗ schlagen; -**schrittmacher** [ʃʀɪtmaxɐ], **der** 'Gerät, das in den Körper eingepflanzt wird, damit es durch elektrische Impulse die regelmäßige Tätigkeit des Herzens sichert': *jmdm einen* ~ *einsetzen* ❖ ↗ Herz, ↗ schreiten, ↗ machen; -**zerreißend** [tsɐʀɑɪsn̩t] 〈Adj.; o. Steig.〉 emot. 'tiefes Mitgefühl und Traurigkeit erregend' /beschränkt verbindbar/; ↗ FELD I.6.3: ~*e Szenen spielten sich ab, als Abschied genommen werden musste* ❖ ↗ Herz, ↗ reißen

heterogen [heteʀo'geːn] 〈Adj.; o. Steig.〉 'ungleich zusammengesetzt'; ANT homogen: *eine* ~*e Gruppe; die Gruppe ist* ~ *(zusammengesetzt);* ~*e Elemente*

Hetze ['hɛtsə], **die**; ~, 〈o.Pl.〉 **1.** 'bewusst der Erzeugung von Hass, Unzufriedenheit dienende Tätigkeiten, Äußerungen, die sich gegen Institutionen, Personen(gruppen) u. a. richten': *antisemitische, faschistische* ~; *eine maßlose, wütende, wüste, infame* ~ *(gegen jmdn., den Staat) entfachen, betreiben* **2.** 'sehr große Hast, übermäßige Eile': *jmd. hat in der* ~ *des Alltags etw. vergessen; die dauernde* ~ *nicht verkraften können* ❖ ↗ **hetzen**

hetzen ['hɛtsn̩] 〈reg. Vb.; hat/ist〉 **1.** 〈hat〉 **1.1.** /jmd., Tier/ *ein Tier, jmdn.* ~ 'ein flüchtendes Tier, eine flüchtige Person sehr schnell verfolgen und so vor sich hertreiben': *die Hunde* ~ *den Hasen; ein Tier zu Tode* ~; *jmdn. irgendwohin* ~: *er hetzte den Fremden, die Eindringlinge mit Hunden von seinem Hof, aus dem Dorf* **1.2.** /jmd./ *ein Tier auf ein anderes Tier, auf jmdn.* ~ 'ein Tier, bes. einen Hund, durch Handlungen, Rufe dazu bringen, dass es ein anderes Tier, jmdn. verfolgt und angreift': *seinen*

Hund auf einen fremden Hund, auf den Einbrecher, Dieb ~ **2.** 〈ist〉 /jmd./ *irgendwohin* ~ SYN 'irgendwohin hasten'; ↗ FELD I.7.2.2: *zum Bahnhof, in den Dienst, zur Arbeit* ~; *durch die Straßen, Kaufhäuser* ~ **3.** 〈hat〉/jmd., Institution / 'Hetze betreiben'; ↗ FELD I.2.2: *er, die Presse hetzte; gegen jmdn., etw.* ~: *gegen den Chef, die Regierung* ~ ❖ **Hetze** – **aufhetzen, Kriegshetze, Kriegshetzer**

Heu [hɔɪ̯], **das**; ~s/auch ~es, 〈o.Pl.〉 'gemähtes und getrocknetes Gras, das als Futter bes. für Vieh genutzt wird': *eine Fuhre* ~; ~ *machen, ernten; das* ~ *einfahren; den Kühen, Pferden, Schafen* ~ *geben; die Kinder spielten im* ~; *im* ~ *schlafen* ❖ **Heuschnupfen, -schrecke**

Heuchelei [hɔɪçə'laɪ̯], **die**; ~, ~en **1.** 〈o.Pl.〉 'das Heucheln': *sein Mitleid, Interesse, Gleichmut, seine Reue ist (nichts als, nur)* ~ **2.** 'heuchlerische Äußerung, Handlung': *diese* ~*(en) durchschaut man doch sofort* ❖ ↗ **heucheln**

heucheln ['hɔɪçl̩n] 〈reg. Vb.; hat〉 **1.** /jmd./ *etw.* ~ 'etw., ein Gefühl, einen Gemütszustand od. eine Überzeugung, vortäuschen': *Reue, Interesse, Liebe, Sympathie* ~; *etw. mit geheucheltem Gleichmut sagen* **2.** /jmd./ SYN 'sich verstellen (4.2)': *das ist doch nicht seine wahre Meinung, er heuchelt doch nur!; jmd. kann nicht* ~ ❖ **Heuchelei, Heuchler, heuchlerisch**

Heuchler ['hɔɪçlɐ], **der**; ~s, ~ 'jmd., der (ständig) heuchelt, geheuchelt hat'; SYN Komödiant (2): *er ist ein* ~; *so ein* ~! ❖ ↗ **heucheln**

heuchlerisch ['hɔɪçlərɪʃ..] 〈Adj.; vorw. attr. u. bei Vb.〉 'sein wahres Wesen, seine wirklichen Absichten verbergend und aufrichtiges, unschuldiges, ehrliches Verhalten vortäuschend'; SYN falsch (4), scheinheilig; ANT aufrichtig /auf Haltungen, Personen bez./: *eine* ~*e Anteilnahme zeigen; sein* ~*es Verhalten; wie er von seiner Mutter, seiner Beziehung zu Kindern spricht, das ist* ~; ~ *lächeln;* /vorw. auf Personen bez./: *er ist ein* ~*er Mensch, hat ein* ~*es Wesen, ist* ~; vgl. *hinterhältig* ❖ ↗ **heucheln**

heulen ['hɔɪ̯lən] 〈reg. Vb.; hat〉; ↗ FELD VI.1.2 **1.1.** /Hund, Wolf/ 'lange, hohe, klagende Laute von sich geben': *die Hunde, Wölfe* ~; vgl. *bellen* **1.2.** /etw., bes. etw., das sich schnell in der Luft bewegt/ 'einen langen, hohen, durchdringenden Ton hervorbringen': *Granaten fliegen* ~*d durch die Luft, über die Soldaten hinweg; draußen heult der Wind* **1.3.** /Gerät, Maschine/ 'einen langen hohen Ton erzeugen': *die Sirene heult; er gab Gas, und der Motor heulte* **2.** umg. /jmd./ 'heftig (und laut) weinen': *der Kleine heult ständig; vor Wut, Schmerz* ~; *hör endlich auf zu* ~!; *mir ist zum Heulen zumute* ('vor Ärger, Kummer könnte ich jetzt weinen'); *etw., das ist zum Heulen* ('ist deprimierend') ❖ **Geheul(e)**

Heu ['hɔɪ̯..]|-**schnupfen, der** 'durch Überempfindlichkeit gegen Pollen hervorgerufene Erkrankung der Schleimhäute bes. der Nase': *das ist, er hat* ~; *er leidet unter* ~ ❖ ↗ Heu, ↗ Schnupfen; -**schrecke**

[ʃʀɛkə], **die**; ~, ~n ʿPflanzen fressendes Insekt, das fliegen und mit kräftigen Hinterbeinen sehr weite Sprünge machen kannʾ; ↗ FELD II.3.1: *die ~n haben die Felder kahl gefressen* ❖ ↗ Heu, ↗ Schreck

heute [ˈhɔi̯tə] ⟨Adv.⟩ ↗ FELD VII.5.3 **1.** ʿam gegenwärtigen Tagʾ: *welches Datum haben wir ~?; ~ ist der 7. Februar; ~ haben wir schönes Wetter;* ⟨+ Adv.best.⟩ *~ Morgen, ~ Mittag, ~ Abend;* ⟨+ Präp.⟩ *~ vor einer Woche; ~ in einer Woche; ~ ist es genau zwei Wochen her, dass wir in London waren; ab ~, seit ~, von ~ ab/an gilt eine neue Regelung; bis ~* (ʿbis zum gegenwärtigen Tagʾ) *hat sich nichts daran geändert;* ⟨auch attr.; einem Subst. nachgestellt⟩ *dein Vortrag ~ war einmalig* **2.** ʿin unserer Zeit, in der Gegenwartʾ: *~ denkt man darüber anders als früher; die Frau von ~, die Welt von ~, die Jugend von ~* (ʿdie Frau, Welt, Jugend unserer Zeitʾ); geh. *im Heute* (ʿin der Gegenwartʾ) *leben;* vgl. *gestern, morgen* ❖ **heutig – heutzutage**
* **nicht von ~ auf morgen** ʿnicht sofort, nicht in Kürzeʾ: *solche tief greifenden Veränderungen können nicht von ~ auf morgen erreicht werden; von ~ auf morgen lässt sich das nicht ändern*

heutig [ˈhɔi̯tɪç] ⟨Adj.; o. Steig.; nur attr.⟩; ↗ FELD VII.5.3 **1.** ʿvom gegenwärtigen Tagʾ: *das ist die ~e Zeitung, das ~e Programm; das ~e Datum auf die Quittung setzen; der ~e* (ʿgegenwärtigeʾ) *Tag: der ~e Tag wird die Entscheidung bringen, hat für uns eine besondere Bedeutung; bis auf den, bis zum ~en Tag hat sich nichts geändert* **2.** ʿin unserer Zeitʾ: *die ~e Jugend, Mode;* SYN ʿgegenwärtigʾ: *der ~e Stand der Forschung; in der ~en Zeit, Situation* ❖ ↗ **heute**

heutzutage [ˈhɔi̯tˌtsuˈtɑːɡə] ⟨Adv.⟩ ʿin unserer Zeit, in der Gegenwartʾ; SYN jetzt (2), ¹nun (3); ↗ FELD VII.5.3: *~ denkt man darüber anders als früher; das ist ~ völlig normal* ❖ ↗ **heute**

Hexe [ˈhɛksə], **die**; ~, ~n **1.1.** ʿGestalt der Sage, des Märchens, die die Züge einer hässlichen alten Frau hat und zaubern (1) kann und diese Fähigkeit meist zum Schaden von Mensch und Tier anwendetʾ: *eine hässliche, böse ~* **1.2.** ʿFrau, die bes. im Mittelalter bezichtigt wurde, mit dem Teufel im Bunde zu stehenʾ: *sie wurde als ~ verbrannt* **2.** umg. emot. neg. ʿweibliche Person, die man als unangenehm (und hässlich) empfindet od. aus irgendwelchen Gründen verabscheutʾ: *was will denn diese alte ~ schon wieder?; was diese ~ wohl im Schilde führt?; muss diese ~ ausgerechnet jetzt den Rasen mähen!?* ❖ **hexen, Hexenschuss**

hexen [ˈhɛksn̩] ⟨reg. Vb.; hat⟩ /jmd./ ʿzaubern (1)ʾ: *sie stand im Verdacht, ~ zu können;* /in der kommunikativen Wendung/ umg. *ich kann (doch) nicht ~* (ʿso schnell kann ich das nicht schaffenʾ)! /sagt jmd., wenn er sich von jmdm. zur Eile angetrieben fühlt/ ❖ ↗ **Hexe**

Hexen|schuss [ˈhɛksn̩..], **der** ⟨o.Pl.⟩ ʿplötzlich auftretender, heftiger, von der Wirbelsäule ausstrahlender Schmerz, der die Möglichkeit, sich zu bewegen,

stark einschränktʾ: *ich habe einen ~ (bekommen)* ❖ ↗ **Hexe**, ↗ **schießen**

hieb: ↗ *hauen*

Hieb [hiːp], **der**; ~es/auch ~s, ~e **1.** ʿkräftiger Schlag (1), bes. mit einer Waffe, einem Werkzeugʾ: *ein kräftiger ~ (mit der Peitsche, Axt, dem Säbel); einen Baumstamm mit einem ~ spalten; jmdm. ein paar ~e* (ʿSchläge mit der Faustʾ) *ersetzen* **2.** ⟨nur im Pl.⟩ umg. ʿPrügelʾ: *er hat ~e bekommen; gleich setzt es ~e!* ❖ ↗ **hauen**

Hieb|waffe [ˈ..], **die** ʿWaffe wie z. B. Säbel, Schwert, die zum Schlagen bestimmt istʾ; ↗ FELD V.6.1 ❖ ↗ **hauen**, ↗ **Waffe**

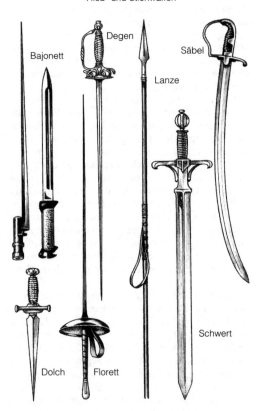

Hieb- und Stichwaffen

Bajonett · Degen · Lanze · Säbel · Schwert · Dolch · Florett

hielt: ↗ *halten*

hier [hiːɐ̯] ⟨Adv.⟩ **1.1.** /weist auf den Standort des Sprechers, auf eine Stelle in der Nähe des Sprechers/; ANT ¹da (1.1), dort (1.1): ⟨oft mit Adv.best.⟩ *ich stehe, bin ~/~ bin, stehe ich; er sitzt, ist ~; ~ stand früher ein Schloss; das Buch liegt ~ auf dem Tisch; der Bus hält gleich ~ an der Ecke; ~ draußen, drinnen, hinten, vorn, oben, unten; wo ist ~* (ʿin diesem Ort, in dieser Gegendʾ) *die Sparkasse?;* ⟨+ Präp. von⟩ *ich gehe nicht von ~ weg; von ~ bis zum Bahnhof laufen* **1.2.** ⟨vorw. am Satzanfang⟩ *~* (ʿan dieser Stelle im Textʾ; ANT

dort 1.1) *steht Folgendes geschrieben, ist Folgendes zu lesen ...* **1.3.** ⟨vor imperativischen Sätzen⟩ /der Sprecher weist auf eine bei ihm befindliche Sache hin/: ~, *nimm es!;* ~, *halt mal!;* ~, *lies mal!* **1.4.** ⟨nur attr.; einem Subst., Personalpron., Demonstrativpron. nachgestellt⟩ /weist nachdrücklich auf eine Person, Sache hin, die in unmittelbarer Nähe des Sprechers ist/; ANT dort (1.2): *unser Gast* ~; *dieses Buch* ~; *dies* ~; *ich meine ihn* ~ **1.5.** *darauf will ich* ~ ('in diesem Zusammenhang') *nicht näher eingehen;* ~ ('in diesem Punkt') *muss Klarheit geschaffen werden;* ~ ('in diesem Fall') *geht es um Leben und Tod* **2.** /weist auf einen zuvor genannten Zeitpunkt hin, an dem etw. beginnt/: ~ *beginnt eine neue Epoche;* ⟨+ *von*⟩ *von* ~ *an/ab wird sich vieles ändern, hat sich vieles geändert* ❖ **hieran, -auf, -aus, -bei, -für, -her, -hin, -in, -mit, -über, -von, -zu; hiesig**
* ~ **und da 1.** 'an manchen Stellen, stellenweise': ~ *und da fanden sich Steinpilze, einige Rechtschreibefehler* **2.** 'manchmal': ~ *und da könnten wir etwas mehr Hilfe, Abwechslung gebrauchen;* ~ *und da besucht er uns;* ⟨⟩ umg. ~ **spielt sich nichts ab** ('das kommt nicht in Frage, daraus wird nichts')!
MERKE Zur Getrennt-, Zusammmenschreibung von *hier* und *sein*: Getrenntschreibung auch im Infinitiv

hieran ['hiːʀan/..'ʀan; Trennung: hie|ran od. hier|an] ⟨Pronominaladv.⟩ **1.** /lokal; auf Sachen bez./ **1.1.** 'an dieser genannten Sache': *sie sind* ~ *achtlos vorübergegangen* **1.2.** 'an diese genannte Sache': *hier ist ein Haken,* ~ *kannst du deinen Mantel hängen* **2.1.** 'an dem Genannten': ~ *wird sich nichts mehr ändern;* ~ *kann man erkennen, dass ...* **2.2.** 'an das Genannte': ~ *knüpfte er seine Hoffnung;* vgl. *daran* ❖ ↗ **hier,** ↗ **²an**

Hierarchie [hieʀaʀ'çiː], **die**; ~, ~n [..'çiːən] 'streng nach dem Prinzip von Über- und Unterordnung gebildete (gesellschaftliche) Gliederung': *die kirchliche, militärische, staatliche* ~; *eine* ~ *systematisch geordneter Begriffe* ❖ **hierarchisch**

hierarchisch [hie'ʀaʀç..] ⟨Adj.; o. Steig.⟩ 'der Hierarchie entsprechend (gegliedert)': *eine* ~ *gegliederte Organisation;* ~*e Strukturen* ❖ ↗ **Hierarchie**

hierauf ['hiː'ʀauf/..'ʀauf; Trennung: hie|rauf od. hier| auf] ⟨Pronominaladv.⟩ **1.** /lokal; auf Sachen bez./ **1.1.** 'auf der hier vorhandenen Sache': *neben dem Tisch steht ein Stuhl,* ~ *liegen Bücher* **1.2.** 'auf die hier vorhandene Sache': *neben dem Regal steht ein Stuhl,* ~ *kannst du weitere Bücher legen* **2.** /temporal/ 'nach dem Genannten': *sie sprachen einige Worte,* ~ *schwiegen sie wieder; er gab der Kapelle ein Zeichen,* ~ *spielte sie einen Tusch* **3.1.** 'auf dem genannten Sachverhalt als Grundlage': *das sind die Grundlagen,* ~ *müssen wir aufbauen* **3.2.** 'auf den genannten Sachverhalt als Bezug': ~ *werden wir später zu sprechen kommen;* ~ *kannst du dich verlassen;* ~ *gibt es keine befriedigende Antwort;* vgl. *darauf* ❖ ↗ **hier,** ³**auf**

hieraus ['hiː'ʀaus/..'ʀaus; Trennung: hie|raus od. hier| aus] ⟨Pronominaladv.⟩ **1.** /lokal; auf Sachen bez./

'aus dem hier vorhandenen Behältnis': *auf dem Tisch steht eine Dose, nimm dir* ~ *ein Stück Zucker* **2.** 'aus der hier vorhandenen, genannten Sache': *er blätterte in dem Buch und las* ~ *eine Geschichte vor; das ist guter Stoff, kannst du mir* ~ *eine Hose nähen?;* vgl. *daraus* ❖ ↗ **hier,** ↗ ²**aus**

hierbei ['hiːʀbai/..'b..] ⟨Pronominaladv.⟩ **1.** 'bei dem genannten Tun, Geschehen': *sie ist auf das dünne Eis gegangen,* ~ *ist sie eingebrochen* **2.** 'bei der genannten Angelegenheit, Sache': *morgen ist eine Sitzung. Es handelt sich* ~ *um die Auswertung der Tagung; auf dem Tisch liegt ein Buch. Es handelt sich* ~ *um eine Neuerscheinung;* vgl. *dabei* ❖ ↗ **hier,** ↗ **bei**

hier bleiben, blieb hier, ist hier geblieben /jmd., etw./ 'an der Stelle, dem Ort, an dem sich der Sprecher befindet, bleiben': *er wollte noch (ein bisschen)* ~; *bleibst du hier oder kommst du mit?; das Buch, Fahrrad bleibt hier* ('wird nicht mitgenommen')! ❖ ↗ **hier,** ↗ **bleiben**

hierfür ['hiːʀfyːɐ/..'fyːɐ] ⟨Pronominaladv.⟩ **1.** 'für den genannten Zweck': *morgen findet eine Feier statt, die Vorbereitungen* ~ *sind in vollem Gange* **2.** 'als Entgelt für die genannte Sache': *dieses Kleid gefällt mir. Was hast du* ~ *bezahlt?* **3.** 'für den genannten Sachverhalt, was dies anbelangt': *er kommt oft zu spät zur Arbeit,* ~ *habe ich kein Verständnis;* ~ *gibt es viele Beispiele;* vgl. *dafür* ❖ ↗ **hier,** ↗ **für**

hierher ['hiːʀheːɐ/..'heːɐ] ⟨Adv.⟩ **1.** /weist auf den Standort des Sprechers hin/ 'zu dieser Stelle, diesem Ort hier (1)': *komm* ~!; *halt, bis* ~ *und nicht weiter!;* vgl. *daher;* ⟨auch attr.; nachgestellt⟩ *auf dem Weg* ~ *trafen wir viele Bekannte;* vgl. *her* **2.** 'zu dem Genannten': *einiges bleibt offen,* ~ *ist auch die Frage zu rechnen: ...* ❖ ↗ **hier,** ↗ **her**

hierhin ['hiːʀhin/..'hin] ⟨Adv.⟩ **1.** /weist auf den Standort des Sprechers hin/ 'an diese Stelle, diesen Ort': *„Wohin mit dem Tisch?" „Hierhin!"; bis* ~ ('bis zu dieser Seite, dieser Stelle') *bin ich mit dem Lesen gekommen;* vgl. *dahin* **2.** 'als Ergänzung zu dem Genannten': *einiges bleibt offen,* ~ *ist auch die folgende Frage zu rechnen: ...* ❖ ↗ **hier,** ↗ **hin**

hierin ['hiːʀin/..'ʀin; Trennung: hie|rin od. hier|in] ⟨Adv.⟩ 'in dem Genannten': *wir müssen unsere Gewohnheiten aufgeben,* ~ *liegt aber auch eine Chance;* vgl. *darin* ❖ ↗ **hier,** ↗ **in**

hiermit ['hiːʀmit/..'mit] ⟨Pronominaladv.⟩ **1.** 'mit Hilfe, mittels der genannten Sache' /auf Sachen bez./: *nimm diese Zange,* ~ *kannst du die Nägel herausziehen* **2.** 'mit dem Genannten': *das ist ein ernstes Problem,* ~ *befasse ich mich schon lange;* ~ *ist nicht zu spaßen; er hat seine Beschwerde zurückgezogen, die Angelegenheit ist aber* ~ *noch nicht erledigt* **3.** ~ ('mit diesen jetzt gesprochenen Worten') *eröffne ich die Ausstellung;* ~ ('mit diesem Schreiben') *gebe ich bekannt, wird bestätigt, dass ..., kündige ich das Abonnement;* vgl. *damit* ❖ ↗ **hier,** ↗ ¹**mit**

hierüber ['hiːʀyːbɐ/..'ʀyː..; Trennung: hie|rüber od. hier|über] ⟨Pronominaladv.⟩ **1.** /lokal; auf Sachen bez./ **1.1.** 'über der genannten Sache': *diese Woh-*

nung liegt im vierten Stock, ~ *befindet sich der Boden* **1.2.** 'über die genannte Sache': *da stand der Esstisch,* ~ *hatte sie ein Tischtuch gelegt* **2.** 'über den genannten Sachverhalt': *die Angelegenheit wirft immer neue Fragen auf,* ~ *ist schon viel geschrieben worden;* ~ *bin ich froh;* vgl. *darüber* ❖ ↗ **hier,** ↗ **¹über**

hiervon [ˈhiːɐ̯fɔn/..ˈfɔn] ⟨Pronominaladv.⟩ **1.** /lokal; auf Sachen bez./ **1.1.** 'von dem Genannten entfernt': *hier ist die Post und nicht weit* ~ *(entfernt) die Apotheke* **1.2.** 'von dem Genannten wegführend': *das ist die Hauptstraße,* ~ *zweigen mehrere Nebenstraßen ab* **2.** 'von der vorhandenen Sache, Anzahl, Menge': ~ *kann ich nichts abgeben* **3.** 'infolge des Geschehens': *jemand rief laut,* ~ *wurde ich wach* **4.** 'von dem genannten Sachverhalt': ~ *kann ich jetzt nicht reden;* ~ *machst du dir keine Vorstellung;* vgl. *davon* ❖ ↗ **hier,** ↗ **von**

hierzu [ˈhiːɐ̯tsuː/..ˈtsuː] ⟨Pronominaladv.⟩ **1.** '(zusätzlich) zu der genannten Sache': ~ *schmeckt ein Rotwein am besten* **2.** 'zu dem genannten Sachverhalt': ~ *möchte ich mich nicht äußern;* ~ *habe ich mir schon Gedanken gemacht; meine Meinung* ~ *ist folgende: …* ❖ ↗ **hier,** ↗ **zu**

hiesig [ˈhiːzɪç] ⟨Adj.; o. Steig.; nur attr. od. subst.⟩ **1.1.** 'hier, in dieser Gegend üblich, hier befindlich': *die* ~*en Gebräuche; die* ~*e Bauweise* **1.2.** *die* ~*e* (SYN 'einheimische') *Bevölkerung;* ⟨subst.⟩ *er ist kein Hiesiger* ('stammt nicht von hier') ❖ ↗ **hier**

hieß: ↗ **heißen**

Hilfe [ˈhɪlfə]**, die;** ~, ~n **1.** ⟨o.Pl.⟩ 'Handlung, durch die jmd. einem anderen, anderen bei der Erreichung eines Zieles, bei der Bewältigung von etw. hilft'; ↗ FELD I.18.1: *gegenseitige, uneigennützige* ~*!; ärztliche* ~ *(ist hier geboten)!; (wirtschaftliche, finanzielle)* ~ *für Entwicklungsländer; erste* ~ ('sofort nach einem Unfall am Verunglückten durchzuführende Maßnahmen zur Rettung, meist vor Eintreffen des Arztes'); ~*! /Ruf nach Hilfe in einer Notlage, aus der sich jmd. nicht aus eigener Kraft befreien kann/; jmd. braucht* ~*;* ~ *leisten* ('jmdm. helfen'); *jmdm. seine* ~ *anbieten; jmd. ist (wegen seines Gesundheitszustandes) auf (jmds.)* ~ *angewiesen; er hat es nur mit fremder* ~ *geschafft; jmdn. um* ~ *bitten; aus Angst, Verzweiflung um* ~ *rufen, schreien; jmdm. zu* ~ *kommen* ('herbeieilen und jmdm. aus einer schwierigen Lage helfen, jmdn. retten') **2.** ⟨vorw. Sg.⟩ **2.1.** 'jmd., der jmdm. (bei der Arbeit) hilft'; SYN Hilfskraft: *eine* ~ *für den Haushalt suchen; eine* ~ *einstellen, entlassen* **2.2.** *jmd. ist jmdm. eine große* ~: *ihr Sohn ist ihr eine große* ~ ('ihr Sohn hilft ihr in vielen Dingen') **3.** ⟨mit best. Adj.; o.Pl.⟩ 'etw., das jmdm. bei einer bestimmten Tätigkeit dienlich ist': *die Lupe war ihm beim Lesen der kleinen Schrift eine gute, brauchbare* ~ **4.** ⟨o.Pl.⟩ *mit* ~ (auch: *mithilfe) von etw.* 'unter Benutzung von etw., das bei einer bestimmten Tätigkeit sehr hilfreich ist': *mit* ~ *eines Bohrers einen Dübel einsetzen; mit* ~ *eines Wörterbuchs einen Text übersetzen* ❖ ↗ **helfen**

hilf|los [ˈhɪlf..] ⟨Adj.; Steig. reg., ungebr.⟩ **1.** 'sich selbst nicht helfen könnend, Hilfe (1) dringend benötigend' /auf Personen bez./: *ein* ~*er Kranker; der Verunglückte war völlig* ~*;* ~ *daniederliegen* **2.** ⟨vorw. bei Vb.⟩ SYN 'ratlos (1.1)' /auf die Tätigkeit von Personen bez./: ~ *die/mit den Schultern zucken; er war völlig* ~, *sah uns* ~ *an* **3.** ⟨nicht präd.⟩ SYN 'ratlos (1.2)': ~ *herumstehen, lächeln; er wirkte* ~*;* ~ *ein paar Worte stammeln; ein* ~*es Lächeln* ❖ ↗ **helfen,** ↗ **los**

hilfs/Hilfs [ˈhɪlfs..]**‖-bedürftig** ⟨Adj.; Steig. reg.⟩ **1.** ⟨nicht bei Vb.⟩ 'auf Hilfe (1) angewiesen': *seit seinem Unfall ist er* ~, *ein* ~*er Mensch* **2.** ⟨vorw. attr.⟩ 'auf materielle Unterstützung angewiesen' /auf Personen bez./: *die Spenden sind für* ~*e Menschen, Personen, für Hilfsbedürftige bestimmt* ❖ ↗ **helfen,** ↗ **bedürfen; -bereit** ⟨Adj.; Steig. reg.⟩ 'gern zur Hilfe bereit für jmdn., der es gerade nötig hat'; ↗ FELD I.2.3, 18.3: *man kennt ihn als einen freundlichen,* ~*en Menschen; er ist immer* ~, *zeigte sich* ~*;* vgl. *entgegenkommend, gefällig (1), konziliant, kulant* ❖ ↗ **helfen,** ↗ **bereit; -kraft, die** 'nicht speziell ausgebildete Arbeitskraft (2) für die Ausführung bestimmter einfacher Arbeiten': *für die Neuordnung der Bibliothek werden Hilfskräfte gebraucht; Hilfskräfte beim Bau von etw. einstellen; eine* ~ *suchen!* ❖ ↗ **helfen,** ↗ **Kraft; -mittel, das 1.** 'etw., das zur Erleichterung der Arbeit benutzt wird': *ein* ~ *benutzen; dieses Gerät ist ein unentbehrliches* ~ *im Haushalt; sich bestimmter, geeigneter* ~ *bedienen* **2.** ⟨nur im Pl.⟩ 'für die Überwindung einer Notlage bereitgestellte materielle Güter, finanzielle Mittel': *umfangreiche* ~ *(für die vom Erdbeben Betroffenen) bereitstellen;* ~ *in das Katastrophengebiet einfliegen* ❖ ↗ **helfen,** ↗ **Mittel**

hilft: ↗ **helfen**

Himbeere [ˈhɪmbeːɐ̯ə]**, die;** ~, ~n 'Frucht des Himbeerstrauches'; ↗ FELD I.8.1, II.4.1: ~*en pflücken; ein Kompott aus* ~*en;* vgl. *Brombeere* ❖ ↗ **Beere**

Himbeer|strauch [ˈhɪmbeːɐ̯..]**, der** 'in Wäldern und Gärten wachsender Strauch mit weißen Blüten und roten süßen aromatischen Beeren, die aus kleinen Kügelchen zusammengesetzt erscheinen'; ↗ FELD II.4.1; vgl. *Brombeerstrauch* ❖ ↗ **Beere,** ↗ **Strauch**

Himmel [ˈhɪml]**, der;** ~s, ⟨o.Pl.⟩ **1.** /aus der Sicht des sich auf der Erde befindlichen Menschen/ 'der über der Erde befindliche Raum'; ↗ FELD IV.1.1: *ein blauer, wolkenloser, klarer, bewölkter, verhangener* ~*; der nächtliche* ~*; der südliche* ~*; der* ~ *hat sich gerötet, bewölkt, verdunkelt; Wolken ziehen am* ~ *dahin;* ~ *leuchten, funkeln die Sterne; wir sahen Flugzeuge am* ~*; die Sonne steht hoch am* ~*, brennt vom* ~ *herab; der Mond scheint, steht schon am* ~*; zwischen* ~ *und Erde* ('in der Luft') *schweben; gen* ~ *blicken; zum* ~ *aufblicken; der Turm ragt (bis) in den* ~ ('ist bemerkenswert hoch'); METAPH geh. *ein neuer Stern am literarischen* ~ ('ein neues Talent auf literarischem Gebiet') **2.** 'in vielen Religionen Wohnort Gottes od. der Götter': *Gott im* ~

wird sich erbarmen; schildern, wie man sich ~ und
Hölle vorstellt; nach dem Tode in den ~ (ANT
Hölle 1) kommen ('nach christlichem Glauben das
ewige Leben erlangen'); /in derben Flüchen/: ~,
Arsch und Zwirn!; ~, Arsch und Wolkenbruch!; /in
Ausrufen, die einen Dank ausdrücken, die um Hilfe
flehen/: dem ~ sei Dank!; gerechter ~!; /in den
kommunikativen Wendungen/: um ~s willen! /sagt
jmd., wenn er bestürzt ist und jmdn. inständig um
Hilfe bittet od. bittet, etw. zu unterlassen/: lass das
um ~s willen sein!; um ~s willen, komm schnell!;
bleib um ~s willen zu Hause!; ach, du lieber ~! /sagt
jmd., wenn er bestürzt od. überrascht und dabei
verärgert od. amüsiert ist/: das weiß der ~ ('das
weiß niemand') ❖ **himmlisch** – **Himmelfahrt, Him-
melskörper, -richtung**
* /jmd./ **den ~ auf Erden haben** 'es sehr gut haben':
bei ihrer Großmutter hatte sie den ~ auf Erden;
/jmdm./ **jmdm. den ~ auf Erden** ('alle Annehmlichkei-
ten') **versprechen;** /jmd./ **jmdn., etw. in den ~ heben**
('jmdn., etw. übermäßig loben'); **wie aus heiterem
~** 'plötzlich, ganz unerwartet': die Absage kam wie
aus heiterem ~; /jmd./ **~ und Hölle in Bewegung
setzen** ('alle nur verfügbaren Mittel einsetzen, um
sein Vorhaben realisieren zu können'); **~ und Men-
schen** 'sehr viele Menschen': ~ und Menschen wa-
ren dort; bei dem Fest waren ~ und Menschen;
/jmd./ **sich wie im sieb(en)ten ~ fühlen, im sieb(en)-
ten ~ sein** ('verliebt und überglücklich sein'); ⟨⟩
umg. **etw. (vorw. das) schreit zum ~** ('etw. ist empö-
rend'); **etw. (vorw. das) stinkt zum ~** ('etw. ist skan-
dalös'); emot. **weiß der ~** 'ich möchte gerne wissen,
wer kann es mir sagen': ⟨+ Fragesatz⟩ weiß der ~,
wer das wieder angestellt hat/was das zu bedeuten
hat!; weiß der ~, wie er das geschafft hat!; weiß der
~, wo unser Hund wieder steckt!
himmel/Himmel ['..]-**angst** ⟨Adj.; o. Steig.; nur
präd.⟩ emot. jmdm. ist, wird (es) ~ 'jmd. hat, be-
kommt große Angst': mir wurde ~, als ich unsere
Tochter oben im Baum sah ❖ ↗ Angst; **-fahrt**
⟨o.Art.; o.Pl.⟩ 'kirchlicher Feiertag am 40. Tag
nach Ostern zum Gedenken an die Auffahrt Christi
in den Himmel (2)'; ↗ FELD XII.5: ~ hatten wir
herrliches Wetter; (zu) ~ eine Wanderung machen
❖ ↗ Himmel, ↗ fahren
Himmels ['hɪm|s..]-**körper, der** 'im Weltraum befind-
licher Körper (2) wie z. B. Erde, Sonne, Mond,
Stern' ❖ ↗ Himmel, ↗ Körper; **-richtung, die**
'durch die Pole der Erdkugel festgelegte Richtung
(1) zur Orientierung': Ost(en), West(en), Süd(en),
Nord(en) sind ~en ❖ ↗ Himmel, ↗ richten (I)
himmlisch ['hɪml..] ⟨Adj.; o. Steig.⟩ **1.1.** emot. SYN
'herrlich (1.1,2)' /vorw. auf Emotionales bez./: das
war ein ~es Gefühl, Vergnügen; wir haben uns ~
amüsiert; es war einfach ~ (auf dem Fest, im Ur-
laub)!; es herrschte eine ~e ('als ausgesprochen
wohltuend empfundene') Ruhe **1.2.** scherzh. 'völlig
unmöglich (I.2) und doch gleichzeitig komisch wir-
kend': das ist ja ein ~er Anblick, sind ja ~e Aussich-
ten; hier herrscht ja eine ~e Unordnung!; es war ~,

wie er sich dabei anstellte, wie er immer wieder neue
Ausreden ersann! ❖ ↗ **Himmel**
hin [hɪn] ⟨Adv.⟩ **1.** /in Aufforderungen, sich irgend-
wohin zu begeben/ 'von hier nach dort (irgendwo)';
ANT her (1): umg. nichts wie ~ ('sofort schnell
dorthin')! **2.** ⟨einem Subst., Adv. nachgestellt⟩ **2.1.**
irgendwo ~ ⟨+ Präp. zu, nach⟩ 'in Richtung auf';
ANT her (2.1): die Fenster liegen zum Hof ~; die
Straße zum Bahnhof ~ ist gesperrt; nach links,
rechts ~ **2.2.** ⟨als Verstärkung lokaler Präp.⟩ der
Weg läuft durch die Wiese ~; die Pflanze ist über
ganz Europa ~ verbreitet; nach allen Seiten ~; nach
außen ~ ('äußerlich') wirkte er ganz ruhig **2.3.** ⟨als
Verstärkung temporaler Präp.⟩ gegen den Herbst ~
('zum Beginn des Herbstes, wenn der Herbst
naht'); über viele Jahre ~ ('viele Jahre hindurch');
bis zum Urlaub ~ ist es noch eine Weile **3.** umg.
⟨nur präd. (mit sein)⟩ etw. ist ~ 'etw. ist nicht mehr
vorhanden, ist verloren': sein ganzes Geld, sein Ver-
trauen, die fröhliche Stimmung ist ~; die Vase, der
Motor ist ~ ('ist nicht mehr zu gebrauchen'); /jmd./
der Verunglückte ist ~ ('ist tot'; ↗ FELD XI.3) **4.**
/gilt für Fahrten mit einem öffentlichen Verkehrs-
mittel/ **~ und zurück:** bitte einmal Leipzig ~ und
zurück ('eine Fahrkarte für die Hin- und Rückfahrt
nach und von Leipzig') **5. ~ und her** 'ständig die
Richtung wechselnd, kreuz und quer': auf dem
Spielplatz liefen Kinder ~ und her; die Schmetter-
linge fliegen ~ und her **6.** umg. ... ~, ... her 'unge-
achtet dieser Tatsache': Regen ~, Regen her, die Ar-
beit muss geschafft werden; vgl. her ❖ **daraufhin,
hinab, -an, -auf, -aus, -über, -unter, -weg, -zu; Hin-
blick, hindeuten, Hinfahrt, hinfallen, -fällig, Hin-
gabe, hingeben, -gehören, -halten, -kommen, -legen,
-nehmen, -richten, -setzen, Hinsicht, hinstellen, Hin-
weis, hinweisen, -werfen, -ziehen, sonstwohin, weit-
hin, wohin, woraufhin; vgl. hinter, hinten**
* /jmd./ **~ und her gerissen sein** 'sich in einer emotio-
nal starken Situation trotz intensiven Bemühens
nicht entscheiden können': beim Kauf des Bildes
waren beide ~ und her gerissen; **nach langem Hin
und Her** ('nach einer längeren Zeit wechselnder
Meinungen und ständiger Diskussionen': nach lan-
gem Hin und Her wurde das Schloss schließlich ver-
kauft; **~ und wieder** 'manchmal': ~ und wieder fin-
det man noch solche Leute, Meinungen, Häuser; ⟨⟩
umg. /etw./ **nicht ~ (und) nicht her** ('von vornherein
überhaupt nicht') **reichen:** wenn man auch noch so
kleine Stücke schneidet, die Torte reicht für die vie-
len Gäste nicht ~ und nicht her; der Stoff reicht für
das Kleid nicht ~ und nicht her; MERKE Zur Getrennt-, Zusammenschreibung
von hin und sein: Getrenntschreibung auch im Infi-
nitiv
hin- /bildet mit dem zweiten Bestandteil Verben; be-
tont; trennbar (im Präsens u. Präteritum); drückt
aus, dass das im zweiten Bestandteil Genannte in
Richtung (von hier, von irgendwo weg) nach dort,
auf ein Ziel erfolgt/: ↗ z. B. hinkommen (1)

hinab [hɪ'nap; Trennung: hi|nab od. hin|ab] ⟨Adv.⟩ SYN 'hinunter'; ↗ FELD IV.1.3: ⟨vorw. dem Subst. nachgestellt⟩ *den Berg ~ kamen wir schnell voran; wir fuhren den Fluss ~* ('flussabwärts'); *(bis) ins Tal, zum Dorf ~ sind es drei Kilometer;* vgl. *herab* ❖ **hinabstürzen;** ↗ **hin**

hinab- /bildet mit dem zweiten Bestandteil Verben; betont; trennbar (im Präsens u. Präteritum); drückt aus, dass das im zweiten Bestandteil Genannte in Richtung von (hier) oben nach (dort) unten erfolgt/: ↗ z. B. *hinabstürzen;* vgl. *hinunter-*

hinab|stürzen [..'nap..], stürzte hinab, ist hinabgestürzt /jmd./ 'von (hier) oben nach (dort) unten stürzen': *er verlor den Halt und stürzte hinab* ❖ ↗ **hinab,** ↗ **stürzen**

hinan [hɪ'nan; Trennung: hi|nan od. hin|an] ⟨Adv.⟩ 'hinauf'; ↗ FELD IV.1.3: *den Berg ~;* vgl. *heran* ❖ ↗ **hin**

hinauf [hɪ'nauf; Trennung: hi|nauf od. hin|auf] ⟨Adv.⟩ 'von (hier) unten nach (dort) oben'; ↗ FELD IV.1.3: ⟨vorw. dem Subst. nachgestellt⟩ *den Berg ~ mussten wir das Tempo verlangsamen; den Fluss ~* ('flussaufwärts'); ⟨als Verstärkung von lokalen Präp.⟩ *zum Gipfel ~ gibt es verschiedene Wege; bis zum 13. Stockwerk ~ laufen;* vgl. *herauf, rauf* ❖ **hinaufgehen;** ↗ **hin**

hinauf- /bildet mit dem zweiten Bestandteil Verben; betont; trennbar (im Präsens u. Präteritum); drückt aus, dass das im zweiten Bestandteil Genannte in Richtung von (hier) unten nach (dort) oben erfolgt/: ↗ z. B. *hinaufgehen;* vgl. *rauf-*

hinauf|gehen ['..], ging hinauf, ist hinaufgegangen /jmd./ 'von (hier) unten nach (dort) oben gehen': *er ging hinauf* ('er ging nach oben in sein Zimmer'), *um sich umzuziehen; ich sah ihn den Weg ~* ❖ ↗ **hinauf,** ↗ **gehen**

hinaus [hɪ'naus; Trennung: hi|naus od. hin|aus] ⟨Adv.⟩ 1. 'von (hier) drinnen nach (dort) draußen'; ANT herein /Aufforderung, den Raum zu verlassen/: *~ (damit, mit euch, mit dir)!* 2. ⟨dem Subst., Adv. oft nachgestellt⟩ 2.1. /als Verstärkung der Richtung lokaler Präp./: *~ aus meinem Haus!; jmd. muss ~ aufs Meer/aufs Meer ~; ~ in die Ferne; die nach hinten ~, zur Straße ~ gelegenen Räume* 2.2. /als Verstärkung temporaler Präp./ *auf Jahre ~* ('für einen Zeitraum von mehreren Jahren') *planen; sich über Monate ~* ('mehrere Monate lang') *mit einer Aufgabe befassen; bis Mitternacht und darüber ~* ('und noch länger') 2.3. *über etw. ~* 'zusätzlich zu etw.': *über sein Gehalt ~* ('zusätzlich zu seinem Gehalt') *hat er noch weitere Einkünfte;* vgl. *heraus, raus* ❖ **hinausfahren, -laufen, -wachsen, -werfen;** vgl. auch **hin,** ²**aus**

MERKE Zur Getrennt-, und Zusammenschreibung von *hinaus* und *sein:* Getrenntschreibung auch im Infinitiv

hinaus- /bildet mit dem zweiten Bestandteil Verben; betont; trennbar (im Präsens u. Präteritum); drückt aus, dass das im zweiten Bestandteil Genannte in

Richtung von (hier) drin nach (dort) draußen erfolgt/: ↗ *hinausfahren;* vgl. *raus-*

hinaus [..'n..]|**-fahren** (er fährt hinaus), fuhr hinaus, ist/hat hinausgefahren 1. ⟨ist⟩ /jmd./ 'von (hier) drinnen nach draußen fahren (2)': *aus der Garage ~; auf die Straße ~* 2. ⟨hat⟩ /jmd./ etw. ~ 'ein Fahrzeug von drinnen nach draußen fahren (2)': *den Wagen aus der Garage ~* 3. ⟨ist⟩ /jmd./ *auf etw. ~* 'sich fahrend auf eine weite, offene Fläche begeben': *aufs Land ~; zum Fischen aufs Meer ~* ❖ ↗ **hinaus,** ↗ **fahren; -laufen** (er läuft hinaus), lief hinaus, ist hinausgelaufen 1. /jmd./ 'von (hier) drinnen nach draußen laufen (1.2, 2.1)': *er lief hinaus und schlug die Tür hinter sich zu; irgendwohin ~: auf die Straße ~* 2.1. /etw./ *auf etw. ~* 'als Konsequenz zu einem bestimmten Ergebnis führen od. etw. als Ziel haben': *die Vorschläge (des Vorstands) laufen auf eine Modernisierung, Umstrukturierung, auf eine Verkleinerung der Belegschaft hinaus* 2.2. /etw. (zwei od. mehrere)/ *auf dasselbe ~* 'schließlich zu demselben Ergebnis führen': *die Vorschläge, so verschieden sie sind, laufen alle auf dasselbe hinaus* ❖ ↗ **hinaus,** ↗ **laufen; -wachsen** (er wächst hinaus), wuchs hinaus, ist hinausgewachsen 1. /jmd./ *über jmdn. ~* 'körperlich größer werden als jmd.': *der Junge ist über seine Eltern, seinen älteren Bruder (schon) hinausgewachsen* 2. /jmd./ *über jmdn., sich (selbst) ~* 'jmdn. in seiner Leistung, sich selbst in der eigenen früheren Leistung übertreffen': *der begabte Junge wird über seinen Lehrer ~; im entscheidenden Spiel ist die Mannschaft über sich selbst hinausgewachsen* ❖ ↗ **hinaus,** ↗ ¹**wachsen; -werfen** (er wirft hinaus), warf hinaus, hat hinausgeworfen 1. /jmd./ *etw. ~* 'etw. von drinnen nach draußen werfen (1.1)': *in seiner Wut warf er das Glas samt der Flasche aus dem/zum Fenster hinaus* 2. umg. /jmd./ *jmdn. ~* 'jmdn. mit allem Nachdruck auffordern, den Raum zu verlassen (1)': *den unerwünschten Besucher, Gast ~; einen Randalierer ~* 3.1. /jmd., Unternehmen/ *jmdn. ~* SYN 'jmdn. kündigen (1.2)': *einen Mitarbeiter ~, weil er seinen Verpflichtungen nicht nachgekommen ist* 3.2. /jmd., Vermieter/ *einen Mieter ~* ('sein Mietverhältnis kündigen') ❖ ↗ **hinaus,** ↗ **werfen**

Hin|blick ['hɪn..], der: *im/in ~ auf etw., jmdn.* 1. 'unter Berücksichtigung von etw., jmdm.': *im ~ auf die angespannte Finanzlage muss gespart werden* 2. 'in Bezug auf etw., jmdn.': *im ~ auf das neue Vorhaben ist zu sagen, dass …* ❖ ↗ **hin,** ↗ **blicken**

hinderlich ['hɪndɐ..] ⟨Adj.; Steig. reg.; vorw. präd.⟩ /etw./ *in Bezug auf etw. ~ sein* 'etw. behindern, hemmen': *die schwere Ausrüstung war (ihm) beim Laufen ~; etw. ist für jmds. Fortkommen ~; etw. hat sich bei, für etw. als ~ erwiesen* ❖ ↗ **hindern**

hindern ['hɪndɐn] ⟨reg. Vb.; hat⟩ 1. /jmd., etw./ *jmdn., etw. an etw.* ⟨Dat.⟩ *~* 'bewirken, dass jmd., etw. eine bestimmte Tätigkeit nicht fortsetzen od. ausführen kann': *jmdn. am Weiterfahren, durch fortgesetztes Fragen am Lesen ~; der Schnee hinderte die Fahrzeuge an der Weiterfahrt; der Regen hinderte *sie daran, die Fenster zu putzen, einen Spaziergang zu machen; das alles hinderte ihn nicht (daran), noch weitere Fragen zu stellen, stur in seiner Arbeit fortzufahren* **2.** /jmd., etw./ *jmdn. bei etw.* ⟨Dat.⟩ ~ ʿjmdm. bei etw. hinderlich seinʾ: *wenn du so herumstehst, hinderst du mich nur bei der Arbeit; die langen Haare hinderten sie beim Sport; der große Ring hinderte (ihn) beim Klavierspielen* ❖ **behindern, behindert, Behinderte, hinderlich, Hindernis, verhindern, verhindert — gehbehindert, Schwerbehinderte**

Hindernis [ˈhɪndɐ..], **das**; ~ses, ~se **1.** ʿetw., das (auf einem Weg) die weitere Fortbewegung einer Person, eines Fahrzeugs verhindert od. erschwertʾ; ↗ FELD I.7.8.1: *ein natürliches, künstliches* ~; *etw. bildet ein unüberwindliches* ~; *ein* ~ *aufbauen, aufstellen; ein* ~ *beseitigen; ein* ~ *steht im Weg; mit dem Auto ein* ~ *überwinden; der Reiter hat noch zwei* ~*se zu nehmen, zu überspringen* **2.** ⟨vorw. Pl.⟩ ʿSchwierigkeit bei der Bewältigung, Durchführung einer Aufgabeʾ: *allen* ~*sen zum Trotz etw. zustande bringen; das war eine Reise mit* ~*sen; ein* ~/~*se beseitigen, aus dem Wege räumen; das ist kein* ~ *für mich* ❖ ↗ **hindern**

hin|deuten [ˈhɪn..], deutete hin, hat hingedeutet **1.** /jmd./ *auf etw., jmdn., nach etw.* ⟨Dat.⟩ ~ ʿauf etw., jmdn. zeigenʾ: *auf das Bild, auf jmdn., nach dem Haus* ~ **2.** /etw./ *auf etw.* ~ ʿauf etw. Zukünftiges schließen lassenʾ: *die Schwüle deutet auf ein Gewitter hin; alles deutet darauf hin, dass sich noch einige Probleme ergeben werden* ❖ ↗ **hin**, ↗ **deuten**

hindurch [hɪnˈdʊrç] ⟨Adv.; dem Subst. nachgestellt⟩ **1.** ⟨als Verstärkung der Präp. *durch*; lok.⟩ *durch die Wand* ~ *hörte man Musik* **2.** ⟨nachgestellt; in Verbindung mit zeitlichen Begriffen⟩; SYN ²*durch* (2), ²*über* (3.2): *all die Jahre* ~ (ʿwährend all der Jahreʾ) *gab es nie Streit zwischen ihnen; den ganzen Tag* ~ *regnete es* ❖ ↗ **hin**, ↗ ²**durch**

hinein [..ˈnain..; Trennung: hi|nein od. hin|ein] ⟨Adv.⟩ **1.** ʿvon (hier) draußen nach (dort) drinnenʾ /Aufforderung, hineinzugehen/; ANT heraus/: ~ *(mit euch)!* **2.** ⟨als Verstärkung der Präp. *in*; lok. u. temp.⟩ ~ *ins Wasser!; bis (tief) in die Nacht* ~ *arbeiten;* METAPH *etw. bis in alle Einzelheiten* ~ (ʿsehr ausführlichʾ) *schildern;* vgl. *herein* ❖ vgl. **hinein-;** ↗ **hin**

hinein- /bildet mit dem zweiten Bestandteil Verben; betont; trennbar (im Präsens u. Präteritum); drückt aus, dass das im zweiten Bestandteil Genannte in Richtung von (hier) draußen nach (dort) drinnen (in Richtung nach drinnen) erfolgt/: z. B. *hineinfahren* (1); vgl. *rein-*

hinein [..ˈnain..]**-denken, sich**, dachte sich hinein, hat sich hineingedacht /jmd./ *sich in etw., jmdn.* ~ ʿsich durch Nachdenken in etw., jmdn. versetzenʾ: *sich in jmds. Lage, Schicksal, Absichten, Beweggründe* ~; *er versuchte sich in die Logik dieser Argumentation hineinzudenken; sich in ein Kind und sein Fühlen* ~; *er kann sich überhaupt nicht in sie* ~ ❖ ↗ **denken; -fahren** (er fährt hinein), fuhr hinein, ist hineingefahren **1.** /jmd., Fahrzeug/ *in etw.* ~ ʿvon

draußen nach drinnen in einen Raum fahrenʾ: *jmd. fährt (mit dem Auto) in den Wald, in die Garage hinein; das Auto fuhr in den Tunnel hinein* **2.** /etw./ *in etw.* ~ ʿplötzlich, schnell in etw. eindringenʾ: *der Blitz ist in den Baum hineingefahren* ❖ ↗ **fahren; -kommen**, kam hinein, ist hineingekommen /jmd./ *in etw.* ~ ʿvon draußen nach drinnen kommen (1.2)ʾ: *komm doch mit hinein (ins Haus); wie bist du denn ohne Schlüssel in das Haus hineingekommen* (ʿgelangtʾ)? ❖ ↗ **kommen; -spielen** ⟨trb. reg. Vb.; hat⟩ /etw./ *bei, in etw.* ⟨Dat.⟩ ~ ʿin gewissem Grade bei etw. wirksam werdenʾ: *bei diesem Entschluss, in dieser Entscheidung spielen alte Vorurteile hinein* ❖ ↗ **spielen; -ziehen**, zog hinein, hat hineingezogen /jmd./ *jmdn. in etw.* ~ SYN ʿjmdn. in etw. verwickeln (2.1)ʾ: *jmdn. ins Gespräch* ~; *jmdn. in einen Streit, Skandal, in eine Affäre* ~ ❖ ↗ **ziehen**

Hin/hin [ˈhɪn..]**-fahrt, die** ʿFahrt zu einem bestimmten Ortʾ; ANT Herfahrt, Rückfahrt; ↗ FELD VIII.1.1: *eine Fahrkarte für die Hin- und Rückfahrt kaufen; der Unfall ereignete sich auf der* ~; *auf, bei der* ~ *war der Zug ziemlich leer; auf der* ~ *trafen wir N* ❖ ↗ **hin**, ↗ **fahren; -fallen** (er fällt hin), fiel hin, ist hingefallen /jmd./ ʿzu Boden stürzen, fallenʾ; ↗ FELD I.7.2.2: *sie ist (auf der Straße, bei Glatteis) hingefallen; er stolperte und fiel hin* ❖ ↗ **hin**, ↗ **fallen; -fällig** ⟨Adj.⟩ **1.** ⟨Steig. reg.⟩ SYN ʿgebrechlichʾ /vorw. auf alte Menschen bez./: *in letzter Zeit ist sie als Frau sehr* ~ *geworden; ein* ~*er Greis; er wirkt schon recht* ~ **2.** ⟨o. Steig.; vorw. präd. u. bei Vb.⟩ ʿwegen der veränderten Lage nicht mehr gültig und nötigʾ; SYN gegenstandslos (2) /auf Abstraktes bez./: *damit ist die Verfügung* ~; *seine Erkrankung hat unsere gemeinsame Reise, unsere Pläne* ~ *gemacht* ❖ ↗ **hin**, ↗ **fallen; -gabe, die** ⟨o.Pl.⟩ **1.1.** ʿgroßer Eifer, mit dem man eine bestimmte Tätigkeit verrichtetʾ: ⟨+ Präp. *mit*⟩ *jmdn. mit* ~ *pflegen; sie strickte mit Hingabe; sich einer Sache mit* ~ *widmen; die* ~, *mit der sie das alles vorbereitete, organisierte, war bewundernswert* **1.2.** *jmds.* ~ *an etw.* ʿjmds. Bereitschaft, sich einer Aufgabe rückhaltlos zu widmenʾ: *jmds. (selbstlose)* ~ *an die Verwirklichung von etw.* **2.** verhüllend ʿdas Sichhingeben einer Frau (↗ *hingeben* 5)ʾ; ↗ FELD I.6.1 ❖ ↗ **hin**, ↗ **geben; -geben** (er gibt hin), gab hin, hat hingegeben **1.** /jmd./ *jmdm. etw.* ~ ʿjmdm. etw. reichen (1)ʾ: *jmdm. ein Stück Brot, einen Bleistift* ~ **2.** /jmd./ *etw.* ~ SYN ʿetw. opfern (1)ʾ: *sein Vermögen, Leben (für jmdn., etw.)* ~; geh. verhüllend /Land, Volk/ *das Land hat seine besten Söhne im Krieg hingegeben* **3.** /jmd./ *sich etw.* ⟨Dat.⟩ ~ SYN ʿsich widmen (4)ʾ: *sich einer Arbeit, seinem Vergnügen* ~ **4.** /jmd./ *sich etw.* ⟨Dat.⟩ ~ ʿsich mit seinen Gefühlen ganz auf eine künstlerische Darbietung einstellenʾ: *sie gab sich ganz der Musik hin, lauschte hingegeben der Musik* **5.** verhüllend /Frau/ *sich einem Mann* ~ (ʿden Geschlechtsakt mit einem Mann vollziehenʾ) ❖ ↗ **hin**, ↗ **geben; -gehören** ⟨trb. reg. Vb.; hat⟩ /jmd., etw./ *irgendwo (bes. hier, wo)* ~ ʿan einen bestimmten

Ort, eine bestimmte Stelle, zu jmdm. gehören (2)': *da, hier gehört der Schlüssel hin; ich gehöre hier nicht hin* ('ich passe nicht hierher') ❖ ↗ hin, ↗ gehören; **-halten** (er hält hin), hielt hin, hat hingehalten **1.** /jmd./ *jmdn. etw.* ~ 'etw. so halten, dass der, für den es bestimmt ist, es mit den Händen nehmen kann': *jmdm. das Glas zum Einschenken, ein Glas Wein* ~; *jmdm. seinen Hut, Mantel* ~ **2.** /jmd., Institution, Land/ *jmdn., ein Unternehmen, ein Land* ~ 'jmdn., ein Unternehmen, Land vertrösten': *jmdn. mit leeren Versprechungen* ~; *er hat ihn lange, immer wieder hingehalten; sich nicht länger* ~ *lassen* ❖ ↗ hin, ↗ halten; **-hauen** ⟨trb. reg. Vb.; hat⟩ **1.** umg. /jmd./ 'auf eine bestimmte Stelle schlagen (1)': *mit dem Hammer* ~; *kräftig* ~ **2.1.** umg. emot. /jmd./ *etw.* ~ 'etw. mit Wucht, Schwung hinwerfen (1)': *die Skatkarten, seine Tasche* ~ **2.2.** umg. /jmd./ *sich* ~ 'sich zum Schlafen, Ausruhen hinlegen: *gute Nacht, ich haue mich jetzt hin; ich muss mich jetzt erst mal* ~ **3.** ⟨oft verneint⟩ umg. /etw., bes. das/ 'in Ordnung sein, richtig funktionieren': *das haut doch nicht hin, was du da machst!; die Rechnung haut nicht hin* ❖ zu (1,2): ↗ hin, ↗ hauen

hing: ↗ **hängen**

hinken ['hɪŋkn̩] ⟨reg. Vb.; hat/ist⟩ **1.** ⟨hat⟩ /jmd./ 'meist infolge einer Verletzung od. weil ein Bein etwas kürzer ist so gehen, dass man im Rhythmus des Gehens immer nach einer Seite sinkt'; ↗ FELD I.7.2.2: *seit dem Unfall hinkt er (auf/mit dem rechten, linken Bein)* **2.** ⟨ist⟩ /jmd./ *irgendwohin* ~ 'hinkend (1) irgendwohin gehen': *der verletzte Spieler hinkte vom Platz; nach dem Unfall ist sie zum Arzt, nach Hause gehinkt* **3.** ⟨hat⟩ *der Vergleich hinkt* ('passt nicht, ist schlecht gewählt')

hin/Hin ['hɪn..]|**-kommen,** kam hin, ist hingekommen **1.** /jmd./ 'an einen bestimmten Ort, zu einer bestimmten Veranstaltung, zu jmdm. kommen': *er schaffte es nicht, pünktlich hinzukommen; kommst du auch hin?; zu jmdm.* ~: *wie willst du* ~ ('dorthin, zu jmdm. gelangen')?; METAPH *wo kommen/kämen wir (denn) hin* ('was soll, sollte werden'), *wenn jeder macht, was er will?* **2.** /etw., jmd./ *irgendwohin,* bes. *da, dort, hier, wo* ~: *hier kommen die Bücher, die Verletzten hin* ('hierhin sollen die Bücher, die Verletzten gebracht werden, hier ist der dafür, für sie vorgesehene Platz'); *wo ist nur meine Uhr hingekommen* ('ich vermisse meine Uhr, wo mag sie sein')? ❖ ↗ hin, ↗ kommen; **-länglich** ⟨Adj.; o. Steig.; nicht präd.; vorw. bei Vb.⟩ 'so, dass es genügt, ausreicht': *diese Frage ist noch nicht* ~ *beantwortet; für* ~*en Ersatz sorgen; das ist mir* ~ *bekannt; ich bin darüber* ~ *informiert, unterrichtet* ❖ ↗ lange; **-legen** ⟨trb. reg. Vb.; hat⟩ /jmd./ **1.1.** *etw., jmdn.* ~ 'etw., jmdn. an eine bestimmte Stelle legen (1.1)'; ↗ FELD I.7.7.2: *ein Buch, den Hörer* ~; *ein Kind, den Verletzten* ~; *leg die Schere, das Messer hin!* **1.2.** *sich* ~ 'sich schlafen legen': *er legt sich mittags immer eine Stunde hin; ich werde mich heute Abend zeitig* ~ ❖ ↗ hin, ↗ legen; **-nehmen** (er nimmt hin), nahm hin, hat hingenommen **1.** /jmd./

etw. ~ SYN 'etw. akzeptieren (1.3)': *etw. als schicksalhaft, selbstverständlich, als Tatsache* ~ **2.** /jmd./ *etw.* ~ 'sich gegen etw. nicht zur Wehr setzen, sich etw. gefallen lassen': *eine solch dreiste Behauptung, Vorgehensweise kann man doch nicht einfach* ~; *er hat den Vorwurf gegen sich schweigend hingenommen* ❖ ↗ hin, ↗ nehmen; **-richten,** richtete hin, hat hingerichtet /Institution, jmd./ *jmdn.* ~ 'an jmdm. das Todesurteil vollstrecken'; SYN exekutieren; ↗ FELD XI.2: *den Verurteilten (durch Erschießen, durch den Strang)* ~ ❖ ↗ hin, ↗ richten (I); **-setzen** ⟨trb. reg. Vb.; hat; vorw. mit Adv.best.⟩ **1.** /jmd./ *etw., jmdn.* ~ 'etw., jmdn. an eine bestimmte Stelle setzen (2)'; ↗ FELD I.7.7.2: *wo soll ich den Topf* ~?; *setz' den Topf dort, hier hin; das Kind auf den Rasen, vor die Tür* ~ **2.** /jmd./ *sich* ~ 'sich setzen (1.1), Platz nehmen': *setz dich (hier) hin!; sich* ~ *und lernen* ('ernsthaft mit dem Lernen beginnen') ❖ ↗ hin, ↗ setzen; **-sicht, die** ⟨o.Pl.⟩ **1.1.** *in dieser, jeder* ~ 'in dieser, jeder Beziehung (4)': *in dieser* ~ *hoffen wir das Beste* **1.2.** *in* ~ *auf etw.* 'im Hinblick auf etw.': *in* ~ *auf die drohende Gefahr mussten Vorkehrungen getroffen werden; in* ~ *auf das kommende Schuljahr bemerkte der Direktor, dass …* ❖ ↗ hin, ↗ sehen; **-sichtlich** ⟨Präp. mit Gen.; vorangestellt⟩ vorw. amtsspr. /modal/; SYN 'bezüglich': ~ *seiner Eignung für diese Tätigkeit bestehen unsererseits keine Bedenken;* ~ *Ihres Antrags gibt es noch einige Punkte zu klären* ❖ ↗ hin, ↗ sehen; **-stellen** ⟨trb. reg. Vb.; hat⟩ **1.** /jmd./ **1.1.** *etw.* ~ 'etw. an eine bestimmte Stelle stellen (2.1)'; ↗ FELD I.7.7.2: *jmdn. das Essen* ~; *stell den Stuhl dort, hier hin; den Koffer* ~ (SYN 'absetzen 2') **1.2.** *jmdn., sich irgendwo* ~ 'jmdn., sich irgendwo aufstellen': *am Tor wurde eine Wache hingestellt; sich breitbeinig vor jmdn.* ~ **2.** /jmd./ *jmdn., sich, etw. als jmdn., etw.* ~ 'jmdn., sich, etw. meist zu Unrecht als etw. bezeichnen': *jmdn. als Wirrkopf, als großes Talent* ~; *sich als naiv, faul, unschuldig* ~; *eine Sache als sehr dringend, als unwichtig* ~ ❖ ↗ hin, ↗ stellen

hinten ['hɪntn̩] ⟨Adv.⟩ **1.1.** 'bei, in einem Fahrzeug dort, wo beim Vorwärtsfahren die Richtung zum Ziel entgegengesetzt liegt'; ANT vorn (1.2); ↗ FELD IV.3.3: *im Auto, Flugzeug* ~ *sitzen; nach* ~ *gehen; die Bereifung muss* ~ *und vorn erneuert werden; das Auto ist links* ~/~ *links eingebeult* **1.2.** 'dort, wo man als Zuschauer o.Ä. vom Dargebotenen am weitesten entfernt ist'; ANT vorn (1.3): *sie saßen* ~ *in der letzten Reihe; sie erhob sich und ging nach* ~; *alle blickten nach* ~; ⟨attr.; nachgestellt⟩ *der Platz* ~ *ist noch frei* **1.3.** 'an der Stelle eines Raums, Behälters, die vom Betrachter aus am weitesten entfernt ist'; ANT hinten (1.4): *der Brief liegt links* ~ *(im Schubfach); ganz* ~ *im Schaufenster steht eine Vase* **1.4.** 'der Seite am Körper, wo sich das Gesicht befindet, entgegengesetzt'; ANT vorn (1.5): *jmdn. von* ~ *angreifen; das Haar nach* ~ *kämmen; die Bluse wird* ~ *geknöpft* **1.5.** ANT vorn (1.6): *das Zimmer, die Wohnung liegt (nach)* ~ ('die Fenster liegen auf der Rückseite des Hauses');

⟨attr.; nachgestellt⟩ *das Zimmer ~ hat zwei Fenster* **1.6.** ˈdort, wo das Ende von etw. istˈ; ANT vorn (1.1); ↗ FELD IV.3.3: *das Register befindet sich ~ im Buch; ein Buch von vorn bis ~* (ˈvon der ersten bis zur letzten Seiteˈ) *durchblättern; er fuhr ~* (ˈam Ende der Kolonneˈ) **1.7.** *von ~* ˈvom Ende eines Geschehens, Tunsˈ: *fang noch mal von ~ an!* ❖ **dahinten**; vgl. **hin, hinter**
* umg. **~ und vorn/vorn und ~ nicht** ˈin keiner Weise, überhaupt nichtˈ: *die Bewegungen stimmen ~ und vorn nicht; das Geld reicht ~ und vorn nicht/reicht nicht ~ und vorn;* /Mann/ **~ nicht hochkönnen** ˈsexuell nicht mehr leistungsfähig seinˈ: *nun ist er alt und kann ~ nicht mehr hoch;* /jmd./ **jmdm. ~ reinkriechen** (ˈin schmeichlerischer Weise jmds., bes. eines Vorgesetzten, Gunst zu erlangen suchenˈ); /jmd./ **es jmdm. ~ und vorn ~ reinstecken** (ˈjmdn. übermäßig materiell verwöhnen, begünstigenˈ)
¹hinter [ˈhɪntɐ] ⟨Adj.; Steig. reg., o. Komp.; nur attr.⟩ ˈhinten (2,3) befindlichˈ; ANT vorder /auf Gegenstände bez./; ↗ FELD IV.3.3: *die ~e Treppe benutzen; die ~en Plätze im Kino; in der ~sten Reihe sitzen, stehen; die ~en Wagen des Zuges; die ~e Seite des Hauses* ❖ **Hintern** – **Hintermann;** vgl. **hinter/Hinter-;** vgl. auch **hin, hinten**
²hinter ⟨Präp. mit Dat. u. Akk.; vorangestellt; vor best. Art. Mask., Neutr. häufig nur *hinterm, hintern, hinters*⟩ /lokal/ **1.** ⟨mit Dat.⟩ **1.1.** /gibt (vom Standpunkt des Sprechers) eine Lage an auf der Rückseite eines Gebäudes, Berges, eines Gegenstandes od. einer Fläche o.Ä./; ANT vor (1.1): *das Auto ~ dem/hinterm Haus abstellen; das Dorf liegt ~ dem/hinterm Berg, ~ dem/hinterm Wald; ~ dem/hinterm Feld war ein Fluss; er saß ~ dem/hinterm Schreibtisch; er hatte sich ~ dem Schrank versteckt; ich saß, stand direkt ~ ihm; die Tür ~ sich schließen* **1.2.** ⟨oft in Verbindung mit *her*⟩ /gibt jmds. Standort im Rücken einer Person an, die sich vorwärts bewegt; das Subj. bewegt sich meist nicht vorwärts/: *~ jmdm. herlachen; ~ jmdm. herblicken; ~ jmdm. herrufen; einen Stein ~ jmdm. herwerfen* **1.3.** ⟨vor Personenbez.⟩ /gibt in einer Reihe hintereinander sich vorwärts bewegender Personen, Fahrzeuge die zweite Position an/; ANT vor (1.3): *er marschierte ~ der Abteilung (her); der Hund rannte ~ dem Fahrzeug (her); er lag im Rennen ~ ihm* **2.** ⟨mit Akk.⟩ /gibt die Richtung einer Bewegung an, deren Ziel die andere Seite eines Gebäudes, Berges, einer Fläche, eines Gegenstandes o.Ä. ist/; ANT vor (2.1): *er fuhr das Auto ~ die Garage; sie gingen ~ das/hinters Haus; das Buch ist ~ den/hintern Schrank gefallen; ~ den/hintern Vorhang gehen, blicken; er stellte sich ~ einen Baum, setzte sich ~ ihn* ❖ **dahinter**; vgl. **hinter/Hinter-**
Hinter/hinter- [ˈ..]|-**bein, das** /auf Tiere mit vier Beinen bez./ ˈeines der beiden hinteren Beineˈ ❖ ↗ **Bein** * /jmd./ **sich auf die ~e stellen** (ˈenergisch Widerstand leisten, wenn man mit etw., einer Entscheidung nicht einverstanden istˈ; SYN sich sträuben); -**bliebene** [bliˈbənə], **der** u. **die;** ~n, ~n (↗ TAFEL

II) ˈAngehörige(r) eines (kürzlich) Verstorbenenˈ: *die trauernden ~n; er als ~r, sie als ~* ❖ ↗ **bleiben;** -**bringen,** *hinterbrachte, hat hinterbracht* /jmd./ *jmdm. etw. ~* ˈjmdn. (heimlich) etw. über jmdn., etw. wissen lassen, obwohl er es eigentlich nicht erfahren sollteˈ: *es wurde ihm/ihm wurde hinterbracht, dass man sich kritisch über seine Arbeit geäußert hatte; sie hatte alles ihrem Chef hinterbracht* (SYN ˈgeklatschtˈ, ↗ **klatschen 3.2**ˈ); vgl. *zutragen* (1) ❖ ↗ **bringen;** -**einander** ⟨Adv.⟩; ↗ FELD IV.3.3 **1.1.** ˈeiner, eines hinter den anderenˈ: *sich ~ aufstellen; sie standen ~* **1.2.** ˈeiner hinter den anderen, eines hinter das andereˈ: *sie stellten sich ~; sie gruppierten die Figuren ~* **2.** ˈunmittelbar aufeinander folgendˈ: *jmd. hat zehn Stunden ~ Dienst; es fielen mehrere Schüsse ~; dreimal ~ gewinnen* ❖ ↗ ¹**ein,** ↗ anderer; -**gedanke, der** ˈheimliche Absicht, die man mit einem Tun verbindetˈ: *er schenkte ihm eine Opernkarte mit dem ~n, ihn dadurch für klassische Musik zu interessieren, nach der Vorstellung in seinem Auto mit nach Hause fahren zu können; er meldete sich freiwillig mit dem ~n, später dann bevorzugt behandelt zu werden; etw. ohne ~n* (ˈohne damit noch etw. anderes zu bezweckenˈ) *sagen, tun* ❖ ↗ denken; -**gehen,** *hinterging, hat hintergangen* /jmd./ *jmdn. ~* ˈhinter jmds. Rücken etw. in betrügerischer Absicht tun, wodurch ihm Schaden zugefügt wirdˈ: *er hat sie aufs Schändlichste (mit einer anderen Frau) hintergangen; jmdn. bei einer Erbschaft ~* ❖ ↗ gehen; -**grund, der 1.** ⟨vorw. Sg.⟩ **1.1.** ˈder für den Betrachter hinten (3) liegende Teil von etw.ˈ; ANT Vordergrund; ↗ FELD IV.3.1: *eine Stimme aus dem ~; im ~ sitzen; der ~ des Gemäldes, der Bühne; der ~ (auf dem Foto) ist unscharf; der Turm hebt sich scharf vom ~ ab* **1.2.** ˈdie Umstände, unter denen sich etw. ereignetˈ: *der historische ~ eines Ereignisses; etw. hat einen ernsten ~; etw. hat einen realen ~* **2.** ⟨vorw. Pl.⟩ ˈdie verborgenen Umstände, Zusammenhänge eines Geschehens, Sachverhaltsˈ: *der Mord hatte politische Hintergründe; die ökonomischen Hintergründe des Konflikts zwischen den beiden Ländern; die Hintergründe eines Verbrechens klären, aufdecken; nach den Hintergründen einer Tat suchen* ❖ ↗ Grund * /jmd., etw./ **im ~ bleiben** ˈnicht (öffentlich) in Erscheinung tretenˈ: *er ließ seine Leute für sich agieren und blieb im ~;* /jmd., Institution/ **jmdn., etw. in den ~ drängen** (ˈjmdn., etw. in seiner Bedeutung, Wirkung beeinträchtigenˈ); **in den ~ treten 1.** /jmd./ ˈsich aus der Öffentlichkeit zurückziehenˈ: *nach seinem 70. Geburtstag trat der Chef in den ~ und übertrug seinem Sohn die Leitung der Firma* **2.** /etw./ ˈan Beachtung, Bedeutung verlierenˈ: *das Produkt trat in den ~, als neue Modelle entwickelt wurden;* -**gründig** [ˈɡʀʏndɪç] ⟨Adj.; Steig. reg., ungebr.⟩ ˈin seiner Bedeutung nicht ohne weiteres interpretierbar und eine geistige Tiefe vermuten lassendˈ /vorw. auf Abstraktes bez./: *eine ~e Frage an den Redner stellen; jmd. hat einen ~en Humor; ~ lächeln* ❖ ↗ Grund; -**halt, der** ⟨vorw. Sg.⟩ ˈverbor-

gene Stelle, an der jmd. jmdm. auflauert': *ein
Schuss aus dem ~; jmdn. aus dem ~ überfallen; in
einen ~ geraten; im ~ liegen* ❖ **hinterhältig; -hältig**
[hɛltɪç] ⟨Adj.; Steig. reg., ungebr.⟩ 'harmlos tuend,
aber mit dem Ziel, jmdm. heimlich, versteckt Übles
zuzufügen'; SYN heimtückisch (1) /auf Personen
bez./: *vor diesem ~en Menschen muss man sich in
Acht nehmen; er ist missgünstig und ~; ~ nach etw.
fragen; ~ lächeln; ein ~er* (SYN 'feiger 1') *An-
schlag*; vgl. heuchlerisch ❖ ↗ Hinterhalt; **-her**
[..'heːɐ̯] ⟨Adv.⟩ **1.** 'hinter jmdm., etw. in dieselbe
Richtung'; ↗ FELD IV.3.3: *die Kutsche zuerst und
die Reiter ~; sie voran und er ~* **2.** /temporal/ SYN
'danach (1)': *erst waren wir essen und ~ einkaufen;
sich sonnen und ~ baden; (erst) ~* (SYN 'nachträg-
lich') *stellte sich heraus, dass …* ❖ ↗ her; **-hof, der**
'von Häusern eingeschlossener Hof (hinter einem
an der Straße gelegenen Haus)'; ↗ FELD IV.3.1:
ein dunkler ~; die Kinder spielten auf dem ~ ❖ ↗
Hof; **-lassen** [..'l..] (er hinterlässt), hinterließ, hat
hinterlassen **1.** ⟨oft im Prät., Perf.⟩ /jmd., Verstor-
bener/ **1.1.** *jmdn., etw. ~* 'jmdn., etw. nach seinem
Tode zurücklassen (1)': *er hat Frau und drei Kinder
~; an Besitz hat sie ein Haus, ein großes Vermögen
~* **1.2.** *jmdm. etw. ~* SYN 'jmdm. etw. vererben
(1)': *er hat ihr ein Vermögen, Grundstück ~* **2.** /jmd./
2.1. *etw. irgendwie ~* 'etw. nach Verlassen eines Or-
tes irgendwie zurücklassen': *er hat das Zimmer, den
Raum in großer Unordnung, aufgeräumt ~* **2.2.** *etw.
~* 'beim Verlassen eines Ortes eine Nachricht für
jmdn. zurücklassen': *bei seiner Abreise hat er eine
Nachricht, einen Zettel mit einer Nachricht ~; hat
er (uns) ~* ('hat uns wissen lassen'), *wo er jetzt
zu erreichen ist?; jmdm. eine Nachricht ~* ❖ ↗ las-
sen; **-legen** [..'l..], hinterlegte, hat hinterlegt /jmd./
etw. irgendwo ~ 'etw. irgendwo (für andere) in si-
chere (amtliche) Verwahrung geben': *sein Testa-
ment beim Anwalt, Notar ~; den Schlüssel (für die
Mieter) beim Hauswirt ~* ❖ ↗ legen; **-list, die**
⟨o.Pl.⟩ 'hinterhältiges heimtückisches Verhalten,
Wesen': *etw. ohne alle, etw. voller ~ sagen, tun; etw.
durch ~ erreichen; er hat das mit ~ bewerkstelligt,
in die Wege geleitet* ❖ hinterlistig; **-listig** ⟨Adj.;
Steig. reg.⟩ 'voller Hinterlist' /auf Personen bez./:
*er ist ein bösartiger und ~er Mensch; jmds. Ver-
trauen ~ missbrauchen* ❖ ↗ Hinterlist
hinterm ['hɪntɐm] ⟨Verschmelzung von Präp. hinter
(Dat.) + Art. (dem)⟩ ↗ ²hinter
Hinter|mann, der ⟨Pl.: Hintermänner⟩ **1.** ⟨vorw. Sg.;
oft mit Possessivpron.⟩ 'jmd., der sich in einer
Reihe, Gruppe (unmittelbar) hinter jmdm. befin-
det'; ↗ FELD IV.3.1: *sich zu seinem ~ umdrehen;
er wurde von seinem ~ angesprochen* **2.** ⟨vorw. im
Pl.⟩ 'jmd., der, im Hintergrund (1) agierend, eine
meist verbrecherische Aktion initiiert und lenkt';
SYN Drahtzieher: *die Hintermänner des Attentats
ermitteln; die Hintermänner des Putsches; wer sind
die Hintermänner?* ❖ ↗ ¹hinter, ↗ Mann
hintern ['hɪntɐn] ⟨Verschmelzung von Präp. hinter
(Akk.) + Art. (den)⟩ ↗ ²hinter

Hintern, der; ~s, ~ umg. SYN 'Gesäß'; ↗ FELD
I.1.1, IV.3.1: *jmd. hat einen breiten, dicken ~; auf
den ~ fallen; jmdm. den ~ voll hauen; jmdm./jmdn.
in den ~ treten* ❖ ↗ ¹hinter
* umg. /jmd./ **sich auf seinen ~ setzen** ('sich daranma-
chen, fleißig zu lernen'); derb /jmd./ **jmdm. in den
~ kriechen** ('in schmeichlerischer Weise jmds.
Gunst zu erlangen suchen')
hinter|rücks ['hɪntɐrʏks] ⟨Adv.⟩ **1.** 'von hinten, so-
dass das Opfer vorher nichts bemerkt'; ↗ FELD
IV.3.3: *jmdn. ~ erstechen, ermorden, erschießen, ins
Wasser stoßen; jmdn. ~ überfallen* **2.** 'ohne dass der
Betroffene davon etw. bemerkt od. erfährt': *jmdn.
~ verdächtigen, belächeln; jmdn. ~ verleumden;
über ihn wurden ~ Gerüchte verbreitet* ❖ ↗ **Rücken**
hinters ['hɪntɐs] ⟨Verschmelzung von Präp. hinter
(Akk.) + Art. (das)⟩ ↗ ²hinter
Hinter/hinter|-treffen, das * /jmd., Institution/ **ins ~
geraten/kommen** 'bei einem Wettbewerb in eine ver-
gleichsweise ungünstige Position geraten': *die
Firma ist (mit ihren Produkten) ins ~ geraten; er
ist mit seiner Arbeit ins ~ geraten*; /jmd., Institu-
tion/ **im ~ sein/sich im ~ befinden** 'bei einem Wett-
bewerb in einer vergleichsweise ungünstigen Posi-
tion sein': *er ist mit seinen Arbeiten im ~*; **-treiben**
[..'t..], hintertrieb, hat hintertrieben /jmd./ *etw. ~*
'etw. heimlich und mit unlauteren Mitteln zu verei-
teln suchen': *jmds. Pläne, eine Heirat ~; etw. durch
falsche Aussagen, Auskünfte ~; er hat die Veröffent-
lichung des Buches zu ~ versucht*; **-türchen** [ty:ɐçn],
das * /jmd./ *sich* ⟨Dat.⟩ **ein ~ offen halten/offen las-
sen** ('sich die Möglichkeit bewahren, sich einer Sa-
che entziehen zu können')
hinüber [hɪ'ny:bɐ] ⟨Adv.; Trennung: hi|nüber od. hin|
über⟩ **1.** 'von dieser Seite (über etw., jmdn. hinweg)
nach dort drüben'; SYN rüber (2) /vorw. in Auffor-
derungen, sich irgendwohin zu begeben/: *~ (mit
euch)!* **2.** ⟨nur präd. (mit sein)⟩ umg. *etw. ist ~*
'etw. ist entzwei, nicht mehr zu gebrauchen': *der
Teller, das Radio ist ~; die Wurst ist ~* ('verdor-
ben'); *der Vogel ist ~* ('ist tot'; ↗ FELD XI.3); vgl.
rüber ❖ hinüberreichen; vgl. **hin**
MERKE Zur Getrennt-, Zusammenschreibung
von *hinüber* und *sein*: Getrenntschreibung auch im
Infinitiv
hinüber- /bildet mit dem zweiten Bestandteil Verben;
betont; trennbar (im Präsens u. Präteritum)/ drückt
aus, dass das im zweiten Bestandteil Genannte in
Richtung von dieser Seite nach dort drüben er-
folgt/: ↗ z. B. *hinüberreichen*; vgl. *rüber-*
hinüber|reichen [..'ny:..] ⟨trb. reg. Vb.; hat⟩ /jmd./
etw. ~ 'etw. von dieser Seite nach dort drüben rei-
chen (1)': *jmdm. die Schlüssel ~; am Gartenzaun
stehen und eine Hand voll Kirschen ~* ('über den
Zaun reichen') ❖ ↗ **hinüber**, ↗ **reichen**
hinunter [hɪ'nʊntɐ] ⟨Adv.; Trennung: hi|nunter od.
hin|unter]; dem Subst. nachgestellt⟩ 'von (hier)
oben nach dort unten'; SYN hinab, runter (2): *den
Berg ~ kamen wir schnell voran; den Fluss ~*

('flussabwärts') *konnten wir schnell fahren* ❖ **hinunterfallen, -spülen;** ↗ **hin**
hinunter- /bildet mit dem zweiten Bestandteil Verben; betont; trennbar (im Präsens u. Präteritum); drückt aus, dass das im zweiten Bestandteil Genannte von (hier) oben nach (dort) unten erfolgt/: ↗ z. B. *hinunterfallen;* vgl. *hinab-, runter-*
hinunter [..'nʊn..]]|**-fallen** (er fällt hinunter), fiel hinunter, ist hinuntergefallen /jmd./ 'nach (dort) unten fallen'); ↗ FELD I.7.2.2: *das Kind ist die Treppe hinuntergefallen* ❖ ↗ hinunter, ↗ fallen; **-spülen** ⟨trb. reg. Vb.; hat⟩ **1.** /jmd./ *etw.* ~ 'etw. mit Wasser in den Abfluss befördern': *er spülte die Reste (in der Toilette) hinunter* **2.** umg. /jmd./ *etw.* ~ 'etw. mit Hilfe eines Getränks schlucken'; ↗ FELD I.8.2: *die Tablette mit einem Schluck Wasser* ~ **3.** /jmd./ *seinen Zorn, Kummer* ~ ('mit Alkohol betäuben') ❖ ↗ hinunter, ↗ spülen
hinweg [hɪn'vɛk] ⟨Adv.; als Verstärkung der Präp. *über;* dem Subst. nachgestellt⟩ **1.** *über etw., jmdn.* ~ 'über etw., jmdn. weg und weiter' /auf Bewegungen in der Luft bez./: *über die Verteidiger, die Köpfe der Verteidiger* ~ *flog der Ball ins Netz; die Rakete sauste über die Häuser* ~ **2.** 'über etw. Trennendes, eine Distanz, die dazwischen liegt': *jmdm. etw. über die Straße* ~ *zurufen; über die Zeitung* ~ *etw. beobachten* ❖ ↗ **hin,** ↗ **weg**
hinweg [..vɛk..]|**-kommen,** kam hinweg, ist hinweggеkommen /jmd./ *über etw.* ~ 'etw. psychisch überwinden (2.2)': *erst nach langer Zeit ist er über die Enttäuschung hinweggekommen; über etw. nur schwer* ~; *ich komme nicht darüber hinweg, dass meine eigene Tochter so egoistisch handelt* ❖ ↗ hin, ↗ weg, ↗ kommen; **-sehen** (er sieht hinweg), sah hinweg, hat hinweggesehen **1.** /jmd./ *über alle, die Köpfe aller* ~ *können* ('den Blick über alle hinweg gehen lassen können') **2.** /jmd./ **2.1.** *über etw.* ~ *etw.* in großzügiger Weise absichtlich unbeachtet lassen'; SYN wegsehen (2.1): *über kleine Fehler (einfach)* ~; *er sah darüber hinweg, dass sie ein schlechtes Deutsch sprach, dass sie ihn nicht mit Handschlag begrüßte* **2.2.** *über jmdn.* ~ 'jmdn. absichtlich nicht wahrnehmen'; SYN wegsehen (2.2): *während der Party sah er einfach über ihn hinweg* ❖ ↗ hin, ↗ weg, ↗ sehen; **-setzen, sich** ⟨trb. reg. Vb.; hat⟩ /jmd./ *sich über etw.* ~ 'etw. bewusst nicht berücksichtigen': *sich über ein Vorurteil, seine Bedenken* ~; *sich großzügig über eine erlittene Ungerechtigkeit, über eine Verleumdung* ~ ❖ ↗ hin, ↗ weg, ↗ setzen
Hin/hin ['hɪn..]]|**-weis** [vais], der; ~es, ~e **1.** 'Äußerung, mit der man jmdn. auf etw. hinweist, aufmerksam macht und ihm damit eine wichtige Information gibt od. ihm hilft, einen Fehler zu vermeiden'; SYN Wink (2); ↗ FELD I.13.1: *einen* ~ *beachten; einem* ~ *folgen; die Polizei erhielt wichtige* ~*e von Mitbürgern und konnte den Täter bald fassen;* SYN 'Fingerzeig': *das war ein freundschaftlicher, deutlicher, nützlicher, wichtiger* ~; *jmdm. einen nützlichen, wertvollen* ~ *geben;* vgl. *Rat* (1) **2.**

ein ~ *auf, für etw.* 'etw., das auf etw. deuten lässt': *es gab keinen* ~ *darauf, viele* ~*e darauf, dass der Täter unter den Mitarbeitern zu suchen ist* ❖ ↗ hin, ↗ weisen; **-weisen,** wies hin, hat hingewiesen /jmd., Institution/ *jmdn. auf etw.* ~ 'jmdn. auf etw. aufmerksam machen'; ↗ FELD I.13.2: *jmdn. auf ein Verbot, einen Fehler* ~; *politische Beobachter wiesen darauf hin, dass ...* ❖ ↗ hin, ↗ weisen; **-werfen** (er wirft hin), warf hin, hat hingeworfen /jmd./ *etw.* ~ 'etw. zu Boden od. auf den Tisch werfen': *er warf seinen Schulranzen hin und lief hinaus; die Karten* ~ ('die Spielkarten auf den Tisch werfen und damit das Spiel aufgeben'); *sich* ~ ('sich zu Boden werfen') ❖ ↗ hin, ↗ werfen
Hinz [hɪnts]
* umg. emot. neg. ~ **und Kunz** 'alle möglichen Leute' /aus der Sicht desjenigen, dem es nicht lieb ist, wenn sehr viele od. nicht kompetente Leute dabei sind/: ~ *und Kunz wusste(n) es schon;* ~ *und Kunz war(en) da versammelt*
hin|ziehen ['hɪn..], zog hin, hat hingezogen **1.** *es zieht jmdn. zu jmdm., etw.* ⟨Dat.⟩ *hin* 'jmd. wird durch jmdn., etw. stark angezogen': *es zieht ihn unwiderstehlich zu ihr hin; es zog sie zur klassischen Musik hin; sich zu jmdm., etw. hingezogen fühlen* **2.** /etw./ *sich* ~ 'sich in einer bestimmten Richtung sehr lang erstrecken': *am Berg, Waldrand zieht sich ein Pfad hin; der Weg zieht sich endlos hin* ('ist lang und erscheint endlos') **3.1.** /etw./ *sich* ~ 'länger als erwartet dauern, sich sehr verzögern': *die Verhandlungen ziehen sich (schon über Wochen) hin; die Entscheidung zieht sich hin* **3.2.** /jmd./ *etw.* ~ 'etw. sehr verzögern': *einen Prozess* ~ ❖ ↗ **hin,** ↗ **ziehen**
hinzu- /bildet mit dem zweiten Bestandteil Verben; betont; trennbar (im Präsens u. Präteritum); drückt aus, dass das im zweiten Bestandteil Genannte in Richtung auf einen Ort, eine Stelle zu erfolgt, an der sich bereits eine Größe befindet/: ↗ z. B. *hinzukommen* ❖ vgl. *hinzu-*
hinzu [hɪn'tsu:..]|**-fügen** ⟨trb. reg. Vb.; hat⟩ **1.** /jmd./ *etw.* ⟨Dat.⟩ *etw./zu etw.* ⟨Dat.⟩ *etw.* ~ 'etw. durch etw. ergänzen'; SYN zufügen (1): *der Suppe noch etwas Salz* ~; *zum Strauß noch etwas Grün* ~; *einem Buch ein Register* ~; *zu einer Summe noch einen Betrag* ~; *sie fügte (zum Geschenk) noch eine Tafel Schokolade hinzu* **2.** /jmd./ *etw.* ⟨Dat.⟩ *etw.* ~ 'etw. zusätzlich, ergänzend äußern (1.1)': *den Ausführungen noch eine Bemerkung* ~; *haben Sie den Ausführungen noch etw. hinzuzufügen?; ich habe (dem) nichts hinzuzufügen!; ich möchte noch* ~, *dass es sich hierbei um etw. Einmaliges, etw. ganz Neues handelt* ❖ ↗ hinzu-, ↗ fügen; **-kommen,** kam hinzu, ist hinzugekommen **1.** /jmd./ 'dorthin kommen, wo schon andere sind': *viele Neugierige standen herum, und immer mehr kamen hinzu; er kam zufällig hinzu, als das Unglück geschah* ('er erschien gerade zu dem Zeitpunkt und an der Stelle, als ...') **2.** /etw./ 'zu etw. schon Vorhandenem zusätzlich gerechnet werden': *zu den schon vorhandenen Geschenken kommen noch weitere hinzu; hinzu kommt/*

es kommt hinzu, dass ... ('außerdem muss als etw. Wichtiges beachtet, erwähnt werden, dass ...') ❖ ↗ hinzu-, ↗ **kommen; -ziehen,** zog hinzu, hat hinzugezogen /jmd., Institution/ *jmdn.* ~ 'einen Experten als Ratgeber zur Beurteilung von etw. anfordern'; SYN heranziehen: *man zog einen Facharzt (als Gutachter) hinzu; einen Juristen* ~; *jmdn. zu etw.* ⟨Dat.⟩ ~*: jmdn. zur Beratung* ~; *er wurde (zur Beratung) nicht hinzugezogen* ❖ ↗ hinzu-, ↗ **ziehen**

Hirn [hɪRn], **das;** ~s/auch ~es, ~e SYN 'Gehirn'; ↗ FELD I.1.1: *das menschliche, tierische* ~ ❖ **Gehirn** – Hirngespinst, hirnverbrannt

Hirn/hirn ['..]|-gespinst, das 'etw. Unglaubliches, Unsinniges, das sich jmd. eingebildet hat, das seiner Phantasie entsprungen ist': *etw. als* ~ *abtun; das sind doch (nur)* ~*e!* ❖ ↗ Hirn, ↗ **spinnen; -verbrannt** [fɐbRant] ⟨Adj.; o. Steig.; nicht bei Vb.⟩ umg. emot. 'absolut unsinnig': *was du da vorhast, ist doch* ~; *solche Verdächtigungen sind einfach* ~; *das sind* ~*e Ideen!* ❖ ↗ Hirn, ↗ **brennen**

Hirsch [hɪRʃ], **der;** ~es/auch ~s, ~e; ↗ FELD II.3.1 (↗ TABL Säugetiere) 1. 'in Rudeln in Wäldern lebendes großes Säugetier mit braunem Fell, das Gras frisst und dessen männliche Vertreter ein Geweih haben, das jährlich abgeworfen wird': *einen* ~ *erlegen, schießen* 2. 'männliches Tier von Hirsch (1)': *ein kapitaler* ~; *der* ~ *röhrt in der Brunftzeit;* vgl. *Reh, Elch* ❖ **Hirschbulle, -kuh**

Hirsch ['..]|-bulle, der 'Hirsch (2)'; ↗ FELD II.3.1 ❖ ↗ Hirsch, ↗ **Bulle; -kuh,** die 'weiblicher Hirsch (1)'; ↗ FELD II.3.1 ❖ ↗ Hirsch, ↗ **Kuh**

Hirte ['hɪRtə], **der;** ~n, ~n 'jmd., der beruflich eine Herde von Haustieren hütet und versorgt': *der* ~ *hütet die Schafe auf der Weide; der* ~ *mit seinem Hund*

hissen ['hɪsn̩], hisste, hat gehisst /jmd., Schiff/ *eine, die Flagge, ein, das Segel* ~ ('an der Fahnenstange, am Mast des Schiffes nach oben ziehen'); *sie hissten die Flagge, Segel; die Segel wurden gehisst*

Historiker [hɪs'toːRɪkɐ], **der;** ~s, ~ 'Wissenschaftler auf dem Gebiet der Geschichtswissenschaft' ❖ vgl. **historisch**

historisch [hɪs'toːR..] ⟨Adj.; o. Steig.⟩ 1. ⟨nicht präd.⟩ 'die Geschichte (1.1) betreffend'; SYN geschichtlich (1) /auf Abstraktes bez./; ↗ FELD VII.4.3: *ein* ~*er Überblick, Atlas; die* ~*e Entwicklung aufzeigen; den* ~*en Zusammenhang sehen; bei jmdm.* ~*es Interesse wecken; darstellen, wie sich etw.* ~ *entwickelt hat* 2. ⟨nicht bei Vb.; vorw. attr.⟩ 'für die Geschichte (1.1) bedeutungsvoll' /vorw. auf Vorgänge, Zeitliches bez./: *die Unterzeichnung dieser Verträge ist als ein* ~*es* (SYN 'geschichtliches 3') *Ereignis anzusehen; dies ist ein* ~*er Augenblick, eine* ~*e Stunde; er ist eine* ~*e Persönlichkeit* 3. ⟨nicht präd.⟩ 'durch Überlieferung, Quellen für die Geschichte (1.1) als wahr erwiesen'; SYN geschichtlich (2) /vorw. auf Abstraktes bez./: *die* ~*e Wahrheit;* ~*e Fakten; etw. ist* ~ *belegt* ❖ vgl. **Historiker**

Hitze ['hɪtsə], **die;** ~, ⟨o.Pl.⟩; ↗ FELD VI.5.1 1. '(sehr) hohe, meist als unangenehm empfundene

Temperatur der Luft, des Wetters': *es herrscht (eine) große, tropische brütende* ~; *während der großen* ~ ('während des sehr warmen Wetters') *waren wir am Meer; in glühender* ~ *am Hochofen arbeiten* 2. 'bestimmte hohe Temperatur des in Betrieb befindlichen Backofens': *der Kuchen muss bei mittlerer* ~ *gebacken werden; bei mittlerer, niedriger* ~ *braten, kochen* ❖ ↗ **heiß**
* umg. scherzh. **in der ~ des Gefechts** 'in der Eile, Aufregung': *in der* ~ *des Gefechts vergaß er seinen Regenschirm, übersah er seinen Pass, seinen Freund*

hitze|beständig ['..] ⟨Adj.; Steig. reg.⟩ 'sich unter Einwirkung von Hitze nicht verändernd' /vorw. auf Materialien bez./: ~*es Glas; eine* ~*e Legierung* ❖ ↗ **heiß,** ↗ **bestehen**

hitzig ['hɪtsɪç] ⟨Adj.; Steig. reg.⟩ 1. ⟨nicht bei Vb.⟩ 'leicht erregbar und leicht in Zorn geratend' /auf Personen, Charakter bez./; ↗ FELD I.6.3: *ein* ~*es Temperament haben; sei nicht so* ~*!; er wird immer leicht* ~; *ein* ~*er Bursche* 2. 'erregt und mit Leidenschaft geführt' /auf Sprachliches bez./: *eine* ~*e Debatte;* ~ *debattieren;* ~*e Streitgespräche, Diskussionen führen; der Disput war* ~ ❖ ↗ **heiß**

Hitz/hitz ['hɪts..]|-kopf, der 'jmd., der leicht hitzig (1) wird': *er ist ein* ~ ❖ ↗ **heiß,** ↗ **Kopf; -köpfig** [kœpfɪç] ⟨Adj.; o. Steig.⟩ 'jmd., der leicht hitzig (1) ist, wird' /vorw. auf Personen bez./: *ein* ~*er Bursche; er ist* ~ ❖ ↗ **heiß,** ↗ **Kopf**

H-Milch, die 'durch sehr starkes Erhitzen für einen längeren Zeitraum haltbar gemachte Milch' ❖ ↗ **Milch**

hob: ↗ **heben**

Hobby ['hɔbi], **das;** ~s, ~s 'in der Freizeit aus Neigung meist regelmäßig betriebene Beschäftigung mit etw., auf einem bestimmten Gebiet': *jmd. hat, betreibt ein schönes, kostspieliges* ~; *sein* ~ *ist Malen, Segeln, Fotografieren; der Garten ist ihr* ~

Hobel ['hoːbl̩], **der;** ~s, ~ 'Werkzeug zum Glätten von Holzflächen, aus dem ein stählernes Messer schräg herausragt und das auf diese Weise Späne vom Material abtrennt'; ↗ FELD V.5.1 (↗ TABL Werkzeuge): *den* ~ *ansetzen, richtig führen; die Bretter mit dem* ~ *bearbeiten* ❖ **hobeln**

hobeln ['hoːbl̩n] ⟨reg. Vb.; hat⟩ 1. /jmd./ *etw.* ~ 'etw. mit dem Hobel bearbeiten, glätten'; ↗ FELD III.3.2, V.5.2: *Bretter* ~; *gehobelte Leisten* 2. /jmd./ *Gemüse, Gurken* ~ ('mit einem Gerät in Scheiben schneiden') ❖ ↗ **Hobel**

hoch [hoːx] I. ⟨Adj.; Steig.: höher ['høːɐ], höchste ['høːçstə]; ↗ auch höchst, höchstens⟩ 1.1. 'von relativ großer Ausdehnung (senkrecht) nach oben' /auf Gegenständliches bez./; ↗ FELD IV.1.3: *ein hoher Berg, Turm, Baum;* hohe (ANT niedrige 1.1) *Räume; hohe Wellen; hohes Gras; ein Stuhl mit einer* hohen (ANT niedrigen 1.1) *Lehne; Schuhe mit* hohen (ANT flachen 2) *Absätzen; jmd. hat eine* hohe (ANT niedrige 1.1) *Stirn; jmd. ist* ~ *gewachsen; etw. in hohem Bogen irgendwohin werfen; der Kirchturm ragt über die Stadt* ~ *auf; die Flammen loderten* ~ *auf* 1.2. ⟨o. Superl.⟩ /mit einer Maßangabe und dieser nachgestellt/ *der Berg ist 2000 Meter ~, höher; ein fünf Zentimeter hoher Absatz; der Schnee liegt 20 Zentimeter ~* **2.1.** ⟨nicht präd.⟩ ʿrelativ zu einem Bezugspunkt (weit) oben (1) befindlichʾ /auf Gegenständliches bez./: *in den höheren Lagen der Mittelgebirge schneit es; auf der höchsten* (ʿobersten'; ANT untersten) *Sprosse der Leiter stehen; die Lampe hängt zu ~* (ANT niedrig 1.2); *~ oben auf dem Berg; im hohen* (ʿäußersten') *Norden* **2.2.** ⟨nur bei Vb.⟩ ʿin großer Höhe'; ANT tief (3), niedrig (1.3): *die Wolken ziehen ~ am Himmel; das Flugzeug, der Vogel fliegt sehr ~; die Sonne steht ~ am Himmel* **2.3.** ⟨o. Superl.; nur bei Vb.⟩ /mit einer Maßangabe und dieser nachgestellt/ *das Flugzeug fliegt 8000 Meter ~;* ⟨nur im Komp.⟩ *sein Freund wohnt zwei Etagen höher* (ANT tiefer) **3.1.** ʿweit über einem bestimmten mittleren, in Zahlen messbaren Wertʾ; ANT niedrig: *ein hoher Prozentsatz; hohe Preise, Mieten; die Mieten sind ~; ein hoher Luftdruck; hohes Fieber, hohen Blutdruck haben; hohe* (ANT tiefe I.3.2) *Temperaturen; mit (zu) hoher Geschwindigkeit fahren; ein Buch mit einer hohen Auflage; hohe Strafen wurden vom Gericht verhängt; die Zahl der Teilnehmer war (sehr) ~; ein sehr ~ bezahlter* (ʿsehr viel verdienender') *Spezialist; ~* (ʿmit einer großen Geldsumme') *versichert sein* **3.2.** ⟨bei Vb. vorw. im Komp. od. *auf das Höchste*⟩ ʿein bestimmtes mittleres Maß überschreitend' /auf Abstraktes bez./: *diese Arbeit erfordert hohes Können, ein hohes Maß an Verantwortung; ein Produkt von hoher* (ANT minderer I) *Qualität; eine Uhr mit hoher Genauigkeit; hohe Ansprüche stellen; seine Ansprüche sind ~; ein hoher Lebensstandard; hohes Ansehen genießen; eine hohe* (ʿsehr positive') *Meinung von jmdm., etw. haben; jmdn. ~ einschätzen; etw. ~* (ANT niedrig 4) *einstufen; etw. ist von höchstem* (ʿsehr großem') *Interesse; er hat ~ verloren; jmd. ist in höchster Gefahr, ist in höchstem Grade, Maße erregt; auf das Höchste* (ʿüberaus, sehr') *erstaunt sein* **4.** ⟨o. Komp.; nur attr.⟩ **4.1.** ʿvon großer Bedeutung, von besonderer Wichtigkeit': *Karfreitag ist ein hoher Feiertag der Kirche* **4.2.** ʿmoralisch wertvoll' /auf Abstraktes bez./: *hohe Ideale, Ziele haben; die höchsten Güter der Menschheit bewahren* **5.** ⟨vorw. attr.⟩ ʿin der sozialen Rangordnung auf oberer Stufe stehend' /vorw. auf Personen bez./: *die höheren* (ANT ¹niederen 1) *Offiziersränge; ein hoher Offizier; hohe (geistliche) Würdenträger; ein hohes Amt innehaben; sich an höchster Stelle beschweren; Hohes Gericht!* /Anrede für den Richter während eines Prozesses/ **6.** ⟨vorw. attr. u. bei Vb.⟩ ʿhell klingend'; ANT tief /auf Stimme od. Ton bez./: *jmd. hat eine hohe Stimme; das hohe C; jmd. kann ~, höher singen, hat diese Note, diesen Ton zu ~ gesungen* – **II.** ⟨Adv.; vor Adj., Part. II; bei Vb.⟩ /bewertet das durch das Bezugswort Genannte pos./ ʿsehr': *etw. ~ anerkennen; jmdm. etw. ~ anrechnen; jmdn. ~ achten, verehren; jmd. ist ~ begabt;* vgl. **hoch-** ❖ **erhöhen, Hoch, höchst, höchstens, Höhe, Hoheit** –

Anhöhe, Fachhochschule, haushoch, Höchstgeschwindigkeit, -maß, Hoheitsgebiet, -gewässer, -recht, -zeichen, Höhensonne, Höhepunkt, Lebehoch, Lufthoheit, Volkshochschule; vgl. **Hoch/Hoch-** * /jmd./ **jmdm. etw. ~ anrechnen** ʿjmds. Verhalten, das dieser in einer bestimmten Situation gesagt hat, anerkennen, sehr zu schätzen wissen': *dass du mir eben geholfen hast, rechne ich dir ~ an; etw.* **ist zu ~ gegriffen** ʿetw. ist in der Darstellung zahlen-, mengenmäßig übertrieben, überschätzt': *ein Profit von 50.000 ist zu ~ gegriffen;* /jmd./ **(zu) ~ hinauswollen** (ʿnach hohem gesellschaftlichem Rang streben; sehr weitreichende Pläne haben'); /jmd./ **etw. ~ und heilig** (ʿfeierlich, sehr ernst') **versprechen;** ⟨⟩ umg. **etw. ist jmdm. zu ~** ʿetw. ist für jmdn. zu schwierig zu verstehen, nachzuvollziehen': *dieser Vortrag, diese Begründung, Verhaltensweise ist mir zu ~;* emot. *das (alles) ist mir zu ~* (ʿdas kann ich beim besten Willen nicht verstehen'); **wenn es ~ kommt** ʿhöchstens': *das sind, wenn es ~ kommt, 25 Meter, 100 Leute*
MERKE Zum Unterschied von *hoch, niedrig:* ↗ *niedrig* (Merke)
Hoch, das; ~s, ~s **1.** ʿHochruf': *ein ~ auf die Freundschaft ausbringen; unserem Jubilar, dem Brautpaar ein dreifaches ~!* **2.** Meteor. ʿGebiet hohen Luftdrucks'; ANT Tief: *wir haben jetzt ein ausgedehntes, kräftiges ~; das ~ schwächt sich ab; über dem Atlantik liegt ein ~* **3.** ʿhöchster zu erreichender Stand einer Entwicklung'; ANT Tief: *etw. führt zu einem wirtschaftlichen ~* **4.** ʿoptimistische Stimmung eines Menschen'; ANT Tief: *ein (seelisches) ~ erleben, haben* ❖ ↗ **hoch**
hoch- /bildet mit dem zweiten Bestandteil Adjektive; verstärkt das im zweiten Bestandteil Genannte emotional/ ʿin hohem Grade': ↗ z. B. *hochmodern*
hoch achten, achtete hoch, hat hoch geachtet /jmd./ *jmdn., etw.* ʿjmdm., etw. große Achtung entgegenbringen': *die Gerechtigkeit ~; er ist eine hoch geachtete Persönlichkeit*
Hoch/hoch [ʾ..]**-achtung, die** ʿgroße Achtung': *vor jmdm., jmds. Leistung, Mut, Verhalten ~ haben; jmdn. mit ~ behandeln; jmdm. ~* ↗ *zollen* ❖ ↗ **¹Acht; -achtungsvoll** ⟨Adv.; o. Steig.⟩ geh. /als Schlussformel in Briefen/ ʿvoller Hochachtung': *Hochachtungsvoll Ihr N!* ❖ ↗ **¹Acht,** ↗ **voll; -bau, der 1.** ⟨o.Pl.⟩ ʿBereich des Bauwesens, der sich bes. mit der Herstellung von Bauwerken über dem Erdboden befasst'; ANT Tiefbau: *beim ~ tätig, beschäftigt sein* **2.** ⟨Pl.: ~ten; vorw. Pl.⟩ ʿGebäude, dessen hauptsächlicher Teil über dem Erdboden liegt': *moderne ~ten* ❖ ↗ **Bau**
hoch begabt ⟨Adj.; o. Steig.⟩ ʿsehr begabt': *ein ~er junger Wissenschaftler*
hoch/Hoch [ʾ..]**-bringen, brachte hoch, hat hochgebracht** umg. **1.** /jmd./ *etw. ~* ʿetw. nach oben bringen': *die Koffer ~; jmdn. mit ~:* sie sollte den neuen Bekannten nicht gleich mit ~ (ʿmit nach oben in die Wohnung bringen') **2.** /jmd., etw./ *jmdn. ~* ʿjmdn. ärgerlich, wütend machen': *jmdn. mit Sticheleien*

~; *das, dieser Vorwurf brachte ihn hoch* ❖ ↗ brin-
gen; **-ebene, die** ˊEbene (1) in größerer Höhe über
dem Meeresspiegel'; ↗ FELD II.1.1: *der Ort liegt
auf einer* ~ ❖ ↗ ¹eben; **-frequenz, die** fachspr. ˊelek-
tromagnetische Schwingungen mit relativ hoher
Frequenz'; **-gebildet** ⟨Adj.; o. Steig.; nur attr.⟩ ˊsehr
gebildet': *er ist ein* ~*er Mensch* ❖ ↗ bilden; **-gehen,**
ging hoch, ist hochgegangen **1.** /jmd./ umg. ˊnach
oben gehen (2)': *er ist schon hochgegangen; die
Treppe* ~ (ˊauf der Treppe nach oben gehen') **2.**
/etw./ ˊsich nach oben bewegen': *die Schranke,
Brücke, der Vorhang im Theater geht hoch; die See
geht hoch; der Ballon geht hoch;* METAPH *die Wo-
gen der Empörung gingen hoch* **3.** /etw., bes. Bombe/
ˊexplodieren': *als die Bombe, Mine hochging, gab es
eine enorme Druckwelle* **4.** /jmd./ umg. ˊärgerlich,
wütend werden': *als man ihm das unterstellen
wollte, ging er hoch* ❖ ↗ gehen
hoch gewachsen [gəvaksn̩] ⟨o. Steig.; nur attr.⟩ SYN
ˊgroß (2.2)' /auf Personen bez./: *ein* ~*es junges
Mädchen*
Hoch/hoch|-glanz, der: *auf* ~: *die Schuhe auf* ~ *polie-
ren* (ˊso putzen, dass sie sehr glänzen') ❖ ↗ Glanz
* umg. /jmd./ **etw. auf ~ bringen** ˊetw. sehr gründ-
lich sauber machen und aufräumen': *die Wohnung
auf* ~ *bringen;* **-gradig** [gʀɑːdɪç] **I.** ⟨Adj.; o. Steig.⟩
ˊin hohem Grade': *in* ~*e Erregung geraten* − **II.**
⟨Adv.; vor Adj., Adv.⟩ *jmd. ist* ~ (ˊäußerst') *nervös,
kurzsichtig, verkalkt, verschuldet* ❖ ↗ Grad; **-haus,
das** ˊ(frei, für sich stehendes) hohes Gebäude mit
sehr vielen Stockwerken'; ↗ FELD V.2.1: *im* ~
wohnen ❖ ↗ Haus; **-heben,** hob hoch, hat hochge-
hoben /jmd./ **1.1.** *jmdn.* ~ ˊjmdn., bes. ein Kind, in
die Höhe heben': *das Kind* ~, *damit es besser sehen
kann* **1.2.** *etw.* ~: *den Arm* ~ (ˊin die Höhe stre-
cken') ❖ ↗ heben; **-herzig** [hɛʀtsɪç] ⟨Adj.; Steig.
reg., ungebr.⟩ geh. SYN ˊgroßmütig' /vorw. auf
Handlungen bez./: *eine* ~*e Tat; jmdm.* ~ *verzeihen*
❖ ↗ Herz; **-leben** ⟨trb. Vb.; nur im Inf. u. Konj.
Präs.⟩ /jmd./ *jmdn., etw.* ~ *lassen* ˊauf jmdn., etw.
Hochrufe ausbringen': *den Jubilar, die Freiheit* ~
lassen; er lebe hoch, hoch soll er leben! /Ruf, mit
dem man jmdn. feiert; Hochruf/ ❖ ↗ leben; **-mo-
dern** ⟨Adj.; o. Steig.⟩ ˊsehr modern'; ↗ FELD
V.1.3: ~*e Möbel; die Möbel sind* ~; *sie ist immer
~ gekleidet* ❖ ↗ Mode; **-mut, der** ˊHaltung, bei der
jmd. sich selbst sehr hoch einschätzt und auf an-
dere herabsieht': *jmd. ist von* ~ *erfüllt; sein* ~ *stößt
viele ab* ❖ hochmütig; **-mütig** [myːtɪç] ⟨Adj.; Steig.
reg.⟩ SYN ˊüberheblich': *jmd. ist* ~, *hat ein* ~*es
Wesen, Gesicht; so ein* ~*er Kerl!; ~ lächeln* ❖ ↗
Hochmut; **-nehmen** (er nimmt hoch), nahm hoch,
hat hochgenommen **1.** /jmd./ *etw., jmdn.* ~ ˊetw.
vom Boden aufnehmen': *den Koffer, das Gepäck* ~;
ein Kind ~ (ˊhochheben und auf den Arm neh-
men') **2.** umg. /jmd./ *jmdn.* ~ ˊjmdn. in gutmütiger
Weise verspotten': *lass dich nicht (von ihm)* ~!; *die
wollten mich (damit)* ~ ❖ ↗ nehmen; **-ofen, der**
ˊAnlage zur industriellen Erzeugung von Roheisen
aus Erz od. Schrott'; ↗ FELD VI.5.1: *ein moderner*

~; *einen* ~ *stilllegen* ❖ ↗ Ofen; **-rot** ⟨Adj.; o.
Steig.; nicht bei Vb.⟩ ˊstark gerötet' /vorw. auf den
Kopf, das Gesicht bez./: *mit* ~*em Kopf, Gesicht da-
sitzen* ❖ ↗ rot; **-ruf, der** ⟨oft im Pl.⟩ ˊ(dreifacher)
Ruf „er lebe hoch!", mit dem jmd. gefeiert wird':
auf jmdn., etw. ~*e ausbringen; die Menge brach in
~e aus* ❖ ↗ rufen; **-saison, die 1.** ⟨vorw. Sg.⟩ ˊdie
Zeit, in der am meisten gereist wird, die zum Reisen
bevorzugt wird': *in der* ~ *Urlaub machen* **2.** ⟨o.Pl.⟩
ˊZeit des stärksten Andrangs, Betriebes': *vor Weih-
nachten haben die Geschäfte* ~; *jetzt ist, haben wir
~* ❖ ↗ Saison; **-schlagen** (er schlägt hoch), schlug
hoch, hat/ist hochgeschlagen **1.** ⟨hat⟩ /jmd./ *den
(Mantel)kragen* ~ (ˊnach oben umschlagen 1.1') **2.**
⟨ist⟩ /etw., bes. Feuer, Wasser/ ˊsich plötzlich in die
Höhe bewegen, ohne sich vom Boden zu lösen':
die Flammen, Wellen schlugen hoch ❖ ↗ schlagen;
-schule, die ˊUniversität od. der Universität ver-
gleichbare staatliche Einrichtung für wissenschaft-
liche Lehre und Forschung (in bestimmten Fachbe-
reichen)': *an einer* ~ *studieren;* ⟨in Verbindung mit
Fachbereichen⟩ *eine pädagogische, technische* ~;
eine ~ *für Musik, Kunst;* vgl. *Universität (1)* ❖ ↗
Schule; **-sommer, der** ⟨o.Pl.⟩ ˊdie Mitte und meist
die heißeste Zeit des Sommers': *jmd. macht am
liebsten im* ~ *Urlaub; heute haben wir eine Tempera-
tur wie im* ~ (ˊeine sehr hohe Temperatur') ❖ ↗
Sommer; **-spannung, die** ˊelektrische Spannung von
mehr als 1000 Volt': *Vorsicht* ~! /Warnschild an
elektrischen Anlagen/ ❖ ↗ spannen; **-spielen** ⟨trb.
reg. Vb.; hat⟩ /jmd./ *etw.* ~ ˊeiner Angelegenheit
unangemessen großes (öffentliches) Interesse ver-
schaffen, indem man seine Bedeutung übermäßig
betont': *der Direktor hat den Fall hochgespielt, um
ein abschreckendes Exempel zu setzen; die Sache,
der Fall wurde von der Presse (bewusst) hochgespielt*
❖ ↗ spielen; **-sprung, der** ⟨o.Pl.⟩ ˊsportliche Diszi-
plin, bei der der Sportler durch Springen eine mög-
lichst große Höhe erreichen soll'; ↗ FELD I.7.4.1:
er ist Europameister im ~ ❖ ↗ springen
höchst [høːçst] ⟨Adv.; vor Adj., Adv.; drückt den
Superl. aus; ↗ auch *hoch, höchstens*⟩ ˊüberaus,
äußerst': *etw. ist* ~ *unangenehm, unwahrscheinlich,
gefährlich, beeindruckend, geschmackvoll, begeh-
renswert, suspekt; was du da erzählst, ist ja* ~ *inter-
essant; das tue ich* ~ *ungern* ❖ ↗ **hoch**
Hoch/hoch [ˈhoːx..]|**-stapelei** [ʃtapəlai], **die;** ~, ~en **1.**
⟨o.Pl.⟩ ˊdas Vortäuschen einer gesellschaftlich ge-
achteten Stellung, um auf betrügerische Weise von
anderen materielle Vorteile zu erlangen': ~ *ist
strafbar; jmdn. wegen* ~ *verurteilen* **2.** ˊHandlung
von Hochstapelei (1)': *er beging eine Reihe von* ~
❖ ↗ hochstapeln; **-stapeln** ⟨trb. reg. Vb.; hat; vorw.
im Perf.⟩ /jmd./ ˊHochstapelei begehen': *er hat
hochgestapelt, um einen Kredit zu bekommen* **2.**
/jmd./ ˊWissen, Leistungen vortäuschen'; ANT tief-
stapeln: *er neigt dazu, hochzustapeln* ❖ Hochstap-
ler, Hochstapelei; **-stapler** [ʃtaːplɐ], **der;** ~s, ~
ˊjmd., der Hochstapelei begeht, begangen hat': *er
ist ein* ~ ❖ ↗ hochstapeln

höchstens ['høçstn̩s] 〈Gradpartikel; betont od. unbetont; steht vorw. vor der Bezugsgröße; bezieht sich auf verschiedene Kategorien, bes. auf Zahlangaben; ↗ auch *hoch, höchst*〉 /schließt andere Sachverhalte nicht aus; gibt an, dass die Bezugsgröße nach Einschätzung des Sprechers nicht überschritten werden darf, wohl aber unterschritten/ 'im äußersten Fall, nicht mehr als'; SYN allenfalls (1.2); ANT mindestens: *der Junge ist ~ 15 Jahre alt; das Buch umfasst 200 Seiten; es dauert ~ zehn Minuten; 20 Personen ~ dürften es gewesen sein; ~ Steinpilze könnt ihr sammeln; ~ zu Ostern könnt ihr uns besuchen* ❖ ↗ **hoch**

Höchst ['høçst..]‖**-geschwindigkeit, die** 〈vorw. Sg.〉 **1.** 'höchste Geschwindigkeit, die ein motorisiertes Fahrzeug erreichen kann': *das Auto erreicht eine ~ von 220 km/h* **2.** 'höchste, im Straßenverkehr für alle motorisierten Fahrzeuge zulässige Geschwindigkeit': *in geschlossenen Ortschaften beträgt die ~ normalerweise 50 km/h* ❖ ↗ **hoch**, ↗ **Geschwindigkeit**; **-maß, das:** *ein ~ an etw.* 'ein sehr hohes Maß in Bezug auf etw.'; SYN Maximum (1.1) /vorw. auf menschliches Verhalten bez./: *diese Messungen erfordern ein ~ an Sorgfalt; jmdm. ein ~ (ANT Mindestmaß) an Verständnis entgegenbringen* ❖ ↗ **hoch**, ↗ **messen**

Hoch/hoch ['ho:x..]‖**-verrat, der** 'höchstes, sich gegen den Staat richtendes Verbrechen': *jmd. hat ~ begangen; jmdn. wegen ~(s) anklagen, verurteilen* ❖ ↗ **verraten**; **-verräter, der** 'Person, die Hochverrat begeht, begangen hat': *er ist ein ~, ist als ~ angeklagt worden* ❖ ↗ **verraten**; **-wasser, das** 〈o.Pl.〉 **1.** 'sehr hoher, bedrohlicher Wasserstand, bes. eines Flusses'; ↗ FELD III.2.1: *die Mosel führt jetzt ~; das ~ erreicht seinen höchsten Stand, ist im Sinken begriffen* **2.** 'Überschwemmung': *das ~ hat großen Schaden angerichtet* ❖ ↗ **Wasser**; **-wertig** [ve:ɐtɪç] 〈Adj.; Steig. reg.; vorw. attr.〉 'von hoher Qualität und großem Gebrauchswert'; ANT minderwertig /auf Produkte bez./: *~e Erzeugnisse, Produkte, Nahrungsmittel* ❖ ↗ **Wert**

Hochzeit ['hɔxtsaɪt], die; ~, ~en 'Fest, das anlässlich einer Heirat gefeiert wird': *die ~ ausrichten; ~ feiern; ~ machen; /in der kommunikativen Wendung/ umg. das ist nicht meine ~* ('das geht mich nichts an') /sagt jmd., wenn er jmds. Forderungen abwehrt/

* **die goldene ~** ('50. Jahrestag der Hochzeit'); **die silberne ~** ('25. Jahrestag der Hochzeit'); 〈〉 umg. /jmd./ **nicht auf zwei ~en (gleichzeitig) tanzen können** ('nicht an zwei Veranstaltungen, Unternehmungen gleichzeitig teilnehmen können') /wird als Entschuldigung gesagt, dass man an einer bestimmten Veranstaltung, Unternehmung nicht teilnehmen kann/

Hocke ['hɔkə], die; ~, ~n **1.** 〈vorw. Sg.〉 'Haltung des Körpers, bei der jmd. mit gebeugten Knien (und gekrümmtem Rücken) gleichsam auf seinen Unterschenkeln sitzt': *in die ~ gehen; in der ~ sitzen; er saß in der ~* **2.** landsch., bes. norddt. 'kreis-

od. dachförmig gegeneinander aufgestellte Garben (1)': *(die) ~n aufstellen* ❖ **hocken, Hocke, Hocker** – **Stubenhocker**

hocken ['hɔkn̩] 〈reg. Vb.; hat〉 **1.** /jmd./ **1.1.** *irgendwo ~* 'irgendwo in der Hocke (1) sitzen': *beim Heizen vor dem Ofen ~; er hockte zwischen den Reihen des Beetes und jätete Unkraut* **1.2.** *sich irgendwohin ~* 'sich in der Haltung von Hocke (1) irgendwohin setzen': *sich zum Heizen vor den Ofen ~; er hockte sich zwischen die Reihen; er hockte sich auf seinen Koffer* **2.** /jmd./ *irgendwo ~* 'meist lässig irgendwo sitzen': *auf dem Stuhl ~; sie hockten alle stumm um den Tisch* **3.** /jmd./ umg. emot. neg. *irgendwo ~* 'sich längere Zeit sitzend irgendwo aufhalten': *stundenlang, jeden Abend in der Kneipe ~; er hockt immer nur zu Hause* ('bringt es nicht fertig, zur Abwechslung, Unterhaltung das Haus, die Wohnung zu verlassen'); *den ganzen Tag über seinen Büchern ~* ('den ganzen Tag sitzen und sich mit seinen Büchern beschäftigen und dabei lernen'); *er hockt dauernd vor dem Fernseher* ('sieht dauernd fern') ❖ ↗ **Hocke**

Hocker ['hɔkɐ], der; ~s, ~ 'Sitzmöbel ohne Lehne für eine Person'; ↗ FELD V.4.1 (↗ TABL Sitzmöbel): *der ~ an der Bar, am Klavier; auf dem ~ sitzen; sich auf einen ~ setzen; vgl. Schemel* ❖ ↗ **Hocke**

* umg. **etw. reißt jmdn. nicht vom ~** 'etw. beeindruckt jmdn. nicht besonders': *die Aufführung, der Film hat mich nicht gerade vom ~ gerissen;* **etw.** 〈bes. *das*〉 **haut jmdn. vom ~** 'etw. überrascht, beeindruckt jmdn. sehr': *das, mein gutes Zeugnis hat ihn aber, regelrecht vom ~ gehauen*

Höcker ['hœkɐ], der; ~s, ~ 'erhabene Stelle aus fettem Gewebe auf dem Rücken des Kamels, Dromedars'; ↗ FELD III.1.1: *das Kamel hat zwei ~*

Hockey ['hɔke/'hɔki], das; ~s, 〈o.Pl.〉 'Ballspiel, bei dem ein kleiner Ball mit gekrümmten Schlägern am Boden von zwei Mannschaften jeweils in das gegnerische Tor zu spielen ist'; ↗ FELD I.7.4.1: *~ spielen* ❖ **Eishockey**

Hoden ['ho:dn̩], der; ~s, ~ 〈vorw. Pl.〉 'eine der beiden männlichen Drüsen, in denen die Samenzellen gebildet werden'; ↗ FELD I.1.1

Hof [ho:f], der; ~es/auch ~s, Höfe ['hø:fə] **1.** 'unmittelbar zu einem Gebäude, zu mehreren Gebäuden gehörende Fläche, die oft von mehreren Gebäuden umschlossen ist'; ↗ FELD I.15.1: *ein kleiner, dunkler, enger ~; ein von hohen Mauern umgebener ~; die Fahrräder auf dem ~ abstellen; Wäsche auf dem ~ trocknen; die Kinder spielen auf dem ~; die Fenster gehen nach dem, zum/auf den ~ hinaus* **2.** SYN 'Bauernhof': *ein großer, kleiner ~; ein stattlicher ~; einen ~ erben, bewirtschaften; den ~ verpachten, verkaufen; der ~ ist verschuldet* ❖ **Bahnhof, Bahnhofshalle, Bauernhof, Güterbahnhof, Hauptbahnhof, Hinterhof**

hoffen ['hɔfn̩] 〈reg. Vb.; hat〉 /jmd., Institution/ *auf etw., jmdn. ~* 'seine Hoffnung auf etw., jmdn. richten'; ↗ FELD VII.6.2: *auf eine günstige Gelegen-

heit, ein Wiedersehen, einen fairen Prozess ~; auf schnelle Hilfe, auf Regen, gutes Wetter ~; auf die Operation, auf die Zeugenaussagen, auf den Arzt, Freund, auf Gott ~; ⟨mit Nebens.⟩ *~, dass ...: ich hoffe, dass du bald gesund wirst, dass du es schaffst;* ⟨mit Inf.satz⟩ *ich hoffe, bald einen Arbeitsplatz zu finden; ich hoffe, dir damit geholfen zu haben; das ist mehr, als ich zu hoffen wagte* ('das übertrifft alle meine bisherigen Erwartungen'); /in den kommunikativen Wendungen/ *das will ich nicht ~* ('hoffentlich trifft das nicht ein, geschieht das nicht')!; *das will ich (doch stark) ~* ('das erwarte ich')! /sagt jmd., wenn er unterstreichen will, dass er das ohnehin erwartet hat, was jmd. verspricht und wenn er seiner Erwartung noch einmal in drohender Weise Ausdruck verleihen will/; *hoffen wir das Beste* ('hoffentlich geht das gut aus') /sagt jmd., wenn er skeptisch ist, dass sich etw. gut realisieren lässt/ ❖ **erhoffen, hoffentlich, Hoffnung – hoffnungslos, -voll**

hoffentlich ['hɔfn̩t..] ⟨Satzadv.⟩ /drückt die Einstellung des Sprechers zum genannten Sachverhalt aus; der Sprecher wünscht sich, dass das Genannte in der Zukunft realisiert wird od. in der Vergangenheit (nicht) realisiert worden ist/ 'wie, was ich hoffe'; ↗ FELD VII.6.3: *~ ist ihm nichts passiert; ~ hast du dich dabei nicht verletzt; du wirst ~ morgen dabei sein; ~ habe ich nichts vergessen!; du hast dir das ~ gut überlegt!;* /auch als Antwort/ „*Ich komme bestimmt.*" „*Hoffentlich!*" ❖ ↗ **hoffen**

Hoffnung ['hɔfn..] *die; ~, ~en* **1.** 'starker Wunsch, Glaube, dass etw. Bestimmtes eintritt, geschieht od. dass etw. Bestimmtes, Positives bewirkt'; ↗ FELD VII.6.1: *eine leise, schwache, vage ~ haben; das ist eine irrige, berechtigte ~; alle ~en waren auf ihn gerichtet; die ~ auf ein Wiedersehen, auf baldige Genesung haben; das sind begründete ~en; große ~en auf die Kur, das wissenschaftliche Gutachten, den Arzt, Rechtsanwalt setzen; die ~ auf jmdn. richten; die ~ nicht aufgeben, nicht verlieren; er hat alle ~(en) verloren; wenig, keine ~ (mehr) haben; ~ schöpfen; etw. flößt jmdm. ~ ein; sich, jmdm. falsche, übertriebene ~en machen; man hat ihm alle ~en genommen; in seinen ~en bestärkt, enttäuscht werden; jmd., etw. berechtigt zu großen ~en* ('erlaubt die begründete Annahme, dass man viel Positives von ihm, davon erwarten kann'); *voller ~* ('voll positiver Erwartungen') *sein; ohne jede, alle ~ sein* ('gar nichts Positives erwarten'); /in der kommunikativen Wendung/ *mach dir keine ~* ('erwarte nichts Positives')! **2.** ⟨vorw. Sg.⟩ 'jmd., auf den man alle seine Hoffnungen (1) richtet': *er ist die ~ der ganzen Klasse, Mannschaft;* /in der kommunikativen Wendung/ *oft scherzh. du bist meine letzte ~* ('ich weiß nicht, wer mir helfen kann, wenn du mir nicht helfen kannst') ❖ ↗ **hoffen**

hoffnungs ['hɔfnʊŋs..]||**-los I.** ⟨Adj.; Steig. reg.⟩ 'ohne Aussicht auf Verbesserung, auf positive Entwicklung' /auf Abstraktes bez./; ↗ FELD I.6.3: *das ist eine ~e Lage; sein Zustand ist ~; etw. für ~ halten* – **II.** ⟨Adv.; vor Adj., Adv.; bei Vb.⟩ emot. 'über-

aus': *jmd. ist ~ dumm, verbohrt; etw. ist ~ veraltet; sich ~ blamieren* ❖ ↗ **hoffen,** ↗ **los; -voll** ⟨Adj.; Steig. reg., Superl. ungebr. ⟩ **1.** 'voller Hoffnung (1)': *in diesem Punkt bin ich (ganz) ~; ~ lächeln, in die Zukunft blicken; sein ~es Lächeln* **2.** 'mit Aussicht auf Erfolg' /auf Abstraktes bez./: *das ist ein ~er Anfang; die Lage ist ~; etw. entwickelt sich ~* ❖ ↗ **hoffen,** ↗ **voll**

höflich ['hø:f..] ⟨Adj.; Steig. reg.⟩ 'gute Umgangsformen wahrend und dabei anderen gegenüber aufmerksam, rücksichtsvoll'; ANT frech (1); ↗ FELD I.18.3: *er ist ein ~er junger Mann; eine ~e Bitte, Frage, Absage, Antwort; er ist immer ~ und zuvorkommend; jmd. ist übertrieben ~; jmdn. ~ um etw. bitten; ~ nach etw. fragen; jmdn. ~ grüßen; sich ~ bei jmdm. bedanken; ~ antworten, lächeln* ❖ **Höflichkeit**

Höflichkeit ['hø:flɪç..], *die; ~, ~en* **1.** ⟨o.Pl.⟩ 'das Höflichsein'; ↗ FELD I.18.1: *es nicht an ~ fehlen lassen; er hat es (nur) aus ~ getan; jmdm. jede ~ erweisen; jmdn. mit ausgesuchter ~ empfangen, behandeln; jmdn. mit verbindlicher, eisiger ~ begrüßen* **2.** ⟨nur im Pl.⟩ 'höfliche Worte, die zu nichts verpflichten': *sie haben nur ~en ausgetauscht; leere, nichts sagende ~en wechseln; jmdm. ein paar ~en sagen* ❖ ↗ **höflich**

Höhe ['hø:ə], *die; ~, ~n* **1.1.** ⟨vorw. Sg.⟩ '(senkrechte) Ausdehnung von unten nach oben (1)'; ↗ FELD IV.1.1: *der Turm hat eine beachtliche ~, hat eine ~ von 100 Metern; eine Schneedecke von 40 Zentimeter ~; ein Gebirge mit ~n bis zu 4000 Metern; die Länge, Breite und ~ eines Raumes; die lichte ~ einer Brücke, eines Tunnels; beim Besteigen eines Berges auf halber ~ Rast machen* **1.2.** 'sehr weit oben gelegener Bereich': *die Baude liegt in einer ~ von 2000 Metern, in 2000 Meter ~; die Artisten zeigten ihr Können in luftiger, schwindelnder ~; das Flugzeug gewann (an) ~* ('entfernte sich mehr und mehr vom Erdboden'); *Flüge in großen ~n* **1.3.** ⟨o.Pl.⟩ *in die ~* 'nach oben': *etw. in die ~ halten, heben* **2.** '(mittlere) Erhebung im Gelände': *eine ~* (SYN 'Anhöhe') *erstürmen; die ~n des Thüringer Waldes;* vgl. *Berg* (1) **3.1.** ⟨vorw. Sg.⟩ 'in Zahlen messbare Größe': *die ~ der Auflage eines Wörterbuchs; die ~ des Gehalts, Lohnes; die ~ der Preise; in ~ von: ein Beitrag in ~ von 50 DM; ein Stipendium in ~ von 800 DM; die Temperatur erreichte ~n von über 30 Grad; die ~ von etw. festlegen, ermitteln; die ~ des Betrages ist nicht bekannt* **3.2.** ⟨o.Pl.; + Attr.⟩ *auf der ~ von etw.* 'auf dem Höhepunkt von etw.': *er ist jetzt auf der ~ seines Könnens, Ruhmes;* /in der kommunikativen Wendung/ umg. *das ist ja die ~* ('das ist ja unerhört') /sagt jmd., um seine Empörung auszudrücken/ **4.** *die ~* ('Frequenz') *eines Tones* ❖ ↗ **hoch**

* /jmd./ **nicht (ganz) auf der ~ sein** ('nicht ganz gesund sein'); /jmd., etw./ **auf der ~ der Zeit sein** 'dem neuesten Stand der Entwicklung entsprechen': ⟨oft verneint⟩ *sein Buch ist nicht auf der ~ der Zeit*

Hoheit ['hoːhaɪt], **die**; ~, ⟨o.Pl.⟩ 'das Recht eines Staates, ohne Einfluss anderer Staaten seine Angelegenheiten eigenständig zu entscheiden': *die ~* (SYN 'Selbständigkeit 1.2') *eines Staates respektieren; die ~* (SYN 'Souveränität 1') *eines Staates verletzen; das Gebiet steht unter der ~ dieses Staates; ein Gebiet unter die ~ eines Landes stellen* ❖ ↗ **hoch**

Hoheits ['hoːhaɪts..]|-**gebiet, das** SYN 'Territorium (2)'; ↗ FELD II.1.1: *das Flugzeug befindet sich über deutschem ~; das Schiff durchfährt jetzt dänisches ~* ❖ ↗ **hoch**, ↗ Gebiet; **-gewässer, das** ⟨vorw. Pl.⟩ 'unter der Hoheit eines bestimmten Staates stehendes Gewässer'; ↗ FELD II.1.1: *das Schiff befand sich (noch) in den ~n Schwedens/in schwedischen ~n* ❖ ↗ **hoch**, ↗ Wasser; **-recht, das** ⟨vorw. Pl.⟩ 'Recht, das einem Staat zur Ausübung der Staatsgewalt zusteht': *die Rechtsprechung gehört zu den ~en eines Staates* ❖ ↗ **hoch**, ↗ Recht; **-zeichen, das** 'Symbol der staatlichen Souveränität eines Staates': *Flaggen, Wappen und andere ~; das Flugzeug hatte das deutsche ~ an den Tragflächen; die Flagge mit dem deutschen ~* ❖ ↗ **hoch**, ↗ Zeichen

Höhen|sonne ['høː.ən..], **die 1.** ⟨o.Pl.⟩ 'das intensive Sonnenlicht im Gebirge, das besonders reich an ultravioletten Strahlen ist': *die Urlauber ließen sich von der ~ bräunen* **2.** 'ultraviolette Strahlung abgebende Lampe': *jmd. liegt unter der ~; der Patient bekommt ~* ('wird mit Höhensonne 2 bestrahlt'); *jmdm. ~ verordnen* ❖ ↗ **hoch**, ↗ **Sonne**

Höhe|punkt ['høː.ə..], **der** ⟨Pl.: -e⟩ 'wichtigster, bedeutendster und meist eindrucksvollster (kurzer) Abschnitt in einem Ablauf, einer Entwicklung'; ANT Tiefpunkt; ↗ FELD IV.1.1: *mit dieser Szene des Dramas erreichte die Spannung ihren ~; die Krise, Auseinandersetzung treibt ihrem ~ zu; die Festrede war der ~ der Veranstaltung; als das geschah, stand er auf dem ~ seines Lebens* ❖ ↗ **hoch**, ↗ **Punkt**

hohl [hoːl] ⟨Adj.; o. Steig.⟩ **1.** ⟨nicht bei Vb.⟩ 'im Inneren (1) leer (obwohl normalerweise ausgefüllt)' /auf Gegenständliches bez./: *ein ~er Zahn; der Baumstamm ist ~; eine ~e Kugel; diese Nuss ist ~* ('ist taub 3') **2.** 'auffällig tief und dumpf im Ton' /auf Akustisches bez./: *ein ~es Gelächter erscholl im Gewölbe; innerlich aufgewühlt, sprach sie mit ~er Stimme; das ~e Tuten der Dampfer im Nebel; etw. dröhnt, klingt ~; jmd. hustet ~* **3.** ⟨nicht bei Vb.⟩ emot. 'nichts sagend' /auf Sprachliches bez./: *~e Phrasen; ein ~es Pathos; das sind doch nur ~e Worte, ist doch nur ~es Gerede* ❖ **Höhle — Hohlkörper**

Höhle ['høː.lə], **die**; ~, ~n **1.** '(natürlich entstandener) unterirdischer Raum, der durch eine (kleine) Öffnung mit der Außenwelt in Verbindung steht': *im Felsen eine, den Eingang zu einer ~ entdecken; die Steinzeitmenschen lebten in ~n; die Fauna und Flora von ~n erforschen; die Kinder haben sich eine ~* ('eine nur durch eine kleine Öffnung zu erreichende Unterkunft') *gebaut, gegraben* **2.** emot. neg. 'düs-

tere, feuchte, dürftig eingerichtete Wohnung': *die ~n der Slums; in ~n wohnen* ❖ ↗ **hohl**

* umg. scherzh. /jmd./ **sich in die ~ des Löwen begeben/wagen** ('eine gefürchtete Person in einer bestimmten Angelegenheit beherzt aufsuchen')

Hohl ['hoːl..]|-**körper, der** 'Gegenstand, der innen hohl (1) ist': *der Ball ist ein ~* ❖ ↗ **hohl**, ↗ **Körper**; **-raum, der** 'in einer festen Substanz entstandener Raum (1.1)': *Hohlräume in der Erde, im Gestein; beim Guss waren Hohlräume im Material entstanden* ❖ ↗ **hohl**, ↗ **Raum**; **-spiegel, der** 'nach innen gewölbter Spiegel, der das Spiegelbild vergrößert zeigt' ❖ ↗ **hohl**, ↗ **Spiegel**

Hohn [hoːn], **der**; ~es/auch ~s, ⟨o.Pl.⟩ 'offen geäußerter verächtlicher, beißender Spott': *etw. mit bitterem, offenem, beißendem, unverhülltem, kaltem ~ sagen; das ist ohne (jeden, jeglichen) ~* ('vollkommen ernst und ehrlich') *gemeint; jmd. erntet für etw. nur ~ (und Spott)* ('wird mit dem, was er sagte od. tat, nicht ernst genommen und nur verlacht'); *etw.* ⟨vorw. das⟩ *ist blanker, reiner/der reine, reinste ~* ('etw. ist so absurd, dass es nicht akzeptiert werden kann') ❖ **höhnen, höhnisch, verhöhnen**

* /jmd./ **jmdm. etw. zum ~ tun** ('etw. absichtlich tun, um jmdn. zu erniedrigen')

höhnen ['høːnən] ⟨reg. Vb.; hat⟩ /jmd./ *etw. ~* 'etw. voller Hohn sagen': ⟨meist einer wörtlichen Rede nachgestellt⟩ *„das hast du nun davon", höhnte er; sie brachten uns einen scheußlichen Fraß und höhnten: „Guten Appetit!"* ❖ ↗ **Hohn**

höhnisch ['høːn..] ⟨Adj.; Steig. reg.; vorw. attr. u. bei Vb.⟩ 'voller Hohn' /vorw. auf Sprachliches, Mimisches bez./: *eine ~e Bemerkung machen; sein ~es Lachen; er gab eine ~e Antwort; eine ~e Grimasse schneiden; ~ lachen, grinsen, antworten* ❖ ↗ **Hohn**

hold [hɔlt] ⟨Adj.; o. Steig.; nur präd. (mit *sein*)⟩ meist spött. /etw., jmd./ *jmdm. ~ sein* **1.1.** /jmd., bes. Frau/ 'für jmdn. Zuneigung empfinden'; SYN zugetan: *sie war ihm ~, war ihm nicht mehr ~* **1.2.** *das Glück ist jmdm. ~* /jmd./ 'vom Glück begünstigt': *das Glück war ihm nicht (mehr) ~*

holen ['hoːlən] ⟨reg. Vb.; hat⟩ **1.** /jmd./ **1.1.** *etw., jmdn. irgendwoher ~* 'sich von einem bestimmten Ort aus zu etw., jmdm. begeben und es, ihn zurück zu diesem Ort mit sich nehmen': *Kohlen (aus dem Keller), das Auto von der Werkstatt ~; sich* ⟨Dat.⟩ *aus der Küche etw. zu essen ~; das Kind vom Spielplatz ~; sie holte ihren Mann aus dem Garten (ans Telefon); jmdm./für jmdn. ein Glas Wasser ~; den Wagen aus der Garage ~* ('herausfahren') **1.2.** *etw. irgendwoher ~* 'etw. aus einem Schrank, aus einem Behältnis o.Ä. nehmen': *das Kleid, den Mantel aus dem Schrank ~; die Schlüssel, die Akten aus seiner Mappe ~* **1.3.** *etw. ~* 'bestimmte Lebensmittel für den täglichen Bedarf einkaufen': *Brötchen, Brot (vom Bäcker) ~; Milch ~; hast du schon Kartoffeln geholt?; /in Verwünschungen, Flüchen/ der Teufel soll dich, ihn, euch ~; hol dich, ihn, euch der Henker!; hol's der Teufel* **1.4.** *jmdn. ~* 'veranlassen, dass jmd. an den Ort kommt, wo er dringend gebraucht

wird und wo man sich selbst befindet': *einen Arzt
~; Hilfe ~; die Feuerwehr, den Klempner ~; schnell,
holt einen Arzt!; jmdm. irgendwohin ~: jmdn. ans Te-
lefon ~; den Arzt ans Bett des Kranken, den Pfarrer
ans Bett des Sterbenden ~* **1.5.** etw. ~ 'etw. von
einem Ort entfernen': *die letzten Äpfel vom Baum
~; morgen wird der Sperrmüll geholt* **1.6.** ⟨oft im
Pass.⟩ verhüll. *den haben sie geholt* ('in seiner Woh-
nung verhaftet'); *er ist in der Nacht geholt worden*
1.7. sich ⟨Dat.⟩ etw. ~ 'sich etw. von jmdm. geben
(3.1) lassen': *sich die, eine Erlaubnis, Genehmigung
(für etw.) ~; sich bei, von jmdm. etw. ~: sich bei
jmdm. Rat, von jmdm. Hilfe ~* ('sich an jmdn. wen-
den und sich raten, helfen lassen'); *sich aus einer
Zeitschrift Anregungen (für sein Hobby) ~* ('einer
Zeitschrift entnehmen') **2.** /jmd./ etw. ~ 'bei einem
Wettbewerb (1) etw. gewinnen': *den ersten Preis hat
die jüngste Pianistin geholt; er hat für seine Mann-
schaft wertvolle Punkte geholt; sich* ⟨Dat.⟩ *etw. ~:
er will sich bei diesem Wettkampf unbedingt die
Goldmedaille, den Meistertitel ~* **3.** umg. /jmd./ sich
⟨Dat.⟩ etw. ~ 'sich eine Infektion zuziehen': *ich
habe mir einen Schnupfen, die Grippe geholt;* /in der
kommunikativen Wendung/ *dabei kannst du dir den
Tod ~* ('kannst du lebensgefährlich erkranken')!
/sagt man jmdm. als Warnung/ **4.** /jmd./ Luft, Atem
~ 'einatmen': *er holte tief ~* ❖ **aufholen, ausholen,
einholen, herunterholen, nachholen, überholen, über-
holt, wegholen, wiederholen, wiederholt**
* umg. **da/bei jmdm. ist nicht viel/nichts (mehr) zu ~**
('da, in jmds. Besitz befindet sich nichts Nennens-
wertes mehr, sodass nichts mehr zu erwarten ist')

Hölle ['hœlə], **die;** ~, ~n **1.** ⟨o.Pl.⟩ Rel. 'Ort der
Qualen, an dem die Seelen der Sünder ihre ewige
Strafe erhalten; das Reich des Teufels'; ANT Him-
mel (2): *glaubst du, dass die Sünder in die ~ kom-
men?;* umg. /in Verwünschungen, Flüchen/ *scher
dich, fahr zur ~!; zur ~ mit dir, mit deinen Plänen!*
2. emot. 'schreckliche Qualen': *er hat die ~ der
Konzentrationslager, des Krieges durchlebt; was sich
bei den Bombenangriffen, an der Front zutrug, war
die ~* ('war unerträglich'); *seine erste Ehe war die
(reine) ~!* ❖ **höllisch — Höllenangst, -lärm**
* /jmd./ **die ~ auf Erden haben** 'ein unerträglich
schweres Leben haben': *während seiner Ausbildung
hatte er die ~ auf Erden;* /jmd./ **jmdm. die ~ heiß
machen** 'jmdm. heftig zusetzen, damit er in einer
bestimmten Angelegenheit endlich reagiert, aktiv
wird': *dem werden wir mal die ~ heiß machen!;*
/jmd., Unternehmen, Institution/ **jmdm. das Leben
zur ~ machen** 'jmdn. so schikanieren, behandeln,
dass es für ihn unerträglich wird, ist': *dem haben
sie beim Militär das Leben zur ~ gemacht;* **irgendwo
ist die ~ los 1.** 'etw. Furchtbares geschieht ir-
gendwo': *als die Bomben fielen, war ringsum die ~
los* **2.** 'irgendwo herrscht ein wildes, lautes Durch-
einander, ungeheure Aufregung': *im Saal, Stadion
war beim Rockkonzert, Fußballspiel die ~ los*
Höllen- /bildet mit dem zweiten Bestandteil Substan-
tive; verstärkt das im zweiten Bestandteil Genannte

emotional/ 'außerordentlich groß': ↗ z. B. *Höllen-
angst, Höllenlärm*
Höllen ['hœlən..] umg. emot.|**-angst, die** ⟨o.Pl.⟩ vor
etw. ⟨Dat.⟩, jmdm. eine ~ haben 'vor etw., jmdm.
eine überaus große Angst haben'; ↗ FELD I.6.1:
*ich hatte vor der Untersuchung, Prüfung eine ~; ich
hatte eine ~, mir könnte etw. passieren od. ich
könnte in die Sache verwickelt werden; vorm Zahn-
arzt hat er immer eine ~* ❖ ↗ Hölle, ↗ Angst,
-lärm, der 'überaus starker, ganz und gar unerträg-
licher Lärm'; ↗ FELD VI.1.1: *diese Maschine, der
Presslufthammer macht, verursacht einen ~* ❖ ↗
Hölle, ↗ Lärm
höllisch ['hœl..] ⟨Adj.; o. Steig.; vorw. attr.⟩ emot.
'überaus groß': *(eine) ~e Angst haben; jmd. hat
~e Schmerzen; ~e Qualen erleiden; es war, entstand
ein ~er Lärm; vor jmdm., etw. (einen) ~en Respekt
haben; das tut ~* ('überaus') *weh; da musste ich ~
aufpassen* ❖ ↗ **Hölle**
Holm [hɔlm], **der;** ~es/auch ~s, ~e **1.** '(runder) höl-
zerner Stiel des Hammers, Beils, der Axt' (↗ TABL
Werkzeuge): *der ~ hat sich gelockert, ist durchge-
brochen* **2.** 'eine der beiden in Längsrichtung ver-
laufenden Stangen des Barrens (1)' (↗ TABL
Sportgeräte): *die ~e des Barrens lassen sich in der
Höhe verstellen*
holperig ['hɔlpərɪç] ⟨Adj.⟩ **1.** ⟨Steig. reg.; nicht bei
Vb.⟩ 'voller kleiner Unebenheiten, so dass das
Fahrzeug während der Fahrt auf dieser Strecke
holpert (2)' /auf Straßen, Wege bez./; ↗ FELD
III.3.3: *auf einer ~en Straße fahren müssen; der
Weg ist sehr ~* **2.** ⟨Steig. reg., ungebr.⟩ 'beim Spre-
chen, Lesen ständig stockend (2)': *jmd. spricht ein
~es Deutsch; sein Englisch war ~; ein Gedicht ~
vortragen; das Kind liest noch ziemlich ~* ❖ ↗ **hol-
pern**
holpern ['hɔlpɐn] ⟨reg. Vb.; ist/hat⟩ **1.** ⟨ist⟩ /Straßen-
fahrzeug, jmd./ irgendwohin ~ 'sich auf holperiger
(1) Straße irgendwohin fortbewegen': *der Wagen ist
über das (Kopfstein)pflaster geholpert; wir sind mit
dem Wagen durch die Stadt, Toreinfahrt geholpert* **2.**
⟨hat⟩ /Straßenfahrzeug, vorw. es/ 'bei der Fortbe-
wegung auf holperigem Untergrund rütteln': *der
Wagen hat (auf dem Kopfsteinpflaster) mächtig ge-
holpert; auf dieser Straße holpert es sehr* ❖ ↗ **hol-
pern**
Holunder [ho'lʊndɐ], **der;** ~s, ⟨o.Pl.⟩ 'Baum, Strauch
mit doldenförmig angeordneten weißen Blüten und
blauschwarzen Beeren'; ↗ FELD II.4.1: *jetzt blüht
der ~ und duftet intensiv* ❖ **Holunderbeere**
Holunder|beere [..'l..], **die** ⟨vorw. Pl.⟩ 'Frucht des Ho-
lunders'; ↗ FELD II.4.1: *aus ~n Saft herstellen,
eine Suppe kochen* ❖ ↗ **Holunder,** ↗ **Beere**
Holz [hɔlts], **das;** ~es, Hölzer ['hœltsɐ] **1.** ⟨o.Pl.⟩ 'das
meist feste, harte Material unter der Rinde von
Bäumen, Sträuchern, das vielseitig verwendet
wird'; ↗ FELD II.5.1: *frisches, grünes, morsches,
trockenes, abgelagertes, wurmstichiges, verfaultes
~; dieser Baum hat hartes, weiches ~; ~ bearbei-
ten, imprägnieren, beizen, anmalen; ~ sägen, ha-*

cken, spalten, stapeln; (einen Ofen) mit ~ heizen; aus ~ etw. bauen, schnitzen; Möbel, ein Haus, Kerzenhalter aus ~; die Maserung des ~es beachten **2.** ⟨vorw. Pl.⟩ 'bestimmte Sorte Holz (1)': *edle, wertvolle, helle, dunkle Hölzer; zum Schnitzen weiche Hölzer verwenden; für diesen Zweck sind harte Hölzer gut geeignet* ❖ **Gehölz, hölzern, holzig, Holzblasinstrument, -kohle, -kopf, -schnitt, -stoß, -weg, Kleinholz, Langholz, Nadelhölzer, Nutzholz, Schnittholz, Sperrholz, Streichholz, Süßholz, Unterholz, Zündholz**

* /jmd./ **aus anderem/aus dem gleichen ~ (geschnitzt) sein** 'eine andere Wesensart als ein anderer haben, jmdm. im Wesen gleichen': *der ist aus dem gleichen ~; Fritz ist feige, da ist sein Bruder doch aus anderem ~ geschnitzt;* /jmd./ **das ~ bohren, wo es am dünnsten ist** ('es sich in Bezug auf etw. leicht machen'); /jmd./ **aus hartem ~ geschnitzt sein** ('hart gegen sich selbst sein und körperliche, geistige Belastungen aushalten'); /jmd./ **nicht aus ~ sein** ('gegen weibliche, männliche Reize nicht immun sein'); ⟨⟩ umg. scherzh. /Frau/ **(viel) ~ vor der Hütte haben** 'einen großen Busen haben': *sie hat ganz schön, hat viel ~ vor der Hütte*

Holz|blasinstrument ['hɔltsblɑːs..], das 'hauptsächlich aus Holz (1) gefertigtes Blasinstrument': *die Oboe, das Fagott, die Flöte ist ein ~; ein Musikstück für ~e* ❖ ↗ **Holz,** ↗ **blasen,** ↗ **Instrument**

hölzern ['hœltsɐn] ⟨Adj.⟩ **1.** ⟨o. Steig.; nur attr.⟩ 'aus Holz (1) bestehend od. gefertigt'; ↗ FELD II.5.1: *eine ~e Kette, Schale, ein ~es Armband, ein ~er Kerzenständer, Brieföffner, Quirl; eine ~e Brücke bauen; ~es Spielzeug bevorzugen* **2.** ⟨Steig. reg., ungebr.⟩ 'kontaktarm und humorlos (und in den Bewegungen steif)'; ANT gewandt; ↗ FELD I.2.3: *jmd. ist ein ~er Typ; er wirkt ~; sich ~ benehmen, verbeugen* ❖ ↗ **Holz**

holzig ['hɔltsɪç] ⟨Adj.; Steig. reg.; nicht bei Vb.⟩ 'viel harte Fasern enthaltend und nicht saftig' /auf bestimmte Gemüsearten bez./: *die Kohlrüben, der Kohlrabi ist (schon) ~; ~e Kohlrabiknollen* ❖ ↗ **Holz**

Holz ['hɔlts..]‖**-kohle, die** ⟨o.Pl.⟩ 'durch Verkohlen (1) von Holz (1) gewonnene poröse, sehr leichte Kohle': *pulverisierte ~; zum Grillen ~ verwenden; mit ~ heizen* ❖ ↗ Holz, ↗ Kohle; **-kopf, der** umg. emot. neg. 'dummer, Argumenten kaum zugänglicher Mensch': *er ist ein ~; mit diesem ~ kann man nicht verhandeln; solche Holzköpfe dürften keinen verantwortungsvollen Posten haben* ❖ ↗ Holz, ↗ Kopf; **-schnitt, der** 'grafisches Blatt, das mit Hilfe einer gefärbten Holzplatte hergestellt wird, in deren Oberfläche die künstlerische Darstellung eingeschnitten wurde': *ein ~ von Dürer; sich einen ~ an die Wand hängen* ❖ ↗ Holz, ↗ schneiden; **-stoß, der** 'aufgeschichtetes (zerkleinertes) Holz (1)': *einen ~ (im Ofen) anzünden* ❖ ↗ Holz, ↗ stoßen; **-weg, der** * umg. /jmd./ **auf dem ~ sein** 'mit seinen Überlegungen in die falsche Richtung gehen, nicht zum richtigen Resultat kommen';

SYN **sich irren:** *wenn du meinst, ihn als Verbündeten zu bekommen/zu haben, bist du auf dem ~;* **-wolle, die** 'durch maschinelles Hobeln von Holz gewonnene sehr dünne und schmale gekräuselte Streifen, die bes. als Verpackungsmaterial verwendet werden': *~ in die Zwischenräume des Pakets stopfen* ❖ ↗ Holz, ↗ Wolle

homogen [homoˈɡeːn] ⟨Adj.; o. Steig.⟩ 'aus Personen, Dingen zusammengesetzt, die hinsichtlich bestimmter Eigenschaften gleichartig sind'; ANT heterogen: *ein ~er Kreis; eine ~e Gruppe; eine ~e Schicht; eine ~e Struktur*

Homöopathie [homøopaˈtiː], die; ~, ⟨o.Pl.⟩ 'wissenschaftlich nicht begründete Therapie, bei der dem Kranken Stoffe in einer sehr kleinen Dosis verabreicht werden, die als große Dosis dieselbe Krankheit verursachen würden': *Methoden der ~ anwenden; Heilungserfolge durch ~* ❖ **homöopatisch**

homöopathisch [homøoˈpaːt..] ⟨Adj.; o. Steig.; vorw. attr.⟩ 'der Homöopathie entsprechend': *~e Mittel, Präparate* ❖ ↗ **Homöopathie**

homosexuell [homozɛˈksʊɛl] ⟨Adj.; o. Steig.; ↗ auch *Homosexuelle*⟩ 'sich im sexuellen Empfinden und Verhalten zum eigenen Geschlecht hingezogen fühlend': *er ist ~ (veranlagt); ein ~er Mann; eine ~e* ('lesbische') *Frau* ❖ **Homosexuelle**

Homosexuelle [..zɛˈksʊɛlə], der u. die ~n, ~n; ↗ auch *homosexuell;* ↗ TAFEL II 'homosexueller Mann od. homosexuelle Frau': *sich für die Rechte der ~n einsetzen; ein Homosexueller, eine ~* ❖ ↗ **homosexuell**

Honig [hoːnɪç], der; ~s, ⟨o.Pl.⟩ 'bes. als Brotaufstrich verwendete sehr süße, meist gelbe, zähflüssige bis feste Masse, die von Bienen erzeugt wurde'; ↗ FELD I.8.1: *goldgelber, weißer, dunkler, dickflüssiger, fester ~; auf das Brötchen schmieren; ein Brötchen mit Butter und ~; den Tee mit ~ süßen; heiße Milch mit ~ trinken; den ~ schleudern; die Bienen sammeln ~* ❖ **Bienenhonig**

* /jmd./ umg. **jmdm. ~ ums Maul/um den Bart schmieren** ('jmdm. allerlei Schmeichelhaftes, Angenehmes sagen, um etw. Bestimmtes mit seiner Hilfe zu erreichen')

Honig|lecken ['..]

* umg. etw. ⟨vorw. *das*⟩ **ist kein ~** 'etw. ist nicht etwa angenehm, sondern eine ziemlich mühsame unangenehme Angelegenheit, die man durchstehen muss': *so eine Dienstreise ist nicht gerade ein ~, ist absolut kein ~;* vgl. *Zuckerlecken*

Honorar [⟨hono'ʀɑːʀ], das; ~s, ~e 'finanzielles Entgelt für freiberuflich ausgeübte Tätigkeit': *jmd. arbeitet gegen ~; das ~ vereinbaren, festlegen; ein angemessenes, beträchtliches ~ (für etw.) fordern, erhalten; er hat für sein neues Buch, für den Prozess, für die Behandlung seines Patienten ein gutes ~ bekommen* ❖ vgl. **honorieren**

MERKE Zum Unterschied von *Honorar, Gehalt, Lohn, Gage:* ↗ *Lohn* (Merke)

honorieren [honoˈʀiːʀən], honorierte, hat honoriert **1.** /jmd./ **1.1.** etw. ~ 'für eine erbrachte Leistung ein

Honorar zahlen': *eine Arbeit, Arbeitsleistung angemessen, gut, schlecht, mit einer bestimmten Summe* ~; *jmdm. etw.* ~: *jmdm. eine Leistung* ~; *er lässt sich* ⟨Dat.⟩ *die Steuerberatung, den Zeitungsartikel* ~ **1.2.** *jmdn. (für etw.)* ~ 'jmdm. für eine erbrachte Leistung ein Honorar zahlen': *jmdn. für seine Leistungen, freiberufliche Tätigkeit, Mitarbeit* ~; *der Anwalt, Arzt, Autor wurde honoriert* **2.** /jmd./ *etw.* ~ 'etw. durch entsprechendes Verhalten (durch eine Gegenleistung) anerkennen, würdigen': *jmds. Leistungen, Bemühungen, Einsatzbereitschaft (mit einer Auszeichnung, Beförderung)* ~; *leider wird Ehrlichkeit nicht immer honoriert* ❖ vgl. **Honorar**

Hopfen ['hɔpfn̩], **der**; ~s, ~ **1.** ⟨vorw. Sg.⟩ 'Pflanze, die an Stangen, Gerüsten emporrankt und deren Früchte den Stoff für die Würze des Bieres ergeben'; ↗ FELD II.4.1: ~ *anbauen* **2.** ⟨o.Pl.⟩ 'die Früchte von Hopfen (1)': ~ *pflücken, ernten; Bier wird aus Wasser, Malz und* ~ *hergestellt*

hopsen ['hɔpsn̩] ⟨reg. Vb.; ist⟩ umg. **1.** /jmd./ 'wiederholt hüpfen'; ↗ FELD I.7.2.2: *die Kinder hopsten vor Freude; irgendwohin* ~: *sie sind über den Hof, aus dem, in das Zimmer* ~; *er ist über den Graben, vom Wagen gehopst* ('gesprungen') **2.** /etw., bes. Ball/ *irgendwohin* ~ 'durch (mehrfaches) Aufprallen irgendwohin gelangen': *der Ball ist an die Decke gehopst*

hörbar ['hø:ɐ̯..] ⟨Adj.; o. Steig.⟩ 'so laut, dass man es hören kann'; ↗ FELD I.3.2.3, VI.1.3: *etw. kaum* ~ *vor sich hin sprechen, murmeln; ein* ~*es Rascheln, Raunen, Flüstern; der Schrei war weithin* ~; *trotz der Entfernung war die Musik hier* ~; ~ *(durch die Nase) atmen; etw. wird* ~: *im Treppenhaus wurden Schritte* ~ ('konnte man Schritte hören') ❖ ↗ **hören**

horchen ['hɔrçn̩] ⟨reg. Vb.; hat⟩ **1.** /jmd./ *an etw.* ⟨Dat.⟩ ~ 'sein Ohr an etw., bes. an die Wand, legen, um heimlich hören zu können, was dahinter gesprochen wird od. vor sich geht'; SYN lauschen (1.1); ↗ FELD I.3.2.2: *am Schlüsselloch, an der Tür, Wand* ~; *er klopfte an die Tür und horchte* **2.** /jmd./ *auf etw.* ~ 'durch konzentriertes Hinhören eine akustische Erscheinung in ihrer Bedeutung zu erfassen suchen': *auf die Aussage im Rundfunk, das Schlagen der Uhr, den Donner* ~; ⟨im Imp.⟩ /als Aufforderung, genau hinzuhören und still zu sein/ *horch, was ist das für ein Geräusch?* **3.** /jmd./ 'andere fragen, was sie zu etw. meinen': *ich muss mal* ~, *ob sich dafür Interessenten finden* ❖ ↗ **hören**

Horde ['hɔrdə], **die**; ~, ~n **1.** 'einer Kiste ähnlicher, aber flacher, oben offener Behälter mit Zwischenräumen zwischen den einzelnen Brettern zum Transportieren und Lagern von Obst und Gemüse': *leere* ~n; *die* ~n *stapeln; eine* ~ *Pfirsiche, Tomaten; eine* ~ *mit Weintrauben* **2.** ⟨+ Gen.attr. od. mit *von* + Pl.⟩ emot. 'ungeordnete, undisziplinierte, meist in provozierender Absicht umherziehende Gruppe von (jungen) Menschen'; ↗ FELD I.11: *eine johlende, lärmende* ~ *Halbstarker zog*

durch die Stadt; eine ~ ('große Menge') *von Autogrammjägern, Reportern bedrängte ihn*

hören ['hø:ʀən] ⟨reg. Vb.; hat⟩ **1.** /jmd./ **1.1.** 'die Fähigkeit haben, akustische Eindrücke mit dem Gehör wahrzunehmen und sie nach Lautstärke und Tonhöhe zu unterscheiden'; ↗ FELD I.3.2: *er hört gut, schlecht, kann (sehr) gut, nur (noch) auf einem Ohr, schlecht, nicht (mehr)* ~; *sprich lauter, denn er hört schwer, schlecht* **1.2.** ⟨bei vorausgehendem Vb. + Inf. steht meist der Inf. von *hören* statt des Part. II⟩ *etw., jmdn.* ~ 'etw., jmdn. mit dem Gehör wahrnehmen': *Schritte, einen Schrei* ~; *das Ticken der Uhr, das Gezwitscher der Vögel* ~; *jmdn. (im Nebenzimmer) lachen, singen, sprechen, fluchen* ~; *die Glocken läuten* ~; *hast du ihn weggehen, rufen* ~/ *gehört?; ich habe laut gerufen, aber er hat mich nicht gehört; er konnte jedes Wort* ~ (SYN 'vernehmen 2'); *man konnte sein eigenes Wort nicht* ~ ('es herrschte so großer Lärm, dass kein Gespräch möglich war'); /in den kommunikativen Wendungen/ *na, hör mal,* ~ *Sie mal* ('da muss ich aber ernsthaft widersprechen')! /sagt jmd., wenn er über das entrüstet ist, was jmd. gesagt od. getan hat/; *hör mal!*/~ *Sie mal …* ('bitte, achte(n Sie) auf das, was ich dir, Ihnen jetzt sage') /sagt jmd. zu jmdm., um sich seiner Aufmerksamkeit zu versichern, z. B. wenn er eine Anordnung treffen od. um etw. bitten will und es von seinem Gesprächspartner erwartet/: *hör mal, ich muss dir was sagen!; hör mal, stell doch bitte das Radio leiser!; hör mal, du musst mir 50 Mark pumpen!; hört, hört!* /wird oft in Versammlungen von vielen gerufen, wenn ein Sprecher etw. sagt, was kritikwürdig ist/; *man höre und staune* /sagt jmd., wenn er Erstaunen über einen Sachverhalt od. ein Ereignis ausdrücken will/: *zu der Feier waren* — *man höre und staune* — *700 Gäste erschienen* **1.3.** *etw., jmdn.* ~ 'etw. Akustisches, bes. eine Rede od. Musik od. jmdn. als Sprecher od. Künstler hören (1.2) und bewusst in sich aufnehmen': *einen Vortrag, eine Vorlesung, ein Konzert* ~; *eine CD, Kassette* ('das darauf Gespeicherte') ~; *Rundfunk, Radio* ('eine Sendung des Rundfunks anhören'); *einen Redner, Prof. B* ~; *einen jungen Pianisten* ~; *ich habe ihn Bach spielen* ~/*gehört; Mozart* ('Kompositionen von Mozart') ~ **2.** /jmd./ *auf etw.* ~ 'auf etw. horchen': *auf die Atemzüge des Kranken* ~; *auf die Glockenschläge, auf die Geräusche von draußen* ~ **3.** /jmd./ **3.1.** *etw.* ~ 'durch den Kontakt mit jmdm. erfahren': ⟨oft mit Nebens.⟩ *ich habe gehört, dass du verreisen willst?; ich habe allerhand Neuigkeiten gehört; hast du schon gehört, dass Frau B gestorben ist?; ich habe (von meiner Tante) gehört, dass …; ich habe sagen* ~ ('ich habe erfahren'); *ich habe über ihn, von ihm nur Gutes gehört* ('man berichtet über ihn nur Gutes'); /in den kommunikativen Wendungen/ *das will ich nicht gehört haben* ('das ist unerhört, und ich will mich damit nicht befassen') /sagt jmd., wenn er mit etw. nicht einverstanden ist und seinen Protest ausdrücken will/; *das ist das Neueste, was ich höre* ('das ist mir vollkommen neu') /sagt jmd., wenn er seine Überraschung über das Gehörte ausdrücken will/; *das kann ich schon nicht mehr ~* ('ich bin der Sache überdrüssig')! /sagt jmd., wenn er ständig mit Ansichten od. Fakten konfrontiert wird, die ihn nicht überzeugen/ **3.2.** ⟨vorw. im Perf.⟩ *von etw.* ⟨Dat.⟩ ~ 'von etw. Kenntnis erhalten': *von dem Unglück habe ich schon gehört; davon habe ich (noch) nichts gehört; hast du schon etwas Neues gehört* (SYN '¹erfahren 1')?; /in der kommunikativen Wendung/ *davon will ich nichts mehr ~* ('das billige ich nach wie vor nicht, und ich bin auch nicht bereit, dafür etw. zu tun')! /sagt jmd. verärgert, wen ihn jmd. ständig mit einem Anliegen belästigt/; *Sie ~, du hörst (noch) von mir* ('das werde ich mir von Ihnen, dir nicht gefallen lassen, und ich werde dagegen etw. unternehmen')! /wird als Drohung gesagt/ **4.1.** /jmd./ *auf jmdn., etw.* ~ 'beherzigen, was jmd. einem freundschaftlich rät od. jmds. Worte beherzigen': *auf die Mutter, den Freund ~; auf jmds. Rat ~* **4.2.** ⟨vorw. verneint⟩ /Kind/ 'jmdm., bes. der Mutter, dem Vater, gehorchen': *das Kind hört nicht, will einfach nicht ~; /in Aufforderungen, Ermahnungen/: nun höre doch!; du sollst doch ~!; kannst du nicht ~?* ❖ **Gehör, gehorsam, Gehorsam, gehorchen, horchen, hörbar, Hörer, Hörerin, hörig, Gehör, unerhört, ungehörig, Verhör, verhören − abhören, anhören, aushorchen, hellhörig, Hörspiel, schwerhörig, Schwerhörigkeit, zuhören**

* **jmdm. vergeht Hören und Sehen** 'jmd. weiß nicht mehr, wie ihm geschieht': *uns verging Hören und Sehen, uns ist Hören und Sehen vergangen, als wir am Ende der Feier die Rechnung sahen; /jmd./ von sich* ⟨Dat.⟩ ~ **lassen** 'von sich Nachricht geben': *ich lasse bald von mir ~; du hast lange nichts von dir ~ lassen; /etw.* ⟨vorw. *das*⟩/ **sich ~ lassen** 'akzeptabel sein': *das lässt sich ~!; dein Angebot lässt sich ~; /jmd./* **sich gern reden ~** ('in Gesellschaft, in der Öffentlichkeit sehr viel reden, weil man gern im Mittelpunkt steht'); ⟨⟩ umg. /jmd./ **etw./was von jmdm. zu ~ kriegen** 'von jmdm. scharf zurechtgewiesen werden': *wenn das unser Vater erfährt, werden wir was von ihm zu ~ kriegen; /jmd./* **von etw.** ⟨Dat.⟩ **nichts ~ und nichts sehen wollen** 'mit etw. keinesfalls behelligt werden wollen': *von einem Umzug, deinen Reiseplänen will ich nichts ~ und nichts sehen!*

Hören|sagen ['høːʁən..]

* /jmd./ **etw. nur vom ~** ('nur durch Erzählungen anderer, nicht aus eigener Erfahrung'; ↗ FELD I.3.2.1) **kennen, wissen**: *den Krieg kennt er nur vom ~; /etw./* **jmdm. (nur) vom ~** ('nur durch jmds. Erzählungen, nicht unmittelbar') **bekannt sein**: *die neue Hausordnung war ihm nur vom ~ bekannt*

Hörer ['høːʁɐ], der; ~s, − **1.** 'jmd., der (zusammen mit anderen) eine (öffentliche) Darbietung, bes. eine Rundfunksendung od. Vorlesung, hört (1.3), der bei etw. zuhört'; ↗ FELD I.3.2.1: *bei dieser Sendung diskutieren die ~ mit; Musikwünsche der ~ erfüllen, senden; ich bin ~ des Berliner Rundfunks*

('höre oft den Berliner Rundfunk'); *der Redner riss die ~ zu Begeisterungsstürmen hin; eine Vorlesung für ~ aller Fakultäten; eine Hörerin und ein ~ äußerten sich über den Sender zu diesem Problem; dies ist ein für Hörerinnen und ~ gleichermaßen interessantes Thema; verehrte Hörerinnen und ~* /Anrede der Zuhörer in Rundfunksendungen/ **2.** 'Teil des Telefons, das man beim Telefonieren ans Ohr hält und in das man spricht': *den ~ abnehmen, auflegen* ❖ ↗ **hören**

Hörerin ['høːʁəʁ..], die; ~, ~nen /zu *Hörer* (1); weibl./ ❖ ↗ **hören**

hörig ['høːʁɪç] ⟨Adj.; o. Steig.; nicht bei Vb.; vorw. präd. (mit *sein*)⟩ /jmd./ jmdm. ~ **sein** 'an eine bestimmte Person emotional od. erotisch so stark gebunden sein, dass man sich ihrem Willen bedenkenlos unterwirft': *er ist ihr, sie ist ihm (sexuell) ~; der ihr ~e Mann* ❖ ↗ **hören**

Horizont [hoʁi'tsɔnt], der; ~s/auch ~es, ~e **1.** ⟨vorw. Sg.⟩ 'Linie in der Ferne, an der sich scheinbar Himmel und Erdoberfläche berühren'; ↗ FELD IV.2.1: *die Sonne steigt am ~ empor, versinkt am ~ im Meer; weit weg am ~ fuhr ein Schiff; am (westlichen) ~ steht eine Wolkenwand* **2.** ⟨vorw. Sg.; mit best. Adj.⟩ 'Bereich, den ein Mensch geistig überblickt und für den er ein Urteilsvermögen besitzt': *jmd. hat einen engen, beschränkten ~; er verfügt über einen weiten ~; das erweitert den ~; etw. übersteigt jmds. ~* ('ist für jmds. Auffassungsvermögen zu kompliziert, kann von jmdm. geistig nicht verarbeitet werden') ❖ **horizontal**

horizontal [hoʁitsɔn'taːl] ⟨Adj.; o. Steig.⟩ SYN 'waagerecht'; ANT vertikal, senkrecht; ↗ FELD IV.2.3: *etw. befindet sich in ~er Lage; eine ~e Linie, Achse, Anordnung, Gliederung; etw. verläuft ~, ist ~ angebracht* ❖ ↗ **Horizont**

Hormon [hɔʁ'moːn], das; ~s, ~e 'von Drüsen gebildeter Wirkstoff, der im Körper bestimmte Funktionen auslöst und steuert': *jmdn. mit einem Hormon behandeln; dieses ~ regelt die sexuellen Funktionen, das Wachstum; ein ~ synthetisch herstellen*

Horn [hɔʁn], das; ~es/auch ~s, Hörner ['hœʁnɐ]/~e **1.** ⟨Pl.: Hörner⟩ 'eines von zwei spitz zulaufenden, oft gebogenen Gebilden am oberen Teil des Kopfes bestimmter Tiere': *die Kuh, die Ziege, das Schaf hat Hörner; gebogene, gewundene, spitze Hörner; der Stier stieß mit den Hörnern zu, verletzte ihn, das Pferd mit den Hörnern* **2.** ⟨Pl.: ~e; vorw. Sg.⟩ 'harte Substanz bes. des Horns (1), der ↗ Hufe, Krallen und Fingernägel': *Hufe, Krallen und Hörner bestehen aus ~* **3.** ⟨Pl.: Hörner⟩ **3.1.** 'Blasinstrument, das aus einem engen bogenförmigen Rohr und einem weiten Schalltrichter besteht und Ventile hat' (↗ TABL Blasinstrumente): *das ~ blasen; in das/ins ~ stoßen* **3.2.** ⟨nur im Pl.⟩ *die Hörner im Orchester waren schwach besetzt* ('es waren nicht genügend Musiker im Orchester, die das Horn bliesen') ❖ **Hörnchen**

* /jmd./ **sich** ⟨Dat.⟩ **die Hörner ablaufen/abstoßen** 'durch Erfahrungen (in der Liebe) besonnen, ruhiger werden': *der muss sich erst einmal die Hörner abstoßen;* /Frau/ **jmdm. Hörner aufsetzen** 'den Ehemann betrügen': *sie hat ihrem Mann Hörner aufgesetzt;* /jmd., Institution/ **jmdn. auf die Hörner nehmen** 'jmdn. heftig (im Rededuell) attackieren': ⟨oft im Pass.⟩ *er wurde in der Debatte vom Kanzler auf die Hörner genommen;* /jmd./ **(mit jmdm.) ins gleiche ~ blasen/stoßen/tuten** 'mit jmdm. einer Meinung sein und ihn in seiner Meinung durch Worte unterstützen': *er stieß (mit ihm) ins gleiche ~*

Hörnchen ['hœʁnçn̩], **das**; ~s, ~ 'Stück Gebäck in der Form eines gebogenen Horns (1)': *knusprige ~ zum Frühstück essen* ❖ ↗ **Horn**

Horn|haut [hɔʁn..], **die**, ⟨o.Pl.⟩ 'meist durch Druck verhärtete, oberste Schicht der Haut, bes. an den Händen, Füßen': *die ~ an der Fußsohle, Ferse* ❖ ↗ **Horn**, ↗ **Haut**

Hornisse [hɔʁˈnɪsə], **die**; ~, ~n 'der Wespe ähnliches großes Insekt, dessen Stich gefährlich ist'; ↗ FELD II.3.1; vgl. *Biene, Wespe*

horrend [hɔˈʁɛnt] ⟨Adj.; Steig. reg.⟩ emot. neg. 'jedes vertretbare Maß übersteigend' /auf Abstraktes, auf Geldsummen bez./: *das ist eine ~e Dummheit, ein ~er Blödsinn!; eine ~e Summe; ~e Preise; seine Schulden sind ~; die Preise, Anforderungen waren ~; etw. ist ~ teuer*

Horror ['hɔʁɔʁ], **der**; ~s, ⟨o.Pl.; vorw. mit unbest. Art.⟩ /beschränkt verbindbar/ *einen ~ vor etw.* ⟨Dat.⟩, *jmdm. haben, etw. ist jmdm. ein ~* 'jmd. hat ein geradezu unerträgliches Gefühl des Widerwillens, Entsetzens in Bezug auf etw., jmdn.': *jmd. hat einen ~ vor Steuererklärungen, Familienfeiern, dem Zahnarzt; etw. ist jmdm. ein ~:* *Geheule, Kindergeschrei ist ihm ein ~; die Fahrt durch den langen Tunnel war mir/war für mich ein (einziger) ~; das war der reine ~ für mich!*

Hör|spiel ['hø:ɐ̯..], **das 1.** ⟨o.Pl.⟩ 'von den technischen Gegebenheiten des Rundfunks bestimmtes dramatisches Genre'; ↗ FELD I.3.2.1: *die Entwicklung des deutschen ~s in der Nachkriegszeit; bei der Darstellung des Inhalts muss das ~ auf visuelle Mittel verzichten* **2.** 'Rundfunksendung in der Art des Hörspiels (1)': *jmd. hört gern, verfasst ~e; bei diesem ~ handelt es sich um die Bearbeitung eines Theaterstücks* ❖ ↗ **hören**, ↗ **spielen**

Horst [hɔʁst], **der**; ~es, ~e 'meist auf hohen Bäumen gebautes (großes) Nest der Raubvögel, Störche, Reiher, Kraniche, Raben u.Ä.': *der Adler, Kranich kreist über seinem ~*

Hort [hɔʁt], **der**; ~es/auch ~s, ~e **1.** 'Einrichtung, in der schulpflichtige Kinder außerhalb des Unterrichts betreut werden, weil die Eltern berufstätig sind': *in den ~ gehen; im ~ Mittag essen; im ~ werden die Kinder bei ihren Hausaufgaben betreut; unsere Tochter hat ihre Hausaufgaben schon im ~ gemacht* **2.** ⟨vorw. Sg.; vorw. mit unbest. Art.⟩ geh. *etw. ist ein ~* ⟨+ Gen.attr.⟩ 'etw. ist eine Stätte, wo etw. besonders geachtet, praktiziert wird': *das Land ist ein ~ des Friedens, der Freiheit, Toleranz; die*

Universität, Akademie ist ein ~ der Wissenschaft, des Geistes ❖ ↗ **horten**

horten ['hɔʁtn̩], hortete, hat gehortet vorw. emot. neg. /jmd., Land/ *etw. ~* 'etw., das man als knapp erachtet, durch Kauf, Tausch im Übermaß (für eventuelle Notzeiten) anhäufen'; ↗ FELD I.16.2: *jmd. hat Geld, Devisen, Waffen, Lebensmittel gehortet* ❖ **Hort, Hortnerin**

Hortnerin ['hɔʁtnəʁ..], **die**; ~, ~nen 'Erzieherin in einem Hort (1)': *die ~ betreut die Kinder bei ihren Hausaufgaben* ❖ ↗ **horten**

Hose ['ho:zə], **die**; ~, ~n **1.** 'Kleidungsstück der Oberbekleidung, das den Körper von der Taille an abwärts und jedes der Beine einzeln in beliebiger Länge bedeckt'; ↗ FELD V.1.1 (↗ TABL Kleidungsstücke): *eine lange, kurze, (haut)enge ~; eine ~ anziehen, ausziehen, bügeln; die ~ sitzt gut, schlecht, ist zu lang, kurz, weit; sich eine neue ~, ein Paar ~n, zwei ~n kaufen; er hat seine neue ~/ neuen ~n an; sie trägt gern ~n* ('zieht anstelle von Kleidern, Röcken gern Hosen an'); *die ~/~n* ('die beiden Hosenbeine') *hochkrempeln* **2.** umg. 'Schlüpfer, bes. von Kindern': *dem Kind die ~/~n hochziehen; das Kind hat (sich) die ~/~n nass gemacht, hat in die ~/~n gemacht;* vgl. *Slip* ❖ **Hosenanzug- Badehose, Strampelhose, Unterhose, Windhose**

* umg. /jmd., bes. Ehefrau/ **die ~n anhaben** 'in der Ehe, Familie die bestimmende Rolle spielen': *zu Hause, in der Ehe, Familie hat sie die ~n an;* /etw., bes. Projekt/ **in die ~n/~ gehen** 'völlig missglücken, nicht den erwarteten Erfolg bringen': *das ist ja gründlich in die ~n gegangen!;* /jmd./ **jmdm. die ~/ ~n stramm ziehen** ('ein Kind mit Schlägen aufs Gesäß bestrafen'); derb /jmd./ **die ~/~n (gestrichen) voll haben** 'vor etw. überaus große Angst haben': *morgen wird er geprüft, der hat die ~n gestrichen voll;* emot. /jmd./ **sich** ⟨Dat.⟩ **(vor Angst) in die ~n/ ~ machen** 'keinerlei Courage zeigen und jämmerliche Angst vor etw. haben': *morgen ist Prüfung, er macht sich schon jetzt vor Angst in die ~n*

MERKE Zum Sg. und Pl. von *Hose* (1,2): Der Plural von *Hose* ist, wenn nicht wirklich mehrere Hosen gemeint sind, mit dem Sg. identisch: *er hat eine neue ~/hat neue ~n an;* in der phraseologischen Verbindung *die Hosen anhaben* ist jedoch nur der Pl. möglich; vgl. auch *Haar* (Merke), *Schlüpfer* (Merke)

Hosen ['ho:zn̩..]**-anzug, der** 'aus langer Hose (1) und Jacke (und Weste) bestehende Oberbekleidung der Frau': *sie trägt einen ~;* vgl. *Kostüm* ❖ ↗ **Hose**, ↗ **an-**, ↗ **ziehen**; **-bein, das** 'Teil der Hose (1), der ein Bein bedeckt': *die ~e kürzen, hochkrempeln; die ~e sind zu kurz* ❖ ↗ **Hose**, ↗ **Bein**; **-boden, der** 'Teil der Hose (1), der das Gesäß bedeckt': *unser Junge hat ein Loch im ~* ❖ ↗ **Hose**, ↗ **Boden** * umg. /jmd./ **jmdm. den ~ stramm ziehen** ('einem Kind als Strafe aufs Gesäß schlagen'); /jmd./ **sich auf den ~ setzen (müssen)** ('endlich anfangen, fleißig zu lernen'); **-träger, der** ˈTräger (3), die am oberen Rand der Hose (1) durch Knöpfe o.Ä. befestigt werden und diese dadurch halten' ❖ ↗ **Hose,** ↗ **tragen**

hospitieren [hɔspiˈtiːʀən], hospitierte, hat hospitiert /jmd./ *irgendwo* ~ ˈirgendwo als Gast einer Lehrveranstaltung beiwohnen, um Kontrolle auszuüben od. Erfahrungen zu sammeln': *bei einem bekannten Professor, in einer Deutschstunde* ~; *bei uns hat heute ein ausländischer Professor hospitiert*

Hostess [hɔsˈtɛs], **die;** ~, ~en ˈweibliche Angestellte, die auf Flugplätzen, in Hotels, bei internationalen Veranstaltungen o.Ä. die Gäste betreut und ihnen Auskünfte erteilt': *sie hat während der Messe, während der Olympischen Spiele als* ~ *gearbeitet*

Hotel [hoˈtɛl], **das;** ~s, ~s ˈHaus mit einer größeren Auswahl von Zimmern, Appartments (und einem Restaurant), in denen Gäste gegen Bezahlung übernachten od. zeitweilig wohnen können'; ↗ FELD V.2.1: *ein kleines, billiges, schäbiges, teures, modernes, erstklassiges, luxuriöses, repräsentables* ~; *ein* ~ *mit warmem und kaltem Wasser, einem Swimmingpool; in einem* ~ *absteigen* (ˈein Hotel betreten und ein Zimmer mieten'); *ein Zimmer in einem* ~ *buchen; das* ~ *ist ausgebucht; im Katalog ist das* ~ *mit zwei, vier, fünf Sternen ausgewiesen;* vgl. *Pension* ❖ **Hotelier**

Hotelier [hotəˈli̯eː], **der;** ~s, ~s ˈLeiter, Besitzer eines Hotels': *er ist* ~, *arbeitet als* ~ ❖ ↗ **Hotel**

hu [huː] ⟨Interj.; alleinstehend od. in Verbindung mit mehreren Wörtern⟩ umg. **1.** /drückt Abscheu aus/: ~, *eine Spinne!;* ~, *wie schmutzig!* **2.** /drückt aus, dass man friert/: ~, *ist das hier kalt!;* ~, *mich friert!*

hü [hyː] ⟨Interj.; alleinstehend⟩ /Ruf, mit dem ein Zugtier angetrieben wird, damit es losläuft od. schneller geht/: „~!", *rief der Kutscher, und das Pferd lief los*
* umg. /jmd./ **mal** ~ **und mal hott sagen** (ˈimmer wieder eine andere Meinung äußern, nicht wissen, was man will')

Hub [huːp], **der;** ~es/~s, Hübe [ˈhyːbə] ⟨vorw. Sg.⟩ fachspr. ˈdas Heben (2)': *den* ~ *von Lasten mit einem Kran bewerkstelligen; der Kran fasst mit einem* ~ *zwei Tonnen Erde* ❖ ↗ **heben**

hüben [ˈhyːbm̩] ⟨Adj.; o. Steig.⟩
* ~ **wie drüben/**~ **und drüben** ˈsowohl auf dieser als auch auf der anderen Seite eines Flusses od. einer Grenze': ~ *wie drüben waren die Ufer des Flusses überschwemmt;* ~ *wie drüben herrschten dieselben Bräuche*

Hub|raum [huːp..], **der** Techn. ˈRaum im Zylinder von Maschinen, Motoren, den der Kolben im Auf und Ab der Bewegung durchläuft': *der Motor hat einen* ~ *von … Kubikzentimeter* ❖ ↗ **heben,** ↗ **Raum**

hübsch [hʏpʃ] ⟨Adj.⟩ **1.** ⟨Steig. reg.⟩ ˈschön (I.1.1)'; ANT hässlich (1) /bes. auf Personen, Körperteile, Gegenstände bez./: *sie war ein sehr* ~*es Mädchen, ist eine* ~*e Frau, ist auffallend* ~; *er ist ein* ~*er Junge, hat* ~*e Hände, Augen; ein* ~*es Kleid, Schmuckstück; sich* ~ *anziehen, zurechtmachen;*

sich ~ *machen* (ˈsich hübsch zurechtmachen') **2.1.** ⟨Steig. reg.⟩ ˈschön (I.1.2,1.3)': *eine* ~*e Melodie; die Melodie ist* ~; *sie hat eine* ~*e Stimme, kann* ~ *singen* **2.2.** ⟨o. Steig.⟩ ˈjmds. Geschmack entsprechend, jmds. Gefallen findend'; SYN schön: *ein* ~*es Haus, eine* ~*e Wohnung, Gegend; sie sind* ~ *eingerichtet; der Tisch war* ~ *gedeckt* **2.3.** ⟨o. Steig.⟩ iron. ˈwenig erfreulich'; SYN schön /beschränkt verbindbar/: *das ist ja eine* ~*e Geschichte, Bescherung*

Hubschrauber [ˈhuːpʃʀaʊbɐ], **der;** ~s, ~ ˈsenkrecht startendes und landendes Luftfahrzeug, das auch seitwärts, rückwärts fliegen und in der Luft stillstehen kann'; ↗ FELD VIII.4.2 (↗ TABL Fahrzeuge): *die Schiffbrüchigen, die in den Bergen Verunglückten wurden mit einem/durch einen* ~ *gerettet* ❖ ↗ **heben,** ↗ **Schraube**

huch [huːx/hʊx] ⟨Interj.; alleinstehend od. in Verbindung mit mehreren Wörtern⟩ umg. **1.** /drückt Erschrecken aus, bes. wenn einem bei unterlassener Aufmerksamkeit plötzlich ein Missgeschick, etw. Unangenehmes passiert ist od. beinahe passiert wäre/: ~ *(da ist mir etw. aus der Hand gefallen);* ~, *beinahe wäre ich ausgerutscht, hätte ich mich verschrieben* **2.** /drückt Erschrecken aus, wenn man in einer gefährlichen Situation ist/: ~, *ist das hier finster, glatt!;* ~, *hier ist es rutschig!*

huckepack [ˈhʊkəpak] ⟨Adv.⟩ umg. /beschränkt verbindbar/ *jmd. trägt etw., jmdn.* ~ (ˈauf dem Rücken'); *ein (kleines) Kind* ~ *nehmen* (ˈein Kind auf die Schultern od. den Rücken nehmen und auf diese Weise tragen') ❖ ↗ **packen**

Huf [huːf], **der;** ~es/auch ~s, ~e ˈFuß eines Huftiers, dessen Zehen insgesamt von einer dicken Schicht aus Horn (1) umschlossen sind'; ↗ FELD II.3.1: *Pferd und Esel haben* ~*e; das Pferd stampft, scharrt mit den* ~*en; die* ~*e des Pferdes beschlagen;* vgl. *Klaue (2)* ❖ **Hufeisen, Huftier**

MERKE Zum Gebrauch von *Huf, Klaue, Pfote, Tatze:* Beim *Huf* sind die Zehen von einer geschlossenen Hornschicht umgeben (*Pferd, Esel*), bei der *Klaue* sind die Zehen zweigeteilt (*Kuh, Ziege, Schaf, Schwein*). Die Füße von *Hund* und *Katze* werden als *Pfote* bezeichnet, die von Raubkatzen als *Tatze. Pfote* und *Tatze* sind in Zehen gegliedert

Huf|eisen [ˈ..], **das** ˈpassend für die Form des Pferdehufs geschmiedetes u-förmiges Stück Eisen, das zum Schutz unter den Huf des Pferdes genagelt wird'; SYN Eisen (2) (↗ BILD): *das Pferd hat ein* ~ *verloren, braucht neue* ~; *ich habe ein* ~ *gefunden, das bringt Glück* ❖ ↗ **Huf,** ↗ **Eisen**

Hüfte ['hʏftə]**, die** ~, ~n ʿeine der beiden seitlichen Partien des menschlichen Körpers zwischen Taille und Oberschenkel'; ↗ FELD I.1.1, IV.3.1: *jmd. hat schmale, breite* ~*n; er legte den Arm um ihre* ~*n, fasste sie um die* ~*n; das Mädchen wiegte sich beim Gehen in den* ~*n* (ʿverlagerte ihr Gewicht beim Gehen abwechselnd von der einen auf die andere Seite')

Huf|tier ['huːf..]**, das** ʿPflanzen fressendes Säugetier, dessen Zehen als Hufe od. Klauen ausgebildet sind'; ↗ FELD II.3.1: *Pferde, Kühe sind* ~*e* ❖ ↗ **Huf,** ↗ **Tier**

Hügel ['hyːgl]**, der;** ~s, ~ ʿkleinere, sanft ansteigende Erhebung (1) im Gelände; kleiner Berg'; ↗ FELD II.1.1: *ein bewaldeter, kahler, kleiner, flacher* ~*; am Fuße eines* ~*s; einen* ~ *besteigen; vom* ~ *aus in die Ferne blicken; in der Ferne erhob sich ein* ~ ❖ **hügelig**

hügelig ['hyːgəlɪç] ⟨Adj.; Steig. reg.; nicht bei Vb.⟩ ʿ(viele) Hügel aufweisend'; ANT ¹**eben** (1.1) /auf Landschaften bez./; ↗ FELD II.1.2: *ein* ~*es Gelände; eine* ~*e Landschaft, Gegend; die Gegend ist sehr* ~ ❖ ↗ **Hügel**

Huhn [huːn]**, das;** ~es/auch ~s, Hühner ['hyːnɐ] **1.** ʿin vielen Rassen gezüchteter Vogel, der wegen seines Fleisches und der Eier gehalten wird'; ↗ FELD II.3.1 (↗ TABL Vögel): *Hühner züchten; ein* ~ *schlachten, braten, kochen; (sich) nicht Gänse, sondern Hühner halten; die Hühner scharren im Sand;* /in der kommunikative Wendung/ scherzh. *da lachen ja die Hühner* (ʿdas ist doch völlig unsinnig') /sagt jmd. triumphierend od. empört, wenn jmd. etw. Unsinniges behauptet hat/ **2.** ʿweibliches Huhn (1)'; SYN Henne: *das* ~ *gackert, gluckt, hat ein Ei gelegt, scharrt auf dem Hof im Sand, auf dem Misthaufen;* vgl. *Hahn, Henne* **3.** ⟨mit best. Adj.⟩ umg. scherzh. /meint einen Menschen/: *sie, er ist ein verrücktes, leichtsinniges, lustiges* ~ (ʿsie, er ist verrückt, leichtsinnig, lustig') ❖ ↗ **Hühnerauge**
* scherzh. /jmd./ **mit den Hühnern** (ʿsehr früh, zeitig') **aufstehen/schlafen gehen/ins Bett gehen**

Hühner|auge ['hyːnɐ..]**, das** ʿmeist durch sehr enge Schuhe hervorgerufene harte Verdickung der Haut auf den Zehen': *er hat ein* ~ *auf der linken großen Zehe* ❖ ↗ **Huhn,** ↗ **Auge**
* umg. /jmd./ **jmdm. auf die Hühneraugen treten** (ʿjmdn. meist unbeabsichtigt durch Worte, ein bestimmtes Verhalten kränken, beleidigen')

huhu [hu'huː] ⟨Interj.; alleinstehend od. in Verbindung mit mehreren Wörtern⟩ umg. /Ruf, mit dem man jmdn., der sich etwas entfernt von einem befindet und einen nicht sieht, auf sich aufmerksam machen will/: ~, *wart mal!;* ~, *kommt mal her!;* ~! /meist beim Winken/

huldigen ['hʊldɪgn̩] ⟨reg. Vb.; hat⟩ **1.** oft spött. /jmd./ *etw.* ⟨Dat.⟩ ~ ʿbes. einen Standpunkt allzu eifrig vertreten': *einer Ansicht, einem (falschen) Grundsatz* ~; *er huldigte der Auffassung, dass alle Menschen gleich sind; einem Aberglauben* ~; *einem Brauch, einer Sitte* ~ **2.** veraltend geh. /jmd./ *jmdm.*

~ ʿjmdm. seine Verehrung, Ergebenheit zeigen': *das Publikum huldigte dem Sänger durch Standingovations; einer berühmten Persönlichkeit, einer schönen Frau* ~ **3.** meist spött. /jmd./ *etw.* ⟨Dat.⟩ ~: *dem Alkohol* ~ (ʿgerne, oft und viel Alkohol trinken'); *dem Kartenspiel* ~ ❖ **Huldigung**

Huldigung ['hʊldɪg..]**, die;** ~, ~en veraltend geh. *jmdm.* ~*en entgegenbringen, zukommen lassen* ʿjmdm. huldigen (2)': *dem Künstler durch lang anhaltenden Beifall, in Festreden* ~*en entgegenbringen, zukommen lassen* ❖ ↗ **huldigen**

Hülle ['hʏlə]**, die;** ~, ~n ʿetw aus flexiblem Material, das einen Gegenstand zum Schutz umschließt'; SYN Umhüllung: *eine* ~ *aus Kunststoff, Stoff, Pappe; eine feste, wärmende, durchsichtige* ~; *die* ~ *des Ballons, des Buches; den Schirm, Ausweis, das Buch in eine* ~ *stecken, aus der* ~ *nehmen; den Brief in die* ~ (ʿden Umschlag') *stecken; das Denkmal ist bis zu seiner Einweihung mit einer* ~ *umgeben, von einer* ~ *bedeckt, umschlossen* ❖ **enthüllen, hüllen** – **umhüllen, Umhüllung;** vgl. **Hülse**
* emot. **in** ~ **und Fülle** ʿim Überfluss, mehr als genügend od. notwendig': *Obst gab es in* ~ *und Fülle; etw. in* ~ *und Fülle haben;* geh. **jmds. sterbliche** ~ ʿjmds. Leichnam': *die sterbliche* ~ *des Staatsoberhaupts wurde nach N überführt, wurde in N beigesetzt*

hüllen ['hʏlən] ⟨reg. Vb.; hat⟩ **1.** /jmd./ *jmdn., sich, etw. in etw.* ~ ʿetw. um jmdn., sich, etw. herum schützend legen': *das frierende Kind in eine Decke* ~; *sich fest die Kälte im den Mantel, in einen Pelz* ~; *er stand frierend in seinen Mantel gehüllt; den Rosenstrauß in Papier* ~; *etw. um jmdn., etw.* ~: *eine warme Decke um den Kranken* ~; *sich* ⟨Dat.⟩, *jmdm. etw. um etw.* ~: *sich ein Tuch um die Schultern, eine Decke um die Beine* ~; *er hüllte ihr einen Pelz um die Schultern* **2.** geh. /etw., bes. Naturereignis/ *etw. in etw.* ~ ʿetw. ganz und gar bedecken, sodass es kaum noch zu erkennen ist': *Schnee hüllt die Berge in ein dichtes Weiß; die Landschaft, Stadt ist in (dichten) Nebel gehüllt; das Dorf lag in (tiefes) Dunkel gehüllt; das Auto war in Staubwolken gehüllt* ❖ ↗ **Hülle**

Hülse ['hʏlzə]**, die;** ~, ~n **1.** ʿkleiner länglicher röhrenförmiger Behälter, in den etw. zum Schutz hineingesteckt werden kann': *eine* ~ *aus Kunststoff, Pappe, Metall; die* ~ *der Patrone; eine feste, leere* ~; *das Fieberthermometer, den Stift, die Bleistift-, Kugelschreibermine in die* ~ *stecken, aus der* ~ *nehmen* **2.** ʿlängliche Frucht der Hülsenfrüchtler, die aus zwei Schalen besteht, in denen mehrere Samen nebeneinander angeordnet sind': *die Samen aus der* ~ *herauslösen* ❖ **Hülsenfrucht;** vgl. **Hülle**

Hülsen ['hʏlzn̩..]**|-frucht, die** ʿessbarer eiweißreicher Samen eines Hülsenfrüchtlers'; ↗ FELD I.8.1: *Erbsen, Bohnen sind Hülsenfrüchte; gern Hülsenfrüchte essen* ❖ ↗ **Hülse,** ↗ **Frucht; -früchtler** [frʏçtlɐ]**, der;** ~s, ~ ʿPflanze, deren Samen in Hülsen (2) eingeschlossen sind'; ↗ FELD II.4.1: *zu den* ~*n gehören Erbsen, Bohnen u. a. Pflanzen* ❖ ↗ **Hülse,** ↗ **Frucht**

human [hu'mɑ:n] ⟨Adj.⟩ **1.** ⟨Steig. reg.⟩ ˈdie Würde eines jeden Menschen achtendˈ; ANT inhuman (1.2) /vorw. auf Verhaltensweisen bez./; ↗ FELD I.12.3: *eine ~e Tat; etw. aus ~en Gründen tun; die Gefangenen wurden ~* (SYN ˈmenschlich 1ˈ) *behandelt; die Behandlung war ~; sich dem Schwächeren gegenüber ~* (ANT rigoros 1.2) *verhalten; der ~e Strafvollzug; ~e Grundsätze haben; die Städte müssen ~er werden* (ˈmehr den menschlichen Bedürfnissen angepasst werdenˈ); *eine ~e* (SYN ˈmenschenfreundlicheˈ) *Denkweise, Ideologie* **2.** ⟨Steig. reg.⟩ SYN ˈmenschlich (3)ˈ; ANT scharf (8) /vorw. auf Personen bez./: *einen ~en Chef haben; eine ~e Regelung; der Professor hat (sehr) ~ geprüft; er war, verhielt sich in der Prüfung sehr ~* **3.** ⟨Steig. reg., ungebr.; nicht bei Vb.⟩ umg. /beschränkt verbindbar/: *das sind doch ganz ~e* (ˈakzeptable, durchaus vertretbareˈ) *Preise; ~e Bedingungen* ❖ **Humanismus, Humanist, humanistisch, humanitär, Humanität, inhuman**

Humanismus [humaˈnɪsmʊs], **der**; ~, ⟨o.Pl.⟩ ˈDenken und Handeln, das von der Achtung vor der Würde jedes einzelnen Menschen getragen und auf das Wohl der ganzen Menschheit gerichtet istˈ: *ein kämpferischer, streitbarer ~; ein echter, wahrer ~; der ~ Goethes, Humboldts; die Ideen, Ideale des ~; die Jugend im Geiste des ~ erziehen* ❖ ↗ **human**

Humanist [humaˈnɪst], **der**; ~en, ~en ˈjmd., der im Sinne des Humanismus wirkt, gewirkt hatˈ: *er war ein aufrechter, wahrer ~* ❖ ↗ **human**

humanistisch [humaˈnɪst..] ⟨Adj.; o. Steig.⟩ ˈvom Geist des Humanismus zeugend, erfülltˈ; ↗ FELD I.12.3 /auf Abstraktes bez./: *~es Gedankengut; ~e Ideen, Ideale vertreten, zu verwirklichen suchen; der ~e Gedanke durchzieht sein gesamtes schriftstellerisches Werk; seine Schriften, Reden zeugen von einem ~en Geist* ❖ ↗ **human**

humanitär [humaniˈtɛ:ɐ/..tɛ:ɐ] ⟨Adj.; o. Steig.; nicht bei Vb.⟩ ˈallein darauf bedacht, notleidenden Menschen ein menschenwürdiges Leben zu ermöglichen, das Elend von Menschen zu lindernˈ /vorw. auf Abstraktes bez./; ↗ FELD I.12.3: *~e Hilfeleistungen organisieren; dies ist eine ~e Organisation; in dem Krisengebiet zu helfen ist ~e Pflicht, ist ein ~es Anliegen, eine ~e Aufgabe; der Lebensmittelkonvoi, die Sammlung von Geld, Kleidung dient ~en Zwecken; etw. aus (rein) ~en Gründen tun* ❖ ↗ **human**

Humanität [humaniˈtɛ:t/..tɛ:t], **die**; ~, ⟨o.Pl.⟩ ˈauf das Wohlergehen, die Würde und Freiheit des einzelnen Menschen und auf das Wohl der Menschheit gerichtetes Denken und Handelnˈ; SYN Menschlichkeit; ↗ FELD I.12.1: *nach ~ streben; sich für ~ einsetzen; den politischen Flüchtlingen Hilfe zu leisten ist eine Frage der ~; Krieg ist ein Verbrechen gegen die ~* ❖ ↗ **human**

Humbug [ˈhʊmbʊk], **der**; ~s, ⟨vorw. o. best. Art.; o. Pl.⟩ umg. **1.** SYN ˈUnsinnˈ: *das ist alles ~!; der redet nur, lauter ~; etw. für einen großen ~ halten; so ein ~!* **2.** ˈSchwindelˈ: *sie glaubt an Astrologie, Kartenlegerei und ähnlichen ~; das ist doch alles nur ~!*

Hummel [ˈhʊml̩], **die**; ~, ~n ˈeiner Biene ähnliches, aber dicht behaartes, dickes und schwerfällig wirkendes Insektˈ; ↗ FELD II.3.1 (↗ TABL Insekten): *eine dicke, braune, schwarze ~; die ~ fliegt brummend von Blüte zu Blüte; vgl. Biene*

Hummer [ˈhʊmɐ], **der**; ~s, ˈan Küsten von Meeren lebender großer Krebs, dessen Fleisch als Delikatesse giltˈ: *~n fangen; es wurden ~ und Kaviar serviert*

Humor [huˈmo:ɐ], **der**; ~s, ⟨o.Pl.⟩ ˈFähigkeit, Veranlagung, den widrigen Dingen des Lebens, der eigenen und anderer Menschen Unzulänglichkeit mit heiterer Gelassenheit zu begegnenˈ; ↗ FELD I.6.1: *jmd. hat einen köstlichen, derben, beißenden, unverwüstlichen, goldenen ~; ein Missgeschick, etw. Unangenehmes mit ~ ertragen, tragen, nehmen; jmd. hat viel ~* (ˈhat ein ausgeprägtes Gespür für den heiteren Aspekt von etw.ˈ); *jmd. hat keinen Sinn für ~* (ˈist nicht in der Lage, etw. Heiteres, Komisches als solches zu erfassen und dementsprechend heiter, belustigt zu reagierenˈ); *nicht den ~ verlieren; (den) ~ behalten* (ˈversuchen, in einer angespannten Situation mit Gelassenheit zu reagierenˈ); /in der kommunikativen Wendung/ umg. *du hast vielleicht ~* (ˈwas denkst du dir eigentlich dabei, das als so positiv, unkompliziert anzusehenˈ)! ❖ **Humorist, humoristisch – humorlos, -voll**

Humorist [humoˈrɪst], **der**; ~en, ~en **1.** ˈdarstellender Künstler, der Witziges, Komisches darbietetˈ; SYN Komiker: *ein beliebter, bekannter ~; die Witze, Späße des ~en; der ~ brachte das Publikum zum Lachen* **2.** ˈKünstler, bes. Zeichner od. Autor, dessen Werke von Humor geprägt sindˈ: *er ist ein (bekannter, beliebter) ~; seine Werke weisen ihn als einen großen ~en aus* ❖ ↗ **Humor**

humoristisch [humoˈrɪst..] ⟨Adj.; Steig. reg., ungebr.⟩ **1.1.** ⟨nicht präd.⟩ ˈvoll, mit Humorˈ; SYN humorvoll /vorw. auf künstlerische Darstellungen bez./; ↗ FELD I.6.3: *eine ~e Darbietung, Erzählung, Zeichnung; jmd. erzählt, schreibt, zeichnet sehr ~; der Autor versteht es, seinen Stoff ~ zu gestalten, darzustellen; etw. ~ betrachten* **1.2.** ⟨nur attr.⟩ ˈHumor besitzend und die Sujets humoristisch (1.1) darstellendˈ /auf Personen bez./: *jmd. ist ein ~er Erzähler, Autor; eine ~e ↗ Ader haben* ❖ ↗ **Humor**

humor [huˈmo:ɐ..]**-los** ⟨Adj.; Steig. reg.⟩ ˈkeinen Humor besitzendˈ; ANT humorvoll (1): *jmd. ist ein (völlig) ~er Mensch; er ist ganz und gar ~; auf etw. ~ reagieren* ❖ ↗ Humor, ↗ los; **-voll** ⟨Adj.⟩ **1.** ⟨Steig. reg.⟩ ˈHumor besitzendˈ; ANT humorlos; ↗ FELD I.6.3: *jmd. ist ein ~er Mensch; er hat die Kritik, die unangenehme Nachricht durchaus ~ aufgenommen* **2.** ⟨Steig. reg., ungebr.⟩ ˈ(durch Humor) Heiterkeit erzeugendˈ: *etw. ~ darstellen, vortragen; eine ~e Episode; das Programm hatte eine ~e Note; die Darstellung war durchaus ~* ❖ ↗ Humor, ↗ voll

humpeln [ˈhʊmpl̩n] ⟨reg. Vb.; hat/ist⟩ **1.** ⟨hat/ist⟩ umg. /jmd./ ˈwegen einer schmerzhaften Behinderung mit einem Bein nicht fest auftreten können und daher ungleichmäßig gehen': *nach seiner Operation, Verletzung (am Bein) hat er (stark) gehumpelt, hat, ist er eine Zeitlang gehumpelt, musste er* ~ **2.** ⟨ist⟩ /jmd./ *irgendwohin* ~ 'sich durch Humpeln (1) irgendwohin begeben': *er humpelte zum Arzt, über die Straße*

Humpen ['hʊmpm̩], **der**; ~s, ~ 'größeres, zylindrisches od. bauchiges Trinkgefäß, meist mit einem Henkel und einem aufklappbaren Deckel': *den* ~ *mit Bier füllen, bis zur Neige leeren; die Studenten tranken Bier aus* ~; ⟨mit Mengenangabe⟩ *ein, zwei* ~ *Bier; zwei* ~ *Bier trinken; drei* ~ *Bier bestellen*

Humus ['huːmʊs], **der**; ~, ⟨o.Pl.⟩ 'aus abgestorbenen tierischen und pflanzlichen Stoffen entstandene, dunkle Erde, die die Fruchtbarkeit des Bodens positiv beeinflusst'; ↗ FELD II.1.1: *der Boden ist arm, reich an* ~; *den Boden des Beetes mit* ~ *anreichern; der* ~ *bildet die oberste Schicht des Bodens; den* ~ *abtragen; aus Kompost* ~ *gewinnen;* vgl. *Kompost, Mutterboden*

Hund [hʊnt], **der**; ~es/auch ~s, ~e **1.** 'Haustier, das sehr gut hören und riechen kann und zur Jagd und zu Hause als Wächter verwendet wird; gilt als treuer Freund des Menschen'; ↗ FELD II.3.1 (↗ TABL Säugetiere): *ein kleiner, junger, kluger, treuer, rassereiner, herrenloser, wildernder, streunender* ~; *ein kurz-, langhaariger* ~; *ein scharfer* ~; *Vorsicht, bissiger* ~!; *der* ~ *bellt, schlägt an, knurrt, kläfft, jault, winselt, beißt (jmdn.), wedelt mit dem Schwanz; den* ~ *dressieren, abrichten, ausführen, an die Leine nehmen, an die Kette legen; den* ~ *auf jmdn. hetzen; der* ~ *hat den Einbrecher gestellt; (sich) einen* ~ *halten;* ~*e züchten; müde sein wie ein* ~ ('sehr müde sein'); *treu sein wie ein* ~ ('sehr treu sein') **2.** 'männliches Tier von Hund (1)': *einen* ~ *und eine Hündin besitzen;* vgl. *Hündin, Rüde, Welpe* **3.** ⟨mit best. Adj.⟩ derb emot. neg. /meint eine männliche Person/: *er ist ein dummer, fauler, frecher, feiger, schlauer* ~ ('er ist sehr dumm, faul, frech, feige, schlau') **4.** Schimpfw. 'gemeiner Kerl': *du* ~!; *so ein* ~! ❖ **Hündin, hündisch — hundsgemein, Schäferhund, Spürhund, Windhund;** vgl. **hunde/Hunde-** ∗ /jmd./ **mit allen ~en gehetzt sein** ('gewitzt, raffiniert sein'); **kalter** ~ ('Kuchen, der aus Schichten von Keks und Kakaomasse besteht'); **die beiden sind wie ~ und Katze (miteinander)** ('vertragen 2.1 sich nicht'); /jmd./ ⟨vorw. verneint⟩ **schlafende ~e wecken:** *nur keine schlafenden* ~*e wecken, schlafende* ~*e soll man nicht wecken* ('nicht auf etw. aufmerksam machen, was für einen selbst von Nachteil sein kann'); ⟨⟩ umg. **da liegt der ~ begraben** ('das ist die Ursache der Schwierigkeiten'); /jmd./ emot. neg. **bekannt sein wie ein bunter ~** ('überall bekannt sein'); /etw., vorw. das/ **ein dicker ~ sein** ('ein grober Fehler, eine schlimme, schwierige Sache sein'); /jmd./ **vor die ~e gehen** 'zugrunde gehen': *du gehst vor die* ~*e, wenn du dich mit diesen Leuten einlässt*; /jmd./ emot. **davonschleichen wie ein geprügelter ~** 'beschämt, gedemütigt weggehen': *er schlich davon wie ein geprügelter* ~; **das kann/muss ja einen ~**

jammern ('ist so, dass es größtes Mitleid erregt'); /jmd./ **auf den ~ kommen** SYN 'herunterkommen (2)': *wenn er pleite ist, kommt er bald auf den* ~; /jmd./ emot. **leben wie ein ~** 'sehr schlecht leben': *ich will doch nicht leben wie ein* ~!; /jmd./ **mit etw. keinen ~ hinter dem Ofen (her)vorlocken können** ('mit etw. kein Interesse wecken können')

hunde/Hunde ['hʊndə..]‖**-elend** ⟨Adj.; o. Steig.; nicht attr.⟩ umg. emot. 'sehr elend (3)': *sich* ~ *fühlen; mir ist heute, dabei* ~ *(zumute); er sieht (nach dieser Anstrengung)* ~ *aus* ❖ ↗ elend; **-hütte, die** 'im Freien aufgestellte kleine (Holz)hütte als Unterkunft für einen Hund (1)': *der Hund schläft in der* ~, *liegt vor der* ~ *an der Kette* ❖ ↗ Hütte; **-kalt** ⟨Adj.; o. Steig.; nicht attr.⟩ umg. emot. 'unerträglich kalt': *es ist heute* ~; *es ist jmdm./jmdm. ist (es)* ~: *draußen ist es* ~; *ich finde es heute* ~ ❖ ↗ kalt; **-kälte, die** umg. emot. 'als besonders unangenehm empfundene, sehr große Kälte': *ist das heute eine* ~! ❖ ↗ kalt; **-müde** ⟨Adj.; o. Steig.; nicht attr.⟩ umg. emot. 'sehr müde': *ich bin jetzt* ~ *und muss erst mal schlafen;* ~ *kam er von der Arbeit nach Hause* ❖ ↗ müde

hundert ['hʊndɐt] ⟨Zahladj.; indekl.; nur attr. u. subst.; ↗ TAFEL XII⟩ **1.** /die Kardinalzahl 100/: *das Kind rechnet mit den Zahlen von eins bis* ~; *ein Meter hat* ~ *Zentimeter; der Siedepunkt des Wassers liegt bei* ~ *Grad Celsius; an die* ~, *über* ~ *Zuschauer;* umg. ~/(*mit*) ~ *Sachen* ('mit einer Geschwindigkeit von 100 Kilometern pro Stunde') *fahren; ich wette* ~ *gegen eins* ('ich bin mir ganz sicher'), *dass er kommt* **2.** umg. 'sehr viele': *jmd. hat* ~ *Fragen, Ausreden; sie gab ihm* ~ *gute Ratschläge* MERKE ↗ **drei** (Merke): Zur Unterscheidung von *hundert* und *einhundert:* ↗ *einhundert* ❖ **Hundert, hunderterlei, hundertste, hundertstel — einhundert, hundertjährig, -mal, -prozentig, Jahrhundert**

Hundert, das; ~s, ~/~e **1.** ⟨Sg. u. Akk. Pl.: ~, wenn das Attribut den Kasus angibt; nicht in Verbindung mit Kardinalzahlen⟩ 'Einheit von hundert gleichartigen Gegenständen, von hundert Lebewesen': *ein halbes, volles* ~; *noch etwas hinzufügen, das* ~ *voll machen; drei, fünf, zehn von* ~ ('drei, fünf, zehn Prozent'); *einige, mehrere, viele* ~ *Zigaretten; einige, viele* ~ *Zuschauer; das* ~ *kostet zehn Mark* **2.** ⟨Pl.: ~e; nur im Pl.; mit Gen.attr. + Adj. od. mit *von* od. mit Apposition im gleichen Kasus⟩ 'unbestimmte große Anzahl von Personen, von etw.': ~*e begeisterter Zuschauer;* ~*e von (begeisterten) Zuschauern;* ~*e von Vögeln;* ~*e begeisterte Zuschauer; das Geschrei von* ~*en begeisterten Zuschauern; die Neugierigen kamen zu* ~*en; die Kosten, Verluste gehen in die* ~*e* ('betragen mehrere hundert Mark') ❖ ↗ **hundert**

hunderterlei ['hʊndɐtɐlaɪ/..'laɪ] ⟨Indefinitpron.; indekl.; ↗ TAFEL X⟩ 'sehr viele verschiedene': ⟨adj.⟩ *es waren* ~ *Modelle ausgestellt, wurden* ~ *(Sorten) Wein angeboten;* ⟨subst.⟩ *man konnte unter* ~ ('unter sehr vielen verschiedenen Dingen') *auswählen; es gab noch* ~ *zu tun* ❖ ↗ **hundert**

hundert ['hʊndɐt..]|**-jährig** [jɛːʀɪç/jeː..] ⟨Adj.; o. Steig.; nur attr.⟩ ↗ *dreijährig* ❖ ↗ hundert, ↗ Jahr; **-mal** ⟨Adv.⟩ **1.1.** ˈhundert Maleˈ: *die Strecke ist er schon ~ gefahren* **1.2.** emot. ˈsehr oftˈ: *das habe ich dir schon ~ gesagt!; muss ich denn das ~* (ˈimmerzuˈ) *wiederholen?; sie will das einfach nicht tun, und wenn er ~* (ˈnoch so beharrlich und oftˈ) *darauf besteht* ❖ ↗ hundert, ↗ Mal; **-prozentig** [pʀoˈtsɛntɪç] ⟨Adj.; o. Steig.⟩ **1.** ⟨nicht bei Vb.⟩ ˈhundert Prozent umfassendˈ [100%ig]: *es gab eine ~e Beteiligung; eine ~e Wolle; die Wolle ist ~ rein* **2.** ⟨nicht präd.⟩ umg. **2.1.** ⟨nur bei Vb.⟩ *sich auf jmdn. ~* (ˈganz sicherˈ) *verlassen können* **2.2.** *eine ~e* (ˈabsolut zuverlässigeˈ) *Vorhersage; die Vorhersage ist ~ sicher* ❖ ↗ hundert, ↗ Prozent

hundertste ['hʊndɐtstə] ⟨Zahladj.; nur attr.⟩ **1.** /die Ordinalzahl zu *hundert* (100.); bezeichnet in einer Reihenfolge die Position „hundert"/: *er feiert seinen ~n Geburtstag* **2.** emot. *das sage ich nun schon zum ~n Mal* (ˈhundertmal 1.2ˈ) ❖ ↗ hundert

hundertstel ['hʊndɐtstl̩] ⟨Zahladj.; indekl.; + vorangestellte Kardinalzahl; nur attr.⟩ /bezeichnet als Nenner einer Bruchzahl den hundertsten Teil einer (Maß)einheit/: *ein ~ (1/100) Gramm, Liter; ↗ auch drittel* ❖ ↗ hundert

Hündin ['hʏnd..], **die**; ~, ~nen ˈweiblicher Hund (1)ˈ; ↗ FELD II.3.1: *das ist kein Rüde, sondern eine ~* ❖ ↗ Hund

hündisch ['..] ⟨Adj.; o. Steig.⟩ emot. ˈunterwürfigˈ: *er sah seinen Vorgesetzten mit ~em Blick an; er ist ihr ~ ergeben* ❖ ↗ Hund

hunds|gemein ['hʊnts..] **I.** ⟨Adj.; o. Steig.⟩ umg. emot. **1.** ˈüberaus gemein (1)ˈ; SYN niederträchtig: *das, er ist ein (ganz) ~er Kerl; es handelte sich um eine ~e Lüge, Verleumdung; jmd. hat sich (gegenüber jmdm.) ~ verhalten, benommen; das war ~ von ihr* **2.** umg. emot. neg. ˈüberaus großˈ: *eine ~e Kälte* – **II.** ⟨Adv.; betont; vor Adj., Adv.⟩ umg. emot. /bewertet das im Bezugswort Genannte neg./ ˈäußerstˈ: *heute ist es ~ kalt; das hat ~ weh getan* ❖ ↗ Hund, ↗ gemein

Hüne ['hyːnə], **der**; ~n, ~n ⟨vorw. mit Attr.⟩ ˈsehr großer Mann von kräftiger Staturˈ: *er ist ein ~ (von, an Gestalt, von Mann); da stand plötzlich ein ~ vor mir*

Hunger ['hʊŋɐ], **der**; ~s, ⟨o.Pl.⟩ **1.** ˈ(durch ein unangenehmes Gefühl im Magen signalisiertes) Verlangen, etw. zu essenˈ; ↗ FELD I.17.1: *(großen, tüchtigen, mächtigen, schrecklichen, keinen) ~ haben; ~ bekommen, verspüren, kriegen; seinen ~ notdürftig mit Äpfeln, Keksen stillen; ~ wie ein Bär, Wolf* (ˈsehr großen Hungerˈ) *haben; ~* (ˈAppetitˈ) *auf Würstchen, Schokolade haben; mir ist ganz flau, ich bin ganz matt vor ~;* scherzh. *ich sterbe fast vor ~* (ˈhabe sehr großen Hungerˈ) **2.** ˈMangel an Nahrungsmitteln und der dadurch für Menschen bedingte lebensbedrohliche Zustandˈ: *an, vor ~ sterben; ~s sterben; von/vom ~ ausgemergelte Menschen; ~ leiden* (ˈlange Zeit nichts zu essen habenˈ); *in diesem Land herrscht (großer) ~* (ˈeine Hungers-

not*) **3.** emot. *der, jmds. ~ nach etw.* ⟨Dat.⟩ ˈdas, jmds. heftiges Verlangen nach etw., bes. nach materiellen od. ideellen Güternˈ: *sein ~ nach Reichtum, Macht, Ruhm, Liebe, Gerechtigkeit* ❖ **hungern, hungrig, verhungern** – **Hungersnot, Bärenhunger, Heißhunger, Mordshunger, Riesenhunger**

hungern ['hʊŋɐn] ⟨reg. Vb.; hat⟩ /jmd./ **1.1.** ˈanhaltend Hunger (2) leiden, ertragen müssenˈ; ↗ FELD I.17.2: *in diesem unterentwickelten Land ~ die Menschen; im, nach dem Krieg musste die Bevölkerung ~; Hilfe für die ~den Kinder der Welt organisieren* **1.2.** *sie hungert jetzt* (ˈisst vorsätzlich vorübergehend nichts od. äußerst wenigˈ), *um schlank zu werden* **2.** geh. *es hungert jmdn./jmd. hungert* (ˈjmd. hat Hunger 1ˈ) **3.** emot. /jmd./ *nach etw.* ⟨Dat.⟩ *~* ˈheftiges Verlangen nach etw., bes. nach materiellen od. ideellen Gütern, habenˈ: *nach Macht, Reichtum, Liebe, Gerechtigkeit ~* ❖ ↗ **Hunger**

Hungers|not ['hʊŋɐs..], **die** ˈZustand allgemeinen starken Mangels an Nahrungsmitteln, unter dem viele, alle Menschen eines Landes, einer Region zu leiden habenˈ; ↗ FELD I.17.1: *es brach eine ~ aus; in diesem Land herrschte (eine) ~; Missernten führten in diesen Gebieten zu Hungersnöten* ❖ ↗ **Hunger**, ↗ **Not**

hungrig ['hʊŋʀɪç] ⟨Adj.⟩ **1.** ⟨Steig. reg.⟩ ˈHunger (1) habendˈ /auf Personen bez./; ↗ FELD I.17.3: *~e Kinder bettelten auf den Straßen; nach dem Sport waren die Schüler ~; er kam ~ und müde von der Arbeit nach Hause; die ~en kleinen Vögel sperrten ihre Schnäbel auf* **2.** ⟨o. Steig.; nicht bei Vb.; vorw. präd. (mit sein)⟩ /jmd./ *~ nach etw. sein* ˈstarken Appetit auf etw. habenˈ: *er ist ~ nach Obst, Fleisch* ❖ ↗ **Hunger**

Hupe ['huːpə], **die**; ~, ~n ˈVorrichtung an Kraftfahrzeugen, mit der akustische (Warn)signale (während der Fahrt) gegeben werdenˈ: *auf die ~ drücken; die ~ betätigen* (ˈhupenˈ); *die ~ ertönt; eine ~ mit durchdringendem Ton*

hupen ['huːpm̩] ⟨reg. Vb.; hat⟩ /jmd./ ˈdie Hupe ertönen lassenˈ; ↗ FELD VI.1.2: *vor dem Zusammenstoß, Unfall hat der Fahrer mehrmals gehupt; das Auto hupte* (ˈdie Hupe des Autos ertönteˈ); *draußen hupt es* (ˈhupt ein Autoˈ) ❖ **hupen** – **Lichthupe**

hüpfen ['hʏpfn̩] ⟨reg. Vb.; ist⟩ **1.** /jmd./ ˈkleine Sprünge, einen kleinen Sprung machenˈ: *auf einem Bein, auf dem linken, rechten Bein ~; mit beiden Beinen ~; das Kind hüpfte vor Freude;* /Tier/ *der Vogel, Frosch, Hase hüpft* **2.** /jmd./ *irgendwohin ~* ˈsich durch Hüpfen (1) irgendwohin fortbewegenˈ; ↗ FELD I.7.2.2: *die Kinder hüpften vor Freude in die Höhe; sie hüpften den Weg entlang, zum Gartentor;* /Tier/ *ein Frosch, Vogel, Hase hüpfte über die Wiese* **3.** /etw., bes. Gegenstand/ *irgendwohin ~* ˈsich auf und ab und sich dabei irgendwohin fortbewegenˈ: *der Ball hüpfte über den Platz, über die Straße; irgendwo ~: das Boot hüpfte auf den Wellen* (ˈbewegte sich auf und ab im Rhythmus der Wellenˈ)

Hürde ['hʏrdə], **die**; ~, ~n **1.** ˈSchwierigkeit, die sich einem beim Erreichen eines Ziels entgegenstelltˈ:

beim Bau eines Hauses sind allerhand ~n, bürokratische ~n zu überwinden; die Baugenehmigung erwies sich als große ~; dies war für seine Karriere eine große ~; eine ~ nehmen (ʹüberwindenʹ) **2.** ʹtransportables Gestell zum Einzäunen von Weidelandʹ: eine ~ aus Drahtgeflecht; ~n aufstellen (für die Schafe) **3.** Leichtathletik Reitsport ʹin Art und Höhe festgelegtes Hindernis, das die Läufer beim Hürdenlauf, die Pferde beim Hürdenrennen überspringen müssenʹ: die, eine ~ überspringen, (mit Leichtigkeit) nehmen (ʹüberspringenʹ); beim Sprung die ~ umwerfen, umreißen; die ~n aufstellen ⟨nur im Pl.⟩ sie siegte über 100 Meter ~n (ʹim Hürdenlauf über eine Strecke von 100 Meternʹ) ❖ **Hürdenlauf, -rennen**

Hürden [ʹhʏʀdn̩..]‖**-lauf, der** ʹleichtathletische Disziplin, bei der während des Laufens die in festgelegten Abständen aufgestellten Hürden (3) übersprungen werden müssenʹ; ↗ FELD I.7.4.1: der ~ über 400 Meter für Männer ❖ ↗ Hürde, ↗ laufen; **-rennen, das** ʹGalopprennen, bei dem auf der Strecke leichte, transportable Hürden (3) von den Pferden übersprungen werden müssenʹ; ↗ FELD I.7.4.1: er wurde Sieger im ~; ein ~ veranstalten; an einem ~ teilnehmen ❖ ↗ Hürde, ↗ rennen

Hure [ʹhuːʀə], **die**; ~, ~n emot. neg. **1.** ʹProstituierteʹ: die ~n eines Bordells; sie lebt als ~ **2.** ʹweibliche Person, die allzu häufig wechselnde sexuelle Beziehungen mit Männern hatʹ: sie ist eine richtige ~!; auch Schimpfw. du ~!

hurra [hʊʹʀɑː] ⟨Interj.; alleinstehend od. in Verbindung mit mehreren Wörtern⟩ /drückt Begeisterung, Freude aus/: ~, wir haben Ferien, wir haben es geschafft!; ~!; ~ rufen, schreien; /häufig beim Militär/: die Soldaten stürmten mit Hurra; mit einem dreifachen Hurra wurde die Übung beendet

huschen [ʹhʊʃn̩] ⟨reg. Vb.; ist⟩ /jmd., Tier, etw./ irgendwohin ~ ʹsich schnell und leise irgendwohin fortbewegenʹ: sie huschte ins Haus, um die Ecke, über den Gang; eine Gestalt ist über den Hof gehuscht; ein Vogel huschte von Baum zu Baum, eine Eidechse huschte über den Weg; ein Lichtschein war über das Fenster gehuscht (ʹgeglittenʹ); der Bleistift huschte über das Papier (ʹschnell wurde etw. auf das Papier geschriebenʹ)

husten [ʹhuːstn̩], hustete, hat gehustet /jmd./ ʹdie Luft infolge einer (krankhaften) Reizung der Atemwege stoßweise kräftig und geräuschvoll ausstoßenʹ: jmd. ist erkältet und hustet stark; er musste die ganze Nacht ~ ❖ **Husten – Keuchhusten**
* umg. /jmd./ **jmdm. was ~/eins ~** ⟨oft im Futur⟩ ʹetw. als Zumutung empfinden und es rigoros zurückweisen, ausdrücklich nicht nach jmds. Wunsch handelnʹ: denen werde ich was ~!

Husten, der; ~s, ⟨o.Pl.⟩ ʹsich meist über einen längeren Zeitraum erstreckendes häufiges und starkes Husten, meist als Symptom einer Erkältungskrankheitʹ: jmd. hat (einen) starken, hartnäckigen, quälenden, trockenen ~; unter ~, an chronischem ~ leiden; Arznei, ein Medikament gegen (den) ~ einnehmen ❖ ↗ husten

¹Hut [huːt], **der**; ~es/auch ~s, Hüte [ʹhyːtə] **1.** ʹaus Filz, Stoff od. Stroh geformte, meist runde und meist mit einer Krempe versehene Kopfbedeckungʹ; ↗ FELD V.1.1 (↗ TABL Kopfbedeckungen): ein steifer, weicher, breitkrempiger, hoher, moderner ~; den ~ aufsetzen, aufbehalten, in die Stirn ziehen, ins Genick schieben, abnehmen, absetzen; der neue Hut steht ihr, ihm gut; er trägt keine Hüte; er nahm vor ihr den ~ ab, zog vor ihr, ihm den ~ (ʹnahm den Hut als Zeichen der Ehrerbietung kurz vom Kopfʹ); (schon) in ~ und Mantel (ʹbereit zum Losgehenʹ) dastehen; /in der kommunikativen Wendung/ ~ ab (ʹmeine Hochachtungʹ) /sagt jmd. zu jmdm., wenn er seine Anerkennung über dessen Haltung od. Leistung ausdrücken will/: das hast du ganz allein geschafft? ~ ab!; vgl. Mütze, Kappe **2.** ʹoberer, rundlicher, breiter Teil des Pilzesʹ: der Fliegenpilz hat einen roten ~ mit weißen Punkten; vgl. Stiel ❖ **Hutkrempe**
* **ein alter ~** ʹetw. längst Bekanntes, das für niemanden mehr von Interesse istʹ: das ist doch ein alter ~!; seine Geschichte, Story ist ein alter ~; /jmd./ **zwei od. mehrere Sachen unter einen ~ bringen** ʹzwei od. mehrere Sachen miteinander in Einklang bringenʹ); /jmd./ **jmdm. eins auf den ~ geben** (ʹjmdn. tadelnʹ); /jmd./ **was/eins auf den ~ kriegen** (ʹgetadelt werdenʹ); /jmd./ **jmdm. geht der ~ hoch** (ʹjmd. braust auf, wird wütendʹ); /jmd./ **etw. aus dem ~ machen** (ʹetw. improvisierenʹ); /jmd./ **den, seinen ~ nehmen (können, müssen)** (ʹauf den Druck der Öffentlichkeit hin und wegen eigener Fehlleistungen von seinem Amt zurücktreten müssenʹ); /jmd./ **sich** ⟨Dat.⟩ **etw.** ⟨vorw. das⟩ **an den ~ stecken können** ʹauf etw. keinen Wert legenʹ: das kannst du dir an den ~ stecken!; /jmd./ **vor jmdm., etw.** ⟨Dat.⟩ **den ~ ziehen** (ʹvor jmdm., jmds. Leistung Hochachtung habenʹ)

²Hut, die; ~, ⟨o.Pl.⟩ /beschränkt verbindbar/: jmd., das elternlose Kind ist, befindet sich in guter, bester ~ (ʹObhutʹ) ❖ **behutsam, behüten, hüten, verhüten, Verhütung – Ladenhüter, Obhut**
* /jmd./ **(vor jmdm., etw.** ⟨Dat.⟩**) auf der ~ sein** ʹangespannt aufpassen, dass einem von jmdm., durch etw. nichts Unangenehmes zugefügt wirdʹ: sei nur auf der!; vor dem musst du auf der ~ sein!

hüten [ʹhyːtn̩], hütete, hat gehütet **1.** /jmd./ Tiere, ein Tier ~ ʹTiere, ein Tier beim Weiden beaufsichtigenʹ: das Vieh, Kühe, die Schafe, Gänse, Pferde ~ **2.** /jmd./ etw. ~: ein Geheimnis ~ (ʹdarauf bedacht sein, dass es nicht bekannt wirdʹ); das Recht, seine Ehre ~ (ʹschützenʹ) **3.** /jmd./ **3.1.** sich vor etw. ⟨Dat.⟩, jmdm. ~ (müssen) ʹsich vor etw., jmdm. in Acht nehmenʹ: sich vor Aufregungen, vor einer übereilten Entscheidung, vor Zugluft, Erkältungen ~ (müssen); ich muss mich (davor) ~, in diese Sache verwickelt zu werden; hüte dich vor diesem Betrüger, Gauner! **3.2.** sich ~ ⟨+ Nebens. mit Inf. + zu⟩ ʹbewusst vermeiden, etw. Bestimmtes zu tun, geschehen zu lassenʹ: ich hüte mich/werde mich ~, ihm davon zu erzählen, einen konkreten Verdacht zu äußern, mich in fremde Angelegenheiten zu mischen ❖ ↗ ²Hut

Hut|-krempe [ˈhuːt..], **die** ˈam unteren Rand des Hutes ringsum angebrachter, waagerecht abstehender Streifenˈ; SYN Krempe: *eine breite ~ mit aufgenähten künstlichen Blumen* ❖ ↗ ¹Hut, ↗ **Krempe**; **-schnur, die** * umg. *etw.* **geht jmdm. über die ~** (ˈetw., bes. jmds. Verhalten, Tun, geht jmdm. zu weit und empört ihnˈ)

Hütte [ˈhʏtə], **die**; ~, ~n **1.** ˈkleines einfaches Haus, das meist nur aus einem Raum besteht und meist zur vorübergehenden Unterkunft dientˈ; ↗ FELD V.2.1: *eine kleine, niedrige, strohgedeckte ~; eine ~ aus Holz, aus Steinen und Lehm; in einer ~ Unterschlupf suchen; in den Bergen in einer ~ übernachten* **2.** ˈindustrieller Betrieb, in dem man durch Schmelzen aus Erzen Metalle, oder aus Bestandteilen Glas erzeugtˈ: *Erze in der ~ aufbereiten; in einer ~ arbeiten* ❖ **Hundehütte, Hüttenwerk**

Hütten|werk [ˈhʏtn..], **das** ˈHütte (2)ˈ ❖ ↗ **Hütte**

Hyäne [hyˈɛːnə], **die**; ~, ~n **1.** ˈin Afrika und Südwestasien heimisches, vorwiegend Aas fressendes Raubtier mit borstiger Mähne auf dem Rücken und einer spezifischen Musterung des Fellsˈ; ↗ FELD II.3.1: *~n verfolgen ein krankes Tier, fressen vom Kadaver* **2.** emot. ˈhemmungslos selbstsüchtiger, skrupelloser Menschˈ: *der Vermieter war die reinste ~; sie ist eine richtige ~*

Hyazinthe [hyɑˈtsɪntə], **die**; ~, ~n ˈaus einer Zwiebel wachsende Pflanze mit langen schmalen Blättern und einer Traube stark duftender kleiner Blütenˈ; ↗ FELD II.4.1: *weiße, rosa, duftende ~n; ~n auf Gläsern ziehen*

Hydrant [hyˈdʀant], **der**; ~en, ~en ˈVorrichtung in den Straßen von Ortschaften, aus der größere Mengen Wasser (zum Löschen) entnommen werden könnenˈ. *die Feuerwehrleute schlossen den Schlauch an den ~en an; den ~en auf-, zudrehen*

Hygiene [hygiˈeːnə], **die**; ~, ⟨o.Pl.⟩ **1.** ˈWissenschaft von der Erhaltung der Gesundheit und von den Maßnahmen, mit denen man Krankheiten vermeiden kannˈ: *eine Vorlesung über ~; die Vorschriften der ~* **2.** ˈMaßnahmen, die der Körperpflege dienen und Infektionen verhindernˈ: *auf ~ in der Küche, in Lebensmittelgeschäften achten; die persönliche, intime ~* ❖ **hygienisch**

hygienisch [hygiˈeːn..] ⟨Adj.; o. Steig.; vorw. attr. u. bei Vb.⟩ ˈdie Hygiene (1,2) betreffend, den Vorschriften der Hygiene entsprechendˈ: *Lebensmittel ~ verpacken; die ~e Verpackung von Lebensmitteln; ~e Maßnahmen, Vorschriften; Restaurants ~ überwachen, überprüfen; das ist nicht ~!* ❖ ↗ **Hygiene**

Hymne [ˈhʏmnə], **die**; ~, ~n ˈfeierliches, preisendes Gedicht od. feierliches kleines musikalisches Werk für Gesang, Instrumenteˈ: *eine ~ singen, spielen, deklamieren; eine ~ an die Freiheit, Natur; es erklang die ~* (ˈNationalhymneˈ) *des Gastgeberlandes* ❖ **Nationalhymne**

Hypnose [hʏpˈnoːzə], **die**; ~, ~n ˈschlafähnlicher Zustand, Zustand der Willenlosigkeit einer Person, der durch jmds. Suggestion erzeugt wirdˈ: *eine Frau aus dem Publikum wurde durch ihn in ~ versetzt; aus der ~ erwachen; ~ als Mittel der psychischen Heilung* ❖ **hypnotisieren**

hypnotisieren [hʏpnotiˈziːʀən] ⟨reg. Vb.; hat⟩ **1.** /jmd./ *jmdn.* ~ ˈjmdn. in Hypnose versetzenˈ: *der Arzt hat die Kranke, den Patienten hypnotisiert* **2.** /jmd./ *von etw.* (wie) hypnotisiert sein ˈvon etw. zutiefst beeindruckt, gefesselt seinˈ: *wir waren von dem Geschehen auf der Bühne, von der ungeheuerlichen Nachricht wie hypnotisiert* ❖ ↗ **Hypnose**

Hypothek [hypoˈteːk], **die**; ~, ~en **1.** ˈKredit, der dem Gläubiger zu seiner Sicherheit das Recht an einem Grundstück, Haus o.Ä. einräumtˈ /der Kredit wird als Schuldenlast in das Grundbuch eingetragen/: *eine ~ (auf ein Haus, Grundstück) aufnehmen; eine ~ ablösen, tilgen* **2.** ˈSchuld (2), Verfehlung, die sich für jmdn., etw. in der Folgezeit negativ, hinderlich auswirktˈ: *dass er früher im Gefängnis war, ist für ihn heute, für seine Karriere eine schwere ~; der Finanzskandal ist für die Bank eine große ~*

Hypothese [hypoˈteːzə], **die**; ~, ~n ˈzwar von auffälligen Widersprüchen, Irrtümern, Fehlern freie, aber in der Praxis (1) noch nicht bewiesene Annahme, die als methodisches Prinzip, Hilfsmittel bei der Erarbeitung wissenschaftlicher Erkenntnisse dientˈ: *eine ~ über die Natur des Lichts; das ist eine gewagte, kühne ~!; eine ~ (über etw.) aufstellen, widerlegen; mit einer ~ arbeiten; das ist doch nur eine ~, ist doch reine ~* (ˈist nur eine bloße Vermutung ohne realen Hintergrundˈ) ❖ **hypothetisch**

hypothetisch [hypoˈteːt..] ⟨Adj.; o. Steig.⟩ ˈauf einer Hypothese beruhend, von der Art einer Hypotheseˈ: *dies ist (nur) eine ~e Annahme, Vermutung; diese Behauptung hat (noch) ~en Charakter; bei etw. zunächst rein ~ verfahren; rein ~ wäre das möglich* (ˈes ist denkbar, dass das möglich istˈ); *das sind doch rein ~e* (ˈsehr fragliche, zweifelhafteˈ) *Aussagen, Überlegungen* ❖ ↗ **Hypothese**

Hysterie [hʏstəˈʀiː], **die**; ~, ~n [..ˈʀiːən] **1.** Med. ˈKrankheit, die sich als abnorme Reaktions-, Verhaltensweise mit unterschiedlichen psychischen und physischen Symptomen äußertˈ: *sie leidet an ~* **2.** ˈpsychischer Zustand, der oft ganze Gruppen in gefährlichen Situationen erfasst und sich darin äußert, dass diese überaus aufgeregt, unbeherrscht sind und bei ihren Reaktionen nicht mehr klar denkenˈ: *bei den Schiffbrüchigen, bei den verängstigten, verzweifelten Menschen brach ~ aus; in ihrer ausweglosen Lage gerieten, verfielen die Menschen in ~* ❖ **hysterisch**

hysterisch [hʏˈsteːʀ..] ⟨Adj.; Steig. reg.⟩ ˈvon Hysterie (2) zeugendˈ /auf Verhalten bez./: *jmd. gebärdet sich (völlig) ~, reagiert auf etw. ~; ~ schreien, um sich schlagen; nun werde nur nicht (gleich) ~* (ˈnimm dich zusammen und reagiere angemessenˈ)!; *sie weinte ~; sein ~es Benehmen; ein ~es Geschrei; der Kerl, seine Frau ist (ja) ~!* ❖ ↗ **Hysterie**

i, I

ich [ɪç] ⟨Personalpron. der 1. Pers. Sg.; subst.; ↗ TA-FEL VII⟩ /der Sprecher, das Subj. bezeichnet damit sich selbst, die eigene Person/: ~ *und du;* ~ *und wir;* ~ *gehe heute ins Kino;* ~ *bin einverstanden; er hat mich gestern gesehen; er hat mir das Buch gegeben; er hat sich meiner angenommen, als ich dort war;* /als Anrede für die eigene Person, bes. wenn man sich selbst beschimpft/: ~ *Esel, Idiot!;* ~ *habe mich verletzt;* ~ *muss mich beeilen;* ~ *will mir das Rauchen abgewöhnen;* ~ *habe mir das fest vorgenommen;* vgl. *meiner, mir, mich*
MERKE Das Reflexivpron. von *ich* lautet *mich, mir;* ↗ auch *er* (Merke)

ideal [ideˈɑːl] ⟨Adj.⟩ **1.** ⟨Steig. reg., ungebr.⟩ ʿdem Ideal (1) nahe kommend, entsprechendʾ: *er ist (für mich) ein ~er/der ~e Partner; die Bedingungen waren (geradezu) ~; die Gegend ist ~ zum, fürs Wandern; die beiden passen (ganz) ~ zueinander* **2.** ⟨o. Steig.⟩ ʿdem Ideal (2) entsprechend, aber meist nicht real, nicht zu verwirklichenʾ: *diese ~e Zeit hat noch kein Läufer erreicht; das ist ein ~es Prinzip, aber kaum zu verwirklichen* ❖ **Ideal, Idealismus, Idealist, idealistisch;** vgl. **Idee**

Ideal, das; ~s, ~e **1.** ⟨o. Pl.⟩ jmd. od. etw. ist das ~ ⟨+ Gen.attr.⟩ ʿjmd., etw. ist der positive Inbegriff von etw.ʾ: *er war das ~ eines Lehrers, Offiziers; sie war das ~ einer Ärztin* **2.** ʿals ein höchster Wert erkanntes (und angestrebtes) Zielʾ: *ein hohes, unerreichbares ~; ein ~ haben; dies war sein höchstes Ziel; er hat sich seine ~e bis ins hohe Alter bewahrt; für ein ~ kämpfen; ~ und Wirklichkeit klaffen auseinander* ❖ ↗ **ideal**

Idealismus [ideaˈlɪsmʊs], **der;** ~, ⟨o. Pl.⟩ **1.** ʿ(begeistertes) selbstloses Streben nach Verwirklichung von Idealen (2)ʾ: *der ~ der Jugend; sie sorgte voller ~ für die Bedürftigen* **2.** ʿphilosophische Lehre, die davon ausgeht, dass das Bewusstsein, die Idee das Primäre ist und die Materie von ihr als Sekundäres abhängtʾ; ANT Materialismus: *der Philosoph Kant ist ein Vertreter des ~; der ~ Platons* ❖ ↗ **ideal**

Idealist [ideaˈlɪst], **der;** ~en, ~en; ANT Materialist **1.** ʿnach Idealen und ihrer Verwirklichung strebender Menschʾ: *er ist ein ~, handelte als ~* **2.** ʿVertreter des Idealismus (2)ʾ: *der ~ Kant* ❖ ↗ **ideal**

idealistisch [ideaˈlɪst..] ⟨Adj.; o. Steig.⟩ ANT materialistisch **1.** ʿnach Idealen und ihrer Verwirklichung strebendʾ /vorw. auf Personen bez./: *er war ein ~er Mensch, hatte zu vielen Dingen eine ~e Haltung; er war ~ eingestellt; seine Haltung war ~* **2.** ʿvom Idealismus (2) ausgehendʾ: *eine ~e Betrachtungsweise, Weltanschauung* ❖ ↗ **ideal**

Idee [iˈdeː], **die;** ~, ~n [iˈdeːən] **1.** SYN ʿEinfall (1)ʾ; ↗ FELD I.4.1.1: *(plötzlich) eine gute, ausgefallene ~ haben; jmds. ~ verwerfen; von jmds. ~ begeistert sein; auf jmds. ~n eingehen;* /in der kommunikati-

ven Wendung/ *keine ~* (ʿich weiß es auch nicht, kann da auch nicht ratenʾ) */sagt jmd. auf jmds. Frage, wenn er auch nicht weiß, was man in einer solchen Situation tun soll/* **2.** ⟨vorw. Pl.⟩ ʿschöpferischer Gedanke, der als Vorbild, als Anleitung zum Handeln dientʾ: *fortschrittliche, revolutionäre, reaktionäre ~n; die ~n der Aufklärung; sich zur europäischen ~ bekennen; für eine ~ eintreten; eine ~, ~n entwickeln, seine ~n in die Tat umsetzen* ❖ **ideell;** vgl. **ideal**

* **fixe ~** ʿetw., das sich jmd. ganz fest eingebildet hatʾ: *das war (bei ihr) so eine fixe ~; er hat die fixe ~, verfolgt, ständig beobachtet zu werden;* /jmd./ **keine, nicht die geringste ~ haben** ⟨+ Nebens.⟩ ʿetw. überhaupt nicht wissen, von etw. überhaupt nichts verstehenʾ: *ich habe nicht die geringste ~, wie wir das Problem lösen könnten; ich hatte keine ~ davon*

ideell [ideˈɛl] ⟨Adj.; o. Steig.⟩ **1.1.** ⟨nicht präd.⟩ ʿdie mit dem Inhalt verbundenen Gedanken, Ideen betreffendʾ: *~e Gesichtspunkte, Ziele; nach den ~en Gründen von etw. suchen; einem Projekt ~e Hilfe geben; der ~e Gehalt eines Kunstwerkes* **1.2.** ⟨nur attr.⟩ *etw. hat für jmdn. (lediglich) einen ~en Wert* ʿetw. ist für jmdn. wertvoll, weil er damit Erinnerungen o.Ä. verbindet, der materielle Wert ist dagegen geringʾ; ANT materiell: *die Fotos, Bücher, Sammlungen haben für uns einen hohen, nur (einen) ~en Wert* ❖ ↗ **Idee**

identifizieren [idɛntifiˈtsiːrən], identifizierte, hat identifiziert /jmd./ etw., jmdn. als etw., jmdn. ~ ʿauf Grund bestimmter Kennzeichen feststellen, was etw. od. wer jmd. istʾ: *einen Fleck als Blut, einen Verdächtigen als den Täter ~; etw., jmdn. ~: etw. anhand bestimmter Merkmale ~; einen Toten (sofort, leicht) ~* (ʿfeststellen, um welche Person es sich bei dem Toten handeltʾ)

identisch [iˈdɛnt..] ⟨Adj.; o. Steig.; nicht bei Vb.; vorw. präd. (mit *sein*)⟩ /zwei od. mehrere (etw.)/ ~ *sein* ʿin allen od. bestimmten Merkmalen übereinstimmenʾ: *die beiden Aussagen, Texte sind ~; die beiden ~en Aussagen;* /jmd., etw./ *mit jmdm., etw.* ~ *sein:* meine Aussage war mit seiner ~; der Festgenommene ist mit dem Gesuchten ~ (ʿbeide sind ein und derselbeʾ); etw. ist ~: der Inhalt beider Aussagen ist ~ ❖ **identifizieren, Identität**

Identität [idɛntiˈtɛːt/..teːt], **die;** ~, ~en ⟨vorw. Sg.⟩ **1.** *die ~ zweier od. mehrerer (etw.)* ʿdas Identischsein zweier od. mehrerer Sachenʾ: *die beiden Aussagen; die ~ zweier Größen, Begriffe* **2.** *die ~ einer Person feststellen* (ʿfestzustellen suchen, wer diese Person istʾ): *die ~ des Toten festzustellen suchen* ❖ ↗ **identisch**

Ideologie [ideoloˈɡiː], **die;** ~, ~n [..ˈɡiːən] ʿdie Gesamtheit von politischen Anschauungen, die meist die Interessen einer sozialen Gruppe zum Ausdruck bringt': *eine fortschrittliche, reaktionäre ~; eine ~ vertreten, verbreiten; das ist die ~ der Unterdrückten, Herrschenden; die ~ des Bürgertums, einer Partei* ❖ **ideologisch**

ideologisch [ideoˈloːg..] ⟨Adj.; o. Steig.; nicht präd.⟩ 'die Ideologie betreffend' /auf Abstraktes bez./: *~e Auseinandersetzungen; das ~e Bewusstsein einer Schicht, Klasse; sich mit jmdm. ~ auseinander setzen* ❖ ↗ **Ideologie**

Idiot [iˈdi̯oːt], **der**; ~en, ~en Schimpfw. SYN 'Dummkopf'; ↗ FELD I.5.1: *pass doch auf, du ~!; welcher ~ hat denn das angeordnet, gemacht?* ❖ **idiotisch**

idiotisch [iˈdi̯oːt..] ⟨Adj.; Steig. reg.⟩ 'keinerlei Logik, Sinn erkennen lassend' /auf Abstraktes bez./; ↗ FELD I.5.3: *das war eine ~e Arbeit, ein ~er Plan; da ist doch (einfach), ist einfach ~ (SYN 'unsinnig'); etw. ~ finden* ❖ ↗ **Idiot**

Idol [iˈdoːl], **das**; ~s, ~e 'jmd., der von anderen schwärmerisch verehrt wird': *der Sänger ist das ~ der Teenies, aller älteren Damen; sein ~ anbeten, vergöttern*

Idyll [iˈdʏl], **das**; ~s, ~e 'etw., das den Zustand eines friedlichen, beschaulichen, einfachen, meist ländlichen Lebens vermittelt od. darstellt': *ein liebliches, häusliches, kleinbürgerliches, ländliches ~; sich ein ~ schaffen; störe nicht unser ~!; die Gegend ist ein echtes ~* ❖ **idyllisch**

idyllisch [iˈdʏl..] ⟨Adj.; Steig. reg.⟩ 'einem Idyll entsprechend, wie in einem Idyll' /vorw. auf Lokales bez./: *dies ist ein ~es Fleckchen Erde; der Ort ist ~ gelegen; ihr lebt hier ja ganz ~!; die Gegend ist ~* ❖ ↗ **Idyll**

Igel [ˈiːgl̩], **der**; ~s, ~ 'kleines Säugetier, dessen Rücken dicht mit Stacheln besetzt ist' (↗ TABL Säugetiere): *der ~ rollt sich bei Gefahr zusammen*

Ignorant [ɪgnoˈʀant], **der**; ~en, ~en 'jmd., der in Bezug auf etw. wenig Sachkenntnis besitzt und meist auch dumm ist': *ein eingebildeter, hochnäsiger, politischer ~; so ein ~!* ❖ ↗ **ignorieren**

ignorieren [ɪgnoˈʀiːʀən], ignorierte, hat ignoriert /jmd./ etw., jmdn. ~ 'etw., jmdn. absichtlich übersehen, nicht beachten'; ANT beachten (2); ↗ FELD I.18.2: *einen Hinweis, eine Warnung, Anordnung ~; er hat uns (einfach) ignoriert* ❖ **Ignorant**

ihm [iːm] ⟨Dat. vom Personalpron. *er*⟩: *ich will ~ helfen*

ihn [iːn] ⟨Akk. vom Personalpron. *er*⟩: *ich habe ~ erkannt, gesehen*

ihnen [ˈiːnən] ⟨Dat. vom Personalpron. (Pl.) *sie* (2)⟩: *ich habe ~ das Buch gegeben;* /für eine mit *Sie* angeredete Person unabhängig vom Geschlecht/: *darf ich Ihnen etw. anbieten?*

ihr [iːʀ] **I.** ⟨Personalpron.; subst.⟩ **1.** ⟨2. Pers. Pl.⟩ **1.1.** /für mehrere mit *du* angeredete Personen unabhängig vom Geschlecht als vertrauliche Form der Anrede od. für mehrere Kinder als Anrede/ (↗ TAFEL VII): *geht ~ morgen ins Kino?; ich habe euch gestern gesehen; ich gratuliere euch zu diesem Er-*

folg; *wir werden uns euer annehmen, wenn ~ hierher kommt;* /als Anrede bei Beschimpfungen/: *~ Idioten!;* /in der Anrede in Briefen/: *Ihr Lieben!;* ↗ auch *du, Sie* **1.2.** ⟨refl.; nur im Akk. u. Dat.; ↗ TAFEL VII⟩ **1.2.1.** ⟨Akk.⟩ *~ habt euch verletzt?; ~ müsst euch beeilen!* **1.2.2.** ⟨Dat.⟩ *~ wollt euch das Rauchen abgewöhnen?; ~ habt euch da vielleicht was vorgenommen!* **1.3.** ⟨rez.; nur im Akk. und Dat.⟩ **1.3.1.** ⟨Akk.⟩ *~ habt euch geküsst; habt ~ euch gut vertragen?* **1.3.2.** ⟨Dat.⟩ *habt ~ euch (gegenseitig) geholfen?;* vgl. *euer, euch* **2.** ⟨3. Pers. Sg. Fem.; Dat. von ↗ *sie* (1)⟩ — **II.1.** ⟨Possessivpron. zum Personalpron. *sie* (1); Mask. u. Neutr. Sg.; Fem. Sg. **ihre** (↗ TAFEL VIII) '(zu) ihr gehörend' **1.1.** ⟨adj.⟩ *~ Sohn, Kind, Hund, Haus; das Buch ~es Sohnes; in ~em Garten blüht alles so schön; sie zieht jetzt in ~ neues Haus; sie wohnt jetzt in ~em neuen Haus; das ist ~e Tochter, ~e neue Wohnung* **1.2.** ⟨subst.; geh. auch mit Art.⟩ *unser Haus steht neben ~em/neben dem ~en; wir fuhren nicht mit unserem Auto, sondern mit ~em* **2.** ⟨Possessivpron. zum Personalpron. *sie* (2); Mask., Neutr.; Fem. Pl. **ihre**⟩ '(zu) ihnen gehörend' **2.1.** ⟨adj.⟩ *das ist das Haus meiner Eltern und das ist auch ~ Hund; beide Brüder starben früh, ~ Vermögen, ~e Hinterlassenschaft wurde unter den Erben aufgeteilt; sie hat ~e Töchter früh verloren; ~e Verwandten wohnen alle in N* **2.2.** ⟨subst.; geh. auch mit Art.⟩ *unsere Fahrräder stehen neben ~en/neben den ~en; wir nehmen nicht unsere Autos, wir nehmen ~e* ❖ **ihrerseits, ihresgleichen, ihretwegen**

MERKE Das Reflexivpron. von *ihr* (1) lautet *euch;* ↗ auch *er* (Merke)

ihre [ˈiːʀə] ↗ *ihr* (II)

ihrer [ˈiːʀɐ] ⟨Gen. vom Personalpron. *sie* (1,2); in Verbindung mit best. Verben⟩ *wir werden ~ gedenken;* ↗ *sie*

ihrerseits [ˈiːʀɐzaɪ̯ts] ⟨Adv.; dem Subst. voran- oder nachgestellt⟩ 'von ihrer Person ausgehend': *gibt es ~ Bedenken gegen diesen Vorschlag?; hat sie, haben sie ~ Bedenken/Bedenken ~?;* /für eine mit *Sie* angeredete Person unabhängig vom Geschlecht/: *haben Sie Ihrerseits Bedenken?*

ihresgleichen [ˈiːʀəsɡlaɪ̯/..ˈg..] ⟨Indefinitpron.; indekl.; subst.; ↗ TAFEL X⟩ 'jmd. wie sie, Menschen von ihrer Art': *das ist nichts für Leute wie (sie und) ~;* /für eine mit *Sie* angeredete Person unabhängig vom Geschlecht/: *Leute wie (Sie und) Ihresgleichen* ❖ ↗ **ihr,** ↗ **¹gleich**

ihretwegen [ˈiːʀət..] ⟨Adv.⟩ 'aus Gründen, die sie (1) betreffen': *er ist ~ gekommen;* /für eine mit *Sie* angeredete Person unabhängig vom Geschlecht/: *er ist Ihretwegen gekommen* ❖ ↗ **ihr,** ↗ **wegen**

illegal [ˈɪleɡaːl/..ˈg..] ⟨Adj.; o. Steig.⟩ SYN 'gesetzwidrig'; ANT legal /vorw. auf Aktionen bez./: *~er Waffenbesitz, ~e Geschäfte; sich ~ betätigen; diese Maßnahmen sind ~; etw. auf ~e Weise suchen; etw. ~ vertreiben* ❖ ↗ **legal**

illegitim [ˈɪleɡitiːm/..ˈt..] ⟨Adj.; o. Steig.; vorw. attr.⟩ 'nicht rechtmäßig'; ANT legitim (2): *eine ~e Ein-*

mischung; eine ~e Forderung; sein Vorgehen ist ~
❖ ↗ **legitim**
Illusion [ɪluˈz̯i̯oːn], **die**; ~, ~en ˈallzu optimistische
Vorstellung von der Wirklichkeit': *das sind, waren*
gefährliche, romantische ~en; die ~en der Jugend-
zeit; sie betrieben eine Politik der ~en; mit, durch
etw. bei jmdm. ~en wecken, nähren; jmdm. seine
~(en) nehmen, rauben, zerstören; etw. verbreitet,
erzeugt bei jmdm. die ~ von Wärme, Gediegenheit,
Sicherheit; an einer ~ festhalten; sich von einer ~
trennen; vor ~en warnen; sich vor ~en hüten; seine
Hoffnungen beruhten nur auf ~; es ist eine ~ zu
glauben, es gäbe nun keine Schwierigkeiten mehr zu
bewältigen/dass man nun alles geschafft hätte;
(keine) ~en haben, sich über etw. keine ~ machen
(ˈetw. bewusst realistisch betrachten, beurteilen') ❖
illusionär, illusorisch
illusionär [ɪluzi̯oːˈnɛːɐ̯/..ˈneːɐ̯] ⟨Adj.; Steig. reg., un-
gebr.; nicht bei Vb.⟩ ˈauf Illusion(en) beruhend';
ANT realistisch: *~e Pläne, Vorstellungen; jmd. be-*
treibt eine ~e Politik; seine Pläne waren ~; seine
Anschauungen hatten ~e Züge ❖ ↗ **Illusion**
illusorisch [ɪluˈzoːʀ..] ⟨Adj.; Steig. reg., ungebr.; nicht
bei Vb.⟩ ˈillusionär': *eine ~e Vorstellung von der*
Wirklichkeit haben; es ist völlig ~ (ˈzwecklos'), auf
seine Hilfe zu rechnen ❖ ↗ **Illusion**
Illustration [ɪlustʀaˈtsi̯oːn], **die**; ~, ~en 1. ⟨vorw.
Sg.⟩ /zu *illustrieren* (1,2)/ ˈdas Illustrieren'; /zu 1/:
die ~ eines Buches; /zu 2/: *die ~ eines Vorgangs;*
zur ~ der Ereignisse Material, Beschreibungen bei-
fügen 2. ˈBilder, Abbildungen, die einen Text an-
schaulich machen sollen': *ein Buch mit ~en (verse-*
hen) ❖ ↗ **illustrieren**
illustrieren [ɪluˈstʀiːʀən], illustrierte, hat illustriert 1.
/jmd., bes. Fachmann/ *etw. ~* ˈTexte, ein Buch mit
Illustrationen (2) versehen': *ein Buch, Lexikon,*
Fachbuch, einen Text ~; eine illustrierte Zeitschrift;
der Reiseführer war reich illustriert 2. /jmd./ *etw.*
mit, durch etw. ~ ˈetw. mit, durch etw. anschaulich
machen': *seine Darlegungen, Darstellungen, seine*
Rede mit Beispielen, mit Anschauungsmaterial, Bil-
dern, durch eigene Erfahrungen ~ ❖ **Illustration, Il-**
lustrierte
Illustrierte [ɪluˈstʀiːɐ̯tə], **die**; ~n, ~n ˈZeitschrift, in
der Abbildungen, Bilder den Vorrang vor dem Text
haben': *jmd. hat mehrere ~ abonniert; zwei ~/~n*
kaufen; über das Ereignis haben die, alle ~n berich-
tet ❖ ↗ **illustrieren**
Iltis [ˈɪltɪs], **der**; ~ses, ~se 1. ˈkleiner Marder von
meist brauner Färbung'; ↗ FELD II.3.1 2. ⟨o.Pl.⟩
ˈFell von Iltis (1)': *eine Jacke aus ~*
im [ɪm] ⟨Verschmelzung von Präp. *in* (Dat.) + Art.
(dem)⟩ ↗ *in*
Image [ˈɪmɪtʃ], **das**; ~/auch ~s, ~s ˈVorstellung, die
die Öffentlichkeit mit einer Person od. Sache ver-
bindet und die oft von der Person, für die Sache
bewusst erzeugt wird': *sich ein attraktives, positives*
~ schaffen, aufbauen; das ~ einer Firma (pflegen);
das schadet dem, seinem ~; sein negatives ~; darun-
ter leidet das ~, dadurch wurde sein ~ zerstört; er

hat das ~ der Zuverlässigkeit, Ehrlichkeit; er ver-
körpert das ~ des erfolgreichen Managers
Imbiss [ˈɪmbɪs], **der**; ~es, ~e ˈkleine Mahlzeit (1), die
meist unterwegs und im Stehen eingenommen wird,
die meist nicht aus warmem Essen besteht'; ↗
FELD I.8.1: *(nur) einen (kleinen) ~ (ein)nehmen,*
zu sich nehmen; einen ~ zubereiten; beim Empfang,
während der Pause wurde ein kleiner ~ gereicht
imitieren [imiˈtiːʀən], imitierte, hat imitiert 1. /jmd./
jmdn., etw. ~ ˈjmdn., etw. nachahmen (1.1)': *jmdn.,*
jmds. Stimme ~; er konnte seine Lehrer ~ 2. /jmd.,
Unternehmen/ *etw. ~* ˈein bestimmtes natürliches
Material künstlich herstellen, sodass es äußerlich
dem echten gleichkommt': *Leder, Holz ~; eine Ta-*
sche aus imitiertem Leder; ein Schrank aus imitier-
tem Holz
Imker [ˈɪmkɐ], **der**; ~s, ~ ˈjmd., der sich mit der Hal-
tung und Zucht von Bienen befasst, um Honig,
Wachs zu gewinnen'; ↗ FELD I.10: *er ist ~*
¹immer [ˈɪmɐ] ⟨Adv.⟩ **I.1.** SYN ˈjederzeit'; ↗ FELD
VII.2.3: *er war ~ höflich, wir werden ~ an euch*
denken; er kommt ~ zu spät (ANT nie); *das hat er*
~ schon/schon ~ prophezeit; er ist ~ zu Scherzen
aufgelegt; nicht ~ ist alles so rosig; ~ fühlt er sich
so allein; ~ fehlt irgendetwas; alles war wie ~ (ˈwar
unverändert'); *ein Abschied für/auf ~* (ˈein endgül-
tiger Abschied'); *ich traf ihn ~ mal* (ˈgelegentlich')
2. *~ wenn*: ↗ *wenn* (2) — **II.1.** ⟨vor Adj., Adv. im
Komp.⟩ /deutet an, dass das im Adj., Adv. Ge-
nannte immer häufiger und stärker auftritt/ ˈin zu-
nehmendem Maße': *sie wird ~ hübscher; er hört ~*
schlechter; das Wetter wird ~ schöner; er forderte
~ mehr; er fuhr immer schneller, langsamer; unsere
Oma ist ~ häufiger erkältet **2.** ⟨in Verbindung mit
wer, was, wann, wie, wo; mit od. ohne *auch*⟩ z. B.
wer ~ auch: ↗ *²auch* (1) ❖ **immergrün, -zu**
²immer ⟨Modalpartikel; betont od. unbetont; bezieht
sich auf den ganzen Satz⟩ **1.** ⟨betont; steht am An-
fang von (elliptischen) Aufforderungssätzen⟩ /der
Sprecher gibt der Aufforderung einen vertraulichen
und persönlichen Charakter/ SYN ˈ²*nur* (1): *Im-*
mer langsam!; Immer mit der Ruhe!; Immer rein in
die gute Stube!; Immer frisch von der Leber! **2.** ⟨in
Aufforderungssätzen; unbetont⟩ /gibt dem Satz
konzessiven Charakter; drückt aus, dass der Sach-
verhalt ohne Einfluss auf das Geschehen ist/: ⟨oft
mit *nur*⟩ *mögen sie (nur) ~ schimpfen, es nutzt ih-*
nen nichts; soll er (nur) ~ glauben, wir haben nichts
gemerkt **3.** ⟨in Aufforderungssätzen, die die Form
von Aussagesätzen haben; unbetont; + *schon,*
inzwischen⟩ /fordert in freundlicher Weise zum
Handeln auf, das man nicht länger auf jmdn., etw.
warten will/: *ich denke, wir fangen ~ schon, inzwi-*
schen ~ mal an; wir gehen ~ schon los
immer [ˈ..]-**grün** ⟨Adj.; nicht bei Vb.⟩ ˈdas ganze Jahr
über grün bleibend' /auf Pflanzen bez./; ↗ FELD
VII.2.3: *eine ~e Pflanze* ❖ ↗ ¹*immer*, ↗ *grün*; **-hin**
⟨Modalpartikel; betont od. unbetont; steht auch
am Satzanfang; bezieht sich auf den ganzen Satz;
steht in Aussagesätzen⟩ /einem negativ bewerteten

Sachverhalt wird ein positiver gegenübergestellt od. umgekehrt; der Ausgleich wird aber nicht als total angesehen/: *es ist jetzt acht Uhr, da haben wir ~ noch zwei Stunden Zeit; er hat kaum etwas gesagt, aber seinen Namen hat er ~ genannt; schimpf nicht auf ihn, er hat dir ~ geholfen; meckere nicht, er ist ~ dein Bruder; ~ hat er das Buch zurückgegeben; ~ hat es aufgehört zu schneien;* **-zu** ['../..'tsu:] ⟨Adv.⟩ '[1]immer (I.1)'; ↗ FELD VII.2.3: *er ist ~ in Eile; sie hat ~ irgendwelche Wünsche, muss ~ irgendetwas kritisieren, hat ~ ein Wehwehchen* ❖ ↗ [1]immer

Immigrant [ɪmi'gʀant], **der**; ~en, ~en SYN 'Einwanderer'; ANT Emigrant: *~en aus den osteuropäischen Nachbarländern; das Land nimmt keine ~en mehr auf* ❖ ↗ **immigrieren**

Immigration [ɪmigʀa'tsi̯oːn], **die**; ~, ~en ⟨vorw. Sg.⟩ 'das Einwandern'; ANT Emigration (2): *die ~ von Menschen aus ehemals deutschen Siedlungsgebieten; die ~ stoppen, beschränken* ❖ ↗ **immigrieren**

immigrieren [ɪmi'gʀiːʀən], immigrierte, ist immigriert /jmd./ SYN 'einwandern'; ANT emigrieren, auswandern: *sie sind aus Polen, Russland immigriert* ❖ **Immigrant, Immigration**

Immobilie [ɪmo'biːli̯ə], **die** ⟨vorw. Pl.⟩ 'Besitz, Eigentum in Form von Grundstücken, Häusern'; ↗ FELD I.15.1: *mit ~n handeln; sein Geld in ~n anlegen; ~n sind eine sicherere Kapitalanlage;* vgl. *Objekt (2)*

immun [ɪ'muːn] ⟨Adj.; o. Steig.; vorw. präd. (mit *sein, werden*)⟩ /jmd./ *gegen etw.* ~ **sein 1.1.** 'widerstandsfähig gegen bestimmte Krankheitserreger sein': *er ist (durch die Impfung) gegen Masern, Scharlach ~; gegen Diphtherie ~e Patienten; jmdn. gegen etw. ~ machen* **1.2.** 'gegen bestimmte Einflüsse gefestigt sein': *gegen Versuchungen, Propaganda, Werbung ~ sein* ❖ **Immunität**

Immunität [ɪmuni'tɛt/..teːt], **die**; ~, ⟨o.Pl.⟩ **1.** *die ~ gegen etw.* 'die Widerstandsfähigkeit gegen bestimmte Krankheitserreger': *die ~ des Körpers, Organismus gegen Typhus, gegen den Grippevirus, gegen Krankheitskeime; die Impfung bewirkt eine lebenslange ~ (gegen Masern)* **2.** 'bes. für Parlamentarier geregelter gesetzlicher Schutz vor strafrechtlicher Verfolgung': *jmd. genießt, besitzt ~; die ~ des Abgeordneten wurde (nach diesem Vorfall) aufgehoben* ❖ ↗ **immun**

Imperialismus [ɪmpeʀi̯a'lɪsmʊs], **der**; ~, ⟨o.Pl.⟩ 'Streben einer Großmacht nach immer weiterer Ausdehnung des Bereichs ihrer Macht und ihres Einflusses': *der koloniale ~; das Land betrieb eine Politik des ~*

impfen ['ɪmpfn̩] ⟨reg. Vb.; hat⟩ /jmd./ *jmdn. gegen etw.* ~ 'einen Stoff in jmds. Körper bringen, der ihn gegen bestimmte Krankheitserreger immun (1.1) macht': *das Baby gegen Polyomyelitis, Keuchhusten ~ (lassen); jmdn. gegen Tetanus ~; er wurde, ist (gegen Diphtherie) geimpft* ❖ **Impfung — Schutzimpfung**

Impfung ['ɪmpf..], **die**; ~, ~en 'das Impfen': *~en durchführen, vornehmen; eine ~ gegen Tetanus; eine Epidemie durch ~en eindämmen* ❖ ↗ **impfen**

imponieren [ɪmpo'niːʀən], imponierte, hat imponiert /jmd., etw./ *jmdm.* ~ 'jmds. Bewunderung erregen': *er wollte ihr mit seinem Wissen, seiner Kraft ~; eine ~de Leistung, Handlungsweise; mit solchen unsinnigen Mutproben kannst du mir überhaupt nicht ~; seine Haltung, sein Mut, seine Besonnenheit imponiert mir;* vgl. *beeindrucken*

Import [ɪm'pɔʀt], **der**; ~es/auch ~s, ~e ⟨vorw. Sg.⟩ SYN 'Einfuhr (1)'; ANT Export, Ausfuhr (1); ↗ FELD I.16.1: *der ~ von Getreide, Rohstoffen, Autos; den ~ stoppen, steigern, drosseln* ❖ **importieren**

importieren [ɪmpɔʀ'tiːʀən], importierte, hat importiert /jmd., Unternehmen, Staat/ *etw.* ~ SYN 'etw. einführen (2)'; ANT importieren, ausführen (2)'; ↗ FELD I.16.2: *Getreide, Nahrungsmittel, Baumwolle ~; in diesem Jahr wurden weniger Autos (aus Frankreich, Japan) importiert* ❖ ↗ **Import**

impotent ['ɪmpotɛnt] ⟨Adj.; o. Steig.; nicht bei Vb.⟩ 'generell unfähig zum Geschlechtsverkehr' /auf Männer bez./: *er ist, wurde ~; die Strahlung hat ihn ~ gemacht; ein ~er Mann* ❖ **Impotenz**

Impotenz ['ɪmpotɛnts], **die**; ~, ⟨o.Pl.⟩ 'das Impotentsein': *ein Mittel gegen ~; eine psychisch bedingte ~; die Ehe scheiterte an seiner ~* ❖ ↗ **impotent**

imprägnieren [ɪmpʀɛ'gniːʀən], imprägnierte, hat imprägniert /jmd., bes. Fachmann/ *etw.* ~ 'einen Stoff mit flüssigen Chemikalien tränken, um ihn haltbar(er) zu machen, seine Eigenschaften zu verbessern': ⟨oft im Pass.⟩ *Holz, Leder ~; ein Gewebe ~ ('wasserdicht machen'); das Gewebe wird, ist imprägniert*

Improvisation [ɪmpʀoviza'tsi̯oːn], **die**; ~, ~en **1.** ⟨vorw. Sg.⟩ 'das Improvisieren (1)': *jmd. ist zur ~ fähig* **2.** 'die Verarbeitung einer Melodie aus dem Stegreif': *Bach war ein Meister der ~; die Kunst der ~* **3.1.** 'das Improvisierte (↗ improvisieren 1), aus dem Stegreif Dargebotene': *seine Rede war eine geistvolle, gelungene ~; sein Vortrag war reine ~* **3.2.** 'das Improvisierte (↗ improvisieren 2)': *~en auf dem Klavier spielen* ❖ ↗ **improvisieren**

improvisieren [ɪmpʀovi'ziːʀən], improvisierte, hat improvisiert **1.** /jmd./ *etw.* ~ 'etw. unvorbereitet, aus dem Stegreif tun, zustande bringen': *einen Ausflug, eine Feier ~; eine improvisierte Rede halten; aus Zeitmangel ~ müssen* **2.** /Musiker/ *der Pianist improvisierte* ('verarbeitete eine Melodie aus dem Stegreif') ❖ **Improvisation**

Impuls [ɪm'pʊls], **der**; ~es, ~e **1.** ⟨vorw. Pl.⟩ SYN 'Anregung (2)': *die Reise gab dem Schriftsteller neue, wichtige, fruchtbare, schöpferische ~e für sein Schaffen; ~e zu einer Diskussion geben; ~e durch die Lektüre eines Buches, durch Reisen erhalten; von etw., jmdm. gehen ~e aus: von dieser Ausstellung gingen wichtige ~e für die moderne Malerei aus* **2.** 'plötzlicher innerer Drang, etw. Bestimmtes zu tun': *einem ~ folgen; etw. aus einem ~ heraus tun;*

im ersten ~ ʿin der ersten Reaktion daraufʾ: *im ersten ~ wollte ich aufspringen, aber* ... ❖ **impulsiv**
impulsiv [ɪmpʊlˈziːf] ⟨Adj.; Steig. reg.⟩ ʿImpulsen (2) schnell folgendʾ; ↗ FELD I.2.3: *ein ~er junger Mann; seine ~e Natur brachte ihn öfter zu unüberlegten Handlungen; sie reagiert meist sehr ~* (SYN ʿspontanʾ) ❖ ↗ **Impuls**
imstande, auch **im Stande** [ɪmˈʃtandə] /jmd./ *~ sein* ⟨mit Nebens. u. Inf. + *zu*⟩ ʿfähig (1.2)ʾ: *sie ist ~, mehrere Dinge auf einmal zu tun; ich bin nicht ~, die Arbeit termingerecht abzuliefern; ich bin jetzt nicht mehr ~ zuzuhören, aufzustehen; ich war nicht (mehr) ~, ihm zu helfen;* emot. neg. *~ sein und ...: er ist ~ und verspielt sein ganzes Geld* (ʿihm traue ich zu, dass er sein ganzes Geld verspieltʾ); *der ist ~ und lässt sich tätowieren!; die ist ~ und plaudert das sofort aus!* ❖ vgl. **außerstande**
in [ɪn] ⟨Präp. mit Dat. u. Akk.; vorangestellt; vor best. Art. Mask., Neutr. häufig nur *im, ins*⟩ **1.** ⟨mit Dat.⟩ /lokal; gibt die Lage innerhalb eines Bereiches an; der Bereich kann ein Gebäude, Gegenstand, ein Ort, eine Institution, ein Material sein od. kann räumlich interpretiert werden/: *er sitzt ~ der Küche, ~ der Stube; er saß ~ der Ecke; er saß ~ einem Sessel, im Sessel; der Braten ist ~ der Backröhre; ~ einer sehr belebten Straße wohnen; sie wohnt ~ N; ein Ferienhaus ~ der Provence; ~ Deutschland, Frankreich leben; er hat ein Konto ~ der Schweiz; das Haus liegt ~ den Bergen, Alpen, in der Nähe; er ist Mitarbeiter ~ einer staatlichen Behörde; er ist ~ der Firma X angestellt; ~ der Milch schwamm eine Fliege* **2.** ⟨mit Akk.⟩ /lokal; gibt die Richtung einer Bewegung an, deren Ziel ein Raum, Bereich, eine Gegend, ein Gegenstand ist/: *er ging ~* (ANT aus 1) *die Küche, Bibliothek; er setzte sich ~ die Ecke; er fährt ~ die Provence, ~ die Schweiz, ~ die Berge, Alpen; ~ die Ferne blicken; ~ das/ins Gebäude eintreten; ~ eine Wohnung einbrechen; ~ die Badewanne steigen; er setzte sich ~ den Sessel; Zucker ~ den Tee schütten* **3.** ⟨mit Dat.; in Verbindung mit Zeitbegriffen⟩ /temporal; gibt den ungefähren Zeitraum für eine Handlung an/: *~ den Ferien verreisen wir; der Unfall ereignete sich ~ den frühen Morgenstunden; ~ aller Frühe* (ʿsehr frühʾ) *aufstehen; er ist im* (SYN ʿaufʾ) *Urlaub;* /gibt einen Zeitraum in der Zukunft an/: *~ einer Stunde essen wir; ~ drei Jahren kehrt er zurück; das Vergnügen findet ~ acht Tagen statt; ~ ein paar Minuten läuft der Zug ein* **4.** ⟨mit Akk.; in Verbindung mit Zeitbegriffen⟩ /temporal; gibt die zeitliche Erstreckung in der Zukunft od. Vergangenheit an/: *das reicht weit ins vorige Jahrhundert, ~ die Vergangenheit (zurück); das reicht weit ~ die Zukunft; er schrieb, las bis ~ die späte Nacht (hinein)* **5.** /modal/ **5.1.** ⟨mit Dat.⟩ /gibt die Art u. Weise, den begleitenden Umstand in best. Wendungen an/; SYN ²mit (2.3): *etw. ~ aller Offenheit, im Scherz sagen; ~ Scharen, Haufen anmarschiert kommen; etw. ~ aller Eile erledigen; etw. ~ Demut, Trauer tun, äußern; er sprach ~ Bildern, Rätseln*

5.2. ⟨in festen Verbindungen; o. Art.; o. Kasusforderung⟩ /gibt an, dass etw., jmd. innerhalb eines Bereiches ist, der durch Sehen, Hören bestimmt ist; beschränkt verbindbar/; ANT außer: *er war ~ Sicht, Hörweite; er geriet ~ Sichtweite* **5.3.** ⟨o. Art.; o. Kasusforderung⟩ /gibt in Verbindungen einen Zustand od. die Veränderung eines Zustands an/; ANT außer: *die Maschine ist ~ Betrieb; die Maschine ~ Betrieb setzen* **5.4.** ⟨o. Kasusforderung; in Verbindung mit Sprachbez.⟩ /weist auf die Sprache hin, in der etw. vermittelt wird/; SYN auf (7.3): *etw. ~ Russisch, Englisch darlegen; sich ~ Französisch unterhalten; seinen Vortrag ~ Englisch halten* **5.5.** ⟨o. Kasusforderung; in Verbindung mit Farbbez.⟩ /gibt die Farbgestaltung einer Sache an/: *das Kleid ist ganz ~ Blau gehalten; haben Sie das Kleid auch ~ Grün?* **6.** ⟨in fester Abhängigkeit von Verben⟩: *~ ein Lied einstimmen, ~ ein Gelächter ausbrechen* ❖ **darin, drin, hierin, Inanspruchnahme, ¹indessen, ¹,²infolge, infolgedessen, Inland, Insasse, inwendig, inzwischen, worin;** vgl. **innen**
MERKE Zu *in* (2): Bei Ländernamen o. Art. wird *nach,* nicht *in* verwendet: *er fuhr ~ die Türkei,* aber: *er fuhr nach Spanien;* zu *in* (3): ↗ ²an (Merke)
Inanspruchnahme [ɪnˈʔanʃprʊxnaːmə], **die;** ~, ⟨o.Pl.⟩ **1.** ʿdas Beanspruchen (1) und Nutzen einer Sacheʾ: *die ~ von Vorteilen, Rechten, Vergünstigungen* **2.** *trotz seiner ~ durch den Beruf* (ʿobwohl er durch seinen Beruf stark in Anspruch genommen, belastet wurdeʾ) *widmete er sich intensiv seiner Familie* ❖ ↗ **in,** ↗ **Anspruch,** ↗ **nehmen**
Inbegriff [ˈɪn..], **der;** ~es/auch ~s, ⟨o.Pl.; + Gen.attr.⟩ ʿPerson, Sache, die beispielhaft einen Typ, das Muster von etw. verkörpertʾ; SYN Prototyp (1), Typ (1.2): *er ist der ~ der Selbstbeherrschung; die Atombombe wurde zum ~ des Schreckens; er war der ~ eines pflichtbewussten Lehrers, Beamten* ❖ **inbegriffen**
inbegriffen [ˈɪnbəɡrɪfn̩] ⟨Adj.; nur präd. (mit *sein*)⟩ /etw., bes. bestimmte rechnerische Größe/ *in etw.* ⟨Dat.⟩ *~ sein* ʿin etw. mit enthalten seinʾ: *die Verpackung ist im Preis ~; die Heizungskosten sind in der Miete ~; die Miete beträgt 900 Mark, die Kosten für Wasser, Strom ~/~ die Kosten für ...* ❖ ↗ **Inbegriff**
Inbrunst [ˈɪnbrʊnst], **die;** ~, ⟨o.Pl.⟩ geh. ʿsehr tiefes, leidenschaftliches Gefühl für jmdn., etw.ʾ; ↗ FELD XII.3.1: *die ~ seiner Liebe, seines Glaubens; etw. mit ~ ersehnen, erhoffen; sie sang, betete voller ~* ❖ **inbrünstig**
inbrünstig [ˈɪnbrʏnstɪç] ⟨Adj.; Steig. reg.⟩ ʿvoller Inbrunstʾ: *etw. ~ ersehnen, erhoffen; jmdm. eine ~e Verehrung entgegenbringen; ein ~es Gebet zum Himmel schicken* ❖ ↗ **Inbrunst**
indem [ɪnˈdeːm] ⟨Konj.; subordinierend; der Nebensatz steht vor od. nach dem Hauptsatz; das Subj. von Haupt- und Nebensatz ist meist identisch⟩ **1.** /gibt an, dass der durch *indem* eingeleitete Nebensatz das Mittel bildet, mit dem der Sachverhalt des Hauptsatzes realisiert wird/; SYN dadurch, dass

(2.3) ...: *er verschaffte sich Einlass, ~ er laut an die Tür klopfte; er hat den Stuhl verkürzt, ~ er ein Stück von den Beinen abgeschnitten hat; ~ er seine Memoiren veröffentlichte, hat er viel zur Erklärung jener Zeit beigetragen* **2.** /gibt an, dass der durch *indem* eingeleitete Nebensatz einen (notwendigen) Begleitumstand zum Sachverhalt des Hauptsatzes darstellt/; SYN **wobei**: *er fragte uns nach unserem Wunsch, ~ er den Kopf zur Seite neigte; er bat uns um etwas Geld, ~ er sich vorsichtig umblickte*

¹indessen [ɪn'dɛsn̩], veraltend **indes** [ɪn'dɛs] ⟨Adv.⟩ SYN 'inzwischen (1)' /betont die Gleichzeitigkeit/: *ich gehe einkaufen, du kannst ~ in Ruhe deine Arbeit beenden/~ kannst du ...; ich koche, das Kind spielt ~/~ spielt das Kind* ❖ ↗ **in**

²indessen, veraltend **indes** ⟨Konj.; subordinierend; der Nebensatz steht vor od. nach dem Hauptsatz; die Tempusformen stimmen überein⟩ **1.** /temporal; gibt Gleichzeitigkeit an; die Sachverhalte des Haupt- und Nebensatzes stimmen zeitlich überein/; SYN **während**: *~ sie las, schlief er; ~ sie verreist waren, renovierte er die Wohnung/er renovierte die Wohnung, ~ sie verreist waren* **2.** /gibt Gleichzeitigkeit und zugleich einen Gegensatz an/; SYN **wohingegen**: *die einen saßen und schliefen, ~ die anderen Karten spielten* ❖ ↗ **in**

Indianer [ɪn'di̯aːnɐ], der; ~s, ~ 'Angehöriger der Urbevölkerung Amerikas mit glänzend schwarzem Haar und rötlichbrauner Hautfarbe': *die Kinder spielen Trapper und ~; ein Häuptling der ~*

indirekt ['ɪndiRɛkt] ⟨Adj.; o. Steig.; vorw. attr.⟩ **1.** SYN 'mittelbar' /vorw. auf Abstraktes bez./: *das ist ein ~er Beweis; er ist nur ~ davon betroffen; etw. auf ~em Wege errechnen; ~ hat er es zugegeben* **2.** ⟨nur attr.⟩ *die ~e* (ANT direkte 6) *Rede* ('nicht wörtliche Wiedergabe einer sprachlichen Äußerung'): *eine ~e Frage, ein ~er Fragesatz* ❖ ↗ **direkt**

indiskret ['ɪndɪskReːt] ⟨Adj.; Steig. reg., ungebr.⟩ **1.1.** 'die gebotene Zurückhaltung nicht wahrend'; SYN taktlos; ANT diskret /auf Personen und ihr Verhalten bez./: *sein Benehmen, seine ~e Frage, Bemerkung hat mich befremdet; jmdn. ~ etw. fragen; deine Frage ist ~* **1.2.** ⟨nur präd. (mit *sein*)⟩ /jmd./ *~ sein* 'etw. (Heikles) ausplaudern': *erzähl ihr nichts davon, sie ist ~* ❖ ↗ **diskret**

individuell [ɪndivi'du̯ɛl] ⟨Adj.; o. Steig.⟩ **1.1.** 'dem Individuum eigen (1,2)': *~e Bedürfnisse respektieren; ~e Fähigkeiten fördern, erkennen, richtig einsetzen* **1.2.** 'auf das Individuum bezogen': *das muss ~ entschieden, verantwortet werden; Kinder ~* ('entsprechend ihrer Eigenart') *erziehen; eine ~e Erziehung* ❖ ↗ **Individuum**

Individuum [ɪndi'viːdu̯ʊm], das; ~s, Individuen [..'viːdu̯ən] **1.** ⟨vorw. mit best. Attr.⟩ 'Mensch als einzelnes Wesen': *von den Bedürfnissen des ~s ausgehen; den Menschen als ~ betrachten, behandeln* **2.** ⟨vorw. mit Demonstrativpron. u. unbest. Art.⟩ emot. neg. 'Person (1)': *ein verdächtiges, gefährliches, fragwürdiges, seltsames ~; dieses ~ verheimlicht mir doch etwas!* ❖ **individuell**

Indiz [ɪdiːts], das; ~es, ~ien [..tsi̯ən] **1.** ⟨vorw. Pl.⟩ 'Anzeichen dafür, dass jmd. eine bestimmte Straftat begangen hat': *die ~ien sprechen gegen ihn, gegen seine Unschuld; jmdn. auf Grund von ~ien verurteilen; das fehlende Alibi, der am Tatort gefundene Knopf sind ein sicheres, wichtiges ~ dafür, dass er der Täter ist; das sind nur ~ien, keine Beweise!* **2.** ⟨vorw. Sg.⟩ *etw. ist ein ~ für etw.* 'etw. ist ein Merkmal für etw., etw. deutet auf etw. hin': *die erhöhte Kaufkraft ist ein ~ für den steigenden Lebensstandard; die hohen Temperaturen im Sommer sind ein ~ für einen Klimawechsel*

Industrie [ɪndʊ'stRiː], die; ~, ~n [..'stRiːən] ⟨vorw. Sg.⟩ 'Gesamtheit von Betrieben, in denen maschinell in großem Umfang Produkte, Waren hergestellt, Rohstoffe gewonnen, verarbeitet werden': *die ~ unseres Landes; die chemische, metallurgische, pharmazeutische, elektronische ~; eine moderne, leistungsfähige ~; die ~ modernisieren; in der ~ arbeiten* ❖ **industriell** — **Industrieland, -produktion, -zweig, Schlüsselindustrie, Schwerindustrie, Textilindustrie**
MERKE Die Bereiche der Industrie werden meist in Form von Komposita benannt, z. B.: *Bekleidungsindustrie, Leichtindustrie, Schwerindustrie, Rüstungsindustrie*

Industrie|land ['..st..], das ⟨Pl.: ~länder⟩ 'Land, dessen Wirtschaft bes. durch die Industrie bestimmt wird': *Deutschland ist ein ~* ❖ ↗ **Industrie,** ↗ **Land**

industriell [ɪndʊstRi̯'ɛl] ⟨Adj.; o. Steig.; nicht präd.⟩ 'die Industrie betreffend' /auf Tätigkeiten, Prozesse bez./: *die ~e Produktion; ein ~ rückständiges Land; die ~e Entwicklung eines Landes; etw. ~* ('nicht handwerklich') *herstellen* ❖ ↗ **Industrie**

Industrie [..'st..]|-**produktion,** die 'Produktion, die durch die Industrie geleistet wird': ↗ FELD V.8.1: *die ~ verstärken, senken; die ~ ist zurückgegangen* ❖ ↗ Industrie, ↗ Produktion; **-zweig,** der 'Bereich der Industrie mit einer spezifischen Produktion': *der ~ der Konsumgüterindustrie* ❖ ↗ Industrie, ↗ Zweig

ineinander [ɪn|ai̯'nandɐ] ⟨Adv.⟩ **1.** 'jeweils einer, eine, eines in dem, der anderen': *die Probleme waren ~ verschmolzen; die Eheleute gingen ~ auf* ('widmeten sich ausschließlich einander') **2.** 'einer in den anderen, eine in die andere, eines in das andere und umgekehrt': *sie waren ~ verliebt; sie verflochten die Zweige ~* ❖ ↗ **in,** ↗ **anderer**

infam [ɪn'faːm] ⟨Adj.⟩ **1.** ⟨Steig. reg.⟩ emot. SYN 'gemein (I.1)'; ↗ FELD I.2.3: *er ist ein ~er Lügner; eine ~e Lüge, Heuchelei; sie trieben ein ~es Spiel; das war ein ~er Betrug; jmdn. auf ~e Weise verleumden, hintergehen; das ist ~!* **2.** ⟨o. Steig.⟩ emot. SYN 'abscheulich (I.1)': *das stinkt hier ja (ganz) ~!; der Gestank ist ~; ein ~er Gestank*

Infarkt [ɪn'faRkt], der; ~es/auch ~s, ~e 'plötzlich eintretender Prozess, bei dem Gewebe in einem Organ abstirbt, weil es nicht mehr mit Blut versorgt wird, weil die Blutzufuhr unterbrochen ist': *einen*

~ *bekommen, erleiden; einen* ~ *behandeln;* vgl.
Herzinfarkt ❖ **Herzinfarkt**
Infekt [ɪn'fɛkt], **der**; ~es/auch ~s, ~e 'Infektion (2)':
ein fiebriger ~*; einen* ~ *haben; an einem* ~ *erkrankt
sein* ❖ **Desinfektion, desinfizieren, Infektion, infek-**
tiös, infizieren — **Infektionskrankheit**
Infektion [ɪnfɛk'tsi̯oːn], **die**; ~, ~en 1. 'Übertragung
einer Krankheit von einer Person auf eine andere
durch Bakterien, Viren': *Maßnahmen gegen eine
mögliche* ~*; sich vor* ~*en, vor einer* ~ *(durch Imp-
fung) schützen* 2. 'Infektionskrankheit': *Typhus ist
eine gefährliche* ~*; das ist eine harmlose* ~*; die* ~
breitete sich schnell aus; er hat sich dabei eine ~
geholt ❖ ↗ **Infekt**
Infektions|krankheit [ɪnfɛk'tsi̯oːns..], **die** 'durch In-
fektion (1) hervorgerufene Krankheit'; SYN Infek-
tion: *Scharlach, Masern, Grippe, Typhus etc. sind
~en* ❖ ↗ **Infekt,** ↗ **krank**
infektiös [ɪnfɛk'tsi̯øːs] ⟨Adj.; o. Steig.⟩ 'durch eine In-
fektion hervorgerufen und geeignet, eine Infektion
(1) zu bewirken' /auf Krankheiten bez./: *eine* ~*e
(Darm)erkrankung, Gelbsucht, Grippe* ❖ ↗ **Infekt**
infizieren [ɪnfi'tsiːʀən], infizierte, hat infiziert /jmd./
sich, jmdn. ~ 'sich, jmdn. anstecken (3)': *du wirst
uns noch alle (mit deiner Grippe)* ~*! er hat sich im
Urlaub, auf seiner Reise, in der Sauna, bei dem
Kranken infiziert* ❖ ↗ **Infekt**
Inflation [ɪnfla'tsi̯oːn], **die**; ~, ~en 'wirtschaftlicher
Prozess, der zur Entwertung des Geldes führt; die
Preise erhöhen sich ständig, und übermäßig viel
Geld ist im Umlauf': *eine schleichende* ~*; die* ~
stoppen; sie hatte durch die ~ *alle Ersparnisse verlo-
ren* ❖ **inflationär**
inflationär [ɪnflatsi̯o'nɛːʀ/..'neːʀ] ⟨Adj.; o. Steig.⟩ 'wie
bei einer Inflation' /auf Abstraktes bez./: ~*e Ten-
denzen; eine* ~*e Entwicklung der Preise; etw. ent-
wickelt sich* ~*; die Preisentwicklung ist* ~ ❖ ↗ **In-
flation**
¹infolge [ɪn'fɔlgə] ⟨Adv.; + *von*⟩ 'auf Grund von': ~
von Krankheit musste die Vorstellung ausfallen; ~
*von Staus kam es in der Stadt zu einem Verkehrs-
chaos* ❖ ↗ **in,** ↗ **folgen**
²infolge ⟨Präp. mit Gen.; vorangestellt; oft in Verbin-
dung mit Begriffen, die Naturereignisse darstellen,
o. Art.⟩ /kausal; gibt die Voraussetzung für eine
folgende Handlung, ein folgendes Ereignis an/: ~
Nebels konnte die Maschine nicht starten, landen; ~
*(des) starken Regens war der Fluss über die Ufer ge-
treten;* ~ *(des) starken Schneefalls waren die Straßen
unpassierbar geworden;* ⟨auch o. Kasusforderung⟩
die Maschine konnte ~ *Nebel nicht starten;* ⟨+ *von*,
vorw. im Pl.; den Kasus (Dat.) bestimmt *von*⟩ *er ist
~ von Krankheiten wiederholt ausgefallen* ❖ ↗ **in,** ↗
folgen
MERKE Zum Verhältnis von *infolge, wegen:* ↗
wegen (Merke)
infolge|dessen [ɪnfɔlgə'dɛsn̩] ⟨Adv.⟩ 'daher': *nachts
hatte es gefroren und alle Straßen waren* ~ *vereist;*
⟨auch als Konjunktionaladv. mit Inversion des

Subj.; schließt an einen vorausgehenden Hauptsatz
einen Hauptsatz an; konsekutiv⟩ *nachts hatte es ge-
froren,* ~ *waren alle Straßen vereist* ❖ ↗ **in,** ↗ **fol-**
gen, ↗ **dessen**
Informatik [ɪnfɔʀ'maːtɪk], **die**; ~, ⟨o.Pl.⟩ 'Wissen-
schaft, die sich mit den Problemen der Information
und Dokumentation befasst': *ein Student der* ~*;* ~
studieren ❖ ↗ **informieren**
Information [ɪnfɔʀma'tsi̯oːn], **die**; ~, ~en 1. ⟨o.Pl.⟩
'das Informieren': *für die umfassende* ~ *der Bevöl-
kerung, Öffentlichkeit, Teilnehmer sorgen; zu ihrer
~ teilen wir mit, dass …* 2. 'bes. von der Presse od.
von Institutionen (der Öffentlichkeit) mitgeteilte
Ereignisse, Fakten, die von Belang sind'; ↗ FELD
I.13.1: *sachliche, wichtige* ~*en;* ~*en (aus)geben, er-
teilen, empfangen, sammeln; die* ~ *ist zu einseitig;
~en austauschen; die* ~ *ist vertraulich, absolut zu-
verlässig; das Ministerium hat die* ~ *zurückgehal-
ten; die* ~ *erwies sich als falsch, richtig* ❖ ↗ **infor-**
mieren
informativ [ɪnfɔʀma'tiːf] ⟨Adj.; Steig. reg.⟩ 'viele In-
formationen enthaltend' /auf Texte bez./; ↗ FELD
I.13.3: *dies ist ein sehr* ~*er Bericht; diese Zeitschrift
ist sehr* ~*; einen* ~*en Diskussionsbeitrag liefern* ❖
↗ **informieren**
informieren [ɪnfɔʀ'miːʀən], informierte, hat infor-
miert /jmd./ *jmdn., sich* ~ 'jmdn., sich Fakten,
Kenntnisse über etw. beschaffen, sich über etw. in
Kenntnis setzen'; ↗ FELD I.13.2: *er ist eingehend,
gut, umfassend, schlecht informiert worden; man hat
mich falsch informiert; sich über etw.* ~*: der Minis-
ter hat sich über die neue Lage, über den Stand der
Arbeiten, die Verhältnisse informiert;* vgl. *mitteilen*
(1) ❖ **Informatik, informativ, Information**
infrage [..'f..]/**in Frage:** ↗ *Frage*
Ingenieur [ɪnʒə'nøːʀ], **der**; ~s, ~e 'jmd., der an einer
Universität od. Fachhochschule als Techniker aus-
gebildet worden ist'; ↗ FELD I.10: *er ist* ~*; ein* ~
*für Hochbau, Tiefbau, Elektrotechnik, Maschinen-
bau*
Inhaber ['ɪnhaːbɐ], **der**; ~s, ~ 1.1. ABK Inh. 'Besit-
zer bes. eines Geschäfts, Lokals'; ↗ FELD I.15.1:
der ~ *eines Kontos; jmd. ist* ~ *eines Geschäftes, Ki-
nos; der* ~ *der Wohnung ist für diesen Schaden ver-
antwortlich;* vgl. *Eigentümer, Besitzer* 1.2. 'jmd., der
einen bestimmten Rang od. eine bestimmte Funk-
tion hat': *er ist* ~ *eines Lehrstuhls, Amtes; er ist* ~
dieses Weltrekords ❖ ↗ **haben**
inhaftieren [ɪnhaf'tiːʀən], inhaftierte, hat inhaftiert
/jmd., bes. Institution/ *jmdn.* ~ SYN 'jmdn. verhaf-
ten': *während des politischen Unruhen wurde er in-
haftiert; er wurde wegen Beteiligung an einem Raub-
mord inhaftiert; die Polizei hat ihn wegen Fahrer-
flucht inhaftiert;* vgl. *einkerkern, einsperren* ❖ ↗
Haft
Inhaftierung [ɪnhaf'tiːʀ..], **die**; ~, ~en 'das Inhaftie-
ren od. Inhaftiertwerden': *bei dem Krawall gab es
viele* ~*en; er leistete bei seiner* ~ *Widerstand* ❖ ↗
Haft

inhalieren [ɪnhɑ'liːʀən], inhalierte, hat inhaliert /jmd./ **1.1.** 'heilkräftige Dämpfe einatmen': *der Kranke, Asthmatiker musste täglich ~* **1.2.** *etw. ~: den Rauch der Zigarette ~* ('in die Lunge einziehen'); *beim Rauchen inhaliert er nicht*

Inhalt ['ɪnhalt], der; ~s/auch ~es, ~e **1.1.** 'das in einem Behältnis Enthaltene'; ↗ FELD I.7.9.1: *der ~ einer Flasche, Schachtel, eines Koffers; den ~ ausschütten, ausgießen, herausnehmen; der ~ des Tanks floss auf die Straße; der ~ des Tanks beträgt 60 Liter* **1.2.** Math. 'Volumen': *der ~ eines Zylinders, Würfels; den ~ eines Quaders berechnen* **2.1.** 'das, was durch einen Text od. ein literarisches Werk mitgeteilt, ausgesagt wird'; ANT Form: *~ und Form eines Romans, Dramas; den ~ eines Romans, Films, Gesprächs wiedergeben; der ~ ist nichts sagend, langweilig; etw. hat etw. zum ~* 'etw. beinhaltet etw.': *der Bericht hat einen Verkehrsunfall zum ~* **2.2.** *der ~ seines Lebens war nur Arbeit* ('sein Leben war nur von Arbeit ausgefüllt'); *wer kennt den ~ ihrer Träume?* ❖ **beinhalten, inhaltlich − Inhaltsverzeichnis**; vgl. **halten, Gehalt**

inhaltlich ['ɪnhalt..] ⟨Adj.; o. Steig.; nicht präd.⟩ 'den Inhalt (2.1) betreffend'; ANT formal (2) /auf Sprachliches bez./: *der Aufsatz ist ~ nicht befriedigend; ~e Korrekturen anbringen* ❖ ↗ **Inhalt**

inhalts/Inhalts ['ɪnhalts..]‖**-leer** ⟨Adj.; o. Steig.; nicht bei Vb.⟩ SYN 'nichts sagend' /vorw. auf literarische Texte bez./: *ein ~es Buch, Gedicht; der Roman ist ~* ❖ ↗ **Inhalt**, ↗ **leer**; **-verzeichnis, das** 'Verzeichnis des Inhalts (2.1) von etw., bes. eines Buches': *im ~ nachsehen, wo das Gesuchte zu finden ist; etw. ist nicht im ~ enthalten* ❖ ↗ **Inhalt**, ↗ **Zeichen**

inhuman ['ɪnhumaːn] ⟨Adj.; Steig. reg., ungebr.⟩ **1.1.** ⟨vorw. attr.⟩ 'die Würde des Menschen nicht achtend'; SYN menschenfeindlich; ANT human; ↗ FELD I.18.3: *die Denkweise von ihm war ~; dies war eine ~e Theorie* **1.2.** 'sehr hart und rücksichtslos gegenüber anderen, nicht menschenwürdig'; SYN menschenunwürdig: *~e Gesetze kritisieren; eine ~e Tat, Strafe, Bestrafung, Regelung; jmdn. ~ behandeln; das war ~; das sind ~e Verhältnisse, Lebensbedingungen* ❖ ↗ **human**

Initiative [initsi̯a'tiːvə], die; ~, ~n **1.** 'Anstoß, den jmd. zum Handeln gibt, gegeben hat': *auf seine ~ wurde die Konferenz einberufen; die ~ ging vom Außenminister aus; das hat er aus eigener ~* ('von sich aus') *getan; dieser Plan geht auf die ~ von B zurück; wirtschaftliche, politische ~n (entwickeln)* **2.** ⟨o.Pl.⟩ 'jmds. Aktivität, jmds. Antrieb zum Handeln': *er hat, besitzt, zeigt (keine) ~; die eigene, private, schöpferische ~; bei jmdm. ~ vermissen* **3.** ⟨o.Pl.⟩ *jmd. ergreift die ~* 'jmd. wird in einer Angelegenheit aktiv': *du musst die ~ ergreifen!* ❖ vgl. **Initiator**

Initiator [ini'tsi̯aːtoʁ], der; ~s, ~en [..'toːʀən] 'jmd., der den Anstoß zu einem Handeln für etw. gibt': *er war der ~ der Veranstaltung, Spendensammlung* ❖ vgl. **Initiative**

Injektion [ɪnjɛk'tsi̯oːn], die; ~, ~en SYN 'Spritze (3)': *eine ~ bekommen, machen, verabreichen; jmdm. eine ~ geben* ❖ **injizieren − Injektionsspritze**

Injektions|spritze [ɪnjɛk'tsi̯oːns..] die SYN 'Spritze (2)': *die ~n müssen noch sterilisiert werden* ❖ ↗ **Injektion**, ↗ **Spritze**

injizieren [ɪnji'tsiːʀən], injizierte, hat injiziert /jmd./ *etw. ~* 'ein flüssiges Arzneimittel mit einer Spritze (2) unter die Haut od. in ein Blutgefäß bringen': *Kalzium in den Arm ~; etw. intramuskulär, intravenös ~* ❖ ↗ **Injektion**

inklusive ['ɪnkluzivə/..'ziːvə] ⟨Präp. mit Gen.; oft o. erkennbare Kasusforderung; vorangestellt⟩; SYN 'einschließlich'; ANT exklusive: *der Preis versteht sich ~ Mehrwertsteuer*

inkognito [ɪn'kɔgnito] ⟨Adv.; auch präd. (mit *sein*)⟩ 'unter anderem Namen auftretend, um als bekannte Person nicht erkannt zu werden': *er reise ~; ich bin ~ in Berlin*

inkompetent ['ɪnkɔmpətɛnt] ⟨Adj.; Steig. reg., ungebr.⟩ 'nicht kompetent'; ANT kompetent (1.1), sachkundig: *ein ~er Kritiker; jmdn. (in einer bestimmten Angelegenheit) für ~ halten; ich fühle mich da ~; der Mann ist diesbezüglich völlig ~!* ❖ ↗ **kompetent**

Inkompetenz ['ɪnkɔmpətɛnts], die; ~, ~en 'fehlende Kompetenz'; ANT Kompetenz: *die ~ eines Ministers; jmdn. wegen ~ entlassen; bei der Beurteilung der Sachlage wurde seine ~ deutlich* ❖ ↗ **kompetent**

inkonsequent ['ɪnkɔnzəkvɛnt] ⟨Adj.; Steig. reg., ungebr.⟩ 'nicht konsequent (1.1)'; ANT konsequent (1.1) /vorw. auf Handlungen bez./: *jmd. zeigt eine ~e Haltung, handelt ~; er ist ~ in seinen Entscheidungen* ❖ ↗ **konsequent**

Inkonsequenz ['ɪnkɔnzəkvɛnts], die; ~, ~en 'fehlende Konsequenz (1.1)': *in seinem Handeln zeigt sich ~; die ~ seiner Entscheidung; solche ~en* ('inkonsequenten Entscheidungen') *darf er sich nicht leisten* ❖ ↗ **konsequent**

inkorrekt ['ɪnkɔʀɛkt] ⟨Adj.; Steig. reg., ungebr.⟩ 'nicht korrekt'; ANT korrekt (1.2) /vorw. auf Haltungen, Handlungen bez./: *eine ~e Handlungsweise; sich ~ verhalten; das war ~* ❖ ↗ **korrigieren**

Inland ['ɪnlant], das; ~s/auch ~es, o.Pl.; o. unbest. Art.⟩ **1.1.** 'das Territorium des Landes od. das Land, in dem man, jmd. lebt' /meist im Gegensatz zum Ausland/; ANT Ausland (1): *den Urlaub im ~ verbringen; die Waren sind ausschließlich für das ~ bestimmt* **1.2.** 'die Öffentlichkeit od. die Bevölkerung von Inland (1.1)'; ANT Ausland (2): *die Reaktionen des ~s auf eine Pressemeldung, ein Ereignis* **2.** 'von der Küste entfernt gelegenes Gebiet (eines Landes)': *im ~ ist das Klima milder als an der Küste* ❖ ↗ **in**, ↗ **Land**

Inlett ['ɪnlɛt], das; ~s, ~s/auch ~e 'Hülle aus dicht gewebtem Stoff für die Federn des Bettes': *das ~ beziehen, reinigen lassen*

¹in|mitten [ɪn'mɪtn̩] ⟨Adv. + *von*⟩ 'mitten in, mitten unter': *das Schloss stand ~ eines riesigen Parks; er stand ~ von Neugierigen* ❖ ↗ **in**, ↗ **Mitte**

²in|mitten ⟨Präp. mit Gen.; vorangestellt⟩ /lokal; gibt eine Lage im Zentrum einer (Menschen)menge od. von etw. an/ 'in der Mitte von': *er saß ~ seiner Kollegen; das Schloss liegt ~ ausgedehnter Parkanlagen; ~ des Raumes stand die Vitrine mit den wertvollen Schmuckstücken;* ⟨+ *von,* vorw. im Pl.; den Kasus (Dat.) bestimmt *von*⟩ *von Bergen und Seen stand das Schloss* ❖ ↗ **in,** ↗ **Mitte**

inne ['ɪnə..]‖**-haben,** hatte inne, hat innegehabt geh. /jmd./ *etw.* ~ 'eine bestimmte Funktion haben, ausfüllen': *ein (wichtiges) Amt, eine Stellung, einen Posten* ~ ❖ ↗ **haben; -halten** (er hält inne), hielt inne, hat innegehalten /jmd./ *in etw.* ⟨Dat.⟩, *mit etw.* ~ 'für einen Augenblick mit einer Tätigkeit aufhören': *in seiner Arbeit, im Laufen* ~; *er hielt (beim Arbeiten) inne, um zu lauschen; mit seiner Arbeit* ~ ❖ ↗ **halten**

innen ['ɪnən] ⟨Adv.⟩ **1.** 'im Inneren (↗ *Innere* 1) von etw., bes. von Gebäuden, Räumen'; ANT außen (1): *das Haus macht* ~ *einen besseren Eindruck als außen; der Apfel ist* ~ *faul; das Radieschen ist außen rot und* ~ *weiß; das Geräusch kam von* ~; *die Tür geht nach* ~ *auf; er kennt das Gebäude auch von* ~; *sich etw. von* ~ *ansehen; das Haus von* ~ *renovieren* **2.** 'auf der Innenseite (eines Gefäßes)'; ANT außen (1): *der Becher ist* ~ *vergoldet* **3.** *von* ~ 'von der Struktur einer Institution, Organisation ausgehend': *eine Partei, Institution von* ~ *erneuern* ❖ **drinnen, inner, Innere, Innereien,** ¹,²**innerhalb, innerlich – innerbetrieblich;** vgl. **Innen/innen-;** vgl. **in**

Innen ['ɪnən..]‖**-minister,** der 'Minister für innere (3) Angelegenheiten'; ANT Außenminister: *der* ~ *der Bundesrepublik Deutschland; die* ~ *der Länder* ❖ ↗ Minister; **-ministerium,** das 'Ministerium für innere (3) Angelegenheiten'; ANT Außenministerium ❖ ↗ Minister; **-politik,** die 'die Politik eines Staates, die sich mit den inneren Angelegenheiten befasst'; ANT Außenpolitik: *die* ~ *eines Landes* ❖ ↗ Politik; **-politisch** ⟨Adj.; o. Steig.; nicht präd.; vorw. attr.⟩ 'die Innenpolitik betreffend'; ANT außenpolitisch /auf Abstraktes bez./: ~ *(gesehen) wirkt sich dieses Gesetz, diese Maßnahme positiv für das Land aus;* ~*e Interessen, Fragen* ❖ ↗ Politik; **-seite,** die 'die dem Betrachter abgewandte Seite von etw., die dem Zentrum zugewandte Seite'; ANT Außenseite: *die* ~ *des Schrankes, der Tür, eines Gefäßes, Stoffes* ❖ ↗ Seite

inner ['ɪnɐ..] ⟨Adj.; nur attr.; ↗ auch *Innere*⟩ **1.1.** ⟨Steig. reg., o. Komp.⟩ 'sich auf der Innenseite befindend'; ANT äußer (1): *der Sportler läuft auf der* ~*en Bahn* **1.2.** ⟨o. Steig.⟩ 'im Körper befindlich': *die* ~*en Organe;* ~*e Blutungen, Krankheiten* **1.3.** ⟨o. Steig.⟩ *die* ~*e Medizin* ('Gebiet der Medizin (1), dessen Gegenstand die inneren Krankheiten sind'); ~*e* (ANT äußere 1) *Verletzungen* **2.1.** ⟨Steig. reg., o. Komp.⟩ 'vom Psychischen des Menschen ausgehend': *die* ~*e Anteilnahme, Ruhe; jmd. leidet unter* ~*en Spannungen; jmd. verspürt den* ~*en Drang zu etw.; er handelte nach seiner* ~*sten Überzeugung* **2.2.** ⟨o. Steig.⟩ 'einer Sache innewohnend': *die* ~*e*

Ordnung, Geschlossenheit einer Sache; der ~*e Zusammenhang fehlt in dieser Darlegung, in diesem Theaterstück* **3.** ⟨o. Steig.⟩ 'das eigene Land, den eigenen Staat betreffend': *die* ~*en Angelegenheiten eines Landes, Staates; der Minister, das Ministerium für* ~*e* (ANT auswärtige 2) *Angelegenheiten* ❖ ↗ **innen**

inner- /bildet mit dem zweiten Bestandteil Adjektive/ 'innerhalb des mit dem zweiten Bestandteil Genannten': ↗ z. B. *innerbetrieblich*

inner|betrieblich ['..] ⟨Adj.; o. Steig.⟩ 'nur innerhalb eines Betriebes': ~*e Angelegenheiten, Mitbestimmung, Mitteilungen; etw.* ~ *regeln* ❖ ↗ **innen,** ↗ **treiben**

Innere ['ɪnəʀə], das; ~n, ⟨o.Pl.; ↗ auch *inner* (↗ TAFEL II)⟩ **1.** 'das innerhalb von etw. Befindliche': *das* ~ *des Hauses, Schiffes; im* ~*n des Landes* **2.** ⟨vorw. mit Possessivpron.⟩ 'das geistig Psychische des Menschen im Gegensatz zum Äußeren': *ihre Worte hatten sein* ~*s aufgewühlt; Freude erfüllte sein* ~*s; im* ~*n* ('insgeheim') *denkt er anders als er redet* ❖ ↗ **innen**

Innereien [ɪnə'ʀɑi̯ən], die; ⟨Pl.⟩ 'essbare Eingeweide von Tieren': ~ *braten, essen; Leber, Herz, Niere, Lunge, Hirn gehören zu den* ~ ❖ ↗ **innen**

¹innerhalb ['ɪnɐhalp] ⟨Adv. + *von*⟩ **1.** 'im Bereich von etw., von einer Stadt, einem Land, Gebäude': ~ *von Berlin, von Sachsen (gilt diese Anordnung)* **2.** 'in einer Zeitspanne von': ~ *von drei Wochen muss das erledigt sein;* ~ *von höchstens einer Stunde, wenigen Stunden bin ich wieder zu Hause* ❖ ↗ **innen**

²innerhalb ⟨Präp. mit Gen.; vorangestellt⟩ **1.** ⟨in Verbindung mit Begriffen, die einen Bereich darstellen⟩ /lokal; gibt eine Lage im Rahmen eines Bereichs an/; ANT außerhalb: ~ *des Hauses;* ~ *der Stadt;* ~ *der Firma;* ~ *des Landes;* ~ *Berlins;* ⟨+ *von* in Verbindung mit Ortsnamen; den Kasus (Dat.) bestimmt *von*⟩ *die Verordnung gilt nur* ~ *von Berlin* **2.** /temporal/ **2.1.** ⟨in Verbindung mit Zeitbegriffen; oft in Verbindung mit Subst. im Pl.; in Verbindung mit dem Zahladj. steht der Gen.⟩ /gibt eine begrenzte Zeitdauer an/; SYN binnen: ~ *eines Tages;* ~ *dreier Tage;* ~ *weniger Stunden war alles vorbei;* ⟨im Pl. auch mit Dat.⟩ ~ *acht Tagen erwarten wir Ihre Nachricht* **2.2.** /gibt an, dass etw. in einem zeitlichen Rahmen liegt/; ANT außerhalb: ~ *der Dienstzeit ist das nicht erlaubt* ❖ ↗ **innen**

innerlich ['ɪnɐ..] ⟨Adj.; o. Steig.; vorw. bei Vb.⟩ 'das Psychische eines Menschen betreffend, im Gegensatz zu seinen visuell erkennbaren Eigenschaften'; ANT äußerlich: ~ *ruhig, zufrieden sein;* ~ *leiden; er fühlt sich* ~ *wie ausgehöhlt* ❖ ↗ **innen**

inne ['ɪnə..]‖**-werden** (er wird inne), wurde inne, ist innegeworden geh. /jmd./ *etw.* ⟨Gen.⟩ 'sich einer Sache bewusst werden': *der Gefahr, seiner Schuld* ~; ⟨+ Nebens.⟩ *zu spät wurde er inne, dass er sie gekränkt hatte; plötzlich wurde er inne, dass es schon dunkel wurde* ❖ ↗ werden; **-wohnen,** wohnte inne, hat innegewohnt geh. /etw./ *jmdm., etw.* ⟨Dat.⟩ ~ 'in jmdm., etw. als Eigenschaft vorhanden sein':

der Realität wohnen Widersprüche inne; die dem Menschen ~den Fähigkeiten ❖ ↗ **wohnen**

innig ['ɪnɪç] ⟨Adj.; Steig. reg.⟩ 'mit aller psychischen Intensität'; ↗ FELD I.6.3: *jmdn. ~ lieben; mit jmdm. ~ verbunden sein; das ist mein ~ster* (SYN 'sehnlichster 2') *Wunsch*

inoffiziell ['ɪnǀɔfitsi̯ɛl/..'tsi̯ɛl] ⟨Adj.; o. Steig.⟩ 'nicht offiziell': *der ~e* (ANT offizielle 2) *Besuch des Ministers; dieser Weltrekord ist noch ~; das ist ~ bekannt geworden* ❖ ↗ **offiziell**

in petto [ɪn'pɛto]

* umg. /jmd./ *etw.* ⟨oft: *was*⟩ **~ haben** 'etw. im Sinn haben, das im geeigneten Moment überraschend vorgebracht werden soll': *er hatte eine große Überraschung für uns ~; ich habe noch was ~*

ins [ɪns] ⟨Verschmelzung von Präp. *in* (Akk.) + Art. *(das)*⟩ ↗ *in*

Insasse [ɪn'zasə], **der**; ~n, ~n **1.** 'jmd., der sich bes. als Mitfahrender in einem (Straßen)fahrzeug befindet': *die ~n des Autos, Busses, der Straßenbahn* **2.** 'jmd., der in einem Heim wohnt od. in einer Anstalt o.Ä. untergebracht ist': *die ~n eines Altersheims, Gefängnisses* ❖ ↗ **in,** ↗ **sitzen**

insbesondere [ɪnsbə'zɔndərə] ⟨Gradpartikel⟩ '²besonders': *alle lachten, ~ sein Vater; ~ gilt dies bei Gefahr* ❖ ↗ **sonder-**

Inschrift ['ɪnʃRɪft], **die**; ~, ~en 'auf festem Material, bes. auf Stein, Holz, (durch Gravieren) angebrachter Text': *die ~ auf dem Denkmal, Grabstein erneuern, vergolden; über die Haustür eine ~ anbringen; eine lateinische, verwitterte, goldene ~; eine ~ nicht entziffern können* ❖ ↗ **schreiben**

Insekt [ɪn'zɛkt], **das**; ~s/auch ~es, ~en 'kleines Tier, bei dem Kopf, Brust und Hinterleib je einen Abschnitt bilden': *die Ameise, Fliege, Biene ist ein ~; ein Blut saugendes ~; ein fliegendes ~; schädliche, nützliche ~n*

Insel ['ɪnzl̩], **die**; ~, ~n **1.** 'von Wasser umgebenes Land, das nicht die Größe eines Kontinents hat'; ANT Festland; ↗ FELD II.1.1: *die ~ Helgoland, Hiddensee; eine ~ im Meer, See, Fluss; eine einsame ~; eine felsige, bewaldete, vulkanische, tropische ~; sich auf eine ~ retten; auf einer ~ leben* **2.** geh. ⟨+ Gen.attr.⟩ 'Ort (1), Stelle, die sich für den Menschen von ihrer Umgebung durch eine Besonderheit unterscheidet': *N war eine ~ der Ruhe, des Friedens, des Glücks* ❖ **Bohrinsel, Halbinsel**

Inserat [ɪnzə'ʀɑːt], **das**; ~es/auch ~s, ~e SYN 'Anzeige (1)': *ein ~ aufgeben; ein ~ in die Zeitung setzen; ein ~ drucken; ich habe gestern ein ~ gelesen …; jmdn. per ~ kennen lernen* ❖ ↗ **inserieren**

inserieren [ɪnzə'ʀiːʀən], inserierte, hat inseriert /jmd./ 'ein Inserat aufgeben und drucken lassen': *er inserierte wegen einer Wohnung (in der Zeitung); auch etw. ~* 'etw. per Inserat zum Kauf anbieten od. (zu kaufen) suchen': *ein Auto ~* ❖ **Inserat**

insgeheim [ɪnsgə'haɪm/..] ⟨Adv.⟩ 'nur in seinen geheimen Gedanken u. ohne mit anderen darüber zu sprechen'; SYN heimlich': *~ machte er sich doch Hoffnungen; sich ~ über jmdn. lustig machen; jmdn. ~ bewundern, beneiden* ❖ ↗ **geheim**

insgesamt [ɪnsgə'zamt/..] ⟨Adv.⟩ 'alle(s) zusammen': *das Werk des Schriftstellers umfasst ~ 30 Bände; es war ein ~ positiver Eindruck/~ war es ein positiver Eindruck; ~ dauerte es ein Jahr; es waren ~ 50 Personen* (SYN 'zusammen 3') ❖ ↗ **gesamt**

¹insofern [ɪn'zoːfɛrn/ɪnzo'fɛrn] ⟨Konj.; subordinierend; der Nebensatz steht nach dem Hauptsatz; oft in Verbindung mit *als*⟩ /gibt eine Einschränkung des im Hauptsatz genannten Sachverhalts an/: *der Vortrag war interessant, ~ (als) er neue Erkenntnisse bot; er wird uns helfen, ~ (als) er dazu in der Lage ist*

²insofern ⟨als Glied der mehrteiligen subordinierenden Konj. **insofern ... als;** *insofern* steht im Hauptsatz, *als* leitet den Nebensatz ein⟩ /einschränkend

Insekten

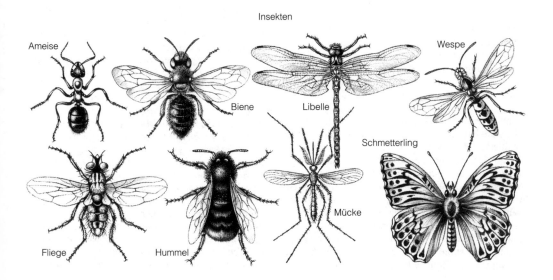

Ameise

Wespe

Biene

Libelle

Schmetterling

Mücke

Fliege

Hummel

u. kausal od. konditional/: *das Buch ist ~ veraltet, als es die neueste Entwicklung nicht berücksichtigt; das ist nur ~ möglich, als alle mithelfen;* vgl. *sofern*
¹insoweit [ɪn'zoːvaɪt/ɪnzo'vaɪt] ⟨Konj.; subordinierend; der Nebensatz steht vorw. nach dem Hauptsatz; oft in Verbindung mit *als*⟩ '¹insofern': *der Vortrag war interessant, ~ (als) er neue Erkenntnisse bot*
²insoweit ⟨als Glied der mehrteiligen subordinierenden Konj. **insoweit ... als**; insoweit steht im Hauptsatz, *als* leitet den Nebensatz ein⟩ 'insofern ... als': *das Buch ist ~ veraltet, als es die neueste Entwicklung nicht berücksichtigt*
Inspektion [ɪnspɛk'tjoːn/..ʃpɛk..], die; ~, ~en **1.1.** 'das Inspizieren': *die ~ einer Schule, eines Amtes, Restaurants; eine ~ vornehmen; eine gründliche, flüchtige ~; eine ~ durch Regierungsbeamte; die ~ ergab keine, einige Mängel; die Schule hat bei der ~ gut abgeschnitten* **1.2.** '(regelmäßig vorgenommene) technische Überprüfung eines Kraftfahrzeugs': *das Auto jährlich einmal zur ~ bringen* **2.** 'Dienststelle, Behörde, die Inspektionen (1.1) vornimmt': *zur ~ gehen* ❖ ↗ **inspizieren**
Inspektor [ɪn'spɛktoːɐ/..ʃpɛk..], der; ~s, ~en [..'toːʀən] **1.** 'jmd., der mit der Inspektion (1.1) beauftragt ist': *morgen kommt der ~* **2.** 'Beamter des öffentlichen Dienstes, der am Beginn der gehobenen Laufbahn steht': *er ist ~ beim Zoll, bei der Bundesbahn* ❖ ↗ **inspizieren**
Inspiration [ɪnspiʀa'tsjoːn], die; ~, ~en 'schöpferischer Einfall, schöpferische Anregung': *er hatte eine musikalische ~; seine dichterischen ~en; die ~en eines Künstlers, Dichters* ❖ ↗ **inspirieren**
inspirieren [ɪnspi'ʀiːʀən], inspirierte, hat inspiriert /jmd., etw./ *jmdn.* '¹jmdn. zu etw., bes. zu einer schöpferischen Leistung, anregen (1.2)': *das, sie hat mich inspiriert; jmdn. zu etw.* ⟨Dat.⟩ *~: diese Frau, dieses Gedicht hat den Komponisten (zu einem Lied, einer Sonate) inspiriert; was mag die Jugendlichen inspiriert haben, dieses Verbrechen zu begehen?* ❖ **Inspiration**
inspizieren [ɪnspi'tsiːʀən], inspizierte, hat inspiziert /jmd./ *etw., mehrere Personen ~* 'den Zustand einer Einrichtung, mehrere Personen offiziell in Augenschein nehmen und überprüfen': *ein Gebäude, Gelände gründlich, nur flüchtig ~; eine Schulklasse, Truppe ~* ❖ **Inspektor, Inspektion**
Installateur [ɪnstala'tøːɐ], der; ~s, ~e 'Handwerker, der Installationen ausführt od. Reparaturen an installierten technischen Einrichtungen od. an Rohrleitungen vornimmt': *er ist gelernter ~; den ~ kommen lassen; der ~ hat eine neue elektrische Leitung verlegt, eine Gasleitung installiert* ❖ ↗ **installieren**
Installation [ɪnstala'tsjoːn], die; ~, ~en 'das Installieren': *die ~ einer Gasheizung, Wasserleitung ausführen, vornehmen* ❖ ↗ **installieren**
installieren [ɪnsta'liːʀən], installierte, hat installiert /jmd., bes. Handwerker/ *etw. ~* 'eine technische Anlage, eine (Rohr)leitung o.Ä. einbauen': *eine*

Gasheizung, elektrische Anlage, Leitung ~ ❖ **Installation, Installateur**
instand, auch **in Stand** [ɪn'ʃtant] /jmd./ *etw. ~ setzen* 'etw. reparieren': *den Zaun, die Maschine, Leitung, Anlage ~ setzen;* /jmd./ *etw. ~ halten* 'dafür sorgen, dass etw. Bauliches od. Technisches intakt bleibt, funktioniert': *das Haus, Grundstück, die Anlage, Maschine ~ halten;* /etw./ *~ kommen* 'wieder in Ordnung kommen, funktionsfähig werden': *die Anlage kommt (wieder) ~;* /etw./ *~ sein* 'intakt, funktionsfähig sein': *die Leitung ist (wieder) ~* ❖ **Instandhaltung, -setzung;** vgl. **in, stehen**
Instand|haltung [..'ʃt..], die; ~, ~en 'das Instandhalten (↗ instand)': *die ~ der Straßen, Brücken, Häuser, Geräte* ❖ ↗ **instand,** ↗ **halten**
inständig ['ɪnʃtɛndɪç] ⟨Adj.; Steig. reg.; nicht präd.⟩ 'emotional die Dringlichkeit dessen ausdrückend, was der Sprecher od. Handelnde wünscht': *dies ist meine ~e Bitte; etw. ~ ('sehr') hoffen; jmdn. ~/~st um etw. bitten*
Instandsetzung [ɪn'ʃtant|zɛts..], die; ~, ~en 'das Instandsetzen (↗ instand)': *die ~ der zerstörten Brücke, des defekten Gerätes, alter Häuser, Wohnungen* ❖ ↗ **instand,** ↗ **setzen**
Instanz [ɪn'stants], die; ~, ~en **1.** 'für ein bestimmtes Anliegen zuständige Stelle einer Behörde': *sich an die nächste, höhere ~ wenden; bis zur höchsten ~ gehen; das Projekt hat sämtliche ~en der Verwaltung durchlaufen* **2.** 'für die Entscheidung eines Rechtsfalls zuständiges Gericht in der Hierarchie der Gerichte': *eine Sache in erster, zweiter ~ verhandeln; er hat den Prozess in zweiter ~ gewonnen, verloren*
Instinkt [ɪn'stɪŋkt], der; ~es/auch ~s, ~e **1.** 'Fähigkeit eines Tieres, sich ohne direkte Erfahrung biologisch zweckmäßig zu verhalten; angeborene Reaktion des menschlichen Organismus auf bestimmte Reize': *das Tier hat einen feinen ~; das Tier folgt seinem ~, lässt sich von seinem ~ leiten; der mütterliche ~; der Film appellierte an die niederen ~e ('¹niederen Triebe) des Menschen* **2.** 'sicheres Gefühl, in einer Situation das Richtige zu tun, sich richtig zu entscheiden': *etw. mit feinem, sicherem ~ angehen; er hat den richtigen ~ für profitable Geschäfte; sein ~ riet ihm, es zu unterlassen; er bewies den richtigen ~ für diese Angelegenheit; sein ~ hielt ihn davon ab, warnte ihn* ❖ **instinktiv**
instinktiv [ɪnstɪŋk'tiːf] ⟨Adj.; o. Steig.; vorw. attr. u. bei Vb.⟩ **1.** 'dem Instinkt (1) folgend': *ein ~es Verhalten; eine ~e Reaktion, Angst; ein Tier reagiert ~* **2.** 'einem sicheren Gefühl für die richtige Entscheidung in einer Situation folgend': *~ handeln; sich ~ ducken; etw. ~ richtig machen; er hatte eine ~e Abneigung gegen ihn, gegen Drogen* ❖ ↗ **Instinkt**
Institut [ɪnsti'tuːt], das; ~es/auch ~s, ~e '(größere), Einrichtung (1) zur Lehre, Forschung, Ausbildung': *ein wissenschaftliches, medizinisches, pädagogisches ~; ein ~ für deutsche Sprache; ein ~ gründen, auflösen; er ist Dozent im ~ für ...; er wurde zum Leiter des ~s ernannt* ❖ vgl. **Institition**

Institution [ɪnstitu'tsi̯oːn], **die**; ~, ~en SYN 'Einrichtung (1)': *eine wissenschaftliche, kirchliche ~; staatliche ~en; dieses Internat ist eine private ~; eine ~ schaffen, gründen* ❖ vgl. **Institut**
instruieren [ɪnstʀu'iːʀən], instruierte, hat instruiert /jmd., bes. Leiter/ *jmdn.* ~ 'jmdm. Anweisungen geben, wie er sich zu verhalten hat'; SYN unterweisen (2); ↗ FELD I.13.2: *er war vorher instruiert worden; jmdn.* ~, *wie in solchen Fällen zu verfahren ist, wie er sich zu benehmen hat* ❖ **Instruktion**
Instruktion [ɪnstʀʊk'tsi̯oːn], **die**; ~, ~en ⟨vorw. Pl.⟩ *jmdm.* ~*en, eine* ~ *erteilen, geben* 'jmdn. instruieren'; ↗ FELD I.13.1: *hat man Ihnen vorher keine* ~*en erteilt?; er hat keine* ~ *erhalten, bekommen* ('er ist nicht instruiert worden') ❖ ↗ **instruieren**
Instrument [ɪnstʀu'mɛnt], **das**; ~es/auch ~s, ~e **1.** 'bes. für wissenschaftliche, technische Arbeiten hergestelltes Gerät, Werkzeug (1)': *das Skalpell ist ein medizinisches ~; ein optisches ~; chirurgische ~e; ein ~ zur Messung des Luftdrucks;* METAPH *die Sprache als ~ der gesellschaftlichen Kommunikation* **2.** 'Musikinstrument': *ein altes, wertvolles ~; das Klavier ist ein beliebtes ~; (k)ein ~ lernen, spielen, beherrschen; die Musiker stimmten ihre ~e* ❖ **Blasinstrument, Blechblasinstrument, Holzblasinstrument, Musikinstrument, Schlaginstrument, Streichinstrument, Tasteninstrument, Zupfinstrument**
inszenieren [ɪnstse'niːʀən], inszenierte, hat inszeniert **1.** /jmd., bes. Theaterfachmann/ *etw.* ~ 'ein Bühnenwerk für die Aufführung vorbereiten und leitend gestalten': *ein Drama, eine Oper ~; das Werk, Theaterstück ist neu inszeniert worden; wer hat das Werk inszeniert?* **2.** emot. neg. /jmd./ *etw.* ~ 'mit Geschick, Raffinesse bewirken, dass etw. entsteht, was in der Öffentlichkeit für Aufsehen sorgt': *einen Aufruhr, Zwist, Skandal* ~ ❖ **Inszenierung**
Inszenierung [ɪnstse'niːʀ..], **die**; ~, ~en **1.** ⟨vorw. Sg.; + Gen.attr.⟩ 'das Inszenieren (1)': *die* ~ *des Stückes lag in den Händen von B* **2.** 'inszeniertes Bühnenwerk': *die neueste* ~ *(dieses Theaters) bekam eine gute Kritik* **3.** ⟨+ Gen.attr.⟩ 'das Inszenieren (2)': *die* ~ *eines Skandals* ❖ ↗ **inszenieren**
intakt [ɪn'takt] ⟨Adj.; Steig. reg.⟩ **1.1.** 'ohne Störungen funktionierend und nicht beschädigt' /auf Technisches bez./: *ein ~er Motor; das Gerät, die Maschine ist (noch) völlig ~; wir hoffen, dass das Stromnetz ~ ist, bleibt; etw.* ~ *erhalten* **1.2.** 'keine gesundheitlichen Probleme habend' /auf Personen bez./: *jmd. ist körperlich, seelisch* ~ '*ich bin wieder (ganz)* ~ ('bin völlig genesen, gesund 1.1'); *ein seelisch völlig* ~*er Patient; ich fühle mich* ~ **1.3.** ⟨nicht bei Vb.⟩ 'ohne Disharmonie' /beschränkt verbindbar/: *eine* ~*e Ehe; ihre Ehe ist* ~; *an einer* ~*en Beziehung interessiert sein* ❖ ↗ **Takt**
integer [ɪn'teːgɐ] ⟨Adj.; Steig. reg., ungebr.⟩ 'moralisch einwandfrei (1) und des Vertrauens würdig'; SYN unantastbar /vorw. auf Personen bez./: *ein integrer Politiker; jmd. ist eine integre Persönlichkeit, ist* ~; *jmdn. für* ~ *halten* ❖ **Integrität**

MERKE Ausfall des ‚e' der Endsilbe in den flektierten Formen: *ein integrer Politiker, eine integre Politikerin*
integral [ɪnte'gʀaːl] ⟨Adj.; o. Steig.; nur attr.⟩ 'für das Ganze unabdingbar' /beschränkt verbindbar/: *etw. ist ein* ~*er Bestandteil eines Vertrags*
Integration [ɪntegʀa'tsi̯oːn], **die**; ~n, ~en ⟨vorw. Sg.⟩ **1.** 'Zusammenschluss von Ländern zu einem Ganzen': *eine politische, militärische, wirtschaftliche* ~ *der Länder Europas anstreben, durchführen, erreichen* **2.** *die* ~ *in etw.* 'das Integrieren einer Person, Sache in etw.': *die* ~ *von Einwanderern, der Einwanderer in die Gesellschaft* ❖ ↗ **integrieren**
integrieren [ɪnte'gʀiːʀən], integrierte, hat integriert /jmd., Gruppe, Staat/ *jmdn., etw. in etw.* ~ 'bewirken, dass jmd. in eine Gruppe als gleichwertiges Mitglied aufgenommen, etw. in ein Ganzes passend eingefügt wird': *jmdn. in eine Gemeinschaft (voll)* ~; *die Truppen wurden in die NATO integriert; der Freund unserer Tochter ist in unsere Familie integriert worden; einzelne Forschungsergebnisse in den abschließenden Bericht* ~ ❖ **Integration**
Integrität [ɪntegʀi'tɛːt/..'teːt], **die**; ~, ⟨o.Pl.⟩ **1.** 'Souveränität eines Staates und die damit verbundenen Rechte, z. B. das Recht auf eigene Grenzen od. darauf, dass sich kein anderes Land, keine andere Macht in seine inneren Angelegenheiten einmischen darf': *die politische, wirtschaftliche* ~ *eines Staates respektieren; eine Verletzung der territorialen* ~ *nicht hinnehmen* **2.** 'das Integersein (↗ integer)': *jmds.* ~ *(nicht) anzweifeln; seine* ~ *ist nicht zu bezweifeln* ❖ ↗ **integer**
Intellekt [ɪnte'lɛkt], **der**; ~es/auch ~s, ⟨o.Pl.⟩ 'Fähigkeit, abstrakt zu denken, klug und vernünftig zu handeln'; SYN Verstand; ↗ FELD I.4.1.1: *der menschliche* ~; *er hat, besitzt einen feinen, geschulten, scharfen* ~; *den* ~ *(durch Gedächtnisübungen, Kopfrechnen) schulen; seinen* ~ *anwenden, für etw. einsetzen* ❖ **intellektuell, Intellektuelle;** vgl. **intelligent**
intellektuell [ɪntɛlɛk'tu̯ɛl] ⟨Adj.; o. Steig.; nicht präd.⟩; ↗ auch *Intellektuelle* **1.** 'den Intellekt betreffend' /auf Abstraktes bez./: *die* ~*e Entwicklung eines Kindes verfolgen, fördern; jmd. verfügt über, hat, besitzt erstaunliche, hervorragende, gute* ~*e Fähigkeiten; das war eine großartige* ~*e Leistung; etw.* ~ *verarbeiten* **2.** oft emot. neg. 'seine akademische Bildung, seine (vermeintliche) Intelligenz besonders nach außen betonend' /auf bestimmtes Tun, Verhalten bez./: *er gab sich betont* ~; *das war alles nur* ~*es Geschwätz;* ~*e Konversation machen* **3.** ⟨nur attr.⟩ 'zur Intelligenz (2) gehörend' /auf Gruppen bez./: ~*e Kreise, Schichten; eine* ~*e Gesellschaft* ❖ ↗ **Intellekt**
Intellektuelle [ɪntɛlɛk'tu̯ɛlə], **der** u. **die**; ~n, ~n; ↗ TAFEL II; ↗ auch *intellektuell* 'wissenschaftlich od. künstlerisch gebildeter, beruflich vorwiegend geistige Arbeit verrichtender Mensch, der häufig als Kritiker der bestehenden gesellschaftlichen Verhältnisse auftritt': ~ *verschiedener Fachbereiche ha-*

ben sich mit diesem Problem beschäftigt und es zu lösen versucht; bürgerliche, radikale ∼; *ein arbeitsloser* ∼*r; die Arroganz vieler* ∼*r* ❖ ↗ **Intellekt**

intelligent [ɪntɛli'gɛnt] ⟨Adj.; Steig. reg.⟩ SYN ˈklug (1)ˈ; ANT dumm /vorw. auf Personen bez./; ↗ FELD I.4.1.3, 5.3: *bei dem Täter handelt es sich um einen (durchaus, äußerst)* ∼*en Menschen; jeder* ∼*e Mensch muss in einer solchen Situation Angst haben; sie ist sehr* ∼ *und erfasst sofort die Probleme; sich* ∼ *verhalten; dies war eine* ∼*e* (ˈvon Intelligenz (1) zeugendeˈ) *Frage* ❖ **Intelligenz**; vgl. **Intellekt**

Intelligenz [ɪntɛli'gɛnts], die; ∼, ⟨o.Pl.⟩ **1.** ˈFähigkeit, abstrakt zu denken, Kenntnisse zu erwerben und zu verarbeiten, klug und vernünftig zu handelnˈ; SYN Klugheit; ↗ FELD I.4.1.1, 5.1: *ein hoher Grad von* ∼; *ein Mensch von hoher, großer, durchschnittlicher* ∼; ∼ *besitzen; jmds.* ∼ *testen* **2.** ˈGesamtheit, Schicht der Intellektuellenˈ: *ein Vertreter der* ∼; *er gehört der* ∼ *an; die deutsche* ∼; *die künstlerische, technische* ∼ ❖ ↗ **Intelligent**

Intendant [ɪntɛn'dant], **der;** ∼en, ∼en ˈkünstlerischer und geschäftlicher Leiter eines Theaters od. eines Rundfunksendersˈ: *der* ∼ *des Zweiten Deutschen Fernsehens; die Oper hat einen neuen* ∼en

Intensität [ɪntɛnzi'tɛːt/..'teːt], **die;** ∼, ∼en ⟨vorw. Sg.⟩ **1.** ˈGrad (2) der Wirkung von etw.ˈ: *die* ∼ *eines Gefühls, Schmerzes; die* ∼ *des Geruchs, der Strahlung deutlich spüren; sie verstärkte die* ∼ *ihrer Bemühungen* **2.** ˈdas Intensivsein (↗ intensiv 3)ˈ: *die wirtschaftliche* ∼ *eines Unternehmens; die* ∼ *der Arbeit; die* ∼ *der Bewirtschaftung erhöhen* ❖ ↗ **intensiv**

intensiv [ɪntɛn'ziːf] ⟨Adj.; Steig. reg.⟩ **1.** ˈmit großer Anstrengung und Gründlichkeitˈ /vorw. auf Tätigkeiten bez./: *jahrelange* ∼*e Forschungsarbeit;* ∼*e Bemühungen um etw. anstrengen;* ∼*e Studien betreiben; sich einer Sache* ∼ *widmen;* ∼ *über etw. nachdenken; etw.* ∼ *betreiben, studieren, erarbeiten, lernen* **2.** ˈmit hoher Intensität (1)ˈ: *eine* ∼*e Strahlung wahrnehmen; die Strahlung war* ∼; *das* ∼*e Blau des Himmels; ein* ∼*er Geruch; Farben von* ∼*er Leuchtkraft; der Jasmin duftet* ∼ **3.** ˈdurch eine rationelle Organisation der Arbeit bestimmt und daher besonders effektivˈ /auf Tätigkeiten bez./: ∼ *arbeiten, wirtschaften; eine* ∼*e Haltung von Nutztieren* ❖ **Intensität, intensivieren, Intensivierung** − **Arbeitsintensität**

intensivieren [ɪntɛnzi'viːrən], intensivierte, hat intensiviert /jmd./ *etw.* ∼ ˈetw. intensiver (1) betreibenˈ; SYN verstärken (3.1): *seine Bemühungen, die Arbeit* ∼; *den Export* ∼ ❖ ↗ **intensiv**

Intensivierung [ɪntɛnzi'viːr..], **die;** ∼, ⟨o.Pl.⟩ ˈdas Intensivierenˈ: *die* ∼ *der Bemühungen (um etw.) vorantreiben* ❖ ↗ **intensiv**

interdisziplinär [ɪntɛdɪstsipli'nɛːɐ̯/..'neːɐ̯] ⟨Adj.; o. Steig.; nicht präd.⟩ ˈvon Wissenschaftlern verschiedener Disziplinen gemeinsam betriebenˈ /bes. auf Forschungstätigkeit bez./: ∼*e Forschung;* ∼*e Aufgaben, Vorhaben; ein* ∼*es Projekt; an diesem Projekt wurde* ∼ *gearbeitet* ❖ ↗ **Disziplin**

interessant [ɪntəʁɛ'sant] ⟨Adj.; Steig. reg.⟩ **1.** ˈjmds. Interesse (1) weckendˈ; ANT langweilig (1,2): *dies ist ein* ∼*er Fall, Film, Mensch; der Vortrag war sehr* ∼ (ANT trocken 4.1); *das ist ja eine* ∼*e Geschichte, Frage!; eine* ∼*e* (ANT stumpfsinnige 2) *Tätigkeit; ein* ∼*er Beruf; es ist* ∼, *das alles miteinander zu vergleichen; er kann* ∼ *erzählen; eine* ∼*e Farbzusammenstellung, Schnittführung; er macht sich gern* ∼ (ˈlenkt durch sein Verhalten, Tun gern die Aufmerksamkeit anderer auf sichˈ); *es war* ∼ *zu erfahren, wie sich das genau abgespielt hat;* /in der kommunikativen Wendung/ *das ist ja* ∼! /sagt jmd., wenn er in einem Gespräch seinem Gegenüber Interesse bekunden will; oft steht kein echtes Interesse dahinter/* **2.** ⟨nicht bei Vb.⟩ ˈfür den Käufer vorteilhaft (1.1)ˈ: *ein* ∼*es Angebot; etw. zu einem* ∼*en Preis anbieten* ❖ ↗ **Interesse**

Interesse [ɪntəʁ'ɛsə], **das;** ∼s, ∼n **1.** ⟨o.Pl.⟩ ˈdas Begehren, etw. über etw., jmdn. zu erfahren, weil es, er attraktiv für den ist, der dieses Begehren hatˈ; ↗ FELD I.4.4.1: *großes, wenig, kein* ∼ *für etw., jmdn. aufbringen, an etw.* ⟨Dat.⟩, *jmdm. haben; etw. mit, ohne* ∼ (SYN ˈTeilnahme 3ˈ) *lesen, verfolgen, über sich ergehen lassen; etw., jmd. findet, verdient jmds.* ∼; *unser* ∼; *das* ∼ *der Öffentlichkeit für etw., jmdn. wecken; jmd., etw. steht im Brennpunkt, Mittelpunkt des öffentlichen* ∼*s; das ist für uns nicht von* ∼ (ˈdas interessiert 1.2 uns nichtˈ); vgl. *Neugier* **2.** ⟨nur im Pl.⟩ ˈNeigungen (4), sich mit etw. zu beschäftigenˈ: *er hat keine geistigen* ∼*n, hat nur sportliche* ∼*n; hat überhaupt keine* ∼*n; beide haben (keine) gemeinsame(n)* ∼*n* **3.** ⟨vorw. im Pl.⟩ ˈdas Bestreben, das zu realisieren, was man für sich möchteˈ: *geschäftliche, politische, private* ∼*n verfolgen; jmd. setzt seine* ∼*n durch; jmds.* ∼*n wahrnehmen, vertreten; das Land geriet unter den Einfluss fremder* ∼*n; das ist das (spezifische)* ∼ *dieser Gruppe* **4.** ⟨o.Pl.⟩ *das* ∼ *an etw.* ⟨Dat.⟩, *das* ∼ *für etw.* ˈder Wunsch, eine bestimmte, auf dem Markt angebotene Ware zu kaufenˈ: *an diesen Waren, für diese Waren besteht großes, geringes, kein* ∼, *gibt es großes* ∼; *das* ∼ *(an diesem Artikel) ist gestiegen, gesunken; haben Sie* ∼, *das Haus zu kaufen?; an dem Auto hat er kein* ∼; vgl. *Nachfrage (1.1)* ❖ **Desinteresse, desinteressiert, Interesse, Interessent, interessieren**

Interessent [ɪntəʁɛ'sɛnt], **der;** ∼en, ∼en **1.** ˈjmd., der für, an etw. Interesse (1) hatˈ: *es werden noch* ∼*en für diesen Kursus gesucht; Prospekte an alle* ∼*en schicken* **2.** ˈjmd., der Interesse (4) für etw. hat, der etw. Bestimmtes kaufen möchteˈ: *wir haben noch keinen* ∼*en für unser Auto, Haus gefunden; es fand sich schließlich ein* ∼ *für unseren Hund; es hat sich auf unsere Annonce hin ein* ∼ *gemeldet* ❖ ↗ **Interesse**

interessieren [ɪntəʁɛ'siːrən], interessierte, hat interessiert **1.1.** /jmd./ *sich für etw., jmdn.* ∼ ˈInteresse (1.1) für etw., jmdn., an etw., jmdm. habenˈ: *sich für Sport, Musik, ein Buch, eine bestimmte Arbeit* ∼; *sich für einen Politiker, Schriftsteller* ∼; *an etw.* ⟨Dat.⟩ *interessiert sein: ich bin an dem Thema des*

Vortrags, an dem Theaterstück, an der Veranstaltung interessiert; es waren dort (sehr) interessierte Zuschauer, Zuhörer ('Zuschauer, Zuhörer, die großes Interesse 1 an etw., jmdm. zeigten') **1.2.** /etw., jmd./ *jmdn.* ~ 'jmds. Interesse (1) wecken': *das Buch, Thema interessierte ihn (nicht); der Mann interessiert mich; mich* ~ *alte Spielfilme* **1.3.** /jmd./ *jmdn. für etw., jmdn. zu* ~ *suchen* 'versuchen, jmds. Interesse (1) für etw., jmdn. zu wecken': *ich (ver)suchte ihn für mein Projekt zu* ~ **1.4.** /Mann od. Frau/ *sich für jmdn.* ~ 'eine Person des anderen Geschlechts kennen lernen wollen': *sie interessiert sich für meinen Bruder, er interessiert sich für die neue Kollegin* **2.** /jmd./ *sich für etw.* ~ 'Interesse (4) für etw. haben': *ich interessiere mich für einen neuen Fernseher, für Ihr Angebot, für Ihr Auto; an etw. interessiert sein: ich bin an diesem neuen Modell interessiert* ❖ ↗ **Interesse**

Intermezzo [ɪntɛ'mɛtso], **das**; ~s, ~s/auch Intermezzi [..'mɛtsi] 'kürzeres, aus einem Satz (2) bestehendes Stück für Musikinstrumente, bes. für Klavier': *ein* ~ *für Klavier, Streicher*

intern [ɪn'tɛrn] ⟨Adj.; o. Steig.⟩ **1.1.** ⟨nicht bei Vb.⟩ 'nur die Angelegenheiten innerhalb eines bestimmten Bereiches und nicht der Öffentlichkeit betreffend': ~e *Anweisungen; die* ~en *Angelegenheiten eines Staates* **1.2.** 'nur innerhalb eines bestimmten Bereiches, sodass davon nichts in die Öffentlichkeit gelangt': *etw.* ~ *beraten, diskutieren, regeln; die Beratung ist* ~; *eine* ~e *Regelung, Beratung, Diskussion* ❖ vgl. **Internat**

Internat [ɪntɛ'naːt], **das**; ~es/auch ~s, ~e 'einer Schule, Hochschule angeschlossenes Wohnheim für Schüler, Studenten'; ↗ FELD V.2.1: *unser Sohn ist in einem* ~, *hat einen Platz im* ~ ❖ vgl. **intern**

international [ɪntɛnatsi̯o'naːl] ⟨Adj.; o. Steig.⟩ 'mehrere, alle Staaten betreffend, nicht national begrenzt': *die* ~en *Beziehungen pflegen, berücksichtigen; die* ~e *Lage analysieren; etw. ist* ~ *gültig;* ~ *zusammenarbeiten; ein* ~ *bekannter Künstler; ein* ~er *Kongress* ('ein Kongress mit Teilnehmern aus mehreren Staaten') ❖ ↗ **Nation**

internieren [ɪntɛ'niːrən], internierte, hat interniert /Staat, Institution/ *jmdn.* ~ 'einen im Lande befindlichen Angehörigen des gegnerischen Staates während der Dauer des Krieges in staatlichen Gewahrsam nehmen': ⟨oft im Pass.⟩ *die Immigranten, Flüchtlinge wurden interniert* ❖ **Internierung**

Internierung [ɪntɛ'niːr..], **die**; ~, ~en 'das Internieren': *die* ~ *von Flüchtlingen* ❖ ↗ **internieren**

Interpret [ɪntɛ'preːt], **der**; ~en, ~en 'Musiker, Sänger, Schauspieler, der etw. interpretiert (2), interpretiert hat': *er ist ein bedeutender* ~ *klassischer Musik, des Kunstliedes, von Gedichten, Balladen, Volksliedern* ❖ ↗ **interpretieren**

Interpretation [ɪntɛpreta'tsi̯oːn], **die**; ~, ~en /zu interpretieren 1 u. 2/ 'das Interpretieren'; /zu 1/: *die* ~ *eines Textes, Romans; sein Verhalten lässt verschiedene* ~en *zu;* /zu 2/: *die eigenwillige* ~ *der Sinfonie wurde positiv aufgenommen* ❖ ↗ **interpretieren**

interpretieren [ɪntɛpre'tiːrən], interpretierte, hat interpretiert **1.** /jmd./ **1.1.** *etw.* ~ 'etw. Geschriebenes zu erklären suchen'; SYN auslegen (6.2): *einen Text (richtig, falsch)* ~ **1.2.** *etw.* ~ 'einer Sache, bes. einem Zeichen, Sachverhalt versuchen, einen bestimmten Sinn zuzuordnen'; SYN deuten (1): *man kann diesen Zusammenhang unterschiedlich* ~; *etw. als etw.* ~: *jmds. Verhalten als Unsicherheit, Furcht, Sorglosigkeit* ~ **2.** /jmd., Theater/ *etw. irgendwie* ~ 'ein künstlerisches Werk, bes. der Musik, des Theaters, nach einer bestimmten Auffassung irgendwie darbieten': *der Dirigent, das Orchester interpretierte die Sinfonie meisterhaft; die Sinfonie wurde vom Dirigenten recht eigenwillig interpretiert; das Theater hat den Faust modern interpretiert* ❖ **Interpret, Interpretation**

Intervall [ɪntɛ'val], **das**; ~s, ~e **1.1.** 'Zeitraum zwischen zwei begrenzenden Punkten': *ein* ~ *von zwei Jahren; das Nebelhorn ertönt nach einem* ~ *von zwei Minuten wieder; die* ~e *zwischen seinen Anfällen werden immer kleiner, größer; etw. kehrt in (kurzen, regelmäßigen)* ~en *wieder; der Ton wird in* ~en *unterbrochen* **1.2.** *etw. tritt in bestimmten* ~en ('Abständen') *auf* **2.** Mus. 'Abstand zwischen zwei unterschiedlich hohen Tönen': *ein großes, kleines* ~; *ein dissonantes, melodisches* ~

intervenieren [ɪntɛve'niːrən], intervenierte, hat interveniert **1.** /bes. Botschafter od. Regierung, Staat/ *bei jmdm., etw.* ⟨Dat.⟩ *(wegen etw.)* ~ 'bei einem Minister o.Ä., einer Regierung, Institution wegen eines Vorfalls offiziell protestieren': *der Botschafter intervenierte wegen des Zwischenfalls an der Grenze beim Präsidenten der Regierung des Nachbarlandes; gegen jmdn., etw.* ~: *die Regierung intervenierte (bei der Regierung des Nachbarlandes) gegen das Auftreten der verbotenen Partei; gegen den Volkshetzer* ~; /jmd./ *(bei jmdm., etw.* ⟨Dat.⟩*) zu jmds. Gunsten, für jmdn.* ~: *er hat bei der Leitung zu seinen Gunsten, für ihn interveniert* **2.** /Truppen, Staat/ *irgendwo* ~ 'irgendwo eine Intervention (2) begehen': *die Amerikaner intervenierten in Vietnam* ❖ **Intervention**

Intervention [ɪntɛvɛn'tsi̯oːn], **die**; ~, ~en **1.** 'das Intervenieren (1)': *eine persönliche, erfolglose* ~ *(bei der Regierung); die* ~ *hatte Erfolg* **2.** 'militärische Einmischung eines Staates in einen militärischen Konflikt eines anderen Landes, in einem anderen Land': *eine militärische, bewaffnete, ausländische* ~; vgl. *Invasion* ❖ ↗ **intervenieren**

Interview [ɪntɛ'vjuː], **das**; ~s, ~s 'für die Publikation bestimmtes Gespräch mit einer meist bekannten Persönlichkeit, in dem diese Fragen zu bestimmten (aktuellen) Themen od. zur eigenen Person beantwortet'; ↗ FELD I.13.1: *mit jmdm.* ~ *führen, machen; der Minister gab dem Fernsehen, gab im Fernsehen ein* ~ *(zu Fragen der Abrüstung); sie gibt keine* ~s ('lässt sich nicht interviewen'); *das* ~ *wurde (nicht) gesendet* ❖ **interviewen**

interviewen [ɪntɛ'vjuːən], interviewte, hat interviewt /jmd., Journalist/ *jmdn.* ~ 'mit jmdm. ein Interview führen'; ↗ FELD I.13.2: *einen Politiker, Schauspieler ~; sie lässt sich nicht ~* ❖ ↗ **Interview**

intim [ɪnˈtiːm] ⟨Adj.⟩ **1.1.** ⟨Steig. reg.⟩ ʿvertraut (1)ʾ /auf Personen bez./: *er ist sein ~er Freund; eine kleine Feier im ~en Kreis; die beiden sind sehr ~ miteinander* **1.2.** ⟨o. Steig.; nicht bei Vb.⟩ /beschränkt verbindbar/: *ein ~er* (ʿin einem vertrauten Kreis stattfindenderʾ) *Abend* **1.3.** ⟨o. Steig.; nicht bei Vb.⟩ ʿvertraulich (2)ʾ: *die beiden hatten eine ~e Unterredung; das Gespräch mit ihm war sehr ~* **2.** ⟨o. Steig.; nicht bei Vb.⟩ ʿpersönliche Dinge betreffend und nicht für andere, nicht für die Öffentlichkeit bestimmtʾ: *dies ist eine ~e Mitteilung, Angelegenheit; dieser Fakt, Umstand ist als ~ zu behandeln, anzusehen; in den Akten, im Nachlass fanden sich einige ~e Schriftstücke; dieser Brief, diese Aussage war sehr ~, hatte einen äußerst ~en Charakter; etw. Intimes nicht weitererzählen* **3.** ⟨o. Steig.⟩ **3.1.** ⟨nicht bei Vb.⟩ ʿsexuellʾ /bes. auf Kontakte bez./: *~e Beziehungen (mit jmdm.) haben; ~en Verkehr haben; mit jmdm. ~ sein* (ʿein sexuelles Verhältnis habenʾ); *er ist sofort ~ geworden* (ʿhat jmdm. sofort seine sexuellen Absichten in Bezug auf ihn deutlich gemachtʾ) **3.2.** ⟨nur attr.⟩ ʿdie Geschlechtsorgane betreffendʾ /beschränkt verbindbar/: *die ~e Körperpflege, Hygiene* **4.** ⟨Steig. reg., Komp. ungebr.; nur attr.⟩ ʿgeheim (3)ʾ /auf Psychisches bez./: *jmds. ~e, ~ste Gedanken, Regungen erraten; seine ~sten Gefühle für sich behalten* ❖ **Intimität**

Intimität [ɪntimiˈtɛːt/ˈtɛːt], **die**; ~, ~en **1.** ⟨o.Pl.⟩ ʿenges Vertrautsein mit jmdm.ʾ: *zwischen der alten und jungen Frau entstand bald eine gewisse ~* **2.** ⟨nur im Pl.⟩ ʿplumpe, die Sexualität betreffende und ausdrückende Äußerungen od. Handlungen, meist eines Mannes gegenüber einer Frauʾ: *er hat sich gegenüber der neuen Kollegin ~en erlaubt; sie hat sich seine ~en, hat sich jederlei ~en verbeten; bitte, keine ~en!* **3.** ⟨nur im Pl.⟩ ʿpersönliche (2), vertrauliche Angelegenheitenʾ: *er hat ~en ausgeplaudert; das sind doch ~en!* ❖ ↗ **intim**

intolerant [ˈɪntoləʀant/..ˈʀant] ⟨Adj.; Steig. reg.⟩ ʿbes. in religiösen, politischen Fragen nicht bereit, neben der eigenen Meinung, Überzeugung auch die anderer gelten zu lassenʾ; ANT tolerant; ↗ FELD I.2.3: *jmd. ist in religiösen, politischen Fragen ~; dies ist eine sehr ~e Haltung; gegen Andersdenkende ~ sein; er hat sich in in dieser Angelegenheit sehr ~ verhalten* ❖ ↗ **tolerant**

Intoleranz [ˈɪntoləʀants/..ˈʀants], **die**; ~, ⟨o.Pl.⟩ ʿdas Intolerantseinʾ; ANT Toleranz; ↗ FELD I.2.1: *jmds. politische, religiöse ~ beklagen, kritisieren; in seiner Rede erkannte man eine große, gewisse ~ gegenüber den Ansichten der anderen* ❖ ↗ **tolerant**

intrigant [ɪntʀiˈgant] ⟨Adj.; Steig. reg.; vorw. attr.⟩ ʿdazu neigend, Intrigen zu spinnenʾ /vorw. auf Personen bez./: *so ein ~er Kerl, eine ~e Person!; sie, er ist ~* ❖ ↗ **Intrige**

Intrige [ɪnˈtʀiːgə], **die**; ~, ~n ʿhinterlistige, heimlich geplante Aktivitäten, durch die man jmds. Stellung

untergraben willʾ: *jmds. ~n aufdecken; eine politische ~ aufdecken; ~n (gegen jmdn.) ↗ spinnen;* vgl. *Ränke* ❖ **intrigant, intrigieren**

intrigieren [ɪntʀiˈgiːʀən], intrigierte, hat intrigiert /jmd./ *gegen jmdn., etw. ~* ʿgegen jmdn., etw. Intrigen spinnenʾ: *er hat gegen einen Kollegen, ein Vorhaben intrigiert;* vgl. *Ränke* ❖ ↗ **Intrige**

Intuition [ɪntuiˈtsi̯oːn], **die**; ~, ~en **1.** ⟨vorw. Sg.⟩ ʿnicht durch Nachdenken, sondern durch Instinkt und Spontaneität bewirktes geistiges Erfassen von etw.ʾ: *die dichterische, künstlerische ~ hat ihn zu dieser Formulierung, zu der Gestaltung, Darstellung des Problems befähigt* **2.** ⟨vorw. mit unbest. Art.⟩ ʿdurch Intuition (1) bewirkte Ideeʾ; SYN Einfall: *jmd. hat eine ~, folgt einer ~* ❖ **intuitiv**

intuitiv [ɪntuiˈtiːf] ⟨Adj.; Steig. reg., ungebr.⟩ ʿauf Intuition (1) beruhendʾ /vorw. auf geistige Handlungen bez./: *ein ~es Urteil fällen; etw. ~ erfassen; er hat ~ richtig gehandelt* ❖ ↗ **Intuition**

intus [ˈɪntʊs]
* umg. /jmd./ *etw. ~ haben* **1.1.** ʿnach Üben, Lernen etw. geistig beherrschen, etw. verstanden habenʾ: *das Einmaleins, Gedicht, die Tanzschritte hat er (nun) ~* **1.2.** ʿetw. gegessen, getrunken habenʾ: *er hat schon drei Teller Suppe, fünf Glas Bier ~; einen ~ haben* ʿleicht betrunken seinʾ: *der hat schon einen ~*

Invasion [ɪnvaˈzi̯oːn], **die**; ~, ~en ʿ(den Feind überraschendes plötzliches) Eindringen militärischer Verbände in fremdes Hoheitsgebietʾ: *eine ~ planen, durchführen; die ~ fremder Truppen erfolgreich abwehren;* vgl. *Intervention*

Inventar [ɪnvɛnˈtaːɐ̯], **das**; ~s, ~e **1.** ʿBestand (1) der zu einem Raum, Grundstück, Betrieb od. einem Vermögen gehörenden Einrichtungsgegenstände, Werteʾ: *das ↗ tote und ↗ lebende (↗ leben 1.1) ~ eines Bauernhofs; ein Haus mit dem gesamten ~ kaufen; das ~ eines Hauses aufnehmen* **2.** ʿVerzeichnis des Inventars (1)ʾ: *ein ~ aufstellen; etw. ins ~ aufnehmen*

Inventur [ɪnvɛnˈtuːɐ̯], **die**; ~, ~en ʿdie Ermittlung des Bestands an Waren, die ein Geschäft in bestimmten zeitlichen Abständen vornimmtʾ: *~ machen; wegen ~ bleibt das Geschäft heute geschlossen*

investieren [ɪnvɛsˈtiːʀən], investierte, hat investiert **1.** /jmd., Unternehmen/ *etw. in etw. ~* ʿKapital in einem Projekt, Unternehmen anlegen, um die Produktion zu erneuern od. zu erweiternʾ: *der Konzern hat eine Million Mark in den maroden Betrieb investiert; große Summen (in eine Unternehmung) ~* **2.** /jmd./ *etw. in etw., jmdn. ~* ʿetw. Bestimmtes, bes. Kraft, Energie, für etw., jmdn. aufwendenʾ: *er hat viel Zeit, Mühe, Energie, Arbeit, Geduld in den Bau des Hauses investiert; sie hat viel Liebe in ihren Sohn, in die Erziehung ihres Sohnes investiert* ❖ **Investition**

Investition [ɪnvɛstiˈtsi̯oːn], **die**; ~, ~en **1.** ʿdas Investieren (1)ʾ: *das war eine notwendige, planmäßige ~; es wurden ~en in der Industrie vorgenommen* **2.** ʿetw., in das man finanzielle Mittel investiert hatʾ: *die neue Heizung war eine gute ~* ❖ ↗ **investieren**

in/In- ['ɪn..]‖**wendig** [vɛndɪç] ⟨Adj.; o. Steig.; nur bei Vb.⟩ 'im Inneren od. auf der Innenseite von etw., bes. eines Gegenstandes, Gefäßes'; SYN innen: *der Apfel ist ~ faul; der Schmuckkasten ist ~ mit Seide ausgeschlagen* ❖ ↗ in, ↗ Wand * umg. /jmd./ **jmdn., etw. in- und auswendig** ('bis zum Überdruss genau') **kennen; -wiefern** [viˈfɛʀn] ⟨Adv.⟩ /steht am Anfang eines direkten od. indirekten Fragesatzes/ 'wieso, warum': *~ ist er (überhaupt) berechtigt, das zu tun?; ich weiß nicht, ~ man gerade ihm diese Aufgabe übertragen hat; ich kann überhaupt nicht begreifen, ~ das etwas mit Gerechtigkeit zu tun haben soll!* ❖ ↗ in, ↗ ¹wie; **-zucht, die** ⟨o.Pl.⟩ 'Fortpflanzung durch Paarung eng miteinander verwandter Pflanzen, Tiere, Menschen': *~ führt bei Menschen zur Degeneration; durch ~ bestimmte Eigenschaften von Pflanzen, Tieren festigen; das ist ja die reinste ~* ('hier herrscht eine völlig sterile Atmosphäre')! ❖ ↗ Zucht; **-zwischen** [..ˈtsvɪʃn] ⟨Adv.⟩ **1.** 'während dieser Zeit'; SYN ¹indessen, unterdessen (1.1) /betont die Gleichzeitigkeit/: *ich muss noch etwas erledigen, ~ kannst du das Essen zubereiten/ du kannst ~ das Essen zubereiten; wir hatten uns lange unterhalten, ~* (SYN 'darüber 2.2') *war es dunkel geworden* **2.** /betont den zeitlichen Verlauf, von einem zurückliegenden Zeitpunkt beginnend/ 'seit dieser Zeit'; SYN seitdem: *vor Jahren haben wir uns das letzte Mal gesehen, ~ sind die Kinder groß geworden; vor zwanzig Jahren hat er das geschrieben, ~ haben sich seine Ansichten, Gewohnheiten (stark) geändert; wir haben uns früher oft gestritten, ~ ist er mein Freund (geworden); früher war ich sehr gutgläubig, ~ bin ich kritisch, erfahrener; ich liebe ~ klassische Musik* **3.** /betont die Zeit zwischen jetzt und einem Zeitpunkt in der Zukunft/ 'in der Zwischenzeit': *ich sehe ihn bald, aber grüßen Sie ihn ~ von mir!* ❖ ↗ in, ↗ zwischen
irden ['ɪrdn̩] ⟨Adj.; o. Steig.; nicht bei Vb.; vorw. attr.⟩ 'aus gebranntem Ton bestehend' /auf Produkte, bes. Gefäße bez./: *ein ~es Gefäß; ~e Töpfe, Krüge* ❖ ↗ **Erde**
¹irgend ['ɪrgn̩t] ⟨bildet mit *so etwas* und mit *so ein* (↗ *so*) ein zusammengesetztes Indefinitpron. und verstärkt den Grad der Unbestimmtheit; adj. u. subst.⟩ /bez. eine nicht näher bestimmte Person, Sache/ *~ so etwas hatte ich mir schon gedacht; ~ so etwas Sinnloses muss er gesagt haben;* umg. *~ so ein verrückter Kerl rief dauernd bei uns an; ~ so einem Dahergelaufenen schenkte er sein ganzes Geld; ~ so einer hat mich angequatscht* ❖ **²irgend**; vgl. **irgend-**
²irgend ⟨Modalpartikel; betont; steht nach *wem, wer, wie, wo,* die einen Gliedsatz einleiten⟩ /gibt diesen Wörtern verallgemeinernden Charakter/: *was ~* ('was auch immer') *kommen mag, wir halten zusammen; wenn es ~ möglich ist, kommen wir dich besuchen; wenn es dir ~ möglich ist, komm doch mal vorbei; wo ~* ('wo auch immer') *du sein magst, wir denken an dich* ❖ ↗ **¹irgend**

irgend ['..]‖**-ein** ⟨Indefinitpron.; Mask. u. Neutr.; Fem. **irgendeine**; o.Pl.; ↗ TAFEL X⟩ /eine nicht näher bestimmte Person, Sache/ **1.1.** ⟨adj.⟩ *~ Mann hat angerufen; nenne mir ~* ('ein beliebiges') *Wort, ~e Zahl; gib mir ~en Bleistift; er hat mit ~em Unbekannten telefoniert; zu ~er Zeit werden wir uns wiedersehen* **1.2.** ⟨subst.⟩ *~er hat das Licht ausgemacht, muss geschummelt haben; ~e hat da laut gelacht, hat das ausgeplaudert; gib mir ~s (von den Büchern)* MERKE Der Plural wird durch ↗ irgendwelche ausgedrückt ❖ ↗ **¹ein; -eine** ⟨Indefinitpron.; Fem.⟩ ↗ **irgendein** (1.1,1.2); **-einer** ⟨Indefinitpron.; Mask.⟩ ↗ **irgendein** (1.2); **-eins** ⟨Indefinitpron.; Neutr.⟩ ↗ **irgendein** (1.2); **-etwas** ⟨Indefinitpron.; indekl.; ↗ TAFEL X⟩ /bezeichnet eine nicht näher bestimmte Sache/ **1.1.** ⟨subst.⟩ *~ stimmt hier nicht; er hat immer ~ zu meckern* **1.2.** ⟨adj.; vor subst. Adj.⟩ *~ Sensationelles war inzwischen nicht geschehen;* ⟨vor anderes⟩ *gib mir ~ anderes* ❖ ↗ etwas; **-jemand** ⟨Indefinitpron.; ↗ TAFEL X⟩ /bezeichnet eine nicht näher bestimmte Person/ **1.1.** ⟨subst.⟩ *~ hat angerufen; er unterhielt sich mit ~em/~; er stieß ~en/~ aus Versehen an* **1.2.** ⟨adj.; vor subst. Adj.⟩ *~ Fremdes sprach uns an;* **-wann** ⟨Adv.⟩ 'zu irgendeiner Zeit in der Vergangenheit od. Zukunft': *~ komme ich zu dir; ~ hat er seine Meinung darüber geändert; ~ werden wir auch diese schwere Arbeit geschafft haben* ❖ ↗ **wann; -was** ⟨Indefinitpron.; indekl.⟩ umg. 'irgendetwas' **1.1.** ⟨subst.⟩ *~ stimmt hier nicht; er hat immer ~ zu kritisieren, hat sich schnell ~ ausgedacht* **1.2.** ⟨adj.; vor subst. Adj. u. vor *anderes*⟩ *er kam mit ~ Essbarem; gib mir ~ anderes; er hat ~ Sympathisches an sich; sie hat ihm ~ Hübsches mitgebracht;* **-welche** ⟨Indefinitpron.; Fem. u. Pl.⟩ ↗ **irgendwelcher; -welcher** ⟨Indefinitpron.; Mask.; Fem. **irgendwelche**; Neutr. **irgendwelches**⟩ /eine nicht näher bestimmte Person, Sache/ **1.1.** ⟨adj.⟩ *gab es irgendwelchen Ärger?; er hat das Frühstück in irgendwelches Papier gewickelt; sie hat immer irgendwelche neuen Ideen, Pläne; irgendwelche Rücksichtnahme ist hier nicht angebracht* **1.2.** ⟨subst.; nur im Pl.⟩ *irgendwelche (von den Büchern) habe ich verliehen* MERKE irgendwelche ist die Ersatzform für den Plural von *irgendeiner, irgendein, irgendeine* ❖ ↗ welche; **-welches** ⟨Indefinitpron; Neutr.⟩ ↗ **irgendwelcher; -wer** ⟨Indefinitpron.; o. Gen.; o. Pl.; subst.⟩ 'irgendeiner': *~ muss das doch getan haben, muss doch dafür verantwortlich sein!; habt ihr irgendwen in Verdacht?; ich habe das Buch irgendwem gegeben;* ⟨vor *anderes* od. subst. neutr. Adj.⟩ *er hat irgendwen anderes, irgendwen Bekanntes gesprochen* ❖ ↗ wer; **-wie** ⟨Adv.⟩ **1.1.** 'auf irgendeine Weise': *wir werden die Arbeit schon ~ schaffen; das hat sich ~ herumgesprochen* **1.2.** 'in gewisser Hinsicht': *ich fühle mich ~ schuldig; er war ~ froh, damit nichts mehr zu tun zu haben* ❖ ↗ **¹wie; -wo** ⟨Adv.⟩ 'an irgendeinem Ort'; ANT nirgendwo: *~ wird er schon sein; wir haben uns ~ schon einmal gesehen; wir treffen uns dort oder ~ anders* ('an irgendeinem anderen

Ort'); *er hat seinen Mantel* ~ (SYN ⁽³wo 3'⁾) *hängen
lassen* ❖ ↗ ¹wo; **-woher** ⟨Adv.; + *von*⟩ 'von irgend-
einem Ort, irgendeiner Stelle': *von* ~ *erklang Mu-
sik; von* ~ *Hilfe erhoffen* ❖ ↗ ¹wo, ↗ her; **-wohin**
⟨Adv.⟩ 'an irgendeinen Ort, an irgendeine Stelle':
sie blickte ~ *in die Ferne;* ~ *muss ich doch meine
Brille gelegt haben!* ❖ ↗ ¹wo, ↗ hin

Ironie [iʀo'niː], **die;** ~, ⟨o.Pl.⟩ 'spöttische Ausdrucks-
weise, die erkennbar das Gegenteil des wirklich Ge-
meinten beinhaltet': *jmds. feine, leise, bissige, bit-
tere* ~; *die* ~ *seiner Worte war deutlich zu erkennen;
das sage ich (ganz) ohne (jede)* ~ ('genau das ist
meine ganz ehrliche Meinung'); *jmdn. mit* ~ *behan-
deln; das Buch ist voller* ~ ❖ **ironisch**

* ~ **des Schicksals** 'ein paradox anmutendes Ereig-
nis': *dass ausgerechnet du als überzeugter Fußgänger
ein Auto gewonnen hast, ist (eine)* ~ *des Schicksals*

ironisch [i'ʀoːn..] ⟨Adj.; Steig. reg.⟩ 'voller Ironie'
/auf Sprachliches bez./: *eine* ~*e Anspielung, Bemer-
kung machen;* ~ *fragen, lächeln; er kann sehr* ~ *sein*
('bedient sich in seinen Äußerungen oft der Ironie')
❖ ↗ **Ironie**

irr [iʀ]/**irre**['iʀə] **I.** ⟨Adj.; ↗ auch *Irre*⟩ **1.** ⟨präd. meist
irre; o. Steig.; nicht bei Vb.⟩ 'wahnsinnig (I.1),
geisteskrank': *er ist* ~; *ein irrer Mensch, Patient;
sein irres Lachen, Kreischen; sich wie* ~ *gebärden;*
umg. *du bist wohl irre* ('hast wohl den Verstand ver-
loren')?; *er war fast irre vor Angst* **2.** ⟨Steig. reg.;
nicht bei Vb.⟩ 'wie Wahnsinn (1) anmutend' /vorw.
auf das Denken, Tun, Verhalten bez./: *er hatte irre
Ideen, Pläne; dieser Plan war irre* **3.** ⟨Steig. reg.,
ungebr.; vorw. attr.⟩ emot. 'überaus groß (7.1)'
/auf Negatives bez./: *er hatte irre Schmerzen, eine
irre Angst* — **II.** ⟨nur: *irre;* Adv.; vor Adj., Indefinit-
pron; bei Vb.⟩ umg. emot. 'in höchstem Maße': *das
Kleid war irre teuer; er aß immer irre viel; ich habe
mich darüber irre gefreut* ❖ **beirren, Irre, irrig, irri-
tieren, Irrtum, irrtümlich, verirren — irreführen,
-machen, -werden, Irrfahrt, Irrsinn, irrsinnig —
Justizirrtum**

irrational [iʀatsi̯o'naːl/..] ⟨Adj.⟩ 'nicht vom Ver-
stand, von verstandesmäßigen Überlegungen aus-
gehend, bestimmt'; ANT rational: ~*es Verhalten,
Handeln;* ~*e Ideen; etw. ist völlig* ~; ~ *denken,
handeln* ❖ ↗ **rational**

Irre ['iʀə], **der u. die;** ~n, ~n; ↗ auch *irr/irre;* ↗ TA-
FEL II 'jmd., der irre (I.1), wahnsinnig (I.1) ist':
den ~*n in eine psychiatrische Klinik einliefern;* umg.
emot. *er freute sich wie ein* ~*r* ('freute sich sehr')
❖ ↗ **irr**

* umg. **ein armer** ~**r** ('ein bedauernswert törichter
Mensch')

irreal ['iʀeaːl/..'aːl] ⟨Adj.; Steig. reg., ungebr.; vorw.
attr.; nicht bei Vb.⟩ **1.** 'nicht real (1)' /vorw. auf
Literarisches bez./: *eine* ~*e Welt konstruieren, in ei-
nem Roman beschreiben; die Figuren des Dramas
sind* ~ **2.** 'nicht realistisch (1)' /auf Abstraktes
bez./: ~*e Ideen, Forderungen, Pläne; seine Pläne
waren* ~ ❖ ↗ **real**

irre|führen ['iʀə..] ⟨trb. reg. Vb.; hat⟩ **1.** /jmd., etw./
jmdn. ~ 'jmdm. absichtlich etw. Falsches erzählen
(1.1,1.2)': *das sind* ~*de Behauptungen; jmdn. durch
Lügen, falsche Informationen* ~ (SYN 'täuschen 1')
2. *etw. führt irre* 'etw. verursacht Missverständ-
nisse, Irrtümer': *die Überschrift führt irre;* ⟨oft adj.
im Part. I⟩ *die Darstellung des Hergangs, Problems
ist an vielen Stellen* ~*d; die Angaben sind* ~*d* ❖ ↗
irr, ↗ **führen**

irregulär ['iʀegulɛːɐ̯, ..leːɐ̯/..'lɛɐ̯, ..'leːɐ̯] ⟨Adj.; o.
Steig.; vorw. attr.⟩ **1.** 'von der Regel, Norm abwei-
chend': ~*e Erscheinungen feststellen* **2.** 'nicht dem
Gesetz entsprechend' /auf Aktionen o.Ä. bez./: ~*e
Maßnahmen anprangern* ❖ ↗ **Regel**

irre|machen ['iʀə..] ⟨trb. reg. Vb.; hat⟩ /jmd., etw./
jmdn. ~ 'jmdn. unsicher machen'; SYN irritieren:
die vielen Zwischenrufe haben ihn irregemacht; umg.
*mit deiner ständigen Besserwisserei machst du mich
noch ganz irre!; lass dich dadurch, von ihm nicht* ~!
❖ ↗ **irr,** ↗ **machen**

irren ['iʀən] ⟨reg. Vb.; hat/ist⟩ **1.** ⟨hat⟩ /jmd./ **1.1.**
(sich) ~ 'etw. fälschlich für wahr, richtig halten':
*du irrst (dich), wenn du das Problem als gelöst an-
siehst, wenn du ihn für einen zuverlässigen Menschen
hältst; wenn ich (mich) nicht irre, so ist das Frau B;
vielleicht irre ich mich (in dieser Angelegenheit); ich
habe mich gründlich, schrecklich, gewaltig geirrt;
sollte ich mich doch geirrt haben?; das kann so nicht
stimmen, du musst dich geirrt haben!* **1.2.** *sich in etw.*
⟨Dat.⟩, *jmdn.* ~ SYN 'sich in etw., jmdm. täu-
schen (2)': *ich habe mich in ihm geirrt, er ist doch
nicht so freundlich, wie ich anfangs dachte; in dieser
Angelegenheit hast du dich geirrt; er irrte sich in der
Annahme, dass alle bereits gegangen waren;* SYN
'danebenhauen': *bei dieser Beurteilung hat er sich
ganz schön geirrt* **1.3.** *sich in jmdn., etw.* ⟨Dat.⟩ ~
'jmdn., etw. verwechseln': *sich in Herrn B, in der
Person des Täters* ~; *sich im Datum, in der Haus-
nummer* ~ ('erkennen, dass es nicht das richtige
Datum, die richtige Hausnummer ist') **2.** ⟨ist⟩
/jmd./ *irgendwohin* ~ 'irgendwohin mit wechseln-
der Richtung laufen, fahren, ohne das Ziel zu fin-
den'; ↗ FELD I.7.2.2: *durch die Straßen, über die
Felder, durch den Wald* ~; *von Behörde zu Behörde*
~; METAPH *seine Augen irrten durch den Saal,
über die Seiten des Briefes* ❖ ↗ **irr**

irre|werden ['iʀə..], wurde irre, ist irregeworden /jmd./
1. /jmd./ 'wahnsinnig werden': *er ist irregeworden* **2.**
/jmd./ *an jmdm., etw.* ⟨Dat.⟩ ~ 'an jmdm., etw. zwei-
feln': *langsam werde ich an dir irre* ❖ ↗ **irr**

Irr|fahrt ['iʀ..], **die** 'wiederholt in die falsche Rich-
tung gehende Fahrt auf der Suche nach einem be-
stimmten Ziel': *das war eine endlose* ~; *in dieser
Stadt, in diesem Restaurant endete die* ~; *nach einer
langen* ~ *kamen wir endlich dort an, ans Ziel* ❖ ↗
irr, ↗ **fahren**

irrig ['iʀɪç] ⟨Adj.; o. Steig.; nicht bei Vb.⟩ 'auf einem
Irrtum beruhend'; SYN falsch: *dies ist eine* ~*e An-
nahme, Ansicht, Auffassung; eine* ~*e Schlussfolge-*

rung; von ~en Voraussetzungen ausgehen; etw. als
~ nachweisen, erachten; was du geschlussfolgert
hast, ist ~; es ist ~ anzunehmen, dass ... ❖ ↗ **irr**
irritieren [ɪʀi'tiːʀən], irritierte, hat irritiert **1.** /etw.,
jmd./ jmdn. ~ ʼjmdn. unsicher, nervös machenʼ: *ihr
permanentes, demonstratives Schweigen, Lächeln ir-
ritierte ihn; der Prüfer irritierte die Studentin mit
seinem ironischen Lächeln; jmd. lässt sich nicht ~*
(ʼlässt sich durch nichts in seinem Denken, Han-
deln beeinflussenʼ); *jmds. ~de Bemerkungen* **2.**
/jmd., etw./ jmdn. ~ ʼjmdn. störenʼ: *die hellen
Scheinwerfer, das grelle Licht, die Lampen irritierten
ihn; das unruhige Kind, ihr dauerndes Klopfen, Re-
den hat ihn bei seiner Arbeit irritiert; es irritiert
mich, wenn du dauernd mit deinem Nebenmann tu-
schelst* ❖ ↗ **irr**
Irr|sinn ['ɪʀ..], **der** ⟨o.Pl.⟩ **1.** SYN ʼWahnsinn (1)ʼ: *er
war einem unheilbaren ~ verfallen; man bemerkte
bei ihm bereits Anzeichen eines beginnenden ~s* **2.**
emot. ʼsinnlose, sehr törichte Rede od. Handlungʼ:
solchen ~ mache ich nicht mit!; welch ein ~! ❖ ↗
irr, ↗ **Sinn**
irr|sinnig ['ɪʀzɪnɪç] **I.** ⟨Adj.⟩ **1.** ⟨o. Steig.; nur präd.
(mit *sein, werden*)⟩ /jmd./ ~ *sein, werden* ʼwahnsin-
nig (1), geisteskrank sein, werdenʼ /vorw. auf Per-
sonen bez./: *er ist ~, ist (im Alter) ~ geworden;
sein ~es* (ʼvon Irrsinn 1 zeugendesʼ) *Grinsen* **2.**
⟨Steig. reg.; nicht bei Vb.⟩ umg. emot. ʼsehr großʼ
/vorw. auf Negatives bez./: *eine ~e Hitze, Ge-
schwindigkeit, Schufterei; ~en Hunger, Durst ha-
ben; ~e Preise, Forderungen; wir hatten einen ~en
Spaß* – **II.** ⟨Adv.; vor Adj., Adv.⟩ umg. emot.
ʼüberausʼ: *das finde ich ~ komisch, teuer, clever; sie
besitzt ~ viele Bücher, ist ~ verknallt in ihn* ❖ ↗
irr, ↗ **Sinn**
Irrtum ['ɪʀ..], **der**; ~s, Irrtümer [..tyːmɐ] ʼFehler (2)ʼ;
↗ FELD I.4.2.1: *es war ein schwerer, unverzeihli-
cher, folgenschwerer, verhängnisvoller ~, ihn, die An-
gelegenheit so negativ zu beurteilen; das war ein ~
meinerseits; ihm ist ein ~ unterlaufen; er ist einem*

~ *erlegen, unterlegen; hier ist jeder ~ ausgeschlos-
sen; da liegt ein ~ vor; das hat sich als ~ erwiesen;
es ist ein ~, wenn du glaubst, ich kann dir helfen; es
war ein ~ zu glauben, er könne sich bessern; seinen
~ einsehen, zugeben; er hat seinen ~ teuer bezahlt;
diese Angaben haben Irrtümer hervorgerufen; wir
müssen jedem ~ vorbeugen; es muss sich hierbei um
einen ~ handeln; ein ~ in der Deutung von Sympto-
men* ❖ ↗ **irr**
* /jmd./ **im ~ sein, sich im ~ befinden** ʼsich irren (1)ʼ:
da bist du (aber gewaltig) im ~!
irrtümlich ['ɪʀtyːm..] ⟨Adj.; o. Steig.⟩ ʼauf einem Irr-
tum beruhendʼ; SYN fälschlich /vorw. auf Meinun-
gen, Äußerungen bez./; ↗ FELD I.4.2.3: *eine ~e
Behauptung; ~e Angaben machen, richtig stellen;
etw. ~ behaupten; ~ (SYN ʼversehentlichʼ) in die
falsche Bahn einsteigen; ❖ ↗* **irr**
Ischias ['ɪʃias], **der, das**; ~, ⟨o.Pl.⟩ ʼSchmerz im Be-
reich der Lendeʼ: *~ haben, an ~ leiden*
Islam ['ɪslaːm/auch ..'laːm], **der**; ~/auch ~s, ⟨o.Pl.⟩
ʼvon Mohammed begründete Religionʼ; ↗ FELD
XII.2.1: *zum ~ übertreten, sich zum ~ bekennen;
die Welt des ~*
isolieren [izo'liːʀən], isolierte, hat isoliert **1.** /jmd.,
etw./ jmdn. von jmdm., einer Gruppe ~ ʼjmdn. von
seiner sozialen Umgebung trennen, jmds. Kontakt
zu jmdm., einer Gruppe unterbrechenʼ: *die an der
Cholera Erkrankten wurden (von der Familie) iso-
liert; Verbrecher durch Freiheitsstrafen von der Ge-
sellschaft ~; die Truppen wurden (von der Bevölke-
rung) isoliert gehalten; Bakterien ~; sein Verhalten
isolierte ihn von seinen Freunden;* ⟨adj. im Part. II⟩
etw. isoliert (ʼohne seinen Zusammenhang mit
etw.ʼ) *betrachten; ihr dürft das nicht so isoliert sehen*
2. etw. aus etw. ⟨Dat.⟩ ~: *aus einem Gemisch wert-
volle Grundstoffe ~* (ʼgewinnenʼ) **3.** /jmd./ etw. ~
ʼetw. durch eine undurchlässige Schicht gegen Ein-
flüsse von außen abdichtenʼ: *Rohre, eine elektrische
Leitung, ein Kabel, Wände ~*
ist: ↗ *sein*

j, J

¹ja [jɑː] ⟨betont⟩ **1.1.** /dient als eine positive Antwort auf eine Entscheidungsfrage od. Bitte/ ⟨steht isoliert od. steht abgesondert vor einer Aussage⟩: „*Gehst du mit?*" „*Ja*"/„*Ja, natürlich!*"/„*O* ~*!*"/ „*Aber* ~*!*"; ~, *das ist richtig;* ~, *so war es (wirklich);* „*Reiche mir doch bitte das Brot!*" „*Ja, sofort!*"; *mit Ja antworten; mit Ja stimmen* (ˈbei einer Abstimmung zustimmen') **1.2.** /nimmt eine positive Antwort vorweg und betont sie/ ⟨steht einleitend in einem Nachsatz, der den Vorsatz syntaktisch ergänzt⟩: *mich mehr um dich kümmern,* ~, *das will ich; Autofahren,* ~, *das kann ich; dass er das getan hat,* ~, *das glaube ich wirklich* **2.** /dient dazu, in fragendem Ton die Gewißheit einer eigenen Aussage zu bekräftigen, eine fremde Aussage zu bezweifeln/ ⟨steht isoliert, einer Äußerung nachgestellt⟩: *die Leistungen sind doch beispielhaft,* ~ (ˈnicht wahr')?; „*heute soll es regnen*" „*Ja*" (ˈwirklich')?; vgl. *jawohl* ❖ **bejahen — jawohl**
* /jmd., Institution/ ~ **zu etw.** ⟨Dat.⟩ **sagen** (ˈeiner Sache zustimmen'); /jmd./ **(zu allem) Ja und Amen sagen** oft emot. neg.(ˈmit allem einverstanden sein, ohne es kritisch zu prüfen')

²ja ⟨Modalpartikel; betont od. unbetont; steht nicht am Satzanfang; bezieht sich auf den ganzen Satz⟩ **1.** ⟨steht in Aussagesätzen; unbetont⟩ /bezieht sich auf Vorausgehendes; der Sprecher setzt damit den Sachverhalt als bekannt voraus, erwartet od. betont darin Übereinstimmung mit dem Hörer/: *wir haben* ~ *noch Zeit; das war* ~ *allen bekannt; das glaubst du* ~ *selbst nicht!; das war* ~ *zu erwarten; du weißt* ~, *wie schnell so was passieren kann; das ist* ~ *alles nicht so schlimm!; er ist* ~ (ˈzwar') *noch jung, hat aber schon viel erreicht* **2.** ⟨steht in Ausrufesätzen; unbetont⟩ /der Sprecher ist überrascht und drückt damit sein Erstaunen über etw. aus/: *das ist* ~ *eine Frechheit!; das ist* ~ *wirklich toll!; du hast* ~ *ein Loch im Strumpf!; der hat* ~ *überhaupt keine Ahnung!; draußen ist* ~ *Nebel!; das ist* ~ *eine Überraschung!* **3.** ⟨steht in Aufforderungssätzen; betont⟩ /der Sprecher macht damit seine Aufforderung, seinen Wunsch dringlich; er erwartet, dass ihm unbedingt Folge geleistet wird/: *komm* ~ *nicht zu spät!; nimm dich* ~ *in Acht!; geh* ~ *nicht aufs Eis!; vergiss* ~ *nicht, mich anzurufen, sobald du da bist; bleib* ~ *dort, wo du bist; tu das* ~ *nicht!*

³ja ⟨Gradpartikel; betont od. unbetont; steht vor der Bezugsgröße; bezieht sich auf verschiedene Kategorien⟩ /schließt andere Sachverhalte nicht aus; fügt einen Sachverhalt hinzu, der es noch steigert und hebt ihn hervor/: *das kann ich versichern,* ~ (*sogar*) *beeiden; das ist großartig,* ~ *genial!; die Kollegen,* ~ (*sogar*) *der Chef, waren darüber sehr verärgert*

Jacht [jaxt], **die**; ~, ~en; ↗ FELD VIII.4.3.1 **1.** ˈschnelles, großes, oft luxuriöses Motorboot od. kleines Motorschiff': *eine schnittige elegante* ~; *mit der* ~ *eine Kreuzfahrt im Mittelmeer, in der Karibik machen* **2.** ˈSegelboot (mit Kiel und Kajüte)'

Jacke [ˈjakə], **die**; ~, ~n ˈbis zur Hüfte od. Taille reichendes, meist langärmliges Kleidungsstück der Oberbekleidung für Männer od. Frauen, das vorne durch Knöpfe od. Reißverschluss geöffnet, geschlossen wird'; ↗ FELD V.1.1 (↗ TABL Kleidungsstücke): *eine leichte, wollene, lederne* ~; *die* ~ *anbehalten, ausziehen; das Kostüm besteht aus Rock und* ~; *er hängte sich die* ~ *lose über die Schulter* ❖ **Jackett**
* umg. **das ist** ~ **wie Hose** (ˈdas ist völlig einerlei'); /jmd./ **jmdm. die** ~ **voll hauen** (ˈjmdn. verprügeln'); /jmd./ **die** ~ **voll kriegen** (ˈverprügelt werden'); /jmd./ **jmdm. die** ~ **voll lügen** (ˈjmdn. unverschämt belügen')
MERKE Die zum Anzug gehörende *Jacke* heißt *Jackett*

Jackett [jaˈkɛt/ʒaˈkɛt], **das**; ~s/auch ~es, ~s/auch ~e ˈJacke des Anzugs (1)'; ↗ FELD V.1.1 (↗ TABL Kleidungsstücke): *ein graues, dunkles* ~ *zur Hose tragen; das* ~ *war auf Taille gearbeitet; das* ~ *sitzt gut, schlecht; sein* ~ *ausziehen, anziehen; sein* ~ *über die Schulter, Stuhllehne hängen* ❖ ↗ **Jacke**

Jagd [jɑːkt], **die**; ~, ~en **1.** ⟨o.Pl.⟩ *die* ~ *auf Wild* ˈdas Jagen (1) von Wild': *die* ~ *auf Hasen, Rehe, Enten;* ~ *auf Wölfe/auf Wölfe* ~ *machen; auf die* ~ *gehen* (ˈlosgehen, um Wild zu jagen') **2.** ˈVeranstaltung zum Zwecke der Jagd (1), an der viele teilnehmen': *die Diplomaten zur* ~ *einladen; eine* ~ *abhalten;* Jägerspr. *die* ~ *anblasen, abblasen* **3.** ⟨o.Pl.⟩ emot. *die* ~ *auf jmdn., etw.* **3.1.** ˈdas schnelle Verfolgen einer Person, Sache, um sie, es zu fassen': *die Passanten beteiligten sich an der* ~ *auf den Dieb, Flüchtenden;* ~ *auf jmdn., etw. machen:* ~ *auf einen Verbrecher, auf den geraubten Schatz machen; die Verfolger nahmen die* ~ *auf* (ˈbegannen mit der Verfolgung'); *eine wilde* ~ *entspann sich* **3.2.** ˈdas hektische Verfolgen einer Person, Sache, um sie, es zu interviewen od. zu fotografieren': *die* ~ *der Journalisten auf den Filmstar* **4.** emot. *die* ~ *nach etw.* ⟨Dat.⟩ ˈdas gierige, hektische Streben nach etw.': *die* ~ *nach (dem) Glück, nach Geld, Vergnügen* ❖ ↗ **jagen**

Jagd|flugzeug [ˈ..], **das** ˈsehr schnelles Flugzeug, das für den Kampf in der Luft od. von der Luft aus ausgerüstet ist'; SYN Jäger; ↗ FELD V.6.1 ❖ **jagen**, ↗ **fliegen**

jagen [ˈjɑːgn̩] ⟨reg. Vb.; hat/ist⟩ **1.** ⟨hat⟩ /jmd./ *Wild* ~ ˈWild verfolgen, um es zu töten und zu erbeuten': *Hasen, Enten* ~; *er will* ~ *gehen* (ˈauf die Jagd gehen') **2.** ⟨hat⟩ emot. /jmd./ *jmdn.* ~ ˈjmdn.

schnell verfolgen, um ihn zu fassen': *einen entflohenen Häftling, Verbrecher* ~; /zwei od. mehrere (jmd.)/ *sich* ~ ⟨rez.⟩: *die Kinder jagten sich* ('spielten Haschen'); METAPH /etw./ *ein Ereignis, Gerücht jagte das andere* ('immer wieder gab es kurz hintereinander neue Gerüchte, Ereignisse'); /zwei od. mehrere (etw.)/ *sich* ~ ⟨rez.⟩: *in seinem Kopf jagten sich die Gedanken* 3. ⟨hat⟩ /jmd./ *jmdn., ein Tier aus, von etw.* ⟨Dat.⟩, *in etw.* ~ 'jmdn., ein Tier von einem Ort in eine bestimmte Richtung treiben': *jmdn. aus einem Versteck, vom Hof* ~; *den Feind aus dem Lande* ~; *sie jagte die Hühner in den Stall, die Kinder vom Hof, ins Bett;* METAPH /etw./ *der Wind jagte das Laub vor sich her, durch die Straßen;* /in der kommunikativen Wendung/ umg. emot *damit kannst du mich* ~ ('das kann ich nicht ausstehen')! /sagt jmd., um seinen Abscheu über etw., das man ihm anbietet o.Ä., auszudrücken/ 4. ⟨hat⟩ /jmd./ umg. emot. *jmdn., sich* ⟨Dat.⟩ *etw. in etw.* ~ 'jmdm., sich etw., bes. eine Waffe od. ein Geschoss, in den Körper treiben': *jmdm., sich eine Kugel ins Herz, durch das Herz, durch, in den Kopf* ~; *jmdm. einen Dolch, ein Messer in den Leib* ~; *die Krankenschwester jagte ihm eine Spritze in den Arm* 5. ⟨ist⟩ emot. /jmd., etw., bes. Fahrzeug/ *irgendwohin* ~ 'sich sehr schnell, hastig irgendwohin bewegen': *Menschen, Autos* ~ *durch die Straßen; Wolken* ~ *am, über den Himmel; er ist zum Bahnhof gejagt;* METAPH *Schauer jagten über seinen Rücken* 6. /jmd./ *nach etw.* ⟨Dat.⟩ ~ 'nach etw. begierig, hektisch streben': *nach (dem) Glück, nach Geld, Ruhm* ~ ❖ **Jagd, Jäger** — **Fallschirmjäger, Jagdflugzeug, Schürzenjäger**

Jäger ['jɛ:gɐ/'je:..], der; ~s, ~ 1. 'jmd., der die Berechtigung hat, (beruflich) auf die Jagd zu gehen'; SYN **Weidmann**; ↗ FELD I.10: *er ist ein passionierter* ~; *der* ~ *geht auf die Pirsch, hat einen Fuchs geschossen* 2. umg. 'Jagdflugzeug'; ↗ FELD V.6.1, VIII.4.2: *die* ~ *steigen auf, landen;* ~ *für Ziele am Boden einsetzen; der* ~ *wurde abgeschossen* ❖ ↗ **jagen**

Jaguar ['ja:gŭa:ʁ], der; ~s, ~e 'in Südamerika heimisches, dem Leoparden ähnliches Raubtier mit rotgelbem, geflecktem Fell'

jäh [jɛ:/je:] ⟨Adj.; o. Steig.; nicht präd.⟩ 1. 'plötzlich und heftig einsetzend' /bes. auf Ereignisse, Bewegungen bez./: *ein* ~*er Schmerz, Umschwung; er reagierte mit einer* ~*en Bewegung; jmd. findet einen* ~*en* ('plötzlichen und überraschenden') *Tod;* ~ *erröten, erblassen, verstummen;* ~ *wechselnde Gefühle* 2. 'sehr steil, sehr abschüssig' /auf Gelände bez., das unvermittelt nach unten führt/; ↗ FELD IV.2.3: *ein* ~*er Abgrund; ein* ~ *abfallender Hang* ❖ **Jähzorn, jähzornig**

Jahr [ja:ʁ], das; ~es/auch ~s, ~e 1.1. 'Zeitraum von zwölf Monaten, der vom 1. Januar an bis 31. Dezember gerechnet wird': *das alte, neue* ~; *dies war ein gutes, schlechtes, schlimmes* ~ *für uns; es war ein* ~ *der Erfolge, Entbehrungen; dieser Roman ist das Buch des* ~*es* ('das bedeutendste neue Buch des Jahres'); *er fährt alle drei* ~*e zur Kur; er war zwei* ~*e lang nicht verreist; das ganze* ~ *hindurch hat es kaum geregnet; dieses, voriges, nächstes* ~; *im vergangenen* ~; *ein erfolgreiches, arbeitsreiches, ruhiges* ~ *gehabt haben; eine Reihe von* ~*en; das* ~ *1989; die zwanziger Jahre; im* ~*e 1000 vor, nach unserer Zeitrechnung;* ~ *für* ~ ('jedes Jahr') *fuhren sie im Urlaub an die See; es verging* ~ *um* ~ ('ein Jahr nach dem anderen') *(und nichts änderte sich); von* ~ *zu* ~ *wird es besser; das* ~ *ist schnell vergangen; jmdm. ein gutes, gesundes, neues* ~ *wünschen* 1.2. 'Zeitraum von zwölf Monaten, von einem beliebigen Tag an gerechnet': *drei* ~*e später; heute in zwei* ~*en sehen wir uns wieder; heute vor zwei* ~*en haben wir uns kennen gelernt; übers* ~ ('in einem Jahr') *sieht alles anders aus; das ist schon (viele)* ~*e her; etw. für/auf ein* ~ *mieten; das ist vor* ~*en* ('vor sehr langer Zeit') *geschehen; das liegt* ~*e* ('sehr lange') *zurück* 2. 'zur Bestimmung des Alters (1) dienender Zeitraum von zwölf Monaten, vom Tag der Geburt an gerechnet': *er hat in jungen* ~*en schon viel erreicht; jmd. steht in der Blüte der* ~*e; sie ist 20, ist noch nicht 10* ~*e (alt); Jugendliche unter 18* ~*en; hoch an* ~*en* ('sehr alt 1.1') *sein; für seine* ~*e* ('für sein Alter') *ist er noch sehr rüstig;* SYN **Lebensjahr**: *das erste, zweite, zehnte* ~; *er steht im 50.* ~, *hat sein 50.* ~ *erreicht* ❖ **jähren, jährlich** — **diesjährig, dreijährig, dreijährlich, Frühjahr, Geburtstag, halbjährig, halbjährlich, hundertjährig, jahrelang, Jahrestag, -zeit, Jahrgang, -markt, -hundert, -tausend, -zehnt, langjährig, Lebensjahr, Lehrjahr, Neujahr, Schuljahr, Vierteljahr, vierteljährig, vierteljährlich, volljährig, Volljährigkeit, Wechseljahre;** vgl. **jahr/Jahr-**

* /Mann, Frau/ **in den besten** ~**en sein** 'in einem Alter sein, in dem man viel leisten kann und große Erfahrungen besitzt': *er, sie ist jetzt mit 35 in den besten* ~*en;* /jmd./ **in die** ~**e kommen** ('ins gesetzte Alter kommen'); **mit den** ~**en** 'mit zunehmendem Alter': *mit den* ~*en stellen sich auch allerlei Gebrechen ein; mit den* ~*en wird sich das schon geben;* **nach** ~ **und Tag** 'nach einem längeren Zeitraum': *erst nach* ~ *und Tag erkannte man die Ursache;* **vor** ~ **und Tag** 'vor langer Zeit': *das hat er schon vor* ~ *und Tag erkannt;* **zwischen den** ~**en** 'in der Zeit zwischen Weihnachten und Neujahr': *zwischen den* ~*en sind wir verreist*

jahr|aus [ja:ʁ'|aus] ⟨Adv.⟩
* ~, **jahrein/jahrein,** ~ 'jedes Jahr (1.1) wieder, immer wieder': *das geschieht* ~, *jahrein; jahrein,* ~ *ist es mit ihm immer dasselbe*

jahre|lang ['ja:ʁə..] ⟨Adj.; o. Steig.; nicht präd.⟩ 'mehrere Jahre (1.2) dauernd' /vorw. auf Tätigkeiten bez./: ~*e Abwesenheit;* ~*e Untersuchungen, Nachforschungen; er musste* ~ *warten* ❖ ↗ **Jahr,** ↗ **lang**

jähren ['jɛ:ʁən/je:..] ⟨reg. Vb.; hat⟩ *etw. jährt sich* 'ein Ereignis ist ein Jahr (1.2) od. mehrere Jahre her': *ihr Hochzeitstag jährt sich jetzt, heute (zum zweiten, dritten Male)* ❖ ↗ **Jahr**

Jahres ['jɑːʀəs..]||**-tag, der** ʿTag, an dem sich ein Ereignis jährtʾ: *der ~ der Befreiung von der Hitlerdiktatur; der ~ der Beendigung des Zweiten Weltkriegs* ❖ ↗ Jahr, ↗ Tag; **-zeit, die** ʿeiner der vier durch die Vegetation bestimmten Abschnitte, in die das Jahr (1.1) geteilt wirdʾ: *die vier ~en Frühling, Sommer, Herbst und Winter; den Wechsel der ~en beobachten, bewusst erleben; in dieser ~ ist es noch ziemlich kalt; die kalte, warme ~* ❖ ↗ Jahr, ↗ Zeit

Jahr|-gang ['jɑːʀ..], **der 1.1.** ʿalle in einem bestimmten Jahr (1.1) Geborenenʾ: *den ~ 1965 erfassen; die Schüler, Wehrpflichtigen des ~s ... auffordern, sich zu melden* **1.2.** ⟨o.Pl.⟩ ʿdas Jahr (1.1), in dem jmd. geboren wurde od. alle Personen, die in einem bestimmten Jahr (1.1) geboren wurdenʾ: *sie ist ~ 1968; er ist mein ~* (ʿist in demselben Jahr geboren wie ichʾ) **2.** ʿdas Jahr (1.1), in dem ein Wein gekeltert wurdeʾ: *dies ist ein guter ~; beim Kauf auf den ~ achten* **3.** ʿalle Nummern einer Zeitung, Zeitschrift eines Jahres (1.1)ʾ: *den (letzten) ~ binden lassen;* **-hundert** [jɑːʀ'h..], **das**; ~s, ~e **1.** ʿZeitraum von 100 Jahren (1.1), jeweils vom Jahr ..01 an gerechnetʾ: *das 19. ~; die Entwicklung der Technik im vorigen ~, in unserem ~; das kommende, nächste ~ und seine Aufgaben* **2.** ʿZeitraum von 100 Jahren (1.2), von einem beliebigen Jahr an gerechnetʾ: *vor einem halben ~ endete der Zweite Weltkrieg* ❖ ↗ hundert

jährlich ['jɛːʀ../'jeː..] ⟨Adj.; o. Steig.; nicht präd.⟩ ʿjedes Jahr (1.1) wiederkehrend, in jedem Jahrʾ /auf Tätigkeiten, Vorgänge bez./: *die ~en Überschwemmungen in diesem Gebiet; die ~en Abrechnungen; die Zeitschrift erscheint viermal ~* ❖ ↗ **Jahr**

Jahr|-markt ['jɑːʀ..], **der** ʿjährlich einmal od. öfter stattfindender Markt (1), auf dem es auch Karussells u.Ä. gibtʾ: *auf den ~ gehen* ❖ ↗ Markt; **-tausend** ['t..], **das**; ~s, ~e **1.** ʿZeitraum von 1000 Jahren, jeweils vom Jahr ..01 an gerechnetʾ: *das erste ~ unserer Zeitrechnung* **2.** ʿZeitraum von 1000 Jahren, von einem beliebigen Jahr an gerechnetʾ: *vor einem ~ war dieses Gebiet noch nicht besiedelt; die Geschichte ein ~ zurückverfolgen* ❖ ↗ tausend; **-zehnt** ['tseːnt], **das**; ~s/auch ~es, ~e ʿZeitraum von zehn Jahrenʾ: *das geschah im ersten ~ dieses Jahrhunderts; ~e angestrengter Arbeit liegen hinter ihm; er steht im sechsten ~ seines Lebens* (ʿist im Alter zwischen 50 und 60 Jahrenʾ) ❖ ↗ zehn

Jäh/jäh ['jɛː../'jeː..]||**-zorn, der** ʿnicht zu kontrollierender, plötzlich ausbrechender Zornʾ; ↗ FELD I.6.1: *das hat er im ~ getan, gesagt; im ~ hat er ihn geschlagen und fast getötet; jmdm. im ~ beleidigende, tief verletzende Worte sagen; er ließ sich vom ~ zu dieser Tat hinreißen* ❖ ↗ jäh, ↗ Zorn; **-zornig** ⟨Adj.⟩ **1.** ⟨Steig. reg.; nicht bei Vb.⟩ ʿzu Jähzorn neigendʾ /auf Personen bez./; ↗ FELD I.6.3: *man kennt ihn als einen ~en Menschen; sie kann oft sehr ~ sein* **2.** ⟨o. Steig.; nicht präd.⟩ ʿim Jähzornʾ /auf eine Handlung bez./: *eine ~e Tat; ~ sprang er auf und schlug die Tür hinter sich zu; jmdn. ~ beschimpfen, schlagen* ❖ ↗ jäh, ↗ Zorn

Jalousie [ʒalu'ziː], **die**; ~, ~n [..'ziːən] ʿaus vielen langen waagerechten Streifen bestehende, als Schutz dienende, den Einfall des Lichts regulierende Vorrichtung an Fenstern, die hochgezogen od. herabgelassen werden kannʾ: *die ~ bei starker Sonne, am Abend herunterlassen;* vgl. *Rollo*

Jammer ['jamɐ], **der**; ~s, ⟨o.Pl.⟩ **1.** ʿdas Jammernʾ; ↗ FELD I.6.1: *ihr ~ schallte durch das ganze Haus; in ~ ausbrechen; jmds. ~ über etw.: ihr ~ über ihren verlorenen Mann rührte uns alle* **2.** ʿgroßes Leidʾ; SYN Elend: *in dem Gefangenen-, Flüchtlingslager herrschte ein großer, unbeschreiblicher ~; er bot uns, es bot sich uns ein Bild des ~s* **3.** umg. *es ist ein ~, dass ...* ʿes ist sehr schade, sehr bedauerlich, dass ...ʾ: *es ist ein ~, dass ich nicht daran gedacht habe, dass man darauf keinen Einfluss hat* ❖ ↗ **jammern**

jämmerlich ['jɛmɐ..] ⟨Adj.⟩ **1.** ⟨Steig. reg.⟩ ʿJammer (2), Schmerz ausdrückendʾ /bes. auf Mimisches, Emotionales bez./; ↗ FELD I.6.3: *jmd. macht ein ~es Gesicht; ein ~es Geschrei; ~ klagen, weinen* **2.** ⟨Steig. reg.⟩ emot. SYN ʿerbärmlich (1.1)ʾ /vorw. auf einen bestimmten Zustand bez./: *der Alte bot einen ~en Anblick; jmd. ist in einer ~en Lage, Stimmung, Verfassung; jmdm. ist ~ zumute; sie war in einem ~en Zustand; sie sind ~* (ʿunter schrecklichen Umständenʾ) *umgekommen* **3.** ⟨Steig. reg.⟩ emot. SYN ʿelend (1.1)ʾ: *eine ~e Behausung; ein ~es Dasein, Leben fristen; die Arbeiter wurden ~* (ʿsehr schlechtʾ) *bezahlt* **4.** ⟨o. Steig.; nur bei Vb.⟩ emot. ʿsehrʾ /auf ein Tun bez., das Verachtung od. Mitleid erzeugt/: *sich ~ blamieren; ~ frieren; er hat ihn ~ verprügelt* ❖ ↗ **jammern**

jammern ['jamɐn] ⟨reg. Vb.; hat⟩ /jmd./ SYN ʿklagen (1.1)ʾ: *in ihrem großen Leid jammerte sie laut; sie war verzweifelt und jammerte sehr; über, um etw. ~: er jammerte über, um seinen Verlust; nach jmdm. ~: das Kind jammerte* (ʿverlangte klagendʾ) *nach seiner Mutter; etw.* ⟨nur Sätze der direkten od. indirekten Rede⟩ *~: „Ich habe solche Schmerzen", jammerte sie; sie jammerte, dass es ihr so schlecht ginge* ❖ **Jammer, jämmerlich — jammerschade**

jammer|schade ['ja../..'ʃaːdə] ⟨Adj.; o. Steig.; nur präd. (mit *sein*)⟩ umg. emot. *etw.* ⟨vorw. *es, das*⟩ *ist ~* ʿetw. ist sehr, ausgesprochen schadeʾ; ↗ FELD I.6.3: ⟨vorw. mit Nebens.⟩ *es ist ~, dass das nicht geklappt hat; ich finde es ~, dass du nicht mitkommen kannst, willst; dass ich daran nicht teilnehmen kann, finde ich ~; es ist um etw., jmdn. ~: um die neue zerbrochene Vase ist es ~* ❖ ↗ **jammern,** ↗ **schade**

Januar ['januaʀ], **der**; ~/auch ~s, ~e ⟨vorw. Sg.⟩ ʿder erste Monat des Jahres (1.1)ʾ; ↗ TAFEL XIII: *ein kalter, frostiger ~; Anfang, Mitte, Ende ~*

japsen ['japsn̩] ⟨reg. Vb.; hat⟩ umg. /jmd./ ʿnach großer Anstrengung mit offenem Munde stoßweise nach Atem ringenʾ; SYN keuchen: *nach dem Aufstieg konnten wir nur noch ~; nach Luft ~* (ʿjapsend nach Atem ringenʾ)

Jasmin [jas'miːn], **der**; ~s, ~e ⟨vorw. Sg.⟩ ʿStrauch mit stark duftenden, weißen od. gelblichen Blütenʾ: *der betäubende Duft des ~s*

jäten ['jɛtn̩/'jeː..], jätete, hat gejätet /jmd./ *etw.* ~; ↗
FELD II.4.2 **1.1.** ˈetw., bes. Unkraut, mit der
Hand ausreißen, entfernen, damit es die Kultur-
pflanzen nicht behindertˈ /beschränkt verbindbar/:
Unkraut ~ **1.2.** ˈBoden durch Ausreißen des Un-
krauts säubernˈ: *ein Beet* ~; *die Wege im Garten* ~
Jauche ['jɑuxə], **die**; ~, ~n ⟨vorw. Sg.⟩ ˈzum Düngen
der Felder dienende Flüssigkeit aus tierischem
Harn und Kotˈ: *die* ~ *wird in einer Grube gesam-
melt; die* ~ *stinkt; die* ~ *aufs Feld fahren; den Acker
mit* ~ *düngen*
jauchzen ['jɑuxtsn̩] ⟨reg. Vb.; hat⟩ /jmd./ ˈvor Freude
einmal, kurz mit hoher Stimme schreienˈ; SYN ju-
beln; ↗ FELD VI.1.2: *sie jauchzte vor Freude, Be-
geisterung; sich* ~*d in die Arme fallen; die Kinder
jauchzten*
jaulen ['jɑulən] ⟨reg. Vb.; hat⟩ /Tier, bes. Hund/
ˈlange klagende Laute von sich gebenˈ; ↗ FELD
VI.1.2: *der Hund jaulte laut; Wölfe jaulten;* ME-
TAPH *der Wind jault*
ja|wohl [jɑ'voːl] /drückt ein nachdrückliches ˈjaˈ aus;
wird meist im militärischen Bereich verwendet als
Antwort auf einen Befehl o.Ä./: ~, *das wird sofort
erledigt;* ~, *das ist auch meine Ansicht; „Soldat
Meier, Sie melden sich morgen bei mir!" „Jawohl,
Herr Hauptmann!"* ❖ ↗ **ja**, ↗ **²wohl**
Jazz [dʒɛs/jats], **der**; ~, ⟨o.Pl.⟩ ˈim Süden der USA
entstandene Musik, die durch Reichtum an Synko-
pen und durch Improvisation gekennzeichnet istˈ:
er ist ein Freund des ~ ❖ **jazzen**
jazzen ['jatsn̩] ⟨reg. Vb.; hat⟩ /jmd./ ˈJazz spielen, sin-
genˈ: *die Band begann zu* ~ ❖ ↗ **Jazz**
¹je [jeː] ⟨Adv.⟩ **1.1.** SYN ˈjemals (1.1)ˈ: *keiner wird
das* ~ *begreifen; ihr werdet nicht erleben, dass wir
euch* ~ *im Stich lassen;* **1.2.** SYN ˈjemals (1.2)ˈ: *wer
hätte das* ~ *gedacht; hätte er sich das* ~ *träumen
lassen?; sie ist jetzt glücklicher als* ~ *(zuvor); die
Zustände sind jetzt schlimmer denn* ~ **2.** ⟨+ *nach,
nachdem*⟩ /weist auf die jeweilige (wechselnde) Be-
dingung hin, von der etw. abhängt/: ~ *nach seiner
Stimmung* (ˈjeweils von seiner Stimmung abhän-
gigˈ) *änderte sich sein Verhalten; er steht um sechs
oder um acht auf,* ~ *nachdem* (ˈdas kommt auf die
Umstände anˈ) ❖ **jemals, jeweilig**
²je 1. ⟨als Glied der mehrteiligen subordinierenden
Konj. **je … desto/umso**; *je* leitet den Nebensatz ein,
desto/umso den Hauptsatz; der Nebensatz steht vor
dem Hauptsatz; *je* und *desto/umso* stehen jeweils
vor einem Komp.⟩ /gibt an, dass die durch den
Komp. ausgedrückten Eigenschaften in Abhängig-
keit voneinander stehen/: ~ *schlechter das Wetter
wurde, desto mieser wurde unsere Stimmung;* ~ *stär-
ker er sich fühlte, desto rücksichtsloser wurde er;* ~
weiter wir fuhren, umso wilder wurde die Landschaft;
~ *öfter ich mir den Film ansah, desto besser/umso
besser gefiel er mir;* ~ *länger ich darüber nachdenke,
desto mehr komme ich zu der Erkenntnis, dass …;* ~
älter, umso klüger, weiser; ⟨der durch *je* eingeleitete
Nebensatz kann auch hinter dem Hauptsatz +
umso stehen⟩ *ich sah, dass die Gegend umso wilder

wurde,* ~ *weiter wir fuhren* **2.** ⟨als Glied der zusam-
mengesetzten subordinierenden Konj. **je nachdem**;
der durch *je nachdem* eingeleitete Nebensatz steht
vor od. nach dem Hauptsatz; steht in Verbindung
mit einem Fragewort, z. B. *ob, wann, wer, wie, wo*⟩
/gibt an, dass die Entscheidung für eine von mehre-
ren Alternativen zutrifft od. nicht, ganz nach Lage
der Dinge/ ˈdas hängt davon ab, ob …ˈ: *er schreibt
oder liest,* ~ *nachdem, wie er Lust hat; er kauft gern
Obst,* ~ *nachdem, ob es gute oder schlechte Ware
ist; ich komme morgen oder übermorgen,* ~ *nach-
dem, wann du Zeit hast*
³je ⟨Präp. mit Akk.; vorw. o. erkennbaren Kasus;
vorangestellt; vorw. in Verbindung mit Maßanga-
ben⟩ **1.** /gibt meist das Verhältnis einer Menge zu
einer Grundeinheit an/; SYN pro: *der Fahrpreis be-
trägt 15 Pfennig* ~ *(angefangenen) Kilometer; die
Äpfel kosten drei Mark* ~ *Kilo* **2.** ⟨+ *zu* od. *nach*; o.
Kasusforderung; + *zu* in Verbindung mit größeren
Mengen⟩: *sie arbeiteten in Schichten zu* ~ *acht
Stunden; sie kauften Gläser in Packungen zu* ~
sechs Stück; ⟨+ *nach*⟩ /gibt die jeweilige Alterna-
tive an/: ~ *nach Laune entschied er so oder so;* ~
*nach dem Angebot kosten die Apfelsinen drei oder
vier Mark das Kilo*
Jeans [dʒiːns], **die**; ~, ~ ⟨der Pl. meint den Sg.⟩
ˈstrapazierfähige (lange) Hose aus einem derben,
meist blauen Stoff aus Baumwolleˈ: *ein Paar* ~,
neue ~, *eine neue* ~ *kaufen; sie trägt gern* ~; *wo
sind, sie meine* ~, *die ich jetzt anziehen möchte?*
jede ['jeːdə] ⟨Indefinitpron.; Fem. Sg. u. Pl.⟩ ↗ *jeder*
(1)
jeden|falls ['jeːdn̩fals] ⟨Modalpartikel; unbetont; be-
zieht sich auf den ganzen Satz; steht auch am Satz-
anfang; steht in Aussagesätzen⟩ /schränkt einen
Sachverhalt bis auf das Gesicherte, Notwendige
ein; alles andere kann als zweifelhaft angesehen
werden/: *wir müssen* ~ *am Jahresende mit der Ar-
beit fertig sein;* ~ *ist es ratsam, dass Sie eine Versi-
cherung abschließen; ich bleibe* ~ *hier, auch wenn
alle anderen abreisen; wir treffen uns* ~ *morgen
Abend; ich weiß nicht, wo die Kinder sind, sie waren
* ~ *vor kurzem noch hier* ❖ ↗ **jeder**, ↗ **Fall**
jeder ['jeːdɐ] ⟨Indefinitpron.; Mask. Sg.; Fem. Sg.
jede, Neutr. Sg. **jedes**; o.Pl.; ↗ TAFEL X⟩ **1.** /be-
zeichnet alle einzelnen Lebewesen, Sachen einer
Gesamtheit/: ⟨adj.⟩ *(ein)* ~ *Mann; (eine) jede
Frau; (ein) jedes Kind; er hat jedem Einzelnen etwas
gegeben; Ende jedes/jeden Jahres; er kommt jeden
Tag, jede Woche, jedes Jahr einmal; er hat in* ~
(ANT keiner 1.1) *Hinsicht Recht; er übernimmt jede
(beliebige) Arbeit; er kann jeden Augenblick
* (ˈgleichˈ) *kommen; hier kam jede Hilfe zu spät; du
kannst zu* ~ *Zeit zu mir kommen; er meckert bei* ~
*Gelegenheit; mit jedem Pfennig rechnen müssen
* (ˈnur wenig Geld zur Verfügung habenˈ); ⟨subst.;
auch in Verbindung mit unbest. Art. *ein, eine*⟩
/vorw. auf Personen bez./: ~ *kann am Wettbewerb
teilnehmen; auf dem Dorf kennt* ~ *jeden;* ~, *der
kommt, ist uns willkommen; jede der anwesenden*

Frauen; (ein) ~ *mag sich seinen Teil nehmen* **2.** ⟨*jede* + Zeit- od. Maßangabe in Verbindung mit Ordinalzahlen o.Ä.⟩ /bezeichnet die Wiederholung in regelmäßigen Abständen/ *all (3)*': *der Bus fährt jede halbe, zweite Stunde;* ~ *zehnte Meter steht ein Baum* ❖ **jederlei** − **jedenfalls, jedermann, -zeit**
MERKE Im Vergleich zu *alle* betont *jeder* die Einzelnen einer Gesamtheit, *alle* dagegen die Gesamtheit ohne Berücksichtigung des Einzelnen

jederlei ['je:dɐlaɪ̯/..'laɪ̯] ⟨Indefinitpron.; indekl.; für Mask., Fem., Neutr. Sg. u. Pl.⟩ 'jede Art': ⟨vorw. adj.⟩ *man kann dort* ~ *Schmuck kaufen* ❖ ↗ **jeder**
jeder ['je:dɐ..]|**-mann** ⟨Indefinitpron.; Gen. ~s; Dat., Akk. ~; o.Pl.; subst.; trägt die Betonung im Satz; ↗ TAFEL X⟩ 'jeder, ein jeder'; ANT niemand: *das weiß (doch)* ~*; * ~ *hat das Recht dazu; das ist nicht* ~*s Sache, Geschmack; das dürfte* ~ ('einem jeden') *bekannt sein; er ist zu* ~ *höflich; das ist ein Buch für* ~*; Gerechtigkeit gegen* ~ *üben* ❖ ↗ **jeder, ↗ Zeit**
jedes ['je:dəs] ⟨Indefinitpron.; Neutr. Sg.⟩ ↗ *jeder (1)*
jedes Mal 'immer, wenn etw. Bestimmtes eintritt, bei jeder bestimmten Gelegenheit, bei jedem Anlass'; SYN immer: *er hat* ~ *eine andere Ausrede;* ~*, wenn es klingelt, erschrickt sie; er fällt* ~ *wieder darauf herein*
¹jedoch [je'dɔx] ⟨Adv.⟩ 'doch': *ich habe es oft gesehen, ich habe* ~ *nie darüber nachgedacht; wir kommen bald wieder, ihr braucht* ~ *nicht auf uns zu warten;* ⟨auch als Konjunktionaladv. mit Inversion des Subj.; schließt an einen vorausgehenden Hauptsatz einen Hauptsatz an; adversativ⟩ *wir kommen bald wieder, Ihr braucht* ~ *nicht auf uns zu warten* ❖ vgl. **¹doch**
²jedoch ⟨Konj.; koordinierend; verbindet zwei Hauptsätze, zwei Nebensätze, zwei Satzglieder⟩ /adversativ/; SYN ¹aber (1.1, 1.3), doch: *ich wollte mit ihm reden,* ~ *er ließ sich entschuldigen; sie ist sehr gründlich,* ~ *zu langsam; er behauptete, alles gelernt,* ~ *nichts behalten zu haben* ❖ vgl. **²doch**
Jeep [dʒiːp], **der**; ~s, ~s 'kleineres, meist offenes, Auto mit starkem Motor und einem Antrieb auf allen vier Rädern, das sich besonders für ein schwieriges Gelände eignet': *ein mit Soldaten besetzter* ~
jegliche ['je:klɪçə] ⟨Indefinitpron.; Fem. Sg.⟩ ↗ *jeglicher*
jeglicher ['je:klɪçɐ] ⟨Indefinitpron.; Mask.; Fem. und Pl.: *jegliche*, Neutr.: *jegliches*; ↗ TAFEL X⟩ 'ausnahmslos jeder': ⟨adj.⟩ *mir ist* ~ *Appetit vergangen; wir waren ohne jegliche Hoffnung* ('ohne die geringste Hoffnung'); ⟨subst.⟩ *(ein)* ~ *von uns hatte das schon erlebt*
jegliches ['je:klɪçəs] ⟨Indefinitpron.; Neutr.⟩ ↗ *jeglicher*
je|her ['je:he:ɐ]

* seit/von ~ 'schon immer': *das war seit, von* ~ *(schon) so*
je|mals ['je:mɑːls] ⟨Adv.⟩ /meint einen beliebigen Zeitpunkt in der Zukunft od. Vergangenheit/ **1.1.** 'irgendwann in der Zukunft': *keiner von uns wird dich* ~ *im Stich lassen; es ist fraglich, ob er* ~ *wieder gesund wird; ob wohl mein Wunsch* ~ *in Erfüllung geht?* **1.2.** 'irgendwann in der Vergangenheit': *habe ich euch* ~ *im Stich gelassen?; sie ist jetzt glücklicher als* ~ *zuvor; wer hätte das* ~ *gedacht!; das ist das Schlimmste, was ich* ~ *erlebt habe* ❖ ↗ **¹je, ↗ Mal**
jemand ['je:mant] ⟨Indefinitpron.; o.Pl.; subst.; ↗ TAFEL X⟩ **1.** /bezeichnet irgendeine nicht näher bestimmte Person/; ANT niemand: ~ *hat gerufen, geklingelt; auf* ~*/*~*en warten; hast du den Brief* ~*/*~*em gegeben?;* ~*es Bekanntschaft machen* **2.** ⟨indekl. + *ander(e)s;* nur *ander(e)s* wird flektiert⟩ ~ *ander(e)s* 'irgendein in der Rede stehende Person': *für diese Aufgabe ist* ~ *ander(e)s zuständig; ich habe* ~ *ander(e)s erwartet; das habe ich von* ~ *anderem bekommen;* ⟨unflektiert auch in Verbindung mit subst. neutr. Adj.⟩ ~ *Fremdes trat ein; ich habe* ~ *Fremdes gesehen* ❖ **irgendjemand**
jene ['je:nə] ↗ *jener*
jener ['je:nɐ] ⟨Demonstrativpron.; Mask. Sg.; Fem. Sg. u. Pl. *jene*; Neutr. Sg. *jenes*; ↗ TAFEL IX⟩; ANT dieser **1.** /auf eine Sache, Person hinweisend, die dem Sprecher räumlich relativ fern, bei Korrelation mit *dieser* als die andere ist/: ⟨adj.⟩ ~ *Mantel gehört uns; kennst du jene Frau?; dieser Weg führt in den Wald und* ~ *in die Stadt;* ⟨+ dem folgenden Nomen nachgestelltes *da, dort*⟩ *ist* ~ *Platz dort noch frei?; wem gehört jene Tasche, jenes Paket dort?; jenen* ('den bekannten, bewussten') *(denkwürdigen) Tag werde ich nie vergessen;* ⟨subst.⟩ *dieser hat ihm zugestimmt, aber* ~ *war nicht seiner Meinung* **2.** /auf eine genannte Person, Sache hinweisend; bei Korrelation mit *dieser* bezieht sich *dieser* auf das im Text an zweiter Stelle, *jener* auf das davor genannte Subst./ ⟨adj.⟩ *an jene Tatsache kann ich mich noch gut erinnern;* ⟨subst.⟩ *Mutter und Vater waren gekommen, dieser trug einen Anzug, jene war im Kostüm* **3.** /auf einen in der Vergangenheit relativ fernen Zeitraum hinweisend/ *in jenem Sommer waren wir an der Ostsee; in jenen zwanziger Jahren dieses Jahrhunderts* ❖ **dasjenige, derjenige, diejenige**
MERKE Das Pronomen wird immer stark flektiert, das folgende Adj. stets schwach: *an jenem schönen Tage; die Ideen jener jungen Leute*
jenes ['je:nəs] ↗ *jener*
¹jenseits ['jɛnzaɪ̯ts] ⟨Adv.; + von⟩ /vom Sprecher aus gesehen auf der Seite von etw., auf der er selbst sich nicht befindet/; ANT ²diesseits: *das Haus liegt* ~ *vom Fluss, von der Grenze, vom Gebirge* ❖ ↗ **Seite**
²jenseits ⟨Präp. mit Gen.; vorangestellt; in Verbindung mit Begriffen, Namen, die eine Art Grenzlinie darstellen⟩ /lokal; gibt einen Standort an, der nicht auf der Seite des Sprechers liegt/; ANT ²diesseits:

~ *des Rheins; das Haus steht* ~ *des Flusses; der Ort liegt schon* ~ *der Grenze* ❖ ↗ **Seite**

Jenseits, das; ~s, ⟨o.Pl.⟩ 'bes. nach christlicher Vorstellung der Bereich außerhalb dieser Welt, in den man nach dem Tode gelangt': *die Vorstellung von einem Leben im* ~ ❖ ↗ **Seite**

* /jmd./ umg. **jmdn. ins ~ befördern** ('jmd. töten, ermorden')

jetzig ['jɛtsɪç] ⟨Adj.; o. Steig.; nur attr.⟩ SYN 'gegenwärtig (1.1)'; ANT künftig (1.1) /auf Personen, Sachen bez./; ↗ FELD VII.5.3: *unser* ~*er Direktor; seine* ~*e Freundin; der* ~*e Stand der Untersuchungen* ❖ ↗ **jetzt**

jetzt ['jɛtst] ⟨Adv.⟩; ↗ FELD VII.5.3 **1.** 'im gegenwärtigen Augenblick, in diesem Moment' /meint einen Zeitpunkt in der Gegenwart/ SYN ¹nun (1): ~ *fährt der Zug ab;* ~ *sind wir an der Reihe; bis* ~ ('bis zu diesem Augenblick') *habe ich gewartet; von* ~ *an* ('von heute 1 an') *machen wir das anders; das ist* ~ (SYN 'derzeit') *einfach nicht möglich* **2.** SYN 'heutzutage'; ANT früher (II): *man denkt* ~ *anders darüber als früher; viele haben* ~ *andere Interessen* **3.** 'in dem Augenblick, von dem die Rede ist' /meint einen Zeitpunkt in der Vergangenheit/: *sie waren betrunken,* ~ *hätten sie ein Taxi gebraucht; die Tür fiel ins Schloss,* ~ *stand er draußen und hatte keinen Schlüssel* **4.** 'nach dem Vorangegangenen bzw. unter den jetzigen veränderten Umständen': *bist du* ~ *zufrieden?* ❖ **jetzig**

je ['je..]‖**-weilig** [vaɪlɪç] ⟨Adj.; o. Steig.; nur attr.⟩ 'zu einem bestimmten Zeitpunkt, je nach den Umständen gerade vorhanden, geltend': *der Redner stellte sich auf das* ~*e Publikum ein; der* ~*e Stand der Forschung; sich den* ~*en Verhältnissen, Umständen anzupassen suchen;* vgl. *jeweils* ❖ ↗ ¹je, ↗ Weile; **-weils** [vaɪls] ⟨Adv.⟩ 'den jeweiligen Umständen entsprechend': *die* ~ *geltenden Bestimmungen; er konnte* ~ ('jedes Mal') *nur für ein paar Stunden kommen;* vgl. *jeweils* ❖ ↗ ¹je, ↗ Weile

Joch [jɔx], **das**; ~es/auch ~s, ~e **1.** 'Teil des Geschirrs (2), das Ochsen über Stirn od. Nacken gelegt wird, wenn sie ein Fahrzeug od. einen Pflug ziehen sollen': *das* ~ *auflegen, abnehmen; die Ochsen gehen im, unterm* ~ **2.** ⟨o.Pl.; + Gen.attr.⟩ 'als drückende Belastung empfundener Zustand, dem man unterworfen ist und in dem man in seiner Freiheit eingeschränkt ist': *das Volk hat sich aus dem, vom* ~ *der kolonialen Unterdrückung befreit; das* ~ *der Sklaverei, Fremdherrschaft abschütteln;* scherzh. *das* ~ *der Ehe tragen* ❖ **unterjochen**

Jod [jo:t], **das**; ~s, ⟨o.Pl.⟩ 'chemisches Element, das man oft verwendet, um Wunden zu desinfizieren' /chem. Symb. J/: *eine Wunde mit* ~ *desinfizieren*

jodeln ['jo:dl̩n] ⟨reg. Vb.; hat⟩ /jmd., bes. Bewohner der Alpen/ 'ohne Text singen und dabei ständig schnell zwischen hohen und tiefen Tönen wechseln'; ↗ FELD VI.1.2: *er kann* ~ ❖ **Jodler**

Jodler ['jo:dlɐ], **der**; ~s, ~ **1.** 'Melodie, die durch Jodeln gesungen wird. Ruf, der durch Jodeln ent-

steht': *ein* ~ *hallt in den Bergen* **2.** 'jmd., der jodelt': *die Rufe der* ~ *auf der Alm* ❖ ↗ **jodeln**

Joghurt ['jo:gʊrt], **der**; ~s, ⟨o.Pl.⟩ 'durch bakterielle Gärung geronnene saure dicke Milch'; ↗ FELD I.8.1: *zum Frühstück (einen Becher)* ~ *essen*

Johannis [jo'hanɪs..]‖**-beere, die** 'Frucht des Johannisbeerstrauchs'; ↗ FELD I.8.1 (↗ TABL Früchte/Obst): ~*n pflücken, vom Strauch naschen* ❖ ↗ Beere; **-beerstrauch, der** 'im Garten wachsender Strauch, dessen rote, hellgelbe od. schwarze Früchte kleine Trauben bilden'; ↗ FELD II.4.1: *einen* ~ *pflanzen, abernten* ❖ ↗ Beere, ↗ Strauch

johlen ['jo:lən] ⟨reg. Vb.; hat⟩ /jmd., bes. Menschenmenge, die sich zusammengerottet hat/ 'misstönend und wild laut schreien, um Triumph od. Protest auszudrücken'; ↗ FELD VI.1.2: *die Zuschauer der Sportveranstaltung pfiffen und johlten; eine* ~*de Menge zog durch die Straßen;* ~*de Halbstarke, Jugendliche*

jonglieren [ʒɔŋ'li:ʀən], jonglierte, hat jongliert **1.** /jmd./ mit etw. ~ 'mehrere Gegenstände gleichzeitig od. kurz hintereinander in die Luft werfen und geschickt wieder auffangen': *der Artist jonglierte mit Bällen, Keulen; er jonglierte sehr geschickt* **2.** /jmd./ mit etw. ~ 'sehr geschickt mit etw. umgehen, um einen bestimmten Effekt zu erreichen': *der Redner jonglierte mit Worten, Begriffen, ohne etwas wirklich Substanzielles zu sagen; er jonglierte mit Zahlen, um für sich ein vorteilhaftes Ergebnis zu erreichen, um sich den Zuhörern als kompetent darzustellen*

Joule [dʒaul], **das**; ~/auch ~s, ~ ABK: J /Maßeinheit der Energie, für die Energiemenge eines Nahrungsmittels/; vgl. *Kalorie*

Journalist [ʒʊrna'lɪst], **der**; ~en, ~en 'jmd., der beruflich bes. für Zeitungen, Zeitschriften schreibt, der im Fernsehen, Rundfunk Sendungen gestaltet': *verschiedene* ~*en haben im Fernsehen über dieses Problem diskutiert; er war ständig von* ~*en umlagert;* vgl. *Reporter*

jovial [jo'vi̯a:l] ⟨Adj.; Steig. reg.⟩ 'herablassend und leutselig' /wird besonders von Männern gesagt, die sozial meist höher gestellt sind/: *der Chef war immer sehr* ~; *er lächelte* ~; *jmdm.* ~ *auf die Schulter klopfen; jmdn.* ~ *begrüßen; ein* ~*er alter Herr*

Jubel [ju:bl̩], **der**; ~s, ⟨o.Pl.⟩ 'meist von einer Menschenmenge laut geäußerte Freude, Begeisterung'; ↗ FELD I.6.1, VI.1.1: *lauter* ~ *erfüllte den Saal; der brausende, tosende* ~ *der Zuschauer; alle brachen in (hellen)* ~ (ANT Klage 1) *aus; der Gast wurde mit* ~ *empfangen* ❖ **jubeln, jubilieren, Jubilar, Jubiläum**

* **~, Trubel, Heiterkeit 1.** 'fröhliches Treiben, ausgelassene Stimmung': *am Geburtstag herrschte, gab es* ~, *Trubel, Heiterkeit* **2.** spött. 'hektisches lautes Treiben': *vor Weihnachten nichts als* ~, *Trubel, Heiterkeit!*

jubeln [ju:bl̩n] ⟨reg. Vb.; hat⟩ /jmd., bes. Gruppe/ 'seine Freude, Begeisterung laut und lebhaft äußern'; ↗ FELD I.6.2, VI.1.2: *als die Nachricht* *verkündet wurde, jubelten alle laut; über etw. ~: die Kinder jubelten über die vielen Geschenke, die Ferien; eine ~de Menge begrüßte den hohen Gast, den Sieger; etw.* ⟨nur Sätze der direkten od. indirekten Rede⟩ *~* ˈetw. mit Jubel äußern': *„Ich habe es geschafft", jubelte sie* ❖ ↗ **Jubel**

Jubilar [jubiˈlɑːʀ], **der**; ~s, ~e ˈjmd., der ein Jubiläum feiert': *ein greiser, rüstiger ~; den ~ beglückwünschen, hochleben lassen, der ~ feierte seinen 90. Geburtstag im Kreis der Familie* ❖ ↗ **Jubel**

Jubiläum [jubiˈlɛː|ʊm/..ˈlɛː..], **das**; ~s, Jubiläen [..ˈlɛːən/..ˈlɛː..] ˈfestlich begangener Jahrestag eines denkwürdigen Ereignisses': *das hundertjährige ~ des Vereins; das tausendjährige ~ der Stadt feiern; jmd., eine Stadt, ein Verein, eine Einrichtung hat, begeht (heute) ein ~* ❖ ↗ **Jubel**

jubilieren [jubiˈliːʀən], jubilierte, hat jubiliert geh. /jmd./ ˈbesonders stark, hell und fröhlich jubeln'; ↗ FELD VI.1.2: *sie jubilierten bei der Nachricht, über den unerwarteten Erfolg;* METAPH *die Lerche flog ~d in die Lüfte; etw.* ⟨nur Sätze der direkten od. indirekten Rede⟩ *~: „Welch herrliches Geschenk!", jubilierte sie* ❖ ↗ **Jubel**

jucken [ˈjʊkn̩] ⟨reg. Vb.; hat⟩ **1.** *etw.* ⟨vorw. *es*⟩ *juckt jmdn., jmdm.* ˈetw. bewirkt, dass jmd. einen Reiz auf seiner Haut empfindet, auf den er meist mit Kratzen reagiert'; ↗ FELD VI.3.2: *die Haut, Narbe juckt ihm, ihn; nach dem Sonnenbad juckt es ihn überall; es juckt ihn auf dem Rücken; die Wolle juckt* (SYN ˈkratzt 3.1') *auf der bloßen Haut* **2.** *etw.* ⟨vorw. *es*⟩ *juckt jmdn.* ˈetw. Psychisches reizt jmdn.': *die Neugier juckte ihn; es juckte ihn, das Päckchen sofort zu öffnen; ihn juckte es, zur See zu gehen; das juckt mich nicht* (ˈdas lässt mich gleichgültig, darauf reagiere ich überhaupt nicht'); *das juckt mich schon lange nicht mehr* (ˈbekümmert mich überhaupt nicht mehr')
MERKE Zu *jucken 1*: Ist das Subjekt der Handlung ein Körperteil, so ist der Akk. od. der Dativ der Person möglich. Ist das Subjekt nicht körpereigen, ist nur der Akk. möglich. Wenn *es* als Subj. fungiert, ist nur der Akk. der Person möglich

Jude [ˈjuːdə], **der**; ~n, ~n ˈAngehöriger eines semitischen Volkes, das seine historisch-religiöse Grundlage in den Schriften des Alten Testaments und der von den Rabbinern getragenen Tradition hat': *zu der Gedenkfeier waren ~n aus vielen Ländern zusammengekommen; der Staat der ~n ist Israel* ❖ **Jüdin, jüdisch**
MERKE Die in Israel lebenden Juden heißen *Israelis*

Jüdin [ˈjyːd..], **die**; ~, ~nen /zu *Jude*; weibl./ ❖ ↗ **Jude**

jüdisch [ˈjyːd..] ⟨Adj.; o. Steig.⟩ ˈzu den Juden gehörig, von den Juden stammend'; ↗ FELD XII.2.2: *die ~e Kunst, Kultur; ein ~es Fest; ein ~es Mädchen; jmd. ist ~er Herkunft* (ˈstammt von den Juden ab') ❖ ↗ **Jude**

Jugend [ˈjuːɡn̩t], **die**; ~, ⟨o.Pl.⟩ **1.** ˈZeit des Lebens des Menschen zwischen Kindheit und dem Alter

des Erwachsenen': *jmd. hatte eine schöne, sorglose, schwere ~; man sollte seine ~ genießen; etw. aus seiner ~ erzählen; etw. von frühester ~ an gewohnt sein; er hat nichts von seiner ~ gehabt; in seiner ~ hat er Gedichte geschrieben, viel Sport getrieben, viel gelesen* **2.** ˈdie Jugendlichen': *ein Roman für die ~; die ~ hat eine ganz andere Auffassung von diesem Problem; die ~ wächst heran; die ~ von heute* ˈdie Jugendlichen der einem nachfolgenden Generation, die man mit Abstand, distanziert betrachtet': *die ~ von heute will davon nichts mehr wissen, will damit nichts zu tun haben;* scherzh. *die reifere ~* ˈdie Menschen im mittleren Alter': *wir zählen doch schon zur reiferen ~* ❖ **jugendlich, Jugendliche — jugendfrei, Jugendfreund, -herberge, -weihe**

jugend/Jugend [ˈ..]|**-frei** ⟨Adj.; o. Steig.; nicht bei Vb.⟩ /beschränkt verbindbar, bes. auf Veranstaltungen bez./: *der Film ist ~* (ˈfür Jugendliche zugelassen') ❖ ↗ **Jugend**, ↗ **frei; -freund, der** ˈFreund aus der Jugend (1)': *er ist ein alter ~ von mir; ein ~ hat sich nach langen Jahren wieder gemeldet; sich mit (s)einem ~ treffen* ❖ ↗ **Jugend**, ↗ **Freund; -herberge, die** ˈeinfach ausgestattete, billige Unterkunft für Jugendliche, die wandern, auf Reisen sind': *in der ~ übernachten* ❖ ↗ **Jugend**

jugendlich [ˈjuːɡn̩t..] ⟨Adj.; ↗ auch *Jugendliche*⟩ **1.** ⟨Steig. reg., ungebr.; nicht präd.⟩ ˈim Alter der Jugend (1)'; SYN jung (1) /vorw. auf Personen bez./: *die überwiegend ~en Zuschauer waren von dem Film stark beeindruckt; es handelte sich um einen ~en Täter; er ist im ~en Alter* (ˈals junger Mensch') *gestorben; (noch, sehr) ~* (ˈso, wie es für die Jugend typisch ist') *aussehen; in diesem Kleid wirkt sie ausgesprochen ~* **2.** ⟨o. Steig.⟩ ˈwie für die Jugend (1) charakteristisch' /die Verbindungen, die bestimmte Eigenschaften meinen, werden auf ältere Menschen bez./: *seine ~e Frische, Tatkraft; etw. mit ~em Elan, Schwung in Angriff nehmen; er war noch ~ in seinem Auftreten; der alte Mann schritt noch ~ elastisch, ~ flott* ❖ ↗ **Jugend**

Jugendliche [ˈjuːɡn̩tlɪçə], **der** u. **die**; ~n, ~n; ↗ auch *jugendlich*; ↗ TAFEL II ˈMensch im Alter der Jugend (1)': *das Thema interessiert besonders ~; eine Gruppe ~r nahm an der Exkursion teil; ~ unter 18 Jahren haben keinen Zutritt; nur für ~ über 18 Jahren; ein ~r war daran beteiligt* ❖ ↗ **Jugend**

Jugend|weihe [ˈjuːɡn̩t..], **die** ˈnicht religiös geprägte Feier zur Aufnahme der 14-Jährigen in den Kreis der Erwachsenen': *~ feiern; unser Sohn, unsere Tochter hat demnächst ~; jmdn. für die ~ anmelden;* vgl. *Kommunion, Konfirmation* ❖ ↗ **Jugend**, ↗ **weihen**

Juice [dʒuːs], **der**/auch **das**; ~, ~s [..sɪʒ] ⟨mit Mengenangabe Pl.: Juice⟩ ˈObstsaft, bes. aus Südfrüchten': *Herr Ober, bitte zwei* (ˈzwei Glas') *~*

Juli [ˈjuːli], **der**; ~/auch ~s, ~s ⟨vorw. Sg.⟩ ˈder siebente Monat des Jahres'; ↗ TAFEL XIII: *ein heißer ~; im ~ in Urlaub fahren; Anfang, Mitte, Ende ~*

MERKE Bei Telefongesprächen spricht man *Juli* häufig als *Julei* aus, um eine Verwechslung mit *Juni* auszuschließen; vgl. *Juni*

jung [jʊŋ] ⟨Adj.; Steig.: jünger ['jʏŋɐ], jüngste ['jʏŋstə]⟩ **1.** ʼnoch nicht viele Jahre lebend, im Alter der Jugend (1)ʼ; ANT alt (1.1) /auf Lebewesen, vorw. auf Personen bez./: *ein ~er Mann, Hund, Baum; das ~e Laub; sie ist eine ~e Frau, ist noch ~; ein jüngerer* (ʼnoch nicht alterʼ) *Herr; die ~e Generation* (ʼdie Jugend 2ʼ); *ein Roman für ~e Leute;* scherzh. *das ~e Volk* (ʼdie Jugendlichen und Kinderʼ); *Junge und Alte* (ʼMenschen jeglichen Altersʼ) *klatschten Beifall; für diese Arbeit ist er noch zu ~; sie haben ~* (ʼin jugendlichem Alterʼ) *geheiratet; er war Entbehrungen von ~ auf* (ʼvon Kindheit und Jugend 1 anʼ) *gewohnt;* /betont; in der Anrede bes. in Geschäften o.Ä.; umg. auch für eine ältere Person/: *~er Mann, ~e Frau, was darfʼs denn sein?;* /in der kommunikativen Wendung/ *so ~ kommen wir nicht wieder zusammen* /wird gesagt, wenn man eine Feier noch nicht zu Ende gehen lassen will/ **2.** ⟨o. Steig.⟩ ʼjugendlich (2)ʼ; ANT alt (1.2) /wird auf ältere Menschen bez./: *er fühlt sich noch ~; er ist innerlich ~ geblieben;* umg. *Sie haben ja noch ~e Beine, Sie können ruhig stehen* **3.** ⟨nur im Komp. u. Superl.⟩ *jünger, jüngst;* vgl. alt /in Relationen/ ʼein geringeres, das geringste Alter (1) habendʼ; SYN klein (4.1): *sie ist meine jüngere, jüngste Schwester; sie ist jünger als ich, sieht jünger aus, als sie ist; er ist der Jüngste von uns; er ist auch nicht mehr der Jüngste* (ʼer ist schon in fortgeschrittenem Alterʼ) **4.1.** ⟨o. Steig.⟩ ʼnoch nicht lange (bestehend)ʼ; ANT alt (4.1) /vorw. auf Abstraktes bez./: *ein ~er Staat; eine ~e Wissenschaft; ~er* (ʼdiesjähriger, noch nicht abgelagerterʼ) *Wein; sie sind ~ verheiratet* **4.2.** ⟨nur im Komp. u. Superl.; nur attr.⟩ *jünger, jüngst* ʼerst seit kurzem bestehendʼ: *die jüngsten Begebenheiten, Beschlüsse; in jüngster Zeit (hat es viele Veränderungen gegeben); das Ergebnis ist jüngeren Datums* ❖ **¹,²Junge, jungen, Jungfer, Jüngling – Jungfrau, jungfräulich, Junggeselle, Lausejunge**

¹Junge ['jʊŋə], **der;** ~n, ~n /umg. Jungs [jʊŋs]/ ~ns **1.** ʼKind männlichen Geschlechtsʼ; SYN Knabe (1): *ein kleiner, großer ~; ein hübscher, kluger ~; er ist ein dummer, fauler ~; sie hat einen strammen ~n zur Welt gebracht; er ist ein drolliger ~;* umg. *jmdn. wie einen dummen ~n behandeln* (ʼjmdn. bevormunden und geringschätzig behandelnʼ) **2.** ⟨+ Possessivpron.⟩ ʼSohnʼ: *unser ~ hat geheiratet; sie hat ihren ~n zu sehr verwöhnt; sie haben ihren ~n sehr streng erzogen* **3.** ⟨mit best. Adj.⟩ umg. /meint eine erwachsene männliche Person/: *ihr Freund ist ein netter ~; diese Sportler sind prächtige ~n* (ʼKerleʼ); *alter ~* /vertrauliche Anrede für einen Mann/: *na, alter ~, wie gehtʼs?* **4.** ⟨o.Pl.⟩ *~, ~* /Ausruf des Erstaunens/: *~, ~, das hätte ich nicht gedacht!* ❖ ↗ **jung**

* umg. **ein schwerer ~** ʼein Verbrecherʼ: *er ist ein schwerer ~*

²Junge, das; ~n, ~n; ↗ TAFEL II /auf bestimmte Tierarten bez., die keine spezifischen Bezeichnungen für Jungtiere haben/ ʼneugeborenes od. junges (1), noch nicht voll ausgewachsenes Tierʼ: *die Amsel füttert ihre ~n; die ~n der Amsel; ihr ~s ist gestorben;* ⟨ohne best. Art.; Pl.: ~⟩ *Schlangen, die lebendige ~ zur Welt bringen; unsere Katze hat ~ bekommen* ❖ ↗ **jung**

jungen ['jʊŋən] ⟨reg. Vb.; hat⟩ /weibl. Tier, bes. Katze/ ʼ²Junge, ein Junges zur Welt bringenʼ: *die Katze hat gejungt* ❖ ↗ **jung**

Jungfer ['jʊŋfɐ], **die;** ~, ~n **1.** ʼJungfrauʼ: *sie ist noch ~* **2.** vorw. spött. *alte ~* ʼgealterte, unverheiratet bzw. ohne sexuelle Bindung gebliebene Person weiblichen Geschlechts, (meist) mit verschrobenen Ansichten und prüdem Verhaltenʼ: *sie ist eine richtige alte ~ geworden* ❖ ↗ **jung**

Jung/jung ['jʊŋ..]|**-frau, die** ʼweibliche Person, die keinen Geschlechtsverkehr gehabt hatʼ: *sie ist noch ~, hat als ~ geheiratet* ❖ ↗ jung, ↗ Frau; **-fräulich** [frɔɪ..] ⟨Adj.; o. Steig.⟩ **1.** ⟨vorw. attr.⟩ ʼvon, in der Art einer Jungfrauʼ: *ein ~es Mädchen; ihr ~er Leib; sie war von ~er Scheu; sie hat ~ geheiratet* **2.** ⟨nur attr.⟩ ʼ(landwirtschaftlich) noch nicht erschlossenʼ /auf Boden, Land bez./: *~en Boden betreten; die ~en Gebiete Sibiriens* ❖ ↗ jung, ↗ Frau; **-geselle, der** ʼMann, der nicht verheiratet ist od. war und nicht in einem eheähnlichen Verhältnis lebt, obwohl er in dem entsprechenden Alter istʼ: *er ist ein ↗ eingefleischter, überzeugter ~; er ist ~ geblieben; er ist immer noch ~, ist ein (von den Damen) begehrter ~* ❖ ↗ jung, ↗ geselle

Jüngling ['jʏŋ..], **der;** ~s, ~e geh. ʼnoch nicht ganz erwachsener junger Mannʼ: *er ist zum ~ herangewachsen* ❖ ↗ jung

Juni ['juːni], **der;** ~/auch ~s, ~s ⟨vorw. Sg.⟩ ʼder sechste Monat des Jahresʼ; ↗ TAFEL XIII: *es war ein warmer, trockener ~; Anfang, Mitte, Ende ~* MERKE Bei Telefongesprächen sagt man statt *Juni* häufig *Juno*, um eine Verwechselung mit *Juli* auszuschließen; vgl. *Juli*

junior ['juːnɪoːɐ] ABK jr., jun. ⟨indekl. Adj.; nur attr.; steht hinter dem Familiennamen des Juniors (1)⟩ /auf den Sohn bez., zur Unterscheidung vom Vater/ ʼder Jüngereʼ; ANT senior: *Herr Meier ~*

Junior, der; ~, ~en [..'nɪoːʀən] **1.** ⟨vorw. Sg.⟩ ʼSohn des Inhabers einer Firma als jüngerer Teilhaberʼ; ANT Senior (1): *der ~ der Firma; der ~ hat andere Ansichten als der Alte* **2.** ⟨nur im Pl.⟩ ʼder Altersklasse der Jüngeren (18–21 Jahren) angehörende Sportlerʼ: *bei den Meisterschaften haben die ~en beachtliche Erfolge erzielt*

Junta ['xʊnta/'jʊnta], **die;** ~, Junten ['xʊntən/ 'jʊntən] ⟨vorw. Sg.⟩ ʼGruppe von Offizieren, die (nach einem Putsch) Regierungsaufgaben wahrnimmtʼ: *die in N regierende ~*

Jura ['juːʀa] ⟨o. Art.; indekl.⟩ ʼWissenschaft, die sich mit der Theorie und Praxis des Rechts beschäftigtʼ: *~ studieren* ❖ **Jurist, juristisch, Jury, Justiz, Justiziar – Justizirrtum**

Jurist [juˈRɪst], **der**; ~en, ~en ˈjmd., der Jura studiert und sein Studium abgeschlossen hat (und als Rechtsanwalt od. Richter arbeitet)'; ↗ FELD I.10: *einen ~en zurate ziehen* ❖ ↗ **Jura**

juristisch [juˈRɪst..] ⟨Adj.; o. Steig.; nicht präd.⟩ ˈdas Recht (1) betreffend (und von einem Juristen stammend)': *ein ~es Gutachten anfordern; eine ~e Abhandlung; eine ~e Person* (ˈeine rechtsfähige Körperschaft') ❖ ↗ **Jura**

Jury [ˈʒyːRi/ʒyˈRiː], **die**; ~, ~s ˈAusschuss von Sachverständigen, die bes. bei Wettbewerben über die Leistungen der Teilnehmer entscheiden': *die ~ bestimmte B als Sieger des Schlagerfestivals; die ~ entschied sich für M* ❖ ↗ **Jura**

Justitiar [jʊstiˈtsi̯aːR], **der**; ~s, ~e ˈjmd., der beruflich in einer Behörde od. Institution, einem Betrieb od. Verband juristische Angelegenheiten bearbeitet'; ↗ FELD I.10: *er arbeitet als ~ in einem Betrieb* ❖ ↗ **Jura**

Justiz [jʊˈstiːts], **die**; ~, ⟨o.Pl.⟩ **1.** ˈRechtsprechung': *eine unbestechliche, willkürliche ~; eine gerechte ~ ausüben* **2.** ˈBehörde, die die Justiz (1) ausübt': *ein*

Vertreter der ~; jmdn., einen Verbrecher der ~ ausliefern, übergeben ❖ ↗ **Jura**

Justiz|irrtum [..ˈst..], **der** ˈfür den Betroffenen nachteiliges, auf einem Irrtum beruhendes gerichtliches Urteil': *er wurde Opfer eines ~s, ist einem ~ zum Opfer gefallen; das war ein ~* ❖ ↗ **Jura**, ↗ **irr**

Juwel [juˈveːl], **das**/auch **der**; ~s, ~en/~e **1.** ⟨Pl.: ~en⟩ ˈkostbares Schmuckstück, bes. ein wertvoller, meist geschliffener Schmuck-, Edelstein': *funkelnde, kostbare ~en; sie trägt, besitzt ~en, stellt auf der Party ihre ~en zur Schau* **2.** ⟨das; Pl.: ~e; mit best. Adj.; + Attr.⟩ emot. scherzh. ˈjmd., der für jmdn. besonders wertvoll ist': *ihre Mutter ist ein ~; sie ist ein wahres ~* (*von einer Tochter, Krankenschwester*) ❖ **Juwelier**

Juwelier [juveˈliːɐ], **der**; ~s, ~e ˈjmd., der kostbaren Schmuck beruflich (herstellt und) verkauft': *ein berühmter ~; beim ~ einen Ring kaufen, weiten lassen* ❖ ↗ **Juwel**

Jux [jʊks], **der**; ~es, ~e ⟨vorw. Sg.⟩ umg. ˈSpaß': *das gibt einen ~!; etw. nur so zum ~, aus ~ tun, sagen* * /jmd./ **sich** ⟨Dat.⟩ **mit jmdm. einen ~ machen** (ˈmit jmdm. Scherz treiben')

k, K

Kabarett [kabaˈʀɛt, ..ˈʀɛː/ˈkɑ..], **das**; ~s/auch ~es, ~s/~e [..ˈʀɛtə] **1.** 'Theater, das vor allem mit Sketchen und Chansons Kritik übt': *politisches ~; literarisches ~; ins ~ gehen* **2.** ⟨o.Pl.⟩ 'Darbietungen von Kabarett (1)': *ein neues, gutes ~; ~ machen*

Kabel [ˈkɑbl̩], **das**; ~s, ~ 'mit isolierendem Material umhüllte (elektrische) Leitung, die meist aus mehreren gegeneinander isolierten Strängen besteht': *ein elektrisches ~; das ~ war defekt, durchgeschmort; ein ~ fürs Telefon, Fernsehen; ~ in der Erde, im Wasser verlegen; das ~ anklemmen, durchschneiden*

Kabeljau [ˈkɑːbljau], **der**; ~s, ~s 'räuberisch lebender Speisefisch mit grünlicher od. bläulicher Färbung und dunklen Flecken, der in den nördlichen Meeren lebt'; ↗ FELD I.8.1, II.3.1: *~ fischen, braten, kochen, essen*

Kabine [kaˈbiːnə], **die**; ~, ~n **1.** 'kleiner, abgeteilter Raum (4), der einem bestimmten Zweck, nicht zum Wohnen dient': *eine ~ zum Umkleiden; aus der ~ telefonieren; die ~ ist durch einen Vorhang abgeteilt; sich in der ~ umziehen; die ~ ist besetzt; eine Hose in der ~ anprobieren* **2.** 'Raum (4) (zum Wohnen) für die Passagiere bes. auf Schiffen': *ein Schiff mit neu eingerichteten, komfortablen ~n; eine ~ 1., 2. Klasse buchen; die ~ einer Drahtseilbahn, eines Flugzeugs*

Kabinett [kabiˈnɛt], **das**; ~s, ~e 'die Minister einer Regierung': *die Mitglieder des ~s; das ~ bilden, umbilden; das ~ auflösen; sein ~ vorstellen; das ~ hat den Entwurf des Gesetzes nicht gebilligt; das ~ tagt*

Kachel [ˈkax]l], **die**; ~, ~n **1.1.** 'meist viereckige Platte (1) aus gebranntem Ton mit glasierter, farbiger Vorderseite, die zum Bau von Öfen dient': *ein Ofen mit grünen, braunen ~n* **1.2.** 'Fliese'; ↗ FELD II.5.1: *Delfter ~n; weiße ~n an die Wand der Küche kleben* ❖ **kacheln — Kachelofen**

kacheln [ˈkaxl̩n] ⟨reg. Vb.; hat⟩ /jmd./ etw. ~ 'einen Raum, eine Wand, einen Fußboden mit Fliesen, Kacheln (1.2) versehen'; SYN fliesen; ↗ FELD V.3.2: *das Bad ~ (lassen); die Küche, der Fußboden ist gekachelt* ❖ ↗ **Kachel**

Kachel|ofen [ˈkaxl̩..], **der** 'an den Seiten und oben mit Kacheln (1.1) verkleideter Ofen, der mit brennbarem Material wie Kohle, Holz geheizt wird und die Wärme lange speichert'; ↗ FELD VI.5.1: *einen ~ setzen ('bauen'); den ~ heizen, reinigen, abreißen* ❖ ↗ **Kachel**, ↗ **Ofen**

Kacke [ˈkakə], **die**; ~, ⟨o.Pl.⟩ derb **1.** 'Kot'; ↗ FELD VI.4.1: *er ist in (die) ~ getreten* **2.** 'unangenehme Sache': *so eine ~!; das ganze Projekt ist ~ ('taugt nichts')* ❖ ↗ **kacken**

kacken [ˈkakn̩] ⟨reg. Vb.; hat⟩ derb 'Kot ausscheiden': *hier hat einer gekackt!; ich muss schnell mal ~* ❖ **Kacke**

Kadaver [kaˈdɑːvɐ], **der**; ~s, ~ 'toter tierischer Körper (1)': *einen ~ vergraben; die ~ verbrennen*

Käfer [ˈkɛːfɐ/ˈkeː..], **der**; ~s, ~ 'artenreiches Insekt, dessen vorderes Paar Flügel verhärtet ist und in ruhiger Stellung die hinteren Flügel und den Rücken bedeckt'; ↗ FELD II.3.1: *ein bunter, glänzender ~; schädliche, nützliche ~; der ~ summt, brummt; ~ krabbeln durchs Gras; die Larve, Puppe eines ~s* ❖ **Kartoffelkäfer, Maikäfer, Marienkäfer**

Kaff [kaf], **das**; ~s, ~s umg. emot. neg. 'kleiner, meist abgelegener Ort'; SYN Nest (3): *ein elendes, ödes, langweiliges ~; so ein ~!; sie wohnt in einem kleinen ~ im Gebirge, in der Provinz*

Kaffee [ˈkafeː/..ˈfeː], **der**; ~s, ~s **1.1.** ⟨o.Pl.⟩ 'in den Tropen heimische Pflanze, deren Früchte Samen (↗ *Kaffeebohne*) enthalten, aus denen ein Getränk (↗ *Kaffee* 2) bereitet wird': *~ anbauen, pflanzen* **1.2.** ⟨o.Pl.⟩ 'zur Zubereitung von Kaffee (2) bestimmte Kaffeebohnen': *~ ernten; ~ aus Brasilien, Afrika importieren; ~ rösten* **1.3.** ⟨o.Pl.⟩ 'geröstete (gemahlene) Kaffeebohnen': *ein Päckchen ~; ~ mahlen; pro Tasse einen gehäuften Teelöffel ~ nehmen; den mit heißem Wasser aufgießen, aufbrühen; ~ filtern* **2.** ⟨o.Pl.⟩ 'aus Kaffee (1.3) und heißem Wasser hergestelltes anregendes Getränk'; ↗ FELD I.8.1: *~ kochen, trinken; (ein) starker, dünner, würziger ~;* ⟨mit Mengenangabe⟩ *drei (Kännchen) ~ trinken; Herr Ober, bitte drei ~; zwei (Tassen) ~; ~ trinken; ~ kochen;* /in der kommunikativen Wendung/ umg. *das ist kalter Kaffee ('das ist längst bekannt und daher uninteressant')* /wird gesagt, wenn jmd. eine längst bekannte Information äußert/ **3.** ⟨o.Pl.⟩ 'die Mahlzeit am Morgen, Nachmittag, zu der man Kaffee (2) getrunken wird'; ↗ FELD I.8.1: *jmdn. zum ~ einladen; ~ trinken ('die Mahlzeit am Morgen, Nachmittag einnehmen')* ❖ **Kaffeebohne, -sahne, Malzkaffee**

Kaffee [ˈ..]**|-bohne, die** 'Samen des Kaffees (1.1), der geröstet und gemahlen für die Zubereitung von Kaffee (2) verwendet wird': *die ~n rösten, mahlen* ❖ ↗ **Kaffee**, ↗ **Bohne**; **-sahne, die** 'Sahne (1) mit geringem Fettgehalt, die dem Kaffee (2) beigegeben wird': *möchtest du ~ zum Kaffee?; etw. mit ~ verfeinern* ❖ ↗ **Kaffee**, ↗ **Sahne**

Käfig [ˈkɛːfɪç/ˈkeː..], **der**; ~s, ~e **1.1.** 'an mindestens einer Seite od. auch rundherum mit einem Gitter versehener Raum, in dem größere Tiere (im Zoo) gehalten werden': *den Löwen in den ~ sperren; den ~ öffnen; die Affen springen im ~ hin und her, sind aus dem ~ ausgebrochen* **1.2.** 'bes. zur Haltung kleiner Vögel in einer Wohnung bestimmter Behälter, dessen Wände und Decke aus Gittern gefertigt sind'; SYN ²Bauer: *einen Vogel, Goldhamster im ~ halten; der Kanarienvogel sitzt, singt in seinem ~* ❖ **Vogelkäfig**

kahl [kɑːl] ⟨Adj.⟩ **1.** ⟨Steig. reg., ungebr.⟩ 'keine Haare auf dem Kopf aufweisend' /beschränkt verbindbar/: *ein ~er Kopf, Schädel; eine ~e Stelle haben; er ist sehr schnell ~ geworden; jmdn. ~ scheren* **2.** ⟨o. Steig.⟩ 'kein Laub (mehr) aufweisend': *~e Bäume, Äste, Zweige; die Sträucher sind schon ganz ~; der Wind fegt die Bäume ~; Raupen haben die Bäume ~ gefressen* **3.** ⟨Steig. reg., ungebr.⟩ 'keine Bäume, Sträucher (mehr) aufweisend': *eine ~e Gegend, Landschaft; die Spitzen der Berge sind ~; den Wald ~ schlagen* **4.** ⟨Steig. reg., Superl. ungebr.; nicht bei Vb.⟩ 'sehr dürftig ausgestattet' /beschränkt verbindbar/: *ein ~er Raum; ein ~es Zimmer; bis auf Tisch und Bett war der Raum ~* ❖ **Kahlkopf**

Kahl/kahl‖-kopf ['..], **der 1.** 'Glatze': *ein alter Mann mit einem ~; er hat einen ~* **2.** 'Mann mit Glatze': *ein alter ~; er ist ein ~* ❖ ↗ kahl, ↗ Kopf; **-köpfig** [kœpfɪç] ⟨Adj.; o. Steig.; nicht bei Vb.⟩ 'ohne Kopfhaar' /vorw. auf männliche Personen bez./: *ein ~er älterer Herr* ❖ ↗ kahl, ↗ Kopf

Kahn [kɑːn], **der**; ~s, Kähne ['kɛːnə]; ↗ FELD VIII.4.3.1 **1.** 'kleines, offenes Boot mit flachem Boden, das durch Rudern od. Staken fortbewegt wird': *mit dem ~ irgendwohin rudern; ~ fahren; den ~ am Steg festmachen; den ~ an Land ziehen; der ~ ist leck, ist gekentert* **2.** 'offenes (großes) Schiff, das Lasten, bes. Schüttgut transportiert und geschoben od. gezogen wird': *der ~ wird be-, entladen; den ~ schleppen* **3.** umg. spött. *mit dem ~ ('Schiff') willst du segeln?; was hat der denn für einen ~ gekauft!*

Kai [kaɪ], **der**; ~s, ~s/auch ~e 'Anlage am Ufer in einem Hafen, an der Schiffe (zum Laden, Löschen von Fracht) anlegen': *das Schiff macht am ~ fest, liegt am ~; am ~ spazieren gehen; die Kräne, Lagerhäuser am ~*

Kaiser ['kaɪzɐ], **der**; ~s, ~ 'Träger der höchsten monarchischen Würde in bestimmten Monarchien': *der ~ von Japan; am Hofe des ~s; die Krönung des ~s; der ~ hat abgedankt*

Kajak ['kɑːjak], **der**; ~s, ~s/auch ~e Sport 'schmales Boot für eine od. mehrere Personen, das mit Paddeln, die ein Blatt (6) an beiden Seiten haben, fortbewegt wird'; ↗ FELD I.7.4.1, VIII.4.3.1: *er fährt ~*

Kajüte [kɑ'jyːtə], **die**; ~, ~n 'zum Wohnen und Schlafen dienender Raum (1) auf Segelbooten, Schiffen': *die ~ für den Kapitän; in der ~ liegen*

Kakao [kɑ'kɑːo/kɑ'kaʊ], **der**; ~s, ⟨o.Pl.⟩ **1.** 'Pulver, das aus der ↗ Kakaobohne gewonnen wird': *stark, schwach entölter ~; den ~ mit Milch kochen* **2.** 'Getränk aus Kakao (1), Milch und Zucker'; ↗ FELD I.8.1: *~ kochen, trinken, zubereiten; eine Tasse ~ bestellen;* ⟨mit Mengenangabe⟩ *bitte, drei ~* ❖ **Kakaobohne**

Kakao‖bohne [..'k..], **die** 'Samen der Frucht einer tropischen Pflanze, der den Rohstoff für Erzeugnisse

aus Kakao (1) bildet': *die ~ waschen, trocknen; die ~ zu Kakao verarbeiten* ❖ ↗ **Kakao,** ↗ **Bohne**

Kaktus ['kaktʊs], **der**; ~s/auch ~ses, Kakteen [..teːn] 'blattlose fleischige Pflanze unterschiedlicher Größe und Form mit Stacheln, die in tropischen und subtropischen Wüsten und Steppen verbreitet ist und Wasser speichern kann'; ↗ FELD II.4.1 (↗ BILD): *ein blühender, stacheliger, riesiger, kleiner ~; Kakteen züchten; ein Fensterbrett voller Kakteen*

Kalauer ['kɑːlaʊɐ], **der**; ~s, ~ 'wenig geistreicher und meist bekannter Witz': *er langweilte uns mit seinen ~n*

Kalb [kalp], **das**; ~s/auch ~es, Kälber ['kɛlbɐ] **1.1.** 'Junges vom Rind'; ↗ FELD II.3.1: *ein neugeborenes ~; die Kuh hat ein ~ bekommen; ein ~ schlachten; die Kälber sprangen auf der Weide umher* **1.2.** 'Junges bestimmter größerer Säugetiere, z. B. des Hirsches, Elefanten, Elches': *die Hirschkuh hat ein ~* ❖ **kalben**

kalben ['kalbm̩] ⟨reg. Vb.; hat⟩ *die Kuh kalbt* 'die Kuh wirft ein Kalb (1.1)': *die Kuh wird bald ~, hat gekalbt* ❖ ↗ **Kalb**

Kalender [kɑ'lɛndɐ], **der**; ~s, ~ 'Druckwerk, das die einzelnen Tage, Wochen, Monate eines Jahres in ihrer zeitlichen Abfolge enthält': *der ~ von 1989; etw. im ~ notieren, festhalten; im ~ nachsehen; einen Termin im ~ notieren; den Tag muss ich mir im ~ anstreichen; ein literarischer ~; ein ~ für Frauen;* /in der kommunikativen Wendung/ spött. *das können wir uns/kann ich mir im ~ rot anstreichen* ('das kommt so selten vor, und es wäre auch eine große Überraschung') /sagt jmd., wenn er kritisieren will, dass mit jmds. Aktivität kaum zu rechnen ist/: *wenn du mal ins Theater gehst, das kann ich mir im ~ rot anstreichen*

Kali ['kɑːli], **das**; ~s, ⟨o.Pl.⟩ 'Dünger aus bergmännisch gewonnenem Salz aus Verbindungen von Kalium, Magnesium, Natrium und Kalzium': *das Feld mit ~ düngen*

Kaliber [kɑ'liːbɐ], **das**; ~s, ~ **1.** 'innerer Durchmesser der Rohre von Feuerwaffen': *Pistolen, Gewehre verschiedenen ~s; Geschütze aller ~* **2.** 'äußerer Durchmesser von Geschossen': *Geschosse aller ~; ein Blindgänger schweren, großen ~s; die Kugel hat das ~ 3,65*

Kalium ['kɑːli̯ʊm], **das**; ~s, ⟨o.Pl.⟩ /chem. Symb. K/ 'silberweißes, weiches chemisches Element, das in der Natur nur in Verbindungen auftritt'; ↗ FELD II.5.1: *das Medikament enthält* ~
Kalk [kalk], **der**; ~s/auch ~es, ⟨o.Pl.⟩ **1.** 'Mineral, das in der Natur vorwiegend als ↗ *Kalkstein* vorkommt': *dieses Gebirge besteht zum größten Teil aus* ~ **2.** 'vorwiegend aus kalkhaltigem Gestein hergestellter weißer, meist pulveriger Stoff, der bes. zum Bauen verwendet wird' /Bez. für viele Produkte aus Kalkstein/; ↗ FELD II.5.1: *gebrannter, gelöschter* ~; *die Wände mit* ~ *streichen* ('kalken 1.1'); *der* ~ *blättert von den Wänden; die Felder mit* ~ *düngen* ('kalken 1.2'); *er, sein Gesicht war weiß wie* ~ ('war sehr bleich') ❖ **kalken − kalkhaltig, Kalkstein**
kalken ['kalkn̩] ⟨reg. Vb.; hat⟩ /jmd./ *etw.* ~ **1.1.** 'etw. mit einem Gemisch aus Kalk und Wasser streichen': *die Wand, den Stall* ~; *die Häuser waren frisch gekalkt* **1.2.** 'den Boden mit Kalk düngen': *das Feld muss gekalkt werden* ❖ ↗ **Kalk**
kalk/Kalk['kalk..]|**-haltig** [haltɪç] ⟨Adj.; Steig. reg.; nicht bei Vb.⟩ 'Kalk (1) enthaltend': *stark* ~*es Gestein, Wasser; das Wasser ist* ~ ❖ ↗ **Kalk; -stein, der** ⟨o.Pl.⟩ 'aus Ablagerungen entstandenes kalkhaltiges Gestein, das in der chemischen Industrie als Rohstoff dient': *bei der Gewinnung von Stahl wird* ~ *verwendet* ❖ ↗ **Kalk**, ↗ **Stein**
Kalkül [kalkyːl], **das**; ~s, ~e /beschränkt verbindbar/ *etw. aus* ~ ('aus Berechnung 2') *tun; das hat er nur aus* ~, *aus reinem* ~ *getan; etw. ins* ~ *ziehen* 'etw. im Voraus in seine Überlegungen einbeziehen': *als Autofahrer muss man alle Gefahren ins* ~ *ziehen* ❖ ↗ **kalkulieren**
Kalkulation [kalkulɑˈtsi̯oːn], **die**; ~, ~en **1.** 'das Kalkulieren (1.1)': *die* ~ *der Lohnausgaben, Mieten; die* ~ *für den Hausbau; ein Fehler in der* ~ **2.** nach *jmds.* ~ 'wie jmd. schätzt, vermutet': *nach meiner* ~ *müssten wir bald, in einer halben Stunde am Ziel sein* ❖ ↗ **kalkulieren**
kalkulieren [kalkuˈliːʀən], kalkulierte, hat kalkuliert /jmd./ *etw.* ~ **1.1.** 'die Kosten für eine zu leistende Arbeit (1,2) od. ein Produkt berechnen, ermitteln': *die Kosten (für ein Produkt), die Lohnausgaben, die Mieten (für einen Neubau)* ~ **1.2.** /beschränkt verbindbar/ *er hatte so kalkuliert* ('geschätzt'), *dass sie abends zu Hause sein würden* ❖ **Kalkül, Kalkulation**
Kalorie [kaloˈʀiː], **die**; ~, ~n [..ˈʀiːən] ABK cal 'Maßeinheit für die Energiemenge eines Nahrungsmittels': *der Bedarf des Körpers an* ~*n; Butter enthält viele* ~*n* ❖ **kalorienarm, -reich**
kalorien [..ˈʀiːən..]|**-arm** ⟨Adj.; Steig.: -ärmer, -ärmste⟩ 'nur wenig Kalorien enthaltend' /vorw. auf Speisen bez./: *eine* ~*e Nahrung, Ernährung; die Nahrung ist* ~; ~ *kochen* ❖ ↗ **Kalorie; -reich** ⟨Adj.; Steig. reg.⟩ 'sehr od. zu viele Kalorien enthaltend' /vorw. auf Speisen bez./: ~*e Kost; die Nahrung ist (sehr)* ~; ~ *essen* ❖ ↗ **Kalorie**, ↗ **reich**
kalt [kalt] ⟨Adj.; Steig.: kälter ['kɛltɐ], kälteste ['kɛltəstə] **1.1.** 'eine niedrige (als nicht angenehm emp-

fundene) Temperatur aufweisend, ausstrahlend'; ANT warm (1.1): ~*e Luft;* ~*es Wasser; ein* ~*er Sommer, Winter;* ~*es Wetter;* ~*e Getränke; draußen ist es sehr* ~; *der Wind wehte* ~; *eine Gegend mit* ~*em Klima; an einem* ~*en Dezemberabend; in der* ~*en Jahreszeit Urlaub machen; wir mussten die ganze Zeit im Kalten* ('in einem ungeheizten Raum') *sitzen; den Wein* ~ *stellen* ('so an einen kühlen Ort stellen, dass er kalt bleibt, wird'); *sich* ~ ('mit kaltem Wasser') *waschen* **1.2.** ⟨o. Steig.; nicht präd.⟩ 'nicht warm'; ANT warm (1.3) /auf Speisen bez./: ~*er Braten;* ~*e Getränke; abends essen wir meist* ~ ('essen wir kalte Speisen') **1.3.** ⟨Steig. ungebr.; nicht bei Vb.⟩ 'eine niedrige Körpertemperatur aufweisend'; ANT warm (1.2): ~*e Hände, Füße;* ~*er Schweiß; mir ist* ~ **2.** ⟨o. Steig.; vorw. attr.⟩ 'ohne Herzlichkeit, ohne Gefühl'; ANT gefühlvoll (1), warm (3); ↗ FELD I.18.3: *sie ist eine* ~ *Natur; er hat ein* ~*es Herz; ein* ~*er* ~ **3.** ⟨o. Steig.; nur attr.⟩ 'berechnend, nüchtern (3)' /auf Mentales bez./: *er ließ sich bei seinen Unternehmungen nur vom* ~*en Verstand, Gefühl leiten* **4.** ⟨o. Steig.; vorw. attr.⟩ 'nicht behaglich wirkend'; ANT warm (4) /auf Farben, Licht bez./: *ein* ~*es Grau, Blau; das Zimmer war in* ~*en Farben, Tönen gehalten; das* ~*e Licht der Neonlampen* ❖ **erkalten, erkälten, Erkältung, Kälte − eiskalt, Kaltblüter, kaltblütig, Kaltluft, -schale, kaltschnäuzig, -stellen**
Kalt/kalt ['..]|**-blüter** ['..blyːtɐ], **der**; ~s, ~ 'Tier, dessen Körpertemperatur sich ständig entsprechend der Außentemperatur verändert': *Schlangen, Eidechsen sind* ~ ❖ ↗ **kalt**, ↗ **Blut; -blütig** [blyːtɪç] ⟨Adj.; Steig. reg.⟩ **1.** 'in einer gefährlichen Situation beherrscht, besonnen bleibend': *ein* ~*er* (ANT ängstlicher 1) *Mensch; er war* ~; *bei ihrem Plan gingen die Bankräuber* ~ *vor;* ~ ('ohne Furcht') *blickte er der Gefahr ins Auge* **2.** 'ohne jegliche Skrupel': *ein* ~*er Mensch; jmdn.* ~ *ermorden* ❖ ↗ **kalt**, ↗ **Blut**
Kälte ['kɛltə], **die**; ~, ⟨o.Pl.⟩ **1.** 'niedrige, unangenehm empfundene Temperatur'; ↗ FELD VI.5.1: *die winterliche* ~; *eine starke, strenge, grimmige, schneidende* ~; *trockene, feuchte* ~ (ANT Wärme 1); *heute ist draußen eine fürchterliche* ~; *die* ~ *lässt nach, dringt durch alle Ritzen; vor* ~ *zittern; wir haben heute 10 Grad* ~ ('10 Grad unter dem Gefrierpunkt') **2.** ⟨oft mit Gen.attr.⟩ 'Mangel an Gefühl und Freundlichkeit'; ANT Wärme (2); ↗ FELD I.18.1: *er wurde mit* ~ *empfangen; die* ~ *seiner Worte erschreckte sie; in ihrem Blick lag eisige* ~ **3.** 'unbehagliche Atmosphäre'; ANT Wärme (3): *diese grauen Farbtöne strahlen* ~ *aus, geben dem Raum* ~ ❖ ↗ **kalt**
kalt lächelnd [lɛçlnt] ⟨o. Steig.⟩ 'ohne Rücksicht und Mitleid': *er sprach mit* ~*er Miene; er wies mich* ~ *ab; er stellte ihn* ~ *bloß*
kalt lassen (er lässt kalt), ließ kalt, hat kalt gelassen *etw. lässt jmdn. kalt* 'etw. berührt jmdn. nicht': *sein jämmerlicher Anblick, ihr Leid hat ihn völlig kalt gelassen; ihr psychischer Zustand ließ ihn völlig kalt*

Kalt/kalt ['..]|**-luft, die** ⟨o.Pl.⟩ 'sich ausdehnende kalte atmosphärische Luft'; ↗ FELD VI.5.1: *polare ~; ~ aus Nordeuropa; die ~ erwärmt sich nur langsam* ❖ ↗ *kalt,* ↗ *Luft;* **-schale, die** 'süße Suppe, die aus Früchten bereitet und kalt serviert wird': *eine erfrischende ~; eine ~ als Nachtisch; eine ~ mit Erdbeeren, Himbeeren, Backobst* ❖ ↗ *kalt,* ↗ Schale; **-schnäuzig** [ʃnɔitsiç] ⟨Adj.; Steig. reg.⟩ 'gefühllos, rücksichtslos und frech'; ↗ FELD I.18.3: *~ antworten; er machte eine ~e Bemerkung* ❖ ↗ *kalt,* ↗ *Schnauze;* **-stellen** ⟨trb. reg. Vb.; hat⟩ /jmd./ *jmdn. ~* 'jmdm. seine Macht, seinen Einfluss nehmen': ⟨oft im Pass.⟩ *einen Politiker, Mitarbeiter ~* ❖ ↗ *kalt,* ↗ *stellen*

Kalzium ['kaltsi̯ʊm], **das;** ~s, ⟨o.Pl.⟩ /chem. Symb. Ca/ 'silberweißes, glänzendes Leichtmetall, das in der Natur nur in Verbindungen auftritt'; ↗ FELD II.5.1: *Knochen enthalten ~; sich ~ in Form von Tabletten zuführen*

kam: ↗ *kommen*

Kamel [ka'me:l], **das;** ~s, ~e **1.** 'großes Säugetier mit zwei Höckern auf dem Rücken, das in den Wüsten, Steppen Afrikas, Asiens lebt und zum Transport von Waren und zum Reiten genutzt wird'; ↗ FELD II.3.1 (↗ TABL Säugetiere): *ein einhöckeriges, zweihöckeriges ~; ein ~ beladen, besteigen; auf einem ~ reiten* **2.** Schimpfw. SYN 'Dummkopf': *und ich ~ habe ihm noch geholfen!; du ~!; so ein ~!*

Kamera ['kaməʀa], **die;** ~, ~s 'Apparat zum Fotografieren; Filmen': *eine moderne ~; die ~ einstellen; einen Film in die ~ einlegen; etw. mit der ~ aufnehmen; die ~s* ('Filmkameras') *laufen, surren; etw. mit der ~ filmen*

Kamerad ['kaməʀa:t], **der;** ~en, ~en 'jmd., der jmdm. durch gleiche Lebensumstände eng verbunden ist': *ein guter, treuer ~; er ist, war mein ~; seine ~en in der Schule, beim Spiel, beim Militär; er hat seine(n) ~en (nie) im Stich gelassen* ❖ **Kameradschaft, kameradschaftlich**

Kameradschaft [kamə'ʀa:t..], **die;** ~, ⟨o.Pl.⟩ 'Verhältnis von Vertrauen und gegenseitiger Hilfe, das Kameraden miteinander verbindet': *aus ~ etw. für jmdn. tun; mit ihm verband ihn eine gute ~* ❖ ↗ **Kamerad**

kameradschaftlich [kamə'ʀa:tʃaft..] ⟨Adj.; Steig. reg.⟩ 'auf Kameradschaft beruhend, von Kameradschaft zeugend': *ein ~es Verhältnis; er war immer ~; sich ~ verhalten; jmdm. ~ zur Seite stehen, helfen* ❖ ↗ **Kamerad**

Kamille [ka'mɪlə], **die;** ~, ⟨o.Pl.⟩ 'würzig riechende Pflanze mit gelben und weißen Blüten, die einen Stoff enthält, der Entzündungen hemmt; die getrockneten Blüten dienen als Tee': *aus getrockneter ~ einen Tee bereiten; mit ~* ('mit einem Aufguss aus Kamille') *gurgeln; eine Wunde mit ~ spülen; eine Creme mit ~*

Kamin [ka'mi:n], **der;** ~s, ~e 'als Heizung dienende Einrichtung in einem Wohnraum, in der offenes Feuer brennen kann; der Rauch zieht über einen Rauchfang ab'; ↗ FELD V.3.1: *am, vor dem ~ sitzen; das Holz im ~ anzünden; das brennende Holz, die Scheite knacken im ~; im ~ brennt ein Feuer;* vgl. *Ofen*

Kamm [kam], **der;** ~s/auch ~es, Kämme ['kɛmə] **I.1.** 'flacher Gegenstand mit einer Reihe dicht nebeneinander stehender Zinken, der zum Ordnen und Glätten des Haars dient': *ein ~ aus Horn, Holz, Kunststoff; das Haar mit ~ und Bürste ordnen; sich mit dem ~ durchs Haar fahren; (sich) mit dem ~ einen Scheitel ziehen; ein ~ mit groben, feinen, engen Zinken; im ~ fehlen Zinken* **2.** 'rotes, fleischiges Gebilde auf dem Kopf der Hühner, Hähne': *der Hahn hat einen großen, roten ~* − **II.1.** 'die oberste lang gestreckte Fläche eines Gebirges, Berges'; ↗ FELD II.1.1: *den ~lauf dem ~ entlang wandern; vom ~ des Gebirges hat man eine schöne Sicht* **2.** 'oberster Teil einer Welle (1)': *die weißen Kämme der Brandung* ❖ **kämmen − durchkämmen**
* umg. /jmd./ **alle(s) über einen ~ scheren** 'alle, alles behandeln, beurteilen, ohne dass man Unterschiede berücksichtigt': *in diesem Falle solltest du nicht alle(s) über einen ~ scheren;* **jmdm. schwillt der ~ 1.** 'jmd. wird stolz und übermütig': *wenn man ihn lobte, schwoll ihm gleich der ~* **2.** 'zornig werden': *reize ihn nicht, sonst schwillt ihm der ~!*

kämmen ['kɛmən] ⟨reg. Vb.; hat⟩ /jmd./ *die Haare ~* 'die Haare des Kopfes mit einem Kamm ordnen, glätten': *sie kämmte ihr Haar, ihre Haare; sich die Haare (von der Friseuse) ~ lassen; sich* ⟨Dat.⟩, *jmdm. das Haar, die Haare ~; das Haar irgendwohin ~: sie hat sich das Haar nach hinten, in die Stirn, aus der Stirn gekämmt; sich, jmdn. ~* 'sich, jmdm. das Haar kämmen': *ich muss mich, dich noch schnell ~* ❖ ↗ **Kamm**

Kammer ['kamɐ], **die;** ~, ~n **I.1.** 'kleiner Raum (4) in einem Gebäude, in einer Wohnung': *eine kleine, leere ~; die kleine ~ neben der Küche; den Besen, Staubsauger in die ~ stellen; die ~ als Abstellraum nutzen; eine Wohnung mit einer ~; die ~ für seine Hobbys nutzen; er schläft in der ~* **2.** 'Hohlraum der rechten od. linken Hälfte des Herzens': *die rechte, linke ~* − **II.1.1.** ⟨vorw. Sg.⟩ *die französische ~* ('das französische Parlament') *bewilligte den Kredit* **1.2.** 'Teil eines Parlaments als gesetzgebende Körperschaft': *der Gesetzesantrag wurde von der ~ abgelehnt, fand in der ~ keine Mehrheit* **2.** 'Körperschaft, die die Interessen der Vertreter eines Berufes vertritt': *die Ärzte, Apotheker, Juristen sind in einer ~ organisiert; sich an die ~ wenden; er ist Mitglied der ~*

Kammer ['..]**-musik, die** ⟨o.Pl.⟩ 'ernste Musik für ein kleines Orchester, bes. für ein Trio, Quartett, Quintett': *im kleinen Saal der Philharmonie wird ~ gespielt* ❖ ↗ *Musik;* **-sänger, der** 'Ehrentitel für einen hervorragenden Opernsänger': *er wurde zum ~ ernannt* ❖ ↗ *singen*

Kampagne [kam'panjə], **die;** ~, ~n 'von Politikern, von der Presse in der Öffentlichkeit geführte größere, zeitlich begrenzte propagandistische (politische) Aktion gegen od. für etw., jmdn.': *eine breite ~ gegen Rassismus, für Energieeinsparung; eine ~ gegen, für etw. starten, beginnen; in der Presse wurde eine ~ gegen den Minister, Bürgermeister geführt*

Kampf [kampf], **der**; ~s/auch ~es; Kämpfe ['kɛmpfə] **1.1.** 'mit Waffen geführte kriegerische Auseinandersetzung zwischen gegnerischen Kräften'; ↗ FELD I.14.1: *ein bewaffneter, harter, blutiger, heftiger, heldenhafter ~; an der Front tobten schwere, erbitterte Kämpfe; ein ~ Mann gegen Mann; der ~ um eine vorgeschobene Stellung, um ein strategisch wichtiges Gebiet; in den ~ ziehen; der ~ ruht; für den ~ gerüstet sein; einen ~ entfesseln; der ~ ist entbrannt* **1.2.** 'handgreifliche (1) Auseinandersetzung zwischen zwei od. mehreren persönlichen Gegnern': *der ~ des Täters mit seinem Opfer; beim Überfall kam es zu einem ~ zwischen den Gangstern und der Polizei; zwischen den Rivalen kam es zu einem heftigen ~; er wurde bei dem ~ verletzt; er hat sein Opfer während des ~es mit einem Messer, durch Faustschläge verletzt* **1.3** SYN 'Wettkampf': *ein fairer ~; der ~ um den Titel des Weltmeisters; die Handballer lieferten sich einen spannenden, packenden ~; der ~ endete unentschieden, musste abgebrochen werden* **2.** ⟨vorw. Sg.⟩ **2.1.** 'alle Anstrengungen des Menschen, sich gegen jmdn. durchzusetzen, etw. zu verhindern, sich gegen eine drohende Gefahr zu behaupten': *der ~ zwischen Verteidiger und Staatsanwalt; der ~ mit den Naturgewalten, gegen die Umweltverschmutzung, gegen Atomtests; der ~ gegen den Krieg, die Kriminalität; er blieb im ~ gegen seinen Nachbarn, mit seinen juristischen Widersachern unterlegen* **2.2.** 'alle Anstrengungen des Menschen, um eine gute Sache zu verwirklichen': *sie führten einen kompromisslosen ~ um/für die Erhaltung des Friedens, um/für Abrüstung; der ~ um höhere Löhne, ums Überleben; einen aussichtslosen ~ um etw. führen* **2.3.** *jmdm., etw.* ⟨Dat.⟩ *den ~ ansagen* 'jmdn., etw. bekämpfen wollen': *der Tuberkulose, dem Krebs den ~ ansagen* ❖ **bekämpfen, erkämpfen, kämpfen, Kämpfer, kämpferisch – ankämpfen, Kampfhandlungen, -richter, -stoff, kampfunfähig, Klassenkampf, Nahkampf, Ringkampf, Titelkampf, Wahlkampf, Wettkampf, Wettkämpfer, Widerstandskampf, Widerstandskämpfer, Zweikampf**

kämpfen ['kɛmpfn̩] ⟨reg. Vb.; hat⟩ **1.1.** */jmd., Truppe, Land/ um etw., gegen jmdn., etw.* ~ 'den Gegner in einem Krieg mit Waffen zu vernichten, zu besiegen versuchen'; ↗ FELD I.14.2: *gegen die Aggressoren, Eindringlinge ~; bis zum letzten Mann ~; das Volk kämpfte heldenhaft; die ~de Truppe* **1.2.** */jmd., Tier/ mit jmdm., einem Tier od. gegen jmdn., ein Tier* ~ 'jmdn., ein Tier zu besiegen suchen mit der Kraft des Körpers, durch Anwendung von Gewalt': *er kämpfte mit dem Löwen, gegen den Löwen; der Hirsch kämpfte gegen seine Rivalen; er kämpfte mit dem, gegen den Einbrecher; /zwei od. mehrere*

(jmd., Tier)/ *die beiden kämpften verbissen gegeneinander, miteinander; die beiden Hirsche kämpften so lange, bis der Schwächere nachgab* **1.3.** /jmd./ *um etw.* ~ 'in einem sportlichen Wettkampf um den Sieg ringen': *die Mannschaft, der Schwimmer kämpfte hart um den Sieg* **2.1.** */jmd./ gegen etw., jmdn., mit jmdm.* ~ 'sich gegen etw., jmdn. durchzusetzen suchen, um etw. zu verhindern od. eine drohende Gefahr abzuwenden (2)': *der Ertrinkende kämpfte gegen die Wellen; gegen einen politischen Gegner ~; er kämpfte mit seinem Gegner (um die Macht); gegen Atomwaffen, die Abholzung des Regenwaldes ~; /etw./ gegen, mit etw.* ~: SYN 'mit etw. ringen (4.1)': *das Boot kämpfte gegen den, mit dem Sturm, mit den Wellen* **2.2.** */jmd./ um/für etw.* ~ 'versuchen, eine gute Sache zu verwirklichen': *für den Frieden, um die Freiheit ~; um, für bessere Arbeitsbedingungen, höhere Arbeitslöhne ~* ❖ ↗ **Kampf**

Kämpfer ['kɛmpfɐ], **der**; ~s, ~ 'jmd., der gegen jmdn., etw. od. um etw. kämpft (1.3, 2)'; ↗ FELD I.6.1: *ein ~ für den Frieden, die Unabhängigkeit, Freiheit seines Landes* ❖ ↗ **Kampf**

kämpferisch ['kɛmpfərɪ..] ⟨Adj.; Steig. reg., ungebr.⟩ 'bereit, um, für etw. zu kämpfen'; ↗ FELD I.6.3: *der große ~e Einsatz der Mannschaft; sein ~er Geist; seine ~e* (ANT *friedliche*) *Haltung; er ist heute ~ aufgelegt* ❖ ↗ **Kampf**

Kampf/kampf ['kampf..]**-handlungen, die** ⟨Pl.⟩ 'Gesamtheit militärischer Aktionen in einem Kampf (1.1) mit dem Gegner'; SYN Feindseligkeiten (2); ↗ FELD I.14.1: *die ~ wurden eingestellt* ❖ ↗ Kampf, ↗ handeln; **-richter, der** 'unparteiischer Sachverständiger, der sportliche Leistungen in einem Wettkampf offiziell bewertet': *den ~ befragen; der ~ bestätigte das Ergebnis* ❖ ↗ Kampf, ↗ Recht; **-stoff, der** ⟨vorw. Pl.⟩ 'chemischer, biologischer, radioaktiver Stoff, der im Krieg Menschen vernichten soll, dessen Anwendung gegen das Völkerrecht verstößt': *chemische, biologische ~e; ~e einsetzen* ❖ ↗ Kampf, ↗ Stoff; **-unfähig** ⟨Adj.; o. Steig.⟩ 'nicht (mehr) fähig zu kämpfen (1.1, 1.2, 1.3)': *die Truppen waren ~; jmdn. ~ machen; der Boxer schlug seinen Gegner ~* ❖ ↗ Kampf, ↗ fähig

Kanadier [ka'naːdiɐ], **der**; ~s, ~ Sport 'offenes Boot für einen od. mehrere Sportler, das in kniender Stellung einseitig gepaddelt wird'; ↗ FELD I.7.4.1

Kanaille [ka'naljə], **die**; ~, ~n Schimpfw. 'niederträchtiger Mensch'; SYN Schuft: *diese, so eine ~!; du ~!*

Kanal [ka'naːl], **der**; ~s, Kanäle [ka'nɛːlə/..'neː..] **1.** 'künstlicher Wasserlauf für die Schifffahrt'; ↗ FELD II.2.1: *einen ~ baggern, bauen; der ~ verbindet beide Flüsse, Meere miteinander* **2.** 'Graben od. Rohr, durch das Wasser zur Be-, Entwässerung od. Abwasser geleitet wird': *durch Kanäle die Wüste bewässern; unterirdische Kanäle* **3.** 'Bereich der Frequenz (2)': *die Fernsehsender strahlen ihr Programm über verschiedene Kanäle aus* ❖ **Kanalisation**

* umg. /jmd./ **den ~ voll haben** ʿeiner Sache sehr überdrüssig seinʾ: *ich kann sein Gerede nicht mehr hören, ich habe den ~ voll!*

Kanalisation [kɑnɑliza'tsi̯oːn], die; ~, ~en ʿSystem unterirdischer Kanäle (1) zur Ableitung von Abwässernʾ: *die städtische ~; das Regenwasser fließt in die ~; die Bankräuber konnten durch die ~ entkommen* ❖ ↗ **Kanal**

Kanarien|vogel [kaˈnaːʀi̯ən..], der ʿSingvogel mit gelbem od. rötlichem Gefieder, der gezüchtet und in Käfigen gehalten wirdʾ; ↗ FELD II.3.1: *unser ~ singt schön; unser ~ ist entflogen; uns ist ein ~ zugeflogen* ❖ ↗ **Vogel**

Kandare [kanˈdaːʀ'ə], die; ~, ~n ʿin das Maul des Pferdes, zwischen die Lippen gehöriges Teil des Zaumesʾ: *die ~ anziehen*

* /jmd./ **jmdn. an die ~ nehmen** ʿjmdn. streng behandeln, damit er das leistet, was man von ihm erwartetʾ: *ich muss ihn mal, den muss man an die ~ nehmen*

Kandidat [kandiˈdaːt], der; ~en, ~en 1. SYN ʿBewerberʾ: *er ist der erste ~; für diese Stelle gab es mehrere ~en* 2. ʿjmd., der für eine Wahl aufgestellt worden istʾ: *einen ~en nominieren; er ist ~ für die Funktion des Vorsitzenden; einen ~en ablehnen; die ~en für das Parlament stellen sich vor; der ~ B fiel bei der Wahl durch; er ist ein aussichtsreicher ~* 3. ʿStudent, der vor dem Examen stehtʾ: *alle ~en haben die Prüfung bestanden* ❖ ↗ **kandidieren**

kandidieren [kandiˈdiːʀən], kandidierte, hat kandidiert /jmd./ *für etw.* ʿbei einer Wahl als Kandidat für etw., eine bestimmte Funktion (3) antretenʾ: *er kandidiert für das Amt des Präsidenten, des Bürgermeisters; irgendwo ~: er kandidiert im Land Brandenburg* ❖ **Kandidat**

Känguru [ˈkɛŋguʀu], das; ~s, ~s ʿin Australien lebendes Beuteltier, das sich mit seinen stark entwickelten Hinterbeinen springend fortbewegtʾ (↗ TABL Säugetiere)

Kaninchen [kaˈniːnçən], das; ~s, ~ ʿdem Hasen ähnliches Säugetier, das in Freiheit in Erdhöhlen lebt und wegen seines Fleisches als Haustier gehalten und gezüchtet wirdʾ; ↗ FELD II.3.1: *ein wildes ~; ein schwarzes, graues, weißes ~; ~ halten, züchten, füttern, schlachten; Jagd auf ~ machen; das ~ nagt an einer Mohrrübe, frisst Mohrrüben; vgl. Hase*

Kanister [kaˈnɪstɐ], der; ~s, ~ ʿfür Flüssigkeiten bestimmter, quaderförmiger, tragbarer Behälter aus Blech od. Kunststoff und mit einem kleinen Verschluss an der oberen schmalen Seiteʾ; ↗ FELD V.7.1: *ein ~ aus Blech; ein leerer ~; ein ~ für Wasser, Treibstoff; Benzin in den ~ füllen*

kann: ↗ **können**

Kännchen [ˈkɛnçən], das; ~s, ~ ʿkleine Kanne mit der dazu passenden Menge Kaffee, Tee, auch Kaffeesahneʾ: *ein, zwei ~ Kaffee, Tee; Herr Ober, bitte zwei ~ Kaffee!; ein ~ mit Sahne* ❖ ↗ **Kanne**

Kanne [ˈkanə], die; ~, ~n ʿfür Flüssigkeiten, bes. für Getränke, bestimmter Behälter, der einen Deckel und einen Henkel hatʾ (↗ TABL Gefäße): *eine ~*

aus *Porzellan, Glas, Blech; eine ~ mit Bier, voll Wasser, Kaffee; die ~ ausgießen; vgl. Krug* ❖ **Kännchen — Gießkanne**

* emot. **es gießt wie aus ~n** (ʿes regnet sehr starkʾ)

kannte: ↗ **kennen**

Kanon [ˈkaːnɔn], der; ~s, ~s ʿMusikstück, bei dem in einem bestimmten Abstand nacheinander dieselbe Melodie gesungen wirdʾ: *ein zweistimmiger, dreistimmiger ~; einen ~ singen*

Kanone [kaˈnoːnə], die; ~, ~n 1. ʿfrüher verwendete schwere Feuerwaffe mit langem Rohr, dessen Geschoss in flacher Bahn flogʾ; ↗ FELD V.6.1 *eine ~ laden, richten, abfeuern; vgl. Geschütz* 2. ⟨vorw. Sg.⟩ umg. ʿKönner auf einem bestimmten Gebiet, bes. im Sportʾ: *er ist eine ~ (im Skilaufen, Schwimmen)* ❖ **Stimmungskanone**

* umg. **etw. ist unter aller ~** (ʿetw. ist in der Leistung, Qualität sehr schlechtʾ); /jmd./ **mit ~n auf Spatzen schießen** (ʿetw. Harmloses mit starken Mitteln bekämpfenʾ)

Kantate [kanˈtaːtə], die; ~, ~n ʿMusikstück für Singstimme(n) (und Chor), das aus mehreren Teilen besteht und durch einzelne Instrumente od. Orchester begleitet wirdʾ; ↗ FELD XII.3.1: *geistliche, weltliche ~n; eine ~ aufführen; eine ~ von Bach*

Kante [ˈkantə], die; ~, ~n 1. ʿLinie (1.1) zwischen zwei Flächen, die in einem bestimmten Winkel aufeinander treffen und den Körper (2) begrenzenʾ; ↗ FELD III.1.1, IV.3.1: *eine scharfe, abgerundete ~; die ~n des Würfels; die ~ des Tisches, Stuhles; sich an einer ~ stoßen; sich auf die ~ des Bettes setzen; die Kiste nicht auf die ~ stellen* 2. ʿStreifen, der den Rand (1) einer Stoffbahn, Tapete bildetʾ: *die ~ des Stoffes, der Tapete; die Tapete hat eine grüne ~; die ~ beschneiden; das Taschentuch hat eine gehäkelte ~* ❖ **Kanten, kantig — Bordsteinkante**

* /jmd./ **etw. auf die hohe ~ legen** ʿGeld sparenʾ: *ich habe noch etwas auf die hohe ~ gelegt*

Kanten [ˈkantn̩], der; ~s, ~ bes. norddt. ʿAnfang od. Ende vom Laib eines Brotesʾ: *ein harter, knuspriger ~; einen ~ vom Brot abschneiden* ❖ ↗ **Kante**

Kant|haken [ˈkant..], der ʿStange mit eisernem Haken zum Bewegen von Balken, Baumstämmenʾ: *der ~ des Flößers* ❖ ↗ **Haken**

* /jmd./ **jmdn. am/beim ~ nehmen/kriegen** ʿjmdn. für etw. verantwortlich machen und ihn zurechtweisenʾ: *den werde ich mal am ~ kriegen*

kantig [ˈkantɪç] ⟨Adj.; Steig. reg., ungebr.; vorw. attr. u. präd. (mit *sein*)⟩ 1. ʿmit Kanten /auf Gegenstände bez./; ↗ FELD III.1.3: *~e Steine; der Felsen ist ~* 2. ʿnicht rundlich, sondern scharf geschnittenʾ /auf körperliche Formen, bes. auf das Gesicht, den Kopf bez./: *sein ~er Schädel; sein ~es Gesicht* ❖ ↗ **Kante**

Kanton [kanˈtoːn], der; ~s, ~e ʿBundesland der Schweizʾ: *der ~ Basel, Tessin*

Kantor [ˈkantoːɐ], der; ~s, ~en [..ˈtoːʀən] /Titel für einen Kirchenmusiker, bes. für den Organisten und Leiter eines Kirchenchores/: *er ist ~ an der Marienkirche*

Kanu [ˈkaːnu/kaˈnuː], das; ~s, ~s Sport /für ˈKajak˙ und ˈKanadier˙/; ↗ FELD I.7.4.1, VIII.4.3.1: *ein leichtes ~; er fährt ~*

Kanzel [ˈkantsl̩], die; ~, ~n **1.** ˈvon einer Brüstung umgebene, meist erhöhte Plattform (1) in einer Kirche, von der aus der Geistliche predigt˙; ↗ FELD XII.4: *eine schlichte ~; der Pfarrer besteigt die ~, steht auf der ~, predigt von der ~ herab* **2.** ˈverglaster Raum, bes. im Flugzeug, von dem aus etw. beobachtet, kontrolliert werden kann˙; ↗ FELD VIII.4.2: *der Navigator sitzt in der ~ des Flugzeugs; der Reporter verfolgt das Skispringen von der ~ des Turmes aus*

Kanzler [ˈkantslɐ], der; ~s, ~ **1.** ˈVorsitzender der Regierung in bestimmten Ländern˙: *der ~ stellte dem Präsidenten sein neues Kabinett vor; der ~ der Bundesrepublik Deutschland* **2.** ˈLeiter der Verwaltung einer Universität˙: *der ~ der Universität N*

Kap [kap], das; ~s, ~s ˈins Meer hinausragende Landzunge˙ /vorw. in geographischen Namen/: *gestern machten wir einen Ausflug nach ~ Arkona; ~ Horn umsegeln*

Kapazität [kapatsiˈtɛːt/..ˈteːt], die; ~, ~en **1.** ˈdie Fähigkeit, bes. eines Industriebetriebes, seine Produktivität betreffend˙: *die ~ des Betriebes muss erhöht, erweitert, vergrößert werden; es bestehen noch freie (ˈnicht genutzte˙) ~en; die ~ voll ausnutzen* **2.** ⟨vorw. Sg.⟩ ˈdie Fähigkeit bes. eines Hotels, Gäste, Besucher aufzunehmen, zu versorgen˙: *durch den Umbau kann die ~ des Hotels erweitert werden; der Saal hat eine ~ von 500 Personen* **3.** ⟨vorw. mit unbest. Art.⟩ ˈhervorragender Fachmann˙: *auf seinem Gebiet war er eine ~; er hatte eine Anzahl von ~en konsultiert*

Kapee [kaˈpeː]
* umg. /jmd./ **schwer von ~ sein** ˈschwer begreifen˙: *du bist wohl schwer von ~?!*

Kapelle [kaˈpɛlə], die; ~, ~n **I.** ˈOrchester in spezieller Besetzung (2), das vor allem Tanz- und Unterhaltungsmusik spielt˙: *die ~ spielt zum Tanz auf; die ~ stimmte die Instrumente* – **II.** ˈkleinere Kirche od. abgeschlossener Raum in Kirchen, Schlössern für geistliche Andachten˙: *die Trauung fand in der ~ statt; eine gotische, barocke ~*

Kaper [ˈkaːpɐ], die; ~, ~n ⟨vorw. Pl.⟩ ˈin Essig eingelegte Blütenknospe eines im Mittelmeergebiet wachsenden Strauches, die als Gewürz bes. für Saucen verwendet wird˙; ↗ FELD I.8.1: *gehackte, ganze ~n; Klopse, eine Sauce mit ~n würzen*

kapern [ˈkaːpɐn] ⟨reg. Vb.; hat⟩ /Seeleute/ ein Schiff ~ ˈein Schiff überfallen und erbeuten˙: *Piraten haben das Schiff gekapert*

kapieren [kaˈpiːʀən], kapierte, hat kapiert; umg. /jmd./ etw. ⟨vorw. es⟩ ~ SYN ˈetw. verstehen (2)˙: *er hat die Aufgabe schnell, nicht ~; hast du es endlich, richtig kapiert?; er hat es immer noch nicht kapiert, wie gefährlich das ist*

Kapital [kapiˈtaːl], das; ~s, ~e/auch ~ien [..ˈtaːliən] **1.** Wirtsch. ˈetw., bes. Geld, Produktionsmittel o.Ä., die sich für den Eigentümer eines Unternehmens als Wert darstellen und einen Gewinn hervorbringen˙; ↗ FELD I.16.1: *das ~ eines Konzerns, Unternehmens erhöhen; umlaufendes, zirkulierendes ~* **2.** umg. ˈGeldsumme, die jmd. od. ein Unternehmen besitzt˙: *dieses Geld gebe ich nicht aus, das ist mein eisernes ~; sein ~, seine ~ien (gut, schlecht) anlegen; sein ~ in ein Geschäft stecken; er lebt von seinem ~; ich will mein ~ noch nicht angreifen; das ~ aus einem Unternehmen abziehen; es ist viel ~ ins Ausland abgeflossen* ❖ **Kapitalismus, Kapitalist, kapitalistisch**
* /jmd./ **aus etw. ~ schlagen** ˈaus etw. seinen Nutzen, Vorteil ziehen˙: *aus einer Erfindung ~ schlagen; er verstand es, aus allem ~ zu schlagen*

Kapitalismus [kapitaˈlɪsmʊs], der; ~, ⟨o.Pl.⟩ ˈGesellschaftsordnung, die gekennzeichnet ist durch das Privateigentum freier Unternehmer an den Produktionsmitteln und durch das Streben nach Gewinn˙: *das Zeitalter des ~; der frühe ~ des 16. Jhs.; die sozialen Probleme, die wirtschaftliche Effektivität des ~* ❖ ↗ **Kapital**

Kapitalist [kapitaˈlɪst], der; ~en, ~en oft emot. neg. ˈEigentümer von Kapital (1)˙; SYN Unternehmer; ↗ FELD I.16.1, 17.1: *ein ~, der nicht effektiv, profitabel wirtschaften kann* ❖ ↗ **Kapital**

kapitalistisch [kapitaˈlɪst..] ⟨Adj.; o. Steig.; vorw. attr.⟩ ˈden Kapitalismus betreffend, auf dem Kapitalismus beruhend˙: *die ~e Wirtschaft; ein ~es Unternehmen; ein ~er Staat; ~e Produktionsverhältnisse* ❖ ↗ **Kapital**

Kapitän [kapiˈtɛːn/..ˈteːn], der; ~s, ~e **1.** ˈKommandant eines Schiffes, Flugzeugs˙: *ein erfahrener ~; wer ist der ~ des Schiffes?; der ~ gab das Kommando ,Klar zur Wende˙; ~ zur See* /Offizier der Seestreitkräfte im Range eines Oberst/; METAPH ⟨+ Gen.attr.⟩ *die ~e der Wirtschaft* (ˈdie führenden Vertreter der Wirtschaft˙); *die ~e der Landstraße* (ˈdie Lastwagenfahrer des Fernverkehrs˙) **2.** Sport ˈLeiter einer Mannschaft˙: *der ~ der Nationalmannschaft*

Kapitel [kaˈpɪtl̩], das; ~s, ~ ˈAbschnitt eines Textes, der eine inhaltliche Einheit bildet und durch einen Zwischenraum (1), eine Zahl od. Überschrift von anderen getrennt ist˙: *das erste, zweite ~ eines Romans, einer Abhandlung; ein ~ schreiben, lesen*
* umg. /etw., bes. das/ **ein ~ für sich sein** (ˈeine besondere Angelegenheit sein˙)

Kapitulation [kapitulaˈtsi̯oːn], die; ~, ~en ˈEinstellung (1) des Kampfes einer Truppe od. aller Streitkräfte eines Staates, wodurch sie sich vor dem Gegner für besiegt erklären˙: *die bedingungslose ~; die ~ Deutschlands, der Armee, am Ende des Zweiten Weltkrieges* ❖ ↗ **kapitulieren**

kapitulieren [kapituˈliːʀən], kapitulierte, hat kapituliert **1.** /jmd., Truppe, Ort, Land/ SYN ˈsich ergeben (2)˙: *die feindliche Armee, die Stadt, Festung, das Land hat kapituliert; vor etw.* ⟨Dat.⟩ *~: sie kapitulierten vor der Übermacht des Feindes* **2.** /jmd./

vor etw. ⟨Dat.⟩ ~ 'vor einem Hemmnis resignierend den Kampf aufgeben': *er hat vor der Aufgabe, den Schwierigkeiten kapituliert* ❖ **Kapitulation**
MERKE Zu *kapitulieren* 1: Das Synonym *sich ergeben* wird auch mit der Präp. *vor* verwendet: *sich vor jmdm. ergeben*

Kaplan [kaˈplaːn], **der**; ~s, Kapläne [..ˈplɛːnə/..ˈplɛː..] 'katholischer Geistlicher, der einem Pfarrer zugeordnet ist'

Kappe [ˈkapə], **die**; ~, ~n [..pm̩] 'eng anliegende Kopfbedeckung, meist aus festem od. steifem (1) Material und meist ohne Schirm od. Rand': *eine modische, sportliche ~; die ~ aufsetzen; sie trägt statt eines Hutes eine ~;* vgl. *Mütze,* ¹*Hut* ❖ **Käppi** * umg. /jmd./ *etw.* **auf seine ~ nehmen** ('die Verantwortung, Haftung für etw. übernehmen')

kappen [ˈkapm̩] ⟨reg. Vb.; hat⟩ **1.** /jmd./ *einen Baum, Strauch, die Spitzen eines Baums* ~ 'die Triebe, Spitzen eines Baumes, Strauches beschneiden (1) und so kürzen (1)': *die Weiden, Linden, eine Hecke* ~ **2.** /jmd./ *das Tau, die Leinen (eines Schiffes)* ~ ('durchhauen'; ↗ FELD I.7.6.2)

Käppi [ˈkɛpi], **das**; ~s, ~s 'kleine, längs gefaltete militärische Kopfbedeckung aus Stoff': *ein ~ aufsetzen, tragen; das ~ saß schief auf seinem Kopf* ❖ ↗ **Kappe**

Kapsel [ˈkapsl̩], **die**; ~, ~n **1.** 'kleiner runder od. ovaler verschließbarer Behälter': *eine Prise Schnupftabak aus der* ~ *nehmen* **2.** 'bei verschiedenen Pflanzen die runde od. ovale Hülle mit Samen, die nach der Reife aufplatzt': *die ~n des Mohns, der Baumwolle* **3.** 'Medikament in der Form einer Kapsel (1), das von einer Hülle aus verdaulichen Stoffen umgeben ist': *täglich eine* ~ *schlucken; ich kriege die* ~ *nicht runter* ❖ **abkapseln**

kaputt [kaˈpʊt] ⟨Adj.⟩ umg. **1.** ⟨o. Steig.; vorw. präd.; nicht bei Vb.⟩; ↗ FELD III.5.3 **1.1.** SYN 'defekt' /auf Technisches bez./: *das Radio ist* ~; *eine* ~*e Leitung reparieren* **1.2.** '(durch Krafteinwirkung von außen) beschädigt, zerbrochen'; SYN entzwei (1.1): *die Vase, Puppe, das Spielzeug ist* ~; *eine* ~*e Tasse* **1.3.** SYN 'schadhaft': *die Hose ist am Knie* ~; *in* ~*en Strümpfen, Schuhen laufen; ein* ~*er Zaun* **2.** ⟨Steig. reg.; ungebr.; nur präd.⟩ /jmd./ ~ **sein** 'soweit beansprucht, dass die eigenen Kräfte völlig verbraucht sind': *ich bin heute ganz, furchtbar* ~; *ich war so* ~, *dass ich mich gleich schlafen legte;* vgl. *müde* (2) **3.** ⟨o. Steig.; vorw. attr.⟩ SYN 'krank' /bes. auf menschl. Organe bez./: *er hat einen* ~*en Magen, hat* ~*e Nerven; durch die Sauferei ist sein Magen* ~ ❖ **kaputtgehen, -machen**
MERKE Zu *kaputt* 1.1.: Das Synonym *defekt* kann nur für technische (elektrische) Geräte verwendet werden

kaputt [..ˈp..]|-**gehen**, ging kaputt, ist kaputtgegangen ⟨oft im Perf.⟩ umg. **1.** /etw./ SYN 'entzweigehen': *beim Umzug ist der Spiegel kaputtgegangen* ('zerbrochen'); *die Schleuder ist kaputtgegangen* ('ist defekt') **2.** /jmd./ *an etw.* ⟨Dat.⟩ ~ 'an etw. psychisch

so sehr leiden, dass man jede Freude am Leben verliert und zugrunde geht'; SYN zerbrechen (3): *ist daran, an diesem Betriebsklima, kaputtgegangen* ❖ ↗ kaputt, ↗ gehen; -**machen** ⟨trb. reg. Vb.; hat⟩ **1.** /jmd./ *etw.* ~ SYN 'etw. zerstören': *das Kind hat sein Spielzeug kaputtgemacht* **2.** umg. **2.1.** /jmd./ *jmdn., sich* ~ 'jmdn., sich körperlich, psychisch zugrunde richten': *sie hat sich dabei (für ihre Kinder) kaputtgemacht* **2.2.** /etw./ *jmdn.* ~ 'jmdn. körperlich, psychisch zugrunde richten': *die Sorgen werden ihn noch* ~ ❖ ↗ kaputt, ↗ machen

Kapuze [kaˈpuːtsə], **die**; ~, ~n 'bes. an Jacke, Anorak, Kutte angenähte od. befestigte, meist oben spitz zulaufende Kopfbedeckung': *ein Anorak mit abknöpfbarer* ~; *sich die* ~ *über den Kopf ziehen*

Karabiner [kaʀaˈbiːnɐ], **der**; ~s, ~ 'Gewehr mit kurzem Lauf'; ↗ FELD V.6.1: *den* ~ *schultern, laden; mit dem* ~ *schießen*

Karaffe [kaˈʀafə], **die**; ~, ~n 'bauchige Flasche aus Glas, die durch einen Stöpsel verschließbar ist' (↗ TABL Gefäße): *eine* ~ *mit Wasser, Wein; eine* ~ *füllen, leeren*

Karambolage [kaʀamboˈlaːʒə], **die**; ~, ~n umg. 'Zusammenstoß (1) zweier od. mehrerer Fahrzeuge im Straßenverkehr, wobei meist nur Blechschäden verursacht werden': *er hat an der Kreuzung mit seinem Auto eine* ~ *verursacht, hatte eine* ~; *es kam zu einer* ~; *an der* ~ *waren eine Straßenbahn und ein Auto beteiligt*

Karawane [kaʀaˈvaːnə], **die**; ~, ~n 'Gruppe (1), die mit Kamelen durch Wüsten und Steppen Asiens, Afrikas reist': *eine* ~ *von Kaufleuten; die* ~ *zieht durch die Wüste*

Kardinal [kaʀdiˈnaːl], **der**; ~s, Kardinäle [..ˈnɛːlə/..ˈneː..] 'nach dem Papst der höchste Träger (4) geistlicher Würden (3) in der katholischen Kirche': *er wurde zum* ~ *ernannt;* vgl. *Bischof*

Karfreitag [kaːʀˈf..], **der** ⟨o.Pl.⟩ 'christlicher Feiertag am Freitag vor Ostern, an dem der Kreuzigung Christi gedacht wird'; ↗ FELD XII.5: *der Gottesdienst am* ~ ❖ ↗ Freitag
MERKE *Karfreitag* wird vorw. mit *am* als Temporalangabe verwendet

karg [kaʀk] ⟨Adj.; Steig.: karger/kärger [ˈkaʀɡɐ/ˈkɛʀɡɐ], kargste/kärgste [ˈkaʀkstə/ˈkɛʀkstə]⟩ **1.** ⟨vorw. attr.⟩ 'knapp (1) bemessen': *sie arbeitete für einen* ~*en* (SYN 'kümmerlichen 2') *Lohn; ein* ~*es* (SYN 'kärgliches 2, kümmerliches 2, dürftiges 1'; ANT üppiges) *Mahl; er antwortete mit* ~*en* ('nur wenigen') *Worten* **2.** ⟨nicht bei Vb.⟩ 'wenig fruchtbar (1)'; ANT fruchtbar (1) /beschränkt verbindbar/: *ein* ~*er* (SYN 'dürrer 2'; ANT ertragreicher) *Boden; eine* ~*e Landschaft* ❖ **Kargheit, kärglich — wortkarg**

Kargheit [ˈ..], **die**; ~, ⟨o.Pl.⟩ /zu *karg* 1,2/ 'das Kargsein'; /zu 2/: *die* ~ *einer Landschaft* ❖ ↗ **karg**

kärglich [ˈkɛʀk..] ⟨Adj.; Steig. reg.; vorw. attr.⟩ **1.** 'nur mit dem Notwendigsten (↗ *notwendig* 1) versehen': *ein* ~*es Dasein führen; das Zimmer ist* ~

eingerichtet; vgl. schäbig (3) **2.** ⟨vorw. attr.⟩ SYN
ʼkarg (1)ʼ: *eine ~e* (ANT *üppige*) *Mahlzeit; der Ge-
fangene erhielt nur ~e Kost* ❖ ↗ **karg**
kariert [kaʼʀiːɐt] ⟨Adj.; o. Steig.; vorw. attr.⟩ **1.** ʼmit
einem Muster aus Karos (1)ʼ /vorw. auf Textilien
bez./: *ein Kostüm aus ~em Stoff; die Hose ist ~* **2.**
ʼKaros aufweisendʼ /beschränkt verbindbar/: *~es
Papier; das Papier ist ~* ❖ ↗ **Karo**
Karies [ʼkaːʀi̯ɛs], **die** ~, ⟨o.Pl.⟩ ʼkrankhafter Verfall
der harten Substanz der Zähneʼ: *die Verhütung von
~; er hat ~, leidet an, unter ~; die Zähne sind von
~ befallen; eine Zahnpasta mit Fluor zum Schutz
gegen ~*
Karikatur [kaʀika'tuːɐ], **die;** ~, ~en ʼkünstlerische
Darstellung, meist Zeichnung od. Graphik, die
charakteristische Merkmale einer Person od. Sache
übertrieben hervorhebt und so lächerlich (I.1)
machtʼ: *eine politische ~; eine ~ zeichnen; die ~ ist
treffend* ❖ **Karikaturist, karikaturistisch, karikieren**
Karikaturist [kaʀikatu'ʀɪst], **der;** ~en, ~en ʼjmd.,
der Karikaturen zeichnet, gezeichnet hatʼ: *ein be-
kannter ~; er hat sich vor allem als ~ einen Namen
gemacht* ❖ ↗ **Karikatur**
karikaturistisch [..'ʀɪst..] ⟨Adj.; o. Steig.⟩ ʼeiner Kari-
katur entsprechendʼ: *eine ~e Zeichnung, Dar-
stellung; etw. ~ darstellen, übertreiben* ❖ ↗ **Karika-
tur**
karikieren [kaʀi'kiːʀən], karikierte, hat karikiert **1.**
/jmd., etw./ *jmdn., etw. ~* ʼjmdn., etw. in Form einer
Karikatur, verzerrend (↗ *verzerren* 2) darstellenʼ:
*er karikierte bekannte Persönlichkeiten, Politiker;
Ereignisse des Tages ~; die Zeichnung karikierte ihn*
2. /jmd./ *jmdn., etw. ~* ʼjmdn., etw. durch Übertrei-
bung und Verzerrung lächerlich machenʼ: *während
seiner Schulzeit karikierte er gerne seine Lehrer* ❖
↗ **Karikatur**
Karneval [ʼkaʀnəval], **der;** ~s, ~s ⟨vorw. Sg.⟩ **1.**
SYN ʼFasching (1)ʼ: *die Maskenbälle im ~* **2.** SYN
ʼFasching (2)ʼ: *~ in Rio; der ~ in Köln; rheinischer
~; ~ feiern, zum ~ gehen*
Karo [ʼkaːʀo], **das;** ~s, ~s **1.** ⟨vorw. o. Art.; vorw.
Pl.⟩ ʼViereck, das, als eines von vielen, durch waa-
gerechte und senkrechte Linien auf Schreibpapier
gedruckt wirdʼ: *ein Rechenheft mit ~s* **2.** ⟨vorw. o.
Art.; vorw. Pl.⟩ ʼeines von vielen Vierecken, die
durch waagerechte und senkrechte Linien od.
durch unterschiedliche Färbung zusammen ein
(textiles) Muster ergebenʼ: *ein Rock mit roten und
blauen ~s* **3.** ⟨o. Art.; o.Pl.⟩ ʼaus Karos (2) beste-
hendes Muster (1)ʼ: *ein Stoff in klassischem ~; sie
trägt gern ~* ❖ **kariert**
Karosserie [kaʀɔsə'ʀiː], **die;** ~, ~n [..'ʀiːən] ʼTeil (1)
des Autos, der sich über dem Fahrgestell befindetʼ:
*eine moderne, elegante ~; eine ~ aus Blech, Kunst-
stoff; die ~ neu spritzen, lackieren lassen*
Karotte [ka'ʀɔtə], **die;** ~, ~n ⟨vorw. Pl.⟩ **1.** ʼfrüh rei-
fende kurze, dicke Möhreʼ: ↗ FELD II.4.1: *auf die-
sem Boden gedeihen (die) ~n gut* **2.** ʼWurzel von
Karotte (1), die als Nahrungsmittel genutzt wirdʼ;

↗ FELD I.8.1: *in Butter gedünstete ~n; es gibt ~n
als Beilage; vgl. Möhre*
Karpfen [ʼkaʀpfn̩], **der;** ~s, ~ ʼim Süßwasser leben-
der Speisefisch mit hohem Rücken und vier faden-
artigen Gebilden am Maulʼ; ↗ FELD I.8.1, II.3.1
(↗ TABL Fische): *gefüllter ~; ~ kochen, braten;
~ ↗ blau; Silvester gibt es ~*
Karre [ʼkaʀə], **die;** ~, ~n **1.** ʼkleines, zur Beförderung
von Lasten dienendes Fahrzeug mit einem Rad od.
zwei Rädern, das von jmdm. geschoben, gezogen
wirdʼ; ↗ FELD VIII.4.1.1 (↗ TABL Fahrzeuge):
*einen Sack Kartoffeln auf die ~ laden; mit der ~
Erde, Steine transportieren* **2.** umg., vorw. emot.
neg. /für ʼAutoʼ, ʼMotorradʼ, ʼFahrradʼ/: *die (alte)
~ ist kaputt; die ~ stehen lassen; mit der ~ an den
Baum fahren; die ~ streikt* ❖ **karren – Schubkarre**
* umg. /jmd./ **die ~ aus dem Dreck ziehen** (ʼeine ver-
fahrene Angelegenheit in Ordnung 8.1 bringenʼ);
/jmd./ **die ~ (einfach) laufen lassen** (ʼsich nicht mehr
um einen Hergang kümmern, ganz gleich, wie er
endetʼ)
karren [ʼkaʀən] ⟨reg. Vb.; hat⟩ **1.** /jmd./ *etw. ~* ʼetw.
mit einer Karre (1) befördernʼ: *Erde, Kohlen ~* **2.**
umg. emot. neg. /jmd./ *jmdn. irgendwohin ~* ʼjmdn.
bes. mit einem Auto irgendwohin fahrenʼ: *jmdn.
zum Bahnhof ~* ❖ ↗ **Karre**
Karriere [ka'ʀi̯eːʀə], **die;** ~, ~n ⟨vorw. Sg.⟩ ʼjmds.
(schnelle) erfolgreiche, zu gesellschaftlicher Gel-
tung führende Entwicklung im Berufʼ: *bei seinen
Fähigkeiten hatte er eine große ~ vor sich; ~ ma-
chen* (ʼerfolgreich sein und dadurch gesellschaftli-
che Geltung erlangenʼ) ❖ **Karrierist**
Karrierist [kaʀi̯e'ʀɪst], **der;** ~en, ~en ʼjmd., der ohne
Rücksicht und Prinzipien nach Karriere strebtʼ: *er
ist ein übler, mieser ~* ❖ ↗ **Karriere**
Karst [karst], **der;** ~es, ~e ⟨vorw. o. Art.; vorw. Sg.⟩
ʼkarge (1.2) Gebirgslandschaft mit vielen Klüften
(1) und Höhlen, die durch die Wirkung von Wasser
entstanden sindʼ: *die Gegend besteht vorwiegend
aus ~*
Karte [ʼkaʀtə], **die;** ~, ~n **1.** ʼ(bedrucktes) rechtecki-
ges Stück Papier od. dünner Karton (1) für einen
bestimmten Zweckʼ: *eine unbedruckte ~; sie hat
zum Geburtstag eine hübsche ~ gebastelt* **2.1.** SYN
ʼPostkarteʼ: *jmdm. eine ~ schicken* **2.2.** SYN ʼAn-
sichtskarteʼ: *jmdm. (aus dem Urlaub) eine ~ schrei-
ben, schicken; die ~ frankieren* **3.** SYN ʼEintritts-
karteʼ: *eine ~ für das Kino, Konzert, Theater kau-
fen; die ~n sind ausverkauft; ~n für ein Konzert
bestellen; sich an der Kasse ~n zurücklegen lassen*
4. SYN ʼFahrkarteʼ: *eine ~ kaufen, lösen; der
Schaffner locht die ~; die ~ ist nicht mehr gültig* **5.**
SYN ʼLandkarteʼ: *eine geographische ~; diese ~
ist wegen ihrer Größe zu unhandlich* **6.** SYN ʼSpiel-
karteʼ: *die ~n mischen, austeilen; gute, schlechte ~n
bekommen, haben* ❖ **Kartei – Ansichtskarte, Ein-
trittskarte, Fahrkarte, Landkarte, Paketkarte,
Platzkarte, Postkarte, Rückfahrkarte, Spielkarte,
Weinkarte – Kartenspiel**

* /jmd./ **die ~n aufdecken/auf den Tisch legen, mit offenen ~n spielen** (ʹseine Meinung, Absicht offen darlegenʹ); /jmd./ **jmdm. die ~n legen** ʹjmdn. aus Spielkarten die Zukunft deutenʹ: *sich* ⟨Dat.⟩ *die ~n legen lassen;* /jmd./ **sich nicht in die ~n sehen/ gucken lassen** (ʹseine wahre Absicht verbergenʹ); /jmd./ **alles auf eine ~ setzen** (ʹin einer riskanten Situation alles zur Verfügung Stehende einsetzen mit der Gefahr, alles zu verlierenʹ)

Kartei [kaʀˈtɑi̯], **die**; ~, ~en ʹin bestimmter Weise geordnete größere Anzahl von Zetteln od. Blättern aus Karton (1) gleicher Größe, meist in Kästen aufbewahrt, auf denen in schriftlicher Form Informationen (2) festgehalten werdenʹ: *eine alphabetische ~; eine ~ anlegen; die ~ vervollständigen; das Material in die ~ einordnen* ❖ ↗ **Karte**

Kartell [kaʀˈtɛl], **das**; ~s, ~e ʹVerbindung (8) rechtlich selbständiger Unternehmen, um den Markt (1) zu beherrschen und höchsten Gewinn zu erzielenʹ: *ein ~ bilden; sich zu einem ~ vereinigen*

Karten|spiel [ˈkaʀtn̩..], **das 1.** ʹSpiel (1.2) mit Spielkartenʹ: *Skat ist ein ~* **2.** ʹSatz von Spielkartenʹ: *ein ~* (SYN ʹSpiel 3ʹ) *kaufen; er führte Tricks mit einem ~ vor* ❖ ↗ **Karte**, ↗ **spielen**

Kartoffel [kaʀˈtɔfl̩], **die**; ~, ~n ⟨vorw. Pl.⟩ **1.** ʹeinjährige Pflanze mit weiß od. violett blühendem Kraut, an deren unterirdischen Sprossen (1) sich nahrhafte Knollen bildenʹ; ↗ FELD II.4.1 (↗ TABL Gemüsearten): *frühe, späte ~n; ~n anbauen, häufeln, hacken* **2.** ʹKnolle der Kartoffel (1), die als Nahrungsmittel dientʹ; ↗ FELD I.8.1: *eine feste, mehlige ~; alte, neue ~n; ~n ernten, sammeln; ~n einkellern, schälen, kochen, braten;* /in der kommunikativen Wendung/ umg. *rin in die ~n, raus aus den ~n* (ʹheute so, morgen soʹ) /wird gesagt, wenn Maßnahmen od. Anordnungen ständig geändert werden/ ❖ **Bratkartoffeln;** vgl. **Kartoffel-**

Kartoffel [..ˈt..]**|-brei, der** ⟨o.Pl.⟩ SYN ʹKartoffelpüreeʹ; ↗ FELD I.8.1 ❖ ↗ **Brei; -käfer, der** ʹKäfer (1) mit gelben und schwarzen Streifen, der (zusammen mit seinen Larven) das Kraut der Kartoffel (1) befällt und durch sein massenhaftes Auftreten großen Schaden anrichtetʹ; ↗ FELD II.3.1: *~ absammeln* ❖ ↗ **Käfer; -puffer, der** ʹSpeise, die aus rohen geriebenen Kartoffeln hergestellt und als flaches rundes Gebilde in der Pfanne in Fett gebacken wirdʹ; SYN Puffer (3): *heute gibt es ~; ~ backen, essen* ❖ ↗ Puffer; **-püree, das** ⟨o.Pl.⟩ ʹBrei aus gekochten Kartoffeln (2) und Milchʹ; SYN Kartoffelbrei: *heute Mittag gibt es gebratene Leber mit ~* ❖ ↗ Püree; **-suppe, die** ⟨o.Pl.⟩ ʹSuppe aus gekochten Kartoffeln (2) und Suppengrün, Fleischbrüheʹ: *heute gibt es ~ mit Würstchen* ❖ ↗ Suppe

Karton [kaʀˈtɔŋ], **der**, ~s, ~s **1.** ⟨o.Pl.⟩ ʹfeste, steife (1) Pappeʹ ↗ FELD II.5.1.: *Bilder auf ~ aufkleben; etw. ist aus ~* **2.** ʹBehälter aus Karton (1), der meist zum Versenden von bestimmten Waren dientʹ; ↗ FELD V.7.1: *ein ~ für Schuhe; einen ~ verschnüren, als Paket abschicken; etw. in einem ~ aufbewahren;* vgl. *Schachtel (1)*

Karussell [kaʀʊˈsɛl], **das**; ~s, ~s ʹbes. in Vergnügungsparks od. auf Plätzen (1) zur Unterhaltung (2) aufgestellte Anlage (3) mit Sitzgelegenheiten, die sich schnell im Kreise drehtʹ (↗ BILD): *die Kinder fahren gern ~; die ~s auf dem Rummelplatz*

kaschieren [kaˈʃiːʀən], kaschierte, hat kaschiert /jmd./ *etw. ~* ʹetw. geschickt verhüllen (1)ʹ; SYN verbergen (2,3): *körperliche Mängel durch passende Kleidung ~; er hat die wahre Sachlage ganz schön kaschiert; seine Verlegenheit zu ~* (SYN ʹverbergen 3ʹ) *suchen*

Käse [ˈkɛːzə/ˈkeː..], **der**; ~s, ⟨o.Pl.; fachspr. Käse od. Käsesorten⟩ **1.** ʹaus Milch hergestelltes Nahrungsmittel, das sich schneiden od. streichen lässtʹ; ↗ FELD I.8.1: *ein weicher, scharf gewürzter ~; ~ im Stück, in Scheiben kaufen; etw. ist mit ~ überbacken; ~ aufs Brot streichen;* vgl. *Quark* **2.** ⟨o.Pl.⟩ umg. **2.1.** ⟨o. best. Art.⟩ SYN ʹUnsinn (1)ʹ: *mach, red nicht solchen ~!; das ist alles ~* **2.2.** /in der kommunikativen Wendung/ *das ist vielleicht ein ~* (ʹdas ist ärgerlich, wertlosʹ) ❖ **käsig**

Kaserne [kaˈzɛʀnə], **die**; ~, ~n ʹGebäude(komplex) zur ständigen Unterbringung von Truppen (1.1)ʹ; ↗ FELD V.2.1: *vor der ~ Wache stehen; die Soldaten rücken in die ~ ein*

käsig [ˈkɛːzɪç/ˈkeː..] ⟨Adj.; Steig. reg., ungebr.; vorw. attr. und bei Vb.⟩ umg. SYN ʹblass (1)ʹ /auf das Gesicht bez./: *ein ~es Gesicht; er fror und sah ganz ~ aus* ❖ ↗ **Käse**

Kasko|versicherung [ˈkasko], **die** ʹVersicherung (2) in vereinbartem Umfang (5.1), die die Kosten der Reparatur für einen selbst verursachten Schaden (1.1) am eigenen Fahrzeug ersetztʹ: *eine ~ abschließen; für den Schaden tritt die ~ ein;* vgl. *Haftpflichtversicherung* ❖ ↗ **sicher**

Kasperle|theater [ˈkaspɐlə..], **das** ʹPuppenspiel mit dem derb-komischen Kasperle als Hauptfigurʹ: *die Kinder spielen ~* ❖ ↗ **Theater**

Kasse [ˈkasə], **die**; ~, ~n **1.** SYN ʹKassette (1)ʹ; ↗ FELD I.16.1: *Ersparnisse in der ~ aufbewahren, verschließen* **2.** ʹGerät in Geschäften, Gaststätten, das die Beträge beim Kauf, Verkauf automatisch anzeigt und addiertʹ: *die Verkäuferinnen an der ~;*

die ~ öffnen, schließen; die Verkäuferin nahm Wechselgeld aus der ~; Diebe haben die ~ ausgeraubt **3.** die ~ führen (ˈfür das Einsammeln, Abrechnen und Verwalten der Gelder einer Organisation o.Ä. verantwortlich seinˈ) **4.** ˈkleiner Raum, Einrichtung für die Ein- und Auszahlung von Geld od. zum Bezahlen von Warenˈ: die ~ ist nicht besetzt; das Gehalt an der ~ auszahlen; Theaterkarten gibt es an der ~ **5.** ⟨vorw. Sg.⟩ umg. SYN ˈBank (2)ˈ: Geld zur ~ bringen, von der ~ holen ❖ **kassieren, Kassierer, Kassiererin, Kassierung — Bausparkasse, Krankenkasse, Sparkasse**
* /jmd./ **jmdn. zur ~ bitten** (ˈvon jmdm. mit Nachdruck eine finanzielle Leistung fordern, zu der dieser verpflichtet istˈ); /jmd./ **~ machen** (ˈEinnahmen und Ausgaben abrechnenˈ; umg. /jmd./ **gut, knapp bei ~ sein** (ˈviel, wenig Geld habenˈ)
MERKE Zu *Kasse 4: Schalter* wird vorwiegend in der Post od. Bank verwendet, in Geschäften od. Warenhäusern nur: *Kasse*

Kasserolle [kasəˈʀɔlə], **die**; ~, ~n ˈrunder od. länglicher, flacher Topf mit Henkeln od. Stiel zum Braten od. Schmorenˈ: das Fleisch in der ~ braten; vgl. *Pfanne*

Kassette [kaˈsɛtə], **die**; ~, ~n **1.** ˈkleiner, verschließbarer, kastenförmiger Behälter aus Metall zur Aufbewahrung von Geld, Wertsachenˈ; SYN Kasse (1); ↗ FELD I.16.1: den Schmuck, das Geld, die Dokumente in einer ~ aufbewahren, verschließen **2.** ˈHülle aus Karton (1) für mehrere Stücke derselben Sache, vorwiegend für Bücher, Schallplatten, Fotosˈ; ↗ FELD V.7.1: er schenkte mir zum Geburtstag eine ~ mit Büchern von N **3.** ˈflacher, viereckiger Behälter aus Kunststoff, in den ein Magnetband für einen Kassetten- od. Videorecorder eingelegt (1) istˈ: eine leere, bespielte ~; die ~ spielen, vor-, zurückspulen ❖ **Kassettenrecorder**

Kassetten|recorder [kaˈsɛtn̩ʀekɔʀdɐ], **der**; ~s, ~ ˈ(tragbares) Gerät für die Aufzeichnung (1) und Wiedergabe von Tönen mit Hilfe von Kassetten (3)ˈ: den ~ ein-, ausschalten ❖ ↗ **Kassette**, ↗ **Recorder**

kassieren [kaˈsiːʀən], kassierte, hat kassiert **1.** /jmd./ etw. ~ ˈeinen zur Zahlung fälligen Geldbetrag fordern und entgegennehmenˈ; ↗ FELD I.16.2: das Fahrgeld, die Miete ~; der Beitrag wird morgen kassiert **2.** /jmd./ etw. ~ ˈetw. unberechtigt an sich nehmen und behaltenˈ: bedenkenlos kassierte er ihr Honorar ❖ ↗ **Kasse**

Kassierer [kaˈsiːʀɐ], **der**, ~s, ~ **1.** ˈAngestellter, der Geld auszahlt und entgegennimmtˈ; ↗ FELD I.16.1: er ist, arbeitet als ~; den Betrag beim ~ der Bank einzahlen **2.** ˈjmd., der ehrenamtlich die Kasse (3) einer Organisation (2) führtˈ: er, sie wurde zum ~ gewählt, ernannt; der ~ eines Vereins ❖ ↗ **Kasse**

Kassiererin [kaˈsiːʀəʀ..], **die**; ~, ~nen; /zu Kassierer 1 u. 2; weibl./ ❖ ↗ **Kasse**

Kassierung [kaˈsiːʀ..], **die**; ~, ~en ⟨vorw. Sg.⟩ ˈdas Kassieren (1)ˈ: die ~ der Beiträge; jmdn. mit der ~ betrauen ❖ ↗ **Kasse**

Kassler [ˈkaslɐ], **das**; ~s, ⟨o.Pl.⟩ ˈgepökeltes und geräuchertes Fleisch, bes. vom Schweinˈ: es gibt zum Mittag ~ mit Sauerkraut; ~ anbraten, schmoren

Kastanie [kaˈstaːni̯ə], **die**; ~, ~n **1.** ˈLaubbaum mit stacheligen Früchten (1), die bei Reife der Samen (1) aufplatzenˈ; ↗ FELD II.4.1 (↗ TABL Bäume): die ~ blühen **2.** ˈrotbrauner Samen der Kastanie (1)ˈ; ↗ FELD II.4.1: ~n sammeln; essbare ~n (rösten); Hirsche, Rehe im Winter mit ~n füttern
* umg. /jmd./ **für jmdn. die ~n aus dem Feuer holen** (ˈetw. Unangenehmes erledigen, das von einem anderen verschuldet worden istˈ)

Kasten [ˈkastn̩], **der**; ~s, Kästen [ˈkɛstn̩] **1.** ˈrechteckiger Behälter von unterschiedlicher Größe, meist aus Holz, mit einem Deckelˈ; ↗ FELD V.7.1: der ~ war offen, verschlossen; ein mit Seide ausgeschlagener ~; das Brot aus dem ~ nehmen; die Geige in den ~ legen **2.** landsch. SYN ˈSchubfachˈ: den ~ aufziehen, zuschieben **3.** ⟨mit Mengenangabe: vorw. Kasten⟩ **3.1.** ˈviereckiger, offener, meist in Fächer (1) aufgeteilter Behälter, bes. aus Kunststoff od. Holz, zum Transport von Flaschenˈ: für den ~ Pfand zahlen; ein, drei ~ Brause, Bier **3.2.** ˈviereckiger, meist offener Behälter aus Holz für den Transport von Kleinholz, Briketts, der zugleich als Maßeinheit giltˈ: ein, drei ~ Holz **4.** ⟨Pl.: Kästen⟩ ˈTurngerät in Form eines Kastens (1) mit einem gepolsterten Deckel, über das gesprungen wirdˈ; ↗ FELD I.7.4.1: mit einer Hocke über den ~ springen **5.** umg. emot. ˈmeist großes viereckiges, hässliches Gebäudeˈ: endlich wird der alte ~ abgerissen; in dem ~ soll ich wohnen? **6.** umg., oft emot. neg. ˈmeist großes Fahrzeug, bes. Auto, Schiffˈ: der alte ~ fährt immer noch; heute ist ein mächtiger ~ in den Hafen eingelaufen; der ~ ist abgesoffen **7.** umg., vorw. emot. neg. ˈRadio od. Fernsehgerätˈ: den ~ ausmachen; der ~ ist mal wieder kaputt ❖ **Briefkasten, Leierkasten**
* umg. /jmd./ **etwas, nicht viel auf dem ~ haben** (ˈviel, wenig auf einem bestimmten Gebiet 3 können, sehr od. wenig intelligent seinˈ)

kastrieren [kaˈstʀiːʀən], kastrierte, hat kastriert /jmd., bes. Arzt/ ein Tier, veraltend einen Mann ~ ˈeinem Tier, bes. einem männlichen Haustier, einem Mann die Fähigkeit zur Fortpflanzung durch Bestrahlung od. einen operativen Eingriff nehmenˈ: den Kater ~ lassen; der Bulle, Hengst wurde kastriert; vgl. *sterilisieren*

Katalog [kataˈloːk], **der**; ~es/auch ~s, ~e ˈein in bestimmter Weise geordnetes Verzeichnis von Gegenständenˈ: der alphabetische ~; einen ~ aufstellen; der ~ der Ausstellung; Waren nach dem ~ bestellen; Buchtitel in den ~ aufnehmen ❖ **katalogisieren**

katalogisieren [kataloɡiˈziːʀən], katalogisierte, hat katalogisiert /jmd./ mehrere Sachen ~ ˈmehrere Sachen in einen Katalog aufnehmen, zu einem Katalog zusammenstellenˈ: Bücher, Kunstwerke ~ ❖ ↗ **Katalog**

Katarrh/Katarr [ka'taʀ], **der**; ~s, ~s 'Entzündung der Schleimhäute bestimmter Organe, bei der Schleim abgesondert wird': *ein ~ der oberen Luftwege, des Darms; an einem ~ leiden; der ~ ist im Abklingen*

Kataster [ka'tastɐ], **der/das**; ~s, ~ 'amtliches Verzeichnis von Grundstücken': *das (neu vermessene) Grundstück in das ~ eintragen; etw. im ~ ändern, streichen, vermerken*

katastrophal [katastʀo'fa:l] ⟨Adj.; Steig. reg.; vorw. attr. u. präd.⟩ emot. 'sehr schlimm (1,2)' /vorw. auf Abstraktes bez./: *ein ~er Fehler; die Verhältnisse dort sind ~; das Haus befand sich in einem ~en Zustand; die Folgen des Unwetters waren ~* ❖ ↗ **Katastrophe**

Katastrophe [kata'stʀo:fə], **die**; ~, ~n 'schweres Unglück, Naturereignis mit sehr schlimmen Folgen': *eine schwere, furchtbare ~; eine ~ vorhersehen, abwenden; etw. führt zu einer ~; der Krieg stürzte das Land in eine ~; etw. hat eine ~ ausgelöst; die Ursachen einer ~ untersuchen; die ~ hat viele Opfer gefordert* ❖ **katastrophal**

Kategorie [katego'ʀi:], **die**; ~, ~n [..ʀi:ən] 'Gruppe, Klasse von Dingen, Personen mit bestimmten gleichen Merkmalen, in die etw., jmd. eingeordnet wird': *eine ~ von Waren, Gegenständen; etw., jmdn. einer ~ zuordnen, in eine ~ einordnen, einreihen; er gehörte zu jener ~ von Menschen, die …* ❖ **kategorisch**

kategorisch [kate'go:ʀ..] ⟨Adj.; o. Steig.; nicht präd.; vorw. bei Vb.⟩ SYN 'energisch (2)' /auf Abstraktes bez./: *etw. ~ fordern, verlangen, verbieten, ablehnen; ~ auf etw. bestehen; eine ~e Forderung; sein ~es Nein* ❖ ↗ **Kategorie**

Kater ['ka:tɐ], **der**; ~s, ~ **I.** 'männliches Tier der Katze (1)'; ↗ FELD II.3.1 (↗ TABL Säugetiere): *ein schwarzer ~*; METAPH *er strich um sie herum wie ein verliebter ~*; vgl. *Katze (1)* — **II.** ⟨o.Pl.⟩ 'Kopfschmerz, Unwohlsein als Folge reichlichen Genusses von Alkohol (2,2)': *am nächsten Morgen hatte er einen furchtbaren ~; mit einem ~ erwachen; etw. gegen seinen ~ tun; der ~ ist vorbei* ↗ **Katze**

Katheder [ka'te:dɐ], **der**; ~s, ~ 'Pult des Lehrers, Dozenten': *er sprach vom ~ aus; aufs ~ steigen; er stand am ~*; vgl. *Pult*

Kathete [ka'te:tə], **die**; ~, ~n Math. 'jede der beiden senkrecht aufeinander stehenden Seiten eines rechtwinkligen Dreiecks'

Katholik [kato'li:k], **der**; ~en, ~en 'Angehöriger der römisch-katholischen Kirche'; ↗ FELD XII.2.1: *er ist ein strenger, streng gläubiger, fanatischer ~* ❖ **Katholikin**; vgl. **katholisch, Katholizismus**

Katholikin [..'l..], **die**; ~, ~nen /zu *Katholik*; weibl./ ❖ ↗ **Katholik**

katholisch [ka'to:l..] ⟨Adj.; o. Steig.⟩ 'die christliche Kirche betreffend, an deren Spitze der Papst steht'; ↗ FELD XII.2.2: *ein ~er Geistlicher; die ~e Kirche, Konfession; sie, er ist ~, ist ~en Glaubens, ist streng ~ (erzogen worden)*; vgl. *evangelisch* ❖ vgl. **Katholik**

Katholizismus [katoli'tsɪsmʊs], **der**; ~, ⟨o.Pl.⟩ 'Anschauung und Lehre der katholischen Kirche'; ↗ FELD XII.2.1: *zum ~ übertreten; ein Vertreter des ~* ❖ vgl. **Katholik**

Katode [ka'to:də], **die**; ~, ~n Phys. 'negative Elektrode'; ANT Anode

katzbuckeln ['kats..] ⟨reg. Vb.; hat⟩ /jmd./ *vor jmdm.* ~ 'sich jmdm. gegenüber unterwürfig verhalten': *er hat vor dem Direktor gekatzbuckelt* ❖ ↗ **Katze,** ↗ **Buckel**

Kätzchen ['kɛtsçən], **das**; ~s, ~ ⟨vorw. Pl.⟩ 'die Blüte (1) von Weide, Erle, Birke, Haselstrauch': *die Haselsträucher tragen schon ~; ~ stehen unter Naturschutz* ❖ ↗ **Katze**

Katze ['katsə], **die**; ~, ~n **1.** 'als Haustier gehaltenes kleines Raubtier mit seidigem Fell, das nachts sehr gut sehen kann und Mäuse frisst'; ↗ FELD II.3.1 (↗ TABL Säugetiere): *eine graue, schwarze ~; eine wildernde, herumstreunende ~; die ~ hat ein weiches Fell; die ~ klettert gewandt, geht auf Mäusejagd; die ~ miaut, schnurrt, macht einen Buckel, schleicht sich an, packt zu, hat scharfe Krallen* **2.** 'weibliches Tier von Katze (1)': *unsere ~ hat Junge*; vgl. *Kater* ❖ **Kater, Kätzchen** — **katzbuckeln**
* umg. /jmd./ **wie die ~ um den heißen Brei herumschleichen** ('nicht wagen, über etw. Heikles zu sprechen'); **etw., das ist für die Katz** (1. 'etw., das ist viel zu wenig' 2. 'etw., das ist vergebens'); /jmd./ ⟨vorw. im Präs.⟩ **die ~ im Sack kaufen** ('etw. nehmen, ohne es vorher geprüft zu haben'); /jmd./ **die ~ aus dem Sack lassen** ('endlich seine wahre Absicht zu erkennen geben')

Katzen|sprung ['katsn..]
* umg. **es ist nur ein ~** ('es, das ist nicht weit'): *bis zum Museum ist es nur ein ~*

Kauderwelsch ['kaudɐvɛlʃ], **das**; ~/auch ~s, ⟨o.Pl.⟩ 'wirre, unverständliche Sprache od. Sprechweise': *der spricht ja ein fürchterliches ~!; sein ~ versteht niemand; ein ~ aus Deutsch und Polnisch*

kauen ['kauən] ⟨reg. Vb.; hat⟩ **1.** /jmd./ *etw.* ~ 'Nahrung mit den Zähnen zerkleinern': *er kaute die Nahrung, das Essen gut, gründlich; er kaute immer mit vollen Backen* **2.** /jmd./ *an etw.* ⟨Dat.⟩ ~ 'an etw. nagen': *er kaut immer an seinen Fingernägeln, an seinen Lippen, an seinem Bleistift* ❖ **Kaugummi, wiederkäuen, Wiederkäuer**
* umg. /jmd./ **an etw.** ⟨Dat.⟩ **zu ~ haben** 'große Mühe haben, ein Problem od. eine Aufgabe zu lösen': *an der Aufgabe, daran hatte er mächtig zu ~*

kauern ['kauɐn] ⟨reg. Vb.; hat⟩ **1.1.** /jmd./ *irgendwo* ~ 'irgendwo hocken (1.1)': *er kauerte auf dem Fußboden, in der Ecke, in seinem Versteck* **1.2.** /jmd./ *sich irgendwohin* ~ 'sich irgendwohin hocken (1.2)': *er kauerte sich in die Ecke, auf den Boden, in den Schnee*

Kauf [kauf], **der**; ~s, Käufe ['kɔyfə] **1.** 'das Kaufen'; ANT Verkauf; ↗ FELD I.16.1: *der ~ (SYN 'Erwerb 1.1') eines Autos, Grundstücks; ein ~ auf Teilzahlung, Raten; Möbel zum ~ anbieten; einen ~ rückgängig machen*; amtsspr. /jmd./ *einen ~ tätigen*

('ein großes Objekt, eine Ware kaufen') **2.** 'etw., das durch Kauf (1) erworben worden ist'; ↗ FELD I.15.1: *ihr Kleid war ein günstiger, vorteilhafter* ~ ❖ **erkaufen, kaufen, Käufer, Käuferin, käuflich, Verkauf, verkaufen, Verkäufer, Verkäuferin, verkäuflich − abkaufen, Ankauf, ankaufen, Aufkauf, aufkaufen, Ausverkauf, ausverkauft, einkaufen, Kaufhalle, -haus, -mann, kaufmännisch**
* /jmd./ **etw. in** ~ **nehmen** ('wegen bestimmter Vorteile Unannehmlichkeiten hinnehmen')
kaufen [ˈkaufn̩] ⟨reg. Vb.; hat⟩ **1.** /jmd./ *etw.* ~ 'etw. durch Bezahlen (1.1) erwerben'; ↗ FELD I.15.2, 16.2: *Lebensmittel, Brot, Butter* ~ (ANT verkaufen 1); *Obst kaufe ich immer auf dem Markt, beim Händler; Textilien kauft man am besten in einem Fachgeschäft; das habe ich günstig, billig, für wenig Geld, für teures Geld gekauft; das Auto habe ich gebraucht, neu gekauft; etw. auf Raten, auf Kredit, auf Pump* ~; *sich* ⟨Dat.⟩, *jmdm. etw.* ~: *sie kaufte sich eine Uhr, ein neues Kleid; das habe ich mir bei N, in N gekauft; ich habe mir, ihm ein neues Auto gekauft* **2.** /jmd./ *jmdn.* ~ 'jmdn. bestechen': *den Zeugen hatte man gekauft; er war gekauft* **3.** /in der kommunikativen Wendung/ umg. *dafür kann ich mir nichts* ~ /sagt jmd., wenn ihm etw. nichts nützt/ ❖ ↗ **Kauf**
* umg. /jmd./ **sich** ⟨Dat.⟩ **jmdn.** ~ 'jmdn. zur Rede stellen': *den kauf ich mir schon noch!*
MERKE Zu *kaufen* (1): Das Antonym von *kaufen (verkaufen)* ist nicht reflexiv verwendbar
Käufer [ˈkɔɪfɐ], **der**; ~s, ~ 'jmd., der etw. kauft, gekauft hat'; ↗ FELD I.16.1: *der* ~ *trägt das Risiko; er sucht einen* ~ *für sein Grundstück, Haus; einen* ~ *für etw. gefunden haben; einen kapitalkräftigen* ~ *an der Hand haben* ❖ ↗ **Kauf**
Käuferin [ˈkɔɪfɐɾ..], **die**; ~, ~nen /zu *Käufer*; weibl./ ❖ ↗ **Kauf**
Kauf [ˈkauf..]|**-halle, die** vorw. ehem. DDR 'meist nur ein Stockwerk aufweisende große Verkaufseinrichtung für das komplexe Angebot von Waren des täglichen Bedarfs' ❖ ↗ Kauf, ↗ Halle; **-haus, das** SYN 'Warenhaus': *das* ~ *öffnet um neun Uhr, schließt um 18 Uhr* ❖ ↗ Kauf, ↗ Haus
käuflich [ˈkɔɪf..] ⟨Adj.; o. Steig.⟩ **1.** 'durch Kaufen (1) zu erwerben'; ↗ FELD I.16.3: ~*e Waren; etw.* ~ *erwerben; diese Ausstellungsstücke sind nicht* ~; *ein* ~*es Mädchen* ('Prostituierte') **2.** ⟨nicht bei Vb.; vorw. präd. (mit *sein*)⟩ /jmd./ ~ *sein:* er, sie ist ~ ('bestechlich'); *ein* ~*er Beamter, Richter* ❖ ↗ **Kauf**
Kauf/kauf [ˈkauf..]|**-mann, der** ⟨Pl.: Kaufleute/seltener Kaufmänner⟩ 'jmd., der nach Abschluß seiner kaufmännischen Ausbildung eine entsprechende berufliche Tätigkeit ausübt'; ↗ FELD I.10, 16.1: *er ist gelernter* ~; *zur Messe kamen viele ausländische Kaufleute; er ist ein versierter, guter* ~ ❖ ↗ Kauf, ↗ Mann; **-männisch** [mɛn..] ⟨Adj.; o. Steig.; nicht präd.; vorw. attr.⟩ 'bestimmte Bereiche, Tätigkeiten im Handel betreffend' /vorw. auf Personen, Tätigkeiten bez./; ↗ FELD I.16.3: *ein* ~*er Angestellter, Direktor;* ~*es* ('im Handel, Geschäftsverkehr

übliches') *Rechnen; einen* ~*en Beruf ergreifen; das* ~*e Gewerbe; sein Handeln ist von* ~*en* (SYN 'merkantilen') *Interessen bestimmt* ❖ ↗ Kauf, ↗ Mann
Kau|gummi [ˈkau..], **der** 'aromatisierte, elastische und unlösliche Masse, die gekaut wird': ~ *kauen; ein* ~ *mit Pfefferminzgeschmack* ❖ ↗ **kauen**, ↗ **Gummi**
Kaulquappe [ˈkaulkvapə], **die**; ~, ~n 'im Wasser lebende Larve des Froschlurchs mit kugeligem Körper und einem Schwanz'; ↗ FELD II.3.1
¹kaum [kaum] **I.** ⟨Adv.⟩ 'fast nicht': *er kann* ~ *hören; ich kenne ihn* ~; *er hat sich* ~ *um uns gekümmert* − **II.** ⟨Satzadv.; drückt die Einstellung des Sprechers zum genannten Sachverhalt aus⟩ 'wahrscheinlich nicht': *das wird er* ~ *schaffen!; dort wirst du dich* ~ *zurechtfinden; das kann ich* ~ *glauben*
²kaum 1. ⟨als Glied der subordinierenden zusammengesetzten Konj. **kaum dass**; der Nebensatz steht vor od. nach dem Hauptsatz; die Tempusformen sind gleich⟩ /temporal; gibt an, dass der Sachverhalt des Nebensatzes zeitlich in der Vergangenheit unmittelbar vor dem des Hauptsatzes liegt; der Sprecher empfindet es als zu früh/: ~ *dass er heimgekehrt war, erschien schon sein Nachbar;* ~ *dass er sich hingelegt hatte, klingelte auch schon der Wecker* **2.** ⟨als Korrelat der Konj. **als**⟩: ↗ **als** (1.2)
³kaum ⟨Gradpartikel; unbetont; steht vor der Bezugsgröße; bezieht sich auf verschiedene Kategorien, oft auf Zahlangaben⟩ /gibt einen ungenauen Wert dicht unterhalb einer Bezugsgröße an/: *der Tank fasst* ~ *200 Liter; der Berg ist* ~ *1000 Meter hoch*
Kaution [kauˈtsi̯oːn], **die**; ~, ~en 'Bürgschaft für die Freilassung eines Gefangenen od. für die Sicherheit einer gemieteten Wohnung durch Hinterlegen einer Geldsumme od. von Wertpapieren': *eine* ~ *stellen, leisten, hinterlegen, zahlen; jmdn. gegen* ~ *freilassen*
Kautschuk [ˈkautʃʊk], **der**; ~s, ⟨o.Pl.; vorw. o.Art.⟩ 'aus dem Saft bestimmter tropischer Bäume gewonnener Rohstoff für Gummi': *natürlicher, synthetischer* ~; *ein Reifen aus* ~
Kauz [kauts], **der**; ~es, Käuze [ˈkɔɪtsə] **1.** 'kleine Eule von gedrungener Gestalt': *der* ~ *schreit nachts; der Ruf des* ~*es* **2.** 'wunderlicher, schrulliger Mensch' /beschränkt verbindbar/: *ein komischer, seltsamer, lustiger, liebenswerter* ~; vgl. *Sonderling* ❖ **kauzig**
MERKE Zu *Kauz* (2): Während *Kauz* (2) meist mit Attributen verwendet wird, stehen bei *Sonderling* in der Regel keine vorangestellten Attribute
kauzig [ˈkautsɪç] ⟨Adj.; Steig. reg.⟩ SYN 'wunderlich': *ein* ~*er Mensch, Typ; er hat einen* ~*en Humor; er benimmt sich aber* ~!; *er war immer etwas* ~ ❖ ↗ **Kauz**
Kavalier [kavaˈliːɐ], **der**; ~s, ~e [..ˈliːɾə] 'Frauen gegenüber höflicher, taktvoller, hilfsbereiter Mann'; ↗ FELD I.6.1: *er ist ein vollendeter* ~, *spielt Frauen gegenüber gern den* ~; *als* ~ *half er ihr beim Aussteigen*

keck [kɛk] ⟨Adj.⟩ **1.** ⟨Steig. reg.⟩ SYN 'kess (1.1)'; ANT schüchtern /auf Personen bez./: *ein* ~*er Bursche;* ~ *trat er vor und rezitierte* **2.** ⟨Steig. reg.⟩

SYN 'verwegen (1)'; ↗ FELD I.6.3: *mit ~em Mut etw. anpacken; ~ bei einer Sache vorgehen; sei nicht so ~!* **3.** ⟨Steig. reg., ungebr.⟩ salopp SYN 'verwegen (2)' /auf Sachen bez., die zum Erscheinungsbild einer Person gehören/: *ein ~es Bärtchen; den Hut ~ aufsetzen*

Kegel ['ke:gl̩], **der**; ~s; ~ **1.** 'geometrischer Körper mit meist kreisförmiger Grundfläche, dessen Oberfläche in einer Spitze endet' (↗ TABL Geom. Figuren): *der Mantel des ~s; die Grundfläche eines ~s; das Volumen eines ~s berechnen* **2.** ⟨vorw. Pl.⟩ 'eine der flaschenförmigen, meist hölzernen Figuren mit kugeligem Kopf für das ↗ Kegeln': *~ schieben; die ~ aufstellen; er hat alle neun ~ umgeworfen* ❖ **kegeln**

kegeln ['ke:gl̩n] ⟨reg. Vb.; hat⟩ /jmd./ 'ein Spiel spielen, bei dem man mit Schwung eine Kugel über eine Bahn rollen lässt, um möglichst viele der aufgestellten neun Kegel umzuwerfen': *wir wollen heute ~ gehen* ❖ ↗ **Kegel**

Kehle ['ke:lə], **die**; ~, ~n **1.1.** 'vorderer Teil des Halses': *beim Schlachten wird den Tieren die ~ durchgeschnitten; der Wolf biss dem Hasen die ~ durch, sprang dem Hirsch an die ~* **1.2.** 'das Innere von Kehle (1.1)': *eine trockene, rauhe ~ haben; er schrie mit heiserer ~; die ~ schmerzt, brennt* ❖ **kehlig** – **Kehlkopf, Rotkehlchen**
* /jmd./ **aus voller ~ singen** ('laut und mit Vergnügen singen'); ⟨⟩ umg. /jmd./ **sich** ⟨Dat.⟩ **die ~ anfeuchten** ('ein Bier, einen Schnaps trinken'); /jmd./ **etw. in die falsche ~ bekommen** ('etw. falsch verstehen'); /jmd./ ⟨vorw. Perf.⟩ **sich** ⟨Dat.⟩ **die ~ aus dem Leibe schreien** ('anhaltend laut schreien'); /jmd./ **etw. durch die ~ jagen** 'Geld, Werte durch das ständige Trinken von Alkohol verschwenden': *der hat sein gesamtes Vermögen durch die ~ gejagt;* /jmd./ **eine trockene ~ haben** ('ständig und gern Alkohol trinken')

kehlig ['ke:lɪç] ⟨Adj.; vorw. attr. u. bei Vb.⟩ 'weit hinten im Mund, in der Kehle (1.1) artikuliert' /auf Sprachliches bez./: *~ reden, singen; ~e Laute* ❖ ↗ **Kehle**

Kehl|kopf ['ke:l..], **der** ⟨vorw. Sg.⟩ 'knorpeliges Organ oberhalb der Luftröhre, das bes. der Erzeugung von Lauten dient'; ↗ FELD I.1.1: *eine Operation des ~s* ❖ ↗ **Kehle**, ↗ **Kopf**

kehren ['ke:rən] ⟨reg. Vb.; hat⟩ **I.1.** /jmd./ **1.1.** *etw., sich irgendwohin ~* 'einen Körperteil, sich irgendwohin wenden (2.2)': *er kehrte das Gesicht, den Rücken, sich zur Sonne, Wand, gegen die Wand, Sonne* **1.2.** *das Mantelfutter, die Innenseite des Futters nach außen ~* (SYN 'wenden 1.2') **2.** ⟨nur verneint⟩ /jmd./ *sich nicht an etw. ~* 'sich nicht um etw. kümmern (2)': *an das Gerede der Leute brauchst du dich nicht zu ~* – **II.1.** vorw. süddt. /jmd./ **1.1.** *etw. ~* SYN 'etw. fegen (1.1)': *das Zimmer, die Treppe, Straße, den Schornstein ~* **1.2.** *etw. von etw. ~* SYN 'etw. von etw. fegen (1.2)': *das Laub vom Wege ~; die Krümel vom Tisch ~* ❖ **zu (I): verkehren, verkehrt – einkehren, Heimkehr,**

heimkehren, Kehrreim, -seite, kehrtmachen, Kehrtwende, umgekehrt, umkehren, zurückkehren; vgl. auch **Verkehr; zu (II): Kehricht**
* **in sich gekehrt** 'mit seinen Gedanken beschäftigt, ohne auf die Umgebung zu achten': *er war, wirkte in sich gekehrt; in sich gekehrter Mensch*

Kehricht ['ke:rɪçt], **der**; ~s, ⟨o.Pl.⟩ 'zusammengekehrter Abfall, Unrat': *den ~ auf-, zusammenfegen, beseitigen, in die Mülltonne werfen* ❖ ↗ **kehren (II)**
* umg. etw. ⟨vorw. *das*⟩ **geht jmdn. einen feuchten ~ an** ⟨vorw. im Präs.⟩ ('etw. geht jmdn. absolut nichts an')

Kehr ['ke:ɐ..]|**-reim, der** 'ein od. mehrere Verse eines Liedes, Gedichts, die am Schluss jeder Strophe immer wiederkehren'; SYN Refrain: *den ~ gemeinsam singen* ❖ ↗ kehren (I), ↗ Reim; **-seite, die 1.** *jmdm. die ~* ('den Rücken') *zuwenden; die Münze auf die ~* ('Rückseite'; ↗ FELD IV.3.1) *drehen* **2.** ⟨vorw. Sg.⟩ 'die unangenehme, nachteilige Seite einer Sache': *das ist die ~ des Ruhms, Reichtums* ❖ ↗ kehren (I), ↗ Seite
* **die ~ der Medaille** 'das, was sich meist später als Nachteil einer Sache herausstellt': *die Arbeitslosigkeit war die ~ der Medaille*

kehrt/Kehrt [ke:ɐt..]|**-machen** ⟨trb. reg. Vb.; hat⟩ /jmd./ 'sich umdrehen und zurückgehen': *schnell, kurz entschlossen ~; er hat auf dem Absatz kehrtgemacht* ❖ ↗ kehren (I), ↗ machen; **-wendung, die 1.** 'die Drehung eines Menschen um 180°': *eine schnelle, plötzliche ~ machen; bei einer ~ stieß er mit seinem Hintermann zusammen* **2.** 'plötzliche Änderung der Haltung, Meinung': *weltanschaulich hat er eine ~ vollzogen* ('hat er einen völlig entgegengesetzten Standpunkt eingenommen') ❖ ↗ kehren, ↗ wenden

keifen ['kaifn̩], ⟨reg. Vb.; hat⟩ umg. emot. neg. /jmd., bes. Frau/ 'in schrillen Tönen schimpfen, zanken'; ↗ FELD I.6.2: *ein ~des altes Weib; sie keifte den ganzen Tag; ihr Keifen war nicht zu ertragen*

Keil [kail], **der**; ~s, ~e **1.** 'Körper od. Werkzeug in der Form eines Dreiecks mit einer scharfen Kante, das zum Spalten von Material od. als Vorrichtung zum Stoppen dient'; ↗ FELD V.5.1: *ein eiserner ~ zum Spalten von Holz; den ~ ins Holz schlagen; einen ~ unter die Räder, unter die Tür legen;* METAPH *einen ~ zwischen zwei Freunde treiben* ('Zwietracht zwischen Freunden stiften 3') **2.** 'Stoffteil in Form eines Dreiecks zur Verbreiterung bestimmter Teile von Kleidungsstücken': *einen ~ in den Hosenboden setzen, einsetzen*

Keiler ['kailɐ], **der**; ~s, ~ 'männliches Wildschwein'; ↗ FELD II.3.1: *ein mächtiger, angriffslustiger ~; einen ~ abschießen;* vgl. Bache, Wildschwein

Keim [kaim], **der** ~s, ~e **1.1.** 'Organismus im frühen Stadium seiner Entwicklung': *der zarte, junge ~ einer Pflanze; der ~ wächst, entwickelt sich* **1.2.** ⟨vorw. Pl.⟩ 'Trieb (3)'; ↗ FELD II.4.1: *die Kartoffeln haben schon ~e angesetzt* **2.** ⟨vorw. Pl.⟩ 'Erreger einer Krankheit': *die ~e durch Kochen abtöten* **3.** SYN 'Ansatz (2)': *die ~e ihres Talents zeigten* *sich schon sehr früh; dies war der ~ für seine spätere Entwicklung zum Künstler* ❖ **keimen – keimfrei, Keimzelle**

* /jmd., Truppen/ **etw. im ~ ersticken** ʻetw. Gefährliches bereits im Entstehen zunichte machenʼ ⟨oft im Pass.⟩: *der Aufstand wurde von der Armee im ~ erstickt*

keimen [ˈkaimən] ⟨reg. Vb.; hat⟩ **1.** /Pflanze/ **1.1.** ʻeinen Keim hervorbringenʼ: *der Samen keimt* **1.2.** ʻKeime (1.2) bildenʼ: *die Kartoffeln ~ schon* **2.** /etw./ *in jmdm.* **~** ʻsich in jmdm. zu entwickeln beginnenʼ: *in ihm keimte ein Verdacht, ein neuer Gedanke, Plan, ein ungutes Gefühl* ❖ ↗ **Keim**

keim/Keim [ˈkaim..]|**-frei** ⟨Adj.⟩ ʻfrei von Keimen (2)ʼ; SYN steril (1) /vorw. auf medizinisches Zubehör bez./: *~e medizinische Instrumente; etw. ~ machen; etw. ist ~* ❖ ↗ Keim, ↗ frei; **-zelle, die** ʻder Fortpflanzung dienende Zelle bei Mensch, Tier, Pflanzeʼ: *die männliche, weibliche ~* ❖ ↗ Keim, ↗ Zelle

kein [kain] ⟨Indefinitpron.; Mask. u. Neutr. Sg.; Fem. Sg. u. Pl. **keine**; ↗ TAFEL X⟩ /drückt das vollständige Fehlen, das absolute Nichtvorhandensein von einer Sache, einem Lebewesen aus/ **1.1.** ⟨adj.⟩ *~ Mann, ~e Frau will das; ~ Vogel sang; ~ Mensch beachtete ihn; ich habe dort ~en Bekannten getroffen; ~ Geld, Mitleid haben; ~e Zeit haben; er hatte in ~er* (ANT jeder 1) *Hinsicht Recht; ~e Mühe scheuen; das ist ~e schlechte* (ʻist eine guteʼ) *Idee; ~ bisschen* (ʻüberhaupt nichtsʼ) **1.2.** ⟨subst.⟩ *~er* (SYN ʻniemandʼ) *hatte Lust; ~e der Frauen, ~er der Anwesenden war dazu bereit; ~er von ihnen wusste davon; das glaubt dir ~er; er kaufte ~(e)s von beiden; „Hast du eine Zigarette?" „Ich habe ~e"; Geld habe ich keins; ich will kein(e)s von beiden* **1.3.** ⟨nur im Pl.; vor Zahladj.; adj.⟩: *sie ist noch keine* (ʻnoch nichtʼ) *18 Jahre alt* ❖ **keinerlei – keinesfalls, keineswegs, keinmal**

keine [ˈkainə] ⟨Indefinitpron.; Fem. Sg. u. Pl.⟩ ↗ **kein**

keiner [ˈkainɐ] ⟨Indefinitpron.; Mask.; subst.⟩ ↗ *kein* (1.2)

keinerlei [ˈkainɐlai/kainɐˈlai] ⟨Indefinitpron.; indekl.; für Mask., Fem., Neutr. Sg. u. Pl.; adj.; ↗ TAFEL X⟩ ʻnicht das Geringste von etw.ʼ; ANT vielerlei: *~ Kenntnis davon haben; es sprechen ~ Zeichen dafür, dass …* ❖ ↗ **kein**

keines [ˈkainəs] ⟨Indefinitpron.; Neutr.; subst.⟩ ↗ *kein* (1.2)

keines|-falls [ˈ..] ⟨Satzadv.⟩ /drückt die Einstellung des Sprechers zum genannten Sachverhalt aus; der Sprecher betont, dass der Sachverhalt auszuschließen ist/: *das darf ~ geschehen* (ʻich werde nicht zulassen, dass das geschiehtʼ); *so geht es ~ weiter* ❖ ↗ kein, ↗ Fall; **-wegs** [veːks] ⟨Satzadv.⟩ /drückt die Einstellung des Sprechers zum genannten Sachverhalt aus; der Sprecher schließt den Sachverhalt als Möglichkeit aus/: *ich hatte ~ die Absicht* (ʻes trifft nicht zu, dass ich die Absicht hatteʼ), *dich zu stören; ich nehme dir das ~ übel; ich bin ~ sicher, dass sich das wirklich so zugetragen hat* ❖ ↗ kein, ↗ Weg

kein|mal [ˈkain..] ⟨Adv.⟩ ʻnicht ein einziges Malʼ; ANT oft (1.1): *er hat noch ~ gefehlt* ❖ ↗ **kein,** ↗ **Mal**

keins [kains] ⟨Indefinitpron.; Neutr.; subst.⟩ ↗ *kein* (1.2)

Keks [keːks], **der/das**; ~/auch ~es, ~e ʻeinzelnes Stück eines haltbaren, flachen Kleingebäcksʼ (↗ TABL Backwaren): *frische, knusprige ~e; mit Schokolade überzogene ~e; eine Packung, Dose ~e*

* umg. /jmd./ **jmdm. auf den ~ gehen** ʻjmdm. durch sein nervöses, sich oft wiederholendes Verhalten lästig werdenʼ: *du gehst mir ganz schön auf den ~ mit deinen ständigen Fragen*

Kelch [kɛlç], **der**; ~s/auch ~es, ~e ʻoft reich verziertes Trinkgefäß aus Glas od. Edelmetallʼ; ↗ FELD V.7.1 (↗ TABL Gefäße): *ein kostbarer, geschliffener ~; Wein aus einem ~ trinken*

* **der ~ ist an jmdm. vorübergegangen** (ʻjmdm. ist etw. Unangenehmes erspart gebliebenʼ)

Kelle [ˈkɛlə], **die**; ~, ~n **1.** ʻWerkzeug zum Auftragen (1) von Mörtel beim Mauern und Putzen (4)ʼ; ↗ FELD V.5.1 (↗ TABL Werkzeuge) **2.** ʻKüchengerät mit langem Stiel und einem löffel- od. schalenförmigen Teil zum Schöpfen von flüssiger Nahrung (auf einen Teller)ʼ; ↗ FELD V.5.1: *mit der ~ Suppe, Sauce austeilen, ausgeben*

Keller [ˈkɛlɐ], **der**; ~s, ~ ʻunterstes Geschoss (II) eines Hauses, meist ganz unter der Erde od. Raum in diesem Geschoss, der meist zum Aufbewahren von Vorräten genutzt wirdʼ; ↗ FELD V.2.1: *Kohlen, Kartoffeln im ~ lagern; eine Flasche Wein aus dem ~ holen* ❖ **Weinkeller**

Kellner [ˈkɛlnɐ], **der**; ~s, ~ ʻAngestellter in einer Gaststätte, der die Gäste bedientʼ: *den ~ rufen; das Essen beim ~ bestellen*

Kellnerin, die; ~, ~nen /zu Kellner; weibl./: *die ~ rufen; eine freundliche, aufmerksame ~*

Kelterei [kɛltəˈʀai], **die**; ~, ~en ʻBetrieb, in dem gekeltert wirdʼ: *das Obst in eine ~ bringen* ❖ ↗ **keltern**

keltern [ˈkɛltɐn] ⟨reg. Vb.; hat; vorw. im Pass.⟩ /jmd., Betrieb/ *etw.* **~** ʻObst, bes. Weintrauben, mit handwerklichen, industriellen Methoden auspressenʼ: *die Trauben werden gekeltert* ❖ **Kelterei**

kennen [ˈkɛnən], **kannte** [ˈkantə], **hat gekannt** [gəˈkant] **1.1.** /jmd./ *etw., jmdn., sich* **~** ʻüber etw., jmdn., sich selbst durch Wahrnehmung, Beobachtung und Erfahrung Kenntnisse (2) habenʼ: *eine Stadt, den Freund, sich (selbst) sehr gut ~; im Dorf kennt jeder jeden; hier kennt ihn jedes Kind* (ʻjederʼ); /zwei od. mehrere (jmd.)/ ⟨rez.⟩ *sie ~ sich/einander;* /in den kommunikativen Wendungen/ *da kennst du mich aber schlecht* /wird zu jmdm. gesagt, der einem unterstellt, dass man nicht in der Lage ist, etw. Bestimmtes zu tun/; *das ~ wir schon* /wird in abwehrender Haltung gesagt, wenn man über etw. bereits im Bilde ist/ **1.2.** /jmd./ *etw.* **~** ʻdurch gründliches Studium über ein großes Wissen von etw. verfügenʼ: *das musikalische Schaffen von B., seinen Lebensweg genau ~; ich kenne die neue Theorie noch nicht genügend* **1.3.** /jmd./ *etw.* **~** ʻetw. beherrschen

(5)': *er kennt sein Handwerk, dieses Verfahren, diese Methode genau* **1.4.** /jmd./ *etw., jmdn.* ~ 'von einer Sache, jmdm. wissen und sie, ihn nennen können': *ich kenne da ein nettes Lokal, ein gutes Medikament; er kennt jmdn., der uns helfen kann* **1.5.** ⟨vorw. mit Wörtern, die eine Einschränkung, Negation ausdrücken⟩ *er kennt nur seine Arbeit* ('geht in der Arbeit völlig auf'); *er kennt kein Maß, keine Furcht, Rücksicht* ('ist maßlos, furchtlos, rücksichtslos') ❖ **bekennen, bekannt, Bekannte, Bekanntmachung, bekanntlich, Bekanntschaft, bekennen, Bekenntnis, erkennen, erkenntlich, Erkenntnis, Kenner, kenntlich, Kenntnis, unbekannt, verkennen − anerkennen, Anerkennung, auskennen, Kennwort, -zeichen, kennzeichnen, Kennziffer, Menschenkenntnis, Sachkenntnis, Selbsterkenntnis, Sprachkenntnisse, stadtbekannt, Vorkenntnis, wiedererkennen, zuerkennen**

kennen lernen, lernte kennen, hat kennen gelernt /jmd./ *jmdn.* ~ 'mit jmdm., etw. bekannt werden, Kenntnisse über jmdn., etw. bekommen': *durch die gemeinsame Arbeit habe ich ihn erst richtig kennen gelernt; Armut hat er nie kennen gelernt;* /in der kommunikativen Wendung/ *der soll mich* ~*!* /wird als Drohung, Warnung gesagt, wenn sich jmd. einem gegenüber Frechheiten herausnimmt/

Kenner [ˈkɛnɐ], **der**; ~s, ~ 'jmd., der über etw., jmdn. sehr gute fachliche Kenntnisse besitzt'; ↗ FELD I.5.1: *ein* ~ *der modernen Malerei; dieser Wein ist etwas für* ~ (SYN 'Feinschmecker') ❖ ↗ **kennen**

kenntlich [ˈkɛnt..] ⟨Adj.; Steig. reg.⟩ *etw.* ~ *machen* 'etw. deutlich kennzeichnen (2)': *etw. durch ein Etikett, eine Tafel* ~ *machen* ❖ ↗ **kennen**

Kenntnis [ˈkɛnt..], **die**; ~, ~se **1.** ⟨vorw. Sg.⟩ 'das Wissen von Dingen, Sachverhalten, Entwicklungen': ~ *von etw. haben; sich* ~ *über etw. verschaffen* ('etw. zu erfahren suchen') **2.** ⟨vorw. Pl.⟩ 'Gesamtheit des durch Wahrnehmung, Erfahrung und Studium erworbenen Wissens in Natur und Gesellschaft, geistiger Besitz': *gründliche, fachliche* ~*se; ~se besitzen, verbreiten, vermitteln, erweitern, vertiefen; sich* ~*se aneignen; über* ~*se verfügen* **3.** *jmdn. von etw. in* ~ *setzen* ('jmdn. über etw. informieren'); *etw. zur* ~ *nehmen, von etw.* ~ *nehmen* ('etw. als Information entgegennehmen, ohne sich dazu zu äußern'); *etw. entzieht sich jmds.* ~ ('jmd. weiß über etw. nichts') ❖ ↗ **kennen**

Kenn/kenn [ˈkɛn..]|**-wort, das** ⟨Pl.: Kennwörter⟩ SYN 'Parole (1)': *wie heißt, lautet das* ~*?* ❖ ↗ kennen, ↗ Wort; **-zeichen, das** 'Merkmal, Zeichen, das eine Sache od. Person von anderen unterscheidet, an dem man etw., jmdn. erkennt': *keine besonderen* ~ (SYN 'Merkmale') *haben; das polizeiliche* ~ *eines Kraftfahrzeugs; etw. mit einem* ~ *versehen* ❖ ↗ kennen, ↗ **-zeichnen**, kennzeichnete, hat gekennzeichnet **1.** /jmd./ *etw.* ~ 'etw. mit einem optischen Kennzeichen versehen': *eine Gefahrenquelle* ~; *der Weg ist durch Schilder gekennzeichnet* **2.** /etw./ *etw., jmdn.* ~ 'für jmdn., etw. charakteristisch sein'; SYN charakterisieren (2): *Automatisierung*

kennzeichnet die moderne Technik; ein ~ *des Merkmal; sein Verhalten in dieser Situation kennzeichnet seine Besonnenheit* ❖ ↗ kennen, ↗ Zeichen

kentern [ˈkɛntɐn] ⟨reg. Vb.; ist⟩ /Wasserfahrzeug/ 'sich bei einer Havarie im Wasser auf die Seite legen und mit dem Kiel (I) nach oben liegen': *das Segelboot ist im Sturm gekentert;* /jmd./ *der Segler kenterte* (mit seinem *Boot)*

Keramik [keˈʁaːmɪk], **die**; ~, ~en **1.** 'Erzeugnis aus gebranntem Ton (5)': *eine schlichte, glasierte* ~; ~*en herstellen, brennen* **2.** ⟨o.Pl.⟩ 'Gesamtheit von keramischen Erzeugnissen': *eine Ausstellung kunsthandwerklicher* ~; *er sammelt* ~

Kerbe [ˈkɛʁbə], **die**; ~, ~n 'durch Schneiden entstandene keilförmige Vertiefung, bes. im Holz': ~*n ins Holz schneiden*
* umg.; oft emot. neg. /jmd./ **in dieselbe/die gleiche ~ hauen** ('dieselbe Ansicht wie jmd. anders äußern, dasselbe Ziel verfolgen und ihn damit faktisch unterstützen')

Kerb|holz [ˈkɛʁp..], **das**
* umg. /jmd./ **etwas auf dem ~ haben** ('ein Unrecht, eine Straftat begangen haben')

Kerker [ˈkɛʁkɐ], **der**; ~s, ~ **1.** emot neg. 'Gefängnis' /bei ungesetzlichem, grausamem Entzug der Freiheit/: *jmdn. in den* ~ *werfen; im* ~ *schmachten* **2.** ⟨o.Pl.⟩ österr. 'schwere Freiheitsstrafe': *jmdn. zu lebenslänglichem* ~ *verurteilen* ❖ **einkerkern**

Kerl [ˈkɛʁl], **der**; ~s, ~e/norddt. ~s umg. **1.** emot. /meint eine erwachsene männliche Person/: *ein kräftiger, frecher, gemeiner, hübscher* ~; *er war ein ganzer* ~ ('ein mutiger, tüchtiger Mann'); ANT Schwächling); *er war ein Baum von einem* ~ ('ein großer, kräftiger Mann'); *soll er zeigen, was für ein* ~ *in ihm steckt* ('was er leisten kann'); *ein* ↗ *ganzer* ~; auch Schimpfw. ⟨+ Adj.⟩ *du blöder* ~*!*; vgl. *Bursche* (2.1), ¹*Kunde* (2) **2.** *sie ist ein netter, feiner* ~ ('eine liebenswerte Person') ❖ **Mistkerl, Mordskerl, Teufelskerl**

Kern [ˈkɛʁn], **der**; ~s, ~e **1.** 'Samen mit meist harter Schale von Früchten bestimmter Obstarten'; ↗ FELD II.4.1: *die* ~*e des Apfels, der Birne; der* ~ *der Pflaume, Kirsche* **2.** ⟨vorw. Sg.⟩ **2.1.** ⟨+ Gen. attr.⟩ 'der wesentliche Teil einer Sache': *zum* ~ *der Sache, des Problems kommen* **2.2.** 'Zentrum': *das Tief liegt mit seinem* ~ *über Mitteleuropa* **3.** Phys. SYN 'Atomkern' ❖ **kernig − Atomkern, Kernenergie, -kraft, -kraftwerk, -waffe**
* **in jmdm. steckt ein guter ~** ('jmd. hat im Grunde einen guten Charakter'); **der harte ~** ('der aktivste od. aggressivste Teil bes. einer Gruppe')

MERKE *Kern* (1) und *Stein* sind in der Alltagssprache nicht klar nach Obstarten zu trennen. Für den Fachmann umfasst das Kernobst nur Apfel, Birne, Quitte; Steinobst dagegen Kirsche, Pflaume, Pfirsich. *Kern* wird in der Alltagssprache aber auch auf Kirsche, Pflaume, Pfirsich bezogen, für die daneben auch *Stein* verwendet wird.

Kern|energie [ˈ..], **die** ⟨o.Pl.⟩ 'Energie, die bei Spaltung schwerer od. bei Verschmelzung leichter

Atomkerne frei wird'; SYN Atomenergie: *die friedliche Nutzung der* ~ ❖ ↗ **Kern**, ↗ **Energie**

kernig ['kɛrnɪç] ⟨Adj.; Steig. reg.; nicht bei Vb.⟩ **1.** ʼ(viele) Kerne (1) enthaltend': *die Beeren, Mandarinen sind sehr, sind mir zu* ~ **2.** ʼhart und fest bis ins Innere' /auf Materialien bez./: *~es Holz, Leder* **3.** ʼkräftig und gesund': *ein ~er Typ; er hat eine ~e Natur, ist* ~ ❖ ↗ **Kern**

Kern ['kɛrn..]‖**-kraft, die**; ~ ⟨o.Pl.⟩ SYN ʼKernenergie' ❖ ↗ **Kern**, ↗ **Kraft**; **-kraftwerk, das** ʼKraftwerk, in dem aus Kernenergie elektrische Energie gewonnen wird': *das* ~ *geht ans Netz, wird stillgelegt* ❖ ↗ **Kern**, ↗ **Kraft**, ↗ **Werk**; **-waffe, die** ⟨vorw. Pl.⟩ ʼauf der Spaltung von Atomkernen beruhende Waffe von ungeheurer Zerstörungskraft': *taktische, strategische ~n; das Land ist frei von ~n* ❖ ↗ **Kern**, ↗ **Waffe**

Kerze ['kɛrtsə], **die**; ~, ~n **1.** ʼvorwiegend in Form eines Zylinders geformter Gegenstand aus Stearin, Paraffin mit einem Docht in der Mitte, der angezündet wird und so als Lichtquelle dient'; SYN Licht (2.2); ↗ FELD VI.2.1 (↗ TABL Beleuchtung): *eine lange, dicke* ~; *~n anzünden, herunterbrennen lassen, (aus)löschen* **2.** Techn. SYN ʼZündkerze': *die ~n reinigen, auswechseln* **3.** Turnen ʼsportliche Übung, bei der Beine und Rumpf aus der Rückenlage nach oben gestreckt werden': *eine* ~ *machen* ❖ **Zündkerze**

Kescher ['kɛʃɐ], **der**; ~s, ~ ʼGerät mit langem Stiel und einem daran befestigten Netz zum Fangen von Wassertieren und Insekten': *mit dem* ~ *Fische, Krebse fangen; den Dorsch mit dem* ~ *herausholen*

kess [kɛs] ⟨Adj.⟩ **1.1.** ⟨Steig. reg.⟩ ʼmunter, unbefangen und dabei etwas herausfordernd'; SYN keck (1) /auf Personen bez./: *ein ~er Berliner Junge; sie ist ganz schön* ~; *sie antwortete* ~ **1.2.** ⟨o. Steig.⟩ SYN ʼverwegen (2)' /auf Sachen bez., die zum Erscheinungsbild einer Person gehören/: *eine ~e Frisur; ein ~es Bärtchen; sie hat ein ~es Tuch um den Hals geschlungen*

Kessel ['kɛsl̩], **der**; ~s, ~ **1.1.** ʼmetallener, bauchiger Topf mit einer Tülle und meist mit einem Deckel und einem Henkel, in dem Wasser zum Kochen gebracht wird'; ↗ FELD V.7.1: *ein emaillierter* ~; *den* ~ *mit Wasser aufsetzen; der* ~ *pfeift* **1.2.** ʼgroßes, rundes, metallenes Gefäß mit einem Deckel zur Zubereitung des Essens in Restaurants o.Ä. (od. zum Kochen von Wäsche)': *ein eiserner* ~; *etw. in den* ~ *schütten, füllen* **2.** ʼgrößerer, metallener, geschlossener, zylindrischer Behälter' **2.1.** ʼals Teil einer Dampfmaschine od. Anlage zur Erzeugung von Dampf': *der* ~ *einer Dampflokomotive* **2.2.** ʼfür die Beförderung von chemischen, meist brennbaren Flüssigkeiten, von Gasen': *der* ~ *explodierte* ❖ **Kesselwagen**

Kessel‖wagen ['..], **der** ʼEisenbahnwagen mit aufgebautem Kessel (2.2)'; ↗ FELD VIII.4.1.1 (↗ TABL Fahrzeuge) ❖ ↗ **Kessel**, ↗ **Wagen**

Ketschup/auch **Ketchup** ['kɛtʃap], **der/das**; ~s, ~s ʼpikante, vorw. Tomatenmark enthaltende dicke,

breiartige Soße zum Würzen': *Bratwurst, Pommes frites mit* ~

Kette ['kɛtə], **die**; ~, ~n **1.1.** ʼGebilde aus einer Reihe beweglich miteinander verbundener, gleichartiger, ineinander greifender metallener Glieder, das zur Befestigung od. zur Kraftübertragung dient'; ↗ FELD I.7.6.1, VIII.4.1.1: *eine eiserne* ~; *die Kuh, den Hund mit einer* ~ *festbinden; die* ~ *klirrt, rasselt; die* ~ *des Fahrrads spannen* **1.2.** SYN ʼRaupe (II)': *die ~n eines Panzers* **2.** ʼvorw. um den Hals getragenes, aus Gliedern bestehendes Schmuckstück' (↗ TABL Schmuckstücke): *eine goldene, silberne* ~; *eine* ~ *tragen; Perlen, Holzkugeln, Korallen zu einer* ~ *auffädeln* **3.** ʼzusammenhängende Folge von Gleichartigem': *die Demonstranten bildeten eine* ~; *ein Glied in einer* ~ *sein; der Vorgang löste eine* ~ *ähnlicher Fälle aus* ❖ **ketten** – **Schneekette**

ketten ['kɛtn̩], kettete, hat gekettet /jmd./ *ein Tier, jmdn. an etw.* ʼein Tier, jmdn. mit einer Kette (1) an etw., jmdn. binden': *die Kuh, das Boot an den Pfahl* ~; METAPH *sie fühlte sich an ihn gekettet* (ʼfühlte sich unfrei') ❖ ↗ **Kette**

Ketzer ['kɛtsɐ], **der**; ~s, ~ kath. Kirche ʼjmd., der einen von der offiziellen Lehre abweichenden Glauben vertritt'; ↗ FELD XII.1.1: *er wurde als* ~ *verfolgt und hingerichtet, verbrannt* ❖ **ketzerisch**

ketzerisch ['kɛtsər..] ⟨Adj.; Steig. reg., ungebr.; vorw. attr.⟩ **1.** kath. Kirche /zu Ketzer/; ↗ FELD XII.1.3: *eine ~e Lehre* **2.** oft scherzh. ʼvon einer als allgemein gültig erklärten Meinung, Lehre abweichend': *~e Reden, Gedanken;* ~ *reden* ❖ ↗ **Ketzer**

keuchen ['kɔɪçn̩] ⟨reg. Vb.; hat/ist⟩ **1.** ⟨hat⟩ /jmd./ ʼbes. bei Anstrengung schwer und geräuschvoll atmen'; SYN pusten (3), schnaufen: *er keuchte vor Anstrengung* **2.** ⟨ist⟩ /jmd./ ʼsich geräuschvoll und mit Mühe atmend in eine bestimmte Richtung bewegen': *sie keuchte durch den Schnee, den Berg hinauf* ❖ **Keuchhusten**

Keuch‖husten ['kɔɪç..], **der** ⟨o.Pl.⟩ ʼbes. im Kindesalter auftretende akute Infektionskrankheit der Schleimhäute mit häufigem, krampfartigem Husten' ❖ ↗ **keuchen**, ↗ **Husten**

Keule ['kɔɪlə], **die**; ~, ~n ʼflaschenförmiger, meist hölzerner Gegenstand, der an den Enden abgerundet ist und als Sportgerät für gymnastische Übungen od. als Schlagwaffe dient'; ↗ FELD V.6.1: *die* ~ *schwingen; er wurde mit einer* ~ *erschlagen*

keusch [kɔɪʃ] ⟨Adj.; Steig. reg.⟩ ʼin sexuellen Dingen schamhaft, zurückhaltend' /bes. auf Frauen bez./: *ein ~es Mädchen;* ~ (SYN ʼenthaltsam') *leben*

kichern ['kɪçɐn/'ki..] ⟨reg. Vb.; hat⟩ /jmd./ ʼleise in kurzen Tönen und mit hoher Stimme lachen': *die Mädchen kicherten albern; vor sich hin* ~

kidnappen ['kɪtnɛpn̩] ⟨reg. Vb.; hat; vorw. im Pass.⟩ /jmd./ *jmdn.* ʼeinen Menschen entführen (1.1), um Lösegeld od. die Erfüllung bestimmter Forderungen zu erpressen': *das Kind wurde von Gangstern gekidnappt* ❖ **Kidnapper**

Kidnapper ['kɪtnɛpɐ], **der**; ~s, ~ ʼjmd., der jmdn. kidnappt, gekidnappt hat' ❖ ↗ **kidnappen**

¹Kiefer ['kiːfɐ], **der**; ~s, ~ ˋbei bestimmten Wirbeltieren und beim Menschen halbrund geformte, oben und unten um die Mundhöhle führende, mit Zähnen besetzte Knochen, die durch ein Gelenk verbunden sind'; ↗ FELD I.1.1: *ein vorspringender ~; eine Verletzung, Verrenkung des ~s; der obere, untere ~* ❖ **Kiefergelenk**
MERKE Die Komposita mit ¹*Kiefer* werden ohne Fugen-n gebildet: *Kieferknochen, Kiefergelenk*, die Komposita mit ²*Kiefer* dagegen mit einem Fugen-n: *Kiefernholz, Kiefernwald*
²Kiefer, **die**; ~, ~n **1.** ˋauf sandigem Boden wachsender harzreicher Nadelbaum mit langen, dreikantigen, meist in Bündeln wachsenden Nadeln und runden Zapfen (1)'; ↗ FELD II.4.1 (↗ TABL Bäume) **2.** ⟨o.Pl.⟩ ˋHolz der ²Kiefer (1) als Werkstoff'; *ein Schrank aus ~* ❖ **Kiefernholz**
MERKE Zu den Komposita: ↗ ¹*Kiefer* (Merke)
Kiefer|gelenk ['..], **das** ˋbewegliche Verbindung zwischen dem oberen und unteren Kiefer' (↗ ¹*Kiefer*) ❖ ↗ ¹**Kiefer**, ↗ **Gelenk**
Kiefern|holz ['kiːfɐn..], **das** ⟨o.Pl.⟩ ˋHolz (1) der Kiefer' (↗ ²*Kiefer*) ❖ ↗ ²**Kiefer**, ↗ **Holz**
Kiel [kiːl], **der**; ~s/auch ~es, ~e **I.** ˋunterster, vom Bug zum Heck reichender Teil des Rumpfes von Wasserfahrzeugen'; ↗ FELD VIII.4.3.1 − **II.** ˋlängs verlaufender (↗ *verlaufen* 5), mittlerer harter Teil der Vogelfeder'
* /jmd., Werft/ **ein Schiff auf ~ legen** (ˋmit seinem Bau beginnen')
Kieme ['kiːmə], **die**; ~, ~n ˋOrgan von im Wasser lebenden Tieren, bes. Fischen, durch das diese den notwendigen Sauerstoff entnehmen'; ↗ FELD II.3.1: *Fische atmen durch ~n*
Kien [kiːn], **der**; ~s, ⟨o.Pl.⟩ ˋviel Harz enthaltendes Holz, bes. der ²Kiefer': *das Feuer mit Spänen aus ~ anzünden*
Kies [kiːs], **der**; ~es, ~e **1.** ⟨o.Pl.⟩ ˋmit Steinchen durchsetzter, grobkörniger Sand'; ↗ FELD II.1.1, 5.1: *der ~ knirschte unter den Füßen; ~ für Mörtel, Beton verwenden; ~ abbauen, baggern* **2.** Mineralogie ˋhelles, glänzendes Erz aus Verbindungen von Metallen und bes. Schwefel' **3.** ⟨o.Pl.⟩ umg., oft scherzh. ˋGeld (1)': *er hat ganz schön, viel ~!*
kikeriki [kikəʀiˈkiː] /lautnachahmend für das Krähen des Hahnes (1.1)/
-killer, **der** /bildet mit einem Subst. als erstem Bestandteil Substantive; drückt aus, dass es das im ersten Bestandteil Genannte tilgt od. verhindert/: ↗ z. B. *Tintenkiller*
Kilo ['kiːlo], **das**; ~s, ~s /Kurzw. für ↗ *Kilogramm*/ ↗ TAFEL XIII: *etw. in ~s abwiegen;* ⟨mit Mengenangabe: Kilo⟩ *fünf ~ Kartoffeln kaufen* ❖ **Kilogramm**
Kilo|gramm [..ˈg..], **das**; ~s, ~e ⟨mit Mengenangabe: Kilogramm⟩; ABK kg ˋ1000 Gramm' /Maßeinheit der Masse/: *50 ~ Kartoffeln* ❖ ↗ **Kilo**, ↗ **Gramm**
Kilo|meter [..ˈm..], **der**; ~s, ~; ABK km ˋ1000 Meter' /Maßeinheit der Länge/; ↗ TAFEL XIII: *er fuhr mit einer Geschwindigkeit von 80 ~n in der Stunde;*

A liegt fünf ~ von B entfernt; vgl. auch *Meter, Zentimeter, Millimeter* ❖ ↗ **Meter**
MERKE Zum Dat. Pl.: ↗ *Meter*
Kimme ['kɪmə], **die**; ~, ~n ˋdreieckiger Einschnitt in der Vorrichtung zum Zielen an Handfeuerwaffen': *ein Ziel über ~ und Korn anpeilen;* vgl. *Korn*
Kind [kɪnt], **das**; ~s/auch ~es, ~er ['kɪndɐ] **1.** ˋMensch in der Zeit vom Säuglingsalter bis zur geschlechtlichen Reife': *ein kleines, niedliches ~; ein ~ gebären, kriegen, bekommen, erziehen, versorgen, vernachlässigen; ein ~* (ANT *Erwachsener*) *tut so etw. nicht; jmdn. wie ein ~ behandeln* (ˋbevormunden'); *sich wie ein ~* (ˋüberaus') *freuen; das ~ im Manne* (ˋder Spieltrieb des Mannes'); *er ist ein großes ~* (ˋwirkt in seinem Verhalten noch nicht erwachsen'); /in den kommunikativen Wendungen/: *du bist doch kein ~ mehr!* /wird zu jmdm., bes. einem jungen Menschen gesagt, wenn dieser in seinem Verhalten Unreife zeigt und man ihn zu selbständigem Handeln ermuntern möchte/; *das weiß doch jedes Kind!* /wird zu jmdm. gesagt, wenn dieser etw. nicht weiß, obwohl man dies erwarten könnte/; *wir werden das ~ schon schaukeln!* /wird gesagt, wenn man eine schwierige Aufgabe vor sich hat, aber sicher ist, sie bewältigen zu können/; *wie sag ich's meinem ~e?* /wird gesagt, wenn man jmdm. etw. für ihn Unangenehmes sagen muss, aber noch nicht weiß, wie man es am diplomatischsten tun soll/; vgl. *Säugling, Kleinkind* **2.** ˋMensch in Beziehung zu den Eltern, einem Elternteil'; ↗ FELD I.9.1: *das leibliche, uneheliche, angenommene ~; sie ist das einzige ~ ihrer Eltern, ist unser einziges ~; sie haben ein ~, zwei ~er; ihre ~er sind sehr begabt; er ist das ~ eines Bauern, Angestellten; sie ist ein (echtes) Berliner ~* (ˋstammt aus Berlin und zeigt alle Eigenarten eines Berliners'); *sie war ein ~ ihrer Zeit* (ˋwurde durch die Zeit geprägt, in der sie lebte') ❖ **Kindheit, kindisch, kindlich − Kleinkind, Stiefkind;** vgl. **kinder/Kinder-**
* /jmd./ **jmdn. an ~es statt annehmen** (ˋjmdn. adoptieren'); /jmd./ **das ~ mit dem Bade ausschütten** (ˋetw. ohne Berücksichtigung seiner guten Seiten verwerfen'); /Frau/ **ein ~ zur Welt bringen, einem ~ das Leben schenken** ⟨vorw. im Perf.⟩ (ˋein Kind bekommen, gebären'); **mit ~ und Kegel** (ˋmit der ganzen Familie'); /jmd./ **sich bei jmdm. lieb ~ machen** (ˋsich bei jmdm. einschmeicheln, um Vorteile zu haben'); /jmd./ **das ~ beim rechten Namen nennen** (ˋetw. offen, ohne Beschönigung aussprechen'); **etw. ist ein tot geborenes ~** ˋetw. (Geplantes) ist von Anfang an zum Scheitern verurteilt': *das Projekt ist ein tot geborenes ~*
kinder/Kinder ['kɪndɐ..]**-freundlich** ⟨Adj.; Steig. reg.; vorw. attr.⟩ ˋfür Kinder und ihre Entwicklung günstig': *~e Wohnungen bauen, fordern; das Land ist nicht gerade ~* ❖ ↗ **Freund**; **-garten**, **der** ˋEinrichtung (1) für die Betreuung und Erziehung von Kindern im Alter von 3−6 Jahren': *unser Sohn ist tagsüber im ~* ❖ ↗ **Freund**; **-gärtnerin**, **die** ˋErzieherin im Kindergarten' ❖ ↗ **Garten**; **-geld**, **das**

⟨o.Pl.⟩ ˈGeldbetrag, der vom Staat an Familien mit wirtschaftlich noch nicht selbständigen Kindern gezahlt wirdˈ: *das ~ erhöhen* ❖ ↗ Geld; **-krankheit, die** ˈInfektionskrankheit, die vorw. im Kindesalter auftrittˈ: *er hatte alle ~en* ❖ ↗ krank; **-krippe, die** ˈEinrichtung (1) für die Betreuung und Erziehung von Kleinkindern im Alter bis zu drei Jahrenˈ; SYN Krippe ❖ ↗ Krippe; **-lähmung, die** ⟨o.Pl.⟩ ˈInfektionskrankheit, die vorw. Kinder befällt und schwere Muskellähmungen hervorrufen kannˈ: *er hatte in seiner Kindheit ~; gegen ~ geimpft werden* ❖ ↗ lahm; **-leicht** ⟨Adj.; o. Steig.⟩ umg., oft emot. ˈsehr leicht zu begreifen, zu bewältigenˈ: *eine ~e Aufgabe; das ist ja ~!* ❖ ↗ leicht; **-reich** ⟨Adj.; o. Steig.; nicht bei Vb.; vorw. attr.⟩ ˈmit vielen (leiblichen) Kindernˈ /vorw. auf Ehepaar, Familie bez./; ↗ FELD I.9.3: *eine ~e Familie* ❖ ↗ reich; **-spiel** * /etw., vorw. das/ **ein, kein ~ sein** ˈsehr einfach, schwer zu machen seinˈ: *das ist doch ein ~ für mich!; das Rad zu wechseln ist kein ~!*; **-stube, die** * /jmd./ **eine gute/keine ~ haben** (ˈim Elternhaus ein, kein gutes Benehmen gelernt habenˈ); **-tagesstätte, die** ABK Kita; SYN ˈKindergartenˈ: *sie arbeitet in einer ~; wir brauchen für unser Kind einen Platz in einer ~* ❖ ↗ Tag, ↗ Stätte; **-wagen, der** ˈkleiner Wagen zum Ausfahren (2.1) eines Kindes während des ersten Lebensjahresˈ; ↗ FELD VIII.4.1.1 (↗ BILD) ❖ ↗ Wagen

Kindheit [ˈkɪnt..], **die**; ~, ⟨o.Pl.⟩ ˈZeit des Lebens eines Menschen von der Geburt bis zum Erwachsenseinˈ; ANT Alter (2): *eine frohe, freudlose, glückliche, unbeschwerte ~ haben; sie verlebte, verbrachte ihre ~ in N* ❖ ↗ Kind
kindisch [ˈkɪnd..] ⟨Adj.; Steig. reg.⟩ ˈin einer naiven, unvernünftigen, unernsten Art, wie sie Kindern, nicht aber Erwachsenen angemessen istˈ /vorw. auf Psychisches bez./: *ein ~er Einfall; mit ~em Stolz; sie benimmt sich ~, ist ~er ~!* ❖ ↗ Kind
kindlich [ˈkɪnt..] ⟨Adj.; Steig. reg.; vorw. attr.⟩ **1.** ˈin der Art eines Kindes (1), einem ~ entsprechendˈ; ↗ FELD I.9.2: *ein ~es Gesicht; ~e Phantasie, Neugier; die ~e Unschuld* **2.** ˈvon einer Art, wie sie Kindern, nicht aber Erwachsenen angemessen istˈ /vorw. auf Psychisches bez./: *er wirkt ~* (ANT erwachsen); *er, sie hat ein ~es Gemüt; er ist von ~er Vertrauensseligkeit; eine ~e Freude an etw. haben* ❖ ↗ **Kind**

Kinn [kɪn], **das**; ~s, ~e ⟨vorw. Sg.⟩ ˈmehr od. weniger nach vorne gewölbter Teil des Gesichts unterhalb des Mundesˈ; ↗ FELD I.1.1: *ein rundes, breites, spitzes, fliehendes ~; das ~ aufstützen; sich das ~ reiben; der Boxer traf seinen Gegner am ~; er war bis zum ~ zugedeckt*
Kinn|haken [ˈ..], **der** ˈvon unten her gegen das Kinn geführter Schlag mit der Faustˈ: *ein wuchtiger ~; jmdm. einen ~ geben, versetzen; einen ~ kriegen; jmdm. mit einem ~ k.o. schlagen* ❖ **Kinnhaken**
Kino [ˈkiːno], **das**; ~s, ~s ˈRaum, Gebäude, in dem gegen Zahlung von Eintrittsgeld Filme vorgeführt werdenˈ: *der Film kommt in die ~s, läuft im ~; was wird gerade im ~ gespielt?; ins ~ gehen* (ˈsich einen Film ansehenˈ)
Kiosk [ˈkiːɔsk], **der**; ~s/auch ~es, ~e ˈBude (1) auf Straßen od. Plätzen einer Stadt, an der man besonders Zeitungen Erfrischungen od. Souvenirs kaufen kannˈ; ↗ FELD V.2.1: *eine Zeitung, Bockwurst, Limonade am ~ kaufen*
¹Kippe [ˈkɪpə], **die**; ~, ~n umg. ˈRest einer gerauchten Zigaretteˈ; SYN Stummel: *die ~ wegwerfen, aufheben*
²Kippe, die * /etw./ **auf der ~ stehen 1.** ˈherunterzufallen, umzustürzen drohenˈ **2.** ˈfraglich, gefährdet seinˈ: *meine Eins in Deutsch steht auf der ~*
kippeln [ˈkɪpl̩n] ⟨reg. Vb.; hat⟩ **1.1.** /etw./ ˈnicht fest auf dem Boden, der Unterlage stehen und bei Berührung, Benutzung schwankenˈ; SYN wackeln: *der Tisch, die Vase kippelt* **1.2.** /jmd./ ˈmit einem Sitzmöbel auf den beiden hinteren od. vorderen Stuhlbeinen hin und her wackelnˈ; SYN ˈschaukeln (2)ˈ: *du kippelst so lange (mit dem Stuhl), bis du umfällst!* ❖ ↗ **kippen**
kippen [ˈkɪpm̩] ⟨reg. Vb.; ist/hat⟩ **1.** ⟨ist; vorw. mit lok. Adv.best./ /etw., bes. Gegenstand, der höher als breit ist/ ˈstürzenˈ /vorw. mit Richtungsangabe/; ↗ FELD I.7.2.2: *die Leiter, er ist zur Seite gekippt; der Stapel kippt nach vorn, hinten* **2.** ⟨hat⟩ **2.1.** ⟨vorw. mit lok. Adv.best.⟩ /jmd./ etw. ~ ˈetw. senkrecht Stehendes od. etw., das höher als breit ist, in eine schräge Lage bringenˈ: *den Schrank, die Kiste (nach vorn, zur Seite) ~* **2.2.** /jmd./ etw. irgendwohin ~ ˈetw. irgendwohin schütten, indem man den Behälter in eine schräge Lage bringtˈ: *Wasser, Sand auf den Weg ~* ❖ **kippeln, Kipper → umkippen**
Kipper [ˈkɪpɐ], **der**; ~s, ~ ˈFahrzeug zum Transport von Schüttgut, das durch Kippen (2.2) entladen wirdˈ (↗ TABL Fahrzeuge): *mit dem ~ Sand befördern; den ~ entladen, entleeren* ❖ ↗ **kippen**
Kirche [ˈkɪrçə], **die**; ~, ~n **1.** ˈBauwerk für den Gottesdienst christlicher Gemeinden, das meist mit einem Turm und einer Glocke versehen istˈ; ↗ FELD V.2.1, XII.3.1: *eine romanische, gotische, moderne ~; die Kapelle, Sakristei, der Altar, Chor, die Pfeiler, Gruft einer ~* **2.** ˈorganisierte Gemeinschaft von Christen einer bestimmten Konfessionˈ: *die katholische, evangelische ~; sie ist Mitglied der evangelischen ~, ist aus der ~ ausgetreten* **3.** ⟨o.Pl.⟩ ˈder Gottesdienst der Kirche (2)ˈ; ↗ FELD XII.4:

in die ~ *gehen* ❖ **kirchlich** — **Kirchenschiff, -steuer, Kirchgang, Kirchturm**

* /jmd./ **die ~ im Dorf lassen** ('im Bereich des Vernünftigen, Möglichen bleiben, nicht übertreiben')

Kirchen ['kɪʀçn̩..]|-**maus** ***** /jmd./ **arm wie eine ~ sein** ('sehr arm sein'); **-schiff, das** 'großer, lang gestreckter, meist saalartiger Teil des Innenraums einer Kirche für die Gemeinde (2.2)'; ↗ FELD XII.4 ❖ ↗ **Kirche**, ↗ **Schiff**; **-steuer, die** 'Steuer, die die Mitglieder der evangelischen, katholischen Kirche zu entrichten haben': ~ *zahlen; die* ~ *wird vom Staat eingezogen* ❖ ↗ **²Steuer**

Kirch|gang ['kɪʀç..], **der** 'Gang (2), Weg zur Kirche'; ↗ FELD XII.3.1: *der sonntägliche* ~ ❖ ↗ **Kirche**, ↗ **gehen**

kirchlich ['kɪʀç..] ⟨Adj.; o. Steig.; vorw. attr.⟩ **1.** 'zur Kirche (2) gehörend'; SYN geistlich (1.1): *ein* ~*er Würdenträger; ein* ~*es Amt;* ~*e Angelegenheiten* **2.** 'Brauch und Vorschrift der Kirche (2) entsprechend': *ein* ~*er Feiertag; eine* ~*e Trauung, Beerdigung; jmdn.* ~ *trauen, beerdigen* ❖ ↗ **Kirche**

Kirch|turm ['kɪʀç..], **der** 'Turm der Kirche, in dem meist die Glocke hängt'; ↗ FELD XII.4: *vom* ~ *läuten die Glocken; die Uhr des* ~*s schlägt 12* ❖ ↗ **Kirche**, ↗ **Turm**

kirre ['kɪʀə] ⟨Adj.; o. Steig.; nicht attr.⟩ SYN 'gefügig': *jmdn.* ~ *machen; er wurde, war bald* ~

Kirsch|baum ['kɪʀʃ..], **der 1.** 'Obstbaum mit weißen Blüten und roten, süßen od. sauren, kugeligen, fleischigen, saftigen Früchten, die einen Stein haben'; ↗ FELD II.4.1 **2.** ⟨o.Pl.⟩ 'Holz des Kirschbaums (1) als Werkstoff': *ein Schrank aus* ~ ❖ ↗ **Kirsche**, ↗ **Baum**

Kirsche ['kɪʀʃə], **die** ~, ~n 'Frucht des Kirschbaums (1)'; ↗ FELD I.8.1 (↗ TABL Früchte/Obst): *süße, saure* ~*n;* ~*n pflücken, essen* ❖ **Kirschbaum**

* mit jmdm. ist nicht gut ~n essen ('mit jmdm. muss man vorsichtig umgehen, weil er leicht ärgerlich wird')

Kissen ['kɪsn̩], **das;** ~s, ~ 'mit weichem Material gefüllte viereckige od. runde Hülle aus Stoff (o.Ä.), die als Unterlage, Polster beim Liegen od. Sitzen dient': *ein weiches, flaches, besticktes* ~*; das* ~ *aufschütteln; jmdm. ein* ~ *unter den Kopf schieben; das* ~ *ist mit Federn, Schaumstoff gefüllt* ❖ **Kopfkissen, Luftkissenfahrzeug, Stempelkissen**

Kiste ['kɪstə], **die;** ~, ~n **2.** 'bes. für den Transport verwendeter rechteckiger, mit einem Deckel verschließbarer Behälter aus festem Material'; ↗ FELD V.7.1: *eine schwere, stabile* ~*; eine* ~ *packen, vernageln, öffnen; etw. in einer* ~ *befördern* **2.** 'Menge, die den Inhalt von Kiste (1) bildet': *eine* ~*, drei* ~*n Apfelsinen, Wein, Zigarren* **3.** umg., oft emot. neg. /für 'Auto', 'Flugzeug'/: *was ist das für eine alte* ~*?; fliegt die (alte)* ~ *noch?; die* ~ *kannst du verschrotten lassen*

Kita ['kita], **die;** ~, ~s /Kurzw. für ↗ **Kindertagesstätte**/

Kitsch [kɪtʃ], **der;** ~s/auch ~es ⟨o.Pl.⟩ 'Bezeichnung für Produkte der darstellenden Kunst, Literatur od. Musik, die in Inhalt und Form einen ungebildeten Geschmack zeigen und meist allzu gefühlvoll wirken': *was hast du denn für einen* ~ *gekauft?; das ist (reiner)* ~*!* ❖ **kitschig**

kitschig ['kɪtʃɪç] ⟨Adj.; Steig. reg.⟩ 'die Eigenschaften von Kitsch aufweisend': *eine* ~*e Vase;* ~*e Farben; das Bild, der Film, die Operette ist* ~ ❖ ↗ **Kitsch**

Kitt [kɪt], **der;** ~s/auch ~es, ⟨o.Pl.⟩ 'plastisch formbare Masse, die an der Luft erhärtet und zum Dichten (1), Kleben od. Füllen von Fugen verwendet wird': *frischer, harter* ~*; die Fensterscheibe mit* ~ *abdichten, die Ritzen mit* ~ *verschmieren* ❖ **kitten**

Kittchen ['kɪtçən], **das;** ~s, ~ umg. scherzh. SYN 'Gefängnis (1)': *er ist ins* ~ *gewandert, ist im* ~ *gelandet; im* ~ *sitzen*

Kittel ['kɪtl̩], **der;** ~s, ~ 'mantelartiges, leichtes Kleidungsstück, das in bestimmten Berufen bei der Arbeit (über der Kleidung) getragen wird': *ein weißer* ~*; der Arzt, Maler trägt einen* ~

kitten ['kɪtn̩], kittete ['kɪtətə], hat gekittet [gə'kɪtət] **1.** /jmd./ etw. ~ 'etw. Zerbrochenes mit einem speziellen Klebstoff wieder zusammenfügen': *die zerbrochene Vase* ~*;* METAPH *die Ehe lässt sich nicht mehr* ~ **2.** /jmd./ etw. an, auf etw. ~ 'etw. an, auf etw. kleben': *einen Henkel wieder an eine Tasse* ~ ❖ ↗ **Kitt**

Kitz [kɪts], **das;** ~es, ~ 'Junges vom Reh, der Gämse'; ↗ FELD II.3.1: *eine Ricke mit ihrem* ~

Kitzel ['kɪtsl̩], **der;** ~s, ~ ⟨vorw. Sg.⟩ **1.** 'leicht juckender Reiz (1)'; ↗ FELD I.3.5.1, VI.3.1: *er verspürte einen* ~ *in der Nase* **2.** 'erregendes, verführerisches Verlangen, etwas Verbotenes, Gefährliches zu tun': *einen* ~ *(nach etw.) verspüren; einem* ~ *nachgeben* ❖ ↗ **kitzeln**

kitzeln ['kɪtsl̩n] ⟨reg. Vb.; hat⟩ ↗ FELD I.3.5.2 **1.1.** /jmd./ jmdn. ~ 'bei jmdm. durch absichtliches, wiederholtes Berühren der Haut, bestimmter Körperzonen eine Empfindung hervorrufen, die den Betreffenden zum Lachen reizt': *jmds. Füße, Fußsohle* ~*; jmdn. unter den Armen, am Ohr* ~*; jmdn. mit einem Grashalm* ~ **1.2.** /etw./ jmdn. ~ 'bei jmdm. einen unangenehmen Juckreiz auf der Haut verursachen': *ihr Haar, die Wolle kitzelte ihn; das kitzelt aber!* ❖ **Kitzel, kitz(e)lig**

kitz(e)lig ['kɪts[ə]lɪç] ⟨Adj.; Steig. reg.⟩ **1.** ⟨nicht bei Vb.⟩ 'gegen Kitzeln (1.1) empfindlich' /auf Personen, bestimmte Körperteile bez./; ↗ FELD I.3.5.3: *er ist sehr* ~*; die Fußsohlen sind seine* ~*sten Stellen* **2.** ⟨nicht bei Vb.⟩ umg. SYN 'heikel': *ein* ~*er Fall; eine* ~*e Frage, Angelegenheit; das wird* ~ **3.** /beschränkt verbindbar/ *die Lage wurde sehr* ~ ('gefährlich, bedenklich') ❖ ↗ **kitzeln**

Kladde ['kladə], **die;** ~, ~n **1.** 'Heft für vorläufige Niederschriften': *etw. in die* ~ *schreiben* **2.** ⟨vorw. Sg.⟩ 'Konzept, Entwurf': *etw. zuerst als* ~ *schreiben*

klaffen ['klafn̩] ⟨reg. Vb.; hat⟩ /etw./ 'einen breiten, tiefen Spalt, Zwischenraum zwischen sonst zusammenhängenden Teilen bilden': *breite Risse, tiefe Spalten* ~ *in der Mauer; vor uns klaffte ein tiefer Abgrund; eine* ~*de Wunde*

kläffen [ˈklɛfn̩] ⟨reg. Vb.; hat⟩ /bes. junger, kleiner Hund/ ˈschrill bellen'; ↗ FELD II.3.2, VI.1.2: *der kleine Hund kläffte wütend; ein ~der Köter*

Klage [ˈklɑːgə], **die**; ~, ~ **1.** ˈWorte, Laute des Schmerzes, Kummers, der Trauer'; ↗ FELD I.6.1, VI.1.1: *die ~ um den Verlust; laute, heftige ~n ausstoßen; die ~ über den Tod der Geliebten; in ~(n)* (ANT *Jubel*) *ausbrechen* (ˈklagen 1.1') **2.** ˈsprachliche Äußerung der Unzufriedenheit über etw., jmdn.'; SYN *Beschwerde* (2): *die ~n über die schlechte Versorgung wurden immer häufiger; über sein Verhalten erhoben sich viele ~n, wurden ~n laut; jmds. Verhalten gibt Grund zur ~* (ˈmuss beklagt werden'); *es gibt keinen Grund zur ~; /in der kommunikativen Wendung/ scherzh. dass mir keine ~n kommen!* /wird oft scherzh. gesagt, wenn man jmdn. ermahnen möchte, sich anständig zu benehmen/ **3.** ˈdas Geltendmachen eines rechtlichen Anspruchs vor Gericht': *eine gerichtliche, zivilrechtliche ~; eine ~ auf Zahlung der Schulden; ~ über etw., jmdn. führen; ~ gegen jmdn. erheben, führen* (ˈgegen jmdn. eine Beschwerde vorbringen'); *eine ~ vor Gericht bringen; das Gericht gab der ~ statt; eine ~ abfassen, einreichen; eine ~ abweisen, zurückweisen; die ~ ruht, schwebt* ❖ ↗ **klagen**

klagen [ˈklɑːgn̩] ⟨reg. Vb.; hat⟩ **1.** /jmd./ **1.1.** ˈseinen Schmerz (laut) äußern'; SYN *jammern, lamentieren: weinen und ~; heftig, laut, leise ~; sie klagte vor Schmerzen* **1.2.** *über etw. ~* ˈseinen Kummer darüber äußern, dass man an etw. leidet': *über Halsschmerzen, Gliederschmerzen, Hunger, Durst, Atemnot ~* **2.** /jmd./ *jmdm. etw. ~* ˈjmdm. sagen, was einen bedrückt': *jmdm. sein Leid, Missgeschick ~; er hat, Gott sei's geklagt* (ˈleider'), *noch immer nicht seine Schulden bezahlt; jmdm. sein Leid ~* **3.** /jmd./ *über etw., jmdn. ~* ˈseine Unzufriedenheit über etw., jmdn. äußern': *er klagte über sein Alter, den Lärm, die Hitze, über das schlechte Wetter, über seine Eltern, seinen Chef* **4.** /jmd./ ˈvor Gericht (2.1) einen rechtlichen Anspruch geltend machen': *vor, bei Gericht (gegen jmdn.) ~; auf Schmerzensgeld, Schadenersatz ~;* vgl. *verklagen* ❖ **beklagen, Klage, Kläger, kläglich, verklagen — Anklage, anklagen, Ankläger, wehklagen**

Kläger [ˈklɛːgɐ/ˈkleː..], **der**; ~s, ~ ˈjmd., der bei, vor Gericht einen rechtlichen Anspruch geltend macht, gemacht hat': *er trat als ~ auf; der ~ forderte Schaden(s)ersatz; man wies den ~ bei Gericht ab* ❖ ↗ **klagen**

kläglich [ˈklɛːk../ˈkleː..] ⟨Adj.; Steig. reg.⟩ **1.** ⟨nicht präd.⟩ ˈgroßen Jammer (1) ausdrückend' /auf Äußerungen bez./: *ein ~es Stöhnen, Winseln; ~ weinen, stöhnen* **2.** ⟨vorw. attr.⟩ emot. SYN ˈjämmerlich' /vorw. auf Mimisches bez./: *er machte ein ~es* (ANT *freudiges* 1.2) *Gesicht; ein ~er Anblick, Zustand; sein Anblick war ~* **3.** ⟨vorw. attr.⟩ ˈsehr gering' /auf etw. bez., das ein Ergebnis darstellt/: *ein ~er Rest; eine ~e* (SYN ˈspärliche') *Ausbeute; das Ergebnis war ~* **4.** ⟨vorw. attr.⟩ emot. ˈals beson-

ders gering, schlecht zu bewerten' /auf Leistungen bez./: *eine ~e Leistung; er spielte eine ~e Rolle; was er darbot, war ziemlich ~* **5.** ⟨nicht präd.⟩ emot. ˈals enttäuschend zu bewerten': *er hat ~ versagt; eine ~e Niederlage; der Versuch nahm ein ~es Ende* ❖ ↗ **klagen**

klamm [klam] ⟨Adj.; o. Steig.⟩ **1.** ˈviel Feuchtigkeit der Luft enthaltend und dadurch sich kalt anfühlend' /bes. auf Textiles bez./: *die Decken, Betten sind (noch) ~; die Wäsche fühlt sich ~ an* **2.** ⟨nicht bei Vb.⟩ ˈsteif vor Kälte' /bes. auf Hände bez./: *~e Finger, Hände haben; seine Hände waren ganz ~*

Klammer [ˈklamɐ], **die**; ~, ~n **1.** ˈkleiner Gegenstand aus unterschiedlichem Material und in verschiedenen Formen, der etw. befestigt od. zusammenhält': *eine ~ aus Holz, Kunststoff, Draht; Wäsche mit ~n* (SYN ˈWäscheklammern') *an der Leine befestigen; die Blätter eines Manuskripts mit einer ~* (SYN ˈBüroklammer') *zusammenheften* **2.** ⟨vorw. Pl.⟩ ˈgraphisches Zeichen unterschiedlicher Form, das, paarweise verwendet, einen Textteil od. eine zusammengesetzte mathematische Größe einschließt': *eckige, spitze, runde ~n; etw., eine Bemerkung steht in ~n; etw. in ~n setzen* ❖ **klammern — Büroklammer, Wäscheklammer**

klammern [ˈklamɐn] ⟨reg. Vb.; hat⟩ **1.** /jmd./ *sich an jmdn., etw. ~* ˈsich an jmdn., etw. mit aller Kraft festhalten': *der Ertrinkende klammert sich an seinen Retter; er klammerte sich an den Rand des Bootes, an ein Geländer; das Kind klammerte sich ängstlich an den Rock der Mutter; sich an jmds. Arm, Schulter ~*; METAPH *er klammerte sich an einen Gedanken, eine Illusion, ans Leben* **2.** /jmd./ **2.1.** *etw. an etw. ~* ˈetw. mit Klammern (1) an etw. befestigen': *Wäsche an die Leine ~* **2.2.** *Manuskriptseiten ~* (ˈdurch Klammern 1 zusammenhalten'); *eine Wunde ~* (ˈdie Ränder der Wunde mit Klammern 1 zusammenhalten und so die Wunde schließen') ❖ ↗ **Klammer**

Klamotte [klaˈmɔtə], **die**; ~, ~n **1.** ⟨nur im Pl.⟩ umg. ˈKleidung od. Kleidungsstücke': *zieh doch die alten, nassen ~n aus!; in den ~n kannst du nicht ins Theater gehen!; ich will mir neue ~n kaufen* **2.** ˈTheaterstück, Film o.Ä. von meist geringem Wert, mit albernen Späßen und anspruchsloser Handlung': *das war eine richtige ~!; sie spielt in einer billigen ~ eine kleine Rolle; in die ~* (ˈin den Film') *gehe ich nicht; die ~ guck ich mir nicht an*

klang: ↗ **klingen**

Klang [klaŋ], **der**; ~s/auch ~es, Klänge [ˈklɛŋə] **1.** ˈeine Reihe von ¹Tönen, die als angenehm empfunden wird und (kurz) zu hören ist'; ↗ FELD VI.1.1: *ein heller, metallischer, dumpfer, zarter, sanfter, lieblicher, reiner ~; ein ~ schallt, tönt von Ferne; der ~ verstummte; er hörte abgerissene, ferne Klänge* **2.** ⟨o.Pl.; mit best. Adj.⟩ ˈbestimmte Eigenheit der ¹Töne einer Stimme, eines Instruments o.Ä.': *ihre Stimme hat einen warmen ~; die Geige hat einen reinen, weichen ~; der dunkle ~ der Glocken; jmdn. am ~ der Stimme erkennen*; METAPH *sein Name* *hat einen guten* ~ (ʻer hat einen guten Ruf') **3.** ⟨nur im Pl.⟩ ʻMusik': *unter den Klängen der National-hymne ...; die rauschenden Klänge eines Walzers* ❖ ↗ **klingen**

Klappe [ˈklapə], **die**; ~, ~n ʻbeweglich befestigte Scheibe, Platte zum Öffnen und Verschließen einer Öffnung': *die* ~ *am Ofen, Briefkasten; die* ~ *öffnen, schließen* ❖ **klappen**
* umg. /jmd./ **jmdm. eins auf die** ~ **geben** (ʻjmdm. einen Schlag auf den Mund geben'); /jmd./ **seine/ die** ~ **halten** ʻnicht reden, still sein, etw. nicht sagen, was man äußern wollte': ⟨vorw. im Imp.⟩ *halt die* ~*!*; /jmd./ **die** ~ **aufreißen/eine große** ~ **haben** (ʻgern prahlen')

klappen [ˈklapm̩] ⟨reg. Vb.; hat⟩ **1.** /jmd./ *etw. nach oben, unten* ~ ʻetw. an einer Seite beweglich Befes-tigtes nach oben, unten bewegen': *den Deckel nach oben, unten* ~; *er hat den Kragen nach innen, die Kapuze nach außen geklappt* **2.** /etw., bes. Tür, Fens-ter/ ʻein Geräusch hervorbringen, das beim Zu-schlagen, Zufallen bes. einer Tür entsteht': *ich hörte unten auf dem Hof eine Tür* ~ **3.** umg. /etw., bes. es, das/ ʻwie gewünscht verlaufen': *die Probe, das, es hat (sehr gut) geklappt; die Sache muss unbe-dingt* ~*!; hat alles, hat es geklappt?* ❖ **zu (1,2):** ↗ **Klappe**

klappern [ˈklapɐn] ⟨reg. Vb.; hat⟩ **1.** /etw., bes. harte Gegenstände/ ʻdurch Aneinanderstoßen eine Folge von rasch aufeinanderfolgenden hellen Geräuschen von sich geben': *die Fenster, Eimer* ~; *ihre Absätze klapperten auf dem Flur; seine Zähne klapperten vor Kälte* **2.** /jmd./ *mit etw.* ~ ʻmit etw. Geräusche von klappern (1) hervorbringen': *mit dem Geschirr, den Töpfen, vor Kälte mit den Zähnen* ~; /Tier/ *der Storch klappert mit dem Schnabel*

klapprig [ˈklaprɪç] ⟨Adj.; reg. Steig.⟩ ʻhinfällig und abgemagert' /vorw. auf ältere Personen bez./: *er ist schon ziemlich* ~; *ein* ~*er alter Mann*

Klaps [klaps], **der**; ~es, ~e ʻleichter Schlag mit der flachen Hand (auf das Gesäß)': *seinem Kind einen* ~ *auf den Po, auf die Backe geben; einen* ~ *bekom-men*
* /jmd./ **einen** ~ **haben** (ʻnicht ganz normal sein'); /jmd./ **einen** ~ **kriegen/bekommen** ʻverrückt wer-den': *ich glaube, ich kriege hier noch einen* ~*, hört endlich damit auf!*

klar [klaːʀ] ⟨Adj.⟩ **1.1.** ⟨Steig. reg.; vorw. attr. u. präd.⟩ ʻfrei von Verschmutzung' /beschränkt ver-bindbar/; SYN sauber (1.3), ¹rein (1.2.1); ANT trübe (1.1): *ein* ~*er Bach, Fluss; der Bergsee war* ~ *wie ein Kristall;* ~*es Wasser; die Fensterscheiben sind wieder* ~ (ʻso sauber, dass man hindurchsehen kann') **1.2.** ⟨Steig. reg.; nicht bei Vb.⟩ ʻnicht durch Wolken od. feuchte Luft getrübt' /vorw. auf Sicht ha-ben/; ANT trübe (2.2): *ein* ~*er* (ANT grauer 1.3) *Himmel;* ~*es Wetter; die Luft ist* ~ (ANT diesig); **1.3.** ⟨o. Steig.; nur attr.⟩ *eine* ~*e Brühe, Suppe* (ʻeine Brühe, Suppe ohne Mehl'; ANT sämig) **2.** ⟨Steig. reg.; vorw. präd. (mit *sein*)⟩ ʻbei vollem Be-wusstsein'; ANT wirr (1.3): *ab und an war der Kranke ganz* ~; *er wirkte* ~ **3.1.** ⟨o. Steig.⟩ ʻein-

deutig': *ein* ~*es Bekenntnis; eine* ~*e Haltung, Ent-scheidung;* ~*e Verhältnisse schaffen; die Mann-schaft liegt* (ʻkeinen Zweifel zulassend') ~ *in Füh-rung* **3.2.** ⟨Steig. reg.⟩ ʻübersichtlich und verständ-lich' /auf Sprachliches bez./: *eine* ~*e Darstellung, Schilderung; ein* ~*er Stil; eine* ~*e Schrift; sich* ~ *ausdrücken; seine Sprache war* ~ *und verständlich* **4.** ⟨Steig. reg.⟩ ʻakustisch deutlich wahrnehmbar und wohlklingend' /auf Akustisches bez./: *eine* ~*e* (ANT raue 3.1) *Stimme; ein* ~*er Ton; er sprach* ~ *und ruhig* **5.** ⟨o. Steig.⟩ umg. /als eine nachdrückli-che positive Antwort auf eine Frage/ *„Da hast du dich aber beeilt!" „(Na)* ~*, ich wollte ja möglichst schnell damit fertig werden!"* ❖ **erklären, erklärlich, klären, Klarheit** – **aufklären, Aufklärung, frostklar, Kläranlage, klargehen, -kommen, sonnenklar, start-klar, sternklar**
* /jmd./ **sich** ⟨Dat.⟩ **über etw. im Klaren sein** (ʻgenau wissen, welche Folgen sich aus etw., seinem Tun ergeben werden')

Klär|anlage [ˈklɛːʀ/ˈklɛːɐ..], **die** ʻAnlage zur Reinigung von Abwässern': *eine moderne* ~ ❖ ↗ **klar,** ↗ **legen**

klären [ˈklɛːʀən/ˈklɛː..] ⟨reg. Vb.; hat⟩ **1.1.** /jmd./ *etw.* ~ ʻeine Flüssigkeit reinigen, von trüben Bestand-teilen freimachen': *Abwässer* ~; *der Wein wird ge-klärt* **1.2.** /Flüssigkeit/ *sich* ~ ʻfrei werden von trü-ben Bestandteilen': *das Wasser, der Wein klärt sich* **2.1.** /jmd./ *etw.* ~ ʻetw., das unklar ist, untersuchen, um festzustellen, wie es tatsächlich ist': *eine Angele-genheit, Frage, ein Problem* ~; *die Unfallursachen müssen geklärt werden* **2.2.** /etw./ *sich* ~ ʻsich her-ausstellen, was es mit etw., einem Problem auf sich hat'; SYN aufklären (1.2): *das Problem, die Angele-genheit hat sich inzwischen (von selbst) geklärt* ❖ ↗ **klar**

klar|gehen [ˈklaːʀ..], ging klar, ist klargegangen umg. **1.1.** /etw./ ʻwie gewünscht verlaufen'; ANT schief gehen: *das geht schon klar, wird schon* ~*; es ist alles klargegangen* **1.2.** /in der kommunikativen Wen-dung/ *das geht klar* (ʻwird wie gewünscht erledigt') /wird gesagt, wenn man jmdm. versichern möchte, dass man seine Bitte bestimmt erfüllen werde/ ❖ ↗ **klar,** ↗ **gehen**

Klarheit [ˈklaːʀ..], **die**; ~, ~en **1.** ⟨o.Pl.⟩ /zu *klar* 1.1, 1.2, 2,3,4/ ʻdas Klarsein'; /zu 1.1/: *die* ~ *des Berg-sees, Wassers;* /zu 3.2/: *die* ~ *seiner Sprache, seines Stils* **2.** ⟨o.Pl.⟩ *sich* ~ *über etw. verschaffen* (ʻsich ein genaues Bild von etw. machen'); ~ *über etw. gewinnen* (ʻsich allmählich einer Sache bewusst werden'); *darüber herrscht, besteht* ~ (ʻdarüber ist man sich einig') **3.** umg. scherzh. /in der kommuni-kativen Wendung/ *nun sind alle* ~*en restlos beseitigt* /wird gesagt, wenn jmd. etw. derart konfus erklärt, darstellt, dass man am Ende überhaupt nichts mehr versteht/ ❖ ↗ **klar**

Klarinette [klaʀiˈnɛtə], **die**; ~, ~n ʻröhrenförmiges Holzblasinstrument, dessen schnabelförmiges Mundstück mit einem dünnen Stück aus Rohr ver-sehen ist und das in der Höhe einen klaren und weichen Ton erzeugt' (↗ TABL Blasinstrumente): ~ *spielen*

klar [klɑːʀ..]|**-kommen**, kam klar, ist klargekommen umg. /jmd./ **1.1.** *mit etw.* ~ ˈmit etw. keine Schwierigkeiten haben': *er ist mit der Aufgabe, dem Thema gut klargekommen* **1.2.** *mit jmdm.* ~ ˈmit jmdm. keine Schwierigkeiten haben': *mit ihm bin ich immer gut klargekommen* ❖ ↗ klar, ↗ kommen; **-stellen** ⟨trb. reg. Vb.; hat⟩ /jmd./ *etw.* ~ *etw.* nachdrücklich richtig stellen': *einen Sachverhalt* ~; *ich möchte noch einmal* ~, *dass* ... ❖ ↗ klar, ↗ stellen

klar werden, wurde klar, ist klar geworden **1.1.** /etw./ *jmdm.* ~ ˈetw. erkennen (5)': *erst jetzt wurde ihm klar, was er angerichtet hatte* **1.2.** /jmd./ *sich* ⟨Dat.⟩ *über etw.* ~ ˈKlarheit über etw. gewinnen, sich einer Sache bewusst werden': *ich bin mir darüber klar geworden, dass ...* ❖ ↗ klar, ↗ werden

Klasse [ˈklasə], **die**; ~, ~n **1.1.** ˈGesamtheit gleichaltriger Schüler als organisatorische Einheit, die in einer Schule gemeinsam unterrichtet werden': *die* ~ *besteht aus 25 Schülern; eine gute, schlechte* ~; *die* ~ *besuchte gemeinsam eine Theatervorstellung; die* ~ *hat sich an dem Wettbewerb beteiligt* **1.2.** ˈRaum, in dem sich die Klasse (1.1) aufhält, in dem die Klasse unterrichtet wird': *der Lehrer betritt die* ~ **1.3.** ⟨vorw. mit Zahladj.⟩ SYN ˈSchuljahr': *er geht in die dritte* ~; *er wurde nicht in die dritte* ~ *versetzt; er ist zwei* ~n *über mir, hat eine* ~ *übersprungen* **2.** ˈgroße soziale Schicht mit gleichen ökonomischen und sozialen Bedingungen (2) in einem bestimmten gesellschaftlichen System, durch das zugleich ihre politischen und sozialen Interessen geprägt werden': ↗ FELD I.11: *die herrschende* ~; *die* ~ *der Arbeiter, Bauern* **3.1.** ˈGesamtheit von Elementen (1) mit gemeinsamen Merkmalen': *eine* ~ *von Objekten* **3.2.** Biol. ˈEinheit (1) im System der Lebewesen, die zwischen Stamm (3.1) und Ordnung (5.2) steht': *etw. einer* ~ *zuordnen*; vgl. *Familie, Gattung, Art, Stamm, Ordnung* **4.** ⟨vorw. mit Ord.zahlen⟩ ˈPreisstufe, bes. im Verkehrswesen, die durch die Ausstattung der Einrichtungen bestimmt wird': *ein Zugabteil, Wagen erster, zweiter* ~; *er fährt erster, zweiter* ~; *ein Hotel erster* ~ **5.** ⟨vorw. mit Ord.zahl⟩ ˈRangstufe in Bezug auf die Qualität, Leistung (2)': *er ist ein Sportler, Musiker erster* ~; *die Mannschaft war eine* ~ *besser* **6.** ⟨+ Gen.attr.⟩ Sport ˈEinheit im System der Sportarten, die durch Alter und Gewicht der Sportler bestimmt ist': *er startet in der* ~ *der Junioren* ❖ **klassifizieren** — *erstklassig*, **Klassefahrer, Klassenbuch, -kampf, Weltklasse**

Klasse- /bildet mit dem zweiten Bestandteil Substantive; verstärkt das im zweiten Bestandteil in positivem Sinne emotional/ ˈausgezeichnet': ↗ z. B. *Klassefahrer*

Klasse|fahrer [ˈ..], **der** emot. ˈsehr guter Fahrer' /auf Autorennen bez./: *N ist ein* ~, *hat sich zu einem* ~ *entwickelt* ❖ ↗ **Klasse-**, ↗ **fahren**

Klassen [ˈklasn̩..]|**-buch, das** ˈvom Leiter einer Schulklasse geführtes Dokument für Eintragungen über die Leistungen der Schüler und den durchgeführten Unterricht': *das* ~ *führen* ❖ ↗ **Klasse**, ↗ **Buch**; **-kampf, der** ⟨vorw. Sg.⟩ marx. ˈökonomischer,

ideologischer und politischer Kampf bes. zwischen Arbeitnehmern und Arbeitgebern': *der* ~ *verschärft sich, spitzt sich zu* ❖ ↗ **Klasse**, ↗ **Kampf**

klassifizieren [klasifiˈtsiːʀən], klassifizierte, hat klassifiziert /jmd./ *mehrere Sachen, eine Menge (nach etw.)* ~ ˈdie einzelnen Teile einer Menge von Lebewesen, Sachen nach bestimmten Merkmalen in Klassen (3) einteilen': *Tiere, Pflanzen* ~; *historische Funde (nach ihrer Entstehungszeit)* ~ ❖ ↗ **Klasse**

Klassik [ˈklasɪk], **die**; ~, ⟨o.Pl.⟩ **1.** ˈkünstlerische Epoche, deren Werke sich durch Harmonie und Vollkommenheit auszeichnen und über die Zeiten gültig waren': *die griechische, römische* ~ **2.** philosophisch-literarische, musikalische Richtung, deren Werke sich durch Vollkommenheit auszeichnen und die als zeitlos gelten': *die deutsche* ~; ~ *hören*; vgl. *Aufklärung, Romantik* ❖ **Klassiker, klassisch, Klassizismus, klassizistisch**

Klassiker [ˈklasɪkɐ], **der**; ~s, ~ **1.** ˈVertreter der Klassik (2) (und seine Werke)': *die deutschen* ~; *die* ~ *werden im Unterricht behandelt, gelesen* **2.** ˈKünstler, Wissenschaftler, dessen Werk sich als wegweisend und beispielhaft erwiesen hat': *die* ~ *der deutschen Literatur des 19. Jahrhunderts* ❖ ↗ **Klassik**

klassisch [ˈklas..] ⟨Adj.; o. Steig.; vorw. attr.⟩ **1.** ˈdie Klassik (1), Antike betreffend': *das* ~e *Altertum; die* ~n *Sprachen; ein* ~es ('dem Schönheitsideal der Antike entsprechendes') *Profil* **2.** ˈzur Klassik (2) gehörend, für sie charakteristisch': *eine* ~ *Musik; das* ~ *Erbe; ein* ~er *Dichter* **3.** ˈdie traditionell besten Eigenschaften verkörpernd': *eine* ~e *Formulierung; ein Kleid im* ~en *Stil; sie spricht ein* ~es *Französisch; ihr Französisch war* ~ **4.** ⟨nur attr.⟩ SYN ˈtypisch (1.1)': *das war ein* ~er *Fehler; ein* ~er *Fall von Fahrlässigkeit* ❖ ↗ **Klassik**

Klassizismus [klasiˈtsɪsmʊs], **der**; ~, ⟨o.Pl.⟩ ˈKunststil in der Architektur, Plastik und Malerei von etwa 1760 bis 1840, der sich an die klaren, strengen und monumentalen Formen der griechischen und römischen Antike anlehnt': ↗ FELD V.3.1: *ein Werk des* ~; *ein Vertreter des* ~ ❖ ↗ **Klassik**

klassizistisch [klasiˈtsɪst..] ⟨Adj.; o. Steig.; vorw. attr.⟩ ˈden Klassizismus betreffend': ↗ FELD V.3.3: *ein Gebäude im* ~en *Stil; ein* ~er *Giebel; etw. mutet* ~ *an* ❖ ↗ **Klassik**

Klatsch [klatʃ], **der**; ~s/auch ~es, ⟨o.Pl.⟩ vorw. emot. neg. ˈmeist abfälliges Reden über abwesende Personen od. private Angelegenheiten'; SYN Gerede (2): *sich um den* ~ *nicht kümmern; erzähl mal den neuesten* ~!; ~ *verbreiten, weitertragen; der* ~ *der Nachbarn; etw. gibt Anlass zu bösem* ~; *die Zeitschrift bringt viel* ~ *über Prominente* ❖ **klatschen -klatschsüchtig**

klatschen [ˈklatʃn̩] ⟨reg. Vb.; hat/ist⟩ **1.1.** ⟨hat⟩ /etw., bes. etw. Nasses od. der Schlag mit der flachen Hand/ ˈein kurzes, helles Geräusch beim Aufprall, Aufschlag auf etw. verursachen'; ↗ FELD VI.1.2: *die nassen Segel klatschten im Wind;* /vorw. esl/ *er bekam eine Ohrfeige, dass es nur so klatschte; es klatschte, als er ins Wasser fiel* **1.2.** ⟨hat/ist⟩ /etw./ *an, auf, gegen etw.* ~ ˈmit dem Geräusch von klat-

schen (1.1) an, auf, gegen etw. prallen, schlagen': *der Regen klatschte gegen die Fensterscheiben, auf die Straße; die Wellen haben, sind an, gegen das Boot geklatscht* **1.3.** ⟨hat⟩ umg. /jmd./ *etw. irgendwohin ~* 'etw. Flaches od. Nasses heftig an, gegen etw. werfen': *am liebsten möchte ich das Buch an die Wand ~!; er klatschte den Mörtel an die Mauer* **2.** ⟨hat⟩ /jmd./ **2.1.** *Beifall ~* 'die Handflächen zum Zeichen der Anerkennung, Zustimmung aufeinander schlagen'; SYN applaudieren: *die Zuschauer klatschten begeistert (Beifall)* **2.2.** *auf etw. ~* 'mit der flachen Hand auf etw. schlagen': *sich* ⟨Dat.⟩ *vor Lachen auf die Schenkel ~; er klatschte vor Freude in die Hände* ('schlug vor Freude die Handflächen gegeneinander') **3.** ⟨hat⟩ /jmd./ **3.1.** *über jmdn. ~* 'über eine abwesende Person meist abfällig reden, herziehen (3)': *sie klatscht den ganzen Tag auf dem Flur (über ihre Nachbarn); mit jmdm. ~: sie klatscht mit ihrer Nachbarin über ihre Untermieter* **3.2.** landsch. *jmdm. etw. ~* SYN 'jmdm. etw. hinterbringen': *sie hat alles ihrem Chef geklatscht* ❖ **zu (3):** ↗ **Klatsch**

klatsch|süchtig ['klatʃ..] ⟨Adj.; Steig. reg.; vorw. attr. u. präd. (mit *sein*)⟩ 'stark dazu neigend, über andere zu klatschen (3.1)' /auf (weibliche) Personen bez./: *sie ist ~; ein ~es Weib* ❖ ↗ **Klatsch,** ↗ **Sucht**

Klaue ['klauə], **die;** ~, ~n **1.** ⟨vorw. Pl.⟩ 'Kralle bestimmter Raubtiere und der Raubvögel': *scharfe ~n; die ~n des Löwen, Tigers; der Adler hielt seine Beute in den ~n* **2.** 'der geteilte Fuß bei Kühen, Ziegen, Schafen, Schweinen u. a.': *die ~n der Kuh, des Hirsches; das Schaf hat entzündete ~n* **3.** ⟨vorw. Pl.⟩ umg., vorw. emot. neg. 'Hand': *nimm deine dreckigen ~n da weg!*
* /jmd./ emot. **jmdn. aus jmds. ~n befreien** ('jmdn. aus jmds. Gewalt befreien'); /jmd./ emot. **in jmds. ~n geraten** ('in jmds. Gewalt geraten')
MERKE Zum Unterschied im Gebrauch von *Klaue, Huf, Pfote* und *Tatze:* ↗ *Huf* (Merke)

klauen ['klauən], ⟨reg. Vb.; hat⟩ umg. /jmd./ *etw. ~* SYN 'etw. stehlen (1.1)': *er hat Geld geklaut; jmdm. etw. ~: wer hat mir meinen Radiergummi geklaut?; ihm wurde/man hat ihm sein Rad geklaut*

Klausel ['klauzl̩], **die;** ~, ~n 'zusätzliche, einschränkende Bestimmung, bes. in einem Vertrag': *eine einschränkende ~ in den Vertrag einbauen, einfügen; im Mietvertrag ist eine ~ enthalten, die festlegt, dass ...; das Testament enthält mehrere ~n, die die Nachfolge in der Firma regeln sollen*

Klausur [klau'zuːɐ], **die;** ~, ~en **1.** 'der Kontrolle od. Prüfung dienende Arbeit (5), die unter Aufsicht geschrieben wird, wurde': *eine ~ schreiben, durchsehen, bewerten; sich auf eine ~ vorbereiten* **2.** ⟨o.Pl.⟩ **2.1.** *in einer ~* ('in einer Abgeschlossenheit, die man sich selbst auferlegt hat od. die einem auferlegt wurde') *leben* **2.2.** *in ~* ('unter Ausschluss der Öffentlichkeit') *verhandeln, tagen; die Tagung findet in ~ statt*

Klavier [kla'viːɐ], **das;** ~s, ~e 'Tasteninstrument, dessen Saiten durch Hämmerchen angeschlagen

werden' (↗ BILD: Flügel): *~ spielen; am ~ sitzen; einen Sänger am ~ begleiten; das ~ ist verstimmt, muss gestimmt werden*

kleben ['kleːbm̩] ⟨reg. Vb.; hat⟩ **1.** /jmd./ **1.1.** *etw. irgendwohin ~* 'etw. mit Klebstoff irgendwo befestigen'; ↗ FELD I.7.6.2: *Plakate an die Wand, Fotos in ein Album ~; er hat die Marke auf den Brief geklebt* **1.2.** *etw. ~* SYN 'etw. leimen (1)': *die zerbrochene Vase, einen Riss ~; die Tischplatte ~* **2.** /etw./ **2.1.** *gut, schlecht ~* 'ein guter, schlechter Klebstoff sein': *dieser Leim klebt ausgezeichnet, klebt schlecht, nicht richtig* **2.2.** *irgendwo ~* 'irgendwo haften': *die Haare ~ ihm im verschwitzten Gesicht; das Hemd klebte ihm am Körper; die Tapete klebt an der Wand* ❖ **Kleber, klebrig – klebenbleiben, Klebstoff**
* umg. /jmd./ **jmdm. eine ~** ('jmdm. eine Ohrfeige geben')

kleben bleiben, blieb kleben, ist kleben geblieben /etw., Insekt/ *an etw. ~* 'an etw. Klebrigem haften bleiben': *das Papier, die Fliege, Mücke ist am Sirup, Honig, Harz kleben geblieben* ❖ ↗ **kleben,** ↗ **bleiben**

Kleber ['kleːbɐ], **der;** ~s, ~ SYN 'Klebstoff'; ↗ FELD I.7.6.1: *ein guter, zuverlässiger ~; etw. mit einem ~ befestigen, reparieren* ❖ ↗ **kleben**

klebrig ['kleːbrɪç] ⟨Adj.; Steig. reg.⟩ 'so beschaffen, dass etw. daran kleben bleibt': *~es Harz, ~er Sirup; der Tisch, seine Hände waren nach dem Basteln ganz ~; etw. fühlt sich ~ an* ❖ ↗ **kleben**

Klebstoff ['kleːp..], **der** 'meist zähflüssiger Werkstoff, der Teile von etw. od. Gegenstände miteinander dauerhaft verbinden kann'; SYN Kleber; ↗ FELD I.7.6.1: *etw. mit ~ befestigen, festkleben, reparieren; dafür benötigt man einen speziellen ~; vgl. Leim* ❖ ↗ **kleben,** ↗ **Stoff**

kleckern ['klɛkɐn] ⟨reg. Vb.; hat/ist⟩ umg. **1.1.** ⟨hat⟩ /jmd./ 'Flecken verursachen durch unabsichtliches Herabfallenlassen kleiner Mengen von etw. Flüssigem, Breiigem': *du hast schon wieder gekleckert!; der kleckert immer!* **1.2.** ⟨hat⟩ /jmd./ *etw. auf etw. ~* 'kleine Mengen von etw. Flüssigem, Breiigem auf etw. (unabsichtlich) herabfallen lassen, sodass Flecken entstehen': *er hat Milch, Farbe auf den Boden gekleckert* **1.3.** ⟨ist⟩ /kleine Mengen von etw. Flüssigem, Breiigem/ *auf etw. ~* 'auf etw. herabfallen, sodass Flecken entstehen': *Apfelmus, Marmelade, Kartoffelbrei, Quark ist auf den Tisch gekleckert*

Klecks [klɛks], **der;** ~s, ~e **1.** 'durch eine bestimmte Flüssigkeit entstandener, meist rundlicher Fleck': *ein ~ Tinte, Farbe; einen ~ machen* **2.** umg. 'kleine Menge von einer breiigen Masse': *ein ~ Marmelade, Schlagsahne, Kartoffelbrei, Quark* ❖ **klecksen**

klecksen ['klɛksn̩] ⟨reg. Vb.; hat⟩ /jmd., etw./ 'Kleckse (1) verursachen': *er hat beim Schreiben gekleckst; der Füller kleckst* ❖ ↗ **Klecks**

Klee [kleː], **der;** ~s, ⟨o.Pl.⟩ 'niedrige, krautige Pflanze mit (meist) dreiteiligen Blättern und kugelförmigen weißen, gelben, roten od. violetten Blüten, die als Futterpflanze angebaut wird'; ↗ FELD II.4.1: ~ *säen; den ~ schneiden, mähen, trocknen; ~ anbauen*

* /jmd./ **jmdn., etw. über den grünen ~ loben** ('jmdn., etw. in übertriebener Weise loben')

Kleid [klai̯t], das; ~es/auch ~s, ~er ['klai̯dɐ] **1.** 'einteiliges Kleidungsstück der Oberbekleidung von Frauen und Mädchen, das meist von den Schultern bis zu den Knien reicht'; ↗ FELD V.1.1 (↗ TABL Kleidungsstücke): *ein langärmliges, schulterfreies, festliches, sportliches ~; ein ~ waschen, bügeln; sein ~ an-, ausziehen; ein ~ anprobieren, nähen, ändern* **2.** ⟨nur im Pl.⟩ 'Gesamtheit dessen, was man an Kleidung anhat': *die ~er an-, ablegen, wechseln, an-, ausziehen; aus den ~n schlüpfen* ('sich ausziehen') **3.** ⟨+ Gen.attr.⟩ geh. *das bunte ~ des Herbstes* ('die bunte Färbung, bes. der Blätter im Herbst') ❖ **Bekleidung, kleiden, kleidsam, Kleidung, verkleiden — Damenbekleidung, Hemdblusenkleid, Herrenbekleidung, Kleiderbügel, -haken, -schrank, Kleidungsstück, Oberbekleidung, Trauerkleidung**

kleiden ['klai̯dn̩], kleidete, hat gekleidet **1.** /jmd./ *jmdn., sich irgendwie ~* 'jmdn., sich in bestimmter Weise anziehen': *sich hübsch, modern, auffällig, vorteilhaft ~; sie versteht es, sich geschickt zu ~; sie kleidete ihre Kinder praktisch* **2.** ⟨o.Pass.⟩ /etw., bes.

Kleidungsstück/ *jmdn. ~* SYN 'jmdm. stehen (7)': *das Kostüm, der Rock, Hut, die Farbe (des Pullovers) kleidet dich (gut, nicht)* ❖ ↗ **Kleid**

Kleider ['klai̯dɐ..]|**-bügel, der** 'leicht gebogener, schmaler Gegenstand, vorwiegend aus Holz od. Kunststoff, mit einem Haken, auf den man Kleidung hängt'; SYN Bügel (1): *den Mantel, die gebügelte Bluse auf den ~ hängen; ein ~ für Röcke, Hosen* ❖ ↗ Kleid, ↗ Bügel; **-haken, der** 'an der Wand befestigter kleiner Haken aus Eisen, an den man seinen Mantel, sein Jackett hängen kann' ❖ ↗ Kleid, ↗ Haken; **-schrank, der** 'Schrank, in dem Kleidungsstücke aufgehängt und so aufbewahrt werden'; ↗ FELD V.4.1: *der ~ ist voll; im ~ sind Motten* ❖ ↗ Kleid, ↗ Schrank

kleidsam ['klai̯t..] ⟨Adj.; Steig. reg.; vorw. attr.⟩ 'so beschaffen, dass es jmdn. kleidet (2)': *ein ~er Hut, Stoff, Anzug; eine ~e Frisur; der Mantel ist sehr ~* ❖ ↗ **Kleid**

Kleidung ['klai̯du..], die; ~ ⟨o.Pl.⟩ 'Gesamtheit dessen, was jmd. anzieht, angezogen hat' /selten auf Schuhe bez./; ↗ FELD V: *zweckmäßige, wetterfeste, passende, leichte, warme ~; die ~ ablegen, wechseln; ~ für den Winter, Sommer* ❖ ↗ **Kleid**

Kleidung|stück ['klai̯duŋ..], das 'einzelnes Stück der Kleidung'; ↗ FELD V.1.1: *abgetragene, alte ~e aussondern* ❖ ↗ **Kleid,** ↗ **Stück**

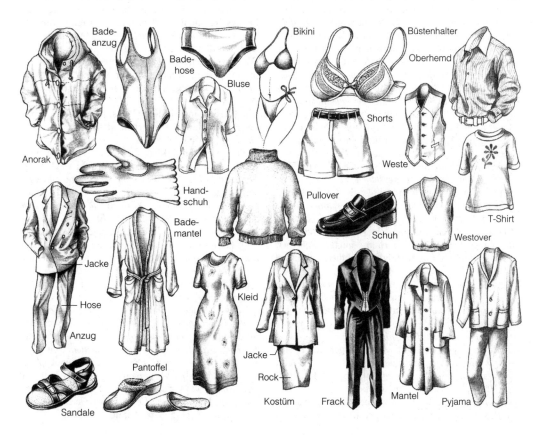

Badeanzug, Badehose, Bikini, Büstenhalter, Oberhemd, Bluse, Shorts, Anorak, Handschuh, Weste, Pullover, T-Shirt, Bademantel, Schuh, Westover, Jacke, Hose, Kleid, Jacke, Anzug, Pantoffel, Rock, Mantel, Pyjama, Sandale, Kostüm, Frack

Kleie [ˈklaiə], **die**; ~, ⟨o.Pl.⟩ 'beim Mahlen von Getreide abfallendes Produkt aus den Schalen und Hülsen des Getreidekorns, das, mit Mehl vermischt, als Futter (I) dient': *die Kühe, Schafe mit ~ füttern*

klein [klain] ⟨Adj.⟩ **1.** ⟨Steig. reg.⟩ 'in räumlicher Ausdehnung unter einem bestimmten (mittleren) Wert liegend'; ANT groß (1,2.1): *ein ~er Mann, Baum; ein ~es Zimmer, Haus, Format, Paket; ~e Hände; das Grundstück ist mir zu ~; der Anzug ist, die Schuhe sind mir zu ~ geworden; er ist ~er als ich; ein Wort ~* ('mit kleinen Buchstaben') *schreiben;* /in den kommunikativen Wendungen/ *~, aber oho* /wird von jmdm. gesagt, der nicht groß, aber bemerkenswert energisch, leistungsfähig ist/; *~, aber mein* ('nicht sehr groß, aber es gehört mir') /sagt jmd., wenn er betonen will, dass er mit Räumlichkeiten, Fahrzeugen od. Gegenständen zufrieden ist, weil sie ihm gehören, auch wenn sie klein sind/ **2.** ⟨o. Steig.; nicht bei Vb.⟩ 'einen relativ kurzen Zeitraum umfassend' /beschränkt verbindbar/: *eine ~* (ANT große) *Pause; eine ~e Weile warten; einen ~en Moment, bitte!* **3.** ⟨Steig. reg.; nicht bei Vb.⟩ 'aus einer relativ geringen Anzahl, Menge bestehend'; ANT groß (4) /vorw. auf Gruppen, Mengen bez./: *eine ~e Familie, Gruppe, Herde; etw. im ~en Kreis besprechen; eine ~e Summe, Anzahl: eine ~e Summe Geld, Anzahl, Personen; ein ~es* (SYN 'niedriges 2') *Gehalt; ein ~es bisschen* ('ein wenig') *Angst haben* **4.** ⟨nicht bei Vb.; vorw. attr.⟩ /auf Personen bez./ **4.1.** ⟨Steig. reg.⟩ SYN 'jung (3)'; ANT groß (6.2): *mein ~er* ('jüngerer') *Bruder; unser Kleinster* ('jüngster Sohn') **4.2.** ⟨o. Steig.⟩ 'nicht erwachsen': *sich wie ein ~es Kind benehmen; die lieben Kleinen;* umg. *sie erwartet etwas Kleines* ('ein Baby') **5.** ⟨Steig. reg, ungebr.⟩ /auf vorw. geringer Bedeutung/; ANT groß (7.1) /auf Abstraktes bez./: *das ist ein ~es Missgeschick; jmdm. eine ~e Freude machen; das ist meine ~ste Sorge; ein ~er* (SYN 'geringfügiger') *Fehler, Irrtum, Unterschied* **6.** ⟨Steig. reg., Superl. ungebr.; nicht präd.⟩ *~es Geld* ('Kleingeld'); *können sie mir zehn Mark ~ machen* ('in Münzen umwechseln')? ❖ **Kleinigkeit, kleinlich, Kleinod, verkleinern, zerkleinern** − **Kleinbürger, kleinbürgerlich, Kleinbürgertum, -garten, -gärtner, -geld, -gläubig, -holz, Kleinigkeitskrämer;** vgl. **klein/ Klein-**
* /jmd./ *~ beigeben* ('nachgeben'); *bis ins Kleinste* 'bis in jede Einzelheit': *etw. bis ins Kleinste untersuchen;* /jmd./ *einen Kleinen sitzen haben* ('leicht betrunken sein'); *von ~ auf* 'von Kindheit an': *von ~ auf hatte er eine Vorliebe für Tiere*

Klein/klein [ˈklain..]|**-bürger, der** 'Angehöriger des Kleinbürgertums': *er ist ein spießiger ~* ❖ ↗ Bürger; **-bürgerlich** ⟨Adj.; Steig. reg., ungebr.⟩ **1.1.** ⟨nicht bei Vb.⟩ 'das Kleinbürgertum betreffend': *~e Gewerbetreibende* **1.2.** oft emot. neg. 'den typischen Auffassungen und Verhaltensweisen des Kleinbür-

gertums entsprechend' /auf Mentales bez./: *~es Bewusstsein, Denken, Verhalten; sein Denken, Verhalten war ~; ~ argumentieren* ❖ ↗ Bürger; **-bürgertum, das** 'untere Schicht des Mittelstands in der bürgerlichen Gesellschaft, die besonders aus kleinen Warenproduzenten und Händlern besteht': *das deutsche ~; die Rolle des ~s in der Nazizeit* ❖ ↗ Bürger; **-garten, der** 'separates, kleines Gartengrundstück als Teil einer Anlage (1,2), die aus vielen einzelnen Gartengrundstücken besteht': *sie haben einen ~ gemietet* ❖ ↗ Garten; **-gärtner, der** 'Besitzer, Pächter eines Kleingartens': *ein Verein der ~* ❖ ↗ Garten; **-geld, das** ⟨o.Pl.⟩ 'Münzen zum Bezahlen kleinerer Beträge, bes. als Wechselgeld (2)'; ↗ FELD I.16.1: *ich habe kein ~; ~ bereithalten* ❖ ↗ Geld; **-gläubig** ⟨Adj.; Steig. reg., ungebr.⟩ 'ständig ängstlich zweifelnd' /auf Personen bez./; ↗ FELD I.6.3: *ein ~er Mensch; er ist ~* ❖ ↗ Glaube; **-holz, das** ⟨o.Pl.⟩ 'bes. zum Heizen verwendetes zerhacktes Holz od. im Wald aufgesammelte (kurze) Äste': *~ machen, sammeln* ❖ ↗ Holz * /jmd./ **etw. zu ~/aus etw. ~ machen** ('etw., bes. Möbel, eine Einrichtung zertrümmern')

Kleinigkeit [ˈklainiç..], **die**; ~, ~en **1.1.** 'geringfügige Sache, Angelegenheit, nicht so wichtiger Gegenstand': *ein paar ~en besorgen; er regt sich über jede ~ auf; die (tausend) ~en des Alltags; sich um jede ~ kümmern (müssen); jmdm. eine ~ schenken* ('ein kleines Geschenk machen'); *eine ~* ('ein wenig') *essen; das ist für ihn keine/eine ~* ('fällt ihm nicht leicht, fällt ihm leicht'); /in der kommunikativen Wendung/ scherzh. *das kostet eine ~* /wird zu jmd. gesagt, wenn man für seine Leistung, die man ihm zugesagt hat, ein hohes Entgelt erwartet/ ❖ ↗ klein

Kleinigkeits|krämer [ˈklainiçkaits..], **der**; ~s, ~ 'jmd., der Kleinigkeiten übertrieben wichtig nimmt': *er ist ein ~* ❖ ↗ klein, ↗ Kram

Klein/klein [ˈklain..]|**-kind, das** 'Kind vom vollendeten ersten bis zum sechsten Lebensjahr'; vgl. Säugling, Kind (1); ↗ FELD I.9.1 ❖ ↗ Kind; **-kriegen** ⟨trb. reg. Vb.; hat⟩ umg. **1.** ⟨oft verneint⟩ /jmd./ *etw. ~* 'etw. zerkleinern können': *das zähe Fleisch, den Knochen, Baumstamm (nicht) ~* **2.** scherzh. /jmd./ *etw. ~* 'etw. durch unsachgemäße Behandlung (1) unbrauchbar machen': *nach zwei Stunden hatte er das Spielzeug kleingekriegt; wenn du so weitermachst, kriegst du das noch klein; das Gerät ist nicht kleinzukriegen* ('ist sehr haltbar, stabil 1') **3.** ⟨oft verneint⟩ /jmd./ *jmdn.* 'jmdn. unterkriegen, gefügig machen': *ihr kriegt mich nicht klein!; so leicht ist er nicht kleinzukriegen* **4.** oft scherzh. /jmd./ *etw. ~* 'etw. aufbrauchen': *wir werden den Kuchen, Braten schon ~; er hat seinen Gewinn in kurzer Zeit kleingekriegt* ❖ ↗ kriegen; **-laut** ⟨Adj.; vorw. präd. u. bei Vb.⟩ 'nicht mehr so vorlaut und selbstsicher wie vorher' /vorw. auf die Haltung von Personen bez./; ↗ FELD I.6.3: *vor Gericht wirkte, war, wurde er ganz ~* ❖ ↗ laut

kleinlich ['klain..] ⟨Adj.; Steig. reg.⟩ ˈaus Pedanterie Kleinigkeiten übertrieben wichtig nehmend'; ANT großzügig (2); ↗ FELD I.2.3: *er hat einen ~en Charakter; ~e Verdächtigungen, Bestimmungen; ~ denken, handeln; in Geldsachen ist er ~; wer wird denn so ~ sein! ein ~er* (SYN ˈengherziger') *Mensch* ❖ ↗ **klein**

Kleinod ['klain|o:t], **das**; ~s/auch ~es, ~e/~ien [..'odiən] geh. ˈsehr kostbares Schmuckstück': *ein ~ aus Perlen; etwas wie ein ~ hüten, bewahren* ❖ ↗ **klein**

Klein ['klain..]‖**-stadt, die** ˈStadt mit weniger als 20000 Einwohnern': *eine norddeutsche ~; das geruhsame Leben einer ~* ❖ ↗ Stadt; **-vieh, das** ⟨o.Pl.⟩ ˈlandwirtschaftlich genutzte Tiere wie Schafe, Ziegen, Kaninchen, Hühner u.Ä.': *die Haltung von ~* ❖ ↗ Vieh; **-wagen, der** ˈkleiner Personenkraftwagen, meist mit einem Motor unter 1000 cm³ Hubraum'; ↗ FELD VIII.4.1.1: *für den Stadtverkehr ist ein ~ ideal*; vgl. **Auto** ❖ ↗ Wagen

Kleister ['klaistɐ], **der**; ~s, ~ ⟨vorw. Sg.⟩ SYN ˈLeim': *dicker, zäher ~; ~ anrühren; ~ für Tapeten*

Klemme ['klɛmə], **die**; ~, ~n **1.** ˈkleiner Gegenstand od. Vorrichtung mit einem od. zwei beweglichen federnden Teilen zum Zusammendrücken, Befestigen, Festklemmen von etw.'; ↗ FELD I.7.6.1: *Haare mit ~n, mit einer ~ hochstecken, zusammenstecken; Papiere, Briefe, Notizen mit einer ~ zusammenheften* **2.** Elektrotechn. ˈlösbare Verbindung für die Herstellung elektrischer Kontakte': *den Draht aus der ~ lösen, in die ~ stecken* ❖ ↗ **klemmen**
* /jmd./ **jmdm. aus der ~ helfen** (ˈjmdn. aus einer unangenehmen Lage befreien'); /jmd./ **in der ~ sitzen** (ˈsich in einer unangenehmen Lage befinden')

klemmen ['klɛmən] ⟨reg. Vb.; hat⟩ **1.** /jmd./ *etw. irgendwohin ~* ˈetw. irgendwohin zwängen od. pressen, dass es dort festgehalten wird': *die Mappe, das Buch unter den Arm ~; er klemmte ein Stück Holz unter die Tür; sich* ⟨Dat.⟩ *etw. unter den Arm ~: er klemmte sich die Zeitung unter den Arm* **2.** /jmd./ *sich* ⟨Dat.⟩ *etw. ~* ˈmit einem Körperteil zwischen etw. geraten und es sich dabei durch Quetschen verletzen': *sich den Finger (in der Tür) ~* **3.** /etw./ ˈnicht genügend Spielraum haben und sich dadurch nur schwer öffnen od. schließen lassen': *das Fenster, die Schublade, Tür klemmt* ❖ **Klemme, verklemmt**; vgl. **beklemmend, beklommen**
* /jmd./ **sich hinter etw. ~** ˈsich einer Aufgabe, Arbeit mit besonderem Eifer, Nachdruck widmen, damit sie bewältigt wird': *nun klemm dich mal hinter die Sache, klemm dich mal dahinter!*

Klempner ['klɛmpnɐ], **der**; ~s, ~ ˈHandwerker, der Bleche bearbeitet, Anlagen für Gas, Wasser installiert und repariert'; ↗ FELD I.10: *den ~ bestellen; der ~ installiert ein neues Waschbecken, eine neue Heizung; er ist ~ von Beruf*

Klette ['klɛtə], **die**; ~, ~n **1.** ˈkrautige Pflanze mit kugeligen, stacheligen Knospen, die Widerhaken und violette Blüten haben'; ↗ FELD II.4.1 **2.** ˈKnospe od. Blüte von Klette (1)': *die Kinder bewarfen sich mit ~n; die ~n bleiben an der Kleidung, im Haar hängen*
* /jmd./ **wie eine ~/die ~n an jmdm. hängen** ˈjmdn. sehr mögen und nicht von seiner Seite weichen': *die Kinder hingen wie die ~n an ihm; sie hing wie eine ~ an ihm*

klettern ['klɛtɐn], kletterte, ist geklettert **1.** /jmd./ **1.1.** *irgendwohin ~* ˈsich mit den Händen festhaltend, mit den Füßen stützend auf etw. hinauf, von etw. herab bewegen'; ↗ FELD I.7.2.2, 7.4.2: *auf einen Baum, Berg ~; er ist über die Leiter auf das Dach geklettert; sie kletterten über den Zaun; an einem Seil nach oben ~; er klettert oft, gern; er klettert wie ein Affe; METAPH die Reben ~* (ˈranken sich') *am Spalier nach oben* **1.2.** scherzh. *sie kletterten aus dem, in das Auto, Flugzeug* (ˈstiegen ein wenig mühsam aus, in das Auto, Flugzeug') **2.** /etw./ ˈin die Höhe steigen (3.2)': *das Thermometer klettert in die Höhe; die Preise, Mieten ~* (ˈwerden teurer'); *die Löhne ~* ❖ **Kletterpflanze, Kletterstange**

Kletter ['klɛtɐ..]‖**-pflanze, die** ˈPflanze, die an etw. Stützendem in die Höhe rankt'; ↗ FELD II.4.1: *der Efeu ist eine ~* ❖ ↗ **klettern**, ↗ Pflanze; **-stange, die** ˈTurngerät in Form einer senkrecht stehenden, befestigten Stange, an der man emporklettert' ❖ ↗ **klettern**, ↗ Stange

Klient [kli'ɛnt], **der**; ~en, ~en ˈjmd., der in einer rechtlichen Angelegenheit gegen Entgelt den Rat, die Hilfe eines Rechtsanwalts in Anspruch nimmt': *die ~en des Rechtsanwalts; der Anwalt setzt den ~en über seine Rechte in Kenntnis; die Interessen seines ~en wahrnehmen; seinen ~en vor Gericht verteidigen*

Klima ['kli:ma], **das**; ~s, ~s/auch Klimate [..'ma:tə] **1.** ˈdie für ein bestimmtes Gebiet od. eine geographische Zone charakteristischen Eigenschaften des Wetters': *dort herrscht ein feuchtes, trockenes, gemäßigtes, tropisches, polares ~; die ~te unserer Erde; N hat ein spezifisches ~; eine Veränderung des ~s beobachten* **2.** ⟨o.Pl.⟩ ˈAtmosphäre der zwischenmenschlichen Beziehungen': *das geistige, kulturelle ~; es herrscht ein ~ des Vertrauens, der Entspannung; dies bedeutet eine Verschlechterung des politischen ~s; dieser Vorfall hat das ~ im Betrieb vergiftet; das ~ verbessern; in der Familie, bei den Verhandlungen, in dem Betrieb herrschte ein gutes ~; das ~ in der Firma hat sich sehr verändert* ❖ **klimatisch, klimatiseren** – **Arbeitsklima, Klimaanlage**

Klima|anlage ['..], **die** ˈAnlage zur Regelung von Lüftung, Temperatur und Feuchtigkeit in Gebäuden': *eine moderne ~; Räume mit einer ~ ausstatten; das Büro, Auto hat eine ~; die ~ ist (nicht) in Betrieb* ❖ ↗ **Klima**, ↗ liegen

klimatisch [kli'ma:t..] ⟨Adj.; o. Steig.; vorw. attr.⟩ ˈdas Klima betreffend' /auf Abstraktes bez./: *die ~en Bedingungen, Verhältnisse, Einflüsse* ❖ ↗ **Klima**

klimatisieren [klimɑti'ziːʀən], klimatisierte, hat klimatisiert /jmd./ etw. ~ 'die Lüftung, Temperatur und Feuchtigkeit eines Gebäudes, Raumes mit Hilfe einer Klimaanlage regeln': *ein Hotel ~; in klimatisierten Räumen arbeiten; die Räume sind klimatisiert* ❖ ↗ **Klima**

Klimm|zug ['klɪm..], der 'Turnübung, bei der der frei hängende Körper mit der Muskelkraft der Arme senkrecht in die Höhe gezogen wird': *Klimmzüge machen* ❖ ↗ **ziehen**

klimpern ['klɪmpɐn] ⟨reg. Vb.; hat⟩ **1.** /jmd./ *auf etw.* ⟨Dat.⟩ ~ 'flüchtig, gedankenlos, ein wenig auf einem Saiten- od. Tasteninstrument spielen': *er klimperte auf dem Klavier, auf der Gitarre* **2.** /jmd./ *mit etw.* ~ 'gedankenlos kleine metallische Gegenstände in der Hand halten und sie hin und her bewegen, sodass hell tönende Geräusche entstehen': *mit dem Schlüsselbund, mit Münzen (in der Tasche)* ~

Klinge ['klɪŋə], **die**; ~, ~n **1.** 'scharf geschliffener Teil eines Messers, einer Stichwaffe' (↗ TABL Essbesteck): *die ~ des Dolchs, Messers; eine schmale, stumpfe, spitze, scharfe ~; die ~ schärfen, wetzen; die ~ ist abgebrochen* **2.** 'Rasierklinge': *die ~ wechseln, auswechseln; eine neue ~ einspannen* ❖ **Rasierklinge**
* umg. /jmd./ **die ~ mit jmdm. kreuzen** (**1.** 'mit jmdm. fechten' **2.** 'mit jmdm. streiten'); /jmd./ **jmdn. über die ~ springen lassen** ('jmdn. vorsätzlich zugrunde richten, töten lassen')

Klingel ['klɪŋl̩], **die**; ~, ~n 'Vorrichtung, bes. an Wohnungstüren od. am Fahrrad, mit der durch hell klingende Töne Aufmerksamkeit erregt werden soll': *eine elektrische ~; die ~ betätigen; die ~ schrillt* ❖ ↗ **klingen**

klingeln ['klɪŋl̩n] ⟨reg. Vb.; hat⟩; ↗ FELD VI.1.2 **1.** /jmd./ 'eine Klingel betätigen': *der Radfahrer klingelte, um den Fußgänger zu warnen; er klingelte, aber niemand öffnete; sie klingelte mich aus dem Schlaf* ('sie betätigte die Klingel außen an der Tür und weckte mich dadurch'); *bei jmdm. ~: jmd. hat bei uns geklingelt; an der (Wohnungs)tür ~; bei jmdm. an der Tür ~* **2.** /etw., bes. es/ *der Wecker klingelt* ('lässt seine Klingel ertönen'); *es klingelt* ('die Klingel an der Tür ertönt'); *es klingelt zur Pause* ('die Klingel in der Schule ertönt und signalisiert, dass jetzt die Pause beginnt') ❖ ↗ **klingen**
* umg. **bei jmdm. klingelt es** ⟨oft im Perf.⟩ 'jmd. begreift endlich, hat endlich den rettenden Einfall': *endlich hat's bei ihm geklingelt!*

klingen ['klɪŋən], klang [klaŋ], hat geklungen [gə'klʊŋən] **1.1.** /bes. Instrument, Material/ 'einen hellen, melodischen Klang von sich geben, als heller, melodischer Klang zu hören sein'; ↗ FELD VI.1.2: *die Glocken, Geigen ~; eine Saite zum Klingen bringen; sie ließen die Gläser ~* ('stießen mit den Gläsern an') **1.2.** *irgendwie* ~ **1.2.1.** /etw. Akustisches, jmd./ 'einen bestimmten Unterton haben': *die Melodie klang fröhlich, schwermütig; seine Worte klangen*

zärtlich, tröstlich, zynisch; er klang ('seine Worte klangen') müde, deprimiert **1.2.2.** /etw., bes. Äußerung/ 'irgendwie anmuten': *diese Erklärung, seine Aussage klingt unglaublich; seine Worte klangen wie ein Scherz, wie eine Drohung* ❖ **erklingen, Klang, Klingel, klingeln** – **abklingen, anklingen, Ausklang, ausklingen**

Klinik ['kliːnɪk], **die**; ~, ~en 'medizinische Einrichtung einer speziellen Fachrichtung, in der Kranke vorwiegend stationär behandelt werden': *eine chirurgische, orthopädische ~; eine ~ für Nervenkranke; er wurde in die ~ eingeliefert, aus der ~ entlassen; er liegt in der ~* ❖ **klinisch, Poliklinik**

klinisch ['kliːn..] ⟨Adj.; o. Steig.; nicht präd.; vorw. attr.⟩ **1.** SYN 'stationär (2)': *in ~er Behandlung sein; jmdn. ~ behandeln; das ist ein ~er Fall* ('ein Fall, der in der Klinik behandelt werden muss') **2.** Med. 'durch ärztliche Untersuchung feststellbar od. festgestellt' /beschränkt verbindbar/: *der ~e Tod; eine ~e Diagnose; er ist ~ tot* ('sein Herz, sein Kreislauf, seine Atmung haben aufgehört zu arbeiten') ❖ ↗ **Klinik**

Klinke ['klɪŋkə], **die**; ~, ~n 'Griff zum Öffnen und Schließen einer Tür' (↗ TABL Haus/Gebäude): *eine ~ aus Messing, Kunststoff; die ~ herunterdrücken*
* umg. /(mehrere) jmd./ ⟨rez.⟩ **sich** ⟨Dat.⟩ **die ~ in die Hand geben** 'aus einem bestimmten Interesse ständig kommen, um jmdn. zu sprechen, etw. zu sehen': *seitdem bekannt ist, dass die Firma Leute einstellen will, geben sie sich dort die ~ in die Hand;* /jmd./ **~n putzen** 'von Tür zu Tür, von einer Einrichtung zur anderen gehen und um etw. bitten, um etw. zu erreichen': *wenn du einen Job haben willst, musst du ~n putzen*

klipp [klɪp]
* umg. **~ und klar** 'rücksichtslos offen und energisch': *(jmdm.) etw. ~ und klar sagen; (jmdm.) ~ und klar antworten, die Meinung sagen*

Klippe ['klɪpə], **die**; ~, ~n **1.** 'schroffer, steil hervortretender Felsen am, im Meer': *das Schiff ist auf eine ~ gelaufen, zerschellte an einer ~* **2.** 'etw., das Schwierigkeiten bereitet, an denen man scheitern kann': *er konnte in der Prüfung, in den Verhandlungen alle ~n geschickt umgehen, überwinden; es gibt da einige ~n*

klirren ['klɪʀən] ⟨reg. Vb.; hat; ↗ auch *klirrend*⟩; ↗ FELD VI.1.2 **1.1.** /etw., bes. Material/ 'ein helles, hartes, vibrierendes, länger anhaltendes Geräusch von sich geben': *die Ketten, Gläser, Säbel ~; die Fenster klirrten bei der Explosion, von der Detonation; die Armreifen an ihrem Handgelenk klirrten; die Vase fiel ~d zu Boden* **1.2.** /jmd./ *mit etw.* ~ 'mit etw. das Geräusch von klirren (1.1) hervorrufen': *er klirrte mit den Gläsern, mit dem Schlüsselbund* ❖ **klirrend**

klirrend ['klɪʀənt] ⟨Adj.; o. Steig.; nur attr.; ↗ auch *klirren*⟩: *es herrschte ~er Frost* ('ungewöhnlich starker Frost'), *~e Kälte* ❖ ↗ **klirren**

Klischee [kli'ʃeː], **das**; ~s, ~s 'bloße Nachahmung (2) eines Vorbildes, die keine eigene schöpferische Leistung zeigt': *seine Gedichte, Bilder sind billiges ~* **2.** 'feste Vorstellung von etw., jmdm., Meinung über etw., jmdn., die aber der Realität nicht mehr entspricht': *das ~ von der Frau am Herd ist heute überwunden; sie denken nur in ~s*

Klo [kloː], **das**; ~s, ~s umg. **1.1.** SYN 'Toilette (1.1)': *etw. ins ~ schütten; auf's ~ gehen; der Kleine muss mal aufs ~* **1.2.** SYN 'Toilette (1.2)': *das ~ muss noch gewischt werden; das ~ hat kein Fenster*

klobig ['kloːbɪç] 〈Adj.; Steig. reg.〉 'unförmig od. von grober Form' /bes. auf Produkte od. Gliedmaßen bez./: *ein ~er Tisch; ~e Möbel, Schuhe; er hat ~e Hände; seine ~e Gestalt, Figur*

klopfen ['klɔpfn̩] 〈reg. Vb.; hat〉; ↗ FELD VI.1.2 **1.** /jmd./ **1.1.** *an, auf etw. ~* 'mehrmals leicht an, auf etw. schlagen': *er klopfte an das Glas, aufs Barometer, auf den Tisch; mit der Fußspitze auf den Boden ~; jmdm. freundschaftlich auf die Schultern, auf den Rücken ~* **1.2.** *an etw. ~* 'mit dem Knöchel des Zeigefingers leicht gegen etw. schlagen zum Zeichen, dass man den Raum betreten will': *an die Tür, ans Fenster ~; /etw., nur es/ es klopft, es hat geklopft* ('jmd. klopft an, hat angeklopft'); /jmd./ *an etw.* 〈Dat./Akk.〉 *~: jmd. hat an die/der Tür geklopft* **2.** /jmd./ *den Takt ~* ('durch gleichmäßiges Schlagen angeben') **3.** /jmd./ **3.1.** *etw. ~* 'auf, gegen etw. (mit einem Gegenstand) schlagen, um Staub, Sand o.Ä. daraus, davon zu entfernen': *die Betten, Kissen, den Teppich ~* **3.2.** *etw. aus/von etw.* 〈Dat.〉 *~* 'etw. durch Klopfen (3.1) aus, von etw. entfernen': *den Staub aus der Decke, den Schnee vom Mantel, von den Schuhen ~* **3.3.** *etw. ~* 'auf etw. mit einem Gegenstand schlagen, um es weich, mürbe zu machen' /beschränkt verbindbar/: *das Fleisch, Kotelett vor dem Braten ~* **4.** /jmd./ *etw. in etw. ~* 'etw. mit einem Hammer in etw. schlagen (2.1)': *den Nagel, Haken in die Wand, Decke, in den Balken ~* **5.** /etw./ *das Herz klopft* ('schlägt') *heftig, langsam, schnell; er hörte ihr Herz ~; der Motor klopft* ('hat Nebengeräusche') ❖ **abklopfen, anklopfen, Herzklopfen**

Klöppel ['klœpl̩], **der**; ~s **1.1.** 'beweglich in der Glocke hängendes, keulenförmiges Teil, das beim Bewegen der Glocke innen anschlägt und sie dadurch zum Klingen bringt': *ein großer, kleiner, eiserner ~; der ~ schlägt an die Glocke an* **1.2.** 'an einem Ende verdickter Stab zum Anschlagen (der Saiten) von Musikinstrumenten': *die ~ für das Xylophon* **2.** 'keulenförmiges, kleines Holzteil, an dem Garn zum Klöppeln aufgewickelt ist' ❖ **Klöppelei, klöppeln**; vgl. **klopfen**

Klöppelei [klœpə'laɪ], **die**; ~, ~en **1.** 〈o.Pl.〉 'das Klöppeln': *das Handwerk der ~ beherrschen; etw. durch ~ herstellen* **2.** 'geklöppelte Spitze (6), Decke': *~en herstellen, verkaufen* ❖ ↗ **Klöppel**

klöppeln ['klœpl̩n] 〈reg. Vb.; hat〉 /jmd./ *etw. ~* 'auf Klöppel (2) gewickeltes Garn über festgesteckte Nadeln auf einem Kissen zu bestimmten Mustern formen und so Spitzen, Bänder, Litzen herstellen': *Spitzen, Decken ~* ❖ ↗ **Klöppel**

Klops [klɔps], **der**; ~es, ~e 'gekochter Kloß aus Hackfleisch': *es gibt heute ~ mit Kapernsauce; Königsberger ~e*

Kloß [kloːs], **der**; ~es, Klöße ['kløːsə] 〈oft im Pl.〉 'zu einer Kugel geformte, gekochte Speise, bes. aus Kartoffeln, Mehl, Fleisch'; SYN Knödel: *Klöße aus rohen, gekochten Kartoffeln; Thüringer Klöße; er isst gern Klöße* ❖ **Trauerkloß**
* umg. /jmd./ **einen ~ im Hals(e) haben** ('vor Erregung, Rührung nicht sprechen können')

Kloster ['kloːstɐ], **das**; ~s, Klöster ['kløːstɐ] **1.** 'gegen die Außenwelt abgeschlossener Komplex von Gebäuden für ↗ Mönche od. ↗ Nonnen'; ↗ FELD V.2.1: *ein altes ~* **2.** 〈o.Pl.〉 *sie ist vor Jahren ins ~ gegangen* ('ist Nonne geworden') **3.** 'im Kloster (1) lebende Gemeinschaft von Mönchen, Nonnen': *in der Reformationszeit wurden die Klöster aufgelöst*

Klotz [klɔts], **der**; ~es, Klötze ['klœtsə]/umg. Klötzer ['klœtsɐ] **1.** 'massives, plumpes Stück Holz': *Holz auf einem ~ zerhacken; einen ~ spalten; Kinder spielen mit den Klötze(r)n ihres Baukastens* **2.** 〈vorw. Sg.〉 'schwerfälliger Mensch von einfacher, derber Sinnesart': *er ist ein grober, ungehobelter ~* ❖ **klotzig − Bauklotz**
* /jmd./ **jmdm. ein ~ am Bein sein** 'jmdm. Pflichten, Verantwortung aufbürden, die ihn in seinem Tun hinderlich sind': *das Kind ist mir beim Arbeiten ein ~ am Bein*; /jmd./ **sich** 〈Dat.〉 **einen ~ ans Bein binden** ('sich mit einer lästigen Verpflichtung belasten 3')

klotzig ['klɔtsɪç] 〈Adj.; Steig. reg.〉 vorw. emot. neg. 'plump und wuchtig (2)' /bes. auf Möbelstücke od. Gebäude bez./: *ein ~er Tisch, Schrank; ein ~es Hochhaus; der Schreibtisch ist, wirkt ~* ❖ ↗ **Klotz**

Klub [klʊb/klʊp], **der**; ~s, ~s **1.** 'Vereinigung von Personen mit bestimmten Interessengebieten, bes. im Sport, auf kulturellem Gebiet'; ↗ FELD I.11: *einen ~ gründen; die Mitglieder des ~s; einem ~ beitreten, aus einem ~ austreten* **2.** 'Gebäude, Raum für Klub (1)': *zu einer Disko in den ~ gehen*

Kluft [klʊft], **die**; ~, Klüfte ['klʏftə] **1.** 'tiefer Einschnitt (1) in einem Berg, Gebirge': *eine tiefe ~ teilte den Berg, das Gebirge; eine gähnende ~ tat sich vor ihm auf* **2.** 'nicht zu überwindender Gegensatz in den Ansichten von zwei od. mehreren Personen': *zwischen ihren Auffassungen besteht eine tiefe ~*

klug [kluːk] 〈Adj.; Steig.: klüger ['klyːgɐ], klügste ['klyːkstə]; vorw. attr. u. präd.〉 **1.** 'mit scharfem Verstand, logischem Denkvermögen'; SYN gescheit (1), intelligent; ANT dumm (1.1) /vorw. auf Personen bez./; ↗ FELD I.4.1.3, 5.3: *ein ~er Mensch; er ist ~, hat ~ reagiert; er ist ein ~er Kopf* ('ist klug'); *sie ist die Klügste; du tust ~ daran, es ist das Klügste, zu schweigen* ('es ist besser, wenn du schweigst') **2.** 'von scharfem Verstand, logischem

Denkvermögen zeugend': *sein ~es Verhalten, Vorgehen; jmdm. einen ~en Rat geben; etw. ~ planen* ❖ **Klugheit – altklug**
* /jmd./ **aus etw.** 〈Dat.〉 **nicht ~ werden** ('etw. nicht begreifen, durchschauen'); /jmd./ **aus jmdm. nicht ~ werden** ('jmds. Verhalten nicht durchschauen')
Klugheit ['kluːk..], **die**; ~, 〈o.Pl.〉 /zu *klug* 1 u. 2/ 'das Klugsein'; ↗ FELD I.5.1: *jmds. ~ bewundern; ein Mensch von ungewöhnlicher ~* ❖ ↗ **klug**
Klumpen ['klʊmpm̩], **der**; ~s, ~ 'unförmige Masse eines bestimmten Stoffs, Metalls': *ein ~ Butter, Lehm, Gold, Blei; der Teig hat sich zu einem ~ zusammengeballt; aus einem ~ Ton etw. formen* ❖ **klumpig**
klumpig ['klʊmpɪç] 〈Adj.; Steig. reg.; nicht bei Vb.〉 'viele Klumpen aufweisend, die sich durch Zusammenballung ergeben haben': *ein ~er Brei; eine ~e Sauce; das Mehl, Salz ist ~ (geworden)* ❖ ↗ **Klumpen**
Klüngel ['klʏŋl̩], **der**; ~s, ~ emot. neg. 'Gruppe von Menschen, die sich gegenseitig fördern, andere aber missachten od. unterdrücken'; SYN Clique: *ein ~ von Politikern; sie bildeten einen ~; den ganzen ~ zerschlagen, anprangern*
knabbern ['knabɐn] 〈reg. Vb.; hat〉 **1.** /jmd./ *etw. ~* 'von etw. Hartem, Knusprigem immer wieder kleine Stückchen abbeißen'; ↗ FELD I.8.2: *Kekse, Nüsse, Schokolade, Süßigkeiten, Salzstangen ~* **2.** /Nagetier/ *an etw. ~* ('an etw. nagen 1'): *die Mäuse haben am Käse geknabbert*; /jmd./ *er knabbert an den, seinen Nägeln*
* umg. /jmd., Institution/ **an etw.** 〈Dat.〉 **zu ~ haben** 'mit der Lösung eines Problems große Mühe haben od. Schwierigkeiten haben, etw. zu bewältigen': *sie hat mächtig an der Scheidung, daran zu ~*
Knabe ['knaːbə], **der**; ~n, ~n **1.** veraltend SYN '¹Junge (1)' /heute beschränkt verbindbar/: *ein Chor für ~n; für den Chor werden noch ~n gesucht* **2.** umg. scherzh. /meint eine männliche, erwachsene Person/: *der ~ wird frech!; er ist schon ein alter ~* ('ein älterer Mann'); *na, alter ~?* /vertrauliche Anrede bei der Begrüßung eines alten Freunds, Bekannten/
Knäcke|brot ['knɛkə..], **das** 〈o.Pl.〉 'knuspriges, hartes, leicht verdauliches, in dünnen Scheiben gebackenes Brot, bes. aus Roggenschrot'; ↗ FELD I.8.1: *~ essen, mit Butter bestreichen* ❖ ↗ **knacken**, ↗ **Brot**
knacken ['knakn̩] 〈reg. Vb.; hat〉 **1.** /etw., bes. Holz/ 'ein kurzes Geräusch wie beim Zerbrechen eines trockenen Astes von sich geben'; ↗ FELD VI.1.2: *die Balken, ↗ Zweige ~; das Gebälk, die Treppe knackt; der Fußboden knackt; das Holz knackt im Feuer; es knackte im Radio* **2.** /jmd./ *Nüsse, Mandeln ~* ('die Schale mit dem Geräusch von *knacken* 1 zerbrechen, sodass sie sich öffnet') **3.** umg. /jmd./ *einen Safe, ein Auto ~* ('gewaltsam öffnen, aufbrechen, um etw. daraus zu stehlen'); *ein Schloss ~* ('aufbrechen') ❖ **Knacks, Knäckebrot**

Knacks [knaks], **der**; ~es, ~e **1.** 'das Geräusch von knacken (1)': *es gab einen ~, und der Ast brach ab; das Glas zersprang mit einem ~* **2.** 〈vorw. Sg.〉 umg. SYN 'Sprung (3)': *das Glas, die Kanne hat einen ~*; METAPH *die Freundschaft der beiden hat einen ~ bekommen* ('beide sind zueinander etwas zurückhaltender') **3.** 〈vorw. Sg.〉 'psychischer od. physischer Defekt': 〈vorw. mit best. Adj.〉 *durch ihr Erlebnis, den Unfall hat sie einen seelischen, geistigen ~ (bekommen); ihre Gesundheit hat einen ~; durch das harte Training hat sie sich einen ~ geholt* ❖ ↗ **knacken**
Knall [knal], **der**; ~s/auch ~es, ~e 〈vorw. Sg.〉 'kurzes, hartes, lautes Geräusch, meist infolge einer Explosion'; ↗ FELD VI.1.1: *bei der Explosion gab es einen lauten, ohrenbetäubenden ~; der Ballon platzte mit einem ~* ❖ **knallen**
* **~ und/auf Fall** 'sehr plötzlich, auf der Stelle': *er wurde ~ und Fall, ~ auf Fall entlassen*; umg. /jmd./ **einen ~ haben** 'nicht recht bei Verstand sein': *du hast ja einen ~!; du hast wohl einen ~?; der hat ja einen ~!*
knallen ['knalən] 〈reg. Vb.; hat/ist〉 **1.** 〈hat〉 **1.1.** /etw./ 'einen Knall hervorbringen'; ↗ FELD VI.1.2: *ein Schuss knallte; die Tür knallte; die Sektkorken ~; die Peitsche knallte* **1.2.** /jmd./ *mit etw. ~* 'mit etw. das Geräusch, Geräusche von knallen (1.1) hervorbringen': *er knallte mit den Schuhen, Hacken, mit der Tür* **2.** 〈hat〉 umg. /jmd./ **2.1.** *irgendwohin ~* 'irgendwohin mit lautem Knall schießen (1.1)': *er knallte wild um sich, in die Luft; jmdm. etw. irgendwohin ~: jmdm. eine Kugel in den Bauch, Hintern ~* **2.2.** emot. /etw./ *etw. irgendwohin ~* 'etw., bes. einen Ball, mit großer Wucht irgendwohin schießen (2.2)': *er knallte den Ball an die Latte, ins Tor* **3.** emot. 〈ist〉 umg. /jmd., etw./ *irgendwohin ~* 'mit Wucht gegen etw. fallen, stoßen (4.1)': *die Tasse knallte auf den Boden; er knallte (mit dem Kopf) auf die Erde; das Auto ist gegen den Baum, die Tür ist ins Schloss geknallt* **4.** 〈hat〉 emot. /jmd./ *etw. irgendwohin ~* 'etw. irgendwohin werfen': *Akten auf den Tisch ~; die Schuhe, Bücher in die Ecke ~* ❖ ↗ **Knall**
* umg. /jmd./ 〈hat〉 **jmdm. eine ~** ('jmdn. ohrfeigen')
knapp [knap] 〈Adj.; Steig. reg.〉 **1.** 'kaum od. gerade noch ausreichend'; ANT reichlich (I.1.1): *ein ~er Lohn, ~es* (SYN 'geringes 3') *Taschengeld; der Boxer hatte einen ~en Punktsieg errungen; er hat seinen Jungen ~ gehalten* ('ihm immer nur wenig Taschengeld gegeben'); *sie hat den Stoff ~ gemessen; diese Waren sind ~* ('sind nicht ausreichend im Angebot'); *~ mit der Zeit sein* ('wenig Zeit haben') **2.** 'so eng am Körper anliegend, dass es kaum noch passt' /auf Kleidung bez./; ↗ FELD V.1.3: *der Anzug, das Kostüm sitzt recht ~*; ANT weit (6): *die Schuhe sind mir zu ~; ein ~er Rock* **3.** 'auf das Notwendigste, Wesentlichste beschränkt, nicht ausführlich'; SYN kurz (3); ANT weitschweifig /auf Sprachliches bez./: *ein ~er Überblick; eine ~e In-*

formation; etw. ~ *zusammenfassen* ❖ **Knappheit, verknappen**

Knappheit ['knap..], **die**; ~, ⟨o.Pl.⟩ /zu *knapp* 1–3/ 'das Knappsein'; ↗ FELD I.17.1; /zu 1/: *es herrschte große* ~ *(an Lebensmitteln);* /zu 3/: *die* ~ *seiner Darstellung* ❖ ↗ **knapp**

Knarre ['knaʀə], **die**; ~, ~n *umg.* SYN 'Gewehr'; ↗ FELD V.6.1: *die* ~ *umhängen; mit der* ~ *herumfuchteln* ❖ ↗ **knarren**

knarren ['knaʀən] ⟨reg. Vb.; hat⟩ /etw., bes. Möbel, Bretter/ 'eine Reihe aufeinander folgender, rauer, durch Reibung erzeugter Laute von sich geben': *die Treppe, Tür, das Bett, Sofa knarrt; die Dielen* ~ ❖ **Knarre**

knattern ['knatɐn] ⟨reg. Vb.; hat⟩ /etw./ 'eine schnelle Folge von Geräuschen von ↗ *knallen* (1.1) von sich geben': *das Motorrad, der Auspuff knattert; die Segel, Fahnen knatterten im Wind; man hörte das Knattern von Gewehrfeuer*

Knäuel ['knɔiəl], **das/der**; ~s, ~ 'zu einer Kugel aufgewickelter (↗ *aufwickeln*) Faden, bes. aus Garn, Wolle': *ein wirres* ~; *Wolle auf ein, zu einem* ~ *wickeln;* ⟨+ Attr.⟩ *ein* ~ *Wolle, Garn; etw. aus drei* ~*n Wolle stricken* ❖ **Wollknäuel**

Knauf [knɔuf], **der**; ~s/auch ~es, Knäufe ['knɔifə] 'Griff (3) in der Form einer Kugel od. runden Verdickung bes. an einer Tür od. an einer Hieb-, Stichwaffe': *der* ~ *des Spazierstocks, Schwertes, Säbels, Degens; der Spazierstock hat einen silbernen, verzierten* ~; *der* ~ *des Schaltknüppels*

knaus(e)rig ['knauz[ə]ʀɪç] ⟨Adj.; Steig. reg.⟩ *umg. emot.* SYN 'geizig'; ANT *großzügig* (1), *spendabel* /auf Personen bez./; ↗ FELD I.2.3: *so ein* ~*er Kerl; sie ist ziemlich* ~; *er geht mit dem Geld ziemlich* ~ *um; sei mit der Butter nicht so* ~! ❖ ↗ **knausern**

MERKE Zum Ausfall des 'e' in den flektierten Formen: ↗ *dunkel*

knausern ['knauzɐn] ⟨reg. Vb.; hat⟩ /jmd./ *umg. emot.* SYN 'knauserig sein': *er hat beim Bau des Hauses nicht geknausert; mit etw.* ~: *mit Geschenken, mit dem Lohn, Geld, Wein* ~ ❖ **knaus(e)rig**

knautschen ['knautʃn̩] ⟨reg. Vb.; hat⟩ 1.1. /jmd./ *etw.* ~ 'etw., bes. Papier, Stoff (1), so zusammendrücken, dass es Falten bildet': *Stoff, Papier* ~ 1.2. *der Stoff knautscht* ('bildet leicht Falten')

Knebel ['kne:bl̩], **der**; ~s, ~ 'zusammengedrehtes Stück Stoff, das einem Gefesselten (↗ *fesseln* 1) in den Mund gesteckt wird, um ihn am Sprechen od. Schreien zu hindern': *jmdm. einen* ~ *in den Mund stecken; den* ~ *entfernen, ausspucken; der* ~ *würgte ihn im Hals* ❖ **knebeln**

knebeln ['kne:bln̩] ⟨reg. Vb.; hat⟩ 1. /jmd./ *jmdn.* ~ 'jmdm. einen Knebel in den Mund stecken': *der Verbrecher hat sein Opfer geknebelt; der Entführte wurde gefesselt und geknebelt* 2. /jmd.,Gruppe/ *ein Volk* ~ (SYN 'unterdrücken 1'); *die Presse, Opposition wurde geknebelt* ('mundtot gemacht') ❖ ↗ **Knebel**

Knecht ['knɛçt], **der**; ~s, ~e *veraltend* 'Arbeiter in einer bäuerlichen Wirtschaft': *er war* ~; *einen* ~ *einstellen; die Mägde und* ~*e auf einem Bauernhof;* vgl. *Magd*

Knechtschaft ['knɛçt..], **die**; ~, ⟨o.Pl.⟩ 'entwürdigende Unfreiheit, Unterdrückung, meist eines ganzen Volkes': *sie lebten in* ~; *ein Volk aus der* ~ *führen, befreien; das Volk wurde (von Eroberern) in* ~ *gehalten*

kneifen ['knaifn̩], kniff [knɪf], hat gekniffen [gə'knɪfn̩] 1. /jmd./ *jmdn.* ~, *jmdn./jmdm. irgendwo* ~ 'jmds. Haut an einer Stelle mit den Fingern so zusammendrücken, dass es schmerzt'; SYN *zwicken* (1): *er hat mich gekniffen; er kniff sie, ihr in den Arm, Hintern, in die Backe* 2. *umg.* /jmd./ 'sich feige der Verantwortung, Verpflichtung entziehen'; SYN *drücken* (4); ↗ FELD I.2.2, 6.2: *als man von ihm Taten verlangte, kniff er; er kneift wie immer, schon wieder; vor etw.* ⟨Dat.⟩ ~: *er hat vor der Prüfung gekniffen* ❖ **kneifen, verkneifen, verkniffen – auskneifen, Kneifzange**

Kneif|zange ['knaif..], **die** 'Zange mit zwei scharfen Schneiden bes. zum Trennen (1) von Draht o.Ä.' (↗ TABL Werkzeuge): *Draht mit der* ~ *durchtrennen; einen Nagel mit der* ~ *herausziehen* ❖ ↗ **kneifen,** ↗ **Zange**

Kneipe ['knaipə], **die**; ~, ~n 'einfach eingerichtete (↗ *einrichten* 2) kleine Gaststätte, in der vor allem Bier, Schnaps ausgeschenkt wird': *eine dunkle, ordinäre, kleine, gemütliche* ~; *in die* ~ *gehen; er sitzt oft in* ~*n;* vgl. *Schenke*

kneten ['kne:tn̩], knetete, hat geknetet 1. /jmd./ *etw. aus etw.* ⟨Dat.⟩ ~ 'etw. aus einer weichen Masse mit den Händen durch Drücken, Pressen formen': *eine Figur aus Ton, Lehm* ~ 2. /jmd./ *etw.* ~ *etw.* mit den Händen durch Drücken, Pressen bearbeiten': *den Teig* ~; *der Masseur hat meine Muskeln ganz schön geknetet* (SYN 'massiert')

Knick [knɪk], **der**; ~s/auch ~es, ~e 1. 'Stelle, an der etw. stark gebogen ist'; ↗ FELD III.1.1: *ein* ~ *in einem Rohr, in einer Leitung; der Weg macht hier einen* ~ ('weicht in einem scharfen Bogen von der bisherigen Richtung ab') 2. 'durch scharfes Umbiegen entstandene Stelle, bes. in Papier': *das Blatt hat einen* ~; *ein* ~ ('eine Falte') *im Stoff, Material* ❖ **knicken, Knicks, knicksen**

* /jmd./ **einen** ~ **in der Optik haben** 'schielen od. nicht richtig sehen können': *du hast wohl einen* ~ *in der Optik, du zeichnest ja alles schief*

knicken ['knɪkn̩] ⟨reg. Vb.; hat/ist⟩ 1.1. ⟨hat⟩ /jmd., etw./ *etw.* ~ 'etw. an einer Stelle scharf umbiegen, ohne dass es ab- bzw. durchbricht'; ↗ FELD III.1.2: *die Seite eines Buchs, den Blumenstengel* ~; *der Sturm hat viele Bäume geknickt* 1.2. ⟨ist⟩ /etw./ 'sich scharf umbiegen, ohne ganz durch-, abzubrechen': *die Bäume knickten wie Strohhalme; durch den schweren Regen knickten die Getreidehalme* ❖ ↗ **Knick**

knick(e)rig ['knɪk[ə]ʀɪç] ⟨Adj.; vorw. präd.⟩ *umg.* /jmd./ ~ *sein* SYN 'geizig sein'; ANT *großzügig*

/auf Personen bez./; ↗ FELD I.2.3: *in Geldsachen
ist er ~; sei doch nicht so ~!; ein ~er Chef*
MERKE Zum Ausfall des ‚e‘ in den flektierten
Formen: ↗ **dunkel**

Knicks [knɪks], **der**; ~es, ~e 'leichtes, kurzes, schnelles Beugen (1) eines Knies als höflicher Gruß von Mädchen vor Erwachsenen od. älteren Menschen' /heute meist unüblich außer im höfischen Zeremoniell/: *einen (tiefen) ~ machen; sich mit einem ~ verabschieden* ❖ ↗ **Knick**

knicksen [ˈknɪksn̩] ⟨reg. Vb.; hat⟩ /bes. Mädchen/ 'einen Knicks machen': *vor jmdm. ~; beim Empfang knickste sie (vor der Queen); tief, ehrerbietig ~* ❖ ↗ **Knick**

Knie [kniː], **das**; ~s, ~ [ˈkniːə/kniː] **1.** 'Gelenk zwischen Ober- und Unterschenkel'; ↗ FELD I.1.1 (↗ TABL Körperteile): *ein rundes, spitzes ~; die ~ beugen; ihm zitterten die ~; auf die ~ fallen; sich das ~ beim Sturz aufschlagen; das Kleid, der Rock reicht bis zum ~* **2.** 'Stelle von Knie (1) im Hosenbein': *er hat ausgebeulte ~; er hat sich die ~ durchgescheuert, zerrissen* **3.** 'gebogene Stelle von etw., bes. einer Rohrleitung': *das ~ des Rohres; der Fluss hat, macht hier ein ~* ❖ **knien — Kniestrumpf**
* /jmd./ *etw.* **übers ~ brechen** ('etw. übereilt entscheiden'); /jmd./ **(vor jmdm.) in die ~ gehen** ('sich der Macht, Gewalt fügen 3); /jmd., bes. Elternteil/ **jmdn. übers ~ legen** ('einem Kind zur Strafe Schläge auf den Hintern geben'); /jmd./ **weiche ~ haben** ('große Angst haben und sich dabei sehr schwach fühlen'); /jmd./ **jmdn. in die ~ zwingen** ('jmd. unterwerfen, besiegen')

knien [kniːn/ˈkniːən], kniete [ˈkniːtə], hat gekniet [gəˈkniːt] **1.1.** /jmd./ *vor etw.* ⟨Dat.⟩, *jmdm., auf etw.* ⟨Dat.⟩ ~ 'eine Haltung (1) einnehmen, bei der ein od. beide Knie den Boden berühren'; ↗ FELD I.1.2, 7.2.2: *vor, neben jmdm. ~; vor dem Altar ~; er kniet auf der Decke; die Gläubigen ~ beim Gebet; eine Arbeit ~d* [ˈkniːənt] *verrichten* **1.2.** /jmd./ *sich irgendwohin ~* 'sich irgendwo so niederlassen, dass man dort kniet (1.1)': *er kniete sich neben sie, auf den Boden* ❖ ↗ **Knie**

Knie|strumpf [ˈkniː..], **der** 'bis zum Knie (1) reichender Strumpf': *Kniestrümpfe anziehen, tragen* ❖ ↗ **Knie**, ↗ **Strumpf**

kniff: ↗ **kneifen**

Kniff [knɪf], **der**; ~s/auch ~es, ~e **1.** 'durch scharfes Umbiegen, Falten entstandene Stelle in Papier, Stoff': *ein ~ in dem Buch, Rock; die Seite hat einen ~; die ~e im Rock ausbügeln, glatt streichen; in etw. einen ~ machen; ~e in die Hose, in den Rock bügeln* **2.** SYN 'Trick (2)': *viele ~e in einem Fach, Handwerk kennen; der kennt alle ~e; ~e lernen; unerlaubte ~e beim Ringen* ❖ ↗ **kniffen**

kniffen [ˈknɪfn̩] ⟨reg. Vb.; hat⟩ /jmd./ *etw. ~* 'in etw. einen Kniff (1) machen': *das Papier, den Bogen ~* ❖ **Kniff**

knipsen [ˈknɪpsn̩] ⟨reg. Vb.; hat⟩ umg. **1.** /jmd./ 'bes. mit den Fingern einen kurzen, hellen Laut hervor-

bringen': *mit den Fingern ~, wenn man sich zu Wort meldet* **2.** /jmd./ *etw., jmdn.* ~ 'etw., jmdn. fotografieren': *das neue Auto ~; die ganze Familie ~; er wurde auf der Bühne, beim Wettlauf geknipst; im Urlaub hat er viel geknipst* **3.** /jmd., bes. Zugpersonal/ *die Fahrkarten ~* (SYN 'lochen 2')

Knirps [knɪrps], **der**; ~es, ~e **1.** umg. 'kleiner Junge': *so ein frecher ~!; da ist ja der ~!; der ~ kann schon schwimmen, Rad fahren* **2.** 'Schirm, den man durch Zusammenschieben verkleinern kann': *den ~ in die Tasche stecken, aufspannen* /auch als Warenzeichen/

knirschen [ˈknɪrʃn̩] ⟨reg. Vb.; hat⟩; ↗ FELD VI.1.2 **1.1.** /etw., bes. Sand/ 'etw. gibt durch Reibung eine Folge von hellen, leisen Geräuschen von sich': *der Schnee, Kies knirscht unter den Füßen; die Reifen knirschten im Sand* **1.2.** /jmd./ *mit den Zähnen ~* ('mit den Zähnen ein Geräusch von knirschen (1.1) hervorbringen') ❖ **zerknirschen**

knistern [ˈknɪstɐn] ⟨reg. Vb.; hat⟩ **1.1.** /etw., bes. Papier/ 'bes. durch Zusammendrücken von sprödem, trockenem Material ein Geräusch hervorbringen, das aus einer Folge von hellen, leisen knackenden Lauten besteht': *das Papier, Stroh, Gras knistert; das Feuer knistert im Kamin; ihre Haare knisterten beim Kämmen* **1.2.** /jmd./ *mit etw. ~* 'mit etw. Geräusche von knistern (1.1) hervorbringen': *mit dem Papier, mit der Aluminiumfolie ~*

Knitter [ˈknɪtɐ], **der**; ~s, ~ ⟨vorw. Pl.⟩ 'durch Knittern entstandene Linie im Stoff': *durch das Sitzen haben sich ~ in der Hose gebildet; die ~ ausbügeln* ❖ **knittern**

knittern [ˈknɪtɐn] ⟨reg. Vb.; hat⟩ **1.** /jmd./ *etw. ~* 'in Stoff kleine Kniffe (1), Falten machen': *knittere den Stoff nicht wieder!* **2.** /etw., bes. Stoff/ 'leichte Falten bekommen': *der Stoff knittert leicht* ❖ ↗ **Knitter**
MERKE Zu *knittern, knüllen:* ↗ **knüllen** (Merke)

knobeln [ˈknoːbl̩n] ⟨reg. Vb.; hat⟩ **1.** /zwei od. mehrere (jmd.)/ 'durch Würfeln o.Ä. eine Entscheidung darüber treffen, wer etw. Bestimmtes tun soll od. etw. erhalten soll': *wir haben geknobelt, wer heute bezahlen muss; um etw. ~: wir knobelten um den Rest, knobelten darum, wer den Rest essen darf* **2.** /jmd./ *an etw.* ⟨Dat.⟩ ~ 'angestrengt an der Lösung eines Problems, einer Aufgabe arbeiten'; ↗ FELD I.4.1.2: *er hat ewig an der Mathematikaufgabe, an dem Rätsel geknobelt;* ⟨mit Nebens.⟩ *sie knobelten lange, wie sie das Zimmer besser, zweckmäßiger einrichten könnten* ❖ **ausknobeln**

Knoblauch [ˈknoːblaʊx], **der**; ~s/auch ~es, ⟨o.Pl.⟩ 'als Gewürz und Heilmittel verwendete Pflanze, die eine Knolle mit kleinen scharf riechenden Zwiebeln ausbildet'; ↗ FELD I.8.1, II.4.1: *das Fleisch, die Pfanne mit ~ einreiben*
MERKE Die kleine Zwiebel einer Knolle heißt die *Zehe (Knoblauchzehe)*

Knöchel [ˈknœçl̩], **der**; ~s, ~; ↗ FELD I.1.1 **1.** 'vorspringender Knochen am Gelenk, das den Fuß mit dem Unterschenkel verbindet': *der Rock reichte bis* *zum ~; bis an die ~ im Wasser, Schnee stehen; sie hat sich den ~ gebrochen, verstaucht* **2.** ˈmittleres Gelenk des Fingers, das beim Beugen des Fingers hervortrittˈ: *er hat harte, spitze ~; mit dem ~ an die Tür klopfen* ❖ ↗ **Knochen**

Knochen [ˈknɔxn̩], **der**; ~s, ~ ˈhartes, festes Teil des Skeletts von Mensch und Wirbeltierˈ; ↗ FELD I.1.1: *ein dicker, dünner langer, flacher ~; Fleisch mit, ohne ~ kaufen; aus ~ eine Brühe kochen; der Hund nagt an einem ~;* /in der kommunikativen Wendung/ *du kannst dir die ~ nummerieren lassen* /sagt jmd. zu jmdm. als massive Drohung, wenn dieser nicht den Forderungen nachkommt/; vgl. *Gräte* ❖ **Knöchel, knochig – Backenknochen, knochentrocken**
* umg. /jmd./ **sich bis auf die ~ blamieren** (ˈsich sehr blamierenˈ); /etw. Anstrengendes/ **auf die ~ gehen** ˈsehr anstrengend seinˈ: *diese Arbeit geht auf die ~;* /jmd./ **für etw., jmdn. die ~ hinhalten** (ˈsich für etw., jmdn. opfernˈ); **bis auf die ~ nass** ˈvöllig durchnässtˈ: *er war nass bis auf die ~;* /etw., bes. Schreck/ **jmdm. in den ~ stecken/sitzen** ˈnoch unter den Nachwirkungen eines negativ empfundenen Gefühls stehenˈ: *der Schreck sitzt mir noch ganz schön in den ~!*

knochen|trocken [ˈ..] ⟨Adj.; o. Steig.; vorw. präd. (mit *sein, werden*)⟩ umg. emot. /etw./ ~ **sein** ˈsehr trocken seinˈ /auf etw. bez., was normalerweise feucht ist/; ↗ FELD III.2.3: *die Erde war ~; als sie die Wäsche von der Leine nahm, war sie ~; durch die Dürre war das Gras ~* ❖ ↗ **Knochen,** ↗ **trocken**
knochig [ˈknɔxɪç] ⟨Adj.; Steig. reg.; vorw. attr.⟩ ˈdeutlich hervortretende starke Knochen aufweisendˈ /auf best. Körperteile bez./; ↗ FELD I.1.3: *ein ~es Gesicht; seine ~en Arme, Beine, Hände, Finger; sein Körper war ~* ❖ ↗ **Knochen**
Knödel [ˈknøːdl̩], **der**; ~s, ~ ⟨oft im Pl.⟩ bes. süddt., österr. SYN ˈKloßˈ: *Schweinefleisch mit ~n; ~ aus Semmeln, Kartoffeln; ~ zubereiten, machen, essen; er isst gern ~*
Knolle [ˈknɔlə], **die**; ~, ~n ˈder Fortpflanzung dienender, vorw. unter der Erde wachsender dicker, rundlicher Teil vieler Pflanzen, der Nährstoffe speichertˈ; ↗ FELD II.4.1: *die ~n der Kartoffel; die ~n der Dahlie ausgraben, einpflanzen;* umg. *die ~n* (ˈdie Kartoffelnˈ) *in den Keller bringen*
Knopf [knɔpf], **der**; ~s/auch ~es, Knöpfe [ˈknœpfə] **1.** ˈkleiner, meist runder, flacher Gegenstand, der bes. an Kleidungsstücken angenäht wird und zum Öffnen und Verschließen od. zur Zierde dientˈ (↗ BILD): *ein blanker, mit Stoff bezogener, modischer ~; ein ~ aus Leder, Glas, Metall, Horn; einen ~ annähen, abschneiden, abreißen, verlieren; mir ist ein ~ abgegangen; den ~ auf-, zumachen* (ˈein Kleidungsstück öffnen, schließen, indem man den Knopf aus dem Knopfloch nimmt, durch das Knopfloch stecktˈ) **2.** ˈkleines, meist rundes Teil, mit dem man elektrische Geräte, Anlagen durch Druck od. Drehen ein- od. ausschaltetˈ: *der ~ der Klingel, am Radio; auf den ~/den ~ drücken; den*

Sender mit dem ~ einstellen; ein Druck auf den ~ genügt, und der Fahrstuhl setzt sich in Bewegung ❖ **knöpfen – abknöpfen, Knopfloch, Druckknopf, zuknöpfen**

Knopf

* **jmdm. geht der ~ auf** (ˈjmd. begreift endlichˈ)
knöpfen [ˈknœpfn̩] ⟨reg. Vb.; hat; vorw. im Inf. u. Part. II⟩ /jmd./ **1.1.** *etw.* ~ ˈein Kleidungsstück mit Hilfe von Knöpfen (1) öffnen od. schließenˈ: *das Kleid ist vorn zu ~; die Bluse wird hinten geknöpft; er hat den Mantel falsch geknöpft* **1.2.** *etw.* ~ ˈzwei Teile eines Kleidungsstücks o.Ä. dadurch verbinden, dass man Knöpfe in Knopflöcher stecktˈ: *die Kapuze wird an den Kragen des Mantels geknöpft; eine Zeltbahn an die andere ~* ❖ ↗ **Knopf**
Knopf|loch [ˈknɔpf..], **das** ˈSchlitz in einem textilen Gegenstand, bes. in einem Kleidungsstück, durch den beim Knöpfen (1.1) der Knopf (1) gesteckt wirdˈ: *die Knopflöcher der Bluse sind verdeckt; das ~ ist zu eng, zu weit, ist ausgefranst* ❖ ↗ **Knopf,** ↗ **Loch**
* umg. emot. **aus allen/sämtlichen Knopflöchern** ˈsehrˈ ⟨mit best. Verben⟩ *er strahlte aus allen Knopflöchern; ihm schaut die Neugier aus allen Knopflöchern* (ˈer ist sehr neugierigˈ); *der stinkt ja aus sämtlichen Knopflöchern* (ˈer stinkt sehrˈ); /jmd./ **aus allen Knopflöchern platzen** (ˈüberaus dick seinˈ)
Knorpel [ˈknɔrpl̩], **der**; ~s, ~ ˈfestes, elastisches Gewebe (2), das das Skelett stützt und Knochen od. Gelenke miteinander verbindetˈ: *die Ohrmuschel ist aus ~* ❖ **knorpelig**
knorpelig [ˈknɔrpəlɪç] ⟨Adj.; Steig. reg., ungebr.; nicht bei Vb.; vorw. attr.⟩ ˈaus Knorpel bestehendˈ /auf Körperliches bez./: *~es Gewebe* ❖ ↗ **Knorpel**
knorrig [ˈknɔrɪç] ⟨Adj.; Steig. reg.; vorw. attr.⟩ **1.** ˈkrumm und unregelmäßig gewachsen und viele Verdickungen aufweisendˈ /vorw. auf Bäume bez./: *eine ~e Eiche; ~e Äste; seine Finger sind ~* **2.** ˈim Holz viele Stellen aufweisend, die durch einen Ast (1) entstanden sindˈ /auf Produkte aus Holz bez./: *ein ~es Brett; ein ~er Balken*
Knospe [ˈknɔspə], **die**; ~, ~n ˈnoch nicht entfaltete Blüte, noch in Blätter eingehüllter Spross an einem Baum, Strauchˈ; ↗ FELD II.4.1: *zarte, kleine, dicke ~n; die ~n treiben, sprießen, entfalten sich, öffnen sich, brechen auf; der Baum hat ~n angesetzt, gebildet; die ~n sind erfroren* ❖ **knospen**
knospen [ˈknɔspm̩] ⟨reg. Vb.; hat; vorw. im Inf. u. Part. I⟩ geh. /bes. Blütenpflanze/ ˈKnospen entwickelnˈ; ↗ FELD II.4.2: *die Blumen, Bäume beginnen zu ~; ~de Zweige, Blumen;* METAPH *das junge ~de* (ˈsich entwickelndeˈ) *Leben; ihre ~de Liebe* ❖ ↗ **Knospe**

knoten ['knoːtn̩], knotete, hat geknotet **1.** /jmd./ etw. ~ 'die beiden Enden eines Fadens, eines Bandes o.Ä. zu einem Knoten (1) schlingen (1)'; SYN binden: *das Schuhband ~; sich* ⟨Dat.⟩ *die Krawatte ~* ('binden'); *sich* ⟨Dat.⟩ *etw. um etw. ~: er hatte sich ein Halstuch um die Stirn geknotet* **2.** /jmd./ *zwei od. mehrere Dinge ~* 'zwei od. mehrere Fäden, Bänder o.Ä. durch einen Knoten (1) (wieder) verbinden'; SYN knüpfen (1): *die gerissenen Fäden, Schnürsenkel ~* ❖ ↗ **Knoten**

Knoten, der; ~s, ~ **1.** 'durch Schlingen (1), Festziehen eines od. mehrerer Fäden o.Ä. entstandene rundliche Verdickung'; ↗ FELD I.7.6.1: *einen ~ machen, binden, lösen, aufmachen; der ~ ist aufgegangen; einen ~ in etw. machen; einen ~ nicht aufbekommen* **2.** 'Frisur, bei der das lange Haar einem Knoten (1) ähnlich geformt ist': *sie trägt meist einen ~; das Haar zu einem ~ aufstecken* ❖ **knoten — Knotenpunkt**
* /jmd./ **den gordischen ~ durchhauen** ('ein schwieriges Problem verblüffend einfach lösen'); **bei jmdm. ist der ~ geplatzt** ('jmd. hat endlich etw. begriffen')

Knoten|punkt ['..], **der** 'Schnittpunkt verschiedener Verkehrswege': *ein ~ internationaler Fluglinien; N war der ~ vieler Handelswege* ❖ ↗ **Knoten,** ↗ **Punkt**

Knuff [knʊf], **der**; ~s, Knüffe ['knʏfə] 'leichter Stoß mit der Faust, dem Ellenbogen (von der Seite)': *jmdm. einen ~ in den Rücken, in die Seite geben, versetzen* ❖ **knuffen**

knuffen ['knʊfn̩] ⟨reg. Vb.; hat⟩ /jmd./ *jmdn. ~* 'jmdm. meist von der Seite einen leichten Stoß mit der Faust, dem Ellenbogen geben': *er knuffte ihn heimlich (in die Seite)* ❖ ↗ **Knuff**

knüllen ['knʏlən] ⟨reg. Vb.; hat⟩ /jmd./ *etw. ~* 'etw., vorw. Papier, so mit der Hand zusammendrücken, dass es Knitter bekommt': *er knüllte den Brief und warf ihn in den Papierkorb*
MERKE Zu *knüllen, knittern:* Im Gegensatz zu *knüllen* wird *knittern* auf weiches, textiles Material bezogen

Knüller ['knʏlɐ], **der**; ~s, ~ umg. emot. 'etw., das großen Anklang findet, gefunden hat': *das Buch, der Film ist, war ein ~*

knüpfen ['knʏpfn̩] ⟨reg. Vb.; hat⟩ **1.** /jmd./ *zwei od. mehrere Dinge ~* SYN 'zwei od. mehrere Dinge knoten (2)': *zerrissene Fäden ~* **2.** /jmd./ *etw. ~* 'etw. aus Fäden u.Ä. in einer bestimmten Technik durch kunstvolles Knoten (1) herstellen': *ein Netz, einen Teppich, Wandbehang ~* ❖ **verknüpfen**

Knüppel ['knʏpl̩], **der**; ~s, ~ 'dicker Stock (zum Schlagen 1.1) von der Länge etwa eines Armes': *er schlug mit einem ~ um sich, auf ihn ein; er ging mit einem ~ auf ihn los;* /in der kommunikativen Wendung/ *da möchte man am liebsten den ~ nehmen* ('da möchte man am liebsten dazwischenschlagen') /sagt jmd., wenn er über etw. empört ist und gewaltsam Ordnung schaffen möchte/
* /jmd./ **jmdm. (einen) ~ zwischen die Beine werfen** ('jmdm. bei der Verwirklichung seines Tuns, Plans hinderlich sein, ihm Schwierigkeiten bereiten')

knurren ['knʊʀən] ⟨reg. Vb.; hat⟩ **1.** /Tier, bes. Hund/ 'brummende, kehlige Laute von sich geben, die seine Drohung ausdrücken'; ↗ FELD VI.1.2: *der Hund knurrte, ließ ein leises Knurren hören* **2.** /jmd., bes. Mann/ *etw. ~* 'etw. unfreundlich, mürrisch äußern'; ↗ FELD I.6.2, VI.1.2: *etw. ungeduldig, ärgerlich, böse ~; "Sei still", knurrte er; er knurrte etw. Unverständliches; über etw. ~: er knurrte über das schlechte Wetter, Essen*

knusprig ['knʊsprɪç] ⟨Adj.; Steig. reg.⟩ **1.** 'mit angenehm spröder, harter Kruste gebacken, gebraten' /auf Gebackenes, Gebratenes bez./: *~e Brötchen, Bratkartoffeln; die Brötchen waren schön ~; eine ~ gebratene Gans* **2.** ⟨nicht bei Vb.⟩ /auf junge weibliche Personen bez./ umg. scherzh. *sie ist noch jung und ~* ('voll jugendlicher Frische'); *ein ~es Mädchen*

k.o. [kaːˈoː] ⟨Adj.; nicht attr.⟩ /Kurzw. für *knockout*/ **1.** Boxen 'durch einen Schlag (1) (bewusstlos und) kampfunfähig' /auf Boxer bez./: *den Gegner ~ schlagen; ~ sein; er war schon in der ersten Runde ~* **2.** umg. SYN 'abgespannt'; ANT frisch (3) /auf Personen bez./: *er fühlt sich heute völlig ~, ist ganz ~*

K.o., der; ~s, ~s /Kurzw. für *knockout*/ Boxen /zu *k.o.* 1/ 'Zustand, wenn man durch einen vorausgegangenen Schlag (1) nicht mehr zum Kämpfen fähig ist': *er siegte, verlor durch ~; ein ~ technischer ~*

Koalition [koˈaliˈtsjoːn], **die**; ~, ~en 'Bündnis zwischen zwei od. mehreren politischen Parteien mit dem Ziel, im Parlament die Mehrheit (1.2) zu erringen': *beide Parteien bilden eine ~; mit einer Partei eine ~ bilden; mit einer anderen Partei eine ~ eingehen; eine ~ zwischen CDU, CSU und FDP; die ~ ist gescheitert; eine ~ große ~*

Kobold ['koːbɔlt], **der**; ~s/auch ~es, ~e 'Schabernack treibender Zwerg in Märchen': *in dem Haus trieben ~e ihr Unwesen*

Koch [kɔx], **der**; ~s/auch ~es, Köche ['kœçə] 'männliche Person, die beruflich (in einem Restaurant) Speisen zubereitet': *er arbeitet als ~ in einem Hotel* ❖ **kochen, Kocher, Köchin** — **abkochen, aufkochen, auskochen, einkochen, kochfest, Kochlöffel, -topf**

kochen ['kɔxn̩] ⟨reg. Vb.; hat⟩ **1.** /jmd./ ↗ FELD VI.5.2 **1.1.** *etw. ~* 'Nahrungsmittel in einem mit Wasser gefüllten Topf auf Siedetemperatur bringen und garen (1.1)': *Kartoffeln, Eier ~; das Fleisch auf kleiner Flamme weich, gar ~* **1.2.** *etw. ~* 'eine Speise durch Kochen (1.1) zubereiten': *das Essen, die Suppe ~; sie hat Kochen gelernt; er kocht gern* **1.3.** *Tee, Kaffee ~* ('Tee, Kaffee mit heißem Wasser zubereiten'); *ich werde uns schnell mal einen Tee ~* **2.** /jmd./ *Wäsche ~* ('schmutzige Wäsche in Lauge 1 auf Siedetemperatur bringen, um den Schmutz zu lösen') **3.** /Flüssigkeit, Speisen/ 'sich in Siedetemperatur befinden': *das Wasser, die Milch kocht (schon); die Suppe kocht schon; die Eier dürfen nur drei Minuten ~; die ~de Milch vom Herd nehmen; das Wasser ist ~d heiß* ('sehr heiß') **4.** emot. *die See kocht* ('ist stark bewegt'; ↗ ¹*bewegen 1*') ❖ ↗ **Koch**

Kocher ['kɔxɐ], **der**; ~s, ~ 'kleines, mit Strom, Gas o.Ä. beheiztes Gerät, auf dem man Speisen, Getränke kochen (1.2) kann'; ↗ FELD VI.5.1: *den ~ ein-, ausschalten* ❖ ↗ **Koch**
koch|fest ['kɔx..] ⟨Adj.; o. Steig.; nicht bei Vb.⟩ 'mit der Eigenschaft, dass es beim Kochen nicht die Farbe verliert od. schrumpft' /auf Textilien bez./: *eine ~e Bluse* ❖ ↗ **Koch**, ↗ **-fest**
Köchin ['kœç..], **die**; ~, ~nen /zu *Koch*; weibl./ ❖ ↗ **Koch**

Koch ['kɔx..]**|-löffel, der** 'hölzerner, großer Löffel, der beim Zubereiten von Speisen bes. zum Umrühren verwendet wird' (↗ BILD); ↗ FELD V.5.1: *die Suppe mit dem ~ umrühren* ❖ ↗ Koch, ↗ Löffel; **-topf, der** 'Topf (1) zum Kochen (1.2) von Nahrungsmitteln'; ↗ FELD V.5.1 (↗ BILD): *ein emaillierter, gusseiserner ~; den ~ aufsetzen, vom Herd nehmen* ❖ ↗ Koch, ↗ Topf

Kode ['koːt/'koːdə], **der**; ~s, ~s SYN 'Schlüssel (2)': *den ~ entschlüsseln, eingeben* ❖ **kodieren**
MERKE Daneben gibt es die Schreibung mit *c* (*Code*)
Köder ['køːdɐ], **der**; ~s, ~ **1.** 'Mittel, bes. Nahrung, mit dem man Tiere anlockt, um sie zu fangen': *einen ~ auslegen; beim Angeln Regenwürmer als ~ benutzen; der Fisch schnappte nach dem ~* **2.** 'etw., womit man jmdn. ködern (2) will': *die Einladung, sein Versprechen sollte nur als ~ dienen* ❖ **ködern**
ködern ['køːdɐn] ⟨reg. Vb.; hat⟩ **1.** /jmd., bes. Fischer, Jäger/ *ein Tier ~* 'ein Tier mit einem Köder (1) zu fangen suchen': *einen Fisch, Fuchs ~* **2.** umg. /jmd., Institution/ *jmdn. (mit etw.) ~* 'durch Angebote, Geschenke zu einem bestimmten Verhalten, Tun zu veranlassen suchen': *jmdn. mit etw. zu ~ suchen; man hat ihn mit einem günstigen Angebot geködert; er ließ sich nicht ~* ❖ ↗ **Köder**
kodieren [ko'diːʀən] ⟨reg. Vb.; hat⟩ /jmd./ *etw. ~* SYN 'etw. verschlüsseln'; ANT dekodieren, entschlüsseln ❖ *einen Text ~; eine kodierte Nachricht erhalten* ❖ ↗ **Kode**
Koffein [kɔfe'iːn], **das**; ~s, ⟨o.Pl.⟩ 'bes. im Kaffee und Tee enthaltener, bitter schmeckender Stoff mit anregender Wirkung': *dieser Kaffee enthält kein ~*
Koffer ['kɔfɐ], **der**; ~s, ~ 'rechteckiger, relativ flacher, verschließbarer Behälter mit Deckel und Handgriff, der auf der Reise zum Transport von Kleidung u. a. dient'; ↗ FELD V.7.1 (↗ TABL Behälter): *ein kleiner, leichter, schwerer, handlicher, eleganter ~; den ~ (aus)packen, öffnen, aufklappen, schließen; etw. in den ~ tun; den ~ tragen, in der Gepäckaufbewahrung abgeben; der ~ ist verloren gegangen* ❖ **Kofferraum**
* /jmd./ *aus dem ~ leben* ('ständig unterwegs sein und sich dadurch nirgends häuslich einrichten können'); /jmd./ *die/seine ~ packen* ('abreisen')
Koffer|raum ['..], **der** 'Raum für das Gepäck in einem Personenkraftwagen': *ein kleiner, großer ~; den ~ öffnen, schließen; im ~ lag eine Leiche* ❖ ↗ **Koffer**, ↗ **Raum**
Kognak ['kɔnjak], **der**; ~s, ~e/auch ~s ⟨mit Mengenangabe Pl.: Kognak⟩ '(in Frankreich hergestellter) Weinbrand'; ↗ FELD I.8.1: *ein guter, alter, weicher ~; Herr Ober, bitte zwei ~!* ❖ **Kognakschwenker**
Kognak|schwenker ['..ʃvɛŋkɐ], **der**; ~s, ~ 'mit einem Fuß versehenes bauchiges, oben enges Glas (2.1) für Weinbrand'; ↗ FELD V.7.1 (↗ TABL Gefäße): *ein ~ aus farbigem Glas* ❖ ↗ **Kognak**, ↗ **schwenken**
Kohl [koːl], **der**; ~s, ⟨o.Pl.⟩ **1.** 'krautige Gemüsepflanze, die in bestimmten Arten große Köpfe (3) ausbildet'; SYN Kraut (3.1); ↗ FELD I.8.1, II.4.1 (↗ TABL Gemüsearten): *~ anpflanzen, anbauen, zubereiten, putzen, kochen;* /in der kommunikativen Wendung/ *das macht den ~ auch nicht fett!* /wird gesagt, wenn man glaubt, dass sich trotz aller Bemühungen nichts bessern lassen wird/ **2.** umg. SYN 'Unsinn (1)': *rede, quatsch nicht so viel, solchen ~!; das ist ja alles ~!* ❖ **Kohlrabi, -rübe** — **Grünkohl, Rosenkohl, Rotkohl, Weißkohl, Wirsingkohl**
Kohl|dampf ['..]
* umg. /jmd./ *~ haben/schieben* 'großen Hunger haben': *in der Gefangenschaft mussten sie ~ schieben*
Kohle ['koːlə], **die**; ~, ~n **1.1.** ⟨o.Pl.⟩ 'durch Ablagerung pflanzlicher Stoffe entstandenes, brennbares, meist schwarzes Material mit einem hohen Anteil an Kohlenstoff'; ↗ FELD II.5.1: *~ abbauen, fördern; aus ~ Teer, Farben, Benzin gewinnen* **1.2.** ⟨vorw. Pl.⟩ 'Kohle (1.1) als Brennstoff zum Heizen': *glühende ~n; mit ~n heizen; ~n einkellern; einen Eimer ~n aus dem Keller holen; die ~n sind alle, sind durchgebrannt* **2.** ⟨o.Pl.⟩ 'Stift aus Kohle (1.1) zum Zeichnen (1)': *etw. mit ~ zeichnen* **3.** ⟨vorw. Pl.⟩ umg. scherzh. SYN 'Geld (1)': *Hauptsache, die ~ stimmt, die ~n stimmen!; der hat viel ~(n)* ❖ **Braunkohle, Holzkohle, Steinkohle** — **Kohlepapier, kohlrabenschwarz**
* /jmd./ *(wie) auf glühenden ~n sitzen* ('in einer bestimmten Situation in angespannter Erwartung und Unruhe sein')
Kohlen ['koːlən..]**|-säure, die** ⟨o.Pl.⟩ 'schwache Säure des in Wasser gelösten Kohlendioxids': *Selters enthält ~* ❖ ↗ sauer; **-stoff, der** ⟨o.Pl.⟩ 'chemisches Element, das wesentlicher Bestandteil aller lebenden Organismen ist und in reiner Form als Graphit und Diamant vorkommt' /chem. Symb. C/; ↗ FELD II.5.1: *Diamant, Graphit ist reiner ~* ❖ ↗

Stoff; **-wasserstoff, der** ˈchemische Verbindung aus Kohlenstoff und Wasserstoffˈ ❖ ↗ Wasser, ↗ Stoff

Kohle|papier [ˈkoːlə..], **das** ⟨o.Pl.⟩ ˈdünnes, einseitig gefärbtes Papier, mit Hilfe dessen man durch den Druck (1) beim Schreiben auf darunter liegenden Seiten Texte u.Ä. kopieren (2) kannˈ: ~ zwischen die Seiten legen; Seiten mit ~ vervielfältigen ❖ ↗ **Kohle,** ↗ **Papier**

kohlrabenschwarz [ˈkoːlraːbm̩..] ⟨Adj.; o. Steig.⟩ umg. emot.: sie hat ~es (ˈintensiv schwarzesˈ; ↗ FELD VI.2.3) Haar; ihr Haar ist ~ ❖ ↗ **Kohle,** ↗ **Rabe,** ↗ **schwarz**

Kohlrabi [koːlˈraːbi], **der**; ~/auch ~s, ~s **1.** ⟨o.Pl.⟩ ˈGemüsepflanze, die am Stengel kurz über der Erde eine essbare Knolle ausbildetˈ; ↗ FELD II.4.1 (↗ TABL Gemüsearten): ~ anbauen, ernten **2.** ˈKnolle von Kohlrabi (1)ˈ; ↗ FELD I.8.1: junge, zarte ~s; ~ kochen, essen ❖ ↗ **Kohl**

Kohl|rübe [ˈkoːl..], **die 1.** ˈPflanze, die eine knollenartige gelbliche od. weißliche Wurzel ausbildet und als Gemüse od. Futter dientˈ: ~n pflanzen, ernten **2.** ˈWurzel von Kohlrübe (1)ˈ: ein Eintopf aus, mit ~n; die Kühe mit ~n füttern; aus ~n einen Brei kochen ❖ ↗ **Kohl,** ↗ **Rübe**

koitieren [koi̯ˈtiːrən], koitierte, hat koitiert /zwei (Mann und Frau)/ ˈden Koitus vollziehenˈ: sie koitierten beide; /jmd./ mit jmdm. ~ ❖ ↗ **Koitus**

Koitus [ˈkoːitʊs], **der**; ~, ~/auch ~se ⟨vorw. Sg.⟩ ˈGeschlechtsaktˈ: den ~ vollziehen, ausüben ❖ **koitieren**

Koje [ˈkoːjə], **die**; ~, ~n **1.** ˈ(in die Wand eingefügtes) Bett auf Schiffenˈ: er schläft in seiner ~ **2.** ˈkleiner, nach oben und nach einer Seite offener, separater Raum in einer Halle, bes. auf Ausstellungenˈ **3.** umg. scherzh. ˈBettˈ /beschränkt verbindbar/: ab in die ~!

Kokain [kokaˈiːn], **das**; ~s, ⟨o.Pl.⟩ ˈals Rauschgift verwendeter Stoff, der schmerzstillend wirktˈ: ~ schnupfen

kokett [koˈkɛt] ⟨Adj.; Steig. reg.⟩ ˈdanach strebend, durch sein Gebaren Aufmerksamkeit zu erregen und anderen, bes. Männern, zu gefallenˈ /vorw. auf weibl. Personen bez./: ein ~es junges Mädchen; ein ~es Lachen, Benehmen; ~ lächeln; sie ist ganz schön ~! ❖ **kokettieren**

kokettieren [kokɛˈtiːrən] ⟨reg. Vb.; hat⟩ **1.** /jmd./, bes. weibl. Person/ mit jmdm. ~ ˈsich einem Mann gegenüber kokett benehmenˈ; SYN flirten: sie kokettierte mit ihm **2.** /jmd./ mit etw. ~ ˈauf seine eigene Schwäche (2), seinen körperlichen, charakterlichen Mangel spielerisch hinweisen, um sich interessant zu machenˈ: er kokettierte mit seinem Alter, seinen grauen Schläfen, seiner Denkweise **3.** /jmd./ mit etw. ~: er kokettierte mit dem Gedanken, dass ... (ˈdachte nicht ganz ernsthaft darüber nach, dass/ob ...ˈ); sie ~ (SYN ˈspielen 8ˈ) mit der Gefahr ❖ ↗ **kokett**

Kokon [koˈkɔn/ko'kõ], **der**; ~s, ~s ˈfeste Hülle, in der sich bestimmte Larven (II) zu Puppen (3) umbilden

od. mit der sie ihre Eier umgebenˈ: die ~s der Seidenraupen

Kokos [ˈkoːkɔs..]|**-nuss, die** ˈFrucht der Kokospalmeˈ: die ~ aufschlagen; die Milch in der ~ ❖ ↗ Nuss; **-palme, die** ˈbis zu 25 Meter hohe Palme mit gefiederten Blättern und großen braunen ovalen Früchten mit einer harten Schaleˈ ❖ ↗ Palme

Koks [koːks], **der**; ~es, ⟨o.Pl.⟩ **I.** ˈfester Brennstoff mit großer Heizkraft, der durch eine spezifische Form der Verbrennung bes. aus Steinkohle gewonnen wirdˈ; ↗ FELD II.5.1: mit ~ heizen – **II.** ⟨o. Art.⟩ umg. scherzh. SYN ˈGeld (1)ˈ: der hat viel ~! – **III.** ⟨vorw. o. Art.⟩ ˈKokainˈ: ~ nehmen, schnupfen

Kolben [ˈkɔlbm̩], **der**; ~s, ~ **1.** Techn. ˈsich im Zylinder (2) eines Motors auf- und ab bewegendes Teil zum mechanischen Übertragen (4.1) von Energieˈ: der ~ des Motors hat sich festgefressen **2.** ˈaus dickem Holz geformter länglicher hinterer Teil des Gewehrsˈ: den ~ fest an die Schulter drücken; mit dem ~ auf jmdn. einschlagen; jmdm. mit dem ~ stoßen; ein Hieb mit dem ~ **3.** ˈdie Blüten, Früchte tragendes längliches und rundes Teil bestimmter Pflanzenˈ: der ~ des Maises ❖ **Maiskolben**

Kolik [koˈliːk], **die**; ~, ~en ˈkrampfartiger Schmerz, z. B. im Bereich von Niere, Darm, Galle od. Magenˈ: eine heftige ~; er hatte eine ~

Kollaps [ˈkɔlaps], **der**; ~es, ~e ˈkörperlicher Zusammenbruch durch plötzliches Versagen des Blutkreislaufsˈ: durch den Unfall erlitt er einen ~; einen ~ haben

Kollege [kɔˈleːɡə], **der**; ~n, ~n; ABK Koll. ˈjmd., mit dem man im selben Betrieb od. im selben Beruf tätig istˈ; /auch als Anrede der Mitarbeiter eines Betriebes untereinander od. für Fachleute des gleichen Fachs, für Mitglieder der Gewerkschaft/: ein neuer, erfahrener, beliebter ~; er ist mein ~; männliche, weibliche ~n; ~ Meier, Ihre Frau hat angerufen; ~ (B), kannst du mir mal helfen?; liebe Kolleginnen und ~!; der Arzt zog einen ~n zur Beratung hinzu ❖ **Kollegin**
MERKE In Verbindung mit einem Personennamen wird Kollege flektiert, aber auch nicht flektiert verwendet: wir rechnen mit Kollegen Meiers Unterstützung, auch: mit Kollege Meiers Unterstützung; mit bestimmtem Artikel wird Kollege entsprechend dem Kasus flektiert: die Unterstützung des Kollegen Meier, durch den Kollegen Meier. Zu Herr, Kollege in der Anrede: ↗ Herr

Kollegin [kɔˈleːɡ..], **die**; ~, ~nen /zu Kollege; weibl./ ❖ ↗ **Kollege**

Kollektion [kɔlɛkˈtsi̯oːn], **die**; ~, ~en ˈzur Information der Käufer zusammengestellte Muster bes. von den neuesten Modellen bei Textilienˈ: eine ~ zusammenstellen; die neuesten ~en der Frühjahrsmode auf der Messe vorstellen, vorführen

kollektiv [kɔlɛkˈtiːf] ⟨Adj.; o. Steig.; vorw. attr. u. bei Vb.⟩ ˈvon allen Mitgliedern einer Gemeinschaft gemeinsam durchgeführt, alle Mitglieder einer Gemeinschaft betreffendˈ; SYN gemeinschaftlich (2)

/vorw. auf Tätigkeiten bez./: *eine ~e Zusammenarbeit, Beratung, Aussprache; die ~e Schuld an einem Verbrechen; etw. ~ bearbeiten, beraten* ❖ **Kollektiv**

Kollektiv, das; ~s, ~e vorw. ehem. DDR 'Gemeinschaft, Gruppe von Menschen, die durch bestimmte Aufgaben, Interessen verbunden sind'; ↗ FELD I.11: *sie waren ein gutes ~; ein ~ von Schülern, Arbeitern; ein ~ junger Wissenschaftler; ein ~ bilden; zu einem ~ zusammenwachsen; vgl. Team* ❖ ↗ **kollektiv**

Koller ['kɔlɐ], **der**; ~s, ~ umg. 'heftiger, anfallartiger Ausbruch von Wut'; ↗ FELD I.6.1: *einen ~ kriegen; er hat mal wieder seinen ~*

kollidieren [kɔli'diːʁən], kollidierte, hat/ist kollidiert **1.** ⟨ist⟩ /zwei od. mehrere (Fahrzeuge)/ SYN 'zusammenstoßen': *die Fahrzeuge, Schiffe kollidierten im Nebel; zwei Flugzeuge sind in der Luft kollidiert;* /Fahrzeug/ *mit einem Fahrzeug ~: auf der Straße ist ein Auto mit einem Motorrad, Lastwagen kollidiert* **2.** ⟨hat⟩ /zwei od. mehrere (etw., bes. Veranstaltungen)/ 'sich zeitlich überschneiden (2)': *die beiden Veranstaltungen, Vorlesungen ~ (miteinander);* /etw./ *mit etw. ~: der Plan kollidiert mit den Beschlüssen des Gemeinderates* **3.** ⟨hat⟩ /zwei od. mehrere (etw., bes. etw. Abstraktes)/ *ihre Absichten, Meinungen ~* ('stehen miteinander im Widerstreit'); *~de Interessen;* /etw./ *mit etw. ~: meine Meinung kollidierte mit der meiner Kollegen* ❖ **Kollision**

Kollision [kɔli'zioːn], **die**; ~, ~en **1.** SYN 'Zusammenstoß (1)': *eine ~ zwischen Autos, Schiffen; eine ~ verursachen; die ~ eines Schiffes mit einem Eisberg; bei der ~ kamen drei Fahrgäste ums Leben* **2.** 'Konflikt (1)': *eine ~ zwischen Vater und Sohn; mit etw., jmdm. in ~ kommen, geraten* ❖ ↗ **kollidieren**

Kolloquium [kɔ'lɔkvi̯ʊm/..loː..], **das**; ~s, Kolloquien [..kvi̯ən] 'Zusammenkunft eines Kreises von Wissenschaftlern, Fachleuten zum Zwecke der Diskussion, die meist nicht länger als einen Tag dauert': *ein ~ veranstalten, durchführen, abhalten; ein ~ über Wirtschaftspolitik*

MERKE *Kolloquium, Konferenz, Kongress, Sitzung, Symposium* und *Tagung* bedeuten die Zusammenkunft eines Personenkreises zum Zwecke des Austausches, der Diskussion, wobei der *Kongress* in der Regel mehrere Tage, die *Konferenz* und *Tagung* einen od. mehrere Tage, die *Sitzung* nicht mehr als maximal einen Tag, das *Symposium* meist einen Tag und das *Kolloquium* meist nicht länger als einen Tag dauert

kolonial [kolo'ni̯aːl] ⟨Adj.; o. Steig.; nur attr.⟩ 'die Kolonien (1) betreffend' /vorw. auf best. Tätigkeiten bez./: *die ~e Unterdrückung; ~e Eroberungen; die Bevölkerung hat das ~e Joch abgeworfen* ❖ ↗ **Kolonie**

Kolonie [kolo'niː], **die**; ~, ~en [..'niːən] **1.** 'von einem Staat unterworfenes Gebiet, bes. in Übersee, das von ihm politisch und wirtschaftlich beherrscht wird': *eine frühere französische ~ in Afrika; die ehemaligen britischen ~n; die nationale Befreiung der*

~n **2.** 'in größeren Gruppen in einem fremden Land lebende Angehörige (2) eines Staates, die gemeinsame Interessen und die Traditionen ihrer Heimat pflegen': *die französische ~ im ehemaligen Preußen; die deutschen, russischen Emigranten bildeten dort eine große ~* **3.** 'Ansammlung von Bakterien durch Züchtung auf festem Nährboden od. Ansammlung von Tieren derselben Art auf einem bestimmten Gebiet': *eine ~, ~n züchten; Möwen brüten in ~n* ❖ **kolonial**

Kolonne [ko'lɔnə], **die**; ~, ~n **1.** '(größere) Gruppe von Menschen, die sich in Formation od. nicht geordnet auf der Straße zu Fuß fortbewegen': *lange, endlose ~n von Flüchtlingen; die ~ der Demonstranten; sich in ~n ordnen, in eine ~ einreihen; er ging an der Spitze der ~; in ~n marschieren* **2.** 'Gruppe von Kraftwagen, die über längere Zeit in gleichem Tempo hintereinander fahren': *eine ~ Militärfahrzeuge; eine motorisierte ~; wir mussten die ganze Strecke ~* ('in einer langen Reihe von Fahrzeugen') *fahren; es kam zur Bildung von ~n; eine ~ bildet sich, löst sich auf* ❖ **Marschkolonne**

Kolorit [kolo'ʁiːt], **das**; ~s/auch ~es, ~e **1.** 'Wirkung, die von einer Farbgebung ausgeht': *das Bild hat ein düsteres, freundliches ~* **2.** 'besondere Atmosphäre (2.2) von etw.': *das besondere, mittelalterliche, moderne ~ einer Stadt; das romantische ~ einer Landschaft; ein Roman mit historischem ~* **3.** 'Art und Weise, wie etw. klingt': *das bezaubernde ~ ihrer Stimme; das unverwechselbare ~ dieses Orchesters*

Koloss [ko'lɔs], **der**; ~es, ~e 'riesiges, massiges Gebilde': *das Gebäude ist ein mächtiger ~; ein stählerner ~* ('ein Panzer'); umg. *ein unförmiger ~* ('starkes, riesiges, schweres Lebewesen') *wälzte sich aus dem Wasser; er ist ein ~* ('ein überaus großer und breiter Mensch') ❖ **kolossal**

kolossal [kolo'saːl] ⟨Adj.; vorw. attr.⟩ **I.1.** ⟨Steig. reg.⟩ SYN 'gewaltig (1)': *ein ~es Bauwerk; eine ~e Statue; eine Inschrift mit ~en Buchstaben* **2.** ⟨nicht bei Vb.⟩ umg. emot. SYN 'gewaltig (2)' /auf Abstraktes, Negatives od. Positives bez./: *das ist eine ~e Schlamperei, Dummheit; die ~e Kraft dieses Tieres; ~es Glück haben; die Wirkung, der Eindruck des Stückes war ~; der ~e Eindruck dieses Stückes* — **II.** ⟨Adv.; vor Adj., Adv.; bei Vb.⟩ umg. emot. 'überaus': *wir haben uns ~ gefreut; er war ~ glücklich, hungrig, durstig; das ist mir ~ gleichgültig* ❖ ↗ **Koloss**

Kolportage [kɔlpɔʁ'taːʒə], **die**; ~, ⟨o.Pl.⟩ 'minderwertige, auf billige (3) Effekte zielende Literatur': *dieser Roman ist (die) reinste ~* ❖ ↗ **kolportieren**

kolportieren [kɔlpɔʁ'tiːʁən], kolportierte, hat kolportiert /jmd./ *etw. ~* 'jmds. Äußerung als Klatsch, Gerücht verbreiten': *jmds. Worte, Äußerung ~; eine unwahre Behauptung ~; dieser Vorfall ist sofort kolportiert worden* ❖ **Kolportage**

Kombi ['kɔmbi], **der**; ~s, ~s /Kurzw. für ↗ *Kombiwagen*/: *etw. mit dem ~ transportieren* ❖ ↗ **kombinieren**

Kombination [kɔmbinɑ'tsi̯oːn]‚ **die**; ~, ~en **1.** 'Verknüpfung, Verbindung von gedanklichen Elementen, die zu einer Schlussfolgerung führt': *eine kühne, falsche, scharfsinnige ~; seine ~en führten zur Ergreifung des Mörders; etw. durch ~ lösen, ermitteln* **2.1.** 'Zusammenstellung verschiedener Dinge zu einem Ganzen': *die ~ verschiedener Farben, Materialien; eine tolle, gelungene ~; wir haben alle möglichen ~en durchprobiert; die ~* ('bestimmte Reihenfolge von Zahlen, durch die sich das Schloss öffnen lässt') *des Safes kennt nur der Besitzer* **2.2.** 'Kleidungsstück, bei dem Hose und Oberteil aus einem Stück bestehen': *der Pilot, Monteur trug eine ~* **3.** Ballspiele 'gezieltes, geschicktes Zusammenspiel zwischen einzelnen Spielern in einer Mannschaft (1.1)': *eine blitzschnelle, glänzende ~; nach einer geglückten ~ wurde endlich das Tor erzielt* ❖ ↗ **kombinieren**

kombinieren [kɔmbi'niːʀən]‚ kombinierte, hat kombiniert /jmd./ 'gedankliche Elemente verbinden und dadurch zu einer Schlussfolgerung gelangen': *er hat richtig kombiniert; er kann schnell, gut, scharfsinnig ~; etw. ~: er hat das sofort kombiniert;* 〈mit Nebens.〉 *er kombinierte sofort, dass seine Kinder nicht zu Hause sein könnten* ❖ **Kombi, Kombination − Kombiwagen, -zange**

Kombi ['kɔmbi..]|**-wagen, der**; ↗ auch *Kombi* 'Personenkraftwagen mit einer Ladefläche, die sich im Innenraum hinter den Sitzen befindet': *einen ~ beladen, fahren; etw. mit einem ~ transportieren* ❖ ↗ kombinieren, ↗ Wagen; **-zange, die** 'für verschiedene Zwecke konstruierte Zange (1)' (↗ TABL Werkzeuge): *mit der ~ einen Draht durchschneiden* ❖ ↗ kombinieren, ↗ Zange

Komet [ko'meːt]‚ **der**; ~en, ~en 'Himmelskörper, der sich auf langer Bahn um die Sonne bewegt und eine leuchtende, schweifartige Wolke ausbilden kann': *ein leuchtender ~*

Komfort [kɔm'foːɐ̯]‚ **der**; ~s, 〈o.Pl.〉 'der Behaglichkeit dienende, oft luxuriöse Ausstattung, Einrichtung einer Wohnung, eines Arbeitsraums o.Ä.': *eine Wohnung mit allem ~; sich ein wenig ~ leisten; ein Auto mit dem höchsten technischen ~; die Räume sind mit (allem) ~ ausgestattet; auf ~ verzichten* ❖ **komfortabel**

komfortabel [kɔmfɔʀ'taːbl̩] 〈Adj.; o. Steig.〉 'mit Komfort ausgestattet': *ein komfortables Hotelzimmer, Wochenendhaus; die Wohnung ist sehr ~ (ausgestattet)* ❖ ↗ **Komfort**

Komik ['koːmɪk]‚ **die**; ~, 〈o.Pl.〉 'erheiternde, das Lachen erregende Wirkung von etw.': *Sinn für ~ haben; die Situation entbehrte nicht der ~* ('die Situation war komisch'); *seine Reaktion war von unfreiwilliger ~* ('war komisch, obwohl er es nicht beabsichtigt hatte') ❖ **Komiker, komisch − tragikomisch**

Komiker ['koːmɪkɐ]‚ **der**; ~s, ~ 'jmd., bes. Darsteller, dessen Worte, Gesten od. Darstellung (1) das Ziel haben, Heiterkeit zu erregen': *ein bekannter, großartiger ~* ❖ ↗ **Komik**

komisch ['koːm..] 〈Adj.〉 **1.** 〈Steig. reg.〉 'erheiternd, zum Lachen reizend': *er machte ein ~es Gesicht;* SYN 'ulkig (1), spaßig': *eine ~e Geschichte, Situation; er sah ganz ~ aus; das klingt, wirkt ~* **2.** 〈Steig. reg., ungebr.〉 SYN 'merkwürdig' /auf Personen, Abstraktes bez./: *ein ~er Mensch; ein ~es Gefühl haben; sein Benehmen ist ~; er hat einen ~en Geschmack; mir ist so ~ zumute* ❖ ↗ **Komik**

Komitee [komi'teː]‚ **das**; ~s, ~s '(als ständige Institution) für bestimmte Aufgaben gewählte od. berufene Gruppe von Personen': ↗ FELD I.11: *ein vorbereitendes ~; das Internationale Olympische ~* (ABK: IOK); *das ~ tagt; ein ~ gründen, wählen; jmdn. in ein ~ wählen; einem ~ angehören;* vgl. *Kommission*

Komma ['kɔmɑ]‚ **das**; ~s, ~s 'Satzzeichen in Form eines kleinen, gebogenen Strichs' /Zeichen, / **1.1.** /zum Trennen von Satzteilen od. Sätzen/: *ein ~ setzen; den Nebensatz durch ein ~ vom Hauptsatz trennen; hier muss ein ~ stehen, hier fehlt ein ~* **1.2.** /bei Dezimalzahlen/ *etw. bis auf zwei Stellen hinter dem ~ berechnen; zwei ~ acht Meter (2,8 m) hoch* (sprich: *zwei Komma acht*)

Kommandeur [kɔman'døːɐ̯]‚ **der**; ~s, ~e 'Leiter einer größeren militärischen Einheit mit der Befugnis, Befehle zu erteilen': *der ~ befahl den Angriff, Rückzug; er wurde zum ~ ernannt* ❖ ↗ **kommandieren**

kommandieren [kɔman'diːʀən]‚ kommandierte, hat kommandiert **1.** /militärischer Vorgesetzter/ *etw., eine Truppe ~* 'über etw., eine Truppe befehlen (2)': *er kommandierte das vierte Regiment, die fünfte Armee* **2.** /jmd./ *jmdn. irgendwohin ~* 'jmdn. irgendwohin abkommandieren': *er wurde in eine andere Abteilung, eine andere Einheit, an die Front kommandiert* **3.1.** 〈steht vorw. hinter der wörtlichen Rede〉 /bes. Offizier/ 'ein Kommando geben': *er kommandierte „Stillgestanden!“; „Rechtsum!“, kommandierte er; etw. ~: er kommandierte eine Feuerpause, den Rückzug* **3.2.** /jmd./ 'Anordnungen treffen, andere Befehle erteilen': *sie kommandiert gern, will immer ~* ❖ **Kommandeur, Kommando − abkommandieren**

Kommando [kɔ'mando]‚ **das**; ~s, ~s **1.** 'meist mündlich erteilter, knapper, militärischer Befehl': *ein ~ geben; etw. auf ~ tun; ein kurzes, scharfes ~; es ertönte ein ~; ein ~ brüllen; sie rannten wie auf ~ los* **2.** 〈o.Pl.〉 'Befugnis, jmdm., einer Gruppe für die Durchführung einer Aufgabe (1) Befehle zu erteilen': *das ~ übernehmen; das ~ über eine Truppe, ein Schiff haben; unter jmds. ~ stehen; jmdm. das ~ erteilen; das ~ abgeben;* vgl. *Befehl (2)* ❖ ↗ **kommandieren**

kommen ['kɔmən]‚ kam [kɑːm]‚ ist gekommen **1.** /jmd., etw., bes. Verkehrsmittel/ **1.1.** 'sich (zu Fuß od. in einem Fahrzeug) auf ein Ziel hin bewegen, das meist mit dem Standort des Sprechers identisch ist'; ↗ FELD I.7.2.2: *er, der Zug, der Bus kommt; er, sie konnte nicht ~; der Brief, die Einladung ist gekommen* (SYN angekommen, ↗ ankommen 1); *er kommt zu Fuß, mit der Bahn; hier herrscht ein stän-*

diges Kommen und Gehen; ⟨+ Inf. ohne *zu*⟩ *er kam gratulieren; sie kam uns besuchen, begrüßen, abholen; niemand kam öffnen; jmdn., etw.* ~ *lassen: er ließ einen Arzt, ein Taxi* ~ (SYN 'forderte einen Arzt, ein Taxi an', ↗ *anfordern* '); *angefahren, angelaufen* ~ ('sich laufend, fahrend nähern') **1.2.** *irgendwohin* ~ 'an ein bestimmtes Ziel gelangen': *wie komme ich zum Bahnhof?; er kommt morgen nach Hause, nach Berlin; das Boot kommt ans Ufer; im Januar kommt sie nach Dresden* ('zieht sie nach Dresden, um dort zu arbeiten'); *sie kommt morgen zu uns* ('besucht uns morgen') **1.3.** *irgendwoher* ~ 'sich von einem bestimmten Ort weg zu einem anderen bewegen': *er kommt aus der Schule, dem Theater, der Stadt; sie kommt von der Arbeit; die Leute kamen von allen Seiten; der Wind kommt von See her* **1.4.** *durch irgendeinen Ort* ~ 'seinen Weg durch einen bestimmten Ort nehmen': *der Zug kommt durch Dresden; dann kamen wir durchs Gebirge, durch herrliche Gegenden* **2.** /etw./ 'im Wachsen eine Stufe erreichen, wo es sichtbar wird': *die ersten Blüten* ~ *schon; die Saat kommt* (SYN 'geht auf', ↗ *aufgehen* 2'); *das erste Zähnchen kommt* **3.** /etw./ 'zum Vorschein kommen': *aus der Wunde kam noch etwas Blut; über seine Lippen kam keine Klage* ('er klagte nicht') **4.** /etw., bes. Psychisches/ jmdm. ~: *ihm kamen Bedenken, Zweifel* ('er begann zu zweifeln'); *vor Schmerz kamen ihm die Tränen* **5.** /etw./ 'zeitlich in unmittelbare Nähe rücken und eintreten': *der Abend, ein Gewitter kommt; bald kommt die Flut; es kam schlimmer, als wir dachten; so kam es, dass ...; es kommt zu etw.: es kam zum Streit* ('es entstand Streit'); /in der kommunikativen Wendung/ *mag* ~*, was da will* ('mag sich ereignen, was will') /wird meist abschließend in einer Äußerung gesagt, wenn man ausdrücken will, dass man sich in seinem Tun von einer ungewissen Zukunft nicht beirren lässt/ **6.** *irgendwohin* ~ **6.1.** /jmd./ 'irgendwo aufgenommen, untergebracht werden': *er kommt ab Herbst in den Kindergarten, in die Schule, ins Altersheim, Krankenhaus, zur Armee, in die Lehre; ins Gefängnis* ~ **6.2.** /etw./ *die Bücher* ~ *ins Regal* ('werden ins Regal gestellt, weil sie dort ihren Platz haben'); *der Artikel kommt an den Anfang des Hefts* ('erhält am Anfang des Hefts seinen Platz') **7.** /etw., jmd./ *hinter, nach etw.* ⟨Dat.⟩, *jmdm.* ~ **7.1.** 'räumlich auf etw., jmdn. folgen': *hinter der Post kommt gleich der Bahnhof, hinter dem Platz die Kirche* **7.2.** 'zeitlich auf etw., jmdn. folgen': *er kommt hinter, nach mir; die Hauptsache kommt noch; dann kam der Walzer kam ein Tango* **8.** /etw./ *von etw.* ⟨Dat.⟩ ~ 'seine Ursache in etw. haben': *sein Husten kommt vom vielen Rauchen; das kommt daher, dass ...; wie kommt es, dass ...?: wie kommt es, dass alle gähnen, wenn einer diese Geschichte erzählt?* **9.** /jmd./ *zu etw.* ~ 'zu etw. gelangen (2)': *zu Ansehen, Geld* ~*; zu einer Überzeugung, einem Ergebnis, einem Entschluss* ~*; wie bist du denn dazu gekommen?* **10.** /jmd./ *um etw.* ~ SYN 'etw. einbüßen': *er ist um sein Geld, seine Er-*

sparnisse, seinen Schlaf gekommen **11.** /jmd./ *auf etw.* ~ 'eine bestimmte Idee in Bezug auf etw. haben': *wie kommst du denn auf diesen Verdacht?; darauf wäre ich nie gekommen* ('das wäre mir nie eingefallen') **12.** umg. /jmd./ *jmdm. irgendwie* ~ 'sich jmdm. gegenüber bei einem Zwist o.Ä. in bestimmter, meist negativer Weise verhalten': *jmdm. frech, unverschämt* ~*; bitte, komm mir nicht so!* **13.** /jmd./ *um etw.* ~ 'etw. verlieren (2.2)': *ums Leben, um den Verstand* ~ **14.** /jmd., etw./ **14.1.** *in etw.* ~ 'in etw. geraten (4.1)': *in Bedrängnis, Versuchung, Gefahr, Verlegenheit* ~*;* ⟨oft mit subst. Vb.⟩ *ins Stottern* ~*; ins Rutschen, Schleudern* ~ **14.2.** *zu etw.* ⟨Dat.⟩ ~: *die Krankheit kam zum Ausbruch* ('brach aus'; ↗ *ausbrechen* 3); *in der Produktion* ~ *neue Methoden zur Anwendung* ('werden neue Methoden angewendet') **14.3.** *aus etw.* ⟨Dat.⟩ ~ 'aus etw. geraten (4.2)': *er ist völlig aus der Balance gekommen* **15.** /abgeblasst in Verbindung mit best. Subst., z. B./: /jmd./ *zum* ↗ *Abschluss* ~*;* /jmd./ *auf* ↗ *Abwege* ~*;* /jmd./ *außer* ↗ *Atem* ~*;* /jmd./ *zu* ↗ *Fall* ~*;* /jmd., etw./ *in* ↗ *Gang* ~*;* /etw./ *zur* ↗ *Geltung* ~*;* /jmd./ *zu* ↗ *Hilfe* ~*;* /etw./ *aus der* ↗ *Mode* ~*;* /jmd./ *in* ↗ *Schweiß* ~*;* /jmd./ *in* ↗ *Verdacht* ~*;* /jmd./ *zur* ↗ *Vernunft* ~ ❖ **künftig, entkommen, verkommen** **− abkommen, abkömmlich, ankommen, Ankunft, aufkommen, auskommen, Auskommen, daherkommen, davonkommen, dazwischenkommen, durchkommen, Einkommen, Einkommenssteuer, Einkünfte, entgegenkommen, heimkommen, heraufkommen, herauskommen, hereinkommen, herkommen, herkömmlich, Herkunft, herumkommen, herunterkommen, hervorkommen, hineinkommen, hinkommen, hinwegkommen, hinzukommen, klarkommen, Nachkomme, nachkommen, raufkommen, rauskommen, rüberkommen, übereinkommen, Übereinkommen, Übereinkunft, ¹,²überkommen, umkommen, vorankommen, vorkommen, Vorkommen, wegkommen, weiterkommen, wiederkommen, willkommen, Willkommen, zukommen, Zukunft, zukünftig, zukunftsweisend, zurechtkommen, zurückkommen, zusammenkommen, Zusammenkunft, zuvorkommen, zuvorkommend**

* /jmd./ *auf jmdn. nichts* ~ *lassen* ('jmdn. gegenüber anderen in Schutz nehmen'); /jmd./ *zu nichts* ~ **1.** 'keinen Erfolg haben': *ohne Job wirst du zu nichts* ~ **2.** 'durch ungünstige Umstände nicht das tun können, was man eigentlich wollte': *ich bin heute wieder zu nichts gekommen;* /jmd./ **etw.** ~ **sehen** ('ahnen, dass etw. Unangenehmes eintritt'); /jmd./ **(wieder) zu sich** ⟨Dat.⟩ ~ (**1.** 'wieder das Bewusstsein erlangen' **2.** 'sich nach einer langen Anstrengung erholen und wieder zu sich selbst finden')

Kommentar [kɔmɛnˈtaːʀ], *der;* ~*s,* ~*e* **1.1.** 'erläuternde Betrachtung in Presse, Funk und Fernsehen über ein aktuelles Ereignis': *einen* ~ *über etw., zu etw. verfassen, hören, sprechen, lesen; auf die Nachrichten folgt der* ~*; die Wahlen waren der Gegenstand vieler* ~*e* **1.2.** 'persönlich wertende Bemerkung über etw.'; ↗ FELD I.4.2.1: *zu allem muss er* *immer seinen ~ geben; eine Meldung ohne ~ verlesen; auf deinen ~ kann ich verzichten; sich des ~s enthalten; dazu gebe ich keinen ~;* umg. /in der kommunikativen Wendung/ *kein ~!* /wird gesagt, wenn über etw. kein Wort mehr zu verlieren ist od. wenn man seine Meinung über etw. nicht äußern will/ ❖ ↗ **kommentieren**

kommentieren [kɔmɛn'tiːʀən] **1.** /jmd./ etw. ~ ˈetw. in Form eines Kommentars (1) behandelnˈ: *das Ereignis, Geschehen wurde im Fernsehen, Fundfunk, reich, unterschiedlich kommentiert* **2.** umg. /jmd./ etw. ~ ˈ(eine) persönlich wertende Bemerkung(en) zu etw. machenˈ; ↗ FELD I.4.2.2: *er hat den Vortrag, den Vorfall (mit bissigen Bemerkungen) kommentiert* ❖ **Kommentar**

kommerziell [kɔmɛr'tsi̯ɛl] ⟨Adj.; o. Steig.; vorw. attr.⟩ ˈdem Profit dienendˈ: *ein ~es Unternehmen; ~e Interessen waren dabei maßgebend; eine Erfindung ~ auswerten; das Unternehmen ist rein ~;* vgl. *geschäftlich*

Kommissar [kɔmɪ'saːʀ], **der**; ~s, ~e **1.** ˈmit besonderen (staatlichen) Aufgaben Beauftragter, der spezielle Vollmachten besitztˈ: *ein politischer, hoher ~* **2.** ˈBeamter mit einem bestimmten Dienstrang, bes. bei der Kriminalpolizeiˈ: *der ~ leitet die Untersuchung des Mordfalls, hat den Mörder gefasst* ❖ **kommissarisch**

kommissarisch [kɔmɪ'saːʀ..] ⟨Adj.; o. Steig.; nicht präd.⟩ ˈein Amt vorübergehend für eine andere Person ausübend, verwaltendˈ: *der ~e Direktor, Leiter des Instituts; ein Institut ~ leiten* ❖ ↗ **Kommissar**

Kommission [kɔmɪ'si̯oːn], **die**; ~, ~en ˈfür bestimmte Aufgaben gebildetes gesellschaftliches, staatliches od. betriebliches Gremiumˈ; SYN Ausschuss (1); ↗ FELD I.11: *eine ärztliche ~ untersucht den Fall; er, sie ist Leiter dieser ~; eine ~ bilden, einsetzen; die ~ tagt monatlich; die ~ verhandelt über ...; Mitglied einer ~ sein; einer ~ angehören;* vgl. *Komitee*

Kommode [kɔ'moːdə], **die**; ~, ~n ˈkastenförmiges Möbelstück mit Schubladenˈ; ↗ FELD I.4.1: *eine alte ~; etw. in die ~ legen; etw. auf der ~ abstellen*

kommunal [kɔmu'naːl] ⟨Adj.; o. Steig.; nicht bei Vb.; vorw. attr.⟩ ˈdie Gemeinde (1.1) betreffend, zu ihr gehörendˈ: *~e Einrichtungen, Betriebe, Aufgaben; die ~e Wirtschaft* ❖ ↗ **Kommune**

Kommune [kɔ'muːnə], **die**; ~, ~n ˈGemeinde (1.1)ˈ: *die Länder und ~n der Bundesrepublik; eine von der ~ verwaltete Einrichtung; der Bau wird durch die ~en finanziert; die ~n haben finanzielle Probleme* ❖ **kommunal**

Kommunikation [kɔmunika'tsi̯oːn], **die**; ~, ⟨o.Pl.⟩ ˈVerständigung untereinander, im zwischenmenschlichen Verkehrˈ: *~ durch Sprache, Zeichen; die ~ mit dem Partner, Zuschauer, unter, zwischen den Mitarbeitern; es findet keine ~ mehr statt, weil alle nur noch vor dem Fernseher sitzen*

Kommunion [kɔmu'ni̯oːn], **die**; ~, ~en Rel. kath. ˈ(erster) Empfang des Abendmahls in der katholi-

schen Kircheˈ: *zur ~ gehen; die ~* (ˈdas Abendmahlˈ) *empfangen;* vgl. *Konfirmation, Jugendweihe*

Kommunikee/auch **Kommuniqué** [kɔmyni'keː/..mun..], **das**; ~s, ~s **1.** ˈzusammenfassende offizielle Mitteilung über die Verhandlungen zwischen Staatsmännernˈ: *es wurde ein gemeinsames ~ veröffentlicht; die Presse brachte das ~ in vollem Wortlaut* **2.** ˈamtliches Schriftstück offiziellen Charakters (einer Regierung) über ein allgemein interessierendes Problemˈ: *ein ~ verfassen, erlassen, veröffentlichen; ein ~ über den Kindesmissbrauch*

Kommunismus [kɔmu'nɪsmʊs], **der**; ~, ⟨o.Pl.⟩ ˈmarxistische Theorie, nach der eine Gesellschaft ohne Klassen (2) die höchste Form der sozialen Entwicklung darstelltˈ: *die Ideologie des ~; ein Vertreter des ~* ❖ ❖ ↗ **Kommunist**

Kommunist [kɔmu'nɪst], **der**; ~en, ~en ˈAnhänger, Vertreter des Kommunismusˈ: *er ist ~, ein alter ~, war als ~ im KZ; die ~en wurden von den Nazis verfolgt* ❖ **Kommunismus, kommunistisch**

kommunistisch [kɔmu'nɪst..] ⟨Adj.; o. Steig.; vorw. attr.⟩ ˈden Kommunismus betreffend, auf dem Kommunismus beruhendˈ: *die ~e Weltanschauung, Partei; seine ~e Gesinnung äußern, zeigen; das ˈKommunistische Manifestˈ von Marx und Engels* ❖ ↗ **Kommunist**

Komödiant [komø'di̯ant], **der**; ~en, ~en **1.** ˈim künstlerischen Ausdruck starker Schauspielerˈ /beschränkt verbindbar/: *er ist, war ein großer ~* **2.** umg. SYN ˈHeuchlerˈ: *er ist ein erbärmlicher, gewissenloser ~; so ein ~!* ❖ ↗ **Komödie**

Komödie [ko'møːdi̯ə], **die**; ~, ~n **1.** ˈliterarisches Bühnenwerk mit heiterem Ausgangˈ; SYN Lustspiel; ANT Trauerspiel: *die ~n Shakespeares; eine ~ inszenieren; die Verhandlung war die reinste ~* (ˈwar lächerlichˈ)!; vgl. *Drama, Schauspiel, Tragödie, Trauerspiel* **2.** ⟨vorw. Sg.⟩ ˈder Täuschung dienendes theatralisches Gebarenˈ: *diese ~ mache ich nicht länger mit; er spielt nur ~* (ˈtäuscht etw. vor, ↗ *vortäuschen*ˈ); *das ist vielleicht eine ~!; ich habe die ~ längst durchschaut; es war alles nur ~* ❖ **Komödiant**

kompakt [kɔm'pakt] ⟨Adj.; Steig. reg.; vorw. attr.⟩ ˈeine dichte, fest zusammenhaltende Masse bildendˈ /vorw. auf Materialien bez./; ↗ FELD III.4.3: *~es* (ANT lockeres 2.2) *Gestein, Eis; eine ~e Masse*

Kompanie [kɔmpa'niː], **die**; ~, ~en [..'niːən] ˈmilitärische Einheit, die aus etwa 100 bis 250 Mann bestehtˈ; ↗ FELD I.11: *eine ~ befehligen; die ~ ist angetreten, tritt weg, rückt in die Kaserne ein; die ~ wurde im Kampf aufgerieben*

Kompass ['kɔmpas], **der**; ~es, ~e ˈGerät zum Bestimmen der Himmelsrichtung, das der eigenen Orientierung dientˈ: *den ~ genau einstellen; nach Karte und ~ wandern; sich nach dem ~ orientieren*

kompetent [kɔmpe'tɛnt] ⟨Adj; nicht bei Vb.⟩ **1.1.** ⟨Steig. reg.⟩ ˈdie notwendige Sachkenntnis für etw. besitzendˈ; ANT inkompetent: *ein ~er Fachmann, Mitarbeiter; für dieses Gebiet, in juristischen Fragen* *ist er nicht* ~ **1.2**. ⟨o. Steig.⟩ SYN 'befugt': *für diese Entscheidung bin ich nicht* ~ ❖ **inkompetent, Inkompetenz, Kompetenz**

Kompetenz [kɔmpe'tɛnts], **die**; ~, ~en /zu *kompetent* 1.1 u. 1.2/ 'das Kompetentsein': /zu 1.1/ (ANT Inkompetenz): *jmds.* ~ *anzweifeln; er besitzt nicht die erforderliche, nötige* ~ *für diese Aufgabe;* /zu 1.2/: *seine* ~ *überschreiten; das übersteigt meine* ~; *sich nicht in jmds.* ~*en mischen; das liegt außerhalb meiner* ~ ❖ ↗ **kompetent**

komplett [kɔm'plɛt] **I**. ⟨Adj.; o. Steig.⟩ **1**. 'vollständig, mit allen dazugehörenden Teilen, Personen': *eine* ~*e Einrichtung, Ausrüstung; Kaffee* ~ ('mit Zucker und Sahne'); *die Stereoanlage kostet* ~ *2000 Mark; das Zimmer ist* ~ *eingerichtet; nun ist die Mannschaft* ~ (SYN 'vollzählig') **2**. ⟨nur attr.⟩ umg. *das ist* ~*er* (SYN 'völliger I') *Unsinn, Wahnsinn* – **II**. ⟨Adv.; vor Adj., Adv.⟩ SYN 'völlig (II)': *er ist* ~ *verrückt*

komplex [kɔm'plɛks] ⟨Adj.; Steig. reg., ungebr.⟩ **1**. 'vieles Verschiedene, alles umfassend' /auf Tätigkeiten bez./: *eine* ~*e Modernisierung, Rekonstruktion; ein* ~*er Plan; ein Gebäude* ~ *renovieren; etw.* ~ *untersuchen, instand setzen* **2**. ⟨nicht bei Vb.⟩ 'auf vielfältige Art zusammengesetzt' (↗ *zusammensetzen* 1)' /auf Abstraktes bez./: *der* ~*e Charakter einer Erscheinung; eine* ~*e Fragestellung, Aufgabenstellung; etw. ist* ~ ❖ **Komplex**

Komplex, der; ~es, ~e **1.1**. ⟨+ Attr.⟩ 'aus mehreren, miteinander zusammenhängenden Teilen bestehendes Ganzes': *ein* ~ *grammatischer Regeln; ein großer* ~ *von Fragen, Themen; ein einheitlicher* ~ *von Maßnahmen; einen* ~ *erörtern* **1.2**. 'zusammenhängende Gruppe von Gebäuden, geschlossene Einheit von bebautem Land': *ein riesiger, bebauter* ~; ⟨+ Attr.⟩ *ein* ~ *mehrstöckiger Häuser; ein* ~ *von Einfamilienhäusern* **2**. 'psychisch negative Vorstellungen, Gefühle in Bezug auf die eigene Person': ~*e haben; an einem* ~, *an* ~*en leiden; etw. wird bei jmdm. zu einem* ~; *einen* ~ *abreagieren, verdrängen; dadurch hat sich bei ihm ein* ~ *gebildet* ❖ ↗ **komplex**

MERKE Zu *Komplex* (1) und (2): Jede Bedeutung von *Komplex* wird vorwiegend als Teil eines Kompositums verwendet, z. B. *Aufgabenkomplex, Gebäudekomplex, Minderwertigkeitskomplex*

Komplikation [kɔmplikɑ'tsio̯n], **die**; ~, ~en ⟨vorw. Pl.⟩ 'Schwierigkeit, durch die etw. kompliziert (↗ *komplizieren*) wird': *es gab unvorhergesehene* ~*en durch seine Absage; die Operation verlief ohne* ~*en* ❖ ↗ **komplizieren**

Kompliment [kɔmpli'mɛnt], **das**; ~s/auch ~es, ~e 'Äußerung, mit der man jmdn. loben od. ihm schmeicheln will': *jmdm. ein nettes, galantes, zweifelhaftes* ~ *machen; jmds.* ~ *erwidern;* /in der kommunikativen Wendung/: *(mein)* ~! /wird gesagt, wenn man jmdm. seine Anerkennung für eine bestimmte Leistung aussprechen möchte/: ~, *das war großartig!*

Komplize [kɔm'pli:tsə], **der**; ~n, ~n ⟨vorw. mit Possessivpron.⟩ 'jmd., der jmd. anderem bei der Ausführung einer strafbaren Tat hilft, geholfen hat': *der Täter wollte seinen* ~*n nicht verraten; er war sein* ~, *der* ~ *des Angeklagten*

komplizieren [kɔmpli'tsi:ʀən], komplizierte, hat kompliziert; ↗ auch *kompliziert* /jmd., etw./ etw. ~ 'etw. schwierig machen': *wir wollen das Problem nicht unnötig* ~!; *das kompliziert die Angelegenheit immer mehr* ❖ **Komplikation, kompliziert**

kompliziert [kɔmpli'tsi:ɐt] ⟨Adj.; Steig. reg.; ↗ auch *komplizieren*⟩ **1**. 'auf Grund seiner Eigenart (2), Struktur, Vielschichtigkeit nur mit großer geistiger Anstrengung, mit Klugheit durchzuführen, zu bewältigen'; SYN schwierig (1.1); ANT einfach (II): *eine* ~*e Aufgabe; ein* ~*er Fall; ein* ~*er Bruch* ('Bruch 2 mit offener Wunde'); *das Problem, Gerät ist* ~; *das sieht nur* ~ *aus, ist es aber nicht* **2**. ⟨nicht bei Vb.⟩ 'auf Grund der vielfältigen Struktur des Charakters schwer zu verstehen und dadurch in den zwischenmenschlichen Beziehungen Schwierigkeiten bereitend' /vorw. auf Personen bez./: *ein* ~*er Mensch; sie ist sehr* ~; *er tut immer so* ~; *er hat einen* ~*en Charakter* ❖ ↗ **komplizieren**

Komplott [kɔm'plɔt], **das**; ~s/auch ~es, ~e 'gegen jmdn., etw. gerichtete geheime Verschwörung einer Gruppe von Menschen': *ein* ~ *aufdecken; in ein* ~ *verwickelt sein; ein* ~ *schmieden* ('anzetteln')

komponieren [kɔmpo'ni:ʀən], komponierte, hat komponiert /jmd./ etw. ~ **1.1**. 'ein Musikstück schaffen (1.1)': *eine Oper, Sinfonie, ein Lied* ~; *er hat schon in seiner Jugend komponiert* **1.2**. 'etw. aus einzelnen verschiedenen Teilen zu einem harmonischen Ganzen zusammenstellen': *ein neues Parfüm, eine Soße* ~; *ein gut komponiertes Menü; ein harmonisch komponiertes Gemälde; der Roman ist meisterhaft komponiert* ❖ **Komponist, Komposition**

Komponist [kɔmpo'nɪst], **der**; ~en, ~en 'jmd., der (beruflich) Musikstücke komponiert': *ein bekannter, moderner* ~; *das ist der* ~ *des Konzerts, dieser Oper* ❖ ↗ **komponieren**

Komposition [kɔmpozi'tsio̯n], **die**; ~, ~en **1**. ⟨o.Pl.⟩ 'das Komponieren (1.1)': *die* ~ *einer Sinfonie, Oper; die* ~ *(des Requiems) zog sich über Monate hin* **2**. 'Musikstück': *eine moderne, zeitgenössische* ~; *eine* ~ *für Violine und Orchester, für Flöte und Klavier; eine* ~ *darbieten, spielen; an einer* ~ *arbeiten; eine* ~ *von Bach, Mozart* **3**. 'das Komponieren (1.2)': *die* ~ *eines Salats, einer Soße* **4**. ein *Parfüm von erlesener* ~ ('ein perfekt komponiertes 1.2 Parfüm') ❖ ↗ **komponieren**

Kompost ['kɔmpɔst], **der**; ~es, ~e **1**. ⟨vorw. Sg.⟩ 'zum Düngen verwendete Erde, die durch die Zersetzung vorw. pflanzlicher Stoffe entstanden ist': *mit* ~ *düngen; den* ~ *untergraben;* vgl. *Humus* **2**. ⟨o.Pl.⟩ *Abfälle auf den* ~ *werfen* ('auf den Haufen werfen, wo sie zu Kompost 1 werden')

Kompott [kɔm'pɔt], **das**; ~s/auch ~es, ~e 'mit Zucker gekochtes Obst, das als Nachtisch gegessen wird': *ein Schälchen ~ essen; ~ (ein)kochen; aus Erdbeeren, Kirschen ein ~ machen*

Kompromiss [kɔmpʀoˈmɪs], **der**; ~es, ~e ˈÜberein-kunft in einer strittigen Angelegenheit durch gegenseitige Zugeständnisse': *einen ~ schließen, eingehen, aushandeln; sich auf einen ~ einigen; er war zu keinem ~ bereit; es kam zu keinem ~; beide Parteien suchten den ~; ein* ↗ *fauler ~;* vgl. *Mittelweg*

kompromittieren [kɔmpʀomɪˈtiːʀən], kompromittierte, hat kompromittiert /jmd./ *jmdn., sich ~* ˈjmdn., sich in der Öffentlichkeit durch eine Äußerung, durch sein Handeln schaden, jmdn., sich in einen schlechten Ruf, eine kritische Lage bringen'; SYN bloßstellen: *jmdn. schwer, politisch ~; er wollte sie, ihn nicht ~; seine Geschäfte haben ihn, sein Umgang hat ihn kompromittiert*

kondensieren [kɔndɛnˈziːʀən], kondensierte, hat/ist kondensiert **1.1.** ⟨hat; oft im Pass.⟩ /etw., bes. Anlage, auch jmd./ *etw. ~* ˈeinen gas-, dampfförmigen Stoff durch Abkühlen flüssig machen': *Wasserdampf ~* **1.2.** ⟨hat/ist⟩ ˈaus einem gasförmigen in den flüssigen Zustand übergehen': *der Wasserdampf hat, ist kondensiert* **2.** ⟨hat; oft im Pass. od. adj. im Part. II⟩ /etw., bes. Anlage, auch jmd./ *etw. ~* ˈeine Flüssigkeit durch Verdampfen konzentrieren, dick machen': *der Fruchtsaft wird kondensiert; kondensierte Milch* ❖ **Kondensmilch**

Kondens|milch [kɔnˈdɛns..], **die** ˈkondensierte Milch': *~ für den Kaffee nehmen* ❖ ↗ **kondensieren,** ↗ **Milch**

Kondition [kɔndiˈtsi̯oːn], **die**; ~, ~en **1.** ⟨o.Pl.⟩ ˈkörperliche, psychische Verfassung': *die ~ eines Sportlers; jmds. ~ bewundern; in guter ~* (ˈsportlich leistungsfähig') *sein; seine ~ halten, verbessern; etw. schwächt jmds. ~* **2.** ⟨nur im Pl.⟩ Wirtsch. ˈBedingungen für das Zahlen und Liefern von Waren': *zu günstigen ~en handeln; etw. zu günstigen, kulanten ~ abgeben, verkaufen*

Konditorei [kɔnditoˈʀ..], **die**; ~, ~en ˈhandwerklicher Betrieb, der feine Backwaren herstellt und verkauft und zu dem oft ein Café gehört': *eine kleine ~; Kuchen, Torte aus der ~ holen*

kondolieren [kɔndoˈliːʀən], kondolierte, hat kondoliert /jmd./ *jmdm. ~* ˈjmdm. sein Beileid aussprechen': *die Mitarbeiter kondolierten ihm zum Tode seines Vaters*

Kondom [kɔnˈdoːm], **das/der**; ~s, ~e ˈelastischer Überzug aus Gummi für das männliche Glied zur Verhütung von Empfängnis od. Infektion beim Geschlechtsverkehr'; SYN Präservativ: *~e schützen vor Aids*

Konfekt [kɔnˈfɛkt], **das**; ~s/auch ~es, ⟨o.Pl.⟩ ˈSüßigkeiten aus wertvollen Rohstoffen, bes. Pralinen': *eine Schachtel ~; sie liebt ~, isst, nascht gern ~*

Konfektion [kɔnfɛkˈtsi̯oːn], **die**; ~, ⟨o.Pl.⟩ **1.** ˈserienmäßige Produktion (1) von Kleidung': *die ~ von Mänteln, Hosen; die ~ wurde eingestellt, begonnen* **2.** ˈdurch Konfektion (1) hergestelltes Kleidungsstück': *in dieser Abteilung gibt es ~ für Damen; er trägt am liebsten ~, trägt nur billige ~* ❖ **Maßkonfektion**

Konferenz [kɔnfeˈʀɛnts], **die**; ~, ~en ˈZusammenkunft eines größeren Personenkreises zur Erörterung bestimmter Themen, die einen od. mehrere Tage dauern kann': *eine wissenschaftliche, internationale ~; eine ~ abhalten, durchführen; an einer ~ teilnehmen* ❖ ↗ **konferieren**

MERKE Zu *Konferenz, Kolloquium, Kongress, Sitzung, Symposium, Tagung:* ↗ *Kolloquium* (Merke)

konferieren [kɔnfeˈʀiːʀən], konferierte, hat konferiert /jmd./ *mit jmdm. ~* ˈmit jmdm. verhandeln': *er hat mit dem Minister (über Sachfragen) konferiert; /zwei od. mehrere (jmd.)/ sie ~ schon seit drei Stunden (miteinander)* ❖ **Conferencier, Konferenz**

Konfession [kɔnfɛˈsi̯oːn], **die**; ~, ~en **1.** ˈvorw. von einer Gemeinschaft getragenes Bekenntnis zu einem religiösen Glauben': *die evangelische, katholische, jüdische ~* **2.** ˈGemeinschaft mit der Konfession (1)': *er gehört keiner ~ an*

Konfirmand [kɔnfɪʀˈmant], **der**; ~en, ~en Rel. ev. ˈJugendlicher evangelischer Konfession (1) während der Vorbereitungszeit auf die Konfirmation und am Tage der Konfirmation'; ↗ FELD XII.3.1: *dem ~en gratulieren; die Prüfung der ~en*

Konfirmation [kɔnfɪʀmaˈtsi̯oːn], **die**; ~, ~en ˈdie feierliche Aufnahme eines Jugendlichen evangelischer Konfession (1) als vollberechtigtes Mitglied seiner Kirche im Rahmen eines Gottesdienstes'; ↗ FELD XII.3.1: *~ feiern; jmdm. etw. zur ~ schenken; Glückwunschkarten für die ~ schreiben;* vgl. *Kommunion, Jugendweihe* ❖ ↗ **konfirmieren**

konfirmieren [kɔnfɪʀˈmiːʀən], konfirmierte, hat konfirmiert ⟨vorw. im Pass.⟩ /Pfarrer/ *jmdn. ~* ˈeinen Jugendlichen evangelischer Konfession (1) im Rahmen eines Gottesdienstes als Mitglied in die Kirche aufnehmen'; ↗ FELD XII.3.2: *er wird in diesem Jahr, zu Ostern konfirmiert; mich hat Pastor B konfirmiert* ❖ **Konfirmand, Konfirmation**

Konflikt [kɔnˈflɪkt], **der**; ~s/auch ~es, ~e **1.** ˈStreit entgegengesetzter Ansichten, Interessen, Bestrebungen, Bedürfnisse': *ein politischer, sozialer, ständiger, schwelender, offener ~; einen ~ heraufschwören, hervorrufen, schlichten, austragen, beilegen, lösen; der ~ bricht offen aus, spitzt sich zu; sich aus einem ~ heraushalten; in einen ~ eingreifen;* SYN ˈKollision (2)': *eine ~ verursachen; mit etw. in ~ geraten, kommen: er ist mit dem Gesetz in ~ gekommen* (ˈhat gegen das Gesetz verstoßen') **2.** *ein militärischer, bewaffneter ~* (ˈeine kriegerische Auseinandersetzung') **3.** ˈinnerer Zwiespalt': *ein seelischer, schwerer, innerer ~; der ~ zwischen Pflicht und Neigung; den ~ lösen; jmdn. in ~e, in einen ~ bringen; sich in einem schweren ~ befinden*

Konfrontation [kɔnfʀɔntaˈtsi̯oːn], **die**; ~, ~en **1.** ˈvon der Polizei vorgenommene Gegenüberstellung von Personen zur Ermittlung des Täters, zur Klärung von Widersprüchen': *es kam zu einer ~ des Zeugen mit dem Täter* **2.** ˈAuseinandersetzung zwischen Gegnern': *auf der Demonstration kam es zu einer*

offenen ~ (zwischen Jugendlichen und der Polizei)
❖ ↗ **konfrontieren**

konfrontieren [kɔnfʀɔn'tiːʀən], konfrontierte, hat konfrontiert ⟨oft im Pass.⟩ /jmd./ **1.1.** *jmdn. mit jmdm.* ~ 'jmdn. zur Ermittlung des Täters, zur Klärung von Widersprüchen mit jmdm. zusammenbringen'; SYN gegenüberstellen: *der Richter konfrontierte den Verdächtigen, Täter mit dem Zeugen* **1.2.** *jmdn. mit etw.* ~ 'jmdn. in eine Situation bringen, die ihn zur Auseinandersetzung mit etw. zwingt': *er wurde mit dem Problem, mit dem Beweismaterial konfrontiert; er sah sich mit einer ungewohnten Situation konfrontiert; er konfrontierte uns damit, dass er straffällig geworden war* ❖ **Konfrontation**

konfus [kɔn'fuːs] ⟨Adj.⟩ **1.** ⟨Steig. reg.⟩ SYN 'wirr (1.2)' /auf Äußerungen bez./: *~es Gerede; er redet ~es Zeug; der Brief ist ziemlich ~; er redete ziemlich* ~ **2.** ⟨Steig. reg., ungebr.; nicht attr.⟩ 'verwirrt (↗ verwirren 2)' /auf Personen bez./: *der Lärm macht mich ganz ~; er war ganz ~; er reagierte etwas* ~ ❖ **Konfusion**

Konfusion [kɔnfu'zi̯oːn], die; ~, ~en /zu *konfus* 1 u. 2/ 'das Konfussein'; /zu 2/ 'Verwirrung': *im Saal herrschte völlige* ~ ❖ ↗ **konfus**

Kongress [kɔŋ'gʀɛs/kɔn'gʀ..], der; ~es, ~e **1.** 'richtungweisende, oft mehrtägige Zusammenkunft eines großen Kreises von Wissenschaftlern und Fachleuten zur Erörterung bestimmter Themen': *ein wissenschaftlicher, medizinischer, internationaler* ~; *einen* ~ *durchführen, abhalten; an einem* ~ *teilnehmen; auf dem* ~ *einen Vortrag halten* **2.** ⟨o.Pl.⟩ 'das Parlament der USA od. eine gesetzgebende Vereinigung': *der* ~ *besteht aus Senat und Repräsentantenhaus*
MERKE Zu *Kongress, Kolloquium, Konferenz, Sitzung, Symposium, Tagung:* ↗ *Kolloquium* (Merke)

kongruent [kɔŋgʀu'|ɛnt/'kɔngʀ..] ⟨Adj.⟩ **1.1.** 'übereinstimmend (↗ übereinstimmen)' /auf zwei od. mehrere Begriffe bez./: *~e Begriffe; die Meinungen beider Referenten waren nahezu* ~ **1.2.** ⟨nicht bei Vb.⟩ Math. 'in Größe und Form übereinstimmend' /auf zwei od. mehrere Flächen bez./: *~e geometrische Figuren; beide Dreiecke, Flächen sind* ~ ❖ **Kongruenz**

Kongruenz ['kɔŋgʀu'|ɛnts/'kɔngʀ..], die; ~, ⟨o.Pl.⟩ /zu *kongruent* 1.1 u. 1.2/ 'das Kongruentsein'; /zu 1.2/: *die* ~ *beider, zweier Dreiecke* ❖ ↗ **kongruent**

König ['køːnɪç], der; ~s, ~e **1.** 'Mann an der Spitze einer Monarchie': *der* ~ *von Spanien; die preußischen ~e; der schwedische* ~; *die Krönung, Abdankung des* ~s **2.** 'die wichtigste Figur im Schach': *Schach dem* ~!; *der* ~ *steht im* ~; *den* ~ *matt setzen* **3.** 'Spielkarte mit dem Bild eines Monarchen mit Krone und Zepter': *den* ~ *ziehen;* vgl. *Dame, Bube* ❖ **Königin, königlich, Königreich**

Königin ['køːnɪg..], die; ~, ~nen **1.** /zu *König* (1); weibl./: *die britische* ~ *Elisabeth II.* **2.** 'Ehefrau eines Königs': *König und* ~ *stellten sich den Fotoreportern* ❖ ↗ **König**

königlich ['køːnɪk..] ⟨Adj.⟩ **1.** ⟨nur attr.⟩ 'zu einem König (1) gehörend': *der ~e Hof; die ~e Familie* **2.** emot. 'großzügig': *ein ~es Geschenk; jmdn.* ~ *belohnen, beschenken, bewirten* ❖ ↗ **König**

König|reich ['køːnɪç..], das 'Reich (1), an dessen Spitze ein König steht': *das britische* ~ ❖ ↗ **König,** ↗ **Reich**

Konjunktur [kɔnjʊŋk'tuːɐ], die; ~, ~en 'wirtschaftliche Lage, Entwicklung bes. in der Phase des Aufschwungs': *eine steigende, fallende, rückläufige* ~; *das Auf und Ab, die Schwankungen der* ~; *die* ~ *ausnutzen; die Zinspolitik hat die* ~ *belebt*

konkret [kɔŋ'kʀeːt/kɔn..] ⟨Adj.⟩ **1.1.** ⟨o. Steig.; vorw. attr.⟩ 'objektiv, real vorhanden und durch sinnliche Erkenntnis zu erfassen'; ANT abstrakt (1.1): *die ~e Wirklichkeit; ~e Ereignisse; unsere Welt ist* ~ **1.2.** ⟨Steig. reg., Superl. ungebr.⟩ 'auf die Wirklichkeit bezogen': *eine ~e Vorstellung von etw. haben; etw. an einem ~en Beispiel demonstrieren; ~e Vorschläge machen; ich meine einen ganz ~en Fall* ('einen betimmten Fall, der sich ereignet hat'); *wie ist das* ~ ('wirklich') *(gemeint)?; beschreiben Sie uns das doch bitte ganz* ~!

Konkurrent [kɔŋkʊ'ʀɛnt/kɔn..], der; ~en, ~en **1.1.** 'jmd., der od. Unternehmen, das mit einem anderen in Konkurrenz (1) steht': *jmd. ist jmds.* ~; *unser stärkster, gefährlichster* ~; *die, diese Firma ist ein sehr starker* ~ *für uns; den, seinen ~en unterbieten, ausschalten* **1.2.** 'jmd., der mit jmdm. auf einem bestimmten (sportlichen) Gebiet konkurriert (1.2), um den Wettkampf zu gewinnen': *alle ~en des Wettbewerbs zeigten gute Leistungen; B war sein stärkster* ~ *im Marathon;* vgl. *Rivale* ❖ ↗ **konkurrieren**

Konkurrenz [kɔŋkʊ'ʀɛnts/kɔn..], die; ~, ~en **1.** ⟨o.Pl.⟩ 'Kampf der Unternehmer, Unternehmen gegeneinander auf dem Markt um den größtmöglichen Absatz der Waren'; ↗ FELD I.6.1: *die Firmen, Konzerne, Unternehmer machen sich gegenseitig* ~; *es herrscht z. Zt. eine scharfe, steigende, starke* ~; *mit jmdm. in* ~ *treten* ('für jmdn. zum Konkurrenten 1.1 werden'); *mit jmdm. in* ~ *stehen* ('Konkurrent 1.1 für jmdn. sein') **2.** fachspr. SYN 'Wettkampf'; ↗ FELD I.7.4.1: *er hat an mehreren internationalen ~en teilgenommen; bei einer* ~ *den ersten Preis erhalten; außer* ~: *er startet außer* ~ ('außerhalb der offiziellen Bewertung') **3.** ⟨o.Pl.⟩ 'Gesamtheit von Konkurrenten **3.1.** 'auf wirtschaftlichem Gebiet': *die Firma hat eine starke* ~ *auf dem Weltmarkt; dieses Erzeugnis ist ohne* ~ ('unübertroffen gut') **3.2.** 'auf sportlichem Gebiet': *der Sportler hat im Wettkampf gegen eine starke* ~ *gesiegt* **4.** ⟨o.Pl.⟩ umg. 'Geschäft, Unternehmen, bes. des Handels, das für ein anderes den Konkurrenten (1.1) darstellt': *er kauft schon wieder bei der* ~; *sie kündigt und geht zur* ~; *die* ~ *hat ein neues Produkt auf den Markt gebracht; die* ~ *war schneller; die* ~ *ausschalten, unterbieten* ❖ ↗ **konkurrieren**

konkurrieren [kɔŋkʊˈʀiːʀən/kɔn..], konkurrierte, hat konkurriert **1.1.** /Unternehmer, Unternehmen/ *mit etw., jmdm.* ~ ʼmit einem Unternehmer, Unternehmen in Konkurrenz (1) stehen, treten': *mit diesen Produkten, Preisen konnte er, die Firma (auf dem Weltmarkt) nicht mehr* ~; *es hat keinen Zweck, mit diesem Konzern* ~ *zu wollen;* /zwei od. mehrere (jmd., etw.)/ *beide Firmen* ~ *miteinander* **1.2.** /jmd./ *mit jmdm., etw.* ~ ʼmit jmdm., etw. wetteifern, den Wettkampf bestehen': *mit ihm, seiner Leistung kann ich nicht* ~; /zwei od. mehrere (jmd.)/ *um etw.* ~: ~*de Sportler; sie konkurrierten um die ausgeschriebene Stelle* ❖ **Konkurrent, Konkurrenz**

Konkurs [kɔnˈkʊʀs/kɔn..], der; ~es, ~e ʼZahlungsunfähigkeit einer Firma, eines Unternehmens': *die Firma musste* ~ *anmelden, stand (kurz) vor dem* ~, *ging in (den)* ~, *geriet in den* ~; ~ *machen* (ʼzahlungsunfähig werden'); *die Firma versuchte, den* ~ *abzuwenden*

können [ˈkœnən] (ich, er kann [kan]), konnte [ˈkɔntə], hat gekonnt /nach vorangehendem Inf.: hat ... können/ ⟨Modalvb.; + Inf. ohne *zu*; o. Imp.; ↗ TAFEL V⟩ **1.** /jmd./ **1.1.** *etw.* ~ ʼdie geistige, körperliche Fähigkeit erworben (↗ *erwerben* 3) haben, etw. Bestimtes zu tun'; ↗ FELD I.2.2, 5.2: *er kann lesen, schreiben, laufen, Klavier spielen; sie kann Englisch, Spanisch (sprechen);* umg. *er kann alle Strophen* (ʼist in der Lage, sie auswendig zu sagen') **1.2.** *etwas* ~ ʼim Hinblick auf etw. besondere Fähigkeiten besitzen': *in seinem Fach kann er etwas, was* **2.** /jmd./ **2.1.** *etw. tun* ~ ʼauf Grund bestimmter Voraussetzungen, Umstände, Bedingungen in der Lage sein, etw. Bestimmtes zu tun': *ich kann schon heute kommen; heute kann ich bleiben; er kann nicht schlafen; etw. nicht ertragen, erwarten* ~; *vor jmdm. nicht bestehen* ~; *das hätte ich dir gleich sagen* ~; *sie konnte sich vor Schmerzen nicht rühren, bücken; das konnte ich nicht wissen; da kann man nichts machen!; er lief, so schnell er konnte; sie konnte sehr nett sein* (ʼsie war zuweilen sehr nett'); *er hat getan, was er konnte* (ʼer hat sein Möglichstes getan'); *nach zwei Stück Torte konnte sie nicht mehr* (ʼkonnte sie nicht mehr essen') /in den kommunikativen Wendungen/ *man tut, was man kann* /wird gesagt, wenn man betonen will, dass man bei einer sonst sicheren Angelegenheit trotzdem gewisse Zweifel hat, alles zur Zufriedenheit geleistet zu haben/; *tu, was du nicht lassen kannst* /wird gesagt, wenn es aussichtslos scheint, jmdn. von einer unsinnigen Handlung abzuhalten/; *man kann nie wissen* /wird gesagt, wenn man betonen will, dass man bei einer sonst sicheren Angelegenheit trotzdem gewisse Zweifel hat/ **2.2.** *etw. tun* ~ ʼdie Erlaubnis, Berechtigung haben, etw. Bestimmtes zu tun'; SYN dürfen (1.1): *heute kannst du mal länger fernsehen; das kannst du doch nicht tun!; kann ich jetzt gehen?; wir haben gehen* ~; *du kannst hier warten, telefonieren, wenn du willst; heute kannst du baden;* ⟨der Inf. kann in bestimmten Fällen wegfallen und teilweise durch *es, das* ersetzt werden⟩: *er kann es, das* **3.**

/jmd., etw. (nur *es, das*)/ *etw. tun* ~ /drückt die Möglichkeit aus, dass etw. Bestimmtes eintrifft/: *kann schon heute kommen* (ʼer kommt vielleicht heute schon'); *sie kann sich auch geirrt haben; du kannst/könntest Recht haben; es* ~ *200 Menschen gewesen sein; es konnte geschehen* (ʼes kam mitunter vor'), *dass ...;* umg. *wenn du damit nicht aufhörst, kannst du was erleben* (ʼdann werde ich dich streng bestrafen') ❖ **Können, Könner – ankönnen, umhinkönnen**

* /jmd./ **für etw. nichts ~** (ʼunschuldig an etw. sein'); umg. **du kannst mich mal** (ʼmit dir will ich nichts zu tun haben, da kannst du machen, was du willst'); **mir/uns kann keiner** (ʼmir, uns kann niemand etw. anhaben')

Können, das; ~s, ⟨o.Pl.⟩ /zu *können* 1/ ʼbesondere körperliche od. geistige Fähigkeit(en) auf einem bestimmten Gebiet': ⟨oft mit Possessivpron.⟩ *er gab eine Probe seines* ~*s; das vielseitige* ~ *eines Schauspielers; der Chor bot sein ganzes* ~ *auf, um den Wettbewerb zu gewinnen*

Könner [ˈkœnɐ], der; ~s, ~ /zu *können* 1/ ʼjmd., der etw. Bestimmtes kann, beherrscht': *er ist ein* ~ *auf seinem Gebiet; das Buch verriet die Hand eines großen* ~*s* ❖ ↗ **können**

konnte: ↗ **können**

konsequent [kɔnzeˈkvɛnt] ⟨Adj.; Steig. reg.⟩ **1.1.** ʼfolgerichtig, ohne Widersprüche (2)'; ANT inkonsequent /auf best. Tätigkeiten bez./; ↗ FELD I.4.2.3: *eine* ~*e Haltung; ein* ~ *handelnder Mensch;* ~ *denken; seine Entscheidung war nicht* ~ **1.2.** SYN ʼhartnäckig (1)' /vorw. auf Personen, Tätigkeiten bez./: *er war ein* ~*er Gegner des Regimes; einen Plan, sein Ziel* ~ *verfolgen;* ~ *für etw. eintreten; als Erzieher muss man* ~ *sein* ❖ **inkonsequent, Inkonsequenz, Konsequenz**

Konsequenz [kɔnzeˈkvɛnt], die; ~, ~en **1.1.** ⟨o.Pl.⟩ /zu *konsequent* 1.1/ ʼdas Konsequentsein': *seiner Argumentation fehlt jegliche* ~; *mit logischer* ~ *vorgehen* **1.2.** ⟨o.Pl.⟩ /zu *konsequent* 1.2/ ʼbeharrliches Festhalten am Vorsatz': *etw. mit* ~ *tun; ein Ziel mit aller* ~ *verfolgen* **1.3.** ʼSchlussfolgerung'; ↗ FELD I.4.2.1: *daraus ergibt sich die logische* ~, *dass ...* **1.4.** *aus etw.* ⟨Dat.⟩ *die* ~*en ziehen* ʼaus etw. die Folgerungen für künftiges Handeln ableiten und sich dementsprechend verhalten': *der Minister zog daraus die* ~*en und trat zurück* ❖ ↗ **konsequent**

konservativ [kɔnzɛʀvaˈtiːf] ⟨Adj.; Steig. reg.⟩ ʼstarr an zumeist überlebten Vorstellungen, Ordnungen hängend und zurückhaltend gegenüber Neuerungen od. fortschrittlicher Entwicklung' /auf Personen, Einstellungen bez./; ANT progressiv (1), fortschrittlich (1.1): *ein* ~*er Politiker; eine* ~*e Gesinnung, Lebensweise, Partei; er ist sehr* ~; ~ *eingestellt sein;* vgl. *rückschrittlich*

Konserve [kɔnˈzɛʀvə], die; ~, ~n ⟨vorw. Pl.⟩ ʼdurch Sterilisieren für lange Zeit haltbar gemachte Nahrungs-, Genussmittel in luftdicht verschlossenem Behälter'; SYN Büchse (2), Dose (2): *eine* ~ *(mit) Obst, Fleisch, Fisch; eine* ~ *öffnen; aus* ~*n ein Essen zubereiten* ❖ ↗ **konservieren**

konservieren [kɔnzɛʁ'viːʁən], konservierte, hat konserviert **1.** /jmd./ *etw.* ~ 'Nahrungs-, Genussmittel durch bestimmte Verfahren, z. B. Sterilisieren, Räuchern od. Einfrieren, Trocknen haltbar machen': *Obst, Fleisch, Gemüse* ~ **2.** /jmd./ *etw.* ~ 'ein Kunstwerk durch besondere Behandlung vor weiterem Verfall bewahren': *ein Bauwerk, Gemälde* ~ ❖ **Konserve**

konstant [kɔn'stant] ⟨Adj.; Steig. reg.⟩ vorw. fachsprachl. SYN 'unveränderlich': *eine* ~*e Temperatur; die Temperatur ist* ~*; die Wärme im Zimmer* ~ *halten; das Wetter bleibt* ~*;* Math. *eine* ~*e* (ANT *variable*) *Größe*; vgl. *unveränderlich*

konstatieren [kɔnstɑ'tiːʁən], konstatierte, hat konstatiert **1.** /jmd./ *etw.* ~ SYN 'etw. feststellen (2)': *der Arzt konstatierte den Tod des Patienten; er konstatierte mit Freude, Befremden, dass* … **2.** ⟨+ Nebens.⟩ /jmd./ *etw.* ~ 'etw. feststellen (3)': *er konstatierte mit aller Deutlichkeit, dass dies nicht stimmen könne; „Das stimmt nicht!", konstatierte er*

Konstellation [kɔnstɛla'tsi̯oːn], die; ~, ~en 'das gleichzeitige Auftreten von bestimmten Umständen in einer bestimmten Situation'; SYN Lage (3): *eine neue, interessante, vorteilhafte, politische* ~*; es hat sich eine völlig andere* ~ *ergeben; es trat eine ungünstige* ~ *ein*

konsternieren [kɔnstɛʁ'niːʁən], konsternierte, hat konsterniert ⟨vorw. im Part. II⟩ /etw., jmd./ *jmdn.* ~ 'jmdn. außer Fassung bringen': *diese Antwort hat mich, du hast mich völlig konsterniert; er wirkte ziemlich konsterniert*

konstituieren [kɔnstitu'iːʁən], konstituierte, hat konstituiert **1.1.** /jmd., Gremium/ *etw.* ~ 'eine Institution, etw. zur festen Einrichtung (3) machen': *eine wissenschaftliche Disziplin* ~*; eine Organisation, ein Komitee* ~ **1.2.** /Institution, Gremium/ *sich* ~ 'sich zur Gründung von etw. versammeln': *die Regierung, das Komitee, der Ausschuss hat sich gestern konstituiert; an der* ~*den* ('zur Gründung von etw. einberufenen') *Sitzung teilnehmen* **2.** /etw./ *etw.* ~ 'für etw. grundlegend, bestimmend sein': *Elemente, die ein System* ~*; die* ~*den Eigenschaften des menschlichen Charakters*

Konstitution [kɔnstitu'tsi̯oːn], die; ~, ⟨o.Pl.⟩ 'physische, auch psychische Verfassung (II) eines Menschen': *jmds. physische, psychische* ~*; er hat eine eiserne, kräftige, zarte, schwache, robuste* ~*; die Genesung hängt von seiner* ~ *ab; das schadet seiner* ~ ❖ **konstitutionell**

konstitutionell [kɔnstitutsi̯o'nɛl] ⟨Adj.; o. Steig.⟩ **1.** vorw. fachspr. ⟨nicht präd.⟩ 'die Konstitution betreffend': *sein* ~*er Zustand;* ~*e Krankheiten;* ~ *ist er dazu geeignet* **2.** ⟨nur attr.⟩ 'an die Verfassung (I) gebunden' /beschränkt verbindbar/: *die* ~*e Monarchie* ❖ ↗ **Konstitution**

konstruieren [kɔnstʁu'iːʁən], konstruierte, hat konstruiert **1.** /jmd./ *etw.* ~ 'etw., bes. ein technisches Gerät, ein Bauwerk entwerfen, gestalten, bauen': *eine Maschine, ein Flugzeug, eine Brücke* ~*; er hat ein neues Auto, einen neuen Motor konstruiert* **2.**

/jmd./ *etw.* ~ 'etw. in einen bestimmten Zusammenhang bringen, es als gegeben hinstellen, obwohl es nicht den Tatsachen entspricht': *einen Schuldbeweis, eine Anklage, einen Vorgang* ~*; die Zusammenhänge scheinen, wirken konstruiert; das klingt mir sehr konstruiert* ❖ **Konstruktion, Konstrukteur, konstruktiv, rekonstruieren, Rekonstruktion**

Konstrukteur [kɔnstʁʊk'tøːɐ̯], der; ~s, ~e 'Fachmann für das Konstruieren (1) technischer Geräte, Systeme, Bauwerke': *B ist der* ~ *dieser Brücke, des Düsenflugzeugs* ❖ ↗ **konstruieren**

Konstruktion [kɔnstʁʊk'tsi̯oːn], die; ~, ~en **1.** 'das Konstruieren (1) von technischen Geräten, Systemen, Bauwerken': *die* ~ *eines Wolkenkratzers, einer Brücke, eines Computers; die* ~ *eines neuartigen Autos planen* **2.** 'Ergebnis des Konstruierens (1)': *eine veraltete, imponierende, erstaunliche* ~*; die* ~ *wird erneuert, geprüft; das Auto ist eine völlig neue* ~ ❖ ↗ **konstruieren**

konstruktiv [kɔnstʁʊk'tiːf] ⟨Adj.; Steig. reg.⟩ 'der Klärung einer Sache, Angelegenheit dienlich, förderlich'; ANT destruktiv: *ein* ~*er Vorschlag, Beitrag; eine* ~*e Politik;* ~*e Ideen; eine* ~*e Kritik;* ('auf ein gutes praktisches Ergebnis zielend') *denken, handeln, mitarbeiten* ❖ ↗ **konstruieren**; vgl. **destruktiv**

Konsul ['kɔnzʊl], der; ~s, ~n 'ständiger offizieller Vertreter eines Staates im Ausland, der keine diplomatischen Aufgaben erfüllt, sondern mit betimmten sachlich und örtlich begrenzten spezifischen Aufgaben betraut ist': *der* ~ *nimmt wirtschaftliche Aufgaben wahr; der* ~ *hat das Visum erteilt* ❖ **Konsulat**

Konsulat [kɔnzu'laːt], das; ~s/auch ~es **1.** 'Dienststelle eines Konsuls': *sich an das* ~ *wenden; das* ~ *hat sich für nicht zuständig erklärt* **2.** 'Gebäude mit der Dienststelle eines Konsuls': *das* ~ *ist geschlossen* ❖ ↗ **Konsul**

Konsultation [kɔnzʊlta'tsi̯oːn], die; ~, ~en /zu konsultieren 1.1 u. 1.2/ 'das Konsultieren'; /zu 1.1/: *einen Arzt, Anwalt zur* ~ *aufsuchen; eine* ~ *beim Direktor haben;* /zu 1.2/: *eine* ~ *mit den Verbündeten; zwischen beiden Regierungen, Ländern fand eine* ~ *statt;* ~*en zum Nachbarland aufnehmen* ❖ ↗ **konsultieren**

konsultieren [kɔnzʊl'tiːʁən] **1.1.** /jmd./ *jmdn.* ~ 'einen Fachmann um Rat fragen': *einen Arzt, Rechtsanwalt, Spezialisten* ~ **1.2.** /jmd., Institution/ *jmdn.* ~ 'sich mit jmdm. beraten (2)': *die Regierung konsultierte ihre Verbündeten; der Präsident konsultierte seine fachlichen Berater* ❖ **Konsultation**

Konsum [kɔn'zuːm], der; ~s, ⟨o.Pl.⟩ **1.1.** 'das Verbrauchen (1,2)': *der übermäßige* ~ *von Alkohol, Zigaretten; den* ~ *von Alkohol drosseln; der* ~ *von Fett darf ein bestimmtes Maß nicht überschreiten*; vgl. *Verbrauch* (1) **1.2.** 'die verbrauchte Menge von etw.'; SYN Verbrauch (2): *der* ~ *an Genussmitteln, an Getreide, Brot ist sehr hoch* ❖ **Konsument, konsumieren, Konsumtion – Konsumgüter**

Konsument [kɔnzu'mɛnt], **der**; ~en, ~en ˈjmd., der Waren kauft und verbraucht': *die Interessen der ~en berücksichtigen; das Kaufverhalten der ~en analysieren* ❖ ↗ **Konsum**

Konsum|güter [kɔn'zuːm..], **die** ⟨Pl.⟩ ˈfür den individuellen Kauf, Verbrauch bestimmte Güter': *die Produktion von ~n; zu den ~n gehören Lebensmittel, Haushaltswaren, Bekleidung u. Ä.* ❖ ↗ **Konsum, ↗ Gut**

konsumieren [kɔnzʊ'miːʀən], konsumierte, hat konsumiert /jmd./ *etw.* ~ ˈKonsumgüter, bes. Lebens- und Genussmittel, verbrauchen': *neuerdings wird wieder mehr Butter, Kaffee konsumiert; Silvester wurde viel, wurden große Mengen Alkohol, Zigaretten konsumiert* ❖ ↗ **Konsum**

Konsumtion [kɔnzʊm'tsi̯oːn], **die**; ~, ⟨o.Pl.⟩ ˈVerbrauch': *die ~ hat sich erhöht; die ~ von Butter, Kaffee* ❖ ↗ **Konsum**

Kontakt [kɔn'takt], **der**; ~s/auch ~es, ~e **1.** SYN ˈBeziehung (1)': *menschliche, wirtschaftliche, politische, diplomatische, internationale ~e; sexuelle ~e; der ~ zwischen Eltern und Kindern; persönlichen, engen ~ mit jmdm. aufnehmen, anbahnen, knüpfen, haben; in ~ (mit jmdm., etw.) treten, bleiben, stehen; die ~e aufrechterhalten; er hat den ~ zu ihr verloren, abgebrochen, findet schwer, leicht ~ zu anderen; vgl. Verhältnis (3.1)* **2.** ˈVorrichtung, die den Stromkreis schließt': *die ~e der Steckdose; die ~e säubern, erneuern* ❖ **kontaktarm, -freudig, Schutzkontakt**

kontakt [..'t..]|**-arm** ⟨Adj.; Steig. reg., ungebr.; nicht bei Vb.⟩ ˈschwer menschlichen Kontakt zu anderen findend'; ANT kontaktfreudig /auf Personen bez./: *er ist ein ~er Mensch, ist ~* ❖ ↗ Kontakt, ↗ arm; **-freudig** ⟨Adj.; Steig. reg.⟩ SYN ˈgesellig (1)'; ANT kontaktarm: *er ist ein ~er Mensch, ist sehr ~* ❖ ↗ Kontakt, ↗ **freuen**

kontern ['kɔntɐn] ⟨reg. Vb.; hat⟩ /jmd./ *jmdm.* ~ ˈjmdm. scharf (8), schlagfertig antworten': *dem politischen Gegner ~; sie hat gut, geschickt gekontert;* ⟨vorw. mit direkter Rede od. mit Nebens.⟩ *„Danke, gleichfalls", konterte er; er konterte mit dem Spruch, dass die Dummen nicht aussterben*

Kontinent ['kɔntinɛnt/..'nɛnt], **der**; ~s/auch ~es, ~e **1.** SYN ˈErdteil': *die fünf ~e; Sportler von allen ~en; der schwarze ~ (*ˈAfrika') **2.** ⟨o.Pl.; nur mit best. Art.⟩ SYN ˈFestland'; ↗ FELD II.1.1: *der europäische ~; von England, Schweden aus zum ~ reisen; den ~ betreten; der ~ kam in Sicht*

Kontingent [kɔntiŋ'gɛnt], **das**; ~s/~es, ~e **1.1.** ˈfür Einrichtungen festgesetzte, zugeteilte Menge von etw.': *der Einrichtung steht ein bestimmtes ~ Wasser zur Verfügung; das ~ festsetzen, ausschöpfen, erhöhen, kürzen; den Haushalten ein ~ (an Strom) zuteilen* **1.2.** ˈbestimmter Anteil, bes. an Truppen, den ein Land aufbringen muss': *ein ~ stellen; er ist Soldat des finnischen ~s der UNO-Truppen*

kontinuierlich [kɔntinu'iːʀ..] ⟨Adj.; Steig. reg.⟩ ˈzeitlich lückenlos zusammenhängend, sich ohne Unterbrechungen fortsetzend': *eine ~e Entwicklung;*

~ arbeiten; etw. steigt, sinkt, verläuft, entwickelt sich ~

Kontinuität [kɔntinui'tɛːt/..'tɛːt], **die**; ~, ⟨o.Pl.⟩ /zu kontinuierlich/ ˈdas Kontinuierlichsein': *die ~ der Entwicklung; die ~ wahren, gewährleisten, sichern; dadurch ergab sich eine gewisse ~*

Konto ['kɔnto], **das**; ~s, Konten ['kɔntn̩]/auch ~s ˈschriftliche Übersicht über die Ein- und Auszahlungen od. geschäftlichen Vorgänge eines Kunden bei einer Bank'; ↗ FELD I.16.1: *ein ~ einrichten, eröffnen, anlegen; er hat ein ~ bei der Sparkasse; er hat 2000 Mark auf seinem ~; Geld auf ein ~ einzahlen, überweisen; er hat nicht viel auf seinem ~; die Bewegungen auf seinem ~ verfolgen; die Führung des ~s durch die Bank; sein ~ überziehen; jmdm. das ~ /jmds. ~ sperren lassen; Geld vom Konto abbuchen, abheben; einen Betrag einem ~ gutschreiben; sein ~ löschen, auflösen* ❖ **Kontoauszug, Kontonummer, Girokonto, Sparkonto**

Konto ['..]|**-auszug, der** ˈgedruckter Beleg, der Auskunft über den Stand des Bankkontos gibt': *sich die Kontoauszüge ausdrucken, zuschicken lassen* ❖ ↗ Konto, ↗ ziehen; **-nummer, die** ˈNummer eines Kontos': *die ~ des Empfängers angeben, eintragen; ich weiß meine ~ auswendig* ❖ ↗ Konto, ↗ Nummer

Kontra|bass ['kɔntʀa..], **der** ˈgrößtes und tiefstes Streichinstrument' (↗ TABL Saiteninstrumente): *(den) ~ spielen; den ~ streichen* ❖ ↗ **Bass**

Kontrakt [kɔn'tʀakt], **der**; ~s/auch ~es, ~e ˈschriftlicher geschäftlicher Vertrag zwischen Partnern mit bestimmten Verbindlichkeiten (2) und Rechten (2.1)': *einen ~ aufsetzen, abschließen, unterschreiben, brechen; er hat einen ~ mit seinem Verlag abgeschlossen; sein ~ wurde (nicht) verlängert*

Kontrast [kɔn'tʀast], **der**; ~s/auch ~es, ~e **1.** ˈdeutlich erkennbarer auffallender optischer Unterschied': *die Farben bilden einen großen, starken, schreienden ~; den ~ (*ˈden Unterschied zwischen den hellen und dunklen Teilen') *im Fernsehbild schärfer einstellen* **2.** ˈauffallender Gegensatz': *der ~ zwischen seinen Worten und Taten; etw. steht zu etw.* ⟨Dat.⟩ *im ~, etw. bildet zu etw.* ⟨Dat.⟩ *einen ~: ihr blondes Haar bildete zu ihren braunen Augen einen reizvollen ~*

Kontrolle [kɔn'tʀɔlə], **die**; ~, ~n **1.** ˈPrüfung, ob etw. in Ordnung ist, den Vorschriften o.Ä. entspricht, ob jmd. die erwarteten, geforderten Kenntnisse, Verhaltensweisen zeigt': *eine genaue, scharfe, straffe, strenge, polizeiliche ~; die ~ der Pässe, des Gepäcks an den Grenzen; die ~ der Fahrkarten bei Antritt der Fahrt; die ~ (*SYN ˈAufsicht') *über etw., jmdm. haben, ausüben; die Herstellung des Produkts steht unter ständiger ~* **2.** ⟨o.Pl.⟩ ˈjmds. Einfluss darauf, dass etw., jmd. in seiner negativen Wirkung so weit wie möglich eingeschränkt ist': *die Epidemie, die Rowdys unter ~ bringen; einen Brand, eine Epidemie unter ~ haben; die ~ über ein Auto, Flugzeug verlieren (*ˈbeim Steuern die Gewalt über ein Auto, Flugzeug verlieren'); *die ~ (*SYN ˈBeherr-*

schung 4') *über sich verlieren; etw. gerät außer ~: das Experiment geriet außer ~* ('konnte nicht mehr beherrscht, kontrolliert werden') ❖ ↗ **kontrollieren**

Kontrolleur [kɔntrɔ'løːɐ], der; ~s, ~e 'jmd., der eine Kontrolle (1), regelmäßig Kontrollen durchführt' ❖ ↗ **kontrollieren**

kontrollieren [kɔntrɔ'liːrən] /jmd./ *etw., jmdn.* ~ 'prüfen, ob etw. in Ordnung ist, den Vorschriften entspricht, ob jmd. die erwarteten, geforderten Kenntnisse, Leistungen, Verhaltensweisen zeigt': *etw., jmdn. genau, scharf, streng ~; das Gepäck, die Reisenden, Pässe wurden an der Grenze kontrolliert; sie kontrolliert abends ständig die Hausaufgaben; die Kranke, die Herstellung des Produkts muss ständig kontrolliert werden* ❖ **Kontrolle, Kontrolleur**

Kontroverse [kɔntrɔ'vɛrzə], die; ~, ~n 'heftige Auseinandersetzung in einer Angelegenheit; Diskussion um (wissenschaftliche) Probleme'; SYN Streit (1.2); ↗ FELD I.4.2.1: *eine wissenschaftliche, politische ~; etw. löst eine heftige ~ aus; eine ~ zwischen Regierung und Opposition; im Parlament gab es eine heftige ~ über Abrüstungsfragen*

Kontur [kɔn'tuːɐ], die; ~, ~en ⟨vorw. Pl.⟩ **1.1.** SYN 'Umriß (der sich von einem Hintergrund abhebt)': *deutliche, scharfe ~en; die ~en der Berge; die ~en der Zeichnung sind verschwommen, verwischt; die ~en von etw. (nach)zeichnen* **1.2.** ⟨o.Art.⟩ *etw. gewinnt, verliert ~* 'die wesentlichen Merkmale von etw. werden deutlicher, undeutlicher': *durch die Überarbeitung gewann der Aufsatz ~(en)*

Konvention [kɔnvɛn'tsi̯oːn], die; ~, ~en 'überlieferte Regeln für das soziale Verhalten in der Gesellschaft': *die gesellschaftliche ~; sein Verhalten verstößt gegen die ~(en), verletzt die ~(en); sich über die ~en hinwegsetzen; die ~en missachten* ❖ **konventionell**

konventionell [kɔnvɛntsi̯o'nɛl] ⟨Adj.; Steig. reg., ungebr.⟩ **1.1.** 'an Konventionen festhaltend' /vorw. auf Abstraktes bez./: *~es Benehmen, ~e Auffassungen, Phrasen; die Aufführung war ~; sich ~ kleiden; ~ denken* **1.2.** ⟨o. Steig.; vorw. attr.⟩ /beschränkt verbindbar/: *~e* ('nicht atomare') *Waffen, ein ~er Krieg* **2.** ⟨Steig. reg., ungebr.⟩ SYN 'formell (1)' /vorw. auf best. Tätigkeiten bez./: *eine ~e Verbeugung; er gibt sich, verhält sich sehr ~; vgl. unpersönlich (1)* ❖ ↗ **Konvention**

Konversation [kɔnvɛrza'tsi̯oːn], die; ~, ~en **1.1.** 'gesellige, leichte Unterhaltung in einer bestimmten Situation': *eine gepflegte, geistreiche, interessante, lebhafte, steife, langweilige ~; eine ~ führen, machen (über etw.); ~ mit jmdm. (bei Tisch, auf einer Party) machen* **1.2.** 'Unterhaltung, die zum Erlernen einer Fremdsprache dient': *Unterricht in Grammatik und ~; ~ in Englisch, Französisch treiben*

konvertierbar [kɔnvɛr'tiːr..] ⟨Adj.⟩ Wirtsch. 'frei und unbeschränkt in andere Währungen od. Gold umwandelbar' /auf Währungen bez./: *eine (frei) ~e Währung; der Dollar ist ~; eine Währung ~ machen*

konvertieren [kɔnvɛr'tiːrən], konvertierte, hat konvertiert /jmd./ *zu etw.* ⟨Dat.⟩ ~ 'zu einer anderen Konfession, Religion übertreten': *er ist (vom Katholizismus) zum Protestantismus konvertiert*

Konvoi [kɔn'vɔi], der; ~s, ~s **1.1.** 'Kolonne von zusammengehörigen Fahrzeugen im Straßenverkehr': *ein ~ von Lkws; einen ~ überholen* **1.2.** bes. Mil. 'Verband (II) von Schiffen od. Kraftfahrzeugen, der zu seinem Schutz von bewaffneten Fahrzeugen begleitet wird': *das Frachtschiff fuhr in einem ~; einen ~ zusammenstellen*

Konzentrat [kɔntsɛn'traːt], das; ~s/auch ~es, ~e **1.** 'Stoff, Gemisch, vorw. in flüssiger Form, mit einem meist hohen spezifischen Bestandteil eines bestimmten Stoffes (2)': *ein starkes ~; ein ~ aus Obstsäften; etw. aus einem ~ herstellen* ❖ ↗ **konzentrieren**

Konzentration [kɔntsɛntra'tsi̯oːn], die; ~, ⟨o.Pl.⟩ **1.** 'das Sichkonzentrieren (1) auf etw.'; ↗ FELD I.4.4.1: *die Arbeit erfordert eine hohe ~; dafür braucht man ~; die ~ auf das Studium; die ~ der Schüler während des Unterrichts; mit großer ~ arbeiten, über etw. arbeiten; diese Arbeit erfordert größte ~* (SYN 'Sammlung 3') **2.** 'das Konzentrieren (2), Sichkonzentrieren': *die ~ von Truppen an der Grenze; die ~ des Kapitals, der Industrie in dieser Region* ❖ ↗ **konzentrieren**

Konzentrations [..'tsi̯oːns..]|**-fähigkeit, die** 'die Fähigkeit, sich zu konzentrieren (1)': *gegen Ende des Unterrichts lässt die ~ der Schüler nach* ❖ ↗ konzentrieren, ↗ **fähig**; **-lager, das** hist. 'Lager (2), in dem zwangsweise bes. politische Häftlinge od. rassisch Verfolgte bis zur physischen Vernichtung existieren und arbeiten mussten': *die faschistischen ~; er ist im ~ ermordet worden, umgekommen* ❖ ↗ konzentrieren, ↗ **liegen**

konzentrieren [kɔntsɛn'triːrən], konzentrierte, hat konzentriert; ↗ auch *konzentriert* **1.** /jmd./ **1.1.** *sich auf etw., jmdn.* ~ 'seine Gedanken, geistige Kraft (1), ganze Aufmerksamkeit voll auf jmdn., ein Problem, Ziel richten': *sich auf seine Arbeit, Prüfung, eine Aufgabe ~; sie konzentrierte sich in der Kür nur auf ihren Partner* **1.2.** *sich ~* 'alle geistigen Kräfte aufbieten, um eine Aufgabe zu bewältigen und sich dabei nicht ablenken lassen'; ↗ FELD I.4.1.2: *ich muss mich ~; er konnte sich nicht ~* **2.** /jmd./ *irgendwo eine Gruppe ~* 'irgendwo eine Gruppe für eine bestimmte Aktion (1) sammeln': *Truppen an der Grenze ~;* ⟨oft im Pass.⟩ *an der Grenze wurden Truppen konzentriert;* /mehrere (jmd.)/ *sich irgendwo ~: Truppen konzentrierten sich an der Grenze* **3.** /jmd./ *etw. auf etw.* ~ 'Kräfte, Mittel, Möglichkeiten auf ein Ziel lenken': *seine ganze Energie auf das Gelingen des Versuchs ~; die Kapazitäten auf einen Schwerpunkt ~* ❖ **Konzentrat, Konzentration – Konzentrationsfähigkeit, -lager**

konzentriert [kɔntsɛn'triːɐt] ⟨Adj.; Steig. reg.; vorw. attr.; ↗ auch *konzentrieren*⟩ 'einen hohen Gehalt an gelöstem Stoff aufweisend' /auf Lösungen, Säuren o.Ä. bez./: *eine ~e Säure, Lösung; ~e Schwefelsäure* ❖ ↗ **konzentrieren**

Konzept [kɔn'tsɛpt], **das**; ~s/auch ~es, ~e **1.** ˈkurzer Entwurf einer Rede, Schrift, der schon Wesentliches enthält': *ein durchdachtes ~; das ~ einer Rede; ein ~ ausarbeiten, verfassen; die Arbeit liegt im ~* (ˈals Entwurf') *vor, ist im ~ fertig* **2.** ˈProgramm (5)': *das politische ~ einer Partei; ein klares ~ haben, verfolgen* ❖ **Konzeption, konzipieren**
* /jmd./ **jmdn. aus dem ~ bringen** (ˈjmdn. bei der Darlegung seiner Gedanken stören, verwirren'); /jmd./ **aus dem ~ kommen** (ˈden gedanklichen Zusammenhang beim Erklären seiner Ansichten, Gründe verlieren'); /etw./ **jmdm. nicht ins ~ passen** (ˈjmds. Absichten, Pläne stören, behindern'); /jmd./ **jmdm. das ~ verderben** (ˈjmds. Absichten, Pläne durchkreuzen')

Konzeption [kɔntsɛp'tsi̯oːn], **die**; ~, ~en ˈAuffassung, Idee, die einem Werk od. Programm zugrunde liegt': *die ~ eines Films, Romans, einer Abhandlung; dem Bauwerk fehlt eine einheitliche ~*

Konzern [kɔn'tsɛʁn], **der**; ~s, ~e ˈzu einer wirtschaftlichen Einheit zusammengeschlossene (↗ zusammenschließen 2) Firmen, bei der die einzelnen Firmen rechtlich selbständig bleiben': *ein großer, mächtiger, multinationaler ~; einen ~ gründen*

Konzert [kɔn'tsɛʁt], **das**; ~s/auch ~es, ~e ˈöffentliche Aufführung eines od. mehrerer Musikstücke': *ein geistliches ~; ins ~ gehen; ein ~ besuchen; ein ~ geben, dirigieren; das ~ absagen* **2.** ˈKomposition (2) mit mehreren Sätzen (2) für Soloinstrument(e) und Orchester': *ein ~ aufführen; ein ~ für Violine und Orchester* ❖ **konzertieren**

konzertieren [kɔntsɛʁ'tiːʁən], konzertierte, hat konzertiert /Dirigent, Orchester/ ˈein Konzert (1) geben (6.2)': *das Orchester konzertierte in der Hauptstadt; er konzertierte anlässlich des Musikfestivals* ❖ ↗ **Konzert**

Konzession [kɔntsɛ'si̯oːn], **die**; ~, ~en **1.** ⟨vorw. Pl.⟩ SYN ˈZugeständnis': *das sind ~en an den Geschmack der Käufer; jmdm. ~en machen; er ist zu ~en bereit* **2.** Jur. ˈamtliche Genehmigung, ein Gewerbe auszuüben (1)': *die ~ für eine Gaststätte beantragen; eine ~ erwerben, erteilen, erhalten; jmdm. die ~ entziehen*

konziliant [kɔntsi'li̯ant] ⟨Adj.⟩ SYN ˈkulant' /auf Personen bez./: *ein ~er Chef, Geschäftsmann; er ist sehr ~; sich jmdm. gegenüber ~ verhalten; vgl. entgegenkommend, gefällig (1), hilfsbereit* ❖ **Konzilianz**

Konzilianz [kɔntsi'li̯ants], **die**; ~, ⟨o.Pl.⟩ ˈdas Konziliantsein': *jmdn. wegen seiner ~ schätzen; etw. durch ~ erreichen* ❖ ↗ **konziliant**

konzipieren [kɔntsi'piːʁən], konzipierte, hat konzipiert /jmd./ *etw. ~* SYN ˈetw. entwerfen (2)': *einen Roman, Vortrag ~; er hat den Text schon konzipiert* ❖ ↗ **Konzept**

Kooperation [koɔopɛʁa'tsi̯oːn], **die**; ~, ~en ˈZusammenarbeit mehrerer Partner für ein gemeinsames Ziel, bes. in Wirtschaft, Wissenschaft, Politik': *eine langfristige, internationale ~; die ~ zwischen Instituten, Firmen; die ~ der Industrie mit Forschungseinrichtungen* ❖ ↗ **kooperieren**

kooperieren [koɔope'ʁiːʁən], kooperierte, hat kooperiert /jmd., Unternehmen, Institution/ ˈbes. in Wirtschaft, Wissenschaft, Politik für ein gemeinsames Ziel zusammenarbeiten': *die Betriebe ~ auf wirtschaftlichem und wissenschaftlichem Gebiet; sie ~ bei der Entwicklung eines modernen Flugzeugs; die Firma kooperiert mit dem Unternehmen B; /zwei od. mehrere (etw.)/ beide Firmen ~ miteinander* ❖ **Kooperation**

Koordination [koɔɔʁdinɑ'tsi̯oːn], **die**; ~, ~en ˈdas Koordinieren': *die ~ mehrerer, verschiedener Aufgaben* ❖ ↗ **koordinieren**

koordinieren [koɔɔʁdini'ʁən], koordinierte, hat koordiniert /jmd./ *zwei od. mehrere Sachen ~* ˈzwei od. mehrere Vorgänge, Aufgaben aufeinander abstimmen': *die Arbeitsgänge, Projekte, Pläne ~; die Aufgaben wurden, waren nicht gut koordiniert; etw. mit etw. ~: einen Plan mit einem anderen Plan ~* ❖ **Koordination, Koordinierung**

Koordinierung [koɔɔʁdini'ʁ..], **die**; ~, ~en ˈdas Koordinieren': *die ~ mehrerer, verschiedener Aufgaben* ❖ ↗ **koordinieren**

Kopf [kɔpf], **der**; ~es/auch ~s, Köpfe ['kœpfə] **1.1.** ˈauf dem Hals sitzender Körperteil beim Menschen und bestimmten Tieren, in dem sich das Gehirn und die Sinnesorgane befinden' (↗ TABL Körperteile); SYN Haupt (1), Kürbis (3): *ein runder, eckiger, schmaler, großer, kleiner ~; jmdm. tut der ~ weh; den ~ heben, senken, beugen, zur Seite drehen; den ~/mit dem ~ schütteln /als Zeichen der Verneinung/; mit dem ~ nicken /als Zeichen der Bejahung/; er ist einen ~ größer als ich; (vor Scham, vor Zorn) einen roten ~ bekommen; vor Ärger stieg ihm das Blut zu ~e; einen kahlen ~* (ˈeine Glatze') *haben; jmdm. den ~* (ˈdas Haar, die Haare') *waschen; /in der kommunikativen Wendung/ und wenn du dich auf den ~ stellst! /wird gesagt, wenn man etw. nicht tun will, obwohl es von jmdm. sehr stark erwartet wird/* **1.2.** ˈKopf (1.1) als Sitz des Verstandes, als Fähigkeit zum Denken, Urteilen': *streng mal deinen ~ an* (ˈdenk mal nach')!; *er hat einen klugen ~* (ˈist klug'); *etw. geht jmdm. durch den ~* (ˈjmd. beschäftigt sich gedanklich mit etw.'); *er hat nur sein Vergnügen im ~* (ˈdenkt nur an sein Vergnügen') **2.1.** ⟨vorw. Sg.⟩ + best. Adj.⟩ /meint einen Menschen/: *er ist ein gescheiter, geistreicher, kluger ~* (ˈist von Natur gescheit, geistreich, klug'); *er ist ein aufgeweckter, theoretischer ~* **2.2.** ⟨+ Gen.attr.⟩ ˈPersönlichkeit (2), leitende Person, leitendes Gremium, des ...': *er war der ~ der Bewegung, des Unternehmens* **2.3.** /meint eine einzelne Person, bes. in Verbindung mit Zahlenangaben/: *pro ~ der Bevölkerung gab es nach dem Krieg 20 Zentner Kohlen; eine Familie von fünf Köpfen* **3.** ˈoberer, kugelförmiger Teil von etw.': *ein ~ Kohl; zwei ~/Köpfe Salat; der ~ des Steichholzes, der Stecknadel; den ~* (ˈdas obere scheibenförmige Ende') *des Nagels treffen; die Blumen lassen die Köpfe* (ˈBlüten') *hängen* ❖ **köpfen – Kopfbedeckung, Dickkopf, dickköpfig, dreiköpfig, Holzkopf,**

Kahlkopf, Kehlkopf, Hitzkopf, hitzköpfig, Quatschkopf, Querkopf, Starrkopf, starrköpfig, Totenkopf, Wirrkopf; vgl. **Kopf/kopf-**
* /jmd./ **sich** ⟨Dat.⟩ **etw. durch den ~ gehen lassen** (ʼin Ruhe über etw. nachdenkenʼ); /jmd./ **den ~ hinhalten** (ʼfür etw. geradestehen 2ʼ); **~ und Kragen** ʼjmds. Leben, Existenzʼ: ~ *und Kragen riskieren; sich um* ~ *und Kragen bringen;* /jmd./ **den ~ aus der Schlinge ziehen** (ʼeiner Gefahr, Strafe geschickt ausweichenʼ); /jmd./ **den ~ verlieren** (ʼin einer bestimmten Situation die Fassung, die Übersicht verlieren und unbesonnen handelnʼ); /jmd./ **den ~ voll haben** (ʼviel zu bedenken, viele Sorgen habenʼ); /jmd./ **etw. aus dem ~** (ʼaus dem Gedächtnis, auswendigʼ) **wissen**; /jmd./ **sich** ⟨Dat.⟩ **etw. aus dem ~ schlagen** ⟨oft im Imp.⟩ ʼein Vorhaben aufgeben und nicht mehr daran denkenʼ: *schlag dir das aus dem ~!;* /jmd./ **sich** ⟨Dat.⟩ **etw. in den ~ setzen** (ʼetw. unbedingt wollenʼ); /jmd./ **nicht wissen, wo einem der ~ steht** (ʼviel zu tun, zu bedenken haben, sodass man verwirrt ist und nicht weiß, wo man anfangen sollʼ); /jmd./ **jmdn. vor den ~ stoßen** (ʼjmdn. in plumper, rücksichtsloser Weise kränken, beleidigenʼ); /jmd./ **jmdm. den ~ verdrehen** (ʼjmdn. in sich verliebt machenʼ); /jmd./ **mit dem ~ durch die Wand wollen** (ʼetw. Unmögliches mit aller Gewalt und gegen alle Vernunft erzwingen wollenʼ); ⟨⟩ umg. /jmd./ **sich** ⟨Dat.⟩ **einen ~ machen** (ʼsich wegen etw. Sorgen machen, über etw. nachdenkenʼ); /jmd./ **jmdm. etw. an den ~ werfen** (ʼjmdm. etw. Tadelndes, Unverschämtes unverblümt sagenʼ)
Kopf|bedeckung [ʼ..bədɛk..], die; ~, ~en ʼKleidungsstück, das auf dem Kopf (1.1) getragen wirdʼ (↗ TABL): *eine ~ tragen, aufsetzen; er ging während des Regens ohne ~*

Hut
Pudelmütze
Damenhut
Schirmmütze
Herrenhut
Stahlhelm
Zylinder
Sturzhelm
Schutzhelm

köpfen [ʼkœpfn̩] ⟨reg. Vb.; hat⟩ **1.** /jmd./ *jmdn., etw.* ~ ʼjmdn. durch Abschlagen des Kopfes (1.1) hinrichten, eine Pflanze durch Abschlagen des Kopfes (3) schädigenʼ: *der Verurteilte wurde geköpft; vor Wut köpfte er die Blumen* **2.** Fußball /jmd./ **den Ball irgendwohin ~** ʼden Ball mit dem Kopf irgendwohin stoßen (3.2)ʼ: *er köpfte den Ball ins Tor, ins Aus*
-köpfig /bildet mit einem (Zahl)adj. als erstem Bestandteil Adjektive/ **1.** ʼmit der im ersten Bestandteil genannten Anzahl von Personenʼ: ↗ z. B. *dreiköpfig* **2.** ʼmit dem im ersten Bestandteil genannten Haar(wuchs)ʼ: ↗ z. B. *kahlköpfig*
Kopf/kopf [ʼkɔpf..]|**-kissen, das** ʼmit Federn od. weichem Material gefülltes Kissen, das im Bett als Unterlage (1) für den Kopf dientʼ: *das ~ beziehen, aufschütteln* ❖ ↗ Kissen; **-los** ⟨Adj.; o. Steig.; vorw. präd. u. bei Vb.⟩ ʼaus Verwirrung unbesonnenʼ: *als das Feuer ausbrach, wurde er völlig ~; sie stürzte ~ davon;* **-salat, der** ⟨o.Pl.⟩ ʼSalat (2), dessen Blätter sich im ¹Wachsen (1.1) zu einer Kugel formenʼ (↗ TABL Gemüsearten) ❖ ↗ los; **-scheu** ⟨Adj.; o. Steig.; nicht attr.; vorw. mit *machen, werden*⟩ ʼängstlich und verwirrtʼ: *jmdn. ~ machen; ihre Reden machten ihn ~; er wurde völlig ~* ❖ ↗ scheu; **-schmerz, der** ⟨vorw. im Pl.⟩ ʼSchmerz im Kopfʼ: *unter starken ~en leiden* ❖ ↗ Schmerz * umg. /jmd./ **sich** ⟨Dat.⟩ **wegen/über etw. keine ~en machen** (ʼsich über, wegen etw. nicht sorgenʼ); **-sprung, der** ʼSprung kopfüber ins Wasser mit gestrecktem Körper und nach vorn gestreckten Armenʼ; ↗ FELD I.7.2.1; **-stand, der** ⟨nur im Sg.⟩ /eine Stellung, bei der der Kopf auf dem Boden aufliegt, der Körper, die Beine in die Luft gestreckt sind/: *einen ~ machen* ❖ ↗ stehen; **-über** [..ʼyːbɐ] ⟨Adv.⟩ ~ (ʼmit dem Kopf voran und nach untenʼ) *ins Wasser springen* ❖ ↗ ²über; **-zerbrechen * /etw./ jmdm. ~ bereiten, machen** ʼangestrengt nachdenken müssen, um eine Lösung zu findenʼ: *das bereitet mir viel, einiges ~*
Kopie [koʼpiː], die; ~, ~n [..ʼpiːən] **1.** ʼgenaue Nachbildung eines Kunstwerkesʼ: *eine gute, gelungene ~; die ~ eines Gemäldes; eine ~ anfertigen* **2.** ʼAbschrift eines Schriftstücksʼ: *die ~* (ANT Original) *eines Briefes, Zeugnisses; bitte, machen Sie von dem Brief eine ~* **3.** SYN ʼFotokopieʼ: *vom Text ~n machen; eine ~ des Artikels aus der Zeitung anfertigen* ❖ ↗ kopieren
kopieren [koʼpiːʀən], kopierte, hat kopiert **1.** /jmd./ *etw.* ~ ʼvon etw. eine Kopie (1) herstellenʼ: *ein Gemälde ~* **2.** /jmd./ *etw.* ~ SYN ʼetw. vervielfältigen (2):ʼ *das Buch, den Brief ~ (lassen)* ❖ Kopie − Fotokopie
¹Koppel [ʼkɔpl̩], das; ~s, ~ ʼzu einer Uniform gehörender breiter Gürtel aus Lederʼ: *das ~ umschnallen* ❖ ²Koppel (II), koppeln
²Koppel, die; ~, ~n I. ʼWeideland, das mit einem Zaun umgeben istʼ: *die Pferde, Kühe auf die ~ treiben −* **II.** ʼRiemen, Leine zum Zusammenbinden

und Führen von Tieren': *die Hunde an der ~ füh-
ren, an die ~ legen* ❖ **zu II:** ↗ **¹Koppel**
koppeln ['kɔpl̩n] ⟨reg. Vb.; hat⟩ **1.1.** /jmd./ *Hunde,
Pferde ~* ('an die Koppel II legen') **1.2.** /jmd./ *etw.,
bes. ein Fahrzeug an etw. ~* SYN 'etw. an etw. kup-
peln (1.1)': *den Wagen an den Zug, einen Hänger an
den Lastwagen ~* **1.3.** Techn. /jmd./ *etw. mit etw.
~* 'zur Lösung einer Aufgabe Geräte o.Ä. durch
technische Mittel miteinander verbinden': *das Ton-
band mit dem Radio ~; die Raumschiffe wurden mit-
einander gekoppelt* ❖ ↗ **¹Koppel**
Koralle [ko'Ralə], die; ~, ~n **1.** 'Polyp, der in wärme-
ren Meeren in Kolonien lebt und ein verzweigtes,
weißes od. blassrotes Gebilde aus Kalk bildet'; ↗
FELD II.3.1 **2.** ⟨vorw. im Pl.⟩ 'als Schmuck die-
nender Stein aus dem Material, das die Korallen
(1) bilden': *eine Kette aus ~n*
Korb [kɔRp], der; ~es, Körbe ['kœRbə] **1.** 'vorwie-
gend aus den Zweigen der Weide, aus Bast od.
Draht geflochtener (oben offener) Behälter mit
Griffen, Henkeln'; ↗ FELD V.7.1 (↗ TABL Behäl-
ter): *ein runder, rechteckiger, flacher ~; ein ~ mit
Äpfeln; ein ~ Eier; den ~ (mit Pilzen) in den Keller
tragen* **2.** ⟨o.Pl.⟩ 'Material, bes. aus den Zweigen
der Weide, aus Bast od. Draht, das zur Herstellung
eines Geflechts dient': *ein Sessel, Tisch aus ~* ❖
Brustkorb, Maulkorb, Strandkorb
* /jmd./ **einen ~ bekommen/sich** ⟨Dat.⟩ **einen ~ holen**
('mit einem Angebot abgewiesen werden'); /jmd./
jmdm. einen ~ geben 1. /Frau/ 'jmds. Werbung (2)
abweisen': *sie hat ihm einen ~ gegeben* **2.** 'jmds.
Bitte, Angebot abweisen': *er hat ihm einen ~ gege-
ben*
Kord [kɔRt], der; ~s/auch ~es, ⟨o.Pl.⟩ 'strapazierfä-
higes, geripptes Gewebe aus Baumwolle od. syn-
thetischen Fasern': *eine Jacke, Hose aus ~*
Kordel ['kɔRdl̩], die; ~, ~n 'dicke Schnur aus mehre-
ren umeinander gedrehten Fäden': *die Kordel an
der Uniform*
Korinthe [ko'Rɪntə], die; ~, ~n 'kleine, schwarze Ro-
sine'
Kork [kɔRk], der; ~s/auch ~es, ⟨o.Pl.⟩ 'sehr leichtes,
braunes, elastisches Material aus der Rinde einer
in den Subtropen wachsenden Eiche': *ein Rettungs-
ring, eine Schuhsohle aus ~* ❖ **Korken — Korkenzie-
her**
Korken ['kɔRkn̩], der; ~s, ~ 'Propfen aus Kork od.
Plastik für Flaschen'; ↗ FELD I.7.8.1, V.5.1: *die
Flasche mit einem ~ verschließen; den ~ herauszie-
hen* ❖ ↗ **Kork**
Korken|zieher ['..tsiːɐ], der; ~s, ~ 'Gerät mit einem
Griff und einem spitzen, spiralförmigen Teil, mit
dem man Korken aus der Flasche zieht'; ↗ FELD
I.7.8.1 ❖ ↗ **Kork,** ↗ **ziehen**
¹Korn [kɔRn], das; ~s/auch ~es, ~e/auch Körner
['kœRnɐ] **1.1.** ⟨o.Pl.⟩ SYN 'Getreide (1)'; ↗ FELD
II.4.1: *das ~ ist reif, steht gut; das ~ ernten, mähen,
dreschen* **1.2.** ⟨Pl.: Körner; oft im Pl.⟩ 'kleiner,
rundlicher Samen des Getreides und bestimmter
Pflanzen': *die Körner des Roggens, Weizens, Hafers,*

*der Gerste; ein ~ vom Mais, Mohn; den Vögeln Kör-
ner als Futter streuen; die Spatzen, Hühner picken
Körner* **2.** ⟨Pl.: Körner⟩ 'einzelnes Teilchen einer
Menge eines körnigen Stoffes': *ein paar Körner Salz,
Grieß* **3.** ⟨Pl.: ~e⟩ 'kleines, spitzes, dreieckiges Teil
auf dem Lauf (4) von Handfeuerwaffen, das beim
Zielen eine Linie mit der Kimme und dem Ziel bil-
den muss': *ein Ziel über Kimme und ~ anvisieren*;
vgl. *Kimme* ❖ **²Korn, körnig — Kornblume, Samen-
korn**
* /jmd./ **jmdn., etw. aufs ~ nehmen** ('jmdn., etw. zum
Gegenstand seiner Kritik machen')
²Korn, der; ~s/auch ~es, ⟨o.Pl.; mit Mengenangabe:
Korn⟩ umg. 'Branntwein aus Weizen od. Roggen';
↗ FELD I.8.1: *Herr Ober, bitte zwei* ('zwei Glas')
~ und zwei Bier! ❖ ↗ **¹Korn**
Korn|blume ['..], die 'Pflanze mit blauen Blüten, die
oft in Getreidefeldern od. am Wegrand wächst' ❖
↗ **¹Korn,** ↗ **Blume**
körnig ['kœRnɪç] ⟨Adj.; Steig. reg., Superl. ungebr.;
vorw. attr.⟩ 'aus kleinen Teilen, etwa in der Form
eines ¹Kornes (1.2) bestehend' /auf Stoffe bez./:
~er Sand, Zucker ❖ ↗ **¹Korn**
Körper ['kœRpɐ], der; ~s, ~ **1.** 'der Organismus des
Menschen od. Tieres in seiner Ganzheit und
äußeren Erscheinung': *der menschliche, tierische,
weibliche ~; er hat einen schönen, athletischen ~;
am ganzen ~ zittern; seinen, den ~ pflegen, einrei-
ben, massieren; seinen ~ stählen* **2.** 'Gegenstand od.
Gebilde mit drei Dimensionen, die ihn allseitig be-
grenzen': *ein geometrischer ~; ein ~ mit ebenen,
gekrümmten Flächen; den Rauminhalt, die Oberflä-
che eines ~s berechnen* **3.** Phys. SYN 'Stoff (2)': *ein
fester, gasförmiger, flüssiger, plastischer ~* ❖ **kör-
perlich, Körperschaft, korpulent — Körperpflege,
-teil, Fremdkörper, Himmelskörper, Hohlkörper,
Oberkörper, Raumflugkörper, Sprengkörper**
körperlich ['..] ⟨Adj.; o. Steig.; nicht präd.⟩ 'die Be-
schaffenheit, die Funktionen des Körpers (1) be-
treffend, die nicht psychischer Natur sind'; SYN
physisch; ANT geistig (1): *~e Arbeit, Schönheit,
Kraft; ~e Leiden, Reize; in guter ~er Verfassung
sein; ~ schwer arbeiten; jmdm. ~ unterlegen sein* ❖
↗ **Körper**
Körper|pflege ['..], die 'Pflege (2.2), Reinigung des
Körpers': *tägliche ~; intensive ~ betreiben; Mittel
für die ~* ❖ ↗ **Körper,** ↗ **Pflege**
Körperschaft ['..], die; ~, ~en 'Organisation (2), Ver-
einigung, die öffentliche Interessen wahrnimmt, öf-
fentliche Befugnisse hat, aus denen entsprechende
Rechte und Pflichten resultieren'; ↗ FELD I.11:
*eine gemeinnützige, religiöse, wissenschaftliche, in-
ternationale ~; gesetzgebende ~en; die ~en des öf-
fentlichen Rechts; die höchste politische ~ des
Staats ist das Parlament* ❖ ↗ **Körper**
Körper|teil ['..], der 'bestimmter, sichtbarer Teil des
menschlichen Körpers (1), bes. die am Rumpf (1)
befindlichen Teile des Körpers' (↗ TABL): *die un-
teren, oberen ~e; die ~e bedecken* ❖ ↗ **Körper,** ↗
Teil

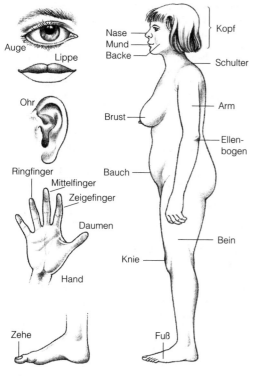

Auge · Lippe · Nase · Mund · Backe · Kopf · Schulter · Ohr · Brust · Arm · Ellen-bogen · Ringfinger · Mittelfinger · Zeigefinger · Bauch · Daumen · Bein · Hand · Knie · Zehe · Fuß

korpulent [kɔrpu'lɛnt] ⟨Adj.; Steig. reg.; nicht bei Vb.⟩ SYN ˈdick (2)ˈ; ANT mager (2), schlank /vorw. auf weibl. Personen bez./: *eine ~e Dame; er ist ziemlich ~* ❖ ↗ **Körper**

korrekt [kɔ'rɛkt] ⟨Adj.; Steig. reg., ungebr.⟩ **1.1.** SYN ˈrichtig (1)ˈ: *eine ~e Aussprache, Schreibung; die Rechnung ist ~; er spricht ganz ~; sie drückt sich ~ aus* **1.2.** ˈbestimmten Normen, Erwartungen entsprechendˈ /bes. auf Handlungen bez./: *sich ~ kleiden* (ANT nachlässig 1.2); *sich ~* (ANT inkorrekt) *verhalten; er hat ~ gehandelt; jmdn. ~ behandeln* ❖ ↗ **korrigieren**

Korrektur [kɔrɛk'tuːɐ], die; ~, ~en **1.** ˈdas Korrigieren (1.2)ˈ; SYN Verbesserung (3): *kleine, umfassende ~en vornehmen; die ~ des Aufsatzes durch den Lehrer; vgl. Berichtigung* (1) **2.** Druckerei ˈ~ lesen* (ˈden Abzug 4 auf Druckfehler hin durchsehenˈ) ❖ ↗ **korrigieren**

Korrespondent [kɔrɛspɔn'dɛnt], der; ~en, ~en ˈJournalist bei der Presse, bei Rundfunk od. Fernsehen, der aus dem Ausland von einem bestimmten Ort zu verschiedenen Fragen berichtetˈ: *ein Bericht unseres Londoner ~en; ein ~ der Frankfurter Allgemeinen; ~en akkreditieren* ❖ ↗ **korrespondieren**

Korrespondenz [kɔrɛspɔn'dɛnts], die; ~, ~en SYN ˈ(geschäftlicher) Briefwechselˈ: *eine rege ~; seine ~ erledigen; mit jmdm. in ~ stehen* (ˈim Briefwechsel mit jmdm. stehenˈ) ❖ ↗ **korrespondieren**

korrespondieren [kɔrɛspɔn'diːrən], korrespondierte, hat korrespondiert **1.** /jmd./ *mit jmdm.* ~ ˈmit jmdm. im Briefwechsel stehenˈ: *er korrespondiert schon seit Jahren mit ihm;* ⟨rez.⟩ /zwei (jmd.)/ *sie ~ seit langem miteinander; wir korrespondierten kürzlich darüber* **2.** /etw./ *mit etw.* ~ ˈmit etw. harmonisch übereinstimmenˈ: *die Maßnahmen ~ mit unseren Vorstellungen* ❖ **Korrespondent, Korrespondenz**

Korridor ['kɔridoːɐ] der; ~s, ~e SYN ˈ¹Flurˈ; ↗ FELD V.2.1: *ein schmaler, kleiner ~; der ~ eines Hotels, einer Schule*
MERKE Zu *Korridor, ¹Flur, Gang:* ↗ ¹*Flur* (Merke)

korrigieren [kɔri'giːrən], korrigierte, hat korrigiert **1.1.** /jmd./ *etw.* ~ ˈetw. berichtigenˈ: *einen Fehler, Irrtum, überholte Ansichten ~; er hat den Kurs des Schiffes korrigiert; jmdn. ~: da muss ich Sie ~, denn …; sich ~: ich muss mich ~, denn es lautet anders* **1.2.** /jmd./ *etw.* ~ ˈSchriftliches auf Fehler durchsehen, diese kennzeichnen und berichtigenˈ: *einen Text, Druckfahnen ~; er hat schon alle Aufsätze korrigiert; vgl. berichtigen* (1) ❖ **inkorrekt, korrekt, Korrektur**

Korrosion [kɔro'zi̯oːn], die; ~, ~en ˈchemische Zersetzung der Oberfläche von Materialien, bes. von Metallen, durch Einwirkung bes. von Wasser, Sauerstoffˈ: *Maschinen, die Karosserie eines Autos durch Farbe vor ~ schützen; vgl. Rost*

korrupt [kɔ'rʊpt] ⟨Adj.; Steig. reg.; nicht bei Vb.⟩ **1.** ˈzur Korruption (1) neigendˈ; SYN bestechlich: *ein ~er Beamter; er ist ~* **2.** ˈohne moralische Grundsätze durch den Verfall gesellschaftlicher Normenˈ: *ein ~es System, Regime; seine Gesinnung ist ~* ❖ **Korruption**

Korruption [kɔrʊp'tsi̯oːn], die; ~, ~en **1.** ˈdas Annehmen od. Geben von Geschenken o.Ä., um rechtlich nicht zulässige Vergünstigungen zu erhalten, zu vermittelnˈ: *einen Fall von ~ aufdecken; die ~ bekämpfen; jmdn. wegen ~ entlassen; sich der ~ schuldig machen* **2.** ˈdurch Korruption (1) bestimmte Verhältnisse, die einen allgemeinen moralischen Verfall zur Folge habenˈ: *es herrschte allgemeine ~; jmdn. der ~ beschuldigen* ❖ ↗ **korrupt**

Koryphäe [kɔry'fɛːə/..'feːə], die; ~, ~n ˈhervorragender Fachmann auf einem bestimmten Gebietˈ; ↗ FELD I.5.1: *er ist eine international bekannte ~; er war eine ~ in seinem Fach*

koscher ['koːʃɐ] ⟨Adj.; o. Steig.⟩ **1.** Rel. jüd. ˈden jüdisch-religiösen Vorschriften gemäß zum Genuss (2) erlaubtˈ: *~es Fleisch; ein ~es Restaurant; ~ essen* **2.** umg. ⟨oft verneint; nur präd. (mit *sein*)⟩ /jmd., etw./ ~ *sein* SYN ˈeinwandfrei (1) seinˈ: *die Sache scheint mir nicht ganz ~; der Kerl ist nicht ganz ~*

kosen ['koːzn̩] ⟨reg. Vb.; hat⟩ geh. /jmd./ *mit jmdm.* ~ ˈmit jmdm. vertrauliche (2) Zärtlichkeiten und liebevolle Worte austauschenˈ: *er koste mit ihr;* /zwei (jmd.)/ *die zwei Verliebten kosten miteinander; sie kosten den ganzen Tag* ❖ **liebkosen, Kosename**

Kose|name ['koːzə..], der ˈName od. Wort, das als liebevolle, vertrauliche Anrede dientˈ: *jmdn. mit sei-*

nem ~n rufen; ihr ~ ist Susi, Mausi ❖ ↗ **kosen,** ↗
Name
Kosmetik [kɔs'meːtɪk], **die**; ~, ⟨o.Pl.⟩ 'Pflege der
Haut, bes. des Gesichts, durch die die ästhetische
Wirkung gefördert werden soll': *viel Zeit für ~
brauchen; aufwendige ~ betreiben* ❖ **kosmetisch**
kosmetisch [kɔs'meːt..] ⟨Adj.; o. Steig.; nicht präd.⟩
'die Kosmetik betreffend': *~e Mittel; eine ~e Be-
ratung; eine ~e Operation; jmdn. ~ beraten* ❖ ↗
Kosmetik
kosmisch [kɔsm..] ⟨Adj.; o. Steig.; nur attr.⟩ **1.1.**
'vom Kosmos stammend': *~e Strahlung; ein ~er
Körper; ~er Staub* **1.2.** 'den Kosmos betreffend'
/beschränkt verbindbar/: *~e Forschung* **1.3.** 'zum
Kosmos gehörend' /beschränkt verbindbar/: *der
~e Raum* ❖ ↗ **Kosmos**
Kosmonaut [kɔsmo'naut], **der**; ~en, ~en 'für die be-
mannte Raumfahrt ausgebildeter Mensch' /wird
auf die russische Raumfahrt angewendet/; vgl.
Astronaut ❖ ↗ **Kosmos**
Kosmos ['kɔsmɔs], **der**; ~, ⟨o.Pl.⟩ SYN 'Weltall': *ein
Flug in den ~; den ~ erforschen* ❖ **kosmisch, Kos-
mos**
Kost [kɔst], **die**; ~, ⟨o.Pl.⟩ **1.** SYN 'Nahrung'; ↗
FELD I.8.1: *feste, flüssige ~; eine gesunde, kräf-
tige, einfache, schwere, schmackhafte, fleischlose,
salzreiche, vegetarische ~; jmdm. abwechslungsrei-
che ~ bieten; jmdn. auf schmale ~ setzen* ('jmdm.
meist aus Gründen der Diät wenig zu essen geben')
2. *~ und Logis* 'Verpflegung und Unterkunft': *er
hat als Gärtner im Schloss ~ und Logis frei* ❖
kosten, köstlich − auskosten, Kostprobe, Schonkost
kostbar [kɔst..] ⟨Adj.; Steig. reg.; nicht bei Vb.⟩ **1.**
'sehr wertvoll und teuer' /auf Gegenstände bez./:
*ein ~er Ring, Teppich; ~e Bücher, Bilder, Möbel;
das Gemälde ist sehr ~* **2.** 'sehr wertvoll und daher
sorgsam zu nutzen' /vorw. auf Zeitliches bez./: *die
~e Zeit nutzen; jede Minute ist ~;* ❖ ↗ **kosten**
Kostbarkeit ['kɔstbaːʀ..], **die**; ~, ~en 'etw. sehr Wert-
volles': *etw. ist eine (literarische, musikalische) ~;
die ~en der Ausstellung, des Museums* ❖ ↗ **kosten**
kosten [kɔstn̩], kostete, hat gekostet **1.** /jmd./ *etw. ~*
'etw. Essbares, Trinkbares probieren, um festzu-
stellen, wie es schmeckt': ↗ FELD I.3.4.2: *koste
doch mal!; den Käse, die Wurst, den Wein ~; jmdm.
etw. zum Kosten geben* **2.1.** /etw./ *etw. ~* 'einen be-
stimmten Preis (1) haben': *das Kilo kostet 5 Mark;
das hat nichts, hat viel gekostet; wie viel soll der
Schrank ~?; sich* ⟨Dat.⟩ *etw. etwas ~ lassen: er hat
sich das Geschenk, den Geburtstag etwas ~ lassen*
('hat für das Geschenk, den Geburtstag viel ausge-
geben') **2.2.** /etw., oft es, das/ *jmdn. etw. ~* 'jmdm.
eine bestimmte Leistung abverlangen': *das hat mich
viel Mühe, Überwindung, Kraft, Nerven gekostet; es
kostet dich nur ein Wort* ('es bedarf nur eines Wor-
tes von dir'), *und die Sache ist geregelt; das wird
viel Anstrengung, Mut, Arbeit, einen harten Kampf
~* **3.** /etw./ *jmdn./jmdm. etw. ~* 'für jmdn. den Ver-
lust von etw. bedeuten': *das kann dich, dir das Le-
ben, die Stellung ~* ❖ **zu (1):** ↗ **Kost; zu (2.1):** kost-

bar, Kostbarkeit, Kosten − kostenlos, -pflichtig,
kostspielig, Baukosten, Selbstkosten
* **koste es, was es wolle** ⟨meist nachgestellt⟩ 'und
wenn die Bedingungen noch so erschwerend sind,
unter allen Umständen': *wir müssen das Problem
lösen, koste es, was es wolle*
Kosten, die ⟨Pl.⟩ **1.** 'das, was an Geld für etw. zu
bezahlen ist': *die ~ für die Reise, Renovierung sind
unerwartet hoch; etw. verursacht jmdm. ~; die Ein-
nahmen decken die ~* ('die Einnahmen gleichen die
Kosten aus'); *die Rechnung geht auf meine ~* ('Ihr
braucht nichts zu bezahlen, die Rechnung bezahle
ich, bezahlt der Betrieb')!; *für alle ~ aufkommen*
('alle entstandenen Kosten, auch die, die man
selbst verursacht hat, bezahlen') **2.** *auf ~* ⟨+ Gen.
attr.⟩ 'zum Nachteil, Schaden (3) von': *das geht auf
~ deiner Gesundheit; er macht seine Witze immer
auf ~ anderer; er macht seine Witze auf unsere ~*
❖ ↗ **kosten**
* /jmd./ *auf seine ~ kommen* 'seine Erwartungen er-
füllt sehen': *er wird bei der Sache schon auf seine ~
kommen*
kosten|los ['..] ⟨Adj.; o. Steig.⟩ 'ohne Kosten (1) zu
erfordern'; SYN frei (6), unentgeltlich: *die Teil-
nahme, Verpflegung ist ~; ein ~er Ausflug; ~ leben,
wohnen; etw. ~* (SYN 'gratis') *bekommen* ❖ ↗
kosten (2.1), ↗ **los**
köstlich ['kœst..] ⟨Adj.; Steig. reg.⟩ emot. **1.** 'sehr gut,
angenehm schmeckend' /auf Nahrung bez./: *ein
~es Essen Menü; eine ~e Erfrischung; das war ~,
hat ~ geschmeckt* **2.** ⟨nicht bei Vb.⟩ 'sehr komisch
(1)' /vorw. auf Äußerungen bez./: *ein ~er Witz,
Einfall; seine Geschichte war ~* **3.** ⟨nur bei Vb.⟩
/beschränkt verbindbar/: *wir haben uns ~* ('sehr')
amüsiert ❖ ↗ **Kost**
Kost/kost ['kɔst..]**-probe, die** ⟨vorw. mit unbest. Art.⟩
1. 'eine Probe von einer Speise, einem Getränk zum
Kosten (1)': *eine ~ vom Braten, Wein; eine ~ anbie-
ten, reichen, nehmen; ~n verteilen* **2.** ⟨+ Gen. attr.⟩
der Solist gab eine ~ ('ein Beispiel') *seines Könnens*
❖ ↗ Kost, ↗ Probe; **-spielig** [ʃpiːl..] ⟨Adj.; Steig.
reg.; vorw. attr.⟩ 'mit hohen Kosten verbunden'
/vorw. auf Abstraktes bez./: *ein ~es Vergnügen,
Abenteuer; eine ~e Angelegenheit; ~e Geschenke* ❖
↗ kosten (2.1)
Kostüm [kɔ'styːm], **das**; ~s, ~e **1.** 'Kleidung für
weibliche Personen, die aus aufeinander abge-
stimmtem Rock und Jacke besteht'; ↗ FELD V.1.1
(↗ TABL Kleidungsstücke): *ein modisches, elegan-
tes, sportliches, dunkles ~; ein ~ aus Wolle;* vgl.
Hosenanzug **2.1.** 'Kleidung, die für eine bestimmte
historische Epoche od. gesellschaftliche Schicht (2)
typisch ist': *ein historisches ~; ein ~ aus dem Mit-
telalter, Biedermaier* **2.2.** 'Kleidung eines Schau-
spielers für seine Rolle (3.2)': *das passende ~ für
die Rolle; im ~ proben, auftreten; er ging im ~ eines
Toreros, Harlekins zum Fasching*
Kost|verächter ['kɔstfɐˌɛçtɐ]
* meist scherzh. /jmd./ *kein ~ sein* 'die Freuden des Le-
bens, der Liebe zu genießen wissen': *er ist kein ~*

Kot [ko:t], **der**; ~s/auch ~es, ⟨o.Pl.⟩ ʻaus dem Darm ausgeschiedene (↗ *ausscheiden* 1) Produkte (1.2) des Stoffwechsels'; SYN Scheiße (1); ↗ FELD VI.4.1: ~ *ausscheiden; auf den Gehwegen liegt der ~ von Hunden*

Kotelett [kɔt'lɛt], **das**; ~s/auch ~es, ~s/auch ~e ʻStück Fleisch mit Knochen aus der Rippe des Schweins, Kalbs, Hammels, das gebraten wird'; ↗ FELD I.8.1: *ein paniertes ~; ~s braten; heute gibt es ~(s)*

Koteletten [kɔt'lɛtn̩], **die** ⟨Pl.⟩ ʻschmaler Streifen Haare, der unterhalb der Schläfen des Mannes bis etwa zur Höhe der Ohren verläuft': *sich ~ wachsen lassen*

Köter ['køtɐ], **der**; ~s, ~ umg., emot. neg. SYN ʻHund (1)'; ↗ FELD II.3.1: *ein streunender ~; der ~ kläfft ständig; passen Sie doch auf ihren ~ auf!; die haben sich einen ~ angeschafft!*

Kot|flügel ['ko:t..], **der** ʻSchutzblech über den Rädern eines Autos': *der ~ hat eine Beule; bei der Havarie wurde der ~ beschädigt* ❖ ↗ **Flügel**

kotzen ['kɔtsn̩] ⟨reg. Vb.; hat⟩ derb **1.** /jmd./ ʻsich übergeben (4)': *er musste ~, hat gekotzt; /in der kommunikativen Wendung/: das ist ja zum Kotzen /als Ausruf des Widerwillens, des Ärgers/*

Krabbe ['kRabə], **die**; ~, ~n ʻKrebs mit acht Füßen, einem Paar Scheren und zylinderförmigem Leib, der in zahlreichen Arten im Meer lebt und als Nahrungsmittel dient'; ↗ FELD I.8.1, II.3.1: ~*en fangen, pulen; ein Cocktail aus ~n*

krabbeln ['kRabln̩] ⟨reg. Vb.; ist/hat⟩ **1.** /Insekten/ **1.1.** ⟨ist⟩ *irgendwohin ~* ʻsich eilig auf den Beinen irgendwohin bewegen'; ↗ FELD I.7.2.2, II.3.2: *der Käfer, die Spinne krabbelte über den Tisch* **1.2.** ⟨hat⟩ *es kribbelt und krabbelt* (↗ *kribbeln* 1) **2.** ⟨ist⟩ /Kind, Baby/ *irgendwohin ~* ʻsich auf Händen und Knien tapsig irgendwohin bewegen': *das Baby krabbelte auf allen vieren durchs Zimmer*

Krach [kRax], **der**; ~s/auch ~es, ⟨o.Pl.⟩/umg. Kräche ['kRɛçə] **1.** ⟨o.Pl.⟩ SYN ʻLärm'; ↗ FELD VI.1.1: *auf der Straße ist ein mächtiger, furchtbarer, ohrenbetäubender, entsetzlicher ~; ich kann diesen ~ nicht mehr hören; mach nicht solchen ~!; was ist das nur für ein ~?* **2.** umg. SYN ʻStreit (1.1)': *die beiden hatten oft ~ miteinander; er hatte ~ mit seiner Freundin; mit jmdm. ~ anfangen; wegen der Kinder gab es ständig ~; zwischen beiden kam es häufig zum ~; er bekam ~, als er sie beschuldigen wollte* **3.** *~ schlagen* ʻlautstark schimpfen': *er schlug sofort ~, als sich das wiederholte* ❖ **krachen, krächzen, verkrachen**

krachen ['kRaxn̩] ⟨reg. Vb.; hat/ist⟩ **1.** ⟨hat⟩ /etw./ ʻein sehr lautes Geräusch von sich geben'; ↗ FELD VI.1.2: *der Donner kracht; Schüsse, Explosionen ~; der Holzstapel fiel ~d in sich zusammen; an der Kreuzung hat es schon wieder gekracht* (ʻsind Fahrzeuge mit Getöse zusammengestoßen') **2.** umg. /jmd./ *sich mit jmdm. ~* ʻsich laut mit jmdm. streiten': *ich habe mich mit ihr gekracht; /zwei od. mehrere (jmd.)/* ⟨rez.⟩ *sich ~: sie haben sich schon wieder gekracht* ❖ ↗ **Krach**

krächzen ['kRɛçtsn̩] ⟨reg. Vb.; hat⟩ *die Raben, Krähen ~* (ʻgeben durchdringende, raue, heisere Laute von sich'; ↗ FELD VI.1.2); METAPH /jmd., etw./ *wegen seiner Halsschmerzen konnte er nur noch ~; das alte Radio krächzte nur noch* ❖ ↗ **Krach**

kraft [kRaft] ⟨Präp. mit Gen.; vorangestellt; in Verbindung mit Abstrakta⟩ meist amtsspr. /modal; gibt an, mit deren Dienststellung an, mit deren Hilfe eine Anordnung durchgesetzt werden kann; beschränkt verbindbar/: ~ *seines Amtes entschied er Folgendes ...;* ~ *des Gesetzes steht ihm eine Rente zu;* ~ *des Beschlusses musste er die Wohnung räumen;* ~ *des Urteils ist er zu einer Wiedergutmachung verpflichtet* ❖ ↗ **Kraft**

Kraft, die; ~, Kräfte ['kRɛftə] **1.** ʻFähigkeit des Menschen, (große) körperliche, geistige Leistungen zu vollbringen': *jmds. körperliche, geistige, seelische, moralische ~; ihm fehlte die ~ dafür; er hat ganz schön ~; er hatte nicht mehr die ~, aufzustehen; diese Aufgabe nahm seine ganze ~, alle seine Kräfte in Anspruch; die schöpferischen Kräfte nutzbar machen; seine Kräfte lassen nach; unter Aufbietung aller Kräfte erreichte er sein Ziel; mit aller ~ schreien, zuschlagen; die Aufgabe übersteigt unsere Kräfte; das geht über seine Kräfte* (ʻist zu schwer für ihn'); *alle Kräfte anspannen, aufbieten, einsetzen; etw. aus eigener ~* (ʻohne fremde Hilfe') *schaffen; ich will tun, was in meinen Kräften steht* (ʻich will tun, was ich kann'); *wieder bei Kräften* (ʻwieder gesund') *sein; wieder zu Kräften kommen* (ʻsich wieder erholen') **2.** ⟨mit best. Adj.⟩ ʻdie einer Sache innewohnende starke Fähigkeit, in bestimmter Weise wirksam zu werden': *die wirtschaftliche, militärische ~ eines Landes; die elementare, ungebändigte ~ des Wassers; die heilenden Kräfte der Natur* **3.** ⟨vorw. Pl.⟩ Phys. ʻin bestimmter Richtung wirkende Ursache für die Änderung des Zustandes, für die Beschleunigung od. die Änderung der Form von Körpern (2)': *elektromagnetische Kräfte; das Gleichgewicht der ~e* **4.** ⟨vorw. Pl.⟩ ʻPerson od. Gruppe, die einen bestimmten Einfluss auf das gesellschaftliche Leben ausübt': *die fortschrittlichen, demokratischen Kräfte des Landes; subversive Kräfte* ❖ **bekräftigen, entkräften, kraft, kräftig, kräftigen, verkraften** – **Anziehungskraft, Arbeitskraft, Dieselkraftstoff, Heilkraft, Kernkraft, Landstreitkräfte, Lastkraftwagen, Luftstreitkräfte, Personenkraftwagen, rechtskräftig, schlagkräftig, Schreibkraft, Schwerkraft, Tatkraft, Triebkraft, Wasserkraftwerk, Widerstandskraft, Willenskraft; vgl. kraft/Kraft-**

∗ /etw./ *außer ~* (ʻnicht mehr rechtskräftig, gültig') *sein; /etw./ in ~* (ʻrechtskräftig, gültig') *sein/bleiben; /jmd./ die treibende ~ sein* (ʻderjenige sein, der etw. Neues anregt und sich für seine Durchsetzung engagiert'); */etw./ in ~ treten* (ʻrechtskräftig, gültig werden')

Kraft ['kRaft..]**|-fahrer, der** ʻjmd., der beruflich ein Kraftfahrzeug fährt'; SYN Fahrer; ↗ FELD I.10: *er ist ~, arbeitet als ~; vgl. Fahrer* ❖ ↗ **fahren**; **-fahrzeug, das** ABK: KFZ, Kfz ʻdurch einen Motor angetriebenes, nicht an Schienen gebundenes Fahrzeug für den Straßenverkehr, zum Befördern von Personen, Lasten'; ↗ FELD VIII.4.1.1: *der Fahrer des ~s mit dem polizeilichen Kennzeichen …; das Amt für die Zulassung von ~en; ein ~ lenken; das ~ ist für den Straßenverkehr nicht zugelassen* ❖ ↗ fahren

kräftig ['kʀɛftɪç] ⟨Adj.⟩ **1.** ⟨Steig. reg.⟩ **1.1.** SYN 'stark (1.1)'; ANT schwach, zart (5): *ein ~er Mann; er hat ~e Arme, Beine; eine ~e Konstitution haben; sich nach der Kur ~ fühlen; er ist ~er als sein Bruder* **1.2.** SYN 'kraftvoll': *ein ~er* (ANT lascher 1.1) *Händedruck, Hieb, Tritt; ~ zuschlagen; den Inhalt des Gefäßes vor Gebrauch ~ schütteln* **2.** ⟨Steig. reg.; vorw. attr.⟩ 'gutes, gesundes Wachstum aufweisend'; SYN zart (2.2) /auf Pflanzen bez./; ANT schwach: *das sind ~e Pflanzen, Stauden; der Baum hat ~e Triebe* **3.** ⟨Steig. reg., ungebr.; vorw. attr.⟩ 'reich an Nährstoffen' /auf Speisen bez./: *eine ~e Brühe, Mahlzeit; etw. Kräftiges essen* **4.** ⟨Steig. reg., ungebr.⟩ /drückt ein hohes Maß, einen hohen Grad aus/: *er nahm einen ~en* ('großen') *Schluck; ein ~es* ('intensives') *Rot; jmdm. ~* ('sehr nachdrücklich, energisch') *seine Meinung sagen* ❖ ↗ **Kraft**

kräftigen ['kʀɛftɪgn] ⟨reg. Vb.; hat⟩ **1.** /etw./ jmdn. ~ SYN 'stärken (1.1)'; ANT schwächen (1): *frische Luft, Sport kräftigt den Körper; ~de Nahrung* **2.** /jmd./ *sich* ~: *nach der Krankheit hat sie sich wieder gekräftigt* ('hat sie sich wieder erholt') ❖ ↗ **Kraft**

kraft/Kraft ['kʀaft..]|**-los** ⟨Adj.; Steig. reg.⟩ 'ohne Kraft (1)': *ein ~er Mensch;* SYN schwach (1.1), ANT kraftvoll: *~e Arme, Beine, Körper; er ließ den Arm ~ sinken; ~ lag sie auf dem Bett* ❖ ↗ los; **-probe, die** 'Handlungen zweier od. mehrerer, durch die ermittelt werden soll, wer über die größten Kräfte, Fähigkeiten verfügt': *jmdn. zu einer ~ herausfordern; sich einer ~ stellen* ❖ ↗ Probe; **-stoff, der** vorw. fachspr. 'Brennstoff, der Motoren antreibt, bes. Benzin': *~ tanken; als ~ Super plus verwenden* ❖ ↗ Stoff; **-verkehr, der** ⟨o.Pl.⟩ amtsspr. **1.** 'Beförderung von Personen und Gütern (3) mit Kraftfahrzeugen'; ↗ FELD VIII.1.1: *der öffentliche, städtische ~* **2.** 'Gesamtheit aller Kraftfahrzeuge, die am Verkehr teilnehmen': *der ~ nimmt ständig zu* ❖ ↗ verkehren; **-voll** ⟨Adj.; Steig. reg.⟩ 'mit viel Kraft (1) getan'; SYN fest (3.2), kräftig (1.2): *ein ~er Händedruck, Schlag; ~ zuschlagen* ❖ ↗ voll; **-wagen, der** 'Straßenfahrzeug, das durch einen Motor getrieben wird'; ↗ FELD VIII.4.1.1: *ein moderner, leistungsfähiger ~; ein ~ mit einem Dieselmotor; einen ~ lenken, parken; vgl. Lastkraftwagen, Personenkraftwagen* ❖ ↗ Wagen; **-werk, das** 'industrielle Anlage, in der Elektroenergie erzeugt wird'; SYN Elektrizitätswerk: *ein mit Erdgas betriebenes ~* ❖ ↗ Werk

Kragen ['kʀɑːgn], **der**; ~s, ~/auch Krägen ['kʀɛːgn] 'den Hals umschließender, meist umgeschlagener (↗ umschlagen 1.1) Teil von Kleidungsstücken'; ↗ FELD V.1.1: *der ~ des Hemdes, der Bluse, des Kleides, der Jacke, des Mantels; ein enger, weiter, be-*

stickter, verschmutzter ~: den ~ hochschlagen; METAPH *jmdn. am, beim ~* ('durch einen festen Griff am Kragen, Genick') *fassen, packen; jmdn. am ~ haben* ('mit festem Griff am Kragen, Genick festhalten')
* umg. **es geht jmdm. an den ~** ('jmd. wird zur Verantwortung gezogen'); **jmdm. platzt der ~** ('jmd. gerät vor Zorn, Wut über etw., jmdn. außer sich')

Krähe ['kʀɛːə/'kʀɛːə], **die**; ~, ~n 'mittelgroßer Singvogel mit kräftigem Schnabel, schwarzem Gefieder, der krächzende Laute von sich gibt'; ↗ FELD II.3.1: *die ~ krächzt, schreit; eine Schar von ~n* ❖ **krähen**

krähen ['kʀɛːən/'kʀɛ..] ⟨reg. Vb.; hat⟩ **1.** *der Hahn kräht* ('gibt durchdringend helle, abgehackte Töne von sich, ruft „kikeriki"'; ↗ FELD II.3.2); *der Hahn kräht schon früh am Morgen* **2.** /jmd./ 'mit hoher Stimme und laut (erregt) sprechen, singen'; ↗ FELD VI.1.2: *„das hast du dir selbst zuzuschreiben", krähte er erregt, schadenfroh; eine ~de Stimme* **3.** /Säugling, Baby/ 'vergnügt schreien': *unser Kleiner kräht (vor Vergnügen)* ❖ ↗ **Krähe**

krakeelen [kʀɑˈkeːlən], krakeelte, hat krakeelt umg. /jmd., bes. Betrunkener/ 'durch Rufen, Schreien, Grölen störenden Lärm verursachen'; ↗ FELD VI.1.2: *die Betrunkenen krakeelten bis zum Morgen; er hat die ganze Nacht krakeelt*

Kralle ['kʀalə], **die**; ~, ~n ⟨vorw. Pl.⟩ 'meist spitzes, gebogenes Gebilde aus Horn an den Zehen bestimmter Tiere'; ↗ FELD II.3.1: *die Katze hat scharfe ~n, kann ihre ~n einziehen, schlägt die ~n in ihre Beute; der Vogel, Hund scharrt mit seinen ~n ein Loch in den Sand* ❖ **krallen**
* umg. /jmd./ **jmdm. die ~n zeigen** ('jmdm. zeigen, dass man sich etw. nicht gefallen (3) lässt, sich gegen etw. widersetzen wird')

krallen ['kʀalən] ⟨reg. Vb.; hat⟩ **1.1.** /jmd., Tier/ *sich an etw., jmdn. ~* 'sich an etw., jmdm. mit den Krallen, den gekrümmten Fingern krampfhaft festhalten': *die Katze krallte sich an den Stamm, an sein Hosenbein; sie krallte sich an ihn, an die Felswand* **1.2.** emot. /jmd./ *etw. in etw. ~:* *er krallte seine Finger in meinen Arm* ('drückte seine Finger tief in meinen Arm und hielt ihn so fest') ❖ ↗ **Kralle**

Kram [kʀɑːm], **der**; ~s, ⟨o.Pl.⟩ umg. emot. **1.** 'eine unbestimmte Menge als wertlos betrachteter, nicht näher bezeichneter Gegenstände'; SYN Krempel (1), Tinnef (1); ↗ FELD V.8.1: *unnützer, alter ~; er hat den ganzen ~ weggeräumt; pack deinen ~* ('deine Sachen') *und geh!* **2.** 'als lästig, unwichtig betrachtete Angelegenheiten'; SYN Krempel (2): *ich will von dem ganzen ~ nichts hören; mach deinen ~ allein!; er hat den ganzen ~ hingeschmissen* ('seine Arbeit nicht fortgeführt') ❖ **kramen – Kleinigkeitskrämer**
* /etw., vorw. das/ **jmdm. (nicht) in den ~ passen** 'jmdm. sehr (un)gelegen kommen' ⟨vorw. verneint⟩: *das passt mir nicht so recht in den ~*

kramen ['kʀɑːmən] ⟨reg. Vb.; hat⟩ umg. /jmd./ *irgendwo ~* 'irgendwo wühlen, um etw. zu suchen': *in einer Kiste, Schublade, im Keller, auf dem Boden* *(nach etw.)* ~; *er hat im Archiv nach Fotos gekramt; er kramte in der Tasche nach seinen Schlüsseln* ❖ ↗ **Kram**

Krampe ['kʀampə], **die**; ~, ~n ʼu-förmig gebogener Haken aus Eisen mit zwei spitzen Endenʼ: *eine ~ in den Pfahl, in die Wand schlagen (und daran Draht befestigen)*

Krampf ['kʀampf], **der**; ~s/auch ~es, Krämpfe ['kʀɛmpfə] **1.** ʼunwillkürliches (1.2), oft schmerzhaftes Sichzusammenziehen eines Muskels, der Muskelnʼ: *einen ~ (in der Wade) bekommen, haben; er wand sich in Krämpfen; der ~ löste sich nur langsam; er war von Krämpfen geschüttelt* **2.** ⟨o.Pl.⟩ emot. ʼnutzloser, übertriebener Eifer, um etw. zu bewirkenʼ: *der Abend war ein einziger ~, es kam keine Stimmung auf; was soll das, das ist alles nur ~!* ❖ **krampfen, krampfhaft, verkrampfen** – **Krampfader**

Krampf|ader ['..], **die** ʼkrankhafte Erweiterung einer Vene, bes. an den Beinen, die als knotenartige Verdickung zu sehen istʼ: *~n haben; unter ~n leiden* ❖ ↗ **Krampf**, ↗ **Ader**

krampfen ['kʀampfn̩] ⟨reg. Vb.; hat⟩ /jmd./ *sich an etw., jmdm.* ~ ʼsich mit gekrümmten Fingern, wie in einem Krampf (1) an etw., jmdm. festhaltenʼ: *vor Angst krampfte er sich an seine Mutter; /etw./ seine Hände krampften sich an, um das Geländer* ❖ ↗ **Krampf**

krampfhaft ['kʀampf..] ⟨Adj.⟩ **1.** ⟨o. Steig.⟩ ʼwie durch einen Krampf (1) hervorgerufenʼ: *~e Schmerzen, Zuckungen, Verrenkungen; in ein ~es Weinen ausbrechen; ~ schluchzen, lachen; etw. ~ (ʼes mit den Händen umklammerndʼ) festhalten* **2.** ⟨Steig. reg., ungebr.⟩ ʼmit übertriebenem Eifer bewirktʼ: *~e* (ANT *ungezwungene) Heiterkeit; ~e Versuche, Anstrengungen, sich zu erinnern, jmdm. zu imponieren; ~* (SYN ʼverbissenʼ) *über etw. nachdenken* ❖ ↗ **Krampf**

Kran [kʀɑːn], **der**; ~s/auch ~es, Kräne ['kʀɛːnə/ 'kʀeː..] ʼmeist fahrbare, technische Vorrichtung zum Heben (1.1.2), Bewegen (1) und Absetzen schwerer Lasten (1.1)ʼ; ↗ FELD I.7.3.1: *ein hoher, schwerer ~; der ~ schwenkt; den ~ bedienen, führen*

Kranich ['kʀɑːnɪç], **der**; ~s, ~e ʼin Mooren und sumpfigen Gebieten lebender Vogel mit meist grauem Gefieder, langem Hals, langen Beinen und spitzem, geradem Schnabelʼ; ↗ FELD II.3.1: *die ~ fliegen nach Norden, in den Süden*

krank [kʀaŋk] ⟨Adj.; Steig.: kränker ['kʀɛŋkɐ]/kranker ['kʀaŋkɐ], kränkste ['kʀɛŋkstə]/krankste ['kʀaŋkstə]; ↗ auch *Kranke*⟩ ʼmit einer Krankheit behaftetʼ; ANT gesund /auf Lebewesen, Organe bez./: *ein ~er Mensch; jmd. ist ~ (geworden); der Hund, Baum ist ~; ein ~es* (SYN ʼkaputtes 3ʼ) *Herz haben; sich ~* (SYN ʼelend 3ʼ) *fühlen; ~ aussehen; ~ zu Bett liegen; sich ~ stellen; ~ spielen;* METAPH emot. *er war ~ vor Heimweh* (ʼhatte großes Heimwehʼ) ❖ **erkranken, Kranke, kranken, krankhaft, kränklich, Kränkung** – **geisteskrank, gemütskrank, geschlechtskrank, Geschlechtskrank-**

heit, Infektionskrankheit, Kinderkrankheit, Krankenhaus, -kasse, -pflege, -pfleger, -schein, -schwester, -wagen, Krankheitserreger, kranklachen, krankschreiben, seekrank, Seekrankheit; vgl. **Kranken-**

Kranke ['kʀaŋkə], **der** u. **die**; ~n, ~n; ↗ auch *krank*; ↗ TAFEL II; ʼjmd., der krank istʼ: *einen ~n pflegen, heilen; der bedenkliche Zustand des ~n; ein ~r wurde eingeliefert, untersucht* ❖ ↗ **krank**

kranken ['kʀaŋkn̩] ⟨reg. Vb.; hat⟩ /etw./ *an etw.* ⟨Dat.⟩ ~ ʼeinen bestimmten Fehler haben, einen bestimmten Mangel aufweisenʼ: *das Projekt krankt an der schlechten Organisation, krankt daran, dass …* ❖ ↗ **krank**

kränken ['kʀɛŋkn̩] ⟨reg. Vb.; hat⟩ /jmd., etw. (vorw. das, es)/ *jmdn.* ~ ʼetw. sagen, tun, das jmds. Selbstgefühl erschüttert (2)ʼ; SYN treffen (3.1), verletzen (2.1), verwunden (2): *er hat sie damit sehr gekränkt; seine Bemerkung, das hat mich sehr gekränkt; eine ~de Bemerkung; er fühlt sich (in seiner Eitelkeit, Ehre, in seinem Stolz) gekränkt* ❖ ↗ **krank**

Kranken ['kʀaŋkn̩..]|-**haus, das** ʼGebäude(komplex) mit speziellen Abteilungen zur stationären Behandlung von Krankenʼ: *ins ~ kommen, eingeliefert werden; er muss ins ~; jmdn. ins ~ bringen; er liegt zur Zeit im ~; er wird das ~ bald geheilt entlassen* ❖ ↗ Haus; **-kasse, die** ʼInstitution, bei der sich Arbeitnehmer und ihre Angehörigen für den Fall der Erkrankung versichern (1)ʼ: *bei welcher ~ bist du versichert?* ❖ ↗ Kasse; **-pflege, die** ʼBetreuung (1), Pflege kranker und alter Menschenʼ ❖ ↗ pflegen; **-pfleger, der** ʼmännliche Arbeitskraft (2) für die Betreuung und Pflege kranker und alter Menschenʼ ❖ ↗ pflegen; **-schein, der** ʼSchein, mit dessen Hilfe der Arzt die Kosten der Behandlung (2) eines Patienten mit dessen Krankenkasse abrechnetʼ ❖ ↗ Schein; **-schwester, die** ʼweibliche Arbeitskraft für die Betreuung und Pflege kranker und alter Menschenʼ ❖ ↗ Schwester; **-versicherung, die 1.** ʼVersicherung (2) gegen Kosten, die durch Krankheit entstehenʼ: *eine (private) ~ abschließen* **2.** ʼUnternehmen, bei dem man eine Krankenversicherung (1) abschließen kannʼ: *die ~ zahlt einen Ausgleich, zahlt, übernimmt die Arztkosten, die Kosten für eine Kur, für die Operation* ❖ ↗ sicher; **-wagen, der** ʼspeziell für den Transport von Kranken eingerichtetes Kraftfahrzeugʼ: *jmdn. in einem ~ transportieren* ❖ ↗ Wagen

krankhaft ['kʀaŋk..] ⟨Adj.⟩ **1.** ⟨vorw. attr.⟩ ʼdurch eine Krankheit bedingtʼ /auf körperliche Prozesse bez./: *die ~e Veränderung des Gewebes, eines Organs; ein ~er Prozess; ein ~es Erscheinungsbild; ein ~er Zustand* **2.** ʼso ausgeprägt, dass es abnorm ist, wirktʼ /vorw. auf Psychisches bez./: *~er Ehrgeiz, ~e Eifersucht; ein ~es Verlangen; ein ~er Trieb; er ist ~ aufgeregt, gereizt; sein Ehrgeiz ist ~* ❖ ↗ **krank**

Krankheit ['kʀaŋk..], **die**; ~, ~en ʼ(zeitweilige) Störung der Funktion(en) eines Organs, Organismusʼ: *Scharlach, Hepatitis, Grippe ist eine ~; eine akute, chronische, leichte, schwere, ansteckende, gefährliche, langwierige ~; eine unheilbare, tödliche ~; von* *einer ~ befallen werden; an einer ~ sterben; eine ~ bekämpfen, heilen; von einer ~ geheilt werden; ~en verhüten, vorbeugen; die ~ wurde durch Bakterien, Viren hervorgerufen; nach den Erregern einer ~ forschen; die Erreger einer ~ entdecken; diese ~ ist seit 200 Jahren nicht mehr aufgetreten*; vgl. *Verletzung, Epidemie* ❖ ↗ **krank**

Krankheits|erreger ['kʀaŋkhaits..], **der** ˈbes. Bakterie, die eine Krankheit überträgt': *einen ~ entdecken; ein Serum gegen einen ~ entwickeln* ❖ ↗ **krank**, ↗ **regen**

krank|lachen ['kʀaŋk..], **sich** ⟨trb. reg. Vb.; hat⟩ umg. ˈsehr lachen': *sie hat sich krankgelacht, als mir das passierte* ❖ ↗ **krank**, ↗ **lachen**

kränklich ['kʀɛŋk..] ⟨Adj.⟩ ˈständig leicht zu Krankheiten neigend und häufig krank' /auf Personen, bes. auf Kinder, bez./: *das Kind war schwach und ~; ein ~es Kind, ein ~er Mensch; er war, wirkte immer etwas ~* ❖ ↗ **krank**

krank|schreiben ['kʀaŋk..], schrieb krank, hat krankgeschrieben /Arzt/ jmdn. ~ ˈjmdm. schriftlich bestätigen, dass er vorübergehend wegen Krankheit arbeitsunfähig ist': *der Arzt hat mich krankgeschrieben; ich wurde vom Arzt krankgeschrieben; sich ~ lassen* ❖ ↗ **krank**, ↗ **schreiben**

Kränkung ['kʀɛŋk..], **die**; ~, ~en SYN ˈBeleidigung (2)': *eine schwere ~; etw. als ~ empfinden; jmdm. eine ~ zufügen* ❖ ↗ **krank**

Kranz [kʀants], **der**; ~es; Kränze ['kʀɛntsə] ˈin Form eines Ringes (3) gebundene Zweige, geflochtene Blumen': *ein ~ mit einer Schleife; einen ~ binden, flechten, winden; ein ~ aus Tannengrün, Gänseblümchen; zur Trauerfeier einen ~ bestellen; einen ~ am Ehrenmal niederlegen; dem Sieger einen ~ um den Hals hängen* ❖ **Lorbeerkranz**

krass [kʀas] ⟨Adj.; Steig. reg.⟩ ˈin extremer, meist negativer Weise deutlich ausgeprägt'; SYN schroff (3) /auf Abstraktes bez./: *ein ~er Gegensatz; das ist ~er Egoismus; dies ist ein ~er Fall von Bestechung; im ~en Widerspruch zu etw. stehen; er drückte sich sehr ~ aus*

Krater ['kʀɑːtɐ], **der**; ~s, ~ ˈtrichterförmige Öffnung, Vertiefung (2) eines Vulkans'; ↗ FELD IV.1.1: *aus dem ~ schoss, ergoss sich glühende Lava, stieg Rauch auf*

Kratz/kratz ['kʀats..]**-bürste, die** ˈkrätzbürstige junge, weibliche Person': *das ist aber eine ~!* ❖ ↗ **kratzen**, ↗ **Bürste**; **-bürstig** ⟨Adj.; Steig. reg.⟩ ˈwiderspenstig und zum Streit neigend' /auf junge weibliche Personen bez./: *sie ist ziemlich ~; ein ~es Mädchen* ❖ ↗ **kratzen**, ↗ **Bürste**

Krätze ['kʀɛtsə], **die**; ~, ⟨o.Pl.⟩ ˈdurch Parasiten hervorgerufene, ansteckende Hautkrankheit, die stark juckenden Reiz (1) hervorruft': *er hat die ~* ❖ ↗ **kratzen**

* /jmd./ **sich** ⟨Dat.⟩ **die ~ an den Hals ärgern** (ˈsich sehr ärgern')

kratzen ['kʀatsn̩] ⟨reg. Vb.; hat⟩ **1.1.** /jmd., Tier/ *sich, jmdn. ~* ˈsich, jmdm. mit den Fingernägeln, Krallen die Haut reiben': *verlegen kratzte er sich am*

Kopf, am Hals; der Hund kratzt sich mit der Pfote hinterm Ohr; sich blutig, wund ~; jmdn. zwischen den Schultern ~ **1.2.** die Katze, das Mädchen hat ihn tüchtig gekratzt (ˈhat ihm mit den Krallen, den Fingernägeln die Haut verletzt'); *sie kratzte und biss, um sich zu wehren; die Katze hat mich ganz schön (am Arm) gekratzt* **1.3.** /jmd., Tier/ *irgendwo ~* ˈmit den Fingernägeln, Krallen, einem spitzen Gegenstand auf der Oberfläche von etw. entlangfahren und dadurch ein Geräusch hervorrufen': *der Hund kratzt an der Tür; mit etw. irgendwo ~:* sie *kratzte mit dem Messer im Topf* **1.4.** die Feder *kratzte auf dem Papier* (ˈverursachte mit ihrer Spitze auf dem Papier ein bestimmtes Geräusch') **2.** /jmd./ *etw. von etw. ~* ˈetw. durch sich wiederholende Bewegungen in verschiedene Richtungen mit einem scharfen Gegenstand auf der Oberfläche von etw. entfernen (1)': *das Eis von den Scheiben ~; sie kratzte den Schmutz von den Schuhen* **3.** /etw./ **3.1.** ˈeinen Juckreiz auf der Haut verursachen': *der Pullover, Stoff kratzt; auf meiner empfindlichen Haut kratzt* (SYN ˈjuckt 1') *diese Wolle; jmdn. ~: dein Bart kratzt mich* **3.2.** *der Rauch, Qualm, Schnaps kratzt im Hals* (ˈverursacht im Rachen einen brennenden Reiz') ❖ **Kratzer, Krätze — Kratzbürste, kratzbürstig, Wolkenkratzer**

Kratzer ['kʀatsɐ], **der**; ~s, ~ SYN ˈSchramme': *sie hatte ein paar ~ im Gesicht, am Arm; ein ~ am Auto, auf der Glasplatte* ❖ ↗ **kratzen**

Kraul [kʀaul] ⟨o.Art.⟩ indekl.} /Schwimmstil/ ˈdas Kraulen (2)'; ↗ FELD I.7.4.1: *er wurde Sieger über 100 Meter ~* ❖ ↗ **kraulen**

kraulen [kʀaulən] ⟨reg. Vb.; hat/ist⟩ **1.** ⟨hat⟩ /jmd./ *jmdn., sich irgendwo ~* ˈjmdn., sich irgendwo mit den spitzen, sich bewegenden Fingern sanft berühren'; ↗ FELD VI.3.2: *jmdn. am Hals, Hinterkopf ~; er hat sich am Bart, Kinn gekrault; jmdm., einem Tier etw. ~: er kraulte ihr den Nacken; er kraulte dem Hund das Fell* **2.** /jmd./ **2.1.** ⟨hat⟩ ˈmit der Vorderseite des Körpers nach unten schwimmen und dabei die Arme abwechselnd über Wasser nach vorn strecken und unter Wasser mit den Handflächen zurückziehen sowie die Beine abwechselnd auf- und abwärts bewegen'; ↗ FELD I.7.4.2: *er kann gut ~, hat lange gekrault* **2.2.** ⟨ist⟩ *irgendwohin ~* ˈsich durch Kraulen (2.1) irgendwohin bewegen': *er ist über den See gekrault* ❖ **Kraul**

kraus [kʀaus] ⟨Adj.⟩ **1.** ⟨Steig. reg., ungebr.⟩ ~es (ˈsehr viele kleine Locken aufweisendes'; ANT glattes 1) *Haar; ihr Haar ist ~; das Haar ~ machen* (SYN ˈkräuseln 1'); vgl. *lockig* **2.** ⟨Steig. reg., ungebr.; vorw. präd.⟩ landsch. ˈfaltig, stark geknittert (↗ *knittern* 2)'; ANT glatt (1): *der Rock ist im Koffer ganz ~ geworden* **3.** ⟨o. Steig.⟩ *die Stirn, Nase ~ ziehen* (ˈeine solche Miene machen, dass kleine Falten auf der Stirn, der Nase entstehen') ❖ **Krause, kräuseln**

Krause ['kʀauzə], **die**; ~, ~n **1.** ˈKragen, Saum od. Besatz, der in enge regelmäßige Falten gelegt ist': *die Bluse hat am Ärmel eine ~; ein Kleid mit einer ~*

am Hals, Ärmel **2.** ⟨o.Pl.⟩ *ihr Haar hat eine starke, schwache* ~ (ʼist sehr, ein wenig wellig, lockigʼ) ❖ ↗ **kraus**

kräuseln [ˈkrɔi̯z̩ln], kräuselte, hat gekräuselt **1.** /etw./ *sich* ~ ʼsich so formen, dass es wie bei einer Locke kraus (1), wellig wirdʼ; ANT glätten (2): *sein Haar, der Faden kräuselte sich* **2.** /jmd./ **2.1.** *etw.* ~ ʼStoff mit einem Faden zusammenziehen, dass kleine Falten entstehen und die Weite sich verringertʼ: *Stoff* ~ **2.2.** *die Lippen, Nase* ~ (ʼkraus 3 ziehenʼ) **2.3.** *der Wind kräuselte die Oberfläche des Sees* (ʼbewirkte sehr viele, kleine Wellenʼ) ❖ ↗ **kraus**

Kraut [kraut], das; ~s/auch ~es, Kräuter [ˈkrɔi̯tɐ] **1.** ⟨o.Pl.⟩ ʼBlätter bestimmter, zur Nutzung gezüchteter Pflanzen, die nicht der menschlichen Nahrung dienenʼ: *das* ~ *von den Rüben abschneiden; das trockene* ~ *der Kartoffeln wird verbrannt* **2.** ⟨vorw. Pl.⟩ ʼmeist zum Würzen od. als Mittel zum Heilen (1.1) verwendete Pflanze, deren oberirdische Teile nicht od. nur wenig holzig werdenʼ: *grüne, getrocknete, giftige, würzige Kräuter; eine Speise mit Kräutern würzen; Kräuter sammeln; ein Tee aus Kräutern* **3.** ⟨o.Pl.⟩ landsch., bes. süddt. **3.1.** SYN ʼKohl (1)ʼ; ↗ FELD I.8.1: ~ *anbauen; Eintopf aus* ~ *und Kartoffeln* **3.2.** SYN ʼSauerkrautʼ: *Würstchen, Gulasch mit* ~ ❖ **Heidekraut, Rotkraut**

* umg. *wie* ~ *und Rüben* ʼvollkommen durcheinanderʼ: *seine Sachen liegen herum wie* ~ *und Rüben; gegen etw., jmdn. ist kein* ~ *gewachsen* (ʼgegen etw., jmdn. kann man nicht ankommenʼ)

Krawall [kraˈval], der; ~s, ~e **1.** ⟨o.Pl.⟩ ʼdurch viele Menschen verursachter turbulenter Lärmʼ: *ein ungeheurer, furchtbarer* ~; *die Kinder machen einen entsetzlichen* ~; ~ *schlagen* (ʼenergisch und laut protestierenʼ) **2.** ʼmeist politisch motivierte, massive Störung der öffentlichen Ordnung (3) durch Provokationen, Zerstörungenʼ: *ein blutiger* ~; *auf den Straßen, nach der Demonstration, Kundgebung kam es zu* ~ *en*

Krawatte [kraˈvatə], die; ~, ~n ʼZubehör der Herrenbekleidung, das unter den Kragen des Oberhemds gelegt und vorn in der Mitte zu einem Knoten gebunden wirdʼ; SYN Schlips; ↗ FELD V.1.1 (↗ BILD): *eine einfarbige, gemusterte, gestreifte, seidene* ~; *die* ~ *binden; eine* ~ *tragen*

kreativ [kreaˈtiːf] ⟨Adj.; Steig. reg.⟩ SYN ʼschöpferischʼ: *ein* ~ *er Mensch;* ~ *e wissenschaftliche Arbeit;* ~ *e Gedanken, Ideen; sehr* ~ *sein; er arbeitet* ~

Kreatur [kreaˈtuːɐ], die; ~, ~en emot. **1.1.** /beschränkt verbindbar/: *er, sein Hund ist eine arme, geplagte* ~ (ʼist ein armes, geplagtes Lebewesenʼ; ↗ FELD II.3.1); *alle* ~ (ʼjedes Lebewesenʼ) *sehnt sich nach Sonne* **1.2.** ʼverachtenswerter Menschʼ: *er ist eine elende, nichtswürdige* ~; *er schart seine* ~ *en* (ʼseine ihm bedingungslos ergebenen Anhängerʼ) *um sich*

Krebs [kreːps], der; ~es, ~e **1.** ʼin zahlreichen Arten vorkommendes Tier mit einem Panzer (2), das durch Kiemen atmend im Wasser lebtʼ; ↗ FELD I.8.1, II.3.1: ~ *e fangen, kochen, essen* **2.** ⟨o.Pl.⟩ ʼErkrankung des Gewebes, die sich durch bösartiges Wuchern gesunder Zellen und durch Bildung von Metastasen äußertʼ: *ein* ~ *erregender Stoff;* ~ *im Frühstadium; jmd. hat* ~, *ist an* ~ *gestorben*

Kredit [kreˈdiːt], der; ~s/auch ~es, ~e ʼBetrag, der jmdm. befristet überlassen (1) wirdʼ; ↗ FELD I.16.1: *ein hoher, zinsloser, langfristiger* ~; *einen* ~ *aufnehmen, abzahlen; jmdm. einen* ~ *gewähren; einen* ~ *kündigen; etw. auf* ~ (ʼohne sofortige Bezahlungʼ) *kaufen* ❖ **Misskredit**

Kreide [ˈkrai̯də], die; ~, ~n **1.** ⟨o.Pl.⟩ ʼweiß färbender Kalkstein, der aus den Schalen, Skeletten fossiler Muscheln, Schnecken entstanden (↗ entstehen) istʼ: *ein Felsen aus* ~; *er war weiß, bleich wie* ~ (ʼsehr bleichʼ) **2.** ʼaus Kreide (1) od. synthetisch hergestellte (und gefärbte) feste, geformte Masse zum Schreiben, Zeichnenʼ: *bunte, weiße* ~; *ein Stück* ~; *mit* ~ *schreiben, zeichnen; etw. mit* ~ *an die Tafel schreiben; die* ~ *von der Tafel wischen* ❖ **ankreiden**

kreieren [kreˈiːrən], kreierte, hat kreiert /jmd./ *etw.* ~ ʼetw. Neues, bes. in der Mode, schaffenʼ: *neue Modelle, Formen und Farben für die Herbstmode* ~; *wer hat diesen Stil kreiert?*

Kreis [krai̯s], der; ~es, ~e **1.1.** ʼin sich geschlossene (↗ schließen 1), gleichmäßig gekrümmte Linie, deren Punkte alle den gleichen Abstand von einem bestimmten Punkt, dem Mittelpunkt (1), habenʼ; ↗ FELD III.1.1 (↗ TABL Geom. Figuren): *der Durchmesser, Radius eines* ~ *es; mit dem Zirkel einen* ~ *schlagen* **1.2.** ʼgleichmäßig runde, in sich geschlossene Form (3) bei einer Gruppierung, Bewegungʼ: *die Kinder bildeten einen* ~ *um die Lehrerin; das Flugzeug zog seine* ~ *e; im* ~/~ *e: sie liefen im* ~ *herum; das Paar drehte sich im* ~ *e; im* ~ *stehen, sitzen, sich im* ~ *aufstellen* **2.** ʼGruppe von Menschen mit gleichen Interessen od. bestimmten Beziehungen zueinanderʼ: *ein geselliger vertrauter* ~; *maßgebliche, einflussreiche* ~ *e der Wirtschaft; ein* ~ *interessierter, verständiger Zuhörer; einen* ~ *um sich versammeln; etw. im* ~ *der Familie feiern; im engsten, kleinsten* ~ *e; vgl. Gesellschaft (2.2), Runde (6)* **3.** ʼbestimmtes Gebiet mit genau festgelegten Grenzen als Einheit (1) staatlicher Verwaltung (1)ʼ: *die Orte, Gemeinden des* ~ *es; der Landrat des* ~ *es*

N ❖ **kreisen – Kreislauf, Blutkreislauf, Breiten-kreis, Halbkreis, Landkreis, Polarkreis, Teufels-kreis, Umkreis, umkreisen, Wasserkreislauf**
* /etw./ **~e ziehen** ʼin seinen Auswirkungen immer mehr zunehmenʼ: *die Affäre zog immer größere ~e;* /jmd., etw./ **sich im ~e drehen/bewegen** ʼimmer wieder auf dasselbe zurückkommen, ohne das Problem zu lösenʼ: *bei seiner Beweisführung drehte er sich im ~e; die Diskussion drehte sich im ~e*
kreischen [ˈkʀaiʃn̩] ⟨reg. Vb.; hat⟩ **1.1.** ⟨vorw. mit Adv.best.⟩ /jmd., bes. Kind, Frau, auch bestimmte Vögel/ ʼschrille Schreie von sich gebenʼ; ↗ FELD II.3.2, VI.1.2: *die Kinder kreischten vor Vergnügen, Angst; die Möwen flogen ~d davon* **1.2.** /etw./ ʼTöne in der Art von kreischen (1.1) von sich gebenʼ: *die Säge kreischte; die Tür kreischte in den Angeln*
kreisen [ˈkʀaizn̩] ⟨reg. Vb.; hat/ist⟩ **1.1.** /etw./ ʼsich im Kreis bewegen, drehenʼ; ↗ FELD III.1.2: *die Erde kreist um die Sonne; das Flugzeug hat/ist über dem Flugplatz gekreist; die Flasche in der Runde ~ lassen* (ʼvon Mann zu Mann reichen 1ʼ); *das Blut kreist* (ʼfließt in der Bewegung des Kreislaufs 2ʼ) *durch die, in den Adern* **1.2.** /etw. Abstraktes/: *um etw. ~: ihre Gedanken kreisten nur um ihn, um die eine Frage* (ʼhatten nur ihn, die eine Frage zum Gegenstandʼ) ❖ ↗ **Kreis**
Kreis/kreis [ˈkʀais..]‖**-lauf, der** ⟨vorw. Sg.⟩ **1.** ʼsich ständig wiederholender Prozess von etw.ʼ: *der ~ des Wassers, Stickstoffs, Geldes; der ~ der Natur* **2.** SYN ʼBlutkreislaufʼ; ↗ FELD I.1.1: *etw. ist eine Belastung für Herz und ~; ein Medikament, das den ~ fördert; jmds. o. ~ ist gestört* ❖ ↗ Kreis, ↗ laufen; **-rund** ⟨Adj.; o. Steig.⟩ ʼrund wie ein Kreis (1.1)ʼ /auf Gegenständliches bez./; ↗ FELD III.1.3: *ein ~es Loch; ein ~er Strohhut; etw. ist ~ (geformt)* ❖ ↗ Kreis, ↗ rund; **-stadt, die** ʼStadt, in der die Verwaltung eines Landkreises ihren Sitz hatʼ: *B ist ~; zum Amt in die ~ fahren* ❖ ↗ Kreis, ↗ Stadt
Krempe [ˈkʀɛmpə], **die**; ~, ~n ʼHutkrempeʼ: *ein Hut mit einer breiten ~* ❖ **krempeln – Hutkrempe, umkrempeln**
Krempel [ˈkʀɛmpl̩], **der**; ~s, ⟨o.Pl.⟩ umg. **1.** SYN ʼKram (1)ʼ: *alter ~; er hebt jeden ~ auf; was kostet der ganze ~?* **2.** SYN ʼKram (2)ʼ: *lass mich mit dem ~ zufrieden*
krempeln [ˈkʀɛmpl̩n] ⟨reg. Vb.; hat⟩ /jmd./ *etw. nach oben, in die Höhe ~* ʼeinen bestimmten Teil eines Kleidungsstücks, bes. die Ärmel, Hosenbeine, mehrmals nach oben umschlagen (1.1)ʼ: *die Ärmel, Hosen nach oben, in die Höhe ~* ❖ ↗ **Krempe**
krepieren [kʀeˈpiːʀən], krepierte, ist krepiert **1.** /bes. Granate/ ʼdetonierenʼ: *in der Nähe krepierten Bomben, Granaten* **2.1.** /Tier/ SYN ʼverendenʼ: *das Schwein ist krepiert; die krepierten Rinder wurden abtransportiert* **2.2.** derb /Mensch/ ʼ(unter elenden Bedingungen) sterbenʼ; ↗ FELD XI.2: *er wird noch ~!; Tausende sind an Cholera krepiert*
Krepp [kʀɛp], **der**; ~s, ~s/auch ~e ʼStoff (1) mit einer welligen, unebenen Oberfläche, die durch ein

bestimmtes Verfahren (1) hergestellt worden istʼ: *ein Rock aus ~*
kreuz [kʀɔit͡s]
* **~ und quer** ʼplanlos in alle möglichen Richtungenʼ: *er lief ~ und quer durch die Stadt; die Spuren liefen ~ und quer über das Beet*
Kreuz, das; ~es, ~e **1.1.** ʼZeichen aus zwei sich rechtwinklig od. schräg schneidenden kurzen geraden Strichenʼ: *ein ~ zeichnen, machen; etw. mit einem ~ kennzeichnen; etw. über ~* (ʼin Form eines Kreuzes 1.1ʼ) *legen* **1.2.** ʼNachbildung von Kreuz (1.1) als Symbolʼ /bes. im Namen einer Organisation/ *das Rote ~* (ʼOrganisation zur Versorgung der Verwundeten und Gefangenen im Kriege und zur Leistung der ersten Hilfeʼ); *das Eiserne ~* /frühere deutsche Kriegsauszeichnung/ **2.1.** ʼGebilde aus einem senkrechten Balken und einem im oberen Drittel waagerecht dazu angebrachten Querbalken, an dem im Altertum Menschen durch Annageln od. Anhängen (1) hingerichtet wurdenʼ: *Christus hing am ~, wurde ans ~ genagelt* **2.2.** ʼNachbildung von Kreuz (2.1) als christliches Symbolʼ; ↗ FELD XII.4: *ein ~ aus Holz, Marmor; ein ~ auf dem Grab errichten* **3.** ⟨vorw. Sg.⟩ ʼunterer Teil des Rückensʼ; ↗ FELD I.1.1: *ein hohes, steifes ~ haben; Schmerzen im ~ haben;* umg. *er hat es im ~* (ʼhat Schmerzen im Kreuzʼ) ❖ **Kreuzer, kreuzigen, Kreuzigung, Kreuzung – ankreuzen, durchkreuzen, Kreuzfahrt, Kreuzotter, Kreuzworträtsel, Rotkreuzschwester**
* /jmd./ **sein ~ auf sich nehmen** (ʼsein Leid, schweres Leben geduldig ertragenʼ); /jmd./ **drei ~e hinter etw., jmdm. machen** (ʼfroh sein, dass man mit etw., jmdm. nichts mehr zu tun hatʼ); ⟨⟩ umg. /jmd./ **mit jmdm., etw. sein ~ haben** (ʼviel Mühe mit jmdm., etw. habenʼ); /jmd./ **zu ~e kriechen** (ʼsich unter demütigenden Bedingungen unterwerfen 3ʼ); /jmd./ **jmdn. aufs ~ legen** (ʼjmdn. betrügen 1.1ʼ); /jmd./ **jmdm. etw. aus dem ~ leiern** (ʼmit Mühe, Geschick erreichen, dass jmd. etw. gibt, schenktʼ)
kreuzen [ˈkʀɔit͡sn̩] ⟨reg. Vb.; hat/ist⟩ **1.** ⟨hat⟩ /jmd./ *etw. ~* ʼzwei od. mehrere Sachen, bes. Gliedmaßen, wie ein Kreuz (1.1) schräg übereinander legenʼ: *die Arme, Beine ~* **2.** ⟨hat⟩ /zwei od. mehrere/ (etw.) *sich ~* **2.1.** ʼsich in ihrem Verlauf überschneiden (1)ʼ: *hier ~ sich zwei Straßen, Linien* **2.2.** ʼsich zur gleichen Zeit in die Richtung des jeweils anderen bewegenʼ: *unsere Briefe kreuzten sich* (ʼsein Brief war zu mir unterwegs, als mein Brief an ihn bereits abgeschickt war, sodass wir beide nicht auf den Brief des anderen reagieren konntenʼ); *unsere Blicke kreuzten sich* (ʼwir blickten uns zufällig anʼ) **3.** ⟨hat⟩ /jmd./ *etw. ~* ʼweibliche und männliche Exemplare eines Tieres verschiedener Rasse (2), einer Pflanze verschiedener Art (4), miteinander befruchtenʼ: *Pferd und, mit Esel ~; beide Getreidearten, Hühnerrassen wurden gekreuzt* **4.** ⟨hat/ist⟩ **4.1.** /Segelschiff, jmd./ ʼim Zickzack gegen den Wind segeln (1)ʼ; ↗ FELD VIII.3.2: *das Boot, er kreuzte vor der Bucht, Küste* **4.2.** /Schiff/ ʼbeim Fahren häu-

fig den Kurs (1) wechseln': *die Jacht kreuzte in der Ostsee, Karibik* ❖ ↗ **Kreuz**

Kreuzer ['kʀɔi̯tsɐ], **der**; ~s, ~ 'sehr großes, schnelles Schiff der Seestreitkräfte, das mit Geschützen und Raketen ausgerüstet ist'; ↗ FELD V.6.1: *ein schwerer, leichter* ~ ❖ ↗ **Kreuz**

Kreuz ['kʀɔi̯ts..]‖-**fahrt, die** 'Seereise mit einer Jacht od. einem Luxusschiff, bei der man verschiedene Häfen anlaufen (3) und an Land gehen kann'; ↗ FELD VIII.3.1: *eine* ~ *unternehmen* ❖ ↗ Kreuz, ↗ fahren; -**feuer, das** ⟨o.Pl.⟩ 'Beschuss von verschiedenen Seiten': *die Kompanie stand unter* ~; METAPH ⟨+ Gen.attr.⟩ *der Autor stand unter dem* ~ *der Kritik* ❖ ↗ Kreuz, ↗ Feuer

kreuzigen ['kʀɔi̯tsɪgn̩] ⟨reg. Vb.; hat⟩ hist. /jmd./ *jmdn.* ~ 'jmdn. ans Kreuz (2.1) nageln, hängen und ihn auf diese Weise hinrichten': *Christus wurde gekreuzigt* ❖ ↗ **Kreuz**

Kreuzigung ['kʀɔi̯tsɪg..], **die**; ~, ~en hist. 'das Kreuzigen': *die* ~ *Christi* ❖ ↗ **Kreuz**

Kreuz|otter ['kʀɔi̯ts..], **die** 'in Europa heimische giftige Schlange mit kreuzförmig dunkler Zeichnung (2) auf dem Rücken'; ↗ FELD II.3.1; vgl. *Otter* ❖ ↗ **Kreuz**, ↗ **Otter**

Kreuzung ['kʀɔi̯ts..], **die**; ~, ~en **1.** 'Bereich, in dem sich zwei od. mehrere Straßen, Wege kreuzen (2.1)': *an der* ~ *halten; die* ~ *sperren; die* ~ *überqueren* **2.1.** 'das Kreuzen (3)': *die* ~ *zweier Getreidearten* **2.2.** 'Ergebnis aus Kreuzung (2.1)': *der Maulesel ist eine* ~ *zwischen Esel und Pferd* ❖ ↗ **Kreuz**

Kreuzwort|rätsel ['kʀɔi̯tsvɔʀt..], **das** 'Rätsel, bei dem zu ratende Wörter in senkrechter und waagerechter Reihe eingetragen werden müssen': *ein* ~ *lösen* ❖ ↗ **Kreuz**, ↗ **Wort**, ↗ **Rat**

kribbelig ['kʀɪb[ə]lɪç] ⟨Adj.; Steig. reg.⟩ umg. 'gereizt und nervös': *er war schon ganz* ~ *vor Aufregung, Erwartung; sei nicht so* ~!; *du machst mich ganz* ~!; *die* ~*en Kinder störten die Aufführung* ❖ ↗ **kribbeln**

kribbeln ['kʀɪbl̩n] ⟨reg. Vb.; hat⟩ **1.** /große Zahl von kleinen Insekten/ 'eilig hin und her, durcheinander laufen' ⟨vorw. in Verbindung mit *krabbeln*⟩: *es kribbelte und krabbelte im Ameisenhaufen* **2.** *es kribbelt jmdn., jmdm. irgendwo* 'es kitzelt jmdn. irgendwo'; ↗ FELD I.3.5.2, VI.3.2: *es kribbelte mir, mich in der Nase;* METAPH *es kribbelte ihn in den Fingerspitzen, in den Händen* ('es reizte ihn sehr, es zu tun') ❖ **kribbelig**

kriechen ['kʀiːçn̩], kroch [kʀɔx], hat/ist gekrochen [gə'kʀɔxn̩] **1.** ⟨ist⟩ **1.1.** /Tier/ 'sich mit dem Leib (1) auf dem Boden gleitend (1.1) fortbewegen'; ↗ FELD I.7.2.2, II.3.2: *Regenwürmer, Schlangen, Schnecken* ~; *irgendwohin* ~: *langsam krochen die Schnecken über den Weg* **1.2.** /jmd./ *irgendwohin* ~ 'sich auf Knien und Händen irgendwohin bewegen': *er kroch durch das Loch in der Mauer; sie ist vor Angst unter den Tisch, das Bett gekrochen* **2.** ⟨hat/ist⟩ umg. emot. neg. /jmd./ *vor jmdm.* ~ 'sich jmdm. gegenüber unterwürfig verhalten': *ich werde doch nicht vor ihm* ~!; *er kroch vor seinem Direktor*

❖ **kriecherisch, verkriechen** — **durchkriechen, Kriechtier**

kriecherisch ['kʀiːçɐʀ..] ⟨Adj.; Steig. reg., ungebr.; vorw. attr.⟩ umg. emot. neg. SYN 'unterwürfig' /auf Personen, Verhalten bez./; ↗ FELD I.2.3: *er war ein* ~*er Mensch; seine* ~*e Unterwürfigkeit; sein* ~*es Verhalten* ❖ ↗ **kriechen**

Kriech|tier ['kʀiːç..], **das** '(sich schlängelnd fortbewegendes) Wirbeltier mit einer Haut aus Schuppen od. Platten von Horn und teilweise od. ganz reduzierten Gliedmaßen, dessen Körpertemperatur sich der Umgebung anpasst'; SYN Reptil; ↗ FELD II.3.1: *Schlangen sind* ~*e* ❖ ↗ **kriechen**, ↗ **Tier**

Krieg [kʀiːk], **der**; ~s/auch ~es, ~e 'mit Waffen ausgetragener (↗ *austragen* 3) Konflikt zweier od. mehrerer Staaten, Nationen, Koalitionen zur Durchsetzung politischer und ökonomischer Interessen'; ↗ FELD I.14.1: *ein blutiger, langer, schwerer, konventioneller* ~; *einen* ~ *anfangen, beginnen, gewinnen, verlieren, beenden; jmdm. den* ~ *erklären; gegen den* ~ *protestieren, demonstrieren; (gegen ein Land)* ~ *führen* ('ein Land mit militärischen Mitteln bekämpfen'); *die* ~ *führenden Länder;* ~ *und Frieden; er ist im* ~ *gefallen; in den* ~ *ziehen; nach dem* ~ *musste man die zerstörte Wirtschaft wieder in Gang bringen; der* ~ *hat Millionen Opfer gefordert* ❖ **kriegerisch** — **Weltkrieg**; vgl. Kriegs-
* **der kalte** ~ ('Politik der Konfrontation von Staaten unterschiedlicher politischer Systeme des Westens und Ostens, insbesondere in den 50er und 60er Jahren')

kriegen ['kʀiːgn̩] ⟨reg. Vb.; hat⟩ umg. **1.** /jmd./ etw. ~ **1.1.** SYN 'etw. erhalten (1.1)': *Geld, eine Belohnung, etwas zum Geburtstag* ~; *er kann nie genug* ~ ('ist unersättlich'); *er hat doch noch einen Platz gekriegt* **1.2.** 'etw. bes. als Anweisung übermittelt bekommen': *er kriegte den Bescheid, Auftrag, Befehl* (*von seinem Vorgesetzten*), *sich sofort* (*bei der Polizei*) *zu melden; wir haben noch keine Antwort, Nachricht von der Firma gekriegt* ('die Firma hat uns noch nicht geantwortet') **1.3.** 'etw. kaufen können': *er hat das Buch nicht mehr gekriegt, hat das Buch besonders billig gekriegt; dort kriegt man die Ware etwas billiger* **1.4.** 'eine bestimmte Geldsumme (als Entgelt für eine Leistung, Ware) erhalten': *er kriegt die Stunde/pro Stunde/für die Stunde/in der Stunde 50 Mark; ich kriege 20 Mark von Ihnen* ('Sie haben für die Ware, Leistung 20 Mark zu zahlen'); *ich kriege noch fünf Mark von dir* ('du schuldest mir noch fünf Mark') **1.5.** *jmd. kriegt etw.* ⟨mit Vb. im Inf. + *zu*⟩: *hier kriegt man etw. zu essen, trinken* ('hier wird einem etw. zu essen, trinken gegeben; hier kann man etw. zu essen, trinken kaufen') **1.6.** ⟨steht mit Part. II. für eine Passivkonstruktion, in der das Subj. Adressat der Handlung ist; mit Verben, die Dat. u. Akk. obj. zulassen⟩ *jmd. kriegt etw. geschenkt* 'jmdm. wird etw. geschenkt': *jmd. kriegt etw. ausgehändigt; er hat das geschenkt gekriegt* ('es ist ihm geschenkt worden'); *er hat den Brief zugeschickt gekriegt* **2.** /jmd./ etw. ~ **2.1.** 'Opfer einer Tätlichkeit werden': *er kriegte einen Schlag auf die Nase; einen Fußtritt* ~ **2.2.** 'mit etw. Unangenehmem konfrontiert werden': *er kriegt Schwierigkeiten, wenn er nicht vernünftig wird; Ärger, Streit* ~; ⟨mit Inf. + zu⟩ *etw. zu hören, spüren* ~ ('etw. Unangenehmes hören, spüren müssen') **2.3.** 'in jmds. Körper, Psyche entsteht etw., das dieser fühlt, spürt': *Kopfschmerzen, Magenschmerzen, Bauchschmerzen* ~; *einen roten Kopf* ~; *Hunger, Durst* ~; *er hat wieder Mut zum Leben gekriegt* **2.4.** 'an jmds. Körper entsteht, zeigt sich etw.': *er hat Falten, graue Haare, einen dicken Bauch gekriegt* **2.5.** *wir* ~ *Regen, schlechtes Wetter* ('es wird bald regnen, schlechtes Wetter werden') **3.** SYN *ein Kind* ~ 'ein Kind [1]bekommen (6)': /Frau/ *ein Baby, Kind* ~; /Eltern/ *sie haben Nachwuchs* ('ein Kind') *gekriegt* **4.** /jmd./ *jmdn.* ~ SYN 'jmdn. fassen (3)': *den* ~ *sie nicht; die Polizei hat den Täter gekriegt*

Kriegs ['kʀi:ks..]|**-fuß, der** * scherzh. /jmd./ **mit jmdm. auf (dem)** ~ **stehen** 'mit jmdm. in ständigem Streit leben'); /jmd./ **mit etw. auf (dem)** ~ **stehen** 'ständig Schwierigkeiten mit etw. haben, es nicht beherrschen': *mit der Orthographie steht er auf* ~; **-gefahr, die** ⟨o.Pl.⟩ 'die Gefahr, dass ein Krieg ausbricht od. heraufbeschworen wird'; ↗ FELD I.14.1: *etw. bildet eine akute, drohende* ~; *die* ~ *bannen* ❖ ↗ Gefahr; **-gefangene, der** u. **die**, vorw. **der** (↗ TAFEL II) SYN 'Gefangene (1)': *ein verwundeter* ~*er; die* ~*n internieren, entlassen; die* ~*n wurden in ein Lager gebracht* ❖ ↗ fangen; **-gefangenschaft, die** 'Zustand des Gefangenseins, in dem sich Angehörige von Streitkräften befinden, die während des Krieges (2) in die Gewalt (2) des Gegners geraten sind'; ↗ FELD I.14.1: *in* ~ *geraten; aus der* ~ *entlassen werden* ❖ ↗ fangen; **-hetze, die** ⟨o.Pl.⟩; vorw. o. Art.⟩ 'Hetze (1), Aufwiegelung zur bewaffneten Aggression (1)'; ↗ FELD I.14.1: ~ *betreiben; jmdn. wegen* ~ *verurteilen* ❖ ↗ hetzen; **-hetzer [hɛtsɐ], der**; ~s, ~ 'jmd., der/ein Land, das Kriegshetze betreibt (1) ❖ ↗ hetzen; **-treiber [tʀaɪbɐ], der**; ~s, ~ 'Kriegshetzer'; ↗ FELD I.14.1 ❖ ↗ treiben; **-verbrecher, der** 'jmd., der im Krieg Verbrechen begeht, begangen hat, die gegen das Völkerrecht verstoßen'; ↗ FELD I.14.1: *einem* ~ *den Prozess machen, einen* ~ *durch den internationalen Gerichtshof verurteilen* ❖ ↗ verbrechen

Krimi ['kʀi:mi/'kʀimi], **der**; ~s, ~s umg. /Kurzw. für ↗ *Kriminalroman,* ↗ *Kriminalfilm*/: *ein spannender* ~

Kriminal|**film** [kʀimi'na:l..], **der**; ↗ auch *Krimi* 'Film, der von einem Verbrechen und seiner Aufklärung (1) handelt': *im Kino läuft ein* ~ ❖ ↗ **kriminell,** ↗ **Film**

kriminalistisch [kʀimina'lɪst..] ⟨Adj.; o. Steig.; vorw. attr.⟩ 'die Wissenschaft von der Aufdeckung und Untersuchung, Bekämpfung und Verhütung von Verbrechen betreffend': *er hat* ~*e Fähigkeiten; mit* ~*en Methoden arbeiten; etw.* ~ *untersuchen* ❖ ↗ **kriminell**

Kriminalität [kʀiminali'tɛ:t/..'te:t], **die**; ~, ~en ⟨vorw. Sg.⟩ 'das Straffälligwerden (↗ *straffällig*)': *die Bekämpfung der* ~; *die* ~ *hat zugenommen; zur* ~ *neigen* ❖ ↗ **kriminell**

Kriminal [kʀimi'na:l]|**-polizei, die**; ↗ auch *Kripo* 'Teil der Polizei (1), der Straftaten verhindert, bekämpft, untersucht und aufklärt (1)': *die* ~ *hat den Täter ermittelt, hat den Fall abgeschlossen* ❖ ↗ kriminell, ↗ Polizei; **-roman, der**; ↗ auch *Krimi* 'Roman um ein Verbrechen und seine Aufklärung (1)': *ein spannender* ~; *einen* ~ *schreiben, lesen* ❖ ↗ kriminell, ↗ Roman

kriminell [kʀimi'nɛl] ⟨Adj.; Steig. reg.⟩ **1.1.** ⟨o. Steig.⟩ SYN 'verbrecherisch (1)' /auf Personen bez./: ~*e Elemente; er ist* ~ ('straffällig') *geworden* **1.2.** 'strafbar' /auf Handlungen bez./: ~*es Verhalten der Jugendlichen; diese Handlung ist* ~ **2.** umg. emot. 'in hohem Grade verantwortungslos' /auf Handlungen bez./: *seine Fahrweise ist geradezu* ~! ❖ **kriminalistisch, Kriminalität – Kriminalfilm, -polizei, -roman**

Kringel ['kʀɪŋl], **der**; ~s, ~ **1.** ⟨vorw. Pl.⟩ 'kleines (gezeichnetes) kreisförmiges Gebilde': *er malte aus Langeweile* ~ **2.** '(kleiner) Kuchen in Form eines Rings (3)': ~ *backen; ein gefüllter* ~ ❖ **kringeln**

kringeln ['kʀɪŋln], **sich** ⟨reg. Vb.; hat⟩ **1.** /etw./ *sich* ~ 'sich in der Art eines Kreises, einer Spirale formen (1)': *ihr Haar kringelt sich im Regen; die Hobelspäne kringelten sich* **2.** /jmd./ *sich (vor Lachen)* ~ 'sehr herzlich lachen': *wir kringelten uns vor Lachen, als ihm das passierte* ❖ ↗ **Kringel**

Kripo ['kʀi:po/'kʀɪpo], **die**; ~, ⟨o.Pl.⟩ umg. /Kurzw. für ↗ *Kriminalpolizei*/: *die* ~ *einschalten; die* ~ *hat den Mord aufgeklärt*

Krippe ['kʀɪpə], **die**; ~, ~n **1.** 'Kinderkrippe': *sein Kind in die* ~ *bringen* **2.** 'für größere Tiere aufgestellter Trog für Futter (I), bes. Heu, der an der Wand od. auf einem Gestell befestigt ist': *das Futter in die* ~ *schütten; die* ~ *füllen*

Krise ['kʀi:zə], **die**; ~, ~n **1.** 'Stadium einer Entwicklung, in dem sich Schwierigkeiten, Probleme zu einem Konflikt steigern, gesteigert haben': *eine psychische, materielle, schöpferische* ~; *eine durchstehen, durchmachen, überwinden; das Land, die Wirtschaft des Landes ist in einer schweren* ~, *ist in eine schwere* ~ *geraten; eine* ~ *in den politischen Beziehungen* **2.** 'entscheidender Wendepunkt (2) im Verlauf einer akuten Krankheit': *die* ~ *ist vorbei, überstanden*

Kristall [kʀɪ'stal], **das/der**; ~s/auch ~es, ~e **I.** ⟨das; o.Pl.⟩ **1.** SYN 'Bleikristall': *eine Schale, ein Glas aus* ~ **2.** 'Gebrauchsgegenstände aus Kristall (I.1)': *sie besitzt wertvolles* ~ – **II.** ⟨der⟩ 'Mineral, dessen Bausteine (2) in drei Dimensionen periodisch angeordnet (↗ *anordnen* 2) und durch ebene Flächen begrenzt sind'; ↗ FELD III.4.1: *ein geschliffener, leuchtender* ~; *die* ~*e des Zuckers, Salzes; das Wachstum eines* ~*s;* ~*e züchten;* ~*e brechen Licht* ❖ **kristallisieren**

kristallisieren [kʀɪstali'ziːʀən], kristallisierte, hat kristallisiert /etw./ ˈKristalle (II) bilden'; ↗ FELD III.4.2: *eine chemische Verbindung kristallisiert; der Stoff hat kristallisiert* ❖ ↗ **Kristall**

Kriterium [kʀi'teːʀiʊm], **das**; ∼s, Kriterien [..ʀi̯ən] ˈunterscheidendes Kennzeichen, Merkmal'; *das ist ein hinreichendes* ∼; *das sind objektive Kriterien; an etw. bestimmte Kriterien feststellen; Kriterien für etw. aufstellen; etw. ist ein* ∼ *für etw.: die Färbung der Blätter ist ein* ∼ *für den Mangel an Wasser*

Kritik [kʀi'tiːk], **die**; ∼, ∼en **1.** ⟨vorw. Sg.; meist o. unbest. Art.⟩ ˈBeurteilung (1) einer Erscheinung, eines Vorgangs od. des Verhaltens einer Person, die Fehler, Schwächen, Mängel aufdeckt'; ↗ FELD I.4.2.1: *seine sachliche, scharfe, objektive, helfende* ∼; *sich der* ∼ *der Kollegen, des Vorgesetzten entziehen, aussetzen; er hat sich der* ∼ *der Presse gestellt; er kann keine* ∼ *vertragen; er versuchte, die* ∼ *seiner Mitarbeiter zu unterdrücken; an jmdm., etw.* ∼ *üben* (ˈetw., jmdn. kritisieren 1') **2.** ˈwertende Beurteilung (1) einer künstlerischen od. wissenschaftlichen Arbeit (5) in Presse, Rundfunk od. Fernsehen': *eine* ∼ *schreiben, veröffentlichen; der Solist, die Aufführung, der Film hat eine schlechte, gute* ∼ *bekommen; die* ∼ *war vernichtend*; vgl. *Rezension* ❖ **Kritiker, kritisch, kritisieren, kritteln − gesellschaftkritisch, Selbstkritik, selbstkritisch**
* /etw./ **unter aller** ∼ **sein** ˈsehr schlecht, niveaulos sein': *der Film ist unter aller* ∼!

Kritiker ['kʀiːtikɐ], **der**; ∼s, ∼ ˈjmd., der etw., jmdn. kritisiert, kritisiert hat'; ↗ FELD I.4.2.1: *die* ∼ *haben das Theaterstück verrissen* ❖ ↗ **Kritik**

kritisch ['kʀiːt..] ⟨Adj.⟩ **1.1.** ⟨Steig. reg.⟩ ˈstreng prüfend, bewertend' /vorw. auf Sprachliches bez./: *ein* ∼*es Wort;* ∼*e Bemerkungen machen; etw., jmdn.* ∼ *beobachten, einschätzen, werten; sich mit etw.* ∼ *auseinander setzen; er war (in seinem Urteil) sehr* ∼ **1.2.** ⟨nur attr.⟩ fachspr. /beschränkt verbindbar/ *eine* ∼*e Ausgabe* ˈeine Ausgabe, der eine genaue Überprüfung der überlieferten Texte zugrunde liegt': *eine* ∼*e Ausgabe der Werke Goethes; der* ∼*e* (ˈnach bestimmten wissenschaftlichen Methoden des Herausgebens 2 hergestellte') *Apparat einer Textausgabe* **2.** ⟨nicht bei Vb.⟩ ˈden entscheidenden gefährlichen Moment (einer Entwicklung) betreffend': *im* ∼*n Augenblick versagen; die Verhandlungen haben den* ∼*en Punkt erreicht; eine* ∼*e Situation; die* ∼*en Jahre einer Frau* (ˈdie Wechseljahre'); *der Kranke befindet sich in einem* ∼*en Zustand; die Lage ist ziemlich* ∼ ❖ ↗ **Kritik**

kritisieren [kʀiti'ziːʀən], kritisierte, hat kritisiert **1.** /jmd./ *jmdn., etw.* ∼ ˈjmdn., etw. kritisch (1.1) bewerten (1.2)'; ANT loben; ↗ FELD I.4.2.2: *die Mitarbeiter* ∼ *ihren Chef; seine Entscheidung, sein Verhalten wurde heftig kritisiert; er wurde öffentlich kritisiert* **2.** /jmd./ *etw.* ∼ ˈfür etw. eine Kritik (2) verfassen': *ein Theaterstück, Konzert* ∼ ❖ ↗ **Kritik**

kritteln ['kʀɪtl̩n] ⟨reg. Vb.; hat⟩ /jmd./ SYN ˈnörgeln': *er kann immer nur* ∼; *sie mäkelte und krittelte an allem* ❖ ↗ **Kritik**

kritzeln ['kʀɪts̩l̩n] ⟨reg. Vb.; hat⟩ /jmd./ *etw. auf etw.* ∼ ˈetw. mit zu kleinen Buchstaben und kaum leserlich auf etw. schreiben': *hastig kritzelte er seine Notizen auf einen Zettel; sie hat etwas aufs Papier gekritzelt*

kroch: ↗ **kriechen**

Krokodil [kʀoko'diːl], **das**; ∼s, ∼e ˈin zahlreichen Arten vorkommendes, in tropischen und subtropischen Gewässern räuberisch (2) lebendes Kriechtier mit scharfen Zähnen, langem Kopf und einem muskulösen, seitlich flach abfallenden (3) Schwanz'; ↗ FELD II.3.1 (↗ BILD)

Krokodils|tränen [kʀoko'diːlstʀɛːnən/..tʀeː..] ⟨Pl.⟩
* /jmd./ ∼ **weinen** (ˈdurch Weinen Mitgefühl, Trauer heucheln')

Krokus ['kʀoːkʊs], **der**; ∼, ∼se ˈPflanze mit gelben, weißen od. violetten trichterförmigen Blüten, die im frühen Frühling in Gärten od. auf Wiesen blüht'; ↗ FELD II.4.1

Krone ['kʀoːnə], **die**; ∼, ∼n **1.** ˈreich verzierter, breiter Reif (2) bes. aus Gold, der von einem feudalen Herrscher als Zeichen seiner Macht (1,2) und Würde (3) (bei besonderen Anlässen) auf dem Kopf (1) getragen wird': *die Königin erschien mit* ∼ *und Zepter; die* ∼ *des Kaisers, Königs, Grafen; die* ∼ *aufsetzen* **2.** ⟨o.Pl.⟩ *die Vorrechte der* ∼ (ˈdes Monarchen, des Herrscherhauses') **3.** SYN ˈBaumkrone'; ↗ FELD II.4.1: *der Baum hat eine breite, ausladende, spitze* ∼ **4.** ˈauf dem Stumpf des Zahnes befestigter Ersatz aus Metall od. Keramik, der den oberen Teil des Zahnes bedeckt': *sich vom Zahnarzt eine* ∼ *machen lassen; eine* ∼ *aus Gold* **5.** ⟨o.Pl.; + Gen. attr.⟩ ˈdie Vollendung, das höchste Maß von etw.': *dieses Exemplar ist die* ∼ *meiner Sammlung; dies war die* ∼ *seines Glücks; der Mensch ist die* ∼ *der Schöpfung* ❖ **krönen, Krönung − Baumkrone**

krönen ['kʀøːnən] ⟨reg.Vb.; hat⟩ **1.** /jmd./ *jmdn.* ∼ ˈjmdn. in einem feierlichen Akt (1) zum feudalen Herrscher machen, indem man ihm die Krone (1) aufsetzt': *der Papst krönte ihn; jmdn. zum König* ∼; *sich* ∼: *Napoleon hat sich selbst zum Kaiser gekrönt; die gekrönten Häupter* (ˈdie regierenden Monarchen') *Europas* **2.1.** /jmd./ *etw. mit etw.* ∼ ˈetw. durch etw. zu einem Höhepunkt machen'; ↗ FELD VII.3.2: *mit diesem Werk krönte er seine*

Lebensarbeit; seine Arbeit war von Erfolg gekrönt ('war erfolgreich') **2.2.** /etw./ *etw.* ~ 'den Höhepunkt von etw. bilden': *der Ball, das Essen krönte das Fest* ❖ ↗ **Krone**

Krönung ['krøːn..], **die**; ~, ~en **1.** 'das Krönen (1)': *die feierliche ~ vornehmen, vollziehen* **2.** 'festlicher Höhepunkt'; ↗ FELD VII.3.1: *etw. bildet die ~ von etw.; seine Rede war die ~ des Abends* ❖ ↗ **Krone**

Kropf [krɔpf], **der**; ~s/auch ~es, Kröpfe ['krœpfə] **1.** 'als wulstige Verdickung vorne am Hals sichtbare, krankhaft vergrößerte Schilddrüse': *sie hat einen ~* **2.** 'sackartige Erweiterung der Speiseröhre bei zahlreichen Vogelarten, die dazu dient, die Nahrung vorläufig aufzunehmen (7)': *der Adler würgt die Nahrung aus dem ~*

Kröte ['krøːtə], **die**; ~, ~n **1.** 'in zahlreichen Arten vorkommender zahnloser Lurch mit breitem Körper, kurzen Beinen und einer warzigen Haut'; ↗ FELD II.3.1 (↗ BILD): *die ~ laicht im Wasser* **2.** ⟨+ Adj.⟩ umg. scherzh. 'freches, vorlautes kleines Mädchen': *so eine freche ~!* **3.** ⟨nur im Pl.⟩ umg. *seine letzten ~n* ('sein letztes Geld') *zusammenhalten; sich ein paar ~n* ('ein wenig Geld') *verdienen* ❖ **Schildkröte**

Krücke ['krykə], **die**; ~, ~n **1.** 'Vorrichtung zum Stützen (1.2) des Körpers (1) beim Gehen, die ein Behinderter unter den Achseln hält od. auf die er sich mit den Händen stützt': *sich auf ~n stützen, sich mit den ~n fortbewegen; er ging an ~en* **2.** 'Griff (3) eines Stocks (2), Schirms' ❖ **Krückstock**

Krück|stock ['kryk..], **der** ⟨Pl.: ~stöcke⟩ 'Stock (2) mit einem rechtwinklig befestigten Griff (3), der einem Behinderten beim Gehen als Stütze dient': *mit einem ~ gehen* ❖ ↗ **Krücke**, ↗ **Stock**

Krug [kruːk], **der**; ~s/ auch ~es, Krüge ['kryːgə] **1.** 'Gefäß für Flüssigkeiten mit einem od. zwei Henkeln, meist ohne Deckel': *ein geschmackvoller, tönerner, gläserner ~; Wasser, Bier in einen ~ füllen; Zweige in einen ~ mit Wasser stellen* **2.** 'Menge, die den Inhalt von Krug (1) bildet': *ein ~ Wein, Bier;* vgl. **Kanne**

Krume ['kruːmə], **die**; ~, ~n **1.** ⟨o.Pl.⟩ 'oberste, mit dem Pflug bearbeitete Schicht des Erdbodens': *die lockere, schwere ~ des Ackers* **2.** ⟨vorw. Sg.⟩ 'das weiche Innere des Brotes, Brötchens': *das Brot, Brötchen hat eine lockere ~* **3.** ⟨vorw. Pl.⟩ SYN 'Krümel (1)': *die ~n vom Boden auflesen; die ~n vom Tisch fegen* ❖ **Krümel, krümelig, krümeln**

Krümel ['kryːml̩], **der**; ~s, ~ **1.** 'sehr kleiner Brocken einer Backware'; SYN Brösel, Krume (3); ↗ FELD III.4.1: *der Tisch ist voller ~; die ~ vom Tischtuch schütteln; wir haben keinen ~* ('gar keinen') *Zucker im Hause* **2.** umg. scherzh. 'kleines Kind': *na, du ~, kannst du schon Rad fahren?; was, der ~ geht schon in die Schule?* ❖ ↗ **Krume**

krümelig [kryːm[ə]lɪç] ⟨Adj.; Steig. reg., ungebr.; nicht bei Vb.⟩ 'leicht in Krümel (1) zerfallend' /auf Backware bez./; ↗ FELD III.4.3: *~es Brot; ~er Kuchen; das Brot ist ~* ❖ ↗ **Krume**

krümeln ['kryːml̩n] ⟨reg. Vb.; hat⟩ 'leicht in Krümel (1) zerfallen'; ↗ FELD III.4.2: *der Kuchen krümelt sehr* ❖ ↗ **Krume**

krumm [krʊm] ⟨Adj.; Steig. reg.⟩ 'in Form od. Wuchs von der geraden Linie (1), Fläche bogenförmig abweichend'; ANT ¹gerade (I.1) /auf Gegenständliches bez./; ↗ FELD III.1.3: *eine ~e Linie, Nase, Nadel; ~e Beine; der Nagel ist ~; der Baum ist ~ gewachsen; du sollst nicht so ~ sitzen!; die Knie ~ machen* ❖ **krümmen, Krümmung**
* umg. /jmd./ **sich ~ und schief lachen** ('sehr heftig lachen'); /jmd./ **sich ~ legen** 'sparsam leben, um etw. zu ermöglichen': *seine Eltern mussten sich ~ legen um ihm das Studium zu ermöglichen;* /jmd./ **etw. ~ nehmen** 'etw. verübeln': *er hat mir meine Absage ~ genommen*

krümmen ['krymən] ⟨reg.Vb.; hat⟩ **1.1.** /jmd./ etw. ~ 'ein Körperteil krumm machen': *die Finger, den Arm, Rücken ~;* vgl. beugen *(1)* **1.2.** /jmd./ ⟨+ Adv.best. mit *vor*⟩ *sich ~* 'eine krumme Haltung annehmen' /beschränkt verbindbar/: *er krümmte sich vor Lachen, Schmerzen* ❖ ↗ **krumm**

Krümmung ['krym..], **die**; ~, ~en 'Abweichung von der geraden Linie od. Fläche in Form eines Bogens'; ↗ FELD III.1.1: *die ~ der Wirbelsäule; der Weg, Fluss macht hier eine ~* ❖ ↗ **krumm**

Krüppel ['krypl̩], **der**; ~s, ~ emot. 'auf Dauer durch Missbildung od. schwere Verletzungen körperlich geschädigter Mensch': *seit dem Unfall, Krieg ist er ein ~; sie haben ihn zum ~ geschlagen* ('haben ihn so geschlagen, dass er ein Krüppel wurde')

Kruste ['krʊstə], **die**; ~, ~n 'bes. durch Backen, Braten hart gewordene, spröde Oberfläche von etw. Weichem': *die ~ des Brotes; die ~ des Bratens; eine ~ aus Eis, Zucker; etw. ist mit einer ~ überzogen; Weinbrandbohnen mit ~* ❖ **Erdkruste**

Kübel ['kyːbl̩], **der**; ~s, ~ 'größeres, meist rundes, offenes, sich nach oben hin erweiterndes Gefäß aus Holz, Metall (mit Henkeln)': *ein ~ voll Wasser, Abfälle, Asche; den ~ leeren, auskippen, ausgießen; ein ~ mit einer Palme; Sekt in einen ~ stellen*

Kubik|meter [ku'biːk..], **der**/fachspr. **das** /Maßeinheit des Raums/; ↗ TAFEL XIII 'Volumen von einem Meter Länge, Breite, Höhe' /Zeichen: m³/: *zwei ~ Beton, Sand, Gas* ❖ ↗ **Meter**

Kubik|zentimeter [..'b..], **der**/fachspr. **das** ⟨o.Pl.⟩ /Maßeinheit des Raums/; ↗ TAFEL XIII 'Volumen von einem Zentimeter Länge, Breite, Höhe' /Zeichen: cm³/: *die Klasse der Motorräder bis 125*

~ ('mit einem Hubraum von 125 Kubikzentimetern') ❖ ↗ **Meter**

Küche ['kʏçə], **die**; ~, ~n **1.** 'Raum, der für das Kochen, Herstellen von Speisen bestimmt und eingerichtet ist'; ↗ FELD V.2.1: *eine kleine, gemütliche, moderne, geräumige, komplett eingerichtete ~; eine Wohnung mit zwei Zimmern, Bad und ~; in der ~ essen, abwaschen* **2.** 'Möbel, Einrichtung (2.1) für eine Küche (1)': *eine neue ~ kaufen, einbauen lassen* **3.** ⟨o.Pl.⟩ 'Art der Zubereitung von Speisen'/: *die französische, chinesische ~; das Restaurant ist bekannt für seine gute ~;* ⟨o. Art.⟩ *es gibt nur warme, kalte ~* ❖ **Küchengerät**

Kuchen ['ku:xn̩], **der**; ~s, ~ 'Gebackenes aus Mehl, Eiern, Fett und Zucker, das in vielfältiger Weise und Form zubereitet wird'; ↗ FELD I.8.1: *Kaffee und ~; ~ backen; ein runder, kastenförmiger, frischer, lockerer, nasser ~; der ~ geht auf, fällt zusammen; ein Stück ~ abschneiden, kaufen; ~ mit Obst belegen* ❖ **Kuchenteller, Lebkuchen, Obstkuchen, Pfannkuchen**

Küchen|gerät ['kʏçn̩..], **das** '(elektrisches) Gerät, das in der Küche (1) zur Zubereitung von Speisen und Getränken verwendet wird'; ↗ FELD V.5.1: *moderne, alte ~e; ~e benutzen* ❖ ↗ **Küche,** ↗ **Gerät**

Kuchen|teller ['ku:xn̩..], **der 1.** 'größerer, besonders gestalteter Teller, auf dem Kuchen serviert wird' **2.** 'kleinerer Teller für Kuchen und Gebäck, von dem gegessen wird': *~ aufdecken, abwaschen* ❖ ↗ **Kuchen,** ↗ **Teller**

Kuckuck ['kʊkʊk], **der**; ~s, ~e 'in Wäldern lebender Vogel, der seine Eier in den Nestern anderer Vogelarten ausbrüten und die jungen Vögel aufziehen (6) lässt und ‚kuckuck‘ ruft'; ↗ FELD II.3.1: *der ~ ruft; zum ~!* /Ausruf des Unwillens/

Kufe ['ku:fə], **die**; ~, ~n 'unterer, schmaler, länglicher Teil des Schlittens, Schlittschuhs, auf dem Schlittschuhe, Schlitten gleiten': *blanke, stählerne ~n; die ~ schleifen; auf stählernen ~n* ('auf Schlittschuhen') *dahingleiten*

Kugel ['ku:gl̩], **die**; ~, ~n **1.1.** 'runder, regelmäßiger Körper (2)'; ↗ FELD III.1.1 (↗ TABL Geom. Figuren): *eine gläserne, eiserne, schwere ~; eine ~ aus Stein, Holz; das Volumen der ~ berechnen; die ~n rollen über die Kegelbahn* **1.2.** 'Gebilde, das in seiner Form einer Kugel (1.1) annähernd entspricht': *eine ~ aus zerknülltem Papier, Watte* **2.** 'Geschoss von Handfeuerwaffen'; ↗ FELD V.6.1: *eine verirrte, feindliche ~; die ~n pfiffen, sausten ihm um die Ohren; er schoss sich eine ~ in den Kopf, jagte sich eine ~ durch den Kopf* ❖ **kugelig, kugeln** – **auskugeln, Erdkugel, Halbkugel, Kugellager, -schreiber**

* /jmd./ **eine ruhige ~ schieben** ('sich bei der Arbeit nicht anstrengen, anzustrengen brauchen')

kug(e)lig ['ku:g[ə]lɪç] ⟨Adj.; Steig. reg., ungebr.; nicht bei Vb.⟩ 'kugelförmig' /auf Gegenständliches bez./: *~ beschnittene Bäume; eine ~e Lampe* ❖ ↗ **Kugel**

Kugel|lager ['ku:gl̩..], **das** ⟨Pl.: ~⟩ Techn. 'Lager (5) zur Verringerung der Reibung (1), das aus einem inneren und einem äußeren Ring besteht, zwischen denen sich rotierende Stahlkugeln befinden': *das ~ schmieren* ❖ ↗ **Kugel,** ↗ **liegen**

kugeln ['ku:gl̩n] ⟨reg. Vb.; ist/hat⟩ **1.** ⟨ist⟩ /jmd., etw. Rundes/ *irgendwohin* ~ SYN 'irgendwohin rollen (1.1)': *der Ball ist unter den Schrank, ins Wasser gekugelt; der Hund kugelte vor ihre Füße* **2.** ⟨hat⟩ /jmd./ **2.1.** *etw. irgendwohin* ~ 'etw. Rundes mit Schwung (1) irgendwohin rollen lassen': *Murmeln über den Tisch, Boden* ~ **2.2.** *sich irgendwo* ~ 'sich irgendwo wälzen': *die Kinder kugelten sich im Schnee* ❖ ↗ **Kugel**

* umg. /jmd./ **sich ~ vor Lachen** ('heftig lachen')

Kugel/kugel [ku:gl̩..]**-schreiber** [ʃʀaibɐ], **der**; ~s, ~ 'Schreibgerät mit einer Mine (II), deren Spitze (1) aus einer kleinen Kugel besteht, die sich beim Schreiben dreht' (↗ TABL Schreibgeräte) ❖ ↗ **Kugel,** ↗ **schreiben; -sicher** ⟨Adj.; Steig. reg., ungebr.⟩ 'so beschaffen, dass Geschosse aus Handfeuerwaffen es nicht durchdringen können' /auf Gegenstände, Materialien bez./: *eine ~e Weste; das Glas der Autoscheibe ist ~* ❖ ↗ **Kugel,** ↗ **sicher; -stoßen, das**; ~s, ⟨o.Pl.⟩ 'leichtathletische Disziplin, bei der eine Kugel aus Metall mit einem bestimmten Gewicht, die man an der Schulter in der Hand hält, durch schnelles Strecken des Arms möglichst weit befördert wird'; ↗ FELD I.7.4.1: *er ist Weltmeister im* ~ ❖ ↗ **Kugel,** ↗ **stoßen**

Kuh [ku:], **die**; ~, Kühe ['ky:ə] **1.1.** 'weibliches Rind, bes. als Muttertier'; ↗ FELD II.3.1: *die* ~ *gibt viel Milch; eine braune, gescheckte, schwarzbunte, tragende* ~; *Kühe melken, füttern, auf die Weide treiben; die Kuh brüllt, käut wieder, hat gekalbt; die* ~ *steht trocken* ('gibt keine Milch') **1.2.** 'weibliches Tier bestimmter Großwildarten, bes. als Muttertier' **1.3.** 'als Haustier gehaltenes Rind, unabhängig vom Geschlecht': *auf der Weide grasen Kühe* **2.** umg. Schimpfw. 'dumme, langsam begreifende weibliche Person': *du blöde ~!; sie ist eine alte ~* ❖ **Hirschkuh**

Kuh ['ku:..]**-handel, der** umg. emot. neg. 'gegenseitiges Aushandeln von Vorteilen, bes. im politischen Leben': *das war der reinste ~* ❖ ↗ **handeln; -haut, die** * umg. *etw./das geht auf keine* ~ ('das ist unerhört, unerträglich')

kühl [ky:l] ⟨Adj.⟩ **1.** ⟨Steig. reg.⟩ 'mäßig kalt' /als angenehm od. unangenehm empfunden/; ANT warm (1.1); ↗ FELD VI.5.3: *ein ~er Abend, Morgen, Sommer; ~e Meeresluft; es weht ein ~es Lüftchen; sich in die ~en Fluten stürzen; ~e Umschläge machen; ein ~er* ('angenehm frischer') *Trunk; hier ist es schön ~; es ist für diese Jahreszeit zu ~; mir ist* ~ ('ich friere ein wenig'); *etw.* ~ *aufbewahren* **2.** ⟨o. Steig.⟩ 'anderen Personen gegenüber sehr zurückhaltend, mit einer gewissen Distanz'; SYN frostig (2), reserviert (1.1); ANT herzlich (I), lieb (2.2) /auf Psychisches bez./; ↗ FELD I.18.3: *sie hat ein ~es Wesen; sie verhielt sich ihm gegenüber sehr* ~; *jmdn.* ~ *grüßen; eine Nachricht* ~ *aufnehmen; der Empfang war recht* ~; vgl. *zurückhaltend (2)* **3.**

⟨o. Steig.; nicht präd.⟩ 'nur vom Verstand bestimmt' /auf Mentales bez./: *das war ~e Berechnung; er ließ sich vom ~en Verstand leiten; ~ und sachlich urteilen;* vgl. *nüchtern* (3) ❖ **Kühle, kühlen, Kühler** — **abkühlen, Kühlhaus, -schrank, Tiefkühltruhe**

Kühle ['ky:lə], **die**; ~, ⟨o.Pl.⟩ /zu *kühl* 1—3/ 'das Kühlsein'; /zu 1/; ANT Wärme; ↗ FELD VI.5.1: *die herbstliche ~; die ~ des Abends;* /zu 2/: *die ~ ihres Wesens* ❖ ↗ **kühl**

kühlen ['ky:lən] ⟨reg. Vb.; hat⟩ /jmd., etw./ *etw.* ~ 'bewirken, dass etw. kühl (1) wird'; ANT wärmen; ↗ FELD VI.5.2: *den Wein ~; die Wunde, Stirn (mit einem nassen Tuch) ~; ein Bier ~* (ANT wärmen 1.3); *gut gekühltes Bier* ❖ ↗ **kühl**

Kühler ['ky:lɐ], **der**; ~s, — 'Vorrichtung zum Kühlen eines Verbrennungsmotors bei Kraftfahrzeugen'; ↗ FELD VI.5.1: *der ~ ist leck; einen neuen ~ einbauen* ❖ ↗ **kühl**

Kühl ['ky:l..]|-**haus, das** 'Gebäude mit Anlagen, die zum Kühlen von leicht verderblichen Lebensmitteln dienen'; ↗ FELD VI.5.1: *Fleisch, Obst im ~ lagern* ❖ ↗ kühl, ↗ Haus; -**schrank, der** 'schrankähnlicher Behälter in Haushalten, der technisch so ausgerüstet ist, dass er zum Kühlen von Lebensmitteln, Getränken genutzt werden kann'; ↗ FELD V.5.1, VI.5.1: *Butter, Wurst, Käse im ~ aufbewahren, in den ~ legen* ❖ ↗ kühl, ↗ Schrank

kühn [ky:n] ⟨Adj.; Steig. reg.⟩ **1.1.** 'mutig Riskantes wagend'; ↗ FELD I.6.3: *ein ~er Seefahrer, Entdecker; eine ~e Tat; er ist sehr ~; etw. ~ und tatkräftig angehen;* vgl. *unerschrocken, verwegen* (1) **1.2.** 'die üblichen, gewöhnlichen Vorstellungen überschreitend und in die Zukunft weisend': *eine ~e Forderung; er hatte ~e Ideen; seine ~en Visionen wiesen weit in die Zukunft; eine ~ entworfene Konstruktion; das ist nur in meinen ~sten Träumen möglich* **1.3.** SYN 'gewagt (1.3)': *eine recht ~e Behauptung; ein ~es Dekolleté* ❖ **tollkühn**

Küken ['ky:kn̩], **das**; ~s, — 'Junges vom Geflügel, bes. von Hühnern'; ↗ FELD II.3.1: *ein niedliches ~; das ~ schlüpft aus dem Ei; ~ aufziehen; die ~ füttern*

kulant [ku'lant] ⟨Adj.; Steig. reg.⟩ 'gefällig (1), bes. in geschäftlichen Angelegenheiten'; SYN konziliant: *ein ~er Mensch, Partner; ein ~es Angebot; ~e Preise, Bedingungen; er ist sehr ~;* vgl. *entgegenkommend, gefällig* (1), *hilfsbereit*

kulinarisch [kuli'nɑːʀ..] ⟨Adj.; o. Steig.; vorw. attr.⟩ 'die besonders gute Kochkunst betreffend': *ein ~es Angebot; ~e Genüsse*

Kulisse [ku'lɪsə], **die**; ~, ~n 'verschiebbares) flächiges, (bemaltes) Teil des Bühnenbildes, mit der Ort und Zeit einer Szene verdeutlicht werden': *~n entwerfen, aufbauen, auswechseln; das ist doch nur ~* ('das ist alles nur vorgetäuscht')
* **hinter den ~n** 'im Geheimen, die Hintergründe vor der Öffentlichkeit verbergend': *das haben sie hinter den ~n ausgehandelt;* /jmd./ **hinter die ~ schauen**

('die Hintergründe eines Vorgangs durchschauen, zu durchschauen suchen')

kullern ['kulɐn] ⟨reg. Vb.; ist/hat/⟩ **1.1.** ⟨ist⟩ /jmd., etw. Rundes/ *irgendwohin* ~ SYN '(langsam) irgendwohin rollen (1.1)': *die Äpfel, Erbsen kullerten durch die Küche; der Stein, die Murmel kullerte über die Straße; er kullerte über den Rasen, in den Graben; Tränen kullerten* (SYN 'rollten 1.2') *über ihre Wangen* **1.2.** ⟨hat⟩ /jmd./ *etw. irgendwohin* ~ 'etw. (langsam) irgendwohin rollen': *er kullerte die Murmel in das Loch*

Kult [kult], **der**; ~s/auch ~es, ~e **1.1.** 'in bestimmter Form vollzogene religiöse Verehrung überirdischer Mächte, Wesen (4) durch eine Gemeinschaft': *ein heidnischer ~; der christliche ~* **1.2.** 'übertriebene Verehrung von jmdm., übertriebene Form des Umgangs mit etw.': *was die mit dem Star für einen ~ treiben; mit dem Essen ~ treiben* ❖ ↗ **Kultur**

kultisch ['kult..] ⟨Adj.; o. Steig.; vorw. attr.⟩ 'den Kult (1.1.) betreffend, zum Kult gehörend': *eine ~e Handlung; ~e Riten, Gegenstände* ❖ ↗ **Kultur**

kultivieren [kulti'viːʀən], kultivierte, hat kultiviert; ↗ auch *kultiviert* **1.** /jmd./ *etw.* ~ 'Boden durch Pflege so verbessern, dass er für den Anbau (1) geeignet ist': *den Boden ~; das Moor wurde kultiviert; kultivierte Flächen* **2.** /jmd./ *etw.* ~ 'etw. durch einen anspruchsvollen Umgang miteinander geistig, sittlich verfeinern': *eine Bekanntschaft, Freundschaft, Beziehungen* ~ ❖ ↗ **Kultur**

kultiviert [kulti'viːɐt] ⟨Adj.; Steig. reg.; ↗ auch *kultivieren*⟩ 'von einem hohen geistigen und sittlichen Niveau, von Kultur (2) zeugend': *seine ~e Lebensart, Aussprache; er ist ein ~er Mensch; sein ~es Benehmen, Verhalten; sich ~ benehmen, kleiden; ihr Umgang miteinander ist sehr ~* ❖ ↗ **Kultur**

Kultur [kul'tuːɐ], **die**; ~, ~en **1.1.** ⟨o.Pl.⟩ 'Gesamtheit der geistigen, materiellen, künstlerischen und moralischen Werke und Werte (1—3) der Menschen als Ausdruck ihrer Entwicklung (1,2)': *die menschliche ~; der Einfluss von ~ und Kunst; die ~ fördern, weiterentwickeln, verbreiten* **1.2.** 'der jeweils erreichte Grad und die Spezifik von Kultur (1.1) bei bestimmten Völkern, in bestimmten Epochen': *eine alte, hoch entwickelte ~; die nationale ~; die antiken, orientalischen ~en; versunkene ~en; die ~ Chinas, Ägyptens, der Goethezeit, des 20. Jahrhunderts* **2.** ⟨o.Pl.⟩ 'kulturvolle Gestaltung einzelner Gebiete des Lebens': *die ~ des Wohnens, Essens; er hat ~, ist ein Mensch mit ~* ('ist ein kultivierter Mensch') **3.** ⟨vorw. Pl.⟩ 'auf größeren Flächen angebaute Pflanzen': *empfindliche, anspruchsvolle ~en; die ~ en stehen gut; eine ~ von Birken, Rosen* **4.** 'in flüssigem od. auf festem Nährboden gezüchtete Mikroorganismen, Zellen od. gezüchtetes Gewebe (2)': *bakteriologische ~en; eine ~ ansetzen, anlegen* ❖ **Kult, kultisch, kultivieren, kultiviert**

Kümmel ['kyml̩], **der**; ~s, ⟨o.Pl.⟩ **1.** 'Pflanze mit einer Dolde aus weißen und rosa Blüten, deren längliche graubraune Samenkörner ätherisches Öl enthalten'; ↗ FELD II.4.1: *~ anbauen, ernten* **2.** 'als Ge-

würz verwendete Samenkörner von Kümmel (1)';
↗ FELD I.8.1: *Fleisch, Wurst, Käse mit ~ würzen*
Kummer ['kʊmɐ], der; ~s, ⟨o.Pl.⟩ 'psychischer
Schmerz'; ANT Freude (1); ↗ FELD I.6.1: *er hatte
großen ~; der ~ um, über den Verlust des Sohns;
jmdm. ~ bereiten, zufügen, ersparen; vor ~ krank
werden, fast vergehen; seinen ~ zu betäuben suchen;
das ist mein geringster ~* ('das macht mir im Ge-
gensatz zu anderem kaum Sorgen'); *~ gewöhnt sein*
'viele Enttäuschungen, viel Ärger erfahren haben':
*wir sind ja ~ gewöhnt, uns kann nichts mehr erschüt-
tern;* vgl. *Gram* ❖ **bekümmern, kümmerlich, ver-
kümmern – Liebeskummer**
kümmerlich ['kʏmɐ..] ⟨Adj.; Steig. reg.⟩ **1.** SYN
'ärmlich'; ↗ FELD I.17.3: *in ~en Verhältnissen le-
ben; ein ~es Leben führen; sein Leben ~ fristen* **2.**
⟨nicht bei Vb.⟩ 'kaum ausreichend': *eine ~e Aus-
beute; ein ~es Ergebnis; seine ~en Ersparnisse; der
Erlös war ~; ~e Reste; für einen ~en Lohn arbeiten*
❖ ↗ **Kummer**
kümmern ['kʏmɐn] ⟨reg. Vb.; hat⟩ **1.** /jmd./ *sich um
jmdn., etw. ~* **1.1.** 'hilfsbereit für jmdn., etw. sorgen
(2)': *sich um die Gäste, den Kranken, Verletzten, den
Haushalt, das Vieh ~; er kümmerte sich sehr um
seine Großmutter; immer muss ich mich um alles ~*
('wenn ich mich nicht um alles sorgen würde,
würde es niemand tun')! **1.2.** ⟨oft verneint⟩ 'sich
mit etw., jmdm. beschäftigen (2), weil es notwendig
ist': *sich um eine neue Arbeit ~; er kümmert sich
nicht um Politik; sich von Anfang an um die Bega-
bungen der Kinder ~; er kümmert sich nicht um
seine Nachbarn; kümmere dich um deine Angelegen-
heiten!* **2.** ⟨oft verneint od. fragend⟩ *etw.* ⟨vorw.
das, was⟩, *jmd. kümmert jmdn.* 'etw., jmd. berührt
(3) jmdn.': *was kümmert mich das Gerede!; was
kümmert's mich!; das, der soll mich wenig ~!; das
braucht dich nicht zu ~!; kümmert dich das?* ❖ ↗
Kummer
Kumpel ['kʊmpl̩], der; ~s, ~ /umg. ~s **1.** 'Berg-
mann': *die ~ fahren in die Grube ein; die ~s strei-
ken* **2.** umg. 'jmd., mit dem man sich gut versteht,
und mit dem man sich verlassen kann': *er ist ein alter ~ (von mir);
mein ~ hilft dir dabei; meine ~s kommen auch;* vgl.
Freund (1)
¹Kunde ['kʊndə], der; ~n, ~n **1.** 'jmd., der (regelmä-
ßig) in einem Geschäft (1) etw. kauft od. eine
Dienstleistung beansprucht (2)'; ↗ FELD I.16.1:
*er ist ein guter, alter ~; seine ~n bedienen, zufrieden
stellen; meine ~n sollen mit mir zufrieden sein; einen
~n verärgern; einem ~n etw. anbieten, vorlegen;
Dienst am ~n* ('Aufmerksamkeit, Gefälligkeit dem
Kunden gegenüber') **2.** umg. emot. neg. /meint eine
erwachsene männliche Person/: *das ist ein übler,
windiger, eigenartiger ~!;* vgl. *Bursche (2.1), Kerl
(1)* ❖ **Kundschaft – Kundendienst**
²Kunde, die; ~, ⟨o.Pl.⟩ geh. SYN 'Nachricht (1)': *das
war eine gute, schlimme ~; die ~ verbreitete sich,
dass ...; die ~ von seinem Tod verbreitete sich
schnell; jmdm. ~ von etw. geben* ('jmdn. über etw.

informieren'); *sie brachte eine traurige ~ mit* ❖ **be-
kunden, Kundschaft, Kundschafter, kündigen, Kün-
digung – ankündigen, auskundschaften, Kundge-
bung, offenkundig, Sachkunde, Urkunde, Garan-
tieurkunde**
Kunden|dienst ['kʊndn̩..], der **1.** ⟨o.Pl.⟩ 'Leistungen
(3), die einem Kunden erwiesen werden, um ihm
den Einkauf und die Nutzung von Waren zu er-
möglichen od. zu erleichtern': *die Anlieferung ge-
hört zum ~* (SYN 'Service') **2.** 'Einrichtung und
Personen eines Geschäfts, einer Firma, die für die
Montage, Wartung technischer Geräte (für den
Haushalt) zuständig sind': *den ~ rufen, nutzen; etw.
vom ~ installieren, reparieren lassen; sich wegen ei-
ner Reparatur an den ~ wenden*
Kundgebung ['kʊntgeːb..], die; ~, ~en 'öffentliche,
politische Zusammenkunft einer (großen) Men-
schenmenge, meist unter freiem Himmel, auf der
Reden zu einem bestimmten Thema gehalten wer-
den': *eine ~ für/gegen den Bau der Autobahn; eine
~ vorbereiten, veranstalten; eine von der Gewerk-
schaft veranstaltete ~; zur ~ gehen; an einer ~ teil-
nehmen; er ist auf der ~ als Redner aufgetreten* ❖
↗ **²Kunde**, ↗ **geben**
kundig ['kʊndɪç] ⟨Adj.; Steig. reg., ungebr.⟩ 'auf ei-
nem bestimmten Gebiet gute Kenntnisse besit-
zend': *ein ~er Bergführer, Taxifahrer; eine ~e Füh-
rung; davon wissen nur wenig Kundige;* geh. /jmd./
etw. ⟨Gen.⟩ *~ sein* 'etw. beherrschen (5)': *er war
der japanischen Sprache (nicht) ~; er war des Fran-
zösischen (nicht) ~;* vgl. *mächtig* ❖ ↗ **²Kunde**
kündigen ['kʏndɪgn̩] ⟨reg.Vb.; hat⟩ **1.1.** /jmd./ *etw. ~*
'sein Arbeitsverhältnis od. ein anderes vertragliches
Verhältnis (4.2) lösen (3), für beendet erklären': *den
Vertrag ~; seine Sekretärin hat zum September ge-
kündigt; der Untermieter hat gekündigt* **1.2.** /jmd.,
bes. Unternehmer/ *jmdm. ~* 'jmds. Arbeitsverhält-
nis od. ein anderes vertragliches Verhältnis als be-
endet erklären, jmdn. nicht weiter als Arbeiter, An-
gestellten beschäftigen'; SYN entlassen (1), hinaus-
werfen (3.1): *die Firma hat ihm gekündigt; der
Hauswirt hat allen Mietern gekündigt* (↗ FELD
V.2.2); *jmdm. etw. ~: (jmdm.) einen Kredit, Vertrag
kündigen* **1.3.** /jmd./ *jmdm. etw. ~: er hat mir die
Freundschaft gekündigt* ('hat unser freunschaft-
liches Verhältnis für beendet erklärt'); *er kündigte
ihm den Gehorsam* ('verweigerte ihm von nun an
den Gehorsam') ❖ ↗ **²Kunde**
Kündigung ['kʏndɪg..], die; ~, ~en 'Lösung (2) eines
Arbeitsverhältnisses od. eines vertraglichen Ver-
hältnisses (4.2) durch einseitige Erklärung eines
Vertragspartners': *eine fristlose, fristgemäße ~;
eine ~ aussprechen; die ~ bekommen* ❖ ↗ **²Kunde**
Kundschaft ['kʊnt..], die; ~; ~en ⟨vorw. Sg.⟩ **I.**
⟨o.Pl.⟩ **1.1.** 'Gesamtheit von Kunden (I.1)'; ↗
FELD I.11, 16.1: *er gehört zu unserer ~; die ~ zu-
frieden stellen* **1.2.** 'einzelner Kunde (I.1) od. meh-
rere Kunden': *es ist ~ im Laden; die ~ bedienen;
auf ~ warten* – **II.** 'das Erkunden von etw.': *auf ~*

ausgehen; jmdn. auf ~ *ausschicken, senden* ❖ **zu (I):** ↗ **¹Kunde; zu (II):** ↗ **²Kunde**

Kundschafter [ˈkʊntʃaftɐ], **der;** ~s, ~ ˈjmd., bes. Soldat, der etw. erkundet od. erkundet hatˈ; ↗ FELD I.4.4.1: ~ *ausschicken, aussenden; die* ~ *meldeten, dass* ... ❖ ↗ **²Kunde**

künftig [ˈkʏnftɪç] ⟨Adj.; o. Steig.; nicht präd.⟩ **1.1.** ⟨nur attr.⟩ ˈin der Zukunft (1) eintretend, geschehend, vorhandenˈ; SYN zukünftig (1); ANT gegenwärtig (1.1), jetzig; ↗ FELD VII.6.3: *mein* ~*er Wohnort; meine* ~*e Tätigkeit;* ~*e Generationen, Zeiten* **1.2.** ⟨nur bei Vb.⟩ ˈvon nun an, in Zukunftˈ; SYN zukünftig (2): *er wird auch* ~ *im Amt bleiben, mitarbeiten; er versprach,* ~ *besser aufzupassen* ❖ ↗ **kommen**

Kunst [kʊnst], **die;** ~, **Künste** [ˈkʏnstə] **1.** ⟨o.Pl.⟩ **1.1.** ˈspezifische Art der schöpferischen und ästhetischen Gestaltung durch den Menschen, die sich in Werken, bes. der Malerei, Plastik, Literatur, Architektur, Musik äußertˈ: *die angewandte, darstellende, grafische, bildende, abstrakte* ~; *er versteht nichts von* ~; *er ist ein Freund, Verehrer der* ~; *die* ~ *lieben, fördern* **1.2.** ˈdie Werke eines Künstlers, einer Epocheˈ: *die* ~ *Rembrandts, Mozarts; die* ~ *des Mittelalters, der Antike, der Gegenwart; die mittelalterliche, antike* ~ **2.** ˈerworbene Fertigkeit, Geschicklichkeit, besonderes Können auf einem bestimmten Gebietˈ: *die* ~ *des Zeichnens, Schnitzens; er beherrschte die* ~ *des Fechtens wie kein anderer; die* ~ *zu lesen, malen, schreiben; die* ~ *des Schweigens* (ˈdie Fähigkeit zu schweigen, wenn es angeraten istˈ); *hier versagte die ärztliche* ~; *alle Künste der Verführung anwenden; alle Künste der Überredung nützten nichts;* umg. *zeig mal deine* ~ (ˈzeig mal, was du kannstˈ); *die ganze* ~ (ˈdie Fähigkeit, das Problem zu lösenˈ) *besteht darin, dass ...; er beherrschte das Spiel nach allen Regeln der* ~ (ˈvollkommen, meisterhaftˈ); /in den kommunikativen Wendungen/: *das ist keine* ~ (ˈdas kann ich auchˈ) /wird gesagt, wenn man jmds. Leistung nicht als erfolgreich ansieht und eigentlich eine höhere Leistung erwartet wurde/; scherzh. *was macht die* ~ (ˈwie geht es dirˈ)? ❖ **künstlich, Künstler, künstlerisch − Eiskunstlauf, Zauberkünstler;** vgl. **Kunst/kunst-**
* umg. **eine brotlose** ~ (ˈeine wenig einträgliche Arbeit, Tätigkeitˈ); /jmd./ **mit seiner** ~ **am Ende sein** (ˈnicht mehr weiter wissenˈ)

Kunst/kunst [ˈ..]-**dünger, der** ˈdurch chemische Verfahren gewonnener (aus Mineralien bestehender) Düngerˈ: ~ *streuen* ❖ ↗ Dung; **-fertig** ⟨Adj.; Steig. reg.; vorw. bei Vb.⟩ ˈhandwerklich geschickt (1)ˈ: *etw* ~ *zusammensetzen, herstellen* ❖ ↗ fertig; **-fertigkeit, die** ⟨o.Pl.⟩ ˈdas Kunstfertigseinˈ: *etw. mit großer* ~ *machen; die* ~ *des Goldschmieds* ❖ ↗ fertig; **-gerecht** ⟨Adj.; Steig. reg.⟩ ˈin der Ausführung den fachlichen Regeln entsprechendˈ; ANT dilettantisch, laienhaft /auf best. Leistungen bez./: *eine* ~*e Ausführung, Übersetzung; etw.* ~ *restaurieren, zusammensetzen;* SYN ˈfachmännischˈ: *eine Wunde* ~ *verbinden* ❖ ↗ gerecht; **-gewerbe, das** ⟨o.Pl.⟩ ˈHerstellung und Vertrieb künstlerisch gestalteter Gebrauchsgegenständeˈ: *er stellt* ~ *her; ein Laden für/mit* ~ ❖ ↗ Gewerbe; **-griff, der 1.** ˈ(fachmännischer), geschickter Handgriff, durch den sich etw. Schwieriges bewältigen lässtˈ: *ein technischer* ~ **2.** ˈraffinierter Trickˈ: *ein unerlaubter* ~ ❖ ↗ greifen; **-leder, das** ˈdem Leder ähnlicher Werkstoffˈ: *Schuhe, eine Tasche, Jacke aus* ~ ❖ ↗ Leder

Künstler [ˈkʏnstlɐ], **der;** ~s, ~; ↗ FELD I.10 **1.1.** ˈjmd., der Kunstwerke schafftˈ: *ein bildender, freischaffender, namhafter, moderner* ~; *er ist ein großer, begabter* ~ **1.2.** ˈjmd., der beruflich Werke der darstellenden Kunst od. der Musik künstlerisch interpretiertˈ: *ein darstellender* ~ ❖ ↗ **Kunst**

künstlerisch [ˈkʏnstlɐR..] ⟨Adj.; o. Steig.; nicht präd.⟩ ˈder Kunst (1.1.) od. dem Künstler gemäß, die Kunst od. den Künstler betreffendˈ: *die künstlerische Arbeit; die* ~*e Aussage einer Plastik;* ~*e Ausdrucksformen, Gestaltungsmittel; seine* ~*e Begabung, Fähigkeit; die* ~*e Leitung des Theaters hat Herr N; das Bild des jungen Malers zeugt von* ~*er Reife; er ist* ~ *begabt; ein* ~ *wertvolles Werk* ❖ ↗ **Kunst**

künstlich [ˈkʏnst..] ⟨Adj.; o. Steig.⟩ **1.** ⟨vorw. attr.⟩ ˈvom Menschen der Natur, dem natürlichen Vorgang nachgebildetˈ; ANT natürlich (I.1): ~*es Licht;* ~*e Beatmung, Befruchtung;* ~*e* (ANT echte 1) *Blumen, Perlen;* ~*e* (SYN ˈsynthetischeˈ) *Edelsteine; ein* ~*er* (SYN ˈfalscher 1ˈ) *Zopf; die* ~*e Niere* (ˈApparat, der die Funktionen der Niere ersetztˈ); *jmdn.* ~ *ernähren* **2.** ⟨nicht bei Vb.⟩ SYN ˈunnatürlich (2)ˈ; ANT echt (1), natürlich (4) /auf Mimisches bez./: *sein Lächeln, seine Heiterkeit wirkte, war* ~; *sein* ~*es Lächeln* ❖ ↗ **Kunst**

Kunst/kunst [ˈkʊnst..]-**maler, der** ˈKünstler (1.1) auf dem Gebiet der Malerei (1)ˈ ❖ ↗ Kunst, ↗ malen; **-stoff, der** ˈsynthetischer Werkstoffˈ; ↗ FELD II.5.1: *organische, anorganische* ~*e; Spielzeug, eine Schüssel, Folie aus* ~ ❖ ↗ Stoff; **-stück, das** ⟨Pl.: ~*e*⟩ ˈbesondere Geschicklichkeit erfordernde Leistung (2), die bes. von Akrobaten od. Zauberkünstlern den Zuschauern vorgeführt wirdˈ: *ein akrobatisches, waghalsiges* ~; *jmdm.* ~*e beibringen, vorführen, zeigen;* iron. *wie hast du das* ~ *fertig gebracht, ihn zu überreden?* ❖ ↗ Stück; **-voll** ⟨Adj.; Steig. reg.; vorw. attr. u. bei Vb.⟩ ˈmit großer Kunst (2) gestaltetˈ: *ein* ~*er Bau; ein* ~*es Kästchen; eine* ~*e Schnitzerei; das* ~ *geschnitzt; eine* ~ *garnierte Platte; das Tor ist* ~ *geschmiedet* ❖ ↗ voll; **-werk, das** ˈWerk (4.1) der Kunst (1)ˈ: *ein dichterisches, antikes* ~; *wertvolle* ~*e;* ~*e sammeln, ausstellen; ein* ~ *restaurieren* ❖ ↗ Werk

kunterbunt [ˈkʊntɐ..] ⟨Adj.; o. Steig.⟩ **1.1.** ⟨vorw. attr.⟩ ˈsehr bunt (1)ˈ /auf Gegenständliches bez./: ~*e Stoffe, Sonnenschirme* **1.2.** ˈohne jede Ordnung (2)ˈ: *ein* ~*es Durcheinander von Kleidungsstücken, Schuhen, Nägeln, Briefen; alles lag* ~ *durcheinander; er erzählte alles* ~ *durcheinander* **1.3.** ⟨vorw.

attr.⟩ 'aus vielen unterschiedlichen Dingen beste-
hend': *ein ~es Programm* ❖ ↗ **bunt**

Kupfer ['kʊpfɐ], **der**; ~s, ⟨o.Pl.⟩ /Element; chem.
Symb. Ku/ 'rotbraunes, glänzendes, relativ weiches
Metall, das Wärme und Elektrizität sehr gut leitet';
↗ FELD II.5.1: *Draht, Rohre, ein Kessel aus ~; ~
mit Zinn legieren; ~ gewinnen, schmelzen, formen*
❖ **kupfern** – **Kupferstich**

kupfern ['kʊpfɐn] ⟨Adj.; o. Steig.; nur attr.⟩ 'aus
Kupfer'; ↗ FELD II.5.3: *ein ~er Kessel, Krug; eine
~e Vase, Kanne* ❖ ↗ **Kupfer**

Kupfer|stich ['kʊpfɐ..], **der 1.** 'Verfahren zum Druck
(4), zur Herstellung grafischer Blätter (2) mit Hilfe
einer kupfernen Platte (1)' **2.** 'grafisches Blatt, das
in der Technik von Kupferstich (1) hergestellt
wird': *ein wertvoller ~; ~eine Ausstellung von ~en*
❖ ↗ **Kupfer**, ↗ **stechen**

Kuppe ['kʊpə], **die** ~, ~n **1.1.** 'rundlicher, gewölbter,
oberer Teil eines Berges'; ↗ FELD II.1.1: *die
schneebedeckte, felsige, bewaldete ~ des Berges* **1.2.**
'rundliches, gewölbtes Ende eines Fingers': *mit den
~n der Finger auf etw. klopfen*

Kuppel ['kʊpl̩], **die**; ~, ~n 'Dach, Decke, die sich
über einem Raum, meist in Form einer Halbkugel
wölbt (1.1)': *die mächtige, riesige ~ des Doms, der
Moschee; der Raum ist von einer ~ überwölbt*

kuppeln ['kʊpl̩n] ⟨reg. Vb.; hat⟩ /jmd./ **1.1.** *etw. an
etw. ~* 'ein Fahrzeug durch eine Kupplung (1.1)
mit einem anderen verbinden, einen Wagen, An-
hänger an ein Fahrzeug anhängen'; SYN koppeln
(1.2): *er hat den Waggon an den Zug, den Hänger an
den LKW gekuppelt* **1.2.** 'die Kupplung (1.3) eines
Kraftfahrzeugs betätigen': *du musst erst ~ und
dann den Gang einlegen* ❖ **Kuppler, Kupplerin,
Kupplung**

Kuppler ['kʊplɐ], **der**; ~s, ~ 'jmd., der auf fragwür-
dige Weise eine Heirat od. sexuelle Beziehungen
vermittelt' ❖ ↗ **kuppeln**

Kupplerin ['kʊplər..], **die**; ~, ~nen /zu Kuppler;
weibl./: *sie ist eine alte ~* ❖ ↗ **kuppeln**

Kupplung ['kʊpl..], **die**; ~, ~en Techn. **1.1.** 'lösbare
Vorrichtung zum Verbinden (4) von zwei Fahrzeu-
gen': *die ~ des Eisenbahnwagens, des Autos, für den
Anhänger, Hänger* **1.2.** 'Vorrichtung in Kraftfahr-
zeugen zum Herstellen od. Trennen der Verbindung
zwischen Motor und Getriebe'; ↗ FELD I.7.6.1,
VIII.4.1.1: *die ~ betätigen, treten, ↗ schleifen las-
sen* ❖ ↗ **kuppeln**

Kur [ku:ɐ], **die**; ~, ~en **1.** 'medizinische Behandlung
über längere Zeit zur Heilung einer Krankheit od.
vorbeugende Behandlung': *eine erfolgreiche ~; eine
~ machen, abbrechen; jmdm. eine ~ verordnen; die
~ war sehr anstrengend* **2.** 'Aufenthalt in einem
Kurort, Sanatorium, der meist mit einer Heilbe-
handlung verbunden ist': *eine prophylaktische ~;
eine ~ beantragen; jmd. fährt zur ~ nach Bad Kis-
singen; sein behandelnder Arzt hat ihn zur ~ ge-
schickt; während der ~ hat er Frau N kennen gelernt*
❖ **Kurort, -taxe**

Kür [ky:ɐ], **die**; ~, ~en 'frei gewählte und zusam-
mengestellte Übungen, die bei bestimmten sportli-
chen Wettkämpfen vorgeführt werden'; ↗ FELD
I.7.4.1: *die ~ der Damen, Herren, Paare beim Eis-
lauf; eine schwierige ~ am Barren, Reck turnen; N
lief beim Eistanz eine fantastische ~*

Kurator [ku'ʁɑːtoːɐ], **der**; ~s, ~en [..'toːʁən] 'Beauf-
tragter einer Körperschaft, Verwalter einer Stiftung
(2)': *der ~ der Stiftung; einen ~ einsetzen* ❖ **Kura-
torium**

Kuratorium [kuʁa'toːʁi̯ʊm], **das**; ~s, Kuratorien
[..'toːʁi̯ən] 'Gremium, das für die Verwaltung (2),
Aufsicht über eine Körperschaft, Stiftung (2) ver-
antwortlich ist': *das ~ mit etw. beauftragen; das ~
hat die Gelder bewilligt* ❖ ↗ **Kurator**

Kurbel ['kʊʁbl̩], **die**; ~, ~n 'meist rechtwinklig gebo-
gene Stange aus Eisen zum Drehen einer Welle (6)':
*die ~ an einer Maschine, Spieldose, Kamera; die ~
drehen; etw. mit einer ~ aufziehen; der Motor wurde
mit einer ~ angeworfen* ❖ **kurbeln** – **Kurbelwelle**

kurbeln ['kʊʁbl̩n] ⟨reg. Vb.; hat⟩ /jmd./ 'eine Kurbel
betätigen': *er kurbelte (an der Winde), bis ihm der
Arm wehtat*

Kurbel|welle ['kʊʁbl̩..], **die** Techn. 'Welle (6), mit de-
ren Hilfe geradlinige Bewegung in kreisende umge-
wandelt wird und umgekehrt'; ↗ FELD VIII.4.1.1:
die ~ ist gebrochen ❖ ↗ **Kurbel**, ↗ **wallen**

Kürbis ['kʏʁbɪs], **der**; ~ses, ~se **1.** 'Pflanze mit gro-
ßen gelappten Blättern und sehr großen kugeligen
Früchten, die Ranken bildet und sich am Boden
ausbreitet' (↗ TABL Gemüsearten) **2.** 'Frucht von
Kürbis (1)': *ein großer, gelber ~; ~ mit Essig und
Zucker einkochen* **3.** umg. scherzh. SYN 'Kopf (1)':
*auf seinen ~ passt kein Hut; er hat sich seinen ~
gestoßen*

Kurier [ku'ʁiːɐ], **der**; ~s, ~e 'Bote, der wichtige (ge-
heime) Nachrichten od. Schriftstücke schnell über-
bringt': *die Post durch einen ~ befördern; der ~
einer Gesandtschaft, Bank*

kurieren [ku'ʁiːʁən], kurierte, hat kuriert **1.** /jmd.,
bes. Arzt/ *einen Kranken ~* SYN 'einen Kranken
heilen (1.2)': *er will ihn ~; der Arzt, Heilpraktiker
hat sie kuriert; jmdn. von etw.* ⟨Dat.⟩ *~: er hat ihn
von der Gicht kuriert* ('hat ihn durch seine ärztliche
Behandlung von der Gicht befreit') **2.** umg. /jmd./
jmdn. von etw. ⟨Dat.⟩ *~* 'jmdn. dazu bringen, be-
stimmte Vorstellungen, Haltungen aufzugeben':
*jmdn. von seinen Vorurteilen ~; er wurde von seinen
Illusionen kuriert; /in der kommunikativen Wen-
dung/ danke, ich bin kuriert* ('ich mache diesen Feh-
ler nicht noch einmal') /sagt jmd., wenn er ein An-
gebot, einen Vorschlag zurückweist/

kurios [ku'ʁi̯oːs] ⟨Adj.; Steig. reg.⟩ SYN 'seltsam':
*ein ~er Mensch; eine ~e Geschichte; ~e Dinge, Er-
eignisse; der Einfall ist ~*

Kur ['ku:ɐ..]-**ort, der** 'Ort, der wegen seiner Lage, sei-
nes Klimas und wegen vorkommender Heilquellen
zu Kuren genutzt wird': *in einen ~ fahren; ein be-
kannter ~; ein ~ für Rheumatiker, Nervenleiden* ❖
↗ **Kur**, ↗ **Ort**; **-pfuscher, der**; ~s, ~ emot. 'jmd.,

der ohne staatliche Genehmigung eine Tätigkeit als Arzt ausübt und mit zweifelhaften Mitteln Kranke behandelt': *er ist ein ~;* emot. reg., *so ein ~* ('unfähiger Arzt')! ❖ ↗ Kur, ↗ pfuschen

Kurs [kʊʀs]*,* **der**; ~es, ~e **1.** ⟨vorw. Sg.⟩ 'Richtung (1), in die ein Schiff fährt, Flugzeug fliegt': *auf geradem, falschem ~; einen bestimmten ~ wählen, einschlagen, einhalten; den ~ ändern; auf ~ gehen; ~ auf ein Ziel nehmen; vom ~ abkommen, abweichen* **2.** ⟨vorw. Sg.⟩ 'von einer Regierung, Partei verfolgte Richtung (3) in der Politik': *der neue, außenpolitische, harte ~ der Regierung; die Partei hat ihren ~ geändert* **3.** 'Preis von Wertpapieren, Devisen, Waren an der Börse (1), der sich nach Angebot und Nachfrage regelt': *der ~* ('Wechselkurs') *der Mark, des Dollars; die ~e steigen, fallen, ziehen an, bleiben stabil; diese Aktien haben z. Zt. einen hohen, niedrigen ~* **4.** *etw. außer ~ setzen* 'Zahlungsmittel als nicht mehr gültig erklären und aus dem Verkehr ziehen': *Banknoten außer ~ setzen* **5.** SYN 'Lehrgang': *einen ~ besuchen, leiten, organisieren, veranstalten; an einem ~ teilnehmen; einen ~ absolvieren; ein ~ zur fachlichen Weiterbildung* ❖ **Kursbuch, Wechselkurs**
* */jmd., etw./ hoch im ~ stehen* 'sehr geschätzt, gefragt sein': *Van Gogh stand, Oldtimer standen auf der Auktion hoch im ~*
Kurs|buch ['..]*,* **das** 'Heft, Buch mit dem Verzeichnis der Fahrpläne von Zügen od. Bussen für einen bestimmten Zeitraum': *im ~ nachschlagen; ist das ~ noch gültig?* ❖ ↗ **Kurs**, ↗ **Buch**
Kürschner ['kʏʁʃnɐ]*,* **der**; ~s, ~ 'Handwerker, der gegerbte Felle (2), Pelze zu Kleidung o.Ä. verarbeitet': *den Mantel, die Mütze beim ~ arbeiten lassen*
kursieren [kʊʁ'ziːʀən]*,* kursierte, hat kursiert */etw., bes. Abstraktes/* 'im Umlauf (2) sein'; SYN zirkulieren (1.2): *falsche Banknoten ~ in der Stadt; ein Schreiben, eine Mitteilung unter den Mitarbeitern ~ lassen; gegenwärtig kursiert im Betrieb die Nachricht, das Gerücht* ('erzählt man sich'), *dass ...* ❖ ↗ **Kurs**
kursorisch [kʊʁ'zoːʀ..] ⟨Adj.; o. Steig.; nicht präd.⟩ 'inhaltlich zusammengedrängt, kurz und knapp': *ein ~er Überblick; eine ~e Darlegung, Betrachtung; ein Thema ~ abhandeln*
Kursus ['kʊʁzʊs]*,* **der**; ~, Kurse ['kʊʁzə]; ↗ *Kurs (5)* ❖ ↗ **Kurs**
Kur|taxe ['kuːɐ..]*,* **die**; ~, ⟨o.Pl.⟩ 'Abgabe, Gebühr (1.2), die Gäste in Kur- od. Badeorten zahlen müssen': *die ~ bezahlen, zahlen* ❖ ↗ **Kur**, ↗ **taxieren**
Kurve ['kʊʁvə]*,* **die**; ~, ~n; ↗ FELD III.1.1 **1.** 'gekrümmte Linie (1.1) als grafische Darstellung mathematischer od. statistischer Berechnung': *eine statistische ~; eine ~ zeichnen, berechnen; die Tendenz, Entwicklung in einer ~ darstellen* **2.** 'Bahn (1) in der Form einer gekrümmten Linie': *das Flugzeug geht in eine steile ~, drehte mehrere ~n; dem Hindernis in einer scharfen ~ ausweichen* **3.** 'Krümmung eines Weges, einer Straße': *eine Straße mit vielen ~n; die ~n schneiden; das Motorrad geht in*

die ~; *der Wagen wurde aus der ~ getragen, geschleudert;* vgl. Biegung ❖ **kurven**
* umg. */jmd./ die ~ kratzen* ⟨vorw. im Perf.⟩ 'schnell von einem Ort weggehen, um einer unangenehmen Aufgabe zu entgehen': *der hat schnell die ~ gekratzt, kratzte schnell die Kurve, als er die Polizei kommen sah;* */jmd./ die ~ kriegen* ⟨vorw. im Perf.⟩ 'etw. gerade noch mit Mühe bewältigen, erreichen': *mehrere sind durch die Prüfung gefallen, aber er hat gerade noch die ~ gekriegt*
kurven ['kʊʁvn̩/'kʊʁfn̩] ⟨reg. Vb.; hat⟩ */jmd., Fahrzeug/ irgendwo, irgendwohin ~* 'in Form einer Kurve (2) irgendwo, irgendwohin fahren, fliegen, sich bewegen'; ↗ FELD III.1.2, VIII.1.2: *der Radfahrer kurvte um die Ecke; das Flugzeug kurvte über dem Ort* ❖ ↗ **Kurve**
kurz [kʊʁts] ⟨Adj.; Steig.: kürzer ['kʏʁtsɐ], kürzeste ['kʏʁtsəstə]⟩ **1.1.** 'von relativ geringer räumlicher Ausdehnung der Länge (1.1)'; ANT ¹lang (2) */auf Gegenständliches mit eindimensionaler Ausdehnung bez./: ein ~es Stück; eine ~e Strecke; ein ~er Rock; ein Kleid mit ~en Ärmeln; der kürzeste Weg bis zum Hotel; der Weg war ~; die Schnur ist zu ~; der Mantel wurde ihr zu ~; den Mantel etw. kürzer machen; sie hat ~es Haar, trägt ihr Haar ~; ~e Hosen* ('Hosen, die über dem Knie enden') **1.2.** ⟨o. Steig.; steht vor lok. Adv.best. mit *vor, hinter*⟩ 'in geringem räumlichen Abstand': *~ vor dem Ort, der Tür machte er kehrt; ~ vor der Kreuzung bremste er scharf; ~ hinter der Kirche abbiegen* **2.1.** 'von relativ geringer zeitlicher Ausdehnung'; ANT lang (3.2.): *eine ~e Pause, Frist; ein ~er Aufenthalt, Urlaub, Besuch; sich in ~er Folge, in ~en Abständen wiederholen; die Zeit ist zu ~; unser Leben ist ~; die Freude währte nur ~; ~ grüßen, nicken; er wollte uns ~ besuchen; jmdn. ~ unterbrechen* **2.2.** ⟨o. Steig.; steht vor temp. Adv.best. mit *vor, hinter*⟩ 'in geringem Zeitabstand'; SYN knapp (1): *~ vorher, zuvor war noch alles in Ordnung; ~ vor Weihnachten, Ostern; ~ nach Mitternacht; es ist ~ vor zwölf* **3.** SYN 'knapp (3)': *eine ~e Übersicht, Geschichte; ein ~er* (ANT langer 3.2) *Brief; etw. ~ zusammenfassen, andeuten* **4.** ⟨o. Steig.; vorw. bei Vb.⟩ 'rasch, ohne Umschweife': *~ entschlossen abreisen; etw. ~ abtun;* umg. *jmdn. ~ abfertigen* ('jmdn. unfreundlich behandeln') ❖ **Kürze, kürzen, kürzlich – abkürzen, kurzerhand;** vgl. **kurz/Kurz-**
* */jmd./ ~ angebunden sein* 'schroff (4) antworten': *du bist aber heute ~ angebunden, hast du Probleme?; binnen ~em* 'innerhalb kurzer Zeit': *binnen ~em war alles erledigt; ~ und bündig* 'knapp (3), bestimmt und klar (3.2)': *seine Antwort fiel ~ und bündig aus;* */jmd./ sich ~ fassen* ⟨vorw. im Imp.⟩ 'sich auf das Wesentliche konzentrieren und dadurch nicht lange sprechen': *fasse dich ~;* */jmd./ alles ~ und klein schlagen* ('alles völlig zerschlagen'); */jmd./ zu ~ kommen* 'zu wenig bekommen, benachteiligt werden': *er hat immer Angst, dass er zu kurz kommt;* */jmd./ den Kürzeren ziehen* ('benachteiligt werden, unterliegen, verlieren'); **seit**

~em 'seit nicht allzu langer Zeit': *seit ~em leidet er an Atemnot;* **vor ~em** 'vor nicht allzu langer Zeit': *vor ~em hat sich Folgendes ereignet ...;* **über ~ oder lang** 'früher od. später': *über ~ oder lang wird das Problem gelöst sein;* scherzh. **~ und schmerzlos** 'ohne Umstände, ohne viel Aufhebens': *die Sache verlief ~ und schmerzlos; das erledigen wir ~ und schmerzlos*

kurz ['..]||**-ärmlig** [ɛʁmlɪç] ⟨Adj.; o. Steig.; nicht bei Vb.⟩ 'mit kurzen, oberhalb des Ellenbogens endenden Ärmeln'; ANT langärmlig: *eine ~e Bluse, Jacke; die Bluse ist ~* ❖ ↗ Arm; **-atmig** [ɑ:tmɪç] ⟨Adj.; Steig. reg.; vorw. präd.⟩ 'mühsam, stoßweise atmend': *im Alter wurde er ~; er ist schon ziemlich ~* ❖ ↗ Atem

Kürze ['kʏʁtsə], die; ~, ⟨o.Pl.⟩ **1.** ⟨+ Gen.attr.⟩ 'relativ geringe räumliche Ausdehnung der Länge (1.1)'; ANT Länge (1.1): *die ~ des Weges, der Strecke* **2.1.** ⟨+ Gen.attr.⟩ 'relativ geringe Dauer der Zeit (1)'; ANT Länge (2): *die ~ seines Besuches, der Sendung, der Zeit* **2.2.** in aller ~ 'sehr kurz (3), knapp (1)': *ich kann jetzt nur in aller ~ darüber berichten* ❖ ↗ **kurz**
* **in ~** 'bald': *das Stück wird in ~ aufgeführt*

kürzen ['kʏʁtsn̩] ⟨reg. Vb.; hat⟩ **1.** /jmd./ etw. ~ 'etw. in seiner Länge (1.1.) verkleinern, kürzer (↗ *kurz* 1.1) machen'; SYN verkürzen (1.1); ↗ FELD V.1.2: *die Haare, den Mantel ~; die Ärmel der Jacke ~* (ANT verlängern 1); *sie hat die Gardinen ein Stück gekürzt; eine Rede, ein Manuskript ~* **2.** /jmd./ etw. ~ 'etw. zeitlich verkürzen (3)'; ANT verlängern (2.1): *die Pause, das Verfahren wurde gekürzt* **3.** /jmd./ etw. ~ 'etw. quantitativ vermindern': *die Rationen müssen gekürzt werden; jmdm. etw. ~: den Beschäftigten wurden die Gehälter, die Löhne gekürzt* ❖ ↗ **kurz**

kurzerhand ['kʊʁtsə..] ⟨Adv.⟩ 'kurz entschlossen, ohne langes Nachdenken': *~ einschreiten, eingreifen; sich ~ umdrehen und gehen; etw. ~ ablehnen; jmdm. etw. ~ verbieten* ❖ ↗ **kurz**

kurz ['kʊʁts..]||**-fristig** [fʁɪstɪç] ⟨Adj.; Steig. reg., ungebr.⟩ **1.** ⟨vorw. attr.⟩ 'für eine kurze Frist geltend'; ANT langfristig: *~e Verträge, Vereinbarungen* **2.** ⟨nicht präd.⟩ 'kurz (2.2) vorher (erfolgend)': *das Konzert ~ absagen; jmdn. ~ bestellen; eine ~e Absage; die Versammlung ~ ansetzen* ❖ ↗ Frist; **-lebig** [le:bɪç] ⟨Adj.; Steig. reg., ungebr.; nicht bei Vb.; vorw. attr.⟩ **1.** 'für gewöhnlich nicht lange lebend'; ANT langlebig (1.1): *ein ~es Geschlecht; ~e Pflanzen* **2.** 'nur kurze Zeit aktuell': *~e Modewörter, Bücher* **3.** 'nur kurze Zeit funktionierend, verwendbar': *~e Waren, Konsumgüter* ❖ ↗ leben

kürzlich ['kʏʁts..] ⟨Adv.⟩ 'vor nicht allzu langer Zeit'; SYN neulich, unlängst; ↗ FELD VII.4.3: *~ hat er uns besucht; er ist mir ~ begegnet; ich sah sie erst ~* ❖ ↗ **kurz**

Kurz/kurz ['kʊʁts..]||**-schluss, der 1.** 'durch Fehler der Isolierung verursachte Verbindung (2) zwischen elektrischen Leitungen, die unter Spannung (4) ste-

hen': *einen ~ verursachen, vermeiden; es gab einen ~; durch den ~ entstand ein Brand* **2.** 'durch eine vorübergehende psychische Störung verursachte ungewöhnliche Reaktion': *sein Verhalten kann man sich nur als ~ erklären* ❖ ↗ schließen (1); **-sichtig** [zɪçtɪç] ⟨Adj.; Steig. reg.⟩ **1.** ⟨nicht bei Vb.⟩ 'durch eine mangelhafte Funktion des Auges nur noch auf kurze Entfernung hin deutlich und klar sehend': *eine ~e alte Frau; er ist sehr ~* **2.** 'ohne vorher nachzudenken, die Folgen in der Zukunft nicht mit bedenkend'; ANT weitsichtig (2): *das war sehr ~ von ihm; sein ~es Verhalten; er hat sehr ~ gehandelt;* vgl. engstirnig ❖ ↗ sehen; **-streckenlauf** [ʃtʁɛkn̩..], der ⟨o.Pl.⟩ 'das Laufen über eine Distanz zwischen 100 u. 400 Metern als leichtathletische Disziplin'; ↗ FELD I.7.4.1 ❖ ↗ strecken, ↗ laufen

kurz treten, er tritt kurz, trat kurz, ist kurz getreten ⟨vorw. mit müssen⟩ umg. 'sich in seiner Aktivität zurückhalten (3.3)': *er tritt jetzt etwas kürzer wegen seines Herzinfarkts; ich muss nach dem Unfall, nach meiner Krankheit erst mal ~*

kurz/Kurz|-um[..|'ʊm] ⟨Adv.⟩ 'kurz (3) gesagt /fasst vorher Gesagtes durch das Folgende zusammen/: *er liebte Bücher, Theater, Filme, Reisen, ~, er war vielseitig interessiert;* **-waren, die** ⟨Pl.⟩ 'kleinere Artikel (3) für die Handarbeit (1.2), das Schneidern': *ein Geschäft für ~* ❖ ↗ Ware; **-weilig** [vaɪlɪç] ⟨Adj.; Steig. reg.; nicht bei Vb.⟩ 'unterhaltend (↗ *unterhalten* 6), auf angenehme Weise die Zeit vertreibend': *ein ~er Mensch; ein ~es Buch; der Abend, die Veranstaltung war recht ~* ❖ ↗ Weile; **-welle, die 1.** Phys., Rundf. 'elektromagnetische Welle (4) mit kurzer Wellenlänge'; ANT Langwelle: *~n empfangen* **2.** ⟨o.Pl.⟩ 'Bereich der Kurzwellen (1)': *das Programm wird auf, über ~ gesendet* (ANT Langwelle 2) **3.** ⟨o.Pl.⟩ 'Behandlung von Krankheiten durch Bestrahlen mit elektromagnetischen Wellen (4) von kurzer Wellenlänge': *der Arzt verordnet ~; etw. mit ~ behandeln; sie geht zur ~* ❖ ↗ wallen

kuscheln ['kʊʃln̩] ⟨reg. Vb.; hat⟩ /jmd./ sich in etw., an jmdn. ~ 'sich mit dem Verlangen nach Geborgenheit in etw., an jmdn. schmiegen': *sich ins Bett, in den Pelzmantel, in die Decke ~; sie kuschelte sich eng an die Mutter; etw. in etw. ~: sie kuschelte ihr Gesicht ins Kissen*

kuschen ['kʊʃn̩] ⟨reg. Vb.; hat⟩ **1.1.** umg. /jmd./ 'Anordnungen auf Grund von Unterlegenheit, Machtlosigkeit demütig befolgen, still (2) sein': *wenn man ihn anbrüllte, kuschte er; vor jmdm. ~: er kuschte vor seinem Chef, seiner Frau* ('fügte sich demütig den Anordnungen seines Chefs, seiner Frau') **1.2.** der Hund kuscht ('hört auf zu bellen und legt sich auf Befehl nieder')

Kuss [kʊs], der; ~es, Küsse ['kʏsə] 'zärtliches, liebevolles Berühren (1.1) eines Menschen od. einer Sache mit den Lippen als Zeichen, Ausdruck von Liebe, Freundschaft, Verehrung': *ein flüchtiger, inniger, leidenschaftlicher, süßer ~; jmdm. einen ~ geben* ('jmdn. küssen'); *Küsse mit jmdm. tauschen;*

sich mit einem ~ *von jmdm. verabschieden; sie reichte ihm die Hand zum* ~ ❖ **küssen**

küssen ['kʏsn̩] ⟨reg. Vb.; hat⟩ /jmd./ *jmdn.* ~ ˈjmdm. einen Kuss, Küsse geben'; ↗ FELD VI.3.2: *jmdn. innig, leidenschaftlich, stürmisch, flüchtig* ~ ⟨rez.⟩ *sich* ~: *sie umarmten und küssten sich; jmdn. auf etw.* ~: *jmdn. auf die Stirn, den Mund, die Wange* ~; *er küsste sie auf die Schulter; jmdm. etw.* ~: *er hat ihr die Hand geküsst;* österr. *küss die Hand!* /mündlicher, höflicher Gruß eines Mannes, an eine Frau gerichtet/ ❖ ↗ **Kuss**

Küste ['kʏstə], **die;** ~, ~n ˈTeil des Festlandes, der ans Meer grenzt': *eine flache, steile, geradlinige, sonnige* ~; *die* ~ *der Ostsee; die* ~ *erreichen; auf die* ~ *zusteuern; sich vom Meer aus der* ~ *nähern; an der* ~ *vor Anker liegen; vor der* ~ *kreuzen; er ist an der* ~ (ˈin einem Ort an der Küste') *geboren, zu Hause; er kommt, stammt von der* ~ (ˈist in der Region der Küste geboren und ist in seiner Sprache und Eigenart dadurch geprägt'); vgl. *Gestade*

Kutsche ['kʊtʃə], **die,** ~, ~n ˈmeist geschlossener leichter Wagen zum Befördern von Personen, der von Pferden gezogen wird'; ↗ FELD VIII.4.1.1: *das Hochzeitspaar fuhr in einer weißen* ~ *zur Trauung; in einer* ~ *vorfahren; Pferde vor die* ~ *spannen* ❖ **Kutscher**

Kutscher ['kʊtʃɐ], **der;** ~s, ~ ˈjmd., der (beruflich) einen Pferdewagen, eine Kutsche lenkt': *der* ~ *spannte die Pferde an, klettert auf den Bock, knallt mit der Peitsche* ❖ ↗ **Kutsche**

Kutte ['kʊtə], **die;** ~, ~n **1.** ˈsaloppe, längere, sportliche Jacke, meist mit Kapuze': *eine warme, gesteppte* ~ **2.** ˈweites, bis zu den Füßen reichendes Gewand der Mönche, das meist mit Kapuze versehen ist und mit einer Schnur um die Hüfte zusammengehalten wird': *eine braune, schwarze* ~

Kutter ['kʊtɐ], **der;** ~s, ~ **1.** ˈkleines Motorschiff für die Fischerei an der Küste (und auch auf hoher See)': *die Besatzung des* ~s; *der* ~ *brachte einen reichen Fang mit* **2.** ˈBoot, das mit einem Mast versehen ist und mit dem man rudern, segeln kann'

Kuvert [ku'veːɐ̯/ku'vɛːɐ̯], **das;** ~s, ~s SYN ˈBriefumschlag': *das* ~ *öffnen, zukleben; etw. ins* ~ *stecken*

l, L

laben ['lɑːbm̩] ⟨reg. Vb.; hat⟩ geh. /jmd./ *sich an, mit etw.* ⟨Dat.⟩ ~ 'sich durch etw. erfrischen': *sich an, mit einem Glas Bier, Wein, Milch ~; jmdn. mit etw. ~: jmdn. mit einem Glas frischem Wasser ~;* /etw./ *jmdn. ~: der kühle Trunk, die frische Luft wird mich ~, hat mich gelabt* ❖ **Labsal**

labil [lɑˈbiːl] ⟨Adj.; Steig. reg.; vorw. attr. u. präd.⟩ **1.1.** SYN 'anfällig'; ANT stabil (2) /auf den physischen Zustand des Körpers bez./: *eine ~e Gesundheit, Konstitution haben; sein Kreislauf ist sehr ~* ('ist nicht konstant, schwankt sehr') **1.2.** 'wenig gefestigt und daher leicht aus dem Gleichgewicht zu bringen' /beschränkt verbindbar/: *die politische Situation ist ~; die ~e politische Lage* **2.** 'leicht zu beeinflussen, charakterlich nicht fest (4.1)'; ANT stark (2) /vorw. auf Personen bez./: *er hat einen ~en Charakter; sie ist charakterlich sehr ~;* vgl. *haltlos (1)*

Labor [lɑˈboːɐ], das; ~s, ~e/auch ~s /Kurzw. für ↗ *Laboratorium*/: *ein medizinisches, chemisches ~; in einem ~ arbeiten* ❖ **Laborant, Laborantin, Laboratorium**

Laborant [laboˈʀant], der; ~en, ~en 'Fachmann für praktische Arbeiten, bes. für Analysen, Versuche o.Ä., in einem Laboratorium, einer Apotheke': *jmdn. zum ~en ausbilden; er arbeitet als ~ in einem chemischen Laboratorium* ❖ ↗ **Labor**

Laborantin [..ˈʀant..], die; ~, ~nen /zu *Laborant;* weibl./ ❖ ↗ **Labor**

Laboratorium [laboʀaˈtoːʀi̯ʊm], das; ~s Laboratorien [..ʀi̯ən]; ↗ auch *Labor* 'Raum für experimentelle Forschung und praktische wissenschaftliche Arbeit, bes. im Bereich der Chemie und Medizin': *ein medizinisches, chemisches ~; in einem ~ arbeiten* ❖ ↗ **Labor**

Labsal ['lɑːp|zɑːl], das; ~s, ~e/ süddt. u. österr. auch **die**; ~, ~e geh. 'etw., das jmdn. labt, gelabt hat': *der Trunk, das Obst, der Schlaf war ein ~ für mich* ❖ ↗ **laben**

Labyrinth [labyˈʀɪnt], das; ~s/auch ~es, ~e 'Anlage (1) in einem Park od. Garten mit vielen Hecken, in denen man sich leicht verirren kann': METAPH *das Haus mit seinen vielen Gängen ist das reinste ~!*

Lache, die; ~, ~n **I.** ['laxə] ⟨vorw. Sg.⟩ 'unangenehme Art und Weise, in der jmd. lacht': *er, sie hat eine laute, dröhnende, schrille ~* — **II.** ['laxə/auch lɑːxə] 'kleine Ansammlung von Flüssigkeit, bes. von Wasser, Blut, auf dem flachen Boden od. in einer flachen Vertiefung': *eine ~ von Blut; es hatten sich ~n gebildet; in eine ~ treten* ❖ **zu (I):** ↗ **lachen**

lächeln ['lɛçl̩n] ⟨reg. Vb.; hat⟩ /jmd./ 'seine Freundlichkeit, Sympathie, Freude u.Ä. äußern durch eine dem Lachen ähnliche Mimik': *fröhlich, heiter, zufrieden ~; viel sagend, geheimnisvoll, verächtlich, spöttisch ~; ein verführerisches Lächeln; ein Lächeln spielte um ihren Mund* ❖ ↗ **lachen**

lachen ['laxn̩] ⟨reg. Vb.; hat⟩ **1.** /jmd./ 'durch eine Mimik, bei der man den Mund breit zieht und die Zähne sichtbar werden, sowie durch kurze, unartikulierte Laute seine Freude, Heiterkeit äußern (1)'; ↗ FELD I.6.2, VI.1.2: *herzlich, fröhlich schallend, spöttisch, höhnisch ~; laut, heftig ~* (ANT weinen); *über das ganze Gesicht ~; er lachte aus vollem Halse* ('lachte ungehemmt laut'); *er lachte über seinen Witz; vor Vergnügen, aus Schadenfreude ~; ein helles, glucksendes Lachen; in Lachen ausbrechen; sie konnte sich das Lachen nicht verkneifen, verbeißen; jmdm. ist nicht nach Lachen zumute* ('jmd. kann nicht lachen, weil ihm etw. zu ernst ist, weil er Kummer hat'); /in den kommunikativen Wendungen/ *dass ich nicht lache* ('das ist ja lächerlich')! /wird voller Empörung gesagt, wenn man etw. als lächerlich (I.2) zurückweist/; *das wäre doch gelacht, wenn ... nicht: das wäre doch gelacht, wenn wir das nicht schafften* ('das müsste ohne jeden Zweifel zu schaffen sein') /wird gesagt, wenn man jmds. Zweifel hinsichtlich der Realisierbarkeit von etw. zerstreuen will/ **2.** *die Sonne lacht* ('strahlt') **3.** geh. *jmdm. lacht das Glück* ('jmd. hat Glück') ❖ **Gelächter, Lache, lächeln, lächerlich, lachhaft — auflachen, auslachen, kranklachen, schieflachen, totlachen**

* /jmd./ **nichts zu ~ haben** 'es schwer (4) haben': *bei diesem Lehrer haben sie, während der Inflation hatten sie nichts zu ~;* umg. /jmd./ **sich ausschütten (können) vor Lachen** 'anhaltend, sehr lachen (können)': *über diesen Witz könnte ich mich ausschütten vor ~;* /jmd./ **sich vor Lachen kringeln/kugeln (können)** 'heftig lachen (können)': *ich könnte mich kringeln vor Lachen, wenn ich daran denke*

lächerlich ['lɛçɐ..] **I.** ⟨Adj.⟩ **1.** ⟨Steig. reg.⟩ 'den Spott herausfordernd und nicht ernst zu nehmend' /vorw. auf ein Verhalten bez./: *jmdn., etw., sich ~ machen* 'jmdn., etw., sich dem Spott anderer aussetzen': *sie hat ihn ~ gemacht; etw. ins Lächerliche ziehen* ('etw. nicht ernst nehmen, indem man darüber spottet'); SYN 'albern': *sein ~es Auftreten, Benehmen; das ist ja ~!; eine ~e Figur abgeben* ('eine solche Wirkung auf andere haben, dass deren Spott herausgefordert wird') **2.** ⟨Steig. reg., ungebr.; nicht bei Vb.⟩ 'von so geringer Bedeutung, dass man es nicht ernst nimmt'; SYN läppisch (2); ANT bedeutend (3,4) /vorw. auf Abstraktes bez./: *ein ~er Anlass; eine ~e Kleinigkeit; der Grund für den Streit war wirklich ~* — **II.** ⟨Adv.; vor Adj., Adv.⟩ /bewertet das durch das Bezugswort Genannte neg./ emot. 'sehr'; /vor einem Adjektiv, das ein niedriges Maß ausdrückt/: *eine ~ kleine, niedrige, geringe Summe; er hat ~ wenig gespendet* ❖ ↗ **lachen**

lachhaft ['lax..] ⟨Adj.; o. Steig.; nicht bei Vb.⟩ 'den Widerspruch und Spott herausfordernd und nicht ernst zu nehmend᾽ /auf Abstraktes bez./: *eine ~e Entscheidung, Ausrede; ein ~er Einwand, Grund; seine Behauptungen sind geradezu ~* ❖ ↗ **lachen**

Lachs [laks], **der**; ~es, ~e ῾räuberisch lebender Fisch der nördlichen Meere, der zum Laichen den Fluss aufwärts wandert, rosa Fleisch hat und als Speisefisch verwendet wird᾽; ↗ FELD II.3.1, I.8.1: *geräucherter, gebackener, gebratener ~; ~e fangen; ~ in Scheiben schneiden* ❖ **lachsfarben**

lachs|farben ['..faʀbm̩] ⟨Adj.; o. Steig.⟩ ῾von einer Farbe, die dem Fleisch des Lachses entspricht᾽: *ein ~er Pullover* ❖ ↗ **Lachs,** ↗ **Farbe**

Lack [lak], **der**; ~s/auch ~es, ~e **1.1.** ῾Lösung (3) zum Anstreichen, z. B. von Möbeln, Fahrzeugen u. a., die nach dem Trocknen einen festen, dichten, glänzenden Überzug bildet᾽: *farbloser, weißer, schwarzer ~; ein schnell trocknender ~; den ~ dünn auftragen; Möbel mit ~ überziehen* **1.2.** ῾Überzug aus Lack (1.1)᾽: *der ~ blättert, hat Risse; der ~ hat Kratzer, ist zerkratzt* ❖ **lackieren, Lackierer, Lackierung** — **Lackfarbe**

Lack ['..]|-**affe, der** umg., emot. ῾übertrieben auffällig gekleideter, eitler Mann᾽: *ein eitler, aufgeblasener ~; so ein ~!* ❖ ↗ **Affe; -farbe, die** ῾Lack (1.1) mit einem Zusatz von Farbe (2)᾽: *weiße ~; etw. mit ~ streichen, anstreichen; ~ für außen, innen* ❖ ↗ **Farbe**

lackieren [la'ki:ʀən], lackierte, hat lackiert **1.** /jmd./ *etw. ~* ῾etw. mit Lack (1.1) überziehen (II.1.1)᾽: *den Schrank, die Fenster nach dem Vorstreichen ~; das Boot, Auto ist frisch, neu lackiert; sich* ⟨Dat.⟩ *etw. ~: sie hat sich die Fingernägel lackiert* **2.** umg. /jmd./ *jmdn. ~* SYN ῾jmdn. hereinlegen᾽: *ich lasse mich nicht so leicht ~!; sie haben ihn ganz schön lackiert* ❖ ↗ **Lack**

Lackierer [laki:ʀɐ], **der**; ~s, ~ ῾Facharbeiter, der fertige Erzeugnisse lackiert᾽; ↗ FELD I.10: *er arbeitet als ~ in einer Autowerkstatt* ❖ ↗ **Lack**

Lackierung [la'ki:ʀ..], **die**; ~, ~en ῾Lack (1.2.) als Farbschicht auf einem Gegenstand᾽: *das Auto, die Tür bekommt eine neue ~; die ~ ist fehlerhaft, beschädigt; eine ~ aufbringen* ❖ ↗ **Lack**

Lade|fläche ['la:də..], **die** ῾der für die Ladung (1) bestimmte, nutzbare Raum eines Fahrzeugs᾽ ❖ ↗ **laden,** ↗ **flach**

laden ['la:dn̩] (er lädt [lɛ:t/le:..]/umg. er ladet), lud [lu:t], hat geladen; ↗ auch *geladen* **1.1.** /jmd./ *etw. auf, in etw. ~* ῾etw., zum Transport auf, in etw. legen (1.1), bringen᾽; ↗ FELD I.7.9.2: *die Güter in die Waggons ~; die Fracht auf die Schiffe ~; die Steine werden auf einen Wagen geladen; er lud ihm einen Sack auf den Rücken, auf die Schultern* **1.2.** /Transportmittel, bes. Schiff, auch jmd./ *etw. ~* ῾etw. als Fracht zum Transport auf die Ladefläche bringen (1.1)᾽: *die Fracht ~* (ANT löschen II)*; das Schiff lud Kohle, hat Erz geladen* **1.3.** /jmd./ *etw. auf sich ~* SYN ῾sich etw. aufladen (3.2)᾽: *er hat damit eine große Verantwortung, eine schwere Schuld auf sich geladen* **2.** /jmd./ *das Geschütz, Gewehr ~* (῾mit einer Ladung 2 versehen und so zum Schießen bereit machen᾽)*; der Revolver ist geladen* **3.** /jmd./ *etw. ~* ῾etw. mit elektrischer Spannung versehen᾽: *die Batterie ~; der Zaun ist mit Starkstrom geladen; die Elektrode ist ↗ positiv, ↗ negativ geladen; die Batterie ist geladen* (ANT entladen 3); vgl. *aufladen* (4) **4.** /jmd., Institution/ *jmdn. ~* ῾jmdn. auffordern, vor Gericht zu erscheinen᾽: *jmdn. als Zeugen ~; er ist als Zeuge geladen* ❖ **Ladung** — **beladen, verladen** — **aufladen, ausladen, einladen, Ladefläche, Schublade, Sprengladung**

Laden, der; ~s, Läden [lɛ:dn̩]/auch ~ **1.** ⟨Pl.: Läden⟩ SYN ῾Geschäft (2)᾽: *ein neuer, eleganter, moderner ~; der ~ in der Hauptstraße, an der Ecke; ein ~ für Kurzwaren, Lebensmittel; die Läden schließen 18.30 Uhr* **2.** ⟨vorw. Pl.⟩ ῾einer Tür ähnliche Vorrichtung an der äußeren Wand eines Fensters zum Verdunkeln (2) od. zum Schutz᾽: *die ~/Läden öffnen, schließen; die ~* (῾Rollladen᾽) *herunterlassen* ❖ **zu (1): Ladenhüter; zu (2): Rollladen**
* umg. /jmd./ *den ~ kennen* ῾einen Betrieb, den Ablauf von etw., die Umstände genau kennen᾽: *du brauchst mir nichts zu erzählen, ich kenn den ~; /jmd./ den ~ schmeißen* (῾durch Tüchtigkeit, Einsatz bewirken, dass etw., bes. ein Unternehmen, ein Projekt, gut funktioniert᾽): *keine Sorge, ich werde den ~ schon schmeißen; er schmeißt den ~*

Laden|hüter ['..hy:tɐ], **der**; ~s, ~ ῾(unmodern gewordene) Ware, die in einem Geschäft schon lange angeboten wird, aber nicht od. nur schwer verkauft werden kann᾽; ↗ FELD V.8.1: *jmdm. einen ~ aufschwatzen; einen ~ loswerden; er ist auf seinen ~n sitzen geblieben* ❖ ↗ **Laden,** ↗ ²**Hut**

lädieren [lɛ'di:ʀən], lädierte, hat lädiert ⟨vorw. im Pass.⟩ /jmd./ *etw. ~* ῾etw., bes. einen Gegenstand, leicht beschädigen᾽: *die Möbel sind beim Umzug ganz schön lädiert worden; ein lädierter Sessel; sein Anzug wurde bei der Schlägerei lädiert; sich* ⟨Dat.⟩ *etw. ~: sie hat sich bei dem Unfall ihr Knie lädiert* (῾leicht verletzt᾽)

lädt: ↗ *laden*

Ladung ['la:d..], **die**; ~, ~en **1.** ῾Gesamtheit der in einem Fahrzeug für den Transport untergebrachten, unterzubringenden Güter᾽; SYN Fracht; ↗ FELD I.7.9.1: *eine wertvolle, leichte, schwere ~; der Frachter löschte seine ~; die ~ besteht aus Kisten und Säcken, aus Kohle, Erz; eine ~ Apfelsinen übernehmen; vgl. Fracht* **2.** ῾eine bestimmte Menge Sprengstoff, die für eine Sprengung od. Munition, die für einen Schuss benötigt wird᾽: *eine ~ Dynamit, Schrot; die ~ zum Sprengen vorbereiten; das war eine geballte ~* **3.** ῾positive od. neg. Art von Elektrizität eines Körpers (3), Elements᾽: *eine positive, negative, entgegengesetzte ~* **4.** ῾Aufforderung, vor Gericht od. einem anderen Gremium zu erscheinen᾽: *er erhielt eine ~; die ~ des Zeugen* ❖ ↗ **laden**

lag: ↗ *liegen*

Lage ['la:gə], **die**; ~, ~n **1.** ⟨vorw. Sg.⟩ ῾Art, wie etw., jmd. liegt (1.1)᾽; ↗ FELD I.7.1.1: *eine waagerechte,* *horizontale, schräge ~; den Kranken in eine bequeme, ruhige ~ bringen; sie braucht zum Einschlafen eine bestimmte ~* **2.** ʾArt der räumlichen Umgebung, bes. eines Ortes, Gebäudes': *eine Wohnung, ein Laden in verkehrsgünstiger ~; das Grundstück hat eine reizvolle, landschaftlich schöne ~; in höheren ~n* (ʾhöher gelegenen Gebieten') *gibt es Frost; die geografische ~ eines Landes, Ortes* (ʾStelle, wo ein Land, Ort geografisch liegt'; ↗ FELD I.7.7.1) **3.** ⟨vorw. Sg.⟩ ʾVerhältnisse, Bedingungen, die zu einer Zeit allgemein od. in einem bestimmten Rahmen (3) auf etw., jmdn. wirken': *er befindet sich in einer misslichen, ausweglosen, prekären ~; jmdn. in eine peinliche ~ bringen; jmdn. in eine bestimmte ~ versetzen: er versetzte mich mit der Entscheidung in eine unangenehme ~; in eine üble ~ geraten; die ~ spitzt sich zu, entspannt sich; er war in der (glücklichen) ~, uns helfen zu können; den Ernst der ~ begreifen; die ~ überblicken, erfassen; nach ~ der Dinge war nichts anderes zu erwarten;* SYN ʾKonstellation': *eine günstige, vorteilhafte, schwierige ~; die militärische, internationale, wirtschaftliche ~* **4.** ʾmeist als Polster od. Unterlage dienende Schicht (1)': *eine ~ Watte, Zellstoff, Stroh; mehrere ~n Papier* **5.** ʾBereich der Frequenzen einer menschlichen Stimme od. der Töne eines Instruments': *seine Stimme hat eine hohe, mittlere, tiefe ~* ❖ ↗ **liegen**

Lager [ˈlaːgɐ], **das; ~s, ~/auch Läger** [ˈlɛːgɐ] **1.** ⟨Pl.: ~⟩ veraltend geh. ʾetw., das jmdm. zum Liegen (1.1), Schlafen dient'; ↗ FELD I.7.1.1: *ein breites, weiches, bequemes ~; eine Couch als ~ für jmdn. zurechtmachen; jmdm. das ~ bereiten; müde auf sein ~ sinken; sich vom ~ erheben; das ~ mit jmdm. teilen* **2.** ⟨Pl.: ~⟩ ʾvorübergehende Unterkunft für eine größere Anzahl Menschen, meist außerhalb von Ortschaften, bestehend aus Zelten, Baracken od. einfachen Gebäuden': *ein ~ aufschlagen; das ~ abbrechen; ein ~ für Kriegsgefangene; der Gefangene ist aus dem ~ geflohen; er konnte aus dem ~* (ʾGefangenenlager, Konzentrationslager') *entkommen* **3.** ⟨Pl.: ~⟩ ʾGruppe von Menschen, Parteien od. Staaten gleicher politischer Richtung (3), mit gleichem Ziel (3)': *die Partei war in zwei ~ gespalten; ins ~ des Gegners/ins gegnerische ~ überwechseln* **4.** ʾgroßer Raum für Vorräte, Waren'; SYN Depot (1): *das ~ ist leer; die ~ auffüllen, räumen; ein ~ verwalten; etw. auf ~* (ʾvorrätig') *haben; die Lieferung erfolgt ab/frei ~; etw. liegt auf ~* (ʾwird in einem Speicher od. Raum für Vorräte aufbewahrt'); *diese Teile, dieses Muster haben wir nicht am/auf ~;* vgl. *Magazin (1)* **5.** ⟨Pl.: ~⟩ Techn. ʾTeil einer Maschine, das einem sich drehenden Teil Halt gibt': *das ~ des Rads muss geschmiert, geölt werden* ❖ ↗ **liegen**

* /jmd./ **etw. auf ~ haben** ʾüber etw., das durch seine Mitteilung, Darbietung zur Unterhaltung (2) beiträgt od. als Überraschung wirkt, jederzeit verfügen': *ich habe da noch, er hat immer einen Witz, eine Geschichte auf ~*

Lager|feuer [ˈ..], **das** ʾoffenes Feuer im Freien, um das man sich lagert': *am ~ sitzen, singen; ein nächtliches ~* ❖ ↗ **liegen,** ↗ **Feuer**

lagern [ˈlaːgɐn] ⟨reg. Vb.; hat⟩ **1.1.** /jmd./ irgendwo ~ ʾsich irgendwo im Freien niederlegen (1), setzen und rasten'; ↗ FELD I.7.1.2, 7.7.2: *die Reisegruppe lagert im Gras, Schatten, im Kreis um das Feuer; unter einem Baum ~* **1.2.** /jmd./ jmdn., etw. irgendwohin ~ ʾeinen Kranken, Verletzten, ein Körperteil irgendwohin legen (1.3)': *die Schwester lagerte den Kranken auf eine Trage; den Verletzten flach, bequem ~; das gebrochene Bein muss ruhig gelagert werden* **2.1.** /jmd./ etw. irgendwo ~ ʾetw., bes. Nahrungsmittel, irgendwo aufbewahren': *Lebensmittel im Kühlhaus ~* **2.2.** /etw., Nahrungsmittel/ irgendwo ~ ʾirgendwo, in einem Lager (4) aufbewahrt werden': *das Getreide lagert in der Scheune; das Fleisch, Gemüse lagert im Kühlhaus; der Wein, das Bier muss noch ~, um zu reifen* ❖ ↗ **liegen**

Lager|stätte [ˈlaːgɐ..], **die 1.** ʾLager (1)'; ↗ FELD I.7.1.1: *eine gemeinsame ~; eine ~ bereiten* **2.** ʾgrößeres natürliches Vorkommen* (↗ *vorkommen* 2) *eines Minerals, von Öl in der Erde': *eine ~ erkunden, erschließen* ❖ ↗ **liegen,** ↗ **Stätte**

lahm [laːm] ⟨Adj.⟩ **1.** ⟨o. Steig.⟩ **1.1.** ʾdurch einen körperlichen Schaden (2) in der Bewegung gehindert' /auf Personen, Tiere od. Arme, Beine bez./: *einen ~en Arm, ein ~es Bein haben; er ist von Geburt an ~* (ʾkann seit seiner Geburt nicht od. nicht richtig gehen'); *ein ~es Pferd* **1.2.** ⟨nicht bei Vb.; vorw. mit ganz⟩ ʾdurch einseitige (2) Belastung schwach (I.1.1) und kraftlos' /bes. auf Arme, Beine bez./: *meine Arme sind ganz ~ vom Koffertragen; ich habe ein ~es Kreuz; nach der langen Autofahrt waren meine Beine ganz ~* (ʾkraftlos und fast ohne Gefühl') **2.** umg., emot. neg. **2.1.** ⟨Steig. reg., ungebr.; nicht bei Vb.⟩ ʾnicht überzeugend' /vorw. auf Äußerungen bez./: *eine ~e Entschuldigung, Ausrede; seine Argumente waren ziemlich ~* **2.2.** ⟨Steig. reg.⟩ ʾohne Schwung' /vorw. auf Äußerungen bez./: *eine ~e Diskussion; seine Rede war, wirkte ziemlich ~* **2.3.** ⟨Steig. reg.⟩ ʾin den Reaktionen, im Denken langsam' /auf Personen bez./: *so ein ~er Bursche, Kerl!; er war, wirkte ~* ❖ **erlahmen, lahmen, lähmen** — **Kinderlähmung**

lahmen [ˈlaːmən] ⟨reg. Vb.; hat⟩ /jmd., Tier/ ʾein lahmes (1) Bein haben und sich entsprechend bewegen': *er lahmt (auf einem Bein); das Pferd lahmte*

lähmen [ˈlɛːmən/auch ˈleː..] ⟨reg. Vb.; hat⟩ **1.1.** /etw./ jmdn., etw. ~ ʾdurch etw. bei jmdm., etw. (vorübergehend) eine Lähmung hervorrufen': *der Schlaganfall hat ihn (rechtsseitig) gelähmt; er ist seit zwei Jahren gelähmt; das Gift lähmte die Atmung, Muskeln; vor Schreck stand sie wie gelähmt* **1.2.** /etw./ jmdn. ~ ʾjmdn. durch eine plötzlich eintretende Situation unfähig machen, zu denken, zu handeln': *die Angst, der Schock, Schreck, die beklemmende Situation lähmte ihn* **1.3.** etw. lähmt etw.: *die ständigen*

Ärgernisse lähmten ihre Schaffenskraft ('machten es ihr unmöglich, schöpferisch tätig zu sein') ❖ ↗ **lahm**

lahm legen, legte lahm, hat lahm gelegt ⟨vorw. im Pass.⟩ /etw., jmd./ *etw.* ~ *'etw.* zum Stillstand, zum Erliegen bringen': *der gesamte Verkehr wurde durch die Havarie lahm gelegt; der Generalstreik legte die gesamte Industrie, Produktion lahm*

Lähmung ['lɛːm../auch 'lɛː..], **die;** ~, ~en 'Zustand, in dem ein Mensch, Tier einen Teil des Körpers od. den ganzen Körper (1) nicht mehr bewegen kann': *eine einseitige, rechtsseitige* ~; *die* ~ *der Hand, beider Beine* ❖ ↗ **lahm**

Laich [laiç], **der;** ~es/auch ~s, ~e 'Eier von Fischen, Lurchen, Schnecken, die meist im Wasser abgelegt werden und von einer Masse aus Schleim od. Gallert umgeben sind': *den* ~ *ablegen* ❖ **laichen**

laichen ['laiçn̩] ⟨reg. Vb.; hat⟩ /Tier, bes. Fisch, Lurch/ 'den Laich aus dem Körper und irgendwohin gelangen lassen': *die Frösche haben schon gelaicht* ❖ ↗ **Laich**

Laie ['laiə], **der;** ~n, ~n 'jmd., der auf einem bestimmten Gebiet keine fachlichen Kenntnisse besitzt'; ANT Fachmann: *in diesem Fach bin ich ein (völliger)* ~ (ANT Experte); *dieser Vortrag, dieses Buch ist nichts für* ~en; *das kann ein* ~ *nicht beurteilen; er ist ein* ↗ *blutiger* ~; vgl. *Amateur (1)* ❖ **laienhaft** – **Laienspiel**

laienhaft ['laiən..] ⟨Adj.; Steig. reg., ungebr.⟩ 'wie von einem Laien stammend'; ANT kunstgerecht, fachmännisch /vorw. auf Abstraktes bez./: *ein* ~es *Urteil; das ist* ~ *gemacht, ausgeführt* ❖ ↗ **Laie**

Laien|spiel ['laiən..], **das** 'Theaterstück, das für Laien geschrieben und von Laien gespielt wird': *ein* ~ *einstudieren, aufführen* ❖ ↗ **Laie**, ↗ **spielen**

Lakai [la'kai], **der;** ~en, ~en 1. 'diensteifriger, kriecherischer Mensch, der sich willig für die Interessen anderer, eines anderen, eines Regimes missbrauchen lässt': *dieser widerliche* ~!; *der Chef und sein* ~; *die Herrschenden und ihre* ~en 2. hist. 'Diener in Uniform': *die* ~en *des Hofes; der* ~ *öffnete die Tür für den Besucher*

Lake ['laːkə], **die;** ~, ~n 'starke, mit Salz versehene Lösung (3) zum Einlegen (3) bestimmter Nahrungsmittel': *Heringe, Eier, Gurken, Fleisch in* ~ *konservieren*

Laken ['laːkn̩], **das;** ~s, ~ 'großes Tuch, das beim Schlafen als Unterlage (1) dient': *ein* ~ *aus Leinen; ein weißes* ~en; *ein* ~ *auf das Bett, die Liege, die Matratzen legen; das* ~ *glatt ziehen, wechseln* ❖ **Bettlaken**

lakonisch [la'koːn..] ⟨Adj.; Steig. reg., ungebr.⟩ 'kurz, einfach und treffend' /auf Äußerungen bez./: *eine* ~e *Bemerkung; ein* ~er *Satz;* ~ *antworten*

lallen ['lalən] ⟨reg. Vb.; hat⟩ /jmd./ *etw.* ~ *'etw.* undeutlich artikulert, in unvollständigen Wörtern, Sätzen sprechen': *das Baby lallte; der Betrunkene konnte nur noch* ~; *sie hat völlig unverständliche Worte gelallt*

Lamelle [la'mɛlə], **die;** ~, ~n 1. Techn. 'eines von vielen, meist dünnen scheibenartigen länglichen Teilen aus Metall, Kunststoff, Stoff (1), die ein Ganzes bilden': *die* ~n *des Heizkörpers, der Jalousie* 2. Bot. 'eines von vielen dünnen strahlenförmig angeordneten Blättchen der unteren Seite des Hutes von Blätterpilzen'

lamentieren [lamɛn'tiːʀən], lamentierte, hat lamentiert umg. /jmd./ SYN 'klagen (1.1)': *sie lamentierte bei jeder Kleinigkeit; er soll nicht so viel* ~!; *sein ständiges Lamentieren geht mir auf die Nerven*

Lamm [lam], **das;** ~s/auch ~es, Lämmer ['lɛmɐ] 'Junges vom Schaf od. von der Ziege'; ↗ FELD II.3.1: *weiße Lämmer; sie ist sanft, unschuldig, brav wie ein* ~ ('ist sehr sanft, brav, ist völlig unschuldig') ❖ **lammen**

lammen ['lamən] ⟨reg. Vb.; hat⟩ /Schaf, Ziege/ 'ein Lamm werfen': *das Schaf hat noch nicht, hat gestern gelammt* ❖ ↗ **Lamm**

Lampe ['lampə], **die;** ~, ~n 1. 'Vorrichtung, Gerät, das künstliches Licht ausstrahlt'; SYN Leuchte (1); ↗ FELD V.4.1, VI.2.1: *die* ~ *ein-, ausschalten; die* ~ *brennt, leuchtet, blendet; den Raum mit einer* ~ *erleuchten* 2. SYN 'Glühlampe': *eine neue* ~ *einschrauben; die* ~ *ist durchgebrannt* ❖ **Lampion** – **Glühlampe, Neonlampe, Petroleumlampe, Taschenlampe**

Lampen|fieber ['lampm̩..], **das** 'starke nervöse Erregung, Angst vor öffentlichem Auftreten (1)': ~ *haben, bekommen; sie hat vor der Prüfung, vor jedem Auftritt* ~; *vor* ~ *zittern; er hat kein* ~ ❖ ↗ **Fieber**

* umg. scherzh. /jmd./ **einen auf die** ~ **gießen** ('Alkohol trinken'): *gestern haben wir aber einen auf die* ~ *gegossen!*

Lampion ['lampiɔŋ], **das;** ~s, ~s 'Laterne aus Papier (1)': *den Garten, Balkon mit* ~s *schmücken, erleuchten;* ~s *aufhängen, beim Umzug tragen* ❖ ↗ **Lampe**

lancieren [laŋ'siːʀən], lancierte, hat lanciert /jmd./ 1.1. *jmdn. irgendwohin* ~ 'jmdn. auf nicht ganz redliche Weise in eine bestimmte vorteilhafte Position (1.2) bringen': *er hat ihn in den Vorstand, in die Kommission lanciert; der Minister ist lanciert worden* 1.2. *etw.* ~ 'eine Information geschickt, aber auf nicht ganz redliche Weise in die Öffentlichkeit bringen': *eine Nachricht (in die Presse)* ~; *die Meldung ist lanciert worden*

Land [lant], **das;** ~es, Länder ['lɛndɐ] 1. ⟨o.Pl.⟩ 'der nicht mit Wasser bedeckte Teil der Erdoberfläche': *festes* ~ *unter den Füßen haben; Amphibien leben im Wasser und auf dem* ~; *an* ~ *gehen; es wurden Wrackteile an* ~ *geschwemmt; die Insel meldete* ~ *unter* ('Überschwemmung') 2. ⟨o.Pl.⟩ 'in seinen Grenzen kenntlich gemachter, genutzter (↗ nutzen 2), bebauter Boden (1)'; ↗ FELD II.1.1: *fruchtbares, steiniges, sandiges* ~; *ein Stück* ~ *besitzen, haben; das* ~ *bestellen, umgraben, bebauen* 3. ⟨o.Pl.⟩ 'geografisch charakteristisches Gebiet': *flaches, hügeliges, bewaldetes, kahles* ~; *zur Küste hin fällt das* ~ *ab* 4. ⟨o.Pl.⟩ 'dörfliches Gebiet, das durch Land-

wirtschaft geprägt ist'; ANT Stadt (1): *er wohnt auf dem ~e, ist auf dem ~e aufgewachsen; Ferien auf dem ~e; aufs ~ ziehen, gehen* **5.1.** SYN 'Staat (2)': *das ~ Belgien; die Länder Europas, Afrikas; die westlichen, östlichen, europäischen Länder; ein demokratisches, neutrales ~; er wurde des ~es verwiesen* ('wurde ausgewiesen') **5.2.** 'geografisch begrenzter, politisch relativ selbständiger Teil, der gemeinsam mit anderen einen Bundesstaat bildet'; SYN Bundesland: *das ~ Berlin; er arbeitet im ~ Brandenburg, Niedersachsen* ❖ **Gelände, landen, Länderei, ländlich, Landschaft, Landung – Ausland, ausländisch, Ausländer, Bundesland, Deutschland – fremdländisch, Industrieland, Vaterland, Weideland, Landebahn, Landenge, Landesverrat, Landfriedensbruch, -kreis, Landsmann, Luftlandetruppen, Mondlandung, notlanden, Zwischenlandung**; vgl. Land/land-
* /etw., bes. Zeit/ **ins ~ gehen** 'vergehen': *inzwischen ist viel Zeit, sind viele Jahre ins ~ gegangen;* umg. /jmd./ ⟨vorw. im Perf.⟩ **etw. an ~ ziehen** 'etw. in seinen Besitz bringen': *er hat ein Grundstück an ~ gezogen*

Lande|bahn ['landə..], **die** 'betonierte, lang gestreckte Fläche für das Starten und Landen von Flugzeugen'; SYN Piste (1), Rollbahn, Rollfeld: *das Flugzeug setzt auf der ~ auf* ❖ ↗ **Land,** ↗ **Bahn**

landen ['landn̩], landete, ist/hat gelandet **1.** ⟨ist⟩ *irgendwo ~* **1.1.** /Luftfahrzeug, jmd./ 'mit einem Luftfahrzeug, Raumschiff auf einer Landebahn, dem Boden der Erde od. eines Himmelskörpers aufsetzen (3) und damit den Flug beenden'; ANT abfliegen, starten (1); ↗ FELD VIII.2.2: *das Flugzeug, der Pilot ist sicher gelandet; das Raumschiff ist weich auf dem Mond gelandet* **1.2.** 'mit einem Wasserfahrzeug an der Küste ankommen und an Land gehen': *die Schiffbrüchigen sind mit dem Rettungsboot auf der Insel gelandet; wir landeten mit dem Schiff in einer malerischen Bucht* **2.** ⟨hat⟩ **2.1.** /jmd., Wasserfahrzeug/ *jmdn., etw. ~* 'jmdn., etw. an Land, aufs Festland bringen': *der Gegner hat mit Booten Truppen gelandet; der Transporter hat Nachschub gelandet* **2.2.** /jmd., Luftfahrzeug/ 'Truppen, etw. mit Flugzeugen am Boden absetzen': *der Gegner hat Fallschirmjäger, Truppen, Nachschub gelandet* **3.** umg. /jmd., etw./ *irgendwo ~* 'unfreiwillig irgendwohin gelangen (1)': *im Kittchen ~; das Taxi ist bei der Glätte im Straßengraben gelandet; wenn du so weitermachst, landest du noch im Krankenhaus, Gefängnis; nach langem Suchen landeten sie schließlich in einer Kneipe* ❖ ↗ **Land**
* umg. /jmd./ **bei jmdm. nicht ~ können** 'bei einer Person des anderen Geschlechts keinen Anklang finden, von jmdm. abgewiesen werden': *ich glaube, bei der Frau kannst du nicht ~*

Land|enge ['lant|ɛŋə], **die**; ~, ~n 'schmaler Streifen (2) Land zwischen zwei Meeren, Seen'; ↗ FELD II.1.1: *die ~ von Korinth* ❖ ↗ **Land,** ↗ **eng**

Länderei [lɛndə'ʀaɪ], **die**; ~, ~en ⟨vorw. Pl.⟩ 'großer, privater Grundbesitz'; ↗ FELD II.1.1: *er besaß große ~en; die ~en besichtigen, verkaufen* ❖ ↗ **Land**

Landes|verrat ['landəs..], **der** 'strafbare, gegen den Staat, die bestehende staatliche Ordnung und seine äußere Sicherheit gerichtete Handlungen': *~ begehen; jmdn. wegen ~(s) anklagen* ❖ ↗ **Land,** ↗ **Verrat**

Land/land ['..]-|**-friedensbruch, der** ⟨o.Pl.⟩ 'Gewalttätigkeiten, die sich gegen die innere Ordnung und Sicherheit eines Staates richten und als strafbare Handlung geahndet werden': *jmdn. wegen ~(s) verurteilen* ❖ ↗ **Frieden,** ↗ **brechen; -karte, die** 'in bestimmtem Maßstab gezeichnete Abbildung von jeweiligen Ausschnitten (3) der Erdoberfläche auf einer Karte (1)'; SYN Karte (5): *eine geografische, politische ~; etw. auf der ~ suchen; eine ~ zusammenfalten* ❖ ↗ **Karte; -kreis, der** 'mehrere, meist kleine Gemeinden umfassender Verwaltungsbezirk in Deutschland' ❖ ↗ **Kreis; -läufig** [lɔɪfɪç] ⟨Adj.; o. Steig.; nur attr.⟩ SYN 'gängig (1)': *die ~e Meinung ist, dass …; ~e Vorstellungen*

ländlich ['lɛnt..] ⟨Adj.; Steig. reg., ungebr.; nicht bei Vb.⟩ 'das Land (4) betreffend, für das Land (4), das Leben auf dem Lande charakteristisch'; ANT städtisch /vorw. auf Abstraktes bez./: *~e Kost; ~e Sitten, Gebräuche; das Dorf hat seinen ~en Charakter bewahrt* ❖ ↗ **Land**

Landschaft ['lant..], **die**; ~, ~en 'großes Gebiet, das natürliche od. vom Menschen geschaffene Gegebenheiten aufweist und so in charakteristischer Weise einheitlich geprägt (↗ prägen 2.1) ist'; ↗ FELD II.1.1: *eine malerische, gebirgige, fruchtbare, öde, unwegsame ~; eine Fahrt durch herrliche ~en* (SYN 'Gefilde'); *den Charakter einer ~ erhalten, verändern; die ~ umgestalten; sich beim Bau des Hauses der ~ anpassen* ❖ ↗ **Land**

Lands|mann ['lants..], **der** ⟨Pl.: -leute/seltener -männer⟩ 'jmd., der aus der gleichen Gegend, dem gleichen Land stammt (1) wie man selbst od. wie ein anderer': *er ist mein ~/ein ~ von mir; wir sind Landsleute* ('wir stammen beide aus der gleichen Gegend, dem gleichen Ort'); *das sind Landsleute von ihm* ❖ ↗ **Land,** ↗ **Mann**

Land ['lant..]-|**-streitkräfte, die** ⟨Pl.⟩ 'Teil der Streitkräfte, der auf dem Land (1) Kampfhandlungen od. militärische Operationen ausführt'; SYN Heer (1): *die ~ einsetzen, befehligen* ↗ streiten, ↗ Kraft; **-strich, der** 'bestimmter Bereich innerhalb eines größeren Gebietes, einer Landschaft'; ↗ FELD II.1.1: *ein schwer zugänglicher, bewaldeter ~;* **-tag, der 1.** 'gewählte Volksvertretung in den einzelnen Bundesländern Deutschlands und Österreichs': *der thüringische, bayrische ~* **2.** 'Gebäude als Sitz des Landtags (1)' ❖ ↗ **Tag**

Landung ['land..], **die**; ~, ~en /zu landen 1.1 u. 2.1/ 'das Landen'; /zu 1.1/ (ANT Start 1); ↗ FELD VIII.2.1: *eine harte, weiche ~ auf dem Mond;* /zu 2.1/; ↗ FELD VIII.3.1: *die ~ von Truppen, Nachschub* ❖ ↗ **Land**

Land/land ['lant..]|**-wirtschaft, die 1.** ⟨o.Pl.⟩ ˊplanmä-
ßiges Betreiben von Ackerbau und Viehzucht zum
Erzeugen tierischer und pflanzlicher Produkteˊ: *er
arbeitet in der* ~ **2.** ⟨vorw. mit unbest. Art.⟩ ˊklei-
ner landwirtschaftlicher Betriebˊ: *er betreibt eine
kleine* ~ ❖ ↗ Wirtschaft; **-wirtschaftlich** ⟨Adj.; o.
Steig.⟩ ˊdie Landwirtschaft (1) betreffendˊ: ~ *Nutz-
flächen;* ~*e Produkte, Erzeugnisse, Maschinen, Ge-
räte* (↗ TABL) ❖ ↗ Wirtschaft; **-zunge, die**
ˊschmale, weit ins Meer od. in einen See reichende
Halbinselˊ; ↗ FELD II.1.1 ❖ ↗ Zunge

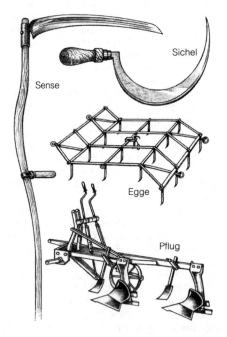

Sichel

Sense

Egge

Pflug

¹lang [laŋ] ⟨Adj.; Steig.: länger ['lɛŋɐ], längste['lɛŋs-
tə]; ↗ auch *lange*⟩ **1.** ⟨nicht bei Vb.⟩ /bezeichnet
im Vergleich zur Breite die größere räumliche Aus-
dehnung eines Gegenstandes, Raums, einer Fläche
in einer Richtung (1), meist waagerecht, bei hän-
genden Gegenständen in der Senkrechten/ **1.1.** ⟨o.
Superl.⟩ /mit einer Maßangabe und dieser nachge-
stellt/; ANT breit (1.1) /nicht auf Gegenständliches
mit vorw. eindimensionaler Ausdehnung bez. wie
Rohr, Stab, Faden/: *das Zimmer ist vier Meter* ~;
eine 100 Meter ~*e Strecke; die Balken sind 10 Me-
ter* ~, *fünf Meter länger als die anderen* **1.2.** /ohne
Maßangabe; bezeichnet die über den Durchschnitt,
über die erwartete Norm hinaus große Ausdehnung
von etw. quer zur Breite: *ein* ~*er Tisch* (ANT
breit); *eine* ~*e Straße; ein* ~*es Seil; der Raum ist
mehr* ~ *als breit; die längste Brücke der Welt* **1.3.**
⟨nicht bei Vb.⟩ ˊgroß gewachsen, von großem
Wuchsˊ; ANT klein (1) /auf Personen bez./: *ein* ~*er
Mann, Kerl; er ist* ~ *und hager* **2.** ˊvon einer großen
räumlichen Ausdehnung in einer Richtung (1)ˊ;
ANT kurz (1.1) /vorw. auf Körperteile bez./: ~*e*

Arme, Beine; ~*e* (ˊbis zu den Füßen reichendeˊ)
Hosen; der Rock ist zu ~; *sich* ~ (ˊseiner ganzen
Länge 1.2. nachˊ) *hinlegen; etw. ist* ~ *gestreckt* **3.1.**
⟨o. Superl.; nur attr.; mit Maßangabe und dieser
nachgestellt⟩ /bezeichnet einen großen zeitlichen
Abstand (2)/: *er hat vier Stunden, 10 Minuten* ~,
eine Viertelstunde länger gewartet **3.2.** ⟨nicht bei
Vb.; bei Vb. nur *lange*⟩ ˊvon relativ großer zeitli-
cher Ausdehnungˊ; ANT kurz (3): *ein* ~*er Vortrag,
Urlaub, Brief; vor, seit* ~*er Zeit; die Tage werden
wieder länger;* ~ *anhaltender Beifall;* /in der kom-
munikativen Wendung/ ~*er Rede kurzer Sinn* (ˊum
es kurz zu sagenˊ) /kündigt die knappe Zusammen-
fassung des bisher Gesagten an/ ❖ **²lang, lange,
Länge, langen, länglich,** **¹,²längs, langsam, längst,**
¹,²entlang, unlängst, verlängern — **hinlänglich, jahre-
lang, Längengrad, Langeweile, Langmut, Langspiel-
platte, langwierig, lebenslang, naselang, solange,
stinklangweilig, stundenlang, tagelang, Wellenlänge,
wochenlang;** vgl. **lang/Lang-**
* ~ **und breit** ˊsehr ausführlichˊ: *ich habe es dir doch
* ~ *und breit erklärt;* **seit** ~**em** ˊseit langer Zeitˊ: *sie
wartet seit* ~*em auf Post*
²lang ⟨Adv.⟩ umg. ˊentlangˊ: *ich will auch da* ~!; *im-
mer diesen Weg* ~! ❖ ↗ ¹lang
lang ['laŋ]|**-ärmlig** [ɛrm..] ⟨Adj.; o. Steig.; vorw. attr.
u. präd.⟩ ˊmit langen, bis zu den Handgelenken rei-
chenden Ärmelnˊ; ANT kurzärmlig; ↗ FELD
V.1.3: *eine* ~*e Bluse; das Hemd ist* ~ ❖ ↗ Arm;
-atmig [ɑːtmɪç] ⟨Adj.; Steig. reg.⟩ SYN ˊweit-
schweifigˊ /auf Sprachliches bez./: ~ *über etw. be-
richten; seine Ausführungen waren sehr* ~; *eine* ~*e
Schilderung* ❖ ↗ Atem
lange ['laŋə] ⟨Adv.; Steig.: länger ['lɛŋɐ], am längsten
['lɛŋstn̩]; ↗ auch ¹lang, längst⟩ **1.** ˊsich über eine
relativ große zeitliche Dauer hinziehend (3.1)ˊ; ↗
FELD VII.2.3: ~ (ANT kurz) *schlafen, arbeiten,
spazieren gehen; er musste* ~ *warten; etw. dauert* ~;
er braucht dafür dreimal so ~ *wie ich; es ist schon
* ~ *her; es ist länger als ein Jahr her; ich halte das
nicht länger aus; sie weiß es schon* ~ **2.** ˊseit langer
Zeitˊ; SYN längst: *er ist schon* ~ *fertig* **3.** ~ *nicht*
ˊlängst nichtˊ: *das ist (noch)* ~ *nicht alles; diese
Feier war* ~ *nicht so schön wie die im letzten Jahr*
❖ ↗ ¹lang
* **es nicht mehr** ~ **machen 1.** /jmd./ ˊhinfällig, schwach
sein und vermutlich bald sterbenˊ: *er macht's nicht
mehr* ~ **2.** /etw., bes. Fahrzeug, Gerät/ ˊstöranfällig
sein und vermutlich bald ganz kaputtgehenˊ: *der
Motor, unser Auto macht's nicht mehr* ~
Länge ['lɛŋə], **die;** ~, ~**n 1.1.** ⟨vorw. Sg.⟩ ˊdie im
Vergleich zur Breite jeweils größere räumliche Aus-
dehnung von etw. in waagerechter Erstreckung (↗
erstrecken 1)ˊ; ANT Breite (1.1): ~, *Breite und
Höhe eines Raums; die* ~ *der Brücke; eine Strecke
von 1000 Metern* ~; *ein Brett der* ~ *nach durchsä-
gen; Leisten in verschiedenen* ~*n* **1.2.** ⟨vorw. Sg.; +
Gen. attr.⟩ ˊdie relativ große Ausdehnung von etw.
in einer Richtung (1)ˊ: *die* ~ *der Arme, Beine, Ho-
sen, des Fadens, Mastes, einer Strecke messen* **1.3.**

Sport *das Pferd gewann mit einer* ~ ('mit der Länge 1.1. eines Pferdes'); *unser Boot wurde um eine halbe* ~ ('um die Länge 1.1 eines Bootes') *geschlagen* **1.4.** ⟨o.Pl.⟩ *er richtete sich in seiner ganzen* ~ ('Größe des Körpers') *auf; er fiel der* ~ *nach hin* ('er fiel so, dass er ausgestreckt auf dem Boden lag') **2.** ⟨o.Pl.⟩ 'relativ große zeitliche Ausdehnung'; SYN Dauer; ↗ FELD VII.2.1: *die* ~ *eines Jahres, Vortrags; der Film hat eine* ~ *von zwei Stunden* **3.** ⟨nur im Pl.⟩ *der Film hat* ~*en* ('ist z. T. langatmig') **4.** ⟨o.Pl.⟩ *dieser Ort liegt auf dem 20. Grad östlicher, westlicher* ~ ('liegt östlich, westlich vom Meridian in Greenwich'; ANT Breite 3.1) ❖ ↗ **¹lang**

* /etw./ **sich in die ~ ziehen** 'länger als erwartet dauern': *der Vortrag, die Vorstellung, Konferenz zog sich in die* ~; /jmd., etw./ **etw. in die ~ ziehen** 'etw. verzögern (1.1)': *er, das hat die Verhandlungen, Prüfung sehr in die* ~ *gezogen*

langen ['laŋən] ⟨reg. Vb.; hat⟩ umg. **1.1.** /jmd./ *sich* ⟨Dat.⟩ *etw., jmdn.* ~ 'die Hand nach etw., jmdm. ausstrecken, um es, ihn zu ergreifen': *er langte sich ein Glas und stieß mit ihm an; er langte sich seinen Sohn, um ihn zurechtzuweisen; sich* ⟨Dat.⟩ *etw. irgendwoher* ~: *sie langte sich ein Formular aus dem Fach, vom Tisch* **1.2.** /jmd./ *sich an etw.* ~ 'sich an etw. fassen': *er langte sich an den Kopf, an die Nase* **2.1.** /etw., bes. Menge von etw./ SYN 'ausreichen': *das Geld, die Zeit, das Material hat nicht gelangt; ich glaube, das Brot langt fürs Wochenende; das Essen langte ihm nicht zum Sattwerden* **2.2.** /jmd./ *mit etw.* ~ 'mit etw. auskommen': *mit dem Geld, Material werden wir schon* ~ ❖ **zu (2): unzulänglich; zu (1):** ↗ **¹lang**

Längen|grad ['lɛŋən..], der ⟨Pl.: ~e⟩ 'Fläche zwischen zwei um einen Grad (1.3) auseinander liegenden (↗ *liegen* 2.1.2) gedachten, durch die Pole verlaufenden (5) Kreisen um die Erdkugel': *der Ort liegt auf dem 20.* ~ ❖ ↗ **¹lang**, ↗ **Grad**

Lange|weile ['laŋə../..'vaɪlə], die; Gen., Dat. ~/Langenweile/ o. Art. auch: Langerweile, ⟨o.Pl.⟩ 'unangenehmes Gefühl, nicht beschäftigt zu sein, zu viel Muße zu haben'; ↗ FELD I.6.1: ~ *haben, an* ~, *Langeweile leiden; sich die* ~ *vertreiben; etw. aus* ~/*Langerweile tun* ❖ ↗ **¹lang**, ↗ **Weile**

lang/Lang ['laŋ..]**-fristig** [fʀɪstɪç] ⟨Adj.; Steig. reg.⟩ **1.1.** ⟨nicht bei Vb.⟩ 'für eine lange Frist geltend': *ein* ~*es Abkommen;* ~*e* (ANT kurzfristige 1) *Verträge, Kredite* **1.2.** ⟨vorw. bei Vb.⟩ 'für eine lange Zeit im Voraus': *etw.* ~ *planen, vorbereiten; eine* ~*e Planung* ❖ ↗ **Frist; -holz, das** ⟨o.Pl.⟩ 'gefällte Baumstämme über sechs Meter Länge, von denen die Äste entfernt worden sind': ~ *transportieren; eine Fuhre* ~ ❖ ↗ **Holz; -jährig** [jɛːʀɪç/jeː..] ⟨Adj.; o. Steig.; nur attr.⟩ **1.** 'schon viele Jahre, sehr lange bestehend': *über* ~*e Erfahrungen verfügen; ein* ~*er Vertrag* **2.** 'lange Zeit dauernd'; ↗ FELD VII.2.3: *eine* ~*e Gefängnisstrafe; ein* ~*er Aufenthalt* ❖ ↗ **Jahr; -lebig** [leːbɪç] ⟨Adj.; Steig. reg.; nicht bei Vb.⟩ **1.1.** 'von Natur aus lange lebend'; ANT kurzlebig; ↗ FELD VII.2.3: ~*e Pflanzen, Tiere* **1.2.** 'lange

funktionierend, lange haltbar': ~*e Konsumgüter, Waren;* ~*es* ('strapazierfähiges') *Material* ❖ ↗ leben

länglich ['lɛŋ..] ⟨Adj.; Steig. reg., ungebr.⟩ 'im Verhältnis zur Breite (1.1) etwas länger als üblich': *eine* ~*e Form; ein* ~*es* ('schmales 1') *Gesicht, Päckchen; ihr Gesicht wirkt durch die Frisur* ~ ❖ ↗ **¹lang**

Lang|mut ['laŋ..], die; ~, ⟨o.Pl.⟩ 'mit viel Nachsicht verbundene große Geduld'; ↗ FELD I.2.1: *er zeigte viel* ~; *seine* ~ *war bewundernswürdig; er hat die* ~ *seiner Lehrer missbraucht* ❖ ↗ **¹lang**

¹längs ['lɛŋs] ⟨Adv.⟩ 'im Gegensatz zur Breite (1) in Richtung der längeren Ausdehnung eines Körpers (2)'; ANT quer (1.1): *das Regal, die Liege* ~ *stellen; etw.* ~ *durchschneiden* ❖ ↗ **¹lang**

²längs ⟨Präp. mit Gen., selten mit Dat.; vorangestellt⟩ /lokal/ SYN 'entlang': ~ *der Straße standen Apfelbäume; sie fuhren* ~ *des Flusses;* ~ *des Bahndamms stehen Häuser* ❖ ↗ **¹lang**

langsam ['laŋ..] ⟨Adj.⟩ **1.1.** ⟨Steig. reg.⟩ 'von geringer Geschwindigkeit, Schnelligkeit der Fortbewegung'; ANT schnell (1); ↗ FELD VIII.1.3: *eine* ~*e Fahrt;* ~ *gehen, fahren, schwimmen; sein Tempo wurde immer* ~*er* **1.2.** 'relativ lange Zeit beanspruchend'; ANT schnell (3) /auf Tätigkeiten, Vorgänge bez./: ~ *arbeiten, sprechen, lesen, denken, reagieren; eine* ~*e Reaktion* **2.** ⟨Steig. reg.⟩ 'nicht schnell begreifend (1)'; SYN schwerfällig /auf Personen bez./: *ein* ~*er Schüler; er ist ziemlich* ~ **3.** ⟨o. Steig.⟩ **3.1.** ⟨nicht präd.⟩ 'allmählich sich vollziehend': *das* ~*e Nachlassen des Sturms;* ~ *wurde er ruhiger* **3.2.** ⟨nur bei Vb.⟩ umg. SYN 'allmählich (2)' /drückt die Ungeduld des Sprechers aus/: *es wird* ~ *Zeit, dass das endlich geklärt wird!; das wird mir* ~ *zu viel!;* ~ *habe ich die Nase voll!; die könnten nun aber* ~ *mit dem ewigen Diskutieren aufhören* ❖ ↗ **¹lang**

* umg. **~, aber sicher** 'ohne dass es aufzuhalten wäre, dass man es beeinflussen könnte': ~, *aber sicher steuert die Regierung in eine Krise*

Lang|spielplatte ['laŋʃpiːl..], die 'große Schallplatte, die abzuspielen (1) etwa 40 bis 50 Minuten dauert': *eine* ~ *auflegen, hören* ❖ ↗ **¹lang**, ↗ **spielen**, ↗ **platt**

längst [lɛŋst] ⟨Adv.; ↗ auch *lange, lang*⟩ **1.** 'seit langer (1) Zeit' /betont, dass etw. länger zurückliegt, als erwartet/; SYN lange (2): *das ist* ~ *bekannt; ich habe es (schon)* ~ *erledigt; das weiß ich* ~; *ich habe es* ~ *vergessen* **2.** ~ *nicht* /drückt aus, dass etw. weit unterhalb einer bestimmten Erwartung liegt/: *hier ist es* ~ *nicht so schön wie zu Hause; das ist* ~ *nicht alles;* ~ *noch nicht: die Sache ist* ~ *noch nicht ausgestanden; ich bin* ~ *noch nicht fertig* ❖ ↗ **¹lang**

Lang/lang ['laŋ..]**|-streckenlauf** [ʃtʀɛkn̩..], der ⟨o.Pl.⟩ 'das Laufen über eine Distanz von mehr als 3000 Metern als leichtathletische Disziplin'; ↗ FELD I.7.4.1 ❖ ↗ **strecken**, ↗ **laufen; -weilen** ⟨reg. Vb.; hat⟩ **1.1.** /jmd./ *sich* ~ 'Langeweile haben'; ↗ FELD I.6.2: *er langweilte sich sehr; ich habe mich schrecklich gelangweilt* **1.2.** /etw., jmd./ *jmdn.* ~ 'jmdm. Langeweile bereiten, für jmdn. nicht interessant sein'; ANT fesseln (2): *das Buch, Theater-*

stück hat ihn gelangweilt; du langweilst mich! ❖ ↗
Weile; -weilig [vaḭlɪç] ⟨Adj.; Steig. reg.⟩ **1.** ⟨vorw.
attr. u. präd.⟩ ʿvon jmdm. als uninteressant od.
monoton empfunden, sodass ihm die Zeit unange-
nehm langsam vergeht, er sich dabei langweilt
(1.1.)ʾ; ANT interessant: *ein ~er Vortrag; ein ~es
Fernsehprogramm; das Buch ist ~; N ist ein kleines
~es Nest; das ist mir hier zu ~!* **2.** ʿohne Tempera-
ment und in keiner Weise anregendʾ; ANT interes-
sant /auf Personen bez./; ↗ FELD I.6.3: *so ein ~er
Mensch!; er ist mir zu ~!; jmdn. als ~ empfinden* ❖
↗ **Weile; -welle, die 1.** Phys., Rundf. ʿelektroma-
gnetische Welle (4) mit einer großen Wellenlängeʾ
2. ⟨o.Pl.⟩ ʿBereich der Langwellen (1)ʾ; ANT Kurz-
welle (2): *das Programm wird auf, über ~ gesendet,
ist auf ~ zu empfangen* ❖ ↗ **Welle; -wierig** [viːRɪç]
⟨Adj.; Steig. reg.; nicht bei Vb.⟩ ʿschwierig, kom-
pliziert und daher viel Zeit beanspruchendʾ; ↗
FELD VII.2.3: *eine ~e Arbeit; die Verhandlungen
waren sehr ~* ❖ ↗ **¹lang,** ↗ **währen**
Lanze [ˈlantsə], **die**; ~, ~n ʿaus langem Schaft mit
Spitze bestehende mittelalterliche Stichwaffeʾ; ↗
FELD V.6.1 (↗ TABL Hieb- und Stichwaffen)
* /jmd./ **für jmdn., etw. eine ~ brechen** (ʿfür jmdn.,
etw. eintretenʾ)
lapidar [lapiˈdaːR] ⟨Adj.; Steig. reg., ungebr.⟩ ʿkurz
und knapp, ohne weitere Erklärung (1) und mit
großer Wirkungʾ /vorw. auf Äußerungen bez./: *ein
lapidarer Satz, Stil; etw. ~ feststellen, bemerken*
Lappalie [laˈpaːli̯ə], **die**; ~, ~n [..ˈli̯ən] ʿetw. Belang-
loses, Unwichtigesʾ: *sich wegen einer ~ streiten,
aufregen; 100 Mark sind doch eine ~e für dich!; sich
nicht mit ~n aufhalten*
Lappen [ˈlapm̩], **der**; ~s, ~ ʿkleineres Stück Stoff, das
bes. zum Reinigen, Putzen (im Haushalt) benutzt
wirdʾ: *ein sauberer, öliger, nasser, schmutziger ~;
den ~ auswringen; etw. mit einem ~ abwischen; den
Fußboden mit einem ~ wischen* ❖ **Waschlappen**
* **jmdm. durch die ~ gehen 1.** /jmd./ ʿjmdm. entkom-
menʾ: *er ist mir wieder durch die ~ gegangen* **2.**
/etw./ ʿjmdm. entgehenʾ: *das Geschäft ist ihm durch
die ~ gegangen*
läppisch [ˈlɛp..] ⟨Adj.⟩ **1.** ⟨Steig. reg.⟩ SYN ʿalbernʾ:
*~es Gebaren; das ist nichts als ~e Spielerei; sich ~
benehmen; das war einfach ~!* **2.** ⟨Steig. reg., un-
gebr.; nicht bei Vb.⟩ umg. SYN ʿlächerlich (I.2)ʾ:
*das ist für ihn eine ~e Kleinigkeit; sich um ein paar
~e Pfennige streiten; die Angelegenheit ist mir ein-
fach zu ~*
Lärche [ˈlɛRçə], **die**; ~, ~n ʿNadelbaum mit weichen
Nadeln, die im Herbst abfallen (1)ʾ; ↗ FELD II.4.1
(↗ TABL Bäume)
Lärm [lɛRm], **der**; ~s/auch ~es, ⟨o.Pl.⟩ ʿals störend,
belästigend empfundene Geräusche von großer
Lautstärkeʾ; SYN Krach (1); ↗ FELD VI.1.1: *es
herrschte ein großer ~ (ANT Ruhe 2.1): ein uner-
träglicher, ohrenbetäubender ~; der ~ der Motoren,
Maschinen, des Verkehrs; die Kinder machten (einen
heillosen) ~; bei dem ~ versteht man ja sein eigenes
Wort nicht; ~ verursachen; den ~ bekämpfen; seine*

*Ansprache ging im ~ der Menschen unter; bei sol-
chem ~ kann ich nicht arbeiten* ❖ **lärmen – Höllen-
lärm**
* /jmd./ **~ schlagen 1.** ʿdurch lautes Rufen Alarm ge-
benʾ: *als er das Feuer bemerkte, schlug er ~* **2.** ʿdie
öffentliche Aufmerksamkeit deutlich (1) auf etw.
Bedrohliches, auf etw., was dringend verändert
werden müsste, lenkenʾ: *da muss man endlich mal
~ schlagen, sonst ändert sich nichts;* **viel ~ um nichts**
(ʿviel Aufhebens, Rummel 1 um eine nichtige Ange-
legenheitʾ)
lärmen [ˈlɛRmən] ⟨reg. Vb.; hat⟩ /etw., jmd./ ʿLärm
verursachenʾ; ↗ FELD VI.1.2: *der Motor, das Ra-
dio lärmt ununterbrochen; die Kinder ~ im Garten;
eine ~de Menge* ❖ ↗ **Lärm**
Larve [ˈlaRfə], **die**; ~, ~n **I.** ʿInsekt od. bestimmtes
Tier in einer bestimmten Phase seiner Entwicklung
(1) nach dem Schlüpfen aus dem Ei, das sich äußer-
lich vom geschlechtsreifen Tier völlig unterscheidet
und sich erst nach seiner Metamorphose (1.2) in
dieses verwandeltʾ; ↗ FELD II.3.1: *die ~ eines
Schmetterlings, Käfers, Froschs; die ~ schlüpft aus
dem Ei; die ~ verpuppt sich* – **II.** ʿMaske (1.1.), die
das Gesicht od. seinen oberen Teil verdecktʾ: *eine
~ aufsetzen; das Gesicht hinter einer ~ verstecken*
❖ **zu (II): entlarven**
las: ↗ **lesen**
lasch [laʃ] ⟨Adj.; Steig. reg.; vorw. attr. u. präd.⟩ umg.
1.1. ʿkraftlos und ohne Energieʾ; ANT kräftig
(1.2.): *ein ~er (SYN schlaffer 1.3) Händedruck;
eine ~e Spielweise;* vgl. schlapp 1.2. ʿohne Bereit-
schaft, sich energisch für etw. einzusetzen od. etw.
energisch durchzusetzen (1)ʾ: *eine ~e Haltung; Vor-
schriften nur ~ befolgen; er ist mir zu ~; eine ~e
(ʿnicht konsequent anwendbareʾ) Gesetzgebung;
~e Vorschriften*
Lasche [ˈlaʃə], **die**; ~, ~n ʿmeist schmales, längliches
Teil aus Stoff, Leder, das als Verschluss od. Teil
eines Verschlusses von Gegenständen (1) dientʾ: *die
~ des Gürtels, der Buchhülle; die ~ am Schuh ist
abgerissen*
lassen [ˈlasn̩] (er lässt [lɛst]), ließ [liːs], hat gelassen;
↗ auch *gelassen* /nach vorangehendem Inf. ohne
zu: hat ... lassen/ **1.** /jmd., Institution/ *jmdn., etw. ...*
⟨+ Inf. ohne *zu*⟩ ʿveranlassen, dass etw. geschieht,
getan wirdʾ: *sie lässt ihn rufen, warten, hat ihn ru-
fen, warten ~; er ließ ihm etw. ausrichten; jmdn. etw.
raten, beschreiben ~; sie hat das Kleid nähen ~; er
ließ sich alles beschreiben, hat sich alles beschreiben
~; jmdn. kommen, gehen ~; ich habe mir sagen ~
(ʿich habe erfahrenʾ), dass ...; ich lasse/Herr Meier
lässt bitten (ʿführen Sie bitte den Besucher herein,
Herr Meier bittet Sie, hereinzukommenʾ)* **2.** /jmd./
etw. aus etw. ⟨Dat.⟩, *in etw. ~* ʿbewirken, dass etw.
aus, in etw. gelangt (1)ʾ: *Wasser in die Wanne ~;
Luft aus dem Reifen ~* **3.** /jmd., Tier, bes. Hund/
jmdn., ein Tier irgendwohin ~ ʿjmdm. gestatten, ei-
nem Tier ermöglichen, sich irgendwohin zu bege-
benʾ: *die Kinder in den Garten ~; er ließ den Hund
auf die Straße, ins Zimmer, den Vogel aus dem Kä-*

fig; der Hund lässt niemanden auf das Grundstück
4. /jmd., Institution/ **4.1.** *jmdn. etw.* ~ ⟨+ Inf. ohne
zu⟩ ˊin jmds. Tun, ein Geschehen nicht eingreifen,
es erlauben, dulden und nicht behindern': *jmdn. re-*
den, gehen, gewähren ~; *er hat ihn schlafen lassen;*
lass ihn doch erzählen!; lass mich das tun!; sich
⟨Dat.⟩ *nichts sagen, gefallen* ~ **4.2.** *jmdm. etw.* ~
ˊjmdm. etw. einräumen (2), gewähren (1)': *jmdm.*
die Wahl, Zeit ~, *etw. Bestimmtes zu tun; den Kin-*
dern ihren Willen ~; *lass ihm seinen Spaß, Glauben!*
5. /etw./ *sich irgendwie* ~ ⟨+ Inf. ohne *zu*⟩ /drückt
ein Pass. aus/: *der Riegel lässt sich schwer, leicht*
öffnen (ˊkann nur schwer, kann leicht geöffnet wer-
den'); *die Türen, Fenster* ~ *sich nicht verschließen*
(ˊkönnen nicht verschlossen werden'); *das Material*
lässt sich gut bearbeiten (ˊkann gut bearbeitet wer-
den'); umg. scherzh. *der Wein lässt sich gut trinken*
(ˊschmeckt gut'); *hier lässt es sich/lässt sich's gut*
aushalten, leben (ˊhier habe ich es gut, geht es mir
gut') **6.** /jmd./ **6.1.** *etw.* ~ ˊetw. unterlassen, nicht
tun (was man tun sollte, möchte)'; SYN sein las-
sen; ANT ¹tun (5): *eigentlich wollte ich mich be-*
schweren, aber ich habe es dann (lieber) gelassen;
lasst doch das Streiten!; lass das!; tu(e), was du
nicht ~ *kannst* **6.2.** ⟨vorw. mit Modalvb., bes. *kön-*
nen, wollen; vorw. verneint⟩ *etw.* ~/ *von etw.* ~ ˊmit
etw., das zur Gewohnheit geworden ist, aufhören':
er kann, will das Rauchen nicht ~; *er kann vom Al-*
kohol (ˊdas Trinken') *nicht* ~; *von jmdm. nicht* ~
können: er kann, will nicht von ihr ~ (ˊer kann, will
die Beziehungen zu ihr nicht abbrechen') **7.** /jmd./
etw. irgendwo ~ ˊetw. irgendwo zurücklassen (1)':
den Mantel in der Garderobe ~; *wo kann ich meine*
Tasche solange ~?; *wo habe ich meine Brille, den*
Schlüssel gelassen? **8.** ⟨nur im Imp.⟩ /jmd./ /drückt
eine Aufforderung aus, die jmd. an einen anderen
an andere richtet, in die er sich aber selbst einbe-
zieht/ *lass uns, lasst uns* ⟨+ Inf. ohne *zu*⟩: *lasst uns*
gehen (ˊich schlage vor, dass wir beide, wir alle jetzt
gehen') ❖ **entlassen, Entlassung, erlassen (2), lässig,**
¹verlassen, ²verlassen, zerlassen – ablassen, Anlass,
anlassen (2), auflassen, ausgelassen, auslassen, da-
lassen, durchlassen, durchlässig, Einlass, einlassen,
freilassen, gottverlassen, herablassen, herablassend,
lockerlassen, loslassen, Nachlass, nachlassen, nie-
derlassen, überlassen, unablässig, Unterlass, unter-
lassen, veranlassen, Veranlassung, vernachlässigen,
vorbeilassen, weglassen, zulassen, zulässig, zurück-
lassen; vgl. **gelassen**

lässig [ˈlɛsɪç] ⟨Adj.; Steig. reg.⟩ ˊim Verhalten selbst-
bewusst, zwanglos und locker (3.2)'; ANT steif (4):
eine ~*e Haltung; eine* ~*e Art haben; er saß* ~ *im*
Sessel; sie hat sich das Tuch ~ *um die Schulter ge-*
legt; ~ *grüßen;* ~ (ˊsportlich und bequem wir-
kend') *angezogen sein* ❖ ↗ **lassen**

lässt: ↗ *lassen*

Last [last], **die;** ~, ~**en 1.1.** ˊetw. von größerem Ge-
wicht, das getragen, transportiert, bewegt wird':
eine schwere ~ *tragen, aufgeladen bekommen; einen*
Esel mit ~*en beladen;* ~*en heben, mit dem Kran*

befördern **1.2.** ⟨vorw. Sg.⟩ ˊgrößeres Gewicht, das
auf etw., jmdm. ruht': *die* ~ *ist für den Wagen, die*
Brücke zu groß; er keuchte unter der ~ **2.** ⟨vorw.
Sg.⟩ ˊpsychische und physische Belastung': *die* ~
des Amtes, Alters; das Leben wurde ihr allmählich
zur ~; *jmdm. eine* ~ *vom Herzen, von der Seele*
nehmen (ˊjmdn. von einer Sorge (1) befreien') **3.**
⟨nur im Pl.⟩ ˊfinanzielle Verpflichtungen': *steuerli-*
che ~*en; zu jmds.* ~*en/auch zulasten: die Kosten*
gehen zu ~*en des Klägers, Herstellers* (ˊder Kläger,
Hersteller muss die Kosten tragen') ❖ **belasten, Be-**
lastung, belästigen, lasten, ²Laster, lästig – Ballast,
auslasten, Lastkraftwagen; vgl. **LKW**
* /jmd./ **jmdm. zur** ~ **fallen** ˊjmdm. Mühe, Arbeit,
Kosten verursachen und dadurch lästig werden':
der Kranke wollte seiner Familie nicht zur ~ *fallen;*
/jmd., Institution/ ⟨vorw. im Pass.⟩ **jmdm. etw. zur**
~ **legen** ˊjmdn. eines Vergehens beschuldigen': *man*
hat ihm zur ~ *gelegt, es wird ihm zur* ~ *gelegt, dass*
...; ihm wurden mehrere Einbrüche zur ~ *gelegt*

lasten [ˈlastn̩], lastete, hat gelastet **1.** /etw./ *auf etw.*
⟨Dat.⟩, *jmdm.* ~ ˊsich mit seinem Gewicht (1) auf
etw., jmdm. befinden': *der Schnee lastet auf dem*
Dach; der Rucksack lastet schwer auf meinem Rü-
cken; **2.** /etw./ *auf jmdm.* ~ ˊjmdn. psychisch und
physisch belasten (3.1)': *die ganze Verantwortung,*
Arbeit lastete auf ihm **3.** /etw./ *auf etw.* ⟨Dat.⟩ ~
ˊetw. finanziell stark belasten (4)': *auf dem Haus,*
Grundstück lastet eine Hypothek ❖ ↗ **Last**

¹Laster [ˈlastɐ], **das;** ~s, ~ ˊausschließlich auf Genuss
gerichtete und in Maßlosigkeit ausgeartete Ge-
wohnheit'; ↗ FELD I.12.1: *einem* ~ *frönen; ich*
habe nur ein ~, *und das ist das Rauchen; das Essen,*
Trinken kann zum ~ *werden; etw. ist bei jmdm. zum*
~ *geworden; gegen ein* ~ *ankämpfen*

²Laster, der; ~s, ~ umg. ˊLastkraftwagen'; ↗ FELD
VIII.4.1.1: *ein schwerer, voll beladener* ~; *einen* ~
fahren; der ~ *hat eine Havarie verursacht, ist gegen*
die Leitplanke geprallt ❖ ↗ **Last**

lästern [ˈlɛstɐn] ⟨reg. Vb.; hat⟩ /jmd./ *über jmdn., etw.*
~ ˊüber jmdn., bes. eine abwesende Person, über
etw. abfällig, boshaft od. spöttisch reden': *sie läs-*
terten über ihren Chef; über ihn wurde oft gelästert
❖ ↗ **Last**

lästig [ˈlɛstɪç] ⟨Adj.; Steig. reg.⟩ ˊals störend und un-
angenehm empfunden'; ANT angenehm: *ein* ~*er*
Mensch; eine ~*e Pflicht;* ~*e Fragen; ein* ~*er Ge-*
ruch, Lärm; die Fliegen sind heute wieder ~; *jmd.,*
etw. wird/ist jmdm. ~; *etw. fällt jmdm.* ~ ❖ ↗ **Last**

Last|kraft|wagen [ˈlastkraft..], **der;** ABK: LKW, Lkw
ˊKraftwagen mit zwei od. mehreren Achsen (1) und
einer Ladefläche zur Beförderung von Lasten von
über 1 bis 12 Tonnen'; ↗ FELD VIII.4.1.1 ❖ ↗
Last, ↗ **Kraft,** ↗ **Wagen;** vgl. **LKW**

latent [laˈtɛnt] ⟨Adj.; o. Steig.⟩ ˊals Möglichkeit vor-
handen, aber noch nicht wirksam (1)' /auf Abstrak-
tes bez./: *eine* ~*e Krise, Gefahr; zwischen beiden*
Ländern gibt es ~*e Spannungen; etw. ist* ~ *vorhan-*
den; eine ~*e Krankheit* (ˊeine Krankheit, die noch
nicht typische Symptome zeigt')

Laterne [la'tɛʀnə], **die**; ~, ~n 'Lampe für die Nutzung im Freien, die durch ein Gehäuse (3) (aus Glas und Metall) geschützt wird' (↗ TABL Beleuchtung): *eine ~ anzünden, auslöschen, ausblasen; im Schein, Licht der ~; die ~n brennen schon; über der Tür hängt, im Garten steht eine ~; eine ~ mit einer Kerze, Glühbirne*

latschen ['laːtʃn̩] ⟨reg. Vb.; ist⟩ umg. **1.** /jmd./ **1.1.** 'schwerfällig od. nachlässig (mit den Schuhen auf dem Boden schleifend) gehen': *latsch nicht so!; irgendwohin ~: er ist über den Hof, Rasen, über die Straße, durch die Wohnung gelatscht* **1.2.** emot. neg. *irgendwohin ~* 'irgendwohin gehen'; ↗ FELD I.7.2.2: *morgen muss ich wieder zum Arbeitsamt ~* ❖ **Latschen**
* /jmd./ **jmdm. eine ~** ⟨hat⟩ 'jmdm. eine Ohrfeige geben': *wegen seiner Äußerung hat er ihm einfach eine gelatscht!*

Latschen, der; ~s, ~ umg. **1.** SYN 'Pantoffel': *wo steckt denn der andere ~?; er empfing uns in ~* **2.** ⟨vorw. Pl.⟩ emot. 'alter, abgetragener (2) Schuh': *alte, durchgelaufene ~; was hast du denn für ~ an?; die ~ kannst du nicht mehr anziehen* ❖ ↗ **latschen**
* /jmd./ **aus den ~ kippen** 'in Ohnmacht fallen': *bei jeder Kleinigkeit kippt sie gleich aus den ~; er ist aus den ~ gekippt*

Latte ['latə], **die**; ~ ' ~n **1.** 'langes, schmales Stück Schnittholz mit meist rechteckigem Querschnitt': *die ~n sind morsch, zerbrochen; ein Gerüst aus ~n; eine ~ annageln, abreißen; am Zaun fehlt eine ~* **2.** ⟨vorw. Sg.⟩ spött. *lange ~* 'ein großer, hagerer Mensch': *er ist eine lange ~; wer ist die lange ~?* **3.** *eine (lange) ~* ⟨+ Attr.⟩ 'eine große Menge': *eine lange, große, mächtige ~ von Aufgaben, Wünschen, Vorstrafen, Schulden haben*

Latz [lats], **der**; ~es, Lätze ['lɛtsə] **1.** 'Tuch, das kleinen Kindern beim Essen vor die Brust gebunden wird, um die Kleidung zu schützen': *einen ~ umbinden; den ~ abnehmen* **2.** 'an Röcke, Hosen, Schürzen angesetztes Stück Stoff, das die Brust bedeckt und mit Trägern gehalten wird': *eine Hose, ein Rock mit ~*
* umg. /jmd./ **jmdm. einen/eins vor den ~ knallen** 'jmdm. von vorn einen kräftigen Schlag versetzen': *er hat ihm einen, eins vor den ~ geknallt*

lau [lau] ⟨Adj.; o. Steig.; nicht bei Vb⟩ **1.1.** SYN 'lauwarm' /vorw. auf Flüssigkeiten bez./; ↗ FELD VI.5.3: *der Kaffee ist (nur) ~; die Suppe, das Wasser war nur ~* **1.2.** 'von angenehmer milder Temperatur': *es war eine ~e Sommernacht; ein ~er Regen; vgl. milde (3)* **2.** 'weder eindeutig ablehnend noch zustimmend': *eine ~e Haltung, Stimmung, Reaktion; ein ~er Applaus; ein ~es ('mäßiges') Interesse; die Bürger waren ~ und träge* ❖ **lauwarm**

Laub [laup], **das**; ~s/auch ~es, ⟨o.Pl.⟩ 'Gesamtheit der Blätter eines Baums, von Bäumen, eines Strauchs, von Sträuchern, die in der Regel im Herbst abfallen'; ↗ FELD II.4.1: *dichtes, frisches, grünes ~; das ~ färbt sich, wird bunt; buntes, welkes ~; die Färbung des ~es; das ~ fällt von den Bäumen; das ~ zusammenkehren, -harken* ❖ **Espenlaub, Laubbaum, -frosch, -wald**

Laub|baum ['..], **der** 'Baum, der Blätter (1) trägt'; ↗ FELD II.4.1: *der Wald besteht aus Laubbäumen und Nadelbäumen* ❖ ↗ **Laub,** ↗ **Baum**

Laube ['laubə], **die**; ~, ~n 'kleines leicht gebautes, einfaches Haus (aus Holz) in einem Garten'; ↗ FELD V.2.1: *eine hübsche ~; eine ~ aus Brettern; die ~ streichen; im Sommer in der ~ wohnen*

Laub ['laup..]**|-frosch, der** 'im Klettern gewandter grüner Frosch, der meist auf Sträuchern lebt'; ↗ FELD II.3.1 ❖ ↗ Laub, ↗ Frosch; **-wald, der** 'Wald, der nur aus Laubbäumen besteht'; ↗ FELD II.4.1: *ein grüner ~; der ~ färbt sich* ❖ ↗ Laub, ↗ Wald

Lauch [laux], **der**; ~s/auch ~es, ~e 'in zahlreichen Arten vorkommende Pflanze mit weißen, roten od. gelben Dolden, die aus einer Zwiebel (3) wächst und zu der auch *Porree, Zwiebel* und *Schnittlauch* zählen': *ein Salat mit frischem ~* ('mit dem frischen Kraut der Zwiebel, mit Schnittlauch') ❖ **Schnittlauch**

Lauer ['lauɐ], **die**
* /jmd./ **auf der ~ liegen** ('in Erwartung von etw. von einem Versteck aus heimlich und unauffällig bestimmte Vorgänge aufmerksam beobachten'); /jmd./ **sich auf die ~ legen** ('sich in ein Versteck begeben, um von dort aus in Erwartung von etw. heimlich und unauffällig bestimmte Vorgänge aufmerksam beobachten')

lauern ['lauɐn] ⟨reg. Vb.; hat⟩ /jmd., Tier/ *auf jmdn., etw.* 'versteckt, in hinterhältiger Absicht auf jmdn., etw. warten': *er lauerte hinter der Tür auf den Einbrecher; die Spinne lauert in ihrem Netz auf Beute; die Katze sitzt vor dem Loch und lauert auf die Maus;* METAPH emot. *an dieser Kurve lauert der Tod; hier ~ viele Gefahren*

Lauf [lauf], **der**; ~s/auch ~es, Läufe ['lɔifə] **1.1.** ⟨vorw. Sg.⟩ 'das Laufen (2.1), die (schnelle) Fortbewegung zu Fuß'; ↗ FELD I.7.2.1: *in schnellem ~; mitten im ~ stoppen, anhalten; seinen ~ unterbrechen; der weiche Boden hemmte seinen ~; sich in ~ setzen* ('zu laufen beginnen') **1.2.** 'das Laufen (2.1) über eine bestimmte Distanz (2) als sportlicher Wettkampf'; ↗ FELD I.7.4.1: *der ~ über 100 Meter; zum 2. ~ antreten; einen ~ gewinnen* **2.** ⟨o.Pl.⟩ 'Verlauf (1.1) eines Vorgangs, Prozesses, einer Entwicklung'; ↗ FELD X.1: *den Prozess in seinem ~ nicht beeinflussen können; das ist der ~ der Welt* ('so geht es im Leben vor sich'); *im ~e/* 'während': *im ~/~e des, eines Jahres, Lebens, Sommers; was sich doch alles im ~e eines Jahres ereignen kann!* **3.** *der ~* (SYN 'Verlauf 2') *des Flusses; den ~ des Baches verfolgen; der ~* ('die Bahn') *der Sonne, Gestirne* **4.** 'Rohr von Handfeuerwaffen': *der ~ eines Gewehrs, einer Pistole; den ~ putzen, reinigen* ❖ ↗ **laufen**
* /jmd./ etw. ⟨Dat.⟩ **freien ~ lassen** 'zulassen, dass sich eine Sache ungehindert, frei entwickelt': *er ließ seiner Phantasie freien ~, hat seiner Phantasie*

freien ~ *gelassen;* /etw./ **seinen ~ nehmen** ˈfolgerichtig ohne weiteres Zutun ablaufen und nicht aufzuhalten seinˈ: *das Unglück nahm seinen* ~; **im ~e/~ der Zeit** ˈ/bezieht sich aufˈ etw. Zukünftiges od. Vergangenes/: *im* ~*e der Zeit wird sich das schon geben, hat sich das dann gegeben*

Lauf|bahn [ˈlɑuf..], *die* ˈberufliche Entwicklungˈ: *eine wissenschaftliche, künstlerische* ~; *eine politische* ~ *einschlagen* ❖ ↗ **laufen,** ↗ **Bahn**

laufen [ˈlɑufn̩] (er läuft [lɔift]), lief [liːf], ist/hat gelaufen; ↗ *auch laufend* **1.** ⟨ist/hat⟩ /jmd./ **1.1.** ⟨ist⟩ SYN ˈgehen (1.1.)ˈ; ↗ FELD I.7.2.2, II.3.2: *das Kind konnte bereits mit einem Jahr* ~; *wollen wir* ~ *od. mit dem Rad fahren?; barfuß, rückwärts* ~; *er lief im Zimmer hin und her; kannst du wieder* ~ (ˈselbständig gehen 1.1.ˈ) *oder brauchst du noch den Stock?; in diesen Schuhen kann ich nicht* ~; *im Urlaub sind wir viel gelaufen* (SYN ˈgewandert, ↗ *wandern* 1.1ˈ) **1.2.** ⟨ist⟩ *irgendwohin* ~ SYN ˈirgendwohin gehen (1.2)ˈ: *er läuft geradeaus, zum Bahnhof, über die Straße, um die Ecke* **1.3.** ⟨ist⟩ umg. *irgendwohin* ~ ˈaus Gewohnheit immer wieder irgendwohin gehen (3.1)ˈ: *er läuft alle Tage ins Wirtshaus; er läuft wegen jeder Kleinigkeit zum Arzt; sie läuft in jeden Film* (ˈsieht sich jeden Film im Kino anˈ) **1.4.** ⟨ist⟩ *zu jmdm.* ~ ˈzu jmdm. gehen (1.2), um etw. zu kaufen, zu bekommenˈ: *ich muss noch zum Fleischer, Bäcker* ~; *nach etw.* ~: *nach diesem Buch bin ich lange gelaufen* (ˈich habe viele Wege zurücklegen müssen, um dieses Buch zu bekommenˈ) **1.5.** ⟨hat⟩ *sich* ⟨Dat.⟩ *etw.* ~ ˈdurch langes, häufiges Gehen sich einen Schaden zufügenˈ: *ich habe mir Blasen, die Füße wund gelaufen* **1.6.** ⟨hat⟩ *sich müde* ~ (ˈvom langen, häufigen Gehen 1.1 müde werdenˈ) **1.7.** ⟨hat⟩ *in diesen Schuhen läuft es sich gut, schlecht* (ˈin diesen Schuhen kann man gut, schlecht gehen 1.1ˈ) **2.1.** ⟨ist⟩ /jmd., Tier/ ˈsich schnell so fortbewegen, dass beide Füße kurz nicht od. nur ein Fuß den Boden berührtˈ: *um die Wette* ~; *er lief, so schnell er konnte; ich muss* ~, *um den Bus zu kriegen; das Pferd läuft im Galopp* **2.2.** ⟨ist/hat⟩ /jmd./ *etw.* ~ ˈim Laufen (2.1) etw., bes. einen Rekord, in einem sportlichen Wettkampf erreichenˈ: *er ist Bestzeit, 100 Meter in 10 Sekunden gelaufen; sie ist, hat einen neuen Rekord gelaufen* **2.3.** ⟨ist/hat⟩ /jmd./ ˈsich mit einem Sportgerät an den Füßen (im sportlichen Wettkampf schnell od. kunstvoll) bewegenˈ; ↗ FELD I.7.4.2: *Schlittschuh, Ski, Rollschuh* ~; *ich bin, habe früher viel Ski gelaufen* **3.** ⟨ist⟩ **3.1.** /etw./ ˈsich in bestimmter Weise, Richtung bewegenˈ: *die Finger der Pianistin* ~ *über die Tasten; die Masche läuft* (ˈlöst sich und bewegt sich in einer Linie auf- od. abwärts, sodass eine Laufmasche entstehtˈ); METAPH *ein Zittern, Schaudern lief durch ihren Körper; ein Gemurmel lief durch die Reihen* **3.2.** /Maschine, Gerät/ ˈin Betrieb seinˈ: *die Maschine läuft (auf vollen Touren, ruhig, einwandfrei); die Kamera, das Tonband läuft; das Radio läuft den ganzen Tag* **4.** ⟨ist⟩ /Fahrzeug/ **4.1.** *irgendwohin* ~ ˈirgendwohin fahrenˈ: *der Zug läuft*

in den Bahnhof; das Schiff läuft aus dem Hafen, in den Hafen; das Schiff ist auf Grund gelaufen; das Schiff läuft vom Stapel (ˈwird nach seinem Bau zu Wasser gelassenˈ) **4.2.** *etw.* ~ SYN ˈeine bestimmte Strecke. Geschwindigkeit fahren (1)ˈ: *der Wagen ist erst 1000 km gelaufen; der Wagen läuft 150 Stundenkilometer* (ˈfährt bis zu 150 Kilometer pro Stundeˈ) **5.** ⟨ist⟩ /etw., bes. Flüssigkeit/ *irgendwoher, irgendwohin* ~ ˈirgendwoher, irgendwohin fließen (1)ˈ: *das Wasser läuft aus der Leitung, in die Wanne; das Regenwasser ist in den Gully, den Keller gelaufen; ihm lief der Schweiß über die, von der Stirn; die Tränen* ~ (SYN ˈrollen 1.2ˈ) *über ihre Wangen/liefen ihr über die Wangen; der Hahn läuft* (ˈist aufgedreht od. nicht dicht und das Wasser fließt od. tropftˈ) **6.** ⟨ist⟩ *ein Film läuft* ˈein Film wird gezeigt, steht auf dem Programmˈ: *der Film läuft in allen Kinos, seit Freitag, die dritte Woche* **7.** ⟨ist⟩ /etw., bes. eine Angelegenheit/ ˈirgendwie vonstatten gehen, einen bestimmten Verlauf nehmenˈ: *die Dinge* ~ *lassen; die Sache läuft wie geplant, kann so* ~; *es läuft gut; der Verkehr läuft wieder normal; die Verhandlungen sind nicht so gelaufen, wie wir hofften; diese Vorlesung läuft parallel mit dem/zum Seminar; mein Antrag läuft* (ˈist eingereicht und wird bearbeitetˈ) **8.** ⟨ist⟩ /etw./ ˈsich über einen bestimmten Zeitraum aufgrund einer Festlegung erstrecken (2) und gültig seinˈ: *der Vertrag läuft zwei Jahre; das Anrecht läuft bis Ende der Spielzeit* ❖ **belaufen, entlaufen, geläufig, Lauf, laufend, Läufer, Verlauf, verlaufen** – **Ablauf, ablaufen, Auflauf, auflaufen, Auslauf, auslaufen, Ausläufer, Blutkreislauf, durchlaufen, einlaufen, Eiskunstlauf, Kreislauf, Kurzstreckenlauf, langlebig, Langstreckenlauf, Laufbahn, -feuer, -masche, -pass, -steg, Lebenslauf, Marathonlauf, Mitläufer, nachlaufen, Staffellauf,** [1,2]**überlaufen, Umlauf, umlaufen, Vorläufer, Wasserkreislauf, weglaufen, weitläufig, Wettlauf, Zulauf, zulaufen, zuwiderlaufen**

* umg. *etw. läuft wie geschmiert* ˈetw. verläuft (6) reibungslosˈ: *die Verhandlungen laufen wie geschmiert*

laufend [ˈlɑufn̩t] ⟨Adj.; o. Steig.; nicht präd.; ↗ *auch laufen*⟩ **1.1.** ⟨nur attr.⟩ *die* ~*en Ausgaben, Einkünfte* (ˈdie Ausgaben, Einkünfte, die ständig, gewöhnlich anfallenˈ) **1.2.** SYN ˈununterbrochenˈ: *eine* ~*e Verbesserung der Methoden; es wird* ~ *an der Verbesserung gearbeitet; er hat* ~ *zu tun; die Telefonnummer ist* ~ *besetzt* **2.** ⟨nur attr.⟩ /beschränkt verbindbar/: *das* ~*e Jahr* (ˈdas gerade ablaufende Jahrˈ) **3.** ˈunmittelbar aufeinander folgendˈ: *die* ~*en Nummern einer Zeitschrift;* ~ *nummerierte Tabellen* ❖ ↗ **laufen**

* /jmd./ **auf dem Laufenden sein 1.** ˈüber den neuesten Stand der Ereignisse, Entwicklung unterrichtet seinˈ: *beim Literaturstudium bin ich auf dem* ~ **2.** ˈdie anfallenden erforderlichen Arbeiten fristgemäß geschafft habenˈ: *ich bin bei meiner Arbeit auf dem* ~; /jmd./ **jmdn. auf dem Laufenden halten** ˈjmdn. ständig über den Fortgang der Ereignisse informierenˈ: *halte mich bitte auf dem* ~

laufen lassen (er lässt laufen), ließ laufen, hat laufen lassen/auch laufen gelassen /jmd., Institution/ *jmdn.* ~ ʼjmdn. ohne Strafe freilassenʼ: *nach dem Verhör haben sie ihn wieder ~; wer hat den Dieb, ihn ~/ laufen gelassen?*

Läufer [ˈlɔɪfɐ], **der**; ~s, ~ **1.** ʼLeichtathlet, der über bestimmte Distanzen in sportlichen Wettbewerben läuftʼ; ↗ FELD I.7.4.1: *er ist ein guter ~; die ~ gehen an den Start* **2.** ʼlanger, schmaler Teppichʼ: *den ~ im Flur reinigen lassen; den ~ zusammenrollen* **3.** ʼFigur im Schach, mit der nur diagonal gezogen werden darfʼ: *der weiße, schwarze ~* ❖ ↗ **laufen**

Lauf [ˈlauf..]|**-feuer** * /etw./ **sich wie ein ~ verbreiten** ʼsich sehr schnell verbreitenʼ: *das Gerücht, die Nachricht verbreitete sich wie ein ~;* **-masche, die** ʼMasche an gestrickter, gewirkter Ware, bes. an Strümpfen, die sich gelöst hat und sich aufwärts od. abwärts bewegtʼ: *eine ~ haben* ❖ ↗ laufen, ↗ Masche; **-pass, der** * umg. /jmd./ **jmdm. den ~ geben** ʼdie Beziehungen zu jmdm. beendenʼ: *endlich hat sie ihm den ~ gegeben;* **-steg, der 1.1.** ʼschmaler Steg (2), über den man zu etw., meist zu einem Schiff, gelangen kannʼ: *über den ~ aufs Schiff gehen; den ~ einziehen* **1.2.** ʼerhöhter Steg (1), auf dem Mannequins hin und her laufen und Modelle (1.2.2) vorführenʼ ❖ ↗ laufen, ↗ Steg

läuft: ↗ laufen

Lauge [ˈlaugə], **die**; ~, ~n **1.** ⟨o.Pl.⟩ ʼWasser, in dem Waschmittel gelöst istʼ: *die ~ verdünnen, weggießen, abpumpen* **2.** ʼwässrige Lösung, die sich aus der Verbindung von Wasser und bestimmten Stoffen, bes. Salzen, ergibtʼ: *~ färbt das Lackmuspapier blau*

Laune [ˈlaunə], **die**; ~, ~n **1.** ⟨o.Pl.⟩ ʼbestimmte vorübergehende Stimmung (1)ʼ; ↗ FELD I.2.1: *er hat heute gute, schlechte ~; er ist bei guter, schlechter ~; jmdm. die gute ~ verderben; jmdn. bei ~ halten* (ʼin eigenem Interesse zu erreichen versuchen, dass jmd. seine gute Stimmung, sein Interesse an etw. behältʼ) **2.** ⟨nur im Pl.⟩ ʼunmotiviert wechselnde Stimmungenʼ: *er hat so seine ~n; unter jmds. ~n leiden müssen, zu leiden haben; seine ~n an anderen auslassen* ❖ **gelaunt, launig, launisch**

launig [ˈlaunɪç] ⟨Adj.; Steig. reg.⟩ ʼvon guter Laune zeugendʼ: *eine ~ Ansprache; ~e Bemerkungen, Verse; ~ plaudern* ❖ ↗ **Laune**

launisch [ˈlaun..] ⟨Adj.; Steig. reg.⟩ ʼvoller Launen (2)ʼ; ANT ausgeglichen; ↗ FELD I.2.3: *ein ~es Mädchen; er ~er Mensch; er, sie ist ziemlich ~; sich ~ zeigen* ❖ ↗ **Laune**

Laus [laus], **die**; ~, Läuse [ˈlɔɪzə] ʼin zahlreichen Arten vorkommendes kleines Insekt ohne Flügel, das als Parasit von Menschen und Säugetieren Blut saugtʼ; ↗ FELD II.3.1: *er hat Läuse; Läuse fangen, ablesen* ❖ **lausen – Blattlaus**

* **jmdm. ist eine ~ über die Leber gelaufen** ʼjmd. hat schlechte Laune (1) und reagiert auf alles sehr ärgerlichʼ: *dir ist heute wohl eine ~ über die Leber gelaufen?;* /jmd./ **jmdm. eine ~ in den Pelz setzen**

ʼjmdn. verärgern, jmdm. Schwierigkeiten, Verdruss bereitenʼ: *mit dieser Entscheidung hat man ihm ja eine mächtige ~ in den Pelz gesetzt*

Laus|bub [ˈlaus..], **der** umg. scherzh. ʼfrecher, kleiner Junge, der zu allerlei Streichen aufgelegt istʼ: *er ist ein richtiger ~!; so ein ~!* ❖ ↗ **Bub**

Lausch|angriff [ˈlauʃ..], **der** ʼgeheime Überwachung der (Telefon)gespräche von Personen, die als kriminell, gefährlich eingestuft werdenʼ

lauschen [ˈlauʃn̩] ⟨reg.Vb.; hat⟩ /jmd./ **1.1.** *an etw.* ⟨Dat.⟩ ~ SYN ʼan etw. horchen (1)ʼ; ↗ FELD I.3.2.2: *jmd lauscht neugierig, angespannt am Schlüsselloch, an der Tür, Wand; du hast wohl gelauscht* (ʼhast heimlich zugehörtʼ)? **1.2.** *jmdm., etw.* ⟨Dat.⟩ ~ ʼjmdm., einer Sache aufmerksam zuhörenʼ: *er lauschte aufmerksam, andächtig dem Gesang, seinen Worten* **1.3.** *irgendwohin* ~: *er lauschte ins Dunkel, in die Nacht* (ʼhorchte ins Dunkel, in die Nacht, ob etw. zu hören wäreʼ) ❖ **belauschen**

lauschig [ˈlauʃɪç] ⟨Adj.; Steig. reg., ungebr.; nicht bei Vb.; vorw. attr.⟩ /beschränkt verbindbar/ **1.1.** ʼverborgen gelegen und anheimelndʼ: *ein ~es Plätzchen; die Altstadt mit ihren ~en Ecken und Winkeln* **1.2.** *eine ~e* (ʼstille, laue und anheimelndeʼ) *Nacht*

Lause|junge [ˈlauzə..], **der** umg. scherzh. ʼfrecher Jungeʼ: *so ein ~!* ❖ ↗ **Junge**

lausen [ˈlauzn̩] ⟨reg. Vb.; hat⟩ /jmd., Tier, bes. Affe/ *sich, jmdn., ein Tier* ~ ʼsich, jmdn., ein Tier mit den Fingern nach Läusen absuchenʼ: ⟨rez.⟩ *die Affen ~ sich (gegenseitig)* ❖ ↗ **Laus**

lausig [ˈlauzɪç] **I.** ⟨Adj.⟩ umg. emot. **1.** ⟨Steig. reg.; nicht bei Vb.⟩ ʼunangenehm, widerwärtigʼ: *N ist ein ~es Nest; es waren ~e Zeiten; die Zeiten sind ~* **2.** ⟨o. Steig.; nur attr.⟩ ʼlächerlich geringʼ: *auf diese ~en zwei Mark kann ich nun auch verzichten!; der mit seinem ~en Stipendium, Gehalt!; lass deine ~en Groschen stecken* **3.** ⟨o. Steig.⟩ ʼsehr großʼ /bewertet das durch das Bezugswort Genannte neg./: *eine ~e Kälte* – **II.** ⟨Adv.; vor Adj., Adv.⟩ ʼüberausʼ: *das tut ~ weh; es ist ~ kalt*

¹laut [laut] ⟨Adj.⟩ **1.** ⟨Steig. reg.⟩ ʼkräftig (4) im Ton und weit zu hörenʼ; ANT leise (1) /vorw. auf Geräusche bez./; ↗ FELD VI.1.3: *~er Beifall, Gesang; ~e Musik; ein ~es Gelächter; man hörte einen ~en Schrei; mit ~er Stimme sprechen; sprich ~er!; seid nicht so ~, ihr stört!; er ist ~ geworden* (ʼhat sich erregt und jmdn. angeschrienʼ) **2.** ⟨o. Steig.⟩ /etw., bes. Ereignis, Äußerung/ ~ *werden* ʼbekannt werdenʼ: *der Vorfall darf auf keinen Fall ~ werden!; als der Vorfall ~ wurde, …; es ist der Wunsch ~ geworden* (ʼwiederholt geäußert wordenʼ), *dass darüber abgestimmt wird/darüber abzustimmen ist* ❖ ↗ **Laut**

²laut ⟨Präp. mit Gen. od. Dat.; meist o. Kasusforderung; vorangestellt⟩ oft amtsspr. /modal; gibt an, dass der genaue Wortlaut eines Textes gemeint ist/: ~ *Befehl hat die Kompanie in N Stellung zu beziehen;* ~ *Verordnung vom Juli 1990 …;* ~ *Fahrplan müsste in fünf Minuten der Zug ankommen;* ~ *ärztlichem Gutachten ist der gesundheitliche Schaden*

des Patienten nicht auf den Unfall zurückzuführen; ~ *amtlichem Nachweis sind diese Gelder unterschlagen worden* ❖ ↗ **Laut**
MERKE Zum Verhältnis von *laut, entsprechend, gemäß, nach, zufolge:* ↗ *entsprechend* (Merke)
Laut, der; ~s/auch ~es, ~e **1.1.** ˈakustische Erscheinung, die in der Kehle (1) eines Menschen od. Tiers durch die Stimmbänder hervorgebracht wirdˈ: *ein klagender, unartikulierter, unverständlicher* ~ **1.2.** ˈLaut (1.1) als kleinste Einheit der menschlichen Sprache, die in mündlicher und schriftlicher Form existiertˈ: *der* ~ *A, T, SCH; das System der* ~*e einer Sprache; ein gutturaler, dentaler* ~; *einen* ~ *bilden, hervorbringen, nachsprechen* **2.** ˈGeräusch, Ton (1)ˈ; ↗ FELD VI.1.1: *seltsame, geheimnisvolle* ~*e; der entfernte* ~ *einer Glocke; keinen* ~, *nicht den leisesten* ~ *hören; es regte sich kein* ~ ❖ **¹,²laut, lauten, läuten, vorlaut, Wortlaut;** vgl. **laut/Laut-**
lauten [ˈlautn̩], lautete, hat gelautet **1.1.** /etw., bes. Äußerung/ *irgendwie* ~ ˈeinen bestimmten Wortlaut habenˈ: *wie lautet der Auftrag, Befehl, der Originaltext?; ihre Antwort lautete: nein; die Verordnung lautet folgendermaßen: …* **1.2.** /etw., bes. Text/ *auf etw.* ~ ˈeine verbindliche Festlegung enthaltenˈ: *das Urteil lautet auf Freispruch, Mord; die Papiere* ~ *auf meinen Namen* (ˈsind auf meinen Namen ausgestelltˈ) ❖ ↗ **Laut**
läuten [ˈlɔitn̩], läutete, hat geläutet **1.1.** /Glocke/ ˈin Schwingungen gebracht werden und dadurch ertönenˈ: *die Kirchenglocken* ~; *die Glocken* ~ *vom Turm, Dom; es läutet zur Pause, zu Mittag* **1.2.** /jmd./ *eine Glocke* ~ ˈeine Glocke zum Ertönen bringenˈ: *der Küster läutet die Glocke* **2.** landsch., bes. süddt., österr. **2.1.** /jmd./ ˈdie Klingel betätigenˈ: *sie läutete ungeduldig, stürmisch; sie läutete an der Wohnungstür, aber niemand öffnete* **2.2.** *etw. läutet* ˈetw. klingelt (1.1)ˈ: *der Wecker hat schon geläutet; das Telefon läutet; es hat eben geläutet* ❖ ↗ **Laut**
* /jmd./ **etw. ~ hören** ˈvon etw. nur als Andeutung, Gerücht, ohne genaue Informationen hörenˈ: *ich habe neulich (davon)* ~ *hören, dass du die Arbeit wechseln willst?*
lauter [ˈlautɐ] **I.** ⟨Adj.; nicht bei Vb.⟩ geh. **1.** ⟨Steig. reg., ungebr.; nur attr.⟩ SYN ˈ¹rein (1.1)ˈ: ~*es Gold; eine* ~*ere* (SYN ˈklare 1.1ˈ) *Quelle;* METAPH *er spricht die* ~*e Wahrheit* **2.** ⟨Steig. reg., Komp. ungebr.⟩ ˈaufrichtig und ehrlich (2)ˈ /als Eigenschaft einer Person/: ↗ FELD I.12.3: *ein* ~*er Mensch; ein* ~*er* (SYN ˈ¹gerader I.2ˈ) *Charakter;* ~*e Motive, seine Motive waren* ~ – **II.** ⟨Indefinitpron.; indekl.; nur adj.⟩ umg. ˈsehr viel, nichts alsˈ: ~ *nette Leute; aus* ~ *Dankbarkeit; er redete, machte* ~ *Unsinn; dort ist* ~ *Wald, Sumpf; die Vase ist in* ~ *Scherben zerbrochen; vor* ~ *Arbeit kommt er nicht mehr zum Lesen*
laut/Laut- [ˈlaut..]**-hals** ⟨Adv.⟩ ˈmit sehr ¹lauter (1) Stimmeˈ; ↗ FELD VI.1.3: ~ *schreien, singen, lachen, protestieren;* **-los** [ˈ..] ⟨Adj.; o. Steig.; nicht präd.⟩ ˈohne Laut (1.1), ohne irgendein Geräusch

verursachendˈ; ↗ FELD VI.1.3: ~ lachen, weinen; sich ~ *anschleichen, nähern; eine* ~*e Stille* ❖ ↗ *los;*
-sprecher, der ˈGerät, das elektrische Schwingungen niederer Frequenz in hörbaren Schall umwandelt und so Musik od. gesprochene Rede wiedergibtˈ: *den* ~ *anstellen; etw. mit einem* ~ *übertragen, bekannt geben; er sprach über den* ~ *zu den Leuten* ❖ ↗ sprechen; **-stark** ⟨Adj.; Steig. reg.⟩ **1.1.** ⟨vorw. attr.⟩ ˈsehr ¹lautes (1) Geräusch verursachendˈ; ↗ FELD VI.1.3: ~*e Geräte, Maschinen, Motoren* **1.2.** ⟨vorw. bei Vb.⟩ ˈmit sehr ¹lauter (1) Stimmeˈ: ~ *protestieren, diskutieren, schimpfen, antworten; etw.* ~ *verkünden* ❖ ↗ stark; **-stärke, die** ⟨vorw. Sg.⟩ ˈStärke des Schallsˈ: *volle, geringe* ~; *das Radio auf volle* ~ *aufdrehen; die* ~ *eines Radiogeräts, Fernsehgeräts regulieren* ❖ ↗ stark
lau|warm [ˈlau..] ⟨Adj.; o. Steig.⟩ ˈmäßig warm (1.1)ˈ; SYN lau (1.1); ↗ FELD VI.5.3: ~*es Wasser; das Wasser ist ja nur* ~*!;* ~*e Umschläge; ein* ~*es Bad nehmen;* ~ *duschen; sich* ~ (ˈmit lauwarmem Wasserˈ) *waschen* ❖ ↗ lau, ↗ **warm**
Lava [ˈlɑːva], **die**; ~, Laven [ˈlɑːvn̩] ⟨vorw. Sg.⟩ **1.1.** ˈglühend flüssige Masse, die bei einem ausbrechenden Vulkan ausgeworfen wirdˈ: *glühende* ~; *die* ~ *floss in einem breiten Strom zu Tal* **1.2.** ˈaus Lava (1.1) entstandenes Gesteinˈ: *erstarrte, erkaltete* ~
lavieren [laˈviːrən], lavierte, hat laviert ⟨+ Präp. zwischen⟩ /jmd., auch Institution/ *zwischen zwei od. mehreren Personen, Sachen* ˈden von zwei od. mehreren Personen, Sachen zu erwartenden Schwierigkeiten zum eigenen Vorteil geschickt ausweichen (3)ˈ: *er lavierte zwischen den unterschiedlichen Interessengruppen; das Land lavierte zwischen den Machtblöcken; sein ständiges Lavieren zwischen den Fronten; er lavierte geschickt*
Lawine [laˈviːnə], **die**; ~, ~n ˈan steilen Hängen in Gebirgen abstürzende und dabei immer größer werdende Masse von Schnee, Schlamm, Eis od. Geröllˈ: *eine* ~ *ging nieder, hat den Ort unter sich begraben; eine* ~ *auslösen;* METAPH emot. *eine* ~ *von* ˈeine Unmenge vonˈ ⟨+ Attr.⟩: *eine* ~ *von Briefen, Protesten; das löste eine* ~ *von Hilfsangeboten aus*
lax [laks] ⟨Adj.; Steig. reg.⟩ ˈohne feste Grundsätzeˈ: *eine* ~*e Haltung zeigen; jmds.* ~*e Auffassung von Moral, Pflicht; jmdn. wegen seiner* ~*en Grundsätze kritisieren; etw.* ~ *handhaben, behandeln; seine Haltung war* ~; *er war in allem sehr* ~
Lazarett [latsaˈrɛt], **das**; ~s/auch ~es, ~e ˈmedizinische Einrichtung, Krankenhaus für verwundete, erkrankte Soldatenˈ: *im* ~ *liegen*
Lebe|hoch [leˈbəˈhoːx], **das** ⟨vorw. Sg.⟩ SYN ˈHochrufˈ: *ein dreifaches* ~; *ein* ~ *rufen; drei* ~*s auf jmdn. ausbringen* ❖ ↗ leben, ↗ **hoch**
leben [ˈleːbm̩] ⟨reg. Vb.; hat⟩ **1.1.** /jmd., Tier/ ˈdurch das Leben (1.1) existent seinˈ; ↗ FELD XI.2: *als wir ihn fanden, lebte er noch; das Kind lebt; seine Eltern* ~ *noch; wir* ~ *im 20. Jahrhundert; er kann noch viele Jahre, will nicht mehr* ~; *er hat nicht mehr lange zu* ~; *es ist eine Lust zu* ~; *ein* ~*der*

Organismus; die noch ~den Nachkommen; das ~de Inventar ('der Bestand an Vieh') *eines Bauernhofs; lebe* ↗ *wohl!* /Gruß zum Abschied/; *es lebe* /wird gesagt, wenn man auf jmdn., etw. zu einem bestimmten Anlass ein Lebehoch ausbringt/: *es lebe unser Brautpaar, unser Jubilar!*; METAPH *in ihr lebte ein fester Glaube, eine große Hoffnung* ('sie hatte einen festen Glauben, eine große Hoffnung'); *sein Ruhm wird ewig ~; ~de Sprachen* ('heute gesprochene Sprachen'); *seine Figuren, Bilder ~* ('wirken lebendig 1') **1.2.** /jmd./ *irgendwie ~* 'sein Leben, Dasein auf bestimmte Weise gestalten, verbringen': *anständig, unbeschwert, zufrieden ~; er lebt gut* ('gönnt sich etw.'); *er lebte zurückgezogen, enthaltsam, sparsam, gesund, vernünftig, gesellig; sie lebt von ihrem Mann, von ihrer Familie getrennt; beide ~ getrennt; im Wohlstand, Überfluss ~; in geordneten Verhältnissen, unter falschem Namen ~; er versteht zu ~; er lebt wie ein Bettler, Fürst* **1.3.** *hier lebt es sich gut* ('hier kann man gut leben') **2.** /jmd./ *von etw. ~* **2.1.** 'seinen Lebensunterhalt von etw. bestreiten (2)': *von der Rente, vom Einkommen, von seiner Hände Arbeit, von der Sozialhilfe ~* **2.2.** *von Fleisch, Gemüse, Obst ~* ('sich von Fleisch, Gemüse, Obst ernähren') **3.** /jmd./ *irgendwo ~* 'irgendwo seinen Wohnsitz haben': *an der See, im Gebirge, auf dem Lande, in der Großstadt ~*; METAPH *er lebt* ('hat seinen geistigen Standort') *in einer Traumwelt, einer anderen Welt* ❖ **beleben, erleben, Erlebnis, Leben, lebendig, lebhaft — Berufsleben, durchleben, einleben, hochleben, kurzlebig, langlebig, Lebehoch, Lebensart, Lebewesen, Lebewohl, leichtlebig, Liebesleben, Menschenleben, quicklebendig, springlebendig, Stillleben, wiederbeleben, Wohlleben, zeitlebens, zusammenleben;** vgl. auch **Lebens/lebens-**

* /jmd./ emot. *nicht ~ und nicht sterben können* ('sich sehr elend, krank fühlen')

Leben, das; *~s, ~*; ↗ FELD XI.1 **1.1.** ⟨o.Pl.⟩ 'das Existieren, Dasein als Lebewesen': *die Entstehung, Entwicklung, Erhaltung, Bedrohung des ~s; der Sinn des ~s; jmdm. das ~ retten; sein ~ aufs Spiel setzen, verlieren; er schwebte zwischen ~ und Tod; um sein ~ kämpfen, bangen; das kann dich das ~ kosten* ('das ist so gefährlich, dass du dabei sterben kannst'); *er konnte nur sein nacktes ~* ('nichts weiter als sich selbst') *retten; in ihm war kein ~ mehr* ('er war tot') **1.2.** ⟨oft mit Possessivpron.⟩ 'Zeitdauer, Ablauf des Lebens (1.1) des einzelnen Lebewesens' /vorw. auf Personen bez./: *er hatte ein kurzes, langes ~; er war in der Mitte, am Ende seines ~s; zeit seines ~s, sein ~ lang* ('solange er lebte') *hat er daran geglaubt; ~ und Werk eines Künstlers; ich flog das erste Mal in meinem ~; die Tage seines ~s sind gezählt; jmdm. ein langes ~ wünschen; aus seinem ~* ('von dem, was man früher erlebt hat') *erzählen; das ~ genießen* **1.3.** ⟨o.Pl.⟩ 'Art und Weise des Lebens (1.1), des Alltags eines Menschen mit seinen äußeren Bedingungen und Wechselbeziehungen': *ein sorgloses, glückliches, einfaches ~*

führen; er hatte ein erfülltes ~; ein schweres ~ haben; sein ~ meistern, ändern; jmdm. das ~ angenehm, schwer machen **2.** ⟨o.Pl.⟩ 'durch die Existenz von Menschen entstandene Wirklichkeit in der Gesellschaft mit ihren Formen und Wirkungen': *das tägliche, moderne, künstlerische, politische ~; Persönlichkeiten des öffentlichen ~s; die Freuden, Wechselfälle des ~s; das ~ fordert sein Recht, verlangt Opfer; mit dem ~ fertig werden; für ein besseres ~ kämpfen* ❖ ↗ **leben**

* /jmd./ *mit dem ~ abgeschlossen haben* 'vom Leben 1.2. nichts mehr erhoffen': *er hat vollkommen mit dem ~ abgeschlossen;* /jmd./ *mit dem ~ davonkommen* 'eine Gefahr, eine Katastrophe lebend überstehen': *diesmal ist er noch mal mit dem ~ davongekommen;* /jmd./ *seines ~s nicht mehr froh werden* 'ständig große Sorgen und daher keine rechte Freude mehr am Leben haben': *wenn er diese Schulden auf sich nimmt, wird er seines Lebens nicht mehr froh;* emot. *für mein, sein, ihr ~ gern* 'sehr gern': *ich schwimme für mein ~, sie schwimmt für ihr ~ gern;* /jmd./ *ums ~ kommen* SYN 'umkommen': *bei dem Erdbeben ist seine Familie ums ~ gekommen;* /jmd., etw./ *jmdn. ums ~ bringen* ('jmdn. töten, umbringen'); /jmd./ *sich* ⟨Dat.⟩ *das ~ nehmen* ('Selbstmord verüben'); /jmd./ *etw. ins ~ rufen* 'etw. gründen': *er hat diese Bewegung ins ~ gerufen;* /jmd., Tier/ *am ~ sein* ('leben 1.1'); /jmd./ *sich durchs ~ schlagen* ⟨hat⟩ ('nur mit Mühe seinen Lebensunterhalt verdienen'); /jmdm./ *jmdm. nach dem ~ trachten* ('beabsichtigen, jmdn. zu töten')

lebendig [le'bɛndɪç] ⟨Adj.⟩ **1.** ⟨o. Steig.⟩ 'Leben (1.1) habend'; /auf Lebewesen bez./; ↗ FELD XI.3: *ein ~er* (ANT toter 1.1) *Organismus; sie sind bei ~em Leibe verbrannt; wir können ihn nicht mehr ~ machen* ('er ist unabänderlich tot'); *seine erstarrten Glieder wurden allmählich wieder ~* ('belebten sich wieder'); METAPH *alte Geschichten wurden wieder ~* ('kamen wieder in Erinnerung'); *dieses Ereignis steht mir noch ~ vor Augen* **2.** ⟨Steig. reg.; nur präd. (mit sein, werden)⟩ **2.1.** /jmd./ *~ sein* SYN 'lebhaft (1.1) sein': *die Kinder sind sehr ~* **2.2.** /etw., bes. es/ *~ sein, werden* SYN 'rege (1.1) sein, werden': *gegen Mittag wurde es auf den Straßen sehr ~* ('nahm der Verkehr durch Fußgänger und Fahrzeuge zu') **3.** ⟨Steig. reg.⟩ **3.1.** *jmd. hat eine ~e* ('stark entwickelte') *Phantasie; seine Phantasie ist sehr ~* **3.2.** 'anschaulich, anregend' /auf Äußerungen bez./: *~ erzählen, diskutieren; eine ~e Diskussion; die Diskussion war sehr ~* ❖ ↗ **leben**

Lebens/lebens- [le:bṃs..]‖**-art, die** ⟨o.Pl.⟩ **1.** 'Art und Weise zu leben (1.2.)': *seine ~ beibehalten, ändern; seine bürgerliche ~* **2.** ⟨o. Art.⟩ 'kultiviertes Benehmen, ansprechende Umgangsformen': *er hat ~, hat keine ~* ❖ ↗ Art; **-bedingungen, die** ⟨Pl.⟩ '(materielle) Bedingungen, die die Lebensverhältnisse eines, der Menschen bestimmen'; ↗ FELD XI.1: *günstige, gesunde ~ schaffen; dort herrschen schlechte ~; die ~ verbessern* ❖ ↗ bedingen; **-erfahrung, die** ⟨o.Pl.⟩ 'aus dem eigenen Leben (1.2) gewonnene

Erfahrung': *er besitzt noch keine ~; ein Mensch ohne, mit reicher ~* ❖ ↗ ¹erfahren; **-erwartung, die** ⟨o.Pl.⟩ 'statistisch ermittelte Anzahl der Jahre, die ein Organismus im Durchschnitt lebt'; ↗ FELD XI.1: *die durchschnittliche ~ der Frau, des Mannes; manche Schildkröten haben eine ~ von mehreren hundert Jahren; die ~ steigt, sinkt; die ~ der Bevölkerung beträgt ...* ❖ ↗ warten; **-gefahr, die** ⟨o.Pl.⟩ '(tödliche) Gefahr für das Leben (1.1) von Menschen, eines Menschen'; ↗ FELD XI.1: *in dieser Zone, diesem Gebiet besteht akute, keine ~; er schwebt, ist in ~, ist außer ~; jmdn. unter ~ retten* ❖ ↗ Gefahr; **-gefährlich** ⟨Adj.; o. Steig.⟩ 'mit Lebensgefahr verbunden'; ↗ FELD XI.3: *das Unternehmen, der Versuch ist ~; eine ~e Verletzung; er ist ~* (SYN 'gefährlich') *erkrankt* ❖ ↗ Gefahr; **-gefährte, der** 'jmd., mit dem man ein gemeinsames (eheliches) Leben (1.3) führt': *ein treuer ~; sie hat ihren ~n verloren* ❖ ↗ Gefährte; **-gefährtin, die** /zu Lebensgefährte; weibl./: *er hat seine ~* ('Ehefrau') *verloren* ❖ ↗ Gefährte; **-haltung, die** 'die für die Gestaltung (1) des Lebens (1.2) notwendigen wirtschaftlichen Aufwendungen': *eine einfache, großzügige ~; die Kosten für die ~ steigen ständig* ❖ ↗ halten; **-jahr, das** SYN 'Jahr (2)'; ↗ FELD XI.1: *das erste, zweite, zehnte ~; er steht im 50. ~, hat sein 50. ~ erreicht* ❖ ↗ Jahr; **-kraft, die** 'psychische, physische Voraussetzungen für die Bewältigung des Lebens (1)': *seine ~ war ungebrochen; er fühlte neue ~* ❖ ↗ Kraft; **-länglich** ⟨Adj.; o. Steig.⟩ 'erst mit dem Tode endend' /auf gerichtliche Strafen bez./; ↗ FELD VII.2.3, XI.3: *ein ~e Haftstrafe; das Urteil lautete auf ~* ('auf eine lebenslängliche Haftstrafe') ❖ ↗ ¹lang; **-lauf, der 1.1.** 'individueller Verlauf der Entwicklung und Bildung eines Menschen': *er hat einen interessanten ~* **1.2.** 'schriftliche Darstellung des Lebenslaufs (1.1)': *einen ~ verfassen, schreiben* ❖ ↗ laufen; **-mittel, das** ⟨vorw. Pl.⟩ SYN 'Nahrungsmittel'; ↗ FELD I.8.1, V.8.1: *vitaminreiche, leicht verderbliche ~; ~ kühl, trocken aufbewahren* ❖ ↗ Mittel; **-müde** ⟨Adj.; o. Steig.; nicht bei Vb.⟩ 'des Lebens müde (3), überdrüssig' /auf Personen bez./; ↗ FELD I.6.3, XI.3: *ein ~er Greis; ~ sein;* ⟨in der kommunikativen Wendung⟩ scherzh. *du bist wohl ~* ('willst du dich in Lebensgefahr bringen')? /wird zu jmdm. gesagt, wenn sich dieser leichtsinnig einer Gefahr aussetzt/ ❖ ↗ müde; **-retter, der** 'jmd., der einem anderen das Leben rettet, gerettet hat': *seinem ~ danken; er war mein ~* ❖ ↗ retten; **-standard, der** 'das, was jmd., eine Gruppe, ein Land im alltäglichen Leben durchschnittlich an Wohlstand, Besitz o.Ä. hat': *das Land hat einen hohen ~; der ~ steigt, sinkt; einen bestimmten ~ erreichen, halten* ❖ ↗ Standard; **-tüchtig** ⟨Adj.; Steig. reg., ungebr.; nicht bei Vb.⟩ 'die Aufgaben, Anforderungen, die das Leben stellt, meisternd'; ↗ FELD I.2.3: *seine Kinder sind ~e Menschen geworden; er ist ~* ❖ ↗ tüchtig; **-unterhalt, der** ⟨vorw. mit Possessivpron.⟩ 'finanzieller Aufwand, der für jmds. Ernährung, Kleidung,

Wohnung etc. notwendig ist'; SYN Unterhalt (1): *sich seinen ~ verdienen; seinen ~ durch sein Einkommen bestreiten; für jmds. ~ sorgen* ❖ ↗ unterhalten; **-verhältnisse, die** ⟨Pl.⟩ 'gesellschaftliche, soziale Verhältnisse, die das Leben (1.3) eines od. einer Gruppe von Menschen bestimmen': *seine ~ zu verbessern suchen, angenehm gestalten; er ist in günstigen, schlechten ~n aufgewachsen* ❖ ↗ verhalten; **-versicherung, die** 'Versicherung (2), die mit Erreichen eines bestimmten Alters od. mit dem Tod des Versicherten fällig wird': *eine hohe ~; eine ~ abschließen, auszahlen* ❖ ↗ sicher; **-wandel, der** 'Art und Weise, wie sich jmd. im Leben (1.2) sittlich verhält': *ein liederlicher, unmoralischer, lockerer ~; einen einwandfreien ~ führen* ❖ ↗ wandeln; **-weg, der** 'Art und Weise, wie jmds. Leben (1.2) sich in seinem Verlauf gestaltet'; ↗ FELD XI.1: *jmdm. für seinen ~ alles Gute wünschen; ihrer beider ~e kreuzten sich; sie gehen ihren ~ gemeinsam* ❖ ↗ Weg; **-weise, die** ⟨vorw. Sg.⟩; ↗ FELD XI.1: *die gesunde, natürliche ~* ('die Art und Weise, gesund, natürlich zu leben'); *seine sportliche, vegetarische ~; seine sitzende ~* ('seine sitzende Tätigkeit') ❖ ↗ Weise; **-wichtig** ⟨Adj.; Steig. reg., ungebr.; vorw. attr.⟩ 'notwendig, wichtig für das Leben (1.1, 1.3), für die Erhaltung des Lebens (1.1)' /vorw. auf Abstraktes bez./; ↗ FELD XI.3: *ein ~es Organ; eine ~e Aufgabe;* SYN 'vital': *~e Bedürfnisse, Interessen; die Frage ist ~er Bedeutung* ❖ ↗ wichtig • **Leber** ['le:bɐ], **die**; ~, ~n 'menschliches, tierisches Organ, das den Körper von giftigen Stoffen befreit und den Stoffwechsel regelt'; ↗ FELD I.1.1: *eine gesunde, geschwollene ~; die Funktion der ~ wiederherstellen; die ~ ist entzündet; eine ~ transplantieren* ❖ **Leberfleck, -tran, -wurst**

* **frisch/frei von der ~ weg** 'ohne Hemmungen, Scheu': *frei von der ~ weg reden, sprechen; sag frei von der ~ weg, wie dir zumute ist*

Leber ['..]|**-fleck, der** 'brauner Fleck (2) aus Pigmenten auf der Haut': *er hat im Gesicht einen ~* ❖ ↗ Leber, ↗ Fleck; **-tran, der** ⟨o.Pl.⟩ 'aus der Leber von bestimmten Fischen gewonnenes Öl, das einen hohen Gehalt an Vitamin D aufweist und kräftigend wirkt': *ein Löffel ~; ~ schlucken* ❖ ↗ Leber, ↗ Tran; **-wurst, die** 'mit Leber zubereitete Wurst'; ↗ FELD I.8.1: *feine, grobe ~; eine Schnitte mit ~ bestreichen* ❖ ↗ Leber, ↗ Wurst * umg. /jmd./ **die beleidigte ~ spielen** 'ohne Grund beleidigt, gekränkt sein': *du spielst wohl schon wieder die beleidigte ~?*

Lebe['le:bə..]|**-wesen, das** 'Organismus (1), der auf Reize seiner Umwelt reagiert, wächst und sich fortpflanzt': *Menschen, Tiere, Pflanzen sind ~; ein einzelliges, hoch entwickeltes ~* ❖ ↗ leben, ↗ Wesen; **-wohl** [.] veraltend: *jmdm. ~ sagen, ein ~ zurufen* ('sich von jmdm. durch einen Gruß verabschieden') ❖ ↗ leben, ↗ wohl

lebhaft [le:p..] ⟨Adj.⟩ **1.** ⟨Steig. reg.⟩ **1.1.** 'ziemlich temperamentvoll'; SYN lebendig (2.1); ANT ¹ruhig (4), träge /vorw. auf Personen bez./: *ein ~es*

Kind; das Kind ist sehr ~; ~ erzählen; vgl. *angeregt*
1.2. SYN ʼrege (1.1)ʼ /beschränkt verbindbar/: *auf
den Straßen herrschte ~er Verkehr; es ging dort sehr
~* (ANT ruhig I.3.1) *zu* **2.** ⟨Steig. reg.; nicht bei
Vb.⟩ SYN ʼrege (1.2)ʼ: *jmd. hat eine ~e Phantasie;
seine Phantasie ist sehr ~* (ʼstark entwickeltʼ) **3.**
⟨Steig. reg., ungebr.; nur bei Vb.⟩ ʼsehr deutlichʼ:
*jmdn., etw. ~ in Erinnerung haben; das kann ich mir
~ vorstellen; dieser Vorfall ist mir noch ~ in Erinne-
rung* ❖ ↗ **leben**

Leb|kuchen [ˈleːp..], **der** ʼhaltbares süßes Gebäck, das
stark gewürzt ist und zu Weihnachten gegessen
wirdʼ: *~ backen* ❖ ↗ **Kuchen**

lechzen [ˈlɛçtsn̩] ⟨reg. Vb.; hat⟩ geh. emot./jmd./ *nach
etw.* ⟨Dat.⟩ *~* ʼein starkes Bedürfnis nach etw. (Er-
frischendem) habenʼ: *nach einem kühlen Trunk, ei-
nem Glas Wasser ~; sie lechzten nach einem schatti-
gen Plätzchen; er lechzte nach Rache, Ruhm;* ME-
TAPH *der ausgedörrte Boden, die Natur lechzte
nach Regen*

leck [lɛk] ⟨Adj.; o. Steig.⟩ ʼbeschädigt und dadurch
nicht dicht (1.4), so dass Wasser eindringen od.
eine Flüssigkeit auslaufen kannʼ /auf ein Wasser-
fahrzeug od. einen Behälter bez./; ↗ FELD
VIII.4.3.2: *ein ~es Schiff; der Tank ist ~; das Boot
wurde im Sturm ~ geschlagen* ❖ **Leck, lecken**

Leck, das; *~s, ~s* ʼnicht dichte Stelle in einem Behäl-
ter od. Wasserfahrzeug, die durch einen Schaden
(1.1) entstanden istʼ: *ein ~ im Kessel, im Rumpf
des Schiffes; das Boot hat ein ~ bekommen; das ~
abdichten* ❖ ↗ **leck**

lecken [ˈlɛkn̩] ⟨reg. Vb.; hat⟩ **I.** /jmd., Tier/ *etw. ~*
1.1. *etw., an etw.* ⟨Dat.⟩ *~* ʼmit der Zunge mehr-
mals an etw. entlang, über etw. streichen (1.1)ʼ: *er
leckte die Lippen, den Mund; an einer Briefmarke
~; die Katze leckt ihre Jungen; der Hund leckte mir
die Hand* **1.2.** ʼetw. durch Lecken (1.1) als Nahrung
aufnehmen (7)ʼ: *er leckte sein Eis; etw. von etw. ~:
die Katze leckt die Milch vom Teller* – **II.** /etw., bes.
Wasserfahrzeug, Behälter/ ʼleck seinʼ: *der Kessel,
Kühler leckt* ❖ **zu (I): Speichellecker, Zuckerlecken;
zu (II):** ↗ **leck**

* /jmd./ emot. **wie geleckt aussehen** ʼsehr ordentlich
und sauber aussehenʼ: *mit dieser Frisur sieht er wie
geleckt aus*

lecker [ˈlɛkɐ] ⟨Adj.; Steig. reg.⟩ ʼbesonders gut
schmeckendʼ /auf Speisen bez./; ↗ FELD I.3.4.3,
8.3: *ein ~es Mahl; ein ~er Nachtisch; der Kuchen
schmeckt ~;* SYN appetitlich: *der Braten, der Salat
sieht ~ aus, riecht ~* ❖ **Leckerbissen**

Lecker|bissen [ˈ..], **der** ʼetw. besonders gut Schme-
ckendesʼ; ↗ FELD I.3.4.1: *pikante ~; eine Tafel
mit vielen ~; zur Feier gab es lauter ~* ❖ ↗ **lecker,**
↗ **beißen**

Leder [ˈleːdɐ], **das;** *~s,* ⟨o.Pl.⟩ ʼgegerbte Haut (1.2)
von bestimmten Tierenʼ: *glattes, weiches, raues, ge-
färbtes ~; ~ verarbeiten, nähen; er hat eine Haut
wie ~* (ʼhat eine feste, derbe Hautʼ); *der Braten ist
zäh wie ~* (ʼist sehr zähʼ) ❖ **ledern – Kunstleder,
Wildleder**

* umg. /jmd./ **jmdm. ans ~ wollen** (ʼjmdn. angreifen
2ʼ); /jmd./ **gegen jmdn., etw. vom ~ ziehen** ʼjmdn.,
etw. heftig kritisieren, heftig beschimpfenʼ: *als er
das erfuhr, zog er kräftig gegen ihn vom ~*

ledern [ˈleːdɐn] ⟨Adj.⟩ **1.** ⟨o. Steig.; nur attr.⟩ ʼaus
Lederʼ /auf Produkte bez./: *~e Handschuhe, Stie-
fel; ein ~es Portmonee* **2.** ⟨Steig. reg., ungebr.;
nicht bei Vb.⟩ ʼlangweilig und trocken 4.1ʼ /auf Ab-
straktes bez./: *die Abhandlung ist recht ~; ein ~er
Vortrag* ❖ ↗ **Leder**

ledig [ˈleːdɪç] ⟨Adj.; o. Steig.⟩ **1.** ⟨nicht bei Vb.⟩
ʼnicht verheiratetʼ /wird nicht von jmdm. gesagt,
der verwitwet od. geschieden istʼ: *er, sie ist (noch)
~, ist ~ geblieben; eine ~e junge Mutter; ein ~er
junger Mann* **2.** geh. /jmd./ *etw.* ⟨Gen.⟩ *~ sein* ʼfrei
von etw. seinʼ: *aller Sorgen, Pflichten ~ sein*

lediglich ⟨Gradpartikel; betont od. unbetont; steht
vor der Bezugsgröße; bezieht sich auf verschiedene
Kategorien⟩ SYN ʼ³nur (2)ʼ: *~* (ʼausschließlichʼ)
*sein Bruder war daran nicht beteiligt; er hat sich ~
in N aufgehalten; wir haben uns ~ unterhalten, und
sonst war nichts; sie haben ~ ihn bespitzelt; er hat
~ zwei Romane geschrieben; er hat ~ eine Woche*
(ʼnicht mehr als eine Wocheʼ) *daran gearbeitet*

leer [leːɐ] ⟨Adj.⟩ **1.** ⟨o. Steig.⟩ **1.1.** ʼohne Inhalt,
nichts enthaltendʼ; ANT voll (1.1); ↗ FELD
I.7.9.3: *ein ~es Fass, Glas; eine ~e Flasche, Schach-
tel; der Tank ist ~; den Teller ~ essen, das Glas ~
trinken; die Wohnung steht ~* (ʼist nicht bewohntʼ),
eine ~ stehende Wohnung; mit ~em Magen (ʼohne
gegessen zu habenʼ) *fortgehen; ein ~es* (ʼnicht möb-
liertesʼ) *Zimmer beziehen; viele Plätze blieben ~*
(ʼwurden nicht besetzt 2ʼ); *ein ~es* (ʼnicht beschrie-
benes, bedrucktesʼ) *Blatt* **1.2.** *ins Leere starren*
ʼstarr irgendwohin blicken, ohne sich bewusst zu
werden, worauf man blicktʼ: *er starrt die ganze Zeit
ins Leere; ins Leere greifen* ʼirgendwohin greifen,
aber nichts zu fassen (1) bekommenʼ: *es war sehr
dunkel und so fasste er ins Leere* **2.** ⟨Steig. reg.,
Superl. ungebr.; nicht bei Vb.⟩ ʼ(fast) ohne Men-
schenʼ /bes. auf Räume, Straßen in einem Ort bez./:
*im Kino, beim Arzt war es gestern (ganz) ~; ~e
Straßen, Plätze; um diese Zeit waren die Straßen ~*
3. ⟨o. Steig.; nur attr.⟩ ʼnichts sagendʼ: *das war
alles nur ~es Gerede, waren nur ~e Worte, nur ~e
Versprechungen* ❖ **Leere, leeren – ausleeren, in-
haltsleer, Leerlauf, menschenleer**

* /jmd./ **~ ausgehen** ʼnichts abbekommenʼ: *bei der
Verteilung der Gelder ist er ~ ausgegangen*

-leer /bildet mit einem Subst. als erstem Bestandteil
Adjektive; drückt aus, dass von dem im ersten Be-
standteil Genannten gar so gut wie nichts (mehr) vor-
handen ist/: ↗ z. B. **inhaltsleer**

Leere [ˈleːʀə], **die;** *~,* ⟨o.Pl.⟩ /zu leer 3/ ʼdas Leer-
seinʼ: *die geistige ~ eines Buches, Theaterstücks* ❖
↗ **leer**

* es herrscht (eine) gähnende ~ ʼwider Erwarten ist
niemand, nichts daʼ: *im Saal herrschte gähnende ~*

leeren [ˈleːʀən] ⟨reg. Vb.; hat⟩ **1.1.** /jmd./ *etw. ~* ʼein
Gefäß, einen Behälter leer (1) machen, seinen In-

halt herausnehmen'; ↗ FELD I.7.9.2, V.7.2: *den Eimer, Mülleimer, Korb ~; ein Glas auf jmds. Wohl ~* ('austrinken'); *der Briefkasten wird um 9 Uhr geleert* **1.2.** /Raum/ *sich ~* 'leer (2) werden': *der Saal leerte sich langsam* ('die Besucher verließen nach und nach den Saal'); *abends leerten sich* (ANT belebten sich) *die Straßen* ❖ ↗ **leer**

Leer|lauf ['leːɐ..], **der** ⟨o.Pl.⟩ **1.** 'das Laufen (3.2) einer Maschine (1), ohne dass ihre Leistung genutzt wird': *der ~ einer Turbine, eines Motors; in den ~ schalten* ('den Gang herausnehmen'); *das Auto im ~* ('ohne dass ein Gang eingelegt ist') *rollen lassen* **2.** 'nicht effektiver, nicht produktiver Ablauf der Arbeit (1)': *unnötigen ~ bei der Arbeit vermeiden; bei dieser Arbeit entsteht, gibt es viel ~; sie hatten viel ~* ❖ ↗ **leer**, ↗ **laufen**

legal [leˈgaːl] ⟨Adj.; o. Steig.⟩ 'den geltenden Gesetzen, Rechtsnormen entsprechend'; ANT illegal /vorw. auf Aktionen bez./: *die Einreise auf ~em Wege, auf ~e Weise erreichen; etw. ~ erwerben; ~ handeln; etw. ist ~*

legen ['leːgn̩] ⟨reg. Vb.; hat⟩ **1.** /jmd./ **1.1.** *etw. irgendwohin ~* 'etw. mit der Hand, den Händen an einen bestimmten Platz bringen, sodass es dort liegt (2.1.1)'; ↗ FELD I.7.7.2: *das Buch, Paket, den Löffel, Bleistift auf den Tisch ~; das Werkzeug auf den Boden ~; das Brot auf den Teller ~; eine Decke auf den Tisch ~* ('auf dem Tisch ausbreiten') **1.2.** *etw. auf, an, um etw. ~: jmdm. die Hand auf die Schulter, auf den Kopf ~* ('auf die Schulter, den Kopf bringen und darauf ruhen lassen'); *die Hand zum Gruß an die Mütze ~; jmdm. den Arm um die Schulter ~; er legte ihr eine Kette um den Hals* ('befestigte um ihren Hals herum eine Kette'); *sie legte* ('lehnte') *ihren Kopf an seine Schulter; sie legte ihren Kopf, ihre Hände auf den Tisch; leg die Beine nicht auf den Sessel!* **1.3.** *jmdn., sich irgendwohin ~* 'jmdn., sich der Länge nach irgendwo waagerecht in eine bestimmte Lage (1) bringen': *das Kind, den Verletzten ins, aufs Bett ~; er legte sich ins Bett, aufs Sofa, auf den Fußboden; jmdn. auf die Seite ~; er legte sich in die Sonne* ('er legte sich so hin, dass er von der Sonne beschienen werden konnte'); ⟨mit Inf. ohne *zu*⟩ *sich schlafen ~*; METAPH *der Nebel legte sich über die Stadt, die Wiesen* ('breitete sich über der Stadt, den Wiesen aus') **1.4.** /etw., jmd./ *sich irgendwie ~* 'sich in eine bestimmte Lage (1) bringen': *das Schiff, Boot legte sich auf die Seite; der Rennfahrer legte sich in die Kurve* ('verlagerte in der Kurve sein Gewicht auf die Seite') **2.** /jmd., bes. Fachmann/ *etw. ~* SYN 'etw. ¹verlegen (4)': *Gleise, Rohre ~; Parkett, Fliesen ~* **3.** /jmd./ *Erbsen, Bohnen ~* ('Erbsen, Bohnen in einer Reihe in die Erde bringen, damit sie keimen') **4.** /jmd./ *etw. ~* 'etw., bes. ein textiles Gewebe, durch Falten in eine bestimmte Form bringen': *die Wäsche ~; einen Stoff in Falten ~* ('ihm die Form von Falten geben') **5.** /jmd./ *etw. auf etw.* ⟨Akk.⟩ *~* SYN 'etw. auf etw. ¹verlegen (3)': *er will die Sitzung auf (den) nächsten Montag ~; die Sitzung, Versammlung, Prüfung*

wurde auf Dienstag gelegt; die Besprechung wurde vom Vormittag auf den Nachmittag gelegt **6.** umg., oft auch emot. neg. /jmd./ *sich auf etw.* ⟨Akk.⟩ *~* 'sich aktiv einer bestimmten (beruflichen) Tätigkeit, einem bestimmten Tätigkeitsgebiet widmen': *er hat sich aufs Briefmarkensammeln, aufs Studieren, auf den Handel mit Obst, Pelzwaren gelegt;* ⟨bei Fachgebieten o.Art.⟩ *er will sich jetzt ganz auf Fremdsprachen, Chemie ~* **7.** /etw., bes. Wind/ *sich ~* 'nachlassen und schließlich ganz aufhören': *die Begeisterung der Zuschauer legte sich bald; hoffentlich legt sich sein Groll, seine Aufregung noch; der Sturm legte sich allmählich, hat sich gelegt* **8.** /Vogel, bes. Huhn/ *ein Ei ~* 'ein Ei hervorbringen': *diese Henne legt jeden Tag ein Ei, hat gerade ein Ei gelegt; unsere Hühner ~ gut, schlecht* ('legen viele, wenige Eier') ❖ **Belag, Beleg, belegen, Belegschaft, belegt, ¹verlegen, zerlegen — Ableger, Auflage, auflegen, anlegen, auslegen, beilegen, darlegen, Einlage, einlegen, hereinlegen, loslegen, Sparbucheinlage, Stereoanlage, stilllegen, trockenlegen, umlegen, veranlagt, Veranlagung, vorlegen, widerlegen, Zulage, zulegen, zurechtlegen, zurücklegen, zusammenlegen**; vgl. **liegen**

legendär [legɛnˈdɛːɐ..ˈdeːɐ] ⟨Adj.; o. Steig.; vorw. attr.⟩ 'mit den Merkmalen einer Legende (2)' /auf Personen, Handlungen bez./: *eine ~e Gestalt, Tat; er wurde zu einem ~en Volkshelden* ❖ ↗ **Legende**

Legende [leˈgɛndə], **die**; ~, ~n **1.** 'sagenhafte, nicht verbürgte Erzählung vom Leben und Leiden eines, einer Heiligen': *die ~ von der heiligen Elisabeth* **2.** 'mit Phantasie ausgeschmückte Erzählung über eine Person, eine Begebenheit, die nahezu den Charakter einer Legende (1) hat, aber nicht den Tatsachen entspricht': *~n haben sich um dieses Ereignis gerankt; er ist zur ~ geworden* ❖ **legendär**

leger [leˈʒeːɐ] ⟨Adj.; Steig. reg., Superl. ungebr.⟩ **1.** SYN 'ungezwungen' /auf Sprechen, Sichbenehmen bez./: *eine ~e Handbewegung; etw. in ~em Ton sagen; sein Benehmen war sehr ~; sich ~ benehmen, hinsetzen* **2.** ⟨nicht bei Vb.⟩ 'sportlich und bequem (1) im Schnitt' /auf Kleidungsstücke bez./: *eine ~e Jacke, Hose; ein ~er Anzug; ein ~es Kostüm*

Legierung [leˈgiːʁ..], **die**; ~, ~en 'durch Schmelzen verschiedener Metalle erzeugtes Gemisch': *eine neue, nicht rostende, hitzebeständige ~; Messing ist eine ~ aus Kupfer und Zink; Bronze ist eine ~*

legitim [legiˈtiːm] ⟨Adj.; o. Steig.⟩ **1.** 'rechtmäßig, weil es den Gesetzen, Bestimmungen entspricht': *mit ~en Mitteln arbeiten; ~ vorgehen; die Regierung ist ~; etw. für ~ erklären* **2.** SYN 'berechtigt'; ANT illegitim /bes. auf Aktionen bez./: *seine Forderungen sind ~; ~e Forderungen; sein Vorgehen, Herangehen, ihr Einwand ist völlig ~* ❖ **legitimieren**

legitimieren [legitiˈmiːʁən], legitimierte, hat legitimiert **1.** /jmd., Institution, etw./ *jmdn. ~, etw. Bestimmtes zu tun* 'jmdn. mit der Vollmacht ausstatten, das Recht geben, etw. Bestimmtes zu tun': *wer hat dich legitimiert, diese Anordnung zu treffen?; wer hat dich dazu legitimiert?; was legitimiert Sie, hier* *so aufzutreten?; seine Kenntnisse, Erfahrungen ~ ihn, so zu entscheiden* **2.** /jmd./ *sich* ~ SYN 'sich ausweisen (2)': *sich mit dem Pass* ~; *er konnte sich nicht* ~ ❖ ↗ **legitim**

Lehm [leːm], **der**; ~s/auch ~es, ⟨o.Pl.⟩ 'aus Sand und Ton (5) bestehende schwere Erde, die gelb bis braun gefärbt ist'; ↗ FELD II.1.1: *Ziegel aus* ~ *brennen; eine Mischung aus* ~ *und Sand; etw. aus* ~ *formen* ❖ **lehmig**

lehmig ['leːmɪç] ⟨Adj.; Steig. reg.; nicht bei Vb.⟩ 'aus Lehm bestehend, in der Art von Lehm': ~*er Boden; der Boden ist* ~ ❖ ↗ **Lehm**

Lehne ['leːnə], **die**; ~, ~n 'Teil eines Sitzmöbels, das als Stütze für Rücken od. Arm dient': *eine hohe, bequeme, wacklige* ~; *eine Bank ohne* ~; *die* ~ *ist verstellbar; den Arm auf die* ~ *stützen* ❖ ↗ **lehnen**

lehnen ['leːnən] ⟨reg. Vb.; hat⟩ **1.1.** /jmd., etw./ *irgendwo* ~ 'in schräger Lage (1) an etw. stehen und dadurch gestützt werden': *er lehnte (mit dem Rücken) an der Tür, Wand; die Leiter, das Brett, Fahrrad lehnt an der Wand* **1.2.** /jmd./ *etw., sich irgendwohin* ~ 'etw., sich in schräger Lage (1) irgendwohin stützen': *den Kopf an seine Schulter* ~; *sie hat sich an den Baum gelehnt; er lehnt die Leiter, das Fahrrad an die Wand* **1.3.** /jmd./ *sich aus, über etw.* ⟨Akk.⟩ ~ 'sich aus, über etw. beugen': *sich aus dem Fenster, über das Geländer* ~, *um etw. zu betrachten* ❖ **Lehne** − **anlehnen, auflehnen, Auflehnung, Lehnsessel**

Lehn|sessel ['leːn..], **der** 'Sessel mit einer Lehne'; ↗ FELD V.4.1 (↗ TABL Sitzmöbel): *er ist im* ~ *eingeschlafen* ❖ ↗ **lehnen,** ↗ **Sessel**

Lehr|buch ['leːɐ̯..], **das** 'Buch für Schulen, Universitäten, das den Lehrstoff enthält': *mit dem* ~ *arbeiten; das* ~ *aufschlagen* ❖ ↗ **lehren,** ↗ **Buch**

Lehre ['leːʁə], **die**; ~, ~n **1.** 'Erfahrung, aus der man lernt, gelernt hat, sodass man sein Verhalten danach ausrichtet': *das war eine harte, heilsame, bittere* ~; ~*n aus etw. ziehen* ('sein Verhalten nach bestimmten Erfahrungen ausrichten'); *das soll mir eine* ~ *sein!; jmdm. eine* ~ *erteilen;* vgl. *Lektion (2)* **2.1.** 'System wissenschaftlicher Erkenntnisse, Thesen, Theorien od. einem bestimmten Fachgebiet, in der Wissenschaft': *die* ~ *vom inneren Aufbau der Erde, von den chemischen Elementen, vom Schall; die* ~ *hat sich als falsch erwiesen; eine* ~ *widerlegen* **2.2.** 'aus allgemeinen Grundsätzen aufgebautes System von Gedanken od. religiösen Anschauungen (1)': *eine starre* ~; *die* ~ *Platons, von Marx; eine* ~ *verbreiten; sich mit einer* ~ *auseinander setzen* **3.** ⟨o.Pl.⟩ 'Ausbildung eines Lehrlings zum Facharbeiter': *eine* ~ *antreten, beenden; bei jmdn. in die* ~ *gehen; eine* ~ *als Tischler, Schlosser, Elektriker machen* ❖ ↗ **lehren**

lehren ['leːʁən] ⟨reg. Vb.; hat; ↗ auch *gelehrt*⟩ **1.1.** /jmd./ *jmdm. etw.* ~ 'jmdm. durch Unterweisung, Unterricht bestimmte Kenntnisse, Fertigkeiten vermitteln (2)': *die Mutter lehrte die Kinder das Stricken; er hat mich Klavier spielen, gutes Deutsch gelehrt;* ⟨+ Inf. ohne *zu*⟩ *er hat mich sprechen,*

schwimmen, kochen gelehrt; ⟨bei erweitertem Inf. vorw. mit *zu*⟩ *sie lehrte mich, Ordnung zu halten, pünktlich zu sein* **1.2.** /Hochschullehrer/ *etw.* ~ 'ein bestimmtes Fach an einer Hochschule vermitteln (2)': *er lehrt Literaturwissenschaft, Medizin an der Universität N; er lehrte* ('hielt Vorlesungen, Seminare') *an der Universität* **2.** /etw./ *etw.* ~ *etw. beweisen (1), zeigen (9)': *die Erfahrung lehrt, dass ...; das wird die Zukunft* ~ ❖ **belehren, gelehrig, gelehrt, Lehre, Lehrer, Lehrerin, Lehrling − Lehrgang, Mengenlehre**

Lehrer ['leːʁɐ], **der**; ~s, ~ 'männliche Person, die beruflich an einer Schule o.Ä. Unterricht erteilt'; ↗ FELD I.10: *er ist* ~ *für Physik, Mathematik, ist* ~ *an der Goethe-Schule* ❖ ↗ **lehren**

Lehrerin ['leːʁəʁɪn], **die**; ~, ~nen /zu *Lehrer*; weibl./ ❖ ↗ **lehren**

Lehr ['leːɐ̯..]**-gang, der** 'über einen bestimmten zusammenhängenden Zeitraum hinweg durchgeführte Veranstaltung, in der einer Gruppe von Menschen spezifische Kenntnisse vermittelt werden'; SYN Kurs (5): *ein dreiwöchiger* ~; *einen* ~ *leiten; einen* ~ *für erste Hilfe, für Krankenpflege, Steuerfragen, Umweltschutz besuchen, mitmachen; an einem* ~ *teilnehmen* ❖ ↗ **gehen; -jahr, das** 'Zeitraum von 12 Monaten als feste Einheit im Ablauf der Lehre (3)': *sie ist im ersten* ~ ❖ ↗ **Jahr**

Lehrling ['leːɐ̯..], **der**; ~s, ~e 'Jugendlicher während seiner Lehre (3)': *er, sie ist* ~; *einen* ~ *einstellen;* ~*e ausbilden* ❖ ↗ **lehren**

Lehr ['leːɐ̯..]**-stelle, die** 'Stelle (5.1), Arbeitsplatz in einem Betrieb, der der Ausbildung eines Lehrlings dient': *eine* ~ *suchen, haben, bekommen;* ~*n vermitteln* ❖ ↗ **stellen; -stoff, der** ⟨o.Pl.⟩ 'im Unterricht, in Lehrveranstaltungen durchzunehmender Stoff': *der* ~ *eines Schuljahres; den* ~ *vermitteln* ❖ ↗ **Stoff; -stuhl, der** 'Stelle eines Professors an einer Hochschule, Universität': *er hat einen* ~ *für Physik an der Universität N* ❖ ↗ **Stuhl; -veranstaltung, die** 'Veranstaltung, in der gelehrt, unterrichtet wird, bes. Vorlesung, Seminar' ❖ ↗ **veranstalten**

Leib [laɪp], **der**; ~s/auch ~es, ~er ['laɪbɐ]; ↗ FELD I.1.1 **1.** 'Körper (1) od. Rumpf des Menschen, auch bestimmter Tiere': *sein gesunder, zarter, kräftiger* ~; *die* ~*er der Pferde dampften in der Kälte; am ganzen* ~*e zittern; bei lebendigem* ~*e verbrennen; sich die Kleider vom* ~*e reißen* **2.** SYN 'Bauch (2)': *ein dicker, aufgedunsener, voller* ~; *jmdn. in, vor den* ~ *treten; ohne einen Bissen im* ~*e* ('ohne gegessen zu haben') *lief er los* ❖ **beleibt − einverleiben, leibeigen, Leibeigene, Leibeigenschaft, Leibeskräfte, Leibesvisitation, Leibgericht, leibhaftig, Unterleib**

* /jmd./ *etw. am eigenen* ~*e erfahren* ('selbst eine schlechte Erfahrung machen'); /etw./ *jmdm. auf den* ~ *geschrieben sein* 'voll und ganz den künstlerischen Fähigkeiten, dem Wesen von jmdm. entsprechen': *diese Rolle ist ihm auf den* ~ *geschrieben;* /jmd./ *etw.* ⟨Dat.⟩ *zu* ~*e rücken* ('eine Sache tatkräftig anpacken'); **mit** ~ **und Seele**: *er macht seine Arbeit mit* ~ *und Seele* ('mit Begeisterung, sehr*

gerne'); umg. /jmd./ **jmdm. mit etw. vom ~ bleiben**
⟨oft im Imp.⟩ 'jmdn. mit etw. nicht belästigen':
bleib mir damit vom ~e!
leib/Leib ['laip..]|-**eigen** ⟨Adj.; o. Steig.; nicht bei Vb.⟩
'sich in Leibeigenschaft befindend' /beschränkt
verbindbar/: hist. *~e Bauern* ❖ ↗ Leib, ↗ eigen;
-**eigene** [aigənə], **der** u. **die**; ~n, ~n; (↗ TAFEL ..)
hist. 'jmd., der leibeigen ist' ❖ ↗ Leib, ↗ eigen;
-**eigenschaft, die** ⟨o.Pl.⟩ hist. 'völlige wirtschaftli-
che und rechtliche Abhängigkeit von Bauern,
Handwerkern von einem Grundbesitzer im Zeital-
ter des Feudalismus': *die ~ aufheben, abschaffen* ❖
↗ Leib, ↗ eigen
Leibes ['laibəs..]|-**kräfte** ['..] * umg. /jmd./
~n schreien 'laut und mit ganzer Kraft schreien':
er schrie aus ~n; -**visitation** [vizitatsio:n], **die**
'Durchsuchen der auf dem Körper getragenen
Kleidung nach mitgeführten Gegenständen': *eine
~ durchführen; sich einer ~ unterziehen müssen* ❖
↗ Leib
Leib|gericht ['laip..], **das** 'Gericht (1), das jmd. beson-
ders bevorzugt': *Linsen sind mein ~; er hat sich im
Restaurant sein ~ bestellt* ❖ ↗ **Leib,** ↗ **Gericht**
leibhaftig ['laip../..'haftiç] ⟨Adj.; o. Steig.⟩ **1.1.** ⟨nur
bei Vb.⟩ 'in seiner wirklichen Gestalt': *plötzlich
stand er ~ vor mir; sich jmdn., ein Ereignis ~ vor-
stellen* **1.2.** ⟨nur attr.⟩ /beschränkt verbindbar/: *er
sah aus wie das ~e schlechte Gewissen* ('man sah
ihm an, dass er ein schlechtes Gewissen hatte'); *er
sah aus wie der ~e Tod* ('sah sehr elend aus') ❖ ↗
Leib
leibt [laipt]
* **wie er ~ und lebt**: *das ist Peter, wie er leibt und
lebt* (**1.** 'das Bild, Foto zeigt Peter in der für ihn
charakteristischen Weise' **2.** 'Peter hat sich so ver-
halten, wie es für ihn typisch ist')
Leiche ['laiçə], **die**; ~, ~n 'Körper eines toten Men-
schen': *eine verstümmelte ~; die ~ waschen, obdu-
zieren, identifizieren, begraben; die ~ wurde öffent-
lich aufgebahrt; die Passagiere konnten nur noch als
~n geborgen werden* ❖ **Leichnahm, Fronleichnam,
leichenblass**
leichen|blass ['laiçņ..] ⟨Adj.; o. Steig.⟩ emot. 'durch
Angst, Schreck sehr blass' /auf das Gesicht bez./:
*ein leichenblasses Gesicht; vor Schreck war, wurde
sie ~* ❖ ↗ **Leiche,** ↗ **blass**
Leichnam ['laiçna:m], **der**; ~s, ~e ⟨vorw. Sg.⟩ 'Kör-
per (1) eines toten Menschen'; ↗ FELD XI.1: *den,
jmds. ~ aufbahren, feierlich beisetzen* ❖ ↗ **Leiche**
leicht [laiçt] ⟨Adj.⟩ **1.** ⟨Steig. reg.⟩ **1.1.** 'von gerin-
gem Gewicht (1)'; ANT schwer (I.1.1) /auf einen
Körper, Gegenstand bez./: *~es Gepäck; der Koffer,
die Kiste ist ~; er darf nur ~* ('nur etw. von gerin-
gem Gewicht') *tragen; sie ist ~ wie eine Feder* **1.2.**
'aus dünnem Material'; ↗ FELD V.1.3: *ein ~er
Wollstoff; ein ~er Anzug; ~* ('mit wenigen dünnen
Kleidungsstücken') *bekleidet sein; ~es Schuhwerk;
das Haus ist ~* ('nicht massiv') *gebaut* **2.** ⟨Steig.
reg.⟩ **2.1.1.** ⟨nicht bei Vb.⟩ 'geringe körperliche
Anstrengung erfordernd'; ANT schwer (3.1): *eine*

~e Arbeit; die Arbeit war ~ **2.1.2.** 'keine große
geistige Anstrengung erfordernd'; SYN ¹einfach
(2), ANT schwer (3.2): *eine ~e Aufgabe; die Prü-
fung war ~; die Aufgabe ist ~ zu lösen; er lernt ~*
(SYN 'spielend'); *das Gerät ist ~ zu bedienen;* /in
der kommunikativen Wendung/ *das ist ~er gesagt
als getan* /sagt jmd., wenn er für die Lösung eines
Problems, für eine Aufgabe viele Probleme sieht
und einen anderen, der mitbeteiligt ist, vor einer
zu schnellen Entscheidung warnen will/ **2.2.** ⟨vorw.
attr.⟩ /beschränkt verbindbar/: *ein ~es Leben* ('ein
Leben ohne große Sorgen, ohne Entbehrungen';
ANT mühselig, schwer) *haben; es ~* ↗ *haben* **2.3.**
⟨nur bei Vb.⟩ 'ohne große Mühe und Einwirkung,
die sich aus der Situation ergeben könnte, kann':
*sie gibt ~ nach; er ist ~ zu überzeugen; ihn kann
man ~ betrügen; das wäre ~ möglich gewesen; das
hätte ~* ('unter Umständen sehr schnell') *schief ge-
hen können;* ⟨vor Adj.⟩ *er ist ~ erregbar;* SYN 'gut
(4)': *das kann man sich ~ merken; darauf kann ich
~ verzichten* **3.** ⟨o. Steig.; vorw. attr. u. bei Vb.⟩
3.1. 'von geringer Intensität, Stärke (I.1)'; ANT
stark (9.1): *ein ~er Wind, Regen; eine ~e* (ANT
scharfe) *Brise; ein ~er* (ANT tiefer 8.1) *Schlaf; ein
~es* (SYN 'leises 2') *Unbehagen beschlich sie; er
spricht mit ~em Akzent; jmdm. einen ~en Schlag
versetzen; er hat mich ~ angerempelt* **3.2.** 'von ge-
ringem Ausmaß, kaum merklich'; ANT schwer
(5.1) /auf Negatives bez./: *eine ~e Verletzung, Er-
kältung; er ist ~ erkrankt, verletzt; es entstand bei
dem Unfall nur ~er* (SYN 'geringfügiger') *Sach-
schaden* **3.3.** ⟨nur bei Vb.⟩ 'ein wenig'; ANT stark:
*es beginnt ~ zu regnen, schneien; über Nacht hat es
~ gefroren; er verbeugte sich ~* (ANT tief); ⟨vor
Adj., Adv.⟩ *der Wein schmeckt ~ säuerlich; der
Stoff ist ~ angeraut* **4.** ⟨o. Steig.⟩ 'geistig nicht sehr
anspruchsvoll und nur der Unterhaltung dienend'
/auf Kulturelles bez./: *~e Musik, Lektüre; ein ~er
Roman, Film* **5.** ⟨Steig. reg., Superl. ungebr.; nicht
bei Vb.⟩ 'den Organismus nicht belastend'; ANT
schwer (5.3) /auf Nahrungs-, Genussmittel bez./:
~e Kost, ein ~es Frühstück; ein ~er Wein ❖ **er-
leichtern, kinderleicht** − vgl. **leicht/Leicht-**
* /jmd./ **~ reden haben** ⟨vorw. in der direkten
Anrede⟩ 'nicht in jmds. schwieriger Lage sein und
doch über diese Schwierigkeiten reden': *du hast, Sie
haben ~ reden, ich muss die Sache in Ordnung brin-
gen, nicht du, Sie!*
Leicht ['..]|-**athlet, der** 'jmd., der Leichtathletik be-
treibt': *die Wettkämpfe der ~en; er ist ~* ❖ ↗ Ath-
let; -**athletik, die** ⟨o.Pl.⟩ 'die Sportarten Laufen,
Gehen, Springen, Kugelstoßen und Werfen'; ↗
FELD I.7.4.1: *~ treiben* ❖ ↗ Athlet
leicht fallen (es fällt leicht, fiel leicht, ist leicht gefal-
len /etw./ *jmdm. ~* 'von jmdm. keine od. wenig kör-
perliche od. geistige Anstrengung erfordern, wobei
die Gründe in der Person od. in der Sache liegen';
ANT schwer fallen: *diese Arbeit fällt mir leicht; das
Erlernen von Sprachen, Mathematik fällt ihm leicht;
der Abschied, die Entscheidung ist mir (nicht) leicht*

gefallen; es ist mir nicht leicht gefallen, mich bei dem Lärm zu konzentrieren

leicht/Leicht ['..]‖**-fertig** ⟨Adj.; Steig. reg.⟩ ˈohne vorher die Folgen, die sich daraus ergebenden Probleme zu bedenkenˈ /auf Abstraktes bez./; ↗ FELD I.12.3: *sein ~es Verhalten führte dazu, dass ...; ~e Worte; eine ~e Antwort geben; sein Glück ~* (SYN ˈleichtsinnig 2)ˈ *aufs Spiel setzen;* **-gläubig** ⟨Adj.; Steig. reg.; nicht bei Vb.⟩ ˈschnell bereit, in unkritischer Weise etw. zu glaubenˈ; ANT skeptisch; ↗ FELD I.2.3: *ein ~er Mensch; du bist aber ~!* ❖ ↗ glauben; **-industrie, die** ˈdie Industriezweige, die vorwiegend nicht metallische Rohstoffe verarbeiten und Konsumgüter herstellenˈ: *ein Produkt der ~; in der ~ arbeiten* ❖ ↗ Industrie; **-lebig** [leːbɪç] ⟨Adj.; Steig. reg.; nicht bei Vb.⟩ ˈsorglos und oberflächlich lebend, Probleme nicht ernst nehmendˈ; ↗ FELD I.12.3: *ein ~er Mensch; er ist haltlos und ~* ❖ ↗ leben

leicht machen, machte leicht, hat leicht gemacht /jmd./ *jmdm., sich* ⟨Dat.⟩ *etw. ~* ˈmachen, dass jmd., man selbst keine od. kaum Schwierigkeiten in Bezug auf etw. hatˈ: *er macht es sich zu leicht; du machst es mir nicht gerade leicht, dir zu helfen!*

Leicht‖-metall, das ˈMetall mit niedrigem spezifischem Gewichtˈ; ANT Schwermetall; ↗ FELD II.5.1: *Aluminium ist ein ~* ❖ ↗ Metall

leicht nehmen (er nimmt leicht), nahm leicht, hat leicht genommen /jmd./ *etw. ~* ˈetw. nicht ernst nehmen, einer Sache unbekümmert gegenüberstehenˈ; ANT schwer nehmen: *er nimmt das Leben leicht, hat die Nachricht leicht genommen; sie hat zum Glück leicht genommen*

Leicht/leicht ['..]‖**-sinn, der** ⟨o.Pl.⟩ ˈleichtsinniges (1,2) Verhaltenˈ; ↗ FELD I.2.1: *ein sträflicher, grober ~; so ein ~!* ❖ ↗ Sinn; **-sinnig** ⟨Adj.; Steig. reg.⟩ **1.** ˈohne allzu große moralische Skrupelˈ /beschränkt verbindbar/; ↗ FELD I.2.3: *ein ~es Mädchen, ~er Bursche; sie, er ist ziemlich ~* **2.** SYN ˈleichtfertigˈ: *er geht ~ mit Geld um; sein Glück ~ aufs Spiel setzen; er ist sehr ~* (ANT vorsichtig) ❖ ↗ Sinn

leid [laɪt] ⟨Adj.; nur präd. (mit *sein, werden*)⟩ /etw./ *jmdm. ~ sein, werden* ˈetw. bereuenˈ: *die voreilige Entscheidung, sein Versprechen war ihm ~; es war ihm ~ um jede Stunde*

Leid, das; ~s/ auch ~es, ⟨o.Pl.⟩ **1.** ˈpsychische Qual, großer Kummerˈ; ↗ FELD I.6.1: *bitteres, schweres, tiefes ~; im Leben viel ~* (ANT Freude 1) *erfahren; jmdm. sein ~ klagen; jmdm. ~ zufügen; über jmdn. großes ~ bringen; jmdm. ein ~ antun; sie ertrug alles ~ geduldig* **2.** /jmd., etw. (vorw. *es, das*)/ *jmdm. ~ tun* **2.1.** ˈjmds. Mitleid erregenˈ: *er, das kranke Tier tut mir ~* **2.2.** ˈich/er/wir/sie bedauern, dass ...ˈ: *es tut mir/ihm/uns/ihnen ~, dass ...; das tut mir aber ~!; tut dir das nicht ~?; es tut mir ~ um sie, um die verlorene Zeit;* /als Entschuldigung/: *es tut mir sehr, schrecklich ~, dass ich mich verspätet habe* **3.** *jmdm. etw. zu Leide tun:* ↗ zuleide ❖ **beleidigen, Beleidigung, bemitleiden, erleiden, leid, leiden, Leiden, Leidenschaft, leidenschaftlich, leider,**

leidig, leidlich, verleiden, zuleide — **Beileid, Mitleid, Mitleidenschaft, mitleidig, wehleidig**

leiden ['laɪdn̩], litt [lɪt], hat gelitten [gə'lɪtn̩] **1.** /jmd./ **1.1.** ⟨+ Adv.best.⟩ ˈpsychische, physische Belastungen wie Kummer, Schmerzen, Krankheit, Entbehrungen zu ertragen habenˈ; ↗ FELD I.6.2: *er leidet innerlich, maßlos, schwer; sie hat seinetwegen viel gelitten, hat viel ~ müssen;* /Tier/ *ich kann das Tier nicht ~ sehen* **1.2.** *an, unter etw.* ⟨Dat.⟩ ~ ˈwegen einer Sache, jmds. wegen Kummer habenˈ: *er litt an seiner Zeit; sie litt an seinem Mangel an Humor, unter ihrer Einsamkeit* **1.3.** /jmd./ *Hunger, Durst ~* (ˈgroßen Hunger, Durst habenˈ); *er litt große Not, Angst* **2.** /jmd./ *an etw.* ⟨Dat.⟩ ~ ˈein bestimmtes Leiden (1) habenˈ: *sie leidet an Migräne, Schlaflosigkeit; er litt an Rheuma, Depressionen; er, sie ist ~d* (ˈleidet an einer Krankheitˈ), *sieht ~d aus* **3.** /etw./ *unter etw.* ⟨Dat.⟩, *durch etw.* ˈdurch etw. stark beeinträchtigt werdenˈ: *die Bilder haben unter der Feuchtigkeit gelitten; ihr Gedächtnis hat durch die Krankheit sehr gelitten; ihre Gesundheit leidet sehr unter dem Stress;* /jmd./ *unter etw.* ~: *er leidet sehr unter der Hitze, unter ständigen Kopfschmerzen* **4.** ⟨oft verneint; Inf. + *mögen, können*⟩ /jmd./ *jmdn., etw. ~ können, mögen* ˈjmdn., etw. mögen (II.1), gern habenˈ: *ich kann, mag ihn (gut) ~; dieses Kleid mag ich nicht ~, habe ich nie ~ gemocht; er kann klassische Musik, Operette nicht ~* **5.** ⟨vorw. verneint⟩ **5.1.** /etw., jmd./ *etw. ~* ˈetw. dulden, zulassenˈ: *die Angelegenheit leidet, litt keinen Aufschub; das leide ich nicht in meiner Wohnung* **5.2.** ⟨vorw. im Prät.⟩ veraltend geh. /etw. (nur *es*)/: *es litt ihn nicht mehr in seinem Bett, zu Hause* (ˈer hielt es nicht mehr im Bett, zu Hause ausˈ) ❖ ↗ Leid

Leiden, das; ~s, ~ **1.** ˈlange andauernde Krankheitˈ: *ein chronisches, unheilbares, rheumatisches, verschlepptes ~; er starb nach langem ~; sie hat ein organisches ~* **2.** ⟨nur im Pl.⟩ *die ~ der Menschen im Krieg* (ˈall das Leid, das die Menschen während des Kriegs erdulden müssenˈ; ↗ FELD I.6.1); *die Freuden und ~ des Alltags, Lebens* ❖ ↗ Leid
* umg. /jmd./ **aussehen wie das ~ Christi** ˈsehr elend, leidend aussehenˈ: *er sieht heute aus wie das ~ Christi*

Leidenschaft ['laɪdn̩..], **die;** ~, ~en **1.1.** ˈheftiges, durch das Gefühl und starke innere Spannung bestimmtes Verlangen, sich einer Sache od. jmdm. bedingungslos hinzugebenˈ: *eine blinde, verborgene ~; etw. mit, ohne ~ tun; etw. entflammt, schürt alte ~en; seine ~ ist nicht zu bändigen; er ließ seinen ~en freien Lauf* **1.2.** ⟨o.Pl.⟩ ˈheftige, ungestüme Liebe zu jmdm.ˈ; ↗ FELD I.6.1: *eine wilde, heiße, glühende, ungezügelte, echte ~; er entbrannte in ~ zu ihr, für sie; die ~ verzehrte ihn; ihre ~ war erloschen* **1.3.** ⟨o.Pl.⟩ ˈsehr große Begeisterungˈ: *seine große ~ ist Fußball; er hat eine stille ~ für Bücher und Musik; er spielt mit ~ Schach; er ist Angler aus ~;* vgl. *Passion* (1) ❖ ↗ Leid

leidenschaftlich ['..] **I.** ⟨Adj.; Steig. reg.⟩ **1.** ˈvon Leidenschaft (1.1) erfüllt' /vorw. auf Psychisches bez./: *er ist ein ~er Mensch; ein ~er Wunsch, Streit; ~er Zorn, Hass, Protest; etw. in ~er Erregung tun; etw. mit ~em Ton sagen, ablehnen, verteidigen* **2.** ˈvoller Leidenschaft (1.2)'; SYN stürmisch (4), wild (3.1); ↗ FELD I.6.3: *jmdn. ~ lieben, küssen, umarmen; eine ~e Zuneigung* **3.** ˈvon Leidenschaft (1.3) bestimmt'; SYN begeistert /auf Personen und ihre Tätigkeit bez./: *er ist ein ~er Spieler, Sammler, Jäger; er sammelt ~ Briefmarken* – **II.** ⟨Adv.; vor Adv.⟩ *~ gern* ˈüberaus gern': *er treibt ~ gern Sport, tanzt ~ gern, isst ~ gern Schokolade* ❖ ↗ **Leid**

leider ['laidɐ] ⟨Satzadv.⟩ /drückt die Einstellung des Sprechers zum genannten Sachverhalt aus/: *er ist ~ nicht da* (ˈer ist nicht da, was ich sehr bedauere'); *ich kann ~ nicht mitkommen, ich habe noch viel zu tun; „Kommst du mit?" „Leider nicht, ~ nein!"* (ˈich komme nicht mit, was ich sehr bedauere') ❖ ↗ **Leid**

leidig ['laidɪç] ⟨Adj.; o. Steig.; nur attr.⟩ ˈschon lange als unangenehm, lästig empfunden' /vorw. auf Abstraktes bez./: *ein ~es Problem, Thema; ein ~er Zwischenfall, Streit;* ANT erfreulich: *ich habe das ~e Gefühl, dass …; lasst uns doch diese ~e Angelegenheit, Geschichte endlich vergessen!* ❖ ↗ **Leid**

leidlich ['lait..] ⟨Adj.; o. Steig.⟩ ˈeinigermaßen den Erwartungen, Anforderungen entsprechend, nicht besonders gut': *er sprach ein ~es Deutsch; sie hatte eine ~e Figur; seine Zensuren waren, das Wetter war ~; die Straße war ~ sauber, trocken; sie singt, kocht ganz ~; es geht mir so ~* ❖ ↗ **Leid**

Leid|**wesen** ['lait..], **das**
* **zu jmds. ~** ˈzu jmds. Bedauern': *zu meinem, ihrem, unserem, seinem (großen) ~ war die Vorstellung ausverkauft; zu Pauls, zu Herrn Schulzes ~ …; zu meinem ~* (ˈleider') *habe ich verschlafen*

Leier|**kasten** ['laie..], **der** landsch. SYN ˈDrehorgel': *der Mann mit dem ~; er zieht mit dem ~ durch die Straßen, spielt mit dem ~ auf Hinterhöfen* ❖ ↗ **leiern**, ↗ **Kasten**

leiern ['laien] ⟨reg. Vb.; hat⟩ umg. emot. neg. /jmd./ *etw. ~* ˈetw. eintönig, mechanisch sagen, singen': *du darfst das Gedicht, Lied nicht so ~* ❖ **Leierkasten**

Leih|**bibliothek** ['lai..], **die** ˈmeist öffentliche Bibliothek, die Bücher (gegen die Zahlung einer Gebühr) für eine befristete Zeit ausleiht': *ein Buch in der ~ ausleihen* ❖ ↗ **leihen**, ↗ **Bibliothek**

leihen ['laien], lieh [li:], hat geliehen [gə'li:ən] **1.** /jmd./ *jmdm. etw. ~* ˈjmdm. etw. in der Erwartung, dass er es zurückgibt, zum vorübergehenden Gebrauch geben (1.1)': *er lieh ihm Geld, sein Fahrrad; ich habe ihm fünf Mark geliehen; leihst du mir dein Auto?* **2.** /jmd./ *sich* ⟨Dat.⟩ *etw. ~* ˈsich von jmdm. etw. (unter der Voraussetzung, dass er es ihm zurückgibt) zum vorübergehenden Gebrauch geben lassen (1)': *ich werde mir das Videogerät von ihm ~; er hatte sich das Geld, Buch nur geliehen; der Apparat ist nur*

geliehen ❖ **verleihen** – **Ausleihe, ausleihen, Darlehen, Leihbibliothek**

Leih|**wagen** ['lai..], **der** ˈ(Personen)kraftwagen, den man vorübergehend mietet und selbst fährt'; SYN Mietwagen: *er fährt einen ~*

Leim [laim], **der**; ~s/auch ~es, ~e ˈin Wasser löslicher Klebstoff, der bes. zum Verbinden von Papier od. Holz dient'; SYN Kleister: *fester, flüssiger ~; der ~ klebt gut, schlecht;* vgl. *Klebstoff* ❖ **leimen**
* umg. /jmd./ **jmdm. auf den ~ gehen** ˈauf jmdn. hereinfallen': *dem bist du aber auf den ~ gegangen!;* /jmd., etw./ **aus dem ~ gehen 1.** /jmd./ ˈin auffälliger Weise dick werden': *seit ich ihn das letzte Mal gesehen habe, ist er mächtig aus dem ~ gegangen!* **2.** /etw., vorw. Möbelstück/ ˈentzweigehen, sich aus seinen Verbindungen lösen': *der Stuhl ist nun vollkommen aus dem ~ gegangen*

leimen ['laimən] ⟨reg. Vb.; hat⟩ **1.** /jmd./ *etw. ~* ˈTeile eines (hölzernen) Gegenstands (die auseinander gegangen waren) mit Leim verbinden (3)'; SYN kleben (1.2): *er hat den Stuhl, Tisch, das Spielzeug wieder geleimt; etw. an etw. ~: den Fuß an den Schrank ~* **2.** umg. /jmd./ *jmdn. ~* SYN ˈjmdn. betrügen (1.1)': *da hast du dich aber ~ lassen!; sie hat dich ganz schön geleimt* ❖ ↗ **Leim**

Leine ['lainə], **die**; ~, ~n **1.1.** ˈdünneres Seil'; ↗ FELD I.7.6.1: *(zwischen den Pfählen) eine ~ spannen; etw. mit einer ~ festbinden; die Wäsche auf die ~* (SYN ˈWäscheleine') *hängen, von der ~ nehmen* **1.2.** ˈ(meist) lederner Riemen, der am Halsband des Hundes befestigt wird und an dem man den Hund führt': *den Hund an die ~ nehmen; er führte, hielt den Hund an der ~* **1.3.** Seemannsspr. SYN ˈTau (2)'; ↗ FELD I.7.6.1: *die ~n einholen; das Schiff machte die ~n los* (ˈlegte vom Kai ab') ❖ **Wäscheleine**

Leinen ['lainən], **das**; ~s, ⟨o.Pl.⟩ ˈsehr haltbares Gewebe aus Flachs (2)': *grobes, reines, schweres ~; eine Tischdecke aus ~; das Buch ist in ~ gebunden, hat einen Einband aus ~* ❖ **Leinwand**

Lein|**öl** ['lain..], **das** ˈÖl, das durch Auspressen von Leinsamen gewonnen und zur Zubereitung von Speisen verwendet wird': *Pellkartoffeln mit ~* ❖ ↗ Öl; **-samen, der** ˈölhaltiger Samen des Flachses' ❖ ↗ Samen; **-wand, die 1.1.** ⟨vorw. Sg.⟩ ˈFläche aus Leinen, auf die der Maler seine Farben für ein Gemälde aufträgt': *die Farben auf die ~ auftragen* **1.2.** ˈgroße, weiße Fläche, vorw. aus textilem Gewebe, auf die ein Film od. Dias projiziert werden': *eine ~ aufhängen, anbringen; die flimmernde ~ des Kinos; wie gebannt auf die ~ starren* ❖ ↗ Leinen, ↗ Wand

leise ['laizə] ⟨Adj.⟩ **1.** ⟨Steig. reg.⟩ ˈnur schwach hörbar'; ANT ¹laut (1) /vorw. auf Geräusche bez./; ↗ FELD VI.1.3: *~ Musik; ein ~es Rascheln, Plätschern; er hörte ~ Schritte, Klänge; sie sprach mit ~r Stimme; das Kind weinte ~ vor sich hin; ~ lachen, singen, gehen, anklopfen* **2.** ˈvon geringer Intensität' /vorw. auf Abstraktes bez./: *ein ~r Zweifel; ein ~r Händedruck; eine ~* (SYN ˈleichte 3.1.') *Hoffnung, Verstimmung kam auf; ~ Trauer überkam ihn; er hegte nicht den ~sten* (ˈgar keinen')

Verdacht ihm gegenüber; er strich ihr ~ übers Haar; ~ (ʼein wenig') *lächeln, zusammenzucken*

Leiste [ˈlaistə]**, die**; ~, ~n **1.** ʼschmaler, langer Gegenstand aus Holz, Metall od. Kunststoff, der zum Verzieren, Bedecken von Rändern od. zum Zudecken von Fugen dient': *eine schmale, breite, dunkle ~; die ~n des Bilderrahmens; den Teppich mit ~n befestigen, einfassen; das Fenster mit einer ~ abdichten* **2.** ʼTeil des Körpers seitlich am Bauch, der den Übergang vom Rumpf zum Oberschenkel bildet': *eine Operation an der ~; jmdn. an der ~ operieren*

leisten [ˈlaistn̩], leistete, hat geleistet **1.** /jmd./ *etw.* ~ ʼetw. (Anstrengendes) vollbringen, zustande bringen': *er leistet viel, wenig; er hat in seinem Beruf, für die Wissenschaft Hervorragendes, Außerordentliches geleistet* **2.** /jmd./ **2.1.** *sich* ⟨Dat.⟩ *etw.* ~ SYN ʼsich etw. erlauben (3)': *er kann es sich ~, einmal später zu kommen; das, solche Fehler kannst du dir nicht noch einmal ~!; er hat sich allerhand, einen schlechten Scherz geleistet* **2.2.** *sich* ⟨Dat.⟩ *etw.* ~ *können* ʼdie finanziellen Mittel für etw. haben': *sich ein Auto, ein Haus ~ können; jetzt kann ich mir diese Reise endlich ~; bei meinem Gehalt kann ich mir diese Wohnung nicht ~* **2.3.** *sich* ⟨Dat.⟩ *etw.* ~ ʼsich etw. gönnen': *wir haben uns eine Reise nach N geleistet; heute Abend ~ wir uns eine Flasche Sekt* **3.** /abgeblasst in Verbindung mit best. Subst., z. B./: /jmd./ *(jmdm.)* ↗ *Abbitte* ~; /jmd., Staat/ ↗ *Beistand* ~; /jmd./ *einen* ↗ *Eid* ~; /jmd./ *Ersatz* ~; /jmd./ *jmdm., etw.* ⟨Dat.⟩ ↗ *Folge* ~; /jmd./ *jmdm.* ↗ *Gehorsam* ~; /jmd., Staat/ *jmdm.* ↗ *Hilfe* ~; /jmd., Staat/ ↗ *Verzicht* ~; /jmd., Gruppe/ ↗ *Widerstand* ~ ❖ **Leistung, gewährleisten — leistungsfähig, Meisterleistung, Spitzenleistung**

Leisten, der; ~s, ~ ʼhölzernes Modell (2.1) in Form eines Fußes, mit dessen Hilfe Schuhe hergestellt, repariert werden': *fußgerechte ~*
***** /jmd./ **alles über einen ~ schlagen** ʼalles in derselben Weise, ohne Unterschied behandeln, beurteilen': *du kannst nicht alles über einen ~ schlagen!*

Leistung [ˈlaist..]**, die**; ~, ~en **1.** ⟨o.Pl.⟩ ʼdas Leisten (1)': *die ~ bestimmter Arbeiten, Dienste; eine ~ erbringen* **2.** ʼErgebnis körperlicher od. geistiger Arbeit': *das ist, war eine große, bedeutende, hervorragende, bahnbrechende, wissenschaftliche, schulische ~; die ~en des Schülers sind nur mittelmäßig; eine gute, schwache ~ erzielen; erstaunliche ~en bieten; die ~en steigern, erhöhen* ~ **3.** ʼDienstleistung': *die Firma bietet folgende ~en an ...* ❖ ↗ **leisten**

leistungs/Leistungs [ˈlaistuŋs..]**-fähig** ⟨Adj.; Steig. reg.; nicht bei Vb.⟩ ʼin höherem Maße als gewöhnlich fähig, etw. zu leisten (1)' /auf Personen, Geräte, Maschinen bez./: *jmd. ist ~; eine ~e Arbeitsgruppe, Mannschaft; ein ~er Computer;* vgl. *fit* ❖ ↗ leisten, ↗ fähig; **-fähigkeit, die** ʼdas Leistungsfähigsein': *die ~ der Arbeitsgruppe, der neuen Geräte; die ~ gewährleisten* ❖ ↗ leisten, ↗ fähig

leiten [ˈlaitn̩], leitete, hat geleitet **1.** /jmd./ *eine Gruppe, etw.* ~ ʼals Vorgesetzter od. übergeordnetes Gremium eine Gruppe von Menschen in ihrer

Tätigkeit verantwortlich führen (3.1), einen bestimmten, durch Personen bestimmten Vorgang verantwortlich führen': *einen Betrieb, ein Orchester, eine Arbeitsgruppe, Versammlung, Diskussion ~; der ~de Arzt, Ingenieur; in ~der Stellung tätig sein; sie hat die Sitzung, Verhandlungen geleitet; er leitete die Firma lange Jahre; Jugendliche müssen klug geleitet werden* **2.** /jmd./ **2.1.** *jmdn. irgendwohin* ~ ʼjmdn. irgendwohin führen (1.2)': *jmdn. zum Ausgang, zur Tür, ins Zimmer ~; er wurde durch die Stadt, zum Flugplatz geleitet* **2.2.** *sich von etw.* ~ *lassen* ʼsich durch etw. veranlassen lassen, etw. Bestimmtes zu tun': *sie lässt sich (bei ihren Entscheidungen) meist von ihrem Gefühl ~; sich vom wirtschaftlichen Interesse ~ lassen; er ließ sich von der Tatsache ~, dass ...* **3.** Techn., Phys. *etw. leitet Strom* ʼein Stoff (2) ermöglicht durch seine Beschaffenheit, dass elektrischer Strom od. Wärme durch ihn fließen kann': *Metall leitet elektrischen Strom, Wärme besonders gut; Plastik und Keramik ~ keinen elektrischen Strom* ❖ **Geleit, geleiten, ¹Leiter, Leitung, verleiten — ableiten, anleiten, Anleitung, einleiten, Einleitung, Halbleiter, Umleitung, Wasserleitung;** vgl. **Leit-**

¹Leiter [ˈlaitɐ]**, der**; ~s, ~ **1.** ʼjmd., der etw. leitet (1), geleitet hat': *ein technischer, künstlerischer ~; der ~ des Orchesters, Betriebes, der Delegation, Expedition; einen neuen ~ einsetzen, wählen* **2.** ʼStoff (2), der elektrischen Strom gut leitet (3)': *ein elektrischer ~; Metalle sind gute ~* ❖ ↗ **leiten**

²Leiter, die; ~, ~n ʼGerät aus Holz od. Metall mit Sprossen od. Stufen, das dazu benutzt wird, Höhenunterschiede zu überwinden' (↗ BILD): *eine lange, hohe, stabile, wacklige ~; auf die ~ klettern, steigen; sie stieg, fiel von der ~; die ~ an die Wand lehnen; jmdm. die ~ halten* ❖ **Strickleiter, Tonleiter, Trittleiter**

Leit [ˈlait..]**-faden, der** ʼkurze Darstellung zur Einführung in ein Wissensgebiet': *ein praktischer ~; ein ~ der Chemie, Medizin;* vgl. *Grundriß (2)* ❖ ↗ Faden; **-gedanke, der** ʼals Richtschnur dienender Grundgedanke bes. eines größeren (künstlerischen) Werkes, einer Ausstellung': *etw. steht unter einem bestimmten ~n; der ~ spiegelt sich in allen Kapiteln*

wider; vgl. *Motto* (1.2) ❖ ↗ denken; **-linie, die** Verkehrsw. ˹unterbrochene Linie (1.1) auf der Fahrbahn, die von Fahrzeugen überfahren werden darf, wenn der übrige Verkehr (1) es gestattet˺: *die ~ neu markieren, die ~ überfahren* ❖ ↗ Linie; **-planke, die** Verkehrsw. ˹Planke aus Stahl od. Beton am Straßenrand od. am Mittelstreifen von Autobahnen, die verhindern soll, dass Fahrzeuge von der Fahrbahn abkommen˺: *das Auto durchbrach die ~; gegen die ~ prallen, geschleudert werden* ❖ ↗ Planke

Leitung [ˈlaɪt..], **die;** ~, ~en **1.** ⟨o.Pl.⟩ /zu *leiten* 1/ ˹das Leiten˺: *die ~ der Diskussion, des Unternehmens; die ~ übernehmen; unter ~ von N spielen, arbeiten* **2.** ˹Gruppe von Personen, die einen Bereich, Betrieb, ein Unternehmen o.Ä. leitet (1)˺: *die (technische) ~ eines Betriebes; die kaufmännische ~ eines Kaufhauses; er gehört zur ~ des Projekts* **3.1.** ˹System von Rohren, in denen Flüssigkeiten, Gase befördert (1) werden˺: *eine ~ für Wasser, Erdöl legen; eine ~ anschließen, reparieren, anzapfen; die ~ (˹Wasserleitung˺) ist verstopft* **3.2.** ˹Drähte, Kabel, durch die elektrische Energie befördert wird˺: *eine elektrische ~; die ~ unter, über Putz legen; die ~ steht unter Strom; die ~ anzapfen* **3.3.** ˹Leitung (3.2) für Telefongespräche und zum Übermitteln von Daten˺: *die ~ ist frei, besetzt;* umg. *die ~ ist tot* (˹übermittelt nichts mehr˺); *eine Störung in der ~; es knackt in der ~; es ist jemand in der ~* (˹jmd. hört mit od. spricht auf derselben Leitung˺) ❖ ↗ **leiten**

Lektion [lɛkˈtsi̯oːn], **die;** ~, ~en **1.** ˹Abschnitt, Kapitel in einem Lehrbuch, bes. für das Erlernen einer Fremdsprache˺: *die erste, dritte ~; eine ~ methodisch aufbereiten, durchnehmen* **2.** ˹Äußerung od. Handlung, durch die jmd. zurechtgewiesen wird˺: *jmdm. eine scharfe ~ erteilen; er hat diese kleine ~ verdient;* vgl. *Lehre* (1)

Lektüre [lɛkˈtyːRə], **die;** ~, ⟨o.Pl.⟩ **1.** ⟨+ Gen.attr.⟩ ˹das Lesen eines Buches, Briefes o.Ä.˺: *bei der ~ des Romans stieß er auf einen Hinweis* **2.** ˹Literatur (2), die der Bildung od. Unterhaltung dient˺: *eine interessante, spannende, leichte, schwierige ~; eine passende ~ auswählen, empfehlen*

Lende [ˈlɛndə], **die;** ~, ~n **1.** ˹seitliche Wand des Bauches über der Hüfte˺: ↗ FELD I.1.1: *Schmerzen in der ~ haben; die ~n bedecken* **2.** ˹Fleisch von unterhalb des Rückgrats beim Schlachtvieh˺: *ein Stück ~ braten*

lenken [ˈlɛŋkn̩] ⟨reg Vb.; hat⟩ **1.** /jmd./ *etw. ~* ˹die Richtung (1) der Bewegung (1) eines Fahrzeugs, Reittiers durch Bedienung des Steuers od. durch Zügel bestimmen˺: ↗ FELD VIII.4.1.2: *das Auto, Fahrrad ~* (SYN ˹steuern˺); *er lenkte den Wagen scharf nach rechts; ein Pferd ~* **2.** /jmd./ **2.1.** *etw. ~* ˹die Entwicklung, den Fortgang von etw. in seiner Richtung maßgeblich beeinflussen˺: *die Wirtschaft, einen Staat, die Verhandlungen ~* **2.2.** *jmdn. ~* ˹die Entwicklung und das Verhalten von jmdm. maßgeblich beeinflussen˺: *es war schwierig, den Jungen zu ~; er lässt sich leicht, schwer ~* **3.** /jmd./ **3.1.**

etw. auf jmdn., etw. ~ ˹bewirken, dass sich etw. auf jmdn., etw. richtet (I.2)˺: *den Verdacht auf jmdn., die Blicke auf etw. ~; er lenkte das Gespräch auf die Frage ...; sie versuchte, die Aufmerksamkeit auf sich zu ~* **3.2.** *etw. in die richtige Bahn ~* (˹etw. so beeinflussen, dass es die erwünschte Richtung nimmt˺); *das Gespräch in eine bestimmte Richtung ~* (˹bewirken, dass das Gespräch sich einem bestimmten Gegenstand zuwendet˺) ❖ **Lenker, Lenkung – ablenken, einlenken, Lenkrad, -stange**

Lenker [ˈlɛŋkɐ], **der;** ~s, ~ ˹Stange, vorwiegend aus Metall, beim Fahrrad, Motorrad, an deren beiden Enden Griffe zum Lenken (1) angebracht sind˺: ↗ FELD VIII.4.1.1: *ein verbogener, verrosteter ~; einen ~ anmontieren, abbauen* ❖ ↗ **lenken**

Lenk [ˈlɛŋk..]**]-rad, das** ˹zum Lenken dienende Vorrichtung eines Autos, Lastwagens˺: ↗ FELD VIII.4.1.1 (↗ TABL Fahrzeuge): *das ~ festhalten, loslassen, nach links drehen;* vgl. ¹*Steuer* ❖ ↗ lenken, ↗ Rad; **-stange, die** SYN ˹Lenker˺; ↗ FELD VIII.4.1.1 (↗ TABL Fahrzeuge) ❖ ↗ lenken, ↗ Rad

Lenkung [ˈlɛŋk..], **die;** ~, ~en **1.** ⟨o.Pl.⟩ /zu *lenken* 1–3/ ˹das Lenken˺; /zu 1/ ˹das Lenken eines Fahrzeugs˺: *die ~ des Lastwagens erfordert Kraft, Umsicht;* /zu 2.1/: *die ~ des Staats, der Wirtschaft* **2.** ˹Vorrichtung zum Lenken (1) eines Kraftfahrzeugs˺: ↗ FELD VIII.4.1.1: *die ~ blockieren; die ~ in der Werkstatt überprüfen lassen* ❖ ↗ **lenken**

Lenz [lɛnts], **der;** ~es, ~e **1.** ⟨o.Pl.⟩ geh. SYN ˹Frühling˺: ↗ FELD VII.8.1: *der ~ ist da; ein sonniger ~* **2.** ⟨nur im Pl.⟩ scherzh.: *sie ist erst 17 ~e alt* (˹sie ist erst 17 Jahre alt˺)
* /jmd./ *einen ~ haben* ˹viel Freizeit und ein angenehmes, bequemes Leben haben˺: *in seinem neuen Job hat er vielleicht einen ~!*

Leopard [leoˈpaʁt], **der;** ~en, ~en ˹Raubtier mit meist gelblichem Fell und schwarzen kleinen Flecken, das in Afrika und Asien lebt˺; SYN Panther; ↗ FELD II.3.1

Lerche [ˈlɛʁçə], **die;** ~, ~n ˹Singvogel, der im freien Gelände am Boden nistet und mit trillerndem Gesang hoch in die Luft steigt˺; ↗ FELD II.3.1: *die ~ jubiliert, schwingt sich hoch in die Luft*

lernen [ˈlɛʁnən] ⟨reg. Vb.; hat; ↗ auch *gelernt*⟩ **1.1.** /jmd./ *etw. ~* ˹Wissen, Kenntnisse, Fähigkeiten, Fertigkeiten durch eigenes Bemühen od. durch Anleitung erwerben (3)˺; ↗ FELD I.4.1.2: *das Kind lernt leicht, schwer; er lernt von früh bis spät, intensiv; etw. auswendig ~;* ⟨+ Inf. ohne *zu*⟩ *lesen, schreiben, schwimmen ~; sie lernt Fahrrad, Auto (zu) fahren; er hat gelernt, mit dem Computer umzugehen; von ihm kannst du viel ~* **1.2.** *etw. lernt sich leicht, schwer* ˹etw. kann man leicht, schwer lernen (1.1)˺: *diese Sprache, dieser Text, dieses Musikstück lernt sich leicht, schwer* **1.3.** ˹durch Erkenntnisse zu einer bestimmten Haltung gegenüber anderen, etw. gelangen˺: *aus den Erfahrungen ~; er muss ~, mit anderen Menschen auszukommen* ❖ **gelernt, ungelernt, verlernen – anlernen**

lesbar ['leːs..] ⟨Adj.; o. Steig.; nicht bei Vb.; vorw. verneint⟩ 'so gedruckt, geschrieben, dass man es mit den Augen entziffern kann': *die Inschrift ist kaum ~, ist nicht mehr ~; seine Handschrift ist gut ~; eine gut ~e Handschrift* ❖ ↗ **lesen**
MERKE Zum Unterschied von *lesbar* und *leserlich:* ↗ **leserlich** (Merke)

lesbisch ['lɛsb..] ⟨Adj.; o. Steig.⟩ 'homosexuell' /auf Frauen bez./: *sie ist ~; eine ~e Frau; sie ist ~ veranlagt*

Lese|buch ['leːzə..], das 'Buch mit ausgewähltem Stoff zum Lesen (I.1.1), bes. für Schulkinder zum Lesenlernen': *ein Text aus dem ~; das ~ aufschlagen* ❖ ↗ **lesen**, ↗ **Buch**

lesen ['leːzn̩], las [laːs], hat gelesen **I.1.1.** /jmd./ etw. ~ 'etw. Geschriebenes, Gedrucktes mit den Augen wahrnehmen und geistig erfassen'; ↗ **FELD** I.4.1.2: *einen Text, Brief, die Zeitung, ein Buch ~; etw. genau, gründlich, flüchtig ~; Noten ~ (können); das Kind kann noch nicht ~; er las laut; ich habe den Text dreimal gelesen; seine Handschrift ist schwer zu ~ ('zu entziffern');* ↗ **Korrektur ~ 1.2.** *etw., bes. ein literarisches Produkt, liest sich leicht, schwer* 'man kann etw., bes. ein literarisches Produkt, leicht, schwer lesen, weil es in einer einfachen, schwierigen Weise abgefasst ist': *das Buch, der Roman, die Erzählung liest sich gut, schwer, flüssig; der Bericht liest sich wie eine Kriminalgeschichte* **1.3.** /jmd./ etw. ~ 'etw. lesend (1.1) vortragen': *ausdrucksvoll, lebendig, monoton ~; etw. mit verteilten Rollen ~; der Autor las aus eigenen Werken* **1.4.** /Hochschullehrer/ 'eine Vorlesung halten': *er las über Literatur, Kunst des 19. Jahrhunderts; er hatte 2 Stunden zu ~* **1.5.** Parl. ⟨nur im Pass.⟩ *ein Gesetz, Gesetzentwurf wird gelesen* ('wird im Parlament vorgetragen und diskutiert mit dem Ziel, dass es von der Mehrheit angenommen wird') **1.6.** /Priester/ *die Messe ~* ('feierlich ausführen 5') **2.** /jmd./ etw. von, in etw. ⟨Dat.⟩ ~ 'etw., bes. Gedanken, psychische Regungen, aus etw., bes. aus jmds. Mimik, erkennen': *er las ihr jeden Wunsch von den Lippen; er konnte in seiner Miene, seinem Gesicht, seinen Augen ~, was er dachte* – **II.** /jmd./ ↗ **FELD** II.4.2 **1.1.** *Ähren ~* ('Ähren vom abgeernteten Feld sammeln') **1.2.** *Trauben, Wein ~* ('ernten') **2.** *Erbsen ~* ('aus einer Menge Erbsen die schlechten aussortieren') ❖ **erlesen, lesbar, Leser, Lesung, leserlich, verlesen – ablesen, auslesen, Leseratte, Leserbrief, Lesezeichen**

Leser ['leːzɐ], der; ~s, ~ 'jmd., der ein Buch od. eine Zeitung o.Ä. liest'; ↗ **FELD** I.4.1.1: *er ist ein aufmerksamer, kritischer ~; die Zeitschrift wirbt um neue ~* ('Abonnenten'); *sich an seine ~ wenden* ❖ ↗ **lesen**

Lese|ratte ['leːzə..], die umg. scherzh. 'jmd., der viel und gerne liest'; ↗ **FELD** I.4.1.1: *sie, er ist eine richtige ~* ❖ ↗ **lesen**, ↗ **Ratte**

Leser|brief ['leːzɐ..], der 'Brief, den der Leser einer Zeitschrift, eines Buches an die Redaktion der Zei-

tung, an den Autor richtet (und der veröffentlicht wird)': *er erhielt viele ~e; die Zeitung hat eine Rubrik für ~e* ❖ ↗ **lesen**, ↗ **Brief**

leserlich ['leːzɐ..] ⟨Adj.; Steig. reg., ungebr.⟩ 'so deutlich mit der Hand geschrieben, dass es gut zu lesen ist': *eine ~e Handschrift; seine Karte, sein Brief ist nicht, kaum ~* ❖ ↗ **lesen**
MERKE Zum Unterschied von *leserlich* und *lesbar: leserlich* bezieht sich nur auf die Handschrift, *lesbar* auch auf Gedrucktes

Lese|zeichen ['leːzə..], das 'flacher Gegenstand, den man in ein Buch zum Kennzeichnen der Seite legt, auf der man beim Lesen aufgehört hat'; ↗ **FELD** I.5.1: *ein ~ einlegen* ❖ ↗ **lesen**, ↗ **Zeichen**

Lesung ['leːz..], die; ~, ~en; ↗ **FELD** I.4.1.1 **1.** 'öffentliche Veranstaltung, auf der jmd. aus einem, ein Autor aus seinem Werk (4.1) vorliest': *eine ~ veranstalten, durchführen; mit einer ~ stellte die Autorin ihren neuesten Roman vor* **2.** 'das Vortragen und die Diskussion eines Gesetzesentwurfs in einem Parlament mit dem Ziel, dass er von der Mehrheit angenommen wird': *die erste, zweite, dritte ~; das Lebensmittelgesetz steht in zweiter ~, wurde nach zweiter ~ angenommen* ❖ ↗ **lesen**

Letter ['lɛtɐ], die; ~, ~n ⟨vorw. Pl.⟩ 'gedruckter Buchstabe': *große, kleine, schwarze ~n*

letzt [lɛtst] ⟨Adj.; o. Steig.; nur attr.; ↗ auch *letztere*⟩ **1.** 'in einer Reihe, Folge, bei einem Vorgang das Ende bildend': *das ~e Haus der Straße; die ~e Möglichkeit; der ~e Tag, am Letzten des Monats; die ~en Nachrichten hören; ich sage es zum ~en Mal; das ~e Drittel des Tages; er war der Letzte, ging als Letzter durchs Ziel; der ~e Band der Reihe; ein ~er Gruß zum Abschied; an ~er Stelle stehen; im ~en Moment absagen; die ~en Vorbereitungen treffen* **2.** SYN 'vorig': *~es Jahr/im ~en Jahr haben wir uns zuletzt gesehen; das war ~en/im ~en Sommer; in der ~en/in ~er Zeit* ('neuerdings') *fehlt er oft* **3.** 'als Rest von einer Menge übrig geblieben': *das ist mein ~es Geld; seine ~en Kräfte mobilisieren; die ~en Reserven angreifen; bis zum ~en Mann kämpfen* **4.** /in der kommunikativen Wendung/ umg. *etw., jmd. ist das Letzte!* ('etw., jmds. Verhalten ist empörend') /wird gesagt, wenn man über das Verhalten von jmdm., über einen Vorgang od. Sachverhalt empört ist, die Situation als unerträgliche Zumutung empfindet/: *das ist, du bist wirklich das Letzte!* ❖ **letztens, letztere, letzlich – vorletzt, ¹,²zuletzt**
* **bis aufs Letzte** 'restlos': *sie haben das Fass bis aufs ~e ausgetrunken;* **bis ins Letzte** 'sehr gründlich': *der Fall wurde bis ins ~e untersucht;* **bis zum Letzten** 'bis zur Grenze des Möglichen': *ich werde bis zum ~en gehen, wenn es sein muss*

Letzt
* **zu guter ~** 'schließlich, am Ende': *zu guter ~ hat doch noch alles geklappt, ist er doch noch gekommen*

letztens [lɛtstn̩s], ⟨Adv.⟩ 'vor kurzer Zeit': *ich habe ihn ~ getroffen; er ist mir ~ begegnet* ❖ ↗ **letzt**

letztere ['lɛtstəʀə], **der, die, das**; ~n, ~n od. **letzterer, letztere, letzteres** ⟨Demonstrativpron.; subst. u. adj.; korrespondiert mit *erstere/ersterer;* ↗ auch *letzt;* ↗ TAFEL IX⟩ /dient zur Unterscheidung zweier vorher erwähnter Subst./ ʿder von zweien zuletzt Genannteʾ: *er hat zwei Söhne, Rainer und Frank, der erstere/ersterer ist verheiratet, ~r/der ~ ist noch ledig; im ersteren Fall ist alles gut gegangen, im ~n gab es Komplikationen;* /auch ohne *erstere(r)/ die ~ Frage möchten wir noch zurückstellen; ~s glaube ich nicht* ❖ ↗ **letzt**

letztlich ['lɛtst..] ⟨Modalpartikel; betont; steht auch am Satzanfang; bezieht sich auf den ganzen Satz; steht in Aussagesätzen⟩ SYN ʿ²schließlichʾ: *er hat ~ mehr Erfahrungen als du; ~ ist es eine Frage des Taktes, des Geschmacks* ❖ ↗ **letzt**

Leuchte ['lɔiçtə], **die**; ~, ~n **1.** vorw. fachspr. SYN ʿLampe (1)ʾ; ↗ FELD V.4.1, VI.2.1: *eine ~ für den Flur, das Bad, den Schreibtisch; eine ~ kaufen, anbringen* **2.** umg. ʿkluger Menschʾ; ↗ FELD I.5.1: *er ist eine ~ in seinem Fach; sie ist eine ~ in Mathematik;* spött. *in der Schule ist er nicht gerade eine ~* (ʿzeigt er keine besonderen Leistungenʾ) ❖ ↗ **leuchten**

leuchten ['lɔiçtn̩], leuchtete, hat geleuchtet; ↗ FELD VI.2.2 **1.1.** /etw., bes. Lichtquelle/ ʿLicht (1.1) von sich geben, Helligkeit verbreitenʾ: *die Lampe, Kerze, Laterne leuchtet; der Mond, die Sterne ~ heute Nacht sehr hell; sein Licht hat weit geleuchtet* **1.2.** /etw./ *das Meer leuchtet in der Abendsonne* (ʿreflektiert das Licht, liegt im Licht der Abendsonneʾ); *ihr Haar, das Laub leuchtete in der Sonne* **1.3.** *ihre Augen ~* (ʿglänzenʾ) *vor Freude* **2.** /jmd./ **2.1.** *irgendwohin ~* ʿden Strahl einer Lichtquelle irgendwohin richtenʾ: *jmdm. (mit der Taschenlampe) ins Gesicht ~; sie leuchtete in jeden Winkel des Raums, unter das Bett* **2.2.** *jmdm. ~* ʿjmdm. in der Dunkelheit mit einem Licht eine ausreichende Sicht (1.1) ermöglichenʾ: *wenn du die Sicherung herausschraubst, leuchte ich dir* ❖ **beleuchten, Beleuchtung, Leuchte, Leuchter – Blinkleuchte, einleuchten, Leuchtreklame, -röhre, -turm, Wetterleuchten;** vgl. **Licht**

Leuchter ['lɔiçtɐ], **der**; ~s, ~ ʿHalter (1) für eine od. mehrere Kerzen od. Glühlampenʾ: *ein fünfarmiger ~; ein ~ aus Metall, Holz, Porzellan* ❖ ↗ **leuchten**

Leucht ['lɔiçt..]**-reklame, die** ʿReklame, vorwiegend an Hausfassaden, in Form von Schrift, Bildern (1) od. Symbolen, mit Hilfe von Leuchtröhrenʾ; ↗ FELD VI.2.1: *grelle, bunte ~* ❖ ↗ **leuchten; -röhre, die** Phys., Techn. ʿals Lampe dienende luftdichte, mit Gas gefüllte Glasröhre, in der durch elektrische Entladungen Licht erzeugt wirdʾ; SYN Röhre (1.2); ↗ FELD VI.2.1: *eine grelle, schwache ~; die ~ flackert; eine ~ auswechseln* ❖ ↗ leuchten, ↗ Rohr; **-turm, der** ʿTurm an der Küste, oft auf erhöhtem Platz, der nachts ständig in bestimmter Abfolge starke Lichtsignale aussendet, die bes. Schiffen bei der Navigation helfen sollenʾ; ↗ FELD VI.2.1 (↗ BILD) ❖ ↗ leuchten, ↗ Turm

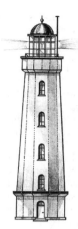

Leuchtturm

leugnen ['lɔignən], leugnete, hat geleugnet /jmd./ etw. ~ **1.1.** ʿetw., was andere einem zur Last legen, wider besseres Wissen als nicht zutreffend erklärenʾ; ANT bekennen (1.1), zugeben (2.1): *etw. energisch, entschieden ~; er leugnete seine Tat; er leugnete (nicht), die Tat begangen zu haben; sein hartnäckiges Leugnen half nicht;* vgl. *abstreiten* **1.2.** ⟨vorw. verneint; + Nebens.⟩ ʿetw. nicht als richtig od. wahr anerkennen und gelten lassenʾ: *wer will ~, dass sein Plan perfekt war?; ich habe nie geleugnet, dass es mir hier gut gefällt; es ist nicht zu ~* (ʿes entspricht voll den Tatsachenʾ), *dass sich hier inzwischen vieles verändert hat* ❖ **verleugnen**

Leumund ['lɔimʊnt], **der**; ~s/auch ~es, ⟨o.Pl.⟩ SYN ʿRufʾ: *er hat einen guten, schlechten, einwandfreien ~; sein ~ ist gut, schlecht* ❖ ↗ **verleumden**

Leute ['lɔitə], **die** ⟨Pl.⟩ **1.1.** /wird verwendet, um Personen beiderlei Geschlechts zu bezeichnen und kann nicht als Gattungsbegriff ʿMenschʾ verwendet werden/: *alte, junge, arme, reiche ~; viele, eine Menge ~ waren gekommen, standen herum; das sind, unsere Nachbarn sind bescheidene, anstrengende, angenehme ~; die jungen ~* (ʿdas junge Ehepaarʾ) *wohnen oben* **1.2.** ʿMenschen, die die öffentliche Meinung bildenʾ: *was werden die ~ nur dazu sagen?; ich tue es nur um der ~ willen* (ʿum dem Gerede zu entgehenʾ); *da haben die ~ wieder was zu reden; die ~ sagen...* (ʿman sagt ...ʾ); *vor allen ~n* ʿim Beisein anderer, in der Öffentlichkeitʾ: *das kann man nicht vor allen ~n sagen, machen* **1.3.** ⟨oft mit Possessivpron.⟩ ʿPersonen, die unter jmds. Leitung arbeiten, von Unternehmen angestellt sindʾ: *er behandelt seine ~ gut, schlecht; sich für seine ~ einsetzen; er hat ein gutes Verhältnis zu seinen ~n, es fehlt an ~n* (ʿArbeitskräftenʾ) ❖ **leutselig**
MERKE Zum Plural *-leute* bei Komposita mit *-mann:* ↗ *Mann* (Merke)
* **wir sind geschiedene ~** ʿich will mit dir, ihm, ihnen nichts mehr zu tun habenʾ: *lass mich in Ruhe, wir sind geschiedene ~!*

Leutnant ['lɔi̯tnant], **der**; ~s, ~s /Angehöriger der Land-, Luft-, Seestreitkräfte mit einem bestimmten Dienstgrad/ (↗ TAFEL XIX)

leutselig ['lɔi̯t..] ⟨Adj.; Steig. reg.⟩ 'wohlwollend, aber etwas herablassend freundlich': *jmdm. ~ auf die Schulter klopfen; ~ plauderte er mit seinen Mitarbeitern; ein ~er Chef; ihr Chef ist sehr ~* ❖ ↗ **Leute**

Leviten [le'vi:tn̩], **die** ⟨Pl.⟩
* jmd./ **jmdm. die ~ lesen** 'jmdn. energisch zurechtweisen': *endlich hat er ihm mal (ordentlich, tüchtig) die ~ gelesen!*

Lexikon ['lɛksikɔn], **das**; ~s, Lexika ['lɛksika:] od. Lexiken ['lɛksikən] 'Nachschlagewerk, das Informationen zu alphabetisch geordneten Stichwörtern gibt': *etw. im ~ nachlesen; im ~ nachschlagen; ein dreibändiges ~; ein ~ in 12 Bänden; ein ~ für Musik, moderne Kunst*

Liane [li̯'a:nə], **die**; ~, ~n 'Schlingpflanze, Kletterpflanze, bes. in tropischen Urwäldern': *die ~ windet sich an Bäumen empor*

Libelle [li'bɛlə], **die**; ~, ~n 'in zahlreichen Arten vorkommendes, räuberisches Insekt mit schlankem, meist prächtig gefärbten Körper und vier durchsichtigen, schillernden, steifen Flügeln' (↗ TABL Insekten): *die ~ steht ('fliegt auf der Stelle') über der Wasseroberfläche*

liberal [libe'ʀa:l] ⟨Adj.⟩ **1.** ⟨o. Steig.; nicht bei Vb.⟩ 'die Weltanschauung des Liberalismus vertretend, den Liberalismus betreffend': *eine ~e Partei; ~e Politik; ein ~er Politiker; seine politischen Ansichten sind ~* **2.** ⟨Steig. reg.⟩ 'den Einzelnen, andere wenig einschränkend, ihm, ihnen die Möglichkeit gebend, das Leben frei zu gestalten' /auf Personen bez./: *ein ~er Mensch, Chef; sein Chef ist sehr ~; ~e Gesetze; er verhält sich sehr ~; ~ mit jmdm. ~ umgehen; er denkt sehr ~* ❖ **Liberalismus**

Liberalismus [libe'ʀa:lɪsmʊs], **der**; ~, ⟨o.Pl.⟩ 'im 19. Jahrhundert entstandene Weltanschauung, die die gesellschaftlich, politisch und ökonomisch freie Entfaltung des Individuums fordert und staatliche Einflüsse auf ein Mindestmaß beschränkt haben will' ❖ ↗ **liberal**

Libretto [li'bʀɛto], **das**, ~s, ~s /auch Libretti **1.1.** 'Text einer Oper, Operette, auch eines Oratoriums': *das ~ schreiben* **1.2.** 'schriftlich fixierter Ablauf der Handlung für ein Ballett': *ein Ballett inszenieren nach dem ~ von B*

licht [lɪçt] ⟨Adj.; Steig. reg., ungebr.; nicht bei Vb.; vorw. attr.⟩ **1.1.** geh. SYN 'hell (1.2)'; ↗ FELD VI.2.3: *ein ~er Schein; ein ~er (ANT dunkler 1) Morgen; das geschah am ~en Tag ('bei Tageslicht, mitten am Tag')* **1.2.** 'von zarter, heller Farbe'; ANT matt (3), dunkel (2): *ein ~es Blau, Gelb, Grün* **2.** 'dünn bewachsen': *~e Birkenwälder; ~es Unterholz; sein Haar war schon etwas ~ geworden ('wies schon viele Zwischenräume auf')* ❖ ↗ **Licht**

Licht, das; ~s/auch ~es, ~er [..tɐ]/ geh. ~e; ↗ FELD VI.2.1 **1.** ⟨o.Pl.⟩ **1.1.** 'von der Sonne od. einer anderen künstlichen Lichtquelle ausgehende Erscheinung, die Helligkeit hervorruft und die Objekte der

Welt sichtbar macht': *grelles, trübes, warmes ~; intensives, schwaches ~; natürliches, künstliches ~; gutes, schlechtes ~ zum Arbeiten; das ~ der Sonne, des Mondes, der Sterne; das ~ einer Laterne, Lampe, Kerze; das ~ blendet, leuchtet; etw. gegen das ~ halten; im ~ stehen ('vor der Quelle des Lichts stehen und anderen die Sicht verdunkeln'); rotes, gelbes, grünes ~ ('Signale für den Verkehr an Kreuzungen'); bei ~ ('Tageslicht') sieht die Farbe ganz anders aus* **1.2.** 'durch das Licht (1.1) der Sonne erhellter Bereich': *im ~ (ANT Schatten 1.2) stehen* **2.1.** ⟨nur mit best. Art. od. o. Art.⟩ 'etw., das Licht (1.1) erzeugt, bes. elektrische Beleuchtung': *das ~ ein-, ausschalten, löschen; im Zimmer brennt noch ~; im Dorf gab es kein (elektrisches) ~;* umg. *das ~ ('die Lampe') an-, ausmachen, an-, ausknipsen* **2.2.** ⟨Pl. ~er/geh. ~e⟩ SYN 'Kerze (1)': *die ~er anzünden, anstecken; ein ~ ausblasen, auslöschen, das ~ tropft, brennt (herunter), erlischt* ❖ **belichten, licht, lichten, Lichtung** − **Abendlicht, Blaulicht, Blitzlicht, Bremslicht, helllicht, lichterloh, Mondlicht, Sonnenlicht, Streiflicht, Tageslicht, Zwielicht, zwielichtig;** vgl. **Licht/licht-;** vgl. **leuchten**
* **bei ~ besehen** 'genau genommen': *bei ~ besehen ist die Arbeit doch sehr interessant/diese Arbeit ist bei ~ besehen doch sehr interessant;* /jmd./ **etw. ans ~ bringen** 'etw. Verheimlichtes öffentlich machen': *er brachte durch seine Nachforschungen die Unterschlagung ans ~;* /jmd./ **jmdn. hinters ~ führen** 'jmdn. täuschen': *da hat er, man dich schön hinters ~ geführt!;* /jmd., Institution/ **grünes ~** ('die Erlaubnis, etw., bes. ein Projekt, in Angriff nehmen zu können') **geben, haben, erhalten**: *für unser Projekt wurde vom Chef, Bauamt grünes ~ gegeben;* /etw., bes. etw. Verheimlichtes/ **ans ~ kommen** 'offenkundig werden, in der Öffentlichkeit bekannt werden': *irgendwann kommt die Sache ans ~;* /etw., bes. Ereignis, Tätigkeit/ **in einem neuen ~ erscheinen** 'aufgrund anderer, neuer (zusätzlicher) Informationen eine neue Bewertung zulassen, die der früheren entgegensteht od. sie relativiert': *nach dieser Erklärung erscheint mir sein Verhalten, die Affäre in einem (völlig) neuen ~;* /jmd., etw./ **in ein schiefes ~ geraten/kommen** 'sich dem (ungerechtfertigten) Verdacht aussetzen, irgendwie belastet zu sein': *durch seine Beteiligung geriet er in ein schiefes ~;* /jmd./ geh. **das ~ der Welt erblicken** ('geboren werden'); ⟨⟩ umg. **jmdm. geht ein ~ auf** ('jmdm. wird etw. klar, jmd. begreift, durchschaut etw.'); **jmd. ist kein großes ~** ('ist nicht sehr intelligent'); /jmd./ **sein ~ nicht unter den Scheffel stellen** 'sein Wissen und Können offen zeigen und es nicht aus lauter Bescheidenheit verbergen': *du brauchst dein ~ nicht unter den Scheffel zu stellen!*

Licht ['lɪçt..]‖**-bild, das** 'Passbild': *sich für den Pass ~er anfertigen lassen* ❖ ↗ **Bild; -blick, der** 'das einzig Gute, Erfreuliche in einer sonst trostlosen Umgebung, Zeit': *unsere Reise, die Feier war der einzige ~* ❖ ↗ **blicken**

lichten ['lɪçtn̩], lichtete, hat gelichtet **I.1.** /etw./ **sich ~** 'weniger dicht werden': *zum Berggipfel hin lichtet* sich der Wald; sein Haar lichtete sich; die Reihen der Zuschauer lichteten sich **2.** /jmd./ den Wald ~ (ʼbewirken, dass der Wald licht (2) wirdʼ) – **II.** /Besatzung eines Schiffes, Schiff/ den Anker ~ ʼden Anker hochziehen, um losfahren zu könnenʼ: die Matrosen lichteten die Anker; das Schiff lichtete die Anker ❖ **zu (I):** ↗ **Licht**

lichterloh [ˈlɪçtɐloː/..ˈloː] ⟨Adj.; o. Steig.; nicht präd.; vorw. bei Vb.⟩ ʼmit lodernden Flammenʼ /beschränkt verbindbar; vorw. mit brennen/; ↗ FELD VI.2.3: der Wald, das Haus brannte ~; METAPH seine Leidenschaft brennt ~ (ʼer ist heftig verliebtʼ) ❖ ↗ **Licht**

Licht/licht [ˈlɪçt..]|**-hupe, die** ʼVorrichtung an Kraftfahrzeugen für Lichtsignale im Straßenverkehr mit Hilfe der Scheinwerferʼ; ↗ FELD VI.2.1: die ~ betätigen ❖ ↗ Hupe; **-leitung, die** ʼLeitung (3.2) für den elektrischen Stromʼ: die ~ unter, über Putz legen; eine ~ verlegen ❖ ↗ leiten; **-maschine, die** Techn. ʼGenerator, der vom Motor eines Kraftfahrzeugs angetrieben wird und die elektrische Energie für Beleuchtung, Zündung und Aufladung der Batterie liefertʼ: die ~ ist defekt ❖ ↗ Maschine; **-quelle, die** ʼetw., wovon Licht ausgeht, das Licht erzeugtʼ; ↗ FELD VI.2.1: eine natürliche, künstliche ~; eine weithin leuchtende ~; etw. bildet eine ~ ❖ ↗ Quelle; **-schalter, der** ʼSchalter zum Ein- und Ausschalten der elektrischen Beleuchtungʼ (↗ BILD): den ~ betätigen; **-scheu** ⟨Adj.; o. Steig.; nicht bei Vb.; vorw. attr.⟩ emot. neg. ʼdie Öffentlichkeit meidend, scheuend aus Furcht, wegen seiner kriminellen Aktivitäten gefasst zu werdenʼ /auf Personen bez./; SYN zweifelhaft (3): ~es Gesindel; ~e Gestalten, Elemente ❖ ↗ scheu

Lichtschalter

Lichtung [ˈlɪçt..], **die**; ~, ~en ʼvon Bäumen freie Stelle im Waldʼ: eine kleine, große ~; auf der ~ standen Rehe ❖ ↗ **Licht**

Lid [liːt], **das**; ~s/auch ~es, ~er [ˈliːdɐ] ʼbewegliche Haut über dem oberen und unteren Rand der Augen, das die Augen verschließen kannʼ; ↗ FELD I.1.1: geschlossene, geöffnete ~er; entzündete, gerötete, geschwollene ~er; das obere, untere ~; die ~er heben, senken, zusammenkneifen; mit den ~ern zucken; jmdm. werden die ~er schwer (ʼjmd. ist müdeʼ)

lieb [liːp] ⟨Adj.⟩ ↗ auch lieber, liebst **1.1.** ⟨Steig. reg., Komp. ungebr.; nicht bei Vb.; vorw. mit Possessivpron.⟩ meine ~e Mutter ʼmeine Mutter, die alle meine Zuneigung besitzt, der ich sehr zugetan binʼ; ↗ FELD I.6.3: mein ~er Vater, Sohn; mein ~es Kind; meine ~e Frau, Tochter, meine ~en Eltern; dein, sein ~er Onkel lässt dich grüßen; unser ~er Vater, Sohn; mein ~stes Buch; ich habe dort ~e

Freunde; die ~e Sonne; /in der Anrede/: ~e Eltern, Kinder!; umg. mein Lieber, da hast du aber Glück gehabt!; meine Lieben!; Lieber Herr Meier /Anrede in Briefen, vertraulich und freundlich/ **1.2.** ⟨Steig. reg.; nur präd. (mit sein)⟩ /jmd., etw./ jmdm. ~ sein ʼjmdn., etw. sehr schätzenʼ: meine Kinder, Eltern, Freunde sind mir ~; diese Bilder, Bücher sind mir ~ (und teuer) **2.1.** ⟨o. Steig.⟩ ʼFreundlichkeit, Herzlichkeit ausdrückendʼ; SYN freundlich (1.1): ~e (ANT hässliche 2) Worte zu jmdm. sagen; das ist sehr ~ von dir; sei bitte so ~ und … /als Einleitung einer herzlichen Bitte/: sei bitte so ~ und bringe mir etwas Kaffee mit (ʼbringe mir bitte etwas Kaffee mitʼ); ~e Grüße /Schlussformel in Briefen/ **2.2.** ⟨Steig. reg.; nicht bei Vb.⟩ SYN ʼliebenswürdigʼ: er, sie ist ein ~er Mensch; sie hat ein ~es (ANT kühles) Wesen **3.** ⟨Steig. reg.; nicht bei Vb.⟩ SYN ʼartigʼ /auf Kinder bez./: so ein ~es (ANT böses 1) Kind!; bist du auch immer ~?; sei schön ~! ❖ **Belieben, beliebig, beliebt, Geliebte, Liebe, Liebelei, lieben, liebend, lieber, lieblich, Liebling, liebst, unlieb, unliebsam, verlieben – friedliebend, liebäugeln, liebenswert, -würdig, Liebeskummer, -leben, -paar, -verhältnis, liebevoll, liebkosen, Lieblingsbeschäftigung, lieblos, Wahrheitsliebe, x-beliebig, zuliebe;** vgl. **Vorliebe**

liebäugeln [ˈliːpɔɪɡ̍ln], liebäugelte, hat geliebäugelt /jmd./ mit etw. ~ ʼetw. besitzen wollen od. tun wollen und oft daran denken, es zu realisierenʼ: sie liebäugelt schon lange mit diesem Mantel, dieser goldenen Kette (ʼmöchte ihn, sie gerne kaufenʼ); er liebäugelte im Geheimen mit dem Chefposten; er liebäugelt schon länger mit dem Gedanken (ʼspielt mit dem Gedankenʼ), das Haus zu verkaufen ❖ ↗ **lieb**, ↗ **Auge**

Liebe [ˈliːbə], **die**; ~, ⟨o.Pl.⟩ **1.1.** ʼstarkes Gefühl der Zuneigung (meist) zu einer Person des anderen Geschlechts, die auf Grund einer starken seelischen, körperlichen und geistigen Anziehung zu einer innigen Bindung führtʼ; ↗ FELD I.6.1: ihre ~ (ANT Hass) kannte keine Grenzen; die große, wahre ~; eine (un)glückliche, heimliche, gleichgeschlechtliche, leidenschaftliche, innige ~; jmdm. seine ~ gestehen, zeigen, beweisen; platonische ~ (ʼrein geistige Liebe ohne körperliche Erfüllungʼ); jmds. ~ erwidern; ~ für jmdn. empfinden; ~ (zu ihm) war erwacht, erloschen, erkaltet **1.2.** ʼstarkes Gefühl der Zuneigung für einen nahe stehenden Menschen, das auf einer sehr engen Beziehung zu ihm beruht und oft Wertschätzung einschließtʼ; ↗ FELD I.2.1: die mütterliche, kindliche, elterliche ~; sie umgab ihre, die Kinder mit viel ~; die ~ zum Elternhaus, Lehrer; /in den kommunikativen Wendungen/ emot. bei aller ~ … (ʼbei allem Verständnis, aller Sympathieʼ) /wird zu jmdm. einleitend als Milderung einer folgenden Kritik, Mahnung gesagt/: bei aller ~, mein Sohn, (aber) so geht das nicht!; tu(e) mir die ~ an und … /als Einleitung einer eindringlichen Bitte/: tu mir die ~ an und sei ein bisschen leiser (ʼbitte, sei ein bisschen leiserʼ)! **1.3.** ʼstarke Begeisterung, Wertschätzung für etw., Hingabe an etw.': *die ~ zur Freiheit, Wahrheit, Gerechtigkeit; seine ganze ~ gehört seinen Briefmarken, Tauben, dem Sport; das Essen ist mit ~ gekocht* **2.** 'jmd., etw., dem jmd. seine ganze Liebe (1.1, 1.3) schenkt': *sie war seine erste, große, einzige ~; er ist seiner alten ~ wiederbegegnet; das Boot ist seine alte, einzige ~* ❖ ↗ **lieb**

* **~ auf den ersten Blick** 'Liebe (1.1), die bei der ersten Begegnung entsteht': *es war ~ auf den ersten Blick;* /jmd./ **jmds. stille ~ sein** 'heimlich von jmdm. geliebt werden': *sie war seine stille ~*

Liebelei [ˈliːbəˌlaɪ̯], die; ~, ~en ⟨vorw. Sg.⟩ 'flüchtiges Liebesverhältnis'; ↗ FELD I.6.1: *es war nur eine ~* ❖ ↗ **lieb**

lieben [ˈliːbm̩] ⟨reg. Vb.; hat⟩ **1.** /jmd./ **1.1.** *jmdn ~* 'für jmdn. Liebe (1.1) empfinden'; ANT hassen (1): *eine Frau, einen Mann ~; jmdn. sehr, heiß, zärtlich, leidenschaftlich, innig ~; er liebte das Mädchen; sie hat ihn abgöttisch geliebt; mein geliebter Mann; eine ~de Frau;* /zwei (jmd.)/ ⟨rez.⟩ *sich ~* 'füreinander Liebe empfinden': *die beiden haben sich sehr geliebt* **1.2.** *jmdn. ~* 'für jmdn. Liebe (1.2) empfinden'; ↗ FELD I.2.2, 6.2: *seine Kinder, Eltern, seinen Lehrer ~* **1.3.** *etw. ~* 'etw. in hohem Maße schätzen, für etw. begeistert sein': *die Musik, seine Arbeit, seinen Beruf, seine Freiheit ~; er liebte seine Heimat* **2.** /jmd./ *etw. ~* SYN 'etw. mögen (II.1.2)'; ANT verschmähen, hassen (2): *sie liebt Blumen, den Luxus; er liebt gutes Essen; er liebte es, abends eine Pfeife zu rauchen* ❖ ↗ **lieb**

liebend [ˈliːbm̩t] ⟨Adv.⟩ *~ gern* 'sehr gern': *er, ich würde ~ gern an dem Ausflug teilnehmen* ❖ ↗ **lieb**

liebens [ˈliːbm̩s..]|**-wert** ⟨Adj.; Steig. reg.; nicht bei Vb.⟩ 'von angenehmer, gewinnender Art'; SYN sympathisch; ↗ FELD I.6.3: *sie ist ein ~er Mensch, hat ~e Eigenschaften; seine ~e Art; sie ist wirklich ~* ❖ ↗ **lieb**, ↗ **wert**; **-würdig** ⟨Adj.; Steig. reg.⟩ 'im Umgang mit Menschen freundlich und entgegenkommend, von gewinnender Art'; SYN lieb (2.2); ANT unfreundlich (1); ↗ FELD I.2.3, 18.3: *er, sie ist ein ~er Mensch, ist ~; das war sehr ~ von Ihnen* /höfliche Äußerung des Dankes/ ❖ ↗ **lieb**, ↗ **Würde**

lieber [ˈliːbɐ] **I.** ⟨Adv.⟩ ↗ *auch lieb* ⟨Komp. zu *gern(e)*⟩ *Kirschen esse ich ~ als Pflaumen* – **II.** ⟨Satzadv.⟩ /drückt die Einstellung des Sprechers zum genannten Sachverhalt aus, hat den Charakter eines Ratschlags/: *er sollte ~ gleich zum Zahnarzt gehen* ('er sollte gleich zum Zahnarzt gehen, was ich ihm raten würde'); *ich hätte ~ eine Wohnung mieten sollen; das hätte ich ~ nicht sagen, tun sollen* ('das hätte ich aus Klugheit besser nicht sagen, tun sollen') ❖ **zu (I):** ↗ **lieb**

* **~ heute als morgen** 'möglichst schnell, am liebsten sofort': *ich würde ~ heute als morgen kündigen*

Liebes [ˈliːbəs..]|**-kummer, der** 'durch eine unglückliche Liebe verursachter Kummer'; ↗ FELD I.6.1: *sie, er hat ~* ❖ ↗ **lieb**, ↗ **Kummer**; **-leben, das** 'Aktivitäten und Verhaltensweisen im erotisch-sexuellen Bereich'; ↗ FELD I.6.1: *sie führen ein ausschweifendes, ein aktives ~; wie steht es mit deinem ~?* ❖ ↗ **lieb**, ↗ **leben**; **-paar, das** 'zwei Menschen,

die sich lieben und es nach außen hin zeigen'; ↗ FELD I.6.1: *ein glückliches ~; auf allen Bänken saßen ~e* ❖ ↗ **lieb**, ↗ **Paar**; **-verhältnis, das** 'Verhältnis, das auf der Liebe (1.1) zwischen zwei Menschen beruht'; ↗ FELD I.6.1: *ihre Tochter hat (mit ihm) ein ~* ❖ ↗ **lieb**, ↗ **verhalten**

liebe|**voll** [ˈliːbə..] ⟨Adj.; Steig. reg.⟩ **1.1.** SYN 'zärtlich (1.1)' /vorw. auf Tätigkeiten bez./; ↗ FELD I.6.3: *eine ~e Umarmung; ~ lächeln; jmdn. ~ streicheln, ansehen* **1.2.** 'fürsorglich und mit Liebe (1.2)'; SYN zärtlich (1.2), ANT lieblos (1.1): *~e Pflege; die Kinder wurden von ihrer Mutter ~ betreut; die Kranken ~ pflegen, versorgen* **1.3.** ⟨nicht präd.⟩ 'mit großer Sorgfalt und Hingabe'; ANT lieblos (1.2): *das Blatt ~ bemalen, verzieren; ein Geschenk ~ einwickeln; die Kunstwerke, Möbel wurden ~ restauriert; ein ~ gedeckter Tisch* ❖ ↗ **lieb**, ↗ **voll**

lieb haben, (er hat lieb), hatte lieb, hat lieb gehabt /jmd./ *jmdn. ~* 'jmdn. lieben (1.1, 1.2)'; ↗ FELD I.6.2: *ich habe dich lieb; die Kleine muss man einfach ~*

Lieb/lieb|**-haber** [ˈ..haːbɐ], der, ~s, ~ **1.** 'Mann, der eine Frau liebt, der um sie wirbt (und mit ihr ein Liebesverhältnis hat)': *ein aufdringlicher, aufregender, stürmischer ~; sie hat viele, schon wieder einen neuen ~; im Theater spielt er den jugendlichen ~* **2.** *er ist ein guter, schlechter ~* ('ein guter, schlechter sexueller Partner') **3.** ⟨vorw. mit Gen.attr.⟩ 'jmd., der für etw. eine besondere Vorliebe, ein besonderes Interesse hat': *er ist ein ~* (SYN 'Freund 3') *der Musik, Malerei, Literatur; die Möbel sind etw. für ~* ❖ ↗ **lieb**, ↗ **haben**; **-kosen** [..ˈk..], liebkoste, hat liebkost/geliebkost [ɡəˈliːpkoːst] /jmd./ *jmdn. ~* 'jmdn. liebevoll (1.1) streicheln, küssen, an sich drücken'; ↗ FELD I.6.2, VI.3.2: *die Mutter liebkoste ihr Kind; er hat sie liebkost/geliebkost* ❖ ↗ **lieb**, ↗ **kosen**

lieblich [ˈliːp..] ⟨Adj.; Steig. reg.⟩ **1.** 'anmutig und bezaubernd' /vorw. auf Frauen, Kinder bez./: *ein ~es Mädchen, Kind; sie sah ~ aus; die Landschaft war ~; eine ~e Landschaft* **2.** 'angenehme Sinneseindrücke hervorrufend': *ihr ~er Gesang; ihr Gesang war ~, klang ~; der ~e Duft des Bratens, Weins, Kaffees* ❖ ↗ **lieb**

Liebling [ˈliːp..], der; ~s, ~e **1.1.** ⟨mit Possessivpron. od. Gen.attr.⟩ 'das von jmdm. geliebte Kind, Wesen': *die Eltern sorgten sich um ihren ~; die Katze, der Hamster wurde schnell der ~ der Kinder* **1.2.** ⟨o.Pl.⟩ 'Geliebte(r)' /nur als vertrauliche Anrede/; ↗ FELD I.6.1: *bist du schon da, ~?; ~, bist du so nett und reichst mir den Kaffee?; ~, was wird nun aus uns beiden?* **2.** ⟨+ Gen.attr.⟩ 'jmd., der jmds. besondere Gunst genießt': *er ist ein ~ der Frauen, der ~ des Lehrers; diese Sängerin ist in diesem Jahr ~ des Publikums* ❖ ↗ **lieb**

Lieblings- /bildet mit dem zweiten Bestandteil Substantive; drückt aus, dass das im zweiten Bestandteil Genannte vor anderem, anderen den Vorzug erhält/: ↗ z. B. *Lieblingsbeschäftigung*

Lieblings|**beschäftigung** [ˈliːplɪŋs..], die 'Tätigkeit, mit der sich jmd. (neben seiner eigentlichen Arbeit) am liebsten beschäftigt': *Zeichnen, Lesen, Gartenarbeit ist seine ~* ❖ ↗ **lieb**, ↗ **beschäftigen**

lieb/Lieb- ['li:p..]|**-los** ⟨Adj.; ANT liebevoll⟩ **1.1.** 'Zuneigung, Liebe, Herzlichkeit vermissen lassend'; ANT liebevoll: *sein ~es Verhalten; das war ~; ~e Worte; jmdn. ~ behandeln* **1.2.** ⟨nur bei Vb.⟩ 'ohne Sorgfalt, Liebe (2) an etw. zu wenden (5.1)'; ANT liebevoll (1.3): *ein ~ eingepacktes Geschenk; der Salat, das Essen ist ~ angerichtet* ❖ ↗ **lieb**, ↗ **los**; **-reiz, der** ⟨o.Pl.⟩ 'besondere Wirkung, die von einer anmutigen, reizvollen weibl. Person und ihren Äußerungen ausgeht'; ↗ FELD I.6.1: *das Mädchen war von großem ~; der ~ ihres Gesichts; sie strahlt ~ aus* ❖ ↗ **lieb**, ↗ **Reiz**

liebst [li:pst] **I.** ⟨Adj.; Superl. zu ↗ *lieb*⟩ − **II.** *am ~en* ⟨Adv.; Superl. zu ↗ *gern(e)* (I.1)⟩: *am ~en esse ich Klopse; am ~en würde ich heute ins Kino gehen* ❖ ↗ **lieb**

Lied [li:t], **das**; ~s/auch ~es, ~er ['li:dɐ] **1.** 'aus Melodie und Text bestehende Einheit, die (oft in mehreren Strophen) gesungen wird': *ein ein-, mehrstimmiges ~; ein lustiges, altes, langes, schwieriges ~; geistliche ~er; ein ~ singen; ein ~ auf dem Klavier begleiten* **2.** /in den kommunikativen Wendungen/ umg. *es ist immer das alte, gleiche ~* /sagt jmd., wenn er immer die gleichen negativen Erfahrungen macht/; *davon kann ich ein ~ singen* /sagt jmd. im Zusammenhang mit einem bestimmten negativen Vorkommnis, wenn er sehr oft ähnliche eigene unangenehme Erfahrungen auf einem bestimmten Gebiet gemacht hat und viel darüber erzählen könnte/ ❖ **Volkslied**

liederlich ['li:dɐ..] ⟨Adj.; Steig. reg.⟩ ANT ordentlich (I) **1.1.** ⟨nicht präd.⟩ 'im Zustand der Unordnung' /auf Sachen bez./: *ein ~es Zimmer; sein Zimmer sah ~ aus; die Sachen lagen ~ verstreut herum* **1.2.** ⟨nicht präd.⟩ 'ohne Sorgfalt': *eine ~e Arbeit; er geht ~ mit seinen Sachen um, ist ~ angezogen* **1.3.** ⟨nicht bei Vb.⟩ 'nicht fähig, Ordnung zu halten'; SYN schlampig /vorw. auf Personen bez./: *ein ~er Mensch; er ist sehr ~*

lief: ↗ **laufen**

Lieferant [lifə'ʀant], **der**; ~en, ~en 'jmd., ein Betrieb, der Waren (der eigenen Produktion) liefert': *ein wichtiger, zuverlässiger ~; der ~ von Ersatzteilen; er ist unser ~* ❖ ↗ **liefern**

liefern ['li:fɐn] ⟨reg. Vb.; hat⟩ **1.** /jmd., Firma/ *etw. ~* 'eine bestellte od. gekaufte Ware an einen vereinbarten Ort bringen od. schicken'; ↗ FELD I.16.2: *die Ware sofort, zum vereinbarten Termin ~* (ANT erhalten 1.2); *die Möbel werden rechtzeitig geliefert; etw. frei Haus ~* **2.** /jmd., Institution/ *etw. ~* 'etw. als Nachweis beibringen, vorlegen': *ein ärztliches Attest, einen Beleg, Beweis ~; dafür muss er noch eine Begründung, den Nachweis ~* **3.** /jmd., etw./ *etw. ~* 'etw. bieten (3)': *die Mannschaft, er hat ein tolles Spiel geliefert; das Ereignis lieferte genug Gesprächsstoff; die Geschichte liefert dafür viele Beispiele* **4.** /zwei od. mehrere (jmd., Institution)/ ⟨rez.⟩ *sich* ⟨Dat.⟩ *etw. ~* 'miteinander in einem

Kampf, Streit eine Entscheidung herbeiführen': *die beiden, die Gegner haben sich einen tollen Kampf geliefert; sich ein Duell ~; die Gegner lieferten sich eine gewaltige Schlacht* ❖ **Lieferant, Lieferung** − **abliefern, ausliefern, einliefern, überliefern, überliefert, Lieferwagen**

Lieferung ['li:fəʀ..], **die**; ~, ~en **1.** ⟨vorw. mit Gen.attr.⟩ /zu liefern (1)/ 'das Liefern'; ↗ FELD I.16.1: *die termingemäße, sofortige, vertragsgerechte ~ der Ware; die ~ der bestellten Waren; die ~ erfolgt in zwei Wochen; ~ gegen Rechnung, Barzahlung, per Nachnahme* **2.** 'Ware, die geliefert wird, worden ist': *die ~ war unvollständig; wir erwarten die ~ täglich; die ~ wurde von einem Kunden beanstandet* ❖ ↗ **liefern**

Liefer|wagen ['li:fɐ..], **der** 'kleiner Lastkraftwagen zum Transport (1) leichter Güter': *einen ~ mieten, benutzen, kaufen; etw. mit dem ~ transportieren* ❖ ↗ **liefern**, ↗ **Wagen**

Liege ['li:gə], **die**; ~, ~n 'gepolstertes Liegemöbel ohne Lehnen, das einer Person zum Liegen dient' (↗ TABL Liegemöbel): *eine schmale, bequeme, moderne ~; auf einer ~ schlafen, ruhen* ❖ ↗ **liegen**

Liege|möbel ['..], **das** 'Möbelstück zum Liegen (↗ liegen 1)'; ↗ FELD I.7.1.1: *die Couch, das Bett ist ein ~* ❖ ↗ **liegen**, ↗ **Möbel**

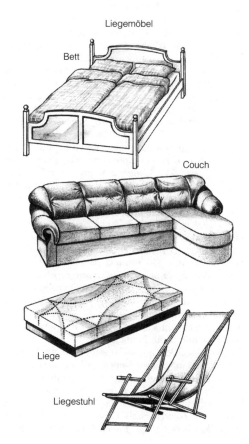

Liegemöbel

Bett

Couch

Liege

Liegestuhl

liegen ['li:gn̩], lag [lɑːk], hat gelegen [gə'le:gn̩]; ↗ auch *gelegen* **1.1.** /jmd., Tier/ 'sich in waagerecher Lage (1) mit der ganzen Länge des Körpers irgendwo, in bestimmter Haltung auf dem Boden od. auf einer Unterlage befinden'; ANT *stehen* (1.1); ↗ FELD I.7.1.2, 7.7.2: *jmd., das Pferd liegt; irgendwie ~: ausgestreckt, gerade ~; bequem, hart, weich, hoch, flach ~; sie lag lange wach; irgendwo ~: die Katze liegt im Körbchen; er hat im Krankenhaus gelegen; sie lag auf der Seite; er ist krank und muss im Bett ~; er liegt schon ein Jahr unter der Erde* ('er ist schon ein Jahr tot'); *auf welchem Friedhof ~ deine Eltern* ('sind deine Eltern begraben')? **1.2.** /etw., bes. Gegenstand/ *irgendwo ~* 'sich in waagerechter Lage (1) mit der größten Fläche irgendwo, auf einer Unterlage befinden': *die Bücher ~ auf dem Schrank, Schreibtisch; Wein soll ~; die Sachen sind vom langen Liegen zerknittert; die Tischdecke liegt schief; der Schnee liegt meterhoch* **2.1.1.** /etw., bes. Gegenstand/ *irgendwo ~* 'sich irgendwo befinden': *die Wäsche liegt im Schrank, in der Truhe; die Spielsachen ~ auf dem Tisch, auf dem Boden; nach dem Sturm lagen alle Äpfel auf dem Boden; das Geld liegt auf der Bank; das Schreiben liegt in den Akten* **2.1.2.** /etw., bes. Ortschaft, Gebäude/ *irgendwo ~* 'sich an einem bestimmten (geografischen) Ort befinden (1)': *Berlin liegt an der Spree; sein Heimatort liegt im Osten des Landes; die Schule liegt direkt an der Ecke; der Ort ist malerisch gelegen; die Post liegt auf meinem Wege zur Arbeit; ein abseits gelegenes Gehöft* **2.1.3.** /Gruppe, bes. Militär/ *die Truppe, das Regiment liegt an der Grenze, liegt in N* ('ist an der Grenze, in N stationiert') **2.1.4.** /etw., bes. Nebel/ *über etw.* ⟨Dat.⟩ *~* 'sich räumlich ausgedehnt oberhalb von etw. befinden (1)': *der Nebel liegt über der Stadt, dem Wald; Dunst, Schwüle liegt über den Wiesen, der Stadt* **2.2.** /etw./ *irgendwo ~* 'sich in einem zeitlichen Ablauf irgendwo befinden': *die Prüfung liegt noch in weiter Ferne; der Termin liegt auf dem ersten des Monats* **2.3.** /jmd., etw./ 'sich in einer bestimmten Position, Rangfolge befinden (2)': *er liegt im Rennen, Wettbewerb auf Platz drei; der Ort liegt im Verbrauch an erster Stelle; das Pferd liegt in Führung* **3.** *jmdm. liegt etw. an etw.* ⟨Dat.⟩, *jmdm.* 'jmd. legt viel, wenig Wert auf etw., jmdn.': *uns liegt viel an ihm, an seiner Mitarbeit; ihr liegt viel an dem Grundstück, an einem guten Verdienst; ihm lag daran, das Risiko auszuschließen* **4.1.** /etw./ *jmdm. ~* 'jmds. Neigungen, Begabung entsprechen': *diese Rolle liegt ihm; diese Arbeit liegt ihr gar nicht* **4.2.** /jmd./ *jmdm. ~* 'jmdm. sympathisch, angenehm sein': *der neue Chef, unser Trainer liegt mir nicht besonders* **5.** *es liegt an etw.* ⟨Dat.⟩, *jmdm.* 'etw., jmd. ist schuld an etw.': *es lag an ihm, dass wir zu spät kamen; es lag am schlechten Essen, dass ihm übel wurde;* /in der kommunikativen Wendung/ *an mir soll es nicht ~* ('ich werde keine Schwierigkeiten machen')! /sagt jmd., wenn er seine Hilfsbereitschaft hervorheben möchte/ ❖ **belagern, Gelage, Lage, Lager, Liegenschaft, oblie-**

gen, verlagern – ablagern, abgelegen, Anlage, Anliegen, Anlieger, Auslage, Beilage, bettlägerig, brachliegen, Konzentrationslager, Kugellager, Lagerfeuer, -stätte, Liegestuhl, Marktlage, Niederlage, Notlage, Sachlage, Sitzgelegenheit, stillliegen, Unterlage, unterlegen, unterliegen, vorliegen, Wegelagerer, Zwangslage; vgl. **gelegen, legen**

liegen bleiben, blieb liegen, ist liegen geblieben **1.** /jmd./ **1.1.** 'nicht aufstehen'; ↗ FELD I.7.1.2: *weil sie krank war, musste sie ~; weil er noch zu schwach war, blieb er liegen; sie ist noch ein bisschen liegen geblieben* **1.2.** 'seinen Weg nicht fortsetzen können': *wegen einer Panne waren wir kurz vor Berlin liegen geblieben* **2.** /etw./ 'nicht fertig werden, nicht zu einem positiven Abschluss (3) kommen': *durch meine plötzliche Krankheit, meinen Sonderauftrag ist viel Arbeit liegen geblieben*

liegen lassen (er lässt liegen), ließ liegen, hat liegen lassen/auch liegen gelassen /jmd./ *etw. ~* 'etw., bes. einen Gegenstand, versehentlich nicht mitnehmen'; SYN *vergessen* (2.2); ↗ FELD I.7.1.2: *ich habe meine Tasche, meine Sachen ~; er hat seine Handschuhe im Hotel liegen gelassen*

Liegenschaft ['li:gn̩..], **die**; ~, ~en ⟨vorw. Pl.⟩ '(bebautes) Grundstück'; ↗ FELD I.15.1: *eine ~ erben, kaufen, erwerben; jmdm. eine ~ hinterlassen* ❖ ↗ **liegen**

Liege|stuhl ['li:gə..], **der** 'bes. im Freien benutztes, mit festem Stoff bespanntes Gestell aus Holz od. Metall zum Sitzen (1.1) od. Liegen (1.1), das man zusammenlegen kann'; ↗ FELD I.7.1.1, V.4.1 (↗ TABL Liegemöbel): *sich in den ~ setzen, legen; den ~ aufstellen, zusammenklappen* ❖ ↗ **liegen, ↗ Stuhl**

lieh: ↗ **leihen**

ließ: ↗ **lassen**

liest: ↗ **lesen**

Lift [lɪft], **der** ~s/auch ~es, ~e/~s SYN 'Fahrstuhl'; ↗ FELD V.3.1: *der ~ ist besetzt, fährt bis in die 13. Etage; im ~, mit dem ~ hinauffahren*

Liga ['li:ɡɐ], **die**; ~, Ligen ['li:gn̩] **1.** SYN 'Bündnis' /vorw. in Namen politischer Organisationen/: *die ~ für Menschenrechte* **2.** 'Klasse (6) der besten Mannschaften, bes. im Fußball, Handball, die untereinander Wettkämpfe austragen': *in die ~ aufrücken; von der ersten in die zweite ~ absteigen*

liieren [li'|iːrən], **sich**, liierte sich, hat sich liiert **1.** /jmd./ *sich mit jmdm., etw. ~* 'sich mit jmdm., etw. eng verbinden': *die beiden Firmen haben sich eng liiert; er hat sich mit dem herrschenden Regime liiert* **2.** /jmd./ *mit jmdm., etw. liiert sein*: *er ist mit einer Sängerin liiert* ('ist mit einer Sängerin ein Liebesverhältnis eingegangen')

Likör [li'køːɐ], **der**; ~s, ~e 'alkoholisches Getränk aus Branntwein od. konzentriertem Alkohol mit Zusätzen (1) von Zucker und aromatischen Stoffen'; ↗ FELD I.8.1: *ein Glas, eine Flasche ~; einen ~ anbieten, trinken;* ⟨bei Mengenangabe Pl.: ~⟩: *Herr Ober, bitte zwei* ('zwei Glas') *~!*

lila [li:lɑ] ⟨Adj.; o. Steig.; indekl./umg. dekl.⟩ 'von blassem Violett'; ↗ FELD VI.2.3: *weißer und ~*

Flieder; der Flieder ist ~, *das Kleid ist* ~ *gefärbt* umg. *ein* ~*nes Kleid;* ~*ner Stoff*

Lilie ['li:li̯ə], **die;** ~, ~n 'Pflanze mit stark duftenden weißen od. farbigen trichterförmigen Blüten und schmalen Blättern, die vorwiegend aus einer Zwiebel wächst'; ↗ FELD II.4.1: *weiße, gelbe, rote* ~n; *eine Vase mit* ~n; *ein Strauß* ~n

Liliputaner [lilipu'ta:nɐ], **der;** ~s, ~ 'erwachsener Mensch von zwergenhaftem Wuchs'

Limit ['lɪmɪt], **das;** ~s, ~s 'nach oben hin festgelegte Grenze für eine Größe (4), Leistung (2), ein Quantum': *jmdm. ein* ~ *setzen; das* ~ *einhalten, überschreiten; das* ~ *der Teilnehmer beträgt 40 Personen*

Limo ['li:mo/'lɪmo], **die;** ~, ~s umg. /Kurzw. für ↗ Limonade/: *Herr Ober, bitte drei* ~s/*auch* ~! ❖ ↗ **Limonade**

Limonade [limo'na:də], **die;** ~, ~n; ↗ auch *Limo* 'alkoholfreies, erfrischendes Getränk aus Fruchtsaft, Sirup od. Essenz mit Zucker und Wasser, auch mit Zusatz (1) von Kohlensäure'; ↗ FELD I.8.1: *eine kalte, erfrischende* ~; *ein Glas, eine Flasche* ~ *trinken* ❖ **Limo**

Limousine [limu'zi:nə], **die;** ~, ~n 'Personenkraftwagen mit festem Dach'; ↗ FELD VIII.4.1.1: *eine alte, große, schwarze* ~; *eine* ~ *mit zwei, vier Türen*

Linde ['lɪndə], **die;** ~, ~n 'Laubbaum mit herzförmigen Blättern (1) und gelblichen, stark duftenden Blüten'; ↗ FELD II.4.1 (↗ TABL Bäume): *eine große, alte* ~; *aus den Blüten der* ~ *Tee herstellen*

lindern ['lɪndɐn] ⟨reg.Vb.; hat⟩ /jmd., etw./ etw. ~ 'die Wirkung von etw. Unangenehmem abschwächen (1.1), verringern': *er versuchte ihre Leiden zu* ~; *die Not der Flüchtlinge zu* ~ *suchen; die Medizin, Massage lindert den Schmerz; die Spritze linderte seine Qual; das kühle Wasser wirkte* ~d

lind|grün ['lɪnt..] ⟨Adj.; o. Steig.⟩ 'zart gelblich-grün': *ein* ~*es Kostüm; ein* ~*es Hemd; der Pullover ist* ~ *(gefärbt)* ❖ ↗ **grün**

Lineal [line'a:l], **das;** ~s, ~e 'Leiste aus Holz, Kunststoff od. Metall mit einer Skala von Einheiten für die Berechnung der Länge (1.2), dessen Kante dazu dient, gerade Linien (1.1) zu ziehen': *ein* ~ *benutzen; eine Linie mit dem* ~ *ziehen*

Linie ['li:ni̯ə], **die;** ~, ~n **1.1.** 'längeres, (wie) durch einen Strich mit einem Schreibinstrument entstandenes gerades od. gebogenes grafisches (2) Gebilde': *eine gerade, krumme, gestrichelte* ~; *parallele* ~n; *mit dem Stift eine* ~ *zeichnen; eine* ~ *nachziehen; Briefpapier mit* ~n **1.2.** 'wie Linie (1.1) verlaufende räumliche Erstreckung': *das Flugzeug beschrieb auf seiner Bahn eine gekrümmte* ~; *wir liefen in gerader* ~ ('in gerader Richtung') *zum Ufer; die Straße führt in gerader* ~ *zum Park* **2.** 'durch eine Vielzahl von Sachen od. Personen gebildete ununterbrochene, gerade Reihe (1)': *die Sportler, Bäume, Häuser stehen in einer* ~; *die Soldaten waren in einer* ~, *in drei* ~n *angetreten* **3.** 'Strecke, die regelmäßig von Verkehrsmitteln befahren wird': *eine* ~ *der Straßenbahn, Eisenbahn, Fluggesellschaft, Reederei; eine neue* ~; *mehrere* ~n

eröffnen; die Eisenbahn hat die alte ~ *eingestellt; die* ~ *Berlin* − *Hamburg; der Bus fährt jetzt eine andere* ~ **4.** 'allgemeine Richtlinie des Verhaltens, Handelns': *auf der Tagung wurde die gemeinsame politische* ~ *festgelegt; eine bestimmte* ~ *verfolgen; die große* ~ *wahren* ❖ **Leitlinie, Linienverkehr, Luftlinie, Richtlinie, stromlinienförmig**

* **in erster** ~ /hebt etw. in einer Reihenfolge als vorrangig, als das Wichtigste hervor/: *in erster* ~ *musst du gesund werden; in erster* ~ *ist dabei Folgendes zu beachten …*; umg. **auf der ganzen** ~: *die Mannschaft hat auf der ganzen* ~ ('völlig') *versagt; Sieg, Niederlage, Verwirrung, Chaos auf der ganzen* ~; scherzh. /jmd./ **auf die schlanke** ~ **achten** ('darauf achten, dass man schlank bleibt')

Linien|verkehr ['li:ni̯ən..], **der** 'Verkehr (1) auf dem Lande, Wasser od. in der Luft zwischen bestimmten Orten, der nach einem Fahrplan geregelt ist'; ↗ FELD VIII.2.1: *den* ~ *erweitern, einstellen* ❖ ↗ **Linie**, ↗ **Verkehr**

link [lɪŋk] ⟨Adj.; nur attr.⟩ **1.** ⟨o. Steig.⟩ ANT recht (I.1) **1.1.** 'auf der Seite des Körpers befindlich, auf der das Herz liegt'; /vorw. auf Körperteile bez./: *der* ~*e Arm, das* ~*e Bein, Ohr; die* ~*e Seite seines Körpers* **1.2.** 'von einem bestimmten Standpunkt des Sprechers aus auf der linken (1.1) Seite von ihm liegend od. in einer bestimmten Bewegungsrichtung von etw. auf der linken Seite liegend': *die* ~*e Ecke des Zimmers; das* ~*e Ufer des Flusses; er ging in das* ~*e der beiden Häuser* **2.** ⟨o. Steig.⟩ 'die Seite eines textilen Gewebes betreffend, die nach innen zu tragen und nicht zu sehen ist'; ANT recht (2): *die* ~*e Seite des Stoffes ist nicht bedruckt* **3.** ⟨Steig. reg., Superl. ungebr.⟩ 'in der politischen Anschauung, Haltung zur Linken (2) gehörend'; ANT recht: ~*e Abgeordnete, Parteien; er gehört zum* ~*en Flügel seiner Partei* ❖ **Linke, linkisch, links** − **Linkshänder, linkshändig**

Linke ['lɪŋkə], **die;** ~n, ~n ANT Rechte **1.** ⟨vorw. Sg.⟩ **1.1.** ⟨in Adv.best.⟩ 'die linke (1.1, 1.2) Seite': *zur* ~n ('auf der linken Seite') *befand sich ein Schloss, ein Park; er ging an ihrer* ~n ('an ihrer linken Seite') **1.2.** ⟨+ Präp., Possessivpron.⟩ 'in seiner* ~n ('seiner linken Hand') *hielt er den Schlüssel; ein Schlag mit seiner* ~n ('seiner linken Faust') **2.** ⟨vorw. mit best. Art.; vorw. Sg.⟩ 'Parteien od. Gruppen in Parteien od. politischen Strömungen, die sozialistische Ideen vertreten'; ANT Rechte (2): *die vereinigte* ~; *er ist Vertreter der* ~n ❖ ↗ **link**

linkisch ['lɪŋk..] ⟨Adj.; Steig. reg., ungebr.⟩ SYN 'unbeholfen (3)' /vorw. auf Bewegungen des Körpers bez./; ↗ FELD I.2.3: *eine* ~*e Bewegung; sein* ~*es Benehmen; sein Benehmen war;* ~ *er verbeugte sich* ~ ❖ ↗ **link**

links [lɪŋks] ⟨Adv.⟩ ANT rechts **1.1.** 'auf der linken (1.2) Seite von etw., jmdm.': ⟨kann dem Subst. nachgestellt sein⟩ ~ *neben mir,* ~ *neben dem Haus; das Buch liegt* ~ *auf dem Schreibtisch; im Vordergrund* ~; ~ *auf dem Bild; das Atelier befindet sich oben im zweiten Stock* ~; ~ *überholen* **1.2.** 'nach

der linken (1.2), auf die linke Seite von etw., jmdm.᾽: ~ *abbiegen; nach ~ gehen, blicken;* /in Kommandos/: *die Augen ~; ~ schwenkt, marsch!* **1.3.** ᾽mit der linken Hand᾽: ~ *essen, schreiben, malen* **2.** ᾽politisch, weltanschaulich zur Linken (2) gehörend᾽: *er, sie ist ~ (eingestellt), wählt immer ~; sie steht ~* (᾽gehört zur Linken 2᾽); *bei den Wahlen gab es eine Verschiebung nach ~* (᾽zugunsten der Linken 2᾽) ❖ ↗ **link**
* /jmd./ **etw. mit ~ machen** ᾽etw. machen, ohne sich anstrengen zu müssen᾽: *das macht sie (doch) mit ~!; das hat er mit ~ gemacht;* /jmd./ **jmdn. ~ liegen lassen** ᾽jmdn. bewusst nicht beachten᾽: *er hat sie einfach (den ganzen Abend) ~ liegen lassen/liegen gelassen*

Links/links [᾽..]|**-händer** [hɛndɐ], **der;** ~s, ~ ᾽jmd., der linkshändig ist᾽: *er ist ~; als ~ hat er Probleme beim Geigespielen* ❖ ↗ **link**, ↗ **Hand**; **-händig** [hɛndɪç] ⟨Adj.; o. Steig.⟩ ᾽die linke Hand vor der rechten zum Arbeiten, für alle wichtigen Tätigkeiten gebrauchend᾽: *ein ~er Maler; er ist ~; er malt, schreibt, bastelt ~* ❖ ↗ **link**, ↗ **Hand**

Linoleum [li᾽noːleǀʊm], **das;** ~s, ⟨o.Pl.⟩ ᾽Belag (2) für Fußböden aus einem Gewebe, auf das eine Mischung (2) verschiedener Stoffe (1), z. B. Harz, Kork gepresst wird᾽: ~ *in die Küche legen; ein Zimmer ist mit ~ ausgelegt*

Linse [᾽lɪnzə], **die;** ~, ~n **1.** ᾽einjährige, der Wicke ähnliche Pflanze, deren Hülsen runde, scheibenförmige Samen enthalten, die als Nahrungsmittel genutzt werden᾽: ↗ FELD II.4.1: ~*n anbauen* **2.** ⟨vorw. Pl.⟩ ᾽Samen von Linse (1)᾽; ↗ FELD I.8.1: ~*n verlesen;* ~*n quellen lassen, kochen; die* ~*n sind weich; aus* ~*n einen Eintopf kochen* **3.** ᾽Körper, meist aus Glas, der von zwei das Licht brechenden Flächen begrenzt wird, von denen mindestens eine kugelförmig nach außen od. innen gewölbt ist᾽: *die Brennweite, Krümmung, der Durchmesser der ~; etw. durch eine ~ betrachten;* ~*n schleifen;* umg. *er knipst alles, was ihm vor die ~ kommt* (᾽was ihm vor das Objektiv seines Fotoapparates kommt, alles, was ihm wert scheint, fotografiert zu werden᾽) **4.** Med. ᾽durchsichtiger, das Licht brechender Teil des Auges, der beim Sehen die Schärfe (5.1) bewirkt᾽: *die ~ ist verletzt, getrübt*

Lippe [᾽lɪpə], **die;** ~, ~n ᾽oberer od. unterer fleischiger, muskulöser Rand des Mundes᾽; ↗ FELD I.1.1 (↗ TABL Körperteile): *die obere, untere ~; sie, er hat breite, volle, schmale, rote, bleiche* ~*n; die, seine* ~*n sind aufgesprungen; die* ~*n (aus Trotz) fest aufeinander pressen; lautlos die* ~*n bewegen; die* ~*n zum Pfeifen spitzen; sich die* ~*n anmalen, schminken; er leckte sich die* ~*n; jmdm. einen Kuss auf die* ~*n drücken; seine, ihre* ~*n zitterten* ❖ **Lippenstift**
* /jmd./ **an jmds.** ~**en hängen** ᾽jmdm. aufmerksam und voller Bewunderung zuhören᾽: *die Kinder hingen an ihren* ~*n;* /jmd./ **etw.** ⟨bes. *es*⟩ **nicht über die** ~**n bringen** ᾽es nicht fertig bringen, etw. Bestimmtes zu sagen᾽: *ich bringe es einfach nicht über die* ~*n!; das Wort ‚danke᾽ brachte er nicht über die* ~*n;* umg.

/jmd./ **eine/die große ~ riskieren** ᾽vorlaut sein, herausfordernd sprechen᾽: *er riskiert heute mal wieder die große ~*

Lippen|stift [lɪpm̩..], **der** ᾽rot od. in anderen Farben getönter, fetthaltiger ¹Stift (2) zum Schminken der Lippen᾽: *ein teurer ~; der ~ ist rot, braun, violett* ❖ ↗ **Lippe**, ↗ ¹**Stift**

liquidieren [likviˈdiːʁən], liquidierte, hat liquidiert ⟨oft im Pass.⟩ **1.** Wirtsch. /jmd., Institution/ etw. ~ **1.1.** ᾽ein Unternehmen auflösen und die damit verbundenen rechtlichen Probleme lösen᾽: *eine Firma, ein Unternehmen ~; der Verein wurde liquidiert* **1.2.** ᾽Sachwerte in Geld umwandeln᾽: *das Inventar ~; der Nachlass wurde liquidiert* **2.** /jmd./ jmdn. ~ ᾽jmdn. (bes. aus politischen Gründen) umbringen, töten᾽: *die Gefangenen, die Bewohner des Ortes wurden liquidiert*

lispeln [᾽lɪspl̩n] ⟨reg. Vb.; hat⟩ ↗ FELD VI.1.2 **1.** /jmd./ ᾽die Zischlaute fehlerhaft aussprechen᾽: *er lispelt (bei seinem Vortrag)* **2.** geh. /jmd., bes. Frau/ etw. ~ ᾽etw. sehr leise und zaghaft sprechen᾽: *etw. leise, angstvoll ~; vertraulich lispelte sie ihm etw. ins Ohr; unverständliche Worte ~; „Gute Nacht“, lispelte sie*

List [lɪst], **die;** ~, ~en **1.1.** ⟨vorw. mit best. Art.; o.Pl.⟩ ᾽raffiniertes, listiges Wesen᾽; ↗ FELD I.2.1: *die ~ der Frauen; sie verband ~ mit Willensstärke* **1.2.** ⟨vorw. mit unbest. Art.; vorw. Sg.⟩ ᾽geschicktes Vorgehen, mit dem man durch Täuschung eines anderen sein Ziel zu erreichen sucht᾽: *eine teuflische ~; sie griff zu einer ausgeklügelten ~; auf eine ~ hereinfallen; eine ~ ersinnen, anwenden* ❖ **listig**
* **mit ~ und Tücke** ᾽unter Anwendung von Liste (2), auf raffinierte Weise᾽: *mit ~ und Tücke erhielt er den Posten*

Liste [᾽lɪstə], **die;** ~, ~n ᾽schriftliche Zusammenstellung von Namen, Wörtern und ihre Anordnung meist untereinander᾽: *eine alphabetische ~ der Teilnehmer; eine (lange) ~ der Bücher, die bestellt werden sollen; eine ~ anlegen, aufstellen; jmdn., etw. auf eine ~ setzen; jmdn. in eine ~ aufnehmen, ich habe mich in die ~ der Gratulanten eingetragen; sein Name war nicht in der ~, stand nicht auf der ~;* vgl. *Verzeichnis*
* **die schwarze ~** ᾽bes. von einer Institution angelegte geheime Liste verdächtiger Personen᾽: *es existieren schwarze* ~*n; er stand auf der schwarzen ~*

listig [᾽lɪstɪç] ⟨Adj.; Steig. reg.⟩ ᾽fähig, andere durch List (2) zu täuschen᾽ /auf Personen, Abstraktes bez./: *er ist ~ wie ein Fuchs; ein ~er Bursche; ~ vorgehen; ein ~er* (SYN ᾽raffinierter 2᾽) *Plan* ❖ **listig**

Liter [᾽liːtɐ], **der/**fachspr. **das,** ~s, ~ ⟨bei Maßangabe Dat. Pl. auch *Liter*⟩; ABK l /Maßeinheit des Volumens/: *ein halber ~; ein ~ Milch, Wein; den Reis mit zwei ~ Wasser ansetzen; was kostet der ~?; der Wagen braucht neun ~ (Benzin) auf 100 Kilometer; ein Volumen von fünf ~*/~*n*

literarisch [litaˈʁaːʁ..] ⟨Adj.; Steig. reg.; nicht präd.⟩ **1.1.** ᾽die Literatur (2) betreffend᾽: *ein ~er Abend;*

das ~e Werk, Erbe des Dichters; ~e Gattungen, Genres; ~ Traditionen; ~ interessiert sein **1.2.** ˈauf dem Gebiet der Literatur (2)ˈ; SYN schriftstellerisch: er arbeitete ~; sich ~ betätigen; seine ~en Arbeiten ❖ ↗ **Literatur**

Literatur [lɪtəraˈtuːɐ], **die**; ~, ~en ⟨nicht mit unbest. Art.⟩ **1.** ⟨o.Pl.⟩ ˈGesamtheit des veröffentlichten Schrifttums eines Fachgebietesˈ: die medizinische, technische, wissenschaftliche, künstlerische ~; die einschlägige ~ zu einem Thema kennen, lesen, auswerten, zitieren, zusammenstellen **2.** ˈGesamtheit der Dichtung, Belletristikˈ: die moderne, zeitgenössische ~; die deutschsprachige, englische, französische ~; die ~ des 18. Jahrhunderts; er ist ein Kenner der amerikanischen ~ ❖ **literarisch**

Litfass|säule [ˈlɪtfas..], **die** ˈfrei stehendes, einer runden Säule ähnliches Gebilde mit größerem Durchmesser, auf das Plakate, Bekanntmachungen geklebt werdenˈ (↗ BILD): Plakate, den Theaterplan, eine Bekanntmachung an die ~ kleben; eine Bekanntmachung an der ~ lesen ❖ ↗ **Säule**

Litfass-
säule

litt: ↗ leiden

Liturgie [litʊrˈgiː], **die**; ~, ~n [..ˈgiːən] Rel. ev., kath. **1.** ˈallgemein gültige, vorgeschriebene Ordnung der Handlungen während des Gottesdienstesˈ: die evangelische, katholische ~; die ~ der katholischen Kirche **2.** ⟨vorw. Sg.⟩ ˈTeil des Gottesdienstes, der vom Pfarrer im Wechsel mit der Gemeinde gesungen od. gesprochen wirdˈ: der Geistliche singt, spricht die ~

Litze [ˈlɪtsə], **die**; ~, ~n **1.1.** ˈschmale, flache Borte aus mehreren, sich kreuzenden Fäden aus Metall als Besatz an Livreen, Kleidungsstücken od. als Rangabzeichen an Uniformenˈ: silberne ~n **1.2.** ˈleicht biegsame elektrische Leitung (3.2) aus vielen dünnen, miteinander verflochtenen Drähtenˈ: eine flexible ~; die ~n durchtrennen, löten

Livree [liˈvreː], **die**; ~, ~n [..ˈvreːən] ˈuniformartige Kleidung bes. für Angestellte im Hotelgewerbeˈ: ein Hotelboy in ~; der Chauffeur trug ~

Lizenz [liˈtsɛnts], **die**; ~, ~en ˈrechtskräftige Genehmigung, etw. herzustellen, gewerblich zu nutzen, zu vertreiben, die gegen ein Entgelt erteilt wirdˈ: eine

~ beantragen, einholen, erteilen, vergeben, verweigern; jmdm. die ~ entziehen; er hat, besitzt (nicht) die ~ für den Verkauf dieses Produkts

LKW/auch **Lkw** [ɛlkaːˈveː], **der**; ~s, ~s /Kurzw. für Lastkraftwagen/; ↗ FELD VIII.4.1.1 ❖ ↗ **Lastkraftwagen**

Lob [loːp], **das**; ~s/auch ~es, ~e ⟨vorw. Sg.⟩ ˈanerkennende Worte, sehr positives Urteil (2) für jmdn., etw.ˈ: ein großes, hohes, überschwengliches ~; ein ~ aussprechen, erhalten; jmd., etw. verdient ~ (ANT Tadel); jmd. erntet ~; ein ~ bekommen; jmdm. ~ ↗ zollen, spenden; er geizte nicht mit ~; er war des ~es voll über seine Leistung ❖ ↗ **loben**

loben [ˈloːbm̩] ⟨reg. Vb.; hat⟩ **1.** /jmd./ etw., jmdn. ~ ˈsich anerkennend, sehr positiv über etw., jmdn. äußernˈ; ANT tadeln, bemängeln, runterputzen, fertig machen (3.1): er lobt ihren Fleiß, ihre Tatkraft; jmdn. ~d erwähnen; sie wurde auf Grund ihrer Leistungen gelobt; er lobte sie nie; sich ~d über etw. aussprechen; das lob ich mir (ˈdas gefällt mirˈ) ❖ **Lob, Lobhudelei, -lied;** vgl. **geloben, verloben**

Lob [ˈloːp..|**-hudelei** [hudəˈlɑɪ], **die**; ~, ~en emot. ˈübertriebenes (wiederholtes) Lob, mit dem man jmdm. schmeicheln, sich beliebt machen möchteˈ: jmds. lästige, widerliche ~; das ist nichts als ~! ❖ ↗ loben; **-lied, das** ✴ oft spött. /jmd./ **ein ~ auf jmdn., etw. singen/anstimmen** (ˈjmdn., etw. sehr lobenˈ)

Loch [lɔx], **das**; ~s/auch ~es, Löcher [ˈlœçɐ] **1.1.** ˈmeist runde Öffnung od. Vertiefung in etw.ˈ; ↗ FELD I.7.8.1: ein großes, rundes, tiefes ~; ein ~ (in das Brett, die Wand) bohren, (ins Papier, in den Stoff) schneiden, (in die Wand) stemmen, (im Boden) ausheben, (ins Eis) schlagen; ein ~ zuschütten, ausfüllen, verkitten; in ein ~ fallen **1.2.** ˈdurch Beschädigung entstandenes Loch (1.1)ˈ: der Eimer, Strumpf, Zaun hat ein ~; das ~ im Mantel zunähen; er hat ein ~ (ˈeine Wundeˈ) im Kopf **2.** ˈHöhle, die als Behausung für bestimmte Tiere dientˈ: die Maus verschwand in ihrem ~, schlüpfte in ihr ~; vgl. Bau (4) **3.** umg., emot. neg. ˈdunkler, enger, kleiner Raumˈ: in diesem ~ kann ich nicht arbeiten, leben!; diese Wohnungen waren die reinsten Löcher ❖ **lochen, Locher, löchern, löchrig** – **Lochstreifen, Bohrloch, Knopfloch, Schlagloch, Schlüsselloch** ✴ /jmd./ **jmdm. ein ~/Löcher in den Bauch fragen** ˈjmdn. mit ständigen Fragen belästigenˈ: als ich zurückkam, haben sie mir Löcher in den Bauch gefragt; /jmd./ **auf dem letzten ~ pfeifen** (ˈmit seiner Gesundheit, seinen Geldmitteln, seiner Kraft o.Ä. am Ende seinˈ); /jmd./ **Löcher in die Luft starren** ˈgeistesabwesend unentwegt auf etw. starrenˈ: sie starrt schon den ganzen Tag Löcher in die Luft; /jmd./ **saufen wie ein ~** ˈsehr viel und oft Alkohol trinkenˈ: er säuft, soff wie ein ~

lochen [ˈlɔxn̩] ⟨reg. Vb.; hat⟩ **1.** /jmd./ etw. ~ ˈetw., bes. beschriebene, bedruckte Blätter Papier, mit Hilfe eines Lochers mit zwei Löchern versehen, damit sie in einem Ordner abgeheftet werden könnenˈ: die Bogen ~ und in den Ordner einheften; er lochte die Belege, Rechnungen **2.** /jmd./ ˈFahrkarten dadurch entwerten, dass man in sie ein Loch stanzt'; SYN knipsen (3): *die Fahrkarten ~; die Karten sind schon gelocht* ❖ ↗ **Loch**

Locher ['lɔxɐ], **der**; ~s, ~ 'Gerät zum Lochen (1)'; ↗ FELD I.7.8.1: *ein ~ für Papierbögen* ❖ ↗ **Loch**

löch(e)rig ['lœç[ə]ʀɪç] ⟨Adj.; Steig. reg.; nicht bei Vb.⟩ 'viele Löcher (1) aufweisend und dadurch kaputt'; ↗ FELD I.7.8.3: *~e Schuhe, Sohlen; die Strümpfe sind ganz ~* ❖ ↗ **Loch**

löchern ['lœçɐn] ⟨reg. Vb.; hat⟩ umg. /jmd./ *jmdn.* ~ 'jmdn. durch dauerndes Fragen, Bitten belästigen': *sie löchert mich ständig mit ihren Wünschen; er hat mich den ganzen Tag (mit seinen Fragen) gelöchert* ❖ ↗ **Loch**

Loch|streifen ['lɔx..], **der** 'Streifen aus Papier mit bestimmter Breite, auf dem durch Kombination von Löchern Daten gespeichert werden': *Informationen auf ~ speichern* ❖ ↗ **Loch**, ↗ **streifen**

Locke ['lɔkə], **die**; ~, ~n 'wellige Strähne des Haars (2)'; ↗ FELD I.1.1: *sie hat ~n; eine ~ fiel ihr in die Stirn; ihr Haar kringelt sich an der Stirn zu ~n; sich die ~n abschneiden lassen; sich ~n legen lassen* ❖ **lockig** — **Lockenwickler**

locken ['lɔkn̩] ⟨reg. Vb.; hat⟩ **I.** /jmd./ *jmdn., sich* ⟨Dat.⟩ *das Haar* ~ 'jmdm., sich das Haar in Locken legen': *der Friseur lockt ihr Haar; sich* ⟨Dat.⟩ *das Haar ~ lassen; ihr Haar ist gelockt* — **II.1.** /etw., jmd., Tier/ *ein Tier, jmdn.* ~ 'ein Tier durch Rufe, Zeichen od. Köder, jmdn. durch Versprechungen o.Ä. dazu bewegen, irgendwohin zu kommen'; ANT ködern: *den Hund mit einem Stück Wurst ~; die Glucke lockt ihre Küken; jmdn. irgendwohin ~: die Gangster lockten ihn in einen Hinterhalt; sie wurden von der Polizei in eine Falle gelockt; das schöne Wetter lockte uns ins Freie* **2.** /etw./ *jmdn.* ~ SYN 'jmdn. reizen (2.1)': *dieses Angebot lockt mich sehr; es lockte mich, ihr zu folgen; eine ~de Aufgabe*

Locken|wickler ['lɔkn̩vɪklɐ], **der**; ~s, ~ 'kleine Rolle (2.1) aus Metall, Kunststoff od. Holz, auf das eine nasse Strähne vom Haar gewickelt wird, um das Haar in Locken, Wellen zu legen': *seine Nachbarin läuft den ganzen Tag mit den ~n im Haar herum* ❖ ↗ **Locke**, ↗ **wickeln**

locker ['lɔkɐ] ⟨Adj.⟩ **1.** ⟨Steig. reg.⟩ **1.1.** 'mangelhaft befestigt, nur leicht haftend, sodass es ein wenig hin und her bewegt werden kann'; SYN lose (1.1); ANT fest (3.1) /auf Gegenständliches bez./; ↗ FELD I.7.6.3, III.4.3: *ein ~er Zahn, Ziegelstein; der Nagel, Knopf ist ~; etw. ~ befestigen* **1.2.** ⟨vorw. bei Vb.⟩ 'nicht straff (1)': *die Krawatte ist ~* (ANT fest 3.1) *gebunden* **2.** ⟨Steig. reg.⟩ **2.1.** 'mit Zwischenräumen, nicht dicht (1)': *~es Haar; ihr Pullover, Haar fällt ~; ein ~es Gewebe; sie strickt, häkelt ~; ein ~er Baumbestand, Bewuchs; ~e Bewölkung* **2.2.** ⟨nicht bei Vb.⟩ 'keine fest und dicht zusammenhängende Masse bildend'; ANT kompakt /vorw. auf Materialien bez./: *~er Boden, Sand, Schnee; der Kuchen, Teig ist ~* **3.1.** ⟨Steig. reg.⟩ 'nicht straff gespannt (↗ *spannen* 1.1)': *das Seil ist*

~ (ANT straff 1.1) *gespannt; die Gliedmaßen sind* ~ ('entspannt, ↗ *entspannen* 1.1'); *mit ~er Haltung sitzen* **3.2.** ⟨Steig. reg., ungebr.⟩ 'in seiner Wesensart lässig' /auf Personen bez./: *er ist ein ~er Typ, ist ganz ~, gab sich ganz ~* **3.3.** ⟨o. Steig.; nur bei Vb.⟩ umg. *das schaffe ich ~* ('ohne große Mühe') **4.** ⟨o. Steig.; nicht bei Vb.⟩ *eine ~e* ('nicht ernsthafte, nicht enge') *Beziehung eingehen* ❖ **lockern** — **auflockern, lockerlassen**

locker|lassen ['..] (er lässt locker), ließ locker, hat lockergelassen ⟨nur verneint⟩ /jmd./ *nicht ~* 'sich beharrlich bemühen, etw. Bestimmtes zu erreichen': *er ließ einfach nicht locker, bis er sein Ziel erreicht hatte; du darfst jetzt nicht ~!* ❖ ↗ **locker**, ↗ **lassen**

lockern ['lɔkɐn] ⟨reg. Vb.; hat⟩ **1.** /jmd./ *etw.* ~: *eine Schraube* ~ ('locker 1.1 machen'); *den Boden* ~ ('locker 2.2 machen'); ↗ FELD III.4.2); *den Gürtel* ~ ('locker 1.2 machen'); *der Bergsteiger lockerte das Seil* ('machte das Seil locker 3.1') **2.** /etw./ *sich* ~: *das Brett, der Stein, eine Schraube hat sich gelockert* ('ist locker 1.1 geworden'); *unsere Beziehungen haben sich gelockert* ('sind locker 4 geworden') ❖ ↗ **locker**

lockig ['lɔkɪç] ⟨Adj.; Steig. reg.; vorw. attr. u. präd.⟩ 'mit, voller Locken'; ANT glatt (1): *sie hat dunkles, ~es Haar; ihr Haar ist ~; vgl. kraus (1), wellig* ❖ ↗ **Locke**

lodern ['loːdɐn] ⟨reg. Vb.; hat⟩ /etw./ 'mit heller, hoher Flamme brennen'; ↗ FELD VI.2.2: *das Feuer lodert, die Flammen ~; die Holzscheite loderten im Kamin;* METAPH emot. *in seinen Augen loderte der Hass* ('seine Augen drückten wilden Hass aus'); *seine Augen loderten vor Zorn*

Löffel ['lœfl̩], **der**; ~s, ~ 'Teil des Essbestecks, das aus einem schalenförmigen Teil mit Stiel besteht und mit dem man vorwiegend flüssige Nahrung isst'; ↗ FELD V.5.1 (↗ TABL Essgeräte): *ein kleiner, großer, silberner, hölzerner, vergoldeter ~; den ~ ablecken; die Nachspeise mit dem ~ essen;* /als eine Art Maßeinheit/: *ein ~ Medizin; ein ~ Zucker, Sahne;* ⟨bei Mengenangabe Dat.Pl.: ~⟩: *mit drei ~ Zucker* ❖ **löffeln** — **Eierlöffel, Esslöffel, Kochlöffel** * /jmd./ *jmdn. über den ~ barbieren/ balbieren* 'jmdn. betrügen': *er hat mich ganz schön über den ~ balbiert!;* /jmd./ *eins/ein paar hinter die ~ bekommen* ('eine od. mehrere Ohrfeigen bekommen'); /jmd./ *jmdm. eins/ein paar hinter die ~ geben* ('jmdm. eine od. mehrere Ohrfeigen geben')

löffeln ['lœfl̩n] ⟨reg. Vb.; hat⟩ *etw.* ~ 'etw., bes. flüssige Nahrung, mit dem Löffel essen'; ↗ FELD I.8.2, V.5.2: *er löffelte seine Suppe, seinen Brei* ❖ ↗ **Löffel**

log: ↗ **lügen**

Loggia ['lɔdʒia/'lɔdʒa], **die**; ~, Loggien ['lɔdʒiən] 'nach außen offener, einem Balkon ähnlicher Raum eines Wohngebäudes mit einem Dach'; ↗ FELD VI.2.1: *ein Haus mit einer ~; eine große* ~

Logik ['loːɡɪk], **die**; ~, ⟨o.Pl.⟩ **1.** 'Wissenschaft, Lehre, die sich mit der Struktur und den Gesetzen des Denkens beschäftigt'; ↗ FELD I.4.1.1, 5.1: *die ↗ formale, mathematische ~* **2.** 'Folgerichtigkeit des Denkens': *seine klare, bezwingende, bestechende ~; etw. mit scharfer ~ analysieren; etw. widerspricht aller ~; er konnte der ~ seiner Darlegungen nicht folgen* ❖ **logisch**

logisch ['lo:g..] ⟨Adj.; o. Steig.⟩ **1.** 'auf der Logik (1) beruhend, der Logik (1) entsprechend'; ↗ FELD I.4.1.3, 4.2.3: *ein ~es System; ~e Übungen* **2.** 'der Logik (2) entsprechend' /auf Abstraktes bez./: *seine Argumente klingen ~; ~ denken, handeln; eine ~e Gedankenfolge; das ist ~ durchdacht* ❖ ↗ **Logik**

Lohn [lo:n], **der**; ~s/auch ~es, Löhne ['lø:nə] **1.** 'Geld für geleistete Arbeit, das einem Arbeiter für einen bestimmten Zeitraum gezahlt wird': *Löhne und Gehälter; sein wöchentlicher ~ beträgt …; ein hoher, niedriger, angemessener, geringer ~; leistungsbezogene Löhne; den ~ auszahlen; die Löhne erhöhen, kürzen, senken* ❖ **belohnen, entlohnen, lohnen — Bruttolohn, Nettolohn, Lohnsteuer, Lohntüte**
MERKE Zum Unterschied von *Lohn, Gehalt, Honorar, Gage*: alle Wörter bedeuten ein Entgeld für geleistete Arbeit, jedoch erhalten den *Lohn* Arbeiter, ein *Gehalt* Angestellte, ein *Honorar* freiberuflich Tätige und die *Gage* Künstler

lohnen ['lo:nən] ⟨reg. Vb.; hat⟩ **1.** *etw. lohnt sich* 'etw. ist die Mühe wert, hat Zweck, Sinn, bringt Gewinn': *die Arbeit, der Aufwand lohnt sich* (SYN 'zahlt sich aus', ↗ *auszahlen 2*)'; *das hat sich gelohnt; darüber lohnt es sich zu reden; die Mühe hat sich gelohnt; etw. lohnt: der Aufwand lohnt, es lohnt, darüber zu sprechen; etw. lohnt etw. (nicht): das lohnt die Mühe nicht; das Ergebnis lohnte den Aufwand nicht 2*. /jmd./ *jmdm. etw. ~* SYN 'jmdm. etw. danken, etw. entgelten': *jmdm. seine Mühe, Arbeit ~; sie lohnte ihm seine Liebe, Treue* ❖ ↗ **Lohn**

Lohn ['lo:n..]|-**steuer, die** 'Steuer vom Einkommen durch unselbständige Arbeit': *die ~ berechnen* ❖ ↗ Lohn, ↗ ²Steuer; -**tüte, die** 'Tüte mit dem ausgezahlten Lohn und der schriftlichen Abrechnung darüber' ❖ ↗ Lohn, ↗ Tüte

Lok [lɔk], **die**; ~, ~s /Kurzw. für ↗ *Lokomotive*/
lokal [lo'ka:l] ⟨Adj.; o. Steig.; nicht präd.⟩ **1.** ⟨nur attr.⟩ SYN 'örtlich (1)' /auf Abstraktes bez./: *die ~en Verhältnisse genau untersuchen, kennen; ~e Nachrichten; etw. nur unter ~em Aspekt betrachten* **2.** SYN 'örtlich (2)': *~e Betäubung; jmd. wird ~ betäubt* ❖ **lokalisieren, Lokal — Lokaltermin, Wahllokal**

Lokal, das; ~s, ~e SYN 'Gaststätte': *ein hübsches ~; in diesem ~ isst man gut; das ~ ist heute geschlossen; in ein ~ gehen* ❖ ↗ **lokal**

lokalisieren [lokali'zi:Rən], lokalisierte, hat lokalisiert **1.** /jmd., Institution/ *etw. ~* 'bestimmen, ermitteln, wo sich etw. befindet': *der Arzt versuchte den Herd der Krankheit zu ~; der Schmerz ist schwer zu ~; das Erdbeben wurde von den seismischen Stationen genau lokalisiert* **2.** /jmd., Institution/ *etw. ~* 'etw. in seiner Ausbreitung beschränken (1.1)'; SYN be-

grenzen: *man versuchte die Seuche zu ~; der Brand konnte lokalisiert werden* ❖ ↗ **lokal**

Lokal|termin [lo'ka:l..], **der** 'gerichtlicher Termin am Ort, an dem die Straftat begangen wurde': *einen ~ ansetzen; der ~ wurde verschoben* ❖ ↗ lokal, ↗ **Termin**

Lokomotive [lokomo'ti:və], **die**, ~, ~n; ↗ auch *Lok* 'Fahrzeug auf Schienen, das durch Dampf, Kraftstoff od. Elektrizität angetrieben (4) wird und Eisenbahnwagen bewegt' (↗ TABL Fahrzeuge): *eine alte, moderne ~; die ~ rangiert, setzt sich in Bewegung, dampft, pfeift* ❖ **Lok**

Lorbeer ['lɔrbe:ɐ], **der**; ~s, ~en **1.** 'Lorbeerbaum': *die lederigen Blätter des ~s* **2.** 'Lorbeerblatt': *den Eintopf mit ~ würzen* **3.** 'Lorbeerkranz od. Zweig des Lorbeers (1)' ❖ **Lorbeerbaum, -blatt, -kranz**
* umg. scherzh. /jmd./ **sich auf seinen ~en ausruhen** ('sich nach Erfolgen ausruhen und in den Leistungen nachlassen'); oft spött. /jmd./ **~en ernten** 'für etw. gelobt werden': *er hat in diesem Job ja ganz schön ~en geerntet*

Lorbeer ['..]|-**baum, der** 'immergrüner Baum, der bes. im Gebiet des Mittelmeeres wächst'; ↗ FELD II.4.1 ❖ ↗ Lorbeer, ↗ Baum; -**blatt, das** 'aromatisch riechendes Blatt des Lorbeerbaums, das getrocknet als Gewürz verwendet wird' ❖ ↗ Lorbeer, ↗ Blatt; -**kranz, der** 'Kranz aus Zweigen, Blättern des Lorbeerbaums als Sinnbild des Sieges, Ruhms': *dem Sieger den ~ aufsetzen, umhängen; einen ~ winden* ❖ ↗ Lorbeer, ↗ Kranz

Lore ['lo:Rə], **die**; ~, ~n **1.** 'oben offener Wagen auf Schienen, der zum Transport von Materialien bes. in Bergwerken, Tagebauen o.Ä. verwendet (und beim Entladen zur Seite) gekippt wird'; ↗ FELD VIII.4.1.1 (↗ TABL Fahrzeuge): *Sand, Schutt, Erze mit ~n transportieren*

los [lo:s] **I.** ⟨Adj.; o. Steig.; nur präd. (mit *sein*); ↗ auch *lose*⟩ **1.** /etw., Tier/ *~ sein* 'nicht mehr mit etw. verbunden, an dem es befestigt, mit dem es fest verbunden war' /auf Gegenständliches bez./; ↗ FELD I.7.6.3: *der Knopf, die Spange, das Brett ist ~; der Hund ist ~* **2.** /jmd., jmd., etw. ~ sein* **2.1.** 'von einer lästigen Person, Sache befreit sein': *den lästigen Kunden sind wir ~; seine Schulden ist er endlich ~* **2.2.** 'jmdn. verloren, etw. eingebüßt haben': *den Freund, den Schirm bist du ~* **3.** umg. **3.1.** *etw.* (vorw. *etwas, was, nichts*) *ist ~: was ist ~* ('was ist geschehen')?; *hier ist heute nichts ~* ('hier passiert heute nichts, kann man heute nichts erleben'); *in der Kneipe ist immer was, ist viel ~* ('da kann man immer was erleben, da ist immer viel Betrieb'); *hier ist vielleicht was ~!; wo ist denn hier was ~* ('wo kann man denn hier was erleben')? **3.2.** ⟨nur verneint⟩ *mit jmdm., etw. ist nichts ~: damit ist nichts ~* ('das taugt nichts'); *mit ihm ist nichts ~* ('er ist nicht leistungsfähig, ist kränklich'); *mit ihr ist heute nichts ~* ('sie ist heute schlecht gelaunt') **3.3.** *was ist denn mit euch ~* ('was habt ihr, was fehlt euch denn')? — **II.** ⟨Adv.⟩ umg. /Aufforderung zu einer bestimmten sofortigen Handlung,

bes. zum Gehen, Laufen/: ~, *mach schon!; nun mal ~!; ~ doch!; Achtung, fertig, ~!* /Kommando für den Start im Wettkampf/ ❖ **lose, lösen, lösbar, löslich, Lösung, unlöslich, wasserlöslich — losbrechen, losfahren, losgehen, loshaben, loskommen, loslassen, loslegen, losreißen, losschießen, loswerden, ablösen, anspruchslos, arbeitslos, arglos, auflösen, auslösen, bedingungslos, beispiellos, belanglos, Belanglosigkeit, besinnungslos, bewegungslos, bewusstlos, Bewusstlosigkeit, bodenlos, charakterlos, disziplinlos, drahtlos, ehrlos, einlösen, endlos, erbarmungslos, erfolglos, erwerbslos, farblos, fassungslos, fraglos, fristlos, fruchtlos, gedankenlos, gefühllos, gegenstandslos, geschmacklos, Geschmacklosigkeit, gewissenlos, grenzenlos, haltlos, Haltlosigkeit, harmlos, hemmungslos, hilflos, hoffnungslos, humorlos, kopflos, kostenlos, kraftlos, lautlos, lieblos, lückenlos, lustlos, machtlos, maßlos, mittellos, mühelos, mutlos, Mutlosigkeit, niveaulos, Notlösung, nutzlos, obdachlos, planlos, rastlos, ratlos, regellos, regungslos, restlos, rückhaltlos, ruhelos, schamlos, schlaflos, schmerzlos, schonungslos, schuldlos, schutzlos, schwerelos, Schwerelosigkeit, selbstlos, sinnlos, Sinnlosigkeit, sittenlos, skrupellos, Skrupellosigkeit, sprachlos, spurlos, staatenlos, stellungslos, tadellos, taktlos, Taktlosigkeit, tatenlos, teilnahmslos, Teilnahmslosigkeit, tonlos, treulos, Treulosigkeit, trostlos, verwahrlosen, vorbehaltlos, vorurteilslos, wahllos, wertlos, widerspruchslos, willenlos, witzlos, wolkenlos, wortlos, zahllos, zeitlos, ziellos, zügellos, zwanglos, zweifellos;** vgl. **los-, -los**
* /jmd./ etw. ⟨Gen.⟩ **~ und ledig sein** ´von etw. befreit sein´: *er ist aller Sorgen ~ und ledig*

Los, das; ~es, ~e **1.1.** ´etw., bes. ein gekennzeichnetes Stück Papier, das in einem Kreis von Personen gezogen werden muss, um eine Entscheidung in einer bestimmten Angelegenheit herbeizuführen´: *ein ~ ziehen; das ~ soll entscheiden!* **1.2.** ´bedruckter Schein, der, wenn man ihn kauft, die Teilnahme an einer Lotterie ermöglicht´: *ein viertel, halbes ~; jedes zweite, dritte ~ gewinnt; ein ~ kaufen* **2.** ⟨o.Pl.⟩ SYN ´Schicksal (1.2)´: *ein schweres, hartes, trauriges, glückliches ~ haben; sein ~ geduldig tragen; unzufrieden mit seinem ~ sein* ❖ **losen, verlosen, Verlosung**
* **das große ~** (´der Hauptgewinn in einer Lotterie´); /jmd./ **das große ~ ziehen** ⟨vorw. Perf.⟩ ´mit jmdm., etw. Glück haben, eine gute Wahl getroffen haben´: *er hat mit ihr, mit seiner neuen Arbeit das große ~ gezogen*

¹-los /bildet mit dem zweiten Bestandteil Verben; betont; trennbar (im Präsens u. Präteritum) **1.** /drückt aus, dass mit dem im zweiten Bestandteil Genannten begonnen wird, dass es beginnt/: ↗ z. B. *losgehen* (1) **2.** /drückt aus, dass durch das im zweiten Bestandteil Genannte eine Größe von einer anderen Größe gelöst wird/: ↗ z. B. *losreißen*
²-los /bildet mit einem Subst. als erstem Bestandteil Adjektive; drückt aus, dass das im ersten Bestandteil Genannte nicht vorhanden ist/: ↗ z. B. *kraftlos, niveaulos*

MERKE Zum Unterschied von *-los* und *-frei*: Die Verbindungen mit *-los* enthalten oft die Kritik am Nichtvorhandensein von etw., die von *-frei* nicht; sie können aber auch ohne deutlichen Unterschied verwendet werden, z. B. ↗ *vorurteilsfrei/ vorurteilslos*

lösbar ['løːs..] ⟨Adj.; o. Steig.; nicht bei Vb.; vorw. präd.⟩ **1.** ´so beschaffen, dass man es lösen (2) kann´ /auf Abstraktes bez./: *das Rätsel, das Problem ist ~; eine ~e Aufgabe* **2.** SYN ´löslich´ /bes. auf Stoffliches bez./: *dieser Stoff ist ~* ❖ ↗ **los**
los|brechen ['loːs..] (er bricht los), brach los, hat/ist losgebrochen **1.** ⟨hat⟩ /jmd./ etw. ~ ´etw. mit Gewalt von etw. lösen (1.1.1)´: *Steine aus der Mauer ~; er hat einen Zweig losgebrochen* **2.** ⟨ist⟩ /etw./ ´plötzlich und mit Macht (2.1) (und lautstark) beginnen (2)´: *ein Sturm bricht los; ein starkes Gewitter war losgebrochen; während seiner Rede brach plötzlich ein Gelächter, Tumult los* ❖ ↗ **los,** ↗ **brechen**
Lösch|blatt ['lœʃ..], das ´Blatt (2) aus Löschpapier, das meist zwischen den Seiten eines Schreibhefts liegt´: *einen (Tinten)klecks mit dem ~ aufsaugen* ❖ ↗ **löschen,** ↗ **Blatt**
löschen ['lœʃn] ⟨reg. Vb.; hat⟩ **I.** /jmd./ etw. ~ **1.1.** ´bewirken, dass etw. aufhört zu brennen´: *eine Kerze ~; er hat das Feuer, den Brand gelöscht* (´hat das Feuer, den Brand bekämpft und bewirkt, dass es nicht mehr aktiv ist´) **1.2.** *das Licht ~* (´ausschalten 1´) **2.** ´etw. magnetisch Aufgezeichnetes (↗ *aufzeichnen* 3) tilgen´: *Tonbandaufnahmen, Disketten ~; er hat die Datei gelöscht* **3.** *Kalk ~* (´nach dem Brennen 4 mit Wasser übergießen, vermischen´) — **II.** /jmd., Gruppe/ etw. ~ ´die Fracht eines Schiffes ausladen´: *die Fracht, Ladung ~* (ANT laden 1.2); *die Ladung Holz wurde sofort gelöscht* ❖ **zu (I): erlöschen, Löscher — auslöschen, Löschblatt, -wasser, unauslöschlich**
Löscher ['lœʃɐ], der; ~s, ~ umg. SYN ´Feuerlöscher´: *mit dem ~ den Brand bekämpfen; den ~ einsetzen* ❖ ↗ **löschen**
Lösch ['lœʃ]**-papier, das** ⟨o.Pl.⟩ ´saugfähiges Papier zum Aufsaugen bes. von Tinte´ ❖ ↗ **löschen,** ↗ **Papier; -wasser, das** ´Wasser zum Löschen (I.1.1) eines Feuers´: *~ aus dem Teich, dem Tank pumpen* ❖ ↗ **löschen,** ↗ **Wasser**
lose ['loːzə] ⟨Adj.; o. Steig.; ↗ auch los⟩ **1.1.** SYN ´locker (1.1)´; ANT fest (3.1) /auf Gegenständliches bez./; ↗ FELD I.7.6.3, III.4.3: *ein ~r Knopf, Nagel; das Brett ist ~; die Teile sind nur ~ miteinander verbunden; die Teile des Kleides sind nur ~ geheftet* **1.2.** ⟨vorw. attr.⟩ ´nicht miteinander verbunden, befestigt´ /auf Gegenständliches bez./: *~ Blätter* **2.** ⟨nur bei Vb.⟩ ´nicht eng anliegend´; ANT straff (1.2) /bes. auf Kleidungsstücke bez./: *das Hemd hing ~ über der Hose* **3.** ⟨nicht präd.⟩ ´nicht in einem dafür bestimmten Behältnis (zum Verkauf gelangend)´: *~ Butter, Milch; die Bonbons ~ in der Tasche haben* **4.** ⟨nicht bei Vb.⟩ /beschränkt verbindbar/: *zwischen den Ereignissen besteht nur ein ~r* (´kein direkter´) *Zusammenhang* **5.** ⟨vorw. attr.⟩ /be-

schränkt verbindbar/: *sie gingen nur eine* ~ ('nicht ernsthafte, nicht enge') *Verbindung ein* ❖ ↗ **los**

Löse|geld ['løːzə..], **das** 'Geldsumme, die bezahlt wird, um einen Gefangenen von seinen Entführern zu befreien': *die Gangster forderten, erpressten ein* ~ *in Höhe von zwei Millionen; zwei Millionen* ~; *das* ~ *übergeben, zahlen, hinterlegen* ❖ ↗ **los**, ↗ **Geld**

losen ['loːzn̩] ⟨reg. Vb.; hat⟩ /jmd./ *um etw.* ~ 'etw. durch Ziehen eines Loses (1.1) entscheiden (1.2)': *sie losten um die Theaterkarten/sie losten, wer die Theaterkarten bekommen sollte; wir wollen* ~ ❖ ↗ **Los**

lösen ['løːzn̩] ⟨reg. Vb.; hat⟩ **1.1.1.** /jmd./ *etw. von etw.* ⟨Dat.⟩ ~ SYN 'etw. von etw. ablösen (1)'; ↗ FELD I.7.6.2, III.4.2: *Briefmarken vom Kuvert* ~; *das Fleisch vom Knochen* ~ **1.1.2.** /etw./ *sich von, aus etw.* ~ 'die Verbindung mit dem, woran etw. haftet, verlieren': *ein Steinbrocken löste sich (von der Felswand); eine Eisscholle löst sich (aus dem Gletscher)* **1.2.** /jmd./ *sich von etw., jmdm.* ~ 'eine innere od. äußere Bindung (1) zu etw., jmdm., einer Gruppe nicht mehr bestehen (1.1) lassen': *er muss sich endlich von seinem Traum* ~; *sie hat sich endlich von ihm gelöst; das Tier hat sich von der Herde gelöst* **1.3.1.** /jmd./ *etw.* ~ 'etw., das fest (3.1) ist, locker (1.1) machen'; SYN lockern: *einen Knoten, eine Schleife* ~; *die Schrauben* ~ **1.3.2.** /etw., bes. Knoten, Schraube/ *sich* ~ 'lose (1.1) werden': *das Seil löst sich; die Schraube, der Knoten hat sich gelöst* **2.** /jmd./ *etw.* ~ 'etw. Problematisches, Schwieriges durch Nachdenken klären (2.1)': *ein Rätsel, Problem, einen Widerspruch, eine Aufgabe* ~ **3.** /Institution, jmd./ *etw.* ~ SYN 'aufheben (4)': *eine Verlobung* ~; *der Vertrag, der Kontrakt wurde gelöst* **4.1.** /fester, flüssiger, gasförmiger Stoff/ *sich in etw.* ⟨Dat.⟩ ~ 'sich in einer Flüssigkeit zu kleinsten Teilen umbilden (2) und sich darin gleichmäßig verteilen (3.2)': *sich in Wasser* ~; *Zucker löst sich gut in Wasser; der Stoff hat sich nicht gut gelöst* **4.2.** ⟨oft im Pass.⟩ /jmd./ *etw. in etw.* ⟨Dat.⟩ ~ 'bewirken, dass sich ein fester, flüssiger, gasförmiger Stoff in etw. löst (4.1)': *Salz, Zucker, die Tablette in Wasser* ~; *das Pulver wird in Wasser gelöst* **5.** /jmd./ *etw.* ~ 'einen Fahrschein, eine Eintrittskarte kaufen': *einen Fahrschein, eine Eintrittskarte* ~; *gelöste Karten gelten zwei Stunden, einen Monat* ❖ ↗ **los**

los ['loːs..]|**-fahren** (er fährt los), fuhr los, ist losgefahren **1.** /jmd., Fahrzeug/ SYN 'abfahren (1.1)'; ↗ FELD VIII.1.2: *wir wollen endlich* ~; *auf das Startsignal fuhren die Autos los* **2.** /jmd./ *auf, gegen jmdn.* ~ 'rasch auf jmdn. losgehen (2.2)': *die beiden Männer fuhren aufeinander los, sind wütend aufeinander losgefahren* ❖ ↗ **fahren**; **-gehen**, ging los, ist losgegangen **1.** /jmd./ 'gehend einen Ort verlassen'; ↗ FELD I.7.2.2: *ich muss jetzt* ~, *um nicht zu spät zu kommen; wann gehen wir los?; endlich sind sie losgegangen* **2.** /jmd./ **2.1.** *auf etw.* ~ 'in Richtung auf ein Ziel gehen (3.3)': *schnurstracks gingen sie auf ihr Ziel los* **2.2.** *auf jmdn.* ~ 'auf jmdn. in aggressiver, feindlicher Absicht zugehen (1)': *sie war*

nach seiner Bemerkung wütend auf ihn losgegangen; /zwei od. mehrere (jmd.)/ *aufeinander* ~: *sie gingen mit Messern aufeinander los* **3.** umg. /etw./ SYN 'etw. beginnen (2)'; ANT aufhören: *das Kino geht um acht Uhr los* ❖ ↗ **gehen**; **-haben**, hatte los, hat losgehabt ⟨+ Adv.best.⟩ umg. /jmd./ *etwas, was* ~ '²beschlagen sein': *künstlerisch, auf seinem Fachgebiet, in Mathematik, Musik hat sie etwas, was los* ❖ ↗ **haben**; **-kommen**, kam los, ist losgekommen **1.** /jmd./ 'sich aus einer Fesselung, Umklammerung befreien können'; ↗ FELD I.7.6.2: *der Gefesselte versuchte loszukommen, konnte die Fesseln aber nicht abstreifen; sie hielten ihn fest, aber schließlich kam er los* **2.** ⟨vorw. verneint⟩ /jmd./ *von etw.* ⟨Dat.⟩, *jmdm* ~ 'sich von etw., jmdm. lösen (1.2)': *er versuchte, von diesem Trauma loszukommen; ich komme von diesem Problem nicht los; sie konnte einfach nicht von ihm* ~ ❖ ↗ **kommen**; **-lassen** (er lässt los), ließ los, hat losgelassen **1.** /jmd./ **1.1.** *jmdn., etw.* ~ 'jmdn., etw. nicht mehr mit den Händen, der Hand (fest)halten': *lass mich los!; sie ließ seine Hand, die Leine los; er hat das Steuer losgelassen* **1.2.** *ein Tier* ~ 'ein Tier, bes. einen Hund, aus dem Zwinger, von der Leine lassen': *er ließ die Hunde los* **1.3.** *einen Hund auf jmdn.* ~ ('auf jmdn. hetzen 1.2') **2.** /etw., jmd./ *jmdn. nicht mehr* ~ 'jmdn. ständig und sehr beschäftigen (2)': *der Gedanke, er lässt ihn nicht mehr los* ❖ ↗ **lassen**; **-legen** ⟨trb. reg. Vb.; hat⟩ umg. /jmd./ **1.1.** 'mit großem Eifer, ohne Hemmungen anfangen, etw. zu äußern': *nun leg schon los ('erzähl schon')!; als er kam, legte er gleich los* **1.2.** 'mit großem Eifer beginnen, etw. Bestimmtes zu tun': *nach der Pause legten sie so richtig los; er nahm den Spaten, das Werkzeug und legte los* ❖ ↗ **legen**

löslich ['løːs..] ⟨Adj.; o. Steig.; nicht bei Vb.⟩ 'so beschaffen, dass es sich in Wasser löst'; SYN lösbar (2) /auf Stoffliches bez./: *ein* ~*es Pulver; Zucker, Salz ist in Wasser* ~ ❖ ↗ **los**

los ['loːs..]|**-reißen**, riß los, hat losgerissen **1.** /jmd., Naturgewalt/ *etw.* ~ 'etw. durch Reißen von etw. abtrennen'; ↗ FELD I.7.6.2: *einen Zweig* ~; *der Sturm hat ein paar Ziegel losgerissen* **2.** /jmd., Tier/ *sich* ~ 'sich aus einer Fesselung, Umklammerung gewaltsam, mit einem Ruck befreien': *im letzten Moment konnte sie sich (aus der Umklammerung)* ~; *der Hund hat sich losgerissen* **3.** /jmd./ *sich von etw.* ⟨Dat.⟩ ~: *er konnte sich von diesem Anblick, dieser wunderbaren Landschaft kaum* ~ ('trennen 2') ❖ ↗ **reißen**; **-schießen**, schoss los, ist losgeschossen umg. **1.1.** /jmd./ 'plötzlich mit einem bestimmten Ziel zu rennen beginnen': *nach dem Startzeichen schossen die Läufer los; er ist sofort losgeschossen* **1.2.** /jmd., Tier/ *auf jmdn.* ~ 'plötzlich und direkt auf jmdn. zulaufen (1)': *der Junge, der Hund schoss auf mich los; sie schoss mit vollem Tempo auf das Ziel los* **2.** ⟨nur im Imp.⟩ *schieß los!* 'beginn sofort zu erzählen!': *nun schieß los und spanne uns nicht auf die Folter!* ❖ ↗ **schießen**

Losung ['loːz..], **die**; ~, ~en **1.** SYN 'Parole (2)': *politische* ~*en;* ~*en für die Demonstration;* ~*en rufen*

2. SYN ˈParole (1)ˈ: *eine ~ ausgeben, nennen; wie lautet die ~?*

Lösung [ˈløːz..], **die**; ~, ~en **1.** ⟨vorw. Sg.⟩ /zu lösen 1.1 und 2/ ˈdas Lösenˈ; /zu 1.1.1/; ↗ FELD I.7.6.1: *die ~ der Briefmarken vom Kuvert;* /zu 2/: *eine friedliche ~ des Konflikts; die ~ des Problems, der Aufgabe ist möglich;* /zu 3/: *die ~ der Verlobung* **2.** ˈdas Ergebnis des Lösens (2)ˈ: *eine geniale, befriedigende ~; die ~ ist richtig, falsch;* METAPH *wir haben des Rätsels ~* (ˈdie Erklärung für diese unerklärliche Sacheˈ) *gefunden; nach einer ~ suchen* **3.** ˈdurch Lösen (4) geschaffene Verteilung (2) eines Stoffes in einem anderen, bes. in einer Flüssigkeitˈ: *eine ~ herstellen; die ~ verdünnen;* Chem. *eine ↗ gesättigte, ↗ ungesättigte ~* ❖ ↗ **los**

los|werden [ˈloːs..] (er wird los), wurde los, ist losgeworden **1.** ⟨oft verneint⟩ /jmd./ *jmdn., etw. ~* ˈsich von jmdm., etw., der, das lästig ist, befreien (3,4) könnenˈ; ↗ FELD I.7.6.2: *sie wird den Menschen, den Kerl einfach nicht los; ich werde das Gefühl nicht los, dass hier etw. nicht stimmt* **2.** umg. /jmd./ *etw. ~* ˈetw. verkaufen könnenˈ: *bist du die alte Karre, das alte Haus doch noch losgeworden?; ich weiß nicht, ob ich diese Ladenhüter loswerde* **3.** umg. /jmd./ *etw. ~* ˈGeld ausgeben müssen od. bei etw. einbüßenˈ: *im Spielkasino, beim Einkauf ist er viel Geld losgeworden* ❖ ↗ **los**, ↗ **werden**

Lot [loːt], **das**; ~s/ auch ~es, ~e **1.** ˈan einer Schnur hängendes, nach unten spitz zulaufendes Stück Metall, das durch sein Gewicht die Schnur genau senkrecht hält und dadurch die Senkrechte genau bestimmtˈ: *den senkrechten Stand der Wand, Mauer, Säule mit dem ~ prüfen* **2.** Math. ˈGerade, die senkrecht auf einer gegebenen Geraden od. einer Ebene stehtˈ: *das ~ (auf eine, die Gerade od. Ebene) fällen* **3.** Seemannsspr. ˈGerät mit einer Schnur und einem daran hängenden Stück Blei zum Messen der Tiefe des Wassersˈ: *das ~ auswerfen, ins Wasser lassen* ❖ **loten**

* /jmd./ etw. ins rechte ~ bringen/rücken (ˈetw. wieder in Ordnung bringenˈ); /etw./ *im ~ sein* (ˈin Ordnung seinˈ); /etw./ *wieder ins (rechte) ~ kommen* (ˈwieder in Ordnung kommenˈ)

loten [ˈloːtn̩], lotete, hat gelotet **1.** /jmd./ *etw. ~* ˈdie senkrechte Stellung (2) von etw. bestimmen, prüfenˈ: *den Kühlschrank, die Wand ~* **2.** /jmd./ *etw. ~* ˈdie Wassertiefe eines Gewässers messenˈ: *der Kapitän ließ (das Fahrwasser) ~* ❖ ↗ **Lot**

löten [ˈløːtn̩], lötete, hat gelötet /jmd./ *zwei od. mehrere Sachen ~* ˈzwei od. mehrere metallische Teile, Werkstücke durch Schmelzen (2) eines zusätzlichen geeigneten Metalls miteinander verbindenˈ: *Bleche, Rohre, Drähte ~; etw. an etw. ~: der Draht wurde an den Kontakt gelötet*

Lotse [ˈloːtsə], **der**; ~n, ~n ˈspeziell ausgebildeter, in einem Hafen stationierter Seemann, der Schiffe durch das anliegende, schwierig zu befahrene Gewässer, durch den Hafen leitetˈ: *der ~ dirigiert das Schiff durch den Kanal, in den Hafen; einen ~n an-*

fordern; *der ~ übernimmt die Führung des Schiffs* ❖ **lotsen**

lotsen [ˈloːtsn̩] ⟨reg. Vb.; hat⟩ **1.** /jmd., bes. Lotse/ **1.1.** *ein Schiff irgendwohin ~* ˈein Schiff durch ein schwierig zu befahrenes Gewässer leitenˈ: *er lotste das Schiff durch den Kanal* **1.2.** *ein Flugzeug irgendwohin ~* ˈein Flugzeug vom Boden aus durch den Luftraum irgendwohin, bes. auf die Landebahn, dirigierenˈ: *das Flugzeug wurde per Funk auf die Landebahn gelotst* **2.1.** /jmd./ *jmdn. irgendwohin ~* ˈjmdn. auf dem besten Wege durch ein (unbekanntes) Gebiet geleitenˈ: *jmdn. durch das Gedränge, zum Bahnhof ~* **2.2.** /jmd./ *jmdn. irgendwohin ~* ˈjmdn. überreden, irgendwohin mitzugehenˈ: *er hat mich zu dieser Party gelotst; sie versuchte ihn ins Kino zu ~* ❖ ↗ **Lotse**

Lotterie [lɔtəˈʀiː], **die**; ~, ~n [..ˈʀiːən] ˈGlücksspiel, an dem Personen durch den Kauf von Losen teilnehmenˈ: *in der ~ spielen; er gewann Geld, ein Auto in der ~; er hat in der ~ gewonnen*

lotterig [ˈlɔtəʀɪç] ⟨Adj.; Steig. reg.⟩ emot. ˈsehr nachlässigˈ; ANT ordentlich (I.1): *ein ~es Zimmer; alles war ~; er, sie sah ~ aus; der Haushalt wurde ~ geführt* ❖ vgl. **Lotterwirtschaft**

Lotter|wirtschaft [ˈlɔtɐ..], **die**; ⟨o.Pl.⟩ ˈnachlässig (1.1) geführter Haushalt, Betrieb od. nachlässiges Wirtschaftenˈ: *so eine ~!* ❖ ↗ **Wirtschaft**; vgl. auch **lotterig**

Lotto [ˈlɔto], **das**; ~s, ~s ˈeine Art Lotterie, bei der mehrere Zahlen aus einer begrenzten Anzahl ausgewählt und die Gewinne nach der Anzahl dieser richtig angekreuzten Nummern durch Losen ermittelt werdenˈ: *(im) ~ spielen; fünf, drei Richtige im ~ haben*

Löwe [ˈløːvə], **der**; ~n, ~n ˈgelblich-braunes Raubtier Afrikas, dessen männliche Vertreter eine Mähne habenˈ; ↗ FELD II.3.1 (↗ TABL Säugetiere): *einen ~n jagen; der ~ brüllt, fällt ein Zebra, einen Menschen an; kämpfen wie ein ~* (ˈtapfer und verbissen kämpfenˈ) ❖ ↗ **Löwin** – **Löwenanteil, Löwenmaul, -mäulchen, -zahn**

Löwen [ˈløːvn̩..]|**-anteil, der** emot.: *den ~* (ˈgrößten Anteilˈ) *von etw. bekommen; sich den ~ sichern* ❖ ↗ **Löwe**, ↗ **Teil**; **-maul, das** ⟨o.Pl.⟩ ˈin Gärten wachsende Pflanze mit einer Blüte, die Trauben bildet und in vielen Farben wächstˈ; ↗ FELD II.4.1: *ein Strauß mit rotem und gelbem ~* ❖ ↗ **Löwe**, ↗ **Maul**; vgl. **Löwenmäulchen**; **-mäulchen** [mɔɪlçn̩], **das** ˈLöwenmaulˈ ❖ ↗ **Löwe**, ↗ **Maul**; vgl. **Löwenmaul**; **-zahn, der** ⟨o.Pl.⟩ ˈauf Wiesen wachsende Pflanze mit Blättern, die am Rande grobe Zacken aufweisen, mit milchigem Saft und einer goldgelben Blüteˈ; ↗ FELD II.4.1: *die Kaninchen mit ~ füttern* ❖ ↗ **Löwe**, ↗ **Zahn**

Löwin [ˈløːv..], **die**; ~, ~nen /zu *Löwe*; weibl./ ❖ ↗ **Löwe**

loyal [lŏaˈjaːl] ⟨Adj.⟩ **1.** ⟨Steig. reg., ungebr.⟩ ˈtreu, zuverlässig einhaltend, was eine übergeordnete Institution, Einrichtung von einem erwartetˈ /auf Personen, Institutionen bez./: *ein ~er Bürger; er ist*

~, *verhält sich* ~ *gegenüber seiner Geschäftsleitung*
2. ⟨Steig. reg.⟩ ˈdie Vereinbarungen einhaltendˈ
/auf Personen, Institutionen bez./: *ein* ~*er Ver-*
tragspartner; den Vertrag ~ *einhalten, erfüllen*
Luchs [lʊks], **der**; ~es, ~e ˈkatzenartiges Raubtier
Europas, Asiens und Amerikas mit Büscheln von
Haaren am Ohr, einem dichten, meist gefleckten
Fell und besonders ausgeprägten Sinnen (1.1) zum
Hören und Sehenˈ; ↗ FELD II.3.1: *der* ~ *faucht,*
lauert auf dem Baum
Lücke [ˈlʏkə], **die**; ~, ~n **1.** ˈ(durch ein fehlendes
Stück entstandener) Zwischenraum (1) od. leere
Stelle in einer Reihe (3)ˈ; ↗ FELD I.7.8.1: *eine*
große, kleine ~; *eine* ~ *füllen, schließen; sein Gebiss*
weist viele ~*n auf;* METAPH *sein Tod hat eine emp-*
findliche ~ *gerissen* **2.** ˈetw., was im Bereich sonst
vorhandener Dinge fehlt und als Mangel angesehen
wirdˈ: *sein Gedächtnis, sein Wissen hat* ~*n, weist*
~*n auf; die* ~*n des Gesetzes* (ˈfür die gerichtliche
Behandlung bestimmter Straftaten nicht ausrei-
chende Gesetzeˈ) ❖ **lückenhaft — Lückenbüßer, lü-**
ckenlos, Marktlücke, Wissenslücke
Lücken|büßer [ˈlʏknbyːsɐ], **der**; ~s, ~ umg. ˈjmd., der
die Stelle eines anderen einnehmen muss, den man
unter anderen Umständen lieber genommen hätteˈ:
er wollte nicht den ~ *spielen; er diente nur als* ~ ❖
↗ **Lücke,** ↗ **Buße**
lückenhaft [ˈlʏkn..] ⟨Adj.; Steig. reg., ungebr.⟩ **1.**
⟨nicht bei Vb.⟩ ˈLücken (1) aufweisendˈ /be-
schränkt verbindbar/: *ein* ~*es Gebiss* **2.** ˈLücken (2)
aufweisendˈ; ANT lückenlos /auf Abstraktes bez./:
ein ~*es Alibi; eine* ~*e Aussage, Darstellung; ihre*
Kenntnisse sind sehr ~; *etw. nur* ~ *darstellen* ❖ ↗
Lücke
lücken|los [ˈlʏkn..] ⟨Adj.; o. Steig.⟩ ˈalle wichtigen
Angaben für etw. enthaltendˈ; ANT lückenhaft (2)
/auf Abstraktes bez./: *er hat ein* ~*es Alibi; sein Alibi*
ist ~; *ein* ~*er Beweis; sein Leben* ~ *darstellen* ❖ ↗
Lücke, ↗ **los**
lud: ↗ *laden*
Luder [ˈluːdɐ], **das**; ~s, ~ umg. emot. ⟨mit best.
Adj.⟩ **1.1.** ˈfrecher, unverschämter, gemeiner
Menschˈ: *er, sie ist ein falsches, freches* ~; *sie ist ein*
kleines ~ (ˈeine freche, kokette Frauˈ); *so ein* ~*!;*
1.2. Schimpfw. *du dummes* ~ (ˈdu dummer
Menschˈ)! **1.3.** *er ist ein armes* ~ (ˈein bedauerns-
werter Menschˈ)
Luft [lʊft], **die**; ~, ⟨o.Pl.⟩ geh. Lüfte [ˈlʏftə] **1.** ⟨o.Pl.⟩
1.1. ˈGemisch aus bestimmten Gasen, bes. Sauer-
stoff, Stickstoff, das die Erde als Hülle umgibtˈ:
warme, kalte, trockene, feuchte ~; *die* ~ *ist mild;*
frische ~ *ins Zimmer lassen;* ~ *(auf einen Reifen)*
(auf)pumpen **1.2.** ˈLuft (1.1), die zum Atmen
dientˈ: ~ ↗ *holen; die* ~ (ˈden Atemˈ) *anhalten;*
keine ~ *bekommen* (ˈvorübergehend nicht od. nur
sehr schwer atmen könnenˈ) **1.3.** *an die frische* ~
(ˈins Freieˈ) *gehen; ich gehe mal an die* ~ **2.** ˈder
Raum der Luft (1.1) über der Oberfläche der Erdeˈ:
die Eingeschlossenen aus der ~ (ˈdurch Flugzeugeˈ)
mit Lebensmitteln versorgen; Fotos aus der ~ *ma-*
chen; die Arme, den Ball in die ~ (ˈin die Höheˈ)

werfen; der Vogel, der Ballon erhob sich in die ~/
geh. *Lüfte* **3.** ˈSpielraum, Zwischenraumˈ: *lass noch*
etwas ~ *zur Wand hin; nach der Konferenz habe ich*
wieder etwas ~ (ˈZeitˈ) *für andere Arbeiten* ❖ **lüften,**
luftig, Luftikus, Lüftung — Kaltluft, Zugluft; vgl.
Luft/luft-
* /jmd., etw./ **sich in** ~ **auflösen 1.** /etw., bes. Plan/
ˈvöllig fallen gelassen werdenˈ: *das Projekt hat sich*
in ~ *aufgelöst* **2.** /etw., jmd./ ˈplötzlich nicht mehr
da sein, verschwunden seinˈ: *das Haus, der Mann*
kann sich doch nicht in ~ *aufgelöst haben!;* **irgendwo**
ist/herrscht dicke ~ ˈirgendwo herrscht eine ge-
spannte, gereizte Atmosphäreˈ: *zu Hause ist heute*
dicke ~; /etw., bes. Information/ **aus der** ~ **gegriffen**
sein ˈfrei erfunden sein, nicht der Wahrheit entspre-
chenˈ: *die Geschichte ist völlig aus der* ~ *gegriffen!;*
/jmd./ **in die** ~ **gehen** ˈdie Nerven verlieren, seinen
Zorn, seine Wut durch Äußerungen, Verhalten
deutlich machenˈ: *wenn er das erfährt, geht er in die*
~; **etw. liegt in der** ~ (ˈetw. Drohendes, Erwartetes
steht bevorˈ); /jmd./ **sich** ~ **machen** ˈfrei und im Af-
fekt aussprechen, was einen bedrücktˈ: *ich musste*
mir erst mal ~ *machen;* umg. /jmd./ **etw. in die** ~
jagen (ˈetw., bes. ein Gebäude, durch Sprengen zer-
störenˈ); /jmd./ **für jmdn.** ~ **sein** ˈvon jmdm. demon-
strativ nicht beachtet werdenˈ: *der ist für mich* ~*!;*
die ~ **ist rein** (ˈfür das Gelingen eines Vorhabens
besteht keine Gefahr mehrˈ); /jmd./ **(frische)** ~
schnappen (ˈins Freie gehenˈ); /jmd., Tier/ **nach** ~
schnappen (ˈrasch und mühsam Atem holenˈ);
/jmd./ **jmdn. an die** ~ **setzen 1.** ˈjmdn. entlassenˈ:
nach diesem Vorfall wird er ihn sicher an die ~ *set-*
zen **2.** ˈjmdn. hinauswerfen (2)ˈ: *wenn der Streit*
nicht aufhört, setze ich euch beide an die ~*!;* **jmdm.**
bleibt die ~ **weg** (ˈjmd. ist fassungslosˈ)
Luft/luft [ˈ..]**-abwehr, die** ˈGesamtheit der Maßnah-
men, Kräfte und Mittel zur Abwehr (1) gegneri-
scher Angriffe aus der Luft (2.1)ˈ: *die* ~ *alarmieren*
❖ ↗ **wehren; -ballon, der** ˈmeist aus Gummi beste-
hender Hohlkörper, der aufgeblasen wird und Kin-
dern als Spielzeug dientˈ (↗ BILD): *den* ~ *fliegen lassen* ❖ ↗ Ballon; **-dicht**
⟨Adj.; o. Steig.⟩ ˈso fest verschlossen, dass keine
Luft (1.1) eindringen od. entweichen kannˈ /auf Be-
hältnisse bez./: *eine* ~*e Verpackung; etw.* ~ *ver-*
schließen; die Packung ist ~ ❖ ↗ dicht; **-druck, der**
⟨o.Pl.⟩ ˈDruck (1) der atmosphärischen Luft (1.1)ˈ:
den ~ *messen; der* ~ *schwankt, steigt, fällt* ❖ ↗
drücken

lüften ['lʏftn̩], lüftete, hat gelüftet **1.** /jmd./ etw. ∼ 'etw., bes. Kleidung, einen Raum, von frischer Luft (1) durchdringen lassen': die Betten, das Zimmer, die Wohnung ∼; du musst, solltest mal ∼ ('frische Luft ins Zimmer lassen') **2.** /jmd./ etw. ∼ 'etw., das etw. bedeckt, verdeckt, kurz hochheben': den Vorhang, Schleier ∼; den Hut zum Gruß ∼; den Deckel ∼ ❖ ↗ **Luft**

Luft [lʊft..]|-**fahrzeug, das** 'Fahrzeug, das zur Fortbewegung in der Luft (2) dient' ❖ ↗ fahren; **-gewehr, das** 'Gewehr, bei dem das Geschoss durch komprimierte Luft unter Druck aus dem Lauf (4) getrieben wird'; ↗ FELD V.6.1: mit dem ∼ auf Spatzen schießen ❖ ↗ wehren; **-hoheit, die** 'Souveränität eines Staates über den Luftraum seines Hoheitsgebiets': die ∼ respektieren; die ∼ wurde verletzt ❖ ↗ hoch

luftig [lʊftɪç] ⟨Adj.⟩ **1.1.** ⟨Steig. reg.; nicht bei Vb.⟩ 'hell, geräumig und mit ständig durchziehender frischer Luft' /auf einen Raum bezogen/: ein heller, ∼er Raum; die Laube ist ∼ **1.2.** ⟨o. Steig.; nur attr.⟩ in ∼er ('von frischer, freier Luft umgebener') Höhe: sie schwebten mit dem Ballon in ∼er Höhe **2.** ⟨Steig. reg.⟩ 'leicht (1.2) und so zugeschnitten, dass große Teile des Körpers nicht bedeckt sind' /auf Kleidung bez./: ein ∼es Sommerkleid; sie ist ∼ gekleidet ❖ ↗ **Luft**

Luftikus ['lʊftikʊs], der; ∼/∼ses, ∼se scherzh. 'leichtsinniger, oberflächlicher Mensch': so ein ∼!; er ist ein ∼ ❖ ↗ **Luft**

Luft/luft ['lʊft..]|-**kissenfahrzeug** [kɪsn̩..], das 'Fahrzeug, dessen unterer Teil, ähnlich einem Kissen, mit komprimierter Luft gefüllt ist und sich dicht über dem Erdboden oder der Oberfläche des Wassers schnell fortbewegt' ❖ ↗ Kissen, ↗ fahren; **-landetruppe** [landə..], die 'Truppe, die mit Flugzeugen (hinter der gegnerischen Front) abgesetzt wird, um am Boden zu kämpfen' ❖ ↗ landen, ↗ Truppe; **-leer** ⟨Adj.; o. Steig.; vorw. attr.⟩ 'keine Luft enthaltend, einem Vakuum bildend': ein ∼er Raum; ein ∼es Gefäß; etw. ∼ pumpen; METAPH ein Politiker kann nicht im ∼en Raum schweben ('kann nicht ohne enge Verbindung mit der Realität leben') ❖ ↗ leer; **-linie, die** ⟨o.Pl.⟩ 'kürzeste Entfernung zwischen zwei Punkten auf der Oberfläche der Erde': die ∼ zwischen Berlin und Paris beträgt nur etwa 900 km ❖ ↗ Linie; **-matratze, die** 'großes Kissen von etwa zwei Meter Länge, das aufgeblasen wird und zum Liegen, Schlafen verwendet wird': die ∼ aufblasen; sich auf die ∼ legen ❖ ↗ Matratze; **-post, die** 'Beförderung der Post, Fracht durch Flugzeuge': einen Brief, ein Paket per ∼ absenden, befördern ❖ ↗ Post; **-pumpe, die** 'Gerät, mit dem Luft od. andere Gase in einen od. aus einem Hohlraum gepumpt wird' (↗ TABL Fahrzeuge): mit der ∼ das Fahrrad aufpumpen; ❖ ↗ Pumpe; **-raum, der** 'Raum über der Oberfläche der Erde, bes. als Gebiet der Lufthoheit': den ∼ verletzen, verlassen ❖ ↗ Raum; **-röhre, die** 'röhrenförmige Verbindung zwischen Kehlkopf und Lunge, durch die die Luft

beim Atmen in die Lunge gelangt'; ↗ FELD I.1.1: von der Nahrung ist etwas in die ∼ gelangt ❖ ↗ Rohr; **-schiff, das** 'durch Motoren angetriebenes lenkbares, langsam fliegendes Luftfahrzeug, das aus einem großen, mit Gas gefüllten länglichen Behälter und daran befestigten Gondeln (2) zum Transport (1) von Passagieren und Fracht besteht'; ↗ FELD VIII.4.2 ❖ ↗ Schiff; **-schloss, das** 'etw. Wunderbares, etw., das man sich wünscht, das aber nur in der Phantasie existiert': das ist nicht zu verwirklichen, sondern nur ein ∼ * /jmd./ **Luftschlösser bauen** ('Pläne machen, die unrealistisch sind und sich nicht verwirklichen lassen'); **-streitkräfte, die** ⟨Pl.⟩ 'Teil der Streitkräfte, der militärische Operationen, Kampfhandlungen unter Einsatz von Luftfahrzeugen durchführt': die ∼ kommen zum Einsatz ❖ ↗ streiten, ↗ Kraft

Lüftung ['lʏft..], die; ∼, ∼en **1.1.** ⟨vorw. Sg.⟩ 'das Lüften (1)': für gute ∼ sorgen; die ∼ im Zimmer ist ausreichend **1.2.** 'Vorrichtung zum Lüften (1)': eine moderne ∼ einbauen; die ∼ des Hauses funktioniert nicht richtig, ist defekt ❖ ↗ **Luft**

Luft ['lʊft..]|-**waffe, die** SYN 'Luftstreitkräfte' ❖ ↗ Waffe; **-zug, der** ⟨o.Pl.⟩ 'Bewegung der Luft, leichter Wind': ein leichter, kühler ∼; durch den ∼ bewegten sich die Zweige, Blätter, Gardinen ❖ ↗ ziehen

Lug [lu:k] * emot. **∼ und Trug** 'Lüge und Täuschung (1)': alles war nur ∼ und Trug

Lüge ['ly:gə], die; ∼, ∼n 'bewusst falsche Aussage (1) zur Täuschung anderer': das ist eine freche, raffinierte, unverschämte, faustdicke ∼!; das ist eine glatte ∼!; ∼n verbreiten, ausstreuen; jmdn. der ∼ verdächtigen; sich in ∼n verstricken; um eine ∼ nie verlegen sein ('immer eine Ausrede wissen'); jmdm. eine ∼, jmdm. ∼n auftischen ❖ ↗ **lügen** * /jmd., etw./ **jmdn., etw. ∼n strafen** 'jmdm., etw. nachweisen, dass er gelogen hat, dass es nicht stimmt, nicht wahr ist': der Verlauf des Geschehens straft ihn ∼n, straft die Gerüchte ∼n

lügen ['ly:gn̩], log [lo:k], hat gelogen [gə'lo:gn̩] /jmd./ 'bewusst eine falsche Aussage machen'; SYN schwindeln: er lügt auf Schritt und Tritt; sie hat noch nie gelogen; sie log ständig; vgl. schwindeln (1) ❖ belügen, Lüge, Lügner, lügnerisch * emot. /jmd./ **∼ wie gedruckt** 'unverschämt lügen': er lügt wie gedruckt!

Lügner ['ly:gnɐ], der; ∼s, ∼ 'jmd., der lügt, gelogen hat': ein gemeiner, notorischer ∼; er ist ein großer ∼; jmdn. als ∼ entlarven ❖ ↗ **lügen**

lügnerisch ['ly:gnərɪʃ..] ⟨Adj.; o. Steig.; vorw. attr.; nicht bei Vb.⟩ **1.** SYN 'verlogen (1)'; ANT ehrlich (1), aufrichtig /auf Personen bez./: ein ∼es Gesindel, ∼er Kerl **2.** 'in lügnerischer Absicht erfunden'; ANT wahr /vorw. auf Äußerungen bez./: eine ∼e Behauptung, Äußerung ❖ ↗ **lügen**

Luke ['lu:kə], die; ∼, ∼n 'kleines Fenster, kleine Öffnung, bes. im Keller, Dachboden': eine offene, verriegelte ∼; die ∼ (im Dach) öffnen, schließen; durch die ∼ klettern

lukrativ [lukʀaˈtiːf] ⟨Adj.; Steig. reg.⟩ ˈeinen Gewinn bringend'; SYN einträglich /bes. auf Abstraktes bez./: *ein ~er Posten; das Geschäft, der Job, das Angebot ist ~; das ist nicht ~ genug; ~er arbeiten als bisher*

lukullisch [luˈkʊl..] ⟨Adj.; Steig. reg., ungebr.⟩ ˈsehr erlesen im Geschmack (1.1)' /vorw. auf Speisen bez./: *ein ~es Gericht, Mahl; ein ~er Genuss; ~e Speisen; wir haben dort ~ gegessen*

lullen [ˈlʊlən] ⟨reg.Vb.; hat⟩ **1.1.** /jmd./ *ein Kind in den Schlaf ~* ('durch Singen, Schaukeln einschlafen lassen') **1.2.** /etw., bes. ein Geräusch/ *jmdn. in den Schlaf ~: die Musik, das gleichmäßige Summen des Motors lullte uns in den Schlaf* ('ließ uns schläfrig werden')

Lümmel [ˈlʏml̩], der; ~s, ~ umg. emot. SYN ˈFlegel'; ↗ FELD I.18.1: *er ist ein fauler, frecher, unverschämter ~;* auch Schimpfw. *Sie ~!; du elender ~!; dieser ~ hat versucht, mich anzupumpen* ❖ **lümmelhaft**

lümmelhaft [ˈ..] ⟨Adj.⟩ ˈwie ein Lümmel, wie von einem Lümmel'; ↗ FELD I.18.3: *sein ~es Benehmen; ich verbiete mir Ihren ~en Ton; sich ~ benehmen; sein Benehmen war ~* ❖ ↗ **Lümmel**

Lump [lʊmp], der; ~en, ~en emot. SYN ˈSchurke' /auf männl. Personen bez./: *ein erbärmlicher, elender, feiger, niederträchtiger ~; die ~en haben mich betrogen, bestohlen; der ~ hat sie sitzen lassen;* auch Schimpfw. *du (gemeiner) ~!* ❖ ↗ **Lumpen**

lumpen [ˈlʊmpm̩]
* /jmd./ **sich nicht ~ lassen** ˈgroßzügig sein, reichlich zahlen': *er lässt, ließ sich nicht ~, wird sich doch nicht ~ lassen; er hat sich nicht ~ lassen und uns alle eingeladen*

Lumpen, der; ~s, ~ ⟨vorw. Pl.⟩ ˈwertlose, alte, nicht mehr brauchbare Kleidungsstücke od. Stofffetzen': *alte, schmutzige ~; das sind nur noch ~; ~ sammeln; in ~* ('schäbiger Kleidung') *herumlaufen* ❖ **Lump, lumpig**

lumpig [ˈlʊmpɪç] ⟨Adj.⟩ **1.** ⟨Steig. reg.; vorw. attr.⟩ emot. SYN ˈgemein' /vorw. auf Personen bez./: *er hat sich ~ betragen; so ein ~es* (SYN ˈgewissenloses') *Pack, Gesindel!; er hatte eine ~e Gesinnung* **2.** ⟨o. Steig.; nur attr.; vorw. mit Kardinalz.⟩ umg. emot. neg. ˈgering (3)': *um ein paar ~e Mark feilschen; das Buch kostet ~e fünf Mark* ('kostet nur fünf Mark'); *er blieb ~e drei Tage* ('nur drei Tage und das war zu wenig') ❖ ↗ **Lumpen**

Lunge [ˈlʊŋə], die; ~, ~n ˈpaariges Organ von Menschen und bestimmten Wirbeltieren, das sich in der Brust befindet und zum Atmen dient'; ↗ FELD I.1.1: *eine gesunde, starke, angegriffene ~; sie ist schwach auf der ~; umg. jmd. hat es auf der ~* ('hat eine kranke Lunge'); *auf ~ rauchen* ('den Zigarettenrauch tief einatmen'); *die eiserne ~* ('Apparat zur künstlichen Beatmung'); *die grüne ~* ('dicht mit Bäumen bewachsene Landschaft od. Park in od. in der Umgebung von Großstädten')
* /jmd./ emot. **sich die ~ aus dem Leibe/Halse schreien** ˈsehr laut schreien': *da kann man sich die ~ aus dem Halse schreien, aber niemand hört einen*

lungern [ˈlʊŋɐn] ⟨reg. Vb.; hat⟩ /jmd./ *irgendwo ~* ˈsich ohne etw. zu tun irgendwo aufhalten': *die Jugendlichen lungerten tagelang vor den Bahnhöfen, Kaufhäusern, auf den Plätzen, Bahnhöfen*

Lunte [ˈlʊntə], die; ~, ~n ˈmit einer Lösung (3) getränkter Faden aus Hanf, mit dem eine Sprengladung gezündet wird': *eine glimmende, schwelende ~; die ~ anzünden*
* /jmd./ **~ riechen** ˈschon im Voraus etw. Unangenehmes merken, eine Gefahr wittern': *ich glaube nicht, dass er ~ riechen wird; er roch sofort ~, hat sofort ~ gerochen*

Lupe [ˈluːpə], die; ~, ~n ˈkonvexe Linse für die Betrachtung* (↗ *betrachten* 1), *zum Vergrößern kleiner Objekte': den Text mit einer ~ lesen, entziffern; die Steine, den Schmuck mit einer ~ betrachten*
* umg. /jmd./ **jmdn., etw. unter die ~ nehmen** ˈjmdn., etw. kritisch prüfen': *der neue Mitarbeiter, der Vertrag wurde erst einmal unter die ~ genommen; ich werde ihn erst einmal unter die ~ nehmen*

Lupine [luˈpiːnə], die; ~, ~n ˈPflanze mit in Trauben wachsenden, vielfarbigen Blüten, die sowohl als Zier- als auch als Futterpflanze genutzt wird'; ↗ FELD II.4.1: *rote, blaue, gelbe ~n; ein Strauß ~n; ~n verfüttern, anbauen*

Lurch [lʊʁç], der; ~es, ~e ˈWirbeltier mit vier Beinen, das als Larve im Wasser mit Kiemen atmet, als entwickeltes Tier an Land mit Lungen'; SYN Amphibie; ↗ FELD II.3.1

Lust [lʊst], die; ~, Lüste [ˈlʏstə] **1.1.** ⟨o.Pl.⟩ ˈinneres Bedürfnis, etw. Bestimmtes zu tun': *große, wenig ~ zu etw. haben, verspüren; ich hätte große ~, heute ins Kino zu gehen; mir ist dazu die ~ vergangen; ~ zum Singen, Tanzen haben; habt ihr ~, etwas zu trinken?; ich habe keine ~* **1.2.** ˈauf die Befriedigung sinnlicher, bes. sexueller Bedürfnisse gerichtetes Verlangen': *sinnliche, fleischliche ~; die ~ erfasste ihn; seine ~ befriedigen, zügeln; geh. seinen Lüsten frönen; vgl. Gier 2.* ⟨o.Pl.⟩ ˈGefühl der Freude, des Vergnügens'; ↗ FELD I.6.1: *die ~ zu leben, zu arbeiten; die ~ am Leben verlieren; jmdm. ist die ~ vergangen; es ist eine wahre ~* (ANT Qual), *euch singen zu hören* ❖ **belustigen, gelüsten, lüstern, lustig** – **lustlos, Lustspiel, sensationslüstern, Spottlust, Wollust, wollüstig**

lüstern [ˈlʏstɐn] ⟨Adj.; Steig. reg.⟩ ˈvoller Lust (1.2), mit sexueller Begierde' /vorw. auf Mentales od. Personen bez./: *~e Blicke auf jmdn. werfen; er hat ~e Gedanken, Vorstellungen; auf jmdn., nach jmdn. ~ sein; jmdn. ~ ansehen; so ein ~er Kerl!* ❖ ↗ **Lust**

-lüstern /bildet mit einem Subst. als erstem Bestandteil Adjektive/ ˈdas im ersten Bestandteil Genannte haben, tun, erreichen wollend': ↗ z. B. *sensationslüstern*

lustig [ˈlʊstɪç] ⟨Adj.; Steig. reg.⟩ **1.1.** ⟨nicht bei Vb.⟩ ˈ(im Wesen) heiter und in dieser Weise auf andere wirkend'; ANT ernsthaft (1) /auf Personen bez./: *ein ~er Mensch, Bursche; eine ~e Person; sie ist ~; das sind ~e Leute; eine ~e Runde, Gesellschaft* **1.2.** ⟨vorw. attr.⟩ ˈHeiterkeit ausdrückend': *er hat ~e*

Augen, ein ~es Gesicht; ein ~er Gesang **2.** ⟨nicht bei Vb.; vorw. attr.⟩ ˊso beschaffen, dass es Vergnügen bereitet˄; SYN amüsant: *ein ~er Abend; ein ~es Abenteuer; da ging es ~ zu; der Film war sehr ~; er ist ein ganz ~es* (SYN ˊfideles˄) *Haus* ❖ ↗ **Lust** ＊ /jmd./ **sich über jmdn., etw. ~ machen** (ˊjmdn. mit Spott, Ironie behandeln und sich dabei amüsieren˄)
lust/Lust [ˈlʊst..]|**-los** ⟨Adj.; Steig. reg.; vorw. bei Vb.⟩ ˊohne Lust (1.1)˄: *~ arbeiten, lesen; er ging ~ an die Erledigung der Aufgaben* ❖ ↗ **Lust,** ↗ **los;** **-spiel, das** SYN ˊKomödie (1)˄; ANT Trauerspiel: *ein ~ aufführen* ❖ ↗ **Lust,** ↗ **spielen**
lutschen [ˈlʊtʃn̩] ⟨reg. Vb; hat⟩ **1.** /jmd./ etw. ~ ˊmit Hilfe des Speichels und durch Saugen bewirken, dass etw., das man im Munde hat, sich auflöst˄: *ein(en) Bonbon, ein Stück Schokolade, ein Eis ~* **2.** /jmd., bes. Kind/ *an etw.* ⟨Dat.⟩ *~* ˊetw. in den Mund stecken und daran lecken und saugen˄: *das Baby lutscht am Daumen; das Kind lutschte an seinem Nuckel; er lutschte an seinem Eis* ❖ **Lutscher**
Lutscher [ˈlʊtʃɐ], **der;** ~s, ~ ˊBonbon am Stil˄: *einen ~ kaufen; am ~ knabbern* ❖ ↗ **lutschen**
luxuriös [lʊksuˈʀi̯øːs] ⟨Adj.; Steig. reg.⟩ ˊLuxus aufweisend˄; ANT schlicht (2), ˡeinfach (3.2), spartanisch, dürftig (1): *ein ~er Lebensstil; ein ~es Leben; eine ~e Wohnung; das Haus ist ~ eingerichtet; sie lebten ~* ❖ ↗ **Luxus**
Luxus [ˈlʊksʊs], **der;** ~, ⟨o.Pl.⟩ ˊkostspieliger, verschwenderischer Aufwand, der das übliche Maß der Befriedigung von Bedürfnissen überschreitet˄:

das ist reiner ~; das ist der einzige ~, den ich mir leiste; diesen ~ kann ich mir nicht leisten; sie liebte den ~; im ~ leben ❖ **luxuriös** – **Luxusartikel**
Luxus|artikel [ˈ..], **der** ˊArtikel (3), Gegenstand, der dem Luxus dient˄: *ein Geschäft für ~* ❖ ↗ **Luxus,** ↗ **Artikel**
Luzerne [luˈtsɛʀnə], **die;** ~, ⟨o.Pl.⟩ ˊPflanze mit gelben od. violetten Blüten, die als Futterpflanze angebaut wird˄
lynchen [ˈlʏnçn̩] ⟨reg. Vb.; hat⟩ /jmd., Gruppe, bes. aufgehetzte Menschenmenge/ *jmdn. ~* ˊjmdn. grausam, ohne Einschaltung der Justiz, misshandeln od. töten, weil man ihn für schuldig hält˄: *man, die Menge wollte ihn ~; er wurde gelyncht*
Lyrik [ˈlyːʀɪk], **die;** ~, ⟨o.Pl.⟩ ˊDichtung, in der unmittelbare Stimmungen, Gefühle und Gedanken mit formalen Mitteln des Reims, der Rhythmik und einer bestimmten Gliederung in Verse und Strophen ausgedrückt werden˄: *moderne, zeitgenössische ~; die ~ des Expressionismus; die späte ~ Goethes; ~ vortragen, interpretieren;* /auch als Gattung/: *~, Epik und Dramatik* ❖ **lyrisch**
lyrisch [ˈlyːʀ..] ⟨Adj.⟩ **1.** ⟨nur attr.⟩ **1.1.** ⟨o. Steig.⟩ ˊdie Lyrik und ihre Eigenart, Besonderheit betreffend˄: *das ~e Werk, Schaffen des Dichters; ~e Gedichte; die ~e* (ˊin Form von Gedichten vorliegende˄) *Dichtung* **1.2.** ˊin der Art der Lyrik˄: *~e Epik* **2.** ⟨Steig. reg., ungebr.; vorw. attr.⟩ ˊgefühlsbetont, romantisch˄: *ein ~es Klavierstück; eine ~e Stimmumg* ❖ ↗ **Lyrik**

m, M

machbar ['max..] ⟨Adj.; o. Steig.; vorw. präd. (mit *sein*)⟩ /etw./ ~ *sein* ʿsich ausführen (3,4) lassen': *ich glaube, das ist ~; dieser Auftrag ist ~; etw. für ~* (SYN ʿmöglich 1.1ʾ) *halten* ❖ ↗ machen

machen ['maxn̩] ⟨reg. Vb.; hat; ↗ auch *gemacht*⟩ **1.** /jmd./ etw. ~ **1.1.** ʿetw. herstellen (1), anfertigenʾ: *ein Kleid ~ lassen; etw. aus etw. ~: sie kann aus allem etwas ~; aus dem Teig mache ich Kekse; das Gehäuse ist aus Kunststoff gemacht; sein Testament ~* (ʿverfassenʾ) **1.2.** SYN *etw. zubereitenʾ: das Essen ~; er macht Tee, Kaffee; sie macht das Frühstück; ich mache heute Kartoffelbrei; er hat schon Salat gemacht* **2.** /jmd./ etw. ~ **2.1.** ʿetw. durchführenʾ: *ein Experiment, chemische Versuche ~; er hat einen Spaziergang gemacht; eine Reise ~* (ʿverreisenʾ) **2.2.** ʿetw. durch Prüfungen erlangenʾ: *das/sein Examen ~; das/sein Abitur ~* **2.3.** ʿbewirken, dass etw. entsteht, zustande kommtʾ: *Musik, Lärm, ein Spiel ~; Ordnung, eine Pause ~; Licht, ein Feuer ~; einen Fleck ~; ein Foto ~; einen Fehler ~; ein ernstes Gesicht ~* (ʿeine ernste Miene aufsetzen 5ʾ) **2.4.** ʿbewirken, dass man etw. bekommt, erwirbtʾ: *viel Geld ~; ein Vermögen ~* **2.5.** ʿbewirken, dass etw. in eine bestimmte Form, Ordnung kommtʾ: *die Wäsche, Betten ~; sich* ⟨Dat.⟩, *jmdm. die Haare ~* **3.** /jmd./ **3.1.** etw. (bes. *das*) ~ ʿetw. ¹tun (1)ʾ: *lass mich das ~!; er hat (das) alles allein gemacht; er lässt die Kinder ~, was sie wollen; was machst du so den ganzen Tag?* **3.2.** etw. (bes. *das*) irgendwie ~ ʿin Bezug auf etw. in bestimmter Weise handelnʾ: *das hast du gut, richtig gemacht; er macht alles falsch, hat alles falsch gemacht; einen Fehler, eine Dummheit ~* (SYN ʿbegehen 2ʾ) **4.1.** /jmd./ jmdm. etw. ~ ʿbewirken, dass bei jmd. eine psychische Regung hervorgerufen wirdʾ: *jmdm. eine Freude ~; jmdm. Kummer, Angst ~; das hat ihm Mut, Hoffnung gemacht* **4.2.** /jmd., etw./ jmdn. irgendwie ~ ʿbewirken, dass jmd. in einen bestimmten psychischen Zustand gerätʾ: *er, der Film machte ihn glücklich, froh; der Wein machte ihn lustig, müde; sie machte ihn eifersüchtig, unglücklich;* ⟨+ Inf. + Akk.⟩ *jmdn. lachen, weinen ~; er, der Film machte mich, sie lachen* **4.3.** /jmd./ etw., sich irgendwie ~ ʿetw., sich, jmdn. in einen bestimmten Zustand bringenʾ: *die Küche sauber ~; den Kaffee süß, die Suppe sämig ~; sie machte sich schön* (ʿschminkte, frisierte sichʾ) **4.4.** /jmd., etw./ jmdm. etw. irgendwie ~ ʿbewirken, dass etw. für jmdn. irgendwie wirdʾ: *jmdm. etw. verständlich ~; das hat mir das Problem überhaupt erst bewusst gemacht; den Kindern das Leben schön ~; jmdm. das Leben schwer, sauer machen;* /jmd./ jmdm. etw. zu etw. ⟨Dat.⟩ ~: *er machte uns das Leben, den Urlaub, unsere Ehe zur Qual, zur Hölle; jmdm. etw. zum Vorwurf, zur Pflicht, zum Geschenk machen* (ʿjmdm. etw. vorwerfen, jmdn. zu

etw. verpflichten, jmdm. etw. schenkenʾ) **4.5.** /jmd./ sich irgendwie ~: *sich jmdm. verständlich ~* (ʿbewirken, dass man von jmdm. verstanden wirdʾ); *sich bemerkbar ~* (ʿbewirken, dass man bemerkt wirdʾ) **4.6.** /etw./ jmdn., etw. irgendwie ~ ʿjmdn., etw. in bestimmter Weise aussehen, wirken (4) lassenʾ: *die Farbe, das Kleid macht dich blass, alt; die Hose macht dich schlank; der Teppich macht das Zimmer wohnlich* **4.7.** sich irgendwie ~ ʿirgendwie wirkenʾ **4.7.1.** /etw./ *der Wandbehang macht sich gut im Zimmer* **4.7.2.** /jmd./ *er macht sich gut in dieser Rolle* (ʿwirkt gut in dieser Rolleʾ); *er macht sich gut als Clown* **5.** umg. ⟨nur + Subst. mit best. Art.⟩ /jmd./ jmdn. ~ ʿeine bestimmte Funktion übernehmen und sie ausübenʾ: *er macht den Anführer, den Clown, Schiedsrichter* **6.** /jmd./ jmdn. zu etw. ⟨Dat.⟩, jmdm. ~ **6.1.** /jmd./ ʿjmdn. in eine bestimmte Funktion einsetzenʾ: *jmdn. zum Direktor, Sekretär ~; sie hat ihn zu ihrem Vertrauten gemacht* **6.2.** ⟨vorw. im Perf.⟩ /jmd., etw./ ʿjmdn. zu einem Menschen mit bestimmten Eigenschaften formenʾ: *das Leben hat, seine Eltern haben ihn zu einem tüchtigen Menschen gemacht; das Training hat sie zu einem ausdauernden Menschen gemacht; jmdn. aus jmdm. ~: sie haben einen tüchtigen Menschen aus ihm gemacht* **7.** /jmd./ sich an etw. ~ ʿeine bestimmte Tätigkeit, Arbeit beginnenʾ: *sich an die Arbeit ~; sie machte sich an die Übersetzung* **8.** umg. verhüll. /jmd./ *in die Hosen, Windeln ~* (ʿunabsichtlich Urin, Kot in die Windeln, Hosen ausscheidenʾ) **9.** /abgeblasst in Verbindung mit best. Subst., z. B./: /jmd./ jmdm. einen ↗ Besuch ~; /jmd./ von etw. ↗ Gebrauch ~; /jmd./ ↗ Geschäfte ~; /jmd./ eine ↗ Eingabe ~; /jmd./ ↗ Einkäufe ~; /jmd./ den ↗ Versuch machen, etw. zu tun; /jmd./ einen ↗ Vorschlag ~; /jmd./ jmdm. einen ↗ Vorwurf ~ **10.** /in den kommunikativen Wendungen/: *das wird sich schon ~* (ʿrealisierenʾ) *lassen* /wird gesagt, wenn man jmdm. Mut hinsichtlich der Realisierung eines Vorhabens machen will/; *machs gut!* (ʿlass es dir gut ergehenʾ) /als Gruß zum Abschied/; *da kann man nichts ~* /drückt Resignation einem bestimmten Sachverhalt gegenüber aus, von dem man glaubt, dass er nicht verändert werden kann/; *das macht nichts* (ʿdas schadet nichts, ist nicht so schlimmʾ) /wird auf jmds. Entschuldigung erwidert, um den Betroffenen zu beruhigen und um auszudrücken, dass der Anlass sehr geringfügig od. ohne Bedeutung ist/; *mach dir nichts draus* ʿnimm es nicht so ernst, mach dir keine Gedanken deswegenʾ: *wenn deine Schwester meckert, mach dir nichts draus* /wird gesagt, um jmdn. zu beruhigen/; *nun mach schon!* /drückt Ungeduld jmdm. gegenüber aus, soll jmdn. zu schnellerem Tun auffordern/; *was macht …?* /wird zu jmdm. gesagt, um sich nach seinem

Befinden od. nach etw. zu erkundigen, was ihn belastet od. womit er beschäftigt ist/: *was macht deine Gesundheit?; na, was macht das Leben?; was macht dein Bein?; was macht dein neuer Roman?* ❖ **machbar — abmachen, Abmachung, anmachen, aufmachen, Aufmachung, ausmachen, Bekanntmachung, blaumachen, daranmachen, durchmachen, einmachen, Großmacht, gutmachen, heranmachen, herausmachen, Herzschrittmacher, irremachen, kaputtmachen, Machenschaften, mitmachen, Mobilmachung, Scharfmacher, schlechtmachen, Schrittmacher, Spaßmacher, Stimmungsmache, vormachen, weismachen, Weißmacher, weitermachen, wettmachen, zumachen, zurechtmachen;** vgl. **vermachen,** vgl. **Vollmacht**

* /jmd./ **etwas aus jmdm., sich** ⟨Dat.⟩ **~** 'jmdn., sich vorteilhaft kleiden, schminken': *mit etwas Geschick kann man aus ihr etwas ~;* /jmd./ **etw. aus sich** ⟨Dat.⟩ **~** 'seine Fähigkeiten beruflich vorteilhaft für die Gründung einer Existenz nutzen': *im Gegensatz zu dir hat er aus sich etwas gemacht;* /jmd./ **sich** ⟨Dat.⟩ **nichts, nicht viel aus etw., jmdm. ~** 'etw., jmdn. nicht besonders mögen': *er macht sich nichts, nicht viel aus Kuchen, nichts aus ihr;* /etw./ **jmdm. zu schaffen ~** 'jmdm. Schwierigkeiten, Mühe bereiten': *das Rheuma macht mir zu schaffen*

Machenschaften ['maxn̩ʃaftn̩], **die** ⟨Pl.⟩ emot. neg. 'Handlungen im Verborgenen, mit denen man ein bestimmtes Ziel, einen Vorteil zu erreichen od. jmdm. zu schaden sucht': *jmds. dunkle, gefährliche, politische ~en (gegen die Demokratie, den Staat, gegen jmdn.) aufdecken* ❖ ↗ **machen**

Macht [maxt], **die; ~, Mächte** ['mɛçtə] **1.** ⟨o.Pl.⟩ 'Befugnis einer Person(engruppe), in einem Bereich über jmdn., etw. bestimmend zu wirken und ihren Willen gegebenenfalls auch gegen andere durchzusetzen': *~ über jmdn., etw. haben; seine ~ gebrauchen, missbrauchen; die ~ haben, etw. Bestimmtes zu tun; er will alles tun, was in seiner ~ liegt, steht* ('er will alles tun, was er durchsetzen kann'); *es, das liegt, steht nicht in seiner ~* ('er hat nicht die Macht'), *dies durchzusetzen* **2.** 'Regierungsgewalt': *die ~ ausüben; die ~ festigen; die ~ haben; das Militär hat die Regierung gestürzt und die ~ ergriffen; an der ~ sein* ('die Regierungsgewalt innehaben'); *an die ~ kommen, gelangen* ('die Regierungsgewalt erlangen'); *die ~ ergreifen* ('an sich reißen'); *jmdn. an die ~ bringen* ('durch seinen Einfluss bewirken, dass jmd. die Macht erlangt') **3.** ⟨+ Gen.attr.⟩ 'elementare Kraft (3), Gewalt': *die ~ des Windes, Sturms, Aufpralls, der Wassermassen; mit (aller) ~* 'mit ganzer Kraft, schnell und intensiv': *der Winter kam mit ~;* METAPH *die ~ der Liebe, der Gewohnheit, des Glaubens* ❖ **bemächtigen, bevollmächtigen, Bevollmächtigte, Vollmacht, entmachten, mächtig — allmächtig, eigenmächtig, Machthaber, machtlos, Ohnmacht, ohnmächtig, Übermacht, Vollmacht, Weltmacht**

* **keine ~ der Welt** 'niemand': *keine ~ der Welt hätte ihn davon abbringen, hätte ihn daran hindern können*

Macht|haber ['maxthɑːbɐ], **der; ~s, ~** ⟨vorw. Pl.⟩ emot. neg. 'jmd., bes. eine Gruppe von Personen, die die politische Macht (2) in einem Staat besitzt'; SYN Herrscher: *die ~ stürzen; den faschistischen ~n Widerstand leisten* ❖ ↗ **Macht,** ↗ **haben**

mächtig ['mɛçtɪç] **I.** ⟨Adj.; nicht bei Vb.⟩ **1.** ⟨Steig. reg.⟩ 'viel Macht (1) und Einfluss besitzend' /vorw. auf Personen bez./: *ein ~er Herrscher, Diktator; ein ~es Land; er ist sehr ~ (geworden); ein ~er Gegner* **2.** ⟨Steig. reg.; vorw. präd. (mit *sein*)⟩ geh. /jmd./ **2.1.** *etw.* ⟨Gen.⟩ **~ sein** 'eine Sache können, beherrschen': *des Englischen, Französischen ~ sein* ('Englisch, Französisch beherrschen') **2.2.** ⟨o. Steig.⟩ *seiner Sinne, seiner selbst nicht (mehr) ~ sein* ('die Beherrschung verlieren') **3.** ⟨Steig. reg.; vorw. attr.⟩ emot. 'von beeindruckender Größe': *ein ~es Gebäude, Gebirge; ein ~er Baum, Turm, Stoß Akten* **4.** ⟨o. Steig.; nur attr.⟩ emot. 'außerordentlich': *sie hatte ~en Appetit; er bekam einen ~en Schreck; sie hatten ~es Glück* — **II.** ⟨Adv.; vor Adv.; bei Vb.; betont⟩ umg. emot. 'außerordentlich': *er hat ~ viel getrunken, geredet; ich hätte ihn ~ gern gesehen; beim Überqueren der Straße muss man ~ aufpassen; das hat ihm ~ imponiert, hat ihn ~ geärgert; sie ist ~ stolz auf ihren Sohn* ❖ **zu I:** ↗ **Macht**

macht/Macht ['maxt..]**|-los** ⟨Adj.; Steig. reg., ungebr.; vorw. präd. (mit *sein*)⟩ /jmd., Institution/ *gegen jmdn., etw./jmdn., etw.* ⟨Dat.⟩ **gegenüber ~ sein** 'nicht die Möglichkeit besitzen, sich gegen jmdn., etw. zu wehren, gegen jmdn., etw. vorzugehen'; SYN ohnmächtig (2): *die Mitarbeiter waren ~ gegen die Kürzungen öffentlicher Mittel; etw.* ⟨Dat.⟩, *jmdm. ~ gegenüberstehen; die Polizei war gegen die Randalierer, war den Randalierern gegenüber ~* ❖ ↗ **Macht,** ↗ **los; -wort, das** * /jmd./ **ein, das ~ sprechen** 'all seine Autorität einsetzen und eine Entscheidung herbeiführen': *du musst in dieser Sache endlich ein ~ sprechen!; das ~ sprach schließlich der Kanzler*

Mädchen ['mɛːtçn̩/'meːt..], **das; ~s, ~ 1.** 'Kind (1), jugendliche Person weiblichen Geschlechts': *ein kleines, zartes, hübsches, kräftiges ~; sie hat ein ~ geboren* **2.** ⟨vorw. mit Possessivpron.⟩ 'junge, weibliche Person als Freundin od. Geliebte': *er ging mit seinem ~ ins Kino; er hatte schon viele ~* ❖ **Mädel — Mädchenname**

Mädchen|name ['..], **der 1.** 'weiblicher Vorname': *Erika ist ein ~; ein deutscher, holländischer, englischer ~; einen hübschen ~n auswählen* **2.** 'Familienname der Frau vor der Schließung der Ehe': *sie hat nach der Ehe ihren ~n behalten, hat nach der Scheidung wieder ihren ~n angenommen; der ~ von Frau N ist Richter* ❖ ↗ **Mädchen,** ↗ **Name**

MERKE Der Mädchenname (2) wird in Pässen, auf Formularen angegeben als *geb.: Birgit Hansen, geb. Freitag*

Made ['mɑːdə], **die; ~, ~n** 'Larve ohne Beine von Insekten, die nur zwei Flügel besitzen'; ↗ FELD II.3.1: *die Pflaumen sind voller ~n; der Apfel ist von ~n zerfressen; im Käse sind ~n* ❖ **madig**

* umg. /jmd./ **leben wie die ~ im Speck** ʹim Überfluss leben': *seit seiner Erbschaft lebt er wie die ~ im Speck*

Mädel [ˈmɛːdl̩/ˈmeː..], das; ~s, ~ landsch. ʹMädchen': *ein nettes, hübsches ~* ❖ ↗ **Mädchen**

madig [ˈmaːdɪç] ⟨Adj.; Steig. reg., ungebr.; nicht bei Vb.⟩ ʹvoller Maden': *~e Pflaumen; der Apfel, Käse ist ~* ❖ ↗ **Made**

* umg. /jmd., Institution/ **jmdn., etw. ~ machen** ʹjmdn., etw. verunglimpfen': *die Presse hat ihn, sein Projekt ~ gemacht, ~ machen wollen*; /jmd./ **jmdm. etw. ~ machen** ʹjmdm. etw. verleiden': *er wollte uns den Film ~ machen; ich lass mir meinen Urlaub nicht ~ machen*

mag: ↗ **mögen**

Magazin [mɑgaˈtsiːn], das; ~s, ~e 1. ʹRaum in einem Geschäft od. in Bibliotheken, in dem Waren, Vorräte bzw. Bücher gelagert werden': *das ~ füllen; ein ~ voller Waren, Bücher, Stoffe; die Vorräte im ~ lagern*; vgl. *Lager* (4), *Speicher* (1) 2. ʹBehälter in Handfeuerwaffen, aus dem die Patronen durch einen Mechanismus in den Lauf gelangen': *das ~ einer Maschinenpistole, eines Karabiners; das ~ leer schießen; ein ~ in die (Maschinen)pistole stecken* 3. ʹunterhaltende Zeitschrift mit aktuellen Beiträgen und Bildern (1.2)': *ein buntes, interessantes ~; im ~ lesen, blättern*

Magd [mɑːkt], die; ~, Mägde [ˈmɛːkdə] veraltend ʹArbeiterin in einer bäuerlichen Wirtschaft'; ↗ FELD I.10: *die neue, alte ~; eine ~ einstellen; die Mägde und Knechte auf einem Bauernhof*; vgl. *Knecht*

Magen [ˈmaːgn̩], der; ~s, Mägen [ˈmɛːgn̩/ˈmeː..] ʹsackartig erweitertes Organ zwischen Speiseröhre und Darm, das der Verdauung dient'; ↗ FELD I.1.1: *ein leerer, voller ~; ein gesunder ~; jmdm. den ~ auspumpen; sich den ~ voll stopfen; sich am ~ operieren lassen; nichts im ~ haben (ʹnoch nichts gegessen haben'); eine Medizin auf nüchternen ~ (ʹohne vorher gegessen zu haben') nehmen* ❖ **Magenbitter, -geschwür, -säure, -schmerzen**

* umg. **jmdm. knurrt der ~** (ʹjmd. hat Hunger'); /etw. für jmdn. Unangenehmes/ **jmdm. schwer im ~ liegen** ʹjmdn. sehr bedrücken, belasten (2)': *dieser Streit, die Prüfung liegt mir (noch) schwer im ~*; **jmdm. dreht sich der ~ um** ⟨+ Nebensatz⟩ ʹjmdm. wird übel (2)': *wenn ich mir das vorstelle, dreht sich mir der ~ um*

Magen [ˈ..]**-bitter, der**; ~s, ~ ʹLikör aus Kräutern, die die Verdauung fördern': *einen ~ bestellen, trinken; Herr Ober, bitte zwei ~!* ❖ ↗ Magen, ↗ bitter; **-geschwür, das** ʹGeschwür in der Schleimhaut des Magens': *er hat ein ~, hat ~e* ❖ ↗ Magen, ↗ Geschwür; **-säure, die** ʹSalzsäure, die in der vom Magen abgesonderten Flüssigkeit enthalten ist': *er hat zu viel ~ und leidet an Sodbrennen* ❖ ↗ Magen, ↗ sauer; **-schmerzen, die** ⟨Pl.⟩ ʹSchmerzen im Magen': *er hat ~; davon bekommt man ~* ❖ ↗ Magen, ↗ Schmerz

mager [ˈmaːgɐ] ⟨Adj.; Steig. reg.; nicht bei Vb.⟩ 1. ʹnur wenig od. kein Fett enthaltend'; ANT fett (1) /auf bestimmte Nahrungsmittel bez./: *~es Fleisch; ~e Kost; der Käse ist ~* 2. ʹnur wenig fettes (2) Gewebe (2) habend'; SYN dünn (2), dürr; ANT dick (2), fleischig (1) /auf Personen, Tiere bez./: *ein ~es Kind, Pferd; er ist sehr ~ geworden* 3. ʹwenig fruchtbar' /beschränkt verbindbar/: *~e Erde; ein ~er (SYN karger) Boden* 4. SYN ʹkarg (1)'; ANT üppig (2) /beschränkt verbindbar/: *ein ~es Mahl, Essen*

Magie [mɑˈgiː], die; ~, ⟨o.Pl.⟩ 1. ʹGlaube an übernatürliche Kräfte und der Glaube, die Fertigkeit, durch sie etw. zu bewirken': *~ betreiben; er glaubt an die ~* 2. ʹdie Kunst, durch Tricks, Täuschung der Sinne, Fertigkeit der Finger überraschende Effekte zu erzielen': *er ist ein Meister der ~, tritt als Meister der ~ im Zirkus auf; die ~ beherrschen* 3. ʹFaszination': *die ~ der Sprache; etw., jmd. übt eine ~ auf jmdn. aus* ❖ **Magier, magisch**

Magier [ˈmaːgiɐ], der; ~s, ~ ʹjmd., der die Fähigkeit besitzt, Magie (1, 2) zu betreiben, der Magie betrieben hat': *er ist, war ein großer ~* ❖ ↗ **Magie**

magisch [ˈmaːg..] ⟨Adj.; o. Steig.⟩ ʹvoller Faszination, Magie (3)': *~e Kräfte; eine ~e Beleuchtung; sich ~ von etw., jmdm. angezogen fühlen; etw. übt eine ~e Anziehungskraft auf jmdn. aus* ❖ ↗ **Magie**

Magma [ˈmagma], das; ~s, Magmen [ˈmagmən] ʹheiße, glühende flüssige Masse in den tieferen Bereichen der Erde, die durch Eruption als Lava auf die Oberfläche der Erde gelangen kann': *aus ~ entstandenes Gestein*

Magnesium [maˈgneːzi̯ʊm], das; ~s, ⟨o.Pl.⟩ /Element/ ʹsilbern glänzendes, gut verformbares Metall, das an der Luft verbrennt und dabei weiß leuchtet' /chem. Symb. Mg/; ↗ FELD II.5.1: *das Medikament enthält Kalium und ~*

Magnet [maˈgneːt], der; -en/~s, ~en/~e ʹStück Eisen, das die Eigenschaft besitzt, bestimmte Metalle anzuziehen'; ↗ FELD I.7.3.1: *die Pole des ~en; der ~ hat die Form eines Hufeisens; etw., jmd. wirkt wie ein ~ auf jmdn., zieht jmdn. wie ein ~ an (ʹwirkt auf jmdn. sehr anziehend')* ❖ **magnetisch, Magnetismus – Elektromagnet, elektromagnetisch, Magnetfeld**

Magnet|feld [..ˈg..], das fachspr. ʹRaum um einen Magneten, der, durch den Magneten bewirkt, ein magnetisches Feld bildet': *ein starkes, schwaches ~; das ~ der Erde, des Mondes* ❖ ↗ **Magnet, ↗ Feld**

magnetisch [maˈgneːt..] ⟨Adj.; o. Steig.⟩ 1. ⟨vorw. attr.⟩ ʹden Magnetismus (2) betreffend, die Eigenschaften des Magnetismus aufweisend' /auf Physikalisches bez./; ↗ FELD I.7.3.2: *das ~e ↗ Feld; ~e Wellen; der ~e Pol; ~e Energie, Spannung; ~e Ströme* 2. ⟨nicht präd.⟩ ʹdurch ein Verfahren zum Aufzeichnen (3) und Speichern von Daten': *ein Konzert, Schauspiel ~ (ʹauf Tonband') aufzeichnen* 3. ⟨nicht präd.⟩ ʹauf unerklärliche Weise persönlich überaus stark auf andere wirkend': *er zog alle Blicke ~ auf sich; sie übte eine ~e Anziehungskraft aus* ❖ ↗ **Magnet**

Magnetismus [ma'gneˈtɪsmʊs], **der**; ~, ⟨o.Pl.⟩ **1.** ˈTeilgebiet der Physik, das sich mit dem magnetischen Feld und dem Verhalten der Materie darin befasstˈ **2.** ˈEigenschaft bes. von bestimmten metallischen Körpern, andere Körper anzuziehen, auf andere Körper Kraft auszuübenˈ; ↗ FELD I.7.3.1: *eine Erscheinung, die auf ~ beruht* ❖ ↗ **Magnet**

Mahd [maːt], **die**; ~, ~en ⟨vorw. Sg.⟩ **1.** ˈdas Mähenˈ; ↗ FELD II.4.1: *die ~ des Sommergetreides hat begonnen, ist beendet* **2.** ˈErgebnis von Mahd (1)ˈ: *die ~ einbringen* ❖ ↗ **mähen**

Mäh|drescher ['mɛːdʀɛʃɐ/'meː..], **der**; ~s, – ˈfahrbare Maschine, die Getreide mäht und drischtˈ (↗ BILD): *das Feld mit einem ~ abernten* ❖ ↗ **mähen**, ↗ **dreschen**

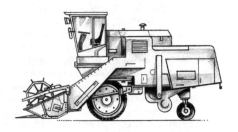

mähen ['mɛːən/'meː..] ⟨reg. Vb.; hat⟩ **I.** /jmd., etw./ **1.1.** *etw. ~* ˈPflanzen, bes. Getreide, maschinell od. mit der Sichel, Sense abschneidenˈ; ↗ FELD II.4.2: *Getreide ~; das Gras ist schon gemäht* **1.2.** *etw. ~* ˈdie Pflanzen einer bestimmten Fläche mähen (1.1)ˈ: *die Wiese, das Feld ~; er muss heute noch den Rasen ~* – **II.** *das Schaf, Lamm, die Ziege mäht* (ˈlässt seine, ihre Stimme ertönenˈ; ↗ FELD VI.1.2) ❖ **Mahd** – **Mähdrescher, -maschine, Rasenmäher**

Mahl [maːl], **das**; ~s, ~e/Mähler ['mɛːlɐ] ⟨vorw. Sg.⟩ geh. **1.** ˈMahlzeit (1)ˈ; ↗ FELD I.8.1: *ein reichliches, opulentes, einfaches, karges, dürftiges ~; sein ~ bereiten, verzehren; ein ~ zu sich nehmen* **2.** ˈfestliches Essen, zu dem Gäste geladen sindˈ: *zu einem ~ geladen sein; zu einem festlichen ~ zusammenkommen* ❖ **Abendmahl, Mahlzeit**

mahlen ['maːlən], mahlte, hat gemahlen /jmd., Mühle/ *etw. ~* ˈSamenkörner, bes. von Getreide, auch ein bestimmtes Material, (zu Pulver) zerkleinern, zerreibenˈ: *etw. fein, grob ~; (den) Kaffee ~; das Getreide wird mit, von einer Mühle (zu Mehl) gemahlen; Kreide ~ und mit Wasser vermischen; gemahlener Pfeffer;* vgl. dazu *malen* ❖ **Mühle, Müller** – **Mühlrad, Mühlstein, Windmühle**

Mahl|zeit ['maːl..], **die**; ~, ~en **1.** ˈEssen (1), das zu einer bestimmten Tageszeit (am Tisch) eingenommen wirdˈ; ↗ FELD I.8.1: *eine warme, leichte, bekömmliche, schmackhafte ~; eine, die ~ zubereiten, einnehmen* **2.** ˈdas (zeitlich bestimmte) Einnehmen einer Mahlzeit (1)ˈ: *während der ~ wurde nur wenig gesprochen; die ~ unterbrechen* **3.** /in der kommunikativen Wendung/ ~*!* **3.1.** /Gruß, bes. unter Ar-

beitskollegen, zur Mittagszeit/ **3.2.** /Wunsch für guten Appetit beim Mittagessen/ ❖ ↗ **Mahl**, ↗ **Zeit**

Mäh|maschine ['mɛː../'meː..], **die** ˈfahrbare Maschine, die Pflanzen, bes. Getreide, mähtˈ: *mit der ~ das Feld, die Wiese, den Rasen ~* ❖ ↗ **mähen**, ↗ **Maschine**

Mähne ['mɛːnə/'meː..], **die**, ~, ~n **1.1.** ˈlanges Haar bestimmter, vorw. männlicher Säugetiere, bes. am Kopf, Halsˈ: *die ~ des Pferdes, Löwen* **1.2.** emot. neg. ˈlanges Haar am Kopf, bes. von männlichen Personenˈ: *hast du eine ~!; lass dir deine ~ mal schneiden!*

mahnen ['maːnən] ⟨reg. Vb.; hat⟩ /jmd./ **1.1.** *jmdn. an etw. ~* ˈjmdn. daran erinnern, dazu auffordern, eine Verpflichtung zu erfüllenˈ: *jmdn. an sein Versprechen, an seine Schulden ~; jmdn. ~* ⟨+ Nebensatz⟩: *er mahnte ihn, seine Schulden zu zahlen, sein Versprechen einzulösen; jmdn. wegen etw. ~: er mahnte ihn wegen der fälligen Miete* **1.2.** *jmdn. zu etw.* ⟨Dat.⟩ *~* ˈjmdn. warnend auffordern, etw. Bestimmtes zu tunˈ: *jmdn. zur Vorsicht, Geduld ~; es wurde zum Aufbruch gemahnt; jmdn. ~* ⟨+ Nebensatz⟩: *die Mutter mahnte ihn, schlafen zu gehen; ~d auf jmdn. einreden, ~d den Finger heben* ❖ **ermahnen, gemahnen, Mahnung**

Mahnung ['maːn..], **die**; ~, ~en **1.** ˈdas Mahnenˈ: *sein Buch war eine ernste, stille ~ an die Leser, war eine ~ zum Frieden; jmds. ~ befolgen, beherzigen, überhören; jmdm. ein paar ernste Worte zur ~ mit auf den Weg geben* **2.** ˈBrief, in dem jmd. aufgefordert wird, seiner Verpflichtung (zur Zahlung) nachzukommenˈ: *eine ~ erhalten; jmdm. eine ~ schicken, senden* ❖ ↗ **mahnen**

Mähre ['mɛːʀə/'meː..], **die**; ~, ~n veraltend, emot. neg. ˈPferdˈ: *eine alte, klapprige, magere ~*

Mai [maɪ], **der**; ~s/auch ~es/ geh. ~en, ~e ⟨vorw. Sg.⟩ ˈder fünfte Monat des Jahresˈ; ↗ TAFEL XIII: *Anfang, Mitte, Ende ~; ein regnerischer, kühler, sonniger ~; er besucht uns am dritten ~; der Erste ~* /internationaler Feiertag der Arbeiter/ ❖ **Maiglöckchen, -käfer**

Mai ['..]**|-glöckchen**, **das** ˈPflanze mit kleinen weißen, stark duftenden, in einer Traube (1) angeordneten Blüten, die im Mai blühtˈ; ↗ FELD II.4.1: *pflücken, ein Strauß (von) ~* ❖ ↗ **Mai**, ↗ **Glocke**; **-käfer**, **der** ˈgroßer brauner Käfer, der im Mai schwärmt (3) und das Laub von Bäumen frisstˈ; ↗ FELD II.3.1 (↗ BILD): *die ~ schienen ausgestorben zu sein; es gibt wieder ~?* ❖ ↗ **Mai**, ↗ **Käfer**

Mais [maɪs], **der**; ~es, ⟨o.Pl.⟩ **1.** 'hoch wachsende Getreidepflanze, die vorw. als Futter verwendet wird und deren meist gelbe Samen in großer Zahl an einem Kolben (3) seitlich am Stil wachsen'; ↗ FELD II.4.1 (↗ TABL 'Getreidearten): ~ anbauen, ernten, verfüttern **2.** 'Körner von Mais (1)': ~ in Butter dünsten, kochen; gebackener ~; ~ trocknen, zu Mehl mahlen; Brot aus ~ backen ❖ **Maiskolben**

Mais|kolben ['..], **der** 'walzenförmige Frucht des Maises, auf der in dichter Anordnung die Körnern sitzen': ~ essen, zubereiten, trocknen ❖ ↗ **Mais,** ↗ **Kolben**

Majestät [maje'stɛːt/..steːt], **die**; ~, ~en **1.** /Titel für Kaiser, Könige/: Seine ~, der König; Ihre ~, die Königin von England; Eure ~ /als Anrede/ **2.** ⟨o.Pl.; + Gen.attr.⟩ 'Erhabenheit von etw., die auf jmdn. wirkt': die ~ ihres Ganges, ihres Wesens, der Berge ❖ **majestätisch**

majestätisch [maje'stɛːt../..'steː..] ⟨Adj.; Steig. reg., ungebr.; vorw. attr. u. bei Vb.⟩ **1.** 'voller Würde, Hoheit' /auf die Haltung, Gangart von Menschen bez./: mit ~er Haltung; sein ~er Gang; er schritt ~ einher **2.** 'voller Majestät (2)' /auf die Erscheinung von Landschaften bez./: eine ~e Bergwelt, Landschaft; ~ ruhte der See ❖ ↗ **Majestät**

Majonäse/auch **Mayonaise** [majo'nɛːzə/..'neː..], **die**; ~, ~n 'dickflüssige, meist gelbe Sauce aus Eigelb, Öl, Gewürzen und Essig, die besonders für Salate verwendet wird': eine ~ zusammenrühren; Fisch in ~; einen Salat mit ~ anrichten

Major [ma'joːɐ], **der**; ~s, ~e /Angehöriger der Land-, Luftstreitkräfte mit einem bestimmten Dienstgrad (↗ TAFEL XIX)/: er wurde zum ~ befördert

Makel ['maːkl̩], **der**; ~s, ~ geh. 'körperlicher Fehler od. etw., das bei einer Person in den Augen der Öffentlichkeit als Mangel gilt': seine fehlenden Kenntnisse waren ein großer, schwerer ~; jmd. ist ohne ~; an ihr ist kein ~; er empfand sein Stottern, seine Kurzsichtigkeit als ~; an jmdm. haftet ein ~

mäkeln ['mɛːkl̩n/'meː..] ⟨reg. Vb.; hat⟩ /jmd./ an etw., jmdm., ~ etwas zu ~ haben 'an etw., jmdm. (ständig) etwas auszusetzen haben und es nörgelnd kritisieren': immer an allem etw. zu ~ haben; ständig hat sie an ihrem Mann zu ~; am Wein, am Essen ~; er hat ständig gemäkelt

Makler ['maːklɐ], **der**; ~s, ~ 'jmd., der beim Verkauf und Kauf, Mieten und Vermieten von Häusern, Wohnungen und Grundstücken vermittelt': ein ~ für Immobilien; einen ~ beauftragen, einschalten

Makrele [ma'kreːlə], **die**; ~,~n 'Fisch, der räuberisch im Meer lebt und als Speisefisch verwendet wird'; ↗ FELD I.8.1, II.3.1: ~n angeln, fischen; geräucherte ~; ~ in Öl

mal [maːl] ⟨Modalpartikel; unbetont; steht nicht am Satzanfang; bezieht sich auf den ganzen Satz; steht in Aufforderungssätzen⟩ /der Sprecher gibt der Aufforderung einen freundlichen, nicht dringlichen Charakter; er versucht den Hörer zu motivieren, ohne ihn zu zwingen/: ⟨oft + doch⟩ komm (doch)

~ her!; halt (doch) ~ an!; sei (doch) ~ etwas leiser, bitte!; gib mir ~ die Zeitung!; halt ~ mein Fahrrad fest!; ⟨auch in Fragesätzen⟩ kommst du ~ her?; kannst du ~ schnell kommen?; kannst du ~ mein Fahrrad halten?; reichst du mir ~ die Butter?; kann ich ~ kurz deinen Kugelschreiber haben?

Mal, das; ~s/auch ~es, ~e/selten Mäler ['mɛːlɐ/'meː..] **I.1.** 'meist angeborener Fleck auf der Haut, am Körper': ein ~ an der Stirn, Hand haben; ein rotes, feuriges ~ im Gesicht haben **2.** geh. SYN 'Denkmal': Efeu rankt sich um die alten ~e − **II.** ⟨Pl. ~e⟩ /drückt in Verbindung mit Ordinalzahlen od. Indefinitpronomina aus, wann und wie oft sich etw. in einer zeitlichen Abfolge ereignet (hat)/: das erste, zweite, letzte ~; voriges, nächstes, ein anderes ~; nur ein einziges, nur das eine ~; ich sage es dir zum letzten ~; dieses ~; manches ~ (↗ auch manchmal); die nächsten ~e; einige, viele ~e; viele tausend ~e; ein paar, viele Dutzend ~e ❖ **zu** (I.2): **Denkmal, Merkmal, Muttermal; zu** (II): **abermals, damalig, damals, dreimal, dreimalig, ehemalig, ¹einmal, einmalig, erstmals, hundertmal, jemals, keinmal, malnehmen, manchmal, mehrmals, niemals, nochmalig, nochmals, oftmals, tausendmal, vielmal, x-mal, zigmal, zumal, zweimal, zweimalig**
* ~ **für** ~ 'jedesmal erneut': ~ für ~ konnten wir feststellen, dass ...; **ein für alle ~[e]**: jetzt ist ein für alle ~(e) ('für immer, endgültig) Schluss mit dem Streit; **mit einem ~e** 'plötzlich': mit einem ~e regnete es
MERKE Zur Getrennt-, Zusammenschreibung vgl. auch einmal, keinmal, manchmal, zweimal

Malaria [ma'laːʀi̯a], **die**; ~, ⟨o.Pl.⟩ 'Infektionskrankheit, die bes. in den Tropen durch Insekten übertragen wird u. die hohes, periodisch auftretendes Fieber hervorruft': er litt an ~; an ~ erkranken

malen ['maːlən] ⟨reg. Vb.; hat⟩ /jmd., bes. Künstler/ **1.1.** etw. ~ '(künstlerisch) mit Pinsel u. Farbe ein Bild (1.1) anfertigen': ein Aquarell, Ölbild ~; er hat mit Tusche, Ölfarbe gemalt; auf Leinwand, Glas, Stoff ~ **1.2.** jmdn., etw. ~ 'jmdn., etw. durch Malen (1.1) darstellen, wiedergeben': jmdn., ein Porträt, eine Landschaft ~; er malte es nach der Natur, aus dem Gedächtnis; sie hat sich ~ lassen; vgl. dazu mahlen ❖ **bemalen, Maler, Malerei, malerisch − anmalen, Kunstmaler**

Maler ['maːlɐ], **der**; ~s, ~ **1.** 'Kunstmaler': er ist, war ein anerkannter, bedeutender, berühmter ~ **2.** 'Handwerker, der Türen, Fenster, Wände o.Ä. streicht'; ↗ FELD I.10: er ist ~ von Beruf; wir haben gerade den ~ ('der Maler arbeitet jetzt in unserer Wohnung, in unseren Räumen') ❖ ↗ **malen**

Malerei [malə'ʀaɪ], **die**; ~, ⟨o.Pl.⟩ **1.** 'Kunst des Malens (1.1, 1.2)': die flämische, realistische, abstrakte ~; die ~ des 20. Jahrhunderts, der Renaissance; er studiert ~ an der Kunsthochschule **2.** ⟨oft im Pl.⟩ 'Werk eines Kunstmalers': die Künstler boten auf der Straße ihre ~en zum Kauf an ❖ ↗ **malen**

malerisch ['maːləʀ..] ⟨Adj.⟩ **1.** ⟨o. Steig.; nicht präd.⟩ 'die Malerei (1) betreffend' /auf Abstraktes bez./:

ein ~es Motiv; die ~en Akzente eines Bildes; etw. ~ gestalten; sein ~es Talent entwickeln **2.** ⟨Steig. reg.⟩ ˈsich dem Betrachter als schön, idyllisch darbietend': *eine ~e Bucht, Landschaft; die Gegend ist ~; das Haus ist ~ gelegen* ❖ ↗ **malen**

mal|nehmen [ˈmaːl..] ⟨trb. Vb.; hat; vorw. im Inf. u. Perf.⟩ /jmd./ *eine Zahl mit einer Zahl ~* SYN ˈmultiplizieren': *eine Zahl mit 5 ~; etw. ~: und jetzt musst du das Ganze ~; du musst ~, nicht dividieren!* ❖ ↗ **Mal (II)**, ↗ **nehmen**

Malve [ˈmalvə] **die**; ~, ~n ˈPflanze, die bis zu eineinhalb Metern hoch wird und vorwiegend als Zierpflanze mit trichterförmigen, meist rosa od. dunkelroten Blüten in Gärten od. an Häuserwänden wächst'; ↗ FELD II.4.1

Malz [malts], **das**; ~es, ⟨o.Pl.⟩ ˈProdukt aus gekeimter und getrockneter Gerste zur Herstellung bes. von Bier od. Malzkaffee' ❖ **Malzbier, -kaffee**

Malz [ˈ..]|**-bier, das** ˈdunkles Bier mit einem hohen Anteil Malz' ❖ ↗ **Malz**, ↗ **Bier**; **-kaffee, der 1.** ˈPulver aus Malz, das als Ersatz für Bohnenkaffee verwendet wird': *eine Tüte, Packung ~* **2.** ⟨o.Pl.⟩ ˈGetränk aus Malzkaffee (1)': *er trinkt nur ~; ~ mit Milch und Zucker* ❖ ↗ **Malz**, ↗ **Kaffee**

Mammut- /bildet mit dem zweiten Bestandteil Substantive; bewirkt in meist abschätzigem Sinne eine emotionale Verstärkung; drückt aus, dass das im zweiten Bestandteil Genannte außerordentlich groß (5) ist/: ↗ z. B. *Mammutprogramm, Mammutunternehmen*

Mammut [ˈmamuːt..]|**-programm, das** emot. ˈriesiges Programm': *die Zuschauer erlebten ein ~* ❖ ↗ Mammut-, ↗ Programm; **-unternehmen, das** ˈriesiges Unternehmen (1)': *aus dem Betrieb ist inzwischen ein ~ geworden* ❖ ↗ Mammut-, ↗ Unternehmen

¹man [man] ⟨Indefinitpron.; indekl.; nur im Nom.; für den Dat. und Akk. wird *einer, ein* gebraucht; o.Pl.; subst.; ↗ TAFEL X⟩ **1.** /bezeichnet eine nicht näher benannte Person, Personengruppe/ **1.1.** /der Sprecher bezieht sich nicht mit ein/: *~ versicherte mir, ich könnte beruhigt sein; ~ gab uns zu essen und zu trinken* **1.2.** /der Sprecher bezieht sich mit ein/: *~ tut, was ~ kann; je älter ~ wird, desto vergesslicher wird ~; ~ gönnt sich ja sonst nichts* **1.3.** /meint eine die Norm für das Verhalten repräsentierende Allgemeinheit von Menschen/: *so etw. tut ~ nicht; Erwachsene duzt ~ nicht, wenn ~ sie nicht kennt* **1.4.** /in Sätzen mit Konjunktiv, im imperativischen Charakter haben/: *~ nehme drei Eier, 100 Gramm Zucker;* /als Anweisung in Backrezepten/

²man ⟨Modalpartikel; unbetont; steht nicht am Satzanfang; bezieht sich auf den ganzen Satz; steht in Aufforderungssätzen⟩ umg., vorw. norddt. /der Sprecher gibt der Aufforderung einen freundlichen, nicht dringlichen Charakter; er versucht den Hörer zu motivieren, ohne ihn zu zwingen/; SYN ²mal: *nun lass das ~ gut sein!; red ~ nicht so viel!; das tu ~ lieber nicht!; nun stell dich ~ nicht so an!*

managen [ˈmɛnɪdʒn̩] ⟨reg. Vb.; hat⟩ **1.** umg. /jmd./ etw. ~ SYN ˈetw. organisieren (1.1)': *einen Vertrag, ein Treffen ~; er hat alles geschickt gemanagt* **2.** ⟨vorw. im Pass.⟩ /jmd./ jmdn. ~ ˈjmdn., bes. einen Künstler, professionellen Sportler, in seiner beruflichen Laufbahn geschäftlich betreuen und fördern': *die Sängerin, Pianistin wird von ihrem Vater gemanagt; er hat ihn, sie gemanagt* ❖ **Manager**

Manager [ˈmɛnɪdʒɐ], **der**; ~s, ~ **1.** ˈjmd., der an der Leitung eines großen Unternehmens beteiligt ist und Entscheidungen treffen kann': *der ~ eines Unternehmens; als ~ arbeiten; einen ~ einstellen* **2.** ˈjmd., der jmdn. managt (2), gemanagt hat': *er, sie hat einen guten ~; etw. mit seinem ~ absprechen* ❖ ↗ **managen**

manch [manç] ⟨Indefinitpron.⟩: ↗ **mancher**

manche [ˈmançə] ⟨Indefinitpron.; Fem. u. Pl.⟩ ↗ **mancher**

mancher [ˈmançɐ] ⟨Indefinitpron.; Mask.; Fem. u. Pl. **manche**; Neutr. **manches**; im Sg. in Verbindung mit folgendem stark flektiertem Adj. od. unbest. Art.: **manch**; ↗ TAFEL X⟩ /bezeichnet eine unbestimmte, relativ große Anzahl einzelner Lebewesen, Sachen aus einer Gesamtheit von Lebewesen, Sachen mit denselben Merkmalen/: ⟨adj.⟩ *~ alte/ manch alter Mensch; manche junge/ manch junge Frau; manches kleine/ manch kleines Kind; in ~ Beziehung; manche alten Männer; die Unarten manch kleiner/~ kleinen Kinder; in manchen Werken; die Werke ~ Gelehrter,* auch: *Gelehrten; manch ein(e) ⟨nur im Sg.⟩* /betont die Vielheit/: *manch eine Nacht (ˈviele Nächte) lag sie wach; manch ein alter Mensch würde sich freuen, wenn ...;* ⟨subst.⟩ *so ~, so manche von ihnen hatte Glück; manches hat sich gebessert; manch eine(r)* /betont die Vielfalt/: *manch einer versteht es, das nicht; er hat so manches (ˈvieles) erlebt; manche von euch kennen das nicht; manche von den Büchern kenne ich noch nicht; von manchen hat er mehr erwartet* ❖ **manch, mancherlei** – **manchmal**

mancherlei [ˈmançɐlaɪ] ⟨Indefinitpron.; indekl.; für Mask., Fem., Neutr. u. Pl.; ↗ TAFEL X⟩ SYN ˈallerlei': ⟨adj.⟩ *~ Unsinn, Ausreden; etw. auf ~ (ˈwiederholt in verschiedener') Weise tun;* ⟨subst.⟩ *es gibt noch ~ zu tun; auf der Reise wurde ~ geboten* ❖ ↗ **mancher**

manches [ˈmançəs] ⟨Indefinitpron.; Neutr.⟩: ↗ **mancher**

manch|mal [ˈmançˌ..] ⟨Adv.⟩ ˈnicht immer und nicht regelmäßig'; SYN gelegentlich (3), zuweilen; ANT selten (I.2): *~ treffen wir uns; das tritt ~ auf; er hat ~ Schmerzen* ❖ ↗ **mancher,** ↗ **Mal (II)**

Mandant [manˈdant], **der**; ~en, ~en Jur. ˈjmd., der einen Rechtsanwalt damit beauftragt (hat), seine Interessen juristisch zu vertreten, durchzusetzen'; SYN Klient /meist aus der Sicht des Rechtsanwalts/: ⟨vorw. mit Possessivpron.⟩ *seinen ~en beraten; sein ~ war zur Verhandlung nicht erschienen; der Anwalt beantragte Freispruch für seinen ~en* ❖ vgl. **Mandat**

Mandarine [mandaˈʀiːnə], **die**; ~, ~n ʽder Apfelsine ähnliche, etwas kleinere und süßere Südfrucht'; ↗ FELD I.8.1: *~n schälen, abpellen, essen*

Mandat [manˈdaːt], **das**; ~s/auch ~es, ~e **1.1.** ʽAuftrag (1) eines Mandanten an seinen Rechtsanwalt, seine Interessen juristisch zu vertreten, durchzusetzen': *jmdm. ein ~ erteilen; der Anwalt hat das ~ übernommen* **1.2.** ʽAuftrag (1), den ein Abgeordneter durch das Ergebnis der Wahlen erhalten hat': *ein freies* (ʽnicht an einen Auftrag gebundenes') *~; ein ~ erhalten; jmdm. das ~ erteilen* **2.** ʽSitz und Stimme eines gewählten Abgeordneten im Parlament': *die Partei hat bei den Wahlen mehrere ~e gewonnen, verloren; der Abgeordnete legte sein ~ nieder* ❖ vgl. **Mandant**

Mandel [ˈmandl̩], **die**; ~, ~n **1.** ʽessbarer, süß od. bitter schmeckender Samen der Früchte des Mandelbaums': *süße, bittere ~n; ~n schälen, rösten; ein Pudding mit gehackten ~n; gebrannte ~n* (ʽin einem Überzug aus Zucker geröstete Mandeln') **2.** ⟨vorw. Pl.⟩ ʽeines von zwei Organen zur Abwehr von Infektionen, das im hinteren Gaumen (und im Rachen) liegt'; ↗ FELD I.1.1: *geschwollene, dicke ~n; die ~n sind gerötet; sich die ~n herausnehmen lassen* ❖ zu (1): **Mandelbaum**, zu (2): **Mandelentzündung**

Mandel [ˈ..]‖baum, **der** ʽkleiner Baum od. Strauch mit weißen od. rosa Blüten und flachen, eierförmigen kleinen Früchten, die aus einer Schale und einem Kern, dem Mandel, bestehen' ❖ ↗ Mandel (1), ↗ Baum; **-entzündung, die** ʽEntzündung der Mandeln (2)': *er hat eine eitrige ~* ❖ ↗ Mandel (2), ↗ entzünden (2)

Manege [maˈneːʒə], **die**; ~, ~n ʽrunder od. ovaler Platz im Zirkus für die Darbietungen der Artisten': *die Pferde galoppieren in die ~; ~ frei!* /Signal für den Beginn einer Darbietung/; *der Zauber der ~* (ʽder Zauber, den ein Zirkus auf die Zuschauer ausübt')

¹Mangel [ˈmaŋl̩], **der**; ~s, Mängel [ˈmɛŋl̩]; ↗ FELD I.17.1, III.5.1 **1.** ⟨o.Pl.; + Präp. *an*⟩ ʽdas Fehlen von etw. dringend Benötigtem, von dringend benötigten Personen': *der ~ an Macht, Erfolg, Menschenkenntnis, Takt, Ausdauer, Mut; ein empfindlicher, fühlbarer ~ an erfahrenen Mitarbeitern; jmdn. wegen ~s/aus ~ an Beweisen freisprechen; aus ~/ wegen ~s an Vitaminen, Nahrung erkranken; an etw.* ⟨Dat.⟩ *~ leiden, haben: sie litten, hatten ~ an guten Büchern; es besteht ein ~ an Arbeitskräften; keinen ~ an Bewerbern* (ʽsehr viele Bewerber') *haben* **2.** ⟨vorw. Pl.⟩ SYN ʽFehler (3)': *jmd. hat kleine, schwere, charakterliche Mängel* **3.** ⟨vorw. Pl.⟩ SYN ʽFehler (4)': *die Ware hat kleine, viele Mängel; Mängel bei einem Produkt feststellen; die Mängel beheben, beseitigen* ❖ **bemängeln, mangelhaft, mangeln (I)** − **Zeitmangel**

²Mangel, die; ~, ~n ʽGerät mit zwei sich in entgegengesetzter Richtung bewegenden Walzen, mit dem die Wäsche geglättet wird'; ↗ FELD III.3.1, V.5.1: *eine elektrische ~* ❖ **mangeln (II)**

* umg. /jmd./ **jmdn. in die ~ nehmen/durch die ~ drehen** ʽjmdn. mit vielen Fragen od. durch physische Methoden quälen u. bedrängen (2)': *den haben sie in der Prüfung ganz schön durch die ~ gedreht*

mangelhaft [ˈ..] ⟨Adj.; Steig. reg., ungebr.⟩ SYN ʽungenügend'; ↗ FELD III.5.3: *eine ~e Erziehung; die Ausbildung ist ~; das Herz wird nur ~ durchblutet; er beherrscht die Sprache nur ~* ❖ ↗ **¹Mangel**

mangeln [ˈmaŋl̩n] ⟨reg. Vb.; hat⟩ **I.1.** *etw. mangelt jmdm./es mangelt jmdm. an etw.* ⟨Dat.⟩ ʽjmd. weist etw. als charakterliches Merkmal nicht aus'; SYN abgehen (6): *ihm mangelt der Mut, der Humor, der nötige Ernst/es mangelt ihm an Mut, an Humor, an nötigem Ernst* **2.** *es mangelt jmdm. an etw.* ⟨Dat.⟩, *jmdm.* ʽjmd. benötigt etw., bestimmte Personen dringend': *es mangelt ihm an Geld, an Kenntnissen; es mangelt* (SYN ʽfehlt 1.4') *ihm an Mitarbeitern, an zuverlässigem Personal* − **II.** /jmd./ *Wäsche ~* ʽWäsche mit einer ²Mangel glätten'; ↗ FELD III.3.2: *ich muss die Laken, Kissen noch ~; die Wäsche ist nicht gemangelt worden* ❖ **zu (I):** ↗ **¹Mangel; zu (II):** ↗ **²Mangel**

mangels [ˈmaŋl̩s] ⟨Präp. mit Gen.; auch o. erkennbare Kasusforderung u. statt Gen. Pl. auch Dat., wenn kein adj. Attr. den Kasus kennzeichnet; vorw. in Verbindung mit Abstrakta; vorangestellt⟩ /kausal; gibt an, dass das Fehlen von etw. ein Geschehen verhindert/: *die Veranstaltung musste ~ Beteiligung, ~ Interesse ausfallen; ~ notwendiger Mittel, ~ einer überzeugenden Konzeption musste das Projekt aufgegeben werden; jmdn. ~ Beweisen freisprechen; ~ eindeutiger Beweise wurde das Verfahren eingestellt* ↗ **¹Mangel**

Manie [maˈniː], **die**; ~, ~n [..ˈniːən] ʽkrankhaft übersteigerte Neigung, etw. Bestimmtes zu tun': *sie hat die ~, sich ständig etw. zu kaufen, sich ständig zu kämmen, ständig zu essen; am Computer zu sitzen ist bei ihm eine ~ geworden; das ist bei ihm zur ~ geworden; das ist bei ihr eine richtige ~* ❖ vgl. **Manier**

Manier [maˈniːɐ], **die**; ~, ~en [..ˈniːrən] **1.** ⟨vorw. Sg.⟩ ʽArt und Weise, etw. Bestimmtes zu tun': *etw. in lustiger ~ vortragen; jmdn. auf gute ~ loswerden; etw. in bewährter ~ tun; das ist so eine ~* (ʽGewohnheit, Neigung') *von ihm, ist so seine ~* **2.** ⟨o.Pl.⟩ ʽjmds. individuelle Art und Weise der künstlerischen Gestaltung': *etw. in Rembrandtscher/in Rembrandts ~ malen; etw. in italienischer ~ bauen* ❖ **Manieren, manierlich, maniriert;** vgl. **Manie**

Manieren [maˈniːrən], **die** ⟨Pl.⟩ SYN ʽBenehmen': *gute, schlechte ~ haben; jmdm. ~ beibringen* ❖ ↗ **Manier**

maniert [manɪˈʀiːɐt] ⟨Adj.; Steig. reg., ungebr.⟩ ʽeine bestimmte Form betonend und dadurch unnatürlich'; ANT natürlich (I.4) /vorw. auf menschliches Verhalten, auf bestimmte menschliche Tätigkeiten bez./: *sein ~es Verhalten; er bewegt sich, spricht ~; der Stil des Bildes ist ~* ❖ ↗ **Manier**

manierlich [ma'niːɐ̯..] ⟨Adj.; Steig. reg.; vorw. bei Vb.⟩ **1.** ʼden guten Manieren entsprechendʼ: *die Kinder benahmen sich (recht) ~; er isst schon (recht) ~* **2.** ⟨o. Steig.⟩ umg. ʼrelativ gutʼ: *er spielt (schon ganz) ~ Klavier; der Kleine spricht (schon ganz) ~* ❖ ↗ **Manier**

Manifest [mani'fɛst] ʼöffentliche programmatische Erklärung einer Gruppe, Parteiʼ: *ein ~ abfassen, verlesen* ❖ ↗ **manifestieren**

manifestieren [manifɛ'stiːʀən], manifestierte, hat manifestiert **1.** /jmd., etw./ *etw. ~* ʼetw. zum Ausdruck bringen, deutlich machenʼ: *das Projekt manifestiert technischen Fortschritt; er manifestiert mit seinem Werk die kulturelle Wandlung seiner Zeit* **1.2.** /etw./ *sich ~* ʼdeutlich werdenʼ: *in seinem Werk manifestierte sich der Wandel seiner Zeit* ❖ **Manifest**

Maniküre [mani'kyːʀə], **die**; ~, ~n ʼPflege der Hände, bes. der Fingernägelʼ: *zur ~ gehen; beim Friseur (eine) ~ machen lassen*

Manipulation [manipula'tsi̯oːn], **die**; ~, ~en ⟨vorw. Sg.⟩ ʼdas Manipulieren (1)ʼ: *die ~ des Bewusstseins; die ~ durch die Medien; nur durch die ~ der Bevölkerung hat er sein Ziel erreicht* ❖ ↗ **manipulieren**

manipulieren [manipuliːʀən], manipulierte, hat manipuliert **1.** /jmd., Institution/ *jmdn., etw. ~* ʼdas Bewusstsein eines Menschen, die öffentliche Meinung entgegen eigenen Interessen durch Beeinflussen in eine gewünschte Richtung lenkenʼ: *er hat versucht, ihn, die Menschen zu ~; die Massen wurden manipuliert* **2.** /jmd./ *etw. ~* ʼetw. durch Machenschaften zu seinen Gunsten verändernʼ: *er hat die Wahlergebnisse, Rechnungen manipuliert* **3.** /jmd./ *an, mit etw.* ⟨Dat.⟩ *~* ʼetw. auf unzulässige, bestimmte Weise durch manuelle Einwirkung verändernʼ: *jmd. hatte am Türschloss manipuliert* ❖ **Manipulation**

Manko ['maŋko], **das**; ~s, ~s **1.** ʼetw. Mangelhaftes, Unvollständigesʼ: *etw. ist ein, kein ~; etw. als ~ ansehen, betrachten; sich als ~ erweisen* **2.** Wirtsch. ʼFehlbetragʼ: *ohne ~ arbeiten; er hatte, es gab kein ~*

Mann [man], **der**; ~es, Männer ['mɛnɐ] **1.** ʼerwachsene Person männlichen Geschlechtsʼ; ANT Frau (1.1): *ein junger, alter, großer, kleiner ~; der ~ ist sehr freundlich, liebenswürdig, höflich, intelligent; ein ~ von Geist, mit Humor; er ist zum ~e herangereift; sich als ~ erweisen, bewähren; ein ~* ⟨+ Gen.attr.⟩: *er ist ein ~ der Wissenschaft* (ʼist Wissenschaftlerʼ); *er ist ein ~ der Tat* (ʼist ein tatkräftiger Menschʼ); *er ist ein Mann des Volkes* (ʼist eng mit dem Volk verbundenʼ); /in der Anrede/ *junger ~, bitte kommen Sie herein!* **2.** ⟨vorw. mit Possessivpron.⟩ SYN ʼEhemannʼ: *er ist mein ~; mein geschiedener ~; sie kommt zur Party mit ihrem ~; sie hat sich von ihrem ~ getrennt; ihr ~ hat sie verlassen* **3.** ⟨o.Pl.⟩ **3.1.** ʼPerson (1.1)ʼ: *die Kosten betragen 10 Mark pro ~; hier fehlt der dritte ~ (zum Skat); es waren nur 10 ~ erschienen;* Seemannsspr. *alle ~ an Deck!* /Befehl für die Mannschaft eines Schiffes, sich an Deck zu versammeln/;

~ über Bord! /alarmierender Ruf, wenn jmd. vom Schiff ins Wasser gefallen ist/ **3.2.** /nach Zahlwörtern bei einer als Einheit verstandenen Menge von Personen unterschiedlichen Geschlechts/: *eine fünf ~ starke Mannschaft; eine Belegschaft von 150 ~* **3.3.** salopp /als Anrede in Ausrufen/: *~, du bist ja verrückt!;* /in der kommunikativen Wendung/ *mein lieber ~!* /als Ausruf des Erstaunens, der Empörung/: *mein lieber ~, da hast du dich aber ganz schön verschätzt!* ❖ bemannt, Männchen, mannhaft, **männlich, Männlichkeit, Mannschaft** − **mannstoll, Bergmann, Biedermann, Ehemann, Fachmann, fachmännisch, Hauptmann, Hintermann, jedermann, Kaufmann, kaufmännisch, Landsmann, Mittelsmann, Schneemann, Staatsmann, Steuermann, Strohmann, Weidmann, Weihnachtsmann, Zimmermann**

* *~ an ~* ʼdicht gedrängtʼ /auf Personen bez./: *beim Konzert standen die Leute ~ an ~;* *~ für ~* ʼeiner nach dem anderen, alleʼ: *~ für ~ verließen sie den Saal;* /erwachsene männliche Person/ *~s genug sein, etw. Bestimmtes zu tun* ʼgenügend Mut, Kraft besitzen, etw. ohne fremde Hilfe tun zu könnenʼ: *ich denke, er ist ~s genug, sich dabei durchzusetzen;* **der kleine ~/der ~ auf der Straße** ⟨o.Pl.⟩ ʼder Bürger, der den Durchschnitt der Bevölkerung repräsentiertʼ: *für den kleinen ~ sind diese finanziellen Regelungen nicht durchschaubar; die Teuerung trifft vor allem den kleinen ~;* /Mann, auch Frau/ **seinen ~ stehen** ʼsich bei der Erfüllung seiner Aufgaben bewähren, tüchtig seinʼ: *in seiner neuen Arbeit wird er schon seinen ~ stehen;* **von ~ zu ~:** *wir beide müssen mal von ~ zu ~* (ʼals zwei Männer offen und ehrlich miteinanderʼ) *über diese Angelegenheit reden;* **ein ~ von Welt** (ʼein Mann mit guten Umgangsformen und selbstsicherem Auftretenʼ); ⟨⟩ umg. /jmd./ **etw. an den ~ bringen** ʼseine Ware trotz Schwierigkeiten an jmdn. verkaufen könnenʼ: *ich habe alle Modelle an den ~ gebracht;* /Schiff/ **mit ~ und Maus untergehen** ʼmit der gesamten Besatzung und allen Gütern untergehen, ohne dass jmd. gerettet werden kannʼ; /jmd./ **einen kleinen ~ im Ohr haben** ʼverrückt seinʼ: *du hast wohl ʼnen kleinen ~ im Ohr?;* /jmd./ **den starken ~ spielen** ʼso tun, als ob man besonders stark, wichtig istʼ: *er spielt mal wieder den starken ~*

MERKE Komposita mit -mann haben die Pluralform -männer, z. B. *Biedermann, Hampelmann, Schneemann, Staatsmann,* einige jedoch die Pluralform -leute (daneben und seltener die Form -männer), z. B. *Bergmann, Geschäftsmann, Kaufmann, Landsmann, Zimmermann*

Männchen ['mɛnçən], **das**; ~s, ~ ʼmännliches Tier bestimmter Tierartenʼ; ↗ auch *Mann: die ~ der Singvögel haben meist ein buntes Federkleid; ich habe mir für das Hamsterweibchen noch ein ~ gekauft* ❖ ↗ **Mann**

MERKE *Männchen* wird besonders für kleinere männliche Tiere gebraucht, die keine spezifische Bezeichnung haben

* /kleineres, vierbeiniges Tier, bes. Hund, Hase/ **~** **machen** 'sich auf den hinteren Pfoten sitzend aufrichten': *der Hund macht ~*

Mannequin [manə'kɛ̃], **das**; ~s, ~s 'weibliche Person, die (bei einer Modenschau) Modelle (1.2.2) vorführt': *ein junges ~; sie arbeitet als ~*

mannhaft ['man..] ⟨Adj.; Steig. reg.⟩ 'mutig und standhaft'; ANT feige /auf Aktivitäten bez./; ↗ FELD I.6.3: *sein ~es Auftreten; ~er Widerstand; er, sie wehrte sich ~ gegen die Angriffe der Kollegen, der Presse* ❖ ↗ **Mann**

mannigfach ['manıçfax] ⟨Adj.; Steig. reg., Komp. ungebr.; nicht präd.⟩ 'in mehreren verschiedenen Arten, Formen': *~e Möglichkeiten, Ursachen; es gibt ~e Aufgaben zu lösen; das ist ~ aufgetreten*

männlich ['mɛn..] ⟨Adj.; ANT weiblich⟩ **1.** ⟨o. Steig.; nur attr.⟩ **1.1.** 'das zeugende Geschlecht'; SYN maskulin (1) /auf Menschen, Tiere bez./: *ein Kind ~en Geschlechts*; Bot. *eine ~e* ('Staubgefäße tragende') *Pflanze, Blüte* **1.2.** 'dem männlichen Geschlecht angehörend': *die ~en Familienmitglieder; die ~en Teilnehmer* **2.1.** ⟨o. Steig.; nicht bei Vb.⟩ 'für das männliche Geschlecht charakteristisch'; SYN maskulin (2.1): *~e Geschlechtsmerkmale, Vornamen, Kleidung; eine ~e Stimme war zu hören* **2.2.** ⟨Steig. reg.⟩ 'den allgemeinen Vorstellungen von den typischen Eigenschaften eines Mannes entsprechend'; SYN maskulin (2.2): *~e Gesichtszüge, Kraft; er ist sehr ~; er, sie bewies ~e Entschlossenheit und Mut; etw. ~ ertragen; sich ~ geben* **3.** ⟨o. Steig.; nicht bei Vb.⟩ Gramm. SYN 'maskulin (3)': *dieses Substantiv ist ~, ~en Geschlechts* ❖ ↗ **Mann**

Männlichkeit ['mɛnlıç..], **die**; ~, ⟨o.Pl.⟩ 'für einen Mann typisches, charakteristisches Wesen': *seine ~ unter Beweis stellen; er strahlt viel ~ aus* ❖ ↗ **Mann**

Mannschaft ['man..], **die**; ~, ~en; ↗ FELD I.11 **1.1.** 'Gruppe von Sportlern, die gegen eine Gruppe der gleichen Disziplin od. Gruppen um ihren Sieg kämpft': *eine ~ von Fußball-, Schachspielern; eine ~ aufstellen, bilden; die ~ aus N siegte* **1.2.** 'Gruppe von Menschen eines bestimmten Tätigkeitsbereichs, die unter einer Leitung für die Bewältigung, Lösung einer bestimmten Aufgabe eingesetzt ist': *die ~ eines Schiffes, Flugzeugs; die ~ geht an Land; die ~ des Studios* **2.** jmdn. vor versammelter ~ ('vor allen Anwesenden') *zur Rechenschaft ziehen* ❖ ↗ **Mann**

manns|toll ['mans..] ⟨Adj.; Steig. reg.; nicht bei Vb.⟩ umg. emot. 'in auffälliger Weise die Bekanntschaft von Männern suchend' /auf weibliche Personen bez./: *eine ~e Person; sie ist ~* ❖ ↗ **Mann,** ↗ **toll**

Manometer [mano'me:tɐ], **das**; ~s, ~ 'Gerät zum Messen des Drucks von Gasen, Flüssigkeiten': *das ~ ablesen* ❖ ↗ **Meter**

Manöver [ma'nø:vɐ], **das**; ~s, ~ **1.** 'größere militärische Übung im Gelände wie bei einem Gefecht': *ein ~ abhalten, durchführen; die Truppen rücken zum, ins ~ aus* **2.** Mil. 'Bewegung von Truppen,

Kursänderung von Schiffen, Flugzeugen, um im Kampf dem Gegner gegenüber eine günstige Lage zu erreichen': *die Abteilung, die militärischen Verbände entzogen sich durch geschickte ~ ihrem Gegner* **3.** SYN 'Winkelzug': *ein geschicktes, plumpes ~; jmdn. durch bestimmte ~ von etw. ablenken* ❖ ↗ **manövrieren**

manövrieren [manø'vri:ʀən], manövrierte, hat manövriert **1.1.** /jmd./ *etw., jmdn., sich irgendwohin ~* 'etw., jmdn., sich geschickt durch Bewegungen und Änderung der Richtung in eine andere, günstigere Lage (3), Richtung (2) bringen': *ein Schiff in den Hafen, ein Auto in eine Parklücke ~*; METAPH *er hatte sich, seinen Mandanten während des Prozesses in eine günstige Position manövriert* **1.2.** /großes Fahrzeug/ '(geschickt) die Richtung der Bewegung ändern, um in eine günstigere Lage, Richtung zu kommen'; ↗ FELD VIII.3.2: *das Schiff, Flugzeug manövrierte mit großem Geschick* ❖ **Manöver**

manschen ['manʃn] ⟨reg. Vb.; hat⟩ landsch. umg. /jmd., bes. Kind/ *in etw. ~* 'in etw. Breiigem, Flüssigem mit den Händen herumwühlen': *die Kleinen ~ im Schlamm, in der Pfütze*

Manschette [man'ʃɛtə], **die**; ~, ~n **1.** 'am langen Ärmel eines Herrenhemdes, einer Bluse, eines Kleides angesetztes Stoffteil zum Zuknöpfen': *eine schmutzige ~; eine neue ~ ansetzen* **2.** 'Umhüllung aus Papier für Blumentöpfe, bes. zur Zierde': *eine rosa, weiße ~; eine ~ aus Krepppapier*

* /jmd./ *vor jmdm., etw.* **~n** ('Angst) **haben** ⟨vorw. in der 1. u. 3. Pers.⟩: *ich hatte ganz schön(e) ~!*

Mantel ['mantl̩], **der**; ~s, Mäntel ['mɛntl̩] **1.** '(je nach Mode) meist längeres, vorn zuzuknöpfendes Kleidungsstück, das zum Schutz gegen Kälte, Regen über der Oberbekleidung getragen wird'; ↗ FELD V.1.1 (↗ TABL Kleidungsstücke): *ein leichter, warmer, dicker, dünner ~; ein ~ aus Wolle; der ~ steht ihr; den ~ an-, ausziehen* **2.** Techn. ⟨+ Gen.attr.⟩ 'Hülle, die einen Körper (2), eine technische Einrichtung als Schutz umgibt': *der ~ eines Kabels, einer Röhre, eines Ofens, Kessels* ❖ **Bademantel**

manuell [ma'nŭɛl] ⟨Adj.; o. Steig.⟩ **1.** ⟨nicht präd.⟩ 'mit der Hand ausgeführt (↗ ausführen 4.2)': *eine ~e Arbeit; ~e Massage; eine Ware ist, wird ~ abgepackt* **2.** ⟨nur attr.⟩ 'in Bezug auf die Hand': *sie, er besitzt eine große ~e Geschicklichkeit, Fertigkeit* ❖ vgl. **Manuskript**

Manuskript [manu'skrıpt], **das**; ~s/ auch ~es, ~e ABK Sg. = Ms. od. Mskr., Pl. = Mss. od. Mskr. 'mit der Hand od. einer Schreibmaschine verfasste Niederschrift eines Textes (als Vorlage für den Druck 4)': *ein altes, neues, redigiertes, druckfertiges ~; ein ~ herstellen, überarbeiten, drucken; die Arbeit liegt im, als ~ vor* ❖ vgl. **manuell**

Mappe ['mapə], **die**; ~, ~n; ↗ FELD V.7.1 **1.** 'Hülle aus zwei rechteckigen Stücken (1) aus festem Material, zwischen die lose Blätter zum Aufbewahren gelegt werden': *eine ~ mit persönlichen Unterlagen; die Papiere in eine ~ legen; die ~ aufklappen* **2.**

ˈmeist flaches, rechteckiges Behältnis, in dem Bücher, Hefte, Schriftstücke getragen werden': *die ~ ist voller Bücher; er klemmte sich die ~ unter den Arm*

Marathon|lauf [ˈmɑʀatɔn..], **der** ˈdas Laufen (2.2) über 42,195 km als leichtathletische Disziplin'; ↗ FELD I.7.4.1: *er wurde Sieger im ~* ❖ ↗ **laufen**

Märchen [ˈmɛːɐçən/ˈmeːɐ..], **das**; ~s, ~ ˈauf Überlieferung beruhende Erzählung, die oft auch als literarisches Kunstwerk gestaltet ist und in der von wunderbaren und phantastischen Begebenheiten berichtet wird': *ein altes, bekanntes ~; eine Sammlung schwedischer, russischer, arabischer ~; die ~ der Gebrüder Grimm; ~ erzählen, sammeln, herausgeben;* /in der kommunikativen Wendung/ *erzähl (hier, mir) keine ~!* /wird zu jmdm. gesagt, der etw. erzählt, was unvorstellbar od. gelogen scheint/ ❖ **märchenhaft**

märchenhaft [ˈ..] ⟨Adj.⟩ **1.** ⟨o. Steig.; nicht bei Vb.; vorw. attr.⟩ ˈin der Art des Märchens' /vorw. auf Abstraktes bez./: *die Erzählung hat ~e Züge; die ~en Gestalten eines Romans; eine Oper mit ~em Charakter* **2.** ⟨Steig. reg.⟩ ˈüberaus schön' /vorw. auf Gegenständliches bez./: *ein ~er Anblick; diese Gegend ist ~, sieht ~ aus;* vgl. *zauberhaft* **3.** ⟨Steig. reg., ungebr.⟩ umg., emot. pos. ˈaußerordentlich, groß (7.1)': *sie hatte ~es Glück; ~e Preise für etw. erzielen; er hat ~e Aussichten, ~en Erfolg als Schauspieler* ❖ ↗ **Märchen**

Marder [ˈmaʀdɐ], **der**; ~s, ~ ˈkleines bis mittelgroßes Raubtier von schlanker, geschmeidiger Gestalt, mit dichtem, seidigen Fell, das unter Geflügel, bes. unter Hühnern, großen Schaden anrichten kann'; ↗ FELD II.3.1: *der ~ ist in den Hühnerstall eingedrungen*

Margarine [maʀgaˈʀiːnə], **die**; ~, ⟨o.Pl.⟩ ˈstreichfähiges Fett für die menschliche Ernährung, das vorwiegend aus pflanzlichen Ölen od. Fetten hergestellt wird'; ↗ FELD I.8.1: *~ aufs Brot streichen; Fleisch mit ~ braten* MERKE Als Plural wird *Margarinesorten* verwendet

Marie [maˈʀiː], **die**; ~, ⟨o.Pl.⟩ umg. **1.** ⟨nur mit best. Art.⟩ ˈGeld' /beschränkt verbindbar/: *keine ~ haben; nun mal her mit der ~* (ˈher mit dem Geld')! **2.** ⟨nicht mit best. Art.⟩ *eine dicke ~* (ˈviel Geld, eine prall gefüllte Geldbörse') *haben*

Marien|käfer [maˈʀiːən..], **der** ˈkleiner Käfer, dessen vordere rotbraune, gelbe od. schwarze Flügel mit einer wechselnden Zahl andersfarbiger Punkte versehen sind'; ↗ FELD II.3.1 (↗ BILD) ❖ ↗ **Käfer**

Marinade [maʀiˈnaːdə], **die**; ~, ~n ˈpikante Sauce, die vorw. aus Essig, Wasser, Gewürzen, Kräutern und Zwiebeln zubereitet wird und in die Fisch, Fleisch od. Gemüse eingelegt wird': *den Braten, Fisch mit einer ~ anrichten* ❖ ↗ **marinieren**

Marine [maˈʀiːnə], **die**; ~, ⟨o.Pl.⟩ **1.1.** ˈzusammenfassende Bez. für die Seestreitkräfte, Handelsflotte als Institution eines Staates': *er geht zur, war bei der ~* **1.2.** ˈSeestreitkräfte': *er hat bei der ~ gedient; er leistet seinen Wehrdienst bei der ~*

marinieren [maʀiˈniːʀən], marinierte, hat mariniert ⟨oft im Pass. od. adj. im Part. II⟩ /jmd./ etw. ~ ˈetw. in Marinade einlegen': *Fleisch, Fisch ~; marinierter Hering* ❖ **Marinade**

Marionette [maʀi̯oˈnɛtə], **die**; ~, ~n **1.** ˈan Fäden od. Drähten geführte Puppe (1.2) für das Puppenspiel'; SYN Puppe (1.2): *ein Puppenspiel mit ~n spielen, aufführen* **2.** emot. neg. ˈnicht selbständiger, von anderen als Werkzeug benutzter Mensch': *das Staatsoberhaupt war nur eine ~*

maritim [maʀiˈtiːm] ⟨Adj.; o. Steig.; nicht bei Vb.; vorw. attr.⟩ ˈdas Meer betreffend': *~es Klima; die ~e Fauna, Flora*

¹Mark [maʀk], **das**; ~s/ auch ~es, ⟨o.Pl.⟩ **1.1.** ˈweiches Gewebe im Innern von Knochen, des Rückgrats und bestimmter Organe des tierischen und menschlichen Körpers': *das ~ der Knochen, der Wirbelsäule* **1.2.** ˈweiche Masse in den Stängeln, Trieben von Pflanzen': *das ~ des Holunders, der Sonnenblume* **2.** ˈFleisch (3) einer Frucht, das zu einem Brei verarbeitet wurde und aus dem man Speisen zubereiten kann': *das ~ von Erdbeeren, Himbeeren, Tomaten* ❖ **markig** — **markerschütternd, Rückenmark**
* /etw., bes. etw. Akustisches od. Schmerz/ **jmdm. durch ~ und Bein gehen** ˈvon jmdm. als unerträglich empfunden werden': *der Schrei, Lärm, Schmerz ging ihm durch ~ und Bein;* /etw., bes. Ereignis, Erlebnis/ **jmdn. bis ins ~ erschüttern** ˈjmdn. zutiefst erschüttern (3)': *sein tragischer Tod hat uns bis ins ~ erschüttert;* /jmd., etw./ **jmdn. bis ins ~ treffen** ˈjmdn. zutiefst verärgern, beleidigen': *mit der Kritik hast du, die Kritik hat ihn bis ins ~ getroffen*

²Mark, die; ~, ~ /umg. scherzh. Märker [ˈmɛʀkɐ] /deutsche Währungseinheit/; ↗ FELD I.16.1: *die Deutsche ~* (ABK: DM)*; eine ~ sind 100 Pfennige; das Buch kostet 20 ~; die Zeitschrift kostet 1,50 DM* (sprich: *eine ~ fünfzig*)*; sie hat ihre letzte ~, ihre letzten Märker* (ˈihr letztes Geld') *ausgegeben; kannst du mir eine ~ wechseln?* ❖ ↗ **markieren**

markant [maʀˈkant] ⟨Adj.; Steig. reg.; nicht bei Vb.; vorw. attr.⟩ ˈpositiv in auffallender Weise ausgeprägt' /auf Gegenständliches, Abstraktes bez./: *er war eine ~e Persönlichkeit, Erscheinung; ~e Daten; ein ~es Gebäude; er hat ~e Gesichtszüge; der Turm des Doms ist ein ~er Punkt der Stadt* ❖ ↗ **markieren**

Marke [ˈmaʀkə], **die**; ~, ~n **1.** ˈkleines, in bestimmter Form zugeschnittenes Stück Papier mit bestimmtem Aufdruck und einer Gummierung auf der Rückseite, das die Bezahlung eines bestimmten Betrages bescheinigt, bes. das Porto für eine Postsendung od. den Betrag für eine Mitgliedschaft': *eine ~ ('Briefmarke') auf den Brief kleben* **2.** 'kleines Stück Blech od. Kunststoff, auf das etw. Bestimmtes durch Prägen aufgedruckt ist und die Bezahlung eines bestimmten Betrags symbolisiert': *der Hund trägt eine ~ ('Steuermarke'); an der Garderobe eine ~ ('Garderobenmarke') bekommen* **3.1.** 'Zeichen, das die Echtheit eines bestimmten Erzeugnisses garantiert, das verbunden ist mit dem Namen des Herstellers und die Herkunft der Ware anzeigt': *etw. ist eine geschützte, eingetragene ~; die ~ einer Firma* **3.2.** 'als Marke (3.1) eingetragener (besonders guter) Artikel eines bestimmten Herstellers': *dieser Wein, Cognac ist eine bekannte, besonders gute ~; er bevorzugt diese ~* ❖ ↗ **markieren**

Marken|zeichen ['maʀkn̩..], das 'Marke (3.1)': *die Hose hat kein ~; der rote Punkt ist das ~ dieser Firma* ❖ ↗ **markieren**, ↗ **Zeichen**

mark|erschütternd ['maʀk..] ⟨Adj.; Steig. reg.; nicht bei Vb.⟩: *~e* (SYN 'gellende') *Schreie; der Schrei war ~* ❖ ↗ **¹Mark**, ↗ **erschüttern**

markieren [maʀ'ki:ʀən], markierte, hat markiert **1.1.** /jmd., etw./ *etw. ~* 'etw. kennzeichnen (1), durch etw. kenntlich machen': *einen Wanderweg, die Loipe ~; das Spielfeld ~; die entsprechenden Punkte auf der Landkarte sind markiert; Bojen ~ die Fahrrinne* **1.2.** /etw./ *sich ~* 'deutlich sichtbar werden': *die Umrisse seines Körpers, des Gebäudes, der Bäume markierten sich im Dunkeln* **1.3.** *etw. markiert etw.*: *dieses Ereignis markiert den Beginn einer neuen Epoche* ('an diesem Ereignis wird der Beginn einer neuen Epoche deutlich') **2.** /jmd./ *jmdn., etw. ~* 'jmdn., etw. vortäuschen': *einen Ohnmachtsanfall ~; er markiert den ruhigen, soliden Mann, den Helden; sie markierte Mitgefühl, Entrüstung* ❖ **²Mark, markant, Marke, Markierung** – **brandmarken, Briefmarke, Markenzeichen, Markstein**

Markierung [maʀ'ki:ʀ..], die; ~, ~en **1.** ⟨vorw. Sg.⟩ 'das Markieren (1.1)': *die ~ des Weges, der Parkplätze vornehmen* **2.** 'Zeichen (1.2) od. Gesamtheit von Zeichen, durch die etw. für andere kenntlich gemacht werden soll': *eine deutliche, farbige, leuchtende ~; die Wanderwege durch ~en kennzeichnen; die Spuren der Fahrbahn durch ~en deutlich machen* ❖ ↗ **markieren**

markig ['maʀkɪç] ⟨Adj.; Steig. reg.⟩ oft iron. 'ein wenig derb, urwüchsig (2)' /auf Sprachliches bez./: *~e Worte; er liebte ~e Sprüche; seine Rede war ~* ❖ ↗ **¹Mark**

Markise [maʀ'ki:zə], die; ~, ~n 'Vorrichtung aus festem, meist gestreiftem Stoff, die an (Schau)fenstern, Balkons zum Schutz gegen Sonne angebracht und die aufgerollt werden kann': *die ~ herunterlassen, aufrollen*

Mark|stein ['maʀk..], der 'entscheidendes, wichtiges Ereignis im Ablauf einer Entwicklung': *das Jahr*

1980 war ein ~ in seiner künstlerischen, beruflichen, politischen Entwicklung; die Expedition war ein ~ der historischen Forschung ❖ ↗ **markieren**, ↗ **Stein**

Markt [maʀkt], der; ~s/ auch ~es, Märkte ['mɛʀktə] **1.** 'Verkauf von Waren an Ständen (2.1) zu bestimmten Zeiten an einem bestimmten Ort': *~ abhalten; mittwochs ist hier ~* **2.** 'Ort, an dem der Markt (1) abgehalten wird': *das Angebot auf dem hiesigen ~ ist sehr breit; Obst auf dem ~ kaufen; auf den ~ gehen* **3.** 'Sphäre in einer Gesellschaft, einem Land, in Ländern, in der der Kauf und Verkauf von Waren abläuft und sich Angebot und Nachfrage regeln': *ein geschlossener, offener ~; nationale, internationale Märkte; freie, staatlich regulierte Märkte; der ~ bestimmt die Preise; einen ~ für etw., für sich erschließen; Waren auf den ~ bringen, werfen; den ~ beherrschen; der Kampf um die Märkte; der ~ ('die Nachfrage') für Videos ist z.Zt. sehr groß, gesättigt* **4.** 'Marktplatz': *der ~ liegt im Zentrum des Ortes; die Demonstranten versammelten sich auf dem ~; auf dem ~ fand eine Kundgebung statt* ❖ **vermarkten** – **Jahrmarkt, Weihnachtsmarkt, Weltmarkt**; vgl. **Markt-**
* **der schwarze ~** 'illegaler Handel mit Waren, die rationiert od. gesetzlich verboten sind': *der schwarze ~ für gestohlene Autos, für nicht versteuerte Zigaretten; etw. auf dem schwarzen ~ ('im illegalen Handel') kaufen*

Markt ['..]|**-halle**, die 'Gebäude mit großer Halle, in der Händler ihre Waren zum Kauf anbieten': *Fisch in der ~ kaufen* ❖ ↗ **Halle**; **-lage**, die ⟨o.Pl.⟩ 'Verhältnis von Angebot und Nachfrage in einem bestimmten Bereich': *eine stabile, günstige, ungünstige ~; sich der ~ anpassen; die ~ stabilisiert sich wieder; die günstige ~ ausnutzen* ❖ ↗ **liegen**; **-lücke**, die 'fehlendes Angebot einer Ware(nsorte), nach der auf dem Markt (3) Bedarf besteht, ungenutzter Bereich des Marktes': *etw. ist, bildet eine große, echte ~; eine ~ erschließen, ausnutzen; er hat die ~ sofort erkannt* ❖ ↗ **Lücke**; **-platz**, der 'meist zentral gelegener Platz einer Stadt, auf dem Markt (1) abgehalten wird, wurde': *der Brunnen auf dem ~* ❖ ↗ **Platz**; **-wirtschaft**, die ⟨o.Pl.⟩ 'Wirtschaftssystem privater Unternehmen, in dem Angebot und Nachfrage die Produktion von Waren bestimmen und der Preis das Verhältnis von Angebot und Nachfrage reguliert': *freie ~; die Entwicklung, Tendenzen der ~; die soziale ~ ('Marktwirtschaft, in der der Staat das Recht hat einzugreifen, damit soziale Härten vermieden werden')* ❖ ↗ **Wirtschaft**

Marmelade [maʀmə'la:də], die; ~, ~n ⟨vorw. Sg.⟩ 'aus Obst und Zucker gekochte, breiartige Masse, die als Aufstrich verwendet wird'; ↗ FELD I.8.1: *~ (ein)kochen, einmachen; ein Glas ~; ein Brötchen, eine Scheibe Brot mit ~ (bestreichen)*

Marmor ['maʀmo:ɐ̯], der; ~s, ⟨o.Pl.⟩ 'farbloser od. farbiger Kalkstein, der meist von aderförmigen Linien durchzogen wird und als Material für Plastiken od. zum Bauen verwendet wird': *schwarzer,*

weißer, polierter ~; die Säule, Treppe ist aus ~;
Plastiken, eine Tischplatte aus ~

Marone [ma'ro:nə], **die**; ~, ~n 'essbarer Röhrenpilz
mit dunkelbraunem ¹Hut (2), der beim Anschnei-
den bläulich anläuft'; ↗ FELD II.4.1: *~n sammeln,*
braten, trocknen

Marotte [ma'rɔtə], **die**; ~, ~n 'wunderlicher Einfall
(1), seltsame Gewohnheit einer Person'; SYN
Schrulle (1): *eine kindische, vornehme, kostspielige*
~; das ist eine ~ von ihm; er hat so seine ~n; etw.
für eine ~ halten

marsch [marʃ] /Ausruf, der zu einer sofortigen Hand-
lung auffordert, bes. zum Gehen (1), Laufen (2.1)/:
umg. *~, ins Bett, an die Arbeit!; im Gleichschritt,*
Laufschritt ~! /Kommando/ ❖ ↗ **Marsch**

Marsch, der; ~es, Märsche ['mɛrʃə] **1.1.** 'zügige Fort-
bewegung einer Formation zu Fuß (und im Gleich-
schritt) über eine größere Entfernung'; ↗ FELD
I.7.2.1: *ein langer, anstrengender ~; ein ~ von drei*
Stunden, über zehn Kilometer; den, einen ~ antre-
ten; die Soldaten waren auf dem ~, hatten lange
Märsche hinter sich **1.2.** 'Wanderung in einem zügi-
gen Tempo und über eine größere Entfernung': *der*
~ durch die Dünen, Berge war sehr anstrengend, be-
schwerlich; nach dem ~ waren sie alle erschöpft **1.3.**
sich in ~ setzen 'einen Marsch antreten, zu mar-
schieren beginnen': *die Kompanie, Truppe setzte*
sich in ~ **2.** 'Musikstück im gleichmäßigen Rhyth-
mus des zügigen Gehens, Marschierens (1)': *einen*
~ spielen, singen ❖ **marsch, marschieren — Ein-**
marsch, einmarschieren; vgl. **Marsch-**
* umg. /jmd./ **jmdm. den ~ blasen** 'jmdn. scharf zu-
rechtweisen': *endlich hat sie ihm mal den ~ gebla-*
sen!; dem werde ich mal gehörig den ~ blasen!

Marschall ['marʃal], **der**; ~s, Marschälle ['..ʃɛlə] 'An-
gehöriger der Streitkräfte mit dem höchsten
Dienstgrad in einigen Ländern': *ein ~ der briti-*
schen Armee

marschieren ['marʃi:rən], marschierte, ist marschiert
irgendwohin ~ **1.1.** /jmd., Gruppe/ 'sich in geschlos-
sener Formation und im Gleichschritt irgendwohin
vorwärts bewegen'; ↗ FELD I.7.2.2: *die Soldaten*
marschierten, die Kompanie marschierte durch den
Ort, über den Platz; irgendwo ~: sie marschierten
auf dem Hof **1.2.** /jmd./ '(irgendwohin) über eine
größere Entfernung zügig wandern': *sie marschier-*
ten bei herrlichem Wetter durch das Tal; wir sind
fünf Stunden, stundenlang durch den Wald mar-
schiert **1.3.** /jmd./ *irgendwohin ~* 'entschlossen und
zügig auf ein Ziel zugehen': *er marschierte gerade-*
wegs nach vorn, durch den Saal ❖ ↗ **Marsch**

Marsch ['marʃ..]| **-kolonne, die** 'marschierende (mili-
tärische) Formation'; ↗ FELD I.7.2.1: *die ~ for-*
mierte sich, setzte sich in Gang; die ~n der De-
monstranten ❖ ↗ **Kolonne; -musik, die** ⟨o.Pl.⟩
'Musik im Rhythmus eines Marsches (2)': *es er-*
tönte ~ ❖ ↗ **Musik; -ordnung, die** 'Aufstellung,
bes. von Soldaten, in geordneten Reihen für den
Marsch (1) od. Ordnung in Reihen während eines
Marsches (1.1)': *sich in ~ aufstellen, formieren; die*

~ einhalten ❖ ↗ ordnen; **-richtung, die 1.** 'Rich-
tung, in der marschiert wird': *die ~ ändern, festle-*
gen **2.** 'das für Verhandlungen od. bestimmte Vor-
haben im Voraus festgelegte Ziel': *die ~ für die Ver-*
handlungen festlegen ❖ ↗ richten (I); **-schritt, der**
⟨o.Pl.⟩ 'Art des Gehens im Rhythmus des Mar-
sches (2) und im Gleichschritt'; ↗ FELD I.7.2.1:
der ~ der Kolonne ❖ ↗ schreiten

Marter ['martɐ], **die**; ~, ~n geh. 'körperliche, seeli-
sche Qual': *höllische, grausame ~n; ~n erdulden,*
ertragen; jmdm. ~n zufügen; unter ~n leiden; der
Gedanke daran war eine furchtbare ~ für sie

Märtyrer ['mɛrtyrɐ], **der**; ~s, ~ 'jmd., der wegen sei-
ner Überzeugung od. seines Glaubens Verfolgung
od. Tod erleiden muss'; ↗ FELD XII.1.1: *ein ~*
seines Glaubens; jmd. ist, war ein ~; jmdn. zum ~
machen

März [mɛrts], **der**; ~/auch ~es/ geh. ~en, ~e ⟨vorw.
Sg.⟩ 'der dritte Monat des Jahres'; ↗ TAFEL XIII:
Anfang, Mitte, Ende ~; ein kalter, sonniger ~; der
Frühlingsanfang fällt in den Monat ~

Marzipan [martsi'pa:n/'m..], **das**/auch **der**; ~s, ~e
⟨vorw. Sg.⟩ 'Masse aus Mandeln und Puderzucker,
die als Konfekt od. für die Herstellung von Kon-
fekt dient': *Schokolade, Pralinen, Torte mit ~*

Masche ['maʃə], **die**; ~, ~n **I.1.** 'eine von vielen mit-
einander verbundenen, ein Ganzes bildenden
Schlingen, die beim Stricken, Häkeln entstehen':
eine ~ stricken, häkeln; ~n beim Stricken auf-, ab-
nehmen; eine ~ fallen lassen; am Strumpf läuft eine
~ **2.** 'eine von vielen miteinander verbundenen
Schlingen eines Netzes od. Geflechtes (aus Draht)':
der Fisch hängt in den ~n des Netzes; der Ball blieb
in den ~n des Zauns hängen — **II.** ⟨vorw. Sg.⟩ umg.
SYN 'Trick (1)': *eine alte, bekannte, raffinierte ~;*
wir kennen diese, seine ~ schon; er hat es mit einer
neuen ~ versucht ❖ **Maschendraht, Laufmasche**

Maschen|draht ['maʃn..], **der** ⟨o.Pl.⟩ 'Geflecht aus
Draht': *ein Zaun aus ~* ❖ ↗ **Masche,** ↗ **Draht**

Maschine [ma'ʃi:nə], **die**; ~, ~n **1.1.** 'mechanische
Vorrichtung, die mit Hilfe von Energie menschliche
Arbeit verrichten kann'; ↗ FELD V.5.1, 8.1: *eine*
komplizierte, moderne, automatische ~; eine ~ kon-
struieren, montieren, bedienen, warten, reparieren, in
Betrieb nehmen, einschalten, ausschalten, anstellen,
abstellen; die ~ läuft langsam, schnell, klappert,
macht großen Lärm **1.2.** *das Motorrad, Auto hat*
eine starke ~ ('einen starken Motor') **2.** SYN
'Schreibmaschine': *sie schreibt ~; etw. mit, auf der*
~ schreiben **3.** SYN 'Nähmaschine': *sie näht auf,*
mit der ~ **4.** 'Flugzeug': *die ~ startet, landet, hat*
Landeerlaubnis; die ~ erreichen, verpassen; die
nächste ~ nehmen **5.** SYN 'Motorrad': *er fährt eine*
neue, leichte, schwere ~ **6.** umg. spött. 'dicke, kräf-
tige Frau': *wer ist diese ~?; sie ist eine mächtige ~*
❖ **maschinell, Maschinerie, Maschinist — Maschi-**
nenbau, -gewehr, -pistole, maschinenschriftlich,
Bohrmaschine, Dampfmaschine, Dreschmaschine,
Drillmaschine, Lichtmaschine, Mähmaschine,

Mischmaschine, Nähmaschine, Rechenmaschine, Schreibmaschine, Waschmaschine
maschinell [maʃi'nɛl] ⟨Adj.; o. Steig.⟩ **1.1.** ⟨nicht präd.⟩ ʿmit Hilfe einer Maschine (1.1), von Maschinenʾ; SYN mechanisch (2.1): *die ~e Produktion; etw. ~ herstellen; die Ernte ~ einbringen* **1.2.** ⟨nur attr.⟩ *die ~en* (ʿaus Maschinen 1.1 bestehendenʾ) *Einrichtungen eines Werkes, einer Fabrik* ❖ ↗ **Maschine**
Maschinen/maschinen [ma'ʃiːnən..]‖**-bau, der** ⟨o.Pl.⟩ **1.** ʿHerstellung von Maschinen (1.1), maschinellen Einrichtungenʾ: *den ~ modernisieren* **2.** ʿWissenschaft vom Maschinenbau (1)ʾ: *er studiert ~* ❖ ↗ Maschine, ↗ Bau; **-gewehr, das** ABK: MG ʿtragbare Waffe mit langem Lauf (4), die durch Betätigen des Abzugs automatisch ununterbrochen schießen kannʾ; ↗ FELD V.6.1 (↗ TABL Feuerwaffen): *ein leichtes, schweres ~* ❖ ↗ Maschine, ↗ Gewehr; **-pistole, die** ʿleichte Waffe mit kurzem Lauf für den Nahkampf, die durch Betätigen des Abzugs automatisch ununterbrochen schießen kannʾ; ↗ FELD V.6.1 (↗ TABL Feuerwaffen): *mit der ~ wild um sich schießen; die Gangster waren mit einer ~ bewaffnet* ❖ ↗ Maschine, ↗ Pistole; **-schriftlich** ⟨Adj.; o. Steig.; nicht präd.⟩ ʿmit der Schreibmaschine geschriebenʾ; ANT handschriftlich /auf Schriftliches bez./: *ein ~es Manuskript; einen Text ~ verfassen* ❖ ↗ Maschine, ↗ schreiben
Maschinerie [maʃinə'ʀiː], **die**; ~, ~n [..'ʀiːən] **1.** ʿSystem mechanischer, maschineller Vorrichtungenʾ: *die Anlage hat eine einfache, komplizierte ~* **2.** ʿundurchschaubares System von Vorgängen in den Instanzen bes. einer Verwaltungʾ: *er geriet mit seinem Antrag in die ~ der Bürokratie; sein Antrag ging in der ~ verloren* ❖ ↗ Maschine
Maschine schreiben, schrieb Maschine, hat Maschine geschrieben /jmd./ ʿmit der Schreibmaschine schreibenʾ: *sie lernt, kann perfekt Maschine schreiben,* aber: *ein maschinegeschriebenes* (ʿmaschinenschriftlichesʾ) *Manuskript*
Maschinist [maʃi'nɪst], **der**; ~en, ~en ʿFacharbeiter, der Maschinen (1) bedient, überwacht und wartetʾ: *er arbeitet als, er ist ~ in einem Kraftwerk* ❖ ↗ **Maschine**
Masern ['maːzɐn], **die** ⟨Pl.⟩ ʿsehr ansteckende Infektionskrankheit mit Fieber und Ausschlag auf der Haut, die besonders Kinder befälltʾ: *an ~ erkranken; das Kind hat (die) ~*
Maserung ['maːzəʀ..], **die**; ~, ~en ʿcharakteristische unregelmäßige Musterung (2), besonders in Holz, Marmorʾ: *die ~ des Holzes, des Marmors; Kiefernholz hat eine charakteristische ~*
Maske ['maskə], **die**; ~, ~n **1.1.** ʿdem Kopf nachgeformter Gegenstand, bes. aus Papier, Stoff, Holz, mit dem bei Festen od. auf der Bühne Kopf und Gesicht von Personen verhüllt werdenʾ: *eine ~* (*auf dem Gesicht*) *tragen, auf-, absetzen;* METAPH *sein Gesicht verwandelte sich in eine undurchdringliche ~* (ʿließ die Züge seines Gesichts ausdruckslos erstarrenʾ) **1.2.** *vom Gesicht des Toten eine ~* (ʿdas Abbild

seines Gesichts im Todeʾ) *anfertigen* **1.3.** *hinter der ~* ⟨+ Gen.attr.⟩: *er verbarg seine wahren Absichten hinter der ~ des Biedermanns, des Gentlemans* (ʿer gab sich als Biedermann, Gentleman, hatte aber ganz andere Absichtenʾ) **2.** ʿSchicht aus Creme o.Ä., die man zur Pflege der Haut auf das Gesicht streicht od. legtʾ: *sie hat sich eine ~ aus Ei, Gurken aufgelegt* ❖ demaskieren, maskieren − Maskenball
* /jmd./ **die ~ fallen lassen** ʿsein wahres Wesen, seine wahren Absichten zeigenʾ: *der Betrüger ließ schließlich die ~ fallen;* /jmd./ **jmdm. die ~ vom Gesicht reißen** (ʿjmdn. entlarvenʾ)
Masken|ball ['maskn̩..], **der** ʿAbend, Veranstaltung mit Tanz, bei dem die Teilnehmer maskiert sindʾ: *zum ~ gehen; sie war als Zigeunerin auf dem ~* ❖ ↗ Maske, ↗ Ball
maskieren [mas'kiːʀən], maskierte, hat maskiert **1.** /jmd./ *sich, jmdn.* ~ ʿaus einem bestimmten Anlass, bes. für den Maskenball o.Ä., (jmdm.) ein Maskenkostüm anziehen und/oder eine Maske aufsetzenʾ: *sie hat sich für das Fest (als Zigeunerin) maskiert* **2.** /jmd., bes. Täter/ *sich* ~ ʿdas Gesicht verhüllen, um bei seinem Verbrechen nicht erkannt zu werdenʾ: ⟨vorw. adj. im Part. II⟩ *die Bankräuber waren maskiert; maskierte Personen drangen in das Haus ein* ❖ ↗ Maske
Maskottchen [mas'kɔtçən], **das**; ~s, ~ SYN ʿTalismanʾ: *sie hatte ein Stofftier als ~; die Truppe hatte als ~ einen Ziegenbock*
maskulin ['maskuliːn/..'l..] ⟨Adj.⟩ **1.** ⟨o. Steig.; nicht bei Vb.⟩ SYN ʿmännlich (1.1)ʾ; ANT feminin (1.1): *~e Körperfunktionen* **2.** ⟨Steig. reg., ungebr.⟩ **2.1.** SYN ʿmännlich (2.1)ʾ: *Mode mit ~em Akzent* **2.2.** SYN ʿmännlich (2.2)ʾ /auf eine weibliche Person, auf weibliches Verhalten bez./: *sie ist ein ziemlich ~er Typ; ihr ~es Gehabe; sie wirkt ~* **3.** ⟨o. Steig.; nicht bei Vb.⟩ Gramm. ʿmit dem Artikel *der* verbundenʾ; SYN männlich (3) /auf Substantive bez./: *das Wort ist ~, maskulinen Geschlechts*
Maskulinum ['maskulinʊm], **das**; ~s, Maskulina [..linaː] Gramm. ʿSubstantiv maskulinen Geschlechts mit dem Artikel ʾderʾ im Nominativ Singularʾ: *das Substantiv* ʿSchrankʾ *ist ein ~;* vgl. *Femininum*
maß: ↗ *messen*
Maß [maːs], **das**; ~es, ~e **I.1.1.** ʿEinheit zum Messen von Längen, Mengen, Gewichtenʾ: *geeichte, metrische ~e; ein englisches ~; das ~ für die Bestimmung der Länge, des Inhalts* **1.2.** ʿdurch Messen (↗ messen 1) ermittelte Größe (1.1) von etw.ʾ: *die ~e der Wohnung, des Teppichs angeben; ihre ~e* (ʿdie Abmessungen ihres Körpersʾ) *haben sich nicht geändert; einen Anzug nach ~* (ʿnach den Abmessungen des Körpersʾ) *anfertigen; ~ nehmen* (ʿdie Abmessungen von jmds. Körper feststellenʾ) **2.** ⟨mit best. Adj.⟩ ʿbestimmte Menge, bestimmter Grad der Intensität in Bezug auf etw.ʾ: *das rechte, richtige ~; etw. auf ein bestimmtes ~ reduzieren; die Arbeit geht über das erträgliche ~ hinaus; dieser Auftrag geht über das übliche ~ hinaus; jmdm. ein hohes ~*

('sehr viel') *an Vertrauen entgegenbringen; in zuneh-*
mendem ~e 'ständig'*: die Zuschauer wurden in zu-*
nehmendem ~e unruhig; etw. in hohem ~e, nur in
geringem ~e bewältigen **3.** /in der kommunikativen
Wendung/ *das ~ ist voll!* /sagt jmd. empört, wenn
seine Geduld mit jmdm., etw. am Ende ist und er
von jetzt an Gegenmaßnahmen ergreifen will/ — **II.**
⟨o.Pl.⟩ süddt. 'ein Glas mit einem Liter Bier'*: Herr
Ober, zwei ~ (Bier)!; noch ein, drei ~ (Bier), bitte!*
❖ ↗ **messen**
* **über alle ~en** emot. ⟨vor Adj., Adv.⟩ 'überaus,
außerordentlich'*: etw. ist über alle ~en schön, häss-*
lich; er ist über alle ~en dumm; **in/mit ~n** 'sehr
maßvoll'*: er isst, trinkt mit ~en;* /jmd./ **etw. mit
zweierlei ~ messen** ('den gleichen Sachverhalt bei
verschiedenen Personen, Anlässen durch Berück-
sichtigung unterschiedlicher Kriterien ungerecht
beurteilen')
Massage [maˈsɑːʒə], **die**; ~, ~n 'der Heilung die-
nende Behandlung, bei der die Muskeln bestimmter
Teile des Körpers geknetet, geklopft, gedrückt wer-
den'*: jmdm. ~(n) verschreiben, verordnen; ~
lockert das Gewebe, ~n fördern die Durchblutung;
~n bekommen* ❖ ↗ **massieren**
Massaker [maˈsɑːkɐ], **das**; ~s, ~ emot. 'das hem-
mungslose und brutale Ermorden einer großen
Menge meist wehrloser Menschen'*: ein ~ veranstal-*
*ten, anrichten; bei einem ~ ums Leben kommen; die
Opfer eines ~s* ❖ ↗ **massakrieren**
massakrieren [masaˈkʀiːʀən], massakrierte, hat mas-
sakriert ⟨oft im Pass.⟩ emot. /jmd./ *jmdn. ~* 'jmdn.,
eine Gruppe meist wehrloser Menschen hem-
mungslos und brutal ermorden'*: sie wurden auf
grausame Weise massakriert* ❖ **Massaker**
Maß|arbeit [ˈmɑːs..], **die** ⟨o.Pl.⟩ 'ausgezeichnete, prä-
zise ausgeführte Arbeit (4)'*: dieses Gerät, diese Tür,
das ist ~* ❖ ↗ **messen, ↗ Arbeit**
Masse [ˈmasə], **die**; ~, ~n **1.** ⟨+ Attr.⟩ emot. **1.1.**
⟨vorw. Pl.⟩ 'sehr große Menge von etw., sehr große
Anzahl an Gegenständen, Personen'; ↗ FELD
I.11: *~n von: ~n von Büchern, Schallplatten stapel-*
*ten sich in seiner Wohnung; ~n von Zuschauern
standen herum; in ~n: die Besucher, Zuschauer ka-
men in ~n; wir fanden Pilze in ~n* **1.2.** ⟨vorw. Sg.⟩
umg. *eine ~* SYN 'eine Unmenge'; ANT ¹wenig
(1.1): *eine ~ Geld, Arbeit; eine ~ zu tun haben; er
bekam eine ~ Angebote* **2.** ⟨vorw. Pl.⟩ 'die Bevölke-
rung in ihrer großen Mehrheit, die nicht als diffe-
renzierte Menge gesehen wird'*: die ~n aufrufen,
mobilisieren, manipulieren; der Druck der ~n; zu
den ~n sprechen* **3.** 'ungeformter, breiiger, weicher
od. auch fester, eine zusammenhängende Menge
bildender Stoff, meist ein Gemisch'*: eine knetbare,
weiche ~; die Lava bildete eine heiße, zähe ~; etw.
aus einer ~ formen* ❖ **massenhaft, massig, massiv,
Massiv, Unmasse** — **Massengrab, -medium, -mord**
MERKE Wenn zum Subst. nach *Masse* (1.1) ein
Adj. tritt, steht diese Verbindung oft im selben Ka-
sus wie *Masse: mit dieser ~ neuem Material, wegen*

dieser ~ neuen Materials; sonst steht das Subst.
ohne Adj. im Nominativ: *eine ~ Obst, Pilze;* vgl.
aber: *eine ~* ('sehr große Anzahl') *neugieriger Men-
schen* und *eine ~* ('sehr viele') *neugierige Men-
schen;* zur Kongruenz des Verbs: *eine ~ Zuschauer
stand* oder *standen herum*
Maß|einheit [ˈmɑːs..], **die** 'Einheit (2) zum Messen
von Längen, Mengen, Gewichten, die nach wissen-
schaftlichen Gesichtspunkten festgelegt ist'*: eine
physikalische, technische ~; Kilogramm, Meter, Volt
sind ~en* ❖ ↗ **messen, ↗ ²ein**
Massen|grab [ˈmasn̩..], **das** 'Grab, in dem eine große
Anzahl von unbekannten Toten liegt'*: die Leichen
wurden in Massengräbern verscharrt* ❖ ↗ **Masse, ↗
graben**
massenhaft [ˈ..] ⟨Adj.; Steig. reg., ungebr.; nicht
präd.⟩ emot. 'in großer Menge, Anzahl'; SYN
massig (2); ANT ¹wenig (1.1): *das ~e Auftreten von
Insekten, Ungeziefer; er hatte ~ Freunde; es gab ~
Beeren, ~ zu essen und zu trinken* ❖ ↗ **Masse**
Massen|-medien [ˈ..meːdiən], **die** ⟨Pl.⟩ 'Einrichtungen
wie Presse Rundfunk, Fernsehen, die breite Kreise
der Bevölkerung erreichen'*: die Rolle der ~ in der
heutigen Gesellschaft* ❖ ↗ Masse, ↗ Medium;
-mord, der 'Ermordung einer großen Anzahl von
Menschen'; ↗ FELD XI.1: *jmdn. des ~es beschul-
digen* ❖ ↗ Masse, ↗ Mord
Masseur [maˈsøːɐ], **der**; ~s, ~e 'Fachmann für Mas-
sagen'*: er ist, arbeitet als ~*
Masseuse [maˈsøːzə], **die**; ~, ~n /zu Masseur; weibl./
Maß/maß [ˈmɑːs..]**-gabe, die** 'mit der ~, etw. Be-
stimmtes zu tun'*: dies geschah mit der ~* ('mit der
Anweisung 1, Verpflichtung', ↗ *verpflichten* 1), *den
Beschluss sofort durchzusetzen; nach ~: nach ~ der
gesetzlichen Bestimmungen* ('entsprechend den gel-
tenden gesetzlichen Bestimmungen') *ist dies unzu-
lässig* ❖ ↗ messen, ↗ geben; **-gebend** ⟨Adj.; nicht
bei Vb.⟩ **1.** ⟨Steig. reg., ungebr.⟩ 'als Richtschnur
für ein Handeln dienend' /auf Abstraktes bez./: *~e
Richtlinien, Hinweise; folgende Verfügungen sind für
diesen Fall ~; eine ~e Ansicht, Meinung* **2.** ⟨Steig.
reg.⟩ SYN 'entscheidend': *eine ~e Rolle spielen;
einen ~en Anteil an der Entwicklung haben; nach
Ansicht ~er Persönlichkeiten* ❖ ↗ messen, ↗ ge-
ben; **-geblich** [geːp..] ⟨Adj.; Steig. reg., ungebr.;
vorw. bei Vb.⟩; nicht präd.⟩ SYN 'entscheidend': *er
ist daran ~ beteiligt; er, dies hat ~ dazu beigetra-
gen, dass ...; sie ist in dieser Angelegenheit die ~e
Person* ❖ ↗ messen, ↗ geben
Maß halten (er hält Maß), hielt Maß, hat Maß gehal-
ten /jmd./ *bei etw., mit etw. Maß halten* 'das richtige
Maß (2.2) bei etw., in Bezug auf etw. einhalten'*:
beim Essen, mit dem Essen Maß halten; sie hat beim
Geldausgeben in letzter Zeit nicht Maß halten kön-
nen; er hielt beim Trinken nie Maß* ❖ ↗ messen, ↗
halten
massieren [maˈsiːʀən], massierte, hat massiert /jmd./
jmdn., etw. ~ 'jmdn., einen Körperteil mit Massage
behandeln'*: jmdm., (jmdm.) den Rücken ~; er ließ*

sich oft, regelmäßig ~; *sie konnte gut* ~ ❖ **Masseur, Masseuse**

massig ['masɪç] ⟨Adj.⟩ **1.** ⟨Steig. reg.; nicht bei Vb.; vorw. attr.⟩ 'groß und ausladend (1)': *der Mann, Bär hat eine* ~*e Gestalt; ein* ~*er Bau* **2.** ⟨o. Steig.; nur bei Vb.⟩ umg. emot. SYN 'massenhaft'; ANT wenig: *es gab* ~ *Pilze,* ~ *zu essen und zu trinken* ❖ ↗ **Masse**

mäßig ['mɛːsɪç/'meː..] ⟨Adj.⟩ **1.** ⟨Steig. reg., ungebr.; nicht präd.⟩ 'wenig, maßvoll'; ANT maßlos; ↗ FELD I.2.3: ~ *rauchen, essen, trinken; von etw. nur* ~*en* (SYN 'maßvollen') *Gebrauch machen* **2.** ⟨o. Steig.; vorw. attr.⟩ 'von, in relativ geringer Quantität'; ANT reichlich (I.1.1): *eine* ~*e Bezahlung; eine* ~*e Verpflegung;* ~*er Schneefall; er fuhr mit* ~*em Tempo; das Kino war nur* ~ *besetzt* **3.** ⟨o. Steig.⟩ 'in seiner Qualität nicht besonders gut'; ANT hervorragend: *der Film, das Theaterstück ist recht* ~; *seine Leistungen sind* ~; *das Essen war* ~; *ihr Zeugnis fiel nur* ~ *aus* ❖ **ermäßigen, Ermäßigung, mäßigen**

-mäßig /bildet mit einem Subst. als erstem Bestandteil Adjektive/ **1.** /das im ersten Bestandteil Genannte betreffend/: ↗ z. B. *gefühlsmäßig, mengenmäßig* **2.** /entsprechend dem, gemäß dem im ersten Bestandteil Genannten/: ↗ z. B. *fahrplanmäßig*

mäßigen ['mɛːsɪɡn̩/'meː..] ⟨reg. Vb.; hat; ↗ auch *gemäßigt*⟩ /jmd./ **1.1.** *etw.* ~ 'sein Verhalten in Bezug auf etw. emotional auf das rechte Maß beschränken': *er musste das Tempo;* ~ *ihr* ~*der Einfluss wirkte wohltuend;* SYN 'etw. zügeln (2)': *mäßige deine Worte!; sein Temperament, seinen Zorn, seine Ungeduld* ~ **1.2.** *sich* ~ 'in Bezug auf etw. maßvoll werden, das rechte Maß finden': *er muss lernen, sich zu* ~; *sich bei, in etw.* ~: *er muss sich beim Essen, in seinem Zorn* ~ ❖ ↗ **mäßig;** vgl. **messen**

massiv [ma'siːf] ⟨Adj.⟩ **1.** ⟨Steig. reg.⟩ 'aus festem, durchgehend gleichem Material bestehend'; ↗ FELD III.4.3: *ein* ~*es Gebäude; eine* ~*e Garage;* ~*e Möbel; etw. ist* ~ *gebaut* **2.** ⟨o. Steig.; nicht bei Vb.⟩ 'nicht hohl, sondern innen mit dem gleichen Material ausgefüllt': *ein* ~*er Körper, Ball* **3.** ⟨o. Steig.; nicht bei Vb.; vorw. attr.⟩ SYN '¹rein (I.1.1)' /auf Materialien bez./: ~*es Gold, Silber; ein Kelch aus* ~*em* (SYN 'schwerem I.2') *Gold* **4.** ⟨Steig. reg.⟩ SYN 'heftig (3)' /vorw. auf Äußerungen bez./: ~*e Drohungen, Beleidigungen; jmdn.* ~ *kritisieren, beeinflussen; jmdm.* ~ *die Meinung sagen; jmd. übt* ~*en Druck auf jmdn. aus;* ~*en Angriffen ausgesetzt sein* ❖ ↗ **Masse**

Massiv, das; ~s, ~e 'die große kompakt erscheinende, wenig gegliederte, meist ein größeres Gebiet umfassende Masse eines Gebirges': *das* ~ *der Alpen, des Kaukasus* ❖ ↗ **Masse**

Maß/maß ['maːs..]**-konfektion, die** ⟨o.Pl.⟩ 'Kleidung, Wäsche, Schuhe, die nach den individuellen Maßen des Körpers der Kunden angefertigt worden ist': *er trägt nur* ~ ❖ ↗ **Konfektion; -los** ⟨Adj.; Steig. reg., ungebr.⟩ 'über das rechte Maß (2.2) weit hinausge-

hend'; ANT maßvoll; ↗ FELD I.2.3: ~*e Forderungen stellen; er ist ein* ~*er Verschwender; er ist* ~ *in seinen Wünschen; das ist eine* ~*e Übertreibung; du übertreibst wieder* ~; ~ (ANT mäßig 1) *essen, trinken; sie ärgerte sich* ~ ('sehr') ❖ ↗ los; **-nahme** [naːmə]**, die**; ~, ~n 'meist durch eine institutionelle Entscheidung bestimmte Handlung, durch die ein bestimmtes Ziel erreicht werden soll': *politische, soziale, gezielte, polizeiliche* ~*n; diese* ~ *ist überflüssig; diese* ~ *ist dringend erforderlich;* ~*n* (gegen *Umweltverschmutzung, Kriminalität*) *ergreifen, treffen* ('veranlassen, dass Maßnahmen eingeleitet werden'); ~ *einleiten, durchführen* ❖ ↗ nehmen; **-regel, die** 'Vorschrift für ein bestimmtes Verhalten': *eine strenge, erzieherische, dienstliche* ~; ~*n ergreifen, treffen* ❖ ↗ Regel; **-regeln,** maßregelte, hat gemaßregelt ⟨oft im Pass.⟩ /jmd., Institution/ *jmdn.* ~ 'jmdn. wegen seiner dienstlichen Verfehlung scharf tadeln, zurechtweisen od. bestrafen': *er wurde (wegen seiner Versäumnisse) offiziell gemaßregelt* ❖ ↗ Regel; **-stab, der 1.** 'zusammenlegbarer Stab zum Messen, der mit den Einheiten der Längenmaße versehen ist': *ein* ~ *aus Holz, Metall; etw. mit einem* ~ *messen* **2.** 'Verhältnis der Längen auf Karten (4), Zeichnungen, Plänen, Modellen zu den realen Längen in der Natur': *etw. in einem bestimmten, größeren, kleineren* ~ *darstellen; die Karte hat einen* ~ *von 1:100000; etw. im* ~ *1:200 darstellen* **3.** 'als Richtschnur dienende Merkmale, nach denen etw., jmd. beurteilt wird': *etw. dient als* ~ *für etw.; bei der Bewertung von Aufsätzen strengere Maßstäbe anlegen; neue Maßstäbe setzen; im internationalen* ~ ('wenn man es im internationalen Vergleich betrachtet') *kommt diesem Projekt besondere Bedeutung zu;* **-voll** ⟨Adj.; Steig. reg., Superl. ungebr.⟩ 'das rechte Maß (2.2) einhaltend'; ANT maßlos: ~ (SYN 'mäßig 1') *von etw. Gebrauch machen/von etw.* ~*en Gebrauch machen; er lebte sehr* ~ ❖ ↗ voll

¹Mast [mast]**, der**; ~es, ~e/auch ~en **1.** 'senkrecht stehende, aus einem starken, langen Baumstamm od. aus einem stählernen Rohr bestehende Vorrichtung, die auf dem Deck eines Schiffes angebracht ist und je nach Typ die Segel trägt od. zum Be- und Entladen genutzt wird'; ↗ FELD VIII.4.3.1: *den* ~ *aufrichten, kappen, umlegen; am* ~ *emporklettern* ❖ **Halbmast**

²Mast, die; ~, ~en ⟨vorw. Sg.⟩ 'das Mästen': *die* ~ *von Gänsen, Enten, Schweinen; für die* ~ *von Schweinen werden Eicheln verfüttert* ❖ ↗ **mästen**

mästen ['mɛstn̩], mästete, hat gemästet /jmd./ *ein Tier* ~ 'ein Tier, bes. Rind, Schwein, Gans, reichlich füttern, damit es zum Schlachten ein gutes Gewicht bekommt': *Schweine, Ochsen* ~; *die Gänse wurden gemästet;* umg. scherzh. *du willst mich wohl* ~? /sagt man zu jmdm., der einen ständig zum Essen nötigt/ ❖ ↗ **²Mast**

Material [mate'ʁiaːl]**, das**; ~s, ~ien [..'ʁiaːliən] **1.** 'etw. Stoffliches, das aus der Natur od. künstlich gewonnen, hergestellt wird und das man bei, für die Herstellung von etw. verwendet'; ↗ FELD II.5.1: *geeignetes, gutes, teures, seltenes ~; seltene ~ien; ein bestimmtes ~ einsetzen, verarbeiten; das ~ ist knitterfrei* 2. ⟨vorw. Sg.⟩ 'Schriftliches, das (als Beweis, Nachweis) für bestimmte Zwecke gesammelt und verwendet wird': *belastendes, interessantes, biografisches, wissenschaftliches ~; ~ sammeln, systematisieren, ordnen, verarbeiten, auswerten; ~ für eine Publikation zusammentragen; etw. durch ~ belegen* ❖ **Arbeitsmaterial, Baumaterial, Beweismaterial, Heizmaterial;** vgl. **Materie**

Materialismus [mateʀi̯aˈlɪsmʊs], **der;** ~, ⟨o.Pl.⟩ 'philosophische Lehre, die davon ausgeht, dass die Materie (1.1), die objektive Realität das Ursprüngliche, Grundlegende darstellt und das Bewusstsein, die Ideen von ihr abhängen'; ANT Idealismus (2): *der englische, französische ~; der ~ der Antike; der ~ Feuerbachs; der dialektische ~ von Marx* ❖ ↗ **Materie**

Materialist [mateʀi̯aˈlɪst], **der;** ~en, ~en ANT Idealist 1. 'Vertreter des Materialismus': *er ist ~* 2. 'jmd., der in seinem Denken und Handeln nur nach Besitz und Gewinn strebt': *er ist ein ~; so ein ~!* ❖ ↗ **Materie**

materialistisch [..ˈlɪst..] ⟨Adj.⟩ ANT idealistisch 1. ⟨Steig. reg., ungebr.⟩ 'nur nach Besitz und Gewinn strebend' /vorw. auf Personen bez./: *ein ~er Mensch; er ist sehr ~ eingestellt* 2. ⟨o. Steig.⟩ 'vom Materialismus ausgehend' /auf Abstraktes bez./: *eine ~e Betrachtungsweise, Weltanschauung; etw. ~ interpretieren* ❖ ↗ **Materie**

Materie [maˈteːʀi̯ə], **die;** ~, ~n 1. ⟨o.Pl.⟩ 'objektive Realität in ihrer grundlegenden, stofflichen Erscheinungsform'; ↗ FELD II.5.1: *feste, flüssige, gasförmige ~; organische, lebende, tote ~* 2. ⟨vorw. Sg.⟩ 'die fachlichen Grundlagen eines thematischen Bereichs': *die schwierige ~ beherrschen; sich mit der ~ (seines Fachgebiets) auseinandersetzen, vertraut machen* ❖ **Materialismus, Materialist, materiell;** vgl. **Material**

materiell [mateˈʀi̯ɛl] ⟨Adj.; o. Steig.; nicht bei Vb.⟩ /vorw. auf Abstraktes bez./ 1. ⟨nur attr.⟩ 'objektiv Reales betreffend': *~e Lebensbedingungen, Bedürfnisse; die Produktion ~er Güter* 2. ⟨nur attr.⟩ 'die Sachen, Werte betreffend'; ANT ideell (1.2): *es ist bei dem Brand großer ~er Schaden entstanden; der ~e Wert des Armbands ist gering* 3. ⟨nicht präd.⟩ SYN 'finanziell (2)': *in ~e Schwierigkeiten geraten; ~e Verhältnisse; jmdn. ~ unterstützen* ❖ ↗ **Materie**

Mathematik [matemaˈtiːk], **die;** ~, ⟨o.Pl.⟩ 'Wissenschaft von den Zahlen, Mengen, Formen und den zwischen ihnen möglichen Relationen': *elementare, angewandte, praktische, ~; er studiert höhere ~; die Regeln der ~; Algebra, Arithmetik und Geometrie sind Teilgebiete der ~* ❖ **Mathematiker, mathematisch**

Mathematiker [mateˈmaːtɪkɐ], **der;** ~s, ~ 'Fachmann auf dem Gebiet der Mathematik'; ↗ FELD I.10:

ein begabter, anerkannter ~; er arbeitet als ~ ❖ ↗ **Mathematik**

mathematisch [mateˈmaːt..] ⟨Adj.; o. Steig.⟩ 'die Mathematik betreffend, auf der ~ beruhend' /auf Abstraktes bez./: *eine ~e Formel, Gleichung; ~e Operationen; mit ~er Genauigkeit; etw. ~ genau berechnen* ❖ ↗ **Mathematik**

Matinee [matiˈneː], **die;** ~, ~n [..ˈneːən] 'künstlerische Veranstaltung am Vormittag': *eine ~ veranstalten; an einer ~ teilnehmen; zu einer ~ einladen*

Matratze [maˈtʀatsə], **die;** ~, ~n 'gepolsterte Unterlage eines Bettes, auf der man liegt': *die Füllung der ~; eine ~ aus Seegras, Rosshaar; eine ~ klopfen, lüften, absaugen*

Matrose [maˈtʀoːzə], **der;** ~n, ~n 1. 'ausgebildeter Seemann der Handelsschifffahrt': *als ~ auf einem Handelsschiff, Tanker anheuern* 2. 'Angehöriger der Seestreitkräfte mit einem bestimmten Dienstgrad' (↗ TAFEL XIX)

Matsch [matʃ], **der;** ~es, ⟨o.Pl.⟩ umg. 'vom Regen aufgeweichter Boden od. tauender Schnee, mit Erde, Schlamm vermischt'; ↗ FELD III.2.1: *im ~ versinken; sich mit ~ bespritzen; der Schnee verwandelte sich bald in ~* ❖ **matschig** − **Schneematsch**

matschig [ˈmatʃɪç] ⟨Adj.; Steig. reg.; nicht bei Vb.⟩ 1. 'durch Fäulnis zersetzt, nass und nicht mehr frisch und fest'; /auf Früchte bez./: *~es Obst; ~e Birnen, Tomaten; die Pflaumen sind ~* 2. 'voller Matsch'; ↗ FELD III.2.3: *~e Straßen, Wege; die Waldwege sind sehr ~* ❖ ↗ **Matsch**

matt [mat] 1. ⟨Steig. reg.⟩ 'müde und kraftlos'; /vorw. auf Personen bez./: *er war, fühlte sich ganz ~ vor Hunger; er war von der Reise noch etwas ~* (SYN 'schlapp'); *seine ~en Glieder ausruhen; mit ~er* (ANT kräftiger) *Stimme sprechen; sie lächelte ~* 2. ⟨Steig. reg., Superl. ungebr.; nicht bei Vb.⟩ 'ohne Glanz, nicht spiegelnd'; SYN stumpf (5), ANT blank (1) /auf Materialien bez./: *~es Gold; eine ~e Glasur; die Politur ist ganz ~ geworden; er will die Fotos ~* 3. ⟨Steig. reg.; nicht bei Vb.⟩ 'von geringer Leuchtkraft (und im Farbton nicht kräftig); ANT hell (2) /auf Licht, Lichtquellen bez./: *~es Licht; ein ~er Lichtschein; die Lampe leuchtete, schimmerte ~* 3.2. SYN 'blass (2)' /auf Farben bez./: *~e* (ANT lichte 1.2) *Farbtöne; der ~e Ton der Bluse wirkt nicht sehr vorteilhaft* 4. ⟨Steig. reg., ungebr.; vorw. attr.⟩ 'nicht überzeugend und daher ohne Wirkung': *ein ~er Vortrag, Redner; ein ~er Versuch* 5. ⟨o. Steig.; nur präd. (mit sein)⟩ /jmd./ ~ *sein* 'im Schachspiel besiegt sein': *nach dem zehnten Zug war er ~; (Schach und) ~!* /Ankündigung, dass man den Gegner mit dem folgenden Zug besiegen wird/ ❖ **Mattigkeit** − **Mattscheibe**
* /jmd./ **jmdn. ~ setzen** 'jmdn. unfähig zum Kämpfen, Handeln machen und damit als Gegner ausschalten': *durch geschicktes Vorgehen seine Konkurrenten ~ setzen*

Matte [ˈmatə], **die;** ~, ~n 'grob geflochtene od. gewebte Unterlage, die auf den Fußboden gelegt wird': *eine ~ aus Kokosfasern, Bast; den Flur mit einer ~ bedecken; die Schuhe auf einer ~ abtreten; der Wettkampf der Ringer wird auf einer ~ ausgetragen* ❖ **Hängematte**

* umg. /jmd./ **jmdn. auf die ~ legen** ('jmdn. besiegen'); /jmd./ **auf der ~ stehen** 'einsatzbereit am (verabredeten) Ort sein': *früh um sechs Uhr stand er schon auf der ~*

Mattigkeit ['matɪç..], **die**; ~, ⟨o.Pl.⟩ 'das Mattsein (1)': *körperliche ~; jmdn. befällt ~* ❖ ↗ **matt**

Matt|scheibe ['mat..], **die** 'an der Oberfläche rau (1) und matt (2) gemachte, durchsichtige Scheibe aus Glas od. Kunststoff im Fotoapparat zum Einstellen des Bildes' ❖ ↗ **matt**, ↗ **Scheibe**

* umg. /jmd./ **eine ~ haben** 'etw. langsam, schwer begreifen, nicht mehr klar denken können': *der hat ja, wohl 'ne ~!*

Mätzchen ['mɛtsçən], **die** ⟨Pl.⟩ umg. 'durchschaubare, törichte Äußerungen, Handlungen, durch die jmd. etw. zu erreichen, jmdn. zu täuschen versucht': *mach nicht solche ~!; diese ~ kannst du dir sparen!*

mau [mau] ⟨Adj.; Steig. reg., ungebr.; nicht attr.⟩ umg. **1.** 'Unbehagen empfindend': *jmdm. ist (es), jmdm. wird ~: mir war, mir wurde vor Hunger (ganz) ~; ich fühlte mich (ganz) ~* **2.** SYN 'schlecht (2.2)': *die Geschäfte gehen ~; mit dem Projekt sieht es ~ aus; der Umsatz war heute ~*

Mauer ['mauɐ], **die**; ~, ~n **1.** 'aus Ziegeln od. anderen Steinen und Mörtel errichteter Teil eines Bauwerks, Gebäudes od. frei stehendes Bauwerk, das ein Grundstück umgrenzt'; ↗ FELD V.3.1: *eine dicke, dünne, hohe, niedrige ~; eine alte, mittelalterliche ~; der Garten ist durch eine ~ begrenzt; das Haus hat dicke ~n ('Wände'); eine ~ bauen, errichten, abtragen, niederreißen; die Männer standen wie eine ~* ('standen dicht gedrängt, ohne zu weichen'); hist. *die ~* ('Grenze') *in Berlin; die Schüsse an der ~* **2.** ⟨vorw. Sg.⟩ *eine ~ von/des …* 'eine unüberwindlich scheinende emotionale Barriere, die Mitmenschen gegen andere errichtet haben': *die ~ des Schweigens, Misstrauens durchbrechen; gegen eine ~ von Hass, Vorurteilen, Missgunst anrennen* ❖ **Gemäuer, mauern, Maurer – Mauerstein, -werk, untermauern, Grundmauer**

mauern ['mauɐn] ⟨reg. Vb.; hat⟩ /jmd., bes. Maurer/ *etw. ~* 'etw. aus Steinen und Mörtel bauen'; ↗ FELD V.3.2: *eine Terrasse, Treppe, Wand ~; der Schornstein wird, ist gemauert* ❖ ↗ **Mauer**

Mauer ['mauɐ..]**|-stein**, **der** 'meist quaderförmiger Ziegel, der zum Bauen von Mauern, Gebäuden dient'; ↗ FELD II.5.1: *ein roter, gelber ~; ~e ab-, aufladen* ❖ ↗ **Mauer**, ↗ **Stein**; **-werk**, **das** ⟨vorw. Sg.⟩ 'etw. aus Ziegelsteinen und Mörtel Gemauertes': *altes, lockeres ~* ❖ ↗ **Mauer**

Maul [maul], **das**; ~s/auch ~es, Mäuler ['mɔilɐ] 'der Teil des Kopfes bestimmter Tiere, der zur Aufnahme der Nahrung dient'; ↗ FELD I.1.1: *das weit aufgerissene ~; das ~ des Pferdes, Hundes, Haies, Löwen, des Karpfens* **2.** derb 'Mund': *nimm die Zi-*

garette aus dem ~!; mach das ~ zu!; vgl. *Schnauze* ❖ **maulen – Maulkorb, Maulwurf**

MERKE Zum Unterschied von *Maul* und *Mund*: ↗ *Mund* (Merke)

* derb /jmd./ **ein loses, ungewaschenes ~ haben** ('frech reden'); /jmd./ **sich über jmdn., etw. das ~ zerreißen** ('schlecht über jmdn., etw. sprechen'); /jmd./ **das ~ aufmachen**: ↗ *Mund*; /jmd./ **das ~ halten**: ↗ *Mund*; /jmd./ **jmdm. das ~ stopfen**: ↗ *Mund*; /jmd./ **jmdm. das ~ verbieten**: ↗ *Mund*; /jmd./ **sich** ⟨Dat.⟩ **das ~ verbrennen**: ↗ *Mund*

Maulaffen ['maul|afn̩]

* umg. /jmd./ **~ feilhalten** 'mit offenem Mund, staunend, untätig bei etw. zusehen, zuhören' /vorw. verneint und als Aufforderung/: *halt nicht ~ feil!*

maulen ['maulən] ⟨reg. Vb.; hat⟩ umg. /jmd., bes. Kind/ 'seinen Unmut, seine Unzufriedenheit durch Verziehen des Gesichts und durch bestimmte sprachliche Äußerungen ausdrücken': *maul nicht!; der Kleine maulte, weil er kein Eis bekam; er hat ständig gemault; ~d saß sie in der Ecke* ❖ ↗ **Maul**

Maul ['maul..]**|-esel**, **der** 'aus dem Hengst des Pferdes und der Stute des Esels gekreuztes Tier'; ↗ FELD II.3.1: *zum Transport in den Bergen ~ benutzen* ❖ ↗ **Esel**; **-korb**, **der** 'Geflecht mit weiten Maschen, das bissigen Tieren, bes. Hunden, vor das Maul (1) gebunden wird': *einen ~ anlegen* * /jmd., Institution/ **jmdm. den ~ anlegen** ('jmdn. an der freien Meinungsäußerung hindern') ❖ ↗ **Maul**, ↗ **Korb**; **-tier**, **das** 'aus dem Hengst des Esels und der Stute des Pferdes gekreuztes Tier'; ↗ FELD II.3.1: *~e dienen zum Transport von Lasten im Gebirge* ❖ ↗ **Tier**; **-wurf**, **der**; ~s/auch ~es, Maulwürfe 'kleines Säugetier mit kurzem, dichtem Pelz und schaufelförmigen Vorderbeinen, das in Gängen unter der Erde lebt und vorwiegend nach Insekten gräbt'; (↗ TABL Säugetiere) ❖ ↗ **Maul**, ↗ **werfen**

Maurer ['maurɐ], **der**; ~s, ~ 'Handwerker, der Mauerwerk herstellt'; ↗ FELD I.10: *er arbeitet als ~ auf einer Baustelle* ❖ ↗ **Mauer**

Maus [maus], **die**; ~, Mäuse ['mɔizə] 'kleines Nagetier mit kurzen Haaren und langem Schwanz, das in Feldern, Wäldern und menschlichen Ansiedlungen lebt und als Schädling gilt'; ↗ FELD II.3.1 (↗ TABL Säugetiere): *eine weiße, graue ~; die Mäuse nagen, knabbern, pfeifen; Mäuse in einer Falle fangen; die ~ wird von einer Katze gejagt;* vgl. auch *Ratte* ❖ **mausen – Mausefalle**

Mause|falle ['mauzə..], **die** 'Falle zum Fangen von Mäusen in Häusern, Wohnungen'; (↗ BILD): *eine ~ aufstellen* ❖ ↗ **Maus**, ↗ **Falle**

mausen ['mɑuzn̩] ⟨reg. Vb.; hat⟩ umg. /jmd./ etw. ~ ˈetw. zumeist Geringfügiges stehlen (1.1)ˈ: *er hat einen Apfel gemaust; jmdm. etw. ~: wer hat mir meinen Radiergummi gemaust;* vgl. *stehlen* (1.1) ❖ ↗ **Maus**

mausern ['mɑuzɐn] ⟨reg. Vb.; hat⟩ **1.** /Vogel/ *sich ~* ˈdie Federn wechselnˈ: *Enten, Hühner ~ sich im Herbst;* fachspr. auch: *Enten, Hühner ~ im Herbst* **2.** umg. scherzh. /jmd./ *sich ~* ˈsich vorteilhaft entwickelnˈ: *sie hat sich in der letzten Zeit sehr, ganz schön, mächtig gemausert; sich zu etw. ~: sie hat sich zu einer Dame gemausert*

mausig ['mɑuzɪç] ⟨Adj.⟩
* umg. /jmd./ **sich ~ machen** ˈfrech jmdm. gegenüber auftretenˈ: *der soll sich bloß nicht ~ machen!; wenn der sich ~ macht, setzt es was*

Maut [mɑut], **die**; ~, ~en vorw. österr. süddt. ˈGebühr für die Benutzung von bestimmten Brücken, Tunnels, Straßenˈ: *~ bezahlen*

¹**maximal** [maksi'mɑːl] ⟨Adj.; o. Steig.⟩ ˈein Maximum (1.1) darstellendˈ; ANT minimal /auf Abstraktes bez./: *eine ~e Steigerung; ~en Schutz gewährleisten; die ~e Befriedigung der Bedürfnisse; etw. ~ ausnutzen* ❖ ↗ **Maximum**

²**maximal** ⟨Gradpartikel⟩ ˈim höchsten Falleˈ: *die ~ zulässige Geschwindigkeit; der Kran hebt ~ zehn Tonnen; der Tank fasst ~ dreißig Liter; das Boot ist ~ für drei Personen zugelassen* ❖ ↗ **Maximum**

Maxime [ma'ksiːmə], **die**; ~, ~n ˈGrundsatz für das Denken und Handelnˈ: *eine klare, erprobte, richtige ~; die oberste ~ seines Lebens war …; eine ~ aufstellen, verfolgen, verwirklichen; nach einer ~ leben: er lebte nach der ~: Ehrlichkeit währt am längsten*

Maximum ['maksimʊm], **das**; ~s, Maxima [..mɑː]; ANT Minimum **1.1.** ⟨o.Pl.; vorw. mit unbest. Art.⟩ SYN ˈHöchstmaßˈ: *ein ~ an Willenskraft, Erfolg; ein ~ an Sicherheit bieten; ein ~ leisten, erreichen, vollbringen, aufbieten* **1.2.** ˈgrößter gemessener meteorologischer Wert (4)ˈ: *das ~ der Luftfeuchtigkeit; die Temperaturen erreichten ihr ~* ❖ ¹·²**maximal**

Mayonnaise [majo'nɛːzə/..'neː..], **die**; ~, ~n ↗ *Majonäse*

Mäzen [mɛ'tseːn], **der**; ~s, ~e ˈvermögende Privatperson, die mit finanziellen Mitteln Kunst, Kultur, Projekte od. Personen auf dem Gebiet des Sports fördertˈ: *er hat viele Künstler als ~ gefördert, er war der ~ vieler Künstler*

Mechanik [mɛ'çaːnɪk], **die**; ~, ~en **1.** ⟨vorw. Sg.⟩ ˈTeilgebiet der Physik, das sich mit dem Verhalten der Körper und Systeme (1) unter dem Einfluss von Kräften (3) befasstˈ: *die Gesetze der ~; die klassische, moderne ~* **2.** SYN ˈMechanismus (1)ˈ: *eine einfache, komplizierte ~; die ~ eines Geräts, einer Apparatur; die ~ des Fotoapparats läuft, ist gestört, kaputt* ❖ **Mechaniker, mechanisch, Mechanismus**

Mechaniker [mɛ'çaːnɪkɐ], **der**; ~s, ~ ˈFacharbeiter, Handwerker, der Maschinen od. technische Geräte herstellt, wartet und repariertˈ: *er ist ~, arbeitet als*

~; *die Reparatur von einem ~ machen lassen; einen ~ rufen, kommen lassen* ❖ ↗ **Mechanik**

mechanisch [mɛ'çaːn..] ⟨Adj.; o. Steig.⟩ **1.** ⟨nicht präd.⟩ ˈdurch die Gesetze der Mechanik bestimmtˈ /vorw. auf Abstraktes bez./: *~e Kraft, Energie; das ~e Gleichgewicht; ~e Abnutzung, Beanspruchung; etw. wird ~ stark beansprucht* **2.** ⟨nicht präd.⟩ **2.1.** SYN ˈmaschinell (1.1)ˈ: *etw. im ~en Verfahren herstellen; etw. ~ vervielfältigen* **2.2.** ˈmit Hilfe eines Mechanismus (1) funktionierendˈ /auf Geräte bez./: *ein ~er Webstuhl; ~es Spielzeug; dieses Gerät funktioniert ~* **3.** ˈdurch häufiges Wiederholen ohne bewusste Steuerung wie von selbst ablaufendˈ /vorw. auf Tätigkeiten, Vorgänge bez./: *~e Reaktionen, Bewegungen; eine Handlung ~ ausführen; ~ nach etw. greifen; ~ antworten, grüßen* ❖ ↗ **Mechanik**

Mechanismus [mɛça'nɪsmʊs], **der**; ~s, Mechanismen [..mən] **1.** ˈTeile einer Maschine (1), Apparatur, technischen Einrichtung, die im Komplex zusammenwirken und das Funktionieren des Ganzen ermöglichenˈ; SYN Mechanik (2): *ein komplizierter ~; einen ~ konstruieren, in Bewegung setzen; ein ~ läuft ab* **2.** ˈVorgänge in Behörden, Körperschaften, bestimmten Systemen, die selbsttätig, mechanisch (3) ablaufenˈ: *der ~, die Mechanismen einer Verwaltung* ❖ ↗ **Mechanik**

meckern ['mɛkɐn] ⟨reg. Vb.; hat⟩ **1.** /jmd./ ˈkleinlich od. böswillig und unbeherrscht Unzufriedenheit äußernˈ: *er meckerte den ganzen Tag; immer hat er was zu ~; über etw., jmdn. ~: er hat oft über das Essen, den Service, Kellner, den Chef gemeckert;* vgl. *nörgeln* **2.** *die Ziege meckert* (ˈgibt die für eine Ziege typischen Laute von sichˈ)

Medaille [me'daljə], **die**; ~, ~n ˈkleiner, meist runder scheibenförmiger Gegenstand aus Metall od. Kunststoff, mit einer bildlichen Darstellung, einer Inschrift zum Gedenken an etw. od. als Auszeichnung, der um den Hals getragen werden kannˈ: *eine goldene, silberne, bronzene ~; jmdm. eine ~ verleihen, überreichen; eine ~ prägen* ❖ **Medaillon** − **Bronzemedaille, Goldmedaille, Silbermedaille**

Medaillon [medal'jɔŋ/..'jɔ̃ː], **das**; ~s, ~s **1.** ˈan einem Kettchen getragenes Schmuckstück in Form einer kleinen, flachen Kapsel, die meist ein kleines Porträt, Bild o.Ä. enthältˈ: *sie trägt ein ~ am Hals* **2.** ˈStück Fleisch in Form einer kleinen runden Scheibeˈ: *~s vom Schwein (in Sahne); ~s braten, grillen* ❖ ↗ **Medaille**

Medikament [medika'mɛnt], **das**; ~s, ~e ˈnatürlicher od. synthetischer Wirkstoff, der zur Beeinflussung körperlicher Prozesse dient, bes. zum Beheben, Heilen körperlicher, gesundheitlicher Schädenˈ; SYN Arznei, Arzneimittel, Mittel (2.2): *(jmdm.) ein ~ verordnen, verschreiben, absetzen, verabreichen; ein ~, ~e einnehmen* ❖ **medikamentös**

medikamentös [medikamɛn'tøːs] ⟨Adj.; o. Steig.⟩ ˈmit Hilfe von Medikamentenˈ: *eine ~e Therapie; jmdn., eine Krankheit ~ behandeln* ❖ ↗ **Medikament**

Medium ['me:dɪ̯ʊm], **das**; ~s, Medien [..dɪ̯ən] **1.1.** 'etw., das als Träger von Informationen dient': *das ~ Sprache, Kunst; Rundfunk und Fernsehen als Medien der Massenkommunikation; verschiedene Medien einsetzen, nutzen* **1.2.** ⟨nur im Pl.⟩ 'Massenmedien': *die Rolle, Verantwortung der Medien; etw. von den Medien verbreiten lassen* **2.** 'Person, die angeblich mit Hilfe besonderer Fähigkeiten Verbindungen mit übersinnlichen Sphären herstellen kann': *sie diente als ~ in spiritistischen Sitzungen* ❖ **Massenmedien**

Medizin [medi'tsi:n], **die**; ~, ~en **1.** ⟨o.Pl.⟩ 'Wissenschaft, die sich mit dem Erkennen, der Verhütung, Behandlung und Heilung von Krankheiten befasst': *die gerichtliche, praktische, vorbeugende ~; ~ studieren; die Erkenntnisse der modernen ~* **2.** ⟨vorw. Sg.⟩ 'Medikament, bes. in flüssiger Form': *eine teure, wirksame ~; ~ verordnen, verschreiben* ❖ **Medizin, medizinisch**

Mediziner [medi'tsi:nɐ], **der**; ~s, ~ 'Fachmann auf einem beliebigen Gebiet der Medizin (1), der auf einer Hochschule ausgebildet wurde': ↗ FELD I.10: *er ist ~, ist als ~ in einer Klinik tätig* ❖ ↗ **Medizin**

medizinisch [medi'tsi:n..] ⟨Adj.; o. Steig.; nicht präd.; vorw. attr.⟩ 'die Medizin (1) betreffend, zur Medizin gehörend': *ein ~es Problem; die ~e Betreuung der Patienten; ~e Geräte; ein ~es Institut; ~ gesehen ist diese Diät nicht vertretbar* ❖ ↗ **Medizin**

Meer [me:ɐ], **das**; ~es/auch ~s, ~e ['me:ʀə] **1.1.** ⟨o.Pl.⟩ 'den größten Teil der Erdoberfläche einnehmende, zusammenhängende Masse von Salzwasser, die die Kontinente der Erde umgibt'; SYN ²See; ↗ FELD II.2.1: *das offene, wogende ~; an der Küste des ~es; das ~ wogt, braust, ist ruhig, spiegelglatt; ans ~ fahren; das Schiff fährt auf das offene ~ hinaus; im ~ schwimmen, baden* **1.2.** 'bestimmter Teil von Meer (1) /vorw. als Teil geografischer Namen/: *das Schwarze, Rote, Gelbe ~; die südlichen, nördlichen ~e* **2.** emot. *ein ~ von …* 'eine unübersehbar große Menge von': *ein ~ von Blüten, Fahnen, Häusern* ❖ **Meerbusen, -enge, Meeresfrüchte, Meerschwein, Meeresspiegel**

Meer ['..]|**-busen**, **der** SYN '¹Golf' /auch in geografischen Namen/; ↗ FELD II.2.1: *der Finnische ~* ❖ ↗ Meer; **-enge**, **die**; ~, ~n 'länglicher, schmaler Teil des Meeres zwischen Kontinenten, zwischen Festland und Insel od. zwischen Inseln'; ↗ FELD II.2.1: *die ~ von Gibraltar* ❖ ↗ Meer, ↗ eng

Meeres ['me:ʀəs..]|**-früchte** [fʀʏçtə], **die** ⟨Pl.⟩ 'essbare Fische, Krebse, Muscheln' ❖ ↗ Meer, ↗ Frucht; **-spiegel**, **der** ⟨o.Pl.⟩ 'Oberfläche des Meeres, die bei mittlerem Wasserstand die Grundlage für Messungen der Höhe des Festlandes bildet': ↗ FELD IV.2.1: *der Ort liegt 600 Meter über, unter dem ~; ein Berg mit einer Höhe von 3000 Metern über dem ~* ❖ ↗ Meer, ↗ Spiegel (2)

Meer|**-rettich** ['me:ɐ..], **der** ⟨o.Pl.⟩ 'Pflanze, deren lange, scharf schmeckende Wurzel als Gewürz verwendet wird': *geriebener ~; Karpfen, Schinken mit*

~ ❖ ↗ Rettich; **-schweinchen** [ʃvaɪnçən], **das** 'schwanzloses Nagetier Südamerikas mit geflecktem Fell, das nachts aktiv ist und häufig, bes. von Kindern, in Wohnungen gehalten wird'; ↗ FELD II.3.1 ❖ ↗ Meer, ↗ Schwein

Mehl [me:l], **das**; ~s/auch ~es, ⟨o.Pl.⟩ /fachspr. ~e **1.** 'durch Mahlen von Getreide entstandenes Pulver, aus dem Backwaren hergestellt werden': *~ aus Roggen, Weizen, Hafer; weißes, dunkles, feines, grobes ~; ~ zum Backen von Brot, Brötchen, Kuchen; Fleisch in ~ wälzen; ~ sieben, mit Wasser anrühren* **2.** 'pulverartige Substanz, die durch Zermahlen fester Körper entsteht': *Ziegel zu ~ zermahlen; ~ aus Fischabfällen, Knochen* ❖ **mehlig – Paniermehl, Sägemehl**

mehlig ['me:lɪç] ⟨Adj.; Steig. reg.⟩ **1.** ⟨nicht bei Vb.⟩ /beschränkt verbindbar/: *der Bäcker hat ~e Hände* ('Mehl haftet an seinen Händen'); *das Brot ist ~* **2.** ⟨vorw. attr.⟩ 'fein wie Mehl' /auf bestimmte Stoffe, Materialien bez./: *~er Staub, Sand; ~e Sägespäne* **3.** 'nicht saftig' /auf bestimmte Früchte bez./: *~e Äpfel, Birnen, Pfirsiche; die Birnen sind, schmecken ~* ❖ ↗ **Mehl**

¹mehr [me:ɐ] ⟨Indefinitpron.; für Mask., Fem., Neutr. und Pl.; Komp. zu ↗ ¹viel; ↗ auch mehrere⟩; ↗ TAFEL X /drückt aus, dass eine Anzahl, eine Menge über ein bestimmtes Maß hinausgeht/: ⟨adj.⟩ *er hat (viel) ~ Geld, Bücher als wir; er will noch ~ Bücher kaufen; es waren ~ Leute da, als du denkst;* ⟨subst.⟩ *er hat ~ verlangt, als sie leisten konnte; sie hat ~ von ihm erwartet; darf es etwas ~ sein?* ❖ **²mehr, Mehr, mehren, mehrerlei, mehrfach, Mehrheit, vermehren – mehrdeutig, Stimmenmehrheit, vielmehr;** vgl. **mehr/Mehr-;** vgl. **viel**

²mehr ⟨Adv.⟩ **1.1.** ⟨bei Vb.; Komp. zu sehr, ²viel (1.1)⟩ /drückt aus, dass etw. über das bestimmte Ausmaß hinausgeht/; ANT weniger: *sie hat sich darüber geärgert als ich; ich friere ~ als du; du musst dich ~ schonen, musst ~ aufpassen* **1.2.** ⟨Komp. zu ²viel⟩ 'öfter': *~ als sonst* /drückt aus, dass etw. häufiger geschieht als normalerweise/: *im Urlaub gehe ich ~ spazieren als sonst; in Gesellschaft raucht er ~ als sonst* **2.** /drückt aus, dass eine von zwei Eigenschaften desselben Objekts dominiert/: *das Zimmer, die Kiste ist ~ lang als breit; er ist ~ Wissenschaftler als praktischer Arzt; er handelte ~ leichtsinnig als überlegt* **3.** *~ als* ⟨+ Prädikatsnomen⟩ 'äußerst, sehr': *das Ergebnis, die Ausbeute war ~ als dürftig* ('war überaus dürftig'); *diese Prüfung war ~ als gut* ('war sehr gut') **4.** ⟨nachgestellt; ~ + kein, nicht, nichts⟩ /drückt aus, dass ein Zustand, Vorgang nicht länger, nicht weiter besteht/: *sie hat keine Arbeit ~; er hat das Haus, Grundstück, Geld nicht ~; ich möchte davon nichts ~ hören; es besteht keine Hoffnung ~* **5.** /dient zur Umschreibung des Komp. bei Adj., Part. und Adv., von denen der Komp. nur schwer od. nicht zu bilden ist/: *er sucht eine ihm ~ zusagende Arbeit; du musst ~ links suchen* ❖ ↗ **¹mehr**

* /jmd./ **nicht ~ können** (ʾam Ende seiner Kräfte sein'); **~ und ~/immer ~** ʾin steigendem Maße': *ich habe ~ und ~/ immer ~ den Eindruck, dass er uns etwas vorspielt;* **~ oder weniger/~ oder minder** ʾinsgesamt gesehen': *~ oder weniger/ minder hatte er Recht;* **um so ~, als** ʾbesonders, weil': *der Wohnungstausch ist wichtig, um so ~, als ich demnächst den Arbeitsort wechsle*

Mehr, das; ~(s), ⟨o.Pl.⟩ *ein ~ an etw.* ⟨Dat.⟩ ʾeine zusätzliche Menge von etw.': *ein ~ an Arbeit leisten müssen; ein ~ an Geld einsetzen müssen; ein ~ an Licht kann das Auge nicht ertragen* ❖ ↗ **¹mehr**

mehr|deutig [..ʾdɔi̯tɪç] ⟨Adj.; o. Steig.; nicht bei Vb.⟩ ʾmehrere Deutungen zulassend' /auf Sprachliches bez./: *ein ironischer, ~er Titel; dieser Satz, diese Aussage ist ~* ❖ ↗ **¹mehr**, ↗ **deuten**

mehren [ˈmeːʁən] ⟨reg. Vb.; hat⟩ **1.1.** geh. /jmd., etw./ *etw. ~* ʾbewirken, dass etw. Positives zunimmt, sich vermehrt': *den Reichtum, Wohlstand, das Vermögen ~* **1.2.** /etw., das nicht als angenehm empfunden wird/ *sich ~* ʾsich vermehren': *die Anrufe, Anfragen, Klagen mehrten sich in den letzten Tagen* ❖ ↗ **¹mehr**

mehrere [ˈmeːʁəʁə] ⟨Indefinitpron.; Pl.; Sg. Neutr. mehreres; ↗ auch **¹mehr**/ bezeichnet eine unbestimmte, relativ große Anzahl, Menge/; SYN etliche (1.1); ANT wenige **1.1.** ⟨adj.; nur im Pl.⟩ *es waren ~ Personen anwesend; ~ Kollegen trafen sich auf der Tagung; er musste ~ Stunden warten; ein Wort mit ~n Bedeutungen; die Bedeutungen ~r Wörter;* Math. *eine Gleichung mit ~n Unbekannten;* ⟨subst.⟩ *~ (von ihnen) ergriffen das Wort* **1.2.** ⟨o.Pl.; Neutr.; subst.⟩ /bezeichnet eine unbestimmte, relativ große Anzahl, Menge/; SYN etliches (1.2): *es ist noch ~s zu klären* ❖ ↗ **¹mehr**

mehreres [ˈmeːʁəʁəs] ⟨Indefinitpron.; Neutr.⟩ ↗ **mehrere** (1.2)

mehrerlei [ˈmeːʁəlai̯/..ˈlai̯] ⟨Indefinitpron; indekl.; für Mask., Fem., Neutr. und Pl.⟩; ⟨adj.⟩ *es gibt ~* (ʾmehrere verschiedene') *Typen; in ~* (ʾverschiedener') *Hinsicht;* ⟨subst.⟩ *es ist ~* (ʾmehreres, Verschiedenes') *im Spiel* ❖ ↗ **¹mehr**

mehrfach [ˈmeːʁfax] ⟨Adj.; o. Steig.; nicht präd.⟩ ʾmehr als ein- od. zweifach': *etw. ~ überarbeiten, diskutieren, erläutern, reparieren; ein ~ gefaltetes Stück Papier; ein Dokument in ~er Ausfertigung; etw. in ~er Hinsicht betrachten; eine Seite ~ ausdrucken; er ist ~er Weltmeister* (ʾhat mehrere Male den Titel eines Weltmeisters errungen') ❖ ↗ **¹mehr**

Mehrheit [ˈmeːʁ..], **die**; ~, ~en **1.** ⟨vorw. Sg.⟩ **1.1.** ⟨vorw. mit Gen.attr.⟩ ʾder größere Teil einer Gruppe, von Sachen'; ↗ FELD I.11: *die ~ der Mitglieder hat dafür gestimmt; die ~ der Bevölkerung, der Schüler hat davon andere Auffassungen; er besaß die ~ der Anteile, Aktien* **1.2.** ʾgrößerer Teil der abgegebenen Stimmen für einen Kandidaten, für eine Partei': *er hat die ~ bekommen, erhalten, wurde mit überwältigender ~, mit einer ~ von einer Stimme gewählt;* ⟨o.Pl.⟩ *er wurde mit einfacher* (ʾmit weniger als der Hälfte, aber mit den meisten Stimmen')

gewählt; diese Partei hat im Parlament die absolute ~ (ʾhat mehr als die Hälfte der Sitze im Parlament') **2.** ⟨o.Pl.⟩ *in der ~* (ANT Minderheit) *sein* ʾzahlenmäßig überlegen sein': *die Gegner sind in der ~* ❖ ↗ **¹mehr**

mehr/Mehr [ˈmeːʁ..]|-**malig** [maːlɪç] ⟨Adj.; o. Steig.; nur attr.⟩ SYN ʾwiederholt'; ANT einmalig: *nach ~em Klopfen wurde geöffnet; ~es Ausdrucken des Textes ist möglich* ❖ ↗ Mal; -**mals** [maːls] ⟨Adv.⟩ SYN ʾwiederholt': *er hat es ~ versucht; es hat ~ geklingelt; ich habe ~ angerufen* ❖ ↗ Mal; -**spurig** [ʃpuːʁɪç] ⟨Adj.; o. Steig.⟩ ʾmit mehreren Fahrspuren' /auf Autobahnen, Straßen bez./: *eine ~e Autobahn; die Straße ist ~, wird ~ gebaut* ❖ ↗ Spur; -**stellig** [ʃtɛlɪç] ⟨Adj.; o. Steig.; nicht bei Vb.⟩ ʾaus mehreren Stellen (4.2) bestehend' /auf Zahlen bez./: *eine ~e Zahl, Summe* ❖ ↗ stellen; -**stündig** [ʃtʏndɪç] ⟨Adj.; o. Steig.; nur attr.⟩ ʾmehrere Stunden dauernd': *eine ~e Verhandlung; ein ~es Gespräch* ❖ ↗ Stunde; -**tägig** [tɛːgɪç/teː..] ⟨Adj.; o. Steig.; nur attr.⟩ ʾmehrere Tage dauernd' /vorw. auf Veranstaltungen bez./: *eine ~e Schulung, Reise* ❖ ↗ Tag; -**wöchig** [vœçɪç] ⟨Adj.; o. Steig.; nur attr.⟩ ʾmehrere Wochen dauernd' /vorw. auf Veranstaltungen bez./: *eine ~e Schulung; ein ~er Kurs* ❖ ↗ Woche; -**zahl, die** ⟨o.Pl.⟩ **1.** ʾPlural': *wie lautet die ~ von Kind?; ein Wort in der ~ gebrauchen* **2.** ⟨vorw. mit Gen.attr.⟩ ʾMehrheit' (1.1): *die ~ der Anwesenden, Mitglieder* ❖ ↗ Zahl

meiden [ˈmai̯dn̩], mied [miːt], hat gemieden [gəˈmiːdn̩] /jmd./ *jmdn., etw. ~* ʾsich von jmdm., etw. fern halten (1.2)'; ANT suchen: *jmdn., jmds. Gesellschaft ~; er meidet mich; sie hat diesen Ort lange gemieden; sie mied das Sonnenlicht; er mied es, Alkohol zu trinken* ❖ **vermeiden** – **unvermeidlich**

Meile [ˈmai̯lə], **die**; ~, ~n /Maßeinheit der Länge, die in den englischsprachigen Ländern je nach ihrer Bestimmung für eine unterschiedliche, aber größere Entfernung verwendet wird/: *die englische ~; die Strecke ist drei ~n lang*

mein [mai̯n] ⟨Possesivpron.; zum Personalpron. *ich*; Mask. und Neutr. Sg.; Fem. Sg. und Pl. *meine*⟩ (↗ TAFEL VIII) **1.1.** ⟨adj.⟩ ʾ(zu) mir gehörend': *~ Sohn, Kind, Haus; ~e Wohnung; ~e Verwandten, Tiere;* /in der Anrede, bes. in Briefen, in einer Ansprache/: *~ lieber Vater!; ~e lieben Gäste!* **1.2.** ⟨subst.; geh. auch mit best. Art.⟩ *das Haus steht neben ~em*/geh. *neben dem ~en; lass den Wagen zu Hause, wir nehmen ~en; der Bleistift ist ~er, das Auto ist ~(e)s;* geh. *ich komme mit den Meinen* (ʾmit meinen Angehörigen'); *ich tue das Meine* (ʾmeinen Teil') **2.** ⟨in der kommunikativen Wendung⟩ umg. *ach du ~e Güte!* /Ausruf der Bestürzung/ ❖ **meinerseits, meinesgleichen, meinetwegen**

MERKE Zum substantivischen Gebrauch von *mein:* ↗ **dein** (Merke)

Mein|eid [ˈmai̯n|ai̯t], **der** ʾEid, den man bei einer wissentlich falschen Aussage ablegt, abgelegt hat': *einen ~ schwören* ❖ ↗ **Eid**

meineidig ['..|ai̯dɪç] ⟨Adj.; o. Steig.; nicht bei Vb.; vorw. präd. (mit *werden, sein*)⟩ /jmd., bes. Zeuge vor Gericht/ ~ *werden* 'einen Meineid schwören': *er ist (mit dieser Aussage) ~ geworden; er war ~; ein ~er Zeuge* ❖ ↗ **Eid**

meinen ['mai̯nən] ⟨reg. Vb.; hat⟩ **1.** /jmd./ *etw.* ⟨vorw. *das, was* od. Nebens.⟩ ~ **1.1.** 'einer bestimmten Ansicht, Auffassung, Meinung sein': *ich meine, dass ich im Recht bin; er meint das auch; was meinst du dazu?; meinst du das wirklich?* **1.2.** ⟨mit Nebens.⟩ /jmd./ *etw.* ~ SYN 'etw. annehmen (5.2)'; ANT wissen: *er meinte, man würde ihm glauben/dass man ihm glauben würde; ich meine, er wird das schon einsehen/dass er das einsehen wird; meinst du, du kannst ihn ändern/dass du ihn ändern kannst?* **2.1.** /jmd./ *jmdn., etw.* ~ 'sich mit einer Äußerung auf jmdn., etw. beziehen': *ich meine nicht dich, sondern ihn; ich habe das grüne Kleid gemeint, nicht das blaue; du bist gemeint; wen hast du mit deiner Bemerkung gemeint?; meinst du mich, hast du mich (damit) gemeint?* **2.2.** /jmd./ *etw.* ~ ⟨vorw. *das, was*⟩ ~ 'etw. Bestimmtes ausdrücken wollen': *wie meinst du das* ('was willst du damit sagen')?; *so war das nicht gemeint!; was meist du damit, mit deiner Bemerkung, Anspielung?; ich meine das wörtlich* ('genau so, wie ich es sage'); *ich meinte das ganz anders* **2.3.** /jmd., etw./ *es irgendwie* ~ 'in Bezug auf jmdn. bestimmte Absichten haben': *ich meine es gut, ehrlich, nicht böse (mit dir); die Sonne meint es gut mit uns* ('scheint kräftig') **2.4.** /in den kommunikativen Wendungen/ *ich meine (ja) nur so* ('ich habe in diesem Zusammenhang solche Gedanken') /sagt jmd., wenn er seine Meinung nicht als absolut gültig verstanden wissen möchte/; *das will ich* ~ ('davon bin ich fest überzeugt')! /sagt jmd., wenn er jmds. Meinung sehr zustimmt od. wenn er seine Meinung unterstreichen will/; *das war nicht so gemeint* ('das war nicht so beabsichtigt') /sagt jmd., sich entschuldigend, zu jmdm., wenn dieser wegen einer Äußerung des Sprechers verärgert ist/ **3.** /jmd./ *etw.* ⟨vorw. *das, was*⟩ ~ 'etw. bemerken': *„ich sehe das auch so", meinte er; „wenn es so ist", meinte er, „gehen wir"; was meinten Sie eben?* ❖ **Meinung, vermeinen, vermeintlich** – **Meinungsstreit, Meinungsverschiedenheit**
MERKE Zum Unterschied von *annehmen, glauben, denken, meinen, vermuten:* ↗ **annehmen** (Merke)

meiner ['mai̯nɐ] ⟨Gen. vom Personalpron. *ich*; in Verbindung mit best. Verben⟩: *sie wollen* ~ *gedenken;* ↗ *ich*

meinerseits ['..zai̯ts] ⟨Adv.⟩ **1.1.** 'von mir ausgehend': *ich habe ~/ich* ~ *habe keine weiteren Bemerkungen;* ~ *gibt es keine Probleme/es gibt keine Probleme* ~ **1.2.** /in der kommunikativen Wendung/ *ganz* ~ ('ich empfinde es als so angenehm wie Sie') /sagt jmd. zu jmdm. höflich als Antwort, wenn dieser ihm gegenüber seine Freude darüber ausdrückt, ihn kennen gelernt zu haben/; ↗ auch *deinerseits* ❖ ↗ **mein,** ↗ **Seite**

meinesgleichen ['mai̯nəsglai̯çn̩] ⟨Indefinitpron.; indekl.; subst.; in Verbindung mit dem Subj. 1. Pers. Sg.⟩ 'jmd., der ist wie ich, Menschen meiner Art' /meint mehrere einzelne Personen od. eine Gesamtheit/: *ich und* ~; ↗ auch *deinesgleichen* ❖ ↗ **mein,** ↗ ¹**gleich**

meinetwegen ['mai̯nətve:gn̩] ⟨Adv.⟩ **1.** 'aus Gründen, die mich betreffen': *er ist* ~ *gekommen; alles ist nur* ~ *passiert* **2.** /drückt Zustimmung des Sprechers aus/: ~ *kannst du heute länger aufbleiben* ('ich habe nichts dagegen, dass du heute länger aufbleibst'); ↗ auch *deinetwegen* ❖ ↗ **mein,** ↗ **wegen**

Meinung ['mai̯n..], **die;** ~, ~en 'grundsätzliches, persönliches Urteil (2) über jmdn., etw., bes. über einen komplizierten, komplexen Sachverhalt'; SYN Ansicht (1), Auffassung, Gedanke (1.3): *eine eigene, andere, vorgefasste, weit verbreitete* ~; *jmds. persönliche, politische* ~; *seine* ~ *äußern, vortragen, vertreten, verteidigen, zur Diskussion stellen; seine* ~ *ändern,* ~*en austauschen; sich eine* ~ *zu etw., über etw., jmdn. bilden; wie ist deine* ~?; *ich bin folgender* ~; *ich bin der* ~, *dass …; mit jmdm. einer* ('gleicher') ~ *sein; er beharrte auf seiner* ~; *jmdn. nach seiner* ~ *fragen* ❖ ↗ **meinen**

Meinungs['mai̯nʊŋs..]**-streit, der** 'Diskussion mehrerer Personen über ihre verschiedenen Meinungen'; SYN Auseinandersetzung (1); ↗ FELD I.4.2.1: *ein heftiger* ~; *einen* ~ *führen; ein* ~ *ist entbrannt* ❖ ↗ **meinen,** ↗ **streiten; -verschiedenheit, die** ⟨vorw. Pl.⟩ **1.1.** 'Unterschiede od. Gegensätze in den vertretenen Meinungen'; ↗ FELD I.4.2.1: *große* ~ *en haben; zwischen, unter uns bestehen* ~ *en; ~en ausgleichen, klären, beseitigen* **1.2.** 'meist leichterer Streit'; SYN Differenz (3), Diskrepanz (2), Unstimmigkeit (2): *zwischen den beiden gab es öfter* ~*en; wir hatten eine kleine* ~ ❖ ↗ **meinen,** ↗ **scheiden**

Meise ['mai̯zə], **die;** ~, ~n **1.** 'kleiner, gewandter Singvogel in verschiedenen Arten, der in Deutschland ganzjährig heimisch ist'; ↗ FELD II.3.1
* landsch. umg. /jmd./ *eine* ~ *haben* 'ein bisschen verrückt, dumm sein': *der hat ja 'ne* ~!

Meißel ['mai̯sl̩], **der;** ~s, ~ 'keilförmig zugespitztes, scharfes Werkzeug, bes. für das Bearbeiten (1) von Stein'; ↗ FELD V.5.1 (↗ TABL Werkzeuge): *etw. mit dem* ~ *bearbeiten; ein Loch mit dem* ~ *in die Wand stemmen; mit Hammer und* ~ *arbeiten;* vgl. *Stemmeisen* ❖ **meißeln**

meißeln ['mai̯sl̩n] ⟨reg. Vb.; hat⟩ /jmd./; ↗ FELD V.5.2 **1.1.** *etw.* ~ 'etw. mit einem Meißel herstellen': *eine Plastik* ~; *ein Loch* ~ **1.2.** *etw. in etw.* ~ 'etw. mit einem Meißel in etw. eingravieren': *eine Inschrift in den Stein* ~ ❖ ↗ **Meißel**

¹**meist** [mai̯st] ⟨Indefinitpron.⟩: ↗ **meiste**
²**meist, am meisten** ⟨Adv.⟩ **1.** *am* ~*en* /Superl. zu *sehr,* ²*viel* (1.1)/ **1.1.** 'im höchsten Grade': *über ihn habe ich mich am* ~*en geärgert; sie ist am* ~*en zu bedauern* **1.2.** /dient der Umschreibung des Superl. von Adj., Part., von denen ein Superl. nur schwer od. nicht zu bilden ist/: *er ist der am* ~*en zu bemitleidende Mensch; das am*

~en zitierte Buch; er ist der am ~en Geschädigte von allen **2.** am *~en* ⟨Superl. zu ²*viel* (2)⟩ ˈam häufigsten'; *dieses Buch wurde am ~en zitiert* **3.** *meist* SYN ˈmeistens'; ANT selten (I.2.1), manchmal: *er kommt ~ erst gegen Abend* ❖ **meiste, meistens – zumeist**

meiste [ˈmaɪstə] ⟨Indefinitpron.; ↗ auch ¹*meist*, ²*meist*⟩ *der, die, das ~, die ~n* **1.** ⟨adj.⟩ /bezeichnet die größte Anzahl, Menge im Vergleich zu einer anderen Anzahl, Menge/: *er hat die ~n Zuhörer, Bücher, die ~ Zeit, das ~ Geld, den ~n Ärger von uns allen* **2.** /bezeichnet den größten Teil einer Gesamtheit, die Mehrheit/: ⟨adj.⟩ *die ~n Gäste brachen erst am Morgen auf; das ~ Geld hat er bekommen;* ⟨subst.⟩ *die ~n (der Gäste, von uns) waren schon gegangen; das ~ davon habe ich schon wieder vergessen* ❖ ↗ ²**meist**

meistens [ˈmaɪstn̩s] ⟨Adv.; ↗ auch ²*meist*⟩ ˈim Allgemeinen, fast immer'; SYN ²*meist* (3), normalerweise, zumeist; ANT selten (I.2.1), manchmal: *diese Krankheit verläuft ~ gutartig; ~ kommt er zu spät; er ist ~ zu Hause* ❖ ↗ ²**meist**

Meister [ˈmaɪstɐ], **der**; *~s, ~* **1.1.** ˈFacharbeiter, Handwerker, der auf Grund einer abgelegten Prüfung berechtigt ist, einen handwerklichen Betrieb zu leiten und Lehrlinge auszubilden': *bei einem ~ in die Lehre gehen; der ~ ist sehr streng; die Werkstatt wird von einem ~ geleitet* **1.2.** ⟨o.Pl.⟩ *seinen ~ machen* (ˈdie Meisterprüfung ablegen') **2.1.** ⟨+ Gen.attr.⟩ ˈjmd., der etw. hervorragend beherrscht'; ↗ FELD I.5.1: *er ist ein ~ der Sprache, der Verstellung, seines Fachs* **2.2.** ˈgroßer Künstler, bes. in der Musik u. bildenden Kunst': *die Galerie alter ~; ein unbekannter italienischer ~* **2.3.** ˈbedeutender Wissenschaftler, Künstler mit einem Kreis von Anhängern, Schülern': *sie hörten auf die Worte ihres ~s* **2.4.** ˈSieger in einer Meisterschaft (2.2.)': *er ist deutscher ~ im Kugelstoßen, 100-Meter-Lauf* ❖ **meisterhaft, meistern, Meisterschaft – Bürgermeister, Meisterleistung, -prüfung, -stück, Weltmeister, Weltmeisterschaft**

meisterhaft [ˈ..] ⟨Adj.; o. Steig.⟩ ˈhervorragend' /vorw. auf Tätigkeiten, Leistungen bez./; ANT dilettantisch: *eine ~e Aufführung; ein ~er Sprung, Wurf; sein Vortrag war ~; etw. ~ beherrschen, spielen; sich auf etw. ~ verstehen* ❖ ↗ **Meister**

Meister|leistung [ˈ..], **die** ⟨vorw. Sg.⟩ ˈhervorragende, vollendete Leistung': *der Roman, Film, das Bild ist eine ~* ❖ ↗ **Meister,** ↗ **leisten**

meistern [ˈmaɪstɐn] ⟨reg. Vb.; hat⟩ /jmd./ *etw. ~* **1.1.** ˈetw. Schwieriges gut bewältigen'; ↗ FELD I.2.2, 5.2: *Schwierigkeiten, Probleme ~; er hat die Situation, sein Leben gut gemeistert* **1.2.** ˈseine psychischen Regungen unterdrücken, zügeln': *seine Erregung, Leidenschaften, Unruhe ~* ❖ ↗ **Meister**

Meister|prüfung [ˈmaɪstɐ..], **die** ˈPrüfung, durch die jmd., ein Geselle die Qualifikation als Meister (1.1) erlangt': *die ~ ablegen* ❖ ↗ **Meister,** ↗ **prüfen**

Meisterschaft [ˈ..], **die**; *~, ~en* **1.** ⟨vorw. Sg.⟩ ˈmeisterhaftes Können': *seine sprachliche, handwerkli-*

che, vollendete ~; die Solistin brachte es zu hoher ~; seine ~ zeigen, unter Beweis stellen **2.1.** ⟨vorw. Pl.⟩ ˈperiodisch stattfindender Wettkampf, der mit der Verleihung des Titels ‚Meister' (2.4) an den Sieger endet': *an den ~en teilnehmen; die ~en finden in N statt; die ~en im Rudern, Boxen austragen* **2.2.** ˈSieg in der Meisterschaft (2.1)': *um die ~ kämpfen; die ~ im Hochsprung der Damen erringen* ❖ ↗ **Meister**

Meister|stück [ˈ..], **das 1.** ˈvon einem Gesellen für die Meisterprüfung angefertigte Arbeit (4)': *das ~ begutachten, bewerten* **2.** ⟨vorw. Sg.⟩ ˈmeisterhafte Leistung (2)': *das war ein ~ der Diplomatie, ein ~ an Überzeugungskraft;* iron. *sie hat sich mal wieder ein ~ geleistet* (ˈhat etw. sehr Dummes getan, gesagt') ❖ ↗ **Meister,** ↗ **Stück**

Melancholie [melaŋkoˈliː], **die**; *~,* ⟨o.Pl.⟩ SYN ˈSchwermut'; ↗ FELD I.6.1: *jmd., etw. ist voller ~* (ANT Heiterkeit 2); *er verfiel in tiefe ~* ❖ **melancholisch**

melancholisch [melaŋˈkol..] ⟨Adj.; Steig. reg.⟩ ˈzu Melancholie neigend'; SYN schwermütig; ANT heiter (1) /vorw. auf Personen bez./; ↗ FELD I.6.3: *ein ~er Mensch; er ist, wirkt ~, lächelt ~* ❖ ↗ **Melancholie**

Melde [ˈmɛldə], **die**; *~,* ⟨o.Pl.⟩ ˈUnkraut mit spitz zulaufenden Blättern, deren untere Seite einen weißen, dem Staub ähnlichen Belag aufweist'; ↗ FELD II.4.1

melden [ˈmɛldn̩], meldete, hat gemeldet **1.** /jmd., Institution, Rundfunk u.Ä./ *etw. ~* ˈ(über Medien) eine Information (mündlich) öffentlich bekannt geben'; ↗ FELD I.13.2: *der Wetterdienst meldete einen Sturm, ein Gewitter; der Rundfunk meldete das Ergebnis der Abstimmung; die Theater meldeten einen Besucherrekord* **2.** /jmd./ *jmdm., etw.* ⟨Dat.⟩ *etw. ~* ˈmündlich od. schriftlich jmdm., einer zuständigen (Dienst-)Stelle etw., bes. ein Ereignis, bekannt geben': *dem Abteilungsleiter den Abschluss der Arbeit ~; er hat der Versicherung den Schaden, der Polizei den Diebstahl gemeldet* **3.** /jmd./ *jmdn., sich zu etw.* ⟨Dat.⟩, *für etw. ~* ˈjmdn. mündlich od. schriftlich dazu bringen, dass jmd. irgendwo teilnehmen will': *die Mitarbeiter zur Tagung, die Sportler zum Wettkampf ~; er hat sich für den Sprachkurs gemeldet; sich polizeilich ~* (ˈsich bei der Polizei anmelden 2.1') **4.** /jmd./ *sich irgendwie ~: sich krank, gesund ~* (ˈseinem Vorgesetzten mündlich od. schriftlich mitteilen, dass man krank, gesund ist') **5.** /jmd./ *jmdn. ~* ˈjmdn. jmdm. mündlich ankündigen': *die Sekretärin meldete Herrn K.* (ˈteilte dem Chef mit, dass Herr K. angekommen sei und ihn sprechen möchte'); *einen Besucher ~;* /in der kommunikativen Wendung/ *wen darf ich ~* (ˈwie ist ihr Name')? /Frage einer Sekretärin an den Besucher, der den Chef sprechen möchte/ **6.** /jmd./ *sich ~* **6.1.** ˈpersönlich mündlich mitteilen, dass man für ein Gespräch bereit ist': *du sollst dich (beim Chef) ~, wenn du etw. erreicht hast; der Teilnehmer meldet sich nicht, hat sich nicht gemeldet* **6.2.** ˈmündlich

Nachricht von sich geben': *nach dem Urlaub hat sich mein Sohn noch nicht gemeldet; warum hast du dich nicht gemeldet?; bitte, melde dich, wenn du zurück bist* **6.3.** 'durch ein Zeichen mit der Hand, dem Arm ankündigen, dass man in einer Sitzung, Versammlung sprechen möchte': *wer etw. sagen möchte, muss sich ~, damit nicht alle zugleich sprechen; er war immer sehr still und hat sich nie gemeldet; sich zu etw.* ⟨Dat.⟩ *~: sich zur Diskussion ~* **7.** /jmd./ *sich ~* 'sich durch etw. bemerkbar machen': *er meldete sich mit leisem Klopfen; wenn du gehen musst, melde dich noch mal bei mir* ❖ **Meldung – abmelden, anmelden, anmeldepflichtig, Anmeldung, meldepflichtig**

* /jmd./ **nichts zu ~ haben** 'nichts zu bestimmen, zu sagen haben': *er hat zu Hause nichts zu ~*

Meldung ['mɛld..], **die**; ~, ~en **1.** 'das Sichmelden (6.3)': *um ~en zur Diskussion bitten; gibt es weitere ~en?* **2.1.** 'eine Information, die öffentlich (über Medien) bekannt gegeben wird, worden ist'; ↗ FELD I.13.1: *eine ~ bestätigen, dementieren; die neuesten ~en drucken, empfangen* **2.2.** 'eine (mündlich) mitgeteilte Information': *eine ~ überbringen, erhalten;* Mil. *~ machen, erstatten* ('einem militärischen Vorgesetzten etw. melden 2') **2.3.** 'meist schriftliche Mitteilung über jmds. Teilnahme an etw.': *zu den Wettkämpfen gingen viele ~en ein* ❖ ↗ **melden**

Melisse [me'lɪsə], **die**; ~, ~n 'Pflanze, deren Blätter nach Zitrone duften': *ein Tee aus ~*

melken ['mɛlkn̩] (er melkt/veraltend milkt), melkte/veraltend molk [mɔlk], hat gemolken [gə'mɔlkn̩]/auch gemelkt /jmd./ *etw. ~* 'einem weiblichen Tier, das Milch gibt, mit den Händen od. einer dafür bestimmten Maschine Milch entziehen': *Kühe, Schafe, Ziegen ~; er hat die Kuh schon gemolken* ❖ **Melker**

Melker ['mɛlkɐ], **der**; ~s, ~ 'jmd., der berufsmäßig Rinder melkt und pflegt' ❖ ↗ **melken**

Melodie [melo'diː], **die**; ~, ~n [..'diːən] 'Folge von Tönen, die eine geschlossene, sinnvolle Einheit darstellen'; SYN Weise (II.1.2): *eine alte, bekannte, beliebte ~; singen, summen, spielen, trällern; es erklingen ~n* ❖ **melodisch**

melodisch [me'loːd..] ⟨Adj.⟩ 'angenehm, schön klingend' /auf Akustisches bez./: *eine warme, ~e Stimme; die Stimme ist ~, hat einen ~en Klang, klingt ~* ❖ ↗ **Melodie**

Melone [me'loːnə], **die**; ~, ~n **1.** 'rankende Pflanze wärmerer Zonen mit süßen, kürbisartigen (↗ Kürbis) Früchten' **2.** 'runde Frucht der Melone (1) mit saftigem, süßem, meist rotem Fleisch (3), das roh gegessen wird': *eine ~ in Stücke, Scheiben schneiden*

Membran(e) [mɛm'braːn[ə]], **die**; ~, ~(e)n 'sehr dünnes Teil aus Metall, Papier od. ²Plastik, das Schwingungen überträgt': *die ~ des Lautsprechers, Telefons* **2.** Biol. 'dünne Haut bzw. Wand der Zelle mit abgrenzender Funktion': *das Trommelfell des Ohrs ist eine ~*

Memoiren [me'moaːRən], **die** ⟨Pl.⟩ 'schriftliche Darstellung von Erinnerungen (3) aus dem eigenen Leben'; SYN Erinnerung (4): *seine ~ schreiben, veröffentlichen; die ~ eines bekannten Politikers*

Memorandum [memo'Randʊm], **das**; ~s, Memoranden 'Schriftstück offiziellen Charakters über ein aktuelles, die Allgemeinheit interessierendes politisches Problem': *ein ~ verfassen, veröffentlichen; ein ~ an die Regierung richten*

Menge ['mɛŋə], **die**; ~, ~n **1.1.** ⟨vorw. mit unbest. Art.; + Attr. im Pl.⟩ 'unbestimmte Anzahl Personen, Sachen': *eine ~* (SYN viele; ANT wenige) *Leute, Kinder, Zuschauer, Autos, Fehler; er hat, besitzt eine ~ Bücher;* vgl. Unmenge **1.2.** *eine ~* ⟨+ Attr. im Sg.⟩ 'viel': *das kostet eine ~ Geld, Zeit; es ist noch eine ~* ('vieles') *zu tun; du kannst eine ~ von ihm lernen* **1.3.** ⟨mit best. Adj.⟩ 'unbestimmter, zähl- od. wägbarer Teil eines Stoffes, der als Einheit zu sehen ist'; SYN Quantum: *eine große, kleine ~ Salz, Mehl; zum Backen die vorgeschriebene ~ Zucker nehmen; die doppelte, dreifache ~ von etw. verwenden; kleinste ~n dieses Giftes können bereits tödlich sein* **2.** ⟨o.Pl.⟩ 'große Ansammlung von Menschen': *eine begeisterte, empörte ~; die ~ tobte, brüllte; vor dem Tor stand eine unübersehbare ~; sich (bei der Demonstration) durch die ~ schieben; er verschwand in der ~;* vgl. Menschenmenge **3.** Math. 'Zusammenfassung bestimmter, unterschiedener Objekte der menschlichen Anschauung od. des Denkens zu einem Ganzen': *die ~ der ganzen, positiven, natürlichen Zahlen; eine endliche, unendliche ~* ❖ **Unmenge – Mengenlehre, Menschenmenge**

* umg. **eine ganze ~** 'sehr viel': *er besitzt eine ganze ~ Geld, hat eine ganze ~ zu tun;* emot. **jede ~** ⟨+ Attr.⟩ 'sehr viel': *wir hatten jede ~ Probleme, Arbeit;* emot. **in rauhen ~n** ⟨einem Subst. vorw. nachgestellt⟩ 'in großer Anzahl': *in diesem Jahr haben wir, gibt es Birnen in rauhen ~n*

MERKE Wenn zum Subst. nach *Menge* (1.1) ein Adj. tritt, steht diese Verbindung oft im selben Kasus wie *Menge: für diese ~ frisches Gemüse, mit dieser ~ frischem Gemüse;* sonst steht das Subst. ohne Adj. im Nominativ: *eine ~ Äpfel, Zuschauer;* zur Kongruenz: *eine ~ Zuschauer stand* od. *standen herum*

mengen ['mɛŋən] ⟨reg. Vb.; hat⟩ **1.** /jmd., Gerät/ **1.1.** *zwei od. mehrere Sachen ~* 'zwei od. mehrere Stoffe miteinander mischen (1)': *Mehl und Wasser (zu einem Teig) ~; er mengte Zement und Sand; etw. mit etw. ~* 'einen Stoff mit einem anderen vermischen': *Backpulver mit Mehl ~* **1.2.** *etw. unter, in etw. ~* 'einen Stoff in eine Menge geben und ihn mit dieser Menge vermischen': *Mandeln, Zitronat unter den Teig, Hafer unter das Futter ~; eins ins andere ~* **2.** /jmd./ *sich in etw. ~* 'sich in etw. einmischen': *er wollte sich nicht in das Gespräch, die Streitigkeiten ~* **3.** /jmd./ *sich unter eine Gruppe ~* 'sich unter eine Ansammlung von Menschen mischen (2)': *er* *mengte sich unter die Zuschauer, die Fußgänger, unter das Volk* ❖ **Gemenge** – **Handgemenge**

Mengen/mengen|-lehre ['mɛŋən..], **die** 'Teilgebiet der Mathematik, das die Eigenschaften und Beziehungen von Mengen (3) untersucht' ❖ ↗ **Menge**, ↗ **lehren**; **-mäßig** ⟨nur attr. u. bei Vb.⟩: *~gesehen* 'wenn man die Menge betrachtet': *~ gesehen hat sich kaum etwas verändert* ❖ ↗ **Menge**, ↗ **messen**

¹Mensch [mɛnʃ], **der**; *~en, ~en* **1.1.** ⟨o.Pl.⟩ 'das am höchsten entwickelte Lebewesen, das die Fähigkeit besitzt zu denken und zu sprechen, das gesellschaftlich lebt und seine Umwelt bewusst verändern und gestalten kann': *~ und Tier, ~ und Natur; das Denken, Fühlen, Handeln des ~en; die Würde, schöpferischen Kräfte des ~en; der aufrechte Gang des ~en* **1.2.** 'bestimmte männliche od. weibliche Person (1.1)': *er ist ein anständiger, aktiver, ernster, gesunder, kluger, böser, armer, ehrlicher, ruhiger, sympathischer, fleißiger, ordentlicher, zuverlässiger, vornehmer, junger, älterer ~; er ist ein sonderbarer ~; einen ~ bewundern, achten, lieben, hintergehen, betrügen, ansprechen; einem ~en glauben, vertrauen, misstrauen; für einen ~en sorgen, eintreten, kämpfen; den Umgang mit anderen ~en pflegen, meiden; diese Aufgabe, Arbeit verlangt den ganzen ~en* ('verlangt jmdn., der sich voll einsetzt') **1.3.** /meist als vorwurfsvolle Anrede in Ausrufen/: *~, pass doch auf!; ~, lass mich in Ruhe!; fang endlich an, ~!; ~, Meier!* /Ausruf der Verärgerung od. des Erstaunens/ ❖ **Menschheit, menschlich, Menschlichkeit, Unmensch, unmenschlich, Unmenschlichkeit** – **menschenleer, menschenunwürdig, Mitmensch, Übermensch, zwischenmenschlich**; vgl. **Menschen/ menschen-**

* /jmd./ **sich wie der erste ~ benehmen** 'sich ungeschickt, unbeholfen verhalten': *du benimmst dich heute wie der erste ~;* **kein ~** 'niemand': *zu dem Vortrag kam kein ~; ich habe keinen ~en* ('niemanden') *gesehen; kein ~ lässt sich blicken;* /jmd./ **mit jmdm. von ~ zu ~** ('vertraulich') **reden;** /jmd./ **auch nur ein ~ sein** 'auch Schwächen und Fehler haben': *ich bin, er ist doch auch nur ein ~!*

²Mensch, das; *~es, ~er* ['mɛnʃɐ] umg. emot. neg. 'weibliche Person': *so ein faules, liederliches ~; wo treibt sich das ~ nur herum?*

Menschen/menschen ['mɛnʃn̩..]|-**affe, der** 'großer, schwanzloser Affe, der halb aufrecht gehen kann und Bäume bewohnt': *Schimpansen, Gorilla, Orang-Utan sind ~n* ❖ ↗ **Affe**; **-feind, der** 'jmd., der sich enttäuscht, verbittert von den Menschen zurückgezogen hat und sie meidet, verachtet' ❖ ↗ **Feind**; **-feindlich** ⟨Adj.; Steig. reg., ungebr.⟩ SYN 'inhuman (1.1)'; ANT menschenfreundlich /vorw. auf Abstraktes bez./; ↗ FELD I.18.3: *eine ~e Denkweise, Ideologie, Politik; das System ist, erwies sich als* ~ ❖ ↗ **Feind**; **-freundlich** ⟨Adj.; Steig. reg., ungebr.⟩ SYN 'human (1)'; ANT menschenfeindlich; ↗ FELD I.18.3: *eine ~e Denkweise, Ideologie; seine Politik war* ~ ❖ ↗ **Freund**; **-gedenken**: *seit ~* 'soweit sich die heute lebenden Menschen erinnern

können': *seit ~ gab es keinen so harten Winter, nicht solch eine Überschwemmung* ❖ ↗ **denken**; **-hand**: *von, durch ~* 'von, durch Menschen': *dieses Bauwerk ist von, durch ~ geschaffen worden* ❖ ↗ **Hand**; **-kenntnis, die** ⟨o.Pl.⟩ 'durch Erfahrung gewonnene Fähigkeit, Menschen und ihr Tun möglichst richtig zu beurteilen': *er besaß wenig, keine, eine ausgezeichnete ~; seine ~ war bewundernswert; das zeugt von großer ~* ❖ ↗ **kennen**; **-leben, das** **1.** ⟨o.Pl.⟩ 'Lebenszeit eines Menschen': *es war, er hatte ein erfülltes, reiches ~* **2.** ⟨nur im Pl.; o. Art.⟩ 'Mensch' /wird auf eine Person bez., die ums Leben gekommen ist/: *dem Anschlag sind zwei ~ zum Opfer gefallen; ~ waren nicht zu beklagen; Verluste an ~ waren nicht zu beklagen* ❖ ↗ **leben**; **-leer** ⟨Adj.; o. Steig.⟩ 'ohne Menschen'; SYN einsam (3.2), ²verlassen (1.2) /auf die Straßen einer Stadt bez./: *am Abend waren die Straßen ~; ~e Straßen, Plätze; die Straßen wirkten ~* ❖ ↗ **leer**; **-menge, die** ⟨o.Pl.⟩ 'große Ansammlung von Menschen'; ↗ FELD I.11: *eine riesige, dichte ~ schob, drängte sich durch die ~, verschwand in der ~* ❖ ↗ **Menge**; **-möglich** ⟨Adj.; Steig. reg., o. Komp.; nicht attr.; vorw. mit tun⟩ 'alles, was ein Mensch zu leisten imstande ist': *es wird getan, geschehen, was ~ ist; alles* /das Menschenmögliche: *der Arzt hat alles* / das Menschenmögliche *für ihn getan* ❖ ↗ **mögen**; **-recht, das** ⟨vorw. im Pl.⟩ 'grundlegendes Recht des Menschen': *der Schutz, die Verletzung der ~e; um die Verwirklichung der ~e kämpfen*; **-scheu** ⟨Adj.⟩ 'den Kontakt mit anderen Menschen scheuend' /auf Personen bez./: *er ist ~; ein ~es Kind* ❖ ↗ **Recht**; **-seele** * **keine ~** emot. 'niemand': *keine ~ war gekommen; ich habe keine ~ gesehen; bei diesem Wetter ist keine ~ auf der Straße*; **-unwürdig** ⟨Adj.; o. Steig.⟩ SYN 'inhuman (1.2)'; ANT menschenwürdig /vorw. auf Soziales bez./: *~e Verhältnisse, Lebensbedingungen; die Zustände sind ~; ~ wohnen; jmdn. ~ behandeln; eine ~e Tat; ~e Gesetze beschließen* ❖ ↗ **Würde**; **-würdig** ⟨Adj.; Steig. reg., Superl. ungebr.⟩ 'der Würde des Menschen entsprechend'; SYN menschlich (4); ANT menschenunwürdig /auf Soziales bez./: *ein ~es Dasein führen; ~ leben, wohnen* ❖ ↗ **Würde**

Menschheit ['mɛnʃ..], **die**; *~,* ⟨o.Pl.⟩ 'Gesamtheit der ¹Menschen (1.1) der Erde': *die Entwicklung, Geschichte der ~; der Atomkrieg ist ein Verbrechen an der ~; eine Erfindung zum Wohle der ~; den Glauben an die ~ verlieren, wiedergewinnen* ❖ ↗ **¹Mensch**

* umg. scherzh. /jmd., vorw. man/ **jmdn. auf die ~ loslassen** 'eine in ihrem Beruf noch unerfahrene Person sich beruflich betätigen lassen': *einen jungen Arzt auf die ~ loslassen; den Mann kann man doch nicht auf die ~ loslassen!*

menschlich ['mɛnʃ..] ⟨Adj.; o. Steig.⟩ **1.** ⟨nicht bei Vb.⟩ 'den ¹Menschen (1) betreffend, den Menschen eigentümlich': *der ~e Körper; das ~e Gehirn; die ~e* (SYN 'humane 1') *Gesellschaft; eine ~e Ansiedlung; die ~e Würde; der Unfall ist auf ~es Versagen *zurückzuführen; Irren ist ~; die ~n Bedürfnisse, Schwächen; nach ~em Ermessen, nach ~er Voraussicht* ('soweit es jmd. ermessen, voraussehen kann') *kann dabei nichts passieren* 2. ⟨nicht präd.⟩ 'zwischen einzelnen Menschen bestehend': *~e Bindungen, Kontakte; sich ~* ('persönlich') *näher kommen* 3. 'anderen gegenüber wohlwollend und voller Verständnis für die Belange, Fehler und Schwächen anderer'; SYN human (2) /vorw. auf Handlungen bez./: *~ denken, handeln; er ist sehr ~; sich von der ~en Seite zeigen; jmdn. ~ behandeln; die Behandlung war ~* 4. SYN 'menschenwürdig': *~e Lebensbedingungen schaffen; scherzh. jmdn. zu einer ~en* ('zumutbaren') *Zeit besuchen; jetzt sieht es hier wieder ~* ('ordentlich') *aus* ❖ ↗ ¹**Mensch**

Menschlichkeit ['mɛnʃlɪç..], die; ~, ⟨o.Pl.⟩ 'Denken und Handeln, das der Würde des Menschen entspricht'; SYN Humanität; ↗ FELD I.12.1: *etw. aus wahrer, reiner ~ tun; ein Verbrechen gegen die ~* ❖ ↗ ¹**Mensch**

Menstruation [mɛnstʀuaˈtsi̯oːn], die; ~, ~en 'Blutung aus der Gebärmutter, die alle 28 Tage auftritt, wenn die Eizelle nicht befruchtet wurde'; SYN Periode (2): *sie hat ihre ~ (noch nicht)*

Mentalität [mɛntaliˈtɛːt/..ˈteːt], die; ~, ~en 'Art und Weise des Denkens und Sichverhaltens eines Menschen, einer Gruppe von Menschen': *die ~ der Bayern, Norddeutschen; auf jmds. ~ eingehen; die unterschiedliche ~ der Völker; das ist seine ~*

Menü [meˈnyː], das; ~s, ~s 'Mahlzeit (2) mit mehreren, in der Abfolge festgelegten Speisen': *ein festliches ~; ein ~ zusammenstellen, zubereiten; ein ~ aus drei Gängen, aus Vorspeise, Hauptgericht, Dessert*

Meridian [meʀiˈdi̯aːn], der; ~s, ~e 'Hälfte eines Längenkreises der Erde': *der ~ von Greenwich*

merkantil [mɛʀkanˈtiːl] ⟨Adj.; o. Steig.; vorw. attr.⟩ 'den Handel, das Kaufmännische betreffend': *~e Projekte; sein Handeln ist von ~en Interessen bestimmt*

Merk|blatt ['mɛʀk..], das 'gedrucktes Blatt (2,3) mit kurzen Hinweisen, Erläuterungen zu einem bestimmten Sachverhalt': *ein ~ lesen, beilegen; Merkblätter verteilen* ❖ ↗ **merken**, ↗ **Blatt**

merken ['mɛʀkn̩] ⟨reg. Vb.; hat⟩ 1. /jmd./ etw. ~ 'etw. (intuitiv) wahrnehmen und erkennen, das nicht ohne weiteres wahrzunehmen ist od. das nicht wahrgenommen werden sollte'; SYN spüren: *er merkt erst jetzt, dass er gemeint ist, dass man ihn verspotten wollte; sie hat den Betrug sofort gemerkt, hat nichts gemerkt; ich merkte seine Absicht; lass es niemanden ~!* 2. /jmd./ sich ⟨Dat.⟩ etw. ~ 'etw. im Gedächtnis behalten': *sich etw. gut, schlecht ~ (können); er konnte sich keine Witze, Zahlen ~; ich habe mir seinen Namen nicht gemerkt; der Titel leicht zu ~; umg. /in den kommunikativen Wendungen/ das werde ich mir ~!* /wird zu jmdm. gesagt, wenn man über sein Verhalten enttäuscht ist und ihm ankündigt, es ihm bei passender Gelegenheit heimzuzahlen/; *merk' dir das* ('richte dich da-*

nach') /wird unter Androhung von Strafe zu jmdm. gesagt, damit dieser etw. nicht noch einmal macht/ ❖ **bemerkbar, bemerken, Bemerkung, merklich, Vermerk, vermerken – anmerken, Anmerkung, aufmerksam, Aufmerksamkeit, Augenmerk, Merkblatt, merkwürdig, merkwürdigerweise**

merklich ['mɛʀk..] ⟨Adj.; o. Steig.⟩ 'so beschaffen, dass man es merken (1) kann': *eine ~e* (SYN 'spürbare 1.2') *Besserung, Veränderung; es wurde ~ kühler; seine Kräfte ließen ~ nach; vgl. spürbar (1)* ❖ ↗ **merken**

Merk/merk ['mɛʀk..]|**-mal**, das ⟨Pl.: ~e⟩ 'etw., das etw., jmdn. von anderen unterscheidet'; SYN Kennzeichen: *ein charakteristisches, typisches, wesentliches ~; ~e für die Echtheit, Qualität von etw.; etw. hat bestimmte ~e; jmd. weist keine besonderen ~e auf; etw., jmdn. an bestimmten ~en erkennen* ❖ ↗ **merken**, ↗ **Mal** (I.2); **-würdig** ⟨Adj.; Steig. reg.⟩ 'durch Abweichen (3) vom Üblichen Erstaunen, Befremden erregend und meist nicht leicht zu erklären'; SYN eigenartig, eigentümlich (1), komisch (2), seltsam, sonderbar, ulkig (2) /auf Personen, Abstraktes bez./: *er ist ein ~er Mensch, ist recht ~, benimmt sich sehr ~; eine ~e Begebenheit, Geschichte; ist das nicht ~?; er ist unter ~en Umständen umgekommen; es ist im Saal ~ still geworden* ❖ ↗ **merken**, ↗ **Würde**; **-würdigerweise** [vyʀdɪgɐvai̯zə] ⟨Satzadv.⟩ /drückt die Einstellung des Sprechers zum genannten Sachverhalt aus/; SYN seltsamerweise, sonderbarerweise: *~ ist er nicht gekommen* ('es ist merkwürdig, dass er nicht gekommen ist') ❖ ↗ **merken**, ↗ **Würde**

Mess|becher ['mɛs..], der 'Gefäß, das mit einer Einteilung in Maßeinheiten versehen ist und zum Abmessen von flüssigen od. körnigen Stoffen, auch Lebensmitteln dient': *pro Waschmaschine einen ~ Waschpulver verwenden; 200 Gramm Mehl, Zucker mit dem ~ abmessen* ❖ ↗ **messen**, ↗ **Becher**

Messe ['mɛsə], die; ~, ~n I. 'Ausstellung, auf der neue Waren, die als Muster für die Produktion und den Verkauf dienen, gezeigt werden': *etw. auf der ~ ausstellen; eine ~ besuchen* – II.1. Rel. kath. 'täglich stattfindender Gottesdienst'; ↗ FELD XII.3.1: *eine ~ abhalten, zelebrieren; zur ~ gehen* 2. Mus. 'vokale und instrumentale Komposition für die Messe (II.1)': *die ~ in H.-Moll von J. S. Bach; eine ~ aufführen* ❖ **Messebesucher, -halle**

Messe ['..]|**besucher**, der 'jmd., der eine Messe (I) besucht, besucht hat': *es kamen viele ~* ❖ ↗ **Messe**, ↗ **suchen**; **-halle**, die 'Halle, in der die Waren einer Messe (I) ausgestellt werden': *in dieser ~ sind die Stände der afrikanischen Länder* ❖ ↗ **Messe**, ↗ **Halle**

messen ['mɛsn̩] (er misst [mɪst]), maß [maːs], hat gemessen 1. /jmd./ etw. ~ 'die Größe (1.1) von etw. auf der Grundlage eines Maßes (I.1) bestimmen': *die Höhe, Breite, Länge von etw. ~; die Entfernung von hier bis dort ~; die Zeit mit einer Stoppuhr ~; den Rauminhalt eines Gefäßes ~; die Luftfeuchtigkeit, Temperatur, Spannung ~; sie maß den Brust-*

umfang und die Taillenweite; hast du schon Fieber gemessen?; miss das doch mal!; etw. mit einem Zollstock, Bandmaß, Thermometer, Litermaß ~; ein Gefäß zum Messen **2.** /etw., jmd./ *etw.* ˊ~ ˊein bestimmtes Maß (II.1), eine bestimmte Größe (1.1) haben': *das Gartengrundstück misst 2000 Quadratmeter; der Teppich misst drei mal vier Meter; er misst fast zwei Meter* (ˈer ist fast zwei Meter groß') **3.** /jmd./ *jmdn. irgendwie ~* ˊjmdn. irgendwie, prüfend ansehen': *er maß ihn mit einem abschätzenden Blick;* ⟨rez.⟩ *sie maßen sich mit erstaunten, kritischen Blicken* **4.** /jmd./ *sich mit jmdm. ~* ˊin etw., bes. im Wettkampf mit jmdm. ermitteln, wer dem anderen überlegen ist': *er hat sich mit ihm (im Langlauf) gemessen; sich mit jmdm. nicht ~ können* (ˈan jmdn. in den Leistungen nicht heranreichen'); ⟨rez.⟩ *sie haben sich (im Schwimmen) gemessen; die Sportler maßen sich im Wettkampf; etw. mit jmdm. ~: mit jmdm. seine Kräfte ~* ❖ **Ermessen, gemäßigt, gemessen, Maß, unermesslich — abmessen, Abmessung, anmaßend, Augenmaß, Ausmaß, bemessen, durchmessen, ermäßigen, Ermäßigung, Maßarbeit, -einheit, -gabe, maßgebend, -geblich, mäßig, mäßigen, Maßkonfektion, -nahme, Maßregel, -regeln, -stab, maßvoll, mengenmäßig, Messbecher, Metermaß, Mindestmaß, Mittelmaß, mittelmäßig, Strafmaß, turnusmäßig, übermäßig, unangemessen, unermesslich;** vgl. **angemessen,** ¹**gemäß, mäßig**

Messer [ˈmɛsɐ], *das;* ~s, ~ ˊkleines Gerät mit einer Klinge (1.1) und einem Griff, das als Teil des Essbestecks od. als Werkzeug in Küche und Werkstatt dient'; ↗ FELD V.5.1 (↗ TABL Essbesteck): *ein scharfes, stumpfes, rostfreies ~; ein ~ mit fest stehender, aufklappbarer Klinge; das ~ schleifen, schärfen; mit ~ und Gabel essen; etw. mit dem ~ schneiden* ❖ **Messerrücken, -spitze, -stich, Taschenmesser, Übermaß**
* **bis aufs ~** ˊmit allen Mitteln' /vorw. auf den Kampf zweier Personen bez./: *es war ein Kampf bis aufs ~;* **jmdm. sitzt das ~ an der Kehle** (ˈjmd. ist in großer, vorw. finanzieller Not'); /jmd./ **jmdn. ans ~ liefern** (ˈjmdn. durch Verrat preisgeben, ausliefern'); /jmd./ **(jmdm.) ins offene ~ laufen** ˊdadurch ein Opfer des Gegners werden, indem man sich unklug verhält und genau das tut, womit man sich schadet'; /etw./ **auf des ~s Schneide stehen** ˊkurz vor einer Entscheidung stehen, die positiv, aber auch schlimm ausgehen kann': *sein Leben, der Kampf stand auf des ~s Schneide;* **jmdm. geht das ~ in der Tasche auf** ˊjmd. ist sehr wütend': *wenn ich ihn sehe, geht mir immer das ~ in der Tasche auf*
Messer [ˈ..]**-rücken, der** ˊstumpfe Seite der Klinge (1.1) eins Messers' ❖ ↗ **Messer,** ↗ **Rücken; -spitze, die** ˊspitzer Teil der Klinge eines Messers': *eine stumpfe, scharf (1.1) geschliffene ~; mit der ~ etw. aufspießen* ❖ ↗ **Messer,** ↗ **spitz; -stich, der** ˊStich (1.1) mit dem Messer': *das Opfer wurde durch einen ~ getötet; er erhielt mehrere ~e* ❖ ↗ **Messer,** ↗ **stechen**

Messing [ˈmɛsɪŋ], *das;* ~s, ⟨o.Pl.⟩ ˊgoldgelbes Metall, das eine Legierung aus Kupfer und Zink ist'; ↗ FELD II.5.1: *ein Leuchter, eine Schale, Türklinke, ein Wasserhahn aus ~*
Metall [meˈtal], *das;* ~s, ~e ˊals chemisches Element od. Legierung vorhandener Stoff mit einem charakteristischen Glanz und der Fähigkeit, Wärme od. elektrische Energie zu leiten und sich verformen zu lassen, der vielfältig als Material (1) verwendet wird'; ↗ FELD II.5.1: *ein weiches, hartes, sprödes ~; edle ~e; ~e wie Eisen, Kupfer; ein, das ~ bearbeiten, gießen, härten, legieren, walzen, schleifen, polieren; die ~ verarbeitende Industrie* ❖ **metallen, metallisch, Metallurgie — Buntmetall, Edelmetall, Leichtmetall, Schwermetall**
metallen [meˈtalən] ⟨Adj.; o. Steig.; vorw. attr.; nicht bei Vb.⟩ ˊaus Metall bestehend' /auf Gegenstände, Materialien bez./; ↗ FELD II.5.3: *~e Geräte, Haken, Knöpfe* ❖ ↗ **Metall**
metallisch [meˈtal..] ⟨Adj.; o. Steig.⟩ **1.** ⟨nicht bei Vb.⟩ ˊaus Metall bestehend bzw. die Eigenschaften von Metall besitzend' /auf Gegenstände, Materialien bez./; ↗ FELD II.5.3: *~e Roh-, Werkstoffe; ~e Werkzeuge; ein ~er Stromleiter* **2.** ⟨nicht präd.⟩ ˊin seiner Eigenschaft dem Metall vergleichbar': *etw. hat einen ~en Glanz; ein Gegenstand von ~er Härte; seine Stimme hat einen ~en* (ˈharten und hellen') *Klang, klingt ~* ❖ ↗ **Metall**
Metallurgie [metalʊrˈgiː], *die;* ~, ⟨o.Pl.⟩ ˊWissenschaft von den Eigenschaften der Metalle und ihren Legierungen, ihrer Gewinnung und Verarbeitung' ❖ ↗ **Metall**
Metamorphose [metamɔrˈfoːzə], *die;* ~, ~n; ↗ FELD IX.1.1 **1.1.** geh. ˊinnere tief greifende Veränderung': *die ~ seines Charakters, seiner Persönlichkeit* **1.2.** Zool. *die ~ eines Insekts* (ˈseine Entwicklung vom Ei bis zum geschlechtsreifen Tier über verschiedene Stadien seiner Gestalt')
Metapher [meˈtafɐ], *die;* ~, ~n ˊsprachlicher bildhafter Ausdruck, der auf Grund mindestens eines gemeinsamen Merkmals vom eigentlichen sprachlichen Ausdruck auf einen anderen übertragen wird': *eine ~ verwenden; seine Sprache ist voller ~n; „ein Meer von Blüten, Fahnen" ist eine ~* ❖ **metaphorisch**
metaphorisch [metaˈfoːr..] ⟨Adj.; o. Steig.; vorw. attr.⟩ **1.1.** ˊMetaphern verwendend, enthaltend' /auf Sprachliches bez./: *eine ~e Sprache, ein ~er Stil* **1.2.** ˊals Metapher gebraucht': *die ~e Verwendung des Wortes „Meer"* ❖ ↗ **Metapher**
Metastase [metaˈstaːzə], *die;* ~, ~n ⟨vorw. Pl.⟩ ˊTumor, der sich durch die Wanderung (3) von Zellen einer bösartigen (2) Geschwulst an einer anderen Stelle, an anderen Stellen des Körpers gebildet hat': *er hat schon ~n in der Leber*
Meteor [meteˈˈoːɐ], *der;* ~s, ~e ˊleuchtende Erscheinung am Himmel, die durch die Reibung eines in die Atmosphäre (1) der Erde eindringenden Meteoriten entsteht'; SYN Sternschnuppe: *ein heller,*

plötzlich aufflammender ~ ❖ **Meteorit, Meteorologie, meteorologisch**

Meteorit [meteoˈʀiːt], **der**; ~en/~s, ~en/~e ʿoft kleiner kosmischer Körper (3), der meist beim Eindringen in die Atmosphäre der Erde verglüht': *es werden Einschläge von ~n gemeldet* ❖ ↗ **Meteor**

Meteorologie [meteoʀoloˈgiː], **die**; ~, ⟨o.Pl.⟩ ʿWissenschaft, die die chemischen und physikalischen Erscheinungen und Vorgänge in der Atmosphäre der Erde sowie die Erscheinungen des Wetters erforscht' ❖ ↗ **Meteor**

meteorologisch [meteoʀoˈloːg..] ⟨Adj.; o. Steig.; nicht präd.⟩ ʿdie Meteorologie betreffend': *eine ~e Station; ~e Untersuchungen* ❖ ↗ **Meteor**

Meter [ˈmeːtɐ], **der/** fachsprachl. **das**; ~s, ~ ABK m ⟨bei Mengenangabe o. Art.: Dat. Pl. ~/~n; bei vorangehendem Art.: Dat. Pl. ~n⟩ /Maßeinheit der Länge/: *ein ~ hat 100 Zentimeter; ein Kilometer hat 1000 ~; was kostet der ~ Kleiderstoff?; drei ~ Leinwand; der Schrank ist zwei ~ hoch, lang, hat die Höhe von zwei ~n; er ist mit 10 ~(n) im Rückstand; mit den drei ~n Stoff kommst du nicht aus;* ⟨in Verbindung mit einer Apposition lautet der Dat. Pl. ~/~n⟩ *ein Fluss von 30 ~ Breite/~n Breite; ein zehn ~ tiefer See; aus einer Entfernung von 30 ~n das Ziel treffen; den Konkurrenten auf den letzten ~n der Rennstrecke überholen;* vgl. auch *Zentimeter, Kilometer, Millimeter* ❖ **Elfmeter, Kilometer, Kubikmeter, Kubikzentimeter, Metermaß, Millimeter, Quadratkilometer, Quadratmeter, Zentimeter — Barometer, Manometer, Thermometer**

MERKE Zum Numerus des Verbs nach *Meter: ein ~ Stoff kostet, zwei ~ Stoff kosten … Mark; fünf ~ Stoff sind/ist zuviel;* nach *Meter* steht das Gemessene meist im Nominativ: *mit einem ~ Kleiderstoff; der Preis eines Meters Stoff,* aber auch: *eines Meter Stoffs;* mit Adj. steht das Gemessene meist im selben Kasus wie *Meter: für einen Meter bunten Stoff; mit einem Meter buntem Stoff; der Preis eines Meters bunten Stoffs*

Meter|maß [ˈ..], **das** ʿGegenstand aus festem Gewebe od. Holz, Metall, Kunststoff zum Messen von Längen, der mit sichtbaren Maßeinheiten, meist Zentimetern, versehen und gewöhnlich 1,50 Meter lang ist': *etw. mit dem ~ messen* ❖ ↗ **Meter,** ↗ **messen**

Methode [meˈtoːdə], **die**; ~, ~n **1.1.** ʿSystem von Regeln (1.2), nach denen man wissenschaftliche Erkenntnisse erlangen, darstellen od. die praktische Tätigkeit organisieren, durchführen kann': *eine moderne, wissenschaftliche, mathematische, statistische, induktive ~; eine ~/~n für etw. entwickeln, einführen, erproben* **1.2.** ⟨oft im Pl.⟩ ʿArt des Vorgehens (↗ *vorgehen* 5)': *eine sinnvolle ~; schlimme, üble, fragwürdige, terroristische ~n;* umg. *er hat so seine ~n* (ʿgeht auf seine eigene Weise vor') ❖ **Methodik, methodisch**

Methodik [meˈtoːdɪk], **die**; ~, ~en **1.1.** ʿWissenschaft, System von den Methoden (1.1) einer wissenschaftlichen Disziplin': *die ~ der Psychologie, Geschichtswissenschaft* **1.2.** ⟨o.Pl.⟩ ʿWissenschaft von den

Methoden (1.1) des Unterrichts und der Erziehung': *Vorlesungen in ~ besuchen* ❖ ↗ **Methode**

methodisch [meˈtoːd..] ⟨Adj.; o. Steig.⟩ **1.** ⟨nicht präd.⟩ ʿnach einer bestimmten Methode (1.1), wissenschaftlich durchdacht': *~es Vorgehen; ~ vorgehen, arbeiten; etw. ~ untersuchen* **2.** ⟨nicht bei Vb.; vorw. attr.⟩ **2.1.** ʿdie Methode (1.1) betreffend': *~e Probleme, Fragestellungen* **2.2.** ʿdie Methodik (1.2) des Unterrichts und der Erziehung betreffend': *die ~e Aufbereitung des Lehrstoffs; ~e Anleitungen, Handbücher* ❖ ↗ **Methode**

Metropole [metʀoˈpoːlə], **die**; ~, ~n **1.** geh. ʿHauptstadt': *er lebt in der ~; die ~ eines Landes* **2.** *N ist die wirtschaftliche, kulturelle ~* (ʿZentrum 3') *des Landes*

Metzger [ˈmɛtsgɐ], **der**; ~s, ~ landsch., bes. süddt. schweiz. SYN ʿFleischer'; ↗ FELD I.10: *beim ~ einkaufen, zum ~ gehen* ❖ **Metzgerei**

Metzgerei [mɛtsgəˈʀ..], **die**; ~, ~en SYN ʿFleischerei': *die ~ ist geschlossen; eine ~ eröffnen; in der ~ Wurst kaufen* ❖ ↗ **Metzger**

Meuchel [ˈmɔɪçl̩..]**|mord, der** emot. ʿheimtückischer, hinterhältiger Mord': *ein politischer ~; einen ~ begehen; einem ~ zum Opfer fallen* ❖ ↗ **Mord;** vgl. **meuchlings; -mörder, der** emot. ʿjmd., der einen Meuchelmord begeht, begangen hat': *den ~ fassen* ❖ ↗ **Mord;** vgl. **meuchlings**

meuchlings [ˈmɔɪçlɪŋs] ⟨Adv.; mit best. Verben⟩ ʿaus dem Hinterhalt'; SYN heimtückisch (1) /beschränkt verbindbar/: *jmdn. ~ ermorden, überfallen, erschießen* ❖ vgl. **Meuchelmord, Meuchelmörder**

Meute [ˈmɔɪtə], **die**; ~, ~n **1.** ʿGruppe von Jagdhunden, die man auf die Jagd mitnimmt'; ↗ FELD II.3.1: *die ~ auf das Wild hetzen, loslassen* **2.** emot. ʿzügellose, stark erregte und zu Tätlichkeiten bereite Gruppe Menschen, die meist zufällig aus einem bestimmten Anlass gebildet hat': *eine randalierende ~; die ~ pfiff, johlte, stürmte das Gefängnis; die Polizei trieb die ~ auseinander* ❖ **Meuterei, Meuterer, meutern**

Meuterei [mɔɪtəˈʀ..], **die**; ~, ~en ʿAuflehnung, Empörung (2) von Soldaten, Matrosen gegen ihre Vorgesetzten, auch von Gefangenen gegen das die Aufsicht führende Personal': *auf dem Schiff, im Gefängnis brach eine ~ aus; eine ~ niederschlagen* ❖ ↗ **Meute**

Meuterer [ˈmɔɪtəʀɐ], **der**; ~s, ~ ʿjmd., der meutert, an einer Meuterei teilnimmt, teilgenommen hat': *die ~ wurden erschossen* ❖ ↗ **Meute**

meutern [ˈmɔɪtɐn] ⟨reg. Verb; hat⟩ **1.** /mehrere (jmd.)/ ʿeine Meuterei begehen': *die Matrosen, Gefangenen meuterten* **2.** umg. /jmd./ ʿseine Unzufriedenheit, sein Missfallen laut äußern'; ↗ FELD I.2.2: *die Leute meuterten wegen der langen Wartezeiten* ❖ ↗ **Meute**

miau [miˈaʊ] /lautnachahmend für die typischen Laute einer Katze/: *die Katze macht ~* ❖ **miauen**

miauen [miˈaʊən] ⟨reg. Vb.; hat⟩ *die Katze miaut* (ʿschreit miau'); ↗ FELD II.3.2, VI.1.2: *hat da eine Katze miaut?* ❖ ↗ **miau**

mich [mɪç] **I.** ⟨Akk. vom Personalpron. ↗ *ich*⟩: *er hat ~ nicht erkannt* – **II.** ⟨Reflexivpron. der 1. Pers. Sg. von *ich*; Akk.; weist auf das Subj. zurück⟩: *ich habe ~ gemeldet, gestoßen; ich kann ~ nicht dazu entschließen;* ↗ *ich*

mick(e)rig [ˈmɪk[ə]ʀɪç] ⟨Adj.; Steig. reg.⟩ umg. ˈschwächlich (1) und klein (4.1)ˈ /auf Lebewesen bez./: *ein ~er Mann, Kerl; ~e Blumen; die Ferkel sind ~; die Pflanze ist recht ~, sieht ~ aus*

mied: ↗ *meiden*

Mieder [ˈmiːdɐ], **das;** ~s, ~ ˈeiner Weste ähnliches Oberteil eines Dirndls, eines Trachtenkleides, das eng am Körper anliegtˈ; ↗ FELD V.1.1: *ein rotes, schwarzes, besticktes ~; sie hakt, schnürt das ~ zu*

Mief [miːf], **der;** ~s/ auch ~es, ⟨o.Pl.⟩ umg. **1.** ˈschlechte, verbrauchte, meist warme Luftˈ; ↗ FELD VI.4.1: *im Zimmer war ein mächtiger, fürchterlicher ~* **2.** ˈgeistig, kulturell beschränkte soziale Atmosphäreˈ: *dort, in der Familie herrschte ein kleinbürgerlicher, spießiger ~* ❖ **miefig**

miefig [ˈmiːfɪç] ⟨Adj.; Steig. reg.⟩ ˈnach Mief (1) riechendˈ; ↗ FELD VI.4.3: *eine ~e Kneipe; dort ist es ziemlich ~* ❖ ↗ **Mief**

Miene [ˈmiːnə], **die;** ~, ~n ˈAusdruck im Gesicht, der die Gefühle der betreffenden Person erkennen lässtˈ; SYN Gesicht (2): *eine bedrückte, strenge, heitere, sorglose ~ machen, zeigen; eine gönnerhafte, spöttische ~ ziehen, aufsetzen; seine ~ hellte sich auf, verdüsterte sich; mit unbewegter ~ fuhr er in seiner Rede fort; keine ~ verziehen (ˈkeine Gefühle im Gesicht zeigenˈ)*
* /jmd./ **(keine) ~ machen, etw. Bestimmtes zu tun** ˈ(nicht) erkennen lassen, dass man etw. Bestimmtes tun willˈ: *er machte keine ~ aufzustehen; macht er nun endlich ~ aufzustehen?*

mies [miːs] ⟨Adj.; Steig. reg.⟩ umg. emot. **1.1.** ⟨nicht bei Vb.⟩ ˈsehr schlecht und daher Ärger bereitendˈ: *ein ~es Wetter, Fernsehprogramm; er hat ~e Laune; die Situation auf dem Arbeitsmarkt ist ~* **1.2.** SYN ˈgemein (I.1)ˈ /vorwiegend auf Personen bez./: *ein ~er Typ, Intrigant; der Kerl ist ziemlich ~; jmdn., etw. ~ machen (ˈherabsetzenˈ); er hat sich ~ benommen; sein Verhalten finde ich ~; er hat einen ~en Charakter* **2.** *jmdm. ist, wird ~* ˈjmdm. ist, wird übel, elend (3)ˈ: *mir ist, wurde ziemlich ~; sich ~ fühlen*

Miete [ˈmiːtə], **die;** ~, ~n **I.1.** ˈvom Mieter entrichtetes Entgeltˈ; ↗ FELD I.15.1: *eine hohe, niedrige ~ zahlen; die ~ überweisen, kassieren; die ~ erhöhen; die ~ beträgt 750 Mark; er ist mit seiner ~ (ˈmit der Zahlung der Mieteˈ) im Rückstand* **2.** ⟨o.Pl.⟩ *zur ~* (ˈals Mieterˈ) *wohnen; wir haben die Garage nur in ~* (ˈgemietetˈ) – **II.1.1.** ˈHaufen von Früchten des Feldes, der zum Schutz gegen Frost den Winter über mit Stroh und Erde bedeckt istˈ: *eine ~ mit Kartoffeln, Rüben; eine ~ anlegen, abdecken, öffnen* **1.2.** ˈgroßer Haufen Heu, Stroh, Getreide, der im Freien aufgeschichtet wurdeˈ: *das Stroh in ~n aufschichten* ❖ **zu I: mieten, Mieter** – **Miets|haus, -wagen, -wohnung**

mieten [ˈmiːtn̩], mietete, hat gemietet /jmd./ etw. ~ ˈetw., bes. eine Wohnung zeitweilig gegen Entgelt nutzenˈ; ANT vermieten; ↗ FELD V.2.2: *ein Zimmer, ein Haus, eine Wohnung, ein Grundstück ~; einen Gewerberaum, Laden, Saal ~; sich* ⟨Dat.⟩ *etw. ~: sich einen Wagen ~;* vgl. *pachten* ❖ ↗ **Miete**

Mieter [ˈmiːtɐ], **der;** ~s, ~ ˈjmd., der etw., bes. Wohnraum, gemietet hatˈ; ↗ FELD I.15.1: *ein neuer, rücksichtsvoller ~; die Rechte und Pflichten eines ~s; einem ~ kündigen* ❖ ↗ **Miete**

Miets|haus [ˈmiːts..], **das** ˈgroßes Wohnhaus mit (vielen) Mietwohnungenˈ: *ein ~ mit zehn Parteien; ein ~ kaufen, verkaufen, renovieren, sanieren* ❖ ↗ **Miete,** ↗ **Haus**

Miet|wagen, der ˈLeihwagenˈ: *im Urlaubsort nehmen wir uns einen ~* ❖ ↗ **Miete,** ↗ **Wagen;** **-wohnung, die** ˈWohnung, die jmd. gegen regelmäßige Bezahlung einer Miete (I.1.1.) bewohntˈ: *eine ~ beziehen; seine Wohnung ist keine Eigentumswohnung, sondern eine ~* ❖ ↗ **Miete,** ↗ **wohnen**

Migräne [miˈɡʀɛːnə/..ˈɡʀɛ..], **die;** ~, ⟨o.Pl.⟩ ˈheftiger Kopfschmerz mit Übelkeit, Erbrechen, der anfallartig auftritt und oft stundenlang anhältˈ: *an ~ leiden; sie hat wieder (ihre) ~*

Mikro|biologie [ˈmikʀo..], **die;** ~, ⟨o.Pl.⟩ ˈWissenschaft, die sich mit mikroskopisch (2) kleinen Lebewesen befasstˈ ❖ ↗ **Biologie**

Mikro|elektronik [ˈmikʀo..], **die;** ~, ⟨o.Pl.⟩ ˈTeilgebiet der Elektronik, das sich mit der Entwicklung und Herstellung von elektronischen Schaltungen (1) mit kleinsten Bauelementen befasstˈ ❖ ↗ **Elektronik**

Mikrofon [mikʀoˈfoːn], **das;** ~s, ~e ˈGerät, das akustische Schwingungen in elektrische umwandelt, sodass man Akustisches, bes. Sprechen, Singen, Musik, verstärken und übertragen kannˈ (↗ BILD); *ein ~ aufstellen; ins ~ sprechen, singen*

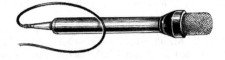

Mikro|organismus [ˈmikʀo..], **der** ⟨vorw. im Pl.⟩ ˈmikroskopisch (2) kleines Lebewesenˈ: *die Erforschung der Mikroorganismen* ❖ ↗ **Organismus**

Mikroskop [mikʀoˈskoːp], **das;** ~s, ~e ˈoptisches Gerät, das sehr kleine Gegenstände, Lebewesen vergrößertˈ: *etw. unter einem ~ betrachten, mit einem ~ untersuchen* ❖ **mikroskopisch**

mikroskopisch [..ˈskoːp..] ⟨Adj.; o. Steig.⟩ **1.** ⟨nicht präd.⟩ ˈmit dem Mikroskopˈ: *eine ~e Vergrößerung; etw. ~ betrachten, untersuchen* **2.** ⟨nur attr.⟩ ˈnur mit dem Mikroskop erkennbarˈ: *ein ~es, ~ kleines Lebewesen* ❖ ↗ **Mikroskop**

Milbe [ˈmɪlbə], **die;** ~, ~n ˈkleines spinnenartiges Tier mit kaum gegliedertem, gedrungenem Körper, das meist als Parasit auf Pflanzen, Tieren, Menschen lebtˈ; ↗ FELD II.3.1

Milch [mɪlç], **die**; ~, ⟨o.Pl.⟩ **1.1.** ˈweiße, fetthaltige Flüssigkeit, die von den Milchdrüsen einer Frau nach der Geburt abgesondert wirdˈ: *die ~ abpumpen; das Baby saugt, trinkt ~; sie hatte keine, hat genügend ~ für ihr Baby* **1.2.** ˈweiße, fetthaltige Flüssigkeit, die von den Milchdrüsen der Kühe, Schafe, Ziegen abgesondert wird und als Getränk od. für die Zubereitung von Speisen od. die Herstellung von Produkten genutzt wirdˈ; ↗ FELD I.8.1: *frische, entrahmte ~; heiße, kühle ~; saure, dicke ~; ~ trinken, zu Käse, Quark verarbeiten; etw. mit ~ zubereiten, anrühren* **2.** ˈweißliche Flüssigkeit von Pflanzenˈ: *die ~ der Kokosnuss* **3.** Zool. ˈweißliche Flüssigkeit, die den Samen von Fischen bildetˈ: *die ~ des Herings* ❖ **milchig — Buttermilch, H-Milch, Kondensmilch, Milchbar, Vollmilch;** vgl. **Milch-**

Milch[ˈ..]|**-bar, die** ˈkleinere Gaststätte (mit einer Bar), in der vorwiegend Mixgetränke aus Milch und Speiseeis angeboten werdenˈ: *in die ~ gehen* ❖ ↗ **Bar; -drüse, die** ˈDrüse in der Brust einer Frau, eines weiblichen Säugetiers, die nach der Geburt eines Kindes, eines Tiers Milch produziertˈ ❖ ↗ **Drüse; -flasche, die** ˈFlasche, in der Milch abgefüllt und verkauft wirdˈ; ↗ FELD V.7.1 (↗ TABL Gefäße): *das Pfand für ~n; die ~n zurückbringen* ❖ ↗ **Flasche; -glas, das** ⟨o.Pl.⟩ ˈweißliches, nicht durchsichtiges Glas (1)ˈ; ↗ FELD II.5.1: *eine Fensterscheibe, Glühlampe aus ~* ❖ ↗ **Glas**

milchig [ˈmɪlçɪç] ⟨Adj.; Steig. reg., ungebr.; vorw. attr.⟩ ˈweißlich und trübˈ /auf Optisches od. bestimmte Flüssigkeiten bez./: *ein ~es Licht; eine ~e Flüssigkeit* ❖ ↗ **Milch**

Milch [mɪlç..]|**-pulver, das** ˈdurch Entzug von Wasser pulverisierte Milch (1.2)ˈ ❖ ↗ **Pulver; -straße, die** ⟨o.Pl.⟩ ˈam nächtlichen Himmel sichtbare, ein breites Band bildende Erscheinung aus einer Vielzahl leuchtender Himmelskörperˈ ❖ ↗ **Straße; -tüte, die** ˈfest verschlossenes Behältnis aus Pappe, in dem Milch zum Verkauf angeboten wirdˈ ❖ ↗ **Tüte; -zahn, der** ˈZahn von den ersten Zähnen eines Kindes, der später durch das nachwachsende, bleibende Gebiss ersetzt wirdˈ: *einen ~ verlieren, ziehen* ❖ ↗ **Zahn**

mild [mɪlt] ↗ **milde**

milde [ˈmɪldə] ⟨Adj.⟩ **1.** ⟨Steig. reg.⟩ ˈin der Behandlung, im Urteil anderen gegenüber nicht so streng (1)ˈ; ANT streng (2), hart (3); ↗ FELD I.2.3, 1.8.3: *ein ~r (ANT strenger 1) Richter; ein ~s Urteil fällen; sein Urteil war ~; jmdn. ~ behandeln, beurteilen, zurechtweisen* **2.** ⟨Steig. reg., ungebr.⟩ ˈvon geringer Intensität und daher angenehm für die Augenˈ; ANT grell (1.1) /auf Optisches bez./: *die Lampe verbreitet ein ~s Licht; der ~ Glanz, Schein des Mondes; der Mond leuchtet ~* **3.** ⟨Steig. reg.⟩ ˈvon angenehmer Temperatur, nicht zu warm und nicht zu kaltˈ; ANT rau (4) /auf Meteorologisches bez./; ↗ FELD VI.5.3: *ein ~s (SYN ˈgelindes 1ˈ) Klima, Wetter; ~ Sommernächte; ~ Meeresluft; der*

letzte Winter war ~; der Wind weht ~ ❖ **mild, Milde, mildern**

Milde, die; ~, ⟨o.Pl.⟩ ˈdas Mildesein (1)ˈ; ANT Strenge; ↗ FELD I.2.1, 18.1: *die ~ des Lehrers; es in der Erziehung mit ~ versuchen; (gegen jmdn.) ~ walten lassen* ❖ ↗ **milde**

mildern [ˈmɪldɐn] ⟨reg. Vb.; hat⟩ **1.** /jmd., etw./ etw. ~ ˈetw. Negatives in seiner Wirkung abschwächenˈ: *die Stoßstange milderte den Aufprall; durch ihr Verhalten milderte sie seine Strenge; seine Reaktion hat ihren Zorn, ihre Erregung gemildert; (durch Spenden) jmds. Not, Leid ~* (ˈlindernˈ) *helfen* **2.** /jmd., etw./ etw. ~ ˈdie charakteristischen Eigenschaften von etw. in ihrer Wirkung abschwächenˈ: *den bitteren Geschmack mit Sahne ~; die Sahne mildert den herben Geschmack* **3.** /jmd., etw./ *eine Strafe, ein Urteil ~* ˈeine Strafe, ein Urteil auf ein geringeres Maß bringenˈ: *der Verteidiger konnte das Urteil ~; durch seine Einsicht, seine Reue milderte er seine Strafe; sein Urteil wurde dadurch gemildert, dass …* ❖ ↗ **milde**

Milieu [miˈli̯øː], **das**; ~s, ⟨o.Pl.⟩ ˈdie natürliche und soziale Umgebung, in der ein Mensch, in der Menschen lebenˈ: *das soziale, geografische, historische ~; aus einem bestimmten ~ stammen; sich einem neuen ~ anpassen; einem bestimmten ~ entsprechen*

militant [miliˈtant] ⟨Adj.; Steig. reg.⟩ ˈeine Überzeugung aggressiv (und unter Anwendung von Gewalt) vertretendˈ /vorw. auf Mentales od. Personengruppen bez./: *er hat eine ~e Gesinnung; seine Rede war ~; er trat in der Diskussion sehr ~ auf; eine ~e Gruppe, Organisation; ~ auftretende Demonstranten*

¹**Militär** [miliˈtɛːɐ̯../..ˈtɛːɐ̯], **das**; ~s, ⟨o.Pl.⟩ **1.** ˈGesamtheit der Streitkräfte eines Staatesˈ: *das deutsche, englische, polnische ~; er ist beim ~* (ˈleistet seinen Wehrdienst abˈ); *er wurde vom ~ entlassen; die Machthaber stützten sich auf das ~* **2.** ˈbestimmtes Kontingent von Militär (1)ˈ: *~ einsetzen, aufbieten; das ~ musste eingreifen* ❖ **entmilitarisieren,** ²**Militär, militärisch, Militarismus, militaristisch**

²**Militär, der**; ~s, ~s ˈVertreter des ¹Militärs (1) mit einem hohen Rangˈ: *ein erfahrener, alter ~; eine Abordnung von ~s; am Manöver nahmen hohe ~s teil* ❖ ↗ ¹**Militär**

militärisch [miliˈtɛːʀ../..ˈtɛːʀ..] ⟨Adj.; o. Steig.⟩ **1.** ⟨vorw. attr.⟩ ˈdas ¹Militär (1) betreffend, auf ihm beruhendˈ; ANT zivil: *die ~e Ausbildung, Führung; jmdn. ~ ausbilden; eine ~e Übung, Operation; ~e Einrichtungen, Stützpunkte* **2.** ˈdem Zeremoniell des ¹Militärs (1) entsprechendˈ /vorw. auf Abstraktes od. Tätigkeiten bez./: *einen Staatsmann mit ~en Ehren empfangen; ~ grüßen* ❖ ↗ ¹**Militär**

Militarismus [militaˈʀɪsmʊs], **der**; ~, ⟨o.Pl.⟩ ˈForm der Herrschaft und Organisation eines Staates, bei der militärisches Denken und eine starke Armee in Politik und Gesellschaft die Hauptrolle spielenˈ: *der preußische ~* ❖ ↗ ¹**Militär**

militaristisch [milita'ʀɪst..] ⟨Adj.; Steig. reg., ungebr.; vorw. attr.⟩ ˈden Militarismus vertretend, vom Militarismus geprägt': *eine ~e Gesinnung; ~e Kräfte, Kreise* ❖ ↗ ¹**Militär**

Milliarde [mɪˈli̯aʀdə], **die**; ~, ~n ⟨Zahladj.; ↗ TA-FEL XII⟩ ABK Md., Mrd. /die Kardinalzahl 1000000000/: *es wurden ~n investiert; der Staat ist mit vielen hundert ~n verschuldet*

Milli|meter [mɪliˈm../ˈmɪli..], **der**/fachspr. **das** ABK mm 'ein Tausendstel Meter' /Maßeinheit der Länge/: *ein Brett von zehn ~(n) Stärke, Dicke; etw. auf den ~ genau messen, angeben;* vgl. *Meter, Zentimeter, Kilometer* ❖ ↗ **Meter**

MERKE Zum Dat. Pl.: ↗ *Meter*

Million [mɪˈli̯oːn], **die**; ~, ~en **1.** ⟨Zahladj.⟩ ABK Mill. /die Kardinalzahl 1000000/: *eine viertel, halbe ~; über eine ~ Besucher, Einwohner; eine ~ begeisterter Zuschauer/begeisterte Zuschauer; mit drei ~en Zuschauern; ~en von Zuschauern* **2.** ⟨nur im Pl.⟩ 'unbestimmte Anzahl von mehreren Millionen (1)': *~en von Menschen, Blumen, Insekten* ❖ **Millionär**

Millionär [mɪli̯oˈnɛːɐ̯/..ˈnɛːɐ̯], **der**; ~s, ~e 'Person mit einem Vermögen von mindestens einer Million'; ↗ FELD I.17.1: *er ist (mehrfacher) ~* ❖ ↗ **Million**

Milz [mɪlts], **die**; ~, ~en 'Organ im Bauch des Menschen und der Wirbeltiere, das rote Blutkörperchen abbaut und weiße bildet'; ↗ FELD I.1.1: *eine Verletzung, Schädigung der ~*

Mime [ˈmiːmə], **der**; ~n, ~n geh. SYN 'Schauspieler (1)': *ein bekannter, großer ~* ❖ **mimen, Mimik, mimisch**

mimen [ˈmiːmən] ⟨reg. Vb.; hat⟩ /jmd./ **1.1.** etw. ~ 'etw. vortäuschen': *er mimte Interesse* **1.2.** jmdn. ~ 'so tun, als ob man jmd. Bestimmtes sei': *er mimt gern den starken Mann; er mimte den Kranken, Ahnungslosen* ❖ ↗ **Mime**

Mimik [ˈmiːmɪk], **die**; ~, ⟨o.Pl.⟩ 'die Art, wie jmd. Psychisches durch Bewegungen seines Gesichts od. durch Gebärden ausdrückt': *die feine, lebhafte, sprechende ~ eines Schauspielers; ihre ~ wechselte rasch; seine ~ sagt alles* ❖ ↗ **Mime**

mimisch [ˈmiːm..] ⟨Adj.; o. Steig.⟩ **1.1.** ⟨nur attr.⟩ 'die Mimik betreffend' /auf Abstraktes bez./: *seine ~e Kunst, Ausdruckskraft* **1.2.** ⟨nicht präd.⟩ 'mit Hilfe der Mimik' /vorw. auf Tätigkeiten bez./: *etw. ~ darstellen, vorführen; die ~e Darstellung eines Erlebnisses* ❖ ↗ **Mime**

minder [ˈmɪndɐ] **I.** ⟨Adj.; o. Steig.; nur attr.⟩ 'unter einem bestimmten mittleren Maß liegend'; SYN 'gering (3)'; ANT hoch (I.3.2): *ein Produkt von ~er Qualität; Fragen von ~er Bedeutung* – **II.** ⟨Adv.⟩ geh. 'in geringerem Maße': ⟨vorw. verneint⟩ *er war nicht ~ erstaunt als ich; das ist nicht ~ wichtig* ❖ **Minderheit, mindern, mindest, mindestens, vermindern** – **minderjährig, minderwertig, Mindestmaß, wertgemindert, zumindest**

MERKE Das ,e' der Endung bleibt in der Flexion meist erhalten

Minderheit [ˈ..], **die**; ~, ~en **1.** ⟨vorw. Sg.⟩ 'der kleinere Teil einer Gruppe'; ANT Mehrheit; ↗ FELD I.11: *eine kleine, schwache, religiöse ~; eine ~ im*

Parlament; *sie stellen nur eine ~ in der Bevölkerung dar; eine nationale ~* ('eine kleine Gruppe der Bevölkerung in einem Staat, die sich von der Mehrheit durch Sprache und Kultur unterscheidet'); *der Schutz nationaler ~en* **2.** ⟨o.Pl.⟩ *in der ~* (ANT Mehrheit) *sein* 'zahlenmäßig unterlegen sein': *die Gegner sind in der ~* ❖ ↗ **minder**

minder|jährig [ˈ..jɛːʀɪç/..jeːʀ..] ⟨Adj.; o. Steig.; nicht bei Vb.; vorw. präd. (mit *sein*)⟩ /jmd./ *~ sein* 'noch nicht volljährig sein'; ANT volljährig, mündig (1.1): *~e Kinder; sie ist noch ~* ❖ ↗ **minder,** ↗ **Jahr**

mindern [ˈmɪndɐn] ⟨reg. Vb.; hat⟩ **1.** /jmd., etw./ *etw. ~* 'etw. verringern (1.1)'; ANT steigern (1.1): *das Unwetter hat die Erträge gemindert; sein Ansehen ist dadurch nicht gemindert worden;* SYN verringern (1.1): *die Geschwindigkeit ~; Zufuhr von etw. ~* **2.** /etw./ *sich ~* 'sich verringern'; ANT erhöhen (2.2): *die Erträge haben sich (durch das Unwetter) gemindert; sein Ansehen hat sich (dadurch) gemindert* ❖ ↗ **minder**

minder|wertig [ˈmɪndɐveːɐ̯tɪç] ⟨Adj.; Steig. reg.; vorw. attr.⟩ 'von geringer Qualität, geringem Gebrauchswert, ziemlich schlecht'; ANT hochwertig /auf Produkte bez./: *~e Waren; das Obst ist ~* ❖ ↗ **minder,** ↗ **Wert**

mindest [ˈmɪndəst] ⟨Adj.; Superl. zu ↗ *wenig*, ↗ auch *mindestens*⟩ **1.1.** ⟨nur attr.⟩ 'geringst': *die ~e Aufregung vermeiden;* /oft verneint u. mit best. Art./ *nicht die ~e* ('überhaupt keine') *Lust, Zeit haben; dafür bestehen nicht die ~en Aussichten* **1.2.** *das Mindeste/auch ~e* 'das wenigste': *das ist das Mindeste/mindeste, was man von ihm erwarten kann; nicht das Mindeste/mindeste* 'gar nichts': *er versteht nicht das Mindeste/~e* ❖ ↗ **minder**

* **nicht im Mindesten**/auch **~en** 'überhaupt nicht': *er war nicht im Mindesten/auch ~en erstaunt, erschrocken;* **zum Mindesten**/auch **~en** 'wenigstens, zumindest': *er sollte sich zum Mindesten/auch ~en entschuldigen*

mindestens [ˈmɪndəstn̩s] ⟨Gradpartikel; betont od. unbetont; steht vorw. vor der Bezugsgröße; bezieht sich auf verschiedene Kategorien, bes. auf Zahlangaben⟩ /betont, dass die Bezugsgröße die untere Grenze darstellt, die nicht nach unten überschritten werden darf, jedoch nach oben/; SYN wenigstens (1); ANT höchstens: *der Junge ist ~ 15 Jahre alt; das Buch umfasst ~ 200 Seiten; es dauert ~ zehn Minuten; 20 Personen ~ dürften es gewesen sein* ❖ ↗ **minder**

Mindest|maß [ˈmɪndəst..], **das** ⟨o.Pl.; vorw. mit unbest. Art.⟩ SYN 'Minimum (1.1)': *er muss seine Bedürfnisse auf ein ~ beschränken; etw. auf ein ~ herabsetzen; jmdm. ein ~* (ANT Höchstmaß) *an Verständnis entgegenbringen* ❖ ↗ **minder,** ↗ **messen**

Mine [ˈmiːnə], **die**; ~, ~n **1.** 'Bergwerk, in dem Erze gefördert werden': *die ~ wird stillgelegt; er arbeitet in einer ~;* vgl. *Bergwerk* **2.** 'dünner Stab im Bleistift od. Kugelschreiber, der durch seine färbende Substanz das Schreiben, Malen ermöglicht': *eine rote, blaue, schwarze ~; die ~ ist abgebrochen; die*

~ *schmiert, ist leer* **3.** ˈhochexplosiver Sprengkörper, der in der Erde, im Wasser verlegt wird und durch mechanischen Kontakt od. elektrische Zündung explodiertˈ; ↗ FELD V.6.1: ~*n legen, entschärfen; die* ~ *explodiert; das Schiff ist auf eine* ~ *gelaufen; er ist auf eine* ~ *getreten*

Mineral [ˈminəˈʀɑːl], **das**; ~s, ~e/auch ~ien [..ˈʀɑːliən] **1.1.** ˈanorganische, kristalline Substanz, die den größten Teil der Erdkruste bildetˈ; ↗ FELD II.5.1: ~*e sammeln; eine Ausstellung von* ~*en/*~*ien* **1.2.** ⟨Pl.: ~ien; nur im Pl.⟩ ˈMineral (1) als Bestandteil flüssiger od. fester Nahrungˈ: *das Wasser enthält wichtige* ~*ien wie Kalzium, Magnesium, Kalium, Natrium* ❖ **mineralisch, Mineralogie — Mineralöl, -wasser**

mineralisch [..ˈʀ..] ⟨Adj.; o. Steig.; nicht bei Vb.⟩ ˈaus einem Mineral (1.1), aus Mineralen bestehendˈ: ~*e Stoffe, Substanzen* ❖ ↗ **Mineral**

Mineralogie [minəʀaloˈgiː], **die**; ~, ⟨o.Pl.⟩ ˈWissenschaft von den Mineralien (1.1)ˈ: ~ *studieren* ❖ ↗ **Mineral**

Mineral [minəˈʀɑːl..]⟨**-öl, das** ˈÖl, das aus Erdöl od. aus Kohle gewonnen wirdˈ: *die Preise für* ~ *sind gestiegen* ❖ ↗ Mineral, ↗ Öl; **-wasser, das** ˈnatürliches Wasser einer Quelle, das einen erhöhten Anteil an Mineralien (1.2) hat und der Gesundheit förderlich istˈ; ↗ FELD I.8.1: *ein Glas, eine Flasche* ~; ~ *trinken* ❖ ↗ Mineral, ↗ Wasser

minimal [miniˈmaːl] ⟨Adj.; o. Steig.⟩ ˈsehr geringˈ; ANT ¹**maximal**: *ein* ~*es Ergebnis; eine* ~*e Ausbeute;* ~*e Anforderungen an jmdn. stellen; die Unterschiede sind* ~; *beide Ergebnisse unterscheiden sich* ~ ❖ ↗ **Minimum**

Minimum [ˈmiːnimʊm], **das**; ~s, Minima [..ma] ANT Maximum **1.1.** ⟨o.Pl.; vorw. mit unbest. Art.⟩ ˈgeringstes Maß (I.2)ˈ: SYN Mindestmaß: *die schwere Arbeit auf ein* ~ *begrenzen; sie haben nur ein* ~ *an Leistung gezeigt* **1.2.** ˈkleinster gemessener meteorologischer Wert (4)ˈ: *die Temperaturen erreichten ihr* ~ ❖ ↗ **minimal**

Minister [miˈnɪstɐ], **der**, ~s, ~ ¹Leiter (1) eines Ministeriumsˈ: *der* ~ *für Inneres, für Auswärtige Angelegenheiten; zum* ~ *berufen, ernannt werden; der* ~ *ist zurückgetreten, wurde abberufen* ❖ **Ministerium — Außenminister, Außenministerium, Innenminister, Innenministerium, Ministerpräsident**

Ministerium [miniˈsteːʀjʊm], **das**; ~s, Ministerien [..ʀjən] ˈhöchste verwaltende Behörde eines Staates, Landes zur Leitung (1,2) eines bestimmten Bereichsˈ: *das* ~ *für Finanzen, Gesundheitswesen* ❖ ↗ **Minister**

Minister|präsident [miˈnɪstɐ..], **der** ˈChef der Regierung in den deutschen Bundesländernˈ: *der* ~ *des Landes Hessen, Nordrhein-Westfalen;* vgl. Premierminister, Premier ❖ ↗ **Minister,** ↗ **Präsident**

Ministrant [minɪˈstʀant], **der**; ~en, ~en Rel. kath. ˈJunge, der während der Messe (I) dem Priester hilftˈ: *der* ~ *reicht dem Priester das Messgewand, zündet die Kerzen auf dem Altar an*

Minna [ˈmɪna]

* umg. /jmd./ **jmdn. zur ~ machen** ˈjmdn. scharf zurechtweisenˈ: *den werden wir zur* ~ *machen!*

minus [ˈmiːnʊs] /sprachlicher Ausdruck für das mathematische Zeichen - / **1.1.** /drückt aus, dass eine Zahl von einer anderen subtrahiert wird/; ANT plus: *fünf* ~ *zwei ist drei* (5−2=3) **1.2.** /kennzeichnet, vor einer Zahl stehend, diese als unter Null liegend/; ANT plus: *draußen sind* ~ *zehn Grad* (−10°) **1.3.** *der Strom fließt von plus nach* ~ (ˈnach dort, wo eine negative elektrische Ladung vorhanden istˈ) ❖ ↗ **Minus**

Minus, das; ~, ~ ⟨vorw. Sg.⟩ ˈdas, was sich bei einer Abrechnung als fehlender Betrag ergibtˈ; ANT Plus: *in der Kasse ist ein* ~; *die Bilanz mit einem* ~ *abschließen* ❖ **minus**

Minute [miˈnuːtə], **die**; ~, ~n **1.** ABK min ˈ60 Sekundenˈ: *der Zug kommt, fährt in 20* ~*n; die Bahn fährt alle 10* ~*n; es ist fünf* ~*n vor 12; die* ~*n vergingen wie im Fluge* **2.** *wir dürfen keine* ~ (ˈauch nicht einen Augenblickˈ) *verlieren; jmdn. auf ein paar* ~*n* (ˈnur kurzˈ) *sprechen* ❖ **minütlich, minuziös**

minütlich [miˈnyːt..] ⟨Adj.; o. Steig.; nicht präd.; vorw. bei Vb.⟩ ˈjede Minute, im Abstand von einer Minuteˈ: ~ *ertönt ein Signal* ❖ ↗ **Minute**

minuziös [minuˈtsjøːs] ⟨Adj.; Steig. reg., ungebr.⟩ ˈsehr genau, bis ins Kleinste gehendˈ: *eine* ~*e Analyse; etw. mit* ~*er Genauigkeit planen; ein* ~ *geregelter Ablauf; etw.* ~ *regeln; die Planung war* ~ ❖ ↗ **Minute**

Minze [ˈmɪntsə], **die**; ~, ~n ˈaromatisch duftendes Kraut, das meist an feuchten Standorten wächst und als Tee verwendet wirdˈ: *die ätherischen Öle der* ~ *gewinnen; Tee aus* ~ *kochen*

mir [miːɐ̯] **I.** ⟨Dat. vom Personalpron. ↗ ich⟩: *gib* ~ *das Brot; kaufst du* ~ *das Kleid?* — **II.** ⟨Reflexivpron. der 1. Pers. Sg. von ich; Dat.; weist auf das Subj. zurück⟩: *ich gebe* ~ *die größte Mühe; das habe ich* ~ *gedacht; darf ich* ~ *eine Frage erlauben?*
* **~ nichts, dir nichts** ˈplötzlich und ohne weitere Erklärungˈ: ~ *nichts, dir nichts war er verschwunden*

Misch|batterie [ˈmɪʃ..], **die** ˈVorrichtung an Wasserhähnen, mittels derer man heißes und kaltes Wasser mischen kann und das Wasser so die gewünschte Temperatur erhältˈ: *die* ~ *auswechseln; die* ~ *ist kaputt* ❖ ↗ **mischen,** ↗ **Batterie**

mischen [ˈmɪʃn] ⟨reg. Vb.; hat; ↗ auch *gemischt*⟩ **1.1.** /jmd./ *zwei od. mehrere Sachen* ~ ˈzwei od. mehrere verschiedene flüssige, körnige od. gasförmige Stoffe, Substanzen miteinander zu einem Gemisch vereinigenˈ: *verschiedene Farben, Tee-, Kaffeesorten* ~; *er hat die Chemikalien gemischt; etw. mit etw.* ~: *Wasser mit Wein/Wasser und Wein* ~; *gemischte* (ˈaus verschiedenen Obstsorten bestehendeˈ) *Früchte* **1.2.** /zwei od. mehrere verschiedene flüssige, körnige od. gasförmige Substanzen/ *sich* ~ ˈsich miteinander zu einem Gemisch vereinigenˈ: *Öl und Wasser* ~ *sich nicht* **1.3.** /jmd./ *etw.* ~ ˈetw., bes. ein Getränk, durch Mischen (1.1) herstellen, bereitenˈ: *ein Erfrischungsgetränk* ~; *einen Cocktail* ~; *sich* ⟨Dat.⟩ *etw.* ~: *er mischte sich seinen übli-*

chen Trunk **1.4.** /jmd./ *etw. in, unter etw.* ~ ˙etw. in eine Masse tun und es mit dieser zu einer Masse vereinigen': *die Zutaten in, unter den Teig* ~; *eins ins andere* ~ **2.** /jmd./ *sich unter eine Gruppe* ~ ˙in eine Ansammlung von Menschen gehen, um Teil dieser Menge zu werden': *sich unter die Zuschauer* ~; *er mischte sich unter das Volk, die Fußgänger* **3.** /jmd./ *sich in etw.* ~ SYN ˙sich in etw. einmischen': *sich in einen Familienstreit, in ein Gespräch* ~; *misch dich nicht immer in unsere Angelegenheiten!* ❖ **Gemisch, gemischt, Mischer, Mischling, Mischmasch, Mischung — durchmischen, einmischen, Mischbatterie, -maschine, -wald**

Mischer ['mɪʃɐ], **der**; ~s, ~ ˙Maschine, die Wasser, Kies, Zement o.Ä. mischt und dadurch Beton, Mörtel herstellt': *Kies in den* ~ *schütten* ❖ ↗ **mischen**

Mischling ['mɪʃ..], **der**; ~s, ~e ˙Nachkomme aus der Verbindung von Eltern unterschiedlicher Hautfarbe' ❖ ↗ **mischen**

Mischmasch ['mɪʃmaʃ], **der**; ~s, ~e ⟨vorw. Sg.⟩ umg. emot. ˙Mischung (2) aus verschiedenen Dingen, die inhaltlich, formal nicht zueinander passen': *sein Stil ist ein* ~ *aus Barock und Gotik, ist ein schrecklicher* ~ ❖ ↗ **mischen**

Misch|maschine ['mɪʃ..], **die** ˙Mischer': *Kies, Wasser und Zement in die* ~ *schütten* ❖ ↗ **mischen**, ↗ **Maschine**

Mischung ['mɪʃ..], **die**; ~, ~en **1.** ⟨vorw. Sg.⟩ ˙das Mischen (1.1)': *die* ~ *von Kies, Zement* **2.** ˙Ergebnis von Mischung (1)': *eine gelungene, gute, schlechte* ~; *eine* ~ *verschiedener Teesorten, Duftstoffe; eine* ~ (˙Gemisch 2') *aus Benzin und Öl* ❖ ↗ **mischen**

Misch|wald ['mɪʃ..], **der** ˙Wald, der aus Laubbäumen und Nadelbäumen besteht'; ↗ FELD II.4.1: *dieser* ~ *besteht aus Buchen, Eichen und Fichten* ❖ ↗ **mischen**, ↗ **Wald**

miserabel [mizə'ʀaːbl̩] ⟨Adj.; Steig. reg.⟩ emot. **1.** ˙völlig ungenügend in der Qualität'; ANT ausgezeichnet: *das Essen war* ~; *eine* ~*e Unterkunft; seine Leistungen, Zeugnisse sind* ~; *er singt* ~ **2.1.** ˙sehr schlecht im Hinblick auf die persönlichen wirtschaftlichen Verhältnisse' /auf Abstraktes bez./: *er führt ein miserables Leben, Dasein; er lebte* ~; *sein Leben war* ~ **2.2.** ˙sehr schlecht im Hinblick auf den Gesundheitszustand': *mir geht es* ~; *er war in einer* ~*en Verfassung; mir ist* ~ *zumute; sein Zustand war* ~ **2.3.** ⟨nur bei Vb.⟩ *ich habe* ~ (˙sehr schlecht') *geschlafen; das Geschäft geht* ~ **3.** ⟨vorw. attr.⟩ ˙charakterlich nichtswürdig': *ein* ~*er Kerl; er hat sich* ~ *benommen* ❖ **Misere**

MERKE Zum Ausfall des ‚e' in den flektierten Formen: ↗ **dunkel**

Misere [mi'zeːʀə], **die**; ~, ~n ⟨vorw. Sg.⟩ ˙sehr schwierige und bedrückende, meist wirtschaftliche Lage': *er befand sich in einer finanziellen, wirtschaftlichen* ~; *an der häuslichen* ~ *leiden; seiner* ~ *zu entkommen suchen; die wirtschaftliche* ~ *des Landes; eine* ~ *überwinden* ❖ ↗ **miserabel**

missachten [mɪs'axtn̩], missachtete, hat missachtet **1.** /jmd./ *jmdn., etw.* ~ ˙jmdn., etw. nicht achten und ihm keine Aufmerksamkeit schenken'; ↗ FELD I.18.2: *sie missachtet ihn; er missachtete seine Mitarbeiter* **2.** /jmd./ *etw.* ~ ˙etw. absichtlich nicht befolgen, beachten (1)'; ANT befolgen: *Anordnungen, Befehle, Gesetze* ~; *er hat das Verbot, seinen Rat missachtet* ❖ ↗ ¹**Acht**

Missbildung ['mɪs..], **die**; ~, ~en ˙etw., das sich am od. im Körper eines Lebewesens gebildet hat und von der normalen Gestalt od. Struktur in fehlerhafter Weise abweicht': *ein Tier, Mensch mit einer angeborenen, körperlichen* ~; *etw. führt zu* ~*en; das Medikament verursachte* ~*en* ❖ ↗ **Bild**

missbilligen [mɪs'b..], missbilligte, hat missbilligt /jmd./ *etw.* ~ SYN ˙jmdn. tadeln'; ANT billigen, bejahen (2): *jmds. Benehmen, Verhalten, Vorhaben, Entscheidung* ~; ⟨oft im Part. I⟩ ~*de Blicke; sich* ~*d zu etw. äußern* ❖ ↗ **billigen**

Missbilligung [mɪs'b..], **die**; ~, ~en ⟨vorw. Sg.⟩ ˙das Missbilligen': *seine* ~ *unseres Vorhabens; seine* ~ *ausdrücken* ❖ ↗ **billigen**

Missbrauch ['mɪs..], **der**; ~s, Missbräuche **1.** /zu missbrauchen 1 u. 2/ ˙das Missbrauchen'; /zu 1.1/: *mit etw.* ~ *treiben* ˙etw. missbrauchen': *mit jmds. Namen, seiner Macht* ~ *treiben*; /zu 2/: *er wurde wegen* ~*s einer Minderjährigen verurteilt* **2.** ˙der übermäßige, schädliche Gebrauch von etw.': *der* ~ *von Medikamenten, Alkohol* ❖ ↗ **brauchen**

missbrauchen [mɪs'b..], missbrauchte, hat missbraucht **1.** /jmd./ **1.1.** *etw.* ~ ˙etw. unberechtigterweise für seine Zwecke, zu seinem Vorteil nutzen': *jmds. Namen* ~; *er hat seine Macht, sein Amt missbraucht* **1.2.** *jmdn., etw.* ~ SYN ˙jmdn., etw. ausnutzen (2)': *jmdn., jmds. Geduld, Vertrauen* ~ **2.** /jmd., bes. Mann/ *jmdn.* ~ ˙jmdn., bes. eine Frau, vergewaltigen bzw. zu bestimmten sexuellen Praktiken zwingen': *eine Frau, ein Kind* ~; *er hat sie, sie wurde missbraucht* ❖ ↗ **brauchen**

missen [mɪsn̩], misste, hat gemisst oft geh. ⟨nur im Inf.; mit Modalvb. *mögen, können, wollen, müssen*; oft verneint⟩ /jmd./ *etw., jmdn.* ~ *mögen, können, wollen, müssen* ˙etw., jmdn. entbehren (1) mögen, können, wollen, müssen': *diese Zeit, Erinnerungen möchte ich nicht* ~; *ich kann sie einfach nicht* ~; *er wollte seine Freundin bei dieser Feier nicht* ~; *Bequemlichkeiten* ~ *müssen*

Misserfolg ['mɪs..], **der**; ~s/auch ~es, ~e ˙Ergebnis einer Handlung, das den erwarteten Erfolg darstellt'; SYN Fehlschlag; ANT Erfolg: *ein schwerwiegender, geschäftlicher, persönlicher* ~; *das war ein großer* ~ *(für ihn); einen* ~ *ertragen, hinnehmen*; vgl. *Reinfall* ❖ ↗ **Erfolg**

missfallen [mɪs'f..] (er missfällt), missfiel, hat missfallen geh. /etw., jmd./ *jmdm.* ~ ˙jmdm. nicht gefallen und ihn ärgerlich machen'; ANT mögen (II.1): *das missfällt ihm sehr, hat ihm sehr* ~; *der Lärm auf dem nahe gelegenen Schulhof missfiel ihr; diese Leute missfielen ihr* ❖ ↗ **gefallen**

Missgeschick ['mɪs..], **das**; ~s/auch ~es, ~e ⟨vorw. Sg.⟩ 'von jmdm. selbst nicht absichtlich verursachter Vorfall, der für ihn peinlich, ärgerlich ist': *er wurde von einem schweren, harten ~ getroffen; mir ist ein ~ passiert, widerfahren; er klagte mir sein ~* ❖ ↗ **Geschick**

missglücken [mɪs'g..], missglückte, ist missglückt /etw./ SYN 'misslingen'; ANT gelingen, glücken: *der Plan, Versuch ist missglückt; etw. missglückt jmdm.: die Flucht missglückte ihnen*; vgl. *scheitern* (1.1) ❖ ↗ **Glück**

missgönnen [mɪs'g..], missgönnte, hat missgönnt /jmd./ *jmdm. etw. ~* 'jmdm. etw. nicht gönnen'; SYN neiden; ANT gönnen (1); ↗ FELD I.2.2, 6.2: *er missgönnt ihr den Erfolg, ihm seine gute Stellung* ❖ ↗ **gönnen**

Missgunst ['mɪs..], **die**; ~, ⟨o.Pl.⟩ 'Gefühl, das jmd. hat, wenn er jmdm. etw. nicht gönnt'; SYN Neid; ↗ FELD I.2.1, 6.1: *jmds. Erfolge, Laufbahn, Karriere voller ~ verfolgen; er, sie war voller ~; er litt unter der ~ seines Freundes* ❖ ↗ **Gunst**

missgünstig ['mɪs..] ⟨Adj.; Steig. reg.⟩ 'voller Missgunst'; SYN neidisch /auf Personen bez./; ↗ FELD I.6.3: *jmds. Erfolge, Leistungen ~ betrachten, verfolgen; er war immer ~, was ihre Erfolge anbelangte; so ein ~er Bursche!* ❖ ↗ **Gunst**

misshandeln [mɪs'h..], misshandelte, hat misshandelt /jmd./, *ein Tier ~* 'jmdm., einem Tier durch Schläge, durch Gewalt körperlichen Schaden zufügen'; ↗ FELD I.2.2: *wenn er betrunken war, misshandelte er seine Frau; er hat seine Kinder, seinen Hund oft misshandelt* ❖ ↗ **handeln**

Mission [mɪ'sjoːn], **die**; ~, ~en **1.** 'ehrenvoller) Auftrag, verpflichtende Aufgabe, die jmd. von einer Institution erhalten hat od. die er sich selbst gestellt od. auf Grund seines Berufs zu erfüllen hat': *Schriftsteller haben eine hohe, kulturelle, humanistische ~; er reist in geheimer ~; jmdn. in politischer ~ entsenden; sie hatten eine geschichtliche ~ zu erfüllen; jmdn. mit einer angenehmen ~ beauftragen; meine ~ ist damit erfüllt, beendet* **2.** 'diplomatische Vertretung eines Staates im Ausland, die einem Gesandten od. Geschäftsträger untersteht': *die diplomatische ~; die Errichtung einer ~ in Tschechien* **3.** 'Verbreitung (↗ verbreiten 1) einer Religion, bes. der christlichen': *~ treiben; die Äußere ~ ('die Verbreitung der christlichen Religion unter Menschen anderen Glaubens'); die Innere ~ ('karitative kirchliche Organisation')*

Missklang ['mɪs..], **der**; ~s/auch ~es, Missklänge 'Töne, die als nicht harmonisch, die als unangenehm empfunden werden'; ↗ FELD VI.1.1: *ein scharfer, schriller ~* ❖ ↗ **klingen**

Misskredit ['mɪs..]
* /jmd./ **jmdn., etw., sich in ~ bringen** 'bewirken, dass jmd., etw., man selbst seinen guten Ruf, sein Ansehen verliert': *er hat ihn (dadurch, durch seine Behauptungen) in ~ gebracht; er hat die Firma, das Projekt in ~ gebracht; durch seine unlauteren Geschäfte hat er sich ganz schön in ~ gebracht; /jmd.,*

Unternehmen, Institution, etw./ **in ~ geraten/kommen** 'seinen guten Ruf, sein Ansehen verlieren': *durch diese Affäre ist er, ist die Firma sehr in ~ geraten; das Projekt ist dadurch in ~ geraten*

misslang: ↗ *misslingen*

misslich ['mɪs..] ⟨Adj.; vorw. attr.⟩ SYN 'fatal (1)' /beschränkt verbindbar/: *eine ~e Angelegenheit, Situation, Sache; in einer ~en Lage sein*

misslingen [mɪs'lɪŋən], misslang [..'laŋ], ist misslungen [..'luŋən] /etw./ 'durch unglückliche Umstände und trotz aller Bemühungen nicht gelingen'; SYN missglücken; ANT glücken: *der erste Versuch misslang; das Attentat ist misslungen; etw. misslingt jmdm.: die Arbeit ist ihm misslungen; ein misslungener* (SYN 'missratener') *Abend*; vgl. *scheitern* (1.1) ❖ ↗ **gelingen**

Missmut ['mɪs..], **der**; ~s, ⟨o.Pl.⟩ 'schlechte Stimmung (1)'; ↗ FELD I.6.1: *~ breitete sich aus* ❖ **missmutig**

missmutig ['mɪs..] ⟨Adj.; Steig. reg.⟩ 'Missmut ausdrückend'; SYN sauer (3.1), verdrossen /auf Mimisches bez./: *eine ~e Miene, ein ~es Gesicht machen; ~ ging er an die Arbeit; er war, wirkte ziemlich ~* ❖ ↗ **Missmut**

missraten [mɪs'r..] (er missrät), missriet, ist missraten /etw., jmd., bes. Kind/ 'nicht geraten, gelingen': *die Zeichnung, der Braten ist ~; ihr Sohn ist ~* ('entspricht in seinem Verhalten, in seinen Leistungen nicht den Erwartungen seiner Eltern'); ⟨oft adj. im Part. II⟩ *ein ~es* (SYN 'misslungenes', ↗ *misslingen*') *Experiment; ein ~es* ('nicht den Erwartungen entsprechendes, schlecht erzogenes') *Kind* ❖ ↗ **geraten**

Missstand ['mɪs..], **der**; ~s/auch ~es, Missstände ⟨vorw. Pl.⟩ 'Zustand in einem gesellschaftlichen Bereich, der durch große Mängel gekennzeichnet und auf das Versagen verantwortlicher Personen zurückzuführen ist': *wirtschaftliche Missstände aufdecken, beseitigen; auf soziale Missstände, auf Missstände in der Verwaltung hinweisen*

misst: ↗ *messen*

misstrauen [mɪs't..], misstraute, hat misstraut /jmd./ *jmdm., etw.* ⟨Dat.⟩ 'jmdm., einem Zustand, einer Äußerung, einem Verhalten nicht trauen'; ↗ FELD I.2.2, 4.3.2: *er misstraut* (ANT vertraut) *mir ständig, misstraut fremden Leuten; dem eigenen Gefühl, den eigenen Kräften, der plötzlichen Ruhe, jmds. Freundlichkeit ~* ❖ ↗ **trauen**

Misstrauen ['mɪs..], **das**; ~s, ⟨o.Pl.⟩ 'Vermutung, dass sich hinter jmds. Tun und Verhalten feindselige od. hinterhältige Absichten verbergen, dass man jmdm. nicht vertrauen kann'; SYN Argwohn; ↗ FELD I.2.1, 4.3.1, 6.1: *tiefes, krankhaftes, unbegründetes ~; ~ erfüllte ihn; jmd. erweckt ~* (ANT Vertrauen); *jmds. ~ wecken, zerstreuen; ~ gegen jmdn. haben, erregen; Parl. einer Regierung das ~ aussprechen* ('einer Regierung das Vertrauen entziehen und sie zum Rücktritt auffordern') ❖ ↗ **trauen**

misstrauisch ['mɪstrau..] ⟨Adj.; Steig. reg.⟩ 'voller Misstrauen'; SYN argwöhnisch; ANT arglos /auf

Personen bez./; ↗ FELD I.2.3, 6.3: *ein ~er Mensch; er ist ständig ~; sie reagierte sehr ~* ❖ ↗ **trauen**

missverständlich ['mɪs..] ⟨Adj.; Steig. reg., ungebr.⟩ ˈso geartet, dass es missverstanden werden kannˈ /auf Äußerungen bez./: *eine ~e Äußerung; ~e Begriffe, Formulierungen; sich ~ ausdrücken; seine Aussage war ~* ❖ ↗ **verstehen**

Missverständnis ['mɪs..], **das**; *~ses, ~se* ˈfalsches Auslegen (6.1) von jmds. Äußerung, Handlungˈ: *ein grobes ~; ein ~ aufklären; zwischen den Partnern gab es viele ~se; hier liegt ein ~ vor; das beruht auf einem ~; einem ~ vorbeugen* ❖ ↗ **verstehen**

missverstehen ['mɪs..], missverstand, hat missverstanden /jmd./ *jmdn., etw. ~* ˈjmds. Äußerung, Handlung falsch verstehenˈ: *jmdn., jmds. Äußerung ungewollt, absichtlich ~; er hat ihn, sein Angebot missverstanden; seine Drohung war nicht misszuverstehen* ❖ ↗ **verstehen**

Misswirtschaft ['mɪs..], **die**; *~, ~en* ˈschlechtes Wirtschaftenˈ: *gegen die ~ ankämpfen; die Folgen jahrelanger ~; die Regierung ist für die ~ verantwortlich* ❖ ↗ **Wirtschaft**

Mist [mɪst], **der**; *~es,* ⟨o.Pl.⟩ **1.** ˈGemenge aus tierischen Exkrementen und Stroh, das als Dünger verwendet wirdˈ: *frischer, dampfender, abgelagerter ~; eine Fuhre ~; ~ auf den Wagen laden; den ~ auf dem Acker zerstreuen, unterpflügen* **2.** umg. emot. ˈunsinnige, wertlose Sacheˈ /häufig in Ausrufen des Unwillens/: *was sollen wir mit dem ~* (SYN ˈDreck 2ˈ) *anfangen?; was habt ihr da für einen ~ produziert?; wer hat diesen ~* (ˈUnsinn, Quatschˈ) *geschrieben, verzapft?; mach keinen ~!; so ein (elender, verdammter) ~!* ❖ ❖ **ausmisten, Mistkerl**
* umg. /etw., bes. Idee/ **nicht auf jmds. ~ gewachsen sein** (ˈnicht von jmdm. stammenˈ): *diese Idee ist nicht auf seinem ~ gewachsen*

Mist|kerl ['..], **der** umg. Schimpfw. ˈgemeiner, niederträchtiger Mannˈ: *so ein (verdammter) ~!* ❖ ↗ **Mist,** ↗ **Kerl**

¹mit [mɪt] ⟨Adv.⟩ /drückt die Zugehörigkeit zu etw. aus/ **1.1.** ˈauch, wie (der, die, das) andereˈ: *wir waren ~ dabei; fass bitte ~ an; ich bin ~ von der Partie* (ˈbeteilige michˈ); ⟨einem Verb getrennt vorangestellt, wenn eine vorübergehende Beteiligung gemeint ist⟩: *er will ~ arbeiten; die Kosten sind ~ berechnet* **1.2.** ˈneben anderem, anderenˈ: *er war ~ der Tüchtigste* (ˈeiner der Tüchtigstenˈ); *das war ~ das Beste* **1.3.** umg. *komm doch mal ~* (ˈgelegentlichˈ) *vorbei* **2.** *die Kinder waren auch ~* (ˈmitgekommenˈ) ❖ **²mit — damit, hiermit, mitsamt, Mittäter, mitunter, mitwirken, Mitwisser, womit;** vgl. **auch Mit/mit-**
MERKE Zur Getrennt-, Zusammenschreibung von *mit* und *sein*: Getrenntschreibung auch im Infinitiv

²mit ⟨Präp. mit Dat.; vorangestellt⟩ **1.** /instrumental; gibt das Mittel für die Realisierung von etw. an/; ANT ¹ohne (1): *~ dem Hammer einen Nagel in die Wand schlagen; ~ dem Beil Holz zerkleinern; ~*

dem Messer Brot schneiden; ~ (dem) Holz einen Ofen heizen; ~ Öl heizen; ~ Teer das Dach streichen; ~ dem Kopf nicken; ~ Wasserkraft, Wind Energie erzeugen; ⟨ist der Vermittler gemeint, kann *durch* an die Stelle von *mit* treten⟩ *etw. ~ der Post schicken; etw. ~ einen Kurier zustellen; etw. mit Beharrlichkeit, Freundlichkeit, Fleiß erreichen* **2.** /modal/ **2.1.** ⟨in Verbindung mit Personenbez.⟩ /gibt die Gemeinsamkeit bei einer Handlung an/: *~ jmdm. fliehen; ~ jmdm. tanzen, spielen, zusammenarbeiten, zusammen wohnen; sich ~ jmdm. in der Öffentlichkeit zeigen; er ist ~ ihr verlobt, verheiratet, verwandt* **2.2.** /gibt an, dass ein Verkehrsmittel zur Fortbewegung genutzt wird/: *er fuhr ~ der Bahn, ~ dem Auto nach Berlin* **2.3.** ⟨in Verbindung mit best. Abstrakta; mit (fakultativem) Attr.⟩ /gibt den Begleitumstand an/: *er fuhr ~ hoher Geschwindigkeit; ~ einem schrillen Schrei stürzte sie zu Boden; er starrte ihn ~ offenem Mund an; ~ Geschrei* (ˈschreiendˈ) *stürzten sie sich auf den Feind; ~ flatternden Fahnen ins Stadion einziehen; er spricht ~ leiser Stimme* (ˈspricht leiseˈ); *er verfolgte den Vorgang ~ (großem) Interesse* (ˈsehr interessiertˈ); *etw. ~ Begeisterung* (ˈbegeistertˈ) *hören; etw. ~ Geduld* (ˈgeduldigˈ) *ertragen; das hat er ~ Bedacht getan; etw. ~ Nachdruck* (ˈnachdrücklichˈ) *fordern* **2.4.** ⟨oft o. Art.⟩ /gibt an, dass etw., jmd. Teil, begleitender Umstand von etw., jmdm. ist/; ANT ¹ohne (2): *ein Topf ~ Henkel, Deckel; eine Flasche Mineralwasser ~ Kohlensäure; ein Mädchen ~ blondem Haar; ein Motorrad ~ Beiwagen; Schinken ~ Ei; ein Vierer ~ Steuermann* **3.** /lokal; gibt die Richtung einer Fortbewegung, die durch einen Naturvorgang gegeben ist/; ANT gegen: *er schwamm ~ dem Strom, segelte ~ dem Wind* **4.** ⟨in Verbindung mit Zeitbegriffen od. Begriffen, die zeitlich interpretiert werden können⟩ /temporal/ **4.1.** /gibt an, dass ein Vorgang, Zustand zeitlich mit etw. übereinstimmt/; SYN bei (2.1): *~ Tagesanbruch gingen wir los; ~ Einbruch der Dunkelheit wird der Park geschlossen; ~ dem Gongschlag ist es acht Uhr; die Verfügung tritt ~ dem heutigen Tage in Kraft* **4.2.** /gibt den Zeitpunkt beim Alter an/: *~ sechs Jahren kommt das Kind in die Schule; ~ fünf Jahren konnte er schon lesen; er machte ~ 23 sein Examen; er starb schon ~ 50 (Jahren)* **4.3.** /gibt einen zeitlichen Verlauf an; beschränkt verbindbar/: *~ den Jahren wurde er vernünftiger; ~ der Zeit wird sich das alles normalisieren* **5.** /kausal; gibt an, dass der körperliche Zustand, bes. Krankheit, Ursache für einen Zustand ist/: *er lag ~ einer Erkältung, einer Angina im Bett; sie lag ~ hohem Fieber, ~ einer Fraktur im Krankenhaus* **6.** ⟨oft mit *ein wenig, etwas, viel, mehr*⟩ /konditional; gibt an, dass die Fähigkeit für etw., das Vorhandensein von etw. die Voraussetzung für etw. ist/: *~ etwas Glück wird er das schon schaffen; ~ etwas Geduld ist das zu schaffen; ~ mehr Verständnis für die Probleme anderer wäre er erträglicher* ❖ **mithilfe**

¹**mit-** /bildet mit dem zweiten Bestandteil Verben; betont; trennbar (im Präsens u. Präteritum) **1.** /drückt aus, dass das im zweiten Bestandteil Genannte durch eigene Beteiligung gemeinsam mit einer anderen Person, mit anderen Personen getan wird/: ↗ z. B. *mithelfen, mitmachen* **2.** /drückt aus, dass das im zweiten Bestandteil Genannte parallel mit einem Geschehen, einer anderen Tätigkeit geschieht/: ↗ z. B. *mitschreiben*

²**Mit-** /bildet mit dem zweiten Bestandteil Substantive; drückt aus, dass jmd. mit einem anderen, mit anderen zusammen das im zweiten Bestandteil Genannte ist/: ↗ z. B. *Mitschüler*

Mit/mit['..]|-**arbeit, die** ⟨o.Pl.⟩ 'Arbeit, die jmd. gemeinsam mit anderen längere Zeit hindurch od. ständig am gleichen Werk (4.1) leistet od. geleistet hat': *jmdm. für seine ~ danken, ein Honorar zahlen; eine ehrenamtliche ~; jmdn. zur ~ auffordern, heranziehen; seine ~* ('Beteiligung am Unterricht') *war vorbildlich, beispielhaft* ❖ ↗ Arbeit; -**arbeiten** ⟨trb. reg. Vb.; hat⟩ /jmd./ *an, in etw.* ⟨Dat.⟩ ~ 'Mitarbeit für etw. leisten': *an einem Projekt ~; sie hat lange an der Zeitschrift mitgearbeitet; er arbeitet in der Projektgruppe mit* ❖ ↗ Arbeit; -**arbeiter, der** 'jmd., der gemeinsam mit anderen am gleichen Werk (4.1), in der gleichen Einrichtung arbeitet od. gearbeitet hat': *ein langjähriger, bewährter ~; ~ für ein Projekt einstellen, ausbilden, qualifizieren* ❖ ↗ Arbeit; -**bekommen** /jmd./ *etw.* ~ **1.1.** 'etw. zum Mitnehmen (1.1) erhalten': *er hat Verpflegung, Geschenke, Materialien ~; er bekam viel Kleidung mit;* METAPH *diese Veranlagung hat er von Geburt an* ~ **1.2.** 'etw. verstehen': *ich habe die Aufgabenstellung, die Auflösung der Geschichte nicht* ~ ❖ ↗ ¹bekommen; -**bestimmung, die** ⟨o.Pl.⟩ 'die Beteiligung von Bürgern bei Entscheidungen in einem bestimmten gesellschaftlichen Bereich': *die politische, betriebliche, kulturelle ~; die ~ durch die Gewerkschaften* ❖ ↗ stimmen; -**bringen,** brachte mit, hat mitgebracht **1.** /jmd./ *etw., jmdn.* ~ 'etw., jmdn. dahin haben, wenn man sich irgendwohin begibt': *ein Geschenk, sein Handwerkszeug, Getränke ~; er kam zum Geburtstag und brachte Freunde mit; jmdm. etw. ~: jmdm. die Zeitung, frische Brötchen ~;* METAPH scherzh. *bringt gute Laune, guten Appetit mit* ('kommt zur Feier in guter Laune, mit gutem Appetit')'. **2.** /jmd./ *etw. für etw.* ~ 'eine bestimmte Begabung als Voraussetzung für etw. haben': *für diese Aufgabe bringt er eine bestimmte Begabung mit* ❖ ↗ bringen; -**bürger, der** 'jmd., der mit anderen zusammen Bürger des gleichen Staates, des gleichen Ortes (2) ist'; FELD VII.5.1: *er hat seine ~ zu einer gemeinsamen Aktion aufgerufen* ❖ ↗ Bürger; -**einander** ⟨Adv.⟩ **1.1.** 'einer, eine, eines mit dem, der anderen': *~ sprechen, streiten; ~ verheiratet sein; die Zutaten gut ~ mischen; alle ~* ('alle ohne Ausnahme') **1.2.** SYN 'gemeinsam (3)': *die Aufgaben ~ lösen; sie sind ~ losgegangen* ❖ ↗ anderer; -**esser, der** 'durch Anhäufung von Talg verstopfte Pore, die als klei-

ner dunkler Punkt auf der Haut sichtbar ist': *einen ~ ausdrücken; ~ im Gesicht entfernen* ❖ ↗ essen; -**fühlen** ⟨trb. reg. Vb.; hat⟩ /jmd./ *mit jmdm.* ~ 'Mitgefühl mit jmdm. haben, Mitgefühl für jmdn. zeigen': *es tut mir so Leid, dass dir das passiert ist, ich kann mit dir ~;* ⟨adj. im Part. I⟩ *~de Worte sprechen; ein ~des Herz haben; etw. ~: jmds. Freude, Kummer, Leid ~* ('an jmds. Freude, Kummer, Leid teilhaben'); *ich fühle deinen Kummer mit* ❖ ↗ fühlen; -**gefühl, das** ⟨o.Pl.⟩ 'Gefühl der inneren Beteiligung am Leid eines anderen, anderer'; SYN Anteilnahme (1), Teilnahme (2): ⟨oft mit Possessivpron.⟩ *sein ~ äußern, kundtun; ~ mit jmdm. haben, empfinden; jmdm. sein ~ ausdrücken;* vgl. *Beileid* ❖ ↗ fühlen; -**gehen,** ging mit, ist mitgegangen /jmd./ *mit jmdm.* ~ 'gemeinsam mit (einem) anderen irgendwohin gehen': *er ging mit ihm, den Freunden mit (ins Kino)* ❖ ↗ gehen; * umg. /jmd./ *etw.* ~ *lassen* 'etw. stehlen': *er hat im Kaufhaus eine Flasche Rotwein ~ lassen;* -**genommen** [gənɔmən] ⟨Adj.; o. Steig.; ↗ auch *mitnehmen*; vorw. bei Vb.⟩ **1.** SYN 'abgerissen (1)' /auf Kleidung o.Ä. bez./: *die Hose, der Pullover sieht ganz schön ~ aus; dein Mantel sieht aber ziemlich ~ aus* **2.** 'elend': *nach der Operation war sie, sah sie ganz schön ~ aus* ❖ ↗ nehmen; -**glied, das 1.** 'Angehöriger einer Gruppe, Gemeinschaft (1.1)': *die ~er einer Familie, Arbeits-, Wandergruppe* **2.** 'jmd., der auf Antrag, durch Wahl in eine Körperschaft, eine Organisation aufgenommen wurde und ihr nun angehört': *er ist ein aktives, langjähriges ~ unseres Vereins; er wurde zum ordentlichen ~ der Akademie gewählt; er ist ~ der Akademie der Wissenschaften; als ~ in eine Partei aufgenommen werden* ❖ ↗ Glied; -**gliederversammlung** [gliːdɐ..]**, die** 'Versammlung von Mitgliedern (?) einer Einheit einer bestimmten Organisation': *eine ~ einberufen* ❖ ↗ Glied, ↗ sammeln; -**gliedsbuch** [gliːts..]**, das** 'Ausweis in Form eines kleinen Hefts für jedes Mitglied einer Organisation, Partei' ❖ ↗ Glied, ↗ Buch; -**helfen** (er hilft mit), half mit, hat mitgeholfen /jmd./ 'gemeinsam mit anderen bei etw. helfen': *alle müssen ~; die Kinder helfen im Haushalt mit* ❖ ↗ helfen; -**hilfe/**auch **mit Hilfe** [mɪt'hɪlfə]: ↗ Hilfe (4) -**hin** ['../..'h..] ⟨Adv.⟩ 'folglich': *er hat viel Schaden angerichtet und ist ~ verpflichtet, diesen zu ersetzen;* ⟨auch als Konjunktionaladv. mit Inversion des Subj.; schließt an einen vorausgehenden Hauptsatz einen Hauptsatz an; konsekutiv⟩ *der Täter handelte überlegt, ~ ist er für die Tat verantwortlich;* -**kommen,** kam mit, ist mitgekommen **1.** /jmd./ *mit jmdm.* ~ 'gemeinsam mit anderen irgendwohin kommen': *sie ist mit ihm ins Theater mitgekommen; er konnte nicht ~* **2.** /jmd./ *mit etw.* ~: *er ist noch mit dem letzten Zug mitgekommen* ('hat den letzten Zug gerade noch erreicht'); *sie ist gerade noch mitgekommen* **3.** /jmd./ ⟨oft verneint⟩ *mit jmdm.* ~ 'mit jmdm., anderen in gleicher Weise, in gleichem Tempo bei der Fortbewegung vorankommen'; ANT zurückbleiben (1): *sie konnte beim Lauf nicht mit der Spitzengruppe ~;*

sie ist bei dem Tempo nicht mitgekommen **4.** /jmd.,
bes. Schüler/ *gut, schlecht* ~ 'im Unterricht den
Anforderungen gut, schlecht genügen': *er kommt
(in der Schule, in Latein, Mathematik) gut mit; er
kommt nicht mehr mit* ❖ ↗ kommen; **-läufer, der**
'jmd., der einer politischen Bewegung angehört,
ohne sich aktiv zu engagieren': *er war immer nur
ein* ~ ❖ ↗ laufen; **-leid, das** 'Gefühl der Bereit-
schaft, das Leid eines anderen, anderer zu teilen
und ihm, ihnen zu helfen'; ↗ FELD I.2.1, 18.1:
großes, tiefes ~ *haben;* ~ *erfasst, überkommt jmdn.;
(kein)* ~ *mit jmdm. haben, fühlen; von* ~ *erfüllt,
ergriffen sein* ❖ ↗ Leid; **-leidenschaft**: *etw. zieht
etw., jmdn. in* ~ 'etw. fügt einer Sache, jmdm. Scha-
den zu': *das Erdbeben hat die umliegenden Ortschaf-
ten, hat uns in* ~ *gezogen; durch den Brand wurden
auch die Nachbarhäuser in* ~ *gezogen* ❖ ↗ Leid;
-leidig ⟨Adj.; Steig. reg., ungebr.⟩ 'voller Mitleid';
ANT hart (3); ↗ FELD I.2.3, 18.3: *ein* ~*er
Mensch; ein* ~*es Herz haben;* ~ *blicken, sprechen;
sie sah ihn* ~ *an* ❖ ↗ Leid; **-machen** ⟨trb. reg. Vb.;
hat⟩ /jmd./ **1.1.** *etw.* ~ 'an etw. mit anderen teilneh-
men': *eine Reise, Wanderung* ~; *er macht bei der
Veranstaltung mit;* vorw. emot. neg. *sie machte jede
Mode mit* **1.2.** *er, sie hat allerhand mitgemacht* ('hat
sehr gelitten, viel ertragen müssen') ❖ ↗ machen;
-mensch, der ⟨vorw. im Pl.⟩ 'Mensch, mit dem
jmd., man selbst in einem nicht verwandtschaftli-
chen Verhältnis in einer Gesellschaft lebt': *er war
ein angenehmer* ~; *etw. für seine* ~*en tun; Rücksicht
auf seine* ~*en nehmen* ❖ ↗ ¹Mensch; **-nehmen** (er
nimmt mit), nahm mit, hat mitgenommen; ↗ auch
mitgenommen **1.** /jmd./ **1.1.** *etw.* ~ 'etw. irgendwo-
hin mit sich nehmen (1.2)': *den Fotoapparat (auf
die Reise)* ~; *sie hat den Schirm (auf den Spazier-
gang) mitgenommen* **1.2.** *die Kinder an die See, in
den Urlaub* ~ ('an der Reise an die See, in den Ur-
laub teilnehmen lassen') **2.** *etw. nimmt jmdn. mit*
'etw. belastet jmdn. psychisch': *die ständigen Strei-
tereien, Auseinandersetzungen nahmen sie sehr mit*
❖ ↗ nehmen; **-reisende, der** u. **die** ⟨o.Possessiv-
pron.; ↗ TAFEL II⟩ 'jmd., den jmd., mit an-
deren, mit einem selbst gemeinsam reist': *die* ~*n im
Abteil unterhielten sich angeregt; ein* ~*r stieg in N
um* ❖ ↗ reisen; **-reißen**, riss mit, hat mitgerissen
/etw., jmd./ *jmdn.* ~ 'durch seinen Elan, Schwung
bewirken, dass Zuschauer, Zuhörer in eine begei-
sterte Stimmung geraten': *das Publikum* ~; *ihr
Spiel, Gesang riss viele mit; eine* ~*de Sprache, Mu-
sik* ❖ ↗ reißen; **-samt** [..'zamt] ⟨Präp. mit Dat.;
vorangestellt; auch o. Art.⟩ /modal; gibt den Be-
gleitumstand an/; SYN ²samt: *sie kam* ~ *ihren Kin-
dern; das Schiff ging* ~ *der Ladung,* ~ *den Passa-
gieren unter* ❖ ↗ gesamt; **-schreiben**, schrieb mit,
hat mitgeschrieben /jmd./ *etw.* ~ 'etw. niederschrei-
ben, während es gesprochen wird': *sie schrieb die
Unterhaltung beider, die Vorlesung mit* ❖ ↗ schrei-
ben; **-schuld, die** ⟨o.Pl.⟩ 'Schuld (1), die jmd. durch
seine Beteiligung an etw. trägt': *seine* ~ *ist erwie-
sen; er trägt* ~ *an dem Verbrechen; jmds.* ~ *nach-*

weisen ❖ ↗ Schuld; **-schuldig** ⟨Adj.; o. Steig.; vorw.
präd.⟩ /jmd./ *an etw.* ⟨Dat.⟩ ~ *sein* 'eine Mitschuld
an etw. tragend': ~ *an einer Straftat sein, werden;
sich* ~ *machen: durch sein Schweigen machte er sich*
~ ❖ ↗ Schuld; **-schuldige, der** u. **die**; ↗ TAFEL II
'jmd. der sich mitschuldig gemacht hat': *er wurde
zum* ~*n; die* ~*n ermitteln* ❖ ↗ Schuld; **-schüler, der**
'Schüler, mit dem jmd., man selbst gemeinsam die
gleiche Klasse, Schule besucht, besucht hat' ❖ ↗
Schule; **-spielen** ⟨trb.reg. Vb.; hat⟩ **1.** /jmd./ 'sich
am Spiel (1.2) anderer beteiligen': *lasst ihr mich* ~?;
*er spielte in der Mannschaft mit; sie hat die ganze
Zeit mitgespielt* **2.** *etw. spielt bei jmdm., etw.* ⟨Dat.⟩
mit 'etw. spielt bei jmdm., etw. neben anderem eine
bestimmte Rolle': *in dieser Angelegenheit spielt bei
ihm gekränkte Eitelkeit, Ehrgeiz mit; bei dieser Ent-
scheidung spielen noch andere Faktoren, spielen per-
sönliche Motive mit* **3.** /etw., jmd./ *jmdm. übel, hart*
~ 'jmdm. Schaden zufügen': *das Leben hat ihm
übel mitgespielt; seine Gegner haben ihm übel mitge-
spielt* ❖ ↗ spielen

mittag ↗ *Mittag*

¹Mittag, der; ~s/ auch ~es, ~e **1.** 'Teil des Tages,
der in der Mitte des Tages liegt'; ↗ FELD VII.7.1:
es ist, wird bereits ~; *es geht auf* ~ *zu; am, zu* ~
wird es warm, gibt es Regen; jeden ~ *trinkt er seinen
Schoppen Rotwein; ein heißer, sonniger* ~; *er kommt
über* ~ ('während der Zeit um den Mittag herum')
2. ⟨einem Temporaladv. od. der Bezeichnung für
einen Wochentag nachgestellt⟩ 'am Mittag': *heute,
morgen, gestern* ~ **3.** ⟨o.Pl.⟩ *zu* ~ *essen* ('das Mit-
tagessen einnehmen') ❖ ↗ **Mitte**, ↗ **Tag**

²Mittag, das; ~s, ⟨o.Pl.⟩ **1.** 'das Mittagessen (1)'; ↗
FELD I.8.1: *das* ~ *bereiten, auftragen; es gibt
gleich* ~ **2.** 'das Mittagessen (2)': *kommst du zum*
~?; *jmdn. zum* ~ *einladen; was gibt es zum* ~? ❖
↗ **Mitte**, ↗ **Tag**

Mittag|essen ['..], **das 1.** ⟨vorw. Sg.⟩ 'am ¹Mittag ein-
genommene Mahlzeit (1.)'; ↗ FELD I.8.1: *das* ~
einnehmen, auftragen **2.** ⟨o.Pl.⟩ 'das gemeinsame
Einnehmen der mittäglichen Mahlzeit (1)': *vor,
nach dem* ~; *jmdn. zum* ~ *abholen, einladen* ❖ ↗
Mitte, ↗ **essen**

mittäglich ['mɪtɛːk../..teːk..] ⟨Adj.; o. Steig.; nur attr.⟩
'am ¹Mittag, jeden ¹Mittag stattfindend'; ↗ FELD
VII.7.2: *die* ~*e Pause, Mahlzeit, Hitze* ❖ ↗ **Mitte**,
↗ **Tag**

mittags ['mɪtɑːks] ⟨Adv.⟩ 'am ¹Mittag, jeden ¹Mit-
tag'; ↗ FELD VII.7.2: *er kommt Dienstag immer
erst* ~; ~ *sind die Läden geschlossen; kannst du* ~
noch mal wiederkommen? ❖ ↗ **Mitte**, ↗ **Tag**

Mit|täter ['mɪt|tɛːtɐ/..teː..], **der** Jur. 'jmd., der gemein-
sam mit jmdm., mit anderen eine Straftat begeht,
begangen hat': *die Polizei fahndet nach dem* ~,
nach den ~*n; es werden mehrere* ~ *vermutet* ❖ ↗
²mit, ↗ **tun**

Mitte ['mɪtə], **die**; ~, ~n **1.1.** ⟨vorw. Sg.⟩ 'Punkt (4)
in einem Ganzen (einer geometrischen Figur), der
von der äußeren Begrenzung überall gleich weit
entfernt ist'; SYN Mittelpunkt (1); ANT Rand

(1.1): *die ~ eines Kreises, einer Linie, Strecke; das Rathaus liegt in der ~* (SYN ʼZentrum 1.2ʼ) *der Stadt; das Denkmal steht in der ~ des Platzes; er trat in die ~ des Zimmers, Saales; etw. in die ~ rücken, stellen; jmdn. in die ~ nehmen* (ʼzwischen sich und den anderen gehen, sitzen, stehen lassenʼ) **1.2.** ⟨o.Pl.⟩ ʼZeitpunkt, der vom Beginn und Ende von etw. zeitlich gleich weit entfernt istʼ: *die ~ des Tages, der Ferien, des Semesters; ~ nächsten/des nächsten Jahres; in der ~/gegen ~ des Monats wird das Gehalt überwiesen; ~ September, ~ nächsten Monats;* ⟨+ Zahl⟩ *er ist ~ 30* (ʼer ist ungefähr 35 Jahre altʼ) **2.1.** *einer aus unserer ~* (ʼaus unserem Personenkreis, den wir kennenʼ) *hat den Preis bekommen* **2.2.** Parl. ʼGruppierung, Partei, die im Parlament zwischen der Linken (2) und der Rechten (2) stehtʼ: *eine Partei, Koalition der ~* ❖ **mittag, **[1,2]**Mittag, mittags, mitten, mittler, Mittler; Aschermittwoch, **[1,2]**inmitten, Mittagessen, mittäglich, Mittelding, -schicht, Mittelweg, Mitternacht, mitternächtlich, Mittwoch, mittwochs, Nachmittag, nachmittags, Vormittag, vormittags;** vgl. **Mittel/mittel-**

mit/Mit|-teilen ⟨trb.reg.Vb.; hat⟩ **1.** /jmd./ *jmdm. etw. ~* ʼjmdn. mündlich od. schriftlich über etw. in Kenntnis setzenʼ; ↗ FELD I.13.2: *jmdm. eine Neuigkeit, Entdeckung, Beobachtung ~; er hat uns seine neue Adresse mitgeteilt; sie teilte uns mündlich, brieflich, telefonisch mit, dass …;* vgl. *informieren* **2.** /jmd./ *sich jmdm. ~* SYN ʼsich jmdm. anvertrauen (4)ʼ: *nach diesem Erlebnis musste er sich jmdm. ~; nach langem Zögern hat sie sich endlich jmdm. mitgeteilt* ❖ **Mitteilung; -teilung, die;** ~, ~en ʼdas, was jmdm. od. der Öffentlichkeit mitgeteilt wird, worden istʼ ↗ FELD I.13.1: *eine mündliche, schriftliche, private, offizielle, vertrauliche ~; eine ~ erhalten, weiterleiten; eine ~ an die Presse geben; jmdm. eine ~ (von etw.) machen* (ʼjmdm. etw. mitteilenʼ) ❖ ↗ **mitteilen**

Mittel [ˈmɪtl̩]**, das;** ~s, ~ **1.** ʼbestimmte Methode zur Erreichung eines Zielsʼ: *ein einfaches, sicheres, gutes, wirksames ~; erzieherische, rechtliche, politische ~; verschiedene ~ einsetzen; kein ~ unversucht lassen; etw. mit allen ~n* (ʼauf jede nur denkbare Weiseʼ) *durchzusetzen, zu verhindern versuchen* **2.1.** ʼetw., bes. ein Stoff (2), der (im Haushalt) zur Erreichung eines Zwecks angewandt (und dabei verbraucht) wirdʼ: *ein kosmetisches ~; ein wirksames ~ gegen Insekten; ein unschädliches ~; ein ~ zur/für die Pflege von Fußböden, Möbeln; ein neues ~ ausprobieren* **2.2.** SYN ʼMedikamentʼ: *ein schmerzlinderndes, krampflösendes ~; ein ~ für/gegen Husten, Kopfschmerzen, zur Beruhigung; ein ~ einnehmen, anwenden; der Arzt hat ein wirksames neues ~ gegen Schlaflosigkeit verschrieben; ein ~ zum Einreiben* **3.** ⟨nur im Pl.⟩ ʼgrößerer Betrag, der für einen bestimmten (öffentlichen) Zweck notwendig, vorgesehen istʼ; SYN Geld (2): *es standen geringe, bedeutende finanzielle ~ zur Verfügung; öffentliche ~ für etw. einsetzen; die ~ zum Unterhalt aufbringen; für etw. ~ beantragen, bereitstellen; etw.* *aus eigenen ~n bestreiten, bezahlen; über ausreichende ~ verfügen* ❖ **ermitteln, mittels, unvermittelt, vermitteln, Vermittler – Arzneimittel, Genussmittel, Heilmittel, Hilfsmittel, Lebensmittel, mittellos, Mittelsmann, Nahrungsmittel, Nahverkehrsmittel, Produktionsmittel, Schlafmittel, Schmerzmittel, Treibmittel, Triebmittel, übermitteln, Übermittlung, Verkehrsmittel, Waschmittel, Zahlungsmittel;** vgl. **mittelbar**

* *jmdm. ist jedes ~ recht* ʼjmd. scheut nichts, auch nichts Negatives, um sein Ziel zu erreichenʼ: *um Karriere zu machen, ist ihm jedes ~ recht;* ~ *und Wege* ʼMöglichkeiten, Methoden, die Erfolg versprechenʼ: *da gibt es ~ und Wege; ~ und Wege finden, suchen, um sein Ziel zu erreichen;* /etw., jmd./ *für jmdn. nur ~ zum Zweck sein* ʼfür jmdn. nur eine Möglichkeit zur Erreichung bestimmter Ziele seinʼ: *seine Ehe, die reiche Witwe war für ihn nur ~ zum Zweck*

Mittel/mittel [ˈ..]|**-alter, das** ⟨o.Pl.⟩ ʼhistorischer Zeitraum zwischen Altertum und Neuzeitʼ: *das frühe, späte, hohe ~; die Kunst, Architektur des ~s;* /in der kommunikativen Wendung/ *das ist ja finsteres ~!* /Ausruf der Entrüstung über rückständige Verhältnisse od. überholte Denkweise/ ❖ ↗ **alt; -alterlich** [altə..] ⟨Adj.; o. Steig.; vorw. attr.⟩ ʼdas Mittelalter betreffendʼ: *die ~e Architektur, Dichtung, Musik; eine ~e Burg; die Ausstattung ist ~* ❖ ↗ **alt**

mittelbar [ˈmɪtl̩..] ⟨Adj.; o. Steig.⟩ ʼnicht auf direktem (2) Wege bewirkt, sondern über andere, anderesʼ /auf Abstraktes bez./: *zwischen beiden Faktoren besteht nur ein ~er Zusammenhang; etw. hat eine nur ~e Ursache, Wirkung; etw. ~ verursachen; jmdn. ~ unterstützen; die Schädigung durch dieses Präparat ist nur ~* ❖ **unmittelbar;** vgl. **Mittel**

Mittel/mittel [ˈmɪtl̩..]**-ding, das** ⟨o.Pl.⟩ umg.: *etw. ist ein ~ zwischen …* ʼetw. hat von zwei Sachen, Begriffen sowohl Merkmale des einen wie auch des anderen: *diese Gaststätte ist ein ~ zwischen einem Restaurant und einem Café* ❖ ↗ **Ding; -finger, der** ʼFinger zwischen Zeige- und Ringfingerʼ; ↗ FELD I.1.1 (↗ TABL Körperteile) ❖ ↗ **Finger; -groß** ⟨Adj.; o. Steig.; nicht bei Vb.⟩ **1.1.** ʼdurchschnittlich groß (2.2)ʼ /vorw. auf Personen bez./: *ein ~er Mann; er ist ~* **1.2.** ⟨nur attr.⟩ ʼvon durchschnittlicher Bevölkerungszahl od. Ausdehnungʼ: *eine ~e Stadt; ein ~es Unternehmen* ❖ ↗ **groß; -los** ⟨Adj.; o. Steig.⟩ SYN ʼarm (1)ʼ; ANT wohlhabend /vorw. auf Personen bez./; ↗ FELD I.17.3: ~ *sein, dastehen; er ließ seine Familie ~ zurück; er war völlig ~* ❖ ↗ **los; -maß, das** ⟨o.Pl.⟩ ʼdurchschnittliches Maß (2) hinsichtlich der Qualität von etw., jmdm.ʼ: *seine Leistungen sind, liegen über, unter ~; er, sie ist ein gutes, solides ~; mit seinen Leistungen weit über das ~ hinausreichen* ❖ ↗ **messen; -mäßig** ⟨Adj.; o. Steig.; nicht bei Vb.⟩ ʼnicht über ein Mittelmaß hinausgehendʼ; SYN durchschnittlich (2); ANT hervorragend, ausgezeichnet: *ein ~er Künstler, Schüler; eine ~e Begabung; die Aufführung war (nur) ~* ❖ ↗ **messen; -punkt, der 1.** ʼPunkt einer geometrischen Figur, von dem aus alle Punkte des Umfangs, der Oberfläche die gleiche Entfernung aufweisen'; SYN Mitte (1.1): *der ~* (SYN 'Zentrum (1.1') *eines Kreises, einer Kugel, der Erde* **2.1.** ⟨+ Gen. attr.⟩ 'Zentrum (3)': *das Theater, der Klub ist der kulturelle ~ des Ortes, der Stadt* **2.2.** ⟨+ Gen. attr.⟩ 'Person, die im Zentrum des Interesses steht': *er war der ~ des Festes, Abends* **3.** *etw., jmd. steht im ~* ⟨+ Gen.attr.⟩ 'etw., jmd. ist vor anderem, anderen Gegenstand des Interesses': *das Projekt stand im ~* (SYN 'Zentrum 2') *der Diskussion, der Überlegungen; er stand im ~ des Festes; er will immer im ~ stehen* ('will immer von allen besonders beachtet werden') ❖ ↗ **Punkt**

mittels ['mɪt|s] ⟨Präp. mit Gen.; vorangestellt; auch o. Art.⟩ /instrumental/ oft fachspr. SYN mit (1): *sie öffneten die Tür, Kiste ~ eines Brecheisens; er verriegelte das Tor ~ einer Kette; etw. ~ Flaschenzug hochziehen; ~ Drähten die Verbindung herstellen* ❖ ↗ **Mittel**

Mittel|schicht ['mɪt|..], **die** 'soziale Schicht zwischen den unteren und oberen Schichten der Gesellschaft mit einem gewissen Status an Bildung, Kultur und ökonomischer Sicherheit, zu der bes. Geschäftsleute, Beamte, Angestellte gerechnet werden': *der ~ angehören* ❖ ↗ **Mitte**, ↗ **Schicht**

Mittels|mann ['mɪt|s..], **der** ⟨Pl.: Mittelsmänner⟩ 'jmd., der für jmdn., der nicht selbst in Erscheinung tritt, in einer bestimmten Angelegenheit tätig wird': *jmdn. als ~ einsetzen; die Nachricht über einen ~ weiterleiten* ❖ ↗ **Mittel**, ↗ **Mann**

mittelst ['mɪt|st] ⟨Adj.; Superl. zu ↗ *mittler*⟩

Mittel|-streifen ['mɪt|..], **der** 'meist mit Pflanzen bewachsener Streifen zwischen den beiden Fahrtrichtungen der Autobahn': *das Auto geriet auf den ~ und überschlug sich* ❖ ↗ **Streifen**; **-weg, der** ⟨o.Pl.⟩ 'Möglichkeit des Vorgehens, Handelns zwischen zwei Extremen': *zwischen diesen extremen Meinungen gibt es keinen ~; den ~ gehen, einschlagen; wir müssen einen (gangbaren) ~ suchen, finden*; vgl. *Kompromiss* ❖ ↗ **Weg** ❋ **der goldene ~** 'Kompromiss, der Extreme vermeidet': *den goldenen ~ gehen*; **-welle, die** ABK: MW **1.** Phys. 'elektromagnetische Welle (4) mit einer Wellenlänge im Bereich von 100 bis 1000 Meter' **2.** ⟨o.Pl.⟩ 'der für die Sendung genutzte Bereich von Mittelwelle (1)': *~ hören; ein Programm auf ~ senden, empfangen*; vgl. *Kurzwelle, Langwelle* ❖ ↗ **wallen**; **-wert, der** 'aus einer Anzahl verschiedener einzelner Werte ermittelter Durchschnitt': *der jahreszeitliche ~ an Sonnentagen, der Regenmenge; den ~ errechnen, angeben* ❖ ↗ **Wert**

mitten ['mɪtn̩] ⟨Adv.; vorw. mit Präp., z. B. *in, auf, unter*⟩ **1.1.** 'in der Mitte (1) von Sachen, Personen': /räuml./ *er stand ~ unter uns*; /zeitl./ *er unterbrach sie ~ im Satz; ~ im Gespräch unterbrach die Verbindung; er kam ~ in der Nacht* **1.2.** 'in die Mitte (1) von Sachen, Personen': /räuml./ *die Kugel traf ~ ins Herz; er ging ~ in die Menge hinein* ❖ ↗ **Mitte**

Mitter/mitter ['mɪtɐ..]‖**nacht, die** ⟨vorw. o.Art.; o.Pl.⟩ '24 Uhr'; ↗ FELD VII.7.1: *es ist, wird ~; es geht auf ~ zu; es schlägt ~; gegen, kurz vor ~* ❖ ↗ **Mitte**, ↗ **Nacht**; **-nächtlich** ⟨Adj.; o. Steig.; nur attr.⟩ 'während der Zeit um Mitternacht'; ↗ FELD VII.7.2: *er kam zu ~er Stunde* ❖ ↗ **Mitte**, ↗ **Nacht**

mittler ['mɪtlɐ] ⟨Adj.; nur attr.; Steig. nur Superl.: *mittelst*⟩ **1.1.** 'in der Mitte befindlich': *der ~e Finger; der ~e Teil des Gebäudes; der mittelste Teil des Hauses* **1.2.** ⟨o. Steig.⟩ 'in der Mitte des durchschnittlichen Lebensalters': *ein Mann, eine Frau ~en Alters, von ~en Jahren* **1.3.** ⟨o. Steig.⟩ 'einen Mittelwert darstellend': *die ~ Temperatur des Jahres; die ~e Geschwindigkeit; der ~e Wasserstand* **1.4.** ⟨o. Steig.⟩ 'innerhalb einer Rang-, Größenordnung zwischen der oberen und unteren Stufe stehend': *eine ~e Leistung; eine ~e Stadt; die ~e Laufbahn einschlagen; eine Anstellung in ~er Position; eine Ware ~er Qualität*; vgl. auch *vorder, hinter* ❖ ↗ **Mitte**

Mittler, der; ~s, ~ 'Vermittler': *ein geeigneter ~; als ~ zwischen den streitenden Parteien auftreten; einen ~ suchen, finden* ❖ ↗ **Mittel**

Mittwoch ['mɪtvɔx], **der**; ~s, ~e ⟨vorw. Sg.⟩ 'dritter Tag der mit Montag beginnenden Woche'; ↗ auch *Dienstag* ❖ ↗ **Mitte**, ↗ **Woche**

mittwochs ['mɪtvɔxs] ⟨Adv.⟩ 'jeden Mittwoch': *~ spielen sie abends immer Skat*; ↗ auch *dienstags* ❖ ↗ **Mitte**, ↗ **Woche**

mit/Mit ['mɪt..]**.]-unter** [mɪt'|ʊntɐ] ⟨Adv.⟩ 'manchmal': *~ gehe ich früh schlafen; er hat ~ seltsame Einfälle; sie besucht uns ~/~ besucht sie uns* ❖ ↗ ¹**mit**; **-wirken** ⟨trb. reg. Vb.; hat⟩ /jmd./ *an, bei etw.* ⟨Dat.⟩ *~* 'zusammen mit anderen an der Durchführung von etw. beteiligt sein': *an einem Projekt ~; bei der Gestaltung einer Feier ~* ❖ ↗ **wirken**; **-wisser** ['mɪtvɪsɐ], **der**; ~s, ~ 'jmd., der von den Absichten od. Straftaten eines anderen weiß und ihn nicht verrät, nicht anzeigt': *er war sein ~, war (der) ~ dieses Plans; ein gefährlicher ~; jmdn. zum ~ haben, machen* ❖ ↗ ¹**mit** ↗ **wissen**

mixen ['mɪksn̩] ⟨reg. Vb.; hat⟩ **1.** /jmd./ *etw. ~* 'ein (alkoholisches) Getränk dadurch herstellen, dass man verschiedene (alkoholische) Getränke mit bestimmten Zusätzen mischt (1.1)': *einen Cocktail ~; sich* ⟨Dat.⟩, *jmdm. etw. ~: er mixte sich einen Punsch; sie hat uns ein Erfrischungsgetränk gemixt* **2.** /jmd./ *etw. mit etw. ~* 'bestimmte Nahrungsmittel mit einem Mixer (2) zerkleinern und mit etw. mischen (1.2)': *Bananen mit Milch ~; Erdbeeren, Pfirsiche mit Eis ~* ❖ **Mixer — Handmixer, Mixgetränk**

Mixer ['mɪksɐ], **der**; ~s, ~ **1.** 'jmd., der an einer Bar meist (alkoholische) Getränke, bes. Cocktails o.Ä., mixt': *als ~ in einer Bar arbeiten* **2.** 'elektrisches Gerät zum Zerkleinern und Mischen bestimmter Nahrungsmittel': *den Kartoffelbrei mit dem ~ zubereiten; mit dem ~ Sahne schlagen; Zucker und Eier mit dem ~ verrühren* ❖ ↗ **mixen**

Mix|getränk ['mɪks..], **das** 'meist (alkoholisches) Getränk, das durch Mischen (1.3) von Flüssigkeiten, bes. von alkoholischen Getränken, hergestellt wird': *ein starkes, spritziges* ~ ❖ ↗ **mixen,** ↗ **trinken**

Möbel ['møːb̥l], **das;** ~s, ~ ⟨vorw. Pl.⟩ 'Gegenstand zum Sitzen, Liegen od. Aufbewahren von etw., bes. von Kleidung, Wäsche, Hausrat, der zur Einrichtung einer Wohnung, auch eines Büros, gehört'; ↗ FELD V.4.1: *alte, moderne, neue, gebrauchte* ~; *schwere, zierliche* ~; *dunkle, helle* ~; ~ *aus massivem Holz, aus furniertem Holz;* ~ *aus Eiche, Birke, Kiefer, Mahagoni;* ~ *herstellen, kaufen;* ~ *transportieren, rücken, schieben, aufstellen* ❖ **Mobiliar, möblieren − aufmöbeln, Liegemöbel, Möbelstück, Sitzmöbel**

MERKE *Möbel* wird meist im Plural und als Sammelbegriff verwendet. Statt des Singulars von *Möbel (ein Möbel)* verwendet man meist ↗ *Möbelstück*

Möbel ['..]|**-stück, das** ⟨Pl.: ~e⟩ 'einzelner, zu den Möbeln gehörender Gegenstand'; ↗ FELD V.4.1: *wertvolle, alte* ~*e; ein* ~ *restaurieren lassen;* vgl. *Möbel* (Merke), *Mobiliar* ❖ ↗ **Möbel,** ↗ **Stück; -wagen, der** 'Kraftfahrzeug mit großem überdachten Raum zum Transport von Möbeln und Hausrat bei einem Umzug'; ↗ FELD V.4.1: *einen* ~ *bestellen; den* ~ *be-, entladen* ❖ ↗ **Möbel,** ↗ **Wagen**

mobil [mo'biːl] ⟨Adj.⟩ **1.** ⟨Steig. reg.⟩ umg. 'lebhaft (1.1), rege' /auf Personen bez./: *er ist ein* ~*er Mensch, Typ; ihre Kinder sind aber* ~*!; er wurde auf seine alten Tage noch einmal* ~ ('aktiv'); *er wirkte noch sehr* ~ **2.** ⟨o. Steig.; nicht präd.; vorw. attr.⟩ 'nicht an einen Standort gebunden'; SYN beweglich (1); ANT stationär (1): *eine Maschine* ~ *einsetzen; eine* ~*e Krankenstation, Bücherei; jmds.* ~*er Besitz* ('beweglicher Besitz, bewegliche Habe' /im Unterschied zu Immobilien/; ANT unbeweglich ❖ **mobilisieren − Mobilmachung − Wohnmobil**
* /Regierung, Staat/ ~ **machen** 'die Streitkräfte kampfbereit machen und das Land in den Kriegszustand versetzen': *die Regierung, das Land hat mobil gemacht;* /etw., bes. ein Getränk/ **jmdn.** ~ **machen** 'jmdn. munter machen': *der Kaffee hat mich (wieder)* ~ *gemacht*

Mobiliar [mobi'li̯aːʁ], **das;** ~s, ~e ⟨vorw. Sg.⟩ 'Gesamtheit der Möbel eines Haushalts'; ↗ FELD V.4.1: *altes, modernes* ~; *sein* ~ *wurde gepfändet; das ganze* ~ *verkaufen;* vgl. *Möbel, Möbelstück* ❖ ↗ **Möbel**

mobilisieren [mobili'ziːʁən], mobilisierte, hat mobilisiert **1.** /jmd., Institution, Staat/ **1.1.** *mehrere Personen zu etw.* ⟨Dat.⟩ 'mehrere Personen zum Handeln für eine bestimmte Sache veranlassen': *nach dem Erdbeben die Bevölkerung zur Mithilfe* ~; *die Gewerkschaften zum Streik* ~ **1.2.** *mehrere Sachen, Personen* ~ 'bewirken, dass mehrere Personen, Sachen für einen bestimmten Zweck zur Verfügung stehen': *alle Reserven* ~; *er hat alle Kräfte für die Verwirklichung des Projekts mobilisiert* **2.** /Institu-

tion, Staat/ *Truppen* ~ 'Truppen für den Einsatz im Krieg bereitstellen' ❖ ↗ mobil

Mobil|machung [mo'biːlmax..], **die;** ~, ~en 'Maßnahmen, durch die die Streitkräfte kampfbereit gemacht werden und das Land in den Kriegszustand versetzt wird'; ↗ FELD I.14.1: *die allgemeine* ~; *die* ~ *anordnen, bekannt geben* ❖ ↗ **mobil,** ↗ **machen**

möblieren [møbli'ʁən], möblierte, hat möbliert /jmd./ *etw.* ~ 'einen leeren Raum mit Möbeln ausstatten'; ↗ FELD V.4.2: *das Zimmer, die Wohnung, das Haus* ~; ⟨meist adj. im Part. II⟩ *das Zimmer ist möbliert; ein möbliertes Zimmer suchen, vermieten* ❖ ↗ **Möbel**

mochte: ↗ *mögen*

Modalität [modali'tɛːt/..'teːt], **die;** ~, ~en ⟨vorw. Pl.⟩ 'Art und Weise, wie etw. geschieht, ausgeführt wird': *die* ~*en für das Treffen festlegen; mit den* ~*en vertraut sein; es gelten die gleichen* ~*en*

Mode ['moːd̥ə], **die;** ~, ~n **1.** ⟨vorw. Sg.⟩ 'bevorzugte Art, sich zu kleiden in einer bestimmten Zeit': *die neueste, die herrschende* ~; *eine praktische, elegante, verrückte* ~; *die* ~ *der damaligen Zeit; ein Mantel der neuesten* ~; *die Pariser* ~; *die neuesten Schöpfungen der* ~; *die* ~ *verändert sich, wechselt ständig; jede, die* ~ *mitmachen; mit der* ~ *gehen* ('sich nach der Mode richten'); *etw. kommt aus der* ~ ('wird unmodern') **2.** ⟨nur im Pl.⟩ 'Kleidungsstücke, Modelle (1.2.2) der neuesten Mode (1): *(die neuesten) Pariser* ~*n vorführen* **3.** ⟨o.Pl.⟩ *etw. ist* ~ 'etw. entspricht in einer bestimmten Zeit dem herrschenden Geschmack': *das Sammeln von Briefmarken, Telefonkarten ist große* ~; *Möbel aus Metall, Naturprodukte, kurze Haarschnitte sind gerade* ~; *Windsurfen ist groß in* ~ *(gekommen)* ('ist, gilt als modern'); *etw. ist aus der* ~ *(gekommen)* ('gilt nicht mehr als modern') ❖ **modisch − altmodisch, hochmodisch, Modenschau;** vgl. ¹**modern**

Modell [mo'dɛl], **das;** ~s, ~e **1.1.** 'verkleinerte, im Detail getreue Nachbildung eines Gegenstandes od. verkleinerte Ausführung einer geplanten Plastik': *das* ~ *einer Plastik, eines Hauses, Stadtteils, Flugzeugs* **1.2.1.** 'technisches Produkt, das als Vorbild für die Herstellung gleichartiger Produkte gilt'; SYN Prototyp: *auf der Messe wurde das* ~ *des neuen VW vorgestellt; ein neues* ~ *vorführen* **1.2.2.** 'von einem Fachmann entworfenes Muster eines Kleidungsstücks, das in Serie (2.2) hergestellt wird': *ein modisches, schlichtes, elegantes, klassisches* ~; ~*e entwerfen; ein Pariser* ~ **2.** 'bestimmte Art eines in Serie gefertigten (technischen) Erzeugnisses, die sich von anderen Erzeugnissen derselben Art unterscheidet'; SYN Typ (2): *ein altes, neues* ~ *kaufen; er hat sich das neueste* ~ *des französischen Autoherstellers gekauft* **3.** bild. Kunst 'Mensch, Tier, Gegenstand als Vorbild, Vorlage für einen (bildenden) Künstler': *das* ~ *des Bildhauers; jmdm.* ~ *stehen, sitzen* ('stehend, sitzend einem Künstler als Grundlage für sein Werk dienen') ❖ **modellieren**

modellieren [modɛ'liːʀən], modellierte, hat modelliert **1.1.** /jmd./ *etw.* ~ 'etw., bes. eine Plastik, aus einem formbaren Material herstellen'; SYN gestalten (1): *eine Vase, Figur* ~; *er, sie modellierte die Büste in Ton, Gips; die Kinder* ~ *mit Knete* ❖ ↗ **Modell**

Moden|schau ['moːdn̩..], **die** 'Veranstaltung, auf der die neuesten Moden (2) vorgestellt werden': *eine* ~ *veranstalten, besuchen* ❖ ↗ **Mode,** ↗ **schauen**

Moder ['moːdɐ], **der**; ~s, ⟨o.Pl.⟩ 'bes. durch Feuchtigkeit entstandene Fäulnis vorw. pflanzlicher Substanzen'; ↗ FELD III.4.1, VI.4.1: *es roch nach (Schimmel und)* ~, *nach (Fäulnis und)* ~; *im Keller war ein Geruch von* ~ ❖ ²**modern, moderig**

Moderator [modə'ʀaːtoːɐ], **der**; ~s, Moderatoren [..'toːʀən] 'jmd., der eine Sendung in Fernsehen, Rundfunk moderiert, moderiert hat': *ein bekannter, beliebter, erfahrener* ~; *der Kommentar des* ~*s; der* ~ *führt ein Interview* ❖ ↗ **moderieren**

moderieren [modəʀiːʀən], moderierte, hat moderiert /jmd./ *etw.* ~ 'als Sprecher eine Sendung im Fernsehen, Rundfunk durch einleitende und verbindende Worte gestalten (1)': *wer hat die Sendung moderiert?; sie hat schon oft moderiert* ❖ **Moderator**

moderig ['moːd[ə]ʀɪç] ⟨Adj.; Steig. reg.⟩ 'nach Moder riechend' /vorw. auf Räume und best. organische Stoffe bez./; ↗ FELD III.4.3, VI.4.3: *ein* ~*er Keller, eine* ~*e Gruft; das Zimmer, Stroh, Holz roch* ~; *ein* ~*er Geruch schlug ihnen im Gewölbe entgegen* ❖ ↗ **Moder**

¹**modern** [mo'dɛʀn] ⟨Adj.⟩ **1.** ⟨Steig. reg.⟩ 'der neuesten Mode (1) entsprechend'; ANT altmodisch /vorw. auf Kleidung bez./; ↗ FELD V.1.3: ~*e Kleider, Möbel; dieser Mantel ist nicht mehr* ~; *sie war* ~ *gekleidet* **2.1.** ⟨Steig. reg.⟩ 'dem neuesten Stand von Wissenschaft u. Technik, der gesellschaftlichen Entwicklung entsprechend': *die* ~*e Medizin, Ernährung; sie ernährten sich* ~; *ihre Ernährung ist* ~; *ein* ~*es Gebäude; ein* ~*es Stadtviertel;* ~*e Fabriken, Methoden* **2.2.** ⟨Steig. reg., ungebr.⟩ 'an den neuesten Auffassungen der Gegenwart orientiert': *ihre Anschauungen waren recht* ~; *eine* ~*e Ehe, Familie; ein* ~*er Mensch;* ~ *denken* **3.** ⟨o. Steig.; nur attr.⟩ 'zeitgenössisch (2): *die* ~*e Kunst, Musik; eine* ~*e Oper* ❖ **modernisieren**

²**modern** ['moːdɐn] ⟨reg. Vb.; hat/ ist⟩ /bes. etw. Pflanzliches/ 'bes. durch Feuchtigkeit faulen': *das Laub, Holz fängt an zu* ~; *seine Akten haben seit Jahren im Keller gemodert; in den feuchten Räumen ist die Kleidung gemodert;* ~*des Holz;* vgl. *verwesen* ❖ ↗ **Moder**
MERKE Das Perfekt mit *haben* wird vorwiegend zur Bezeichnung der Dauer verwendet

modernisieren [modɛʀni'ziːʀən], modernisierte, hat modernisiert ⟨oft im Pass.⟩ /jmd./ *etw.* ~ 'etw. dem neuesten Stand (der Technik) anpassen': *eine Altbauwohnung, Industrieanlage* ~; *die Verwaltungsmethoden* ~; *das Haus, die Arztpraxis wird modernisiert; das Museum muss modernisiert werden* ❖ ↗ ¹**modern**

modisch ['moːd..] ⟨Adj.; Steig. reg., ungebr.; vorw. attr. u. bei Vb.⟩ 'der neuesten Mode (1) entsprechend' /bes. auf Kleidung bez./; ↗ FELD V.1.3: *ein* ~*es Kostüm, ein* ~*er Anzug, Effekt;* ~*e Schuhe, Details; sich* ~, *mit* ~*em Schick kleiden* ❖ ↗ **Mode**

modrig: ↗ **moderig**

Modus ['moːdʊs/'moːdus], **der**; ~, Modi ['moːdi/'moːdi] 'Art und Weise des Vorgehens, Handelns in einer bestimmten Angelegenheit': *einen* ~ *für die Verständigung finden, suchen; nach einem bestimmten* ~ *verfahren, handeln; nach welchem* ~ *wollen wir vorgehen?*

Mofa ['moːfa], **das**; ~s, ~s 'kleines Motorrad mit kleinem Motor, das eine Geschwindigkeit von höchstens 25 Kilometer pro Stunde erreichen kann': *die Besorgungen in der Stadt mit dem* ~ *machen*

mogeln ['moːgln̩] ⟨reg. Vb.; hat⟩ umg. /jmd./ SYN 'schummeln': *beim Kartenspiel* ~; *die Kinder versuchten beim Sport zu* ~; *er ist beim Mogeln ertappt worden; er hat bei der Klassenarbeit wieder gemogelt*

mögen ['møːgn̩], ich, er mag [mɑːk], mochte ['mɔxtə], hat gemocht [gə'mɔxt] **I.** /nach vorangehendem Inf.: *hat ... mögen*/ ⟨Modalvb.; + Inf. ohne *zu;* ohne Imp.; ↗ TAFEL V⟩ **1.** ⟨vorw. im Konj. Prät.: *möchte,* der als Indikativ Präs. empfunden wird⟩ *jmd. möchte etw. tun* 'jmd. will etw. Bestimmtes tun' /drückt aus, dass jmdm. die Realisierung des Inhalts vom Inf. sehr wichtig ist/: *er möchte (Medizin, Physik) studieren; wir möchten den Zug noch erreichen; ich möchte nach Hause gehen; er möchte, mochte sich nicht zu trennen; das möchte ich mit dir gemeinsam machen, entscheiden; wir möchten,* ~ *ihn nicht drängen, übergehen; ihr hättet ihn sehen, hören, erleben* ~; *ich möchte eine Tasse Tee trinken, ein Eis essen;* vgl. aber *mögen (II.1)* **2.** ⟨vorw. im Konj. Prät.: *möchte,* auch Konj. Präs.: *möge;* häufig in indirekter Rede⟩ *jmd. möchte etw. tun* 'jmd. soll etw. Bestimmtes tun': *er bat mich, ich möchte, möge ihn bald besuchen, anrufen; möge er doch Recht behalten!; die Antwort mag, möge genügen* **3.** ⟨vorw. im Indikativ Präs., Prät.: *mag, mochte*⟩ /etw./ /drückt eine Einräumung, Möglichkeit, Vermutung aus/: *mag ('soll') sie doch das Haus behalten; mag ('soll') er tun, was er für richtig hält; das mag, mochte diesmal noch durchgehen ('wird, wurde diesmal noch nicht beanstandet'); mit ihrem Verdacht mochte sie Recht haben ('hatte sie vielleicht Recht'); drei Jahre mag, mochte es her sein ('ist es vielleicht her'), dass ...; wie mag ('wird') es ihr wohl gehen?* – **II.** ⟨Vb.; nicht mit Inf.; nicht im Pass.⟩ **1.** ⟨nicht im Konj.⟩ /jmd./ ANT missfallen **1.1.** *jmdn.* ~ 'jmdn. sympathisch finden': *ich mag sie sehr; sie hat ihn immer gern gemocht; sie mochten den Lehrer nicht* **1.2.** *etw.* ~ 'an etw. Gefallen finden'; SYN lieben (2): *sie mag Blumen, gutes Essen; dieses Theaterstück, diesen Film mag ich nicht; er mag keinen Fisch ('er isst nicht gern Fisch')* **2.** ⟨vorw. im Konj. II, der als Indikativ Präs. empfunden wird⟩ /jmd./ *etw.* ~ 'den Wunsch haben, etw.

zu besitzen, zu erhalten': *ich möchte (bitte) ein Eis, eine Tasse Tee; was möchtest du?; er weiß (nicht), was er möchte; er möchte nicht* ('er wünscht nicht'), *dass es bekannt wird;* vgl. aber *mögen* (I.1) ❖ **zu (I): ermöglichen, möglich, Möglichkeit, möglichst, unmöglich – menschenmöglich, möglicherweise;** vgl. auch **vermögen**

möglich ['mø:k..] ⟨Adj.; o. Steig.; ↗ auch *möglichst*⟩ **1.1.** 'nach den gegebenen Bedingungen, Umständen machbar': *etw. mit aller ~en Vorsicht tun; wo ~* 'wann, wo immer es möglich ist': *wo ~, soll man diese Übungen täglich wiederholen* (vgl. *womöglich*); *ich komme, wenn es ~ ist; etw. für ~* (SYN 'machbar') *halten; das Mögliche* ('alles') *tun, um etw. zu verhindern; sein Möglichstes tun* ('alles tun, was man tun kann, um etw. zu bewirken'); /in Vergleichsformen/ *so schnell wie ~: komm so schnell wie ~ nach Hause; so gut wie ~: etw. so gut wie ~ machen; so viel wie* als ~: *er ging so viel wie* als ~ *spazieren* **1.2.** SYN 'denkbar (I)': *die Aussichten auf eine ~e Heilung; die ~en Folgen voraussehen; sich mit allen ~en Fragen beschäftigen; etw. für ~ halten; etw. liegt im Bereich des Möglichen; alles Mögliche* ('alle Möglichkeiten') *bedenken; sein Möglichstes tun; es ist ~, dass …;* /in der kommunikativen Wendung/ *(das ist doch) nicht ~* ('ich kann nicht glauben, dass das geschehen ist, geschehen wird')! /drückt Überraschung aus/ **2.** *alles Mögliche* 'allerlei': *er macht alles Mögliche; alles Mögliche versuchen* ❖ ↗ **mögen**

möglicher|weise ['mø:klɪçɐvaɪzə] Satzadv. /drückt die Einstellung des Sprechers zum genannten Sachverhalt aus/ 'ˈvielleicht': *~ hat er Recht; ~ muss noch etw. verändert werden; er wird ~ entlassen* ❖ ↗ **mögen**

Möglichkeit ['mø:klɪç..], die; ~, ~en **1.** 'das Möglichsein (1.2)': *er zweifelt nicht an der ~, dass dieser Fall eintritt; sie rechnet mit der ~, dass …; es besteht die ~, dass wir doch noch verreisen können; mit allen ~en rechnen; etw. liegt im Bereich der ~en* **2.1.** 'Art, etw. zu realisieren': *es gab mehrere ~en, den Plan durchzuführen; es blieb noch eine letzte ~* **2.2.** *nach ~* 'wenn es möglich ist': *nach ~ sollen keine Namen genannt werden* **3.** ⟨oft im Pl.⟩ 'Gelegenheit (1), Chance': *das sind ungeahnte, neue, günstige ~en; er hat diese ~ verpasst; die ~ haben, etw. zu realisieren; er hatte nicht die ~ zu studieren; hast du dort die ~, mich anzurufen?; er hat die ~ ergriffen, eine eigene Praxis zu gründen; du musst alle ~en nutzen; von einer ~ Gebrauch machen* ❖ ↗ **mögen**

möglichst ['mø:klɪçst] ⟨Adv.; ↗ auch *möglich*⟩ **1.1.** ⟨mit best. Adv., Adj., Indef.pron.⟩ 'so viel, so wenig, so sehr wie nur möglich': *fasse dich ~ kurz; etw. ~ gut machen; komm ~ schnell; er soll ~ viel Sport treiben, ~ viel spazieren gehen; er will ~ spät fahren; sie soll ~ schnell zurückkommen; die Sache soll ~ wenig Aufsehen erregen* **1.2.** 'nach Möglichkeit': *mach ~ kein, nicht so viel Aufhebens von der Sache!* ❖ ↗ **mögen**

Mohammedaner [mohame'dɑ:nɐ], der; ~s, ~ 'Anhänger des Islam'; ↗ FELD XII.2.1: *er ist ~*

Mohär [mo'hɛ:ɐ/..'he:ɐ], der; ~s, ⟨o.Pl.⟩ **1.** 'sehr leichte, weiche Wolle aus dem langen Haar der Angoraziege': *das ist keine Baumwolle, sondern ~* **2.** 'Gewebe aus Mohär (1) mit einer Oberfläche aus langen, feinen Fasern': *ein Rock, Pullover, eine Decke aus ~*

Mohn [mo:n], der; ~s, ⟨o.Pl.⟩ **1.** 'Pflanze, deren Samen sich in Kapseln entwickeln und deren Saft beruhigend wirkt und Schmerzen lindert'; ↗ FELD II.4.1: *~ anbauen* **2.** 'Samen von Mohn (1)': *Speiseöl aus ~ herstellen; aus ~ wird Opium gewonnen; mit ~ bestreute Brötchen*

Möhre ['mø:ʀə], die; ~, ~n **1.** 'Pflanze mit fleischiger gelber od. orangefarbener Wurzel, die nach unten spitz zuläuft und als Nahrungsmittel verwendet wird'; ↗ FELD II.4.1 (↗ TABL Gemüsearten): *~n säen, verziehen* **2.** 'Wurzel von Möhre (1)'; ↗ FELD I.8.1: *~n ernten; ~n schaben, kochen, essen; Gemüse aus Erbsen und ~n; ~n mit Butter dünsten;* vgl. *Karotte*

mokant [mo'kant] ⟨Adj.; Steig. reg., ungebr.⟩ 'spöttisch' /vorw. auf Mimisches bez./: *ein ~er Zug um seine Lippen; ein ~es Lächeln; eine ~e Miene ziehen; er hat eine ~e Art zu sprechen; ~ lächeln; ~ zuckte er mit den Achseln; sein Lächeln war ~* ❖ ↗ **mokieren**

mokieren [mo'ki:ʀən], sich, mokierte sich, hat sich mokiert /jmd./ *sich über jmdn., etw. ~* 'sich in überheblicher Weise über jmdn., etw. spöttisch äußern, lustig machen': *er mokierte sich über sie, über ihr Verhalten, ihre Ansichten; er mokierte sich darüber, dass sein Lehrer lispelte* ❖ **mokant**

Mokka ['mɔka], der; ~s, ~s **1.** ⟨o.Pl.⟩ 'besonders starker Kaffee, den man vorw. aus kleinen Tassen trinkt'; ↗ FELD I.8.1: *einen, drei ~ bestellen, trinken; zwei Kännchen ~;* ⟨bei Mengenangaben Pl.: ~⟩ *Herr Ober, bitte drei ~!* **2.** ⟨vorw. Sg.⟩ 'Kaffeebohnen für Mokka (1)': *ein halbes Pfund ~ kaufen*

Molch [mɔlç], der; ~s/auch ~es, ~e 'einer Eidechse ähnlicher Lurch, der dem Leben im Wasser angepasst ist': *~e fressen kleine Wassertiere, Würmer*

Mole ['mo:lə], die; ~, ~n 'langer, ins Meer hinausreichender Damm aus Steinen und Beton vor einem Hafen, der die Einfahrt vor starkem Seegang schützt': *das Boot legt an der ~ an; die Brecher schlugen über die ~*

Molekül [mole'ky:l], das; ~s, ~e 'aus zwei od. mehreren Atomen bestehendes Teilchen einer chemischen Verbindung, das noch die charakteristischen Merkmale dieser Verbindung aufweist': *einfache, kompliziert aufgebaute ~e; die ~e des Eiweißes* ❖ **molekular**

molekular [moleku'lɑ:ʀ] ⟨Adj.; o. Steig.; vorw. attr.⟩ 'das Molekül, die Moleküle betreffend' /auf Abstraktes bez./: *der ~e Aufbau der Verbindung* ❖ ↗ **Molekül**

molk: ↗ *melken*

Molke ['mɔlkə], **die**; ~, ~n ⟨vorw. Sg.⟩ 'wässrige, milchige Flüssigkeit, die beim Gerinnen der Milch entsteht und die übrig bleibt, wenn man Quark herstellt'; ↗ FELD I.8.1: *die* ~ *weggießen, trinken* ❖ **Molkerei**

Molkerei [mɔlkə'ʀ..], **die**; ~, ~en 'Betrieb, in dem Milch (1.2) bearbeitet, abgefüllt, verarbeitet und an den Verbraucher geliefert wird': *er arbeitet in der* ~ ❖ ↗ **Molke**

Moll [mɔl], **das**; ~, ⟨o.Pl.⟩ Mus. 'eines der beiden Systeme von Folgen von Tönen, dessen Tonleiter von der zweiten zur dritten und von der fünften zur sechsten Stufe nur einen halben Ton aufweist'; ANT Dur: *eine Sonate in* ~; *das Konzert für Klavier und Orchester in a-Moll*
MERKE Zur Schreibung bei *Dur* od. *Moll*: Bei *Moll* ist die Kleinschreibung üblich, z. B. *Sonate für Flöte und Klavier c-Moll, d-Moll*, bei *Dur* hingegen die Großschreibung: *D-Dur, A-Dur*

mollig ['mɔlɪç] ⟨Adj.; Steig. reg.⟩ **1.** ⟨nicht bei Vb.; vorw. attr.⟩ **1.1.** 'angenehm weich und wärmend' /auf Kleidung bez./: *ein* ~*er Pullover, Mantel* **1.2.** 'angenehm warm' /auf Räume bez./: *ein* ~*es Zimmer; in der Stube ist es* ~ **2.** verhüll. SYN 'rundlich (2)' /vorw. auf (weibliche) Personen, auf den Körper von (weiblichen) Personen bez./: *sie hat eine* ~*e Figur; er ist ziemlich* ~ *(geworden), sieht* ~ *aus, wirkt* ~

Molluske [mɔ'luskə], **die**; ~, ~n Biol. 'wirbelloses Tier mit wenig gegliedertem Körper, das sich schwimmend od. kriechend fortbewegt, und dessen Haut Schleim absondert': *die Schnecke ist eine* ~

¹Moment [mo'mɛnt], **der**; ~s, ~e ⟨vorw. mit unbest. Art.⟩ **1.1.** SYN 'Augenblick (1)': *ein kurzer, kritischer, feierlicher, historischer* ~; *die entscheidenden* ~*e unseres Lebens; ein* ~/~*e der Stille, Besinnung; einen* ~ *lang zögern; auf, für einen* ~ *hinausgehen; es dauert nur einen* ~; ⟨in den kommunikativen Wendungen⟩ *einen* ~, *bitte!* /umg. ~ *mal!* /wird gesagt, wenn man die Rede od. einen Vorgang unterbrechen will, um selbst etw. zu sagen od. etw. zu prüfen/ **1.2.** ⟨vorw. Sg.⟩ SYN 'Augenblick (2)': *den richtigen, entscheidenden* ~ (SYN 'Zeitpunkt') *abwarten; im ersten, gleichen* ~ *sprang er auf; er konnte im letzten* ~ *fliehen; im* ~ ('gegenwärtig, jetzt') *möchte ich nicht gestört werden; er muss jeden* ~ ('gleich') *kommen* ❖ **momentan**

²Moment, das; ~s, ~e 'wichtiger, entscheidender Umstand (1)'; SYN Faktor: *das ausschlaggebende, bestimmende, treibende, auslösende* ~ *einer Sache; seine Aussage war das wichtigste, ein entscheidendes* ~ *für die Verurteilung des Angeklagten; es sind dabei verschiedene* ~*e ('Gesichtspunkte') zu berücksichtigen*

momentan [momɛn'taːn] ⟨Adj.; o. Steig.; nicht präd.⟩ **1.** SYN 'augenblicklich (1)'; ↗ FELD VII.5.3: *die* ~*e Lage, Situation;* ~ *habe ich sehr viel Arbeit* **2.** ⟨vorw. attr.⟩ 'in einer bestimmten Situation plötzlich entstehend (und nicht lange dauernd)' /vorw.

auf Psychisches bez./: *eine* ~*e Laune; einer* ~*en Eingebung folgen* ❖ ↗ **¹Moment**

Monarch [mo'naʁç], **der**; ~en, ~en 'gekröntes Staatsoberhaupt': *die Regierungszeit, Abdankung des* ~*en; eine Audienz beim* ~*en* ❖ **Monarchie, monarchisch, monarchistisch**

Monarchie [monaʁ'çiː], **die**; ~, ~n [..,çiːən] 'Staat, in dem ein Monarch regiert': *die* ↗ *konstitutionelle* ~; *der Sturz der* ~; *die Wiedereinführung der* ~; vgl. *Republik* ❖ ↗ **Monarch**

monarchisch [mo'naʁç..] ⟨Adj.; o. Steig.⟩ **1.1.** ⟨nicht bei Vb.⟩ 'den Monarchen od. die Monarchie betreffend': *die* ~*e Regierungs-, Staatsform* **1.2.** ⟨vorw. bei Vb.⟩ 'von einem Monarchen, durch einen Monarchen': *der Staat wird* ~ *regiert* ❖ ↗ **Monarch**

monarchistisch [monaʁ'çɪst..] ⟨Adj.; o. Steig.⟩ 'für die Monarchie eintretend' /auf Personen od. Einstellungen bez./: *er ist* ~ *gesinnt; jmds.* ~*e Gesinnung; eine* ~*e Partei* ❖ ↗ **Monarch**

Monat ['moːnat], **der**; ~s, ~e 'zwölfter Teil eines Jahres; der 30 od. 31, im Februar 28 od. 29 Tage umfasst': *die zwölf* ~*e des Jahres; der erste, letzte, heißeste, kälteste* ~ *des Jahres; der vorige, nächste, folgende* ~; *der Februar ist der kürzeste* ~ *des Jahres; der Film des* ~*s; Mitte, Ende des* ~*s; er verreist mehrere* ~*e; dieser Zustand zog sich über* ~*e hin; seit* ~*en meldet er sich nicht; sie ist im dritten* ~ *(der Schwangerschaft);* vgl. *Woche, Tag, Jahr* ❖ **monatlich**

monatlich ['..] ⟨Adj.; o. Steig.; nicht präd.⟩ 'jeden Monat wiederkehrend': *sein* ~*es Einkommen haben; eine* ~*e Rente, Zahlung; der* ~*e Besuch; die Zeitschrift erscheint* ~ ❖ ↗ **Monat**

Mönch [mœnç], **der**; ~s/auch ~es, ~e 'erwachsene männliche Person, die aus religiösen Gründen asketisch und nach bestimmten Regeln (in einem Kloster) lebt': *ein katholischer, christlicher, buddhistischer* ~; *er ging ins Kloster und wurde* ~; *wie ein* ~ ('enthaltsam') *leben;* vgl. *Nonne*

Mond [moːnt], **der**; ~s/auch ~es, ~e **1.1.** ⟨o.Pl.⟩ 'Himmelskörper, der die Erde umkreist und vorw. in der Nacht sichtbar ist, leuchtet'; ↗ FELD VI.2.1: *der helle, silberne* ~; *das milde, fahle, kalte Licht des* ~*es; der* ~ *scheint, leuchtet, geht auf, geht unter;* vgl. *Sonne, Stern* **1.2.** 'Himmelskörper, der einen anderen Planeten umkreist': *die* ~*e des Jupiter* ❖ **Halbmond, Vollmond;** vgl. **Mond/mond-**
* /jmd./ **in den** ~ **gucken** 'entgegen den Erwartungen nichts von etw. bekommen': *ihr könnt euch amüsieren, und ich gucke in den* ~!; /jmd./ **hinter dem** ~ **leben** 'weltfremd, rückständig sein': *was, du hast davon nicht gehört, du lebst wohl hinter dem* ~?

mondän [mɔn'dɛːn/..'deːn] ⟨Adj.; Steig. reg., ungebr.⟩ **1.1.** 'in der äußeren Erscheinung, im Auftreten (2) von übertriebener Eleganz' /vorw. auf weibliche Personen bez./: *eine* ~*e Frau; sie wirkt* ~; *hier trifft sich die* ~*e Welt; sie ist sehr* ~ *gekleidet* **1.2.** ⟨nicht bei Vb.⟩ 'luxuriös eingerichtet, gestaltet und von reichem Publikum besucht' /auf Einrichtungen bez./: *ein ~er Badeort; ein ~es Restaurant*

Mond/mond ['moːnt..] /zu Mond 1.1/ |**-finsternis, die** ⟨Pl.: Mondfinsternisse⟩ 'zu beobachtende Erscheinung am Himmel, bei der der Mond durch die Erde, wenn diese zwischen Sonne und Mond steht, teilweise od. ganz verdeckt wird'; ↗ FELD VI.2.1: *eine partielle, totale ~* ❖ ↗ finster; **-landung, die** 'Landung (1.1) eines Raumschiffes auf dem Mond': *die ~ wurde übertragen, ausgewertet* ❖ ↗ Land; **-licht, das** ⟨o.Pl.⟩ 'Licht des Mondes'; ↗ FELD VI.2.1: *das helle, weiße ~* ❖ ↗ Licht; **-nacht, die** 'vom Mondschein helle Nacht': *eine klare, kalte ~* ❖ ↗ Nacht; **-schein, der** ⟨o.Pl.⟩ 'das nicht von Wolken verdeckte Licht des Mondes'; ↗ FELD VI.2.1: *die Landschaft lag im hellen ~; im ~ spazieren gehen; die Nacht war vom ~ erhellt* ❖ ↗ scheinen; **-süchtig** ⟨Adj.; o. Steig.; nicht bei Vb.; vorw. präd. (mit *sein*)⟩ /jmd./ ~ *sein* 'dazu neigen, bei Mondschein zu schlafwandeln': *unser Kind ist ~* ❖ ↗ Sucht

monieren [mo'niːʀən], monierte, hat moniert /jmd., Institution/ *etw.* ~ 'etw. beanstanden': *eine Rechnung ~; er monierte die gelieferte Ware; die monierten Mängel beheben*

Monitor ['moːnitoːɐ̯], **der**; ~s, ~en [..'toːʀən]/auch ~e **1.** 'Bildschirm zur Kontrolle des Bildes, das mit einer Fernsehkamera aufgenommenen wird': *das Ereignis am, auf dem ~ miterleben, verfolgen; den Raum mit ~en überwachen* **2.** 'Bildschirm eines Computers': *etw. erscheint nicht auf dem ~* **3.** 'Gerät zur Kontrolle, Überwachung elektronischer Anlagen (3)': *der ~ zeigt eine Störung an*

monogam [mono'gaːm] ⟨Adj.; o. Steig.⟩ '(durch die Veranlagung) nur mit einem Partner des anderen Geschlechts lebend': *ich bin ~; jmd. lebt ~* ❖ **Monogamie**

Monogamie [monoga'miː], **die**; ~, ⟨o.Pl.⟩ 'das (eheliche) Zusammenleben eines Menschen mit nur einem Partner des anderen Geschlechts'; ANT Bigamie, Polygamie: *in ~ leben* ❖ ↗ **monogam**

Monogramm [mono'g..], **das**; ~s, ~e 'erster Buchstabe des Vor- und des Zunamens, die beide oft ineinander verschlungen sind': *das ~ in die Wäsche sticken; der Künstler signierte die Graphik mit seinem ~*

Monolog [mono'loːk], **der**; ~s/auch ~es, ~e 'Selbstgespräch als Teil einer Rolle, das ein Schauspieler bei der Aufführung laut vorträgt'; ANT Dialog: *ein berühmter, bekannter, klassischer ~; der Monolog des ‚Faust'*

Monopol [mono'poːl], **das**; ~s/auch ~es, ~e **1.** 'Zusammenschluss kapitalistischer Unternehmen, um den Markt zu beherrschen und höchste Gewinne zu erzielen': *ein ~ errichten; die ~e diktieren die Preise* **2.** 'das absolute Recht od. die absolute Macht auf Grund der beherrschenden Stellung auf dem Markt, bestimmte Produkte od. ein Produkt herzustellen und zu vertreiben'; ↗ FELD I.15.1: *ein staatliches ~; das ~ für, auf Zündhölzer besit-*

zen; in dieser Branche hat, besitzt das Unternehmen N das ~; das ~ erwerben, verlieren; das ~ für die Ausfuhr von Kaffee, Zucker **3.** 'bestimmte Rechte, die ein bestimmter Personenkreis ausschließlich für sich nutzt, beansprucht': *das ~ auf Bildung und Kultur; Arbeit ist kein ~ der Männer und Haushalt kein ~ der Frauen*

monoton [mono'toːn] ⟨Adj.⟩ **1.1.** ⟨o. Steig.⟩ SYN 'eintönig (2)' /auf Akustisches bez./: *ein ~es Geräusch; das ~e Rauschen des Meeres; das ~e Brummen der Fahrzeuge; etw. mit ~er Stimme vortragen; seine Sprechweise ist ~; etw. ~ vorlesen, aufsagen* **1.2.** ⟨Steig. reg., Superl. ungebr.⟩ SYN 'eintönig (1)'; ↗ FELD I.6.3: *die ~e Arbeit am Fließband; sein Leben war ~, verlief ~; die Gestaltung der Fassade wirkt ~* ❖ **Monotonie**

Monotonie [monoto'niː], **die**; ~, ⟨o.Pl.⟩ 'zu monoton 1.1,1.2/ 'das Eintönigsein'; ↗ FELD I.6.1; /zu 1.1/: *die ~ der Maschinengeräusche*; /zu 1.2/: *die ~ seines Daseins; die ~ des Alltags* ❖ ↗ **monoton**

Monster ['mɔnstɐ], **das**; ~s, ~ 'riesiges, hässliches Ungeheuer, das einem Angst verursacht' /meist als Gestalt in Horrorfilmen/: *ein ~ versetzt in dem Film die Stadt in Angst und Schrecken; vgl. Monstrum* ❖ ↗ **Monstrum**

monströs ['mɔnstʀøːs] ⟨Adj.; o. Steig.⟩ emot. **1.1.** ⟨o. Steig.; vorw. attr.⟩ 'einem Monstrum (1.1) gleichend': *ein ~es Fabeltier* **1.2.** ⟨Steig. reg.⟩ 'übermäßig groß und meist hässlich': *ein ~es Bauwerk; das Gebäude ist, wirkt ~* ❖ ↗ **Monstrum**

Monstrum ['mɔnstʀʊm], **das**; ~s, Monstren [..straən]/ selten Monstra [..straɑ] emot. **1.1.** '(riesiges) Ungeheuer': *ein schreckliches ~* **1.2.** 'übermäßig großer, meist hässlicher Gegenstand': *das Haus war ein gewaltiges ~; ein ~ von ...: ein ~ von einem Hut; was für ein ~ von Couch habt ihr da gekauft!; vgl. Monster, monströs*

Monsun [mɔn'zuːn], **der**; ~s, ~e 'regelmäßiger, je nach Jahreszeit die Richtung wechselnder Wind, bes. in Süd- und Ostasien': *der indische ~*

Montag ['moːntaːk], **der**; ~s, ~e 'erster Tag der Woche': *heute ist ~; er kommt meist am ~; er kommt ~ früh*; ↗ auch *Dienstag* ❖ **montags**

Montage [mɔn'taːʒə/mɔn't..], **die**; ~, ~n **1.1.** 'das Zusammenbauen und Aufstellen von Maschinen, Bauten, technischen Anlagen am Ort ihrer Verwendung'; ↗ FELD I.7.6.1: *die ~ eines Bungalows, einer Maschine* **1.2.** ⟨o.Pl.⟩ umg. /jmd./ *auf ~ sein* 'auswärts bei der Montage (1.1) von etw. arbeiten': *er ist diese Woche auf ~ und kommt erst Sonnabend wieder* **2.1.** 'künstlerische Technik, bei der man verschiedene Teile zusammensetzt, um eine bestimmte Wirkung zu erzielen': *eine Collage entsteht durch ~ verschiedener Materialien* **2.2.** 'durch Montage (2.1) hergestelltes Produkt': *er macht gute ~n, ist durch seine ~n bekannt geworden* ❖ ↗ **montieren**

montags ['moːntaːks] ⟨Adv.⟩ 'jeden Montag': *wir treffen uns immer ~; ~ gibt es immer Eintopf*; ↗ auch *dienstags* ❖ ↗ **Montag**

Monteur [mɔn'tøːɐ/mɔŋ't..], **der**; ~s, ~e 'Fachmann für die Montage (1) von Maschinen, Anlagen (3)': *er arbeitet als ~; er ist ~ für Gasherde* ❖ ↗ **montieren**

montieren [mɔn'tiːʀən/mɔŋ't..], montierte, hat montiert **1.** /jmd., bes. Fachmann/ *etw.* ~ 'etw. durch Montage (1.1) herstellen, errichten': *eine technische Anlage ~; die Teile werden am Fließband montiert; er montierte die Antenne* **2.** /jmd./ *etw. irgendwo, irgendwohin* ~ 'etw., bes. etw. Technisches, an einem bestimmten Ort befestigen'; ↗ FELD I.7.6.2: *die Antenne auf, unter dem Dach ~; die Scheinwerfer wurden an die Decke montiert* ❖ **Montage, Monteur**

Monument [monu'mɛnt], **das**; ~s, ~e 'großes, beeindruckendes Denkmal (1)': *ein großes, riesiges ~; ein ~ zu Ehren der Opfer, für die Opfer des Bürgerkrieges; ein ~ errichten, bauen, demontieren* ❖ **monumental**

monumental [monumɛn'taːl] ⟨Adj.; Steig. reg.; vorw. attr.⟩ 'sehr groß und beeindruckend'; SYN gewaltig (1): *eine ~es Bauwerk; ein Werk von ~er Größe* ❖ ↗ **Monument**

Moor [moːɐ], **das**; ~s/ auch ~es, ~e 'Gebiet (1) mit sehr feuchtem, weichem, schlammigem Boden, auf dem vorwiegend Schilf und Gras wachsen und in dem man leicht einsinkt'; ↗ FELD II.1.1, III.2.1: *ein schwarzes, tückisches, trügerisches ~; sich im ~ verirren; ins ~ geraten; im Moor versinken, umkommen; das ~ trockenlegen, urbar machen; vgl. Sumpf, Morast* ❖ **moorig**

moorig ['moːʀɪç] ⟨Adj.; o. Steig.; nicht bei Vb.⟩ 'aus Moor bestehend, in der Art von Moor'; ↗ FELD II.1.2, III.2.3: *weicher, ~er Boden; ein ~er Grund, eine ~e Wiese; das Gelände ist ~* ❖ ↗ **Moor**

Moos [moːs], **das**; ~es, ~e **1.** 'immergrüne Pflanze, die sich durch Sporen vermehrt und an schattigen, feuchten Stellen wächst, wo sie dichte Polster bildet, die den Boden bedecken, bevorzugt im Wald'; ↗ FELD II.4.1: *~e und Flechten; weiches, grünes ~; sich ins ~ ('in die Polster aus Moos') setzen; mit ~ bewachsene Bäume, Dächer* **2.** ⟨o.Pl.⟩ umg. 'Geld': *der hat ~!; da muss doch eine Menge ~ rausspringen!*

Moped ['moːpɛt], **das**; ~s, ~s 'kleines Motorrad mit kleinem Motor, das eine Geschwindigkeit von höchstens 60 Kilometern pro Stunde erreichen kann'; ↗ FELD VIII.4.1.1: *~ fahren lernen; er fuhr mit dem ~ ins Nachbardorf; vgl. Mofa*

Moral [mo'ʀaːl], **die**; ~, ⟨o.Pl.⟩ **1.1.** 'Gesamtheit der Grundsätze, Werte, sittlichen Normen, die das Verhalten der Menschen in der Gesellschaft regeln'; ↗ FELD I.12.1: *die geltende, herrschende, christliche, bürgerliche ~; gegen die ~ verstoßen* **1.2.** 'Moral (1.1) die jmds. Einstellung und Handlungsweise bestimmt': *eine feste, strenge, zerrüttete, lockere ~ haben; seine ~ ist untergraben, verlogen; die Lockerung, Hebung der ~; seine, die ~ ist gesunken, gestiegen* **2.** 'die durch Selbstvertrauen bestimmte Bereitschaft, sich einzusetzen und die Disziplin zu wahren': *die ~ der Mannschaft ist gut, schlecht;*

durch die Niederlage wurde die ~ der Truppe nicht geschwächt, sondern gestärkt **3.** ⟨vorw. mit Gen.attr.⟩ 'das, was man aus einem literarischen Werk als Regel fürs Leben lernen kann': *die ~ der Fabel, Erzählung; und die ~ der Geschichte: ärgere kleine Mädchen nicht!* ❖ **moralisch, Moralist**

* umg. /jmd./ **jmdm.** ~ **predigen** 'jmdm. Vorhaltungen machen': *und der will mir ~ predigen!*

moralisch [..'ʀ..] ⟨Adj.; o. Steig.⟩ **1.1.** ⟨nicht präd.⟩ 'die Moral (1.1) betreffend, auf sie bezogen'; SYN sittlich (2); ↗ FELD I.12.3: *~e Grundsätze, Bedenken, Vorurteile, Skrupel; ~en Druck, Zwang auf jmdn. ausüben; der ~e Zerfall einer Gesellschaft; sich ~ einwandfrei verhalten; sich ~ zu etw. verpflichtet fühlen* **1.2.** ⟨vorw. attr.⟩ 'nach den Grundsätzen der Moral (1.1) lebend, handelnd': *sein ~es (SYN sittliches) Verhalten ist zu loben; er ist ein sehr ~er Mensch, hat einen ~en Lebenswandel* ❖ ↗ **Moral**

* umg. /jmd./ **einen/den Moralischen haben** ('niedergeschlagen sein und Gewissensbisse haben')

Moralist [moʀa'lɪst], **der**; ~en, ~en 'jmd., der streng nach moralischen Grundsätzen lebt und sie anderen gegenüber energisch vertritt, indem er sie kritisiert': *er ist ein ~; sich als ~ aufspielen* ❖ ↗ **Moral**

Morast [mo'ʀast], **der**; ~es, ⟨o.Pl.⟩ 'durch anhaltenden Regen aufgeweichter, schlammiger Boden (1)'; ↗ FELD III.2.1: *tiefer, zäher ~; im ~ stecken bleiben, versinken; vgl. Moor, Sumpf* ❖ **morastig**

morastig [mo'ʀastɪç] ⟨Adj.; Steig. reg., Superl. ungebr.; nicht bei Vb.⟩ 'voller Morast'; ↗ FELD III.2.3: *ein ~er Weg; der Boden ist ~, ist ~ geworden* ❖ ↗ **Morast**

morbid [mɔʀ'biːt] ⟨Adj.; Steig. reg.; nicht bei Vb.⟩ **1.1.** /auf Personen, den Körper bez./ 'von Krankheit geprägt und nicht sehr widerstandsfähig': *ein ~er Mensch* **1.2.** emot. neg. 'von moralischem Verfall gekennzeichnet' /beschränkt verbindbar/; ↗ FELD I.12.3: *eine ~e Gesellschaft, Welt; ~e Verhältnisse; diese Gesellschaft ist ~/~e*

morbide [..'biːdə] ↗ **morbid**

Mord [mɔʀt], **der**; ~s/auch ~es, ~e **1.** 'Verbrechen, das darin besteht, dass man jmdn. vorsätzlich tötet, getötet hat'; ↗ FELD XI.1: *ein politischer, geplanter, kaltblütiger ~; jmdn. des ~es verdächtigen, anklagen; einen ~ (an jmdm.) begehen, verüben, verhindern; einen ~ gestehen; Beihilfe zum ~ leisten; jmdn. zum ~ anstiften* **2.** /in den kommunikativen Wendungen/ *das ist ja der reinste ~!* /wird als Protest gesagt, wenn man etw. sehr Anstrengendes, Gefährliches tun soll/; *das gibt ~ und Totschlag!* /wird gesagt, wenn man eine gefährliche Situation, einen heftigen Streit voraussieht/ ❖ **ermorden, morden, Mörder, mörderisch — Massenmord, Meuchelmord, Meuchelmörder, Mordshunger, Selbstmord, -mörder, selbstmörderisch**

morden ['mɔʀdn̩], mordete, hat gemordet geh. /jmd./ *jmdn.* ~ 'jmdn. in verbrecherischer Weise töten'; ↗ FELD XI.2: *jmdn. kaltblütig ~; /etw./ der Krieg hat Millionen von Menschen gemordet; jmd. mordet*

ʼjmd. verübt einen Mordʼ: *er hat gemordet und muss dafür büßen* ❖ ↗ **Mord**

Mörder [ˈmœʀdɐ], **der**; ~s, ~ ʼjmd., der einen Mord begeht, begangen hatʼ; ↗ FELD XI.1: *wer war der ~?; ein gemeiner, gedungener ~; den ~ verfolgen, verurteilen; er ist zum ~ geworden; man hat den mutmaßlichen ~ gefasst* ❖ ↗ **Mord**

mörderisch [ˈmœʀdɐ..] I. ⟨Adj.⟩ 1. ⟨Steig. reg.⟩ emot. ʼLeben vernichtend, mordendʼ: *ein ~er Kampf, Krieg; Absicht, ~es Geschützfeuer; mit ~er Absicht über jmdn. herfallen* 2. emot. 2.1. ⟨Steig. reg.⟩ ʼaußerordentlich groß, stark (9.1), heftig (1)ʼ: *eine ~e Hitze, Kälte; ein ~er Lärm, Gestank; ein ~es Geschrei, Gedränge; er hat ~en Hunger* 2.2. ⟨o. Steig.; nicht bei Vb.⟩ /beschränkt verbindbar/ *in einem ~en* (ʼaußerordentlich hohenʼ) *Tempo fahren; das Tempo war ~* – II. ⟨Adv.; vor Adj., Adv.; bei Vb.⟩ umg. emot. neg. ʼaußerordentlichʼ /auf Negatives bez./: *es war ~ heiß, kalt; hier stinkt es ~; er schrie, fluchte ~* (ʼüberaus heftigʼ) ❖ ↗ **Mord**

Mords- /bildet mit dem zweiten Bestandteil Substantive, die umg. emotional sind; bewirkt in positivem Sinne eine Verstärkung; drückt aus, dass das im zweiten Bestandteil Genannte außerordentlich groß, gut ist/: ↗ z. B. *Mordshunger, Mordskerl*

Mords [mɔʀts..]|-**hunger, der** emot. ʼsehr großer Hungerʼ: *er hatte einen ~* ❖ ↗ Hunger, vgl. Mords-; -**kerl, der** emot. pos. ʼstarker, verwegener Mannʼ: *er ist ein ~; dieser ~ kann alles!* ❖ ↗ Kerl; vgl. Mords-

¹**morgen** [mɔʀgn̩] ⟨Adv.⟩ 1. ʼam Tag, der dem heutigen unmittelbar folgtʼ; ANT heute, gestern; ↗ FELD VII.6.3: *~ früh, Mittag, Abend; ~ in einer Woche; heute oder ~ kommt er wieder; ich fange ~ damit an; ab ~ gilt der neue Plan; sich auf, für ~ vorbereiten* 2. ʼin der Zukunftʼ /beschränkt verbindbar/: *die Welt von ~; an das Morgen denken* ❖ ↗ **Morgen**

²**morgen**: ↗ *Morgen* (I.2)

Morgen, der; ~s, ~ I.1. ʼTeil des Tages von etwa Sonnenaufgang bis gegen Mittagʼ; ANT Abend (1.1); ↗ FELD VII.7.1: *ein heller, sonniger, bedeckter, trüber ~; wir sehen uns jeden ~; am (frühen) ~/früh am ~ brachen sie auf; gegen ~ kommt sie; der ~ graut, bricht an; vom ~ bis zum Abend; eines ~s* (ʼirgendwann an einem Morgenʼ) *war er verschwunden;* geh. *des ~s* (ʼam Morgenʼ), *wenn die Sonne aufgeht;* /in der kommunikativen Wendung/ *guten ~!* /als Gruß am Morgen/: *jmdm. guten ~ sagen, einen guten ~ wünschen;* METAPH *der ~ des neuen Zeitalters* 2. ⟨einem Temporaladv. od. der Bez. für einen Wochentag nachgestellt⟩ ʼam Morgenʼ; SYN Frühe; ANT Abend: *heute, gestern ~* ❖ ↗ **Morgen** – II. ⟨o. Pl.⟩ /altes Maß zum Berechnen genutzter Flächen in der Landwirtschaft/: *er besaß fünf ~ Acker, Land; der Garten ist über einen, zwei ~ groß* ❖ **morgen, morgendlich, morgens, morgig** – **Morgengrauen, Morgenrot, übermorgen**

morgendlich [ˈmɔʀgn̩t..] ⟨Adj.; o. Steig.; nur attr.⟩ ANT abendlich; ↗ FELD VII.7.2 1.1. ʼzur Zeit des

Morgens (1)ʼ: *die ~e Kühle, Stimmung, Stunde; der ~e Berufsverkehr* 1.2. ʼjeden Morgen wiederkehrendʼ: *das ~e Bad, Frühstück; der ~e Spaziergang* ❖ ↗ **Morgen**

Morgen [ˈmɔʀgn̩..]|-**grauen, das** ⟨o. Pl.⟩ ʼDämmerung am Morgen (1)ʼ; ↗ FELD VI.2.1, VIII.7.1: *beim, im (ersten) ~ aufstehen, aufbrechen, zur Arbeit gehen; seit dem ~ unterwegs sein* ❖ ↗ Morgen; -**rot, das** ⟨o. Pl.⟩ ʼrote Färbung des Himmels beim Aufgehen der Sonneʼ; ANT Abendrot; ↗ FELD VI.2.1: *ein leuchtendes ~; am Horizont zeigt sich das erste ~* ❖ ↗ Morgen, ↗ rot

morgens [ˈmɔʀgn̩s] ⟨Adv.⟩ ʼam Morgen, an jedem Morgenʼ; ANT abends; ↗ FELD VII.7.2: ⟨oft mit Adv.best.⟩ *er kommt (um) sieben Uhr ~; er brach um sechs Uhr ~ auf; ~ stehen wir meist um sieben Uhr auf;* ⟨+ Präp. *von* (2.2), *bis*⟩ *von ~ bis abends; ~ früh* (ʼfrüh am Morgenʼ)/*früh ~ füttert er das Vieh;* ⟨auch attr.; einem Subst. nachgestellt⟩ *der Spaziergang ~ tut ihm gut* ❖ ↗ **Morgen** MERKE Wird einem Adv., das einen Wochentag bezeichnet, nachgestellt: *dienstags morgens*

morgig [ˈmɔʀgɪç] ⟨Adj.; o. Steig.; nur attr.⟩ ʼdem heutigen Tag folgendʼ; ANT gestrig: *der ~e Tag, Abend; das ~e Datum; die ~e Vorstellung* ❖ ↗ **Morgen**

Morphium [ˈmɔʀfi̯ʊm], **das**; ~s, ⟨o. Pl.⟩ ʼRauschgift, das in der Medizin zum Lindern von Schmerzen verwendet wirdʼ: *jmdm. ~ spritzen; er hat ~ bekommen, genommen*

morsch [mɔʀʃ] ⟨Adj.; Steig. reg.; nicht bei Vb.⟩ ʼdurch Fäulnis, Verwitterung od. Alter brüchigʼ /vorw. auf Bauteile aus Holz bez./; ↗ FELD III.4.3: *ein ~er Balken; ~es Mauerwerk; ~e Bretter; die Hütte, Treppe, der Fußboden ist schon ganz ~*

Morse|apparat [ˈmɔʀzə..], **der** ʼGerät zur drahtlosen Übermittlung von Nachrichten durch Morsezeichenʼ; SYN Telegraph: *den ~ bedienen* ❖ ↗ morsen, ↗ Apparat

morsen [ˈmɔʀzn̩] ⟨reg. Vb.; hat⟩ /jmd./ etw. ~ ʼeine Nachricht durch Morsezeichen übermittelnʼ: *SOS ~* ❖ ↗ Morseapparat, -zeichen

Mörser [ˈmœʀzɐ], **der**; ~s, ~ ʼrundes Gefäß aus festem Material, bes. aus Porzellan, in dem feste, körnige Stoffe mit einem Stößel zerkleinert werdenʼ; ↗ FELD V.5.1: *Pfefferkörner, Kümmel mit dem ~ zerstoßen, zerkleinern; etw. in den ~ schütten, geben*

Morse|zeichen [ˈmɔʀzə..], **das** ʼZeichen eines aus Punkten und Strichen bestehenden Alphabets, das zum Übermitteln von Nachrichten mittels eines Morseapparates dientʼ: *~ senden, klopfen, empfangen; ~ lernen* ❖ ↗ morsen, ↗ Zeichen

Mörtel [ˈmœʀtl̩], **der**; ~s, ⟨o. Pl.⟩ ʼein breiartiges Gemisch aus Wasser, Sand und Kalk, das zum Verbinden (3) von Ziegeln od. zum Verputzen von Hauswänden dientʼ; ↗ FELD II.5.1: *~ anrühren, auftragen; die Mauer mit ~ verputzen*

Mosaik [moza|ˈiːk], **das**; ~s, ~e ʼMuster, Bild, das aus Glasstückchen od. Steinchen verschiedener Farbe und glatter Oberfläche zusammengesetzt

worden ist': *ein buntes, farbiges, byzantinisches ~;
ein ~ zusammensetzen; Fußboden, Wände mit ~
auslegen*

Moschee [mɔ'ʃeː], **die**; ~ ~n [..'ʃeːən] 'Gebäude, in
dem sich Mohammedaner zum gemeinsamen Ge-
bet versammeln': *eine ~ mit Kuppel und Minarett*

Moskito [mɔs'kiːto], **der**; ~s, ~s 'Mücke tropischer
und subtropischer Gebiete, die durch Stiche (3)
Malaria und andere Krankheiten übertragen
kann': *ein Netz, Kleidung zum Schutz gegen, vor ~s*

Moslem ['mɔslɛm], **der**; ~s, ~s SYN 'Mohammeda-
ner'; ↗ FELD XII.2.1: *er ist ~; ~s essen kein
Schweinefleisch*

moslemisch [..'leːm..] ⟨Adj.⟩ 'zum Islam gehörig': *~e
Sitten, Bräuche*

Most [mɔst], **der**; ~s /auch ~es, ~e **1.1.** 'Saft, der
durch Keltern von Trauben od. anderen Früchten
gewonnen (und zusätzlich gesüßt) wird'; ↗ FELD
I.8.1: *dunkelroter, goldgelber, erfrischender, süßer ~;
eine Flasche ~; ein Glas ~ bestellen, trinken;* ⟨bei
Mengenangabe Pl.: ~⟩: *Herr Ober, bitte drei (Glas)
~!*; vgl. *Saft* **1.2.** ⟨o.Pl.⟩ 'Most (1), der unter Zu-
satz von Hefe durch Gärung zu Wein wird': *der ~
beginnt zu gären* ❖ **mosten**

mosten ['mɔstn̩], mostete, hat gemostet /jmd./ etw. ~
'aus Obst durch Pressen mit einem Entsafter Most
herstellen': *wir wollen heute (die) Johannisbeeren,
Himbeeren, Kirschen ~; die Brombeeren müssen
bald gemostet werden; wir haben gestern schon ge-
mostet* ❖ ↗ **Most**

Motel ['moːtɛl/mo'tɛl], **das**; ~s, ~s 'Hotel, in dem
vorw. Gäste übernachten, die mit Kraftfahrzeugen
anreisen und das an einer Autobahn od. stark be-
fahrenen Straße gelegen ist'; ↗ FELD V.2.1: *in ei-
nem ~ übernachten*

Motiv [mo'tiːf], **das**; ~s, ~e [..'tiːvə] **1.** 'Grund (4.1),
durch den jmd. bewogen wird, etw Bestimmtes zu
tun'; SYN Beweggrund: *persönliche, eigennützige,
politische, sittliche ~e; aus unlauteren ~n (heraus)
handeln; die, jmds. ~e aufdecken, suchen, rechtferti-
gen; sich von edlen ~en leiten lassen; ein, das ~ für
etw.: jmd. hatte ein ~ für diese Tat; welches waren
seine ~e?; die Polizei sucht nach einem ~ für den
Mord* **2.** '(traditionelles, charakteristisches) zeich-
nerisches od. literarisches Element einer künstleri-
schen Darstellung': *ein literarisches, künstlerisches
~ aufgreifen, verwenden, abwandeln; ~e der griechi-
schen Mythologie* **3.** 'etw., das sich wegen seiner Be-
sonderheit zur (künstlerischen) Darstellung bes. für
eine Fotografie od. Zeichnung eignet': *ein land-
schaftliches ~; etw. ist ein reizvolles, beliebtes ~;
ich bin auf der Suche nach einem geeigneten ~* ❖
motivieren

motivieren [moti'viːʀən], motivierte, hat motiviert **1.**
/jmd./ jmdn. zu etw. ⟨Dat.⟩ ~ 'jmdn. zu etw. anre-
gen (1), jmdm. ein Motiv zum Handeln geben':
*jmdn. zum Malen, Lernen ~; er hat mich zum Üben
motiviert; ich bin heute nicht motiviert ('habe keine
Lust') **2.** /jmd./ etw. ~ 'etw. erklären, begründen':
ihr Verhalten, ihr Handeln kann man nur schwer ~;

*er versuchte, ihr Handeln zu ~; das lässt sich nur
schwer ~* ❖ ↗ **Motiv**

Motor ['moːtoːʀ/mo'toːʀ], **der**; ~s, ~en [..'toːʀən]
'Maschine (1), die Energie (2) in eine bewegende
Kraft umwandelt und ein Fahrzeug od. Gerät an-
treibt'; ↗ FELD V.5.1: *ein starker, leistungsfähiger,
elektrischer, defekter ~; der Motor eines Autos,
Schiffes, einer Waschmaschine; der ~ springt an,
läuft, funktioniert (nicht); der Motor dröhnt, bockt,
setzt aus; den ~ starten, anwerfen, drosseln, aus-
schalten, abwürgen; der ~ ist kalt, hat sich heiß ge-
laufen; der ~ verbraucht viel Öl, Benzin, Treibstoff,
Strom; der ~ muss überholt, repariert werden;*
METAPH *jmd. ist der ~ ('die treibende Kraft') des
Unternehmens* ❖ **Dieselmotor, einmotorig, Elektro-
motor, Motorboot, -rad, -schiff, Verbrennungsmotor**

Motor ['..]‖**boot**, **das** 'Boot, das durch einen Motor
angetrieben wird'; ↗ FELD VIII.4.1.1: *mit einem
~ über den See, zur Insel fahren;* **-rad**, **das** 'Fahr-
zeug mit zwei Rädern und einem Motor, das min-
destens 40 Kilometer pro Stunde fährt, aber auch
die Geschwindigkeit eines Autos erreichen kann';
SYN Maschine (5); ↗ FELD VIII.4.1.1: *~ fahren;
ein ~ mit Beiwagen;* vgl. *Mofa, Moped* ❖ ↗ Motor,
↗ Boot; **-schiff**, **das** 'Schiff (1), das mit einem Mo-
tor angetrieben wird' /wird meist im Hinblick auf
Segelschiff verwendet/; ↗ FELD VIII.4.1.1 ❖ ↗
Motor, ↗ Schiff

Motte ['mɔtə], **die**; ~, ~n **1.** 'kleiner Schmetterling,
dessen Raupen häufig Pelze und Stoffe aus Wolle
zerfressen'; ↗ FELD II.3.1: *~n bekämpfen, fangen;
die ~n haben Löcher in den Pullover gefressen;
Licht zieht die ~n an;* /in der kommunikativen
Wendung/ *du kriegst die ~n!* /Ausruf der Bestür-
zung, Empörung/ **2.** umg. scherzh. /meint eine
junge, lustige weibliche Person/: *sie ist eine kesse
~; so eine ~!*

Motto ['mɔto], **das**; ~s, ~s **1.1.** 'einprägsam formu-
lierter Satz in einer von Weisheit geprägten Aus-
sage, den jmd. zur Richtschnur für sein Handeln,
Verhalten hat': *sich, für etw. ein ~ wählen;* SYN
Devise: *das ~ seines Lebens; das, unser ~ heißt …;
unser ~ war …; nach einem ~ handeln* **1.2.** 'kurzer
Text, der einem Buch, Kapitel als Motto (1.1) vor-
angestellt wird': *das ~ eines Romans; das ~ einer
wissenschaftlichen Abhandlung;* vgl. *Leitgedanke*

Möwe ['møːvə], **die**; ~, ~n 'vorw. weiß und grau ge-
färbter Vogel mit hakenförmigem Schnabel, der an
Gewässern lebt, schwimmen kann und sich vorw.
von Fisch ernährt'; ↗ FELD II.3.1 (↗ TABL Vö-
gel): *die ~n kreischen, umkreisen das Schiff; ~n füt-
tern*

Mücke ['mʏkə], **die**; ~, ~n 'kleines Insekt mit zwei
Flügeln und langen Beinen, dessen Larven im Was-
ser leben und dessen Weibchen durch Stechen Blut
saugen'; ↗ FELD II.3.1 (↗ TABL Insekten): *ein
Schwarm ~n; die ~n stechen, schwirren umher, sir-
ren, tanzen in der Luft; von einer ~ gestochen wer-
den; der Stich einer ~*

* umg. /jmd./ **aus einer ~ einen Elefanten machen** ˈetw. unnötig aufbauschenˈ: *der macht immer aus einer ~ einen Elefanten!*

Mucks [mʊks]: *kein ~* ˈkein Laut, Wort, Geräuschˈ: *kein ~ war zu hören; keinen ~ sagen, von sich geben, tun* ❖ **mucksen**

mucksen [ˈmʊksn̩] ⟨reg. Vb.; hat; vorw. verneint⟩ **1.** /jmd./ *sich nicht ~* ˈkeinen Laut von sich geben, um sich nicht bemerkbar zu machenˈ: *wenn es klopft, dürfen wir uns nicht ~; er hat sich nicht gemuckst* **2.** /jmd./ ˈwidersprechenˈ: *nach dem Donnerwetter wagte die Klasse nicht zu ~; sie durfte nicht ~, weil sie im Unrecht war; etw. ohne zu ~ ertragen; sie, er gehorchte, ohne zu ~* ❖ ↗ **Mucks**

müde [ˈmyːdə] ⟨Adj.⟩ **1.** ⟨Steig. reg.⟩ ˈSchlaf benötigendˈ; ANT wach (1.1) /auf Menschen, Tiere bez./: *jmd. ist sehr ~; das macht ~ Männer munter; er kam ~ nach Hause; du siehst sehr ~* (SYN ˈabgespanntˈ; ANT frisch 3, munter 1) *aus; er war ~ von der Arbeit; die Pferde ~ reiten; die Kinder haben sich ~ getobt* **2.** ⟨o. Steig.⟩ ˈkraftlosˈ /auf den menschlichen Körper, auf Gesten, Mimik bez./: *die ~n Glieder ausstrecken; umg. seine ~n Knochen ausruhen; seine Beine waren ~; er machte eine ~ Geste, Handbewegung; etw. mit ~r Stimme sagen; er nickte ~ mit dem Kopf; er lächelte ~;* vgl. *kaput* (2) **3.** ⟨o. Steig.; nicht bei Vb.; vorw. präd.⟩ geh. /jmd./ *etw.* ⟨Gen.⟩*, jmds. ~ sein* ˈeiner Sache, bes. jmds. Äußerungen, jmds. überdrüssig seinˈ: *jmd. ist des dauernden Redens, Ermahnens, der ständigen Vorwürfe ~; er war ihres Anblicks ~; sie wurde seiner schließlich ~; (es* ⟨Gen.⟩*) ~ werden/sein* ⟨+ Nebens. u. Inf. mit zu⟩: *er wurde (es) ~, immer wieder kritisiert zu werden; sie wird (es) nicht ~, immer wieder davon zu erzählen* (ˈsie erzählt immer wieder davonˈ) ❖ **ermüden, Müdigkeit, unermüdlich — hundemüde, lebensmüde**

Müdigkeit [ˈmyːdɪç..], **die**; ~, ⟨o.Pl.⟩ /zu **müde** 1 u. 2/ ˈdas Müdeseinˈ /zu 1/: *eine schwere, bleierne, wohlige ~ überfällt, überkommt jmdn.; er schlief vor ~ auf dem Sessel ein; ~ verspüren;* /in der kommunikativen Wendung/ *keine ~ vorschützen* /wird gesagt, um jmdn. zum Handeln anzuspornen od. ihn zu ermuntern, eine begonnene Tätigkeit, fortzusetzen/ ❖ ↗ **müde**

-muffel, der /bildet mit einem Subst. od. Vb. als erstem Bestandteil Substantive; drückt das Desinteresse bezüglich des im ersten Bestandteil Genannten aus/: ↗ z. B. *Gurtmuffel*

muff(e)lig [ˈmʊf[ə]lɪç] ⟨Adj.; Steig. reg.⟩ umg. ˈmürrisch und wortkargˈ; ANT freundlich (1.1) /auf Personen bez./: *er ist ein ziemlich ~er Typ; sei nicht so ~!; er wirkte ~*

muffig [ˈmʊfɪç] ⟨Adj.⟩ **1.** ⟨Steig. reg.⟩ ˈdurch Feuchtigkeit und mangelnde Lüftung schlecht riechend, schmeckendˈ /auf Räume und best. Lebensmittel, Genussmittel bez./; SYN dumpf (2); ↗ FELD VI.4.3: *ein ~er Keller, Raum; im Haus riecht es ~; das Mehl, der Kaffee riecht, schmeckt ~; der Zwieback ist, schmeckt ~* **2.** ⟨o. Steig.; nicht bei Vb.⟩

ˈvon geistig, sozial beschränkter Haltungˈ: *ein ~er Spießer; er war nicht immer so ~; ~e Amtsstuben; die ~e Enge einer Kleinstadt*

Mühe [ˈmyːə], **die**; ~, ~n ˈgroße körperliche od. geistige Anstrengungˈ: *etw. verursacht viel, große ~; das war vergebliche ~; das ist für ihn nur eine kleine ~; etw. ohne große ~ bewältigen; (nur) mit ~: etw. mit ~* (ˈmit großer Anstrengungˈ) *lernen; nur mit ~ gelang es ihm, sich zu beherrschen; jmdm. nur mit ~ klarmachen können; etw. macht, kostet* (ˈverursachtˈ) *viel ~; etw. bereitet (jmdm.) keine ~; etw. ist (nicht) der ~ wert, lohnt die/der ~, lohnt die ~ nicht: lass es sein, das lohnt die ~ nicht!; keine ~n scheuen, um etw. zu erreichen; sich die ~ machen, etw. zu tun; die täglichen ~n* (ˈdas, was täglich bewältigt werden mussˈ); *er hatte ~, uns zu erkennen* (ˈer konnte uns kaum erkennenˈ); /in den kommunikativen Wendungen/ *gib dir keine ~!/ die ~ kannst du dir sparen!/ spar dir die ~!* (ˈdas ist völlig zwecklosˈ) /sagt man, wenn man jmdn. von etw. abhalten will, von dem man weiß, dass es sinnlos ist* ❖ **bemühen, Bemühung, mühen, Mühsal, mühsam, mühselig — abmühen, mühelos, -voll**

* /jmd./ *sich* ⟨Dat.⟩ *~ geben* ˈsich anstrengen, etw. Bestimmtes zu leistenˈ: *er hat sich große, keine ~ gegeben; du musst dir ~ geben!; nun gib dir doch dabei ein bisschen ~!; er gibt sich jetzt in der Schule, bei seinen Schularbeiten mehr ~; er gibt sich mit seinen Schülern viel, große ~; mit ~/Müh und Not* ˈnur unter großer Anstrengungˈ: *er hat das Studium mit ~ und Not abgeschlossen*

mühe|los [ˈ..] ⟨Adj.; Steig. reg.⟩ ˈohne die geringste Müheˈ; SYN leicht; ANT mühevoll /vorw. auf best. Tätigkeiten bez./: *etw. ~ schaffen, bewerkstelligen, begreifen; das zu schaffen, war völlig ~; ein ~er Weg, Aufstieg* ❖ ↗ **Mühe**, ↗ **los**

mühen [ˈmyːən], **sich** ⟨reg. Vb.; hat; vorw. mit Nebens. u. Inf. + zu⟩ /jmd./ *sich ~* ˈsich anstrengen (1)ˈ: *sie müht sich, die Lehre abzuschließen; er mühte sich sehr, redlich, alles zu begreifen; sie, er hat sich redlich gemüht, aber es war umsonst* ❖ ↗ **Mühe**

mühe|voll [ˈmyːə..] ⟨Adj.; Steig. reg.; nicht bei Vb.⟩ ˈmit viel Mühe verbundenˈ; SYN schwierig; ANT mühelos /vorw. auf best. Tätigkeiten bez./: *ein ~er Aufstieg, Weg; eine ~e Reise, Aufgabe; etw. in ~er Kleinarbeit erreichen; die Überarbeitung des Textes ist sehr ~* ❖ ↗ **Mühe**, ↗ **voll**

Mühle [ˈmyːlə], **die**; ~, ~n **I.1.1.** ˈtechnische Konstruktion, mit der körniges, stückiges Material, bes. Getreide, zu einer pulverförmigen Substanz, zu Mehl gemahlen wirdˈ; ↗ FELD V.5.1: *eine ~, die durch Wind, Wasser angetrieben wird; das Korn in der ~ mahlen lassen; die ~ klappert, geht, ist in Betrieb, steht still* **1.2.** ˈvon der Hand od. elektrisch betriebenes Küchengerät zum Mahlen, bes. von Kaffeebohnen, Gewürzkörnernˈ: *eine elektrische ~; Mohn mit der ~ mahlen, durch die ~ drehen* **2.** ˈGebäude einer Mühle (1.1)ˈ: *eine alte, verlassene ~ —* **II.** ⟨o.Art.⟩ **1.** ⟨o.Pl.⟩ ˈSpiel für zwei Personen, bei dem man durch das Bilden von Mühlen

(II.2) vom Gegner möglichst viele Steine, Figuren (4) gewinnen muss': ~ *spielen* **2.** 'drei Figuren (4) auf einer Linie, die den Spieler dazu berechtigen, dem Gegner eine Figur (4) abzunehmen': *die, seine ~ öffnen, schließen* ❖ ↗ **mahlen**

Mühl|rad ['myːl..], **das** 'Rad einer Mühle (I.1.1), die durch die Kraft des Wassers angetrieben wird': *das ~ dreht sich, klappert* ❖ ↗ mahlen, ↗ Rad; **-stein, der** 'großer flacher, runder Stein einer Mühle (I.1.1), durch den mittels Rotation Getreide gemahlen wird' ❖ ↗ mahlen, ↗ Stein

Mühsal ['myːzaːl], **die**; ~, ~e ⟨vorw. Sg.⟩ veraltend geh. 'große Mühe': *ihre Arbeit war voller ~; die ~ des Lebens; er hatte, kannte nur ~ und Verdruss; und welches war der Lohn für seine ~?* ❖ ↗ **Mühe**

mühsam ['myː..] ⟨Adj.; Steig. reg.⟩ 'mit Mühe verbunden, Mühe bereitend'; SYN mühevoll /vorw. auf best. Tätigkeiten bez./: *eine ~e Aufgabe; er konnte nur ~ aufrecht gehen, schleppte sich ~ den Berg hinauf; ~ atmen; in ~er Kleinarbeit hatte er alles zusammengestellt; das war sehr ~; er konnte sich nur ~ beherrschen; sie lächelte ~* ('mit großer Beherrschung') ❖ ↗ **Mühe**

mühselig ['myːzeliç] ⟨Adj.; Steig. reg.⟩ 'sehr viel Mühe bereitend und Geduld erfordernd'; SYN mühsam; ANT leicht (2.2) /vorw. auf best. Tätigkeiten bez./: *eine ~e Kleinarbeit; ein ~es Leben führen; es war ~, ihm das zu erklären; er schlug sich ~ durchs Leben* ❖ ↗ **Mühe**

Mulde ['moldə], **die**; ~, ~n 'Stelle im Gelände, die tiefer gelegen ist als ihre Umgebung': *eine weite, flache ~; das Haus liegt in einer ~; er versteckte sich in einer ~*

Mull [mol], **der**; ~s, ~e, ⟨vorw. Sg.⟩ 'dünnes, lockeres, saugfähiges Gewebe, das bes. zum Verbinden (2) von Wunden dient': *Verbandsstoff aus ~; eine Wunde mit ~ abdecken; Windeln aus Mull*

Müll [myl], **der**; ~s, ⟨o.Pl.⟩ **1.** 'in Haushalt und Industrie anfallende, mehr od. weniger feste Abfälle, Rückstände': *den ~ beseitigen, abfahren; ~ verwerten, verbrennen, kompostieren, auf einer Deponie lagern* **2.** *etw. in den ~ werfen* ('etw. als Abfall in den Mülleimer o.Ä. tun') ❖ **Giftmüll, Mülldeponie, -eimer, -tonne, Sperrmüll**

Müll ['..]**|-deponie, die** 'Platz zur meist endgültigen Lagerung von Abfällen aus Industrie und Haushalt': *eine ~ anlegen* ❖ ↗ Müll; **-eimer, der** 'großes verschließbares Gefäß od. Eimer für Abfall': *etw. in den ~ werfen; den ~ wegbringen, ausschütten, leeren* ❖ ↗ Müll, ↗ Eimer

Müller ['mylɐ], **der**; ~s, ~ 'Fachmann für das Mahlen von Getreide': ↗ FELD I.10: *er will ~ werden* ❖ ↗ **mahlen**

Müll|tonne ['myl..], **die** 'Tonne aus Kunststoff od. Metall, in die Müll geworfen, geschüttet wird': *die ~n leeren, abholen; etw. in die ~ werfen* ❖ ↗ Müll, ↗ Tonne

mulmig ['molmɪç] ⟨Adj.; Steig. reg.⟩ 'heikel' /auf Situatives bez./: *eine ~e Lage, Situation; die Lage war, wurde ~; es sieht ziemlich ~ aus; es wurde uns dort zu ~*

Multiplikation [moltiplikɑ'tsi̯oːn], **die**; ~, ~en 'das Multiplizieren'; ANT Division: *in Mathematik behandeln wir gerade die ~; die ~ zweier Zahlen*; vgl. *Addition, Division, Subtraktion* ❖ ↗ **multiplizieren**

multiplizieren [moltipli'tsiːʀən], multiplizierte, hat multipliziert /jmd., Rechenmaschine u.Ä./ *eine Zahl mit einer Zahl ~* 'eine Zahl mit einer anderen Zahl vervielfachen'; SYN malnehmen: *5 mit 3 ~; fünf multipliziert mit* ('mal') *sechs ist gleich dreißig*; vgl. *addieren, dividieren, subtrahieren* ❖ **Multiplikation**

Mumie ['muːmi̯ə], **die**; ~, ~n 'Leichnam, der durch Einbalsamieren od. Austrocknen vor dem Verwesen geschützt war': *eine ägyptische ~; ein zu einer ~ ausgetrockneter Leichnam; ihr Gesicht glich dem einer ~*

Mumm [mom], **der**; ~s, ⟨vorw. o.Art.; o.Pl.⟩ umg. 'Mut, Zivilcourage': *viel, wenig, keinen ~ (in den Knochen) haben; er hatte nicht den (richtigen) ~, es ihm zu sagen*

Mumps [momps], **der**; ~, ⟨o.Pl.⟩ 'Infektionskrankheit, die meist im Kindesalter auftritt und bei der sich die Speicheldrüse eines od. beider Ohren entzündet und stark anschwillt': *er hat ~, ist an ~ erkrankt*

Mund [mont], **der**; ~es, Münder ['myndɐ] **1.** 'Öffnung in der unteren Hälfte des Gesichtes, die durch ¹Kiefer und Lippen verschließbar ist und bes. zur Aufnahme (↗ aufnehmen 7) von Nahrung und zur Bildung (↗ bilden 3) von Lauten dient'; ↗ FELD I.1.1 (↗ TABL Körperteile): *ein großer, kleiner, schmaler, breiter, voller, wulstiger, roter ~; ein sinnlicher, eingefallener, welker ~; den ~ (zum Sprechen, Essen) öffnen, aufmachen; den ~ schließen, zumachen; jmdn. auf den ~ küssen; den ~ zum Pfeifen spitzen; den ~ verziehen; sich den ~ abwischen; das Glas zum Trinken an den ~ setzen; aus dem ~ riechen* ('Mundgeruch haben'); *beim Husten, Gähnen die Hand vor den ~ halten; den Verletzten von ~ zu ~ beatmen*; vgl. *Maul* ❖ **munden, mündlich – Mundart, -geruch, -harmonika, -stück, -winkel, Volksmund**; vgl. **mündig, münden**

* /jmd./ *sich* ⟨Dat.⟩ *etw. vom ~e absparen* 'etw. unter Entbehrungen sparen (2)': *das neue Klavier hat sie sich vom ~e abgespart*; *etw. ist in aller ~e* 'über etw. wird überall gesprochen': *der neue Film ist in aller ~e*; /jmd./ *den, seinen ~ aufmachen, auftun* 'sprechen, reden': *nun mach endlich den ~ auf!; wenn der den, seinen ~ aufmacht, kommt nur Blödsinn heraus*; /jmd./ ⟨ist⟩ *jmdm. über den ~ fahren* 'jmds. Rede unhöflich unterbrechen und ihm scharf (8) antworten': *er fährt ihm ständig über den ~*; /jmd./ *sich* ⟨Dat.⟩ *den ~ fusslig reden* 'jmdm. vergeblich versuchen, etw. zu erklären': *ich habe mir den ~ fusslig geredet, aber er hat es einfach nicht begriffen!*; /jmd./ *nicht auf den ~ gefallen sein* 'schlagfertig sein': *du bist nicht auf den ~ gefallen!*; *etw. geht von ~ zu ~* 'eine Nachricht wird durch Erzählen

verbreitet': *diese Neuigkeit, Affäre, dieses Ereignis ging von ~ zu ~;* /jmd./ **einen großen ~ haben /den ~ voll nehmen** 'angeben, prahlen': *der hat doch bloß einen großen ~, in Wirklichkeit kann er nichts!;* /jmd./ **den/seinen ~ halten 1.** ⟨oft im Imp.⟩ 'schweigen, still sein': *halt (ja) den, deinen ~!* **2.** 'nichts verraten': *wenn man dich fragt, hältst du den ~!; er hat seinen ~ gehalten;* /jmd./ **~ und Nase aufsperren** 'sehr staunen': *als ich ihm davon erzählte, sperrte er ~ und Nase auf;* /jmd./ **jmdm. nach dem ~e reden** 'jmdm. durch schmeichelnde Worte sagen, was dieser gern hört': *er redet anderen immer nach dem ~;* /jmd./ **jmdm. den ~ stopfen** 'jmdn. zum Schweigen bringen': *dieses dumme Gerede, dieses Gejammere, stopf ihm doch endlich den ~!;* /jmd./ **jmdm. den ~ verbieten** ⟨vorw. verneint⟩ 'jmdm. untersagen, sich über etw. zu äußern' /vorw. mit *können* und *lassen*/: *mir kannst du nicht den ~ verbieten!; er wollte mir den ~ verbieten; ich lasse mir von dir doch nicht den ~ verbieten!;* /jmd./ ⟨hat⟩ **sich** ⟨Dat.⟩ **den ~ verbrennen** 'etw. unvorsichtig weitererzählen u. sich damit selbst schaden': *endlich hat er sich mal den ~ verbrannt mit seiner Schwatzhaftigkeit!;* /jmd./ **jmdm. den ~ wässrig machen** 'jmdn. zum Genuss von etw. reizen': *erst machte man mir den ~ wässrig, aber dann gab es nichts zu essen*
MERKE In einigen Situationen und phraseologischen Wendungen ist *Mund* auch durch *Maul* (2) ersetzbar, wodurch der neutrale Charakter der Äußerung verloren geht und statt dessen eine umgangssprachliche Markierung erhält, z. B. *jmdm. das Maul stopfen, jmdm. übers Maul fahren, sein Maul halten u. a.*

Mund|art ['..], die; ~, ~en SYN 'Dialekt': *die deutschen ~en; die bayerische, schwäbische, niederdeutsche ~; ~ sprechen, verstehen* ❖ ↗ **Mund,** ↗ **Art**
Mündel ['mɣndl], das; ~s, ~ '(minderjährige) Person, die unter jmds. Vormundschaft steht': *sie ist sein ~; der Vormund muss für sein ~ sorgen;* vgl. *Vormund* ❖ ↗ **mündig**
munden ['mʊndn̩], mundete, hat gemundet geh. *etw. mundet jmdm. irgendwie* 'etw. schmeckt jmdm. angenehm, ausgezeichnet': *dieses Gericht mundet mir außerordentlich; diese Speisen mundeten uns sehr; es hat allen gut, nicht gemundet; wir werden uns den Wein ~ lassen!; etw. mundet irgendwie: das hat gut gemundet* ❖ ↗ **Mund**
münden ['mɣndn̩], mündete, ist/hat gemündet **1.1.** ⟨ist⟩ /fließendes Gewässer/ *irgendwohin ~* 'in ein anderes Gewässer fließen'; ANT entspringen: *die Elster mündet in die Saale, die Elbe in die Nordsee* **1.2.** ⟨hat/ist⟩ /etw., bes. Weg/ *irgendwo, irgendwohin ~* 'irgendwo enden': *die Straße mündet auf einen/ einem Platz, in einen/einem Park; der Gang mündet auf eine Treppe, einen Balkon* ❖ **Mündung − einmünden;** vgl. **Mund**
Mund ['mʊnt..]**-geruch,** der ⟨o.Pl.⟩ 'übel riechender Atem': *er hat ~, leidet unter ~* ❖ ↗ Mund, ↗ riechen; **-harmonika** [..haʀmonɪka], **die;** ~, ~s 'flaches, rechteckiges Blasinstrument mit bestimmten

Tonarten, bei dem durch Atemluft metallene Blättchen zum Schwingen, Tönen (1) gebracht werden': *eine kleine ~; ~ spielen; er blies gern auf seiner ~* ❖ ↗ Mund
mündig ['mɣndɪç] ⟨Adj.; o. Steig.⟩ **1.1.** ⟨nicht bei Vb.; vorw. präd. (mit *sein, werden*)⟩ /jmd./ *~ sein, werden* 'volljährig sein, werden'; ANT minderjährig: *Jugendliche werden in Deutschland mit 18 Jahren ~; du bist jetzt ~* **1.2.** 'erwachsen u. zu selbständigen Entscheidungen, Urteilen fähig' /auf Personen bez./: *~e Bürger; jmdn. für ~ erachten* ❖ **entmündigen, Mündel − bevormünden, Vormund;** vgl. **Mund**
mündlich ['mɣnt..] ⟨Adj.; o. Steig.⟩ 'als, im Gespräch verlaufend'; ANT schriftlich; ↗ FELD I.13.3: *ein ~er Gedankenaustausch; eine ~e Aussprache, Prüfung; die Prüfung ist ~* ('wird in Form eines Gesprächs abgenommen'); *etw. ~ vereinbaren; eine ~e Zusage geben; alles Weitere ~!; die ~e Überlieferung einer Erzählung; etw. ~ erörtern* ❖ ↗ **Mund**
Mund|stück ['mʊnt..], das ⟨Pl.: Mundstücke⟩ **1.1.** 'Teil bestimmter Blasinstrumente, den man zwischen die Lippen, in den Mund nimmt': *das ~ einer Klarinette, Trompete, eines Fagotts* **1.2.** 'der Teil einer Pfeife, Zigarette, den man in den Mund nimmt': *er sog am ~ seiner Pfeife; eine Zigarette mit ~* ❖ ↗ **Mund,** ↗ **Stück**
Mündung ['mɣnt..], **die;** ~, ~en ⟨vorw. mit Gen.attr.⟩ **1.** 'Stelle, an der ein fließendes Gewässer in ein anderes mündet (1.1)'; ANT Quelle (1): *ein Haus, Hafen an der ~ des Flusses* **2.** 'Öffnung am vorderen Ende einer Feuerwaffe': *die ~ eines Geschützes, einer Pistole, eines Gewehrs* ❖ ↗ **münden**
Mund|winkel ['mʊnt..], der ⟨vorw. Pl.⟩ 'eines der beiden seitlichen Enden des Mundes, der Lippen': *die ~ heben, herabziehen, verziehen; die Pfeife, Zigarette im ~ halten; ein Lächeln spielt um seine ~* ❖ ↗ **Mund,** ↗ **Winkel**
Munition [muni'tsi̯oːn], **die;** ~, ⟨o.Pl.⟩ /Bez. für alle Arten von Körpern (2), die mit Sprengstoff gefüllt sind, bes. Patronen, Granaten/; ↗ FELD V.6.1: ↗ *scharfe ~; ~ ausgeben, austeilen; seine ~ verschießen; jmdm. geht die ~ aus*
munkeln ['mʊŋkln̩], munkelte, hat gemunkelt umg. /jmd./ *etw.* ⟨bes. allerhand, allerlei⟩ *über etw., jmdn. ~* 'einander heimlich, gerüchteweise etw. über etw., jmdn. sagen, erzählen': *man munkelt allerlei über die Situation; er ahnt nicht, was über ihn gemunkelt wird; über etw., jmdn. ~: man hat (schon lange) über ihn, darüber gemunkelt;* ⟨mit Nebens.⟩ *man hat ~ hören, dass …*
munter ['mʊntɐ] ⟨Adj.⟩ **1.** ⟨Steig. reg.; nicht attr.⟩ SYN 'wach (1.1)'; ANT müde (1) /auf Personen bez./: *er ist immer ~; sie blieb während der gesamten Fahrt ~; eine Tasse Kaffee macht dich wieder ~* **2.** ⟨o. Steig.; nur präd. (mit *sein, werden*)⟩ /jmd./ *sein* 'aufgestanden sein': *er ist schon früh um sechs Uhr ~; wir sind abends bis 23 Uhr ~* ('auf den Beinen'); *er ist schon ~ geworden* ('aufgewacht') **3.** ⟨Steig. reg.; nicht bei Vb.⟩ 'lebhaft'; ANT träge: *ein ~es Baby, Kind; eine ~e Person; unsere Kleine*

ist immer ~; er hat ~e Augen **4.** ⟨o. Steig.; nicht attr.⟩ 'in gutem gesundheitlichen Zustand': *er war bald wieder ~; sie fühlte sich ganz ~; bleib gesund und ~!* **5.** ⟨o. Steig.; nur attr.⟩ /beschränkt verbindbar/; ↗ FELD I.6.3: *sie sangen ein ~es* ('lustiges') *Lied* ❖ **Munterkeit** — **aufmuntern**

Munterkeit ['mʊntɐ..], **die**; ~, ⟨o.Pl.⟩ 'zu *munter* 3/ 'das Muntersein'; ↗ FELD I.6.1: *seine ~ steckte alle an* ❖ ↗ **munter**

Münze ['mʏntsə], **die**; ~, ~n **1.** 'kleines, scheibenförmiges Stück Metall, das als Geld dient und entsprechend geprägt (↗ *prägen* 1.2) ist und einen bestimmten Wert hat'; ↗ FELD I.16.1: *eine alte, echte, falsche, silberne, goldene ~; gängige, ungültige ~n; ~n prägen, schlagen; neue ~n in Umlauf bringen;* vgl. *Banknote* **2.** 'Einrichtung für das Prägen (1.2) von Münzen': *die Berliner ~; Geld in der ~ prägen lassen* ❖ **ummünzen**

* /jmd./ **etw. für bare ~ nehmen** 'etw. arglos glauben': *du musst nicht alles, was er sagt, für bare ~ nehmen!; er hat es, das für bare ~ genommen;* /jmd./ **jmdm. etw.** ⟨vorw. *es, das*⟩ **in/mit gleicher ~ heimzahlen** 'jmdm. etw. Negatives auf gleiche Weise vergelten': *ich werde es ihm mit gleicher ~ heimzahlen!*

mürbe ['mʏrbə] ⟨Adj.⟩ **1.** ⟨Steig. reg.; nicht bei Vb.⟩ 'durch Alter und Verwitterung brüchig'; SYN morsch /auf best. Materialien bez./; ↗ FELD III.4.3: *~s Leder, Gestein; ein ~r Stoff; der Zahn ist ~* **2.** ⟨Steig. reg.⟩ 'so weich, zart, dass man es gut zerbeißen kann' /auf best. Nahrung bez./: *ein ~r Apfel; ~s Gebäck; das Fleisch ~ klopfen; der Braten ist ~* (ANT zäh 1.2) **3.** ⟨o. Steig.; nicht attr.⟩ 'durch lange psychische Einwirkung nicht mehr fähig, Widerstand zu leisten' /auf Personen bez./: *jmdn. durch Drohungen, ständiges Bitten ~ machen, kriegen; von Kummer, Angst ~ sein, werden*

Murks [mʊrks], **der**; ~es, ⟨o.Pl.⟩ umg. '(handwerkliche) Arbeit, die fehlerhaft, unsachgemäß ausgeführt wurde'; SYN Pfusch: *was hast du für einen ~ gemacht!; so ein ~!; das ist (alles) ~!*

murmeln ['mʊrml̩n] ⟨reg. Vb.; hat⟩ /jmd./ etw. ~ 'etw. leise vor sich hin reden'; ↗ FELD VI.1.2: *ein paar Worte, Gebete ~; er murmelte etw. Unverständliches; was murmelst du da?*

Murmel|tier ['mʊrml̩..], **das** 'Nagetier, das im Gebirge, (in Höhlen) lebt, einen langen Winterschlaf hält und schrille Warnrufe ausstoßen kann'; ↗ FELD II.3.1: *die schrillen Warnrufe des ~s* ❖ ↗ **Tier**

* emot /jmd./ **schlafen wie ein ~** 'sehr fest und lange schlafen': *er schläft wie ein ~!*

murren ['mʊrən] ⟨reg. Vb.; hat⟩ /jmd./ 'sein Missfallen, seine Unzufriedenheit leise, undeutlich und mürrisch äußern'; ↗ FELD I.6.2, VI.1.2: *er murrte leise vor sich hin; etw. ohne Murren/ohne zu ~ hinnehmen; die Leute fingen an zu ~; über etw., gegen etw.: er murrte über die schlechte Behandlung, gegen sein Schicksal;* vgl. *meckern* ❖ **mürrisch**

mürrisch ['mʏr..] ⟨Adj.; Steig. reg.⟩ 'missmutig und abweisend reagierend'; SYN griesgrämig, verdrießlich (1), verdrossen /vorw. auf Personen bez./: *ein ~er Mensch; eine ~e Miene machen; er hat ein ~es Wesen; ~ grüßen, antworten; er war immer ~, schon am frühen Morgen ~* ❖ ↗ **murren**

Mus [muːs], **das**; ~es, ~e ⟨vorw. Sg.⟩ 'dickflüssige Speise, die durch Zerkleinern von Obst od. gekochten Kartoffeln hergestellt wird': *~ kochen, rühren, essen; ein ~ aus Äpfeln, Pflaumen; Kartoffeln zu ~ (zer)quetschen; die Klöße, Kartoffeln sind zu ~ geworden* ('sind völlig zerkocht')

Muschel ['mʊʃl̩], **die**; ~, ~n **1.** 'im Wasser lebendes Weichtier mit zwei Schalen aus Kalk, die die weichen Teile des Körpers umschließen und durch einen kräftigen Muskel zusammengehalten werden': *essbare ~n; ~n aufbrechen* **2.** ⟨vorw. Pl.⟩ 'Schale(n) der Muschel (1)': *~n suchen; die ~n zu Schmuck verarbeiten; eine Kette aus ~n* ❖ **Ohrmuschel**

Museum [mu'zeːʊm], **das**; ~s, Museen [..'zeːən] **1.1.** 'Einrichtung, in der Sammlungen der Kunst und Wissenschaft untergebracht und ausgestellt werden': *ein naturkundliches, kulturgeschichtliches ~; das ~ für Völkerkunde, für moderne Malerei* **1.2.** 'Gebäude für das Museum (1.1)': *ins ~ gehen*

Musical ['mjuːzɪkl̩], **das**; ~s, ~s 'unterhaltendes Bühnenwerk mit moderner Musik, Dialogen, Gesang und Tanz': *ein ~ aufführen, inszenieren, ansehen* ❖ ↗ **Musik**

Musik [mu'ziːk], **die**; ~, ~en **1.1.** ⟨o.Pl.⟩ 'Kunst, in der Töne zu Melodien, Harmonien, auch Disharmonien geordnet, rhythmisch gegliedert und zu einem einheitlichen Werk verbunden werden und die das Gefühl des Menschen anspricht': *(die) klassische, moderne, zeitgenössische ~; italienische ~; (die) kirchliche, weltliche ~; ~ studieren; er liebt die ~; sie ist ein ~ liebender Mensch* **1.2.** ⟨vorw. o.Art.; o.Pl.⟩ 'akustisch wahrgenommene Folge von Tönen'; ↗ FELD VI.1.1: *leise, gedämpfte, laute ~; ~ hören, machen; ein Fest mit ~ und Tanz* **1.3.** '(für einen bestimmten Zweck geschaffenes) Werk der Musik': *die ~ für einen Film, ein Ballett schreiben; kennst du diese ~?; er hat eine ~ geschaffen, die alle begeistert* **1.4.** ⟨in der kommunikativen Wendung⟩ *das ist, klingt wie ~ in meinem Ohr/meinen Ohren* /sagt jmd., wenn er etw. erfährt, das für ihn sehr angenehm, erfreulich ist/ ❖ **Musical, musikalisch, Musiker, musisch, musizieren** — **Blasmusik, Kammermusik, Marschmusik, Musikinstrument, -stück, Unterhaltungsmusik**

* /jmd./ **~ im Blut haben** ('eine angeborene musikalische Begabung haben')

musikalisch [muzi'kaːl..] ⟨Adj.⟩ **1.** ⟨o. Steig.; nicht präd⟩ 'die Musik (1.1) betreffend, auf ihr beruhend' /vorw. auf Psychisches bez./: *ein ~es Erlebnis; ein ~er Gedanke, Einfall, Genuss; eine Feier ~ umrahmen* **2.** ⟨Steig. reg.⟩ 'mit der Begabung für das Aufnehmen (2) und Ausüben von Musik; von Musikalität zeugend' /auf Personen bez./: *ein ~es*

Kind, Genie; sie ist sehr ~; er spielt sehr ~ ❖ ↗
Musik
Musiker ['muːzikɐ], **der**; ~s, ~ ʿjmd., der beruflich
ein Musikinstrument spielt': *ein begabter, berühm-*
ter, bedeutender ~; er ist ~ (ʿMitglied des Orches-
ters') *an der Philharmonie* ❖ ↗ **Musik**
Musik [muˈziːk..]|**-instrument, das** ʿGegenstand od.
Anlage, mit der Musik (1.2) hervorgebracht werden
kann': *alte ~e; auf einem ~ spielen* ❖ ↗ Musik, ↗
Instrument; **-stück, das** ⟨Pl. Musikstücke⟩ ʿkleine-
res musikalisches Werk (4.1)': *ein ~ einüben, vor-*
spielen, komponieren ❖ ↗ Musik, ↗ Stück
musisch ['muːz..] ⟨Adj.⟩ **1.1.** ⟨o. Steig.; nicht präd.⟩
ʿden Kunstsinn, die künstlerischen Anlagen betref-
fend': *eine ~e Ausbildung, Erziehung genießen, er-*
halten; ~e Anlagen ausbilden; er ist ~ begabt **1.2.**
⟨Steig. reg., ungebr.; nicht bei Vb.⟩ ʿmit einer Be-
gabung, die Kunst betreffend': *er ist ein ~er*
Mensch, ist sehr ❖ ↗ **Musik**
musizieren [muziˈtsiːʀən], musizierte, hat musiziert
/zwei od. mehrere (jmd.), auch jmd./ ʿ(gemeinsam)
Musik (1.2) machen': *wir ~ heute zu zweit; das Trio*
musiziert regelmäßig; es wurde wöchentlich musi-
ziert; ~de Laienkünstler ❖ ↗ **Musik**
Muskat [mʊsˈkaːt], **der**; ~s, ⟨o.Pl.⟩ ʿGewürz aus
Muskatnüssen': *die Suppe mit ~ würzen* ❖ **Muskat-**
nuss
Muskat|nuss [..ˈk..], **die** ʿals Gewürz verwendeter Sa-
menkern eines tropischen Baumes'; ↗ FELD I.8.1,
II.4.1: *die ~ reiben; ~ an den Blumenkohl, Rosen-*
kohl geben ❖ ↗ **Muskat**, ↗ **Nuss**
Muskel ['mʊskl̩], **der**; ~s, ~n ⟨vorw. Pl.⟩ ʿOrgan des
Körpers, das der Bewegung der Körperteile und
dem Fortbewegen dient': *feste, kräftige, schlaffe*
~n; die ~n anspannen, entspannen; sich einen ~
zerren; seine ~n spielen lassen (ʿseine Muskeln so
anspannen, dass sich ihre Bewegungen unter der
Haut abzeichnen') ❖ **muskulös, Muskulatur −**
Muskelkater
Muskel|kater ['..], **der** ⟨o.Pl.⟩ umg. ʿvorübergehende
Schmerzen in den Muskeln, die durch körperliche
Bewegung ungewohnt stark beansprucht wurden':
er hatte in den Beinen nach der Wanderung (einen)
mächtigen, schrecklichen ~ ❖ ↗ **Muskel**
Muskulatur [mʊskulaˈtuːɐ], **die**; ~, ~en ⟨vorw. Sg.⟩
ʿGesamtheit der Muskeln eines Körpers': *die ~*
entspannen, kräftigen ❖ ↗ **Muskel**
muskulös [mʊskuˈløːs] ⟨Adj.; Steig. reg.⟩ ʿmit starken
Muskeln versehen' /vorw. auf Körperteile bez./: *~e*
Arme, Beine; er, sein Körper ist ~ (gebaut) ❖ ↗
Muskel
muss: ↗ **müssen**
Muss [mʊs], **das** ⟨indekl.; vorw. im Nom.⟩ ʿdie Not-
wendigkeit, etw. tun zu müssen, zu etw. verpflichtet
zu sein': *man kann teilnehmen, aber es ist kein ~;*
es geht vieles, wenn das, ein ~ dahintersteht; ⟨auch
o.Art.⟩ *die Teilnahme ist ~, absolutes ~, kein ~* ❖
↗ ¹**müssen**
Muße ['muːsə], **die**; ~, ⟨nicht mit unbest. Art.; o.Pl.⟩
~ für etw. ʿZeit und Ruhe für eine bestimme Tätig-

keit': *genügend, keine ~ für etw. haben; er hatte nie*
(die) ~, ein Buch zu lesen; dazu fehlt mir die nötige
~; mit ~, in aller ~ ʿin Ruhe und ohne Hast': *etw.*
in aller ~ betrachten, tun ❖ **müßig − Müßiggang**
¹**müssen** ['mʏsn̩], ich, er muss [mʊs], er musste
['mʊstə], hat gemusst [gəˈmʊst] /nach vorangehen-
dem Inf.: *hat ... müssen* ⟨Modalvb.; + Inf. ohne
zu; o.Imp.; ↗ TAFEL V⟩ **1.1.** *jmd. muss etw. tun*
ʿes besteht die Notwendigkeit, dass jmd. etw. Be-
stimmtes tut' ⟨der Inf. kann unter best. Bedingun-
gen wegfallen, unter best. Bedingungen kann er
durch *es, das* ersetzt werden⟩: *ich muss im Bett blei-*
ben; du musst das ernst nehmen; ich musste es, habe
es gemusst; ich muss schnell etw. essen, dann komme
ich; du musst mir gehorchen; sie haben plötzlich ab-
reisen ~; er musste sich operieren lassen; du hättest
viel pünktlicher sein ~; du musst viel diplomatischer
werden; er hat sich sehr umstellen ~; ich muss jetzt
losgehen **1.2.** ⟨vorw. in Fragesätzen⟩ /drückt die
Verärgerung des Sprechers aus/ *~ Sie gerade jetzt*
stören (ʿist es wirklich notwendig, dass Sie jetzt stö-
ren')? /wird meist vorwurfsvoll gesagt, wenn man
sich gestört fühlt/; *~ Sie jetzt unbedingt gehen?* **1.3.**
⟨in verneinten Aufforderungen⟩ *du musst nicht wei-*
nen (ʿweine doch nicht')!; *das musst du nicht tun,*
sagen **2.** ⟨im Präs., Prät. od. Konj. II⟩ /jmd., etw./
/drückt eine zwingende Annahme aus/: *er muss/*
müsste jeden Moment kommen; dort müsste etw. ge-
schehen sein, man hörte Hilferufe; er müsste schon
längst da sein; er muss/müsste schon über 60 sein; er
muss krank sein, sonst wäre er gekommen; es müsste
schon bald Mitternacht sein; das muss ein Irrtum
sein; wie muss er gelitten haben! **3.** ⟨im Konj. II⟩
/drückt einen Wunsch des Sprechers aus/: *so müsste*
es immer sein!; jetzt müsste es Weihnachten sein, und
wir säßen in der warmen Stube!; man müsste mal
im Lotto gewinnen! **4.** /jmd./ /drückt aus, dass ein
bestimmtes Handeln eine notwendige Vorausset-
zung für etw. ist/: *du musst jetzt gehen, wenn du den*
Zug noch erreichen willst; sie muss die Prüfung be-
stehen, die Ausbildung abschließen, wenn sie die
Stelle bekommen will **5.** /in den kommunikativen
Wendungen/ *das muss man dir, ihm lassen* ⟨einem
Hauptsatz voran- od. nachgestellt⟩ (ʿdas muss (1)
man dir, ihm gegenüber zugeben' /sagt man, wenn
man jmdm. etw. anerkennend zugestehen will/: *er*
hat alles fest im Griff, das muss man ihm lassen; das
muss man dir lassen, du hast immer alles fest im
Griff; muss das sein (ʿist das unbedingt nötig')?
/sagt jmd., wenn er verärgert über das ist, was jmd.
gesagt, getan hat, weil er es für unpassend, über-
trieben hält/ ❖ **Muss, ²müssen, müßig**
²**müssen**, ich, er muss, er musste, hat gemusst **1.**
/jmd./ *irgendwohin ~* ʿirgendwohin fahren, gehen
¹müssen': *ich muss nach Berlin; du musst jetzt ins*
Bett; ich muss jetzt schnell nach Hause **2.** *jmd. muss*
(mal) (ʿjmd. muss seine Notdurft verrichten'); *un-*
ser Kleiner muss immer in den unmöglichsten Situa-
tionen; /jmd., bes. Kind/ *etw. ~: ich muss Aa, Pipi*

('muss den Darm, die Blase entleeren'); *musst du Pipi?* ❖ ↗ ¹**müssen**

müßig ['myːsɪç] ⟨Adj.⟩ **1.** ⟨o. Steig.; nicht präd.⟩ 'ohne etw. zu tun' /vorw. auf Personen bez./: *eine Menge ~er Leute; er führt ein ~es Leben; er saß, stand ~ herum* **2.** ⟨Steig. reg., ungebr.; nur attr.⟩ 'voller Ruhe und Besinnung' /auf Zeitliches bez./: *es waren, wir hatten ~e Stunden, Jahre; es war eine ~e Zeit* **3.** ⟨o. Steig.; nicht bei Vb.⟩ 'unnütz' /auf best. Tätigkeiten bez./: *das ist eine ~e Frage; das ist ~es Geschwätz, Gerede!; es ist ~, jetzt darüber zu streiten, zu diskutieren* ❖ ↗ **Muße**

Müßig|gang ['..], **der** ⟨o.Pl.; vorw. mit den Präp. *in, zu*⟩ 'eine Lebensweise, seine Zeit ohne eine sinnvolle Tätigkeit zu verbringen und nur seinem Vergnügen nachzugehen' /beschränkt verbindbar/: *er hat viele Jahre im ~ verbracht; er ist völlig dem ~ verfallen; er lebt nur dem ~; ohne Arbeit war er zum ~ verurteilt* ❖ ↗ **Muße,** ↗ **gehen**

musste: ↗ *müssen*

Muster ['mʊstɐ], **das;** ~s, ~ **1.** 'sich wiederholende Motive, die durch zeichnerische, figürliche, farbliche, strukturelle Gestaltung der Oberfläche entstanden sind': *ein hübsches, dezentes, unruhiges ~; das ~ des Stoffes, der Tapete, des Teppichs; ein ~ entwerfen; das ~ gefällt mir* **2.1.** 'etw., das als Modell od. zeichnerischer Entwurf vorliegt, nach dem weitere Exemplare derselben Art hergestellt werden': *ein neues ~ für die Konfektion entwickeln, anfertigen, herausbringen; ein ~ kopieren; etw. nach einem ~ sticken, häkeln, stricken* **2.2.** 'einzelnes Stück (3), Exemplar, kleine Menge einer Ware, nach der man seine Beschaffenheit beurteilen kann': *~ von Tapeten, Teppichen, Stoffen, Werkstoffen; ein ~ anfordern; vom ~ 1000 Stück bestellen* **3.** oft iron. 'nachahmenswertes Vorbild, Beispiel (2)': *jmd., etw. ist ein ~ an etw.: er ist ein ~ an Ausdauer, Fleiß; diese Arbeit ist ein ~ an Exaktheit; jmdn. als ~ hinstellen* ❖ **gemustert, musterhaft, mustern, Musterung – mustergültig**

muster|gültig ['..] ⟨Adj.; Steig. reg., ungebr.⟩ 'vorbildlich' /vorw. auf Leistungen bez./: *eine ~e Arbeit; hier herrscht (eine) ~e Ordnung; ihr Verhalten, Benehmen war ~; sie führten eine ~e Ehe; er erfüllte die Aufgabe ~* ❖ ↗ **Muster,** ↗ **gelten**

musterhaft ['..] ⟨Adj.; Steig. reg., ungebr.⟩ 'vorbildlich': *die Kinder benahmen sich ~; ein ~er Schüler; er führte die Aufgabe ~ durch; sein Verhalten, Benehmen war ~; hier herrscht eine ~e Ordnung* MERKE Zum Unterschied von *musterhaft, mustergültig*: Man sagt nicht: *eine musterhafte Ehe,* aber *eine mustergültige Ehe; musterhaft* kann auf Personen bezogen werden, *mustergültig* selten ❖ ↗ **Muster**

mustern ['mʊstɐn], musterte, hat gemustert **1.** /jmd./ *jmdn., etw.* ~ 'jmdn., etw. (kritisch) prüfend betrachten'; ↗ FELD I.3.1.2: *jmdn. neugierig, intensiv, von oben bis unten, von Kopf bis Fuß, von der Seite misstrauisch ~; spöttisch musterte sie ihn; ich habe meine Urlaubsgarderobe gerade gemustert* **2.**

⟨vorw. im Pass. od. adj. im Part. II⟩ /jmd., bes. Fachmann/ *etw.* ~ 'etw., bes. eine Tapete, einen Stoff mit einem Muster (1) versehen': *einen Stoff ~; eine gemusterte Tapete; der Stoff ist originell gemustert* **3.** ⟨vorw. im Pass.⟩ /jmd., Institution/ *jmdn.* ~ 'einen Wehrpflichtigen auf seine Tauglichkeit für den Wehrdienst prüfen, untersuchen': *er wurde noch nicht gemustert, ist heute gemustert worden; in diesem Jahr wird der Jahrgang 1976 gemustert* ❖ ↗ **Muster**

Musterung ['mʊstɐR..], **die;** ~, ~en **1.** /zu 1 u. 3 von *mustern*/ 'das Mustern'; /zu 1/; ↗ FELD I.3.1.1: *etw. einer ~ unterziehen* 'etw. mustern (1)': *er unterzog seine Bücher, Garderobe einer gründlichen ~; /zu 3/: die ~ der Wehrpflichtigen* **2.** 'Muster (1)': *die Tapete hat eine auffällige ~* ❖ ↗ **Muster**

Mut [muːt], **der;** ~es, ⟨o.Pl.; vorw. mit best. Art. od. o.Art.⟩ **1.** 'Fähigkeit und Bereitschaft, in gefährlichen, heiklen Situationen seine Angst zu überwinden und unerschrocken, furchtlos zu handeln'; ↗ FELD I.6.1: *großen ~* (ANT Angst) *haben; er hatte den ~, die Wahrheit zu sagen; sein ~ wächst, fällt, schwindet; seinen ~ beweisen, zeigen; den ~ aufbringen, besitzen, etw. zu tun; jmdm./sich gegenseitig ~ machen, zusprechen* ('ermutigen') **2.** 'Zuversicht, Hoffnung': *neuen ~ bekommen, fassen; den ~ verlieren, sinken lassen; jmdm. den, allen ~ nehmen; nur ~!* /Ausruf, mit dem man jmdn. ermutigen will/ ❖ **entmutigen, ermutigen, mutig – mutlos, Mutlosigkeit, todesmutig, Wagemut, wagemutig;** vgl. **Übermut**

* geh. /jmd./ *frohen ~es sein* ('in zuversichtlicher und froher Stimmung sein'); *jmdm. ist (nicht) wohl zu ~e* ('jmd. fühlt sich in einer bestimmten Situation nicht wohl bzw. wohl'); ↗ *zumute*

mutig ['muːtɪç] ⟨Adj.; Steig. reg.⟩ **1.1.** 'Mut (1) habend, von Mut erfüllt'; SYN kühn: *ein ~er* (ANT ängstlicher 1) *Mensch; er ist sehr ~* (ANT feige 1, ängstlich 1); *~ handeln; er trat ~ für seine Gesinnung ein* **1.2.** ⟨nicht bei Vb.⟩ 'von Mut (1) zeugend' /vorw. auf ein Tun bez./: *eine ~e Tat; ein ~es Bekenntnis; das war ein ~er Entschluss, war sehr ~* ❖ ↗ **Mut**

mutlos ['muːt..] ⟨Adj.; Steig. reg.⟩ 'ohne Mut (2)'; SYN niedergeschlagen: *er ist ganz ~, wirkte ~* ❖ ↗ **Mut,** ↗ **los**

Mutlosigkeit ['..loːzɪç..], **die;** ~, ⟨o.Pl.⟩ 'das Mutlossein'; ↗ FELD I.6.1: *er sank in tiefe ~* ❖ ↗ **Mut,** ↗ **los**

mutmaßen ['muːtmɑːsn̩], mutmaßte, hat gemutmaßt /jmd./ *etw.* ~ 'etw. vermuten': *er mutmaßte, dass bald Veränderungen eintreten würden* ❖ **mutmaßlich**

mutmaßlich ['muːtmɑːs..] ⟨Adj.; o. Steig.; nicht präd.; vorw. attr.⟩ 'wie man mutmaßen kann'; SYN vermutlich (I): *er ist der ~e Mörder, Täter; den ~en Tathergang beschreiben, rekonstruieren* ❖ ↗ **mutmaßen**

Mutter ['mʊtɐ], **die;** ~, Mütter ['mʏtɐ]/~n **I.** ⟨Pl.: Mütter⟩ 'Frau, die ein od. mehrere Kinder geboren hat' /vorw. im Verhältnis zu ihrem Kind und im

Verhältnis ihres Kindes zu ihr/; ↗ FELD I.9.1: *eine junge, ledige, berufstätige ~; sie ist die ~ von drei Kindern; eine werdende ~* ('eine Schwangere'); *sie ist (zum ersten Male) ~ geworden; sie ist eine gute, fürsorgliche, strenge ~; wer ist die ~ dieses Kindes?; ~ und Vater; jmds. leibliche ~; besorgt wie eine ~ sein; sie versuchte, ihm die ~ zu ersetzen; meine, seine, unsere ~; das Mädchen ist ganz die ~* ('sieht ihrer Mutter sehr ähnlich') − **II.** ⟨Pl. ~n⟩ 'meist sechseckiger metallischer Körper (2) mit einem runden Loch und einem Gewinde, der mit einem passenden Bolzen lösbar verbunden werden kann': *ein Bolzen mit ~; die ~ anziehen, festdrehen, lockern, lösen; die ~ ist locker, lose, hat sich gelockert* ❖ **mütterlich − Gebärmutter, Großmutter, Mutterboden, Stiefmutter, Stiefmütterchen, stiefmütterlich;** vgl. **Mutter/mutter-**

Mutter|boden ['..], der ⟨o.Pl.⟩ 'die fruchtbare, humusreiche, oberste Schicht (1) des Erdbodens'; ↗ FELD II.1.1: *schwarzer ~; ~ aufschütten;* vgl. *Humus* ❖ ↗ **Mutter,** ↗ **Boden**

mütterlich ['mʏtɐ..] ⟨Adj.⟩ **1.** ⟨o. Steig.; nur attr.⟩ 'für das Verhältnis einer verantwortungsbewussten Mutter (1) zu ihrem Kind typisch'; ↗ FELD I.9.2: *sie betrachtete ihren Sohn mit ~em Stolz; die ~e Erziehung* **2.** ⟨o. Steig.; nur attr.⟩ 'von der eigenen Mutter stammend' /beschränkt verbindbar/: *das ~e Erbteil* **3.** ⟨o. Steig.; nur attr.⟩ 'der eigenen Mutter gehörig' /beschränkt verbindbar/: *sie soll das ~e Geschäft übernehmen* **4.** ⟨o. Steig.; nur attr.⟩ 'der leiblichen Mutter eigen' /auf Abstraktes bez./: *die ~e Liebe, Treue, Zuwendung, Fürsorge* **5.** ⟨Steig. reg.; nicht präd.⟩ 'fürsorglich wie eine Mutter' /vorw. auf Personen bez./: *sie ist eine ~e Freundin, ein ~er Mensch; jmdn. ~ betreuen* ❖ ↗ **Mutter**

Mutter/mutter ['mʊtɐ..]|**-mal, das** ⟨Pl.: -e⟩ 'angeborene Missbildung der Haut in Form eines braunen od. rötlichen Flecks': *ein ~ im Gesicht, am Hals haben; das ist ein ~* ❖ ↗ **Mal; -milch, die** 'Milch, die nach der Geburt eines Kindes von den Milchdrüsen der Frau abgesondert wird': *das Baby bekommt noch ~; das Kind wurde mit ~ ernährt;* * /jmd./ ⟨vorw. im Perf.⟩ **etw. mit der ~ einsaugen** 'etw. von Kindheit an lernen': *er hat es mit der ~ eingesogen, sich ständig anzupassen;* **-söhnchen** [zø:nçən], **das;** *~s, ~* emot. 'Junge od. junger Mann, der sehr weich (3) ist, weil er zu Hause (von seiner Mutter) immer verwöhnt wurde': *er ist ein (rechtes, verzärteltes) ~* ❖ ↗ **Sohn; -sprache, die** ⟨o.Pl.⟩ 'Sprache, die ein Mensch von Kindheit an erlernt hat': *seine ~ ist Deutsch, Französisch, Spanisch* ❖ ↗ sprechen; **-sprachlich** ⟨Adj.; o. Steig.⟩ 'auf der Muttersprache beruhend': *die ~e Bildung;*

~er (ANT fremdsprachlicher) *Unterricht* ❖ ↗ sprechen; **-tier, das 1.** Landw. 'zur Zucht (1) ausgewähltes weibliches Tier': *~e kaufen, verkaufen* **2.** 'weibliches Tier, das gerade Junge geboren hat' ❖ ↗ Tier; **-witz, der** ⟨o.Pl.⟩ 'angeborener Witz (2), natürliche Schläue'; ↗ FELD I.2.1, 5.1: *er hat viel ~* ❖ ↗ Witz

Mut/mut ['mu:t..]|**-wille, der** 'absichtlich boshaftes Verhalten anderen gegenüber'; ↗ FELD I.2.1: *seinen ~n an jmdm. auslassen; mit jmdm. ~n treiben* ❖ ↗ Wille; **-willig** ⟨Adj.; Steig. reg.; nicht präd.⟩ 'absichtlich, aber aus einer Laune heraus' /auf Negatives bez./; ↗ FELD I.2.3: *eine ~e Zerstörung; er hat das ~ zerstört, beschädigt* ❖ ↗ Wille

Mütze ['mʏtsə], **die;** *~, ~n* 'Kopfbedeckung aus Stoff od. Wolle, mit und ohne Schirm'; ↗ FELD V.1.1: *eine warme, wollene, grüne, karierte ~; die ~ aufsetzen, abnehmen, schwenken; eine ~ stricken;* vgl. *Kappe,* ¹*Hut* ❖ **Pudelmütze, Schirmmütze, Schlafmütze**

mysteriös [mʏsteˈʀi̯øs] ⟨Adj.; Steig. reg.; nicht bei Vb.⟩ SYN 'geheimnisvoll (1.1)' /vorw. auf Abstraktes bez./: *das ist eine ~e Geschichte; in einen ~en Vorfall verwickelt sein; sie verschwand unter ~en Umständen; die ganze Angelegenheit war ziemlich ~*

Mystik ['mʏstɪk], **die;** *~,* ⟨o.Pl.⟩ 'Art und Weise des religiösen Erlebens, durch die eine Verbindung mit dem Göttlichen, der Gottheit angestrebt wird': *die christliche, buddhistische ~; die ~ des Pantheismus* ❖ **mystisch**

mystisch ['mʏst..] ⟨Adj.; nicht bei Vb.; vorw. attr.⟩ **1.** ⟨o. Steig.⟩ 'auf Mystik beruhend, durch Mystik bestimmt' /vorw. auf Psychisches bez./: *ein ~es Gefühl, Erleben; ~e Gläubigkeit* **2.** ⟨Steig. reg.⟩ 'geheimnisvoll (1.1)': *ein ~es Dunkel, Geschehen; eine ~e Beziehung verbindet sie beide; es geschahen ~e Dinge; es geht eine ~e Kraft von ihm aus* ❖ ↗ **Mystik**

Mythologie [mytoloˈgi:], **die;** *~, ~n* [..ˈgi:ən] 'Gesamtheit von Mythen (1)': *die antike, griechische ~; Prometheus ist eine Gestalt der griechischen ~* ❖ ↗ **Mythos**

Mythos ['my:tɔs], **der;** *~, Mythen* ['my:tn̩] **1.** 'mündlich od. schriftlich in Form von Sagen, Dichtungen überlieferte religiöse, magische Vorstellungen eines Volkes aus seiner Vorzeit von der Welt der Götter und Menschen': *ein uralter, heidnischer ~; die Mythen der Germanen* **2.** 'glorifizierende Legende von einer Person, historischen Begebenheit o.Ä.': *der ~ Napoleons; der ~ von der Unbesiegbarkeit eines Landes; er wurde schon zu seinen Lebzeiten zum ~* ❖ **Mythologie**

n, N

na [na/nɑ] ⟨Interjektion; steht vorw. am Satzanfang⟩ umg. **1.** ⟨steht am Anfang eines (elliptischen) Aufforderungssatzes⟩ **1.1.** /drückt Ungeduld des Sprechers aus/: ~, *schnell!; ~, fang doch endlich an!; ~, dann mal los!; ~, komm schon!; ~, hab dich nicht so!* **1.2.** /der Sprecher drückt Beschwichtigung aus/ ⟨auch in der Doppelform ~, ~⟩: ~, ~, *du darfst nicht immer so schwarz sehen; ~, ~, nun weine man nicht!* **2.** ⟨steht am Anfang eines (elliptischen) Aussagesatzes⟩ /der Sprecher drückt Verwunderung aus/: ~, *so was!; ~, das ist (aber) eine Überraschung; ~, das ist (aber) ein seltener Besuch* **3.** ⟨steht am Anfang von Sätzen od. Satzelementen, die einen Ausruf bilden⟩ /der Sprecher drückt eine Drohung aus/: ~ *warte, mein lieber Freund!; ~, wenn das dein Vater erfährt!; ~, komm du nur nach Hause!* **4.** ⟨steht am Anfang einer vertraulichen Anrede mit fragendem Ton od. Frage⟩ /der Sprecher drückt damit ein vertrauliches Verhältnis zum Hörer aus/: ~, *alter Freund?; ~, mein Lieber, wie geht's denn?; ~, lange nicht gesehen?* **5.** ⟨als Glied kommunikativer Wendungen⟩ ~ *und:* ↗ *und;* ~ *bitte!:* ↗ *bitte*

Nabe ['naːbə], **die**; ~, ~n 'um die Achse rotierendes röhrenförmiges Teil des Rades': *die Achse durch die* ~ *stecken*

Nabel ['naːbl], **der**; ~s, ~ 'nach der Geburt des Säuglings entstandene wulstige Narbe in der Mitte des Bauches'; SYN Bauchnabel: *der* ~ *des Säuglings ist entzündet, verheilt* ❖ **Bauchnabel**

nach [naːx] ⟨Präp. mit Dat.; vorangestellt, auch nachgestellt⟩ **1.** ⟨vorangestellt; in Verbindung bes. mit Lokaladv., Orts-, Ländernamen; vorw. o. Kasusforderung⟩ /lokal; gibt die Richtung einer Lage od. Fortbewegung an/: *die Balkons liegen, zeigen* ~ *Süden, Westen; die Fenster liegen* ~ *Osten, liegen* ~ *dem Park zu; sie gingen* ~ (SYN gen) *Süden; wir fahren* ~ *Berlin, Prag;* ~ *Italien reisen;* ~ *Afrika, Australien fliegen;* ~ *oben, unten gehen; von unten* ~ *oben gehen;* ~ *vorn, hinten laufen; sich* ~ *draußen beugen; sich* ~ *links, rechts drehen;* ⟨ist durch *zu* ersetzbar⟩ ~ *dem Sportplatz, der Tür, Treppe gehen;* ~ *dem Fleischer gehen* **2.** ⟨vorangestellt⟩ /temporal/; ANT vor (3.1) **2.1.** /gibt einen Zeitpunkt an, der auf einen Zeitpunkt od. Vorgang folgt/: ~ *ein paar Tagen reiste er wieder ab;* ~ *ein paar Minuten war alles vorbei;* ~ *Ostern, Pfingsten wollen wir verreisen;* ~ *einiger Zeit,* ~ *Wochen, Monaten hatte sich alles wieder beruhigt; er kam erst* ~ *dem Essen,* ~ *Mitternacht* **2.2.** /gibt eine zeitliche Reihenfolge, ein Nacheinander an/: *er ist* ~ *mir an der Reihe; einer* ~ *dem anderen verließ den Saal* **3.** ⟨vorangestellt; vor Begriffen, die Personen mit best. Berufen, die Lebensmittel o.Ä. darstellen; o. Kasusforderung⟩ /final; gibt an, dass eine Handlung darauf gerichtet ist, jmdn. od. etw. zu holen/: *der Kranke rief* ~ *der Schwester; er telefonierte* ~ *dem Arzt; er lief (in die Kneipe)* ~ *Bier; das Kind* ~ *Milch, Brötchen schicken* **4.** /modal/ **4.1.** ⟨voran-, auch nachgestellt, wenn der Kasus vorher erkennbar ist; bei Personalpron. nur vorangestellt⟩ /gibt eine Entsprechung an/: ~ *meiner Meinung/ meiner Meinung* ~ *ist das falsch;* ~ *aller Voraussicht/aller Voraussicht* ~ *wird das Projekt im nächsten Jahr vollendet; etw.* ~ *dem Gefühl/dem Gefühl* ~ *beurteilen; je* ~: ↗ ¹*je (2)* **4.2.** ⟨vorangestellt⟩ /gibt einen Grad an; in Verbindung mit Personenbez., Sachbez.; + Superl./: ~ *B ist X wohl der bekannteste Schauspieler* ('B ist der bekannteste Schauspieler, X steht an zweiter Stelle'); ~ *Goethe ist er der bedeutendste Lyriker seiner Zeit* **4.3.** ⟨voran-, auch nachgestellt, wenn der Kasus vorher erkennbar ist⟩ /gibt die Reihenfolge nach einer bestimmten Rangordnung an/: *die Äpfel* ~ *der Größe/ der Größe* ~ *sortieren; die Waren* ~ *der Qualität/ der Qualität* ~ *lagern* **4.4.** ⟨vorangestellt; in Verbindung mit best. Verben, bes. *riechen, schmecken, aussehen* u.Ä.⟩ /gibt eine Ähnlichkeit an/: *das schmeckt* ~ *Vanille; im Zimmer roch es* ~ *Veilchen, Kaffee; eine Wurst* ~ *Hamburger Art* ❖ **nachhaltig, Nachtisch;** vgl. **nach-, Nach-,** vgl. **danach**
MERKE Zum Verhältnis von *nach, entsprechend, gemäß, laut, zufolge:* ↗ *entsprechend* (Merke)

nach- /bildet mit dem zweiten Bestandteil Verben; betont; trennbar (im Präsens, Präteritum) **1.** /drückt aus, dass das im zweiten Bestandteil Genannte räumlich hinter jmdm. her erfolgt/ ⟨mit Dat. d. Person⟩: ↗ z. B. *nachgehen, nachsehen* **2.** /drückt aus, dass das im zweiten Bestandteil Genannte zur Kontrolle einer anderen Größe getan wird/: ↗ z. B. *nachzählen* ❖ **unnachgiebig, vernachlässigen, unnachahmlich;** vgl. **nach/Nach-**

nach ['naːx..]|**-ahmen** [aːmən] ⟨trb. reg. Vb., hat⟩ /jmd./ **1.1.** *jmdn., etw.* 'versuchen, genauso zu sprechen od. sich zu bewegen wie jmd. od. versuchen, jmds. Mimik od. die Laute eines Tieres wiederzugeben': *seine Kollegin, seinen Chef* ~; *Vogelrufe* ~; *er hat ihre Sprechweise, Mimik erstaunlich gut nachgeahmt* **1.2.** *etw.* ~ 'etw. (in ungesetzlicher Weise) nach einem Vorbild herstellen': *Banknoten, jmds. Unterschrift* ~ **1.3.** *jmdn., etw.* 'jmdn., etw. als Vorbild ansehen und versuchen, es ihm gleichzutun': *er versuchte, ihn in allem nachzuahmen* ❖ *Nachahmung, unnachahmlich* = *nachahmenswert;* **-ahmenswert** [aːməns..] ⟨Adj.; o. Steig.; nicht bei Vb.⟩ 'wert, nachgeahmt (1.3) zu werden': *ein* ~*er Versuch; eine* ~*e Arbeit; dieses Beispiel ist* ~ ❖ ↗ *nachahmen,* ↗ *wert;* **-ahmung** [aːm..], **die**; ~, ~en **1.** ⟨o.Pl.⟩ /zu *nachahmen* (1.1–1.3)/ 'das Nachahmen'; /zu 1.1/: *die* ~ *von Vogelstimmen, Vogelrufen;*

/zu 1.2/: *die ~ von Banknoten ist verboten;* /zu 1.3/: *etw. zur ~ empfehlen; das ist sklavische ~* **2.** ˈdurch Nachahmung (1.2) Geschaffenesˈ: *das Bild ist eine gekonnte ~* ❖ ↗ nachahmen

Nachbar [ˈnaxbaːʀ], **der**; ~n, ~n **1.1.** ˈjmd., der unmittelbar (in der Wohnung, im Haus) neben einem wohntˈ; ↗ FELD IV.3.1: *ein neuer ~; der ~ von nebenan; wir haben einen neuen ~n bekommen; er ist mein ~; wir sind ~n; der ~ hat einen Brief für mich entgegengenommen; zum ~n hinübergehen; wenn wir im Urlaub sind, gießt unser ~ unsere Pflanzen;* umg. scherzh. *Herr ~!* /Anrede für den Nachbarn/; spött. *die lieben ~n* /wird gesagt, wenn man die Reaktionen von Nachbarn als lästig empfindet/: *da haben die lieben ~n ja wieder was zu reden!* **1.2.** ˈjmd. der in einer Reihe mit jmdm. sitzt, stehtˈ: *der ~ in der S-Bahn las, sah aus dem Fenster; im Konzert räusperte sich mein ~ ständig* **1.3.** ˈbenachbartes Landˈ: *die wirtschaftlichen, politischen Beziehungen mit den (europäischen) ~n; mit seinen ~n in Frieden leben* ❖ **Nachbarin, Nachbarschaft**

Nachbarin [ˈnaxbaʀ..], **die**; ~, ~nen /zu *Nachbar* (1.1,1.2); weibl./: *ich besuche meine ~* ❖ ↗ **Nachbar**

Nachbarschaft [ˈnaxbaʀ..], **die**; ~, ⟨o.Pl.⟩ **1.** ˈGesamtheit der Nachbarn (1.1), alle Nachbarnˈ: *die ganze ~ spricht davon* **2.** ˈunmittelbare Umgebung einer Wohnung, eines Hausesˈ: *sie wohnt direkt in meiner ~; wir haben Besuch aus der ~* (ˈBesuch von einem unserer Nachbarn 1.1ˈ) ❖ ↗ **Nachbar**

nach/Nach [ˈnaːx..]|**-bilden**, bildete nach, hat nachgebildet /jmd./ *etw.* ~ ˈetw. so gestalten, dass es dem Vorbild (2), der Vorlage (3) genau entsprichtˈ; ↗ FELD VII.4.2: *er hat den Kopf des Künstlers naturgetreu nachgebildet; die Fassade wurde historisch getreu nachgebildet* ❖ ↗ Bild; **-bildung, die 1.** ⟨o.Pl.⟩ ˈdas Nachbildenˈ: *die originalgetreue ~ einer römischen Statue* **2.** ˈdas Nachgebildeteˈ; SYN Kopie; ANT Original: *das Gemälde ist nur eine ~* ❖ ↗ Bild; **-¹dem** [ˈdeːm] ⟨Konj.; subordinierend; der Nebensatz steht vor od. nach dem Hauptsatz; die Tempusformen sind meist verschieden⟩ /temporal; gibt an, dass der Sachverhalt des Nebensatzes zeitlich in der Vergangenheit vor dem des Hauptsatzes liegt/: *~ er den Roman geschrieben hatte, ging er in Urlaub; der Arzt traf erst ein, ~ der Patient bereits gestorben war;* ⟨als Zeitpunkt, der vor einem anderen in der Zukunft liegt⟩ *~* (ˈwennˈ) *er gegessen hat, wird er eine Zigarette rauchen* ❖ ↗ dem MERKE Zum Verhältnis von *nachdem* und *wenn: nachdem* kann sich immer nur auf einen einmaligen Vorgang beziehen, wiederholt sich dies, wird *(immer) wenn* verwendet. Liegt der Zeitpunkt in der Zukunft, wird auch *wenn* verwendet: *wenn er gegessen hat, wird er eine Zigarette rauchen;* **-²dem** ⟨als Glied der zusammengesetzten subordinierenden Konj. **je nachdem**⟩: ↗ ²*je* (2) ❖ ↗ dem; **-denken**, dachte nach, hat nachgedacht /jmd./ ˈversuchen, sich in Gedanken gründlich über etw., jmdn. klar zu werdenˈ; ↗ FELD I.4.1.2: *denk scharf, gut*

nach!; bei einigem Nachdenken wärst selbst du zu dem Ergebnis gekommen; über etw., jmdn. ~: ich habe lange, viel über das Buch, den Film, über ihn, meine Eltern nachgedacht ❖ ↗ denken; **-denklich** [dɛŋk..] ⟨Adj.; Steig. reg., ungebr.⟩ **1.1.** ⟨nur attr.⟩ ˈviel über alles nachdenkendˈ /auf Personen bez./; ↗ FELD I.4.1.3: *er ist ein ~er Mensch* **1.2.** ˈin Gedanken vertieftˈ; SYN gedankenvoll: *er sah ~ hinter ihr her, saß ~ am Schreibtisch; er war, wirkte sehr ~; das Gespräch stimmte ihn ~; er machte ein ~es* (ˈvon Nachdenken zeugendesˈ) *Gesicht* ❖ ↗ denken; **-druck, der I.** ⟨Pl.: ~e⟩ **1.** ⟨vorw. Sg.⟩ ˈdas unveränderte, erneute Drucken eines Werkes nach seinem Original, meist ohne Genehmigung des Verlages, der das Copyright besitztˈ: *ein Werk gegen ~ schützen; ein ~ ist nur mit Genehmigung des Verlages möglich; ~ verboten* /Hinweis in Büchern/ **2.** ˈunveränderte, neue Auflage eines gedruckten Werkesˈ: *ein originalgetreuer ~; der Verlag denkt an einen baldigen ~ des Werkes; der ~ war schnell vergriffen* — **II.** ⟨o.Pl.⟩ *mit* ~ **1.1.** ˈeindringlich mit sprachlichen Mitteln die Entschiedenheit ausdrückendˈ: *die Worte, den Satz mit ~ sagen; etw. mit ~ behaupten, erklären, fordern, ablehnen; jmdn. mit ~ warnen, auf etw. hinweisen* **1.2.** ˈmit großer Energieˈ: *eine Sache mit ~ betreiben, verfolgen* ❖ ↗ drücken; **-drücklich** [dʀʏk..] ⟨Adj.; Steig. reg.⟩ ˈeindringlich, mit Nachdruck (II.1.1)ˈ: *eine ~e Warnung; etw. ~ betonen, hervorheben; jmdn. ~ an etw. erinnern* ❖ ↗ drücken; **-eifern**, eiferte nach, hat nachgeeifert /jmd./ *jmdm.* ~ ˈversuchen, es jmdm. gleichzutun, der einem als Vorbild giltˈ: *stets eiferte er seinem großen Bruder nach* ❖ ↗ Eifer; **-einander** [aɪˈnandɐ] ⟨Adv.⟩ ˈeiner, eine, eines nach dem, der anderenˈ; ANT gleichzeitig (1): *den Raum ~ betreten; wir wurden ~ aufgerufen; ~ starten; ~ eine Veranstaltung verlassen; er errang dreimal ~* (ˈin drei aufeinander folgenden Wettkämpfenˈ) *die Goldmedaille* ❖ ↗ anderer; **-empfinden**, empfand nach, hat nachempfunden ⟨nicht im Prät.; oft mit können⟩ /jmd./ *etw.* ~ ˈetw. genauso fühlen, wie jmd. anderes es in dieser Situation gefühlt hatˈ; ↗ FELD VII.4.2: *jmds. Freude, Leid ~; ich konnte seinen Schmerz ~* ❖ ↗ empfinden; **-folge, die** ⟨o.Pl.⟩ ˈdas Übernehmen eines Amtes, einer Funktion von einem Vorgängerˈ: *jmdn. für die ~ empfehlen, bestimmen; er tritt die ~ von N an; jmds. ~ übernehmen* ❖ ↗ folgen; **-folgen** ⟨trb. reg. Vb.; ist; ↗ auch *nachfolgend*⟩ **1.** /jmd./ *jmdm.* ~ ˈjmdm. folgen (1.1)ˈ; ANT vorangehen: *er fährt schon voraus, wir folgen ihm später nach, wenn wir alles erledigt haben; folgen Sie mir (nicht) nach!* **2.** /jmd./ *jmdm. in etw.* ⟨Dat.⟩ ~: *jmdm. im Amt ~* (ˈjmds. Nachfolger im Amt seinˈ; ↗ FELD VII.4.2) ❖ ↗ folgen; **-folgend** ⟨Adj.; o. Steig.; nur attr.⟩ *auch nachfolgen* ˈunmittelbar folgendˈ: *der Kraftfahrer muss den ~en Verkehr beachten; die ~en Kapitel dieses Buches* ❖ ↗ folgen; **-folger** [fɔlgɐ], **der**; ~s, ~ ˈjmd. der jmds. Nachfolge übernimmtˈ; ↗ FELD VII.4.1: *er wurde sein ~; seinen ~ bestimmen, be-*

nennen, vorstellen ❖ ↗ folgen; **-forschen** ⟨trb. reg. Vb.; hat⟩ /jmd./ ʿversuchen, etw. zu ermittelnʾ: *ich habe lange, erfolglos nachgeforscht; ich will ~, ob die Angaben stimmen; etw.* ⟨Dat.⟩ *~: dem Verbleib der Unterlagen ~;* **-forschung, die** ⟨vorw. Pl.⟩ ʿdas Nachforschenʾ: *~en über etw., jmdn. anstellen* (ʿversuchen, über etw., jmdn. etw. zu ermittelnʾ); *die ~en ergaben keine neuen Erkenntnisse; die ~en ergaben, dass ...* ❖ ↗ forschen; **-frage, die** ⟨o.Pl.⟩ **1.1.** ʿdas Interesse der Käufer auf dem Markt (3) an einer bestimmten Ware, an bestimmten Warenʾ; ↗ FELD I.16.1: *das Verhältnis von Angebot und ~; die ~ ist gestiegen, gesunken; nach dieser Ware herrscht große ~; für dieses Konzert, Produkt besteht große, geringe ~;* vgl. Interesse (4) **1.2.** /in der kommunikativen Wendung/ umg. „*Wie geht es Ihnen?*" „*Danke der ~*" (ʿdanke, dass Sie danach fragenʾ)" ❖ ↗ fragen; **-fragen** ⟨trb. reg. Vb.; hat⟩ /jmd./ ʿbei jmdm., einer Institution nach jmdm., etw. fragenʾ; SYN erkundigen: *ich muss ~, ob ein Zimmer frei geworden ist; fragen Sie doch bitte morgen noch einmal nach!; bei jmdm., einer Institution wegen etw. ~: ich muss, will bei ihm noch einmal wegen der Rechnung ~; bei einer Bank wegen eines Kredits ~; er hat nicht mehr nachgefragt* ❖ ↗ fragen; **-füllen** ⟨trb. reg. Vb.; hat⟩ /jmd./ *etw.* ~ ʿeine bestimmte Menge von etw. in ein teilweise leer gewordenes Gefäß füllenʾ: *Zucker (in die Dose), Wasser (in den Tank) ~; in den Kühler/im Kühler muss Wasser nachgefüllt werden* **1.2.** *etw.* ~ ʿein (teilweise) leer gewordenes Gefäß erneut mit etw. füllenʾ: *die Gläser immer wieder (mit Wein) ~* ❖ ↗ füllen; **-geben** (er gibt nach), gab nach, hat nachgegeben **1.** /etw./ ʿeinem Druck nicht standhalten (1)ʾ: *der sumpfige, weiche Boden gab nach, und wir sanken ein; die morschen Bretter gaben nach, und wir stürzten in die Tiefe* **2.** /jmd./ *etw.* ⟨Dat.⟩ ~ ʿnach anfänglichem Widerstand jmds. Willen, Forderungen erfüllenʾ; ANT standhalten (2): *jmds. Bitten, Drängen ~; er wollte der Verlockung, Müdigkeit nicht ~; ich musste einfach ~* (SYN ʿeinlenkenʾ) **3.** /jmd./ *jmdm., etw.* ~ ʿjmdm. zusätzlich noch etw. auftischen, weil er es bereits aufgegessen hatʾ: *soll ich dir noch Gemüse ~?; ich ließ mir noch Suppe ~* ❖ ↗ geben; **-gehen**, ging nach, ist nachgegangen **1.1.** /jmd./ *jmdm.* ~ ʿjmdm. folgen 1.1), um etw. festzustellenʾ: *er ging ihr (auf Schritt und Tritt) nach* **1.2.** /jmd./ *etw.* ⟨Dat.⟩ ~ ʿin die Richtung gehen, aus der ein bestimmter Sinneseindruck kommt, um seinen Ursprung zu ermittelnʾ: *sie ging dem Geräusch, den Gerüchen nach; sie ging den Klängen der Musik nach* **1.3.** /jmd., Institution/ *etw.* ⟨Dat.⟩ ~ ʿzu ermitteln suchen, eine Information zutrifft od. nichtʾ: *die Polizei ging den Beschwerden, Anrufen, der Anzeige nach; den Hinweisen, Gerüchten ~* **2.** *die Uhr geht nach* (ʿgeht zu langsam und bleibt daher hinter der genauen Uhrzeit zurückʾ; ANT vorgehen 3); *meine Uhr geht fünf Minuten nach* **3.** /jmd./ *etw.* ⟨Dat.⟩ ~ ʿsich regelmäßig einer bestimmten Tätigkeit widmenʾ: *er geht*

(k)einer geregelten Arbeit nach; er ging nur seinem Vergnügen, seinen Hobbys nach **4.** /etw., bes. Problem, Erlebnis/ *jmdm.* ~ ʿjmdn. in der Folgezeit in seinen Gedanken ständig beschäftigenʾ: *das Gespräch, Thema, Erlebnis ging ihm lange nach* ❖ ↗ gehen; **-giebig** [gi:bɪç] ⟨Adj.; Steig. reg.⟩ ʿjmds. Forderung allzu leicht, schnell nachgeben (2)ʾ: *er ist ~, ein ~er Mensch; er zeigte sich ~* ❖ ↗ geben; **-haltig** [haltɪç] ⟨Adj.; Steig. reg.⟩ ʿstark nachwirkendʾ /bes. auf Psychisches bez./: *ein ~es Erlebnis; ein ~er Erfolg; sie hinterließ einen ~en* (ANT flüchtigen) *Eindruck; jmd., etw. hat jmdn.* ~ *beeinflusst; der Tadel hatte eine ~e Wirkung* ❖ ↗ nach, ↗ halten; **-helfen** (er hilft nach), half nach, hat nachgeholfen /jmd./ **1.1.** *etw.* ⟨Dat.⟩, *jmdm.* ~ ʿeine Angelegenheit od. Entwicklung fördernʾ: *der Entwicklung* ~ (ANT hemmen) **1.2.** scherzh. *ich muss ihm wohl etwas* ~ (ʿihn antreibenʾ); *ich habe der Sache etwas nachgeholfen* (ʿdafür gesorgt, dass alles nach Wunsch verläuftʾ) **1.3.** *jmdm.* ~ ʿjmdm. bei den Schulaufgaben helfenʾ: *ich helfe ihm (in Mathematik, Chemie, Geschichte) nach* ❖ ↗ helfen; **-her** [ˈheːɐ̯/..h..] ⟨Adv.⟩ **1.1.** ʿnicht jetzt, sondern etwas späterʾ; ↗ FELD VII.4.3, 6.3: *ich sehe mir das Buch* ~ *an; ich kaufe* ~ *ein, im Moment erwarte ich jmdn.; du kannst dir das* ~ *abholen; er kommt* ~ *noch vorbei;* /in der kommunikativen Wendung/ *bis* ~ /sagt jmd. zum Abschied, wenn er davon ausgeht, dass er ihn später noch einmal sieht/ **1.2.** SYN ʿdanach (1)ʾ /temporal/: *erst waren wir essen und* ~ *im Kino; mach erst die Schulaufgaben,* ~ *kannst du spielen gehen; ihm wurde erst* ~ (ʿnachträglichʾ) *klar, was er angerichtet hatte;* **-hilfe, die** ⟨o.Pl.⟩ ʿHilfe bei den Schulaufgabenʾ: *meine große Schwester gibt mir* ~ *(bei den Schularbeiten); er bräuchte* ~ *in Mathematik* ❖ ↗ helfen; **-holen** ⟨trb. reg. Vb.; hat⟩ **1.** /jmd./ *etw.* ~ ʿetw. Versäumtes nachträglich tunʾ: *Schlaf ~; ich habe die versäumten Arbeitsstunden gestern nachgeholt; er holte das Abitur in der Abendschule nach; durch die lange Krankheit hatte er viel Schulstoff nachzuholen* **2.** /jmd./ *jmdn., etw.* ~ ʿeine zurückgelassene Person, Sache nachträglich holen od. kommen lassenʾ: *er holte seine Familie (ins Ausland) nach; wir müssen einen Teil der Möbel noch* ~ ❖ ↗ holen; **-komme** [kɔmə], **der;** ~n, ~n *jmds.* ~ ʿleiblich von jmdm. abstammende Personʾ; ↗ FELD VII.4.1: *er hat viele ~n; er ist ein* ~ (ANT Vorfahre) *des berühmten Dichters; seine, die ~n haben sein Erbe verschleudert; er ist ohne ~n, hat keine ~n* ❖ ↗ kommen; **-kommen**, kam nach, ist nachgekommen **1.1.** /jmd., etw./ ʿjmdm. etwas später folgen (1.1)ʾ: *er will später* ~; *geht schon los, ich komme nach; er will seine Familie bald* ~ *lassen; da kann noch allerhand* ~ (ʿes können noch Komplikationen folgenʾ) **1.2.** ⟨vorw. im Perf.⟩ /jmd./ *jmdm.* ~ ʿjmdm. folgen (1.1)ʾ: *ich hoffe, es ist uns niemand nachgekommen* **2.** ⟨vorw. verneint⟩ /jmd./ ʿbei einer Tätigkeit mit dem Tempo Schritt haltenʾ: *bei dem Sprechtempo konnte sie mit dem Diktat nicht ~; wenn du so schnell arbeitest, komme ich nicht nach*

3. ⟨oft verneint⟩ *etw.* ⟨Dat.⟩ ~ ˈetw. Gewünschtes, Gefordertes tun, erfüllen': *er wollte der Anordnung nicht ~; sie ist seiner Bitte, seinem Wunsch (nicht) nachgekommen* ❖ ↗ kommen; **-lass** [las], **der**; ~es, ~e/lässe [lɛsə] **1.** ˈdas, was jmd. nach seinem Tode hinterlassen hat': *der literarische ~ des Schriftstellers; den ~ ordnen, verwalten* **2.** ˈErmäßigung des Preises von etw., einer Ware': *wegen der Schadstelle einen ~ bekommen, fordern, gewähren;* **-lassen** (er lässt nach), ließ nach, hat nachgelassen **1.1.** *etw. lässt nach* ˈ(allmählich) an Intensität, Stärke verlieren'; SYN abflauen, abklingen (2), geben (8); ANT zunehmen (1): *der Schmerz lässt langsam nach; die Kräfte lassen im Alter nach; der Regen, Sturm hat nachgelassen; sein Interesse an der Arbeit ließ merklich nach; der Ansturm auf die billigen Angebote hat nachgelassen* **1.2.** *jmd. lässt nach* ˈjmd. ist nicht mehr so gut in seinen Leistungen wie zuvor': *er hat (in seinen Leistungen) deutlich nachgelassen; du lässt nach, mein Lieber!* **2.** /jmd./ *etw.* ~ ˈdie Spannung (5) von etw. ein wenig lockern' /beschränkt verbindbar/: *die Zügel des Pferdes ~; das Seil* ~ **3.** /jmd./ *jmdm. etw.* ~ **3.1.** ˈjmdm. weniger für etw. berechnen': *der Verkäufer hat mir, weil die Ware Fehler aufwies, 10 Mark nachgelassen* **3.2.** ˈjmdm. etw. erlassen (2)' /beschränkt verbindbar/: *jmdm. seine Strafe, Schulden* ~ **4.** /jmd./ ˈsein Drängen in Bezug auf etw. aufgeben (4)' ⟨vorw. verneint⟩: *er ließ nicht nach, sie dazu überreden zu wollen; er ließ erst (mit seinen Fragen) nach, als er alles wusste* ❖ ↗ lassen; **-lässig** ⟨Adj.; Steig. reg.⟩ **1.1.** ˈnicht sorgfältig, nicht gründlich' /vorw. auf Tätigkeiten u. Ergebnisse bez./: *sie war* ~ (SYN ˈliederlich 1.3') *gekleidet; er war in seiner Arbeit sehr ~; er arbeitete ziemlich ~; eine ~e Arbeit* **1.2.** ˈungezwungen, leger (1)'; ANT korrekt (1.2) /auf bestimmtes Verhalten bez./: *eine ~e Haltung einnehmen; sein Benehmen war ~; er lehnte müde und ~ im Sessel; seine Ausdrucksweise war* ~ **1.3.** ˈunachtsam'; ANT vorsichtig /auf bestimmtes Verhalten bez./; ↗ FELD I.4.4.3: *er geht sehr ~ mit den teuren Geräten um; ~er Umgang mit offenem Feuer* **1.4.** ⟨vorw. präd. (mit *sein*) u. bei Vb.⟩ ˈsäumig'; ANT pünktlich /vorw. auf Personen bez./: *als Lieferant ist er sehr ~; die Miete sehr ~ bezahlen* ❖ ↗ nach, ↗ lassen; **-lässigkeit, die**; ~, ~en /zu *nachlässig* 1.1–1.4/ ˈdas Nachlässigsein'; ↗ FELD I.4.4.1; /zu 1.1/: *jmdn. wegen seiner ~ tadeln* ❖ ↗ nach, ↗ lassen; **-laufen** (er läuft nach), lief nach, ist nachgelaufen /jmd./ *jmdm., etw.* ⟨Dat.⟩ ~ **1.** ˈjmdm., einer Sache aus einem bestimmten Grund folgen (1.1)': *er lief ihr nach, weil sie seinen Schirm mitgenommen hatte* **2.** /jmd./ *jmdm., etw.* ⟨Dat.⟩ ~ ˈsich sehr um jmdn., etw. (selbst bei Verlust der eigenen Würde) bemühen, um ihn für sich zu gewinnen, um es zu erlangen': *er war dem Mädchen lange nachgelaufen, aber ohne Erfolg; denkst du, ich laufe dir ewig nach?; er musste der Genehmigung ~; ich laufe dem Geld, Glück nicht nach!* ❖ ↗ laufen; **-machen** ⟨trb. reg. Vb.; hat⟩ umg. /jmd./ **1.1.** *jmdn., etw.* ~ ˈjmdn.,

etw. nachahmen (1.1)': *er versuchte, die Lehrerin nachzumachen; Vogelstimmen, jmds. Mimik ~; jmdm. etw.* ~: *sie hat ihr alles nachgemacht* (ˈhat alles so gemacht wie sie, weil sie sie als Vorbild ansah') **1.2.** ˈetw. nachahmen (1.2)': *er hat meine Unterschrift nachgemacht* **2.** /jmd./ *etw.* ~ ˈVersäumtes zu einem späteren Zeitpunkt erledigen': *du musst noch die Hausaufgaben ~!* ❖ ↗ machen; **-mittag:** ↗ Nachmittag; **-mittag, der 1.** ˈTeil des Tages vom ¹Mittag bis zum Abend'; ↗ FELD VII.7.1: *ein kühler, verregneter, sonniger ~; am frühen, späten ~; im Laufe des ~s anrufen; am ~ des 3. April; ich habe den ganzen ~ vergeblich auf ihn gewartet; er kommt am ~; sie arbeitet drei ~e/an drei ~en in der Woche* **2.** ⟨einem Temporaladv. od. der Bez. für einen Wochentag nachgestellt⟩ ˈam Nachmittag': *heute, gestern, morgen* ~ ❖ ↗ Mitte, ↗ Tag; **-mittags** ⟨Adv.⟩; ↗ FELD VII.7.2 **1.1.** ˈam Nachmittag': *es ist drei Uhr ~; das Café öffnet erst* ~ **1.2.** ˈjeden Nachmittag': ~ *geht er immer spazieren* ❖ ↗ Mitte, ↗ Tag; **-nahme** [nɑːmə], **die**; ~, ~n **1.** ⟨o.Pl⟩ ˈeine Postsendung per, als ~ (ˈgegen Bezahlung bei Aushändigung durch die Post') *schicken* **2.** ˈSendung der Post, die als Nachnahme (1) verschickt wird': *eine ~ für Frau N; der Briefträger brachte eine ~* ❖ ↗ nehmen; **-name, der** SYN ˈFamilienname': *ihr, sein ~ ist Schmidt; tragen Sie sich bitte mit Ihrem Vor- und ~n in die Liste ein* ❖ ↗ Name; **-prüfen** ⟨trb. reg. Vb.; hat⟩ /jmd./ *etw.* ~ ˈetw., bes. ein Ergebnis, zur Kontrolle (noch einmal) prüfen': *die Kontoauszüge, die Rechnungen, Messergebnisse müssen nachgeprüft werden; jmds. Behauptungen* ~; *prüf bitte nach, ob die Tür auch wirklich abgeschlossen ist* ❖ ↗ prüfen; **-rede, die** ⟨vorw. mit best. Adj. u. vorw. o. Art.⟩ ˈmeist nicht zutreffende, abfällige, das Ansehen schädigende Äußerung über jmdn., der nicht anwesend ist': *das ist böswillige, üble, niederträchtige ~; jmdn. wegen übler ~ verklagen;* vgl. *Klatsch* ❖ ↗ reden; **-reden**, redete nach, hat nachgeredet /jmd./ *jmdm. etw.* ~ ˈüber jmdn. in seiner Abwesenheit etw. Abfälliges äußern, das seinem Ansehen schadet': *man konnte ihr nichts ~; ihm wurden schlimme Geschichten nachgeredet* ❖ ↗ reden

Nachricht [ˈnɑːxrɪçt], **die**; ~, ~en **1.** ˈkurze mündliche od. schriftliche Information über eine Begebenheit, einen Sachverhalt'; SYN Mitteilung: *politische, kulturelle, lokale ~n; eine ~ empfangen, bekannt geben, veröffentlichen, weiterleiten, verbreiten, übermitteln; eine ~ über das/vom Erdbeben lesen; eine ~ von jmdm. erhalten, für jmdn. entgegennehmen; eine ~ von Familie B an Familie A; jmdm. eine ~ zukommen lassen, hinterlassen; eine ~ dementieren; die gute, schlechte, traurige ~* (SYN ˈ²Kunde') *verbreitete sich schnell* **2.** ⟨nur im Pl.⟩ ˈSendung von Rundfunk, Fernsehen, die über die wichtigsten aktuellen, bes. politischen Ereignisse aus aller Welt informiert': *~en anstellen, hören, sehen; über das Ereignis/darüber wurde in den ~en berichtet; die Information wurde in den ~en gebracht* ❖ **benachrichtigen**

nach/Nach ['nɑːx..]‖**-rücken** ⟨trb. reg. Vb.; ist⟩ **1.1.** /militärische Einheit/ 'den Gegner verfolgen und dabei an Boden gewinnen': *der Gegner wich zurück, unsere Truppen rückten sofort nach* **1.2.** /jmd./ 'eine (entstandene) Lücke in einer Reihe schließen, indem man einen Schritt, einige Schritte vorwärts geht od. im Sitzen zur Seite rückt': *könnten Sie im Gang, in der Sitzreihe bitte ~?* **1.3.** /jmd./ '(in der Rangfolge) jmds. Amt übernehmen': *er ist nachgerückt, weil sein Vorgesetzter pensioniert worden ist; in, auf etw. ~: er ist in das Amt des Sekretärs, auf den Posten des Sekretärs nachgerückt* ❖ ↗ rücken; **-ruf, der** 'gesprochener od. geschriebener Text, mit dem man einen kürzlich Verstorbenen, bes. eine bekannte Persönlichkeit, würdigt': *einen ~ für, auf jmdn. schreiben, verfassen; jmdm. einen ~ widmen; einen ~ in der Zeitung veröffentlichen* ❖ ↗ rufen; **-sagen** ⟨trb. reg. Vb.; hat⟩ **1.** /jmd./ *etw./ *etw. nachsprechen': *ein Gedicht ~; von jmdm. einen Vers, Satz ~* **2.** /jmd./ *jmdm. etw. ~* **2.1.** 'von jmdm. sagen, dass er eine bestimmte Eigenschaft besitzt': *man sagt ihm große Fähigkeiten nach;* ⟨oft im Pass.⟩ *ihm wurde Geiz, Eitelkeit nachgesagt* **2.2.** /in der kommunitativen Wendung/ *das lasse ich mir nicht ~* ('nicht nachreden') /sagt jmd., wenn er sich zu Unrecht falsch beurteilt fühlt und wenn er dem vorbeugen will/ ❖ ↗ sagen; **-schauen** ⟨trb. reg. Vb.; hat⟩ landsch. /jmd./ 'nachsehen (2)': *schau mal nach, ob er da ist; ich habe schon nachgeschaut, aber nichts gefunden* ❖ ↗ schauen; **-schlagen** (er schlägt nach), schlug nach, hat nachgeschlagen /jmd./ *etw. irgendwo ~* 'etw., vorw. ein Wort, eine Information in einem (Wörter)buch o.Ä. suchen'; ↗ FELD I.4.4.1: *ich habe das Wort schon im Wörterbuch nachgeschlagen; ich schlug im Roman nach, um das Zitat zu finden* ❖ Nachschlagewerk; **-schlagewerk** [ʃlaːɡə..], **das** 'übersichtlich, vorwiegend alphabetisch angelegtes Buch, das leicht und schnell über bestimmte Fakten informiert': *ein enzyklopädisches ~; etw. im ~ suchen; das Lexikon, der Duden ist ein ~* ❖ ↗ nachschlagen, ↗ Werk; **-schub, der** ⟨vorw. Sg.⟩ **1.** 'das Versorgen der kämpfenden Truppe mit Material, Verpflegung zum Ergänzen entstandener Lücken (2)': *der ~ stockt, ist unterbrochen; den ~ sichern; ~ anfordern* **2.** 'durch Nachschub (1) herangeschafftes Material': *der ~ an Proviant, Munition; ~ erhalten; den ~ aus Flugzeugen abwerfen* **3.** umg. 'Essen, Getränke als Ersatz für Verbrauchtes': *~ besorgen, holen; gleich kommt ~; er kümmert sich um ~* ❖ ↗ schieben; **-sehen** (er sieht nach), sah nach, hat nachgesehen **1.** /jmd./ *jmdm., etw.* ⟨Dat.⟩ *~* 'einer Person, Sache, die sich entfernt, mit den Blicken folgen': *dem Freund, Auto ~* **2.** ⟨+ Nebens.⟩ /jmd./ 'sich durch Hinsehen davon überzeugen, ob etw. in einem bestimmten Zustand ist od. in welchem Zustand etw. ist od. den Verbleib von etw. prüfen': *er sieht nach, ob die Tür geschlossen ist, ob jmd. an der Tür ist; er hat nachgesehen, wo das Fahrrad geblieben ist* **3.** /jmd./ *jmdm. etw. ~* 'jmdm. trotz seiner Fehler,

Schuld mit Nachsicht behandeln'; ↗ FELD I.2.2: *der Vater sah den Kindern vieles nach; du darfst ihm nicht alles ~!* ❖ ↗ sehen; **-sicht, die** ⟨o.Pl.⟩ 'Geduld und verzeihendes Verständnis'; ↗ FELD I.2.1: *~ üben* 'nachsichtig sein': *er, das Gericht übte ~; er kannte keine ~; jmds. mit ~* (ANT Strenge) *behandeln; mit jmdm., etw. ~ haben* ❖ ↗ sehen; **-sichtig** [zɪçtɪç] ⟨Adj.; Steig. reg.⟩ 'voll Nachsicht' /auf Personen bez./; ↗ FELD I.2.3: *ein ~er Mensch, Freund; der Lehrer war ~* (ANT streng 1); *sie lächelte ~; jmdn. ~ beurteilen, behandeln* ❖ ↗ sehen; **-speise, die** 'süße Speise, die der gehaltvolleren, warmen Mahlzeit (am Mittag) folgt'; SYN Dessert, Nachtisch; ↗ FELD I.8.1, VII.4.1: *als ~ wurde Pudding gereicht; Obst als ~; vgl. Vorspeise* ❖ ↗ Speise; **-sprechen** (er spricht nach), sprach nach, hat nachgesprochen /jmd./ *jmdm. etw. ~* 'genau und in vollem Wortlaut das wiederholen, was jmd. gesprochen hat': *sprechen Sie mir bitte nach: …; etw. ~: einen Satz, ein Gelöbnis ~; vgl. vorsprechen* ❖ ↗ sprechen

nächst ['nɛːçst/'neː..] ⟨Präp. mit Dat.; vorangestellt⟩ geh. /modal; gibt einen Grad, eine Rangfolge an/: *~ seiner Mutter hatte er seiner Frau am meisten zu danken* ('seiner Mutter hatte er am meisten zu danken, an zweiter Stelle seiner Frau') ❖ ↗ ¹nahe

nächste ['nɛːçstə/'neː..] ⟨Adj.; Superl. zu ↗ ¹nahe⟩ **1.** ↗ ¹nahe (1–3) **2.** ⟨nur attr.⟩ 'zeitlich od. nach der Reihenfolge unmittelbar folgend': *~n Sonntag, Monat; ~s Jahr; in den ~n Tagen; das ~ Mal; die ~ Seite lesen; der ~ Patient; der Nächste, bitte!* /Aufruf bes. beim Arzt/; *was machen wir als Nächstes?; fürs Nächste* ('für die nächste Zeit') *ist gesorgt* ❖ ↗ ¹nahe

Nächste, der; ~n, ~n 'Mitmensch': Rel. ev., kath. *liebe deinen ~n*

nach ['nɑːx..]**-stehen**, stand nach, hat nachgestanden; ↗ auch *nachstehend* ⟨vorw. verneint⟩ *jmd., etw. steht jmdm. in etw. nach* 'jmd., etw. kommt jmdm. in einer Leistung, etw. in seiner Qualität gleich': *er steht seinem Freund (an Wissen) nicht nach; das Bild des Meisters steht den früheren Werken nicht nach* ❖ ↗ stehen; **-stehend** [ʃteːənt] ⟨Adj.; o. Steig.; nur attr.; ↗ auch nachstehen⟩ 'im Text folgend': *bitte, die ~en Bemerkungen genau lesen!; bitte, Nachstehendes berücksichtigen* ❖ ↗ stehen; **-stellen** ⟨trb. reg. Vb.; hat⟩ **1.** /jmd., bes. Jäger/ *einem Tier ~* 'ein Tier verfolgen, um es zu erlegen': *einem Rehbock, Hirsch ~; jmdm. ~: einem Flüchtenden ~* ('ihn verfolgen, um ihn zu fassen') **2.** /Mann/ *einem Mädchen ~* ('ein Mädchen sehr hartnäckig umwerben'); **-suchen** ⟨trb. reg. Vb.; hat⟩ **1.** /jmd./ 'nach etw. suchen'; SYN nachsehen (2): /mit Nebens./ *ich muss noch einmal ~, ob ich das Buch nicht doch finde; irgendwo ~: ich will noch einmal zu Hause, im Keller ~* **2.** /jmd./ *um etw. ~* 'vorw. bei einer Institution (öffentlich) um etw. bitten': *er hat um eine Genehmigung, um seine Entlassung, Versetzung, Beurlaubung nachgesucht; ich will um eine finanzielle Unterstützung ~* ❖ ↗ suchen

nacht: ↗ Nacht (2)

Nacht [naxt], **die**; ~, Nächte ['nɛxtə] **1.** 'Zeitraum zwischen dem Ende des Abends und dem Beginn des Morgens'; ANT Tag (1.1); ↗ FELD VII.7.1: *eine dunkle, klare, sternklare, mondhelle, kalte, warme* ~; *eine ruhige, schlaflose, durchwachte, durchtanzte, stürmische, regnerische* ~; *es ist, wird* ~; *die* ~ *bricht herein, bricht an; bei Einbruch der* ~; *der Dieb konnte im Schutze der* ~ *entkommen; die ganze* ~ *aufbleiben; die* ~ *durcharbeiten; die* ~ *vom Sonntag zum Montag; diese, jede* ~ *war er unterwegs; letzte, vergangene* ~; *eine* ~ *im Mai; sie blieben über* ~/*die* ~ *über* ('während der Nacht') *bei uns;* /in den kommunikativen Wendungen/; *na, dann (mal) gute* ~! /wird in einer Situation gesagt, von der man glaubt, dass sie schlimm, schlecht ausgehen wird/: *Der Kredit wurde abgelehnt? Na, dann gute* ~!; *Gute* ~! /als Gruß vor dem Schlafengehen/; *jmdm. gute* ~ *sagen; jmdm. (eine) gute* ~ *wünschen* **2.** ⟨einem Temporaladv. od. der Bez. für einen Wochentag nachgestellt⟩ 'in der Nacht': *heute, gestern, morgen* ~ ❖ ↗ **Nachtigall, nächtlich, nachts** – **Fastnacht, Mitternacht, mitternächtlich, Mondnacht, übernachten, umnachtet, Weihnacht, Weihnachten, weihnachtlich, Weihnachtsbaum, Weihnachtsfest, Weihnachtsmann, Weihnachtsmarkt**

* **jmdm. wird es ~ vor Augen** 'jmd. wird ohnmächtig': *plötzlich bekam er einen Schlag, und ihm wurde es* ~ *vor Augen;* **bei ~ und Nebel** 'heimlich und im Schutze der Nacht': *sie waren bei* ~ *und Nebel geflohen, über die Grenze gegangen;* /jmd./ **sich** ⟨Dat.⟩ **die ~ um die Ohren schlagen** 'wegen etw. die ganze Nacht nicht zum Schlafen kommen': *deinetwegen habe ich mir die* ~ *um die Ohren geschlagen!;* /jmd., etw./ **jmdm. schlaflose Nächte bereiten** 'jmdn. sehr beunruhigen': *die Kranke, unser Projekt hat uns schlaflose Nächte bereitet;* /jmd./ **die ~ zum Tage machen** 'die ganze Nacht hindurch arbeiten od. feiern': *er macht ständig die* ~ *zum Tage, das hält er nicht lange durch;* **über ~** 'ganz plötzlich und unerwartet': *über* ~ *wurde er zum Star, wurde er von seinem Posten abberufen*

Nach/nach ['na:x..]||**-teil, der** 'beeinträchtigende, ungünstige Auswirkung für jmdn., etw.'; ANT Vorteil: *ein großer, beträchtlicher, geringer* ~; *materielle, finanzielle* ~*e; jmdm. entstehen, erwachsen* ~*e aus etw.; die Sache hat einen schwer wiegenden* ~; *jmdm. gegenüber im* ~ *sein* ('im Vergleich zu jmdm. in einer nicht so guten Situation sein'); *weder* ~*e noch Vorteile von, durch etw. haben; das hat ihm nur* ~*e gebracht; das bringt* ~*e mit sich; das hat sich zu seinem* ~ ('ungünstig') *verändert* ❖ **nachteilig** – **benachteiligen, -teilig** [taιlιç] ⟨Adj.; o. Steig.⟩ 'mit Nachteilen verbunden': ~*er* (SYN schädlicher) *Einfluss;* ~*e Folgen; sich* ~ (ANT vorteilhaft) *für jmdn., etw. auswirken; es ist nichts Nachteiliges über ihn bekannt* ❖ ↗ Nachteil

Nachtigall ['naxtigal], **die**; ~, ~en 'unscheinbarer, bräunlicher Singvogel, dessen melodischer Gesang vorwiegend nachts zu hören ist'; ↗ FELD II.3.1: *die* ~ *singt, schlägt, flötet, schluchzt; dem Gesang der* ~ *lauschen* ❖ ↗ Nacht

Nach|tisch ['na:x..], **der** ⟨o.Pl.⟩ SYN 'Nachspeise'; ↗ FELD I.8.1, VII.4.1: *einen* ~ *reichen, servieren; als* ~ *gab es Pudding* ❖ ↗ **nach**, ↗ **Tisch**

nächtlich ['nɛçt..] ⟨Adj.; o. Steig.; nur attr.⟩ 'in der Nacht': *die* ~*e Stille; das* ~*e Dunkel; das* ~*e Treiben einer Großstadt; ein Bummel durch das* ~*e Berlin; ein* ~*er Überfall; jmdn. wegen* ~*er Ruhestörung bestrafen; der* ~*e Himmel; alles war in* ~*es Dunkel* ('in das Dunkel der Nacht') *gehüllt* ❖ ↗ Nacht

Nach/nach ['na:x..]||**-trag** [tra:k], **der**; ~s, Nachträge [trɛːgə/trɛː..] 'Ergänzung (↗ ergänzen 1.1) in einem Text, Buch'; SYN Zusatz (3): *ein* ~ *im, zum Fahrplan, Wörterbuch, Kursbuch, Lexikon; die Nachträge einarbeiten, berücksichtigen* ❖ ↗ tragen; **-tragen** (er trägt nach), trug nach, hat nachgetragen; ↗ auch *nachtragend* **1.** /jmd./ *jmdm. etw.* ~ 'jmdm. folgen und dabei etw. tragen, was dieser vergessen hat od. aus bestimmten Gründen nicht mitnehmen konnte': *er trug ihm den Koffer (zum Bahnsteig) nach; er trug ihr die Bücher (ins Büro) nach* **2.** /jmd./ *etw.* ~ 'einen Text zusätzlich, nachträglich in einen Text einfügen': *die Veränderungen, einige Ergänzungen, Bemerkungen (im Manuskript, Aufsatz)* ~; *er hat es schon nachgetragen; es sind noch Änderungen nachzutragen* **3.** /jmd./ *jmdm. etw.* ~ 'jmdm. etw., das dieser einem angetan hat, lange verübeln': *sie konnte keinem etw.* ~; *er trug ihr diese Bemerkung lange nach; sie trägt ihm heute noch nach, dass er sie nicht eingeladen hat* ❖ ↗ tragen; **-tragend** [tra:gn̩t] ⟨Adj.; Steig. reg.; nicht bei Vb.; ↗ auch *nachtragen*⟩ 'dazu neigend, jmdm. lange etw. zu verübeln, was dieser ihm angetan hatte' /auf Personen bez./: *er ist ein* ~*er Mensch; sei nicht so* ~! ❖ ↗ tragen; **-träglich** [trɛːk../trɛːk..] ⟨Adj.; o. Steig.; nicht präd.⟩ 'nicht zu der Zeit, in der man es erwartet, sondern später, danach erfolgend'; ↗ FELD VII.4.3: *ein* ~*er Glückwunsch; eine* ~*e Bemerkung; ich habe ihr* ~ *gratuliert;* SYN 'hinterher (2), nachher (1.2)': ~ *wurden ihm seine Fehler klar; ihm wurde erst* ~ *klar, was er angerichtet hatte* ❖ ↗ tragen

nachts [naxts] ⟨Adv.⟩ 'in der Nacht'; ANT tags (1); ↗ FELD VII.7.2: *zwei Uhr* ~; *sie hat wieder bis (spät)* ~ *gearbeitet;* 'in jeder Nacht': *die Bar ist* ~ *geöffnet; er kommt immer erst* ~ *nach Hause* ❖ ↗ **Nacht**

Nachts

* geh. **des ~** 'in der, in jeder Nacht': *des* ~ *geht er immer auf Wanderschaft;* **eines ~** 'irgendwann in einer Nacht': *eines* ~ *hörten wir Schreie*

Nach/nach ['na:x..]||**-weis** [vaιs], **der**; ~es, ~e 'Beleg für die Richtigkeit od. Unrichtigkeit von etw., bes. einer Behauptung, Vermutung'; SYN Beweis: *dies war ein unwiderlegbarer* ~; *ein wissenschaftlicher* ~; *den* ~ *einer Theorie liefern, erbringen; den* ~ *führen, dass er sich geirrt hat, dass das Ergebnis falsch ist* ❖ ↗ weisen; **-weisen**, wies nach, hat nachgewiesen **1.** /jmd./ *etw.* ~ 'den Nachweis für etw.

erbringen': *die Befähigung für etw., Kenntnis von etw. ~; einen Fehler, eine Fälschung* ~ **2.** /jmd., bes. Polizei, Gericht/ *jmdm. etw.* ~ SYN 'jmdm. etw. beweisen (1)': *jmdm. einen Diebstahl, eine Fälschung, einen Mord* ~; *man konnte ihm nichts* ~ ❖ ↗ weisen; **-weislich** [vaɪs..] ⟨Adj.; o. Steig.; nicht präd.⟩ 'so, dass man es nachweisen kann': *das ist eine* ~*e Fälschung; er irrt sich hier* ~; *er hat* ~ *in drei Fällen Unterschlagungen begangen* ❖ ↗ weisen; **-welt, die** ⟨o.Pl.⟩ 'die Menschen der kommenden Generationen'; ↗ FELD VII.4.1, 6.1: *sein Werk sollte der* ~ *erhalten bleiben; etw. der* ~ *überliefern, hinterlassen* ❖ ↗ Welt; **-wirken** ⟨reg. Vb.; hat⟩ /etw./ **1.1.** /bes. Äußerung/ 'noch lange Zeit, nachdem es geschehen, im Bewusstsein anderer wirken (3.2)'; ↗ FELD VII.4.2: *ihr flammender Appell wirkte (bei allen) noch lange nach; seine Worte wirkten noch lange nach* **1.2.** /bes. Medikament/ *die Injektion wirkte lange nach* ('behielt lange ihre Wirkung') ❖ ↗ wirken; **-wirkung, die** /zu *nachwirken* 1.1,1.2/ 'das Nachwirken'; ↗ FELD VII.4.1: *die* ~ *der Anstrengung; die* ~*en des Krieges, Unwetters; das Medikament zeigt keine* ~*(en)* ❖ ↗ wirken; **-wort, das** 'erläuternder, ergänzender Text am Ende eines Buches'; ANT Vorwort: *ein* ~ *schreiben* ❖ ↗ Wort; **-wuchs, der** ⟨o.Pl.⟩ **1.1.** 'junge Menschen, die für einen bestimmten Fachbereich ausgebildet sind und eines Tages die ältere Generation ablösen werden': *der akademische* ~; *den* ~ *heranbilden, fördern; es fehlt an* ~; *es gibt zu wenig* ~ **1.2.** umg. 'leibliches Kind od. die leiblichen Kinder, die ein Ehepaar hat od. erwartet': *wir bekommen* ~; *wann kommt der* ~ ('wann wird das Baby geboren')?; *die Ehe ist ohne* ~ *geblieben, hat keinen* ~; scherzh. *unser* ~ *mausert sich ganz schön* ❖ ↗ wachsen; **-zählen** ⟨trb. reg. Vb.⟩ /jmd./ *mehrere Sachen* ~ 'eine Anzahl von Dingen zur Kontrolle noch einmal zählen': *das Geld beim Empfang* ~; *zähl die Eier noch mal nach!* ❖ ↗ Zahl; **-ziehen**, zog nach, hat/ist nachgezogen **1.** ⟨hat⟩ /jmd./ *ein Bein* ~ 'hinken, weil man das Bein nur langsam bewegen kann': *er zog das verletzte Bein etwas nach* **2.** ⟨hat⟩ /jmd./ *etw.* ~ 'etw., bes. eine Schraube, nachträglich noch einmal zur Sicherheit anziehen (6)': *alle Schrauben mussten nachgezogen werden; sicherheitshalber zog er die Muttern noch einmal nach* **3.** ⟨hat⟩ 'etw. Gezeichnetes nachträglich noch einmal zeichnen, um es zu verstärken': *die Linien, Konturen müssten noch nachgezogen werden; die Lippen, den Lidstrich* ~ **4.** ⟨ist⟩ *jmdm.* ~ 'jmdm. nach dessen Umzug an den gleichen Ort folgen': *nach vier Wochen zogen uns die Kinder in die Stadt nach; er ist ihr bald nachgezogen* ❖ ↗ ziehen

Nacken ['nakn̩], **der**; ~s, ~ 'hinterer, gewölbter Teil des Halses beim Menschen und bei bestimmten Wirbeltieren'; ↗ FELD I.1.1: *ein kräftiger, starker, gedrungener* ~; *einen steifen* ~ *haben; den* ~ *beugen; sie warf den Kopf trotzig in den* ~ ('bewegte den Kopf trotzig, ruckartig nach hinten'); *die Arme im* ~ *verschränken; den Hut lässig in den* ~ *schieben*

* /jmd./ **jmdm. den** ~ **beugen** ('jmdn. demütigen'); /jmd./ **jmdm. im** ~ **sitzen 1.** 'jmdn. hart bedrängen': *die Konkurrenz sitzt, die Gläubiger sitzen mir im* ~ **2.** 'jmdn. verfolgen und dabei dicht hinter ihm sein': *die Verfolger saßen ihm im* ~

nackt [nakt] ⟨Adj.; o. Steig.⟩ **1.** 'nicht bekleidet' /auf Personen od. Körperteile bez./: ~*e* ('entblößte') *Arme, Beine, Füße; ein* ~*er Mensch, Körper; sie waren (völlig)* ~; ~ *baden, herumlaufen; sich* ~ *ausziehen* ('alle Kleidung ausziehen') **2.1.** ⟨nicht bei Vb.⟩ 'ohne Blätter'; SYN kahl /bes. auf Bäume, Äste bez./: ~*e Zweige, Äste; die Lärche ist schon ganz* ~ **2.2.** 'ohne Vegetation'; SYN kahl: ~*e Felsen; die Gipfel des Gebirges sind ganz* ~ **3.1.** 'ohne jeglichen Schmuck'; SYN kahl (4) /auf Räume o.Ä. bez./: ~*e Wände; die Wände waren* ~; *der Raum wirkte* ~ *und kalt* **3.2.** 'nicht mit Gras od. Teppich bedeckt' /bes. aus der Sicht desjenigen, der darauf sitzt od. liegt/: *auf dem* ~*en Fußboden, der* ~*en Erde sitzen, schlafen* **4.1.** ⟨nur attr.⟩ emot. 'durch nichts geschönt od. gemildert': *das sind die* ~*en Tatsachen; ihn packte die* ~ *Verzweiflung, Angst* ('die Verzweiflung, Angst in vollem Ausmaß') **4.2.** *sie konnten nur ihr* ~*es/das* ~*e Leben* ('nichts außer ihrem Leben') *retten*

Nadel ['naːdl̩], **die**; ~, ~n **1.1.** 'dünnes, längliches, spitzes Werkzeug aus Stahl mit rundem Querschnitt, das ein Öhr hat und zum Nähen, Stopfen dient'; ↗ FELD V.5.1 (↗ TABL Werkzeuge): *eine dünne, lange, stumpfe, gebogene, kleine, große* ~; *den Faden in die* ~ *einfädeln; eine* ~ *mit großem, kleinem Öhr; die* ~ *ist abgebrochen; eine neue* ~ *in die Nähmaschine einsetzen; sich an, mit einer* ~ *verletzen; er hat sich mit einer* ~ *gestochen* **1.2.** 'Stecknadel': *etw. mit* ~*n abstecken; etw. mit einer* ~ *provisorisch feststecken* **1.3.** 'Stricknadel': *dicke, dünne* ~*n; die Maschen auf die* ~*n aufnehmen; eine Masche von der* ~ *fallen lassen* **2.** 'meist immergrünes, sehr dünnes, spitzes schmales Teil an den Ästen, Zweigen von Nadelbäumen'; ↗ FELD II.4.1: *die* ~*n des Weihnachtsbaums sind abgefallen* **3.** 'spitzer Teil der Injektionsspritze': *die* ~ *sterilisieren* ❖ **Häkelnadel, Nadelbaum, -hölzer, -wald, Nähnadel, Stecknadel, Stopfnadel, Stricknadel**

* /jmd./ **an der** ~ **hängen** ('drogenabhängig sein'); /jmd./ **etw. mit der heißen** ~**/ mit heißer** ~ **nähen** ('etw. sehr eilig und flüchtig herstellen')

Nadel ['..]**-baum, der** 'Baum, der Nadeln (2) trägt'; ↗ FELD II.4.1: *die Kiefer ist ein* ~; *Tannen und Fichten sind Nadelbäume* ❖ ↗ Nadel, ↗ Baum; **-hölzer, die** ⟨Pl.⟩ 'Bäume mit Nadeln (2)'; ↗ FELD II.4.1: ~ *anpflanzen, roden; die Tanne gehört zu den* ~*n* ❖ ↗ Nadel, ↗ Holz; **-wald, der** 'Wald, der aus Nadelbäumen besteht'; ↗ FELD II.4.1: *Nadelwälder bestimmen den Charakter der Lanschaft* ❖ ↗ Nadel, ↗ Wald

Nagel ['naːgl̩], **der**; ~s, Nägel ['nɛːgl̩/'neː..] **I.** 'an einem Ende spitzer, gerader, kurzer Gegenstand aus Metall mit einem Kopf (3), den man in Holz o.Ä. schlägt, um es mit etw. zu verbinden (3)'; ↗ FELD

V.5.1 (↗ TABL Werkzeuge): *ein kurzer, langer, dünner, dicker ~; der ~ ist rostig, verbogen; einen ~ krümmen, wieder gerade schlagen; einen ~ in die Wand schlagen; etw. mit Nägeln befestigen; ein Bild an den ~ hängen; den ~ mit der Zange herausziehen* — **II.** 'flacher, leicht gebogener dünner Teil (1.1) aus Horn (1) an der oberen Seite des äußeren Gliedes von Fingern und Zehen'; SYN Fingernagel, Zehennagel (↗ TABL Körperteile): *kurze, lange, saubere, schmutzige Nägel; seine Nägel sind ungepflegt; die Nägel schneiden, bürsten, feilen, lackieren; er kaut an den Nägeln* ❖ **nageln — annageln, Fingernagel, nagelneu**
* **etw. brennt jmdm. auf den Nägeln** 'etw. ist für jmdn. so dringlich, dass er es so bald wie möglich erledigen muss': *dieses Problem brennt mir schon lange auf den Nägeln;* /jmd./ **etw. an den ~ hängen** 'etw., bes. eine berufliche Tätigkeit, aufgeben (4.1), künftig nicht mehr machen': *er will sein Studium, seinen Beruf an den ~ hängen;* /jmd./ **Nägel mit Köpfen machen** 'etw. ohne Halbheiten konsequent und richtig machen': *wir müssen endlich Nägel mit Köpfen machen, statt noch lange darüber zu diskutieren;* /jmd./ **den ~ auf den Kopf treffen** 'genau das Richtige sagen, tun': *damit hast du den ~ auf den Kopf getroffen;* emot. /jmd., etw./ **der ~ zu jmds. Sarg sein** 'jmdm. viel Sorgen, Kummer bereiten': *mit seinen ständigen Geldproblemen wird er noch mal der ~ zu meinem Sarg sein;* ⟨⟩ umg. /jmd./ **sich ⟨Dat.⟩ etw. unter den ~ reißen** 'sich etw. widerrechtlich aneignen': *er hat sich das Grundstück, das ganze Geld unter den ~ gerissen!*
nageln ['nɑːgl̩n] ⟨reg. Vb.; hat⟩ ↗ FELD V.5.2 /jmd./ **1.1.** *etw. irgendwohin ~* 'etw. mit einem Nagel (I), mit Nägeln an irgendetw. befestigen': *eine Leiste an den Tisch, ein Brett an den Türrahmen ~; Bretter vor das Fenster ~; er hat die Bretter auf den Rahmen genagelt* **1.2.** *etw. ~* 'etw. durch Nägel zu einem Ganzen zusammenfügen': *eine Kiste ~; einen gebrochenen Knochen ~; etw. aus etw. ⟨Dat.⟩ ~: aus Brettern eine Kiste ~* ❖ ↗ **Nagel**
nagel|neu ['nɑːgl̩..] ⟨Adj.; o. Steig.; nicht bei Vb.⟩ umg. emot. 'noch ganz neu' /auf Geräte, Kleidung u.Ä. bez./: *ein ~er Anzug, Mantel; die Schuhe sind ~* ❖ ↗ **Nagel**, ↗ **neu**
nagen ['nɑːgn̩] ⟨reg. Vb.; hat⟩ **1.** /Tier, bes. Nagetier/ *an etw. ⟨Dat.⟩ ~* 'mit den Zähnen kleine Stücke von etw. (Hartem) abbeißen': *die Maus nagt am Brot; der Hund nagt am Knochen* **2.** *etw. nagt an jmdm.* 'etw. Psychisches peinigt, quält jmdn. anhaltend': *der Kummer nagte an ihrem Herzen; leise Zweifel nagten an ihm* ❖ **Nagetier**
Nage|tier ['nɑːgə..], **das** 'kleines Säugetier mit sehr scharfen vorderen Zähnen', ↗ FELD II.3.1: *der Hase, die Maus, der Biber ist ein Nagetier* ❖ ↗ **nagen**, ↗ **Tier**
¹nahe ['nɑːə] ⟨Adj.; Steig.: näher ['nɛːɐ/'neːɐ], nächste ['nɛːçstə/'neː..]⟩ **1.** ⟨vorw. attr. u. bei Vb.⟩ 'von einem Bezugspunkt räumlich nicht weit entfernt'; /vorw. auf Landschaftliches, Gebäude, Orte bez./:

der ~ (ANT ¹ferne 1) *See; ein Haus ~* (SYN 'dicht') *am Wald; aus der näheren* (ANT *weiteren) Umgebung stammen; bitte, treten Sie doch näher!; der nächste* ('der in unmittelbarer Umgebung liegende') *Ort ist einige Kilometer weit entfernt; etw. aus nächster Nähe betrachten; du kannst ~* (SYN *dicht) herangehen; sie standen ~ beieinander* **2.** 'zeitlich unmittelbar bevorstehend': *in ~r, nächster* (ANT *ferner) Zukunft; der Abschied ist ~; etw. steht ~ bevor; er muss ~ an die fünfzig sein; das ~ Ende steht bevor* **3.1.** ⟨nicht präd.⟩ 'in unmittelbarem verwandtschaftlichem Verhältnis'; ANT entfernt (2.1) /auf Personen bez./: *ein ~r Verwandter; ~ Angehörige; er ist mit mir ~ verwandt; die nächsten Verwandten benachrichtigen* **3.2.** 'sehr vertraut' /auf Personen bez./: *er ist ein ~r Freund von mir; er ist mit mir ~ befreundet; er ist mir geistig ~* (ANT *fremd) ❖* **nächst, nächste, Nächste, ²nahe, Nähe, nahen, näher, nähern, zunächst — annähernd, nahezu, Nahkampf, Nahverkehr, Nahverkehrsmittel, Nahziel**
* /jmd./ **~ daran sein, etw. Bestimmtes zu tun** 'etw. Bestimmtes beinahe tun': *ich war ~ daran, ihn aus dem Zimmer zu werfen;* **von ~ und fern** 'von überallher': *die Besucher kamen von ~ und fern;* /jmd./ **jmdm. zu ~ treten** 'jmdn. kränken': ⟨vorw. verneint⟩ /vorw. als vorsichtige Einleitung eines Tadels/: *ich will dir ja nicht zu ~ treten, aber das kann nicht stimmen!*
²nahe ⟨Präp. mit Dat.; vorangestellt⟩ geh. /lokal/ 'in der Nähe von': *wir wohnten ~ der Küste, Hauptstadt, ~ der Elbe* ❖ ↗ **¹nahe**
Nähe ['nɛːə/'neː..], **die**; ~, ⟨o.Pl.⟩ **1.** 'geringe räumliche Entfernung von einem Bezugspunkt': *etw. aus der ~* (ANT *Ferne) betrachten; etw. aus nächster ~ sehen können; etw. liegt in greifbarer, unmittelbarer ~; er wohnt ganz in der ~* ('in der Nachbarschaft'); *der Ort liegt ganz in der ~* ('in unmittelbarer Umgebung') **2.** ⟨mit best. Adj.⟩ 'unmittelbar bevorstehender Zeitpunkt' /beschränkt verbindbar/: *der Termin ist in greifbare ~ gerückt; das Ereignis liegt in unmittelbarer ~* ❖ ↗ **¹nahe**
nahe bringen, brachte nahe, hat nahe gebracht **1.1.** /jmd./ *jmdm. etw. ~* 'in jmdm. Verständnis für etw. wecken (2)': *der Lehrer versuchte uns den Stoff nahe zu bringen; sie hat mir die Musik, Malerei, Geschichte nahe gebracht* **1.2.** /etw./ *zwei od. mehrere (jmd.) einander ~* 'zwischen zwei od. mehreren Personen eine enge Beziehung schaffen, ein Verhältnis des Vertrauens schaffen': *dieses Ereignis, das gleiche Schicksal brachte sie einander nahe*
nahe gehen, ging nahe, ist nahe gegangen *etw. geht jmdm. nahe* 'etw., bes. ein Ereignis, Erlebnis, ruft in jmdm. schmerzliche Gefühle hervor'; SYN berühren, ergreifen: *sein Schicksal, sein Unglück geht mir sehr nahe; sein Tod ist uns sehr nahe gegangen*
nahe legen, legte nahe, hat nahe gelegt ⟨vorw. mit Nebensatz; + Inf. mit *zu*⟩ /jmd./ *jmdm. etw. ~* 'jmdn. in freundlicher Form zu etw. auffordern': *er legte mir nahe, mich zu entschuldigen; man hat mir*

nahe gelegt, die Tätigkeit zu wechseln; man legte ihm nahe, von seinem Posten zurückzutreten

nahe liegen, lag nahe, hat nahe gelegen; ↗ auch *nahe liegend etw. liegt nahe* ˈetw. gehört zum Ersten, woran man denkt und trifft auch wahrscheinlich zu': *diese Vermutung, dieser Gedanke liegt nahe* (ANT fern liegen 1)

nahe liegend, Steig.: näher liegend, am nächsten liegend ˈso, dass man die Gründe dafür leicht verstehen kann' /beschränkt verbindbar/: *etw. aus ~en Gründen tun; diese Überlegung ist ~; es war ~, dass …*

nahen [ˈnɑːən] ⟨reg. Vb.; ist/hat⟩ geh. **1.** ⟨ist; vorw. Präs., Prät.⟩ /etw., bes. Jahreszeit, Naturereignis/ ˈzeitlich in unmittelbare Nähe (1) rücken (2.2)'; ANT sich entfernen: *der Frühling, Herbst, Winter, die Dämmerung naht; die Stunde, der Abschied nahte; ein Unglück nahte; der ~de Sommer; ein ~des Gewitter; eine ~de Gefahr spüren; sich etw.* ⟨Dat.⟩ *~: der Winter nahte sich seinem Ende* (ˈging zu Ende') **2.** ⟨hat⟩ /jmd./ *sich jmdm. ~* ˈsich jmdm. nähern (3)': *sie nahte sich ihm mit einer Bitte; er versuchte, sich ihr mit freundlichen Worten zu ~* ❖ ↗ ¹**nahe**

nähen [ˈnɛːən] ⟨reg. Vb.; hat⟩ /jmd./ **1.1** *etw. ~* ˈTeile von Stoff (1) mit einer Nadel und einem Faden miteinander verbinden und dadurch etw., bes. ein Kleidungsstück, herstellen'; ↗ FELD I.7.6.2, V.1.2: *ein Kleid, einen Mantel, eine Bluse ~; eine Naht ~; sich* ⟨Dat.⟩ *etw. ~: sie hat sich einen Rock genäht; etw. mit der Maschine, Hand ~; sie nähte meist mit der Hand* **1.2.** *etw. an, auf etw. ~* ˈetw. mit einer Nadel und einem Faden an, auf etw. befestigen': *Knöpfe an die Bluse ~; Taschen auf den Rock ~* **1.3.** *eine Wunde ~* ˈdie Ränder einer Wunde mit Hilfe von Nadel und Faden zusammenhalten': *die Wunde musste genäht werden* ❖ **Naht −** **annähen, Nähmaschine, -nadel, -zeug, nahtlos**

näher [ˈnɛːɐ/ˈneː..] ⟨Adj.; Komp. zu ↗ *nahe*⟩ **1.** /¹*nahe* 1−3/ **2.** ⟨nur attr.; subst. u. bei Vb.⟩ ˈins Einzelne gehend': *die ~en Umstände eines Verbrechens untersuchen; bei ~er Betrachtung kam er zu dem Schluss, dass …; ~e Erkundigungen einziehen; kennst du ihn ~* (ˈgenauer')?; *ich werde dir bald Näheres mitteilen* ❖ ¹**nahe**

näher bringen, brachte näher, hat näher gebracht; vgl. *nahe bringen* /etw., jmd./ *jmdm. jmdn., etw. ~* ˈbei jmdm., für jmdn., etw. mehr Verständnis wecken (2)': *dieser Vorfall brachte ihr den Freund wieder näher; jmdm. die Musik, fremde Kulturen ~*

näher kommen, kam näher, ist nähergekommen /jmd./ *jmdm. ~* ˈmit jmdm., miteinander vertraut werden': *er ist an jmdm. der Arbeit nähergekommen;* /zwei od. mehrere (jmd.)/ ⟨rez.⟩ *sich* ⟨Dat.⟩, *einander ~: in letzter Zeit sind sie sich, sind sie einander näher gekommen; bei den Proben kamen wir uns näher*

näher liegen, lag näher, hat näher gelegen /etw., vorw. es/ ˈaus Gründen, die in der Sache selbst liegen, für ein Handeln die bessere Variante darstellen': *es lag*

näher zuzustimmen als abzulehnen; diese Variante lag näher; das Näherliegende machen, wählen; in der finanziellen Situation lag es näher, auf das Projekt zu verzichten

nähern [ˈnɛːɐn/ˈneː..], **sich**, näherte sich, hat sich genähert **1.** /jmd./ *sich jmdm., etw.* ⟨Dat.⟩ *~* ˈräumlich näher an jmdn., etw. herangehen, herankommen'; ↗ FELD I.7.2.2: *sich einer Person, jmdm. ~; wir näherten uns dem Dorf; sie näherten sich unauffällig, nur zögernd; sie hat sich dem Hund nur langsam genähert;* /etw./ *sich ~: leise Schritte näherten sich; das Unwetter näherte sich vom Westen* **2.** *etw. nähert sich etw.* ⟨Dat.⟩ ˈetw. kommt einem bestimmten Zeitpunkt näher': *der Urlaub, dieser schöne Tag, unser Projekt nähert sich seinem Ende; er näherte sich bereits der vierzig* (ˈwar beinahe schon vierzig Jahre alt') **3.** /jmd., bes. Mann/ *sich jmdm. ~* ˈzu jmdm., bes. zu einer Frau, einen (engeren) Kontakt herzustellen suchen (3)': *er versuchte sich ihr, dem Mädchen zu ~; er näherte sich ihr auf plumpe, vertrauliche Weise* ❖ ↗ ¹**nahe**

nahe stehen, stand nahe, hat nahe gestanden /jmd./ *jmdm. ~* ˈmit jmdm. vertraut, verwandt, befreundet sein': *er hat mir sehr nahe gestanden; er stand mir menschlich nahe; alle ihr ~den Personen sollten informiert werden*

nahezu [ˈnɑːətsuː] ⟨Gradpartikel; betont od. unbetont; steht vor der Bezugsgröße; bezieht sich auf verschiedene Kategorien⟩ /schränkt die Bezugsgröße ein, kommt ihr aber graduell nahe, wenn auch nicht völlig/; SYN beinahe, fast: *die Arbeit ist ~ fertig; es war ~ Mitternacht; er war ~ taub; er ist ~ genesen; es waren ~ 1000 Menschen anwesend*

Nah|kampf [ˈnɑː..], **der** ˈKampf im Krieg Mann gegen Mann'; ↗ FELD I.14.1: *ein erbitterter ~* ❖ ↗ ¹**nahe**, ↗ **Kampf**

nahm: ↗ *nehmen*

Näh [ˈnɛː../ˈneː..]**-maschine, die** ˈMaschine, mit der man Kleidungsstücke o.a. näht'; SYN Maschine (3); ↗ FELD V.5.1: *eine alte, moderne, neue ~; die ~ hat elektrischen Antrieb, wird noch mit dem Fuß angetrieben; mit einer ~ nähen; die ~ reparieren, ölen* ❖ ↗ nähen, ↗ Maschine; **-nadel, die** ˈdünne, kleine Nadel (1.1) zum Nähen mit der Hand'; ↗ FELD V.5.1 (↗ TABL Werkzeuge): *eine feine, dünne, dicke, lange ~; den Faden in die ~ fädeln* ❖ ↗ nähen, ↗ Nadel

Nähr|boden [ˈnɛːɐ../ˈneː..], **der 1.** ˈStoff, der Nährstoffe enthält und zur Zucht von Pflanzen, Pilzen, Bakterien, Zellgewebe dient': *künstliche, sterile Nährböden; Nährböden ansetzen; Viren auf einem ~ züchten, wachsen lassen* **2.** ˈMilieu, das bes. für kriminelle Handlungen günstige Voraussetzungen bietet': *die katastrophalen sozialen Verhältnisse waren der ~ für eine hohe Kriminalität* ❖ ↗ **nähren**, ↗ **Boden**

nähren [ˈnɛːrən/ˈneː..] ⟨reg. Vb.; hat⟩ **1.** veraltend /beschränkt verbindbar/ **1.1.** *die Mutter nährt ihr Kind selbst* (ˈstillt es') **1.2.** /jmd., Tier/ *sich von etw.* ⟨Dat.⟩ *~* ˈsich von etw. ernähren': *er nährt sich*

*vorwiegend von pflanzlichen Produkten und Fisch;
das Tier nährt sich von Insekten* **1.3.** *etw. nährt* ˈetw.
ist nahrhaft': *Zucker nährt; Bananen ~* **2.** /jmd./
etw. ~ ˈein Gefühl, einen Denkprozess wecken od.
verstärken': *eine Illusion, Hoffnung, einen Wunsch
~; jmds. Vorurteile, Misstrauen ~; er nährte (mit
seinem Gerede) ihren Argwohn, Verdacht* ❖ **ernäh-
ren, Ernährung, nahrhaft, Nahrung — Nährboden,
-stoff, Nahrungsmittel**

nahrhaft ['naːʀ..] ⟨Adj.; Steig. reg.; nicht bei Vb.⟩
ˈreich an Nährstoffen für den Körper': *ein ~es Ge-
müse; eine ~e Speise; diese Kost ist, Kartoffeln sind
sehr ~* ❖ ↗ **nähren**

Nähr|stoff ['nɛːʀ../'neː..], der ⟨vorw. Pl.⟩ ˈStoff (2),
der für die Erhaltung, den Aufbau und die Funk-
tion lebender Organismen notwendig ist': *Eiweiß,
Kohlehydrate und Fette sind wichtige ~e; diese
Frucht enthält wertvolle ~e* ❖ ↗ **nähren,** ↗ **Stoff**

Nahrung ['naːʀ..], die; ~, ⟨o.Pl.⟩ ˈalles Ess- und
Trinkbare, das dem Aufbau (2), der Existenz und
der Erhaltung des Organismus dient'; SYN Kost
(1); ↗ FELD I.8.1: *eine gesunde, kärgliche, vitamin-
haltige, abwechslungsreiche, schwer verdauliche ~;
feste, flüssige ~; ~ zu sich nehmen; für ~ sorgen;
etw. dient als ~; der Kranke, Häftling verweigerte
die ~* (ˈweigerte sich, zu essen') ❖ ↗ **nähren**
* **etw. erhält/bekommt durch jmdn., etw. (neue) ~** ˈbe-
stimmte Aktivitäten od. Psychisches wird durch
jmdn., etw. verstärkt': *das Gerücht, der Verdacht er-
hielt durch die Meldungen der Presse neue ~; sein
Argwohn bekam durch ihr Verhalten neue ~*

Nahrungs|mittel ['naːʀʊŋs..], das ⟨vorw. Pl.⟩ ˈetw.,
das für den Organismus wichtige Nährstoffe ent-
hält und von dem er lebt'; SYN Lebensmittel;
ANT Genussmittel; ↗ FELD I.8.1: *kalorienreiche,
vitaminreiche ~; ~ kaufen* ❖ ↗ **nähren,** ↗ **Mittel**

Naht [naːt], die; ~, Nähte ['nɛːtə/'neː..] **1.1.** ˈlinien-
förmig verlaufende Verbindung (2.), die beim Nä-
hen (1.1.) von Stoffteilen entsteht'; ↗ FELD
I.7.6.1: *eine gerade, einfache, doppelte ~; die ~
steppen, auftrennen; die ~ ist geplatzt, aufgegangen*
1.2. Techn. ˈlinienförmige Verbindung (2.), die bes.
durch Schweißen, Löten von Metallteilen entstan-
den ist': *eine ~ schweißen; die ~ ist nicht dicht, ist
gerissen, geplatzt* **1.3.** ˈLinie auf der Haut, die
durch Nähen (1.3) einer Wunde entstanden ist': *die
~ ist gut verheilt; die ~ ist entzündet, vereitert* ❖ ↗
nähen
* **aus den/allen Nähten platzen 1.** /jmd./ ˈzu dick wer-
den': *wenn du weiter so viel isst, wirst du noch aus
allen Nähten platzen* **2.** /etw., bes. Raum, Möbel/
ˈzu voll werden': *der Schrank platzt bald aus allen
Nähten* /jmd./ **jmdm. auf den Nähten knien** ˈjmdn.
heftig bedrängen': *der Handwerker kniet uns wegen
der offenen Rechnung schon auf den Nähten*

nahtlos ['naːt..] ⟨Adj.; o. Steig.⟩ **1.** ⟨nur attr.⟩ **1.1.**
ˈohne Naht (1.1)' /auf Textiles bez./; beschränkt ver-
bindbar/: *~e Strümpfe* **1.2.** ˈohne Naht (1.2)': *~e
Rohre* **2.** ⟨nicht präd.⟩ ˈsich ohne Widersprüche,
Probleme mit etw. verbindend': *eine ~e Einheit; die*

neue Mitarbeiterin fügte sich ~ in das Team ein ❖
↗ **nähen,** ↗ **los**

Nah ['naː..]**-verkehr, der** ˈVerkehr (1) von Personen,
Gütern über eine kürzere Entfernung, bes. inner-
halb größerer Städte od. ihrer näheren Umge-
bung'; ANT Fernverkehr: *der öffentliche ~; den ~
stärker ausbauen* ❖ ↗ ¹**nahe,** ↗ **Verkehr; -verkehrs-
mittel, das** ˈVerkehrsmittel des öffentlichen Nah-
verkehrs': *die ~ benutzen; S-Bahn, U-Bahn, Bus
und Straßenbahn sind ~* ❖ ↗ ¹**nahe,** ↗ **Verkehr,** ↗
Mittel

Näh ['nɛː../'neː..]**|zeug, das** ⟨o.Pl.⟩ ˈGegenstände wie
↗ *Nadeln,* ↗ *Garn,* die man (unterwegs, auf Reisen)
zum Nähen benötigt': *er hat das ~ vergessen* ❖ ↗
nähen, ↗ **Zeug**

Nah ['naː..]**|ziel, das** ˈZiel, das man für die nahe Zu-
kunft anstrebt': *das ist unser ~; ein politisches ~*
❖ ↗ ¹**nahe,** ↗ **Ziel**

naiv [na'iːf] ⟨Adj.⟩ **1.1.** ⟨Steig. reg.; nicht bei Vb.⟩
ˈvertrauensvoll, natürlich, arglos wie ein Kind'
/vorw. auf Personen bez./; ↗ FELD I.2.3: *ein ~er
Mensch; er ist ~ wie ein Kind; ~ an etw. herange-
hen; du bist aber ~!; ~e Freude, Begeisterung* **1.2.**
⟨o. Steig.; nur attr.⟩ /beschränkt verbindbar/: *~e*
(ˈvon Laien ohne künstlerische Vorbildung ge-
schaffene') *Kunst* **1.3.** ⟨Steig. reg., Superl. ungebr.⟩
ˈtöricht und unkritisch'; ANT klug (1): *eine ~e
Frage, Bemerkung; er hat recht ~e Ansichten; das
war sehr ~ von dir, so etw. von uns zu erwarten* ❖
Naivität

Naivität [naivitɛːt/..teːt], die; ~, ⟨o.Pl.⟩ /zu *naiv*
1.1,1.3/ ˈdas Naivsein'; /zu 1.1/: ↗ FELD I.2.1: *ihre
~ ist nur gespielt;* /zu 1.3/: *seine Ansichten zeugen
von großer ~* ❖ ↗ **naiv**

Name ['naːmə], der; ~ns, ~n **1.1.** ˈaus einem od.
mehreren Wörtern bestehende Bezeichnung für
eine Person; Vorname od. Nachname': *ein bekann-
ter, berühmter ~; wie ist Ihr ~* (ˈwie heißen Sie')?;
*mein ~ ist Müller; man hat ihr den ~n Luise gege-
ben; die ~n der Anwesenden verlesen; sein ~ wurde
(in dieser Angelegenheit) nicht genannt; hat das
Kind schon einen ~n?; er nannte mir seinen ~n,
wollte seinen ~n nicht nennen; seinen ~n/ sich mit
seinem ~n in eine Liste eintragen; seinen ~n schrei-
ben; er rief ihren ~n, rief sie mit ~n; der Pass lautet
auf den ~n Schneider; ein Mann mit ~n Müller; er
fragte mich nach meinem ~n; er ist mir nur dem ~n
nach bekannt* (ˈich kenne ihn nicht näher'); *er reist
unter falschem ~n, hat ein Buch unter falschem ~n
veröffentlicht* **1.2.** ˈaus einem Wort bestehende Be-
zeichnung, mit der ein Haustier gerufen wird': *der
Hund hört auf den ~n Harras; wie soll sein ~? sein* **1.3.**
ˈBezeichnung für eine Sache': *der ~ des Medika-
ments ist mir entfallen* **1.4.** ˈWort, mit dem ein geo-
grafischer Begriff bezeichnet wird; Orts- od. Flur-
name': *der ~ eines Flusses, Sees, Meeres, Gebirges,
Landes, einer Region; ein geografischer ~* ❖ ¹·²**na-
mens,** ¹·²**namentlich, namhaft — Eigenname, Famili-
enname, Kosename, Mädchenname, Nachname,
Spitzname, Zuname**

* /etw., jmd./ **einen guten ~n haben** ˈangesehen seinˈ: *das Restaurant hat einen guten ~n; als Schriftsteller, Komponist hat er einen guten ~n;* /jmd./ **in jmds. ~n/im ~n** ⟨+ Gen.attr.⟩ ˈin jmds. Auftrag, stellvertretend für jmdn., eine Institutionˈ: *wir gratulierten auch in seinem ~n; er gratuliert im ~n aller Mitarbeiter; im ~n des Volkes ergeht folgendes Urteil: ...; im ~n der Regierung handeln;* /jmd./ **sich einen ~ machen** ˈbekannt, berühmt werdenˈ: *er hat sich (mit dieser Rolle) als Schauspieler einen ~n gemacht*

¹namens [ˈnɑːməns..] ⟨Adv.; einem Eigennamen vorangestellt⟩ ˈmit dem Namen /vorw. auf Personen bez./: *ein Herr ~ Müller wartet draußen* ❖ ↗ **Name**

²namens ⟨Präp. mit Gen.; vorangestellt; in Verbindung mit Personenbez. od. Namen von Institutionen⟩ vorw. amtsspr. /modal; gibt an, dass die mit *namens* verbundene Person, Institution der Auftraggeber für eine Handlung, Botschaft ist/ ˈim Auftrag vonˈ: *~ seiner Regierung überbrachte der Diplomat eine Protestnote* ❖ ↗ **Name**

¹namentlich [ˈnɑːmənt..] ⟨Adj.; o. Steig.⟩ ˈmit Nennung des Namens (1.1)ˈ: *eine ~e Abstimmung; alle Teilnehmer wurden ~ aufgerufen, genannt* ❖ ↗ **Name**

²namentlich ⟨Gradpartikel; betont; steht vor od. nach der Bezugsgröße; bezieht sich vorw. auf Subst. u. Eigennamen⟩ /schließt andere Sachverhalte nicht aus, hebt aber die Bezugsgröße hervor/; SYN ²besonders: *~ ältere Menschen haben darunter zu leiden; es kamen viele freiwillige Helfer, ~ Jugendliche; alle haben geholfen, ~ Kollege Meier; überall, ~ im Zentrum des Ortes, sah es wüst aus; alle Anwesenden, ~ die Schüler der 8. Klasse, meldeten sich freiwillig; wir verstehen uns gut, ~ dann, wenn wir einer Meinung sind* ❖ ↗ **Name**

namhaft [ˈnɑːm..] ⟨Adj.; Steig. reg., Komp. ungebr.; nur attr.⟩ ˈbekannt, berühmtˈ /auf Personen bez./: *eine ~e Persönlichkeit; ein ~er Politiker, Wissenschaftler, Künstler* ❖ ↗ **Name**

* /jmd./ **jmdn., etw. ~ machen** ˈden Namen einer Person, Sache feststellenˈ: *der Täter wurde ~ gemacht*

nämlich [ˈnɛːm..] ⟨Adv.⟩ **1.** ⟨stets (dem Verb) nachgestellt⟩ /steht vorw. in einem nachgestellten Hauptsatz, der inhaltlich den Grund für den vorausgehenden Satz angibt/: *wir kommen nicht, sonntags ~ schlafen wir immer lange/..sonntags schlafen wir ~ immer lange; ich muss jetzt gehen, ich habe ~ noch viel zu tun; ich kann heute nicht kommen, ich habe mich ~ erkältet; ich muss sofort etwas essen, ich habe ~ großen Hunger; ich trifft keine Schuld, es war ~ ganz anders* **2.** /fügt wie eine Konj. eine nähere Erläuterung für ein Satzglied im vorausgehenden Hauptsatz od. für den ganzen Satz an/ ˈund zwarˈ: *nächste Woche, ~ Mittwoch, sehen wir uns; ich möchte noch um etwas bitten, ~ um Folgendes: ...; ich will zuerst deine wichtigste Frage beantworten, ~ die nach dem Befinden meiner Frau*

nannte: ↗ **nennen**

Napf [napf], **der**; ~es, Näpfe [ˈnɛpfə] ˈkleine, runde, flache Schüssel, die meist als Behältnis für das Futter von Haustieren wie Hund, Katze dientˈ; ↗ FELD V.7.1: *ein ~ mit Milch, Futter; der ~ für die Katze, für das Vogelfutter; etw. in den ~ tun, schütten*

Narbe [ˈnaʀbə], **die**; ~, ~n ˈbestimmte Form aufweisende Stelle auf der Oberfläche der Haut, die nach der Heilung einer Wunde entstanden istˈ: *eine breite, große, lange, tiefe ~; eine ~ am Arm, Bein, Bauch; die ~ entstellte ihn; die ~ schmerzt immer noch; etw. hinterlässt keine sichtbaren ~n*

Narkose [naʀˈkoːzə], **die**; ~,~n ˈkörperlicher Zustand, in dem man ohne Bewusstsein und unempfindlich gegen Schmerzen ist, der vor einer Operation durch Betäubung bewirkt wirdˈ; SYN Anästhesie: *eine tiefe, leichte ~; die ~ einleiten, durchführen; in der ~ liegen; aus der ~ aufwachen, erwachen*

Narr [naʀ], **der**; ~en, ~en **1.** ˈjmd., dem es an Vernunft, Verstand mangelt und der sich durch sein törichtes Verhalten lächerlich machtˈ; SYN ²Tor, Dummkopf; ↗ FELD I.5.1: *ein alter, eitler, eingebildeter ~; er ist ein ~, wenn er das tut!; ich ~, wie konnte ich ihm glauben!; er kam sich wie ein ~ vor* **2.1.** hist. ˈjmd., der bes. in der Zeit des Feudalismus die Menschen am Hofe (1) des adligen Herrschers durch (geistreiche) Späße unterhielt und belustigteˈ: *ein schlagfertiger ~; er war der ~ des Königs* **2.2.** ˈjmd, der lustig, bunt gekleidet ist und mit anderen zusammen Fasching feiertˈ: *die ~en zogen durch die Straßen der Stadt*

* /jmd./ **jmdn. zum ~en halten** ˈseinen Spaß mit jmdm. treibenˈ: *das sollen wir glauben? Du willst uns wohl zum ~en halten!;* /jmd./ **jmdn. zum ~en machen** ⟨vorw. verneint⟩ ˈseinen Spaß mit jmdm. treibenˈ: *ich lass mich doch (von euch) nicht zum ~en machen!;* ⟨⟩ umg. **an jmdm. einen ~en gefressen haben** (ˈjmdn. auf unkritische Weise sehr mögenˈ)

Narzisse [naʀˈtsɪsə], **die**; ~, ~n ˈim Frühjahr blühende Pflanze mit einer Zwiebel (3), weißen od. gelben Blüten und schmalen, langen Blätternˈ; ↗ FELD II.4.1: *ein Strauß gelber ~n; die weißen ~n duften stark*

naschen [ˈnaʃn] ⟨reg. Vb.; hat⟩ **1.** /jmd./ etw. ~ ˈetw., bes. Süßigkeiten, langsam genießerisch essenˈ: *er nascht gern kandierte Nüsse, Konfekt, Kekse; er nascht gern; Naschen macht dick!; Beeren vom Strauch ~* (ˈvom Strauch pflücken und genießerisch essenˈ) **2.** /jmd./ *von etw.* ⟨Dat.⟩ ~ ˈheimlich von etw. kleine Mengen nehmen und essenˈ: *die Kinder haben schon vor dem Kaffeetrinken von der Torte genascht; damit niemand nascht, wird die Schokolade weggeschlossen*

Nase [ˈnɑːzə] ˈOrgan zum Riechen, Atmenˈ; ↗ FELD I.1.1 (↗ TABL Körperteile): *eine lange, kleine, spitze, gebogene, krumme ~; eine rote, kalte ~; die ~ ist verstopft, entzündet, geschwollen; die ~ läuft, blutet; durch die ~ atmen; die ~ putzen, wischen* (ˈmit einem Taschentuch schneuzenˈ);

durch die ~ sprechen; sich die ~ zuhalten; der Duft stieg ihr in die ~ ❖ **Nashorn, Spürnase**
* /jmd/ **jmdm. etw. an der ~ ansehen** ʽetw., was jmdn. betrifft, an seiner Miene erraten könnenʼ: *ich sehe dir an der ~ an, dass es mit dem Job nicht geklappt hat;* /jmd./ **auf die ~ fallen** ʽbei etw. Misserfolg habenʼ: *pass auf, dass du mit der Aktion, Spekulation nicht auf die ~ fällst!;* /jmd./ **eine gute ~ (für etw.) haben** ʽbesonders schnell erfassen, ob etw. Gewinn bringt, günstig istʼ: *er hat eine gute ~ für Marktlücken;* /jmd/ **jmdn. an der ~ herumführen** ʽjmdn. bewusst irreführenʼ: *er hat dich nur an der ~ herumgeführt;* /jmd./ **die ~ hoch tragen** ʽeingebildet seinʼ: *seit sie Direktorin ist, trägt sie die ~ ganz schön hoch;* /jmd./ **über jmdn., etw. die ~ rümpfen** ʽverächtlich über jmdn., etw. urteilenʼ: *er rümpfte über das Auto des Nachbarn die ~; es ist sehr leicht, über andere, die Leistungen anderer die ~ zu rümpfen;* ⟨⟩ umg./ **seine ~ in alles stecken** ʽsich ständig in Angelegenheiten einmischen, die einen nichts angehenʼ: *er muss seine ~ aber auch in alles stecken!;* /jmd./ **jmdm. etw. auf die ~ binden** ʽjmdm. etw., das er nicht zu wissen braucht, erzählenʼ: *ich werde ihm nicht auf die ~ binden, dass ich schon über alles informiert bin;* /jmd./ **seine ~ in ein Buch stecken** ʽfleißig lernenʼ: *statt ständig auszugehen, sollte er seine ~ lieber in ein Buch stecken und sein Studium beenden;* /jmd./ **sich an die eigene ~ fassen** ʽbevor man andere(s) kritisiert, sich selbst prüfenʼ: /vorw. als Aufforderung/ *statt über seinen Bruder herzuziehen, sollte er sich mal an die eigene ~ fassen!; fass dich erst einmal an die eigene ~!;* **jmdm. gefällt, passt jmds. ~ nicht** ʽjmd. kann jmdn. nicht leidenʼ: *ich glaube, dem gefällt meine ~ nicht;* /jmd./ **von jmdm., etw.** ⟨Dat.⟩ **die ~ gestrichen voll haben** ʽjmds., einer Sache überdrüssig seinʼ: *von dem Kerl habe ich die ~ voll!; von seinen ständigen Krisen habe ich jetzt die ~ gestrichen voll;* /jmd./ **sich** ⟨Dat.⟩ **mit/durch etw. eine goldene ~ verdienen** ʽohne große Anstrengung mit etw. viel Geld verdienenʼ: *er glaubt, er kann sich damit eine goldene ~ verdienen;* /jmd./ **jmdm. auf der ~ herumtanzen** ʽjmds. Gutmütigkeit, Nachsicht missbrauchen, indem man ihn, seine Anweisungen nicht respektiertʼ: *er tanzt ihr ständig auf der ~ herum;* **immer der ~ nach** ʽimmer geradeausʼ: *hinter der Kreuzung rechts abbiegen und dann immer der ~ nach* /wird meist gesagt, wenn man jmdm. den Weg weisen will/; /jmd./ **auf der ~ liegen 1.** ʽkrank seinʼ: *wenn du bei diesem Wetter so rumläufst, wirst du bald auf der ~ liegen* **2.** ʽhingefallen seinʼ: *die Kleine war einfach zu wagemutig, und – bums – lag sie auf der ~;* **pro ~** ʽpro Personʼ: *die Karte kostet 10 DM pro ~;* /jmd./ **jmdm. etw. unter die ~ reiben** ʽjmdm. etw. vorhaltenʼ: *du brauchst mir meine Fehler nicht ständig unter die ~ zu reiben;* /jmd./ **jmdm. jmdn. vor die ~ setzen** ʽjmdm. ohne sein Wollen einen Vorgesetzten überordnenʼ: *man hat ihm einen jungen Mitarbeiter vor die ~ gesetzt;* **etw. sticht jmdm. in die**

~ ʽjmd. ist von etw. sehr beeindruckt und möchte es allzu gern besitzenʼ: *dieses Auto sticht ihm schon lange in die ~;* /jmd./ **jmdn. mit der ~ auf etw. stoßen** ʽjmdn. deutlich auf etw. aufmerksam machen, hinweisenʼ: *ich muss ihn wohl erst mit der ~ darauf stoßen, damit er es endlich begreift;* **vor der ~** ʽräumlich unmittelbar vor jmdm.ʼ: *der Bus ist mir vor der ~ weggefahren; jmdm. die Tür vor der ~ zuschlagen; jmdm. etw. vor der ~ wegschnappen;* /jmd., Unternehmen/ **die ~ vorn haben** ʽbei einem Wettkampf führenʼ: *in den letzten Metern des Laufs hatte er die ~ wieder vorn; die Firma hat (mit dem neuen Produkt) wieder die ~ vorn;* /jmd./ **jmdm. etw. aus der ~ ziehen** ʽjmdn. so lange und geschickt fragen, bis er die Information preisgibtʼ: *nach langen Gesprächen konnte ich ihm die Informationen aus der ~ ziehen*

naselang [ˈnɑːzəlaŋ]
* umg., emot. neg. **alle ~** ʽsehr oftʼ: *er besucht mich alle ~; er ist alle ~ krank*

naseweis [ˈnɑːzəvaɪs] ⟨Adj.; Steig. reg., ungebr.⟩ ʽvorlautʼ /vorw. auf Kinder, die Äußerung von Kindern bez./: *eine ~e Antwort; ein ~es Kind; sei nicht so ~!*

Nas|horn [ˈnɑːshɔʀn], das ⟨Pl.: Nashörner /selten ~e⟩ ʽin Afrika lebendes Säugetier mit dicker Haut, das am Kopf ein od. zwei Hörner trägtʼ: *die Jagd auf Nashörner;* ↗ FELD II.3.1 (↗ TABL Säugetiere) ❖ ↗ **Nase,** ↗ **Horn**

nass [nas] ⟨Adj.; Steig.: ~er/nässer [ˈnɛsɐ], ~este/nässeste [ˈnɛsəstə]⟩ **1.** ʽan der Oberfläche (teilweise) mit Flüssigkeit bedeckt od. damit getränktʼ; ANT trocken (1.1) /auf Gegenständliches bez./; ↗ FELD III.2.3: *~e Hände; der Fußboden ist ~; ~e Straßen; die Dächer sind ~; ~es Holz; sich nicht ins ~e Gras setzen; ihr Gesicht war ~ von Tränen; alles war triefend ~; die Kleidung fühlt sich ~ an; ein ~er Schwamm, Lappen; ein ~es Tuch; er ist ~ bis auf die Haut* (ʽvöllig durchnässtʼ); *meine Haare sind ~ (geworden); etw., den Fußboden ~* (ʽmit einem nassen Tuchʼ) *aufwischen; ~e* (ʽfeuchteʼ) *Augen haben* **2.** ⟨Steig. ungebr.; nicht bei Vb.⟩ ʽmit viel Regenʼ; ANT trocken /vorw. auf Jahreszeiten bez./: *ein ~er Sommer; ~es Wetter; der Sommer war ~* **3.** ⟨Steig. ungebr.⟩ ʽvon Urin durchtränktʼ /vorw. auf Kleidung bez./: *~e Windeln; die Hosen von unseren Kleinen sind wieder ~; unser Baby hat wieder ~ gemacht* (ʽhat wieder die Hosen, Windeln nass gemachtʼ); vgl. *feucht* ❖ **Nässe – quatschnass, bettnässen, Bettnässer, durchnässen, tropfnass**

Nässe [ˈnɛsə], die; ~, ⟨o.Pl.⟩ ʽFeuchtigkeitʼ; ↗ FELD III.2.1: *die ~ dringt durch alle Ritzen des Hauses, durch die Kleidung, in die Schuhe; die Schuhe trieften vor ~; durch die ~* (ANT Trockenheit) *gab es keine gute Ernte* ❖ ↗ **nass**

Nation [naˈtsi̯oːn], die; ~, ~en **1.1.** ⟨o.Pl.⟩ ʽdie Menschen, die gemeinsam auf einem Territorium leben und auf Grund ihrer gemeinsamen Sprache, Kultur und Wirtschaft eine Gemeinschaft bildenʼ; SYN

Volk: *die Entwicklung der ~; die deutsche, französische, englische ~; die wahren Interessen der ~ vertreten* **1.2.** ˈStaatˈ: *die Fahnen vieler ~en wehten vor dem Gebäude; zur Olympiade kamen Sportler vieler ~en* **1.3.** *die Vereinten ~en* (ABK: UNO) ❖ **national, Nationalismus, Nationalität** – **international, Nationalsprache, -hymne**

national [natsio̯ˈnaːl] ⟨Adj.; o. Steig.; nur attr.⟩ ˈeine Nation (1.1) betreffend, ihr eigentümlich, angehörigˈ /vorw. auf Abstraktes bez./: *die ~e Selbständigkeit; die ~en Interessen; das Recht auf ~e Unabhängigkeit; gegen ~e Unterdrückung kämpfen; eine ~e* ↗ **Minderheit** ❖ ↗ **Nation**

National|hymne [ˈ..], **die** ˈLied, das bei feierlichen Anlässen gesungen wird und einem Volk dazu dient, seine nationale Identität auszudrückenˈ: *die ~ anstimmen, intonieren, singen; bei der Siegerehrung ertönte die ~* ❖ ↗ **Nation,** ↗ **Hymne**

Nationalismus [natsio̯naˈlɪsmʊs], **der;** ~, ⟨o.Pl.⟩ ˈBewusstsein, Haltung der Menschen einer Nation, die die eigene Nation überbewerten und andere Nationen missachtenˈ: *ein beschränkter, engstirniger ~; diese Politik ist Ausdruck des ~; der ~ hat zum Krieg geführt* ❖ ↗ **Nation**

Nationalität [natsio̯naliˈtɛːt/..ˈteːt], **die;** ~, ~en **1.** ˈZugehörigkeit einer Person zu einer Nation (1.1)ˈ: *er ist Bürger französischer, griechischer, dänischer ~; seine ~ ist deutsch, aber er ist englischer Staatsbürger* **2.** ˈnationale Minderheit, die mit anderen Nationen od. anderen nationalen Minderheiten in einem Staat vereinigt istˈ: *die Sorben sind eine ~ in Deutschland* ❖ ↗ **Nation**

National|sprache [natsio̯ˈnaːl..], **die** ˈGesamtheit der Formen, in der sich die Sprache einer Nation herausgebildet hat und verwendet wirdˈ: *die deutsche ~* ❖ ↗ **Nation,** ↗ **Sprache**

Natrium [ˈnaːtri̯ʊm], **das;** ~s, ⟨o.Pl.⟩ ˈElement, das als weiches Leichtmetall in der Natur nur in Verbindungen auftritt und mit gelber Flamme brenntˈ /chem. Symb. Na/: ↗ FELD II.5.1: *eine chemische Verbindung aus ~ und Chlor*

Natter [ˈnatɐ], **die;** ~, ~n ˈmeist nicht giftige Schlange, deren Kopf sich deutlich vom Hals abhebt (3.1)ˈ: *eine ~ schlängelt sich durchs Gras;* umg. *sie sprang wie von einer ~ gebissen* (ˈplötzlichˈ) *auf* ❖ **Ringelnatter**

* **eine ~ am Busen nähren** (ˈjmdm. vertrauen und ihm Gutes erweisen, obwohl dieser Böses gegen ihn plantˈ)

Natur [naˈtuːɐ̯], **die;** ~, ~en **1.** ⟨o.Pl.⟩ **1.1.** ˈGesamtheit all dessen, was unabhängig vom menschlichen Tun und Schaffen vorhanden ist, existiert, wirktˈ: *die belebte, unbelebte, organische, anorganische ~; die Gesetze, Kräfte der ~; ~ und Gesellschaft; die ~ wird erhalten, zerstört; in die Geheimnisse der ~ eindringen; der Mensch erforscht die ~; im Einklang mit der ~ leben; die Wunder der ~; der Kristall ist ein Wunderwerk der ~* **1.2.** ˈGesamtheit der Formen, Gebilde von Pflanzen und Tieren, wie sie außerhalb der menschlichen Umgebung existierenˈ:

die blühende, erwachende, märchenhafte ~; ein Stück unberührter ~; das ist unverfälschte ~; die ~ der Bergwelt, des Meeres; die ~ beobachten, genießen; in die ~ hinauswandern **2.** ⟨vorw. Sg.⟩ **2.1.** ˈdie physische Anlage (4) des, eines Menschenˈ: *die menschliche ~; die ~ muss sich selber helfen; das ist gegen, wider die ~; sie ist von ~ blond, etwas fülliger; er hat eine labile, gesunde, kräftige ~* **2.2.** ⟨vorw. Sg.⟩ ˈWesensart, Charakter des, eines Menschenˈ: *er hat eine erregbare, ausgeglichene ~; er ist von ~ aus ängstlich, jähzornig, gutmütig; er kann seine ~ nicht verleugnen; das liegt in der ~ des Menschen; das Lügen wurde ihr zur zweiten ~; vgl. Wesen* **2.3.** ⟨in Verbindung mit best. Adj.⟩ ˈIndividuumˈ: *er ist eine schöpferische, kämpferische ~; sie ist eine von den problematischen ~en* **3.** ˈArt (3.2)ˈ: *Fragen grundsätzlicher, allgemeiner, prinzipieller ~; seine Verletzung ist nur leichter ~; etw. liegt in der ~* (ˈim Wesenˈ) *der Sache* ❖ **Naturell, natürlich, Natürlichkeit** – **Naturereignis, -faser, -forscher,** [1,2]**naturgemäß, Naturgesetz, naturgetreu, -produkt, -schutz, -schutzgebiet, -volk, -wissenschaft, übernatürlich, unnatürlich, widernatürlich;** vgl. **Natur/natur-**

Naturell [naˈtʊʀɛl], **das;** ~s, ~e **1.** ˈWesensart, Charakter eines Menschenˈ; SYN Natur (2.2): *sie hat ein fröhliches, heiteres ~; er hat ein ruhiges ~* **2.** ⟨vorw. Sg.⟩ ˈNatur (2.1)ˈ: *er hat ein gesundes, stabiles, kräftiges ~* ❖ ↗ **Natur**

Natur/natur [naˈtuːɐ̯..]**-ereignis, das** ˈaußergewöhnliches, durch die Natur (1.1) ausgelöstes Ereignisˈ: *ein einmaliges, beeindruckendes, überwältigendes ~; Erdbeben, Vulkanausbrüche sind ~se* ❖ ↗ **ereignen; -faser, die** ˈFaser, die aus natürlichem (I.1) Material (1) hergestellt wirdˈ: *das Gewebe besteht aus einer Mischung von Natur- und Kunstfasern; er verträgt nur ~n* ❖ ↗ **Faser; -forscher, der** ˈjmd., der wissenschaftliche Forschungen im Bereich der Natur (1.1, 1.2) betreibtˈ: *er ist ein berühmter ~* ❖ ↗ **forschen;** **-**[1]**gemäß** ⟨Adj.; o. Steig.⟩ ˈder Natur (1.1) entsprechendˈ: *eine ~e Lebensweise, Ernährung, Kleidung; der Tagesablauf des Menschen hat sich ~ so entwickelt; ~ leben* ❖ ↗ [1]**gemäß;** **-**[2]**gemäß** ⟨Adv.⟩ ˈfolgerichtigˈ: *da er Rentner ist, hat er ~ viel Zeit; das ist ~ nicht anders* ❖ ↗ [1]**gemäß; -gesetz, das** ˈin der Natur (1.1) unabhängig vom Menschen wirkendes Gesetzˈ: *die ~e erforschen; die Fortpflanzung ist ein ~* ❖ ↗ **Gesetz; -getreu** ⟨Adj.; Steig. reg., ungebr.⟩ ˈdie Wirklichkeit adäquat wiedergebendˈ: *eine ~e Darstellung der Ereignisse; etw. ~ zeichnen, malen; er hat ihr Wesen ~ nachempfunden* ❖ ↗ **treu**

natürlich [naˈtyːɐ̯..] **I.** ⟨Adj.⟩ **1.** ⟨o. Steig.; nicht bei Vb.; vorw. attr.⟩ ˈso wie es in der Natur vorkommt, von Natur (1.1) aus gegeben istˈ: *~e Rohstoffe; jmds. ~e Anlagen; die ~en Bedingungen der Umwelt; ein Fluss, Gebirge als ~e Grenze eines Landes; ~es* (ANT künstliches 1) *Licht* (ˈTageslichtˈ); *eines ~en Todes sterben* **2.** ⟨Steig. reg., ungebr.⟩ **2.1.** ˈder Wirklichkeit entsprechendˈ: *das Foto ist sehr ~ geworden; der Maler hat sie sehr ~ gemalt; das ist* *ihre ~e Größe, Haarfarbe* **2.2.** ⟨nicht bei Vb.; vorw. attr.⟩ 'den biologischen Gegebenheiten u. Bedürfnissen des Menschen entsprechend' /vorw. auf Psychisches bez./: *ein ~es Bedürfnis, einen ~en Widerwillen verspüren* **2.3.** ⟨nicht bei Vb.⟩ 'folgerichtig': *eine ~ Reaktion; die Dinge ihren ~en Gang gehen lassen; es ist nur ~, dass sie so reagiert* **2.4.** 'den Naturgesetzen entsprechend': *der ~e Verlauf eines Prozesses; es scheint, als könnte es nicht mit ~en Dingen zugegangen sein* **3.** ⟨o. Steig.; vorw. attr.⟩ 'der physischen und psychischen Anlage des, eines Menschen entsprechend': *sie besaß einen ~en Charme; ~ gewelltes Haar; eine ~e Begabung für etw. haben, besitzen; ihre ~e* (SYN 'ursprüngliche 3') *Musikalität* **4.** 'ungezwungen und aufgeschlossen'; ANT affektiert, manieriert /vorw. auf menschliches Verhalten, auf bestimmte Tätigkeiten bez./; ↗ FELD I.2.3: *er ist ein ~er Mensch; sein ~es Benehmen; sie benimmt sich, spricht, ist ganz ~* **5.** ⟨o. Steig.; nur attr.⟩ Math. *die ~en* ('positiven') *Zahlen* — **II.** ⟨Satzadv.⟩ **1.** 'zweifellos': *er hat ~ übertrieben; ~ habe ich es bemerkt; du hast ~ Recht* **2.** 'den Erwartungen entsprechend': *er kam ~ wieder zu spät, war ~ wieder nicht vorbereitet* — **III.** /als eine nachdrückliche positive Antwort auf eine Entscheidungsfrage od. als Verstärkung von *nicht* in einer Antwort/; SYN gewiss (III): *„Hast du dir das alles genau überlegt?" „Natürlich (nicht)!"* ❖ ↗ **Natur**

Natürlichkeit [nɑˈtyːɐ̯lɪç..], die; ~, ⟨o.Pl.⟩ /zu *natürlich* I.2.1,2.2,2.4,4/ 'das Natürlichsein'; /zu 2.1/: *die ~ der bildnerischen Darstellung;* /zu 4./: *sich seine ~ bewahren* ❖ ↗ **Natur**

Natur [nɑˈtuːɐ̯..]**-produkt, das 1.** 'natürlicher (I.1.1.) Rohstoff': *~e wie Holz, Kautschuk od. Kork verwenden; Handel mit ~en; ~e verwenden* **2.** 'landwirtschaftliches Erzeugnis': *Eier, Mehl, Quark, Käse sind ~e* ❖ ↗ produzieren; **-schutz, der** 'Gesamtheit der (gesetzlichen) Maßnahmen zum Schutz und zur Erhaltung gefährdeter Pflanzen, Tiere, Landschaften': *etw. steht unter ~* 'für etw. gelten die Regelungen des Naturschutzes': *diese Blumen, Eichen stehen, dieses Gebiet steht unter ~; etw. unter ~ stellen* 'festlegen, dass für etw die Regelungen des Naturschutzes gelten': *Pflanzen, eine Pflanze, Tierarten, eine Tierart unter ~ stellen* ❖ ↗ schützen; **-schutzgebiet, das** 'Gebiet, das unter Naturschutz steht': *die ~e markieren; Teile einer Landschaft zum ~ erklären* ❖ ↗ schützen, ↗ Gebiet; **-volk, das** 'ohne Einflüsse der Zivilisation auf der Stufe der Urgesellschaft lebendes Volk': *die am Amazonas lebenden Naturvölker*; **-wissenschaft, die** 'Wissenschaft, die die organische und anorganische Natur (1.1) zum Gegenstand hat und die Beziehung des Menschen zur Natur einschließt': *~ studieren; sich mit ~en beschäftigen* ❖ ↗ wissen

Nebel [ˈneːbl̩], der; ~s, ~ 'wolkenartiger Dunst über dem Erdboden, in der Luft, der die Sicht einschränkt': *dichter, nasser, kalter ~; künstlicher ~; der ~ steigt, fällt, hängt tief, verzieht sich; im ~*

umherirren; die Sonnenstrahlen drangen durch den ~, konnten den ~ nicht durchdringen ❖ **neblig**

neben [ˈneːbm̩] ⟨Präp. mit Akk. u. Dat.; vorangestellt⟩ **1.** ⟨mit Akk.⟩ /lokal; gibt bei einer Bewegung die Richtung auf die Seite von jmdm., etw. an/: *er setzte sich ~ sie; er stellte die Schuhe ~ die Tür; ich legte das Besteck ~ den Teller* **2.** ⟨mit Dat.⟩ /lokal; gibt eine Lage unmittelbar an der Seite von jmdm., etw. an/: *er saß ~ ihr; die Schuhe standen ~ der Tür; das Besteck lag rechts ~ dem Teller* **3.** ⟨mit Dat.⟩ /gibt an, dass etw., jmd. zu einer Menge anderer Sachen, Personen gerechnet werden muss/; SYN außer (1.2): *sie leistet ~ ihrer beruflichen Arbeit noch viel im Haushalt; er beschäftigt sich ~ seinem Studium mit Archäologie; an der Demonstration nahmen ~ Gewerkschaftern (auch, noch) viele andere Betriebsangehörige teil* ❖ **nebst**; vgl. **neben/Neben-;** vgl. auch **daneben**

Neben- /bildet mit dem zweiten Bestandteil Substantive; drückt aus, dass das im zweiten Bestandteil Genannte neben einem anderen, dem eigentlichen, besteht od. entsteht (und weniger wichtig ist): ↗ z. B. *Nebenfluss, Nebenwirkung*

neben/Neben- [ˈ..]|**-an** [..ˈ|an] ⟨Adv.; auch attr., dem Subst. nachgestellt⟩ 'im Haus, in der Wohnung, im Zimmer unmittelbar seitlich angrenzend'; ↗ FELD IV.3.3: *das Haus ~; ~ wohnt ein Freund;* ⟨+ Präp. *nach, von*⟩ *nach ~* ('ins angrenzende Zimmer') *gehen; von ~ hörte man Stimmen* ❖ ↗ ²an; **-bei** [..ˈb..] ⟨Adv.⟩ **1.** 'beiläufig': *er hat das nur ~ gesagt, bemerkt, erwähnt; er fragte (so) ~, ob ...* **2.** 'neben der eigentlichen Tätigkeit': *~ arbeitet er an einer Erfindung, an seinem Diplom, seiner Dissertation; etw. ~* (SYN 'zusätzlich') *verdienen* ❖ vgl. bei; **-einander** [ain'andɐ] ⟨Adv.⟩ **1.** 'einer, eine, eines neben dem, der anderen'; ↗ FELD IV.3.3: *sich ~ aufstellen; die Bücher, Schallplatten stehen ~ im Regal; die Mäntel hängen ~* **2.** 'einer, eine, eines neben den anderen, die, das andere': *die Bücher ~ in das Regal stellen* **3.** 'zugleich (zusammen) mit anderen': *verträglich, friedlich ~ leben; das friedliche Nebeneinander der Konfessionen* ❖ ↗ ¹ein, ↗ anderer; **-fluss, der** 'Fluss, der in einen anderen, größeren mündet': *ein ~ der Elbe, Donau; der Amazonas hat zahlreiche Nebenflüsse* ❖ ↗ fließen; **-kosten, die** ⟨Pl.⟩ 'Kosten, die zusätzlich zu einer Ausgabe od. zusätzlich zur Miete für bestimmte Leistungen entstehen': *die ~ belaufen sich auf 200 Mark; beim Bau des Hauses entstanden viele ~* ❖ ↗ kosten; **-sache, die** 'Angelegenheit von geringer Bedeutung': *das ist (doch) ~!; halte dich nicht mit ~n auf!; sich nicht mit ~n abgeben*; vgl. Hauptsache ❖ ↗ Sache; **-sächlich** ⟨Adj.; Steig. reg.; nicht bei Vb.⟩ 'nicht wichtig' /auf Abstraktes bez./: *eine ~e Angelegenheit; das ist doch ~* ❖ ↗ Sache; **-straße, die** 'untergeordnete Straße, die von einer Hauptstraße abzweigt'; ANT Hauptstraße (1): *eine ruhige ~; das Haus ist in einer ~ gelegen*; vgl. Hauptstraße ❖ ↗ Straße; **-wirkung, die** ⟨vorw. Pl.⟩ 'bei etw. auftretende zusätzliche Wirkung, die nicht beabsichtigt, erwünscht ist': *es* *können hierbei, bei dieser Therapie unbedeutende, schädliche ~en auftreten; ein Medikament mit ~en* ❖ ↗ **wirken**

neblig ['neːblɪç] ⟨Adj.; Steig. reg.; nicht bei Vb.⟩ 'mit Nebel': *~es Wetter; ein ~er Herbst, Novembertag; ein ~es Tal; draußen wird, ist es ~* ❖ ↗ **Nebel**

nebst [neːpst] ⟨Präp. mit Dat.; meist o. Kasusforderung⟩ /gibt an, dass die mit *nebst* verbundene Person, Sache als begleitend interpretiert werden kann/ geh., auch amtsspr.: *der Minister ~ Gattin war zum Empfang erschienen; Herr Meyer ~ Angehörigen* ❖ ↗ **neben**

necken ['nɛkn̩] ⟨reg. Vb.; hat⟩ /jmd./ *jmdn. ~* 'jmdn. aus Spaß mit harmlosen, scherzhaften Äußerungen, Handlungen reizen'; SYN aufziehen (8): *er neckt sie gern; er neckte sie zum Spaß;* ⟨rez.⟩ *sie neckten sich ständig* ❖ **neckisch**

neckisch ['nɛk..] ⟨Adj.; Steig. reg., ungebr.⟩ 'schelmisch' /beschränkt verbindbar/: *ihr ~es Lachen; jmdn. ~ anlachen, ansehen* ❖ ↗ **necken**

Neffe ['nɛfə], der; ~n, ~n 'Sohn von jmds. Bruder, Schwester, Schwager, Schwägerin'; ↗ FELD I.9.1: *er ist mein ~; meine beiden ~n kommen zu Besuch;* vgl. *Nichte*

Negation [negaˈtsi̯oːn], **die**; ~, ~en 'das Ablehnen (↗ *ablehnen* 4.1)': *die ~ eines Prinzips, jeder Ordnung; die ~ einer veralteten Rechtsauffassung*

negativ ['neːgatiːf/negaˈtiːf] ⟨Adj.⟩ ANT positiv **1.1.** ⟨o. Steig.⟩ 'eine Ablehnung enthaltend, ausdrückend': *ein ~er Bescheid; eine ~e Antwort; eine ~e Haltung einnehmen; er hat sich ~ entschieden; sich ~ über etw. äußern* **1.2.** ⟨Steig. reg.⟩ 'nachteilig, ungünstig' /auf Abstraktes bez./: *eine ~e Entwicklung; etw. verläuft ~; die neue Umgebung hat sich ~ auf seine Entwicklung ausgewirkt* **1.3.** ⟨o. Steig.; nicht bei Vb.⟩ /beschränkt verbindbar/ *ein ~er* ('den Verdacht auf eine Krankheit nicht bestätigender') *Befund; der Befund war ~* **2.** ⟨o. Steig.⟩ Phys. /beschränkt verbindbar/: *der ~e Pol* 'der Pol, an dem ein Überschuss an Elektronen besteht': *die Elektrode ist ~ geladen* ❖ **Negativ**

Negativ, das; ~s, ~e 'entwickeltes Foto, auf dem Helles dunkel und Dunkles hell erscheint; Foto, von dem man einen Abzug herstellen kann': *Kopie vom ~ herstellen;* vgl. *Positiv* ❖ ↗ **negativ**

Neger ['neːgɐ], der; ~s, ~ 'bes. in Afrika lebender Mensch mit dunkler Hautfarbe und meist krausem Haar' /oft als herabsetzend empfunden/: *der Kampf der ~ um ihre Gleichberechtigung;* umg. scherzh. *er kam aus dem Urlaub schwarz wie ein ~ zurück;* vgl. *Schwarze*

nehmen ['neːmən] (er nimmt [nɪmt]) nahm [naːm], hat genommen [gəˈnɔmən] **1.1.** /jmd./ *etw. ~* 'etw. in bestimmter Absicht mit der Hand, den Händen fassend festhalten'; SYN ergreifen; ANT geben: *das Buch, Lineal, den Hammer, Eimer ~; sie nahm seinen Arm und stützte sich auf ihn; etw. in die Hand ~* ('fassen und in der Hand halten'); *jmdn. bei der Hand ~* ('jmdn. an die Hand fassen, um ihn zu geleiten') **1.2.** /jmd./ *etw., jmdn. irgendwoher, irgend-*

wohin ~ 'etw., jmdn. durch Nehmen (1.1) von irgendwo entfernen und zu sich heranholen od. irgendwohin befördern (1)': *die Gläser aus dem Schrank, das Bild von der Wand ~; er nahm die Flaschen aus dem Beutel; sie nahm das Kind aus dem Kinderwagen, auf den Arm; jmdn. in seine Arme ~* ('jmdn. umarmen'); *er nahm seine Tasche unter den Arm; die Hände aus den Taschen ~* **1.3.** /jmd./ *etw. ~* 'etw. Angebotenes durch Nehmen (1.1) in seinen Besitz bringen': *nimm noch ein Stück Kuchen; er nahm nichts von dem Konfekt; sich* ⟨Dat.⟩ *etw. ~: er hat sich eine Zigarette genommen* **1.4.** /jmd./ *etw. ~* SYN 'etw. stehlen': *der Dieb hat den ganzen Schmuck genommen* **1.5.** /jmd., jeweils aus der Sicht der Frau, des Mannes/ *sich* ⟨Dat.⟩ *eine Frau, einen Mann ~* ('sich für sie, ihn entscheiden und heiraten'); *jmdn. ~: er hat sie, sie hat ihn genommen* **1.6.** /Truppen/ *eine Festung, Stellung ~* ('erobern') **1.7.** /jmd./ *etw. an sich ~* 'etw. nehmen (1.1), um es zu verwahren': *er hat die Papiere, den Schlüssel an sich genommen; nimm das bitte an dich und hebe es gut auf!* **1.8.** /jmd./ *etw. zu etw.* ⟨Dat.⟩ *~* 'etw. zu einer bestimmten Tätigkeit verwenden': *er nimmt gern einen weichen Bleistift zum Zeichnen, einen breiten Pinsel zum Malen; sie nimmt Butter zum Braten;* veraltend *man nehme …* /Einleitung von Kochrezepten/ **1.9.** /jmd./ *etw. zu sich* ⟨Dat.⟩ *~* 'etw. essen, trinken, schlucken'; ↗ FELD I.8.2: *du musst noch etwas zu dir ~, ehe du gehst; etw. ~: er nahm einen Schluck Wein; ich habe meine Medizin schon genommen; wir ~ das Frühstück um sieben Uhr; ich will noch einen ~* ('einen Schnaps trinken'); *er hat Gift genommen* ('durch Schlucken von Gift Selbstmord verübt') **2.** /jmd./ *jmdn. ~* 'jmdn. mit einer Tätigkeit beauftragen, seine Leistungen (3) nutzen und ihn dafür bezahlen': *einen Rechtsanwalt ~; eine Haushälterin, Putzfrau ~; sich* ⟨Dat.⟩ *jmdn. ~: ich nehme mir einen Anwalt* **3.** /jmd./ *etw. ~* **3.1.** 'etw. als Verkehrsmittel benutzen': *wollen wir ~ ein Taxi ~?; den Bus ~; er hat den Zug und nicht das Auto genommen* **3.2.** 'von etw., worauf man Anspruch hat, Gebrauch machen': *Urlaub ~; (sich* ⟨Dat.⟩*) einen freien Tag ~; (sich* ⟨Dat.⟩*) frei ~: er nahm sich* ⟨Dat.⟩ *die Zeit* ('verwendete seine Zeit dafür'), *uns zu besuchen* **3.3.** 'etw. kaufen': *hast du das Haus genommen?; ich habe das Grundstück nicht genommen; ich werde das Kleid, die Hose wohl doch ~* **3.4.** 'etw. seinen Bedürfnissen entsprechend auswählen und nutzen': *ich werde die Wohnung ~* ('mieten'); *er hat die Arbeit genommen* ('angenommen') **4.** /jmd./ *etw. für etw. ~* 'etw. für eine Leistung verlangen': *er nimmt 15 Mark (für) die Stunde; sie nimmt 3 Mark fürs Kilo Äpfel; er hat nichts dafür genommen* **5.1.** /jmd., etw./ *jmdm. etw., jmdn. ~* 'jmdm. etw., das für sein psychisches Wohlbefinden wichtig ist, entziehen, jmdm. jmdn. wegnehmen': *du nimmst mir die Sicht; jmdm. die Hoffnung, Freude, den Spaß ~; das hat uns alle Illusionen genommen; der Tod hat ihr den Mann genommen* **5.2.** /jmd., etw./ *jmdm. etw. ~* 'jmdn. von einer psychischen

Last befreien': *jmdm. die Angst, Ungewissheit ~; das hat mir die Sorge darüber genommen* **6.** /jmd., Fahrzeug/ *einen Weg, eine Richtung ~* 'einen Weg, eine Richtung wählen, einschlagen (6)': *du solltest den kürzesten Weg ~; er, das Auto nahm die Richtung durch den Wald, die Stadt* **7.** /jmd./ *jmdn. irgendwohin ~* 'jmdn. als Gast bei sich aufnehmen, jmdn. beherbergen': *die Großeltern ins Haus, die Waisen ins Heim ~; jmdn. zu sich* ⟨Dat.⟩ *~: ich habe meine kranke Mutter zu mir genommen* **8.** /jmd/ **8.1.** *etw. für, als etw. ~* 'etw. für etw. ansehen, halten': *etw. als gutes Zeichen, als ein gutes Omen ~; den guten Willen für die Tat ~; er nahm diese Äußerung als Bekenntnis* **8.2.** *etw., jmdn., sich irgendwie ~* 'etw., jmdn., sich irgendwie auffassen, betrachten': *das musst du nicht so tragisch, ernst ~!; eine Sache von der heiteren Seite ~; etw., jmdn. nicht wörtlich ~; er nahm sich (*'hielt sich für') *sehr wichtig; jmdn. nicht ernst ~* ('jmds. Worten und Taten keine besondere Bedeutung beimessen'); *etw. sehr genau ~* ('in bestimmter Hinsicht sehr gewissenhaft, sorgfältig sein'); *jmdn., etw. ~, wie er, es ist* ('sich mit jmdm., etw. abfinden') **8.3.** *jmdn. zu ~ verstehen, wissen* 'es verstehen, mit jmdm. in angemessener Weise umzugehen': *er versteht seine Mitarbeiter zu ~; sie weiß ihn zu ~* **9.** /jmd./ *etw. auf sich ~* 'etw. übernehmen': *die Schuld, Verantwortung auf sich ~; er hat es auf sich genommen, das Projekt zu vollenden* **10.** /jmd., etw./ *etw. ~* 'ein Hindernis im Weg laufend, fahrend bewältigen': *eine Hürde, ein Hindernis ~; er nimmt zwei Stufen auf einmal; der Wagen nimmt die Steigung im 3. Gang* **11.** ⟨oft im Pass.⟩ /jmd./ *etw. auf Band ~* 'etw. aufnehmen (12)': *ein Orchesterstück auf Band ~* **12.** /jmd./ *einen Abdruck, Abguss von etw., jmdn. ~* ('herstellen') **13.1.** *~ wir ...* /dient als Einleitung eines (fiktiven) Beispiels/: *~ wir den Fall, dass ...* ('nehmen wir einmal an, dass sich folgender Fall ereignen könnte'); *~ wir historische Persönlichkeiten wie Friedrich den Zweiten* ('beziehen wir uns auf historische Persönlichkeiten von der Größe Friedrichs des Zweiten') ... **13.2.** /in der kommunikativen Wendung/ *wie man's nimmt* /sagt jmd., wenn er meint, dass man eine Sache von verschiedenen Seiten sehen kann/: *„Bist du mit der neuen Arbeit zufrieden?" „Naja, wie man's nimmt, ich verdiene zwar weniger, aber das Arbeitsklima ist besser als vorher."* **14.** /abgeblasst in Verbindung mit best. Subst., z. B./: /jmd./ ↗ *Abschied ~;* /etw./ *seinen/ihren* ↗ *Anfang (1) ~;* /jmd./ *etw. in* ↗ *Angriff ~;* /jmd./ *etw. zum* ↗ *Anlass ~;* /jmd./ *(einen)* ↗ *Anlauf ~;* /jmd./ *an etw.* ↗ *Anstoß ~;* /jmd./ *etw. irgendwie* ↗ *Anteil ~;* /etw./ *einen* ↗ *Aufschwung ~;* /jmd./ *ein* ↗ *Bad ~;* /jmd./ *etw. in* ↗ *Besitz ~;* /jmd./ *etw. in* ↗ *Betrieb ~;* /jmd./ *auf etw., jmdn.* ↗ *Bezug nehmen;* /jmd./ *auf etw.* ↗ *Einfluss ~;* /jmd./ *etw. in* ↗ *Empfang ~;* /etw./ *kein* ↗ *Ende ~;* /etw./ *eine bestimmte* ↗ *Entwicklung ~;* /jmd./ *etw. in* ↗ *Gebrauch ~;* /jmd./ *jmdn. in* ↗ *Gewahrsam, Haft ~;* /jmd./ *von etw.* ↗ *Kenntnis ~; etw. zur* ↗ *Kenntnis ~;* /jmd./

↗ *Maß ~;* /jmd./ *jmdn., etw. in seine* ↗ *Obhut ~;* /jmd./ *an jmdn.* ↗ *Rache ~;* /jmd./ *auf jmdn., etw.* ↗ *Rücksicht ~;* /jmd./ *jmdn. ins* ↗ *Verhör ~;* /jmd./ *etw. in* ↗ *Zahlung ~* ❖ **entnehmen, unbenommen, vernehmen, Vernehmung – Abnahme, abnehmen, Abnehmer, Annahme, annehmen, Anteilnahme, Arbeitnehmer, Aufnahme, aufnehmen, ausgenommen, Ausnahme, ausnehmen, beschlagnahmen, Bezugnahme, durchnehmen, einnehmen, entgegennehmen, Festnahme, festnehmen, herausnehmen, hinnehmen, hochnehmen, Inanspruchnahme, malnehmen, Maßnahme, mitgenommen, mitnehmen, Nachnahme, Röntgenaufnahme, Rücksichtnahme, Sinneswahrnehmung, Stellungnahme, teilnahmslos, Teilnahmslosigkeit, teilnahmsvoll, teilnehmen, Teilnehmer, Teilnehmerin, Trickaufnahme, übernehmen, Unannehmlichkeit, unternehmen (1.2), vereinnahmen, Verkehrsteilnehmer, voreingenommen, vornehmen, vorwegnehmen, wahrnehmen, Wahrnehmung, wegnehmen, Zunahme, zunehmen, zurücknehmen**

Neid [naịt], *der;* ~s/auch ~es, ⟨o.Pl.⟩ 'quälendes Gefühl der Unzufriedenheit, etw. unbedingt besitzen, haben, können zu wollen, was ein anderer besitzt, hat, kann'; SYN Missgunst; ↗ FELD I.2.1, 6.1: *blanker, giftiger ~; der ~ plagt, quält ihn, zehrt an ihm; jmds. ~ erregen, erwecken; jmd. platzt fast vor ~; das hat er aus ~ getan* ❖ **beneiden, neiden, neidisch – beneidenswert**

* /jmd./ *blass/gelb/grün vor ~ werden* 'sehr neidisch sein, sich vor Neid sehr ärgern': *als er von meinem Glück hörte, als er unser neues Auto sah, wurde er ganz grün vor ~; das muss der ~ ihm/ihr lassen* ⟨meist einer positiven Beurteilung voran- od. nachgestellt⟩ 'das muss man trotz alledem, trotz mancher Einschränkung, was ihn, sie betrifft, anerkennen': *diese Aufgabe hat sie sehr gut erfüllt, das muss der ~ ihr lassen!*

neiden [naịdn̩], neidete, hat geneidet /jmd./ *jmdm. etw. ~* SYN 'jmdm. etw. missgönnen'; ↗ FELD I.2.2, 6.2: *er neidet ihm sein Glück, seinen Erfolg; er neidet ihm sein ungebundenes, sorgloses Leben, seinen Wohlstand, sein schönes Haus* ❖ ↗ **Neid**

neidisch ['naịd..] ⟨Adj.; Steig. reg.⟩ SYN 'missgünstig' /vorw. auf Personen bezogen/; ↗ FELD I.6.3: *ein ~er Kollege; ~e Blicke auf etw. werfen; ~ auf etw., jmdn. sein: der Nachbar war ~ auf unser neues Haus; auf jmdn., jmds. Erfolg ~ sein; jmdn. ~ anschauen* ❖ ↗ **Neid**

neigen ['naịgn̩] ⟨reg. Vb.; hat **1.1.** /jmd./ *etw. ~* 'etw., bes. den Körper, einen Gegenstand, in eine schräge Lage (1) bringen'; ↗ FELD IV.2.2: *den Oberkörper, den Kopf zur Seite, nach vorne ~; eine Kiste, einen Schrank zur Seite ~; ein Glas ~* **1.2.** /jmd./ *sich irgendwohin ~* 'den Oberkörper irgendwohin, bes. nach vorn, zur Seite, in Richtung auf jmdn., etw. zu bewegen (1.2)': *er neigte sich zu mir; sie neigte sich aus dem Fenster; sie neigte sich über ihr Kind, über das Buch* **1.3.** /etw./ *sich ~* 'sich aus einer senkrechten Stellung zur Seite od. nach unten bewegen': *die Halme, Bäume neigten sich (durch den*

Sturm zu Boden); die Waagschale neigt sich; die Straße neigt sich ('fällt schräg ab') *zum Flussufer* **2.** /jmd./ *zu etw.* ⟨Dat.⟩ ~ **2.1.** 'eine Veranlagung zu etw. haben, zeigen': *er neigt zu Erkältungen, Depressionen, zur Korpulenz; sie neigt zu Übertreibungen;* ⟨+ Nebens. mit Inf. + *zu*⟩ *er neigt dazu, sich vorschnell zu entscheiden* **2.2.** ⟨+ Nebens. mit Inf. + *zu*⟩ 'aus bestimmten Gründen, Überlegungen bereit sein, sich für etw. zu entscheiden': *man neigt heute immer mehr dazu, ökologisch zu bauen, bestimmte Fragen ernster zu nehmen; ich neige mehr und mehr zu der Ansicht, dass* ... **3.** geh. /eine Zeitspanne/ *sich* ~ 'zu Ende gehen': *der Tag, Abend neigt sich; sich seinem Ende* ~: *der Sommer, sein Leben neigt sich seinem Ende* ❖ **Neigung — abgeneigt, Zuneigung**

Neigung ['naig..], **die**; ~, ~en **1.** ⟨vorw. Sg.⟩ 'das Neigen (1.1)' /beschränkt verbindbar/: ⟨+ Gen. attr.⟩ *sie grüßte uns mit einer leichten* ~ *des Kopfes* **2.** 'schräge Lage (1), Stellung (2) von etw.'; ↗ FELD IV.2.1: *die* ~ *der Straße, des Hanges; der Turm hat eine leichte* ~ **3.** ⟨vorw. Sg.⟩ *eine* ~ *zu etw.* ⟨Dat.⟩ 'Veranlagung zu etw.': *er hat eine unbezwingliche* ~ *zum Trinken; eine krankhafte* ~ *zum Essen; eine* ~ *zum Dickwerden* **4.1.** 'psychischer Drang, etw. zu tun, was einem angenehm ist': *einer* ~ *folgen, nachgeben, fröhnen; seine* ~*en unterdrücken* **4.2.** ~ *zu etw.* ⟨Dat.⟩ *haben, zeigen* 'Lust zu etw. haben': ⟨oft verneint; + Nebens.⟩ *er zeigte keine* ~, *sich am Ausflug zu beteiligen* **5.** ⟨vorw. Sg.⟩ SYN 'Zuneigung'; ↗ FELD I.6.1: *eine stille, zarte, heftige* ~; *eine* ~ *zu jmdm. verspüren; jmds.* ~ *nicht erwidern* ❖ ↗ **neigen**

nein [nain] ⟨Partikel⟩ **1.1.** /dient als Antwort, mit der eine Entscheidungsfrage, Bitte verneint wird/ ⟨betont; steht isoliert od. steht abgesondert vor einer Aussage⟩ *„Warst du gestern im Kino?" „Nein"/ „Nein, ich war gestern nicht im Kino"/„Nein, aber ich will morgen ins Kino"; „Seid ihr fertig?" „Nein, noch nicht!"; „Möchtest du eine Tasse Tee?" „Nein"/ „Nein, danke"; zu etw.* ~ /~*/Nein sagen; zu* ~/*Nein sagen; mit Nein antworten; mit Nein gegen etw. stimmen* **1.2.** /nimmt eine Negation vorweg und betont sie/ ⟨steht einleitend in einem Nachsatz, der den Vordersatz syntaktisch ergänzt⟩ *dich im Stich lassen,* ~, *das kann ich nicht* ('ich kann dich wirklich nicht im Stich lassen')!; *dass er das getan hat,* ~, *das glaube ich nicht; du kannst nicht treu sein,* ~, *das kannst du nicht* **1.3.** /dient zur Bestätigung einer Frage, die eine Negation enthält/ ⟨steht vorw. isoliert⟩ *„Und du willst wirklich nicht mitkommen?" „Nein!"* **2.** emot. ⟨betont⟩ /dient als Steigerung, indem es einen Begriff korrigiert/ ⟨steht separat zwischen zwei Wörtern, von denen das zweite eine Steigerung des ersten darstellt⟩ *Hunderte,* ~, *Tausende waren gekommen; sie lachten,* ~, *sie kreischten vor Vergnügen* **3.** ⟨betont; in Ausrufen⟩ emot. **3.1.** /drückt emphatisch freudiges Erstaunen aus/ ⟨steht abgesondert vor einer Aussage⟩ ~, *ist das schön!;* ~, *so etw. Schönes!* **3.2.** /drückt emphatisch

Überraschung und Zweifel aus/ ⟨steht isoliert⟩: *„Jetzt hat er schon zum dritten Mal geheiratet" „Nein!"* **3.3.** /unterstreicht einen Vorwurf/ ⟨steht isoliert vor einem Fragesatz⟩ ~, *wie konnte er nur sowas tun?* ❖ **verneinen**

* /jmd./ **nicht** ~/**Nein sagen können** 'aus Gutmütigkeit etw. nicht ablehnen können': *er konnte (wieder) nicht* ~/*Nein sagen*

Nelke ['nɛlkə], **die**; ~, ~n **1.** 'wohlriechende Pflanze mit roten, rosa, weißen (gefiederten) Blüten, einem knotigen Stengel und schmalen Blättern'; ↗ FELD II.4.1: ~n *im Garten pflanzen* **2.** 'Blüte von Nelke (1)': *ein Strauß roter* ~n **3.** 'als Gewürz verwendete getrocknete Blüte eines immergrünen Baums': *Birnen mit* ~n *einwecken; Rotkohl mit* ~n *würzen;* ~ *im Mörser zerstoßen*

nennen ['nɛnən], **nannte** ['nantə], **hat genannt** [gə'nant] **1.1.** /jmd./ *jmdm., etw.* ⟨+ Namen⟩ ~ 'jmdm. einen Eigennamen, einer Sache eine Bezeichnung geben': *sie nannte ihren Sohn Peter, ihre Tochter Anne;* ~ *wir die unbekannte Größe x* **1.2.** /jmd./ *jmdn., etw.* ⟨+ Name⟩ ~ 'eine Bezeichnung für jmdn., etw. gebrauchen': *jmdn. Schatz, Liebling* ~; *sie nannten ihn Hänschen; er nannte sein Auto „Silberpfeil"* **1.3.** /jmd./ *jmdn. etw.* ~ 'jmdn. als etw. bezeichnen': *der Lehrer nannte den Schüler einen Dummkopf; sie nannten ihn einen Helden; jmdn. irgendwie* ~; ~ *jmdn. dumm, gescheit, klug, langweilig, geistreich* ~; *jmdn. tapfer* ~ **1.4.** /jmd., etw., vorw. so etw., so einer/ *sich, etw. irgendwie* ~ 'sich, etw. im Widerspruch zur Realität eine Bezeichnung geben': *er nennt sich Schriftsteller; und so etw. nennt sich, nennt man nun Luxushotel; und so einer nennt sich Freund, Experte* **2.** /jmd., Institution/ *etw., jmdn.* ~ 'etw. mitteilen, über jmdn., einen gegebenen Sachverhalt informieren': *er nannte einen Termin; die Regierung nannte die zukünftigen Aufgaben; im Bericht wurden verschiedene Namen genannt; jmdm. etw., jmdn.* ~: *sie nannte ihm die Adresse, die Namen der Teilnehmer; er nannte dem Leiter, der Abteilung die Themen* ❖ **ernennen, Nenner — benennen, nennenswert**

nennenswert ['nɛnəns..] ⟨Adj.; Steig. reg.; nicht bei Vb.⟩ 'so bedeutend, wichtig, dass es wert ist, es zu erwähnen': ⟨vorw. verneint⟩ *ein* ~er *Erfolg; ein* ~es *Ergebnis; es ist nichts Nennenswertes passiert; etw. ohne* ~e *Schwierigkeiten erledigen; keine* ~en *Mittel besitzen; das ist nicht* ~ ❖ ↗ **nennen**, ↗ **wert**

Nenner ['nɛnɐ], **der**; ~s, ~ Math. 'Zahl, die in einem Bruch unter dem Bruchstrich steht': *eine Bruchzahl besteht aus Zähler und* ~; *der* ~ *von ¼ ist 4; mehrere Brüche auf einen* ~ *bringen; vgl. Zähler* ❖ ↗ **nennen**

* /jmd./ **zwei od. mehrere (etw.) auf einen (gemeinsamen)/den gleichen** ~ **bringen** 'mehrere unterschiedliche Dinge in Übereinstimmung bringen': *es war sehr schwer, die Interessen aller Teilnehmer auf einen/auf den gleichen* ~ *zu bringen*

Neon ['ne:|ɔn], **das**; ~s, ⟨o.Pl.⟩ 'Edelgas, das vor allem zum Füllen von Leuchtröhren verwendet wird': *die Röhren enthalten* ~ ❖ **Neonlampe**

Neon|lampe ['..], **die** 'Lampe (1), deren Licht durch eine mit Neon gefüllte Röhre erzeugt wird'; ↗ FELD VI.2.1: *die ~n der Leuchtreklame; das weiße Licht der ~n* ❖ ↗ **Neon,** ↗ **Lampe**

Nerv [nɛʁf], **der**; ~s, ~en **1.** 'Strang (3), der Reize und Impulse zwischen Gehirn, Rückenmark und den Teilen des Organismus leitet'; ↗ FELD I.1.1: *motorische, vegetative, sensitive ~n; der ~ ist eingeklemmt; den ~ eines Zahns töten, ziehen; einen ~* ('eine empfindliche Stelle') *treffen* **2.** ⟨nur im Pl.⟩ 'die nervliche, psychische Konstitution eines Menschen': *gute, schlechte, starke, schwache ~n haben; er hatte ~en aus Stahl* ('sehr starke Nerven'); umg. *er ist mit den ~n am Ende, herunter; seine ~en haben in der Situation versagt; meine ~en halten das nicht aus!; dafür habe ich, hast du nicht die ~en* ('das halte ich, hältst du nervlich nicht durch')! *etw. zerrt an jmds. ~en* ('etw. belastet jmdn. nervlich ständig'); *die ~en* ('die Beherrschung') *behalten, verlieren; das kostet ~en* ('das beansprucht jmdn. nervlich stark') **3.** /in der kommunikativen Wendung/ *du hast vielleicht ~en!* /sagt jmd. zu jmdm., wenn er ihm deutlich machen will, dass dieser in einer bestimmten Situation Unmögliches tut, erwartet, verlangt/ ❖ **nerven, nervlich, nervös, Nervosität** – **Nervensäge, -system**

* *jmdm.* **gehen die ~en durch** 'jmd. ist so gereizt, dass er etw. Unvernünftiges tut': *tut mir Leid, mir sind in dieser Situation einfach die ~en durchgegangen;* /jmd./ **jmdm. auf die ~n gehen/fallen** 'jmdn. lästig sein und ihn nervös machen': *mit seinen Extrawünschen fällt er mir ganz schön auf die ~n!;* **etw. geht (jmdm.) an die ~en** ('etw. belastet jmdn. nervlich sehr'); /jmd./ **jmdm. den (letzten) ~ rauben/töten** 'jmdn. ständig belästigen und dadurch sehr nervös machen': *wenn B nach mir fragt, bin ich nicht da, der tötet mir den letzten ~!;* /jmd./ **~en wie Drahtseile** ('sehr starke Nerven') **haben:** *er hat ~en wie Drahtseile*

nerven ['nɛʁfn̩] ⟨reg. Vb.; hat⟩ /jmd., etw./ *jmdn ~* 'jmdn. (durch sein Verhalten) nervös und ärgerlich machen': *was willst du schon wieder, du nervst mich!; diese ewige Hektik nervt mich!* ❖ ↗ **Nerv**

Nerven ['nɛʁfn̩..]|**-säge, die** 'jmd., der andere durch sein Verhalten nervös macht': *weißt du, was du bist? Du bist eine ~!* ❖ ↗ **Nerv,** ↗ **Säge; -system, das** ⟨o.Pl.⟩ vorw. fachspr. 'Gesamtheit der Nerven eines Menschen, eines Tiers': *das vegetative ~; die Erkrankung des ~s* ❖ ↗ **Nerv,** ↗ **System**

nervlich ['nɛʁf..] ⟨Adj.; o. Steig.; nicht präd.⟩ 'die, jmds. Nerven betreffend': *er ist ~ sehr beansprucht; seine ~e Belastung ist groß; etw. ist ~ bedingt; das belastet, beansprucht mich ~ sehr* ❖ ↗ **Nerv**

nervös [nɛʁ'vøːs] ⟨Adj.⟩ **1.1.** ⟨Steig. reg.⟩ 'leicht reizbar, erregbar'; /vorw. auf Personen, Psychisches bez./: *ein ~er* (ANT ¹ruhiger 4) *Mensch; ein ~es Kind; eine ~e Unruhe, Erregung; er ist sehr ~; bei der Warterei kann man ja ~ werden; dieser Lärm macht mich ~* **1.2.** ⟨o. Steig.; nicht präd.⟩ 'Unruhe, Ungeduld ausdrückend': *~ mit den Fingern auf*

dem Tisch trommeln; sich ~ durchs Haar streichen; sie lachte ~; ein ~es Lachen; er machte einen ~en Eindruck ❖ ↗ **Nerv**

Nervosität [nɛʁvozitɛːt/..'teːt], **die**; ~, ⟨o.Pl.⟩ /zu nervös 1.1/ 'das Nervössein'; ↗ FELD I.2.1: *er klagt über ~; seine ~ nimmt zu; vor ~ zittern; langsam verging ihre ~* ❖ ↗ **Nerv**

Nerz [nɛʁts], **der**; ~es, ~e **1.** 'dem Marder ähnliches, nachts aktives kleines Raubtier mit langem Körper, langem, buschigem Schwanz und braunem, wertvollem Fell'; ↗ FELD II.3.1: *~e züchten; ~e schwimmen, tauchen gut* **2.1.** 'Fell von Nerz (1)': *ein sektfarbener ~; der ~ ist gefärbt; einen Mantel mit ~ besetzen* **2.2.** 'Mantel aus Nerz (2.1)': *sie kauft, trägt einen ~*

Nessel ['nɛsl̩], **die**; ~, ~n 'Brennnessel': *sich an ~n die Finger verbrennen* ❖ **Brennnessel**

* /jmd./ **sich (mit etw.** ⟨Dat.⟩**) in die ~n setzen** 'sich durch eigenes Verschulden in eine unangenehme Lage bringen': *mit dieser Behauptung hat er sich ganz schön in die ~n gesetzt*

Nest [nɛst], **das**; ~s/ ~es, ~er **1.** 'meist rundes Gebilde aus verschiedenartigem Material wie Zweigen, Gräsern, Federn, das von Vögeln (und kleineren Säugetieren) geschaffen wurde und zum Wohnen, Brüten und zur Aufzucht dient' (↗ TABL Vögel): *im Baum, Busch, unterm Dach ist ein ~; ein leeres ~; im ~ sitzt ein Vogel; ein ~ bauen, verlassen; ein ~ ausnehmen* ('die Eier, Jungen aus dem Nest nehmen'); *ein Junges ist aus dem ~ gefallen* **2.** umg. scherzh. 'Bett': *ins ~ kriechen; nun aber schnell ins ~!* **3.** umg., emot. neg. 'kleiner, meist abgelegener Ort': *N ist ein unscheinbares, ödes, langweiliges, gottverlassenes ~; er wohnt in so einem kleinen ~ im Gebirge* **4.** 'Versteck von Kriminellen': *das ~ der Bande ausfindig machen; die Polizei hat das ~ ausgehoben* ('die Kriminellen gefunden und eingesperrt') ❖ **nisten**

* /jmd./ **das eigene/sein eigenes ~ beschmutzen** ('abfällig über den Kreis von Personen reden, dem man selbst angehört'); /jmd./ **sich ins warme ~ setzen** 'durch Heirat (und ohne selbst etwas geleistet zu haben) in bereits vorhandene gute wirtschaftliche Verhältnisse kommen': *der hat sich ins warme ~ gesetzt*

nett [nɛt] ⟨Adj.⟩ **1.1.** ⟨Steig. reg.; nicht bei Vb.⟩ 'freundlich und sympathisch'; ANT unangenehm (2), unfreundlich (1) /auf Personen bez./: *ein ~er Mensch; ein ~es Mädchen; er ist ~, ein ~er Kerl; eine ~e Gesellschaft; ~ zu jmdm. sein; es ist ~* ('freundlich') *von dir, mir zu helfen; sei so ~* ('freundlich') *und ruf mich an* **1.2.** ⟨Steig. reg.; vorw. attr. u. bei Vb.⟩ 'hübsch und ansprechend' /vorw. auf Sachen bez./: *ein ~es Kleid, Zimmer; ein ~er Ort; das sieht ~ aus; sich ~ anziehen, kleiden; der Tisch ist ~ gedeckt* **1.3.** ⟨o. Steig.⟩ iron. *das ist ja eine ~* ('unangenehme') *Überraschung, Geschichte!; das kann ja ~ werden* ('das sind ja schlimme Aussichten'); *na, das ist ja wirklich ~ von dir!* **1.4** ⟨o. Steig.; nicht bei Vb.⟩ 'ziemlich groß,* beträchtlich': *eine ~e Summe kassieren; die Summe ist ja ganz ~!; er bekommt eine ~e Gage*

netto ['nɛto:] ⟨Adv.⟩ **1.1.** ⟨steht vor einer Summe⟩ 'ohne Verpackung' /auf Waren, Sendungen bez./: *das Gewicht der Ware beträgt ~ 500 Gramm* **1.2.** ⟨einer Summe voran- od. nachgestellt⟩ 'nach Abzug der Steuern und ähnlicher Beträge' /auf Lohn, Gehalt bez./: *er verdient ~ 3500 Mark/3500 Mark ~; vgl. brutto* ❖ **Nettolohn**

Netto|lohn ['nɛto..], **der** 'Lohn nach Abzug der Steuern und ähnlicher Beträge': *der ~ beträgt 3000 DM* ❖ ↗ **netto,** ↗ **lohnen**

Netz [nɛts], **das;** ~es, ~e **1.1.** 'flächiges Gebilde aus Fäden, Schnüren od. Drähten, das geflochten od. geknüpft wird, das Zwischenräume aufweist und zum Abdecken od. als Behältnis dient': *ein feines, dünn-, grobmaschiges ~; ~e knüpfen, häkeln, ausbessern; ein ~ vor, über, unter etw. spannen; ein ~ über die Bäume, Sträucher legen* **1.2.** 'Netz (1.1) zum Fangen von Tieren, bes. Fischen': *Fische im ~ fangen; die ~e auswerfen, einholen, trocknen; die Vögel sind ins ~ gegangen* **1.3.** 'Netz (1.1), in dem man die eingekauften Waren nach Hause befördert, trägt'; ↗ FELD V.7.1: *ein ~ mit Flaschen; das Obst ins ~ tun, packen; Einkäufe im ~ nach Hause tragen* **1.4.** 'Netz (1.1), das dem Haar, der Frisur Halt geben soll': *ein ~ über das Haar ziehen* **2.** 'dem Netz (1.1) ähnliches Gebilde, das von Spinnen gesponnen wird': *eine Fliege, Mücke hat sich im ~ gefangen; der Falter ist im ~ hängen geblieben* **3.1.** 'System von Linien (1.2), Strecken, die sich vielfach kreuzen und miteinander verbunden sind und dem Verkehr (1) dienen': *ein ~ von Straßen, Autobahnen; das ~ der Eisenbahnlinien, Flugstrecken; ein ~ von Kanälen, Wasserstraßen; das ~ ausbauen* **3.2.** ⟨vorw. Sg.⟩ 'System miteinander verbundener Leitungen für elektrischen Strom, für Wasser, Abwasser, Gas, Fernsehen o.Ä.': *das öffentliche ~: die Wohnungen, Geräte werden an das (öffentliche) ~ angeschlossen; das Kraftwerk speist Energie ins ~; das ~ ist überlastet, zusammengebrochen* **3.3.** 'System von Einrichtungen, Dingen, Personen gleicher Funktion, die über einen Bereich, ein Gebiet verteilt und untereinander verbunden sind': *ein ~ von Stationen, Stützpunkten; ein ~ von Agenten; ein ~ ausheben, zerreißen* **4.** ⟨vorw. Sg.⟩ emot. neg. *ein ~ von ...* 'eine Vielzahl aufeinander bezogener falscher Aussagen': *ein ~ von Lügen, Intrigen spinnen, zerreißen; sich in ein ~ von Widersprüchen verstricken* ❖ **Stromnetz**
* /jmd., bes. Dieb, Betrüger/ **jmdm. ins ~ gehen** 'von jmdm., einer Institution überlistet und gefangen werden': *endlich ist er uns ins ~ gegangen!; der Betrüger ging der Polizei ins ~*

netzen ['nɛtsn̩] ⟨reg. Vb.; hat⟩ geh. /jmd./ etw. ~ 'etw. auf der Oberfläche feucht machen': *jmdm. die Lippen ~; etw. mit etw. ~: jmds. Stirn mit Wasser ~; sie netzte die Blumen mit Wasser*

neu [nɔɪ] ⟨Adj.⟩ **1.** ⟨Steig. reg.⟩ 'erst seit kurzer Zeit vorhanden'; ANT alt (4): *ein ~es Haus; diese*

Brücke ist ~; ~e Kartoffeln ('von der eben eingebrachten Ernte stammende Kartoffeln'); *diese Einrichtung ist ~* ('erst vor kurzem') *gegründet worden* **2.** ⟨Steig. reg.; nicht bei Vb.⟩ 'jüngst geschehen und noch nicht bekannt' /auf Informationen bez./: *eine ~e Entdeckung, Erfindung; das ist mir ~* ('das wusste ich noch nicht'); *die ~esten Nachrichten* ('Nachrichten von Ereignissen, die gerade geschehen sind'); ⟨subst.⟩ *was gibt es Neues zu berichten?* **3.** ⟨Steig. reg.⟩ 'seit kurzer Zeit vorhanden und anders als bisher': *~e Methoden anwenden; ein neues Leben beginnen wollen; ein ~er Trend; etw. ~* ('nochmals und anders') *durchdenken* **4.** ⟨o. Steig.; nicht bei Vb.⟩ 'zu Vorhandenem od. Vorangegangenem (↗ vorangehen 3) hinzukommend': *ein ~es Kapitel; das ist unser ~er Kollege; er ist ~ im Betrieb* **5.** ⟨o. Steig.; nicht bei Vb.⟩ 'Vorhandenes od. Vorangeganges (↗ vorangehen 3) ablösend od. ersetzend'; ANT alt (3): *er hat eine ~e Adresse; ich brauche ~e Schuhe* **6.1.** 'noch nicht od. sehr wenig gebraucht'; ANT alt (3) /auf Waren bez./: *das Auto ist ganz ~; etw. ~* ('nicht gebraucht') *kaufen* **6.2.** SYN 'frisch (2.2)': *nimm dir ein ~es Taschentuch; ~e Wäsche anziehen* ❖ **erneuern, erneut, neuerdings, Neuerung, Neuheit, Neuigkeit, neulich, Neuling** – **brandneu, nagelneu, neuartig, Neugier, neugierig, Neujahr, -zeit**
* **von ~em/aufs Neue** 'nochmals, noch einmal von vorn': *etw. von ~em, aufs Neue beginnen*

neu/Neu ['..]|**-artig** ⟨Adj.; o. Steig.; vorw. attr.⟩ 'neu (3)' /vorw. auf Abstraktes bez./: *~e Methoden, Formen; ein ~er Baustil; etw. wirkt ~* ❖ ↗ neu, ↗ Art; **-bau, der** ⟨Pl.: ~ten⟩ 'erst vor kurzer Zeit errichtetes Gebäude'; ANT Altbau: *die ~ten in diesem Viertel; in einem ~ wohnen* ❖ ↗ neu, ↗ Bau

neuerdings ['nɔɪ̯ɐdɪŋs] ⟨Adv.⟩ 'seit kurzer Zeit und im Unterschied zu vorher': *~ liest er sehr viel; er kommt ~ selten zu uns* ❖ ↗ neu, ↗ Ding

Neuerung ['nɔɪ̯əR..], **die;** ~, ~en 'etw. Neues, das bisher Gültiges ändert, ablöst od. gegen bisher Gültiges durchgesetzt wird': *technische ~en; das elektrische Licht war eine umwälzende ~; eine ~ einführen, durchsetzen* ❖ ↗ neu

Neu/neu ['..]|**gier/**auch **-gierde** [gi:ɐdə], **die;** ~, ⟨o. Pl.⟩ 'starker Wunsch, (ständig) Neuigkeiten, Mitteilungen zu erfahren (die Angelegenheiten anderer betreffen)'; ↗ FELD I.4.4.1: *jmds. lebhafte, brennende ~; jmdn. mit unverhohlener ~ betrachten; jmdn. aus ~ (etw.) fragen; seine ~ befriedigen; etw. weckt, erregt jmds. ~; seine ~ zügeln; scherzh. er platzt (noch) vor ~* (↗ platzen 2.2) ❖ ↗ neu, ↗ Gier; **-gierig** ⟨Adj.; Steig. reg.⟩ 'voller Neugier'; ↗ FELD I.4.4.3: *~e Blicke, Fragen; eine ~e Person; er ist sehr ~; jmdn. ~ fragen, ansehen, mustern, betrachten; ich bin ~* ('es interessiert mich'), *wie das ausgeht; du machst mich ~* ('ich bin gespannt') *auf jmdn. ~ sein: auf deinen Bruder bin ich ~* ('ich bin gespannt, wie dein Bruder ist') ❖ ↗ neu, ↗ Gier

Neuheit ['..], **die;** ~, ~en 'etw. Neuartiges, bes. neuartiges Produkt': *eine interessante ~ im Angebot;*

diese Artikel waren als ~*en auf der Messe zu sehen* ❖ ↗ **neu**

Neuigkeit ['nɔiç..], **die**; ~, ~en 'Nachricht von etw., das kürzlich, gerade erst geschehen ist und noch nicht (allgemein) bekannt ist': *eine interessante, aufregende* ~; *er hatte allerlei* ~*en zu berichten, erzählen* ❖ ↗ **neu**

Neu|jahr ['nɔi..], **das** ⟨vorw. o. Art.; o.Pl.⟩ 'erster Tag eines neuen Jahres' /1. Januar/: *morgen ist* ~; *wir wollen* ~*/zu* ~ *verreisen; wir sind* ~ *nicht zu Hause; letztes, voriges, am vorigen* ~ *lag Schnee; Prosit* ~! /Gruß und Glückwunsch zum Beginn des Jahres/ ❖ ↗ **neu**, ↗ **Jahr**
MERKE Als Synonym wird *Neujahrstag* verwendet (Pl.: *Neujahrstage*)

neulich ['nɔi..] ⟨Adv.⟩ SYN 'kürzlich': *er war* ~ *erst/ erst* ~ *bei uns; ich habe ihn* ~ *getroffen, gesehen; das* ~ *erschienene Buch* ...; ⟨+ Präp. *von*⟩: *die Debatte von* ~ ('die Debatte, die neulich stattgefunden hat') *fortsetzen* ❖ ↗ **neu**

Neuling ['nɔi..], **der**; ~s, ~e ⟨oft mit unbest. Art.⟩ 'jmd., der in einem Kreis von Personen neu (4) od. auf einem Gebiet noch nicht lange tätig ist': *er ist ein (völliger)* ~ *im Fach* ❖ ↗ **neu**

neun [nɔin] ⟨Zahladj.; indekl.; nur attr.; ↗ TAFEL XII⟩ /die Kardinalzahl 9/; ↗ auch *drei* ❖ **neunte, neunzig, neunziger, neunzigste**
MERKE ↗ *drei* (Merke)

neunte ['nɔintə] ⟨Zahladj.; nur attr.⟩ /die Ordinalzahl zu *neun*/; ↗ auch *dritte* ❖ ↗ **neun**
MERKE ↗ *dritte* (Merke)

neunzig ['nɔintsɪç] ⟨Zahladj.; indekl.; nur attr.; ↗ TAFEL XII⟩; /die Kardinalzahl 90/; ↗ auch *dreißig* ❖ ↗ **neun**
MERKE ↗ *drei* (Merke)

neunziger ['nɔintsɪgɐ] ⟨Zahladj.; indekl.; nur attr. u. subst.⟩: *in den* ~ *Jahren* ('im letzten Jahrzehnt') *unseres Jahrhunderts; er ist schon weit in den Neunzigern* ('ist schon weit über 90 Jahre alt') ❖ ↗ **neun**

neunzigste ['nɔintsɪçstə] ⟨Zahladj.; nur attr.⟩ /die Ordinalzahl zu *neunzig*/; ↗ auch *dreißigste* ❖ ↗ **neun**
MERKE ↗ *dritte* (Merke)

Neurologie [nɔiRolo'giː], **die**; ~, ⟨o. Pl.⟩ 'Wissenschaft vom Aufbau, von der Funktion und den Krankheiten des Nervensystems': *ein Facharzt für* ~ ❖ vgl. **Neurose, Neurotiker, neurotisch**

Neurose [nɔi'Roːzə], **die**; ~, ~n 'psychische Störung, die meist dadurch begründet ist, dass auf Reize, Erlebnisse abnorm reagiert wird': *er hat eine* ~; *etw. führt zu* ~*n; an einer* ~ *leiden* ❖ vgl. **Neurologie, Neurotiker**

Neurotiker [nɔi'Roːtikɐ], **der**; ~s, ~ 'jmd., der an einer Neurose leidet': *er ist ein (richtiger)* ~, *ständig dreht er sich um* ❖ vgl. **Neurologie, Neurose, neurotisch**

neurotisch [nɔi'Roːt..] ⟨Adj.; o. Steig.; vorw. attr.⟩ 'auf Neurose beruhend' /vorw. auf Physisches, Psychisches bez./: ~*e Zustände, Ängste; das sind* ~*e Symptome* ❖ vgl. **Neurotiker, Neurologie, Neurose**

neutral [nɔi'tRaːl] ⟨Adj.; o. Steig.⟩ **1.** ⟨nicht bei Vb.⟩ /auf Staaten, Länder bez./ **1.1.** 'nicht am Krieg beteiligt'; ↗ FELD I.14.1: *das* ~*e Schweden; das Land war, blieb (im Krieg)* ~ **1.2.** ⟨vorw. attr.⟩ 'keinem (militärischen) Bündnis angehörend': *eine Gruppe* ~*er Staaten* **2.** 'außerhalb und unabhängig von Gruppen gegensätzlicher Interessen'; ANT parteiisch (1) /vorw. auf Personen bez./: *ein* ~*er Beobachter; der Schiedsrichter war* ~; *eine* ~*e Haltung einnehmen; er war in diesem Streit* ~; *sich* ~ *verhalten* **3.** ⟨nicht bei Vb.⟩ /beschränkt verbindbar/ *eine* ~*e* ('mit vielen anderen Farben harmonierende') *Farbe* **4.** ⟨nicht bei Vb.⟩ Gramm. 'mit dem Artikel *das* verbunden' /auf Substantive bez./: *das Wort ist* ~, ~*en Geschlechts* ❖ **Neutralität**

Neutralität [nɔitRali'tɛːt/..teːt], **die**; ~, ⟨o.Pl.⟩ 'neutraler (1) Status'; ↗ FELD I.14.1: *das Land erklärte seine* ~; *die* ~ *eines Staates repräsentieren; die Missachtung der* ~; *das Land hat sich zur strikten* ~ *verpflichtet* ❖ ↗ **neutral**

Neutron ['nɔitRɔn], **das**; ~s, ~en [..'tRoːnən] 'negativ geladener (↗ laden) Baustein des Atomkerns'; vgl. *Proton*

Neu|zeit ['nɔi..], **die** ⟨o. Pl.⟩ 'geschichtlicher Zeitabschnitt seit etwa 1500': *die Geschichte der* ~ ❖ ↗ **neu**, ↗ **Zeit**

¹nicht [nɪçt] ⟨Negationspartikel⟩ /drückt die Negation eines Sachverhaltes aus/ **1.** ⟨negiert einen Satz; mit normaler Betonung⟩ **1.1.** ⟨steht am Satzende⟩ *ich verstehe diesen Satz* ~; *ich kenne den Mann* ~; *er kommt morgen* ~; *er besuchte uns gestern* ~; *das geht* ~, *so geht das* ~! /verurteilt jmds. Verhaltensweise/; ⟨steht immer hinter dem Satzende.⟩ *er kommt vermutlich* ~ **1.2.** ⟨steht nicht am Satzende⟩ **1.2.1.** ⟨steht vor der infiniten Verbform⟩ *er konnte ihn* ~ *verstehen; er mag* ~ *essen; er hat noch* ~ *gebadet;* ⟨steht in eingeleiteten Nebensätzen vor dem finiten Verb⟩ *ich glaube, dass er* ~ *verreist (ist)* **1.2.2.** ⟨steht vor dem Prädikativum⟩ *er ist* ~ *fleißig; ich glaube, dass er* ~ *fleißig ist; er wird* ~ *Lehrer; er bleibt* ~ *hier* **1.2.3.** ⟨steht vor dem Adv.⟩ *er singt* ~ *gut, wohnt* ~ *hier* **1.2.4.** ⟨steht vor der Adv.best., wenn diese eine obligatorische Verbergänzung darstellt⟩ *er hängte seinen Mantel* ~ *an die Garderobe* **1.2.5.** ⟨steht auch vor dem Präp.obj. und einer temporalen Präp.gruppe⟩ *er glaubt* ~ *an die schnelle Beendigung des Konflikts; er dachte* ~ *an die Folgen; ich traf ihn* ~ *am Abend* **2.** ⟨negiert Satzglieder, Wörter; steht meist vor dem negierten Glied und hebt es hervor⟩ *er kommt* ~ *heute, sondern morgen;* ~ *wir, sondern unsere Nachbarn ziehen um; ich sah ihn* ~ *auf der Straße, sondern im Kino; er ist* ~ *an-, sondern abgereist;* ~ *einmal mir hat er das gesagt;* ⟨+ unbest. Art.⟩ *ein Mensch* ('kein einziger') *war da; es war* ~ *ein Stuhl mehr frei* **3.** ⟨in Verbindung mit Satzadv.⟩ ↗ *gewiss* ~; ↗ *bestimmt* ~ ❖ **²nicht, nichts, vernichten, vernichtend, zunichte — Nichtraucher, nichtsdestoweniger**

MERKE Da bei der Satznegation mit *nicht* nicht generell die Endstellung erforderlich ist, ist häufig nicht genau zu unterscheiden, ob das einzelne Glied oder der ganze Satz negiert ist (vgl. z. B. 1.2.5.). Ist aber das nach *nicht* folgende Glied betont, so bezieht sich die Negierung ausschließlich auf dieses Glied

²nicht ⟨als Glied der mehrteiligen koordinierenden Konj.⟩ **~ nur … sondern auch**: ↗ *sondern* (2); ⟨als Glied der zusammengesetzten Konj.⟩ **bevor ~**: ↗ *bevor* ❖ ↗ **¹nicht**

³nicht ⟨Modalpartikel; unbetont; steht nicht am Satzanfang; bezieht sich auf den ganzen Satz⟩ **1.** ⟨steht in Fragesätzen, in rhetorischen Entscheidungsfragen⟩ /vom Hörer wird eine zustimmende Antwort erwartet/: *ist es hier ~ herrlich?; habe ich das ~ gleich gesagt?; ist das nicht eine phantastische Leistung?; ist er ~ nett?* **2.** ⟨+ *alles*; steht in Ausrufesätzen, die die Form von Ergänzungsfragen haben; *nicht* ist fakultativ⟩ /der Sprecher ist emotional beteiligt und drückt seine Bewunderung od. seine Verwunderung aus/: *was es ~ alles gibt!; was der ~ alles weiß!; was es hier ~ alles zu sehen gibt!*

⁴nicht ⟨als Glied zusammengesetzter Gradpartikeln⟩ **~ einmal**: ↗ *³einmal*; **~ zuletzt**: ↗ *²zuletzt*

Nichte ['nɪçtə], **die**; ~, ~n 'Tochter von jmds. Bruder od. Schwester, Schwager od. Schwägerin'; ↗ FELD I.9.1: *meine, seine ~; das ist die ~ von Frau N; vgl. Neffe*

Nicht|raucher ['nɪçt..], **der** 'jmd., der grundsätzlich nicht raucht': „*Mögen Sie eine Zigarette?“ „Nein, danke, ich bin ~!*“ ↗ **¹nicht**, ↗ **rauchen**

nichts [nɪçts] ⟨Indefinitpron.; indekl.; o.Pl.; subst.; ↗ TAFEL X⟩ /drückt das vollständige Fehlen, das absolute Nichtvorhandensein von etw. aus/: *er hat, sagt, weiß, kann ~; „Hast du etwas bekommen?“ „Nein, ~/gar ~!“; davon haben wir ~ mehr; hast du auch ~* ('nicht irgendetw.') *vergessen?*; ANT etwas: *mit ~ zufrieden sein; er mag ~ essen; hier gibt es ~ zu trinken; er hat weiter ~/~ weiter zu tun; er hat vor ~ Angst, zu ~ Lust; das geht dich ~ an; das hat damit ~* (ANT ¹*etwas* 1) *zu tun; ~ wie weg* ('nur schnell fortgehen')!; *das will ~* (ANT ¹*etwas* 2) *heißen*; ⟨vor *anderes* od. subst. neutr. Adj.⟩ *wir haben ~ anderes vor; es gibt ~* (ANT ¹*etwas* 1) *Neues* ('keine neuen Ereignisse, Nachrichten'); *das war ~ Wichtiges* ('war nicht wichtig'); *~ als: es gab ~ als* ('nur') *Ärger; er hatte ~ als leere Redensarten*; /in den kommunikativen Wendungen/ *das macht ~!* /wird zu jmdm. gesagt, der sich für seine Fehler, für sein Missgeschick entschuldigen will und dem man dabei entgegenkommen möchte/; *wenn es weiter ~ ist!* /wird zu jmdm. gesagt, wenn dieser einen Wunsch äußert und man sich großzügig zeigen möchte/; *das/ daraus wird ~* /wird gesagt, wenn jmd. etw. für völlig aussichtslos hält od. wenn er gegen die Realisierung von etw. ist und deutlich machen will, dass er es verhindern wird/ ❖ ↗ **¹nicht**
* umg. **mir ~, dir ~** 'in sehr kurzer Zeit und ohne Aufheben': *mir ~, dir ~ war das erledigt;* **wie ~**: *er war weg wie ~* ('war ganz schnell weg')

nichts|destoweniger [dɛsto've:nɪgɐ] ⟨Konjunktional-adv. mit Inversion des Subj.; schließt an einen vorausgehenden Hauptsatz einen Hauptsatz an; konzessiv⟩ geh. 'trotzdem (I)': *es regnete, ~ gingen wir spazieren* ❖ ↗ **¹nicht**, ↗ **desto**, ↗ **²wenig**

nichts sagend 'nichts von Belang zum Inhalt habend und ausdrückend': *seine Antwort war ~; eine nichts sagende Bemerkung*

Nickel ['nɪkl̩], **das**; ~s, ⟨o. Pl.⟩ /Element/ 'silbern glänzendes Schwermetall' /chem. Symb. Ni/; ↗ FELD II.5.1: *~ rostet nicht; das Gehäuse der Uhr ist aus ~*

nicken ['nɪkn̩] ⟨reg. Vb.; hat⟩ /jmd./ 'den Kopf (mehrmals) schnell etwas nach vorn neigen und schnell wieder heben' **1.1.** /als Bejahung/: *er nickte lebhaft, beifällig, anerkennend, zustimmend; mit dem Kopf ~; „ja, gewiss“, sagte er und nickte* **1.2.** /als Gruß/: *er nickte freundlich, lächelnd, grüßend; jmdn. mit einem kurzen Nicken grüßen*

nie [niː] ⟨Adv.⟩ 'zu keiner Zeit, zu keinem Zeitpunkt'; SYN niemals; ANT ¹immer (I.1), stets: *etwas hat es ~ gegeben; das habe ich noch ~ gehört, gesehen; das wird er ~ tun; eine ~ gekannte Sehnsucht erfasste ihn; etw. noch ~ Dagewesenes; das werde ich ~ vergessen; das kommt ~ wieder; das war mir ~ ganz klar; das tue ich ~ wieder!; das wagt er doch ~* ('das wagt er bestimmt nicht')!; *das ist mir ~ zuvor passiert; in N war ich noch ~* ('noch kein einziges Mal'); *wenn man ihn braucht, ist er ~* ('jedesmal nicht') *da;* /als negative Antwort auf eine Frage/ „*Warst du schon mal dort?“ „Noch ~!*“
❖ **niemals**

¹nieder ['niːdɐ] ⟨Adj.; o. Steig.; nur attr.⟩ **1.** SYN 'niedrig (3)'; ANT hoch (I.5) /auf Dienstränge bez./: *die ~en Offiziersränge* **2.** ⟨vorw. attr.⟩ 'moralisch minderwertig'; SYN niedrig (5); ANT edel (1) /auf Abstraktes, Ethisches bez./: *~e Beweggründe, Motive; seine ~en Instinkte, Triebe* ❖ **erniedrigen, ²nieder, niedrig, Niederung** − **niederwerfen**; vgl. **nieder/Nieder-**

²nieder ⟨Adv.; in imperativischen Sätzen; o. Vb. + mit + Subst.⟩ /kämpferische Aufforderung, jmds. Macht, die Macht eines Systems, einer Ideologie o.Ä. zu brechen/: *~ mit den Unterdrückern, Faschisten!; ~ mit dem Militarismus!* ❖ **¹nieder**

Nieder/nieder- ['..]-**gang, der** ⟨o. Pl.⟩ 'Prozess, bei dem etw., bes. eine Kultur, allmählich zugrunde geht'; SYN Verfall: *der ~ alter Kulturen* ❖ ↗ **gehen**; **-gehen**, ging nieder, ist niedergegangen **1.** /Luftfahrzeug/ 'landen': *ein Flugzeug, Raumschiff geht nieder* **2.** /vorw. Niederschlag/ 'sich entladen und auf die Erde fallen': *ein Schauer geht nieder; eine Lawine ging nieder* ('zu Tal') ❖ ↗ **gehen**; **-geschlagen** ⟨Adj.; Steig. reg.; ↗ auch *niederschlagen*⟩ 'traurig und mutlos'; SYN depressiv (2), trübselig (2) /auf Personen bez./; ↗ FELD I.6.3/: *seit diesem Ereignis ist, wirkt er sehr ~* ❖ ↗ **schlagen**; **-geschlagenheit** [gəʃlaːgn̩..], **die**; ~, ⟨o.Pl.⟩ 'das Niedergeschlagensein'; ↗ FELD I.6.1 ❖ ↗ **schlagen**: *man merkte ihm seine ~ an;* **-lage, die** 'das Unterliegen in einem Kampf, einem Wettbewerb (1), einer Auseinandersetzung': *eine militärische ~* (ANT Sieg); *eine vernichtende ~; jmd. erleidet eine ~; im Endspiel musste die Mannschaft eine klare ~ hinnehmen; jmdm. eine ~ bereiten* ❖ ↗ liegen; **-lassen, sich** (er lässt sich nieder), ließ sich nieder, hat sich niedergelassen geh. **1.** /jmd./ *sich irgendwo/irgendwohin ~* 'sich irgendwo(hin) setzen': *er ließ sich in einem/ einen Sessel nieder* **2.** /Arzt, Rechtsanwalt/ 'eine Praxis (4.1) gründen': *er hat sein Studium beendet und wird sich nun ~; sich irgendwo ~: er hat sich (als Arzt) (in N) niedergelassen* ❖ ↗ lassen; **-legen** ⟨trb. reg. Vb.; hat⟩ **1.** /jmd./ *sich ~* 'sich zum Schlafen, Ruhen hinlegen'; ↗ FELD I.7.7.2: *ich will mich ein bisschen ~; sich irgendwohin/irgendwo ~: sich ins Gras/im Gras ~* **2.** /jmd./ *etw. irgendwo ~* 'etw. als Ehrung irgendwo auf den Boden legen': *einen Kranz, Blumen (am Grab, Ehrenmal) ~* **3.** /jmd./ *sein Amt, seine Funktion, sein Mandat ~* 'sein Amt, seine Funktion, sein Mandat weiterhin auszuüben') **4.** /mehrere (jmd.)/ *die Arbeit ~* ('in den Streik treten') ❖ ↗ legen; **-schlag, der 1.** ⟨vorw. Pl.; vorw. mit best. Art.⟩ 'in fester od. flüssiger Form aus der Atmosphäre zur Erde fallendes Wasser': *die Niederschläge fallen teils als Regen, teils als Schnee; es wird etwas ~ geben* **2.** ⟨vorw. Sg.⟩ 'feste chemische Substanz, die sich aus einer Lösung am Boden des Gefäßes absetzt': *es bildet sich ein ~ von Kalk, Eisen; ein weißer, gelber ~* **3.** *seinen ~ in etw. finden: die gewonnenen Erfahrungen fanden ihren ~* ('wurden verwertet, wurden wirksam') *in seinen Plänen, Publikationen* ❖ ↗ schlagen; **-schlagen** (er schlägt nieder), schlug nieder, hat niedergeschlagen; ↗ auch *niedergeschlagen* **1.** /jmd./ *jmdn. ~* 'jmdn. so schlagen, dass er zu Boden fällt': *er schlug ihn nieder und raubte ihn aus; er wurde niedergeschlagen und misshandelt* **2.** /mehrere (jmd.), Staat/ *etw. ~: einen Aufstand, Streik, eine Revolution ~* ('gewaltsam beenden'); *der Aufstand wurde von der Armee niedergeschlagen* **3.** /jmd./ *die Augen ~* ('den Blick senken') **4.** /Substanz/ *sich ~* **4.1.** *sich irgendwo ~* 'sich irgendwo absetzen (4)': *der Dampf schlägt sich an der Scheibe nieder* **4.2.** 'sich als Niederschlag (2) absetzen': *bei der chemischen Analyse hat sich Kalziumkarbonat niedergeschlagen* **5.** /etw. Abstraktes/ *sich in etw. ~* 'seinen Niederschlag (3) in etw. finden': *seine Erlebnisse haben sich in seinem Roman niedergeschlagen* ❖ ↗ schlagen; **-schreiben**, schrieb nieder, hat niedergeschrieben /jmd./ *etw. ~* 'etw. zuvor gedanklich Konzipiertes aufschreiben': *seine Gedanken, Erinnerungen ~* ❖ ↗ schreiben; **-trächtig** ⟨Adj.; Steig. reg.⟩ SYN 'gemein (I.1)' /vorw. auf Personen bez./; ↗ FELD I.2.3: *so ein ~er Kerl; sein ~es Benehmen, Verhalten; er war (zu ihr) ~, benahm sich ~* ❖ Niedertrüchtigkeit; **-trächtigkeit, die**; ~, ~en **1.** ⟨o. Pl.⟩ 'das Niederträchtigsein'; ↗ FELD I.2.1: *das ganze Maß seiner ~ haben wir zu spät bemerkt* **2.** 'niederträchtige Handlung': *eine ~ begehen; sich für jmds. ~ rächen* ❖ ↗ niederträchtig

Niederung ['niːdər..], **die**; ~, ~en 'tief liegendes Gebiet, bes. an einem Fluss, einer Küste'; ↗ FELD II.1.1: *sumpfige, fruchtbare ~en* ❖ ↗ ¹nieder

nieder|werfen ['niːdɐ..] (er wirft nieder), warf nieder, hat niedergeworfen **1.** /jmd./ *jmdn., sich ~* 'jmdn., sich zu Boden werfen (1.3,1.5)'; ↗ FELD I.7.2.2, 7.7.2: *er warf ihn nieder und fesselte ihn; wir warfen uns nieder, als geschossen wurde* **2.** /mehrere (jmd.), Staat/ *einen Aufstand, eine Revolution ~* (SYN 'niederschlagen 2'); *der Aufruhr wurde niedergeworfen* ❖ ↗ ¹nieder, ↗ werfen

niedlich ['niːt..] ⟨Adj.; Steig. reg.⟩ 'Gefallen erregend, weil zierlich, anmutig, klein und hübsch' /vorw. auf junge weibliche Personen bez./: *ein ~es kleines Mädchen; sie sieht ~ aus; ist sie nicht ~?*

niedrig ['niːdrɪç] ⟨Adj.⟩ **1.** ⟨Steig. reg.⟩ ANT hoch (I.2.1,2.2) **1.1.** ⟨nicht bei Vb.⟩ 'von relativ geringer Ausdehnung nach oben'; /auf Gegenständliches bez./: *ein ~er Tisch, Hocker; eine ~e Stirn; ein ~er Raum; ein Stuhl mit ~er Lehne* **1.2.** ⟨vorw. bei Vb.⟩ 'relativ zu einem Bezugspunkt (weit) unten befindlich'; ↗ FELD IV.1.3: *die Lampe hängt sehr, zu ~* **1.3.** ⟨vorw. bei Vb.⟩ *die Schwalben fliegen ~* ('in geringer Höhe'); *die Wolken ziehen ~* **2.** ⟨Steig. reg.⟩ 'unter einem bestimmten mittleren, meist in Zahlen messbaren Wert'; ANT hoch (I.3.1): *~e Preise, Mieten; die Temperaturen sind seit Tagen zu ~* (SYN 'tief 4'); *sein Blutdruck ist zu ~; ein ~es Lebensniveau; ein ~es* (SYN 'kleines 3') *Gehalt* **3.** ⟨Steig. reg.; nur attr.⟩ 'in der Rangordnung auf unterer Stufe stehend'; SYN ¹nieder (1); ANT hoch (I.5) /auf Dienstränge bez./: *ein ~er Rang* **4.** ⟨Steig. reg.; nicht bei Vb.⟩ ANT hoch (I. 3.2): *etw. hat ein ~es Niveau* ('ist von geringem künstlerischen, intellektuellen Anspruch'); *jmdn ~* (ANT hoch I.3.2) *einstufen* **5.** ⟨o. Steig.⟩ SYN '¹nieder (2)' /auf Abstraktes, Ethisches bez./: *~e Beweggründe; seine ~en Instinkte* ❖ ↗ ¹nieder
MERKE *niedrig* kann im Unterschied zu *hoch* nicht mit einer Maßangabe verbunden werden

niemals ['niːmaːls] ⟨Adv.⟩ /betont u. nachdrücklich/ SYN 'nie': *das habe ich ~ behauptet* ❖ ↗ nie, ↗ Mal

niemand ['niːmant] ⟨Indefinitpron.; o. Pl.; subst.; ↗ TAFEL X⟩ /drückt das vollständige Fehlen, das absolute Nichtvorhandensein einer Person aus/ SYN kein (1.2); ANT jemand (1), all (1.1): *es war ~ zu sehen; ~* (ANT jedermann) *wird behaupten, dass ...; „War hier jemand?" „Nein, ~"; entweder wir gehen alle, oder es geht ~; er fragte, aber ~ antwortete; Karl ging mit, aber sonst ~/weiter ~/ weiter; er hat mit ~/~em von uns gesprochen; er hat über ~, niemanden von uns gesprochen; /vor ander(e)s od. subst. neutr. Adj./ das kann ~ ander(e)s als sie gewesen sein; er will mit ~ anderem/ ander(e)s sprechen; das war ~ Fremdes*

Niere ['niːrə], **die**; ~, ~n **1.** 'paarig vorhandenes inneres Organ, das den Harn bildet und ableitet'; ↗ FELD I.1.1: *eine ~ transplantieren; seine ~ ist in ihrer Funktion eingeschränkt* **2.** ⟨vorw. Pl.⟩ 'Niere

(1) von einem geschlachteten Tier als Speise': *geschmorte ~n*

* /etw./ jmdm. an die ~n gehen 'jmdn. beeindrucken und psychisch sehr belasten': *das, die Sache ist ihm sehr an die ~n gegangen*

nieseln ['niːzl̩n] ⟨reg. Vb.; hat⟩: *es nieselt* ('es regnet sehr fein'; ↗ FELD III.2.2)

niesen ['niːzn̩] ⟨reg. Vb.; hat⟩ /jmd./ 'eingeatmete Luft infolge einer Reizung in der Nase ruckartig mit (lautem) Geräusch (durch die Nase) ausstoßen': *ich muss ~; er hat mehrmals laut, heftig geniest*

Niet [niːt], **der**; ~s, ~e 'metallener Bolzen, dessen eines Ende durch Hämmern (1) in die Breite geformt wird und so zum Verbinden von Werkstücken dient'; ↗ FELD I.7.6.1: *~e einschlagen* ❖ **nieten**

Niete ['niːtə], **die**; ~, ~n 1. 'Los einer Lotterie, das nicht gewinnt'; ANT Treffer (2.1): *eine ~ ziehen; unter den Losen waren nur ~n* 2. umg. emot. SYN 'Versager': *er kann aber auch gar nichts, er ist eine ~; so eine ~!*

nieten ['niːtn̩], nietete, hat genietet /jmd./ *zwei od. mehrere Sachen ~* 'zwei od. mehrere Sachen durch einen Niet, durch Niete miteinander verbinden'; ↗ FELD I.7.6.2: *die Platten werden genietet* ❖ ↗ **Niet**

Nikotin [niko'tiːn], **das**; ~s, ⟨o. Pl.⟩ 'giftige Substanz im Tabak': *die Zigaretten enthalten 0,2 Milligramm ~*

Nil|pferd ['niːl..], **das** 'in und an afrikanischen Flüssen lebendes großes, plumpes Säugetier mit dicker Haut' (↗ TABL Säugetiere) ❖ ↗ **Pferd**

nimmt: ↗ **nehmen**

nippen ['nɪpm̩] ⟨reg. Vb.; hat⟩ /jmd./ *an, von etw.* ⟨Dat.⟩ *~* 'von einem Getränk nur ein klein wenig trinken, von einer Speise nur ein klein wenig essen (um den Geschmack zu testen)'; ↗ FELD I.8.2: *er hat an dem/vom Wein, vom Pudding, an dem Glas nur genippt*

nirgends ['nɪʀgn̩s] ⟨Adv.⟩ 'an keinem Ort, an keiner Stelle'; ANT überall: *er war ~ zu sehen; ~ war mehr Platz; das gibt es nur hier, sonst ~/~ sonst; er hält es ~ lange aus; ich fühle mich ~ so wohl wie hier* ❖ vgl. **nirgendwo**

MERKE Zum Unterschied von *nirgends* und *nirgendwo*: ↗ *nirgendwo* (Merke)

nirgendwo ['nɪʀgn̩t..] ⟨Adv.⟩ SYN 'nirgends'; ANT irgendwo: *hier stehen ~ Bäume; das habe ich noch ~ (anders) gesehen* ❖ vgl. **nirgends**

MERKE Es ist möglich zu sagen *nirgendwo anders*, aber nur *nirgends sonst/sonst nirgends* und nicht: *nirgends anders*

Nische ['niːʃə], **die**; ~, ~n 1. 'Vertiefung in einer Wand, Mauer': *in den ~n standen Vasen; etw. in eine ~ stellen* 2. 'von einem größeren Raum abgetrennter, aber offen mit diesem verbundener kleiner Raum': *wir saßen im Restaurant in einer ~; in einer ~ des Raums war eine kleine Küche untergebracht*

nisten ['nɪstn̩], nistete, hat genistet /Tier, bes. Vogel/ *irgendwo ~* 'irgendwo sein Nest bauen und darin

leben': *Reiher ~ in Bäumen; unter unserem Dach ~ Schwalben* ❖ ↗ **Nest**

Niveau [ni'voː], **das**; ~s, ~s 1. 'Höhe (1.1) einer waagerechten Fläche, bezogen auf einen zugrunde gelegten Wert': *das ~ der Straße hat sich gesenkt, gehoben; das ~ des Meeresspiegels; das Haus liegt auf gleichem ~ wie der Fluss* 2. 'Grad der Qualität o.Ä., den etw. im Laufe einer Entwicklung erreicht hat': *das wirtschaftliche ~ einer Region; das ~ der Lebensbedingungen ist sehr hoch, niedrig, ist gestiegen, gefallen* 3. 'Grad künstlerischer, geistiger, wissenschaftlicher Qualität, den etw. hat': *die Dissertation hat ein hohes wissenschaftliches ~; das ~ der Theateraufführung war sehr hoch; die Vorträge hatten ein hohes, beachtliches, überdurchschnittliches ~* ❖ **niveaulos, -voll**

MERKE Zu *Niveau* (2): In dieser Bedeutung kommt *Niveau* vorw. in Komposita als zweites Kompositionsglied vor, z. B. *Bildungs-, Lebens-, Preisniveau*

niveau [..'v..]**|-los** ⟨Adj.; Steig. reg.; vorw. attr. und präd. (mit *sein*)⟩ 'mit niedrigem Niveau (3)' /vorw. auf Literarisches bez./: *ein ~es Theaterstück; der Vortrag, die Veranstaltung war ziemlich ~* ❖ ↗ Niveau, ↗ los; **-voll** ⟨Adj.; Steig. reg.; vorw. attr. und präd. (mit *sein*)⟩ 'mit hohem Niveau (3)' /vorw. auf Literarisches bez./: *ein ~er Roman; der Vortrag war recht ~* ❖ ↗ Niveau, ↗ voll

Nixe ['nɪksə], **die**; ~, ~n 'Gestalt der Mythen und Sagen mit dem Oberkörper einer Frau und dem Schwanz eines Fisches, die im Wasser lebt': *sie schwimmt wie eine ~*

nobel ['noːbl̩] ⟨Adj.; Steig. reg.⟩ 1. ⟨vorw. attr.⟩ geh. SYN 'vornehm (3)' /vorw. auf Personen, Verhalten bez./: *er war eine noble Persönlichkeit, hatte eine noble Gesinnung; sein nobler Charakter* 2. oft spött. SYN 'vornehm (2.2)': *ein nobles Hotel; eine noble Wohnung; alles war ~ ausgestattet; seine Garderobe war ~*

¹noch [nɔx] ⟨Adv.⟩ 'in der Vergangenheit und in der nächsten Zukunft, auch wenn das Ende absehbar ist' /drückt aus, dass ein Sachverhalt anhält/: *er glaubt ~ daran; er schläft ~, isst ~, ist ~ beim Essen; wir haben ~ Zeit/~ haben wir Zeit* ❖ ²,³,⁴**noch, dennoch, nochmalig, -mals**

²noch ⟨als Glied der mehrteiligen Konj.⟩ **weder ... noch**: ↗ **weder**

³noch ⟨Modalpartikel; unbetont; steht nicht am Satzanfang; bezieht sich auf den ganzen Satz; steht in Aussagesätzen, auch in Fragesätzen (Ergänzungsfragen, Entscheidungsfragen)⟩ 1. /der Sprecher weist auf Zukünftiges hin, von dem er annimmt, dass es eintreffen wird/: *der Brief wird sicher ~ kommen; das wird sich ~ herausstellen*; /als Warnung und Vorwurf/: *ihr werdet ~ an mich denken!; euch wird ~ das Lachen vergehen!; ihr werdet euch ~ zugrunde richten; wollt ihr euch damit ~ zugrunde richten?* 2. ⟨in Fragesätzen, in Ergänzungsfragen⟩ /der Sprecher fragt nach etw., das ihm entfallen ist und will es sich wieder in Erinnerung rufen/; SYN ⁴gleich: *wie war ~ Ihr Name?; wie hieß ~ der Ort?; wie war das ~?* ❖ ↗ ¹**noch**

⁴**noch** ⟨Gradpartikel; betont, auch unbetont; steht vorw. vor der Bezugsgröße; bezieht sich auf verschiedene Kategorien⟩ **1.** ⟨unbetont; steht vor der Bezugsgröße⟩ /gibt an, dass ein in der Vergangenheit begonnener Sachverhalt auch für die Gegenwart (und Zukunft), also später als erwartet, zutrifft/: *er schläft ~ um 10 Uhr; er ist ~ Schüler;* ⟨oft + *immer*⟩ *er schläft immer ~ in seinem alten Bett; er ist immer ~ mit dem alten Thema beschäftigt* **2.** ⟨steht vor der Bezugsgröße; bezieht sich auf Zeitbegriffe⟩ /gibt an, dass ein Sachverhalt früher als erwartet eintritt od. eintrat/: *die Prüfung wird ~ vor der Sommerpause stattfinden; ich werde ~ heute den Arzt anrufen; das Haus ist ~ im Dezember fertig geworden* **3.** ⟨steht vor der Bezugsgröße; bezieht sich auf Zeitbegriffe⟩ /gibt an, dass ein Sachverhalt zu einem bestimmten Zeitpunkt und nicht später eingetreten ist/: *~ vorgestern war er bei mir zu Besuch; ~ vor 20 Jahren war die Stadt völlig zerstört; ~ nie: er hat ~ nie chinesisch gegessen, hat, hatte ~ nie etwas von Thomas Mann gelesen* **4.** ⟨steht vorw. vor der Bezugsgröße; bezieht sich vorw. auf Mengenangaben⟩ /gibt an, dass ein Sachverhalt über eine bestimmte Menge hinausgeht, zu etw. hinzukommt/: *ich möchte bitte ~ etwas Suppe; Herr Ober, ~ ein Bier!; und was hast du ~* ('außerdem') *zu berichten?;* ⟨+ *so;* betont⟩ /konzessiv/: *(und) wenn du ~ so heulst, du musst doch ins Bett; du kannst ~ so viel reden, ich glaube dir nicht; wenn er auch ~ so lernt, er besteht die Prüfung (doch) nicht;* ⟨+ Adj. im Komp.⟩ /verstärkt den Komparativ/: *mein Freund ist ~ größer als ich; unser Haus ist ~ schöner als euer* **5.** ⟨unbetont; vorw. + *nur*⟩ /gibt an, dass ein Sachverhalt auf einer gedachten Skala in seiner Position trotz erfolgter und zu erwartender Veränderung vorerst konstant bleibt; bezieht sich auf einen Rest/: *ich besitze ~ 50 Mark; ich habe nur ~ 10 Mark; er war ~ 100 Meter vom Unfallort entfernt* ❖ ↗ ¹**noch**

nochmalig ['..mɑːlɪç] ⟨Adj.; o. Steig.; nur attr.⟩ 'noch einmal, ein weiteres Mal vor sich gehend': *eine ~e Untersuchung, Wiederholung* ❖ ↗ ¹**noch,** ↗ **Mal**

nochmals ['..mɑːls] ⟨Adv.⟩ 'noch einmal, ein weiteres Mal': *ich werde ~ hingehen, nachfragen* ❖ ↗ ¹**noch,** ↗ **Mal**

Nomade [noˈmɑːdə], **der;** ~n, ~n 'Angehöriger eines Vieh züchtenden, nicht sesshaften Volkes od. Stammes': *sie leben noch als ~n, ziehen als ~n mit ihrem Vieh umher*

nominell [nomiˈnɛl] ⟨Adj.; o. Steig.; nicht präd.⟩ **1.** 'nur so bezeichnet, so angegeben, nicht (inhaltlich) tatsächlich so' /vorw. auf Personen mit einer bestimmten Funktion bez./: *~ ist er Mitglied; er ist ~es Mitglied; er ist der Vorsitzende, aber (das ist er) nur ~* **2.** ⟨nur attr.⟩ fachspr. 'nicht den tatsächlichen Wert des Geldes betreffend, bes. hinsichtlich seiner Kaufkraft'; ANT real (4): *das ~e Einkommen*

nominieren [nomiˈniːʁən], nominierte, hat nominiert /Gruppe, Organisation/ *jmdn. für etw. ~* 'jmdn. als Kandidaten, Anwärter für etw., als Teilnehmer an etw. namentlich nennen, angeben (1)'; SYN aufstellen (5): *er wurde (als Kandidat) für die Wahlen, wurde als Teilnehmer an der, für die Olympiade nominiert*

Nonne ['nɔnə], **die;** ~, ~n 'erwachsene weibliche Person, die aus religiösen Gründen asketisch und nach bestimmten Regeln (in einem Kloster) lebt': *sie ging ins Kloster und wurde ~; wie eine ~* ('enthaltsam') *leben; vgl. Mönch*

Nord [nɔʁt] ⟨indekl.; o. Art.; vorw. mit Präp.; o. Attr.⟩ ABK: N; fachspr. 'Norden (1)': *nach ~ drehende Winde; der Wind weht aus/von ~* ❖ ↗ **Norden**

Norden ['nɔʁdn̩], **der;** ~s, ⟨o. Pl.⟩ **1.** ⟨vorw. o. Art.; o. Attr.; vorw. mit Präp.⟩ ABK: N 'dem Süden entgegengesetzte Himmelsrichtung': *der Wind kommt von, aus ~; die Wolken ziehen nach ~.* ⟨nur mit best. Art.⟩ **2.1.** 'nördlicher (2.1) Teil eines bestimmten Gebietes': *der ~ Europas; er wohnt im ~ der Stadt* **2.2.** nach dem, in den ~ ('in nördlich 2 vom Ausgangspunkt gelegene Gebiete') *reisen, fliegen, fahren* ❖ **Nord, nördlich** − **Nordpol**

nördlich ['nœʁt..] ⟨Adj.; nicht präd.⟩ **1.** ⟨o. Steig.; nur attr.⟩ **1.1.** 'nach Norden (1)': *das Schiff fährt ~en Kurs* **1.2.** 'aus Norden (1)': *~e Winde* **2.** ⟨Steig. reg.⟩ 'im Norden (2) eines bestimmten Gebietes gelegen': *die ~en Teile des Landes;* ⟨präpositional mit Gen. od. mit von, wenn o. Art.⟩ *die Gebiete ~ der Donau; der Ort liegt ~ von Berlin* ❖ ↗ **Norden**

Nord|pol ['nɔʁt..], **der** ⟨o. Pl.⟩ 'der nördliche Pol (1) der Erde': *zum ~ gelangen; den ~ überfliegen; Forschungen am ~* ❖ ↗ **Norden,** ↗ **Pol**

nörgeln ['nœʁɡl̩n] ⟨reg. Vb.; hat⟩ /jmd./ 'ständig in kleinlicher Weise an etw. Kritik (1) üben; an etw., jmdm. etw. auszusetzen haben'; SYN kritteln: *er nörgelt ständig, hat immer was zu ~; an etw.* ⟨Dat.⟩ *~: er hat an allem was zu ~; vgl. meckern (1)*

Norm [nɔʁm], **die;** ~, ~en **1.** 'als verbindlich anerkannte Auffassung von der Richtigkeit, Angemessenheit menschlicher Verhaltensweisen in einer Gesellschaft (1)': *moralische, gesellschaftliche ~en* **2.** ⟨vorw. Sg.⟩ 'übliche durchschnittliche Beschaffenheit einer Kategorie von Sachen, Personen': *etw. ist (nicht) die ~, weicht von der ~ ab; dieser Schüler stellt nicht die ~ dar* **3.** 'Leistung, die jmd. in einer bestimmten Zeit durch Arbeit erreichen muss': *die, seine ~ erfüllen; eine ~ festlegen, erhöhen, senken; die ~ überbieten* **4.** 'Festlegung, Vorschrift für die bestimmte, immer gleichartige Beschaffenheit eines technischen, industriellen Erzeugnisses': *technische ~en; ~en ausarbeiten, festlegen* ❖ **normal, normalerweise, normalisieren** − **abnorm**

normal [nɔʁˈmɑːl] ⟨Adj.⟩ **1.** ⟨Steig. reg.⟩ 'so beschaffen, wie es üblicherweise, im Durchschnitt ist, einer Norm (2) entspricht'; ANT abnorm (2): *~e Verhältnisse; die gemessenen Werte sind ~, liegen im Bereich des Normalen; er hat sich ganz ~ verhalten*

2. ⟨o. Steig.; nicht bei Vb.⟩ ˈgeistig gesundˈ; ANT abnorm (1): *er ist nicht ganz ~; /in der kommunikativen Wendung/ bist du noch ~ (ˈdu bist wohl verrückt`)? /sagt jmd., wenn er über jmds. Verhalten empört ist/* ❖ ↗ **Norm**

normaler|weise [nɔRˈmaːlɐvaɪ̯zə] ⟨Adv.⟩ SYN ˈ²meist (3)ˈ: *~ beginnt unser Dienst um 8 Uhr, aber es gibt Ausnahmen* ❖ ↗ **Norm**

normalisieren [nɔRmaliˈziːRən], **sich**, normalisierte sich, hat sich normalisiert /etw., bes. Zustand/ ˈwieder normal werdenˈ: *die Lage hat sich normalisiert* ❖ ↗ **Norm**

Not [noːt], **die**; ~, Nöte [ˈnøːtə] **1.** ⟨o. Pl.⟩ ˈgroßer Mangel an unentbehrlichen Güternˈ; ↗ FELD I.17.1: *es herrschte große, bittere, unsagbare ~; die ~ war sehr groß; jmd. leidet ~; alles tun, um die ~ zu lindern* **2.** ⟨vorw. Sg.⟩ ˈschlimme, bedrohliche Lage, in der jmd. dringend Hilfe brauchtˈ: *jmd. ist, gerät in ~; das war Rettung in, aus höchster ~; jmdm. seine ~, Nöte klagen (ˈzu jmd. von seinen Schwierigkeiten, Sorgen sprechenˈ)* ❖ **nötig, nötigen, benötigen, Nötigung, notwendig – aufnötigen, Hungersnot, nötigenfalls, Zeitnot**; vgl. **Not/not-**
* /jmd./ **seine liebe ~ mit jmdm., etw.** ⟨Dat.⟩ **haben** (ˈMühe, Schwierigkeiten mit jmdm., etw. habenˈ); **ohne ~** ˈohne zwingende Umständeˈ: *das sollte man nicht ohne ~ tun; /jmd., Institution/* **aus der ~ eine Tugend machen** (ˈdas Beste aus einer unangenehmen Sache machenˈ); **etw.** ⟨vorw. das, was⟩ **tut Not** ˈetw. ist nötigˈ: *man weiß doch, was Not tut; das tut wirklich Not;* **zur ~** ˈwenn es anders, besser nicht möglich istˈ: *das muss zur ~ so gehen*

Not/not- [ˈ..]|**-ausgang, der** ˈAusgang (1) für den Notfallˈ: *das Kino hat einen ~* ❖ ↗ ²aus, ↗ gehen; **-bremse, die** ˈfür den Notfall gedachte Bremse in Schienenfahrzeugen, die auch von den Fahrgästen betätigt werden kannˈ: *die ~ ziehen* ❖ ↗ Bremse; **-durft** [dʊRft], **die** * geh. /jmd./ **die/seine ~ verrichten** (ˈKot, Harn ausscheidenˈ); **-dürftig** ⟨Adj.; Steig. reg., ungebr.; vorw. attr. u. bei Vb.⟩ ˈseinen Zweck nur sehr mangelhaft, zur Not, behelfsmäßig erfüllendˈ: *eine ~e Unterkunft; etw. ~ reparieren, kleben; jmdn. nur ~ verbinden; er war nur ~bekleidet* ❖ ↗ dürftig

Note [ˈnoːtə], **die**; ~, ~n **1.1.** ˈgrafisches Zeichen (1.3) für einen Ton (1.1)ˈ: *~en lesen können; eine ganze, halbe ~* **1.2.** ⟨nur im Pl.⟩ ˈBlatt, Heft o.Ä. mit einer in Noten (1.1) aufgezeichneten Kompositionˈ: *die ~n auf den Ständer legen; die ~n aufschlagen; nach ~n (ˈnicht aus dem Kopfˈ) spielen, singen* **2.** SYN ˈZensur (1)ˈ: *er hat im Zeugnis viele gute, schlechte ~n; er hat für den Aufsatz eine gute ~ bekommen; jmdm. die „1/„eins" geben für seinen Vortrag* **3.** ˈförmliche schriftliche Mitteilung im diplomatischen Verkehrˈ: *eine diplomatische ~; ~n wechseln, austauschen; zwischen den Regierungen wurden ~n gewechselt; eine ~ überreichen; eine ~ schicken* **4.** ⟨o. Pl.; nur mit best. Adj.⟩ ˈetw., das jmdm., etw. Eigenart, spezielles Gepräge gibtˈ: *solche Kleider sind ihre persönliche ~; das verleiht dem Kleid eine jugendliche ~, gibt dem Abend, Raum eine festliche ~* ❖ ↗ **notieren**

* /jmd./ **jmdn. nach ~n verprügeln** (ˈjmdn. heftig und lange prügelnˈ)

Not/not [ˈnoːt..]|**-fall, der** ˈ(plötzlich eintretende) schlimme, gefahrvolle, schwierige Situationˈ: *Vorkehrungen für den, einen ~ treffen; Anweisungen für das Verhalten in Notfällen* ❖ ↗ Fall; **-falls** ⟨Adv.⟩ ˈwenn keine andere Möglichkeit bestehtˈ: *~ kannst du bei uns übernachten* ❖ ↗ Fall; **-gedrungen** [gədRʊŋən] ⟨Adv.⟩ ˈdurch die Umstände gezwungen, nicht freiwilligˈ: *~ mussten wir zu Hause bleiben* ❖ ↗ dringen

notieren [noˈtiːRən], notierte, hat notiert /jmd./ (sich ⟨Dat.⟩) *etw.* ~ ˈ(sich) etw., bes. eine Information o.Ä., in kurzer Form aufschreiben (um es nicht zu vergessen)ˈ; SYN aufschreiben, vermerken (1): *(sich) jmds. Namen, Adresse ~; ich werde mir das (in meinem Kalender) ~* ❖ **Note, Notiz**

nötig [ˈnøːtɪç] ⟨Adj.; Steig. reg.; bei Vb. vorw. mit brauchen, haben⟩ **1.1.** ⟨Steig. reg.⟩ ˈfür einen bestimmten Zweck, für die Realisierung von etw. unerlässlichˈ; SYN erforderlich, notwendig (1): *mit der ~en Vorsicht an etw. herangehen; die ~en Schritte für etw. unternehmen, einleiten; die ~en Vorbereitungen für etw. treffen; es ist ~* ⟨+ Nebens.⟩: *es ist ~, dass du dich endlich entscheidest; es ist ~, dass wir uns darum kümmern/sich darum zu kümmern; ich halte es für ~, diesen Vorfall der Polizei zu melden; die ~en Sachen, alles Nötige, nur das Nötigste einpacken; wenn es ~ sein sollte, kommen wir sofort; etw. ~ (ˈdringendˈ) brauchen: wir brauchen ~ Regen; er hat das Geld, den Schlaf, den Urlaub sehr ~; es ist nicht ~, etw. Bestimmtes zu tun; er hat es nicht ~, sich daran zu beteiligen* **1.2.** ⟨o. Steig.⟩ /in den kommunikativen Wendungen/ *ist das ~ (ˈmuss das sein`)?; das hast du doch nicht ~ (ˈdas zu tun hast du gar keine Veranlassungˈ);* iron. *du hast es gerade ~ (ˈgerade du hast keinen Grundˈ), dich zu beklagen; er hat es wohl nicht ~ zu arbeiten, grüßen o.Ä. (ˈer arbeitet, grüßt nicht, nieˈ) /sagt jmd., wenn er jmds. Nichttun tadelt/; das war doch nicht ~! /sagt jmd., wenn man ihm etw. schenkt, er sich bedankt, aber zugleich betont, dass er es nicht erwartet hat und er es auch eigentlich als unangemessen empfindet/* ❖ ↗ **Not**

nötigen [ˈnøːtɪgn̩] ⟨reg. Vb.; hat⟩ **1.** ⟨oft mit zum + subst. Vb.⟩ /jmd./ *jmdn. zu etw.* ⟨Dat.⟩ ~ ˈjmdn. in dringlicher Weise und so, dass es ihm lästig wird, bitten, etw. zu tun, bes. etw. anzunehmenˈ: *jmdn. zum Essen, Bleiben ~;* ⟨+ Nebens. u. Inf. mit zu⟩ *er nötigte ihn, noch zu bleiben; /in der kommunikativen Wendung/ lasst euch/lassen Sie sich/lass dich nicht ~ /sagt man, wenn man den Gast bei Tisch auffordern möchte, sich satt zu essen/* **2.** Jur. /jmd./ *jmdn. zu etw.* ⟨Dat.⟩ ~ ˈjmdn. mit Gewalt zu etw. veranlassenˈ; ↗ FELD I.14.2: *er wurde/man hat ihn zu der Tat genötigt;* ⟨+ Nebens. u. Inf. mit zu⟩ *man hat ihn genötigt, diesen Vertrag zu unterschreiben* **3.** ⟨nur im Part. II⟩ /jmd./ *genötigt sein/ sich genötigt* *sehen* ('durch die Umstände gezwungen sein'), *etw. Bestimmtes zu tun: er sah sich genötigt abzureisen, das Haus zu verkaufen* ❖ ↗ **Not**

nötigen|falls ['..] 〈Adv.〉 'wenn es nötig (1.1) sein sollte': ~ *müssen rechtliche Schritte unternommen werden* ❖ ↗ **Not**, ↗ **Fall**

Nötigung ['nø:tɪg..], **die**; ~, ~en 〈vorw. Sg.〉 Jur. 'das Nötigen (2)'; ↗ FELD I.14.1: *jmdn. wegen ~ verurteilen; das war* ~ ❖ ↗ **Not**

Notiz [no'ti:ts], **die**; ~, ~en 'in kurzer Form aufgeschriebene Information'; SYN Vermerk: *sich* 〈Dat.〉 *eine ~ (über etw.) machen*; 〈im Pl.〉 *während des Vortrags machte er sich ~en* ('schrieb er sich in Stichworten einiges vom Inhalt des Vortrages auf'); vgl. *Vermerk (1)* ❖ ↗ **notieren**

Not/not ['no:t..]|**-lage, die** 〈vorw. Sg.〉 'gefahrvolle, schlimme od. sehr schwierige Lage (3)': *jmd. ist in einer (finanziellen) ~; sie versuchten, seine ~ auszunutzen* ❖ ↗ **liegen**; **-landen**, notlandete, ist/hat notgelandet 〈vorw. im Inf. u. Perf.〉 /Luftfahrzeug/ 'in Form einer Notlandung landen'; ↗ FELD VIII.2.2: *das Flugzeug, die Maschine musste ~, ist notgelandet* ❖ ↗ **Land**; **-landung, die** 'auf Grund eines Schadens o.Ä. notwendige, nicht reguläre Landung'; ↗ FELD VIII.2.1: *eine ~ machen; die Maschine ging bei der ~ zu Bruch* ❖ ↗ **Land**

Not leidend 〈Steig. reg., ungebr.; nur attr.〉 'unter Mangel, Not leidend'; ↗ FELD I.17.3: *Hilfe für die ~e Bevölkerung des Katastrophengebietes* ❖ ↗ **Leid**

Not/not|**-lösung, die** 'als Behelf dienende, provisorische Lösung (2)': *das ist nur eine ~; das kann jetzt nur als ~ dienen, später müssen wir eine alle befriedigende Lösung suchen* ❖ ↗ **los**; **-ruf, der 1.** 〈vorw. Sg.〉 'für Notfälle vorgesehene Rufnummer von Polizei, Feuerwehr, Rettungsdienst': *den ~ der Feuerwehr wählen* **2.** 'Anruf über Notruf (1)': *die Polizei erhielt einen ~, viele ~e* ❖ ↗ **rufen**; **-stand, der** 〈o. Pl.〉 'öffentlich erklärter Zustand von Not, Gefahr, der die Allgemeinheit betrifft und außerordentliche Maßnahmen erfordert': *die Regierung hat den ~ ausgerufen* ❖ ↗ **stehen**; **-wehr, die** 〈o. Pl.〉 'Handlung, mit der sich jmd. gegen jmds. Tätlichkeiten verteidigt, wobei er für die Folgen seiner Handlung straffrei ausgeht': *er hat in, aus ~ gehandelt* ❖ ↗ **wehren**; **-wendig** 〈Adj.〉 **1.** 〈Steig. reg.〉 bei Vb. nur mit *brauchen, müssen*〉 SYN 'nötig (1.1)': *die (dafür) ~en Maßnahmen treffen; das ist gar nicht ~; ich brauche das ~; ich muss ~* ('muss dringend auf die Toilette gehen'); *etw. für ~* (ANT überflüssig) *halten* **2.** 〈o. Steig.; nicht präd.〉 SYN 'zwangsläufig': *die ~e Folge (davon), Konsequenz (daraus) ist, dass ...; das musste ~ so kommen* ❖ Notwendigkeit; **-wendigkeit, die 1.** 〈o. Pl.〉 /zu *notwendig 1*/ 'das Notwendigsein': *die ~ einer Anordnung, Maßnahme einsehen* **2.** 'notwendiger (1) Sachverhalt': *die Verbesserung der Bedingungen ist eine dringende, zwingende, unumgängliche ~* ❖ ↗ notwendig

Novelle [no'vɛlə], **die**; ~, ~n 'von einem einzelnen, besonderen Ereignis handelnde Erzählung': *eine ~ von Stefan Zweig; eine ~ schreiben, verfassen, lesen*

November [no'vɛmbɐ], **der**; ~/auch ~s, ~; ↗ TAFEL XIII 〈vorw. Sg.〉 'der elfte Monat des Jahres': *ein trüber ~; Anfang, Mitte, Ende ~*

Nu [nu:]
* **im ~** 'schnell, in ganz kurzer Zeit': *das ist im ~ erledigt*

Nuance [ny'aŋsə/ny'ãs], **die**; ~, ~n **1.** 'feiner, gradueller Unterschied, bes. hinsichtlich der Farbe od. Helligkeit': *eine helle, feine ~ des Blaus; verschiedene ~n des Gelbs; ~n von Hell und Dunkel* **2.** 〈o.Pl.〉 *eine ~ von etw.* 'ein wenig von etw.': *in seiner Stimme schwang eine ~ von Ärger mit; um eine ~: er sprach um eine ~ zu laut* ('sprach ein wenig zu laut')

nüchtern [nʏçtɐn] 〈Adj.〉 **1.** 〈o. Steig.; vorw. präd. (mit *sein*) u. bei Vb.〉 'ohne etwas gegessen, bes. ohne gefrühstückt zu haben': *ich bin noch ~; ~ zur Untersuchung kommen müssen; der Patient muss ~ sein; ~ zum Arzt gehen* **2.** 〈Steig. reg.〉 'nicht unter Einwirkung von Alkohol stehend'; ANT betrunken: *man sah ihn selten in ~em Zustand; er war schon nicht mehr ganz ~; am Steuer ist er (vollkommen) ~* **3.** 〈Steig. reg.〉 'sachlich (1,3) und ohne Beschönigung': *die Lage ~ beurteilen, betrachten, einschätzen; eine ~e Beurteilung der Lage; ein ~ denkender Mensch, ein ~er Rechner*; vgl. *kühl (3)* ❖ **Nüchternheit**

Nüchternheit ['..], **die**; ~, 〈o. Pl.〉 /zu *nüchtern 1 u. 3*/ 'das Nüchternsein'; /zu *3*/: *die ~ seines Berichts* ❖ ↗ **nüchtern**

Nudel ['nu:dl̩], **die**; ~, ~n 〈vorw. Pl.〉 'band- od. fadenförmige Teigware': *~n kochen, essen; eine Brühe mit ~n*

nuklear [nukle'a:ʁ] 〈Adj.; o. Steig.; vorw. attr. u. bei Vb.〉 **1.1.** 'auf Kernenergie beruhend': *~e Energie; ~e Sprengköpfe* **1.2.** 'mit Kernwaffen (ausgerüstet)': *~e Streitkräfte; ein ~er Krieg*

null [nʊl] 〈Zahladj.; indekl.; nur attr.; ↗ TAFEL XII〉 /die Kardinalzahl 0/: *er hat ~ Fehler im Diktat; eine Zahl mit drei Nullen; das Thermometer steht auf ~ Grad/auf ~* ('auf dem Gefrierpunkt'); *die Temperatur steigt über, sinkt unter ~*; ↗ auch **drei**
* emot. /etw., bes. eine rechtliche Abmachung/ **~ und nichtig sein** 'ungültig (geworden) sein': *einen Vertrag für ~ und nichtig erklären; der Vertrag ist ~ und nichtig*

MERKE ↗ **drei** (Merke)

Null, die; ~, ~en umg. emot. 'Versager': *jmd. ist eine ~; das sind dort doch alles ~en!*

Nummer ['nʊmɐ], **die**; ~, ~n **1.** ABK Nr. 'Zahl, die etw., bes. die Position in einer Reihenfolge, kennzeichnet': *etw., jmd. hat eine hohe, niedrige ~; man muss die ~ des Ausweises angeben; das Los hat die ~ ...; das Los mit der ~ 67 hat gewonnen* **2.** 'Nummer (1) eines Zimmers in einem öffentlichen Gebäude': *bitte den Schlüssel für ~ sieben; er wohnt in (der) ~ 32* **3.** 'Hausnummer': *das Eckhaus ist, hat die ~ 25* **4.** 'nummeriertes einzelnes Heft einer Folge von Zeitschriften od. Zeitungen': *eine alte ~*

der ‚Berliner Illustrierten'; die Anzeige stand in der gestrigen ~; die neue ~ ist bereits vergriffen; ich brauche die ~ sechs des Jahrganges 1980 dieser Zeitschrift **5.** ˈpolizeiliches Kennzeichen eines Autos, Motorrads': *haben Sie sich die ~ (des Autos) gemerkt, notiert?* **6.** SYN ˈTelefonnummer': *meine ~ ist 67304; Sie erreichen mich unter der ~ ...; ich gebe Ihnen meine ~; haben Sie meine ~?* **7.** ˈeinzelne Darbietung eines unterhaltenden Programms auf der Bühne, bes. des Varietés': *die nächste ~ ist ein Volkstanz; die neue ~ zeigen, aufführen* ❖ **nummerieren – Hausnummer, Kontonummer, Rufnummer, Telefonnummer**
* **(die) ~ eins** ˈder, das Wichtigste, Bedeutendste': *zu jener Zeit war er die ~ eins im Showgeschäft;* /etw./ **jmdm./für jmdn. eine ~ zu groß sein** ˈjmds. Möglichkeiten überschreiten': *ist das Auto für Euch nicht eine ~ zu groß?;* /jmd./ **auf ~ Sicher gehen** (ˈin einer Angelegenheit kein Risiko eingehen')
MERKE In den Bedeutungen 2 und 3 bezeichnet *Nummer* jeweils auch das Objekt selbst und kann bei Einsetzen des best. femin. Art. vor der Zahlenangabe weggelassen werden: *er wohnt in der 32; das Eckhaus ist die 25*

nummerieren [nυməʀiːʀən], nummerierte, hat nummeriert /jmd./ *etw.* ~ ˈmehrere einzelne Dinge mit fortlaufenden Zahlen versehen': ⟨vorw. attr. im Part. II⟩ *die Zimmer sind nummeriert; nummerierte Plätze* ❖ ↗ **Nummer**

¹nun [nuːn] ⟨Adv.⟩ **1.** SYN ˈjetzt (1)'; ↗ FELD VII.5.3: *~ ist es soweit; wir wollen ~ beginnen; ~ geht das nicht mehr; von ~ an* (ˈab jetzt') *wird das anders* **2.** SYN ˈendlich (I)': *er hat ~ zugestimmt* **3.** SYN ˈheutzutage': *so geht das ~ nicht mehr; man denkt ~ anders darüber als früher,* /in der kommunikativen Wendung/ *was ~* (ˈwas soll man unter diesen Umständen tun')? /wird gesagt, wenn man in einer Situation keine Lösung weiß und ratlos ist/: *~ ↗ gerade!* ❖ **nunmehr**
²nun ⟨Modalpartikel; unbetont; steht auch am Satzanfang; bezieht sich auf den ganzen Satz⟩ **1.** ⟨steht nicht am Satzanfang; steht in Fragesätzen, in Ergänzungs-, Entscheidungsfragen⟩ /der Sprecher drückt damit aus, dass er genauer informiert werden möchte; oft als Reaktion auf eine ihm zuvor gegebene Information/: *wann kommt ihr uns ~ besuchen?; bist du ~ einverstanden?; hat er sich ~ entschieden?; ist ~ alles in Ordnung?* **2.** ⟨steht separat vor Aussagesätzen od. Fragesätzen; leitet meist ein Gespräch ein; fasst auch Vorausgegangenes zusammen, aus dem dann eine Schlussfolgerung abgeleitet wird, od. der Sprecher wechselt damit das Thema⟩: *~, wir haben jetzt die größten Schwierigkeiten bewältigt; ~, so kann das nicht weitergehen; ~, wie geht es dir?*
³nun ⟨als Glied der zusammengesetzten Modalpartikel **nun einmal** ↗ ²*einmal*
nun|mehr [ˈ..] ⟨Adv.⟩ geh. ˈab jetzt (1)': *das soll sich ~ ändern* ❖ ↗ **¹nun**

¹nur [nuːɐ̯] **1.** ⟨als Glied der zusammengesetzten subordinierenden Konj. **nur dass**; der Nebensatz steht nach dem Hauptsatz⟩ /gibt eine gewisse Einschränkung des Sachverhalts des Hauptsatzes an/: *unser Urlaub war sehr schön, ~ dass es manchmal sehr heiß war; er wirkte eigentlich ziemlich ruhig, ~ dass er ständig mit dem Fuß wippte; unsere Interessen sind ziemlich gleich, ~ dass wir uns immer über das Fernsehen streiten* **2.** ⟨als Glied der mehrteiligen koordinierenden Konj. **nicht nur… sondern auch**⟩: ↗ *sondern (2)*
²nur ⟨Modalpartikel; betont od. unbetont; steht auch am Satzanfang; bezieht sich auf den ganzen Satz⟩ **1.** ⟨steht in elliptischen Sätzen auch am Satzanfang; steht in Aufforderungssätzen⟩ /dient als Warnung od. Drohung od. Ermunterung/; SYN ²bloß (1), ²ja (3): *geh mir ~ aus dem Weg!; fass das ~ nicht an!; glaube ~ nicht, dass das stimmt!; ~ nicht hinfallen!; ~ nicht so schnell!; ~* (SYN ²*immer* 1) *mit der Ruhe!; ~ Mut!; ~ weiter so!* **2.** ⟨steht in Ausrufesätzen und in Ergänzungsfragen⟩ /drückt Tadel, auch Bewunderung aus/; SYN ²bloß (2): *was bist du ~ für ein Narr!; wieso versteht er das ~ nicht?; wie siehst du ~ wieder aus!; wie er das ~ schafft!* **3.** ⟨steht in Ergänzungsfragen⟩ /verstärkt eine Frage und soll den Hörer motivieren, eine bestimmte Information zu geben; der Sprecher ist emotional beteiligt; oft auch monologisch ohne Erwartung einer Antwort/; SYN ²bloß (3): *wo habe ich ~ meinen Hut gelassen?; wie konnte er das ~ tun?; wo ist ~ mein Schlüssel geblieben?* **4.** ⟨steht in Wunschsätzen, die selbständige, durch *wenn* eingeleitete konditionale Nebensätze od. irreale, nicht eingeleitete Wunschsätze mit Inversion des Subj. sind⟩ /verstärkt einen Wunsch; der Sprecher ist emotional beteiligt/; SYN ²bloß (4): *hätte ich ~ nicht auf ihn gehört!; wenn wir ~ erst zu Hause wären!; hättest du ~ nichts gesagt!*
³nur ⟨Gradpartikel; betont od. unbetont; steht vor der Bezugsgröße; bezieht sich auf verschiedene Kategorien⟩ **1.** ⟨unbetont⟩ /schließt andere Sachverhalte aus/; SYN ³bloß (1), lediglich: *~ heute kann ich nicht kommen; die Tür war ~ angelehnt; er erhielt ~ einen Trostpreis; ~ er hat die Prüfung bestanden; er spricht ~ eine Fremdsprache* **2.** ⟨betont od. unbetont⟩ /schließt andere Sachverhalte nicht aus, drückt jedoch aus, dass die Bezugsgröße tiefer als anderes steht; schließt einen höheren Wert aus/ SYN lediglich (2): *er hat es ~ bis zum Leutnant gebracht; er besitzt ~ 20 Mark; er ist ~ Zweiter geworden* **3.** /in der kommunikativen Wendung; betont/ umg. *aber ~* ˈund ob': *„Hast du denn Lust zum Ausflug?" „Aber ~!"* **4.** ⟨+ *so*⟩ umg. *es hagelte ~ so Vorwürfe* (ˈes gab nichts als Vorwürfe'); *er zitterte ~ so* (ˈer hörte nicht auf zu zittern, er zitterte sehr') *vor Kälte* **5.** ⟨+ *noch* + Komp.⟩ *er wurde ~ noch wütender* (ˈdie Folge war, dass er noch wütender wurde')
nuscheln [nυʃln] ⟨reg. Vb.; hat⟩ /jmd./ ˈundeutlich sprechen': *er ist schlecht zu verstehen, er nuschelt so;* auch *etw.* ~: *er hat die Worte nur genuschelt*

Nuss [nʊs], **die**; ~, Nüsse ['nʏsə]; ↗ FELD II.4.1 **1.** 'Frucht mit harter Schale, deren ölhaltiger Kern essbar ist': *Nüsse pflücken, ernten; Nüsse knacken; die ~ ist hohl* **2.** 'ölhaltiger Kern von Nuss (1)': *geröstete, gesalzene Nüsse; Nüsse essen* ❖ **Erdnuss, Kokosnuss, Muskatnuss, Nussbaum, Walnuss, Walnussbaum**

* /etw., jmd./ **(für jmdn.) eine harte ~ sein** 'für jmdn. eine schwierige Aufgabe, ein schwieriges Problem sein': *der Aufsatz war für die Schüler eine harte ~;* /jmd./ **jmdm. eine ~ zu knacken geben** ('jmdm. eine schwierige Aufgabe stellen'); /jmd., etw./ **eine taube ~ sein** ('völlig unnütz sein')

Nuss|baum ['..], **der** 'Laubbaum, dessen Frucht die Walnuss ist' ❖ ↗ **Nuss,** ↗ **Baum**

nutzbar ['nʊts..] ⟨Adj.; o. Steig.⟩ 'so beschaffen, dass man es nutzbringend verwenden kann' /auf Materialien, Geräte, Erfindungen bez./: *Rohstoffe (industriell) ~ machen; ~e Mineralien; das Patent ~ machen; etw. ist nicht ~* ❖ ↗ **nutzen**

nutz/Nutz ['nʊts..]|**-bringend** [bʀɪŋnt] ⟨Adj.; Steig. reg.; vorw. bei Vb.⟩ 'Nutzen ergebend': *seine Zeit ~ verwenden; etw. ist für jmdn., etw. ~; ein ~er Vorschlag* ❖ ↗ nutzen, ↗ bringen; **-effekt, der** ⟨vorw. Sg.⟩ 'nutzbringende Wirkung': *welchen ~ soll das Verfahren haben?; etw. hat einen hohen, niedrigen ~; etw. hat keinen ~; den ökonomischen ~ von etw. erhöhen* ❖ ↗ nutzen, ↗ Effekt

nutzen/nützen ['nʊtsn/'nʏtsn] ⟨reg. Vb.; hat⟩ **1.** /etw., jmd./ jmdm., etw. ⟨Dat.⟩ ~ 'jmdm. von Nutzen, einer Sache förderlich sein': *das Gerät, unser Lehrling hat uns schon viel genützt, nützt uns wenig; dieser Rat nützt (mir) nichts, nützt niemandem (etwas); ich habe ihn gewarnt, aber es hat nichts genützt* ('ich habe ihn vergeblich gewarnt'); *wir bemühen uns, aber was nützt das (alles)* ('das ist alles vergeblich'), *wenn ...; es nützt (alles) nichts* ('es geht nicht anders'), *wir müssen nun aufbrechen* **2.** /vorw. nutzen/ /jmd./ etw. ~ 'etw. nutzbringend anwenden': *einen Raum als Lager, für technische Einrichtungen ~; der Raum wird nicht mehr genutzt* (SYN 'benutzt'); *Rohstoffe industriell ~; man muss*

die Gelegenheit ~ ('ausnutzen'), *um ...; etw. für etw., zu etw.* ⟨Dat.⟩ ~: *die Ferien, das Wochenende zur Erholung ~; jede freie Stunde zum Lesen ~; etw. irgendwie ~: ein Areal landwirtschaftlich ~; er versteht es, stets seinen Vorteil zu ~* (SYN 'wahren 1.2') ❖ **nutzbar, nützlich, Nutzung, unnütz — ausnutzen, benutzen, Benutzung, eigennützig, nutzbringend, Nutzeffekt, -fläche, -holz, nutzlos, uneigennützig, zunutze**

Nutzen, der; ~s, ⟨o. Pl.⟩ 'Vorteil, Gewinn (3) o.Ä., der sich aus der Anwendung von etw. od. aus einem bestimmten Verhalten, Vorgehen ergibt': *die Erfindung bringt (einen) hohen praktischen, wirtschaftlichen ~; jmd. hat von etw. ~; ~ aus etw. ziehen* ('von einer Sache Nutzen haben'); *sich von etw. (keinen, einen großen) ~ versprechen, erwarten; etw. mit ~* ('nutzbringend') *anwenden* ❖ ↗ **nutzen**

Nutz ['nʊts..]|**-fläche, die** 'nutzbare Fläche des Erdbodens, eines Raumes od. Gebäudes': *landwirtschaftliche ~n; etw. hat eine ~ von tausend Quadratmetern* ❖ ↗ nutzen, ↗ flach; **-holz, das** ⟨o. Pl.⟩ 'für technische, handwerkliche Zwecke verwendbares Holz (1)' ❖ ↗ nutzen, ↗ Holz

nützlich ['nʏts..] ⟨Adj.⟩ **1.** ⟨Steig. reg.; nicht bei Vb.⟩ 'so beschaffen, dass es Nutzen bringt, jmdm. nützt (1)': *eine ~e Beschäftigung; Bienen sind ~e Insekten; das war ein ~es Geschenk; eine ~e Tätigkeit verrichten; etw. ist jmdm.|für jmdn., etw. ~: die Idee, der Hinweis, das Buch war mir|für mich, für das Projekt sehr ~; /jmd./ er war uns in dieser Angelegenheit sehr ~* **2.** ⟨o. Steig.⟩ /jmd./ sich ~ machen 'etw. Nutzbringendes tun, bes. bei etw. helfen': *kann ich mich hier irgendwie ~ machen?* ❖ ↗ **nutzen**

nutz|los ['nʊts..] ⟨Adj.; Steig. reg.; nicht bei Vb.⟩ 'keinen Nutzen bringend, nichts ergebend'; SYN unnütz (1): *~e Bemühungen;* SYN zwecklos (1), sinnlos (I.1): *alle seine Überredungskunst war ~; es war ~, hinzugehen, ihm alles zu erklären, den Antrag zu stellen* ❖ ↗ nutzen, ↗ los

Nutzung ['nʊts..], **die**; ~, ⟨o. Pl.⟩ 'das Nutzen (2)': *die landwirtschaftliche ~ des Bodens; die friedliche ~ der Kernenergie; jmdm. etw. zur ~* ('zum Gebrauch') *überlassen* ❖ ↗ **nutzen**

o, O

o [oː] ⟨Interj.; in unmittelbarer Verbindung mit einem anderen Wort, seltener mit mehreren anderen Wörtern⟩ /drückt unterschiedliche Gefühle des Sprechers aus, z. B. Freude, Zustimmung, Betroffenheit, Erschrecken/: ~ *ja!;* ~ *welche Freude!;* ~ *Gott!* /Erschrecken/; ~ *weh!* /Betroffenheit/; vgl. *oh* MERKE ‚o‘ kann im Unterschied zu *oh* nicht allein stehend gebraucht werden. Folgt nach *oh* eine inhaltlich dazugehörige Aussage, wird es von dieser durch Komma od. Ausrufezeichen getrennt

Oase [oˈɑːzə], **die**; ~, ~n **1.** ˈkleines Gebiet mit Wasser und Vegetation in einer Wüste‘: *eine grüne* ~; *die Karawane zog von* ~ *zu* ~ **2.** ˈStätte, die sich durch etw. Angenehmes von ihrer Umgebung abhebt‘: ⟨oft mit Gen.attr.⟩ *der Park, Garten war eine* ~ *der Ruhe, des Friedens*

¹ob [ɔp] **I.** ⟨Konj.; subordinierend; der Nebensatz steht vor od. nach dem Hauptsatz⟩ **1.** ⟨leitet einen Satz ein, der als Obj. od. Subj. fungiert⟩ **1.1.** ⟨oft in Verbindung mit Verben des Fragens, Wissens⟩ /der durch *ob* eingeleitete Nebensatz fungiert als Subjekt des Hauptsatzes/: *es ist noch unsicher,* ~ *ich morgen komme;* ~ *alle mit dem Plan einverstanden sind, (das) ist noch unsicher;* ~ *das wirklich so war, ist ungeklärt/weiß ich nicht* **1.2.** /der durch *ob* eingeleitete Nebensatz vertritt das Objekt des Hauptsatzes/: *er fragte mich,* ~ *ich mit ins Kino komme; ich weiß nicht,* ~ *er krank ist; niemand wird es je erfahren,* ~ *er es getan hat* **1.3.** /der durch *ob* eingeleitete Nebensatz fungiert als Attribut des Hauptsatzes/: *seine plötzliche Frage,* ~ *sie abreisen würden, hatte niemand erwartet* **2.** ⟨in der konjunktionalen Doppelform **ob … ob**; verbindet immer zwei aufeinander folgende, durch *ob* eingeleitete, parallel angeordnete Nebensätze, Satzglieder, die vor dem Hauptsatz stehen⟩ /gibt an, dass alternative Möglichkeiten ohne Einfluss auf den Sachverhalt des Hauptsatzes sind od. als alternative Teile auch zum Ganzen gehören/: ~ *ich nun einen Mantel anziehe,* ~ *ich eine Jacke anhabe, ich bin auf jeden Fall zu warm angezogen;* ~ *alt,* ~ *jung, sie waren alle zum Fest erschienen;* ~ *Mann,* ~ *Frau,* ~ *Kind, sie saßen alle vor dem Fernseher* **3.** ⟨als Glied der mehrteiligen Konj. **ob … oder**; dabei ist *ob* subordinierend, *oder* koordinierend; *ob* leitet zwei durch *oder* verbundene Nebensätze od. Satzglieder ein⟩ /gibt an, dass alternative Möglichkeiten ohne Einfluss auf den Sachverhalt des Hauptsatzes sind/: ~ *ich gewonnen habe oder nicht, ich kaufe mir noch ein Los; wir gehen ins Kino,* ~ *es (nun) ein guter oder ein schlechter Film ist* **4.** ⟨als Glied od. Korrelat zusammengesetzter Konjunktionen⟩ **je nachdem, ob**: ↗ *je* (2); **als ob**: ↗ *als* (2.4.1) − **II.** ⟨leitet einen elliptischen Satz ein, der eine höfliche Frage, Bitte ausdrückt; mit der Stellung des Verbs in einem Nebensatz⟩: ~ *ich das wohl schaffe?;* ~ *du mir mal die Butter rüberreichst?;* ~ *mir das jemand erklären kann?* ❖ **obgleich, obwohl**

MERKE Zum Unterschied von ¹*ob* (1) und *dass*: Die Konj. *ob* drückt aus, dass der Sprecher nicht genau weiß, ob der Sachverhalt zutrifft; *dass* drückt aus, dass der Sachverhalt zutrifft: *er fragte mich,* ~ *ich einverstanden wäre; ich sagte ihm, dass ich einverstanden wäre*

²ob ⟨Präp. mit Gen.; vorangestellt⟩ geh. /kausal/; SYN ˈwegen‘: *ich war verärgert* ~ *seines flegelhaften Benehmens; bitte, sei mir* ~ *meiner Worte nicht böse!*

³ob ⟨als Glied der kommunikativen Wendung⟩ **und ob**: ↗ *und* (1)

Obacht [ˈoːbaxt]; ↗ FELD I.4.4.1: ~ *geben* SYN ˈAcht geben (1), aufpassen (2,3)‘: *wir müssen* ~ *geben, damit wir ihn nicht verpassen; auf etw., jmdn.* ~ *geben: gib auf den Verkehr, auf das Kind* ~*!* ❖ ↗ **¹Acht**

Obdach [ˈɔp..], **das**; ~s, ⟨o. Pl.⟩ geh. SYN ˈUnterkunft‘: *ein sicheres, schützendes* ~; *viele haben durch die Überschwemmung ihr* ~ (SYN ˈWohnung‘) *verloren; kein* ~ *haben, finden;* ~ *suchen; jmdm.* ~ *geben, gewähren; um* ~ *bitten* ❖ ↗ **Dach**

obdach [ˈ..]**-los** ⟨Adj.; o. Steig.; ↗ auch *Obdachlose*⟩ ˈauf Grund einer Notlage ohne Unterkunft, Wohnung‘: *Tausende wurden durch das Erdbeben* ~; ~*e Flüchtlinge* ❖ ↗ Dach, ↗ los; **-lose** [loːzə], **der**; ~n, ~n; ↗ auch *obdachlos*; ↗ TAFEL II ˈjmd., der aufgrund einer Notlage ohne Unterkunft, Wohnung ist‘: *Tausende Obdachlose(r)/Tausende von* ~*n; ein* ~*r bat um etwas Geld* ❖ ↗ Dach, ↗ los

oben [ˈoːbm̩] ⟨Adv.⟩ **1.1.** ˈan einer hoch od. höher gelegenen Stelle‘; ANT unten (1.1); ↗ FELD IV.1.3: ⟨vorw. mit Adv.best. des Ortes⟩ *das Buch steht* ~ *im Regal; hier* ~ *ist es windig, kalt; da, dort* ~; *(hoch)* ~ *in den Bergen;* ~ *am Himmel; (ganz)* ~ (ˈin einem höher gelegenen, im obersten Stockwerk‘) *wohnt Frau N; er stand* ~ *auf der Leiter;* ⟨+ Präp. nach, von⟩ *nach* ~ *gehen* (ˈüber die Treppe in ein höher gelegenes Stockwerk gehen‘); *von* ~ *kommen; der Fahrstuhl kommt von* ~*, fährt nach* ~ **1.2.** ˈda, wo der ober(st)e Teil von etw. ist‘: *den Sack* ~ (ˈam oberen Ende‘) *zubinden; wo, was ist bei dieser Kiste* ~ (ˈdie der unteren entgegengesetzte Seite‘)? **2.** ˈam Anfang einer Seite, eines Blattes, Bogens‘; ANT unten (2): ~ *(rechts) steht das Datum, die Seitenzahl* **3.** ˈweiter vorn im Text‘; ANT unten (3) /beschränkt verbindbar/: *siehe* ~ (ABK s. o.) /Hinweis des Autors für den Leser, bes. in wissenschaftlicher Literatur, auf eine einschlägige Stelle weiter vorne im Text/: *weiter* ~ *wurde gesagt, erwähnt, dass …* **4.** umg. *die Anweisung kommt von* ~ (ˈvon übergeordneter Stelle‘) ❖ **ober,**

obig, **[1,2]oberhalb** – **Erdoberfläche, obendrein, Staatsoberhaupt, zuoberst;** vgl. **Ober/ober-**

* **von ~ bis unten:** *er war von ~ bis unten* ('vom Kopf bis zu den Füßen') *beschmutzt*

oben|-an [..'an] ⟨Adv.⟩ 'an erster Stelle, als erste, wichtigste Position': *das steht in dem Verzeichnis gleich ~; die Gesundheit steht für sie ~* ❖ ↗ **oben;** **-auf** ['auf] ⟨Adv.⟩ SYN 'obendrauf (1)'; ↗ FELD IV.1.3: *Fett schwimmt ~; dort ist ein Stapel Bücher, ~ liegt das Lexikon* **1.2.** SYN 'obendrauf (2)': *er legte den Hut ~* ❖ ↗ **oben,** ↗ **auf;** **-drauf** [..'drauf] ⟨Adv.⟩ **1.** 'oben auf etw. od. auf der Oberfläche von etw.'; ↗ FELD IV.1.3: *mein Heft, das Buch liegt ~* **2.** 'oben auf das Darunterliegende': *~ legte sie ihren Hut, Schal; sie bestrich die Scheibe Brot mit Butter, ~ legte sie eine Scheibe Wurst* ❖ ↗ **oben,** ↗ **drauf;** **-drein** ['drain] ⟨Adv.⟩ SYN 'überdies': *er entschuldigte sich nicht und wurde ~ noch frech; der Raum war dunkel und ~ noch dreckig; er war wütend und ~ noch hungrig*

ober [o:bɐ] ⟨Adj.; nur attr.; Steig. reg., nur Superl.⟩ **1.** 'vertikal höher als anderes befindlich'; ANT [1]unter (1); /vorw. auf Gegenständliches und Gleichartiges bez./: *die ~en Regionen des Gebirges; die ~e Kante des Schrankes; das ~ste Fach, die ~e Reihe, Schublade; das ~e Stockwerk; die ~en Schichten der Atmosphäre; die ~ste Sprosse der Leiter, ~ste Stufe der Treppe; an der Bluse fehlt der ~ste Knopf* **2.** 'in der Rangordnung, in einer hierarchischen Ordnung höher als andere, als anderes'; ANT [1]unter (2) /auf eine Skala bez./: *die ~en militärischen Ränge; die ~en Schulklassen; die ~ste Gehaltsstufe; der ~ste Befehlshaber* ❖ ↗ **oben**

Ober- /bildet mit dem zweiten Bestandteil Substantive; drückt aus, dass das im zweiten Bestandteil Genannte einen höheren od. den höchsten Rang einnimmt und leitend tätig ist/: ↗ z. B. *Oberarzt*

Ober ['..], **der;** ~s, ~ 'Kellner' /nicht als Berufsbez.; in der Anrede in einem Restaurant vorw. mit vorangestelltem *Herr*/: *(Herr) ~, wir möchten zahlen!; den ~ rufen*

Ober/ober ['..]|-**arm, der** 'oberer Teil des Armes zwischen Ellenbogen und Schulter'; ↗ FELD I.1.1: *er hat eine Tätowierung auf dem ~* ❖ ↗ **Arm;** **-bekleidung, die** 'über der Unterwäsche sichtbar getragene Kleidung' /vorw. im Handel übliche Bez./; ↗ FELD V.1.1: *ein Geschäft für ~ der Herren* ❖ ↗ **Kleid;** **-fläche, die 1.** 'Fläche, die die obere Begrenzung eines Gewässers od. einer Flüssigkeit bildet': *die ~ des Sees; das Öl schwimmt an, auf der ~; er tauchte unter und kam wieder an die ~* **2.** 'Gesamtheit der einen Körper (3) begrenzenden Flächen': *etw. hat eine glatte, raue, gekrümmte, wellige ~; die ~ der Erde* ❖ ↗ **flach;** **-flächlich** [flɛç..] ⟨Adj.; Steig. reg.⟩ **1.** 'nicht gründlich, nicht in die Tiefe gehend'; ANT gründlich (I) /auf bestimmte Tätigkeiten bez./; ↗ FELD I.4.4.3: ⟨oft mit *nur*⟩ *ein Thema nur ~ behandeln; der Aufsatz ist (nur) eine ~e Darstellung dieser Problematik; sich nur ~ mit etw. befassen* **2.** 'ohne geistigen Wert, ohne Substanz'; SYN

flach (5), seicht (2) /auf Kulturelles bez./: *der Aufsatz ist (nur) eine ~e Darstellung dieser Problematik* **3.** ⟨nicht bei Vb.⟩ 'nur auf seine äußere Erscheinung bedacht, sich nicht mit Problemen auseinander setzend' /auf Personen bez./: *sie ist recht ~; ein ~es Mädchen, eine ~e Person* ❖ ↗ flach; **-[1]halb** ⟨Adv.⟩ ~ *von etw.* 'höher als etw. gelegen, befindlich'; ANT unterhalb; ↗ FELD IV.1.3: ~ *vom Dorf beginnt der Wald;* **-[2]halb** ⟨Präp. mit Gen.; vorangestellt⟩ /lokal; gibt eine Lage über einer (gedachten) Linie auf einer vertikalen Fläche an/; ANT unterhalb: ~ *des Dorfes liegt eine große Wiese;* ~ *des Ortes stand eine Burg; er stand* ~ *der Steigung;* **-haupt, das** 'jmd., der die Führung in einer Gruppe hat': *er war das* ~ *der Familie; das* ~ *der Bande wurde gefasst; das geistige, politische* ~ *einer Vereinigung; der Papst ist das* ~ *der katholischen Kirche* ❖ ↗ Haupt; **-hemd, das** 'von männlicher Person getragenes Kleidungsstück der Oberbekleidung, das bis zur Hüfte reicht, einen Kragen und Ärmel hat und vorn meist geknöpft wird'; SYN Hemd (2); ↗ FELD V.1.1 (↗ TABL Kleidungsstücke): *ein weißes* ~; *ein* ~ *mit langen, kurzen Ärmeln* ❖ ↗ Hemd; **-körper, der** 'der obere Teil des menschlichen Rumpfes (mit Kopf und Armen)': *beim Arzt den* ~ *frei machen; den* ~ *beugen, recken; den* ~ *zur Seite, nach vorn, hinten beugen* ❖ ↗ Körper; **-leutnant, der** /Angehöriger der Land-, Luft- und Seestreitkräfte mit einem bestimmten Dienstgrad/ (↗ TAFEL XX): *er ist zum* ~ *befördert worden;* **-schenkel, der** 'Teil des Beines vom Knie an aufwärts'; ↗ FELD I.1.1: *er hat muskulöse* ~; *er schlug sich vor Vergnügen auf die* ~ ❖ ↗ Schenkel; **-schicht, die** 'höchste soziale Schicht, deren Vertreter gewöhnlich sehr reich sind und in Politik und Wirtschaft häufig den Ton angeben': *die* ~ *eines Landes; er gehört zur* ~; *die Interessen der* ~ ❖ ↗ Schicht; **-schule, die** 'Schule, die zum Abitur führt, bes. Gymnasium': *sie besucht die* ~, *hat die* ~ *absolviert* ❖ ↗ Schule

Oberst ['o:bɐst], **der;** ~s/~en, ~e/~en /Angehöriger der Land-, Luftstreitkräfte mit einem bestimmten Dienstgrad (↗ TAFEL XX)/: *er ist zum* ~ *befördert worden* ❖ ↗ **oben**

ob|gleich [ɔp'g..] ⟨Konj.; subordinierend; der Nebensatz steht vor od. nach dem Hauptsatz⟩ /konzessiv/; SYN obwohl: ~ *es schon dunkel war, schalteten wir das Licht noch nicht ein* ❖ ↗ **[1]ob**

Obhut ['ɔp..], **die;** ~, ⟨o.Pl.⟩ geh. *jmdn. in seine* ~ *nehmen, in, unter seiner* ~ *halten* 'jmdn. schützen und für ihn sorgen': *sie nahm die Waise, das Kind in ihre* ~, *hatte das Kind in, unter ihrer* ~; *in jmds.* ~ *sein* 'von jmdm. geschützt und umsorgt werden': *der Junge war in ihrer, unter ihrer* ~; *etw. jmds.* ~ *übergeben: das Haus wurde seiner* ~ *übergeben* ❖ ↗ **[2]Hut**

obig ['o:bɪç] ⟨Adj.; o. Steig.; nur attr.⟩ 'weiter oben (3), weiter vorn im Text genannt': *wir beziehen uns auf die ~en Angaben, Beispiele* ❖ ↗ **oben**

Objekt [ɔp'jɛkt], **das**; ~s/~es, ~e **1.** ⟨vorw. Sg.⟩ 'materieller Gegenstand od. Vorgang, auch jmd. in dem Sinne, dass sich menschliches Denken und Handeln, jmds. Interesse auf ihn richtet'; SYN Gegenstand (2.1): *etw. zum ~ der Forschung machen; etw. ist (für jmdn.) ein lohnendes, interessantes ~; der Bau war das ~ allgemeinen Staunens* **2.** 'Haus, Grundstück, das erworben, verkauft werden kann': *ein größeres, interessantes, geeignetes ~ suchen, zum Kauf anbieten;* vgl. Immobilie ❖ **objektiv, Objektivität** – **Streitobjekt, Wertobjekt**

objektiv [ɔpjɛk'tiːf] ⟨Adj.; Steig. reg.⟩ SYN 'sachlich (3)'; ANT subjektiv /vorw. auf geistige Tätigkeit bez./: *eine ~e Betrachtung, Beurteilung; sein Urteil war (nicht) ~; etw. ~ betrachten, darstellen; ~ urteilen; jetzt bist du aber nicht ~!* ❖ ↗ **Objekt**

Objektivität [ɔpjɛktivi'tɛːt/..'teːt], **die**; ~, ⟨o. Pl.⟩ 'das Objektivsein': *die ~ einer Aussage, Darstellung, eines Urteils; nicht an jmds. ~ zweifeln; Zweifel an jmds. ~ haben; er gab sich den Anschein von ~* ❖ ↗ **Objekt**

obliegen [ɔp'l..], oblag [..lɑːk]/ veraltet lag ob, hat obgelegen ['ɔpgəleːgn̩] ⟨seltener trb.⟩ geh. *etw. obliegt jmdm./liegt jmdm. ob* 'etw. gehört zu jmds. dienstlichen Aufgaben': *die Entscheidung obliegt dem Gericht;* ⟨mit Nebens. + Vb. im Inf.⟩ *es obliegt ihm, sich darum zu kümmern; es oblag ihm, diese Information weiterzuleiten* ❖ ↗ **liegen**

obligatorisch [ɔpligaˈtoːʀ..] ⟨Adj.; o. Steig.; nicht bei Vb.⟩ 'verbindlich (2), als Pflicht'; ANT fakultativ; /bes. auf Lehrveranstaltungen bez./: *eine ~e Vorlesung; dieses Unterrichtsfach ist (für alle Schüler) ~*

Oboe [o'boːə], **die**; ~, ~n 'Holzblasinstrument mit einem dünnen röhrenförmigen Mundstück': *die ~, auf der ~ spielen; die ~ hat einen näselnden Klang*

ob|schon [ɔp'ʃ..] ⟨Konj.; subordinierend; der Nebensatz steht vor od. nach dem Hauptsatz⟩ veraltend /konzessiv/; SYN obwohl: *wir versuchten alles, ~ wir wussten, dass es zwecklos war* ❖ ↗ ¹**ob,** ↗ ¹**schon**

Obst [oːpst], **das**; ~es, ⟨o. Pl.⟩ 'bestimmte essbare saftige und süße Früchte (1.2), Beeren'; ↗ FELD I.8.1, II.4.1: *frisches, reifes ~; ~ ist gesund; ~ essen; ~ pflücken, ernten, einwecken* ❖ **Backobst, Fallobst, Spalierobst, Steinobst**

Obst ['..]|-**baum, der** 'Laubbaum, dessen Früchte (1.1) zum Obst gerechnet werden'; ↗ FELD II.4.1: *Obstbäume schneiden, veredeln; alte, junge Obstbäume* ❖ ↗ Obst, ↗ Baum; -**kuchen, der** 'mit saftigen, süßen Früchten (1.3) belegter Kuchen': *er isst gern ~; ~ backen; zum Kaffee gibt es ~* ❖ ↗ Obst, ↗ Kuchen; -**saft, der** 'Saft (2) aus Obst': *~ trinken* ❖ ↗ Obst, ↗ Saft

obszön [ɔps'tsøːn] ⟨Adj.; Steig. reg.; vorw. attr. u. präd. (mit *sein*)⟩ SYN 'unanständig (I)' /vorw. auf Sprachliches bez./: *~e Witze, Lieder, Verse; ~e Bilder, Darstellungen; seine Bemerkung war ~*

ob|wohl [ɔp'v..] ⟨Konj.; subordinierend; der Nebensatz steht vor od. nach dem Hauptsatz⟩ /konzessiv; gibt an, dass der Sachverhalt des Nebensatzes,

auch wenn man es erwarten könnte, den Sachverhalt des Hauptsatzes nicht ändern kann/; SYN trotzdem: *~ wir alles versucht hatten, misslang die Rettung der Schiffbrüchigen; wir werden es trotzdem versuchen, ~ wenig Aussicht auf Erfolg besteht; ich fahre nicht in den Orient, ~ ich es ganz reizvoll fände;* ⟨mit syntaktischer Verkürzung⟩ *völlig verändert, wirkte er doch frisch und lebendig* ❖ ↗ ¹**ob,** ↗ ³**wohl**

Ochse ['ɔksə], **der**; ~n, ~n **1.** 'kastriertes männliches Rind'; ↗ FELD II.3.1: *ein fetter ~; einen ~n schlachten* **2.** derb 'dumme, sture männliche Person': *ist das ein ~!;* auch Schimpfw. *du (dummer, blöder) ~!*

Ode ['oːdə], **die**; ~, ~n 'feierliches ernstes Gedicht in freien Rhythmen und in pathetischer Sprache, das erhabene Stoffe und die von ihnen ausgelösten Gefühle darstellt': *die ~n des Horaz; Schillers ~ an die Freude*

öd [øːt]: ↗ **öde**

öde ['øːdə] ⟨Adj.⟩ emot. **1.** ⟨Steig. reg.⟩ 'langweilig (1) und eintönig'; ↗ FELD I.6.3: *eine ~ Fete; es war ziemlich ~/öd in dem Vortrag, auf der Geburtstagsfeier; sein Leben damals verlief trist und öd(e); eine einsame und ~ Gegend, Landschaft* **2.** ⟨o. Steig.; vorw. attr.⟩ 'unfruchtbar und nicht od. kaum bewohnt' /auf Gebiete bez./: *eine ~ Gegend; eine ~ Wüste, Wildnis; ein ~s Land;* vgl. wüst (1)

Odem ['oːdəm], **der**; ~s, ⟨o.Pl.⟩ geh. SYN 'Atem': ⟨vorw. metaphor. gebraucht + Gen. attr.⟩ *der ~ des Lebens, Todes wehte ihn an*

oder ['oːdɐ] ⟨Konj.; koordinierend; verbindet zwei Hauptsätze, zwei Nebensätze, zwei Satzglieder od. Teile von Satzgliedern⟩ **I.** /gibt an, dass das in den beiden Teilen Benannte in Bezug auf den Kontext zur Wahl gestellt ist/ **1.** /die zur Wahl gestellten Alternativen schließen einander aus/: *möchten sie Tee ~ möchten Sie Kaffee?; wir fahren heute ~ morgen; wir kommen um neun ~ um zehn Uhr; du kannst dich so ~ so entscheiden; ja ~ nein?; rechts ~ links?; ich ~ du musst auf das Kind aufpassen; ist die Antwort richtig ~ falsch?* **2.** /die zur Wahl gestellten Alternativen schließen einander nicht aus, sie sind gleichermaßen gültig/: *Hans ~ Fritz wird mich vertreten, da kann ich schon mal weg; wir fahren heute ~ morgen, jedenfalls in Kürze,* /durch *und* ersetzbar/: *sie darf kommen ~ gehen wie sie will; Möbel ~ Autos müssen bar bezahlt werden; Hans läuft schneller als Heinz ~ Günter* **3.** ⟨die durch *oder* verbundenen Glieder können als Satzgefüge interpretiert werden⟩ /z. B. Imperativsatz und Aussagesatz = konditional/: *komm her ~ ich hol dich* ('wenn du nicht kommst, hole ich dich')!; /z. B. Satzfragment und Aussagesatz = konditional/: *noch ein Bier ~ ich verdurste* ('wenn ich nicht noch ein Bier kriege (trinke), verdurste ich')! **4.** ⟨als Glied der mehrteiligen koordinierenden Konj.⟩ **entweder ... oder**: ↗ *entweder*; **ob ... oder**: ↗ *ob* (3) – **II.** ⟨elliptisch am Ende eines Aussagesatzes, frei stehend⟩ /dient als Frage der Vergewisserung/: *er* *hatte doch Recht, ~?; du kommst doch mit, ~?* ('gehe ich recht in der Annahme, dass du mitkommst')?

MERKE Zum Verhältnis von *oder* und *entweder ... oder:* ↗ *entweder* (Merke)

Ofen ['o:fn̩], **der;** ~s, Öfen ['ø:fn̩] 'Vorrichtung, in der durch Verbrennen von Brennstoff Wärme zum Heizen, Kochen erzeugt wird'; ↗ FELD VI.5.1: *ein großer, breiter, transportabler, eiserner ~; den ~ heizen; der ~ qualmt, heizt gut, schlecht; einen (neuen) ~ setzen (lassen); sich am ~ wärmen;* vgl. *Kamin* ❖ **Backofen, Hochofen, Kachelofen**

offen ['ɔfn̩] ⟨Adj.; o. Steig.⟩ **1.1.** 'nicht geschlossen (↗ *schließen* 1.1)' / bes. auf eine Tür, ein Fenster bez./; ↗ FELD I.7.8.3: *am ~en Fenster stehen; bei ~em Fenster schlafen; die Tür ist, steht ~, ist sperrangelweit ~; mit ~em Mund schlafen; mit ~en Augen daliegen* **1.2.** ⟨vorw. präd. (mit *sein*)⟩ /etw./ *~ sein* 'geöffnet (↗ *öffnen* 3) sein'; ANT zu; ↗ FELD V.2.3: *das Geschäft, die Bank, das Amt ist bis 18 Uhr ~* **1.3.** ⟨vorw. bei Vb.⟩ 'aufgeschlagen (↗ *aufschlagen* 3.2)': *das Buch lag ~ da* **1.4.** 'nicht zugeklebt (↗ *zukleben*)' /beschränkt verbindbar/: *der Brief ist noch ~, lag ~ da* **1.5.** ⟨vorw. attr. u. bei Vb.⟩ 'nicht zugeknöpft' /auf Kleidungsstücke bez./: *er trug den Mantel ~, stand mit ~em Hemd da* **2.** 'nicht zugeschlossen (↗ *zuschließen*)' /bes. auf eine Tür bez./: *er drückte auf die Klinke, die Tür war ~; er fand die Tür ~; er ging durch die ~e Tür* **3.** ⟨nur attr.⟩ /beschränkt verbindbar/ **3.1.** *die ~e* ('von der Küste entfernt liegende') *See; ein ~es Gelände* ('ein Gelände, das weit zu überschauen ist'): *ein ~es Terrain* **3.2.** *auf ~ er Straße* 'auf der Straße in der Öffentlichkeit': *er wurde auf ~er Straße überfallen* **3.3.** *der Zug hielt auf ~er Strecke* ('außerhalb eines Bahnhofs') **4.** ⟨vorw. attr. u. präd.⟩ 'nicht geklärt (↗ *klären* 2)', nicht erledigt (↗ *erledigen* 1.1): *das sind ~e Fragen; das Problem ist, bleibt noch völlig ~; es ist noch völlig ~* (SYN 'dahingestellt'), *ob wir verreisen* **5.1.** SYN 'aufrichtig' /als Eigenschaft einer Person/; ↗ FELD I.2.3: *er hat ein ~es Wesen; etw. ~ zugeben* (SYN 'ehrlich 2'); /in der kommunikativen Wendung/ *~ gesagt* 'wenn ich es ehrlich sagen darf': *~ gesagt, dein Stil hat mir nie gefallen; ich habe, ~ gesagt, nie daran gezweifelt* /sagt jmd., wenn er zu jmdm. ein Verhältnis des Vertrauens herstellen möchte/ **5.2.** ⟨nicht präd.⟩ 'zugänglich für bestimmte Einflüsse, Eindrücke; SYN empfänglich: *ein ~es Wort mit jmdm. reden; etw. (frei und) ~ sagen* **6.** ⟨nicht präd.⟩ 'in der Öffentlichkeit, nicht geheim (1,2)' /auf oppositionelle Aktionen bez./: *~en Widerstand leisten; ~ rebellieren* **7.** ⟨nur attr.⟩ *ein ~er* ('für die Öffentlichkeit bestimmter, meist in der Presse veröffentlichter') *Brief; der bekannte Autor schrieb einen ~en Brief* ❖ **eröffnen, Offenheit, öffentlich, Öffentlichkeit, öffnen, Öffner, Öffnung, veröffentlichen, Veröffentlichung — Büchsenöffner, Flaschenöffner, offenkundig, -sichtlich, weltoffen, Weltöffentlichkeit;** vgl. **offenbar**

offenbar ['ɔfn̩..] **I.** ⟨Adj.; o. Steig.; nicht bei Vb.⟩ '(für jedermann) deutlich erkennbar'; SYN augenscheinlich (I), offenkundig, offensichtlich (I); /auf Abstraktes bez./: *seine Absichten, Pläne sind ganz ~; das ist ein ~er Irrtum* — **II.** ⟨Satzadv.⟩ /drückt die Einstellung des Sprechers zum genannten Sachverhalt aus/ 'wie nach dem bestehenden Sachverhalt anzunehmen ist, wie es sich zeigt, wie man sehen kann'; SYN anscheinend, augenscheinlich (II), offensichtlich (II): *er ist ~ sehr begabt; ~ ist es so, wie er vermutete* ❖ **offenbaren, Offenbarung;** vgl. **offen**

offenbaren [ɔfn̩'ba:Rən], offenbarte, hat offenbart geh. **1.** /jmd./ *jmdm. etw. ~* 'jmdm. etw. bekennen (1.1,2), anvertrauen (3)': *er hat ihr seine Gefühle, Zuneigung, Liebe, seine Sorgen offenbart; sie hat mir offenbart, dass ...* **2.** /jmd./ *sich jmdm. ~* SYN 'sich jmdm. anvertrauen (4)': *er hat sich seinem Freund, seiner Freundin offenbart; sie hat sich ihrer Mutter offenbart* **3.** /etw., jmd./ *sich (als etw.) ~* 'zeigen, was, wie es, man wirklich ist': *der Vertrag offenbarte sich als bloßer Schwindel; er offenbarte sich als wahrer Freund; in dieser Situation offenbarte sich seine wahre Natur* ❖ ↗ **offenbar**

Offenbarung [ɔfn̩'ba:R..], **die;** ~, ~en geh. **1.1.** ⟨o. Pl.⟩ /zu *offenbaren* 1/ 'das Offenbaren': *die ~ seines Geheimnisses, seiner Schuld, Liebe, seiner Abneigung* **1.2.** ⟨vorw. Pl.⟩ 'das, was jmd. jmdm. offenbart od. offenbart hat': *seine ~en kamen ihr überraschend* **1.3.** Rel. 'das durch Gott Offenbarte (↗ *offenbaren* 1)': *die ~ Johannes* /das letzte Buch des Neuen Testaments/ ❖ ↗ **offenbar**
* /etw./ *jmdm./für jmdn. eine (richtige) ~ sein* ('jmdn. zu einer plötzlichen Erkenntnis bringen')

Offenheit ['ɔfn̩..], **die;** ~, ⟨o. Pl.⟩ 'offene (5.1) Art und Weise'; ↗ FELD I.2.1: *er imponierte durch seine ~; die ~ seines Charakters; die ~ seiner Antwort; meine ~ hat mir schon oft geschadet; jmdm. etw. in aller ~* ('ganz offen') *sagen* ❖ ↗ **offen**

offen ['ɔfn̩..]**-kundig** ⟨Adj.; Steig. reg.; nicht bei Vb.⟩ SYN 'offenbar (I)' /auf Abstraktes bez./: *ein ~er Irrtum, Verrat; es ist ~, wird immer ~er, dass er gelogen hat; ein ~er Schwindel* ↗ offen, ~ *Kunde;* **-sichtlich** [zɪçt..] **I.** ⟨Adj.; Steig. reg.; nicht bei Vb.⟩ SYN 'offenbar (I)': *sein Erstaunen, seine Verwirrung war ~; ein ~er Irrtum* — **II.** ⟨Satzadv.⟩ /drückt die Einstellung des Sprechers zum genannten Sachverhalts aus/; SYN 'offenbar (II)': *das hat er ~ vergessen* ❖ ↗ offen, ↗ **sehen**

offensiv [ɔfɛn'zi:f] ⟨Adj.⟩ ANT defensiv **1.1.** ⟨o. Steig.⟩ 'sich auf Angriff (1), nicht auf Verteidigung stützend': *eine ~e Taktik, Strategie; der Kampf war ~; ~ kämpfen, spielen* **1.2.** ⟨Steig. reg., ungebr.⟩ 'die Initiative ergreifend': *~es Vorgehen; ~ werden; ~ diskutieren* ❖ **Offensive**

Offensive [ɔfɛn'zi:və], **die;** ~, ~n ANT Defensive **1.1.** 'umfassender militärischer Angriff': *eine ~ planen, eröffnen, einleiten* **1.2.** *in die ~ gehen* 'offensiv (1.2) werden': *die Spieler gingen in die ~; zur ~ übergehen* **2.** 'umfassende (staatliche) Aktion gegen etw.,*

Missstände': *eine ~ gegen Drogenmissbrauch, Zigarettenschmuggel starten* ❖ ↗ **offensiv**

offen stehen, stand offen, hat offen gestanden **1.** /etw., bes. Tür, Fenster/ 'offen (1.1) sein'; ↗ FELD I.7.8.2: *die Haustür, das Fenster stand weit offen* **2.** *jmdm. stehen viele Wege, Möglichkeiten offen* ('jmdm. bieten sich, bes. beruflich, viele Möglichkeiten') **3.** *es steht jmdm. offen, etw. zu tun* 'jmd. hat die Möglichkeit, etw. Bestimmtes zu tun': *es steht dir offen, das abzulehnen, zu akzeptieren*

öffentlich ['œfntl..] ⟨Adj.; o. Steig.⟩ **1.** 'in der Öffentlichkeit, allgemein' /auf Abstraktes bez./: *diese Fragen finden (ein) ~es Interesse; das ~e Leben; etw. ist ein ~es Ärgernis, ein ~er Skandal; etw. ~ diskutieren; ~ auftreten; etw. ~ bekannt geben; die beiden haben sich ~ beschimpft; die ~e* ('in der Öffentlichkeit herrschende, überwiegende') *Meinung; die ~e* ↗ *Ordnung; die Verlobung ist bereits ~* ('offiziell bekannt') **2.** ⟨nicht bei Vb.⟩ 'für alle bestimmt, für jedermann zugänglich'; ANT privat: *~e Verkehrsmittel, Anlagen; der ~e Verkehr; ein ~er Fernsprecher; die Veranstaltung, Sitzung, Verhandlung ist ~* **3.** ⟨nur attr.⟩ *~e Gebäude, Einrichtungen* ('Gebäude, Einrichtungen, in denen Angelegenheiten staatlicher, kommunaler Verwaltung o.Ä. betrieben werden'); *ein Mann des ~en Dienstes* ❖ ↗ **offen**

Öffentlichkeit ['œfntlıç..], **die**; ~, ⟨o. Pl.⟩ 'die Bevölkerung od. eine ähnliche Gesamtheit von Personen außerhalb der persönlichen privaten Sphäre innerhalb einer Gesellschaft'; SYN Allgemeinheit (1): *etw. findet, erregt das Interesse der ~; die ~ informieren; die ~ wurde von der Verhandlung ausgeschlossen; in, vor der ~* ('vor vielen Leuten, nicht in einem privaten, geschlossenen Kreis') *auftreten; etw. der ~ vorstellen, zugänglich machen; sich an die ~ wenden; an die ~ appellieren; vor die ~ treten; etw. in aller ~* ('vor allen Leuten') *zeigen; etw. dringt an die ~* ❖ ↗ **offen**

offiziell [ɔfi'tsi̯ɛl] ⟨Adj.; o. Steig.⟩ **1.** SYN 'amtlich (2)' /vorw. auf Sprachliches bez./: *einer ~en Mitteilung, Meldung zufolge ...; etw. ~ erklären, widerrufen; die Nachricht wurde ~/von ~er Seite bestätigt; einen Staat ~ anerkennen; wie aus ~en* ('zu öffentlichen Mitteilungen befugten') *Kreisen mitgeteilt wurde, ...; von der ~en Linie abweichen* **2.** 'von staatlicher Seite feierlich angelegt und in der Öffentlichkeit stattfindend': *der ~e* (ANT inoffizielle) *Besuch eines Staatsmannes; ein ~er Empfang; sein Besuch hatte ~en Charakter, geschah aus ~em Anlass; der Anlass war ~; ein Land ~ besuchen* **3.** ⟨vorw. bei Vb.⟩ 'so, wie es die Öffentlichkeit sehen soll': *~ weiß ich nichts davon, aber ...; ~ ist er in N, in Wirklichkeit ist er krank; nach einigen Scherzen wurde er ~* ('benahm er sich so, wie man es von ihm in der Öffentlichkeit erwartet') ❖ **inoffiziell**; vgl. **offiziös**

Offizier [ɔfi'tsiːɐ], **der**; ~s, ~e /Angehöriger der Land-, Luft-, Seestreitkräfte mit einem Dienstgrad vom Leutnant an aufwärts (↗ TAFEL XX)/: *ein hoher ~; ein ~ der Bundeswehr* ❖ **Unteroffizier**

offiziös [ɔfi'tsi̯øːs] ⟨Adj.; o. Steig.⟩ 'nur indirekt offiziell (1) und daher nicht verlässlich': *Nachrichten aus ~er Quelle; eine ~e Nachricht* ❖ vgl. **offiziell**

öffnen ['œfnən], öffnete, hat geöffnet **1.** /jmd./ *etw.* ~ **1.1.** 'etw. od. ein Teil von etw. so bewegen, dass dadurch der Raum od. etw. anderes dahinter zugänglich wird'; SYN aufmachen (1); ANT schließen (1.1); ↗ FELD I.7.8.2: *das Fenster, den Schrank, Safe ~; die Augen ~* (SYN 'aufschlagen 5'); *die Schranken ~; jmdm. die Haustür ~* **1.2.** SYN 'etw. aufschließen (1)'; ANT schließen (2.1): *~ Sie bitte die Tür!; mit diesem Schlüssel hat er den Schrank, die Schublade geöffnet; er hat uns geöffnet* ('uns ins Haus, Zimmer gelassen') **1.3.** 'die Hülle von etw. so verändern, dass das Innere zugänglich wird'; ANT schließen (1.2): *eine Kiste, Dose ~; einen Brief ~* ('den Umschlag eines Briefes aufreißen'); hist. *die Mauer ~* ('die Grenze in Berlin passierbar machen'); *er öffnete den Mund* **2.** /etw./ *sich* ~ **2.1.** *die Tür, das Tor hat sich geöffnet* ('hat sich so bewegt, dass sie, es jetzt offen (1.1) ist') **2.2.** *der Fallschirm öffnet sich* ('breitet sich zu seiner vollen Größe aus') **3.** /etw., bes. Geschäft, Dienstleistungseinrichtung/ *irgendwann ~* 'für Kunden, Publikum zugänglich werden'; ANT schließen (4.1); ↗ FELD V.2.2: *die Post, das Museum, die Bank, das Geschäft öffnet um 8 Uhr;* ⟨oft adj. im Part. II⟩ *geöffnet sein, haben: das Geschäft hat von 10 bis 19 Uhr geöffnet; die Ausstellung ist ab 9 Uhr, ist auch sonntags geöffnet;* auch ~: *die Bank öffnet um 8 Uhr ihre Schalter* ❖ ↗ **offen**

Öffner ['œfnɐ], **der**; ~s, ~ 'kleines Gerät zum Öffnen von Dosen, Gläsern, Flaschen'; ↗ FELD I.7.8.1: *ohne ~ kriege ich die Flasche nicht auf; kann ich mal kurz den ~ haben?* ❖ ↗ **offen**

Öffnung ['œfn..], **die**; ~, ~en **1.** ⟨o. Pl.⟩ /zu öffnen 1–3/ 'das (Sich)öffnen'; ↗ FELD I.8.1 /zu 1.3/: hist. *die ~ der Berliner Mauer* **2.** 'offene (1.1) Stelle in etw., bes. in einem flachen Gebilde, durch die jmd., etw. hinein-, herausgelangen kann': *er war durch eine ~ im Zaun, in der Mauer gestiegen; durch eine ~, aus einer ~ tropfte Wasser; die ~ zustopfen, vergrößern* ❖ ↗ **offen**

oft [ɔft] ⟨Adv.; Steig.: öfter ['œftɐ], am öftesten ['œftəstn̩], Superl. ungebr.; ↗ auch *öfter, öfters*⟩ SYN häufig **1.1.** 'viele Male, immer wieder'; ANT selten (I.2.1): *er kommt nicht mehr ~ zu uns, früher kam er öfter; ich habe ihn dort ~* (ANT keinmal) *gesehen; eine ~ gespielte Oper; das habe ich schon so ~, ~ genug* ('sehr oft') *gesagt, getan; je öfter er übte, desto besser konnte er spielen* **1.2.** 'in vielen Fällen'; ANT selten (I.2.2): *das ist ~ so; das hat man ~; das kommt ~ vor* ❖ **öfter, öfters, oftmals — sooft**

MERKE Der Komparativ *öfter* ist zu unterscheiden von dem selbständigen Adv. *öfter*, das zwar komparativische Form, aber keine komparativische Bedeutung hat

öfter ['œftɐ] ⟨Adj; ↗ auch *oft, öfters*⟩ 'ziemlich oft': *wir haben uns in letzter Zeit ~ getroffen* ❖ ↗ **oft**

* *des Öfteren* ˈoftmals': *er hat des Öfteren erklärt, dass ...; das ist schon des Öfteren passiert*
MERKE Zu *öfter/oft:* ↗ **oft** (Merke)
öfters [ˈœftɐs] ⟨Adv.; ↗ auch *oft, öfter*⟩ ˈöfter': *es hat in diesen Tagen ~ geregnet* ❖ ↗ **oft**
oftmals [ˈɔftmɑːls] ⟨Adv.⟩ **1.1.** ˈoft' (1.1): *das habe ich schon ~ gesagt; ich habe schon ~ daran gedacht* **1.2.** ˈoft (1.2)': *~ wird so etwas gar nicht bemerkt* ❖ ↗ **oft**, ↗ **Mal (II)**
oh [oː] ⟨Interj.; allein stehend od. in Verbindung mit anderen Wörtern⟩ /drückt unterschiedliche Gefühle des Sprechers aus, z. B. Freude, Zustimmung, Betroffenheit, Erschrecken/ *~, wie schön das aussieht!; ~, ~, das geht nicht gut aus; ~, wie ich mich freue!;* vgl. *o*
MERKE Zu *oh* und *o:* ↗ **o** (Merke)
¹ohne [ˈoːnə] ⟨als Glied der zusammengesetzten subordinierenden Konj. **ohne dass, ohne ... zu**; der Nebensatz steht vor od. nach dem Hauptsatz⟩ /gibt an, dass der einen Begleitumstand ausdrückende Nebensatz wider Erwarten nicht realisiert wird/: ⟨das Vb. des Nebensatzes kann im Konj. II stehen⟩ *er eilte vorbei, ~ dass er ein Wort an mich richtete/ ~ ein Wort an mich zu richten; sie half mir sofort, ~ dass ich sie darum gebeten hatte/hätte; er ist nach Hause gegangen, ~ sich von uns zu verabschieden* ❖ ↗ **²ohne**
MERKE Zum Verhältnis von *ohne dass* und *ohne ... zu:* Wenn die Subjekte des Haupt- und des Nebensatzes identisch sind, wird *ohne ... zu* verwendet: *er ging fort, ~ sich von uns zu verabschieden;* sind beide Subjekte nicht identisch, wird *ohne dass* verwendet: *sie half mir sofort, ~ dass ich sie darum gebeten hatte/hätte*
²ohne ⟨Präp. mit Akk.; vorangestellt⟩ **1.** /instrumental; gibt das Nichtvorhandensein od. das Fehlen eines Mittels an/; ANT mit (2.4): *er hat die Kiste ~ Werkzeug geöffnet; er hat das Haus ~ eigene Mittel erwerben können* **2.** /modal; gibt an, dass etw., jmd. als begleitender Umstand fehlt/; ANT mit (2.4): *er hat das Buch ~ Interesse gelesen; er ist ~ jeglichen Appetit, ist ein Mensch ~ Humor; ein Kleid ~ Ärmel, Kragen; alles verlief ~ Zwischenfälle, Schwierigkeiten; er ging ~ Gruß, ~ ein Wort; ein Mineralwasser ~ Kohlensäure; ein Vierer ~ Steuermann* **3.** ⟨meist mit Verneinung im Satz⟩ /konditional; gibt an, dass das Fehlen von etw. die Realisierung einer Sache verhindert/: *~ Werkzeuge lässt sich das Auto nicht reparieren; ~ Kenntnisse, ~ Hilfe wäre das nicht zu schaffen gewesen* **4.** /gibt an, dass bei einer Anzahl ein od. mehrere Personen, Sachen außer Betracht bleiben, nicht mitgerechnet werden/; SYN außer (1): *die Firma hat 300 Angestellte ~ das Küchenpersonal; das Zimmer kostet ~ Heizung 300 Mark; das Paket wiegt ~ Verpackung 2½ Kilo* ❖ **¹ohne** – **ohnedies, ohnehin, Ohnmacht, ohnmächtig, zweifelsohne**
ohne|-dies [..ˈdiːs] ⟨Modalpartikel; betont od. unbetont; steht auch am Satzanfang; bezieht sich auf den ganzen Satz; steht vorw. in Aussagesätzen⟩

SYN ohnehin: *er wäre ~ gekommen* ❖ ↗ **²ohne**, ↗ dies; **-hin** [..ˈh..] ⟨Modalpartikel; betont od. unbetont; steht auch am Satzanfang; bezieht sich auf den ganzen Satz; steht vorw. in Aussagesätzen⟩ /der Sprecher drückt damit aus, dass der Sachverhalt unabhängig von anderen od. weiteren Gründen zutrifft/; SYN ohnedies, sowieso: *ich hatte ~ vor, mit dir alles zu besprechen; dass das Projekt nicht genehmigt worden ist, brauchen wir nicht zu bedauern – es wäre ~ nicht zustande gekommen; ich nehme dich gerne mit, ich muss ~ in die Stadt fahren* ❖ ↗ **²ohne**
Ohnmacht [ˈoːnmaxt], die; ~, -en ⟨vorw. Sg.⟩ **1.** ˈAnfall von Bewusstlosigkeit': *sie war einer ~ nahe; in eine tiefe, schwere ~ sinken, in ~ fallen* (ˈohnmächtig werden'); *sie lag in ~* (ˈwar ohnmächtig'); *aus einer ~ erwachen* **2.** ˈZustand, Lage, in den, der man sich nicht gegen etw., jmdn. wehren kann, etw. nicht verändern kann': *das Gefühl seiner ~ bedrückte ihn; das Land, er war zur ~ verurteilt; die wirtschaftliche ~ des Landes, der Region; die ~ der Atomgegner gegenüber dem Staat* ❖ ↗ **²ohne**, ↗ **Macht**
ohnmächtig [ˈoːnmɛçtɪç] ⟨Adj.⟩ **1.** ⟨o. Steig.⟩ SYN ˈbewusstlos' /auf Personen bez./: *er ist ~ (geworden); er wurde ~* **2.** ⟨Steig. reg., Superl. ungebr.⟩ geh. SYN ˈmachtlos': *wir mussten ~, in ~em Zorn mit ansehen, wie ...; gegen eine Krankheit ~ sein* ❖ ↗ **²ohne**, ↗ **Macht**
MERKE Zu *ohnmächtig* (2): Attributiv ist *machtlos* nicht für *ohnmächtig* einsetzbar
Ohr [oːɐ], das; ~s/auch ~es, ~en ˈeines von zwei zum Hören dienenden Organen beim Menschen und bestimmten Tieren'; ↗ FELD I.1.1, I.3.2.1 (↗ TABL Körperteile): *das äußere ~* (ˈdie Ohrmuschel'); *das innere ~* (ˈder Gehörsinn'); *jmd. hat große, abstehende ~en* (ˈOhrmuscheln'); *er bekam rote ~en; jmd. ist auf einem ~ taub; jmd. hat feine, gute ~en* (ˈhat ein gutes Gehör'); *er kann nur auf einem ~ hören; ein ständiges Sausen in den ~en haben* ❖ **Ohrmuschel**
* /jmd./ **bei jmdm. ein offenes ~ finden** ˈvon jmdm. in einer Angelegenheit mit Aufmerksamkeit, Teilnahme angehört werden und Hilfe, Unterstützung zugesagt bekommen': *bei mir findest du immer ein offenes ~;* /jmd./ **etw. noch im ~ haben** (ˈsich noch genau an etw. erinnern, was man gehört hat, bes. an jmds. Worte, eine Melodie'); /etw./ **jmdm. zu ~en kommen** ⟨vorw. im Perf.⟩: *mir ist zu ~en gekommen* (ˈich habe – was eigentlich nicht sein sollte – erfahren'), *dass ...;* ⟨⟩ umg. /jmd./ **jmdm. eins/eine hinter die ~en geben** (ˈjmdm. eine Ohrfeige geben'); /jmd./ **es faustdick hinter den ~en haben** (ˈgerissen sein'); /jmd./ **viel um die ~en haben** (ˈviel Arbeit, viele Verpflichtungen, Sorgen haben'); /jmd./ **jmdn. übers ~ hauen** (ˈjmdn. betrügen, übervorteilen'); /jmd./ **sich aufs ~ legen** (ˈsich hinlegen, um ein bisschen zu schlafen'); /jmd./ **jmdm. mit etw. in den ~en liegen** (ˈjmdm. immer wieder mit einer Bitte, Forderung zusetzen'); /jmd./ **sich** ⟨Dat.⟩ *etw.* (nur *es, das*)

hinter die ~en schreiben ⟨vorw. im Imp.⟩ 'sich eine Ermahnung gut merken und sie beherzigen': *du kommst nicht mehr zu spät, schreib dir das hinter die ~en!;* /jmd./ **die ~en steif halten** ⟨vorw. in Imp.⟩ 'nicht den Mut verlieren, sich nicht unterkriegen lassen': *Junge, halt die ~en steif!*

Öhr [øːɐ̯], **das**; ~s/auch ~es, ~e 'längliche Öffnung am oberen Ende der Nähnadel, durch die der Faden gezogen wird': *den Faden durchs ~ ziehen, in das ~ einfädeln*

Ohr/ohr|-feige ['oːɐ̯..], **die** 'meist heftiger Schlag mit der flachen Hand an jmds. Wange (1)'; SYN Backpfeife: *jmdm. eine (schallende) ~ geben* ❖ **ohrfeigen; -feigen** [faiɡn̩], ohrfeigte, hat geohrfeigt /jmd./ *jmdn. ~* 'jmdm. eine od. mehrere Ohrfeigen geben': *sie hat ihn geohrfeigt* ❖ ↗ **Ohrfeige; -muschel, die** 'das außen sichtbare Ohr'; ↗ FELD I.1.1: *kleine, große, anliegende, abstehende ~en* ❖ ↗ **Muschel**

Ökologie [økolo'ɡiː], **die**; ~, ⟨o. Pl.⟩ 'Wissenschaft von den Beziehungen zwischen Organismen und Umwelt': *Forschungen auf dem Gebiet der ~* ❖ **ökologisch**

ökologisch [øko'loːɡ..] ⟨Adj.; o. Steig.; vorw. attr.; nicht präd.⟩ 'die Beziehungen zwischen Organismen und Umwelt betreffend'/beschränkt verbindbar/: *das ~e Gleichgewicht in der Natur; das ~e Gleichgewicht ist gestört* ❖ ↗ **Ökologie**

Ökonomie [økono'miː], **die**; ~, ⟨o. Pl.⟩ **1.** SYN 'Wirtschaft': *die ~ eines Landes; eine zerrüttete ~; die ~ sanieren* **2.** 'rationale, sparsame Verwendung finanzieller Mittel, von Rohstoffen, Materialien': *etw. durch strenge ~ erreichen; durch ~ die Produktion steigern* ❖ ↗ **Ökonomie**

ökonomisch [øko'noːm..] ⟨Adj.⟩ **1.** ⟨o. Steig.; nicht präd.⟩ SYN 'wirtschaftlich (1)': *die ~e Struktur eines Landes; die ~e Entwicklung fördern; das Land hat sich ~ gut entwickelt* **2.** ⟨Steig. reg., Superl. ungebr.⟩ 'sparsam und rationell bei der Verwendung von etw.': *sie haben ~ gewirtschaftet, sind mit den Vorräten ~ umgegangen; der ~e Umgang mit Rohstoffen; das Verfahren war sehr ~* ❖ ↗ **Ökonomie**

Oktober [ɔk'toːbɐ], **der**; ~/auch ~s, ~ ⟨vorw. Sg.⟩ 'der zehnte Monat des Jahres'; ↗ TAFEL XIII; vgl. *Anfang, Mitte, Ende ~; ein sonniger ~*

Öl [øːl], **das**; ~s/auch ~es, ~e **1.** 'meist dickflüssige fettige Flüssigkeit pflanzlichen, tierischen, mineralischen Ursprungs, die leichter als Wasser ist und sich nicht in Wasser löst': *Fette und ~e; mineralisches ~; der Tanker hat ~ verloren; aus dem Leck ist ~ getreten* **2.1.** 'pflanzliches, tierisches Öl (1), das für Speisen verwendet wird': *Sardinen in ~; Salat mit ~ und Zitrone anrichten* **2.2.** 'mineralisches Öl (1), das durch Bohrungen aus der Erde gewonnen wird'; ↗ FELD II.5.1: *nach ~ bohren; ~ fördern; aus ~ Benzin gewinnen; vgl. Erdöl* **2.3.** 'mineralisches Öl (1), das zum Heizen verwendet wird': *mit ~ heizen; die Heizung auf ~ umstellen; wir haben viel ~ verbraucht; die Preise für ~ sind gesunken, gestiegen* **2.4.** 'mineralisches Öl (1), das für

Maschinen, Motoren verwendet wird': *das ~ wechseln; ~ nachfüllen; das ~ ablassen* ❖ **ölen, ölig** – **Erdöl, Heizöl, Mineralöl**

* /jmd./ **~ ins Feuer gießen** ('einen Konflikt noch weiter schüren, anstatt ihn zu mildern')

ölen ['øːlən] ⟨reg. Vb.; hat⟩ /jmd./ *etw. ~* 'etw. mit Öl (2.4) schmieren (1)': *eine Maschine, ein Türschloss ~* ❖ ↗ **Öl**

ölig ['øːlɪç] ⟨Adj.; o. Steig.; vorw. attr.⟩ **1.** 'mit Öl (1) getränkt, beschmutzt': *der Lappen ist ~; etw. fühlt sich ~ an; ~e Hände* **2.** 'Öl (1) enthaltend'; ↗ FELD II.5.3: *eine ~e Lösung* ❖ ↗ **Öl**

Olive [o'liːvə], **die**; ~, ~n **1.** 'im Gebiet um das Mittelmeer wachsender Baum mit stark ölhaltigen Früchten': *alte, knorrige ~n* **2.** 'Frucht der Olive (1)': *grüne, schwarze ~n; ~n auspressen; marinierte ~n*

Olympiade [olʏm'pi̯aːdə], **die**; ~, ~n 'alle vier Jahre stattfindende internationale sportliche Wettkämpfe in vielen Disziplinen'; ↗ FELD I.7.4.1: *an der ~ teilnehmen; er hat auf der ~ eine Goldmedaille gewonnen* ❖ **olympisch**

olympisch [o'lʏmp..] ⟨Adj.; o. Steig.; nur attr.⟩ 'die Olympiade betreffend': *eine ~e Medaille erringen; die Olympischen Spiele* ('die Olympiade'); *das ~e Feuer* ('das während der Zeit der Olympischen Spiele im Sportstadion brennende Feuer') ❖ ↗ **Olympiade**

Oma ['oːma], **die**; ~, ~s Kinderspr. **1.** ⟨vorw. o. Art.; mit Possessivpron.⟩ SYN 'Großmutter': *(meine) ~ hat mir eine Puppe geschenkt;* /auch als Anrede/: *~, kannst du mir (beim Lesen) helfen?* **2.** /für eine ältere od. alte weibliche Person/: *die, eine ~ hat mir Schokolade, Bonbons geschenkt; die Kinder haben die ~ über die Straße geführt; vgl. Opa*

Omnibus ['ɔmnibʊs], **der**; ~ses, ~se SYN 'Bus'; ↗ FELD VIII.4.1.1: *mit dem ~ fahren*

Onkel ['ɔŋkl̩], **der**; ~s, ~/umg. ~s **1.** ⟨vorw. mit Possessivpron.⟩ 'Bruder von jmds. Vater, Mann von jmds. Tante'; ↗ FELD I.9.1: *mein ~ will uns besuchen; Fritz ist gekommen* **2.** /von Kindern für eine unbekannte erwachsene männliche Person (als Anrede) benutzt/: *der, ein ~ hat mir Bonbons, Schokolade geschenkt; ~, kannst du mir den Weg nach Hause zeigen?; vgl. Tante*

Opa ['oːpa], **der**; ~s, ~s **1.** Kinderspr. ⟨vorw. o. Art.; mit Possessivpron.⟩ SYN 'Großvater': *den Schlitten hat mir mein ~ gebaut;* /auch als Anrede/: *~, gehst du mit mir spazieren?* **2.** /für eine unbekannte ältere od. alte männliche Person/: *der, ein ~ hat mir Schokolade, Bonbons geschenkt; die Kinder haben dem ~ beim Tragen geholfen; vgl. Oma*

Oper ['oːpɐ], **die**; ~, ~n **1.** 'musikalisches Bühnenwerk, in dem eine Handlung mit Gesang und Orchestermusik szenisch gestaltet ist': *eine ~ komponieren; eine ~ in drei Akten von N* **2.** 'Einrichtung für das Aufführen von Opern (1)': *er wurde an die ~ in N verpflichtet; sie ist an* ('arbeitet bei') *der ~* **3.** 'Haus, in dem Opern (1) aufgeführt werden': *der geplante Neubau einer ~* ❖ **Operette**

Operation [opəʀa'tsi̯oːn], **die**; ~, ~en **1.** ˈmedizinische Behandlung bes. krankhafter Erscheinungen durch Schneiden (1.3) am Körperˈ: *eine schwere, lebensgefährliche, komplizierte ~; eine ~ durchführen; bei einer ~ assistieren; er muss sich einer ~ unterziehen; die ~ war notwendig; die ~ ist geglückt, missglückt* **2.** Wissensch. ˈVorgang, der durch das Einwirken von etw. auf etw. erzeugt wirdˈ: *~en, die nach Regeln, Vorschriften ablaufen; eine mathematische, logische ~* **3.** ˈstrategische militärische Unternehmungenˈ: *im Raum von N wurden größere (taktische, militärische) ~en durchgeführt; die ~en der Flotte; eine ~ des Gegners vereiteln* ❖ ↗ **operieren**

operativ [opəʀa'tiːf] ⟨Adj.; nicht präd.⟩ **1.** ˈdurch Operieren (1)ˈ /auf best. Tätigkeiten bez./: *eine Geschwulst ~ entfernen; ein ~er (ˈchirurgischerˈ) ↗ Eingriff* **2.** ˈauf unmittelbar praktisches Vorgehen gerichtetˈ: *~ Maßnahmen; Aufgaben ~ lösen*

Operette [opə'ʀɛtə], **die**; ~, ~n ˈähnlich einer Oper gestaltetes, jedoch mit gesprochenen Dialogen durchsetztes unterhaltsames musikalisches Bühnenwerkˈ: *eine ~ aufführen, inszenieren; die klassische Wiener ~* ❖ ↗ **Oper**

operieren [opə'ʀiːʀən], operierte, hat operiert **1.** /jmd./ **1.1.** *jmdn. ~* ˈan jmdm. eine Operation (1) durchführenˈ: *er wird morgen operiert; jmdn. an etw.* ⟨Dat.⟩ (ˈan einem bestimmten Körperteil, Organˈ) *~: er ist am Bein, an der Lunge operiert worden; ich muss mich ~ lassen* **1.2.** /jmd./ *etw. ~* ˈetw. durch eine Operation (1) entfernen, heilenˈ: *ein Geschwür, eine Geschwulst, einen Tumor, Blinddarm ~; der Magen musste operiert werden* **2.** /jmd./ *irgendwie, irgendwo ~* ˈirgendwie (irgendwo) vorgehen (5)ˈ: *er hat bei dieser Aktion sehr geschickt, vorsichtig operiert; die Täter operierten vom Keller aus; /Truppe/ auf feindlichem Gebiet ~* ❖ **Operation, operativ**

Opfer ['ɔpfɐ], **das**; ~s, ~ **1.** ˈunter persönlichem Verzicht gegebene Leistung, Spendeˈ: *der gespendete Betrag war für ihn ein (großes) ~; er konnte das ~ nicht annehmen; (jmdm./für jmdn., für etw.) ~/ein ~ bringen: sie hat für das Kind große (finanzielle) ~ gebracht* (ˈviel geopfert, ↗ opfern 1ˈ); *das Studium hat seiner Familie ~ abverlangt; um das Studium zu beenden, musste er manches ~ auf sich nehmen; kein ~ ist mir dafür zu groß, zu schade; etw. nur unter größten persönlichen ~n schaffen* **2.** ˈGabe für eine Gottheitˈ; ↗ FELD XII.3.1: *sie brachten ihrem Gott ein Lamm als ~ dar; Gott durch ein ~ zu versöhnen suchen* **3.** ˈjmd., der Objekt eines Verbrechens, einer Katastrophe ist, warˈ: *die ~ des Krieges, des Faschismus; er wurde (das) ~ eines Verbrechens, eines Justizirrtums, einer Verwechslung; das Erdbeben forderte Hunderte ~* (ˈHunderte starben durch das Erdbebenˈ) ❖ **opfern – aufopfern, Aufopferung, aufopferungsvoll**

* /jmd./ *etw.* ⟨Dat.⟩ *zum ~ fallen: er fiel einem Verbrechen zum ~* (ˈwurde das Opfer 3 eines Verbrechensˈ)

opfern ['ɔpfɐn] ⟨reg. Vb.; hat⟩ **1.** /jmd./ *jmdm., etw.* ⟨Dat.⟩ *etw. ~/für jmdn., etw. etw. ~* ˈetw. für jmdn., etw unter persönlichem Verzicht leisten, zur Verfügung stellenˈ; SYN hingeben (2): *sie hat dieser Aufgabe, für dieses Projekt viel Zeit, Geld, ihre Nachtruhe, ihren Feierabend geopfert; sie hat ihm ihre Jugend, ihre schönsten Jahre geopfert* **2.** /jmd./ *einer Gottheit ~* (ˈeiner Gottheit ein Opfer 2 bringenˈ; ↗ FELD XII.3.2); *ein Lamm wurde geopfert* ❖ ↗ **Opfer**

opponieren [ɔpo'niːʀən], opponierte, hat opponiert /jmd./ *gegen etw., jmdn. ~* ˈgegen etw. jmdn. Stellung nehmenˈ; SYN sich widersetzen: *er, eine Gruppe opponierte gegen die Politik, den Beschluss des Vorstandes; er opponierte ständig gegen seinen Vater* ❖ **Opposition, oppositionell**

opportun [ɔpɔʀ'tuːn] ⟨Adj.; o. Steig.; vorw. präd. (mit sein) u. verneint⟩: *ein solcher Vorschlag ist, scheint uns zur Zeit nicht ~* (ˈnicht angebracht, nicht von Vorteilˈ); *etw. (nicht) für ~* (ˈfür angebrachtˈ) *halten: wir halten diese Taktik, diesen Plan nicht für ~* ❖ **Opportunismus, Opportunist, opportunistisch**

Opportunismus [ɔpɔʀtu'nɪsmʊs], **der**; ~, ⟨o.Pl.⟩ ˈVerhalten, bei dem Grundsätze schnell zugunsten von Vorteilen aufgegeben werdenˈ: *etw. aus ~ tun; aus (reinem) ~ handeln* ❖ ↗ **opportun**

Opportunist [ɔpɔʀtu'nɪst], **der**; ~en, ~en ˈjmd., der dazu neigt, aus Opportunismus zu handelnˈ: *er ist ein ~; als ~ nahm er jede Chance wahr; jmdn. einen ~en schelten* ❖ ↗ **opportun**

opportunistisch [ɔpɔʀtu'nɪst..] ⟨Adj.; Steig. reg., ungebr.⟩ ˈauf Opportunismus beruhendˈ: *jmds. ~e Haltung anprangern; sich bei einer Wahl, Abstimmung ~ verhalten* ❖ ↗ **opportun**

Opposition [ɔpozi'tsi̯oːn], **die**; ~, ⟨o.Pl.⟩ **1.1.** ˈeiner anderen, bes. einer herrschenden Auffassung und Haltung entgegengesetzte Auffassung und Haltungˈ: *es gab ~ gegen dieses Vorgehen; etw. aus ~ tun; ~ betreiben; auf ~* (ˈWiderstand 1ˈ) *stoßen; /jmd./ in ~ zu etw. stehen* (ˈgegen etw. opponierenˈ) **1.2.** ˈGruppierung, die zu einer anderen, stärkeren Gruppierung in Opposition (1.1) stehtˈ: *es hatte sich eine breite ~ (gegen das diktatorische Regime) gebildet* **2.1.** ˈdie nicht an der Regierung beteiligten Parteien im Parlament (1)ˈ: *diese beiden Parteien bilden die ~; der Vorschlag kam aus den Reihen der ~; etw. stößt auf die Ablehnung der ~; einen Antrag der ~ beraten, ablehnen* **2.2.** *in der ~ sein: diese Partei ist in der ~* (ˈgehört zur od. bildet die Opposition 2.1ˈ); *in die ~ gehen: die beiden Parteien gehen nun in die ~* (ˈwerden künftig die Opposition 2.1 bildenˈ) ❖ ↗ **opponieren**

oppositionell [ɔpozitsi̯o'nɛl] ⟨Adj.; o. Steig.⟩ ˈin Opposition (1.1) zu etw. stehendˈ: *eine ~e Strömung in einer Partei, in der Bevölkerung; ~e Kreise der Bevölkerung; er ist ~ eingestellt* ❖ ↗ **opponieren**

Optik ['ɔptɪk], **die**; ~, ~en **1.** ⟨o. Pl.⟩ ˈTeilgebiet der Physik, das die Entstehung, Wirkung, Ausbreitung und Wahrnehmung des Lichts untersuchtˈ: *die physikalischen Gesetze der ~; Forschungsergebnisse der*

~ **2.** ˈSystem von Linsen in einem optischen Gerät': *diese Kamera hat eine gute* ~ **3.** ⟨o. Pl.⟩ ˈeine bestimmte Wirkung vermittelnde Erscheinungsweise einer Sache' /beschränkt verbindbar/: *etw. der* ~ *wegen verändern*; METAPH *dieser öffentliche Streit gab keine gute* ~ *für den Verein* ❖ **optisch**

optimal [ɔptiˈmaːl] ⟨Adj.; Steig. nur Superl.⟩ ˈso gut und günstig wie möglich' /vorw. auf Abstraktes bez./: ~*e Bedingungen; jmdn.* ~ *fördern; etw.* ~ *nutzen; die* ~*e Nutzung einer Erfindung; eine* ~*e Lösung; die* ~*e Leistungen erzielen; wie er das angelegt hat, das ist* ~

Optimismus [ɔptiˈmɪsmʊs], **der**; ~, ⟨o. Pl.⟩ ˈ(grundsätzliche) Einstellung (3), die charakterisiert ist von Hoffnung und der Erwartung positiver Entwicklungen in bestimmten od. allen möglichen Angelegenheiten'; ANT Pessimismus: *jmd. hat* ~, *ist voller* ~, *hat einen unerschütterlichen* ~; *mit, voller* ~ *an etw. herangehen; er hat sich trotz aller Schwierigkeiten seinen* ~ *erhalten, bewahrt* ❖ **optimistisch, Optimist**

Optimist [ɔptiˈmɪst..], **der**, ~en, ~en ˈjmd., dessen Verhalten, Tun von Optimismus bestimmt ist'; ANT Pessimist: *er ist ein (unerschütterlicher, unverbesserlicher)* ~ ❖ ↗ **Optimismus**

optimistisch [ɔptiˈmɪst..] ⟨Adj.; Steig. reg.⟩ ANT pessimistisch **1.** ˈvoller Optimismus' /vorw. auf Personen bez./: *etw.* ~ *beurteilen; er ist ein* ~*er Mensch, ist immer* ~ **2.** ˈauf Optimismus gegründet und daher günstiger wirkend, als es real ist' /auf Abstraktes bez./: *diese Prognosen waren zu* ~ ❖ ↗ **Optimismus**

optisch [ˈɔpt..] ⟨Adj.; o. Steig.⟩ **1.** ˈdas Licht od. die Fähigkeit des Sehens betreffend': *eine* ~*e Erscheinung; etw.* ~ ('durch Sehen'; ↗ FELD VI.2.3) *wahrnehmen; eine* ~*e Täuschung* **2.** ⟨nur attr.⟩ /beschränkt verbindbar/: ~*e* ('mit Linsen, Spiegeln ausgestaltete') *Geräte* **3.** ⟨nicht präd.⟩ ˈhinsichtlich der Optik (3)': *(rein)* ~ *macht das Auto einen guten Eindruck; das* ~*e Erscheinungsbild von etw.* ❖ ↗ **Optik**

orange [oˈʁaŋʒə/..ˈʁãːʒ[ə]] ⟨Adj.; o. Steig.; nicht attr.; nur umg. attr.⟩ ˈvon der Farbe der Orange'; ↗ FELD VI.2.3: *das Tuch ist* ~ *(gefärbt)*; umg. *ein* ~*nes Kleid* ❖ ↗ **Orange**

Orange, die; ~, ~n SYN ˈApfelsine'; ↗ FELD I.8.1: *eine* ~ *schälen; süße, saftige* ~*n* ❖ **orange**

Orchester [ɔʁˈkɛstɐ/..ˈçɛstɐ], **das**; ~s, ~ ˈgrößere Anzahl von Musikern, die gemeinsam unter der Leitung eines Dirigenten Instrumente spielen'; ↗ FELD I.11: *er ist Mitglied eines großen* ~*s, spielt in einem* ~; *das* ~ *setzte ein, stimmte die Instrumente; das* ~ *spielte die 3. Sinfonie von Beethoven*

Orchidee [ɔʁçiˈdeː], **die**; ~, ~n [..ˈdeːən] **1.** ˈals Staude wachsende exotische Pflanze mit Blüten in dekorativen Formen und Farben' **2.** ˈBlüte und Stiel von Orchidee (1) als Blume': *jmdm. eine* ~, *einen Zweig* ~*n schenken*

Orden [ˈɔʁdn̩], **der**; ~s, ~ **1.** ˈAbzeichen als Auszeichnung für hohe Verdienste': *jmd. bekommt einen* ~;

jmdm. einen ~ *verleihen; jmdn. mit einem* ~ *auszeichnen; einen* ~ *verliehen bekommen; er trug aus diesem Anlass alle seine* ~; *jmdm. einen* ~ *anheften, an die Brust heften; seine Brust war mit vielen* ~ *geschmückt* **2.** ˈreligiöse Gemeinschaft, deren Mitglieder streng nach bestimmten Vorschriften leben': *einen* ~ *gründen, stiften; er wurde Mitglied eines* ~*s; einem* ~ *beitreten; einem* ~ *angehören; aus einem* ~ *austreten*

ordentlich [ˈɔʁdn̩t..] **I.** ⟨Adj.⟩ **1.** ⟨Steig. reg.⟩ ˈin guter Ordnung (2)'; ANT lotterig, liederlich: *ein* ~*es Zimmer; in diesem Zimmer ist es sehr* ~, *sieht es* ~ *aus; seine Sachen* ~ *weglegen* **2.** ⟨Steig. reg., ungebr.; nicht präd.⟩ ˈin einem solchen Zustand, wie man es wünscht, wie es als korrekt empfunden wird': *jmd. führt ein* ~*es* ('geordnetes'; ↗ ordnen 2') *Leben; setz dich* ~ *hin!* **3.** ⟨Steig. reg.; nicht bei Vb.⟩ ˈauf Ordnung (2) bedacht, die Ordnung liebend'; SYN akkurat (1) /auf Personen bez./: *er ist sehr* ~ *(ANT lotterig), ist ein* ~*er Mensch* **4.** ⟨o. Steig.; nicht präd.⟩ **4.1.** ˈziemlich gut (1)' /auf Leistungen bez./: *das ist eine* ~*e* (SYN ˈakkurate 2') *Arbeit; das hat er recht* ~, *ganz* ~ *gemacht* **4.2.** SYN ˈzünftig (2)' /vorw. auf Feste bez./: *ohne Tanz war das doch kein* ~*es Fest; wir haben* ~ *gefeiert* **5.** ⟨o. Steig.; nicht präd.⟩ umg. SYN ˈgehörig (3)': *jetzt habe ich* ~*en Hunger; da hast du uns aber einen* ~*en Schrecken eingejagt; jmdn.* ~ *verprügeln; das war ein* ~*es* (SYN ˈtüchtiges I.3') *Stück Arbeit* **6.** ⟨o. Steig.; nur attr.⟩ *ein* ~*er Professor* ('ein Professor mit einem Lehrstuhl') — **II.** ⟨Adv.; bei Vb.⟩ ˈsehr': *wir haben* ~ *geschwitzt bei der Arbeit; langt nur zu!; er hat sich dabei* ~ *blamiert; sich* ~ *ausschlafen* ❖ ↗ **ordnen**

ordinär [ɔʁdiˈnɛːɐ/..ˈneːɐ] ⟨Adj.; Steig. reg.⟩ ˈ(im Benehmen) von den Normen des gesellschaftlich Üblichen, Sittlichen, des Anstands negativ abweichend': *er benahm sich, sein Benehmen war* ~; *sie hat so etwas Ordinäres, hat ein* ~*es Wesen; er lachte* ~, *führte* ~*e Reden, gebrauchte* ~*e Ausdrücke, erzählte* ~*e Witze; sie ist mir viel zu* ~; *er, sie sieht so* ~ *aus*; vgl. *gewöhnlich (3)*

ordnen [ˈɔʁdnən], ordnete, hat geordnet **1.** /jmd./ *mehrere Sachen, eine Menge* ~ ˈdie einzelnen Teile einer Menge in eine vorgesehene Reihenfolge, Beziehung zueinander bringen': *die Bücher, Akten, Papiere* ~; *etw. sorgsam, sinnvoll, übersichtlich, genau* ~; *seine Sachen lagen sorgfältig geordnet bereit; seine Kleidung, sein Haar* ~ ('wieder in den gewünschten einwandfreien Zustand bringen'); *etw. irgendwie* ~: *etw. nach der Größe, Dicke, nach bestimmten Kriterien, nach Jahrgängen* ~ **2.** /jmd./ *etw.* ~: *seine Angelegenheiten* ~ ('in einen solchen Zustand bringen, wie man es wünscht, wie es als korrekt empfunden wird'); *vor der Reise ordnete er seine privaten Verhältnisse*; ⟨oft adj. im Part. II⟩ *er lebt in geordneten* ('sozial normalen') *Verhältnissen; ein geordnetes Leben führen* ❖ **ordentlich, Ordnung, Unordnung, verordnen — einordnen, Geschäftsordnung, Gesellschaftsordnung, Marschordnung, Rang-**

ordnung, Tagesordnung, übergeordnet, unterordnen, zuordnen

Ordnung ['ɔrdn..], die; ~, ~en **1.** ⟨o. Pl.⟩ ʿdas Ordnen (1,2)ʾ: *er war mit der ~ seiner Papiere beschäftigt; die ~ seiner persönlichen Angelegenheiten* **2.** ⟨o. Pl.⟩ ʿZustand, dass etw. geordnet (↗ ordnen 1) istʾ; ↗ FELD III.5.1: *wir müssen hier einmal ~ machen, schaffen; er kann keine ~ halten; in dem Zimmer herrschte (eine) mustergültige, vorbildliche, peinliche ~; alles muss seine (bestimmte) ~ haben; in das Durcheinander muss man erst einmal ~ bringen; der ~ halber* (ʿdamit alles korrekt istʾ) *kaufen wir eine Eintrittskarte* **3.** ⟨o.Pl.⟩ ʿder geordnete (2), geregelte Ablauf des persönlichen od. öffentlichen Lebensʾ: *er braucht seine (tägliche) ~; für ~ sorgen; Gesetz und ~ erhalten, aufrechterhalten; etw. gefährdet die ~; gegen die ~ verstoßen; die öffentliche ~* (ʿden nach festgelegten Normen geregelten Ablauf des öffentlichen Lebensʾ) *gewährleisten; im Land herrschen Ruhe und ~* **4.** ⟨vorw. Sg.⟩ ʿSystem (2), das durch Ordnen (1) hergestellt wird, istʾ: *eine chronologische ~; nach welcher ~ ist das Ganze angelegt?; etw. in eine alphabetische ~ bringen* **5.1.** ⟨vorw. Sg.⟩ *die innere ~* (ʿStrukturʾ) *eines Atoms; die ~ eines Systems; die hierarchische ~ in einer Verwaltung* **5.2.** Biol. ʿEinheit im System der Lebewesen zwischen Klasse (3.1) und Familie (2)ʾ: *diese Schädlinge gehören zur, in die ~ der Käfer;* vgl. *Klasse, Familie, Gattung, Art, Stamm* **6.** *der Umsturz einer bestehenden ~* (ʿGesellschaftsordnungʾ) **7.1.** *in ~ sein* **1.** /etw./ ʿeinwandfrei funktionierenʾ: *das Bügeleisen ist nicht in ~* **2.** /jmd./ ʿimponierende Eigenschaften habenʾ: *unser Lehrer ist in ~!; etw. in ~ bringen* **1.** *das Zimmer in ~ bringen* (ʿim Zimmer Ordnung 2 machenʾ) **2.** ʿetw. reparierenʾ: *das Gerät (wieder) in ~ bringen* **3.** *seine Angelegenheiten in ~ bringen* (ʿordnen 2ʾ) **7.2.** /in den kommunikativen Wendungen/ *das ist (nicht) in ~* /wird gesagt, wenn man etw. so (nicht) gut, (nicht) richtig findet/; *(es ist) alles in ~!* /wird gesagt, wenn man in einem genannten Zusammenhang keine Schwierigkeiten, Probleme sieht/; *das geht in ~* /wird gesagt, wenn nach jmds. Meinung etw. so gut, richtig ist od. jmd. ausdrücken will, er sorge dafür, dass die genannte Sache zuverlässig erledigt wird/; umg. *in ~!* /wird gesagt, wenn man mit etw. einverstanden ist, wenn man etw. gutheißt/ ❖ ↗ **ordnen**

Organ [ɔr'gaːn], das; ~s, ~e **1.** ʿTeil eines Menschen, Tieres, auch einer Pflanze, der eine bestimmte Funktion hat, bestimmte Leistungen für den Organismus (1.2) verrichtetʾ: *die inneren ~e; die Leber ist ein lebenswichtiges ~; das Auge ist das ~ zum Sehen, das Ohr das ~ zum Hören; ein ~ transplantieren, verpflanzen; die Operation eines ~s* **2.** ⟨o.Pl.; mit best. Adj.⟩ *jmd. hat eine lautes, kräftiges, durchdringendes ~* (ʿeine laute, kräftige Stimme 1.1ʾ) **3.** ⟨+ best. Attr.⟩ ʿdurch Gesetz, Satzung o.Ä. mit einer bestimmten Funktion in einem Bereich des gesellschaftlichen Lebens beauftragte Gruppe von Personen, auch Personʾ: *ein staatliches, örtliches ~;*

die ~e der Justiz; dieses Gremium ist ein beratendes ~ **4.** ⟨vorw. Sg.⟩ ʿZeitung, Zeitschrift, einer Partei, Organisation (2) o.Ä.ʾ: *diese Zeitung ist das ~ der Gewerkschaft; der Verband hat ein eigenes ~* ❖ **organisch, Organismus − Geschlechtsorgan, Sinnesorgan**

* /jmd./ **ein/kein ~ für etw. haben** ʿfür etw. ein, kein feines Empfinden haben, (keinen) Zugang zu etw. findenʾ: *er hat kein ~ für Lyrik, hat ein ~ für Musik*

Organisation [ɔrganiza'tsi̯oːn], die; ~, ~en **1.** ⟨o. Pl.⟩ /zu organisieren 1.1, 1.2/ ʿdas Organisierenʾ; /zu 1.1/: *ihm wurde die ~ der Veranstaltung übertragen; er war für die ~ des Streiks verantwortlich* **2.** ʿzur Durchsetzung gemeinsamer Interessen gebildete Vereinigung (2)ʾ; ↗ FELD I.11: *er ist Mitglied einer gewerkschaftlichen ~; eine politische, künstlerische, kirchliche, militärische ~; einer ~ angehören, beitreten; eine ~ aufbauen, leiten* **3.** ⟨o. Pl.⟩ fachspr. ʿStruktur (1)ʾ: *die ~ eines Systems* ❖ ↗ **organisieren**

Organisator [ɔrgani'zaːtoːɐ̯], der; ~s, ~en [..'toːʀən] ʿjmd., der etw. organisiert (1.1), organisiert hatʾ: *er ist ein guter ~* (ʿkann gut organisierenʾ); *die ~en* (ʿVeranstalterʾ) *des Festivals, Treffens, Streiks* ❖ ↗ **organisieren**

organisatorisch [ɔrganiza'toːʀ..] ⟨Adj.; o. Steig.; nicht präd.⟩ ʿdas Organisieren 1.1 betreffendʾ: *~e Maßnahmen; eine Veranstaltung ~ vorbereiten; die Veranstaltung zeigte ~e Mängel; es gab ~e Pannen* ❖ ↗ **organisieren**

organisch [ɔr'gaːn..] ⟨Adj.; o. Steig.⟩ **1.** ⟨nicht präd.; vorw. attr.⟩ /beschränkt verbindbar/: *ein ~es* (ʿvom Zustand eines Organs 1 ausgehendesʾ) *Leiden; ~e Störungen, Schäden; jmd. ist ~* (ʿwas den Zustand seiner Organe 1 betrifftʾ) *gesund* **2.** ⟨nicht bei Vb.; vorw. attr.⟩ ANT anorganisch /beschränkt verbindbar/: *~e* (ʿzur belebten Natur gehörendeʾ) *Substanzen; die ~e Chemie* (ʿChemie der Verbindungen des Kohlenstoffsʾ); *~e Verbindungen; eine ~e Säure* **3.** ⟨nicht präd.⟩ ʿin ein Ganzes natürlich (1) eingefügt od. sich einfügend, sich im Rahmen einer Entwicklung kontinuierlich mit herausbildendʾ: *etw. ist ein ~er Bestandteil von etw., bildet einen ~en Zusammenhang; diese Beziehungen sind ~ gewachsen; etw. ist ~ in etw. eingebaut* ❖ ↗ **Organ**

organisieren [ɔrgani'ziːʀən], organisierte, hat organisiert; ↗ auch *organisiert* **1.** /jmd./ etw. ~ **1.1.** ʿden Ablauf, die Durchführung von etw., im Einzelnen praktisch vorbereitenʾ; SYN managen (1): *eine Tagung, ein Fest, ein Treffen ~; das hat er geschickt organisiert* **1.2.** ʿeinen Prozess (1) planmäßig systematisch anlegen (5), einrichten (1)ʾ: *die Verwaltung, Arbeit neu, perfekt ~; etw. ist straff organisiert; das Werk hat den Ablauf der Produktion gut organisiert* **2.** /mehrere (jmd.)/ sich ~ ʿsich zu einer politischen Organisation zusammenschließenʾ: *die Arbeiter haben sich (in Gewerkschaften) organisiert; sich irgendwie ~: sich gewerkschaftlich, politisch ~; er ist gewerkschaftlich organisiert* (ʿist Mitglied einer Gewerkschaft') ❖ **Organisation, Organisator, organisatorisch**

Organismus [ɔrga'nɪsmʊs], **der**; ~, Organismen [..'nɪsmən] **1.1.** 'Lebewesen': *ein pflanzlicher, tierischer* ~ **1.2.** 'der menschliche Körper mit seinen Funktionen': *der menschliche* ~; *sein* ~ *war geschwächt; der erkrankte* ~; *die Krankheit hat den gesamten* ~ *angegriffen* **2.** 'größeres Ganzes, dessen Komponenten organisch (3) zusammenwirken': *solche Systeme sind komplizierte Organismen* ❖ ↗ **Organ**

Orgel ['ɔrgl̩], **die**; ~, ~n 'größtes, vor allem in Kirchen vorhandenes Musikinstrument, das mit Tasten gespielt und über eine Vielzahl von Pfeifen zu einem sehr vollen Klang gebracht wird' (↗ BILD): *er kann* ~ *spielen; der dröhnende, brausende Klang der* ~ ❖ **Drehorgel**

Orient ['oːri̯ɛnt/o'ri̯ɛnt], **der**; ~s/auch ~es, ⟨o. Pl.⟩ 'das vordere und mittlere Asien als geografische od. auch kulturelle Einheit': *im* ~ *leben; Sitten und Bräuche des* ~*s* ❖ **orientalisch**

orientalisch [ɔri̯ɛn'taːl..] ⟨Adj.; o. Steig.⟩ 'den Orient betreffend': ~*e Lebensformen* ❖ ↗ **Orient**

orientieren [ɔri̯ɛn'tiːrən], orientierte, hat orientiert **1.** /jmd./ *sich* ~ 'in einer unbekannten Umgebung nach bestimmten Merkmalen suchen, um sich zurechtzufinden, seinen Standort zu bestimmen': *wir müssen uns (hier) erst einmal* ~; *sich an, nach etw.* ⟨Dat.⟩ ~: *wir orientieren uns am Stand der Sonne, nach der Sonne* ('suchten uns mit Hilfe des Standes der Sonne zurechtzufinden') **2.** /jmd./ *sich an etw.* ⟨Dat.⟩, *jmdm.* ~ 'sein Verhalten, Vorgehen an etw., jmdm. (als Vorbild) ausrichten': *sich an den Realitäten* ~; *die Jungen orientierten sich an ihrem Lehrer, am Vorbild ihres Lehrers* **3.** /jmd./ *sich, jmdn. (über etw.)* ~ 'sich, jmdm. Informationen über etw. verschaffen, damit ein Überblick möglich wird': *wir wollten uns, ihn über die Verhältnisse dort* ~; *er will sich* ~, *wie die Lage ist; (über etw.) orientiert sein: er ist über das Vorhaben (gut) orientiert* ('unterrichtet') **4.** /jmd./ *sich, jmdn., etw. auf etw.* ~ 'sich, jmdn., etw. programmatisch auf ein Ziel lenken': *sich, jmdn. auf bestimmte Aufgaben* ~; *das Programm auf Schwerpunkte* ~ ❖ **Orientierung**

Orientierung [ɔri̯ɛn'tiːr..], **die**; ~, ⟨o. Pl.⟩ /zu *orientieren* 1–4/ 'das (Sich)orientieren'; /zu 1/: *die* ~ *war schwer; die* ~ *verlieren, keine* ~ *mehr haben* ('sich nicht mehr orientieren können'); *zur besseren* ~ *stieg er auf einen Baum;* /zu 2/: *die* ~ *an Vorbildern;*/ zu 3/: *zu Ihrer* ~ ('damit Sie Bescheid wissen') *teilen wir Ihnen mit, dass …* /in offiziellen Schreiben/; /zu 4/: *die* ~ *auf die wichtigsten Probleme* ❖ ↗ **orientieren**

original [ɔrigi'naːl] ⟨Adj.; o. Steig.⟩ **1.** ⟨nicht bei Vb.; vorw. attr. od. unflekt. vor Adj.⟩ 'in Bezug auf Herkunft od. Herstellung nicht imitiert od. verändert' /auf historische od. wertvolle Gegenstände bez./: *eine* ~*e römische*/~ (SYN 'echt I.1') *römische Vase; sein* ~*er Stil* **2.** ⟨vorw. bei Vb.⟩ Rundf., Fernsehen *das Fußballspiel wird* ~ ('direkt vom Ort des Geschehens, nicht als Aufzeichnung') *übertragen* ❖ **Original, Originalität, originell**

Original, das; ~s, ~e **1.** 'erste, nicht veränderte Fassung, nicht kopierte Form eines Textes, Schriftstücks': *das* ~ (ANT Kopie 2) *der Urkunde wird in N aufbewahrt; vom* ~ *Kopien anfertigen; im* ~: *ein Buch im* ~ ('in der Sprache, in der es verfasst wurde, nicht in der Übersetzung') *lesen* **2.** 'Werk der bildenden Kunst, das keine Kopie, keine Reproduktion ist'; ANT Kopie (1): *dieses Gemälde ist ein* ~ **3.** ⟨vorw. mit Attr.⟩ 'origineller (2) Mensch': *die beiden waren Berliner* ~*e; er war wirklich ein* ~ ❖ ↗ **original**

Originalität [ɔrigina:li'tɛːt/..'teːt], **die**; ~, ⟨o. Pl.⟩ 'Einmaligkeit in der Art der künstlerischen Gestaltung': *die* ~ *dieses Autors, der gezeigten Kunstwerke* ❖ ↗ **original**

originär [ɔrigi'nɛːɐ̯/..'neːɐ̯] ⟨Adj.; o. Steig.⟩ 'grundlegend neu und von eigenständiger Art' /auf Abstraktes bez./: ~*e Ideen; sind diese Methoden wirklich* ~?

originell [ɔrigi'nɛl] ⟨Adj.; Steig. reg.⟩ **1.** 'Eigenart, Eigenwilligkeit, Originalität aufweisend (und witzig)' /auf Personen od. Abstraktes bez./: *ein* ~*er Schauspieler; ein* ~*er Einfall, eine* ~*e Lösung; er zeichnet sehr* ~ **2.** 'in der Lebensweise auffallend eigenwillig, sonderbar, oft etwas skurril' /auf Personen bez./: *er ist ein* ~*er Mensch, Typ, ist* ~, *wirkt* ~

Orkan [ɔr'kaːn], **der**; ~s, ~e 'sehr starker Sturm': *über der Stadt tobte ein* ~; *der Sturm steigerte sich zum* ~; *der* ~ *ließ nach, flaute ab; der* ~ *hat große Schäden verursacht*

Ornament [ɔrna'mɛnt], **das**; ~s/auch ~es, ~e 'in unterschiedlichen Techniken gestaltete Verzierung (aus sich wiederholenden Motiven) an od. auf etw., bes. an Bauwerken': *geometrische, verschlungene* ~*e; die* ~*e eines Schmuckstücks; das* ~ *besteht aus kreisförmigen Linien*

Ort [ɔrt], **der**; ~es/auch ~s, ~e **1.** ⟨vorw. Sg.⟩ 'Stelle (1), Platz (1), bes. im Gelände od. in einem Gebäude'; ↗ FELD I.7.7.1: *das ist ein angenehmer, kühler, vertrauter, ruhiger, lauschiger* ~; *die Pflanze gedeiht an warmen* ~*en; dies ist nicht der passende*

~ *für solche Scherze!; das ist der richtige* ~ *für unser Vorhaben; sich am vereinbarten* ~ *treffen; an diesem* ~ *ist der Unfall passiert; einen geeigneten* ~ *für die Veranstaltung auswählen; Zeit und* ~ *für die Tagung festsetzen, bestimmen;* ⟨*an* + Possessivpron.⟩ *ich habe das Buch wieder an seinen* ~ *gestellt* (ʼdahin gestellt, wo es gewöhnlich stehtʼ); *das Fahrrad stand nicht mehr an seinem* ~ **2.** ʼbegrenztes besiedeltes, als Dorf od. Stadt ausgeprägtes Gebiet mit eigener Verwaltungʼ: *ein größerer* ~ *an der Küste; ein* ~ *an der Grenze; ein einsamer, abgelegener* ~*; er wohnt hier im* ~*, stammt aus einem kleinen* ~ *im Süden; der nächste* ~ *liegt zehn Kilometer entfernt von hier; einen kleinen Spaziergang durch den* ~ *machen; er lebte in diesem* ~ ❖ **örtlich, Ortschaft** − **Badeort, Geburtsort, Standort, Vorort, Wohnort**
* höheren Ort(e)s ʼbei einer übergeordneten Instanzʼ: *ich werde mich höheren* ~*s beschweren;* **an** ~ **und Stelle** ʼdort, wo etw. Bestimmtes ist, geschehen ist, od. geschehen sollʼ: *davon wollen wir uns an* ~ *und Stelle überzeugen; endlich waren wir an* ~ *und Stelle* (ʼan unserem Ziel angekommenʼ)
Orthografie, die: ↗ *Orthographie*
orthografisch: ↗ *orthographisch*
Orthographie/auch **Orthografie** [ɔʀtogʀaˈfiː]**, die**; ~, ~n ⟨vorw. Sg.⟩ ʼNorm der korrekten Schreibweiseʼ; SYN **Rechtschreibung** ❖ **orthographisch;** vgl. **Graphik**
orthographisch/auch **orthografisch** [ɔʀtoˈgʀaːf..] ⟨Adj.; o. Steig.; nicht präd.⟩ ʼdie Orthografie betreffendʼ: *die* ~*en Regeln; er schreibt* ~ *richtig* ❖ ↗ **Orthographie**
örtlich [ˈœʀt..] ⟨Adj.; o. Steig.⟩ **1.** ⟨nicht präd.⟩ ʼein bestimmtes begrenztes Gebiet betreffendʼ; SYN lokal: *er kennt die* ~*en Verhältnisse;* ~ *begrenzte Niederschläge* **2.** ⟨nicht präd.⟩ ~*e* (ʼauf die zu operierende Stelle des Körpers begrenzteʼ) *Betäubung; jmd. wird* ~ *betäubt* **3.** ⟨nur attr.⟩ ʼauf einen Ort (2) bezogenʼ: *die* ~*e Industrie; die* ~*en Behörden; die* ~*e Wirtschaft* ❖ ↗ **Ort**
Ortschaft [ˈɔʀt..]**, die**; ~, ~en ʼmeist kleiner Ort (2)ʼ: *eine kleine, größere, abgelegene* ~*; Verkehrsregelungen innerhalb geschlossener* ~*en; die nächste* ~ *liegt zehn Kilometer entfernt; eine* ~ *passieren* ❖ ↗ **Ort**
Öse [ˈøːzə]**, die**; ~, ~n ʼkleine Schlinge aus Metall, in die man etw. einhaken, durch die man etw. ziehen (2.2) kannʼ: *Haken und* ~*n an den Rock nähen*

Ost [ɔst] ⟨indekl.; o. Art.; vorw. mit Präp.; o.Attr.⟩ ABK: O fachspr. ʼOsten (1)ʼ: *der Wind weht aus/ von* ~*; nach* ~ *drehende Winde* ❖ ↗ **Osten**
Osten [ɔstn̩]**, der**; ~s, ⟨o. Pl.⟩ **1.** ⟨vorw. o. Art.; vorw. mit Präp.⟩ ABK: O ʼHimmelsrichtung, in der die Sonne aufgehtʼ: *das Morgenrot im* ~*; das Zimmer liegt, geht nach* ~*; der Wind kommt von* ~*; der Zug kommt aus, fährt in Richtung* ~ **2.** ⟨nur mit best. Art.⟩ **2.1.** ʼöstlicher (2.1) Teil eines bestimmten Gebietesʼ: *der* ~ *Afrikas; er wohnt im* ~ *von London, im Londoner* ~*; er stammt aus dem* ~ *des Landes* **2.2.** *nach dem, in den* ~ (ʼin östlich 2.1 vom Ausgangspunkt gelegene Gebieteʼ) *reisen, fließen, fahren; er stammt aus dem* ~ (ʼaus einem vom Sprecher aus gesehenen östlichen Gebietʼ) ❖ **Ost, östlich** − **Ostwind**
Ostern [ˈoːstɐn]**, das**; ~, ~ ⟨vorw. o. best. Art.; der Pl. hat singularische Bedeutung⟩ ʼFest im Frühling, das von Christen als Fest der Auferstehung Christi gefeiert wirdʼ; ↗ FELD XII.5: ~ *ist dieses Jahr sehr früh;* ~*/ zu* ~ *bekommen wir Besuch; wir verreisen über, zu* ~*; in der Woche vor, nach* ~*; letztes, nächstes, voriges* ~*; ein* ~ *mit Schnee;* ⟨als Pl. bes. in Wunschformeln⟩ *letzte, nächste* ~*; frohe, fröhliche* ~*! /Wunsch zum Osterfest/*
östlich [ˈœst..] ⟨Adj.; nicht präd.⟩ **1.** ⟨o. Steig.; nur attr.⟩ **1.1.** ʼnach Osten (1)ʼ: *das Schiff fährt* ~*en Kurs, fährt in* ~*e Richtung* **1.2.** ʼaus Osten (1)ʼ: ~*e Winde; das Flugzeug kommt aus* ~*er Richtung* **2.** ⟨Steig. reg.⟩ ʼim Osten (2) eines bestimmten Gebietes gelegenʼ: *die* ~*en Gebiete des Landes; die* ~*en Länder;* ⟨präpositional mit Gen. od. mit *von* o. Art.⟩ ~ *der Elbe; der Ort liegt* ~ *von Berlin* ❖ ↗ **Osten**
Ost|wind [ˈɔst..]**, der** ⟨o.Pl.⟩ ʼaus Osten (1) wehender Windʼ: *(ein) scharfer, kalter, eisiger* ~*; es weht ein frischer* ~ ❖ ↗ **Osten,** ↗ **Wind**
¹Otter [ˈɔtɐ]**, der**; ~s, ~ ʼam und im Wasser lebendes kleines schlankes Raubtier mit glattem, glänzendem Fell, kurzen Beinen und Schwimmhäuten zwischen den Zehenʼ; ↗ FELD II.3.1: ~ *fressen Fische, stehen unter Naturschutz*
²Otter, die; ~, ~n ʼeine giftige Schlangeʼ; ↗ FELD II.3.1; vgl. *Kreuzotter*
oval [oˈvaːl] ⟨Adj.; o. Steig.⟩ ʼlänglich rundʼ /auf Gegenständliches bez./: *ein* ~*er,* ~ *geformter Spiegel; der Ball, die Linse ist* ~*; ihr Gesicht ist* ~*,* ~ *geformt*
Ozean [ˈoːtseaːn/oːtseˈaːn]**, der**; ~s, ~e ʼgroßer Teil des Meeres zwischen den Kontinentenʼ: *über den* ~ *fliegen; den* ~ *überqueren; /in Eigennamen/ der Atlantische, Stille, Indische* ~

p, P

paar [pɑːʀ] ⟨Indefinitpron.; indekl.; ↗ TAFEL X⟩ *ein* ~ 'einige (1)': ⟨adj.⟩ *es dauert (nur) ein* ~ *Minuten; ich will noch ein* ~ *Seiten lesen; es waren ein* ~ *hundert Leute da; er besuchte uns für ein* ~ *Tage; er kommt in ein* ~ *Tagen; alle* ~*: er besucht uns alle* ~ *Wochen* ('immer wieder nach einigen Wochen'); *die(se), deine* ~*: für deine* ~ *Mark* ('für dein weniges Geld') *bekommst du nicht viel*; ⟨subst.⟩ *ein* ~ *(von uns) waren dort* ❖ ↗ **Paar**

Paar, das; ~es/auch ~s, ~e **1.** ⟨mit Mengenangabe: Paar⟩ 'zwei gleichartige Dinge, die zusammengehören': *ein* ~ *Schuhe; ich möchte dieses* ~ *Schier; drei* ~ *Socken; ein* ~ *Unterhosen* ('eine Unterhose'; vgl. *Hose); diese Paare sind im Preis herabgesetzt* **2.1.** 'zwei eng miteinander verbundene Menschen, vorw. unterschiedlichen Geschlechts': *die beiden sind ein* ~*; ein junges* ~*; die* ~*e stellten sich zum Tanz auf; sie sind ein unzertrennliches* ~ ('zwei enge Freunde') **2.2.** *die beiden Schwäne sind ein* ~ ('leben als Männchen und Weibchen zusammen') ❖ **paar, paaren, paarig, Paarung — Ehepaar, Liebespaar, paarweise**

paaren [ˈpɑːʀən], **sich** ⟨reg. Vb.; hat⟩ **1.** /zwei Tiere unterschiedlichen Geschlechts/ *sich* ⟨rez.⟩ ~ 'sich geschlechtlich vereinigen'; SYN begatten: *diese Tiere* ~ *sich im Frühjahr* **2.** *etw. paart sich mit etw.*: *bei ihm paart sich Strenge mit Güte* ('bei ihm sind Strenge und Güte gleichermaßen vorhanden') ❖ ↗ **Paar**

paarig [ˈpɑːʀɪç] ⟨Adj.; o. Steig.⟩ Biol. /vorw. auf Organe, Organismen bez./ 'jeweils als Paar (1) vorhanden': *die Niere ist ein* ~*es Organ;* ~ *angeordnete Blätter* ❖ ↗ **Paar**

paar Mal: *ein* ~ 'einige (wenige) Male': *ich war schon ein* ~ *dort; er hat ein* ~ *angerufen*

Paarung [ˈpɑːʀ..], **die**; ~, ~en ⟨vorw. Sg.⟩ /zu *paaren, sich/ 'das Sichpaaren': *im Mai ist die Zeit der* ~ *für diese Tierart; die* ~ *der Singvögel, Bären, Wölfe* ❖ ↗ **Paar**

paar|weise [ˈpɑːʀvaɪzə] ⟨Adv.⟩ **1.1.** *sich* ~ ('immer zu zweit') *aufstellen;* ~ *antreten* **1.2.** *Strümpfe, Handschuhe* ~ ('immer zu Paaren 1') *zusammenlegen, kaufen* ❖ ↗ **Paar**

Pacht [paxt], **die**; ~, ~en ⟨vorw. Sg.⟩ **1.** 'Betrag, der regelmäßig für gepachteten Grund und Boden bezahlt werden muss'; ↗ FELD I.15.1: *die* ~ *ist hoch, niedrig; die* ~ *erhöhen; die* ~ *zahlen;* vgl. *Miete* **2.** *etw. in* ~ ('gepachtet', ↗ *pachten*) *haben: ein Haus, Grundstück in* ~ *haben; ein Grundstück, einen Gewerberaum in* ~ *nehmen* ('pachten') ❖ ↗ **pachten**

pachten [ˈpaxtn̩], pachtete, hat gepachtet /jmd./ *etw.* ~ 'mit einem Eigentümer vertraglich vereinbaren, dass man Grund und Boden aus dessen Eigentum nutzen darf': *er hat das Grundstück, den Garten,*

den Grund und Boden gepachtet; vgl. *mieten* ❖ **Pacht**

Päckchen [ˈpɛkçən], **das**; ~s, ~ **1.** 'zum Schicken mit der Post bestimmtes kleineres gepacktes Behältnis mit einem Gewicht unter 2000 Gramm': *ein* ~ *packen; (jmdm., an jmdn.) ein* ~ *schicken* **2.** 'relativ kleine Menge, bes. Tee, Zigaretten, die fest verpackt in den Handel kommt'; SYN Packung (1): *ein* ~ *Tee, Tabak;* vgl. *Paket* (3) ❖ ↗ **packen**

packen [ˈpakn̩] ⟨reg. Vb.; hat⟩ **1.** /jmd./ **1.1.** *etw. in, auf etw.* ~ 'etw., meist mehreres, in od. auf etw. legen, schichten und es so darin od. darauf unterbringen': *die Sachen in den Koffer, Wäsche, Kleider in den Schrank* ~*; Bücher, Hefte in die Mappe* ~*; das Gemüse in Kisten* ~*; das Gepäck auf einen Wagen* ~*; seine Sachen* ~ ('einpacken') **1.2.** *etw.* ~ 'ein Behältnis durch Packen (1.1) füllen (und zum Transport fertig machen)'; ANT auspacken (1.2): *den Koffer, ein Paket* ~*; ich muss noch (den, die Koffer)* ~ **1.3.** umg. *jmdn. in, auf etw.* ~ 'jmdn. in od. auf etw., bes. ein Liegemöbel, legen, damit er dort ruht, schläft': *jmdn. ins Bett, aufs Sofa* ~ **2.** /jmd., Tier/ *jmdn., etw. (an, bei etw.* ⟨Dat.⟩*)* ~ 'jmdn. mit festem Griff an irgendeiner Stelle des Körpers, der Kleidung fassen (und festhalten)'; ↗ FELD I.7.5.2: *jmdn. am Arm, an der Schulter, am Kragen, an der Kehle* ~*; er packte ihn und warf ihn zu Boden; das Tier packte seine Beute mit den Krallen; etw.* ~*: jmds. Arm, Hand* ~ **3.** ⟨vorw. im Pass.⟩ /Emotion/ *etw. packt jmdn.* SYN 'etw. erfasst (3) jmdn.': *Ärger, Wut, die Angst packte ihn; er wurde von Angst, Verzweiflung gepackt* **4.** ⟨vorw. adj. im Part. I⟩ /Erlebnis/ *jmdn.* ~ 'jmdn. fesseln (2)': *das Spiel, der Film packte die Zuschauer; er hielt einen* ~*den Vortrag* **5.** umg. /jmd./ *etw. (nur das) (nicht)* ~ 'eine anstehende Aufgabe (nicht) meistern, bewältigen': *das* ~ *wir schon, werden wir schon* ~*; er packt das (einfach) nicht; er hat's nicht gepackt* ❖ **Gepäck, Päckchen, Packen, Packung, Paket, verpacken, Verpackung — abpacken, anpacken, einpacken, Gepäckaufgabe, -ausgabe, -stück, -träger, Handgepäck, huckepack, Paketkarte, zupacken**

Packen, der; ~s, ~ 'großes Bündel meist gleichartiger od. ähnlicher Dinge': *ein* ~ *Zeitungen, Bücher, Hefte, Wäsche; er trug den* ~ *unter dem Arm, hängte sich den* ~ *über die Schulter* ❖ ↗ **packen**

Packung [ˈpak..], **die**; ~, ~en **1.** SYN 'Päckchen (2)': *eine* ~ *Zigaretten;* vgl. *Schachtel* (1) **2.** 'die Umhüllung einer Packung (1), eines Päckchens (2)': *Tee in einer* ~ *aus Stanniol, Kunststoff, Papier; die* ~ *öffnen, aufreißen, verschließen; etw. aus der* ~ *nehmen* **3.** 'Umhüllung eines Körperteils, seltener des ganzen Körpers, aus feuchten Tüchern od. einer aufgetragenen Masse (3) zu therapeutischen Zwecken': *eine schmerzlindernde* ~*; jmdm. eine* ~ *ma-*

chen; die ~ *(auf das Gesicht, das Haar) auftragen*
❖ ↗ **packen**

Pädagoge [pɛdaˈgoːgə], *der*; ~n, ~n 'ˈ(wissenschaftlich) ausgebildeter Fachmann auf dem Gebiet der Pädagogik, bes. Lehrer': *er ist ein erfahrener* ~; *er ist kein (guter)* ~ ('ˈkann Wissen nicht in wirkungsvoller Weise vermitteln') ❖ ↗ **Pädagogik**
MERKE *Pädagoge* wird nicht als Berufsbezeichnung für *Lehrer* verwendet

Pädagogik [pɛdaˈgoːgɪk], *die*; ~, ⟨o.Pl.⟩ 'ˈWissenschaft von Erziehung und Bildung': *das Studium der* ~; *die moderne* ~ ❖ **Pädagoge, pädagogisch**

pädagogisch [pɛdaˈgoːg..] ⟨Adj.; o. Steig.⟩ **1.1.** ⟨nicht präd.; vorw. attr.⟩ SYN 'ˈerzieherisch (1.1)': *die* ~*en Fächer* **1.2.** ⟨nicht präd.⟩ SYN 'ˈerzieherisch (1.2)': *das Buch lässt eine* ~*e Absicht erkennen, will* ~ *wirken; gute* ~*e Arbeit leisten; er besitzt* ~*es Geschick* ❖ ↗ **Pädagogik**

Paddel [ˈpadl̩], *das*; ~s, ~ 'ˈhölzerne Stange mit einem Blatt (1) an einem Ende od. je einem Blatt an beiden Enden, die ins Wasser getaucht, durchs Wasser gezogen wird, um ein (leichtes) Boot fortzubewegen'; (↗ TABL Fahrzeuge): *das* ~ *eintauchen, durchziehen* ❖ **paddeln**

paddeln [ˈpadl̩n] ⟨reg. Vb.; hat/ist⟩ /jmd./ **1.1.** ⟨hat/ist⟩ 'ˈdas, die Paddel ins Wasser tauchen, durchs Wasser ziehen und dadurch ein Boot fortbewegen': *wir mussten kräftig* ~, *um voranzukommen* **1.2.** ⟨ist⟩ *irgendwohin* ~ 'ˈsich mit einem Boot durch Paddeln (1.1) irgendwohin bewegen': *wir sind zur Insel, um, über den See gepaddelt* ❖ ↗ **Paddel**

Paket [paˈkeːt], *das*; ~s/ auch ~es, ~e 'ˈzum Versenden mit der Post bestimmtes größeres gepacktes (↗ *packen* 1.2) Behältnis mit einem Gewicht über 2000 Gramm': *ein großes, schweres* ~; *ein* ~ *packen; (jmdm., an jmdn.) ein* ~ *schicken*; vgl. *Päckchen* **2.** ⟨+ Attr.⟩ 'ˈPacken': *ein* ~ *Zeitungen, Wäsche* **3.** ⟨+ Attr.⟩ 'ˈgrößere Menge abgepackter (↗ *abpacken*) und verpackter Ware': *ein* ~ *Waschpulver, Streichhölzer*; vgl. *Päckchen* (2) ❖ ↗ **packen**

Paket|karte [ˈ..], *die* 'ˈvom Absender auszufüllende Karte (1), die beim Abschicken eines Paketes mit dieser zusammen der Post übergeben werden muss': *die* ~ *ausfüllen; dafür brauchen Sie eine* ~*!* ❖ ↗ **packen**, ↗ **Karte**

Pakt [pakt], *der*; ~s/auch ~es, ~e 'ˈVertrag, der gegenseitige Bindungen, oft ein Bündnis zwischen Staaten konstituiert': *einen (militärischen)* ~ *(ab)schließen; einem* ~ *beitreten; ein* ~ *zwischen zwei Staaten*

Palast [paˈlast], *der*; ~es/auch ~s, Paläste [..ˈlɛstə] 'ˈgroßes, prächtiges, oft ähnlich einem Schloss (2) gestaltetes Gebäude'; ↗ FELD V.2.1: *die Paläste in Venedig; er hat sich da einen (wahren)* ~ ('ˈein pompöses Wohnhaus') *gebaut*; vgl. *Schloss*

Palette [paˈlɛtə], *die*; ~n, ~n **1.** 'ˈvon Kunstmalern benutzte Platte zum Mischen der Farben': *die* ~ *in der Hand halten* **2.** ⟨o.Pl.; + Attr.⟩ /beschränkt verbindbar/ *eine breite* ~ ('ˈgroße Auswahl, Vielfalt') *von Modellen wurde vorgeführt; eine* ~ *der*

neuesten Modelle **3.** 'ˈPlatte als Unterlage (1) für das rationelle Stapeln und Transportieren bestimmter Waren, Güter': *eine* ~ *mit Bier, Kartoffeln; etw. mit* ~*n transportieren; die* ~*n mit einem Gabelstapler befördern*

Palme [ˈpalmə], *die*; ~, ~n 'ˈin zahlreichen Arten vorkommender tropischer Baum mit einem (langen) Stamm ohne Äste und einer Krone aus sehr langen, glatten od. gefiederten Blättern' (↗ TABL Bäume): *Datteln, Kokosnüsse sind Früchte der* ~ ❖ **Dattelpalme, Kokospalme**
* umg. /jmd./ *jmdn. auf die* ~ *bringen* ('ˈjmdn. wütend machen')

Pampelmuse [ˈpampl̩muːzə/..ˈmuːzə], *die*; ~, ~n 'ˈgroße, einer Apfelsine ähnliche Frucht mit leicht bitterem Geschmack': *eine* ~ *auspressen; der Saft einer* ~

panieren [paˈniːʀən], *panierte, hat paniert* /jmd./ *Fleisch, Fisch* ~ 'ˈFleisch, Fisch mit einer Masse aus Ei und Mehl od. geriebener Semmel überziehen (II.1.1)': *ein Fischfilet* ~; *ein paniertes Schnitzel* ❖ **Paniermehl**

Panier|mehl [paˈniːʀ..], *das* 'ˈzum Panieren dienende Brösel aus geriebenen Semmeln': *die Schnitzel in* ~ *wälzen* ❖ ↗ **panieren**, ↗ **Mehl**

Panik [ˈpaːnɪk], *die*; ~, ~en ⟨vorw. Sg.⟩ 'ˈjmdn. od. eine Menge Menschen plötzlich erfassende Angst und Verwirrung und die darauf folgenden chaotischen Reaktionen'; ↗ FELD I.6.1: *im Saal brach eine heillose, wilde* ~ *aus; etw. löst eine* ~ *aus; jmd. ist, gerät in* ~; *etw. versetzt jmdn. in* ~; *eine* ~ *erfasst, ergreift jmdn.*; umg. *nun mach hier keine* ~ ('ˈversetze uns nicht in unnötige Aufregung, Verwirrung')*!* ❖ **panisch — Torschlusspanik**

panisch [ˈpaːn..] ⟨Adj.; o. Steig.; nur attr.⟩ /beschränkt verbindbar/ **1.1.** 'ˈdurch eine Panik erzeugt': *jmd. wird von* ~*er Angst, Furcht, einem* ~*en Entsetzen erfasst; in* ~*er Flucht wegrennen* **1.2.** *jmdm. einen* ~*en* ('ˈungeheuren') *Schrecken einjagen* ❖ ↗ **Panik**

Panne [ˈpanə], *die*; ~, ~n **1.** 'ˈwährend der Fahrt eintretender technischer Schaden an einem Fahrzeug, bes. an einem Kraftfahrzeug, durch den das Fahren vorübergehend nicht möglich ist': *er, der Wagen hatte eine* ~ *(auf der Autobahn); mit dem Auto, Fahrrad eine* ~ *haben; eine* ~ *beheben* **2.** 'ˈStörung, Missgeschick im Ablauf von etw.': *während der Veranstaltung gab es eine (technische)* ~, *sind ein paar* ~*n passiert; eine organisatorische* ~

Panorama [panoˈʀaːma], *das*; ~s, Panoramen [..ˈʀaːmən] 'ˈdie Landschaft, wie sie sich einem zeigt, wenn man (rund) um sich blickt': *oben auf dem Turm hatten wir, bot sich uns ein wunderbares* ~; *das herrliche* ~ *der Berge*

Panther/auch **Panter** [ˈpantɐ], *der*; ~s, ~ SYN 'ˈLeopard': *der schwarze* ~; *der* ~ *setzt zum Sprung an*

Pantoffel [panˈtɔfl̩], *der*; ~s, ~n 'ˈeinfacher, bequemer Hausschuh, der die Ferse frei lässt'; SYN Latschen (1) (↗ TABL Kleidungsstücke): *er braucht (ein Paar) neue* ~*n*

* /Mann, bes. Ehemann/ **unter dem ~ stehen** ('von seiner Ehefrau gegängelt werden, ↗ *gängeln*')

Panzer ['pantsɐ], **der**; ~s, ~ **1.** 'auf Raupen (2) laufendes, vollständig mit Platten aus Stahl versehenes, geschlossenes und bewaffnetes Fahrzeug für den militärischen Kampf'; ↗ FELD V.6.1 (↗ TABL Fahrzeuge): *ein leichter, schwerer ~; die Kanone, der Turm des ~s; die ~ durchbrachen die feindlichen Linien; von ~n überrollt werden* **2.** 'den Körper bestimmter Tiere, bes. bestimmter Kriechtiere, umgebende harte Schale'; ↗ FELD III.4.1: *der ~ der Schildkröte, Echse*

Papagei [papa'gaɪ], **der**; ~s/auch ~en, ~en/ ~e 'sehr bunter tropischer Vogel, der auch in Käfigen gehalten wird und Laute, Wörter imitieren kann'; ↗ FELD II.3.1 (↗ TABL Vögel): *ein bunter ~; der ~ kreischt; er plappert wie ein ~* ('redet unaufhörlich unsinnigen Kram')

Papier [pa'piːɐ], **das**; ~s/~es, ~e **1.** ⟨o.Pl.; vorw. o.Art.⟩ 'dünnes flächiges Material, auf das man schreibt und druckt und das zum Verpacken dient'; ↗ FELD II.5.1: *ein Blatt, ein Stück ~; etw. in ~ einpacken, einwickeln* **2.** SYN 'Schriftstück': *ein amtliches, offizielles ~; ein, das ~ ausarbeiten; seine ~e* ('Dokumente u.Ä.') *ordnen* **3.** ⟨nur im Pl.⟩ 'Dokument, das jmdm. dazu dient, sich zu legitimieren': *seine, keine ~e bei sich haben; an der Grenze wurden unsere ~e verlangt, geprüft* ❖ **Altpapier, Briefpapier, Kohlepapier, Pergamentpapier, Sandpapier, Seidenpapier, Silberpapier, Stanniolpapier, Wertpapier**

* /jmd./ **etw. zu ~ bringen** ('etw. formulieren und schriftlich niederlegen'); /etw./ **nur auf dem ~ stehen** 'schriftlich festgelegt, aber in der Wirklichkeit nicht so ausgeführt, nicht vorhanden sein': *das Projekt, der Plan steht nur auf dem ~*

Pappe ['papə], **die**; ~, ~n ⟨vorw. Sg.⟩ 'dem Papier ähnliches, jedoch stärkeres und festeres flächiges Material'; ↗ FELD II.5.1: *dicke, starke, feste, dünne ~; ein Stück ~; Kartons aus ~; ein Einband aus ~; etw. aus ~ basteln; ~ falzen, schneiden* ❖ **Dachpappe**

* umg. /etw., bes. Sachverhalt/ **nicht von ~ sein** ('in seiner Art gut und nicht zu unterschätzen sein')

Pappel ['papl̩], **die**; ~, ~n 'hoch und schmal wachsender Laubbaum mit kleinen eiförmigen Blättern'; ↗ FELD II.4.1 (↗ TABL Bäume): *die ~n rauschen; das weiche Holz der ~*

Paprika ['papʀɪka/'pap..], **der**; ~s, ~s **1.** 'krautige Pflanze mit entweder kleinen, sehr scharfen (roten) und als Gewürz genutzten od. größeren, als Gemüse genutzten Schoten als Früchte'; ↗ FELD II.4.1: *~ pflanzen* **2.** ⟨o.Pl.⟩ 'Frucht des Paprikas (1), Gewürz aus den Schoten des Paprikas (1)': *etw. mit ~ würzen*

MERKE Der Plural von *Paprika* (1) wird vorwiegend für mehrere einzelne Schoten des *Paprikas* verwendet

Papst [paːpst], **der**; ~es, Päpste ['pɛːpstə/'peː..] 'höchster Repräsentant der römisch-katholischen Kirche'; ↗ FELD XII.4: *zu einer Audienz vom ~ empfangen werden; der Besuch des ~es in den Ländern Lateinamerikas; der ~ spricht den Segen urbi et orbi* ❖ **päpstlich**

* /jmd./ **päpstlicher als der ~ sein** 'übertrieben streng, strenger als nötig sein': *wir wollen nicht päpstlicher als der ~ sein und den Antrag genehmigen*

päpstlich ['pɛːpst../'peːpst..] ⟨Adj.; o. Steig.; nur attr.⟩ 'vom Papst ausgehend, zu ihm od. seinem Bereich gehörend': *ein ~er Erlass; der ~e Segen* ❖ ↗ **Papst**

Parabel [pa'ʀaːbl̩], **die**; ~, ~n 'ebene Kurve (1), bei der alle Punkte von einem festen Punkt und einer festen Geraden den gleichen Abstand haben': *eine ~ berechnen*

Parade [pa'ʀaːdə], **die**; ~, ~n 'das demonstrative straffe Marschieren militärischer Einheiten vorbei an Befehlshabern od. Regierenden zum Zwecke der Ehrung': *zur ~ antreten; der General nahm die ~ ab* ('ließ die militärischen Einheiten an sich vorüberziehen'); *eine ~ abhalten* ❖ **Paradebeispiel, -stück**

* /jmd./ **jmdm. in die ~ fahren** ⟨vorw. im Perf.⟩ ('jmdm., der gerade dabei ist, gegen jmdn. vorzugehen, sich zu äußern, spontan entgegentreten, heftig widersprechen')

Parade [..'ʀ..]|**-beispiel, das** ⟨vorw. Sg.⟩: *etw., jmd. ist das ~ für etw.* ('etw., jmd. macht als Prototyp für etw. dieses in besonders treffender Weise anschaulich') ❖ ↗ Parade, ↗ Beispiel; **-stück, das** 'wegen seines Wertes, seiner ausgezeichneten Qualität zum Zeigen besonders geeigneter Gegenstand': *dieses Bild ist das ~ der Sammlung* ❖ ↗ Parade, ↗ Stück

Paradies [paʀa'diːs], **das**; ~es, ~e **1.** ⟨o.Pl.⟩ 'nach dem Alten Testament der den ersten Menschen von Gott gegebene, als ein Ort idealen Glücks gedachte Lebensbereich': *die Vertreibung von Adam und Eva aus dem ~* **2.** emot. pos. 'Gegend, Umgebung, in der man sich sehr wohl fühlen kann': *dieser Ort ist ein ~ für Kinder, Wanderer, Urlauber*

paradox [paʀa'dɔks] ⟨Adj.; o. Steig.⟩ SYN 'unsinnig (I.1)': *eine ~e Behauptung; das ist, klingt ~, aber …*

Paragraph/auch **Paragraf** [paʀa'gʀaːf], **der**; ~en, ~en 'mit dem Zeichen § gekennzeichneter und nummerierter Abschnitt in Texten von Gesetzen, Verordnungen, Verträgen o.Ä.': *der ~ 3 der Verordnung besagt, dass …; in, unter ~ 5/im ~en 5 des Gesetzes heißt es, …; nach ~ 5 des Gesetzes ist das nicht gestattet; der ~ 1 der Straßenverkehrsordnung; gegen einen ~en verstoßen; jmdn. nach dem ~en … verurteilen*

parallel [paʀa'leːl] ⟨Adj.; o. Steig.⟩ **1.** 'mit einer anderen Linie o.Ä. in stets gleichem Abstand verlaufend' /auf Linien o.Ä. bez./: *eine ~e Gerade; zwei ~e Linien; beide Linien sind ~; die Linie verläuft ~ zur anderen* **2.** ⟨nicht präd.⟩ '(etwa) gleichzeitig und in ähnlicher Weise vor sich gehend' /vorw. auf Vorgänge, Entwicklungen bez./: *~e Entwicklungen; ~ ablaufende Geschehnisse; der wirtschaftliche Entwicklungsprozess ist ~ zur internationalen Entwicklung verlaufen* ❖ **Parallele**

Parallele [paʀaˈleːlə], **die**; ~/~n, ~n **1.** ˈparallele (1) Gerade˙: *eine ~ (zu einer Geraden) ziehen; die ~n schneiden sich im Unendlichen* **2.** ˈSachverhalt, der sich als ähnlich geartet zum Vergleich heranziehen lässt˙: *zu diesem Vorgang gibt es eine geschichtliche ~; etw. weist ~n auf, stellt eine ~ (zu etw.) dar; eine ~ zu etw.* ⟨Dat.⟩ *ziehen* (ˈeinen Sachverhalt einem anderen, ähnlich gearteten vergleichend gegenüberstellen˙); *in etw.* ⟨Dat.⟩ *eine ~ (zu etw.) sehen* ❖ ↗ **parallel**

Parasit [paʀaˈsiːt], **der**; ~en, ~en **1.** ˈtierischer od. pflanzlicher Organismus, der von einem anderen Organismus lebt, indem er seine Nahrung von ihm entnimmt˙: *der Bandwurm ist ein ~; en, die im Darm des Menschen leben* **2.** oft emot. ˈjmd., der von der Arbeit anderer, der auf Kosten anderer lebt˙: *er ist ein ~* ❖ **parasitär**

parasitär [paʀaziˈtɛːʁ/..teːʁ] ⟨Adj.; o. Steig.; vorw. attr. u. bei Vb.⟩ **1.** ˈeinem Parasiten (1) entsprechend˙: *~e Pflanzen, Tiere; ~ lebende Tiere* **2.** ˈeinem Parasiten (2) entsprechend˙: *er hat eine ~e Lebensweise, lebt ~* ❖ ↗ **Parasit**

Parfüm [paʀˈfyːm], **das**; ~s, ~s/auch ~e ˈals kosmetisches Mittel verwendete intensiv duftende Flüssigkeit˙: *ein süßes, herbes ~; sie duftet nach ~*

Park [paʀk], **der**; ~s/auch ~es, ~s/auch ~e ˈgrößere, vorw. mit Bäumen, Sträuchern und Rasenflächen, einer natürlichen Landschaft ähnlich, gestaltete Anlage˙; ↗ FELD II.4.1: *ein verwilderter, gepflegter, öffentlicher ~; ein englischer ~; ein ~ der Barockzeit; im ~ spazieren gehen; ein Schloss mit einem ~* ❖ **parken** – **Parkplatz**

parken [ˈpaʀkn̩] ⟨reg. Vb.; hat⟩ /jmd./ *irgendwo ~* ˈsein Kraftfahrzeug irgendwo vorübergehend abstellen˙: *wir wollten auf dem Markt ~; hier, vor dem Haus, am Bahnhof kann man ~, ist Parken verboten; unter einer Laterne ~; er hat falsch geparkt; sein Auto irgendwo ~* (ˈvorübergehend irgendwo abstellen˙); /Auto/ *vor dem Haus parkten die Autos* (ˈwaren Autos abgestellt˙) ❖ ↗ **Park**

Parkett [paʀˈkɛt], **das**; ~s, ~e/~s ⟨vorw. Sg.⟩ **1.** ˈFußboden aus kurzen, schmalen, in einem Muster (1) angeordneten Brettern˙: *~ legen, verlegen; in zwei Zimmern ist, haben wir ~; das ~ bohnern* **2.** ˈdiejenigen Plätze in einem Theater, Kino, die mit der Bühne auf einer Etage liegen˙: *wir saßen im ~, hatten Plätze im ~*

Park|platz [ˈpaʀk..], **der 1.1.** ˈzum Parken bestimmter Platz (1)˙: *ein bewachter, unbewachter ~; das Kaufhaus hat einen eigenen ~; das Auto auf dem ~ abstellen* **1.2.** ˈStelle (1), wo man parken kann˙: *einen ~ suchen; er hat keinen ~ mehr gefunden, gekriegt* ❖ ↗ **Park**, ↗ **Platz**

Parlament [paʀlaˈmɛnt], **das**; ~s/auch ~es, ~e **1.** ˈdas aus Wahlen hervorgegangene gesetzgebende Organ (3) eines Staates˙: *die Wahl des ~s; die im ~ vertretenen Parteien; einen Gesetzentwurf im ~ beraten; das ~ auflösen, ausschalten; die Sozialdemokraten hatten die Mehrheit im ~; das ~ beschloss die Abschaffung der Todesstrafe, hat das Gesetz über die Abschaffung der Todesstrafe verabschiedet; eine Debatte im ~; das ~ hat über einen Gesetzentwurf beraten; das ~ tagt* **2.** ˈGebäude für das Parlament (1)˙: *das ~ betreten, verlassen*

Parodie [paʀoˈdiː], **die**; ~, ~n [..ˈdiːən] ˈkomisch-satirische Nachahmung der Form eines literarischen, auch musikalischen Werkes od. des Stils eines Autors˙: *eine ~ des bekannten Gedichtes/auf das bekannte Gedicht von N; eine ~ von Nestroy; eine ~ schreiben*

Parole [paʀoˈlə], **die**; ~, ~n **1.** ˈbes. beim Militär angewandtes vereinbartes Wort, durch das die Zugehörigkeit einer Person erkannt werden kann˙; SYN Kennwort, Losung (2): *~?* /Ruf eines Postens (2.2) beim Herankommen einer Person/; *die ~ (für die Truppen) ausgeben; nach der ~ fragen; die ~ nennen, sagen* **2.** ˈjmds. Überzeugung ausdrückender, kurz und einprägsam formulierter (politischer) Spruch, Satz, der zum Handeln aufrufen soll˙; SYN Losung (1): *„leben und leben lassen“, das war seine ~; ~n an die Mauer, an Häuserwände schreiben, schmieren; sie riefen im Sprechchor ~n*

Partei [paʀˈtai̯], **die**; ~, ~en **1.** ˈpolitische Organisation (2), die die Interessen von Menschen gleicher politischer Überzeugung vertritt und aktiv für ihre Ziele wirkt˙; ↗ FELD I.11: *eine konservative, linke, bürgerliche ~; eine ~ gründen; in die, eine ~ eintreten; einer ~ angehören; Mitglied einer ~ sein; bei der Wahl für eine ~ stimmen; die ~ hat bei der Wahl nicht die Mehrheit errungen* **2.** ˈeine Gruppe von Personen gleicher Meinung, Stellung zu einer bestimmten Frage, der andere Gruppen in entsprechender Weise gegenüberstehen˙: *in dem Streit bildeten sich zwei ~en; der Vertrag wurde von allen vier ~en* (ˈPartnern des Vertrages˙) *unterzeichnet; die beiden ~en* (ˈGegner in einer Rechtssache˙) *erschienen vor Gericht; die klagenden, streitenden ~en; die ~en schlossen einen Vergleich, söhnten sich aus; beide ~en* (SYN ˈSeiten 8.1˙) *sind an Verhandlungen interessiert* **3.** /beschränkt verbindbar/ *in diesem Haus wohnen acht ~en* (ˈMieter˙) ❖ **parteiisch, parteilich, Parteilichkeit, unparteiisch**

* /jmd./ **für/gegen jmdn., etw. ~ ergreifen** (ˈentschieden jmds. Standpunkt einnehmen, für, gegen jmdn., etw. eintreten˙)

parteiisch [paʀˈtai̯..] ⟨Adj.; Steig. reg., ungebr.⟩ /vorw. auf Personen/ **1.** ˈin Bezug auf jmdn., eine Gruppe voreingenommen˙; ANT neutral (2): *etw. ~ darstellen, beurteilen; eine ~e Haltung; der Schiedsrichter war ~* **2.** ˈin einem Rechtsstreit eine der Parteien (2) begünstigend˙: *der Richter, Zeuge war ~, wurde als ~ abgelehnt* ❖ ↗ **Partei**

parteilich [paʀˈtai̯..] ⟨Adj.; o. Steig.⟩ ˈfür etw. eintretend˙: *~ denken, handeln; seine ~e Haltung; seine Haltung war ~* ❖ ↗ **Partei**

parterre [paʀˈtɛʀ] ⟨Adv.⟩ /bei schriftlichen Angaben von Adressen ABK part./ ˈim Parterre˙: *wir wohnen ~; Herr N wohnt im Haus nebenan, ~ links* ❖ ↗ **Parterre**

Parterre, das; ~s, ~s ⟨vorw. Sg.⟩ ˹zu ebener Erde gelegenes (unterstes) Stockwerk eines Hauses, das mehrere Stockwerke haben kann˼: ⟨+ Präp. *in*⟩ *im* ~ *wohnen; die Wohnung ist, liegt, befindet sich im* ~ ❖ **parterre**

Partie [paʀ'tiː], **die**; ~, ~n [..'tiːən] **1.** ˹Teil eines Ganzen, bes. des Körpers, eines Textes˼: *die untere* ~, *unteren* ~*n des Gesichts; der Roman hat langweilige* ~*n; eine reizvolle* ~ *des Stadtzentrums* **2.** ˹Rolle (3.1) eines Sängers˼: *die* ~ *der Carmen singt, übernimmt Frau N; er debütierte mit der* ~ *des Don Carlos* **3.** ˹in sich abgeschlossenes Spiel (2) bei Spielen (1.2), die meist mehrmals hintereinander gemacht werden˼: *eine* ~ *Schach, Billard spielen; spielen wir noch eine* ~?; *er hat diese* ~ *gewonnen, verloren* ❖ **partiell;** vgl. **Partner**
* umg. /jmd./ **mit von der** ~ **sein** (˹bei einer Sache mitmachen 1.1˼)
MERKE Zu *Partie* (1): Dient häufig als zweites Kompositionsglied, z. B. *Gesichts-, Körperpartie*

partiell [paʀ'tsi̯ɛl] ⟨Adj.; o. Steig.⟩ vorw. fachspr. ˹teilweise˼; ANT vollständig (I.2): *eine* ~*e Sonnenfinsternis; eine* ~*e Lösung;* ~ *automatisierte Abläufe; er ist* ~ *gelähmt* ❖ ↗ **Partie**

Partner ['paʀtnɐ], **der**; ~s, ~ **1.** ˹jmd., der mit (einem) anderen gemeinsam etw. unternimmt od. mit (einem) anderen an etw. beteiligt ist˼: *er ist ein guter* ~ *zum Wandern; die* ~ *eines Vertrages, Bündnisses* **2.** *jmds.* ~ *sein: ihr* ~ *in diesem Film ist N* (˹sie spielt in diesem Film vor allem mit N zusammen˼) **3.** *jmds.* ~ *sein* ˹jmds. Gegner sein in einem sportlichen Wettkampf, der zwischen zwei einzelnen Wettkämpfern ausgetragen wird˼: *er war sein* ~ *im Tennis* **4.** ˹jmd., der mit jmdm. ein Paar (2.1) bildet˼: *einen* ~ *(fürs Leben) suchen; den* ~ *wechseln; sie hat einen neuen* ~ *gefunden* ❖ **Partnerin, Partnerschaft, partnerschaftlich** — **Handelspartner;** vgl. **Partie**

Partnerin ['paʀtnəʀ..], **die**; ~, ~nen /zu *Partner* 1–4; weibl./ ❖ ↗ **Partner**

Partnerschaft ['paʀtnɐ..], **die**; ~, ~en ˹Beziehung als Partner (1,4)˼: *in guter* ~ *zusammenarbeiten; die* ~ *zwischen Verbündeten; die* ~ *zwischen Mann und Frau; eine intime* ~; *in* ~ *mit jmdm. leben* ❖ ↗ **Partner**

partnerschaftlich ['paʀtnɐʃaft..] ⟨Adj.; o. Steig.; vorw. attr. u. bei Vb.⟩ ˹in der Form einer Partnerschaft (4)˼ /auf Abstraktes bez./: *eine* ~*e Beziehung zu, mit jmdm. haben; mit jmdm.* ~ *zusammenleben* ❖ ↗ **Partner**

Party ['paːɐti], **die**; ~, ~s ˹Treffen meist eingeladener Gäste in privaten Räumen, bei dem man essen, trinken, tanzen kann und sich amüsiert˼: *eine* ~ *geben, machen; zu einer* ~ *eingeladen werden; zu einer/ auf eine* ~ *gehen; es war eine tolle* ~; vgl. *Feier, Fest* (1), *Fete*

Parzelle [paʀ'tsɛlə], **die**; ~, ~n ˹kleines, meist als Garten genutztes Grundstück, das durch Aufteilen einer größeren Fläche Land entstanden ist˼: *eine*

(kleine) ~ *(mit einer Laube, einem Bungalow); eine* ~ *pachten, verpachten; Land in* ~*n aufteilen*

Pass [pas], **der**; ~es, Pässe ['pɛsə] **I.** ˹Dokument, mit dem sich eine Person bei Reisen ins, im Ausland ausweist˼: *einen* ~ *beantragen; jmdm. einen* ~ *ausstellen; den* ~ *verlängern; der* ~ *ist ungültig, abgelaufen; an der Grenze den* ~ *vorzeigen, vorweisen müssen, kontrollieren; er hatte einen falschen* ~; vgl. *Personalausweis* — **II.** ˹niedrige Stelle auf dem Kamm eines Gebirges, die das Überqueren des Kamms ermöglicht˼: *der* ~ *führt in die Schweiz; einen* ~ *überqueren, überschreiten; der* ~ *war wegen Lawinengefahr gesperrt* ❖ ↗ **passieren**

Passage [pa'saːʒə], **die**; ~, ~n **I. 1.** ˹zwischen etw., bes. Inseln, hindurchführender schmaler Weg auf dem Meer˼: *der Lotse führte das Schiff durch die* ~ **2.** ˹das Passieren einer Passage (1)˼: *die* ~ *durch den Suezkanal; dem Schiff, Kapitän wurde die* ~ *verboten, verwehrt* **3.** ˹Reise, Fahrt mit einem Schiff von Kontinent zu Kontinent˼: *eine* ~ *(nach Amerika) buchen* **4.** ˹Gang (6) in einem Gebäudekomplex mit zahlreichen Läden˼: *die Schaufenster in der* ~ *betrachten; durch die* ~ *schlendern; in der* ~ *einkaufen* — **II. 1.** SYN ˹Abschnitt (2)˼: *der Autor las einige* ~*n aus seinem neuen Roman* **2.** ˹(solistische) in sich geschlossene virtuose Folge von Tönen einer Komposition˼: *brillant vorgetragene* ~*n des Klavierkonzerts* ❖ ↗ **passieren**

Passagier [pasa'ʒiːɐ], **der**; ~s, ~e ˹Reisender, der ein Schiff od. Flugzeug benutzt˼: *die* ~*e werden gebeten, an Bord zu gehen, ihre Plätze einzunehmen; die* ~*e stiegen in die Rettungsboote; letzter Aufruf für die* ~*e des Flugs nach Paris* ❖ ↗ **passieren (I)**
* **ein blinder** ~ (˹Passagier auf einem Schiff, der heimlich mitfährt, ohne bezahlt zu haben˼)

Passant [pa'sant], **der**; ~en, ~en ˹Fußgänger im Straßenverkehr˼: *ein Strom von* ~*en zog durch das Stadtzentrum; ein* ~ *wurde von einem Auto erfasst; ein* ~ *hatte den Unfall beobachtet; viele* ~*en blieben stehen und sahen zu* ❖ ↗ **passieren**

Pass|bild ['pas..], **das** ˹für den Pass, Ausweis bestimmtes Foto, das das Gesicht und den Oberkörper einer Person zeigt˼: *für den Ausweis werden* ~*er benötigt* ❖ ↗ **passieren,** ↗ **Bild**

passen ['pasn̩], passte, hat gepasst; ↗ auch *passend* **1.** /Kleidungsstück, Schuhe/ ˹in Größe (3) und Schnitt den Maßen dessen entsprechen, der es trägt (3.1)˼: *der Mantel passt (gut); jmdm.* ~: *die Schuhe* ~ *ihm (nicht); die Hose passt (ihm) wie angegossen* **2.** /etw./ *in, auf etw.* ˹in Form, Größe (1.1,3) den Maßen dessen entsprechen, in, auf das es gebracht werden soll˼: *die Brille passt in das Etui; der Deckel passt auf den Topf;* umg. *in den Eimer* ~ *zehn Liter* (˹der Eimer fasst zehn Liter˼) **3.** /etw., jmd./ *zu etw., jmdm.* ~ ˹in den Eigenschaften mit etw., jmdm. übereinstimmen˼; SYN harmonieren: *die Tasche passt (gut) zu dem Mantel; die beiden* ~ *zueinander; die Gardinen* ~ *zu der Tapete* **4.** ⟨vorw. verneint⟩ /etw./ *jmdm.* ~ ˹jmdm., seiner persönlichen Einstellung entsprechend, angenehm sein˼: *die* *ganze Sache passt mir nicht recht; es passt ihr gar nicht, wie er sich verhält;* /in der kommunikativen Wendung/ umg. spött. *das könnte dir so ~!* /wird zu jmdm. gesagt, wenn man seine egoistischen Interessen durchschaut hat und diese durchkreuzen will/; umg. /jmd./ *der Kerl passt mir nicht* **5.** *jmdm. passt es (irgendwann)* ˈjmd. kann sich auf einen bestimmten Termin einrichten': *er möchte ihn besuchen, weiß aber nicht, ob es ihm passt; heute, in dieser Woche, (am) Montag passt es mir nicht; wann passt es Ihnen?* ❖ **passend, unpassend – anpassen, anpassungsfähig;** vgl. **verpassen**

passend [ˈpasn̩t] ⟨Adj.; nicht präd.; o. Steig.; ↗ auch *passen*⟩: *~es* (ˈdem geforderten Betrag entsprechend abgezähltes') *Geld haben; haben Sie es ~?* /wird meist beim Bezahlen gesagt/; *ein ~es* (ˈgeeignetes') *Geschenk suchen; den ~en* (SYN ˈrichtigen I.5') *Farbton treffen, auswählen* ❖ ↗ **passen**

passieren [paˈsiːʀən], passierte, hat/ist passiert **I.** ⟨hat⟩ /jmd., Fahrzeug/ *etw.* ~ ˈüber eine bestimmte Stelle im Gelände, durch etw. od. eine bestimmte Strecke entlang gehen od. fahren': *die Grenze, eine Brücke, Straße ~; ein Gebirge zu Fuß, mit dem Auto ~; wir konnten an der Grenze ungehindert ~; der Posten ließ ihn ~* – **II.** ⟨ist⟩ **1.** /(unangenehmes) Ereignis, meist *etwas, das, was*/ SYN ˈsich ereignen'; ↗ FELD X.2: *ist etwas passiert?; das durfte nicht ~!; was ist denn hier passiert?; es ist etwas Schreckliches passiert; das (Unglück) ist gestern erst passiert; das wäre nicht passiert, wenn du aufgepasst hättest; wenn nicht bald etwas passiert* (ˈunternommen, verändert wird'), *dann ...;* /in den kommunikativen Wendungen/ *das kann schon mal ~* /wird zu jmdm. entschuldigend, tröstend gesagt, wenn diesem ein Missgeschick widerfahren ist/; *wie konnte das nur ~?* /sagt jmd. vorwurfsvoll, wenn er der Meinung ist, dass etw. hätte verhindert werden können/ **2.** ⟨vorw. im Perf.⟩ *jmdm. passiert etw.* **2.1.** ˈjmd. verursacht unbeabsichtigt etw., das ihm zum Nachteil wird': *„Wer hat die Tasse zerbrochen?" „Das ist mir passiert"; ihm ist etw. Unangenehmes, Dummes, Peinliches passiert* **2.2.** ˈjmdm. stößt etwas zu' (↗ *zustoßen* 3): *sie hatten einen Autounfall, aber es ist niemandem etwas passiert* (ˈniemand wurde verletzt'); *pass auf, dass dir nichts passiert!* **zu (I): Pass, Passage, Passagier, Passant – Engpass**

Passion [paˈsi̯oːn], die; ~, ~en **1.** *etw. ist jmds. ~: das Wandern ist seine ~* (ˈer wandert sehr gern'); *jmd. hat eine ~ für etw.: er hat eine ~ fürs Schachspiel* (ˈspielt sehr gern Schach'); vgl. *Leidenschaft* (1.3) **2.** ⟨nur mit best. Art.; o.Pl.⟩ Rel. ev. kath. ˈdie Geschichte vom Leiden und Tod Christi': *die ~ Christi* ❖ **passioniert**

passioniert [pasi̯oˈniːɐt] ⟨Adj.; Steig. reg., ungebr.; nur attr.⟩ ˈsich einer Sache mit Eifer, Hingabe widmend' /auf Personen bez./: *er ist ein ~er Angler, Skatspieler* ❖ ↗ **Passion**

passiv [ˈpasiːf/paˈsiːf] ⟨Adj.⟩ **1.** ⟨Steig. reg.⟩ ˈsich abwartend verhaltend und nicht die Initiative ergreifend, nicht handelnd': *er ist ein ~er Typ, ist ziem-*

lich ~; eine ~e Haltung (bei, zu etw.) einnehmen; sich (in einer Sache) ~ verhalten; eine ~e Rolle spielen; ~en Widerstand leisten (ˈgewaltlos Widerstand gegenüber einem mächtigen politischen, militärischen Gegner leisten') **2.** ⟨o. Steig.; nur attr.⟩ *das ~e Wahlrecht* (ˈRecht des Bürgers, im Rahmen einer Wahl 2.1 gewählt zu werden') ❖ **Passivität**

Passivität [pasivi'tɛːt/..'teːt], die; ~, ⟨o.Pl.⟩ ˈpassive (1) Haltung': *seine geistige ~; er war zur ~ verdammt; jmds. ~ verurteilen, kritisieren* ❖ ↗ **passiv**

Paste [ˈpastə], die; ~, ~n ˈ(fetthaltige) geschmeidige Masse (3), die man auf etw. streichen, auftragen (1) kann und die zu unterschiedlichen Zwecken hergestellt wird, z. B. als Nahrungsmittel od. als kosmetisches Mittel': *eine ~ (auf die Haut) auftragen; eine ~ aus Sardellen und Butter* ❖ **Zahnpasta**

Pate [ˈpaːtə], der; ~n, ~n/auch die; ~, ~n **1.** ˈjmd., der zur Taufe eines Kindes hinzugezogen wird und dann an der christlichen Erziehung des Kindes mitwirken soll': *er ist ~ bei der Tochter seines Bruders, ist ihr ~; bei jmdm. ~ stehen* (ˈPate eines Kindes werden') **2.** ˈKind im Verhältnis zu demjenigen, der bei ihm Pate (1) ist': *das Mädchen ist seine ~; der Junge ist sein ~* ❖ **Patenschaft**

∗ /jmd., etw./ *bei etw.* ⟨Dat.⟩ *~ stehen* ⟨vorw. im Perf.⟩ ˈauf etw. als Vorbild wirken': *bei diesem Gebäude hat die Kongresshalle, der Erbauer der Kongresshalle ~ gestanden*

Patenschaft [ˈpaːtn̩..], die; ~, ~en ⟨vorw. Sg.⟩: *die ~ für ein Kind übernehmen* (ˈbei einem Kind Pate 1 werden') ❖ ↗ **Pate**

patent [paˈtɛnt] ⟨Adj.; Steig. reg.⟩ umg. **1.** ˈpraktisch (2) und zweckdienlich (I)': *eine ~e Vorrichtung, Lösung; das ist ganz ~ (gemacht)* **2.** ⟨nicht bei Vb.⟩ ˈgeschickt (1) und praktisch (3) und dabei von angenehmer Wesensart' /auf Personen, bes. weibliche Personen, bez./: *sie ist eine ~e Frau, ist ~* ❖ **Patent**

Patent, das; ~s/~es, ~e **1.** ˈRecht, das denjenigen, der eine Erfindung gemacht hat und diese hat registrieren lassen, davor schützt, dass diese Erfindung von anderen unbefugt genutzt wird': *ein ~ anmelden; eine Erfindung zum ~ anmelden; ein ~ erteilen; das ~ ist erloschen; ein ~ kaufen, nutzen* **2.** ˈ(Urkunde über) eine berufliche Qualifikation in bestimmten Berufen, bes. in der Seefahrt': *er hat das ~ als Kapitän; ein ~ erwerben* ❖ ↗ **patent**
MERKE Zu *Patent* (2): Dient vorw. als zweites Kompositionsglied, z. B. *Kapitäns-, Steuermannspatent*

pathetisch [paˈteːt..] ⟨Adj.; Steig. reg.⟩ ˈvoller Pathos' /vorw. auf Äußerungen bez./: *eine ~e Geste, Ausdrucksweise; etw. ~ vortragen; die Szene war sehr ~; das klingt sehr ~* ❖ ↗ **Pathos**

Pathos [ˈpaːtɔs], das; ~, ⟨o.Pl.⟩ ˈfeierliche und leidenschaftlich bewegte Art des Ausdrucks, der sprachlichen Darstellung': *er deklamierte die Verse voller ~, mit großem ~; ein unechtes, hohles ~; sein ~ wirkt lächerlich* ❖ **pathetisch**

Patient [paˈtsi̯ɛnt], der; ~en, ~en ˈKranker, der bei jmdm. in Behandlung ist' /vorw. aus der Sicht der behandelnden, betreuenden Person/: *er ist ein geduldiger ~; die ~en im Wartezimmer; die ~en pflegen, betreuen; einen ~en in die Klinik überweisen; er ist ~ von Dr. N* ('ist bei Dr. N in medizinischer Behandlung')

Patriot [paTRi'oːt], **der**; ~en, ~en 'jmd., der von Patriotismus erfüllt ist': *ein aufrechter, wahrer ~; als ~ handeln* ❖ **patriotisch, Patriotismus**

patriotisch [patRi'oːt..] ⟨Adj.; Steig. reg., ungebr.; vorw. attr. u. bei Vb.⟩ 'von Patriotismus zeugend' /auf Handlungen bez./: *das war eine wahrhaft ~e Tat; ~ denken und handeln* ❖ ↗ **Patriot**

Patriotismus [patRio'tɪsmʊs], **der**; ~, ⟨o.Pl.⟩ 'Liebe zum Vaterland und das Eintreten für die Interessen seines Volkes': *er war von ~ erfüllt; echter, glühender ~; der ~ der Widerstandskämpfer* ❖ ↗ **Patriot**

Patrone [pa'tRoːnə], **die**; ~, ~n **1.** 'Hülse aus Metall mit Sprengstoff (und Geschoss) als Munition für Pistolen, Gewehre'; ↗ FELD V.6.1: *eine ~ in den Gewehrlauf schieben, einlegen; er hat alle ~n verschossen* **2.** 'für unterschiedliche Zwecke verwendete, fest verschlossene Hülse als Behälter für eine Substanz, für einen Gegenstand': *die ~ des Füllfederhalters ist leer; die ~ auswechseln; eine neue ~ einlegen*

Pauke ['paukə], **die**; ~, ~n 'kesselförmiges, oben mit Kalbshaut bezogenes Schlaginstrument': *die ~ schlagen; die ~ dröhnt* ❖ **Standpauke**
* umg. /jmd./ **auf die ~ hauen** ('etw. nachdrücklich und großtuerisch verkünden od. verlangen'); /jmd./ **mit ~n und Trompeten durchfallen** ('in einer Prüfung kläglich versagen')

pauschal [pau'ʃaːl] ⟨Adj.⟩ **1.** ⟨o. Steig.; nicht präd.⟩ 'als ganze (runde) Summe und nicht im Einzelnen errechnet': *etw. ~ bezahlen; das kostet ~ 1000 Mark; eine ~e Vergütung, Summe* **2.** ⟨Steig. reg., Superl. ungebr.⟩ 'nur im großen Ganzen, nicht ins Einzelne gehend und nicht differenziert': *etw. ~ beurteilen; die Antwort ist mir zu ~; ein ~es Urteil*

Pause ['pauzə], **die**; ~, ~n **I.** 'kurze Zeitspanne, während der eine Arbeit, Tätigkeit, bes. zum Zweck der Erholung, unterbrochen ist': *eine ~ machen, einlegen, brauchen; nach einer kurzen* ('kurzem Innehalten') *fuhr er in seiner Rede fort; das Programm läuft ohne ~; im Sommer machen wir mit unserem Kurs eine ~* ('findet er eine Zeitlang nicht statt'); *er gönnte sich keine ~; die ~ im Theater liegt nach dem 2. Akt; während der ~ gehen die Kinder auf den Schulhof* – **II.** 'Kopie einer bildlichen Darstellung, die durch Nachziehen der Linien auf aufgelegtem durchsichtigem Papier od. durch Einwirken von Licht auf Papier entsteht': *eine ~ von einer Landkarte machen* ❖ **zu (I): Sommerpause**

Pavillon ['paviljɔŋ], **der**; ~s, ~s 'bes. für Ausstellungen errichtetes, meist aus einem großen Raum bestehendes Gebäude'; ↗ FELD V.2.1: *die ~s auf dem Messegelände*

Pazifismus [patsi'fɪsmʊs], **der**; ~, ⟨o.Pl.⟩ 'Ideologie, die jeden Krieg, jede militärische Auseinandersetzung ablehnt'; ↗ FELD I.14.1: *ein Anhänger, Verfechter des ~* ❖ vgl. **Pazifist**

Pazifist [patsi'fɪst], **der**; ~en, ~en 'Anhänger des Pazifismus': *er ist ~* ❖ **pazifistisch**

pazifistisch [patsi'fɪst..] ⟨Adj.; Steig. reg., ungebr.; vorw. attr.⟩ 'dem Pazifismus verpflichtet'; ↗ FELD I.14.3: *eine ~e Haltung zeigen* ❖ ↗ **Pazifist**

Pech [pɛç], **das**; ~s, ⟨o.Pl.⟩ **I.** 'sehr dunkle, zähe und klebrige Masse, die als Rückstand beim Destillieren von Teer und Erdöl entsteht': *etw. mit ~ abdichten; Kabel mit ~ isolieren* – **II.** 'Missgeschick, dass einem durch einen unglücklichen Zufall widerfährt'; ANT Glück (1.2): *das war ~; ~ haben: ich habe ~ gehabt* ('mir ist etw. Unangenehmes widerfahren'), *ich habe meinen Schlüssel verloren; er hatte das ~, seine Brieftasche zu verlieren; darin, dabei hat er ~ gehabt; er ist geradezu vom ~ verfolgt* ('hat ständig Pech'); /in den kommunikativen Wendungen/ *so ein ~!* /wird gesagt, wenn man selbst od. ein anderer Pech hat od. hatte/; *(das ist) dein ~* ('daran bist du selbst schuld')! /sagt jmd., der jmds. Klage über sein Pech zurückweist/; vgl. *Unglück* (2)
* /zwei od. mehrere (jmd.)/ **zusammenhalten wie ~ und Schwefel** ('einander in jeder auch noch so schwierigen Situation beistehen')

Pedal [pe'daːl], **das**; ~s, ~e **1.** 'eines der beiden Teile an der Kurbel des Fahrrades, auf das der Fuß zum Treten (3) gesetzt wird': *kräftig in die ~e treten* ('sein Tempo beim Radfahren beschleunigen'); *sein Fuß rutschte vom ~ ab* **2.** 'mit dem Fuß zu bedienende Vorrichtung in der Art eines Hebels, z. B. an einem Kraftfahrzeug, einer Maschine, auch am Klavier, an der Harve': *auf das ~ treten, um zu bremsen; den Fuß vom ~ nehmen*

Pedant [pe'dant], **der**; ~en, ~en 'pedantischer Mensch': *ein schulmeisterlich trockener ~; er ist ein ~; so ein ~!; jmdn. für einen ~en halten* ❖ **pedantisch**

pedantisch [pe'dant..] ⟨Adj.; Steig. reg.⟩ 'alles, sogar nicht Wesentliches übertrieben genau nehmend und darauf beharrend' /auf Personen bez./: *seine ~e Art; er ist sehr ~, ist ein ~er Mensch; auf etw. ~ beharren* ❖ ↗ **Pedant**

Pegel ['peːgl], **der**; ~s, ~ **1.1.** 'an Gewässern angebrachte Vorrichtung mit einer Skala zum Messen des Wasserstandes': *der ~ zeigt Hochwasser an, zeigt zwei Meter über Normal* **1.2.** SYN 'Wasserstand': *der ~ steigt, fällt*

Pein [pain], **die**; ~, ⟨o.Pl.⟩ geh. SYN 'Qual': *körperliche, seelische ~; etw. verursacht jmdm. große ~* ❖ **peinigen, peinlich**

peinigen ['painɪgn] ⟨reg. Vb.; hat⟩ geh. /etw., bes. Psychisches od. Krankheit/ *jmdn.* ~ SYN 'jmdn. quälen (1.2)'; ↗ FELD I.2.2: *sein Gewissen, ein Gefühl von Schuld peinigte ihn; die Erkältung peinigte ihn sehr; ein ~der Husten, Schnupfen;* ⟨oft im Pass.⟩ *er wurde von Angst gepeinigt; er war von Hunger gepeinigt* ❖ ↗ **Pein**

peinlich ['pain..] **I.** ⟨Adj.⟩ **1.** ⟨Steig. reg.⟩ 'bei dem, den Beteiligten ein Gefühl des Unbehagens und der

Verlegenheit, der Scham hervorrufend'; SYN unangenehm (4): *es war eine ~e Situation, Geschichte; es gab einen (für alle) ~en Zwischenfall; es entstand in der Runde eine ~e Pause; etw. ist jmdm. ~: der Vorfall war mir sehr ~; es ist mir ~, dass ich zu spät komme, dass ich Sie jetzt stören muss, dass ich Sie darum bitten muss; was er erzählte, war (uns allen) ~; es war ihr äußerst ~* (SYN ˈfatal 1ˈ), *sich entschuldigen zu müssen; jmd. ist von etw. ~ berührt* (ˈjmdm. ist etw. peinlichˈ); /in der kommunikativen Wendung/ *wie ~* (ˈwie unangenehmˈ)! /drückt das Unbehagen des Sprechers über einen Vorfall aus/ **2.** ⟨o. Steig.; nicht präd.⟩ ˈsehr sorgfältig und genau (ausgeführt)ˈ /auf Tätigkeiten od. Zustände bez./: *eine ~e Beachtung der Vorschriften; es herrschte ~e Ordnung; etw. ~ beachten, befolgen; ~ auf etw. achten* – **II.** ⟨Adv.; vor Adj., Adv.⟩ ˈsehrˈ: *es war alles ~ sauber; er ist ~ genau* ❖ ↗ **Pein**

Peitsche [ˈpaitʃə], **die**; ~, ~n ˈGegenstand aus einem Stock und einer an dessen oberem Ende befestigten Schnur, der zum Schlagen, bes. zum Antreiben von Tieren dientˈ; SYN Geißel (2) (↗ BILD): *die ~ schwingen; die Pferde mit der ~ antreiben; die ~ knallt; mit der ~ knallen; jmdm., dem Hund eins mit der ~ überziehen* ❖ **peitschen**

peitschen [ˈpaitʃn̩] ⟨reg. Vb.; hat/ist⟩ **1.** ⟨hat⟩ /jmd./ *ein Tier ~* (ˈein Tier mit der Peitsche schlagenˈ); *jmdn. ~: man hat ihn während der Folter gepeitscht* **2.** /emot./ **2.1.** ⟨hat/ist⟩ /etw./ *gegen, an, in etw. ~* ˈ(von der Luft) heftig bewegt (geräuschvoll) gegen, an, in etw. schlagen (6.1, 6.2)ˈ: *der Regen peitscht gegen, an die Fenster; die Wellen ~ gegen die Mole; Äste peitschten ihm ins Gesicht* **2.2.** ⟨ist⟩ /beschränkt verbindbar/: *Schüsse ~ (durch die Nacht)* (ˈsind ähnlich wie Schläge von Peitschen zu hörenˈ) ❖ ↗ **Peitsche**

Pelikan [ˈpeːlikaːn/peliˈkaːn], **der**; ~s, ~e ˈin warmen Gegenden lebender großer, gut schwimmender Vogel mit langem Schnabel und sackartiger Erweiterung an der Kehleˈ (↗ TABL Vögel): *der ~ fängt, frisst Fische*

Pelle [ˈpɛlə], **die**; ~, ~n landsch., bes. norddt. ˈdünne Haut, Schale, bes. von bestimmten Früchtenˈ: *die ~ der Kartoffeln; Pfirsiche haben eine dicke ~; von der Wurst die ~ abziehen*

* umg. /jmd./ **jmdm. auf die ~ rücken** ˈjmdn. bedrängenˈ: *sie rückt ihrem Chef wegen der Überstunden, wegen des Lohns auf die ~;* /jmd./ **jmdm. auf der ~ sitzen** (ˈjmdn. durch seine ständige Anwesenheit belästigenˈ)

Pelz [pɛlts], **der**; ~es, ~e **1.** ˈFell (1) mit besonders dichtem, üppigem Haarˈ: *ein dichter, weicher, zottiger ~; der ~ des Bären* **2.1.** ˈPelz (1) in gegerbtem Zustandˈ: *mit ~en handeln; wertvolle ~e* **2.2.** ⟨o.Pl.⟩ ˈMaterial aus Pelz (2.1)ˈ: *ein Kleid, einen*

Mantel mit ~ besetzen **3.** ˈMantel, auch Jacke aus Pelzen (2.1), aus Pelz (2.2)ˈ: *sie trug einen echten, kostbaren, eleganten ~*

Pendel [ˈpɛndl̩], **das**; ~s, ~ ˈan einem festen Punkt aufgehängter Körper, der unter dem Einfluss der Schwerkraft hin und her schwingen kannˈ: *das ~ schwingt, schlägt aus; das ~ in Bewegung setzen, anhalten; das ~ der Uhr* ❖ **pendeln, Pendler**

pendeln [ˈpɛndl̩n] ⟨reg. Vb.; hat/ist⟩ **1.** ⟨hat⟩ /jmd./ *mit den Armen, Beinen ~* (ˈdie Arme, Beine hängen und ständig hin und her schwingen lassenˈ) **2.** ⟨hat/ist⟩ /Verkehrsmittel/ *der Zug, Bus pendelt zwischen den Bahnhöfen A und B* (ˈfährt immer nur zwischen den Bahnhöfen A und B hin und herˈ); /jmd./ *er pendelt* (ˈfährt täglich von seinem Wohnort zum Ort seiner Tätigkeit und zurückˈ) ❖ ↗ **Pendel**

Pendler [ˈpɛndlɐ], **der**; ~s, ~ ˈjmd., der pendelt (2)ˈ: *er ist ~; die ~ fahren früh mit dem Bus und kommen spät abends zurück* ❖ ↗ **Pendel**

penibel [peˈniːbl̩] ⟨Adj.; Steig. reg.⟩ ˈüberaus sorgfältigˈ /auf Personen bez./: *er, sie ist in allem sehr ~; eine penible Hausfrau; sie, er war ~ gekleidet; alles war ~ sauber*

MERKE Zum Ausfall des ˈeˈ: ↗ *dunkel* (Merke)

Penis [ˈpeːnis], **der**; ~, Penes [..neːs/~se] ˈmännliches Gliedˈ: *ein erigierter ~*

pennen [ˈpɛnən] ⟨reg. Vb.; hat⟩ umg. **1.** /jmd./ ˈschlafenˈ: *er hat den ganzen Vormittag gepennt; bis Mittag ~* **2.** /jmd./ ˈunaufmerksam seinˈ: *der pennt immer; da hab' ich wohl gepennt*

Pension [paŋˈzɪoːn/ˈpɛn..], **die**; ~, ~en **1.** ˈRente für Beamte im Ruhestandˈ: *eine hohe, niedrige, magere ~; (eine) ~ bekommen, beziehen* **2.** ⟨o. Pl.; o. Art.⟩ *in ~ gehen, sein* (ˈpensioniert werden, seinˈ) **3.** ˈprivate Einrichtung in einem Wohnhaus, die Gästen gegen Bezahlung Unterkunft und Verpflegung bietetˈ: *eine kleine, ruhige, gepflegte ~; in einer ~ unterkommen, wohnen;* vgl. *Hotel* ❖ **pensionieren** – **Halbpension, Vollpension**

pensionieren [paŋzɪoˈniːrən/ˈpɛn..], pensionierte, hat pensioniert ⟨vorw. im Pass.⟩ /Institution/ *jmdn. ~* ˈeinen Beamten in den Ruhestand versetzenˈ: *er ist voriges Jahr, mit 65 Jahren pensioniert worden; er ist seit drei Jahren pensioniert* (ˈim Ruhestandˈ) ❖ ↗ **Pension**

Pensum [ˈpɛnzʊm], **das**; ~s, Pensa/Pensen [ˈpɛnza/ ˈpɛnzn̩] ˈin einer bestimmten Zeit von jmdm. zu bewältigende Arbeit, Tätigkeitˈ: *ich habe mein ~ (für heute) geschafft; eine Stunde Sport, das ist sein tägliches ~*

per [pɛʁ] ⟨Präp. mit Akk.; vorw. o. erkennbare Kasusforderung; vorangestellt⟩ /modal; gibt das Mittel an für die Sendung, Beförderung/; SYN ²durch (4): *Güter ~ Bahn, Schiff befördern; etw. ~ Nachnahme* (ˈin der Weise, dass die Sendung bei Aushändigung bezahlt wirdˈ) *senden; etw. ~ Funk, Eilboten, Post übermitteln*

perfekt [pɛʁˈfɛkt] ⟨Adj.⟩ **1.** ⟨Steig. reg.⟩ ˈin höchstem Grade qualifiziertˈ /vorw. auf Personen bez./: *sie ist eine ~e Sekretärin, Hausfrau; eine Sprache ~*

beherrschen; er ist ~ *in Stenografie, in Englisch* **2.** ⟨o. Steig.; nur präd. (mit *sein*)⟩ /etw./ ~ *sein* 'so weit fertig, gediehen (1.2) sein, dass nichts mehr daran geändert werden muss': *der Vertrag, Abschluss, die Sache ist* ~ ❖ **Perfektion**

Perfektion [pɛrfɛk'tsjoːn], **die;** ~, ⟨o.Pl.⟩ **1.1.** 'Vollkommenheit in der Ausführung, Anwendung von etw.': *der Solist spielte mit künstlerischer und technischer* ~; *die* ~ *seines Spiels* **1.2.** *etw. bis zur* ~ ('zur perfekten Beherrschung') *bringen: er hat seine Technik bis zur* ~ *gebracht* ❖ ↗ **perfekt**

Pergament [pɛrɡa'mɛnt], **das;** ~s/~es, ~e **1.** ⟨o.Pl.⟩ 'Material aus präparierter Haut von Tieren, auf das früher geschrieben wurde': *das Buch ist in* ~ *gebunden* **2.** 'Handschrift (2) auf Pergament (1)': *ein altes* ~ *entziffern* ❖ **Pergamentpapier**

Pergament|papier [..'m..], **das** ⟨o.Pl.⟩ 'für Fett nicht durchlässiges Papier, das bes. zum Einwickeln von (fettigen) Lebensmitteln verwendet wird': *etw. in* ~ *einwickeln* ❖ ↗ **Pergament,** ↗ **Papier**

Periode [pe'rjoːdə], **die;** ~, ~n **1.** 'Zeitraum, der durch eine bestimmte inhaltliche Kennzeichnung eine Einheit bildet': *eine neue, vergangene, historische* ~; *eine* ~ *von 20 Jahren; eine* ~ *rastlosen Schaffens; er befand sich in einer schwierigen* ~; *das Land durchläuft eine* ~ *wirtschaftlicher Depression; nun begann eine fruchtbare* ~ *im Schaffen des Dichters; er war zwei* ~*n im Amt* ('übte die Funktion zweimal für die dafür festgesetzte Dauer aus') **2.** ⟨vorw. Sg.⟩ SYN 'Menstruation': *sie hat die, ihre* ~ ❖ **periodisch**

periodisch [pe'rjoː.d..] ⟨Adj.; o. Steig.; nicht präd.; vorw. bei Vb.⟩ 'in bestimmten (regelmäßigen) zeitlichen Abständen immer wieder (auftretend, stattfindend o.Ä.)': *etw. findet* ~ *statt;* ~ *auftretende Epidemien;* ~*e Sitzungen, Tagungen; Länder mit* ~*er Trockenheit,* ~*em Regenwetter* ❖ ↗ **Periode**

Perle ['pɛrlə], **die;** ~, ~n **1.** 'in einer Muschel gewachsene hell schimmernde kleine Kugel, die als Schmuck verwendet wird': *eine echte, matt schimmernde* ~; *sie trägt gern* ~*n; eine* ~ *in Gold fassen; ein Ring, Anhänger mit einer* ~; *nach* ~*n fischen, tauchen;* ~*n suchen;* ~*n züchten; sie hat Zähne wie* ~*n* ('hat ebenmäßig geformte, weiße, glänzende Zähne'); *eine Kette aus* ~*n* **2.** 'kleine Kugel aus unterschiedlichem Material, die, mit anderen zusammen auf eine Schnur gereiht, als Schmuck verwendet wird': ~*n aus Glas, Holz; Schnüre aus* ~*n;* ~*n auf eine Schnur reihen, ziehen* **3.** ⟨vorw. Pl.⟩ *der Schweiß stand ihm in* ~*n* ('in kleinen Tropfen') *auf der Stirn* **4.** ⟨vorw. Sg.⟩ 'jmd., der einem unentbehrlich ist, weil er perfekt in seinen Leistungen ist': *unsere Putzfrau, Köchin ist eine* ~; *mein Chauffeur ist eine* ~ ❖ **perlen**

* umg. **jmdm. fällt keine ~ aus der Krone** 'jmd. vergibt sich nichts': *dir fällt keine* ~ *aus der Krone, wenn du im Garten Unkraut jätest;* /jmd./ **~n vor die Säue werfen** ('jmdm. etw. geben, dessen Wert er nicht schätzen kann')

perlen ['pɛrlən] ⟨reg. Vb.; hat/ist⟩ **1.** ⟨ist⟩ /Flüssigkeit, bes. Wasser/ *von etw.* ⟨Dat.⟩ ~ 'in kleinen Tropfen von etw. herabfallen': *Tautropfen* ~ *von den Blättern; der Schweiß perlte ihm von der Stirn* **2.** ⟨hat⟩ /Flüssigkeit, die Kohlensäure enthält/ *der Sekt, das Mineralwasser perlt im Glas* ('aus dem Sekt, Mineralwasser steigen zahlreiche kleine Blasen auf') ❖ ↗ **Perle**

permanent [pɛrma'nɛnt] ⟨Adj.; o. Steig.⟩ SYN 'ständig'; ↗ FELD VII.2.3: *etw. stellt eine* ~*e Gefahr, Bedrohung dar, ist eine* ~*e Gefahr, Bedrohung; er ist* ~ *abwesend; die Gefahr ist* ~; *er hatte* ~ *Geldsorgen; er hat mich* ~ *gestört, verleumdet*

perplex [pɛr'plɛks] ⟨Adj.; Steig. reg., ungebr.; nicht attr.; vorw. präd.⟩ /jmd./ ~ *sein* 'verblüfft sein': *ich war* ~, *als ich das hörte*

Person [pɛr'zoːn], **die;** ~, ~en **1.1.** ⟨vorw. Pl.; vorw. o. Art.⟩ 'meint einen beliebigen Menschen, jmdn., der in einem bestimmten Zusammenhang nicht näher bezeichnet werden soll od. kann/: *es waren zehn* ~*en anwesend; wir waren zwölf* ~*en; ein Gedeck für zwei* ~*en; der Film ist zugelassen für* ~*en über 14 Jahre;* ~*en mit dem Bus befördern; das Auto ist für fünf* ~*en zugelassen; es entstand großer Sachschaden,* ~*en wurden nicht verletzt* **1.2.** ⟨vorw. Sg.; oft mit Adj.⟩ 'bestimmter einzelner Mensch im Hinblick auf seine, eine bestimmte Eigenart': *eine unbekannte männliche* ~; *er ist eine intelligente, große, stattliche* ~; *die* ~ *des Autors* ('der Autor') *wurde nicht genannt; er stellte seine* ~ ('sich selbst') *gern in den Vordergrund; sich mit seiner ganzen* ~ ('sich voll und ganz') *für etw. einsetzen;* /in der kommunikativen Wendung/ *ich für meine* ~ ('was mich anbelangt') /sagt jmd., wenn er seinen Standpunkt herausstreichen will/: *ich für meine* ~ *bin gegen diesen Antrag, bin da anderer Meinung* **1.3.** ⟨o.Pl.; + best. Adj.⟩ emot. *sie ist eine nette, dumme* ~ ('sie ist nett, dumm'); emot. neg. *diese* ~: *diese* ~ ('sie, er') *hat mir doch tatsächlich verschwiegen, dass ...* **2.** ⟨vorw. Pl.⟩ *die* ~*en* (SYN 'Figuren 5.2') *eines Dramas, in einem Roman* **3.** *eine* ↗ *juristische* ~ ❖ **Personal, Personalien, personell, persönlich, Persönlichkeit, unpersönlich – Bezugsperson, Personalausweis, Personenkraftwagen, Personenzug, Pflegepersonal, Vertrauensperson**

* /jmd./ **etw. in ~ sein** 'eine menschliche Eigenschaft in hohem Maße verkörpern': *er ist die Güte, Ruhe, Hilfsbereitschaft in* ~

Personal [pɛrzo'naːl], **das;** ~s, ⟨o.Pl.⟩ 'die Beschäftigten, Angestellten in bestimmten Berufen'; ↗ FELD I.11: *das technische* ~; *das* ~ *des Hotels; die Filiale hat nicht genügend* ~; *wir brauchen geschultes* ~; *die Firma musste zusätzlich* ~ *einstellen, musste* ~ *entlassen* ❖ ↗ **Person**

Personal|ausweis [..'n..], **der** 'Ausweis, der durch Angabe der Personalien und durch Lichtbild jmds. Identität belegt': *den* ~ *vorzeigen;* vgl. *Pass* (I) ❖ ↗ **Person,** ↗ **weisen**

Personalien [pɛrzo'naːljən], **die** ⟨Pl.⟩ *jmds.* ~ 'Angaben, Daten über jmds. Identität': *seine* ~ *angeben; jmds.* ~ *feststellen, aufnehmen* ❖ ↗ **Person**

personell [pɛrzo'nɛl] ⟨Adj.; o. Steig.; nicht präd.⟩ 'Personen als Beschäftigte in Arbeitsstellen, Tätigkeitsbereichen betreffend': *die Abteilung soll ~ verstärkt werden; es werden sich ~e Veränderungen ergeben; die ~e Zusammensetzung einer Abteilung* ❖ ↗ **Person**

Personen [pɛr'zo:nən..]‖**kraftwagen, der**; ↗ auch *PKW* fachspr. 'Kraftwagen mit meist vier, fünf Sitzen zum Befördern von Personen'; SYN Auto, Wagen (3); ↗ FELD VIII.4.1.1; vgl. *Kraftwagen* ❖ ↗ Person, ↗ Kraft, ↗ Wagen; **-zug, der** veraltend 'Zug, der Personen befördert und meist auf allen Stationen hält'; ↗ FELD VIII.4.1.1: *der ~ verkehrt auf der Strecke nach B.; mit einem ~ fahren* ❖ ↗ Person, ↗ ziehen

persönlich [pɛr'zø:n..] ⟨Adj.; o. Steig.⟩ **1.** ⟨nicht präd.⟩ 'eine einzelne Person (1.2) betreffend' /auf Abstraktes bez./: *jmds. ~e Interessen, Angelegenheiten; das richtet sich nicht gegen ihn ~; das betrifft nur ihn ganz ~; sein ~es Engagement; das ist seine ~e Entscheidung; seine ~en Erfahrungen; das ist zum ~en Gebrauch bestimmt; jmds. ~er* ('ihm eigener, für ihn charakteristischer') *Stil, Geschmack* **2.** ⟨nicht präd.⟩ 'zwischen einzelnen Personen (1.2) direkt, unmittelbar bestehend, stattfindend' /vorw. auf Beziehungen bez./: *~e Kontakte; eine ~e Begegnung beider Politiker; zwischen ihnen besteht eine ~ Beziehung; sie kennen sich ~* **3.** ⟨nicht präd.⟩ *er öffnete ~* ('er selbst öffnete') *die Tür; dieses Dokument muss er ~* ('er selbst, kein anderer') *abholen; der Direktor kam ~; jmdn. ~ einladen; jmdn. zu einer ~en Aussprache, Unterredung* ('zu einer Aussprache, zu der er selbst kommt') *bitten* **4.** 'nicht formell und daher Teilnahme ausdrückend' /auf Äußerungen bez./: *jmdm. ein paar ~e Worte sagen; das Schreiben war sehr ~, war in einem ~en Ton gehalten* ❖ ↗ **Person**
* /jmd./ etw. **~ nehmen** 'etw. als Beleidigung auffassen': *nehmen Sie das bitte nicht ~!; er nimmt das immer gleich ~; /jmd./* ⟨vorw. verneint u. in Aufforderungen⟩ **~ werden**: *werde nicht ~* ('versuche nicht, mich zu beleidigen')!

Persönlichkeit [pɛr'zø:nlɪç..], **die**; ~, ~en **1.** ⟨vorw. Sg.⟩ 'Gesamtheit der psychischen charakterlichen Eigenschaften einer Person (1.2)': *die Entfaltung, Entwicklung der ~; etw. formt jmds. ~; seine ~ hat sich seit dem Unfall stark verändert* **2.** ⟨vorw. mit best. Adj.⟩ **2.1.** 'jmd. mit ausgeprägter Persönlichkeit (1)': *er ist eine (starke, integre, imposante) ~* **2.2.** 'jmd., der eine bedeutende Rolle im gesellschaftlichen Leben spielt, in der Geschichte gespielt hat': *eine große, historische ~; anwesend waren führende ~en der Wissenschaft und Kultur* ❖ ↗ **Person**

Perspektive [pɛrspɛk'ti:və], **die**; ~, ~n **1.** ⟨vorw. Sg.⟩ 'wissenschaftlich begründete Einschätzung der künftigen Entwicklung von etw.': *die ~ dieses Industriezweiges wird allgemein pessimistisch eingeschätzt, beurteilt; in der ~* ('mit Blick auf die künftige Entwicklung') *bedeutet das, dass ...* **2.** ⟨der Pl. meint den Sg.⟩ SYN 'Aussicht (2)': *es ergeben, er-*

öffnen sich neue, andere ~n; das ist eine gute ~ **3.** ⟨o.Pl.⟩ Math., bild. Kunst 'Abbildung von etw. Räumlichem auf einer ebenen Fläche wie von einem bestimmten Punkt aus gesehen, sodass eine räumliche Wirkung entsteht': *bei dieser Zeichnung stimmt die ~ nicht* **4.** ⟨o.Pl.⟩ SYN 'Sicht (3)': *etw. aus einer neuen, anderen ~ sehen; aus unserer, aus historischer ~ stellt sich das etwas anders dar* ❖ **perspektivisch**

perspektivisch [pɛrspɛk'ti:v..] ⟨Adj.; o. Steig.⟩ **1.** ⟨vorw. attr. u. bei Vb.⟩ 'auf die Zukunft gerichtet, auf die Perspektive (1) ausgerichtet': *~e Aufgaben; ~ denken, planen* **2.** 'in der Perspektive (3)' /auf Zeichnerisches bez./: *eine ~e Zeichnung; etw. ~ darstellen; die Zeichnung ist ~* ❖ ↗ **Perspektive**

Perücke [pɛ'rʏkə], **die**; ~, ~n 'auf einer Kappe befestigtes frisiertes Haar, das über den Kopf gezogen wird': *sie, der Schauspieler trägt eine ~, hat eine ~ auf*

pervers [pɛr'vɛrs] ⟨Adj.; Steig. reg.⟩ 'von als normal geltendem Verhalten erheblich abweichend, diesem entgegengesetzt, bes. in sexueller Hinsicht'; SYN abartig: *~e Neigungen; eine ~e Lust, Begierde; ~ reagieren; das, der ist (ja) ~!*

Pessimismus [pɛsi'mɪsmʊs], **der**; ~, ⟨o.Pl.⟩ '(grundsätzliche) Einstellung, die charakterisiert ist von der Erwartung negativer Entwicklungen in bestimmten od. allen möglichen Angelegenheiten'; ANT Optimismus; ↗ FELD I.6.1: *er neigt zum ~; sein ewiger ~ ist nicht mehr zu ertragen* ❖ **Pessimist, pessimistisch**

Pessimist [pɛsi'mɪst], **der**; ~en, ~en 'jmd., dessen Verhalten, Tun vom Pessimismus bestimmt ist'; ANT Optimist: *er ist ein unverbesserlicher, krankhafter ~* ❖ ↗ **Pessimismus**

pessimistisch [pɛsi'mɪst..] ⟨Adj.; Steig. reg.⟩ ANT optimistisch **1.1.** 'voller Pessimismus' /vorw. auf Personen bez./; ↗ FELD I.6.3: *das siehst du zu ~; seine ~e Haltung; er ist allzu ~* **1.2.** 'auf Pessimismus gegründet und daher ungünstiger wirkend, als es real ist': *~e Prognosen; seine Vorausschau war allzu ~, erwies sich als ~* ❖ ↗ **Pessimismus**

Petersilie [petɐ'zi:li̯ə], **die**; ~, ⟨o.Pl.⟩ 'im Garten angebautes niedriges Kraut (2), dessen Blätter – wie auch die Wurzel – zum Würzen verwendet werden'; ↗ FELD II.4.1: *glatte, krause ~; ~ hacken; etw. mit ~ würzen; den Geschmack einer Speise mit ~ verfeinern*

Petroleum [pe'tro:leʊm], **das**; ~s, ⟨o.Pl.⟩ 'durch Destillieren aus Erdöl gewonnene Flüssigkeit, die u. a. als Brennstoff (für Lampen) dient'; ↗ FELD II.5.1 ❖ **Petroleumlampe**

Petroleum‖lampe [..'t..], **die** 'Lampe mit Petroleum als Brennstoff' (↗ TABL Beleuchtung): *die ~ qualmte, spendete ein diffuses Licht* ❖ ↗ **Pertoleum**, ↗ **Lampe**

Pfad [pfɑːt], **der**; ~es/ auch ~s, ~e 'sehr schmaler Weg, bes. außerhalb von Ortschaften, auf dem in der Regel nicht zwei Personen nebeneinander gehen können': *dort geht, führt ein (schmaler) ~ durch den Wald, zum Gipfel*; METAPH ⟨+

Gen.attr.⟩ *auf dem ~ der Tugend wandeln; vom ~ der Tugend abkommen*

* /jmd., Institution/ **die ausgetretenen ~e verlassen** ˈetw. lange Gewohntes im Denken, Handeln aufgeben': *wir brauchen neue Ideen und müssen die ausgetretenen ~e verlassen;* /jmd./ **auf krummen ~en wandeln** (ˈetw. Unrechtes tun')

Pfahl [pfɑːl], **der**; ~es/auch ~s, Pfähle [ˈpfɛːlə/ˈpfeː..] ˈlängerer runder od. kantiger Gegenstand aus Holz, Beton od. Eisen, der, meist am unteren Ende zugespitzt, als Stütze für etw. meist senkrecht eingegraben, eingerammt wird': *eine Buhne besteht aus eingerammten Pfählen; Pfähle (für einen Zaun) setzen, einschlagen; die Pfähle für die Brücke einrammen*

Pfand [pfant], **das**; ~es/auch ~s, Pfänder [ˈpfɛndɐ] **1.** ˈGegenstand, der jmdm. als Sicherheit (4) für seine Forderung (2) überlassen wird': *jmdm. etw. als, zum ~ geben; etw. als ~ behalten; ein ~ einlösen* **2.** ⟨o. Pl.; vorw. o. Art.⟩ ˈBetrag, den man für einen geliehenen Gegenstand od. für den Behälter einer Ware bezahlt und der erstattet wird, wenn man das Geliehene zurückgibt': *ein Opernglas gegen ~ ausleihen; für das Glas, Besteck muss (eine Mark) ~, für die Flasche müssen 30 Pfennige ~ bezahlt werden; ist ~ auf diesen Flaschen* (ˈmuss für diese Flaschen Pfand bezahlt werden')? ❖ **pfänden, Pfändung**

pfänden [ˈpfɛndn̩], pfändete, hat gepfändet /jmd., Institution/ **1.1.** *etw. ~* ˈetw. beschlagnahmen als Sicherheit (4) für eine Forderung (2)': *jmds. Haus, Wohnungseinrichtung, Gehalt ~; die Möbel sind gepfändet worden* **1.2.** *jmdn. ~* ˈbei jmdm. etw. pfänden (1.1)': *er ist nun gepfändet worden* ❖ ↗ **Pfand**

Pfändung [ˈpfɛnd..], **die**; ~, ~en ˈdas Pfänden (1.1)': *weil er seine Schulden nicht bezahlen konnte, kam es zur ~; die ~ der Wohnungseinrichtung* ❖ ↗ **Pfand**

Pfanne [ˈpfanə], **die**; ~, ~n ˈflaches, zum Braten verwendetes, meist rundes Gefäß'; SYN Bratpfanne; ↗ FELD V.5.1, 7.1: *das Fleisch, die Eier, Kartoffeln in der ~ braten; Eier in die ~ schlagen* (ˈEier von der Eierschale trennen und zum Braten in die Pfanne geben'); vgl. *Kasserolle* ❖ **Pfannkuchen**

* umg. /jmd./ **jmdn. in die ~ hauen** (ˈjmdn. hart, vernichtend kritisieren')

Pfann|kuchen [ˈpfan..], **der** landsch. **1.** ˈkugeliges, mit Marmelade gefülltes Gebäck aus Hefeteig, das in siedendem Fett gebacken ist': *frische ~; Berliner ~* **2.** ˈEierkuchen': *den ~ mit Zucker bestreuen, mit Apfelmus essen* ❖ ↗ **Pfanne**, ↗ **Kuchen**

* scherzh. /jmd./ **aufgehen wie ein ~** (ˈsehr dick werden')

Pfarrer [ˈpfaʁɐ], **der**; ~s, ~ ˈfür eine christliche Gemeinde (1.2) zuständiger Geistlicher'; ↗ FELD I.10: *ein evangelischer, katholischer ~; der ~ hält die Predigt, hält Gottesdienst, segnet die Gemeinde, spricht den Segen*

Pfau [pfɑu], **der**; ~s/auch ~es/auch ~en, ~e/~en ˈgroßer, auf dem Boden (2) lebender Vogel, bei dem das männliche Tier seine langen, bunt schil-

lernden Federn am Schwanz aufrichten und spreizen kann'; ↗ FELD II.3.1: *der Pfau schlägt ein Rad* (ˈrichtet seine Federn am Schwanz auf und spreizt sie')

Pfeffer [ˈpfɛfɐ], **der**; ~s, ⟨o.Pl.⟩ ˈscharfes Gewürz, das in Form von Körnern oder gemahlen verwendet wird'; ↗ FELD I.8.1: *weißer, schwarzer, gemahlener ~; etwas ~, eine Prise ~ an den Salat geben*

Pfeffer|minze [pfɛfɐˈmɪntsə/ˈpf..], **die** ⟨o.Pl.⟩ ˈals Staude wachsende heilkräftige, aromatische Pflanze, deren Blätter als Tee verwendet werden': *das schmeckt nach ~; ein Tee aus ~* ❖ ↗ **Minze**

Pfeife [ˈpfɑifə], **die**; ~, ~n **1.** ˈaus einem Rohr aus Metall od. Holz gefertigter Gegenstand, mit dem durch Hineinblasen ein hoher Ton erzeugt wird, hohe Töne erzeugt werden' **1.1.** /als Gerät, mit dem ein Signal gegeben wird/: *die ~ des Schiedsrichters, eines Dampfkessels, einer Lokomotive* **1.2.** /als Musikinstrument/: *die ~ spielen, blasen* **1.3.** /als Teil der Orgel/: *die ~n einer Orgel stimmen* **2.** ˈGerät zum Rauchen von Tabak' (↗ BILD): *die, seine ~ stopfen* (ˈTabak in den Kopf der Pfeife stopfen, um zu rauchen'); *die ~ ausklopfen* (ˈdie Asche aus der Pfeife durch Klopfen entfernen'); *die, seine, sich* ⟨Dat.⟩ *eine ~ anzünden, anbrennen* (ˈden Tabak in der Pfeife zum Glimmen bringen'); *er raucht ~* (ˈhat die Gewohnheit, Tabak in der Pfeife zu rauchen') **3.** derb ˈmännliche Person, die sich als unfähig, dumm od. ängstlich gezeigt hat': *der ist vielleicht eine ~!; auch* Schimpfw. *du ~!* ❖ **pfeifen, Pfiff** – **Backpfeife, Trillerpfeife**

Pfeife

pfeifen [ˈpfɑifn̩], pfiff [pfɪf], hat gepfiffen [gəˈpfɪfn̩]; ↗ FELD VI.1.2 **1.1.** /jmd./ ˈdurch Ausstoßen der Luft (1.2) mit den Lippen einen Ton wie von einer Pfeife (1) hervorbringen': *laut, mit gespitzten Lippen, durch die Finger, auf den Fingern ~* **1.2.** /jmd./ ˈeinen Ton auf einer Pfeife (1.1) erzeugen': *der Schiedsrichter pfiff, das Spiel begann* **1.3.** *die Lokomotive, der Dampfkessel pfeift* (ˈlässt einen von einer Pfeife (1.1) erzeugten Ton hören') **2.** /jmd./ *etw. ~:* *ein Lied, eine Melodie ~* (ˈdurch Pfeifen 1.1 erklingen lassen'); *er kann gut ~* ❖ ↗ **Pfeife**

* umg. /jmd./ **auf etw. ~** ⟨vorw. im Präs.⟩ ˈetw. nicht haben, tun wollen, etw. abwehren wollen, weil man es für sich als belanglos, wertlos, unwichtig hält': *auf dein Geld, darauf pfeif' ich!*

Pfeil [pfɑil], **der**; ~es/auch ~s, ~e **1.** ˈaus einem dünnen Stab mit Spitze bestehendes einfaches Geschoss'; ↗ FELD V.6.1: *einen ~ auf die Sehne legen, abschießen; mit ~ und Bogen schießen, jagen; der ~ traf genau; ein spitzer, gefiederter ~* **2.** ˈZeichen in Form eines Pfeiles (1), das eine Richtung angibt': *ein ~ weist, zeigt in Richtung des Ausgangs, zum Ausgang*

Pfeiler [pfaịlɐ], **der**; ~s, ~ 'massives, senkrecht stehendes Bauteil, das das darüber liegende Teil eines Bauwerks trägt'; ↗ FELD V.3.1: *ein eiserner, hölzerner ~; ein hoher ~; ein ~ aus Stahlbeton; die ~ einer Brücke, im Dom; ein auf ~n ruhendes Gewölbe* ❖ **Grundpfeiler**

Pfennig ['pfɛnɪç], **der**; ~s, ~e [..nɪgə] ⟨mit Mengenangabe: *Pfennig*, auch *Pfennige*; ABK Pf.⟩ 'Münze, die die kleinste Einheit der Währung in der Bundesrepublik Deutschland darstellt'; ↗ FELD I.16.1: *hundert ~e sind eine Mark; das Heft kostet 50 ~/ ~e; ich habe keinen ~* ('überhaupt kein Geld') *bei mir; er bezahlte alles bis auf den letzten ~* ('er bezahlte alles'); *er ließ sich auf den ~ genau herausgeben; den Groschen in ~e umwechseln*
MERKE Bei der Angabe eines Betrages in Pfennigen in Verbindung mit Angabe eines Betrages in Mark fällt die Nennung *Pfennig/Pfennige* meist weg, z. B. *das kostet 3,50 DM* (sprich: *drei Mark fünfzig*). Der Pl. *Pfennige* wird verwendet, wenn man die einzelnen Münzen meint *(ich hatte nur Pfennige im Portmonee)*, der Pl. *Pfennig* steht in der Regel bei Angabe der Summe *(das kostet 30 Pfennig)*

Pferd [pfeːɐt], **das**; ~es/auch ~s, ~e 1. 'großes Säugetier mit Hufen und einem Schweif, das geritten und zum Ziehen von Wagen o.Ä. verwendet wird'; ↗ FELD II.3.1 (↗ TABL Säugetiere): *ein leichtes, schweres, wildes, dressiertes ~; das ~ trabt, galoppiert, geht im Schritt; das ~ bäumt sich auf, wiehert, schnaubt, scharrt mit den Hufen; das ~ scheut, schlägt aus; dem ~ die Sporen geben; ein ~/auf einem ~ reiten; (zum Reiten) aufs ~ steigen; ein ~ zäumen, satteln; die ~e füttern, tränken, striegeln; das ~ anschirren, ausspannen* 2. 'Sportgerät mit vier hölzernen Beinen und mit Griffen, an dem geturnt wird' (↗ TABL Sportgeräte); ↗ FELD I.7.4.1: *mit einer Flanke über das ~ springen* ❖ **Nilpferd, Pferdewagen**
* /jmd./ **das ~ vom Schwanz her/beim Schwanz aufzäumen** ('eine Aufgabe dort beginnen, wo das Ergebnis sein müsste, sie falsch angehen'); ⟨⟩ umg. /jmd./ **das beste ~ im Stall sein** ('der Tüchtigste in einem Betrieb, Team sein') /vorw. aus der Sicht des Chefs/; emot. **dahin/dazu bringen mich keine zehn ~e** ('dahin gehe, das tue ich auf keinen Fall'); /jmd./ **mit jmdm. ~e stehlen können** ('jmdn. als einen prächtigen Kerl ansehen, der auch etw. Riskantes mitmacht')

Pferde|wagen [pfeːɐdə..], **der** 'Wagen, vor den Pferde zum Ziehen gespannt werden' (↗ TABL Fahrzeuge): *etw. mit einem ~ transportieren* ❖ ↗ **Pferd**, ↗ **Wagen**

pfiff: ↗ *pfeifen*

Pfiff [pfɪf], **der**; ~es/auch ~s, ~e 1. 'durch Pfeifen (1.1, 1.2, 1.3) erzeugter heller, schriller Ton'; ↗ FELD VI.1.1: *ein schriller, gellender ~ ertönte; der ~ des Schiedsrichters; nach der Aufführung gab es*

~*e; von weitem war der ~ der Lokomotive zu hören* 2. ⟨o.Pl.⟩ umg. *das hat ~* ('ist reizvoll, imponierend, weil man mit (eigenwilligem) Geschmack gemacht ist'); *ein Kleid, Programm mit ~* ❖ ↗ **Pfeife**

Pfifferling ['pfɪfɐ..], **der**; ~s, ~e 'kleiner, gelber, würziger, essbarer Blätterpilz mit bis zum Stiel verlaufenden Lamellen': ~*e sammeln*
* umg. /jmd./ **für etw. keinen/nicht einen ~ geben** ('etw. für völlig wertlos, nutzlos, aussichtslos halten': *dafür gebe ich keinen ~!*; /jmd./ **sich keinen ~ um etw. kümmern** ('sich überhaupt nicht um etw. kümmern'); /etw./ **nicht einen/keinen ~ wert sein** ('überhaupt nichts wert sein')

pfiffig ['pfɪfɪç] ⟨Adj.; Steig. reg.⟩ 1. 'findig und schlau' /auf Personen bez./: *das ist ein ~er Bursche; er ist ~; sich bei etw. ~ anstellen* 2. 'davon zeugend, dass derjenige, der es äußert, pfiffig (1) ist': *das ist eine ~e Idee, Bemerkung; ein ~es Lächeln; eine ~e Miene aufsetzen; ~ lächeln*

Pfingsten ['pfɪŋstn̩], **das**; ~, ~ ⟨vorw. o. best. Art.; der Pl. hat singularische Bedeutung⟩ 'Fest 50 Tage nach Ostern, das von Christen als Erscheinen des heiligen Geistes gefeiert wird'; ↗ FELD XII.5: ~*/ zu ~ bekommen wir Besuch; wir verreisen über, zu ~; in der Woche vor, nach ~*; ⟨als Pl. bes. in Wunschformeln⟩ *frohe, fröhliche* ~*!* /Wunsch zum Pfingstfest/ ❖ **Pfingstrose**

Pfingst|rose ['pfɪŋst..], **die** 'um Pfingsten blühende Zierpflanze mit großen, kugeligen, roten, weißen od. rosa Blüten'; ↗ FELD II.4.1 ❖ ↗ **Pfingsten**, ↗ **Rose**

Pfirsich ['pfɪʁzɪç], **der**; ~s, ~e 'größere runde Frucht mit sehr saftigem, weichem Fleisch (3), samtiger Haut und einem großen Kern'; ↗ FELD I.8.1, II.4.1 ❖ **Pfirsichbaum**

Pfirsich|baum ['..], **der** 'Obstbaum mit rosa Blüten und saftigen Früchten mit samtiger Haut'; ↗ FELD II.4.1: *einen ~ pflanzen; der ~ blüht; einen ~ abernten* ❖ ↗ **Pfirsich**, ↗ **Baum**

Pflanze ['pflantsə], **die**; ~, ~n 'Lebewesen, das Wurzeln, Stiel od. Stamm und Blätter hat und seine Substanz aus anorganischen Stoffen des Bodens aufbaut'; ↗ FELD II.4.1: *einheimische, exotische ~n; eine immergrüne ~; eine blühende ~; die ~ wächst wild; die ~ wuchert, treibt Zweige, Knospen, Blätter; die ~ sprießt, schießt in die Höhe; die ~ welkt, ist vertrocknet; die ~ trägt Früchte; ~n (ver)ziehen, züchten, gießen, düngen; sich von ~n ernähren; dieses Tier frisst nur ~n*; vgl. *Gewächs (1)* ❖ **bepflanzen, pflanzen, pflanzlich, verpflanzen — anpflanzen, fortpflanzen, Fortpflanzung, Gemüsepflanze, Kletterpflanze, Schlingpflanze, Wasserpflanze**

pflanzen ['pflantsn̩] ⟨reg. Vb.; hat⟩ /jmd./ *etw.* ~ 'eine junge Pflanze, junge Pflanzen zum Anwachsen in die Erde setzen'; ↗ FELD II.4.2: *Blumen, Kohl, Futterrüben, Tomaten, einen Baum, Strauch ~* ❖ ↗ **Pflanze**

pflanzlich ['pflants..] ⟨Adj.; o. Steig.; vorw. attr.⟩; ↗ FELD II.4.3 **1.1.** /beschränkt verbindbar/ ~*e* ('aus

Pflanzen gewonnene') *Fette; sich vorwiegend von ~er Kost, sich ~ ernähren* **1.2.** ⟨nur attr.⟩ 'in der Art einer Pflanze, zu den Pflanzen gehörend' /beschränkt verbindbar/: *ein ~er Organismus* ❖ ↗ **Pflanze**

Pflaster [ˈpflastɐ], **das**; ~s, ~ **1.** ⟨o.Pl.⟩ 'aus dicht aneinander gelegten Steinen bestehende oberste Schicht einer befestigten Straße': *glattes, holpriges ~; die Straße hat ein gutes, schlechtes ~; ~ legen; das ~ aufreißen; der Wagen rumpelt, rollt über das ~* **2.** 'mit klebender Substanz versehener steriler Streifen Stoff zum Bedecken von Wunden': *ein ~ auf die Wunde legen, machen; das ~ abreißen, entfernen* ❖ **pflastern − Heftpflaster**
* /Ort/ **ein teures ~ sein**: *N ist ein teures ~* ('in N ist das Leben teuer')

pflastern [⟨ˈpflastɐn] ⟨reg. Vb.; hat⟩ /jmd./ *etw. ~: die Straße, einen Platz, den Hof ~* ('mit Pflaster 1 versehen'); *die Straße ist gepflastert* ❖ ↗ **Pflaster**

Pflaume [ˈpflaumə], **die**; ~, ~n **1.** 'meist eiförmige, dunkelblaue od. gelbe Frucht mit saftigem Fleisch (3) und einem ziemlich großen Kern'; ↗ FELD I.8.1, II.4.1 (↗ TABL Früchte/Obst): *die ~n pflücken, schütteln; ~n ernten, essen; aus ~n ein Mus kochen; getrocknete ~n* **2.** umg. 'jmd., der etwas ungeschickt, der feige, nicht couragiert ist': *der ist vielleicht 'ne ~!; auch Schimpfw.: du ~!* ❖ **Pflaume**

Pflaumen|baum [ˈpflaumən..], **der** 'Obstbaum mit weißen Blüten und ovalen, meist blauen od. gelben Früchten'; ↗ FELD II.4.1: *einen ~ pflanzen, abernten; der ~ blüht* ❖ ↗ **Pflaume,** ↗ **Baum**

Pflege [ˈpfleːgə], **die**; ~, ⟨o.Pl.⟩ /zu *pflegen* 1−3/ 'das Pflegen'; /zu 1/: *eine aufopfernde ~; die ~ der Patienten; der Patient braucht ~; jmds. ~ übernehmen; jmdn., ein Kind, ein Tier in ~ geben* ('bei jmdm. zum Versorgen unterbringen'); *das verlangt viel ~; ein Tier in liebevolle ~ nehmen, in ~ haben* ('zum Versorgen zu sich nehmen, bei sich haben'); *bei jmdm. in ~ sein; einen Kranken in die häusliche ~ entlassen*; /zu 2.1/: ⟨vorw. mit Gen.attr.⟩ *die tägliche ~ der Zähne; die ~ der Anlagen, des Rasens, der Blumen macht viel Arbeit*; /zu 3/: ⟨vorw. mit Gen.attr.⟩ *die ~ freundschaftlicher, gutnachbarlicher Beziehungen* ❖ **gepflegt, Gepflogenheit, pflegen, Pfleger, pfleglich, verpflegen, Verpflegung − Körperpflege, Krankenpflege, Pflegepersonal, -versicherung**

pflegen [ˈpfleːgn̩] ⟨reg. Vb.; hat; ↗ auch *gepflegt*⟩ **1.** /jmd./ *jmdn., ein Tier ~* 'jmdn., der sich nicht selbst versorgen kann, bes. einen Kranken, ein Tier, versorgen und betreuen, um ihn, es in einen möglichst guten (gesundheitlichen) Zustand zu bringen od. darin zu erhalten': *einen Kranken, ein Kind aufopfernd, liebevoll ~; jmdn. gesund ~; sie pflegt ihre alte Mutter* **2.** /jmd./ **2.1.** *etw. ~* 'etw. so behandeln (1.2), dass es in gutem Zustand bleibt, dass seine Funktion erhalten bleibt': *sein Haar, seine Sachen, den Rasen, die Blumen, das Auto ~; die Schuhe müssen gut gepflegt werden; ein gepflegtes Äußeres; eine gepflegte Wohnung* **2.2.** *sich ~* ('seinen Körper, sein

Äußeres pflegen 2.1') **3.** /zwei od. mehrere (jmd.)/ *etw. ~*: *Beziehungen, eine Freundschaft, eine Tradition ~* ('bewusst betreiben, um sie so zu erhalten') **4.** ⟨mit Inf. + *zu*⟩ geh. /jmd./ *etw. zu tun ~* 'die Gewohnheit haben, etw. Bestimmtes zu machen': *er pflegt nach dem Mittag zu schlafen; „Gewiss doch!", wie er zu sagen pflegte; er pflegte die Mahlzeiten an einem Imbissstand einzunehmen*

Pflege|personal [ˈpfleːgə..], **das** 'die Personen, die in einem Krankenhaus für die Pflege (1) von Kranken zuständig sind': *Krankenschwestern und Pfleger bilden das ~; das ~ einer Klinik* ❖ ↗ **Pflege,** ↗ **Person**

Pfleger [ˈpfleːgɐ], **der**; ~s, ~ 'männliche Person, die beruflich Kranke, Gebrechliche pflegt (1)': *Schwestern und ~ haben sich liebevoll, aufopferungsvoll um die Pflege des Kranken bemüht* ❖ ↗ **Pflege**

Pflege|versicherung [ˈpfleːgɐ..], **die** 'Versicherung, zu der jeder verpflichtet ist und die seine Versorgung für den Fall garantiert, dass er im Alter der Pflege (1) bedarf': *der Beitrag für die ~ wird vom Gehalt abgezogen* ❖ ↗ **Pflege,** ↗ **sicher**

pfleglich [ˈpfleːk..] ⟨Adj.; Steig. reg.; vorw. attr. u. bei Vb.⟩ SYN 'sorgsam (1)' /bes. auf Tätigkeiten bez./: *etw. ~ behandeln; ~ mit etw. umgehen; der ~e Umgang mit Haustieren, Pflanzen* ❖ ↗ **Pflege**

Pflicht [pflɪçt], **die**; ~, ~en 'von gesellschaftlichen Normen geprägte verbindliche Anforderung an jmds. Handeln und Verhalten, bes. die jmdm. aufgetragene od. von ihm selbst bes. aus moralischen Gründen als verbindlich aufgefasste Aufgabe'; ↗ FELD I.12.1: *die Rechte und ~en des Bürgers; seine ~ tun, erfüllen; seiner ~, seinen ~en nachkommen; sich* ⟨Dat.⟩ *etw. zur ~ machen; ich halte es für meine ~, betrachte es, sehe es als meine ~ an, daran teilzunehmen; er hatte die (moralische) ~, so zu handeln; er versuchte, sich seiner ~ zu entziehen; seine häuslichen ~en* ('notwendigen Arbeiten im Haushalt') *erledigen; er hat seine ~(en) verletzt, missachtet; er nahm es mit seinen ~en nicht so genau;* /in der kommunikativen Wendung/ *die ~ ruft* ('ich muss mich jetzt wieder meiner Arbeit zuwenden') /sagt jmd., wenn er sich bei jmdm. entschuldigen will, wenn er ihm nicht so viel Zeit widmet/ ❖ **verpflichten − anmeldepflichtig, beipflichten, Haftpflicht, kostenpflichtig, meldepflichtig, pflichtbewusst, Schulpflicht, schulpflichtig, Schweigepflicht, Wehrpflicht, wehrpflichtig, Wehrpflichtige**
* *etw.* ⟨vorw. *das*⟩ **ist jmds. (verdammte) ~ und Schuldigkeit** 'jmd. muss etw. ganz fraglos tun': *das ist deine verdammte ~ und Schuldigkeit, dich um deine Eltern zu kümmern*

pflicht|bewusst [´..] ⟨Adj.; Steig. reg.⟩ 'sich seiner Pflicht bewusst': *er ist ein ~er Mensch, ist immer ~, handelt immer ~* ❖ ↗ **Pflicht,** ↗ **wissen**

-pflichtig [..pflɪçtɪç] /bildet mit einem Subst. od. Vb. als erstem Bestandteil Adjektive/ **1.** /drückt aus, dass das im ersten Bestandteil Genannte notwendig ist/: ↗ z. B. *platzkartenpflichtig* **2.** /drückt aus, dass das im ersten Bestandteil Genannte getan werden muss/: ↗ z. B. *anmeldepflichtig*

Pflock [pflɔk], **der**; ~es/auch ~s, Pflöcke ['pflœkə] ˈkurzes, dickes Stück Holz, das in die Erde geschlagen wird, um daran etw. festzumachen': *einen ~ in die Erde treiben, schlagen; ein Tier mit einer Leine an einen ~ binden*
* /jmd./ **einen ~ zurückstecken müssen** (1. ˈseine Ansprüche etwas verringern müssen' 2. ˈin gewissem Grade nachgeben müssen')

pflücken ['pflʏkn̩] ⟨reg. Vb.; hat⟩ /jmd./ ˈFrüchte od. Blumen, Blätter o.Ä. mit der Hand von der Pflanze, vom Baum lösen (um sie zu ernten)': *Blumen, Gräser ~; die Birnen, Äpfel, Kirschen sind reif und müssen gepflückt werden*

Pflug [pfluːk], **der**; ~es/auch ~s, Pflüge ['pflyːɡə] ˈlandwirtschaftliches Gerät zum Aufreißen und Wenden des Bodens' (↗ TABL Landw. Geräte): *die Pferde ziehen/der Traktor zieht den ~; hinter dem ~ gehen; Land kommt unter den ~* (ˈwird für landwirtschaftliche Kulturen erschlossen') ❖ **pflügen − unterpflügen**

pflügen ['pflyːɡn̩] ⟨reg. Vb.; hat⟩ /jmd./ *das Feld, den Acker ~* (ˈmit dem Pflug bearbeiten') ❖ ↗ **Pflug**

Pforte ['pfɔrtə], **die**; ~, ~n 1. ˈkleinere, meist nur halbhohe Tür in einer Mauer, einem Zaun'; ↗ FELD V.3.1: *die ~ zum Park, Garten; den Garten durch die ~ betreten; eine ~ führt von dem Grundstück auf die Straße* 2. ˈbewachter Eingang zum Gebäude einer Institution': *sich an der ~ anmelden; eine Nachricht für jmdn. an der ~ abgeben;* vgl. *Portal,* ¹*Tor, Tür* ❖ **Pförtner**

Pförtner ['pfœrtnɐ], **der**; ~e, ~ ˈjmd., der beruflich eine Pforte (2) bewacht': *sich vor dem Betreten des Gebäudes beim ~ melden; der ~ verlangte den Betriebsausweis* ❖ ↗ **Pforte**

Pfosten ['pfɔstn̩], **der**; ~s, ~ 1.1. ˈlanges, rundes od. kantiges, senkrecht stehendes Bauteil (aus Holz), das das darüber liegende Teil stützt od. trägt': *~ (für einen Schuppen) setzen, einrammen; die ~ des Treppengeländers* 1.2. /bes. Fußball, Handball/ ˈPfosten (1.1) als seitliche Begrenzung des Tores (1.1)': *der Ball prallte gegen den ~*

Pfote ['pfoːtə], **die**; ~, ~n 1. ˈin Zehen gegliederter Fuß bestimmter Säugetiere': *der Hund scharrt mit den ~n* 2. derb SYN ˈHand (1)'; ↗ FELD I.1.1: *er soll sich die ~n waschen; nimm deine ~n da weg* (ˈfass das nicht an')!
* derb /jmd./ **jmdm. eins auf die ~n geben** (ˈjmdn. scharf zurechtweisen'); /jmd./ **sich** ⟨Dat.⟩ **die ~n verbrennen** (ˈetw. Riskantes tun und dabei Schaden erleiden')
MERKE Zum Unterschied im Gebrauch von *Pfote, Huf, Klaue* und *Tatze:* ↗ *Huf* (Merke)

Pfropf [pfrɔpf], **der**; ~es, ~e vorw. fachspr. ˈkleine Masse fester Substanz, die sich in einem röhrenförmigen Körper (3) gebildet hat und diesen verstopft'; ↗ FELD I.7.8.1: *ein ~ im Ohr, in der Leitung, Vene; ein ~ hat sich gebildet, verstopft etw.* ❖ vgl. **Pfropfen**

Pfropfen [pfrɔpfn̩], **der**; ~s, ~ ˈkleiner zylinderförmiger Gegenstand zum Verschließen einer röhrenför-

migen Öffnung'; ↗ FELD I.7.8.1: *den ~ aus der Flasche ziehen; ein Rohr mit einem ~ verschließen* ❖ vgl. **Pfropf**

pfui [pfui] ⟨Interj.⟩ /Ausruf des Ekels, mit dem man jmdn., etw. tadelt/: *~, lass das liegen, fass das nicht an!; ~, schäme dich!; ~, Pfui rufen; ~ Teufel!; ~, wie abscheulich!*

Pfund [pfʊnt], **das**; ~es/auch ~s, ~e ⟨mit Mengenangabe: *Pfund;* ABK Pfd.; ↗ TAFEL XIV⟩ ˈein halbes Kilogramm': *drei ~ Äpfel, ein halbes ~ Wurst kaufen; eine Pute von 10 ~; zwei ~ Fleisch kosten zehn Mark, ein ~ kostet fünf Mark; wegen eines ~s Mehl/eines ~ Mehls; mit einem ~ frischem Gemüse; für ein ~ frisches Gemüse*
MERKE In Verbindung mit Zahlen ohne Pl.: *drei ~ Zucker, Mehl; zehn ~ Kartoffeln, Äpfel;* der Pl. *Pfunde* wird verwendet, wenn eine gegenständliche Bedeutung vorliegt: *er muss versuchen, seine überflüssigen Pfunde loszuwerden* (ˈabzunehmen')

Pfusch [pfʊʃ], **der**; ~es/auch ~s, ⟨o.Pl.⟩ umg. emot. ˈliederlich ausgeführte Arbeit (1,4)': *das ist alles ~!; die Handwerker haben nur ~ gemacht* ❖ **pfuschen, Pfuscher − Kurpfuscher**

pfuschen ['pfʊʃn̩] ⟨reg. Vb.; hat⟩ umg. emot. /jmd./ ˈeine Arbeit (1,4) liederlich ausführen'; SYN schludern: *wer hat hier gepfuscht?; er pfuscht immer!; sie hat beim Nähen gepfuscht; die Maurer haben gepfuscht* ❖ ↗ **Pfusch**

Pfuscher ['pfʊʃɐ], **der**; ~s, ~ umg. emot. ˈjmd., der eine Arbeit (1) liederlich ausführt, ausgeführt hat': *er ist ein ~!; so ein ~!* ❖ ↗ **Pfusch**

Pfütze ['pfʏtsə], **die**; ~, ~n ˈkleine Menge Flüssigkeit, bes. (Regen)wasser, in einer flachen Vertiefung des Bodens (1)': *nach dem Regen bildeten sich ~n, standen ~n auf den Straßen; er ist in eine ~ getreten; es ist etwas verschüttet worden, man muss die ~ aufwischen*

Phänomen [fɛnoˈmeːn], **das**; ~s, ~e 1. ⟨vorw. mit Attr.⟩ SYN ˈErscheinung (1)': *etw. ist ein optisches, akustisches, gesellschaftliches, seltenes ~; ein ~ beobachten, beschreiben, zu erklären versuchen; das ~ des Blitzes* 2. ⟨nur mit unbest. Art.; vorw. o. Attr.⟩ ˈetw. Erstaunliches, Außergewöhnliches, Seltenes': *etw. als ein ~ ansehen; diese Tatsache ist (für mich) ein ~* 3. ⟨nur mit unbest. Art.; vorw. o. Attr.⟩ ˈjmd., der Erstaunliches, Überragendes vollbringt, vollbracht hat': *dieser Mann ist (für mich) ein ~*

Phantasie/auch **Fantasie** [fantaˈziː], **die**; ~, ~n ['ziːən] 1. ⟨o.Pl.⟩ ˈFähigkeit des Bewusstseins, aus Erinnerungen und Erfahrungen neue Vorstellungen zu bilden, die sowohl real Mögliches wie Irreales darstellen können': *jmd. hat ~, hat viel ~, keine, eine rege, reiche, zügellose, schmutzige, krankhafte ~; etw. entspricht jmds. ~, ist ein Gebilde der, seiner ~; seiner ~ freien Lauf lassen; sich das vorzustellen, erfordert viel ~* 2. ⟨vorw. Pl.⟩ ˈvon der Phantasie (1) erzeugte Vorstellung': *die kühnen ~n eines Erfinders; die ~n eines Irren, Fiebernden; das sind großartige, kühne, abwegige, erotische, krankhafte ~n; sich seinen ~n hingeben; das ist (reine, bloße)*

~ ('sind Vorstellungen, die keinen Bezug zur Wirklichkeit haben'); *das existiert nur in deiner* ~ (SYN 'Einbildung 1') ❖ ↗ **phantasieren**

phantasieren/auch **fantasieren** [fanta'zi:ʀən], phantasierte, hat phantasiert **1.** /jmd./ *von etw.* ⟨Dat.⟩ ~ 'über etw., das man sich in seiner Phantasie (1) vorstellt, reden': *er phantasierte von einem Schatz, von großen Reichtümern; er kann lange von seinen Zukunftsplänen* ~ **2.** /jmd./ 'im Fieber wirr reden': *der Kranke hat die ganze Nacht phantasiert* ❖ **Phantasie, phantastisch**

phantastisch/auch **fantastisch** [fan'tast..] ⟨Adj.; Steig. reg.⟩ **1.** 'mit viel Phantasie (1) erdacht und über real Bestehendes (weit) hinausgehend' /auf Abstraktes bez./: ~*e Vorstellungen; eine* ~*e* (ANT realistische) *Geschichte; das hört sich etwas* ~ ('unwirklich') *an* **2.** emot. **2.1.** SYN 'großartig': *eine* ~*e Leistung; das Wetter heute ist* ~; *das ist ja* ~ (SYN 'sagenhaft 2'); *sie kocht ganz* ~ **2.2.** ⟨nicht bei Vb.⟩ 'außerordentlich groß, hoch': *eine* ~*e Höhe, Summe; der Preis ist* ~ ❖ ↗ **phantasieren**

Phantom [fan'to:m], *das*; ~s, ~e 'unwirkliche Erscheinung (1)': *er ist einem* ~ *nachgejagt* ('hat etw. verfolgt, das sich am Ende als nicht existent, nicht real erwies'); *ein trügerisches, lockendes* ~

Pharmazeut [faʀma'tsɔit], *der*; ~en, ~en 'Fachmann auf dem Gebiet der Pharmazie'; ↗ FELD I.10: *er ist* ~ ❖ vgl. **Pharmazie**

Pharmazie [faʀma'tsi:], *die*; ~, ⟨o.Pl.⟩ 'Wissenschaft von den Arzneimitteln, ihrer Herstellung und Zusammensetzung': *sie studiert* ~ ❖ vgl. **Pharmazeut**

Phase ['fa:zə], *die*; ~, ~n **1.** '(kürzerer) Abschnitt im Verlauf einer Entwicklung': *eine neue* ~ *in einer Entwicklung; die Verhandlungen sind in die/in ihre entscheidende* ~ *eingetreten; der Junge ist jetzt in einer* ~, *in der er sich körperlich stark entwickelt; er ist in einer depressiven* ~, *durchläuft eine schöpferische* ~, *hat z. Zt. eine schwierige* ~ **2.** 'jede der drei Leitungen in einem Netz für Drehstrom': *eine* ~ *an-, abklemmen*

Philologie [filolo'gi:], *die*; ~, ~n [..'gi:ən] 'Wissenschaft, die sich mit literarischen, historischen Texten einer bestimmten Sprache beschäftigt und diese (sprachlich) interpretiert': *die romanische, germanische, slawische* ~

Philosoph [filo'zo:f], *der*; ~en, ~en **1.1.** 'Wissenschaftler auf dem Gebiet der Philosophie (1)': *er lehrt als* ~ *an der Universität B* **1.2.** 'jmd., der ein philosophisches System geschaffen hat, bedeutender Vertreter einer Philosophie (1)': *die großen* ~*en der Antike; der* ~ *Plato; die deutschen* ~*en des 19. Jhs.* ❖ ↗ **Philosophie**

Philosophie [filozo'fi:], *die*; ~, ~n [..'fi:ən] **1.** ⟨vorw. Sg.⟩ 'Wissenschaft von den allgemeinen Gesetzen in Natur und Gesellschaft, vom Denken und Handeln und von der Stellung des Menschen in der Welt'; ↗ FELD I.4.1.1: *eine materialistische, idealistische* ~; *die* ~ ('das philosophische System') *Hegels; er studiert* ~ **2.** ⟨o.Pl.⟩ *jmds.* ~ 'jmds. persönliche Art und Weise, das Leben zu betrachten': *das*

ist so seine ~; *er hat sich seine eigene* ~ *zurechtgemacht; das ist meine* ~: *jeder soll nach seiner Fasson selig werden* ❖ **Philosoph, Philosophie, philosophisch**

philosophieren [filozo'fi:ʀən], philosophierte, hat philosophiert /jmd./ *über etw.* ~ 'über einen allgemeinen, bes. einen philosophischen Gegenstand, nachdenken und darüber reden'; ↗ FELD I.4.1.2: *über das Leben, den Sinn des Lebens, über den Lauf der Dinge* ~; *wir gerieten ins Philosophieren* ❖ ↗ **Philosophie**

philosophisch [filo'zo:f..] ⟨Adj.; o. Steig.; vorw. attr.⟩ 'die Philosophie (1) betreffend'; ↗ FELD I.4.3: *ein* ~*es System;* ~*e Anschauungen; ein* ~*es Problem; ein* ~*es* ('Fragen der Philosophie 1 behandelndes') *Werk* ❖ ↗ **Philosophie**

Phlegmatiker [flɛg'ma:tikɐ], *der*; ~s, ~ 'phlegmatischer Mensch'; *er ist ein* ~ ❖ vgl. **phlegmatisch**

phlegmatisch [flɛg'ma:t..] ⟨Adj.; Steig. reg.⟩ 'auf Grund von Veranlagung grundsätzlich langsam, ruhig, oft träge reagierend'; ANT temperamentvoll /vorw. auf Personen bez./: *er ist ein* ~*er Mensch, ist* ~, *wirkt so* ~ ❖ vgl. **Phlegmatiker**

Phosphor ['fɔsfo:ɐ], *der*; ~s, ⟨o.Pl.⟩ 'nicht metallisches, der Farbe nach in drei Formen vorkommendes chemisches Element, das im Dunkeln leuchtet' /chem. Symb. P/; ↗ FELD II.5.1: *weißer od. gelber, roter, schwarzer* ~

Photo ['fo:to], *das*; ↗ **Foto** ❖ vgl. **Foto**

Phrase ['fʀa:zə], *die*; ~, ~n ⟨vorw. im Pl.⟩ 'bedeutend klingende, jedoch inhaltlich leere Äußerung': *abgedroschene, leere, hohle, verlogene* ~*n; das sind alles (nur)* ~*n!; sich nicht mit leeren* ~*n abspeisen lassen; seine Schwüre wurden zur* ~; *etw. entpuppt sich als bloße* ~

* umg. /jmd./ ~**n dreschen** 'sich in Phrasen äußern': *der drischt nur* ~*n*

Physik [fy'zi:k], *die*; ~, ⟨o.Pl.⟩ 'Wissenschaft, die die Eigenschaften, Formen, Zustände, die Struktur und Bewegung der nicht belebten Materie und die dabei wirkenden Gesetze untersucht': *theoretische, angewandte* ~; *die klassische, moderne* ~; *er studiert* ~ ❖ **physikalisch, Physiker, Physikerin** – **Atomphysik**

physikalisch [fyzi'ka:l..] ⟨Adj.; o. Steig.⟩ **1.1.** ⟨nicht bei Vb.⟩ 'in demjenigen Bereich der Natur auftretend, der Gegenstand der Physik ist' /auf Abstraktes bez./: ~*e Prozesse; diese Erscheinung ist* ~*er Natur* **1.2.** ⟨nur attr.⟩ 'von der Physik erforscht, formuliert' /auf Abstraktes bez./: ~*e Gesetze, Formeln; eine* ~*e Theorie* **1.3.** ⟨nicht präd.⟩ 'die Physik betreffend': *ein* ~*es Experiment;* ~*e Geräte; ein* ~*es Institut* ('Institut für Physik') ❖ ↗ **Physik**

Physiker [fy:zikɐ], *der*; ~s, ~ 'Fachmann, Wissenschaftler auf dem Gebiet der Physik': *er ist* ~, *arbeitet als* ~ ❖ ↗ **Physik**

Physikerin [fy:zikəʀ..], *die*; ~, ~nen /zu *Physiker*; weibl./ ❖ ↗ **Physik**

Physiologie [fy:ziolo'gi:], *die*; ~, ⟨o.Pl.⟩ 'Wissenschaft, die das Funktionieren des Körpers (2) untersucht': *die allgemeine, vergleichende, patholgi-sche ~* ❖ vgl. **physisch**

physisch [fyːz..] ⟨Adj.; o. Steig.⟩ SYN ʿkörperlichʾ; ANT psychisch: *jmds. ~e Konstitution, Kräfte; ~e Belastungen; ein ~er Schmerz; mit ~er Gewalt vor-gehen; jmds. ~e Überlegenheit; jmd. ist ~ leistungs-fähig; er war ~ strapaziert* ❖ vgl. **Physiologie**

Pianist [piaˈnɪst]**, der**; ~en, ~en ʿjmd., der beruflich Klavier spieltʾ: *ein bekannter, berühmter ~; der ~ gibt ein Konzert mit Werken von Beethoven*

Pickel [ˈpɪkl̩]**, der**; ~s, ~ **1.** ʿleichte spitze Hackeʾ: *die Bergsteiger gingen mit Seil und ~* **2.** ʿkleine, durch Entzündung entstandene Erhebung auf der Hautʾ: *er hat ~ im Gesicht; ein Mittel gegen ~; einen ~ ausdrücken*

picken [ˈpɪkn̩] ⟨reg. Vb.; hat⟩ /Vogel/ *(an) etw. ~* ʿmit dem Schnabel nach, an etw. stoßen (um davon zu fressen)ʾ: *die Hühner ~ Körner; irgendwohin ~: Spatzen ~ ans Fenster; irgendwo ~: die Spatzen ~ in den Beeten*

Picknick [ˈpɪknɪk]**, das**; ~s, ~s/~e ʿMahlzeit im Freien, bei der Mitgebrachtes (↗ mitbringen 1) ge-gessen und getrunken wirdʾ: *wir wollen ein ~ ma-chen; jmdn. zum ~ einladen; ein ~ im Wald, am See*

piepen [ˈpiːpm̩] ⟨reg. Vb.; hat⟩ /kleines Tier, bes. Vo-gel/ ʿfeine hohe, helle Laute von sich gebenʾ; ↗ FELD VI.1.2: *ein Vogel, eine Maus piept;* /in den kommunikativen Wendungen/ umg. *bei dir, bei dem piept's wohl!* /wird gesagt, wenn man etw., was jmd. sagt, tut, für verrückt, unsinnig hält/; *das ist (ja) zum Piepen* (ʿdas ist komisch, erstaunlichʾ)! /Aus-druck des belustigten Erstaunens/

Pietät [piˈletɛːt/..ˈteːt]**, die**; ~, ⟨o.Pl.⟩ ʿdas taktvolle Respektieren der Gefühle anderer im Hinblick auf moralische, religiöse, bes. mit dem Tod verbundene Auffassungenʾ: *jmd. hat keine ~; etw. aus ~ (nicht) tun; die ~ wahren; es an ~ fehlen lassen*

pikant [piˈkant] ⟨Adj.; Steig. reg.⟩ **1.** ʿdelikat (1) und scharf gewürztʾ; ↗ FELD I.8.3: *eine ~e Soße; etw. ~ würzen; die Soße ist ~; etw. schmeckt ~* **2.** ⟨nicht bei Vb.⟩ ʿzweideutig (2) und anstößigʾ: *eine ~e Ge-schichte; das ist ja ~!*

pikiert [piˈkiːɐt] ⟨Adj.; Steig. reg.⟩ ʿ(ein wenig) belei-digt und verärgertʾ: *er war, reagierte leicht, etwas, ziemlich ~, als du das sagtest; er war über seine Bemerkung ~*

Pilger [ˈpɪlgɐ]**, der**; ~s, ~ ʿjmd., der aus religiösen Motiven eine Fahrt od. Wanderung zu einer reli-giös bedeutenden Stätte machtʾ: *viele ~ waren nach Rom gekommen* ❖ **pilgern**

pilgern [ˈpɪlgɐn] ⟨reg. Vb.; ist⟩ /jmd./ *irgendwohin ~* **1.** ʿals Pilger irgendwohin fahren, wandernʾ: *nach Mekka, Jerusalem ~* **2.** scherzh. ʿirgendwohin ge-hen, wandernʾ: *nach dem Essen pilgerte die ganze Familie ins Grüne, in den Park* ❖ ↗ **Pilger**

Pille [ˈpɪlə]**, die**; ~, ~n **1.** ʿArzneimittel in fester und kugelartiger Form, das eingenommen (2.1) wirdʾ: *eine ~ gegen Kopfschmerzen, zur Beruhigung; er muss wieder seine ~n nehmen, schlucken* **2.** ⟨nur mit

best. Art.; o.Pl.⟩ SYN ʿAntibabypilleʾ: *sie nimmt die ~*

* **eine bittere ~** ʿetw. Unangenehmes, das man hin-nehmen mussʾ: *das war für ihn eine bittere ~*
MERKE Im Unterschied zur *Tablette* dient die *Pille* ausschließlich als Arzneimittel. Während die *Tablette* traditionell eine scheibenartige Form hat, hat die *Pille* meist eine kugelartige Form. Im tägli-chen Sprachgebrauch werden aber beide Wörter häufig undifferenziert verwendet

Pilot [piˈloːt]**, der**; ~en, ~en ʿjmd., der nach entspre-chender Ausbildung (beruflich) ein Flugzeug fliegt (2.3), bedient, steuertʾ; SYN Flieger (1); ↗ FELD I.10: *er will ~ werden; der ~ rettete sich mit dem Fallschirm*

Pilz [pɪlts]**, der**; ~es, ~e **1.** ʿverschieden geformte, meist aus einem Stiel und einem Hut (2) bestehende fleischige, kein Grün aufweisende Pflanze, die in ihren genießbaren Arten als Nahrungsmittel dientʾ (↗ BILD): *essbare, giftige ~e; ~e sammeln, suchen (gehen); in die ~ (ʿPilze sammelnʾ) gehen; ~e wa-schen, putzen, braten, kochen* **2.** ⟨der Sg. hat plurali-sche Bedeutung⟩ ʿaus schlauchförmigen Fäden (2) bestehender niederer pflanzlicher Organismus, der Krankheiten erzeugen, aber auch zur Herstellung bestimmter Arznei- od. Nahrungsmittel gezüchtet werden kannʾ: *die Früchte sind von einem ~/von ~en befallen; Ursache dieser Hautkrankheit ist ein ~* ❖ **Blätterpilz, Giftpilz, Schimmelpilz, Steinpilz**

* /mehrere (etw.), bes. Häuser/ **wie die ~e aus der Erde schießen** ʿschnell und in großer Anzahl entste-henʾ: *die Häuser schossen wie ~e aus der Erde*

Pinguin [ˈpɪŋguiːn]**, der**; ~s, ~e ʿvorw. in der Antark-tis lebender Vogel mit teils schwarzem, teils weißem Gefieder, der gut schwimmen, tauchen, aber nicht fliegen kannʾ (↗ TABL Vögel)

Pinsel [ˈpɪnzl̩]**, der**; ~s, ~ **1.** ʿWerkzeug aus einem Stiel als Griff und einem darauf angebrachten Bü-schel aus Borsten od. Haaren zum Auftragen (1) von Flüssigkeit, bes. von Farbeʾ; ↗ FELD V.5.1 (↗ TABL Werkzeuge): *ein feiner, dicker ~; mit dem ~ malen; etw. mit einem ~ anstreichen; Farbe, eine Tinktur mit dem ~ auftragen; mit ~ und Palette* (ʿmit den Utensilien zum Malenʾ) *zu Werke gehen; den ~ eintauchen, säubern, auswaschen* **2.** ⟨vorw. mit Attr.⟩ umg. ʿetwas törichte, einfältige od. arro-gante männliche Personʾ: *er ist ein dummer, alber-*

ner, eingebildeter ~*;* auch Schimpfw.: *so ein* ~*!* ❖ ↗ **pinseln**

pinseln ['pɪnzl̩n] ⟨reg. Vb.; hat⟩ umg. **1.** /jmd./ *etw.* ~ 'etw. mit einem Pinsel anstreichen (1)': *den Zaun (neu), die Wand, Tür* ~ **2.** /jmd./ *etw.* ~ 'etw. langsam, sorgfältig od. auch eifrig schreiben': *er pinselte seinen Aufsatz ins Reine; während des Vortrags pinselte sie unaufhörlich* **3.** /vorw. Arzt/ *den Rachen, das Zahnfleisch* ~ ('zur Heilung mit einer Tinktur bestreichen') ❖ ↗ **Pinsel**

Pinzette [pɪn'tsɛtə], **die**; ~, ~n 'kleines Instrument zum Erfassen (1) sehr kleiner Gegenstände, Teile'; ↗ FELD V.5.1 (↗ TABL Werkzeuge): *etw. mit der* ~ *aufnehmen; einen Splitter mit der* ~ *herausziehen*

Pionier [pio'niːɐ], **der**; ~s, ~e **1.** 'Soldat in einer Truppe, die die Kampfhandlungen durch technische Anlagen sichert': *die* ~*e bauten eine Brücke über den Fluss; er ist bei den* ~*en* ('gehört einer Truppe von Pionieren an') **2.** SYN 'Wegbereiter': *er ist ein* ~*, gehört zu den* ~*en der Raumfahrt, der Technik, Wissenschaft*

Pirat [pi'ʀaːt], **der**; ~en, ~en 'Seemann (in früheren Jahrhunderten), der gemeinsam mit anderen Schiffe kaperte'; SYN Seeräuber: *~en überfielen das Schiff; der Frachter wurde von* ~*en gekapert*

Piste ['pɪstə], **die**; ~, ~n **1.** SYN 'Landebahn': *das Flugzeug rollte auf die* ~*, setzt auf die/der* ~ *auf* **2.** Sport 'markierte (befestigte) Strecke (1) für das Durchführen bestimmter sportlicher Wettkämpfe, z. B. im Skisport od. bei Rennen': *eine vereiste* ~*; die ersten Läufer sind auf die* ~ *gegangen; die* ~ *verlassen; es war verboten, außerhalb der* ~*n zu fahren*

Pistole [pɪsto'lə], **die**; ~, ~n 'kurze, mit der Hand zu bedienende Feuerwaffe'; ↗ FELD V.6.1 (↗ TABL Feuerwaffen): *jmdn. mit der* ~ *bedrohen; die* ~ *auf jmdn. richten; mit der* ~ *auf jmdn. schießen; die* ~ *laden, entsichern*
* /jmd./ **jmdn. die** ~ **auf die Brust setzen** ('jmdn. ultimativ zu einer Entscheidung zwingen'); **wie aus der** ~ **geschossen:** *er antwortete/die Antwort kam wie aus der* ~ *geschossen* ('er antwortete sofort')

PKW, Pkw [peːkaː'veː/'peːkaːveː], **der**; ~s, ~s /Kurzw. für ↗ Personenkraftwagen/ ❖ ↗ **Person**

placieren: ↗ **platzieren**

plädieren [plɛ'diːʀən/ple:..], plädierte, hat plädiert **1.** Jur. /Anwalt/ *für, auf etw.* ~ 'vor Gericht den Antrag auf ein Urteil begründen, vortragen': *der Staatsanwalt plädierte für 'schuldig', auf Freispruch, auf Unzurechnungsfähigkeit* **2.** /jmd./ *für etw., jmdn.* ~ 'sich mit seiner Äußerung für etw., jmdn. einsetzen (4.1)': *für die Annahme einer Resolution, für ein Projekt* ~*; er plädierte dafür, sofort zu handeln; alle plädierten für ihn als Vorsitzenden*

Plage ['plaːgə], **die**; ~, ~n 'etw., das jmdm. (über längere Zeit) Anstrengungen verursacht, die für ihn eine große Last darstellen': *eine schreckliche, schlimme* ~*; das machte ihm das Leben zur* ~*; diese Arbeit ist eine richtige, lästige* ~*, wird mir zur* ~ ❖ **plagen**

* /jmd./ **mit jmdm., etw.** ⟨Dat.⟩ **seine** ~ **haben** ('mit jmdm., etw. anhaltend Schwierigkeiten, Mühe, Probleme haben')

plagen ['plaːgn̩] ⟨reg. Vb.; hat⟩ **1.** /jmd./ *sich* ~ 'sich so anstrengen, dass es einem zur großen Last wird': *sie muss sich (schwer, tüchtig, sehr)* ~*, um alles zu bewältigen; sie hat sich ihr Leben lang geplagt; um das Abitur zu schaffen, musste er sich tüchtig* ~*; sich mit etw./jmdn.* ~*: er plagt sich mit dieser Arbeit, mit einem schwierigen Problem, mit seinen Schülern;* emot. *er plagt sich mit einer Erkältung* ('er ist schon lange sehr erkältet und leidet darunter'); *sich für jmdn.* ~*: sie hat sich nur für ihre Kinder, ihre Familie geplagt;* vgl. abmühen, rackern **2.1.** /jmd./ *jmdn. mit etw.* ~ 'jmdm. durch ein bestimmtes Verhalten lästig fallen': *jmdn. unablässig mit Fragen, Bitten, Ermahnungen* ~ **2.2** /etw., Insekt/ *jmdn.* ~ 'jmdm. lästig sein, jmdm. zusetzen (2.1)': *ihn plagt der Husten, eine Erkältung; die Mücken, Fliegen haben uns (den ganzen Tag) geplagt; wir wurden von Flöhen geplagt* **3.** /etw., bes. Psychisches od. Krankheit/ *jmdn.* ~ SYN 'jmdn. quälen (1.2)'; ↗ FELD I.2.2: *das Gewissen plagte ihn; die Erkältung plagte ihn sehr;* iron. *jmdn. plagt die Neugier* ('jmd. ist auf etw. Bestimmtes auffallend neugierig'); ⟨oft im Pass.⟩ *er wurde, war von Angst, Sorge geplagt* ❖ ↗ **Plage**

Plakat [pla'kaːt], **das**; ~es/auch ~s, ~e 'zum Aushängen (↗ ²aushängen) in der Öffentlichkeit bestimmtes, meist vervielfältigtes Blatt (2) in großem Format mit einem künstlerisch gestalteten Text, Bild': *ein* ~ *entwerfen; für die Wahlen* ~*e kleben, anschlagen; etw., die Premiere wird auf* ~*en angekündigt*

Plakette [pla'kɛtə], **die**; ~, ~n 'vorw. für einen bestimmten aktuellen Anlass gestaltetes Abzeichen in runder, auch eckiger Form, das meist auch zu diesem Anlass getragen wird': *eine* ~ *anstecken, tragen; wir bekommen* ~*n, die zum Eintritt berechtigen* MERKE Zum Unterschied von *Abzeichen, Plakette:* ↗ Abzeichen (Merke)

plan [plaːn] ⟨Adj.; Steig. reg., ungebr.⟩ SYN '¹eben (1.2)': *eine* ~*e Fläche; die Karte muss* ~ *liegen; etw.* ~ *schleifen; die Fläche ist* ~ ❖ **Plane, planieren**

Plan, der; ~es/auch ~s, Pläne ['plɛːnə/'pleː..] **1.** 'detailliert ausgearbeitete praktisch-methodische Richtlinie für die Durchführung einer Arbeit, für den Ablauf von etw.': *(sich) einen* ~ *(für etw.) machen; einen* ~ *aufstellen, ausarbeiten; nach einem festen* ~ *arbeiten; einen* ~ *ausführen, verwirklichen* **2.** 'auf die Verwirklichung von etw. Bestimmtem gerichtete Überlegungen': *ein geheimer* ~*; das ist ein kluger, schöner, wohl durchdachter, gefährlicher* ~*; wir wollen endlich unseren* ~ *verwirklichen und nach N fahren; jmd. hat große Pläne* ('hat sich viel vorgenommen', ↗ vornehmen'); *sein* ~ *ist gescheitert; er hat seinen* ~ *fallen gelassen; seinen* ~ *ändern; jmds. Pläne und Absichten durchschauen, zunichte machen; Pläne* ↗ *schmieden; einen* ~ *↗ fassen* **3.** '(technische) Zeichnung als Entwurf für die

Ausführung von etw., bes. eines Bauwerks, einer Anlage o.Ä.': *einen ~ für eine Brücke, für den Bau einer Brücke entwerfen, zeichnen, vorlegen; die Pläne für den Bau sind fertig; der Architekt hat die Pläne beim Bauamt eingereicht* ❖ **planen, Planung** – **Fahrplan, planlos, planmäßig; Spielplan, Stadtplan, Stundenplan** * /etw., bes. Abstraktes/ **bei jmdm. auf dem ~ stehen** 'vorhaben, etw. Bestimmtes zu unternehmen': *nun steht bei uns eine Reise nach N auf dem ~*

Plane ['plɑːnə], **die**; ~, ~n 'großes flächiges Gebilde aus Stoff od. Plastik, das zum Schutz vorw. gegen Witterungseinflüsse über etw. gedeckt, gespannt wird': *etw. mit einer ~ abdecken; über etw. eine ~ decken, spannen, breiten; die ~ von etw. zurückschlagen* ❖ ↗ **plan**

planen ['plɑːnən] ⟨reg. Vb.; hat⟩ **1.** /jmd., Institution/ *etw. ~* 'einen Plan (1), Pläne für etw. aufstellen': *eine Arbeit, den Bau eines Hauses gut, sinnvoll ~; der Ablauf (der Veranstaltung) muss gut geplant werden; es verlief alles wie geplant; der Architekt plant den Umbau des Marktplatzes* **2.** /jmd./ *etw. ~* 'das Durchführen von etw. Bestimmtem beabsichtigen': *wir ~ für die nächste Woche eine Reise ins Gebirge; er plant* (SYN 'beabsichtigt') *ein Studium aufzunehmen; die geplante Geburtstagsfeier fiel aus; etw. von langer Hand, auf lange Sicht ~* ('vorbereiten'); *ein Verbrechen, einen Diebstahl ~*; vgl. *vorhaben* ❖ ↗ **Plan**

Planet [plɑˈneːt], **der**; ~en, ~en 'nicht selbst leuchtender großer Himmelskörper, der um die Sonne kreist': *die ~en unseres Sonnensystems; die Bahn eines ~en berechnen; das Leben auf unserem ~en* ('auf der Erde')

planieren [plɑˈniːʁən], planierte, hat planiert /jmd., Maschine, Fahrzeug/ *etw. ~* 'den Boden in einem bestimmten Geländebereich ebnen': *eine Straße, das Baugelände ~; der Bulldozer planiert den Platz* ❖ ↗ **plan**

Planke ['plaŋkə], **die**; ~, ~n 'dickes, breites Brett als Bauteil, vorw. von Schiffen': *die See spülte über die ~en des Decks* ❖ **Leitplanke**

plan ['plɑːn..]||**-los** ⟨Adj.; Steig. reg.⟩ 'ohne jedes geordnete, vorausschauende Überlegen': *~es Vorgehen; sein Handeln war ~; ~ vorgehen, handeln; er lief ~* ('kreuz und quer und ohne Ziel') *durch die Stadt* ❖ ↗ **Plan**, ↗ **los**; **-mäßig** ⟨Adj.⟩ **1.** ⟨Steig. reg.⟩ 'nach einem Plan (1), einem (gedanklichen) Konzept erfolgend, ablaufend' /auf Tätigkeiten bez./: *der ~e Aufbau des neuen Stadtteils; ~ und systematisch vorgehen; alles, der Bau verlief ~* ('wie geplant') **2.** ⟨o. Steig.⟩ 'genau der im Fahrplan angegebenen Zeit entsprechend' /auf öffentliche Verkehrsmittel und ihre Fahrzeiten bez./: *die ~e Abfahrtszeit, Ankunftszeit des Zuges ist 12 Uhr 30; der Bus kam heute nicht ~, er hatte Verspätung; der Zug aus N ist ~ angekommen, eingelaufen* ❖ ↗ **Plan**

planschen/auch **plantschen** ['planʃn̩] ⟨reg. Vb.; hat⟩ /jmd./ *im Wasser ~* 'sich bes. mit Armen und Bei-nen lebhaft im Wasser bewegen, sodass das Wasser spritzt'; *irgendwo ~: die Kinder planschten lange in der Wanne, im Teich, Pool*

Plantage [planˈtɑːʒə], **die**; ~, ~n 'aus großen Flächen bestehende landwirtschaftliche Anlage, auf der ein und dieselbe Art Pflanzen angebaut wird, bes. in tropischen Gebieten': *Kaffee, Tee, Baumwolle wird in ~n angebaut*

Planung ['plɑːn..], **die**; ~, ~en ⟨vorw. Sg.⟩ /zu *planen* 1/ 'das Planen': *die ~ eines Projekts; langfristige ~; wie sieht die ~ im Einzelnen aus?* ❖ ↗ **Plan**

plappern ['plapɐn] ⟨reg. Vb.; hat⟩ /jmd., bes. Kind/ 'in naiver Weise, ohne wirkliches Überlegen schnell und viel hintereinander reden': *die Kleine plapperte ununterbrochen; sie plapperte wie ein Papagei; etw. ~: er plappert viel dummes Zeug*

¹**Plastik** ['plastɪk], **das**; ~s, ⟨o.Pl.⟩ 'formbarer, vielseitig verwendbarer Kunststoff'; ↗ FELD II.5.1: *ein Beutel, Löffel, eine Plane, Folie aus ~* ❖ ↗ ²**Plastik**

²**Plastik**, **die**; ~, ~en **1.** 'aus festem Werkstoff künstlerisch gestaltete Figur, figürliches Ensemble'; SYN Skulptur: *eine moderne, mittelalterliche ~; ~en aus Ton, Stein, Holz; eine ~ von Barlach* **2.** Med. 'Operation, bei der die korrekte Form eines entstellten Teils des Körpers (wieder) hergestellt wird': *eine ~ an der Nase ausführen* ❖ ¹**Plastik, plastisch**

plastisch ['plast..] ⟨Adj.⟩ **1.** ⟨o. Steig.; nicht präd.⟩ /beschränkt verbindbar/ *die Fähigkeit des Menschen, die Dinge ~* ('als Körper 2 und räumlich 2') *zu sehen; die ~e Wirkung eines Bildes; das ~e Sehen* **2.** ⟨Steig. reg.⟩ SYN 'anschaulich' /auf Äußerungen bez./: *ein Erlebnis ~ schildern; eine ~e Schilderung; seine Eindrücke ~ wiedergeben; die Darstellung war recht ~* **3.** ⟨o. Steig.⟩ /auf Materialien bez./ *eine ~e* ('gut zu formende') *Masse; ein Material ~* ('in einem Zustand, in dem es sich gut formen lässt') *verformen; Ton, Lehm ist ~; ein Material mit ~en Eigenschaften* ❖ ↗ ²**Plastik**

Platane [plaˈtɑːnə], **die**; ~, ~n 'Laubbaum mit Blättern ähnlich denen des Ahorns und heller, glatter, sich in Schichten ablösender Borke'; ↗ FELD II.4.1: *eine Allee aus ~n*

Platin ['plɑːtiːn], **das**; ~s, ⟨o.Pl.⟩ /Element/ 'grausilbrig glänzendes Edelmetall' /chem. Symb. Pt/; ↗ FELD II.5.1: *Schmuck aus ~*

plätschern ['plɛtʃɐn] ⟨reg. Vb.; hat/ ist⟩ /Flüssigkeit, bes. Wasser/; ↗ FELD VI.1.2 **1.1.** ⟨hat⟩ 'durch Fließen, Fallen leise, helle, sich gleichmäßig wiederholende Geräusche erzeugen': *der Bach, Regen plätschert; die Wellen ~ hören* **1.2.** ⟨ist⟩ irgendwohin *~* 'mit einem Geräusch wie plätschern (1.1) irgendwohin fließen, fallen': *der Bach plätschert durch die Wiesen; die Wellen ~ an den Strand*

platt [plat] ⟨Adj.⟩ **1.** ⟨Steig. reg.⟩ 'flach, breit und ohne Wölbung'; ↗ FELD IV.2.3: *jmd. hat eine ~e Nase; etw. ~ drücken, walzen; sich ~* ('in ganzer Länge flach') *auf den Boden legen; der Reifen ist ~* ('aus dem Reifen ist die Luft entwichen'); *sich die*

Nase (an der Scheibe) ~ *drücken* ('das Gesicht ganz nahe an einer Scheibe haben, um etw. ausgiebig anzuschauen') **2.** ⟨Steig. reg.; nicht bei Vb.; vorw. attr.⟩ 'inhaltlich ohne Belang, nicht geistreich' /auf Äußerungen bez./: *ein ~er Witz; ~es Geschwätz; sein Vortrag war ~ und öde* **3.** ⟨o. Steig.; nur präd.⟩ /jmd./ *~ sein* 'verblüfft, sprachlos vor Überraschung sein': *ich war (völlig) ~, als ich das hörte, als ich ihn sah* ❖ **Platte – Langspielplatte, Plattenspieler, Plattform**

Platte ['platə], **die**; ~, ~n **1.** 'flaches, glattes Stück, Teil aus festem Material, das zu verschiedenen Zwecken dient, z. B. um etw. darauf zu stellen, etw. damit zu bedecken, einen Raum von seiner Umgebung zu trennen'; ↗ FELD IV.2.1: *eine steinerne, eiserne, hölzerne ~; ein Tisch mit einer runden ~; Wände aus ~n bauen; etw. auf eine ~ setzen, stellen* **2.** SYN 'Schallplatte': *eine ~ mit Liedern von Schubert; eine alte ~; eine ~ auflegen, spielen, (an)hören; die ~ hat einen Sprung* **3.** 'Teil eines elektrischen Herdes od. Kochers in Form einer Platte (1), auf das die Töpfe u.Ä. zum Kochen gestellt werden': *ein Herd mit drei ~n; den Topf, die Pfanne auf die ~ stellen; etw. auf der ~ zum Kochen bringen; die ~ ein-, ausschalten* **4.** 'sehr flacher, meist runder od. ovaler Teller, auf dem (kalte) Speisen serviert werden': *den Braten auf einer ~ servieren; ~n mit Wurst, Käse anbieten* **5.** 'auf einer Platte (4) angerichtete kalte Speisen': *ein paar ~n zubereiten; eine ↗ bunte ↗ kalte ~* **6.** umg. SYN 'Glatze': *er hat eine ~* ❖ ↗ **platt**

* umg. /jmd./ **eine andere ~ auflegen** ⟨vorw. im Imp.⟩ 'das Thema wechseln und von etw. anderem erzählen': *nun leg mal eine andere ~ auf, das kennen wir doch schon auswendig!*

Platten|spieler ['platn̩..], **der** 'elektrisches Gerät zum Abspielen von Schallplatten': *den ~ an-, abstellen; ein ~ mit Lautsprecher* ❖ ↗ **platt**, ↗ **spielen**

Platt|form ['plat..], **die 1.** 'zu einem bestimmten Zweck erhöht angelegte begrenzte ebene Fläche'; ↗ FELD IV.2.1: *die ~ eines Krans; von der ~ des Aussichtsturms in die Ferne schauen* **2.1.** ⟨vorw. Sg.⟩ 'zusammengefasste Grund- und Leitgedanken für eine bestimmte Angelegenheit': *eine gemeinsame (politische) ~ finden, suchen; die ~* (SYN 'Grundlage') *für Verhandlungen, für die Verständigung* **2.2.** 'nicht fest organisierte politische Gruppe, die sich zu einer bestimmten Plattform (2.1) bekennt': *eine ~ (innerhalb einer Partei) bilden, schaffen* ❖ ↗ **platt**, ↗ **Form**

Platz [plats], **der**; ~es, Plätze ['plɛtsə] **1.** 'umbaute freie Fläche in einer Stadt, in einem Ort, die oft von aufeinander treffenden Straßen gebildet wird': *ein großer, kleiner ~; die Straßen und Plätze der Stadt; der ~ vor dem Rathaus; quer über den ~ gehen; den ~ überqueren; der ~ ist für den Verkehr gesperrt* **2.** 'für bestimmte Zwecke, z. B. für den Sport, für die Lagerung von Gütern angelegte größere freie Fläche': *der Schiedsrichter stellte den*

Spieler wegen eines Fouls vom ~ ('schloss ihn vom Spiel aus'); *auf dem ~ werden Rennen ausgetragen; das Holz lagert auf einem ~ am Bahnhof; die Kohlen werden ab ~ verkauft* **3.** ⟨o.Pl.; nur mit best. Art.; vorw. o. Art.⟩ 'für jmdn., etw. zur Verfügung stehender Raum (3.1) od. flächiger Bereich': *viel, wenig ~ haben; hier ist kein ~ (mehr), ist ~, ist (noch) viel ~; der Schrank braucht viel ~, nimmt viel ~ ein; der ~ im Abteil wurde knapp; jmdm./für jmdn., etw. ~ machen, schaffen, lassen; das Flugzeug hat* ('im Flugzeug ist') *~ für 100 Personen; etw. ~ sparend anordnen; ~ haben* 'irgendwo genügend Raum haben, um sich aufhalten, untergebracht werden zu können': *habe ich in eurem Auto noch ~?; die Bücher haben hier keinen ~* **4.** ⟨vorw. Sg.⟩ 'bestimmte Stelle (1), die für etw. vorgesehen ist, für etw., jmdn. geeignet erscheint'; ↗ FELD I.7.7.1: *wir suchen einen (geeigneten) ~ für unser Haus; das ist der richtige ~ für das Bild; sich einen ~ am Strand suchen; etw. an seinen ~* ('dorthin, wohin es gehört') *stellen, legen* **5.** SYN 'Sitzplatz': *die Plätze sind nummeriert; wir hatten gute Plätze im Parkett; wir hatten schlechte Plätze; sich einen ~ im Abteil suchen; sich auf seinen ~, einen freien ~ setzen; im Kino die Plätze angewiesen bekommen; sich einen ~ reservieren lassen; jmdm. seinen ~ anbieten; ist hier noch ~, sind hier noch freie Plätze?; habt ihr ~, Plätze bekommen?; im Restaurant war kein ~; die Plätze wechseln* **6.** 'Berechtigung zur Teilnahme an einer bestimmten gesellschaftlichen Unternehmung, zum Teilhaben an einer bestimmten sozialen Einrichtung': *einen ~ für eine Reise buchen; in dem Ferienheim stehen noch zehn Plätze* ('Quartiere') *zur Verfügung; einen ~* ('Unterbringung und Betreuung') *im Kindergarten bekommen* **7.** 'Stelle (4.1), die jmd. od. eine Gruppe, bes. ein Sportler od. eine Mannschaft, in der Reihenfolge des Bewertens bei einem Wettkampf, Wettbewerb einnimmt': *er kam auf den dritten ~, belegte den dritten ~* ❖ ↗ **platzieren – Arbeitsplatz, Campingplatz, Flugplatz, Parkplatz, Schauplatz, Sitzplatz, Stehplatz, Studienplatz – Platzkarte**

* /jmd./ **~ behalten** ⟨vorw. im Imp.⟩ 'sitzen bleiben': *behalten Sie bitte ~!*; /etw./ **~ greifen** 'sich ausbreiten (3)': *die Kriminalität greift immer mehr ~;* /jmd./ **~ nehmen** ⟨vorw. im Imp.⟩ 'sich setzen': *bitte, nehmen Sie doch ~!*; /etw., jmd./ **(irgendwo) fehl am ~/~e sein 1.** 'in einer Situation nicht passend sein': *diese Bemerkung war fehl am ~* **2.** 'für eine bestimmte Position nicht geeignet sein': *der Mann ist hier fehl am ~e;* /etw./ **am ~e sein** 'angebracht sein': *da ist Vorsicht am ~e;* /jmd./ **mehrere (jmd.) auf die Plätze verweisen** ('in einem Wettkampf sich gegen die anderen durchsetzen und Sieger werden')

platzen ['platsn̩] ⟨reg. Vb.; ist⟩ **1.** /etw., bes. Hohlkörper/ 'durch Druck (von innen) plötzlich und mit (lautem) Geräusch auseinander gerissen werden, reißen (1)': *ein Reifen, der Luftballon ist geplatzt;*

ein geplatztes Rohr; eine Bombe platzt ('explo-diert'); *die Naht ist geplatzt* ('aufgeplatzt') **2.** umg. /jmd./ **2.1.** 'außer sich geraten, wütend werden': *wenn er das hört, platzt er* **2.2.** ⟨vorw. im Perf.⟩ *vor etw.* ⟨Dat.; Subst. o. Art.⟩ ~: *vor Lachen* ~ ('sehr lachen'); *vor Wut, Neid, Ärger, Neugier* ~ ('überaus wütend, neidisch, ärgerlich, neugierig sein'); *er ist vor Wut bald geplatzt;* ↗ FELD I.6.2 **3.** umg. **3.1.** /etw., bes. etw. Geplantes/ 'nicht zustande kom-men': *die Konferenz, Verhandlung ist geplatzt; der Termin wird wohl* ~; *die Verlobung ist geplatzt* **3.2.** /Gruppe/ SYN 'scheitern (2.3)': *die Koalition ist ge-platzt* ❖ **zerplatzen — aufplatzen**
platzieren [plaˈtsiːʀən], *platzierte, hat platziert* **1.** /jmd./ *jmdn., sich, etw. irgendwo/irgendwohin* ~ 'jmdn., sich, etw. irgendwohin setzen, stellen, etw. irgendwo aufstellen (3)': *die Gäste wurden im Gar-ten platziert; wir platzierten uns am Straßenrand, vor dem Eingang; die Vase habe ich auf dem/auf das Bord platziert* **2.** Ballspiele /jmd./ *etw. irgendwohin* ~ 'den Ball beim Werfen, Schlagen durch genaues Zielen auf eine bestimmte Stelle treffen lassen': *der Spieler platzierte den Ball ins linke obere Eck* **3.** Sport /jmd., Gruppe/ *sich* ~ 'bei einem Wettkampf einen der vorderen Plätze belegen': *er konnte sich unter den ersten fünf* ~; *er hat sich gut platziert* ❖ ↗ **Platz**
Platz/platz [ˈplats..]|**-karte, die** 'Karte (1), die zum Benutzen eines bestimmten Sitzplatzes bei einer Fahrt mit der Eisenbahn berechtigt': ~*n bestellen, besorgen; ich habe keine* ~ ❖ ↗ Platz, ↗ Karte; **-kartenpflichtig** [..pflɪçtɪç] ⟨Adj.; nicht bei Vb.⟩ 'das Lösen einer Platzkarte erfordernd' /auf Fahrzeuge der Eisenbahn bez./: *der Zug, das Abteil ist* ~ ❖ ↗ Platz, ↗ Karte, ↗ Pflicht
plaudern [ˈplaudɐn] ⟨reg. Vb.; hat⟩ **1.** /jmd./ **1.1.** *mit jmdm.* ~ 'sich leicht und ungezwungen mit jmdm. unterhalten': *ich habe ein Weilchen mit ihr geplau-dert; beim gemütlichen Plaudern verging die Zeit;* /zwei od. mehrere (jmd.)/ *beide plauderten den gan-zen Abend;* ⟨rez.⟩ *sie plauderten lange miteinander* **1.2.** *über etw., von etw.* ⟨Dat.⟩ ~ 'unterhaltend über etw. erzählen': *er hat sehr angenehm von seiner Reise, über sein Hobby geplaudert* **2.** /jmd./ 'etw., das geheim bleiben sollte, einem Dritten, anderen sagen': *jmd. (von uns) hat geplaudert*
plausibel [plauˈziːbl̩] ⟨Adj.; Steig. reg.⟩ SYN 'über-zeugend' /auf Äußerungen o.Ä. bez./: *eine plausible Erklärung; die Gründe sind, klingen, erscheinen (mir)* ~
plazieren: ↗ *platzieren*
pleite [ˈplaitə] ⟨Adj.; o. Steig.; indekl.; nur präd. (mit sein, werden) u. bei Vb.⟩ umg. **1.1.** /Unternehmen, jmd./ ~ *sein* SYN 'bankrott sein'; ↗ FELD I.16.3, 17.3: *das Geschäft, die Firma, jmd. ist* ~ **1.2.** scherzh. /jmd./ ⟨nur präd. (mit sein)⟩ ~ *sein* 'kein Geld mehr haben, nichts bezahlen können': *ich bin völlig, total, schon wieder* ~ ❖ ↗ **Pleite**
Pleite, die; ~, ~n umg. **1.** 'Bankrott'; ↗ FELD I.16.1, 17.1: *das Unternehmen steht vor der* ~; ~

gehen: die Firma ist ~ *gegangen* ('ist bankrott'); *die Firma hat* ~ *gemacht* ('ist bankrott') **2.** 'Misser-folg': *der Ausflug, die Prüfung war eine* ~; *hoffent-lich erleben wir mit unserem Vorhaben keine* ~; *das ganze Fest endete mit einer* ~; *das ist ja eine schöne* ~! ❖ **pleite**
Plenum [ˈpleːnʊm], *das;* ~s, *Plenen/Plena* 'Gesamt-heit der Mitglieder einer Vereinigung, eines Gremi-ums, der Angehörigen einer Institution': *ein Be-schluss des* ~*s; das* ~ *tagt*
Plombe [ˈplɔmbə], *die;* ~, ~n **1.** '(mit einer Prägung versehenes) Plättchen aus Metall od. Plastik, das mit Draht am Verschluss eines Raumes od. Behäl-ters zum Schutz gegen dessen unbefugtes Öffnen angebracht wird': *die Polizei hat die Wohnung, den Raum mit einer* ~ *versiegelt; die Tür wurde mit einer* ~ *gesichert* **2.** umg. SYN 'Füllung (3)': *mir ist die* ~ *aus dem Zahn gefallen* ❖ **plombieren**
plombieren [plɔmbiːʀən], *plombierte, hat plombiert* **1.** /jmd./ *etw.* ~ 'einen Raum, Behälter mit einer Plombe (1) versehen': *die Kisten, Container sind alle plombiert* **2.** umg. /jmd./ *einen Zahn* ~ ('einen Zahn mit einer Füllung 3 versehen') ❖ ↗ **Plombe**
plötzlich [ˈplœtslɪç] ⟨Adj.; Steig. reg., ungebr.; nicht präd.⟩ 'sehr schnell, von einem Augenblick zum anderen und überraschend eintretend, gesche-hend': *das war ein* ~*er Einfall, Entschluss; ein* ~*er Umschwung; ein* ~*er Kälteeinbruch; sein* ~*er Tod;* ~ *sprang er auf;* ~ *überkam sie eine Erleuchtung; das ist alles sehr, etwas* ~ *gekommen;* ~ *stand sie vor mir,* ~ *öffnete sich die Tür;* /in den kommunika-tiven Wendungen/ *nur nicht so* ~ ('nicht so hastig')! /sagt jmd., wenn er jmds. überraschende Aktivität bremsen will/; *nun aber ein bisschen* ~ ('nun beeil' dich')! /barsche Aufforderung an jmdn., sofort ak-tiv zu werden/
plump [plʊmp] ⟨Adj.⟩ **1.** ⟨nicht bei Vb.⟩ 'massig und unförmig' /auf Gegenstände od. Körper, Körper-teile bez./: *ein* ~*er Klotz; sein* ~*er Körper; er hat* ~*e Hände, Füße* **2.** SYN 'schwerfällig' /bes. auf Be-wegungen von Menschen od. Tieren bez./; ↗ FELD I.2.3: *er hat einen* ~*en Gang, bewegt sich* ~; *sich* ~ *ausdrücken* **3.** 'nicht geschickt angelegt (und daher leicht als falsch, als nicht redlich zu durch-schauen)'; ANT raffiniert /beschränkt verbindbar/: *eine* ~*e Lüge, Schmeichelei, Fälschung; etw. ent-puppt sich als* ~*er Schwindel; etw.* ~ *fälschen; sich jmdm.* ~ *vertraulich nähern* ❖ vgl. **plumpsen**
plumpsen [ˈplʊmpsn̩] ⟨reg. Vb.; hat/ist⟩ **1.1.** ⟨hat⟩ *es plumpst* 'es ertönt ein dumpfes Geräusch (wie) durch Aufschlagen, Fallen von etw.': *es plumpste (laut), als der Stein ins Wasser fiel* **1.2.** ⟨ist⟩ /etw., jmd./ *irgendwohin, von irgendwo* ~ 'mit dem Ge-räusch von plumpsen (1.1) irgendwohin, von ir-gendwo fallen': *der Sack plumpste ins Wasser; Äpfel plumpsten von den Bäumen; er ließ sich in den Sessel* ❖ vgl. **plump**
plündern [ˈplʏndɐn] ⟨reg. Vb.; hat⟩ **1.** /mehrere (jmd.)/ *etw.* ~ 'eine chaotische Situation aus-nutzend, etw., bes. Geschäfte, ausrauben': *bei den*

Unruhen, Krawallen wurde des Warenhaus geplündert; es ist auch geplündert worden; Banditen plünderten die Stadt **2.** umg. scherzh. /jmd./ *den Kühlschrank, Weihnachtsbaum ~* ('alles Essbare daraus heraus-, davon herunternehmen und essen') ❖ **Plünderung**

Plünderung ['plʏndər..], **die**; ~, ~en 'das Plündern': *es kam zu ~en; die ~ einer Stadt durch Soldaten* ❖ ↗ **plündern**

plus [plʊs] ⟨Adv.⟩ /sprachlicher Ausdruck für das Zeichen +/ **1.1.** /drückt aus, dass eine Zahl mit einer anderen addiert wird/; SYN und (IV); ANT minus: *drei ~ drei ist sechs* (3+3=6) **1.2.** /kennzeichnet, vor einer Zahl stehend, diese als über Null liegend/: *das Thermometer zeigt ~ drei Grad* (+3°) ('drei Grad über dem Gefrierpunkt') **3.** *der elektrische Strom fließt von ~* ('von dort, wo eine positive elektrische Ladung vorhanden ist') *nach minus* ❖ ↗ **Plus**

Plus, das; ~, ~ ⟨vorw. Sg.⟩ **1.** 'das, was sich bei einer Abrechnung über den zu erwartenden Betrag, Wert hinaus ergibt': *es wurde ein ~ gegenüber dem Vorjahr erzielt* **2.** etw. *ist ein ~ für jmdn.* 'ist etw., das sich als Vorteil für jmdn. auswirkt': *es war ein ~ für dich, dass du dort arbeiten konntest; seine gute Ausbildung war ein ~ für ihn; ihre Erscheinung, ihr gepflegtes Äußeres war bei der Bewertung ein großes ~ für sie* ❖ **plus**

Plüsch [plyːʃ/plyʃ], **der**; ~es/auch ~s, ⟨o.Pl.⟩ 'dem Samt ähnliches Gewebe od. Gewirk mit hohem Flor, das bes. für Vorhänge und zum Beziehen gepolsterter Möbel verwendet wird'; *ein Vorhang aus ~; der Sessel, das Sofa war mit ~ bezogen*

Pöbel ['pøːbl̩], **der**; ~s, ⟨o.Pl.⟩ emot. 'randalierende, gewalttätige und ziellos vorgehende (große) Menge Menschen': *der ~ zog johlend durch die Straßen; die Wut des ~s richtete sich gegen die Polizei; der ~ zerschlug die Schaufensterscheiben* ❖ **anpöbeln**

pochen ['pɔxn̩] ⟨reg. Vb.; hat⟩ **1.** /jmd./ *an, auf etw. ~* 'an, auf etw. klopfen (1)'; ↗ FELD VI.1.2: *an die Tür, ans Fenster, auf den Tisch ~* **2.** /jmd./ *auf etw. ~* 'sich nachdrücklich auf etw. berufen, meist, um Ansprüche daraus abzuleiten' /beschränkt verbindbar/: *auf sein Recht ~; auf seine Verdienste ~; auf die Begleichung der Rechnung ~*

Pocken ['pɔkn̩], **die** ⟨Pl.⟩ 'schwere, oft tödlich verlaufende Infektionskrankheit, bei der sich eitrige Bläschen bilden, die Narben hinterlassen': *sind Sie gegen ~ geimpft?; an ~ erkranken; die ~ haben*

Podest [po'dɛst], **das**; ~es/auch ~s, ~e **1.** 'kleineres meist tragbares Podium, das für bestimmte Gelegenheiten benutzt wird': *ein hölzernes ~; aufs ~ steigen; die Sieger des Wettkampfes besteigen das ~ zur Siegerehrung* **2.** 'Sockel eines Denkmals': *ein Denkmal vom ~ stürzen* ❖ vgl. **Podium**

Podium ['poːdi̯ʊm], **das**; ~s, Podien ['..di̯ən] 'gegenüber dem Fußboden erhöhte Plattform als Standort für einen Redner, Dirigenten o.Ä.': *der Redner*

ging zum ~, stieg auf das ~; vom ~ aus sprechen ❖ vgl. **Podest**

Poesie [poe'ziː], **die**; ~, ⟨o.Pl.⟩ geh. **1.** 'Dichtung (2.2)': *~ und Prosa; die ~ der Romantik; Goethes ~* **2.** 'romantische Stimmung': *die ~* (SYN 'Zauber 2') *des Frühlings, dieser Sommernacht; ein Abend voller ~* ❖ vgl. **Poet**

Poet [po'eːt], **der**; ~en, ~en geh. 'Dichter, bes. Lyriker': *B war ein (wahrer) ~* ❖ **poetisch**; vgl. **Poesie**

poetisch [po'eːt..] ⟨Adj.; vorw. attr.⟩ geh. **1.** ⟨o. Steig.; nicht präd.⟩ 'dichterisch (1,2)': *sein ~es Werk; er hat (eine) ~e Begabung* ('Begabung zum Dichten 2') **2.** ⟨Steig. reg.⟩ 'voller Poesie (2)': *eine ~e Stimmung lag über dem Abend* ❖ ↗ **Poet**

Pointe ['po̯ɛ̃tə/po'ɛ̃tə], **die**; ~, ~n 'effektvoller Höhepunkt (als Abschluss) eines Witzes, geistreiche Äußerung in einer Darstellung': *er nimmt beim Erzählen von Witzen immer die ~ vorweg; er hatte gute ~n in seinem Auftritt; der Witz hat eine überraschende ~, hat keine ~; er hat die ~ gar nicht verstanden; wo bleibt denn da die ~?*

Pokal [po'kɑːl], **der**; ~s/auch ~es, ~e **1.** 'aus wertvollem Material wie ein Kelch geformtes, mit einem Fuß (2) versehenes Gefäß, aus dem man trinkt': *ein silberner ~; auf jmds. Wohl den ~ erheben; den ~ leeren; reihum aus dem ~ trinken; der ~ war mit Wein gefüllt* **2.** 'in der Form eines Gefäßes, oft in der Form eines Pokals (1) gestalteter Preis für den Sieger in einem sportlichen Wettkampf': *der siegreichen Mannschaft wurde ein ~ überreicht; die Mannschaft hat den ~ gewonnen; einen ~ stiften*

pökeln ['pøːkl̩n] ⟨reg. Vb.; hat; vorw. adj. im Part. II⟩ /jmd./ *etw. ~* 'Fleisch durch Einlegen in salzige Lake haltbar machen': *Fleisch ~; gepökeltes Eisbein*

Pol [poːl], **der**; ~s/auch ~es, ~e **1.** 'einer der beiden Endpunkte der Achse der Erde (und das ihn umgebende Gebiet)': *der nördliche, südliche ~ der Erde; eine Expedition zum ~ unternehmen; den ~ überfliegen* **2.** Phys. **2.1.** 'Stelle an einer Stromquelle od. elektrischen Leitung, an der Strom ein- od. austritt': *der ↗ positive, ↗ negative ~* **2.2.** 'einer der beiden Punkte, auf dem die Linien eines magnetischen Feldes ein- od. austreten': *die ~e eines Magneten* ❖ **polar — Nordpol, Polarkreis, Südpol**

* / jmd./ *der ruhende ~ sein* 'in einer Umgebung voller Unruhe, Hektik derjenige sein, der Ruhe bewahrt, mäßigend und richtungweisend wirkt': *er war immer der ruhende ~ in unserer Runde, Familie*

polar [po'laːʁ] ⟨Adj.; o. Steig.⟩ **1.** ⟨nur attr.⟩ 'im Gebiet um einen Pol (1) liegend od. von dort kommend, stammend': *in ~e Breiten vorstoßen; ~e Kaltluft dringt in unser Gebiet, nach Mitteleuropa vor* **2.** ⟨vorw. attr.⟩ 'als Gegensätze vorhanden, wirkend' /vorw. auf Sprachliches bez./: *~e Begriffe, Auffassungen, Ansichten* ❖ ↗ **Pol**

Polar|kreis [..'l..], **der** 'Breitenkreis von 66,5° nördlicher, südlicher Breite': *eine Stadt am ~, jenseits des ~es* ❖ ↗ **Pol**, ↗ **Kreis**

Polemik [po'le:mɪk], **die**; ∼, ∼en ʿscharf (und aggressiv) formulierte Stellungnahme, vorw. in einem wissenschaftlichen Meinungsstreit, zu Auffassungen anderer, eines anderen, wobei unterschiedliche, gegensätzliche Positionen betont werden'; ↗ FELD I.4.2.1: *eine scharfe, brillante, literarische, wissenschaftliche, politische ∼; eine ∼ führen; jede ∼ vermeiden; sich auf keine ∼ einlassen* ❖ **polemiesieren, polemisch**

polemisch [po'le:m..] ⟨Adj.; Steig. reg.⟩ ʿin der Art einer Polemik' /vorw. auf Sprachliches bez./; ↗ FELD I.4.2.3: *∼e Äußerungen; auf etw. ∼ reagieren; sein Aufsatz war sehr ∼* ❖ ↗ **Polemik**

polemisieren [polemi'zi:ʀən], polemisierte, hat polemisiert /jmd./ *gegen jmdn., etw. ∼* ʿgegen jmdn., jmds. Meinung in der Art, Form einer Polemik vorgehen'; ↗ FELD I.4.2.2: *er hat gegen sie, ihre Darlegungen heftig polemisiert; es war nicht fair, so zu ∼* ❖ ↗ **Polemik**

polieren [po'li:ʀən], polierte, hat poliert /jmd./ *etw. ∼* ʿdie Oberfläche von etw., bes. durch Reiben, blank und glänzend machen'; ↗ FELD III.3.2: *Möbel ∼; etw. auf Hochglanz* (ʿsodass es sehr glänzt') *∼*

Poliklinik ['po:li..], **die**; ∼, ∼en ʿ(einem Krankenhaus angeschlossene) medizinische Einrichtung mit mehreren fachlichen Abteilungen für ambulante Behandlung': *er wird nun weiter in der ∼ behandelt; in die ∼ gehen* ❖ ↗ **Klinik**

Politik [poli'ti:k], **die**; ∼, ⟨o.Pl.⟩ **1.** ʿalle Aktivitäten öffentlicher Gruppierungen wie Parteien, Organisationen, Vereinigungen, von Regierung und Parlament zur Durchsetzung ihrer Ziele im Inneren des Staates und gegenüber anderen Staaten': *die ∼ einer Partei, eines Staates, einer Regierung; eine progressive, liberale, konservative ∼; eine erfolgreiche, verhängnisvolle ∼; eine ∼ der Entspannung, Verständigung betreiben, verfolgen; sich mit ∼ befassen; er interessiert sich für ∼; er will in die ∼ gehen* (ʿwill Politiker werden'); *sich nicht in die ∼ eines anderen Staates einmischen* **2.** ʿjmds. taktisch kalkuliertes Vorgehen, Verhalten': *es ist immer schon seine ∼ gewesen, sich zurückzuhalten; er macht doch bloß ein bisschen ∼* ❖ **Politiker, Politikerin, politisch, politisieren – Außenpolitik, außenpolitisch, Innenpolitik, innenpolitisch, Wirtschaftspolitik**

Politiker [po'li:tikɐ], **der**; ∼s, ∼ ʿjmd., der eine maßgebliche Funktion in der Politik (1) hat'; ↗ FELD I.10: *ein einflussreicher, weitsichtiger, berühmter ∼; führende ∼ dieses Landes, dieser Partei* ❖ ↗ **Politik**

Politikerin [po'li:tikəʀ..], **die**; ∼, ∼nen /zu *Politiker; weibl.*/ ❖ ↗ **Politik**

politisch [po'li:t..] ⟨Adj.; o. Steig.⟩ **1.** ⟨vorw. attr. u. bei Vb.⟩ ʿdie Politik (1) betreffend, von Politik bestimmt': *die ∼e Lage, Entwicklung (im Lande, in der Welt); jmds. ∼e Gesinnung, Einstellung, Überzeugung, Tätigkeit; ∼e Aufgaben, Ziele, Interessen; eine ∼e Organisation; ∼ aktiv sein; sich ∼ betätigen; ∼ denken, handeln; er war ein ∼* (ʿaus politischen Gründen') *Verfolgter; ∼e Häftlinge; ∼e Äußerungen, Witze; seine ∼en Gegner bekämpfen; um*

die ∼e Unabhängigkeit seines Landes kämpfen **2.** ⟨nur attr.⟩ *eine ∼e* (ʿdie Staatsgrenzen angebende') *Landkarte von Europa* ❖ ↗ **Politik**

politisieren [politi'zi:ʀən], politisierte, hat politisiert **1.** /jmd./ ʿin privatem Kreise (laienhaft) über politische Fragen, Ereignisse reden': *er hat, wir haben den ganzen Abend politisiert* **2.** /jmd., Institution/ jmdn. ∼ ʿjmdn. politisch motivieren': *jmdn., die Bevölkerung ∼; sie waren durch die Krise alle politisiert* **3.** /jmd., Institution/ *etw. ∼* ʿeiner Sache einen politischen Aspekt geben': *ein Problem ∼; man versuchte, diese Angegegenheit zu ∼* ❖ ↗ **Politik**

Politur [poli'tu:ɐ], **die**; ∼, ∼en **1.** ʿMittel, das zum Polieren auf etw. aufgetragen wird': *Möbel mit (einer) ∼ behandeln* **2.** ⟨vorw. Sg.⟩ ʿdurch Auftragen von Politur (1) entstandene glänzende Schicht auf etw.'; ↗ FELD III.3.1: *die ∼ ist angekratzt, hat Flecken*

Polizei [poli'tsai̯], **die**; ∼, ⟨o.Pl.⟩ **1.** ʿInstitution eines Staates, die die Aufgabe hat, die öffentliche Ordnung und Sicherheit zu gewährleisten': *der Schutz des Eigentums durch die ∼; einen Fall der ∼ übergeben; jmdn. (bei) der ∼ anzeigen; sich an die ∼ wenden; der Täter hat sich der ∼ gestellt; er ist bei der ∼* (ʿist Polizist') **2.** ʿmehrere Angehörige od. ein Angehöriger der Polizei (1)': *die ∼ holen, rufen; ∼ einsetzen; die ∼ griff ein, verhaftete den Verbrecher; er wurde von der ∼ abgeführt; die ∼ hat eine Spur entdeckt; (die) ∼ regelte den Verkehr* **3.** ʿDienststelle der Polizei (1)': *zur, auf die ∼ gehen; sich bei der ∼ melden* ❖ **polizeilich, Polizist, Polizistin – Polizeibeamte, Kriminalpolizei, Schutzpolizei, Schutzpolizist, Verkehrspolizei**

Polizei|beamte [..'tsai̯..], **der** ʿBeamter bei der Polizei (1)': *er ist ∼r* ❖ ↗ **Polizei, ↗ Amt**

polizeilich [poli'tsai̯..] ⟨Adj.; o. Steig.; nicht präd.⟩ ʿvon der Polizei (1) ausgehend': *eine ∼e Anordnung, Verfügung; etw. ist ∼ verboten; etw., jmd. steht unter ∼er Kontrolle; die ∼en Ermittlungen laufen noch, dürfen nicht gefährdet werden; jmdn. in ∼en Gewahrsam überführen* (ʿverhaften'); *jmdn. ∼* (ʿdurch die Polizei') *suchen (lassen); sich ∼* (ʿbei der Polizei') *melden; das ∼e Kennzeichen eines Fahrzeugs* ❖ ↗ **Polizei**

Polizist [poli'tsɪst], **der**; ∼en, ∼en ʿAngehöriger der Polizei (1)'; SYN Bulle (2), Polyp (3); ↗ FELD I.10: *zwei ∼en gingen Streife; einen ∼en um Auskunft bitten; er wurde von ∼en verhaftet, abgeführt* ❖ ↗ **Polizei**

Polizistin [poli'tsɪst..], **die**; ∼, ∼nen /zu *Polizist; weibl.*/ ❖ ↗ **Polizei**

Polka ['pɔlka], **die**; ∼, ∼s ʿvolkstümlicher Tanz im 2/4-Takt, der kleine Sprünge enthält': *(eine) ∼ tanzen*

Pollen ['pɔlən], **der**; ∼s, ∼ ⟨der Pl. meint auch den Sg.⟩ SYN ʿBlütenstaub'; ↗ FELD II.4.1: *er ist gegen ∼ allergisch*

Polster ['pɔlstɐ], **das**; ∼s, ∼ **1.** ʿauf Möbeln zum Sitzen od. Liegen fest angebrachte elastische, federnde obere Schicht'; ↗ FELD I.7.9.1: *der Stuhl, die*

Lehne hat ein weiches, dickes ~; ein Sessel mit ro-tem ~; sich in die ~ ('in einen gepolsterten Sitz o.Ä.') *sinken, fallen lassen* **2.** 'weiche, elastische Unterlage': *sich ein Kissen, seine Jacke als ~ unter den Kopf, auf die Bank legen* **3.** *jmd. hat ein (dickes) finanzielles ~* ('hat gespartes, zurückgelegtes Geld, bes. für den Notfall') ❖ **polstern**

polstern ['pɔlstɐn] ⟨reg. Vb.; hat⟩ /jmd./ *etw.* ~ '(beruflich) Möbel o.Ä. mit Polstern (1) versehen': *etw. gut, weich ~; Stühle (neu) ~; die Couch, Sessel mit Schaumgummi ~; gut gepolsterte Sitze* ❖ ↗ **Polster**

Polter|abend ['pɔltɐ], der 'Abend vor der Hochzeit, an dem nach altem Brauch vor der Tür des Brautpaares Geschirr u.Ä. zerschlagen wird und die Scherben dem Brautpaar Glück bringen sollen': *zu jmds. ~ gehen; morgen ist ~; den ~ feiern* ❖ ↗ **poltern, ↗ Abend**

poltern ['pɔltɐn] ⟨reg. Vb.; hat/ist⟩; ↗ FELD VI.1.2 **1.1.** ⟨hat⟩ /jmd., auch etw. (bes. *es, das*)/ 'mehrmals hintereinander durch Bewegung dumpfen Lärm verursachen': *wer poltert auf dem Flur?; nebenan ~ sie wieder; ~de Schritte; es hat draußen gepoltert* **1.2.** ⟨ist⟩ /jmd., etw./ *irgendwohin* ~ 'sich mit dem Geräusch von Poltern (1.1) irgendwohin bewegen': *er ist in Stiefeln über den Gang gepoltert; der Wagen polterte über die Brücke* **2.** ⟨hat⟩ /jmd./ 'laut und grob reden, schimpfen': *das ist so seine Art, er poltert ständig; er polterte, weil wir zu spät kamen* **3.** ⟨hat⟩ /mehrere (jmd.)/ 'zu einem Polterabend durch das Zerschlagen von Geschirr u.Ä. Lärm machen': *auch die Kinder wollen ~; wir haben gestern bei unseren Nachbarn gepoltert; bei unseren Nachbarn wird heute gepoltert* ❖ **Polterabend**

Polygamie [polyɡa'miː/'pɔli..], die; ~, ⟨o.Pl.⟩ 'das Zusammenleben eines Menschen mit mehreren Partnern des anderen Geschlechts'; ANT Monogamie: *in ~ leben; unter den Eingeborenen herrscht noch ~; jmd. neigt zur ~*

Polyp [po'lyːp], der; ~en, ~en **1.** 'im Wasser lebendes, fest auf einem Untergrund sitzendes primitives Tier mit rund um die Öffnung des Mundes gelagerten Armen zum Fangen von Beute': *die Korallen gehören zu den ~en* **2.** ⟨vorw. im Pl.⟩ 'gutartige Geschwulst der Schleimhäute (der Nase)': *~en aus der Nase entfernen; er hat ~en und kann nicht richtig durch die Nase atmen* **3.** ⟨vorw. im Pl.⟩ umg., emot. neg. SYN 'Polizist': *die ~en sind hinter ihm her*

polytechnisch ['poly../'poli..] ⟨Adj.; o. Steig.; nur attr.⟩ 'mehrere Zweige der Technik (und angrenzender Gebiete) umfassend': *~er Unterricht; er besitzt ~e Kenntnisse* ❖ ↗ **Technik**

Pomp [pɔmp], der; ~s, ⟨o.Pl.⟩ vorw. emot. neg. 'prunkvoller, kostspieliger Aufwand, bes. bei Veranstaltungen': *die Hochzeit wurde mit (großem) ~, ganz ohne ~ gefeiert; welch ein ~!* ❖ **pompös**

pompös [pɔm'pøːs] ⟨Adj.⟩ emot. neg. 'mit Pomp, Prunk': *etw. ~ ausstatten; eine ~e Feier; eine ~e Villa; die Grabstätte war ~* ❖ ↗ **Pomp**

¹Pony ['pɔni], das; ~s, ~s 'Pferd einer Rasse von deutlich kleinerem Wuchs als normal'; ↗ FELD II.3.1: *ein kleines, struppiges ~; das Kind auf dem ~ reiten lassen*

²Pony, der; ~s, ~s 'in die Stirn gekämmtes Haar als Teil einer Frisur für Frauen, Kinder': *sie hat, trägt einen ~; sich einen ~ schneiden lassen*

populär [popu'lɛːɐ̯/..'leː..] ⟨Adj.⟩ **1.** ⟨Steig. reg.⟩ 'allgemein bekannt und beliebt': *ein ~er Schauspieler, Sänger, Politiker; dieser Schlager war, wurde schnell ~; etw. macht jmdn. ~; durch seine Erfindung wurde er sehr, schnell ~* **2.** ⟨Steig. reg.; vorw. verneint; vorw. attr. u. bei Vb.⟩ 'allgemeine Billigung findend': *man sah sich zu Maßnahmen gezwungen, die nicht sehr ~ waren; eine nicht ~e Entscheidung* **3.** ⟨Steig. reg., ungebr.⟩ 'für breitere Kreise, nicht nur für Fachleute verständlich'; SYN volkstümlich (2) /vorw. auf Vorträge, Publikationen u.Ä. bezogen/: *eine ~e Art der Darstellung; ein ~er Vortrag, Aufsatz; sich ~ ausdrücken* ❖ **popularisieren, Popularität**

popularisieren [populaʁi'ziːʁən], popularisierte, hat popularisiert /jmd., Institution, Organisation/ *etw.* ~ 'etw. in der Öffentlichkeit bekannt machen, verbreiten': *bestimmte Vorstellungen, Ideen, Ziele ~; die Partei will ihr Programm ~* ❖ ↗ **populär**

Popularität [populaʁi'tɛːt/..'teːt], die; ~, ⟨o.Pl.⟩ /zu *populär 1*/ 'das Populärsein': *er bekam sehr schnell ~; er erfreut sich großer ~; er hat seine ~ eingebüßt; ~ genießen* ❖ ↗ **populär**

Pore ['poːʁə], die; ~, ~n **1.1.** 'eine der kleinen Öffnungen in der Haut, aus der der Schweiß austritt': *die ~en öffnen, schließen sich; Staub verstopft die ~n; jmdm. tritt der Schweiß aus den/aus allen ~n* ('jmd. schwitzt sehr') **1.2.** 'einer von vielen kleinen Hohlräumen in bestimmten Gegenständen': *die ~n eines Schwammes; Bausteins* ❖ **porös**

Pornografie, die: ↗ **Pornographie**

Pornographie/auch **Pornografie** [pɔʁnoɡʁa'fiː], die; ~, ⟨o.Pl.⟩ **1.** 'obszöne bildliche, literarische Darstellung sexueller Vorgänge, Handlungen': *das ist ~, grenzt an ~!* **2.** 'Pornographie (1) enthaltende (gedruckte) Erzeugnisse': *~ vertreiben, verbreiten, verkaufen*

porös [po'ʁøːs] ⟨Adj.; Steig. reg., ungebr.⟩ 'viele kleine Löcher aufweisend und daher durchlässig' /auf Materialien bez./; ↗ FELD III.4.3: *~es Gestein; die Leitung, der Schlauch ist ~ geworden* ❖ ↗ **Pore**

Porree ['pɔʁe], der; ~s, ⟨o.Pl.⟩ 'Lauch mit einem langen, kräftigen Stamm, der als Gemüse, bes. für den Winter, verwendet wird'; ↗ FELD I.8.1, II.4.1: *ein Kilo, fünf Stangen ~ kaufen*

Portal [pɔʁ'taːl], das; ~s/auch ~es, ~e 'große prächtig gestaltete Tür als Eingang zu einem größeren Gebäude, bes. zu einem Schloss, einer Kirche'; ↗ FELD V.3.1: *ein breites, hohes ~; das (südliche) ~ des Doms; das ~ ist geschlossen; durch das ~ gehen, schreiten*; vgl. *Pforte, ¹Tor, Tür*

Portemonnaie/auch **Portmonee** [pɔRtmɔ'neː], **das**; ∼s, ∼s 'kleineres Behältnis für Geld, bes. für Münzen, das man bei sich trägt'; ↗ FELD I.16.1, V.7.1: *er hat das, sein* ∼ *vergessen, verloren, nicht bei sich; ich habe kein Geld im* ∼*; Geld aus dem* ∼ *nehmen, in das* ∼ *stecken*

Portier [pɔR'tieː], **der**; ∼s, ∼s 'Angestellter, der am Eingang eines Hotels auf Kommende und Gehende achtet u. Auskünfte erteilt': *beim* ∼ *eine Nachricht hinterlassen*

Portion [pɔR'tsi̯oːn], **die**; ∼, ∼en **1.** 'für eine Person für eine Mahlzeit bemessene Menge einer Speise': *er hat heute zwei* ∼*en, eine doppelte* ∼ *gegessen; sich noch eine* ∼ *(Suppe, Eintopf) geben lassen; eine* ∼ *Eis bestellen* **2.** ⟨o.Pl.; nur mit unbest. Art.⟩ *dazu gehört eine (ziemliche, große, gehörige)* ∼ *('dazu braucht man eine Menge, viel')* *Glück, Mut*
* /jmd./ **eine halbe** ∼ **sein** 'klein, schwach sein': *er ist ja nur eine halbe* ∼

Portmonee, das: ↗ **Portmonnaie**

Porto ['pɔRto], **das**; ∼s, ∼s/auch **Porti** ['pɔRti] ⟨vorw. Sg.⟩ 'Gebühr für das Befördern einer Postsendung': *der Brief kostet 40 Pfennig* ∼*; das* ∼ *(für das Paket) bezahlen*

Porträt [pɔR'trɛː/..'trɛː/..'trɛːt], **das**; ∼s, ∼s 'Bild eines Menschen, bes. seines Kopfes und Oberkörpers': *ein farbiges* ∼*; ein* ∼ *von jmdm. malen; eine Ausstellung fotografischer* ∼*s; die Briefmarke zeigt das* ∼ *eines berühmten Theologen, Schriftstellers* ❖ **porträtieren**

porträtieren [pɔRtrɛ'tiːRən], porträtierte, hat porträtiert /jmd./ *jmdn., sich* ∼ 'von jmdm., sich ein Porträt anfertigen': *ein bekannter Maler hat ihn porträtiert; er hat sich porträtiert,* ∼ *lassen* ❖ ↗ **Porträt**

Porzellan [pɔRtsɛ'laːn], **das**; ∼s/auch ∼es, ∼e **1.** ⟨vorw. Sg.; Pl. vorw. fachspr.⟩ 'weißer fester Werkstoff aus einem Gemisch bestimmter Mineralien, das durch Einwirken großer Hitze in einem bestimmten Verfahren hergestellt wird und zur Produktion bes. von Gefäßen dient'; ↗ FELD II.5.1: *eine Vase aus* ∼*; feines, dünnes* ∼*; brennen, bemalen* **2.** ⟨o.Pl.⟩ 'Geschirr aus Porzellan (1)'; ↗ FELD V.8.1: *chinesisches, japanisches, Meißner* ∼*; kostbares* ∼*; das* ∼ *in den Schrank stellen*
* /jmd./ ∼ **zerschlagen** 'in einer Angelegenheit, die mit Bedacht, Vorsicht behandelt werden müsste, durch ungeschicktes Reden, Handeln Schaden anrichten': *dadurch würden wir nur unnötig* ∼ *zerschlagen*

Posaune [po'zaunə], **die**; ∼, ∼n 'Blechblasinstrument, bei dem die Höhe der Töne durch das Bedienen eines ausziehbaren mittleren Teils gestaltet wird' (↗ TABL Blasinstrumente): ∼ *blasen, spielen* ❖ **posaunen**

posaunen [po'zaunən], posaunte, hat posaunt **1.** /jmd./ 'Posaune blasen' **2.** emot. neg. /jmd./ *etw. in die/in alle Welt* ∼ 'etw., was nicht unbedingt bekannt werden sollte, überall erzählen': *der hat die Geschichte, das Ereignis in alle Welt posaunt* ❖ ↗ **Posaune**

Pose ['poːzə], **die**; ∼, ∼n 'körperliche Haltung (1.2), Stellung (1) od. Verhalten, womit jmd. gewollt auf eine bestimmte Wirkung zielt': *eine theatralische* ∼ *an-, einnehmen; er gefällt sich in der* ∼ *des Gönners* ❖ vgl. **Position**

Position [pozi'tsi̯oːn], **die**; ∼, ∼en **1.** ⟨vorw. mit unbest. Art. u. best. Adj.⟩ **1.1.** 'höhere, verantwortungsvolle berufliche Stellung (4)'; SYN Posten (1.1): *er hat eine verantwortungsvolle, leitende* ∼*; er in seiner* ∼ *als Direktor* **1.2.** ⟨vorw. Sg.⟩ *er ist ihm gegenüber in einer schwierigen* ∼ *('hat in seiner Beziehung zu ihm eine schwierige Stellung 3')* **1.3.** 'Stelle (4.1), die jmd. in einem Wettkampf einnimmt': *eine der vorderen* ∼*en ('Plätze') einnehmen, innehaben* **2.** SYN 'Standpunkt (1.1)': *in einer Angelegenheit eine bestimmte, überholte* ∼ *einnehmen, vertreten* **3.** ⟨vorw. mit Gen. attr.⟩ 'Ort (1), Stelle (1), an der sich jmd., etw. (zu einer bestimmten Zeit) befindet'; ↗ FELD I.7.7.1: *die* ∼ *eines Schiffes, Flugzeuges, Sternes; die Ordner, Beobachter, Fotografen nahmen ihre* ∼*en ein* **4.** ⟨vorw. mit Gen.attr.⟩ 'eine bestimmte Funktion erfüllende Stellung (2), Lage (1,2), in der sich etw., jmd. befindet': *die* ∼ *eines Hebels, Ruders, Zeigers* **5.** 'einzeln Verzeichnetes in einer Liste, Aufstellung, einem Plan o.Ä.'; SYN Posten (4): *dieser Schrank ist als* ∼ *im Inventar aufgeführt; das ist als* ∼ *in seinem Plan enthalten* ❖ vgl. **Pose**

positiv ['poːzitiːf/pozi'tiːf] ⟨Adj.⟩ **1.** ANT negativ (1.1,1.2) **1.1.** ⟨Steig. reg., ungebr.⟩ 'Zustimmung zu etw. enthaltend, ausdrückend' /vorw. auf Äußerungen bez./: *eine* ∼*e Antwort; seine Antwort war* ∼*; ein* ∼*er Bescheid; zu etw. eine* ∼*e Einstellung haben; sich zu einer Sache* ∼ *äußern* **1.2.** ⟨Steig. reg.⟩ 'so, wie man es für gut, richtig, günstig hält (und anerkennt)': *eine* ∼*e Entwicklung; etw. ist, verläuft* ∼*; das ist die* ∼*e Seite der Sache; etw., jmd. wirkt auf etw., jmdn.* ∼*; etw. wirkt sich* ∼ *aus* **2.** ⟨o. Steig.; nicht attr.⟩ 'mit Sicherheit (3)' /beschränkt verbindbar/: *das weiß ich* ∼ **3.** ⟨o. Steig.; nicht bei Vb.⟩ ANT negativ (1.3) /beschränkt verbindbar/: *ein* ∼*er ('den Verdacht auf eine Krankheit bestätigender') Befund; der Befund ist* ∼ **4.** ⟨o. Steig.⟩ Phys. ANT negativ (2) /beschränkt verbindbar/: *der* ∼*e Pol ('der Pol, an dem ein Mangel an Elektronen besteht'); die Elektrode ist* ∼ *geladen* ❖ **Positiv**

Positiv ['p..], **das**; ∼s, ∼e 'entwickeltes Foto in den natürlichen Farben od. in den natürlichen hellen und dunklen Werten'; vgl. *Negativ* ❖ ↗ **positiv**

Posse ['pɔsə], **die**; ∼, ∼n 'Theaterstück in der Art eines Schwanks': *eine* ∼ *aufführen; eine* ∼ *von Nestroy;* ∼*n* ↗ *reißen* ❖ **possierlich**

possierlich [pɔ'siːɐ..] ⟨Adj.; Steig. reg.⟩ 'durch bestimmte Verhaltensweisen, bes. die Art, sich zu bewegen, erheiternd wirkend'; SYN drollig (2), putzig (1); /bes. auf kleine Tiere bez./: *diese Kätzchen sind so* ∼*; sieht das* ∼ *aus!;* ∼*e kleine Goldhamster* ❖ ↗ **Posse**

Post [pɔst], **die**; ~, ⟨o.Pl.⟩ **1.** ˈöffentliche Einrichtung für das Befördern von Briefen, Paketen, Geldsendungen, für den (telefonischen und) telegrafischen Verkehr': *etw. mit der ~ schicken; er ist, arbeitet bei der ~* (ˈist bei der Post angestellt') **2.** ˈGebäude, in dem die Geschäfte der Post (1) abgewickelt werden'; SYN Postamt: *zur, auf die ~ gehen; ein Paket bei der ~ aufgeben, auf der ~ abholen* **3.** ˈvom Postboten zugestellte Postsendung(en)': *der Postbote bringt die ~, trägt die ~ aus; ich habe heute (keine) ~ (von meiner Tochter) bekommen; die ~ in den Kasten werfen, aus dem Kasten holen* ❖ **Bundespost, Luftpost, Postamt, -bote, -karte, -sendung, postwendend**

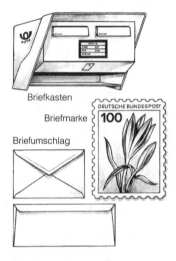

Briefkasten

Briefmarke

Briefumschlag

Post [ˈ..]|**-amt, das** SYN ˈPost (2)' ❖ ↗ Post, ↗ Amt; **-beamte, der**; ↗ auch TAFEL II ˈbei der Post beschäftigter Beamter': *er ist ~r* ❖ ↗ Post, ↗ Amt; **-bote, der** ˈAngestellter der Post (1), der den Empfängern die Post (3) zustellt'; SYN Briefträger: *war der ~ schon da?* ❖ ↗ Post, ↗ Bote
Posten [pɔstn̩], **der**; ~s, ~ **1.1.** ⟨vorw. mit best. Adj.⟩ SYN ˈPosition (1.1)': *er hat dort einen guten, ruhigen, verantwortungsvollen ~; der ~ des Direktors ist neu zu besetzen* **1.2.** ˈAmt (1), Funktion in einer Partei, Organisation o.Ä.': *er hat in diesem Verband einen (leitenden), mehrere ~ inne; sich nach einem ~ drängen* **2.1.** ⟨vorw. Sg.⟩ ˈStandort, den eine (militärische) Person, eine Wache (1) einnimmt und für eine bestimmte Zeit nicht verlassen darf': ⟨oft mit Possessivpron.⟩ *ein gefährlicher ~; auf seinem ~ bleiben (müssen); seinen ~ verlassen; ~ beziehen* (ˈsich auf seinem Posten 2.1 aufstellen'); *~ stehen* (ˈseinen Dienst auf einem Posten 2.1 ausüben'); *er stand auf vorgeschobenem ~; auf seinem ~ ausharren* **2.2.** ˈjmd., der Dienst auf einem Posten (2.1) tut': *die ~ ziehen auf; die ~ werden, der ~ wird abgelöst* **3.** ˈbestimmte Menge Waren der gleichen Art': *einen größeren ~ Hemden, Handtücher bestellen* **4.** SYN ˈPosition (5)': *die (einzelnen) ~ einer*

Rechnung addieren; das ist als ~ in seinem Plan enthalten ❖ **postieren** – **Streikposten**
* /jmd./ **nicht (recht)/wieder auf dem ~ sein** ˈnicht ganz/wieder gesund sein': *er ist wieder auf dem ~;* /jmd./ **auf verlorenem ~ stehen** (ˈsich in einer aussichtslosen Lage befinden')
Poster [ˈpoːstɐ], **der**/auch **das**; ~s, ˈ ˈkünstlerisch gestaltetes, zur Dekoration dienendes Plakat': *ein ~ entwerfen; ein ~ an der Wand befestigen*
postieren [pɔˈstiːʀən], postierte, hat postiert /jmd./ *jmdn., sich, etw. irgendwo ~* ˈjmdn., sich, etw. irgendwo aufstellen, hinstellen': *eine Wache wurde, war am Eingang postiert; er postierte sich, die Kamera neben der Bühne* ❖ ↗ **Posten**
Post [ˈpɔst..]|**-karte, die** ˈin vorgeschriebener Weise gestaltete Karte (1) für Mitteilungen zum Befördern durch die Post (1)'; SYN Karte (2.1): *jmdm. eine ~ schreiben; die ~ frankieren* ❖ ↗ Post, ↗ Karte; **-sendung, die** vorw. amtsspr. ˈdurch die Post (1) zu befördernde od. beförderte Sendung (1)'; SYN Sendung (1.1) ❖ ↗ Post, ↗ senden
postwendend [ˈpɔstvɛndənt] ⟨Adv.⟩ *jmdm. ~* (ˈauf dessen Postsendung hin alsbald') *antworten; etw. ~* (ˈunverzüglich') *zurückschicken* ❖ ↗ Post, ↗ **wenden**
potent [poˈtɛnt] ⟨Adj.; Steig. reg.; nicht bei Vb.⟩ **1.** ˈfähig zum Geschlechtsverkehr'; ANT impotent /auf den Mann bez./: *er ist ~, seit der Krankheit nicht mehr ~* **2.** ˈ(schöpferisch) leistungsfähig': *der Autor war in dieser Lebensphase besonders ~* **3.** SYN ˈfinanzkräftig' /vorw. auf Personen, Unternehmen bez./: *ein ~er Geschäftsmann, ein ~es Unternehmen* ❖ **Potenzial, potenziell, Potenz**
Potential, das: ↗ *Potenzial*
potentiell: ↗ *potenziell*
Potenz [poˈtɛnts], **die**; ~, ~en **1.** ⟨o.Pl.⟩ ˈFähigkeit des Mannes zum Geschlechtsverkehr': *im Alter lässt die ~ nach* **2.** ˈ(schöpferische) Leistungsfähigkeit': *jmds. künstlerische ~en* **3.** Math. ˈProdukt (mehrfach) mit sich selbst multiplizierter Faktoren': *mit ~en rechnen; eine Zahl in die zweite, fünfte ~ erheben* ❖ ↗ **potent**
Potenzial/auch **Potential** [potɛnˈtsi̯aːl], **das**; ~s, ~e ˈalle Mittel, Möglichkeiten, Fähigkeiten in einem gesellschaftlichen Bereich und das sich daraus ergebende Leistungsvermögen': *das industrielle, wirtschaftliche, wissenschaftliche ~ eines Landes* ❖ ↗ **potent**
potenziell/auch **potentiell** [potɛnˈtsi̯ɛl], ⟨Adj.; o. Steig.; vorw. attr.⟩ ˈnoch nicht tatsächlich, aber als (künftig) möglich vorhanden': *das sind ~e Kunden, Käufer; etw. stellt eine ~e Gefahr dar* ❖ ↗ **potent**
Präambel [pʀɛˈambl̩], **die**; ~, ~n ˈgrundsätzliche Erklärung als Einleitung zu einem rechtlichen Dokument': *die ~ der/zur Verfassung; in der ~ heißt es ...*
Pracht [pʀaxt], **die**; ~, ⟨o.Pl.⟩ ˈdurch großen Aufwand in der Ausstattung erreichtes herrliches Aussehen von etw.': *die ~ festlicher Gewänder; die ~ eines Barockschlosses;* emot. *welch eine ~!; die schneebedeckten Berge sind eine ~* (ˈsind herrlich

anzusehen'); umg. *es, das war eine wahre ~* ('war sehr erfreulich, brachte Genugtuung'), *wie er ihm seine Meinung sagte* ❖ **prächtig – prachtvoll**

prächtig ['pʀɛçtɪç] ⟨Adj.; Steig. reg.⟩ **1.** 'voller Pracht': *~e Fassaden; ein ~er Festsaal; ein ~ ausgestattetes Gewand* **2.** emot. **2.1.** ⟨nicht bei Vb.; vorw. attr.⟩ 'mit sehr guten, imponierenden Eigenschaften' /auf Personen, Tiere bez./: *sie ist ein ~es Mädchen; er ist ein ~er Kerl, Mensch; unser Hund ist ein ~es Tier* **2.2.** ⟨nicht bei Vb.⟩ 'sehr schön (2)': *das Wetter ist heute ~; wir haben heute ~es Wetter* **2.3.** 'sehr gut (1.1)': *das war ein ~er Einfall; wir verstehen uns ~* ❖ ↗ **Pracht**

pracht|voll ['pʀaxt..] ⟨Adj.; Steig. reg.⟩ 'mit Pracht ausgestattet'; SYN prächtig /vorw. auf Bauliches bez./: *eine ~e Einrichtung, Uniform; der Saal war ~, sah ~ aus;* vgl. *prunkvoll* ❖ ↗ **Pracht**, ↗ **voll**

Prädikat [pʀedi'kɑ:t], das; ~s/auch ~es 'in einer bestimmten schriftlichen Form ausgedrückte Bewertung einer Leistung od. eines Erzeugnisses': *er bekam in der Prüfung das ~* ('die Zensur') *,gut'; der Weinsorte wurde das ~ ,ausgezeichnet' zuerkannt, der Wein erhielt das höchste ~*

prägen ['pʀɛ:gn̩/'pʀe:..] ⟨reg. Vb.; hat⟩ **1.** /jmd./ **1.1.** *etw. in, auf etw. ~* 'ein Bild, ein Muster o.Ä. in der Art eines Reliefs durch Pressen (1.1) in, auf etw. hervorbringen': *ein Wappen in Metall, auf eine Platte ~* **1.2.** *Münzen ~* ('Münzen durch Prägen 1.1 herstellen') **2.** /etw./ **2.1.** *etw. ~* 'zum charakteristischen Merkmal von etw. werden': *Türme ~ die Silhouette der Stadt* **2.2.** *jmdn. ~* 'nachhaltig auf jmds. Persönlichkeit einwirken und sie mit formen': *dieses Erlebnis hat ihn stark geprägt* **3.** /jmd./ *ein Wort, einen Begriff, Ausdruck ~* ('ein Wort, einen Begriff, Ausdruck als Erster bilden') ❖ **Prägung – ausprägen, einprägen**

Pragmatik [pʀag'mɑ:tɪk], die; ~, ⟨o. Pl.; oft o. Art.⟩ 'Orientierung auf das Tatsächliche, Machbare, auf praktisches Handeln': *ein Ziel mit ~ verfolgen* ❖ **pragmatisch**

pragmatisch [pʀag'mɑ:t..] ⟨Adj.; Steig. reg., ungebr.⟩ 'an Pragmatik orientiert': *~ vorgehen; eine ~e Politik, Betrachtungsweise* ❖ ↗ **Pragmatik**

prägnant [pʀɛ'gnant] ⟨Adj.; Steig. reg.⟩ 'das Wesentliche kurz und treffend ausdrückend' /auf Sprachliches bez./: *ein ~es Beispiel; etw. ~ formulieren, wiedergeben*

Prägung ['pʀɛ:g../'pʀe:..], die; ~, ~en **1.** ⟨o.Pl.⟩ /zu prägen 1.1 u. 1.2/ 'das Prägen': *die ~ neuer Münzen* **2.** /zu prägen 1.2 u.3/ 'das Geprägte'; /zu 1.2/: *die ~ einer Münze betrachten;* /zu 3/: *eine neue sprachliche ~* ❖ ↗ **prägen**

prahlen ['pʀɑ:lən] ⟨reg. Vb.; hat⟩ /jmd./ *mit etw., jmdm. ~* 'mit etw., jmdm. bes. durch Reden angeben (2)': *mit seinen Kenntnissen, Erfolgen, Beziehungen, seinem Vater ~; er prahlt gern ein bisschen, oft, viel; sie ~ mit ihrem Wissen, Geld;* vgl. *renommieren* ❖ **prahlerisch**

prahlerisch ['pʀɑ:ləʀ..] ⟨Adj.; Steig reg.⟩ 'sich und seine Leistung, Bedeutung durch Prahlen heraus-streichend'; SYN großsprecherisch: *er ist, wirkt ~; ein ~er Mensch; seine ~e Art, etw. zu erzählen* ❖ ↗ **prahlen**

Praktik ['pʀaktɪk], die; ~, ~en ⟨vorw. im Pl.; vorw. mit best. Adj.⟩ 'Art und Weise, wie bei od. mit etw. verfahren wird': *geschäftliche, wirtschaftliche ~en; das ist eine bewährte ~; jmds. betrügerische ~en* ❖ **praktikabel, Praktikant, Praktiker, Praktikum, praktisch, praktizieren, unpraktisch;** vgl. **Praxis**

praktikabel [pʀakti'kɑ:bl̩] ⟨Adj.; Steig. reg.; vorw. attr. u. präd.⟩ 'gut und zweckdienlich anzuwenden, zu nutzen' /auf Abstraktes bez./: *das ist eine praktikable Lösung* ❖ ↗ **Praktik**

Praktikant [pʀakti'kant], der; ~en, ~en 'jmd., der ein Praktikum macht': *er arbeitet jetzt als ~ vier Wochen in einem Betrieb* ❖ ↗ **Praktik**

Praktiker ['pʀaktɪkɐ], der; ~s, ~ 'jmd. mit vorwiegend praktischer Erfahrung und praktischem Können auf einem bestimmten Gebiet'; ANT Theoretiker: *er ist ein guter, ein reiner ~* ❖ ↗ **Praktik**

Praktikum ['pʀaktɪkʊm], das; ~s, Praktika/Praktiken 'befristete Tätigkeit, die ein Studierender außerhalb seiner theoretischen Ausbildung im Rahmen des angestrebten Berufes in einem Betrieb o.Ä. ausübt': *(s)ein ~ machen, ableisten; im Mai habe ich (vier Wochen) ~* ❖ ↗ **Praktik**

praktisch ['pʀakt..] ⟨Adj.⟩ **I. 1.** ⟨o. Steig.; nicht präd.⟩ 'die Praxis (I.1) betreffend'; ANT theoretisch (1) /vorw. auf Abstraktes bez./: *die ~e Physik; ~e Kenntnisse; ~e Arbeiten, Aufgaben; er hat ~e Erfahrung; etw. ~* ('in der Praxis') *ausführen, erproben* **2.** ⟨Steig. reg.⟩ 'sich besonders gut für einen bestimmten Zweck eignend': *das ist ein ~er Hinweis, Tip; diese Erfindung, das Gerät, Verfahren ist sehr ~; das ist ~ eingerichtet* **3.** ⟨o. Steig.⟩ 'für praktische (1) Arbeiten begabt, bes. für die des täglichen Lebens' /auf Personen bez./; ↗ FELD I.2.3: *er ist ein ~er Mensch, ist sehr ~ (veranlagt)* **4.** ⟨nicht präd.⟩ 'mit Hilfe der Praxis (1)'; ANT theoretisch (2): *die ~e Lösung eines Problems* **5.** ⟨o. Steig.; nur attr.⟩ umg. *ein ~er Arzt* ('Arzt für Allgemeinmedizin') – **II.** ⟨Satzadv.⟩ 'drückt die Meinung des Sprechers zum genannten Sachverhalt aus/ 'wenn man es richtig einschätzt'; SYN faktisch (II): *das hat ~ nichts genützt, war ~ umsonst; damit ist ~ alles gesagt* ❖ ↗ **Praktik**

praktizieren [pʀakti'tsi:ʀən], praktizierte, hat praktiziert **1.** /jmd./ *etw. ~* 'etw. in der Praxis (1) anwenden': *das Verfahren wird seit langem (so) praktiziert* **2.** /Arzt, Rechtsanwalt/ *irgendwo ~* 'irgendwo in einer Praxis (4.2) tätig sein': *Dr. N praktiziert in der Waldstraße* ❖ ↗ **Praktik**

Praline [pʀa'li:nə], die; ~, ~n 'einzelnes Stück Konfekt aus Schokolade mit einer Füllung': *eine Schachtel ~n*

prall [pʀal] ⟨Adj.⟩ **1.** ⟨Steig. reg.⟩ 'fest (1), straff (1.1) und rundlich, weil völlig mit etw. ausgefüllt': *die Knospen sind ~; sie hat ~e Waden; das Boot fuhr mit ~en Segeln; die Euter der Kuh waren ~; eine ~ sitzende* ('eng anliegende und dadurch die Kontu-

ren des Körpers, bes. des Gesäßes, straff erscheinen
lassende') *Hose* **2.** ⟨o. Steig.; nicht präd.⟩ /auf Son-
nenschein bez./ *in der ~en Sonne* (ʼin der heiß und
direkt, durch nichts gemindert scheinenden
Sonneʼ) *sitzen; die Sonne schien ~*

prallen [ˈpRalən] ⟨reg. Vb.; hat/ist⟩ **1.** ⟨ist⟩ /etw.,
jmd./ *an, auf, gegen etw., jmdn.* ~ ʼaus einer Bewe-
gung heraus heftig an, auf, gegen etw., jmdn. sto-
ßen (4.1)ʼ: *der Ball prallte an die Latte, gegen den
Pfosten; er prallte mit dem Kopf gegen die Tür; er
ist im Dunkeln auf/gegen ihn geprallt* **2.** ⟨hat⟩
/Sonne/ *auf etw.* ~ ʼheiß und intensiv auf etw.
scheinenʼ: *die Sonne prallte auf die Dächer* ❖ **Auf-
prall, aufprallen**

Prämie [ˈpRɛːmi̯ə/ˈpRɛː..], **die**; ~, ~n **1.** ʼBetrag, der
für besondere, über die Norm hinausgehende Leis-
tungen zusätzlich zum regulären Lohn gezahlt
wirdʼ: *die Firma hat für die vorzeitige Beendigung
des Projekts ~n versprochen, gezahlt* **2.** ʼGeld od.
Sache, die als Belohnung für eine bestimmte Leis-
tung gegeben wirdʼ: *eine* ~ *(für das Ergreifen des
Täters) aussetzen; für den Abschuss von Wild ~n
zahlen* **3.** fachspr. ʼBetrag, den jmd., der versichert
ist, (regelmäßig) für diese Versicherung zahlen
mussʼ: *die* ~ *für die Kfz-Versicherung; die Versiche-
rung hat die ~n erhöht, gesenkt* **4.** ʼkleinerer Ge-
winn, der im Lotto od. in der Lotterie außer den
eigentlichen Gewinnen ausgeschüttet wird, meist
auf bestimmte Nummern des Spielscheinsʼ: *die ~n
in Höhe von 20 Mark fallen auf die Nummern ...* ❖
prämieren

prämi(i)eren [pRɛˈmiːRən], prämierte, hat prämiert
⟨vorw. im Pass.⟩ /jmd., Institution/ *jmdn., etw.* ~
ʼjmdn., etw. mit einer Prämie (2) auszeichnenʼ: *er
ist für seinen Aufsatz prämiert worden; die drei bes-
ten Entwürfe wurden prämi(i)ert* ❖ ↗ **Prämie**

prangen [ˈpRaŋən] ⟨reg. Vb.; hat⟩ geh. /etw./ **1.1.** *ir-
gendwie* ~ ʼin voller Schönheit zu sehen seinʼ /be-
schränkt verbindbar/: *die Rosen, Blüten prangten in
leuchtenden Farben; der Saal prangte im Schmuck
der Fahnen und Girlanden* **1.2.** *die Sterne* ~ (ʼleuch-
tenʼ) *am Himmel*

Pranger [ˈpRaŋɐ], **der**
* /jmd., Institution/ **jmdn., etw. an den ~ stellen**
ʼjmdn., etw. öffentlich kritisieren und damit bloß-
stellenʼ: *einen Politiker, einen Prominenten wegen
seiner Machenschaften an den ~ stellen*

Pranke [ˈpRaŋkə], **die**; ~, ~n SYN ʼTatzeʼ: *der Tiger
versetzte ihm einen Hieb mit der* ~

Präparat [pRɛpaˈRɑːt], **das**; ~es/auch ~s, ~e ʼ(fa-
brikmäßig hergestelltes) Medikamentʼ: *ein neues,
wirksames* ~; *das* ~ *muss erst angefertigt werden* ❖
↗ **präparieren**

präparieren [pRɛpaˈRiːRən/pRe..], präparierte, hat
präpariert **1.** /jmd./ *etw.* ~ ʼetw. für einen bestimm-
ten Zweck vorbereiten und in den Zustand bringen,
in den es kommen sollʼ: *die Piste (für den Wett-
kampf)* ~ **2.** /jmd./ *sich auf, für etw.* ~ ʼsich auf
eine bestimmte Aufgabe vorbereiten (1.3)ʼ: *sich auf

die Prüfung, für den Unterricht ~; *er hat sich, war
nicht (genügend) präpariert* ❖ **Präparat**

präsent [pRɛˈzɛnt/pRe..] ⟨Adj.; o. Steig.; nicht bei Vb.;
vorw. präd. (mit *sein*)⟩ geh. /jmd./ ~ *sein* ʼanwe-
send seinʼ: ⟨oft verneint⟩ *er ist heute, im Moment
nicht* ~; *keiner der Vorsitzenden war* ~ ❖ **präsentie-
ren, Präsent, Präsenz**
* /jmd./ *etw. nicht* ~ **haben** ʼsich im Augenblick etw.
gedanklich nicht mehr vorstellen, sich an etw. nicht
erinnern könnenʼ: *ich habe die damalige Situation
im Augenblick nicht* ~

Präsent, das; ~es/auch ~s, ~e geh. SYN ʼGe-
schenkʼ: *jmdm. ein* ~ *machen; etw. als* ~ *überrei-
chen* ❖ ↗ **präsent**

präsentieren [pRɛzɛnˈtiːRən], präsentierte, hat präsen-
tiert **1.** /jmd./ **1.1.** *jmdm. etw.* ~ ʼjmdm. bes. einem
Gast, etw. zu essen, trinken anbieten, überreichenʼ:
uns wurde Torte, ein guter Wein präsentiert **1.2.**
umg. iron. *jmdm. eine Rechnung* ~ (ʼvorlegenʼ) **2.**
/jmd./ *sich irgendwie* ~ ʼsich irgendwie, in einer be-
stimmten Eigenschaft zur Geltung bringenʼ: *sie
präsentierte sich in ihrem neuen Kleid; er hat sich
(uns) schon als künftiger Direktor präsentiert* **3.**
/jmd./ *das Gewehr* ~ ʼals Zeichen militärischer Eh-
rung das Gewehr senkrecht straff mit beiden Hän-
den vor dem Körper haltenʼ: *präsentiert das Ge-
wehr!* /militärisches Kommando/ ❖ ↗ **präsent**

Präsenz [pRɛˈzɛnts/pRe..], **die**; ~, ~en ⟨vorw. Sg.⟩
geh. ʼAnwesenheitʼ: *ihre* ~ *ist dabei nicht erforder-
lich* ❖ ↗ **präsent**

Präservativ [pRɛzɛRvaˈtiːf/pRe..], **das**; ~s, ~e [..və]
SYN ʼKondomʼ: *ein* ~ *benutzen*

Präsident [pRɛziˈdɛnt/pRe..], **der**; ~en, ~en **1.**
ʼStaatsoberhaupt in bestimmten Republikenʼ: *der
~ der USA, Frankreichs* **2.** ʼVorsitzender einer be-
deutenden staatlichen od. gesellschaftlichen Insti-
tution, Vereinigung o.Ä.ʼ: *der ~ der Akademie* ❖
Ministerpräsident; vgl. Präsidium

Präsidium [pRɛˈziːdi̯om/pRe..], **das**; ~s, Präsidien
[..di̯ən] ⟨vorw. Sg.⟩ **1.1.** ʼleitendes Gremium einer
Versammlungʼ: *jmdn. ins* ~ *wählen* **1.2.** ʼleitendes
Gremium bestimmter staatlicher od. gesellschaftli-
cher Einrichtungen, Vereinigungenʼ: *das ~ des Ver-
eins* **2.** ʼGebäude als Sitz eines Präsidiums (1.2),
z. B. bei der Polizeiʼ: *ins* ~ *gehen; sich im* ~ *melden*
❖ vgl. **Präsident**

prasseln [ˈpRasl̩n] ⟨reg Vb.; hat/ist⟩; ↗ FELD VI.1.2
1. ⟨hat⟩ /etw., das brennt od. brät/ ʼkurz aufeinan-
der folgend Geräusche ähnlich dem des Knackens
(1) erzeugenʼ: *das Holz, Feuer prasselt im Ofen; der
Braten prasselt in der Pfanne; etw. brennt ~d nieder*
2. ⟨ist; + Präp., z. B. *an, auf*⟩ /etw., das aus einer
Menge kleiner einzelner Teile gebildet wird/ *an, auf
etw.* ~ ʼmit einem Geräusch ähnlich dem von pras-
seln (1) an, auf etw. schlagen (1.5)ʼ: *der Regen, Ha-
gel prasselte auf das Dach, an, gegen die Scheiben;
die Erbsen prasselten in den Topf*

prassen [ˈpRasn̩], prasste, hat geprasst emot. neg.
/jmd./ ʼverschwenderisch leben, bes. essen und trin-
kenʼ: *das Volk darbte, und bei Hofe wurde geprasst*

Praxis ['pʀaksɪs], **die**; ~, **Praxen** ['pʀaksn̩] **1.** ⟨o.Pl.⟩ 'die Tätigkeit, mit der der Mensch seine Ideen, Theorien anwendet, mit der er auf seine Umwelt einwirkt'; ANT Theorie (1): *ein Theorie wird in der, durch die ~ bestätigt, widerlegt* **2.** ⟨o.Pl.⟩ 'Erfahrung, die in der Praxis (1), bes. im Beruf, erworben wurde': *jmd. hat eine lange, noch wenig ~; ihm fehlt die ~* **3.** ⟨vorw. Sg.; vorw. mit best. Adj.⟩ 'Praktik': *das ist eine neue, bewährte (gesellschaftliche, wirtschaftliche) ~* **4.1.** 'Tätigkeitsbereich eines niedergelassenen Arztes od. Rechtsanwalts': *er hat (s)eine ~ in Berlin* **4.2.** 'die Räume einer Praxis (4.1)': *die ~ von Dr. N ist im ersten Stock* ❖ **praxisbezogen, -wirksam**; vgl. **Praktik**

praxis ['..] /zu *Praxis* 1/**-bezogen** [bǝtso:gn̩] ⟨Adj.; Steig. reg., ungebr.⟩ 'auf die Praxis bezogen (↗ *beziehen* 7)': *~e Forschung; sie forschen ~* ❖ ↗ Praxis, ↗ ziehen; **-wirksam** ⟨Adj.; Steig. reg.⟩ 'in der Praxis wirksam werdend, werden könnend': *eine ~e Methode; etw. ~ anlegen* ❖ ↗ Praxis, ↗ wirken

präzis [pʀɛ'tsi:s/pʀe..], auch **präzise** [pʀɛ'tsi:zǝ/pʀe..] ⟨Adj.; Steig. reg.⟩ 'sehr klar (3) und ¹genau (1)'; SYN deutlich (2) /vorw. auf Sprachliches bez./: *~e Angaben machen; etw. ~ formulieren, definieren; er hat ~e* (ANT ¹ungefähre) *Vorstellungen* ❖ **präzisieren, Präzision**

präzisieren [pʀɛtsi'zi:ʀǝn/pʀe..], präzisierte, hat präzisiert /jmd./ *etw. ~* 'etw. noch genauer, noch mehr ins Einzelne gehend beschreiben, angeben (1)': *~ Sie bitte Ihre Frage, Ihre Forderungen!* ❖ ↗ **präzis**

Präzision [pʀɛtsi'zjo:n/pʀe..], **die**; ~, ⟨o.Pl.⟩ 'sehr große Genauigkeit, bes. hinsichtlich der Herstellung od. des Funktionierens': *etw. verlangt äußerste ~; das Gerät arbeitet mit sehr großer ~* ❖ ↗ **präzis**

predigen ['pʀe:dɪgn̩] ⟨reg. Vb.; hat⟩ **1.** /Geistlicher/ 'eine Predigt (1) halten'; ↗ FELD XII.3.2: *heute wird Pfarrer N ~; über etw. ~: über welches Thema hat der Pfarrer gepredigt?* **2.** umg. /jmd./ **2.1.** *etw. ~* 'immer wieder eindringlich mahnend, etw. Bestimmtes fordern': *Moral, Sparsamkeit ~* **2.2.** *jmdm. etw.* ⟨vorw. *das*⟩ 'jmdn. eindringlich mahnend zu etw. auffordern': ⟨oft mit Nebens.⟩ *wie oft habe ich dir schon gepredigt, dich vorzusehen; wie oft habe ich dir das schon gepredigt!* ❖ ↗ **Predigt**

Predigt ['pʀe:dɪçt], **die**; ~, ~en **1.** 'im kirchlichen Bereich an die Gläubigen gerichtete Rede eines Geistlichen über einen Text aus der Bibel'; ↗ FELD XII.3.1: *eine erbauliche ~; eine, die ~ halten: der Bischof hielt die ~, hielt eine kurze ~* **2.** umg. 'in aufdringlicher Weise gemachte Vorhaltungen': *deine ~ kannst du dir sparen!; jmdm. eine ~ halten* ('jmdm. in aufdringlicher Weise Vorhaltungen machen') ❖ **predigen**

Preis [pʀais], **der**; ~es, ~e **1.** 'der Betrag, den man für den Kauf einer Ware, für eine Dienstleistung od. für das Nutzen von etw. bezahlen muss'; ↗ FELD I.16.1: *für etw. einen hohen, niedrigen ~ verlangen, fordern, bezahlen; ~e kalkulieren, festsetzen, erhöhen, senken; etw. zu herabgesetzten ~en verkaufen; die Ware ist im ~ herabgesetzt; stei-*

gende, fallende, schwankende ~e; die ~e drücken, hochschrauben; den ~ herunterhandeln; die ~e sind geklettert, gefallen; jmds. ~ zu unterbieten suchen; der ~ ist mir zu hoch; eine Ware zum halben, vollen ~ verkaufen; etw. unter ~* ('billiger als der festgesetzte Preis') *verkaufen* **2.** 'Betrag od. Sache, womit ein Sieg od. guter Platz in einem Wettbewerb (1) belohnt, eine hervorragende Leistung gewürdigt wird': *er hat den ersten, dritten ~ bekommen, gewonnen, errungen; jmdm. einen ~ verleihen; jmdn. mit einem ~ auszeichnen; 5000 Mark als ~ aussetzen; er hat einen ~ im Skat, Boxen, Tennis errungen* ❖ **zu (1): preislich, preiswert** – **Aufpreis, Fahrpreis; zu (2): Preisträger, Trostpreis**

* /jmd./ **um jeden/keinen ~** 'unter allen/keinen Umständen': *dorthin will ich um jeden ~ (fahren); das tu ich um keinen ~!*

Preisel|beere ['pʀaizl..'/'pʀais|..], **die 1.** 'der Heidelbeere ähnliche Pflanze mit roten, essbaren Beeren' **2.** 'Frucht der Preiselbeere (1)': *~n pflücken, sammeln, essen* ❖ ↗ **Beere**

preisen ['pʀaizn̩], pries [pʀi:s], hat gepriesen [gǝ'pʀi:zn̩] geh. /jmd./ *etw., jmdn. ~* SYN 'etw., jmdn. rühmen (1.1)': *er hat ihre Fähigkeiten, seine Freundin in den höchsten Tönen gepriesen; spött. ist das nun sein viel gepriesener Mut?* ❖ **anpreisen**

Preis/preis ['pʀais..]|**-gabe**, **die** ⟨o.Pl.⟩ geh. /zu *preisgeben* 1 u. 2/ 'das Preisgeben'; /zu 2/: *die ~ eines Geheimnisses* ❖ ↗ geben; **-geben** (gibt preis), gab preis, hat preisgegeben geh. **1.** /jmd./ *etw. ~* 'etw. aufgeben (4), an etw., bes. an moralischen Werten, nicht mehr festhalten': *seine Grundsätze, aufrechte Haltung ~; das Gebiet musste preisgegeben werden* **2.** /jmd./ *jmdn., etw. etw.* ⟨Dat.⟩ ~ 'jmdn., etw. in einen negativen Zustand geraten lassen und darin ohne Schutz, Hilfe lassen': *jmdn. dem Spott der Leute ~; die Ruine ist dem Verfall preisgegeben* **3.** /jmd./ *etw. ~* SYN 'etw. verraten (2)': *ein Geheimnis, jmds. Namen ~* ❖ ↗ geben

preislich ['pʀais..] ⟨Adj.; o. Steig.; nicht präd.⟩ vorw. fachspr. 'den Preis (1) betreffend'; ↗ FELD XII.16.3: *~e Unterschiede; die Ware, das Angebot ist ~ sehr günstig* ❖ ↗ **Preis**

Preis/preis ['pʀais..]|**-träger**, **der** 'jmd., dem ein Preis (2) zuerkannt wird, worden ist, der einen Preis (2) gewonnen hat': *die ~ des diesjährigen Musikwettbewerbs* ❖ ↗ Preis, ↗ tragen; **-wert** ⟨Adj.; Steig. reg.⟩ 'im Verhältnis zur Qualität nicht teuer': *ein ~er Stoff; der Stoff ist ~; das hat er ~ gekauft* ❖ ↗ Preis, ↗ wert

prekär [pʀe'kɛːɐ̯/..'ke:..] ⟨Adj.; Steig. reg.⟩ 'schwierig, heikel in Bezug darauf, wie richtig zu entscheiden, zu reagieren ist': *die Sache ist etwas ~; das scheint mir ziemlich ~; eine ~e Situation*

prellen ['pʀɛlən] ⟨reg. Vb.; hat⟩ **1.** *sich* ⟨Dat.⟩ *etw. ~* 'sich heftig an etw. stoßen und dadurch eine Prellung verursachen': *er hat sich das Knie geprellt; sich ~: er hat sich bei dem Sturz geprellt* **2.** umg. /jmd./ *jmdn. um etw. ~* 'jmdn. um etw. betrügen': *er hat ihn um sein Geld geprellt; er hat ihm etwas geborgt,* *dabei ist er geprellt worden; die Zeche* ∼ (ʹaus einer Gaststätte unauffällig verschwinden, ohne die Zeche zu bezahlenʹ) ❖ **Prellung**

Prellung [ˈpʀɛl..], **die**; ∼, ∼en ʹdurch einen Aufprall verursachte innere Verletzung mit Blutergussʹ: *eine leichte* ∼; *sich eine* ∼, ∼*en zuziehen* ❖ ↗ **prellen**

Premier [pʀəˈmi̯eː], **der**; ∼s, ∼s /Kurzw. für ↗ *Premierminister;* auch für *Ministerpräsident* gebräuchlich/: ∼ *N gab eine Erklärung ab* ❖ vgl. **Premierminister**

Premiere [pʀəˈmi̯eːʀə], **die**; ∼, ∼n ʹerste Aufführung eines neu inszenierten Bühnenwerkes, Films, einer Kompositionʹ: *das Stück hat heute* ∼; *heute Abend ist* ∼; *zur/in die* ∼ *gehen*

Premier|minister [pʀəˈmi̯eː..], **der** ʹVorsitzender der Regierungʹ /Bez. in bestimmten Ländern/; vgl. *Ministerpräsident, Premier* ❖ ↗ **Minister**; vgl. **Premier**

preschen [ˈpʀɛʃn̩] ⟨reg. Vb.; ist⟩ umg. /jmd., Tier, Fahrzeug/ *irgendwohin* ∼ ʹsich sehr schnell und ungestüm irgendwohin bewegenʹ: *das Pferd, der Reiter preschte übers Feld; der Wagen preschte um die Ecke, durchs Tor*

Presse [ˈpʀɛsə], **die**; ∼, ∼n **1.1.** ʹMaschine, mit der Materialien od. Werkstücke gepresst (↗ *pressen* 1.1), durch Pressen geformt werdenʹ: *eine automatische, hydraulische* ∼; *Schrott in die* ∼ *geben* **1.2.** ʹGerät, mit dem durch Druck (1) Saft aus Früchten o.Ä. gewonnen wirdʹ: *Beeren mit, in der* ∼ *entsaften* **1.3.** ʹMaschine, die den Vorgang des Druckens (1.1) ausführtʹ: *die Zeitung kommt frisch aus der* ∼ **2.** ⟨o.Pl.⟩ **2.1.** ʹGesamtheit der Zeitungen, Zeitschriften und ihre Institutionenʹ: *die inländische, ausländische* ∼; ∼ *und Rundfunk meldeten, dass ...; eine Nachricht, ein Ereignis geht durch die internationale* ∼ (ʹwird von in- und ausländischen Zeitungen berichtetʹ); *die* ∼ *griff den Fall auf, berichtet ausführlich über das Ereignis; jmd. ist von der* ∼ (ʹist Mitarbeiter einer Zeitungʹ) **2.2.** ʹein Kreis von Vertretern der Presse (2.1)ʹ /beschränkt verbindbar/: *die* ∼ *war anwesend; der Minister gab eine Konferenz für die* ∼ ❖ ↗ **pressen**

pressen [ˈpʀɛsn̩], presste, hat gepresst **1.1.** /Maschine, bes. Presse (1.1)/ *etw.* ∼ ʹetw, durch starken Druck (1) zusammendrücken, formen (1)ʹ; ↗ FELD III.4.2: *Schrott, Altpapier* ∼ **1.2.** /Maschine, bes. Presse (1.1)/ *etw.* ∼ ʹetw. durch Pressen (1.1) herstellenʹ: *Briketts, Spanplatten* ∼ **1.3.** /Druck (1) ausübende Gegenstände/ *etw.* ∼ ʹetw. durch Druck glatt, flach machenʹ: *Fotos, Blumen* ∼ **1.4.** /jmd./ *etw. aus etw.* ⟨Dat.⟩ ∼ ʹdurch Drücken (1) so auf etw. einwirken, dass der Inhalt austrittʹ; SYN drücken (2), quetschen (1.2): *den Saft aus der Zitrone, den letzten Rest Creme aus der Tube* ∼ **2.** /jmd./ **2.1.** *etw., jmdn. irgendwohin* ∼ ʹetw., jmdn. irgendwohin drücken (2)ʹ; ↗ FELD I.7.3.2: *die Hand aufs Herz* ∼; *jmdn. gegen, an die Wand* ∼ **2.2.** *etw., jmdn., sich in etw.* ∼ ʹetw., jmdn., sich in etw. zwängenʹ; ↗ FELD I.7.9.2: *die Sachen in den Koffer, sich in ein überfülltes Abteil* ∼ **2.3.** *etw. in ein Schema, System* ∼ (ʹetw. in ein Schema, System einordnen, ohne

dass es sich logisch od. organisch ergibtʹ) ❖ **Presse, erpressen, Repressalie** — **auspressen**

Prestige [pʀɛsˈtiːʒ[ə]], **das**; ∼s, ⟨o.Pl.⟩ ʹdas Ansehen und die Geltung, die jmd., eine Gruppe, eine Institution in einem weiteren Kreise hatʹ: *jmd. besitzt (ein) großes* ∼; *sein* ∼ *verlieren; das* ∼ *einer Regierung*

prickeln [ˈpʀɪkl̩n] ⟨reg. Vb.; hat⟩ **1.** /Flüssigkeit, Getränk, das Kohlensäure enthält/ ʹleicht spritzend perlen (2)ʹ: *der Sekt, das Mineralwasser prickelt (im Glas)ʹ* **2.** /etw., vorw. es/ *irgendwo* ∼ ʹirgendwo am Körper, wie von vielen Stichen verursacht, kitzeln (2)ʹ; ↗ FELD I.3.5.2, VI.3.2: *der Frost prickelt in den Fingern, Fußspitzen, in der Nase, auf der Haut; es prickelt (mir) in den Fingern*

pries: ↗ **preisen**

Priester [ˈpʀiːstɐ], **der**; ∼s, ∼ ʹzu besonderen kultischen Handlungen berechtigter Geistlicher (in der katholischen Kirche)ʹ; ↗ FELD XII.3.1, 4: *ein katholischer* ∼; *ein buddhistischer* ∼; *jmdn. zum* ∼ *weihen*

prima [ˈpʀiːma] ⟨Adj.; o. Steig.; indekl.⟩ umg. SYN ʹgroßartigʹ; ANT schlecht: *er ist ein* ∼ *Kerl; das ist eine* ∼ *Idee; das Wetter heute ist* ∼; *wir verstehen uns* ∼; *das hast du* ∼ *gemacht, das schmeckt* ∼

primär [pʀiˈmɛːɐ/..ˈmeː..] ⟨Adj.; o. Steig.⟩ SYN ʹvorrangigʹ; ANT sekundär /auf Abstraktes bez./: *das ist ein* ∼*es Problem; diese Aufgabe, Frage ist* ∼; *etw. ist* ∼*er Natur, wird als* ∼ *behandelt, angesehen;* ∼ *geht es mir um folgendes ...*

Primel [ˈpʀiːml̩], **die**; ∼, ∼n ʹim Frühling blühende Pflanze mit meist gelben Blüten und mit Blättern, die die Form einer Rosette habenʹ; ↗ FELD II.4.1: *die* ∼*n blühen; ein Blumentopf mit* ∼*n*

primitiv [pʀimiˈtiːf] ⟨Adj.⟩ **1.** ⟨o. Steig.; nicht bei Vb.⟩ ʹauf einer niedrigen Stufe der Entwicklung stehendʹ /auf Biologisches, Technisches bez./: ∼*es Lebewesen; eine* ∼*e Lebensweise;* ∼*e Werkzeuge; die Werkzeuge waren noch* ∼ **2.** ⟨Steig. reg.⟩ ʹeinfach und dürftig (2)ʹ /auf Gegenstände bez./: *einen* ∼*en Tisch zusammenbauen; die Einrichtung war* ∼; *der Raum war* ∼ *eingerichtet* **3.** ⟨Steig. reg.⟩ ʹein niedriges geistiges, kulturelles Niveau aufweisend od. davon zeugendʹ /vorw. auf Personen bez./: *so ein* ∼*er Kerl!; er ist, wirkt ziemlich* ∼, *hat einen* ∼*en Geschmack;* ∼ *argumentieren* ❖ **Primitivität**

Primitivität [pʀimitiviˈtɛːt/..ˈteːt], **die**; ∼, ⟨o.Pl.⟩ /zu primitiv 1–3/ ʹdas Primitivseinʹ; /zu 3/: *die* ∼ *seines Geschmacks* ❖ ↗ **primitiv**

Prinz [pʀɪnts], **der**; ∼en, ∼en ʹSohn eines regierenden fürstlichen Geschlechts, der selbst nicht regiertʹ: *der* ∼ *von Wales* ❖ **Prinzessin**

Prinzessin [pʀɪnˈtsɛs..], **die**; ∼, ∼nen /zu *Prinz*; weibl./ ❖ ↗ **Prinz**
* ∼ **auf der Erbse** ʹüberaus empfindliche (weibl.) Personʹ: *sie ist, gilt als* ∼ *auf der Erbse, benimmt sich wie die* ∼ *auf der Erbse*

Prinzip [pʀɪnˈtsiːp], **das**; ∼s, ∼ien [..pi̯ən] **1.1.** ʹallgemeingültige, grundlegende Regel, die Handeln und Verhalten bestimmtʹ; SYN Grundsatz: *ein methodi-*

sches, moralisches, demokratisches ~; sich zum ~, zu den ~ien der Gleichberechtigung, Toleranz bekennen; ein ~ vertreten, durchsetzen, preisgeben; an einem ~ festhalten; jmdm. geht es ums ~ ('jmdm. kommt es auf das Wesentliche einer Sache an, auf das, was aus einem speziellen Fall zu verallgemeinern ist') **1.2.** 'feste Regel, die sich jmd. zur Richtschnur seines eigenen Handelns macht, gemacht hat'; SYN Grundsatz: *er ist ein Mensch ohne ~ien, hat keine ~ien; Zuverlässigkeit ist sein ~; er hat es sich zum ~ gemacht, kein Risiko einzugehen; er hat (so) seine ~ien, von denen er nicht abgeht* **2.** ⟨vorw. Sg.⟩ 'die Art und Weise, wonach etw. angelegt ist, wie etw. funktioniert': *dieser Vorgang beruht auf dem ~ der Schwerkraft; die Maschine arbeitet nach folgendem ~ ...; das ~ dieses Mechanismus ist sehr einfach* ❖ **prinzipiell**
* **aus ~** 'weil es einem bei etw. um ein Prinzip (1.2) geht': *etw. aus ~ tun; ich halte mich aus ~ nicht daran, mache aus ~ nicht dabei mit; dahin werde ich aus ~ nicht gehen;* **im ~** 'wenn man es auf die wesentlichen Gesichtspunkte bezieht'; SYN eigentlich, prinzipiell: *im ~ hast du Recht, aber ...*
prinzipiell [pRɪntsi'pi̯ɛl] ⟨Adj.; nicht präd.⟩ **1.1.** ⟨Steig. reg., Superl. ungebr.⟩ 'auf allgemein gültige Grundsätze bezogen'; SYN grundsätzlich (1) /auf Abstraktes bez./: *das ist eine ~e Frage; das Problem ist ~er Natur, ist von ~er Bedeutung; etw. ist ~ richtig, falsch* **1.2.** ⟨vorw. bei Vb.⟩ 'aus einer Haltung heraus, die auf eine feste Überzeugung gegründet ist'; SYN grundsätzlich (1.2): *so etwas tut er ~ nicht; jmds. ~e Einstellung; ich bin ~ einverstanden; etw. ~ ablehnen; ~ nicht fernsehen* **2.** ⟨o. Steig.; nur bei Vb.⟩ 'fast immer': *so etw. geht ~ nicht gut; das wird ~ so gehandhabt; er hat ~ kein Glück* ❖ ↗ **Prinzip**
Priorität [pRiɔRi'tɛ:t/..'te:t], **die;** ~, ~en 'Vorrang' /vorw. auf Sachverhalte bez./: *etw. hat ~; einer Sache (die) ~ geben, einräumen; ~en setzen* ('zu behandelnde Angelegenheiten nach ihrer Wichtigkeit ordnen und deshalb zuerst das Wichtigste erledigen, behandeln')
Prise ['pRi:zə], **die;** ~, ~n 'mit zwei od. drei Fingern gefasste kleine Menge einer pulverigen Substanz, die meist in etw. gestreut, getan wird': *der Suppe fehlt noch eine ~ Salz; dem Salat eine ~ Pfeffer beigeben;* METAPH *er hatte seinen Vortrag mit einer ~ Humor gewürzt*
Prisma ['pRɪsma], **das;** ~s, Prismen ['..mən] **1.** 'geometrische Figur mit ähnlichen, gleichen Grundflächen und mit Seiten, die Parallelogramme sind'; ↗ FELD III.1.1: *Prismen konstruieren; den Inhalt eines ~s berechnen; ein gerades, schiefes ~* **2.** 'Körper aus Glas in der Form eines Prismas (1), der das Licht so bricht, dass verschiedene Farben entstehen': *die Prismen eines Fernglases, eines Kronleuchters*
Pritsche ['pRɪtʃə], **die;** ~, ~n 'primitives Möbel zum Liegen, das aus einem Gestell und darauf befestigten Brettern besteht': *auf einer ~ liegen, schlafen*

privat [pRi'vɑ:t] ⟨Adj.; o. Steig.⟩ **1.** ⟨nicht präd.⟩ 'nur die persönlichen Angelegenheiten einer Person betreffend'; ANT dienstlich (1) /auf Abstraktes bez./: *jmds. ~e Interessen; das ist seine (ganz) ~e Sache; in ~em Kreise zusammenkommen; das sind seine ~en Angelegenheiten, die gehen uns nichts an; dafür hat er (rein) ~e Gründe; ich möchte Herrn B ~ sprechen* **2.** 'nicht für die Öffentlichkeit, nicht für einen größeren Kreis bestimmt, zugänglich'; ANT öffentlich /auf Einrichtungen o.Ä. bez./: *die ~en Räume in einem Restaurant; in einer ~en* ('von jmdm. persönlich vermieteten') *Unterkunft wohnen; wir haben ~* ('in einer privaten Unterkunft') *gewohnt; dieser Weg ist ~* ('ist jmds. persönlicher Besitz und für die Öffentlichkeit nicht zugänglich'); ANT öffentlich **3.** ⟨vorw. attr. u. bei Vb.⟩ 'sich in persönlichem Besitz befindend, nicht in staatlichem, gesellschaftlichem': *~es* (ANT staatliches) *Eigentum; ein ~es Grundstück; das Haus ist in ~em Besitz; er betreibt seine Praxis ~; etw. wird ~* ('nicht aus öffentlichen Mitteln') *finanziert* ❖ **privatisieren**
privatisieren [pRivati'zi:Rən], privatisierte, hat privatisiert /Institution/ *etw. ~* 'staatliches Eigentum in privates Eigentum überführen': ⟨oft im Pass.⟩ *die volkseigenen Betriebe wurden privatisiert; die Energiewirtschaft, Bahn ~* ❖ ↗ **privat**
Privileg [pRivi'le:k], **das;** ~s/auch ~es, ~ien [..'le:gi̯ən] ⟨vorw. Pl.⟩ SYN 'Vorrecht': *die ~ien der Stände im Mittelalter; diese Leute hatten (ihre) ~ien, besaßen eine Menge ~ien* ❖ **privilegieren**
privilegieren [pRivile'gi:Rən], privilegierte, hat privilegiert /jmd., der Macht ausübt/ *jmdn. ~* 'jmdm. Privilegien zugestehen': ⟨vorw. im Pass. u. adj. im Part. II⟩ *bestimmte Gruppen wurden privilegiert; privilegierte Schichten, Kreise; zu den Privilegierten gehören* ❖ ↗ **Privileg**
pro [pro:] ⟨Präp. mit Akk.; vorw. o. erkennbare Kasusforderung; vorangestellt⟩ /gibt das Verhältnis einer Menge zu einer Grundeinheit an/; SYN ¹je (1): *der Eintritt kostet ~ Person 15 Mark; etw. kostet ~ Kilo fünf, ~ Quadratmeter 50 Mark; er arbeitet ~ Tag acht Stunden*
Pro, das
* **das ~ und Kontra** 'das, was für und das, was gegen eine Sache spricht': *man muss das ~ und Kontra (der Sache) bedenken*
Probe ['pro:bə], **die;** ~, ~n **1.** ⟨vorw. Sg.⟩ 'das Prüfen einer Sache auf ihre, auf bestimmte Eigenschaften, auch einer Person auf ihre, auf bestimmte Fähigkeiten'; SYN Prüfung; ↗ FELD I.4.3.1: *eine ~ vornehmen; etw. einer ~ unterziehen; er hat die ~ gut bestanden; die ~ auf etw.: die ~ auf die Richtigkeit einer Rechnung machen; die ~ auf die Reinheit eines Edelmetalls machen* **2.** 'kleine Menge von etw., die man nimmt, um die Beschaffenheit des Ganzen zu erkennen': *eine ~ von einer Tapete, einem Stoff; einer Substanz eine ~ entnehmen; sich eine ~ (von etw.) geben lassen; ~n im Labor untersuchen* **3.** 'gemeinsames Üben von Künstlern auf

der Bühne, beim Film in der Zeit vor der Aufführung (2)': *die ~n zu „Faust" haben begonnen; morgen Vormittag ist, haben wir ~; eine ~ (für den Nachmittag) ansetzen* ❖ **erproben, proben, probieren – Anprobe, anprobieren, Generalprobe, Kostprobe, Stichprobe**

* /jmd./ **die ~ aufs Exempel machen** ('am praktischen Fall prüfen, ob das zutrifft, was man in Bezug auf etw. angenommen hat'); /jmd., etw./ **jmdn., etw. auf die ~ stellen** 'jmdn. in eine solche Situation bringen, dass er bestimmte, bes. charakterliche Eigenschaften beweisen muss': *man wollte ihn auf die ~ stellen und ließ ihn eine Stunde warten; der Lärm stellte meine Nerven, mich auf eine harte ~*

proben ['pRo:bm] ⟨reg. Vb.; hat⟩ /jmd., bes eine Gruppe/ *etw. ~* 'etw. für eine Aufführung (1), Darbietung (gemeinsam) üben': *das Ensemble hat mehrere Wochen geprobt; eine Szene ~* ❖ ↗ **Probe**

probieren [pRo'bi:Rən], probierte, hat probiert **1.** /jmd./ *etw. ~* 'versuchen, ob, wie etw. zu machen, auszuführen ist': *ein Kunststück ~; das Radfahren, Klettern ~; probier es doch einmal!; ich will ~, ob ich das auch kann; wir wollen ~, ob, wie das geht* **2.** /jmd./ *etw. ~* 'durch Genuss od. Anwendung einer kleinen Menge von etw. den Geschmack od. die Wirkung von etw. prüfen': ↗ FELD I.3.4.2: *~ Sie doch einmal diesen Salat, Wein!; eine Creme, ein Medikament ~; darf ich einmal ~?* **3.** umg. /jmd./ *etw. ~* 'ein Kleidungsstück anprobieren': *einen Mantel, Schuhe ~* ❖ ↗ **Probe**

Problem [pRo'ble:m], das; ~s/auch ~es, ~e **1.** 'ein Komplex (schwierig) zu lösender Fragen (2) od. komplizierte Frage, Aufgabe (1)': *ein aktuelles, zentrales, schwerwiegendes ~; soziale ~e; ein ~ (SYN* 'Frage 2') *aufwerfen, lösen; etw. ist ein ~, wird zum ~; das ~ besteht darin, dass …* **2.** ⟨nur im Pl.⟩ SYN 'Schwierigkeiten (1.1)' /beschränkt verbindbar/: *jmd. hat ~e; sie haben ~e mit dem Sohn; gibt es (irgendwelche) ~e?;* /in der kommunikativen Wendung/ *(das ist) kein ~!* ('das lässt sich ohne Schwierigkeiten machen') /sagt jmd., wenn er jmds. Befürchtungen hinsichtlich einer Aufgabe mindern und ihm seine Hilfe zusichern möchte/ ❖ **Problematik, problematisch, problematisieren**

* etw. ⟨vorw. *das*⟩ **ist jmds. ~** ⟨oft verneint⟩ 'etw. ist eine Angelegenheit, mit der er sich auseinander setzen muss': *das ist dein ~; das ist nicht mein ~!; ist das mein, dein ~?;* ⟨⟩ umg. /jmd./ **~e wälzen** 'sich in grüblerischer Weise mit Problemen (1) auseinander setzen': *statt die Angelegenheit energisch anzupacken, wälzte er den ganzen Tag ~e*

Problematik [pRoble'ma:tık], die; ~, ~en ⟨vorw. Sg.⟩ 'die zusammenhängenden Probleme (1) eines Sachverhalts': *die ~ dieser Reform, einer Aufgabe; mit dieser ~ wollen wir uns demnächst befassen; an dieser ~ ist er gescheitert; auf die ~ von etw. hinweisen* ❖ ↗ **Problem**

problematisch [pRoble'ma:t..] ⟨Adj.; Steig. reg.; nicht bei Vb.⟩ **1.** 'voller Probleme (1), viele Probleme aufwerfend'; SYN schwierig (1) /auf Abstraktes

bez./: *eine ~e Angelegenheit; der Fall ist ~* **2.** SYN 'umstritten' /auf Vorgänge bez./: *eine ~e Inszenierung; sein Auftritt damals war doch sehr ~* ❖ ↗ **Problem**

problematisieren [pRoblemati'zi:Rən], problematisierte, hat problematisiert /jmd./ *etw. ~* 'einen Sachverhalt als mit (zu vielen) Problemen (1) belastet ansehen, darstellen': *ich will die Sache nicht ~, aber …* ❖ ↗ **Problem**

Produkt [pRo'dʊkt], das; ~s/auch ~es, ~e **1.1.** 'etw., das durch Arbeit hergestellt wird, worden ist und der Befriedigung menschlicher Bedürfnisse dient'; SYN Erzeugnis; ↗ FELD V.8.1: *industrielle, landwirtschaftliche ~e; ~e erzeugen, herstellen; ~e verkaufen, kaufen; ein neues ~ entwickeln, auf den Markt bringen* **1.2.** ⟨o.Pl.⟩ 'Ergebnis bestimmter natürlicher Vorgänge od. das Ergebnis menschlichen Wirkens' /nicht im Rahmen des Produktionsprozesses/: *hier ist nun der fertige Aufsatz, ein ~ meines Fleißes; das alles ist (nur) ein ~ seiner Phantasie* **2.** Math. 'Ergebnis der Multiplikation': *zwölf ist das Produkt von drei und vier* ❖ ↗ **produzieren**

MERKE Zum Unterschied von *Produkt* und *Erzeugnis:* Das *Produkt* bezeichnet in erster Linie etw. industriell Hergestelltes, das *Erzeugnis* etw., das aus der Natur gewonnen ist. Beide werden aber auch daneben ohne Unterschied verwendet: *landwirtschaftliche Erzeugnisse/Produkte; ein industrielles, technisches Erzeugnis/Produkt*

Produktion [pRodʊk'tsi̯o:n], die; ~, ~en **1.** ⟨o.Pl.⟩ 'das Produzieren (1.1)'; ↗ FELD V.8.1: *die industrielle, handwerkliche ~; die ~ von Nahrungsmitteln, Industriegütern; die Steigerung der ~; der Betrieb hat die ~ von Kleinwagen erhöht, gedrosselt, eingestellt* **2.1.** ⟨vorw. Sg.⟩ 'das (in einem bestimmten Zeitraum) Produzierte': *eine ~ eines Monats; die gesamte ~ wurde verkauft, durch den Brand vernichtet* **2.2.** /auf den Bereich vor allem des Films bez./ *der Film ist eine ~ der UfA* ('diesen Film hat die UfA hergestellt') ❖ ↗ **produzieren**

Produktions/produktions [pRodʊk'tsi̯o:ns..]|-**mittel, das** fachspr. 'Faktor im Produktionsprozess' ❖ ↗ produzieren, ↗ Mittel; **-prozess, der** fachspr. 'Prozess der Produktion (1)': *die Automation des Produktionsprozesses* ❖ ↗ produzieren, ↗ Prozess; **-reif** ⟨Adj.⟩ 'so weit entwickelt und qualitativ verbessert, dass es in Serie produziert werden kann' /auf technische Produkte bez./: *die Maschine ist ~; ~e Artikel; ein Auto ~ entwickeln* ❖ ↗ produzieren, ↗ reif

produktiv [pRodʊk'ti:f] ⟨Adj.; Steig. reg.⟩ 'viele Produkte (1.1, 1.2) hervorbringend' /auf Personen, Tätigkeiten bez.; beschränkt verbindbar/: *eine ~e Tätigkeit, Arbeit: ~ tätig sein; er ist sehr ~* ('schafft viel'); *ein ~er (SYN* 'schöpferischer') *Künstler* ❖ ↗ **produzieren**

Produktivität [pRodʊktivi'tɛ:t/..'te:t], die; ~, ⟨o.Pl.⟩ Leistungsfähigkeit in Bezug auf das Hervorbringen von Produkten (1.1, 1.2)': *die (wirtschaftliche) ~*

des Unternehmens steigern, verbessern; jmds. geistige ~ ❖ ↗ **produzieren**

Produzent [pʀodu'tsɛnt], **der**; ~en, ~en **1.** ˈPerson, Gruppe od. Unternehmen, das etw. produziert (1.1)ˈ; SYN Hersteller; ↗ FELD V.8.1: ~ *und Konsument; der Weg der Waren vom* ~*en zum Konsumenten, Verbraucher; die* ~*en von Computern, Fernsehgeräten; bäuerliche, industrielle* ~*en; diese Werft ist einer der größten* ~*en von Passagierschiffen;* vgl. *Erzeuger* **2.** ˈjmd., der die Herstellung eines Films finanziert (hat)ˈ: *der* ~ *dieses Films ist B* ❖ ↗ **produzieren**

produzieren [pʀodu'tsiːʀən], produzierte, hat produziert **1.1.** /jmd., Unternehmen/ *etw.* ~ ˈein Produkt, Produkte (1.1) erzeugenˈ; SYN herstellen (1); ↗ FELD V.8.2: *Lederwaren, Medikamente, Werkzeuge, Stahl, Autos, Treibstoffe, Kaffee* ~; *die Firma muss (diesen Artikel) billiger* ~ **1.2.** umg., oft spött. /jmd./ *etw.* ~ ˈetw. hervorbringen (1.1), erzeugen (1)ˈ /nicht im Rahmen des Produktionsprozesses/: *er hat einen Artikel produziert; der hat nur Unsinn produziert; was hat er denn da wieder produziert?; /auch etw./ die Maschinen* ~ *einen mächtigen Lärm* **2.** iron. /jmd./ *sich* ~ ˈsein Können zur Schau stellenˈ: *sich am Klavier, vor jmdm.* ~; *er produziert sich gern einmal (als Künstler, Weinkenner, Dichter)* ❖ **Produkt, Produktion, produktiv, Produktivität, Produzent, Reproduktion, reproduzieren** − **Arbeitsproduktivität, Industrieproduktion, Naturprodukt, Produktionsmittel, -prozess, -reif**

profan [pʀo'faːn] ⟨Adj.⟩ **1.** ⟨Steig. reg., ungebr.⟩ ˈallzu alltäglichˈ /auf Abstraktes bez.; aus der Sicht desjenigen, der glaubt, über etw. erhaben zu sein/: *mit solchen* ~*en Gedanken, Problemen, Sorgen beschäftige ich mich nicht!; etw. erscheint jmdm.* ~; *der Gedanke war* ~ **2.** ⟨o. Steig.; nur attr.⟩ SYN ˈweltlichˈ: ~*e Bauten; eine* ~*e Dichtung des Mittelalters*

professionell [pʀofɛsi̯o'nɛl] ⟨Adj.; Steig. reg.⟩ **1.** ⟨nur attr.⟩ ˈeine Tätigkeit beruflich, nicht als Amateur ausübendˈ: *er ist* ~*er Boxer, Fußballer, Rennfahrer; ein* ~*er Sportler* **2.** ⟨nicht präd.⟩ SYN ˈfachmännischˈ; ANT dilettantisch: *eine Arbeit* ~ *ausführen; etw.* ~ *betreiben; ein* ~*es Spiel; eine* ~*e Analyse; ein* ~*es Urteil* ❖ vgl. **Profi, Professor**

Professor [pʀo'fɛsoːʀ], **der**; ~s, ~en [..'soːʀən] **1.** ⟨o.Pl.; ABK Prof.⟩ ˈhöchster akademischer Titel, der einem verdienten Wissenschaftler od. Künstler verliehen wirdˈ: *jmdn. mit (Herr)* ~ *anreden; er hat, führt den Titel* ~ **2.** ˈjmd. der den Titel Professor (1) besitztˈ: *er ist (ordentlicher)* ~ *für, der Mathematik (an der Universität N); ein emeritierter* ~; *jmdn. zum* ~ *ernennen;* /in der schriftlichen Form in der Anrede vor Namen nur: Prof./: *sehr geehrter Herr, geehrte Frau Prof. Meyer; eine Zusammenkunft der* ~*en des Instituts, der Universität* ❖ **Professur;** vgl. **professionell**

MERKE Zur Verbindung mit Eigennamen: ↗ *Doktor* (Merke)

* scherzh. /jmd./ **ein zerstreuter** ~ **sein** (ˈsehr zerstreut seinˈ)

Professur [pʀo'fɛsuːʀ], **die**; ~, ~en ⟨vorw. Sg.⟩ ˈLehrstuhl eines Professors (2) an einer Universität, Hochschuleˈ: *er hat eine* ~ *in N, an der Universität N (bekommen); eine* ~ *innehaben* ❖ ↗ **Professor**

Profi ['pʀoːfi], **der**; ~s, ~s **1.** ˈprofessioneller (1) Sportlerˈ; ANT Amateur: *er ist* ~ *(geworden); ein Wettkampf unter* ~*s; er ist als* ~ *unter Vertrag* **2.** ˈjmd., der etw. fachmännisch betreibtˈ: *da waren* ~*s am Werk; die Fälscher, Einbrecher waren* ~*s* ❖ vgl. **professionell**

Profil [pʀo'fiːl], **das**; ~s/auch ~es, ~e **1.** ˈAnsicht einer Person, bes. ihres Kopfes, Gesichts, von der Seiteˈ: *er hat ein markantes* ~; *jmds.* ~, *jmdn. im* ~ *sehen, zeichnen, fotografieren* **2.** ˈzeichnerische Darstellung eines Kopfes von der Seiteˈ: *von jmdm. ein* ~ *zeichnen* **3.** ˈUmriss, der sich bei einem Querschnitt, einem Schnitt der Länge nach ergibtˈ: *das* ~ *eines Hauses, Gebirges* **4.** ˈdie reliefartigen Teile auf der Oberfläche von etw., bes. eines Reifens (2), einer Schuhsohleˈ: *das* ~ *ist stark abgefahren; der Reifen hat kein* ~ *mehr; das* ~ *(des Schuhs) hat einen charakteristischen Abdruck hinterlassen* **5.** Techn. ˈstabförmiges technisches Teil mit einem dem Verwendungszweck angepassten gleich bleibenden Querschnittˈ: *ein U-förmiges, T-förmiges* ~; ~*e aus Stahl, Kunststoff, Gummi* ❖ **profilieren**

profilieren [pʀofi'liːʀən], profilierte, hat profiliert **1.** /jmd., Institution/ *etw.* ~ ˈeiner Sache ein spezifisches Charakteristikum gebenˈ: *eine Firma neu* ~; *einen Lehrplan, eine Zeitschrift* ~ **2.** /jmd./ *sich* ~ ˈseine Fähigkeiten und positiven Eigenheiten (durch Leistung) deutlich machen (um Karriere zu machen)ˈ: *sie hat sich auf ihrem Fachgebiet durch einige Publikationen profiliert; sie will sich damit* ~; *sich als Autor, Schriftsteller, Künstler, Wissenschaftler* ~ **3.** fachspr. /jmd., bes. Fachmann/ *etw.* ~ ˈein Werkstück so formen, dass es einen bestimmten Querschnitt erhältˈ: *Bleche, Stangen* ~ ❖ ↗ **Profil**

Profit [pʀo'fiːt], **der**; ~s/auch ~es, ~e **1.** SYN ˈGewinn (1)ˈ: *ein* ~ *bringendes Geschäft; hohe* ~*e erzielen; bei einem Geschäft, mit einem Artikel, einem neuen Produkt* ~ *machen;* ~ *machen durch den Kauf, Verkauf von Aktien* **2.** ⟨o.Pl.⟩ ˈmit wenig Mühe erzielter, meist finanzieller, materieller Gewinn (1,3), Nutzen aus einer Tätigkeitˈ: *etw. mit* ~ (ANT Verlust 3) *verkaufen; aus etw.* ~ *ziehen, schlagen* (ˈdurch etw. Gewinn erzielenˈ) ❖ **profitieren**

profitieren [pʀofi'tiːʀən], profitierte, hat profitiert /jmd./ *von/bei etw., jmdm.* ~ ˈvon einer Sache, von jmdm. seinen Nutzen, Vorteil habenˈ: *er hat vom Streit des anderen, von jmds. Großzügigkeit, von jmds. Kenntnissen profitiert; wer profitiert davon?; er hat bei diesem Meister, Lehrgang manches, viel profitiert* (ˈNützliches gelerntˈ) ❖ ↗ **Profit**

Prognose [pʀo'gnoːzə], **die**; ~, ~n ˈ(wissenschaftlich begründete) Voraussage einer künftigen Entwicklung, des künftigen Verlaufs von etw.ˈ: *eine (gute,* *sichere)* ~ *geben, stellen; eine* ~ *über die Entwicklung des Wetters* ❖ **prognostisch**

prognostisch [pʀo'gnɔst..] ⟨Adj.; o. Steig.; vorw. attr. u. bei Vb.⟩ 'in der Art, im Sinne einer Prognose': ~*e Untersuchungen;* ~ ('für einen längeren Zeitraum im Voraus') *planen* ❖ ↗ **Prognose**

Programm [pʀo'gʀam], **das**; ~s/auch ~es, ~e **1.1.** 'Gesamtheit der von einer Institution für einen bestimmten Zeitraum vorgesehenen (kulturellen) Veranstaltungen': *das* ~ *dieses Theaters für die neue Spielzeit; das* ~ *der Volkshochschule, der Philharmonie; etw., eine Veranstaltung vom* ~ *absetzen, aus dem* ~ *nehmen, streichen; ein (neues)* ~ *aufstellen, entwerfen; was ist in der nächsten Saison im* ~, *was steht auf dem* ~? **1.2.** 'Gesamtheit der Darbietungen einer Veranstaltung, Sendung (2) in ihrer Reihenfolge': *ein interessantes, abwechslungsreiches, abendfüllendes, buntes* ~; *wie ist das* ~, *was steht auf dem* ~ *(heute Abend im Fernsehen)?; auf dem* ~ *des Konzerts stehen zwei Sinfonien* ('es werden in diesem Programm zwei Sinfonien gespielt'); *das* ~ *einer Tagung; das* ~ *der Versammlung hat fünf Tagesordnungspunkte* **2.** *das erste, zweite, dritte* ~ ('das jeweils auf einer bestimmten Frequenz ausgestrahlte Programm 1.1, 1.2') *eines Senders; wir können zehn* ~*e empfangen; die Aufführung wird im dritten* ~ *übertragen* **3.** 'Heft, Zettel mit der schriftlichen, gedruckten Darstellung eines Programms (1.2)': *das* ~ *einer Theateraufführung, eines Konzerts kaufen; die* ~*e sind ausverkauft; im* ~ *nachsehen, wer heute Abend den „Faust" spielt, wer den „Papageno" singt; etw. im* ~ *nachsehen, nachlesen* **4.** 'mit einzelnen Positionen ausgearbeiteter Plan (1)': *ein genaues, detailliertes* ~ *entwerfen; (sich) ein* ~ *(für etw.) machen* **5.** 'Darlegung der Grundsätze und Ziele einer Vereinigung, bes. einer Partei od. Regierung, in einer Reihenfolge von Positionen': *das* ~ *der Grünen; ein klares* ~ *haben; ein* ~ *zur Verbrechensbekämpfung, zur Bekämpfung der Drogensucht; die Partei erklärt in ihrem* ~: ...; *das außenpolitische* ~ *der Regierung* **6.** 'Folge von Anweisungen für einen Computer zur Lösung einer bestimmten Aufgabe': *ein* ~ *aufstellen, entwickeln; ein* ~ *installieren; dem Computer ein* ~ *eingeben* **7.** 'Gesamtheit der Arbeitsvorgänge eines automatisch arbeitenden Apparates in ihrer Reihenfolge': *die Waschmaschine hat 30* ~*e; das* ~ *einer Geschirrspülmaschine* ❖ **programmatisch, programmieren, Programmierer** – **Mammutprogramm**

programmatisch [pʀogʀa'ma:t..] ⟨Adj.; o. Steig.⟩ 'ein Programm (4,5) darstellend' /auf Äußerungen bez./: *eine* ~*e Erklärung; diese Schrift, Rede ist* ~, *ist als* ~ *zu betrachten* ❖ ↗ **Programm**

programmieren [pʀogʀa'mi:ʀən], programmierte, hat programmiert /jmd., bes. Fachmann/ *etw.* ~ 'einem Computer ein Programm (6) eingeben': *einen Computer, Rechner, PC* ~; *jmd. lernt* ~; *er kann schon* ~ ❖ ↗ **Programm**

Programmierer [pʀogʀa'mi:ʀɐ], **der**; ~s, ~ 'Fachmann, der beruflich Computer programmiert': *er ist als* ~ *beschäftigt; ein begabter* ~ ❖ ↗ **Programm**

progressiv [pʀogʀɛ'si:f] ⟨Adj.⟩ **1.1.** ⟨Steig. reg.⟩ 'fortschrittlich (1.1)'; ANT konservativ /auf Personen bez./: *ein* ~*er Denker, Politiker* **1.2.** SYN 'fortschrittlich (1.2)'; ANT konservativ /auf Abstraktes bez./: ~*e Ideen, Methoden; seine Einstellung ist* ~; ~ *handeln, denken* **2.** ⟨o. Steig.⟩ fachspr. 'sich in einem bestimmten Verhältnis steigernd' /auf Abstraktes bez./: ~ *steigende Abgaben;* ~*e Steuern; die Tendenz des Verlaufs ist* ~

Projekt [pʀo'jɛkt], **das**; ~s/~es, ~e 'geplantes, in der Ausarbeitung befindliches od. begonnenes (größeres) Vorhaben': *ein großes, modernes* ~; *ein technisches, wissenschaftliches* ~; ~*e im Straßenbau, in der Forschung; ein* ~ *entwerfen, verwirklichen; die Kosten für ein* ~ *veranschlagen, berechnen* ❖ ↗ **projektieren**

projektieren [pʀojɛk'ti:ʀən], projektierte, hat projektiert /jmd./ *etw.* ~ 'den Plan für ein (technisches) Projekt ausarbeiten': *ein Gebäude, eine Brücke, Krananlage, einen Bau* ~ ❖ **Projekt**

Projektion [pʀojɛk'tsi̯o:n], **die**; ~, ~en **1.** ⟨o.Pl.⟩ /zu projizieren 1 u. 2/ 'das Projizieren'; /zu 1/: *die* ~ *von Bildern auf eine Leinwand;* /zu 2/: fachspr. *die* ~ *einer geometrischen Figur auf eine Ebene* **2.** 'durch Projektion (1) sich ergebende Darstellung': ~*en zeichnen, anfertigen* ❖ ↗ **projizieren**

Projektor [pʀojɛkto:ɐ], **der**; ~s, ~en [..'to:ʀən] 'Gerät, mit dem man Bilder mit Hilfe von Lichtstrahlen auf einer hellen Fläche vergrößert wiedergeben (2.5) kann': *Bilder mit dem* ~ *betrachten* ❖ ↗ **projizieren**

projizieren [pʀoji'tsi:ʀən], projizierte, hat projiziert **1.** /jmd./ *Bilder, Filme irgendwohin* ~ 'mit Hilfe eines Projektors irgendwo vergrößert sichtbar machen': *Dias auf eine Leinwand* ~ **2.** fachspr. /jmd./ *einen räumlichen Körper, eine geometrische Figur irgendwohin* ~ ('mit Hilfe von Geraden, die von Punkten des Originals ausgehen, irgendwo, auf einer Ebene abbilden') ❖ **Projektor, Projektion**

Proklamation [pʀoklama'tsi̯o:n], **die**; ~, ~en **1.** 'das Proklamieren von etw.': *die* ~ *der Unabhängigkeit; die* ~ *der Menschenrechte* **2.** 'schriftliche Form einer Proklamation (1)': *eine* ~ *verfassen* ❖ ↗ **proklamieren**

proklamieren [pʀokla'mi:ʀən], proklamierte, hat proklamiert /jmd., Institution/ *etw.* ~ 'etw. Bedeutsames in feierlicher Form in der Öffentlichkeit verkünden': *den Generalstreik, Waffenstillstand, die Unabhängigkeit* ~ ❖ **Proklamation**

Prolet [pʀo'le:t], **der**; ~en, ~en **1.** /Kurzw. für ↗ Proletarier/ **2.** emot. 'jmd., der vulgär wirkt und keine Manieren hat': *er ist ein* ~, *benimmt sich wie ein* ~ ❖ ↗ **Proletarier**

Proletariat [pʀoleta'ʀi̯a:t], **das**; ~s/auch ~es, ⟨o.Pl.⟩ 'die Arbeiterklasse im Kapitalismus, bes. die Schicht der sehr armen Arbeiter' ❖ ↗ **Proletarier**

Proletarier [pʀole'ta:ʀi̯ɐ], **der**; ~s, ~ 'Angehöriger des Proletariats': marx. ~ *aller Länder, vereinigt Euch!* ❖ **Prolet, Proletariat, proletarisch**

proletarisch [pʀoleˈtɑːʀ..] ⟨Adj.; o. Steig.; vorw. attr.⟩ ˈzum Proletariat gehörend, das Proletariat betreffend, von ihm ausgehend': *jmds. ~e Herkunft* ❖ ↗ **Proletarier**

Prolog [pʀoˈloːk], der; ~s/auch ~es, ~e ˈbes. einem Drama vorangestellter und dieses einleitender Text': *den ~ sprechen, deklamieren; der ~ im „Faust"*

Promenade [pʀoməˈnɑːdə], die; ~, ~n ˈzum Spazierengehen angelegter, meist breiter, gepflegter Weg (in einer Grünanlage)': *die ~ am Ufer des Sees; der Kurort hat eine schöne ~; sich auf der ~ treffen* ❖ ↗ **promenieren**

promenieren [pʀoməˈniːʀən], promenierte, hat/ist promeniert vorw. geh. /jmd./ **1.1.** ⟨hat⟩ ˈauf einer Promenade o.Ä. spazierend auf und ab gehen': *wir wollen noch ein bisschen ~; wir haben heute ein Stück promeniert* **1.2.** ⟨ist⟩ *irgendwohin ~* ˈsich spazierend irgendwohin bewegen': *wir sind durch den Park promeniert* ❖ **Promenade**

Promille [pʀoˈmɪlə], das; ~/auch ~s, ~ ˈein Tausendstel (1/1000)' /Maßeinheit; vorw. zur Angabe des Alkoholgehalts im Blut/: *Kraftfahrer dürfen nur bis zu 0,8 ~ Auto fahren; er fuhr mit 2,0 ~ und machte sich dadurch strafbar; beim Verunglückten wurde ein Alkoholgehalt von 3,0 ~ festgestellt*

prominent [pʀomiˈnɛnt] ⟨Adj.; Steig. reg.; nicht bei Vb.; vorw. attr.⟩ ˈberuflich, gesellschaftlich einen hervorragenden Rang einnehmend (und daher allgemein bekannt)' /vorw. auf Personen bez./: *ein ~er Schriftsteller, Politiker; ~e Persönlichkeiten; er ist sehr ~* ❖ **Prominenz**

Prominenz [pʀomiˈnɛnts], die; ~, ⟨o.Pl.⟩ ˈGesamtheit od. eine Gruppe prominenter Persönlichkeiten (eines bestimmten Bereiches)': *die ~ von Film und Fernsehen; es war viel ~ erschienen; er zählt zur ~* ❖ ↗ **prominent**

Promotion [pʀomoˈtsi̯oːn], die; ~, ~en ˈdas Erlangen, die Verleihung des akademischen Grades eines Doktors': *bei jmds. ~ anwesend sein; jmdm. zur ~ gratulieren* ❖ ↗ **promovieren**

Promovend [pʀomoˈvɛnt], der; ~en, ~en ˈjmd., der (kurz) vor seiner Promotion steht': *eine Sprechstunde für ~en; er betreut mehrere ~en* ❖ ↗ **promovieren**

promovieren [pʀomoˈviːʀən], promovierte, hat promoviert ⟨vorw. im Perf.⟩ **1.** ⟨+ Adv.best.⟩ /jmd./ ˈdurch die Promotion den akademischen Grad eines Doktors erlangen': *er hat vor einem halben Jahr, hat an der Universität B, hat im Fach Geschichte, hat (mit einer Arbeit) über Heine promoviert* **2.** /jmd., Institution/ *jmdn. ~* ˈjmdm. den akademischen Grad eines Doktors verleihen': *die Fakultät hat ihn (zum Doktor der Philosophie) promoviert; er ist bereits promoviert* ❖ **Promotion, Promovend**

prompt [pʀɔmpt] **I.** ⟨Adj.; o. Steig.⟩ ˈsofort (1.2) auf etw. folgend' /meist als Reaktion auf etw./: *eine ~e Erledigung des Auftrags; die Antwort kam ~; er hat ~ reagiert* – **II.** ⟨Satzadv.⟩ /drückt die Einstellung des Sprechers zum genannten Sachverhalt aus/ ˈwie

zu erwarten, wie zu befürchten war (und dennoch erstaunlicherweise)': *er ist doch ~ darauf hereingefallen; sie kam ~ wieder zu spät*

Propaganda [pʀopaˈɡanda], die; ~, ⟨o.Pl.⟩ ˈsystematische Verbreitung politischer, weltanschaulicher Ideen, Lehren, Meinungen mit dem Ziel, das allgemeine Bewusstsein entsprechend zu beeinflussen': *(eine) wirksame, plumpe, überzeugende, verleumderische ~; ~ (für seine Ideen) betreiben, treiben, machen* ❖ **propagieren**

propagieren [pʀopaˈɡiːʀən], propagierte, hat propagiert /jmd., Institution/ *etw. ~* ˈetw. bekannt machen, publik machen und dafür (mit den Mitteln der Propaganda) um Sympathie, Unterstützung werben': *eine Idee, Theorie, ein Vorhaben ~* ❖ ↗ **Propaganda**

Propeller [pʀoˈpɛlɐ], der; ~s, ~ ˈaus zwei flächigen Teilen bestehende Vorrichtung, die, von einem Motor in schnelles Rotieren versetzt, ein Luftfahrzeug antreibt'; ↗ FELD VIII.4.2: *den, die ~ anwerfen; die ~ laufen*

Prophet [pʀoˈfeːt], der; ~en, ~en **1.1.** ˈin verschiedenen Religionen eine Person, die predigend den Willen Gottes verkündet'; ↗ FELD XII.1.1: *die ~en des Alten Testaments* **2.** /in der kommunikativen Wendung/ *ich bin doch kein ~!* /sagt jmd., wenn von ihm verlangt wird, er solle künftige Abläufe genau abschätzen, vorhersagen, wozu er sich aber nicht imstande sieht/ ❖ **prophezeien**

prophezeien [pʀofeˈtsai̯ən], prophezeite, hat prophezeit /jmd./ *etw. ~* ˈintuitiv od. auf Grund bestimmter Erfahrungen, Vermutungen etw. voraussagen'; SYN weissagen: *jmd. prophezeit Unheil; Experten ~ eine Katastrophe, eine negative Entwicklung, einen wirtschaftlichen Aufschwung (für das nächste Jahr); jmdm., etw. ⟨Dat.⟩ etw. ~: jmdm. eine glänzende Laufbahn ~; dem Unternehmen Erfolg ~* ❖ ↗ **Prophet**

prophylaktisch [pʀofyˈlakt../..fi..] ⟨Adj.; o. Steig.; vorw. attr.⟩ **1.** ˈgesundheitlichen Schäden vorbeugend' /vorw. auf Handlungen bez./: *eine ~e (SYN ˈvorbeugende, ↗ vorbeugen 2') Behandlung, Kur; (jmdn.) ~ impfen; ~ turnen* **2.** ˈdazu dienend, etw. nicht Erwünschtes rechtzeitig zu verhindern': *~e Maßnahmen gegen kriminelle Handlungen; etw. rein ~ tun* ❖ ↗ **Prophylaxe**

Prophylaxe [pʀofyˈlaksə], die; ~, ~n ⟨vorw. Sg.⟩ ˈvorbeugende Maßnahmen gegen gesundheitliche Schäden': *~ durch Gymnastik, Diät einleiten; sich durch ~ schützen; eine Kur zur ~* ❖ **prophylaktisch**

Proportion [pʀopɔʀˈtsi̯oːn], die; ~, ~en ˈdas Verhältnis aufeinander abgestimmter, aufeinander bezogener Größen od. Teile zueinander und zu dem von ihnen gebildeten Ganzen': *die ~ von Länge und Breite; das Gebäude ist in den ~en ausgewogen, hat ausgewogene ~en; auf der Zeichnung stimmen die ~en (zwischen Oberkörper und Beinen) nicht; die ~en stimmen; die ~(en) wahren, berücksichtigen; optimale wirtschaftliche ~en im Unternehmen an-*

streben; die ~en zwischen Forschung und Lehre ❖ **Disproportion, proportional, proportioniert**

proportional [pRopɔRtsi̯oˈnaːl] ⟨Adj.; o. Steig.⟩ **1.** ⟨nicht präd.⟩ ˈin angemessenen Proportionen': *eine ~e Verteilung der Kräfte, Mittel; etw. entwickelt sich ~ zu etw.* **2.** ⟨nur präd. (mit *sein*)⟩ Math. /zwei (etw.)/ *zueinander ~ sein: zwei veränderliche Größen sind (zueinander) direkt, umgekehrt ~* (ˈverändern sich im gleichen, umgekehrten Verhältnis') ❖ ↗ **Proportion**

proportioniert [pRopɔRtsi̯oˈniːɐt] ⟨Adj.; o. Steig.; nur mit dem Attr. *gut;* nicht bei Vb.⟩ *gut ~* ˈgut aufeinander abgestimmte Proportionen aufweisend' /auf Sachen, Personen bez./: *ein gut ~er Raum; sie ist gut ~* (ˈhat eine gute Figur'); scherzh. *sie ist gut ~* (ˈist etwas füllig') ❖ ↗ **Proportion**

Propst [pRoːpst], *der; ~es, Pröpste* [ˈpRøːpstə]; ↗ FELD XII.4 **1.1.** ˈin der kathol. Kirche erster Würdenträger eines bestimmten kirchlichen Bereiches' **1.2.** ˈhöherer evang. Geistlicher mit bestimmten Aufgaben'

Prosa [ˈpRoːza], *die; ~, ⟨o.Pl.⟩* **1.1.** ˈnicht durch Vers, Reim, Rhythmus gekennzeichnete Form der künstlerischen Sprache': *Poesie und ~; etw. ist in ~ geschrieben; ein Band mit ~; die geschliffene, erlesene ~ eines Romans, einer Novelle; Verse in ~ wiedergeben; er ist ein Meister der ~, schreibt eine gute ~* **1.2.** ˈdie in Prosa (1.1) verfassten Werke eines Dichters, Schriftstellers': *die ~ Heinrich Heines, Thomas Manns* ❖ **prosaisch**

prosaisch [pRoˈza..] ⟨Adj.; Steig. reg., ungebr.⟩ ˈ(allzu) nüchtern (3) und ohne jeden Anflug von Phantasie (1)' /auf Personen, Sachen bez./: *ein ganz ~er Mensch; das ist eine ganz ~e Geschichte; das klingt, wirkt alles so ~* ❖ ↗ **Prosa**

prosit [ˈpRoːzɪt/..zit] ⟨Interj.⟩ /Zuruf beim gemeinsamen Trinken/ ˈzum Wohl!': *er hob das Glas und rief: „~!";* ~ *Neujahr!* /Zuruf um Mitternacht in der Neujahrsnacht, mit dem man das neue Jahr begrüßt, alles Gute wünscht/ ❖ **Prosit, prost**

Prosit, das; *~s, ~s* ⟨vorw. Sg.⟩ *ein ~ (auf jmdn.) ausbringen* (ˈ*prosit!*' rufen (und diesen Zuruf an jmdn. richten)'); *ein ~ dem/auf den Jubilar* ❖ ↗ **prosit**

Prospekt [pRoˈspɛkt], *der; ~s/auch ~es, ~e* ˈkleinere, meist illustrierte Schrift, die der Werbung, der Information dient': *sich ~e aus dem Warenhaus, Reisebüro mitnehmen; einen ~ anfordern; ein ~ vom Kurort N*

prost [pRoːst] ⟨Interj.⟩ umg. ˈprosit': /in der kommunikativen Wendung/ umg. iron. *na denn/dann ~* (ˈwenn das so ist, dann steht ja noch einiges bevor')! /sagt jmd., wenn er seinen Pessimismus hinsichtlich des zu Erwartenden ausdrücken will/ ❖ ↗ **prosit**

Prostituierte [pRostɪtuˈiːRtə/pRo..], *die; ~n, ~n* ˈweibliche Person, die (regelmäßig) der Prostitution nachgeht'; SYN Dirne, Hure: *sie ist eine ~; in dieser Straße stehen abends die ~n* ❖ ↗ **Prostitution**

Prostitution [pRostituˈtsi̯oːn/pRɔ..], **die;** *~,* ⟨o.Pl.⟩ ˈdas Anbieten des eigenen Körpers zum Geschlechtsverkehr gegen Geld': *~ betreiben; der ~ nachgehen; weibliche, männliche ~* ❖ **Prostituierte**

protegieren [pRoteˈʒiːRən/pRɔ..], *protegierte, hat protegiert* /jmd., der Einfluss hat/ *jmdn. ~* ˈjmdn. auf Grund des Einflusses, den man selbst hat, in seiner beruflichen, gesellschaftlichen Laufbahn fördern, begünstigen': *sein Onkel, Direktor hat ihn protegiert; den Sohn seines Freundes ~* ❖ **Protektion**

Protektion [pRotɛkˈtsi̯oːn], **die;** *~,* ⟨o.Pl.⟩ ˈdas Protegieren': *jmd. genießt die ~ des Direktors; er verdankt seinen Erfolg der ~ des Ministers/er verdankt seinen Erfolg der ~ durch den Minister; gegen ~ ankämpfen* ❖ ↗ **protegieren**

Protest [pRoˈtɛst], **der;** *~es/~s, ~e* ˈdas (spontane) nachdrückliche Äußern von Widerspruch gegen etw., der Ablehnung von etw.'; ↗ FELD I.4.3.1: *(ein) stummer, heftiger, scharfer ~; scharfen ~ (gegen etw.) erheben, äußern; ein ~ tun: er hat aus ~ gekündigt; aus ~ in den Streit treten; ich unterschreibe es nur unter ~* (ˈich unterschreibe es notgedrungen, bin aber dagegen'); *es wurden zahlreiche ~e (dagegen) laut; ein Sturm des ~es ging durch das Land;* vgl. *Einspruch (2)* ❖ ↗ **protestieren**

Protestant [pRoteˈstant], **der;** *~en, ~en* ˈprotestantischer Christ'; ↗ FELD XII.2.1: *er ist (ein überzeugter) ~* ❖ **protestantisch, Protestantismus**

protestantisch [pRoteˈstant..] ⟨Adj.; o. Steig.; vorw. attr. u. präd.⟩ SYN ˈevangelisch' /vorw. auf Personen bez./; ↗ FELD XII.2.2: *ein ~er Geistlicher, Bischof* ❖ ↗ **Protestant**

Protestantismus [pRotɛstanˈtɪsmʊs], **der;** *~,* ⟨o.Pl.⟩ ˈAnschauung und Lehre der durch die Reformation im 16. Jh. aus dem Katholizismus erwachsenen Kirchen'; ↗ FELD XII.2.1: *der ~ Luthers, Calvins* ❖ ↗ **Protestant**

protestieren [pRotɛˈstiːRən], *protestierte, hat protestiert* /jmd./ *gegen etw. ~* ˈgegen etw. Protest erheben': *gegen ungerechte Maßnahmen, gegen einen Beschluss, gegen Gewalt ~; sie haben, er hat laut, heftig protestiert; ich protestiere!* /spontaner Ausruf des Protestes/ ❖ **Protest**

Prothese [pRoˈteːzə], **die;** *~, ~n* ˈkünstlich nachgebildeter Teil des Körpers als Ersatz für das entsprechende fehlende Körperteil': *er trägt eine ~; sein linker Arm, sein linkes Bein ist eine ~; seine ~ anschnallen, abschnallen; die ~ sitzt (nicht), sitzt gut, drückt; die ~* (ˈZahnprothese') *herausnehmen, reinigen, einsetzen; eine ~ anfertigen* ❖ **Zahnprothese**

Protokoll [pRotoˈkɔl], **das;** *~s/auch ~es, ~e* **1.** ˈ(wörtliche) schriftliche Aufzeichnung der Äußerungen in einer Sitzung, Veranstaltung, Vernehmung': *das ~ einer Sitzung; das, ein ~ anfertigen, schreiben, verlesen; etw. ins ~ aufnehmen; (das) ~ führen* (ˈdie Äußerungen in einer Sitzung, Verhandlung, Vernehmung während des Ablaufs aufschreiben'); *wer führt heute (das) ~? etw. zu ~ nehmen* (ˈAussagen, eine Aussage protokollieren'); *etw. zu*

~ *geben* (ʹetw. aussagen, um es protokollieren zu lassen') **2.** ⟨o.Pl.⟩ ʹGesamtheit der für den diplomatischen Verkehr verbindlichen Formen': *das ~ einhalten, wahren; was sieht in diesem Falle das ~ vor?; etw. verstößt gegen das ~* ❖ **protokollieren**

protokollieren [pʀotokɔʹliːʀən], protokollierte, hat protokolliert /jmd./ *etw.* ~ ʹdie Äußerungen in einer Sitzung, Verhandlung, Vernehmung (wörtlich) schriftlich aufzeichnen': *eine Verhandlung, Vernehmung, jmds. Aussagen ~; etw. genau ~* ❖ ↗ **Protokoll**

Proton [ʹpʀoːtɔn], **das**; ~s, ~en [..ʹtoːnən] ʹpositiv geladener (↗ *laden*) Baustein des Atomkerns'; vgl. *Neutron*

Prototyp [ʹpʀoːtotyːp], **der**; ~s, ~en **1.** ⟨+ Gen.attr. od. mit *für*⟩ SYN ʹInbegriff': *er ist der ~ eines Emporkömmlings, Managers, Spießers; etw. ist der ~ für etw.* **2.** Techn. ʹerste Ausführung eines technischen Produkts, bes. eines Fahrzeugs, als Muster für die Fertigung dieses Typs in Serie': *neue ~en entwickeln* ❖ ↗ **Typ**

protzen [ʹpʀɔtsn̩] ⟨reg. Vb.; hat⟩ emot. /jmd./ *mit etw., jmdm.* ~ SYN ʹmit etw., jmdm. angeben (2)': *er protzt mit seinem Auto, Haus, Geld; er protzt gern (mit seiner Freundin); mit seinen Erfolgen, seinem Wissen, seiner Kraft ~; er protzt immer damit, dass er sich alles leisten kann* ❖ **protzig**

protzig [ʹpʀɔtsɪç] ⟨Adj.; Steig. reg.⟩ emot. ʹdurch Größe, Ausgestaltung so beschaffen, dass damit in aufdringlicher Weise Reichtum zur Schau gestellt wird' /vorw. auf Gegenständliches bez./: *ein ~er Bau, ~es Auto; der Ring ist mir zu ~; sie sind so ~ eingerichtet* ❖ ↗ **protzen**

Proviant [pʀoʹvi̯ant], **der**; ~s/auch ~es, ⟨o.Pl.⟩ ʹVorrat an Lebensmitteln, der auf einer Reise, Wanderung mitgenommen wird': *wir wollen etwas, reichlich ~ mitnehmen; den ~ einpacken; der ~ wurde knapp*

Provinz [pʀoʹvɪnts], **die**; ~, ~en **1.** ʹTeil eines Landes od. größeres Verwaltungsgebiet in bestimmten Ländern'; ↗ FELD II.1.1: *eine fruchtbare ~; die nördlichen ~en des Landes; Kanada ist ein Bundesstaat, der zehn ~en umfasst; die Hauptstadt einer ~* **2.** ⟨o.Pl.⟩ oft emot. neg. ʹ(weit) von der Hauptstadt entferntes Gebiet eines Landes, das von den Neuerungen der Hauptstadt, von deren Kultur wenig berührt ist und daher dem Sprecher als rückständig gilt' /wird meist im Unterschied zur Hauptstadt gesehen/: *er kommt aus der ~; die Theater in der ~; er lebt in der ~* ❖ **provinziell**

provinziell [pʀoʹvɪntsi̯ɛl] ⟨Adj.; Steig. reg., Superl. ungebr.⟩ ʹso beschaffen, dass es seine Zugehörigkeit zur Provinz (2) deutlich erkennen lässt' /vorw. auf Abstraktes bez./: *~e Verhältnisse; in Kleidung und Auftreten wirkt er etwas ~; seine Ansichten sind, sein Geschmack ist ~* ❖ ↗ **Provinz**

Provision [pʀoviʹzi̯oːn], **die**; ~, ~en ʹbes. für das Erledigen od. die Vermittlung eines (Handels)geschäfts übliche Vergütung in Form einer prozen-

tualen Beteiligung am Umsatz': *(eine hohe) ~ bekommen, erhalten, kassieren; wir bekommen, geben dafür, für jeden Abschluss eines Vertrages, für jeden neuen Kunden zehn Prozent ~; auf ~* (ʹmit prozentualer Beteiligung') *arbeiten*

provisorisch [pʀoviʹzoːʀ..] ⟨Adj.; Steig. reg., ungebr.; vorw. attr. u. bei Vb.⟩ ʹeine bessere, endgültige Lösung, Regelung vorübergehend ersetzend, als Behelf dienend'; SYN behelfsmäßig: *~e Einrichtungen; ein ~es, ~ eingerichtetes Büro; die Flüchtlinge wurden in ~en Unterkünften untergebracht; etw. (nur) ~ befestigen, reparieren; eine ~e Regierung* ❖ ↗ **Provisorium**

Provisorium [pʀoviʹzoːʀi̯ʊm], **das**; ~s, Provisorien [..ʹzoːʀi̯ən] ʹprovisorischer Zustand, provisorische Eirichtung': *das ist nur ein ~, ist als ~ gedacht, ist als ~ angelegt* ❖ **provisorisch**

Provokation [pʀovokaʹtsi̯oːn], **die**; ~, ~en ʹÄußerung, Handlung, durch die jmd. provoziert (1.1) werden soll': *eine dreiste, politische ~; diese Veröffentlichung stellte eine ~ (des Schauspielers) dar; etw. als ~ betrachten; auf eine ~ (nicht) reagieren* ❖ **provokatorisch, provozieren**

provokatorisch [pʀovokaʹtoːʀ..] ⟨Adj.; Steig. reg.⟩ ʹin der Art, im Sinne einer Provokation': *~e Fragen, Handlungen; er hielt eine ~e Rede; jmd. tut, sagt etw. in ~er Absicht; dies geschah in ~er Absicht; sein Verhalten ist ~; etw. als ~ empfinden* ❖ ↗ **Provokation**

provozieren [pʀovoʹtsiːʀən], provozierte, hat provoziert **1.** /jmd., Institution, Organisation, auch etw./ *jmdn.* ~ ʹsich gegen jmdn. so äußern, verhalten, dass dieser sich angegriffen fühlen und entsprechend reagieren soll'; SYN reizen (3): *mit dieser Äußerung hat er ihn provoziert; sein Lachen, Grinsen hat mich provoziert; wir lassen uns doch nicht ~!; etw. als ~d empfinden* **2.** /jmd., etw./ *etw.* ~ ʹin der Weise wirken, dass etw. (Unangenehmes) ausgelöst wird': *er hat (mit seiner Bemerkung) einen Streit, Skandal provoziert; eine Diskussion ~; sein Artikel hat eine ganze Reihe von Leserbriefen provoziert* ❖ ↗ **Provokation**

Prozedur [pʀotseʹduːɐ], **die**; ~, ~en [..ʹduːʀən] ʹlangwieriger, umständlicher, komplizierter und daher als unangenehm empfundener Ablauf eines Vorgangs, einer Tätigkeit': *eine antrengende, langwierige, lästige ~; die tägliche ~ des Rasierens; die Zoll-, Passkontrolle war eine ärgerliche ~; war das eine ~!; eine ~ über sich ergehen lassen*

Prozent [pʀoʹtsɛnt], **das**; ~s/~es, ~e **1.** ⟨mit Mengenangabe Pl.: ~ ⟩ /relative, jeweils auf 100 bezogene Maßeinheit/ Zeichen: %: *ein ~* (ʹein Teil von der Größe 100'); *drei ~* (ʹdrei Teile von der Größe 100'); *drei ~ der Bevölkerung; zehn ~ von 70 Kilo Äpfeln sind 7 Kilo; 80 ~ der Wähler stimmten mit „ja"; dieses Bier enthält 5 ~ Alkohol; wieviel ~ des Lohnes betragen die Steuern; etw. in ~en ausdrücken* **2.** ⟨nur im Pl.⟩ /nicht in Verbindung mit Zahlen/ ʹin Prozenten (1) berechneter Anteil am Profit

(1)' /beschränkt verbindbar/: ~*e bekommen; hohe* ~*e aus Aktien* ❖ **prozentual — dreiprozentig, hundertprozentig**

-prozentig /bildet vorw. mit einem Zahladj. als erstem Bestandteil Adjektive/ 'in der Größe des im ersten Bestandteil Genannten': ↗ z. B. *dreiprozentig*

prozentual [pʀotsɛnˈtŭɑːl] ⟨Adj.; o. Steig.; nicht präd.⟩ 'in Prozenten (1) ausgedrückt, dargestellt': *eine* ~*e Berechnung; das Ergebnis liegt* ~ *sehr hoch;* ~ *gesehen, ist das Ergebnis gar nicht so schlecht; die* ~*e Beteiligung an der Wahl war niedrig; der* ~*e Anteil am Gewinn beträgt 20 Prozent* ❖ ↗ **Prozent**

Prozess [pʀoˈtsɛs], **der**; ~es, ~e **1.** 'fortschreitend verlaufender Vorgang, verlaufende Entwicklung'; ↗ FELD X.1: *ein chemischer, historischer* ~*; das ist ein langwieriger* ~*; einen* ~ *beschleunigen, hemmen, steuern* **2.** 'gerichtliches Verfahren (2) zur Entscheidung rechtlicher Streitigkeiten'; SYN Rechtsstreit: *im* ~ *A gegen B wurde entschieden, …; einen* ~ *(gegen jmdn.) führen* ('Kläger in einem Prozess gegen jmdn., eine Institution sein'); *einen* ~ *(gegen jmdn.) anstrengen* 'einen Prozess gegen jmdn. beginnen, beantragen': *der* ~ *findet unter Ausschluss der Öffentlichkeit statt; er hat den* ~ *gewonnen, verloren; der* ~ *wurde wieder aufgerollt; der* ~ *dauerte mehrere Monate* ❖ **prozessieren — Arbeitsprozess, Produktionsprozess, Strafprozess**

* /jmd., Institution, Unternehmen/ **jmdm., einem Unternehmen, einer Organisation den** ~ **machen** ('jmdn., eine Organisation, ein Unternehmen verklagen'); /jmd., Institution/ **mit jmdm., etw. kurzen** ~ **machen** ('mit jmdm., in einer Angelegenheit energisch und ohne große Umstände verfahren')

prozessieren [pʀotsɛˈsiːʀən], prozessierte, hat prozessiert /jmd., Institution/ *gegen jmdn., etw., mit jmdm.* ~ 'einen Prozess (2) gegen jmdn., eine Institution führen': *er prozessiert gegen seinen/mit seinem Nachbarn; sie* ~ *schon lange miteinander* ('sind schon lange in einem Prozess gegeneinander'); *mit jmdm. um etw.* ~*: er prozessiert mit ihm um das Erbe, um eine Entscheidung* ❖ ↗ **Prozess**

Prozession [pʀotsɛˈsi̯oːn], **die**; ~, ~en 'aus bestimmtem religiösem Anlass veranstalteter Umzug (2) katholischer od. orthodoxer Geistlicher mit den Gläubigen': *die* ~ *zum Fronleichnam; eine* ~ *zog durch die Stadt, zum Dom; an einer* ~ *teilnehmen*

prüde [ˈpʀyːdə] ⟨Adj.; Steig. reg.⟩ 'im Hinblick auf Sexuelles übertrieben schamhaft': *sie, er ist* ~*; jmd. gibt sich, tut immer so* ~*; sein* ~*s Gehabe, Getue*

prüfen [ˈpʀyːfn̩] ⟨reg. Vb.; hat⟩ **1.** /jmd./ *etw., jmdn., sich* ~ 'feststellen wollen, wie etw., jmd., man selbst (in bestimmter Hinsicht) beschaffen ist, ob etw. den gestellten Anforderungen genügt'; ↗ FELD I.3.1.2, I.4.2.2: *etw. genau, gründlich, sorgfältig, oberflächlich* ~*; einen* ~*den Blick auf etw. werfen; etw.* ~*d anfassen; etw., jmdn. auf etw.* ('im Hinblick auf etw.') ~*: ein Seil auf seine Festigkeit, eine Aussage auf ihre Wahrheit, eine Rechnung (auf ihre Richtigkeit), jmdn. auf seine Zuverlässigkeit* ~*; er prüfte sich, ob er durchhalten würde; gut, wir werden*

das ~*; ich will* ~*, ob das funktioniert, ob er dafür geeignet ist* **2.** /jmd., Institution/ *etw.* ~ 'feststellen wollen, ob etw. zu akzeptieren ist': *eine Einladung, ein Angebot* ~*; einen Plan, ein Projekt, einen Antrag, eine Eingabe* ~ **3.** /jmd./ *jmdn.* ~ 'durch das Stellen von Fragen, Aufgaben jmds. Kenntnisse, Leistungen auf einem bestimmten Gebiet feststellen wollen': *der Lehrer hat ihn (in Latein) geprüft; er prüft sehr streng; er ist staatlich geprüfter Augenoptiker* **4.** ⟨vorw. im Perf. u. Pass.⟩ /etw., bes. Schicksal/ *jmdn. schwer, hart* ~ 'jmdm. hart zusetzen, jmdm. Beschwerden bereiten': *das Schicksal hat ihn schwer, hart geprüft/er ist vom Schicksal schwer, hart geprüft* ❖ **Prüfung — Meisterprüfung, Reifeprüfung**

Prüfung [ˈpʀyːf..], **die**; ~, ~en **1.** ⟨o.Pl.⟩ /zu prüfen 1 u. 3/ 'das Prüfen'; /zu 1/: *die* ~ *einer Ware, eines Medikaments, von Dokumenten; eine genaue* ~ *der Akten vornehmen; etw., jmdn. einer* ~ *unterziehen* ('etw., jmdn. prüfen 1,3'); /zu 3/: *eine mündliche, schriftliche* ~*; das war eine schwere, leichte* ~*; eine* ~ *in Mathematik, Sport ablegen; er hat die* ~ *(nicht) bestanden, ist durch die* ~ *gefallen; sich auf, für eine* ~*, auf die* ~*en vorbereiten; für die* ~ *lernen* **2.** ⟨vorw. im Pl.⟩ *er hatte in seinem Leben viele* ~*en zu bestehen* ('ist in seinem Leben schwer, hart geprüft 4 worden') ❖ ↗ **prüfen**

Prügel [ˈpʀyːɡl̩], **die** ⟨Pl.⟩ 'Schläge (1) (mit einem Stock)'; ↗ FELD I.14.1: ~ *(von jmdm.) bekommen;* ~ *austeilen; jmdm. eine Tracht* ~ *verabreichen* ❖ **prügeln, verprügeln**

prügeln [ˈpʀyːɡl̩n] ⟨reg. Vb.; hat⟩ **1.** emot. /jmd./ *jmdn., ein Tier* ~ SYN 'jmdn., ein Tier schlagen (1.1)'; ↗ FELD I.14.2: *einen Hund* ~*; er hat die Kinder geprügelt; die Häftlinge sind geprügelt worden* **2.** /zwei od. mehrere (jmd.)/ *sich* ⟨rez.⟩ ~ SYN 'sich schlagen (1.2)': *die Jungen prügelten sich auf dem Schulhof;* /jmd./ *sich mit jmdm.* ~*: er hat sich mit seinem Freund geprügelt* **3.** /zwei od. mehrere (jmd.)/ *sich* ⟨rez.⟩ *um jmdn., etw.* ~ SYN 'sich schlagen (1.2)': *sie haben sich um das Mädchen, um ein Stück Brot geprügelt;* /jmd./ *sich mit jmdm. um etw., jmdn.* ~ ❖ ↗ **Prügel**

Prunk [pʀʊŋk], **der**; ~s/auch ~es, ⟨o.Pl.⟩ 'üppige, auch als übertrieben empfundene Pracht': *der* ~ *dieser Fassaden; eine mit großem* ~ *ausgestattete Kirche; die Fürsten hatten großen* ~ *entfaltet* ❖ **prunken — Prunkstück, prunkvoll**

prunken [ˈpʀʊŋkn̩] ⟨reg. Vb.; hat⟩ **1.** /etw./ 'durch prunkvolles Aussehen den Blick auf sich ziehen': *gegenüber prunkt die Fassade des Doms;* ~*der Zierat* **2.** /jmd./ *mit etw.* ⟨Dat.⟩ ~ 'mit etw., bes. Besitz, prahlen': *mit seinem Besitz, Reichtum, Erfolg, Wissen* ~ ❖ ↗ **Prunk**

Prunk/prunk- [ˈpʀʊŋk..]**-stück, das** 'kostbarer Gegenstand (einer Sammlung), der als besonders schön vorgezeigt wird': *die Vase ist ein* ~*; das sind die* ~*e des Museums* ❖ ↗ Prunk, ↗ Stück; **-voll** ⟨Adj.; Steig. reg.⟩ 'mit viel Prunk ausgestattet'; /vorw. auf Bauliches bez./: *ein* ~*es Portal;* ~*e Gewänder; Bil-*

der mit einem ~en Rahmen; die Feier, Prozession war ~ ausgestaltet; vgl. *prachtvoll* ❖ ↗ Prunk, ↗ voll

PS [peː'ɛs], **das**; ~, ~ /Maßeinheit der Leistung, bes. von Motoren/ *ein Motor mit 60 PS; der Motor, das Auto hat 90 PS*

Psalm [psalm], **der**; ~s, ~en Rel. ev. kath. ˈeines der religiösen Lieder im Alten Testamentˈ; ↗ FELD XII.3.1: *ein Vers aus einem ~*

Pseudo- /bildet mit dem zweiten Bestandteil Substantive und Adjektive; drückt aus, dass das im zweiten Bestandteil Genannte nur dem Anschein nach besteht und nicht wirklich/: ↗ z. B. *pseudodemokratisch, Pseudorealismus*

pseudo ['psɔi̯do..]\|**demokratisch** ⟨Adj.; o. Steig.⟩ ˈsich den Anschein von Demokratie gebendˈ: *ein ~es Regime* ❖ ↗ Demokratie

Pseudonym [psɔi̯do'nyːm], **das**; ~s, ~e ˈName, den jmd., bes. ein Künstler, Schriftsteller, anstelle seines wirklichen Namens führtˈ: *jmd. hat, führt ein ~; er schreibt unter dem ~ N; er hat das Buch unter einem ~ veröffentlicht*

Pseudo ['psɔi̯do..]\|**realismus, der** ˈetw., was nur dem Schein nach Realismus istˈ: *der ~ eines kitschigen Romans* ❖ ↗ real

Psyche ['psyːçə], **die**; ~, ~n ⟨vorw. Sg.⟩ ˈGesamtheit der emotional-geistigen Prozesse des Menschen, die sich in seinem Verhalten zeigenˈ; SYN Seele (1); ↗ FELD I.6.1: *die kindliche, weibliche ~; eine labile ~; die Erforschung der (menschlichen) ~; etw. hat Auswirkungen auf die ~; die Erkrankung der ~* ❖ **Psychiatrie, psychisch, Psychologie, psychologisch, Psychose** — **Psychoanalyse, -therapie**

Psychiatrie [psyçi̯a'tʀiː], **die**; ~, ⟨o.Pl.⟩ ˈWissenschaft, die sich mit psychischen Erkrankungen befasstˈ: *er ist Facharzt für Neurologie und ~* ❖ ↗ **Psyche**

psychisch ['psyːç..] ⟨Adj.; o. Steig.; nicht präd.⟩ ˈdie Psyche betreffendˈ; SYN psychologisch (3), seelisch; ANT körperlich, physisch /auf Abstraktes bez./; ↗ FELD I.6.3: *jmds. ~e Entwicklung; (physischen und) ~en Belastungen ausgesetzt sein; ~e Erkrankungen; etw. hat ~e Ursachen; jmd. ist ~ krank; das ist (rein) ~ bedingt* ❖ ↗ **Psyche**

Psycho\|**analyse** ['psyːço..], **die**; ~, ⟨o.Pl.⟩ ˈdurch S. Freud begründete Methode der Erforschung psychischer Erkrankungen, bei der bes. Analysen von Träumen und Erlebnissen der Kindheit angewandt werdenˈ ❖ ↗ **Psyche**, ↗ **Analyse**

Psychologie ['psyço lo'giː], **die**; ~, ⟨o.Pl.⟩ **1.** ˈWissenschaft von der Entwicklung und Funktion psychischer Prozesseˈ: *allgemeine, experimentelle, klinische ~; er hat ~ studiert; Probleme, Aufgaben der ~* **2.** ˈpsychologisches (2) Verständnisˈ: *an das Problem muss man mit ~ herangehen* ❖ ↗ **Psyche**

psychologisch ['psyço'loːg..] ⟨Adj.; o. Steig.⟩ **1.1.** ⟨nicht präd.⟩ ˈdie Psychologie (1) betreffendˈ: *ein ~es Institut; ~e Forschung; er ist ~ (ˈin Psychologie 1ˈ) ausgebildet* **1.2.** ˈauf Psychologie (1) beruhend, mit den Mitteln, Methoden der Psychologie*

*(1) ausgeführtˈ: *ein ~es Gutachten; die ~e Wirkung eines Films, einer Rede; der Effekt war vor allem ~; jmdn. ~ beeinflussen* **2.** ⟨nicht präd.⟩ ˈauf die Psyche eines anderen, anderer gerichtetˈ: *er besitzt ~es Einfühlungsvermögen; jmdn. ~ testen* **3.** ⟨nicht präd.⟩ umg. SYN ˈpsychischˈ: *etw. hat ~e Ursachen, ist ~ bedingt* ❖ ↗ **Psyche**

Psychose ['psyço:zə], **die**; ~, ~n **1.** ˈschwere psychische Störung, psychische Krankheitˈ: *er hat eine ~, leidet an einer ~; eine ~ behandeln* **2.** ˈaußergewöhnlich heftiger psychischer Zustand, in den jmd., eine Gruppe von Menschen gerät, geraten istˈ: *in eine ~ geraten; von einer ~ ergriffen werden* ❖ ↗ **Psyche**

Psycho\|**therapie** ['psyːço..], **die**; ~, ⟨o.Pl.⟩ ˈTherapie für psychische Störungen, Erkrankungen, bes. mit Mitteln und Methoden der Psychologie (1)ˈ: *~ anwenden* ❖ ↗ **Psyche**, ↗ **Therapie**

Pubertät [pubɐ'tɛːt/'teːt], **die**; ~ ⟨o.Pl.⟩ ˈPhase in der Entwicklung des jungen Menschen, in der die geschlechtliche Reife eintrittˈ: *er ist in der ~, kommt in die ~*

publik [pu'bliːk] ⟨Adj.; o. Steig.; nicht attr.⟩ **1.1.** ⟨nur präd. (mit *sein, werden*)⟩ /etw., bes. Information/ *~ sein, werden* ˈallgemein, einer bestimmten Öffentlichkeit bekannt sein, werdenˈ: *das, der Skandal, Vorfall, das Ereignis ist jetzt erst ~ geworden; wenn das ~ wird, gibt es Ärger!* **1.2.** /jmd./ etw. *~ machen* ˈeine Information allgemein, einer bestimmten Öffentlichkeit bekannt machenˈ: *man sollte das, die Forschungsergebnisse, Berichte ~ machen* ❖ **Publikation, Publikum, publizieren, Publizist, Publizistik**

Publikation [publika'tsi̯oːn], **die**; ~, ~en **1.** ⟨o.Pl.; + Gen.attr.⟩ ˈdas Publizierenˈ; SYN Veröffentlichung (1): *die ~ neuester wissenschaftlicher Erkenntnisse* **2.** ˈpubliziertes schriftstellerisches Werk, publizierter (wissenschaftlicher) Aufsatzˈ; SYN Veröffentlichung (2): *der Autor ist durch zahlreiche ~en bekannt geworden; die neuesten ~en seines Fachgebiets lesen, studieren* ❖ ↗ **publik**

Publikum ['puːblikʊm], **das**; ~s, ⟨o.Pl.⟩ **1.1.** ˈdie Zuschauer, Zuhörer bei einer öffentlichen Veranstaltung, Darbietungˈ: *ein aufmerksames, gemischtes, junges, desinteressiertes, begeistertes ~; das ~ klatschte Beifall; das Stück wurde vom ~ gut aufgenommen, wurde vom ~ abgelehnt; er ist beim ~ sehr beliebt* **1.2.** ˈdie Personen, die sich für bestimmte künstlerische, kulturelle Veranstaltungen, Leistungen, bes. für Publikationen (2) interessierenˈ: *das literarisch interessierte ~; der Autor hat, findet sein ~ besonders unter jungen Lesern; dafür gibt es in diesem Ort kein, ein großes ~* **1.3.** ˈdie Besucher, Gäste eines Restaurants, eines Kur- oder Ferienortesˈ: *dort verkehrt hauptsächlich junges, älteres, gut situiertes ~* ❖ ↗ **publik**

publizieren [publi'tsiːʀən], publizierte, hat publiziert /jmd., bes. Autor, Verlag/ etw. *~* ˈeinen Text, bes. ein Buch drucken und der Öffentlichkeit zugänglich machenˈ; SYN veröffentlichen (2): *einen Roman, Gedichte, das Ergebnis einer wissenschaftlichen*

Untersuchung (in einer Zeitschrift) ~*; der Verlag publiziert vor allem Kinderbücher* ❖ ↗ **publik**

Publizist [publi'tsɪst], **der**; ~en, ~en ˈJournalist, Schriftsteller, der vorw. aktuele, politische Probleme behandeltˈ: *ein bekannter, bedeutender* ~ ❖ ↗ **publik**

Publizistik [publi'tsɪstɪk], **die**; ~, ⟨o.Pl.⟩ ˈWissenschaft von den Mitteln, den Einrichtungen und der Wirkung öffentlicher Medienˈ: *er hat* ~ *studiert* ❖ ↗ **publik**

Pudding ['pʊdɪŋ], **der**; ~s, ~s/auch ~e ˈSüßspeise, die aus einem dafür hergestellten Pulver mit Zucker und Milch od. Wasser zubereitet wirdˈ: ~ *mit Vanillegeschmack;* ~ *kochen; als Nachtisch gibt es* ~*; er isst gern* ~*, mag keinen* ~

Pudel ['puːdl̩], **der**; ~s, ~ **1.** ˈmittelgroßer Hund mit dichtem, gekräuseltem schwarzen, braunen od. hellen Fellˈ; ↗ FELD II.3.1: *ein schwarzer, junger* ~*; den* ~ *waschen, scheren, trimmen* **2.** ⟨vorw. Sg.⟩ umg. SYN ˈPudelmützeˈ: *zum Schilaufen einen* ~ *aufsetzen* ❖ **Pudelmütze**

* umg. **wie ein begossener** ~ ˈnach einer Belehrung, Zurechtweisung, negativen Erfahrung verlegen, beschämt, enttäuscht sein und das erkennen lassenˈ: *er stand da, saß da in der Ecke wie ein begossener* ~

Pudel|mütze ['..], **die** ˈüber die Ohren zu ziehende, warme, gestrickte od. gehäkelte Mützeˈ (↗ TABL Kopfbedeckungen): *eine* ~ *tragen, stricken* ❖ ↗ **Pudel**, ↗ **Mütze**

Puder ['puːdɐ], **der**/auch **das**; ~s, ~ ⟨vorw. Sg.⟩ ˈfeines Pulver, das zu medizinischen od. kosmetischen Zwecken auf die Haut aufgetragen wirdˈ: ~ *auf eine Wunde streuen; auf das Gesicht* ~ *auftragen* ❖ **pudern** – **Puderzucker**

pudern ['puːdɐn] ⟨reg. Vb.; hat⟩ /jmd./ *etw., jmdn., sich* ~ ˈeine Stelle od. Stellen des (eigenen) Körpers aus kosmetischen od. medizinischen Gründen mit Puder bedeckenˈ: *das Gesicht* ~*; ein Baby, sich* ~*; sich* ⟨Dat.⟩*, jmdm. etw.* ~*: sich, jmdm. das Gesicht, die Nase, die Stirn* ~ ❖ ↗ **Puder**

Puder ['puːdɐ..]**zucker, der** ˈfein wie Staub gemahlener, bes. zum Backen und Zubereiten von Süßspeisen verwendeter Zuckerˈ: ~ *auf den Napfkuchen streuen* ❖ ↗ **Puder**, ↗ **Zucker**

Puff [pʊf], **der**; ~s/auch ~es, ~s/~e/Püffe ['pʏfə] **1.** ⟨Pl.: ~e/Püffe⟩ ˈbes. mit der Faust, mit dem Ellenbogen versetzter leichter Stoß gegen jmds. Körperˈ: *er gab, versetzte ihm einen (freundschaftlichen)* ~*; Püffe austeilen, bekommen; jmdm. einen* ~ *ins Kreuz, gegen den Arm, in die Seite geben, versetzen* **2.** ⟨Pl.: ~e/auch ~s⟩ ˈniedriger gepolsterter Hocker ohne Beine (der auch als Behälter, bes. für schmutzige Wäsche, dient)ˈ: *die Wäsche in den* ~ *werfen, tun* **3.** ⟨Pl.: ~s⟩ umg. SYN ˈBordellˈ: *in den* ~ *gehen* ❖ **Auspuff**

* umg. /jmd./ **einen** ~ **vertragen können** (ˈpsychisch, auch physisch nicht empfindlich seinˈ)

Puffer ['pʊfɐ], **der**; ~s, ~ **1.** ˈrundes Eisen mit einer federnden Vorrichtung an der Vorder- und Rück-

seite eines Schienenfahrzeugs, das die Stöße von anderen Waggons auffängtˈ: *die* ~ *federn, stoßen aneinander* **2.** ˈPerson, Sache, die durch ihre Stellung zwischen streitenden Parteien geeignet ist, Konflikte zu verhindern od. zu mildernˈ: *etw., jmd. dient, wirkt als* ~ **3.** SYN ˈKartoffelpufferˈ: ~ *backen, essen;* ~ *mit Apfelmus* ❖ **zu (3): Kartoffelpuffer**

Pulk [pʊlk], **der**; ~s/auch ~es, ~e/auch ~s **1.1.** ˈdicht zusammengedrängte Gruppe von Teilnehmern während eines Rennensˈ: *im* ~ *fahren; sich vom* ~ *lösen* **1.2.** ˈVerband eng beieinander fahrender militärischer Fahrzeuge, Flugzeugeˈ: *ein* ~ *von Panzern, Bombern; im* ~ *fliegen*

Pullover [pʊ'loːvɐ], **der**; ~s, ~ ˈgestricktes od. gewirktes, über den Kopf zu ziehendes Kleidungsstück der Oberbekleidung für den Oberkörperˈ; ↗ FELD V.1.1 (↗ TABL Kleidungsstücke): *ein dicker, warmer, modischer* ~*; einen* ~ *stricken; er trägt gern* ~

Puls [pʊls], **der**; ~es, ~e ⟨vorw. Sg.⟩ **1.1.** ˈbes. innen am Handgelenk fühlbare rhythmische Stöße des in den Adern strömenden Blutes, die mit dem Schlag des Herzens übereinstimmenˈ: *er hat einen normalen, regelmäßigen* ~*; der* ~ *ist normal, schwach, langsam, beschleunigt; (jmdm.) den* ~ *fühlen, messen* (ˈdie Stöße des Pulses in einer bestimmten Zeiteinheit zählenˈ) **1.2.** ˈStelle innen am Handgelenk, an der der Puls (1.1) zu fühlen istˈ: *den* ~ *suchen; sich an den* ~ *greifen* ❖ **pulsieren** – **Pulsader**

Puls|ader ['..], **die** ˈArterie innen am Handgelenkˈ: *er hat sich* ⟨Dat.⟩ *die* ~*n aufgeschnitten* ❖ ↗ **Puls**, ↗ **Ader**

pulsieren [pʊl'ziːʀən], pulsierte, hat pulsiert **1.** /Blut/ ˈin rhythmischen Stößen durch die Adern strömenˈ /beschränkt verbindbar/: *das Blut pulsiert (in den, durch die Adern)* **2.** /beschränkt verbindbar/ *das Leben pulsiert* (ˈes ist ein reger Betriebˈ) *in den Straßen der Stadt; das* ~*de Leben der Großstadt* ❖ ↗ **Puls**

Pult [pʊlt], **das**; ~es/~s, ~e ˈGestell von mittlerer Höhe mit schräg darauf angebrachter Platte, auf der man schreiben od. auf die man etw. zum Lesen legen kannˈ; ↗ FELD V.4.1: *sich ans* ~ *stellen, setzen; das Notenblatt auf das* ~ *legen; ans* ~ *gehen, treten* (ˈan ein Pult gehen, um eine Rede zu halten, Zuhörern etw. zu sagenˈ); vgl. *Katheder*

Pulver [pʊlfɐ], **das**; ~s, ~ **1.** ˈStoff aus Körnern, die so fein wie Staub sindˈ: *ein feines, weißes* ~*; etw. zu* ~ *zerreiben, zerstoßen; ein* ~ *in Wasser auflösen; (ein)* ~ *gegen Insekten streuen; Kakao, Kaffee in Form von* ~*; Waschpulver kommt als* ~ *oder gekörnt auf den Markt; aus Kräutern ein* ~ *gegen Kopfschmerzen herstellen* **2.** ⟨o.Pl.⟩ SYN ˈSchießpulverˈ: *das* ~ *explodierte, war nass geworden* ❖ **pulv(e)rig, pulverisieren** – **Backpulver, Milchpulver, Schießpulver, Waschpulver**

* /jmd./ **sein** ~ **verschossen haben** (ˈalle seine Argumente vorzeitig und daher ohne die sonst mögliche

Wirkung vorgebracht haben'); 〈〉 umg. /jmd./ **das ~ nicht erfunden haben** 〈vorw. in der 3. Pers. Sg.〉 ˈnicht besonders klug, ziemlich dumm seinˈ: *der hat auch nicht gerade das ~ erfunden!*
MERKE Zu *Pulver* (1): *Pulver* kommt häufig als Glied in Komposita mit einem den Stoff bezeichnenden Bestimmungswort vor, z. B. *Kaffee-, Kakao-, Kräuter-, Milch-, Seifenpulver*
pulv(e)rig [ˈpʊlf[ə]ʀɪç] 〈Adj.; o. Steig.; vorw. attr.〉 ˈin der Form von Pulver (1)ˈ /auf Stoffliches bez./: *eine ~e Substanz; die Erde war trocken und ~* ❖ ↗ **Pulver**
pulverisieren [pʊlfəʀiˈziːʀən], pulverisierte, hat pulverisiert /jmd./ etw. ~ ˈeinen Stoff zu Pulver (1) zerkleinernˈ: *Kakaobohnen, Kreide ~; das Medikament gibt es auch in pulverisierter Form* ❖ ↗ **Pulver**
pumm(e)lig [ˈpʊm[ə]lɪç] 〈Adj.; Steig. reg.〉 umg. ˈein bisschen dick und nicht sehr großˈ /bes. auf weibliche Personen und Kinder bez./: *sie ist ziemlich ~; ein ~es Baby, Kind; der Mantel, die Mütze macht sie ~; sie wirkt ~*
Pump [pʊmp], der 〈vorw. o. best. Art. u. o. erkennbare Flexion; o.Pl.〉 /beschränkt verbindbar/ umg. *(bei jmdm.) einen ~ aufnehmen* (ˈbei jmdm., irgendwo Geld borgenˈ); *auf ~: auf ~* (ˈvon geborgtem Geldˈ) *leben; etw. auf ~* (ˈohne es sofort zu bezahlen, jedoch mit dem Versprechen, es später zu tunˈ) *kaufen* ❖ ↗ **pumpen**
Pumpe [ˈpʊmpə], die; ~, ~n **1.** ˈGerät, Maschine zum Befördern von Flüsigkeiten, Gasen durch die Wirkung von Druck od. Unterdruckˈ; ↗ FELD V.5.1: *eine elektrische ~; die ~ läuft, ist ausgefallen; Wasser von der ~ holen; mit der ~ Luft (in die Reifen) pumpen, die Luftmatratze aufblasen; Öl, Wasser mit ~en fördern* **2.** umg. scherzh. SYN ˈHerz (1)ˈ /beschränkt verbindbar/: *die ~ macht nicht mehr so mit, will nicht mehr so* ❖ **(zu 1): pumpen** – **aufpumpen, auspumpen, Luftpumpe**
pumpen [ˈpʊmpm̩] 〈reg. Vb.; hat〉 **1.** /jmd., Pumpe/ *etw. irgendwohin ~* ˈdurch das Betätigen, Funktionieren einer Pumpe eine Flüssigkeit, ein Gas irgendwohin befördernˈ; ↗ FELD V.5.2: *Öl in den Tank ~; Wasser in die Leitung, in den Eimer ~; Wasser aus dem Keller ~; er stand auf dem Hof und pumpte* **2.** umg. /jmd./ *sich* 〈Dat.〉 *etw. ~* ˈsich von jmdm. etw. borgen (1)ˈ: *er hat sich Geld (bei ihm) gepumpt; kannst du mir das Buch einmal ~?* **3.** /jmd./ *jmdm. etw. ~* ˈjmdm. etw. borgen (2)ˈ: *ich habe ihm 100 Mark, mein Fahrrad gepumpt; kannst du mir etwas* (ˈeine Summe Geldˈ) *~?; er pumpt nicht gern* ❖ **zu (2): Pump; zu (1):** ↗ **Pumpe (1)**
Pumpernickel [ˈpʊmpɐnɪkl̩], der; ~s, 〈o.Pl.〉 ˈsehr dunkles und festes, ein wenig süß und würzig schmeckendes Brot aus Roggen, das ohne Rinde und abgepackt verkauft wirdˈ; ↗ FELD I.8.1: *(eine Scheibe) ~ essen*
Punkt [pʊŋkt], der; ~es/~s, ~e **1.** ˈ(sehr) kleine, (farblich) von der Umgebung unterschiedene, runde Stelleˈ: *ein blauer Stoff, ein Kleid mit weißen ~en; eine Krawatte mit ~en; ein leuchtender ~ in der Dunkelheit* **2.** ˈsehr kleines grafisches Zeichen in der Form eines Punktes (1)ˈ **2.1.** /als Satzzeichen/: *~ und Komma (setzen); einen ~ am Satzende machen; einen ~ setzen* **2.2.** /als orthografisches Zeichen/ *zwei ~e über dem Vokal geben den Umlaut an; eine Abkürzung mit, ohne ~ schreiben* **2.3.** /in der kommunikativen Wendung/ *nun mach' mal 'nen ~* (ˈnun hörˈ aber aufˈ) /wird zu jmdm. gesagt, wenn man seinen Ärger über dessen Tun äußert und Einhalt gebieten möchte/ **3.** Math. ˈgedachte, durch mindestens zwei Werte geometrisch lokalisierte Stelleˈ: *zwei Geraden, Kurven schneiden sich in einem ~; der trigonometrische ~* **4.** ˈbestimmte geografische Stelle, bestimmter Ort (1)ˈ: *das ist der höchste ~ hier im Gelände; der Turm ist ein markanter ~ in der Umgebung* **5.** 〈o.Pl.; vorw. mit abhängigem Nebens.〉 ˈbestimmte Stelle (3.2) in einem Ablaufˈ /beschränkt verbindbar/: *die Verhandlungen sind an einem ~ angelangt, wo etwas entschieden werden muss; er war an einen ~ gekommen, wo er nicht mehr weiter wusste* **6.** 〈unflektiert als Attr.; + Uhrzeitangabe〉 *es ist jetzt ~* (ˈauf die Minute genauˈ) *acht (Uhr); der Start erfolgt ~ zehn Uhr dreißig* **7.1.** ˈeinzelne Frage (2), einzelner Gegenstand im Rahmen weiterer Erörterungenˈ: *diese Angelegenheit ist ein wichtiger, strittiger ~; einen bestimmten ~ behandeln; die Teilnehmer waren in einigen ~en unterschiedlicher Meinung* **7.2.** ABK Pkt. ˈmit einer Zahl versehener Absatz eines gegliederten Textes, bes. einer Tagesordnungˈ: *der Redner kam zu ~ drei seines Vortrags; ein zehn ~e umfassendes Programm* **8.** /Einheit der Bewertung der Leistung in manchen Sportarten, Spielen, Prüfungen/: *die Mannschaft gewann mit 9:7 ~en; die Turnerin erreichte 9,8 ~e; die Leistung wurde mit 20 ~en bewertet* ❖ **pünktlich, punktuell** – **Ausgangspunkt, Bezugspunkt, Doppelpunkt, Gesichtspunkt, Höhepunkt, Knotenpunkt, Mittelpunkt, Schnittpunkt, Schwerpunkt, Siedepunkt, Standpunkt, Stichpunkt, Stützpunkt, Tiefpunkt, Treffpunkt, Zeitpunkt**
＊ /jmd./ etw. (bes. *es, die Sache*) **auf den ~ bringen** ˈein Problem, einen Sachverhalt klar, genau und bündig zusammenfassenˈ: *er hat die Sache auf den ~ gebracht;* **ein dunkler ~** (ˈein moralisch etwas zweifelhafter, unklarer Umstand, bes. in jmds. Vergangenheitˈ); **ein neuralgischer ~** ˈetw., das sich als Schwierigkeit, als heikel erweist, erwiesen hatˈ: *die Brücke ist der neuralgische ~ in B; diese These ist der neuralgische ~ in seinem Konzept;* /etw. (bes. *das*)/ **der springende ~** (ˈdas entscheidende, ausschlaggebende Moment in einem Sachverhaltˈ) **sein;** /jmd., etw./**an einem toten ~ angelangen/angelangt, angekommen sein /an einen toten ~ gelangen** ˈbei der Erörterung eines Problems an eine Stelle kommen/gekommen sein, an der man nicht weiterkommt, kein Fortschritt möglich istˈ: *er war mit seinen Überlegungen an einem toten ~ angekom-*

men; die Verhandlungen waren an einen toten ~ *gelangt;* /jmd./ **den toten** ~ (ˈeine Phase völliger Ermüdung, Erschöpfung') **überwinden**; /etw. (bes. *das*)/ **ein wunder** ~ (ˈeine Stelle, an der es leicht zu Schwierigkeiten kommen kann') **sein**

pünktlich [ˈpʏŋkt..] ⟨Adj.; Steig. reg.⟩ ˈgenau zur festgesetzten, verabredeten Zeit (kommend)' /vorw. auf Personen, öffentliches Verkehrsmittel bez./: *sein* ~*es Eintreffen; er kam* ~ *(um halb acht); er ist immer* ~, *kann nie* ~ *sein; er zahlt die Miete* ~, *liefert immer* ~ (ANT nachlässig 1.4); *der Zug kam heute* ~ (ˈzu dem Zeitpunkt, der im Fahrplan angegeben ist'), *traf heute* ~ *ein* ❖ ↗ **Punkt**

punktuell [ˈpʊŋkˈtŭɛl] ⟨Adj.; o. Steig.⟩ **1.** ˈauf einen bestimmten Punkt (4), ein eng begrenztes Areal beschränkt' /auf Erscheinungen bez./: *das* ~*e Auftreten einer Seuche; etw. tritt nur* ~ *auf* **2.** ⟨vorw. bei Vb.⟩ ˈeinzelne Punkte (7.1) betreffend': *sie stimmten (in ihren Konzepten, Auffassungen) (nur)* ~ *überein* ❖ ↗ **Punkt**

Pupille [puˈpɪlə], **die**; ~, ~n ˈdunkel erscheinende Stelle (2) in der Mitte des Auges, durch die das Licht eintritt'; ↗ FELD I.1.1: *die* ~*n erweitern, weiten, verengen sich;* scherzh. *jmdm. in die* ~*n* (ˈin die Augen') *gucken*

Puppe [ˈpʊpə], **die**; ~, ~n **1.1.** ˈals Spielzeug dienende, in kleinerer Form nachgebildete Gestalt eines Menschen, bes. eines Kindes': *eine* ~ *aus Stoff, Kunststoff; eine große, hübsche, abwaschbare* ~; *unser Kind spielt viel mit seiner* ~, *seinen* ~*n; seine* ~ *anziehen, schlafen legen* **1.2.** ˈnachgebildete Gestalt eines Menschen, mit der Theater, bes. für Kinder, gespielt wird'; SYN Marionette: ~*n an Fäden halten, tanzen lassen* **1.3.** ˈzum Ausstellen von Kleidung dienende nachgebildete menschliche Gestalt in wirklicher Größe': *eine* ~ *ins Schaufenster stellen; die* ~*n im Schaufenser werden neu angezogen* **2.** umg. ˈjunge (hübsche) weibliche Person': *sie ist eine tolle* ~*!; er hat eine* ~ *angelacht, hat seine* ~ (ˈFreundin 1') *mitgebracht;* /von einem Mann gebraucht, auch als Anrede für eine junge weibliche Person, die ihm nicht näher bekannt ist/: *na,* ~, *kommst du mit ins Kino?* **3.** ˈLarve eines Insekts im letzten Stadium ihrer Entwicklung, in der sie sich in einer Hülle befindet': *die* ~*n von Ameisen, Raupen* ❖ **entpuppen**
* **bis in die** ~**n** ˈsehr, übermäßig lange im Tagesablauf, meist bis in den (späten) Morgen hinein': *bis in die* ~*n tanzen, feiern, schlafen*

pur [puːɐ̯] ⟨Adj.; o. Steig.; nicht präd.⟩ **1.** ˈkeine Bestandteile anderer Art enthaltend' /auf Substanzen, Materialien bez./: *das ist* ~*er Fruchtsaft; den Rum* ~ (ˈohne Wasser') *trinken; eine Schale aus* ~*em* (SYN ˈˈ¹reinem I.1.1') *Gold;* ⟨bei best. alkoholischen Getränken auch dem Subst. unflektiert nachgestellt⟩ *einen Whisky* ~ (ˈohne Eis, Soda') *bestellen* **2.** ⟨nur attr.⟩ SYN ˈˈ¹rein (I.1.3)' /vorw. auf Psychisches bez./: *das ist die* ~*e Angst, Faulheit!; das hat er aus* ~*em Neid, aus* ~*er Verzweiflung getan; das ist* ~*er Wahnsinn!*

Püree [pyˈʀeː], **das**; ~s, ~s ˈBrei aus gekochten Kartoffeln od. gekochtem Gemüse': *ein* ~ *aus Erbsen, Kartoffeln; ein* ~ *zubereiten* ❖ **Kartoffelpüree**

Purpur [ˈpʊʀpʊʀ], **der**; ⟨o.Pl.⟩ **1.** ˈintensiv rote, ins Blaue spielende Farbe': *einen Stoff mit, in* ~ *färben; ein Schimmer von* ~ *lag auf den Wolken* **2.** ˈpurpurn, mit Purpur (1) gefärbter Mantel, Umhang, wie ihn Könige, Kardinäle tragen': *den* ~ *umlegen; sich in den* ~ *hüllen* ❖ **purpurn**

purpurn [ˈpʊʀpʊʀn] ⟨Adj.; o. Steig.⟩ geh. ˈvon der Farbe des Purpurs (1)': *ein* ~*es Gewand; ein* ~*er Abendhimmel; ihr* ~*er Mund; der Wein schimmert* ~ ❖ ↗ **Purpur**

purzeln [ˈpʊʀtsl̩n] ⟨reg. Vb.; ist⟩ umg. /jmd./ *irgendwohin, von irgendwoher* ~ ˈ(stolpernd, sich überschlagend) irgendwohin, von irgendwoher fallen': *der Junge purzelte in den Schnee, aus dem Bett; er ist vom Stuhl, auf den Fußboden gepurzelt*

Puste [ˈpuːstə], **die**; ~, ⟨o.Pl.⟩
* umg. /jmd./ **aus der** ~ **kommen, sein** ˈatemlos werden, sein': *renn' nicht so, man kommt dabei ja ganz aus der* ~*!;* **jmdm., einem Unternehmen geht die** ~ **aus** (ˈjmd., ein Unternehmen gerät in finanzielle Schwierigkeiten')

pusten [ˈpuːstn̩], pustete, hat gepustet **1.** /jmd./ **1.1.** *etw. irgendwohin* ~ SYN ˈetw. irgendwohin blasen (1.1)': *Luft in den Ball, in die Luftmatratze* ~; *auf den Löffel* ~, *damit das Essen abkühlt; puste mal!* **1.2.** *etw. von etw.* ⟨Dat.⟩, *irgendwohin* ~ SYN ˈetw. von etw., irgendwohin blasen (1.2)': *den Staub von den Büchern, die Krümel vom Tisch* ~; *jmdm. den Rauch ins Gesicht* ~ **2.** /Wind, auch es/ *irgendwohin* ~ ˈkräftig irgendwohin wehen': *der Wind pustet ums Haus, pustet mir ins Gesicht; es pustet mächtig!* **3.** /jmd./ SYN ˈkeuchen (1)': *er pustet beim Treppensteigen; nach der dritten Treppe pustet er schon mächtig*

Pute [ˈpuːtə], **die**; ~, ~n **1.1.** ˈals Geflügel gehaltener Vogel mit rotem, nacktem Hals'; ↗ FELD II.3.1 (↗ TABL Vögel): ~*n züchten* **1.2.** ˈweibliche Pute (1.1)' **1.3.** ⟨o.Pl.⟩ ˈdie geschlachtete Pute (1.1,1.2) od. ein Stück davon als Braten'; ↗ FELD I.8.1: *heute gibt es* ~; *zum Fest haben, essen wir (eine)* ~ **2.** emot. neg. ⟨mit best. Adj.⟩ /meint eine erwachsene weibliche Person/: *sie ist eine dumme, aufgeblasene, eingebildete* ~ (ˈsie ist dumm, eingebildet'); auch Schimpfw. *so eine dumme* ~*!; sei still, du (dämliche)* ~*!* ❖ **Puter** – **puterrot**

Puter [ˈpuːtɐ], **der**; ~s, ~ ˈmännliche Pute (1.1)'; ↗ FELD II.3.1: *der* ~ *kollert* ❖ ↗ **Pute**

puter|rot [ˈ..] ⟨Adj.; o. Steig.⟩ ˈvor Wut, Erregung sehr, intensiv rot' /auf das menschliche Gesicht bez./: *sein* ~*es Gesicht; sein Gesicht war* ~; *er wurde* ~ *(vor Wut), lief* ~ *an* (ˈbekam ein intensiv rotes Gesicht') ❖ ↗ **Pute,** ↗ **rot**

Putsch [pʊtʃ], **der**; ~s/auch ~es, ~ ˈ(gewaltsame) politische Aktion einer Gruppe (von Militärs) mit dem Ziel, die Regierung zu stürzen und selbst die Macht zu übernehmen': *der* ~ *(der Militärs) ist gescheitert; durch einen* ~ *an die Macht kommen;*

einen ~ planen, anzetteln, unterdrücken, nieder-schlagen; vgl. *Rebellion, Revolution* (1) ❖ **putschen − aufputschen**

putschen ['pʊtʃn̩] ⟨reg. Vb.; hat⟩ /Gruppe, bes. Militär/ ʿversuchen, durch einen Putsch an die Macht zu kommenʾ: *eine Gruppe von Offizieren hat, Militärs haben geputscht* ❖ ↗ **Putsch**

Putz [pʊts], **der**; ~es, ⟨o.Pl.⟩ ʿauf Mauern, Wände und Decken (3) aufgetragene Schicht Mörtel, die zum Schutz gegen die Witterung, zum Glätten und Verschönern dientʾ; ↗ FELD V.3.1: *die Mauer mit ~ bewerfen; etw. mit ~ verkleiden; die elektrischen Leitungen unter ~ legen; an diesem Haus, an der Außenwand, von der Wand bröckelt der ~ ab* ❖ **putzen − abputzen, runterputzen**

putzen ['pʊtsn̩] ⟨reg. Vb.; hat⟩ **1.** /jmd./ **1.1.** *etw. ~* SYN ʿetw. sauber machen (1.2)ʾ: *die Wohnung, das Bad ~; ich muss heute noch ~* **1.2.** *etw. ~* ʿetw. (säubern und) blank reibenʾ: *Gläser, Fenster, die Bestecke ~; (die) Schuhe ~* **1.3.** *etw. ~* ʿGemüse säubern, schälen und es so zum Kochen, Essen vorbereitenʾ: *Möhren, Spinat, Salat ~; Gemüse ~* **2.1.** /jmd./ *sich* ⟨Dat.⟩ *die Nase ~* (ʿsich schneuzenʾ); *(sich* ⟨Dat.⟩*) die Zähne ~* ʿseine Zähne mit Bürste und Zahnpaste reinigenʾ: *bevor du ins Bett gehst, musst du (dir) noch die Zähne ~* **2.2.** /Tier, bes. Katze/ *sich ~: die Katze, der Vogel putzt sich* (ʿsäubert und glättet das Fell mit der Zunge, das Gefieder mit dem Schnabelʾ) **3.** /weibl. Person/ *sich ~* SYN ʿsich zurechtmachen (2)ʾ: *sie putzt sich gern; sich für den Abend ~* **4.** /jmd./ *etw. ~* ʿetw. mit Putz versehenʾ: *die Wand, Decke ~; morgen wollen sie ~* ❖ **(zu 1.1): Putzfrau; (zu 4):** ↗ **Putz**

Putz|frau ['pʊts..], **die** umg. SYN ʿRaumpflegerinʾ; ↗ FELD I.10: *die ~ kommt zweimal die Woche; eine ~ suchen, benötigen* ❖ ↗ **putzen, Frau**

putzig ['pʊtsɪç] ⟨Adj.; Steig. reg.⟩ **1.** SYN ʿpossierlichʾ /bes. auf kleine Tiere bez./: *ein ~es Kätzchen; der Hamster ist ~, sieht ~ aus* **2.** SYN ʿdrollig (1)ʾ /bes. auf Kinder bez./: *die Kleine ist ~, wirkt immer so ~*

Puzzle ['pʊzl] **das**; ~s, ~s ʿAusdauer erforderndes Spiel, bei dem viele kleine Teile zu einem als Vorlage vorhandenen Bild zusammengesetzt werden müssenʾ: *ein ~ machen*

Pyjama [py'dʒaːma], **der**; ~s, ~s SYN ʿSchlafanzugʾ; ↗ FELD V.1.1 (↗ TABL Kleidungsstücke): *er war noch im ~, als er die Tür öffnete; ein gestreifter ~; er schläft nur im ~*

Pyramide [pyʀa'miːdə], **die**; ~, ~n **1.** Math. ʿgeometrische Figur (3) mit einer Grundfläche mit mehreren Ecken und entsprechend vielen dreieckigen seitlichen Flächen, die zusammen eine Spitze bildenʾ (↗ TABL Geom. Figuren): *der Mantel, Rauminhalt einer ~; eine ~ zeichnen; die Oberfläche einer ~ berechnen* **2.** ʿGebilde etwa in der Form einer Pyramide (1)ʾ: *Dosen in, zu einer ~ aufstellen; die Turner bildeten eine ~* **3.** ʿmonumentale Grabstätte für Könige, bes. im alten Ägypten, in der Form einer Pyramide (1) mit quadratischer Grundflächeʾ: *die ~n von Gizeh* **4.** ʿals Schmuck in der Weihnachtszeit dienendes kegelförmiges hölzernes, mit Figuren und Kerzen bestücktes Gestell, das sich durch die Wärme der brennenden Kerzen drehtʾ: *die ~ aufstellen; die ~* (ʿdie Kerzen der Pyramideʾ) *anzünden, anbrennen*

q, Q

Quaddel ['kvadl̩], **die**; ~, ~n ⟨vorw. Pl.⟩ 'meist in größerer Anzahl auftretende, flache, entzündliche Schwellung der Haut': *nach dem Impfen haben sich ~n gebildet* ❖ ↗ **Quadrat**

Quader ['kvɑːdɐ], **der**; ~s, ~ **1.** 'großer steinerner Block, der so bearbeitet ist, dass er an allen Seiten von Rechtecken begrenzt wird': *alte, aus ~n errichtete Mauern* **2.** 'geometrischer Körper, dessen Oberfläche von drei jeweils kongruenten Paaren von Rechtecken begrenzt ist'; ↗ FELD III.1.1 (↗ TABL Geom. Figuren): *der Würfel ist ein ~;* vgl. *Block* ❖ ↗ **Quadrat**

Quadrat [kvɑˈdʀɑːt], **das**; ~s/auch ~es, ~e **1.** 'Viereck mit gleich langen Seiten und rechten Winkeln'; ↗ FELD III.1.1 (↗ TABL Geom. Figuren): *ein ~ zeichnen; die Grundfläche der Konstruktion ist ein ~* **2.** Math. ⟨vorw. Sg.⟩ 'zweite Potenz (3) einer Zahl': *das ~ von drei ist neun; eine Zahl ins ~ erheben* ('mit sich selbst multiplizieren'); *zwei im/zum ~ ist vier;* a^2 (sprich: a ~) ❖ **Quader, quadratisch** — **Quadratkilometer, Quadratmeter**

quadratisch [kvaˈdʀɑːt..] ⟨Adj.; o. Steig.⟩ **1.** ⟨nicht bei Vb.⟩ 'in der Form eines Quadrats (1)' /auf Formen bez./; ↗ FELD III.1.3: *eine ~e Fläche; der Grundriss ist ~* **2.** Math. ⟨nicht bei Vb.; vorw. attr.⟩ 'ins Quadrat (2) erhoben' /vorw. auf Zahlen bez./: *eine ~e Zahl, Größe* ❖ ↗ **Quadrat**

Quadrat [kvaˈdʀɑːt..]**|-kilometer, der** ABK km² 'quadratische (1) Fläche von einem Kilometer Länge und einem Kilometer Breite': *ein Gebiet von mehreren hundert ~n; ein drei ~ großes Gebiet* ❖ ↗ **Quadrat**, ↗ **Meter**; **-meter, der** ABK m² 'quadratische Fläche von einem Meter Länge und einem Meter Breite': *der Preis für einen ~ Land, Wohnfläche; was kostet hier ein ~ Boden?; die Wohnung hat 65 ~* ❖ ↗ **Quadrat**, ↗ **Meter**

quaken ['kvaːkn̩] ⟨reg. Vb.; hat⟩ /Frosch, Ente/ *der Frosch quakt* ('lässt seine Stimme ertönen'); *die Frösche, Enten ~ am Teich, in der Dämmerung*

quäken [kvɛːkn̩] ⟨reg. Vb.; hat⟩ umg. **1.1.** /kleines Kind/ *der Säugling quäkt* ('stößt dem Weinen ähnliche Laute aus'); *ein ~des Kind; das Baby quäkte den ganzen Tag* **1.2.** /jmd., jmds. Stimme, best. Instrument/ emot. neg. 'heiser und schrill tönen': *er sprach, sang laut und ~d, mit ~der Stimme; auf der Terrasse quäkte ein Radio; irgendwo quäkte ein Saxophon; aus dem Radio quäkte eine Stimme*

Qual [kvaːl], **die**; ~, ~en ⟨vorw. Pl.⟩ 'intensive, schwer zu ertragende physische od. psychische Empfindung'; ↗ FELD I.6.1: *körperliche, seelische ~en; grauenhafte, schlimme ~en; die ~en der Reue, des Zweifels; große ~* (SYN 'Marter')/~*en (er)leiden, ausstehen müssen; unter ~en sterben; jmdm.*

~*en zufügen, verursachen; das Warten, die Ungewissheit wurde uns zur ~* (SYN 'Folter 2'); *etw. ist (jmdm.) eine ~: es war mir/war (für mich) eine ~, ihm zuhören zu müssen; die Hitze machte uns den Urlaub zur ~;* SYN Pein: *etw. bereitet jmdm. große ~; jmds. ~ (en) lindern* ❖ **quälen** — **abquälen, Quälgeist, qualvoll, Tierquälerei**

* /jmd./ scherzh. **die ~ der Wahl haben** ('in der schwierigen Lage sein, sich für eine von zwei gleich guten Möglichkeiten entscheiden zu müssen')

quälen ['kvɛːlən/'kveː..] ⟨reg. Vb.; hat⟩ **1.1.** /jmd./ *jmdn., ein Tier ~* 'jmdm., einem Tier absichtlich körperliche Qualen zufügen': *einen Hund ~; die Häftlinge wurden gequält und geschunden* **1.2.** /etw., bes. Psychisches od. Krankheit/ *jmdn. ~* 'jmdm. körperliche od. seelische Qualen verursachen'; SYN peinigen, plagen (3); ↗ FELD I.2.2: *der Hunger, Durst, Schmerz, die Angst, sein Gewissen, seine Schuld quälte ihn; das Rheuma quälte ihn sehr; ein ~der Husten; ~de Angst, Sorgen* **2.** /jmd./ **2.1.** *sich ~* 'intensive körperliche Schmerzen ertragen müssen': *der Kranke, Verletzte quälte sich sehr* **2.2.** *sich mit etw.* ⟨Dat.⟩ *~* 'sich bis zur Empfindung von Qual anstrengen, um etw. Schwieriges zu bewältigen': *sich mit einer Arbeit, Aufgabe, einem Aufsatz, Projekt ~; er hat sich anfangs sehr ~ müssen* **3.** /jmd./ *jmdn. mit etw.* ⟨Dat.⟩ *~* 'jmdm. durch anhaltendes Fragen, Bitten, Fordern lästig fallen': *jmdn. mit Fragen, Vorwürfen, ständigem Drängen ~; quäl mich nicht mit deiner Fragerei!;* vgl. *bedrücken* ❖ ↗ **Qual**

Quälerei [kvɛːləˈʀ../kveː..], **die**; ~, ~en **1.** ⟨vorw. Sg.⟩ 'körperliche od. psychische Belastung': *das Wäschewaschen war früher eine ~; das Treppensteigen ist heute für sie eine ~; mich ständig daran erinnern zu müssen, ist für mich eine ~* **2.** ⟨vorw. Pl.⟩ SYN 'Misshandlung': *sie versuchten, mit ~en die Gefangenen gefügig zu machen* ❖ ↗ **Qual**

Quäl|geist [kvɛːl../'kveː..], **der** 'jmd., der jmdm. ständig mit etw. lästig fällt' /bes. auf Kinder bez./: *du bist ein richtiger ~, hör auf mit deiner ewigen Bettelei!* ❖ ↗ **Qual**, ↗ **Geist**

Qualifikation [kvalifikaˈtsi̯oːn], **die**; ~, ~en **1.** ⟨o.Pl.⟩ '(die durch entsprechendes Zeugnis nachgewiesene) Fähigkeiten, Kenntnisse für eine bestimmte, bes. berufliche Tätigkeit': *er hat seine ~ als Pilot, Lehrer erworben; er besitzt die (fachliche) ~ für dieses Amt; die ~ steigern; er hat trotz seiner ~ keine Anstellung gefunden; ein Mitarbeiter mit einer hohen ~; sein Beruf erfordert eine hohe ~* **2.** Sport **2.1.** ⟨o.Pl.⟩ 'das Sichqualifizieren (2)': *er schaffte die ~ im Hochsprung; jmds. ~ für etw.: seine ~ für die Olympiade, Weltmeisterschaft* **2.2.** 'Wettkampf, in dem sich Sportler für die Teilnahme an weiteren, zentralen Wettkämpfen qualifizieren (2)': *an der ~, an den ~en für die Weltmeisterschaft teilnehmen; die ~en dauerten mehrere Tage* 3. 〈vorw. Sg.; mit Gen.attr.〉 fachspr. ˈdas Qualifizieren (3)': *seine ~ dieses historischen Ereignisses erregte Aufsehen; die juristische ~ eines Verbrechens* ❖ ↗ **qualifizieren**

qualifizieren [kvɑliˈfiːtsiːʀən], qualifizierte, hat qualifiziert **1.1.** /jmd./ *sich ~* ˈseine beruflichen Fähigkeiten, Kenntnisse durch systematische Aus-, Weiterbildung verbessern': *er hat sich mit einem Studium qualifiziert; sich zu etw.* 〈Dat.〉 *~: er hat sich zum Ingenieur qualifiziert;* 〈oft adj. im Part. II〉 *qualifizierte* (ˈeine hohe Qualifikation 1 besitzende') *Arbeitskräfte, Fachleute; einen qualifizierten* (ˈeine hohe Qualifikation 1 erfordernden') *Beruf ausüben* **1.2.** /jmd., Unternehmen, Institution/ *jmdn. zu etw.* 〈Dat.〉 *~* ˈjmdn. auf dem Wege des Qualifizierens 1.1 auf eine höhere berufliche Stufe bringen': 〈oft im Pass.〉 *man hat ihn zum Manager qualifiziert; mehrere Mitarbeiter wurden in Kursen (zu Fachkräften) qualifiziert* **2.** 〈vorw. im Perf.〉 Sport /jmd., Gruppe/ *sich für etw. ~* ˈdurch entsprechende sportliche Leistung die Berechtigung zur Teilnahme an einem sportlichen Wettkampf erringen': *sie, die Mannschaft hat sich für das Finale, für die Olympiade, die Weltmeisterschaft qualifiziert* **3.** fachspr. /jmd., bes. Fachmann/ *etw. irgendwie ~* ˈetw. in Bezug auf seine Eigenschaften irgendwie beurteilen': *etw. als sehr negativ ~; er hat das in seinem Vortrag als Erfolg, als positives Ergebnis qualifiziert; etw. juristisch, literarisch ~* ❖ **disqualifizieren, Qualifikation**

Qualität [kvɑliˈtɛːt/..teːt], die; ~, ~en **1.** 〈vorw. Sg.〉 ˈGesamtheit der Eigenschaften von etw., bes. eines Produkts, die seine Beschaffenheit bestimmen': *dieses Erzeugnis hat eine hohe ~, ist von hoher, guter, minderwertiger ~; die ~ einer Ware, eines Produkts; die künstlerische ~ einer Theateraufführung; die ~ (von etw.) prüfen, verbessern; etw. hinsichtlich seiner ~ testen, untersuchen; bei einem Produkt, beim Kauf von etw. auf ~* (ˈgute Beschaffenheit') *achten; das Wasser hat (eine) gute ~; etw. hat ~* (ˈgute Beschaffenheit'); *ja, das ist, hat ~!* **2.** 〈nur im Pl.〉 *jmds. ~en* ˈjmds. Anlagen, Fähigkeiten, (gute) Eigenschaften': *seine ~en als Mensch, Künstler, Politiker; er hat hohe moralische, gute fachliche ~en;* vgl. *Quantität* ❖ **qualitativ**

qualitativ [kvɑlitaˈtiːf] 〈Adj.; o. Steig.〉 ˈhinsichtlich der Qualität (1)': *ein ~ hochwertiges Erzeugnis; dieser Stoff ist ~ besser als der andere; der Unterschied ist ~, ist ~er Natur* (ˈbetrifft die Qualität'); *etw. ~* (ˈhinsichtlich seiner Qualität') *bewerten;* vgl. *quantitativ* ❖ ↗ **Qualität**

Qualle [ˈkvɑlə], die; ~, ~n ˈin der Form eines Schirmes vorkommendes, aus gallertartiger Substanz bestehendes, durchsichtiges Tier, das im Meer lebt' (↗ BILD): *das Wasser war voller ~n; wegen der ~n wagten sie nicht zu baden*

Qualle

Qualm [kvalm], **der**; ~s/auch ~es, 〈o.Pl.〉 ˈdichter Rauch, der meist als unangenehm empfunden wird': *dicker, undurchdringlicher, beißender ~; ~ stieg auf, drang aus dem Ofen, Fenster; der Raum war voller ~; die Schornsteine stießen ~ aus; über dem Tal lag schwarzer ~; der ~ der Zigarre, Zigarette;* vgl. *Rauch* ❖ **qualmen, qualmig**

qualmen [ˈkvalmən] 〈reg. Vb.; hat〉 **1.1.** /etw., das Rauch verursacht/ ˈQualm ausstoßen': *der Ofen, Schornstein, die Kerze qualmt* **1.2.** /jmd./ emot. neg. ˈmeist viel und häufig rauchen (2) und dadurch Rauch verursachen': *sie qualmte(n) den ganzen Abend* ❖ ↗ **Qualm**

qualmig [ˈkvalmɪç] 〈Adj.; Steig. reg.; vorw. präd.〉 /etw./ *~ sein* ˈvoller Qualm sein': *im Lokal war es so ~!; eine ~e Kneipe* ❖ ↗ **Qualm**

qual|voll [ˈkvɑːl..] 〈Adj.; Steig. reg.〉 ˈmit großen Qualen verbunden, Qual bereitend': *~e Erinnerungen, Träume; die ~en Stunden, Wochen der Ungewissheit; das Warten, der Abschied war ~; ~ sterben müssen; die Zeit verging ~ langsam; er starb einen ~en Tod* ❖ ↗ **Qual,** ↗ **voll**

Quantität [kvantiˈtɛːt/..ˈteːt], die; ~ ~en 〈vorw. Sg.〉 ˈdas Vorhandensein von etw. hinsichtlich der Menge, Anzahl': *ein nach ~ und Qualität gutes Sortiment an Waren; wir kaufen Obst in jeder ~* (ˈMenge'); vgl. *Qualität* ❖ **quantitativ, Quantum**

quantitativ [kvantitaˈtiːf] 〈Adj.; o. Steig.〉 ˈhinsichtlich der Quantität': *ein ~ beachtliches Angebot; rein ~ (gesehen) ist das ein gutes Ergebnis; etw. ~ vergleichen; diese Analyse ist ~* (ˈbetrifft die Quantität'); vgl. *qualitativ* ❖ ↗ **Quantität**

Quantum [ˈkvantʊm], **das**; ~s, Quanten [ˈkvantn̩] 〈vorw. Sg.; vorw. mit Attr.〉 ˈbestimmte Menge, bestimmtes Maß (2.2)': *wir wollen gleich ein größeres ~ (davon) kaufen; ein großes ~ (an) Arbeit bewältigen;* 〈+ Possessivpron.〉 ˈMenge, die jmd. gewohnt ist': *er trinkt täglich sein ~ Bier, Kaffee; er braucht täglich sein ~ Schlaf* ❖ ↗ **Quantität**

Quarantäne [kvɑʀanˈtɛːnə/..ˈteː..], die; ~, ~n 〈vorw. Sg.〉 ˈzeitweilige Isolierung von Personen, Tieren, die an einer ansteckenden Krankheit leiden od. bei denen der Verdacht darauf besteht, um eine weitere Ausbreitung der Krankheit zu verhindern': *jmd. ist in ~; jmdn. in (eine vierwöchige) ~ nehmen, unter ~ stellen; über einen Ort eine ~ verhängen; die ~ aufheben*

Quark [kvaʀk], **der**; ~s/auch ~es, ⟨o.Pl.⟩ **1.** ˈaus Milch durch Gerinnung gewonnenes weißes breiiges Nahrungsmittel'; ↗ FELD I.8.1: *magerer ~; ~ mit Zusatz von Sahne; ~ mit Zwiebeln, Früchten anrichten; Pellkartoffeln und ~ essen; süßer ~ als Nachspeise;* vgl. *Käse* **2.** umg. **2.1.** ˈUnsinn': *das ist doch (alles) ~!; red' keinen, nicht solchen ~!; so ein ~!* **2.2.** emot. neg. *er kümmert sich um jeden ~* (ˈum all und jedes, um jede Kleinigkeit, die ihn womöglich gar nichts angeht'); *er steckt seine Nase in jeden ~* (ˈmischt sich in alles, selbst in Belangloses, ein'); *das geht dich einen ~* (ˈnichts') *an!*

Quartal [kvaʀˈtaːl], **das**; ~s/auch ~es, ~e ˈjeweils drei aufeinander folgende Monate eines Jahres, gerechnet vom Beginn eines Jahres': *das erste, zweite, dritte, vierte ~; das letzte ~; das Buch erscheint noch in diesem ~;* vgl. *Vierteljahr*

Quartett [kvaʀˈtɛt], **das**; ~s/auch ~es, ~e **1.1.** ˈKomposition für vier solistische Instrumente od. vier solistische Sänger': *ein ~ komponieren, aufführen, singen; ein ~ für Streicher* **1.2.** ˈGruppe von vier Instrumentalisten od. Sängern, die ein Quartett (1.1) aufführt': *es spielte das ~ …; zu einer Feier ein ~ engagieren.* **2.1.** ˈaus Gruppen von je vier zusammengehörenden Karten (6) bestehendes Kartenspiel': *die Kinder spielten ~* **2.2.** ˈvier zusammengehörende Karten eines Quartetts (2.1)': *ein ~ sammeln, ablegen*

Quartier [kvaʀˈtiːɐ], **das**; ~s, ~e SYN ˈUnterkunft': *sich ein ~ suchen; ~e für Soldaten, Urlauber; ein ~ für den Urlaub suchen; jmdm. ein ~ geben, vermitteln, zuweisen; ein ~ fürs Wochenende; ein ~ an der Ostsee, im Gebirge; sie haben dort ein festes ~* ❖ **einquartieren**

Quarz [kvaːʀts], **der**; ~es, ⟨o.Pl.⟩ ˈhartes, meist farbloses, kristallines Mineral'; ↗ FELD II.5.1: *~, Glimmer und Feldspat bilden den Granit;* vgl. *Feldspat, Glimmer*

quasseln [ˈkvasl̩] ⟨reg. Vb.; hat⟩ umg., emot. neg. /jmd./ **1.1.** ˈunaufhörlich, schnell und viel reden': *er kann stundenlang, endlos ~* **1.2.** etw. ~: *er hat wieder dummes Zeug gequasselt* (ˈgeredet'). **1.3.** mit jmdm. ~ ˈmit jmdm. reden': *sie quasselt dauernd mit ihrer Nachbarin* ❖ **Quasselstrippe**

Quassel|strippe [ˈkvasl̩..], **die** umg., emot. neg. ˈweibliche Person, die unentwegt (Belangloses) redet': *sie ist eine ~; so eine ~!* ❖ ↗ **quasseln**

* scherzh. **an der ~ hängen** (ˈtelefonieren')

Quaste [ˈkvastə], **die**; ~, ~n ˈBündel aus gleich langen Haaren od. Fäden, die an einem Ende zusammengebunden sind, das meist als Zierde an etw. befestigt ist': *goldene ~n an einem Säbel; die schwarzen ~ am Sarg; das Sofa war mit ~n verziert*

Quatsch [kvatʃ], **der**; ~es, ⟨o.Pl.⟩ umg. **1.1.** emot. neg. ˈunsinnige Äußerung': *das ist doch ~, was du da sagst!; was redet der für einen ~!; ich kann diesen ~ nicht mehr hören!* **1.2.** emot. neg. ˈtörichte Handlung': *mach' keinen ~!; was soll denn der ~!* **2.** ~ **machen** (ˈalbern und ausgelassen sein') ❖ ↗ **quatschen**

quatschen [ˈkvatʃn̩] ⟨reg. Vb.; hat⟩ umg. /jmd./ **1.1.** emot. neg. ˈviel Unsinn reden': *ach, was der so quatscht!; quatsch nicht!* **1.2.** etw. ~ ˈetw. reden': *er hat wieder dummes Zeug gequatscht!* **1.3.** mit jmdm. ~ ˈmit jmdm. reden, sich mit jmdm. unterhalten': *ich hab' mit ihr den ganzen Abend, eine geschlagene Stunde (am Telefon) gequatscht;* /zwei od. mehrere (jmd.)/ *wir haben den ganzen Abend (miteinander) gequatscht; er will mich besuchen, wir wollen mal ein bisschen ~* ❖ **Quatsch, Quatschkopf**

Quatsch/quatsch [ˈkvatʃ..]**|-kopf**, **der** umg., emot. neg. ˈjmd., der oft und viel Unsinn redet': *ach, er ist doch ein (alter) ~!; so ein ~!* ❖ ↗ quatschen, ↗ Kopf; **-nass** ⟨Adj.; o. Steig.; nicht bei Vb.⟩ umg. ˈdurch und durch nass (und dabei etwas schlüpfrig)' /bes. auf Körperteile, Kleidungsstücke bez./: *ich bin in ein Gewitter gekommen, meine Schuhe, Füße sind ~; ich habe ~e Haare; die Wäsche ist noch ~* ❖ ↗ nass

Queck/queck [ˈkvɛk..]**|-silber**, **das**; ~s, ⟨o.Pl.⟩ **1.** /Element/ ˈsilberweißes, bei normaler Temperatur flüssiges Metall, dessen Dämpfe und lösliche Verbindungen giftig sind' /chem. Symb. Hg/; ↗ FELD II.5.1: *das ~ im Thermometer steigt; in den Abwässern hat man ~ festgestellt* **2.** jmd. ist ein ~, ist das reine ~ (ˈist sehr lebhaft und unruhig, kann nicht stillsitzen') ❖ ↗ Silber; **-silbrig** ⟨Adj.; Steig. reg., ungebr.; nicht bei Vb.⟩ ˈsehr lebhaft und unruhig' /auf Personen, bes. auf Kinder, bez./: *ein ~es Kind; sie ist so ~* ❖ ↗ Silber

Quelle [ˈkvɛlə], **die**; ~, ~n **1.** ˈ(als Ursprung eines Baches, Flusses) an einer bestimmten Stelle aus der Erde tretendes Wasser': *eine klare, heiße, sprudelnde, mineralhaltige ~; die ~* (ANT Mündung 1) *der Elbe, der Donau; die ~ sprudelt aus dem Felsen; Wasser aus einer ~ schöpfen; alle ~n waren versiegt* **2.** ⟨vorw. Sg.; mit Gen.attr.⟩ ˈUrsache, Ausgangspunkt für etw.'; ↗ FELD VII.1.1: *diese Umstände sind eine ~ der Angst, Unzufriedenheit; das ist die ~ allen Übels* **3.** ⟨mit best. Adj.⟩ ˈPerson, Stelle (6), von der Informationen stammen, zu erhalten sind': *etw. aus amtlicher, erster, sicherer, zuverlässiger ~ erfahren haben; er hat seine Informationen aus einer dunklen, trüben ~; er verriet seine ~ nicht* **4.** ⟨vorw. Pl.⟩ ˈText, der als originales historisches Dokument (2) verwertet werden kann': *handschriftliche, unveröffentlichte ~n; die ~n studieren; in einer wissenschaftlichen Arbeit auf die ~n zurückgehen; für die Untersuchung sind seine Lebenserinnerungen eine wichtige ~* ❖ **quellen − Quellwasser, Heilquelle, Lichtquelle, Stromquelle, Wärmequelle**

quellen [ˈkvɛlən] (er quillt [kvɪlt]), quoll [kvɔl], ist gequollen [gəˈkvɔlən] **1.** /etw., bes. Flüssigkeit, Gas, auch mehrere (jmd.)/ *irgendwoher* ~ ˈ(langsam und) stetig in relativer Dichte irgendwoher dringen (1)': *das Blut quillt aus der Wunde; Rauch quoll aus dem Schornstein; die Menschenmassen ~ aus dem Stadion* **2.** /etw., bes. Augen/ *irgendwo(her)* ~ ˈdurch starkes Schwellen irgendwo, aus etw. hervor, nach außen kommen (3)': *die Adern quollen* *ihm an den Schläfen; die Augen quollen ihm fast aus dem Kopfe* **3.** /etw., bes. organisches Material/ ʿsich durch Aufnahme von Flüssigkeit ausdehnen (und dadurch weicher werden)ʾ: *Erbsen, Bohnen einige Zeit (im Wasser)* ~ *lassen; die Fensterrahmen sind (durch die Feuchtigkeit) gequollen; das Holz ist gequollen* ❖ ↗ **Quelle**

Quell|wasser [ˈkvɛl..], **das** ⟨o.Pl.⟩ ʿWasser aus einer Quelle (1)ʾ: *frisches, kaltes, sauberes* ~ ❖ ↗ **Quelle**, ↗ **Wasser**

quengeln [ˈkvɛŋl̩n] ⟨reg. Vb.; hat⟩ umg. **1.** /Kind/ ʿunablässig weinerlich klagen (und so um etwas bitten, nach etwas drängen)ʾ: *das übermüdete Kind quengelte den ganzen Abend* **2.** /jmd./ ʿnörgelnʾ: *er quengelt ständig, hat ständig etwas zu* ~; *über etw.* ~: *er quengelt ständig über das Essen*

quer [kveːɐ] ⟨Adv.⟩ **1.** ⟨+ *durch, über*⟩ **1.1.** ʿrechtwinklig od. schräg zur größten Ausdehnung, bes. zur Länge von etw.ʾ: ~ *über die Straße laufen, über den Fluss schwimmen; ein* ~ *gestreifter Pullover; den Tisch* ~ (ANT ¹*längs*) *(zum Fenster) stellen* **1.2.** ʿvon einer Seite zur anderen, einem Ende zum anderen von etw.ʾ: *wir liefen* ~ *durch den Wald,* ~ *über die Wiese, den Rasen, schwammen* ~ *über den See, reisten* ~ *durch das Land* **2.** *der Protest ging* ~ *durch alle Parteien* (ʿin allen Parteien gab es den gleichen Protestʾ) ❖ **durchqueren**; vgl. **Quer-**

Quere [ˈkveːʀə], **die** * /jmd./ **jmdm. in die ~ kommen 1.** ʿüberraschend störend jmds. Weg kreuzenʾ: *ausgerechnet in dem Moment kam er mir in die* ~ **2.** ʿjmds. Absichten, Pläne durchkreuzenʾ: *mit diesem Vorschlag ist er mir in die* ~ *gekommen*

Querele [kveʀeːlə], **die**; ~, ~n ⟨vorw. Pl.⟩ ʿStreitigkeit, oft um wenig Bedeutendesʾ: *ständige, lästige* ~*n mit den Nachbarn haben; ständig gibt es, hat er* ~*n mit diesen Leuten* ❖ **Querulant**

Quer|kopf [ˈkveːɐ..], **der** ʿjmd., der eigensinnig ständig etw. anderes will, als die anderen (in seiner Umgebung)ʾ: *irgendein* ~ *ist doch immer dabei; er ist ein* ~; *so ein* ~*!* ❖ ↗ **Kopf**

quer schießen, schoss quer, hat quer geschossen umg. /jmd./ ʿsich als Quertreiber betätigenʾ: *das Projekt kam nicht zustande, weil Naturschützer quer schossen; er muss ständig* ~ ❖ ↗ **schießen**

Quer|-schnitt, der 1. ʿwaagerechter Schnitt (1) durch einen Körper (2)ʾ: *der* ~ *eines Hauses, eines Kegels; etw. im* ~ *zeichnen* **2.1.** ʿdie wichtigsten Daten, Fakten eines Sachgebietes zusammenfassende (gedruckte) Darstellungʾ: *ein* ~ *durch die Literatur des 19. Jahrhunderts* **2.2.** ⟨vorw. Sg.⟩ *die Gruppe bildet einen repräsentativen* ~ (ʿeine repräsentative Auswahlʾ) *der Generation der Zwanzig- bis Dreißigjährigen* ❖ ↗ **schneiden**; **-straße, die** ʿStraße, die eine andere, meist größere, breitere Straße kreuzt od. rechtwinklig von dieser Straße abgehtʾ: *fahren Sie bis zur dritten* ~ *und biegen Sie dort ab* ❖ ↗ **Straße**; **-treiber** [tʀaibɐ], **der**; ~s, ~ umg. ʿjmd., der aus persönlichen Interessen ständig versucht, die Pläne,

Bestrebungen anderer zu durchkreuzenʾ: *er ist ein (übler)* ~ ❖ ↗ **treiben**

Querulant [kveʀuˈlant], **der**; ~en, ~en ʿjmd., der sich ständig über etw. beschwert, auf seinem Recht besteht und dadurch (den Ablauf von etw.) störtʾ: *er ist ein (lästiger)* ~ ❖ ↗ **Querele**

quetschen [ˈkvɛtʃn̩] ⟨reg. Vb.; hat⟩ **1.** /jmd./ **1.1.** *etw. zu etw.* ~ ʿdurch Drücken (1), Pressen (1) etw. zu Brei machenʾ: *gekochte Kartoffeln, Äpfel (zu Brei)* ~ **1.2.** *etw. aus etw.* ⟨Dat.⟩ ~ SYN ʿetw. aus etw. pressen (1.4)ʾ: *den Saft aus der Zitrone* ~; *die Zahnpasta aus der Tube* ~ **2.** /jmd./ *sich* ~, *sich* ⟨Dat.⟩, *jmdm. etw.* ~ ʿsich, jmdm. ein Körperteil durch Ausübung von Druck verletzenʾ: *er hat sich (in, an der Tür) gequetscht; ich habe mir die Hand gequetscht; ich habe ihm aus Versehen den Finger gequetscht* **3.** /jmd./ **3.1.** *jmdn., etw. gegen, an etw.* ~ ʿjmdn., etw. (heftig, mit Gewalt) gegen etw. drücken (1)ʾ: *wir wurden (von der Menge) gegen die Wand gequetscht; die Nase an die Fensterscheibe* ~ **3.2.** umg. *etw., sich irgendwohin* ~ ʿetw. mit Mühe in einem dafür zu kleinen od. schon zu vollen Behältnis noch unterbringen, sich noch in einen engen od. zu vollen Raum drängenʾ; SYN zwängen: *noch zwei Kleider in den Koffer* ~; *sich noch in den Bus, durch die enge Tür* ~ ❖ **Quetschung** – **ausquetschen**

Quetschung [ˈkvɛtʃ..], **die**; ~, ~en ʿdurch Quetschen (2) entstandene Verletzungʾ: *er hat sich bei dem Unfall schwere* ~*en zugezogen* ❖ ↗ **quetschen**

quick|lebendig [ˈkvɪk..] ⟨Adj.; Steig. reg., ungebr.; vorw. attr. u. präd.⟩ ʿsehr munter und lebhaftʾ /auf Personen, bes. Kinder bez./: *ein* ~*es Kind; der Kleine ist* ~ ❖ ↗ **lebendig**

quieken [ˈkviːkn̩] ⟨reg. Vb.; hat⟩ /best. Säugetier od. Kind/ ʿsehr hohe, schrille (und grelle, gedehnte) Laute von sich gebenʾ: *die Schweine, Ferkel* ~; *die Kinder quiekten vor Schreck, Vergnügen*

quietschen [ˈkviːtʃn̩] ⟨reg. Vb.; hat⟩; ↗ FELD VI.1.2 **1.1.** /etw., bes. technischer Gegenstand, Fahrzeug/ ʿ(durch Reibung erzeugt) einen hohen, schrillen Ton von sich gebenʾ: *die Straßenbahn quietscht in der Kurve; die Bremsen* ~; *die Tür quietscht (in den Angeln)* **1.2.** /jmd., bes. Kind/ SYN ʿquieken (die *Mädchen quietschten vor Schreck, Vergnügen* ❖ **quietschvergnügt**

quietsch|vergnügt [ˈkviːtʃ..] ⟨Adj.; Steig. reg., ungebr.⟩ umg. ʿsehr fröhlich und lustigʾ: *auf der Geburtstagsfeier ging es* ~ *zu, waren alle* ~; *er machte ein* ~*es Gesicht* ❖ ↗ **quietschen**, ↗ **vergnügen**

quillt: ↗ **quellen**

Quintessenz [ˈkvɪntɛsɛnts], **die**; ~, ~en ⟨vorw. Sg., mit Gen.attr.⟩ ʿzusammengefasst das Wesentliche eines Textes, einer Auffassung o.Ä.ʾ: *die* ~ *seines Vortrages bestand darin, dass …; er trug die* ~ *seiner Konzeption, seiner Erfahrungen vor; was ist die* ~ *davon?* ❖ ↗ **Essenz**

Quintett [kvɪnˈtɛt], **das**; ~s/auch ~es, ~e **1.1.** ʿKomposition für fünf solistische Instrumente od. fünf solistische Sängerʾ: *ein* ~ *komponieren, spielen, aufführen, singen* **1.2.** ʿGruppe von fünf Instrumenta-

listen od. Sängern, die ein Quintett (1.1) aufführt':
*das ~ beeindruckte durch seine Geschlossenheit,
brillante Interpretation*

Quirl [kvɪʀl], **der**; ~s/auch ~es, ~e ˈGerät, mit dem
man durch Rotation pulverige und flüssige Sub-
stanzen vermengen od. etw. schaumig rühren kann'
(↗ BILD): *Eier und Milch mit dem ~ verrühren; die
Suppe mit dem ~ rühren* ❖ **quirlen, quirlig**

quirlen [ˈkvɪʀlən] ⟨reg. Vb.; hat⟩ **1.** /jmd./ **1.1.** *etw. ~*
ˈetw. mit dem Quirl rühren': *die Suppe ~; ein Ei-
dotter schaumig ~* **1.2.** *etw. in, an etw. ~* ˈetw. Flüs-
siges od. Pulveriges durch Rühren mit dem Quirl
in eine Flüssigkeit mengen': *noch ein Ei an, in die
Suppe ~* **2.** /fließendes Wasser, Gewässer/ ˈsich leb-
haft wirbelnd bewegen': *ein ~der Strudel; das Was-
ser quirlt im Abfluss* ❖ ↗ **Quirl**

quirlig [ˈkvɪʀlɪç] ⟨Adj.; Steig. reg.; vorw. attr. u.
präd.⟩ umg. ˈsehr lebhaft und unruhig' /bes. auf
Kinder bez./: *er ist ein ~er kleiner Kerl; ist der
Junge heute wieder ~!* ❖ ↗ **Quirl**

quitt [kvɪt] ⟨Adj.; o. Steig.; nur präd. (mit *sein*)⟩ **1.**
/jmd./ *mit jmdm. ~ sein* ˈjmdm. gegenüber frei von
Schulden sein': *nach Zahlung der letzten Rate bin
ich mit ihm ~; /zwei od. mehrere (jmd.)/ wir sind
beide (miteinander) ~; ich schulde dir nichs mehr,
wir sind jetzt ~* **2.** /jmd./ *mit jmdm. ~ sein: nach
diesem Streit, dieser Aussprache bin ich mit ihm ~*
(ˈhabe ich mit ihm abgerechnet'); /zwei od. mehrere
(jmd.)/ *ihr habt mich geärgert, und ich habe euch
geärgert, jetzt sind wir (miteinander) ~* ❖ **quittie-
ren, Quittung**

Quitte [ˈkvɪtə], **die**; ~, ~n ˈgelbe, sehr harte Frucht
in der Form eines Apfels od. auch einer Birne, die
sehr aromatisch, roh jedoch nicht genießbar ist'; ↗
FELD II.4.1: *~n zu Gelee, Kompott verarbeiten*

quittieren [kvɪˈtiːʀən], quittierte, hat quittiert **1.** /jmd./
etw. ~ ˈauf einer Bescheinigung durch seine Unter-
schrift den Empfang von etw., bes. einer Zahlung,
Lieferung bestätigen': *er hat den Empfang des Gel-
des, des Paketes, der Ware quittiert; jmdm. etw. ~:
würden Sie mir das bitte ~?* **2.** /jmd./ *etw. mit etw.*
⟨Dat.⟩ *~* ˈauf jmds. Verhalten in bestimmter Weise
reagieren': *er quittierte ihre Äußerung mit Spott, mit
einem Lächeln; die Rede wurde mit viel Beifall quit-
tiert* ❖ ↗ **quitt**

Quittung [ˈkvɪt..], **die**; ~, ~en **1.** ˈBescheinigung, mit
der man etw. quittiert (1)': *eine vorgedruckte, hand-
schriftliche ~; (jmdm.) eine ~ (über etw.) geben,
ausstellen; ich werde Ihnen eine ~ (darüber) schrei-
ben; die ~en für, über die Lieferung der Waren; etw.
gegen ~ aushändigen* **2.** ⟨o.Pl.⟩ ˈunangenehme Fol-
gen, die sich als Reaktion auf jmds. negatives Ver-
halten ergeben': *das ist nun die ~, da hast du die ~
für deinen Leichtsinn, deine Nörgelei* ❖ ↗ **quitt**

Quiz [kvɪs], **das**; ~, ~ ˈbes. im Fernsehen, im Rund-
funk gesendetes heiteres Spiel, bei dem die Teil-
nehmer die an sie gestellten Fragen meist in einer
vorgeschriebenen Zeit beantworten müssen und
dabei etw. gewinnen können': *ein ~ veranstalten;
an einem ~ teilnehmen; ein literarisches, musikali-
sches ~*

quoll: ↗ *quellen*

Quote [ˈkvoːtə], **die**; ~, ~n **1.1.** ˈAnteil, der bei Auf-
teilung eines Ganzen auf etw., jmdn. entfällt': *eine
monatliche ~; eine ~ zahlen; beim Lotto wurden
hohe ~n ausgeschüttet* **1.2.** ⟨oft mit Gen.attr.⟩ ˈim
Verhältnis zu einem Ganzen gesehene (in Prozen-
ten ausgedrückte) Anzahl, Menge von etw.': *die ~
tödlicher Unfälle berechnen; die ~ der Arbeitslosen
ist sehr hoch, liegt bei acht Prozent; die ~ der
Frauen in leitenden Positionen ist zu niedrig; die ~
sank auf zehn Prozent*

r, R

Rabatt [ʀaˈbat], **der**; ~s/auch ~es, ~e ⟨vorw. Sg.⟩ ˈprozentuale Herabsetzung des Preises einer Ware, die unter bestimmten Bedingungen, bes. bei Zahlung in bar od. beim Kauf großer Mengen, dem Käufer gewährt wird': *ein hoher, niedriger, geringfügiger ~; jmdm. einen ~ von drei Prozent geben, gewähren; jmdm. ~ geben, gewähren; (einen) ~ bekommen, kriegen, verlangen; ~ auf alle Waren des Kaufhauses bekommen*

Rabe [ˈʀaːbə], **der**; ~n, ~n ˈgroßer Vogel mit metallisch glänzendem schwarzem Gefieder und einer rauen Stimme': *der ~ krächzt* ❖ **kohlrabenschwarz, Rabeneltern**
* /jmd./ **stehlen wie ein ~** 'häufig stehlen': *der stiehlt wie ein ~!*

Raben|eltern [ˈʀaːbm̩..], **die** ⟨Pl.⟩ emot. ˈlieblose, egoistisch eingestellte Eltern, die ihre Kinder vernachlässigen': *diese ~ haben sich tagelang nicht um ihre Kinder gekümmert; das sind vielleicht ~!* ❖ ↗ **Rabe,** ↗ **Eltern**

rabiat [ʀaˈbi̯aːt] ⟨Adj.; Steig. reg.⟩ ˈohne Rücksicht (1) grob und gewalttätig vorgehend' /auf Personen bez./: *so ein ~er Kerl!; dieser ~e Bursche wurde immer gleich handgreiflich; das ~e Frauenzimmer hat das ganze Geschirr zerschlagen; er ist, wird schnell ~; er reagierte ~ auf die Vorwürfe*

Rache [ˈʀaxə], **die** ~, ⟨o.Pl.⟩ ˈgeplante, meist mit großer Leidenschaft (1) und von starken Gefühlen geleitet, ausgeführte Handlung, mit der jmd. od. eine Gruppe etw. (vermeintlich) Übles, z. B. erlittenes Unrecht, erlittene Beleidigungen, Demütigungen, eine Niederlage o.Ä., dem, der es getan hat, mit entsprechend Üblem vergelten will'; SYN Vergeltung: *die (kleinliche) ~ des Unterlegenen, Geschädigten, Neiders; die grausame ~ des Feindes; die ~ des, der Verschmähten; an jmdm. ~ üben: an seinem Widersacher für (die) erlittene Unbill ~ nehmen, ~ üben* ('sich rächen'); *etw. aus ~ tun; jmdm. mit ~ drohen; auf ~ sinnen; jmdm. ~ schwören* ('jmdm. versichern, dass man sich an ihm rächen wird'); *jmd. dürstet nach ~* ❖ **rächen** − **Blutrache, Rachsucht, rachsüchtig**

Rachen [ˈʀaxn̩], **der**; ~s, ~ ˈerweiterter Teil des Halses am Ende des Mundes'; ↗ FELD I.1.1: *einen entzündeten, rauhen ~ haben*
* umg. /jmd./ **den ~ nicht voll kriegen (können)** ('nicht genug bekommen können, habgierig sein'); /jmd./ **jmdm. etw. in den ~ werfen** ('jmdm. etw., das er gern haben möchte, geben, überlassen, um ihn zufrieden zu stellen und damit sein lästiges Bitten, Drängen zu beenden')

rächen [ˈʀɛçn̩] ⟨reg. Vb.; hat⟩ **1.** /jmd./ **1.1.** *etw. ~* ˈsich, jmdm. durch Rache an jmdm. Ausgleich verschaffen für erlittenes Unrecht, erlittene Beleidigungen, Demütigungen, eine Niederlage o.Ä.': *sie haben die Beleidigung, das erlittene Unrecht (an den Feinden) gerächt; einen Mord, ein Verbrechen (an jmdm.) ~* **1.2.** *jmdn., sich ~* ˈjmdm., sich durch Rache Genugtuung für ein erlittenes Unrecht verschaffen': *er hat sich, seinen Freund gerächt; sich (an seinem Gegner) für ein Unrecht ~* **2.** *etw. rächt sich* ˈjmds. Verhalten od. etw., das jmd. getan hat, wirkt sich für ihn ungünstig aus, hat böse Folgen für ihn': *seine Faulheit, ungesunde Lebensweise, sein Hochmut, Leichtsinn hat sich (bitter) gerächt* ❖ ↗ **Rache**

Rach/rach [ˈʀax..]‖**-sucht, die** ⟨o.Pl.⟩ ˈheftiger, übersteigerter Drang nach Rache'; ↗ FELD I.6.1: *er war von heftiger, leidenschaftlicher ~ erfüllt, erfasst, getrieben* ❖ ↗ Rache ↗ Sucht; **-süchtig** ⟨Adj.; Steig. reg.; vorw. attr.⟩ ˈvon Rachsucht erfüllt, getrieben'; ↗ FELD I.6.3 /auf Personen bez./: *ein ~er Mensch; er ist ~* ❖ ↗ Rache ↗ Sucht

rackern [ˈʀakɐn] ⟨reg. Vb.; hat⟩ umg. /jmd./ ˈintensiv, schwer mit Einsatz aller physischen Kräfte arbeiten': ⟨vorw. mit Adv.best.⟩ *er musste mächtig, von früh bis spät ~; er rackerte den ganzen Tag auf dem Feld*; vgl. *abmühen, plagen*

Rad [ʀaːt/ʀat], **das**; ~es/auch ~s, Räder [ˈʀɛːdɐ] **1.** ˈkreisrunder, um seinen Mittelpunkt drehbarer Teil eines Fahrzeugs, mit dessen Hilfe sich das Fahrzeug rollend fortbewegen kann'; ↗ FELD VIII.4.1.1: *die beiden vorderen, hinteren Räder des Wagens, Autos; die zwei Räder des Fahrrads; das ~ an der Schubkarre; die Achse, Felge, Speiche des ~s* **2.** ˈTeil einer Maschine, eines Gerätes, das einem Rad (1) ähnlich ist, meist Zacken hat und durch seine drehende Bewegung bes. Kräfte überträgt': *die Räder des Getriebes, Uhrwerks* **3.** SYN ˈFahrrad': *~ fahren: er fährt (gern) ~* ↗ Rad fahren); *er fährt gern mit dem ~; auf das ~ steigen; sich aufs ~ schwingen; vom ~ absteigen; das ~ abstellen, an die Wand lehnen* ❖ **Damen(fahr)rad, Dreirad, Mühlrad, Herrenfahrrad, Lenkrad, Motorrad, Radfahrer, -fahrerin, Riesenrad, Zahnrad**
* /jmd./ **unter die Räder kommen** (**1.** ˈüberfahren werden' **2.** ˈin sozialer Hinsicht verkommen'); ⟨⟩ umg. /jmd./ **das fünfte ~ am Wagen sein** ('in einer Gruppe stören, weil man überflüssig ist')

Radar [ʀaˈdaːʀ/ˈʀaː], **das/der**; ~s, ⟨o.Pl.⟩ ˈVerfahren zur Messung von Entfernungen, zur Feststellung des Ortes eines bestimmten Objekts, das beruht, dass ausgesandte elektromagnetische Strahlen reflektiert werden': *die Entfernung des Mondes, den Standort eines Schiffes durch ~ feststellen, ermitteln*

Radau [ʀaˈdau], **der**; ~s, ⟨o.Pl.⟩ umg. ˈgroßer, bes. von Menschen oft absichtlich verursachter Lärm':

wer macht denn hier solchen ~?; dieser ~ war unerträglich

rade|brechen ['ʀɑːdə..], radebrechte, hat geradebrecht /jmd./ *etw.* ~ 'eine Fremdsprache od. etw. in einer Fremdsprache nur sehr mangelhaft sprechen': ⟨oft im Inf.⟩ *er kann Spanisch nur ~; er konnte nur ~; er radebrechte einige Worte Englisch; er radebrechte etw. in russischer Sprache* ❖ ↗ **brechen**

Rädels|führer ['ʀɛːd|s..Rɛː..], der 'Anführer einer Gruppe von Menschen, die Gesetzwidriges tun, getan haben': *der ~ einer Bande von Dieben; die ~ wurden verhaftet; nach den ~n wurde gefahndet* ❖ ↗ **führen**

Rad ['ʀɑːt../'ʀat..]**fahren**, er fährt Rad, fuhr Rad, ist Rad gefahren /jmd./ 'mit dem Fahrrad fahren'; ↗ FELD I.7.4.2, VIII.1.2: *früher ist er gern Rad gefahren; er fährt immer Rad, wenn er etw. einkaufen muss; er kann (nicht)* ~

Rad|-fahrer, der 'männliche Person, die sich mit einem Fahrrad fortbewegt'; **-fahrerin, die** /zu *Radfahrer;* weibl./ ❖ ↗ Rad, ↗ fahren

radieren [ʀɑˈdiːʀən], radierte, hat radiert /jmd./ *etw.* ~ 'etw. Geschriebenes, Gezeichnetes ausradieren': *einen Buchstaben, Strich ~, sorgfältig ~* ❖ **Radierung – Radiergummi**

Radier|gummi [ʀɑˈdiːʀ..], der ⟨Pl. ~s⟩ 'kleiner Gegenstand aus spezifischem Gummi (1), mit dem Geschriebenes, Gezeichnetes durch Reiben getilgt werden kann': *etw. mit dem ~ tilgen* ❖ ↗ **radieren, ↗ Gummi**

Radierung [ʀɑˈdiːʀ..], die; ~, ~en 'mit Hilfe einer Metallplatte, einer Nadel und Säure hergestelltes grafisches Blatt (2,3)': *eine farbige, wertvolle ~; eine Mappe mit ~en* ❖ ↗ **radieren**

Radieschen [ʀɑˈdiːsçən], das; ~s, ~ 'kleine kugelige, rote od. weiße, roh essbare, scharf schmeckende Knolle einer einjährigen, schnell wachsenden kleinen Pflanze'; ↗ FELD I.8.1, II.4.1 (↗ TABL Gemüsearten): *ein zartes, holziges ~; ~ ernten, in Scheiben schneiden, aufs Brot legen, mit Salz bestreuen; ein Bund ~ kaufen*

radikal [ʀadiˈkaːl] ⟨Adj.; Steig. reg.⟩ **1.1.** 'von Grund auf alles ohne Einschränkung erfassend' /auf Tätigkeiten, Vorgänge bez./: *es war eine ~e* (SYN 'völlige I') *Umgestaltung, Änderung, Erneuerung der Verhältnisse, Arbeitsweise, des Lebens; die ~e Ausbeutung natürlicher Ressourcen; ein ~er Bruch mit der Tradition; etw. ~* ('äußerst stark') *vereinfachen; etw. ~ abschaffen, vernichten* **1.2.** 'keinerlei Kompromiss, Zugeständnis zulassend' /auf Personen, Abstraktes bez./: *er vertrat ~e Ansichten, Forderungen; er war ein ~er Gegner, Verfechter der Todesstrafe; die Polizei ging ~ gegen die Drogenhändler vor; ~ auftreten; seine Ansichten ~ vertreten*

Radio ['ʀɑːdi̯o], das; ~s, ~s **1.** 'Gerät zum Empfang von Sendungen des Rundfunks (2)': *das ~ anstellen, abstellen, ausschalten, einschalten* **2.** ⟨o.Pl.; nur mit best. Art.⟩ 'Sendung mittels Radio (1)': *im ~ wird ein Konzert, wird die Rede des Präsidenten gesendet; das habe ich im ~ gehört; seine liebste Beschäftigung ist ~ hören*

radio|aktiv ['..] ⟨Adj.; o. Steig.; vorw. attr.⟩ 'ständig Energie in Form von Teilchen, Strahlen aussendend, die durch den Zerfall von Atomkernen entstehen' /vorw. auf Stoffe bez./: *~e Stoffe, Strahlung; ~e Abfälle, Asche; der Boden ist ~* ('mit radioaktiven Stoffen') *verseucht* ❖ ↗ **aktiv**

Radius ['ʀɑːdi̯ʊs], der; ~, Radien [..di̯ən] **1.** ABK r,R Math. 'Strecke vom Mittelpunkt zu einem beliebigen Punkt des Umfangs eines Kreises, der Oberfläche einer Kugel': *ein Kreis mit einem ~ von zehn Metern* **2.** ⟨vorw. Sg.⟩ 'Reichweite eines Senders': *dieser Sender hat nur einen geringen ~*

raffen ['ʀafn̩] ⟨reg. Vb.; hat⟩ **1.** /jmd./ *etw.* ~ 'etw., bes. mehrere einzelne Gegenstände, hastig ergreifen und an sich nehmen'; ↗ FELD I.7.3.2: *er raffte seine Sachen und lief davon; etw. an sich* ~: *die Einbrecher raffen alle Wertsachen an sich; etw. von, aus etw.* ⟨Dat.⟩ ~: *die Bücher vom Tisch, das Geld aus der Kasse* ~ **2.** /jmd./ *etw.* ~ 'habgierig viel von etw. Wertvollem, bes. Geld, zu erlangen suchen und anhäufen': *Geld, Antiquitäten, Schmuck* ~ **3.** /jmd./ *etw.* ~ **3.1.** 'einen Stoff in Falten legen und diese so befestigen, dass sie erhalten bleiben': *Gardinen* ~; *ein Kleid mit einem gerafften Rock* **3.2.** 'etw., einen Teil eines Kleidungsstücks ein wenig hochheben, sodass Falten entstehen': *den langen Rock, das Kleid beim Treppensteigen* ~ **4.** /jmd./ *etw.* ~ 'einen Text auf das Wesentliche kürzen': *du musst den Aufsatz, Vortrag (noch ein wenig)* ~ ❖ **raffgierig – aufraffen, Zeitraffer**

raff|gierig ['ʀaf..] ⟨Adj.; Steig. reg.⟩ 'gierig nach Besitz, Reichtum und bestrebt, möglichst viel davon anzuhäufen'; SYN habgierig /auf Personen bez./; ↗ FELD I.2.3: *ein ~er Mensch; etw. ~ an sich reißen* ❖ ↗ **raffen, ↗ Gier**

Raffinement [ʀafinəˈmãː], das; ~s, ⟨o.Pl.⟩ **1.1.** 'als eindrucksvoll und perfekt empfundene hohe Feinheit und Meisterschaft bei der Ausführung von etw., die durch die kluge Anwendung besonderer Mittel erreicht wird': *er spielte die Rolle des Faust mit einem künstlerischen ~; das psychologische ~ in der Verwendung sprachlicher Mittel; etw. mit viel ~ gestalten* **1.2.** 'von Schlauheit und Gerissenheit geprägtes Vorgehen einer Person in einer bestimmten Angelegenheit': *das ~ des Agenten, Anwalts, seiner Handlungsweise* ❖ ↗ **raffiniert**

Raffinesse [ʀafiˈnɛsə], die; ~, ~n **1.** ⟨o.Pl.⟩ SYN 'Raffinement (1.2)': *mit großer ~ geführte Verhandlungen* **2.** ⟨vorw. Pl.⟩ SYN 'Trick (2)': *alle ~n der Regie beherrschen* **3.** ⟨vorw. Pl.⟩ SYN 'Finesse (1)': *ein Auto, Appartement mit allen ~n* ❖ ↗ **raffiniert**

raffiniert [ʀafiˈniːɐ̯t] ⟨Adj.; Steig. reg.⟩ **1.** 'durch geschickte Auswahl und Anwendung der Mittel von außerordentlicher Wirkung' /auf Sachen bez./: *eine ~e Beleuchtung, Konstruktion, Technik; eine ~e Taktik; etw. ~ darstellen, konstruieren; sie ist ~ ge-*

kleidet; das war sehr ~ (SYN 'fein 3') *ausgedacht* **2.** SYN 'gerissen (I)'; ↗ FELD I.4.1.3: *ein ~er Gauner, Betrüger, Bursche; äußerst ~ vorgehen; ein ~er Betrug* ❖ **Raffinement, Raffinesse**

Rage ['ʀɑːʒə] *in ~: etw. bringt, versetzt jmdn. in ~* ('macht jmdn. wütend'); *jmd. gerät, kommt in ~* ('wird zornig, wütend'); *in der ~: das habe ich in der ~* ('in der Aufregung, Erregung') *vergessen*

ragen ['ʀɑːgn̩] ⟨reg. Vb.; hat/ist⟩ */etw., jmd./ irgendwohin ~* 'sich (wegen seiner Größe) über die Umgebung hinaus deutlich sichtbar irgendwohin in die Höhe, zur Seite erstrecken'; ↗ FELD IV.1.2: *der Turm ragt weit (über die Häuser) in die Höhe, Luft; die Pappel ragte über die Mauer; die Landzunge ragt weit in den See; aus etw.* ⟨Dat.⟩ *~: er ragte weithin sichtbar aus der ihn umgebenden Menge; felsige Klippen, die hoch aus dem Wasser ~* ❖ **hervorragend, überragen, überragend**

Ragout [ʀɑ'guː], **das**; *~s, ~s* 'Gericht (1) aus klein geschnittenem, gekochtem Fleisch od. Fisch und pikant gewürzter Soße (und Gemüse)': *ein ~ aus Rindfleisch, Nieren*

Rahm [ʀɑːm], **der**; *~s/auch ~es,* ⟨o.Pl.⟩ landsch., bes. süddt., schweiz. 'Sahne': *süßer, saurer ~; den Spinat mit ~ abschmecken; eine Soße mit ~*

Rahmen [ʀɑːmən], **der**; *~s, ~* **1.1.** 'viereckiger, auch runder od. ovaler Gegenstand bes. aus Leisten, der als Einfassung von etw. Flächigem, bes. von einem Bild, dient': *der ~ des Bildes, Spiegels; ein heller, dunkler ~; ein schlichter, prunkvoller ~; ein ~ aus Holz, Metall, Kunststoff; ein Bild aus dem ~ nehmen; ein Bild in einen ~ fassen; einen ~ für ein Gemälde aussuchen* **1.2.** 'Einfassung der Scheibe eines Fensters'; SYN Fensterrahmen: *die Fensterscheibe in den ~ einpassen, aus dem ~ lösen, nehmen; die ~ streichen; ~ aus Holz, Kunststoff;* **2.** 'aus Brettern gefügtes Bauteil, in das eine Tür, ein Fenster beweglich eingesetzt ist': *eine Tür aus dem ~ heben* **3.** *im ~* ⟨+ Gen.attr.⟩ **3.1.** 'in den Grenzen von etw.': *etw. liegt nicht im ~ des Möglichen, Vertretbaren, Üblichen* **3.2.** 'in, während': *seine Verdienste wurden im ~ der Veranstaltung, Feierstunde gewürdigt* ❖ **Fensterrahmen**

* */jmd., etw./ im ~ bleiben* 'nicht über das vertretbare Maß hinausgehen': *er blieb mit seinen Forderungen, seine Forderungen blieben im ~;* /etw./ *aus dem ~ fallen* 'dem Üblichen, Gewohnten, Erwarteten nicht in einem vertretbaren Maß entsprechen': *er hat Vorstellungen entwickelt, die völlig aus dem ~ fallen;* /etw./ *den ~ sprengen* '(weit) über das vertretbare Maß hinausgehen': *das können wir nicht zulassen, das würde den ~ (des Gewohnten) sprengen*

Rain [ʀɑin], **der**; *~s/auch ~es, ~e* 'schmaler, meist mit Gras bewachsener Streifen Land am Rande eines Feldes, Ackers, Weges'; SYN Feldrain: *ein ~ bildete die Grenze zwischen den Feldern; Blumen, die am ~ blühen* ❖ **Feldrain**

Rakete [ʀɑ'keːtə], **die**; *~, ~n* 'durch brennende ausgestoßene Gase angetriebener Körper von meist zylindrischer Form, der je nach Größe, Konstruktion, Zweck z. B. als Raumschiff od. als Geschoss od. bei Feuerwerken dient' (↗ BILD): *eine meteorologische, kosmische ~; strategische, interkontinentale ~n; die ~ umkreist die Erde; er hat für Silvester ~n eingekauft; eine ~ anzünden; ~n abschießen, aufstellen lassen*

Rallye ['ʀali/'ʀɛli] **die**; *~, ~s/auch das; ~s, ~s* 'als Rennen ausgeführter Wettbewerb mit serienmäßig hergestellten Kraftfahrzeugen, bei dem zusätzlich bestimmte Prüfungen gewertet werden': *an einer, einem ~ teilnehmen; eine ~ fahren, veranstalten; die ~ Monte Carlo*

rammen ['ʀamən] ⟨reg. Vb.; hat⟩ **1.** /jmd., Fahrzeug/ *etw. ~* 'beim Fahren mit einem Fahrzeug (absichtlich) gegen ein anderes Fahrzeug stoßen und es beschädigen': *in der Kurve, beim Überholen ein Auto von der Seite, von hinten ~; ein Schiff frontal ~; das Flugzeug wurde gerammt* **2.** /jmd., Gerät/ *etw. in etw. ~* 'etw. Längliches mit großer Kraft, mit Hilfe eines Gerätes senkrecht nach unten (in den Boden) schlagen (1.5)': *Pfähle, eine Stange tief und fest in den Boden, ins Eis ~*

Rampe ['ʀampə], **die**; *~, ~n* **1.** 'ansteigender Weg für Fahrzeuge zu einem größeren repräsentativen Gebäude': *die ~ hinauffahren* **2.** 'erhöhte Plattform zum Be- und Entladen von Güter-, Lastwagen': *die Pferde, Kisten wurden auf der ~ verladen* **3.** 'der ein wenig erhöhte Rand vorn an der Bühne eines Theaters': *der Sänger trat an, vor die ~*

ramponieren [ʀampo'niːʀən], ramponierte, hat ramponiert; ↗ auch *ramponiert* /etw., jmd./ *etw. ~* 'etw. stark beschädigen': ⟨vorw. im Pass.⟩ *der Sturm hat die Zelte ramponiert; durch das/bei dem Unwetter ist das Karussell stark ramponiert worden* ❖ **ramponiert**

ramponiert [ʀampo'niːɐt] ⟨Adj.; Steig. reg.; ↗ auch *ramponieren*⟩ 'heruntergekommen' (↗ herunterkommen 2): *er sah ziemlich ~ aus, wirkte ~* ❖ ↗ **ramponieren**

Ramsch [ʀamʃ], **der**; *~es/auch ~s,* ⟨o.Pl.⟩ umg. 'Waren von sehr schlechter Qualität od. wertlos Gewordenes'; ↗ FELD V.8.1: *das ist alles nur ~; auf dem Flohmarkt wurde viel ~ angeboten;* emot. *diesen ~ hätte ich nicht gekauft*

ran [ʀan] ⟨Adv.⟩ umg. **1.1.** /räuml./ 'heran (1)': *kommt mal ~!; er ging etwas dichter ~* **1.2.** /zeitl./ 'heran (2.2)': *Weihnachten ist nun auch bald ~* **2.** ⟨steht nicht für *heran*⟩ /als Aufforderung, tätig zu werden/: *alle Mann ~!; nun mal ~!* ❖ **ranhalten, -schmeißen**; vgl. **heran**

MERKE Zur Getrennt-, Zusammenschreibung von *ran* mit *sein:* Getrenntschreibung auch im Infinitiv.

ran- umg. /bildet mit dem zweiten Bestandteil Verben; betont; trennbar (im Präsens u. Präteritum)/ **1.** /ist austauschbar mit ↗ *heran*-/ **2.** /drückt aus, dass das im zweiten Bestandteil Genannte auf etw., jmdn. gerichtet ist; ist nicht mit *heran*- austauschbar/: ↗ z. B. **ranschmeißen**

Rand [ʀant], der; ~es/auch ~s, Ränder ['ʀɛndɐ] **1.1.** 'äußere Begrenzung einer Fläche, eines Gebietes'; ↗ FELD IV.3.1: *der ~ eines Blattes Papier, eines Tisches, Hutes, Lampenschirms; eine Briefmarke, ein Stück Stoff, Papier mit einem glatten, gezackten ~/mit glatten, gezackten Rändern; die Ränder der Wunde waren entzündet; am ~ des Waldes, eines Baches sitzen; an den ~ des Abgrunds treten; am ~e* (ANT Mitte 1.1) *der Straße, Stadt, Wüste; die Ränder des Stoffes beschneiden, säumen* **1.2.** 'obere Begrenzung eines Gefäßes o.Ä.': *ein Glas bis zum ~ füllen; die Tasse hat einen vergoldeten ~; er beugte sich über den ~ des Brunnens* **1.3.** 'schmaler Streifen am Rande (1.1) eines (beschriebenen, bedruckten) Blattes Papier': *ein Briefbogen mit schwarzem ~; beim Schreiben einen ~ lassen* ('einen Streifen am Rande nicht beschreiben'); *nicht über den ~* ('über den vorgesehenen freien Streifen am Rande') *schreiben; etw. auf den ~* ('etw. auf den nicht beschriebenen, bedruckten Streifen am Rande') *schreiben* **1.4.** 'etw., das wie ein Rand (1.3) geformt ist, aussieht': *tiefe dunkle Ränder unter den Augen haben; Finger mit schwarzen Rändern* ('mit Schmutz unter den Fingernägeln'); *die Gläser haben Ränder* ('ringförmige Verschmutzungen') *auf der Tischplatte gelassen* **2.** 'am Rand (1.1) eines flächigen Gegenstandes nach oben gebogener Teil dieses Gegenstandes': *ein Kuchenblech mit ~* ❖ **Stadtrand**

* **am ~e** 'beiläufig': *etw. am ~e erwähnen;* /jmd./ bes. Gruppe/ **außer ~ und Band sein/geraten** ('übermütig und ausgelassen sein, werden'): *die Klasse war außer ~ und Band;* /jmd./ **etw. zu ~e/zurande bringen** ('etw. bewerkstelligen'); /jmd./ **einen frechen/ großen ~ haben** ('sich frech, ungehörig äußern, vorlaut sein'); /jmd./ **am ~e des Grabes stehen** ('todkrank sein'); /jmd./ **den/seinen ~ halten** 'in einer bestimmten Situation nichts sagen, etw. nicht ausplaudern': *da habe ich lieber meinen ~ gehalten;* ⟨oft im Imp.⟩ *halt endlich deinen ~!;* /jmd./ **mit etw. (nicht) zu ~e/zurande kommen** 'etw. (nicht) gut be-

wältigen': *er kommt mit dem Aufsatz, mit dem neuen Füllfederhalter nicht zu ~e;* /jmd./ **mit jmdm. (nicht) zu ~e/zurande kommen** 'mit jmdm. (nicht) gut auskommen, fertig werden, weil man mit ihm (nicht) umgehen kann': *in dieser Angelegenheit bin ich mit ihm noch nicht zu ~e gekommen; mit einen jungen Kollegen nicht zu ~e kommen;* vgl. *zurande*

randalieren [ʀandɑ'liːʀən], randalierte, hat randaliert /jmd./ 'lärmend (groben) Unfug treiben': *die Betrunkenen randalierten auf der Straße*

rang: ↗ *ringen*

Rang [ʀaŋ], der; ~es/auch ~s, Ränge ['ʀɛŋə] **1.** ⟨vorw. Sg.⟩ 'Stellung, die jmd. in einem hierarchisch gegliederten System in der Gesellschaft einnimmt': *einen niederen, hohen ~ einnehmen, innehaben;* ⟨+ Gen.attr.⟩ *er steht im ~(e) eines Ministers* **2.** ⟨mit best. wertendem Adj.⟩ **2.1.** ⟨o.Pl.⟩ 'Wert (2), der jmdm., etw. im Vergleich zu einem anderen, zu etw. anderem der im gleichen Art zugewiesen wird': *ein Hotel ersten ~es; ein Lokal von niederem, mittlerem ~; eine Leistung von hohem ~; diese Ausstellung, Vorstellung hatte einen hohen künstlerischen ~; er ist ein Künstler von ~* ('ein hervorragender, berühmter Künstler') **2.2.** 'Platz (7) bei der Wertung in einer bestimmten sportlichen Disziplin': *er nimmt im Tennis den ersten, letzten ~ ein; beim Rennen den zweiten ~ belegen* **3.** 'die höher gelegenen Sitzplätze im Zuschauerraum eines Theaters, Kinos': *ein Platz im ersten, zweiten ~; im (zweiten) ~ sitzen* **4.** ⟨vorw. Sg.⟩ 'je nach der Anzahl der richtigen Tips unterschiedene Stufe (3) des Gewinns im Lotto, Toto': *im ersten ~ gewinnen; im fünften ~ gibt es nur zehn Mark (als Gewinn)* ❖ **rangieren — erstrangig, Rangordnung, Vorrang, vorrangig, Weltrang**

* /jmd./ **jmdm. den ~ ablaufen** ⟨hat⟩ ('sich im Vergleich mit jmdm. als der Bessere, der Erfolgreichere erweisen'); **alles, was ~ und Namen hat** 'alle gesellschaftlich bedeutenden, hervorragenden Personen': *beim Empfang des Präsidenten war alles, was ~ und Namen hat, erschienen;* /jmd./ **jmdm. den ~ streitig machen** ('sich bes. durch bessere Leistung darum bemühen, jmds. höhere Stellung zu erringen')

rangeln ['ʀaŋln] ⟨reg. Vb.; hat⟩ /jmd./ *mit jmdm. ~* SYN 'mit jmdm. raufen': *er rangelte mit ihm; mit jmdm. um etw. ~:* *er rangelte mit ihm um den besten Platz vor dem Fernseher;* /zwei od. mehrere (jmd.)/ *sie rangelten um den besten Platz im Kino*

rangieren [ʀaŋ'ʒiːʀən], rangierte, hat rangiert **1.** /Eisenbahner, Lokomotive/ *Züge, Eisenbahnwagen irgendwohin ~* 'ganze Züge, Eisenbahnwagen im Bereich eines Bahnhofs von einem Gleis auf ein anderes fahren (lassen) (um neue Züge zusammenzustellen)': *die Waggons, den Güterzug auf ein Nebengleis ~; die Waggons wurden durch Rangieren auf drei Züge verteilt* **2.** /jmd., etw./ *irgendwo ~* 'einen bestimmten Rang (2.1) innehaben': *er rangiert an erster, zweiter, an letzter Stelle; er rangiert im Sport vor ihm* ❖ ↗ **Rang**

Rang|ordnung [ʀaŋ..], **die 1.1.** ʻFolge der Ränge (1), die Personen in einem Bereich des gesellschaftlichen Lebens je nach ihrer Bedeutung einnehmen': *eine konventionelle, überholte ~; nach dieser ~ rangierten die Adligen an erster Stelle* **1.2.** ʻAufeinanderfolge von Sachverhalten nach ihrer Bedeutung, Wichtigkeit, Dringlichkeit': *die zu lösenden Aufgaben, Probleme in eine ~ bringen* ❖ ↗ **Rang,** ↗ **ordnen**

ran|halten [ˈʀan..], **sich** (er hält sich ran), hielt sich ran, hat sich rangehalten /jmd./ *sich ~* **1.1.** ʻsich beeilen': *wir müssen uns ~, wenn wir die Arbeit bis zum Wochenende schaffen wollen; wir müssen uns (mit der Arbeit) ~* **1.2.** *sich (beim Essen) ~* (ʻschnell und viel essen') ❖ ↗ **ran,** ↗ **halten**

rank [ʀaŋk] ⟨Adj.; o. Steig.⟩
* **~ und schlank** ⟨vorw. präd. (mit *sein*)⟩ ʻsehr schlank und geschmeidig' /vorw. auf junge Personen bez./: *sie, er war, wirkte ~ und schlank*

Ranke [ˈʀaŋkə], **die;** ~, ~n ʻdünnes Teil bestimmter Pflanzen, das sich spiralförmig um etw. windet (3.4) und dadurch der Pflanze Halt gibt und ihr ermöglicht, in die Höhe zu wachsen'; ↗ FELD II.4.1: *die ~n des Efeus, der Erbse, Winde, des Weines*

Ränke [ˈʀɛŋkə] ⟨Pl.⟩: ~ ↗ *schmieden*

rann: ↗ *rinnen*

rannte: ↗ *rennen*

ran|schmeißen [ˈʀan..], **sich,** schmiss sich ran, hat sich rangeschmissen umg. /jmd./ *sich an jmdn. ~* ʻin aufdringlicher Weise sich (durch Schmeicheln) bei jmdm. beliebt zu machen suchen': *sie hat sich an ihn, an ihren Chef, Lehrer rangeschmissen; sie, er schmiss sich mächtig ran* ❖ ↗ **ran,** ↗ **schmeißen**

ranzig [ˈʀantsɪç] ⟨Adj.; Steig. reg.⟩ ʻinfolge der chemischen Veränderung von Fett verdorben, schlecht riechend, schlecht schmeckend' /auf fettreiche Nahrungsmittel bez./; ↗ FELD VI.4.3: *~e Butter; das Öl, der Speck ist ~; die Nüsse schmecken ~; hier riecht es ~*

rapid(e) [ʀaˈpiːd(ə)] ⟨Adj.; Steig. reg., ungebr.⟩ ʻsehr schnell vor sich gehend' /auf Vorgänge bez./: *eine ~e Entwicklung durchlaufen; ~e Fortschritte machen; die Temperatur ist ~ gestiegen; die Kaninchen haben sich ~ vermehrt*
MERKE *rapid* wird seltener als *schnell* verwendet

Rappe [ˈʀapə], **der;** ~n, ~n ʻPferd mit schwarzem Fell'; ↗ FELD II.3.1: *ein feuriger, wilder ~*

Raps, der; ~es, ⟨o.Pl.⟩ ʻPflanze mit leuchtend gelben Blüten und Öl enthaltenden Samen': *~ säen, ernten, dreschen*

rar [ʀaːʀ] ⟨Adj.; Steig. reg.; nicht bei Vb.⟩ SYN ʻselten (I.1)' /vorw. auf Abstraktes bez./: *das ist eine ~e Eigenschaft; ~ gewordene Tugenden; gute Einfälle sind ~ (geworden)* ❖ **Rarität**
* /jmd./ **sich ~ machen** (ʻaus bestimmten Gründen seltener Kontakt zu anderen suchen')
MERKE *rar* wird seltener als *selten* verwendet

Rarität [ʀaʀiˈtɛːt/..ˈteːt], **die;** ~, ~en **1.** ⟨o.Pl.⟩ ʻdas Seltensein': *wegen seiner ~ ist dieser Gegenstand,*

dieses Metall so teuer **2.** ʻnur selten, vereinzelt vorkommender und darum wertvoller Gegenstand': *antike, archäologische ~en; diese Briefmarke ist eine ~; ~en kaufen, sammeln* ❖ ↗ **rar**

rasant [ʀaˈzant] ⟨Adj.; Steig. reg.⟩ **1.** ʻsehr schnell (1)' /vorw. auf Bewegungen bez./: *eine ~e Fahrt; die Fahrt war ~; ~ (ʻstark') beschleunigen; ein ~es Tempo; ein ~er Endspurt* **2.** ʻaußerordentlich, sehr schnell (2) vor sich gehend' /auf Vorgänge bez./: *die ~e Entwicklung der Naturwissenschaft, Technik; ein ~es Wachstum der Produktion* **3.** ⟨nicht bei Vb.⟩ *ein ~er* (ʻsehr schnell fahrender') *Sportwagen* ❖ vgl. **rasen**

rasch [ʀaʃ] ⟨Adj.; Steig. reg.⟩ **1.** SYN ʻschnell (2)' /vorw. auf Bewegungen bez./: *eine ~e Fahrt, Bewegung; ~ weggehen* **2.** ⟨vorw. bei Vb.⟩ SYN ʻschnell (3)' /auf Tätigkeiten bez./: *das war ein ~er Entschluss; sich ~ entscheiden, etw. zu tun; etw. ~ erledigen; eine Tasse Kaffee kochen; ich will das nur ~ noch/nur noch ~ fertig machen*
MERKE *rasch* wirkt im Unterschied zum viel häufiger gebrauchten *schnell* ein wenig gewählt, oft sogar geziert

rascheln [ˈʀaʃl̩n] ⟨reg. Vb.; hat⟩; ↗ FELD VI.1.2 **1.1.** /etw./ ʻein Geräusch wie von heftig bewegtem dürren Laub od. Papier von sich geben': *das dürre Gras, Stroh raschelte, die Blätter raschelten im Wind; das welke Laub raschelte bei jedem Schritt, den ich machte; ~de Seide; es raschelt im Gebüsch; wir hörten es ~* **1.2.** /jmd./ *mit etw. ~* ʻmit etw. das Geräusch von rascheln (1.1) erzeugen': *mit der Zeitung, mit Papier ~*

rasen [ˈʀaːzn̩] ⟨reg. Vb.; ist/hat; ↗ auch *rasend*⟩ emot. **1.** ⟨ist⟩ /jmd., Fahrzeug/ *irgendwohin ~* ʻmit sehr großer Geschwindigkeit irgendwohin fahren, laufen'; ↗ FELD I.7.2.2, VIII.1.2: *er raste (mit seinem Auto) durch die Stadt; das Motorrad, Auto raste mit 80 Stundenkilometern durch die Straßen, in die Kurve; er raste (ʻprallte mit hoher Geschwindigkeit') gegen einen Zaun; der D-Zug raste durch die Nacht; rase bitte nicht so!; er raste zum Bahnhof, um den Zug noch zu erreichen; er fuhr mit der Geschwindigkeit, lief in ~der Eile, Hast; der Zug, das Auto rast* (SYN ʻbraust 3') *durch den Tunnel* **2.** ⟨hat⟩ /jmd./ *vor etw.* ⟨Dat.⟩ *~* SYN ʻvor etw. toben (1)'; ↗ FELD I.6.2: *vor Wut, Zorn, Verzweiflung ~; er raste; die Menge raste (vor Begeisterung); die Eifersucht, der Schmerz, die Ungerechtigkeit brachte ihn zum Rasen* ❖ **rasend;** vgl. **rasant**

Rasen, der; ~s, ~ ⟨vorw. Sg.⟩ ʻFläche in Gärten und Parkanlagen, die dicht mit Gras bewachsen ist, das durch meist regelmäßiges Schneiden kurz gehalten wird': *der ~ vor unserem Haus, im Park, auf dem Sportplatz; den ~ mähen, schneiden, sprengen* ❖ **Rasenmäher**

rasend [ˈʀaːzn̩t] ⟨↗ auch *rasen*⟩ emot. **I.** ⟨Adj.; Steig. reg., ungebr.; vorw. attr.⟩ SYN ʻheftig (1)' /bes. auf Psychisches bez./; ↗ FELD I.6.3: *~er Beifall; in ~er Angst, Erregung, Wut; ~e Kopfschmerzen ha-*

ben – **II.** ⟨Adv.; vor Adj., Adv.⟩ umg. ˈäußerstˈ: *jmd. ist ~ eifersüchtig, ist ~ in jmdn. verliebt; das hätte ich ~ gern gewusst* ❖ ↗ **rasen**

Rasen|mäher [ˈʀɑːzn̩..], **der**; ~s, ~ ˈmit den Händen, durch einen Motor angetriebenes Gerät zum Mähen von Rasenflächenˈ (↗ BILD) ❖ ↗ **Rasen,** ↗ **mähen**

rasieren [ʀɑˈziːʀən], rasierte, hat rasiert /jmd., bes. Mann/ *sich, jmdn.* ~ ˈsich, jmdm. mit einem entsprechenden Gerät, Apparat die Haare (des Bartes) kurz über der Haut abschneidenˈ: *sich trocken, nass ~; er rasiert sich, ihn jeden Morgen; frisch, gut, schlecht rasiert sein; sich* ⟨Dat.⟩ *etw. ~: sich den Bart ~; sich die Haare an den Beinen ~; jmdm., sich* ⟨Dat.⟩ *etw. ~: sich eine Glatze ~* (ˈdurch Rasieren entstehen lassenˈ) ❖ **Rasur – Rasierklinge, -zeug**

Rasier [ʀɑˈziːɐ..]**|-klinge, die** ˈkleines Messer, dünn wie ein Blatt, das in einen Apparat eingespannt wird und das Rasieren ermöglichtˈ: *die ~ ist schon stumpf; die ~ auswechseln; eine neue ~ einspannen;* **-zeug, das** ⟨o.Pl.⟩ ˈGegenstände wie Pinsel, Seife, Klingen, die man zum Rasieren benötigtˈ: *ich habe mein ~ vergessen, zu Hause gelassen* ❖ ↗ **rasieren,** ↗ **Zeug**

Räson [ʀɛˈzõ/..zɔŋ], **die**
* /jmd./ *jmdn. zur ~ bringen* (ˈbewirken, dass jmd. vernünftig wird, sich angemessen verhältˈ); /jmd./ *zur ~ kommen* (ˈeinsichtig werden und sich angemessen verhaltenˈ)

Raspel [ˈʀaspl̩], **die**; ~, ~n **1.** ˈeiner Feile ähnliches Werkzeug mit vielen spitzen Zacken, mit dem man Materialien wie Holz, Kunststoff auf der Oberfläche glätten, formen kannˈ: *mit der ~ ein Brett glätten, eine scharfe Kante beseitigen* **2.** ˈeiner Reibe ähnliches Küchengerät mit Löchern, Schlitzen, das zum Zerkleinern bes. von Gemüse, Obst dientˈ: *mit der ~ Weißkohl zerkleinern* ❖ **raspeln**

raspeln [ˈʀaspl̩n] ⟨reg. Vb.; hat⟩ **1.** /jmd./ *etw.* ~ ˈetw. aus Holz o.Ä. mit einer Raspel (1) bearbeiten, bes. um Unebenheiten zu beseitigenˈ: *ein Brett, eine scharfe Kante, eine Oberfläche glatt ~* **2.** /jmd./ *etw.* ~ ˈetw., bes. Gemüse, Obst, Schokolade mit einer Raspel (2) zu winzig kleinen Stücken zerkleinernˈ: *Äpfel, Weißkohl ~; geraspelte Kokosnuss* ❖ ↗ **Raspel**

Rasse [ˈʀasə], **die**; ~, ~n **1.** ˈeine der großen Gruppen von Menschen auf der Erde, die sich durch gemeinsame erbliche körperliche Merkmale von anderen Gruppen dieser Art unterscheidenˈ: *die Farbe der Haut als unterscheidendes Merkmal der ~n* **2.**

ˈGruppe von Tieren einer Art, die sich durch gemeinsame erbliche Merkmale von anderen Tieren dieser Art unterscheidenˈ: *eine seltene ~; eine ~ züchten; ~n miteinander kreuzen* **3.** umg. *ein Tier, jmd., etw. hat ~* (ˈist rassigˈ); *dieses Pferd, diese Frau, dieser Wein hat ~* ❖ **rassig**

rasseln [ˈʀasl̩n] ⟨reg. Vb.; hat/ist⟩; ↗ FELD VI.1.2 **1.** ⟨hat⟩ **1.1.** /etw. aus Metall/ ˈein Geräusch wie von heftig bewegten Ketten von sich gebenˈ: *die Panzerketten rasselten; der Schrott rutschte ~d aus dem Waggon; die Zugbrücke ging ~d in die Höhe* **1.2.** /jmd./ *mit etw.* ~ ˈdurch Schütteln, Aneinanderschlagen (der Teile) von etw. ein Geräusch wie rasseln (1.1) erzeugenˈ: *er rasselte mit der Kette, den Ketten, dem Schlüsselbund* **1.3.** *der Wecker rasselt* (ˈläutet mit dem Geräusch von rasseln 1.1ˈ) **2.** ⟨ist⟩ /Fahrzeug, bes. Panzer/ *irgendwohin* ~ ˈirgendwohin mit dem Geräusch von rasseln (1.1) fahrenˈ: *Panzer ~ durch die Straßen; die Straßenbahn rasselte durch die enge Kurve*

rassig [ˈʀasɪç] ⟨Adj.; Steig. reg.; vorw. attr.⟩ ˈin bewundernswerter Weise bestimmte charakteristische (ästhetische) Merkmale in stark ausgeprägter Form aufweisendˈ /vorw. auf Frauen, Pferde bez./: *ein ~es Pferd; ein ~er Wein; sie, seine Frau ist ~; eine ~e Spanierin* ❖ ↗ **Rasse**

Rast [ʀast], **die**; ~, ⟨o.Pl.⟩ ˈPause bes. während einer Reise, Fahrt, Wanderung, um sich auszuruhen, etw. zu essenˈ; ↗ FELD I.7.1.1: *eine kurze, wohlverdiente ~ machen* ❖ **rasten – rastlos, Raststätte**

rasten [ˈʀastn̩], rastete, hat gerastet /jmd./ ˈeine Rast machenˈ; ↗ FELD I.7.1.2: *wir haben auf der Wanderung mehrere Male gerastet; irgendwo ~: am See, am Rand des Waldes, unter einem Baum, auf einer Lichtung ~* ❖ ↗ **Rast**

rast/Rast [ˈʀast..]**|-los** ⟨Adj.; Steig. reg.⟩ **1.** ˈsich keine Ruhe gönnendˈ /vorw. auf Personen bez./; ↗ FELD I.2.3: *~ arbeiten, schaffen; er war ~; ein ~er Mensch, Arbeiter* **2.** SYN ˈunstet (2)ˈ: *er führte ein ~es Leben; seine Augen gingen ~ von einem zum anderen* ❖ ↗ **Rast,** ↗ **los; -stätte, die** ˈan einer Straße, bes. an der Autobahn, gelegene Gaststätteˈ; ↗ FELD I.7.1.1, V.2.1: *in der ~ Mittag essen* ❖ ↗ **Rast,** ↗ **Stätte**

Rasur [ʀɑˈzuːɐ], **die**; ~, ~en ˈdas Rasieren bes. der Haare des Bartesˈ: *die tägliche ~; sich die Haut nach der ~ eincremen* ❖ ↗ **rasieren**

Rat [ʀɑːt], **der**; ~es/auch ~s, Räte [ˈʀɛːtə] **1.** ⟨o.Pl.⟩ ˈdas, was man jmdm. auf Grund eigener Kenntnis, Erfahrung sagt, um ihm bei seinem Tun, Verhalten in schwieriger Lage, bei einer Entscheidung zu helfenˈ; SYN Ratschlag; ↗ FELD I.13.1: *jmdm. einen guten, klugen, fachmännischen, unverbindlichen, wohl gemeinten ~ geben, erteilen; jmds. ~ befolgen; sich bei jmdm. ~ holen; jmdn. um ~ bitten, fragen; auf jmds. ~ hören* (ˈihn befolgenˈ); *nach jmds. ~ handeln; auf ihren ~ hin reichte er seine Bewerbung ein; sich keinen ~ mehr wissen* (ˈnicht mehr wissen, was man tun, wie man sich verhalten sollˈ); /in der kommunikativen Wendung/ *da ist guter ~ teuer*

/wird gesagt, wenn man nicht weiß, was man tun, wie man sich verhalten, entscheiden soll, od. wenn man jmdm. bei etw. nicht zu raten vermag/; vgl. *Hinweis* (1) **2.** 'beratendes und beschlussfassendes Gremium': *er gehört dem ~ an; jmdn. in den ~ wählen; den ~ einberufen; der ~ hat sich konstituiert, hat sich aufgelöst* ❖ **raten, Rätsel, ratsam, rätseln, rätselhaft, beraten, Berater, Beratung, erraten — abraten, Beirat, Bildrätsel, Elternbeirat, Gemeinderat, Kreuzworträtsel, Ratgeber, ratlos, Ratschlag, Schulrat, Steuerberater, Unternehmensberater, Unternehmensberatung, zuraten;** vgl. **verraten**
* /jmd./ **mit jmdm. über etw. zu ~e gehen:** ↗ *zurate;* /jmd./ **mit sich zu ~e gehen:** ↗ *zurate;* **mit ~ und Tat** 'beratend und tatkräftig helfend': *er hatte uns beim Hausbau mit ~ und Tat geholfen, hatte uns mit ~ und Tat zur Seite gestanden;* /jmd./ **jmdn., etw. zu ~e ziehen:** ↗ *zurate*
rät: ↗ **raten**
Rate ['ʀɑːtə], **die;** ~, ~n **1.** 'in regelmäßigen zeitlichen Abständen zu zahlender Betrag einer Gesamtsumme': *eine hohe, monatliche ~; die ~ ist, wird am Jahresende fällig; etw. auf ~n* ('gegen Zahlung in Raten') *kaufen, in ~n abzahlen, bezahlen; er hat den Kühlschrank in monatlichen ~n von 200 Mark bezahlt* **2.** 'meist in Prozenten ausgedrücktes Verhältnis einer Größe zu einer anderen, auf die sie bezogen wird': *die ~ der Geburten, Sterbefälle, Produktivität ist gestiegen, gefallen*
raten ['ʀɑːtn̩] (er rät [ʀɛːt/ʀeːt]), riet [ʀiːt], hat geraten [gə'ʀɑːtn̩] **1.** /jmd./ **1.1.** *jmdm.* ~ 'aufgrund eigener Kenntnis, Erfahrung jmdm. etw. sagen, das ihm helfen soll, sich in einer Angelegenheit richtig zu entscheiden'; ↗ FELD I.13.2: *jmdm. freundschaftlich, klug, in einer schwierigen Angelegenheit ~; sie wollte sich nicht ~ lassen; jmdm. etw.* ⟨nur das, was od. *dass*-Sätze, Infinitivkonstruktion⟩ ~: *das rate ich dir dringend!; ich rate dir, dich künftig besser zu beherrschen; was rätst du mir (in dieser Sache)?; er riet ihr, diesen Entschluss noch einmal zu überdenken/dass sie diesen Entschluss noch einmal überdenken solle; es schien (ihr) geraten* ('es schien einem guten Rat zu entsprechen, es schien ihr richtig'), *die Sache aufzugeben; ich rate dir, damit aufzuhören!;* /in der kommunikativen Wendung/ *das will ich dir auch geraten haben* ('das erwarte ich auch von dir, sonst müsste ich etw. gegen dich unternehmen') /gilt als Drohung und fordert jmdn. auf, etwas zu unterlassen od. zu tun/: *„Ich werde Sie nicht mehr belästigen." „Das will ich Ihnen auch geraten haben!"* **1.2.** *jmdm. zu etw.* ~ 'jmdn. durch einen Rat zu etw. Bestimmtem motivieren, veranlassen (wollen)': *jmdm. zur Besonnenheit, zur Vorsicht ~; sie riet ihm zu einem Pullover* ('empfahl ihm, einen Pullover anzuziehen, zu kaufen') **2.** /jmd./ *etw.* ~ 'allein, nur durch Überlegen, Kombinieren, Schätzen, durch Vermutung das Richtige zu ermitteln suchen': *er hat die Wörter, Zahlen richtig, falsch geraten; ein Rätsel ~* ('lösen'); *jmdm. etw., den Ausgang eines Unternehmens, Wettkampfes, ein Rätsel zu ~*

(auf)geben ('von jmdm. verlangen, dass er etw. ermittelt, herausfindet'); *das weiß ich nicht, da muss ich ~; ratet einmal, was ich mitgebracht habe, wie das Spiel ausgegangen ist!; das rätst du nie* ('das ist so schwierig herauszufinden, dass du, man es nicht ermitteln kann')! ❖ ↗ **Rat**
Rat [ʀɑːt..]**-geber** [geːbɐ], **der;** ~s, ~ **1.** 'jmd., der jmdm. (etw.) rät, geraten hat': *ein kluger, guter ~; einen ~* (SYN 'Berater') *auf juristischem Gebiet hinzuziehen* **2.** 'Buch, Lexikon mit Informationen, Anleitungen, Tips über Wissenswertes der verschiedensten Bereiche des Lebens': ⟨+ Adj. od. präp. Attr.⟩ *ein hauswirtschaftlicher, technischer ~; ein ~ für gutes Deutsch, für den Gartenfreund* ❖ ↗ Rat, ↗ geben; **-haus, das** 'repräsentatives Gebäude für den Sitz des Bürgermeisters, der Verwaltung einer Gemeinde'; ↗ FELD V.2.1: *ein altes, gotisches ~* ❖ ↗ Rat, ↗ Haus
Ration [ʀɑ'tsi̯oːn], **die;** ~, ~en 'die jmdm. für eine bestimmte Zeit zugeteilte Menge von etw., bes. Lebens- od. Genussmitteln': *eine große, kleine ~; eine ~ Brot, Fleisch, Zigaretten; er hat sich zwei ~en Butter geben lassen; jmdm. nur noch die halbe ~ geben; die ~en erhöhen, kürzen; jmdm. auf halbe ~ setzen* ('jmdm. das Zugeteilte um die Hälfte kürzen') ❖ **rationieren**
* **die eiserne ~** ('Menge an Lebensmitteln, die nur im Notfall genutzt wird') /bes. bei Expeditionen, beim Militär/
rational [ʀatsi̯o'nɑːl] ⟨Adj.; Steig. reg., ungebr.⟩ 'ausschließlich vom Verstand, von verstandesmäßigen Überlegungen ausgehend, bestimmt'; ANT irrational /auf Abstraktes bez./: *ihn leiteten nur ~e Erwägungen, Gründe; er ist ein völlig ~ bestimmter, eingestellter Mensch; das ~e Denken, Handeln; etw. ~ erklären, begründen* ❖ **rationalisieren, Rationalisierung — irrational;** vgl. **rationell**
rationalisieren [ʀatsi̯onali'ziːʀən], rationalisierte, hat rationalisiert /jmd./ *etw.* ~ 'einen Vorgang, (Arbeits)prozess, eine Handlung, ein Unternehmen zweckmäßig(er), rationell(er) gestalten, ordnen, gliedern, um eine größere Wirksamkeit, Effektivität zu erzielen': *die Arbeit, den Arbeitsprozess, Forschungen, den Betrieb, die Tätigkeit im Haushalt ~* ❖ ↗ **rational**
Rationalisierung [ʀatsi̯onali'ziːʀ..], **die;** ~, ⟨o.Pl.⟩ 'das Rationalisieren': *durch ~ Kosten einsparen* ❖ ↗ **rational**
rationell [ʀatsi̯o'nɛl] ⟨Adj.; Steig. reg.⟩ 'so beschaffen, dass man mit dem Einsatz der kleinsten möglichen Menge, bes. an Geld, Zeit, Material, Kraft, den größten möglichen Nutzen erreicht' /auf Abstraktes bez./: *eine ~e Bau-, Arbeitsweise, Methode, Organisation; die Methode ist ~; ~ arbeiten, wirtschaften, denken* ❖ vgl. **rational**
rationieren [ʀatsi̯o'niːʀən], rationierte hat rationiert /Institution, jmd./ *etw.* ~ 'aufgrund allgemeiner Knappheit bestimmte Waren, bes. Lebensmittel, in beschränktem Umfang zuteilen': *Fleisch, Butter,*

Lebensmittel, Treibstoff ~; das Benzin musste rationiert werden ❖ ↗ **Ration**

rat|los [ˈʀɑːt..] ⟨Adj.; Steig. reg.⟩ **1.1.** ʹin einer Angelegenheit nicht wissend, was man tun soll, kann, wie man sich am besten verhält'; SYN hilflos (2) /auf Personen bez./; ↗ FELD I.2.3: *der sichtlich ~e Fachmann konnte uns also auch nicht helfen; er war so ~ wie die anderen auch; ~ standen alle herum* **1.2.** ⟨nicht präd.⟩ ʹdavon zeugend, dass jmd. ratlos (1.1), in einer bestimmten Situation unbeholfen ist'; SYN hilflos (3); /auf Mimisches bez./: *ein ~es Gesicht machen; er wirkte ~* ❖ ↗ **Rat**, ↗ **los**

ratsam [ˈʀɑːt] ⟨Adj.; Steig. reg., ungebr.; nicht attr.⟩ ʹso geartet, dass man es jmdm. raten (1.1), empfehlen (1) kann': *es ist (nicht) ~, das zu tun; er fand es ~, abzureisen; das halte ich (nicht) für ~* ❖ ↗ **Rat**

Rat|schlag [ˈʀɑːt..], **der** SYN ʹRat (1)'; ↗ FELD I.13.1: *jmdm. gute Ratschläge geben; jmds. ~ befolgen* ❖ ↗ **Rat**

Rätsel [ˈʀɛːtsl̩/ˈʀeː..], **das**; ~s, ~ **1.** ʹals Frage formulierte Aufgabe, die durch Nachdenken, Raten (2) gelöst, auf Grund von Wissen beantwortet werden soll und meist der Unterhaltung dient': *ein leichtes, einfaches, schweres ~; ein ~ lösen, raten; jmdm. ein ~ aufgeben, stellen* (ʹzu lösen geben') **2.** SYN ʹGeheimnis (1.3)': *die ~ alter Kulturen, des Weltalls, des Lebens* ❖ ↗ **Rat**
* **etw., jmd. ist, bleibt jmdm./für jmdn. ein ~** ʹetw., jmd. ist, bleibt für jmdn. unbegreiflich': *es bleibt für mich ein ~, wie er das geschafft hat*; oft scherzh. od. spött. /jmd./ **in ~n sprechen** ʹetw. Unverständliches, Unklares äußern': *mein Lieber, du sprichst in ~n!*; /jmd./ **vor einem ~ stehen** (ʹsich die Ursache von etw. nicht erklären können')

rätselhaft [ˈʀɛːtsl̩../ˈʀeː..] ⟨Adj.; Steig. reg.⟩ SYN ʹgeheimnisvoll (1.1)' /vorw. auf Abstraktes bez./: *ein ~er Zusammenhang; das war, erschien uns sehr ~; er ist unter ~en Umständen, auf ~e Weise verschwunden, verstorben* ❖ ↗ **Rat**

rätseln [ˈʀɛːtsl̩n/ˈʀeː..] ⟨reg. Vb.; hat⟩ /jmd./ ʹangestrengt über etw. (zunächst) nicht Erklärbares, Lösbares nachdenken, um schließlich eine (end)gültige Lösung, Erklärung dafür zu finden': *sie haben lange, unablässig gerätselt und nichts herausgefunden; über etw. ~: er rätselte über ihre dunklen Andeutungen; an etw.* ⟨Dat.⟩ *~: an einem Text ~* (ʹeinen schwer verständlichen Text zu verstehen suchen') ❖ ↗ **Rat**

Ratte [ˈʀatə], **die**; ~, ~n ʹder Maus ähnliches Nagetier mit langem Schwanz, das bes. in der Nähe menschlicher Behausungen lebt und als Schädling gilt'; ↗ FELD II.3.1 (↗ TABL Säugetiere): *~n übertragen Krankheiten, richten Schaden an; ~n vergiften* ❖ **Leseratte**

rattern [ˈʀatɐn] ⟨reg. Vb.; hat/ist⟩; ↗ FELD VI.1.2 **1.** ⟨hat⟩ /etw./ ʹein lautes Geräusch wie von heftig und schnell gegeneinander schlagenden hölzernen, metallenen Gegenständen hervorbringen': *die Maschinen ~; der alte Motor, das Maschinengewehr*

rattert **2.** ⟨ist⟩ /Fahrzeug/ *irgendwohin ~* ʹirgendwohin mit dem Geräusch von rattern (1) fahren': *der Wagen, Zug ist über die Brücke gerattert; die Straßenbahn rattert durch die Stadt*

rau [ʀau] ⟨Adj.⟩ **1.** ⟨Steig. reg.⟩ ʹauf der Oberfläche sehr viele kleinste Unebenheiten aufweisend'; ANT glatt (1) /auf flächenhafte Gegenstände, Körperteile, Materialien bez./; ↗ FELD III.3.3: *~es Holz, Papier; eine ~e Hand, Haut haben; dieser Stoff ist ~; das Hemd fühlt sich ~ an* **2.** ⟨o. Steig.; nicht bei Vb.⟩ *e See* (ʹvon heftigem Wind bewegtes Meer') **3.1.** ⟨Steig. reg.⟩ ʹmit einem Geräusch verbunden, als ob jmd. kratzt (1.3); nicht sanft und klangvoll'; ANT klar (4) /auf die Stimme, auf Stimmliches bez./: *er konnte nur noch ~e Laute hervorbringen; ein ~er Husten quälte ihn*; SYN ʹspröde 3': *er sang mit ~er* (SYN ʹbrüchiger 2') *Stimme; seine Stimme war, klang ~* **3.2.** ⟨o. Steig.; nicht bei Vb.⟩ *einen ~en Hals haben* (ʹeinen entzündeten Hals haben, wodurch die Stimme rau 3.1 klingt') **4.** ⟨Steig. reg.; vorw. attr.; nicht bei Vb.⟩ ʹunangenehm kalt, windig und oft regnerisch'; ANT milde (3), gelind (1.1); ↗ FELD VI.5.3: *ein ~es Klima; er lebt im ~en Norden; das war ein ~er Winter* **5.** ⟨Steig. reg.⟩ ʹwenig verbindlich (2), wenig Taktgefühl zeigend, ein bisschen grob'; SYN derb: *er war ein ~er Mann, Bursche, eine ~e Natur; sein ~es Benehmen; bei ihnen herrschte ein ~er, aber herzlicher Ton (im Umgang miteinander)* ❖ **Raubein, raubeinig, Raureif**

Raub [ʀaup], **der**; ~es/auch ~s, ⟨o.Pl.⟩ **1.** /zu *rauben 1*/ ʹdas Delikt des Raubens'; /zu 1.1/: *in N ist ein schwerer bewaffneter ~ verübt worden; einen ~ (an jmdm.) begehen; wegen (schweren) ~es angeklagt sein; auf ~ ausgehen* (ʹvorhaben zu rauben 1'); /zu 1.2/: *der ~* (ʹdie gewaltsame Entführung') *eines Kindes* **2.** ʹdas Geraubte, die Beute aus einem Raub': *die Verbrecher teilten den ~ unter sich auf* ❖ **rauben, berauben, Räuber, räuberisch — ausrauben, Raubbau, -tier, zeitraubend**
* emot. /etw., bes. Gebäude/ **ein ~ der Flammen werden** (ʹdurch Brand zerstört, vernichtet werden')

Raub|bau [ˈ..], **der** ⟨o.Pl.⟩ **1.** ʹradikale, rücksichtslose Ausbeutung natürlicher Ressourcen, bes. im Bergbau und in der Landwirtschaft, um hohe Erträge zu erzielen': ⟨+ Präp. *an*⟩ *der ~ am Wald, an natürlichen Rohstoffen; ~ betreiben; den ~ unterbinden* **2.** *~ an/mit seiner Gesundheit treiben* (ʹohne Rücksicht auf die eigene Gesundheit leben, arbeiten') ❖ ↗ **Raub**, ↗ **Bau**

Rau/rau [ˈ..]**-bein, das** umg. ʹsich rau (5) zeigender, aber (offenbar) gutmütiger Mensch': *er ist ein ~; aber ... ~* ↗ *rau*, ↗ *Bein*; **-beinig** [baɪnɪç] ⟨Adj.; Steig. reg.⟩ ʹsich rau (5) zeigend, aber (offenbar) gutmütig' /auf Personen bez./: *ein ~er Bursche* ❖ ↗ *rau*, ↗ *Bein*

rauben [ˈʀaubm̩] ⟨reg. Vb.; hat⟩ **1.** /jmd./ **1.1.** *etw. ~* ʹetw. widerrechtlich, mit Drohungen, unter Anwendung von Gewalt wegnehmen': *die Verbrecher haben (ihm) Geld, Schmuck und Wertsachen geraubt;*

sie raubten und plünderten **1.2.** *jmdn.* ~ ˈ*jmdn., bes. ein Kind, gewaltsam entführen*ˈ: *die Gangster haben das Kind geraubt* **2.** /jmd., etw./ *jmdm. etw.* ~ ˈ*bewirken, dass jmd. etw. für sein seelisches Gleichgewicht Wichtiges nicht (mehr) hat*ˈ: *jmdm. (durch Lärm) seinen Schlaf, seine Ruhe* ~; *du raubst mir, deine ewige Meckerei raubt mir die Freude, den Spaß an der Sache; sich durch nichts seinen Glauben, seine Überzeugung* ~ *lassen* ❖ ↗ **Raub**

Räuber [ˈʀɔ͜ibɐ], **der**; ~s, ~ **1.** ˈ*jmd., der etw. raubt, geraubt hat*ˈ: *einen* ~ *verfolgen, festnehmen; von* ~*n überfallen werden* **2.** fachspr. ˈ*Tier, das sich von anderen Tieren ernährt, die es selbst getötet hat*ˈ: *Marder, Löwen sind* ~, *leben als* ~ ❖ ↗ **Raub**

räuberisch [ˈʀɔ͜ibəʀ..] ⟨Adj.; o. Steig.⟩ **1.** ⟨nur attr.⟩ ˈ*das Verbrechen des Raubes (1) darstellend*ˈ: *ein* ~*er Überfall* **2.** ⟨nicht präd.⟩ fachspr. ˈ*als Räuber (2)*ˈ: ~ *lebende Tiere* ❖ ↗ **Raub**

Raub [ʀaup..]**|-tier**, **das** ˈräuberisch (2) lebendes Säugetierˈ: ↗ FELD II.3.1: *Löwen, Katzen, Wölfe sind* ~*e; der Tiger ist ein* ~ ❖ ↗ Raub, ↗ Tier; **-vogel**, **der** ˈräuberisch (2) lebender Vogelˈ: ↗ FELD II.3.1: *der Adler ist ein* ~ ❖ ↗ Raub, ↗ Vogel

Rauch [ʀaux], **der**; ~s/auch ~es, ⟨o.Pl.⟩ ˈbeim Verbrennen von etw. entstehendes, in Form von Wolken aufsteigendes Gemisch aus Gasen und Dämpfen mit Teilchen aus Ruß, Staubˈ; SYN Qualm: *dichter, dicker, beißender* ~ *drang aus dem brennenden Haus, stieg von dem Feuer in die Höhe; aus dem Schornstein quoll schwarzer* ~; *der* ~ *der Zigarre, Zigarette; der Raum war voll(er)* ~; *der* ~ *beißt in der Nase, in den Augen* (ˈreizt die Schleimhäuteˈ); *der Balken war von* ~ *geschwärzt*; vgl. *Qualm* ❖ **rauchen, Raucher, Raucherin, räuchern – Rauchwaren, Weihrauch**

* /etw./ *sich in* ~ **auflösen** ˈzunichte werdenˈ: *ihre Pläne haben sich alle in* ~ *aufgelöst*; /jmd./ **etw. in den** ~ **schreiben können** ˈinvestierte finanzielle Mittel als verloren ansehen könnenˈ: *was du dem geborgt hast, das kannst du in den* ~ *schreiben*

rauchen [ˈʀaʊxn̩] ⟨reg. Vb.; hat⟩ **1.** *etw. raucht* ˈvon etw. steigt Rauch auf, es kommt Rauch herausˈ: *der Ofen, Schornstein raucht; ein Haufen* ~*der Trümmer; hier raucht es* **2.** /jmd./ *Pfeife, eine Zigarre, Zigarette* ~ (ˈden Rauch des glühend verbrennenden Tabaks aus einer Pfeife, einer Zigarre, Zigarette einatmen und wieder ausstoßenˈ); *er raucht stark, viel, wenig; sich das Rauchen an-, abgewöhnen* ❖ ↗ **Rauch**

Raucher [ˈʀaʊxɐ], **der**; ~s, ~ ˈjmd., der raucht (↗ rauchen 2)ˈ: *er ist ein starker, gewohnheitsmäßiger* ~; *ein Waggon, Abteil für* ~ ❖ ↗ **Rauch**

Raucherin [ˈʀaʊxəʀ..], **die**; ~, ~nen /zu *Raucher*; weibl./ ❖ ↗ **Rauch**

räuchern [ˈʀɔ͜içɐn] ⟨reg. Vb.; hat⟩ /jmd./ *etw.* ~ ˈbes. (Produkte aus) Fleisch (2) od. Fisch dem Rauch von bestimmten schwelenden Hölzern aussetzen und dadurch haltbar machen, ihm einen besonderen Geschmack verleihenˈ: *Schinken, Wurst* ~; *geräucherter Aal, Hering* ❖ ↗ **Rauch**

Rauch|waren [ˈʀaʊx..], **die** ⟨Pl.⟩ **1.** ˈPelze, Pelzwarenˈ; ↗ FELD V.8.1 **2.** ˈWaren aus Tabakˈ: *das Geschäft führt keine* ~ ❖ ↗ **Rauch**, ↗ **Ware**

rauf [ʀaʊf] ⟨Adv.⟩ umg. **1.** ˈheraufˈ: *von der Straße* ~ *dringt Lärm* **2.** ˈhinaufˈ: *der Junge springt die Treppe* ~ *und runter* ❖ **raufkommen**; vgl. **herauf**
MERKE Zur Getrennt-, Zusammenschreibung von *rauf* und *sein*: Getrenntschreibung auch im Infinitiv.

rauf- umg. /bildet mit dem zweiten Bestandteil Verben; betont; trennbar (im Präsens u. Präteritum); ist austauschbar mit ↗ *herauf-*, ↗ *hinauf-*/: ↗ z. B. *raufkommen*

Rauf|bold [ˈʀaʊf..], **der**; ~s/auch ~es, ~e ˈjmd., der Freude daran hat, sich mit jmdm. zu raufenˈ; ↗ FELD I.14.1: *er war ein* ~; *er musste die beiden* ~*e trennen* ❖ ↗ **raufen**

raufen [ˈʀaʊfn̩] ⟨reg. Vb.; hat⟩ **1.1.** /jmd./ *mit jmdm.* ~ ˈsich meist aus Anlass eines Streites, auch im Übermut mit jmdm. gegenseitig schlagen, ringenˈ; SYN balgen (1.1); ↗ FELD I.14.2: *er rauft gern mit seinen Freunden*; /zwei od. mehrere (jmd.)/ *sie* ~ *gern (miteinander)* **1.2.** /zwei od. mehrere (jmd.)/ *um etw.* ~ ˈmiteinander kämpfen, um in den Besitz von etw. zu gelangenˈ; SYN balgen (1.2): *sie rauften um einen Ball* (ˈwegen eines Ballsˈ); *sich* ~ ⟨rez.⟩: *sie rauften sich (wegen jeder Kleinigkeit)*; /jmd./ *mit jmdm. um etw.* ~ ❖ **Raufbold**

rauf|kommen [ˈʀaʊf..], kam rauf, ist raufgekommen /jmd./ ˈvon (dort) unten nach (hier) oben kommenˈ: *sag ihm, er soll* ~!; *komm endlich rauf!* ❖ ↗ **kommen**

rauh: ↗ **rau**

Raum [ʀaʊm], **der**; ~es/auch ~s, Räume [ˈʀɔ͜imə] **1.** ⟨o.Pl.⟩ **1.1.** ˈdas in Länge, Breite und Höhe Ausgedehnte, in dem sich alle Körper und Stoffe befindenˈ: ~ *und Zeit als (physikalische) Kategorien der Welt, in der wir leben; Adverbien, Präpositionen drücken die Beziehungen im* ~ *aus* **1.2.** *der* ~ *des Universums, der kosmische* ~ (ˈder Weltraumˈ); *der Astronaut schwebte frei im* ~ **2.** ˈTeil des Raumes (1.1) der durch (gedachte) Begrenzungen verschiedenster Art bestimmt istˈ: *der* ~ *zwischen Erde und Mond; der interplanetare, interstellare* ~ (ˈRaum zwischen den Planeten, zwischen den Sternen und um sie herumˈ); *die Räume zwischen den Wohnblöcken, Containern auf den Schiffen; rund um die Anlage muss genügend* ~ *frei bleiben; in der Kugel wurde ein luftleerer* ~ (ˈein Vakuumˈ) *geschaffen; der umbaute* ~ (ˈdas durch die äußeren Begrenzungen wie Mauern, Böden, Decken bestimmte Volumen eines Bauwerkesˈ) **3.1.** ⟨vorw. o.Art; o.Pl.⟩ ˈTeil des Raumes (2) als von etw., jmdm. beanspruchte, benötigte od. für etw., jmdm. verfügbare Größeˈ; SYN Platz (3): *genug, viel, wenig, etwas* ~ *für etw., jmdn. haben; die Familie lebt auf engstem* ~*e; etw. nimmt viel, breiten, wenig* ~ *ein; den* ~ *nutzen* **3.2.** ⟨vorw. Sg.⟩ ˈRaum (2) in einem bestimmten Gebiet, um einen bestimmten Ortˈ: *sich im Berliner* ~ *ansiedeln; im Münchener* ~ *gab es* *schwere Gewitter; im ~ Halle-Merseburg ist mit Nebel zu rechnen* **4.** ˊdurch Fußboden, Decke und Wände begrenzter Raum (2) als Teil eines Gebäudes'; ↗ FELD V.2.1: *ein großer, schmaler, abgeschlossener, gewerblich genutzter ~; die Räume des Hauses, Bodens, Kellers, in der dritten Etage; ein ~* (SYN ˊZimmer 1') *mit guter Akustik, mit viel Licht; einen ~ mieten, reinigen; in einem ~ arbeiten, wohnen, schlafen; in einen ~ eintreten, einen ~ betreten; die Tagung fand in den Räumen der Universität statt* ❖ **räumen, räumlich, Räumlichkeit, geräumig − Abraum, abräumen, aufräumen, ausräumen, einräumen, Hohlraum, Hubraum, Kofferraum, Luftraum, Raumfahrt, -fahrzeug, -schiff, Spielraum, Weltraum, Wohnraum, Zeitraum, Zwischenraum;** vgl. **Raum-**

räumen [ˈʀɔi̯mən] ⟨reg. Vb.; hat⟩ **1.** *etw.* ~ **1.1.** /jmd., Institution/ ˊjmdn. durch einen gewissen Zwang veranlassen, dass er einen Ort, Platz, einen Raum (4) verlässt, so dass er frei wird': *die Polizei räumte den Bahnsteig, den Saal, die Straße (von Demonstranten)* **1.2.** /jmd., Fahrzeug, Institution/ ˊeinen Ort, Platz, Raum (2,3.1,4) aus eigenem Antrieb verlassen': *freiwillig räumten sie das Lokal, Haus; die Wohnung ~* (ˊunter Mitnahme der eigenen Sachen aufgeben, verlassen'); *bei Gelb, wenn die Ampel Gelb zeigt, müssen die Kraftfahrzeuge, Fahrer die Kreuzung ~* (ˊaus ihr wegfahren') **2.** /jmd./ *etw.* ~ ˊeinen Ort, Platz, Raum (4), ein Behältnis leer machen, indem man darauf, darin Befindliches entfernt': *den Kasten, Schrank (leer) ~; die Wege vom Schnee ~* **3.1.** /jmd./ *etw. von irgendwo, etw. irgendwohin* ~ ˊetw. von da, wo es sich befindet, wegnehmen und anderswohin bringen': *die Bücher vom Tisch, in das Regal ~; Geschirr aus dem Schrank, in die Küche ~; den Schnee von den Wegen ~* **3.2.** /Schiff, jmd./ *Minen* ~ (ˊMinen aufspüren und unschädlich machen') ❖ ↗ **Raum**

Raum [ˈʀaum..]**|-fahrt, die** ⟨o.Pl.⟩ ˊGesamtheit dessen, was unternommen wird, um mit Geräten, Raumschiffen o.Ä. in den Weltraum zu gelangen und sich in ihm vorwärts zu bewegen': *wissenschaftliche, technische Probleme der ~* ❖ ↗ Raum, ↗ fahren; **-fahrzeug, das** ˊRaumflugkörper für den bemannten Flug in den Weltraum ❖ ↗ Raum, ↗ fahren; **-flugkörper** [flu:k..]**, der** ˊRakete, die in den Weltraum vordringen kann und sich in ihm fortbewegt': *Hunderte von ~n kreisen um die Erde* ❖ ↗ Raum, ↗ fliegen, ↗ Körper

räumlich [ˈʀɔi̯m..] ⟨Adj.; o. Steig.⟩ **1.** ⟨nicht präd.⟩ /zu Raum 1−4/ ˊauf den, einen Raum bezogen': *die ~e Aufteilung der Zimmer; die ~e Ausdehnung eines Gegenstandes, des Weltraums; die ~e Entfernung, Lage von Himmelskörpern; sie empfand die ~e Trennung von ihrem Freund als sehr bedrückend; er wohnt ~ sehr beengt; er musste die Ereignisse erst einmal ~ und zeitlich (ein)ordnen* **2.** ˊwie unter den Bedingungen des natürlichen Raumes (1.1) (wirkend)': *ein ~er Eindruck; ~es Sehen, Hören; ein ~ wirkendes Bild* ❖ ↗ **Raum**

Räumlichkeit [ˈʀɔi̯mlɪç..]**, die;** ~, ~en ⟨vorw. Pl.⟩ ˊRaum (4) in einem Gebäude': *es gab dort enge und helle ~en; für ein Gewerbe die passenden ~en suchen, mieten* ❖ ↗ **Raum**

Raum|-pflegerin [ˈʀ..]**, die;** ~, ~nen ˊFrau, die beruflich in Räumen (4) sauber macht'; SYN Putzfrau; ↗ FELD I.10; **-schiff** [ˈʀaum..]**, das** ˊgroßer Raumflugkörper für den bemannten Flug in den Weltraum': *ein bemanntes, interplanetares ~* ❖ ↗ Raum, ↗ Schiff

raunen [ˈʀaunən] ⟨reg. Vb.; hat⟩ /jmd./ *etw.* ~ ˊmit gedämpfter Stimme, leise murmelnd etw. sagen'; ↗ FELD VI.1.2: *er hatte etw. Unverständliches geraunt; jmdm. etw. ins Ohr ~: „du kannst mir das glauben", raunte er ihr ins Ohr; ein Raunen ging durch das Publikum* (ˊim Publikum sprachen viele raunend miteinander')

Raupe [ˈʀaupə]**, die;** ~, ~n **1.** ˊlänglich runde Larve, bes. eines Schmetterlings, die sich kriechend fortbewegt' (↗ BILD): *eine dicke, behaarte ~; die ~n vom Kohl lesen; aus der ~ schlüpft schließlich der Schmetterling* **2.** ˊum die Räder eines Fahrzeugs rotierendes Band aus plattenförmigen Teilen, mit dessen Hilfe sich das Fahrzeug fortbewegt': *der Traktor bewegt sich auf ~n* ❖ **Raupenfahrzeug**

Raupen|fahrzeug [ˈʀaupm̩..]**, das** ˊFahrzeug, das sich auf Raupen (2) fortbewegt': *~e werden in schwierigem Gelände eingesetzt* ❖ ↗ **Raupe,** ↗ **fahren**

Rau|reif, der ˊbei starkem Frost entstehender Reif mit besonders deutlich erkennbaren Eiskristallen': *der ~ auf den Bäumen; draußen ist ~* ❖ ↗ **rau,** ↗ **Reif**

raus [ʀaus] ⟨Adv.⟩ **1.** ˊheraus (2)': *er ist ~ aus der Gefahr!;* /in der kommunikativen Wendung/ scherzh. *rin in die Kartoffeln, raus aus den Kartoffeln* /wird gesagt, wenn völlig Entgegengesetztes kurz hintereinander angeordnet, getan wird/ **2.** ˊhinaus (1)': *~ mit Euch!; ~ an die frische Luft* ❖ **rausfliegen, -kommen;** vgl. **heraus**

MERKE Zur Getrennt-, Zusammenschreibung von *raus* und *sein:* Getrenntschreibung auch im Infinitiv.

raus- umg. /bildet mit dem zweiten Bestandteil Verben; betont; trennbar (im Präsens u. Präteritum); ist austauschbar mit ↗ *heraus-,* ↗ *hinaus-*/: ↗ z. B. *rausfliegen* (1)

Rausch [ʀauʃ]**, der;** ~es, Räusche [ˈʀɔi̯ʃə] **1.** ⟨vorw. Sg.⟩ ˊbes. durch den Genuss von zuviel Alkohol bewirkter vorübergehender Zustand, bei dem das Bewusstsein, die Kontrolle über die physischen und psychischen Reaktionen mehr od. weniger stark vermindert od. ausgeschaltet ist': *ein leichter,* *schwerer, starker ~; einen ~ bekommen; sich einen ~ antrinken; seinen ~ ausschlafen* ('so lange schlafen, bis man wieder nüchtern ist') **2.** ⟨o.Pl.⟩ 'durch ein besonders erregendes Erlebnis ausgelöster psychischer Zustand, bei dem die Kontrolle durch das Bewusstsein ausgeschaltet zu sein scheint'; SYN Taumel (2): *sie hatten einen freudigen, ekstatischen, wilden ~ erlebt;* ⟨+ Gen.attr.⟩ *ein ~ der Begeisterung, Leidenschaft hatte sie ergriffen; im ~ des Glücks, Erfolgs, Sieges jubeln; von einem ~ erfasst werden; das Spiel der Musiker hatte das Publikum in einen ~* (SYN 'in Ekstase') *versetzt* ❖ **berauschen – Rauschgift**

rauschen ['ʀaʊʃn̩] ⟨reg. Vb.; hat/ist⟩; ↗ FELD VI.1.2 **1.** ⟨hat⟩ *etw. rauscht* 'etw. bringt das gleichförmige Geräusch hervor, das entsteht, wenn eine große Menge Wasser irgendwo herabfällt od. stark bewegt wird': *das Meer, der Wasserfall, Regen rauscht; die Bäume, Blätter ~; der Wald rauscht im Wind; das Rauschen der Brandung; ~der Beifall* **2.** ⟨ist⟩ */etw./ irgendwohin ~* 'sich mit dem Geräusch von rauschen (1) irgendwohin bewegen': *das Wasser rauscht in die Wanne, in die Tiefe, zu Tal* ❖ **Geräusch**

Rausch|gift ['ʀaʊʃ..], **das** 'Stoff, der dem Körper zugeführt wird, um einen Rausch (1), angenehme Gefühle zu erzeugen, der aber süchtig macht'; SYN Droge: *~ nehmen; sich ~ spritzen; mit ~ handeln; ~ schmuggeln; von ~ abhängig sein* ❖ ↗ **Rausch, ↗ Gift**

raus ['ʀaʊs..] ↗ auch *heraus-, hinaus-* umg. **|-fliegen**, flog raus, ist rausgeflogen **1.** /jmd./ 'entlassen werden': *er ist wegen Trunkenheit am Arbeitsplatz (aus dem Betrieb) rausgeflogen* **2.** /jmd./ 'hinausgeworfen werden (↗ hinauswerfen 2)': *als er seine Bitte vortrug, zu schimpfen begann, flog er raus* ❖ ↗ raus, ↗ fliegen; **-kommen**, kam raus, ist rausgekommen /jmd./ **1.1.** 'herauskommen (1)': *als wir (aus der Gaststätte) rauskamen, regnete es* **1.2.** *mach, dass du rauskommst* ('verlass unverzüglich das Zimmer')! **2.** /etw./ Geheimgehaltenes/ 'bekannt werden': *schließlich ist sein Betrug doch noch rauskommen; es ist erstaunlich, was alles so über bestimmte Leute, Vorgänge rauskommen ist* ❖ ↗ raus, ↗ kommen

räuspern ['ʀɔɪspɐn], **sich** ⟨reg. Vb.; hat⟩; ↗ FELD VI.1.2 /jmd./ **1.1.** 'absichtlich ein wenig husten, um klar sprechen zu können': *bevor er zu sprechen begann, räusperte er sich* **1.2.** 'sich absichtlich ein wenig räuspern (1.1), um auf sich aufmerksam zu machen': *nachdem er lange gewartet hatte, räusperte er sich vernehmlich*

Raute ['ʀaʊtə], **die**; ~, ~n 'ein auf der Spitze stehendes gleichseitiges Viereck mit je zwei gegenüber liegenden spitzen und stumpfen Winkeln': *ein in ~n geschliffener Diamant; ein Wappen mit blauen und weißen ~n*

Razzia ['ʀatsi̯a], **die**; ~, ~s/auch *Razzien* [..tsi̯ən] 'überraschend durchgeführter Einsatz der Polizei (in einem Lokal) zur Kontrolle von Personen, bes.

um gesuchte, verdächtige Personen aufzuspüren': *eine ~ machen, durchführen, veranstalten; eine ~ auf Schmuggler, Taschendiebe, Rauschgift; der Verbrecher wurde bei einer ~ festgenommen*

reagieren [ʀea'giːʀən], reagierte, hat reagiert **1.** /jmd., Tier, etw./ *auf etw. ~* 'auf eine Einwirkung eine bestimmte Wirkung zeigen, entsprechend handeln': *er hat heftig, impulsiv, spontan, positiv, negativ (auf den Vorschlag) reagiert; er reagierte nicht auf den Brief, auf die Frage* ('antwortete nicht'); *empfindlich, mit einem Lächeln auf eine Anspielung ~; das Pferd reagierte sehr nervös auf den Lärm; die (Sinnes)organe ~ auf Reize; Seismographen ~ auf Erschütterungen (der Erdkruste); die Pupillen ~ auf Licht* **2.** Chem. Phys. /Stoff, chemische Verbindung/ *irgendwie ~* 'sich bei bestimmter Einwirkung in seiner Beschaffenheit irgendwie chemisch, physikalisch ändern': *die Lösung reagiert alkalisch, sauer; mit etw. ~: Sauerstoff reagiert mit vielen Elementen, Stoffen* ❖ **abreagieren**; vgl. **Reaktion**

Reaktion [ʀeak'tsi̯oːn], **die**; ~, ~en **1.** 'das Reagieren (1) eines Menschen, einer Sache auf eine bestimmte Einwirkung': *seine ~ (auf den Vorwurf) war überraschend heftig; ihre erste ~ war, dass sie lachte; die ~en der Autofahrer, kleiner Kinder untersuchen, erforschen; etw. ist die ~ auf etw.: die Proteste waren die ~ auf die Preiserhöhungen; eine ~ auslösen, bewirken, hervorrufen, verhindern* **2.** 'das Reagieren (2)': *eine chemische ~; die ~ der Atomkerne; bei dem Versuch liefen heftige ~en ab* **3.** ⟨o.Pl.⟩ 'Gesamtheit der Menschen, die reaktionäre Ansichten vertreten, eine reaktionäre Politik betreiben': *die ~ bekämpfen, nicht zum Zuge kommen lassen* ❖ **Reaktor, reaktionär, reaktionsfähig**; vgl. **reagieren**

reaktionär [ʀeaktsi̯o'nɛːɐ̯/..'neː..] ⟨Adj.; Steig. reg.⟩ SYN 'rückschrittlich': *~e Bestrebungen, Ziele, Kreise; ~e Kräfte; er ist, gilt als ~* ❖ ↗ **Reaktion**

reaktions|fähig [ʀeak'tsi̯oːns..] ⟨Adj.; o. Steig.; nicht bei Vb.⟩ **1.** 'fähig, auf etw. zu reagieren (1) /bes. auf Personen bez./: *infolge des Schocks, wegen übermäßigen Genusses von Alkohol nicht (mehr) ~ sein; er war noch voll, nur noch bedingt ~* **2.** 'eine chemische Reaktion eingehen könnend': *ein sehr ~er (Grund)stoff* ❖ ↗ **Reaktion, ↗ fähig**

Reaktor [ʀe'aktoːɐ̯], **der**; ~s, ~en [..'toːʀən] **1.** 'Vorrichtung, Anlage, Gerät, in dem Reaktionen (2) für wissenschaftliche od. industrielle Zwecke ablaufen' **2.** 'Anlage, in der eine gesteuerte Reaktion (2) von Atomkernen vor sich geht, bei der Energie frei wird, die genutzt werden kann': *einen ~ in Betrieb nehmen, abschalten, stilllegen; der ~ geht ans Netz* ❖ ↗ **Reaktion**

real [ʀe'aːl] ⟨Adj.; o. Steig.⟩ **1.** ⟨vorw. attr.⟩ 'tatsächlich vorhanden, bestehend': *unsere Mannschaft hat die ~e Chance, das Spiel zu gewinnen; ihre Chancen sind ~, haben sich als ~ erwiesen; die ~en Gegebenheiten müssen vor Ort untersucht werden; diese Partei stellt eine ~e Macht, Kraft dar* **2.** 'von wirklichen, tatsächlichen Gegebenheiten ausgehend od. auf sie bezogen': *er hat uns sehr ~e Pläne, Vor-*

schläge unterbreitet, vorgelegt, vorgetragen; ein ~ (ʾnüchtern und sachlichʾ) *denkender Geschäftsmann* **3.** SYN ʾrealistisch (1)ʾ: *etw.* ~ *einschätzen; seine Pläne, Ideen waren (nicht)* ~; *eine* ~*e Schilderung, Einschätzung* **4.** ⟨nur attr.⟩ fachspr. ʾden tatsächlichen Wert des Geldes betreffend, bes. hinsichtlich seiner Kaufkraftʾ; ANT nominell: *das* ~*e Einkommen der Bevölkerung ist gesunken, gestiegen* ❖ **realisieren, Realismus, realistisch, Realität** – **Realschule, Pseudorealismus**

realisieren [ʀeali'ziːʀən], realisierte, hat realisiert **1.** /jmd., Institution/ *etw.* ~ SYN ʾetw. verwirklichen (1.1)ʾ: *einen Beschluss, Plan* ~; *die Idee, das Projekt, eine Straße durch den Sumpf zu bauen, wurde (nicht) realisiert; dieses Vorhaben ist aus technischen, finanziellen Gründen nicht zu* ~ **2.** /jmd./ *etw.* ~ ʾetw. erkennen, sich bewusst machen, richtig verstehenʾ: *er hat die Problematik der Sache, die Gefahr, in der er sich befand, nicht realisiert* ❖ ↗ **real**

Realismus [ʀea'lɪsmʊs], **der**; ~, ⟨o.Pl.⟩ **1.** ʾvon den Tatsachen, von der Wirklichkeit ausgehende sachliche, nüchterne Einstellung eines Menschen gegenüber Sachverhalten, Gegebenheiten und seine Art, diese zu beurteilenʾ: *sein* ~ *hat ihn vor Enttäuschungen, Illusionen bewahrt* **2.** ʾMethode des künstlerischen Schaffens, die eine getreue Wiedergabe der Wirklichkeit anstrebtʾ: *dieser Kunstmaler, Schriftsteller ist ein Vertreter des* ~ ❖ ↗ **real**

realistisch [ʀea'lɪst..] ⟨Adj.⟩ **1.** ⟨Steig. reg.⟩ ʾauf die nüchterne, sachliche Beurteilung, Einschätzung der Wirklichkeit bezogenʾ; SYN real (3): *er gab eine sehr* ~*e Schilderung der Vorgänge und Menschen; eine* ~*e* (ANT utopische 1) *Vorstellung von etw. haben; auf seine* ~*e Haltung kann man sich verlassen; etw.* ~ *betrachten, beurteilen;* ~ *denken* **2.** ⟨o. Steig.⟩ ʾdem Realismus (2) zuzurechnenʾ: *ein* ~*er Künstler;* ~*e Kunst, Literatur; ein* ~*es Werk, Drama; er malt, schreibt* ~ (ʾin der Art des Realismus 2ʾ) ❖ ↗ **real**

Realität [ʀeali'tɛːt/..'teːt], **die**; ~, ~en **1.** ⟨o.Pl.⟩ SYN ʾWirklichkeit (1.1)ʾ: *etw. derart Ausgefallenes kommt in der* ~ *nicht vor; sich an der* ~ *orientieren* **2.** ⟨o.Pl.⟩ *die* ~ ⟨+ Gen.attr.⟩/*die* ~ *von etw.* ʾdas Wirklichsein, die Existenz von etw.ʾ: *die* ~ *von etw. anzweifeln, beweisen, bestreiten* **3.** SYN ʾTatsache (2)ʾ: *was ich dir erzählt habe, das ist keine Erfindung, das ist* ~; *den* ~*en Rechnung tragen und entsprechend handeln* ❖ ↗ **real**

Real|schule [ʀe'aːl..], **die** ʾSchule, die die Schüler bes. auf wirtschaftliche und technische Berufe vorbereitetʾ; SYN Mittelschule: *auf die* ~ *gehen, die* ~ *besuchen; er hat den Abschluss der* ~; vgl. auch *Gesamtschule, Gymnasium, Hauptschule* ❖ ↗ **real,** ↗ **Schule**

Rebell [ʀe'bɛl], **der**; ~en, ~en ʾjmd., der gegen etw. rebelliert, rebelliert hatʾ: *er ist, war ein* ~, *gilt als* ~; *die* ~*en haben Barrikaden errichtet* ❖ ↗ **rebellieren**

rebellieren [ʀebɛ'liːʀən], rebellierte, hat rebelliert /vorw. mehrere (jmd.)/ *gegen etw., jmdn.* ~ ʾgegen Missstände, bestehende gesellschaftliche, politische Verhältnisse, gegen jmdn. in oft spontanen Aktionen auftreten und Veränderungen verlangen od. gewaltsam herbeiführen wollenʾ; SYN auflehnen: *die Einwohner rebellierten gegen die Unterdrückung, gegen den Mietwucher, gegen Preiserhöhungen; die Gefangenen rebellierten gegen die Leitung des Gefängnisses; er rebellierte gegen seine Eltern; sie rebellierten gegen veraltete Methoden der Erziehung; sie rebellierten gegen die Regierung;* vgl. *empören (2)* ❖ **Rebell, rebellisch, Rebellion**

Rebellion [ʀebɛ'lɪ̯oːn], **die**; ~, ~en ʾspontane, meist nach relativ kurzer Zeit erfolglos endende gewaltsame Aktion, mit der sich eine meist kleinere Gruppe von Menschen in einem begrenzten Gebiet gegen bestehende Zustände, Verhältnisse gegen jmdn. auflehntʾ; SYN Aufruhr (1), Empörung (2), Revolte: *es kam zu einer bewaffneten* ~; *eine* ~ *brach aus; die* ~ *wurde niedergeschlagen; eine* ~ *von Jugendlichen; seine* ~ *gegen die Lehrer, Eltern;* vgl. *Aufstand, Putsch, Revolution (1)* ❖ ↗ **rebellieren**

rebellisch [ʀe'bɛl..] ⟨Adj.⟩ **1.** ⟨o. Steig.⟩ **1.1.** ⟨vorw. attr.⟩ /auf Personen bez./ ~*e* (ʾrebellierendeʾ) *Soldaten, Bauern, Arbeiter* **1.2.** ~*e* (ʾzur Rebellion aufrufendeʾ) *Schriften; jmdn. gegen jmdn.* ~ *machen* (ʾjmdn. dazu bringen, dass er sich jmdm. widersetzt, sich gegen jmdn. auflehntʾ) **2.** ⟨Steig. reg., Superl. ungebr.⟩ /auf Personen bez./ *die Kinder waren* ~, *wurden allmählich* ~ (SYN ʾaufsässigʾ); *er hat das ganze Haus* ~ *gemacht* (ʾdurch sein Verhalten erreicht, dass alle Bewohner des Hauses sich empörtenʾ) ❖ ↗ **rebellieren**

Rechen|maschine [ʾʀɛçn̩..], **die** ʾGerät, mit dem man (umfangreiche, komplizierte) Rechnungen schnell und sicher durchführen kannʾ: *eine mechanische, elektronische, programmgesteuerte* ~ ❖ ↗ **rechnen,** ↗ **Maschine**

Rechenschaft [ʾʀɛçn̩..], **die**; ~, ⟨o.Pl.⟩ ʾAngaben, Auskünfte, mit denen jmd., man selbst sein Tun, Verhalten erklärt od. rechtfertigt od. seine Leistungen darlegtʾ /beschränkt mit Verben verbindbar/; ↗ FELD I.12.1: *(jmdm.)* ~ *über etw. geben, ablegen; er musste* ~ *ablegen; (von jmdm.)* ~ *über etw. verlangen, fordern; jmdm., niemandem (über etw.)* ~ *schuldig sein* (ʾsich vor jmdm., niemandem rechtfertigen müssenʾ); *jmdn. (für etw.) zur* ~ *ziehen* (ʾvon jmdm. wegen etw. verlangen, dass er Rechenschaft gibtʾ)

Recherche [ʀe'ʃɛʀʃ̩ə], **die**; ~, ~n ⟨vorw. Pl.⟩ ʾErmittlung, Untersuchung, um etw. Bestimmtes über jmdn., etw. bes. für die Veröffentlichung od. in einem Kriminalfall herauszubekommenʾ: *in dieser Sache sind noch einige* ~*n erforderlich; langwierige, mühsame* ~*n; die* ~*n haben nichts Neues ergeben;* ~*n anstellen* (ʾErmittlungen ausführenʾ) ❖ **recherchieren**

recherchieren [ʀeʃɛʀ'ʃiːʀən], recherchierte, hat recherchiert /jmd., Institution/ **1.1.** *einen Bericht* ~ ʾeinen Bericht durch sorgfältige Ermittlungen untermauernʾ: *ein sorgfältig recherchierter Bericht im Fernsehen; in dieser Angelegenheit muss ich noch* ~ (ʾmuss ich noch ermitteln, Fakten sammeln') **1.2.** *etw.* ~ 'etw. durch Ermitteln klären, herausfinden, aufdecken': *einen schwierigen Sachverhalt* ~; *er hat recherchiert, dass ...* ❖ ↗ **Recherche**

rechnen ['ʀɛçnən], rechnete, hat gerechnet **1.** /jmd./ 'mathematische Größen, Probleme, Aufgaben nach bestimmten Regeln in Formen, Größen umwandeln, welche die Lösungen, Ergebnisse dieser Probleme, Aufgaben darstellen': *störe ihn nicht, er rechnet gerade; irgendwie* ~: *er hat richtig, falsch, im Kopfe, mündlich, schriftlich gerechnet; mit Brüchen, Buchstaben, Prozenten* ~; *er kann gut, schlecht* ~/auch *etw.* ~ ⟨vorw. *das*⟩: *das hast du falsch, richtig gerechnet* **2.** /jmd./ **2.1.** *etw.* ~ 'durch Rechnen (1) ermitteln, wieviel von etw., bes. Geld, für jmdn., etw. nötig ist'; SYN veranschlagen: *wir* ~ *pro Person eine Flasche Wein, pro Einsatz fünf Mark; grob/gut/niedrig gerechnet/alles in allem gerechnet, dauert, kostet das ...;* vgl. veranschlagen **2.2.** *irgendwie* ~ 'durch Rechnen (1) und kluges Einschätzen sparsam Haus halten, wirtschaften': *sie kann* ~, *weiß gut zu* ~, *um mit wenig Mitteln auszukommen; seit er wieder eine Anstellung hat, brauchen sie nicht mehr so sehr (mit jedem Pfennig) zu* ~ **3.1.** /jmd./ *jmdn., sich, etw. zu einer Gruppe von Personen, Sachen* ~ SYN 'jmdn., sich, etw. zu einer Gruppe, Gesamtheit zählen (5.2)': *ich rechne ihn zu meinen besten Freunden; er rechnet sich zu den glücklichsten Menschen; sie werden zwölf Personen sein, den/der Gastgeber nicht gerechnet* ('nicht berücksichtigt'); *er rechnet zu den Berühmtheiten des vorigen Jahrhunderts* **3.2.** *etw. rechnet zu etw.*: *der Opal rechnet* (SYN 'gehört 2') *zu den Edelsteinen; Wale* ~ *zu den Säugetieren* **4.** /jmd./ **4.1.** *auf etw., mit etw., jmdn.* ~ 'sich darauf verlassen, dass etw. getan wird, jmd. in der erwarteten Weise tätig wird, hilft': *er rechnete auf ihre Hilfe, ihr Verständnis, ihre Zustimmung; er rechnet mit ihrer Hilfe, ihrem Verständnis, ihrer Zustimmung; auf ihn, mit ihm kannst du immer* ~; *wir* ~ *auf deine, mit deiner Diskretion* **4.2.** *mit etw., jmdn.* ~ 'als möglich, wahrscheinlich annehmen, dass etw. eintritt, jmd. eintrifft; auf etw. gefasst sein': *du musst mit einer ablehnenden Antwort* ~; *mit dir, mit diesem Besuch hatten wir nicht mehr gerechnet; mit dem Schlimmsten* ~ *müssen* ('auf das Schlimmste gefasst sein') ❖ **berechnen, berechnend, Berechnung, errechnen, Rechner, rechnerisch, Rechnung, verrechnen – abrechnen, anrechnen, ausrechnen, Bruchrechnung, Elektronenrechner, Rechenmaschine, Taschenrechner, umrechnen, vorausberechnen, Zeitrechnung, zurechnungsfähig**

Rechner ['ʀɛçnɐ], der; ~s, ~ **1.** ⟨mit bestimmten wertenden Adj.⟩ *er ist ein guter, schneller, schlechter* ~ ('er ist ein Mensch, der gut, schnell, schlecht rechnen 1 kann') **2.** 'elektronische Rechenmaschine': *etw. mit einem* ~ *lösen;* ~ *für bestimmte Aufgaben einsetzen, benutzen* ❖ ↗ **rechnen**

rechnerisch ['ʀɛçnə..] ⟨Adj.; o. Steig.; nicht präd.⟩ **1.** 'durch Anwendung von Rechnen (1) erfolgend'

/vorw. auf Tätigkeiten bez./: *die* ~*e Ermittlung, Kontrolle von Daten; etw.* ~ *ermitteln, lösen* **2.** 'hinsichtlich des Rechnens (1)' /vorw. auf Abstraktes bez./: *seine* ~*e Begabung, Leistung; die Lösung ist* ~ *einwandfrei, kein Problem; das Ergebnis ist* ~ *falsch* ❖ ↗ **rechnen**

Rechnung ['ʀɛçn..], die; ~, ~en **1.1.** 'schriftliche Aufstellung über gelieferte Waren, Dienstleistungen mit den dafür zu zahlenden Preisen': *eine detaillierte, vordatierte* ~; *jmdm. eine* ~ *für etw., über etw. ausstellen, vorlegen; eine* ~ *für ein Fernsehgerät; er hat ihm eine* ~ *über 20.000 Mark ausgestellt; Herr Ober, bitte die* ~!; *etw. (mit) auf die* ~ *setzen; eine Ware, Waren auf* ~ ('gegen spätere Bezahlung') *kaufen, liefern; das steht nicht auf der* ~; *etw. geht auf jmds.* ~: *das geht auf deine* ~ ('das hast du zu bezahlen'); *jmdm. etw. in* ~ *stellen* 'jmdm. etw. auf die Rechnung (1.1) setzen': *den Transport der Ware stellen wir Ihnen in* ~ **1.2.** 'zu bezahlender Betrag, der auf einer Rechnung (1.1) ausgewiesen ist': *eine hohe, niedrige, unbezahlte, offene* ~; *die* ~ *beträgt ...; die* ~ *bezahlen, quittieren* **2.** 'etw., das auszurechnen ist od. ausgerechnet worden ist': *das ist eine einfache, komplizierte, schwere* ~; *eine* ~ *mit Brüchen, Buchstaben; die* ~ *stimmt, geht auf; in der* ~ *steckt ein Fehler* ❖ ↗ **rechnen**
* **jmds.** ~ **geht nicht auf** ⟨vorw. im Prät., Perf.⟩ 'jmds. Erwartungen erfüllen sich nicht': *er glaubte, er hätte eine gute Wahl getroffen, aber seine* ~ *ging nicht auf;* /jmd./ **etw. in** ~ **stellen/ziehen** ('etw. berücksichtigen'); /jmd./ **etw.** ⟨Dat.⟩ ~ **tragen** ('etw. berücksichtigen'); /jmd./ **die** ~ **ohne den Wirt gemacht haben** ('bestimmte Umstände bei seinem Plan, Vorhaben nicht berücksichtigt haben')

recht [ʀɛçt] **I.** ⟨Adj.; o. Steig.; ↗ auch *rechts*⟩ **1.** ⟨nur attr.⟩ ANT link (1) **1.1.** 'auf der Seite des Körpers befindlich, auf der nicht das Herz liegt' /vorw. auf Körperteile bez./: *der* ~*e Arm, Daumen, Fuß, Schuh; das* ~*e Bein; sie saß an seiner* ~*en Seite;* ~*er Hand* ('auf der rechten Seite') **1.2.** 'von einem bestimmten Standpunkt des Sprechers aus auf der rechten (1.1) Seite von ihm liegend od. in einer bestimmten Bewegungsrichtung auf der rechten Seite liegend' /auf Lokales bez./: *die* ~*e Seite, Tür des Autos, Schranks; das ist das* ~*e Ufer des Flusses; das Haus liegt stadteinwärts auf der* ~*en Seite der Straße; die Couch steht, wenn du reinkommst, auf der* ~*en Seite* ('rechts von dir'); *die Akten liegen (wenn du davor stehst) im* ~*en oberen Fach des Schranks* **2.** ⟨nur attr.⟩ 'die Seite eines textilen Gewebes betreffend, die nach außen zu tragen und zu sehen ist': *die* ~*e Seite des Stoffes ist bedruckt* **3.** ⟨nur attr.⟩ 'in der politischen Anschauung, Haltung zur Rechten (2) gehörend'; ANT link (3) /vorw. auf Gruppierungen bez./: ~*e Abgeordnete, Parteien; er gehört zum* ~*en Flügel seiner Partei* **4.** ⟨nur attr.⟩ *ein* ~*er Winkel* ('Winkel, bei dem zwei Seiten senkrecht aufeinander stehen') **5.1.** ⟨nur attr.⟩ SYN 'richtig (I.5)': *das ist nicht der* ~*e Ort, Platz, die* ~*e Zeit für ein solches Gespräch;*

er hatte die ~en Worte des Trostes für sie gefunden; er konnte nicht das ~e Verständnis für sie, für die heikle Angelegenheit aufbringen; ich kann mir keine ~e Vorstellung, kein ~es Bild davon machen; er kam gerade noch zur ~en Zeit zum Unterricht **5.2.** ⟨nur bei Vb.⟩ SYN ʹrichtig (I.2)ʹ: *verstehe ich dich ~?;* /in den kommunikativen Wendungen/ *ganz ~* (ʹSie haben völlig Rechtʹ) /sagt jmd. als Zustimmung, zur Bestätigung/; *wenn ich es mir ~* (ʹgründlichʹ) *überlege: wenn ich es mir ~ überlege, so war es vielleicht doch ein Fehler, dir zu trauen; verstehe mich bitte ~* ʹmissverstehe mich nichtʹ: *verstehe mich bitte ~, ich kann dir nicht helfen* /wird gesagt, wenn man um Verständnis für seine Haltung bittet/; *habe ich ~ gehört* ʹstimmt das so, wie ich es verstanden habeʹ? /wird gesagt, wenn man sich vergewissern möchte, kann aber auch drohend gesagt werden, wenn man jmdn. zwingen möchte, seine Haltung zu ändern/: *habe ich ~ gehört, Sie wollen uns nicht helfen?; ich höre wohl nicht ~* ʹich kann nicht glauben, was ich höreʹ /wird drohend und mit Empörung gesagt, wenn man jmdn. zwingen möchte, seine Haltung, Ansicht zu ändern od. wenn man etw. für sehr unwahrscheinlich hält/: *ich höre wohl nicht ~, du willst nicht mitmachen?; das hast du alles allein gemacht? Ich höre wohl nicht ~!* **5.3.** ⟨nicht attr.⟩ geh. ʹmit sittlichen Normen übereinstimmendʹ; SYN richtig (4): *das hast du ~ gemacht; das ist nicht ~ von dir, so zu schimpfen; es ist nicht ~ von dir, so rigoros zu urteilen* **6.1.** ⟨nur attr.⟩ SYN ʹrichtig (6)ʹ: *jetzt hat das Kleid erst den ~en Schick; das ist ein ~er Jammer, dass du uns verlassen musst; er hat sich wie ein ~er Mann, Dummkopf, Kavalier benommen; das war eine ~e Pleite* **6.2.** ⟨nicht präd.; stets verneint⟩ *nicht ~* ʹnicht so, wie etw., jmd. sein sollʹ; SYN richtig (3.1): *mit seiner Arbeit geht es nicht so ~ voran, kommt er nicht ~ voran; er ist nicht ~ bei Verstand, nicht ~ gescheit* (ʹanscheinend ein bisschen dummʹ); *keinen ~en Appetit, keine ~e Lust zu/auf etw., keine ~e Freude an etw. haben* — **II.** ⟨Adv.; vor Adj., Adv.⟩ /verstärkt die im Bezugswort genannte Eigenschaft/ ʹsehrʹ: *der Vortrag war ~ langweilig; es ist ~ spät geworden; heute war es ~ warm, windig; ein ~ interessanter Artikel; er weiß ~ viel darüber; ~ herzliche Grüße, dein P* /Briefschluss/ ❖ **zu (I.1–4): Rechte, rechts** − **Rechteck, rechteckig, Rechtshänder, rechtshändig, rechtwinklig; zu (I.5): rechtschaffen, Rechtschreibung, rechtzeitig, zurechtfinden;** vgl. auch **richtig**

* /etw.; vorw. *es, das*/ **~ und billig sein** ʹdem Empfinden für Gerechtigkeit entsprechenʹ: *es ist nur ~ und billig, dass/wenn wir denen helfen, die uns geholfen haben/denen zu helfen, die uns …;* /jmd./ **~ daran tun** ⟨+ Nebens.⟩ ʹin Bezug auf etw. richtig handelnʹ: *du hast ~ daran getan, die Beziehung zu ihm aufzugeben/dass du die Beziehung zu ihm aufgegeben hast; erst ~* **1.** ʹzum Trotzʹ: *etw. Verbotenes erst ~ tun;* /in der kommunikativen Wendung/ *nun erst ~* /wird gesagt, wenn man allen Verboten und Wider-

ständen zum Trotz bereit ist, etw. zu tun, für etw. einzutreten/ **2.** ʹnoch mehr, noch stärkerʹ: *danach schrie, weinte sie erst ~;* **erst ~ nicht**: *das können wir erst ~ nicht* (ʹnoch viel wenigerʹ) *tun, erlauben;* /jmd./ **es jmdm. ~ machen** ʹetw. so machen, wie es jmd. will, wie es ihm gefällt, passtʹ: *dir kann man es nicht ~ machen, du bist immer unzufrieden;* **~ und schlecht/schlecht und ~** ʹin mittelmäßiger Weiseʹ; SYN leidlich: *er hat seine Arbeit ~ und schlecht/schlecht und ~ abgeschlossen; er hat sich so ~ und schlecht/schlecht und ~ durchs Leben geschlagen;* /jmd./ **nach dem Rechten sehen** (ʹkontrollieren, ob alles in Ordnung istʹ); /etw./ **jmdm. ~ sein** ʹjmds. Billigung findenʹ: *es ist mir (sehr) ~, dass du gehst, mich besuchen willst; dieser Zeitpunkt ist mir ~* (ʹpasst mirʹ)

MERKE *recht* wirkt in den Bedeutungen I.5 und 6 im Unterschied zu *richtig* meist ein wenig gewählt

Recht, das; ~s/auch ~es, ~e **1.** ⟨o.Pl.⟩ ʹGesamtheit der allgemein gültigen Konventionen, Regeln für das Zusammenleben der Menschen in einer Gesellschaft und die sich darauf beziehenden Gesetzeʹ: *etw. ist geltendes, überliefertes ~; das öffentliche ~* (ʹGesamtheit der gesetzlichen Normen, die das Verhältnis des Einzelnen zur öffentlichen Gewalt und ihren Trägern sowie deren Verhältnis zueinander regeltʹ); *das ~ anwenden, auslegen, verletzen; gegen/wider das ~ handeln, verstoßen; das ~ auf seiner Seite haben* ʹmit dem Recht konform sein und es für sich beanspruchen könnenʹ) **2.1.** ⟨oft mit Possessivpron.⟩ ʹ(rechtlich, gesetzlich bedingte) Sachlage, aufgrund derer jmd. etw. für sich fordern od. etw. tun darfʹ: *demokratische, gewerkschaftliche, vertragliche ~e; das ~ eines Volkes auf Selbstbestimmung; das ~ des Eigentümers, Urhebers; die ~e der Vertragspartner; sein ~ (auf etw.) behaupten, fordern; jmdm. zu seinem ~ verhelfen; alle ~e* (ʹdie Berechtigung bes. zum Nachdruck, zur Vervielfältigungʹ) *vorbehalten* /Vermerk in Druckerzeugnissen/; *das ~, Lehrlinge auszubilden; jmdm. ein ~ absprechen, übertragen; etw. mit vollem, gutem ~ äußern, tun, verweigern* **2.2.** ⟨o.Pl.⟩ *dazu hat er kein ~* (ʹdas darf er nicht, dazu ist er nicht berechtigtʹ); *das ist mein gutes ~* (ʹdarauf habe ich einen berechtigten Anspruchʹ) ❖ **berechtigen, berechtigt, Berechtigung, entrechten, Gericht, gerichtlich, rechten, rechtlich, rechtmäßig, Richter, richten, richterlich, unrecht, Unrecht** − **Anrecht, Arbeitsrecht, Asylrecht, Erziehungsberechtigte, gleichberechtigt, Gleichberechtigung, Grundrecht, hinrichten, Hoheitsrecht, Kampfrichter, Menschenrecht, Rechthaber, rechthaberisch, Rechtsanwalt, Rechtsfall, rechtskräftig, Rechtsprechung, Rechtssache, -streit, -weg; rechtswidrig, Schiedsgericht, -richter, Selbstbestimmungsrecht, Staatsrecht, standrechtlich, stimmberechtigt, Stimmrecht, Streikrecht, Vorrecht, Wahlrecht, widerrechtlich, Zivilrecht;** vgl. auch **gerecht, rechtfertigen, richtig**

* /jmd./ **~ behalten/bekommen** (ʹbestätigt bekommen, dass man das Richtige gesagt, getan hatʹ); /jmd./

jmdm. ~ **geben** (ʹjmdm. zustimmenʹ); ~ **haben** (ʹdas Richtige gesagt, getan habenʹ); /jmd./ **im ~ sein** (ʹin einer Angelegenheit Recht haben, das Recht auf seiner Seite habenʹ); /jmd., bes. Richter/ ~ **sprechen** (ʹals Richter ein Urteil fällenʹ); **zu ~** ʹmit vollem Rechtʹ: *das besteht zu ~; man hat ihn zu ~ verurteilt*

Rechte [ˈʀɛçtə], **die**; ~n, ~n ANT Linke **1.** ⟨vorw. Sg.⟩ **1.1.** ⟨in Adv.best.⟩ ʹdie rechte (1.1, 1.2) Seiteʹ: *zur ~n: zur ~n biegt ein Feldweg ab; sie saß, ging an/zu seiner ~n* **1.2.** ⟨+ Präp., Possessivpron.⟩ ANT Linke (1): *er streckte (ihr) seine ~* (ʹrechte Handʹ) *zur Begrüßung hin; er hielt das Glas in seiner ~n* (ʹin seiner rechten Handʹ); *ein Schlag mit seiner ~n* (ʹmit seiner rechten Faustʹ) **2.** ⟨vorw. mit best. Art.; vorw. Sg.⟩ ʹParteien od. Gruppen in Parteien od. politische Strömungen, die konservative Ideen vertretenʹ; ANT Linke (2): *die reaktionäre, gemäßigte, äußerste ~* ❖ ↗ **recht**

Recht/recht [ˈʀɛçt..]‖**-eck** [ɛk], **das** ʹViereck mit vier rechten Winkeln, das von einem Paar kürzerer und einem längerer, jeweils gegenüberliegender Strecken begrenzt wirdʹ (↗ TABL Geom. Figuren) ❖ ↗ **recht**, ↗ **Ecke**; **-eckig** ⟨Adj.; o. Steig.; nicht bei Vb.⟩ ʹin der Form eines Rechtecksʹ: *alle sechs Flächen der Streichholzschachtel sind ~* ❖ ↗ **recht**, ↗ **Ecke**

rechten [ˈʀɛçtn̩], rechtete, hat gerechtet geh. /jmd./ *mit jmdm. über, um etw. ~* ʹmit jmdm. um, über etw. mit Argumenten hartnäckig streiten (1), um sein Recht (2.1), um Recht zu bekommenʹ; SYN auseinander setzen (2): *er rechtete mit ihr um, über sein Erbteil; er rechtete mit uns darum, darüber, was wir tun, lassen sollten; darüber wollen wir nicht ~* (ʹuns in kleinlicher, spitzfindiger Weise streitenʹ)! ❖ ↗ **Recht**

recht/Recht [ˈʀɛçt..]‖**-fertigen** ⟨reg. Vb.; hat⟩ **1.** /jmd./ *etw., sich ~* ʹetw., bes. ein, sein eigenes Tun, Verhalten, seine Äußerungen gegen Vorwürfe verteidigen und als rechtmäßig und korrekt zu beweisen suchen, beweisenʹ: *er rechtfertigte seine Verspätung mit einer Panne; sein Vorgehen zu ~ suchen; ich werde mich ~ müssen; dieses Vorgehen ist nicht, durch nichts zu ~; etw., sich vor jmdm. ~: er musste sich (wegen seiner Haltung) vor dem Vorstand ~; er konnte diese Entscheidung vor seinen Freunden nicht ~* **2.1.** *etw. rechtfertigt etw.* ʹetw. lässt etw. als berechtigt, begründet erscheinenʹ: *die Dringlichkeit der Angelegenheit, der ehrenhafte Anlass rechtfertigt den großen Aufwand; das schlechte Ergebnis der Verhandlungen hat unsere Bedenken gerechtfertigt; etw. ist irgendwie, durch etw. gerechtfertigt: diese Versuche sind wissenschaftlich gerechtfertigt* **2.2.** *jmd. rechtfertigt das in ihn gesetzte Vertrauen* (ʹsein Tun, Verhalten lässt das in ihn gesetzte Vertrauen als richtig erscheinenʹ) ❖ ↗ Rechtfertigung; **-fertigung, die 1.** /zu *rechtfertigen* 1/ ʹdas (Sich)rechtfertigenʹ: *die ~ meines Verhaltens ist leicht zu erbringen; er wusste nichts zu seiner ~ zu sagen* **2.** /zu *rechtferti-*

gen 2.1/ ʹdas Gerechtfertigtsein, die Berechtigungʹ: *die ~ dieses Unternehmens ist (durch seine Nützlichkeit) erwiesen* ❖ ↗ rechtfertigen; **-haber** [haːbɐ], **der**; ~s, ~ ʹrechthaberischer Menschʹ; ↗ FELD I.4.2.1: *er ist ein ~* ❖ ↗ Recht, ↗ haben; **-haberisch** [haːbəʀ..] ⟨Adj.; Steig. reg.⟩ ʹimmer, in jeder Sache Recht haben wollend und hartnäckig und eigensinnig seinen Standpunkt vertretendʹ /vorw. auf Personen bez./; ↗ FELD I.4.2.3: *ein ~er Mensch; sie, er ist sehr ~* ❖ ↗ Recht, ↗ haben

rechtlich [ˈʀɛçt..] ⟨Adj.; o. Steig.; nicht präd.⟩ **1.** ʹhinsichtlich des, eines Rechtsʹ; SYN gesetzlich /auf Abstraktes bez./: *eine ~e Regelung für etw. suchen; einen ~en Anspruch auf etw. haben; etw. ~ absichern; er ist ~ zur Hilfe verpflichtet; das ist ~ nicht zulässig, ist ~ begründet* **2.** ⟨nur attr.⟩ ʹdas Recht (1) betreffendʹ: *die ~e Seite einer Angelegenheit berücksichtigen; ~e Normen, Bestimmungen* ❖ ↗ **Recht**

recht|mäßig [ˈʀɛçt..] ⟨Adj.; o. Steig.; nicht präd.⟩ ʹeinem, dem Recht gemäßʹ: *er ist der ~e Erbe; er hat einen ~en* (ʹrechtlichenʹ) *Anspruch auf etw.; die Regierung ist ~ gewählt; das steht ihm ~ zu*; vgl. gesetzmäßig ❖ ↗ **Recht**

rechts [ʀɛçts] ⟨Adv.; ↗ auch *recht*⟩ **1.** ANT links **1.1.** ʹauf der rechten Seite von etw., jmdm.ʹ: *~ neben mir, neben dem Haus; das Atelier befindet sich oben im zweiten Stock ~; das Buch liegt ~ auf dem Schreibtisch; im Vordergrund ~ auf dem Bild; ~ fahren, links überholen* **1.2.** ʹnach der rechten, auf die rechte Seite von etw., jmdm.ʹ: *er bog ~ ab; nach ~ gehen, blicken; ~* (ʹan die rechte Seiteʹ) *heranfahren; /in Kommandos/: die Augen ~!; ~ schwenkt, marsch!* **1.3.** ʹmit der rechten Handʹ: *~ essen, malen, schreiben* **2.** ʹpolitisch, weltanschaulich zur Rechten (2) gehörigʹ: *er steht ~* (ʹgehört zur Rechtenʹ); *ein ~ stehender Politiker* ❖ ↗ **recht**

Rechts|anwalt [ˈ..], **der** ʹJurist mit der staatlichen Befugnis, die Angelegenheiten von Personen, Körperschaften vor Gericht rechtlich (1) zu vertretenʹ; SYN Anwalt (1); ↗ FELD I.10: *er ist ein guter, erfahrener ~; sich einen ~ nehmen* (ʹsich vor Gericht von einem Rechtsanwalt vertreten lassenʹ); *er ist ~ und Notar* ❖ ↗ Recht, ↗ walten

recht/Recht [ˈʀɛçt..]‖**-schaffen** ⟨Adj.⟩ **1.** ⟨Steig. reg.⟩ ʹehrlich und pflichtbewusstʹ /auf Personen bez./; ↗ FELD I.12.3: *ein ~er Mann; er ist, lebt ~* **2.** ⟨o. Steig.; nur bei Vb.⟩ SYN ʹredlich (2)ʹ: *sich ~* (ʹum etw., mit etw.) *plagen, abmühen* ❖ ↗ recht; **-schreibung, die**; ~, ⟨o.Pl.⟩ SYN ʹOrthographieʹ: *er beherrscht die ~, die Regeln der ~ (nicht); die ~ reformieren* ❖ ↗ recht, ↗ schreiben

Rechts/rechts [ˈʀɛçt..]‖**-fall, der** ʹFall (4), der gerichtlich entschieden werden mussʹ ❖ ↗ Recht, ↗ Fall; **-händer** [hɛndɐ], **der**; ~s, ~ ʹjmd., der rechtshändig istʹ: *er ist ~* ❖ ↗ recht, ↗ Hand; **-händig** [hɛndɪç] ⟨Adj.; o. Steig.⟩ ʹdie rechte Hand vor der linken zum Arbeiten, für alle wichtigen Tätigkeiten gebrauchendʹ: *er ist ~; er malt, schreibt ~* ❖ ↗ recht,

↗ Hand; **-kräftig** ⟨Adj.; o. Steig.⟩ 'gerichtlich, behördlich endgültig entschieden und nicht mehr anfechtbar' /auf Juristisches bez./: *ein ~es Urteil; eine ~e Entscheidung; das Urteil, der Vertrag ist ~; etw. ~ entscheiden* ❖ ↗ Recht, ↗ Kraft

Recht|sprechung ['ʀɛçtʃpʀɛç..], **die**; ~, ⟨o.Pl.⟩ 'das Entscheiden von Rechtsfällen durch Gerichte, Richter': *die Praxis der ~ in den deutschen Ländern* ❖ ↗ Recht, ↗ sprechen

Rechts/rechts ['ʀɛçts..]|**-sache, die** 'Angelegenheit, über die in einem gerichtlichen Verfahren verhandelt und entschieden wird': *in einer ~ entscheiden* ❖ ↗ Recht, ↗ Sache; **-streit, der** 'Prozess (2)': *etw. führt zu einem ~; es kam zu einem ~ zwischen beiden Parteien; der Kläger trägt die Kosten des ~s; den ~ beenden* ❖ ↗ Recht, ↗ streiten; **-weg, der** ⟨o.Pl.⟩ 'die Inanspruchnahme (1) eines Gerichts, Juristen für eine Rechtssache': *etw. erfolgt unter Ausschluss des ~es; den ~ beschreiten, einschlagen* ('bei einem Vorgehen ein Gericht, einen Juristen in Anspruch nehmen'); *dafür ist der ~ zulässig, möglich, ausgeschlossen* ❖ ↗ Recht, ↗ Weg; **-widrig** ⟨Adj.; o. Steig.⟩ 'gegen das, ein Recht verstoßend' /auf Juristisches bez./: *ein ~er Beschluss, Vertrag; der Vertrag ist ~; ~ handeln, vorgehen; sich ~ verhalten* ❖ ↗ Recht, ↗ wider

recht ['ʀɛçt..]|**-wink(e)lig** ⟨Adj.; o. Steig.; nicht bei Vb.⟩ /beschränkt verbindbar/: *ein ~es Dreieck* ('ein Dreieck mit einem Winkel von 90 Grad'); *das Dreieck ist ~* ❖ ↗ recht (I), ↗ Winkel; **-zeitig** ⟨Adj.; o. Steig.; nicht präd.⟩ 'zum richtigen Zeitpunkt und nicht zu spät': *die ~e Abgabe der Unterlagen, Benachrichtigung der Teilnehmer; er ist (gerade noch) ~ gekommen, eingetroffen; wir wollen ~ aufbrechen, damit wir nicht rennen müssen* ❖ ↗ recht, ↗ Zeit

Reck [ʀɛk], **das**; ~s/auch ~es, ~e 'Turngerät, das aus einer metallenen runden Stange besteht, die in bestimmter Höhe zwischen zwei Stützen angebracht ist'; ↗ FELD I.7.4.1 (↗ TABL Sportgeräte): *am ~ turnen; eine Übung am ~* ❖ ↗ recken

recken ['ʀɛkn̩] ⟨reg. Vb.; hat⟩ /jmd., Tier/ **1.1.** *etw. ~* 'einen Körperteil dehnend strecken': *die Arme, Glieder ~; er musste den Hals ~, um besser sehen zu können (was auf der Bühne geschah)* **1.2.** *sich ~* 'seinen Körper bis zur vollen Länge dehnend strecken': *er reckte und streckte sich* **1.3.** *er musste sich ~* ('sich zu seiner vollen Größe aufrichten'), *um an das Buch heranzukommen* **1.4.** *etw. irgendwohin ~* 'einen Körperteil irgendwohin ausstrecken': *er reckte den Kopf, die Hand in die Höhe* ❖ ↗ Reck

Recorder [ʀɛ'kɔʀdɐ], **der**; ~s, ~ 'Gerät zur elektromagnetischen Aufzeichnung und Wiedergabe von Sprache, Musik, Geräuschen, Fernsehsendungen': *etw. mit dem ~ aufnehmen* ❖ **Kassetten-, Videorecorder**

Redakteur [ʀɛdak'tøːɐ], **der**; ~s, ~e [..ʀə] 'jmd., der beruflich bei einem Verlag, beim Rundfunk od. Fernsehen Texte für die Veröffentlichung be-, überarbeitet': *der verantwortliche, zuständige ~; der ~*

für Kultur, Politik, Sport; er war ~ bei einer Zeitung, arbeitete als ~ beim Rundfunk ❖ ↗ **Redaktion**

Redaktion [ʀɛdak'tsi̯oːn], **die**; ~, ~en **1.** 'Be-, Überarbeitung eines Textes für die Veröffentlichung': *die abschließende, eine gründliche ~* **2.** 'Abteilung für die Redaktion (1)': *die Sendung wird durch die ~ vorbereitet* ❖ **Redakteur, redaktionell**; vgl. *redigieren*

redaktionell [ʀɛdaktsi̯o'nɛl] ⟨Adj.; o. Steig.; nicht präd.⟩ 'die Redaktion (1) betreffend': *die ~e Arbeit; die ~e Bearbeitung eines Textes; einen Text ~ bearbeiten* ❖ ↗ **Redaktion**

Rede ['ʀeːdə], **die**; ~, ~n **1.** 'längere, ausführliche, in der Regel vorbereitete, mündliche sprachliche Darlegung zu einem Thema vor einem Publikum, meist aus besonderem Anlass'; SYN Ansprache: *er hat eine kurze, lange, feierliche, fesselnde, langweilige, improvisierte, zündende ~ gehalten; eine ~ anlässlich eines Jubiläums, über Goethe, vor dem Parlament, zu Ehren eines Verstorbenen; die, seine ~ hat großes Aufsehen erregt, wurde im Rundfunk übertragen* **2.** 'das, was jmd. spricht, gesprochen hat, die sprachliche Äußerung von jmdm., meist als Teil eines Gesprächs': ⟨nur im Sg.⟩ *~ und Gegenrede folgten rasch aufeinander; die* ↗ *wörtliche,* ↗ *indirekte,* ↗ *direkte ~; jmdm. die ~ verbieten* ('jmdm. verbieten, weiter zu reden'); ⟨nur im Pl.; + Attr.⟩ *anmaßende, prahlerische ~n führen* ('anmaßend, prahlerisch etw. sagen, äußern'); *bei dem Streit gingen laute ~n hin und her; sie wechselten höfliche ~n* ❖ ↗ **reden**

* /jmd./ **jmdm. ~ und Antwort stehen** 'sich vor jmdm. verantworten': *er musste ihm ~ und Antwort stehen*; /jmd./ **die ~ auf etw., jmdn. bringen** 'ein Gespräch so steuern, dass über etw., jmdn. gesprochen wird': *er brachte die ~ auf den neuen Film, auf unseren gemeinsamen Nachbarn*; **von jmdm., etw. ist die ~** 'über etw., jmdn. wird gerade in einem größeren Kreis gesprochen': *wovon ist die ~?; von wem war die ~?; die ~ ist von schönen Frauen, neuen Autos*; **auf etw., jmdn. kommt die ~** ('etw., jmd. wird im Gespräch erwähnt, das Gespräch wendet sich jmdm., einem Thema zu'); **von etw. kann keine ~ sein** 'etw. kommt nicht in Betracht, ist ausgeschlossen od. trifft nicht zu': *davon, dass diese Drohungen dir gelten, kann keine ~ sein*; /jmd./ **jmdn. zur ~ stellen** ('jmdn. ansprechen und ihn auffordern, sich wegen seiner Handlung, Äußerung zu rechtfertigen'); ⟨⟩ geh. **es geht die ~** ⟨+ Nebens.⟩ 'man erzählt sich …': *es geht, ging die ~, dass …/er hätte gestohlen*

reden ['ʀeːdn̩], redete, hat geredet **1.** /jmd./ **1.1.** SYN 'sprechen (2.1)': *kann der Verletzte schon wieder ~?; du brauchst nicht auf ihn zu hören, er redet nur so vor sich hin* ('spricht, ohne sich an jmdn. zu wenden'); *irgendwie ~: laut, leise, (un)deutlich, ununterbrochen ~; etw. ~: er hat nur einen Satz, ein paar Worte, viel Kluges, Dummes geredet; in Versen ~; mit den Händen ~* ('beim Reden heftig gestikulieren'); *er ließ sie nicht zu Ende ~* ('nicht ausreden') **1.2.** *über jmdn., etw. ~/von jmdm., etw. irgendwie ~* SYN 'über etw., jmdn. irgendwie sprechen (3.1)':

er, sie hat (gut, schlecht) über dich, über die beste-henden Verhältnisse geredet; von ihm, über ihn wird viel geredet ('über ihn wird viel in der Öffentlich-keit gesprochen, mitgeteilt, Klatsch verbreitet'); *über jmdn., etw./von jmdm., etw.* ~: *hast du auch von mir geredet* ('etw. über mich gesagt, mitgeteilt')?; *über jmdn.* ~ ('sich abfällig über jmdn. äußern, ohne dass die Person anwesend ist und ihre Mei-nung vertreten kann'); *über das, vom Wetter* ~ **1.3.** *mit jmdm.* ~ SYN 'mit jmdm. sprechen (4.1)': *mit seinen Nachbarn* ~; *ich muss mit dir* ~ ('muss mit dir im Gespräch etw. klären'); *mit ihm kann man nicht* ~, *er ist zu selbstherrlich und hochmütig, er weiß alles besser; mit jmdm. nicht mehr* ~ ('mit jmdm. kein Gespräch mehr führen, weil man sich mit ihm überworfen hat'); *mit jmdm. über jmdn., etw.* ~: *er redete mit ihr über die Trauzeugen, den Termin der Hochzeit, über das Wetter; mit ihm kann man über alles* ~; *darüber ist mit ihm nicht zu* ~/ *kann man mit ihm nicht* ~ ('es hat keinen Zweck, mit ihm darüber zu reden, weil er hartnäckig auf seiner Meinung besteht'); *mit sich* ⟨Dat.⟩ *selbst* ~ ('ein Selbstgespräch führen'); ⟨rez.⟩ /zwei od. meh-rere (jmd.)/ *miteinander* ~: *sie redeten lange mitein-ander, haben lange nicht miteinander geredet; sie* ~ *nicht mehr miteinander* ('sie führen kein Gespräch mehr miteinander, weil sie sich überworfen ha-ben'); vgl. *sich unterhalten (5)* **1.4.** /in den kommu-nikativen Wendungen/ *darüber lässt sich* ~ /wird gesagt, wenn einem ein Vorschlag gemacht wird, den man für diskutabel hält, über den man zu einer Einigung kommen kann/; ~ *wir nicht mehr davon* /wird gesagt, um die Diskussion über ein leidiges Thema, Problem zu beenden/ **2.** ⟨+ Adv.best. u./ od. Präp.obj.⟩ /jmd./ SYN 'sprechen (5)': *wer redet heute Abend?; er redete vor Studenten, vor dem Bun-destag; er redet über neue Entdeckungen, für den so-zialen Fortschritt, gegen den Krieg* **4.** /jmd./ *sich in etw.* ~ 'durch meist intensives, engagiertes Reden in einen bestimmten psychischen Zustand geraten': /beschränkt verbindbar/ *sich in Wut, Eifer, Hass, Zorn* ~; *sich irgendwie* ~: *er hat sich heiser geredet* ('ist durch vieles Reden heiser geworden') ❖ **bere-den, Beredsamkeit, beredt, Gerede, Rede, Redner, redselig – Abrede, Anrede, Ausrede, einreden, her-ausreden, Redensart, Redewendung, Tischrede, über-reden, verabreden, vorbeireden, Widerrede, zureden**
* /jmd./ *mit sich* ⟨Dat.⟩ ~ **lassen** 'bereit sein zu Zuge-ständnissen, zur Verständigung mit jmdm. über etw.': *ich lasse mit mir* ~, *wenn du auch kompro-missbereit bist;* /jmd./ *von sich* ⟨Dat.⟩ ~ **machen** 'durch etw. Außergewöhnliches, besondere Leis-tungen, durch etw. Negatives Aufsehen, die öffent-liche Aufmerksamkeit erregen': *er hat (durch seine Erfindungen) von sich* ~ *gemacht*
MERKE Zum Unterschied von *reden, sagen, spre-chen:* ↗ *sprechen* (Merke)
Redens|art ['ʀeːdns..], **die 1.** 'häufig gebrauchte, for-melhafte feste Verbindung von Wörtern, meist mit

metaphorischem Charakter': *eine sprichwörtliche* ~; *er gebraucht immer wieder die* ~ „*da kann man nichts machen", „jmdm. aufs Dach steigen"* **2.** ⟨vorw. im Pl.⟩ 'nichts sagende, unverbindliche Äu-ßerung': *jmdn. mit* ~*en abspeisen* ❖ ↗ **reden**, ↗ **Art**
Rede|wendung ['ʀeːdə..], **die** 'feste typische Verbin-dung von Wörtern (mit metaphorischem Charak-ter)'; SYN Wendung (4): *wer eine Fremdsprache lernt, muss sich auch die üblichen* ~*en einprägen; eine gebräuchliche, alltägliche* ~ ❖ ↗ **reden**, ↗ **Wendung**
redigieren [ʀedi'giːʀən], *redigierte, hat redigiert* /jmd., bes. Redakteur/ *etw.* ~ 'einen Text für die Veröf-fentlichung be-, überarbeiten': *ein Buch, Hörspiel, Manuskript* ~; *eine gewissenhaft redigierte Zeit-schrift* ❖ vgl. **Redaktion**
redlich ['ʀeːt..] ⟨Adj.⟩ **1.** ⟨Steig. reg.⟩ 'aufrichtig und ehrlich' /vorw. auf Personen bez./: *er ist ein* ~*er Mensch, ist* ~; *er hat das in, mit durchaus* ~*er Ab-sicht getan;* ~ *handeln; es* ~ *mit jmdm. meinen* **2.** ⟨Steig. reg., Komp. ungebr.; nicht präd.⟩ 'sehr viel'; SYN rechtschaffen (2): *er hat sich* ~*e* ('große') *Mühe gegeben; er hat sich* ~ ('mit viel Mühe') *geplagt, um die Sache gut zu Ende zu brin-gen* **3.** ⟨o. Steig.; nur bei Vb.⟩ *jetzt sind wir* ~ ('nach großer Leistung mit Recht sehr') *müde*
Redner ['ʀeːdnɐ], **der;** ~s, ~ 'jmd., der eine Rede (1), Reden hält, der zu reden (1.2) gelernt hat': *er ist ein glänzender, überzeugender* ~; *der* ~ *sprach durch das Mikrofon, betrat das Podest; sich einen* ~ *anhören; dem* ~ *zuhören; der* ~ (SYN 'Referent 1') *des heutigen Abends ist Herr N* ❖ ↗ **reden**
red|selig ['ʀeːt..] ⟨Adj.; Steig. reg.⟩ 'gern und viel re-dend'; ANT einsilbig /auf Personen bez./: *er, sie ist sehr, äußerst* ~; *ein* ~*er Mensch* ❖ ↗ **reden**
Reduktion [ʀedʊk'tsi̯oːn], **die;** ~, ~en ⟨vorw. Sg.⟩ 'das Reduzieren': *die* ~ *der Ausgaben, Preise, des Körpergewichts* ❖ ↗ **reduzieren**
reduzieren [ʀedu'tsiːʀən], *reduzierte, hat reduziert* /jmd., Institution/ *etw., Truppen, Personal* ~ 'etw., Truppen, Personal verringern (1.1)': *den Anteil schwerer körperlicher Arbeit* ~; *den Verbrauch an/ von Strom* ~; *das Körpergewicht* ~; *die Kosten auf/ um die Hälfte* ~; *den Aufwand* ~; *die Truppen, das Personal* ~; *die Dosis des Medikaments wurde auf drei Tropfen täglich, um die Hälfte reduziert* ❖ **Re-duktion**
Reede ['ʀeːdə], **die;** ~, ~n ⟨vorw. Sg.⟩ 'Bereich des Meeres vor einem Hafen, in dem Schiffe ankern können': *auf der* ~ *ankern, vor Anker gehen; das Schiff liegt* ('befindet sich') *auf der* ~; *die Ladung des Schiffes wurde auf der* ~ *gelöscht* ❖ vgl. **Reeder**
Reeder ['ʀeːdɐ], **der;** ~s, ~ 'Eigentümer einer Reede-rei': *der* ~ *verlor durch den Orkan zwei seiner Schiffe* ❖ **Reederei**
Reederei [ʀeːdə'ʀ..], **die;** ~, ~en 'Unternehmen, das mit eigenen Schiffen Güter, Personen befördert': *die Flagge der* ~ *am Mast des Schiffes; das Zeichen der* ~ *am Schornstein des Schiffes* ❖ ↗ **Reeder**

reell [Re'ɛl] ⟨Adj.⟩ **1.** ⟨Steig. reg.⟩ 'ehrlich und korrekt in geschäftlichen, finanziellen Angelegenheiten' /vorw. auf Personen bez./: *ein ~er Geschäftsmann, Partner; eine ~e Firma; er ist ~, wenn es um den Preis geht; in diesem Geschäft wird man ~ bedient* ('wird man nicht übervorteilt') **2.** ⟨Steig. reg., ungebr.; nicht bei Vb.; vorw. attr.⟩ *er hat eine ~e Chance* ('eine Chance mit Aussicht auf Erfolg')

Referat [Refe'Rɑ:t], **das**; ~es/auch ~s, ~e **1.** 'bes. vor Fachleuten gehaltener Vortrag, Bericht über ein bestimmtes Thema': *ein grundlegendes, wissenschaftliches, politisches ~; ein ~ (über etw.) ausarbeiten, vortragen, halten* **2.** 'für einen Fachbereich zuständige Abteilung einer Behörde': *das ~ für Kultur, Umwelt; ein ~ leiten, übernehmen* ❖ ↗ **referieren**

Referendum [Refe'Rɛndʊm], **das**; ~s, Referenden [..'Rɛndn̩]/auch Referenda fachspr. 'das Abstimmen (1) aller Bürger eines Landes über eine bestimmte (grundlegende) Frage': *ein ~ abhalten, durchführen; in einem ~ über ein Gesetz abstimmen; die Bevölkerung hat mit großer Mehrheit an dem ~ teilgenommen* ❖ vgl. **referieren**

Referent [Refe'Rɛnt], **der**; ~en, ~en **1.** 'jmd., der ein Referat (1) hält, gehalten hat': *jmdn. als ~en (für einen Vortrag) finden, gewinnen; der ~ (SYN 'Redner') des heutigen Abends; der ~ trat ans Pult und begann zu sprechen* **2.** 'verantwortlicher, leitender Mitarbeiter eines Referats (2)': *er ist der ~ für Arbeit und Soziales* ❖ ↗ **referieren**

Referentin [Refe'Rɛnt..], **die**; ~, ~nen /zu Referent 1; weibl./ ❖ ↗ **referieren**

referieren [Refe'Ri:Rən], referierte, hat referiert /jmd./ **1.1.** 'ein Referat (1) über etw. halten': *er hat auf der Tagung über seine Forschungsergebnisse referiert; er referierte (über ein aktuelles Thema) vor einem Kreis von Wissenschaftlern* **1.2.** *etw. ~* 'in knapper Form, zusammenfassend (und kritisch beurteilend) über etw. berichten': *er referierte die Vorträge, den Inhalt der Vorträge, die auf der Tagung gehalten worden waren; den Stand der Forschung (auf einem Gebiet) ~; über etw. ~: er hat über die Tagung referiert* ❖ **Referat, Referent, Referentin**; vgl. **Referendum**

reflektieren [Reflɛk'ti:Rən], reflektierte, hat reflektiert **1.** /etw., bes. eine Oberfläche/ *etw. ~* 'auf die Oberfläche treffende Strahlen, Wellen (4) zurückwerfen': *der Spiegel reflektiert das Licht, die Sonnenstrahlen; die Hauswand reflektiert die Wärme; die Schallwellen werden durch die Bergwände reflektiert* **2.** /jmd./ *über etw. ~* 'über etw. nachdenken': *über ein Thema, eine Entscheidung, den nächsten Schritt in einer Angelegenheit, eine Aufgabe, ein Problem, das Leben ~* **3.** /jmd./ *auf etw., jmdn. ~* 'sehr interessiert sein, etw. zu erhalten (1), zu erreichen, jmdn. für sich zu gewinnen': *er reflektiert auf eine Einladung zum Ball, auf den Posten, die Stellung seines Vorgesetzten; er reflektiert auf ihn als künftigen Partner* ❖ ↗ **Reflex**

Reflex [Re'flɛks], **der**; ~es, ~e **1.** 'das durch etw. reflektierte (1) Licht'; SYN Widerschein; ↗ FELD VI.2.1: *farbige, flackernde, helle ~e (im Spiegel, auf der Wasseroberfläche); der ~ der Lampe (auf dem Fernsehschirm)* **2.** fachspr. 'unwillkürliche schnelle Reaktion des Organismus auf einen Reiz': *ein (un)bedingter, mechanischer, natürlicher ~; einen ~ auslösen, erzeugen; gute ~e haben* ('schnell und sicher reagieren') ❖ **reflektieren, Reflexion — Reflexbewegung**

Reflex|bewegung ['..], **die** 'schnelle Bewegung, die jmd. unwillkürlich auf einen Reiz hin macht': *eine ~ machen; sein Faustschlag war wie eine ~* ❖ ↗ **Reflex,** ↗ **¹bewegen**

Reflexion [Reflɛk'sjo:n], **die**; ~, ~en /zu reflektieren 1 u. 2/ 'das Reflektieren'; /zu 1/: *die ~ des Lichts, der Strahlen, Wellen an der Hauswand;* /zu 2/: ⟨vorw. Pl.⟩ *~en über etw. anstellen; seine ~en über den Sinn des Lebens* ❖ ↗ **Reflex**

Reform [Re'fɔrm], **die**; ~, ~en 'planmäßige Umformung und Verbesserung von etw. Bestehendem, ohne einen radikalen Bruch mit den bisherigen (geistigen, kulturellen, materiellen) Grundlagen vorzunehmen': *soziale ~en; eine ~ des Schulwesens, Strafrechts, der Rechtschreibung, des Steuersystems; eine ~ anstreben, fordern, durchsetzen, in Angriff nehmen; für eine ~ eintreten* ❖ **reformieren**

reformieren [Refɔr'mi:Rən], reformierte, hat reformiert /jmd., bes. eine Gruppe mit Machtbefugnis/ *etw. ~* 'etw. durch eine Reform umgestalten und verbessernd ändern': *das Rechtswesen, Gesundheitswesen, Schulwesen, die Universitäten ~; die Kirche wurde reformiert* ❖ ↗ **Reform**

Refrain [Re'frɛ̃/..'frɛŋ], **der**; ~s, ~s SYN 'Kehrreim': *alle sangen den ~ mit*

Regal [Re'gɑ:l], **das**; ~s, ~e 'Gestell (1) mit übereinander waagerecht angeordneten Brettern, auf denen (kleinere) Gegenstände, bes. Bücher, abgestellt werden'; ↗ FELD V.4.1: *ein hohes, offenes ~; ein mit Büchern und Akten gefülltes ~; ein ~ für Schuhe, Werkzeug; das ~ steht frei im Raum, ist an der Wand befestigt; er hat seinen Fernseher und eine Schreibmaschine in (s)einem ~ untergebracht; ein Buch ins ~ stellen, eine Flasche aus dem ~ nehmen; Waren in die ~e (des Supermarkts) einsortieren*

Regatta [Re'gata], **die**; ~, Regatten [..'gatn̩] 'Wettkampf für Kanus, Motor-, Ruder-, Segelboote'; ↗ FELD I.7.4.1, VIII.3.1: *eine ~ abhalten, eröffnen; an einer ~ teilnehmen*

rege ['Re:gə] ⟨Adj.; Steig. reg.; vorw. attr.⟩ **1.1.** 'viel Aktivität, Bewegung zeigend od. von großem Interesse, von viel Tätigkeit zeugend'; SYN lebhaft (1.2), lebendig (2.2) /auf Vorgänge, Tätigkeiten bez., an denen viele Menschen beteiligt sind/: *überall herrschte (ein) ~r Betrieb, ~r Verkehr, eine ~ Betriebsamkeit, ein ~s Hin und Her; sie führten einen ~n Briefwechsel miteinander* ('schrieben sich viele Briefe'); *es gab eine ~ Diskussion* ('es wurde viel diskutiert'); *schon am Tage der Eröffnung gab* *es eine* ~ (`große, starke`) *Nachfrage; er nahm an allem* ~*n Anteil* **1.2.** `körperlich, geistig sehr beweglich (3) und aktiv` /vorw. auf Körperliches, Geistiges bez./; ↗ FELD I.4.4.3: *er ist geistig und körperlich noch sehr* ~; *er hat eine* ~ (SYN `lebhafte 2`) *Phantasie, Intelligenz* ❖ ↗ **regen**

Regel [ˈʀeːgl̩], **die**; ~, ~n **1.1.** ⟨oft im Pl.⟩ `verbindliche und anerkannte Festlegung für das Verhalten und Handeln von Menschen mit- und untereinander`; SYN Norm: *anerkannte, gültige, ungeschriebene* ~n; *die* ~n *des guten, richtigen Zusammenlebens; die* ~n *des Anstands, des Verhaltens, der Höflichkeit beachten, befolgen, verletzen, außer Acht lassen, übertreten; sich nicht an den* ~n *kehren; sich streng an die* ~n *halten; gegen die* ~n *verstoßen* **1.2.** `aus den Gesetzmäßigkeiten eines Sachbereichs abgeleitete und formulierte Festlegung, Richtlinie für die korrekte Anwendung`: *grammatische, mathematische* ~n; *die* ~n *der Rechtschreibung; die* ~n *beachten, befolgen, einhalten;* ~n *aufstellen, anwenden, lernen; sich nach den* ~n *richten; sich streng an die* ~n *halten* **2.** ⟨o.Pl.⟩ `das Übliche, in der Mehrzahl der Fälle Geltende` /beschränkt verbindbar/: *dass man sich zur Begrüßung die Hände gibt, ist/ bildet bei uns die* ~; *er machte es sich zur* ~, *täglich ein Glas Milch zu trinken* **3.** ⟨o.Pl.⟩ `Menstruation`: *die* ~ *haben; die* ~ *ist ausgeblieben* ❖ **regeln, reglementieren, Regler, regulär, regulieren — Faustregel, Maßregel, maßregeln, regellos, -mäßig, Spielregel, Verkehrsregel**

* **nach allen ~n der Kunst** `in jeder Hinsicht so, wie es sein soll, wie es sich gehört`: *er deckte den Tisch nach allen* ~n *der Kunst; sie hat ihn nach allen* ~n *der Kunst* (`heftig`) *kritisiert*; **in der ~** `meistens`: *in der* ~ *ist das Geschäft um diese Zeit geschlossen*

regel [ˈ..l̩]-**los** ⟨Adj.; o. Steig.; vorw. attr.⟩ `durch keinerlei Regel (1.1) festgelegt` /auf Vorgänge, Zustände bez./: *er führte ein ganz und gar* ~*es Leben; sein Leben war* ~; *der Mückenschwarm bildet ein scheinbar* ~*es Durcheinander* ❖ ↗ Regel, ↗ los; **-mäßig** ⟨Adj.⟩ **1.1.** ⟨Steig. reg., ungebr.⟩ `nach bestimmten Regeln (1 u. 2) vor sich gehend, geordnet` /beschränkt verbindbar/: *er führt ein sehr* ~*es Leben, lebt sehr* ~; *diese Verben werden* ~ *flektiert;* ~*e Verben* **1.2.** ⟨o. Steig.; nicht präd.⟩ `zu bestimmten Zeiten, immer in gleichen Abständen auftretend, sich wiederholend` /auf Personen, Tätigkeiten bez./: *er ist ein* ~*er Gast, Besucher; die Tabletten müssen* ~ *eingenommen werden; der Puls des Kranken geht wieder* ~; *die* ~*e Teilnahme an den Veranstaltungen; er hat* ~ *Stuhlgang; das geschieht, wiederholt sich* ~; *er geht* ~ *um diese Zeit zum Dienst;* iron. *er kam* ~ (`immer wieder`) *zu spät; er verpasst* ~ *den Zug* **2.** ⟨Steig. reg., ungebr.⟩ `in Form, Gestalt harmonisch und schön`: *sie hat* ~*e Gesichtszüge; ihre Schrift ist sehr, wirkt sehr* ~ ❖ ↗ Regel

regeln [ˈʀeːgl̩n] ⟨reg. Vb.; hat⟩ **1.1.** /jmd./ *etw.* ~ `etw. durch bestimmte Maßnahmen in eine bestimmte Ordnung (3,4) bringen od. so festlegen, dass keine

Konflikte entstehen`; SYN ordnen: *jmd. regelt seine (finanziellen) Angelegenheiten; den Nachlass* ~; *die Polizei regelt den Verkehr; etw. gesetzlich, vertraglich, gütlich* ~; *seine Freunde werden das für ihn* ~ (`in Ordnung bringen`); *in geregelten Verhältnissen leben* **1.2.** *etw. regelt sich von selbst* `etw. klärt sich von selbst`: *dieses Problem regelt sich bestimmt (von) selbst* **2.1.** /jmd./ *etw.* ~ `den gewünschten Zustand, die gewünschte Abfolge von etw. durch ein Programm, durch die Einstellung, Schaltung eines Gerätes o.Ä. festlegen`: *wir können die Temperatur (durch Thermostaten), die Lautstärke* ~; *den Verkehr durch Ampeln* ~ *(lassen)* **2.2.** /etw., bes. Gerät/ *etw.* ~ `den gewünschten Zustand, die gewünschte Abfolge von etw. durch ein Programm, durch die Einstellung, Schaltung eines Gerätes o.Ä. steuern`: *die Ampelanlage regelt den Verkehr; die Automatik regelt die Temperatur der Anlage* ❖ ↗ **Regel**

regel|recht [ˈʀeːgl̩..] **I.** ⟨Adj.; o. Steig.; nur attr.⟩ SYN `ausgesprochen (I)` /vorw. auf Abstraktes bez./: *das war (ja) ein* ~*er Reinfall, Schwindel; das war* ~*es Pech; er wurde in eine* ~*e Prügelei verwickelt* — **II.** ⟨Adv.; vor Adj., bei Vb.⟩ `sehr, ganz besonders`: *er wurde, war* ~ *frech, wütend, gemein; das finde ich* ~ *komisch, blöd!*

regen [ˈʀeːgn̩] ⟨reg. Vb.; hat⟩ **1.1.** /jmd., Tier/ *sich, etw.* ~ `sich, etw., bes. die Gliedmaßen, (leicht, ein wenig) bewegen (1)`: *er konnte vor Kälte kein Glied (mehr), kaum (noch) die Finger* ~; *sie hatte die ganze Zeit dagesessen, ohne sich zu* ~ **1.2.** /etw./ *sich* ~ `sich ein wenig bewegen`; ↗ FELD I.7.2.2: *kein Muskel seines Gesichts regte sich; im leichter Wind regte sich; die Blätter regten sich leise im Wind* **2.** /etw. Psychisches/ *sich bei, in jmdm.* ~ `in jmdm. entstehen, spürbar werden`: *kein Gedanke regte sich in ihm; Zweifel, das Gewissen regte sich in ihm; Furcht, Neid, Hass regte sich in ihm* ❖ **rege, Regung, regungslos — erregen, Erregung, anregen, Anregung, aufregen, Aufregung, Krankheitserreger**

Regen, der; ~s, ⟨o.Pl.⟩ **1.** `Niederschlag in Form von (kleinen) Wassertropfen`; ↗ FELD III.2.1: *ein feiner, leichter, warmer, kühler, anhaltender* ~; *der* ~ *fällt, strömt, rinnt, lässt nach, hört auf, rauscht; der* ~ *prasselt nieder, prasselt aufs Dach, gegen das Fenster; vom* ~ *durchnässt sein, ankommen;* ⟨o. Art.⟩ *wir werden* ~ *bekommen* (`es wird regnen`); *bei* ~ (`wenn es regnet`) *findet die Kundgebung im Saal statt; bei strömendem* ~; *es, der Himmel sieht nach* ~ *aus* (`es sieht aus, als würde es bald regnen`) **2.** emot. *ein* ~ *von etw.* ⟨Pl.⟩ `eine aus vielen einzelnen Teilen bestehende große Menge von etw.`: *ein* ~ *von Blumen ergoss sich über die Künstler; ein* ~ *von Vorwürfen ging auf ihn nieder* ❖ **regnen, regnerisch — Goldregen, Regenbogen, -schirm, -wetter, -wurm**

* /jmd./ **jmdn. im ~ stehen lassen** (`jmdm. nicht helfen, obwohl er in Not, Bedrängnis ist, Schwierigkeiten hat`); /jmd./ **vom ~ in die Traufe kommen** ('aus einer unangenehmen Lage in eine noch schlimmere geraten'); ⟨⟩ umg. **ein warmer ~** 'eine große Menge Geld, die jmd. meist unerwartet erhält, gewonnen hat': *der Gewinn war ein warmer ~ für ihn*

Regen|bogen ['..], **der** 'optische Erscheinung, die während eines Regens od. nach einem Regen als Bogen in den Farben des Sonnenspektrums am Himmel sichtbar ist': *über den Himmel spannte, wölbte sich ein ~* ❖ ↗ **Regen,** ↗ **Bogen**

regenerieren [Regene'Ri:Rən], regenerierte, hat regeneriert **1.1.** /etw./ *sich ~* 'sich als Gewebe aus der vorhandenen Substanz des Körpers wieder neu bilden': *die Haut regeneriert sich ständig* **1.2.** /etw./ *etw., jmdn. ~:* der Urlaub, die Kur hat seine Gesundheit, ihn, hat seine Kräfte regeneriert ('hat ihn wieder gesund gemacht, hat seine Kräfte erneuert'); /jmd./ *sich, seine Kräfte ~: er hat sich, seine Kräfte (durch den Urlaub) regeneriert* ('hat seine Gesundheit, seine Kräfte erneuert') **2.** /jmd./ *etw. ~* 'etw., bes. technische Teile, Gegenstände durch entsprechende Bearbeitung wieder gebrauchsfähig machen': ⟨oft im Pass.⟩ *Motoren, Stoßdämpfer, Autoreifen, elektronische Bauteile ~*

Regen|schirm ['Re:gn..], **der** 'Schirm, den man zum Schutz gegen Regen über den Kopf hält' (↗ BILD): *den ~ aufspannen, mitnehmen, liegen lassen* ❖ ↗ **Regen,** ↗ **Schirm**

Regent [Re'gɛnt], **der;** ~en, ~en **1.** 'jmd., der die Regierungsgewalt in einer Monarchie ausübt; gekrönter Herrscher, bes. Fürst, König' **2.** 'Stellvertreter eines Regenten (1), solange dieser nicht regierungsfähig, noch minderjährig od. abwesend ist' ❖ vgl. **regieren**

Regen ['Re:gn..]**-wetter, das** ⟨o.Pl.⟩ 'regnerisches Wetter': *ein scheußliches ~; es herrscht ~; wir hatten drei Tage ~* ❖ ↗ **Regen,** ↗ **Wetter; -wurm, der** 'im Erdboden lebender Wurm'; ↗ FELD II.3.1: *mit Regenwürmern Fische ködern* ❖ ↗ **Regen,** ↗ **Wurm**

Regie [Re'ʒi:], **die;** ~, ~n [..'ʒi:ən] **1.** ⟨vorw. Sg.⟩ 'die künstlerische Gestaltung eines Theaterstücks, eines Films, einer Sendung für den Rundfunk od. das

Fernsehen durch den Regisseur und seine Mitarbeiter': *eine einfallsreiche, originelle, moderne ~; (die) ~ führen; unter jmds. ~ spielen; die ~ hat der berühmte Regisseur N übernommen* **2.** ⟨o.Pl.⟩ 'unter, in ~': etw. wird unter, in städtischer, staatlicher ~ ('Leitung') ausgeführt; etw. in eigener ~ ('selbständig, ohne fremde Hilfe') ausführen; etw. in eigene ~ nehmen ('die Leitung, Durchführung von etw. selbst übernehmen') ❖ **Regisseur, Regisseurin;** vgl. **regieren**

regieren [Re'gi:Rən], regierte, hat regiert **1.** /jmd., Institution, Gruppe/ *etw., ein Volk ~* 'die Regierungsgewalt über ein Land, einen Staat, eine Stadt, ein Volk ausüben': *ein Land, einen Staat (demokratisch, diktatorisch) ~; Karl XII. regierte (über) Schweden von 1697 bis 1718; irgendwo ~: er regierte in Preußen von … bis …; die Koalition regierte in Bonn von … bis …* **2.1.** *etw. regiert jmdn.* 'etw., bes. ein Gefühl, übt großen Einfluss auf jmdn. aus': ⟨vorw. im Pass.⟩ *ihn regierte die Angst, alles verlieren zu können; er wurde von Angst, Selbstsucht regiert* **2.2.** *etw. regiert etw.* 'etw. Negatives, ein Gefühl, etw. Abstraktes übt großen Einfluss auf jmds. Verhalten, auf etw. aus': *Neid und Missgunst regierten sein Verhalten; irgendwann, irgendwo ~: eine Zeit, in der das Chaos regierte; dort regierten ('herrschten') Korruption und Lüge* **3.** /jmd./ *etw. nicht ~ können* 'etw., bes. ein Fahrzeug, Gerät nicht unter Kontrolle haben, während der Fahrt nicht in die Gewalt bekommen': *er konnte das Boot, Steuer nicht mehr ~* ❖ **Regent, Regime, Regiment, Regierung — Bundesregierung, Regierungsgewalt;** vgl. **Regie**

Regierung [Re'gi:R..], **die;** ~, ~en **1.** 'jmd. od. Gesamtheit der Personen, die ein Land, einen Staat regieren (1)'; ↗ FELD I.11: *eine bürgerliche, demokratische ~; eine provisorische, verfassungsmäßige ~; eine ~ bilden; die ~ konstituierte sich, ist zurückgetreten, wurde gestürzt; er gehört der ~ nicht mehr an* **2.** ⟨o.Pl.⟩ 'das Regieren (1)': *die ~ antreten, niederlegen, übernehmen, ausüben; an der ~ sein ('die Regierungsgewalt ausüben'); unter der ~ des Königs, dieser Koalition ('während der König, diese Koalition regierte') haben Einigkeit und Friede geherrscht* ❖ ↗ **regieren**

Regierungs|gewalt [Re'g..], **die** ⟨vorw. Sg.⟩ 'Macht, Befugnis zu regieren (1)': *die ~ innehaben, ausüben* ❖ ↗ **regieren,** ↗ **Gewalt**

Regime [Re'ʒi:m], **das;** ~s, ~/auch ~s emot. neg. 'die Regierung eines meist nicht demokratischen politischen Systems': *ein autoritäres, diktatorisches, faschistisches ~; er ist ein entschiedener Gegner dieses ~s; ein, das ~ bekämpfen; unter einem monarchischen, parlamentarischen ~ wollte er nicht leben* ❖ ↗ **regieren**

Regiment [Regi'mɛnt], **das;** ~s/auch ~es, ~er/~e **1.** ⟨Pl.: ~er⟩ 'aus mehreren Bataillonen bestehende militärische Einheit'; ↗ FELD I.11: *ein ~ führen, kommandieren; das ~ marschiert* **2.** ⟨Pl.: ~e; vorw.

Sg.〉 'verantwortliche Führung, Leitung': *in diesem Bereich herrschte mal ein kirchliches, mal ein weltliches ~* ❖ ↗ **regieren**

* /jmd./ **ein strenges, mildes ~ führen** ('als Leiter streng, mild sein, vorgehen'); /jmd./ **das ~ führen** 'die bestimmende Rolle innehaben': *zu Hause führte sie das ~*

Region [ʀeˈɡi̯oːn], **die**; ~, ~en 'durch seine Eigenart, seine bestimmten Merkmale geprägtes größeres Gebiet': 〈vorw. mit Adj.〉 *die alpine, arktische, mittelamerikanische ~; eine dünn, dicht besiedelte ~; in diesen ländlichen ~en herrschte früher große Armut; in unerforschte ~en der Erde, des Weltraums vordringen; die ~ des ewigen Eises* /die Arktis, Antarktis/ ❖ **regional**

* spött. /jmd./ **in höheren ~en schweben** ('sich so sehr mit seinen Ideen beschäftigen, dass man sich von der Wirklichkeit entfernt')

regional [ʀeɡi̯oˈnaːl] 〈Adj.; o. Steig.; vorw. attr.〉 'eine Region betreffend, ihr zugehörend': *dieser Landstrich zeichnet sich durch ~e Besonderheiten aus; der Versuch, etw. ~ ('auf ein kleineres Gebiet') zu begrenzen; es gibt ~e Unterschiede, Erscheinungen* ❖ ↗ **Region**

Regisseur [ʀeʒɪˈsøːɐ̯], **der**; ~s, ~e 'jmd., der (die) Regie (1) führt, leitet': *der ~ ging mit den Schauspielern ihre Rollen durch; ein berühmter ~* ❖ ↗ **Regie**

Regisseurin [ʀeʒɪˈsøːʀ..], **die**; ~, ~nen /zu *Regisseur*; weibl./ ❖ ↗ **Regie**

Register [ʀeˈɡɪstɐ], **das**; ~s, ~ **1.** 'meist alphabetisch geordnetes Verzeichnis von Namen, Titeln (2.2), Begriffen, speziell in einem größeren gedruckten Werk': *das Werk hat ein ~; das ~ eines Buches; ein ~ anfertigen; etw. in einem ~ finden; in einem ~ nachschlagen; das ~ ist unvollständig* **2.** 'amtlich geführtes Verzeichnis rechtlich wichtiger Tatsachen': *ein kirchliches, standesamtliches ~; einen Auszug aus dem ~ anfertigen lassen* ❖ **registrieren**

registrieren [ʀeɡɪˈstʀiːʀən], registrierte, hat registriert **1.** /jmd., Institution/ *etw., jmdn. ~* 'etw., jmds. Personalien in ein (amtlich geführtes) Verzeichnis eintragen': 〈oft im Pass.〉 *Kraftfahrzeuge, Personalien, Einwohner ~; die Besucher werden, die eingehende Post wird registriert* **2.** *etw. registriert etw.* 'etw., bes. ein (Mess)gerät, zeichnet bestimmte Daten automatisch auf': *das Messgerät registriert die Luftfeuchtigkeit; der Seismograph hat das Beben registriert* **3.** /jmd., Institution/ *etw. ~* 'etw. sachlich, ohne Kommentar feststellen (2)': *die Presse hat das Ereignis lediglich registriert; er registrierte bei seinen Schülern Enttäuschung und Lustlosigkeit; die anderen ~ alles, was du tust* ❖ ↗ **Register**

reglementieren [ʀeɡlemɛnˈtiːʀən], reglementierte, hat reglementiert **1.** /jmd., bes. Vorgesetzter/ **1.1.** *etw. ~* 'etw. durch Vorschriften regeln': *den Dienst, Tagesablauf (für die Angestellten) ~* **1.2.** emot. neg. *etw. ~* 'etw. durch streng kontrollierte, kleinlich ausgelegte Vorschriften so regeln und durchsetzen, dass die Betroffenen in ihrer Freiheit eingeschränkt

werden': 〈oft im Pass.〉 *in der Zeit des Faschismus wurde die Kunst, Wissenschaft reglementiert; jmdn. ~* 'jmdn. durch Vorschriften in seinen Freiheiten einschränken': *sich nicht ~ lassen; wir Jugendliche lassen uns nicht ~* ❖ ↗ **Regel**

Regler [ˈʀeːɡlɐ], **der**; ~s, ~ 'Vorrichtung an einem Gerät, die eine bestimmte Funktion des Geräts, eine bestimmte Wirkung automatisch regelt': *ein elektr(on)ischer, mechanischer ~; den Druck, die Temperatur durch einen ~ regulieren, einstellen lassen* ❖ ↗ **Regel**

regnen [ˈʀeːɡnən], regnete, hat geregnet **1.** *es regnet* 'Regen fällt'; ↗ FELD III.2.2: *es fängt (gerade) an zu ~; es hat heute den ganzen Tag (lang) geregnet; es hat aufgehört zu ~; es regnet irgendwohin: es regnete (in dicken Tropfen) gegen die Fensterscheiben, aufs Dach; es regnet durchs Dach* ('Regen dringt durch das undichte Dach') **2.** 〈vorw. im Prät.〉 *es regnet etw.* 〈Pl.〉 'etw. fällt in großer Menge herab': *es regnete Konfetti, Bonbons, Blumen (von den Balkonen)* ❖ ↗ **Regen**

regnerisch [ˈʀeːɡnɐ..] 〈Adj.; Steig. reg., ungebr.〉 'mit viel Regen'; ↗ FELD III.2.3: *~es Wetter; ein ~er Sommer, Tag; während dieser Tage war es trüb und ~* ('regnete es häufig'); *der Himmel sieht heute sehr ~ aus* ('sieht so aus, dass mit Regen gerechnet werden muss') ❖ ↗ **Regen**

regulär [ʀeɡuˈlɛːɐ̯/..ˈleːɐ̯] 〈Adj.; o. Steig.; vorw. attr.〉 'so wie es (amtlich) festgelegt od. vorgeschrieben ist': *er hat eine ~e Ausbildung erhalten; das ist ein ~er Antrag; die ~e Arbeitszeit, Öffnungszeit; der ~e Preis dieser Ware beträgt ...; zur ~en Sprechstunde kommen; die ~e Spielzeit ist zu Ende; diese Sachen hat er ganz ~ gekauft* ❖ ↗ **Regen**

regulieren [ʀeɡuˈliːʀən], regulierte, hat reguliert **1.1.** /jmd., etw./ *etw. ~* SYN 'etw. regeln (2)': *den Gang eines Uhrwerks ~; die Geschwindigkeit einer Maschine, die Temperatur, Stromspannung ~; die Ampelanlage regelt den Verkehr* **1.2.** /etw./ *sich (selbst) ~* SYN 'sich selbst regeln (1.2)': *dieses Problem wird sich selbst ~; dieses System reguliert sich weitgehend (von) selbst* **1.3.** 〈oft im Pass.〉 /jmd., Institution/ *einen Fluss, Flusslauf ~* ('durch Begradigen in einen für die Schifffahrt optimalen Verlauf bringen') ❖ ↗ **Regel**

Regung [ˈʀeːɡ..], **die**; ~, ~en **1.** 'ein Gefühl, das man plötzlich hat': *eine instinktive, leise, mütterliche ~ kam in ihr auf;* 〈mit Gen.attr.〉 *er zeigte eine ~ des Erbarmens, Mitleids, Zorns* /von *Erbarmen, Mitleid, Zorn*; *einer ~ des Herzens folgen; er war keiner menschlichen ~ fähig; seine erste ~ war Abscheu, Freude; persönliche ~en unterdrücken, ausschalten;* vgl. *Gefühl (4)* **2.** 〈o.Pl.; vorw. mit Gen.attr.〉 'Bewegung (1) von geringer Stärke': *eine leichte ~ der Luft, der Blätter in den Bäumen; ohne ~* ('regungslos') *dasitzen* ❖ ↗ **regen**

regungs|los [ˈʀeːɡʊŋs..] 〈Adj.; o. Steig.〉 'ohne sich zu bewegen (1)'; ↗ FELD I.7.1.3: *eine ~e Gestalt, Wasserfläche; er lag ~ auf dem Boden, blieb ~ ste-*

hen; er saß lange ~ (SYN ʿunbeweglichʾ) *da* ❖ ↗
regen, ↗ **los**

Reh [ʀeː], **das** ~es/auch ~s, ~e [ˈʀeːə] ʿdem Hirsch
ähnliches, vorw. in Wäldern lebendes Tierʾ; ↗
FELD II.3.1 (↗ TABL Säugetiere): *ein schlankes,
scheues* ~; *am Waldrand stand, äste ein* ~ ❖ **Reh-
bock**

Rehabilitation [ʀehabilitaˈtsi̯oːn], **die**; ~, ~en ⟨vorw.
Sg.⟩ **1.** ʿweitgehende Wiederherstellung der körper-
lichen, geistigen Kräfte, der Leistungsfähigkeit ei-
nes Kranken, Verletzten mit dem Ziel, ihn wieder
ins Berufsleben einzugliedernʾ: *die* ~ *eines Verletz-
ten; die medizinische, berufliche* ~ **2.** ʿWiederher-
stellung des öffentlichen Ansehens einer Person
und die erneute Anerkennung seiner vom Gericht
aberkannten Rechteʾ: ~ *erlangen; sich um* ~ *bemü-
hen; seine* ~ *ist inzwischen erfolgt*

Reh|bock [ˈʀeː..], **der** ʿmännliches Rehʾ; ↗ FELD
II.3.1 ❖ ↗ **Reh,** ↗ **Bock**

Reibe [ˈʀai̯bə], **die**; ~, ~n ʿKüchengerät aus Metall
od. Kunststoff, mit dessen scharfer, gezackter und
durchlöcherter Oberfläche feste Lebensmittel od.
Gewürze zerrieben werden könnenʾ; ↗ FELD
V.5.1 (↗ BILD): *Kartoffeln, Mandeln, Schokolade,
hart gewordene Brötchen auf der* ~ *zerkleinern* ❖
reiben – abreiben, einreiben

reiben [ˈʀai̯bm̩], rieb [ʀiːp], hat gerieben [gəˈʀiːbm̩];
↗ auch *gerieben* **1.1.** /jmd./ *etw.* ~ ʿmit der Hand,
den Händen, Fingern bei dauernder Berührung un-
ter leichtem Druck wiederholt auf, über etw., bes.
über einen Körperteil, hin und her streichen (2.1)ʾ;
↗ FELD I.3.5.2, VI.3.2: *sie rieb ihren verstauchten,
schmerzenden Knöchel; jmdm. etw.* ~: *sie rieb ihm
die steif gefrorenen Finger; sich* ⟨Dat.⟩ *etw.* ~: *sich
den Rücken (mit einem Tuch)* ~; *er rieb sich die
Augen, Schläfen* **1.2.** /jmd., Tier/ *etw. an etw.* ⟨Dat.⟩
~ ʿetw., bes. einen Teil des Körpers, bei dauernder
Berührung und unter leichtem Druck an, über etw.
hin und her bewegen, um einen Juckreiz loszuwer-
denʾ: *er, der Bär rieb seinen Rücken an dem Pfosten;
der Hund rieb seinen Kopf an meinem Knie* **1.3.**
/jmd./ *etw. irgendwie* ~: *etw. blank, glänzend* ~ (ʿdie
Oberfläche von etw. durch Reiben (1.1) blank,
glänzend machenʾ) **1.4.** /jmd., Tier/ *sich* ⟨Dat.⟩ *etw.
wund* ~: *er hat sich den Hals wund gerieben* (ʿweil
etw., der Kragen, ein Riemen, an seinem Hals stän-
dig scheuerte, ist dieser an der Stelle wund gewor-

den) **1.5.** /jmd./ *etw. aus, von etw.* ⟨Dat.⟩ ~ ʿetw.,
bes. Schmutz, durch Reiben (1.1) aus, von etw. ent-
fernen (1)ʾ: *einen Fleck (mit einem Tuch, mit Ben-
zin, mit der bloßen Hand) aus dem Stoff* ~; *sich*
⟨Dat.⟩ *etw. aus etw., von etw.* ~: *er rieb sich (mit
einem Tuch) den Schmutz von den Fingern; sich (mit
den Fingern) den Sand, ein Insekt aus den Augen* ~
1.6. /etw./ *an etw.* ⟨Dat.⟩ ~ ʿsich an etw., bes. an
einem Körperteil, bei dauernder Berührung und
unter leichtem Druck hin und her bewegenʾ; SYN
scheuern: *der Kragen reibt (mir) am Hals; der
Schuh reibt an der Ferse* **2.** /jmd./ *etw.* ~ ʿetw., bes.
feste Lebensmittel, mit einer Reibe zerkleinernʾ:
Äpfel, Käse, Möhren ~; *geriebene Semmel(n)* ❖
Reiberei, Reibung – reibungslos; zu (2): ↗ **Reibe**

Reiberei [ˈʀai̯bə.ʀ..], **die**; ~, ~en ⟨vorw. Pl.⟩ ʿsich
meist häufig wiederholende Auseinandersetzungen
zwischen zwei od. mehreren Personen aus geringfü-
gigem Anlassʾ; SYN Streitigkeiten; ↗ FELD
I.14.1: *es kam immer wieder zu* ~en *zwischen ihnen;
der geringste Anlass führte bei ihnen zu* ~en ❖ ↗
reiben

Reibung [ˈʀai̯b..], **die**; ~, ~en **1.** ⟨vorw. Sg.⟩ ʿKraft,
die entsteht, wenn sich zwei Körper mit verschiede-
ner Bewegungsrichtung aneinander reibend berüh-
renʾ: *durch* ~ *entsteht Wärme; die* ~ *verringern* **2.**
/zu *reiben* 1.1 u. 1.6/ ʿdas Reibenʾ; /zu 1.1/: ~en *mit
angewärmten Tüchern;* /zu 1.6/: *durch die ständige*
~ *(des Riemens) ist seine Schulter wund geworden,
ist der Lack beschädigt worden* ❖ ↗ **reiben**

reibungs|los [ˈʀai̯buŋs..] ⟨Adj.; Steig. reg.; nicht präd.⟩
ʿohne Schwierigkeit(en), Komplikation(en)ʾ: ~e
Zusammenarbeit; die Zusammenarbeit hat ~ *ge-
klappt, funktioniert; die Operation ist* ~ (SYN ʿglatt
4ʾ) *verlaufen* ❖ ↗ **reiben,** ↗ **los**

reich [ʀai̯ç] **I.** ⟨Adj.; ↗ auch *Reiche*⟩ **1.** ⟨Steig. reg.⟩
ʿGeld, Werte (1), Güter in großer Menge besitzend,
über ein größeres Vermögen (1) verfügendʾ; SYN
vermögend; ANT arm (1)/vorw. auf Personen
bez./; ↗ FELD I.17.3: *er war ein* ~er *Mann gewor-
den; die armen und die* ~en *Leute; eine* ~e *Witwe;
sie sind durch einen Gewinn in der Lotterie, durch
Spekulationen* ~ *geworden; er hat* ~ (ʿeine reiche
Frauʾ) *geheiratet; ein* ~es *Land, eine* ~e *Stadt;* vgl.
wohlhabend **2.1.** ⟨Steig. reg., Superl. ungebr.; nicht
präd.⟩ ʿin Ausgestaltung und Ausstattung wertvoll,
mit Kostbarem und Schönem versehenʾ /auf
Räume od. Gegenständliches bez./: ~e *Ausstat-
tung des Festsaales beeindruckte die Gäste; die
Räume waren* ~ *geschmückt; ein* ~ *verziertes Kleid*
2.2. ⟨o. Steig.; nicht präd.⟩ *jmdn.* ~ (ʿmit wertvol-
len Dingen, mit viel Geldʾ) *belohnen, beschenken,
entschädigen; eine* ~e *Belohnung* **3.1.** ⟨Steig. reg.;
nicht bei Vb.⟩ ʿeine große Menge darstellendʾ: *der
Markt bot eine* ~e *Auswahl; sie hat eine* ~e *Erb-
schaft gemacht; in diesem Jahr hatten sie eine* ~e
Ernte; dieses Land besitzt ~e *Bodenschätze, ist* ~
an Bodenschätzen; sie hat ein ~es (ʿausgeprägtesʾ)
Gefühlsleben; ~e (ʿergiebigeʾ) *Erzlagerstätten* **3.2.**

⟨o. Steig.; nicht bei Vb.; vorw. präd. (mit *sein*)⟩ /etw., jmd./ ~ *an etw. sein* 'viel von etw. besitzen, enthalten': *das Jahr war ~ an großen Ereignissen; ein an Erdöl, Bergen ~es* (ANT *armes* 2) *Land; er war ~ an Jahren* ('schon sehr alt') — **II.** ⟨Adv.; vor Adj.; bei Vb.⟩ 'sehr': *dies ist eine ~ verzweigte Familie; etw. ist ~* ('reichlich 1.1 und meist kostbar') *bestickt, verziert; das Buch ist ~ illustriert* ('enthält besonders viele Illustrationen'); *etw. ist ~ mit* ('mit vielen') *Ornamenten versehen* ❖ **Reiche, reichhaltig, reichlich, Reichtum — bereichern, erfolgreich, ertragreich, geistreich, kalorienreich, kinderreich, segensreich, siegreich, steinreich**

Reich, das; ~es, ~e **1.** 'Staat, der sich über ein großes Gebiet, mehrere Länder, Provinzen erstreckt und eine zentrale, meist monarchische Regierung (1) hat': *ein großes, mächtiges, zerfallendes ~; das Römische ~* **2.** ⟨mit best. Art. u. Gen.attr.⟩ geh. 'größerer immaterieller Bereich, der durch etw. Bestimmtes geprägt ist' /vorw. in Verbindung mit Abstraktem/: *das ~ der Phantasie, Kindheit, Dichtung, Musik; etw. gehört ins ~ der Fabel* ('ist nicht wahr') ❖ **zu (1): Königreich, Weltreich; zu (2): Bereich — Tierreich**

-reich /bildet mit einem Subst. als erstem Bestandteil Adjektive; drückt aus, dass von dem im ersten Bestandteil Genannten viel, reichlich vorhanden ist; ANT -arm: ↗ z. B. *kalorienreich, kinderreich*

Reiche ['ʀaiçə], **der** u. **die**; ~n, ~n; ↗ auch *reich*; ↗ TAFEL II 'reicher (I.1) Mensch'; ↗ FELD I.17.1: *die Armen und die ~n; das kann sich nur ein Reicher leisten* ❖ ↗ **reich**

reichen ['ʀaiçn] ⟨reg. Vb.; hat⟩ **1.** vorw. geh. /jmd./ *jmdm. etw. ~* 'jmdm. etw. anbietend hinhalten, damit er es ergreifen, sich nehmen kann', SYN geben (1.2), zureichen: *jmdm. ein Buch, ein Glas Wasser ~; der Ober reichte uns die Speisekarte; ~ Sie mir bitte das Salz, Brot?* /wird bei Tisch gesagt/; *es wurden Erfrischungen gereicht* ('angeboten'); *dazu reicht* ('serviert 1.1') *man Sahne; er reichte mir die Hand;* ⟨rez.⟩ /zwei od. mehrere (jmd.)/ *sie reichten sich* ⟨Dat.⟩ *zur Begrüßung die Hände* **2.** /etw./ *bis irgendwohin ~* 'sich bis zu etw. hin, bis zu einer Begrenzung erstrecken': *das Grundstück reicht (von der Straße) bis zum Fluss; ihr Rock reicht/ihr reicht der Rock bis zum Knie; das Wasser reicht uns bis über die Knöchel; er reicht (mit ausgestreckten Armen, mit seinem Kopf) bis an die Decke; die Auswirkungen der Katastrophe reichten bis nach Westeuropa; seine Stimme reichte nicht so weit, dass wir ihn hören, verstehen konnten* **3.** /jmd./ *(mit etw.) bis an, bis zu etw. ~* 'etw. bes. mit den Armen erreichen, berühren, erfassen können': *reichst du bis dahin, bis zum obersten Fach?; mit dem Stock reiche ich bis zum Grund der Tonne* **4.1.** /etw., bes. Menge von etw./ SYN 'ausreichen': *das Geld wird schon ~; wir verkaufen, verteilen, solange der Vorrat reicht* ('noch etw. von der Sache vorhanden ist'); *etw. reicht für etw., jmdn.: drei Meter Stoff werden dafür*

nicht ~; *das Brot reicht (nur) für uns; das Seil reicht gerade noch* ('ist gerade noch lang genug') *für den Abstieg* **4.2.** /jmd./ *mit etw. ~* SYN 'mit etw. auskommen (1)': *wir werden mit dem Brot ~; er reicht nie mit seinem Geld;* umg. /in der kommunikativen Wendung/ *mir reicht es!* ('ich kann das nicht länger ertragen, tun') /wird gesagt, wenn eine Belastung zu stark geworden ist/ **4.3.** /etw., bes. Kenntnis/ 'ausreichen': ⟨oft verneint⟩ *um das zu verstehen, reicht sein Fassungsvermögen, Französisch nicht; für diese Aufgabe ~ seine Kenntnisse nicht* ❖ **erreichen, unerreichbar — ausreichen, einreichen, herüberreichen, herumreichen, hinüberreichen, überreichen, verabreichen, zureichen, zurückreichen, Reichweite**

reich|haltig ['ʀaiçhaltɪç] ⟨Adj.; Steig. reg.; vorw. attr.⟩ 'viel Gutes, Verschiedenes enthaltend': *eine ~e Mahlzeit, Sammlung; ein ~es Angebot, Programm, Sortiment; etw. ~ gestalten* ❖ ↗ **reich**

reichlich ['ʀaiç..] **I.** ⟨Adj.⟩ **1.1.** ⟨Steige. reg.⟩ 'das durchschnittliche Maß von etw. überschreitend'; ANT mäßig (2), knapp (1): *er gab immer ein ~es Trinkgeld; eine ~e Mahlzeit einnehmen;* ⟨unflektiert vor Subst.; o. Art.⟩ ~ ('mehr als nötig') *Zeit, Geld, Platz (für etw.) haben; das war ~; ~ spenden, wiegen; ~ gerechnet sind das zehn Kilo* ('das sind mindestens zehn Kilo') **1.2.** ⟨o. Steig.; nicht präd.⟩ 'mehr als ...': *sie haben eine ~e Stunde gewartet;* ⟨unflektiert vor Zahladj.⟩ *sie haben ~ eine Stunde gewartet; in ~ acht Jahren, vor ~ zwanzig Tagen; seit ~ einer Woche; er hat noch ~ hundert Mark zu zahlen* — **II.** ⟨Adv.; vor Adj., Adv.⟩ 'sehr': *das war eine ~ langweilige Sendung; du kommst ~ spät* ❖ ↗ **reich**

Reichtum ['ʀaiç..], **der**; ~s, Reichtümer [..ty:mɐ] **1.1.** ⟨o.Pl.⟩ 'großer Besitz an Geld, Wertvollem wie Schmuck, Wertpapieren, Grundbesitz u.Ä.'; ↗ FELD I.17.1: *sein großer, ererbter ~; der ~* (ANT *Armut*) *des Landes; ~ erwerben, genießen; zu ~ kommen* **1.2.** ⟨nur im Pl.⟩ 'die Gesamtheit der in großer Menge vorhandenen wertvollen Dinge, bes. Bodenschätze': *die Reichtümer des Landes, der Erde; er besitzt keine Reichtümer* **2.** ⟨o.Pl.⟩ 'Pracht und Kostbarkeit der (Aus)gestaltung von etw.': *Gewänder, Kleider von unbeschreiblichem ~* **3.** ⟨o.Pl.⟩ **3.1.** *der ~ an etw.* ⟨Dat.⟩ 'die große Menge wertvoller Dinge, bes. die Bodenschätze eines Landes': *Sibiriens ~ an Bodenschätzen; der ~ an materiellen Gütern; der ungeheure ~ des Landes an Rohstoffen* **3.2.** ⟨+ Gen.attr.⟩ 'die große Menge von etw. Wertvollem': *der ~ seiner Ideen, Kenntnisse, Erfahrungen; jmds. ~ an etw.* ⟨Dat.⟩: *sein ~ an Ideen, Erfahrungen* ❖ ↗ **reich**

Reich|weite ['ʀaiç..], **die 1.1.** ⟨vorw. Sg.⟩ 'die größte Entfernung, die etw. zurücklegen, erreichen kann': *das Geschoss, der Sender hat eine große, geringe ~* **1.2.** ⟨mit Präp., o. Art.; o.Pl.⟩ *in ~* 'in einer Entfernung, bis zu der etw., jmd. reichen kann': *das Buch stand in ~ (meiner Arme); außer ~* 'außerhalb des

Bereiches, über den hinaus etw., jmd. nicht gelangen kann': *das Schiff lag außer* ~ *(des Senders, der Geschütze)* ❖ ↗ **reichen,** ↗ **weit**
reif ['ʀaɪf..] ⟨Adj.; nicht bei Vb.⟩ **1.1.** ⟨Steig. reg.⟩ 'so weit entwickelt mit fertig ausgebildetem Keim, dass man es ernten, essen kann' /auf Früchte, bes. auf Obst, bez./; ↗ FELD II.4.3: ~*es Obst;* ~*e Äpfel, Birnen, Erdbeeren; das Getreide ist noch nicht* ~*; die Kirschen werden im Juni* ~*, sind schon* ~ **1.2.** ⟨o. Steig.⟩ 'durch entsprechende Behandlung und Lagerung zum Verzehr geeignet' /auf bestimmte Nahrungs-, Genussmittel bez./: *ein* ~*er alter Wein, Cognac; der Käse, Camembert ist* ~*, muss erst noch* ~ *werden* **1.3.** ⟨o. Steig.⟩ *das Geschwür ist* ~ ('ist so weit entwickelt, dass es bald geöffnet werden kann, sich bald öffnet') **2.** ⟨Steig. reg., Superl. ungebr.⟩ 'erwachsen und erfahren und sittlich gefestigt' /auf Personen bez./: *ein* ~*er Mann; eine* ~*e Frau, Persönlichkeit; er ist inzwischen* ~*er geworden; durch diese Erlebnisse ist er* ~ *geworden; ein Mann im* ~*en* (SYN 'gesetzten') *Alter;* umg. scherzh. *die* ~*ere Jugend* ('Menschen im mittleren Alter') **3.** ⟨o. Steig.; nur präd. (mit *sein*)⟩ **3.1.** /jmd., etw./ *für etw., zu etw.* ⟨Dat.⟩ ~ *sein* 'für etw. Bestimmtes genügend entwickelt, fortgeschritten od. vorbereitet sein': *für diese Aufgabe ist er noch nicht* ~ ('entwickelt') *(genug); etw. ist* ~ ('genügend vorbereitet') *zur Durchführung, Unterschrift,* ~ *zur Veröffentlichung* **3.2.** /jmd./ *für etw.* ~ *sein* 'in einer körperlichen, psychischen Verfassung sein, die eine Erholung durch etw. notwendig macht': *wir sind* ~ *für den Urlaub* **4.** ⟨Steig. reg., ungebr.; nur attr.⟩ 'in sich vollendet und hohen Ansprüchen genügend' /auf Abstraktes bez./: *das ist eine* ~*e Arbeit, Leistung; jmd. hat ein* ~*es Urteil* ❖ **Reife, reifen, reiflich** – **geschlechtsreif, produktionsreif, Reifeprüfung, -zeugnis, sonnengereift, spruchreif, urlaubsreif**
Reif, der; ~s/auch ~es, ~e **1.** ⟨o.Pl.⟩ 'Niederschlag in Form feiner Kristalle aus Eis an, auf Pflanzen, Gegenständen in der freien Natur'; ↗ FELD III.2.1: *über Nacht ist* ~ *gefallen, hat sich* ~ *gebildet; der* ~ *liegt auf Ästen und Zweigen, Wiesen und Dächern* **2.** 'ringförmiges Schmuckstück für Frauen, das am Arm, Handgelenk, als Diadem getragen wird'; SYN Reifen (3): *ein kostbarer, goldener* ~*; sie trug einen goldenen* ~ *im Haar* ❖ **zu (1): Raureif; zu (2)** ↗ **Reifen**
-reif /bildet mit einem Subst. od. Vb. als erstem Bestandteil Adjektive/ **1.** /zu solch einem qualitativ positiven Zustand gelangt, dass das im ersten Bestandteil Genannte getan werden kann, erfolgen kann/: ↗ z. B. *produktionsreif* **2.** /zu solch einem negativen Zustand gelangt, dass das im ersten Bestandteil Genannte getan werden muss/: ↗ z. B. *urlaubsreif*
Reife ['ʀaɪfə], **die**; ~, ⟨o.Pl.⟩ **1.1.** /zu *reif* 1.1,1.2,2,3.1,4/ 'das Reifsein'; /zu 2/: *seine geistige* ~*; dazu fehlt ihm die sittliche* ~*;* /zu 3.1/: *die* ~ *seines Urteils* **1.2.** /zu *reif* 1/ 'das Reifwerden, Reifsein'; ↗ FELD II.4.1: *die Erdbeeren brauchen viel*

Sonne zur, bis zu ihrer ~ **2.1.** *die geschlechtliche* ~ ('Zustand der körperlichen Entwicklung eines Menschen, der die Fortpflanzung ermöglicht') **2.2.** *die mittlere* ~ 'Abschluss der 10. Klasse im Gymnasium, Abschluss der Realschule': *er hat die mittlere* ~ ❖ ↗ **reif**
reifen ['ʀaɪfn̩] ⟨reg. Vb.; ist/hat⟩ **1.** ⟨ist⟩ /Frucht/ 'reif (1.1) werden'; ↗ FELD II.4.2: *die Äpfel sind dieses Jahr spät, früh gereift; wenn die Kirschen, Himbeeren* ~*, fahren wir in Urlaub; diese Früchte sind an der Sonne (und nicht im Gewächshaus) gereift* **2.** ⟨ist⟩ /jmd./ 'reif (2) werden': *er ist durch diese Erlebnisse gereift* **3.** ⟨ist⟩ *etw. reift in jmdm.* 'etw. entwickelt sich in jmds. Bewusstsein': *der Entschluss, Plan, die Erkenntnis reifte in ihm, dass ...* **4.** ⟨hat⟩ /Sonne, Wetter, Klima/ *etw.* ~ 'Früchte reif (1.1) machen': *die Sonne, das milde Klima hat den Wein gereift* **5.** ⟨hat⟩ *es reift* 'Reif (1) hat sich gebildet': *heute Nacht hat es gereift* ❖ ↗ **reif**
Reifen, der; ~s, ~ **1.1.** 'ringförmig geschlossenes Band, meist aus Metall, durch das etw. zusammengehalten wird': *ein eiserner, stabiler* ~*;* ~ *um ein Fass, eine Wanne aus Holz legen* **1.2.** 'ringförmig geschlossener großer, dünner und leichter Gegenstand, der bei Dressuren, in der Gymnastik od. als Kinderspielzeug verwendet wird': *er ließ den Tiger, Delphin durch den* ~ *springen* **2.** 'aus Gummi bestehendes Teil des Rades an Kraftfahrzeugen, Rädern, das auf der Felge sitzt und mit Luft gefüllt ist' (↗ TABL Fahrzeuge): *ein praller, schlauchloser, abgefahrener* ~; *den* ~ *aufpumpen; die* ~ *wechseln* **3.** 'Reif (2)': *sie trug einen* ~ *am Handgelenk* ❖ **bereifen, Reif**
Reife|-prüfung ['ʀaɪfə..], **die** 'Abitur': *die* ~ *ablegen, bestehen* ❖ ↗ **reif,** ↗ **prüfen; -zeugnis, das** 'Abiturzeugnis': *für das Studium braucht man das* ~ ❖ ↗ **reif,** ↗ **zeugen**
reiflich ['ʀaɪf..] ⟨Adj.; o. Steig.; nicht präd.⟩ 'gründlich, genau' /beschränkt verbindbar/: *nach* ~*er Überlegung, Prüfung zu einem Entschluss kommen; etw.* ~ *bedenken, erwägen* ❖ ↗ **reif**
Reigen ['ʀaɪgn̩], **der**; ~s, ~ 'Tanz im Kreis, von einer größeren Zahl von Tänzern ausgeführt und meist von Gesang begleitet': *einen* ~ *tanzen; sich im* ~ *drehen; den* ~ *eröffnen, anführen*
Reihe ['ʀaɪə], **die**; ~, ~n **1.** 'größere Anzahl von Personen, Sachen, die sich in einer Linie neben-, hintereinander befinden': *eine lange, unterbrochene, lückenlose* ~*; eine* ~ *von ...* ⟨Pl.⟩: *eine* ~ *von Bäumen, Autos, Häusern, Knöpfen, Büchern, Menschen; am Anfang, in der Mitte, am Ende der* ~ *stehen; sich in, zu einer* ~ *aufstellen; eine* ~ *bilden; in* ~*n zu Vieren* ('in Reihen aus je vier Personen') *antreten, gehen, marschieren; die* ~*n* ('die Reihen der nebeneinander befindlichen Sitzplätze im Theater, Kino') *waren alle besetzt; er sitzt im Theater, Kino immer in der ersten* ~*; die* ~*n lichteten sich* ('es gingen immer mehr Personen aus der Gruppe weg') **2.1.** *eine* ~ *von etw.* ⟨Dat.⟩ 'eine Aufeinanderfolge zusammengehöriger, gleichartiger Handlungen': *es*

wurde eine ~/es wurden ~n von Ansprachen gehal-
ten; eine ~ von Interviews, Zusammenkünften wurde
geplant, durchgeführt; eine beliebte ~ von Vorträ-
gen; eine ~ von (ʻSerie vonʼ) Tests; die ~ der Reden
eröffnete Herr N (ʻals erster hielt Herr N eine
Redeʼ) **2.2.** ⟨o.Pl.; + Präp.⟩ *der ~ nach* ʻeiner nach
dem anderen in einer geregelten Aufeinanderfolgeʼ:
wir mussten der ~ nach vortreten, wurden der ~
nach aufgerufen; er hat alle Arbeiten der ~ nach
erledigt; hier wird nicht gedrängt, hier geht es der
~ nach; außer der ~: er wurde außer der ~ (ʻunter
Durchbrechen der geregelten Aufeinanderfolgeʼ)
aufgerufen; an die ~ kommen, an der ~ sein (ʻderje-
nige sein, der jetzt entsprechend der Aufeinander-
folge als Nächster abgefertigt wird, etw. tun mussʼ);
jetzt ist die ~ an dir (ʻjetzt musst du etw. Bestimm-
tes tunʼ); /in der kommunikativen Wendung/ *immer*
(schön) der ~ nach! /wird gesagt, um darauf hinzu-
weisen, dass niemand bevorzugt abgefertigt wird/
3. ⟨nur mit unbest. Art.; o.Pl.⟩ *eine ~ von* ⟨+ Attr.
im Pl.⟩ ʻgrößere Anzahl, Menge von Personen, Sa-
chenʼ: *er hat eine (ganze) ~ von Gemälden, Bü-*
chern, Freunden; es blieb noch eine ~ von Fragen;
er hat eine ~ Gedichte/von Gedichten geschrieben;
nach, seit einer ~ von Jahren ❖ **reihen – einreihen,**
Einreiher, Reihenfolge, reihum, Zweireiher, zweirei-
hig
* **in Reih und Glied** ʻin geordneten Linien neben- und
hintereinanderʼ /auf Personen bez./: *die Schüler*
standen in Reih und Glied; /jmd./ **aus der ~ tanzen**
ʻsich eigenwillig verhalten und sich nicht an die
vorgegebene Ordnung haltenʼ: *warum muss der nur*
immer aus der ~ tanzen?
MERKE Zu *Reihe* (3): Als Subjekt fordert *Reihe*
+ Attribut in der Regel den Sg. des Verbs, der Pl.
ist aber möglich: *eine ~ Freunde kam, auch kamen*
zur Gratulation
reihen [ˈʀaɪən] ⟨reg. Vb.; hat⟩ **1.** /jmd./ *mehrere Sa-*
chen auf etw. ~ ʻeine Anzahl von meist kleinen Ge-
genständen hintereinander auf einen Faden ste-
cken, auf ein Stäbchen spießen (1)ʼ: *Perlen, Pilze*
auf eine Schnur ~; vgl. *ziehen* (3) **2.** /etw./ *sich an*
etw. ~ ʻauf etw. Gleichartiges folgenʼ: *ein Tag reiht*
sich an den anderen; ein Haus reihte sich an das an-
dere; Erfolg reihte sich (bei ihm) an Erfolg; Ge-
danke reihte sich an Gedanke ❖ ↗ **Reihe**
Reihen|folge [ˈ..], **die** ʻdas geregelte Hintereinander,
Nacheinander, die geregelte Folge von etw.ʼ: *die ~*
einhalten, ändern; die ~ hat sich geändert; in einer
bestimmten ~, in einer bestimmte ~: die Angaben,
Begriffe in alphabetischer, chronologischer ~ auf-
schreiben; etw. in eine ~, in die richtige ~ bringen
❖ ↗ **Reihe,** ↗ **folgen**
-reihig [ˈʀaɪç] /bildet mit einem Zahladj. als erstem
Bestandteil Adjektive/ ʻmit der Anzahl des im er-
sten Bestandteil Genanntenʼ: ↗ z. B. *zweireihig*
reih|um [ˈʀaɪˈʊm] ⟨Adv.⟩ ʻvon einem zum anderenʼ
/in einem Kreis von Personen/: *~ blicken, fragen;*
~ jedem etw. geben; ein Foto ~ gehen lassen; sie

hatten es alle ~ (ʻeiner nach dem anderenʼ) *versucht*
❖ ↗ **Reihe**
Reim [ʀaɪm], **der**; ~s/auch ~es, ~e ʻgleicher Klang
der letzten Silbe(n) von Wörtern (in zwei Zeilen ei-
nes Gedichts)ʼ: *ein reiner* (ʻklanglich einwand-
freierʼ), *unreiner* (ʻklanglich nicht ganz überein-
stimmenderʼ) *~; auf ein Wort keinen ~ finden, ei-*
nen ~ auf ein Wort suchen ❖ **reimen, ungereimt –**
Kehrreim, zusammenreimen
* /jmd./ **sich** ⟨Dat.⟩ **keinen ~ auf etw. machen können**
(ʻsich etw., das geschehen ist, jmd. getan hat, nicht
erklären könnenʼ)
reimen [ˈʀaɪmən] ⟨reg. Vb.; hat⟩ **1.** /jmd./ *etw. auf*
etw. ~ ʻein Wort mit einem anderen (in Versen) zu
einem Reim verbindenʼ: *er reimt „Freud" auf*
„Leid", „Herz" auf „Schmerz"; er kann geschickt,
schlecht ~; die Verse sind schlecht gereimt **2.** *etw.*
reimt sich auf etw. ʻein Wort bildet mit einem ande-
ren einen Reimʼ: *„bange" reimt sich auf „lange"* ❖
↗ **Reim**
¹rein [ʀaɪn] **I.** ⟨Adj.⟩ **1.** ⟨vorw. attr.⟩ **1.1.** ⟨Steig. reg.,
ungebr.; nicht präd.⟩ ʻ(in sehr hohem Grade) frei
(8) von andersartigen Bestandteilenʼ; SYN gedie-
gen (2), lauter (I.1), massiv (3) /auf Stoffe, Materia-
lien bez./: *~er Alkohol, Orangensaft; ~es* (SYN
ʻklares 1.1ʼ) *Wasser; etw., ein Schmuckstück ist aus*
~em (SYN ʻpurem 1, lauterem I.1ʼ) *Gold; ein Kleid*
aus ~er Baumwolle, Seide; einen Stoff chemisch ~
herstellen **1.2.** ⟨Steig. reg.⟩ ʻohne Fehler, durch
nichts beeinträchtigtʼ /vorw. auf Abstraktes bez./:
der ~e Klang eines Instruments; der Klang ist ~; sie
spricht ~es (SYN ʻeinwandfreies 1ʼ), *akzentfreies*
Deutsch, hat eine ~e (ʻklare und deutlicheʼ) *Aus-*
sprache, Stimme; ihre Stimme klingt sehr ~; die ~e
Wahrheit sagen; Tiere von ~er Rasse (ʻvon Tieren
ausschließlich einer Rasse abstammendʼ); *der ~e*
Gewinn (ʻder Gewinn nach Abzug aller Unkosten,
Abgabenʼ) **1.3.** ⟨Steig. reg., Komp. ungebr.; nicht
präd.⟩ emot. verstärkend ⟨betont⟩ ʻnichts anderes
alsʼ; SYN pur (2) /auf Abstraktes bez./: *das ist ~e*
Theorie, eine ~e Formalität; dass du damit Erfolg
hattest, das war das ~e Glück/war ~es Glück, un-
sere Begegnung war (ein) ~er (SYN ʻ¹barer 2ʼ) *Zu-*
fall; etw. aus ~er Angst/~ aus Angst (ʻaufgrund
von nichts anderem als großer Angstʼ) *tun, nicht*
tun; etw. aus ~er Dummheit, Höflichkeit, Wut,
Sorge, Langeweile, Neugierde tun; /auf Negatives
bez./: *das war (die) ~e Niedertracht, Schikane von*
ihm; diese Worte waren der ~e Hohn/waren ~er
Hohn; diese Absicht ist ~er/der ~ste Schwachsinn,
Wahnsinn **2.1.** ⟨Steig. reg.⟩ SYN ʻsauber (1.1): ~e*
Wäsche, ein ~es Taschentuch; ~es Wasser; das
Wasser ist ~; ~e Unterwäsche anziehen; im Urlaub
die ~e Waldluft genießen, ~e Wohnung ~ hal-
ten; etw. ~ waschen **2.2.** ⟨Steig. reg.⟩ ʻohne Pickelʼ;
ANT unrein (2) /nur auf die Haut bez./: *er hat ~e*
Haut, einen ~en Teint; sein Teint ist ~; das macht
die Haut ~ **3.** ⟨Steig. reg., Komp. ungebr.; nicht
bei Vb.⟩ *ein/kein ~es* (ʻvon Schuldgefühlen freiesʼ)
Gewissen haben; sein Gewissen war ~ – **II.** ⟨Adv.;

vorw. vor Adj., Adv.〉 **1.** emot. ~ (ˈabsolut, überhaupt') *gar nichts wissen, glauben* **2.** ˈausschließlich': ~ *verstandesmäßig, logisch an etw. herangehen; er war ~ formal an das Problem herangegangen* ❖ **reinigen, bereinigen, Reiniger, reinlich, unrein, verunreinigen**
* /jmd./ **etw. ins Reine bringen** (ˈetw. Problematisches ausräumen 2'); /etw./ **ins Reine kommen** (ˈin Ordnung kommen, sich normalisieren'); /jmd./ **mit sich** 〈Dat.〉 **selbst ins Reine kommen** (ˈüber sich selbst klare Vorstellungen gewinnen'); /jmd./ **mit jmdm. ins Reine kommen** (ˈdie Probleme, die man mit jmdm. hat, durch Verständigung mit ihm ausräumen'); /jmd./ **etw. ins Reine schreiben** (ˈetw. fehlerlos und sauber abschreiben')
²rein 〈Adv.〉 umg. **1.** ˈherein': scherzh. ~ *in die gute Stube!* /Aufforderung, einzutreten/ **2.** ˈhinein': ~ *mit euch ins Wasser, Bett!* ❖ **Reinfall, reinfallen**
MERKE Zur Getrennt-, Zusammenschreibung von *rein* und *sein:* Getrenntschreibung auch im Infinitiv.
³rein 〈Gradpartikel; betont, auch unbetont; steht vor der Bezugsgröße; bezieht sich auf verschiedene Kategorien〉 /schließt andere Sachverhalte aus; trifft nur auf die Bezugsgröße zu/; SYN ausschließlich: ~ *aus Langeweile hat er das getan;* ~ *durch Zufall habe ich ihn getroffen; wir hatten* ~ *alles aufgegessen; die Frage war* ~ *theoretisch*
rein- umg. /bildet mit dem zweiten Bestandteil Verben; betont; trennbar (im Präsens u. Präteritum); ist austauschbar mit ↗ *herein-,* ↗ *hinein-*/: ↗ z. B. *reinfallen (1)*
Rein/rein [ˈ..]|**-fall, der** umg. ˈunerwartet negativer Ausgang von etw.'; SYN Misserfolg: *sein erster Auftritt im Theater, auf der Bühne war ein einziger* ~; *die Aufführung des Stückes erwies sich als ein klarer* ~; *er hat mit diesen Plänen, diesem Vorhaben einen* ~ *erlebt;* vgl. *Misserfolg* ❖ ↗ *²rein,* ↗ *fallen;* **-fallen** (er fällt rein), fiel rein, ist reingefallen umg. **1.** /jmd./, etw./ ˈin etw. fallen (1.2)': *da ist ein Loch, pass auf, dass du nicht reinfällst, dass deine Tasche nicht reinfällt; in etw.* ~: *in den Brunnen* ~ **2.1.** /jmd./ **auf etw., jmdn.** ~ ˈsich in etw., jmdm., das/ der einen guten Eindruck machte, täuschen und auf diese Weise Schaden haben, betrogen werden': *er ist auf das verführerische Angebot, den schmeichlerischen Kerl reingefallen* **2.2.** /jmd./ ˈdurch etw., das einen guten Eindruck machte, Schaden haben, getäuscht, betrogen werden': *bei, mit diesem Kauf bin ich reingefallen* ❖ ↗ *²rein,* ↗ *fallen*
reinigen [ˈʀaɪnɪɡn̩] 〈reg. Vb.; hat〉 /jmd./ ˈetw. säubern': *etw. mit Seife, Waschpulver* ~; *Kleidung chemisch* ~ *lassen; die Polstersessel, die Fingernägel* ~ ❖ ↗ **¹rein**
Reiniger [ˈʀaɪnɪɡɐ], **der;** ~s, ~ ˈchemisches Mittel zum Reinigen von Gegenständen (im sanitären Bereich)': *ein* ~ *für das WC, fürs Bad* ❖ ↗ **¹rein**
reinlich [ˈʀaɪnl..] 〈Adj.〉 **1.** 〈Steig. reg.; nicht bei Vb.〉 ˈSauberkeit liebend und für Sauberkeit sorgend' /auf Personen, Tiere bez./: *sie ist ein* ~*er Mensch;*

Katzen sind ~*e Tiere, sind sehr* ~ **2.** 〈Steig. reg.; vorw. attr.〉 geh. ˈsauber (1.1)' /auf Gegenstände bez./: *eine* ~*e Schürze, Wohnung; auf den Regalen standen die* ~ *geputzten Gläser* **3.** 〈o. Steig.; nicht präd.〉 ˈklar und deutlich' /auf Abstraktes bez./: *eine* ~*e Scheidung, Trennung der Begriffe; Begriffe* ~ *trennen* ❖ ↗ **¹rein**
rein waschen (er wäscht rein), wusch rein, hat rein gewaschen /jmd./ *jmdn., sich* ~ ˈjmdn., sich selbst von einem Verdacht, einer Anschuldigung befreien': *der Zeuge versuchte den Angeklagten rein zu waschen; er hat sich nicht* ~ *können*
¹Reis [ʀaɪs], **der;** ~es, 〈o.Pl.〉 **1.** ˈvorw. in Asien angebaute, einjährige Getreidepflanze, die auf bewässerten Feldern wächst'; ↗ FELD II.4.1 (↗ TABL Getreidearten): ~ *anbauen* **2.** ˈdie länglichen weißen Samenkörner von ¹Reis (1), die als Nahrungsmittel genutzt werden': *ungeschälter, polierter* ~; ~ *kochen;* ~ *mit Zimt und Zucker; Huhn mit* ~ *essen*
²Reis, das; ~es, ~er [ˈʀaɪzɐ] ˈkleiner dünner Zweig (1)': *ein frisches, grünes* ~ *vom Baum brechen; der alte Stamm treibt ein neues, junges* ~; vgl. *Schössling* ❖ **Reisig**
Reise [ˈʀaɪzə], **die;** ~, ~n ˈFahrt, Flug von einem Ort (an dem man wohnt) zu einem weiter entfernten Ort': *eine lange, weite, kurze, angenehme, beschwerliche* ~; *eine* ~ *mit der Bahn, dem Auto, Bus, Schiff, Flugzeug; eine* ~ *zur Erholung, zum Besuch bei den Eltern; eine* ~ *irgendwohin: eine* ~ *an die See, ins Gebirge, nach London, Amerika, ins Ausland, in die Türkei, auf die Insel Sylt, um die Welt; eine* ~ *antreten, im Reisebüro buchen; eine weite* ~ *hinter sich haben; von einer* ~ *zurückkehren; er war auf der* ~ (ˈunterwegs') *nach Paris; jmdm. eine glückliche* ~ *wünschen* ❖ ↗ **reisen**
* /jmd./ **auf ~n gehen** (ˈeine größere, aus mehreren Etappen bestehende Reise beginnen, für längere Zeit verreisen'); /jmd./ **auf ~n sein** (ˈberuflich reisend unterwegs sein')
MERKE *eine Reise nach* od. *in:* Für Ländernamen ohne Art. (z. B. *England, Frankreich, Deutschland*) wird die Präp. *nach* verwendet: *eine* ~ *nach Frankreich, England, Deutschland.* Für Ländernamen mit Art. (z. B. *die Schweiz, die Türkei, die USA*) wird die Präp. *in* verwendet: *eine Reise in die Schweiz,* aber: *eine Reise an die See;* für Inseln wird vorw. *auf* verwendet: *eine Reise auf die Kanarischen Inseln,* aber, wenn ohne Art., auch *nach: eine Reise nach Madeira, nach Mykonos*
Reise [ˈ..]|**-büro, das** ˈGeschäft, das (Urlaubs)reisen vermittelt': *eine Reise im* ~ *buchen* ❖ ↗ *reisen,* ↗ *Büro;* **-führer, der** ˈBroschüre, Buch mit Informationen über Länder, Städte, Hotels u. a. für Urlaubsreisen': *sich einen* ~ *kaufen; etw. im* ~ *nachschlagen* ❖ ↗ *reisen,* ↗ *führen*
reisen [ˈʀaɪzn̩] 〈reg. Vb.; ist; ↗ auch *Reisende*〉 **1.** /jmd./ ˈsich mit Hilfe eines Verkehrsmittels an einen anderen, weiter entfernten Ort begeben': *er reist immer nur mit der Bahn, mit dem eigenen Auto; gern, allein, dienstlich, zum Vergnügen, (im Zug)*

erster Klasse ~; irgendwohin ~: nach Paris, ins Ge-
birge, an die See ~; von Hamburg nach New York
~; er ist immer viel gereist ('hat viele Reisen unter-
nommen') **2.** umg. /jmd./ auf etw. ~ 'etw. durch
Vortäuschung von etw. bei anderen zu erreichen su-
chen': er reist immer auf seine Schwerhörigkeit, auf
das Mitleid, die Unaufmerksamkeit der Menschen ❖
**Reise, Reisende, verreisen — Abreise, abreisen, An-
reise, anreisen, Ausreise, durchreisen, Einreise, ein-
reisen, Gruppenreise, Heimreise, heimreisen, mitrei-
sen, Reisebüro, -führer, Traumreise**
MERKE Zur Verwendung von Präp. nach und in:
↗ Reise (Merke)

Reisende ['ʀaɪzn̩də], **der** u. **die**; ~n, ~n; ↗ auch reisen
⟨vorw. Pl.⟩ 'jmd., der auf einer Reise ist' /vorw.
im amtl. Sprachgebrauch/ (↗ TAFEL II): die ~n
werden gebeten, die hinteren Ausgänge des Wagens,
die seitlichen Ausgänge des Bahnhofs zu benutzen
/Ansage auf Bahnhöfen/; die ~n können im Speise-
wagen zu Mittag essen; ein ~r war ohne Fahrkarte
❖ ↗ **reisen**

Reisig ['ʀaɪzɪç], **das**; ~s, ⟨o.Pl.⟩ 'trockene dünne ab-
gebrochene Zweige': ~ sammeln, verbrennen; ein
Haufen ~ ❖ ↗ **²Reis**

Reiß|-aus [ʀaɪs'ʔaus] umg. /jmd., bes. Kind, Jugendli-
cher/ ~ **nehmen** 'aus Angst vor jmdm., einer
Gruppe schnell weglaufen': als der Hund losgelas-
sen wurde, nahmen sie ~; **-brett, das** 'großes recht-
winkliges, fugenloses, glattes Brett als Unterlage
zum Anfertigen technischer Zeichnungen': am ~
arbeiten; Papier auf das ~ spannen; ein Bauwerk
zuerst am, auf dem ~ entwerfen ❖ ↗ **Brett**

reißen ['ʀaɪsn̩], riss [ʀɪs], hat/ist gerissen [gə'ʀɪsn̩]; ↗
auch reißend, gerissen **1.1.** ⟨hat⟩ /jmd./ etw. ~ ⟨+
Adv.best.⟩ 'etw. Flächiges, bes. Stoff, Papier, etw.
Fadenförmiges durch starkes, ruckartiges Ziehen
mit beiden Händen in zwei, mehrere Teile, Stücke
teilen': er hat den Brief mittendurch, in Teile,
Stücke, Fetzen gerissen; das Gewebe soll nicht ge-
schnitten, sondern dem Faden nach gerissen werden;
vgl. zerreißen (1) **1.2.** ⟨ist⟩ /etw. Flächiges od. Fa-
denförmiges/ 'sich unter der Einwirkung eines star-
ken, ruckartigen Zuges in zwei od. mehrere Stücke,
Teile trennen'; SYN zerreißen (4): bei der Belastung
reißt der Faden, das Seil; das Seil ist an mehreren
Stellen gerissen; der Film ist gerissen **1.3.** ⟨hat⟩
/etw., jmd./ etw. in etw. ~ 'durch Einwirken eines
starken, ruckartigen Zuges eine Beschädigung, ein
Loch in etw. entstehen lassen, hervorrufen': der
Nagel hat (mir), ich habe mir (an dem Nagel) ein
Loch in die Hose gerissen **2.** ⟨hat⟩ **2.1.** /jmd., etw./
etw. aus, von etw. ⟨Dat.⟩ ~ 'etw. durch starkes,
ruckartiges Ziehen gewaltsam aus, von etw. entfer-
nen, lösen': Unkraut aus dem Boden ~; ein Blatt
aus dem Buch ~; jmdm. etw./auch jmdn. aus, von
etw. ~: jmdm. etw. aus der Hand ~; der Wind riss
ihm den Hut vom Kopf; er riss ihr das Kind aus den
Armen; sich ⟨Dat.⟩ die Kleider vom Leib ~ ('sich
schnell, hastig ausziehen'); sich aus etw. ⟨Dat.⟩ ~:

sie riss sich aus seinen Armen ('befreite sich hastig
aus seiner Umarmung') **2.2.** jmdn. aus etw. ~:
jmdn. aus dem Schlaf, aus den, aus seinen Träumen
~ ('jmdn. unvermittelt wecken'); jmdn. aus den,
seinen Träumen ~ ('jmdm. durch Aufklären seine
Illusionen nehmen, jmdn. über die Wirklichkeit
aufklären') **3.** ⟨hat⟩ **3.1.** /jmd., etw./ jmdn., etw. ir-
gendwohin ~ 'jmdn., etw. schnell, gewaltsam durch
starkes, ruckartiges Ziehen irgendwohin ziehen,
zerren'; ↗ FELD I.7.3.2: sie riss das Kind vor dem
herankommenden Auto auf den Bürgersteig; etw.,
jmdn. in die Höhe ~: die Arme in die Höhe ~; er
riss den Sitzenden in die Höhe; er, die Welle hatte
ihn zu Boden gerissen; der Sog, Strudel hatte das
Boot in die Tiefe gerissen; der Fahrer konnte den
Wagen noch nach links ~ ('schnell und ruckartig
nach links steuern'); jmdn. in seine Arme ~ ('stür-
misch umarmen') **3.2.** /jmd., etw./ jmdn. in etw. ~:
jmdn. (mit sich) ins Unglück, Verderben ~ ('Un-
glück, Verderben über jmdn. bringen') **3.3.** /jmd./
etw. an sich ~ 'sich etw. mit Gewalt aneignen': etw.,
ein Grundstück, die Herrschaft, Macht an sich ~
3.4. /jmd./ etw. aus dem Zusammenhang ~ ('etw.
Inhaltliches, Thematisches isolieren und dadurch
nicht exakt betrachten, darstellen') **4.** ⟨hat⟩ /jmd.,
etw./ an etw. ~ 'starken ruckartigen Zug auf etw.
ausüben, ohne es zu lösen'; SYN zerren: der Hund
riss wütend an der Leine, Kette; der Sturm reißt am
Segel; er riss vergeblich an der Klinke, Tür; jmdn.
an etw. ⟨Dat.⟩ ~: plötzlich riss mich jmd. am Arm,
an der Schulter **5.** ⟨hat⟩ umg. /mehrere (jmd., Un-
ternehmen, Institution)/ sich um jmdn., etw. ~ 'sich
heftig bemühen, jmdn., etw. zu bekommen und da-
bei anderen zuvorzukommen': damals rissen sich
die Theater, Regisseure um die Schauspieler; die Un-
ternehmen rissen sich um das Grundstück; die Leute
rissen sich um die Karten für die Aufführung **6.**
⟨hat⟩ /jmd./ sich ~ 'sich durch heftige Berührung
an etw. Spitzem eine kleinere Wunde zuziehen': er
hat sich (an einem Nagel, Dorn, Stachel) gerissen;
sich am Stacheldraht blutig ~ **7.** ⟨hat⟩ /Raubtier/
ein Tier ~ 'ein Tier fangen und es töten, um es zu
fressen': der Iltis hat ein Huhn, der Wolf hat ein
Schaf gerissen **8.** /beschränkt verbindbar/ ⟨hat⟩
/jmd./ Witze, Possen, Zoten ~ ('Späße machen,
Witze, Zoten erzählen') ❖ **reißend, Riss, rissig, ent-
reißen, zerreißen — abreißen, Abriss, anreißen, auf-
reißen, ausreißen, Ausreißer, durchreißen, einreißen,
Grundriss, herausreißen, hereinreißen, herzzerrei-
ßend, losreißen, mitreißen, Reißverschluss, reißfest,
umreißen, Umriss, zusammenreißen**

reißend ['ʀaɪsn̩t] ⟨Adj.; ↗ auch reißen⟩ /beschränkt
verbindbar/ **1.** ⟨Steig. reg., ungebr.; nicht bei Vb.⟩
ein ~er ('sehr schnell und stark fließender') Fluss,
Strom **2.** ⟨Steig. reg., ungebr.; nur attr.⟩ ein ~er
('heftig ziehender', ↗ ziehen 14') Schmerz **3.** ⟨Steig.
reg.; nicht präd.⟩ die Ware fand (einen) ~en Absatz
('fand sehr schnell Abnehmer'); er ist seine alten
Sachen ~ losgeworden ❖ ↗ **reißen**

reiß/Reiß [ˈʀaɪ̯s..]|**-fest** ⟨Adj.; o. Steig.; nicht bei Vb.⟩ ˈmit der Eigenschaft, dass es trotz Zerren, Ziehen nicht reißt' /vorw. auf Textilien bez./: *ein ∼es Gewebe, Seil* ❖ ↗ **reißen**, ↗ **fest**; **-verschluss, der** ˈVorrichtung an Kleidungsstücken aus zwei Reihen gegenüberstehender Häkchen und einem Verbindungsstück, die zum Öffnen und Schließen dient' (↗ BILD): *ein ∼ von acht, achtzig Zentimetern Länge; einen ∼ an-, einnähen; den ∼ aufziehen, zuziehen, öffnen, schließen* ❖ ↗ **reißen**, ↗ **schließen**; **-zwecke, die** ˈdünner kurzer Stift aus Metall mit einem dünnen breiten, flachen Kopf, der zum (zeitweiligen) Befestigen von Papier, Stoff auf Holz, Pappe dient': *einen Aufruf, ein Plakat mit ∼n an einer Tafel, Wand, Tür befestigen* ❖ ↗ **reißen**, ↗ **Zwecke**

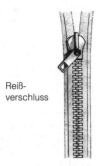

Reiß-
verschluss

reiten [ˈʀaɪ̯tn̩], ritt [ʀɪt], ist/hat geritten [gəˈʀɪtn̩] **1.** ⟨ist/hat⟩ **1.1.** ⟨vorw. *ist*⟩ /jmd./ ˈauf dem Rücken eines Tieres, bes. Pferdes, sitzend sich durch die Vorwärtsbewegung des Tieres fortbewegen': *gut, schlecht, im Schritt, im Trab ∼; ∼ lernen; nicht ∼ können; auf einem Pferd, Kamel, Esel ∼; wir sind vier Kilometer, Stunden geritten; irgendwohin ∼:* er *ist in die Stadt, durch den Wald, über die Felder geritten; früher hat er/list er gerne, viel geritten; Unterricht im Reiten nehmen* **1.2.** ⟨ist/hat⟩ *ein Rennen, Turnier ∼* (ˈals Reiter an einem Rennen, Turnier teilnehmen'; ↗ FELD I.7.4.2) **2.** ⟨hat⟩ /jmd./ **2.1.** *ein Tier ∼:* er *reitet ein edles Pferd* (ˈnutzt ein edles Pferd zum Reiten 1') **2.2.** *ein Tier, sich irgendwie ∼* ˈein Tier, sich durch Reiten (1.1) in einen bestimmten Zustand bringen': *ein Pferd müde, zuschanden ∼; wir haben uns müde, wund geritten* **3.** ⟨hat⟩ /jmd./ *jmdn. über den Haufen, zu Boden ∼* (ˈbeim Reiten (1) so gegen jmdn. stoßen, dass er zu Boden fällt') ❖ **Reiter, Reiterin, Ritt, Ritter, ritterlich, beritten, rittlings − Reittier**

Reiter [ˈʀaɪ̯tɐ], **der**; ∼s, ∼ ˈjmd., der reitet, reiten kann': *er ist ein guter ∼; Pferd und ∼ sind miteinander verwachsen; das Pferd warf den ∼ ab* ❖ ↗ **reiten**

Reiterin [ˈʀaɪ̯təʀ..], **die**; ∼, ∼nen /zu *Reiter*; weibl./ ❖ ↗ **reiten**

Reit|tier [ˈʀaɪ̯t..], **das** ˈzum Reiten geeignetes, verwendetes Tier'; ↗ FELD II.3.1: *das Kamel, Pferd, der Esel ist ein ∼* ❖ ↗ **reiten**, ↗ **Tier**

Reiz [ʀaɪ̯ts], **der**; ∼es, ∼e **1.** ˈetw., das auf etw., bes. auf das Wahrnehmungsvermögen eines lebenden Organismus (kurzzeitig) einwirkt und in ihm eine Reaktion auslöst'; ↗ FELD I.3.5.1, VI.3.1: *ein akustischer, optischer, mechanischer, leichter, schwacher, starker ∼; eine Fülle von ∼en drang auf uns ein; ∼en ausgesetzt sein; das Licht übte einen starken ∼ auf ihn, seine Augen aus* **2.** ˈAnziehungskraft': *von ihr ging ein geheimnisvoller, starker, unwiderstehlicher ∼ aus; alles Fremde übte einen starken ∼ auf ihn aus; der ∼ des Neuen, Fremden, Unbekannten, Exotischen; etw. gewinnt, verliert an ∼ für jmdn.; weibliche ∼e* (ˈdas, womit eine Frau auf Männer anziehend wirkt') ❖ **gereizt, reizbar, reizen, reizend − Anreiz, Liebreiz**

reizbar [ˈ..] ⟨Adj.; Steig. reg.; nicht bei Vb.⟩ ˈleicht zu erregen, leicht in Zorn geratend, sehr empfindlich (3) /auf Personen bez./: *er ist ein ∼er Mensch; ein ∼es Kind;* er *ist launisch und ∼* ❖ ↗ **Reiz**

reizen [ˈʀaɪ̯tsn̩] ⟨reg. Vb.; hat; ↗ auch *reizend, gereizt*⟩ **1.** /etw./ *ein Organ, einen Organismus ∼* ˈeinen Reiz (1) auf ein Organ, einen Organismus ausüben'; ↗ FELD I.3.5.2: *grelles Licht reizt die Augen; der Rauch reizt die Schleimhäute der Nase, reizt zum Husten; durch den ständigen Lärm waren seine Nerven sehr gereizt* **2.1.** /etw./ *jmdn. ∼* ˈjmds. Interesse in Bezug auf etw. stark erregen'; SYN *locken* (II.2): *die neue Aufgabe, das Buch reizte ihn sehr; diese Musik kann mich nicht ∼* **2.2.** /etw., jmd./ *jmdn. zu etw. ∼|jmdn. ∼, etw. zu tun* ˈjmds. Interesse (für etw.) erregen, jmds. Interesse erregen, etw. Bestimmtes zu tun': *er, sein Vortrag reizte uns zum Lachen; jmdn. zum Widerspruch ∼; es würde mich sehr ∼, diese Aufgabe zu übernehmen; es reizte sie* (ˈes machte ihr Spaß'), *ihn zu necken* **3.** /etw. Negatives, jmd./ *jmdn. ∼* SYN ˈjmdn. provozieren (1)': *jmdn. durch Beschuldigungen, Unterstellungen, Spott ∼;* er *hat ihn sehr, bis zu äußerster Wut gereizt;* er *war sehr gereizt* (ˈwar nervös und wurde leicht zornig') ❖ ↗ **Reiz**

reizend [ˈʀaɪ̯tsn̩t] ⟨Adj.; ↗ auch *reizen*⟩ **1.** ⟨Steig. reg.⟩ ˈdurch das liebenswürdige Wesen sehr gefallend, anziehend wirkend'; SYN *entzückend* (1.1) /auf Personen bez./; ↗ FELD I.6.3: *eine ∼e junge Frau; sie hat ein ∼es Wesen; ein ∼es Kind; sie ist eine ∼e alte Dame; sie war ∼; ich fand sie ∼* **2.** ⟨Steig. reg., ungebr.⟩ ˈsehr freundlich, sehr angenehm': *es war ein ∼er Abend; wir haben uns ∼ unterhalten; der Abend, die Party war ∼* **3.** ⟨o. Steig.; nicht bei Vb.⟩ ˈoft in ironischen Ausrufen/ *das sind ja ∼e* (ˈunangenehme') *Aussichten; das kann ja ∼ werden!; das ist ja ∼!* ❖ ↗ **Reiz**

rekeln [ˈʀeːkl̩n], **sich** ⟨reg. Vb.; hat⟩ /jmd., Tier/ *sich ∼* ˈdie Glieder, den Körper mit ungezwungenen Bewegungen dehnen und recken': *sich (am Morgen vor dem Aufstehen noch einmal) wohlig ∼; die Katze, der Hund rekelt sich in der Sonne*

Reklamation [ʀeklamaˈtsi̯oːn], **die**; ∼, ∼en ˈdas Reklamieren (1)': *die ∼ muss schriftlich, fristgemäß vorgenommen werden; wir haben seit Wochen keine*

~(en) gehabt; eine ~ anerkennen, erheben, vorbringen ❖ ↗ **reklamieren**

Reklame [Reˈklaːmə], **die**; ~, ⟨o.Pl.⟩ ˈmeist mit großem Aufwand ausgeführte, oft aufdringliche Anpreisung von Waren, Dienstleistungen, um möglichst viele Kunden, Interessenten zu gewinnen und den Umsatz zu steigernˈ; SYN Werbung (1): *eine auffällige, geschickte, geschmacklose, zugkräftige ~; die ~ für ein Waschmittel; ~ durch Anzeigen, Plakate; die ~ im Rundfunk, Fernsehen, in der Zeitung; für etw. ~ machen: er macht ~ für Rasierwasser, Fertiggerichte*

reklamieren [ReklaˈmiːRən], reklamierte, hat reklamiert **1.** /jmd./ **1.1.** *gegen etw.* ~ ˈEinspruch gegen eine (behördliche) Entscheidung erhebenˈ: *er hat mit einem Schreiben, mit Nachdruck gegen die Entscheidung der Behörde reklamiert; die Spieler reklamierten gegen die Entscheidung des Schiedsrichters* **1.2.** *etw.* ~ ˈbeanstanden, dass etw., bes. eine Ware, Mängel aufweistˈ: *beschädigte, fehlerhafte Waren, verdorbene Lebensmittel ~* **2.** /jmd./ *etw.* ~ ˈetw., auf das man ein Anrecht hat od. zu haben glaubt, für sich beanspruchenˈ: *falls die Fundsache nicht reklamiert wird, geht sie nach einem Jahr in das Eigentum des Finders über; wegen einer Sendung bei der Post ~* (ˈNachforschungen nach ihrem Verbleib beantragenˈ); *etw. als etw.* ~: *er reklamierte das Grundstück als sein (rechtmäßiges) Eigentum* ❖ **Reklamation**

rekonstruieren [RekɔnstRuˈiːRən], rekonstruierte, hat rekonstruiert /jmd./ **1.1.** *etw.* ~ ˈetw. nicht mehr Vorhandenes, etw. Zerstörtes aus einzelnen Überresten, nach indirekten Zeugnissen (wie Aufzeichnungen, Berichten) wiederherstellen, dass es genau so wird, wie es ursprünglich gewesen istˈ: *einen antiken Tempel, ein verloren gegangenes Kunstwerk, die Gestalt eines ausgestorbenen Tieres ~* **1.2.** *etw.* ~ ˈeinen zeitlich zurückliegenden Vorgang nach Berichten, Beschreibungen, aus der Erinnerung so genau wie möglich wiedergeben (2.3)ˈ: *einen Ablauf, Prozess, Vorfall ~; der Hergang der Tat wurde genau rekonstruiert* ❖ ↗ **konstruieren**

Rekonstruktion [RekɔnstRʊkˈtsi̯oːn], **die**; ~, ~en **1.** /zu *rekonstruieren* 1.1 u. 1.2/ ˈdas Rekonstruierenˈ; /zu 1.2/: *die ~ des Vorgangs, der Tat* **2.** ˈrekonstruierte (1.2) Darstellung eines Vorgangs, einer Tatˈ: *eine ausführliche, schriftliche ~ des Vorgangs, der Tat liegt vor* ❖ ↗ **konstruieren**

Rekonvaleszent [Rekɔnvaˈlɛsˈtsɛnt], **der**; ~en, ~en ˈjmd., der nach schwerer Krankheit auf dem Wege der Genesung ist und seine körperlichen Kräfte allmählich zurückgewinntˈ: *die medizinische Betreuung der ~en* ❖ ↗ **Rekonvaleszenz**

Rekonvaleszenz [Rekɔnvaˈlɛsˈtsɛnts], **die**; ~, ~en ˈProzess und Zeit der Genesungˈ: *noch während seiner ~ begann er wieder, sich mit seiner Arbeit zu beschäftigen; eine lange, langsame ~* ❖ **Rekonvaleszent**

Rekord [ReˈkɔRt], **der**; ~s/auch ~es, ~e ˈ(offiziell anerkannte) beste Leistung in einer bestimmten

sportlichen Disziplinˈ: *ein neuer deutscher, europäischer, olympischer, persönlicher ~; ein ~ im Hoch-, Weitsprung; einen ~ aufstellen; er ist einen neuen ~ gefahren, gelaufen; den (bestehenden) ~ brechen* (ˈüberbietenˈ); *er hat seinen ~ verbessert* (ˈhat seinen eigenen Rekord überbotenˈ); *er hält den ~ im Speerwerfen* (ˈsein Rekord im Speerwerfen ist z. Zt. unangefochtenˈ); *einen ~ einstellen* (ˈeinen bestehenden Rekord durch einen neuen überbietenˈ) ❖ **rekordverdächtig, Weltrekord**

Rekorder, der: ↗ *Recorder*

rekord|verdächtig [..ˈk..] ⟨Adj.; Steig. reg.⟩ /auf Personen bez./: *der Läufer ist, scheint ~* (ˈerfüllt alle Voraussetzungen, im Wettkampf einen Rekord aufzustellenˈ) ❖ ↗ **Rekord**, ↗ **denken**

Rekrut [ReˈkRuːt], **der**; ~en, ~en ˈneu einberufener Soldat in der ersten Zeit seiner Ausbildungˈ: *~en ausbilden* ❖ ↗ **rekrutieren**

rekrutieren [RekRuˈtiːRən], rekrutierte, hat rekrutiert **1.** /mehrere (jmd.), Gruppe/ *sich aus einer Gruppe von Personen* ~ ˈsich aus einer Anzahl Personen zusammensetzenˈ: *diese Gruppe rekrutiert sich aus Lehrlingen, Studenten und Schülern; die Mehrheit seiner Wähler rekrutiert sich aus der städtischen Mittelschicht* **2.** /befugte Person, Gruppe/ *eine Gruppe aus einem Kreis von Personen* ~ ˈeine Gruppe von Personen für einen bestimmten Zweck aus einem bestimmten Kreis von Personen zusammenstellenˈ: *sie haben das Forschungsteam (für die Weltraumfahrt) aus lauter jungen Wissenschaftlern rekrutiert; Arbeitskräfte ~* (ˈfür einen bestimmten Zweck zusammenbringenˈ) ❖ **Rekrut**

Rektor [ˈRɛktoːɐ̯], **der**; ~s, ~en [..ˈtoːRən] **1.** ˈfür eine bestimmte Zeit gewählter Leiter einer Hochschule, Universitätˈ: *der neu gewählte ~ erschien im Ornat* **2.** ˈLeiter einer Grund-, Haupt-, Real- od. Sonderschuleˈ: *er ist ~ einer Hauptschule; der ~ hielt bei Beginn des Schuljahres eine Rede vor den Schülern und Lehrern seiner Schule* ❖ **Rektorin**

Rektorin [RɛkˈtoːR..], **die**; ~, ~nen /zu *Rektor* 1 u. 2; weibl./ ❖ ↗ **Rektor**

Relais [Rəˈlɛː/..ˈleː], **das**; ~, ~ ˈautomatischer, elektromagnetischer Schalter, der Stromkreise schließt od. unterbrichtˈ: *ein elektrisches ~; etw. wird durch ein ~ gesteuert; das ~ ist ausgefallen*

Relation [Relaˈtsi̯oːn], **die**; ~, ~en ˈBeziehung zwischen zwei od. mehreren Erscheinungen, Sachverhalten, zwischen den Eigenschaften zweier od. mehrerer Objekte, Begriffeˈ; SYN Verhältnis (2): *die ~ zwischen Theorie und Praxis, Inhalt und Form, Aufwand und Nutzen, Gewinn; verschiedene Menschen, Sachverhalte, Ideen, Vorstellungen in die richtige ~ zueinander bringen; die ~en zwischen den einzelnen Kapiteln des Romans stimmen nicht* (ˈstehen in einem nicht richtigen, nicht angemessenen Zusammenhang, Verhältnisˈ) ❖ vgl. **relativ**

relativ [Relaˈtiːf] **I.** ⟨Adj.; o. Steig.⟩ **1.** ˈnur in Bezug auf bestimmte Bedingungen, Zusammenhänge, nur unter bestimmten Gesichtspunkten gültig, zutreffendˈ; ANT absolut /auf Abstraktes bez./: *„gut“*

und „böse", „schön" und „hässlich" sind ~e Werte, Wertungen; seine Hypothese, Behauptung hat sich als ~ erwiesen; im Befinden des Kranken ist eine ~e Besserung eingetreten; alles ist ~ ('alles hängt davon ab, in welchem Zusammenhang man es sieht'); er wusste das mit ~er (ANT absoluter 1) Sicherheit **2.** ⟨nur attr.⟩ fachspr. 'durch seine Beziehung auf etw. bestimmt'; ANT absolut (2) /auf Abstraktes bez./: Raum und Zeit als ~e Größen; die ~e ('über der Anzahl der Stimmen jeder anderen Gruppe, aber nicht über 50% liegende') Mehrheit — **II.** ⟨Adv.; vor Adj., Adv.⟩ 'verhältnismäßig': etw. ist ~ anstrengend, groß, neu, überzeugend; wir hatten ihn für ~ einsichtig gehalten; er weiß ~ viel von dieser Sache ❖ **relativieren**; vgl. **Relation**

relativieren [Relati'vi:Rən], relativierte, hat relativiert /etw., jmd./ etw. ~ 'die Gültigkeit von etw. dadurch einschränken, dass man sie von bestimmten Zusammenhängen, Bedingungen abhängig macht': die Erkenntnisse der modernen Wissenschaft haben viele für allgemein gültig gehaltene Vorstellungen, Ideen relativiert; die Wirkung des einen Medikaments relativiert die eines anderen; etw. durch etw. ~: etw. wird dadurch relativiert, dass … ❖ ↗ **relativ**

relevant [Rele'vant] ⟨Adj.; Steig. reg., ungebr.⟩ 'von Belang, wichtig (1)' /auf Abstraktes bez./: das ist in diesem Zusammenhang ein ~es Argument, Problem, Ergebnis; eine philosophisch, historisch, politisch ~e Frage; etw. ist für etw., jmdn. ~; etw. für ~ halten, als ~ ansehen

Relief [Re'liɛf], das; ~s, ~s/auch ~e **1.** '²Plastik (1), die erhaben aus einem Stein, einer Platte herausragt od. als Vertiefung erscheint': ein ~ aus Stein, Stuck, Marmor **2.** ⟨vorw. Sg.⟩ fachspr. 'die durch Berg, Tal gegliederte Form der Erdoberfläche': die Landschaft hat ein reich gegliedertes ~; das ~ des Meeresbodens erforschen

Religion [Reli'gio:n], die; ~, ~en **1.** ⟨o.Pl.⟩ 'Glaube an einen Gott, an Götter (und der entsprechende Kult)'; ↗ FELD XII.1.1: das Verhältnis von ~ und Wissenschaft, ~ und Politik; über ~ sprechen; im Namen der ~ wurden Kriege geführt **2.** 'eine durch Lehre, Rituale bestimmte Religion (1)': die christliche, jüdische, buddhistische ~; christliche ~en; sich zu einer ~ bekennen; jmdn. in einer ~ unterweisen ❖ **religiös**

religiös [Reli'giø:s] ⟨Adj.; o. Steig.⟩ **1.1.** ⟨vorw. attr.⟩ 'auf eine Religion (2) bezogen' /auf Abstraktes bez./; ↗ FELD XII.1.3: die ~e Erziehung der Kinder; ein ~es Bekenntnis, Vorurteil; ~e Vorschriften, Überlieferungen; ~er Fanatismus; etw. unter ~em Gesichtspunkt betrachten **1.2.** SYN 'gläubig': ein ~er Mensch; ~ ('der, einer Religion 2 entsprechend') leben; er ist (sehr) ~ ❖ ↗ **Religion**

Relikt [Re'likt], das; ~s/auch ~es, ~e 'etw. aus einer weit zurückliegenden, vergangenen Zeit, das heute noch vorhanden ist': ein ~ aus etw.: ein ~ aus frühen Epochen der Erdgeschichte, der Kulturgeschichte; diese Knochen, Steine, Trümmer sind ~e (der Vorzeit); vgl. Überbleibsel (1.2)

Reling ['Re:lɪŋ], die; ~, ⟨o.Pl.⟩ 'Geländer um das Deck eines Schiffes': an der ~ stehen; sich an, über die ~ lehnen

Reliquie [Re'li:kvi̯ə], die; ~, ~n 'Überrest vom Körper eines Heiligen od. ein Gegenstand od. ein Teil von ihm, der in Beziehung zu ihm stand': eine für kostbar gehaltene, (un)echte ~; ~n verehren, in einer Kirche, in einem Schrein aufbewahren

rempeln ['Rɛmpl̩n] ⟨reg. Vb.; hat⟩ /jmd./ jmdn. ~ 'jmdn. mit Ellbogen, Arm(en) od. Schultern od. dem Oberkörper (absichtlich) stoßen': er rempelte rücksichtslos seine Nachbarn; jmdn. über den Haufen ~ ('durch Rempeln zu Fall bringen')

Ren [Rɛn/Re:n], das; ~s, ~e; SYN 'Rentier'; ↗ FELD II.3.1: das ~ als Zugtier nutzen ❖ **Rentier**

Renaissance [Rənɛ'sãs], die; ~, ⟨o.Pl.⟩ **1.** ⟨nur mit best. Art.⟩ 'im 14. Jahrhundert von Italien ausgehende Bewegung, die philosophisch, literarisch, künstlerisch die Werte und Formen der Antike zu erneuern suchte und zu einem neuen freieren Lebensgefühl, zu einem Aufschwung bes. in Kunst und Wissenschaft führte': die Kunst der ~; die italienische ~; die ~ hat viele bedeutende Persönlichkeiten hervorgebracht **2.** ⟨vorw. mit unbest. Art.⟩ eine ~ ⟨+ Gen.attr.⟩: man kann eine ~ des Jugendstils beobachten ('man kann beobachten, dass der Jugendstil wieder in Mode kommt, wieder interessant wird'); eine ~ der Klassik, Gotik

Rendezvous [Rãde'vu:/Rãnde..], das; ~ [..'vu:s], ~ [..'vu:s] 'vorher verabredetes Zusammentreffen eines Liebespaares an einem bestimmten Ort'; SYN Stelldichein: sie hatten (beide) ein heimliches ~ miteinander; ein ~ verabreden, einhalten, versäumen; sie trafen sich zum ~ in einem Café

rennen ['Rɛnən], rannte ['Rantə], ist/hat gerannt [gə-'Rant] **1.** /jmd./ **1.1.** ⟨ist⟩ 'schnell laufen (1.1, 2.1)': er rannte, um den Zug noch zu erreichen; er ist den ganzen Weg (bis zur Schule) gerannt; er rannte, so schnell er konnte; wie ein Wiesel ('sehr schnell') ~; renn nicht so! **1.2.** ⟨ist⟩ irgendwohin ~ 'sich rennend (1.1) irgendwohin bewegen': nach Hause, über die Straße, zum Bus ~ **1.3.** ⟨ist⟩ um etw. ~: sie rannten um die Wette ('rannten, so schnell sie konnten, um zu ermitteln, wer am schnellsten rennen kann'); er rannte um sein Leben ('rannte, so schnell er konnte, um einer Gefahr für sein Leben zu entgehen') **1.4.** ⟨hat⟩ die Kinder haben sich müde gerannt ('sind durch ständiges Rennen (1.1) müde geworden') **2.** ⟨ist⟩ umg. emot. /jmd./ irgendwohin ~ 'mit übertriebenem Eifer jmdn., eine Behörde immer wieder aufsuchen': er rannte bei, wegen, mit jeder Kleinigkeit zum Arzt, Anwalt, zur Polizei, aufs Amt **3.** ⟨ist⟩ /jmd./ nach etw. ⟨Dat.⟩, jmdn. ~ 'in großer Eile irgendwohin laufen, um etw., jmdn. von dort zu holen': er rannte nach Brötchen, Bier, nach dem Arzt **4.** /jmd./ **4.1.** ⟨ist⟩ gegen etw., jmdn. ~ 'im schnellem Lauf heftig an, gegen etw., jmdn. stoßen': er ist im Dunkeln (mit dem Kopf) an den, gegen den Balken, gegen die Wand, Tür gerannt **4.2.** ⟨hat⟩ er hat sich ⟨Dat.⟩ ein Loch in den Kopf gerannt ('hat sich durch Rennen 4.1 gegen etw. den Kopf verletzt') ❖ **Rennen – Hürdenrennen**

Rennen, das; ~s, ~ 'sportlicher Wettkampf im Laufen, Reiten, Fahren, bei dem die Schnelligkeit gewertet wird': *ein internationales ~; ein packendes, spannendes ~; ein ~ fahren, laufen, reiten* ('als Fahrer, Läufer, Reiter an einem Rennen teilnehmen'); *ein ~ veranstalten, gewinnen, verlieren; als Sieger aus dem ~ hervorgehen* ❖ ↗ **rennen**
* /jmd., Gruppe/ **gut im ~ liegen** ('im Wettbewerb mit der Zeit, im Wettstreit mit anderen gute Chancen haben'); /jmd., Institution, Unternehmen/ **das ~ machen** ('die anderen in einer Konkurrenzsituation übertreffen'); /jmd., Institution, Unternehmen/ **jmdn., ein Unternehmen aus dem ~ werfen** ('jmdn., ein Unternehmen in einer Konkurrenzsituation besiegen')

Renommee [Renɔ'me:], **das**; ~s, ~s SYN 'Ruf (4)': *ein gutes, zweifelhaftes ~ haben; sein ~ hat durch, unter seinem schlechten Lebenswandel gelitten* ❖ ↗ **renommieren**

renommieren [Renɔ'mi:Rən], renommierte, hat renommiert; ↗ auch *renommiert* /jmd./ SYN 'prahlen': *er renommiert gern, laut, oft; mit etw. ~: mit seinen Erfolgen, seinem Titel, Wissen, seiner Herkunft ~* ❖ **Renommee, renommiert**

renommiert [Renɔ'mi:ɐt] ⟨Adj.; Steig. reg., Komp. ungebr.; nicht bei Vb.; ↗ auch *renommieren*⟩ 'einen guten Ruf habend'; SYN angesehen /vorw. auf Unternehmen, Personen bez./: *ein ~es Hotel, Geschäft; ein ~er Schauspieler* ❖ ↗ **renommieren**

renovieren [Reno'vi:Rən], renovierte, hat renoviert /jmd./ *etw. ~* 'etw., bes. ein Gebäude, einen Raum, erneuern, modernisieren od. instand setzen': ⟨oft im Pass.⟩ *die Wohnung, das Haus muss erst noch renoviert werden, ehe wir einziehen können*

rentabel [Ren'ta:bl] ⟨Adj.; Steig. reg.; nicht präd.⟩ SYN 'wirtschaftlich (3)': *ein rentables Unternehmen, Geschäft; der Betrieb, die Firma arbeitet, wirtschaftet ~* ❖ ↗ **rentieren**
MERKE Zum Ausfall des „e" in der Endsilbe: ↗ *dunkel* (Merke)

Rente ['Rentə], **die**; ~, ~n 'fester Betrag, den jmd. als monatlich gezahltes Einkommen (vom Staat) erhält, wenn er auf Grund seines Alters od. seiner Erwerbsunfähigkeit nicht mehr arbeitet': *eine kleine, bescheidene, schöne ~; eine ~ (gezahlt) bekommen; ~ beanspruchen, beantragen, beziehen* ❖ **Rentner, Rentnerin – Rentenversicherung;** vgl. **rentieren**
* /jmd./ **in/auf ~ gehen** ('aufgrund seines Alters aus dem Arbeitsverhältnis ausscheiden und Rentner werden'); /jmd./ **in ~ sein** ('Rentner, im Ruhestand sein'); /jmd., Institution/ **jmdn. auf ~ setzen** ('invalidisieren')

Renten|versicherung ['Rentn̩..], **die** 'Versicherung (als Teil der Sozialversicherung), die bei Erreichen des entsprechenden Alters des Versicherten od. bei Berufs- od. Erwerbsunfähigkeit an den Versicherten, im Falle seines Todes an die Hinterbliebenen Rente zahlt': *die gesetzliche ~; die Versicherung eines Arbeiters, Selbständigen in der ~* ❖ ↗ **Rente,** ↗ **sicher**

Ren|tier ['Ren../'Re:n..], **das** 'im Gebiet um den nördlichen Polarkreis lebender Hirsch'; SYN Ren; ↗ FELD II.3.1: *~e züchten; eine Herde ~e* ❖ ↗ **Ren,** ↗ **Tier**

rentieren [Ren'ti:Rən], **sich**, rentierte sich, hat sich rentiert /etw./ *sich ~* 'rentabel sein, einen Gewinn bringen': *das Unternehmen, Geschäft rentiert sich (nicht); die neue Anlage, Methode hat sich (gut) rentiert; der Aufwand rentierte sich für den Betrieb* ❖ **rentabel;** vgl. **Rente**

Rentner ['Rentnɐ], **der**; ~s, ~ 'jmd., der eine Rente bezieht': *er ist (jetzt, seit einem Jahr) ~; als ~ hat er viel Zeit, ist er noch sehr aktiv* ❖ ↗ **Rente**

Rentnerin ['Rentnəʀ..], **die**; ~, ~nen /zu Rentner; weibl./ ❖ ↗ **Rente**

Reparatur [RepaRa'tu:ɐ], **die**; ~, ~en 'das Reparieren von etw.': *eine dringend erforderliche ~; das war eine teure ~; etw. zur ~ bringen; eine ~, ~en ausführen; die ~ des Geräts lohnt sich nicht mehr* ❖ ↗ **reparieren**

reparieren [Repa'Ri:Rən], reparierte, hat repariert /jmd., Unternehmen/ *etw. ~* 'ein technisches Produkt, bes. ein Gerät, Fahrzeug, das schadhaft geworden, kaputtgegangen ist, wieder instand setzen': *ein defektes Gerät, Auto, die Mischbatterie, den Motor ~; etw. geschickt, notdürftig ~; den, einen Schaden* ('den, einen Schaden an einem Gerät, Fahrzeug') *~* ❖ **Reparatur**

Repertoire [RepɛR'toa:ɐ], **das**; ~s, ~s ⟨vorw. Sg.⟩ 'Gesamtheit der von einem Theater einstudierten und so für die Aufführung verfügbaren, von einem Künstler einstudierten Werke (4.1), Rollen od. Darbietungen': *ein großes, reiches, vielseitiges ~ haben, bieten; sein ~ umfasst die Lieder der Romantik; sein ~ perfekt beherrschen; etw. in sein ~ aufnehmen; den „Faust" wieder in das ~ (des Theaters) aufnehmen; er hat ein großes ~*

Report [Re'pɔRt], **der**; ~s/auch ~es, ~e 'sachlicher, detaillierter, analysierender (für die Öffentlichkeit bestimmter) Bericht über etw. Bedeutsames, Aktuelles': *ein interessanter, dokumentarischer, informativer, wissenschaftlicher ~; einen ~ über, zu etw. geben, vorlegen* ❖ **Reportage, Reporter, Reporterin**

Reportage [RepɔR'ta:ʒə], **die**; ~, ~n 'lebendiger, anschaulicher Bericht in Presse, Rundfunk, Fernsehen bes. über ein aktuelles Ereignis, Geschehen': *eine kritische, künstlerische, spannende ~ über ein Autorennen, einen Streik, die Eröffnung einer Kunstausstellung; eine ~ schreiben, machen, senden* ❖ ↗ **Report**

Reporter [Re'pɔRtɐ], **der**; ~s, ~ 'jmd., der (beruflich) für Presse, Rundfunk, Fernsehen berichtet': *er ist ~ beim Fernsehen; ~ berichteten vom Ort des Geschehens, vor Ort über das Geschehen, über die Katastrophe;* vgl. *Journalist* ❖ ↗ **Report**

Reporterin [Re'pɔRtəʀ..], **die**; ~, ~nen /zu Reporter; weibl./ ❖ ↗ **Report**

Repräsentant [ʀɛpʀɛzɛn'tant], **der**; ~en, ~en ˈjmd., der für eine größere Gruppe von Menschen, eine Institution, für eine politische, künstlerische, weltanschauliche Richtung, Bewegung repräsentativ istˈ; SYN Vertreter (3): ⟨+ Gen.attr.⟩ *er war ein ~ der Friedensbewegung; er ist ein ~ der modernen Malerei; die ~en von Kirche und Staat (ˈdie Kirche und Staat repräsentierenden Würdenträgerˈ)* ❖ ↗ **repräsentieren**

Repräsentation [ʀɛpʀɛzɛnta'tsi̯oːn], **die**; ~, ~en **1.** ˈdas Repräsentieren (2)ˈ: *die ~ der Mitglieder durch ihre gewählten Vertreter; die ~ des Staates durch seine Botschaften* **2.** ⟨o.Pl.⟩ ˈdas, womit jmd. od. Art und Weise, wie jmd., einen Staat repräsentiert (4)ˈ: *die großzügigen Bauten, kostbaren Gewänder dienen der, zur ~* ❖ ↗ **repräsentieren**

repräsentativ [ʀɛpʀɛzɛnta'tiːf] ⟨Adj.⟩ **1.** ⟨o. Steig.; nicht bei Vb.⟩ ˈals Teil für eine Gesamtheit typischˈ: *eine ~e Befragung, Umfrage unter der Bevölkerung vornehmen; den ~en Querschnitt für etw. ermitteln; eine ~e Auswahl, Ausstellung moderner Kunst; etw. ist (nicht) ~ für etw.: die Ausstellung ist für sein künstlerisches Gesamtwerk (nicht) ~* **2.** ⟨Steig. reg.⟩ ˈder Repräsentation (2) dienendˈ: *ein ~es Gebäude für die Botschaft; eine ~e Ausstattung; der Wagen war ihm nicht ~ genug; etw. ~ gestalten, ausstatten* ❖ ↗ **repräsentieren**

repräsentieren [ʀɛpʀɛzɛn'tiːʀən], repräsentierte, hat repräsentiert **1.** /jmd., etw./ *etw. ~* ˈfür etw. repräsentativ (1) seinˈ: *er repräsentiert (mit hoher Haltung, Meinung) eine ganze Generation, den Durchschnitt der Bevölkerung; die einzelnen Stücke ~ sehr gut, nicht das Thema der Ausstellung* **2.** /jmd., Gruppe, Institution/ *etw. ~* ˈdie Interessen, Aufgaben einer Gruppe, Institution, eines Staates, Unternehmens nach außen vertreten und wahrnehmen (2.1)ˈ: *er repräsentiert eine der bedeutendsten Firmen dieser Branche; die Gesellschaft repräsentiert mehrere Firmen auf dieser Messe; Botschafter ~ ihren Staat im Ausland* **3.** /etw./ *etw. ~* ˈeinen bestimmten Wert darstellenˈ: *dieses Grundstück, Gemälde repräsentiert einen großen Wert, einen Wert von 200.000 Mark* **4.** /jmd., Staat/ *sie, der Staat versteht zu ~* (ˈversteht es, durch angemessenen Aufwand nach außen hin einen sehr gediegenen Eindruck hervorzurufenˈ) ❖ **Repräsentant, Repräsentation, repräsentativ**

Repressalie [ʀɛpʀɛ'saːli̯ə], **die**; ~, ~n ⟨vorw. Pl.⟩ ˈ(als Vergeltung für etw. dienende) Maßnahme bes. einer Regierung, eines Unternehmens, mit der Druck auf einen Staat, jmdn., eine Gruppe ausgeübt wird und Interessen durchgesetzt werdenˈ: *wirtschaftliche ~n gegen einen Staat ausüben, anwenden; ~n gegen jmdn. ergreifen; aus Angst vor ~n Zugeständnisse machen; jmdm., einem Staat mit ~n drohen* ❖ ↗ **pressen**

Reproduktion [ʀɛpʀodʊk'tsi̯oːn], **die**; ~, ~en ˈdurch Fotografie, Druck (4) hergestellte Nachbildung von etw.ˈ; SYN Widergabe (2): *~ und Original; eine schwarz-weiße, farbige ~* ❖ ↗ **produzieren**

reproduzieren [ʀɛpʀodu'tsiːʀən], reproduzierte, hat reproduziert **1.** /jmd./ *etw. ~* ˈein Bild, einen Text durch Fotografieren, Druck (4) nachbilden, wiedergebenˈ: *ein Bild, ein Werk des 16. Jahrhunderts ~; das Gemälde ist farblich einwandfrei reproduziert worden* **2.** /jmd./ *etw. ~* ˈetw. früher Gelerntes wiedergebenˈ: *etw. fehlerfrei, genau, sinngemäß ~* ❖ ↗ **produzieren**

Reptil [ʀɛp'tiːl], **das**; ~s/auch ~es, ~ien [..'tiːli̯ən] SYN ˈKriechtierˈ; ↗ FELD II.3.1: *Krokodile, Schlangen sind ~ien*

Republik [ʀepu'bliːk], **die**; ~, ~en ˈStaat mit einem gewählten Präsidenten als Staatsoberhaupt, einem Parlament und einer aus Wahlen hervorgegangenen Regierungˈ: *dieser Staat ist eine parlamentarische, demokratische ~; die Parlamente der ~en; /in Namen bestimmter Staaten/ ~ Österreich; die Französische ~;* vgl. auch *Monarchie* ❖ **Bundesrepublik**

Requisit [ʀekvi'ziːt], **das**; ~s/auch ~es, ~en ⟨vorw. Pl.⟩ ˈfür die Ausgestaltung der Bühne, für die Handlung einer Theateraufführung, eines Filmes benötigter Gegenstandˈ: *historisch getreue ~en; ~en beschaffen*

Reservat [ʀezɛʀ'vaːt], **das**; ~s/auch ~es, ~e **1.** ˈGebiet mit festgelegten Grenzen bes. in den USA, das der ursprünglichen Bevölkerung als Lebensraum zugewiesen wurdeˈ: *die ~e für Indianer in Nordamerika; in einem ~ leben* **2.** ˈgrößeres Gebiet mit festgelegten Grenzen bes. in südlichen, tropischen Ländern, in dem die Natur und die dort lebenden Tiere geschützt sindˈ; SYN Naturschutzgebiet: *die ~e in Kenia und Uganda* ❖ ↗ **reservieren**

Reserve [ʀe'zɛʀvə], **die**; ~, ~n **1.** ⟨vorw. Pl.⟩ ˈfür den (unvorhergesehenen) Bedarf zurückgelegte, aufbewahrte, zur Verfügung stehende materielle Güter, finanzielle Mittelˈ: *materielle, finanzielle ~n; er hat noch eine stille ~* (ˈer hat noch etw., wovon andere keine Kenntnis haben, für den Fall zur Verfügung, dass er es benötigtˈ); *die eiserne ~* (ˈdas, was nur für den äußersten Notfall zur Verfügung stehtˈ); *noch ~n, keine ~n mehr haben; ~n anlegen, bereitlegen; die ~n* (SYN Vorräte) *angreifen, verbrauchen; ~(n) an etw.* ⟨Dat.⟩: *das Unternehmen hat große ~n an Treibstoff, Nahrungsmitteln gespeichert, gelagert* **2.** ⟨vorw. Pl.⟩ ˈphysische, psychische Kraft, über die jmd. selbst nach starker Belastung noch verfügtˈ: *er hat noch ~n, hat keine ~n mehr; seine körperlichen, seelischen ~n waren erschöpft, verbraucht* **3.** ⟨o.Pl.⟩ ˈGesamtheit der ausgebildeten, aber nicht aktiv dienenden Wehrpflichtigenˈ: *die Offiziere, Soldaten der ~; er ist Leutnant der ~* **4.** ⟨o.Pl.⟩ ˈZurückhaltungˈ: *seine (gewohnte) ~ aufgeben* ❖ ↗ **reservieren**
* /jmd., Unternehmen/ *etw. in ~ halten* (ˈetw. als Reserve lassen für den Fall, dass man es benötigtˈ); /jmd./ *jmdn. aus der/seiner ~ locken* (ˈjmdn. dazu bringen, seine Gefühle, Gedanken zu äußernˈ); *stille ~n* (ˈGeldmittel, die man heimlich für Notzeiten zurückgelegt hatˈ)

reservieren [REzɛʁ'viːʁən], reservierte, hat reserviert; ↗ auch *reserviert* /jmd., Unternehmen/ *etw. für jmdn./jmdm. etw.* ~ 'etw. für jmdn. zurücklegen, verfügbar halten, bis er davon Gebrauch machen will': *Theaterkarten, ein Zimmer im Hotel für jmdn.* ~; *wir haben Ihnen das Zimmer mit dem Blick aufs Meer reserviert; diese Plätze sind reserviert (für Stammgäste) reserviert; sich ⟨Dat.⟩ etw. ~ lassen* ❖ **Reservat, Reserve, reserviert, Reservoir**

reserviert [REzɛʁ'viːɐt] ⟨Adj.; Steig. reg.; ↗ auch *reservieren*⟩ **1.1.** ⟨nicht attr.⟩ SYN 'kühl (2)'; ↗ FELD I.18.3: *er war sehr* ~, *antwortete* ~; *er trat ihm höflich, aber* ~ *entgegen, verhielt sich sehr* ~ **1.2.** *etw.* ⟨Dat.⟩ *gegenüber* ~ 'vorsichtig, nahezu ablehnend in einer Angelegenheit, die man akzeptieren, beurteilen soll': *er war dem Plan, Projekt gegenüber sehr* ~, *stand dem Projekt* ~ *gegenüber*; vgl. *distanziert* ❖ ↗ **reservieren**

Reservoir [REzɛʁ'voaːʁ], das; ~s, ~e **1.** 'großer Behälter, z. B. Becken, Bassin, mit einer großen Menge gespeichertem Wasser, das als Vorrat für bestimmte Zwecke genutzt wird': *ein* ~ *anlegen; die Talsperre ist ein* ~ *für Trinkwasser* **2.** ⟨+ Präp. *an*⟩ SYN 'Vorrat': *ein unerschöpfliches* ~ *an Arbeitskräften, Ideen; unser* ~ *an Bodenschätzen ist verbraucht* ❖ ↗ **reservieren**

Residenz [REzi'dɛnts], die; ~, ~en **1.** 'Stadt eines Landes, von der aus ein Fürst das Land regiert und in der er wohnt': *London ist die* ~ *der britischen Königin* **2.** 'Wohnsitz eines Botschafters in der Hauptstadt des Gastlandes': *der Botschafter empfing den Minister in seiner* ~; *ein Empfang in der* ~ *des Botschafters* ❖ ↗ **residieren**

residieren [REzi'diːʁən], residierte, hat residiert /Fürst, Präsident eines Landes/ *irgendwo* ~ 'irgendwo wohnen und regieren': *die britische Königin residiert im Buckingham Palace, in London; der amerikanische Präsident residiert im Weißen Haus, in Washington* ❖ **Residenz**

Resignation [REzɪɡna'tsjoːn], die; ~, ~en ⟨vorw. Sg.⟩ /zu *resignieren*/ 'das Resignieren': *er war von tiefer* ~ *erfasst; er befand sich in einem Zustand trostloser* ~ ❖ ↗ **resignieren**

resignieren [REzɪ'ɡniːʁən], resignierte, hat resigniert /jmd./ 'auf Grund von Enttäuschungen, Misserfolgen seine Pläne aufgeben und sich mit der gegebenen Lage abfinden, weil man keine Aussicht, Hoffnung auf Erfolg mehr sieht, hat': *so leicht* ~ *wir nicht; er schwieg resigniert* ❖ **Resignation**

resistent [REzɪ'stɛnt] ⟨Adj.; o. Steig.; nicht bei Vb.⟩ 'widerstandsfähig gegen schädliche Wirkungen' /auf Organismen bez./: ~e *Pflanzen, Viren züchten; (gegen etw.)* ~ *sein, bleiben, werden: die Pflanze ist gegen den Schädling* ~; *diese Bakterien sind gegen das Mittel* ~

resolut [REzo'luːt] ⟨Adj.; Steig. reg.⟩ 'entschlossen, tatkräftig und energisch' /auf Personen, bes. auf Frauen, bez./: *eine* ~e *Frau, Tat;* ~ *auftreten, zupacken; sie war immer sehr* ~

Resolution [REzolu'tsjoːn], die; ~, ~en 'von einer Gruppe Menschen zu einem bestimmten Thema getroffene Erklärung, in der meist bestimmte Forderungen erhoben werden'; SYN Entschließung: *über eine* ~ *abstimmen; eine* ~ *verfassen, verlesen, billigen, verabschieden*

Resonanz [REzo'nants], die; ~, ~en **1.** 'das Schwingen eines Körpers, das durch Schwingungen eines anderen in der gleichen (od. ähnlichen) Frequenz hervorgerufen wird': *die* ~ *des Bodens einer Geige; die Saiten der Geige erzeugen* ~; *das Instrument hat eine gute* ~ **2.** ⟨vorw. Sg.⟩ '(anerkennende) Reaktion der Öffentlichkeit auf eine bestimmte Aktion, Äußerung, besondere Leistung'; SYN Echo (2), Widerhall (2): *der Vorschlag, Aufruf, die Aktion hat (eine) große, internationale* ~ *gefunden, gehabt; seine Ideen sind ohne* ~ *geblieben*

Respekt [Re'spɛkt], der; ~s/auch ~es, ⟨o.Pl.⟩ **1.** SYN 'Achtung (2)': *jmdm. (seinen)* ~ *erweisen,* ↗ *zollen; jmdm.* ~ *schulden; diese Leistung hat uns großen* ~ *abgenötigt; dafür kann man* ~ *erwarten* **2.** 'mit Scheu, gewisser Furcht gepaarte Achtung gegenüber jmdm., bes. gegenüber dem Lehrer': *die Schüler haben keinen, ziemlichen* ~ *vor ihm; der Lehrer verstand es, sich bei seinen Schülern* ~ *zu verschaffen; vor seinem Vater hatte er mächtigen* ~ ❖ **respektabel, respektieren**

respektabel [Respɛk'taːbl̩] ⟨Adj.; nicht bei Vb.⟩ **1.** ⟨Steig. reg.; nur attr.⟩ *eine respektable* ('Respekt, Achtung verdienende') *Persönlichkeit* **2.** ⟨Steig. reg., ungebr.⟩ 'so geartet, dass man es akzeptieren muss' /beschränkt verbindbar/: *für sein Vorgehen hat er durchaus respektable Gründe; seine Argumente sind* ~ **3.** ⟨Steig. reg.⟩ *eine respektable* ('sehr gute, Anerkennung verdienende') *Leistung; seine Leistung ist* ~ **4.** ⟨o. Steig.; nur attr.⟩ SYN 'beträchtlich (I)' /auf Dimensionen bez./: *das Bauwerk hat eine respektable Höhe, Größe; der Baum hat einen respektablen Umfang; der Zug hat eine respektable Länge* ❖ ↗ **Respekt**

MERKE Zum Ausfall des ‚e‘ in der Endsilbe: ↗ *dunkel* (Merke)

respektieren [Respɛk'tiːʁən], respektierte, hat respektiert **1.** /jmd./ *jmdn.* ~ 'jmdm. die ihm auf Grund seiner Stellung, Leistung, seines Alters gebührende Achtung erweisen'; SYN achten: *sie mögen ihn nicht, aber* ~ *ihn als ihren Lehrer; er wird wegen seiner Verdienste allenthalben, auch bei, von seinen Gegnern respektiert* **2.** /jmd./ *etw.* ~ 'Meinungen, Regeln, Gesetze als vertretbar, legitim anerkennen': *jmds. Ansichten, Meinungen, Wünsche* ~; *die Gesetze, Regeln* ~ ('einhalten') ❖ ↗ **Respekt**

Ressentiment [Rɛsɑ̃ti'mɑ̃/Rɛsɑ̃ti'man], das; ~s, ~s ⟨vorw. Pl.⟩ ~s *gegen jmdn., etw.* 'auf Vorurteilen, vorgefassten Meinungen, negativen Gefühlen beruhende Abneigung gegenüber einer Person, Sache': ~s *gegen jmdn., etw. haben;* ~s *gegen Maschinen, Roboter; durch diese Äußerungen werden alte* ~s *wieder geweckt; sich von* ~s *(gegen etw., jmdn.) leiten lassen*

Ressort [ʀɛ'soːɐ̯], **das**; ~s, ~s 'Bereich mit fest umrissenen Aufgaben, den jmd. betreut, für den jmd. zuständig ist': *das, diese Aufgaben fallen, diese Verantwortung fällt (nicht) in dieses, mein ~; ein ~ übernehmen, verwalten*

Ressourcen [ʀɛ'sʊʀsn̩], **die** ⟨Pl.⟩ **1.** 'das, was ein Land an Rohstoffen, finanziellen Mitteln besitzt und worüber es jederzeit verfügen kann': *die USA sind ein Land mit großen ~ auf nahezu allen Gebieten; über beträchtliche ~ verfügen; natürliche, finanzielle ~ für etw. zur Verfügung haben, für etw. einsetzen; ~ erschließen, nutzen* **2.** *jmds. ~, die ~ des Betriebes sind erschöpft* ('er hat keine finanziellen Mittel mehr')

Rest [ʀɛst], **der**; ~es/auch ~s, ~e **1.** 'der Teil von etw., der beim Essen, bei einer Arbeit nicht verbraucht worden ist': *ein großer, kleiner, schäbiger ~; die ~e einer Mahlzeit; aus den ~en, die beim Zuschneiden übrig geblieben sind, hat sie sich eine Bluse genäht; wir haben noch einen ~ Brot, Wurst, Käse im Schrank; von dem Wein ist noch ein ~ da;* vgl. *Rückstand (1)* **2.** 'kleiner Teil von einer nach Metern verkauften Ware, der zum Verkauf als größerer Posten nicht mehr geeignet ist und zu reduziertem Preis angeboten wird': *~e billig (ver)kaufen; sie hat sich aus dem ~ noch etw. geschneidert* **3.1.** ⟨vorw. Pl.; vorw. mit Gen.attr.⟩ 'das von etw. (schon vor langer Zeit) Zerstörtem noch Vorhandene': *man hat die ~e eines Tempels ausgegraben; ~e versunkener Kulturen; in dieser Erdschicht wurden viele fossile ~e gefunden* **3.2.** ⟨o.Pl.; + Gen.attr.⟩ 'das von einem Zeitraum noch vorhandene, das von einer Wegstrecke noch nicht Bewältigte, das für etw. noch zu Leistende': *für den ~ des Weges brauchten wir noch eine Stunde; den ~ des Festes, Tages, Abends verbrachten wir in geselliger Runde; den ~ der Schulden werden wir ihm erlassen* **3.3.** *ein ~ von etw.* ⟨Dat.⟩ 'das von einer menschlichen Fähigkeit, Anlage Verbliebene, noch Vorhandene': *mit einem (letzten) ~ von Mut, Entschlossenheit raffte er sich zum Widerstand auf* ❖ **restlich – restlos, Überrest**
* umg. **etw. gibt jmdm. den ~**: *die Hitze, der Lärm gab ihm den ~* ('die Hitze, der Lärm bewirkte, dass er den Rest von Widerstandskraft, Beherrschung verlor'); /jmd./ **sich** ⟨Dat.⟩ **den ~ holen** 'bei schon labiler Gesundheit durch etw. schließlich ernsthaft krank werden': *bei dem Wetter hat er sich den ~ geholt*

Restaurant [ʀɛsto'ʀã/..'ʀaŋ], **das**; ~s, ~s 'Gaststätte, in der Speisen und Getränke angeboten werden': *ein gemütliches, gepflegtes ~; zum Hotel gehört ein ~; im ~ essen; ein (neues) ~ eröffnen; ein ~ schließen; ein italienisches, chinesisches ~*

restlich ['ʀɛst..] ⟨Adj.; o. Steig.; nur attr.⟩ **1.** 'übrig geblieben, nicht verbraucht' /auf Materielles bez./: *was wollen wir mit dem ~en Geld, Brot, Käse machen?* **2.** 'als Teil von etw. noch vorhanden od. noch zu leistend, zu bewältigend' /vorw. auf Zeitliches bez./: *den ~en Teil des Abends wollten sie gemein-*

sam verbringen; die ~en Arbeiten erledigen wir morgen ❖ ↗ **Rest**

rest|los ['ʀɛst..] ⟨Adj.; o. Steig.; nicht präd.; vorw. bei Vb.⟩ **1.** 'ohne dass ein Rest (1) übrig bleibt': *sie haben das Brot ~ aufgegessen; etw. ist ~* (SYN 'völlig I') *ausverkauft, bezahlt, erledigt; die ~e Beseitigung der Trümmer* **2.** ⟨nur bei Vb.⟩ emot. SYN 'völlig (II)': *ich war ~ begeistert; ich hab' dieses Theater ~ satt* ❖ ↗ **Rest, ↗ los**

Resultat [ʀɛzʊl'taːt], **das**; ~s/auch ~es, ~e SYN 'Ergebnis': *die Untersuchung des Blutes ergab ein negatives ~; die Bemühungen hatten zu einem guten, brauchbaren ~ geführt; seine Kritik erbrachte ein unerwartetes ~; diese Versuche blieben ohne jedes ~, führten zu (k)einem ~; das ~ seiner Arbeit, Bemühungen, Überlegungen, Berechnungen blieb unbefriedigend; das ~ einer mathematischen Aufgabe; wir kamen zu dem ~, dass ...* ↗ **resultieren**

resultieren [ʀɛzʊl'tiːʀən], resultierte, hat resultiert /etw./ *aus etw.* ⟨Dat.⟩ ~ 'sich als Ergebnis, Folge aus etw., bes. einem Tun, ergeben, hervorgehen': *die Ergebnisse ~ aus falschen Voraussetzungen* ❖ **Resultat**

Resümee [ʀezy'meː], **das**; ~s, ~s **1.** ⟨vorw. mit unbest. Art.⟩ 'zusammenfassende Wiederholung des Inhalts eines Textes': *ein knappes ~; ein ~ von/über etw. geben; das Buch enthält am Schluss ein ~ in deutscher Sprache* **2.** ⟨vorw. mit best. Art.⟩ 'Bilanz (2), Schlussfolgerung': *aus dem Gesagten ergibt sich als ~, dass ...; das ~ von etw. ziehen: er zog das ~ seiner Nachforschungen: was hatten sie ergeben?* ❖ ↗ **resümieren**

resümieren [ʀezy'miːʀən], resümierte, hat resümiert /jmd./ *etw.* ~ 'etw., bes. einen Vortrag od. Text, zusammenfassend wiederholen': *einen Vortrag ~; er resümierte, was vorgetragen worden war; die Ereignisse der letzten Wochen ~* ❖ **Resümee**

retten ['ʀɛtn̩], rettete, hat gerettet **1.1.** /jmd., etw./ *jmdn.* ~ 'jmdn. aus der Gefahr des Todes befreien': *ich habe ihn gerettet; das Medikament hat ihn gerettet; er wurde zum Glück (durch eine Operation) gerettet; jmdn. aus etw.* ⟨Dat.⟩ ~: *jmdn. aus Lebensgefahr, aus höchster Not, aus großer Gefahr, aus Seenot ~; jmdn. vor dem Ertrinken ~* **1.2.** /jmd., etw./ *jmdm. das Leben ~* 'jmdn. aus der Gefahr des Todes befreien': *seine Geistesgegenwart hat ihm das Leben gerettet; er rettete ihm das Leben, indem er ihn bei sich verbarg* **1.3.** /jmd./ *sich vor jmdm., einem Tier* ~ 'sich vor jmdm., einem Tier in Sicherheit bringen': *er konnte sich (durch Flucht) vor den Verbrechern, vor den wilden Tieren ~; sich durch etw.* ~: *er hat sich durch einen Sprung aus dem Fenster gerettet;* /auch Tier/ *sich vor etw.* ~: *die Katze rettete sich vor den Fluten auf das Dach, dem Sturm ins Haus; rette sich, wer kann!* /wird bei einer Katastrophe ausgerufen, wenn von keiner Seite mehr Hilfe zu erwarten ist/ **1.4.** /jmd., Institution/ *etw.* ~ 'etw., bes. mobile Gegenstände, vor der Zerstörung od. vor Diebstahl in Sicherheit bringen': *er hatte sein Hab und Gut ~ können; sie haben das histori-*

sche Gebäude vor dem Verfall gerettet ❖ **Retter, Rettung** — **Rettungsboot, -dienst**

* umg. /jmd./ *sich vor etw.* ⟨Dat.⟩ *nicht* ~ *können* ˈso sehr von vielen Personen, vielen Aktivitäten anderer bedrängt werden, dass es lästig wirdˈ: *sie konnte sich vor Heiratsanträgen, Verehrern nicht* ~*; seit er die Annonce aufgegeben hat, kann er sich vor Anrufen nicht mehr* ~ ❖ ↗ **retten**

Retter [ˈʀɛtɐ], **der**; ~s, — ˈjmd., der jmdn. rettet, gerettet hatˈ: *er war unser* ~ *in der Not* ❖ ↗ **retten**

Rettich [ˈʀɛtɪç], **der**; ~s, —e ˈscharf schmeckende, dicke (längliche) weiße od. schwarze Wurzel einer Pflanze, die roh gegessen wirdˈ; ↗ FELD II.4.1, I.8.1: ~ *schälen, in Scheiben schneiden;* ~ *raspeln*

Rettung [ˈʀɛt..], **die**; ~, ~en ⟨vorw. Sg.⟩ /zu *retten* 1.1,1.4/ ˈdas Rettenˈ; /zu 1.1/: *die* ~ *der Schiffbrüchigen* ❖ ↗ **retten**

Rettungs|-boot [ˈʀɛtʊŋs..], **das** ˈBoot, das an Deck eines größeren Schiffes mitgeführt wird und bei einem Notfall zur Rettung der an Bord befindlichen Personen dientˈ; ↗ FELD VIII.4.3.1: *es waren genügend* ~*e für Mannschaft und Passagiere an Bord; die Passagiere in den* ~*en unterbringen* ❖ ↗ retten, ↗ Boot; **-dienst, der** ˈEinrichtung, die bei Unfällen, Havarien mit Ärzten, Sanitätern medizinische Hilfe leistetˈ: *den* ~ *anrufen; der* ~ *kam sofort zur Unglücksstelle, holte den Kranken ab, fuhr den Kranken in die Klinik* ❖ ↗ retten, ↗ dienen

Reue [ˈʀɔɪə], **die**; ~, ⟨o.Pl.; meist o. Art.⟩ ˈaufrichtiges Bedauern über etw., das man getan hatˈ; ↗ FELD I.12.1: *ihn erfüllte (eine) ehrliche, bittere, tiefe* ~*; (keine)* ~ *(über etw.) empfinden, fühlen, zeigen; die* ~ *quälte ihn, kam zu spät* ❖ **reuen, bereuen, reumütig**

reuen [ˈʀɔɪən] ⟨reg. Vb.; hat⟩ **1.** *etw. reut jmdn.* ˈjmd. empfindet Reue über etw., das er getan hatˈ: *seine Gewalttätigkeit, die Unterlassung von Hilfeleistung reute ihn; die harten Worte gegen seinen Freund reuten ihn sehr; es reute ihn, etw. so Schlimmes getan zu haben, ihn beleidigt, verletzt zu haben* **2.** *das Geld, die schöne Zeit reut mich* (ˈich bedaure, das Geld für Unnützes ausgegeben, die Zeit vertan, sinnlos verbraucht zu habenˈ) ❖ ↗ **Reue**

reumütig [ˈʀɔɪmyːtɪç] ⟨Adj.; o. Steig.; nicht präd.⟩ ˈReue empfindend, ausdrückendˈ: *ein* ~*es Bekenntnis, Eingeständnis von Schuld;* ~ *etw. gestehen, zugeben;* ~ *zurückkehren* ❖ ↗ **Reue**

Revanche [ʀeˈvãʃ/ʀeˈvaŋʃ], **die**; ~, ~n ⟨vorw. Sg.⟩ **1.** ˈGelegenheit, Möglichkeit, eine Niederlage (im Sport, Spiel) durch Wiederholung wettmachen zu könnenˈ: *nach einem verlorenen Spiel vom Gegner* ~ *verlangen, fordern; jmdm.* ~ *bieten, geben* **2.** veraltend ˈRache, Vergeltung für eine erlittene militärische Niederlageˈ: *auf* ~ *sinnen* ❖ ↗ **revanchieren**

revanchieren [ʀevãˈʃiːʀən/ʀevaŋˈʃ..], **sich**, revanchierte sich, hat sich revanchiert **1.** /jmd./ *sich für etw.* ~ ˈsich für erlittenes Unrecht rächen (1.2)ˈ: *sich (mit etw.) für eine Verleumdung, für jmds. Frechheit* ~ **2.** ⟨vorw. im Perf.⟩ /jmd., Mannschaft/ *sich für eine Niederlage* ~ (ˈeine erlittene Niederlage in einem

Spiel durch einen Sieg wieder wettmachenˈ) **3.** /jmd./ *sich für etw.* ~ ˈsich für etw. Gutes durch eine bestimmte Leistung dankbar, erkenntlich erweisenˈ; SYN gutmachen (1.2): *sich mit etw. für etw., für eine Aufmerksamkeit, ein Geschenk, eine Einladung* ~*; er hat sich bei ihm (mit etw.) revanchiert* ❖ **Revanche**

Revers [ʀəˈveːɐ̯/ʀəˈveːɐ̯s], **das**; ~ [..ˈveːɐ̯s], ~ [..ˈveːɐ̯s] ˈdreieckiges Stoffteil an der vorderen Seite von bestimmten Kleidungsstücken der Oberbekleidungˈ: *ein Jackett mit breitem, schmalem* ~

revidieren [ʀeviˈdiːʀən], revidierte, hat revidiert **1.** /jmd./ *etw.* ~ ˈetw. auf seine Richtigkeit, Korrektheit hin kontrollierenˈ: *die Kasse, Buchführung* ~ **2.** /jmd./ *etw.* ~ ˈetw., das man nach einer Prüfung als falsch erkannt hat, korrigierend ändernˈ: *etw. gründlich, vorsichtig* ~*; einen Vertrag, sein eigenes Urteil über etw., jmdn.* ~ ❖ **Revision**

Revier [ʀeˈviːɐ̯], **das**; ~s, —e **1.** *jmds.* ˈBereich, bes. ein lokal begrenztes Gebiet, für das jmd. in seiner beruflichen Funktion zuständig istˈ: *das* ~ *des Briefträgers, Schornsteinfegers erstreckt sich über das halbe Stadtviertel; „Das ist nicht mein* ~*“, sagt der Ober, „hier bedient ein anderer Kollege.“* **2.** ˈbestimmtes Gebiet in der freien Naturˈ: *ein wald-, wild-, seenreiches* ~*; er hat das* ~ *für die Jagd gepachtet* **3.** ˈDienststelle der Polizei, die für einen bestimmten Bereich bes. in einer Stadt zuständig istˈ: *der Polizist hatte ihn auf das* ~ *mitgenommen; einen Einbruch auf dem/beim* ~ *melden*

Revision [ʀeviˈzi̯oːn], **die**; ~, ~en **1.** /zu *revidieren* 1 u. 2/ ˈdas Revidierenˈ; /zu 1/: *eine gründliche* ~ *durchführen, vornehmen; Rechnungen zur* ~ *vorlegen; eine* ~ *der Bibliothek, Kasse, Warenbestände;* /zu 2/: *die* ~ *des Antrages, Textes, Vertrags* **2.** Jur. ˈrechtliche Möglichkeit, bei einer höheren juristischen Instanz die Überprüfung eines Urteils zu beantragen, zu erreichenˈ: *die* ~ *des Prozesses, Urteils beantragen; gegen ein Urteil* ~ *einlegen* ❖ ↗ **revidieren**

Revolte [ʀeˈvɔltə], **die**; ~, ~n SYN ˈRebellionˈ: *eine* ~ *bricht aus; die Häftlinge des Gefängnisses erhoben sich zu/in einer* ~ *gegen ihre Aufseher; die* ~ *wurde niedergeschlagen, unterdrückt* ❖ ↗ **revoltieren**

revoltieren [ʀevɔlˈtiːʀən], revoltierte, hat revoltiert /mehrere (jmd.)/ *gegen etw., jmdn.* ~ ˈgegen etw., jmdn. eine Revolte, einen Aufruhr machenˈ: *die Arbeiter revoltierten gegen die Aussperrung; die Häftlinge revoltierten gegen die schlechte Behandlung, gegen ihre Aufseher* ❖ **Revolte;** vgl. **Revolution**

Revolution [ʀevoluˈtsi̯oːn], **die**; ~, ~en; ↗ FELD IX.1.1 **1.** ˈmeist von einer Mehrheit von Menschen getragene und meist mit Gewalt durchgeführte grundlegende Veränderung der politischen Verhältnisse in einem Landˈ; SYN Umsturz, Umwälzung (1): *die bürgerliche* ~*; die Französische* ~ *von 1789; die* ~ *endete erfolgreich, ist gescheitert; eine* ~ *vorbereiten, durchführen, niederschlagen; die Feinde, Folgen der* ~*;* vgl. *Aufstand, Empörung (2), Putsch* **2.** ⟨vorw. Sg.⟩ ˈgrundlegende Erneuerung in einem bestimmten Bereich der gesellschaftlichen Entwicklung'; SYN Umwälzung: *die ~ der landwirtschaftlichen Produktionsmethoden; die industrielle ~ im 19. Jh.* ('der Übergang zur maschinellen Produktion'); *die wissenschaftliche ~; eine ~ (in) der Mode, Moral deutet sich an* ❖ **revolutionär, Revolutionär, Revolutionärin, revolutionieren, Revoluzzer;** vgl. **revoltieren**

revolutionär [ʀevolutsi̯oˈnɛːɐ̯/..ˈneːɐ̯] ⟨Adj.; vorw. attr.⟩; ↗ FELD IX.1.3 **1.** ⟨o. Steig.⟩ 'auf eine Revolution (1) gerichtet, eine Revolution bewirkend': *~e Anschauungen, Forderungen, Ziele; eine große ~e Bewegung brach sich Bahn, war entstanden; der ~e Kampf* **2.** ⟨Steig. reg., Komp. ungebr.⟩ 'zu grundlegenden Veränderungen, Erneuerungen führend': *eine ~e Entdeckung, Erfindung, Methode* ❖ ↗ **Revolution**

Revolutionär, der; ~s, ~e 'jmd., der auf eine Revolution (1) hingearbeitet hat, der eine Revolution (2) bewirkt (hat)': *er war ein ~ auf dem Gebiet der Medizin* ❖ ↗ **Revolution**

Revolutionärin [ʀevolutsi̯oˈnɛːʀ../..ˈneː..], **die;** ~, ~nen /zu *Revolutionär;* weibl./ ❖ ↗ **Revolution**

revolutionieren [ʀevolutsi̯oˈniːʀən], revolutionierte, hat revolutioniert; ↗ FELD IX.1.2 **1.** /jmd., etw./ *ein Volk ~* 'auf ein Volk so einwirken, dass es eine Revolution (1) durchführt': *sie versuchten, das Volk zu ~; das Volk wurde durch das soziale Elend revolutioniert* **2.** /etw., bes. eine Erfindung, Entdeckung/ *etw. ~* 'etw. grundlegend erneuern': *die elektronische Datenverarbeitung hat die Produktion revolutioniert; eine ~de Entdeckung, Erfindung* ❖ ↗ **Revolution**

Revoluzzer [ʀevoˈlʊtsɐ], **der;** ~s, ~ 'jmd., der sich revolutionär gebärdet, aber nicht wirklich tatkräftig für die Ziele der Revolution kämpft': *er war ein schwadronierender, kleinbürgerlicher ~* ❖ ↗ **Revolution**

Revolver [ʀeˈvɔlvɐ], **der;** ~s, ~ 'kurze Handfeuerwaffe mit einem zylindrischen, sich beim Schießen selbsttätig drehenden Magazin'; ↗ FELD V.6.1 (↗ TABL Feuerwaffen): *den ~ laden, (ent)sichern, auf jmdn. richten*

Revue [ʀeˈvyː], **die;** ~, ~n [..ˈvyːən] 'meist unter einem Thema stehende Aufführung auf einer Bühne, die aus lose zusammenhängenden, einzelnen szenischen Bildern, sängerischen, tänzerischen, artistischen Darbietungen, Sketchen u.Ä. besteht': *eine ~ schreiben, einstudieren, inszenieren, aufführen; in einer ~ auftreten*

Rezension [ʀetsɛnˈzi̯oːn], **die;** ~, ~en 'als Text veröffentlichte (kritische) Beurteilung einer wissenschaftlichen, künstlerischen Arbeit (4)'; ↗ FELD I.4.2.1: *eine ausführliche, sachkundige, scharfe ~; die ~ eines Filmes, Schauspiels; eine ~ schreiben, lesen, in einer Zeitschrift, Zeitung veröffentlichen;* vgl. *Kritik (2)*

Rezept [ʀeˈtsɛpt], **das;** ~s/auch ~es, ~e **1.** 'von einem Arzt ausgestellte Anweisung, auf Grund deren ein Patient Arzneimittel beim Apotheker erhält':

der Arzt schreibt jmdm. ein ~, stellt jmdm. ein ~ aus; diese Tabletten, dieses Medikament gibt es nur auf/gegen ~ ('werden, wird nur gegen Rezept abgegeben') **2.** 'Anleitung zur Zubereitung einer Speise': *ein neues ~ ausprobieren; etw. nach einem alten ~ herstellen, zubereiten; ~e für Salate, Torten*

Rezession [ʀetsɛˈsi̯oːn], **die;** ~, ~en 'Verminderung der Geschwindigkeit des Wachstums der Wirtschaft, Rückgang der Konjunktur': *eine leichte, starke ~; die ~ zu stoppen versuchen*

reziprok [ʀetsiˈpʀoːk] ⟨Adj.; o. Steig.; vorw. attr.⟩ 'sich wechselseitig aufeinander beziehend'; ↗ FELD IX.1.3: *~e Beziehungen, Verhältnisse; in dem Satz „sie liebten sich" ist „sich" ein ~es Pronomen*

rezitieren [ʀetsiˈtiːʀən], rezitierte, hat rezitiert /jmd./ *etw. ~* 'ein sprachliches Kunstwerk künstlerisch vortragen': *ein Gedicht ~; sie rezitierte Goethe* ('etw. aus dem Werk von Goethe') ❖ ↗ **zitieren**

Rhabarber [ʀaˈbaʀbɐ], **der;** ~s, ⟨o.Pl.⟩ 'Pflanze mit großen, sehr breiten Blättern, deren lange dicke, fleischige Stiele zu Kompott, zur Herstellung von Marmelade verwendet werden'; ↗ FELD II.4.1 (↗ TABL Früchte/Obst): *~ anbauen, ernten, zu Kompott verarbeiten; ~ mosten*

Rhetorik [ʀeˈtoːʀɪk], **die;** ~, ⟨o.Pl.⟩ **1.** 'Fähigkeit, Talent, eine Rede kunstvoll, wirksam vorzutragen': *jmds. glänzende ~ bewundern; er hat eine schlechte ~* **2.** 'Wissenschaft von der Kunst, eine Rede wirksam zu gestalten u. vorzutragen': *die antike, moderne ~; ein Lehrbuch der ~* ❖ **Rhetoriker, rhetorisch**

Rhetoriker [ʀeˈtoːʀɪkɐ], **der;** ~s, ~ 'jmd., der es gelernt hat, der fähig ist, eine Rede kunstvoll, wirksam vorzutragen': *er war ein ausgezeichneter ~* ❖ ↗ **Rhetorik**

rhetorisch [ʀeˈtoːʀ..] ⟨Adj.; o. Steig.⟩ **1.1.** ⟨nicht präd.⟩ 'die Rhetorik (1) betreffend': *seine Rede war eine ~e Leistung; er ist eine ~e Begabung; ~ begabt, geschult sein* **1.2.** ⟨vorw. attr.⟩ 'auf Rhetorik (2) beruhend' /auf Abstraktes bez./: *~e Effekte, Kunstgriffe* **1.3.** ⟨nicht bei Vb.⟩ *eine ~e Frage* ('nur um des Effektes willen als Frage formulierte, aber nicht wirklich als Frage gemeinte Äußerung'); *seine Antwort war rein ~* ('wurde nur um des Effektes willen gegeben') ❖ ↗ **Rhetorik**

Rheuma [ˈʀɔi̯ma], **das;** ~s, ⟨o.Pl.; Kurzw. für ↗ *Rheumatismus*⟩ ❖ ↗ **Rheumatismus**

rheumatisch [ʀɔi̯ˈmaːt..] ⟨Adj.; o. Steig.⟩ 'durch Rheumatismus bedingt, hervorgerufen' /vorw. auf körperliche Erscheinungen bez./: *~e Beschwerden haben; ~e Erkrankungen, Schmerzen behandeln; dieses Leiden ist ~/~er Natur; ~ geschwollene Gelenke* ❖ ↗ **Rheumatismus**

Rheumatismus [ʀɔi̯maˈtɪsmʊs], **der;** ~, Rheumatismen [..mən] ⟨vorw. Sg.⟩; ↗ auch *Rheuma* 'sehr schmerzhafte Erkrankung der Gelenke, Muskeln, Nerven, Sehnen': *an ~ erkranken, leiden; unter akutem, chronischem ~ leiden; ein Mittel für/gegen ~* ❖ **Rheuma, rheumatisch**

rhythmisch ['ʀʏtm..] ⟨Adj.; o. Steig.⟩ **1.** ˈmit deutlich wahrnehmbarem Rhythmus (1.2), einem bestimmten Rhythmus folgend' /vorw. auf Akustisches, Sprachliches bez./: ~e Gesänge, Melodien, Tänze, Verse, Worte; ihr Gesang war ~; ~e Bewegungen ausführen; die ~e Gymnastik; etw. ~ vortragen; ~ klatschen, tanzen **2.** ⟨nicht präd.⟩ ˈden Rhythmus (2) betreffend': ein gutes ~es Gefühl, eine ~e Begabung haben; ~e (ˈfür den Rhythmus bestimmte, geeignete') Instrumente; ein Musikstück ~ exakt spielen ❖ ↗ **Rhythmus**

Rhythmus ['ʀʏtmʊs], **der**; ~, Rhythmen ['ʀʏtmən] **1.** ⟨vorw. Sg.⟩ ˈdie gleichmäßige periodische Folge, in der etw. abläuft, geschieht': der ~ des Herzschlages, der Atmung; die gymnastischen Bewegungen in einem bestimmten ~ ausführen; das Publikum klatschte im ~ (ˈin gleichmäßiger Folge'); der ~ der Jahreszeiten **2.1.** ˈGliederung des Ablaufs von Musik durch die verschiedenen Werte der Noten, durch ihr Tempo, ihre Stärke und Dauer, durch die Art ihrer Aufeinanderfolge und ihrer Betonung': ein bewegter, schneller, zündender ~; der ruhige, feierliche ~ eines Trauermarsches; der ~ eines Tangos; ein Tanz mit aufreizendem, schnellem ~; den ~ wechseln; den ~ mit den Händen klatschen; die Sänger, Tänzer waren aus dem ~ geraten, gekommen **2.2.** ˈGliederung des Ablaufs von sprachlicher Äußerung durch Wechsel von langen und kurzen, betonten und unbetonten Silben, durch Pausen und durch Hebung und Senkung der Stimme': der strenge ~ eines Gedichts; der ~ seiner Prosa; der Chor sprach die Worte in gleichmäßigem ~ ❖ **rhythmisch**

richten ['ʀɪçtn̩], richtete, hat gerichtet **I.1.** /jmd./ **1.1.** etw. irgendwohin ~ ˈetw. in eine solche Lage, Stellung bringen, dass es irgendwohin weist': ein Fernglas auf etw., jmdn. ~; ein Fernrohr auf einen Stern ~; den Scheinwerfer zum Himmel, auf die Szene ~; eine Waffe auf ein Ziel, auf/gegen jmdn., sich selbst ~; die Augen, den Blick auf etw., jmdn. ~ **1.2.** /beschränkt verbindbar/ etw. ~ ˈeine Waffe, ein Gerät in die für seine Funktion richtige Lage bringen': ein Geschütz ~; das Fernglas ~ (ˈrichtig einstellen 2.1'); /Gruppe/ sich ~: ⟨nur im Imp.⟩ richt(et) euch! /Kommando, mit dem einer angetretenen Gruppe, Truppe befohlen wird, sich so aufzustellen, dass die Reihen eine gerade Linie bilden/ **2.** /jmd./ etw. auf etw. ~ ˈsein Tun, Wollen auf ein bestimmtes Ziel konzentrieren' /beschränkt verbindbar/: seine Aufmerksamkeit auf den Verkehr, sein Interesse, seine Wünsche auf das Naheliegende, Wichtige, Nützliche ~; etw. ist auf etw. gerichtet: sein ganzes Tun, Streben war darauf gerichtet, schnell Karriere zu machen **3.1.** /jmd./ etw. an jmdn., etw. ~ ˈsich mit einer schriftlichen, mündlichen Äußerung an jmdn., eine Amtsperson, Institution wenden': er hatte die Frage, diese Mahnung an uns alle gerichtet; die Rede, das Wort an jmdn. ~ (ˈjmdn. ansprechen'); einen Antrag, ein Gesuch an

den Bürgermeister, an eine Behörde ~ **3.2.** /etw./ sich gegen etw., jmdn. ~ SYN ˈsich gegen etw., jmdn. wenden (6)': das Buch richtet sich gegen soziale, wirtschaftliche Missstände; seine Kritik richtete sich gegen den Vermieter, gegen den Vorstand der Genossenschaft, gegen den Vorsitzenden der Partei **4.1.** /jmd./ sich nach jmdm., etw. ⟨Dat.⟩ ~ ˈsich in seinen Anschauungen, seinem Verhalten von jmdm., etw. leiten lassen': wir ~ uns nach unseren Eltern, unserem Lehrer; ich richtete mich nach seinem Rat, Vorbild **4.2.** /jmd./ sich nach etw. ⟨Dat.⟩ ~ ˈeine Anweisung befolgen': sich nach jmds. Anweisungen, Anordnungen, sich nach der Hausordnung ~ **4.3.** /etw./ sich nach etw. ⟨Dat.⟩ ~ ˈvon etw. abhängen (1)': die Entlohnung richtet sich nach der Leistung; ob wir kommen oder nicht, (das) richtet sich ganz nach dem Wetter; das richtet sich danach, ob du zu uns kommst oder nicht, wie du dich verhältst – **II.1.** geh. /jmd., Richter, Institution/ über jmdn. ~ ˈüber jmdn. ein Urteil fällen': wir wollen über ihn nicht vorschnell ~; sie haben über ihn gerichtet und ihn zum Tode verurteilt **2.** /jmd./ sich (selbst) ~ ˈSelbstmord begehen als Sühne für ein begangenes Verbrechen': er hat sich selbst gerichtet ❖ **zu (I): errichten, Richtung, verrichten – Anrichte, anrichten, aufrecht, aufrichten, ausrichten, herrichten, Himmelsrichtung, Marschrichtung, Richtlinie, -schnur, -wert, Vorrichtung, Windrichtung, zurichten; zu (II):** ↗ **Recht**

Richter ['ʀɪçtɐ], **der**; ~s, ~ ˈJurist, der vom Staat den Auftrag hat, rechtliche Angelegenheiten nach den jeweiligen Gesetzen durch Urteil zu entscheiden'; ↗ FELD I.4.2.1, 10: ein milder, strenger, weiser ~, vom ~ vernommen werden; der ~ fällt das Urteil ❖ ↗ **Recht**

richterlich ['ʀɪçtɐ..] ⟨Adj.; o. Steig.; nicht präd.⟩ ˈden Richter betreffend': die ~e Tätigkeit; das ~e Amt; ein ~es (ˈvon einem Richter erlassenes') Urteil; ein ~er Beschluss; jmd. wird ~ (ˈvon einem Richter') vernommen ❖ ↗ **Recht**

richtig ['ʀɪçtɪç] **I.** ⟨Adj.⟩ **1.** ⟨o. Steig.⟩ ˈvon der Art, dass es ohne Fehler ist und mit dem Geforderten übereinstimmt'; SYN korrekt (1.1); ANT falsch (2), verkehrt (1); ↗ FELD I.4.2.3: eine ~e Lösung; die Lösung der Aufgabe ist ~; eine Aufgabe ~ lösen; ~ denken, rechnen; etw. ~ machen, schreiben, raten, folgern, messen **2.** ⟨o. Steig.⟩ ˈden Gegebenheiten am besten entsprechend'; SYN recht (5.2); ANT falsch (2): ist dies der ~e Weg in die Stadt?; dies ist die ~e Methode; etw. in die ~e Reihenfolge, Ordnung bringen; seine Auskunft war ~; du hast ihm ~ geraten; das ist ~; bin ich hier ~ (ˈbin ich hier an der richtigen Stelle')?; /als eine nachdrücklich positive Antwort auf eine Frage/ „Bist du derselben Meinung?" „Richtig!"; /in der kommunikativen Wendung/ ~! das ist ~! /wird gesagt, wenn man jmds. Feststellung, Äußerung nachdrücklich bestätigen will/ **3.** ⟨o. Steig; nur bei Vb.⟩ ANT falsch: die Uhr geht ~ (ˈzeigt die Zeit korrekt an') **4.**

⟨Steig. reg.⟩ 'den sittlichen Normen entsprechend, in eine gegebene Situation passend'; SYN gut; ANT falsch (3): *etw. ~ finden; sein Verhalten war ~; es war völlig ~, dass er so entschieden hatte; richtiger wäre es gewesen, du hättest alles gesagt; es war genau das Richtige; es war das Richtigste, was er tun konnte;* SYN recht (5.3): *auf das ~e Verhalten kommt es an!; das war nicht ~ von dir!* **5.** ⟨o. Steig.; nicht bei Vb.; vorw. attr.⟩ 'für jmdn., etw. am besten geeignet'; SYN recht (I.5.1): *er ist gerade im ~en Augenblick, zum ~en Zeitpunkt gekommen; den ~en* (SYN 'passenden') *Farbton finden, treffen, auswählen; er ist der ~e Mann für diese Aufgabe, der ~e Mann am ~en Platz; die ~en Worte des Trostes finden; mit diesem Geschenk hatte er das Richtige getroffen* **6.** ⟨o. Steig.; nur attr.⟩ SYN 'den Vorstellungen, Erwartungen entsprechend, die man mit etw., jmdm. verbindet; ganz und gar entsprechend'; SYN recht (6.1) /vorw. auf Abstraktes bez./: *es ist besser, wenn du erst einmal eine ~e Lehre, Ausbildung mitmachst; einen ~en Beruf erlernen; in diesem Jahr hatten wir keinen ~en Sommer; er ist ein ~er Mann geworden* **7.** ⟨o. Steig.; nur attr.⟩ SYN 'echt (1)' /vorw. auf Material bez./: *das ist ~es* (ANT falsches 1) *Haar, Gold; sie ist nicht seine ~e* ('leibliche') *Mutter* **8.** ⟨o. Steig.; nicht präd.⟩ 'so wie es sein soll': *er liebt sie nicht ~; jetzt wollen wir aber ~ frühstücken, ausruhen; das war ~e Freundschaft* **9.** ⟨o. Steig.; nur attr.⟩ umg. SYN 'ausgesprochen (I)' /vorw. auf Abstraktes bez./: *das ist ja ein ~es Durcheinander, ~es Pech; er ist ein ~er Phantast, Künstler* – **II.** ⟨Adv.; vor Adj., Adv.; bei Vb.⟩ umg. emot. SYN 'echt (II)': *er war ~ froh, zufrieden, das noch erlebt zu haben; ich bin ~ erschrocken* ❖ **berichtigen, Berichtigung – aufrichtig, folgerichtig**; vgl. **Recht, recht**
* umg. /jmd./ **nicht ganz ~ sein** ('nicht bei Verstand sein, geistig nicht normal sein')
MERKE Zum Unterschied von *richtig* und *recht*: ↗ **recht** (Merke)
richtig gehend ['..ɡeːənt] **I.** ⟨Adj.; o. Steig.; nur attr.⟩ SYN 'ausgesprochen (I)' /vorw. auf Abstraktes bez./: *er hatte einen ~en Zorn; das war ein ~er Reinfall* – **II.** ⟨Adv.; vor Adj., Adv.; bei Vb.⟩ 'sehr, geradezu': *er war ~ nett zu mir; hat sich ~ gefreut*
richtig stellen, stellte richtig, hat richtig gestellt /jmd./ *etw. ~* 'etw. berichtigen (1)': *ich muss das (was hier behauptet wird, was ich gesagt habe) erst einmal ~; das muss richtig gestellt werden; einen Irrtum, Fehler ~* ('aufklären')
Richt ['ʀɪçt..]**-linie, die** ⟨vorw. Pl.⟩ 'schriftliche Anweisung für jmds. Handeln, Verhalten': *die Behörde hat einheitliche, verbindliche ~n (für etw.) erlassen, ausgegeben; er folgte den ~n; die ~n einhalten, (nicht) beachten* ❖ ↗ **richten**, ↗ **Linie**; **-schnur, die** ⟨o.Pl.⟩ *etw. ist die ~ für etw.* 'etw. dient als Grundsatz für jmds. Handeln': *die ~ seines Handelns, Denkens/für sein Handeln, Denken war Toleranz; sich* ⟨Dat.⟩ *etw. zur ~* ('zum Grundsatz') *machen; etw. dient (jmdm.) als ~* ❖ ↗ **richten**, ↗ **Schnur**

Richtung ['ʀɪçt..]**, die**; ~, ~en **1.** '(gedachte) Linie, die von etw. weg zu einem Ziel führt od. auf ein Ziel weist': ⟨mit Präp. *aus, in, nach, von*⟩ *in die richtige, falsche ~ gehen, fahren; ihr müsst die entgegengesetzte ~ nehmen; die ~ ändern, einhalten; er hat die ~ verfehlt; aus allen ~en* ('von überall her') *kamen die Besucher zu dem großen Fest; sie liefen in alle ~en* ('überallhin'); *er machte eine Bewegung in ~ auf die Tür; sie marschierten in die entgegengesetzte ~; von hier, von Berlin aus in südliche ~/in ~ Süden, in ~ (auf) Leipzig fahren; in ~ auf den Berg (zu)gehen; die Nadel des Kompasses zeigt in ~ Norden; ein Pfeil zeigt die ~ (zum Museum) an; in welcher ~ liegt das Zentrum?; aus welcher ~ ist er gekommen?; von der ~ abkommen* **2.** 'bestimmtes Ziel im Handeln, Denken': ⟨vorw. mit Demonstrativpron., Indefinitpron.⟩ *einem Gespräch eine andere, neue ~ geben; die Diskussion in eine bestimmte ~ lenken; er hat das Problem nach allen ~en hin* ('in jeder Hinsicht') *durchdacht; einer Sache, Unternehmung, seinem Denken eine bestimmte ~ geben; in dieser ~* ('Hinsicht') *haben wir noch nichts unternommen* **3.** 'von einer Gruppe Gleichgesinnter vertretene Auffassung, vertretenes Ziel bes. in Kunst und Politik': *eine politische, literarische, moderne, progressive, überholte ~; er vertritt eine ~, die mir sympathisch ist* ❖ ↗ **richten (I)**
Richt|wert ['ʀɪçt..]**, der** '(technisch) erprobter, günstigster Wert, nach dem man sich in der Praxis richten kann und soll': *diese Zahl ist nur als ~ zu betrachten; ~e gewinnen; etw. anhand von ~en planen* ❖ ↗ **richten (I)**, ↗ **wert**
Ricke ['ʀɪkə]**, die**; ~, ~n 'weibliches Reh'; ↗ FELD II.3.1; vgl. *Rehbock*
rieb: ↗ *reiben*
riechen ['ʀiːçn̩], roch [ʀɔx], hat gerochen [ɡəˈʀɔxn̩] **1.** /etw., jmd./ *irgendwie ~* 'einen bestimmten Geruch haben, verbreiten (3)'; ↗ FELD VI.4.2: *etw. riecht appetitlich, frisch, gut, angenehm, widerlich; hier riecht es angebrannt, säuerlich, wie im Krankenhaus; Tulpen ~* ('duften') *nicht; der Käse riecht stark, intensiv, penetrant; im Keller riecht es muffig; ein dezent ~es* ('duftendes') *Parfüm; sie, er riecht gut; er riecht aus dem Mund(e)* ('ein unangenehmer Geruch kommt aus seinem Mund'); *etw. riecht nach etw.* ⟨Dat.⟩: *der Anzug riecht nach Tabak, Zigarre; hier riecht es nach gebratenem Fisch, nach Gas* ('hier ist der Geruch von gebratenem Fisch, von Gas wahrzunehmen'); */jmd. riecht nach etw.* ⟨Dat.⟩: *er riecht nach Bier, Schnaps, Schweiß* ('er verbreitet den Geruch von Bier, Schnaps, Schweiß um sich') **2.** ↗ FELD I.3.3.2 /jmd./ **2.1.** *etw. ~* 'einen Geruch, den Geruch von etw. wahrnehmen': *den Duft eines Parfüms, den Geruch des Mittagessens, den Gestank der Auspuffgase ~; den Duft von Kaffee, Rosen gern ~; riechst du etwas* ('nimmst du einen Geruch wahr')?; *jmd. kann etw. nicht ~* ('jmdm. ist der Geruch von etw. zuwider') **2.2.** *an etw.* ⟨Dat.⟩ *~* 'den Geruch von etw. prüfend wahrzunehmen

suchen'; SYN schnuppern (1.2): *an einer Blume, an einem Stück Seife ~* ❖ **Geruch − Mundgeruch**

* umg. /jmd./ **etw. nicht ~ können** 'etw. nicht ahnen, im Voraus nicht wissen können': *das konnte ich doch nicht ~, dass so etwas passiert!;* /jmd./ **jmdn. nicht ~ können** ('jmdn. absolut nicht mögen')

rief: ↗ *rufen*

Riege ['ʀi:gə], die; ~, ~n 'Gruppe von Turnern, die gemeinsam an Wettbewerben teilnimmt': *die ~ ist angetreten*

Riegel ['ʀi:gl̩], der; ~s, ~ 1. 'kleines, schmales Teil bes. aus Eisen, das zum Schließen, Öffnen von Türen, Fenstern seitlich hin und her geschoben wird'; ↗ FELD I.7.8.1: *ein breiter, eiserner ~; das Tor mit einem ~ verschließen; den ~ zur Seite schieben, vorschieben, zurückschieben; der ~ an der Stalltür* 2. *ein ~ Schokolade* ('ein längliches, schmales, flaches Stück Schokolade') 3. 'gürtelartiges kurzes aufgenähtes Stück am Ärmel od. auf dem Rückenteil des Mantels': *einen ~ annähen; der Ärmel, Mantel hat einen ~* ❖ **abriegeln**

* /jmd./ etw. ⟨Dat.⟩ **einen ~ vorschieben** ('eine als negativ eingeschätzte Angelegenheit, Entwicklung, die man nicht länger dulden will, verhindern')

Riemen ['ʀi:mən], der; ~s, ~ 1. 'langer schmaler Streifen, meist aus Leder, der oft mit einer Schnalle versehen ist und zum Befestigen, Tragen von etw. dient'; ↗ FELD I.7.6.1: *ein breiter, schmaler, langer ~; den ~ um den Koffer schnallen; etw. mit einem ~ an etw. befestigen; etw. an einem ~ über die Schulter tragen; die Hose wird mit einem ~* ('Gürtel') *gehalten* 2. 'Treibriemen': *der ~ ist von der Welle gesprungen, ist gerissen; den ~ auf die Welle legen* 3. 'Ruder (1)': *die ~ eintauchen, einlegen, durchziehen* ❖ **Treibriemen**

* umg. /jmd., Institution/ **sich am ~ reißen** 'sich anstrengen, um etw. zu erreichen, leisten zu können': *wenn die das schaffen wollen, müssen sie sich mächtig am ~ reißen*

Riese ['ʀi:zə], der; ~n, ~n 1. 'sehr großes Wesen des Märchens, der Sage in menschlicher Gestalt': *ein guter, gutmütiger ~; ~n und Zwerge* 2. emot. 'jmd., etw. von außergewöhnlicher Größe, Höhe': *ihr Freund war ein ~* (ANT Zwerg 2); *er war ein ~ von einem Mann* ('war ein außergewöhnlich großer Mann'); *die schneebedeckten ~n* ('Berge') *des Hochgebirges* ❖ **riesig, Riesenhunger, -rad, -schlange**

rieseln ['ʀi:zl̩n] ⟨reg. Vb.; ist/hat⟩ 1. ⟨ist⟩ 1.1. /relativ kleine Menge einer Flüssigkeit, bes. Wasser, Wasserlauf/ *irgendwohin ~* SYN 'irgendwohin rinnen (1.1)': *das Wasser rieselt über die Felswand (nach unten); der Bach rieselt durch die Wiese* 1.2. /aus vielen kleinen Teilen bestehende, meist körnige Masse/ *irgendwohin ~* 'langsam, aber kontinuierlich irgendwohin fallen': *Schneeflocken ~ zu Boden; Sand, Zucker, Salz rieselt durch die Finger; aus, von etw.* ⟨Dat.⟩ *~: Zucker rieselt aus der Tüte; der Kalk rieselt schon von der Wand* 2. ⟨hat⟩ /etw., bes. Wasser/ 'beim Rieseln (1) ein leises Geräusch hervorrufen': *eine Quelle, den Bach ~ hören*

Riesen- /bildet mit dem zweiten Bestandteil Substantive, die emot. sind; bewirkt im positiven Sinne eine Verstärkung; drückt aus, dass das im zweiten Bestandteil Genannte außerordentlich groß (5) ist/: ↗ z. B. *Riesenhunger*

Riesen ['ʀi:zn̩..]|-hunger, der ⟨vorw. mit unbest. Art.⟩ emot. 'sehr großer Hunger': *ich habe einen ~!* ❖ ↗ Riese, ↗ Hunger; **-rad, das** 'sehr hohes Karussell, bei dem die Fahrgäste in einer an einem Gestell aufgehängten Kabine sitzen und sich senkrecht im Kreis rotierend auf und ab bewegen': *mit dem ~ fahren* ❖ ↗ Riese, ↗ Rad; **-schlange, die** 'sehr große, in tropischen Ländern lebende, nicht giftige Schlange, die sich um ihre Beute windet und sie erdrückt'; ↗ FELD II.3.1 ❖ ↗ Riese, ↗ Schlange

riesig ['ʀi:zɪç] ⟨Adj.; Steig. reg.⟩ emot. 1. ⟨nicht bei Vb.⟩ 1.1. 'von sehr großer Ausdehnung in der Höhe': *ein ~es Gebäude, ein ~er Baum; er war ein ~er Kerl, Bursche; ~e Berge; der Turm war ~* 1.2. SYN 'gewaltig (1)': *ein ~es Gebäude, Land; das Land ist ~* 1.3. 'von sehr großem Ausmaß': *eine ~e Menschenmenge; eine ~e Summe* 2. SYN 'gewaltig (2)' /auf Abstraktes bez./: *es machte (einen) ~en Spaß; es herrschte unter den Zuschauern eine ~e Begeisterung; die Begeisterung war ~; wir haben uns ~* ('sehr') *gefreut, geärgert* ❖ ↗ **Riese**

riet: ↗ *raten*

Riff [ʀɪf], das; ~s/auch ~es, ~e 'aus dem Meer herausragende od. vom Wasser bedeckte lange Reihe von Klippen (1)': *ein gefährliches ~ vor der Küste; das Schiff ist auf ein ~ (auf)gelaufen, ist am ~ zerschellt*

Riffel ['ʀɪfl̩], die; ~, ~n ⟨vorw. Pl.⟩ 'eine von vielen nebeneinander liegenden Vertiefungen auf der Oberfläche eines (festen) Materials': *das Glas hat ~n; die ~n einer Säule; die ~n des Sandes in der Wüste* ❖ **riffeln**

riffeln ['ʀɪfl̩n] ⟨reg. Vb.; hat⟩ /jmd., Maschine/ *etw. ~* 'etw. mit Riffeln versehen': *Glas ~;* ⟨oft im Part. II⟩ *geriffeltes Blech; geriffelte Schuhsohlen* ❖ ↗ **Riffel**

rigoros [ʀigo'ʀo:s] ⟨Adj.; Steig. reg.; vorw. attr.⟩ 1.1. 'keine Nachsicht und keinen Widerspruch zulassend' /auf Abstraktes bez./: *~e Maßnahmen; seine ~ Strenge; die ~e Ablehnung eines Projekts; etw. ~ verurteilen, ablehnen* 1.2. 'rücksichtslos und hart': *~ gegen etw., jmdn. vorgehen; sein ~es Vorgehen in dieser Angelegenheit; die ~e* (ANT humane 1) *Anwendung des Gesetzes*

Rille ['ʀɪlə], die; ~, ~n ⟨vorw. Pl.⟩ 'halbrunde, meist geradlinige Vertiefung in, auf der Oberfläche eines meist festen Materials, im Inneren von Rohren': *feine, tiefe ~n; die ~n einer Säule, Schallplatte; die ~n im Glas, im Sand, Lauf des Gewehrs*

Rind [ʀɪnt], das; ~es/auch ~s, ~er ['ʀɪndɐ] 'zu den Wiederkäuern gehörendes Säugetier von großer und kräftiger Gestalt, mit glattem Fell und Hörnern bei beiden Geschlechtern, das (wegen der Gewinnung von Milch) auch als Haustier gehalten, gezüchtet wird'; ↗ FELD II.3.1 (↗ TABL Säugetiere): *eine Herde ~er; ~er züchten, mästen, melken; Fleisch vom ~;* vgl. *Kuh, Bulle, Kalb, Stier, Ochse* ❖ **Rindfleisch, -vieh**

Rinde [ˈʀɪndə]**, die**; ~, ~n **1.** ˈharte äußere, den Stamm, die Äste und Wurzeln von Bäumen und Sträuchern bedeckende Schichtˈ; ↗ FELD II.4.1: *der Stamm des Baums hat eine glatte, rissige ~* (SYN ˈBorkeˈ); *die ~ (vom Stamm) schälen* **2.** ˈdurch Trocknen od. beim Backen, Braten entstehende äußere harte Schicht an einem sonst weichen Nahrungsmittelˈ: *die ~ vom Käse abschneiden; er kann die harte ~ des Brotes nicht beißen* ❖ **Baumrinde**

Rind [ˈʀɪnt..]**-fleisch, das** ˈFleisch vom Rindˈ; ↗ FELD I.8.1: *ein Kilo ~; ein Gemüseeintopf mit ~* ❖ ↗ Rind, ↗ Fleisch; **-vieh, das** umg. ˈDummkopfˈ: *du bist, er ist ein (ganz großes) ~; Schimpfw. du ~!* ❖ ↗ Rind, ↗ Vieh

Ring [ʀɪŋ]**, der**; ~es/auch ~s, ~e **1.** ˈeinem keisförmigen Band ähnlicher kleinerer Gegenstand, meist aus Metall (der Teil einer Vorrichtung ist)ˈ: *ein ~ als Griff an der Tür; etw. durch einen ~ ziehen; einem Bären, Stier einen ~ durch die Nase ziehen; ein ~ aus Gummi, Holz, Kunststoff* **2.** ˈSchmuckstück in der Form eines Ringes (1), das an, auf einen Finger gesteckt wirdˈ (↗ TABL Schmuckstücke): *ein goldener, silberner ~; ein ~ aus Gold, Silber; ein mit Brillanten besetzter ~; ein schmaler, breiter ~; ein ~ mit einer Perle; sich einen ~ an, auf den Finger stecken; den ~ vom Finger (ab)ziehen; einen ~ tragen* (ˈan einem Finger habenˈ) **3.** ˈetw., das in der Form einem Ring (1) vergleichbar istˈ: *ein ~ Wurst; das Glas hinterließ einen (feuchten) ~ auf der Tischplatte; die einzelnen Häuser bildeten einen ~ um den großen Platz; die Schüler bildeten einen ~ um den Lehrer* (ˈstellten sich im Kreis um den Lehrer aufˈ); *er schoss zehn ~e* (ˈer traf den zehnten Kreis auf der Zielscheibeˈ) **4.** ⟨nur im Pl.⟩ ˈTurngerät aus zwei (metallenen) Ringen (1), die in bestimmtem Abstand nebeneinander an Seilen von der Decke eines Raumes od. von einem Gerüst herabhängenˈ: *an den ~en turnen* **5.** ˈquadratische, von Seilen umgrenzte Fläche, auf der Wettkämpfe im Boxen ausgetragen werdenˈ: *als Zuschauer direkt am ~ sitzen; Boxer und Schiedsrichter kletterten in den ~; ~ frei (zur ersten Runde)!* /Ruf vor dem Gongschlag, der den Beginn einer Runde im Boxen anzeigt/ ❖ **zu (1, 2): ringeln, rings – Ringfinger, Ringelnatter, ringsherum, -umher, -um; zu (3): umringen**

* /Mann od. Frau/ **mit jmdm. die ~e wechseln** ˈjmdn. heiratenˈ: *er hat mit ihr, sie hat mit ihm die ~e gewechselt;* /Mann und Frau, Bräutigam und Braut/ **die ~e wechseln** ˈheiratenˈ: *sie haben beide gestern die ~e gewechselt*

Ringel\natter [ˈʀɪŋ..]**, die** ˈnicht giftige Schlange mit weißlich-gelben Flecken an den Seiten des Kopfesˈ; ↗ FELD II.3.1 ❖ ↗ Ring, ↗ Natter

ringen [ˈʀɪŋən]**, rang** [ʀaŋ]**, hat gerungen** [gəˈʀʊŋən] **1.** /jmd./ *mit jmdm. ~* **1.1.** ˈohne Waffen und ohne

zu schlagen, nur mit dem Einsatz der körperlichen Kräfte, bes. der Arme, mit jmdm. kämpfen und ihn zu Boden zwingen, zu bezwingen suchenˈ: *er rang mit seinem Bruder, um festzustellen, wer der Stärkere sei;* /zwei od. mehrere (jmd.)/ *die Jungen haben aus Übermut, bis zur Erschöpfung (miteinander) gerungen* **1.2.** ↗ auch *Ringen* ˈnach festen Regeln und unter Leitung eines Kampfrichters in einem sportlichen Wettkampf versuchen, den Gegner auf einer Matte zu Boden zu zwingen, dass er auf den Schultern liegt, um so über ihn zu siegenˈ; ↗ FELD I.7.4.2: *heute muss er mit einem starken Gegner ~* **2.** /jmd./ *jmdm. etw. aus der Hand ~* ˈjmdm. etw. gewaltsam aus der Hand, aus den Händen windenˈ: *er rang ihm den Dolch, das Messer aus der Hand* **3.** /jmd./ *(verzweifelt, weinend) die Hände ~* (ˈbei starker psychischer Erregung, meist aus Verzweiflung, die Hände heftig gegeneinander drücken, umeinander windenˈ) **4.** /jmd./ **4.1.** *mit etw. ~* ˈalle Kräfte aufbieten, um in Sicherheit zu gelangenˈ; SYN kämpfen (2.1): *mit dem Sturm, Wetter, mit den Wellen ~* **4.2.** *mit sich* ⟨Dat.⟩ *~* ˈsich innerlich mit etw. Schwierigem auseinander setzen, um zu einem Entschluss zu kommenˈ: *er hat lange mit sich gerungen, ob er das verlockende Angebot annehmen, die riskante Aufgabe übernehmen sollte* **4.3.** *um etw. ~* ˈsich sehr anstrengen, um etw. zu erlangen, zu erreichenˈ /beschränkt verbindbar/: *er hat hart, zäh um Erfolg, Anerkennung, Zustimmung gerungen; um jmds. Gunst, Liebe ~* **5.** /jmd./ *nach etw. ~:* *er rang nach Atem, Worten* (ˈmit Mühe atmen, mit Mühe die richtigen Worte finden, sprechenˈ); *nach, um Fassung ~* (ˈmit Mühe sein psychisches Gleichgewicht wiedererlangenˈ) ❖ **erringen, Errungenschaft, Ringen, Ringer – händeringend, Ringkampf**

Ringen, das; ~s, ⟨o.Pl.⟩ ˈdas Ringen (1.2) als sportliche Disziplinˈ; ↗ FELD I.7.4.1: *die Meisterschaft im ~ gewinnen; im ~ sind schmerzhafte Griffe verboten* ❖ ↗ **ringen**

Ringer [ˈʀɪŋɐ]**, der**; ~s, ~ ˈSportler in der Disziplin Ringenˈ; ↗ FELD I.7.4.1 ❖ ↗ **ringen**

Ring [ˈʀɪŋ..]**-finger, der** ˈder Finger neben dem kleinen Fingerˈ (↗ TABL Körperteile); ↗ FELD I.1.1 ❖ ↗ Ring, ↗ Finger; **-kampf, der** ˈWettkampf im Ringen (als sportliche Disziplin)ˈ; ↗ FELD I.7.4.1: *einen ~ austragen; der Sieger im ~* ❖ ↗ ringen, ↗ Kampf

rings [ʀɪŋs] ⟨Adv.⟩ *~ um etw., jmdn.* ˈ(im Kreis) um etw., jmdn. herumˈ; SYN ringsherum: *~ um den Marktplatz standen malerische alte Häuser; die schönsten Häuser standen ~ um den Park; ~ um ihn standen seine Schüler/seine Schüler standen ~ um ihn* ❖ ↗ **Ring**

rings\-herum [ˈ..] ⟨Adv.⟩ **1.1.** ˈum die eigene Achseˈ; rundherum (2): *der Junge, der Sonnenschirm drehte sich ~* **1.2.** ˈim Kreis um etw., sich, jmdn. herumˈ: *um den Markt standen ~* (SYN rings) *malerische alte Häuser;* SYN rundherum (1), rundum: *er blickte ~, ob er einen Bekannten fände; ein Park mit einer Mauer ~* ❖ ↗ Ring, ↗ herum; **-um** [..ˈʊm]

⟨Adv.⟩ SYN 'ringsumher': ~ *sahen wir nichts als Wasser; ein Markt,* ~ *von malerischen alten Häusern umstanden, ziert das Zentrum der Stadt; er blickte* ~, *ob er einen Bekannten fände* ❖ ↗ Ring; **-umher** [..'heːɐ] ⟨Adv.⟩ 'im Kreis um jmdn., etw. herum'; SYN ringsum: *er blickte* ~; ~ *war, gab es nichts als Wüste;* ~ *sahen wir nichts als Wasser* ❖ ↗ Ring, ↗ umher

Rinne ['ʀɪnə], die; ~, ~n **1.** 'schmale lange Vertiefung im Boden, durch die Wasser fließt, fließen kann': *eine flache, tiefe* ~; *eine vom Regen ausgewaschene* ~; *eine* ~ *graben* **2.** 'schmaler, langer, wie eine Rinne (1) geformte Vorrichtung (an Gebäuden), durch die etw. (ab)fließen kann, bes. Dachrinne': *eine* ~ *aus Blech, Holz, Zink; das Regenwasser wird über die* ~ *abgeleitet* ❖ ↗ **rinnen**

rinnen ['ʀɪnən], rann [ʀan], ist geronnen [gə'ʀɔnən] **1.1.** /relativ kleine Menge einer Flüssigkeit, bes. Wasser, Wasserlauf/ *irgendwohin* ~ 'langsam, aber kontinuierlich irgendwohin fließen'; SYN rieseln (1.1): *das Wasser rann über, durch die Straße; die verschüttete Milch rann über den Fußboden, durch die Küche; von, aus etw.* ⟨Dat.⟩ ~: *von seiner Stirne rann der Schweiß; das Blut rann in schmalen Rinnsalen aus der Wunde* **1.2.** /aus vielen kleinen Teilen bestehende, meist körnige Masse/ *irgendwohin* ~ 'langsam, aber kontinuierlich irgendwohin fallen': *der Sand, Zucker rinnt durch die Finger; aus etw.* ⟨Dat.⟩ ~: *aus dem Loch im Sack rann das Salz, Getreide* ❖ **Rinne, Rinnsal** – **Dachrinne**

Rinnsal ['ʀɪnzaːl], das; ~s, ~e **1.** 'sehr schmales, flaches, langsam, aber kontinuierlich fließendes Gewässer': *aus dem Fluss war in, mit der Zeit ein dünnes, kümmerliches* ~ *geworden* **2.** *ein* ~ *von … 'sehr kleine Menge einer fließenden Flüssigkeit': *ein* ~ *von Wasser, Tränen, Blut, Schweiß* ❖ ↗ **rinnen**

Rippe ['ʀɪpə], die; ~, ~n **1.** 'einer der flachen, schmalen, rundlichen, leicht gebogenen Knochen, die von der Wirbelsäule ausgehend die Brust des Menschen und der Wirbeltiere umschließen'; ↗ FELD I.1.1: *er hat sich eine* ~ *gebrochen* **2.** 'eines von vielen schmalen länglichen Bauteilen, die wie die Rippen (1) nebeneinander angebracht sind': *die* ~*n des Heizkörpers, in den Tragflächen eines Flugzeugs* ❖ **Gerippe, gerippt**
* umg. /jmd./ **nichts auf den ~n haben** 'sehr mager, dünn sein': *der Junge hat ja nichts auf den* ~*n;* /jmd./ **sich** ⟨Dat.⟩ **etw.** ⟨meist *das*⟩ **nicht aus den ~n schneiden können** 'etw. nicht geben können, weil man es nicht hat, besitzt': *das (Geld) kann ich mir doch nicht aus den* ~*n schneiden!*

Rips [ʀɪps], der; ~es, ⟨o.Pl.⟩ 'textiles Gewebe, dessen Oberfläche aus vielen nebeneinander liegenden schmalen, langen, linienförmigen Erhöhungen besteht': *eine Bluse, ein Kleid aus* ~; vgl. *Kord*

Risiko ['ʀiːziko], das; ~s, ~s/Risiken ['..kən] 'die Gefahr, Schaden, Misserfolg zu erleiden, die bei einer Unternehmung besteht, deren Ablauf, Ausgang nicht sicher ist': *er wollte kein* ~ *eingehen* ('etw. nicht wagen'); *er fürchtet, scheut, wagt das* ~; *er*

scheut kein ~; *ein finanzielles, vertretbares* ~ *in Kauf nehmen, auf sich nehmen; das ist ein* ~ *für uns, mich; das birgt ein* ~ *in sich* ❖ **riskant, riskieren**

riskant [ʀɪs'kant] ⟨Adj.; Steig. reg.; nicht bei Vb.⟩ SYN 'gewagt (1)'; ANT sicher (I.1) /vorw. auf Abstraktes bez./: *ein* ~*es Unternehmen; ein* ~*es Geschäft; ein* ~*er Plan, Versuch; das ist mir zu* ~ (SYN 'gefährlich'), *da mache ich nicht mit!* ❖ ↗ **Risiko**

riskieren [ʀɪs'kiːʀən], riskierte, hat riskiert /jmd./ **1.1.** *etw.* ~ 'die Möglichkeit auf sich nehmen, etw., das man hat, besitzt, durch ein schwieriges, gewagtes, gefährliches Unternehmen, einen Misserfolg zu verlieren, einzubüßen'; SYN wagen (2): *er hat (bei dieser, mit dieser Spekulation) sein Geld, Vermögen riskiert; mit diesem Skandal hat er sein Ansehen riskiert; sein Leben für etw.* ~ (SYN 'für etw., jmdn. einsetzen 4.2'); *etw., eine Operation, einen Gegenvorschlag, nichts* ~; *er riskierte es, die heikle Angelegenheit zur Sprache zu bringen; er fragte sich, ob er das* ~ *könne* **1.2.** *etw. bei, mit etw.* ~ 'bestimmte unangenehme Folgen als Möglichkeit bei einer gewagten Unternehmung auf sich nehmen': *dabei riskierst du einen Herzinfarkt, Unfall, dein Vermögen, gar nichts; er riskierte (mit seinem provokanten Benehmen) eine Beleidigungsklage* ❖ ↗ **Risiko**

riss: ↗ **reißen**

Riss [ʀɪs], der; ~es, ~e **1.** /zu *reißen* 1/ 'das Reißen': *der* ~ *des Films, Tonbands, Seils* **2.** 'meist durch Reißen (1) entstandene längliche, sehr schmale Öffnung od. Vertiefung auf der Oberfläche von etw.': *ein breiter, langer, tiefer* ~ *im Erdboden; ein* ~ *im Holz, Felsen, in der Wasserleitung, im Rohr; ein feiner* ~ *im Lack, in der Haut, Hose; einen, den* ~ *(ver)kitten, zuschmieren; den* ~ *in der Hose zunähen* **3.** ⟨o.Pl.⟩ *ihre Freundschaft, Ehe, die Koalition beider Parteien hatte einen tiefen* ~ *(bekommen)* ('war bes. durch Uneinigkeit, Streit in ihrem Bestand stark gefährdet') **4.** 'zeichnerische Darstellung eines Körpers (2) in einer Ebene, technische Zeichnung': *einen* ~ *zeichnen* ❖ ↗ **reißen**

rissig ['ʀɪsɪç] ⟨Adj.; Steig. reg.⟩ 'Risse (2) aufweisend': ~*e Haut, Hände; die Wand sah* ~ *aus; der Lack war* ~ *(geworden)* ❖ ↗ **reißen**

ritt: ↗ **reiten**

Ritt [ʀɪt], der; ~es/auch ~s, ~e 'das Reiten auf einem Reittier, bes. einem Pferd': *ein kurzer, verwegener* ~; *ein scharfer, wilder, waghalsiger* ~; *einen* ~ *machen, unternehmen; ein* ~ *durch die Furt, in den Wald, über die Felder* ❖ ↗ **reiten**
* **auf einen/in einem** ~ 'alles hintereinander und ohne Unterbrechung erledigend': *er hat die Arbeit auf einen/in einem* ~ *geschafft*

Ritter ['ʀɪtɐ], der; ~s, ~ 'Angehöriger des (niederen) Adels in der mittelalterlichen feudalen Gesellschaft, der einem feudalen Herrn verpflichtet war und bestimmte (militärische) Dienste zu erfüllen hatte': *ein kühner, tapferer* ~; *die Rüstung des* ~*s; einen Knappen zum* ~ *schlagen* ('ihn durch einen symbolischen Schlag mit dem Schwert zum Ritter machen') ❖ ↗ **reiten**

ritterlich ['ʀɪtɐ..] ⟨Adj.; Steig. reg.⟩ 'Frauen gegenüber höflich und hilfsbereit' /auf einen Mann bez./: *er war immer sehr ~, hat sich Frauen gegenüber immer sehr ~ verhalten; ein ~er Mann; er bot ihr ~ den Arm* ❖ ↗ **reiten**

rittlings ['ʀɪtlɪŋs] ⟨Adv.⟩ 'wie ein Reiter auf dem Sattel sitzend': *~ auf einem Stuhl, Balken sitzen; sich ~ auf etw. setzen* ❖ ↗ **reiten**

Ritual [ʀi'tu̯aːl], **das**; ~s, ~e/Ritualien [..li̯ən] **1.** 'festgelegte Ordnung für einen Ritus (1)': *ein feierliches, heidnisches ~; das ~ der katholischen Kirche* **2.** 'sich oft traditionell regelmäßig wiederholendes gleiches Vorgehen bei einer bestimmten Handlung': *ein familiäres ~; aus etw. ein ~ machen; etw. zu einem ~ machen; das ~ der jährlichen Abschlussfeier, Geburtstagsfeier; dafür gibt es, hat er ein festes ~; mit einem ~ brechen* ❖ ↗ **Ritus**

rituell [ʀi'tu̯ɛl] ⟨Adj.; o. Steig.; vorw. attr.⟩ 'einem Ritus (1) entsprechend': *eine ~e Geste, Handlung; ~e Gesänge, Tänze, Speisen* ❖ ↗ **Ritus**

Ritus ['ʀiːtʊs], **der**; ~, Riten ['ʀiːtn̩] **1.** 'Art und Weise einer kultischen, religiösen Handlung': *ein alter, überlieferter, magischer ~; etw. nach katholischem ~ vollziehen* **2.** 'Ritual (2)': *etw. zu einem, aus etw. einen ~ machen* ❖ **Ritual, rituell**

Ritz [ʀɪts], **der**; ~es, ~e **1.** 'durch etw. Spitzes, Scharfes verursachter länglicher schmaler Riss auf der Oberfläche von etw.': *ein ~ in der Haut, auf der Tischplatte* **2.** 'Ritze (1.2)': *ein ~ zwischen den Fensterläden; durch einen ~ blicken* ❖ **Ritze, ritzen**

Ritze ['ʀɪtsə], **die**; ~, ~n **1.1.** '(durch Reißen 1 entstehende) längliche, schmale Öffnung in einem Material (1)': *eine kleine, lange ~ mit Zement, Gips ausfüllen; ~n zwischen, in den Fliesen, Brettern; Staub dringt durch die ~n* **1.2.** 'Spalt, durch den man hindurchblicken kann': *durch eine ~ (in der Tür, Jalousie) blicken* ❖ ↗ **Ritz**

ritzen ['ʀɪtsn̩] ⟨reg. Vb.; hat⟩ **1.** /jmd./ **1.1.** *etw. ~* 'einen Ritz (1) an, auf etw. verursachen, machen': *die Glasscheibe mit einem Diamanten ~; den Tisch mit einem Messer ~; etw. mit einer Nadel ~* **1.2.** *sich an, mit etw.* ⟨Dat.⟩ ~ 'sich an, mit etw. Spitzem verletzen': *sich an, mit einer Glasscherbe (den Fuß, am Fuß) ~; er hat sich mit, an der Säge geritzt* **1.3.** *jmdm. etw. ~* 'jmdn. an einem Körperteil mit etw. Spitzem verletzen': *sie hat ihn aus Versehen (mit einem Messer) an der Hand geritzt* **2.** /jmd./ *etw. in, auf etw. ~* 'durch Ritzen (1.1) etw. in, auf etw. abbilden, darstellen': *Buchstaben, Figuren, Muster, eine Zeichnung in, auf Holz, Elfenbein, in eine metallene Platte ~* ❖ ↗ **Ritz**

Rivale [ʀi'vaːlə], **der**; ~n, ~n 'jmd., der mit einem od. mehreren anderen um etw., jmdn. rivalisiert'; ↗ FELD I.6.1: *er war ihm/für ihn ein gefährlicher, überlegener ~; er war sein ~/sie waren beide ~n bei der Wahl des Vorsitzenden (im Verein); beide waren ~n ('liebten dasselbe Mädchen'); einen ~n ausste-* chen, besiegen, (aus dem Feld) schlagen; über einen ~n triumphieren; vgl. *Konkurrent* (1) ❖ **rivalisieren**

rivalisieren [ʀivali'ziːʀən], rivalisierte, hat rivalisiert /jmd., Unternehmen/ *mit jmdm. um jmdn., etw. ~* 'denjenigen zu übertreffen suchen, der wie man selbst etw., jmdn. für sich haben, gewinnen will': *mit jmdm. um jmds. Gunst, Zuneigung, um eine Stellung, einen Posten, um eine Frau, um den ersten Platz ~; beide Firmen ~ um einen großen Auftrag* ❖ ↗ **Rivale**

Robbe ['ʀɔbə], **die**; ~, ~n 'in kalten Meeren an den Küsten lebendes Säugetier mit flossenartigen Gliedmaßen'; ↗ FELD II.3.1 (↗ TABL Säugetiere): *~n fangen, jagen*

Robe ['ʀoːbə], **die**, ~, ~n **1.** geh. 'langes festliches Kleid, das zu besonderen Anlässen getragen wird': *bei dem Empfang erschienen die Damen in eleganten ~n* **2.** 'aus dienstlichem Anlass getragenes, langes Gewand, bes. eines Geistlichen, Richters'

Roboter ['ʀɔbɔtɐ], **der**; ~s, ~ 'programmgesteuerter Automat, der für bestimmte Tätigkeiten programmiert und eingesetzt werden kann': *für die Verrichtung eintöniger Arbeiten einen ~ einsetzen; er arbeitet wie ein ~ ('ohne Pause und rein mechanisch')*

robust [ʀo'bʊst] ⟨Adj.; Steig. reg.⟩ **1.** 'psychisch und physisch stark und widerstandsfähig' /vorw. auf Personen bez./: *ein ~er Kerl; er hat eine ~e Natur, Gesundheit; er ist von ~er Konstitution; sie ist eine ~e Frau, Person; unser Junge ist recht ~, sieht ~ aus* **2.** 'starke Beanspruchungen aushalten' /vorw. auf Produkte bez./: *ein ~er Schuh, Motor, Wagen; dieser Teppich ist aus sehr ~em Material; das Material ist ~*

roch: ↗ **riechen**

röcheln ['ʀœçl̩n] ⟨reg. Vb.; hat⟩ /jmd., bes. schwer kranker Mensch/ 'schwer, rasselnd, keuchend atmen': *er konnte nur noch ~, röchelte nur noch*

Rock [ʀɔk], **der**; ~es/auch ~s, Röcke ['ʀœkə] 'Kleidungsstück für Personen weiblichen Geschlechts, das von der Taille an abwärts den Körper und den oberen Teil der Beine umhüllt'; ↗ FELD V.1.1 (↗ TABL Kleidungsstücke): *ein enger, kurzer, langer ~; ein bis zu den Knöcheln reichender, ein weit oberhalb des Knies endender ~; ~ und Bluse tragen; den ~ raffen, schürzen* ❖ **Unterrock**

rodeln ['ʀoːdl̩n] ⟨reg. Vb.; ist/hat⟩ /jmd./ 'mit dem Schlitten einen Hang hinunterfahren'; ↗ FELD I.7.4.2: *sie sind, haben den ganzen Tag gerodelt;* ⟨ist⟩ *irgendwohin ~: ins Tal ~* ❖ **Rodelschlitten**

Rodel|schlitten ['ʀoːdl̩..], **der** 'Schlitten zum Rodeln für eine od. mehrere Personen'; ↗ FELD I.7.4.1, VIII.4.1.1: *mit dem ~ fahren; etw. auf/mit dem ~ transportieren* ❖ ↗ **rodeln**, ↗ **Schlitten**

roden ['ʀoːdn̩], rodete, hat gerodet /jmd./ *Wald, Gebüsch ~* 'die Bäume eines Waldes, Gebüsch mitsamt den Wurzeln entfernen, bes. um den Boden urbar zu machen': *den Urwald, das Gebüsch ~; einen Wald für den Bau einer Siedlung ~* ❖ **Rodung**

Rodung ['Roːd..], **die**; ~, ~en **1.** ˈdas Rodenˈ: *die ~ des Urwaldes* **2.** ˈdurch Roden urbar gemachtes Landˈ: *auf der ~ Obstbäume anpflanzen* ❖ ↗ **roden**

Rogen ['Roːgn̩], **der**; ~s, ⟨o.Pl.⟩ ˈGesamtheit der Eier (1) eines Fischesˈ: *~ zu Kaviar verarbeiten*

Roggen ['Rɔgn̩], **der**; ~s, ⟨o.Pl.⟩ **1.** ˈGetreidepflanze mit langen Grannen an flachen Ähren, deren Samenkörner vor allem für die Herstellung von Mehl, Brot verwendet werdenˈ; ↗ FELD II.4.1 (↗ TABL Getreidearten): *~ säen, anbauen, mähen, ernten* **2.** ˈSamenkörner von Roggen (1)ˈ: *~ mahlen* ❖ **Roggenmehl**

Roggen|mehl ['..], **das** ˈaus Roggen (2) hergestelltes Mehlˈ: *aus ~ Brot backen* ❖ ↗ **Roggen,** ↗ **Mehl**

roh [Roː] ⟨Adj.⟩ **1.** ⟨o. Steig.⟩ ˈnicht durch Kochen, Braten, Einwirken von Hitze zubereitetˈ /auf Lebensmittel bez./: *~es Fleisch, Obst, Gemüse; ~e Eier; ~er Schinken; das Steak ist innen noch ~* (ˈist nicht durchgebraten, ist innen noch blutig rotˈ); *etw. ~ essen* **2.1.** ⟨Steig. reg.⟩ SYN ˈbrutal (1.1)ˈ /bes. auf männliche Personen bez./: *er ist ein ~er Kerl; er hat ein ~es Wesen; er ist immer sehr ~ zu ihr gewesen; er hat sie ~ misshandelt* **2.2.** ⟨Steig. reg., ungebr.; vorw. attr.⟩ ˈein rohes Wesen ausdrückendˈ /bes. auf Äußerungen, Handlungen bez./: *~e Worte; einen ~en Ton anschlagen; die Anwendung ~er* (ˈrücksichtsloser, nur auf Kraft und Härte setzenderˈ) *Gewalt vermeiden, verschmähen* ❖ **Rohheit, Rohling – Rohkost, -stoff**

Rohheit ['Roː..], **die**; ~, ~en **1.** ⟨o.Pl.⟩ /zu roh 2.1/ ˈdas Rohseinˈ; SYN Brutalität; ↗ FELD I.18.1: *menschliche, seelische, unvorstellbare ~; seine ~, die ~ seines Verhaltens, Wesens; die ~ dieses Verbrechens; etw. zeugt von ~* **2.** ˈrohe (2.1) Handlung, Äußerungˈ: *eine unbeschreibliche ~; ~en begehen; sie wollte sich seine ~en nicht mehr bieten lassen* ❖ ↗ **roh**

Roh|kost ['Roː..], **die** ˈKost, die aus nicht gekochtem Gemüse, Obst bestehtˈ; ↗ FELD I.8.1: *sich von ~ ernähren; ~ bevorzugen* ❖ ↗ **roh,** ↗ **kosten (1)**

Rohling ['Roː..], **der**; ~s, ~e ˈroher (2.1) Menschˈ: *das war die Tat eines ~s* ❖ ↗ **roh**

Rohr [Roːɐ̯], **das**; ~es/auch ~s, ~e **1.** ˈlanger, zylindrischer, innen hohler Gegenstand mit einer dünnen Wand, durch den etw. strömen, fließen kannˈ; SYN Röhre (2.2): *ein langes, gerades, gekrümmtes, verstopftes ~; eiserne ~e; ~e aus Kunststoff, Beton, Glas, Stahl; ~e (ver)legen; das ~ der Heizung, einer Flöte, der Erdöl-, Wasserleitung* **2.** ⟨o.Pl.⟩ **2.1.** ˈPflanze mit hohen, hohlen, runden Stängelnˈ: *am See, Ufer des Sees wächst ~; schwankendes ~;* vgl. *Schilf (1)* **2.2.** ˈ(getrocknete) Stängel des Rohres (2.1)ˈ: *ein Dach mit ~ decken* **2.3.** ˈDickicht aus Rohr (2.1)ˈ: *das ~ rauscht im Winde; dieser Vogel nistet im ~* **3.** ⟨o.Pl.⟩ ˈden getrockneten Stängeln des Rohrs (2.1) ähnliche Ruten, Zweige bestimmter Pflanzenˈ: *aus ~ eine Flöte schnitzen; ein Liegestuhl aus ~* ❖ **Röhre – Bildröhre, Leuchtröhre, Luftröhre, Speiseröhre, Röhrenpilz, Rohrzucker**

* /jmd./ **schwanken wie ein ~ im Winde** (ˈsehr unentschlossen, wankelmütig seinˈ)
MERKE Zum Gebrauch von *Rohr* (1) und *Röhre* (2): ↗ *Röhre* (Merke)

Röhre ['Røːʀə], **die**; ~, ~n **1.1.** ˈgeschlossener, meist länglicher gläserner, luftleer gemachter, meist länglicher Hohlkörper, der Teil eines elektrischen, elektronischen Gerätes ist und zur Steuerung, Verstärkung elektrischer Impulse, Ströme dientˈ: *die ~ ist durchgebrannt; eine ~ auswechseln, prüfen; ein Apparat mit acht ~n* **1.2.** SYN ˈLeuchtröhreˈ; ↗ FELD VI.2.1: *die ~ ist kaputt, ausgefallen* **1.3.** umg. *vor der ~ sitzen, in die ~ gucken* (ˈfernsehenˈ) **2.1.** ˈmeist kürzeres Rohr (1) mit geringerem Durchmesser und mit dünnerer Wandungˈ: *gläserne ~n für eine physikalische Apparatur* **2.2.** SYN ˈRohr (1)ˈ: *~n aus Stahl, Beton, Ton; ~n für Erdgasleitungen; ~n verlegen* **3.** ˈzum Backen, Kochen vorgesehener Raum in einem Herdˈ: *etw. in der ~ backen, braten; den Kuchen, Braten in die ~ schieben; das Essen steht in der ~* ❖ ↗ **Rohr**

* umg. /jmd./ **in die ~ gucken** (ˈdas Nachsehen habenˈ)
MERKE Zum Gebrauch von *Rohr* (1) und *Röhre* (2.2): Das übliche Wort in der Industrie und im Handel ist *Rohr. Röhre* wird in diesem Bereich seltener gebraucht. In Komposita: *Rohrleger, -bruch, -leitung, -reinigung,* nicht *Röhren- ...;* vgl. aber *Röhre* (2.2)

Röhren|pilz ['Røːʀən..], **der** ˈPilz, dessen ¹Hut (2) auf der Unterseite aus vielen senkrecht stehenden röhrenartigen Gebilden bestehtˈ: *der Steinpilz, die Marone ist ein ~* ❖ ↗ **Rohr,** ↗ **Pilz**

Rohr [Roːɐ̯..]|**-spatz** * /jmd./ **schimpfen wie ein ~** (ˈsehr heftig, erregt und laut schimpfenˈ); **-zucker, der** ˈweißer od. brauner Zucker, der aus Zuckerrohr hergestellt wirdˈ; vgl. *Traubenzucker* ❖ ↗ **Rohr,** ↗ **Zucker**

Roh|stoff ['Roː..], **der 1.** ˈin der Natur vorkommender Stoff (2), der für menschliche Zwecke, Bedürfnisse genutzt, verarbeitet wirdˈ: *mineralische, tierische ~e; ~e ein-, ausführen, zu Fertigprodukten verarbeiten* **2.** ˈMaterial (1), aus dem etw. hergestellt wirdˈ: *etw. bildet den ~ für etw.; Altpapier, Lumpen als ~* ❖ ↗ **roh,** ↗ **Stoff**

Rokoko ['ʀɔkoko/ʀoˈkoko], **das**; ~s/auch ~, ⟨o.Pl.⟩ ˈStil in der europäischen Kunst des 18. Jhs., der durch Zierlichkeit der Formen, zarte Farben und Grazie gekennzeichnet istˈ: *ein Schloss im Stil des ~*

Roll ['Rɔl..]|**bahn, die** SYN ˈLandebahnˈ: *das Flugzeug befindet sich bereits auf der ~* ❖ ↗ **rollen,** ↗ **Bahn**

Rolle ['Rɔlə], **die**; ~, ~n **1.** ˈkleiner walzen- od. scheibenförmiger rotierender Gegenstand, meist als mechanisches Teil, über den etw. gleitetˈ: *die ~n eines Flaschenzuges, einer Seilbahn; das Seil läuft über eine ~; den Koffer auf ~n* (ˈauf kleinen Rädernˈ) *(fort)bewegen* **2.1.** ˈwalzenförmiger Gegenstand, auf den etw. aufgewickelt wirdˈ: *Garn, ein Seil auf eine ~ wickeln* **2.2.** ˈetw. auf eine Rolle (2.1) Gewickeltes': *eine ~ Draht, Garn, Toilettenpapier; sie hat die Zeitung zu einer ~ zusammengedreht* **2.3.** 'kleine Anzahl scheibenförmiger, runder Gegenstände, die verpackt in Form einer Walze in den Handel kommen': *eine ~ Drops, zwei ~n Drops; eine ~ Keks(e); eine ~ Geldmünzen, Markstücke* **3.1.** 'von einem Schauspieler zu sprechender, von einem Sänger zu singender Anteil am Text eines Bühnenstücks, Films o.Ä.': *eine gesprochene, gesungene ~; eine kleine, schwierige ~; (s)eine ~ lernen; ein Stück mit verteilten ~n lesen* ('ein Stück so lesen, dass je eine bestimmte Person aus einer Gruppe jeweils den Text einer Rolle 3.2 des Stücks liest') **3.2.** 'von einem Schauspieler, Sänger darzustellende Gestalt eines Bühnenstücks, Films o.Ä.': *eine stumme, tragende ~; die ~ des Liebhabers; eine ~ besetzen, gestalten; er spielt die ~ des „Faust"* ❖ ↗ **rollen**

* /etw./ **(bei etw.) eine/keine ~ spielen** ('in Bezug auf etw. wichtig, nicht wichtig sein'; /jmd./ **aus der ~ fallen** ('sich nicht so benehmen, wie es erwartet wird')

rollen ['rɔlən] 〈reg. Vb.; ist/hat〉 **1.** 〈ist〉 **1.1.** /vorw. etw. Rundes/ *irgendwohin ~* 'sich um die eigene Achse, den Mittelpunkt drehen und irgendwohin fortbewegen'; SYN kugeln (1), kullern (1.1): *der Ball rollte auf die Straße, ins Tor; der Würfel rollte über den Tisch; die Kugel ist unter den Schrank gerollt; die ~den Räder des Wagens* **1.2.** *die Tränen ~* (SYN 'laufen 5') *ihr über die Wangen* **2.** 〈hat〉 /jmd./ *etw. irgendwohin ~* 'etw. Rundes um seine Achse, seinen Mittelpunkt drehen und irgendwohin befördern': *ein Fass in den Keller, vom Wagen ~; einen Baumstamm, Stein beiseite, zur Seite ~; sich irgendwohin ~: während des Schlafs rollte* ('drehte') *er sich auf die rechte Seite* **3.1.** 〈ist〉 /etw., bes. Fahrzeug/ *irgendwohin ~* 'sich auf Rädern, Rollen irgendwohin bewegen'; SYN fahren (1); ↗ FELD VIII.1.2: *der Zug rollte langsam in die, aus der Halle, über die Brücke; der Wagen rollte noch ein wenig, bis er zum Stehen kam* **3.2.** 〈hat〉 *etw. irgendwohin ~* 'etw. auf Rädern, Rollen durch Schieben, Ziehen irgendwohin bewegen': *das Bett des Kranken auf die Terrasse ~* **4.** 〈hat〉 /jmd./ *etw. ~* 'etw. Flächiges so um sich selbst wickeln, dass es die Form einer Walze erhält': *eine Decke, den Teppich ~; das Material darf nicht geknickt, sondern nur gerollt werden* ❖ **Rolle, Rollo, Geröll** − **aufrollen, Bombenrolle, Rollbahn, -laden, -feld, -stuhl, -treppe**

Roll ['rɔl..]**-feld, das** SYN 'Landebahn' ❖ ↗ rollen, ↗ Feld; **-laden, der**; ~s, ~/Rollläden 〈vorw. Pl.〉 'Jalousie, die sich beim Hochziehen zusammenrollt': *die ~/Rollläden (des Geschäfts) auf-, hochziehen, runterlassen* ❖ ↗ rollen, ↗ Laden

Rollo ['rɔlo/rɔ'lo:], **das**; ~s, ~s 'eine Art Jalousie, die sich durch einen Mechanismus von selbst aufrollt und so nach oben bewegt': *das ~ herunterziehen, hochlassen*; vgl. *Jalousie* ❖ ↗ **rollen**

Roll ['rɔl..]**-stuhl, der** 'einem Sessel auf Rädern ähnliches Mittel der Fortbewegung für Kranke,

Schwerbehinderte, die nicht laufen können'; ↗ FELD I.7.3.1, VIII.4.1.1: *im ~ sitzen, an den ~ gefesselt sein* ('sich nicht ohne Rollstuhl fortbewegen können') ❖ ↗ rollen, ↗ Stuhl; **-treppe, die** 'Treppe, deren Stufen sich kontinuierlich aufwärts od. abwärts bewegen'; ↗ FELD I.7.3.1: *die ~ benutzen; die ~ ist außer Betrieb* ❖ ↗ rollen, ↗ Treppe

Roman [ro'maːn], **der**; ~s, ~e 'umfangreiche erzählende Dichtung in Prosa, in der ein Mensch od. eine Gruppe von Menschen in der Auseinandersetzung mit der Gesellschaft, ihrer Zeit und Umwelt dargestellt wird': *ein autobiographischer, berühmter, historischer, utopischer, moderner ~; der ~ ist spannend, langweilig; einen ~ lesen, schreiben; der ~ spielt um die Jahrhundertwende, im alten Griechenland, in der Großstadt; sein Lebenslauf hört sich an wie ein ~* ('ist reich an besonderen Erlebnissen, an Dramatik') ❖ **Kriminalroman**; vgl. **Romanze**

Romanik [ro'maːnɪk], **die**; ~, 〈o.Pl.〉 'bes. durch runde Bogen geprägte europäische Stilepoche des Mittelalters'; ↗ FELD V.3.1: *die Architektur, Malerei der ~* ❖ **romanisch**

romanisch [ro'maːn..] 〈Adj.; o. Steig.; vorw. attr.〉 'im Stil der Romanik'; ↗ FELD V.3.3: *eine ~e Kirche, Plastik; die ~e Baukunst* ❖ ↗ **Romanik**

Romantik [ro'mantɪk], **die**; ~, 〈o.Pl.〉 **1.** 'philosophisch-literarische Richtung im 19. Jh., die im Unterschied zur ↗ Aufklärung und ↗ Klassik das Gefühlsmäßige, Volkstümliche, Märchenhafte und Irrationale zu stärkerer Geltung kommen ließ': *die dichterischen und philosophischen Werke der ~; die deutsche, französische, englische ~; die Malerei der ~* **2.** 〈+ Gen.attr.〉 'vom Stimmungsvollen, Geheimnisvollen, Malerischen und Abenteuerlichen ausgehender, das Gemüt ergreifender Reiz, die romantische Atmosphäre von etw.': *die ~ einer Landschaft, einer Sommernacht; die ~ der Großstadt; er hat keinen Sinn für ~* **3.** 'übertriebene Betonung des Gefühlsmäßigen' /beschränkt verbindbar/: *die falsche, süßliche, tränenreiche ~ seiner Erzählungen* ❖ **Romantiker, romantisch**

Romantiker [ro'mantɪkɐ], **der**; ~s, ~ **1.** 'Vertreter der Romantik (1)': *die Dichter, Maler, Musiker der ~; die Generation, Theorien der ~* **2.** 'das Gefühlsmäßige, Irrationale betonender, die Wirklichkeit idealisierender, in seinen Phantasien lebender Mensch': *er ist ein weltfremder ~*; vgl. *Träumer* ❖ ↗ **Romantik**

romantisch [ro'mant..] 〈Adj.〉 **1.** 〈o. Steig.; nur attr.〉 **1.1.** 'die Romantik (1) betreffend, zu ihr gehörig' /auf Künstlerisches bez./: *die ~e Musik, Dichtung, Malerei* **1.2.** 'in der Art der Romantik (1)' /auf Kunstwerke bez./: *eine ~e Oper* **2.** 〈Steig. reg., ungebr.〉 'vom Gefühl(smäßigen), von der Phantasie bestimmt, die Wirklichkeit idealisierend' /auf Psychisches, Personen bez./: *~e Ideen, Neigungen, Empfindungen; er ist ein ~er Mensch/ist ~, ~ veranlagt* **3.** 〈Steig. reg.〉 'eine Atmosphäre der Romantik (2) erzeugend, besitzend, stimmungsvoll wirkend': *eine ~e Beleuchtung, Gegend, Stimmung;*

die Stimmung war ~; eine ~ gelegene Burg ❖ ↗
Romantik

Romanze [ʀo'mantsə], **die**; ~, ~n **1.** 'Gedicht in der Art einer Ballade, in dem auf volksliedhafte Weise Heldentaten, Liebesabenteuer erzählt werden': *eine lyrische ~* **2.** 'liedartiges ausdrucksvolles Stück für Gesang od. Instrument': *eine ~ für Violine und Orchester; eine ~ singen, spielen* **3.** verhüllend 'kurzes Liebesverhältnis': *er, sie hatte eine ~ mit N; eine ~ erleben* ❖ vgl. **Roman**

römisch ['ʀøːm..]: ↗ *Ziffer*

Rondell [ʀɔn'dɛl], **das**; ~s, ~s/auch ~e 'kreisförmiges, bes. mit Blumen bepflanztes Beet in einer gärtnerischen Anlage, in einem Park': *das ~ nahm fast den ganzen Vorgarten ein* ❖ ↗ **rund**

röntgen ['ʀœntɡn̩], röntgte, hat geröntgt /jmd., bes. jmd. vom medizinischen Personal/ *jmdn., etw. ~* 'jmdn., einen Teil des menschlichen Körpers mit Röntgenstrahlen untersuchen': *er wurde geröntgt; einen gebrochenen Arm, den Darm, Magen, die Lunge ~* ❖ **Röntgenaufnahme, -bild, -strahlen, -untersuchung**

Röntgen ['..]**-aufnahme, die** 'Röntgenbild': *eine ~ machen* ❖ ↗ **röntgen,** ↗ **nehmen; -bild, das** 'mit Hilfe von Röntgenstrahlen hergestellte fotografische Aufnahme': *ein kontrastreiches, scharfes, unscharfes ~* ❖ ↗ **röntgen,** ↗ **Bild; -strahlen, die** ⟨Pl.⟩ 'Strahlen, die die meisten Stoffe durchdringen und ein Bild vom Inneren eines Körpers vermitteln können' ❖ ↗ **röntgen,** ↗ **Strahl; -untersuchung, die** 'Untersuchung eines Körpers mit Hilfe von Röntgenstrahlen': *das Ergebnis einer ~* ❖ ↗ **röntgen,** ↗ **suchen**

rosa ['ʀoːza] ⟨Adj.; o. Steig.; indekl./umg. dekl.⟩ 'von blassem zartem Rot'; ↗ FELD VI.2.3: *ein ~ Band, Kleid; ~ Rosen, Wolle; ~ blühende Blumen; eine Bluse in Rosa; die Farbe ist ~*; umg. *ein ~ner Pulli, ein ~nes Kleid* ❖ ↗ **Rose**

Rose ['ʀoːzə], **die**; ~, ~n **1.** 'Strauch mit Dornen und weißen od. farbigen Blüten, der als Zierpflanze kultiviert wird'; ↗ FELD II.4.1: *eine wilde, veredelte ~; eine hochstämmige ~; ~n pflanzen, anhäufeln; ~n beschneiden, züchten* **2.** 'Blüte mit Stengel der Rose (1)': *ein Strauß langstielige ~n; eine rote, gelbe, weiße, duftende ~; ~n zu einem Strauß zusammenbinden; ~n in die Vase stellen; die ~n sind aufgebrochen, welken* ❖ **rosa, Rosette, rosig –** **Heckenrose, Pfingstrose, Windrose, Rosenkohl**

* /jmd./ **nicht auf ~n gebettet sein** ('bes. in wirtschaftlicher Hinsicht kein leichtes Leben haben')

Rosen|kohl ['ʀoːzn̩..], **der** 'Kohl mit vielen Sprossen, die wie kleine Kohlköpfe aussehen' (↗ TABL Gemüsearten); ↗ FELD I.8.1, II.4.1: *~ dünsten, kochen* ❖ ↗ **Rose,** ↗ **Kohl**

Rosette [ʀo'zɛtə], **die**; ~, ~n 'in der Architektur verwendetes kreisrundes Ornament, das aus stilisierten Blättern gebildet wird, die von einem Mittelpunkt ausgehen': *ein Kirchenfenster in der Form einer ~* ❖ ↗ **Rose**

rosig ['ʀoːzɪç] ⟨Adj.⟩ **1.** ⟨Steig. reg., ungebr.; vorw. attr.⟩ 'von zarter rosa Hautfarbe' /vorw. auf Personen bez./; ↗ FELD VI.2.3: *ein ~es Baby, Gesicht; ein ~es Ferkel* **2.** ⟨Steig. reg.; oft verneint⟩ 'allzu erfreulich' /beschränkt verbindbar/: *die Zukunft in ~em Licht, in ~en Farben, in den ~sten Farben* ('allzu optimistisch') *schildern, sehen; nicht gerade ~* ('nicht gerade erfreulich': *seine Lage ist nicht gerade ~, seine Zukunft sieht nicht gerade ~ aus* ❖ ↗ **Rose**

Rosine [ʀo'ziːnə], **die**; ~, ~n 'getrocknete Weinbeere': *ein Kuchen mit vielen ~n*

* umg. /jmd., Institution/ **sich** ⟨Dat.⟩ **die ~n aus dem Kuchen picken** ('sich das Beste von etw. nehmen'); /jmd./ **(große) ~n im Kopf haben** 'große, nicht realisierbare Pläne, unerreichbare Ziele haben': *er hatte schon immer große ~n im Kopf*

Ross [ʀɔs], **das**; ~es, ~e/Rösser **1.1.** ⟨Pl. Rosse⟩ geh. 'edles Pferd, bes. Reitpferd'; ↗ FELD II.3.1: *ein stolzes, feuriges ~; ~ und Reiter; die ~e schnauben und stampfen* **1.2.** ⟨Pl. Rösser⟩ landsch. 'Pferd (1)': *ein kräftiges, altes ~; die Rösser ein-, ausspannen*

* /jmd./ **von seinem hohen ~ herunterkommen/-steigen** 'seine überhebliche Haltung aufgeben müssen': *warte nur, der wird schon noch von seinem hohen ~ herunterkommen!;* vorw. scherzh. **hoch zu ~** 'auf einem Pferd reitend': *hoch zu ~ zogen sie in die Stadt;* /jmd./ **auf dem hohen ~ sitzen** ('überheblich sein, sich überheblich zeigen')

Rost [ʀɔst], **der**; ~es, ~e **1.** 'meist aus metallenen Stäben bestehende Vorrichtung, auf die man etw. legt, mit der man etw. abdeckt, sodass durch die Zwischenräume etw. hindurchfallen kann': *ein eiserner ~; Würstchen, Steaks auf einem ~ braten; die Asche fällt durch den ~ des Ofens; das Kellerloch mit einem ~ abdecken; sich auf dem ~ die Schuhe abtreten* **2.** ⟨o.Pl.⟩ 'auf der Oberfläche von Eisen bes. durch Feuchtigkeit entstehende rotbraune Schicht': *das Eisen hat ~ angesetzt; am Blech hat sich ~ gebildet; den ~ abkratzen; etw. vor ~ schützen* ❖ **zu (1): rösten; zu (2): rosten, rostig – durchrosten, rostfrei**

rosten ['ʀɔstn̩], rostete, hat gerostet *Eisen rostet* ('wird durch Rost 2 allmählich zerstört') ❖ ↗ **Rost (2)**

rösten ['ʀœstn̩], rostete, hat geröstet /jmd./ *etw. ~* 'ein bestimmtes Nahrungsmittel ohne Zusatz von Fett od. Wasser durch große Hitze gar machen od. mit einer braunen Kruste versehen': *Brot, Kartoffeln ~; gerösteter Kaffee* ❖ ↗ **Rost (1)**

rost|frei ['ʀɔst..] ⟨Adj.; o. Steig.; nicht bei Vb.⟩ 'von der Qualität, dass es nicht rostet' /auf Metalle, Gegenstände aus Metall bez./: *er Stahl; der Stahl ist ~; ein ~es Messer, eine ~e Klinge* ❖ ↗ **Rost (2),** ↗ **frei**

rostig ['ʀɔstɪç] ⟨Adj.; Steig. reg., ungebr.; nicht bei Vb.⟩ 'Rost (2) aufweisend': *~es Eisen; ~e Nägel; etw. ist ~ (geworden)* ❖ ↗ **Rost (2)**

rot [ʀoːt] ⟨Adj.; Steig.: roter/röter ['ʀøːtɐ], rotest/rötest ['ʀøːtəst]⟩ **1.** ⟨Steig. selten⟩ 'von der Farbe frischen Blutes, reifer Tomaten'; ↗ FELD VI.2.3: ~ *wie Blut, Feuer; die ~e Farbe reifer Erdbeeren, Tomaten; ~e Tinte; ~er Wein* ('Rotwein'); *die ~e Fahne; jmd. hat ~e Lippen, Wangen; vor Scham, Wut einen ~en Kopf bekommen; jmdm. ~e Rosen schenken; ~e* ('rötliche') *Haare haben; sie trug eine ~e Bluse; die Kirschen werden allmählich ~, sind schon ~* ('reif'); *im Herbst wird, färbt sich das Laub gelb und ~; jmd. wird vor Anstrengung (ganz, über und über) ~ (im Gesicht); als er das hörte, wurde er (abwechselnd) ~ und blass; etw. ist, wird ~; etw. glüht, schimmert, leuchtet ~; ihre Augen sind ~ vom Weinen; etw. ~ anmalen, streichen; ein ~ gestreiftes Hemd; ein ~ und weiß gemustertes Tuch; Rot ist seine Lieblingsfarbe; die Farbe Rot; ein dunkles, leuchtendes, zartes Rot; die untergehende Sonne leuchtet in einem tiefen, satten Rot; die Ampel schaltet auf Rot; bei Rot* ('wenn die Verkehrsampel rot leuchtet') *darf man nicht über die Straße gehen; eine Vase mit einem Muster in Rot und Gold; Rot auflegen* ('sich die Lippen, Wangen rot schminken'); *umg. ein Glas Roten* ('Rotwein') *trinken* **2.** ⟨o. Steig.⟩ /symbolische Farbe der Linken und ihrer Organisationen/ 'zu den Linken gehörend, sie kennzeichnend': *er ist in einem ~en Wohnviertel aufgewachsen; eine ~e Regierung; er ist ~, ein Roter; die Roten* ('die linken Parteien, die Anhänger linker Richtungen') *haben die Wahl gewonnen* ❖ **röten, rötlich, Rötung – dunkelrot, hochrot, Morgenrot, purpurrot, Rotbarsch, -kehlchen, -kohl, -kraut, -kreuzschwester, rotsehen, -stift, -wein, schamrot**

Rotation [Rota'tsi̯oːn], **die**; ~, ~en 'das Rotieren': *die ~ der Erde um sich selbst, um ihre eigene Achse, um die Sonne* ❖ **rotieren**

Rot|barsch ['Roːt..], **der** 'im Meer lebender Speisefisch von leuchtend hellroter Farbe'; ↗ FELD I.8.1: *geräucherter, gekochter ~* ❖ ↗ **rot,** ↗ **Barsch**

röten ['Røːtn̩], rötete, hat gerötet; ↗ FELD VI.2.2 **1.1.** /etw., bes. Temperatur, etw. Psychisches/ *etw. ~* 'etw. rot machen, veranlassen, dass etw. rot wird, erscheint': *die untergehende Sonne rötete den Himmel, Horizont; die Aufregung, Scham, Wut, Glut, Kälte hatte ihr Gesicht gerötet* **1.2.** /etw., bes. Früchte, Haut/ *sich ~* 'rot werden, rote Färbung bekommen, annehmen': *die Beeren, Kirschen ~ sich schon; sein Gesicht rötete sich von Zorn; gerötete* ('entzündete') *Augen haben* ❖ ↗ **rot**

rotieren [Ro'tiːRən], rotierte, hat rotiert /etw./ 'sich (kreisförmig) um eine Achse, einen Mittelpunkt, um sich selbst drehen': *langsam, schnell (um die eigene Achse) ~; die Erde rotiert um sich selbst und um die Sonne; ein ~des Rad, ~de Rasensprenger* ❖ ↗ **Rotation**

Rot ['Roːt..]|-**kehlchen** [keːlçən], **das**; ~s, ~ 'kleiner Singvogel mit rötlich gefärbtem Gefieder an Brust und Hals' ❖ ↗ **rot,** ↗ **Kehle; -kohl, der** 'Kohl von rötlich-violetter Farbe'; ↗ FELD I.8.1, II.4.1: *~ kochen; es gibt Schweinebraten mit ~* ❖ ↗ **rot,** ↗ **Kohl; -kraut, das** ⟨o.Pl.⟩ landsch. 'Rotkohl' ❖ ↗ **rot,** ↗ **Kraut; -kreuzschwester** [..'k..], **die** 'Kranken-

schwester des Roten Kreuzes': *die ~ in einem Lazarett* ❖ ↗ **rot,** ↗ **Kreuz,** ↗ **Schwester**

rötlich ['Røːt..] ⟨Adj.; o. Steig.⟩ 'leicht rot getönt, ein wenig rot'; ↗ FELD VI.2.3: *~es Haar; das Fell des Fuchses hat eine ~e Färbung; ~es Licht; das Wasser ~ färben; ein ~es Braun, Blond, Violett; unter dem roten Sonnenschirm bekamen alle Gegenstände einen ~en Schimmer; etw. glänzt ~* ❖ ↗ **rot**

rotsehen ['Roːt..] (er sieht rot), sah rot, hat rotgesehen /jmd./ 'wütend sein, werden': *wenn ich das sehe, höre, sehe ich rot*

Rot|stift ['Roːt..], **der** 'Stift mit roter Mine': *etw. mit einem ~ unterstreichen, ankreuzen* ❖ ↗ **rot,** ↗ **¹Stift** * /jmd., Institution/ *den ~ ansetzen* ('etw. in einem Etat einsparen, den Etat kürzen'); /etw., bes. Projekt/ *dem ~ zum Opfer fallen* ('in einem Etat eingespart, nicht finanziert werden')

Rotte ['Rotə], **die**; ~, ~n emot. neg. 'meist durch ein gemeinsames spontanes Vorhaben gebildete, agierende Gruppe von Menschen'; SYN Horde; ↗ FELD I.11: *eine plündernde, tobende ~; eine ~ (von) Rowdys; eine ~ Plünderer/von Plünderern; eine ~ Halbstarker/von Halbstarken*

Rötung ['Røːt..], **die**; ~, ~en ⟨vorw. Sg.⟩ 'das Sichröten': *der Sonnenschein, die Entzündung bewirkt eine ~ der Haut* ❖ ↗ **rot**

Rot|wein ['Roːt..], **der** 'Wein von roter Färbung'; ↗ FELD I.8.1: *eine Flasche ~; ~ trinken; ein trockener französischer, spanischer ~* ❖ ↗ **rot,** ↗ **Wein**

Rotz [Rots], **der**; ~es, ⟨o.Pl.⟩ derb 'Sekret, Schleim aus der Nase': *der ~ lief ihm aus der Nase; wisch dir mal den ~ ab!* ❖ **Rotzbengel, -nase, rotznäsig**

Rotz/rotz ['..]|-**bengel, der** umg. emot neg. 'sehr frecher Junge': *dieser ~ hat bei uns Kirschen geklaut; so ein ~!* ❖ ↗ **Rotz,** ↗ **Bengel; -nase, die** derb **1.** 'mit Nasenschleim verschmutzte Nase': *putz mal deine ~!* **2.** emot. 'freches, naseweises Kind': *so eine unverschämte ~!* ❖ ↗ **Rotz,** ↗ **Nase; -näsig** [nɛːzɪç/neː..] ⟨Adj.; o. Steig.⟩ derb **1.** ⟨nur attr.⟩ *ein ~es Kind* ('Kind mit einer von Nasenschleim verschmutzten Nase') **2.** ⟨nicht präd.⟩ emot. 'sehr frech' /vorw. auf Männer bez./: *ein ~er Kerl; sich ~ benehmen* ❖ ↗ **Rotz,** ↗ **Nase**

Rouge [Ruːʃ/Ruːʒ], **das**; ~s/auch ~, ⟨vorw. o. Art.; o.Pl.⟩ 'rote Schminke zur Tönung der Wangen': *(etwas) ~ auflegen, auftragen*

Roulade [Ru'laːdə], **die**; ~, ~n ⟨oft im Pl.⟩ 'aus einer dünnen Scheibe Rindfleisch gewickelte Rolle (2.1), die mit verschiedenen Zutaten gefüllt und geschmort wird': *bei uns gibt es heute ~n; ~n wickeln*

Route ['Ruːtə], **die**; ~, ~n 'festgelegter od. vorgesehener Weg zum Ziel einer Reise, Fahrt, Wanderung': *sie haben für die Wanderung eine landschaftlich reizvolle ~ ausgesucht; eine bestimmte ~ einschlagen; die kürzeste ~ nach Italien führt über den Pass; die ~ ändern; wir sind, das Schiff, Flugzeug ist von der ~ abgekommen, abgewichen*

Routine [Ru'tiːnə], **die**; ~, ⟨o.Pl.⟩ 'durch lange Praxis erworbene (wie automatisch funktionierende) große Fertigkeit, Gewandtheit in der Ausführung einer Tätigkeit': *ihre, seine berufliche, künstlerische, langjährige ~; seine ~ im Autofahren; große, keine ~ haben; etw. mit, ohne (jede) ~ erledigen; ihm fehlt es noch an ~; dazu gehört schon eine gewisse ~; das gehört in diesem Beruf zur ~* ('zu dem, was man ohne Mühe beherrscht, tun kann'); *bei ihm, ihr ist alles (bloße) ~* ('automatische Fertigkeit ohne Interesse, ohne innere Beteiligung'); *seine Darstellungskunst ist zur ~ erstarrt* ❖ **Routinier, routiniert – Routinesache**

Routine|sache [..'t..], **die** 'sich oft wiederholende Tätigkeit, Angelegenheit, die automatisch erledigt wird': *das ist reine ~* ❖ ↗ **Routine,** ↗ **Sache**

Routinier [ʀuti'nie:], **der;** ~s, ~s 'jmd., der auf einem bestimmten Gebiet besondere Routine besitzt': *er ist ein ~ in Börsengeschäften* ❖ ↗ **Routine**

routiniert [ʀuti'niːɐt] ⟨Adj.; Steig. reg.⟩ SYN '²erfahren' /auf Personen bez./: *ein ~er Kraftfahrer, Schauspieler; eine Rolle ~ spielen* ❖ ↗ **Routine**

Rowdy ['ʀɑudi], **der;** ~s, ~s 'flegelhafter, zur Gewalt neigender Jugendlicher': *eine Gruppe jugendliche(r) ~s randalierte im Park; randalierende ~s haben die Blumenbeete und Sitzbänke demoliert*

Rübe ['ʀyːbə], **die;** ~, ~n 'krautige Pflanze, deren dicke Wurzel als Nahrungs- od. Futtermittel verwendet wird od. zur Gewinnung von Zucker dient'; ↗ FELD II.4.1: *rote, weiße ~n; ~n anbauen, ernten; ~n verziehen; ~n verfüttern* ❖ **Kohlrübe**

rüber ['ʀyːbɐ] ⟨Adv.⟩ **1.** SYN 'herüber': *es ist nicht weit zu uns ~, besucht uns doch mal!* **2.** SYN 'hinüber (1)': *~ über den Graben!* ❖ **rüberkommen;** ↗ **herüber**
MERKE Zur Getrennt- und Zusammenschreibung von *rüber* mit *sein*: Getrenntschreibung auch im Infinitiv.

rüber- umg. /bildet mit dem zweiten Bestandteil Verben; betont; trennbar (im Präsens u. Präteritum); ist austauschbar mit ↗ herüber-, ↗ hinüber-/: ↗ z. B. *rüberkommen*

rüber|kommen ['..], kam rüber, ist rübergekommen /jmd., Tier/ 'von dort drüben nach dieser Seite od. von dieser Seite nach dort drüben kommen': *komm rüber zu uns!; warte, ich komme rüber zu dir!* ❖ ↗ **rüber,** ↗ **kommen**

Rubin [ʀu'biːn], **der;** ~s, ~e 'wertvoller roter Edelstein': *ein echter, funkelnder ~; ein Ring mit einem ~*

Rubrik [ʀu'bʀiːk], **die;** ~, ~en 'Spalte (3), in die etw. Bestimmtes entsprechend einer Ordnung, Klassifizierung eingeordnet, eingetragen wird': *die ~en einer Liste, Tabelle; Namen, Zahlen in eine(r) ~ eintragen; das steht unter der ~ „Feuilleton"*

Ruck [ʀʊk], **der;** ~es/auch ~s, ~e ⟨vorw. Sg.⟩ **1.** 'kurze, heftige, stoßartige Bewegung (1), die unvermittelt einsetzt': *es gab einen plötzlichen, heftigen, harten, leichten ~ und dann herrschte wieder Ruhe; einen ~ machen; mit einem ~: mit einem ~ losfahren, bremsen, anhalten; mit einem kräftigen ~ riss sie sich (von ihm) los; mit einem ~ hob er die schwere Kiste an; mit einem ~* ('plötzlich und heftig') *aufspringen* **2.** 'plötzliche politische Entwick-

lung (als Ergebnis einer Wahl)': *es hat einen ~ nach links, einen ~ nach rechts gegeben* ('die Mehrheit hat linke Parteien, rechte Parteien gewählt') ❖ **rucken, rücken – ausrücken**

* /jmd./ **sich** ⟨Dat.⟩ **einen ~ geben** 'sich überwinden, etw. zu tun, eine Entscheidung zu treffen, wozu man zunächst nicht bereit war': *nun gib dir doch endlich einen ~ und komm mit!*

rück- [ʀʏk] /bildet mit dem zweiten Bestandteil Substantive, Adjektive od. Verben/ **1.** /bildet Subst., Adj., auch Vb.; drückt aus, dass mit dem im zweiten Bestandteil Genannten ein alter Zustand od. der Ausgangspunkt wieder erreicht wird/: ↗ z. B. *Rückfahrt, Rückkehr, Rückweg; Rückfall, rückfällig, Rückschritt* **2.** /bildet Subst., Adj.; drückt aus, dass das im zweiten Bestandteil die hintere Seite von etw. bildet/: ↗ z. B. *Rückseite*
MERKE Zum Verhältnis von *rück-* und *zurück-*: Mit *rück-* werden überwiegend Subst. gebildet, die zwar inhaltlich *zurück-* weitgehend entsprechen, aber nur selten damit austauschbar sind, z. B. *Rückfahrkarte, Rückkehr, Rückweg, Rückfall, Rückschritt* (aber nicht: *Zurückfahrkarte, Zurückkehr* etc.). In der Bedeutung 'hintere Seite von etw.' sind *rück-* und *zurück-* generell nicht austauschbar. Die Bildungen mit *zurück-* sind überwiegend verbale Zusammensetzungen und sind in einigen Fällen mit *rück-* austauschbar, z. B. *zurückbilden/rückbilden, zurückerstatten/rückerstatten*. Die mit *zurück-* bildbaren Substantive aber sind meist durch *rück-* besetzt, z. B. *Rückfahrt, Rückfall, Rückgabe* (aber nicht: *Zurückfahrt, Zurückfall, Zurückgabe*)

Rück|blick ['ʀʏk..], **der 1.1.** 'Einschätzung, Betrachtung einer zurückliegenden Zeit vom gegenwärtigen Standpunkt aus': *ein historischer, kritischer ~; einen ~ auf die Entwicklung von Kunst und Wissenschaft in diesem Jahrhundert geben; ein ~ auf die letzten 50 Jahre* **1.2.** ⟨o.Pl.⟩ *im ~* 'betrachtet man das Vergangene von heute aus': *im ~ sah alles viel schöner aus* ❖ ↗ **zurück,** ↗ **blicken**

rucken ['ʀʊkn̩] ⟨reg. Vb.; hat⟩ **1.** /etw., bes. Fahrzeug/ 'einen Ruck machen': *der Wagen ruckte und blieb stehen, fuhr los* **2.** /jmd., Tier/ an etw. ~ 'heftig und plötzlich an etw. ziehen': *der Hund ruckte an der Leine; er ruckte an dem Schrank, konnte ihn aber nicht von der Stelle bewegen* ❖ ↗ **Ruck**

rücken ['ʀʏkn̩] ⟨reg. Vb.; hat/ist⟩ **1.** ⟨hat⟩ /jmd./ **1.1.** *etw. irgendwohin ~* 'etw. Schweres mit einem Ruck irgendwohin schieben, ziehen, in eine andere Stellung bringen'; ↗ FELD V.4.2: *den Schrank, die Couch von der Wand weg, ans Fenster, zur Seite ~; den Stuhl an den Tisch ~; etw. von der Stelle ~* ('von da, wo es steht, an eine andere Stelle in der Nähe bewegen'); *die schwere Kiste ließ sich nicht von der Stelle ~* **1.2.** *an etw.* ⟨Dat.⟩ ~ 'an etw. ziehen, um ihm die richtige Lage zu geben': *am Kragen, an der Krawatte, am Hut ~* **2.** ⟨ist⟩ **2.1.** /jmd./ *irgendwohin ~* 'sich sitzend mit einem Ruck, mit Rucken ein wenig irgendwohin bewegen'; SYN rutschen (1.2): *er rückte etwas, ein wenig zur Seite,*

näher an seinen Nachbarn (um Platz für einen Drit-
ten zu machen); an jmds. Seite ~ **2.2.** *der Zeiger*
der Uhr rückte ('bewegte sich mit einem Ruck')
auf (die) 12 **3.** ⟨'ist⟩ /etw., bes. ein Ereignis, Ziel/
unser Treffen, der Bau des Hauses, der Flug zum
Planeten ist in weite Ferne, in nächste, in greifbare
Nähe gerückt ('wird auf lange Zeit hin nicht statt-
finden, wird sehr bald stattfinden') ❖ ↗ **Ruck**

Rücken, der; ~s, ~ **1.1.** 'die hintere Seite des
menschlichen Körpers zwischen Nacken und Ge-
säß'; ↗ FELD I.1.1, IV.3.1: *er hat einen breiten,*
langen, schmalen ~; *einen krummen* ~ *haben, ma-*
chen; einen hohlen ~ *haben; den* ~ *gerade halten*
('nicht krümmen'); *jmdm. tut der* ~ *weh; jmdm. den*
~ *einreiben, massieren, salben; auf dem* ~ *liegen,*
schlafen, schwimmen; eine Last, einen Sack auf den
~ *nehmen; einen Sack auf dem* ~ (SYN 'Buckel 2')
tragen; man hatte ihm die Hände auf den ~ *gebun-*
den; er stand mit dem ~ *zur Tür, zum Fenster; das*
Licht, den Wind im ~ *haben; er wandte ihm erbost*
den ~ *zu* **1.2.** 'obere Seite des Rumpfes eines (Wir-
bel)tieres': *die Katze krümmte den* ~; *auf dem* ~
eines Pferdes, Esels, Kamels sitzen **2.** ⟨vorw. Sg.;
vorw. mit Gen.attr.⟩ **2.1.** 'hintere Seite bes. eines
Kleidungsstücks': *der* ~ *des Kleides fällt lose, ist*
ausgeschnitten **2.2.** 'obere Seite, Begrenzung von
etw.': *eine Wanderung auf dem* ~ *eines Berges; der*
~ *der Nase, Hand* (dafür auch *Bergrücken, Nasen-*
rücken, Handrücken) **2.3.** *der* ~ ('die der Schneide
gegenüberliegende Seite') *des Messers* **2.4.** *der* ~
des Buches 'schmaler Teil vom Einband eines Bu-
ches' (dafür auch *Buchrücken): der Titel steht auf*
dem ~ *des Buches* ❖ **rücklings, rückwärts, rückwär-**
tig — Handrücken, hinterrücks, Messerrücken,
Rückendeckung, -lehne, -mark, -stärkung, Rückhalt,
rückhaltlos, Rückgrat, Rucksack; vgl. **zurück**
* /jmd./ **jmdm. in den** ~ **fallen** 'gegen jmdn., auf des-
sen Seite man stand, unerwartet Partei ergreifen
und ihm dadurch schaden': *sein bester Freund ist*
ihm in den ~ *gefallen*; /jmd., Institution/ **den** ~ **frei**
haben 'frei, ungehindert handeln, entscheiden kön-
nen': *jetzt, nachdem alle diese Hindernisse beseitigt*
sind, hast du endlich den ~ *frei*; /jmd., Gruppe/
jmdm., sich ⟨Dat.⟩ **den** ~ **freihalten** 'durch be-
stimmte Vorkehrungen sichern, dass jmd., man
selbst ungehindert handeln kann': *für diese Aktion*
hat ihm sein Freund, seine Partei den ~ *freigehalten*;
/jmd./ **hinter jmds.** ~ 'ohne dass der Betroffene da-
bei ist, davon weiß': *er hat hinter ihrem* ~ *Schlech-*
tes über sie erzählt; sie hat hinter seinem ~ *das*
Grundstück verkauft; **jmdm. läuft es kalt/heiß und**
kalt über den ~/den ~ **hinauf und hinunter** 'jmd.
schaudert vor Entsetzen, Ekel, Angst, Abscheu,
Ehrfurcht': *bei diesem Anblick, dieser Zumutung*
lief es ihm (eis)kalt, heiß und kalt den ~ *hinauf und*
hinunter, über den ~; /jmd./ **jmdm., etw.** ⟨Dat.⟩ **den**
~ **kehren** 'zu jmdm., etw., bes. einer Gruppe, Orga-
nisation o.Ä. keine Beziehung mehr haben wollen':
⟨vorw. im Perf.⟩ *er hat seinem alten Freund, dieser*
Partei den ~ *gekehrt*; /jmd./ **jmdm. den** ~ **stärken**

('jmdm. Mut machen und ihm helfen'); ⟨⟩ umg.
/jmd./ **einen breiten** ~ **haben** ('sich durch Kritik,
Anfeindungen nicht aus der Ruhe bringen lassen');
/jmd./ **zusehen, dass man mit dem** ~ **an die Wand**
kommt ('dafür sorgen, dass man eine sichere Stel-
lung, Vorteile erlangt')

Rücken ['..]|-**deckung, die** ⟨vorw. Sg.⟩ **1.** 'Schutz für
eine Person, Gruppe vor Angriffen von hinten'; ↗
FELD IV.3.1: *jmdm., den vorrückenden Truppen* ~
geben **2.** 'Schutz, Beistand für jmdn., eine Gruppe
von übergeordneter Stelle od. von einer Autorität
für den Fall, dass die Unternehmung in Gefahr, in
eine riskante Situation gerät': *er hatte sich (für*
seine Aktion) bei seinem Vorgesetzten ~ *verschafft,*
gesichert; ~ *bei jmdm. finden; jmdm.* ~ *geben* ❖ ↗
Rücken, ↗ Decke; **-lehne, die** 'Lehne für den
Rücken': *der Hocker hat keine* ~; *die* ~ *ist ge-*
polstert ❖ ↗ Rücken, ↗ lehnen; **-mark, das** 'dicker
Strang aus Nerven, der in der Wirbelsäule verläuft'
❖ ↗ Rücken, ↗ ¹Mark; **-stärkung, die**: *sich bei*
jmdm. ~ *holen* ('in einer schwierigen Lage jmds.
Rat, psychische Unterstützung suchen') ❖ ↗
Rücken, ↗ stark

Rück/rück ['RYK..]|-**fahrkarte, die** 'Fahrkarte, die
außer zur Hinfahrt auch zur Rückfahrt berechtigt':
eine ~ *kaufen* ❖ ↗ zurück, ↗ fahren, ↗ Karte;
-fahrt, die ⟨vorw. Sg.⟩ 'Fahrt vom Ziel zurück zum
Ort, an dem die Fahrt begonnen wurde'; ANT
Hinfahrt; ↗ FELD VIII.1.1: *es war eine beschwerli-*
che ~; *auf der* ~ *trafen wir N; der Unfall ereignete*
sich auf der ~; *die* ~ *antreten* ❖ ↗ zurück, ↗ fah-
ren; **-fall, der** ⟨vorw. Sg.⟩ **1.1.** *ein* ~ *in etw.* 'be-
stimmtes Verhalten, mit dem man ein scheinbar
schon überwundenes früheres Verhalten wieder-
holt': *ein unerwarteter, bedauerlicher* ~ *in alte Feh-*
ler, schlechte Gewohnheiten, in alte Laster **1.2.** Jur.
im ~ 'von der Art, dass es die Wiederholung einer
bereits früher begangenen und abgebüßten Straftat
darstellt': *er muss sich wegen Betrugs, Diebstahls im*
~ *verantworten* **2.** 'das erneute Auftreten einer
(fast) schon überwundenen Krankheit': *er hat einen*
schweren, gefährlichen ~ *erlebt, erlitten; ein* ~ *ist*
eingetreten, wird befürchtet ❖ ↗ zurück, ↗ Fall;
-fällig ⟨Adj.; o. Steig.; nur präd. (mit *sein, werden*)⟩
/zu *Rückfall 1*/ /jmd./ ~ *sein, werden*; /zu 1.1/: *er ist*
~ *(geworden)* ('zeigt sein früheres schlechtes Ver-
halten erneut'); /zu 1.2/: *er ist immer wieder* ~ *ge-*
worden ('hat immer wieder diese Straftat began-
gen') ❖ ↗ zurück, ↗ Fall; **-gabe, die** ⟨vorw. Sg.⟩
'das Zurückgeben einer (geliehenen) Sache an den
Eigentümer': *jmdn. um schnelle* ~ *(der geliehenen*
Bücher) bitten; die fristgemäße ~ *der Bücher (an*
die Bibliothek) ❖ ↗ zurück, ↗ geben; **-gang, der**
'das Zurückgehen (3), das Sichverringern von
etw.': *ein rascher, starker* ~ *(der Zahl, Menge) der*
Geburten, der Arbeitslosen, Erkrankten; ein ~ *der*
Kriminalität ❖ ↗ zurück, ↗ gehen; **-gängig** ⟨Adj.;
o. Steig.⟩ **1.** ⟨nicht bei Vb.⟩ SYN 'rückläufig' /auf
Prozesse bez./: *eine ~e Entwicklung; die Entwicklung*
ist ~; *etw. weist eine ~e Tendenz auf* **2.** /jmd./ *etw.*

~ *machen* ʿdurch eine Erklärung od. Handlung eine zuvor eingegangene Verpflichtung, Festlegung, einen Vertrag o.Ä. aufheben': *er, sie hat das Versprechen, den Kauf ~ gemacht; sie hat ihren übereilten Schritt ~ gemacht; dieser Beschluss muss ~ gemacht werden* ❖ ↗ zurück, ↗ gehen; **-grat, das** SYN ʿWirbelsäule': *ein gerades, gekrümmtes ~; sich das ~ brechen, verletzen* ❖ ↗ Rücken, ↗ Grat * /etw., jmd./ **jmdm. das ~ brechen** (ʿjmdm. so zusetzen, dass er nicht mehr den Mut hat, für seine Überzeugungen einzustehen'); /jmd., Institution/ **~ haben/zeigen** (ʿden Mut haben, für seine Überzeugungen einzustehen'); /jmd., Institution/ **kein ~ haben/ohne ~ sein** (ʿnicht den Mut haben, für seine Überzeugungen einzustehen'); /jmd./ **jmdm. das ~ stärken** (ʿjmdm. Mut machen und ihm helfen'); **-halt, der** ⟨o.Pl.⟩ ʿ**1.** Sicherheit durch etw., durch jmds. Rückendeckung (2)': ~ *brauchen, genießen; an jmdm., etw. einen festen, moralischen, finanziellen ~ haben; jmdm. ~ bieten, gewähren; ohne ~ auszukommen suchen* **2.** *ohne* ~ ʿohne Vorbehalt': *etw., jmdm. ohne ~ akzeptieren; einer Sache ohne ~ zustimmen* ❖ ↗ Rücken, ↗ halten; **-haltlos** ⟨Adj.; o. Steig.; nicht präd.⟩ SYN ʿbedingungslos (1)' /vorw. auf Äußerungen bez./: *eine ~e Anerkennung, Kritik, Offenheit; jmdm. ~ vertrauen; sich ~ für jmdn. einsetzen* ❖ ↗ Rücken, ↗ halten, ↗ los; **-kehr** [keːɐ̯], **die;** ~, ⟨o.Pl.⟩ ʿdas Zurückkommen nach einer (längeren) Abwesenheit, von einer Reise'; ↗ FELD I.7.2.1: *jmds.* ~ *erwarten; ich habe ihn seit, nach seiner ~ nicht gesehen; die ~ unseres Jungen* ❖ ↗ zurück, ↗ kehren; **-lage, die** ⟨vorw. Pl.⟩ ʿ(für den Notfall, eine besondere Verwendung) zurückgelegtes, gespartes Geld': *er hat beträchtliche ~n; ~n bilden; sich ~n schaffen; auf ~n zurückgreifen* ❖ ↗ zurück, ↗ legen; **-läufig** ⟨Adj.; o. Steig.⟩ ʿin der Entwicklung zurückgehend'; SYN rückgängig (1) /vorw. auf Prozesse bez./: *etw. weist eine ~e Tendenz aus; die Entwicklung der Landwirtschaft ist ein ~er Prozess; eine ~e Quote bei Geburten* ❖ ↗ zurück, ↗ laufen

rücklings [ˈʁʏk..] ⟨Adv.⟩ **1.1.** ʿjmdm. von hinten (1) zugewandt'; ↗ FELD IV.3.3: *er stand ~ vor uns* **1.2.** ʿauf dem Rücken': *er lag ~ auf dem Boden, im Gras* **1.3.** ʿmit dem Rücken in Richtung der Vorwärtsbewegung': ~ *auf einem Pferd sitzen* ❖ ↗ Rücken

Rucksack [ˈʁʊk..], **der** ʿBehälter aus weichem Material zum Transportieren von Lasten, der an Riemen auf dem Rücken getragen wird'; ↗ FELD IV.3.1 (↗ TABL Behälter): *den ~ packen, umhängen, festschnallen, abnehmen* ❖ ↗ Rücken, ↗ Sack

Rück/rück|-schlag [ˈʁʏk..], **der** ʿnach guter Entwicklung (plötzlich) eintretende Verschlechterung': *einen schweren, unerwarteten ~ erleiden, hinnehmen (müssen)* ❖ ↗ zurück, ↗ schlagen; **-schritt, der** ⟨vorw. Sg.⟩ ʿEntwicklung, die zu einem schlechteren, bereits überwundenen Zustand führt': *diese Änderungen, Pläne sind ein bedaulicher ~; diese Entscheidung würde einen ~ (ANT Fortschritt) bedeuten; gegen den ~ kämpfen* ❖ ↗ zurück, ↗

schreiten; **-schrittlich** [ʃʁɪt..] ⟨Adj.; Steig. reg.⟩ ʿgegen den Fortschritt gerichtet, eingestellt, bes. im politischen, sozialen Bereich'; SYN reaktionär; ANT fortschrittlich (1.2): *ein ~er Politiker; eine ~e Ansicht, Politik; seine Ansichten sind ~; ~ denken, handeln*; vgl. konservativ ❖ ↗ zurück, ↗ schreiten; **-seite, die** ⟨+ Gen.attr.⟩ **1.1.** ʿdie hintere Seite von etw., bes. eines Gebäudes'; ANT Vorderseite; ↗ FELD IV.3.1: *auf, an der ~ des Hauses, Schranks* **1.2.** ʿaufgrund bestimmter Kriterien als weniger bedeutend geltende Seite von etw. Flächigem': *die ~ einer Münze, Schallplatte, eines Geldscheins, Bildes* ❖ ↗ Rücken, ↗ Seite; **-seitig** [zaɪ̯tɪç] ⟨Adj.; o. Steig.; nicht präd.⟩ ʿdie Rückseite betreffend'; ↗ FELD IV.3.3: *die ~e Fassade eines Hauses* ❖ ↗ Rücken, ↗ Seite; **-sicht, die 1.** ⟨o.Pl.⟩ **1.1.** ʿVerhalten gegenüber anderen Personen, das die besonderen Gefühle, Interessen, Bedürfnisse, Schwächen dieser Personen angemessen berücksichtigt, feinfühlig beachtet': *jmdm. mit kluger, weitgehender ~ begegnen, entgegentreten; jmdm. ~ schulden, entgegenbringen; jmdm. gegenüber ~ üben* (ʿsich jmdm. gegenüber rücksichtsvoll verhalten'); *es nicht an der gebotenen ~ fehlen lassen; er ist mit großer ~ vorgegangen; er kennt keine ~* (ʿist nicht rücksichtsvoll bei der Durchsetzung seiner Interessen'), *wenn er seinen Vorteil sieht; auf jmdn., etw. (keine) ~ nehmen* ʿsich jmdm., etw. gegenüber (nicht) rücksichtsvoll verhalten'; ↗ FELD I.2.1, 18.1: *nimm doch bitte auf deine kleine Schwester ~!; er nahm keine ~ darauf, dass sie humpelte; auf seine Umgebung ~ nehmen* (vgl. *Rücksichtnahme*) **1.2.** *mit ~ darauf* (ʿhinsichtlich dessen'), *dass ...:* *mit ~ darauf, dass morgen Sonntag ist, wollen wir jetzt Schluss machen* **2.** ⟨vorw. Pl.⟩ ʿGrund (4), der sich durch die Berücksichtigung bestimmter Gegebenheiten, Umstände, Zustände ergibt': *etw. aus familiären, finanziellen, ökonomischen ~en lassen, tun; moralische ~en haben ihn veranlasst, in das Verfahren einzugreifen* ❖ berücksichtigen, Berücksichtigung ↗ Rücksichtnahme, rücksichtslos, Rücksichtslosigkeit, rücksichtsvoll * umg. scherzh. **ohne ~ auf Verluste** ʿohne Rücksicht auf sich od. andere und unter allen Umständen etw., sich durchsetzen wollend': *ohne ~ auf Verluste brauste er durch die Menge*

Rücksicht|nahme [ˈ..naːmə], **die;** ~, ⟨o.Pl.⟩ ʿrücksichtsvolles Verhalten gegenüber anderen'; ↗ FELD I.18.1: *seine verständnisvolle ~; die gegenseitige ~ im Straßenverkehr* ❖ ↗ Rücksicht, ↗ nehmen

rücksichts/Rücksichts [ˈʁʏkzɪçts..]**|-los** ⟨Adj.⟩ **1.1.** ⟨Steig. reg.⟩ ʿkeine Rücksicht (1.1) zeigend, ohne Rücksicht' /auf Personen bez./; ↗ FELD I.2.3, 18.3: *ein ~er Autofahrer, Mensch; er war so ~, dass ...; sich ~ durchsetzen* **1.2.** ⟨Steig. reg., ungebr.⟩ SYN ʿschonungslos': *er äußerte sich in ~er Offenheit; er kritisierte die Missstände ~ und offen; ~e Strenge; ~ (gegen jmdn., etw.) vorgehen* ❖ ↗ Rücksicht, ↗ los; **-losigkeit** [loːzɪç..], **die;** ~, ~en /zu *rücksichtslos* 1.1/ ʿdas Rücksichtslossein'; ↗ FELD

I.2.1, 18.1: *mit seiner ~ hat er sich überall unbeliebt gemacht* ❖ ↗ Rücksicht, ↗ los; **-voll** ⟨Adj.; Steig. reg.⟩ ʼvoller Rücksicht (1.1), Rücksicht zeigendʼ; ↗ FELD I.2.3, 18.3: *ein ~er Ehemann, Nachbar; jmdn. ~ behandeln; er war sehr ~* ❖ ↗ Rücksicht, ↗ voll

Rück/rück [ˈʀʏk..]**-sprache, die**: *~ mit jmdm.* ʼBesprechung mit jmdm., um noch nicht erledigte Fragen zu klären, um zu einer Angelegenheit noch etw. zu erfahren, um sich über etw. zu vergewissernʼ: *nach (einer) ~ mit dem Leiter wurde beschlossen, dass …; nach ~ mit dem Direktor war der Fall erledigt; (wegen etw.) mit jmdm. ~ halten, nehmen* (ʼetw. noch nicht Geklärtes mit jmdm. besprechenʼ) ❖ ↗ zurück, ↗ sprechen; **-stand, der 1.** ʼdas, was von einem Stoff nach seiner Nutzung, Bearbeitung übrig geblieben istʼ: *giftige Rückstände aus chemischen Prozessen; ein flockiger, pulveriger ~; der ~ (von) einer Verbrennung; der Behälter muss von Rückständen gesäubert werden;* vgl. *Rest* (1) **2.1.** ʼ(restlicher) fälliger, noch nicht bezahlter Geldbetragʼ: *er hat noch einen ~ in, bei der Mietzahlung; Rückstände bezahlen, kassieren, eintreiben* **2.2.** ⟨o.Pl.⟩ *mit etw. in ~ sein, geraten, kommen* ʼetw., eine Zahlung, Leistung, Verpflichtung nicht termingemäß erledigenʼ: *er ist in ~ mit seinen Beiträgen, seiner Dissertation* **3.** ⟨o.Pl.⟩ ʼdie Zeit, die Entfernung, die Tore, Punkte, die ein Sportler, eine Mannschaft weniger als der Gegner, Konkurrent erreicht hatʼ: *der ~ betrug nur noch einen Meter, eine Zehntelsekunde, zwei Tore, drei Punkte* ❖ ↗ zurück, ↗ stehen; **-ständig** ⟨Adj.; nicht bei Vb.⟩ **1.** ⟨Steig. reg.⟩ ʼin der gesellschaftlichen, bes. ökonomischen, industriellen Entwicklung weit hinter dem Stand fortgeschrittener Länder (geblieben)ʼ /bes. auf Staaten, Regionen bez./: *ein ~es Land, Gebiet; hier ist alles noch sehr ~* **2.** ⟨Steig. reg.⟩ ʼin den Denk- und Lebensgewohnheiten am Alten, Überholten hängend, hinter den Forderungen, der Entwicklung seiner Zeit zurückgebliebenʼ /auf Personen bez./: *ein ~er Mensch; seine Ansichten sind ~* **3.** ⟨o. Steig.; nur attr.⟩ ʼnoch nicht gezahlt, geleistet /auf Finanzielles bez./: *~e Forderungen, Zahlungen* ❖ ↗ zurück, ↗ stehen; **-stoß, der** ʼAntrieb nach vorn durch Ausstoßen von Teil(ch)en nach der entgegengesetzten Seiteʼ: *Raketen, Raumschiffe bewegen sich durch ~ vorwärts* ❖ ↗ zurück, ↗ stoßen; **-tritt, der 1.** ʼdas Zurücktreten (2) von einem Amt, das Niederlegen (2) eines Amtes, bes. von (Mitgliedern) einer Regierungʼ: *der ~ des Ministers, der Regierung, des Vorstands; jmds. ~ fordern; seinen ~ anbieten, ankündigen, erklären; der Ministerpräsident hat den ~ des Ministers angenommen* **2.** fachspr. *der ~ von einem Vertrag* (ʼdas Zurücktreten 3 von einem Vertrag durch einseitige Erklärung eines Vertragspartnersʼ) ❖ ↗ zurück, ↗ treten; **-versichern, sich**, rückversicherte sich, hat sich rückversichert ⟨vorw. im Inf. und Part. Prät.⟩ /jmd./ ʼsich vor einer Entscheidung dadurch absichern, dass man genaue Infor-

mationen einholt bzw. sich mehrere Möglichkeiten offen lässtʼ: *er versuchte, sich durch Versprechungen, Zugeständnisse rückzuversichern* ❖ ↗ zurück, ↗ sicher; **-wärtig** [ˈvɛʀtɪç] ⟨Adj.; o. Steig.; nicht präd.; vorw. attr.⟩ ʼhinten gelegenʼ; SYN hinter; ↗ FELD IV.3.3: *der ~e Ausgang* ❖ ↗ Rücken; **-wärts** [vɛʀts] ⟨Adv.⟩ ANT vorwärts **1.** ⟨räuml.⟩ **1.1.** ʼin Richtung nach hinten (1.3, 1.4)ʼ; ↗ FELD IV.3.3: *er ist ein paar Schritte ~ gegangen, hat einen Blick ~ getan; sich (nach) ~ beugen, fallen lassen; ~ fallen* **1.2.** ʼin Richtung auf den Anfangʼ: *ein Tonband ~ laufen lassen; ein Wort ~* (ʼvon hinten beginnendʼ) *lesen* **2.** ⟨zeitl.⟩ *von heute an drei Monate ~ gerechnet* (ʼheute vor drei Monatenʼ) *war alles noch ungewiss* **3.** *eine ~* (ʼin Richtung auf Überholtes, Rückständigesʼ) *gerichtete, orientierte Politik* ❖ ↗ Rücken; **-weg, der** ʼWeg (2) zurück vom Ziel, zum Ort, an dem die Fahrt, der Marsch, Gang seinen Anfang nahmʼ; ↗ FELD I.7.2.1: *ein beschwerlicher, kurzer ~; den ~ antreten; jmdm. den ~ abschneiden, versperren* ❖ ↗ zurück, ↗ Weg; **-wirkend** [vɪʀkənt] ⟨Adj.; o. Steig.; nicht präd.⟩ ʼgültig von einem vergangenen Zeitpunkt anʼ: *ein Gesetz, eine Zahlung von ~er Gültigkeit; etw. ~ zahlen; die Gehaltserhöhung gilt ~ vom, ab 1. Januar* ❖ ↗ zurück, ↗ wirken; **-wirkung, die** ʼWirkung, die auf die Sache od. die Person, von der die ursprüngliche Wirkung ausgegangen war, nun ihrerseits einwirktʼ: *er versprach sich eine positive ~ von seinen Vorschlägen; eine unbeabsichtigte, negative ~; die ~ auf etw.: das hatte ungeahnte ~en auf die soziale Struktur der Bevölkerung* ❖ ↗ zurück, ↗ wirken; **-zieher** [tsiːɐ] umg. /jmd./ *einen ~ machen* (ʼzu weit gehende Äußerungen, Vorschläge, Kritiken, zu weit gesteckte Ziele o.Ä. teilweise od. ganz zurücknehmen 2.2ʼ) ❖ ↗ zurück, ↗ ziehen

rüde [ˈʀyːdə] ⟨Adj.; Steig. reg.⟩ ʼunhöflich, rücksichtslos und ohne Feingefühlʼ /vorw. auf Personen bez./; ↗ FELD I.18.3: *ein ~r Bursche; er fiel durch sein ~s Benehmen auf; einen ~n Ton anschlagen* (ʼsich in aggressiver, derber Weise äußernʼ); *der ~ Ton seiner Rede*

Rüde, der; ~n, ~n ʼmännlicher Hund, Fuchs, Wolfʼ; ↗ FELD II.3.1: *ein kräftiger, starker ~*

Rudel [ˈʀuːdl̩], **das**; ~s, ~ ʼGruppe in freier Wildbahn zusammenlebender Säugetiereʼ; ↗ FELD II.3.1: *ein ~ Hirsche, Gemsen, Rehe, Wölfe;* vgl. *Herde*

Ruder [ˈʀuːdɐ], **das**; ~s, ~ **1.** ʼzur Fortbewegung eines Ruderbootes (paarweise) verwendete, an einem Ende zu einem Blatt (6) verbreiterte hölzerne Stangeʼ; SYN Riemen: *ein langes, schweres ~; die ~ eintauchen; die ~ einlegen, einziehen;* vgl. *Paddel* **2.** ʼzum Steuern (1) dienendes, meist längliches flächiges Teil am Heck eines Bootes, Schiffesʼ: *das ~ eines Bootes halten; das ~ (des Tankers) ist gebrochen; ~ (hart) Backbord, Steuerbord!* /Kommando/; METAPH *das ~ des Staates führen* **3.** ʼzum Steuern dienendes Teil am Heck eines Flugzeugesʼ: *das ~ klemmt, bewegt sich nicht; das ~*

betätigen; vgl. ¹*Steuer* ❖ **rudern, Ruderer – Ruderboot**

* /jmd., Partei/ **ans ~ gelangen/kommen** (ʹan die Macht kommen, die Regierungsgewalt erlangenʹ); /jmd., Regierung/ **das ~ herumwerfen** (ʹin einer schwierigen Lage seine, die Politik ändern, um Schlimmeres zu verhütenʹ); /etw., bes. Entwicklung/ ⟨ist⟩ **aus dem ~ laufen** ʹaußer Kontrolle geratenʹ: *die Steuerpolitik ist aus dem ~ gelaufen*

Ruder|boot [ʹ..], das ʹBoot, das durch Rudern fortbewegt wirdʹ; ↗ FELD VIII.4.3.1: *mit einem ~ über den See fahren* ❖ ↗ **Ruder,** ↗ **Boot**

Ruderer [ʹʀuːdəʀɐ], der; ~s, ~ ʹjmd., der (als Sportler) rudertʹ; ↗ FELD I.7.4.1: *die ~ freuten sich über ihren Sieg (im Wettbewerb)* ❖ ↗ **Ruder**

rudern [ʹʀuːdɐn] ⟨reg. Vb.; ist/hat⟩ **1.** /jmd./ **1.1.** ⟨ist/ hat⟩ ʹsich in einem Ruderboot mit Hilfe der Ruder (1) fortbewegenʹ; ↗ FELD I.7.4.2: *er ist/hat immer gern gerudert; mit einem Kahn ~* **1.2.** ⟨ist⟩ *irgendwohin ~* ʹsich in einem Ruderboot mit Hilfe der Ruder (1) irgendwohin fortbewegenʹ: *über den Fluss, See, an das gegenüberliegende Ufer ~* **2.** ⟨hat⟩ /jmd./ **2.1.** *ein Boot ~* (ʹmit Hilfe der Ruder 1 fortbewegenʹ) **2.2.** *jmdn., etw. irgendwohin ~* ʹjmdn., etw. in einem Boot durch Rudern (1.1) irgendwohin befördernʹ: *die Gäste, Leute, das Gepäck über den Fluss, an das andere Ufer ~* ❖ ↗ **Ruder**

Ruf [ʀuːf], der; ~es/auch ~s, ~e **1.1.** ʹmeist kurze, laute (sprachliche) Äußerung eines Menschen, die meist eine Aufforderung zum Inhalt hatʹ; ↗ FELD VI.1.1: *ein weithin schallener, anfeuernder, erregter, ängstlicher ~; er stieß einen warnenden ~ aus; die (jauchzenden) ~e der spielenden Kinder; die ~e der Händler auf dem Markt; ein ~ ertönt, erschallt, verstummt; die, ihre, seine ~e wurden immer leiser; seine ~e verhallten ungehört; ~e um Hilfe, nach der Polizei; auf seinen ~ hin erschien der Wirt am Fenster; die Kinder folgten, gehorchten dem ~ der Mutter und kamen sofort* **1.2.** ⟨mit best. Adj.⟩ ʹspezifische lautliche Äußerung eines Vogelsʹ: *der ~ der Nachtigall; der gellende, lockende, warnende ~ des Hahns, Pirols* **2.** ⟨o.Pl.⟩ geh. *der ~ zu etw.* ⟨Dat.⟩ ʹder Appell, etw. Bestimmtes zu leistenʹ: *der ~ zur Ordnung wurde allgemein befolgt; der ~ zur Mitarbeit ergeht an uns alle; er folgte dem ~ seines Gewissens, Herzens* **3.** ⟨o.Pl.⟩ ʹAngebot, Aufforderung, ein (hohes) wissenschaftliches, künstlerisches Amt zu übernehmenʹ; SYN Berufung: *er erhielt einen ~ auf den Lehrstuhl für Philosophie, einen ~ an die Universität N; einen ~ annehmen, ausschlagen; er folgte dem ~ an die Oper in N* **4.** ⟨o.Pl.; mit best. Adj.⟩ ʹMeinung, die in der Allgemeinheit, Öffentlichkeit über jmdn., etw. bestehtʹ; SYN Leumund, Renommee: *einen guten, schlechten, makellosen, zweifelhaften ~ haben, genießen; ein Hotel von internationalem ~* (ʹinternational hohem Ansehenʹ); *jmd., etw. erfreut sich eines guten ~s; dem neuen Leiter geht ein hervorragender ~ voraus; er hat sich durch, mit seinem Fleiß einen sehr guten ~ erwor*

ben; einen guten ~ zu verlieren haben (ʹeinen guten Ruf haben, den man nicht durch Unbesonnenheit o.Ä. einbüßen will od. sollteʹ); *seinen guten ~ aufs Spiel setzen, gefährden, ruinieren; das schadet seinem ~; jmd., etw. ist besser als sein ~* (ʹbesser als man davon denkt, redetʹ); *er kam in den ~* (ʹVerdachtʹ) *eines Schürzenjägers/ein Schürzenjäger zu sein* ❖ ↗ **rufen**

rufen [ʹʀuːfn̩], rief [ʀiːf], hat gerufen **1.** /jmd./ **1.1.** ʹseine Stimme laut ertönen lassen und dabei etw. (Sprachliches) vernehmen, hören lassenʹ; ↗ FELD VI.1.2: *er hatte laut gerufen, aber wir konnten ihn nicht verstehen; jmdn. ~ hören; mit kräftiger Stimme, aus Leibeskräften ~* **1.2.** *sich heiser ~* (ʹdurch Rufen 1.1 heiser werdenʹ) **2.** /Vogel, bes. Kuckuck/ ʹseine Stimme ertönen lassenʹ: *der Kukkuck ruft* **3.** /jmd./ *etw. ~* ʹetw. kurz, laut äußernʹ: *hat er meinen Namen, etw. gerufen?; „Achtung,“ rief er, „passt auf!“; Hilfe, hurra, bravo ~; er rief aus dem Fenster: „Wo bleibt ihr denn?“;* vgl. *schreien* (2.1) **4.** /jmd./ **4.1.** *jmdn./nach jmdm. ~* ʹjmdn. durch Rufen (1.1) auffordern zu kommenʹ: *die Mutter rief ihre Kinder/nach ihren Kindern; der Gast rief den Ober/nach dem Ober* **4.2.** *jmdn. irgendwohin ~* ʹjmdn. durch Rufen (1.1) od. telefonisch auffordern, bitten, an einen Ort zu kommen, wo er gebraucht wirdʹ: *einen Arzt (zu einem Patienten), die Polizei (an den Unfallort) ~; jmdn. ins Haus, Zimmer ~; jmdn. zu sich* ⟨Dat.⟩ ~: *der Chef rief ihn zu sich* **4.3.** *jmdn. zu etw.* ⟨Dat.⟩ ~ ʹjmdn. auffordern, aus einem bestimmten Anlass zu kommenʹ: *jmdn. zu Hilfe ~, zu Tisch, zu einer Besprechung ~* ❖ **Ruf – Anruf, anrufen, Aufruf, aufrufen, Ausruf, ausrufen, Ausrufezeichen, hervorrufen, Hochruf, Notruf, wachrufen, Weltruf, Widerruf, widerrufen, zurückrufen – Rufnummer;** vgl. **berufen**

* /jmd., etw./ **wie gerufen kommen** ʹgenau in dem Augenblick eintreffen, zu dem man, es gebraucht wirdʹ: *Fritz, du kommst wie gerufen, ich brauche jmdn., der mir das Paket zur Post bringt; das kommt ja wie gerufen!*

Rüffel [ʹʀʏfl̩], der; ~s, ~ umg. SYN ʹTadelʹ: *er hatte einen kräftigen, mächtigen ~ bekommen, einstecken müssen*

Ruf|nummer [ʹʀuːf..], die SYN ʹTelefonnummerʹ: *die ~ lautet ...; das Amt hat die ~ ...; die ~ ... wählen* ❖ ↗ **Ruf,** ↗ **Nummer**

Rüge [ʹʀyːgə], die; ~, ~n SYN ʹTadelʹ: *eine scharfe, schwere ~; eine ~ bekommen, erhalten, hinnehmen müssen; jmdm. eine ~ erteilen* (ʹjmdn. rügenʹ) ❖ ↗ **rügen**

rügen [ʹʀyːgn̩] ⟨reg. Vb.; hat⟩ /jmd., bes. Vorgesetzter, Erziehungsberechtigter/ *jmdn. ~* SYN ʹjmdn. tadelnʹ: *er hat den Mitarbeiter aufs Strengste gerügt; er hat ihn, er wurde wegen seines Verhaltens gerügt* ❖ **Rüge**

Ruhe [ʹʀuːə], die; ~, ⟨o.Pl.⟩ **1.** ʹZustand der Bewegungslosigkeit von etw.ʹ; ↗ FELD I.7.1.1: *das Pendel ist, befindet sich in ~; der Motor ist zur ~ gekommen; das Wasser des Teiches lag in völliger ~*

vor uns; der Wechsel von ~ *und Bewegung; vgl.*
Stillstand **2.1.** ⟨mit best. Adj.⟩ ʿZustand, bei dem
kaum ein Laut zu hören od. eine Bewegung wahr-
zunehmen istʾ; SYN Stille: *es herrschte eine große*
~ (ANT Lärm); *die sonntägliche, nächtliche* ~; *im*
Walde herrschte eine wohltuende, friedliche ~; *am*
Abend herrschte eine tiefe, vollkommene ~; *als der*
Lehrer in die Klasse kam, trat ~ *ein; die* ~ *des*
Alleinseins lieben, genießen; in ~: *seine Arbeit in* ~
(ʿohne gestört zu werdenʾ) *erledigen können;* ~ *für,*
bei etw.: ~ *zur Arbeit, zum Nachdenken brauchen;*
der Lehrer suchte in der Klasse ~ *zu schaffen; jmdm.*
~ *gebieten; um* ~ *bitten;* /in der kommunikativen
Wendung/ umg. ~ *im Stall!* /lauter Ruf, mit dem
eine Gruppe von Personen aufgefordert wird, still
zu sein/ **2.2.** ʿZustand, bei dem keine Störungen,
kein Streit herrschenʾ: *die* ~ *im Land; die öffentli-*
che ~ *bewahren; es herrschten* ~ *und Ordnung im*
Land; er wollte endlich seine ~ *haben* (ʿnicht beläs-
tigt, gestört werdenʾ); *in* ~: *jmdn., etw. in* ~ *lassen*
(ʿnicht stören, belästigenʾ); *mit jmdm. in* ~ *(und*
Frieden) (ʿin Harmonieʾ) *leben* **3.** ʿZustand, der der
Erholung, Entspannung dientʾ: *nach den Anstren-*
gungen, Aufregungen brauchte er ~; *es herrschte*
eine behagliche, wohlverdiente ~; *das Bedürfnis*
nach ~ *haben; der* ~ *bedürfen, pflegen; sich nach* ~
sehnen; sich ~ *gönnen; sich zur* ~ *legen, begeben*
(ʿsich schlafen legenʾ); *im Bett, nachts keine* ~ *fin-*
den; /in der kommunikativen Wendung/ *angenehme*
~! /wird zu jmdm. gesagt, der sich zum Schlafen
hinlegt/ **4.** ʿZustand innerer Gelassenheit, der
durch keine Erregung gestört wirdʾ; SYN Ausge-
glichenheit: *er verfügt über eine bewundernswerte,*
beneidenswerte, unerschütterliche ~; *seine* ~ *war*
nur gespielt, war gekünstelt; von ihm ging eine wohl-
tuende ~ *aus; er strahlt* ~ *aus; seine* ~ *erstaunte*
uns alle; er bewahrt, behält auch in kritischen Situa-
tionen seine ~; *seine* ~ *verlieren* (ʿzornig, wütend
werdenʾ); *sich zur* ~ *zwingen;* /in der kommunikati-
ven Wendung/ *nur die* ~/*immer mit der* ~! /wird zu
jmdm. gesagt, der etw. zu hektisch, erregt, eilig tut
od. entsprechend reagiert/ ❖ **ruhen, ¹ruhig, beruhi-**
gen, Beruhigung, beunruhigen, geruhsam, Unruhe,
unruhig − ausruhen, ruhelos, Ruhestand, Seelen-
ruhe, Waffenruhe
* /jmd./ **sich nicht aus der ~ bringen lassen** (ʿsich nicht
provozieren, irritieren lassen, sich nicht aufregenʾ);
~ geben ⟨vorw. im Imp.⟩ (**1.** ʿaufhören, laut zu re-
den, zu lärmen; still seinʾ **2.** ʿjmdn. nicht weiterhin
mit seinem Anliegen bedrängen, belästigenʾ: *nun*
gib endlich ~!); /jmd./ **die ~ selbst sein** (ʿinnerlich
sehr ausgeglichen, gelassen seinʾ); /jmd./ **zur ~**
kommen (ʿseine Aufregung allmählich verlierenʾ);
etw. lässt jmdm. keine ~ ʿjmd. muss sich in Gedan-
ken immer wieder mit etw. Problematischem be-
schäftigen, kommt nicht davon losʾ: *die ungeklärte*
Angelegenheit ließ ihm keine ~; verhüll. /jmd./
jmdn. zur letzten ~ betten/bringen (ʿjmdn. beerdi-
genʾ); /jmd./ **sich zur ~ setzen** (ʿaus Altersgründen
aus dem Arbeitsprozess ausscheiden und Rente be-

ziehenʾ); **die ~ vor dem Sturm** ʿdie Situation der
trügerischen Ruhe vor zu erwartenden, chaotisch
anmutenden Ereignissenʾ: *das ist nur die* ~ *vor dem*
Sturm, wartʾs ab!; ⟨⟩ umg. /jmd./ **die ~ weghaben**
ʿinnerlich und äußerlich sehr ausgeglichen, gelas-
sen sein, nicht zu erschüttern sein und dabei meist
ein wenig phlegmatisch erscheinenʾ: *der hat die* ~
weg!

ruhe|los [ʾ..] ⟨Adj.; Steig. reg.⟩ ʿvoller Unruhe, von
Unruhe (hin und her) getriebenʾ; ↗ FELD I.7.2.3:
ein ~*er Mensch;* ~ *hin und her durch das Zimmer*
laufen; ~ *umherblicken; vgl. unstet (1)* ❖ ↗ **Ruhe,**
↗ **los**

ruhen [ˈʀuːən] ⟨reg. Vb.; hat⟩ **1.** /jmd./ *irgendwo* ~
ʿsich irgendwo sitzend od. liegend (und durch
Nichtstun) entspannen und erholenʾ; SYN ausru-
hen; ↗ FELD I.7.1.2: *auf dem Sofa, in einem Ses-*
sel, im Bett, im Schatten eines Baumes ~; *ein wenig,*
ein Weilchen, nach dem Essen eine Stunde ~ (ʿschla-
fenʾ); *ruhe sanft* /Grabinschrift/ **2.1.** /jmd./ *an jmds.*
Brust, in jmds. Armen ~ ʿruhig, an jmds. Brust ge-
lehnt, in jmds. Arme geschmiegt, liegenʾ: *das Baby*
ruhte an ihrer Brust; das Kind ruhte in ihren Armen
2.2. geh. /jmd./ *irgendwo* ~ ʿirgendwo begraben
seinʾ: *auf diesem Friedhof* ~ *alle ihre Angehörigen*
2.3. /Gliedmaßen/ *irgendwo* ~ ʿirgendwo ruhig,
entspannt liegenʾ: *ihre Hände ruhten in ihrem*
Schoß; die müden Glieder ~ *lassen; sein Kopf ruhte*
an ihrer Schulter **3.** /jmd./ *nicht eher* ~ (ʿin seinen
Anstrengungen, Bemühungen um etw. nicht nach-
lassenʾ), *(als) bis ...: er ruhte nicht eher, bis er sein*
Ziel erreicht hatte; er ruhte nicht eher (mit seinen
Bewerbungen), (als) bis er eine Anstellung gefunden
hatte **4.1.** /bes. Tätigkeit/ ʿvorübergehend nicht tä-
tig seinʾ; ↗ FELD IX.2.2: *während der Feiertage* ~
die Maschinen; der Betrieb, die Arbeit ruht (ʿes wird
nicht gearbeitetʾ); *der Verkehr ruhte mehrere Stun-*
den; die Verhandlungen ~ (ʿsind unterbrochenʾ);
der Prozess, das Verfahren ruht; die Waffen ~ (ʿder
Kampf, Krieg ist beendetʾ); *der* ~*de Verkehr* (ʿdie
auf öffentlichen Straßen und Plätzen abgestellten
Fahrzeugeʾ) **4.2.** /bes. Beziehung/ ʿvorübergehend
nicht wirksam, gültig, rechtskräftig seinʾ: *seine*
Mitgliedschaft ruht, solange er im Ausland weilt; ein
~*des Arbeitsverhältnis* **5.** /etw., bes. Bauwerk/ *auf*
etw. ⟨Dat.⟩ ~ ʿvon etw. getragen, gestützt werdenʾ:
das Dach, die Kuppel ruht auf mächtigen Säulen,
Pfeilern ❖ ↗ **Ruhe**
* **etw. lässt jmdn. nicht ~** ʿjmd. findet nicht eher
Ruhe, bis er etw. gelöst hat, bis es erledigt istʾ: *die*
Angelegenheit, das ungelöste Problem, die fast fertig
geschriebene Arbeit ließ ihn nicht ~; /jmd./ **nicht ~**
und nicht rasten, bis ... (ʿin seinen Anstrengungen,
Bemühungen nicht nachlassen, sie nicht unterbre-
chen, bis etw. Bestimmtes erledigt istʾ)

ruhen lassen, er lässt ruhen, ließ ruhen, hat ruhen las-
sen/auch ruhen gelassen /jmd./ *etw.* ~ ʿin einer be-
stimmten Angelegenheit vorläufig nichts weiter un-
ternehmenʾ: *die Angelegenheit, Klage, Sache, den*
Fall ~; *diese alte Geschichte solltest du endgültig* ~

Ruhestand ['Ruːə..], **der** ⟨o.Pl.⟩ 'Zustand, in dem sich jmd. befindet, der aus Gründen des Alters aus der Erwerbstätigkeit ausgeschieden ist': *im ~ leben; in den ~ gehen, treten, versetzt werden; den ~ genießen; im ~* (ABK i.R.) ❖ ↗ **Ruhe,** ↗ **stehen**

¹ruhig ['ruːɪç] ⟨Adj.⟩ **1.** ⟨Steig. reg.⟩ 'fast ohne Bewegung' /bes. auf Sachen bez., die sich normalerweise bewegen/; ↗ FELD I.7.1.3: *er lag, saß ganz ~ da; die Finger ~ halten; die Kerze brannte mit ~er Flamme; eine ~e* ('bei bestimmten Tätigkeiten nicht aufgeregt zitternde') *Hand haben; als wir losfuhren, war ~e See, war die See ~* ('war keinerlei Wellengang') **2.** ⟨Steig. reg.⟩ **2.1.** 'frei von störendem Lärm od. Geräusch' /bes. auf Wohnungen, Örtlichkeiten bez./: *eine ~e Wohnung; ein ~es Haus; eine ~e Gegend; hier ist es ~, hier können wir uns erholen; hier lebt man ~* **2.2.** 'keinen störenden Lärm, keine störenden Geräusche hervorrufend' /auf Personen, Maschinen bez./: *er ist ein ~er Mieter, Nachbar; er hat sich immer ~ verhalten; die Maschine läuft (sehr) ~; sei bitte ~* ('sprich nicht, höre auf zu sprechen')! **3.1.** ⟨Steig. reg.⟩ 'frei von Aufregungen, frei von Hektik und Betriebsamkeit': *er hatte ein ~es Leben geführt; einen ~en Posten haben; das waren ~e Zeiten; es ging dort sehr ~* (ANT lebhaft 1.2) *zu* **3.2.** ⟨Steig. reg., Superl. ungebr.; vorw. präd. u. bei Vb.⟩ 'frei von Ausschreitungen': *nach den Aufregungen und Zwischenfällen der letzten Tage war es in der Stadt wieder ~ geworden; nach dem Tumulten verlief die heutige Sitzung sehr ~* **4.** ⟨Steig. reg.⟩ 'von innerer Ruhe (4), Ausgeglichenheit zeugend' /vorw. auf Personen bez./: *er ist ein ~er* (ANT nervöser 1.1) *Mensch; ein ruhiges* (ANT lebhaftes 1.1) *Kind; sie antwortete, reagierte ~ und gelassen; er konnte ~* ('geduldig') *abwarten; er gab sich Mühe, ~* ('gefasst') *zu bleiben* **5.** ⟨nur präd.⟩ /jmd./ *da kannst du ganz ~* ('ohne Sorge') *sein, bleiben* ❖ ↗ **Ruhe**

²ruhig ⟨Modalpartikel; betont od. unbetont; steht nicht am Satzanfang; bezieht sich auf den ganzen Satz; steht in Aufforderungssätzen, auch in Aussagesätzen⟩ /der Sprecher drückt damit aus, dass der Hörer der Aufforderung Folge leisten kann, ohne Nachteiliges befürchten zu müssen/: *komm ~ rein!; bleib ~ sitzen!; schlaf ~ weiter!; iss ~ deinen Apfel; bleib ~ liegen!; geh ~ etwas langsamer!; du kannst ~ mitkommen; man kann ~ darüber sprechen; du kannst ~ das Fleisch essen*

Ruhm [Ruːm], **der;** *~es/auch ~s,* ⟨o.Pl.⟩ 'durch hervorragende Leistungen erworbenes hohes Ansehen in der Öffentlichkeit': *literarischer, weltweiter ~; ein fragwürdiger ~; der ~ eines Heerführers, Staatsmannes, Erfinders; ~ erlangen, ernten, erringen, verdienen; diese Taten haben ~ verdient; auf der Höhe seines ~es stehen* ❖ **berühmt, rühmen, rühmlich**

* umg. spött. /jmd./ **sich nicht gerade mit ~ bekleckert haben** ('eine schwache Leistung gezeigt und sich dadurch blamiert haben')

rühmen ['Ryːmən] ⟨reg. Vb.; hat⟩ /jmd./ **1.1.** *jmdn., etw. ~* 'jmdn., etw. (öffentlich) lobend herausstellen, hervorheben'; SYN preisen: *das Werk des Künstlers, eine Künstlerin, die Leistungen eines Forschers, Staatsmannes ~; jmds. Großmut, Fleiß ~; jmdn. laut, wegen seiner Tüchtigkeit, wegen seines Mutes ~; jmdn. als überlegen, als Vorbild ~; er rühmte an ihm vor allem seine Kühnheit, Klugheit, Bescheidenheit; jmdn. ~d erwähnen, hervorheben* **1.2.** *sich etw.* ⟨Gen.⟩ *~* 'die eigene Leistung lobend hervorheben': *er rühmte sich seiner Erfolge, Taten;* ⟨+ Nebens.⟩ *er kann sich ~, das Werk vollendet zu haben; er rühmt sich, der erste beim Wettbewerb gewesen zu sein* ❖ ↗ **Ruhm**

rühmlich ['Ryːm..] ⟨Adj.; o. Steig.⟩ 'wert, gerühmt zu werden' /vorw. auf Abstraktes bez./: *das, er ist die/ eine ~e Ausnahme; etw. bildet eine ~e Ausnahme; wir müssen sehen, dass wir diese Arbeit zu einem ~en Ende führen, bringen; das Unternehmen hat kein ~es Ende genommen; das, dieses Verhalten war nicht gerade ~ von ihm/für ihn* ❖ ↗ **Ruhm**

Ruhr [Ruːɐ̯], **die;** *~,* ⟨o.Pl.⟩ 'Infektionskrankheit, die mit Fieber, Leibschmerzen, starkem Durchfall auftritt': *an (der) ~ erkranken; die ~ haben*

Rühr|ei [Ryːɐ̯..], **das** ⟨vorw. Sg.⟩ 'Eier, die unter Rühren (2.1), Quirlen in einer Pfanne in Fett erhitzt werden'; ↗ FELD I.8.1: *~ mit Schinken essen* ❖ ↗ **rühren,** ↗ **Ei**

rühren ['Ryːrən] ⟨reg. Vb.; hat⟩ **1.** ⟨o.Pass.⟩ **1.1.** /jmd., etw./ ⟨vorw. verneint⟩ *sich ~* 'sich (ein wenig) ¹bewegen (1.1)': *er konnte sich vor Schreck kaum ~; er wagte nicht, sich zu ~; kein Lüftchen rührte sich* ('es wehte kein Wind'); *sie lauschten in die Dunkelheit, aber nichts rührte sich; sich nicht vom Fleck, vom Platz, von der Stelle ~* ('sich nicht von der Stelle, an der man sich befindet, fortbewegen') **1.2.** /jmd., Tier/ *etw. ~* 'die Glieder, die Gliedmaßen (ein wenig) bewegen (1.1)': *vor Schreck, Kälte konnte er keinen Finger ~; im Sonnenschein begannen die Insekten ihre Flügel zu ~* **2.** /jmd./ **2.1.** *etw. ~* 'eine breiige, körnige Masse, eine Flüssigkeit mit einem Löffel o.Ä. in kreisrunde Bewegung bringen, damit ihre verschiedenen Bestandteile gut durch-, miteinander gemischt werden': *den Kuchenteig ~; die Milch, den Brei im Kochtopf ~; die Suppe wird gerührt, damit sie nicht anbrennt* **2.2.** *etw. schaumig ~* 'etw. so rühren (2.1), dass es schaumig wird': *die Butter schaumig ~* **2.3.** *etw. an/ in etw. ~* 'etw. durch Rühren (2.1) mit einer Masse, Flüssigkeit vermischen': *ein Ei an die/in die Suppe ~* **3.** geh. /jmd./ *an etw. ~* 'etw. sanft, behutsam berühren': *an jmds. Schulter, Arm ~; als er sich unbeobachtet fühlte, rührte er neugierig an die Statue* **4.** /etw./ *jmdn. ~* 'jmdn. innerlich ²bewegen und ihn mitleidig, freundlich stimmen': *der Anblick des kleinen Kindes rührte sie tief; etw. rührt jmdn. (bis) zu Tränen* ('ergreift jmdn. derart, dass er weinen muss'); *das Lied, ihr Schmerz, sein Tod hat uns gerührt; es rührte ihn überhaupt nicht* ('ließ ihn gleichgültig'), *dass ...;* ⟨oft adj. im Part. I⟩ *ein ~der Ab-*

schied, Anblick; sich ~d ('aufopferungsvoll, liebevoll') um jmdn. kümmern; er war (zu Tränen, zutiefst) gerührt; über etw. gerührt sein: er war gerührt über die große Anerkennung, das schöne Geschenk **5.** /etw./ von etw. ⟨Dat.⟩ ~ 'seine Ursache, seinen Ursprung in etw. haben'; SYN herrühren: diese Krankheit rührt von seiner Erkältung; das rührt daher, dass ... ❖ **berühren, Berührung, rührig, Rührung, rührselig, unberührt — anrühren, Aufruhr, aufrühren, Rührei, wegrühren**

rührig[ˈʀyːʀɪç] ⟨Adj.; Steig. reg.; vorw. attr.⟩ SYN 'aktiv (1)' /auf Personen bez./: ein ~er Geschäftsmann; ein ~er Verein; er ist sehr ~, zeigte sich ~ ❖ ↗ **rühren**

rühr|selig [ˈʀyːʀ..] ⟨Adj.; vorw. attr.⟩ **1.1.** ⟨Steig. reg., ungebr.⟩ 'sehr zur Rührung neigend, in übertriebener Weise Rührung empfindend' /auf Personen bez./; SYN sentimental (1.1): eine ~e alte Tante; bei dem Anblick wurde sie ~ **1.2.** ⟨Steig. reg.⟩ 'von der Art, dass es bei den Zuhörern, Zuschauern Rührung verursacht'; SYN sentimenmtal (1.2) /vorw. auf ein literarisches Produkt bez./: eine ~e Geschichte; ein ~es Theaterstück; etw. ist, wirkt ~ ❖ ↗ **rühren**

Rührung [ˈʀyːʀ..], die; ~, ⟨o.Pl.⟩ /zu rühren 4/ 'das Gerührtsein': eine freudige, wehmütige, zärtliche, tiefe ~ hatte sie ergriffen, überkam sie; ~ empfinden, erwecken, zeigen; er versuchte, seine ~ zu verbergen; die ~ hatte ihn überwältigt; vor ~ weinen ❖ ↗ **rühren**

Ruin [ʀuˈiːn], der; ~s, ⟨o.Pl.⟩ **1.1.** 'Zustand, in dem jmds. Leben, Gesundheit in seiner Existenz geschädigt od. zerstört ist'; SYN Zusammenbruch: jmds. gesundheitlicher ~; der ~ seiner Gesundheit war nicht aufzuhalten; seine Trunksucht hatte ihn an den Rand des ~s gebracht; etw. führt zum ~ **1.2.** 'Zustand, in dem ein, jmds. wirtschaftliches Unternehmen in seiner Existenz geschädigt od. zerstört ist': er hat das Unternehmen (durch seine Verschwendung), seine Misserfolge haben das Unternehmen an den Rand des ~s gebracht; der wirtschaftliche ~ einer Firma, eines Geschäfts; jmdn., eine Firma in den ~ treiben ('ruinieren 1.2') ❖ **ruinieren, ruinös**; vgl. **Ruine**

Ruine [ʀuˈiːnə], die; ~, ~n **1.** 'noch bestehende Reste eines aus historischer Zeit stammenden, großenteils verfallenen, zerstörten Bauwerks': die ~ eines Klosters, Schlosses; die Burg ist nur noch eine ~ **2.** ⟨nur im Pl.⟩ 'Trümmer, Reste von Gebäuden, die durch eine Katastrophe, durch Kriegseinwirkungen zerstört wurden': ~n beseitigen, sprengen; Tote, Verletzte aus den ~n bergen ❖ vgl. **Ruin**

ruinieren [ʀu|iˈniːʀən], ruinierte, hat ruiniert **1.1.** /jmd., etw./ sich, jmdn., etw. ~ 'sich, jmdn., etw., bes. die Gesundheit durch falsches Handeln, Verhalten sehr schädigen od. zugrunde richten': er hat seine Gesundheit (durch sein ausschweifendes Leben, durch Rauchen) ruiniert; er hat sich selbst ruiniert; die ständige Hektik hat seine Nerven ruiniert; er ist gesundheitlich ruiniert, ist ein gesundheitlich ruinier-

ter Mann **1.2.** /jmd., Unternehmen/ jmdn., etw. ~ 'jmds. geschäftliche, wirtschaftliche Existenz, ein Unternehmen (vorsätzlich) zugrunde richten': der Konzern hat die kleinen Geschäftsleute ruiniert; du willst mich wohl ~?; er hat sein Geschäft (durch falsches Management) ruiniert; er ist ruiniert ❖ ↗ **Ruin**

ruinös [ʀu|iˈnøːs] ⟨Adj.; Steig. reg., ungebr.; nicht bei Vb.⟩ 'zum wirtschaftlichen Ruin führend' /auf Abstraktes bez./: eine ~ Investition; der Konkurrenzkampf war für ihn ~ ❖ ↗ **Ruin**

rülpsen [ˈʀʏlpsn̩] ⟨reg. Vb.; hat⟩ /jmd./ 'hörbar aufstoßen'; ↗ FELD I.1.2: laut, kräftig ~; rülpse nicht dauernd! ❖ **Rülpser**

Rülpser [ˈʀʏlpsɐ], der; ~s, ~ umg. 'hörbares Aufstoßen': ein lauter ~ ❖ ↗ **rülpsen**

Rum [ʀʊm], der; ~s, ⟨o.Pl.⟩ 'aus Rohrzucker hergestellter Branntwein': Tee mit ~ trinken

rum ⟨Adv.⟩ umg. **1.** um ... ~ SYN 'herum (1,2.1)': um den See ~ standen Weiden **2.** um ... ~ SYN 'herum (2.2)': um Pfingsten ~ ('etwa in der Zeit um Pfingsten') kann man schon baden **3.** ⟨nur präd.⟩ etw. ist ~ 'etw. ist vorbei': das Jahr war schnell ~

MERKE Zur Getrennt- und Zusammenschreibung von rum und sein: Getrenntschreibung auch im Infinitiv ❖ vgl. **herum**

Rumba [ˈʀʊmba], die; ~, ~s 'auf Kuba entstandener rhythmischer Gesellschaftstanz': eine ~ tanzen

Rummel [ˈʀʊml̩], der; ~s, ⟨o.Pl.⟩ umg. **1.** 'auf etw., jmdn. gerichtete, durch jmdn., etw. inszenierte lärmende Betriebsamkeit': den ~ um das neue Hotel, um den Filmstar nicht ertragen können; die machen (in der Presse) vielleicht einen ~ um dieses Ereignis!; ich habe diesen ~ satt! **2.** 'dem Vergnügen, der Unterhaltung dienender Platz mit Karussells, Buden u.Ä.': auf den ~ gehen; ein ~ mit Karussells und Schießbuden

rumoren [ʀuˈmoːʀən], rumorte, hat rumort jmd., etw. rumort irgendwo 'jmd. ruft bei seinem Tun, etw. ruft dumpfe, polternde Geräusche hervor': er rumorte im Keller; es rumort im Nachbarhaus

Rumpf [ʀʊmpf], der; ~es/auch ~s, Rümpfe [ˈʀʏmpfə] **1.** 'Körper eines Menschen od. Tieres ohne den Kopf und die Gliedmaßen'; ↗ FELD I.1.1: der ~ des Menschen, Rindes; der ~ einer antiken Statue, Plastik; den ~ drehen, beugen, gerade richten, strecken **2.1.** 'Körper (2) eines Flugzeugs ohne die Tragflächen und das Leitwerk, Triebwerk': die Kabinen im ~ der Maschine **2.2.** 'Körper (2) eines Schiffes mit dem Deck und ohne die Aufbauten': ein Leck im ~

Rumpsteak [ˈʀʊmpˌsteːk], das; ~s, ~s 'kurz gebratene od. gegrillte Scheibe Fleisch aus der Hüfte des Rinds'; ↗ FELD I.8.1 ❖ ↗ **Steak**

¹rund [ʀʊnt] **I.** ⟨Adj.; Steig. reg., ungebr.⟩ **1.** /auf Gegenständliches bez./ **1.1.** 'von der Form eines Kreises'; ↗ FELD III.1.3: die ~e Scheibe des Mondes, der Sonne; ein ~es Beet, Fenster; ein ~er Tisch ('Tisch mit einer runden Platte'); der Tisch ist ~;

das Beet ist ~ angelegt **1.2.** ˈvon der Form einer Kugel': *die Erde, der Mond ist ~; er hat einen ~en Kopf; etw. ist ~ geformt* **1.3.** ˈmit einem runden (1.1) Querschnitt'; ANT eckig: *die Kirche hat einen ~en und einen eckigen Turm; ein ~er Pavillon, Stab, Hut, Topf; der Hut ist ~ (geformt)* **2.** ⟨nur attr.⟩ ˈals ganz (1), vollständig empfunden und in der Regel durch 5, 10, 100 teilbar' /auf Zähl-, Messbares bez./: *die Hundert ist eine ~e Zahl; statt 93,4 sagen wir 95, das ist eine ~e Summe; er verlangte dafür die ~e Summe von 2000 Mark* **3.** ⟨nur attr.⟩ *eine ~e* (ˈgute, überzeugende') *Leistung; das ist eine ~e* (ˈgute') *Sache* – **II.** ⟨Adv.⟩ *~ um etw.* ˈim Kreise um etw. herum': *~ um den See laufen; ~ um die Erde reisen, fliegen* ❖ **Runde, runden, rundlich – abrunden, kreisrund, Rundblick, Stadtrundfahrt; Rondell;** vgl. **Rund-, rund-**

²rund ⟨Gradpartikel; betont od. unbetont; steht vor der Bezugsgröße; bezieht sich auf Mengenangaben⟩ /schließt andere Sachverhalte ein und relativiert die Genauigkeit eines Sachverhalts/; SYN ²etwa (1): *in ~ fünf Jahren macht er sein Examen; ~ 100 Besucher waren gekommen; das dauert ~ sechs Monate; das kostet ~ 200 Mark*

Rund|blick [ˈ..], der ⟨o.Pl.⟩ ˈAusblick von einem erhöhten Punkt aus im Kreis nach allen Seiten': *vom Gipfel, Turm aus hat man einen imposanten, reizvollen ~ auf die Berge* ❖ ↗ **¹rund,** ↗ **blicken**

Runde [ˈRʊndə], die; ~, ~n **1.** ⟨o.Pl.; + in⟩ *in der ~* ˈim Umkreis (1.1)': *man konnte nur 15 Meter weit in der ~ etwas sehen; die Statuen in der ~ um den Platz; in die ~: in die ~* (ˈringsum') *blicken* **2.** ˈGang, Fahrt, Flug um, durch ein Gebiet, einen Bereich und zurück': *eine ~ um den Park, um den Häuserblock machen* (ˈum den Park, Häuserblock gehen'); *das Flugzeug flog mehrere ~n über der Stadt; der Wachmann begann seine ~* (ˈseinen Rundgang zur Kontrolle') *(durch den Betrieb); er machte die ~* (ˈging der Reihe nach von einem zum anderen der Anwesenden') *und schüttelte jedem die Hand* **3.** ˈeiner von mehreren Läufen, eine von mehreren Fahrten über die gleiche, im Kreis verlaufende Strecke in einem sportlichen Wettbewerb': *das Rennen geht über 20 ~n; schon nach der dritten ~ hatte der Läufer einen Vorsprung von 30 Metern* **4.** ˈeinzelner, zeitlich bestimmter Teil eines sportlichen Wettkampfs, der in mehreren solchen Abschnitten ausgetragen wird' /bes. im Boxen, Ringen/: *der Boxer, Ringer musste in der dritten ~ aufgeben; er siegte mit K.o. in der neunten ~* **5.** ˈbestimmte Anzahl von Partien beim Kartenspiel, die als eine Einheit angesehen wird': *er setzte eine ~ aus* **6.** ˈkleinere Gruppe von Menschen, die in geselliger Weise etw. tun': *eine fröhliche, zwanglose ~; die ~ trifft sich jeden Freitag, singt gemeinsam alte Volkslieder; in vertrauter ~ zusammensitzen und plaudern; einer fehlte in der ~/ einer aus der ~ fehlte; jmdn. in die ~ aufnehmen;* vgl. *Gesellschaft (2.2), Kreis (2)* **7.** *eine ~ ...* ˈein Glas mit einem alkoholischen Getränk für jeden Anwesenden (in

einem Lokal), das von demjenigen bezahlt wird, der die Anwesenden zum Trinken eingeladen hat': *eine ~ (Bier, Sekt) bestellen, (aus)geben, spendieren, zahlen; die erste ~ geht auf mich* (ˈspendiere, bezahle ich') **8.** ˈzeitlich, thematisch zusammenhängende, als Einheit betrachtete Anzahl von Zusammenkünften bei Verhandlungen o.Ä.': *die dritte ~ der Abrüstungsgespräche hatte keine Fortschritte gebracht; eine neue ~ wurde für das folgende Jahr vorgesehen* ❖ ↗ **¹rund**

* /jmd./ **etw. über die ~n bringen** ˈetw. Schwieriges zu einem guten Ende bringen': *eine Veranstaltung, Tagung, den Geburtstag, das Fest über die ~n bringen;* /jmd./ **über die ~n kommen** ˈmit (finanziellen) Schwierigkeiten fertig werden': *keine Sorge, wir kommen trotz der Ausgaben (bis zum Monatsende) schon über die ~n; etw. macht die ~* **(1.** ˈetw. wird von einem zum anderen gereicht': *die Zigarette machte die ~* **2.** ˈetw. wird reihum erzählt und so allgemein bekannt': *diese Nachricht machte sofort die ~*

runden [ˈRʊndn̩], rundete, hat gerundet **1.1.** /etw./ *sich ~* ˈ¹rund (1.2) werden': *ihre Wangen rundeten sich* **1.2.** /jmd./ *etw. ~* ˈetw. abrunden (1)': *Ecken, Kanten mit der Feile ~* **2.** /etw./ **2.1.** *etw. ~: ein Schuss Kognak, Sahne rundet* (ˈvervollständigt') *den Geschmack der Speise, der Soße* **2.2.** *sich ~: das Jahr rundet sich* (ˈgeht zu Ende'); *so rundet sich das Bild* (ˈvervollständigt sich der Eindruck') ❖ ↗ **¹rund**

Rund/rund [ˈRʊnt..]**-funk,** der ⟨o.Pl.⟩ **1.** ˈdrahtlose Verbreitung von Sendungen über ein System aus Sender und Empfänger'; SYN Funk (2): *~* (SYN ˈRadio 2') *hören; über den ~ sprechen* **2.** ⟨Pl.: Rundfunkanstalten⟩ ˈInstitution für den Rundfunk (1)'; SYN Funk (3), Rundfunkanstalt: *der ~ überträgt heute ein Konzert, Fußballspiel; sie ist beim ~ angestellt, ist Mitarbeiterin des ~s* ❖ ↗ funken; **-funkanstalt, die** SYN ˈRundfunk (2)' ❖ ↗ funken, ↗ Anstalt; **-gang,** der ˈGang (6) durch ein Gebäude, Gelände und im Kreis zurück': *einen ~ durch die Räume des Instituts beginnen, machen; seinen ~ antreten* ❖ ↗ gehen; **-heraus** ⟨Adv.⟩ SYN ˈgeradeheraus': *er sagte ~, was er meinte; etw. ~ ablehnen, verlangen* ❖ ↗ heraus; **-herum** ⟨Adv.⟩ **1.** SYN ˈringsherum (1.2)': *~ (um uns, um den See) gingen die Lichter an* **2.** SYN ˈringsherum (1.1)': *sie drehte sich ~* ❖ ↗ herum

rundlich [ˈRʊnt..] ⟨Adj.⟩ **1.** ⟨o. Steig.⟩ ˈnahezu rund (1.2)' /auf Gegenständliches bez./: *ein ~er Kopf, Stein; etw. ist ~ (geformt)* **2.** ⟨Steig. reg.⟩ ˈein wenig dick (2)'; SYN füllig, mollig (2) /vorw. auf (weibliche) Personen, den Körper, Körperteile von (weiblichen) Personen bez./: *sie ist eine ~e Person, Frau; sie ist in letzter Zeit etwas ~* (SYN ˈvoller, ↗ voll 2') *geworden; sie hat eine ~e Figur; ihre ~en Arme* ❖ ↗ **¹rund**

rund|[ˈRʊnt]|**-um** [..ˈʊm] ⟨Adv.⟩ ˈringsherum (1.2)': *es standen ~ viele Neugierige, Bäume; ~ gingen die Lichter aus* ❖ ↗ ³um; **-umher** ⟨Adv.⟩ ˈim Kreis um jmdn., etw. herum': *~ begann das Publikum zu* *klatschen* ❖ ↗ umher; **-weg** ⟨Adv.⟩ SYN ˈgeradeheraus' /vorw. mit Verben der Ablehnung/: *etw. ~ ablehnen, verbieten; jmdm. etw. ~, abschlagen; er erklärte ~, dass das so nicht ginge*

runter [ˈrʊntɐ] ⟨Adv.⟩ umg. **1.** SYN ˈherunter (1)': *~ von der Leiter!* **2.** SYN ˈhinunter': *das Haus liegt die Straße ~ rechts* ❖ **runterfallen, -putzen**; vgl. **herunter**

MERKE Zur Getrennt- und Zusammenschreibung von *runter* und *sein:* Getrenntschreibung auch im Infinitiv.

runter- umg. /bildet mit dem zweiten Bestandteil Verben; betont; trennbar (im Präsens u. Präteritum); ist austauschbar mit ↗ *herunter-,* ↗ *hinunter-*/: ↗ z. B. *runterfallen*

runter [ˈ..]|**-fallen** (er fällt runter), fiel runter, ist runtergefallen /jmd., etw./ ˈvon hier, dort oben nach (dort, hier) unten fallen': *fall nicht runter!; er ist (die Treppe) runtergefallen; der Teller ist (mir) runtergefallen* ❖ ↗ **runter**, ↗ **fallen**; **-putzen** ⟨trb. reg. Vb.; hat⟩ umg. /jmd., bes. Vorgesetzter/ *jmdn. ~* ˈjmdn. aufs Schärfste zurechtweisen'; SYN fertig machen (3.1); ANT loben: *er hat ihn ganz schön runtergeputzt;* vgl. *tadeln* ❖ ↗ **runter**, ↗ **putzen**

Runzel [ˈrʊnts!], die; ~, ~n ⟨vorw. Pl.⟩ ˈFalte in der Haut vorw. des Gesichts und bes. bei alten Personen': *viele, feine, tiefe ~n auf der Stirn haben; ~n bekommen* ❖ **runzeln, runzlig**

runzeln [ˈrʊnts!n] ⟨reg. Vb.; hat⟩ /jmd./ *die Stirn ~* ˈals Ausdruck der Sorge od. Skepsis das Gesicht so verziehen, dass sich Runzeln auf der Stirn bilden': *besorgt, erstaunt die Stirn ~; etw. mit gerunzelter Stirn betrachten* ❖ ↗ **Runzel**

runzlig [ˈrʊntslɪç] ⟨Adj.; Steig. reg.⟩ SYN ˈfaltig (2)'; ANT glatt (1) /auf Teile des menschlichen Körpers bez./: *eine ~e Hand, Stirn; seine Haut war schon ~; ein ~es Gesicht; ~ aussehen* ❖ ↗ **Runzel**

Rüpel [ˈryːp!], der; ~s, ~ ˈ(junge) männliche Person, die sich flegelhaft benimmt, benommen hat'; ↗ FELD I.18.1: *ein unverschämter ~; so ein ~!* ❖ **rüpelhaft**

rüpelhaft [ˈ..] ⟨Adj.; Steig. reg.⟩ ˈin der Art eines Rüpels'; SYN flegelhaft; ↗ FELD I.18.3: *ein ~er Bursche; sein ~es Benehmen; sich ~ aufführen, benehmen; sein Benehmen war ~* ❖ ↗ **Rüpel**

ruppig [ˈrʊpɪç] ⟨Adj.; Steig. reg.⟩ ˈbes. in seinen Äußerungen unhöflich und grob anderen gegenüber': *ein ~er Bengel; ~ auf etw. antworten; sich ~ verhalten; hier herrscht ein ~er Ton; sein Benehmen war ziemlich ~*

Ruß [ruːs], der; ~es, ~e ⟨vorw. Sg.⟩ ˈaus Kohlenstoff bestehende pulverige, flockige, schwarze Substanz, die bei der Verbrennung entsteht, ausgeschieden wird': *klebriger, schwarzer ~; die Wand ist von, mit ~ gechwärzt; sein Gesicht war mit ~ verschmiert* ❖ **rußen, rußig**

Rüssel [ˈrʏs!], der; ~s, ~ ˈröhrenförmige Verlängerung der Nase bei bestimmten Tieren, bes. beim Elefanten'; ↗ FELD II.4.1: *der ~ des Elefanten, des Tapirs* ❖ **Stechrüssel**

rußen [ˈruːsn̩] ⟨reg. Vb.; hat⟩ /etw. Brennendes, bes. Kerze, Lampe, Ofen/ ˈbeim Brennen Ruß bilden': *die Petroleumlampe, Kerze rußt, weil der Docht zu lang ist* ❖ ↗ **Ruß**

rußig [ˈruːsɪç] ⟨Adj.; Steig. reg.; vorw. attr.⟩ ˈmit Ruß bedeckt, befleckt': *ein ~es Gesicht, Gewölbe; ein ~er Ofen; sein Gesicht war ~* ❖ ↗ **Ruß**

rüsten [ˈrʏstn̩], rüstete, hat gerüstet **1.** /Staat, Regierung/ ˈsich militärisch stärken durch die Produktion von Waffen und die Vergrößerung der Streitkräfte': *das Land rüstet (für einen Krieg), ist gut, schlecht gerüstet* **2.** geh. /jmd., Gruppe, Stadt/ **2.1.** *sich für etw., zu etw.* ⟨Dat.⟩ *~* ˈalle Vorbereitungen für etw. treffen': *sich für die Reise, Prüfung ~; die Stadt rüstet sich für die 700-Jahr-Feier; er war für alle Fälle gerüstet; sich zum Aufbruch, Kampf ~* **2.2.** landsch. *etw. ~* ˈetw., bes. ein Fest, vorbereiten (1.1)': *ein Fest, Mahl ~; jmdm. etw. ~:* sie rüstete ihm das Bett, Abendessen ❖ **Gerüst, rüstig, Rüstung** – **abrüsten, Abrüstung, ausrüsten, Ausrüstung, Rüstzeug**

rüstig [ˈrʏstɪç] ⟨Adj.; Steig. reg.⟩ ˈtrotz hohen Alters noch gesund und leistungsfähig' /auf alte Menschen bez./: *ein ~er Rentner, Achtziger; er ist (noch) recht ~, wirkt (noch) ~* ❖ ↗ **rüsten**

Rüstung [ˈrʏst..], die; ~, ~en **1.** ⟨vorw. Sg.⟩ **1.1.** ˈdas Rüsten (1)': *die ~ beschränken, begrenzen, verstärken, ankurbeln; die Kosten der ~* **1.2.** ˈGesamtheit der Waffen, Soldaten eines Landes für die Verteidigung, die Führung eines Krieges'; ↗ FELD V.6.1: *die atomare, nukleare, konventionelle ~; die ~ modernisieren; viel Geld für die ~ ausgeben, in die ~ stecken* **2.** ˈGesamtheit der metallenen Teile, die von Rittern, Kriegern im Mittelalter zum Schutz auf dem Körper während des Kampfes getragen wurden': *die schwere, glänzende ~ des Ritters; die ~ anlegen, ablegen* ❖ ↗ **rüsten**

Rüst|zeug [ˈrʏst..], **das** ⟨o.Pl.⟩ ˈGesamtheit der Kenntnisse und Fertigkeiten, die zur Bewältigung einer bestimmten Aufgabe beherrscht werden müssen': *das ~ für etw.:* ⟨mit best. Adj.⟩ *das geistige, wissenschaftliche ~ für etw. haben; jmdm. fehlt (noch) das nötige ~ für etw.; sich das ~ für etw. erwerben* ❖ ↗ **rüsten**

Rute [ˈruːtə], die; ~, ~n **1.** ˈ(abgeschnittener) langer dünner gerader Zweig': *eine biegsame ~; ~n von einer Weide, Birke (ab)schneiden* **2.** ˈmehrere zu einem Bündel zusammengeschnürte Ruten (1), die früher zum Züchtigen, bei der Kinder, dienten': *der Weihnachtsmann mit Sack und ~*
* /jmd./ *sich* ⟨Dat.⟩ *eine ~ aufbinden/auf den Rücken binden* (ˈeine Verpflichtung übernehmen, die sich als unangenehm, lästig herausstellt')

Rutsch [rʊtʃ], der; ~es, ~e **1.** vorw. fachspr. ˈdas Rutschen (1) von Erdmassen nach unten' /beschränkt verbindbar/: *der Ort wurde durch ~e bedroht, verwüstet; ~e und Lawinen;* /in der kommunikativen Wendung/ umg. *guten ~!* /wird zu jmdm. Silvester gesagt, wenn man ihm eine gute Silvesterfeier und alles Gute für das neue Jahr wünschen will/ **2.** umg. *ein ~ irgendwohin* 'kurzer Ausflug irgendwohin': *zum Wochenende einen ~ an die Ostsee, Nordsee, zu Verwandten ins Gebirge machen* ❖ ↗ **rutschen**

* auf einen/in einem ~ 'ohne Unterbrechung bei einer Fahrt irgendwohin': *wir sind in einem ~ nach Rostock, an die See gefahren*

rutschen [ʀʊtʃn̩] ⟨reg. Vb.; hat⟩ **1.1.** /jmd./ *irgendwohin ~* 'sich unbeabsichtigt gleitend auf einer Fläche fortbewegen'; ↗ FELD III.3.2: *er rutschte (mit dem Auto) von der Fahrbahn, in den Graben; ins Wasser ~; ins Rutschen kommen* **1.2.** /jmd./ *zur Seite ~: (auf einer Bank) zur Seite ~* (SYN 'rücken 2.1'), *damit sich noch jemand hinsetzen kann* **1.3.** /etw./ *von irgendwoher ~* 'sich gleitend von einer Stelle wegbewegen, wo es fest sitzen soll': *die Brille rutschte ihm von der Nase; das Hemd ist ihm aus der Hose gerutscht; der Träger rutschte ihr von der Schulter; der Schnee ist vom Dach gerutscht* ❖ **Rutsch — ausrutschen**

rütteln [ˈʀʏtl̩n] ⟨reg. Vb.; hat⟩ /jmd./ **1.1.** *jmdn. ~* 'jmdn. am Körper packen und mehrmals heftig hin und her bewegen (1.1)': *sie rüttelten ihn (an den Schultern), bis er wach wurde; jmdn. aus dem Schlaf ~* ('durch Rütteln aufwecken') **1.2.** /jmd./ *an etw.* ⟨Dat.⟩ *~* 'etw. fest halten und heftig hin und her bewegen': *er rüttelte an der Türklinke, am Gartenzaun* **1.3.** *etw. rüttelt an etw.* ⟨Dat.⟩ 'etw. bewegt etw. heftig hin und her': *der Sturm rüttelt an den Bäumen, am Fensterladen* **1.4.** /etw./ 'sich unter einer einwirkenden Kraft ruckartig und klappernd hin und her bewegen': *die Tür, der Zug rüttelt* ❖ **wachrütteln**

s, S

Saal [zaːl]**, der**; ~es, Säle [ˈzɛːlə/ˈzeː..] ˈsehr großer Raum in einem Gebäude, bes. für Festlichkeiten, Versammlungen'; ↗ FELD V.3.1: *ein hoher, festlich beleuchteter, überfüllter ~; der Ball, die Konferenz fand im ~ des Hotels statt; bei Regen findet die Veranstaltung im ~ statt*

Saat [zaːt]**, die**; ~, ~en **1.** ⟨o.Pl.⟩ SYN ˈAussaat'; ↗ FELD II.4.1: *es wird Zeit für die, zur ~; mit der ~ beginnen* **2.** ⟨vorw. Sg.⟩ ˈSaatgut': *die ~(en) rechtzeitig in die Erde, in den Boden bringen; die ~ keimt, ist aufgegangen* **3.** ˈGesamtheit der auf einer Fläche gesäten, aufgegangenen Pflanzen, bes. von Getreide': *die ~ steht gut, ist vertrocknet, erfroren; die ~en sind reif für die Ernte* ❖ ↗ **säen**

Saat|gut [ˈ..]**, das** ⟨o.Pl.⟩ ˈzum Säen bestimmte Samen, bes. für Getreidepflanzen': *hochwertiges ~;* vgl. *Sämerei* ❖ ↗ **säen,** ↗ **Gut**

Säbel [ˈzɛːbl̩/ˈzeː..]**, der**; ~s, ~ ˈHieb- und Stichwaffe mit einer meist leicht gekrümmten spitzen Klinge, die nur an einer Seite geschärft ist'; ↗ FELD I.7.4.1, V.6.1 (↗ TABL Hieb- und Stichwaffen): *den ~ aus der Scheide ziehen*

Sabotage [zaboˈtaːʒə]**, die**; ~, ⟨o.Pl.⟩ ˈillegale Handlungen, Maßnahmen, die dazu dienen, wirtschaftliche, politische, militärische Ziele des Staates zu vereiteln, bes. die Beschädigung von Verkehrs-, Produktionsmitteln': *~ begehen, verüben, treiben; die betrieblichen Anlagen vor, gegen ~ schützen, sichern; als Ursache der Havarie wurde ~ vermutet* ❖ ↗ **sabotieren**

Saboteur [zaboˈtøːɐ]**, der**; ~s, ~e ˈjmd., der Sabotage verübt (hat)': *der ~ wurde ermittelt und verhaftet* ❖ ↗ **sabotieren**

sabotieren [zaboˈtiːʀən], sabotierte, hat sabotiert /jmd./ etw. ~ ˈetw. planmäßig behindern, stören, zu hintertreiben suchen': *sie versuchten, die Arbeit, Wahl, die Maßnahmen, Aktionen zu ~* ❖ **Sabotage, Saboteur**

Sach/sach [ˈzax..]**|-bearbeiter, der** ˈAngestellter, der in einem Betrieb, in einer Institution die Angelegenheiten eines bestimmten Sachgebiets bearbeitet'; ↗ FELD I.10: *er arbeitet als ~ im Finanzamt* ❖ ↗ Sache, ↗ Arbeit; **-beschädigung, die** ˈ(vorsätzliche) Beschädigung fremden Eigentums': *jmdn. wegen ~ zur Verantwortung ziehen; das ist ~* ❖ ↗ Sache, ↗ schaden; **-dienlich** [diːn..] ⟨Adj.; Steig. reg., ungebr.; nicht präd.⟩ ˈder Klärung einer Sache, Angelegenheit dienlich, förderlich'; SYN zweckdienlich (I) /beschränkt verbindbar/: *er konnte ~e Angaben zu dem Vorfall machen; die Kriminalpolizei bittet um ~e Hinweise; Informationsmaterial ~ verwenden* ❖ ↗ Sache, ↗ dienen

Sache [ˈzaxə]**, die**; ~, ~n **1.** ⟨nur im Pl.⟩ **1.1.** SYN ˈDing (1.1)' /auf unterschiedliche Objekte bez./: *sie hat uns immer schöne ~n zum Geburtstag geschenkt; sie hat zierliche, zerbrechliche ~n auf dem Wandbrett stehen; wem gehören diese ~n (da auf dem Schreibtisch)?; nimm deine ~n von hier weg!; seine ~n in ein, einem Fach einschließen; sie konnten nur wenige ~n, die nötigsten ~n auf die Flucht mitnehmen; wir müssen noch ein paar ~n (zum Essen, Trinken, zum Anziehen) kaufen; in diesem Geschäft gibt es viele gute, preiswerte ~n (ˈWaren'); die ~n zur Post bringen; du musst deine ~n gut in Ordnung halten; auf der Reise gut auf die ~n (ˈdas Gepäck') Acht geben; in dem Hotel gab es sehr gute ~n (ˈSpeisen') zu essen; er trinkt gern harte ~n (ˈhochprozentige alkoholische Getränke'); er hat viele schöne ~n (ˈMusikstücke') komponiert* **1.2.** ˈKleidung, Kleidungsstücke': *die ~n zur Reinigung bringen, von der Reinigung holen; warme, leichte ~n auf die Reise mitnehmen; er hatte seine besten ~n an; jmdm. aus den ~n (ˈbeim Auskleiden') helfen* **2.1.** ⟨vorw. Sg.⟩ SYN ˈAngelegenheit': *eine schöne, wichtige, ernste, heikle, verfahrene ~; das ist eine hoffnungslose, langwierige, hässliche, lästige, gefährliche, schwierige, verlorene ~; die ~ ist sehr eilig, muss sofort erledigt werden, hat sich geklärt, ist ganz anders zu verstehen; seine ~ steht ganz gut; eine ~ auf sich beruhen lassen, durchstehen, erledigen, in Ordnung bringen; er hat seine ~ (ˈdas, was ihm aufgetragen war') gut gemacht; er ist in eine unangenehme ~ verwickelt;* ⟨mit best. Adj.⟩ *Menschen zu helfen, das ist eine gute, nützliche, schöne ~ (ˈist etwas Gutes, Nützliches, Schönes'); etw., das ist die natürlichste, einfachste, selbstverständlichste ~ der Welt (ˈist völlig natürlich, sehr einfach, ganz selbstverständlich'); Sport, Reisen ist für ihn die schönste ~ (ˈdas Schönste') der Welt; er nahm sich ihrer ~ (ˈihres Problems') an; diese, die ~ ist für mich erledigt (ˈdarum kümmere ich mich nicht mehr'); er hatte sich lange nicht um diese ~ (ˈdarum') gekümmert; er wusste nichts von der ~; in einer ~ (ˈin einem Streitfall') vermitteln, entscheiden; etw. aus Liebe zur ~, aus Freude an der ~ tun (ˈetw. tun, weil man es gern tut'); etw. um der ~ willen tun (ˈohne Rücksicht auf die eigene Person od. auf eigene Vorteile etw. tun'); /in den kommunikativen Wendungen/ das ist keine große ~ (ˈdas ist nicht schwierig, gefährlich od. etw., wovor man Angst haben müsste') /sagt jmd., wenn er jmdm. die Furcht vor etw. nehmen will/; das ist eine große ~ (ˈist etw. Bedeutsames, Wichtiges'); mach keine dummen ~n (ˈtue nichts Unüberlegtes, Verbotenes')! /sagt jmd. warnend/; die ~ ist die* ˈdie Angelegenheit verhält sich folgendermaßen' /dient als einleitende Erklärung/: *die ~ ist die: wir haben kein Geld; die ~ ist die, dass wir umziehen müssen;* umg.

das ist so eine ~ (´das ist schwierig´) /sagt jmd. ausweichend/; *~n gibt's* (´das ist kaum zu glauben´)! /Ausruf des Erstaunens, der Empörung/ **2.2.** ⟨o.Pl.; + *zu*⟩ ´Gegenstand einer Beratung, Diskussion´; SYN Thema /beschränkt verbindbar/: *der Redner kam rasch zur* ~; *in der Diskussion wurde nur zur* ~ *gesprochen; das gehört nicht zur* ~ (´ist etw. anderes, ist in diesem Zusammenhang unwesentlich´) **2.3.** ⟨o.Pl.; + Possessivpron. od. Gen.attr.⟩ ´etw., das in die Zuständigkeit von jmdm., einer Institution gehört´: *das ist meine* ~ (´geht nur mich an´); *es ist* ~ *der Behörde, das zu entscheiden* (´das muss behördlich entschieden werden´); *das ist* ~ *der zuständigen Behörde* ❖ **sachlich, Sachlichkeit, sächlich, unsachlich** — **Drucksache, Ehrensache, Gefühlssache, Geschmackssache, Glückssache, Hauptsache, hauptsächlich, Nebensache, nebensächlich, Routinesache, Siebensachen, Spielsachen, Strafsache, Tatsache, tatsächlich, Wertsache, Widersacher, Sachschaden;** vgl. **sach/Sach-**
* *etw./das ist beschlossene* ~ (´etw. steht als Vorsatz, Beschluss ganz fest´); **in eigener** ~: *in eigener* ~ (´im eigenen Interesse´) *verhandeln, sprechen; etw. ist* **eine ~ für sich** (´etw. hat mit dem Erwähnten nichts zu tun´); /jmd./ **mit jmdm. gemeinsame ~ machen** (´gemeinsam mit jmdm. etw. tun, was als Vergehen anzusehen ist´); /jmd., Institution/ **einer ~ auf den Grund gehen** (´die Ursachen von etw. zu klären suchen´); /jmd./ **(nicht) bei der ~ sein** (´bei etw., einer Tätigkeit ganz und gar od. nicht konzentriert, aufmerksam sein´); /jmd./ **sich** ⟨Dat.⟩ **seiner ~ sicher sein** (´von der Richtigkeit der eigenen Meinung, vom Erfolg seines Handelns überzeugt sein´); **das tut nichts zur ~** (´ist für das Problem, Thema unerheblich´); /jmd./ **seine ~ verstehen** (´tüchtig in seinem Beruf sein´); /jmd./ **(nicht) wissen, was ~ ist** (´wissen, nicht wissen, worum es eigentlich geht´)
Sach/sach [ˈzax..]**-gebiet, das** ´durch seine Inhalte, Aufgaben spezifizierter Bereich des Wissens, der Forschung, Arbeit´: *ein* ~ *bearbeiten; das gehört nicht in mein* ~ ❖ ↗ **Gebiet;** **-gemäß** ⟨Adj.; o. Steig.⟩ ´in Bezug auf etw., jmdn. richtig und angemessen´ /vorw. auf Tätigkeiten bez./: *eine* ~*e Beratung, Hilfe, Pflege; ein Gerät* ~ *bedienen; die Bedienung war* ~ ❖ ↗ **gemäß;** **-kenntnis, die** ´umfassendes Wissen, gründliche theoretische und praktische Kenntnisse und Fertigkeiten auf einem Sachgebiet´: *seine Prognose zeugte von großer* ~; *etw. mit* ~ *auswählen, erläutern* ❖ ↗ **kennen;** **-kundig** ⟨Adj.; Steig. reg., ungebr.⟩ ´Sachkenntnis besitzend, von Sachkenntnis zeugend´ /auf Tätigkeiten, Äußerungen, Personen bez./: *eine* ~*e Auskunft, Kritik; eine* ~*e* (ANT inkompetente) *Mitarbeiterin; etw.* ~ (´mit Sachkenntnis´) *erläutern, verpacken;* vgl. *fachkundig* ❖ ↗ ²**Kunde;** **-lage, die** ⟨o.Pl.⟩ ´die Gegebenheiten, Verhältnisse in einer bestimmten Situation´: *die* ~ *ist klar, kompliziert, schwer einzuschätzen; die* ~ *richtig beurteilen, erkennen; die* ~

verkennen; etw. in Unkenntnis der ~ (´ohne Kenntnis der Sachlage´) *tun* ❖ ↗ liegen
sachlich [ˈzax..] ⟨Adj.⟩ **1.** ⟨o. Steig.; nicht präd.⟩ ´eine bestimmte Sache, Angelegenheit betreffend´ /vorw. auf Abstraktes bez./: *zwischen beiden Angelegenheiten bestehen beträchtliche* ~*e Unterschiede; die Unterschiede sind* ~*er Natur; etw., das ist* ~ *richtig, falsch, berechtigt, zutreffend; dagegen ist* ~ (´von der Sache her´) *nichts einzuwenden; etw.* ~ *richtig stellen* **2.** ⟨o. Steig.⟩ ´in der Form dem Zweck der Verwendung streng angemessen und deshalb ohne überflüssige Verzierungen´: *in dieser Zeit liebte man* ~*e Bauten, Möbel; eine sehr* ~*e Einrichtung; der Stil (des Berichts) war sehr* ~ *(gehalten); sie ist streng und* ~ *gekleidet* **3.** ⟨Steig. reg.⟩ ´im Urteil, in der Darstellung ohne Emotion und Vorurteil und nur auf die Sache bezogen´; SYN objektiv; ANT subjektiv /vorw. auf geistige Tätigkeit bez./: *ein* ~*er Bericht; eine* ~*e Frage, Antwort, Aussprache, Kritik; etw.* ~ *beurteilen; er ist immer sehr* ~; ~ *sein, bleiben; etw.* ~ *feststellen, bemerken* ❖ ↗ **Sache**
sächlich [ˈzɛç..] ⟨Adj.; o. Steig.; nicht bei Vb.⟩ Gramm. ´neutral (4)´ /auf Substantive bez./: *das Wort ist* ~, ~*en Geschlechts* ❖ ↗ **Sache**
Sachlichkeit [ˈzaxlɪç..], **die;** ~, ⟨o.Pl.⟩ /zu *sachlich 3*/ ´das Sachlichsein´; ↗ FELD I.5.1: *die* ~ *seiner Argumentation wirkte überzeugend; er behandelte alle Probleme mit der gleichen* ~ ❖ ↗ **Sache**
Sach|schaden [ˈzax..], **der** ´durch Brand, Havarie o.Ä. entstandener Schaden an Gegenständen, konkreten Dingen´: *bei dem Unfall hatte es erheblichen, hohen, leichten, nur geringen* ~ *gegeben; der Brand verursachte einen* ~ *(im Wert) von mehreren Millionen Mark* ❖ ↗ **Sache, ↗ schaden**
sacht [zaxt] ⟨Adj.; Steig. reg., Superl. ungebr.⟩ **1.** SYN ´sanft (2.1)´: *ein* ~*er Druck, Wind; etw., jmdn.* ~ *berühren, streicheln* **2.** ⟨vorw. bei Vb.⟩ SYN ´behutsam´: *jmdn.* ~ *ermahnen, wecken*
Sach [ˈzax..]**-verhalt** [fɐhalt], **der;** ~*s/auch* ~*es,* ~*e* SYN ´Tatbestand (1)´: *der genaue, wahre* ~ *(ist noch unklar); den* ~ *aufklären, feststellen, schildern; nach dem vorliegenden* ~ *urteilen* ❖ ↗ verhalten; **-verständige, der** u. **die;** ~*n,* ~*n* (↗ TAFEL II) ´jmd., der auf Grund seiner Sachkenntnis in der Lage ist, Gutachten über Sachverhalte seines Fachgebiets anzufertigen´; ↗ FELD I.5.1: *das Gericht hat einen* ~*n hinzugezogen; das kann nur ein* ~*r, eine* ~*e beurteilen;* vgl. *Experte* ❖ ↗ verstehen; **-wert, der 1.** ⟨o.Pl.⟩ ´bleibender Wert einer Sache, der unabhängig von schwankenden Preis und Wert des Geldes ist´: *der* ~ *eines Hauses, Grundstücks, Schmuckstücks* **2.** ⟨vorw. Pl.⟩ ´etw. Wertvolles (1), bes. Schmuck, Grundstück, Gebäude o.Ä. von beträchtlichem Wert (1)´: *sein Geld in* ~*n anlegen* ❖ ↗ wert
Sack [zak], **der;** ~*es/auch* ~*s,* Säcke [ˈzɛkə] **1.** ´großer länglicher, etwa zylinderförmiger, an einem Ende offener Behälter aus textilem Gewebe, Kunststoff

od. festem Papier, der zum Transport od. zur Aufbewahrung von Stoffen od. Gütern dient'; ↗ FELD V.7.1 (↗ TABL Behälter): *ein voller, leichter, schwerer ~; ein ~ mit, voll(er) Zucker, Kohle(n), Getreide; der ~ ist voll, hat ein Loch; etw. in einen ~ stecken, füllen; den ~ auf-, zubinden, auf die Schulter nehmen, auf den Wagen laden;* vgl. *Beutel* **2.** /mit Mengenangabe vorw. *Sack/* 'Menge, die den Inhalt von Sack (1) bildet': *drei ~ Briketts, Zement, Getreide* ❖ **Dudelsack, Rucksack, einsacken, Sackgasse**
* /jmd./ **in den ~ hauen** ('mit etw. spontan aufhören, bes. ein Arbeitsverhältnis kündigen') ⟨⟩ umg. **mit ~ und Pack** 'mit allem mobilen Besitz': *sie haben ihre Heimat mit ~ und Pack verlassen;* /jmd./ **jmdn. in den ~ stecken (1.** 'jmdm. überlegen sein': *er steckt sie alle in den ~* **2.** 'jmdn. betrügen': *sein Teilhaber hat ihn in den ~ gesteckt)*
sacken ['zakn̩] ⟨reg. Vb.; ist⟩ landsch. umg. /jmd./ *irgendwohin ~* '(vor Erschöpfung) irgendwohin sinken': *er sackte auf das Bett, auf den Boden, zu Boden, in die Knie*
Sack|gasse ['zak..], **die** 'Straße mit nur einem Zugang (2)': *die ~ endet vor, an einer Mauer, vor, an einem See* ❖ ↗ **Sack,** ↗ **Gasse**
Sadismus [za'dɪsmʊs], **der**; ~, ⟨o.Pl.⟩ 'Lust an Grausamkeiten, am Quälen': *das hat er aus ~ getan; das grenzt an ~* ❖ vgl. **Sadist**
Sadist [za'dɪst], **der**; ~en, ~en 'jmd., der Freude daran hat, Lust dabei empfindet, wenn er andere quält': *er ist ein ~* ❖ **sadistisch;** vgl. **Sadismus**
sadistisch [za'dɪst..] ⟨Adj.; Steig. reg.; nicht präd.⟩ 'von Sadismus geprägt': *~e Rohheit; jmdn. mit ~er Lust quälen, schikanieren* ❖ ↗ **Sadist**
säen ['zɛːən/'zeː..] ⟨reg. Vb.; hat⟩ /jmd., bes. Bauer/ *etw. ~* 'Saatgut, Sämereien in die Erde bringen'; SYN aussäen: *Getreide, Mohn, Radieschen (mit der Hand, mit einer Maschine) ~* ❖ **Saat — Aussaat, aussäen**
Safe [seːf], **der**; ~s, ~s **1.** 'Schließfach in einer Bank, Sparkasse, das gemietet werden kann'; ↗ FELD I.16.1, V.7.1: *wertvolle Sachen, Schmuck, Dokumente, Geld in einem ~ deponieren* **2.** 'meist in einer Wand (eines Wohnraums) eingebauter kleiner Tresor': *etw. im ~ unterbringen, aufbewahren, verschließen; einen ~ aufbrechen, knacken; die Zahlenkombination für den ~ kennen*
Saft [zaft], **der**; ~es/auch ~s, Säfte ['zɛftə] **1.** 'im Gewebe von Pflanzen enthaltene Flüssigkeit': *im Frühjahr steigt der ~ in den Bäumen nach oben; die Wiesen stehen in vollem Saft* ('sind grün und üppig') **2.** 'aus reifen Früchten, auch aus Gemüse gepresste Flüssigkeit, die zu einem Getränk verarbeitet ist': *der ~ von, aus Äpfeln, Birnen, Beeren, Karotten, Tomaten; aus dem ~ von Weintrauben Most, Wein herstellen; ~ trinken; eine Flasche ~ kaufen;* vgl. *Most* **3.** /Bez. für spezifische flüssige Medikamente, die eingenommen werden; vorw. in Komposita wie *Hustensaft/*: *ein ~ gegen Husten und Hei-*

serkeit **4.** 'Flüssigkeit, die beim Braten, Kochen aus Fleisch austritt': *das Fleisch im eigenen ~* ('mit wenig Fett und ohne Wasser') *schmoren* ❖ **saftig, entsaften, Entsafter — Fruchtsaft, Obstsaft**
* **ohne ~ und Kraft 1.** 'kraftlos und ohne Energie' /auf Personen bez./: *er ist ein Kerl ohne ~ und Kraft* **2.** 'inhaltlich ohne nennenswerten Gehalt' /vorw. auf literarische Produkte bez./: *ein Vortrag, Roman ohne ~ und Kraft*
saftig ['zaftɪç] ⟨Adj.⟩ **1.** ⟨Steig. reg.; nicht bei Vb.⟩ 'viel Saft (1) enthaltend und grün'; ANT trocken: *~es Gras; ~e Blätter, Wiesen* **2.** ⟨Steig. reg.; nicht bei Vb.⟩ 'viel Saft (2,3) enthaltend': *~e Früchte; ein ~er Apfel, Braten; der Apfel ist ~* **3.** ⟨Steig. reg., ungebr.⟩ umg. 'sehr kräftig (in der Wirkung)': *eine ~e Ohrfeige; sein ~er* ('drastischer 1') *Humor, Witz; ~ fluchen* ❖ ↗ **Saft**
Sage ['zaːgə], **die**; ~, ~n 'aus alter Zeit stammende, ursprünglich mündlich überlieferte Erzählung über ein (historisches) Ereignis, über Helden, die häufig mit phantastischen, wunderbaren (1) Einzelheiten ausgeschmückt ist': *alte, mittelalterliche, deutsche, griechische ~n; die ~n eines Volkes; die ~ von den Nibelungen; ~n erzählen, überliefern* ❖ ↗ **sagen**
Säge ['zɛːgə/'zeː..], **die**; ~, ~n 'Werkzeug mit einem gezackten, geschärften stählernen Blatt (6), mit dem Holz, Metall o.Ä. (durch Hin- und Herbewegen) zerschnitten wird'; ↗ FELD V.5.1 (↗ TABL Werkzeuge): *die ~ schärfen; Baumstämme mit der ~ zerteilen* ❖ **sägen — absägen, Nervensäge, Sägemehl**
Säge|mehl ['..], **das** 'durch Zersägen von Holz entstandene feine Späne' ❖ ↗ **Säge,** ↗ **Mehl**
sagen ['zaːgn̩] ⟨reg. Vb.; hat⟩ **1.** /jmd./ **1.1.** *etw. (bes. das, es) ~* 'etw. durch Sprechen (1) äußern': *ich will einmal etwas ~; keiner sagte ein Wort; kannst du das noch einmal ~?; das habe ich schon oft, schon immer gesagt; er hatte (nicht) viel gesagt; ich habe nichts gesagt; er wusste nicht, wie er es ~ sollte; das hat er ganz leise, laut und deutlich, freundlich, grob gesagt; etw. Kluges, Dummes, Nettes ~* (SYN 'reden 1.1'); *„ja“, „nein“, „Guten Tag“, „Auf Wiedersehen“ ~; etw. im Ernst, Scherz ~; wie würdest du (es) ~: „Tag und Nacht“ oder „Nacht und Tag“?; etw. zu etw.* ⟨Dat.⟩ *~: was soll ich dazu ~?; etw. vor sich hin ~* ('etw. sprachlich äußern, ohne sich direkt an jmdn. damit zu wenden'); ⟨oft mit Nebens.⟩: *er sagte: „Ich freue mich“/er sagte, dass er sich freue/er sagte, er freue sich; ich kann noch nicht ~, wann ich fertig bin, wie ich mich entscheiden werde; er kann ~, was er will, wir glauben ihm nicht;* /in den kommunikativen Wendungen/ *das musste einmal gesagt werden* /sagt jmd., wenn er od. jmd. eine längst fällige kritische Äußerung getan hat/; *~ wir einmal* ('nehmen wir einmal an') /sagt jmd. einleitend, wenn er etw. Hypothetisches äußern will/: *~ wir einmal, das Ganze kostet 5000 Mark; offen gesagt* ('wenn ich es einmal offen ausdrücken darf') /sagt jmd. einleitend zu jmdm.,

wenn er seiner Äußerung eine gewisse Glaubwürdigkeit verleihen will/: *offen gesagt, ich habe das noch nie ausstehen können, noch nie gemocht; offen gesagt, ist mir das völlig egal, schleierhaft; unter uns gesagt* (ʼwenn ich ganz im Vertrauen zu dir/Ihnen sprechen darfʼ): *unter uns gesagt, ist das eine ganz dubiose Angelegenheit; wie gesagt* (ʼwie ich bereits gesagt habeʼ): *wie gesagt, das alles ist entbehrlich; wie gesagt, wir sehen uns morgen; was Sie nicht ~/ was du nicht sagst!* /sagt jmd., wenn er sein Erstaunen, seinen Zweifel über jmds. (an ihn gerichtete) Mitteilung ausdrücken will/: *„Unser Sohn hat sein Abitur bestanden.“ „Was du nicht sagst“; das sagt sich so leicht* (ʼdas ist viel schwieriger, als es scheintʼ) /sagt jmd. zu jmdm., wenn er die Verwirklichung dessen, was dieser als realisierbar ansieht, in Zweifel zieht/: *den zu besiegen, das sagt sich so leicht, mein Lieber; dann will ich nichts gesagt haben* (ʼunter diesen Umständen nehme ich zurück, was ich gesagt habeʼ); *etw.* ⟨vorw. *es, das*⟩ *ist (noch) nicht gesagt* ʼetw. ist (noch) nicht sicherʼ: *dass er das schafft, ist nicht gesagt; es ist nicht gesagt, dass er das schafft; wem sagst du das/wem sagen Sie das?* (ʼdas ist mir nichts Neuesʼ) /sagt jmd. zu jmdm. auf dessen Äußerung, wenn er deutlich machen will, dass er solches schon selbst erfahren hat und keine Unterweisung benötigt/; umg. *na, wer sagt's denn?* (ʼdas habe ich doch gleich gewusst, dass das eintreten würdeʼ) /sagt jmd. zu jmdm. anlässlich eines Ereignisses, wenn er ausdrücken will, dass er von Anfang an keine Zweifel über das Zustandekommen, Eintreten von etw. gehabt hat/ **1.2.** *jmdm. etw.* (bes. *etwas, das, es,* Nebens. mit *dass*) *~* ʼjmdm. durch Sagen (1.1) etw. mitteilen, zu wissen gebenʼ: *er hatte uns nichts, viel, wirklich etwas zu ~; jmdm. seinen Dank, jmdm. Schmeicheleien, etw. Nettes ~; er hat uns seine Meinung gesagt; ich will dir nur ~, dass du dich vorsehen sollst; er sagte (zu) mir, dass er später komme/e komme später; „Ich komme später“, sagte er (zu) mir; darüber konnte uns niemand etwas Genaues ~; wer kann mir das ~?; das kann ich dir nicht ~* (1. ʼdas weiß ich nichtʼ 2. ʼdas sollst du nicht wissenʼ); *das sage ich dir später/sage ich später zu dir; jmdm. „Auf Wiedersehen“ ~* (ʼsich von jmdm. verabschiedenʼ); *jmdm. etw. ins Ohr* (ʼleise, damit kein anderer es hörtʼ) *~* **1.3.** *sich* ⟨Dat.⟩ *etw.* ⟨vorw. *das*⟩ *~* ʼan etw. denken und dabei zu einem Schluss kommenʼ: *das habe ich mir (selbst) schon oft gesagt; hast du das nicht schon längst gesagt?; du musst dir doch selbst ~, dass es so nicht weitergeht!; „Jetzt ist Schluss!“, sagt er sich* **1.4.** *etw. über jmdn., etw. ~, etw. von jmdm., etw. ~* ʼetw. über jmdn., etw. mitteilen, äußernʼ: *darüber, davon, über diese, von dieser Sache, Angelegenheit hat er nichts gesagt; darüber wäre viel zu ~; können Sie mir etw. über ihn, von ihm ~* (ʼwissen Sie Näheres über ihn)ʼ? **1.5.** ⟨oft im Fragesatz⟩ *etw.* ⟨vorw. *was*⟩ *zu etw.* ⟨Dat.⟩ *~* ʼseine Ansicht zu etw. äußernʼ: *was sagst du zu diesem Skandal?; hat er*

was dazu gesagt?; was würdest du dazu sagen, wenn ich dich besuchte? **1.6.** *etw. mit etw. ~* ʼetw. mit etw. ausdrücken (3)ʼ: *etw. mit wenigen Worten ~; was will er damit ~?; wollen Sie damit ~, dass er ein Betrüger ist?* **1.7.** *gegen jmdn., etw. etw. ~:* *dagegen, gegen diesen Vorschlag ist nichts zu ~* (ʼnichts einzuwendenʼ); *ich will nichts gegen ihn ~* (ʼnichts gegen ihn einwenden, nichts für ihn Nachteiliges äußernʼ) **1.8.** *etw. zu jmdm. ~:* *wir ~ Charlie zu ihm* (ʼnennen ihn Charlieʼ); *„du“, „Sie“ zu jmdm. ~* (ʼjmdn. duzen, siezenʼ) **1.9.1.** *jmd. hat etwas zu ~* (ʼdarf anordnen, befehlenʼ); *jmdm. nichts zu ~ haben* (ʼnicht berechtigt sein, jmdm. etw. zu befehlenʼ) **1.9.2.** *er, der Redner hatte etwas zu ~* (ʼetw. Belangvolles, Interessantes, Bedeutendes mitzuteilenʼ) **1.10.1.** ⟨mit abhängigem Satz⟩ *man sagt* ʼes heißtʼ: *man sagt, er habe das alles gewusst/dass er das alles gewusst hat* **1.10.2.** *man sagt etw.* ʼes ist üblich, ein Wort, Wörter zu gebrauchenʼ: *bei uns sagt man „Junge“ statt „Bub“* **2.1.** *etw. sagt etw.:* *seine Miene sagte* (ʼverrietʼ) *(uns) alles über seine wahren Absichten; dieses Lob sagt* (ʼbedeutetʼ) *gar nichts, alles für ihn; das hat nichts zu ~* (ʼist ohne Bedeutung, Belangʼ) **2.2.** *sagt dir das (et)was* (1. ʼverstehst du dasʼ 2. ʼgefällt dir dasʼ)? ❖ **Sage, besagen, entsagen, unsagbar, unsäglich — Absage, absagen, Ansage, ansagen, Aussage, aussagen, Durchsage, durchsagen, sagenhaft, sozusagen, voraussagen, wahrsagen, Wahrsager, Wahrsagerin, Wahrsagung, weissagen, weitersagen, Zusage, zusagen**
* /jmd./ *das Sagen haben* ʼin einem bestimmten Bereich das Recht haben, Anordnungen zu treffen, zu befehlenʼ: *der hat (hier) das Sagen; wer hat hier das Sagen?;* /jmd./ *sich* ⟨Dat.⟩ *etw. ~ lassen* ʼeinen Rat annehmenʼ: *der lässt sich ja nie was ~;* /zwei od. mehrere (jmd.), bes. Eheleute/ *sich* ⟨rez., Dat.⟩ *nichts mehr zu ~ haben* (ʼmeist nach vielen Jahren des Zusammenlebens nichts mehr haben, was sie miteinander verbindetʼ); /jmd./ *sich* ⟨Dat.⟩ *etw. gesagt sein lassen* ⟨vorw. im Imp.⟩ ʼetw. als Mahnung verstehen, etw. nicht noch einmal zu tunʼ: *lass dir das gesagt sein, das nächste Mal werden wir dich verklagen!;* *sage und schreibe* ʼes ist kaum zu glaubenʼ: *der Zug, Bus hatte sage und schreibe zwei Stunden Verspätung;* /jmd./ *sich* ⟨Dat.⟩ *etw. nicht zweimal ~ lassen* ʼeiner Aufforderung sehr gern nachkommenʼ: *zu deiner Party zu kommen, das lassen wir uns nicht zweimal ~; das habe ich mir nicht zweimal ~ lassen*
MERKE Zum Unterschied von *sagen, reden, sprechen:* ↗ *sprechen* (Merke)

sägen [ˈzɛːgn̩/ˈzɛː..] ⟨reg. Vb.; hat⟩ **1.** /jmd./ *etw. ~* ʼetw. aus Holz, Metall, mit einer Säge zertrennenʼ: ↗ FELD V.5.2: *Baumstämme, ein Brett in Stücke ~; Holz ~* **2.** umg. scherzh. /jmd./ ʼschnarchenʼ: *du hast über Nacht aber mächtig gesägt* ❖ ↗ **Säge**

sagenhaft [ˈzaːgn̩..] ⟨Adj.⟩ **1.** ⟨o. Steig.; nur attr.⟩ ʼnur durch Überlieferung in der Art einer Sage bestehendʼ: *ein ~er König; die ~e Insel Atlantis* **2.**

⟨Steig. reg., ungebr.⟩ emot. ʼsehr groß (7.1)ʼ: *er hat
~es Glück, Pech gehabt; das ist ja ~* (SYN ʼphan-
tastisch 2.1ʼ); ⟨vor. Adv.⟩ *sie kocht ~ gut* ❖ ↗ **sa-
gen**

Sago [ˈzaːgo], **der**; ~s, ⟨o.Pl.⟩ ʼStärke (II) in Form von
kleinen Kügelchen, die aus dem Mark einer Palme
gewonnen, aus Kartoffeln hergestellt wird und als
Nahrungsmittel dientʼ: *eine Kaltschale mit ~*
MERKE Zum Unterschied von *Graupe, Grütze*
und *Sago:* ↗ **Graupe** (Merke)

sah: ↗ **sehen**

Sahne [ˈzaːnə], **die**; ~, ⟨o.Pl.⟩ **1.** ʼsehr viel Fett ent-
haltender Bestandteil der Milch, der sich auf ihr
absetzt, der durch eine Zentrifuge von ihr getrennt
werden kannʼ; SYN Rahm: *saure, süße ~; die ~
abschöpfen; die ~ schlagen; Kaffee mit ~ bestellen*
2. SYN ʼSchlagsahne (2)ʼ: *eine Portion Eis mit ~;
ein Stück Obsttorte mit ~ bestellen* ❖ **sahnig** – **Kaf-
feesahne, Schlagsahne**

sahnig [ˈzaːnɪç] ⟨Adj.; Steig. reg., ungebr.⟩ **1.** ʼ(viel)
Sahne (1) enthaltendʼ /vorw. auf Milchprodukte
bez./: *eine ~e Creme; das Eis, die Milch ist sehr,
schmeckt ~* **2.** ⟨nur bei Vb.⟩ ʼso schaumig und lo-
cker wie geschlagene Sahne (1)ʼ: *den Quark ~
schlagen, rühren* ❖ ↗ **Sahne**

Saison [zɛˈzɔŋ], **die**; ~, ~s ⟨vorw. Sg.⟩ **1.** ʼlängerer
Zeitabschnitt im Laufe des Jahres, in dem die meis-
ten Leute kommen, um Urlaub zu machenʼ: *die
diesjährige, nächste ~; in der letzten ~ hatten wir
schlechtes Wetter; die ~ hat begonnen, geht zu
Ende; während der ~: während der ~ sind die Ur-
laubsorte, Badeorte überfüllt; das Hotel ist nur wäh-
rend der ~ geöffnet* **2.** SYN ʼSpielzeitʼ (1): *die ~
mit einer neuen Inszenierung beginnen; während der
~: während der ~ geht das Theater nicht auf Tour-
nee* **3.** ʼ(längerer) Zeitabschnitt im Laufe des Jah-
res, in dem etw. Bestimmtes stattfindet, veranstaltet
wird, vorhanden istʼ: *dieses Jahr hatten wir eine
gute, schlechte ~ (für Spargel, Erdbeeren); Klei-
dung für die nächste ~ entwerfen, vorführen* ❖
Hochsaison

Saite [ˈzaɪtə], **die** ~, ~n ʼfestes fadenförmiges Teil
bes. aus Metall, das auf bestimmte Musikinstru-
mente gespannt ist und mit dessen Hilfe die Töne
erzeugt werdenʼ: *die ~n einer Violine, Geige, Harfe;
die ~n spannen; eine ~ ist gerissen* ❖ **Saiteninstru-
ment**
* /jmd., bes. Erziehender/ **andere ~n aufziehen** ʼstren-
ger vorgehenʼ: *so geht das nicht weiter, wir müssen
andere ~n aufziehen*

Saiten|instrument [ˈzaɪtn̩..], **das** ʼMusikinstrument mit
Saitenʼ; vgl. *Violine, Cello, Klavier* ❖ ↗ **Saite**, ↗
Instrument

Sakko [ˈzako], **das**; ~s, ~s ʼJackett mit meist sportli-
chem Schnitt, das einzeln od. als Teil einer Kombi-
nation getragen wirdʼ: *er trug ein helles ~ zu einer
dunklen Hose*

sakral [zaˈkʁaːl] ⟨Adj.; o. Steig.; nicht bei Vb.⟩ ʼfür
den Gottesdienst bestimmtʼ; ANT weltlich: *~e Ge-*

Saiteninstrumente

*sänge, Gewänder, Riten; ~e Kunst; ein ~es Bau-
werk* ❖ vgl. **Sakrament**

Sakrament [zakʁaˈmɛnt], **das**; ~s/auch ~es, ~e ʼfei-
erliche Handlung, bei der die Gnade Gottes in
sinnlich wahrnehmbarer Weise übermittelt wirdʼ:
⟨+ Gen.attr.⟩ *das ~ der Taufe, des Abendmahls* ❖
vgl. **sakral**

Salat [zaˈlaːt], **der**; ~es/auch ~s, ~e **1.** ʼgewürzte,
kalt servierte Speise aus verschiedenen rohen und/
oder gekochten Stücken von Gemüse, Obst,
Fleisch o.Ä. in einer Marinade od. dafür bestimm-
ten Soßeʼ; ↗ FELD I.8.1: *einen ~ herstellen, zu-
sammenstellen, servieren; den ~ abschmecken, mari-
nieren; ein ~ aus zerschnittenen gekochten Eiern,
aus Fleisch und Apfelsinen; ein ~ aus Tomaten, Gur-
ken und Paprika; Bockwurst mit ~ (ʼmit Kartoffel-
salatʼ); /in der kommunikativen Wendung/ da ha-
ben wir den ~ (ʼjetzt ist das eingetreten, was schon
immer zu befürchten warʼ)!* **2.** ⟨o.Pl.⟩ ʼPflanze, de-
ren frische junge Blätter roh als Salat (1) angerich-
tet gegessen werdenʼ; ↗ FELD II.4.1: *frischer, zar-*

ter ~; *ein Kopf* ~; ~ *pflanzen, säen* **3.** ˈmit Zitrone od. Essig, Öl und Kräutern, Gewürzen zubereiteter Salat (1) aus den Blättern von Salat (2)ˈ: *den* ~ *anrichten* ❖ **(zu 2): Blattsalat, Kopfsalat**

Salbe [ˈzalbə], **die**; ~, ~n ˈMittel (2.2) in Form einer cremigen Masse für die äußerliche Anwendung in der Medizin, Kosmetikˈ: *eine duftende, heilende* ~; *eine* ~ *auftragen; jmdn. mit einer* ~ *einreiben; eine* ~ *fein auf der Haut verteilen* ❖ **salben — salbungsvoll**

salben [ˈzalbm̩] ⟨reg. Vb.; hat⟩ geh. /jmd./ *jmdn., sich, etw.* ~ ˈjmdn., sich, einen Teil des Körpers mit Salbe bestreichen, einreibenˈ: *das Kind, die Arme, eine wunde Stelle, sich* ~; *sich* ⟨Dat.⟩, *jmdm. etw.* ~: *sich das Gesicht, jmdm. den Rücken* ~ ❖ ↗ **Salbe**

salbungs|voll [ˈzalbʊŋs..] ⟨Adj.; Steig. reg.⟩ ˈübertrieben und unangebracht feierlich und gefühlvollˈ /vor allem auf Sprachliches bez./: ~*e Gesten;* ~, *in* ~*em Ton reden, sprechen, deklamieren; seine Rede war mir zu* ~ ❖ ↗ **Salbe,** ↗ **voll**

Salmiak [zalˈmi̯ak/ˈz..], **der**/auch **das**; ~s, ⟨o.Pl.⟩ ˈchemische Verbindung aus Ammoniak und Salzsäure, die einen beißenden Geruch hat und als Reinigungsmittel dientˈ: *etw. mit* ~ *säubern*

Salmonelle [zalmoˈnɛlə], **die**; ~, ~n ⟨vorw. Pl.⟩ ˈBakterie, die bes. in Eiern vorkommt und Krankheiten im Darm hervorruftˈ

salomonisch [zaloˈmoːn..] ⟨Adj.; o. Steig.⟩ ˈvon Weisheit zeugend und meist zu klugen und gerechten Entscheidungen führendˈ /beschränkt verbindbar/: *ein* ~*es Urteil; er hat mit* ~*er Weisheit entschieden;* ~ *urteilen; das, sein Urteil war* ~

Salon [zaˈlɔŋ], **der**; ~s, ~s **1.** ˈelegant eingerichteter Raum in einer luxuriösen Wohnung, der zum Empfang und Aufenthalt von Gästen dient, bes. auch in Hotels, auf Schiffenˈ; ↗ FELD V.2.1: *die Gäste im* ~ *empfangen, in den* ~ *führen; vor dem Diner fanden sich alle im* ~ *zusammen* **2.** ⟨+ Präp. *für*⟩ ˈelegantes, modern eingerichtetes Geschäft, bes. im Bereich der Mode, Kosmetik o.Ä.ˈ: *ein* ~ *für Damenhüte, Modellkleider, für Haarpflege, Kosmetik* ❖ **salonfähig**

salon|fähig [..ˈl..] ⟨Adj.; o. Steig.⟩ ˈden Normen der Etikette entsprechendˈ: ⟨oft verneint⟩ *sein Auftreten, ihr Kleid war nicht gerade* ~; *sich* ~ *benehmen, ausdrücken; ein* ~*er Witz* ❖ ↗ **Salon,** ↗ **fähig**

salopp [zaˈlɔp] ⟨Adj.; Steig. reg.⟩ **1.** ˈbes. in der Ausdrucksweise und im Verhalten gegen die Norm verstoßend, die Norm missachtend und stattdessen sehr ungezwungen und zwanglosˈ: *sein* ~*es Benehmen missfiel ihr sehr; er gibt sich gern* ~; *er liebt es, sich* ~ *auszudrücken* **2.** ˈbequem und sportlich und ohne Eleganz wirkendˈ /auf Kleidung bez./: *ein* ~*er Hosenanzug; das Kleid ist mir zu* ~, *wirkt* ~

Salto [ˈzalto], **der**; ~s, ~s/geh. Salti [..ti] ˈSprung, bei dem sich ein Mensch nach vorn od. nach hinten überschlägt und wieder auf die Beine kommtˈ: *der Turner, Artist machte, sprang einen (gestreckten)* ~ *vorwärts, rückwärts; ein doppelter, dreifacher* ~

Salut [zaˈluːt], **der**; ~s/auch ~es, ~e ˈEhrung, bes. bei Staatsbesuchen, durch Abschießen einer bestimmten Anzahl von Salven, Schüssen (von Geschützen)ˈ: *ein dreifacher* ~; *21 Schuss* ~ *schießen* ❖ **salutieren**

salutieren [zaluˈtiːʀən], salutierte, hat salutiert /Angehöriger des Militärs/ ˈbei einem militärischen Zeremoniell od. zum militärischen Gruß Haltung annehmen und mit der gestreckten flachen rechten Hand die Kopfbedeckung leicht berührenˈ: *der Wachposten, die Wache, Kompanie salutierte, als der General vorbeifuhr* ❖ ↗ **Salut**

Salve [ˈzalvə], **die**; ~, ~n **1.** ˈgleichzeitiges Schießen mehrerer Geschütze, Gewehre auf ein Kommando (um jmdm., einer Sache Ehre zu bezeugen)ˈ; ↗ FELD VI.1.1: *zur Begrüßung des Staatsmannes wurden 21* ~*n Salut geschossen* **2.** ˈeine größere Anzahl schnell hintereinander abgegebener Schüsse aus einer mechanischen Waffeˈ: *er schoss eine* ~, *mehrere* ~*n aus seinem Maschinengewehr, seiner Maschinenpistole (gegen die Angreifer)*

Salz [zalts], **das**; ~es, ~e **1.** ⟨o.Pl.⟩ ˈaus einer Verbindung (1.2.) von Natrium und Chlor bestehende körnige, in Wasser lösliche Substanz, die zum Würzen von Speisen, auch als wirtschaftlicher Rohstoff Verwendung findetˈ: *etwas, eine Messerspitze, Prise* ~ *an das Essen geben; das Fleisch mit Pfeffer und* ~ *würzen* **2.** ˈmeist in Wasser lösliche, kristalline, körnige Substanz, die durch Einwirkung einer Säure auf eine Base, auf Metall(oxide) entstanden istˈ; ↗ FELD II.5.1: *die* ~*e der Schwefelsäure; ein* ~ *der Salpetersäure* ❖ **salzen, salzig, gesalzen, versalzen — Salzsäure, -wasser**

* umg. /jmd./ **jmdm. nicht das** ~ **in der Suppe gönnen** (ˈsehr neidisch auf jmdn. seinˈ)

salzen [ˈzaltsn̩], salzte, hat gesalzen/gesalzt; ↗ auch *gesalzen* /jmd./ *etw.* ~ ˈein Nahrungsmittel, eine Speise mit Salz (1) würzenˈ: *die Kartoffeln, Suppe, den Fisch, das Fleisch* ~ ❖ ↗ **Salz**

salzig [ˈzaltsɪç] ⟨Adj.; Steig. reg.⟩ ˈvon Natur aus Salz (2) enthaltend od. mit Salz (1) gewürzt und entsprechend schmeckendˈ: ~*es Gebäck, Gemüse; Tränen schmecken* ~; *die Erdnüsse sind* ~ ❖ ↗ **Salz**

Salz [ˈzalts..]**|-säule** * /jmd./ **zur** ~ **erstarren** (ˈvor Schreck, Entsetzen starr sein, werdenˈ); **-säure, die** ⟨o.Pl.⟩ ˈstark ätzende Säure aus Wasserstoff und Chlorˈ ❖ ↗ **Salz,** ↗ **Säure; -wasser, das** ⟨o.Pl.⟩ **1.** ˈWasser, in dem Salz (1) gelöst istˈ: *mit* ~ *gurgeln; Kartoffeln in* ~ *kochen* **2.** ˈdas salzige Wasser des Meeresˈ: *im* ~ *lebende Fische; in* ~ *baden* ❖ ↗ **Salz,** ↗ **Wasser**

Same [ˈzaːmə], **der**; ~ns, ~n geh.: ↗ *Samen* ❖ ↗ **Samen**

Samen [ˈzaːmən], **der**; ~s, ~ **1.** ⟨*Samen*/auch *Same;* in metaphorischer Verwendung meist *Same;* die Form *Samen* meint vorw. den Pl.⟩ ˈTeil einer Pflanze mit oft fester Schale, der einen Keim und Nährstoffe enthält und aus dem eine neue Pflanze entstehen kannˈ: *die* ~ *der Möhre, des Dills, der Sonnenblume; die reifen* ~ *fallen vom Baum; die*

Pflanze bildet ~; der ~ keimt, ist aufgegangen; ~ aussäen **2.** ⟨nur *Samen;* vorw. Sg.⟩ ˈSamenflüssigkeit'; ↗ FELD II.3.1, 4.1 ❖ **Same, Sämerei — Samenflüssigkeit, -korn, -zelle**
Samen ['..]|-**flüssigkeit, die** ⟨vorw. Sg.⟩ ˈSamenzellen enthaltendes Sekret'; SYN Sperma ❖ ↗ Samen, ↗ fließen; **-korn, das** ˈeinzelner Samen einer Pflanze, bes. des Getreides': *Samenkörner ausstreuen, in die Erde legen* ❖ ↗ Samen, ↗ ¹Korn; **-zelle, die** ⟨vorw. Pl.⟩ ˈzur Fortpflanzung reife Zelle des männlichen Körpers' ❖ ↗ Samen, ↗ Zelle
Sämerei [zɛːmə'ʀ../zeː..]**, die**; ~, ~en ⟨vorw. Pl.⟩ ˈSaatgut, bes. für gärtnerische Kulturen': *ein Geschäft für ~en;* vgl. *Saatgut* ❖ ↗ **Samen**
sammeln ['zamln̩] ⟨reg. Vb.; hat⟩ **1.** /jmd., Tier/ *mehrere Sachen ~* ˈviele Exemplare, viele kleinere Mengen von etw. zusammentragen und an einer Stelle anhäufen, um sie zu bestimmtem Zweck zu verwenden': *alte Zeitungen, Kleider ~; Beeren, Pilze im Wald ~; bei Nachbarn und Freunden Geld, Spenden ~; Regenwasser in einer Tonne ~* (ˈauffangen'); *die Bienen ~ Honig; der Hamster sammelt Getreide, Vorräte in seinem Bau für den Winter* **2.** /jmd./ *mehrere Sachen ~* ˈviele Exemplare der gleichen Art, Sorte wegen ihres Wertes, ihrer Schönheit od. aus besonderer Vorliebe zusammentragen und geordnet aufbewahren, um sich daran zu erfreuen': *Briefmarken, Antiquitäten, Autogramme, Bierdeckel, Steine ~; Märchen, Volkslieder ~; die gesammelten* (ˈin einer Ausgabe erfasste Gesamtheit der') *Werke eines Autors, Dichters* **3.** /jmd./ *mehrere Sachen ~* ˈviele verschiedene Informationen im Gedächtnis speichern' /beschränkt verbindbar/: *Eindrücke, Einfälle, Erfahrungen, Informationen ~* **4.** /jmd./ *sich, seine Gedanken ~* ˈsich (im Zustand der Erregung) konzentrieren (1, 3)'; ↗ FELD I.4.1.2: *ich muss mich, meine Gedanken erst einmal ~, ehe ich das entscheiden kann, ehe ich darauf antworte* ❖ **Sammler, Sammlung, versammeln, Versammlung — ansammeln, Ansammlung, aufsammeln, einsammeln, Generalversammlung, Mitgliederversammlung**
Sammler ['zamlɐ]**, der**; ~s, ~ ˈjmd., der etw. sammelt (2), gesammelt hat': *er ist ein begeisterter ~ von Briefmarken, Streichholzschachteln* ❖ ↗ **sammeln**
Sammlung ['zaml..]**, die**; ~, ~en **1.** /zu *sammeln* 1/ ˈdas Sammeln von etw.': *eine ~ des Roten Kreuzes; eine ~/~en durchführen, veranstalten; die ~ erbrachte, ergab eine hohe Summe; zur ~ von Geld, Kleidern aufrufen* **2.** /zu *sammeln* 2/ ˈdas von jmdm. Gesammelte': *er hat eine umfangreiche, wertvolle ~ (von alten Gemälden); eine private ~; er besaß eine ~ von Briefmarken, Schmetterlingen; seine ~ verkaufen; jmdm. seine ~ zeigen* **3.** ⟨o.Pl.; mit best. Adj.⟩ SYN ˈKonzentration': *mit großer innerer ~ zuhören; mir fehlt es heute an der notwendigen ~, um dem Vortrag zu folgen* ❖ ↗ **sammeln**
Samstag ['zams..]**, der**; ~s, ~e ˈsechster Tag der mit Montag beginnenden Woche'; SYN Sonnabend; ↗ TAFEL XIII; ↗ *Dienstag* ❖ **samstags**

samstags ['..taːks] ⟨Adv.⟩ ˈjeden Samstag'; SYN sonnabends; ↗ *dienstags* ❖ ↗ **Samstag**
¹samt [zamt] ⟨Adv.⟩
* **~ und sonders** ˈausnahmslos alle(s) zusammen': *die Schüler der Klasse waren ~ und sonders erschienen, begeistert; die Einbrecher wurden ~ und sonders verhaftet; der Händler hatte die wertvolle Einrichtung ~ und sonders* (ˈim Ganzen') *verkauft*
²samt ⟨Präp. mit Dat.; vorangestellt; oft o. Kasusforderung⟩ /modal; gibt den Begleitumstand, die Einbeziehung von etw. an/; SYN mit (2), mitsamt; ANT ¹ohne (2): *er ist ~ (seinem) Gepäck angekommen; ein Auto ~ Ladung, ~ Zubehör* ❖ ↗ **gesamt**
Samt, der; ~es/auch ~s, ⟨o.Pl.⟩ ˈtextiles Gewebe mit seidiger, weicher Oberfläche und dichtem kurzem Flor (2)': *ein Kleid aus blauem ~; sie hat eine Haut so weich wie ~* ❖ **samten, samtig**
samten ['zamtn̩] ⟨Adj.; o. Steig.⟩ **1.** ⟨nur attr.⟩ ˈaus Samt bestehend' /auf Kleidungsstücke bez./: *ein ~es Kleid* **2.** ˈweich wie Samt'; SYN samtig /vorw. auf Körperzonen bez./: *ihre Hand, Haut fühlte sich ~ an; ihre ~e Haut; ihre Haut war ~* ❖ ↗ **Samt**
samtig ['zamtɪç] ⟨Adj.; Steig. reg., ungebr.⟩ **1.** ˈwie Samt aussehend, sich anfühlend'; SYN samten: *ein ~er Pfirsich; ihre ~e Haut; die Oberfläche dieses Blattes glänzt, schimmert ~* **2.** ⟨nur attr.⟩ *eine ~e* (ˈdunkle und weich tönende') *Stimme* ❖ ↗ **Samt**
sämtlich ['zɛmt..]: ↗ *sämtlicher*
sämtliche ['zɛmtlɪçə]: ↗ *sämtlicher*
sämtlicher ['zɛmtlɪçɐ] ⟨Indefinitpron.; Mask.; Pl. u. Fem. Sg. **sämtliche;** Neutr. **sämtliches;** ↗ TAFEL X⟩ **1.1.** ⟨adj.⟩ ˈausnahmslos aller, alle, alles'; vgl. *all,* /im Sg. nur bei Substantivierungen und Massenbegriffen/: *~ gesammelte(r) Schrott, sämtliches alte(s) Gerümpel wird abgeholt; wir müssen sämtliche vorhandene Kraft, vorhandenen Kräfte einsetzen, wenn wir das Ziel noch erreichen wollen; trotz ~ guter/guten Vorsätze; die Diebe haben sämtliches Wertvolle, sämtliche wertvolle(n) Stücke mitgenommen;* ⟨nur im Pl.; nur adj.⟩ *sämtliche Gäste waren schon gegangen; sämtliche aufgestellte/aufgestellten Kandidaten mussten sich vorstellen; die Titel ~ vorhandener/vorhandenen Bücher; er hatte mit sämtlichen Schönheiten des Hauses geflirtet; sämtliche Vorschläge, die, meine sämtlichen Vorschläge wurden angenommen;* /subst./ *ich habe sämtliche gelesen* **1.2.** ⟨nur *sämtlich;* als Attr. zum Subj., Obj. dem finiten Vb. nachgestellt⟩ ˈalle': *die Vorschläge wurden sämtlich angenommen; die Kinder kamen sämtlich zum Abendessen; sie waren sämtlich betrunken* ❖ ↗ **gesamt**
sämtliches ['zɛmtlɪçəs]: ↗ *sämtlicher*
Sanatorium [zana'toːʀi̯ʊm]**, das**; ~s, Sanatorien [..'toːʀi̯ən] ˈEinrichtung, Anstalt zur stationären Durchführung von Kuren unter der Leitung von Fachärzten': *zu einer Kur in einem ~ sein, weilen; sich im ~ erholen; in ein ~ gehen*
Sand [zant]**, der**; ~es/auch ~s, ⟨o.Pl.⟩ ˈdurch Verwitterung von Gestein entstandene lockere feinkörnige

Masse, die in großen Mengen in der Wüste, am Strand vorkommt'; ↗ FELD II.1.1: *gelber, grober, feiner, nasser ~; der ~ der Wüste, Dünen; ~ (in eine Karre) schaufeln, schütten; bei Glatteis ~ auf den Fußweg streuen; die Kinder spielten gern im ~, mit (dem) ~; der Wagen ist im ~ stecken geblieben, mit den Rädern im ~ eingesunken; ein Schiff ist auf ~ ('auf eine Sandbank') (auf)gelaufen* ❖ **sandig – Sandbank, -papier, -stein, -sturm, -uhr, Treibsand**
* /jmd./ **jmdm. ~ in die Augen streuen** ('jmdn. in der Weise täuschen, dass er etw. Negatives nicht bemerkt'); /jmd., Institution/ **auf ~ gebaut haben** 'sich auf etw. Unsicheres verlassen haben und sich schließlich getäuscht sehen': *da hast du auf ~ gebaut!;* **etw.** ⟨vorw. *das*⟩ **gibt es wie ~ am Meer** 'etw. ist in überreichem Maße vorhanden': *dieses Jahr gab es Pilze wie ~ am Meer;* /etw., bes. Bemühungen/ **im ~e verlaufen** 'ohne Erfolg bleiben': *alle seine Bemühungen sind, die Sache ist im ~e verlaufen*

Sandale [zan'dɑːlə], **die**; ~, ~n 'leichter flacher Schuh, meist ohne Absatz, dessen Oberteil vorw. aus Riemen mit Schnallen besteht'; ↗ FELD V.1.1 (↗ TABL Kleidungsstücke): *im Sommer trägt er, sie ~n* ❖ **Sandalette**

Sandalette [zanda'lɛtə], **die**; ~, ~n 'leichter, eleganter, einer Sandale ähnlicher Damenschuh mit Absatz': *sie trägt ~n* ❖ ↗ **Sandale**

Sand|bank ['zant..], **die** ⟨Pl.: ~bänke⟩ 'eine Untiefe bildende, aus Sand bestehende Erhöhung des Bodens in Gewässern': *das Schiff ist auf eine ~ geraten, aufgelaufen; bis zur ~ ins Meer hinausschwimmen* ❖ ↗ **Sand,** ↗ **Bank**

sandig ['zandɪç] ⟨Adj.; Steig. reg., ungebr.; nicht bei Vb.⟩ **1.** 'vorwiegend aus Sand bestehend' /auf ein bestimmtes Gebiet bez./; ↗ FELD II.1.2: *~er Boden; der Boden ist ~; die ~e Heide; ein ~er Strand* **2.** 'durch anhaftenden Sand verschmutzt' /auf Gliedmaßen, Kleidung bez./: *~e Füße, Schuhe haben; die Füße waren ~* ❖ ↗ **Sand**

Sand ['zant..]**|-papier, das** ⟨o.Pl.⟩ 'mit einer Schicht aus feinem Sand versehenes, sehr festes Papier, mit dem Oberflächen, Kanten o.Ä. geschliffen, geglättet werden': *Bretter mit ~ glätten; Farbreste mit ~ abschleifen* ❖ ↗ **Sand,** ↗ **Papier; -stein, der** ⟨o.Pl.⟩ 'Gestein, das unter hohem Druck aus Sand entstanden ist und sich gut verarbeiten lässt': *~ lässt sich gut zu Skulpturen, als Baumaterial verarbeiten; eine Kirche, Fassade aus ~* ❖ ↗ **Sand,** ↗ **Stein; -sturm, der** 'heftiger Sturm in trockenen sandigen Gebieten, der große Mengen Sand in die Höhe wirbelt und mit sich führt': *in einen ~ geraten* ❖ ↗ **Sand,** ↗ **Sturm**

sandte: ↗ *senden*

Sand|uhr ['..], **die** 'zum Messen der Zeit dienendes, meist gläsernes Gerät, bei dem meist im Verlauf einer Stunde aus einem oberen Teil feiner Sand durch eine enge Öffnung in einen unteren Teil rinnt': *die ~ umdrehen* ❖ ↗ **Sand,** ↗ **Uhr**

sanft [zanft] ⟨Adj.⟩ **1.** ⟨Steig. reg.⟩ 'von ruhigem, friedfertigem und nachgiebigem Wesen, wenig lebhaft und gar nicht bösartig' /vorw. auf Personen bez./: *sie war ein ~es Kind, hatte ein ~es Wesen; ~ lächeln; sie hatten ihr ein ~es Pferd gegeben; sie hatte den ~en Blick eines Rehes* **2.** ⟨Steig. reg., ungebr.; vorw. attr. u. bei Vb.⟩ **2.1.** 'mit geringer physischer Intensität (bei einer Berührung)'; SYN sacht (1): *er schob sie ~, mit ~em Druck zur Seite; ein ~er Wind, Regen; jmdn. ~ berühren, streicheln; er ließ sein Auto ganz ~ anfahren* **2.2.** 'nicht von starker Wirkung und darum angenehm wirkend': *eine ~e Beleuchtung, Stimme; ein ~er Glanz lag über dem Bild* **2.3.** SYN 'behutsam': *sie sprach ~ und tröstend auf ihn ein; eine ~e Ermahnung* **2.4.** 'angenehm leicht (3.2) und ruhig' /beschränkt verbindbar/: *sie hatte einen ~en ('ruhigen und tiefen') Schlaf; ihr Schlaf war ~; sie war ~ ('unmerklich und nicht plötzlich') eingeschlafen, erwacht* **3.** ⟨o. Steig.⟩ /beschränkt verbindbar/ *eine ~e ('allmählich ansteigende') Erhebung; die Straße stieg ganz ~ ('allmählich') an* ❖ ❖ **besänftigen**

sang: ↗ *singen*

Sänger ['zɛŋɐ], **der**; ~s, ~ 'jmd., der beruflich, bes. in Oper, Operette und Konzert, bei einer Veranstaltung, in einem Chor singt': *ein berühmter ~; die ~ der Oper; jmdn. zum ~ ausbilden* ❖ ↗ **singen**

Sängerin ['zɛŋəʀɪn..], **die**; ~, ~nen /zu *Sänger;* weibl./ ❖ ↗ **singen**

sang|los ['zaŋk..]
* **sang- und klanglos** 'ohne Aufsehen, unbemerkt, unbeachtet': *er ist ~ aus unserer Mitte verschwunden; das Institut hat seine Tätigkeit ~ eingestellt*

sanieren [za'niːʀən], sanierte, hat saniert **1.** *etw.* ~ **1.1.** /jmd., Institution/ 'etw., bes. einen Wohnbereich, eine Gegend, ein Gewässer, durch Beseitigung materieller Missstände od. von Verunreinigungen wieder in einen guten Zustand versetzen': *einen Stadtteil durch Abriss, Instandsetzung und Modernisierung von Häusern sowie durch Neubau der Kanalisation ~; einen Altbau ~; es hat viel Mühe gekostet, den verseuchten See zu ~* **1.2.** /jmd./ 'einen Teil des Körpers so behandeln, dass gesundheitliche Schäden, Krankheitsherde beseitigt werden': *das Gebiss, die Zähne ~ lassen; ein inneres Organ ~; die Nieren eines Patienten medikamentös ~* **2.** /jmd., Institution/ *etw.* ~ 'ein Unternehmen wieder rentabel machen': *(s)eine Firma, (s)einen Betrieb ~; sich ~: jmdm., einem Betrieb durch Kredite helfen, sich ('den Betrieb') zu ~*

sanitär [zani'tɛːɐ/..'teː..] ⟨Adj.; o. Steig.; nur attr.⟩ 'die Hygiene betreffend, der Hygiene dienend': *~e Anlagen, Einrichtungen, Artikel; die ~e Betreuung der Patienten; ~e Maßnahmen einleiten*

Sanitäter [zani'tɛːtɐ/..'teː..], **der**; ~s, ~ 'jmd., der in erster Hilfe, Krankenpflege ausgebildet und in diesem Bereich tätig ist': *der ~ verband die Wunde des Verletzten, des verletzten Soldaten; ein ~ des Roten Kreuzes*

sank: ↗ *sinken*

Sanktion [zaŋk'tsi̯oːn], **die**; ~, ~en **1.** ⟨vorw. Sg.⟩ 'offizielle Anerkennung und dadurch erfolgte Legitimierung'; SYN Billigung: *etw. geschieht mit behördlicher ~* **2.** ⟨nur im Pl.⟩ **2.1.** '(wirtschaftliche) Maßnahmen bes. gegen einen Staat, um ihn zu einem bestimmten Verhalten zu zwingen': *wirtschaftliche ~en gegen einen Staat fordern, beschließen, ausüben, durchsetzen* **2.2.** 'Maßnahmen, durch die jmd., ein Betrieb zur Einhaltung seines Vertrages stimuliert werden soll': *die Bank kann einen Betrieb durch ~en zur Vertragstreue veranlassen* ❖ **sanktionieren**

sanktionieren [zaŋktsi̯o'niːʀən], sanktionierte, hat sanktioniert /jmd., Institution/ *etw. ~* 'etw. offiziell anerkennen und dadurch legitimieren': *der Vertrag ist unterschrieben und damit sanktioniert* ❖ ↗ **Sanktion**

sann: ↗ *sinnen*

Saphir ['zaːfiːɐ̯/za'fiːɐ̯], **der**; ~s, ~e 'blauer Edelstein': *ein Ring mit einem kostbaren ~*

Sardine [zaʀ'diːnə], **die**; ~, ~n 'vorw. im Mittelmeer lebender kleiner Speisefisch, der meist in Öl eingelegt und in Dosen verkauft wird'; ↗ FELD II.3.1: *eine Dose, Büchse ~n*

Sarg [zaʀk], **der**; ~es/auch ~s, Särge ['zɛʀɡə] 'kastenartiger, länglicher, meist hölzerner Behälter, in dem ein Toter bestattet wird' (↗ BILD): *ein einfacher, prunkvoller ~; einen Leichnam in den ~ legen; den Sarg schließen, mit Blumen, Kränzen schmücken; ein ~ aus Eiche, Zink*

Sarkasmus [zaʀ'kasmʊs], **der**; ~, Sarkasmen [..'kasmən] **1.** ⟨o.Pl.⟩ 'eine Art, seinen aggressiven Spott zu äußern, bes. indem man auf amüsante Weise das Gegenteil von dem sagt, was man meint': *sein ~ war nur schwer zu ertragen; sein ~ war gefürchtet; er war wegen seines ~ gefürchtet; er konnte seinen ~ nicht unterdrücken* **2.** 'durch den Sarkasmus (1) geprägte aggressive spöttische Äußerung': *kränkende, scharfe, bissige Sarkasmen; seine Rede war mit Sarkasmen gespickt; seine Sarkasmen waren gefürchtet; vgl. Ironie, Zynismus* ❖ **sarkastisch**

sarkastisch [zaʀ'kast..] ⟨Adj.; Steig. reg.⟩ 'von Sarkasmus geprägt, in verletzender Weise bissig spöttisch' /auf Sprachliches bez./: *seine ~en Scherze, Bemerkungen; ~ lächeln; er ist immer schrecklich ~* ❖ ↗ **Sarkasmus**

saß: ↗ *sitzen*

Satan ['zaːtan], **der**; ~s, ~e **1.** ⟨o.Pl.; nicht mit unbest. Art.⟩ SYN 'Teufel (1)': *sie müssen mit dem ~*

im Bunde sein **2.** ⟨vorw. Sg.⟩ emot. SYN 'Teufel (2.1)': *er, sie ist ein ~, war der reinste ~*

Satellit [zatɛ'liːt], **der**; ~en, ~en **1.** 'Himmelskörper, der einen Stern, bes. einen Planeten umkreist'; SYN Trabant: *die ~n des Jupiter; der Mond ist ein ~ der Erde* **2.** 'Raumflugkörper, der einen Himmelskörper, bes. die Erde, umkreist': *ein künstlicher, (un)bemannter ~; der Einsatz von ~en zur Erforschung der Erde; etw. via ~ übertragen* ❖ **Erdsatellit**

Satin [za'tɛ̃/..tɛŋ], **der**; ~s, ⟨o.Pl.⟩ 'textiles Gewebe aus Baumwolle od. Seide mit glatter, glänzender Oberseite': *ein Unterkleid, Schlafanzug, Bettbezug aus ~*

Satire [za'tiːʀə], **die**; ~, ~n **1.** ⟨o.Pl.⟩ 'Form der künstlerischen, bes. literarischen Gestaltung, die durch Übertreibung, Ironie und beißenden Spott an jmdm., etw. heftige Kritik übt und ihn, es der Lächerlichkeit preisgibt': *er war ein Meister der ~; die Kunst der politischen ~; die ~ nimmt sich die Fehler und Schwächen der Menschen vor* **2.** '(literarisches) Kunstwerk, das mit den Mitteln der Satire (1) gestaltet ist': *er hat eine politische, gesellschaftskritische ~ geschaffen, veröffentlicht; er ist der Verfasser zahlreicher ~n* ❖ **satirisch**

satirisch [za'tiːʀ..] ⟨Adj.; o. Steig.⟩ 'in der Art einer, der Satire' /vorw. auf Sprachliches bez./: *ein ~es Gedicht; ~e Zeichnungen, Pamphlete; etw., ein Thema ~ darstellen, gestalten, zeichnen* ❖ ↗ **Satire**

satt [zat] ⟨Adj.; Steig. reg., ungebr.⟩ **1.** 'durch genügendes Essen keinen Hunger mehr verspürend' /vorw. auf Personen bez./: *möchtest du noch etwas essen oder bist du (schon) ~?; der Wirt liebt ~e und zufriedene Gäste; Länder, in denen die Menschen nicht ~ werden* ('hungern, nicht genug zu essen haben'); *von Süßigkeiten kann man nicht ~ werden; etw. macht ~* ('sättigt schnell, nachhaltig'); *dieses Kind ist nicht ~ zu kriegen* ('hat immer Hunger, will immer etw. essen'); *sich ~ essen, trinken; sich an etw.* ⟨Dat.⟩ *~ essen* ('von etw. so viel essen, bis man satt ist') **2.** ⟨vorw. attr.⟩ emot. neg. 'infolge Wohlstand mit sich und der Welt zufrieden': *er war ein ~er Bürger geworden; ein ~er Ausdruck lag auf seinem Gesicht; vgl. selbstzufrieden* **3.** ⟨nur attr.⟩ 'kräftig, intensiv' /auf Farben bez./: *ein ~es Rot, Grün* ❖ **gesättigt, sättigen, sattsam, ungesättigt**
* umg. /jmd./ *etw., jmdn. ~ haben* 'einer Sache, jmds. überdrüssig sein': *ich habe dieses Fernsehen ~* /jmd./ *sich an etw.* ⟨Dat.⟩, *jmdn. nicht ~ sehen können* ('so großes Gefallen an etw., jmdm. finden, dass man es, ihn immer ansehen möchte')

Sattel ['zat̩l], **der**; ~s, Sättel ['zɛt̩l] **1.** 'auf dem Rücken eines Reittieres angebrachte Vorrichtung zum Sitzen für den Reiter' (↗ BILD): *dem Pferd den ~ auflegen, abnehmen; jmdm. in den, aus dem ~ helfen* ('beim Aufsitzen 1, Absitzen behilflich sein'); *sich auf, in den ~ schwingen* ('sich geschickt und mit Schwung in den Sattel setzen'); *sie sitzt gut im, auf dem ~; sie konnten sich vor Erschöpfung kaum noch* im ~ halten; vom ~ fallen; das Pferd warf den Reiter aus dem ~ **2.** ʿSitz (1.1) für den Fahrer eines Fahrrades, für Fahrer, Mitfahrer eines Motorrades': ein gut gefederter ~; den ~ verstellen ❖ **sattelfest**

* /jmd./ **in allen Sätteln gerecht sein** (ʿsich auf allen Gebieten gut auskennen'); /jmd./ **fest im ~ sitzen** (ʿeine sichere, unangefochtene Stellung 5 haben')

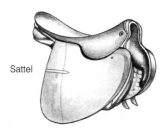
Sattel

sattel|fest [ʾ..] ⟨Adj.; o. Steig.⟩ ʿauf einem bestimmten Wissensgebiet allen Anforderungen gewachsen' /auf Personen bez./: ein ~er Prüfling; in diesem Fach ist er ausgesprochen ~; in der Orthografie war er noch nie ~, fühlt er sich nicht ~ ❖ ↗ **Sattel**, ↗ **fest**

sättigen [ˈzɛtɪgn̩] ⟨reg. Vb.; hat; ↗ auch gesättigt⟩ **1.** /jmd./ sich an, mit etw. ⟨Dat.⟩ ~ an, mit etw. den Hunger stillen': sich an, mit Bananen ~ **2.** etw. sättigt ʿetw., eine Speise macht schnell und nachhaltig, gründlich satt': Haferbrei, Erbsensuppe sättigt; dieses Gericht sättigt, ist ~d ❖ ↗ **satt**

sattsam [ˈzat..] ⟨Adv.⟩ emot. neg. /beschränkt verbindbar/: ~ bekannt ʿhinreichend, bis zum Überdruss bekannt': seine ~ bekannten Auffassungen; das ist ~ bekannt ❖ ↗ **satt**

Satz [zats], der; ~es, Sätze [ˈzɛtsə] **1.** ʿvorw. aus mehreren, nach den Regeln der Grammatik angeordneten Wörtern bestehende, nach Inhalt und Form in sich geschlossene, eine Aussage, Frage od. Aufforderung darstellende sprachliche Einheit': ein kurzer, knapper, langer ~; ein klarer, gut gegliederter, treffender ~; Sätze bilden, konstruieren, (auf)schreiben, niederschreiben, sprechen, analysieren; in ganzen Sätzen (ʿin Sätzen mit Subjekt und Prädikat') sprechen; mitten im ~ abbrechen; seine Gedanken in wenigen Sätzen zusammenfassen; diesen ~ (ʿdies') haben wir schon oft gehört **2.** ʿin sich geschlossener Teil eines mehrteiligen Musikstücks': eine Komposition in vier Sätzen; der langsame, letzte ~ einer Symphonie, eines Klavierkonzerts **3.** ʿin sich geschlossener Teil eines sportlichen Wettkampfes, bes. im Tennis': einen ~, den ersten, zweiten ~ gewinnen, verlieren; er gewann das Match in drei Sätzen **4.** ʿeine Einheit bildende Menge bestimmter zusammengehöriger Teile, Gegenstände, Tiere derselben Art': ein ~ Autoreifen, Bohrer, Gewichte, Schüsseln, Töpfe; einen ~ Briefmarken kaufen; ein ~ (ʿWurf') Hasen; ein ~ (ʿbestimmte Menge gleich-

zeitig in ein Gewässer eingesetzter') Fische, Forellen **5.** ⟨vorw. Sg.⟩ SYN ʿBodensatz': der ~ des Kaffees, Weines; diese Substanz bildet, hinterlässt keinen ~ **6.** ʿfestgesetzter (regelmäßig) zu zahlender Geldbetrag': einen hohen, niedrigen ~ vereinbaren, zahlen; der ~ für Gäste und Mitglieder ist verschieden hoch angesetzt; der ~ für die Verpflegung wird extra berechnet; der ~ beträgt 50 Mark pro Monat **7.1.** ʿSprung (1), bei dem man sich kräftig vom Untergrund abstößt (1.1)': einen ~ über ein Hindernis, eine Hecke, Pfütze machen; mit einem ~ zur Seite springen; er machte einen großen ~ **7.2.** mit wenigen Sätzen (ʿgroßen schnellen Schritten') hatte er ihn eingeholt ❖ ↗ **setzen**

Satzung [ˈzats..], die; ~, ~en ʿschriftlich niedergelegte Grundsätze, Bestimmungen, Regeln, die sich eine Körperschaft des öffentlichen Rechts für ihre Tätigkeit gibt'; SYN Statut: die ~ einer Partei, eines Vereins, einer wissenschaftlichen Gesellschaft; eine ~ aufstellen, ausarbeiten, beachten, verletzen; das steht nicht in der ~; etw. ist in der ~ niedergelegt ❖ ↗ **setzen**

Satz|zeichen [ˈzats..], das ʿgrafisches Zeichen zur Gliederung, Charakterisierung eines Textes, Satzes': Punkt, Komma, Ausrufe- und Fragezeichen sind ~ ❖ ↗ **setzen**, ↗ **Zeichen**

Sau [zaʊ], die; ~, ~en/Säue [ˈzɔɪə] **1.** ʿweibliches Schwein, bes. als Muttertier'; ↗ FELD II.3.1: eine tragende ~; eine fette ~; eine ~ schlachten; die ~ ferkelt, hat sechs Ferkel geworfen; vgl. Schwein, Eber **2.** derb emot. **2.1.** ʿjmd., der sich od. etw. sehr beschmutzt hat': diese ~ hat sich schon wieder nicht gewaschen!; Schimpfw. du (alte) ~! **2.2.** ʿordinärer Mensch': er ist eine ~, er erzählt immer ordinäre Witze; Schimpfw. du (alte) ~ **2.3.** ⟨nur mit best. Attr.⟩ /meint einen Menschen/: er ist eine dumme, faule ~ (ʿer ist sehr dumm, faul'); Schimpfw. du blöde ~! ❖ Sauerei — Sauwetter

* derb /etw./ **unter aller ~ sein** ʿqualitativ außerordentlich schlecht (1) sein': sein Benehmen, der Aufsatz, das Buch ist unter aller ~; **wie eine gesengte ~**: er fuhr (mit seinem Auto) wie eine gesengte ~ (ʿsehr schnell und rücksichtslos gegen sich und andere od. sehr schlecht 3'); er rannte wie eine gesengte ~ (ʿextrem schnell') davon; er benahm sich, schrieb wie eine gesengte ~ (ʿaußerordentlich schlecht'); /jmd., bes. Vorgesetzter/ **jmdn. zur ~ machen** (1. ʿjmdn. scharf kritisieren': der Feldwebel hat ihn zur ~ gemacht **2.** ʿjmdn. verprügeln, zusammenschlagen')

sauber [ˈzaʊbɐ] ⟨Adj.⟩ **1.1.** ⟨Steig. reg.⟩ ʿfrei von Schmutz, Verunreinigungen'; SYN ¹rein (I.2.1); ANT schmutzig (1.1): ~e Fingernägel, Hände, Füße; ~e Kleidung, Schuhe, Straßen, Städte; ein ~es Besteck; ein ~es (ʿgewaschenes') Hemd; etw., seine Schuhe ~ bürsten, putzen; etw. ~ waschen; ein ~es Glas aus dem Schrank nehmen **1.2.** ⟨o. Steig.; nur präd. (mit sein)⟩ das Kind, unsere kleine Tochter ist schon ~ (ʿbraucht keine Windeln mehr zu tragen') **1.3.** ⟨Steig. reg.; nicht bei Vb.⟩ SYN 'klar (1.1)' /beschränkt verbindbar/: *~e Luft; ~es Wasser* **2.** ⟨Steig. reg.; nicht präd.⟩ 'sorgfältig und ordentlich (ausgeführt)': *das ist eine ~e Arbeit, Schrift, Naht; etw. ~ ausführen* **3.** ⟨Steig. reg.⟩ 'im Klang ¹rein (I.1.2)' /auf Akustisches bez./: *ein ~er Klang; dieser Ton war nicht ganz ~; ein Musikstück ~ spielen* **4.** ⟨o. Steig.; nicht bei Vb.⟩ SYN 'anständig (I.2)' /vorw. auf Ethisches bez./: *er hat eine ~e Gesinnung, Haltung, einen ~en Charakter* ❖ **Sauberkeit, säuberlich, säubern, unsauber**

sauber halten (er hält sauber), hielt sauber, hat sauber gehalten /jmd./ *etw., jmdn., sich ~* 'etw., jmdn., sich im sauberen (1.1) Zustand (er)halten': *seine Fingernägel, Wohnung ~; sich, seine Sachen, sein Auto ~; sie hat sich, ihre Kinder immer sauber gehalten*

Sauberkeit ['..], **die**; ~, ⟨o.Pl.⟩ /zu *sauber* 1.1, 2,3,4/ 'das Saubersein'; /zu 1.1/: *die Wohnung glänzte vor ~*; /zu 4./: *die ~ seiner Gesinnung* ❖ ↗ **sauber**

säuberlich ['zɔɪbɐ..] ⟨Adj.; o. Steig.; nicht präd.; vorw. bei Vb.⟩ 'besonders sorgfältig': *etw. ~ zeichnen, schreiben; etw. ~ einpacken, ordnen; eine Decke, ein Oberhemd ~ zusammenlegen; Ziegelsteine ~ aufschichten; Bemerkungen, Notizen ~ in ein Heft eintragen* ❖ ↗ **sauber**

sauber machen, machte sauber, hat sauber gemacht /jmd./ **1.1.** *etw. ~* 'etw. säubern': *den Kamm, Herd, Teppich ~; die Wohnung ~; etw. mit Seife und Lappen, mit der Bürste ~* **1.2.** 'die Wohnung od. andere Räumlichkeiten in einen sauberen Zustand bringen'; SYN putzen (1.1): *ich muss noch ~; hast du schon sauber gemacht?*

säubern ['zɔɪbɐn] ⟨reg. Vb.; hat⟩ /jmd./ *etw. ~* 'den bes. an der Oberfläche von etw. haftenden Schmutz (mit Wasser, Seife, Lappen, Bürste) entfernen'; SYN reinigen: *den Tisch, das Geschirr ~; den Fußboden (mit Seifenwasser und Schrubber), das Fensterbrett (mit einem feuchten Lappen) ~; den Anzug, die Stiefel (mit einer Bürste) vom anhaftenden Schmutz, Staub ~; sich, jmdn. ~* ('den Schmutz von sich, jmdm., bes. von der Kleidung entfernen'); *sich* ⟨Dat.⟩ *etw. ~: sich die Fingernägel ~* ❖ ↗ **sauber**

Sauce ['zoːsə], **die**; ~, ~n ↗ *Soße* ❖ **Sauciere**

Sauciere [zo'sɪɛːʀə], **die**; ~, ~n 'kleinere Schüssel mit einem tellerartigen Unterteil, in der Soße serviert wird' (↗ TABL Geschirr): *eine ~ aus Porzellan* ❖ ↗ **Sauce**

sauer [zauɐ] ⟨Adj.⟩ **1.1.** ⟨Steig. reg.⟩ 'wie Essig, Zitronensaft schmeckend'; ANT süß (1.1) /vorw. auf Nahrung bez./: *saure Kirschen; die Zitrone ist besonders ~; den sauren Wein nehmen wir für die Bowle; die Suppe schmeckt, ist mir zu ~* **1.2.** ⟨o. Steig.⟩ 'mit einer sauer (1.1) schmeckenden Zutat zubereitet' /vorw. auf Nahrung bez./: *saure Drops, Gurken, Bohnen, Heringe; die Drops sind mir zu ~; etw. ~* ('in gewürztem Essigwasser') *einlegen* **1.3.** ⟨o. Steig.⟩ 'durch Gärung zersetzt und im Geschmack (und Geruch) wie sauer (1.1) (und da-

durch ungenießbar)' /auf bestimmte Nahrungs-, Genussmittel bez./: *das Bier ist ~ (geworden); saure Milch; die Milch ist, riecht ~* **2.** ⟨o. Steig.; nicht bei Vb.⟩ 'Säure (2) enthaltend' /auf Materialien bez./: *saure Gesteine, Salze; ein saurer Boden; der Boden ist ~* **3.** ⟨o. Steig.⟩ **3.1.** ⟨nur attr.⟩ SYN 'missmutig'; ANT freundlich (1.2) /auf Mimisches bez./: *als er das hörte, machte er eine saure Miene, ein saures Gesicht* **3.2.** ⟨nicht attr.⟩ umg. 'ärgerlich, verärgert': *~ auf etw., jmdn. reagieren; jmd. ist, wird ~: sie waren ziemlich ~, als sie Strafe zahlen mussten; auf jmdn. ~ sein: sie waren ziemlich ~ auf ihn, weil er sein Versprechen nicht gehalten hatte* **4.** ⟨o. Steig.; präd. nur mit *werden*⟩ /beschränkt verbindbar/: *das, die Pflege des alten Mannes war ihm eine saure* ('unangenehme und schwer zu bewältigende') *Pflicht geworden; ~ erspartes, verdientes* ('schwer, mühsam erspartes, erarbeitetes') *Geld; jmdm. wird etw. ~* ('jmdm. fällt etw. schwer'): *das Gehen, lange Stehen wird ihm schon ~; jmdm./geh. jmdn. kommt etw. ~ an* ('jmd. tut etw. nur ungern, weil es ihm schwierig erscheint') ❖ **säuerlich, Säure – Kohlensäure, Magensäure, Schwefelsäure, Sauerkraut, -stoff, -teig, stinksauer, süßsauer**

MERKE Das ‚e' der Endung von *sauer* entfällt, wenn *sauer* flektiert wird, aber es gilt nicht als falsch, es dennoch zu schreiben, sprechen

Sauerei [zauə'ʀ..], **die**; ~, ~en derb emot. **1.** SYN 'Schweinerei (1)': *er hat eine große ~ in dem Zimmer angerichtet, hinterlassen; wer hat diese ~ angerichtet?* **2.** SYN 'Gemeinheit (2)': *was hier (an Betrug, Vetternwirtschaft, Schlamperei) geschieht, ist eine einzige, riesige ~; zu einer solchen ~ ist nur er fähig; solche ~en mache ich nicht mit; es ist eine ~, wie sie mit ihm umgesprungen sind; solche (schlecht verarbeiteten) Schuhe sind eine ~; (so eine) ~!* /Ausruf der Empörung/ **3.** ⟨nur im Pl.⟩ SYN 'Schweinerei (3)': *~en erzählen* ❖ ↗ **Sau**

Sauer|kraut ['zauɐ..], **das** ⟨o.Pl.⟩ 'in feine Streifen geschnittener, gewürzter und durch Gärung saurer Weißkohl'; SYN Kraut (3.2); ↗ FELD I.8.1: *eine Portion ~ mit Kartoffelbrei und Würstchen* ❖ ↗ **sauer**, ↗ **Kraut**

säuerlich ['zɔɪɐ..] ⟨Adj.⟩ **1.** ⟨Steig. reg., ungebr.⟩ 'ein wenig sauer (1)' /vorw. auf Früchte bez./: *ein ~er Apfel, Wein; etw. ist, schmeckt ~* **2.** ⟨o. Steig.; nicht präd.⟩ 'Unbehagen ausdrückend' /auf Mimisches bez./: *er reichte ein ~es Gesicht, eine ~e Miene; ~ lachen* ❖ ↗ **sauer**

Sauer ['zauɐ..]**|-stoff, der** ⟨o.Pl.⟩ 'farb- und geruchloses chemisches Element, das sich mit allen anderen Elementen verbindet, als Gas frei in der Luft vorkommt und für das Leben fast aller Organismen unentbehrlich ist' /chem. Symb. O/: *durch Einatmen ~ aufnehmen; ohne ~ brennt kein Feuer* ❖ ↗ sauer, ↗ Stoff; **-teig, der** ⟨o.Pl.⟩ 'durch Gärung säuerlicher Teig aus Mehl, der als Treibmittel bei der Herstellung von Brot verwendet wird': *~ ansetzen, dem Mehl zusetzen* ❖ ↗ sauer, ↗ Teig

saufen ['zaufn̩] (er säuft [zɔift]), soff [zɔf], hat gesoffen [gə'zɔfn̩] **1.1.** /Säugetier/ ʿFlüssigkeit, bes. Wasser, zu sich nehmenʾ: *dem Vieh Wasser zu ~ geben; die Rinder, Pferde ~ aus dem Trog; etw. ~: die Katze hat die ganze Milch gesoffen* **1.2.** derb /jmd./ *etw. ~* ʿetw., meist viel von etw. trinkenʾ; ↗ FELD I.8.2: *er soff den ganzen Tag einen Kaffee nach dem anderen* **2.** derb emot. neg. /jmd./ **2.1.** ʿviel (und regelmäßig) alkoholische Getränke zu sich nehmen (und sich dadurch betrinken)ʾ: *aus Kummer, Verzweiflung ~; sie haben die ganze Nacht gesoffen; er säuft* (ʿist ein gewohnheitsmäßiger Trinkerʾ) **2.2.** *sich irgendwie ~* ʿdurch gewohnheitsmäßiges Trinken alkoholischer Getränke einen körperlichen Schaden davontragenʾ: *er hat sich krank, zu Tode gesoffen* ❖ **besaufen, besoffen, Säufer, Sauferei, Suff, süffig**

Säufer ['zɔifɐ], der; ~s, ~ derb emot. neg. SYN ʿTrinkerʾ: *er war, ist ein ~* ❖ ↗ **saufen**

Sauferei [zaufə'ʀ..], die; ~, ~en derb **1.** ⟨o.Pl.⟩ ʿübermäßiger Genuss alkoholischer Getränkeʾ: *durch die, deine ~ wirst du noch krank werden* **2.** ʿGelage, bei dem alkoholische Getränke in großen Mengen getrunken werdenʾ: *die Feier artete in eine ~ aus; eine große ~ veranstalten* ❖ ↗ **saufen**

säuft: ↗ *saufen*

saugen ['zaugn̩], saugte/sog [zo:k], hat gesaugt/gesogen [gə'zo:gn̩] **1.** ⟨vorw. saugte, gesaugt; vorw. Präs.⟩ /jmd., Tier, bes. Insekt; Pflanze/ *etw. aus etw.* ⟨Dat.⟩ *~ etw.*, bes. etw. Flüssiges, aus etw. in sich aufnehmen, indem man es in den Mund ziehtʾ: *Limonade mit einem/durch einen Tinkhalm aus einem Glas ~; Blut, Schlangengift aus einer Wunde ~; die Bienen ~ Nektar aus den Blüten; der Baum saugt (mit seinen Wurzeln) die Flüssigkeit aus dem Boden; ein ~des* (ʿMilch aus den Zitzen trinkendesʾ) *Junges* **2.** /jmd./ *an etw.* ⟨Dat.⟩ *~* ʿmit der Muskulatur des Mundes, bes. der Lippen, an etw. saugen (1) (um etw. daraus in sich aufzunehmen)ʾ: *er saugte/sog an der Unterlippe, Pfeife, Zigarre; das Kind saugt* (ʿlutschtʾ) *am Daumen* **3.** /etw., das leicht Flüssigkeit aus der Umgebung in sich aufnimmt/ *sich voll Flüssigkeit ~*: *sein Mantel hatte sich im Regen, der Schwamm hatte sich voll (mit) Flüssigkeit gesaugt/gesogen* (ʿviel Flüssigkeit in sich aufgenommenʾ) **4.** ⟨nur saugte, gesaugt⟩ /jmd./ *etw. ~* ʿetw., bes. einen Raum, ein Möbelstück mit dem Staubsauger reinigenʾ: *die Polstermöbel, das Wohnzimmer, den Teppich ~; er saugt jede Woche* ❖ **saugen, Sauger, Säugling, Sog – absaugen, aufsaugen, Säugetier, saugfähig, Staubsauger**

säugen ['zɔign̩] ⟨reg. Vb.; hat⟩ /Muttertier/ *ein Junges ~* ʿein Junges aus dem Euter, den Zitzen trinken lassenʾ: *die Stute säugt ihr Junges* ❖ ↗ **saugen**

Sauger ['zaugɐ], der; ~s, ~ ʿrunder hohler Gegenstand aus Gummi, der auf eine Flasche (2) gesetzt wird und durch den ein Säugling für ihn bestimmte Nahrung saugend zu sich nehmen kannʾ ❖ ↗ **saugen**

Säuge|tier ['zɔigə..], das ʿTier, das lebende Junge zur Welt bringt und säugtʾ: *Hunde, Katzen, Schweine sind Säugetiere* ❖ ↗ **saugen**, ↗ **Tier**

saug|fähig ['zauk..] ⟨Adj.; Steig. reg.; nicht bei Vb.⟩ ʿso beschaffen, dass es Flüssigkeit aufnehmen kannʾ /auf Material bez./: *~es Papier, ~e Textilien; ein sehr ~er Schwamm* ❖ ↗ **saugen**, ↗ **fähig**

Säugling ['zɔik..], der; ~s, ~e ʿKind, das noch gestillt od. mit Milch aus der Flasche ernährt wirdʾ; SYN Baby: *der ~ schreit, er muss gefüttert werden*; vgl. *Kind (1), Kleinkind* ❖ ↗ **saugen**

Säule ['zɔilə], die; ~, ~n ʿaufrecht stehendes, walzenförmiges, hohes Bauteil, das ein Dach stütztʾ; ↗ FELD V.3.1: *eine griechische, romanische, dorische, korinthische, schlanke, steinerne ~; eine ~ aus Marmor; ein von ~n gestütztes Portal; etw. ruht auf ~n* ❖ **Litfasssäule, Wirbelsäule**

Saum [zaum], der; ~es/auch ~s, Säume ['zɔimə] **1.** ʿnach innen umgeschlagener und mit einer Naht befestigter Rand an Kleidungsstücken od. flächigen textilen Gegenständenʾ: *ein schmaler, breiter ~ rund um den Halsausschnitt des T-Shirts; der ~ einer Tischdecke, Gardine; den ~ eines Kleides nähen, befestigen, auftrennen; ein falscher ~* (ʿals Saum zusätzlich angenähter Streifen Stoffʾ) **2.** ⟨vorw. Sg.⟩ geh. ʿschmaler Streifen am Rand einer Fläche, eines Gebietesʾ; SYN Rand: *er saß am ~ des Waldes, der Wiese; der weiße ~ der Brandung* ❖ **säumen**

säumen ['zɔimən] ⟨reg. Vb.; hat⟩ **1.** /jmd./ *etw. ~* ʿein Kleidungsstück, einen textilen Gegenstand mit einem Saum (1) versehenʾ: *ein Laken, Taschentuch, Kleid, Hemd ~* **2.** /mehrere (jmd., etw.)/ *etw. ~* ʿsich als lange Reihe am Rand von etw. befindenʾ: *viele Menschen säumten den Marktplatz, als der Festzug durchkam; alte Häuser säumten den Marktplatz; eine von hohen Mauern gesäumte Gasse; Pappeln ~ die Straßen* **3.** ⟨vorw. verneint⟩ geh. /jmd./ SYN ʿzögernʾ; ↗ FELD I.4.3.2: *er säumte nicht, sie zu benachrichtigen; sie machten sich ohne Säumen an die Arbeit; ich will nicht länger ~* ❖ **zu (3): säumig, saumselig, versäumen, Versäumnis; zu (1,2): ↗ Saum**

säumig ['zɔimɪç] ⟨Adj.; Steig. reg.⟩ geh. ʿ(aus Nachlässigkeit) etw., bes. eine Leistung, nicht termingemäß erledigend, erbringendʾ /vorw. auf Personen bez./: *er war ein ~er Schuldner, Arbeiter; er ist ~ in seiner Arbeit; ~ arbeiten* ❖ ↗ **säumen**

saum|selig ['zaum..] ⟨Adj.⟩ geh. ʿbei der Ausführung, Erledigung von etw. (aus Nachlässigkeit) sehr langsam und dadurch Termine und erwartete Leistung nicht erbringendʾ /vorw. auf Personen bez./: *ein ~er Schüler, Arbeiter; ~ arbeiten; er war ~ bei der Rückzahlung des Kredits* ❖ ↗ **säumen**

Säure ['zɔiʀə], die; ~, ~n **1.** ⟨o.Pl.⟩ ʿder saure (1) Geschmackʾ: *die ~ des Essigs, der Zitrone, eines Apfels* **2.** ʿWasserstoff enthaltende chemische Verbindung, die mit Basen od. Metallen Salze bildetʾ: *eine ätzende, starke, verdünnte ~; ~n lösen Metalle auf* ❖ ↗ **sauer**

Saus [zaus]

Affe

Biber

Delphin

Elefant

Igel

Bär

Eichhörnchen

Eisbär

Maus

Ratte

Fledermaus

Giraffe

Elch

Esel

Fuchs

Wal

Kängeru

Hund

Gämse

Katze

Kamel

Maulwurf

Robbe

Nashorn

Löwe

Hase

Hirsch

Wildschwein

Nilpferd

Reh

Schwein

Tiger

Wolf

Pferd

Rind

Ziege

Schaf

* /jmd./ **in ~ und Braus leben** (´im Überfluss, verschwenderisch leben´)

säuseln [ˈzɔɪz̩ln] ⟨reg. Vb.; hat⟩ **1.1.** /etw., bes. Blätter/ ´ganz leise rauschen bei geringer Bewegung der Luft´: *die Blätter der Büsche ~; das Laub, Stroh säuselt im Wind* **1.2.** *der Wind säuselt in den Blättern* (´lässt die Blätter leise rauschen´) **2.** spött. /jmd./ ´übertrieben leise und geziert sprechen´; ↗ FELD VI.1.2: *sie säuselte immer, wenn sie glaubte, etw. Wichtiges zu sagen* ❖ ↗ **sausen**

sausen [ˈzaʊz̩n] ⟨reg. Vb.; hat/ist⟩ **1.** ⟨hat⟩ ↗ FELD VI.1.2 **1.1.** /mehrere (etw.)/ ´bei starker Bewegung kräftig rauschen´: *die Bäume, Wipfel, Blätter ~ (im Winde)* **1.2.** *der Wind saust in den Bäumen* (´lässt die Blätter der Bäume kräftig rauschen´) **2.** ⟨hat⟩ *jmdm. saust der Kopf, ~ die Ohren, jmdm. saust das Blut in den Ohren* (´jmd. hört vor Überanstrengung, Aufregung o.Ä. ein Rauschen in den Ohren´) **3.** ⟨ist⟩ *irgendwohin* ~ **3.1.** /etw., bes. ein Fahrzeug, jmd. mit einem Fahrzeug/ ´sich sehr schnell irgendwohin fortbewegen´; ↗ FELD VIII.1.2: *der Zug saust durch die Nacht; er sauste mit seinem Fahrrad den Berg hinunter; der Fahrstuhl sauste in die Tiefe* **3.2.** umg. /jmd./ ´sehr schnell irgendwohin laufen, rennen´; ↗ FELD I.7.2.2: *er sauste in die Küche, zum Bahnhof, durch den Garten* **4.** ⟨ist⟩ /etw./ *auf etw.* ~ ´sich von oben mit Wucht nach unten in Richtung auf etw. bewegen´: *der Knüppel sauste auf seinen Rücken; der Schmied ließ den Hammer auf den Amboss* ~ ❖ **säuseln**

sausen lassen (er lässt sausen), ließ sausen, hat sausen lassen/sausen gelassen **1.** /jmd./ *etw.* ~ ´von etw. Vorteilhaftem Gebrauch machen, darauf verzichten´: *das verlockende Angebot, die Chance, die gute Stellung ~* **2.** /jmd./ *jmdn.* ~· *er hat seine Freundin* ~ (´hat die Beziehung zu ihr abgebrochen´)

Sau|wetter [ˈzaʊ..], **das** ⟨o.Pl.⟩ emot. ´(anhaltend) sehr schlechtes Wetter mit viel Regen od. Schnee, mit niederen Temperaturen´: *das ist wieder ein ~ heute, da möchte man nicht aus dem Hause gehen* ❖ ↗ **Sau**, ↗ **Wetter**

Saxophon/auch **Saxofon** [zaksoˈfoːn], **das**; ~s, ~e ´metallenes, weich klingendes Blasinstrument mit einem trichterförmigen, nach oben gebogenen Rohr´ (↗ TABL Blasinstrumente): *das ~ wird besonders in der Jazzmusik verwendet*

S-Bahn [ˈɛs..], **die** /Kurzw. für *unübliches Schnellbahn*/ ´elektrisch betriebenes, auf Schienen fahrendes Verkehrsmittel für Personen in Großstädten und ihrer näheren Umgebung´; ↗ FELD VIII.4.1.1: *die Berliner ~; mit der ~ zum Dienst, zur Arbeit fahren; die ~ nehmen*; vgl. *Straßenbahn, U-Bahn, Eisenbahn* ❖ ↗ **Bahn**

Schabe [ˈʃaːbə], **die**; ~, ~n ´flaches schwarzes od. bräunliches Insekt, das in Ritzen und Spalten von (Wohn)häusern lebt, Lebensmittel befällt und Krankheiten übertragen kann´; ↗ FELD II.3.1: ~ *vernichten*

schaben [ˈʃaːbm̩] ⟨reg. Vb.; hat⟩ **1.** /jmd./ *etw.* ~ ´mit einem scharfen Gerät über die Oberfläche bes. von Möhren, Rüben streichen und dadurch die äußere Schicht entfernen´: *Möhren, Rüben* ~ **2.** *etw. aus, von etw.* ⟨Dat.⟩ ~ ´ein bestimmtes Material aus, von etw. entfernen, indem man mit einem scharfen Gerät über die Oberfläche streicht´: *den Teig aus der Schüssel, den Lack vom Fensterrahmen* ~

Schabernack [ˈʃaːbɐnak], **der**; ~s/auch ~es, ~e ⟨vorw. Sg.⟩ ´übermütiger Streich, Scherz´ /beschränkt verbindbar/: *sich einen ~ ausdenken; (mit jmdm.) seinen ~ treiben* (´jmdn. mit einem Streich, Scherz hereinlegen´): *das hat sie aus* ~ (´um jmdn. zu necken, hereinzulegen´) *getan; jmdm. einen ~ spielen* (´jmdn. mit einem Streich, Scherz hereinlegen´)

schäbig [ˈʃɛːbɪç/ˈʃeː..] **1.** ⟨Adj.; Steig. reg.⟩ ´abgenutzt und darum nicht (mehr) schön aussehend´ /vorw. auf Kleidung bez./; ↗ FELD I.17.3: *ein ~er Anzug, Koffer; sein Anzug war schon ~; er war ~ gekleidet* **2.** emot. SYN ´gemein (I.1)´ /vorw. auf Personen bez./; ↗ FELD I.2.3: *er war ein ~er Kerl; sich ~ verhalten; jmdn. ~ behandeln; es, das war ~ von ihm, seinen Helfern nicht zu danken* **3.** ⟨vorw. attr.; nicht bei Vb.⟩ emot. ´unangemessen gering´ /vorw. auf ein Entgelt bez./: *ein ~es Gehalt, Honorar, Trinkgeld bekommen; das sind die ~en* (´wenigen wertlosen´) *Reste*; vgl. *kärglich (1)*

Schablone [ʃaˈbloːnə], **die**; ~, ~n **1.** ´Form zum wiederholten Auftragen eines Musters, einer Schrift auf einen Untergrund (3)´: *mit einer ~ arbeiten* **2.** ⟨vorw. Sg.⟩ SYN ´Schema´: *nach einer ~ handeln, urteilen; etw. in eine ~ pressen*

Schach [ʃax], **das**; ~s, ⟨o.Pl.⟩ **1.** ´Spiel (1) für zwei Personen, bei dem auf einem Brett (2) verschiedene Figuren bewegt werden und die Figur des gegnerischen Königs in eine ausweglose Situation gebracht werden muss´: *(mit jmdm.) eine Partie ~ spielen* **2.** ~ *(dem König)!* /Ansage im Schachspiel, die besagt, dass der gegnerische König bedroht ist, angegriffen wird/; *jmdm.* ~ *bieten, ansagen; der Turm bietet* ~; *der König steht im* ~ (´ist dem Angriff seines Gegners ausgesetzt´)

* /jmd./ **jmdn. in ~ halten** (´jmdn. bes. durch Bedrohung mit einer Waffe daran hindern, etw. Gefährliches zu tun´)

Schacher [ˈʃaxɐ], **der**; ~s, ⟨o.Pl.⟩ emot. ´Handel, bei dem durch Tricks und Feilschen ein großer Gewinn erzielt werden soll´; ↗ FELD I.2.1: ~ *treiben* (´schachern´) ❖ **schachern**

schachern [ˈʃaxɐn] ⟨reg. Vb.; hat⟩ emot. /jmd./ ´beim Handel durch Feilschen, Tricks großen Gewinn zu erzielen suchen´; ↗ FELD I.2.2, 16.2: *fast überall auf dem Markt wurde gefeilscht und geschachert; mit etw.* ~; *mit Grundstücken* ~; /zwei od. mehrere (jmd.)/ *um etw.* ~: *sie schacherten um den Preis, um die Ware* ❖ ↗ **Schacher**

Schacht [ʃaxt], **der**; ~es/auch ~s, Schächte [ˈʃɛçtə] ´meist als Teil eines Bergwerks senkrecht nach unten in den Erdboden führender od. als Teil eines

Bauwerks senkrecht in die Höhe führender, künstlich geschaffener Hohlraum'; ↗ FELD IV.1.1: *einen ~ graben; die Bergleute fahren in den ~ ein; der ~ für den Brunnen reicht dreißig Meter in die Tiefe; der Lift ist im ~ stecken geblieben* ❖ **schachten**

Schachtel ['ʃaxtḷ], **die**; ~, ~n **1.** 'eckiger od. runder Behälter bes. aus Pappe, Blech, Holz mit einem Deckel' (↗ TABL Behälter): *eine runde ~; eine ~ mit Keksen; etw. in eine ~ legen, in einer ~ aufbewahren;* vgl. *Karton* (2) **2.** ⟨+ Attr.⟩ *eine ~* ('in einer Schachtel 1 für den Handel abgepackte kleine Menge') *Zigaretten, Streichhölzer, Konfekt, Kekse; zwei ~n Zigaretten kaufen; eine angebrochene* ('schon teilweise verbrauchte') *~ Pralinen;* vgl. *Packung* (1)

schachten ['ʃaxtṇ], schachtete, hat geschachtet /jmd./ **1.1.** 'Erde ausheben (1)': *er hat den ganzen Tag (am Fundament) geschachtet* **1.2.** *etw., einen Graben, eine Grube ~* ('durch Schachten 1.1 herstellen') ❖ ↗ **Schacht**

schade ['ʃaːdə] ⟨Adj.; o. Steig.; nur präd. (mit *sein*)⟩ **1.** /etw. (vorw. *es, das*)/ *~ sein* **1.1.** *es ist ~, dass ...* 'es ist bedauerlich, dass ...': *es ist ~, dass du nicht kommen kannst; dass ihr nicht mitfahren wollt, das ist sehr ~* **1.2.** *es ist ~ um etw., jmdn.* 'es ist bedauerlich, was mit etw., jmdm. geschieht': *es ist ~ um den schönen Baum; der Faulpelz hat uns verlassen, aber um den ist es nicht ~* ('ihn vermissen wir nicht'); *dass wir das Geld nicht bekommen haben, darum ist es nicht ~* ('das vermissen, entbehren wir nicht') **1.3.** *es ist ~ um die Zeit, Mühe* ('die Zeit, Mühe, die wir dafür aufbringen müssen, lohnt sich nicht') **2.** /etw., jmd./ *zu ~ für etw., jmdn. sein* 'zu gut für etw., jmdn. sein, für einen besseren Zweck geeignet sein': *dieser Fachmann ist viel zu ~ für diese einfache Arbeit; der Anzug ist zu ~ für diese Arbeit;* /jmd./ *sich* ⟨Dat.⟩ *zu ~ für etw. sein: er ist sich für keine Arbeit zu ~* ('er macht jede Arbeit'); *dazu bin ich mir zu ~* ('dazu, zu solch unwürdigem Tun gebe ich mich nicht her'); *dazu bist du uns zu ~* ❖ ↗ **schaden**

Schädel ['ʃɛdḷ/'ʃɛː..], **der**; ~s, ~ **1.** 'der aus Knochen bestehende Teil des Kopfes'; ↗ FELD I.1.1: *der ~ des Menschen, eines Tieres, Affen; der ~ des Toten; ein präparierter ~* **2.** 'der obere Teil des Kopfes': *jmd. hat einen runden, langen, schmalen, kahlen ~; dem Opfer war der ~ eingeschlagen worden;* vgl. *Kopf* ❖ **Dickschädel**
* umg. *jmdm. brummt der ~* ('jmd. hat Kopfschmerzen')

schaden ['ʃaːdṇ], schadete, hat geschadet **1.1.** /etw./ *jmdm., etw.* ⟨Dat.⟩ *~* 'für jmdn., etw. von Nachteil sein': *sie hatte bei der Vernehmung nichts gesagt, was ihm hätte ~ können; dieses Benehmen, diese Äußerung wird seinem Ruf ~; diese Vorgänge haben ihm sehr geschadet; dieser Prozess hat ihm sehr geschadet; es schadet jmdm. nicht, wenn ..., dass ...: es schadet ihm gar nichts* ('es geschieht ihm recht'), *dass er sich verantworten muss; es kann nichts ~*

('es ist wahrscheinlich gut, richtig'), *wenn wir das heute noch erledigen* **1.2.** /etw./ *jmdm., etw.* ⟨Dat.⟩ *~* 'für jmdn., etw. schädlich (1) sein': *das schadet deiner Gesundheit; Rauchen schadet dir nur; es schadet ihm nicht, wenn er einmal körperlich arbeitet* ❖ **beschädigen, entschädigen, Entschädigung, schade, Schaden, schadhaft, schädigen, schädlich, Schädling, unschädlich** — **Dachschaden, jammerschade, Sachbeschädigung, Sachschaden, Sachbeschädigung, Schadenersatz, -freude, schadenfroh, Schadinsekt, Schadstoff**

Schaden, der; ~s, Schäden ['ʃɛːdn̩/'ʃeː..] **1.1.** 'Zerstörung eines Teils, einiger Teile von etw.': *bei dem Unfall ist nur geringfügiger, kein nennenswerter ~ entstanden; durch das Unwetter sind beträchtliche materielle Schäden verursacht worden; das Feuer richtete einen ~ in Höhe von ... Millionen an; den Hausrat gegen Schäden durch Brand, Blitzschlag, Diebstahl, Überschwemmung versichern; der ~ beträgt, belief sich auf mehrere Millionen Mark; durch einen Fehler im Material, durch die Kollision ist großer ~ an dem Fahrzeug entstanden; Schäden/(einen) ~ anrichten, verursachen, beseitigen, beheben, reparieren, wieder gutmachen, verhüten; jmdm., etw.* ⟨Dat.⟩ *einen ~ zufügen; er musste für den ~ aufkommen; den ~ ersetzen, tragen (müssen); der Motor hat einen ~* ('Defekt') **1.2.** *durch den Betrug eines Mitarbeiters ist dem Betrieb ein großer ~* ('finanzieller Verlust'), *sind dem Betrieb Schäden in Millionenhöhe entstanden* **2.** 'durch Verletzung hervorgerufene gesundheitliche Beeinträchtigung, funktionale Störung eines Organismus': *durch den Sturz organische, innere Schäden davontragen; bei dem Unfall hat er sich einen bleibenden ~* ('an der Wirbelsäule') *zugezogen; er hat einen dauernden ~ davongetragen* **3.** ⟨o.Pl.⟩ 'etw., das sich als ungünstige Folge, als nachteilig für jmdn. erweist': *jmdm. ~ zufügen; davon wirst du keinen ~ haben; es war kein ~* ('es war vielleicht sogar gut'), *dass alles so gekommen ist; wenn du das für uns tust, soll es dein ~ nicht sein* ('wird es von Nutzen für dich sein'); *das wird dir nicht zum ~ gereichen* ('das wird nicht von Nachteil für dich sein'); /in der kommunikativen Wendung/ umg. *fort/weg mit ~* ('nur fort, weg damit, selbst wenn es einen Verlust bedeutet')! ❖ ↗ **schaden**
* /jmd./ *zu ~ kommen* 'verletzt, gesundheitlich geschädigt werden': *er ist bei dem Unfall zu ~ gekommen;* /jmd./ *an etw.* ⟨Dat.⟩ *~ nehmen* 'in einer bestimmten Hinsicht geschädigt werden': *er hat ~ an seiner Seele, Gesundheit, an seinem Ruf genommen*

Schaden/schaden ['..]-**ersatz, der** 'von jmdm. zu leistende, zu erbringende (finanzielle) Entschädigung für den Schaden, den er jmdm. zugefügt, den er an etw. angerichtet hat': *~ fordern; er musste (ihm) für die zerbrochene Fensterscheibe ~ zahlen, leisten; jmdn. auf ~ verklagen; er wurde zu 2000 Mark ~ verurteilt; Anspruch auf ~ haben; auf ~ klagen* ❖ ↗ schaden, ↗ ersetzen; **-freude, die** ⟨o.Pl.⟩ 'Freude,

Vergnügen am Missgeschick, Unglück eines anderen': ~ *empfinden; sich vor* ~ *die Hände reiben; etw. erfüllt jmdn. mit* ~ ❖ ↗ schaden, ↗ freuen; **-froh** ⟨Adj.; Steig. reg., ungebr.⟩ ˈmit, voller Schadenfreude' /beschränkt verbindbar/: ~ *sein, lachen; das* ~*e Gelächter der Zuschauer;* ↗ FELD I.6.3 ❖ ↗ schaden, ↗ froh

schadhaft [ˈʃaːt..] ⟨Adj.; Steig. reg.; nicht bei Vb.⟩ ˈvorw. durch Nutzung, durch Einwirkung von außen einen Schaden (1.1), viele Schäden aufweisend'; SYN kaputt (1.3) /vorw. auf Textiles, auf Kleidung bez./: ~*e Strümpfe, Bettlaken, Kleidungsstücke;* ~*e Schuhe ausbessern;* ~*e Zähne; ein* ~*es Dach; das Dach ist* ~; vgl. *fehlerhaft (2)* ❖ ↗ **schaden**

schädigen [ˈʃɛːdɪɡn̩/ˈʃeː..] ⟨reg. Vb.; hat⟩ **1.** /jmd., Unternehmen/ *jmd., etw.* ~ ˈjmdm., einer Institution, einem Unternehmen finanziellen Verlust zufügen': *er hat durch seine Unterschlagung den Betrieb sehr geschädigt; das Unternehmen ist dadurch (um viele Millionen) geschädigt worden; sie fühlte sich von der Versicherungsgesellschaft geschädigt* **2.** /etw., bes. Tätigkeit/ *etw.* ~ ˈetw., bes. ein körperliches Organ, in seiner Funktion beeinträchtigen od. zerstören': *Rauchen, unmäßiges Essen schädigt die Gesundheit; Lesen bei schlechtem Licht schädigt die Augen* **3.** /etw., jmd./ *etw.* ~ ˈjmds. Ansehen Schaden (3) zufügen': *diese Affären haben seinen Ruf, sein Ansehen, das Ansehen der Regierung geschädigt; er hat (durch seinen Rücktritt) seine Partei sehr geschädigt* ❖ ↗ **schaden**

Schad|insekt [ˈʃaːt..] *das* fachspr. ˈInsekt, das ein Schädling ist': *die Bekämpfung von* ~*en* ❖ ↗ **schaden,** ↗ **Insekt**

schädlich [ˈʃɛːt../ˈʃeː..] ⟨Adj.; Steig. reg.; nicht bei Vb.⟩ **1.** ˈdie Gesundheit schädigend' /bes. auf Materialien bez./: ~*e Gase, Flüssigkeiten, Stoffe; Rauchen ist* ~ *(für die Bronchien, die Lunge, für den gesamten Organismus)* **2.** ˈgefährliche Folgen für jmds. charakterliche Entwicklung mit sich bringend' /auf Abstraktes bez./: *diese Filme, Bücher üben einen* ~*en Einfluss auf Jugendliche aus* ❖ ↗ **schaden**

Schädling [ˈʃɛːt../ˈʃeː..]*, der;* ~s, ~e ˈtierischer, auch pflanzlicher Organismus, der bes. bei massenhaftem Auftreten Schaden (1) an Lebewesen, Sachen, Stoffen, Nahrungsmitteln, Vorräten anrichtet'; ↗ FELD II.3.1: *tierische, pflanzliche* ~*e;* ~*e haben große Teile der Ernte vernichtet;* ~*e mit chemischen Mitteln bekämpfen* ❖ ↗ **schaden**

schad/Schad [ˈʃaːt..]**-los** * /jmd./ *sich für etw. (an etw.* ⟨Dat.⟩, **jmdm.)** ~ **halten** ˈsich eigenmächtig für etw., das einem entgangen ist, für eine Beeinträchtigung (auf Kosten von etw., jmdm.) eine Art Ersatz, Entschädigung verschaffen': *er wollte sich für seine Verluste am Vermögen seines Betriebes, Freundes* ~ *halten; für die versäumte Mahlzeit glaubte er sich an Kaffee und Kuchen* ~ *halten zu können;* **-stoff, der** ˈchemischer Stoff (2), der bei Auftreten in bestimmter Menge schädlich (1) ist': *Lebensmittel,*

Trinkwasser von ~*en freihalten; das Wasser war mit* ~*en angereichert; die in Abgasen enthaltenen* ~*e* ❖ ↗ **schaden,** ↗ **Stoff**

Schaf [ʃaːf]*, das;* ~es/auch ~s, ~e; ↗ auch *Schäfchen* **1.** ˈzu den Wiederkäuern gehörendes Säugetier mit meist langhaarigem dichtem Fell, dessen Haare zu Wolle verarbeitet werden'; ↗ FELD II.3.1 (↗ TABL Säugetiere): ~*e halten, hüten, scheren; hier gibt es noch wild lebende* ~*e* **2.** umg. ˈDummkopf'; ↗ FELD I.5.1: *er ist ein dummes, geduldiges* ~; Schimpfw. *du (blödes)* ~! ❖ **Schäfchen, Schäfer − Schäferhund, Schafgarbe**

* **das schwarze** ~ ˈderjenige innerhalb einer Gruppe von Menschen, der sich durch abweichende Besonderheiten, Anschauungen, bes. sein fehlerhaftes Verhalten, von den anderen unterscheidet und dem sie negativ, ablehnend gegenüberstehen': *er war das schwarze* ~ *der Familie, weil er ständig für Skandale sorgte*

Schäfchen [ˈʃɛːfçən/ˈʃeː..]**, das;** ~s, ~; ↗ auch *Schaf* ⟨vorw. mit Possessivpron.⟩ umg. scherzh.: *die Lehrerin versammelte ihre* ~ (ˈdie ihr anvertrauten Kinder') *um sich; der Pfarrer sorgte für seine* ~ (ˈfür die Menschen seiner Gemeinde') ❖ ↗ **Schaf**

* /jmd./ **sein(e)** ~ **ins Trockene bringen** (ˈsich Gewinn, Vorteil verschaffen und ihn sichern')

Schäfer [ˈʃɛːfɐ/ˈʃeː..]**, der;** ~s, ~ ˈjmd., der beruflich Schafe hütet, versorgt, schert, züchtet': *der* ~ *zog mit seiner Herde über die Wiesen, durch die Heide* ❖ ↗ **Schaf**

Schäfer|hund [ˈ..]**, der** ˈein dem Wolf äußerlich ähnlicher Hund, der als Haustier gehalten wird': *ein* ~ *bewacht das Grundstück; einen* ~ *abrichten, dressieren, als/zum Blindenhund ausbilden* ❖ ↗ **Schaf,** ↗ **Hund**

schaffen [ˈʃafn̩]*, schuf* [ˈʃuːf]/schaffte, hat geschaffen [ɡəˈʃafn̩]/geschafft **1.1.** ⟨schuf, hat geschaffen⟩ /jmd., Institution/ *etw.* ~ ˈetw. in schöpferischer Tätigkeit, durch eigene Leistung zustande bringen, hervorbringen': *ein Kunstwerk, soziale Einrichtungen* ~; *durch die Produktion neue Werte* ~; *der* ~*de* (ˈschöpferisch tätige, arbeitende') *Mensch* **1.2.** ⟨schuf, schaffte, hat geschaffen/geschafft; in Verbindung mit Abstrakta und im Passiv vorw. *schuf, geschaffen*⟩ /jmd., etw., Institution/ *etw.* ~ ˈbewirken, dass etw. zustande kommt, entsteht': *einen Spielplatz, Wohnhäuser* ~; *sie schafften/schufen Raum/Platz für einen Spielplatz; endlich konnte Abhilfe, Ordnung, ein Wandel, Ausgleich zwischen den Parteien geschaffen werden; das neue Statut hat Klarheit geschaffen;* ⟨nur schuf, hat geschaffen⟩ *dafür mussten neue Einrichtungen, von der Firma neue Stellen für Fachleute geschaffen werden; er hatte die Voraussetzungen für den Neubau geschaffen; im Betrieb muss eine bessere Atmosphäre geschaffen werden; er hat die Möglichkeiten, die Grundlage für den Bau geschaffen; damit hatte er einen, wurde ein Präzedenzfall geschaffen;* geh. *sein Herzanfall schuf ihr große Ängste* **1.3.** /jmd./ *sich* ⟨Dat.⟩ *mehrere (jmd.)*

~: *damit hat er sich eine Menge neue(r) Feunde,*
Anhänger geschaffen ('hat er eine Menge neue
Freunde, Anhänger gewonnen') **1.4.** ⟨nur schaffte,
hat geschafft⟩ /jmd./ *sich* ⟨Dat.⟩ *etw.* ~: *ich muss*
mir noch ein bisschen Bewegung ~ (SYN 'verschaf-
fen') **2.** ⟨schaffte, hat geschafft⟩ /jmd./ **2.1.** *etw.* ~
'etw. zu Leistendes in einem bestimmten Zeitraum
bewältigen, fertig bringen': *er hat seine Aufgabe,*
sein Pensum (spielend) geschafft; wir haben heute
viel geschafft; wird er die Prüfung ~ ('bestehen')?
2.2. ⟨mit Nebens.⟩ *etw.* ~: *sie hat es geschafft* ('es
ist ihr gelungen'), *ihn für ihren Plan zu gewinnen*
2.3. umg. *etw.* ~ 'ein öffentliches Verkehrsmittel
gerade noch vor der Abfahrt erreichen': ~ *wir noch*
den Zug?; wenn wir uns beeilen, ~ *wir den Zug noch*
3. ⟨schaffte, hat geschafft⟩ umg. /jmd./ *etw., jmdn.*
irgendwohin ~ 'etw., jmdn. irgendwohin bringen
od. transportieren': *ein Paket zur Post, das Gepäck*
auf das Zimmer ~; *etw. ins Haus* ~; *die Kinder ins*
Bett, die Großeltern wieder nach Hause ~ **4.**
⟨schaffte, hat geschafft⟩ süddt. österr. schweiz.
/jmd./ 'arbeiten' ⟨mit Adv.best.⟩: *ordentlich, fleißig,*
tüchtig im Haus, auf dem Feld, in der Fabrik ~ **5.**
⟨schaffte, hat geschafft⟩ umg. /jmd., etw./ *jmdn.*
'jmdn. stark beanspruchen (3) und ihn dadurch er-
schöpfen': *die Kinder* ~ *mich; diese Schwierigkeiten*
haben mich geschafft; heute bin ich wieder mal ge-
schafft ❖ **¹beschaffen, verschaffen – abschaffen, an-**
schaffen, Anschaffung, fortschaffen; vgl. **Geschäft**
* /jmd., etw./ **wie geschaffen sein für jmdn., etw.** 'für
jmdn., etw. besonders prädestiniert, geeignet sein':
er ist für dieses Amt wie geschaffen; diese Tätigkeit
ist für ihn wie geschaffen; diese Frau ist für ihn wie
geschaffen; /jmd./ **sich irgendwo an/mit etw., jmdn.**
zu ~ machen 'sich meist unnötig od. in verdächtiger
Weise irgendwo, an, mit etw., jmdn. beschäftigen,
irgendwo, an etw. hantieren': *er machte sich den*
ganzen Tag in seiner Garage, an seinem Auto zu ~;
was machst du dir da an meinem Gartenzaun, an/mit
meinem Kugelschreiber, mit meiner Tochter zu ~?;
/etw./ **jmdm. zu ~ machen** 'jmdm. Schwierigkeiten,
Sorgen, Mühe bereiten': *die Krankheit ihres Vaters,*
das neue Projekt machte ihr sehr zu ~; /jmd./ **mit**
jmdm., etw. nichts zu ~ haben (wollen) 'zu jmdm.,
etw., bes. etw. Negativem, in keiner Beziehung ste-
hen (wollen)': *mit diesen Machenschaften habe ich*
nichts zu ~; *mit dieser Frau, Partei habe ich nichts*
zu ~, *will ich nichts zu* ~ *haben;* /etw./ **mit etw.**
⟨Dat.⟩ **nichts zu ~ haben** 'mit etw. Negativem in
keinem Zusammenhang stehen': *mein Entschluss zu*
gehen hat nichts mit diesen Intrigen zu ~
Schaffner ['ʃafnɐ], **der**; ~s, ~ 'Angestellte(r), der in
Zügen, Bussen, Straßenbahnen Fahrkarten (ver-
kauft, entwertet) kontrolliert': *der* ~ *verlangte die*
Fahrausweise
Schaf|garbe ['ʃaːf..], **die** ⟨o.Pl.⟩ 'bes. auf Wiesen
wachsende Pflanze mit mehrfach geteilten Blättern
und weißen, auch rosafarbenen Blüten, aus denen
man Tee zubereitet'; ↗ FELD II.4.1: ~ *sammeln,*
pflücken ❖ ↗ **Schaf**

Schaft [ʃaft], **der**; ~es/auch ~s, Schäfte ['ʃɛftə] **1.** 'ge-
rader, langer, im Querschnitt meist runder, abge-
rundeter Teil zum Anfassen von etw., bes. von ei-
nem Gerät': *der* ~ *eines Speeres, Ruders, Gewehres,*
Beiles, Messers **2.** 'den Unterschenkel umschließen-
der Teil des Stiefels': *ein Stiefel mit engen, hohen*
Schäften
schäkern ['ʃɛːkɐn/'ʃeː..] ⟨reg. Vb.; hat⟩ /jmd./ *mit*
jmdm. ~ 'mit jmdm. (des anderen Geschlechts)
(liebevoll) neckend scherzen': *er schäkert* (SYN
'flirtet') *immer mit der Verkäuferin; sie schäkert im-*
mer mit ihrem Onkel; das kleine Mädchen schäkert
mit seiner Mutter; /zwei (jmd.)/ ⟨rez.⟩ *die Liebenden*
schäkerten (miteinander)
schal [ʃaːl] ⟨Adj.; o. Steig.⟩ 'nicht (mehr) frisch, nicht
(mehr) würzig im Geschmack, weil es zu lange in
einem offenen Gefäß gestanden hat' /auf be-
stimmte (alkoholische) Getränke bez., die kalt ge-
trunken werden/: *das Bier, der Wein ist* ~ *geworden;*
etw. schmeckt ~
Schal, der; ~s, ~s/auch ~e 'langes schmales Tuch,
das als Schutz gegen Kälte, als schmückendes Zu-
behör um den Hals geschlungen wird'; ↗ FELD
V.1.1 (↗ BILD): *ein seidener, einfarbiger, gemuster-*
ter ~; *ein* ~ *aus Wolle; den* ~ *umlegen, um den*
Hals legen

Schale ['ʃaːlə], **die**; ~, ~n **1.** 'äußere, meist relativ
feste, dünne od. auch dickere Hülle einer Frucht,
eines Samens': *eine dünne, dicke, harte, weiche* ~;
die ~ *einer Kartoffel, Birne, Apfelsine, Banane, ei-*
nes Apfels; die ~ *mit dem Messer, den Fingern ent-*
fernen, abziehen, abschälen; die ~ *mitessen; die*
harte ~ *der Nuss aufschlagen, aufbrechen* **2.** 'die
äußere feste, aber auch zerbrechliche dünne Hülle
des Eies der Vögel'; SYN 'Eierschale': *die* ~ *eines*
gekochten Eies abpellen **3.** 'die sehr harte äußere
Hülle der Krebse, Muscheln': *die* ~n *des Krebses*
aufbrechen **4.** 'kleineres rundes od. ovales, oben of-
fenes, flaches Gefäß bes. für Nahrungsmittel'; ↗
FELD V.7.1: *eine silberne* ~, *eine* ~ *aus Glas, Por-*
zellan; eine ~ *mit Gebäck, Früchten; eine* ~ *für But-*
ter, Marmelade; etw. in eine ~ *tun* ❖ **schälen – Ei-**
erschale, Kaltschale
* umg. /jmd./ **sich in** ~ **werfen/schmeißen** ('sich für
einen besonderen Anlass sehr gut anziehen'); /jmd./
in ~ **sein, kommen** ('für einen besonderen Anlass
sehr gut gekleidet sein, kommen')
schälen ['ʃɛːlən/'ʃeː..] ⟨reg. Vb.; hat⟩ **1.1.** /jmd./ *etw.*
~ 'die Schale (1,2) von einer Frucht entfernen':
Apfelsinen, Birnen, Kartoffeln mit dem Messer ~;
Bananen, Eier werden mit der Hand geschält; etw.

lässt sich schwer, leicht ~ (ʿdie Schale von etw. lässt sich schwer, leicht entfernenʾ) **1.2.** *etw. schält sich gut, schlecht* (ʿetw. kann man gut, schlecht schälen 1.1ʾ) **2.** /jmd./ *einen Baumstamm ~* ʿdie Rinde von einem Baumstamm entfernenʾ) **3.1.** *jmds. Haut schält sich* (ʿlöst sich, bes. nach einem Sonnenbrand, in kleinen Stücken abʾ) **3.2.** *jmds. Körperteil, jmd. schält sich* ʿjmds. Haut, die Haut eines Teiles des Körpers löst sich als Folge einer bestimmten Einwirkung in kleinen Stücken abʾ: *nach dem Sonnenbrand schälte sich sein Rücken, schälte er sich, hat er sich geschält* **4.** /jmd./ *etw. aus etw.* ⟨Dat.⟩ *~: die Knochen aus dem Fleisch ~* (ʿdurch geschicktes Schneiden die Knochen aus dem Fleisch lösenʾ) ❖ ↗ **Schale**

Schalk [ʃalk]*, der;* ~s,/auch ~es, ~e/Schälke [ˈʃɛlkə] ʿjmd. der andere gern neckt, seinen Scherz mit ihnen treibt, zu lustigen, auch mutwilligen Streichen aufgelegt istʾ; SYN Schelm /vorw. in Bezug auf Kinder, bes. kleine Jungen/: *der (kleine) ~ hat uns angeführt; er ist schon ein rechter, großer ~*
* **jmdm. sitzt der ~ im Nacken/jmd. hat den ~ im Nacken** (ʿjmd. ist ein Schalkʾ)

Schall [ʃal]*, der;* ~s/auch ~es, ~e/Schälle [ˈʃɛlə] ʿmit dem Gehör wahrnehmbare akustische Schwingungen der Luftʾ; ↗ FELD VI.1.1: *(einen) ~, Schälle erzeugen; einen ~ hören; ein dumpfer, heller ~; die Lehre vom ~* (ʿAkustikʾ); *die Geschwindigkeit, Stärke des ~s messen; der ~* (ʿder lang anhaltende, weithin hörbare Klangʾ) *der Glocke, Trompete, des Donners, einer Stimme* ❖ **schallen − schalldicht, Schallgeschwindigkeit**; vgl. **verschollen**

schall|dicht [ʿ..] ⟨Adj.; o. Steig.⟩ ʿso dicht (1), dass kein Schall in einen, aus einem Raum dringen kannʾ /vorw. auf Räume bez./; ↗ FELD VI.1.3: *eine ~e Telefonzelle, Kabine; ein ~er Raum; der Raum hat ~e Wände, ist ~* ❖ ↗ **Schall,** ↗ **dicht**

schallen [ˈʃalən] ⟨reg. Vb.; hat⟩ /etw. Akustisches/ ʿlaut, weithin hörbar (und nachhallend) tönenʾ; ↗ FELD VI.1.2: *die Stimmen der spielenden Kinder schallten hell, laut, durchdringend, freudig erregt; ein Schrei, Schuss, Ruf schallt; Trompeten, Posaunen, Pauken ~; ~d* (ʿlaut, durchdringendʾ) *lachen; jmdm. eine ~de* (ʿkräftige und deutlich hörbareʾ) *Ohrfeige geben; etw. schallt aus etw.* ⟨Dat.⟩, *schallt irgendwohin: laute Musik schallte aus dem Haus, Saal, Lautsprecher; Lärm schallte über den Platz* ❖ ↗ **Schall**

Schall [ˈʃal..]]**-geschwindigkeit, die** ⟨o.Pl.⟩ ʿGeschwindigkeit, mit der sich der Schall ausbreitetʾ ❖ ↗ Schall, ↗ Geschwindigkeit: *die ~ beträgt 332 Meter pro Sekunde;* **-mauer, die** ⟨vorw. Sg.⟩ ʿstarker Stau der Luft vor einem Flugkörper, der die Schallgeschwindigkeit nahezu erreicht hatʾ: *mit einem lauten Knall durchbrach das Flugzeug die ~* ❖ ↗ Schall, ↗ Mauer; **-platte, die** ʿrunde Scheibe aus Kunststoff, auf die Musik, Stimmen so fixiert sind, dass sie mit Hilfe eines Geräts reproduziert werden könnenʾ; SYN Platte (2): *~n produzieren; sich eine ~ anhören; eine ~ auflegen; ~n* (ʿauf Schallplatten

Aufgezeichnetesʾ) *abspielen, hören; er hat diese Sinfonie zu Hause auf einer ~* ❖ ↗ Schall, ↗ **platt**
Schalmei [ʃalˈmai]*, die;* ~, ~en ʿeinfaches Blechblasinstrument mit mehreren Röhren und Ventilenʾ: *auf einer ~ spielen, blasen; ~en ertönen*
schalt: ↗ **schelten**
schalten [ˈʃaltn̩]*, schaltete, hat geschaltet* **1.1.** /jmd./ *etw. irgendwie ~* ʿetw. (einen Schalter) betätigen und dadurch ein (elektrisches) Gerät, eine Anlage in einen bestimmten Zustand versetzenʾ; ↗ FELD V.5.2: *damit alle Lampen brennen, muss zweimal geschaltet* (ʿmuss der Schalter zweimal betätigtʾ) *werden; zum Schalten muss dieser Hebel, Knopf betätigt werden;* ⟨+ *auf*⟩ *den Schalter des Bügeleisens, das Bügeleisen auf „aus", auf stärkste Leistung ~; das Radio auf Zimmerlautstärke ~; die Heizung auf „heiß", die Ampel auf Rot ~* **1.2.** /Gerät/ *irgendwie ~* ʿsich automatisch in einen bestimmten Zustand versetzenʾ: *die Ampel schaltet auf Rot* **2.** /jmd./, bes. Kraftfahrer/ ʿdurch Betätigen der Gangschaltung bei einem Kraftfahrzeug einen (anderen) Gang (4) einstellenʾ: *er musste auf der kurzen Strecke viel ~; vom dritten auf/in den vierten Gang ~* **3.** umg. /jmd./ *irgendwie ~* ʿeinen Sachverhalt, bestimmte Zusammenhänge (schnell) begreifen und reagierenʾ: *er schaltet schnell, langsam, richtig; da hast du falsch geschaltet* (ʿetw. nicht erkannt, nicht verstandenʾ); *der Chef hat sofort geschaltet* (ʿdie Sachlage sofort begriffen und entsprechend gehandeltʾ) ❖ **Schalter, Schaltung − abschalten, anschalten, einschalten, Gangschaltung, Lichtschalter, Schalthebel, -jahr, -knüppel, -plan, umschalten**
* /jmd./ *~ und walten* ʿnach eigener Auffassung, Entscheidung verfahren und verfügen (2)ʾ: *er ließ sie (im Büro, Haushalt) ~ und walten, wie sie wollte*
Schalter [ˈʃaltɐ]*, der;* ~s, ~ **1.** ʿVorrichtung an elektrischen Geräten, Anlagen, bes. in Form eines Hebels od. Knopfes, durch deren Betätigung dieses Gerät, diese Anlage an-, abgestellt od. auf eine bestimmte Art, Stärke seiner Funktion eingestellt wirdʾ: *den ~ zum Drehen, Drücken; den ~* (ʿfür die Beleuchtung, an der Waschmaschineʾ) *betätigen; der ~ steht auf „aus"* **2.** ʿkleiner, meist durch Glas abgeteilter separater Raum, bes. in Bahnhöfen, Ämtern, Banken, mit einer Öffnung, durch die das Publikum bedient, abgefertigt wirdʾ: *dieser ~ ist, hat geöffnet* (ʿan diesem Schalter werden zur Zeit Kunden bedientʾ); *der ~ ist, hat geschlossen; am ~ der Eisenbahn Fahrkarten lösen; am ~ der Bank Geld abheben, am ~ der Post Briefmarken kaufen; vor dem ~ warten, Schlange stehen* ❖ **zu (1):** ↗ **schalten** MERKE Zum Unterschied von *Schalter* (2) und *Kasse:* ↗ *Kasse* (Merke)
Schalt [ˈʃalt..]]**-hebel, der 1.** ʿHebel zum Schalten eines elektrischen Gerätes, einer elektrischen Anlageʾ: *den ~ betätigen* **2.** ʿVorrichtung zum Schalten (2) eines Kraftfahrzeugsʾ ❖ ↗ schalten, ↗ heben; **-jahr, das** ʿJahr mit 366 Tagenʾ: *1992 ist ein ~;* **-knüppel, der** SYN ʿSchalthebel (2)ʾ: *den ~ betätigen;* **-plan, der** ʿDarstellung der Bauelemente und Verbindun-

gen einer elektrischen Anlage durch Zeichen od. eine Zeichnung': *etw. anhand des ~s prüfen*

Schaltung ['ʃalt..], **die**; ~, ~en **1.** 'Art und Weise, wie die Bauteile einer elektrischen Anlage miteinander verbunden sind': *eine elektrische, elektronische, einfache, komplizierte ~* **2.** SYN 'Gangschaltung'; ↗ FELD VIII.4.1.1: *die ~ bedienen* ❖ ↗ **schalten**

Scham [ʃaːm], **die**; ~, ⟨o.Pl.⟩ 'quälendes Gefühl der Peinlichkeit, das man angesichts eigenen (moralischen) Versagens, wegen einer Blamage od. aus Scheu vor etw. Unanständigem, Unehrenhaftem hat'; ↗ FELD I.12.1: *(tiefe) ~ vor etw., wegen etw. empfinden; er besaß, zeigte (keine) ~; aus falscher, unangebrachter ~ schweigen; etw. aus ~ verschweigen; eine brennende ~ erfüllte sie; vor ~ erröten; sie verging vor ~; die Augen vor ~ niederschlagen; die ~ hinderte ihn daran, das zu sagen, zu tun;* /in der kommunikativen Wendung/ *nur keine (falsche) ~* /wird zu jmdm. gesagt, der sich ohne Grund (schamhaft) ziert/ ❖ **beschämen, schämen, schamhaft — Schamgefühl, schamlos, -rot, verschämt, unverschämt**

schämen ['ʃɛːmən/'ʃe:..], **sich** ⟨reg. Vb.; hat⟩ /jmd./ *sich ~* **1.1.** 'Scham empfinden, zeigen'; ↗ FELD I.12.2: *sich ~, etw. (nicht) getan zu haben; er schämte sich sehr, zutiefst, in Grund und Boden; sich seines Benehmens (wegen), seiner frechen Worte ~; sich (wegen) seiner Armut, Feigheit, Unbeherrschtheit ~; wegen deiner Offenheit brauchst du dich nicht zu ~; schäm dich, so offensichtlich zu lügen; sich für jmdn. ~* ('Scham wegen jmds. Verhalten empfinden und ihn damit verurteilen'); /in der kommunikativen Wendung/ *du solltest dich was ~!* /wird zu jmdm. gesagt, der etw. getan hat, dessen er sich schämen müsste, sollte/ **1.2.** 'jmdm. gegenüber Scham empfinden, weil man nackt ist': *sie, er schämt sich immer, wenn sie, er nackt badet* ❖ ↗ **Scham**

Scham|gefühl ['ʃaːm..], **das** ⟨o.Pl.⟩ 'Gefühl der Scham'; ↗ FELD I.12.1: *jmds. ~ verletzen; jmd. hat kein ~* ('empfindet nicht die geringste Scham, obwohl er allen Grund dazu hätte') ❖ ↗ **Scham, ↗ fühlen**

schamhaft ['ʃaːm..] ⟨Adj.; Steig. reg.⟩ 'bes. im sexuellen Bereich leicht Scham empfindend, zeigend' /vorw. auf weibliche Personen bez./; ↗ FELD I.12.3: *ein ~es junges Mädchen; sie ist sehr ~; ein ~er* ('von Scham zeugender') *Blick; ein Gefühl ~ verbergen; etw. ~ verschweigen; die Augen niederschlagen, sich ~ abwenden* ❖ ↗ **Scham**

scham|los ['ʃaːm..] ⟨Adj.⟩ **1.** ⟨Steig. reg.⟩ 'grob gegen Sitte und Anstand, bes. im Sexuellen, verstoßend' /auf Personen, Äußerungen bez./; ↗ FELD I.12.3: *eine ~e Person; sie ist ~; ~e Reden, Ausdrücke; ein ~er Film, Roman; sich ~ verhalten* **2.** ⟨o. Steig.⟩ **2.1.** ⟨vorw. attr.⟩ SYN 'unverschämt (I.1)' /vorw. auf Äußerungen bez./: *eine ~e Frechheit, Beleidigung* **2.2.** ⟨vorw. bei Vb.⟩ SYN 'gewissenlos' /auf bestimmte negative Handlungen bez./: *jmdn. ~ be-*

lügen, betrügen; jmdn. ~ ausnutzen, ausbeuten ❖ ↗ **Scham, ↗ los**

Schampun ['ʃampuːn/..'p..] ↗ *Shampoo(n)*

scham|rot ['ʃaːm..] ⟨Adj.; o. Steig.; nicht bei Vb.⟩ 'durch Scham (vor Sexuellem) hervorgerufene Rötung des Gesichts' /auf das Gesicht bez./: *~e Wangen; sie wurde ~, als man diesen Witz erzählte* ❖ ↗ **Scham, ↗ rot**

Schande ['ʃandə], **die**; ~, ⟨o.Pl.⟩ 'durch schuldhaftes Verhalten bewirkte Schädigung des Ansehens einer od. mehrerer Personen'; ↗ FELD I.12.1: *seine Tat hat ihm, uns ~ gebracht; er brachte ~ über die Familie; jmd. macht seinen Eltern ~, tut ihnen ~ an; das gereicht ihm zur ~;* oft scherzh. /in den kommunikativen Wendungen/ *mach mir keine ~* ('blamier mich nicht, sondern gib dir Mühe, dass du Erfolg hast')!; *zu meiner ~ muss ich gestehen* ('es ist mir peinlich zu gestehen'), *dass ich das vergessen habe; es ist eine ~* 'es ist empörend, unerhört': *es ist eine ~, wie er sich benimmt!; es ist doch keine ~* ('es ist doch nicht so schlimm'), *wenn wir nachgeben* ❖ **schänden, schändlich — Schandfleck, -tat, zuschanden**

* **zu ~n**: ↗ *zuschanden*

schänden ['ʃɛndn̩], schändete, hat geschändet **1.** /jmd./ *etw. ~* 'etw., bes. jmds. Ansehen, Ehre, schädigen (3)': *man hat seinen Ruf, seinen guten Namen, seine Ehre geschändet; damit hat er das Ansehen der Familie geschändet* **2.** geh. /Mann/ *eine Frau ~* (SYN 'vergewaltigen') **3.** /jmd./ *etw. ~* 'etw., dem Achtung, Respekt gebührt, durch Zerstörung, Verunstaltung seiner Würde berauben' /beschränkt verbindbar/: *ein Grab, eine Kirche, einen Friedhof ~* ❖ ↗ **Schande**

Schand|fleck ['ʃant..], **der** 'etw., das dem Ansehen einer Person, Sache schadet'; ↗ FELD I.12.1: *die „Fünf" im Turnen ist ein ~ auf seinem Zeugnis; dieses verkommene Haus, diese verwilderte Parkanlage ist ein ~ für die ganze Gemeinde; den ~ beseitigen* ❖ ↗ **Schande, ↗ Fleck**

schändlich ['ʃɛnt..] **I.** ⟨Adj.; Steig. reg.⟩ 'nicht ehrenhaft und deshalb wert, verachtet zu werden'; SYN schmählich /auf bestimmte negativ bewertete Handlungen bez./: *seine ~e Absicht, Tat; ein ~er Verrat; sich ~ benehmen; jmdn. ~ im Stich lassen* — **II.** ⟨Adv.; vor Adj.; bewertet das durch das Bezugswort Genannte negativ⟩ emot. 'überaus': *etw. ist ~ teuer* ❖ ↗ **Schande**

Schand|tat ['ʃant..], **die 1.** 'niederträchtige, dem Täter Schande bringende Tat'; ↗ FELD I.12.1: *das war eine ausgesprochene ~; eine ~ begehen, verüben; der schreckt vor keiner ~ zurück; dem traue ich jede ~ zu* **2.** umg. scherzh. *er war zu jeder ~* ('jedem Spaß, Unsinn') *bereit; wenn ich seine ~en alle aufzählen wollte ...* ❖ ↗ **Schande, ↗ Tat**

Schänke, die: ↗ *Schenke*

Schanze ['ʃantsə], **die**; ~, ~n SYN 'Sprungschanze': *ein Sprung von der ~* ❖ **Sprungschanze**

Schar [ʃaːɐ̯], **die**; ~, ~en **1.1.** 'aus einer nicht zu großen Anzahl Menschen, auch Tieren bestehende

Gruppe': *eine stattliche, kleine ~ hatte sich zu einer Wanderung zusammengefunden; eine große ~ Kinder/von Kindern, Jugendlicher/von Jugendlichen* **1.2.** ⟨nur im Pl.⟩ emot. 'eine große Menge': *~en von Interessenten* ('sehr viele Interessenten') *waren zu der Ausstellung gekommen; die Zugvögel flogen in ~en* ('in großen Mengen') *nach Süden* ❖ **scharen**

scharen [ˈʃaːRən] ⟨reg. Vb.; hat⟩ **1.1.** /mehrere (jmd.)/ *sich um jmdn., etw.* ~ 'sich in größerer Anzahl (drängend) um jmdn., etw. (ver)sammeln': *die Schüler haben sich um ihren Lehrer, um das Denkmal auf dem Marktplatz geschart* **1.2.** /jmd./ *mehrere Personen um sich* ~ 'Menschen in großer Anzahl um sich (ver)sammeln': *er scharte seine Schüler um sich; er verstand es, die Jugendlichen um sich zu* ~ ('für sich, als Anhänger für eine Sache zu gewinnen') ❖ ↗ **Schar**

scharf [ʃarf] ⟨Adj.; Steig.: schärfer [ˈʃɛRfɐ], schärfste [ˈʃɛRfstə]⟩ **1.1.** 'zur schmalen Kante hin so dünn werdend, dass man damit schneiden kann'; ANT stumpf (1) /auf ein Werkzeug bez./: *ein ~es Messer, Beil; ein Dolch mit einer ~en Klinge; er hat das Messer auf einem Schleifstein* ~ *gemacht; das Messer ist* ~; *eine Säge* ~ *machen* ('die Zacken einer Säge schärfen') **1.2.** ⟨nicht bei Vb.⟩ 'so spitz (1), dass es leicht in etw. eindringen kann'; ANT stumpf /auf Tierisches, Pflanzliches bez./: *~e Zähne, Krallen, Dornen, Stacheln* **1.3.** ⟨o. Steig.; nicht bei Vb.⟩ 'spitz zulaufend' /beschränkt verbindbar/: *eine ~e Ecke, Kante* **2.** ⟨o. Steig.; nur attr.⟩ *eine ~e* ('sehr enge') *Kurve* **3.1.** 'einen brennenden, starken Reiz auf den Geschmacks-, Geruchssinn ausübend': *~er Senf, Meerrettich; dieser Senf ist schärfer; ~e* ('stark gewürzte') *Speisen; etw.* ~ *würzen; der Senf ist sehr* ~; *der ~e* ('strenge 5.5') *Geruch des Raubtiers* **3.2.** ⟨nicht bei Vb.⟩ 'von ätzender Wirkung auf etw.': *~e Säuren; das Waschmittel ist zu* ~; *der Schnaps war* ~ ('hatte einen hohen Gehalt an Alkohol') *und brannte ihm im Hals* **4.** ⟨o. Steig.; vorw. bei Vb.⟩ 'mit intensiver Bemühung, Gründlichkeit und äußerst genau' /auf Abstraktes bez./: *eine ~e Analyse vornehmen; einen Begriff* ~ *fassen;* ~ *aufpassen, (nach)denken;* ~ *kalkulieren* **5.1.** 'Objekte genau wiedergebend'; ANT verschwommen: *ein ~es Foto; das Foto, Bild ist (gestochen)* ~; *die Kamera* ~, *schärfer einstellen* **5.2.** ⟨o. Steig.; vorw. attr.⟩ '(in den Konturen) stark ausgeprägt' /bes. auf Gesichter od. Linien bez./: *~e Gesichtszüge; ein* ~ *geschnittenes Gesicht haben; eine Hose mit ~en Bügelfalten; mit wenigen ~en Strichen, Linien eine Zeichnung korrigieren; die Konturen der Berge hoben sich* ~, *schärfer gegen den Abendhimmel ab* **6.** ⟨Superl. ungebr.; vorw. attr.⟩ 'von größter Leistungsfähigkeit' /bes. auf bestimmte Sinnesorgane von Tieren, Menschen bez./: *der Adler hat ~e Augen; sie hat ein ~es Gehör, Ohr; mit der Brille sieht er alles schärfer; ihren ~en Augen war nichts entgangen; im Alter konnte er nicht mehr* ~ ('klar, deutlich') *sehen* **7.** ⟨o. Steig.; nur bei Vb.⟩ *das Auto fuhr* ~ ('so weit wie mög-

lich') *rechts,* ~ ('sehr dicht') *an uns vorbei, an den Rand der Straße* **8.** 'ohne Nachsicht, ohne Schonung'; SYN streng; ↗ FELD I.6.3, 18.3: *eine ~e Strafe, Kritik, Polemik, Auseinandersetzung; sie erhoben schärfsten Protest gegen ihre Benachteiligung; jmdn.* ~ *verhören, tadeln; jmdn., etw.* ~ ('mit großer Intensität, Strenge und Aufmerksamkeit') *bewachen; etw. schärfstens, aufs Schärfste/auch schärfste verurteilen; es wurden ~e* (SYN 'einschneidende') *Maßnahmen verlangt; einen ~en Ton anschlagen* ('in seiner Rede sehr streng und heftig werden') **9.1.** '(plötzlich) sehr schnell und heftig' /auf bestimmte Bewegungen, Tätigkeiten bez./: *er machte eine ~e Kehrtwendung; das war ein ~er Ritt (nach Hause); eine ~e* (ANT leichte 3.1) *Brise;* ~ *bremsen; ~e* ('mit großer Kraft geworfene, geschossene') *Bälle* **9.2.** 'von großer Intensität' /auf Akustisches, Optisches bez./: *ein ~er* ('schriller') *Pfiff; das ~e* ('grelle') *Licht des Scheinwerfers* **9.3.** ⟨vorw. attr.⟩ 'sehr heftig und kalt' /vorw. auf Wind, Kälte bez./: *es wehte ein ~er Wind; ein ~er* (SYN 'strenger') *Frost* **10.** ⟨o. Steig.⟩ /beschränkt verbindbar/: *~e* ('zur Zerstörung, Verletzung, Tötung dienende') *Munition; mit ~er Munition schießen; Bomben* ~ *machen* ('so einstellen, dass sie explodieren können');* ~ ('mit scharfer Munition') *schießen* **11.** ⟨o. Steig.; nicht bei Vb.⟩ /beschränkt verbindbar/: *ein ~er* ('bissiger') *Hund* ❖ **entschärfen, Schärfe, schärfen, verschärfen − einschärfen, haarscharf, Scharfblick, -macher**

* /jmd./ **auf etw., jmdn.** ~ **sein** ('etw., jmdn. heftig begehren')

Scharf|blick [ˈ..], **der** ⟨o.Pl.⟩ 'Fähigkeit, etw., jmdn. (durch Beobachtung) leicht zu erkennen (1,2), zu durchschauen'; ↗ FELD I.3.1.1: ⟨vorw. mit Possessivpron.⟩ *seinem* ~ *entging nichts* ❖ ↗ **scharf, ↗ blicken**

Schärfe [ˈʃɛRfə], **die**; ~, ~n ⟨vorw. Sg.⟩ /zu scharf 1.1,1.2,3.1,4,5,6,8/ 'das Scharfsein'; /zu 1.1/ ⟨o.Pl.⟩: *die* ~ *einer Klinge; /zu 5.1/* ⟨o.Pl.⟩: *die* ~ *des Fotos bewundern; /zu 6/* ⟨o.Pl.⟩: *die* ~ *seiner Augen hat nachgelassen; /zu 8/;* ↗ FELD I.2.1, 18.1: *die* ~ *seiner Kritik fiel unangenehm auf; /zu 9.3/* ⟨o.Pl.⟩: *unter der* ~ *des Frostes leiden* ❖ ↗ **scharf**

schärfen [ˈʃɛRfn̩] ⟨reg. Vb.; hat⟩ **1.** /jmd./ *etw.* ~ 'die Schneide, Klinge von etw. scharf machen': *die Schneide des Messers, das Messer* ~; *eine Säge* ~ **2.** *etw. schärft etw., sich: diese Erlebnisse haben seinen Blick für soziale Probleme geschärft* ('ihn befähigt, soziale Probleme besser zu erkennen, zu verstehen'); *sein Sinn für die Not der Flüchtlinge hat sich geschärft* ('er versteht die Not der Flüchtlinge jetzt besser') ❖ ↗ **scharf**

Scharf/scharf [ˈʃaRf..]|**-macher** [maxɐ], **der**; ~s, ~ emot. 'jmd., der andere in übertriebener Weise nachdrücklich zu aggressiven, nicht sehr ehrenhaften Handlungen, Verhaltensweisen treibt (2), die sich gegen jmdn., etw. richten': *die schlimmsten* ~ *sind wieder einmal ungestraft davongekommen* ❖ ↗ scharf, ↗ machen; **-sinn, der** ⟨o.Pl.⟩ 'Fähigkeit, etw. intellektuell schnell und sicher erfassen, analysieren und beurteilen zu können'; ↗ FELD I.4.1.1, 5.1: *eine schwierige Aufgabe mit ~ lösen* ❖ ↗ scharf, ↗ Sinn; **-sinnig** ⟨Adj.; Steig. reg.⟩ 'Scharfsinn erkennen lassend'; SYN intelligent, klug; ↗ FELD I.4.1.3, 5.3: *ein ~er Analytiker; er ist sehr ~; etw. ~ analysieren; ~ wie er war, erkannte er sofort, dass ...; ~e Bemerkungen machen* ❖ ↗ scharf, ↗ Sinn

Scharlatan [ˈʃaʁlataːn], **der**; ~s, ~e 'jmd., der Fähigkeiten, Kenntnisse auf einem Gebiet nur vortäuscht': *~e der Wissenschaft; er ist (nur) ein ~; dieser ~ hat viele Menschen hinters Licht geführt, getäuscht, hereingelegt*

Scharnier [ʃaʁˈniːɐ], **das**; ~s, ~e 'drehbare Vorrichtung, durch die bes. Türen, Fenster, Deckel befestigt sind, sodass sie sich beim Öffnen und Schließen bewegen lassen' (↗ BILD): *die ~e einer Tür, einer alten Truhe; ~e anbringen, ölen; das ~ quietscht*; vgl. *Angel*

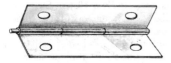

Schärpe [ˈʃɛʁpə], **die**; ~, ~n 'breites Band aus Stoff, das als Schmuck der Kleidung um Hals und Schultern od. als Teil einer Uniform um die Taille od. von der rechten Schulter zur linken Hüfte getragen wird': *eine ~ umbinden, tragen; eine bunte, seidene ~*

scharren [ˈʃaʁən] ⟨reg. Vb.; hat⟩ **1.** /Tier mit scharfen Zehen, Krallen, bes. Huhn, Hund/ *irgendwo ~* 'irgendwo mit den Füßen auf etw., bes. auf dem Erdboden, kratzen, um etw., bes. Nahrung, zu finden': *die Hühner ~ im Hof, im Stroh, auf den Beeten; der Hund scharrt im Sand* **2.1.** /Tier/ *irgendwo ~* 'die Füße, Krallen irgendwo auf der Oberfläche von etw. hin und her bewegen und dabei ein bestimmtes Geräusch erzeugen': *der Hund scharrt an der Tür* **2.2.** /jmd./ *mit den Füßen ~* ('durch Hin- und Herbewegen der Füße auf dem Boden ein bestimmtes Geräusch erzeugen') /in Hörsälen oft als Zeichen des Missfallens/

Scharte [ˈʃaʁtə], **die**; ~, ~n 'schadhafte Stelle in einer Schneide, Klinge in Form einer Kerbe': *das Messer hat ~n/eine ~* ❖ **schartig**
* /jmd., Institution/ *eine ~ auswetzen* ('einen Fehler, eine Niederlage durch eine bestimmte Leistung kompensieren und dadurch sein Prestige wiederherstellen')

schartig [ˈʃaʁtɪç] ⟨Adj.; Steig. reg.⟩ 'Scharten aufweisend' /auf Schneidewerkzeuge bez./: *ein ~es Messer; das Messer ist ~ (geworden)* ❖ ↗ **Scharte**

Schatten [ˈʃatn̩], **der**; ~s, ~ **1.1.** 'dunkle Erscheinung auf der Oberfläche von etw., die dadurch erzeugt wird, dass sich zwischen ihr und dem direkten Licht etw., jmd. befindet': *jmd., die Säule, der Baum wirft einen ~; der ~ eines Hauses, Baumes;*

jmds. ~ fällt auf eine Wand ('ist auf einer Wand zu sehen'); *wenn die Sonne untergeht, tief steht, werden, sind die ~ länger; der Baum spendet ~; er saß im ~ des Baumes, Hauses* **1.2.** ⟨o.Pl.⟩ 'der verhältnismäßig dunkle Bereich, in den die Lichtstrahlen bes. der Sonne nicht direkt hineinkommen': *sich im ~ aufhalten; er lag im ~ und schlief; im ~ ist es kühl(er); das Thermometer zeigt 30 Grad im ~* an **2.** 'wegen Dunkelheit, Nebel o.Ä. nicht genau zu erkennende, schemenhafte Gestalt, Erscheinung': *ein ~ huschte im Nebel vorbei; in der Ferne tauchte der ~ eines Baumes, Schiffes auf* ❖ **beschatten, schattenhaft, schattieren, Schattierung, schattig –** **Schattenriss, -seite**
* /jmd./ *nur noch ein ~ seiner selbst sein* ('sehr abgemagert, krank, elend aussehen'); /jmd./ *nicht über seinen ~ springen können* ('nicht anders handeln können, weil man gegen seine Veranlagung nicht ankommt'); /jmd./ *in jmds. ~ stehen* 'neben jmdm. nicht zur Geltung kommen, nicht gebührend beachtet werden': *er stand im ~ seines Vaters, des großen Schriftstellers*; /jmd., etw./ *jmdn., etw. in den ~ stellen* 'jmdn., etw. in bestimmter Hinsicht weit übertreffen': *sie stellte durch ihre Klugheit, Schönheit alle Mitbewerberinnen in den ~*; /etw., bes. ein Ereignis, Geschehen/ *seinen ~ vorauswerfen* ('sich durch bestimmte Anzeichen ankündigen')

schattenhaft [ˈ..] ⟨Adj.; o. Steig.⟩ **1.** 'dunkel und undeutlich wie ein Schatten (1.1,2)' /auf Erscheinungen bez./: *die Umgebung war nur in ~en Umrissen wahrnehmbar; eine ~e Gestalt; ~ huschte eine Gestalt vorbei* **2.** ⟨nicht bei Vb.⟩ SYN 'undeutlich (2)' /auf Psychisches bez./: *nur noch ~e Erinnerungen, Vorstellungen von etw., jmdm. haben* ❖ ↗ **Schatten**

Schatten [ˈ..]**|-riss, der** 'aus schwarzem Papier hergestellte flächige Darstellung eines Menschen, bei der nur der Umriss des Dargestellten erkennbar ist': *einen ~ herstellen, aus schwarzem Papier ausschneiden; er hat sich einen ~ vom Profil seiner Mutter machen lassen*; vgl. *Scherenschnitt* ❖ ↗ Schatten, ↗ reißen; **-seite, die 1.** ⟨vorw. Sg.⟩ 'im Schatten (1.2) liegende Seite (4) von etw.': *auf der ~ der Straße stehen; sein Zimmer liegt auf der ~* **2.** ⟨vorw. Pl.⟩ 'das Unangenehme, Nachteilige einer sonst guten Sache': *dieser Beruf hat auch seine ~(n); die ~n des Ruhms* ❖ ↗ Schatten, ↗ Seite

schattieren [ʃaˈtiːʁən], schattierte, hat schattiert /jmd./ *etw. ~* 'etw. auf einem Blatt bildlich Dargestelltes mit dunklen Stellen, Flächen versehen, um eine räumliche Wirkung zu erzielen': *ein Bild, eine Zeichnung ~* ❖ ↗ **Schatten**

Schattierung [ʃaˈtiːʁ..], **die**; ~, ~en ⟨vorw. Pl.⟩ 'Spielart, Variante': *die zahlreichen ~en dieser weltanschaulichen Richtung; Schauspieler und Journalisten aller ~en waren gekommen* ❖ ↗ **Schatten**

schattig [ˈʃatɪç] ⟨Adj.; Steig. reg.⟩ 'mit (viel) Schatten (1.2)'; ANT sonnig (1.1) /auf einen Bereich im Freien bez./; ↗ FELD VI.2.3: *ein ~er Weg, Platz; hier ist es ~ und kühl* ❖ ↗ **Schatten**

Schatz [ʃats], **der**; ~es, Schätze [ˈʃɛtsə] **1.** ˈgroße Menge, Anhäufung von Geld, wertvollen Gegenständen, bes. Gold und Silber, Edelsteinen'; ↗ FELD I.16.1: *in dem Grab wurde ein riesiger, kostbarer ~ gefunden; sie hatten alle ihre Schätze vergraben; einen ~ finden, entdecken, besitzen* **2.** *ein ~ an etw.* ⟨Dat.⟩ ˈeine Menge bestimmter, meist seltener, bes. kostbarer Dinge': *ein ~ an wertvollen alten Handschriften, Gemälden, Büchern; die Schätze eines Museums* **3.** *jmds. ~* ˈetw., das für jmd. von großem persönlichem Wert ist': *er zeigte uns seinen ~: seine Briefmarkensammlung; der größte ~ der Schiffbrüchigen waren die geretteten Werkzeuge; stolz breitete sie ihre Schätze* (ˈdie Dinge, die ihr lieb und teuer waren') *vor ihm aus* **4.** ⟨vorw. Pl.⟩ *die Schätze der Erde* (ˈBodenschätze'); *die Schätze des Meeres* (ˈder Reichtum an Nahrung und Rohstoffen, der aus dem Meer gewonnen werden kann') ❖ **schätzen, Schätzung – Bodenschätze, einschätzen, geringschätzig, schätzungsweise, schätzenswert, überschätzen, Wertschätzung, Wortschatz**

schätzen [ˈʃɛtsn̩] ⟨reg. Vb.; hat⟩ **1.** /jmd./ etw. ~ ˈdie Ausdehnung, das Alter, den Wert, das Maß von etw. ohne Kenntnis der genauen Daten, nach dem äußeren Eindruck, nach Erfahrung ungefähr bestimmen'; ↗ FELD I.4.2.2: *den Umfang, Wert, Preis von etw. ~; die Entfernung und Zeit bis zu einem Ziel ~; jmds. Größe, Alter ~; jmdn., etw. auf etw. ~: ich schätze ihn auf 50 Jahre, auf 1,80 Meter* (ˈich nehme an, dass er 50 Jahre alt, 1,80 Meter groß ist'); *er schätzte den Turm auf 100 Meter Höhe; man schätzt sein Vermögen auf einige Millionen Mark; wann, ~ Sie* (ˈvermuten …, glauben Sie'), *könnte er wieder hier sein?* **2.** /Fachmann/ etw. ~ ˈden Wert, Preis von etw., bes. eines Grundstücks, (amtlich) exakt ermitteln, feststellen, festlegen': *ein Auto, Haus ~ (lassen); etw. auf etw.: der Taxator schätzte das Grundstück, die Immobilie auf eine Million Mark* **3.** /jmd./ etw., jmdn. ~ ˈeine hohe Wertschätzung für etw., jmdn. empfinden, haben': *jmds. Arbeit, Fleiß, Hilfsbereitschaft ~; er schätzt diesen Mitarbeiter sehr; jmdn. ~ lernen; einen guten Wein zu ~ wissen* (ˈden Wert eines guten Weins kennen und ihn gern trinken') **4.** /jmd./ *sich glücklich ~* ⟨+ Nebens.⟩ ˈglücklich, froh sein': *er schätzte sich glücklich, so gut davongekommen zu sein/dass er so gut davongekommen war* ❖ ↗ **Schatz**

Schätzung [ˈʃɛts..], **die**; ~, ~en /zu *schätzen* 1 u. 2/ ˈdas Schätzen'; /zu 1/; ↗ FELD I.4.2.1: *nach grober ~ betrug der Schaden tausend Mark* ❖ ↗ **Schatz**

schätzungs|weise [ˈʃɛtsʊŋsvaɪ̯zə] ⟨Satzadv.⟩ /drückt die Einstellung des Sprechers zum genannten Sachverhalt aus/: *er ist ~ 40 Jahre alt* (ˈich schätze, dass er 40 Jahre alt ist') ❖ ↗ **Schatz**

Schätz|wert [ˈʃɛts..], **der** ˈdurch Schätzen (2) ermittelter Wert, den eine gebrauchte Sache zu bestimmter Zeit hat': *der ~ eines alten Kraftfahrzeugs; der ~ seines Besitzes* ❖ ↗ **Schatz**, ↗ **wert**

Schau [ʃau̯], **die**; ~, ~en ⟨vorw. Sg.⟩ **1.** SYN ˈAusstellung (2)': *eine internationale, landwirtschaftliche ~; etw. auf einer ~ vorstellen; eine ~ besuchen* **2.** SYN ˈShow': *eine ~ mit vielen Künstlern, Solisten, Stars* ❖ ↗ **schauen**
* /jmd., Unternehmen/ *etw. zur ~ stellen* (ˈetw. auf einer Ausstellung zur Besichtigung zeigen'); /jmd./ *etw., jmdn., sich zur ~ stellen* (ˈetw., jmdn., sich absichtlich, oft in aufdringlicher Weise demonstrativ der Beachtung durch andere aussetzen'); /jmd./ *etw. zur ~ tragen* ˈetw. vorsätzlich und in oft aufdringlicher Weise zeigen, sehen lassen': *sie trug ihren Schmuck, ihre schlechte Laune zur ~;* ⟨⟩ umg. /jmd./ *eine ~ abziehen* (ˈdurch aufdringliches auffallendes Verhalten große Beachtung, Aufsehen erregen wollen'); *etw. ist eine ~* (ˈetw. ist erstklassig, großartig'); /jmd./ **jmdm. die ~ stehlen** (ˈjmdn. um die von ihm angestrebte, ihm zustehende Beachtung bringen, indem man sich selbst erfolgreich in den Vordergrund bringt')

Schauder [ˈʃau̯dɐ], **der**; ~s, ~ ⟨vorw. Sg.; vorw. mit unbest. Art.⟩ **1.** ˈheftige, relativ kurze Empfindung des Grauens, der mit Angst gemischten Abscheu vor Entsetzlichem od. der Beklemmung, Ehrfurcht, die einen frösteln lässt'; SYN Schauer (1); ↗ FELD I.6.1: *ein ~ ergriff ihn beim Anblick des Elends, Schmutzes; ein ~ erregender Anblick; jmdn. überkommt ein ~ des Entsetzens; ein frommer ~; er fühlte einen leisen, leichten ~, als ihm der Präsident die Hand reichte* **2.** ˈdas Zittern, Frösteln, das durch Kälte od. einen Schauder (1) hervorgerufen wird'; SYN Schauer (2): *ein ~ überläuft jmdn.; als er den kühlen, feuchten Keller betrat, durchrieselte ihn ein heftiger ~, lief ihm ein ~ den Rücken hinab* ❖ **schauderhaft, schaudern**

schauderhaft [ˈ..] ⟨Adj.; Steig. reg.⟩ emot. **1.** ⟨nicht bei Vb.⟩ SYN ˈscheußlich (I.1.1)'; ↗ FELD I.6.3: *ein ~es Verbrechen; ein ~er Anblick; der Anblick war ~* **2.** umg. **2.1.** ˈüberaus unangenehm'; SYN scheußlich (2.2), grässlich: *das ist heute wieder einmal ein ~es Wetter; dieser Kaffee schmeckt ~; das riecht ~* **2.2.** ⟨nicht bei Vb.⟩ SYN ˈentsetzlich (I.2)' /auf Unangenehmes bez./: *das Gedränge war ~; ich habe (einen) ~en Durst* ❖ ↗ **Schauder**

schaudern [ˈʃau̯dɐn] ⟨reg. Vb.; hat⟩ *jmdn./jmdm. schaudert es/jmdn. schaudert* **1.** ˈjmdn. ergreift ein Schauder (1)'; SYN schauern (1): *die Gefahr, Drohung ließ ihn ~; ihn/ihm schauderte (es) vor Angst, Entsetzen; uns schauderte bei dem Gedanken an das Unglück; bei diesem Gedanken schaudert es mir/mich* **2.** ˈjmdn. überläuft vor Kälte ein Schauder (2)'; SYN schauern (2): *jmdn./jmdm. schaudert es im kalten Wind, vor Kälte; vgl. frösteln* ❖ ↗ **Schauder**

schauen [ˈʃau̯ən] ⟨reg. Vb.; hat⟩ landsch. /jmd./ *irgendwohin ~* SYN ˈirgendwohin sehen (1.3)': *auf die Uhr, aus dem Fenster, in den Spiegel ~; nach rechts, links, auf jmdn., zu jmdm. hin ~; wohin man schaut, überall herrscht hier Ordnung und Sauberkeit* ❖ **Schau – anschaulich, Anschauung, Ausschau, ausschauen, durchschauen, Modenschau, Schaufens-**

ter, -platz, -spiel, -spieler, -spielerin, -steller, **Um-schau, unanschaulich, vorausschauen, Weltanschau-ung, Zuschauer**

Schauer [ˈʃauɐ], **der**; ~s, ~ ⟨vorw. mit unbest. Art.⟩ **1.** ⟨vorw. Sg.⟩ SYN ˈSchauder (1)ˈ: *bei dem schrecklichen Anblick durchfuhr ihn ein ~ des Entsetzens; er fühlte, wie ihn ein ~ der Ehrfurcht ergriff* **2.** ⟨vorw. Sg.⟩ SYN ˈSchauder (2)ˈ: *ein ~ durchfährt, überläuft, ergreift jmdn., fährt jmdm. über den Rücken, in die Glieder* **3.** ˈkurzer, meist heftiger Niederschlag als Regen, Hagel od. Schneeˈ; ↗ FELD III.2.1: *ein leichter, heftiger, gewittriger ~; von einem ~ überrascht werden; heute soll es vereinzelt ~ geben*; vgl. *Guss (2)* ❖ **erschauern, schauerlich, schauern, schaurig**

schauerlich [ˈ..] ⟨Adj.; Steig. reg.⟩ emot. ˈschrecklich (I.1), entsetzlichˈ: *ein ~es Verbrechen; eine ~e* (SYN ˈschaurige 1ˈ) *Nachricht; etw. klingt ~* ❖ ↗ **Schauer**

schauern [ˈʃauɐn] ⟨reg. Vb.; hat⟩ *jmdn./jmdm. schauert es/jmd. schauert* **1.** SYN ˈjmdm. schaudert (1) es/jmd. schaudertˈ: *er schauerte bei dem Gedanken, vor Entsetzen; die Gefahr, Angst ließ ihn ~; ihn/ihm schauert vor dem Tode* **2.** SYN ˈschaudern (2)ˈ: *jmdn./jmdm. schauert es vor Kälte, im kalten Wind* ❖ ↗ **Schauer**

Schaufel [ˈʃaufl̩], **die**; ~, ~n **1.** ˈaus einem leicht gebogenen Blatt (6) und einem langen Stiel bestehendes Werkzeug zum Aufnehmen (1) und Bewegen bes. von Erdeˈ; ↗ FELD V.5.1 (↗ TABL Gartengeräte): *Kartoffeln mit der ~ in Säcke füllen* **2.** ⟨+ Attr.⟩ ˈInhaltsmenge von Schaufel (1)ˈ: *eine ~ (voll) Erde, Kies; ein paar ~n Kohle(n) ins Feuer werfen*; vgl. *Spaten* ❖ **schaufeln**

schaufeln [ˈʃauf̩ln] ⟨reg. Vb.; hat⟩ **1.** /jmd./ **1.1.** *etw. ~* ˈetw., bes. Erde, mit einer Schaufel bewegenˈ: *er hat den ganzen Tag Kohlen geschaufelt; er hat den ganzen Tag geschaufelt* **1.2.** *etw. von irgendwo, nach irgendwohin ~* ˈetw. durch Schaufeln (1.1) von irgendwo, irgendwohin bewegenˈ: *Sand vom Wagen, Kohlen in den Keller, Getreide in Säcke ~; Schnee ~* (ˈwegräumenˈ) **2.** /jmd./ *etw. ~* ˈetw. durch Schaufeln (1.1) herstellenˈ: *eine Grube, einen Graben, ein tiefes Loch ~; sich* ⟨Dat.⟩ *einen Weg durch den tiefen Schnee ~* ❖ ↗ **Schaufel**

Schau|fenster [ˈʃau..], **das** ˈzur Straße hin durch eine große Glasscheibe abgeschlossener Raum eines Geschäfts, in dem die Waren ausgestellt werden, sindˈ: *ein geschmackvoll gestaltetes ~; im ~ steht eine moderne Couch, liegt ein wundervolles Collier, sind Kleider und Kostüme ausgestellt; ein ~, die Auslagen in einem ~ betrachten; etw. aus dem ~ nehmen, in das ~ stellen; das ~ einer Bäckerei, die ~ eines Kaufhauses* ❖ ↗ **schauen, ↗ Fenster**

Schaukel [ˈʃaukl̩], **die**; ~, ~n ˈGerät aus einem an zwei Seilen, Ketten hängenden Brett, auf dem man sich, sitzend od. stehend, hin und her schwingen kannˈ (↗ BILD): *eine ~ auf dem Spielplatz anbringen, aufhängen; auf der ~ sitzen, hin und her schwingen* ❖ **schaukeln – Schaukelpferd, -stuhl**

Schaukel

schaukeln [ˈʃaukl̩n] ⟨reg. Vb.; hat⟩ **1.** /jmd./ ˈsich auf, mit einer Schaukel schwingend hin und her und dabei auf und ab bewegenˈ: *unsere Kinder ~ gern* **2.** /jmd./ *mit, auf etw.* ⟨Dat.⟩ *~* ˈsich auf etw. sitzend, an etw. hängend durch Schwingen hin und her und dabei auf und ab bewegenˈ: *auf einem Schaukelpferd, Schaukelstuhl ~; er hielt sich mit den Händen an der (Reck)stange fest und schaukelte; mit, auf einem Stuhl ~* (SYN ˈkippeln 1.2ˈ) **3.** /etw./ ˈsich schwingend hin und her, auf und ab bewegenˈ: *die Wiege schaukelt; das Schiff, Boot, der Zug schaukelt mächtig* **4.** /jmd./ *jmdn., etw. ~* ˈjmdn., etw. zum Schaukeln (2,3) bringenˈ: *er schaukelte das Kind; ein Baby (in der Wiege) ~; eine Wiege ~* ❖ ↗ **Schaukel**

Schaukel [ˈʃaukl..]|-**pferd, das** ˈkleines Pferd aus Holz, das auf bogenförmigen Kufen steht und auf dem ein Kind sitzen und schaukeln (2) kannˈ: *auf einem ~ reiten* (ˈsitzen und dabei schaukelnˈ) ❖ ↗ Schaukel, ↗ Pferd; **-stuhl, der** ˈStuhl, der auf bogenförmigen Kufen steht, auf dem man sitzen und schaukeln (2) kannˈ; ↗ FELD V.4.1 (↗ TABL Sitzmöbel): *im ~ sitzen; mit dem ~ schaukeln* ❖ ↗ Schaukel, ↗ Stuhl

Schaum [ʃaum], **der**; ~s/auch ~es, Schäume [ˈʃɔimə] ⟨vorw. Sg.⟩ ˈleichte, lockere Masse, die aus vielen, dicht aneinander liegenden Blasen (1) bestehtˈ: *aus dem, auf dem Seifenwasser hatte sich ein luftiger, lockerer ~ gebildet; der weiße ~ der Wellen, des Bieres; Eiweiß zu ~ schlagen; den ~ von der kochenden Suppe abschöpfen* ❖ **schäumen, schaumig – Schaumstoff, -wein**

* emot. /jmd./ *~ schlagen* (ˈdurch prahlerische, angeberische Reden andere zu beeindrucken suchenˈ)

schäumen [ˈʃɔimən] ⟨reg. Vb.; hat⟩ *etw. schäumt* ˈauf der Oberfläche von etw. bildet sich Schaumˈ: *der Sekt, die Seife, das Bier schäumt* ❖ ↗ **Schaum**

* /jmd./ *~ vor Wut* (ˈsehr wütend sein und sich dabei wild gebärdenˈ)

schaumig [ˈʃaumɪç] ⟨Adj.⟩ **1.** ⟨o. Steig.; nicht bei Vb.⟩ ˈmit Schaum bedecktˈ /bes. auf Gewässer bez./: *~e Wellen; nach dem Sturm war der See am Ufer ~* **2.** ⟨Steig. reg., Superl. ungebr.⟩ ˈdem Schaum ähnlichˈ /bes. auf Butter o.Ä. bez./: *eine ~e Masse;*

Butter und Zucker ~ *rühren* (ˈso lange rühren, bis sie zu Schaum werden') ❖ ↗ **Schaum**

Schaum [ˈʃaum..]|-**stoff, der** ˈleichter, elastischer Kunststoff, der die Struktur des Schaums aufweist': *eine Verpackung aus* ~; *für die Polsterung* ~ *verwenden* ❖ ↗ Schaum, ↗ Stoff; -**wein, der 1.** ˈstark schäumender Wein mit hohem Gehalt an zugesetzter Kohlensäure' **2.** SYN ˈSekt' ❖ ↗ Schaum, ↗ Wein

Schau|platz [ˈʃau..], **der** ˈPlatz, Ort, an dem etw. geschieht, geschehen ist': *der* ~ *eines Verbrechens; die Schauplätze des Krieges; das Stadion war der* ~ *internationaler Wettbewerbe* ❖ ↗ **schauen,** ↗ **Platz**

schaurig [ˈʃauRɪç] ⟨Adj.; Steig. reg.⟩ emot. **1.1.** ⟨nicht bei Vb.⟩ ˈschrecklich (I.1), entsetzlich' /auf negative Ereignisse bez./; ↗ FELD I.6.3: *eine* ~*e Katastrophe; ein* ~*es Verbrechen* **1.2.** ˈunheimlich': *eine* ~*e Einöde, Geschichte; der Anblick war* ~; *es hallte* ~ *von den Bergwänden zurück* **2.** umg. ˈsehr schlecht (1.4)': *sie spricht ein* ~*es Deutsch; der Tenor war* ~, *sang* ~ ❖ ↗ **Schauer**

Schau [ˈʃau..]|-**spiel, das 1.** SYN ˈDrama (1)': *ein* ~ *verfassen, schreiben, inszenieren, aufführen; ein modernes, klassisches* ~; *ein* ~ *von Goethe; ein* ~ *in fünf Akten; vgl. Komödie, Tragödie* **2.** ˈals sehenswert erachtetes Geschehen': *der Kampf der Hirsche war ein erregendes* ~; *das* ~ *eines Sonnenuntergangs in den Tropen erleben; die spielenden Kinder boten ein entzückendes* ~ ❖ ↗ schauen, ↗ spielen; -**spieler, der 1.** ˈjmd., der beruflich Rollen auf der Bühne, in Film und Fernsehen darstellt'; SYN Mime: *er ist ein begabter, talentierter, wandlungsfähiger, berühmter* ~ **2.** ˈjmd., der sich verstellt': *er ist ein raffinierter* ~ ❖ ↗ schauen, ↗ spielen; -**spielerin, die**; ~, ~nen /zu Schauspieler; weibl./ ❖ ↗ schauen, ↗ spielen; -**steller** [ʃtɛlɐ], **der**; ~s, ~ ˈjmd., der bes. auf Märkten, Festen gewerbsmäßig gegen Entgelt etw. zeigt, vorführt od. bestimmte Waren verkauft': *die Buden der* ~ *auf dem Jahrmarkt* ❖ ↗ schauen, ↗ stellen

Scheck [ʃɛk], **der**; ~s, ~s ˈFormular, das, entsprechend ausgefüllt, die Anweisung an eine Bank enthält, aus dem Guthaben des Kontoinhabers einen Betrag auszuzahlen'; ↗ FELD I.16.1: *einen* ~ *über 1000 Mark ausfüllen, ausstellen, einlösen; etw. mit einem* ~ *bezahlen; ein (un)gedeckter* ~; *der* ~ *ist gedeckt, nicht gedeckt*

scheckig [ˈʃɛkɪç] ⟨Adj.; o. Steig.⟩ ˈmit einem Fell, das weiße und braune od. schwarze und weiße Flecken aufweist': *eine* ~*e Kuh*

* umg. /jmd./ **sich** ~ **lachen** (ˈsehr und ungehemmt lachen müssen')

scheel [ʃeːl] ⟨Adj.; o. Steig.; vorw. attr. u. bei Vb.⟩ ˈ(mit zur Seite gerichteten Augen blickend und dabei) ein bestimmtes Gefühl bes. des Neides, Misstrauens, der Ablehnung ausdrückend'; ↗ FELD I.6.3: ~, *mit* ~*en Augen auf jmdn., jmds. Gewinn, Besitz blicken; jmdn. mit* ~*en Blicken betrachten; den Erfolg anderer* ~ *ansehen* (ˈneidisch sein auf den Erfolg anderer')

scheffeln [ˈʃɛfl̩n] ⟨reg. Vb.; hat⟩ umg. /jmd., Unternehmen, Institution/ *etw.* ~ ˈetw., bes. Geld, in großer Menge einnehmen, in seinen Besitz bringen': *das einzige, was ihn interessierte, war, noch mehr Geld zu* ~; *der hat Geld, Reichtümer, Millionen gescheffelt!*

Scheibe [ˈʃaibə], **die**; ~, ~n **1.1.** ˈflacher, kreisförmiger Gegenstand'; ↗ FELD III.1.1: *die Schallplatte hat die Form einer* ~; *eine* ~ *aus Holz, Stahl, Glas, Kunststoff; eine* ~ *in Drehung versetzen* **1.2.** ˈmeist viereckige Scheibe (1.1) aus Glas, die Teil bes. eines Fensters ist': *die* ~*n eines Fensters, einer Tür, einer Vitrine; die* ~*n putzen; die* ~*n sind beschlagen; die* ~*n klirrten, zersprangen durch die Detonation; eine neue* ~ *einsetzen; die vordere* ~ *des Autos ist kaputt; die* ~ *auswechseln* **1.3.** ˈmeist viereckiges Stück Pappe, Papier mit aufgedruckten, konzentrisch angeordneten Ringen, die beim Schießen mit einer Handfeuerwaffe, mit einem Bogen als Ziel dient': *mit dem Gewehr nach einer/auf eine* ~ *schießen* **2.** ˈvon einem Nahrungsmittel abgeschnittenes dünnes Stück in Form einer Scheibe (1)': *eine (dicke)* ~ *Wurst, Schinken, Käse; eine* ~ *vom Braten; eine* ~ *Brot* (↗ FELD I.8.1); *Gurken in* ~*n schneiden* ❖ **Fensterscheibe, Mattscheibe**

* umg. /jmd./ **sich von jmdm. eine** ~ **abschneiden können** (ˈsich jmd. zum Vorbild nehmen können')

Scheide [ˈʃaidə], **die**; ~, ~n **1.** ˈschmaler länglicher Behälter, in den Stich- und Hiebwaffen mit der Klinge voran hineingesteckt werden': *den Dolch, Säbel in die* ~ *stecken, aus der* ~ *ziehen* **2.** ˈbestimmtes, meist längliches schmales Gebiet, das zwischen zwei größeren Regionen liegt und diese voneinander abgrenzt': *das Rote Meer ist die* ~ *zwischen Afrika und Asien* **3.** ˈvon der Gebärmutter nach außen führender Teil des weiblichen Geschlechtsorgans'; ↗ FELD I.1.1 ❖ ↗ **scheiden**

scheiden [ˈʃaidn̩], schied [ʃiːt], hat/ist geschieden [gə-ˈʃiːdn̩] **1.** ⟨hat⟩ /befugte amtliche Person/ *eine Ehe* ~ (ˈgerichtlich für aufgelöst erklären'); *der Richter hat ihre Ehe geschieden; ein Ehepaar* ~ (ˈdie gemeinsame Ehe zweier Personen für gerichtlich aufgelöst, ↗ auflösen 3 erklären'); /zwei (jmd.)/ *sich* ~ *lassen* (ˈdie gemeinsame Ehe gerichtlich aufhören lassen'); *die beiden haben sich, das Paar hat sich* ~ *lassen;* /jmd./ *sich von jmdm., von seinem Mann, von seiner Frau* ~ *lassen; eine geschiedene Frau* (ˈeine Frau, deren Ehe gerichtlich aufgelöst ist') **2.** ⟨hat⟩ **2.1.** ⟨vorw. im Pass.⟩ geh. /jmd./ *etw. von etw.* ⟨Dat.⟩ *durch etw.* ~ ˈetw. Räumliches von etw. Räumlichem durch etw. trennen (1.1)': *der Raum wurde, ist vom Nebenraum durch eine dünne Wand geschieden* **2.2.** /jmd., etw./ *jmdn. von jmdm.* ~ ˈjmdn. von jmdm. trennen (1.1)': *er, der Test hat die begabten von den weniger leistungsfähigen Schülern geschieden* **3.** ⟨hat⟩ geh. /zwei od. mehrere (etw.)/ *sich* ~: *bei/in dieser Frage, diesem Problem, hier* ~ *sich die, unsere Meinungen* (ˈweichen die, unsere Meinungen voneinander ab') **4.** ⟨ist⟩ geh. **4.1.** /jmd., auch etw./ *irgendwie, (irgendwie) von jmdm.,* *von irgendwo* ~ ˈirgendwie von jmdm., von irgendwo weggehenˈ: *er war grußlos, ohne sich zu verabschieden, verärgert geschieden; wir sahen ihn ungern von uns, aus unserer Gegend* ~; *das* ~*de* (ˈzu Ende gehendeˈ) *Jahr* **4.2.** /jmd./ *aus etw.* ⟨Dat.⟩ ~ ˈaus einer bestimmten Tätigkeit ausscheidenˈ: *aus seiner Funktion, seinem Amt* ~ **4.3.** /zwei od. mehrere (jmd.)/ *irgendwie* ~ ˈirgendwie auseinander gehen (1)ˈ: *sie schieden als Freunde, grußlos;* ⟨rez.⟩ *sie schieden (voneinander) in bester Freundschaft* ❖ **Scheide, Scheidung, verschieden, verschiedenes — Abschied, ausscheiden, Meinungsverschiedenheit, Schiedsgericht, -richter, verabschieden;** vgl. **entscheiden**

Scheidung [ˈʃaɪd..], **die**; ~, ~**en** ˈgerichtliche Auflösung einer Eheˈ: *die* ~ *beantragen, aussprechen; die* ~ *einer Ehe; sie leben, liegen in* ~ (ˈhaben die Auflösung ihrer Ehre beantragtˈ) ❖ ↗ **scheiden**

Schein [ʃaɪn], **der**; ~**s**/auch ~**es**, ~**e 1.** ⟨o.Pl.⟩; ↗ FELD VI.2.1 **1.1.** ˈLicht, das von einer Lichtquelle ausgestrahlt wird und das etw. erhelltˈ: *der helle, warme* ~ *der Sonne; der matte* ~ *des Mondes; beim* ~ *einer Lampe, Kerze lesen; er saß im* ~ *der Lampe; er richtete den* ~ *der Taschenlampe in die dunkle Ecke* **1.2.** *der matte* ~ (ˈReflex des Lichtesˈ) *auf dem lackierten Holz* **2.** ˈArt und Weise, wie etw. jmdm. erscheint, bes. als äußerer Eindruckˈ: ~ *und Sein;* ~ *und Wirklichkeit; er wirkt gesund, aber der* ~ *trügt, er ist in Wirklichkeit sehr krank; der* ~ *spricht gegen ihn, aber er ist unschuldig; er sollte wenigstens den äußeren* ~ *aufrechterhalten, wahren; mit dem* ~ *der Legalität auftreten; etw. (nur) zum* ~ (ˈum irrezuführenˈ) *sagen, tun* **3.** SYN ˈBescheinigungˈ: *ein* ~, *der jmds. Geburt bestätigt, bescheinigt; einen* ~ *ausfüllen, unterschreiben; wer ohne* ~ *angelt, wird bestraft; sich einen* ~ *für das Gepäck, als Quittung geben lassen* **4.** SYN ˈBanknoteˈ; ↗ FELD I.16.1: *ein neuer, falscher* ~; *einen* ~ *wechseln* (ˈsich Banknoten, Münzen im gleichen Wert für eine Banknote geben lassenˈ) ❖ **zu (3): bescheinigen, Führerschein, Gutschein, Krankenschein, Tippschein; zu (1,2):** ↗ **scheinen**

scheinbar [ˈʃaɪn..] **I.** ⟨Adj.; o. Steig.⟩ ˈnicht wirklich, nur so erscheinendˈ /vorw. auf Abstraktes bez./: *seine* ~*e Ruhe, Begeisterung konnte uns nicht über sein wirkliches Empfinden täuschen; das ist nur ein* ~*er, kein wirklicher Gegensatz; das war nur* ~ (ˈnicht in Wirklichkeitˈ) *gut und schön; die Sonne rotiert* ~ *um die Erde; er hatte nur* ~ *nachgegeben*, vgl. *anscheinend* — **II.** ⟨Satzadv.⟩ /drückt die Einstellung des Sprechers zum genannten Sachverhalt aus; drückt eine Vermutung aus/ ˈwie es den Anschein hatˈ: *er hat heute* ~ *überhaupt nichts gegessen; der hat* ~ *gar nichts kapiert; du hast* ~ *keine Skrupel gehabt* ❖ ↗ **scheinen**

scheinen [ˈʃaɪnən], schien [ʃiːn], hat geschienen [gəˈʃiː-nən] **1.1.** /Lichtquelle/ ˈLicht ausstrahlen (und dadurch etw. erhellen)ˈ; ↗ FELD VI.2.2: *die Sonne scheint (hell und warm); irgendwie, irgendwo* ~: *der Mond scheint heute fast die ganze Nacht; die Sterne*

~ *am dunklen Abendhimmel; die Taschenlampe scheint nur noch matt; irgendwohin* ~: *die Lampe schien (ihm) direkt ins Gesicht* **1.2.** /etw. Glänzendes/ *irgendwie* ~ ˈirgendwie Licht reflektierenˈ: *die blanke Tischplatte schien* (SYN ˈglänzte 1.1ˈ) *matt, hell (in der Sonne)* **2.** /jmd., etw./ ⟨vorw. in der 3. Pers., mit Inf. + zu od. mit Nebens. + als ob od. dass⟩ *irgendwie* ~ ˈeinen bestimmten Eindruck erweckenˈ: *er scheint, du scheinst (mir) krank, glücklich zu sein* (ˈes sieht so aus, wirkt so, als wäre er, wärst du krank, glücklichˈ); *er scheint ihn zu kennen; ein Zusammenstoß schien unvermeidlich (zu sein)* (ˈes sah so aus, als wäre ein Zusammenstoß nicht zu vermeidenˈ); *es scheint* (ˈman hat den Eindruckˈ), *als ob/dass wir einen verregneten Sommer haben werden; wie es scheint, ist sie verreist* (ˈsie ist anscheinend, offenbar verreistˈ); *es könnte* ~ (ˈso wirkenˈ), *als ob wir nicht (helfen) wollten; er scheint keine Lust (darauf) zu haben; wie es schien, war er noch nicht da; es hat, wie es scheint, keinen Zweck, noch (länger) zu warten; das scheint mir richtig, gut zu sein* (ˈich halte das für richtig, gutˈ) ❖ **Schein, scheinbar, Anschein, anscheinend, erscheinen, Erscheinung, unscheinbar — Augenschein, augenscheinlich, Mondschein, Sonnenschein, Scheinwerfer, unwahrscheinlich, wahrscheinlich, Wahrscheinlichkeit, scheinheilig, scheintot, Widerschein**

schein/Schein [ˈʃaɪn..]|**-heilig** ⟨Adj.; Steig. reg.; vorw. attr. u. bei Vb.⟩ emot. SYN ˈheuchlerisch (1)ˈ; ANT ehrlich /vorw. auf Personen bez./: *ein* ~*er Mensch; ein* ~*es Gesicht machen; sein* ~*es Getue; tut nicht so* ~, *wir wissen, was wir von euch zu halten haben!; sich* ~ *nach jmds. Befinden erkundigen* ❖ ↗ **scheinen**, ↗ **heilig**, **-tot** ⟨Adj.; o. Steig.; vorw. präd. u. attr.⟩ ˈnur scheinbar totˈ /auf Personen bez.; beschränkt verbindbar/; ↗ FELD XI.3: *er war (nur)* ~ ❖ ↗ **scheinen**, ↗ **tot; -werfer** [vɛrfɐ], **der**; ~**s**, ~ ˈLampe, deren Licht durch optische Spiegel od. Linsen konzentriert wird und dadurch sehr weit reichtˈ; ↗ FELD VI.2.1: *mit* ~*n (am Himmel) die Gegend abtasten, nach etw. suchen; das Haus wird durch* ~ *angestrahlt; mit einem* ~ *Licht auf etw. werfen; die* ~ *ab-, ein-, ausschalten* ❖ ↗ **scheinen**, ↗ **werfen**

Scheiß [ˈʃaɪs..] derb |**-ding, das** ⟨Pl.: Scheißdinger⟩ ˈGebrauchsgegenstand, den man als stark mit Mängeln behaftet beurteilt, der kaum od. nicht zu gebrauchen istˈ: *wirf das* ~ *doch weg, wenn es nicht funktionieren will!* ❖ ↗ **scheißen**, ↗ **Ding; -dreck, der** SYN Dreck **1.** ˈetw. Mangelhaftes, Minderwertigesˈ: *diese Schrauben sind der reinste* ~*!* **2.** *ich kann mich doch nicht um jeden* ~ (ˈjede belanglose Kleinigkeitˈ) *kümmern* **3.** ˈunangenehme, widerwärtige Angelegenheitˈ: *dieser* ~ *ist mir zuwider, hängt mir zum Halse heraus, sodass ich nicht mehr dabei mitmache* **4.** /in der kommunikativen Wendung/ *das geht dich, Sie einen* ~ *an* (ˈgeht dich, Sie gar nichts anˈ) /brüske Zurückweisung einer Person, die sich in jmds. Angelegenheiten, in die Ange-

legenheiten des Sprechers einzumischen sucht/ ❖ ↗
scheißen, ↗ Dreck

Scheiße [ˈʃaɪsə], **die**; ~, ⟨o.Pl.⟩ derb **1.** SYN ˈKotˈ; ↗
FELD VI.4.1: *ein Haufen ~; er ist in die ~ getreten*
2. ˈwiderwärtige Angelegenheitˈ; SYN Scheißdreck
(3) /vorw. in Ausrufen, um seinen Ärger auszu-
drücken/: *das ist vielleicht eine ~!; (so eine) ~!* ❖
↗ **scheißen**
* derb /jmd., Institution/ **~ bauen** ˈetw. falsch ma-
chenˈ: *der hat doch wieder ~ gebaut!*
scheiß|egal [ˈʃaɪs../..eˈɡaːl] ⟨Adj.; o. Steig.; nur präd.
(mit *sein*)⟩ derb *etw.* ⟨vorw. *das*⟩ *ist jmdm. ~* ˈetw.
ist jmdm. völlig gleichgültig (3)ˈ: *ob du mitmachst
oder nicht, das ist mir ~* ❖ ↗ **scheißen**, ↗ **egal**
scheißen [ˈʃaɪsn̩], schiss [ʃɪs], hat geschissen [ɡəˈʃɪsn̩]
derb /jmd./ ˈKot ausscheidenˈ: *er hat drei Tage lang
nicht geschissen; er kann nicht ~; irgendwohin ~:
in die Ecke ~; er hat sich* ⟨Dat.⟩ *(vor Angst) in die
Hosen geschissen* ❖ **Scheiße, Schiss, beschissen –
anscheißen, Scheißding, -dreck, scheißegal**
* /jmd./ **auf etw., jmdn. ~** ˈauf etw., jmdn. mit Ver-
achtung verzichtenˈ: *auf die Auszeichnung, seine
Hilfe scheiß ich!; auf den Kerl scheiß ich!*
Scheitel [ˈʃaɪtl̩], **der**; ~s, ~ **1.** ˈdas Kopfhaar teilende,
mit dem Kamm hergestellte Linieˈ: *einem Kind ei-
nen geraden ~ ziehen* (ˈkämmenˈ); *jmdm. die Hand
auf den ~* (ˈoben auf den Kopfˈ) *legen* **2.** ˈoberster
Teil von etw. Länglichemˈ: *auf dem ~ des Höhenzu-
ges führte ein Wanderweg entlang; der ~ eines Bo-
gens, einer Kurve*
* umg. **vom ~ bis zur Sohle** /auf eine Person bez./
ˈvollendetˈ: *er war ein Kavalier vom ~ bis zur Sohle*
(ˈer war ein vollendeter Kavalierˈ)
scheitern [ˈʃaɪtɐn] ⟨reg. Vb.; ist⟩ **1.** /etw./ **1.1.** ˈnicht
das angestrebte Ziel erreichenˈ: *die Konferenz, sein
Plan, Projekt ist gescheitert; ein gescheiterter Ver-
such; die Verhandlungen sind gescheitert*; vgl. *miss-
glücken, misslingen* **1.2.** *an etw.* ⟨Dat.⟩ ˈauf
Grund bestimmter Umstände nicht realisiert wer-
denˈ: *das Unternehmen scheiterte am Widerstand,
Unvermögen einiger Beteiligter* **2.** /jmd./ **2.1.** ˈ(durch
eigenes Versagen) keinen Erfolg habenˈ; SYN ba-
den gehen: *er ist in seinem Beruf, mit seinem Unter-
nehmen, Plan gescheitert* **2.2.** *an etw.* ⟨Dat.⟩ *~: an
einer Aufgabe ~* (ˈsie nicht bewältigen könnenˈ)
2.3. /Gruppe/ ˈaufgrund von Schwierigkeiten,
Mängeln aufhören zu bestehenˈ: *die Koalition ist
gescheitert*
* /etw./ **zum Scheitern verurteilt sein** ˈvon vornherein
keine Aussicht auf Erfolg habenˈ: *das Projekt war
zum Scheitern verurteilt*
Schelle [ˈʃɛlə], **die**; ~, ~n **1.** ˈkleine Glocke in Form
eines kugeligen, mit einem Schlitz versehenen klei-
nen Gegenstands, die durch Schütteln zum Erklin-
gen gebracht wirdˈ: *die ~n des Pferdeschlittens; die
Katze hat eine ~ um den Hals* **2.** ˈringförmiger me-
tallener Gegenstand in Form eines schmalen Ban-
des, der zum Befestigen od. zum Abdichten von
Rohren, Leitungen dientˈ: *das Rohr mit einer ~ ab-
dichten, an der Wand befestigen*

Schell|fisch [ˈʃɛl..], **der** ˈin den nördlichen Meeren le-
bender, mit dem ↗ *Kabeljau* verwandter Speise-
fischˈ: *~ fangen, essen* ❖ ↗ **Fisch**
Schelm [ʃɛlm], **der**; ~s/auch ~es, ~e SYN ˈSchalkˈ
/vorw. in Bezug auf Kinder, bes. kleine Jungen/: *er
ist ein rechter ~; so ein ~!; na, du kleiner ~?* ❖
schelmisch
schelmisch [ˈʃɛlm..] ⟨Adj.; Steig. reg.⟩ ˈin der Art ei-
nes Schelmsˈ: *jmdn. ~ anblicken; ein ~es Lächeln*;
vgl. *verschmitzt* ❖ ↗ **Schelm**
Schelte [ˈʃɛltə], **die**; ~, ⟨o.Pl.⟩ ˈlaut geäußerter Ta-
delˈ: *er hat (von seinem Vater) ~ bekommen* ❖ ↗
schelten
schelten [ˈʃɛltn̩] (er schilt [ʃɪlt]), schalt [ʃalt], hat ge-
scholten [ɡəˈʃɔltn̩] geh. /jmd./ **1.1.** *jmdn., etw./mit
jmdm. ~* ˈjmdn., jmds. Verhalten, Tun laut tadelnˈ:
*er hat sie sehr gescholten; sie schalt sein Betragen
(während der Feier); jmdn. wegen etw. ~: sie schal-
ten ihn wegen seiner dummen Witze; sie schalt mit
ihm, weil er nicht gehorchen wollte; auf jmdn. ~: er
schalt auf seine Lehrer; über etw. ~: sie schalt über
seine Unpünktlichkeit* **1.2.** *jmdn. einen Dummkopf,
Narren, Dieb ~* (ˈjmdn. als einen Dummkopf, Nar-
ren, Dieb bezeichnenˈ); *sie schalten ihn arrogant
und dumm* (ˈsie nannten ihn einen arroganten und
dummen Menschenˈ) ❖ **Schelte**
Schema [ˈʃeːma], **das**; ~s, ~s/~ta/Schemen [ˈʃeːmən]
ˈPlan (1.2), nach dem man sich bei der Darstellung,
Durchführung, Herstellung von etw. immer wieder
richtet und der schöpferische Veränderung in der
Regel ausschließtˈ: *das ~ einer elektrischen Schal-
tung; das ist ein brauchbares ~; dafür brauchen wir
ein einheitliches ~; ein starres ~; ein ~ ausarbeiten,
aufstellen; sich bei einer Arbeit, Konstruktion nach
einem ~ richten, von einem ~ leiten lassen; etw.
läuft nach einem ·· ab; bei dieser Tätigkeit bist du
(nicht) an ein festes ~ gebunden; etw. in ein ~ pres-
sen* (ˈetw. ohne Rücksicht auf Eigenarten, Beson-
derheiten nach einem vorgefassten Plan ausfüh-
renˈ); *nach einem ~* (SYN ˈeiner Schablone 2ˈ) *han-
deln, urteilen* ❖ **schematisch, Schematismus**
* umg. **nach ~ F** ˈbei einer Tätigkeit gedankenlos und
schematisch (1.2) vorgehendˈ: *etw nach ~ F ausfüh-
ren; seine Patienten nach ~ F behandeln*
schematisch [ʃeˈmaːt..] ⟨Adj.; nicht präd.⟩ **1.1.** ⟨Steig.
reg.⟩ ˈin der Art eines Schemas, nach einem
Schemaˈ: *etw. ~ darstellen, ausführen; eine ~e Dar-
stellung* **1.2.** ⟨Steig. reg., Superl. ungebr.⟩ ˈohne
Rücksicht auf die Besonderheiten von etw., starr
nach einem Schema vorgehendˈ /auf bestimmte Tä-
tigkeiten bez./: *etw. (rein) ~ behandeln, betrachten,
aus-, durchführen; eine ~e Tätigkeit* ❖ ↗ **Schema**
Schematismus [ʃemaˈtɪsmʊs], **der**; ~, Schematismen
[..mən] ⟨vorw. Sg.⟩ ˈVorgehen, Denken, Handeln
nach einem starren Schemaˈ: *er wurde wegen seines
~ getadelt; mit ~ kann man diese Probleme nicht
lösen; den ~ überwinden* ❖ ↗ **Schema**
Schemel [ˈʃeːml̩], **der**; ~s, ~ ˈniedriges Sitzmöbel mit
ein, drei od. vier Beinen ohne Lehne für eine Per-

son'; ↗ FELD V.4.1: *ein runder, viereckiger, hölzerner* ~; vgl. *Hocker*

Schemen ['ʃeːmən], **das**; ~s, ~ 'eine Erscheinung, die im Dunkeln od. Nebel nur im Umriss, nicht klar und deutlich zu erkennen ist': *aus dem Nebel tauchten* ~ *auf und glitten vorüber* ❖ **schemenhaft**

schemenhaft ['ʃeːmən..] ⟨Adj.; o. Steig.⟩ 'verschwommen und undeutlich wie ein Schemen' /bes. auf Erscheinungen bez./: *eine* ~*e Erscheinung; etw. nur* ~ *wahrnehmen; das Gebilde war so* ~, *dass wir nichts Genaueres darüber sagen können* ❖ ↗ **Schemen**

Schenke/auch **Schänke** ['ʃɛŋkə], **die**; ~, ~n 'kleine, einfach eingerichtete Gaststätte (auf dem Lande), in der Getränke ausgeschenkt werden': *eine gemütliche* ~ *an der Ecke der Straße; in eine(r)* ~ *einkehren*; vgl. *Kneipe* ❖ ↗ **schenken**

Schenkel ['ʃɛŋkl̩], **der**; ~s, ~ **1.** 'Oberschenkel': *er, sie hat dicke, muskulöse* ~; *sich vor Vergnügen auf die* ~ *schlagen* **2.** Math. 'eine der zwei Geraden, die einen Winkel bilden': *die* ~ *eines rechten Winkels* ❖ **Oberschenkel, Unterschenkel**

schenken ['ʃɛŋkn̩] ⟨reg. Vb.; hat⟩ **1.** /jmd./ *jmdm. etw.* ~ 'jmdm. etw. unter der Bedingung geben, dass es ihm dadurch zum Eigentum wird, wofür nichts verlangt wird und womit man ihm eine Freude machen will': *jmdm. einen Strauß Blumen, ein Buch, eine Menge Geld* ~; *er hat seiner Frau kostbaren Schmuck, den Kindern Schokolade geschenkt; jmdm. etw. zum Geburtstag, zu Weihnachten, als Andenken* ~; *etw. geschenkt bekommen; sie schenkt gern* ('verschenkt gern etw. an jmdn.'); *er möchte nichts geschenkt haben, bekommen* ('möchte nicht, dass man ihm etw. schenkt'); *für den Preis ist das wirklich geschenkt* ('ist das sehr preiswert') **2.** /jmd./ *jmdm., sich* ⟨Dat.⟩ *etw.* ~ 'jmdm., sich etw. meist Unangenehmes erlassen, ersparen': *der Trainer hat seinen Schützlingen nichts geschenkt* ('hat sie alle Übungen exakt ausführen lassen'); *die Ersteigung des Berges haben wir uns geschenkt; ihr ist im Leben nichts geschenkt worden* ('sie hat alles schwer erarbeiten müssen'); *wegen guter Führung wurde dem Häftling ein Jahr geschenkt* ('wurde er ein Jahr vor Ablauf der Haftzeit entlassen'); /in der kommunikativen Wendung/ *das kannst du dir* ~ ('das ist unwichtig, das kannst du auslassen) **3.** /jmd./ *jmdm., etw.* ⟨Dat.⟩ *etw.* ~ 'jmdm., einer Sache etw. zukommen lassen': *er hat der Entwicklung seines Sohnes viel Aufmerksamkeit geschenkt; er schenkte ihr keinen Blick* ('er hat sie vorsätzlich übersehen'); *jmdm. (sein) Gehör* ~ ('jmdm. zuhören'); *jmdm. (sein) Vertrauen* ~; *sie hat ihr, ihren Worten keinen Glauben geschenkt* ❖ **beschenken, Geschenk, Schenke — Ausschank, ausschenken, einschenken**
* /Frau/ **einem Kind das Leben** ~ ('ein Kind gebären')

scheppern ['ʃɛpɐn] ⟨reg. Vb.; hat⟩ /etw./ 'ein Geräusch verursachen, hervorbringen, das wie das Aneinanderschlagen von harten, bes. metallenen Teilen klingt': *die Milchkannen schepperten auf dem Hof; die Teller schepperten laut (in der Küche)*; /jmd./

mit etw. ~: *sie schepperte in der Küche mit dem Geschirr*

Scherbe ['ʃɛʁbə], **die**; ~, ~n 'Bruchstück eines Gegenstandes aus Glas, Porzellan, Keramik, Ton': *die* ~*n eines Glases, Tellers, Blumentopfes, der Fensterscheibe; sich an einer* ~ *verletzen; die* ~*n zusammenfegen*

Schere ['ʃeːʁə], **die**; ~, ~n 'zum Schneiden dienendes Gerät, Werkzeug aus zwei über Kreuz verbundenen messerartigen Teilen'; ↗ FELD V.5.1 (↗ TABL Werkzeuge): *eine scharfe, kleine* ~; *eine* ~ *schleifen; Papier, Stoff, Blech mit der* ~ *zerschneiden; etw., das Ende eines Fadens mit einer* ~ *abschneiden; etw. mit einer* ~ *von etw. abschneiden* ❖ **¹scheren, ungeschoren — Scherenschnitt, Schurwolle**

¹scheren ['ʃeːʁən], schor [ʃoːɐ], hat geschoren [gə'ʃoːʁən] /jmd./ **1.1.** *jmdm. das Haar* ~ ('die Haare, bes. auf dem Kopf, kurz über der Haut abschneiden'); *jmdm. den Kopf (kahl)* ~, *jmdm. eine Glatze* ~ ('jmdm. eine Glatze schneiden'); *jmdm. den Bart* ~ ('jmdm. rasieren') **1.2.** *ein Schaf* ~ ('einem Schaf die Wolle abschneiden') ❖ ↗ **Schere**

²scheren ⟨reg. Vb.; hat⟩ **1.1.** *etw., jmd. schert jmdn. nicht* 'etw., jmd. kümmert jmdn. nicht, ist ihm gleichgültig': *es scherte ihn nicht, wenig, was aus ihr werden würde; was schert es mich/was schert mich das, was er jetzt macht?; was dort geschieht, das braucht dich nicht zu* ~ ('das kann dir gleichgültig sein') **1.2.** /jmd./ *sich nicht um etw., jmdn.* ~ 'sich nicht um etw., jmdn. kümmern, sorgen': *er scherte sich nicht um seine Gesundheit, um mich, um seine Familie, Arbeit* ❖ **Schererei**

Scheren|schnitt ['..], **der** 'aus meist schwarzem Papier geschnittener Umriss von etw., bes. von einem Menschen im Profil': *er hat einen* ~ *von sich anfertigen lassen*; vgl. *Schattenriss* ❖ ↗ **Schere**, ↗ **schneiden**

Schererei [ʃeːʁə'ʁ..], **die**; ~, ~en ⟨vorw. Pl.⟩ 'Unannehmlichkeiten, Schwierigkeiten, Ärger, die man mit jmdm., etw. hat': *ihre Kinder haben ihr viele* ~*en gemacht*; ~, ~*en mit jmdm., mit dem Finanzamt haben; wenn du das machst, wirst du eine Menge* ~*en bekommen, kriegen; sich* ~*en ersparen wollen* ❖ ↗ **²scheren**

Scherz [ʃɛʁts], **der**; ~es, ~e 'nicht ernst, böse gemeinte Äußerung, Handlung, die man zur Belustigung, Erheiterung macht, gemacht hat'; SYN Spaß (2): *ein gelungener, harmloser, geistvoller, anzüglicher, grober, schlechter, übler* ~; *er ist immer zu* ~*en aufgelegt, bereit;* ~*e, einen* ~ *machen; sich (mit jmdm.) einen* ~ *erlauben* ('jmdn. meist auf lustige Weise hereinlegen'); *seine* ~*e über jmdn. machen; etw. (nur) im/aus/zum* ~ ('nicht im Ernst, nicht in böser Absicht') *sagen, machen; ist das, was du sagst,* ~ *oder Ernst?; seinen* ~ *mit jmdm. treiben* ('jmdn. aufziehen'); *sag ihm, er soll diese dummen* ~*e lassen* ('diese albernen Äußerungen unterlassen'); /in den kommunikativen Wendungen/ *das ist (doch) ein schlechter* ~ ('das wäre sehr schlimm, wenn es wahr, ernst gemeint wäre, als Scherz wäre

es sehr deplaziert'); ~ *beiseite (SYN* Spaß beiseite)
/wird bes. im Gespräch gesagt, um klarzustellen,
dass das, was von nun an gesagt wird, im Ernst
gemeint ist'/: *wir haben jetzt lange genug unseren
Spaß mit der Sache gehabt, jetzt aber ~ beiseite und
aufgepasst!* ❖ ↗ **scherzen**

Scherz|artikel ['..], **der** 'Artikel (3) für Scherz und
Schabernack': *sie hat für Silvester, für den Fasching
eine Menge ~ eingekauft* ❖ ↗ **scherzen,** ↗ **Artikel**

scherzen ['ʃɛrtsn̩] ⟨reg. Vb.; hat⟩ /jmd./ 'Scherze, ei-
nen Scherz machen': *er scherzte so lange, bis es
schließlich Ernst wurde; er war immer zum Scherzen
aufgelegt; mit jmdm.* ~: *er scherzte gern mit seinen
Enkeln; über jmdn., etw., mit etw.* ⟨Dat.⟩ ~: *über
den Tod, damit, darüber scherzt man nicht* ('treibt
man keine Scherze, weil die Sache zu ernst ist');
⟨rez.⟩ /zwei od. mehrere (jmd.)/ *beide scherzten
(miteinander); beide scherzten so lange, bis es Ernst
wurde; /in den kommunikativen Wendungen/ du
scherz(e)st wohl* ('du kannst nicht im Ernst mei-
nen, was du sagst')?; *ich scherze nicht* ('ich meine
das so, wie ich es sage, mir ist es Ernst'); vgl. *spa-
ßen* ❖ **Scherz, scherzhaft, verscherzen, Scherzartikel**

scherzhaft ['ʃɛrts..] ⟨Adj.; o. Steig.; nicht präd.⟩ 'im
Scherz gemeint, Scherz ausdrückend': *eine ~e, ~
gemeinte Bemerkung, Anspielung; etw. in ~em Ton
sagen; eine ~e Frage* ❖ ↗ **scherzen**

-scheu /bildet mit einem Subst. als erstem Bestandteil
Adjektive/ 'das im ersten Bestandteile Genannte
aus Angst meidend': ↗ z. B. *menschenscheu*

scheu [ʃɔɪ] ⟨Adj.⟩ **1.** ⟨Steig. reg.⟩ 'ängstlich und ge-
hemmt und darum Kontakte mit anderen mög-
lichst meidend' /auf Personen bez./; ↗ FELD I.6.3:
*sie ist, wirkt äußerst ~; er ist ein ~er Mensch, hat
ein ~es Wesen; ein ~er* ('Scheu offenbarender')
*Blick; ein ~es Lächeln; jmdn. ~ und verlegen an-
blicken* **2.** ⟨Steig. reg.⟩ 'die Nähe des Menschen
ängstlich meidend, vor ihm fliehend' /auf Tiere
bez./: *ein ~es Reh; diese Vögel sind so ~, dass sie
beim leisesten Geräusch wegfliegen* **3.** ⟨o. Steig.⟩
3.1. ⟨nur präd. (mit *werden*)⟩ /Pferd/ ~ *werden* 'vor
Schreck, Angst in panikartige Erregung geraten':
die Pferde wurden ~ **3.2.** ⟨nur bei Vb.⟩ /jmd./ *die
Pferde ~ machen* ('in ängstliche Erregung verset-
zen') ❖ **Scheu, scheuen, Scheusal – kopfscheu,
lichtscheu, wasserscheu, verabscheuen**

Scheu, die ~, ⟨o.Pl.⟩ /zu *scheu* 1 u. 2/ 'das Scheu-
sein'; /zu 1/; ↗ FELD I.6.1: *sie hat eine kindliche,
ehrfurchtsvolle ~ vor Personen in hohen Stellungen;
seine ~ (vor, gegenüber jmdm., etw.* ⟨Dat.⟩*) über-
winden; vor etw.* ⟨Dat.⟩*, jmdm. ~ empfinden;
(keine) ~ zeigen; sie betrat den prächtigen Palast,
Dom mit andächtiger ~, voller ~;* /zu 2/: *die Rehe
kamen ohne ~ an den Zaun und ließen sich füttern*
❖ ↗ **scheu**

scheuchen ['ʃɔɪçn̩] ⟨reg. Vb.; hat⟩ /jmd./ *ein Tier, jmdn.
von irgendwo weg, irgendwohin ~* 'ein Tier, einen
Menschen durch drohende Gebärden, Rufe, Ge-
räusche von irgendwo weg, irgendwohin treiben
(1.1)': *die Hühner (von der Straße) in das Gehege*

~; *die Krähen, Spatzen von den Beeten ~; er
scheuchte die Kinder aus dem Erdbeerbeet, ins Haus*
❖ **Vogelscheuche**

scheuen ['ʃɔɪən] ⟨reg. Vb.; hat⟩ **1.** /jmd./ **1.1.** ⟨oft ver-
neint⟩ *etw.* ~ 'etw. aus Scheu, Furcht vor Unan-
nehmlichkeiten zu meiden suchen'; ↗ FELD I.6.2:
*er scheut Strapazen, die Verantwortung; er scheute
es, eine Entscheidung zu treffen; sie scheuten keine
Mühe, Kosten* ('sie nahmen alle Mühe, Kosten auf
sich'), *um ihr Ziel zu erreichen; sie scheute den wei-
ten Weg bis zu uns nicht; er scheut die Arbeit* ('ver-
sucht stets, nicht arbeiten zu müssen'); *die Wahrheit
~* ('die Wahrheit fürchten') **1.2.** *vor etw.* ⟨Dat.⟩ ~,
sich ~, etw. Bestimmtes zu tun 'Scheu, Hemmun-
gen, Bedenken vor etw. haben': *er scheute sich vor
der Arbeit auf dem Dach; er scheute sich nicht, ihn
um Hilfe zu bitten* **2.** /Pferd/ 'scheu (3.1) werden':
das Pferd scheute (vor dem Auto) ❖ ↗ **scheu**

scheuern ['ʃɔɪɐn] ⟨reg. Vb.; hat⟩ **1.** /jmd./ **1.1.** *etw.* ~
'etw., bes. Oberflächen, Fußböden, durch kräftiges
Reiben mit einer Bürste, einem Lappen und mit
Wasser und einem Reinigungsmittel säubern': *den
Fußboden, das Zimmer, den Flur, das Deck eines
Schiffes* ~ **1.2.** *etw. von etw.* ⟨Dat.⟩ ~ 'etw., bes.
Schmutz, von etw. durch Scheuern (1.1) entfernen':
*den Schmutz von den Dielen ~; sie hat den Schmutz
von der Tafel, die Farbe von der Tür gescheuert* **1.3.**
etw. irgendwie ~ 'etw. durch Scheuern (1.1) in einen
Zustand der Reinheit bringen': *die Fliesen blank,
die Treppen sauber* ~ **2.** /etw./ **2.1.** *an etw.* ⟨Dat.⟩
~ 'an etw. reiben (1.1)': *der Kragen scheuert (mir,
mich) am Hals; die Schuhe* ~ *an den Fersen* **2.2.**
etw. wund ~: *der Riemen hat (ihm) die Schulter
wund gescheuert* ('hat die Schulter wund werden
lassen') **3.** /Mensch, Tier/ *sich an etw.* ⟨Dat.⟩*, sich
⟨Dat.⟩ etw. an etw.* ⟨Dat.⟩ ~ 'sich etw., bes. eine
Partie des Körpers, kräftig an etw. reiben (1.1) (um
einen Juckreiz loszuwerden)': *er, der Bär scheuerte
sich, scheuerte sich seinen Rücken am Pfosten*

Scheune ['ʃɔɪnə], **die** ~, ~n 'Gebäude zum Lagern
bes. von Getreide, Heu, Stroh'; ↗ FELD V.2.1: *die
Ernte in die ~ fahren, bringen; die ~ war bis unters
Dach gefüllt*

Scheusal ['ʃɔɪzaːl], **das** ~s, ~e **1.** 'Angst, Abscheu
einflößendes Tier': *Schlangen, Krokodile und andere
~e* **2.** 'gemeiner, brutaler Mensch, dessen Handeln,
Verhalten Abscheu, Entsetzen auslöst, ausgelöst
hat': *dieses ~ ist wegen seiner Verbrechen zu lebens-
länglicher Haft verurteilt worden;* auch Schimpfw.
du ~! ❖ ↗ **scheu;** vgl. **scheußlich**

scheußlich ['ʃɔɪs..] **I.** ⟨Adj.; Steig. reg.⟩ emot. **1.1.** 'von
unangenehmer Wirkung auf die Sinnesorgane, bes.
auf den Geruchssinn und daher heftige physische
Abneigung hervorrufend'; SYN abscheulich (I.1),
ekelhaft (I), grässlich (I.1.1), grauenhaft (1), grau-
envoll (1), schauderhaft (1), widerlich (I.1) /auf
sinnliche Eindrücke bez./; ↗ FELD I.6.3 /auf Sin-
neseindrücke bez./: *aus dem Gully drang ein ~er
Gestank; das halb verweste Tier bot einen ~en An-
blick; die Suppe, der Kaffee ist, schmeckt ~; etw.*

sieht ~ aus, riecht ~ **1.2.** ʼdas ästhetische Empfinden verletzend, als außerordentlich hässlich empfunden'; ANT *schön* /auf Gegenständliches, auf Produkte bez./: *ein ~es Gebäude, Kleid; eine ~e Vase, Krawatte; diese Musik ist, klingt (mir) ~* **1.3.** ⟨vorw. attr.⟩ ʼwegen seiner Ungepflegtheit, seines schlechten Benehmens, seiner Gemeinheit Abscheu erregend'; SYN *schrecklich* /auf Personen bez./: *er war ein ~er Kerl, er hat sich ~ benommen* **1.4.** ⟨nicht bei Vb.⟩ SYN ʼverwerflich' /vorw. auf jmds. Verhalten, Tun bez./: *ein ~es Verbrechen, eine ~e Tat* **2.** ⟨nicht bei Vb.⟩ **2.1.** ʼsehr unangenehm und peinigend'; SYN *schrecklich, furchtbar* (I.1) /auf Abstraktes, Psychisches bez./: *wir waren in einer ~en Lage; das ist ein ~er Gedanke, den du schnell vergessen musst; ich hatte einen ~en Traum; eine ~e* (ʼhöchst unangenehme, starke') *Erkältung* **2.2.** ʼsehr kalt, windig, regnerisch'; SYN *schauderhaft* (2.2); ANT *schön* (2): *das Wetter war ~; wir hatten ~es Wetter* – **II.** ⟨Adv.; vor Adj., Adv.; bei Vb.⟩ ʼaußerordentlich, sehr' /auf Negatives bez./: *es war ~ kalt; die Wunde tat ~ weh; er hat sich ganz ~ erkältet* ❖ **Scheußlichkeit**; vgl. **Scheusal**

Scheußlichkeit [ʼ..], **die**; ~, ~en **1.** ⟨o.Pl.⟩ /zu *scheußlich* I/ ʼdas Scheußlichsein'; /zu 1.1/: *dieser Gestank ist an ~ nicht zu übertreffen;* /zu 1.4/: *ein Verbrechen von äußerster ~* **2.** ⟨vorw. Pl.⟩ ʼscheußliche (1.4) Begebenheit, Tat': *die ~en des Krieges* ❖ ↗ **scheußlich**

Schi [ʃiː], **der**; ~s, ~er [ʼʃiːɐ] ʼSki': ~ *laufen*

Schicht [ʃɪçt], **die**; ~, ~en **1.** ʼin vertikaler Ausdehnung flächenhaft ausgebreitete, meist über, unter, zwischen etw. anderem liegende Masse (3)': *eine viele Meter dicke, eine sehr flache, dünne ~ Gestein, Erde; der Film hat eine für Licht empfindliche ~; eine ~ (aus) Staub, Schnee bedeckte den Boden; mehrere ~en Papier lagen übereinander; eine ~ Creme auf die Haut auftragen; die oberen, mittleren ~en der Atmosphäre; die Kartoffeln gegen den Frost mit einer ~ Stroh, Erde bedecken* **2.** ʼnach bestimmten Merkmalen ihrer Lebensverhältnisse zusammengehörige od. als zusammengehörig betrachtete Gruppe(n) der Gesellschaft, Bevölkerung eines Landes, Gebiets': *die herrschenden, gebildeten, besitzenden ~en der Gesellschaft; die Teilnehmer kamen aus verschiedenen ~en; zu einer bestimmten sozialen ~ gehören* **3.** ʼeiner von mehreren Zeitabschnitten, während dessen eine Gruppe von Arbeitern ihre Arbeitszeit hat': *der Betrieb arbeitet in drei ~en (zu je 8 Stunden); die Arbeiter der ersten ~ begegnen nach Arbeitsschluss den Kollegen der zweiten ~; jmd. wechselt die ~; er hat ~* (ʼarbeitet in einer bestimmten Schicht'); *jmd. muss zur ~* (ʼmuss, um seine Schicht abzuleisten, zur Arbeit gehen') ❖ **schichten** – **Mittelschicht, Oberschicht, Schichtarbeit, -arbeiter, -wechsel**

Schicht [ʼ..]|**-arbeit, die** ⟨o.Pl.⟩ ʼArbeit in Schichten (3)': ~ *in einem Betrieb einführen* ❖ ↗ **Schicht,** ↗ **Arbeit**; **-arbeiter, der** ʼjmd., der Schichtarbeit leistet': *Zuschläge für ~* ❖ ↗ **Schicht,** ↗ **Arbeit**

schichten [ʼʃɪçtn̩], schichtete, hat geschichtet /jmd./ **1.1.** *mehrere Sachen ~* ʼmehrere (flächige) Gegenstände in Schichten (1) übereinander legen': *Akten, Bretter, Kohlen, alte Zeitungen ~; etw. irgendwohin ~: Wäsche in den Schrank ~* (ʼWäschestücke übereinander in den Schrank legen') **2.2.** *mehrere Sachen zu etw.* ⟨Dat.⟩ ~ ʼmehrere Sachen so übereinander legen, dass daraus ein Haufen entsteht': *Stoffe, Steine zu einem Haufen, Stapel, zu Stapeln ~;* vgl. *stapeln* ❖ ↗ **Schicht**

Schicht|wechsel [ʼʃɪçt..], **der** ⟨meist o. Art.⟩ ʼZeitpunkt, an dem die Arbeitenden der einen Schicht ihre Arbeit beenden, während die der nächsten ihre Arbeit beginnen': ~ *ist täglich zweimal, alle acht Stunden* ❖ ↗ **Schicht,** ↗ **Wechsel**

schick [ʃɪk] ⟨Adj.; Steig. reg.⟩ **1.1.** ʼmodisch und auffallend elegant'; SYN *flott* /vorw. auf Kleidung bez./: *ein ~es Kostüm; eine ~e Handtasche; ihr Kleid ist ~; sie geht immer sehr ~ gekleidet* **1.2.** ⟨nur bei Vb.⟩ ʼdem entsprechend, was man für modern und elegant hält': *sie fand es ~, im Auto vorzufahren; sie hat sich ihre Wohnung ganz ~ eingerichtet; es gilt als ~, seinen Urlaub im Süden zu verbringen* ❖ **Schick**

Schick, der; ~s, ⟨o.Pl.⟩ ʼmodisches und elegantes Aussehen, bes. eines Kleidungsstücks, einer Person': *der ~ ihrer Garderobe; ihr Kostüm hat ~; sie hat ~* ❖ ↗ **schick**

schicken [ʼʃɪkn̩] ⟨reg. Vb.; hat⟩ **1.** /jmd./ *jmdm. etw. ~, etw. an jmdn., etw. irgendwohin ~* ʼveranlassen, dass etw. irgendwohin gelangt'; SYN *senden* (1): *er schickte ihr Geld, ein Paket/schickte Geld, ein Paket an sie; jmdm. einen Bericht über etw. ~; er hat uns eine Karte aus dem Urlaub/hat eine Karte aus dem Urlaub an uns geschickt; einen Gruß nach Hause, einen Brief nach Berlin, an jmds. Adresse ~* **2.** /jmd./ **2.1.** *jmdn. irgendwohin ~, jmdn. zu jmdm., etw.* ⟨Dat.⟩ ~ ʼjmdn. veranlassen, sich zu jmdm., irgendwohin zu begeben': *die Kinder in die Schule, nach Hause, zum Einkaufen, aus dem Zimmer, ins Bett ~; einen Boten, eine Abordnung zu jmdm. ~; die Ärzte haben ihn zur Kur geschickt; sie schickten einen Handwerker, der das Gerät reparieren sollte;* ⟨+ Inf. ohne *zu*⟩ *jmdn. einkaufen, telefonieren, arbeiten ~* **2.2.** *jmdn. nach jmdm., etw.* ⟨Dat.⟩, *um jmdn., etw. ~* ʼjmdn. zu jmdm., etw. schicken (2.1), um jmdn., etw. von dort zu holen': *sie hat ihren Sohn nach einem, um einen Arzt, um, nach Brot, Kohlen geschickt; nach einem, um einen Arzt ~* (ʼanordnen, dass jmd. einen Arzt holt') **3.** geh. /jmd./ *sich in etw. ~* SYN ʼsich in etw. fügen (3.2)': *sich in sein Los, Schicksal, ins Unvermeidliche ~; sie weiß sich zu ~* (ʼsie versteht es, sich den Umständen anzupassen') **4.** *etw.* (vorw. *das, es*) *geziemt sich* SYN ʼetw. gehört sich, ↗ gehören 5' /oft verneint/: *es schickt sich nicht, in der Nase zu bohren; er weiß immer, nicht, was sich schickt* ❖ **schicklich, Schicksal** – **abschicken, anschicken, Schicksalsschlag**

schicklich [ˈʃɪk..] ⟨Adj.; Steig. reg., ungebr.⟩ geh. **1.** ˋden Verhaltensnormen entsprechendˊ /auf ein bestimmtes Verhalten bez./: *ihre Kinder fielen besonders durch ihr ~es Benehmen auf; ihr Benehmen war ~; sich ~ benehmen; es ist nicht ~, andere dauernd zu fragen* **2.** ⟨nur attr.⟩ /beschränkt verbindbar/ *jmdn. zu einer ~en Zeit* (ˋzu einer Zeit, in der man Besuche machen darfˊ) *besuchen* ❖ ↗ **schicken**

Schicksal [ˈʃɪkzaːl], **das**; ~s, ~e **1.** ⟨Pl. nur in Bezug auf die Schicksale verschiedener Personen⟩ ˋGesamtheit der einen Menschen, eine Gruppe von Menschen betreffenden Geschehnisse, Zufälle o.Ä., die seiner Berechnung und seinen Einfluss entzogen sind, die aber sein Leben in entscheidender Weise bestimmenˊ: *ein schweres, trauriges ~ (SYN ˋLos 2ˊ) haben; das ~ eines Volkes; er hat seine Taubheit als sein ~ aufgefasst, hat sein ~ klaglos auf sich genommen; sich mit seinem ~ abfinden; sich in sein ~ ergeben, fügen; sein ~ annehmen, tragen, meistern; seinem ~ nicht entgehen; als Arzt hat er viele ~e von Menschen kennengelernt;* /in der kommunikativen Wendung/ *das ist ~* (ˋda kann man nichts machen, das muss man hinnehmenˊ)! **2.** ⟨o.Pl.⟩ ˋdas Schicksal (1) als eine vom Menschen angenommene Macht, die das Leben der Menschen bestimmt und lenkt und auf das der Mensch keinen Einfluss hatˊ; SYN Los (2): *das blinde, unerbittliche ~; ein gütiges, freundliches ~ bewahrte ihn vor dem Schlimmsten* ❖ ↗ **schicken**; vgl. **Geschick**
* /jmd./ **jmdn. seinem ~ überlassen** (ˋjmdm. in einer Notlage nicht helfenˊ)

Schicksals|schlag [ˈʃɪkzaːls..], **der** ˋetw., das jmdm. meist plötzlich und unerwartet widerfährt und sein Leben nachhaltig negativ beeinflusstˊ; SYN Schlag (5): *der Tod ihres Vaters war ein harter ~ für sie; einen ~ ertragen, überstehen* ❖ ↗ **schicken**, ↗ **schlagen**

schieben [ˈʃiːbm̩], schob [ʃoːp], hat geschoben [gə-ˈʃoːbm̩] **1.** /jmd./ *etw., jmdn. irgendwohin ~* ˋetw., jmdn. durch Druck von einer Stelle an eine andere Stelle, in eine andere Lage od. vor sich her bewegenˊ; ↗ FELD I.7.3.2, VIII.4.1.2: *etw., jmdn. von der Stelle, nach vorn, nach links, vor sich her ~; den Schrank zur Seite ~; eine Kiste in die Ecke ~; die Neugierigen wurden von der Aufsicht zur Seite geschoben; den Kinderwagen ~; das Auto in die Garage ~; sich* ⟨Dat.⟩ *etw. irgendwohin ~: sich die Mütze ins Genick ~;* umg. *er schob sich* (ˋsteckte sichˊ) *ein Stück Schokolade in den Mund* **2.** /jmd./ *mit etw. ~* ˋmit etw. gesetzwidrige Geschäfte machenˊ: *mit Zigaretten, Rauschgift, Waffen ~* **3.** /jmd./ *auf jmdn., etw. ~* ˋbehaupten, dass etw. jmds. schuld an etw. istˊ: *die Schuld für den Misserfolg auf den Partner ~; er schob die Schuld für den Unfall auf das schlechte Material; die Verantwortung auf jmdn. ~* (ˋbehaupten, dass jmd. für etw. verantwortlich zu machen istˊ) ❖ **Schieber, Schub, schubsen, verschieben** — **aufschieben, Aufschub, einschieben, Schubfach, -karre, -kraft, -lade, -schiff, vorschieben, zuschieben**

Schieber [ˈʃiːbɐ], **der**; ~s, ~ **1.** ˋTeil einer technischen Vorrichtung, das zum Öffnen od. Schließen nach der einen od. anderen Richtung geschoben wirdˊ: *der ~ am Reißverschluss, Wasserrohr* **2.** ˋjmd., der mit etw. schiebt, geschoben hatˊ: *die ~ sind von der Polizei überführt worden* ❖ ↗ **schieben**

schied: ↗ **scheiden**

Schieds [ˈʃiːts..]|**-gericht, das** ˋdurch gegenseitige Vereinbarung der Parteien (1) gebildetes Gremium, das über Rechtsstreitigkeiten entscheidetˊ ❖ ↗ scheiden, ↗ Recht; **-richter, der 1.** ˋneutrale Institution, Person, die bei einem Streitfall eine Entscheidung fällen sollˊ: *er hat sich als ~ aufgespielt; die Entscheidung einem ~ überlassen* **2.** ˋunparteiischer Leiter eines Spieles, der für die Einhaltung der Spielregeln zu sorgen hatˊ; ↗ FELD I.7.4.1: *der ~ zog die rote Karte, pfiff das Spiel ab* ❖ ↗ scheiden, ↗ Recht

schief [ʃiːf] ⟨Adj.⟩ **1.** ⟨Steig. reg.⟩ ˋnicht wie erwartet gerade, sondern von der (normalen) Geraden, Senkrechten od. Waagerechten abweichendˊ; ↗ FELD III.1.3, IV.2.3: *eine ~e Mauer; die Mauer ist ~; der Pfosten steht, steht ~; das Bild hängt ~; er hält den Kopf ~* (ˋzur Seite geneigtˊ); *eine ~e* (ˋin einem bestimmten Winkel geneigteˊ) *Ebene, Fläche; ~e* (ˋeinseitig abgenutzteˊ) *Absätze* **2.** ⟨o. Steig.⟩ ˋeinen Sachverhalt nicht angemessen wiedergebendˊ /auf Abstraktes bez./: *das ist ein ~er Vergleich; der Vergleich ist ~; er hat einen ~en Eindruck von der Sache vermittelt bekommen; er hat die Sache ~ dargestellt* ❖ **Schieflachen, windschief**

Schiefer [ˈʃiːfɐ], **der**; ~s, ⟨o.Pl.⟩ ˋGestein, das sich leicht in dünne Platten spalten lässt, die dann zum Decken von Dächern verwendet werdenˊ: *ein Dach mit ~ decken*

schief gehen, ging schief, ist schief gegangen umg. /etw., das getan, unternommen wird/ ˋmisslingen und (dadurch) gefährlich werdenˊ: *das, der Versuch ist schief gegangen, hätte leicht ~ können; das geht bestimmt schief!;* /in der kommunikativen Wendung/ scherzh. *das wird schon ~* (ˋes gibt bestimmt keine Probleme in dieser Angelegenheitˊ)! /wird beruhigend zu jmdm. gesagt, der sich über den Ausgang von etw. Gedanken macht/

schief gewickelt umg. /jmd./ *~ sein* ˋsich gründlich irrenˊ: *da bist du aber ~, mein Lieber!*

schieflachen [ˈ..], **sich** ⟨trb.; reg. Vb.; hat⟩ umg. /jmd./ *sich über jmdn., etw. ~* ˋheftig über jmdn., etw. lachenˊ: *wir hätten uns über den Clown, Anblick ~ können; wir hätten uns ~ können, haben uns schiefgelacht* ❖ ↗ **schief**, ↗ **lachen**

schielen [ˈʃiːlən] ⟨reg. Vb.; hat⟩ **1.** /jmd./ ˋwegen einer fehlerhaften Stellung der Augen beim Blicken nicht geradeaus sehen können, sondern mit einem od. beiden Augen nach links od. rechts von der normalen Richtung abweichenˊ: *er schielt (auf dem rechten Auge)* **2.** /jmd./ **2.1.** *irgendwie nach jmdm., etw., auf jmdn., etw. ~* ˋheimlich zur Seite in Richtung auf jmdn., etw. blickenˊ: *er schielt aus den Augenwinkeln, neugierig, verstohlen nach ihr, nach ihrem*

Ehering **2.2.** emot. neg. *nach etw.* ⟨Dat.⟩ ~ ʿetw. haben wollenʾ: *er schielte nach dem Kognak; der schielt schon lange nach diesem Posten*

schien: ↗ *scheinen*

Schien|bein [ˈʃiːn..], **das** ʿder stärkere, vordere der beiden Knochen des Unterschenkelsʾ: *sich am* ~ *stoßen; jmdm. gegen das* ~ *treten* ❖ ↗ **Schiene,** ↗ **Bein**

Schiene [ˈʃiːnə], **die;** ~, ~n **1.** ʿlanger, im Querschnitt etwa I-förmiger dicker Stab aus Stahl, der den Teil der Gleisanlage darstellt, auf dem sich die Räder der Schienenfahrzeuge bewegenʾ (↗ BILD): *die Bahn, der Kran läuft, fährt auf* ~n; ~n *(ver)legen, erneuern; der Zug ist aus den* ~n *gesprungen* (ʿist entgleistʾ) **2.** ʿlanger, T-, U- od. I-förmiger stabförmiger Teil aus Metall od. Holz, auf dem etw. rollen kann od. sich schieben lässtʾ: *die Tür rollt auf einer* ~ **3.** ʿGegenstand aus biegsamem od. festem Material, der dazu dient, Gliedmaßen, bes. bei einem Knochenbruch, in die richtige Lage zu bringen und in dieser Lage zu haltenʾ ❖ **Schienbein, Schienenersatzverkehr, Schienenfahrzeug, schienengebunden**

Schiene

Schienen/schienen [ˈʃiːnən]**-ersatzverkehr** [ɛʁˈzats..]**, der** ʿBeförderung der Fahrgäste durch Omnibusse auf einer Strecke, auf der der Verkehr von Schienenfahrzeugen zeitweilig nicht möglich istʾ: *es herrscht, wir haben auf dieser Strecke z. Zt.* ~ ❖ ↗ **Schiene,** ↗ **setzen,** ↗ **Verkehr; -fahrzeug, das** ʿschienengebundenes Fahrzeugʾ; ↗ **FELD** VIII.4.1.1 ❖ ↗ **Schiene,** ↗ **fahren; -gebunden** [ɡəbʊndn̩] ⟨Adj.; o. Steig.; nicht bei Vb.⟩ fachspr. ʿauf Gleise als Unterlage zum Fahren angewiesenʾ /auf bestimmte Fahrzeuge bez./; ↗ **FELD** VIII.4.1.3: *Straßenbahnen und Eisenbahnzüge sind* ~e *Fahrzeuge* ❖ ↗ **Schiene,** ↗ **binden**

schier [ʃiːɐ] ⟨Adj.; o. Steig.; nicht bei Vb.⟩ landsch.: ~es *Fleisch* (ʿFleisch ohne Fett und Knochen vom geschlachteten Tierʾ)

schießen [ˈʃiːsn̩], schoss [ˈʃɔs], hat/ist geschossen [ɡəˈʃɔsn̩] **1.** ⟨hat⟩ /jmd./ **1.1.** *auf jmdn., etw.* ~ ʿeinen Schuss, Schüsse auslösen, um jmdn., etw. zu treffenʾ; SYN feuern (2): *er schoss auf seine Verfolger; die Polizei schoss auf den flüchtenden Täter; auf Tontauben* ~; *auf den Gegner* ~; *irgendwohin* ~: *der Gegner schoss in die Stadt; in die Luft* ~; *er schoss wie wild um sich; die Terroristen schossen rücksichtslos in die Menschenmenge; von irgendwo* ~: *es wurde von überall, aus allen Häusern, Fenstern geschossen* **1.2.** SYN ʿfeuern (2)ʾ: *mit etw.* ~ **1.2.1.** ʿzum Schießen (1.1) eine bestimmte Schusswaffe benutzenʾ: *sie schossen mit Gewehren, Kanonen (auf ihre Gegner); er schoss mit einer Pistole (auf seine Verfolger)* **1.2.2.** ʿzum Schießen (1.1) eine bestimmte Munition benutzenʾ: *sie schossen mit Schrot auf die Wildenten; mit Pfeilen* ~; *mit* ↗

scharfer Munition ~; *scharf* ~ **1.3.** *jmdn., sich* ⟨Dat.⟩, *ein Tier in etw.* ~ ʿjmdn., sich, ein Tier bei Schießen (1.1) mit dem Geschoss an einer bestimmten Stelle des Körpers treffen, verletzenʾ: *er hat ihn ins Herz, Bein geschossen; er hat sich beim Reinigen des Gewehrs, aus Versehen in den Bauch geschossen; sich* ⟨Dat.⟩, *jmdm., einem Tier etw. in etw.* ~: *er hat sich eine Kugel in, durch den Kopf geschossen; er schoss den Pfeil dem Tier in die Seite* **1.4.** *ein Tier* ~ ʿbei der Jagd ein Tier durch Schießen (1.1) tötenʾ: *er hat ein Reh und zwei Hasen geschossen* **1.5.** *ein Loch in etw.* ~ ʿdurch Schießen ein Loch in etw. hervorrufenʾ: *Löcher in die Wand, Zielscheibe* ~; scherzh. *er schießt nur Löcher in die Luft* (ʿer trifft beim Schießen nichtsʾ) **1.6.** *etw.* ~ ʿbeim sportlichen Schießen (1.1) eine bestimmte Leistung erreichenʾ: *er hat einen Preis geschossen; er hat 196 Ringe geschossen* **2.** ⟨hat⟩ /etw. irgendwohin ~ **2.1.** *einen Satelliten in den Weltraum* ~ (ʿmit einer Rakete in den Weltraum befördernʾ) **2.2.** ʿeinen Ball o.Ä. durch Werfen mit der Hand od. Stoßen mit dem Fuß zielgerichtet irgendwohin befördernʾ: *den Ball ins Tor, ins Aus, in ein Fenster* ~ **3.** ⟨hat⟩ *ein Tor* ~ (ʿden Ball durch Schießen 2.2 in ein Tor 2.1 befördernʾ) **4.** ⟨ist⟩ /etw., jmd./ *aus, in, über, um etw.* ~ ʿsich schnell aus etw. heraus, sich in, über, um etw. bewegenʾ: *eine Flamme schoss aus dem Behälter (in die Höhe); das Wasser schießt (in dickem Strahl) aus der Felsspalte; ein Boot schoss (pfeilschnell) über den See; wie eine Rakete schoss er aus dem Zimmer, um die Ecke, in den Garten; die Tränen schossen ihr aus den Augen* ❖ **zu (1−3) Schuss, beschießen, Beschuss, erschießen, Geschoss, Geschütz − abschießen, Ausschuss, Bogenschießen, Böllerschuss, losschießen, querschießen, Schießpulver, Schnappschuss, Schössling, Schussverletzung, -waffe, -wechsel, Schütze, Startschuss, Streifschuss, Vorschuss, zuschießen, Zuschuss; zu (4): abschüssig, Überschuss, überschüssig**

* umg. **etw. ist zum Schießen** (ʿetw. ist sehr komisch, sehr zum Lachenʾ)

Schieß|pulver [ˈʃiːs..], **das** ⟨o.Pl.⟩ ʿexplosiver Stoff für Sprengungen, zum Schießen (1.1)ʾ; SYN Pulver (2) ❖ ↗ **schießen,** ↗ **Pulver**

* /jmd./ **das** ~ **nicht erfunden haben** (ʿnicht besonders intelligent seinʾ)

Schiff [ʃɪf], **das;** ~s/auch ~es, ~e **1.** ʿgroßes Wasserfahrzeug mit hohen Seitenwänden, mit einem Deck und Aufbautenʾ; ↗ **FELD** VIII.4.3.1: *an Bord des* ~es *befanden sich …; ein großes, schnelles, modernes* ~; *ein* ~ *fährt aus dem, in den Hafen, läuft aus, läuft (in den Hafen) ein, liegt auf (der) Reede; das* ~ *schlingert, ist auf Grund gelaufen, ist gesunken; das* ~ *liegt am Kai, im Hafen; das* ~ *ist in Seenot geraten; ein* ~ *bauen, beladen; mit einem* ~ *fahren, eine Urlaubsreise machen* **2.** ʿlang gestreckter großer Innenraum einer Kircheʾ: *die Kirche hat drei* ~e ❖ **zu (1): schiffbar − Handelsschiff, Luftschiff, Motorschiff, Schifffahrt, -bruch, -brüchig, -brüchige,**

Schlachtschiff, Segelschiff, Schubschiff; zu (2): Kirchenschiff

Schiff|fahrt ['..], die ⟨o.Pl.⟩ 'der gesamte Verkehr mit Schiffen auf den Gewässern'; ↗ FELD VIII.3.1: *die moderne ~; die ~ des vorigen Jahrhunderts* ❖ ↗ **Schiff**, ↗ **fahren**

schiffbar ['..] ⟨Adj.; o. Steig.⟩ 'für (bestimmte) Schiffe breit und tief genug, um von ihnen befahren werden zu können' /auf Gewässer bez./; ↗ FELD VIII.3.3: *ein ~es Gewässer; der Fluss ist nicht ~; ein Gewässer ~ machen* ❖ ↗ **Schiff**

Schiff/schiff ['..]|-bruch, der 'bes. durch Naturgewalten bewirkte Zerstörung, bewirkter Untergang eines Schiffes': *das Schiff hat bei dem Orkan, durch Zusammenstoß, an den Klippen vor der Küste ~ erlitten; die meisten Passagiere haben den ~ überlebt* ❖ ↗ **Schiff**, ↗ **brechen** * /jmd./ **mit etw. ~ erleiden** ('Misserfolg mit, bei etw., bes. bei einem Unternehmen, haben'); **-brüchig** ⟨Adj.; o. Steig.; nicht bei Vb.⟩ 'einen Schiffbruch erlitten habend' /auf Personen bez./: *die Mannschaft wurde ~; die ~e Mannschaft wurde, die ~en Passagiere wurden gerettet* ❖ ↗ **Schiff**, ↗ **brechen**; **-brüchige** [brʏçɪɡə], der u. die; ~n, ~n 'jmd., der (gerade) einen Schiffbruch erlitten hat': *die ~n wurden von einem vorbeifahrenden Schiff gerettet, aufgenommen* ❖ ↗ **Schiff**, ↗ **brechen**

Schikane [ʃiˈkaːnə], die; ~, ~n ⟨oft. o. Art.⟩ 'Maßnahme, mit der jmd., bes. ein Vorgesetzter, eine Institution meist unter Missbrauch von Befugnissen jmdm. vorsätzlich Schwierigkeiten bereitet': *das ist (die reinste) ~!; dieses Verbot, diese Vorschrift, Mieterhöhung ist ~, ist eine ~, die wir uns nicht bieten lassen wollen* ❖ ↗ **schikanieren** * umg. **mit allen ~n** 'mit allem modernen und modischen Zubehör, mit Extras und Komfort': *ein Wohnung, ein Auto mit allen ~n*

schikanieren [ʃikaˈniːrən], schikanierte, hat schikaniert /jmd., bes. Vorgesetzter, Institution/: *jmdn. ~* 'jmdm. mit, durch Schikanen Schwierigkeiten bereiten': *der hat uns immer (bei der Arbeit) schikaniert* ❖ **Schikane, schikanös**

schikanös [ʃikaˈnøːs] ⟨Adj.; Steig. reg., ungebr.⟩ 1. ⟨nicht bei Vb.⟩ 'eine Schikane darstellend' /auf Abstraktes bez./: *dieses Vorgehen, dieses Verbot ist ~; ein ~es Verbot* 2. *er ist ein ~er* ('andere schikanierender') *Mensch; jmdn. ~ behandeln* ❖ ↗ **schikanieren**

¹Schild [ʃɪlt], das; ~es/auch ~s, ~er 'irgendwo sichtbar angebrachte kleinere Tafel, Platte mit einer Aufschrift, einem Text od. mit Zeichen': *ein ~ mit dem Namen an der Wohnungstür anbringen; ein ~ entfernen, abschrauben* ❖ **²Schild – Schildkröte**

²Schild, der; ~es/auch ~s, ~e 'runde od. viereckige, meist ein wenig gekrümmte Platte, die zum Schutz vor gegnerischen Angriffen, Waffen, Geschossen vor dem Körper gehalten wird'; ↗ FELD V.6.1: *die Germanen kämpften mit ~, Schwert und Speer; die Einsatztruppe der Polizei ist mit modernen ~en ausgerüstet worden* ❖ ↗ **¹Schild**

* /jmd./ **etw. im ~e führen** 'etw. Böses vorhaben': *ich möchte wissen, was der im ~e führt*

schildern [ˈʃɪldɐn] ⟨reg. Vb.; hat⟩ /jmd./ *etw. ~* 'anschaulich, lebendig erzählend beschreiben'; ↗ FELD I.13.2: *eine Landschaft, seine Erlebnisse ausführlich, mit allen Einzelheiten ~; jmdm. etw. ~: er schilderte mir ausführlich den Hergang des Unfalls; jmdm. seine Eindrücke von der Reise ~*

Schild|kröte [ˈʃɪlt..], die 'Kriechtier, dessen Körper von einer sehr harten, widerstandsfähigen, großen, runden Schale umhüllt ist, sodass nur Kopf und Gliedmaßen zu sehen sind': *~n, die auf dem Lande und im Wasser leben* ❖ ↗ **¹Schild**, ↗ **Kröte**

Schilf [ʃɪlf], das; ~es/auch ~s, ~e 1. ⟨vorw. Sg.⟩ 'hartes, sehr hohes Gras, das bes. am Ufer von Seen, Teichen wächst'; ↗ FELD II.4.1: *Vögel, die im ~ nisten; das ~ rauscht im Wind, biegt sich unter dem Wind*; vgl. *Rohr* (2.1) 2. ⟨o.Pl.⟩ 'getrocknete Halme von Schilf (1)': *das Dach mit ~ decken; aus ~ Matten herstellen*

schillern [ˈʃɪlɐn] ⟨reg. Vb.; hat⟩ /etw./ 'in wechselnden Farben und mit vielen kleinen Reflexen glänzen': *die Seide schillert hell, in allen Farben, ins Rote; ~de Seifenblasen; der Käfer schillert grün*

schilt: ↗ **schelten**

Schimmel [ˈʃɪml], der; ~s, ~ 1. 'Pferd mit weißem Fell'; ↗ FELD II.3.1: *die Kutsche wurde von zwei ~n gezogen* 2. ⟨o.Pl.⟩ 'weiß(lich)er, grauer od. grünlicher Belag aus Schimmelpilzen auf feuchten, fauligen organischen Stoffen': *das Brot, der Käse war mit ~ bedeckt; es hat sich ~ gebildet* ❖ **schimm(e)lig, schimmeln – Schimmelpilz**

schimmelig [ˈʃɪməlɪç]: ↗ *schimmlig* ❖ ↗ **Schimmel**

schimmeln [ˈʃɪmln] ⟨reg. Vb.; hat/ist⟩ /etw., bes. Nahrungsmittel/ 'Schimmel (2) bilden': *das Brot hat, ist geschimmelt; der Käse schimmelt* ❖ ↗ **Schimmel**

Schimmel|pilz [ˈʃɪml..], der 'auf feuchten, fauligen organischen Stoffen in Massen wachsender Pilz': *etw. ist vom ~ befallen* ❖ ↗ **Schimmel**, ↗ **Pilz**

Schimmer [ˈʃɪmɐ], der; ~s, ⟨o.Pl.; vorw. mit Attr.⟩ 1. 'bes. von der Oberfläche bestimmter Gegenstände, Stoffe od. einer schwachen Lichtquelle ausgehendes schwaches Leuchten, Glänzen, Funkeln'; ↗ FELD VI.2.1: *der ~ des Abendlichts lag auf ihrem Gesicht; der helle ~ der Sterne; der matte ~ der Perlen, des Goldes, der Seide* 2. geh. *der, ein ~* ⟨+ Gen.attr.⟩ 'ein geringes Anzeichen von etw.': *ihr Gesicht zeigte den ~ eines Lächelns; er hatte noch einen ~* ('ein wenig') *Hoffnung* ❖ **schimmern** * umg. /jmd./ **keinen** (**blassen**) **~ von etw.** ⟨Dat.⟩ **haben** 'von etw. überhaupt nichts wissen, verstehen': *er hatte keinen blassen ~ davon, wo seine Frau stecken könnte*

schimmern [ˈʃɪmɐn] ⟨reg. Vb.; hat⟩ /etw., bes. die Oberfläche von etw. od. eine schwache Lichtquelle/ 'einen Schimmer (1) verbreiten'; ↗ FELD VI.2.2: *der See schimmert im Mondschein; in der Ferne schimmerte ein einsames Licht* ❖ ↗ **Schimmer**

schimmlig [ˈʃɪmlɪç] ⟨Adj.; Steig. reg.⟩ 'von, mit Schimmel (2) bedeckt, befallen' /bes. auf Nahrungsmittel bez./: *~es Brot; das Brot, der Käse war (schon) ~; hier riecht es ~* ('nach Schimmel') ❖ ↗ **Schimmel**

Schimpanse [ʃɪmˈpanzə], der; ~n, ~n 'Menschenaffe mit meist dichtem, schwarzem Fell'; ↗ FELD II.3.1: *~n sind gelehrige Tiere*

schimpfen [ˈʃɪmpfn̩] ⟨reg. Vb.; hat⟩ **1.** /jmd./ ↗ FELD VI.1.2 **1.1.** *auf, über etw., jmdn. ~* 'laut mit zornigen, derben Worten seinen Unwillen über etw., jmdn. äußern': *er schimpfte heftig, laut, unflätig auf, über die hohen Preise, über die Regierung, Handwerker* **1.2.** *mit jmdm. ~* 'jmdn. durch Schimpfen (1.1) zurechtweisen': *sie schimpfte mit ihrem Mann, ihren Kindern* **2.** /jmd./ **2.1.** *jmdn. etw. ~* 'jmdn., oft im Zorn, meist zu Unrecht, mit einem kränkenden Begriff bezeichnen': *jmdn. einen Betrüger, Esel, Faulenzer, Dummkopf ~* **2.2.** umg. spött. *sich etw. ~*: *und so was schimpft sich Arzt, Meister, Lehrer* ('er ist zwar Arzt, Meister, Lehrer, aber er hat für sein Fach nicht die erforderliche Qualifikation gezeigt') /sagt jmd. verärgert, der mit der Arbeit eines Fachmannes nicht zufrieden ist/ ❖ **beschimpfen – Schimpfwort**

Schimpf|wort [ˈʃɪmpf..], das ⟨Pl.: Schimpfwörter⟩ 'derbes Wort, mit dem man jmdn. kränkt, etw. herabsetzt': *ein grobes, unflätiges ~* ❖ ↗ **schimpfen,** ↗ **Wort**

Schindel [ˈʃɪndl̩], die; ~, ~n 'kleine dünne Platte aus Holz zum Decken eines Daches od. zur Verkleidung von Mauern': *das Dach mit ~n decken*

schinden [ˈʃɪndn̩], schindete /meist ungebr./, hat geschunden [ɡəˈʃʊndn̩] **1.** /jmd./ *jmdn., ein Tier ~* 'jmdn., ein Tier durch zu große Anforderungen an seine Kräfte quälen und dadurch allmählich zugrunde richten': *er hat seine Pferde (zu Tode) geschunden; sie wurden gequält und geschunden* **2.** emot. /jmd./ *sich ~* 'sich plagen, abmühen': *sie musste sich ihr Leben lang ~, um ihre Kinder großzuziehen; er hat sich (mit der Arbeit) mächtig, redlich geschunden* **3.** umg. /jmd./ *etw. ~* 'etw. mit nicht ganz ehrlichen, korrekten Mitteln zu erreichen suchen' /beschränkt verbindbar/: *Vorteile, Mitleid, Applaus ~; Zeilen ~* ('viel und mit großen Zwischenräumen schreiben, um so eine große Seitenzahl zu erreichen'); *Zeit ~* ('sich so verhalten, dass etw. verzögert wird, man selbst für etw. Zeit gewinnt') ❖ **Schund – abschinden**

Schind|luder [ˈʃɪnt..]
* umg. /jmd./ *mit jmdm., etw., einem Tier ~ treiben* 'jmdn., etw., ein Tier ~ so rücksichtslos und egoistisch behandeln, dass die Kräfte, Gesundheit, die Funktionstüchtigkeit allmählich zerstört wird': *er treibt mit seinen Angestellten, seiner Gesundheit ~*

Schinken [ˈʃɪŋkn̩], der; ~s, ~ **1.** ⟨o.Pl.⟩ 'Stück Fleisch von der hinteren Keule vom geschlachteten Schwein'; ↗ FELD I.8.1: *roher, gekochter, fetter, magerer ~; ein Stück ~ kaufen* **2.** 'hintere Keule vom geschlachteten Schwein': *in der Auslage hingen mehrere ~*

Schippe [ˈʃɪpə], die; ~, ~n norddt. mitteldt. 'Schaufel (1)': *eine Grube mit der ~ ausheben*
* umg. /jmd./ *jmdn. auf die ~ nehmen* ('jmdn. zum besten haben')

Schirm [ʃɪʁm], der; ~s/auch ~es, ~e 'Gegenstand aus einem Gestell und aus textilem Material, der zum Schutz gegen Regen od. Sonnenschein aufgespannt wird': *den ~ aufspannen, zumachen; er hat seinen ~* ('Regenschirm') *vergessen, irgendwo liegen lassen/liegen gelassen; unter einem großen bunten ~* ('Sonnenschirm') *im Garten sitzen* ❖ **abschirmen, Bildschirm, Fallschirm, Fallschirmjäger, Sonnenschirm, Wandschirm, Schirmmütze**

Schirm|mütze [ˈ..], die 'Mütze mit einem vorn angebrachten halbrunden flächigen Teil zum Schutz der Augen' (↗ TABL Kopfbedeckungen): *er trägt eine ~* ❖ ↗ **Schirm,** ↗ **Mütze**

schiss: ↗ **scheißen**

Schiss [ʃɪs], der; ~es, ~e derb 'Haufen Kot': *wer hat denn den ~ hier hingesetzt?* ❖ ↗ **scheißen**
* emot. neg. /jmd., auch Institution/ *~ haben* 'Angst haben': *der hat ganz schön ~, hat einen mächtigen ~;* emot. neg. /jmd., auch Institution/ *~ kriegen* 'Angst bekommen': *schließlich kriegten sie ~*

schlabbern [ˈʃlabɐn] ⟨reg. Vb.; hat⟩ **1.** /jmd., Tier, bes. Katze/ *etw. ~* 'flüssige Nahrung geräuschvoll zu sich nehmen, mit der Zunge aufnehmen': *die Oma, Katze schlabbert ihre Milch* **2.** /jmd./ 'flüssige Nahrung so ungeschickt zu sich nehmen, dass sie zum Teil wider aus dem Mund fließt': *die alte Frau schlabberte (beim Essen)*

Schlacht [ʃlaxt], die; ~, ~en 'auf großem Gebiet, über einen meist längeren Zeitraum und von einer größeren Menge von Truppen geführter heftiger, schwerer Kampf, mit dem meist eine Entscheidung herbeigeführt werden soll'; ↗ FELD I.14.1: *eine blutige, entscheidende ~; die ~en der beiden Weltkriege; eine ~ ist entbrannt; eine ~ schlagen, verlieren, gewinnen, für sich entscheiden*

schlachten [ˈʃlaxtn̩], schlachtete, hat geschlachtet /jmd., bes. Fleischer/ *ein Tier ~* 'ein Tier fachgerecht töten und zerlegen, um Fleisch für die Nahrung zu gewinnen': *ein Schwein, Schaf, eine Kuh, ein Huhn ~* ❖ **Schlachter, Schlachterei – ausschlachten**

Schlachter [ˈʃlaxtɐ], der; ~s, ~ norddt. SYN 'Fleischer'; ↗ FELD I.10 ❖ ↗ **schlachten**

Schlachterei [ʃlaxtəˈʁ..], die; ~, ~en norddt. SYN 'Fleischerei' ❖ ↗ **schlachten**

Schlacht|feld [ˈʃlaxt..], das 'Gebiet, auf dem eine Schlacht stattfindet, stattgefunden hat'; ↗ FELD I.14.1: *das ~ von Verdun; nach der Veranstaltung sah es dort wie auf einem ~* ('sehr unordentlich und schmutzig') *aus* ❖ ↗ Feld; **-schiff,** das 'sehr großes gepanzertes Schiff der Seestreitkräfte, das mit schweren Geschützen ausgerüstet ist'; ↗ FELD V.6.1: *das ~ wurde versenkt;* vgl. *Kreuzer, Zerstörer, Flugzeugträger* ❖ ↗ **Schiff**

Schlacke [ˈʃlakə], die; ~, ~n 'sehr harte, oft poröse Stücke einer Masse, die nach dem Schmelzen von

Erz od. nach dem Verbrennen von Kohle übrig bleibt': *die ~ auf die Halde kippen; den Weg mit ~ befestigen*

Schlaf [ʃlaːf], **der**; ~s/auch ~es, ⟨o.Pl.⟩ 'Zustand entspannter Ruhe des Organismus, in dem die Augen geschlossen sind und das Bewusstsein unterbrochen ist': *er hat einen festen, tiefen, ruhigen ~* ('er schläft fest, tief, ruhig'); *einen guten ~ haben* ('gut schlafen können'); *ein erquickender ~; der ~ überkam, übermannte ihn; er versank in einen tiefen ~; er braucht viel, (seine) acht Stunden ~; gegen den ~ ankämpfen* ('nicht einschlafen wollen'); *etw. raubt jmdm. den ~* ('etw. lässt jmdn. nicht zur Ruhe kommen und beschäftigt ihn Tag und Nacht'); *aus dem ~ erwachen, hochfahren; jmdn. aus dem ~ reißen* ('gewaltsam aufwecken'); *er spricht dauernd im ~* ❖ ↗ **schlafen**
* umg. /jmd./ etw. ⟨bes. *das*⟩ *im ~ können* 'aufgrund langer Praxis, Erfahrung etw. ohne Anstrengung und ohne nachdenken zu müssen vollkommen beherrschen': *das kann er im ~*; /jmd./ ⟨vorw. in der 3. Pers. Präs.⟩ spött. *den ~ des Gerechten schlafen* ('tief und ruhig schlafen')

Schlaf|anzug [ˈʃlaːf.,..], **der** 'Hose und Jacke aus leichtem Stoff, die zum Schlafen (1) angezogen werden'; SYN Pyjama; ↗ FELD V.1.1: *ein neuer ~; einen ~ benutzen, waschen* ❖ ↗ **schlafen**, ↗ **ziehen**

Schläfe [ˈʃlɛːfə/ʃleː..], **die**; ~, ~n 1. 'seitlicher Bereich des Kopfes zwischen Ohr und Stirn'; ↗ FELD I.1.1, IV.3.1: *die linke und die rechte ~* 2. ⟨nur im Pl.⟩ *graue ~n* 'graue Haare an den Schläfen eines Mannes': *graue ~n bekommen; ein Herr mit grauen ~n*

schlafen [ˈʃlaːfn̩] (er schläft [ʃlɛːft/ʃleː..]), schlief [ˈʃliːf], hat geschlafen [gəˈʃlaːfn̩] 1.1. /jmd./ 'sich im Zustand des Schlafes befinden': *gut, schlecht, fest, tief, (un)ruhig, lange ~; er konnte vor Aufregung, bei dem Lärm, letzte Nacht nicht, kaum ~; zeitig, spät ~ gehen* ('sich zum Schlafen ins Bett legen'); *sich, ein Kind ~ legen* ('zum Schlafen ins Bett legen') 1.2. *es schläft sich gut, schlecht* 'man kann gut, schlecht schlafen': *bei dem Getöse, auf dem Sofa schläft es sich nicht gut; hier schläft es sich gut, schlecht* 1.3. /jmd./ *sich irgendwie ~*: *sich gesund ~* ('durch Schlafen gesund werden') 2. /jmd./ 'irgendwo ~ 'irgendwo übernachten': *im Hotel, Zelt, bei Bekannten ~* 3. /jmd./ *mit jmdm. ~* 'mit einem Mann, einer Frau Geschlechtsverkehr haben': *er hat mit ihr, sie hat mit ihm geschlafen* ❖ **Schlaf, schläfrig – schlaflos, ¹,²verschlafen – ausschlafen, Beischlaf, einschlafen, Halbschlaf, Schlafanzug;** vgl. **schlaff/Schlaf**

schlaff [ʃlaf] ⟨Adj.; Steig. reg.⟩ 1.1. ⟨nicht attr.⟩ 'nicht straff, nicht gespannt'; ANT straff (1.1) /bes. auf Seile o.Ä. bez./: *das Seil, Tau, die Wäscheleine ist zu ~, hängt ~ zwischen den Stangen; bei der Flaute hingen die Segel ~ an den Masten* 1.2. ⟨nicht bei Vb.⟩ SYN 'welk (2)'; ANT straff (1.2) /auf Teile des menschlichen Körpers bez./: *ein ~es Gesicht; seine Haut war ~; ~e Wangen; alte Frauen*

mit *~en Brüsten* 1.3. ⟨nur bei Vb.⟩ SYN 'schlapp' /auf Personen bez./: *er fühlte sich nach den Anstrengungen des Tages müde und ~* (SYN 'matt 1'); *er ließ die Arme ~ herabhängen*

Schlafittchen [ʃlaˈfɪtçən]
* umg. /jmd./ *jmdn. am/beim ~ nehmen/packen/halten* ('jmdn. fassen und festhalten, damit er nicht weglaufen kann, damit man ihn zurechtweisen, bestrafen kann')

schlaf/Schlaf [ˈʃlaːf..]**-los** ⟨Adj.; o. Steig.⟩ 1.1. ⟨nur bei Vb.⟩ *er hat sich die ganze Nacht ~* ('ohne schlafen zu können') *im Bett gewälzt; er hat mehrere Nächte ~ verbracht* 1.2. ⟨nur attr.⟩ *er hatte ~e Nächte* ('konnte viele Nächte lang nicht gut schlafen') ❖ ↗ **los**; **-mittel, das** 'Medikamente dafür, dass man gut (ein)schlafen kann': *ein ~ nehmen* ❖ ↗ **Mittel**; **-mütze, die** umg. 'träger und unaufmerksamer Mensch': *der Junge ist eine (große) ~* ❖ ↗ **Mütze**

schläfrig [ˈʃlɛːfʀɪç/ˈʃleː..] ⟨Adj.; Steig. reg.⟩ 1. ⟨nicht attr.⟩ '(ein bisschen) müde (1)' /auf Personen bez./: *nach dem Mittagessen fühlte er sich immer ~; der Film hat mich ~ gemacht; ich bin zu ~, um noch etwas zu unternehmen* 2. 'den Eindruck großer Müdigkeit vermittelnd' /auf Optisches, Akustisches bez./: *sie sprach mit ~er Stimme; jmdn. mit ~en Augen ansehen; sie blickte mich ~ an* ❖ ↗ **schlafen**

schläft: ↗ **schlafen**

schlaf/Schlaf [ˈʃlaːf..]**-trunken** [tʀʊŋkn̩] ⟨Adj.; Steig. reg., ungebr.; vorw. bei Vb.⟩ 'noch vom Schlaf benommen, noch nicht richtig wach' /vorw. auf Personen bez./: *er war noch ganz ~; ~ sah er uns an, blickte er in die Runde, taumelte er durch das Zimmer* ❖ ↗ **trinken**; **-wandeln** ⟨reg. Vb.; ist/hat⟩ /jmd./ 'während des Schlafens aus dem Bett aufstehen, umhergehen und Handlungen ausführen, ohne aufzuwachen und ohne sich später im wachen Zustand daran erinnern zu können'; ↗ FELD I.7.2.2. *er hat/ist früher fast jede Nacht, immer bei Vollmond geschlafwandelt* ❖ ↗ **wandeln**; **-wandler** [vandlɐ], **der**; ~s, ~ 'jmd., der schlafwandelt'; ↗ FELD I.7.2.1 ❖ ↗ **wandeln**; **-wandlerin** [vandlə ʀ..], **die**; ~, ~nen /zu *Schlafwandler*; weibl./ ❖ ↗ **wandeln**; **-zimmer, das** 1. 'Zimmer in einer Wohnung, dass (mit entsprechender Einrichtung) zum Schlafen genutzt wird' 2. 'Möbel für ein Schlafzimmer (1)'; ↗ FELD V.4.1: *ein ~ aus Eiche, Rüster* ❖ ↗ **Zimmer**

Schlag [ʃlaːk], **der**; ~es/auch ~s, Schläge [ˈʃlɛːgə/ˈʃleː..] 1. 'mit der Hand, Faust, mit einem Gegenstand ausgeführte schnelle und heftige Bewegung gegen jmdn., etw., der, das dadurch hart, empfindlich, intensiv getroffen wird'; SYN Hieb: *ein leichter, heftiger, derber, schmerzhafter, tödlicher ~; ein ~ ins Gesicht, auf die Schulter, auf die Pauke, den Amboss, an/gegen die Tür; ein ~ mit der Hand, Faust, mit einem Stock, Hammer; der Boxer traf seinen Gegner mit einem ~ gegen das Kinn; mit drei Schlägen brachte, hatte er den Nagel in der Wand; einen ~ abwehren; zu einem ~ ausholen; jmdm. ei-*

nen ~ *versetzen* **2.** ⟨+ Gen.attr.⟩ 'mehr od. weniger rhythmische, stoßweise vor sich gehende Bewegung von etw.': *der* ~ *der Wellen, des Pendels, Pulses, Herzens* **3.1.** ⟨vorw. Sg.⟩ *einen (leichten)* ~ *bekommen, kriegen* ('durch Berührung mit einer unter Strom 5 stehenden Leitung kurz, stoßartig von der Wirkung des Stroms getroffen werden') **3.2.** ⟨vorw. mit best. Adj.⟩ 'das Einschlagen eines Blitzes': *das war ein lauter, mächtiger, tödlicher* ~ **4.** ⟨vorw. Sg.⟩ SYN 'Schlaganfall': *das war nur ein leichter* ~; *einen* ~ *erleiden; ihn hat der* ~ *getroffen* ('er hat einen Schlaganfall gehabt, ist daran gestorben') **5.** SYN 'Schicksalsschlag': *der Tod ihres Mannes war ein schwerer, harter* ~ *für sie* **6.1.** *der* ~ ('das Schlagen 7'), *die Schläge der Standuhr, Kirchturmuhr* **6.2.** ⟨o.Pl.⟩ umg. *er kam* ~ *sechs* ('genau um sechs Uhr') *nach Hause* ❖ ↗ **schlagen**

* ~ **auf** ~ 'schnell und kurz hintereinander, in rascher Folge, ohne Unterbrechung' /vorw. auf Äußerungen, Vorgänge bez./: *er stellte die Fragen* ~ *auf* ~; *seine Befehle folgten* ~ *auf* ~; *es ging* ~ *auf* ~; **mit einem** ~ 'auf einmal, plötzlich' /vorw. auf Zustände bez./: *auf einen* ~ *änderte sich die Lage; auf einen* ~ *war alles vorbei;* ⟨⟩ umg. **etw. ist ein** ~ **ins Gesicht** 'etw. ist eine unerwartete schwere Kränkung': *dass sein Freund ihn derart herabsetzte, das war für ihn ein* ~ *ins Gesicht;* /jmd./ **wie vom** ~ **getroffen sein** ('aufs Höchste überrascht und starr vor Schreck, Entsetzen sein'); **etw. ist ein** ~ **ins Kontor** 'etw. ist eine unerwartete unangenehme Überraschung od. Enttäuschung': *die Reise war ein einziger* ~ *ins Kontor;* **etw. ist ein** ~ **ins Leere/ins Wasser** ('etw. ist ein glatter Misserfolg')

Schlag/schlag ['ʃlaːk..]|**-ader, die** SYN 'Arterie'; ↗ FELD I.1.1: *bei dem Unfall wurde eine* ~ *verletzt* ❖ ↗ Ader; **-anfall, der** 'infolge mangelnder Durchblutung od. durch Blutungen im Gehirn plötzlich auftretende Störung der Gehirntätigkeit, die zum Ausfall bestimmter Funktionen führt'; SYN Schlag (4): *einen* ~ *bekommen, haben, überstehen, überleben; von seinem* ~ *hat er sich (nicht) wieder erholt* ❖ ↗ Anfall; **-artig** ⟨Adj.; o. Steig.; nicht präd.⟩ 'sehr schnell, plötzlich erfolgend': *eine* ~*e Änderung des Kurses; sie hörten* ~ *auf, sich zu unterhalten, als der Chef das Zimmer betrat* ❖ ↗ Art

Schlägel ['ʃlɛːgl̩], **der;** ~**s,** ~ **1.** 'Stab mit einem kugelig geformten Ende od. einem kugelig geformten Teil aus weichem Material, mit dem Schlaginstrumente zum Klingen gebracht werden': *ein* ~ *zum Trommeln, für das Xylophon, für die Pauke* **2.** 'Hammer mit zwei gleichen ebenen od. abgerundeten Flächen zum Schlagen, bes. des Meißels': *der* ~ *des Steinmetzen* ❖ ↗ **schlagen**

schlagen ['ʃlaːgn̩] (er *schlägt* ['ʃlɛːkt/'ʃleː..]), *schlug* ['ʃluːk], *hat/ist geschlagen* [gə'ʃlaːgn̩]; ↗ auch *schlagend, geschlagen* **1.** ⟨hat⟩ /jmd./ **1.1.** *jmdn., ein Tier* ~ 'jmdm., einem Tier einen Schlag (1.1), Schläge versetzen, um ihm weh zu tun'; SYN hauen (1), prügeln (1): *er hat ihn, das Tier immer wieder (mit dem Stock, der Faust) geschlagen; jmdn., jmdm. ir-*

gendwohin ~: *jmdn./jmdm. (mit der Faust, mit einem Stock) auf die Finger, ins Gesicht* ~; *um sich* ~ ('viele, meist ungezielte Schläge um sich herum ausführen') **1.2.** *sich mit jmdm.* ~ 'jmdm. Schläge versetzen und auch von ihm geschlagen werden'; SYN hauen (1.2), prügeln (2): *die Verkäuferin hat sich mit dem Kunden geschlagen;* ⟨rez.⟩ /zwei od. mehrere (jmd.)/ *sie schlugen sich (gegenseitig);* ⟨rez.⟩ /zwei od. mehrere (jmd.)/ *sich um etw.* ~ 'sich körperlich mit allen Mitteln dafür einsetzen, etw. zu bekommen, zu erreichen'; SYN hauen (1.3), prügeln (3): *die Kinder schlugen sich um die Süßigkeiten* **1.3.** *jmdn., etw. irgendwie* ~ 'jmdn., etw. durch Schläge in einen bestimmten Zustand versetzen': *jmdn. blutig, bewusstlos, zum Krüppel* ~; *etw. kurz und klein, in Stücke* ~: *er hat in seinem Zorn alles Geschirr in Stücke geschlagen* ('zerschlagen') **1.4.** *die Trommel* ~ ('trommeln') **1.5.** *irgendwohin* ~ 'irgendwohin mit der Faust od. einem Gegenstand zu einem bestimmten Zweck einen Schlag, Schläge ausführen': *(mit der Faust) gegen die Tür* ~; *(mit der Faust) auf den Tisch* ~; *(mit einem Stock) gegen die Wand* ~; *jmdm., sich* ⟨Dat.⟩ *irgendwohin* ~: *sich auf die Schenkel, an, gegen die Stirn* ~; *jmdm. wohlwollend auf die Schulter* ~ **1.6.** *den Takt* ~ ('den Takt durch Bewegungen mit Armen und Händen, mit einem dünnen Stab angeben') **2.** ⟨hat⟩ /jmd./ **2.1.** *etw. irgendwohin* ~ 'durch (heftiges) Schlagen (1.5) (mit etw., einem Werkzeug) auf, gegen etw. bewirken, dass es irgendwohin gelangt': *einen Nagel in die Wand, einen Pfahl in die Erde* ~; *ein Ei in die Pfanne* ~ ('die Schale eines Eies aufbrechen und Dotter und Eiweiß in die Pfanne gelangen lassen') **2.2.** *jmdm. etw. von irgendwo, etw. von irgendwo* ~ 'durch einen Schlag (1), durch Schläge bewirken, dass etw. von da, wo es sich befindet, herunterfällt': *jmdm. ein Buch aus der Hand, den Hut vom Kopf* ~; *im Zorn die Vase vom Tisch* ~ **3.** ⟨hat⟩ /jmd./ *etw. in, durch etw.* ~ 'etw. durch Schlagen (1.5) in etw. entstehen lassen, hervorbringen': *ein Loch in das Eis* ~; *(sich* ⟨Dat.⟩*) einen Weg durch das Dickicht* ~ **4.** ⟨hat⟩ /jmd./ *Eiweiß, Schlagsahne* ~ ('durch schnelles Rühren 2.1 und Schlagen 4 mit einem Gerät in schaumigen Zustand versetzen') **5.** ⟨hat⟩ /jmd./ *eine Brücke über den Fluss* ~ ('bauen') **6.1.** ⟨ist⟩ /etw., jmd./ *irgendwohin* ~ 'heftig an, auf, gegen etw. prallen, stoßen': *die Wellen schlugen gegen die Kaimauer; der Regen schlägt ans, gegen das Fenster; er rutschte aus und schlug (heftig) auf den Boden;* /jmd./ *mit etw. auf, gegen etw.* ~: *er war mit seinem Kopf gegen den Balken geschlagen* **6.2.** ⟨hat⟩ *die Fensterläden, Türen* ~ *im Wind* ('bewegen sich infolge des Windes geräuschvoll hin und her und stoßen gegen etw. od. aneinander') **6.3.** ⟨ist/hat⟩ /Blitz/ *irgendwohin* ~: *der Blitz ist, hat in die Eiche, ins Haus geschlagen* ('hat die Eiche, das Haus getroffen') **7.** ⟨hat⟩ *die Uhr schlägt* ('gibt durch akustische Zeichen die Zeit an'); *die Uhr schlägt sieben* ('gibt akustisch an, dass es sieben

Uhr ist') **8.** ⟨hat⟩ *das, jmds. Herz schlägt irgendwie* 'die Tätigkeit des Herzens äußert sich in bestimmter rhythmischer Weise': *sein Herz schlägt regelmäßig, unruhig, langsam, schnell, laut, heftig* **9.** ⟨hat⟩ /jmd., Gruppe, Land/ **9.1.** *jmdn.* ~ '(einen (militärischen) Gegner besiegen': *sie haben sie, die gegnerische Mannschaft (mit 1:0 Toren) geschlagen; den Gegner* ~; *der Feind wurde geschlagen* **9.2.** *etw.* ~ 'durch einen Zug (2) in einem Spiel das Ausscheiden einer gegnerischen Figur (3) aus dem Spiel bewirken': *die Dame (mit dem Turm)* ~ **10.** ⟨hat⟩ /jmd./ *sich irgendwie* ~ 'sich in einer bestimmten Situation irgendwie positiv behaupten': *er hat sich in der Diskussion, beim Wettkampf tapfer, mutig, wacker, ordentlich geschlagen* **11.** ⟨hat⟩ /jmd./ **11.1.** *sich irgendwohin* ~ 'heimlich, unauffällig den Weg verlassen und nach der Seite hin verschwinden': *er hat sich nach rechts, links, seitwärts in die Büsche geschlagen* **11.2.** *sich auf jmds. Seite* ~ ('seinen bisherigen Standpunkt aufgeben und sich jmd. anderem anschließen') **12.** ⟨ist⟩ umg. *etw. schlägt jmdm. auf den Magen* ('etw., bes. eine schlechte Nachricht, wirkt sich nachteilig auf jmds. Magen aus'); *die Erkältung hat sich auf die Nieren geschlagen* ('hat eine Erkrankung der Nieren verursacht') **13.** ⟨hat⟩ /jmd./ *aus etw.* ⟨Dat.⟩ *seinen Vorteil, Gewinn, Profit* ~ ('Vorteil, Gewinn erzielen') **14.** ⟨hat⟩ *etw. schlägt in jmds. Fach* ('etw. gehört fachlich zu jmds. Arbeits-, Fachgebiet und geht besonders ihn an') **15.** ⟨hat⟩ /jmd./ *etw. zu etw.* ⟨Dat.⟩, *auf etw.* ~ 'eine Summe zu einer anderen Summe dazurechnen': *die Zinsen zum Guthaben, die Kosten für Verpflegung auf den Preis* ~ **16.** ⟨ist⟩ /jmd./ *nach jmdm.* ~ 'einem Verwandten aus den Familien der Eltern ähnlich werden, sein': *unser Sohn schlägt nach seinem Großvater* **17.** /jmd./ ↗ *Krach* ❖ ↗ ¹**beschlagen, erschlagen, Schlägel, schlagend, Schlager, Schläger, schlagfertig, ¹verschlagen — abschlagen, abschlägig, Anschlag, anschlagen, Aufschlag, Ausschlag, ausschlaggebend, Bombenanschlag, Briefumschlag, Durchschlag, durchschlagen, Einschlag, einschlagen, Fehlschlag, Handschlag, herausschlagen, herumschlagen, Herzschlag, hochschlagen, Kostenvoranschlag, Niederschlag, niederschlagen, Rückschlag, Schicksalsschlag, Steinschlag, Taubenschlag, totschlagen, überschlagen, Umschlag, umschlagen, veranschlagen, Voranschlag, Wetterumschlag, zurückschlagen, zusammenschlagen, Zuschlag, zuschlagen; Schlagwort;** vgl. **schlag/Schlag-;** vgl. auch *Beschlag* * /jmd., Gruppe/ **sich geschlagen geben** 'in einem Kampf aufgeben, in einem Streit nachgeben': *die Mannschaft gab sich geschlagen*

schlagend [ʃlaːgn̩t] ⟨Adj.; Steig. reg.; ↗ auch *schlagen*⟩ 'klar und überzeugend'; SYN schlagkräftig /auf Sprachliches bez./: *ein ~es Argument; das hat er ~ bewiesen, widerlegt; ein ~es* ('treffendes') *Beispiel* ❖ ↗ **schlagen**

Schlager [ʃlaːgɐ], **der**; ~s, ~ **1.** 'meist liedartiges Musikstück mit anspruchslosem Text und einfa-

cher, sich leicht einprägender Melodie, das oft vorübergehend große Popularität erlangt (hat)': ~ *hören, mitsingen* **2.** 'Ware, von der in kurzer Zeit viele Exemplare verkauft werden': *dieser Kaffeeautomat ist ein* ~ ❖ ↗ **schlagen**

Schläger [ʃlɛːgɐ/ʃleː..], **der**; ~s, ~ **1.** 'jmd., der sich gern prügelt, bei handgreiflichen Auseinandersetzungen skrupellos und brutal auf andere einschlägt, ↗ *einschlagen (4)*'; SYN Raufbold; ↗ FELD I.14.1: *er war ein übler, brutaler, gefürchteter* ~; *lass dich nicht mit diesem* ~ *ein!* **2.** 'Gerät, mit dem man bei bestimmten Ballspielen den Ball schlägt'; ↗ FELD I.7.4.1: *der* ~ *für Tennis, Tischtennis* ❖ ↗ **schlagen**

Schlägerei [ʃlɛːgəˈʀ../ʃleː..], **die**; ~, ~en 'tätliche Auseinandersetzung'; ↗ FELD I.14.1: *es war zu einer (wilden, wüsten)* ~ *gekommen; eine* ~ *anzetteln; sich von* ~*en fern halten; in eine* ~ *verwickelt sein, werden*; vgl. *Handgemenge* ❖ ↗ **schlagen**

schlag/Schlag [ʃlaːk..]**]-fertig** ⟨Adj.; Steig. reg.⟩ 'fähig, zu einer Äußerung sofort eine passende, geistvolle, oft auch witzige Entgegnung zu machen' /auf Personen od. Sprachliches bez./; ↗ FELD I.5.3: *er ist ein* ~*er Mensch, ist* ~; ~ *reagieren; eine* ~*e* ('sofort erfolgende, passende, geistvoll witzige') *Antwort*; **-instrument, das** 'Musikinstrument, das zur Angabe des Rhythmus, auch zur Erzeugung von Tönen geschlagen wird': *der Gong ist ein* ~; *Pauke und Triangel sind* ~*e* ❖ ↗ Instrument; **-kräftig** ⟨Adj.; Steig. reg.⟩ **1.** ⟨nicht bei Vb.⟩ 'große Kraft zum Schlagen (1.1) besitzend' /auf Personen bez./: *er ist ein* ~*er Boxer, ist* ~ **2.** 'wirkungsvoll und überzeugend'; SYN schlagend /auf Sprachliches bez./: *er hatte immer* ~*e Argumente; seine Argumente waren* ~; *er hat* ~ *argumentiert* ❖ ↗ Kraft; **-loch, das** 'relativ großes tiefes Loch in einem Verkehrsweg, das für Fahrzeuge gefährlich ist': *aus Versehen durch, in ein* ~ *fahren* ❖ ↗ Loch; **-sahne, die 1.** 'Sahne mit hohem Gehalt an Fett, die geschlagen werden kann': *die* ~ *schlagen* **2.** 'schaumig geschlagene Sahne (1)'; SYN Sahne (2): *ein Stück Torte mit* ~ ❖ ↗ Sahne; **-seite, die** ⟨o.Pl.⟩ /auf Schiffe bez./: *das, ein Schiff hat* ~ ('befindet sich in einer zur Seite geneigten, schrägen Lage'; ↗ FELD IV.2.1); ~ *bekommen* * umg. scherzh. /jmd./ ~ **haben** ('sehr betrunken sein und deshalb nicht mehr gerade gehen, stehen können')

schlägt: ↗ *schlagen*

Schlag|-wort, das **1.** ⟨Pl.: Schlagworte/auch Schlagwörter⟩ **1.1.** 'viel gebrauchter, kurzer und prägnanter Ausdruck, der als Losung, Parole für eine Idee, ein (politisches) Programm eingesetzt wird': *das* ~ *„Zurück zur Natur"; die* ~*e der Aufklärung, Französischen Revolution, der Nazis, Kommunisten* **1.2.** 'Redensart, die durch ihren häufigen Gebrauch ihren Wert und Nutzen verloren hat': *mit* ~*en, Schlagwörtern um sich werfen* ❖ ↗ Wort; **-zeile, die** 'auffällige, in großen Typen gedruckte Überschrift eines Beitrages auf der ersten Seite einer Zeitung':

die ~n einer Zeitung; ~n machen: ein Ereignis, das ~n macht ('großes Aufsehen erregt, sodass die Presse über eine längere Zeit darüber in auffälliger Weise berichtet') ❖ ↗ **Zeile**

schlaksig ['ʃlaːksɪç] ⟨Adj.; Steig. reg.⟩ 'groß und schlank und (durch schnelles Wachstum) ohne Straffheit in den Bewegungen' /vorw. auf männliche Jugendliche bez./: ein ~er Junge, Bursche; 'ohne Straffheit in den Bewegungen': sich ~ bewegen; sein Gang war ~

Schlamassel [ʃlaˈmasl̩], **der/das**; ~s, ⟨o.Pl.⟩ umg. 'unangenehme, schwierige, missliche Lage': in einen ~ geraten; mitten im tiefsten, dicksten ~ stecken; jmdm. aus dem ~ helfen; /in der kommunikativen Wendung/ da/nun haben wir den ~ ('nun sind wir in der Lage, vor der ich immer gewarnt hatte')! /sagt jmd. vorwurfsvoll und resignierend/

Schlamm [ʃlam], **der**; ~s/auch ~es, ⟨o.Pl.⟩ 'breiige Masse aus Wasser, Erde, Schmutz auf dem Erdboden und auf dem Grund von Gewässern'; ↗ FELD II.1.1, III.2.1: im ~ stecken bleiben; bis an die Knöchel, Knie im ~ versinken; durch den ~ waten; der ~ am Grund des Teiches ❖ **schlammig**

schlammig ['ʃlamɪç] ⟨Adj.; Steig. reg.; nicht bei Vb.⟩ 'mit viel Schlamm'; ↗ FELD II.1.2, III.2.2: ~e Straßen und Wege; ein ~er Teich; die Wege waren ~ ❖ ↗ **Schlamm**

Schlampe ['ʃlampə], **die** umg. emot. 'nachlässige, unordentliche weibliche Person'; ↗ FELD I.4.4.1: sie ist eine ~; auch Schimpfw. du alte ~! ❖ **Schlamperei, schlampig**

Schlamperei [ʃlampəˈʀ..], **die**; ~, ~en umg. emot. 'Verhalten, Handlung, die eine nachlässige, liederliche Haltung ausdrückt'; ↗ FELD I.4.4.1: solch eine ~ darf nicht wieder vorkommen, einreißen; durch die ~ der Behörde ist ihm großer Schaden entstanden; Schluss mit dieser ~!; diese ~ wird nicht länger geduldet ❖ ↗ **Schlampe**

schlampig ['ʃlampɪç] ⟨Adj.; Steig. reg.⟩ umg. emot. SYN 'liederlich (1.3)' /vorw. auf Personen bez./; ↗ FELD I.4.4.3: eine ~e Frau; ein ~er Kerl; sie war ~ (angezogen); er hat ~ ('ohne Sorgfalt') gearbeitet; eine ~ geführte Wirtschaft ❖ ↗ **Schlampe**

schlang: ↗ **schlingen**

Schlange ['ʃlaŋə], **die**; ~, ~n **1.** 'Kriechtier ohne Beine, mit einem langen Körper mit rundem Querschnitt, das sich durch Winden des Körpers fortbewegt'; ↗ FELD II.3.1 (↗ BILD): eine (un)giftige, harmlose, gefährliche ~; die ~ schlängelt, windet sich durch das Gras; er wurde von einer ~ gebissen **2.** 'lange Reihe dicht hintereinander stehender, wartender Menschen od. Kraftfahrzeuge': vor dem Geschäft, an der Kasse bildete sich eine ~; sich an einer ~ anstellen; die Autos standen in einer langen ~, bildeten eine lange ~ vor der Eisenbahnschranke ❖ **schlängeln** — Giftschlange, Riesenschlange

* /jmd./ ~ **stehen** (SYN 'anstehen 1'); ⟨⟩ geh. emot. /jmd./ **eine** ~ **am Busen nähren** ⟨vorw. im Perf.⟩ ('jmdm. Gutes erweisen, der sich später undankbar und hinterhältig zeigt')

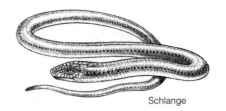

Schlange

schlängeln ['ʃlɛŋl̩n], **sich** ⟨reg. Vb.; hat⟩ **1.** /Tier, bes. Schlange/ sich durch etw. ~ 'sich durch Winden des Körpers gleitend durch etw. fortbewegen': die Natter schlängelte sich durch das Gras, Wasser **2.** /fließendes Gewässer od. Weg/ sich durch etw. ~ 'sich in vielen Windungen durch etw. hindurch erstrecken': der Bach, Fluss, Weg, Pfad schlängelt sich durch das Tal, durch die Wiese **3.** /jmd./ sich durch etw. ~ 'sich geschickt, Hindernisse umgehend, durch eine Menge bes. von Menschen bewegen': er schlängelte sich durch die Menschenmenge, durch die parkenden Autos (auf die andere Seite des Platzes) ❖ **Schlange**

schlank [ʃlaŋk] ⟨Adj.; Steig. reg.; vorw. attr.⟩ 'von gewisser Größe, Länge und ganz ohne Fülle (2)'; ANT dick (2), korpulent /bes. auf Personen, Gliedmaße bez./: ein großer, ~er Junge; eine ~e junge Frau; sie ist von ~er Gestalt; dunkle Stoffe machen ~ ('lassen jmdn. schlank erscheinen'); sie hatte ~e Finger, Beine, Arme; sie ist ~ gewachsen, ist von ~em Wuchs ❖ **vollschlank**

schlapp [ʃlap] ⟨Adj.; Steig. reg.; vorw. präd. u. bei Vb.⟩ 'vor Erschöpfung kraftlos, ohne Energie'; SYN schlaff (1.3) /auf Personen bez./: nach der großen Anstrengung fühlte er sich so, war er so ~, dass er nur noch schlafen wollte; er macht einen ~en Eindruck; nach dieser Anstrengung war er noch lange sehr ~ (SYN 'matt 1'); vgl. lasch (1.1) ❖ **Schlappe -schlappmachen**

Schlappe ['ʃlapə], **die**; ~, ~n 'Misserfolg, Niederlage, die eine Schwächung der Position des Betreffenden mit sich bringt, die aber überwunden werden kann': eine große, militärische, diplomatische ~; wir haben eine ~ hinnehmen müssen, erlitten; die Partei hat bei den Wahlen eine ~ eingestehen müssen; eine ~ wettmachen; einem Gegner eine ~ zufügen ❖ ↗ **schlapp**

schlapp|machen ['ʃlap..] ⟨trb. reg. Vb.; hat⟩ umg. /jmd./ 'infolge zu großer Anstrengungen eine geforderte Leistung nicht durchhalten': er hat schon nach der Hälfte der Strecke beim Marathonlauf schlappgemacht und aufgegeben; du darfst jetzt nicht ~! ❖ ↗ **schlapp**, ↗ **machen**

schlau ['ʃlau] ⟨Adj.; Steig. reg.⟩ 'klug (1) und ein bisschen listig'; ANT dumm /vorw. auf Personen bez./: er ist ein ~er Mensch, Bursche, Fuchs; er war ~ genug, um auf diesen Trick nicht hereinzufallen; etw. ~ anfangen, berechnen; ~ zu Werke gehen; eine ~e ('witzige und geistreiche') Antwort; ein ~er ('raffi-

niert ausgedachter') *Plan;* vgl. *gewieft, gewitzt* ❖
Schlauberger
* /jmd./ **aus jmdm., etw. nicht ~ werden** ('jmdn., etw.
nicht richtig durchschauen können')
Schlau|berger ['ʃlaubɛʀgɐ], **der;** ~s, ~ umg. **1.**
scherzh. 'jmd., der schlau und gerissen ist': *so ein*
~!; er ist ein alter ~ **2.** spött. 'jmd., der sich für bes.
klug hält': *dieser ~ weiß alles besser* ❖ ↗ **schlau**
Schlauch [ʃlaux], **der;** ~es/auch ~s, Schläuche ['ʃlɔiçə]
1. 'rohrartiger biegsamer Gegenstand aus Gummi,
Kunststoff, durch den Flüssigkeiten, Gase geleitet
werden': *ein langer, dicker, dünner ~; die Feuerwehr*
hat die Schläuche ausgerollt; einen ~ an die Wasser-
leitung anschließen **2.** 'ringförmiger rohrartiger Ge-
genstand aus Gummi, der den inneren Teil eines
Reifens (3) bildet und mit Luft gefüllt wird': *der ~*
eines Fahrrads, Autos; einen ~ aufpumpen, flicken;
der ~ ist undicht, lässt Luft, ist geplatzt ❖
Schlauchboot
* umg. **etw. ist ein ~** 'etw. ist sehr anstrengend': *die*
Prüfung ist ein ~; /jmd./ **auf dem ~ stehen** ('etw.
nicht od. nicht sofort verstehen')
Schlauch|boot ['ʃlaux..], **das** 'Wasserfahrzeug aus
Gummi od. Kunststoff mit flachem Boden und di-
cken, wulstförmigen Seiten, die wie ein Schlauch
(2) aufgepumpt sind': *ein ~ mit Außenbordmotor;*
ein ~ des Rettungsdienstes war ihnen zu Hilfe ge-
kommen ❖ ↗ **Schlauch,** ↗ **Boot**
Schlaufe ['ʃlaufə], **die;** ~, ~n **1.** 'ringartiges Band aus
Stoff, Leder, das an etw. befestigt ist und bes. als
Griff zum Festhalten, Tragen od. zum Zuknöpfen
dient': *die ~n an den Skistöcken; der Regenschirm*
hat eine ~; sich an einer ~ festhalten; die Knöpfe
der Trachtenjacke werden beim Zuknöpfen durch ~n
gesteckt **2.** 'Streifen aus Stoff, der am Bund des.
einer Hose so angenäht ist, dass durch ihn der Gür-
tel gezogen werden kann': *diese Hose hat keine ~n;*
die ~ ist zu eng, ist abgerissen
schlecht [ʃlɛçt] ⟨Adj.⟩ **1.** ⟨Steig. reg.⟩ **1.1.** 'den An-
sprüchen an die Qualität nicht entsprechend'; ANT
gut (1.1) /vorw. auf Produkte bez./: *~es Material;*
ein ~er Kleiderstoff, Wein; billige Ware ist oft ~e
Ware; das war eine ~e (SYN 'ungenügende') *Leis-*
tung; ~e Literatur; ein ~er Film; der Kaffee, Wein
ist, schmeckt so ~, da trinken wir lieber Limonade;
ein ~es Medikament; ihr müsst mal lüften, hier ist
~e ('verbrauchte') *Luft; hier riecht es ~; etw., ein*
Nahrungsmittel ist ~ geworden ('ist ungenießbar
geworden'); *das war gar nicht so ~* ('das war recht
gut'), *was ihr da gemacht habt, gesagt habt* **1.2.** 'den
Anforderungen an die Leistung(sfähigkeit) nicht
entsprechend'; ANT gut (1.2) /auf Personen bez./:
er war ein ~er Schüler, ein ~er ('seinen Aufgaben
nicht gewachsener') *Leiter; er war ~ in der Schule;*
~ in etw. ⟨Dat.⟩ *sein* 'auf einem bestimmten Ge-
biet, bei einer bestimmten Tätigkeit keine guten
Leistungen zeigen': *im Kopfrechnen ist sie ~; das*
Messer schneidet ~ **1.3.** 'den Erwartungen, Vorstel-
lungen in Bezug auf Menge, Größe, Umfang von
etw. nicht entsprechend'; ANT gut (3.1): *er hat dort*
ein ~es ('niedriges') *Gehalt bekommen; das war für*

sie ein ~es ('wenig erfolgreiches') *Jahr; jmdn. ~*
bezahlen; die Bezahlung war ~; eine ~ bezahlte Ar-
beit, ~ besuchte Vorstellung **1.4.** 'auf Grund von
Veranlagung, Können dem Erwartungen, Vorstel-
lungen in Bezug auf etw. nicht entsprechend'; ANT
gut (1.3) /auf Personen bez./: *er ist ein ~er Arbeiter,*
Esser, Tänzer; er ist ein ~er ('nicht verlässlicher')
Kollege, Freund **1.5.** 'nicht gesund und nicht leis-
tungsfähig'; ANT gut (1.4) /auf bestimmte körper-
liche Organe bez./: *einen ~en Magen, ~e Nerven,*
ein ~es Gehör, Gedächtnis haben; sein Gedächtnis
ist ~; seine Augen werden immer ~er **2.** ⟨Steig.
reg.⟩ **2.1.** 'unangenehm für jmdn.'; ANT schön
(I.2), gut (2.1): *eine ~e Nachricht; ~es* ('kaltes und
regnerisches') *Wetter; das Wetter ist ~; Käse,*
Knoblauch riecht, schmeckt (jmdm.) ~ **2.2.** 'nach-
teilig, ungünstig für jmdn., etw.'; ANT gut (2.1)
/auf Abstraktes bez./: *das waren ~e* ('mit Not und
Sorgen, Gefahren erfüllte') *Zeiten; da hast du ein*
~es ('wenig Gewinn, viel Verlust bringendes') *Ge-*
schäft gemacht; die Geschäfte gehen ~ (SYN 'mau
2'); *das ist ein ~es* ('auf Gefahr hinweisendes') *Zei-*
chen; das ist keine ~e ('das ist eine Freude, Erfolg
versprechende') *Idee; die Idee ist ~; die Prüfung*
ist ~ für ihn ausgegangen; /in der kommunikativen
Wendung/ *das wäre nicht ~* ('das würde mir, uns
gefallen, wäre etw. Günstiges') **3.** ⟨Steig. reg.⟩ **3.1.**
SYN 'übel (3.1)'; ANT gut (7.1) /vorw. auf Perso-
nen bez./; ↗ FELD I.2.3, 12.3: *er ist ein ~er*
Mensch; er ist ~; er diente einer ~en Sache; er hat
einen ~en Ruf, Leumund; er hatte dort ~en Um-
gang **3.2.** 'im Verhalten nicht den geltenden Nor-
men entsprechend': *ein ~es Benehmen; sich ~ be-*
nehmen; sein Benehmen ist ~ **4.** ⟨Steig. reg.; nicht
bei Vb.⟩ 'nicht ertragreich'; ANT gut (3.1): *eine ~e*
Ernte; die Ernte war ~; ein ~es Jahr **5.** ⟨Steig. reg.;
nur bei Vb.⟩ 'nur mit Mühe': *das kann man sich ~*
merken; damit kommt man ~ aus **6.1.** ⟨Steig. reg.⟩
heute geht es ~, passt es mir ~ ('ist es mir nicht
recht'), *dass ihr zu Besuch kommt* **6.2.** ANT gut
(2.4): *jmdm. geht es ~* (1. 'jmd. hat materielle Sor-
gen, zu wenig Geld' 2. 'jmd. ist krank') **6.3.** ⟨Steig.
reg., ungebr.; nur präd. (mit *sein*)⟩ *jmdm. ist (es)*
~ SYN 'jmd. ist (es) übel (2)': *nach dem Essen,*
während der schnellen Fahrt ist ihm ~ geworden ❖
verschlechtern
* /jmd./ **bei jmdm. ~ angeschrieben sein** ('bei jmdm.
keine gute Position haben und von ihm unfreund-
lich behandelt werden'); **~ dran sein** ('in misslicher
Lage sein'); **~ und recht** 'so gut es geht, aber nicht
besonders gut': *sie hat sich so ~ und recht durchs*
Leben geschlagen; er macht seine Arbeit gerade so
~ und recht; mehr ~ als recht 'nicht besonders gut':
sie hat ihre Arbeit mehr ~ als recht gemacht; /jmd./
auf jmdn., etw. ~ zu sprechen sein ('aufgrund eige-
ner Erfahrungen keine gute Meinung von jmdm.,
etw. haben')
schlecht|hin ['../..'h..] ⟨Adv.⟩ **1.** ⟨attr.; einem Subst.
nachgestellt⟩ 'in typischer Ausprägung': *N ist die*
Kunststadt ~; B ist der Künstler ~ **2.** ⟨bei Vb.; vor
Adj., Adv.⟩ /betont die im Bezugswort genannte

Eigenschaft/ SYN ˈgeradezu (3)ˈ: *das ist ~ unmög-
lich, notwendig; das macht mir ~ Spaß, Vergnügen*

schlecht machen, machte schlecht, hat schlecht ge-
macht /jmd./ *jmdn., etw. ~* ˈzu Unrecht und in bö-
ser Absicht Nachteiliges über jmdn., etw. sagen,
verbreitenˈ: *er hat uns bei jeder Gelegenheit schlecht
gemacht; du musst die neue Methode nicht ~, bevor
du sie richtig kennst*

Schlehe [ˈʃleːə], **die**; ~, ~n; ↗ FELD II.4.1 **1.**
ˈStrauch mit Dornen und weißen Blüten, der
runde, blaue, saure Früchte trägtˈ: *die ~n blühen
schon* **2.** ˈkugelige dunkelblaue saure Frucht von
Schlehe (1)ˈ: *aus ~n Marmelade kochen*

schleichen [ˈʃlaiçn̩], schlich [ʃlɪç], ist/hat geschlichen
[gəˈʃlɪçn̩]; ↗ auch *schleichend* **1.1.** ⟨ist⟩ /jmd., Raub-
tier/ *irgendwohin ~* ˈsich, um nicht bemerkt zu wer-
den, äußerst vorsichtig und leise gehend irgendwo-
hin fortbewegenˈ: *er schlich heimlich, auf Zehen-
spitzen aus dem Zimmer, über den Gang; die Katze
schleicht durch das Gebüsch* **1.2.** ⟨hat⟩ /jmd./ *sich
irgendwohin ~* ˈsich durch Schleichen (1.1) irgend-
wohin begebenˈ: *sich ins, aus dem Zimmer ~* **2.**
⟨ist⟩ /Zeit, Stunden/ *wenn man warten muss,
schleicht die Zeit* (ˈscheint die Zeit besonders lang-
sam zu vergehenˈ) ❖ **schleichend, Schliche – ein-
schleichen**

schleichend [ˈʃlaiçn̩t] ⟨Adj.; o. Steig.; vorw. attr.⟩
ˈlangsam und fast unmerklich fortschreitendˈ /be-
schränkt verbindbar/: *eine ~e Krankheit, Krise* ❖
↗ **schleichen**

Schleier [ˈʃlaiɐ], **der**; ~s, ~ **1.** ˈTeil der Kleidung aus
dünnem, leichtem, meist durchsichtigem Gewebe,
das auf den Kopf, Hut befestigt ist und dazu dient,
das Gesicht zu verhüllenˈ: *ein dichter, seidener, wei-
ßer ~; einen ~ aus Spitzen, Tüll tragen; eine Braut
mit ~* **2.** ˈetw., das die Sicht trübtˈ: *ein feiner ~ aus
dünnen Wolken bedeckte den Himmel; das Foto hat
einen ~* (ˈist ganz od. zum Teil durch eine Trübung
beeinträchtigtˈ) ❖ **schleierhaft**

* /jmd./ *den ~* ⟨+ Gen.attr.⟩/(über etw.) lüften ˈetw.
Geheimgehaltenes, Verborgenes aufdeckenˈ: *den ~
des Geheimnisses lüften; den ~ über das Verbleiben
des Geldes lüften*

schleierhaft [ˈ..] ⟨Adj.; Steig. reg.; vorw. präd. (mit
sein)⟩ /etw./ *(jmdm.) ~ sein* ˈ(jmdm.) rätselhaft
und unbegreiflich erscheinenˈ: *die (ganze) Angele-
genheit, das Verschwinden des Angeklagten, der Be-
weismittel, des Geldes ist, erscheint mir ~* ❖ ↗
Schleier

Schleife [ˈʃlaifə], **die**; ~, ~n ˈzu Schlingen geknotetes
Bandˈ (↗ BILD): *die Schnürsenkel zu einer ~, zu
~n binden; eine ~ im Haar tragen*

¹schleifen [ˈʃlaifn̩] ⟨reg. Vb.; hat/ist⟩ **1.1.** ⟨hat⟩ /Ge-
genstand, Kleidungsstück/ *an, auf etw.* ⟨Dat.⟩ *~*
ˈbei einer Bewegung ständig Berührung m. etw.
haben und sich daran reibenˈ: *die Kette schleift
am Schutzblech; der Rock, das Kleid schleift auf
dem Boden* **1.2.** ⟨hat/ist⟩ /Gegenstand, Kleidungs-
stück/ *über etw. ~* ˈüber etw. schleifen (1.1)ˈ: *die
Kette, Schleppe hat, ist über den Boden geschleift* **2.**
⟨hat⟩ /jmd./ *jmdn., etw. irgendwohin ~* ˈjmdn., etw.
irgendwohin so ziehen, dass er, es dabei auf dem
Boden schleift (1.1)ˈ: *er schleifte sein Opfer aus dem
Zimmer; einen schweren Sack zum Auto ~* **3.** ⟨hat⟩
/jmd./ umg. scherzh. *jmdn. irgendwohin ~* SYN
ˈjmdn. irgendwohin schleppen (3.1)ˈ: *sie hat ihren
Besuch ins Kino, in die Museen und durch die Parks
geschleift* **4.** ⟨hat; oft im Pass.⟩ /Behörde, Militärs/:
ein Gebäude, Mauern ~ (ˈabreißenˈ); *die Festung
wurde später geschleift* ❖ vgl. ²schleifen

²schleifen, schliff [ʃlɪf], hat geschliffen [gəˈʃlɪfn̩] **1.**
/jmd./ *etw. ~* ˈdie Schneide von etw. durch Reiben
mit einem bestimmten Mittel, Gerät scharf ma-
chenˈ: *mit dem Schleifstein ein Messer, Beil, eine
Schere ~; die Sense ~* **2.** /jmd./ *etw. ~* ˈmit einem
entsprechenden Werkzeug, Gerät durch Reiben die
Oberfläche von etw. glätten od. formenˈ; ↗ FELD
III.3.2: *Edelsteine, Glas ~; eine Platte durch Schlei-
fen glätten* ❖ **Schliff, ungeschliffen;** vgl. ¹schleifen

Schleim [ʃlaim], **der**; ~s/auch ~es, ~e **1.** ⟨o.Pl.⟩
ˈwässrig aussehende, meist zähflüssige, von Drü-
sen, Zellen abgesonderte Flüssigkeitˈ: *der ~ im
Mund, in der Nase, im Hals; blutiger eitriger ~; der
~, den Schnecken absondern* **2.** ˈleicht dickflüssige
Speise für Kinder, Kranke, die aus den Früchten
von Getreide hergestellt wirdˈ: *ein dicker ~ aus Ha-
fermehl, Reis* ❖ **schleimig – Schleimhaut**

Schleim|haut [ˈ..], **die** ˈHaut im Inneren des Körpers,
von Organen, die Schleim absondert und dadurch
feucht und schlüpfrig istˈ: *die ~ der Nase, des Mun-
des* ❖ ↗ **Schleim,** ↗ **Haut**

schleimig [ˈʃlaimɪç] ⟨Adj.⟩ **1.** ⟨Steig. reg.; nicht bei
Vb.⟩ ˈvoller Schleim (1)ˈ /vorw. auf bestimmte
Tiere bez./: *ein ~er Aal, eine ~e Schnecke* **2.** ⟨o.
Steig.; nicht bei Vb.⟩ ˈaus Schleim (1) bestehendˈ
/auf Sekrete bez./: *~er Auswurf; eine ~e Absonde-
rung* **3.** ⟨vorw. attr.⟩ emot. ˈin unterwürfiger und
aufdringlicher Art schmeichelnd /auf Personen,
Verhalten bez./: *er ist ein ~er Mensch, Kerl; sein
~es Getue* ❖ ↗ **Schleim**

schlemmen [ˈʃlɛmən] ⟨reg. Vb.; hat⟩ /jmd./ ˈbes. gute
Speisen und Getränke (in großer Menge) voller Ge-
nuss zu sich nehmenˈ: *gestern haben wir einmal
richtig geschlemmt; ein Restaurant, in dem die bes-
ten Sachen zum Schlemmen angeboten werden; etw.
~: wir haben Austern geschlemmt*

schlendern [ˈʃlɛndɐn] ⟨reg. Vb.; ist⟩ /jmd./ *irgendwohin
~* ˈlangsam und gemächlich ohne festes Ziel zum
eigenen Vergnügen irgendwohin gehenˈ; SYN bum-
meln (1); ↗ FELD I.7.2.2: *wir schlenderten über
den Platz, Markt, durch die Stadt; irgendwie ~:
wenn wir weiter so ~* (ˈlangsam gehenˈ), *kommen*

wir nicht rechtzeitig zurück; beschaulich, gemütlich, auf und ab ~ ❖ **Schlendrian**

Schlendrian ['ʃlɛndʀiaːn], **der**; ~s, ⟨o.Pl.⟩ emot. ʿanhaltend nachlässige Erfüllung dienstlicher Pflichtenʾ; ↗ FELD I.4.4.1: *mit dem (bürokratischen)* ~ *Schluss machen; keinen* ~ *dulden* ❖ ↗ **schlendern**

schlenkern ['ʃlɛŋkɐn] ⟨reg. Vb.; hat⟩ **1.** /jmd./ **1.1.** *mit etw.* ~ ʿdie Gliedmaßen locker und nachlässig hin und her schwingen (lassen)ʾ: *mit den Armen, Beinen* ~ **1.2.** *etw.* ~ ʿetw. hin und her schwingen lassenʾ: *den Stock (in der Hand)* ~; *die Hände, Füße* ~ **2.** /etw., bes. Fahrzeug/ ʿhin und her schwingenʾ: *der Bus, Anhänger schlenkert (in der Kurve); ihre Arme schlenkerten im Rhythmus ihres Ganges*

Schlepp [ʃlɛp], **der** /beschränkt verbindbar/: *im* ~: *im* ~ *fahren* ʿfahren und dabei von einem Fahrzeug geschleppt werdenʾ: *ein beschädigtes Fahrzeug in* ~ *nehmen* (ʿam eigenen Fahrzeug anhängen und schleppen 1.2ʾ) ❖ ↗ **schleppen**

Schleppe ['ʃlɛpə], **die**; ~, ~n ʿsehr langer, am Boden schleifender Teil eines festlichen Kleidesʾ (↗ BILD): *ein Kleid mit einer langen* ~; *die* ~ *eines Brautkleides* ❖ ↗ **schleppen**

Schleppe

schleppen ['ʃlɛpm̩] ⟨reg. Vb.; hat; ↗ auch *schleppend*⟩ **1.1.** /Schlepper/ *etw.* ~ ʿein Schiff hinter sich herziehenʾ; ↗ FELD VIII.3.2: *der Dampfer, das Motorschiff schleppt mehrere Lastkähne* **1.2.** /jmd., Auto/ *ein Fahrzeug irgendwohin* ~: *sie haben den defekten Wagen in die Werkstatt geschleppt* (ʿan ihr Auto angehängt und in eine Werkstatt gefahrenʾ; ↗ FELD VIII.1.2) **2.** emot. /jmd./ *etw. irgendwohin* ~ ʿetw. Schweres mit großer Anstrengung irgendwohin durch Tragen befördernʾ: *einen Sack Kohlen in den Keller, den Koffer zur Bahn* ~; *etw. auf dem Rücken* ~; *Pakete zur Post* ~ **3.** /jmd./ **3.1.** *jmdn. irgendwohin* ~ ʿjmdn. trotz seines Widerstandes überreden, irgendwohin zu einem Vergnügen mitzukommenʾ; SYN ¹schleifen (3): *jmdn. ins Theater, Museum, auf den Turm* ~ **3.2.** *jmdn. irgendwohin* ~ ʿjmdn., bes. eine hilflose Person, mit Mühe irgendwohin ziehend und stützend führen, bringenʾ: *sie schleppten den Verletzten, Ohnmächtigen in ein Haus* **3.3.** *sich irgendwohin* ~ ʿsich (infolge von Erschöpfung) mit

Mühe irgendwohin bewegen, begebenʾ: *er schleppte sich ins Bett; er konnte sich gerade noch bis nach Hause* ~ ❖ **Schlepp, Schleppe, schleppend, Schlepper, verschleppen**

schleppend ['ʃlɛpm̩t] ⟨Adj.; ↗ auch *schleppen*⟩ **1.** ⟨o. Steig.; nicht bei Vb.⟩ /beschränkt verbindbar/: *er hatte einen* ~*en* (ʿmit den Füßen über den Boden schleifenden, bes. Erschöpfung anzeigendenʾ) *Gang; sein Gang war* ~ **2.** ⟨Steig. reg.⟩ ʿlangsam und stockendʾ: *am Schalter wurde nur* ~ *abgefertigt; die Arbeit ging nur* ~ *voran; seine* ~*e Art zu reden; seine Rede war* ~ ❖ ↗ **schleppen**

Schlepper ['ʃlɛpɐ], **der**; ~s, ~ **1.** ʿSchiff, das dazu dient, Lastkähne od. große Schiffe zu ziehenʾ; ↗ FELD VIII.4.3.1: *die* ~ *zogen das Schiff in den Hafen* **2.** ʿjmd., der gegen Bezahlung illegale Einwanderer einschleustʾ: *die* ~ *wurden vom Grenzschutz gefasst* ❖ ↗ **schleppen**

Schleuder ['ʃlɔidɐ], **die**; ~, ~n ʿGerät mit einem schnell rotierenden Teil, mit dessen Hilfe Stoffe durch die Rotation in leichtere und schwerere Teile getrennt werdenʾ: *in der* ~ *wird das Wasser zum großen Teil aus der nassen Wäsche entfernt; mit der* ~ *den Honig von den Waben trennen; eine Waschmaschine mit eingebauter* ~ ❖ ↗ **schleudern**

schleudern ['ʃlɔidɐn] ⟨reg. Vb.; hat/ist⟩ **1.** ⟨hat⟩ /jmd., etw., bes. Naturgewalt/ *jmdn., etw. irgendwohin* ~ ʿjmdn., etw. mit großer Wucht irgendwohin werfen, gelangen lassen, sodass er, es dort aufschlägtʾ; ↗ FELD I.7.3.2: *den Ball, Speer sehr weit* ~; *etw. in die Ecke* ~: *der Sturm schleuderte das Schiff auf eine Sandbank, gegen ein Riff, gegen die Kaimauer; er schleuderte ihn zu Boden;* ⟨nur im Pass.⟩ *bei dem Unfall wurde er aus dem Wagen geschleudert* **2.** ⟨hat⟩ /jmd., Schleuder/ *die Wäsche* ~ (ʿmit einer Schleuder das Wasser aus der nassen Wäsche entfernenʾ); *den Honig* ~ (ʿmit einer Schleuder von den Waben trennenʾ) **3.** ⟨ist/hat⟩ /Straßenfahrzeug, jmd./ ʿaus der Spur geraten und sich unruhig und stoßweise nach der einen od. der anderen Seite bewegenʾ: *in der Kurve ist, hat das Auto geschleudert; auf der glatten Straße war sein Wagen, war er ins Schleudern geraten* ❖ **Schleuder − Schleudersitz**

Schleuder|sitz ['ʃlɔidɐ..], **der** ʿSitz in einem Flugzeug der Luftstreitkräfte, mit dem der Pilot bei Gefahr des Absturzes aus dem Flugzeug geschleudert werden kannʾ; ↗ FELD I.7.3.1: *den* ~ *betätigen; der Pilot konnte sich mit dem* ~ *retten* ❖ ↗ **Schleuder, ↗ sitzen**

schleunig ['ʃlɔiniç] ⟨Adj.; Steig. reg., o. Komp.; nicht präd.; bei Vb. vorw. im Superl.⟩ SYN ʿunverzüglichʾ: *die Leihbücherei bittet um* ~*e Rückgabe der ausgeliehenen Bücher; bringe mir* ~*st* (ʿauf der Stelleʾ) *etwas zu trinken!; er machte sich* ~*st davon* (ʿentfernte sich unverzüglichʾ) ❖ **beschleunigen**

Schleuse ['ʃlɔizə], **die**; ~, ~n **1.** ʿtechnische Anlage, bes. in Flüssen, Kanälen, zur Regulierung des Wasserstandes durch Stauen des Wassers, bes. um Schiffen die Überwindung von Höhenunterschieden zu ermöglichenʾ; ↗ FELD II.2.1, V.2.1: *die* ~*n* *eines Kanals; das Schiff fährt in die* ~ *ein, durch eine* ~, *aus einer* ~ *heraus; die* ~ *öffnen, schließen* **2.** ʽhermetisch abschließbarer Raum, der passiert werden muss, um in einen anderen abgeschlossenen Raum zu gelangen': *die* ~ *dient dazu, den Druck zwischen Außen- und Innenraum auszugleichen; man kann das Labor nur durch eine* ~ *betreten* ❖ **schleusen − durchschleusen, einschleusen**

schleusen [ˈʃlɔɪzn̩] ⟨reg. Vb.; hat⟩ **1.** /jmd., bes. befugte Person/ *ein Schiff* ~ (ʽein Schiff durch eine Schleuse bringen, gelangen lassen'; ↗ FELD II.2.2) **2.** /kundige Person/ *jmdn., etw. durch etw.* ~ ʽjmdn., etw. auf nur Eingeweihten bekanntem Weg durch ein fremdes Gebiet, durch Hindernisse od. über eine Grenze irgendwohin bringen, geleiten': *die Reisenden durch die Kontrolle, den Zoll* ~; *er hat ihn heimlich über die Grenze geschleust; ein Auto durch den Großstadtverkehr* ~ ❖ ↗ **Schleuse**

schlich: ↗ *schleichen*

Schliche [ˈʃlɪçə], **die** ⟨Pl.⟩
* /jmd./ **jmdm. auf die/hinter die** ~ **kommen** (ʽjmds. heimliche Absichten durchschauen, jmds. heimliches Tun aufdecken 3')

schlicht [ʃlɪçt] ⟨Adj.; Steig. reg.⟩ **1.1.** ⟨nicht bei Vb.⟩ ʽeinfach, offen und ehrlich' /vorw. auf Personen bez./; ↗ FELD I.2.3: *sie ist* ~ *und natürlich; sie ist ein* ~*er Mensch; seine* ~*e Art* **1.2.** ʽauf das Nötigste beschränkt'; SYN ¹einfach (3.3) /vorw. auf Sprachliches bez./: *er dankte in* ~*en Worten; seine Worte waren* ~; *seine* ~*e Herzlichkeit hat uns sehr beeindruckt* **2.** ʽohne Luxus, aufwendige Details und gerade deswegen gefallend'; ANT luxuriös /bes. auf Kleidung bez./: *sie trug ein* ~*es Kleid; die* ~*e Schönheit dieses Bauwerks; die Wohnung war* ~ (SYN ⁻¹einfach 3.1') *eingerichtet*

schlichten [ˈʃlɪçtn̩], schlichtete, hat geschlichtet /jmd./ *etw.* ~ ʽeinen Streit, Konflikt, an dem man nicht beteiligt ist, dadurch beenden, dass man ausgleichend in ihn eingreift und eine Entscheidung trifft, die die Streitenden anerkennen': *er hat die Meinungsverschiedenheiten, den Streit zwischen den beiden Parteien* ~ *können;* ~*d in eine Auseinandersetzung eingreifen*

schlief: ↗ *schlafen*

schließen [ˈʃliːsn̩], schloss [ʃlɔs], hat geschlossen [ɡəˈʃlɔsn̩]; ↗ auch *geschlossen* **1.1.** /jmd./ *etw.* ~ ʽetw. od. ein Teil von etw. so bewegen, dass dadurch der Raum od. etw. anderes dahinter nicht mehr zugänglich ist'; ANT öffnen (1.1); ↗ FELD I.7.8.2: *den Schrank, das Fenster, die Truhe* ~; *den Mund, die Augen* ~; *das Buch* ~ (ʽzuklappen'; ANT aufschlagen 5); *die Fenster(flügel), die Klappe der Truhe, (Schrank)tür* ~; *er vergaß immer, den obersten Knopf zu* ~ **1.2.** /jmd./ *mit etw.* ~ ʽein Gefäß mit einem Deckel versehen, sodass das Innere nicht mehr zugänglich ist'; ANT öffnen (1.3): *die Dose, Büchse mit einem Schraubdeckel* ~ **1.3.** *etw., der Schrank, die Tür, der Deckel, Verschluss schließt gut, schlecht* (ʽlässt sich gut, schlecht schließen 1.1,1.2'); *der Deckel schließt nicht richtig* (ʽpasst nicht richtig auf die Öffnung');

etw., eine Tür schließt von selbst, automatisch (ʽbewegt sich von selbst so, dass die Türöffnung geschlossen wird'; ↗ *schließen* 1.1) **1.4.** /etw./ *sich* ~: *die Tür schließt sich* (ʽbewegt sich so, dass sie jetzt geschlossen ist'); *die Wunde hat sich wieder geschlossen* (ʽist geheilt') **1.5.** ⟨vorw. im Pass.⟩ /jmd./ *einen Stromkreis* ~ (ʽdurch Herstellen von Kontakten das Fließen von Elektroenergie bewirken'; *dadurch wird der Stromkreis geschlossen; einen Kontakt* ~ (ʽeine elektrische Verbindung herstellen') **2.** /jmd./ **2.1.** *etw.* ~ ʽetw. mit einem Schloss verschließen'; ANT öffnen (1.2): *etw., ein Haus, Tor* ~ **2.2.** *jmdn., ein Kind in sein Zimmer, einen Häftling in die Zelle* ~ (ʽeinschließen 1.1') **2.3.** *Schmuck, Papiere, Geld in eine Kassette, einen Safe* ~ (SYN ʽeinschließen 1.3') **2.4.** *etw. an etw.* ~ ʽetw. mit einem Schloss an etw. befestigen, um es zu sichern': *er hat das Fahrrad (mit einer Kette) an den Zaun geschlossen* **3.** *der Schlüssel schließt gut, schlecht* (ʽfunktioniert gut, schlecht'); *der Schlüssel schließt nicht richtig* **4.1.** /etw., bes. Geschäft, Dienstleistungseinrichtung o.Ä./ *irgendwann* ~ ʽfür Kunden, Publikum nicht länger zugänglich sein'; SYN zumachen; ANT öffnen (3): *das Geschäft, Kaufhaus schließt um 18.30 Uhr; wann schließt die Post?;* ⟨oft adj. im Part. II⟩ *geschlossen sein, haben: das Geschäft ist/ hat über Mittag geschlossen* **4.2.** ⟨oft im Pass.⟩ /befugte Person, Behörde/ *etw.* ~ ʽetw., den Betrieb von etw. einstellen (4)': *wegen der Epidemie wurde die Schule vorübergehend geschlossen* (ʽfand vorübergehend kein Unterricht statt'); *er hat seinen Betrieb/der Betrieb, die Praxis, das Geschäft wird wegen Unrentabilität geschlossen* (SYN ʽaufgegeben 4.2') **5.1.** /jmd./ *etw.* ~ ʽetw., bes. eine von jmdm. geleitete Versammlung, beenden'; ANT eröffnen (2); ↗ FELD VII.3.2: *der Vorsitzende hat die Sitzung geschlossen* **5.2.1.** /etw./ *mit etw.* ~ ʽmit etw. enden (2.1)': *der Prozess schloss mit einem Freispruch* **5.2.2.** /jmd./ *etw. mit etw.* ~ ʽeine Rede mit etw. beenden'; ANT eröffnen, beginnen (1): *er schloss (seine Rede) mit einem Hochruf* **6.** /zwei od. mehrere (jmd., Institution, Land)/ *etw.* ~ ʽeine gegenseitige Übereinkunft, Vereinbarung über etw. treffen, etw. in gegenseitigem Einverständnis festlegen': *einen Vertrag, Frieden (mit jmdm.), einem Land)* ~; *eine Ehe* ~; *sie haben Freundschaft (miteinander) geschlossen* (ʽsind Freunde geworden') **7.** /jmd./ *jmdn. in seine Arme* ~ (ʽjmdn. umarmen') **8.** SYN ʽfolgern'; ↗ FELD I.4.2.2 **8.1.** /jmd./ *etw. aus, von etw.* ⟨Dat.⟩ ~ ʽetw. aus etw. folgern': *aus dieser Tatsache können wir noch nicht auf seine Schuld* ~; *etw. aus etw.* ⟨Dat.⟩ ~: *das lässt sich nicht daraus* ~; *von sich auf andere* ~ (ʽvon sich ausgehend das Gleiche von anderen annehmen, erwarten') **8.2.** *etw. lässt auf etw.* ~ ʽetw. lässt sich aus etw. folgern': *die heutigen Verhältnisse lassen nicht ohne weiteres auf die Zukunft* ~ ❖ **zu (1): geschlossen, Schloss, verschließen, Verschluss, verschlossen − Anschluss, Kurzschluss, Torschlusspanik; zu (2): Schloss, Schlosser, Schlüssel, verschließen, Verschluss − abschließen, anschließen, aufschließen,**

Schließfach, Schlüsselloch, Sicherheitsschloss, Schraubschlüssel, wegschließen, Zündschlüssel, zuschließen; zu (5): abschließen, Abschluss, beschließen, Beschluss; zu (6): abschließen, Abschluss, ausschließen, zusammenschließen; zu (8): entschlüsseln, erschließen, Schluss, Schlüssel, schlüssig – schließlich, schlussfolgern, Schlussfolgerung, Trugschluss

Schließ|fach ['ʃliːs..], **das** ʻverschließbares Fach bei der Post, Bank, das jmd. für an ihn gerichtete Post, für Wertsachen gemietet hat'; ↗ FELD I.7.8.1, V.7.1 ❖ ↗ **schließen**, ↗ **Fach**

¹schließlich ['ʃliː..] ⟨Adv.; o. Steig.⟩ SYN ʻendlich I (und nach einigem Zögern; ↗ FELD VII.3.3)': ~ *fanden sie doch eine Lösung;* ~ *nahm er das Geld und ging davon* ❖ ↗ **schließen**

²schließlich ⟨Modalpartikel; betont od. unbetont; steht auch am Satzanfang; bezieht sich auf den ganzen Satz; steht in Aussagesätzen⟩ /der Sprecher drückt damit aus, dass man einen bestimmten Umstand nicht unberücksichtigt lassen darf und dass dieser Umstand ohnehin alles erklärt/; SYN letztlich: *er hat es* ~ *so gewollt!;* ~ *weiß er auch nicht mehr als wir; ich habe meinen Schirm vergessen,* ~ *bin ich schon etwas vergesslich; du bist nicht schuld,* ~ *hast du alle rechtzeitig gewarnt* ❖ ↗ **schließen**

schliff: ↗ *schleifen*

Schliff [ʃlɪf], **der;** ~s/auch ~es, ~e /auf Edelsteine, Glas bez./ **1.** ⟨o.Pl.⟩ /zu ²*schleifen* 2/ ʻdas Schleifen': *der* ~ *dieses Edelsteins muss sehr sorgsam erfolgen* **2.** ʻdie durch Schleifen (2) erzielte Form': *der* ~ *der Kristallschale; der Stein hat einen guten, schönen* ~ ❖ ↗ ²**schleifen**

schlimm [ʃlɪm] ⟨Adj.⟩ **1.** ⟨Steig. reg.⟩ ʻin besonderem Maße unangenehm, nachteilig, ungünstig für jmdn.' /auf Abstraktes bez./: *er hat* ~*e Zeiten mitgemacht; das Gefangenenlager war eine* ~*e Erfahrung für ihn; das war sehr* ~; *das Schicksal hat ihm* ~ (SYN ʻarg I.1') *mitgespielt; das sind* ~*e* (ANT gute 2.1) *Nachrichten; sie waren damals in einer* ~*en* (ʻgefährlichen') *Lage; etw. nimmt ein* ~*es* (ʻtragisches, unglückliches') *Ende; wir waren auf das Schlimmste* (ʻUnangenehmste') *gefasst, vorbereitet; es steht* ~ *um ihn* (ʻer ist in einer sehr schwierigen Lage; er ist sehr krank'); *im* ~*sten* (ʻungünstigsten') *Falle fahren wir wieder nach Hause; das* ~*ste* (ʻanstrengendste, schwierigste') *Stück des Weges haben wir hinter uns; es ist nicht (weiter)* ~ (ʻes macht nichts'), *wenn du nicht zur Zeit kommst; das ist alles halb so* ~ **2.** ⟨Steig. reg.⟩ ʻüble Folgen nach sich ziehend' /auf Negatives bez./: *das war ein* ~*er Irrtum,* ~*er* (SYN ʻgrober 3') *Unfug; das ist sehr* ~ *für ihn; er hat sich* ~ (ʻsehr') *verkalkuliert* **3.** ⟨Steig. reg.; vorw. attr.⟩ SYN ʻverwerflich' /vorw. auf jmds. Verhalten, Tun bez./: *eine* ~*e Tat; dies war ein* ~*es Vergehen;* ~*e Worte, Gedanken;* vgl. *haarig (3)* **4.** ⟨o. Steig.; nur attr.⟩ ʻdurch Entzündung, Verletzung in Mitleidenschaft gezogen' /vorw. auf Körperteile bez./: *er hat ein* ~*es Auge, einen* ~*en Finger, einen* ~*en* (ʻstark schmerzenden') *Zahn* ❖ **verschlimmern**

Schlinge ['ʃlɪŋə], **die;** ~, ~n ʻaus einem Draht, Band durch Umeinanderlegen geschaffenes ringförmiges Gebilde': *eine* ~ *machen, legen, knüpfen, zusammenziehen; eine* ~ *aus Draht; den Arm in einer* ~ (ʻin einem um den angewinkelten Arm geschlungenen und im Nacken geknoteten Tuch') *tragen* ❖ **schlingen** – **Schlingpflanze**

Schlingel ['ʃlɪŋl], **der;** ~s, ~ scherzh. ʻkleines Kind, das gern und mutwillig einen Streich macht': *was hat der* ~ *schon wieder angestellt?; unser Junge ist ein süßer kleiner* ~

schlingen ['ʃlɪŋən], schlang [ʃlaŋ], hat geschlungen [gə'ʃlʊŋən] **1.** /jmd./ *etw. um etw.* ~ ʻetw. Längliches um etw. herum legen, wickeln (1.1)': *ein Band um ein Paket* ~; *sich ein Tuch um den Kopf* ~ *und an den Enden verknoten; sie schlang* (ʻlegte') *die Arme fest um seinen Hals, um ihn* **2.** /jmd./ *einen Knoten* ~ (ʻeinen Knoten durch Verknüpfen der Enden eines Fadens, Bandes herstellen') **3.** /jmd./ ʻhastig und gierig essen'; ↗ FELD I.8.2: *er isst nicht, er schlingt!; schling nicht so, iss langsam!* ❖ **zu (1,2):** ↗ **Schlinge**

Schling|pflanze ['ʃlɪŋ..], **die** ʻPflanze, die sich beim Wachsen in die Höhe um etw. windet, an dem sie Halt findet': *die Liane ist eine typische* ~ ❖ ↗ **Schlinge**, ↗ **Pflanze**

Schlips [ʃlɪps], **der;** ~es, ~e SYN ʻKrawatte'; ↗ FELD V.1.1: *ein einfarbiger, gemusterter* ~; *einen* ~ *binden; kannst du (dir) einen* ~ *binden?* * umg. scherzh. /jmd./ *sich auf den* ~ *getreten fühlen* (ʻaus meist geringfügigem Grund beleidigt, gekränkt sein')

Schlitten ['ʃlɪtn̩], **der;** ~s, ~ ʻFahrzeug mit Kufen zum Gleiten über Schnee, Eis': *die Kinder fahren gern (mit dem)* ~; *der* ~ *wurde von Pferden gezogen; der* ~ *glitt über das Eis, sauste den Berg hinunter;* ~ *fahren* ❖ **Rodelschlitten** * /jmd., bes. Vorgesetzter/ umg. *mit jmdm.* ~ *fahren* ʻjmdn. streng zurechtweisen (und schikanieren)': *wenn der nicht pariert, fahre ich mit ihm* ~

Schlitt|schuh ['ʃlɪt..], **der** ʻunter dem Schuh befestigtes Gerät mit einer schmalen stählernen Kufe, das zum Gleiten über eine Fläche aus Eis dient' (↗ TABL Sportgeräte): *die* ~*e an-, abschnallen;* ~ *laufen* (ʻauf Schlittschuhen laufen'); *er läuft gern* ~; *wir sind gestern lange* ~ *gelaufen* ❖ ↗ **Schuh**

Schlitz [ʃlɪts], **der;** ~es, ~e ʻfür einen bestimmten Zweck vorgesehene lange schmale Öffnung in etw.': *einen Brief in, durch den* ~ *des Briefkastens stecken; eine Münze in, durch den* ~ *des Automaten stecken; das Kleid hatte an der Seite einen langen* ~

Schlitz|ohr ['..], **das** umg. scherzh. ʻdurchtriebener Mensch, der seine Ziele mit viel Geschick und nicht immer ganz ehrlich verfolgt und erreicht': *er ist ein (altes)* ~; *dieses* ~ *weiß immer seinen Vorteil zu finden!*

schloss: ↗ *schließen*

Schloss [ʃlɔs], **das;** ~es, Schlösser [ʃlœsɐ] **1.** ʻVorrichtung an einer Tür, einem Behälter zum Verschließen mit einem Schlüssel'; ↗ FELD I.7.8.1: *den*

Schlüssel in das ~ *stecken, im* ~ *umdrehen; ein* ~ *(in eine Tür) einbauen; ein* ~ *reparieren; das* ~ *an, in einer Tür, einem Schrank, an einem Koffer; die Tür fällt ins* ~ (ˈdie Tür schließt sich, schlägt zuˈ) **2.** ˈgroßes, stattliches, oft mit Türmen ausgestattetes, meist künstlerisch gestaltetes Gebäude, das dem Adel als repräsentativer, komfortabler Wohnsitz dient(e)ˈ; ↗ FELD V.2.1: *ein barockes, verfallenes, ehemaliges* ~; *ein* ~ *restaurieren, besichtigen; den Urlaub in, auf einem* ~ *verbringen; in, auf einem* ~ *wohnen* ❖ ↗ **schließen**

* umg. /jmd., Institution/ **jmdn. hinter ~ und Riegel bringen** (ˈdafür sorgen, dass jmd. in eine Haftanstalt kommtˈ); /jmd./ **hinter ~ und Riegel sitzen** (ˈals Strafgefangener in einer Haftanstalt seinˈ)

Schlosser [ˈʃlɔsɐ], **der**; ~s, ~ ˈFacharbeiter, Handwerker, der Metall verarbeitet, Produkte aus ihm herstelltˈ; ↗ FELD I.10: *er arbeitet als, er ist* ~ *in einer Autowerkstatt* ❖ ↗ **schließen**

Schlot [ʃloːt], **der**; ~es/auch ~s, ~e ˈsehr hoher, weit über die Gebäude hinausragender Schornstein, bes. von einer Fabrikˈ: *die qualmenden* ~*e eines Kraftwerks*

* umg. emot. /jmd./ **rauchen wie ein ~** (ˈsehr viel und oft rauchenˈ)

schlottern [ˈʃlɔtɐn] ⟨reg. Vb.; hat⟩ **1.** /jmd./ ˈinfolge von Kälte od. Angst od. großer Aufregung an den Gliedern, am ganzen Körper heftig zitternˈ; ↗ FELD I.6.2: *vor Angst, Kälte, an allen Gliedern, am ganzen Körper, Leib* ~; *jmdm.* ~ *vor Angst die Knie* **2.** umg. /(ein Teil der) Kleidung/: *etw. schlottert jmdm. um den, am Körper, Leib: der Mantel schlotterte ihm um den Körper, Leib, am Körper, am Leib* (ˈwar ihm zu weit, hing sehr lose am Körper und bewegte sich infolgedessen bei jeder Bewegung hin und herˈ)

Schlucht [ʃlʊxt], **die**; ~, ~en ˈsehr tiefes, enges Tal mit meist steilen Hängen, bes. im Gebirgeˈ; ↗ FELD II.1.1, IV.1.1: *eine tiefe, enge, steile, felsige* ~; *unten in der* ~ *rauschte ein Bach*

schluchzen [ˈʃlʊxtsn̩] ⟨reg. Vb.; hat⟩ /jmd./ ˈwegen starker Erregung krampfhaft, unter stoßweise geäußerten Lauten weinenˈ: *jämmerlich, heftig, bitterlich* ~; ~*d etw. sagen; „Ja", schluchzte sie*

Schluck [ʃlʊk], **der**; ~s/auch ~es, ~e /mit Mengenangabe auch: Schluck/ ˈMenge, bes. einer Flüssigkeit, die man mit einem Male schlucktˈ; ↗ FELD I.8.1: *ein, zwei, drei* ~ *Kaffee, Milch, Bier; einen kräftigen, großen* ~ *Wasser trinken; einen* ~ *aus der Flasche nehmen; etw.* ~ *für* ~ (ˈlangsam in einzelnen Schluckenˈ) *trinken; er hatte mehrere* ~/~*e Milch, Wein, Wasser zu sich genommen; ein* ~ *kaltes Wasser/kalten Wassers*; SYN ˈZug (6)ˈ: *einen kräftigen* ~ *aus der Flasche nehmen; etw. mit, in einem* ~ *austrinken; etw. bis auf den letzten* ~ (ˈganzˈ) *(aus)trinken* ❖ **schlucken**

schlucken [ˈʃlʊkn̩] ⟨reg. Vb.; hat⟩ /jmd./ *etw.* ~ ˈetw., bes. Nahrung, ein Medikament aus dem Mund in die Speiseröhre und den Magen gelangen lassenˈ; ↗ FELD I.1.2, 8.2: *einen Bissen Brot, eine Tablette*

~; *beim Schwimmen Wasser* ~ (ˈaus Versehen in die Speiseröhre und den Magen Wasser gelangen lassenˈ) ❖ ↗ **Schluck**

schludern [ˈʃluːdɐn] ⟨reg. Vb.; hat⟩ umg. /jmd., Firma/ ˈnachlässig arbeitenˈ: *er, die Firma hat beim Bau des Hauses mächtig geschludert* ❖ **schludrig**

schludrig [ˈʃluːdrɪç] ⟨Adj.; Steig. reg.⟩ ˈnachlässig in Bezug auf die Ausführung einer Arbeitˈ: ~ *arbeiten; er ist ein* ~*er Mensch, ist bei der Arbeit* ~ *gewesen* ❖ ↗ **schludern**

schlug: ↗ *schlagen*

Schlummer [ˈʃlʊmɐ], **der**; ~s, ⟨o.Pl.⟩ ˈleichter, sanfter Schlaf, meist von kürzerer Dauerˈ: *sie lag noch im schönsten* ~; *nach kurzem* ~ *erwachte er; aus dem* ~ *erwachen* ❖ **schlummern**

schlummern [ˈʃlʊmɐn] ⟨reg. Vb.; hat⟩ ˈleicht, sanft schlafenˈ: *ruhig, sanft, süß, im Sessel* ~ ❖ ↗ **Schlummer**

Schlund [ʃlʊnt], **der**; ~s/auch ~es, Schlünde [ˈʃlʏndə] ⟨vorw. Sg.⟩ ˈder Raum zwischen Mund, Nase und Speiseröhre bzw. Luftröhreˈ; ↗ FELD I.1.1: *einen trockenen, entzündeten* ~ *haben; der weite* ~ *eines Raubtieres; ihm ist eine Gräte in den* ~ *geraten, im* ~ *stecken geblieben*

schlüpfen [ˈʃlʏpfn̩] ⟨reg. Vb.; ist⟩ **1.** /jmd., Tier/ *irgendwohin* ~ ˈsich geschickt, gewandt und schnell durch eine enge Öffnung irgendwohin bewegenˈ: *heimlich schlüpfte er aus dem Raum, durch die Tür, in ein Versteck; die Eidechse, Maus schlüpfte in, durch die Mauerspalte* **2.** /Junges, bes. von Vögeln, Insekten/ *aus dem Ei, aus der Puppe, Larve* ~ (ˈin der Entwicklung so weit gediehen sein, dass es sich aus der Umhüllung löstˈ) ❖ **Schlüpfer, schlüpfrig − Schlupfwinkel, Unterschlupf**

Schlüpfer [ˈʃlʏpfɐ], **der**; ~s, ~ ˈTeil der Unterwäsche für weibliche Personen, das den unteren Teil des Rumpfes bedecktˈ; ↗ FELD V.1.1: *einen neuen* ~/ *(ein Paar) neue* ~ *anziehen, tragen*; vgl. *Slip*
MERKE Zum Sg. und Pl. von *Schlüpfer*: Der Plural von *Schlüpfer* ist, wenn nicht wirklich mehrere Schlüpfer gemeint sind, mit dem Sg. identisch; vgl. *Hose* (Merke) ❖ ↗ **schlüpfen**

schlüpfrig [ˈʃlʏpfrɪç] ⟨Adj.; nicht bei Vb.⟩ **1.** ⟨Steig. reg.⟩ ˈfeucht und schmierig, glatt, sodass man keinen guten Halt daran, darauf finden kann und leicht ausgleitetˈ; SYN glitschig /auf die Oberfläche von etw. bez./; ↗ FELD III.3.3: *ein* ~*er Boden, Weg; die Fahrbahn war sehr* ~; *der Aal war so* ~, *dass er ihm aus den Händen rutschte* **2.** ⟨Steig. reg., ungebr.; nicht bei Vb.⟩ SYN ˈanstößigˈ /vorw. auf Sprachliches bez./: *ein* ~*er Witz; eine* ~*e Bemerkung; seine Witze sind* ~; *ein* ~*er Roman, Film*; vgl. *anzüglich* ❖ ↗ **schlüpfen**

Schlupf|winkel [ˈʃlʊpf..], **der** vorw. emot. neg. ˈverborgenes, geheimes Versteck für jmdn., eine Gruppe, die Grund haben, sich zu verbergen, oft wegen krimineller Delikteˈ: *das Gebirge bot den Wilddieben viele* ~; *sie kamen, krochen aus ihren* ~*n* ❖ ↗ **schlüpfen**, ↗ **Winkel**

schlürfen [ˈʃlYRfn̩] ⟨reg. Vb.; hat⟩ /jmd./ etw. ~ ˈein Getränk, eine flüssige Speise geräuschvoll saugend in den Mund ziehen, meist mit Genuss und in kleinen Schlucken' /wird nicht als gutes Benehmen angesehen/; ↗ FELD I.8.2: *die Suppe, den heißen Tee, ein Glas Wein ~; schlürf nicht!*

Schluss [ʃlʊs], **der**; ~es, Schlüsse [ˈʃlYsə] **1.** ⟨o.Pl.⟩ ˈZeitpunkt, an dem ein Vorgang, Geschehen, Tun aufhört, beendet ist, wird'; SYN Ende (2); ANT Anfang, Beginn; ↗ FELD VII.3.1: *wir wollten uns vor, nach ~ der Vorstellung treffen; endlich kam er zum ~ seiner Ausführungen; am, zum ~ (ˈabschließend') fasste er noch einmal alles zusammen;* /in der kommunikativen Wendung/ *~ jetzt, ~ damit!* /nachdrückliche Forderung, mit einem tadelnswerten Tun, Handeln aufzuhören/ **2.** ⟨vorw. Sg.⟩ ˈletzter Teil, Abschnitt eines größeren Ganzen'; SYN Ende (2); ANT Anfang: *der ~ des Romans, Briefes; ein Buch bis zum ~ lesen; dieser Wagen, Waggon befindet sich am ~ (SYN ˈEnde 1') des Zuges; zum ~ (SYN ˈAusklang') des Festes sangen alle gemeinsam* **3.** SYN ˈFolgerung'; ↗ FELD I.4.2.1: *ein logischer, richtiger, falscher ~; einen ~ aus etw. ableiten, ziehen; (aus etw.) voreilige Schlüsse ziehen (ˈvoreilig etw. aus etw. schließen'); er kam zu dem ~, dass ...* ❖ **zu (1,2):** ↗ **schließen (5); zu (3):** ↗ **schließen (8)**
* /jmd./ **mit etw.** ⟨Dat.⟩ **~ machen** ⟨oft im Imp.⟩ ˈmit etw. aufhören': *macht endlich ~ mit dem Krach!;* /jmd./ **mit jmdm. ~ machen** ⟨oft im Perf.⟩ ˈdie Beziehungen zu einer Person des anderen Geschlechts abbrechen': *er hat mit ihr, sie hat mit ihm ~ gemacht;* /jmd./ **~ machen** ˈFeierabend machen od. aufhören, etw. zu tun': *abends um 19.00 Uhr machen wir immer ~; ich bin jetzt müde, machen wir ~; ich mach jetzt ~!*

Schlüssel [ˈʃlYsl̩], **der**; ~s, ~ **1.** ˈin bestimmter Weise geformter Gegenstand aus Metall zum Öffnen, Schließen eines Schlosses (1)' (↗ BILD): *der ~ für die/zur Haustür, zum Kellerschloss, für den Koffer; der ~ passt (nicht); den ~ ins Schloss stecken, im Schloss herumdrehen; den ~ abziehen* **2.** ˈnur Eingeweihten bekannte Art und Weise, wie Informationen ver-, entschlüsselt werden, sind'; SYN Kode: *er kann die Nachricht nicht entziffern, lesen, weil er den ~ nicht kennt* ❖ ↗ **schließen**

Schlüssel- /bildet mit dem zweiten Bestandteil Substantive; drückt aus, dass das im zweiten Bestandteil Genannte eine zentrale Stellung im Zusammenhang mit anderen hat/: ↗ z. B. *Schlüsselindustrie*

Schlüssel [ˈ..]|**-industrie, die** ˈsehr wichtiger Teil der Industrie, dessen Produkte für andere Industriebe-

triebe sehr wichtig sind': *die Unternehmen gehören zur ~* ❖ ↗ **schließen**, ↗ Industrie; **-loch, das** ˈÖffnung in einem Schloss (1), in die der Schlüssel gesteckt wird' ❖ ↗ **schließen**, ↗ Loch

schluss/Schluss [ˈʃlʊs..]|**-folgern** ⟨reg. Vb.; hat⟩ /jmd./ etw. aus etw. ~ ˈeinen Schluss (3) aus etw. ableiten (2)'; ↗ FELD I.4.2.2: ⟨vorw. mit Nebens.⟩ *aus den erwähnten Gegebenheiten, aus unseren Worten schlussfolgerte er, hat er geschlussfolgert, dass ...;* etw. ~: *er schlussfolgerte: sie hat gelogen* ❖ ↗ **schließen**, ↗ **folgen**; **-folgerung, die** SYN ˈFolgerung'; ↗ FELD I.4.2.1: *eine logische, richtige, falsche ~; als ~ ergibt sich, dass ...* ❖ ↗ **schließen**, ↗ **folgen**

schlüssig [ˈʃlYsɪç] ⟨Adj.; o. Steig.⟩ **1.** ˈfolgerichtig und überzeugend' /auf Sprachliches bez./; ↗ FELD I.4.2.3: *eine ~e Argumentation, Beweisführung; dieser Beweis ist nicht ~; etw. ~ beweisen* **2.** ⟨nur präd. (mit *sein, werden*); meist verneint⟩ /jmd./ *sich* ⟨Dat.⟩ *über etw. ~ sein: er ist sich nicht ~ (ˈkann sich noch nicht entscheiden, weiß noch nicht genau'), was er machen soll, ob er bleiben oder gehen soll;* /jmd./ *sich* ⟨Dat.⟩ *über etw. ~ werden: er konnte sich noch nicht ~ werden (ˈwar noch nicht fest entschlossen'), was er tun sollte, ob er ins Kino gehen sollte* ❖ ↗ **schließen**

Schmach [ʃmɑːx], **die**; ~, ⟨o.Pl.⟩ geh. emot. ˈSchande, Demütigung': *(eine) ~ erleiden; die ~ einer Niederlage; jmdm. (eine) ~ antun, zufügen; etw. als ~ empfinden* ❖ **schmähen, schmählich, Schmähung – schmachvoll**

schmachten [ˈʃmaxtn̩], schmachtete, hat geschmachtet geh. emot. **1.** /jmd./ irgendwo ~ ˈirgendwo unter quälenden Bedingungen wie z. B. Hunger, Durst, Gefangenschaft leiden': *er musste im Gefängnis ~; in der Hitze ~* **2.** /jmd./ nach etw. ⟨Dat.⟩, jmdm. ~ ˈsehnendes Verlangen nach etw., jmdm. haben'; ↗ FELD I.6.2: *nach einem Trunk Wasser, einem Blick von jmdm. ~; nach der Geliebten ~* ❖ **schmächtig**

schmächtig [ˈʃmɛçtɪç] ⟨Adj.; Steig. reg.⟩ ˈdünn und von schwächlichem Körperbau' /auf Personen bez./: *ein ~er Junge, ~er kleiner Mann; er war klein und ~; er wirkte ~* ❖ ↗ **schmachten**

schmach|voll [ˈʃmɑːx..] ⟨Adj.; Steig. reg.; vorw. attr.⟩ ˈvoller Schmach': *das Unternehmen, der Gegner hatte ein ~es Ende gefunden; eine ~e Beleidigung; die Niederlage war ~* ❖ **Schmach**, ↗ **voll**

schmackhaft [ˈʃmak..] ⟨Adj.; Steig. reg.⟩ ˈgut schmeckend' /auf Nahrung, Gerichte bez./; ↗ FELD I.3.4.3, 8.3: *ein ~es Essen; ~ kochen; das Gericht war ~* ❖ ↗ **schmecken**
* /jmd./ **jmdm. etw. ~ machen** ˈjmdm. etw. so darstellen, dass es ihm gut, verlockend vorkommt': *er versuchte, ihm die Reise ~ zu machen*

schmähen [ˈʃmɛːən/ˈʃmeː..] ⟨reg. Vb.; hat⟩ geh. /jmd./ jmdn., etw. ~ ˈjmdn., etw. mit beleidigenden Worten herabsetzen': *seinen Gegner ~; er schmähte die Leistungen seiner Mitbewerber* ❖ ↗ **Schmach**

schmählich [ˈʃmɛː../ˈʃmeː..] ⟨Adj.; Steig. reg., Komp. ungebr.⟩ SYN ˈschändlich (I)' /auf bestimmte negativ bewertete Handlungen bez./: *ein ~er Verrat, Betrug, Wortbruch; eine ~e Niederlage; er hat ~ versagt; er hat ihr Vertrauen ~ missbraucht* ❖ ↗ **Schmach**

Schmähung [ˈʃmɑː../ˈʃmeː..], **die**; ~, ~en geh. ˈbeleidigende Worte': ~*en (gegen jmdn., etw.) ausstoßen; jmdn. mit ~en überschütten* ❖ ↗ **Schmach**

schmal [ʃmɑːl] ⟨Adj.⟩ **1.** ⟨Steig. reg.⟩ ˈvon geringer Breite (1.1)'; ANT breit (1.2) /vorw. auf Verkehrswege bez./: *eine ~e Straße, Gasse, Treppe, Spalte; ein ~er Weg; ein ~es Zimmer; ein ~es Brett; sie hat ein ~es Gesicht, hat ~e Hüften* **2.** ⟨Steig. reg.; vorw. präd. (mit sein); nicht attr.⟩ /jmd./ ~ *sein: sie ist sehr* ~ (ˈdünn, mager') *(geworden), sieht sehr* ~ *aus* **3.** ⟨Steig. reg., ungebr.; nur attr.⟩ ˈknapp bemessen (und karg)' /beschränkt verbindbar/: *ein ~es* (ˈniedriges') *Einkommen; ~e* (ˈkarge') *Kost*

Schmalz [ʃmalts], **das**; ~es, ⟨o.Pl.⟩ ˈdurch Auslassen von fettem Fleisch des Schweins, der Gans gewonnenes Fett, das sich gut streichen lässt'; ↗ FELD I.8.1: ~ *auslassen, aufs Brot streichen, schmieren; Fleisch mit ~ anbraten; Pfannkuchen in, mit ~ backen* ❖ **Griebenschmalz**

schmarotzen [ʃmaˈʀɔtsn̩], schmarotzte, hat schmarotzt /jmd./ emot. ˈvon der Arbeit und dem Vermögen anderer leben (2.1), statt selbst seinen Unterhalt zu verdienen, sich um ihn zu bemühen': *er schmarotzt bei seinen reichen Verwandten; er hat die ganze Zeit (bei uns) schmarotzt; der hat nur schmarotzt*

schmatzen [ˈʃmatsn̩] ⟨reg. Vb.; hat⟩ /jmd./ ˈbeim Essen, Kauen den Mund geöffnet haben und dabei geräuschvolle Töne von sich geben' /wird nicht als gutes Benehmen angesehen/: *schmatz nicht so!; der schmatzt immer beim Essen*

schmausen [ˈʃmauzn̩] ⟨reg. Vb.; hat⟩ emot. /jmd./ etw. ~ ˈetw. mit Genuss essen': *behaglich seinen Kuchen ~; sie haben den ganzen Abend geschmaust und gezecht*

schmecken [ˈʃmɛkn̩] ⟨reg. Vb.; hat⟩ **1.** /etw., bes. Nahrung/ irgendwie ~ ˈeinen bestimmten Geschmack haben': *etw. schmeckt gut, schlecht, herb, bitter, süß, angebrannt, fad; etw. schmeckt nach etw.* ⟨Dat.⟩: *etw. schmeckt nach ranzigem Fett; etw. schmeckt nach nichts* (ˈhat einen faden Geschmack'); scherzh. *das schmeckt nach mehr* (ˈdavon möchte man mehr essen, weil es so gut schmeckt') **2.** *etw. schmeckt jmdm. irgendwie: dieser Wein, Braten schmeckt mir (gut, herrlich)* (ˈist mir im Geschmack angenehm und ich esse es gern'); *das schmeckt mir nicht;* /in der kommunikativen Wendung/ *lass es dir ~, lassen Sie es sich, lasst es Euch ~* /sagt jmd., wenn er jmdm. etw. zum Essen anbietet und guten Appetit wünscht/ **3.** /jmd./ etw. ~ ˈetw. mit dem Geschmackssinn wahrnehmen'; ↗ FELD I.3.4.2: *ich habe den Rum (im Kuchen, Pudding) sofort geschmeckt; schmeckst Du, kannst du das ~, dass ich Knoblauch an die Suppe getan habe?; ich schmecke nichts, habe nichts geschmeckt* ❖ **Geschmack, schmackhaft − Beigeschmack, Fein-**

schmecker, geschmacklos, Geschmacklosigkeit, Geschmackssache, geschmackvoll

Schmeichelei [ʃmaiçəˈl..], **die**; ~, ~en ˈÄußerung, mit der jmd. jmdm. schmeicheln (1) will': *er sagt ihr ständig ~en; auf jmds. ~en hereinfallen* ❖ ↗ **schmeicheln**

schmeichelhaft [ˈʃmaiçl̩..] ⟨Adj.; Steig. reg.⟩ ˈjmdm. schmeichelnd und damit sein Selbstbewusstsein, Ansehen hebend' /vorw. auf Sprachliches bez./: *der Direktor hatte in seiner Abschiedsrede viele ~e Worte für ihn gefunden; es war alles in allem ein ~es* (ˈüber Erwarten gutes') *Ergebnis für ihn geworden; dein Angebot ist sehr ~ für mich; das ist nicht sehr, nicht gerade ~ für dich* (ˈdas zeigt dich nicht gerade in günstigem Licht'), *was wir da erfahren haben* ❖ ↗ **schmeicheln**

schmeicheln [ˈʃmaiçl̩n] ⟨reg. Vb.; hat⟩ **1.** /jmd./ jmdm. mit etw. ⟨Dat.⟩ ~ ˈjmdm. etw. für ihn überaus Gutes sagen, um sich bei ihm beliebt zu machen': *er schmeichelte ihr mit schönen Worten, Komplimenten; sie schmeichelte ihm, dass er ein großer Künstler sei; er versteht zu ~; jmdm. ~: sie schmeichelte ihm; was Sie da sagen, ist geschmeichelt* (ˈlobt mich mehr als angemessen'); *er fühlte sich geschmeichelt* (ˈin seinem Selbstbewusstsein bestätigt, gehoben'), *als man ihn um Rat fragte* **2.1.** /etw., bes. Sprachliches/ *jmdm., etw.* ⟨Dat.⟩ ~ ˈjmdm., jmds. Selbstgefühl angenehm sein': *diese Komplimente, Worte schmeichelten ihr; etw. schmeichelt jmds. Eitelkeit* **2.2.** /etw., bes. Kleidung/ *jmdm.* ~ ˈjmdn. in seinem Äußeren vorteilhaft erscheinen lassen': *der Pelz, die neue Frisur, das Kostüm schmeichelt ihr* ❖ **schmeichelhaft, Schmeichelei**

schmeißen [ˈʃmaisn̩], schmiss [ʃmɪs], hat geschmissen [gəˈʃmɪsn̩] umg. **1.** /jmd./ etw., jmdn. irgendwohin ~ ˈetw., bes. einen Gegenstand, mit Schwung irgendwohin werfen (1.1)': *er schmiss den Ball mit aller Kraft weit weg, in die Luft, ihm an den Kopf; jmdm. etw. vor die Füße ~; er schmiss seine Mappe vor Wut in die Ecke; er schmiss alles aus dem Fenster, was ihr gehörte; die Schwimmer schmissen ihren Trainer (vor Freude über den Sieg) ins Wasser; mit etw. nach jmdm., etw.* ⟨Dat.⟩ ~: *er schmiss den Ball nach ihr; mit Schneebällen nach jmdm., mit Steinen nach Vögeln* ~ **2.** /jmd./ *die Tür(en)* ~ ˈwütend die Tür(en) zuschlagen': *er schmiss (vor Wut) die Türen, dass es nur so krachte* **3.** /jmd./ *eine Vorstellung* ~ (ˈden Erfolg einer Vorstellung durch Versagen, Fehler zunichte machen') ❖ **schmissig**

schmelzen [ˈʃmɛltsn̩] (er schmilzt [ʃmɪltst]), schmolz [ʃmɔlts], ist/hat geschmolzen [gəˈʃmɔltsn̩] **1.** ⟨ist⟩ /etw., bes. Stoff, Substanz/ ˈdurch Einwirkung einer entsprechend hohen Temperatur aus dem festen in den flüssigen Zustand übergehen (3.1)'; SYN tauen (1.1): *der Schnee, Gletscher, das Eis ist geschmolzen; Glas, Eisen zum Schmelzen bringen* **2.** ⟨hat⟩ /jmd., etw. Wärme Ausstrahlendes/ etw. ~ ˈetw. durch eine entsprechend hohe Temperatur aus dem festen in den flüssigen Zustand (2) überführen': *Erz, Blei* ~

(↗ FELD II.5.2); *die Sonne, der Ofen hat das Eis geschmolzen;* SYN tauen (1.2) ❖ **Schneeschmelze**

Schmerz [ʃmɛʀts], **der**; ~es, ~en **1.** ˊdurch eine Verletzung, durch Krankheit od. durch eine heftige physische Einwirkung auf den Körper ausgelöste unangenehme, peinigende körperliche Empfindungˋ; ↗ FELD VI.3.1: *ein stechender, brennender, bohrender, schneidender, heftiger, starker, großer, mäßiger, anhaltender ~; er leidet unter unerträglichen ~en; ~en haben, empfinden, erleiden; ~en aushalten müssen; ~en in der Schulter, im Arm, Leib haben; von ~en geplagt sein; vor ~en jammern, stöhnen; die ~en kommen immer wieder, treten unregelmäßig auf; du musst dir den ~ verbeißen (*ˊihn auszuhalten versuchenˋ); *wo sitzt der ~?; (wo) hast du ~en?; der ~ ist unerträglich; die ~en betäuben, lindern; der ~ lässt nach, klingt ab/die ~en lassen nach, klingen ab; ein Mittel gegen ~(en)* **2.** ⟨vorw. Sg.⟩ *der ~ über etw.* ˊGefühl der Trauer, des Kummers über etw., das jmdm. widerfahren ist, zugefügt wurdeˋ; ↗ FELD I.6.1: *der ~ über den Tod des Kindes; er empfand tiefen ~ über den Tod des Vaters; etw. erfüllt jmdn. mit ~* (ˊschmerzt 2 jmdn.ˋ) ❖ **schmerzen, schmerzhaft, schmerzlich, verschmerzen — Bauchschmerz, Kopfschmerz, Magenschmerzen, Weltschmerz, Schmerzensgeld, schmerzlos, Schmerzmittel, schmerzstillend**
MERKE Zum Sg. und Pl. von *Schmerz:* Der *Schmerz* im Sg. bezieht sich meist auf einen lokalisierbaren Schmerz. *Schmerzen* bezeichnen oft einen andauernden, umfassenden körperlichen Zustand

schmerzen [ˈʃmɛʀtsn̩] ⟨reg. Vb.; hat⟩ **1.** *etw. schmerzt jmdn./jmdm.* ˊetw., bes. eine Wunde, ein Körperteil verursacht jmdm. Schmerz (1)ˋ; ↗ FELD VI.3.2: *die Wunde, der Zahn schmerzt (ihn) sehr, kaum; mir schmerzt der Kopf; seine Beine haben geschmerzt; die ~de Stelle mit einer Salbe einreiben;* vgl. wehtun **2.** *etw. schmerzt jmdn.* ˊetw. verursacht jmdm. Schmerz (2)ˋ; ↗ FELD I.6.2: *sein unfreundliches Verhalten hat, seine harten Worte haben sie sehr geschmerzt; dieser Verlust schmerzte ihn sehr; es schmerzt mich (zu wissen), dass du eine so schlechte Meinung von mir hast* ❖ ↗ **Schmerz**

Schmerzens|geld [ˈʃmɛʀtsn̩s..], **das** ⟨o.Pl.⟩ ˊbestimmte Summe Geld, die jmdm. (nach einem Gerichtsurteil) als Entschädigung für zugefügten körperlichen od. seelischen Schmerz (vom Verursacher) gezahlt wird, zu zahlen istˋ: *er erhielt ein ~ in Höhe von mehreren tausend Mark; er wurde zur Zahlung eines ~es verurteilt* ❖ ↗ **Schmerz**, ↗ **Geld**

schmerzhaft [ˈʃmɛʀts..] ⟨Adj.; Steig. reg.; nicht bei Vb.⟩ ˊmit Schmerzen (1) verbundenˋ; ANT schmerzlos /vorw. auf einen körperlichen Prozess bez./: *eine ~e Erkrankung, Prellung; die Behandlung war ~* ❖ ↗ **Schmerz**

schmerzlich [ˈʃmɛʀts..] **I.** ⟨Adj.; Steig. reg.⟩ ˊmit Schmerz (2) verbundenˋ /vorw. auf Psychisches bez./: *eine ~e Erinnerung, Erfahrung; ein ~er Verlust; sie haben seit einigen Tagen die ~e Gewissheit, dass er bei dem Unglück umgekommen ist; etw. ist*

für jmdn. ~; etw. als ~ empfinden — **II.** ⟨Adv.⟩ /beschränkt verbindbar/ *etw., jmdn. ~* (ˊsehrˋ) *vermissen* ❖ ↗ **Schmerz**

schmerz/Schmerz [ˈʃmɛʀts..]**|-los** ⟨Adj.; o. Steig.⟩ ˊnicht mit Schmerzen (1) verbundenˋ; ANT schmerzhaft: *die Behandlung durch den Arzt war fast ~* ❖ ↗ **Schmerz**, ↗ los; **-mittel**, das ˊschmerzstillendes Mittel (2.2)ˋ ❖ ↗ **Schmerz**, ↗ **Mittel**; **-stillend** [ˈʃtɪlənt] ⟨Adj.; o. Steig.⟩ ˊden Schmerz (1) beseitigend, betäubendˋ /beschränkt verbindbar/: *ein ~es Mittel, Medikament; etw. wirkt, ist ~* ❖ ↗ **Schmerz**, ↗ still

Schmetterling [ˈʃmɛtɐ..], **der**; ~s, ~e **1.** ˊInsekt mit zwei großen (und zwei kleineren) Flügeln, die meist mit farbigen Schuppen bedeckt sindˋ; SYN Falter; ↗ FELD II.3.1 (↗ TABL Insekten): *ein bunter ~; der ~ flattert hin und her; ~e fangen, sammeln* **2.** ⟨o.Art.; o.Pl.⟩ Sport ˊDelphin (2), Schmetterlingsschwimmenˋ; ↗ FELD I.7.4.1: *ein Wettkampf über 100 Meter ~* ❖ **Schmetterlingsschwimmen**

Schmetterlings|schwimmen [ˈʃmɛtɐlɪŋs..], **das** ˊArt zu schwimmen, bei der die Arme durch die Luft nach vorn bewegt und unter Wasser zurück an den Körper gezogen werden, während Rumpf und Beine auf- und abwärts bewegt werdenˋ; SYN Delphinschwimmen; ↗ FELD I.7.4.1 ❖ ↗ **Schmetterling**, ↗ **schwimmen**

schmettern [ˈʃmɛtɐn] ⟨reg. Vb.; hat⟩ emot. /jmd./ *etw. irgendwohin ~* ˊetw. mit großer Wucht irgendwohin werfen (1.1)ˋ: *er schmetterte den Teller (voller Zorn) an, gegen die Wand; die Tür ins Schloss ~* (ˊheftig zuschlagenˋ)

Schmied [ʃmiːt], **der**; ~es/auch ~s, ~e ˊHandwerker, Facharbeiter, der Eisen in glühenden Zustand versetzt, es mit dem Hammer od. maschinell bearbeitet und dabei zu Produkten formtˋ; ↗ FELD I.10: *er ist (ein) gelernter ~; das Pferd vom ~ beschlagen lassen* ❖ **Schmiede, schmieden — Goldschmied**

Schmiede [ˈʃmiːdə], **die**; ~, ~n ˊWerkstatt, Betrieb eines Schmiedesˋ: *in der ~ wird gehämmert, werden Pferde beschlagen* ❖ ↗ **Schmied**

schmieden [ˈʃmiːdn̩], schmiedete, hat geschmiedet **1.** /jmd., bes. Schmied/ **1.1.** *Eisen ~* (ˊglühendes Eisen mit dem Hammer od. maschinell bearbeiten und formenˋ) **1.2.** *etw. ~* ˊetw. durch Schmieden (1.1) herstellenˋ: *Hufeisen, Nägel, Ketten ~; er hat ein Gitter geschmiedet; ein geschmiedeter Leuchter; etw. zu etw.* ⟨Dat.⟩ *~: Eisen zu einem Pflug ~* (ˊaus Eisen einen Pflug schmiedenˋ) **2.** geh. /jmd./ /beschränkt verbindbar/: *Pläne ~* (ˊsich Pläne ausdenkenˋ); *Ränke ~* (ˊheimlich Pläne machen, wie man jmdm. schaden könnteˋ); *ein Komplott ~* (SYN ˊanstiften 1.1ˋ); meist spött. *Verse ~* (ˊauf laienhafte Weise Verse verfassenˋ) ❖ ↗ **Schmied**

schmiegen [ˈʃmiːgn̩] ⟨reg. Vb.; hat⟩ **1.** /jmd./ *sich an jmdn. ~* ˊsich (aus Liebe, einem Verlangen nach Geborgenheit, Zärtlichkeit) dicht an, gegen jmdn. drückenˋ: *das Kind schmiegte sich an die Mutter; sie schmiegte sich zärtlich an ihn* **2.** /jmd./ **2.1.** *sich in etw. ~:* *er hat sich in die Sofaecke, Kissen ge-*

schmiegt ('hat mit wohligem Behagen den Körper eng an die Sofaecke, Kissen gedrückt') **2.2.** *etw. in etw.* ~: *die Wange, das Kinn in die Hände* ~ ('durch die Hände stützen') ❖ **schmiegsam**

schmiegsam ['ʃmiːk..] ⟨Adj.; Steig. reg.; vorw. attr.⟩ **1.** 'aus weichem biegsamem Material und sich daher leicht einer Form anpassend'; SYN geschmeidig (1.1) /auf Kleidung, textile od. flexible Materialien bez./: *Stiefel aus* ~*em Leder; Stricksachen sind* ~ *und bequem* **2.** 'schlank und biegsam' /auf den menschlichen Körper bez./: *die* ~*e Figur, Gestalt des jungen Mädchens, der Tänzerin* ❖ ↗ **schmiegen**

Schmiere ['ʃmiːʀə], **die**; ~, ~n **1.** ⟨vorw. Sg.⟩ '(fettiger, öliger) anhaftender Schmutz': *seine Hände, Schuhe waren voller* ~ **2.** umg. emot. 'kleines Theater ohne anspruchsvolles künstlerisches Niveau': *als Schauspieler begann er zunächst in einer* ~ ❖ ↗ **schmieren**
* umg. /jmd./ ~ **stehen** ('bei einer Straftat, bes. einem Einbruch, Diebstahl aufpassen, um die Komplizen vor unerwartet auftauchenden Personen, bes. vor der Polizei, zu warnen')

schmieren ['ʃmiːʀən] ⟨reg. Vb.; hat⟩ **1.** /jmd./ *etw.* ~ 'etw., bes. bewegte metallene Teile von Maschinen, Geräten mit einem bestimmten Fett, Öl versehen, um die Reibung zwischen den Teilen zu verringern': *die Maschine, Türangeln, Radnaben* ~ **2.** umg. /jmd./ **2.1.** *etw. auf etw.* ~ 'etw. als Brotaufstrich aufs Brot o.Ä. streichen (1.1)': *Butter, Marmelade, Wurst auf eine Scheibe Brot* ~ **2.2.** umg. emot. *sich* ⟨Dat.⟩ *etw. irgendwohin* ~ 'etw. auf etw. streichen und verteilen': *er hat sich Pomade ins Haar, Creme ins Gesicht geschmiert* **2.3.** *(eine Scheibe) Brot, eine Schnitte* ~ 'eine Scheibe Brot mit etw., bes. Butter, Marmelade, Wurst bestreichen': *sie hat (ihm) täglich die Brote geschmiert* **3.** umg. emot. /jmd./ 'sehr unsauber, unordentlich schreiben': *der schmiert so, dass man es kaum lesen kann; er hat entsetzlich geschmiert; etw. irgendwohin* ~: *Worte, Parolen an die Wände* ~ **4.** umg. emot. neg. /jmd./ *jmdn.* ~ SYN 'jmdn. bestechen (1)': *er hat ihn (mit hundert Mark) geschmiert* ↗ **geschmiert, Schmiere, schmierig** – **Schmiergeld**
* umg. /jmd./ *jmdm. eine* ~ ('eine kräftige Ohrfeige versetzen')

Schmier|geld ['ʃmiːɐ..], **das** ⟨Pl.: -gelder⟩ umg. 'Geld, mit dem jmd. bestochen wird, wurde': *jmdm. etw. für/gegen (ein)* ~ *beschaffen;* ~*(er) zahlen, um etw. genehmigt zu bekommen; er hat* ~ *angenommen* ❖ ↗ **schmieren**, ↗ **Geld**

schmierig ['ʃmiːʀɪç] ⟨Adj.; Steig. reg.⟩ **1.** 'mit einer dünnen, glitschigen Schicht aus feuchtem Schmutz bedeckt' /vorw. auf Wege, Straßen bez./: *eine* ~*e (Erd)schicht; die Straße ist* ~ *(vom Regen)* **2.** emot. 'in widerlicher Art schmutzig und klebrig, fettig, feucht': *er trug einen* ~*en Kittel, der wohl noch nie Wasser und Seife gesehen hatte;* ~*e Hände haben; seine Hände sind* ~; *er sieht immer* ~ *aus* **3.** ⟨vorw. attr.⟩ emot. 'auf unangenehme, schmeichlerische Art plump vertraulich und zudringlich'

/vorw. auf Personen bez./: *ein* ~*er Kerl; er hat eine* ~*e Art, sich jmdm. zu nähern* ❖ ↗ **schmieren**

schmilzt: ↗ *schmelzen*

Schminke ['ʃmɪŋkə], **die**; ~, ⟨o.Pl.⟩ 'Farbstoff enthaltendes kosmetisches Mittel, das jmd. auf Teile des Gesichts aufträgt, um besser, anders auszusehen': ~ *auftragen; die* ~ *abwaschen;* ~ *auf die Wangen tun; die* ~ *im Gesicht verteilen, verreiben* ❖ **schminken**

schminken ['ʃmɪŋkn̩] ⟨reg. Vb.; hat⟩ /jmd./ *sich, jmdn.* ~ 'sich, jmdm. Schminke auf etw. auftragen': *der Schauspieler schminkt sich vor seinem Auftritt, wird vor seinem Auftritt geschminkt; sie hat sich, ihre Freundin geschminkt; sich* ⟨Dat.⟩ *etw.* ~: *sie schminkt sich nur die Lippen* ❖ ↗ **Schminke**

schmiss: ↗ *schmeißen*

schmissig ['ʃmɪsɪç] ⟨Adj.; Steig. reg.⟩ 'voller Schwung und straff rhythmisch' /bes. auf Blasmusik bez./: *die Kapelle spielte* ~, *eine* ~*e Musik, einen* ~*en Marsch* ❖ ↗ **schmeißen**

Schmöker ['ʃmøːkɐ], **der**; ~s, ~ umg. emot. neg. '(dickes) Buch, bes. für anspruchslose Unterhaltung': *was hast, liest du denn da für einen* ~?; *er blätterte in einem* ~ ❖ **schmökern**

schmökern ['ʃmøːkɐn] ⟨reg. Vb.; hat⟩ umg. /jmd./ **1.1.** 'gern viel, zur Unterhaltung etw. Spannendes, Anspruchsloses lesen': *sie, er schmökert den lieben langen Tag* **1.2.** *in einem Buch* ~ 'in einem Buch blättern und das eine od. andere (aus Neugier) lesen': *er ist gern im Antiquariat, um in alten Büchern zu* ~ ❖ ↗ **Schmöker**

schmollen ['ʃmɔlən] ⟨reg. Vb.; hat⟩ **1.** /jmd., bes. Kind/ 'seinen Unwillen, seine Enttäuschung, Unzufriedenheit über etw. durch Verziehen des Gesichts, Vorstülpen der Lippen, durch Herabziehen der Mundwinkel sowie durch beharrliches Schweigen zum Ausdruck bringen': *das Kind schmollt; seine Freundin schmollt oft;* ~*d den Mund verziehen* **2.** /jmd./ *mit jmdm.* ~ 'jmdm. etw. übel nehmen und es ihn merken lassen': *er schmollt mit uns, weil wir ihn nicht mit ins Kino genommen haben* ❖ ↗ **Schmuck**

schmolz: ↗ *schmelzen*

schmoren ['ʃmoːʀən] ⟨reg. Vb.; hat⟩ **1.1.** /jmd./ *etw.* ~ 'etw., bes. Fleisch, Gemüse, kurz braten und im bedeckten Topf mit wenig Flüssigkeit gar werden lassen': *Fleisch, Gemüse* ~ **1.2.** /etw./ *Fleisch, Gemüse schmort (im Topf)* ('wird im Topf mit wenig Flüssigkeit gar'); vgl. *braten, dünsten*

schmuck [ʃmʊk] ⟨Adj.; Steig. reg.⟩ 'sehr angenehm anzusehen, weil von gepflegtem und schönem Äußeren'; SYN hübsch: *ein* ~*es Mädchen, Paar, Haus, Dorf, Kleid; eine* ~*e Uniform; das Haus ist* ~; ~ *aussehen* ❖ ↗ **Schmuck**

Schmuck, der; ~s/auch ~es, ⟨o.Pl.⟩ **1.** 'meist aus kostbarem Material bestehender kunstvoll gearbeiteter Gegenstand, der zur Verschönerung, Zierde von jmdm. sichtbar am Körper, auf der Kleidung getragen wird'; ↗ FELD V.8.1: *goldener, silberner* ~; *falscher* ('aus nicht edlen Materialien bestehender') ~; *modischer* ~; *sie trug nur echten* ~; *ihr* ~ *ist sehr wertvoll*; *den* ~ *anlegen, im Safe aufbewahren, ablegen* **2.** 'das, was etw., jmdn. schön(er) macht, erscheinen lässt': *diese Knöpfe dienen zugleich als* ~ *des Kleides*; *Blumen standen als* ~ *auf dem Tisch* ❖ **schmuck, schmücken − ausschmücken, Schmuckstück**

schmücken ['ʃmʏkn̩] ⟨reg. Vb.; hat⟩ /jmd./ *etw., jmdn., sich* ~ *etw., jmdn., sich (aus besonderem Anlass) mit Schmuck (1,2) ausstatten, versehen': *den Festsaal (mit Girlanden, Fahnen und Blumen)* ~; *den Weihnachtsbaum (mit Kugeln, Lametta)* ~; *das Grab (mit Blumen)* ~; *sie schmückte die Braut, sich mit einer Blume im Haar*; *sie schmückte sich mit einer Brosche aus Gold, mit Ringen* ❖ ↗ **Schmuck**

Schmuck|stück ['ʃmʊk..], *das* 'Schmuck (1) als einzelner Gegenstand': *ein wertvolles* ~; *das* ~ *ist mit Brillanten und Perlen besetzt*; *ein* ~ *umarbeiten (lassen)* ❖ ↗ **Schmuck,** ↗ **Stück**

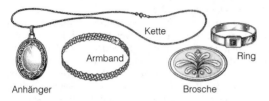

Anhänger — Armband — Kette — Ring — Brosche

Schmuggel ['ʃmʊɡl̩], *der*; ~s, ⟨o.Pl.⟩ 'illegaler Transport von Waren von einem Land in ein anderes, um der staatlichen Kontrolle, dem Zoll zu entgehen': *den* ~ *bekämpfen*; *der* ~ *mit Zigaretten*; *sie lebten von* ~; *(mit etw.)* ~ *treiben* 'mit etw. schmuggeln': *sie trieben mit Zigaretten, Alkohol* ~ ❖ ↗ **schmuggeln**

schmuggeln ['ʃmʊɡl̩n] ⟨reg. Vb.; hat⟩ **1.** /jmd./ *etw.* ~ 'bestimmte Waren heimlich, gesetzwidrig, unter Umgehung der Kontrolle, des Zolls an den Grenzen aus einem od. in ein Land bringen': *Waffen, Rauschgift* ~; *mit etw.* ⟨Dat.⟩ ~: *sie* ~ *mit Zigaretten*; *an dieser Grenze wird viel geschmuggelt* **2.** /jmd./ *etw., jmdn. irgendwohin* ~ 'etw., jmdn. heimlich, ohne Erlaubnis irgendwohin bringen': *etw. über die Grenze* ~; *einen Brief in ein Gefängnis* ~; *Informationen aus dem Land* ~; *Briefe aus dem Gefängnis* ~; *er schmuggelte sie in sein Zimmer, ohne dass die Wirtin etwas merkte* ❖ **Schmuggel, Schmuggler − durchschmuggeln**

Schmuggler ['ʃmʊɡlɐ], *der*; ~s, ~ 'jmd., der Schmuggel treibt': *der* ~ *wurde an der Grenze gefasst* ❖ ↗ **schmuggeln**

schmunzeln ['ʃmʊntsl̩n] ⟨reg. Vb.; hat⟩ /jmd./ 'vergnügt, mit Wohlgefallen und Zufriedenheit sowie voller Verständnis für andere (vor sich hin, in sich hinein) lächeln': *freundlich, belustigt* ~; *er schmunzelte vor sich hin*; *er musste* ~, *als er an dieses Erlebnis dachte*; *über etw., jmdn.* ~: *er schmunzelte über ihre Naivität, ihren Witz, den Angeber*

schmusen ['ʃmuːzn̩] ⟨reg. Vb.; hat⟩ /jmd./ *mit jmdm.* ~ 'mit jmdm. Zärtlichkeiten austauschen': *sie*

schmuste mit ihrem Kind, Freund; *er schmuste mit seiner Freundin*; /zwei (jmd.)/ ⟨rez.⟩ *die beiden Verliebten schmusten (miteinander)*

Schmutz [ʃmʊts], *der*; ~es, ⟨o.Pl.⟩ 'das, was sich an, auf, in etw. (in fester Form) als unsaubere Substanz abgelagert, angesammelt hat'; SYN Dreck (1): *feuchter, trockener* ~; *den* ~ *beseitigen, abfegen, absaugen*; *den* ~ *aus dem Zimmer fegen*; *den* ~ *von den Schuhen kratzen*; *diese Arbeit macht keinen* ~; *er, seine Kleidung starrte vor* ~; *er war über und über mit* ~ *bedeckt* ❖ **beschmutzen, schmutzig**

* /jmd., Presse/ **jmdn., etw. in den/durch den ~ ziehen** 'jmdn., etw. verunglimpfen, schlecht machen': *die Presse hat ihn durch den* ~ *gezogen*; *seine Liebe, Ehrlichkeit wurde durch den* ~ *gezogen*

schmutzig ['ʃmʊtsɪç] ⟨Adj.⟩ **1.1.** ⟨Steig. reg.⟩ 'mit Schmutz behaftet, voller Schmutz'; SYN dreckig (1), unsauber (1); ANT sauber (1.1): ~*e Hände, Füße, Kleidung, Schuhe haben*; ~*e Wäsche*; *das Handtuch ist* ~, *sieht* ~ *aus* **1.2.** ⟨Steig. reg.; nicht bei Vb.⟩ *diese Arbeit ist* ~ 'verursacht viel Schmutz, bei ihr macht man sich zu leicht sehr schmutzig': *das ist* ~*e Arbeit*; *das ist mir zu* ~ **1.3.** ⟨o. Steig.⟩ /jmd./ *sich* ~ *machen, sich* ⟨Dat.⟩ *etw.* ~ *machen* 'sich beschmutzen, sich etw. beschmutzen': *ich habe mich dabei* ~ *gemacht*; *dabei macht man sich leicht* ~; *ich habe mir dabei die Hände* ~ *gemacht*; *man macht sich dabei leicht die Kleidung* ~ **2.** ⟨Steig. reg., ungebr.; nicht bei Vb.; vorw. attr.⟩ SYN 'unanständig (I)' /vorw. auf Sprachliches bez./: ~*e Witze, Bemerkungen machen*; *jmd. hat eine* ~*e Phantasie* ('denkt immer gleich an etw. Unanständiges') ❖ ↗ **Schmutz**

Schnabel ['ʃnɑːbl̩], *der*; ~s, Schnäbel ['ʃnɛːbl̩/'ʃneː..] **1.** 'der feste, mit Horn überzogene, aus Ober- und Unterteil bestehende gerade od. gekrümmte Teil am Kopf von Vögeln, mit dem sie zubeißen, ihre Nahrung aufnehmen' (↗ TABL Vögel): *ein spitzer, langer, gekrümmter, krummer* ~; *die Vögel picken mit dem* ~ *die Körner auf*; *die jungen Vögel sperren ihre Schnäbel auf* **2.** umg. oft scherzh. 'Mund'; ↗ FELD I.1.1: *mach mal deinen* ~ *auf!*

* umg. /jmd./ **reden wie einem der ~ gewachsen ist** ('ohne Scheu und ungezwungen sprechen'); /jmd./ **den/seinen ~ halten** ⟨vorw. im Imp.⟩ 'aufhören zu sprechen und schweigen': *halt' (endlich) den/ deinen* ~!

Schnalle ['ʃnalə], *die*; ~, ~n 'am Ende eines Riemens, Gürtels angebrachte Vorrichtung, durch die hindurch das andere Ende des Riemens, Gürtels geführt wird und mit einem beweglichen kleinen metallenen Stift fest gehalten, geschlossen wird': *eine metallene* ~; *die* ~ *öffnen, schließen* ❖ ↗ **schnallen**

schnallen ['ʃnalən] ⟨reg. Vb.; hat⟩ /jmd./ **1.1.** *etw. irgendwie* ~ 'einen Gürtel, Riemen enger, weiter ~ ('die Schnalle an einem Gürtel, Riemen so schließen, dass der Gürtel, Riemen danach kürzer od. länger geworden ist'); *den Sattel fester* ~ ('die Riemen am Sattel so schließen, dass er festeren Halt bekommt') **1.2.** *etw. auf etw.* ~ 'etw. mit einem Riemen und einer Schnalle auf etw. befestigen': *ein Gepäckstück auf das Dach des Autos* ~; *etw. von etw.* ⟨Dat.⟩ ~: *den Rucksack vom Gepäckträger* ~ ('durch Öffnen der Schnalle eines Riemens herunternehmen') ❖ **Schnalle – anschnallen**

schnappen [ˈʃnapm̩] ⟨reg. Vb.; hat⟩ **1.** /Tier/ *nach etw.* ⟨Dat.⟩, *jmdm.* ~ 'etw., jmdn. rasch mit dem Maul, Schnabel, der Schnauze zu fassen suchen': *der Hund schnappte nach der Wurst, nach dem Briefträger* **2.** umg. /jmd./ *etw.* ~ 'etw. rasch ergreifen und fest halten': *er schnappte die Tasche und rannte davon; sich* ⟨Dat.⟩ *etw.* ~: *er schnappte sich noch rasch ein Stück Brot und rannte los* **3.** umg. /jmd., bes. Polizist, Polizei/ *jmdn.* ~ SYN 'jmdn. fassen (3)': *die Polizei hat die Diebe, Einbrecher geschnappt* ❖ **einschnappen, Schnappschuss**

Schnapp|schuss [ˈʃnap..], **der** 'sich aus der Situation ergebende fotografische Aufnahme ohne Vorbereitung, aber mit einem gelungenen Motiv': *sie haben auf ihrer Reise viele Schnappschüsse gemacht; ein gelungener* ~ ❖ ↗ **schnappen,** ↗ **schießen**

Schnaps [ʃnaps], **der;** ~es, Schnäpse [ˈʃnɛpsə] 'hochprozentiges alkoholisches Getränk'; ↗ FELD I.8.1: *eine Flasche* ~; *ein klarer, scharfer* ~; *sie haben mehrere Gläser* ~ *getrunken; er hat drei Schnäpse* ('drei Gläser mit Schnaps') *bestellt; vgl. Branntwein*

schnarchen [ˈʃnaʁçn̩] ⟨reg. Vb.; hat⟩ /jmd./ 'im Schlaf beim Atmen mit leicht geöffnetem Mund rasselnde Geräusche hervorbringen'; ↗ FELD VI.1.2: *mein Mann schnarcht, sobald er eingeschlafen ist; mein Mann schnarcht* ('schnarcht ständig'); *er hat die ganze Nacht geschnarcht; er hat furchtbar, entsetzlich geschnarcht*

schnarren [ˈʃnaʁən] ⟨reg. Vb.; hat⟩ /etw., bes. Gerät mit Klingel/ 'ein rasselndes Geräusch hervorbringen'; ↗ FELD VI.1.2: *die Klingel, der Summer, das Telefon, der Wecker schnarrte; er hat eine* ~*de Stimme*

schnattern [ˈʃnatɐn] ⟨reg. Vb.; hat⟩ **1.** *Enten, Gänse* ~ ('geben ihre typischen klappernden Laute von sich') **2.** umg. /jmd., bes. Gruppe junger Mädchen/ 'unentwegt laut plappern': *auf dem Weg nach Hause, während der Pause haben die Mädchen geschnattert*

schnauben [ˈʃnaubm̩], schnaubte/geh. schnob [ʃnoːp], hat geschnaubt/geh. geschnoben [gəˈʃnoːbm̩] **1.** /Pferd/ 'den Atem heftig und geräuschvoll durch die Nase ausstoßen': *der Hengst schnaubte/schnob ungeduldig* **2.** ⟨schnaubte, hat geschnaubt⟩ landsch. /jmd./ *sich* ~, *sich* ⟨Dat.⟩ *die Nase* ~ ('sich schnäuzen')

schnaufen [ˈʃnaufn̩] ⟨reg. Vb.; hat⟩ /jmd./ SYN 'keuchen (1)': *er schnauft immer beim Treppensteigen*

Schnauze [ˈʃnautsə], **die;** ~, ~n **1.** 'Maul und Nase bestimmter Tiere'; ↗ FELD II.4.1: *eine lange, spitze, stumpfe* ~; *die* ~ *des Hundes war feucht und kalt* **2.** derb 'Mund': *jmdn. auf die* ~ *hauen; vgl. Maul, Mund* ❖ **schnauzen, schnäuzen – anschnauzen, kaltschnäuzig**

* umg. **frei nach** ~ 'ohne Plan, nach Gutdünken bei einer Tätigkeit vorgehend': *diese Texte, Muster, Reparatur, das hat er frei nach* ~ *gemacht, ausgeführt;* /jmd./ **eine große** ~ **haben** ('großsprecherisch angeben'); /jmd./ **die** ~ **halten** ⟨vorw. im Imp.⟩ 'aufhören zu reden; schweigen': *halt' (endlich) die* ~!; ~ *halten!;* /jmd./ **sich** ⟨Dat.⟩ **die** ~ **verbrennen** ('unbedacht etw. äußern, das unangenehme Folgen hat'); /jmd./ **die** ~ **voll haben von etw., jmdm.** 'einer Sache, jmds. überdrüssig sein': *von den Partys, von dem Kerl habe ich (endgültig) die* ~ *voll*

schnauzen [ˈʃnautsn̩] ⟨reg. Vb.; hat⟩ /jmd., bes. Vorgesetzter/ 'laut, derb und im Befehlston schimpfen': *er schnauzt ständig, den ganzen Tag; mit jmdm.* ~: *er schnauzte mit den Jungen, seinem Sohn; auch etw.* ~ ⟨einem Ausrufesatz nachgestellt⟩: *„Was zum Teufel ist hier los", schnauzte er* ❖ ↗ **Schnauze**

schnäuzen [ˈʃnɔitsn̩] ⟨reg. Vb.; hat⟩ /jmd./ *sich* ~ 'die Nase durch hörbares Ausstoßen der Luft säubern': *sich geräuschvoll, laut* ~ ❖ ↗ **Schnauze**

Schnecke [ˈʃnɛkə], **die;** ~, ~n **1.** 'Molluske, die sich auf einer von ihr abgesonderten Schicht Schleim vorwärts bewegt und zwei Paar Fühler (und ein vorwiegend spiralig gewundenes Gehäuse aus Kalk) hat'; ↗ FELD II.3.1 (↗ BILD): *eine* ~ *mit, ohne Gehäuse; essbare* ~*n; die* ~ *kroch langsam über den Weg; die* ~ *zog sich in ihr Gehäuse zurück* **2.** 'flaches Stück Gebäck, bei dem der Teig spiralig zusammengerollt ist': *eine* ~ *essen*

* umg. /jmd., bes. Vorgesetzter/ **jmdn. zur** ~ **machen** 'jmdn. scharf kritisieren, zurechtweisen': *den mache ich zur* ~!

Schnecke

Schnee [ʃneː], **der;** ~s, ⟨o.Pl.⟩ **1.1.** 'Niederschlag aus Schneeflocken, die auf die Erde fallen'; ↗ FELD III.2.1, VI.5.1: *der* ~ *fällt, rieselt, wirbelt zur Erde; trockener, nasser* ~ **1.2.** 'Schnee (1.1), der sich als Schicht auf dem Erdboden abgelagert hat': *lockerer, pulvriger* ~; *trockener, nasser, vereister* ~; *der* ~ *bleibt liegen; das ganze Land liegt voller* ~, *ist mit einer dicken (weißen, weichen) Schicht aus* ~ *bedeckt; der* ~ *schmilzt, taut; den* ~ *vom Bürgersteig fegen, kehren, schippen, schaufeln, schieben; der* ~ *räumen; durch den (hohen)* ~ *laufen, stapfen; im* ~ *versinken; sein Gesicht war weiß wie* ~ ('sehr weiß, blass'); *unsere Vorräte schmolzen wie* ~ *an/in der Sonne* ('nahmen unversehens rasch ab') ❖ **schneien** – vgl. **Schnee-**

Schnee [ˈʃ..]-**ball**, **der** 'mit den Händen aus Schnee (1.2) geformte Kugel, mit der man sich aus Spaß und Übermut gegenseitig bewirft': *einen ~ (nach jmdm.) werfen* ❖ ↗ Ball; **-fall, der** 'Niederschlag in Form von Schnee (1.1)': *am Abend setzte (ein) leichter, starker ~ ein* ❖ ↗ fallen; **-flocke, die** ⟨vorw. Pl.⟩ 'leichtes, zartes, Gebilde aus zusammenhängenden winzigen Eiskristallen': *~n wirbeln durch die Luft* ❖ ↗ Flocke; **-glätte, die** 'Glätte auf Straßen, Wegen, die durch festgefahrenen Schnee entstanden ist'; ↗ FELD III.3.1: *auf der Autobahn, auf den Straßen der Stadt herrscht ~* ❖ ↗ glatt; **-glöckchen** [glœkçən], **das**; ~s, ~ 'zeitig im Frühjahr (wenn noch Schnee liegt) blühende kleine Pflanze mit schmalen, weißen glockenförmigen Blüten'; ↗ FELD II.4.1: *~ sind die Vorboten des Frühlings* ❖ ↗ Glocke; **-kette, die** 'Geflecht aus Ketten, das um die Reifen eines Kraftfahrzeugs gelegt und befestigt wird, damit das Fahrzeug bei tiefem Schnee, bei Schneeglätte auf den Straßen nicht ins Rutschen kommt': *in den Bergen muss man ~n anlegen* ❖ ↗ Kette; **-mann, der** ⟨Pl.: Schneemänner⟩ 'bes. von Kindern aus Schnee (1.2) geformte menschliche Gestalt': *einen ~ bauen* ❖ ↗ Mann; **-matsch, der** 'Matsch aus tauendem (schmutzigem) Schnee (1.2)'; ↗ FELD III.2.1: *auf den Straßen liegt ~; ~ behindert den Straßenverkehr* ❖ ↗ Matsch; **-schmelze** [ʃmɛltsə], **die**; ~, ⟨o.Pl.⟩ 'das Tauen des Schnees (1.2)': *die ~ setzte dieses Jahr unerwartet früh ein* ❖ ↗ schmelzen; **-wehe, die** 'durch Wind an bestimmter Stelle in großer Menge angehäufter Schnee': *meterhohe ~n; das Auto war in einer ~ stecken geblieben* ❖ ↗ wehen

Schneide ['ʃnaidə], **die**; ~, ~n 'scharf geschliffener Teil einer Klinge, eines Werkzeuges, der zum Schneiden, Zerkleinern dient': *eine scharfe, stumpfe, rostige ~; die ~ des Messers, die ~n der Schere schleifen, scharfen* ❖ ↗ **schneiden**

schneiden ['ʃnaidn̩], schnitt [ʃnɪt], hat geschnitten [gəʃnɪtn̩]; ↗ auch *schneidend* **1.** /jmd./ **1.1.** *etw. ~* 'etw. mit einem Schneidewerkzeug in kleinere Teile zertrennen, zu einzelnen Stücken zerkleinern'; ↗ FELD V.5.2: *Brot, Wurst, Käse, Fleisch, Tomaten, Gurken (in Scheiben), Speck (in Würfel, Streifen) ~; Baumstämme (zu Brettern) ~* ('sägen'); *wir müssen noch (die) Zwiebeln ~; etw. mit einem Messer, einer Schere ~; Glas (mit einem Diamanten) ~* **1.2.** *etw. von etw.* ⟨Dat.⟩ *~* SYN 'etw. von etw. abschneiden (1)': *eine Scheibe vom Brot, Kuchen ~* **1.3.** *etw. ~* 'etw. durch Schneiden (1.2) in die gewünschte kurze Form bringen': *sich* ⟨Dat.⟩ *die Fingernägel, Fußnägel ~; jmdm. die Haare ~; sich* ⟨Dat.⟩ *die Haare ~ lassen; etw. irgendwie ~*: *den Rock glockig ~* ('zu glockiger Form zuschneiden'); *eine modisch geschnittene Hose; das Gras, den Rasen ~* ('die Halme auf die gewünschte Höhe kürzen'); *die Hecke ~* ('stutzen 1'); *die Obstbäume ~* ('die Äste und Zweige sachgerecht kürzen'); METAPH *sie hat ein fein geschnittenes* ('geformtes') *Gesicht, hat mandelförmig geschnittene Augen* **1.4.** *etw. aus etw.* ⟨Dat.⟩ *~* 'etw. mit einem Schneidewerkzeug aus etw. herauslösen': *einen Artikel, eine*

Annonce aus der Zeitung ~; *eine faule Stelle aus dem Apfel ~* **2.** /jmd./ **2.1.** *etw. aus etw.* ⟨Dat.⟩ *~* 'etw. mit einem Schneidewerkzeug aus einem bestimmten Material herstellen': *aus Papier Scherenschnitte, Figuren ~; aus Rohr eine Trillerpfeife ~; sich* ⟨Dat.⟩ *(aus einem Ast) einen Spazierstock ~; aus Stämmen, Bäumen Bretter ~* ('sägen') **2.2.** *etw. in etw. ~, etw.*, bes. eine bildliche Darstellung, mit einem scharfen Werkzeug in der Oberfläche von etw. herstellen': *ein Monogramm in die Rinde eines Baumes, in eine Bank ~; Bilder, Ornamente in Holz, Metall, Stein ~; ein Gewinde in ein Rohr, Werkstück ~* **3.** /jmd./ *sich, jmdn. ~* 'sich, jmdn. mit einem Schneidewerkzeug od. einem scharfen Gegenstand eine Verletzung am Körper zufügen': *er hat sich mit dem Messer (in den Finger) geschnitten; er hat ihn, sich beim Rasieren versehentlich geschnitten* **4.** *das Messer, die Schere schneidet gut, schlecht* ('ist scharf, stumpf') **5.** /jmd./ *eine Fratze, Fratzen, eine Grimasse, Grimassen ~* ('durch Verziehen der Gesichtsmuskeln hervorbringen'); *ein spöttisches, saures Gesicht ~* **6.** /jmd., Auto/ *die Kurve ~* ('bei einer Kurve nach links zu weit auf die Innenseite geraten') **7.** /jmd./ *jmdn. ~* ('sich beim Überholen zu knapp vor dem überholten Fahrzeug einordnen') **8.** *die Straße schneidet* ('kreuzt') *die Bahnlinie kurz vor der Ortschaft; zwei Geraden ~ sich* ('treffen, kreuzen sich in einem Punkt') **9.** /jmd./ *jmdn. ~* 'jmdn. absichtlich nicht beachten und damit brüskieren': *jmdn. auffällig, offensichtlich ~; er hat mich den ganzen Abend geschnitten* ❖ Schneide, **schneidend**, Schneider, Schneiderin, **schneidern**, Schnitt, Schnitte, Schnitzel, **schnitzen**, Schnitzer, **beschneiden**, **zerschneiden** — **abschneiden**, Abschnitt, **aufschneiden**, Aufschneider, Aufschnitt, **ausschneiden**, Ausschnitt, **durchschneiden**, Durchschnitt, **durchschnittlich**, **einschneidend**, Einschnitt, Haarschnitt, Holzschnitt, Querschnitt, Scherenschnitt, Schneidewerkzeug, Schnittblume, -fläche, -holz, -lauch, -punkt, **überschneiden**, Zeitabschnitt, **zuschneiden**; vgl. **schnittig**

schneidend ['ʃnaidn̩t] ⟨Adj.; Steig. reg.; Superl. ungebr.; nicht bei Vb.; vorw. attr.; ↗ auch *schneiden*⟩ **1.** 'sehr heftig und kalt und dadurch Schmerzen auf der Haut verursachend' /beschränkt verbindbar/: *ein ~er Wind fegte durch die Straßen; ~e Kälte* **2.** /beschränkt verbindbar/ *er sprach in ~em* ('scharfem 8') *Ton; ~er* ('verletzender') *Hohn lag in seiner Stimme* ❖ ↗ **schneiden**

Schneider ['ʃnaidɐ], **der**; ~s, ~ 'jmd., der beruflich nach Maß Oberbekleidung anfertigt'; ↗ FELD I.10: *einen Anzug, ein Kostüm vom ~ arbeiten, herstellen lassen* ❖ ↗ **schneiden**
＊ umg. /jmd./ **aus dem ~ sein** 'von Sorgen, Schwierigkeiten befreit sein': *er hat seine Prüfung bestanden, nun ist er aus dem ~*

Schneiderin ['ʃnaidəR..], **die**; ~, ~nen /zu Schneider; weibl./ ❖ ↗ **schneiden**

schneidern ['ʃnaidɐn] ⟨reg. Vb.; hat⟩ /jmd./ *etw. ~* 'ein Kleidungsstück (der Oberbekleidung) nach

Maß anfertigen'; ↗ FELD V.1.2: *ein Kleid, eine Bluse ~; sich* ⟨Dat.⟩ *etw. ~: sie schneidert sich ihre Kleidung selbst* ❖ ↗ **schneiden**

Schneide|werkzeug [ˈʃnaɪdə..]**, das** 'Werkzeug zum Schneiden von etw., z. B. Messer, Schere'; ↗ FELD V.5.1 ❖ ↗ **schneiden,** ↗ **Werk,** ↗ **Zeug**

schneidig [ˈʃnaɪdɪç] ⟨Adj.; Steig. reg.⟩ 'draufgänge-risch und mutig' /auf erwachsene männliche Perso-nen bez./: *ein ~er Bursche; jmdn. ~ attackieren*

schneien [ˈʃnaɪən] ⟨reg. Vb.; hat/ist⟩ **1.** ⟨hat⟩ *es schneit* 'Niederschlag in Form von Schnee fällt zur Erde'; ↗ FELD III.2.2: *es schneit heftig, stark; es hat heute früh, es hat den ganzen Tag leicht ge-schneit; vgl. regnen, hageln* **2.** ⟨ist⟩ geh. *etw. schneit irgendwohin* 'etw. Leichtes fällt in großer Menge von irgendwoher zu Boden': *Blütenblätter ~ von den Bäumen* ❖ ↗ **Schnee**

Schneise [ˈʃnaɪzə]**, die**; ~, ~n 'von Bäumen und Buschwerk frei gehaltener langer und schmaler Streifen Land in einem Wald': *eine schmale, breite, lange ~; eine ~ in, durch den Wald schlagen*

schnell [ʃnɛl] ⟨Adj.; Steig. reg.⟩ **1.** 'mit relativ hoher Geschwindigkeit der Fortbewegung'; ANT lang-sam (1); ↗ FELD VIII.1.3: *ein ~es Tempo; ein ~er Lauf, Ritt; der Wagen ging in ~er Fahrt in die Kurve, fuhr in ~er Fahrt bergab; die Fahrt wurde allmählich immer ~er; ~ gehen, laufen, rennen, fah-ren, schwimmen; ~e Schritte näherten sich der Tür; er kam, so ~ er konnte* **2.** ⟨Steig. reg.⟩ 'mit relativ großer Geschwindigkeit der Bewegung'; SYN rasch (1); ANT langsam (1.1): *er machte eine ~e Bewegung mit der Hand, dem Arm; das Rad drehte sich sehr ~; ~ zufassen; etw. ~ ergreifen* **3.** ⟨Steig. reg.⟩ 'relativ kurze Zeit beanspruchend'; SYN rasch (2): *diese Entwicklung hatte eine ~e Wendung genommen; einen ~en Entschluss fassen; etw. ~* (ANT langsam 1.2) *begreifen, erledigen, tun; jmdn. ~ bedienen; er kann ~ lesen; er arbeitet ~ und gut; die Seuche hat sich ~ ausgebreitet; wir waren über-raschend ~ fertig; er hat sich ~ eingelebt; bei dieser Angelegenheit muss man ~* ('sofort') *eingreifen, rea-gieren; er ist ~ eingeschlafen* **4.** ⟨o. Steig.; nur bei Vb.⟩: *~* ('in Eile ganz kurz') *noch einen Blick in das Buch werfen* ❖ **Schnelle, schnellen, Schnellig-keit, schnelllebig, Schnellstraße, -zug, Sekunden-schnelle, Stromschnelle, vorschnell**

Schnelle [ˈʃnɛlə]**, die**; ~, ~n **1.** ⟨o.Pl.⟩ *in aller ~* ('sehr schnell 3') *erledigt sie ihre Einkäufe* **2.** 'Strom-schnelle': *der Fluss hat viele ~n; das Boot ist in den ~n gekentert* ❖ ↗ **schnell**

* umg. *auf die ~* **1.** 'in kurzer Zeit und meist ober-flächlich': *er hat das auf die ~ gemacht, erledigt, repariert* **2.** 'nur kurz und überraschend': *jmdn. auf die ~ besuchen* **3.** 'in kurzer Zeit': *wo kriege ich auf die ~ so viel Geld her?*

schnellen [ˈʃnɛlən] ⟨reg. Vb.; ist⟩ /jmd., etw.; Tier/ *ir-gendwohin, von irgendwoher ~* 'sich sehr schnell ir-gendwohin, von irgendwoher, in die Höhe bewe-gen': *der Pfeil schnellte in die Luft; der Fisch*

schnellte *aus dem Wasser; er ist von seinem Sitz in die Höhe geschnellt* ❖ ↗ **schnell**

Schnelligkeit [ˈʃnɛlɪç..]**, die**; ~, ⟨o.Pl.⟩ **1.** 'relativ hohe Geschwindigkeit bei der Fortbewegung'; SYN Tempo: *die ~ erhöhen, vermindern; das Auto fuhr mit großer ~* **2.** 'relativ kurze Zeit beanspruchender Ablauf von etw.'; SYN Geschwindigkeit (2): *in der ~ des Begreifens, Denkens ist er uns allen voraus, über; er reagierte mit erstaunlicher ~; das Feuer griff mit großer ~ um sich* ❖ ↗ **schnell**

schnell/Schnell [ˈʃnɛl..]**||-lebig** [leːbɪç] ⟨Adj.; Steig. reg., Superl. ungebr.; nicht bei Vb.⟩ /beschränkt ver-bindbar/: *die Mode ist sehr ~* ('verändert sich schnell, nach relativ kurzer Zeit'); *unsere ~e Zeit* ('unsere Zeit, in der die Erlebnisse, Ereignisse rasch aufeinander folgen und wenig Zeit zur Besinnung bleibt') ❖ ↗ **schnell,** ↗ **leben; -straße, die** 'Straße (in einem Ort), auf der eine festgesetzte, relativ hohe Geschwindigkeit gefahren werden darf') ❖ ↗ **schnell,** ↗ **Straße; -zug, der** veraltend SYN 'D-Zug'; ↗ FELD VIII.4.1.1 ❖ ↗ **schnell,** ↗ **Zug**

schneuzen: ↗ **schnäuzen**

Schnippchen [ˈʃnɪpçən]

* umg. scherzh. /jmd./ **jmdm. ein ~ schlagen** ('mit Geschick, Klugheit jmds. Absichten, die sich auf einen selbst richten, durchkreuzen')

schnippisch [ˈʃnɪp..] ⟨Adj.; Steig. reg.⟩ 'jmdn. im per-sönlichen Umgang, im Gespräch mit Worten, Ges-ten abweisend und frech behandelnd' /vorw. auf junge weibliche Personen bez./: *ein ~es Mädchen; eine ~e Verkäuferin; sie ist ziemlich ~, antwortete ~; eine ~e* ('abweisende und freche') *Antwort, Be-merkung*

Schnipsel [ˈʃnɪpsl̩]**, der/das**; ~s, ~ 'kleines abgerisse-nes od. abgeschnittenes Stück Papier, Stoff': *die ~ auflesen, vom Teppich saugen* ❖ **schnipseln**

schnipseln [ˈʃnɪpsl̩n] ⟨reg. Vb.; hat⟩ **1.** /jmd./ *etw. ~* 'etw., bes. Papier, Gemüse, in viele kleine Stücke schneiden': *Bohnen, Gemüse ~* **2.** /jmd./ *an etw.* ⟨Dat.⟩ *~* 'wahllos kleine Stücke von etw., bes. von Papier, abschneiden': *er schnipselte an dem Foto, an den Rändern der Zeitung* ❖ ↗ **Schnipsel**

schnitt: ↗ **schneiden**

Schnitt [ʃnɪt]**, der**; ~s/auch ~es, ~e **1.** /zu *schneiden* 1.1,1.3,3/ 'das Schneiden': *der ~ mit dem Messer drang tief in das weiche Gewebe; mit einem ~ trennte er das Band ab, durch; nach dem ~ sah die Hecke wieder gut aus* (↗ FELD II.4.1) **2.** 'durch Schneiden (4) entstandene Öffnung in einem be-stimmten Material': *in der Tischdecke, im Mantel, im Leder ist ein langer ~; der ~* ('die durch einen Schnitt 1 entstandene Wunde') *ist gut verheilt* **3.** 'Darstellung, Zeichnung der (gedachten) Schnitt-fläche längs od. quer durch einen Gegenstand od. ein Gebäude zur Darstellung seiner inneren Struk-tur': *einen senkrechten, waagerechten ~ von einem Werkstück, Gebäude anfertigen* **4.** 'die mit einem Schneid(e)werkzeug, bes. mit einer Schere, herge-stellte Form von etw., bes. von einem Kleidungs-stück'; SYN Fasson (1.1): *der elegante ~ eines*

Kleides, Mantels; dem Haar einen modernen ~ *geben* 5. ⟨o.Pl.⟩ *im* ~ 'durchschnittlich': *im* ~ *fuhr er 100 Kilometer die/pro Stunde; im* ~ *gibt er sechs Unterrichtsstunden am Tag* ❖ ↗ **schneiden**

* umg. /jmd./ **einen, seinen** ~ **(bei etw.) machen** 'einen guten Gewinn bei etw. erzielen': *beim Verkauf seines Autos hat er einen (guten)* ~ *gemacht*

Schnitt|blume ['..], **die** 'von bestimmten Pflanzen abgeschnittene Blüte mit einem langen Stiel, Stengel, die meist mit anderen zu einem Strauß gebunden und in eine Vase gestellt wird'; ↗ FELD II.4.1: *Rosen, Nelken und Astern sind typische* ~*n* ❖ ↗ **schneiden**, ↗ **Blume**

Schnitte ['ʃnɪtə], **die**; ~, ~n '(mit Belag versehene) Scheibe Brot': *Butter auf die* ~ *streichen; eine* ~ *(mit Schinken) essen* ❖ ↗ **schneiden**

Schnitt ['ʃnɪt..]|**-fläche, die** 'ebene sichtbare Fläche an der Stelle, an der etw. durchgeschnitten worden ist': *die* ~ *des Baumstumpfes; die* ~ *an der Wurst* ❖ ↗ schneiden, ↗ flach; **-holz, das** ⟨o.Pl.⟩ 'zu Balken, Brettern, Latten, Leisten o.Ä. geschnittenes Holz' ❖ ↗ schneiden, ↗ Holz

schnittig ['ʃnɪtɪç] ⟨Adj.; Steig. reg.⟩ 'von eleganter, sportlicher Form' /bes. auf Fahrzeuge bez./: *ein* ~*er Wagen; eine* ~*e Jacht; das Auto ist* ~, *sieht* ~ *aus* ❖ vgl. **schneiden**

Schnitt ['ʃnɪt..]|**-lauch, der** ⟨o.Pl.⟩ 'Lauch, dessen röhrenartige Blätter als Gewürz, Belag (1) verwendet werden'; ↗ FELD I.8.1, II.4.1: ~ *an den Salat geben, zum Brot essen* ❖ ↗ schneiden, ↗ Lauch; **-punkt, der** 'Punkt (3,4), an dem sich zwei Strecken, Linien kreuzen, schneiden': *die Stadt liegt am* ~ *zweier wichtiger Eisenbahnlinien; der* ~ *zweier Geraden, Kurven* ❖ ↗ schneiden, ↗ Punkt

Schnitzel ['ʃnɪtsl̩], **das/der**; ~s, ~ 1. ⟨das⟩ 'dünne Scheibe Fleisch ohne Knochen, bes. vom Kalb od. Schwein, die gebraten gegessen wird'; ↗ FELD I.8.1: *ein* ~ *klopfen, panieren, braten* 2. ⟨das/der⟩ 'kleines abgeschnittenes, abgerissenes Stück, bes. von Holz od. Papier': *die* ~ *vom Tisch fegen; die* ~ *aufsammeln, aufsaugen* ❖ ↗ **schneiden**

schnitzen ['ʃnɪtsn̩] ⟨reg. Vb.; hat⟩ /jmd./ etw. ~ 'aus einem Material, bes. Holz, mit Hilfe spezifischer Schneidewerkzeuge einen Gegenstand, eine Figur herstellen': *ein Kruzifix, eine Pfeife* ~; *Pfeile* ~; *eine Figur (aus Holz, Elfenbein)* ~ ❖ ↗ **schneiden**

Schnitzer ['ʃnɪtsɐ], **der**; ~s, ~ 1. 'jmd., der beruflich Figuren schnitzt': *als* ~ *in einer Werkstatt arbeiten* 2. 'Fehler aus Versehen, Unachtsamkeit': *ein grober, ärgerlicher, schlimmer* ~; *in seinem Artikel waren viele grammatische* ~; *ihm sind einige* ~ *unterlaufen; er hat sich da in seiner Rede einen tollen* ~ *geleistet* ❖ ↗ **schneiden**

schnob: ↗ *schnauben*

schnöde ['ʃnøːdə] ⟨Adj.; Steig. reg., ungebr.⟩ emot. 1. ⟨nicht präd.; vorw. attr.⟩ 'wert, verachtet zu werden' /auf Abstraktes bez./: ~*r Undank, Verrat; er hat dies alles nur um* ~*n Gewinnes willen, um des* ~*n Mammons willen, aus* ~*m Geiz getan; jmds. Unkenntnis, Schwäche* ~ *ausnutzen* 2. 'jmdn. Verach-

tung spüren lassend' /vorw. auf Sprachliches bez./: *jmdn.* ~ *abweisen, behandeln; das war eine ganz* ~ *Antwort, Zurechtweisung*

Schnörkel ['ʃnœrkl̩], **der**; ~s, ~ 'der Verzierung dienende geschwungene Linie, Form an Gegenständen od. an geschriebenen Buchstaben': *reich geschnitzte Möbel mit vielen* ~*n; ein mit* ~*n verzierter Anfangsbuchstabe*

schnüffeln ['ʃnʏfl̩n] ⟨reg. Vb.; hat⟩ 1. /bes. Hund, Schwein/ an etw. ⟨Dat.⟩ ~ 'an etw. riechen und dabei kurz und rasch hintereinander die Luft einziehen und ausstoßen, um den Geruch gut wahrnehmen zu können'; ↗ FELD I.3.3.2: *der Hund schnüffelte am Baum, an der Ecke des Hauses, an den Schuhen des Besuchers* 2. umg. /jmd./ in etw. ⟨Dat.⟩ ~ 'in jmds. Sachen unberechtigt, meist aus Neugier, herumsuchen': *seine Frau hat schon wieder in seinem Schreibtisch, in seinen Papieren, in seinem Zimmer geschnüffelt; er hat schon wieder geschnüffelt*

Schnulze ['ʃnʊltsə], **die**; ~, ~n 'Lied, Theaterstück, Film von sentimentalem, kitschigem Charakter': *im Fernsehen gibt es schon wieder eine* ~; *der Schlager ist eine grässliche* ~; *er liebt* ~*n; solche* ~*n hörst du dir an?*

Schnupfen ['ʃnʊpfn̩], **der**; ~s, ⟨o.Pl.⟩ 'Erkältungskrankheit, die mit Entzündung der Schleimhaut der Nase, des Rachens und Absonderung einer schleimigen Flüssigkeit verbunden ist': *ein starker, leichter* ~; *den, einen* ~ *haben, bekommen; er hat sich einen (schlimmen)* ~ *geholt; ein Mittel gegen* ~ ❖ **Heuschnupfen**

schnuppern ['ʃnʊpɐn] ⟨reg. Vb.; hat⟩ 1.1. /bes. Hund/ an etw. ⟨Dat.⟩ ~ 'an etw. riechen (2.2) und dabei kurz hintereinander die Luft einziehen und ausstoßen': *der Hund schnupperte am Futter* 1.2. umg. /jmd., Tier/ etw. ~ 'durch Schnuppern (1.1) einen Geruch wahrnehmen'; ↗ FELD I.3.3.2: *wir konnten den Duft der Bäckerei schon von weitem* ~

Schnur [ʃnuːɐ], **die**; ~, Schnüre ['ʃnyːrə] 'aus einzelnen dünneren Fasern, Garnen gedrehter od. geflochtener dicker Faden'; ↗ FELD I.7.6.1: *eine dünne, dicke, feste* ~; *eine seidene* ~; *Perlen auf eine* ~ *fädeln; die Jacke ist mit roten und gelben Schnüren besetzt; das Paket mit einer* ~ ('einem Bindfaden') *zusammenbinden* ❖ schnüren – schnurgerade, Schnürsenkel, schnurstracks, Zündschnur

Schnürchen ['ʃnyːɐçən]

* umg. **etw. läuft/geht wie am** ~ 'etw. verläuft, funktioniert schnell, reibungslos und ohne Schwierigkeiten': *bei ihr zu Hause geht, läuft alles wie am* ~

schnüren ['ʃnyːrən] ⟨reg. Vb.; hat⟩ /jmd./ 1.1. etw. ~ 'einen Strick, Bindfaden, eine Schur fest um etw. wickeln und die Enden verknüpfen': *ein Paket* ~; *die Schuhe* ~ ('die Schnürsenkel binden'); *alte Zeitungen (zu Bündeln)* ~ 1.2. etw. auf etw. ~ 'etw. mit Schnüren auf etw. befestigen': *den Koffer auf den Gepäckträger* ~ ❖ ↗ **Schnur**

schnur|gerade ['ʃnuːɐ..] ⟨Adj.; o. Steig.⟩ 'sehr gerade' /vorw. auf Wege bez./: *ein* ~*r Weg; eine kilometer-*

lange ~ Straße; der Weg ist ~, verläuft ~ (bis zum Waldrand, durch den Wald) ❖ ↗ **Schnur,** ↗ **gerade**

schnurrig [ˈʃnʊʀɪç] 〈Adj.; Steig. reg.〉 'ein bisschen wunderlich wirkend, aber sympathisch' /vorw. auf ältere männliche Personen bez./: *er ist ein ~er Mensch, Kauz; er ist, wirkt ~; eine ~e* ('komische') *Geschichte* ↗ **Schnur**

Schnür|senkel [ˈʃnyːɐ̯zɛŋkl̩], **der**; ~s, ~ 'Schnur, mit der die Schuhe zugebunden werden': *die ~ binden; der ~ hat sich gelöst, ist aufgegangen, ist gerissen; neue ~ in die Schuhe einziehen* ❖ ↗ **Schnur**

schnur|straks [ˈʃnuːɐ̯ʃtʀaks] 〈Adv.〉 'sofort und auf direktem Wege, ohne Zögern': *er ging ~ auf sein Ziel los; er lief ~ zur Polizei* ❖ ↗ **Schnur**

schnurz [ʃnʊʁts] 〈Adj.; o. Steig.; nur präd. (mit *sein*)〉 landsch. umg. *etw., jmd. ist jmdm. ~* 'etw., jmd. ist jmdm. völlig gleichgültig (3)': *mir ist alles ~; was hier vor sich geht, ist mir ~; der Kerl ist mir völlig ~*

schob: ↗ **schieben**

Schock [ʃɔk], **der**; ~s/auch ~es, ~e/~s **1.** 'psychische Erschütterung durch einen Unfall o.Ä., bei der der Betroffene sich nicht mehr unter Kontrolle hat': *einen leichten, schweren ~ erleiden; unter ~ stehen* **2.** 〈vorw. Sg.〉 *etw. ist für jmdn. ein ~* 'etw. ist für jmdn. ein Ereignis, das ihn schwer trifft, erschüttert': *diese Nachricht, die Kündigung war ein ziemlicher ~ für ihn; das hat ihr einen mächtigen ~ versetzt* ('hat sie sehr erschüttert'); *von dem ~ muss sie sich erst erholen* ❖ **schocken, schockieren**

schocken [ˈʃɔkn̩] 〈reg. Vb.; hat〉 *etw./ jmdn. ~* 'jmdn. in einen Zustand psychischer Erschütterung versetzen': *diese Nachricht hat ihn geschockt; sie alle waren von seinen Äußerungen geschockt* ('schockiert') ❖ ↗ **Schock**

schockieren [ʃɔˈkiːʀən], schockierte, hat schockiert /jmd., etw./ *jmdn. ~* 'jmds. ethisches, moralisches Empfinden so provozieren, dass er sehr entrüstet ist': *er hat die Gäste durch sein Benehmen, seine Kleidung schockiert; sein Auftreten, seine Reden schockierten uns* ❖ ↗ **Schock**

schofel [ˈʃoːfl̩] 〈Adj.; Steig. reg.〉 umg. emot. 'überaus gemein (1)': *er war ein ausgesprochen schofler Mensch, Kerl; er hat eine schofle Gesinnung; das war ~ (von ihm); sich jmdm. gegenüber ~ benehmen; er kam sich ~ vor, weil er sie belogen hatte* MERKE Zum Wegfall des ‚e' der Endung: ↗ *dunkel* (Merke)

Schokolade [ʃokoˈlɑːdə], **die**; ~, 〈o.Pl.〉 'aus dem Samen des Kakaobaums gewonnenes, mit Zucker (Milch) und Aroma hergestelltes Genussmittel': *eine Tafel, ein Stück ~; drei Tafeln, Stück ~; er isst gern ~* ↗ *schallen*

scholl: ↗ *schallen*

¹schon [ʃoːn] 〈Adv.〉 **1.** /drückt aus, dass etw. früher als angenommen geschieht, geschehen ist/ SYN bereits (1): *er kommt ~, ist ~ gekommen, ~ aufgestanden; er hat ~ gegessen* **2.** /drückt aus, dass etw. vor dem Zeitpunkt der Rede abgeschlossen ist/ SYN bereits (1): *ich habe ~ davon gehört; das Obst ist ~ ausverkauft* ❖ **³schon, obschon**

²schon 〈Modalpartikel; betont od. unbetont; steht nicht am Satzanfang; bezieht sich auf den ganzen Satz〉 **1.** 〈unbetont; steht in Aussagesätzen〉 /der Sprecher drückt seine Gewissheit aus, dass ein Sachverhalt eintreten wird; er will damit den Hörer beruhigen/: *du schaffst das ~!; ich finde das Buch ~; er wird ~ zur Vernunft kommen; wir werden uns ~ einig werden; du erfährst es ~ rechtzeitig; ich sage dir ~ Bescheid, sobald ich etwas erfahre; dem werde ich es ~ zeigen!; es wird ~ für alle reichen* **2.** 〈unbetont; steht in Aufforderungssätzen〉 umg. /der Sprecher ist ungeduldig und macht seine Forderung damit dringlich, weil der Hörer auf vorausgehende Forderungen nicht reagiert hat/: *los, mach ~!; los, geh ~ und hol die Zeitung aus dem Kasten!; erzähl ~!; rede ~ endlich!; sag ~, wer das war!* **3.** 〈unbetont; steht in Fragesätzen, in Ergänzungsfragen〉 /der Sprecher fragt meist rein rhetorisch und setzt eine negative Antwort voraus, drückt oft Geringschätzung, Zweifel hinsichtlich des Sachverhalts aus/: *wem nützt das ~?; wo wird er ~ sein?; was kann das ~ bewirken?; was kann der ~ wollen?; was kann das ~ sein?* **4.** 〈betont od. unbetont; steht in Aussagesätzen〉 /der Sprecher bestätigt zwar den Sachverhalt, relativiert ihn aber, schränkt ihn ein wenig ein; der folgende, durch *aber*, nur eingeleitete Hauptsatz nennt die Einschränkung, die durch *schon* vorweggenommen ist/: *das ist ~ wahr, trotzdem glaube ich, dass ...; das Essen war ~ gut, aber es hätte reichlicher sein können; das mag ~ sein, aber ...; das kann ~ so gewesen sein, aber uns fehlen die Beweise; ich glaube dir das ~, aber wo warst du an diesem Abend?* **5.** 〈unbetont; steht in Aussagesätzen〉 /der Sprecher bekräftigt eine Aussage, gegen die zuvor Zweifel geäußert wurden/: *das ist ~ so, das kannst du mir glauben; das kannst du mir ~ glauben; das hat ~ seinen Grund* **6.** 〈unbetont; steht in mit *wenn* eingeleiteten Konditionalsätzen; der Konditionalsatz steht vor dem Hauptsatz〉 /der Sprecher drückt damit aus, dass der Sachverhalt des Nebensatzes seiner Meinung nach die Voraussetzung für den Sachverhalt des Hauptsatzes ist; da die Voraussetzung aber nicht selbstverständlich ist, ist der Sachverhalt des Hauptsatzes umso mehr gerechtfertigt/: *wenn ich ~ mal hier bin, will ich mir auch alles genau ansehen; wenn ich es ~ mache, dann mache ich es richtig; wenn er ~ in der Toskana ist, will er auch Florenz besichtigen; wenn wir uns ~ eine Ferienwohnung kaufen, dann an der Ostsee* **7.** 〈betont; als Antwort auf Entscheidungsfragen od. Aussagesätze〉 /der Sprecher stimmt zu, lässt aber durchblicken, dass er noch Vorbehalte hat/: „*Gefällt es dir hier?*" „*Ja, ~.*"; „*Macht dir die Arbeit Spaß?*" „*(Ja) ~.*"; „*Das haben wir noch nie erlebt.*" „*Ich ~!*"

³schon 〈Gradpartikel; unbetont; steht vor od. nach der Bezugsgröße; bezieht sich auf verschiedene Kategorien〉 **1.** 〈steht vor, auch nach Zeitangaben〉 /drückt aus, dass ein Sachverhalt früher als erwartet eintritt/; ANT ³erst (1.1): *er muss ~ um 6.30 Uhr* *aufstehen; gestern ~/~ gestern wurde das bekannt gegeben; ich komme ~ um die Mittagszeit; er ist ~ nach dem Abendbrot schlafen gegangen* **2.** ⟨steht vor Zeitangaben⟩ /drückt aus, dass ein Sachverhalt später als erwartet eintritt/; SYN bereits (2); ANT ³erst (1.2): *es war ~ zehn Uhr, als er endlich aufstand; es war ~ neun Uhr, als er im Dienst erschien; es war ~ Mittag, als sie endlich aufbrachen* ❖ vgl. **¹schon**

schön [ʃøːn] **I.** ⟨Adj.⟩ **1.** ⟨Steig. reg.⟩ **1.1.** 'von, mit einem Äußeren, das gefällt und das ästhetische Empfinden angenehm berührt'; SYN hübsch; ANT hässlich (1) /vorw. auf Personen, Körperteile und Gegenstände bez./: *eine ~e Frau; ein ~es Mädchen; ein ~er junger Mann, Mensch; er, sie hat ~e Augen, Hände; ein ~es Profil haben; eine ~e Blume, Landschaft; sie hat ~e Kleider; ein ~es Lächeln; sie ist auffallend, blendend, ungewöhnlich ~; er findet das Bild ~* **1.2.** 'in seiner Art angenehm auf die Sinne wirkend'; SYN hübsch /auf Abstraktes bez./: *etw. ist ein ~er Anblick, bietet einen ~en Anblick; hier haben wir eine ~e Aussicht; die Aussicht ist ~* **1.3.** *sie hat eine ~e* ('wohlklingende, hübsche') *Stimme, singt ~; ihre Stimme ist ~* **2.** ⟨Steig. reg.⟩ 'als Erlebnis ein angenehmes Empfinden auslösend'; ANT scheußlich (2.2), schlecht (2.1): *wir hatten einen ~en Abend, Tag, eine ~e Zeit, einen ~en Urlaub; das war eine ~e Reise; ich hatte einen ~en Traum; er hat ~ geträumt; sein ~stes Erlebnis erzählen; ~es* ('sonniges') *Wetter; es ist ~, dass wir uns treffen; am ~sten* ('besten') *wäre es, wenn ...; das war alles nicht ~ für sie, was sie hat erleben müssen* **3.1.** 'Anerkennung verdienend'; SYN erfreulich /auf Abstraktes bez./: *das ist ein, kein ~er Zug an ihm; eine ~e Leistung; das war (nicht) ~ von ihm, er hat ihr gegenüber nicht ~* ('nicht anständig, nicht ehrenhaft') *gehandelt;* /in den kommunikativen Wendungen/ *das ist ja alles ganz gut und ~, aber ...* ('das, was gesagt wurde, stimmt zwar, aber ...') /wird gesagt, um jmds. Darstellung zu relativieren/; *das wäre ja noch ~er* /wird gesagt, um eine zu hohe Forderung, einen Wunsch strikt zurückzuweisen/ **3.2.** ⟨o. Steig.; nur attr.⟩ iron. /beschränkt verbindbar/ *das sind ja ~e* ('wenig erfreuliche') *Aussichten!; du bist mir ein ~er* ('unzuverlässiger') *Freund!; da hast du wirklich was Schönes* ('Schlimmes, Törichtes') *angerichtet* **4.** ⟨o. Steig.⟩ umg. 'ziemlich groß': *er hat ein ~es* ('hohes') *Alter erreicht; das Paket hat ein ganz ~es Gewicht* ('ist ziemlich schwer'); *er verdient ~* ('recht viel'); *das war ein ~es Stück Arbeit; eine ~e* (SYN 'beträchtliche') *Summe Geld* **5.** ⟨Steig. reg., Komp. ungebr.⟩ umg. /in kommunikativen Wendungen, die Höflichkeit ausdrücken/: *~en* ('freundlichen') *Gruß!; ~(st)en* ('vielen herzlichen') *Dank!* **6.** ⟨nur bei Vb.⟩ /verstärkt nachdrücklich und in jovialer Weise eine Aufforderung/: *immer ~ der Reihe nach* ('nicht vordrängeln')*!; lass ihn mal ~ in Ruhe!; immer ~ ruhig bleiben, keine Aufregung!* — **II.** ⟨Adv.; vor Adj., Adv.; bei Vb.⟩ 'sehr': *du wärst ~ dumm,*

wenn du diese Chance nicht nutztest; das ist ~ teuer; er ist ~ betrogen worden; da wird er sich ~ wundern, wenn er das hört ❖ **beschönigen, Schönheit** — **bildschön, Schönfärberei**

schonen [ˈʃoːnən] ⟨reg. Vb.; hat; ↗ auch *schonend*⟩ /jmd./ **1.1.** *etw. ~* 'mit etw. so pfleglich, sorgsam umgehen, dass es lange in gutem Zustand erhalten bleibt': *seine Kleidung, das Auto ~; seine Stimme, Augen ~; Handschuhe bei der Arbeit anziehen, um die Hände zu ~; seine Kräfte ~* ('mit seinen Kräften Haus halten') **1.2.** *jmdn. ~:* einen *Kranken, Gebrechlichen ~* ('so mit ihm umgehen, dass er nicht überanstrengt wird'); *jmdn. ~d behandeln; sich ~* ('sich nicht überanstrengen, sondern Rücksicht auf seine eigene Gesundheit nehmen') **1.3.** *jmdn. ~* 'jmdn. rücksichtsvoll behandeln, ihn nicht zu sehr kritisieren'; ↗ FELD I.2.2: ⟨oft verneint⟩ *er hat den Star in seiner Kritik nicht geschont* **2.** *etw. schont etw.* 'etw., ein Mittel, schädigt etw. nicht, ist gut für etw.': *diese Seife schont die Haut; dieses Mittel schont den Lack des Autos; ein Waschmittel, das die Wäsche und die Umwelt schont* ❖ **schonend, Schonung, verschonen** — **schonungslos, Schonkost, -zeit**

schonend [ˈʃoːnənt] ⟨Adj.; Steig. reg.; vorw. attr. u. bei Vb.; ↗ auch *schonen*⟩ *jmdm. etw. ~ beibringen* 'jmdm. etw. für ihn Unangenehmes in einer rücksichtsvollen Weise mitteilen': *dass sein Haus abgebrannt ist, müssen wir ihm ~ beibringen; jmdn. in ~er Weise auf etw. vorbereiten; mit etw. ~(er) umgehen* ↗ **schonen**

Schön|färberei [ˈʃøːnfɛʁbəʁ..], **die**; ~, ~en ⟨vorw. Sg.⟩ 'Darstellung, die etw. Mangelhaftes günstiger, besser erscheinen lässt': *der Bericht ist nichts als ~* ❖ ↗ **schön**, ↗ **Farbe**

Schönheit [ˈʃøːn..], **die**; ~, ~en **1.** ⟨o.Pl.⟩ /zu *schön* 1/ 'das Schönsein': *die ~ dieser Frau, dieser Landschaft, dieses Bauwerks; ein Werk von großer klanglicher ~; ihre ~ stellte alles in den Schatten* **2.** 'sehr schöne Frau': *sie ist wirklich eine ~!; sie ist eine richtige ~; scherzh. die ~en des Landes* ❖ ↗ **schön**

Schon|kost [ˈʃoːn..], **die** SYN 'Diät'; ↗ FELD I.8.1: *der Arzt hat ihn auf ~ gesetzt* ('hat ihm Schonkost verordnet'); *jmdm. ~ verordnen* ❖ ↗ **schonen**, ↗ **Kost**

Schonung [ˈʃoːn..], **die**; ~, ⟨o.Pl.⟩ /zu *schonen* 1/ **1.** 'das Schonen': *etw., jmdn. mit ~ behandeln* **2.** *er ist ohne ~* ('ohne Rücksicht') *gegen die Täter vorgegangen; jmdn. um ~* ('rücksichtsvolle Behandlung, Erbarmen, Gnade') *(für jmdn.) bitten; er verdient keine ~* ❖ ↗ **schonen**

schonungs|los [ˈʃoːnʊŋs..] ⟨Adj.; Steig. reg.⟩ 'ohne Schonung, Rücksicht (2)'; SYN rücksichtslos (1.2): *eine ~e Kritik; die Kritik war ~; ~ über etw., jmdn. reden, von jmdm., etw. berichten; etw. mit ~er Offenheit anprangern* ❖ ↗ **schonen**, ↗ **los**

Schon|zeit [ˈʃoːn..], **die** 'Zeitraum, in dem bestimmte Tiere nicht gejagt, gefangen werden dürfen': *die ~ für Hasen und Rehe* ❖ ↗ **schonen**, ↗ **Zeit**

Schopf [ˈʃɔpf], **der**; ~s/auch ~es, Schöpfe [ˈʃœpfə] ˈ(dichtes) Haar auf dem Kopf': *jmdn. beim ~ fassen, packen*

* /jmd./ **etw. beim ~/~e packen** ˈetw., das sich als etw. Günstiges anbietet, schnell entschlossen nutzen': *die Gelegenheit, das Glück, die Chance beim ~/~e packen*

schöpfen [ˈʃœpfn̩] ⟨reg. Vb.; hat⟩ **1.** /jmd./ *etw. aus etw.* ⟨Dat.⟩ ~ ˈetw. Flüssiges mit einem Gefäß od. mit der hohlen Hand aus einer größeren Menge Flüssigkeit herausnehmen': *Wasser aus dem Becken, aus einem Brunnen, Bach ~* **2.** geh. /beschränkt verbindbar/ /jmd./ *Atem ~* (ˈtief einatmen'); *Verdacht ~* (ˈmisstrauisch werden'); *Mut, Hoffnung ~* (ˈwieder Mut, Hoffnung bekommen') ❖ **Schöpfer, schöpferisch, Schöpfung — ausschöpfen**

Schöpfer [ˈʃœpfɐ], **der**; ~s, ~ **1.** ⟨+ Gen.attr.⟩ geh. ˈjmd., der etw. Neues, Bedeutendes schafft, geschaffen hat': *wer ist der ~ dieses Kunstwerks, Projekts?* **2.** ⟨o.Pl.⟩ Rel. ˈGott' /in der kommunikativen Wendung/ *du kannst/da kannst du deinem ~ danken, dass ...* (ˈdu hast Glück gehabt, dass ...') /wird oft pathetisch zu jmdm. gesagt, der einer gefährlichen Situation entgangen ist/: *du kannst deinem ~ danken, dass du im Auto angeschnallt warst* ❖ ↗ **schöpfen**

schöpferisch [ˈʃœpfɐ..] ⟨Adj.; Steig. reg.; vorw. attr.⟩ ˈetw. Neues, Bedeutendes schaffend'; SYN kreativ /auf Personen od. Psychisches bez./: *ein ~er Mensch; er hat ~e Fähigkeiten; seine ~e Phantasie entfalten, einsetzen; ~e Arbeit leisten; ein ~er Künstler; ein ~ tätiger Mensch; ~ tätig sein* ❖ ↗ **schöpfen**

Schöpfung [ˈʃœpf..], **die**; ~, ~en **1.** ⟨o.Pl.⟩ ˈdas schöpferische Gestalten von etw.': *für die ~ des Kunstwerks erhielt er einen Preis* **2.** ˈErgebnis schöpferischer Gestaltung, Tätigkeit': *die Oper, Plastik ist eine reife ~* (ˈein Meisterwerk') *des Künstlers; die neuesten ~en der Mode* **3.** ⟨o.Pl.; mit best. Art.⟩ Rel. ˈdas von Gott Geschaffene': *Gottes ~; die Wunder der ~; der Mensch als Krone der ~* ❖ ↗ **schöpfen**

schor: ↗ **scheren**

Schorf [ʃɔrf], **der**; ~s/auch ~es, ⟨o.Pl.⟩ ˈKruste aus getrocknetem Blut auf einer Wunde': *auf der Wunde hat sich ~ gebildet*

Schornstein [ˈʃɔrn..], **der**; ~s, ~e ˈBauteil für den Abzug (3) der Gase, des Rauchs von einer industriellen Anlage od. einer Heizung'; ↗ FELD V.3.1 (↗ TABL Haus/Gebäude): *ein hoher ~; der ~ qualmt; den ~ fegen, reinigen* ❖ ↗ **Stein**

* umg. /jmd./ **etw. in den ~ schreiben können** ˈinvestierte finanzielle Mittel als verloren ansehen können': *was du dem geborgt hast, das kannst du in den ~ schreiben*

Schornstein|feger [ˈʃɔrnʃtaɪnfeːgɐ], **der**; ~s, ~ ˈHandwerker, Facharbeiter, der Schornsteine reinigt und Anlagen, bes. für die Heizung, kontrolliert'; ↗ FELD I.10 ❖ ↗ **Stein**, ↗ **fegen**

schoss: ↗ **schießen**

Schoß [ʃoːs], **der**; ~es, Schöße [ˈʃøːsə] ˈdie bei einer sitzenden Person von Unterleib und Oberschenkeln gebildete Fläche': *das Kind sitzt auf dem ~ der Mutter; sie hielt ihre Hände im ~; sich auf jmds. ~ setzen; sich jmdm. auf den ~ setzen; er nahm das Kind auf den ~; das Kind kletterte ihm auf den ~, wollte auf den ~ der Mutter*

* **jmdm. fällt etw. in den ~** ˈjmd. erhält etw., kommt in den Besitz, Genuss von etw. Wertvollem, ohne sich darum bemühen zu müssen': *ihm ist alles in den ~ gefallen*

Schössling [ˈʃœs..], **der**; ~s, ~e **1.** ˈjunger, gerade und lang nach oben gewachsener Trieb (3) an einem Baum, Strauch'; ↗ FELD II.4.1: *aus dem Baumstumpf sind eine Menge ~e gewachsen; die Äste waren voller ~e* **2.** ˈaus einem Schössling (1) gezogene junge Pflanze': *~e pflanzen*; vgl. ²*Reis* ❖ ↗ **schießen**

Schote [ˈʃoːtə], **die**; ~, ~n ˈFrucht bestimmter Pflanzen in Form einer (flachen, schmalen, länglichen) Kapsel, in der sich die Samen befinden'; ↗ FELD II.4.1: *die ~n der Erbsen, des Paprikas; die ~n sind noch grün; reife ~n öffnen sich, platzen*; vgl. *Hülse*

Schotter [ˈʃɔtɐ], **der**; ~s, ⟨o.Pl.⟩ ˈMenge eckiger, kantiger Steine, die bes. zur Befestigung des Untergrundes (1) von Straßen, Gleisen verwendet werden': *die G(e)leise werden auf ~ verlegt*

schraffieren [ʃraˈfiːrən], schraffierte, hat schraffiert /jmd./ *etw. ~* ˈbestimmte Flächen einer künstlerischen, technischen Zeichnung mit zahlreichen dicht und parallel nebeneinander liegenden Strichen versehen': *er schraffierte seine Zeichnung, um Licht und Schatten hervorzuheben*

schräg [ʃrɛːk] ⟨Adj.; Steig. reg., Superl. ungebr.⟩ ˈvon einer (gedachten) senkrechten od. waagerechten Linie od. Richtung im spitzen od. stumpfen Winkel abweichend'; ↗ FELD IV.2.3: *eine ~e Linie; ein ~es Dach; das Dach ist ~; die Kammer hat ~e Wände; das Schiff liegt ~; eine ~ stehende Leiter; ~ über die Straße gehen; der Weg verläuft nicht gerade, sondern ~ durch die Wiese; er wohnt ~ gegenüber; etw. ~* (ˈnicht gerade') *durchschneiden; etw. ~ hinstellen*

Schramme [ˈʃramə], **die**; ~, ~n ˈVerletzung der Oberfläche der Haut od. Beschädigung der Oberfläche eines Gegenstandes, die durch starke Reibung an einer harten Fläche entstanden ist'; SYN Kratzer: *er hat eine große ~ am Knie, auf der Wange; das Auto hat schon viele ~n; der Schrank hat beim Umzug eine ~ abbekommen*

Schrank [ʃraŋk], **der**; ~s/auch ~es, Schränke [ˈʃrɛŋkə] ˈmit Türen und Fächern ausgestattetes großes Möbelstück zur Aufbewahrung von Gegenständen, bes. Geschirr, Wäsche, Kleidung'; ↗ FELD V.4.1: *den ~ ein-, ausräumen, öffnen, schließen, einen ~ aufstellen, zusammenbauen; etw. aus dem ~ nehmen, in den ~ stellen, hängen, legen; Kleider im ~ haben* ❖ **Kleiderschrank, Kühlschrank**

Schranke [ˈʃraŋkə], **die**; ~, ~n ˈan einem Ende befestigte große Stange, die sich hochziehen und herunterlassen lässt und so den Durchgang, die Durch-

fahrt (an Einfahrten, Bahnstrecken) öffnet od. sperrt': *die ~n am Bahnübergang sind geschlossen, gehen hoch; die ~(n) am Eingang zum Tierpark; die ~(n) herunterlassen, auf-, hochziehen, öffnen, schließen; das Auto durchbrach die geschlossene ~* ❖ **beschränken, beschränkt – einschränken**
* geh. /jmd./ **jmdn., etw. in die ~n fordern** ('jmdn., eine Institution zwingen, sich einer Herausforderung zu stellen'); /jmd./ **jmdn. in die/seine ~n (ver-)weisen** ('jmdn. ermahnen, sich zu mäßigen und sich so zu verhalten, wie es ihm zusteht')

Schraube ['ʃʀaubə], **die**; ~, ~n ['ʃʀaubm̩]' kleiner Gegenstand aus Metall mit einem Gewinde und einem Kopf (3) mit Schlitz(en), der zur Herstellung einer lösbaren Verbindung von hölzernen, metallenen Teilen dient' (↗ BILD): *etw. mit einer ~, mit ~n an etw. befestigen; eine ~ in etw. drehen; die ~n anziehen, lockern, lösen; an einer ~ drehen* ❖ **schrauben – Hubschrauber, Schraubendreher, -zieher, Schraubstock, zurückschrauben**
* **eine ~ ohne Ende** 'ein Vorgang, Prozess, der immer weiter fortschreitet, ohne dass ein Ende abzusehen ist': *die Steigerung der Preise und die Erhöhung der Löhne, das ist eine ~ ohne Ende;* ⟨⟩ umg. **bei jmdm. ist eine ~ locker** ('jmd. ist geistig nicht ganz normal, ist ein bisschen verrückt')

Schraube

schrauben ['ʃʀaubm̩] ⟨reg. Vb.; hat⟩ **1.** /jmd./ *etw. an etw. ~* 'etw. mit einer Schraube, mit Schrauben an etw. befestigen': *das Schloss, Namensschild an die Tür ~* **2.** /jmd./ *etw. in etw., etw. aus, von etw.* ⟨Dat.⟩ *~* 'eine Schraube od. einen Gegenstand mit einem Gewinde durch Drehen in etw. befestigen, aus, von etw. lösen': *er hat die Schraube in das Brett, aus dem Brett geschraubt; eine Glühbirne in die, aus der Fassung, Lampe ~; den Deckel von der Dose ~; den Bilderhaken in den Dübel ~* ❖ ↗ **Schraube**

Schrauben ['ʃʀaubm̩..]|-**dreher, der** 'Werkzeug zum Festziehen, Lösen von Schrauben'; SYN Schraubenzieher; ↗ FELD V.5.1 ❖ ↗ Schraube, ↗ drehen; -**schlüssel, der** 'Werkzeug zum Anziehen, Lösen von Bolzen, Muttern (II)'; ↗ FELD V.5.1 (↗ TABL Werkzeuge) ❖ ↗ Schraube, ↗ schließen (2,3); -**zieher** [tsiːɐ], **der**; ~s, ~ SYN 'Schraubendreher'; ↗ FELD V.5.1 (↗ TABL Werkzeuge) ❖ ↗ Schraube, ↗ ziehen

Schraub|stock ['ʃʀaub..], **der** ⟨Pl.: -stöcke⟩ 'Gerät mit gegeneinander zu bewegenden Teilen, zwischen die ein Werkstück zur Bearbeitung eingespannt wird'; ↗ FELD V.5.1: *etw. in den ~ spannen* ❖ ↗ Schraube, ↗ Stock

Schreck [ʃʀɛk], **der**; ~s, ⟨o.Pl.⟩ 'plötzliches, heftiges Gefühl der Angst, das durch etw. ausgelöst wird,

das (bedrohlich, gefährlich ist und) unerwartet und plötzlich eintritt': *ein großer, heftiger, plötzlicher, panischer ~; ein freudiger ~; ein eisiger ~* ('ein heftiger Schreck, der jmdn. erstarren lässt wie plötzliche Eiseskälte') *hatte sie erfasst, ergriffen, lähmte sie; jmdm. einen ~ einjagen* ('jmdn. heftig erschrecken'); *der ~ ist uns in die Glieder gefahren* ('wir spürten den Schreck förmlich in den Gliedern'); *der ~ lag ihr noch in den Gliedern* ('der Schreck wirkte noch nach'); *vor ~ aufschreien, davonlaufen, zittern; er ist vor ~ blass, bleich geworden; starr, steif vor ~ stand er da; jmd. ist noch einmal mit dem (bloßen) ~ davongekommen* ('außer dem Schreck ist ihm nichts Ernsthaftes passiert'); /in den kommunikativen Wendungen/ umg. scherz. *~ lass nach!; ach du mein ~!* /Ausrufe der Bestürzung/ ❖ [1,2]**erschrecken,** [1,2]**schrecken, schreckhaft, schrecklich, unerschrocken – abschrecken,** [1,2]**aufschrecken, Heuschrecke,** [1,2]**zurückschrecken**

[1]**schrecken** ['ʃʀɛkn̩] ⟨reg. Vb.; hat⟩ **1.** /jmd., etw., Tier/ *jmdn. ~* SYN 'jmdn. ängstigen (1)': *das Geräusch, der Traum, die Nachricht hat mich geschreckt; jmdn. (mit Drohungen, durch die Ankündigung harter Strafen) zu ~ suchen; sich durch nichts ~ lassen* **2.** /jmd., etw./ *jmdn. aus dem Schlaf ~* 'jmdn. so unsanft aufwecken, dass er dabei erschrickt': *ein lautes Geräusch, mein Nachbar schreckte mich aus dem Schlaf* ❖ ↗ **Schreck**

[2]**schrecken** (er schreckt/geh. schrickt [ʃʀɪkt]), schreckte/geh. schrak [ʃʀaːk], ist geschreckt: *jmd. schreckt/schrickt aus dem Schlaf* 'fährt erschrocken aus dem Schlaf auf': *er schreckte aus dem Schlaf, als jemand an seine Tür klopfte* ❖ ↗ **Schreck**

Schrecken, der; ~s, ~ **1.** ⟨vorw. Sg.⟩ 'meist länger anhaltendes Gefühl der Angst, des Entsetzens, das durch Gefahr, Bedrohung und durch die Erwartung von Gefahr und Tod ausgelöst wird'; ↗ FELD I.6.1: *die Verbrecherbande verbreitete Angst und ~ im Lande; jmdn. in (Angst und) ~ versetzen; ein großer, heftiger ~ hatte uns alle erfasst* **2.** ⟨vorw. Pl.; + Gen.attr.⟩ 'Angst und Schrecken (1) hervorrufende Wirkung von etw.': *die ~ des Krieges, Todes* ❖ ↗ **Schreck**

schreckhaft ['ʃʀɛk..] ⟨Adj.; Steig. reg.⟩ 'dazu neigend, leicht zu erschrecken (1)' /vorw. auf Personen bez./: *er, sie, das Reh ist sehr ~; ein ~es Kind; sie hat ein ~es Wesen; sie reagierte ~ auf seine Vorschläge* ❖ ↗ **Schreck**

schrecklich ['ʃʀɛk..] ⟨Adj.⟩ **I.1.** ⟨Steig. reg.⟩ SYN 'furchtbar (I.1)' /auf Abstraktes bez./; ↗ FELD I.6.3: *eine ~e Nachricht; ein ~es Ereignis, Erlebnis, Unglück; Krebs ist eine ~e Krankheit; die Polizei machte eine ~e Entdeckung; das Schlachtfeld bot einen ~en Anblick; ~e Qualen, Pein erdulden; er stieß ~e Drohungen, Verwünschungen aus; es ist etw. Schreckliches geschehen; das ist ja ~!* /Ausruf des Entsetzens/ **2.** ⟨Steig. reg., ungebr.⟩ emot. SYN 'unausstehlich'; ↗ FELD I.6.3 /auf Personen bez./: *ein ~er Mensch; der Kerl war ~; wir fanden ihren neuen Freund ~* **3.** ⟨Steig. reg.; nicht bei Vb.⟩ emot. 'sehr unangenehm': *wir waren in einer ~en Lage;*

es war ihm ~, *ihr das sagen zu müssen* **4.** emot. ⟨Steig. reg., ungebr.; nicht bei Vb.⟩ 'von großem Ausmaß, großer Intensität und darum als sehr unangenehm empfunden'; SYN furchtbar (3.2), fürchterlich (I.3.2): *eine ~e Hitze, Kälte, Wut; er hatte ~e Angst vor der Prüfung* – **II.** ⟨Adv.; vor Adj., Adv.; bei Vb.⟩ emot. 'überaus, sehr': *das Buch ist ~ interessant, spannend; sie hat sich ~ darüber aufgeregt; das dauert wieder einmal ~ lange; wir haben uns ganz ~ darüber gefreut* ❖ ↗ **Schreck**

Schrei [ʃʀɑi̯], **der**; ~s/auch ~es, ~e 'von einem Menschen, Tier mit der Stimme hervorgebrachte(r) durchdringende(r) Laut(e)'; ↗ FELD VI.11: *ein lauter, gellender ~; der ~ eines Menschen, Tieres; die ~e der Verletzten waren weithin zu hören;* ⟨+ Gen.attr.⟩ *ein ~ des Entsetzens, der Freude, Überraschung, Verwunderung* ('ein Schrei, der Entsetzen, Freude ... ausdrückt'); *einen ~ ausstoßen; ein ~ war zu hören, durchdrang die Stille* ❖ ↗ **schreien**
* umg. **der letzte** ~ ('etw., das die neueste Mode darstellt') /bes. auf Kleidung bez./: *ihr Hut ist, ihre Schuhe sind der letzte ~*

schreiben [ˈʃʀɑi̯bm̩], schrieb [ʃʀiːp], hat geschrieben [gəˈʃʀiːbm̩] **1.1.** /jmd./ 'mit einem Schreibgerät Buchstaben, Zahlen, Noten, Wörter, einen Text auf einer Unterlage, vor allem auf (einem Stück) Papier in bestimmter sinnvoller Reihenfolge hervorbringen': *mit einem Bleistift, Kugelschreiber ~; mit, auf einer Schreibmaschine ~; mit der Hand ~; mit Tinte ~; unser Junge lernt ~; er schreibt am liebsten auf weißem Papier; in gut leserlicher Schrift ~; gut, schön, schlecht, leserlich, sauber, schnell, langsam ~; etw. ~: Buchstaben, Sätze, Zahlen, Noten ~; er kann schon alle Buchstaben und Zahlen ~; ein Wort richtig, falsch ~; dieses Wort wird groß-, kleingeschrieben; „Matte" wird mit zwei „t" geschrieben/ schreibt man mit zwei „t"; einen Text in Steno(graphie), nach Diktat ~; ein Diktat ~; etw. irgendwohin ~: eine Notiz, Bemerkungen in ein Heft ~; eine Formel, seinen Namen an die Wandtafel ~* **1.2.** /Schreibgerät/ *dieser Bleistift, Kugelschreiber, Füller schreibt gut, schlecht* ('mit ihm lässt es sich gut, schlecht schreiben') **1.3.** *es schreibt sich irgendwo gut, schlecht* 'man kann auf etw. gut, schlecht schreiben': *auf diesem Papier schreibt es sich (nicht) gut* **1.4.** ⟨steht für ein Passiv⟩ /etw., bes. Wort/ *sich ~: sein Name schreibt sich am Ende mit „i"* ('wird am Ende mit „i" geschrieben'); *wie schreibt sich dieses Wort?* **1.5.** /Arzt/ *jmdn. krank, gesund ~:* ↗ *gesundschreiben, krankschreiben* **2.** /jmd./ **2.1.** *etw. ~* 'einen Text entwerfen und in schriftlicher Form abfassen': *einen Artikel, Brief, Roman ~; seine Dissertation ~; einen Antrag, eine Beschwerde, einen Wunschzettel, ein paar Zeilen ~; er schreibt seine Memoiren; er schreibt jetzt für mehrere Tageszeitungen; er hat in seinem Bericht die Wahrheit, lauter Lügen, Unsinn geschrieben* **2.2.** *an etw.* ⟨Dat.⟩ *~* 'mit dem Entwurf und der Niederschrift eines Textes für etw. beschäftigt sein': *er schreibt an einem Roman, Theaterstück* **2.3.** *die Musik zu einem Film ~* ('komponieren'); *er schreibt*

eine Oper **3.1.** /jmd., Institution/ *jmdm., an jmdn. ~* 'jmdm. etw. in Form eines Briefes mitteilen': *seinen Eltern, an seine Eltern (einen Brief) ~; ihr Sohn schreibt (ihnen) regelmäßig; er schrieb uns, dass ...; von seiner Krankheit hat er (ihnen) nichts geschrieben* ('nichts mitgeteilt'); *er schreibt nur wenig über sich selbst, über seine Absichten;* /jmd./ *jmdm. um etw., um Geld ~* ('jmdn. in einem Brief um etw., um Geld bitten') **3.2.** /jmd./ *sich mit jmdm. ~* 'mit jmdm. im Briefwechsel stehen': *er schreibt sich mit ihr;* ⟨rez.⟩ /zwei (jmd.)/ *die beiden ~ sich, haben sich beide viele Jahre geschrieben* **4.** /jmd./ *irgendwie ~* 'beim Schreiben von Texten einen bestimmten (persönlich geprägten) Stil haben': *er schreibt gut, flüssig, lebendig, anschaulich, einen guten, schlechten Stil, gutes, schlechtes Deutsch; der Aufsatz ist sehr gut, verständlich geschrieben* ❖ **beschreiben, Beschreibung, beschriften, Schreiben, Schrift, schriftlich, verschreiben** – **abschreiben, Abschreibung, Abschrift, anschreiben, Anschrift, aufschreiben, Aufschrift, ausschreiben, Blockschrift, einschreiben, Einschreiben, Handschrift, handschriftlich, Inschrift, Kugelschreiber, maschinenschriftlich, mitschreiben, niederschreiben, Schreibgerät, -kraft, -maschine, Schriftsteller, -stellerin, schriftstellerisch, Schriftstück, überschreiben, Überschrift, umschreiben, unterschreiben, Unterschrift, vorschreiben, Vorschrift, Zeitschrift, zuschreiben**

Schreiben, das; ~s, ~ 'Brief offiziellen Charakters'; ↗ FELD I.13.1: *ein ~ (von) der Behörde, vom Finanzamt; ein dienstliches, amtliches, vertrauliches ~; ein ~ an jmdn. richten; auf Ihr ~ vom 10. Juli dieses Jahres teilen wir Ihnen mit, dass ...; wir danken Ihnen für Ihr ~ vom 1. Juni und ...* ❖ ↗ **schreiben**

Schreib [ˈʃʀɑi̯p..]|-**gerät, das** 'handliches (stabförmiges) Gerät zum Schreiben (1)'; ↗ FELD V.5.1: *~e wie Bleistifte, Kugelschreiber, Füllfederhalter u. a.* ❖ ↗ **schreiben**, ↗ **Gerät**; -**kraft, die** 'jmd., der beruflich Texte, bes. mit einer Schreibmaschine, einem Computer schreibt': *sie arbeitet als ~; Schreibkräfte einstellen* ❖ ↗ **schreiben**, ↗ **Kraft**; -**maschine, die** 'Gerät, auf dem man mit den Fingern Tasten betätigt und dadurch einen wie gedruckt aussehenden Text herstellen kann'; SYN Maschine (2); ↗ FELD V.5.1: *auf, mit der ~ schreiben; eine mechanische, elektrische, elektronische ~* ❖ ↗ **schreiben**, ↗ **Maschine**; -**tisch, der** 'Möbelstück in der Art eines Tisches (mit Fächern, an dem man sitzt und bes. schriftliche Arbeiten erledigt'; ↗ FELD V.4.1: *am, hinter dem ~ sitzen und arbeiten; das Papier liegt im linken Fach des ~s, oben auf dem ~* ❖ ↗ **schreiben**, ↗ **Tisch**

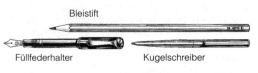

Bleistift

Füllfederhalter   Kugelschreiber

Schreibgeräte

schreien ['ʃʀaiən], schrie [ʃʀiː], hat geschrie(e)n [gə-'ʃʀiː[ə]n]; ↗ auch *schreiend;* ↗ FELD VI.1.2 **1.1.** /jmd., Tier/ ˃einen Schrei, Schreie ausstoßen˃: *laut, gellend (vor Schmerz, Wut, Qual) ~; die Zuschauer schrien vor Begeisterung; die Affen sprangen laut ~d von Ast zu Ast; das Baby hat die ganze Nacht geschrien* (˃laut geweint˃) **1.2.** /jmd./ *sich heiser ~* (˃so lange und laut schreien 1.1, bis, dass man heiser wird, ist˃) **2.** /jmd./ **2.1.** *etw. ~* ˃etw. sehr laut äußern˃: *er schrie „hau ab!", „komm her!"; er schrie ihm die Worte förmlich ins Ohr; der Offizier schrie* (SYN ˃brüllte 2.2˃) *„Stillgestanden!"; jmdm. etw. ins Gesicht ~: jmdm. seine Wut, Verachtung ins Gesicht ~; schrei nicht so, wir sind nicht taub* (˃sprich leiser˃)*!; er hörte sie im Zimmer nebenan schimpfen und ~;* vgl. *rufen* (3) **2.2.** *nach jmdm., etw.* ⟨Dat.⟩ *~: die Kinder schrien* (˃verlangten˃) *laut nach ihrer Mutter, nach Essen, Hilfe; um etw. ~: die Eingeschlossenen schrien laut um Hilfe* **3.** /jmd./ *nach etw.* ⟨Dat.⟩ *~: sie schrien nach Rache, Vergeltung* (˃sie forderten nachdrücklich Rache, Vergeltung˃) ❖ **Geschrei, Schrei, schreiend — Aufschrei, aufschreien**
* umg. spött. **etw. ist zum Schreien** ˃etw. wirkt auf jmdn. sehr komisch, lustig˃: *wie sie wieder angezogen ist, das ist ja zum Schreien!*
schreiend ['ʃʀaiənt] ⟨Adj.; ↗ auch *schreien*⟩ **1.** ⟨Steig. reg.; nicht bei Vb.⟩ ˃farblich allzu auffällig˃ /vorw. auf Farben, Kleidung, Stoffe bez./: *~e* (˃grelle˃) *Farben; dieser Stoff ist mir zu ~* **2.** ⟨o. Steig.; nur attr.⟩ emot. ˃empörend˃ /beschränkt verbindbar/: *das ist eine ~e Ungerechtigkeit; ein ~es Unrecht* ❖ ↗ **schreien**
schreiten ['ʃʀaitn̩], schritt [ʃʀit], ist geschritten [gə-'ʃʀitn̩] geh. **1.** /jmd./ ˃bes. aus einem festlichen Anlass ruhig, aufrecht und würdevoll gehen (1.1)˃; ↗ FELD I.7.2.2: *langsam ~; er schritt an der Spitze des Zuges; irgendwohin ~: zum Altar, zum Ausgang ~* **2.** /jmd./ *zu etw.* ⟨Dat.⟩ *~* ˃mit etw. beginnen˃ /beschränkt verbindbar/: *zur Tat, Abstimmung, Wahl ~* ❖ **Schritt — ausschreiten, einschreiten, fortgeschritten, fortschreiten, Fortschritt, Gleichschritt, Herzschrittmacher, Marschschritt, Rückschritt, rückschrittlich, schrittweise, Schrittmacher, Sturmschritt, voranschreiten**
schrie: ↗ *schreien*
schrieb: ↗ *schreiben*
Schrift [ʃʀift], **die;** ~, ~en **1.** ˃System grafischer Zeichen, mit denen Sprache, eine bestimmte Sprache niedergeschrieben, aufgezeichnet wird˃: *die arabische, griechische, lateinische ~; eine ~ aus Buchstaben, aus Zeichen für Wörter, Silben, aus Bildern* **2.** ⟨vorw. Sg.⟩ SYN ˃Handschrift (1)˃: *er hat eine (deutlich) lesbare, schöne, klare, ungelenke, unleserliche, eigenwillige ~; ein Formular in gut lesbarer ~ ausfüllen; jmds. ~ beurteilen, entziffern (müssen)* **3.** ⟨vorw. Sg.⟩ ˃durch die formale Gestaltung der Buchstaben und Wörter bestimmte Art, in der ein Text gedruckt ist˃: *etw. in fetter, kursiver ~ drucken* **4.** ˃geschriebene od. gedruckte Abhandlung˃: *philosophische, naturwissenschaftliche ~en; eine ~ über*

Medizin, Technik; *eine ~ verfassen, herausgeben, drucken; die Heilige ~* (˃die Bibel˃); *Fontanes Gesammelte ~en* (˃Werke˃) ❖ ↗ **schreiben**
schriftlich [ʃʀift..] ⟨Adj.; o. Steig.; vorw. attr. u. bei Vb.⟩ ˃in (von Hand) geschriebener Form˃; ANT mündlich; ↗ FELD I.13.3: *~e Hausaufgaben, Prüfungen, Unterlagen; einen Antrag ~ einreichen; jmdm. etw. ~ mitteilen; mit jmdm. etw. ~ abmachen; etw., seine Vorschläge ~ niederlegen; eine ~e Erklärung abgeben; jmdn. ~* (˃durch eine geschriebene, gedruckte Mitteilung˃) *einladen; lass dir das ~* (˃in geschriebener und dadurch bestätigter Form˃) *geben;* /in der kommunikativen Wendung/ *das kannst du ~ haben/das kann ich dir ~ geben* (˃dessen kannst du sicher sein˃) /dient zur Bekräftigung der eigenen Aussage, Behauptung/ ❖ ↗ **schreiben**
Schrift|steller ['ʃʀiftʃtɛlɐ], **der;** ~s, ~ ˃Verfasser literarischer od. auch populärwissenschaftlicher Werke˃; SYN Autor: *ein ~ unseres Jahrhunderts, unserer Tage; ein berühmter ~; er lebt als freier ~;* vgl. *Verfasser, Autor* ❖ ↗ **schreiben**
Schrift|stellerin ['ʃʀiftʃtɛlɐr..], **die;** ~, ~nen /zu *Schriftsteller;* weibl./ ❖ ↗ **schreiben**
schriftstellerisch ['ʃʀiftʃtɛlɐr..] ⟨Adj.; o. Steig.; nicht präd.⟩ ˃die Tätigkeit, das Werk des Schriftstellers, den Schriftsteller betreffend˃: *seine ~e Arbeit; er hat eine ~e Begabung; sein ~es Werk; ~ tätig sein; sich ~* (˃als Schriftsteller˃) *betätigen* ❖ ↗ **schreiben**
Schrift|stück ['ʃʀift..], **das** ⟨Pl.: -stücke⟩ ˃schriftlich formulierter, meist offizieller amtlicher Text˃; SYN Papier (2): *ein amtliches ~; ein ~ verfassen, unterzeichnen, verlesen; die Urkunde, das Schreiben des Ministers ist ein wichtiges ~* ❖ ↗ **schreiben,** ↗ **Stück**
schrill [ʃʀil] ⟨Adj.; Steig. reg.⟩ ˃im Ton unangenehm hoch, unharmonisch und durchdringend˃; SYN grell (2); ↗ FELD VI.1.3: *ein ~er Schrei, Ton, Pfiff; ihre Stimme war, klang ~; das Telefon läutete ~*
schritt: ↗ *schreiten*
Schritt [ʃʀit], **der;** ~s/auch ~es, ~e **1.** ˃das Setzen eines Beines beim Gehen nach vorn vor das andere Bein˃; ↗ FELD I.7.2.1: *er trat einen ~ vor* (˃setzte ein Bein nach vorn und setzte dann das andere daneben˃); *mehrere ~e machen; ein großer, kleiner ~; schnelle ~e machen; mit raschen ~en auf und ab gehen; er war einen ~ näher getreten, vorgetreten, zurückgetreten, zur Seite getreten, gegangen; er hörte sich nähernde, sich entfernende ~e; er, sie war mit wenigen ~en an der Tür; das Geschäft befindet sich nur einige ~e* (˃nicht weit˃) *von hier; ~ vor ~ setzen* (˃langsam und zaghaft, vorsichtig gehen˃) **2.** ⟨o.Pl.⟩ /als eine Art Maßeinheit/ ˃die ungefähre Länge eines Schrittes (1)˃: *sie standen etwa fünf ~ von uns entfernt; er stand einen ~ von mir entfernt; stand in hundert ~ Entfernung von mir* **3.** ⟨o.Pl.⟩ ˃Art, wie es klingt, wenn jmd. geht, auftritt˃: *jmdn. am ~, an seinem ~ erkennen;* vgl. *Gang* **4.** ˃Handlung, die einen bestimmten Zweck verfolgt, meist in einem größeren Zusammenhang, bes. Maßnahme˃:

das war ein bedeutender, entscheidender, unüberlegter, voreiliger ~; ~e gegen jmdn., etw. unternehmen; die nötigen ~e tun; jmd. behält sich weitere ~e vor; der nächste ~ wird sein, Anklage zu erheben **5.** ⟨o.Pl.⟩ *im ~: die Hose ist im ~* (ʼin dem Teil der Hose, wo oben die Hosenbeine angesetzt sind, zusammentreffenʼ) *zu kurz, zu lang; die Hose kneift im ~* ❖ ↗ **schreiten**

* /jmd./ **jmdm. drei ~ vom Leibe bleiben** ⟨oft im Imper.⟩ ʼjmdm. nicht zu nahe kommen sollenʼ: *bleib mir drei Schritte vom Leibe!;* /jmd./ **(mit etw.) den ersten ~ bei/zu etw.** ⟨Dat.⟩ **tun** ʼden Anfang zu etw. machenʼ: *mit seinem Kompromissvorschlag hat er den ersten ~ zu ihrer Versöhnung getan;* **~ für/um ~ 1.** *wir gingen ~ für/um ~* (ʼlangsam und vorsichtigʼ) *tiefer in das Gewölbe* **2.** *bei der Forschung ~ für/um ~* (ʼlangsam von einem Ergebnis zum nächstenʼ) *vorgehen;* /etw., jmd./ **mit etw.** ⟨Dat.⟩ **~ halten** ʼmit etw. Vergleichbarem auf der gleichen Höhe der Entwicklung bleibenʼ: *das Projekt, die Forschung hat mit der Entwicklung, mit der Zeit ~ gehalten; er hat mit seiner Konkurrenz ~ gehalten;* **auf ~ und Tritt 1.** *jmdn. auf ~ und Tritt* (ʼwohin er auch geht, wo er sich auch aufhältʼ) *verfolgen, beobachten* **2.** *wir begegneten auf ~ und Tritt* (ʼimmer wieder, ständigʼ) *alten Bekannten;* /jmd./ **einen ~ zu weit gehen** ʼdie Grenze des Erlaubten, Angemessenen nicht einhaltenʼ: *da bist du aber einen ~ zu weit gegangen!;* /jmd./ **einen ~ zulegen** (ʼschneller gehen als bisherʼ); /jmd./ **den zweiten ~ vor dem ersten tun/ machen** ʼbei einer Tätigkeit, einer Handlung nicht die richtige Reihenfolge der einzelnen Aktionen einhaltenʼ: *man soll nicht den zweiten ~ vor dem ersten tun*

Schritt/schritt [ˈʃʁɪt..]**-macher** [maxɐ]**, der;** ~s, ~ **1.** ʼPerson, Gruppe von Personen, die bei einer Arbeit, bei der Forschung Neues leistet, findet und dadurch für andere als Vorbild wirktʼ: *sie waren die ~ bei dieser Methode* **2.** ʼHerzschrittmacherʼ: *er hat einen ~; jmdm. einen ~ einsetzen* ❖ ↗ **schreiten**, ↗ **machen; -weise** ⟨Adj.; o. Steig.; vorw. bei Vb.; nicht präd.⟩ **1.** ʼim Tempo des langsamen Gehensʼ: *wir kamen nur ~ voran; etw. ~ durchführen* **2.** ʼlangsam von einem Ergebnis zum nächstenʼ: *eine ~ Verständigung anstreben; sich ~ verständigen* ❖ ↗ **schreiten**

schroff [ʃʁɔf] ⟨Adj.⟩ **1.** ⟨Steig. reg.⟩ ʼsehr steilʼ /bes. auf Berge bez./: *eine ~e Felswand; dieser Felsen ist sehr ~, ragt ~ in die Höhe* **2.** ⟨Steig. reg.⟩ ʼin unfreundlicher, unhöflicher und kränkender Weise abweisend, ablehnendʼ; SYN barsch, brüsk; ↗ FELD I.18.3: *etw. ~ ablehnen; er war sehr ~ zu ihr; sich ~ weigern, bei etw. mitzumachen; er hat ein ~es* (ANT freundliches) *Wesen;* vgl. *barsch* **3.** ⟨Steig. reg.; vorw. attr.⟩ SYN ʼkrassʼ /auf Abstraktes bez./: *ein ~er Gegensatz; sein Verhalten stand in ~em Widerspruch, Gegensatz zu seinen Versprechungen* **4.** ⟨o. Steig.; nur bei Vb.⟩ ʼunhöflich, plötzlich und unerwartetʼ: *er hat ~ das Thema gewechselt; er erhob sich ~, wandte sich ~ ab*

schröpfen [ˈʃʁœpfn̩] ⟨reg. Vb.; hat⟩ umg. /jmd., Unternehmen, Regierung/ *jmdn.* ~ ʼjmdm. in meist nicht ehrlicher Weise (bei Geschäften od. beim Glücksspiel) unverhältnismäßig viel Geld abnehmenʼ: *er ist durch die Firma geschröpft worden; man hat ihn sehr geschröpft*

Schrot [ʃʁoːt]**, das/der**; ~s/auch ~es, ⟨o.Pl.⟩ **1.** ʼgrob gemahlene Getreidekörnerʼ: *Getreide, Roggen, Weizen zu ~ mahlen; das Vieh mit ~ füttern* **2.** ʼkleine Kugeln aus Blei in Patronen für Jagdflintenʼ: *mit ~ schießen; eine Ladung ~*

Schrott [ʃʁɔt]**, der**; ~s/auch ~es, ⟨o.Pl.⟩ ʼmetallene Teile od. Gegenstände, die unbrauchbar geworden sindʼ: *~ sammeln, verkaufen, verwerten; mit ~ handeln; aus ~ Stahl schmelzen; das Ganze ist ~* (ʼist nicht mehr brauchbarʼ)

schrubben [ˈʃʁʊbn̩] ⟨reg. Vb.; hat⟩ umg. /jmd./ *sich, jmdn., etw.* ~ ʼsich, jmdn. etw. durch kräftiges Reiben mit einer Bürste, Wasser und Seife reinigenʼ: *er hat sich tüchtig geschrubbt; sie schrubbte ihre Kinder; den Fußboden* ~; *sich* ⟨Dat.⟩, *jmdm. etw.* ~: *sich die Füße, Hände* ~; *jmdm. den Rücken* ~ ❖ **Schrubber**

Schrubber [ˈʃʁʊbɐ]**, der**; ~s, ~ ʼeinem Besen ähnliches Gerät mit kurzen, harten Borsten zum Reinigen von Fußbödenʼ: *mit dem ~ die Fliesen, den Fußboden scheuern* ❖ ↗ **schrubben**

Schrulle [ˈʃʁʊlə]**, die**; ~, ~n **1.** SYN ʼMarotteʼ: *er hat den Kopf voller ~n, hat lauter ~n im Kopf; das ist wieder so eine ~ von ihm, ihr* **2.** umg. emot. neg. ʼseltsame absonderliche weibliche Personʼ: *sie ist wirklich eine (alte)* ~; auch Schimpfw. *du alte* ~! ❖ **schrullig**

schrullig [ˈʃʁʊlɪç] ⟨Adj.; Steig. reg.⟩ ʼim Verhalten sonderbar, ein wenig lächerlich und durch seltsame Angewohnheiten geprägtʼ; SYN kauzig, wunderlich /auf Personen bez./: *er, sie ist* ~, *ist ein ~er Mensch, wirkt irgendwie* ~ ❖ ↗ **Schrulle**

schrumpfen [ˈʃʁʊmpfn̩] ⟨reg. Vb.; ist⟩ /etw., bes. Haut od. Pflanzliches/ ʼallmählich eintrocknen und dabei kleiner werden, eine faltige Oberfläche bekommenʼ: *die Äpfel, Kartoffeln sind geschrumpft; im Alter schrumpft die Haut*

Schub [ʃuːp]**, der**; ~s/auch ~es, Schübe [ˈʃyːbə] ʼdas (ruckartige) Schieben (1) von etw.ʼ; ↗ FELD I.7.3.1: *der Wagen wurde mit einem kräftigen ~ vorwärts bewegt* ❖ ↗ **schieben**

Schub [ˈʃuːp..]**-fach, das** ʼFach (1) mit einem oben offenen Kasten (2), der herausgezogen werden kannʼ; SYN Kasten (2); ↗ FELD V.7.1: *das ~ herausziehen und leeren; die Schubfächer verschließen* ❖ ↗ **schieben**, ↗ Fach; **-karre, die** ʼKarre mit einem Rad und zwei stangenförmigen Griffen, an denen sie geschoben, gezogen wirdʼ; ↗ FELD VIII.4.1.1 (↗ BILD): *etw., Erde, Steine mit einer ~ transportieren* ❖ ↗ **schieben**, ↗ Karre; **-kraft, die** ⟨vorw. Sg.⟩ ʼKraft (3), mit der ein Körper vorwärts bewegt werden kannʼ; ↗ FELD I.7.3.1: *die ~ des Antriebs einer Rakete, eines Schubschiffs* ❖ ↗ **schieben**, ↗

Kraft; **-lade, die** SYN ˈSchubfachˈ; ↗ FELD V.7.1: *die ~ öffnen, herausziehen* ❖ ↗ schieben, ↗ laden; **-schiff, das** ˈfür Binnengewässer bestimmtes Motorschiff mit einem breiten Bug, mit dem es Schiffe ohne Antrieb und mit breitem Heck schieben kannˈ: *er ist Kapitän auf einem ~* ❖ ↗ schieben, ↗ Schiff

Schubkarre

schubsen [ˈʃʊpsn̩] ⟨reg. Vb.; hat⟩ umg. **1.** /jmd./ *jmdn., etw. ~* ˈjmdm., etw. mit dem Körper plötzlich leichte Stöße, einen leichten Stoß versetzen, damit er, es sich bewegtˈ: *schubs nicht immer!; du hast mich geschubst!* **2.** /jmd./ *jmdn. von irgendwoher, irgendwohin ~* ˈjmdn. durch Schubsen (1) von einer Stelle weg, irgendwohin bewegenˈ; ↗ FELD I.7.3.2: *er hat mich vom Stuhl geschubst, hat seinen kleinen Bruder in den Bach geschubst* ❖ ↗ **schieben**
schüchtern [ˈʃʏçtɐn] ⟨Adj.; Steig. reg.⟩ ˈanderen Menschen gegenüber voller Hemmungen, Scheu, voll ängstlicher Zurückhaltungˈ; ANT dreist /auf Menschen bez./; ↗ FELD I.6.3: *er ist ~, ein ~er Mensch; ein ~es Mädchen, Kind; sie ist sehr ~; er, sie lächelte ~; ein ~es Lächeln* ❖ **einschüchtern**
schuf: ↗ **schaffen**
Schuft [ʃʊft], **der;** ~es/auch ~s, ~e emot. SYN ˈSchurkeˈ /auf männl. Personen bez./: *er ist ein ganz gemeiner, hinterhältiger, ehrloser ~; er hat ihn einen ~ genannt;* auch Schimpfw. *du (elender) ~!*
schuften [ˈʃʊftn̩], schuftete, hat geschuftet umg. /jmd./ ˈsehr hart und viel arbeitenˈ: *wir haben heute, den ganzen Tag (mächtig) geschuftet; er hat ~ müssen; er schuftet für drei* (ˈarbeitet dreimal so viel wie andereˈ)
Schuh [ʃuː], **der;** ~s/auch ~es, ~e [ˈʃuːə] ˈmeist aus Leder gefertigte Bekleidung mit Sohle (2) (und Absatz) für den Fuß des Menschenˈ; ↗ FELD V.1.1 (↗ TABL Kleidungsstücke): *der rechte, linke ~; sie hat sich ein Paar neue, elegante ~e gekauft; ein ausgetretener, (un)bequemer, modischer, zu langer, zu weiter ~; ~e mit niedrigen, hohen Absätzen; (die) ~e anprobieren, an-, ausziehen, reparieren lassen; die ~e putzen* ❖ **Schuster – Handschuh, Hausschuh, Schuhanzieher, -sohle**
* /jmd./ **wissen, wo jmdn. der ~ drückt** ˈwissen, was jmdm. Sorgen bereitetˈ: *der Bürgermeister weiß, wo uns der ~ drückt;* /jmd./ **jmdm. etw./die Schuld in die ~e schieben** ˈjmdm. zu Unrecht die Schuld an etw. gebenˈ: *er hat ihr die Schuld (an dem Versagen) in die ~e geschoben*
Schuh [ˈʃuː..]**-anzieher** [antsiːɐ], **der;** ~s, ~ ˈlänglicher, leicht gekrümmter, flacher Gegenstand, mit

dem man die Ferse in den Schuh gleiten lässtˈ ❖ ↗ Schuh, ↗ ziehen; **-sohle, die** ˈuntere Fläche eines Schuhs, meist aus strapazierfähigem Materialˈ; SYN Sohle (2): *dicke, dünne, haltbare ~n; eine ~ aus Leder, Gummi* ❖ ↗ Schuh, ↗ Sohle
Schuko [ˈʃuːko..]**-steckdose, die** ˈSteckdose mit Schutzkontaktˈ: *im Bad eine ~ installieren* ❖ ↗ stecken, ↗ Dose; **-stecker, der** ˈStecker für die Schukosteckdoseˈ ❖ ↗ stecken
Schul|arbeit [ˈʃuːl..], **die** ⟨vorw. im Pl.⟩ ˈHausaufgabeˈ: *seine ~en machen; wir haben keine ~en auf, aufbekommen* ❖ ↗ Schule, ↗ Arbeit
schuld [ʃʊlt] ⟨Adj.; o. Steig.; ↗ auch *Schuld* 1⟩ ⟨nur präd. (mit *sein*)⟩ /jmd., etw./ *~ sein* ˈder Schuldige in Bezug auf etw., die Ursache für etw. seinˈ: *du bist ~ an dem Unglück; ~ war die defekte Wasserleitung* ❖ ↗ **Schuld**
Schuld, die; ~, ~en; ↗ auch *schuld* **1.** ⟨o.Pl.⟩ ˈdie Verantwortung für eine strafwürdige, gesetzlichen, moralischen Geboten, Pflichten zuwiderlaufende Handlungˈ; ↗ FELD I.12.1: *er hat eine große moralische ~ auf sich geladen; ~ haben (an etw.* ⟨Dat.⟩): *~ daran hat die Bürokratie; sich für seine (strafrechtliche) ~ verantworten (müssen); das ist seine (eigene) ~* (ˈdas hat er selbst verschuldet und selbst zu verantwortenˈ); *das ist nicht seine ~; ihn trifft keine ~ (an dem Unfall, Elend); die ~ liegt an, bei ihr, fällt auf ihn; er trägt (selbst) die ~ an dem Misserfolg, Zerwürfnis; seine ~ eingestehen, die ~ auf sich nehmen; jmdm., den Verhältnissen, dem Eingreifen eines anderen die ~ geben; jmdm. die ~ zuschieben; die ~ auf jmdn. abwälzen; er suchte die ~ immer zuerst bei sich (selbst); die Tatsachen, Beweise sprechen für seine ~; sich frei von ~ fühlen, wissen; sie war sich keiner ~ bewusst* **2.** ⟨vorw. Pl.⟩ ˈGeldsumme, die jmd. jmdm. schuldet (1)ˈ: *viele, große ~en (bei jmdm.) haben; ~en machen, zurückzahlen, begleichen, tilgen; ~en einfordern, einklagen, einziehen; in ~en geraten; sich in ~en stürzen* (ˈviele, große Schulden machenˈ); *jmdm. die ~ erlassen; das Haus ist ohne ~en, ist frei von ~en* (ˈnicht mit Schulden belastetˈ), *auf dem Haus liegt eine ~* (ˈeine Hypothekˈ) *von 100.000 Mark* ❖ **schuld, schulden, schuldhaft, schuldig, Schuldner, beschuldigen, Beschuldigung, entschuldigen, Entschuldigung, Unschuld, unschuldig, verschulden, zuschulden – Anschuldigung, schuldbewusst, -los**
* /jmd./ **in jmds. ~ sein/stehen** (ˈjmdm. zu Dank verpflichtet seinˈ); **zu Schulden:** ↗ zuschulden
schuld|bewusst [ˈʃʊlt..] ⟨Adj.; Steig. reg., ungebr.; nicht präd.⟩ ˈum seine Schuld (1) wissend und darum kleinlautˈ /auf Personen bez./; ↗ FELD I.12.3: *er blickte ~ zu Boden; eine ~e Miene machen, ziehen* ❖ ↗ Schuld, ↗ wissen
schulden [ˈʃʊldn̩], schuldete, hat geschuldet **1.** /jmd./ *jmdm. etw. ~* ˈjmdm. eine Geldsumme zu zahlen habenˈ: *er schuldete ihm nichts, 50 Mark; ich schulde dir noch das Geld für den Geburtstag, (für) die Miete* **2.** /jmd./ /beschränkt verbindbar/ *jmdm.*

Rechenschaft, Dank ~ ('jmdm. zur Rechenschaft, zu Dank verpflichtet sein'); *jmdm. eine Erklärung (für etw.)* ~ 'jmdm. eine Erklärung für, zu etw. geben müssen': *ich schulde dir noch eine Erklärung für mein Verhalten; jmdm. eine Antwort* ~ 'jmdm. auf etw. antworten müssen': *ich habe dich etw. gefragt − du schuldest mir noch eine Antwort* ❖ ↗ **Schuld**

schuldhaft ['ʃʊlt..] ⟨Adj.; o. Steig.; nicht präd.⟩ Jur. 'sich schuldig machend, eine rechtliche Pflicht verletzend'; ↗ FELD I.12.3: *ein* ~*es Verhalten, Versäumnis; etw., ein Unglück* ~ *verursachen; er hat in dieser Sache* ~ *gehandelt* ❖ ↗ **Schuld**

schuldig ['ʃʊldɪç] ⟨Adj.; o. Steig.⟩ **1.** 'die Schuld (1) für etw. habend'; ANT schuldlos; ↗ FELD I.12.3: *ein* ~*er Mensch; der Angeklagte war* ~*, wurde für* ~ *erklärt, befunden; der Anwalt plädierte auf „nicht* ~"; *jmdn.* ~ *sprechen* ('jmdn. wegen erwiesener Schuld 1 gerichtlich verurteilen'); *er war in allen Punkten der Anklage* ~; *er war des Mordes, Diebstahls* ~; *der des Mordes* ~*e Angeklagte; sich* ~ *fühlen, bekennen; sich* ~ *machen* ('durch sein Handeln, Verhalten, seine Tat schuldig werden'); Jur. *das Gericht erkannte auf* ~ ('erklärte ihn für schuldig') **2.** ⟨nur präd. (mit *sein*)⟩ /jmd./ *jmdm. etw.* ~ *sein: jmdm. Geld, die Zeche* ~ *sein* ('jmdm. Geld, die Zeche zu zahlen haben') **3.** ⟨nur präd. (mit *sein, bleiben*)⟩ /jmd./ *jmdm. etw.* ~ *sein, bleiben: jmdm. Rechenschaft, Dank, eine Erklärung, Antwort* ~ *sein* ('schulden 2'); *jmdm. die Rechenschaft, den Dank, die Erklärung, Antwort* ~ *bleiben* ('jmdm. keine Rechenschaft gewähren, nicht danken, keine Erklärung geben, nicht antworten') ❖ ↗ **Schuld** * jmd./ *jmdm. nichts* ~ *bleiben* ('jmdm. in einer Auseinandersetzung scharf antworten; sich zu wehren wissen')

schuld|los ['ʃʊlt..] ⟨Adj.; o. Steig.; vorw. bei Vb.⟩ SYN 'unschuldig (1)'; ANT schuldig /auf Vorgänge, Psychisches bez./; ↗ FELD I.12.3: *er fühlte sich völlig* ~; ~ *in Verdacht geraten* ❖ ↗ **Schuld**, ↗ **los**

Schuldner ['ʃʊldnɐ], der; ~s, ~ 'jmd., der jmdm. zu einer Leistung, bes. zur Zahlung von Schulden (2), verpflichtet ist'; ANT Gläubiger: *ein säumiger* ~; *einen* ~ *zur Zahlung auffordern* ❖ ↗ **Schuld**

Schule ['ʃuːlə], die; ~, ~n **1.** '(öffentliche) Einrichtung, in der Kindern, Jugendlichen durch systematischen Unterricht Wissen und Bildung vermittelt wird': *eine öffentliche, private* ~; *er kommt heute um 12 Uhr aus der* ~; *früh um acht Uhr in die* ~ *gehen; die* ~ *besuchen: er besuchte die* ~ *in B* ('war Schüler der Schule in B'); *die* ~ *wechseln; aus der* ~ *entlassen werden; von der* ~ *abgehen; in der* ~ *lernen, lehren; er kommt dieses Jahr in die* ~ ('wird als Schüler in die Schule aufgenommen'); *er geht noch in die, zur* ~ ('ist noch Schüler'); vgl. *Gesamtschule, Realschule, Hauptschule, Gymnasium* **2.** 'Gebäude, in dem eine Schule (1) untergebracht ist'; ↗ FELD V.2.1: *eine große, moderne* ~; *dort wird eine neue* ~ *gebaut; die* ~ *betreten, verlassen*

3. ⟨o.Pl.⟩ 'Unterricht, der in der Schule (1,2) erteilt wird': *die* ~ *beginnt um acht Uhr; wir haben heute keine* ~; *die* ~ *schwänzen; die* ~ *bis zur zehnten Klasse durchlaufen, absolvieren; die* ~ ('das neue Schuljahr') *fängt am 1. September an* ❖ **schulen, Schüler, schulisch, Schulung** − **Baumschule, Berufsschule, Berufsschüler, Berufsschülerin, einschulen, Fachhochschule, Fahrschule, Gesamtschule, Grundschule, Handelsschule, Hauptschule, Hochschule, Oberschule, Realschule, Schularbeit, Schultüte, -zeit, Sonderschule, umschulen, Volkshochschule;** vgl. **Schul/schul-**
* /jmd./ **bei jmdm. in die** ~ **gegangen sein** ('von jmdm. etw. für Beruf od. Leben gelernt haben'); /etw./ ~ **machen** 'Nachahmung finden': *dieses, sein Beispiel machte* ~; /jmd./ **aus der** ~ **plaudern** ('interne, intime Angelegenheiten Außenstehenden mitteilen')

schulen ['ʃuːlən] ⟨reg. Vb.; hat⟩ **1.** /jmd., bes. Fachmann/ *jmdn.* ~ 'jmdm. spezielle Kenntnisse für seinen Beruf vermitteln, jmdn. für eine spezielle Aufgabe ausbilden': *jmdn. (durch Kurse) fachlich, handwerklich* ~; *die Mitarbeiter für ihre neue Aufgabe* ~ **2.** /jmd./ *etw.* ~ 'eine menschliche Fähigkeit, ein Organ durch Übung in seiner Leistung verbessern': *das/sein Auge, Ohr* ~; *durch Lernen sein Gedächtnis* ~; *er hat einen geschulten Verstand, eine geschulte Stimme* ❖ ↗ **Schule**

Schüler ['ʃyːlɐ], der; ~s, ~ 'jmd., der die Schule (1) besucht (hat)': *er ist, war ein guter, schlechter, mittelmäßiger, begabter, eifriger, schwacher* ~; *ein* ~ *der achten Klasse; der* ~ *hat die Prüfung (nicht) bestanden* ❖ ↗ **Schule**

Schülerin ['ʃyːləʀ..], die; ~, ~nen /zu *Schüler*; weibl./ ❖ ↗ **Schule**

schul/Schul ['ʃuːl..]|-**frei** ⟨Adj.; o. Steig.⟩ /vorw. auf Zeitliches bez./: *ein* ~*er Tag* ('Tag, an dem der Unterricht ausfällt'); *heute ist, haben wir* ~ ❖ ↗ **frei**; -**freund, der** 'Mitschüler, mit dem man befreundet ist, war': *er war mein* ~; *sich mit seinem* ~ *nach 30 Jahren treffen* ❖ ↗ **Freund**

schulisch ['ʃuːl..] ⟨Adj.; o. Steig.; nicht präd.⟩ 'die Schule (1) betreffend' /auf Abstraktes bez./: *die* ~*e Arbeit, Bildung, Erziehung;* ~*e Fragen, Probleme; seine* ~*en Leistungen* ❖ ↗ **Schule**

Schul/schul ['ʃuːl..]|-**jahr, das** 'Zeitraum von zwölf Monaten, in der Regel am ersten September beginnend, als Einheit im Ablauf der schulischen Ausbildung'; SYN Klasse (1.3): *sein Sohn ist schon im vierten* ~ ❖ ↗ Jahr; -**pflicht, die** ⟨o.Pl.⟩ 'Verpflichtung für alle Kinder und Jugendlichen bestimmten Alters zum Besuch der Schule': *es besteht* ~; *der* ~ *nachkommen* ❖ ↗ Pflicht; -**pflichtig** [pflɪçtɪç] ⟨Adj.; o. Steig.; nicht bei Vb.⟩ 'in einem Alter, das zum Besuch der Schule verpflichtet' /vorw. auf Personen bez./: ~*e Kinder; das Kind ist im* ~*en Alter, ist noch nicht* ~ ❖ ↗ Pflicht; -**rat, der** 'Beamte, der die Aufsicht über mehrere Schulen hat': *der* ~ *kam, um zu hospitieren* ❖ ↗ Rat

Schulter ['ʃʊltɐ], die; ~, ~n **1.** 'links und rechts neben dem Hals liegender Bereich am oberen Ende des

Rumpfes, der durch ein Gelenk die Verbindung mit dem jeweiligen Arm, bei Tieren mit einem der vorderen Gliedmaßen bildet'; ↗ FELD I.1.1 (↗ TABL Körperteile): *die linke, rechte ~; breite, schmale ~n haben; er reichte ihr nur bis an die ~; jmdm. freundschaftlich auf die ~ klopfen; den Arm um jmds. ~(n) legen* **2.** 'Teil eines Kleidungsstücks, der die Schulter (1) bedeckt': *die Jacke hat enge, weite, wattierte ~n*
* **~ an ~** 'einer dicht neben dem anderen' /bes. auf Menschen in einer Menge bez./: *die Menge stand, die Polizisten standen ~ an ~;* /jmd./ **jmdn. über die ~ ansehen** ('jmdn. geringschätzig behandeln'); /jmd./ **jmdm. die kalte ~ zeigen** ('jmdn. unfreundlich und gleichgültig behandeln'); /jmd./ **etw. auf die leichte ~ nehmen** 'etw. nicht ernst genug nehmen': *nimm deine Erkältung nicht auf die leichte ~!*
Schul|tüte ['ʃuːl..], die; 'großes, spitzes, rundes Behältnis aus Pappe, das mit Süßigkeiten gefüllt wird und Kindern an ihrem ersten Schultag gegeben wird': *eine ~ bekommen* ❖ ↗ **Schule**, ↗ **Tüte**
Schulung ['ʃuːl..], die; ~, ~en **1.** 'Vermittlung spezifischer Kenntnisse, bes. solcher, die im beruflichen Leben benötigt werden (oft in Form eines Kurses)': *eine fachliche ~ mitmachen, durchmachen, organisieren* **2.** ⟨o.Pl.⟩ 'das Schulen (2)': *die ~ der Stimme, des Gehörs* ❖ ↗ **Schule**
Schul|zeit ['ʃuːl..], die; ⟨o.Pl.⟩ 'Zeit vom Eintritt in die Schule (1) bis zur Entlassung': *er betrachtete seine ~ als die schönste, schlimmste Zeit seines Lebens* ❖ ↗ **Schule**, ↗ **Zeit**
schummeln ['ʃʊmln̩] ⟨reg. Vb.; hat⟩ umg. /jmd./ 'bei etw., bes. bei einem Spiel, einer Prüfung, in der Schule nicht ganz ehrlich sein, um ein positives Ergebnis zu erzielen'; SYN mogeln: *er hat (beim Skatspielen, beim Aufsatz) geschummelt*
schund: ↗ *schinden*
Schund [ʃʊnt], der; ~es/ auch ~s, ⟨o.Pl.⟩ 'schlechtes, wertloses Produkt, schlechte wertlose Produkte'; ↗ FELD V.8.1: *diese teure Hose ist ~; in diesem Geschäft gibt es nur ~ zu kaufen* ❖ ↗ **schinden**
Schuppe ['ʃʊpə], die; ~, ~n ⟨vorw. Pl.⟩ **1.** 'eines der vielen kleinen, flachen Gebilde an der Oberfläche des Körpers bestimmter Tiere, z. B. der Fische, Reptilien'; ↗ FELD II.3.1 **2.** 'eines der vielen kleinen Teilchen, das sich von der menschlichen Kopfhaut gelöst hat': *ein Mittel gegen ~n; ich habe ~n* ❖ **schuppen**
schuppen ['ʃʊpm̩] ⟨reg. Vb.; hat⟩ /jmd./ *einen Fisch ~* ('die Schuppen eines Fisches entfernen') ❖ ↗ **Schuppe**
Schuppen, der; ~s, ~ 'einfaches, meist aus Brettern bestehendes Gebäude zum Unterstellen, Aufbewahren bes. von Geräten, Materialien, Fahrzeugen': *das Fahrrad in den ~ stellen; etw. im ~ lagern*
schüren ['ʃyːʀən] ⟨reg. Vb.; hat⟩ **1.** /jmd./ *ein Feuer, die Glut ~* ('mit etw. im Feuer, in der Glut stochern und es, sie zum Lodern bringen') **2.** /jmd., etw./ *etw. ~* '(mit gezielten Worten) jmds. negatives Gefühl steigern od. jmdm. ein negatives Gefühl entstehen

lassen': *jmds. Wut, Unzufriedenheit ~; diese Äußerung schürte seinen Hass*
schürfen ['ʃʏrfn̩], **sich** ⟨reg. Vb.; hat⟩ /jmd./ **1.1.** *sich ~* 'sich dadurch leicht die Haut verletzen, dass man heftig an die Oberfläche von etw. gerät': *bei dem Sturz habe ich mich (am Knie) geschürft; sich* ⟨Dat.⟩ *die Haut ~: ich habe mir die Haut geschürft* **1.2.** *sich* ⟨Dat.⟩ *etw. ~* 'sich an einem Teil des Körpers schürfen (1.1)': *ich habe mir das Knie geschürft* ❖ **Schürfwunde**
Schürf|wunde ['ʃʏrf..], die 'Wunde, die dadurch entstanden ist, dass man sich geschürft hat' ❖ ↗ **schürfen**, ↗ **wund**
schurigeln ['ʃuːʀiːgln̩] ⟨reg. Vb.; hat⟩ umg. /jmd., bes. Vorgesetzter/ *jmdn. ~* ('jmdn., bes. jmdn., der einem unterstellt ist, ständig zu Unrecht zurechtweisen, streng behandeln')
Schurke ['ʃʊrkə], der; ~n, ~n emot. 'gemeiner, gewissenloser, ohne Moral (1) handelnder Mensch'; SYN Lump, Schuft /auf männl. Personen bez./: *er ist ein elender, hinterhältiger ~; auch Schimpfw. du ~!* ❖ **Schurkerei**
Schurkerei [ʃʊrkəˈʀ..], die; ~, ~en emot. 'gemeine, niederträchtige, unmoralische Handlung(sweise)': *das ist ~; jmds. ~ bestrafen* ❖ ↗ **Schurke**
Schurwolle ['ʃuːr..], die ⟨o.Pl.⟩ 'von lebenden Schafen gewonnene Wolle': *ein Mantel aus reiner ~* ❖ ↗ **Schere**, ↗ **Wolle**
Schürze ['ʃʏrtsə], die; ~, ~n 'über der Kleidung getragenes, die Vorderseite des Körpers (teilweise) bedeckendes Kleidungsstück, das bes. Frauen vorw. zum Schutz vor Beschmutzen der Kleidung bei bestimmten Arbeiten dient': *eine ~ tragen; die ~ um-, abbinden* ❖ **schürzen** — **Schürzenjäger**
schürzen ['ʃʏrtsn̩] ⟨reg. Vb.; hat⟩ **1.** /jmd./ *etw. ~* 'einen langen weiten Rock o.Ä. ein wenig hochheben und in der Höhe der Hüften fest halten, befestigen': *sie schürzte ihr Kleid und stieg die Treppe nach oben* **2.** /jmd./ *die Lippen ~* ('ein wenig nach vorn bewegen und kräuseln'); vgl. *schmollen* ❖ ↗ **Schürze**
Schürzen|jäger ['ʃʏrtsn̩..], der umg. 'Mann, der mit vielen Frauen leichtfertig Liebesverhältnisse einzugehen versucht': *er ist ein ~* ❖ ↗ **Schürze**, ↗ **jagen**
Schuss [ʃʊs], der; ~es, Schüsse ['ʃʏsə] **1.** 'das Abschießen eines Geschosses'; ↗ FELD VI.1.1: *mehrere Schüsse aus einer Pistole waren zu hören; es fielen drei Schüsse* **2.** 'aus einer Feuerwaffe abgeschossenes Geschoss'; ↗ FELD V.6.1: *der ~ traf ihn ins Bein* **3.** ⟨o.Pl.⟩ 'Munition, Schießpulver für einen Schuss (1)': *zehn ~ Munition; er hatte noch drei ~ im Magazin* **4.1.** 'das Schießen (2.2) eines Balles o.Ä. in eine bestimmte Richtung': *ein kräftiger ~* **4.2.** *der ~ ging ins Tor* ('der Ball wurde ins Tor geschossen') **5.** ⟨o.Pl.⟩ *ein ~ Essig* 'aus einem Gefäß gegossene kleine Menge Essig': *einen ~ Essig an die Soße, einen ~ Rum in den Tee tun*; vgl. *Spritzer (3)* ❖ ↗ **schießen**
* umg. /jmd./ **keinen ~ Pulver wert sein** ('charakterlich nichts taugen'); / jmd./ **etw. in ~ bringen** ('etw. in einen bes. funktionell guten Zustand bringen');

/jmd./ **etw. in ~ haben/halten** (ʼetw. in einem bes. funktionell guten Zustand haben, halten'); /etw./ **(gut) in ~ sein** ʼbes. funktionell in gutem Zustand sein': *ihr Auto, ihre Wohnung ist (gut) in ~*; **weit/ weitab vom ~ 1.** ʼin sicherer Entfernung von etw. Gefährlichem, Unangenehmem': *wir befanden uns weit, weitab vom ~* **2.** ʼweit entfernt von einem zentralen Punkt, vom eigentlichen Geschehen': *das Museum liegt weit, weitab vom ~*

Schüssel [ˈʃʏs], **die**; ~, ~n ʼmeist tieferes und rundes, oben offenes Gefäß, das bes. zum Auftragen von Speisen dient'; ↗ FELD V.7.1 (↗ TABL Geschirr): *ein Satz ~n; eine ~ aus Porzellan, Glas; eine flache ~; das Gemüse in eine ~ tun*

schusslig [ˈʃʊslɪç] ⟨Adj.; Steig. reg.; vorw. attr. u. präd.⟩ umg. ʼzur Vergesslichkeit neigend und zerstreut': *so ein ~er Kerl!; er ist sehr ~*

Schuss [ˈʃʊs..]**-verletzung, die** ʼdurch einen Schuss (1) aus einer Feuerwaffe verursachte Verletzung' ❖ ↗ schießen, ↗ verletzen; **-waffe, die** ʼWaffe, mit der ein Geschoss bes. durch die Energie einer gezündeten Sprengladung od. durch Luftdruck fortgeschleudert wird'; SYN Waffe (1.2); ↗ FELD V.6.1: *der Polizist machte von der ~ Gebrauch* ❖ ↗ schießen, ↗ Waffe; **-wechsel, der** ʼFolge von Schüssen (1), die von zwei od. mehreren Menschen aus Feuerwaffen aufeinander abgegeben werden': *es kam zu einem kurzen, längeren ~ zwischen dem Täter und der Polizei* ❖ ↗ schießen, ↗ Wechsel

Schuster [ˈʃuːstɐ], **der**; ~s, ~ ʼHandwerker, Facharbeiter, der Schuhe repariert'; ↗ FELD I.10: *die Schuhe zum ~ bringen* ❖ ↗ Schuh

Schutt [ʃʊt], **der**; ~s/auch ~es, ⟨o.Pl.⟩ ʼbeim Bauen od. durch die Zerstörung eines Bauwerkes entstandene Menge von Stücken bes. aus Stein': *(den) ~ aufladen, abfahren* ❖ ↗ schütten

Schüttel|frost [ˈʃʏt..], **der** ⟨o.Pl.⟩ ʼdas Empfinden von Kälte, verbunden mit heftigem Zittern am ganzen Körper und schnell ansteigendem Fieber': *~ haben; mit ~ im Bett liegen* ❖ ↗ schütteln, ↗ frieren

schütteln [ˈʃʏtl̩n] ⟨reg. Vb.; hat⟩ **1.** /jmd./ etw. ~ ʼetw. (kräftig) kurz und schnell mehrmals hin und her bewegen': *die Betten ~* (ʼschütteln, um die Federn gleichmäßig zu verteilen'); *vor Gebrauch ~!* /Aufschrift auf Flaschen, deren Inhalt durch Schütteln gemischt werden soll/; *den Kopf ~* (ʼden Kopf als Zeichen der Verneinung, Verwunderung kurz und schnell mehrmals von einer Seite zur anderen bewegen'); *jmdm. die Hand ~* (ʼbes. bei der Begrüßung, beim Abschied jmds. Hand ergreifen und sie kurz und schnell mehrmals nach oben und unten bewegen'); /zwei (jmd.)/ ⟨rez.⟩ *sie schüttelten sich* ⟨Dat.⟩ *die Hände*; /Tier/ *sich ~: der Hund kam aus dem Wasser und schüttelte sich*; /jmd./ *sich vor Ekel ~* (ʼals Ausdruck des Ekels den Körper schnell und heftig hin und her bewegen') **2.** /jmd./ etw. von, aus etw. ⟨Dat.⟩ ~: *er schüttelte die Äpfel (vom Baum)* (ʼschüttelte den Baum so, dass die Äpfel herunterfielen'); *den Staub aus den Kleidern ~* ❖ **abschütteln, Schüttelfrost;** vgl. **schütten**

schütten [ˈʃʏtn̩], schüttete, hat geschüttet /jmd./ *etw. irgendwohin ~, etw. aus etw.* ⟨Dat.⟩ ~ ʼeine Flüssigkeit, einen körnigen, pulverförmigen Stoff, eine Menge von einzelnen (gleichartigen) Gegenständen aus einem Gefäß, Behälter (mit einer kräftigen Bewegung) irgendwohin fließen, fallen lassen'; ↗ FELD I.7.9.2: *die Milch in einen Krug ~; das Wasser aus dem Eimer, in den Ausguss ~; den Zucker, das Mehl in eine Schüssel ~; Korn auf den Boden ~; die Kohlen auf einen Haufen ~; den ganzen Inhalt der Handtasche auf den Tisch ~* ❖ **verschütten** — **ausschütten, Schüttgut;** vgl. **schütteln**

schütter [ˈʃʏtɐ] ⟨Adj.; Steig. reg., ungebr.; nicht bei Vb.⟩ /beschränkt verbindbar/: *er hat ~es* (ʼin größeren Abständen wachsendes, kein dichtes') *Haar; sein Haar ist ~ (geworden)*

Schütt|gut [ˈʃʏt..], **das** ⟨o.Pl.⟩ ʼGut (3), das auf die Ladefläche eines Fahrzeugs geschüttet und darin ohne Verpackung transportiert wird, z. B. Kohle, Getreide, Sand'; ↗ FELD I.7.9.1 ❖ ↗ **schütten,** ↗ **Gut**

Schutz [ʃʊts], **der**; ~es, ⟨o.Pl.⟩ ʼvon jmdm., einer Sache bewirkter Zustand, durch den für jmdn., etw. eine Gefahr abgewendet wird': *jmdm. ~ geben, gewähren; bei jmdm. ~ suchen; Streitkräfte zum ~ des Landes; zum ~ der Augen eine Sonnenbrille tragen; sie suchten, fanden unter einem Baum ~ vor dem Regen; das Dach bot ~ vor dem Gewitter/gegen das Gewitter; ein Mittel zum ~ gegen/vor Erkältungen; unter jmds. ~ stehen* (ʼvon jmdm. geschützt werden') ❖ ↗ **schützen**

* /jmd./ **jmdn. (vor jmdm./gegen jmdn.) in ~ nehmen** (ʼjmds. Verhalten gegenüber jmdm., der es kritisiert, rechtfertigen')

Schutz|blech [ˈ..], **das** ʼgewölbtes Teil aus Blech über den Rädern bes. eines Fahrrades, unter dem sich der an die Reifen gelangte Schmutz sammeln soll': *das ~ des Fahrrads, Motorrads* ❖ ↗ **schützen,** ↗ **Blech**

Schütze [ˈʃʏtsə], **der**; ~n, ~n **1.** ʼjmd., der mit einer Schusswaffe schießt, geschossen hat': *er ist ein guter ~* **2.** ʼAngehöriger der Landstreitkräfte mit einem bestimmten Dienstrang (↗ TAFEL XX)': *~ B hat sich abgemeldet, ist auf Urlaub* ❖ ↗ **schießen**

schützen [ˈʃʏtsn̩] ⟨reg. Vb.; hat⟩ /jmd., etw./ *jmdn., etw. ~* ʼjmdm., einer Sache Schutz geben': *jmdn. (vor einer Gefahr/auch gegen eine Gefahr) ~; ein Land (vor seinen Feinden/auch gegen seine Feinde) ~; etw. vor/auch gegen Nässe ~; ein ~des Dach; sich ~: sich vor/auch gegen Ansteckung ~* ❖ **beschützen, Schutz, Schützling** — **Arbeitsschutz, Naturschutz, Tierschutz, Umweltschutz, Naturschutzgebiet;** vgl. **Schutz-, schutz/Schutz-**

Schutz [ˈʃʊts..]**-helm, der** ʼin bestimmten Berufen getragener Helm zum Schutz gegen Kopfverletzungen bei einem eventuellen Arbeitsunfall' (↗ TABL Kopfbedeckungen): *einen ~ tragen* ❖ ↗ **Helm;** **-impfung, die** ʼImpfung zum Schutz gegen Infektionskrankheiten' ❖ ↗ **impfen;** **-kontakt, der** Techn. ʼzusätzlicher Kontakt (2) an einem Stecker, einer

Steckdose, durch den ein elektrisches Gerät geerdet wird, sodass der das Gerät Benutzende bei bestimmten Defekten vor einem Schlag (3.1) geschützt ist': *eine Steckdose mit ~* ❖ ↗ **Kontakt**

Schützling ['ʃʏts..], **der**; ~s, ~e 'jmd., der jmdm. anvertraut ist, der von jmdm. betreut wird': *die Kindergärtnerin ging mit ihren ~en spazieren; die ~e des Trainers* ❖ ↗ **schützen**

schutz/Schutz ['ʃʊts..]|**-los** ⟨Adj.; Steig. reg., ungebr.⟩ 'ohne (jmds.) Schutz': *er war seinen Gegnern ~ ausgeliefert, er war völlig ~* ❖ ↗ **los; -polizei, die** 'Polizei, die Aufgaben zum Schutz des Bürgers und für das Erhalten der öffentlichen Ordnung und Sicherheit wahrnimmt': *ein Angehöriger der ~* ❖ ↗ Polizei; **-polizist, der** 'Angehöriger der Schutzpolizei': *~en gehen Streife* ❖ ↗ Polizei

schwach [ʃvax] **I.** ⟨Adj.; Steig.: schwächer ['ʃvɛçɐ], schwächste ['ʃvɛçstə]⟩ **1.1.** 'nur geringe körperliche Kraft besitzend'; SYN kraftlos, ANT stark (1.1) /auf Personen bez./: *ein ~es Kind; er ist alt und ~; sich ~, immer schwächer fühlen* **1.2.** ⟨o. Steig.; nicht bei Vb.; vorw. attr.⟩ *eine ~e Gesundheit haben* ('zu Krankheiten neigen') **2.** ⟨Superl. ungebr.; nicht bei Vb.⟩ 'von geringer Leistungsfähigkeit'; ANT gut (1.4), stark (1.2) /auf bestimmte Organe bez./: *ein ~es Herz; ~e Nerven haben* **3.** ⟨nicht bei Vb.⟩ 'von geringer Leistungsfähigkeit': *ein ~er Schüler; er ist in Mathematik sehr ~; er musste gegen einen ~en Gegner boxen* **4.** 'von nur geringer Qualität' /auf Ergebnisse einer geistigen, bes. künstlerischen, od. körperlichen Leistung bez./: *ein ~es Buch, Theaterstück; die Aufführung, der Vortrag war sehr ~; die Leistungen des Schülers sind sehr ~; ein ~es Spiel; die Mannschaft hat heute ~* ('nicht gut') *gespielt* **5.** ⟨o. Steig.; nicht bei Vb.; vorw. präd.⟩ /jmd./ *~ sein* 'nachgiebig sein': *sie ist ihren Kindern gegenüber zu ~; pass auf, dass du nicht wieder ~ wirst* ('nachgibst')! **6.** ⟨nicht bei Vb.⟩ 'in nur geringem Maß vorhanden'; ANT stark (9.1): *eine ~e Strömung; es gab nur ~en Beifall; der Beifall war ~; eine ~e Hoffnung haben* – **II.** ⟨Adv.; vorw. vor Part. II; bei Vb.⟩ 'nur wenig': *die Silbe ist ~ betont; diese Eigenschaft ist bei ihm nur ~ entwickelt; er konnte sich nur ~ daran erinnern* ❖ **Schwäche, schwächen, Schwachheit, schwächlich, Schwächling – abschwächen, finanzschwach, Schwachsinn, -strom, willensschwach**

-schwach /bildet mit einem Subst., Vb. als erstem Bestandteil Adjektive; drückt aus, dass das im ersten Bestandteil Genannte nur in geringem Maße vorhanden ist; ANT -stark/: *z. B.* **willensschwach**

Schwäche ['ʃvɛçə], **die**; ~, ~n **1.** ⟨o.Pl.⟩ /zu *schwach* I.1.1 u. 2/ 'das Schwachsein'; ANT Stärke (I); /zu I.1.1/: *vor ~ zusammenbrechen* **2.** ⟨vorw. Pl.⟩ 'negative charakterliche Eigenschaft'; SYN Schwachheit (2): *jeder Mensch hat seine ~n* **3.** ⟨vorw. Pl.⟩ 'negative Eigenschaft des Ergebnisses einer geistigen, bes. künstlerischen Leistung': *diese Buch hat viele (inhaltliche, sprachliche) ~n* **4.** ⟨o.Pl.⟩ *eine ~ für etw., jmdn.* 'übermäßig große Vorliebe für etw.,

jmdn.': *er hat eine (große) ~ für diese Art Musik; seine ~ für schöne Frauen* ❖ ↗ **schwach**

schwächen ['ʃvɛçn̩] ⟨reg. Vb.; hat⟩ **1.** /etw./ **1.1.** *jmdn. ~* 'jmdn. schwach (I.1.1) machen, jmds. Widerstandskraft mindern'; ANT stärken (1.1): *die Krankheit hat ihn sehr geschwächt* **1.2.** *jmds. Körper ~* 'jmdn. schwächen (1.1)': *das Fieber hat seinen Körper geschwächt* **2.** /etw., jmd./ *etw. ~* 'die Wirkung von etw. mindern'; ANT stärken (2) /beschränkt verbindbar/: *diese Maßnahme schwächte sein Ansehen* ❖ ↗ **schwach**

Schwachheit ['ʃvax..], **die**; ~, ~en **1.** ⟨o.Pl.⟩ /zu *schwach* I.1.1 u. 2/ 'das Schwachsein': *vor ~ nicht aufstehen können* **2.** ⟨vorw. Pl.⟩ SYN 'Schwäche' (2): *kleine menschliche ~en* ❖ ↗ **schwach**
* umg. /jmd./ **sich keine ~en einbilden** ⟨vorw. im Imp.⟩ 'sich keine falschen Hoffnungen machen': *bilde dir keine ~en ein!*

schwächlich ['ʃvɛç..] ⟨Adj.; Steig. reg.⟩ 'von schwacher (I.1.2) Gesundheit' /auf Lebewesen, bes. auf Personen bez./: *ein ~es Kind; sie ist ~, sieht ~ aus* ❖ ↗ **schwach**

Schwächling ['ʃvɛç..], **der**; ~s, ~e emot. neg. **1.** 'schwache (I.1.1) männliche Person': *beim Kugelstoßen zeigt sich, dass er ein ~ ist* **2.** 'labiler, willensschwacher Mann': *er gibt immer nach, er ist ein ~* ❖ ↗ **schwach**

Schwach/schwach['ʃvax..]|**-sinn, der** ⟨o.Pl.⟩ **1.** 'von Geburt an vorhandene od. früh entstandene Störung der Geistestätigkeit'; ↗ FELD I.5.1: *an (hochgradigem) ~ leiden* **2.** umg. emot. 'dumme, sinnlose Äußerung od. Handlung': *was er sagt, ist doch ~!; so ein ~!* ❖ ↗ schwach, ↗ Sinn; **-sinnig** ⟨Adj.; o. Steig.⟩ 'an Schwachsinn leidend'; *ein ~es Kind* ❖ ↗ schwach, ↗ Sinn; **-strom, der** 'elektrischer Strom mit einer Spannung von weniger als 24 Volt' ❖ ↗ schwach, ↗ Strom

Schwaden ['ʃvaːdn̩], **der**; ~s, ~ ⟨vorw. Pl.⟩ 'in der Luft treibende, flächenartig ausgedehnte Menge von Nebel, Rauch, Dampf': *der Rauch zog in dichten ~ über die Häuser*

schwadronieren [ʃvadro'niːʀən], schwadronierte, hat schwadroniert /jmd./ 'mit übermäßig vielen Worten, laut, aufdringlich (prahlend) reden': *hör auf zu ~!*

schwafeln ['ʃvaːfl̩n] ⟨reg. Vb.; hat⟩ umg. emot. /jmd./ **1.1.** 'mit übermäßig vielen Worten ohne Sachkenntnis über etw. reden': *er schwafelt schon über eine halbe Stunde (über diese Thema)* **1.2.** *etw. ~* 'mit übermäßig vielen Worten etw. Sinnloses sagen': *er hat viel dummes Zeug geschwafelt; was schwafelst du da?*

Schwager ['ʃvaːgɐ], **der**; ~s, Schwäger ['ʃvɛːgɐ/'ʃvɛː..] 'Ehemann der Schwester od. Bruder der Ehefrau od. des Ehemannes'; ↗ FELD I.9.1: *meine Schwester und mein ~* ❖ **Schwägerin, verschwägert**

Schwägerin ['ʃvɛːgər..'/'ʃvɛː..], **die**; ~, ~nen 'Ehefrau des Bruders od. Schwester der Ehefrau od. des Ehemannes'; ↗ FELD I.9.1: *mein Bruder und meine ~* ❖ ↗ **Schwager**

Schwalbe [ˈʃvalbə], **die**; ~, ~n ʿschnell und gewandt fliegender kleiner Singvogel mit schwarz und weiß gefärbtem Gefieder, spitzen Flügeln und gegabeltem (↗ *gabeln*) Schwanzʾ; ↗ FELD II.3.1 (↗ TABL Vögel): *die ~n fliegen in den Süden, sind schon da*

Schwall [ʃval], **der**; ~s/ auch ~es, ~e ⟨vorw. Sg.⟩ vorw. mit Attr.⟩ ʿgrößere Menge von einer Flüssigkeit, bes. Wasser, von Luft, die sich plötzlich und heftig irgendwohin bewegtʾ; ↗ FELD III.2.1: *ein ~ Wasser schlug gegen die Mole; ein ~ kühler Luft; das Wasser schlug in einem ~ gegen die Mole;* METAPH *er begrüßte uns mit einem ~ überschwänglicher Worte* (ʿmit überaus vielen überschwänglichen Wortenʾ) ❖ ↗ **schwellen**

schwamm: ↗ *schwimmen*

Schwamm [ʃvam], **der**; ~s/ auch ~es, Schwämme [ˈʃvɛmə] **1.** ʿaus natürlichem od. künstlichem porösem Material bestehender weicher, elastischer, leicht Flüssigkeit aufnehmender Gegenstand, der bes. zum Waschen des Körpers, zum Reinigen bestimmter Gegenstände verwendet wirdʾ: *ein nasser, trockener ~; sich mit dem ~ waschen; die Tafel mit einem ~ abwischen; den ~ ausdrücken* **2.** ⟨o.Pl.⟩ ʿschädlicher Pilz (1), der bei Feuchtigkeit das Holz und die Mauern von Gebäuden befällt und zerstörtʾ: *der Keller ist vom ~ befallen* **3.** umg. /in der kommunikativen Wendung/ *~ drüber* (ʿwir wollen nicht mehr von dieser unangenehmen Sache reden, diese unangenehme Sache soll vergessen seinʾ)! /sagt jmd., der bereit ist, jmdm. etw. Bestimmtes zu verzeihen/

schwammig [ˈʃvamɪç] ⟨Adj.; Steig. reg.⟩ **1.** ʿungesund dick und weich (1.1) wirkendʾ /auf den menschlichen Körper bez./: *ein ~er Körper, Leib; sein Gesicht sieht ~ aus* **2.** ʿin Bezug auf den Inhalt vage, nicht klar, nicht eindeutigʾ /auf Gedankliches, sprachliche Äußerungen bez./: *ein ~er Begriff, Ausdruck; eine ~e Formulierung; sich ~ ausdrücken* ❖ ↗ **Schwamm**

Schwan [ʃvaːn], **der**; ~s/ auch ~es, Schwäne [ˈʃvɛːnə]/ ˈʃvɛ..ʾ] ʿgroßer Schwimmvogel mit weißem Gefieder und einem langen Halsʾ; ↗ FELD II.3.1 (↗ TABL Vögel): *die Schwäne füttern*

schwand: ↗ *schwinden*

schwang: ↗ *schwingen*

schwanger [ˈʃvaŋɐ] ⟨Adj.; o. Steig.; nicht bei Vb.; ↗ auch *Schwangere*⟩ ʿein Kind im Leib habendʾ: *eine ~e Frau; sie ist (im vierten Monat) ~* ❖ **Schwangere, schwängern, Schwangerschaft − Schwangerschaftsurlaub**

Schwangere [ˈʃvaŋərə], **die**; ~n, ~n; ↗ TAFEL II; ↗ auch *schwanger* ʿschwangere Frauʾ: *einer ~n den Sitzplatz anbieten* ❖ ↗ **schwanger**

schwängern [ˈʃvɛŋɐn] ⟨reg. Vb.; hat⟩ oft emot. neg.: /Mann/ *eine Frau, ein Mädchen ~* (ʿbes. außerhalb der Ehe verursachen, dass eine Frau, ein Mädchen schwanger wirdʾ) ❖ ↗ **schwanger**

Schwangerschaft [ˈʃvaŋɐ..], **die**; ~, ~en ʿdas Schwangerseinʾ: *eine ~ feststellen, unterbrechen* ❖ ↗ **schwanger**

Schwangerschaft|urlaub [ˈʃvaŋɐʃafts..], **der** ⟨vorw. Sg.⟩ ʿbezahlte Freistellung Schwangerer von der Arbeit für eine bestimmte Zeit vor und nach der Entbindungʾ: *im ~ sein* ❖ ↗ **schwanger,** ↗ **Urlaub**

Schwank [ʃvaŋk], **der**; ~s/auch ~es, Schwänke [ˈʃvɛŋkə] **1.** *einen ~* (ʿeine lustige, komische Begebenheit, einen Streichʾ) *aus seinem Leben, seiner Jugend erzählen* **2.** ʿkurze, komische und derbe, volkstümliche Darstellung charakterlicher Schwächen und gesellschaftlicher Mängel in Form einer Erzählung, eines Theaterstücks in Prosa od. Versenʾ: *einen ~ aufführen*

schwanken [ˈʃvaŋkn̩] ⟨reg. Vb.; hat/ist⟩ **1.** ⟨hat⟩ /etw./ ʿsich hin und her, auf und ab bewegen, ohne als Ganzes die Stelle zu verlassen, wo es sich befindetʾ: *die Bäume ~ im Wind; der Steg schwankte unter seinen Füßen; ein ~der Mast, Kahn* **2.** /jmd./ **2.1.** ⟨hat⟩ ʿsich aufgrund des gestörten Gleichgewichts im Stehen unsicher hin und her bewegenʾ: *der Betrunkene schwankte* **2.2.** ⟨ist⟩ *irgendwohin ~* ʿaufgrund des gestörten Gleichgewichts unsicher den Körper hin und her bewegen und so irgendwohin gehenʾ; SYN *wanken* (2): *der Betrunkene schwankte nach Hause, über die Straße* **3.** ⟨hat⟩ /etw./ ʿsich in Bezug auf seine Beschaffenheit, seinen Grad, sein Maß o.Ä. mehrfach ändernʾ: *das Befinden des Kranken schwankt von Tag zu Tag; die Temperaturen ~; die Preise ~* (ʿsind nicht stabilʾ) **4.** ⟨hat⟩ /jmd./ ʿsich nicht zwischen zwei od. mehreren Möglichkeiten entscheiden könnenʾ; SYN *wanken* (3): *ich schwanke noch, ob ich die Stelle annehmen soll; er hat einen Augenblick geschwankt, ehe er zusagte; zwischen zwei Möglichkeiten ~; nichts konnte ihn ~d/ machen* (ʿnichts konnte ihn von seinem Standpunkt, Vorhaben abbringenʾ)

Schwanz [ʃvants], **der**; ~es, Schwänze [ˈʃvɛntsə] ʿsich an den Rumpf anschließender beweglicher schmaler Teil fast aller Wirbeltiereʾ; ↗ FELD II.3.1: *ein langer, kurzer ~; der Hund wedelte mit dem ~* ❖ **Fuchsschwanz**

* umg. **kein ~** ⟨nur im Nom.⟩ ʿniemandʾ: *kein ~ war da, war gekommen*

schwänzen [ˈʃvɛntsn̩] ⟨reg. Vb.; hat⟩ umg. /jmd./ *etw. ~* ʿan einer obligatorischen Veranstaltung, bes. an einer Unterrichtsstunde, an Unterrichtsstunden, nicht teilnehmen, weil man keine Lust dazu hatʾ: *er hat gestern (die Schule, den Unterricht) geschwänzt; eine Vorlesung, Veranstaltung ~*

schwappen [ˈʃvapm̩] ⟨reg. Vb.; hat/ist⟩ /Flüssigkeit/ **1.1.** ⟨hat⟩ ʿsich in einem Gefäß (mit einem Geräusch) hin und her bewegen (und zum Teil überlaufen)ʾ: *das Wasser schwappte im Eimer* **1.2.** ⟨ist⟩ *irgendwohin ~* ʿsich durch Schwappen (1) irgendwohin bewegenʾ: *die Suppe ist über den Rand des Tellers geschwappt*

Schwarm [ʃvaʁm], **der**; ~s/auch ~es, Schwärme [ˈʃvɛʁmə] **1.** ⟨vorw. mit Attr.⟩ ʿgrößere Anzahl von sich ungeordnet zusammen (fort)bewegenden Insekten, Fischen, Vögeln gleicher Art od. Menschenʾ; ↗ FELD II.3.1: *ein ~ Bienen; Schwärme* *von Mücken; Heringe leben in Schwärmen; ein ~ von Kindern, von Fotografen* **2.** ⟨o. unbest. Art.; vorw. Sg⟩ ʽjmd., für den jmd. schwärmt'; ↗ FELD I.6.1: *dieser Lehrer, Sänger war mein ~, war der ~ der gesamten Klasse* ❖ **schwärmen — umschwärmen**

schwärmen [ˈʃvɛʀmən] ⟨reg. Vb.; hat/ist⟩ **1.** ⟨hat⟩ /jmd./ **1.1.** *für jmdn.* ~ ʽjmdn., bes. jmdn. des anderen Geschlechts, schwärmerisch verehren'; ↗ FELD I.6.2: *sie hat für ihren Lehrer, diesen Schauspieler geschwärmt* **1.2.** *für etw.* ~ ʽetw. sehr gern mögen': *sie schwärmt für klassische Musik, für Operetten* **2.** ⟨hat⟩ /jmd./ *von etw., jmdm.* ~ ʽsich schwärmerisch über etw., jmdn. äußern': *sie schwärmte noch immer von diesem Urlaub, ihrem alten Chef; sie geriet ins Schwärmen, als sie von der Reise erzählte* **3.** ⟨ist⟩ /viele Insekten gleicher Art, Menschen/ *irgendwohin* ~ ʽsich in einem Schwarm irgendwohin bewegen'; ↗ FELD II.3.2: *die Mücken* ~ *um die Lampe; die Kinder schwärmten durch den Wald* ❖ **zu (1,2): schwärmerisch; zu (3):** ↗ **Schwarm**

schwärmerisch [ˈʃvɛʀmər..] ⟨Adj.; Steig. reg., ungebr.; nicht präd.⟩ ʽvon überschwänglicher Begeisterung für etw., jmdn. erfüllt und sie zum Ausdruck bringend'; ↗ FELD I.6.3: *ein ~es junges Mädchen; sich* ~ *über etw., jmdn. äußern* ❖ ↗ **schwärmen**

Schwarte [ˈʃvaʀtə], **die**; ~, ~n **1.** ʽdicke, zähe Haut vom Schweinefleisch': *die* ~ *vom Speck abschneiden* **2.** umg. **2.1.** emot. neg. ʽ(dickes, altes) Buch (1)': *er hat sich im Antiquariat alte* ~*n gekauft* **2.2.** emot. ʽniveauloses Buch (1)': *diese* ~ *habe ich früher mal gelesen* ❖ **Speckschwarte**

* umg. /jmd./ **arbeiten, dass/bis die ~ kracht** (ʽsehr viel und hart arbeiten')

schwarz [ʃvaʀts] ⟨Adj.; Steig.: schwärzer [ˈʃvɛʀtsɐ], schwärzest [ˈʃvɛʀtsəst]; ↗ auch ²*Schwarze*, ¹*Schwarze*⟩ **1.** ⟨Steig. ungebr.⟩ ʽvon der dunkelsten Farbe, die alle Lichtstrahlen absorbiert, kein Licht reflektiert': ANT *weiß*; ↗ FELD VI.2.3: ~ *wie Kohle; ein ~er Anzug; ~e Kleidung, Schuhe; sie hat ~es Haar; ein Kleid* ~ *färben; in Schwarz gehen* (ʽschwarze Kleidung zum Zeichen der Trauer tragen'); *ein tiefes Schwarz* **2.** ⟨Steig. ungebr.⟩ ʽsehr dunkel, fast schwarz (1)': ~*e Augen haben;* ~*er Pfeffer, Tee; den Kaffee* ~ (ʽohne Milch, Sahne') *trinken; ein Mensch mit* ~*er Hautfarbe* **3.** ʽdunkel von Schmutz': ~*e Hände haben; der Kragen ist ganz* ~; *sich* ~ *machen: du hast dich beim Einheizen* ~ *gemacht* **4.** ⟨o. Steig.; nicht präd.; vorw. bei Vb.⟩ ʽohne behördliche Genehmigung': *etw.* ~ *verkaufen;* ~ *über die Grenze gehen* ❖ ¹**Schwarze, schwärzlich — anschwärzen, kohlrabenschwarz, schwarzsehen, Schwarzseherei;** vgl. **Schwarz-, schwarz/ Schwarz-**

* /jmd./ **sich ~ ärgern** (ʽsich sehr ärgern'); /jmd./ **etw. ~ auf weiß besitzen/haben** ʽetw., bes. eine behördliche Genehmigung, schriftlich in den Händen haben, so dass man sich darauf berufen, verlassen kann': *ich habe es* ~ *auf weiß, dass ich eine Gehaltserhöhung bekomme*; /jmd./ **aus Schwarz Weiß ma-**

chen (ʽdurch seine Darstellung etw. Negatives in sein Gegenteil verkehren'); /jmd./ **warten können, bis man ~ wird** ⟨nur im Präs.⟩: *da kannst du warten, bis du* ~ *wirst* (ʽdarauf wirst du vergeblich warten')!

Schwarz[ˈ..]-**arbeit, die** ⟨vorw. o. Art.; o. Pl.⟩ ʽbezahlte Arbeit (1), die jmd. ohne behördliche Genehmigung und ohne Steuern abzuführen verrichtet': *am Wochenende* ~ *machen; dieses Geld hat er mit/ durch* ~ *verdient* ❖ ↗ Arbeit; -**brot, das 1.1.** ⟨o.Pl.⟩ ʽaus Sauerteig und Roggenmehl gebackenes Brot (1.1)': *er isst gern* ~ **1.2.** ʽaus Sauerteig und Roggenmehl gebackenes Brot (1.2)'; ↗ FELD I.8.1: *zwei* ~*e kaufen; eine Scheibe* ~ *mit Butter und Käse* ❖ ↗ Brot

¹**Schwarze** [ˈʃvaʀtsə], **der** u. **die**; ~n, ~n; ↗ TAFEL II; ↗ auch *schwarz* ʽMensch mit schwarzer (2) Hautfarbe': *die* ~*n und die Weißen*; vgl. *Neger* ❖ ↗ **schwarz**

²**Schwarze, das**

* /jmd./ i**ns ~ treffen** (ʽin Bezug auf etw. das Entscheidende, Wesentliche äußern'); ⟨⟩ umg. /jmd./ **jmdm. nicht das ~ unter dem Nagel gönnen** (ʽjmdm. nicht das Geringste gönnen')

schwarz/Schwarz[ˈʃvaʀts..]-**fahren** (er fährt schwarz), fuhr schwarz, ist schwarzgefahren /jmd./ ʽein öffentliches Verkehrsmittel ohne Fahrausweis benutzen': *er musste Strafe zahlen, weil er schwarzgefahren war* ❖ ↗ fahren; -**haarig** ⟨Adj.; o. Steig.; nicht bei Vb.⟩ ʽmit schwarzem Haar': *ein* ~*er Südländer* ❖ ↗ Haar; -**handel, der** ʽillegaler Handel (mit sehr gefragten, aber nicht vorhandenen od. nicht ausreichend vorhandenen Waren) zu übermäßig hohen Preisen': *jmdn. wegen* ~ *verurteilen;* ~ *treiben* ❖ ↗ Handel; -**händler, der** ʽjmd., der Schwarzhandel treibt' ❖ ↗ Handel

schwärzlich [ˈʃvɛʀts..] ⟨Adj.; o. Steig.⟩ ʽleicht schwarz (1)'; ↗ FELD VI.2.3: *etw. hat sich* ~ *verfärbt* ❖ ↗ **schwarz**

schwarz|sehen (er sieht schwarz), sah schwarz, hat schwarzgesehen /jmd./ ʽfernsehen, ohne Gebühren dafür zu zahlen': *er hat schwarzgesehen und musste Strafe zahlen* ❖ **schwarz,** ↗ **sehen**

schwarz sehen /jmd./ ʽin Bezug auf etw., jmdn., sich die Aussichten pessimistisch beurteilen'; ↗ FELD I.6.2: *er sieht ständig schwarz; für etw., jmdn.* ~: *für dein Examen, deine Zukunft, für dich sehe ich schwarz*

Schwarz|seherei [..ze:ə'ʀ..], **die**; ~, ⟨o.Pl.⟩ ʽdas ständige Schwarzsehen (↗ *schwarz sehen*)'; ↗ FELD I.6.1: *du mit deiner ewigen* ~! ❖ ↗ **schwarz,** ↗ **sehen**

schwatzen [ˈʃvatsn̩] ⟨reg. Vb.; hat⟩ **1.** /jmd./ ʽmit jmdm. plaudern': *er kam, um (mit mir) ein bisschen zu* ~; *wir schwatzten den ganzen Abend (miteinander)* **2.1.** emot. /jmd./ *etw.* ~ ʽviel Dummes sagen': *Unsinn, dummes Zeug* ~; *was du immer so schwatzt!* **2.2.** /Schüler/ ʽsich während des Unterrichts heimlich und leise mit seinem Nachbarn unterhalten': *wer schwatzt da ständig?; schwatzt nicht!* ❖ **Geschwätz, Schwätzer**

Schwätzer ['ʃvɛtsɐ], **der**; ~s, ~ emot. ˈmännliche Person, die stets wichtigtuerisch viel Unsinn redet': *er ist ein ~!* ❖ ↗ **schwatzen**

Schwebe ['ʃveːbə], **die**
* **in der ~** ˈunentschieden (1)': *diese Frage ist noch in der ~; etw. in der ~ lassen*

schweben ['ʃveːbm̩] ⟨reg. Vb.; hat/ ist⟩ **1.** /etw., Vogel, jmd./ **1.1.** ⟨hat⟩ *irgendwo ~* ˈsich irgendwo in der Luft langsam und ruhig (fort)bewegen, ohne sich senkrecht abwärts zu bewegen'; ↗ FELD VIII.2.2: *der Luftballon schwebt über dem Dach; hoch in der Luft schwebt ein Raubvogel, Fallschirmspringer; eine Wolke schwebt am Himmel* **1.2.** ⟨ist⟩ *irgendwohin ~* ˈsich durch Schweben (1.1) irgendwohin fortbewegen': *der Luftballon schwebt über das Dach; der Fallschirmspringer schwebt zur Erde* **2.** ⟨hat⟩ /jmd./ *in Gefahr, in Lebensgefahr ~* (ˈsich in Gefahr, in Lebensgefahr befinden')

Schwefel ['ʃveːfl̩], **der**; ~s, ⟨o.Pl.⟩ ˈElement, das bei gewöhnlicher Temperatur in gelben Kristallen vorkommt und das beim Verbrennen stechend riecht' /chem. Symb. S/; ↗ FELD II.5.1 ❖ **Schwefelsäure**

Schwefel|säure ['..], **die** ⟨o.Pl.⟩ ˈaus einer Verbindung mit Schwefel bestehende farblose, stark ätzende Säure' ❖ ↗ **Schwefel**, ↗ **sauer**

Schweif [ʃvaɪf], **der**; ~s/auch ~es, ~e geh. ˈlanger Schwanz mit vielen Haaren': *der ~ des Pferdes* ❖ ↗ **schweifen**

schweifen ['ʃvaɪfn̩] ⟨reg. Vb.; ist⟩ geh. **1.** /jmd./ *irgendwohin ~* ˈziellos irgendwohin wandern': *durch die Wälder ~* **2.1.** *jmds. Blick schweift irgendwohin* ˈjmd. blickt irgendwohin, ohne sich dabei besonders zu konzentrieren': *sein Blick schweifte über die Berge* **2.2.** *jmd. lässt seine Gedanken in die Vergangenheit, Zukunft ~* (ˈjmd. denkt an Vergangenes, Zukünftiges, ohne sich dabei besonders zu konzentrieren') ❖ **Schweif — abschweifen, ausschweifend, Ausschweifung, Umschweife, weitschweifig, Weitschweifigkeit**

Schweige|geld ['ʃvaɪgə..], **das** ⟨vorw. Sg.⟩ ˈGeld, das jmd. jmdm. zahlt, um ihn zum Stillschweigen über etw., zu veranlassen, das den Zahlenden od. jmd. anders belastet': *jmdm. ~ zahlen; von jmdm. ~ verlangen* ❖ ↗ **schweigen**, ↗ **Geld**

schweigen ['ʃvaɪgn̩], schwieg [ʃviːk], hat geschwiegen [gə'ʃviːgn̩] **1.** /jmd./ ˈnichts (mehr) sagen': *betroffen, ratlos, trotzig, verlegen ~; ~d zuhören; aus Angst ~; plötzlich schwieg er; zu diesen Anschuldigungen konnte ich nicht ~* (ˈmusste ich mich äußern'); *ich werde darüber ~* (ˈwerde davon nichts sagen') **2.** *endlich schweigt die Musik* (ˈhat die Musik aufgehört, ist die Musik nicht mehr zu hören') ❖ **Schweigen, schweigsam, verschweigen, verschwiegen, Verschwiegenheit — Schweigepflicht, Stillschweigen, stillschweigend, totschweigen**

Schweigen, das; ~s, ⟨o.Pl.⟩ /zu *schweigen* 1/: *ich betrachte sein ~ als Zustimmung; es herrschte tiefes ~* (ˈniemand sagte etwas'); *über etw. ~ bewahren* (ˈüber etw., das einem anvertraut wurde, nicht sprechen') ❖ ↗ **schweigen**

* /jmd./ **sich in ~ hüllen** (ˈsich zu etw. nicht äußern, obwohl eine Äußerung von einem erwartet wird')

Schweige|pflicht ['ʃvaɪgə..], **die** ⟨o.Pl.⟩ ˈPflicht, über bestimmte dienstliche Angelegenheiten zu schweigen'; ↗ FELD I.12.1: *das unterliegt der (ärztlichen) ~; jmdn. von seiner ~ entbinden* ❖ ↗ **schweigen**, ↗ **Pflicht**

schweigsam ['ʃvaɪk..] ⟨Adj.; Steig. reg.⟩ ˈso veranlagt, dass man wenig redet'; SYN wortkarg /auf Personen bez./: *ein ~er Mensch; er war heute Abend sehr ~* (ˈredete heute Abend sehr wenig'); vgl. *einsilbig* ❖ ↗ **schweigen**

Schwein [ʃvaɪn], **das**; ~s/auch ~es, ~e **1.** ˈSäugetier mit meist rosafarbener, mit Borsten bedeckter Haut, das bes. wegen seines Fleisches als Haustier gehalten wird'; ↗ FELD II.3.1 (↗ TABL Säugetiere): *ein fettes, mageres ~; ein ~ schlachten; das ~ grunzt, quiekt* **2.** derb emot. **2.1.** ˈjmd., der sich od. etw. nicht sauber hält' Schimpfw.: *wasch dich erst mal, du ~!* **2.2.** ˈjmd., der sich nicht anständig verhält, dessen Verhalten gegen die Moral, Ethik verstößt': *dieses ~ erzählt immer solche Witze; dieses ~ hat mich betrogen!;* auch Schimpfw. *du ~!* **3.** derb emot. ⟨nur mit best. Attr.⟩ /meint einen Menschen/: *er, sie ist ein dummes, faules ~* (ˈist dumm, faul') ❖ **Schweinerei, schweinisch — Dreckschwein, Meerschwein, Schweinefleisch**

* umg. **ein armes ~** ˈein bedauernswerter Mensch': *er, sie ist ein armes ~!;* /jmd./ **~ haben** (ˈGlück haben'); ⟨⟩ derb **kein ~** ⟨nur im Nom. u. Akk.⟩ ˈniemand': *kein ~ wusste Bescheid; ich habe kein ~ gesehen*

Schweine|fleisch ['ʃvaɪnə..], **das** ˈFleisch vom Schwein (1)'; ↗ FELD I.8.1: *er isst kein ~* ❖ ↗ **Schwein**, ↗ **Fleisch**

Schweinerei [ʃvaɪnə'ʀ..], **die**; ~, ~en umg. emot. **1.** ˈsehr schmutziger Zustand'; SYN Sauerei (1): *wer hat diese ~ angerichtet?* **2.** SYN ˈGemeinheit (2)': *zu einer solchen ~ ist nur er fähig; (so eine) ~!* /Ausruf der Empörung/ **3.** ˈetw. Unanständiges'; SYN Sauerei (3): *~en erzählen* ❖ ↗ **Schwein**

schweinisch ['ʃvaɪn..] ⟨Adj.; Steig. reg.⟩ umg. emot. SYN ˈunanständig (I)' /vorw. auf Sprachliches bez./: *~e Witze; sich ~ benehmen* ❖ ↗ **Schwein**

Schweiß [ʃvaɪs], **der**; ~es, ⟨o.Pl.⟩ ˈbes. bei Hitze od. größerer Anstrengung aus den Poren der Haut kommende flüssige Absonderung bestimmter Drüsen'; ↗ FELD VI.5.1: *der ~ stand ihm auf der Stirn; der ~ lief ihm übers Gesicht; sich den ~ von der Stirn wischen; er war nass von/vor ~; er war wie in ~ gebadet* (ˈschwitzte sehr am ganzen Körper'); *in ~ geraten/kommen* (ˈanfangen zu schwitzen'); METAPH *das hat viel ~* (ˈMühe, Anstrengung') *gekostet* ❖ **schwitzen**

* **im ~e seines Angesichts** ˈmit großer körperlicher Anstrengung': *ich habe im ~e meines, er hat im ~e seines Angesichts die Garage gebaut*

schweißen ['ʃvaɪsn̩] ⟨reg. Vb.; hat⟩ /jmd./ *etw. ~* ˈTeile (von etw.), die aus Metall od. Kunststoff bestehen, durch Wärme, Druck fest miteinander verbinden';

↗ FELD I.7.6.2: *Schienen, ein Rohr* ~ ❖ **Schweißer** – **anschweißen**

Schweißer [ˈʃvaɪsɐ], **der**; ~s, ~ ˈFacharbeiter für Schweißen'; ↗ FELD I.7.6.1: *er arbeitet als, ist* ~ ❖ ↗ **schweißen**

schwelen [ˈʃveːlən] ⟨reg. Vb.; hat⟩ **1.1.** /etw./ ˈlangsam, ohne Flammen brennen (1)': *die Balken schwelten noch lange nach dem Brand* **1.2.** /Feuer/ ˈlangsam, ohne Flamme brennen (1)': *das Feuer schwelt noch unter der Asche; ~de Glut* **2.** etw. *schwelt* ˈein negatives Gefühl erfüllt jmdn. noch immer, ohne dass das erkennbar wird': *der Hass schwelte noch lange (in ihm, im Volk); ~der Argwohn, Neid*

schwelgen [ˈʃvɛlgn̩] ⟨reg. Vb.; hat⟩ **1.** /jmd./ ˈviel Gutes mit großem Genuss essen und trinken': *wir haben auf diesem Fest geschwelgt* **2.** geh. /jmd./ ⟨Dat.⟩ ~ ˈeinen Eindruck von etw., eine Empfindung, eine Vorstellung mit großem Genuss auf sich wirken lassen': *er schwelgte in Musik, in Vorfreude, in Erinnerungen*

Schwelle [ˈʃvɛlə], **die**; ~, ~n **1.** ˈerhöhtes Teil bes. aus Holz über dem Boden am unteren Rande der Öffnung einer Tür': *über die* ~ *stolpern; auf der* ~ *stehen bleiben; ich werde keinen Fuß mehr über seine* ~ *setzen* (ˈwerde nicht mehr in sein Haus, seine Wohnung kommen') **2.** ˈquer zur Richtung der Schienen (1) liegendes Teil aus Holz, Metall od. Beton, auf dem die Schienen befestigt sind': *~n verlegen* **3.** an der ~ ⟨+ Gen.attr.⟩ ˈam Beginn eines Zeitabschnitts': *sie standen an der* ~ *des zwanzigsten Jahrhunderts* ❖ **unterschwellig**

schwellen [ˈʃvɛlən] *er schwillt* [ʃvɪlt]*, schwoll* [ʃvɔl]*, ist geschwollen* [ɡəˈʃvɔlən]; ↗ auch *geschwollen* /etw., Organ, Körperteil/ ˈdurch einen krankhaften Prozess, durch Sichansammeln von Wasser od. Blut im Gewebe an Umfang zunehmen'; SYN anschwellen (1): *die Beine* ~; *seine Backe ist geschwollen; die Adern auf seiner Stirn schwollen vor Zorn; er hat geschwollene Mandeln* ❖ **Schwall, geschwollen, Geschwulst, Schwellung** – **anschwellen**

Schwellung [ˈʃvɛl..], **die**; ~, ~en /zu *schwellen*/ **1.** ⟨o.Pl.⟩ ˈdas Geschwollensein': *die* ~ *(der Mandeln) ist zurückgegangen; eine* ~ *der Leber* **2.** ˈgeschwollene Stelle des Körpers': *eine* ~ *am Knie haben* ❖ ↗ **schwellen**

schwemmen [ˈʃvɛmən] ⟨reg. Vb.; hat⟩ /fließende Flüssigkeit, bes. fließendes Wasser/ etw. irgendwohin ~ ˈetw. durch die Strömung irgendwohin gelangen lassen': *der starke Regen hat den Sand ins Meer geschwemmt; eine Leiche wurde ans Ufer geschwemmt* ❖ ↗ **schwimmen**

schwenken [ˈʃvɛŋkn̩] ⟨reg. Vb.; hat/ist⟩ **1.** ⟨hat⟩ /jmd./ **1.1.** etw. ~ ˈetw. mit ausgestrecktem Arm auf und ab, (über seinem Kopf) hin und her bewegen (um jmdn. zu grüßen)': *als der Zug abfuhr, schwenkte er seinen Hut, das Taschentuch; eine Fahne* ~ **1.2.** die Arme ~ (ˈüber seinem Kopf hin und her bewegen') **2.** ⟨hat⟩ /jmd./ etw. in etw. ⟨Dat.⟩ ~ ˈetw. in Wasser leicht hin und her bewegen, um es zu säubern': *die*

Gläser in heißem Wasser ~ **3.1.** ⟨ist⟩ /jmd., Gruppe/ irgendwohin ~ ˈmit einer (raschen) Drehung eine bestimmte andere Richtung einschlagen': *die Marschkolonne schwenkte in die Hauptstraße; er schwenkte nach rechts, um die Ecke* **3.2.** ⟨hat⟩ /jmd., etw./ etw. ~ ˈetw. mit einer (raschen Drehung in eine andere Richtung, Stellung bringen': *die Kamera* ~; *etw. irgendwohin* ~; *der Kran schwenkte den Träger nach links* ❖ **Schwenkung** – **Kognakschwenker**

Schwenkung [ˈʃvɛŋk..], **die**; ~, ~en **1.** ˈdas Schwenken (3.1)': *eine* ~ *nach rechts; eine* ~ *machen* **2.** ⟨vorw. Sg.⟩ *in der Versammlung hat er plötzlich eine* ~ *gemacht* (ˈhat er plötzlich seine Haltung, Meinung geändert') ❖ ↗ **schwenken**

schwer [ʃveːɐ̯] **I.** ⟨Adj.⟩ **1.** /auf Gegenstände bez./ **1.1.** ⟨Steig. reg.⟩ ˈvon großem Gewicht'; ANT leicht (1.1): *ein ~er Koffer; die Kiste ist sehr* ~; *ich darf nicht* ~ (ˈnichts von großem Gewicht') *tragen* **1.2.** ⟨Steig. reg., o. Superl.; nicht bei Vb.; mit Maßangabe und dieser nachgestellt⟩ ˈvon einem bestimmten Gewicht': *der Sack ist zwei Zentner* ~, *einen halben Zentner* ~*er als der andere; ein zwei Zentner* ~*er Sack* **2.** ⟨Steig. reg.; nur attr.⟩ *ein Armband aus* ~*em* (SYN ˈmassivem 3') *Gold;* ~*e Fahrzeuge* (ˈgroße Fahrzeuge mit starkem Motor') **3.** ⟨Steig. reg.⟩ **3.1.** ˈgroße körperliche Anstrengung erfordernd'; ANT leicht (2.1.1): *der ~e Beruf des Bergmanns; für Frauen ist diese Arbeit zu* ~; *er muss* ~ *arbeiten* **3.2.** ˈgroße geistige Anstrengung erfordernd'; ANT leicht (2.1.2): *eine ~e Aufgabe übernehmen; die Prüfung war sehr* ~; *das Buch ist* ~ *zu verstehen* **4.** ⟨Steig. reg.; vorw. attr.⟩ ANT leicht (2.2): *ein ~es* (ˈan Sorgen, Entbehrungen reiches') *Leben; er hatte eine ~e Jugend; es* ~ ↗ *haben* **5.** ⟨Steig. reg.; nicht bei Vb.; vorw. attr.⟩ /auf Negatives bez./ **5.1.** SYN ˈheftig (1)': *ein ~er Sturm; eine ~e seelische Erschütterung* **5.2.** ˈvon großem Ausmaß'; ANT leicht (3.2): *~er Sachschaden; ein ~es Verbrechen; seine Krankheit ist nicht sehr* ~ (ˈnicht sehr gefährlich') **5.3.** ⟨nicht bei Vb.⟩ ˈden Organismus belastend'; ANT leicht (5) /auf Nahrungs-, Genussmittel bez./: *~e Kost; ein ~er Wein* – **II.** ⟨Adv.; vorw. vor Part. II; bei Vb.⟩ umg. ˈüberaus': *er war* ~ *beleidigt, enttäuscht; das hat ihn* ~ *erschüttert; das Essen lag mir* ~ *im Magen* ❖ **Schwere, schwerlich, beschweren, erschweren, Schwermut, schwermütig** – **Schwerbehinderte, schwerelos, Schwerelosigkeit, schwerwiegend, unbeschwert;** vgl. **schwer/Schwer-**

* /jmd./ ~ **an etw.** ⟨Dat.⟩ **tragen** (ˈüber etw. großen Kummer empfinden')

schwer behindert ⟨nicht bei Vb.; ↗ auch *Schwerbehinderte*⟩ ˈdurch einen dauernden körperlichen, geistigen Schaden nur begrenzt arbeits-, leistungsfähig': *er ist* ~; *ein schwer behinderter Mensch*

Schwerbehinderte, der u. **die**; ~n, ~n ˈjmd., der schwer behindert ist': *ein Lift für* ~ ❖ ↗ **schwer,** ↗ **hindern**

Schwere ['ʃveːʀə], **die**; ~, ⟨o.Pl.; vorw. mit Gen.attr.⟩ /zu *schwer* I.5.1 u. 5.2/ ˈdas Schwerseinˈ; /zu I.5.1/: *die ~ des Unwetters*; /zu I.5.2/: *die ~ seiner Krankheit* ❖ ↗ **schwer**

schwere/Schwere ['..]|-**los** ⟨Adj.; o. Steig.; nicht präd.⟩ ˈohne Wirkung der Schwerkraftˈ: *der Astronaut befand sich im ~en Zustand* ❖ ↗ schwer, ↗ los; **-losigkeit** [loːzɪç..], **die**; ~, ⟨o.Pl.⟩: *der Astronaut befand sich im Zustand der ~* (ˈim schwerelosen Zustandˈ) ❖ ↗ schwer, ↗ los

schwer fallen (es fällt schwer), fiel schwer, ist schwer gefallen /etw./ *jmdm.* ~ ˈvon jmdm. große körperliche od. geistige Anstrengung erfordern, wobei die Gründe in der Person od. in der Sache liegenˈ; ANT leicht fallen: *diese Arbeit fällt mir schwer; es fällt mir schwer, mich zu konzentrieren; der Abschied fiel mir schwer*

schwer/Schwer ['ʃveːɐ]|-**fällig** ⟨Adj.; Steig. reg.⟩ ˈlangsam und ungeschickt in seinen Bewegungen od. im Denken, Sprechenˈ; SYN plump (2); ↗ FELD I.2.3: *ein ~er Mensch; ~ gehen, antworten* ❖ ↗ fallen; **-hörig** [høːʀɪç] ⟨Adj.; Steig. reg., ungebr.; vorw. attr. u. präd.⟩ ˈin seiner Fähigkeit zu hören beeinträchtigtˈ: *er ist ~* ❖ ↗ hören; **-hörigkeit, die**; ~, ⟨o.Pl.⟩ ˈdas Schwerhörigseinˈ ❖ ↗ hören; **-industrie, die** ⟨vorw. Sg.⟩ ˈdie Industriezweige, die Eisen erzeugen, verarbeiten, Produktionsmittel herstellen, der Bergbau u.Ä.ˈ ❖ ↗ Industrie; **-kraft, die** ⟨o.Pl.⟩ ˈKraft, mit der ein Körper von der Erde angezogen wirdˈ: *die Wirkung der ~* ❖ ↗ Kraft

schwerlich ['ʃveːɐ..] ⟨Satzadv.⟩ /drückt die Stellung des Sprechers zum genannten Sachverhalt aus; drückt Skepsis aus/ ˈwahrscheinlich nichtˈ: *diesen Anforderungen wird er ~ gewachsen sein; das wird wohl ~ zu machen sein, sich ~ realisieren lassen* ❖ ↗ **schwer**

schwer machen machte schwer, hat schwer gemacht /jmd., etw./ *jmdm., sich* ⟨Dat.⟩ *etw.* ~ ˈmachen, dass jmd., man selbst Schwierigkeiten in Bezug auf etw. hatˈ: *jmdm. das Leben ~; mach es dir doch nicht so schwer!; dein Verhalten macht es mir sehr schwer, dir zu verzeihen*

Schwer/schwer ['ʃveːɐ..]|-**metall, das** ˈMetall mit hohem spezifischem Gewichtˈ; ANT Leichtmetall; ↗ FELD II.5.1 ❖ ↗ Metall; **-mut, die**; ~, ⟨o.Pl.⟩ ˈZustand des Gemüts (1), der durch (anhaltend) große Traurigkeit gekennzeichnet istˈ; SYN Melancholie; ↗ FELD I.6.1: *jmd., etw. ist voller ~* (ANT Heiterkeit 2); *er verfiel in tiefe ~* ❖ schwermütig; vgl. schwer; **-mütig** [myːtɪç] ⟨Adj.; Steig. reg., Superl. ungebr.⟩ ˈan Schwermut leidend, von Schwermut zeugendˈ; ↗ FELD I.6.3: *sie ist ~ (geworden)* ❖ ↗ Schwermut

schwer nehmen (er nimmt schwer), nahm schwer, hat schwer genommen /jmd./ *etw.* ~ ˈetw. (mehr als angemessen) als bedrückend empfindenˈ; ANT leicht nehmen: *sie nahm alles, den Tadel sehr schwer; nimm es nicht so schwer!*

Schwer/schwer ['..]|-**punkt, der** ˈdas, was in einem größeren Zusammenhang (für jmdn.) eine besondere Bedeutung hatˈ): *dieses Problem bildete den ~ seines Vortrags* ❖ ↗ Punkt; **-reich** ⟨Adj.; o. Steig.⟩ ˈsehr reichˈ /auf Personen bez./: *ein ~ er Mann; eine ~e Familie*

Schwert [ʃveːɐt], **das**; ~s/auch ~es, ~er ˈim Altertum und Mittelalter gebräuchliche Hieb- und Stichwaffe mit kurzem Griff und langer, breiter Klingeˈ; ↗ FELD V.6.1 (↗ TABL Hieb- und Stichwaffen)

schwer tun, sich, tat sich schwer, hat sich schwer getan /jmd./ *sich mit etw.* ~ ˈaufgrund seiner Voraussetzungen mehr als allgemein nötig mit etw. Schwierigkeiten haben, etw. kaum bewältigen könnenˈ: *sie tut sich mit dem Lernen sehr schwer; warum tust du dich so schwer (damit)?*

schwer verletzt ˈgefährlich verletztˈ: *der ~e Autofahrer; es gab Tote und Schwerverletzte*

schwer|wiegend ['..viːɡn̩t] ⟨Adj.; Steig. reg.; vorw. attr. u. präd.⟩ **1.1.** ˈwichtig und daher in weiteren Überlegungen zu berücksichtigenˈ; SYN ernst (3), ernsthaft (3), gravierend (1.1): *~e Bedenken vorbringen; seine Gründe halte ich für ~* **1.2.** ˈvon großer Tragweite, für die Zukunft entscheidendˈ; SYN gravierend (1.2): *einen ~en Entschluss fassen; einen ~en Fehler machen* ❖ ↗ wiegen

Schwester ['ʃvɛstɐ], **die**; ~, ~n **1.** ˈweibliche Verwandte einer Person, die mit ihr dieselben Eltern hatˈ; ↗ FELD I.9.1: *Bruder und ~; meine, seine große, kleine, ältere, jüngere ~* **2.** ˈKrankenschwesterˈ: *als ~ in einem Krankenhaus arbeiten; der Patient fragte nach der ~*; ⟨in Verbindung mit dem Vornamen⟩ *heute hat ~ Monika Dienst; vielen Dank, ~ Monika!* /in der Anrede/ ❖ **Geschwister – Krankenschwester, Rotkreuzschwester**

schwieg: ↗ **schweigen**

Schwiegereltern ['ʃviːɡɐ..], **die** ⟨Pl.⟩ ˈEltern der Ehefrau od. des Ehemannesˈ; ↗ FELD I.9.1: *seine, ihre ~ haben beim Hausbau geholfen* ❖ ↗ **Eltern**

Schwiegermutter ['ʃviːɡɐ..], **die** ⟨Pl.: -mütter⟩ ˈMutter der Ehefrau od. des Ehemannesˈ; ↗ FELD I.9.1: *sie versteht sich nicht mit ihrer, er kann nicht mit seiner ~* ❖ ↗ **Mutter**

Schwiegersohn ['ʃviːɡɐ..], **der** ˈEhemann der Tochterˈ; ↗ FELD I.9.1: *sie haben einen tüchtigen, netten ~* ❖ ↗ **Sohn**

Schwiegertochter ['ʃviːɡɐ..], **die** ˈEhefrau des Sohnesˈ; ↗ FELD I.9.1: *sie haben eine tüchtige, hübsche ~* ❖ ↗ **Tochter**

Schwiegervater ['ʃviːɡɐ..], **der** ˈVater der Ehefrau od. des Ehemannesˈ; ↗ FELD I.9.1 ❖ ↗ **Vater**

Schwiele ['ʃviːlə], **die**; ~, ~n ⟨vorw. Pl.⟩ ˈdurch Druck entstandene harte Stelle der Haut bes. an den Händenˈ; ↗ FELD I.1.1: *~n bekommen* ❖ **schwielig**

schwielig ['ʃviːlɪç] ⟨Adj.; Steig. reg., ungebr.; nicht bei Vb.⟩ ˈSchwielen aufweisendˈ; ↗ FELD I.1.3: *~e Hände; die Hände sind ~* ❖ ↗ **Schwiele**

schwierig ['ʃviːʀɪç] ⟨Adj.; Steig. reg.⟩ **1.1.** ⟨vorw. attr.⟩ SYN ˈkompliziert (1)ˈ; ANT einfach (2): *eine ~e Aufgabe, Entscheidung; ein ~er Fall, Text; ein ~es Problem; die Verhandlungen waren sehr ~; es* *war* ~, *ihn davon zu überzeugen* **1.2.** ⟨vorw. attr.⟩ SYN ˈkompliziert (2)ʾ: *eine* ~*e* (ˈdurch viele nicht leicht zu bewältigende Probleme gekennzeichnetˈ) *Situation; das Land befindet sich in einer* ~*en Lage; die Lage ist* ~ **2.** ⟨nicht bei Vb.⟩ ˈaufgrund seines komplizierten Charakters in den zwischenmenschlichen Beziehungen Schwierigkeiten bereitendˈ /auf Personen bez./: *er ist ein* ~*er Mensch; er ist sehr* ~ ❖ **Schwierigkeit**

Schwierigkeit [ˈ..], **die**; ~, ~en **1.1.** ˈschwierige (1.1) Gegebenheitˈ; SYN Problem (2): *etw. stellt eine* ~ *dar;* ~*en bewältigen, überwinden; der Schüler hat mit dem Lesen* ~*en* (ˈdem Schüler fällt das Lesen schwerˈ); *große* ~*en bekommen, haben; jmdm.* ~*en machen, bereiten; trotz aller* ~*en haben wir den Plan realisiert* **1.2.** ⟨nur im Pl.⟩ *in* ~*en* ˈin eine schwierige Lage, Situationˈ: *kommen, geraten; jmdn. in* ~*en bringen; in* ~*en* ˈin einer schwierigen Lage, Situationˈ: *in finanziellen* ~*en sein* ❖ ↗ **schwierig**

schwillt: ↗ **schwellen**

Schwimm[ˈʃvɪm..]|**-bad, das** ˈAnlage im Freien od. Gebäude mit einem Schwimmbeckenˈ; SYN Bad (4): *ins* ~ *gehen* ❖ ↗ **schwimmen**, ↗ **baden**; **-becken, das** ˈgroßes, mit Wasser gefülltes Becken (2), in dem man schwimmen kannˈ: *ein* ~ *für Nichtschwimmer* ❖ ↗ **schwimmen**, ↗ **Becken**

schwimmen [ˈʃvɪmən], schwamm [ʃvam], hat/ist geschwommen [gəˈʃvɔmən] **1.** /Mensch, Tier/ **1.1.** ⟨ist/hat⟩ ˈsich im Wasser aus eigener Kraft durch bestimmte Bewegungen der Arme, Beine bzw. der Flossen fortbewegenˈ; ↗ FELD I.7.4.2: *gut* ~; *er kann (nicht)* ~; *auf dem Rücken* ~; *ich bin, habe im Urlaub viel geschwommen; auf dem See* ~ *Enten, Schwäne* **1.2.** ⟨ist⟩ *irgendwohin* ~ ˈdurch Schwimmen (1.1) irgendwohin gelangenˈ; ↗ FELD I.7.2.2: *er ist über den See, ans Ufer geschwommen* **2.** ⟨hat/ist⟩ /vorw. Gegenstand, Stoff/ *auf, in etw.* ⟨Dat.⟩ ~ ˈsich auf der Oberfläche einer Flüssigkeit befinden, dabei oft teilweise von ihr bedeckt sein (und auf ihr treiben)ˈ: *auf dem Wasser hat, ist ein Brett geschwommen; auf der Milch schwimmt eine tote Fliege* ❖ **Schwimmerin, verschwimmen** – **Brustschwimmen, Delphinschwimmen, Schmetterlingsschwimmen, Schwimmbad, -becken, -vogel, überschwemmen, Überschwemmung**

Schwimmer [ˈʃvɪmɐ], **der**; ~s, ~ ˈjmd., der schwimmen (1.1) kannˈ; ↗ FELD I.7.2.1, 7.4.1: *er ist ein guter* ~ ❖ ↗ **schwimmen**

Schwimmerin [ˈʃvɪmərɪn..], **die**; ~, ~nen /zu *Schwimmer*; weibl./ ❖ ↗ **schwimmen**

Schwimm|**vogel** [ˈʃvɪm..], **der** ˈVogel, der zwischen den Zehen Haut hat und dadurch schwimmen kannˈ: *die Ente ist ein* ~ ❖ ↗ **schwimmen**, ↗ **Vogel**

Schwindel [ˈʃvɪndl̩], **der**; ~s, ⟨o.Pl.⟩ **1.** ˈÄußerung, Handlung, mit der jmd. jmdn. zu täuschen suchtˈ: *er fällt auf jeden* ~ *rein; so ein* ~! **2.** ˈZustand, bei dem man das Gefühl hat, dass man taumelt, dass sich die ganze Umgebung um einen drehtˈ: *ein heftiger* ~ *befiel, überkam ihn* ❖ ↗ **schwindeln**

schwindel|**frei** [ˈʃvɪndl̩..] ⟨Adj.; o. Steig.; nicht bei Vb.; vorw. präd. (nur mit *sein*)⟩ *jmd. ist* ~ ˈjmdm. wird es nicht schwindlig, wenn er aus der Höhe in die Tiefe blicktˈ: *ich bin nicht* ~ ❖ ↗ **schwindeln**, ↗ **frei**

schwindeln [ˈʃvɪndl̩n] ⟨reg Vb.; hat⟩ **1.** /jmd./ ˈ(in einer relativ unwichtigen Angelegenheit) nicht die (ganze) Wahrheit sagenˈ: *du schwindelst!; schwindel nicht!; etw.* (nur *das* od. Sätze der direkten od. indirekten Rede) ~: *das hat er geschwindelt* (ˈdas, was er gesagt hat, entspricht nicht ganz, nicht der Wahrheitˈ); *„Ich weiß das nicht", schwindelte sie;* vgl. *lügen* **2.** *jmdm.*/auch *jmdn. schwindelt (es)* ˈjmdm. wird, ist es schwindligˈ: *mir schwindelt/es schwindelt mir, wenn ich nach unten blicke* ❖ **Schwindel, Schwindler, schwindlig, schwindelfrei**

schwinden [ˈʃvɪndn̩], schwand [ʃvant], ist geschwunden [gəˈʃvʊndn̩] **1.1.** /Menge/ ˈallmählich immer weniger werden (bis nichts mehr übrig ist)ˈ: *die Vorräte* ~ **1.2.** /menschliche Eigenschaft od. Gefühl/ ˈhinsichtlich der Intensität, Stärke allmählich immer geringer werden (und aufhören)ˈ: *mein Misstrauen schwand immer mehr; durch die Krankheit* ~ *seine Kräfte; jmdm.* ~: *ihm schwand der Mut* **2.1.** geh. *die Tage, Jahre* ~ (ˈvergehen 1ˈ; ↗ FELD X.2) *schnell* **2.2.** *jmd. schwindet das Bewusstsein* (ˈjmd. verliert das Bewusstsein, wird ohnmächtigˈ) ❖ **Schwund, verschwenden, verschwenderisch, verschwinden, verschwenglich**

Schwindler [ˈʃvɪndlɐ], **der**; ~s, ~ ˈjmd., der schwindelt, geschwindelt hat (und dadurch jmdn. betrügt, betrogen hat)ˈ; vgl. *Betrüger* ❖ ↗ **schwindeln**

schwindlig [ˈʃvɪnd..] ⟨Adj.; o. Steig.; nicht attr.⟩ ˈvon Schwindel befallenˈ: *jmdm. ist (es)* ~ (ˈjmd. ist vom Schwindel befallenˈ); *mir wird (es)* ~; *die Raserei machte mich* ~ ❖ ↗ **schwindeln**

schwingen [ˈʃvɪŋən], schwang [ʃvaŋ], hat geschwungen [gəˈʃvʊŋən] **1.1.** /etw./ ˈsich von einem Punkt aus, an dem es befestigt ist, hängt, ziemlich regelmäßig hin und her bewegenˈ: *das Pendel, die Glocke schwingt* **1.2.** /jmd./ *irgendwo* ~: *er schwang an den Ringen* (ˈer hing an den schwingenden Ringenˈ) **1.3.** *etw. schwingt* ˈetw. bewegt sich ziemlich regelmäßig auf der Stelle hin und her (was akustisch wahrzunehmen ist)ˈ: *durch den Gleichschritt begann die Brücke zu* ~; *eine Saite zum Schwingen bringen* **2.** /jmd./ *etw.* ~ ˈetw. in einem Bogen hin und her, auf und ab bewegenˈ: *die Arme* ~; *die Sportlerinnen* ~ *Keulen; eine Fahne* ~ (ˈschwenkenˈ); *die Axt* ~ (ˈmit der Axt mit Schwung zum Schlag ausholen und schlagenˈ) **3.** /jmd./ *sich irgendwohin* ~ ˈsich mit Schwung irgendwohin bewegenˈ: *er schwang sich aufs Rad, über den Zaun* **4.** /Gefühl, Einstellung/ *in etw.* ⟨Dat.⟩ ~ ˈin jmds. Stimme, Äußerung zu spüren seinˈ: *in ihrer Stimme schwang Freude, Trauer; in seinen Worten schwingt Kritik* ❖ **beschwingt, Schwingung, Schwung, schwunghaft** – **aufschwingen, Aufschwung, Überschwang, überschwänglich, Umschwung**

Schwingung [ˈʃvɪŋ..], **die**; ~, ~en **1.** ˈperiodische Änderung einer physikalischen Größe durch eine Bewegung zwischen bestimmten Grenzen': *die Dauer einer ~; mechanische, elektromagnetische ~en* **2.** /zu schwingen 1.1 u. 1.3/ 'das Schwingen'; /zu 1.1/: *ein Pendel in ~ versetzen*; /zu 1.3/: *die ~ einer Membran* ❖ ↗ **schwingen**

Schwips [ʃvɪps], **der**; ~es, ~e ⟨vorw. Sg.⟩ umg. 'durch Genuss von Alkohol hervorgerufener leichter Rausch': *einen (kleinen) ~ haben* ❖ **beschwipst**

schwirren ['ʃvɪʁən] ⟨reg. Vb.; ist⟩ *irgendwohin ~* **1.1.** /Insekt, Vogel/ 'mit leisem, hellem, sich schnell wiederholendem Ton irgendwohin fliegen (1.1)': *Nachtfalter ~ um die Lampe; Vögel ~ übers Feld* **1.2.** /etw., bes. Geschoss/ 'mit leisem, hellem, sich schnell wiederholendem Ton irgendwohin fliegen (4)': *Pfeile schwirrten durch die Luft*

schwitzen ['ʃvɪtsn̩] ⟨reg. Vb.; hat⟩ **1.** /jmd., Tier/ 'Schweiß auf der Haut haben'; ↗ FELD VI.5.2: *er, das Pferd schwitzte (stark); vor Hitze, Anstrengung, Angst ~; unter den Armen ~* **2.** *das Fenster, die Wand, die Mauer schwitzt* ('auf dem Fenster, der Wand, der Mauer bilden sich Tropfen kondensierten Wassers')

schwoll: ↗ **schwellen**

schwor: ↗ **schwören**

schwören ['ʃvøːʁən], schwor [ʃvoːɐ̯], hat geschworen [gə'ʃvoːʁən] **1.** /jmd./ 'etw. durch einen Eid bekräftigen': *vor Gericht ~; auf die Verfassung ~* ('schwören, dass man der Verfassung entsprechend handeln wird'); *einen Eid ~; er hat einen Meineid geschworen* **2.** /jmd./ **2.1.** *~, dass ...* 'jmdm. feierlich, nachdrücklich versichern, dass ...': *ich schwöre (dir), dass ich das nicht getan habe; ich schwöre (dir), dass ich dich nicht verlassen werde; ich schwöre (es dir)!* **2.2.** *jmdm. Treue ~* ('jmdm. feierlich, nachdrücklich versprechen, ihm treu zu sein'); ⟨rez.⟩ *wir schwören uns* ⟨Dat.⟩ *ewige Treue* **2.3.** *jmdm. Rache ~* ('jmdm. nachdrücklich sagen, dass man selbst sich an ihm rächen wird') **3.** ⟨nur im Perf.⟩ emot. *sich* ⟨Dat.⟩ *geschworen haben, etw. zu tun* 'sich ganz fest vorgenommen haben, etw. Bestimmtes zu tun': *ich habe (es) mir geschworen, nicht mehr zu rauchen* **4.** /jmd./ *auf etw., jmdn. ~* 'aufgrund eigener Erfahrung fest davon überzeugt sein, dass etw. das für einen bestimmten Zweck am besten Geeignete ist': *ich schwöre auf diese Methode, dieses Medikament; er schwört auf seinen Arzt* ❖ **Schwur, beschwören, Geschworene, verschwören, Verschwörung − heraufbeschwören**

schwul [ʃvuːl] ⟨Adj.; o. Steig.; nicht bei Vb.; ↗ auch *Schwule*⟩ 'homosexuell' /auf Männer bez./: *er ist ~* ❖ **Schwule**

Schwule ['ʃvuːlə], **der**; ~n, ~n; ↗ TAFEL II; ↗ auch *schwul* 'schwuler Mann': *ein Lokal, in dem ~ verkehren; er hat sich als ~r geoutet* ❖ ↗ **schwul**

schwül [ʃvyːl] ⟨Adj.; Steig. reg.; nicht bei Vb.⟩ 'durch Schwüle gekennzeichnet'; ↗ FELD VI.5.3: *ein ~er Tag; es ist heute sehr ~* ('heute herrscht große Schwüle') ❖ **Schwüle**

Schwüle ['ʃvyːlə], **die**; ~, ⟨o.Pl.⟩ 'als unangenehm empfundene hohe Feuchtigkeit und Wärme od.

Hitze der Luft bes. außerhalb von Räumen'; ↗ FELD VI.5.1: *es herrschte eine furchtbare ~; die ~ war unerträglich* ❖ ↗ **schwül**

Schwulst [ʃvʊlst], **der**; ~es, ⟨o.Pl.⟩ 'unangemessen viele, nicht natürlich und nicht schlicht wirkende Mittel einer Äußerung, Elemente eines Bauwerks': *der Roman ist frei von jedem ~* ❖ **schwülstig**

schwülstig [ʃvʏlstɪç] ⟨Adj.; Steig. reg.⟩ 'durch Schwulst gekennzeichnet' /vorw. auf Sprachliches bez./: *ein ~er Stil, Roman; sich ~ ausdrücken; ~ schreiben* ❖ ↗ **Schwulst**

Schwund [ʃvʊnt], **der**; ~es/auch ~s, ⟨o.Pl.⟩ 'das Schwinden (1.2)': *ein allmählicher ~ des Interesses war zu beobachten* ❖ ↗ **schwinden**

Schwung [ʃvʊŋ], **der**; ~es/auch ~s, Schwünge ['ʃvʏŋə] **1.** 'schnelle, kraftvolle, bogenförmige Bewegung': *er sprang mit einem ~ über den Graben; Schwünge mit den Armen ausführen; mit ~: etw. mit ~ irgendwohin schleudern* **2.** ⟨o.Pl.⟩ SYN 'Elan': *neuen ~ bekommen; mit ~: mit ~ an die Arbeit gehen* ❖ ↗ **schwingen**

* /jmd./ **etw. in ~ bringen**: *der neue Direktor hat den Betrieb in ~ gebracht* ('hat dafür gesorgt, dass der Betrieb Erfolg hat'); /jmd./ **in ~ kommen** 'seine Trägheit, Müdigkeit überwinden': *erst, wenn ich eine Tasse Kaffee getrunken habe, komme ich in ~*

schwunghaft ['ʃvʊn..] ⟨Adj.; Steig. reg.; nur attr.⟩ /beschränkt verbindbar/: *einen ~en* ('regen und viel Erfolg habenden') *Handel treiben* ❖ ↗ **schwingen**

Schwur [ʃvuːɐ̯], **der**; ~s/auch ~es, Schwüre ['ʃvyːʁə] **1.** SYN 'Eid (1.1)': *die Hand zum ~ erheben; einen ~ leisten/ablegen: den Schwur auf die Verfassung leisten* ('auf die Verfassung schwören') **2.** 'Versprechen, das man jmdm. feierlich, nachdrücklich gegeben hat': *einen ~ halten, brechen* ❖ ↗ **schwören**

sechs [zɛks] ⟨Zahladj.; nur attr. u. subst.; flektiert nur im Dat. Pl.; subst. im Dat. Pl.: sechsen; ↗ TAFEL XII⟩ /die Kardinalzahl 6/: *in Reihen zu ~en antreten*; ↗ auch *drei* ❖ **sechste, sechzig, sechziger, sechzigste**

MERKE ↗ *drei* (Merke)

sechste ['zɛkstə] ⟨Zahladj.; nur attr.⟩ /die Ordinalzahl zu *sechs* (6.)/; ↗ auch *dritte* ❖ ↗ **sechs**

sechzig ['zɛçtsɪç] ⟨Zahladj.; indekl.; nur attr. u. subst.; ↗ TAFEL XII⟩ /die Kardinalzahl 60/; ↗ auch *dreißig* ❖ ↗ **sechs**

MERKE ↗ *dreißig* (Merke)

sechziger ['zɛçtsɪɡɐ] ⟨Zahladj.; indekl.; nur attr.⟩: *in den ~ Jahren* ('im siebten Jahrzehnt') *unseres Jahrhunderts* ❖ ↗ **sechs**

sechzigste ['zɛçtsɪɡstə] ⟨Zahladj.; nur attr.⟩ /die Ordinalzahl zu *sechzig* (60.)/; ↗ auch *dreißigste* ❖ ↗ **sechs**

¹See [zeː], **der**; ~s, ~n ['zeːən] 'größeres nicht fließendes Binnengewässer'; ↗ FELD II.2.1: *ein großer, tiefer ~; im ~ baden; das Ufer des ~s* ❖ **Stausee**; vgl. ²*See*

²See, die; ~, ⟨o.Pl.⟩ SYN 'Meer (1.1)'; ↗ FELD II.2.1: *ein Urlaub an der ~; an die ~ fahren; die ~*

ist stürmisch ❖ **Tiefsee, Unterseeboot**; vgl. **see/See-,** **¹See**

See/see ['zeː..]|**-fisch, der** ʿim Meer lebender Fischʾ; ↗ FELD II.3.1 ❖ ↗ Fisch: *der Dorsch ist ein ~;* **-gang, der** ⟨o.Pl.⟩ ʿBewegung der Oberfläche des Meeres in Form von Wellenʾ: *starker, leichter ~* ❖ ↗ gehen; **-krank** ⟨Adj.; o. Steig.; nicht bei Vb.; vorw. präd.⟩: /jmd./ *~ sein* (ʿan Seekrankheit leidenʾ); *~ werden* ❖ ↗ krank; **-krankheit, die** ⟨o.Pl.⟩ ʿdurch die Bewegung eines Schiffes bei Seegang verursachte, mit Schwindel und Sicherbrechen verbundene Übelkeitʾ: *an ~ leiden; ein Mittel gegen ~* ❖ ↗ krank

Seele ['zeːlə], **die**; ~, ~n **1.** SYN ʿPsycheʾ; ↗ FELD I.6.1: *eine kindliche ~ haben; er ist ein Kenner der menschlichen ~* **2.** ʿnach bestimmten religiösen Vorstellungen nicht materieller Teil des Menschen, der nach dem Tod weiterlebtʾ: *sie glaubt, dass ihre ~ in den Himmel kommt* **3.** ⟨vorw. Sg.; nur mit best. Attr.⟩ umg. *meint einen Menschen/: er, sie ist eine gute, treue ~* (ʿist gut, treuʾ) ❖ **seelisch** – **Menschenseele, Seelenruhe, seelenruhig**

* /jmd./ **jmdm. auf die ~ binden, etw. zu tun** (ʿjmdn. ermahnen, dringend bitten, etw. Bestimmtes zu tunʾ); **mit ganzer ~:** *mit ganzer ~* (ʿmit großem Engagement, großer Begeisterungʾ) *dabei sein, für etw. eintreten;* /jmd./ **sich** ⟨Dat.⟩ **etw. von der ~ reden** ʿüber etw., was einen bedrückt, sprechen und sich dadurch erleichternʾ: *jetzt habe ich mir alles, alle meine Sorgen von der ~ geredet;* /jmd./ **jmdm. aus der ~ sprechen:** *du sprichst, er spricht mir aus der ~* (ʿdu sagst, er sagt genau das, was ich meine, was mich bewegtʾ) ⟨⟩ umg. /jmd./ **eine ~ von Mensch sein** (ʿsehr gutmütig seinʾ)

Seelen/seelen ['zeːlən..] **-ruhe** *in aller ~* ʿseelenruhigʾ: *in aller ~ wartete er auf den Ausgang des Prozesses;* ↗ FELD I.6.1 ❖ ↗ Seele, ↗ Ruhe; **-ruhig** ⟨Adj.; o. Steig.; nur bei Vb.⟩ ʿmit großer Gelassenheit, obwohl von anderen Aktivität erwartet wirdʾ: *während alle ungeduldig warteten, unterhielt er sich ~ mit seinem Freund* ❖ ↗ Seele, ↗ Ruhe

seelisch ['zeːl..] ⟨Adj.; o. Steig.; nicht präd.; vorw. attr.⟩ SYN ʿpsychischʾ; ↗ FELD I.6.3: *~e Belastungen; das ~e Gleichgewicht bewahren; die Krankheit ist ~ bedingt; etw. ~ verarbeiten müssen* ❖ ↗ Seele

See/see ['zeː..] **-mann, der** ⟨Pl.: -leute⟩ ʿmännliche Person, die beruflich auf einem Schiff, das für Verkehr auf dem Meer bestimmt ist, tätig istʾ; ↗ FELD I.10 ❖ ↗ Mann; **-stern, der** ʿim Meer lebendes sternförmiges Tierʾ; ↗ FELD II.3.1 (↗ BILD) ❖ ↗ Stern; **-streitkräfte, die** ⟨Pl.⟩ ʿTeil der Streitkräfte zum Schutz der Küsten und Hoheitsgewässer und für Kampfhandlungen auf dem, im Meerʾ ❖ ↗ streiten, ↗ Kraft; **-tüchtig** ⟨Adj.; o. Steig.; nicht bei Vb.⟩; ↗ FELD VIII.4.3.2: *ein ~es* (ʿzum Fahren auf dem Meer geeignetesʾ) *Schiff* ❖ ↗ tüchtig

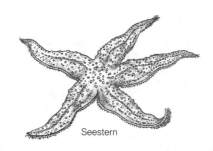
Seestern

Segel ['zeːgl̩], **das**; ~s, ~ ʿgroßes, drei- od. viereckiges Stück aus festem, grobem, wasserdichtem Stoff, das am Mast bes. eines Wasserfahrzeuges befestigt ist und ausgespannt wird, damit die Kraft des Windes zur Fortbewegung genutzt wirdʾ: *das, die ~ hissen; der Wind bläht das, die ~; die ~ reffen* ❖ **segeln** – **Segelboot, -flugzeug, -schiff**

* oft scherzh. /jmd./ **die ~ streichen** ⟨vorw. im Präs.⟩ (ʿnicht länger auf seiner Meinung bestehen, seinen inneren Widerstand gegen jmdn., etw. aufgebenʾ)

Segel ['..]|**-boot, das** ʿBoot mit Segeln, das sich durch die Kraft des Windes fortbewegtʾ; ↗ FELD I.7.4.1, VIII.4.3.1 (↗ TABL Fahrzeuge) ❖ ↗ Segel, ↗ Boot; **-flugzeug, das** ʿFlugzeug ohne Motor, das sich durch die Strömung der Luft fortbewegtʾ; ↗ FELD VIII.4.2 ❖ ↗ Segel, ↗ fliegen

segeln ['zeːgl̩n] ⟨sw. Vb.; hat/ist⟩ **1.** /jmd./ **1.1.** ⟨ist/hat⟩ ʿmit einem Segelboot, Segelschiff fahrenʾ; ↗ FELD I.7.4.2, VIII.3.2: *~ können; er ist/hat früher viel gesegelt* **1.2.** ⟨ist⟩ *irgendwohin ~* ʿsich durch Segeln (1.1) irgendwohin bewegenʾ: *sie sind ans andere Ufer, über die Ostsee gesegelt* **2.** ⟨ist⟩ /Vogel, etw./ **2.1.** *irgendwohin ~* ʿirgendwohin fliegen, schweben (1.1)ʾ: *ein Raubvogel segelt durch die Luft* **2.2.** *irgendwohin ~* ʿirgendwohin schweben (1.2)ʾ: *Wolken ~ über den Himmel* ❖ ↗ Segel

Segel|schiff ['zeːgl̩..], **das** ʿSchiff mit Segeln, das sich durch die Kraft des Windes fortbewegtʾ; ↗ FELD VIII.4.3.1 ❖ ↗ Segel, ↗ Schiff

Segen ['zeːgn̩], **der**; ~s, ⟨o.Pl.⟩ **1.** ʿdurch Gott jmdm. gewährtes Glück, Gelingen für etw.ʾ: *jmdm. Glück und (Gottes) ~ wünschen; der ~ Gottes ruhte auf ihm* **2.** ʿvon einem Geistlichen bes. mit einer Formel, Gebärde an Gott gerichtete Bitte um Segen (1) für jmdn.ʾ; ↗ FELD XII.3.1: *der päpstliche ~; der Pfarrer gab, spendete der Gemeinde den ~* **3.** *eine Erfindung zum ~* (SYN ʿWohlʾ) *der Menschheit* **4.** *(es ist) ein ~, dass ...:* (es ist) ein ~ ~ (ʿes ist ein Glück 1ʾ), *dass er doch noch gekommen ist!* ❖ **segnen** – **einsegnen, Einsegnung, Haussegen, segensreich**

segens|reich ['zeːgn̩s..] ⟨Adj.; Steig. reg.; vorw. attr.⟩ ʿin den Auswirkungen für viele Wohl, Nutzen bringendʾ: *eine ~e Erfindung, Einrichtung* ❖ ↗ Segen, ↗ reich

segnen ['zeːgnən], segnete, hat gesegnet /Geistlicher/ *jmdn. ~* ʿjmdm. den Segen (2) gebenʾ; ↗ FELD

XII.3.2: *der Pfarrer segnete ihn, die Gemeinde* ❖ ↗
Segen

sehen ['zeːən] (er sieht [ziːt]), sah [zɑː], hat gesehen [gə'zeːən] **1.** /jmd./ **1.1.** 'die Fähigkeit haben, jmdn., etw. mit den Augen wahrzunehmen'; ↗ FELD I.3.1.2: *nach der Operation konnte er wieder ~; gut, schlecht, ↗ scharf ~; nur noch auf/mit einem Auge ~ (können)* **1.2.** ⟨bei vorausgehendem Vb. im Inf. steht meist der Inf. von *sehen* statt des Part. II⟩ *jmdn., etw. ~* 'jmdn., etw. mit den Augen wahrnehmen': *ich habe ihn (am Strand, gestern) gesehen; ich konnte den Turm schon von weitem ~; die Berge waren gut zu ~; ich habe ihn kommen ~/auch gesehen* **1.3.** *irgendwohin ~* 'die Augen irgendwohin richten'; SYN blicken (1), schauen: *nach oben, zum Himmel, zu Boden ~; auf die/nach der Uhr ~* ('feststellen, wie spät es ist'); *aus dem Fenster ~* ('in einem Raum sein und durch das Fenster nach draußen blicken'); *siehe Seite …* (ABK s.S.; 'sieh nach auf Seite …') /Verweis in Büchern/ **1.4.** *etw. ~: hast du schon diesen Film gesehen* ('hast du dir schon diesen Film angesehen')?; *in dieser Stadt gibt es viel zu ~* ('vieles, was wert ist, besichtigt zu werden') **2.** /jmd./ *jmdm. ähnlich ~* 'jmdm. in bestimmten äußerlichen Merkmalen gleichen': *er sieht seinem Vater sehr ähnlich;* ⟨rez.⟩ *die Geschwister ~ sich* ⟨Dat.⟩/*einander (zum Verwechseln) ähnlich* **3.1.** ⟨vorw. mit Nebensatz⟩ /jmd./ *der Arzt sah* ('kam zu der Erkenntnis, Einsicht'), *dass er nicht mehr helfen konnte; wie ich sehe, ist alles in Ordnung;* ⟨*sich* + genötigt, gezwungen, veranlasst + Nebensatz⟩ *sie sah sich genötigt, gezwungen, veranlasst* ('sie kam zu der Erkenntnis, Einsicht, dass sie genötigt, gezwungen, veranlasst war'), *ihm die Wahrheit zu sagen* **3.2.** *er sah sich betrogen* ('er kam zu der Erkenntnis, Einsicht, dass er betrogen worden war'); *er sah seine Wünsche erfüllt* ('er stellte fest, dass seine Wünsche erfüllt waren') **4.** /jmd./ **4.1.** *etw. irgendwie ~* 'etw. irgendwie beurteilen, einschätzen': *er sieht dieses Problem richtig, falsch; du musst alles im Zusammenhang ~; die Dinge ~, wie sie sind* **4.2.** *etw. ~: das Wesen einer Sache, die Zusammenhänge ~* (SYN 'verstehen 2') **4.3.** *in jmdm. jmdn. ~, in etw.* ⟨Dat.⟩ *etw. ~* 'der Meinung sein, dass jmd. jmd. Bestimmtes, etw. etw. Bestimmtes ist': *er sah in mir nur den Gegner; ich sehe darin meine Pflicht* **5.** ⟨nur mit Nebens.⟩ /jmd./ *ich werde ~* ('festzustellen suchen, prüfen'), *was sich machen lässt;* vgl. zusehen (2) **6.** ⟨im Imp. od. mit *müssen, sollen* + Nebens.⟩ /jmd./ 'zusehen (2)': *sieh, dass du das schaffst!; ich muss ~, wie ich damit fertig werde* **7.** /jmd./ *nach jmdm., etw. ~* 'dahin gehen, wo jmd., etw. ist, und sich um ihn, es kümmern': *ich gehe jetzt einkaufen, sieh inzwischen bitte mal nach den Kindern; wenn du verreist bist, werde ich nach deinen Blumen ~* ❖ **besichtigen, Besichtigung, ersehen, ersichtlich, Sicht, sichtbar, sichten, sichtlich, versehen, Versehen, versehentlich – abgesehen, absehen, absehbar, ansehen, Ansehen, ansehnlich, Ansicht, ansichtig, Ansichtskarte, Ansichtssache,**

Aufsehen, Aufsicht, aussehen, Aussehen, Aussicht, beabsichtigen, beaufsichtigen, durchsehen, durchsichtig, einsehen, Einsehen, Einsicht, fernsehen, Farbfernsehen, gegenübersehen, hellsehen, Hellseher, herabsehen, Hinsicht, hinsichtlich, hinwegsehen, kurzsichtig, offensichtlich, schwarzsehen, Schwarzseherei, Sehenswürdigkeit, Sehvermögen, übersehen, Übersicht, übersichtlich, umsehen, Umsicht, umsichtig, unübersehbar, voraussehen, Voraussicht, voraussichtlich, vorsehen, Vorsicht, vorsichtig, vorsichtshalber, wegsehen, weitsichtig, wiedersehen, Wiedersehen, zusehen, zusehends, angesichts; vgl. **Absicht, Gesicht**

* /jmd./ *jmdn., etw. nicht mehr ~ können* ('beginnen, in Bezug auf eine Person, Sache, die man oft gesehen hat, Überdruss zu empfinden'); /jmd./ *sich bei jmdm. ~ lassen* 'jmdn. kurz besuchen, wenn sich gerade die Gelegenheit ergibt': *ich lasse mich morgen mal (bei dir) ~;* /etw./ *sich ~ lassen können* 'so ausgezeichnet sein, dass man es auch bei einer kritischen Betrachtung würdigen muss': *diese Leistung kann sich ~ lassen*

Sehens|würdigkeit ['zeːənsvʏʁdɪç..], die; ~, ~en 'Bauwerk, Kunstwerk, das es wert ist, besichtigt zu werden': *die ~en der Stadt, der Umgebung besichtigen* ❖ ↗ **sehen**

Sehne ['zeːnə], die; ~, ~n **1.** 'aus elastischen Fasern von Gewebe (2) bestehende straffe Verbindung zwischen Muskeln und Knochen'; ↗ FELD I.1.1: *sich eine ~ zerren; die ~ ist gerissen* **2.** 'an den beiden Enden eines Bogens (4) befestigtes, aus Fasern unterschiedlichen Materials bestehendes, dünnes, längliches Gebilde, das zum Spannen des Bogens dient' ❖ **sehnig**

sehnen ['zeːnən], sich ⟨reg. Vb.; hat⟩ /jmd./ *sich nach jmdm., etw. ~* 'mit starkem, schmerzlichem Empfinden wünschen, dass jmd., der nicht anwesend ist, bei einem ist, dass man etw., das einem fehlt, hat': *er sehnte sich nach ihr, nach seinen Eltern, seiner Familie; sich nach Ruhe, nach einer Tasse Kaffee ~; sie sehnte sich (danach), allein zu sein* ❖ **sehnlich – Sehnsucht, sehnsüchtig**

sehnig ['zeːnɪç] ⟨Adj.; Steig. reg., ungebr.; nicht bei Vb.⟩ **1.** 'voller Sehnen (1)'; ↗ FELD I.1.3: *~es Fleisch* **2.** 'schlank, ohne überflüssiges Fett, dabei aber voller Kraft' /auf Körper, Personen bez./: *jmd. ist hager und ~; die ~ Gestalt des Sportlers* ❖ ↗ **Sehne**

sehnlich ['zeːn..] ⟨Adj.; Steig. reg., Komp. ungebr.⟩ **1.** ⟨nur bei Vb.⟩ SYN 'sehnsüchtig': *~, ~st erwartete sie ihn, seine Ankunft; ~ nach etw.* ⟨Dat.⟩ *verlangen* **2.** ⟨nur attr.⟩ /beschränkt verbindbar/: *es ist mein ~er* (SYN 'inniger'), *~ster Wusch, ihn wiederzusehen* ❖ ↗ **sehnen**

Sehn/sehn- ['zeːn..] **-sucht,** die ⟨vorw. Sg.⟩ 'das Sichsehnen nach jmdm., etw.': *~ nach den Eltern, nach Ruhe, nach der Heimat haben, empfinden, fühlen; jmdn. mit ~ erwarten* ❖ ↗ **sehnen**, ↗ **Sucht; -süchtig** ⟨Adj.; Steig. reg.; nicht präd.⟩ 'voller Sehnsucht'; SYN sehnlich (1): *sie wartete ~ auf ihn, auf seine Antwort* ❖ ↗ sehnen, ↗ Sucht

sehr ['zeːɐ] ⟨Adv.; vor Adj., Adv.; bei Vb.⟩ /drückt einen hohen Grad bei einem Zustand, Vorgang, einer Tätigkeit aus/: *es ist ~ heiß, warm, kalt; es war ~ laut im Saal; er ist ~ schnell gelaufen; sie ist ~ schön, sympathisch, klug, dumm, witzig, komisch; es war ~ lustig, amüsant; ein ~ großes Schiff, Auto; ein ~ schnelles Fahrzeug; ein ~ schönes Haus; das Bonbon schmeckt ~ süß; wir haben uns darüber ~ gefreut; er arbeitet ~ fleißig;* /in den kommunikativen Wendungen/ *bitte ~!; danke ~!* /drückt besondere Höflichkeit aus/; *~ geehrte Frau Doktor M* /höfliche Anrede am Beginn von Briefen/; *~ verehrte Anwesende* /höfliche Anrede für Zuhörer/; *meine ~ verehrten Damen und Herren!* ❖ **sosehr**

Seh|vermögen [zeː..], **das** ⟨o.Pl.⟩ 'Fähigkeit zu sehen (1.1)'; ↗ FELD I.3.1.1: *das ~ verlieren* ❖ ↗ sehen, ↗ Vermögen

seicht [zaɪçt] ⟨Adj.; Steig. reg.; nicht bei Vb.⟩ **1.** ⟨vorw. attr.⟩ 'von sehr geringer Tiefe'; SYN flach (3); ANT tief (1.1) /auf Gewässer bez./: *ein ~es Gewässer* **2.** SYN 'oberflächlich (2)' /auf Kulturelles bez./: *ein ~er Roman; die Unterhaltung war ~*

Seide ['zaɪdə], **die**; ~, ⟨o.Pl.⟩ **1.** 'aus dem Kokon einer bestimmten Raupe hergestellter Faden': *mit ~ sticken; etw. aus ~ herstellen* **2.** 'feines Gewebe aus Seide (1)': *ein Kleid aus (reiner) ~* ❖ **seiden, seidig — Seidenpapier**

seiden ['zaɪdn̩] ⟨Adj.; o. Steig.; nur attr.⟩ 'aus Seide (2)': *ein seidenes Tuch; ein ~er Stoff* ❖ ↗ Seide

Seiden|papier ['..], **das** ⟨o.Pl.⟩ 'sehr dünnes, weiches, Licht durchscheinen lassendes Papier': *Blumen in ~ wickeln* ❖ ↗ Seide, ↗ Papier

seidig ['zaɪdɪç] ⟨Adj.; o. Steig.⟩ 'weich und glänzend wie Seide (2)' /bes. auf Haare bez./: *sie hat ~es Haar; das Fell glänzt ~ ('wie Seide')* ❖ ↗ Seide

Seife ['zaɪfə], **die**; ~, ⟨o.Pl.⟩ 'meist aus fester, auch aus flüssiger od. pastenartiger Substanz bestehendes Mittel, das zusammen mit Wasser zum Reinigen des Körpers, auch zum Reinigen von Wäsche verwendet wird': *ein Stück ~; sich die Hände mit ~ waschen* ❖ **seifen**

seifen ['zaɪfn̩] ⟨reg. Vb.; hat⟩ /jmd./ *sich* ⟨Dat.⟩, *jmdm. etw. ~* 'sich, jmdm. einen Körperteil mit Seife waschen': *sie hat sich, dem Kind den Rücken geseift; sich, jmdn. ~: ich habe mich geseift ('habe meinen Körper mit Seife und Wasser gewaschen')* ❖ ↗ Seife

seihen ['zaɪən] ⟨reg. Vb.; hat⟩ /jmd./ *etw. ~* 'eine Flüssigkeit durch ein Tuch, ein Sieb gießen, um etw. aus ihr zu entfernen': *Milch ~*

Seil [zaɪl], **das**; ~s/auch ~es, ~e 'aus Fasern, Fäden, Drähten gedrehtes derbes, biegsames, langes Gebilde'; ↗ FELD I.7.6.1: *eine Last mit einem ~ hochziehen; das ~ des Bergsteigers ist gerissen; ein ~ spannen* ❖ **Seilbahn, Stahlseil**

Seil|bahn ['..], **die** 'die Verbindung von Berg und Tal herstellendes Verkehrsmittel, das an einem Drahtseil hängend od. auf Schienen mit Hilfe eines Drahtseiles fortbewegt wird': *mit der ~ fahren* ❖ ↗ Seil, ↗ Bahn

¹sein [zaɪn] ⟨Possessivpron. zu *er, es*; Mask. u. Neutr. Sg.; Fem. Sg. u. Pl. seine; ↗ TAFEL VIII⟩ **1.** '(zu) ihm gehörend' **1.1.** ⟨Adj.⟩ *der Junge und ~ Bruder; das Kind und ~ Vater; ~ Hund, Land; das Buch ~es Sohnes; in ~em Garten; er zieht in ~ neues Haus; er wohnt in ~em neuen Haus; ~e Tochter; ~e neue Wohnung; ~e Kinder; ~e neuen Bekannten* **1.2.** ⟨subst.; geh. auch mit best. Art.⟩ *lass deinen Wagen zu Hause, wir nehmen ~en; das ist ~er, ~e, ~(e)s; das sind ~e; ihr Haus steht neben ~em/neben dem ~en/auch Seinen; die Seinen/auch die ~en ('seine Angehörigen')* ❖ **seinerseits, seinerzeit, seinesgleichen, seinetwegen**

MERKE Zur Flexion des substantivischen Gebrauchs von ¹sein: ↗ dein (Merke)

²sein (ich bin [bɪn], er ist [ɪst], war [vaːɐ], ist gewesen [gə'veːzn̩] **I. 1.1.** /jmd., etw./ *irgendwie ~* 'sich in einem bestimmten Zustand, in einer bestimmten Lage befinden (2.1), eine bestimmte Eigenschaft haben': *krank, müde, hungrig, aufgeregt, lustig, freundlich ~; er ist noch sehr jung; das Wetter war schlecht; der Kuchen ist ganz frisch; wie ist der Film?; wie alt bist du?; ich bin sechs (Jahre alt); jmdm. böse ~; ich bin anderer, derselben Meinung; der Kranke ist bei, ohne Bewusstsein; sie sind in Gefahr gewesen; das Konzert ist aus; das Fenster ist auf; das Geschäft ist schon zu; „Was hältst du von diesem Plan?" „Ich bin dafür"; das Buch ist weg; er ist des Diebstahls schuldig* **1.2.** ⟨+ beim + subst. Inf.⟩ /jmd./ *er ist beim Lesen ('er liest gerade'); beim Essen ~* **1.3.** ⟨unpers.; + Adj. od. temp. Adv. best.⟩ /weist auf einen bestimmten Zustand od. eine bestimmte Zeit hin/: *es ist kalt, dunkel; es ist hier sehr heiß, schön; es ist schon spät; es ist Frühling, Mitternacht, zwölf Uhr* **1.4.** *jmdm. ist (es) irgendwie* 'jmd. befindet sich in einem bestimmten physischen, auch psychischen Zustand': *mir ist (es) schlecht, wieder besser; mir war übel, schwindlig; mir ist (es) kalt; bei diesem Gedanken ist mir nicht wohl (zumute)* **1.5.** *jmdm. ist, als (ob) ...* 'jmd. hat das Gefühl, den Eindruck, als ob ...': *mir ist (es), als ob ich etwas gehört hätte/als hätte ich etwas gehört* **2.1.** ⟨+ Subst. im Nom.⟩ /jmd., etw./ /drückt aus, dass das Subj. mit dem durch das im Subst. Genannten identisch ist, od. ordnet das Subj. dem im Subst. Genannten zu/: *er ist (von Beruf) Lehrer; er ist Berliner; du bist ein Feigling; Gold ist ein Edelmetall* **2.2.** ⟨nur in der 3. Pers. Sg. Präs.⟩ /weist auf das Ergebnis einer mathematischen Aufgabe hin/: *zwei mal zwei ist (gleich) ('ist identisch mit') vier; drei plus fünf ist (gleich) acht* **3.** /jmd., etw./ *irgendwo ~* 'sich an einer bestimmten Stelle, an einem bestimmten Ort befinden (1)'; ↗ FELD I.7.7.2: *er ist im Krankenhaus; sie ist in Berlin; wir waren draußen, hier; er ist zur Kur in N; wo ist sie?; sie ist zu Hause; ich war bei ihr; das Buch ist im Schrank; das Geld ist auf dem Konto; die Praxis ist im ersten Stock* **4.** umg. **4.1.** /jmd., etw./ *aus*

etw. ⟨Dat.⟩ ~ 'aus etw. stammen (1)': *mein Vater ist aus H; diese Handschrift ist aus dem 19. Jahrhundert* **4.2.** /etw./ *von jmdm.* ~ 'von jmdm. stammen (2.1)': *das Bild ist von einem anderen Maler* **5.1.** umg. *irgendwann, irgendwo* ~ /Veranstaltung/ 'irgendwann, irgendwo stattfinden': *das Konzert ist morgen (in der Oper), ist in der Oper; das Konzert ist um 20 Uhr* **5.2.** ⟨vorw. im Präs.⟩ umg. /Geschehen/ *irgendwann, irgendwo* ~ 'irgendwann, irgendwo geschehen': *an der Küste war ein großes Unwetter; der Unfall war vor drei Jahren; es war im vorigen Jahr* **5.3.** ⟨nur im Inf. + Modalvb.⟩ /etw. (vorw. *das, es*)/ „*Ich werde ihn besuchen.*" „*Muss das* ~ ('musst du das tun')?"; *so etwas darf nicht* ~ ('geschehen'); ⟨unpers.⟩ *es kann* ~ ('es ist möglich'), *dass er Recht hat* **6.** /etw./ 'bestehen (1.1)'; ↗ FELD XI.2: *alles, was war, ist und* ~ *wird; ist (irgend)was* ~; *es gibt es etw. Besonderes, einen Grund zur Beunruhigung')?; /jmd./ *wenn du nicht gewesen wärst, hätte sich alles anders entwickelt* ('ohne dich hätte sich alles anders entwickelt') **7.** ⟨vorw. im Präs.; + *zu* + Inf.⟩ /jmd., etw./ **7.1.** /entspricht einem mit *können* verbundenen Pass./: *diese Mitarbeiterin ist, du bist nicht zu ersetzen* ('diese Mitarbeiterin kann, du kannst nicht ersetzt werden'); *dieser Koffer war nicht zu verschließen* ('konnte nicht verschlossen werden') **7.2.** /entspricht einem mit *müssen* verbundenen Pass./: *der Ausweis ist am Eingang vorzulegen* ('muss am Eingang vorgelegt werden') – **II. 1.** ⟨Hilfsvb.; + Part. II⟩ /jmd., etw./ /dient im Präs. zur Bildung des Perf. und im Prät. der Bildung des Plusquamperf. von intransitiven Verben, die eine Zustands- od. Ortsveränderung ausdrücken, und von den Verben *sein, bleiben, werden*/: *das Kind ist eingeschlafen; die Eintrittskarten sind verfallen; ihr wart schon wieder abgereist, als er kam; ich bin dort gewesen, geblieben; sie waren müde geworden* **2.** ⟨+ Part. II⟩ /etw., jmd./ /dient zur Bildung des Präs. und Prät. des Zustandspass./: *das Fenster ist, war geöffnet; das Kind ist geimpft* ❖ **Beisein, Beisammensein, Bewusstsein, Dasein, Zusammensein**
* / jmd./ **außer sich** ~ ('fassungslos sein')
MERKE Zur Getrennt-, Zusammenschreibung von *sein* und Adv. oder Pronominaladv.: Getrenntschreibung auch im Infinitiv.

seine ['zai̯nə]: ↗ ¹*sein*

seiner ['zai̯nɐ] ⟨Gen. vom Personalpron. *er, es;* in Verbindung mit best. Verben⟩: *wir werden* ~ *gedenken;* ↗ *er, es*

seinerseits ['..zai̯ts] ⟨Adv.⟩ 'von seiner Person ausgehend': *hat er* ~ *Bedenken?; gibt es* ~ *Bedenken/ Bedenken* ~? ❖ ↗ ¹**sein**, ↗ **Seite**

seinerzeit ['..] ⟨Adv.⟩ 'zu jener sich aus dem Zusammenhang ergebenden vergangenen Zeit'; SYN damals: *das war* ~ *ganz anders* ❖ ↗ ¹**sein**, ↗ **Zeit**

seinesgleichen ['zai̯nəsglai̯çn] ⟨Indefinitpron.; indekl.; subst.⟩ 'jmd. wie er, Menschen von seiner Art': *das ist nichts für Leute wie (ihn und)* ~ ❖ ↗ ¹**sein**, ↗ **gleich**

* **etw. sucht ~/hat nicht ~** ('etw. ist nicht zu übertreffen')

seinetwegen ['zai̯nət..] ⟨Adv.⟩ 'aus Gründen, die ihn betreffen': *sie ist* ~ *gekommen;* ~ *haben wir uns verspätet* ❖ ↗ ¹**sein**, ↗ **wegen**

sein lassen (er lässt sein), ließ sein, hat sein lassen/ auch sein gelassen /jmd./ etw. (vorw. *das, es*) ~ SYN 'lassen (6.1)': *lass das, es sein!; ich wollte mich eigentlich beschweren, werde es aber (lieber)* ~

¹seit [zai̯t] ⟨Konj.; subordinierend; der Nebensatz steht vor od. nach dem Hauptsatz /temporal/ SYN '²seitdem': *er ist Nichtraucher,* ~ *ich ihn kenne;* ~ *er die Prüfung absolviert hat, arbeitet er als Assistent*

²seit ⟨Präp. mit Dat.; vorangestellt; vorw. in Verbindung mit Zeitbegriffen⟩ /temporal/; gibt eine Zeitdauer an, die in der Vergangenheit beginnt und bis zur Gegenwart reicht; vgl. ²*ab*/: ~ *drei Wochen habe ich kaum etwas gegessen;* ~ *dem Mittelalter ist diese Fragestellung aktuell;* ~ *1990 ist Deutschland wieder vereinigt;* ~ *gestern,* ~ *vorgestern,* ~ *damals,* ~ *heute;* ~ *kurzer Zeit ist er wieder im Lande;* ⟨mit Personennamen, wenn sie zeitlich interpretierbar sind⟩ ~ *Luther,* ~ *Goethe ist darüber nichts geschrieben worden*
MERKE Zum Verhältnis von *ab* und *seit*: Durch *ab* wird eine Zeitdauer angegeben, die nicht bis zur Sprechergegenwart reicht, dagegen schließt *seit* die Sprechergegenwart ein: *ab 1933 lebte er im Exil, aber: seit 1933 lebt er im Exil* (d. h. heute noch). So ist auch das Verhältnis der Verbindungen *von … ab, von … an* und *seit* ❖ ¹,²**seitdem, seither**

¹seit|dem [..'de:m] ⟨Adv.⟩ 'von diesem, jenem (genannten) Zeitpunkt an'; SYN seither: *ich traf sie vorige Woche, ich habe sie* ~ *nicht wieder gesehen/* ~ *habe ich sie nicht wieder gesehen* ❖ ↗ ²*seit*; **²-dem** ⟨Konj.; subordinierend; der Nebensatz steht vor od. nach dem Hauptsatz⟩ /temporal/; gibt an, dass der Sachverhalt des Nebensatzes zeitlich vor dem des Hauptsatzes liegt und bis zur Gegenwart anhält/: ~ *ich ihn kenne, ist er Nichtraucher;* ~ *er gesund ist, ist er wieder aktiv; ich fühle mich wohler,* ~ *ich dieses Medikament nehme;* ~ *er bestohlen worden ist, misstraut er jedem;* ~ *wir Besuch haben, komme ich kaum noch zum Arbeiten; er geht nicht mehr ins Kino,* ~ *er diesen Unfall hatte;* vgl. ²*bis* ❖ ↗ ²*seit*

Seite ['zai̯tə], die; ~, ~n **1.1.** 'eine der Flächen, die einen Körper begrenzen': *die vordere, hintere, obere, untere* ~ *einer Kiste; die* ~*n eines Würfels* **1.2.** 'eine der zwischen oben und unten befindlichen Flächen eines Raumes, Körpers': *die vier* ~*n eines Zimmers; der Balkon befindet sich an der hinteren, an der südlichen* ~ *des Hauses* **1.3.** 'eine der beiden rechts und links von der Vorderseite befindlichen Flächen eines Körpers'; ↗ FELD IV.3.1: *die linke* ~ *des Hauses, des Schrankes* **1.4.** 'eine der beiden von der normalen Fahrtrichtung aus gesehen rechts und links befindlichen Flächen eines Fahrzeugs': *die linke, rechte* ~ *des Autos muss lackiert werden* **1.5.**

ˈeine der beiden Flächen eines flachen Gegenstandes': *die beiden ~n; die untere, obere ~ einer Münze; die glänzende ~ des Stoffes; die erste, zweite ~ einer Schallplatte* **1.6.** /ABK: S./ ˈeine der beiden (nummerierten) Flächen des rechteckigen Stücks Papier, das einen Teil eines Buches, eines Heftes, einer Zeitung bildet, od. eine der beiden Flächen eines Blattes Papier': *das Buch hat 350 ~n; die Rezension steht in der gestrigen Zeitung auf der zweiten ~, auf ~ zwei; siehe* (↗ *sehen* 1.3) *~ ...; ein drei ~n langer Brief* **2.** ˈrechteckiges Stück Papier, das einen Teil eines Buches, Heftes, einer Zeitung, Zeitschrift bildet': *aus einem Buch, einem Heft eine ~ herausreißen* **3.** ⟨vorw. Sg.⟩ **3.1.** ˈeine der beiden sich rechts und links vom Kopf bis zu den Füßen erstreckenden Partien des menschlichen Körpers, die sich zwischen dessen vorderer und hinterer Fläche befinden': *sie legte den Säugling auf die linke ~; sich (im Schlaf) auf die andere ~ drehen* **3.2.** ˈeine der beiden sich rechts und links von den Hüften bis zu den Achseln erstreckenden Partien des menschlichen Körpers, die sich zwischen Brust und Rücken befinden': *ich habe Schmerzen, Stiche in der (linken, rechten) ~; jmdn. in die ~ stoßen* **4.1.** ˈeiner der beiden rechts und links von der Mitte befindlichen Teile einer Fläche, eines Raumes, Körpers': *die rechte, linke ~ des Gartens, der Wand; in der Schublade auf der linken ~ des Schrankes; die rechte ~ des Hauses ist eingestürzt; auf die andere ~ der Straße gehen* **4.2.** ˈeiner der beiden sich rechts und links von jmd., etw. (in gewisser Entfernung) befindlichen räumlichen Bereiche': *ich ging auf die/zur ~, um ihn vorbeizulassen; die Bücher auf die/zur ~ legen; auf/zu beiden ~n des Bahnhofs steht ein Kiosk; er wohnt auf der rechten, der anderen ~ des Flusses; er kam von der ~; er blickte zur ~* **5.** nach allen ~n: *sie gingen nach allen ~n* (ˈin alle Richtungen') *auseinander; von allen ~n: sie kamen von allen ~n* (ˈaus allen Richtungen') **6.** ˈeiner von zwei od. mehreren (gegensätzlichen) Aspekten': *die menschliche, politische ~ dieses Falles; das ist nur eine ~ des Problems; auf der einen ~ ..., auf der anderen ~ ...: auf der einen ~* (SYN ˈeinerseits') *teile ich diese Bedenken, (aber auf der anderen ~* (SYN ˈandererseits') *muss man berücksichtigen, dass ...* **7.** ˈeine von zwei od. mehreren (gegensätzlichen) Eigenschaften eines Menschen, die ihn prägen und die in einem bestimmten Verhalten deutlich werden': *jeder Mensch hat seine guten und schlechten ~n; sie hat sich von ihrer besten ~ gezeigt* (ˈsie hat sich so verhalten, dass nur ihre guten Eigenschaften deutlich wurden'); *von dieser ~ kenne ich ihn noch gar nicht* (ˈdiese in seinem Verhalten deutlich gewordene Eigenschaft habe ich noch nie an ihm bemerkt' **8.1.** ˈeine von zwei od. mehreren Personengruppen, Personen, die einen gegensätzlichen Standpunkt vertreten od. Gegner sind'; SYN Partei (2): *beide ~n sind an Verhandlungen interessiert; die gegnerische ~* **8.2.** ⟨+ best. Attr.⟩ *von unterrichteter ~* ˈvon einer eine be-

stimmte Funktion habenden, unterrichteten Person, Personengruppe, von einer unterrichteten Instanz': *von unterrichteter, offizieller, kirchlicher ~ erfuhren wir, dass ...* ❖ **beseitigen, seiten, seitens, ¹,²seitlich, seitwärts** – **abseitig, abseits, andererseits, Außenseite, Außenseiter, beiderseitig, ¹,²beiderseits, beiseite, deinerseits, diesseits, dreiseitig, einerseits, einseitig, gegenseitig, ihrerseits, Innenseite, ¹,²jenseits, Jenseits, meinerseits, Rückseite, Schattenseite, seinerseits, Seitenhieb, -sprung, seither, unsererseits, vielseitig, Vielseitigkeit, Vorderseite, wechselseitig, Wetterseite**

* **etw. ist jmds. schwache ~ 1.** ˈjmd. versteht von etw. nicht viel': *Mathematik ist sein schwache ~* **2.** ˈjmd. hat eine besondere Schwäche für etw.': *Alkohol ist seine schwache ~;* **etw. ist jmds. starke ~** ˈjmd. versteht von etw. viel': *Mathematik ist seine starke ~;* /jmd./ **etw. auf die ~ legen** ˈGeld sparen': *ich habe mir etwas auf die ~ gelegt;* /jmd./ **etw. von der leichten ~ nehmen** ˈdas Positive und nicht das Negative von etw. sehen': *er nimmt alles von der leichten ~;* /jmd./ **auf jmds. ~ sein/stehen** ˈjmds. Standpunkt und nicht den gegensätzlichen Standpunkt eines anderen, von anderen vertreten': *ich bin, stehe auf deiner ~, auf der ~ der Streikenden;* /jmd./ **jmdm. zur ~ stehen** (ˈjmdm. beistehen')

seiten/Seiten ['zaɪtn̩]: *von ~/auch* **vonseiten** ⟨+ Gen. attr.⟩: *von ~ des Klägers, der Kirche* (ˈvom Kläger, von der Kirche') *wurde eingewandt, dass ...*

Seiten ['..]‖**-hieb, der** ˈgegen jmdn. gerichtete bissige, spöttische Bemerkung, mit der jmd. sein eigentliches Thema unterbricht': *das war ein ~ auf den Chef; jmdm. einen ~ versetzen* ❖ ↗ **Seite**, ↗ **hauen**

seitens ['zaɪtn̩s] ⟨Präp. mit Gen.; vorangestellt; vorw. in Verbindung mit Begriffen, die Personen od. Institutionen darstellen; oft in passivischen Sätzen⟩ amtsspr. /gibt den Urheber an/: *~ der vertragschließenden Parteien wurde Folgendes festgelegt ...; ~ des Gerichts gab es keine Einwände; ~ des Senats wurden keine Erklärungen abgegeben* ❖ ↗ **Seite**

Seiten ['zaɪtn̩..]‖**sprung, der** ˈvorübergehende sexuelle Beziehung'; ↗ FELD I.12.1: *sie hat ihm den ~ verziehen; einen ~ machen* ❖ ↗ **Seite**, ↗ **springen**

seit|her [zaɪt'heːɐ̯] ⟨Adv.⟩ ↗ ¹**seitdem** ❖ ↗ ²**seit**, ↗ **her**

-seitig ['zaɪtɪç] **1.** /bildet mit einem Zahladj., Subst. od. Vb. als erstem Bestandteil Adjektive/ ˈdie im ersten Bestandteil genannte Anzahl (von Beteiligten) aufweisend': ↗ z. B. *dreiseitig* **2.** /mit einem Subst. als erstem Bestandteil/ ˈdie im ersten Bestandteil genannte Seite betreffend': ↗ z. B. *rückseitig*

¹**seitlich** ['zaɪt..] ⟨Adj.; o. Steig.; nicht präd.⟩; ↗ FELD IV.3.3 **1.1.** ˈan, auf der Seite (1.3) von etw. (befindlich)': *er betrat das Haus durch eine ~e Tür; der Eingang lag ~* **1.2.** ˈvon der Seite (4.2) (kommend)': *der Sturm kam ~ von links; ~er Wind* **1.3.** ˈnach der, zur Seite (4.2) (gewendet)': *eine ~e Wendung des Kopfes* ❖ ↗ **Seite**

²**seitlich** ⟨Präp. mit Gen.; vorangestellt; vorw. in Verbindung mit Begriffen, die Verkehrswege darstel-

len; vgl. ²*abseits*⟩ /lokal; gibt die Lage neben etw. an/: *etw. liegt ~ der Straße; ~ des Hauses steht ein Denkmal* ❖ ↗ **Seite**

seit|wärts ['za̲i̯tvɛʀts] ⟨Adv.⟩; ↗ FELD IV.3.3 **1.1.** ˹nach der, zur Seite (4.2)˼: *den Kopf ~ wenden* **1.2.** ˹auf der Seite (4.2)˼: *er stand ~* ❖ ↗ **Seite**

Sekret [ze'kʀe̲ːt], **das**; ~s/auch ~es, ~e ˹bes. von einer Drüse gebildeter und abgesonderter flüssiger Stoff, der im Organismus bestimmte Aufgaben erfüllt˼: *ein wässriges, blutiges, eitriges ~; der Speichel ist ein ~*

Sekretär [zekʀe'tɛːɐ̯/..'te̲ː..], **der**; ~s, ~e ˹bes. für organisatorische Aufgaben und den Schriftverkehr verantwortlicher Mitarbeiter in bestimmten Gremien, Vereinigungen, Organisationen˼; ↗ FELD I.10: *er ist ~ einer wissenschaftlichen Gesellschaft* ❖ **Sekretariat, Sekretärin** – **Generalsekretär, Staatssekretär**

Sekretariat [zekʀeta'ʀi̯a̲ːt], **das**; ~s/auch ~es, ~e **1.** ˹der Leitung des Betriebes, einer (staatlichen) Institution, Organisation zugeordnete Abteilung, die für organisatorische Aufgaben (der Verwaltung) zuständig ist˼: *das ~ leiten* **2.** ˹Raum, Räume eines Sekretariats (1)˼: *ins ~ gehen; das ~ hat über Mittag geschlossen, ist z. Zt. nicht besetzt* ❖ ↗ **Sekretär**

Sekretärin [zekʀe'tɛːʀ../..'te̲ː..], **die**; ~, ~nen ˹Angestellte, die für ihren Vorgesetzten die Korrespondenz erledigt und organisatorische Arbeiten ausführt˼; ↗ FELD I.10: *eine tüchtige, umsichtige ~; der ~ einen Brief diktieren; die ~ nimmt das Telefongespräch für ihren Chef an*

Sekt [zɛkt], **der**; ~s/auch ~es, ⟨o.Pl.⟩ ˹durch Gärung von Wein gewonnenes, stark schäumendes alkoholisches Getränk˼; SYN Champagner (1); ↗ FELD I.8.1: *eine Flasche ~; ~ trinken*

Sekte ['zɛktə], **die**; ~, ~n ˹(kleine) religiöse Gemeinschaft, die sich von einer religiösen Gemeinschaft getrennt hat˼; ↗ FELD I.11: *einer (religiösen) ~ angehören*

Sektion [zɛk'tsi̯o̲ːn], **die**; ~, ~en ˹spezifischer Teil innerhalb bestimmter Organisationen, Institutionen mit einer relativ einheitlichen Funktion˼: *die ~en des Verbandes* ❖ vgl. **Sektor**

Sektor ['zɛktoːɐ̯], **der**; ~s, ~en [..to̲ːʀən] ˹Bereich (2) od. Teil eines Bereiches˼: *der kulturelle, wirtschaftliche ~; er ist Fachmann auf diesem ~* ❖ vgl. **Sektion**

sekundär [zekʊn'dɛːɐ̯/..'de̲ː..] ⟨Adj.; o. Steig.; vorw. attr. u. präd.⟩ ˹hinsichtlich seiner Bedeutung erst an zweiter Stelle stehend˼; ANT primär /auf Abstraktes bez./: *das ist ein ~es Problem; dieser Gesichtspunkt ist ~; etw. für ~ halten; etw. ist von ~er Bedeutung* (˹steht hinsichtlich seiner Bedeutung erst an zweiter Stelle˼)

Sekunde [ze'kʊndə], **die**; ~, ~n **1.** ABK s /die Maßeinheit der Zeit/: *drei Minuten und fünf ~n*; vgl. *Minute, Stunde* **2.** ⟨o.Pl.⟩ *eine ~* (˹warte bitte einen Augenblick˼), *ich komme gleich zurück!; ich bin in einer ~* (˹gleich˼) *zurück* ❖ **Sekundenschnelle**

Sekunden|schnelle [ze'kʊndn̩..] *in ~: das Pulver löst sich in ~* (˹sehr schnell˼) *auf* ❖ ↗ **Sekunde,** ↗ **schnell**

selb... [zɛlb..] ⟨Demonstrativpron.; Adj.; steht nur nach der Verschmelzung aus einer Präp. und dem Dat., Akk. des Art. *der, die, das* für *derselbe, dieselbe, dasselbe*⟩ ↗ TAFEL IX: *er wohnt im ~en* (˹in demselben˼) *Stock, Haus wie ich; am ~en Tag; beim, vom, zum ~en Arzt; ins ~e* (˹in dasselbe˼) *Haus; zur ~en* (˹zu derselben˼) *Zeit, Stunde* ❖ ¹,²**selbst, selbständig, Selbständigkeit/selbstständig, Selbstständigkeit** – **dasselbe, derselbe**; vgl. **Selbst/ selbst-**

selber ['zɛlbɐ] ⟨Demonstrativpron.; indekl.; stets betont; subst.; bezieht sich im Unterschied zu ¹*selbst* nur auf das Subj.⟩; ↗ TAFEL IX umg. ˹¹*selbst*˼: *du ~ hast das gesagt/du hast das ~ gesagt; er fährt ~*; ⟨hebt das Reflexivpron. hervor⟩ *das Kind wäscht sich ~* ❖ ↗ **selb**

¹**selbst** [zɛlpst] ⟨Demonstrativpron.; indekl.; stets betont; subst.; steht in Kombination mit einer Person od. Sache und hebt hervor, dass nur die Person od. Sache und niemand anderes od. nichts anderes gemeint ist; bezieht es sich auf das Subj., steht es meist entweder unmittelbar hinter diesem od. folgt auf das finite Vb. od. ein Obj.⟩ ↗ TAFEL IX: *du ~ hast das gesagt/du hast das ~ gesagt; er fährt ~; hast du den Kuchen ~ gebacken?; ich habe ihn nicht ~ gesprochen*; ⟨hebt das Reflexivpron. hervor⟩ *Kind wäscht sich ~; man ~* /weist in Konstruktionen aus Inf. u. Nebensatz auf das Subj. der Handlung hin/: *schwören, dass man ~ nicht daran beteiligt war*; ⟨bezieht es sich nicht auf das Subj., sondern auf ein Obj., folgt es diesem unmittelbar⟩ *das ist jedem ~ überlassen; er wollte den Direktor ~ sprechen; an der Sache ~ zweifle ich nicht, aber ...; ich habe das Buch für mich ~ und nicht für ihn gekauft; alles hängt von dir ~ ab* ❖ ↗ **selb**
* **von ~ 1.** ˹ohne menschliches Zutun˼: *das wird sich von ~ regeln; die Tür schließt von ~* **2.** ˹aufgrund eigener Entscheidung, Einsicht˼: *er ist von ~ gekommen*
MERKE In dem Satz *ich habe ihn ~ gesehen* kann *selbst* auf das Subj. *ich* od. auf das Obj. *ihn* bezogen werden⟩

²**selbst** ⟨Gradpartikel; unbetont; steht vor, auch nach der Bezugsgröße; bezieht sich auf verschiedene Kategorien⟩ /schließt andere Sachverhalte nicht aus, hebt aber die Bezugsgröße hervor; die Bezugsgröße ist ein Sachverhalt, der über der Erwartung liegt und mit dem man nicht gerechnet hat; drückt Überraschung aus/; SYN sogar, ⁴auch (2): *~ du konntest es nicht verhindern!; ~ sein Freund riet ihm davon ab; ~ der Kapitän/der Kapitän ~ wurde seekrank; sie widerstand ~ den größten Versuchungen; ~ wenn das Wetter schlecht wäre, müsste ich losgehen* ❖ ↗ **selb**

selbständig ['zɛlp|ʃtɛndɪç]/auch **selbstständig** ['zɛlpstʃt..] ⟨Adj.⟩ **1.** ⟨Steig. reg.⟩ ˹ohne Hilfe, Anleitung, aus eigener Fähigkeit, eigenem Antrieb (handelnd)˼: *ein ~er Mensch; das Kind ist für sein Alter schon sehr ~; ~ handeln, urteilen; an ~es Arbeiten gewöhnt sein* **2.** ⟨o. Steig.; nicht bei Vb.⟩ /etw., bes. Staat, staatl. Gebilde/ *~ sein* SYN ˹von etw., jmdm. un-

abhängig (1)': *diese Kolonie wurde nach dem Zweiten Weltkrieg ~; ein ~er Staat* **3.** ⟨o. Steig.⟩ *ein ~er Handwerker* ('ein Handwerker mit einem eigenem Betrieb'); *er ist ~; sich ~ machen* ('ein eigenes Unternehmen gründen') ❖ ↗ **selb**
Selbständigkeit ['..]/auch **Selbstständigkeit** ['zɛlpstʃt..], **die**; ~, ⟨o.Pl.⟩ **1.1.** /zu *selbständig* 1./ SYN 'Unabhängigkeit (1.1)': *junge Leute mit großer ~* **1.2.** /zu *selbständig* 2/ SYN 'Unabhängigkeit (1.2)': *diese Kolonie hat die ~ erlangt; die ~* (SYN 'Hoheit') *eines Staates respektieren* ❖ ↗ **selb**
Selbst/selbst ['zɛlpst..]‖**-bedienung, die** ⟨o.Pl.⟩: *ein Geschäft mit ~* ('ein Geschäft, in dem sich der Kunde die gewünschten Waren selbst nimmt und sie zum Bezahlen an die Kasse bringt'); *eine Gaststätte mit ~* ('eine Gaststätte, in der sich der Gast das Essen, das Getränk selbst holt, zum Bezahlen an die Kasse und dann an seinen Platz bringt'); *ist hier ~* ('ist das ein Geschäft, eine Gaststätte mit Selbstbedienung')? ❖ ↗ dienen; **-beherrschung, die** SYN 'Disziplin (2)'; ↗ FELD I.2.1: *er hat die, seine ~ verloren; er hat keine ~; um das zu schaffen, muss er mehr ~ aufbringen* ❖ ↗ herrschen; **-bestimmungsrecht** [bəʃtɪmʊŋs..], **das** ⟨o.Pl.⟩ 'Recht eines Volkes, unabhängig zu sein und über seinen politischen Status zu entscheiden': *das ~ der Völker, Nationen (anerkennen)* ❖ ↗ stimmen, ↗ Recht; **-betrug, der** 'falsche Vorstellung, die sich jmd. von etw. für ihn Unangenehmem macht, obwohl er ein anderes Sachverhalt ahnt, kennt': *das ist reiner ~!* ❖ ↗ trügen; **-bewusst** ⟨Adj.; Steig. reg., Superl. ungebr.⟩ 'Selbstbewusstsein besitzend, zeigend' /auf Personen bez./: *ein ~er Mensch; sie ist sehr ~; ~ auftreten* ❖ ↗ wissen; **-bewusstsein, das** 'das Überzeugtsein von seinem Wert als Person, von seinen Fähigkeiten (das sich in selbstsicherem Auftreten ausdrückt)': *viel, wenig, ein ausgeprägtes ~ haben; dieses Lob stärkte sein ~* ❖ ↗ wissen; **-disziplin, die** ⟨o.Pl.⟩ SYN 'Disziplin (2)'; ↗ FELD I.2.1: *er ist ein Mensch ohne ~* ❖ ↗ Disziplin; **-erkenntnis, die** ⟨o.Pl.⟩ 'das Erkennen seines eigenen Wesens, seiner eigenen Fähigkeiten und Fehler': *ihm fehlt es an ~; jmdn. zur ~ führen* ❖ ↗ kennen; **-gefällig** ⟨Adj.; Steig. reg., ungebr.⟩ 'allzu zufrieden mit seinen Vorzügen, Leistungen und seine Zufriedenheit anderen gegenüber aufdringlich zum Ausdruck bringend' /auf Personen bez./: *ein ~er Mensch; sie ist ~; ~ lächeln, reden* ❖ ↗ gefallen; **-gefühl, das** ⟨o.Pl.⟩ 'das Wissen um seinen Wert als Person, um seine eigene Würde': *ein gesundes ~ haben; jmds. ~ verletzen, stärken* ❖ ↗ fühlen; **-gerecht** ⟨Adj.; Steig. reg., ungebr.⟩ 'kritiklos und überheblich von der Richtigkeit des eigenen Verhaltens überzeugt' /auf Personen bez./: *ein ~er Mensch; sie ist ~; ~ urteilen* ❖ ↗ Recht; **-gespräch, das** ⟨vorw. Pl.⟩ 'jmds. Reden, ohne dass das Reden an einen Partner gerichtet ist': *~e führen* ('viel reden, ohne dass das Reden an einen Partner gerichtet ist') ❖ ↗ sprechen; **-herrlich** ⟨Adj.; o. Steig.⟩ emot. neg. SYN 'eigenmächtig': *sein ~es Vorgehen; er ist immer sehr*

~ *gewesen; etw. ~ entscheiden; er ist ~* ('von sich, seinen Entscheidungen, Handlungen überzeugt') ❖ ↗ herrlich; **-kosten, die** ⟨Pl.⟩ Wirtsch. 'Kosten für die Herstellung eines Produktes od. für das Zustandekommen einer Leistung (2,3)': *die ~ senken* ❖ ↗ kosten (2.1); **-kritik, die** ⟨o.Pl.⟩ 'kritische Beurteilung seines eigenen Wesens, seines Verhaltens, seiner eigenen Fähigkeiten und Fehler': *jmdm. fehlt es an ~; ~ üben* ('sein eigenes Wesen, sein Verhalten, seine eigenen Fähigkeiten und Fehler kritisch beurteilen') ❖ ↗ Kritik; **-kritisch** ⟨Adj.; o. Steig.⟩ 'zur Selbstkritik fähig': *ein ~er Mensch; eine ~e Feststellung; er ist sehr ~; etw. ~ feststellen* ❖ ↗ Kritik; **-los** ⟨Adj.; o. Steig.⟩ 'sich ohne Rücksicht auf eigene Interessen, Bedürfnisse, auf den eigenen Vorteil für etw., jmdn. einsetzend'; SYN aufopferungsvoll: *~e Hilfe; sie ist ganz ~; ~ handeln;* ANT egoistisch: *ein ~er Mensch* ❖ ↗ Mord; **-mord, der** 'das vorsätzliche Sich-selbst-Töten'; ↗ FELD XI.1: *er endete durch ~; mit ~ drohen; es gab mehrere ~e; ~ begehen, verüben* ❖ ↗ Mord; **-mörder, der** 'jmd., der Selbstmord begeht, begangen hat'; ↗ FELD XI.1 ❖ ↗ Mord; **-mörderisch** ⟨Adj.; o. Steig.⟩ **1.** ⟨nur attr.⟩ /beschränkt verbindbar/ *er handelte in ~er* ('einen Selbstmord bezweckender'; ↗ FELD XI.3) *Absicht* **2.** ⟨nicht bei Vb.⟩ emot. 'überaus gefährlich, riskant und darum sinnlos' /auf Aktivitäten bez./: *ein ~es Unternehmen, Vorhaben* ❖ ↗ Mord; **-sicher** ⟨Adj.; Steig. reg., ungebr.⟩ 'auf Grund von Selbstbewusstsein ohne Hemmungen auftretend': *ein ~er Mensch; ein ~es Auftreten, Lächeln; er ist sehr ~; ~ handeln* ❖ ↗ sicher; **-ständig**: ↗ selbständig; **-ständigkeit, die**: ↗ Selbständigkeit; **-sucht, die** ⟨o.Pl.⟩ SYN 'Egoismus': *~ ist ein schlechter Charakterzug* ❖ ↗ Sucht; **-süchtig** ⟨Adj.; Steig. reg., ungebr.⟩ SYN 'egoistisch': *er ist ein ~er Mensch; sein Verhalten war sehr ~* ❖ ↗ Sucht; **-tätig** ⟨Adj.; o. Steig.; nicht präd.⟩ '(auf Grund eines Mechanismus, einer Automatik) ohne Zutun des Menschen funktionierend, erfolgend': *die Tür schließt ~; die ~e Regelung eines technischen Vorgangs* ❖ ↗ Tat; **-vergessen** ⟨Adj.; o. Steig.; nicht präd.; vorw. bei Vb.⟩ 'so sehr in Gedanken versunken, dass man seine Umwelt gar nicht wahrnimmt': *~ dasitzen* ❖ ↗ vergessen; **-verständlich I.** ⟨Adj.⟩ ⟨Steig. reg., Komp. ungebr.⟩ 'sich aus den Umständen von selbst ergebend und keiner besonderen Begründung bedürfend': *das ist für ihn ganz ~, ist die ~ste Sache der Welt; etw. für ~ halten* – **II.** /als nachdrückliche, positive Antwort auf eine Entscheidungsfrage od. als Verstärkung von *nicht* in einer Antwort/ SYN 'sicher (I.2.)': „*Bist du einverstanden?" „Selbstverständlich (nicht)!"* – **III.** ⟨Satzadv.⟩ /drückt die Stellung des Sprechers zum genannten Sachverhalt aus/ SYN 'zweifellos': *du hast ~ Recht/~ hast du Recht; ~ käme ich gerne, aber ich habe keine Zeit* ❖ ↗ verstehen; **-verständlichkeit, die**; ~, ⟨o.Pl.⟩ 'etw., das für jmdn. selbstverständlich (1) ist': *es ist doch eine ~, dass ich dir helfe; etw. als ~ ansehen* ❖ ↗ verstehen; **-vertrauen,** das 'Vertrauen in seine eigenen Fähigkeiten': *kein ~ haben; jmds. ~ stärken* ❖ ↗ trauen; **-zufrieden** ⟨Adj.; Steig. reg., ungebr.⟩ 'auf unkritische Weise mit sich, seinen Leistungen, seinem Verhalten zufrieden (und sich daher nicht weiter anstrengend)': *ein ~er Mensch; sie ist sehr ~; ~ lächeln, antworten;* vgl. *satt* (2) ❖ ↗ Frieden; **-zweck, der** ⟨o.Pl.⟩ 'Zweck eines Tuns, der nur in dem Tun um dessen selbst willen liegt und nicht auf weiterführende Ziele gerichtet': *seine Beschäftigung mit diesem Thema ist reiner ~ (geworden)* ❖ ↗ Zweck

selig ['ze:lɪç] ⟨Adj.; Steig. reg., ungebr.⟩ emot. 'überaus glücklich (2)': *er war ~ (über die Nachricht); sie war ~, dass sie die Prüfung bestanden hatte; ein ~es Lächeln; jmdn. ~ ansehen, umarmen*

Sellerie ['zɛləʀi], **der;** ~s, ~s **1.** ⟨vorw. Sg.⟩ 'Pflanze mit gefiederten Blättern und einer dicken Knolle, die für Salat und wie die Blätter zum Würzen von Speisen verwendet wird'; ↗ FELD I.8.1, II.4.1: *~ pflanzen* **2.** 'Knolle von Sellerie (1)': *einen ~ schälen*

selten ['zɛltn̩] **I.** ⟨Adj.; Steig. reg., Superl. ungebr.⟩ **1.** ⟨nicht bei Vb.⟩ 'nur in kleiner Zahl vorkommend, vorhanden, nicht häufig vorkommend': *~e Tiere, Pflanzen; ein ~es Ereignis; diese Krankheit ist sehr ~; seine Besuche werden immer ~er ('er besucht uns immer weniger'); ein ~er* ('nicht oft anwesender') *Gast* **2.** ⟨nur bei Vb.⟩ **2.1.** 'nur wenige Male'; SYN sporadisch (2); ANT oft (1.1), meistens: *wir sehen uns nur noch ~; ich gehe nur ~ aus* **2.2.** 'nur in wenigen Fällen'; ANT oft (1.2): *das kommt ~ vor* — **II.** ⟨Adv.; vor Adj.⟩ umg. 'außerordentlich': *ein ~ dummer Kerl; diese Blume ist ~ schön* ❖ **Seltenheit, seltsam, seltsamerweise**

Seltenheit ['..], **die;** ~, ~en **1.** ⟨o.Pl.⟩ /zu selten I.1/ 'das Seltensein': *diese Pflanze darf wegen ihrer ~ nicht gepflückt werden* **2.** ⟨mit unbest. Art.⟩ 'etw. selten Vorkommendes': *solcher Mut ist eine ~; dieses Buch ist eine ~* ❖ ↗ **selten**

Selter(s)wasser ['zɛltɐ[s]..], **das;** ~s, ⟨o.Pl.⟩ SYN 'Mineralwasser': *~ trinken; ein Glas ~, zwei Glas ~* ❖ ↗ **Wasser**

seltsam ['zɛlt..] ⟨Adj.; Steig. reg.⟩ SYN 'merkwürdig' /auf Personen, Abstraktes bez./: *ein ~es Benehmen, Erlebnis; ein ~er Mensch; mir ist etw. Seltsames passiert; das ist ~, kommt mir ~ vor; ~ lächeln, reden* ❖ ↗ **selten**

seltsamer|weise ['zɛltzamɐvaizə/..'v..] ⟨Satzadv.⟩ SYN 'merkwürdigerweise': *~ ist er noch nicht da* ❖ ↗ **selten**

Semester [ze'mɛstɐ], **das;** ~s, ~ ⟨vorw. mit Zahladj.⟩ 'Zeitspanne von einem halben Jahr innerhalb eines Studienjahres an einer Universität, Hochschule': *er ist im vierten ~; er hat vier ~ Medizin studiert*

Semikolon [zemi'ko:lɔn], **das;** ~s, ~s/auch Semikola [..'ko:la]/Satzzeichen (;)/: *ein ~ setzen*

Seminar [zemi'nɑ:ʀ], **das;** ~s, ~e 'Lehrveranstaltung (an einer Universität, Hochschule), in der die Teilnehmer mit Referaten, Diskussionen unter wissenschaftlicher Leitung bestimmte Themen erarbei-

ten': *er leitet ein ~; an einem ~ teilnehmen; ein ~ belegen*

Semmel ['zɛml̩], **die;** ~, ~n landsch. SYN 'Brötchen'; ↗ FELD I.8.1 (↗ TABL Backwaren): *frische ~n; geriebene ~n*
* umg. /Ware/ **weggehen wie warme ~n** ('sich sehr gut und schnell verkaufen lassen')

senden ['zɛndn̩], sandte [zantə]/ sendete, hat gesandt [gə'zant]/gesendet; ↗ auch *Gesandte* **1.** ⟨sandte/ auch sendete, hat gesandt/auch gesendet⟩ geh. /jmd./ *jmdm. etw. ~, etw. an jmdn. ~, etw. irgendwohin ~* SYN 'schicken (1)': *er sandte, sendete ihr Blumen; ich sende das Päckchen an dich, nach N; jmdm. eine Nachricht mit der Post ~* **2.** ⟨sandte/ auch sendete, hat gesandt/auch gesendet⟩ geh. /jmd., Institution/ *jmdn. ~* 'jmdn. mit einem wichtigen (offiziellen) Auftrag irgendwohin schicken (2.1)': *einen Boten ~; jmdn. irgendwohin ~: jmdn., eine Abordnung zu den Feierlichkeiten ~* **3.** ⟨sendete/hat gesendet⟩ /Rundfunk, Fernsehen/ *etw. ~* 'eine Sendung über einen Sender verbreiten': *der Rundfunk, das Fernsehen sendet eine Aufzeichnung dieser Opernaufführung; wir ~ Nachrichten; das Interview wird morgen gesendet* ❖ **entsenden, Gesandte, Gesandtschaft, Sender, Sendung, versenden, Versand** — **absenden, Absender, Postsendung**

Sender ['zɛndɐ], **der;** ~s, ~ **1.1.** 'Anlage, die Signale, Informationen u. a. in elektromagnetische Wellen umwandelt und in dieser Form ausstrahlt': *der ~ ist ausgefallen, meldet eine Störung* **1.2.** 'Sender (1.1) des Rundfunks, Fernsehens mit der dazugehörigen Institution': *der Staatsakt wurde von allen ~n übertragen* ❖ ↗ **senden**

Sendung ['zɛnd..], **die;** ~, ~en **1.1.** vorw. amtsspr. SYN 'Postsendung': *ich bestätige Ihnen (mit Dank) den Empfang der ~* **1.2.** 'eine bestimmte Menge Waren, die jmdm. mit der Post, Spedition geschickt worden ist, wird': *die neue ~ (Apfelsinen) ist eingetroffen* **2.** 'einzelner, in sich abgeschlossener Teil des Programms im Rundfunk, Fernsehen': *eine ~ (im Rundfunk) hören, (im Fernsehen) sehen; eine politische ~; eine ~ über Thomas Mann, Barockmusik* ❖ ↗ **senden**

Senf [zɛnf], **der;** ~s/auch ~es, ⟨o.Pl.⟩ 'aus dem gemahlenen Samen einer bestimmten Pflanze hergestellte gelbliche, meist scharfe breiige Masse, die zu bestimmten Fleischgerichten gegessen wird'; ↗ FELD I.8.1: *ein Glas ~; scharfer ~*
* umg. /jmd./ **seinen ~ dazugeben** 'zu etw., worüber von anderen gesprochen wird, seine Meinung sagen, ohne dazu aufgefordert worden zu sein, ohne dass das erwünscht ist': *er muss immer seinen ~ dazugeben; er gibt jedes Mal seinen ~ dazu*

senil [ze'ni:l] ⟨Adj.; Steig. reg., ungebr.⟩ 'durch hohes Alter geistig (und körperlich) nicht mehr voll leistungsfähig und oft kindisch wirkend': *er ist, wirkt ~, ist ~ geworden; ein ~er Greis* ❖ **Senilität**

Senilität [zenili'tɛ:t/..te:..], **die;** ~, ⟨o.Pl.⟩ 'das Senilsein': *bei ihm macht sich eine gewisse ~ bemerkbar* ❖ ↗ **senil**

senior ['zeːni̯oːɐ̯] ABK sen. 〈indekl. Adj.; o. Steig.; nur attr.; steht hinter dem Familiennamen des Seniors (1) einer Firma〉 /auf den Vater bez./, zur Unterscheidung vom Sohn/ 'der Ältere'; ANT junior: *Herr Meier ~*

Senior, der; ~s, ~en **1.** 〈vorw. Sg.〉 'Inhaber einer Firma als älterer Teilhaber'; ANT Junior: *der ~ der Firma* **2.** 〈nur im Pl.〉 [ze'ni̯oːʀən] 'alte Menschen im Rentenalter': *ein Heim für ~en*

Senke ['zɛŋkə], **die**; ~, ~n 'größerer Teil eines Geländes, der (etwas) tiefer gelegen ist als seine Umgebung'; ↗ FELD I.7.2.1, II.1.1: *das Dorf liegt in einer ~* ❖ ↗ **senken**

senken ['zɛŋkn̩] 〈reg. Vb.; hat〉 **1.** /jmd./ **1.1.** *etw. ~* 'etw., bes. die Arme, od. etw., das man in der Hand hält, nach unten bewegen'; ANT heben (1.2): *die Arme heben und ~; die Fahne, den Taktstock ~; den Kopf ~* ('nach unten wenden') **1.2.** *den Blick ~* ('nach unten richten') **1.3.** *etw. in etw. ~* 'etw. nach unten in etw. bringen': *den Sarg ins Grab ~* **2.** /etw./ *sich ~* **2.1.** 'nach unten bewegt werden': *die Schranke, der Vorhang senkt sich* **2.2.** 'sich in seiner Höhe allmählich in Richtung nach unten verändern': *der Boden senkt sich, hat sich gesenkt; der Wasserspiegel hat sich gesenkt; das Haus, die Mauer hat sich gesenkt* **3.** /etw., jmd., Institution/ *etw. ~* 'bewirken, dass der Wert (4) von etw., eine Menge weniger, geringer wird': *dieses Medikament senkt das Fieber, den Blutdruck; die Steuern ~; die Zahl der Arbeitslosen ~; die Preise ~* **4.** /jmd./ *die Stimme ~* ('leiser und tiefer zu sprechen beginnen') ❖ **Senke, Senker, senkrecht, versenken, Versenkung**

Senker ['zɛŋkɐ], **der**; ~s, ~ 'junger Teil einer Pflanze aus seitlichen Trieben, meist Wurzeln aufweisend, der zum Zweck der Vermehrung von der Mutterpflanze abgetrennt und in den Boden gesteckt wird'; ↗ FELD II.4.1: *einen ~ abschneiden; eine Pflanze durch ~ vermehren; die Pflanze entwickelt viele ~;* vgl. *Steckling* ❖ ↗ **senken**

senk|recht ['zɛŋk..] 〈Adj.; Steig. reg., ungebr.; vorw. attr. u. bei Vb.〉 'im Winkel von 90 Grad zur Erdoberfläche verlaufend, gerade von unten nach oben od. von oben nach unten führend'; SYN vertikal; ANT waagerecht, horizontal; ↗ FELD IV.2.3: *einen Mast ~ aufstellen; der Rauch stieg ~ in die Höhe; eine ~e Falte auf der Stirn* ❖ ↗ **senken**

Sensation [zɛnzaˈʦi̯oːn], **die**; ~, ~en 'etw. Außergewöhnliches, das großes Aufsehen erregt (und womit niemand gerechnet hat)': *der Sieg dieser Mannschaft war eine ~; dieser Roman ist eine literarische ~; mit seiner Aussage sorgte er für eine ~; sein Auftritt war die ~ des Abends; die Presse witterte eine ~* ❖ **sensationell — sensationslüstern**

sensationell [zɛnzaʦi̯oˈnɛl] 〈Adj.; Steig. reg.; vorw. nicht bei Vb.〉 'eine Sensation darstellend': *einen ~en Sieg erringen; eine ~e Nachricht, Aufführung; der Prozess nahm eine ~e Wende; die Erfolge des Pianisten waren ~* ❖ ↗ **Sensation**

sensations|lüstern [zɛnzaˈʦi̯oːns..] 〈Adj.; Steig. reg., ungebr.; vorw. attr.〉 'begierig nach Sensationen': *eine ~e Presse* ❖ ↗ **Sensation,** ↗ **lüstern**

Sense ['zɛnzə], **die**; ~, ~n 'Gerät zum Mähen' (↗ TABL Landw. Geräte): *das Gras mit der ~ mähen; die ~ schärfen*

* salopp **bei mir ist (jetzt) ~** ('ich beteilige mich nicht mehr länger, weil ich mit der Sache nicht einverstanden bin')!; **mit etw. ist ~** 'etw. kann aufgrund negativer Umstände nicht realisiert werden': *mit dem Urlaub ist jetzt ~*

sensibel [zɛnˈziːbl̩] 〈Adj.; Steig. reg.〉 'schon auf von außen einwirkende schwache Reize psychisch stark reagierend'; SYN empfindlich, empfindsam: *ein sensibles Kind; sie ist sehr ~; ~ reagieren;* vgl. *feinfühlig, gefühlvoll (1)* ❖ **Sensibilität**

MERKE Zum Ausfall des ,e': ↗ *dunkel* (Merke)

Sensibilität [zɛnzibiliˈtɛːt/..teː..], **die**; ~, 〈o.Pl.〉 'das Sensibelsein': *mit großer ~ auf etw. reagieren* ❖ ↗ **sensibel**

sentimental [zɛntimɛnˈtaːl] 〈Adj.; Steig. reg.; nicht bei Vb.〉 **1.1.** SYN 'rührselig (1.1)': *als sie daran dachte, wurde sie ~; sie war in ~er Stimmung* **1.2.** SYN 'rührselig (1.2)': *ein ~er Schlager, Film* ❖ **Sentimentalität**

Sentimentalität [zɛntimɛntaliˈtɛːt/..teː..], **die**; ~, ~en **1.** 〈o.Pl.〉 'das Sentimentalsein': *ich kann ihre, diese ~ nicht ertragen* **2.** 〈vorw. Pl.〉 'sentimentale (1.1) Äußerung': *ich liebe keine ~en; das sind bloße ~en* ❖ ↗ **sentimental**

separat [zepaˈʀɑːt] 〈Adj.; o. Steig.〉 'entgegen der Erwartung nicht in einer Einheit mit anderem zusammen': *sie wohnen in einem ~en Zimmer* ('wohnen in einem Zimmer allein und nicht mit den anderen zusammen'); *ein Zimmer mit einem ~en* ('einem nur zu dem Zimmer und nicht auch zu den übrigen Räumen führenden') *Eingang; einen Tatbestand ~* ('nicht an dieser, sondern an einer anderen Stelle') *behandeln*

September [zɛpˈtɛmbɐ], **der**; ~/auch ~s, ~ 〈vorw. Sg.〉 'der neunte Monat des Jahres'; ↗ TAFEL XIII: *ein warmer ~; Anfang, Mitte, Ende ~*

Serenade [zeʀeˈnɑːdə], **die**; ~, ~n **1.** 'meist heitere, aus mehreren Sätzen bestehende Komposition für mehrere Instrumente': *eine ~ von Mozart* **2.** 'meist im Freien stattfindendes Konzert, bei dem bes. Serenaden (1) gespielt werden': *~n im Park von Sanssouci*

Serie ['zeːʀi̯ə], **die**; ~, ~n **1.** 〈nur mit Attr.〉 'eine größere Zahl von Geschehnissen, Erscheinungen gleicher Art, die aufeinander folgen': *eine ~ von Verbrechen, von Erfolgen; es ereignete sich eine ~ schwerer Unfälle* **2.1.** 〈vorw. mit Attr.〉 'bestimmte Anzahl von zusammengehörenden, ein Ganzes bildenden Sachen gleicher Art': *eine ~ (von) Fotos; diese ~ (Briefmarken) ist dem hundertsten Geburtstag von N gewidmet* **2.2.** 〈vorw. mit Attr.〉 'eine größere Zahl von in gleicher Ausführung gefertigten Erzeugnissen gleicher Art': *diese ~ (der Fernsehgeräte) läuft aus; ein Wagen der gleichen ~* **2.3.** in ~: *etw. in ~ herstellen, fertigen* ('eine größere Zahl von Erzeugnissen gleicher Art in gleicher Ausführung herstellen, fertigen') **3.** 'eine größere Zahl von

Sendungen in Funk und Fernsehen, von Veröffentlichungen, die thematisch zusammengehören und nacheinander gesendet bzw. veröffentlicht werden': *das Fernsehen sendet eine siebenteilige ~ über N, bringt fast nur noch ~n; die Bildbände erscheinen als ~*

seriös [ze'ʀi̯øːs] ⟨Adj.⟩ **1.** ⟨Steig. reg.⟩ 'solide, integer wirkend und einen zuverlässigen Eindruck erweckend': *ein ~er älterer Herr; der neue Kollege macht einen sehr ~en Eindruck, ist, wirkt sehr ~* **2.** ⟨Steig. reg., ungebr.⟩ 'in geschäftlicher Hinsicht vertrauenswürdig': *eine ~e Firma; ~e Angebote machen*

Serpentine [zɛʀpɛn'tiːnə], **die**; ~, ~n **1.** 'in vielen Windungen an einem steilen Berghang verlaufende Straße, verlaufender Weg': *wir fuhren die ~ hinunter, hinauf* **2.** ⟨vorw. Pl.⟩ 'eine von vielen Windungen einer Serpentine (1)': *die Straße führt in ~n zum Gipfel*

Serum ['zeːʀʊm], **das**; ~s, Seren/Sera ['zeːʀən/'zeːʀɑ] **1.** ⟨o.Pl.⟩ 'wässriger Bestandteil des Blutes, der nicht gerinnt': *~ analysieren* **2.** 'Serum (1), das eine größere Menge von Stoffen gegen einen bestimmten Krankheitserreger enthält und zum Impfen verwendet wird': *ein ~ gegen Grippe (spritzen)*

¹Service [zɛʀ'viːs], **das**; ~/~s [..'viːsəs], ~ [..'viːsə] 'alle zusammengehörenden, in Form, Farbe, Muster übereinstimmenden od. aufeinander abgestimmten Teile des Geschirrs für mehrere Personen': *ein ~ für sechs Personen*

²Service ['sœrvis], **der**; ~, ~s **1.** ⟨o.Pl.⟩ '(unentgeltliche) Leistungen gegenüber Gästen von Hotels, Gaststätten, gegenüber Kunden, Käufern': *der ~ in diesem Hotel, in dieser Autowerkstatt ist sehr gut; das gehört bei uns zum ~* **2.** ⟨vorw. Sg.⟩ 'Einrichtung(en) einer Firma für die Reparatur, das Warten bestimmter von ihr hergestellter technischer Produkte'; SYN Kundendienst (2): *für diesen Wagentyp gibt es einen gut ausgebauten ~*

servieren [zɛʀ'viːʀən], servierte, hat serviert **1.1.** /jmd., bes. Kellner, Kellnerin/ *etw. ~* '(in einer Gaststätte) für jmdn. (bestellte) Speisen, Getränke auf den Tisch bringen': *der Kellner serviert den Nachtisch; sie servierte ihren Gästen Wein* **1.2.** /Kellner, Kellnerin/ 'in einer Gaststätte die Gäste bedienen': *dieser Kellner serviert nicht an unserem Tisch*

Serviette [zɛʀ'vi̯ɛtə], **die**; ~, ~n 'meist quadratisches Tuch od. Stück Papier, das beim Essen zum Schutz der Kleidung, zum Abwischen des Mundes und der Hände benutzt wird': *eine weiße ~; die ~ zusammenlegen, falten*

servil [zɛʀ'viːl] ⟨Adj.; Steig. reg., ungebr.⟩ SYN 'unterwürfig' /auf Personen, Verhalten bez./; ↗ FELD I.2.3: *eine ~e Haltung; er verhält sich ~ gegenüber seinem Vorgesetzten*

Sessel ['zɛsl̩], **der**; ~s, ~ 'gepolstertes, mit einer Lehne für den Rücken und meist auch mit Lehnen für die Arme versehenes, bequemes Sitzmöbel für eine Person'; ↗ FELD V.4.1 (↗ TABL Sitzmöbel):

ein weicher, harter ~; im ~ sitzen; sich in den ~ setzen; sich aus dem, vom ~ erheben ❖ ↗ **sitzen**

sesshaft ['zɛs..] ⟨Adj.; o. Steig.⟩ **1.1.** ⟨nicht bei Vb.⟩ *ein ~er Stamm* ('ein Stamm, dessen Angehörige einen festen Wohnsitz haben und nicht als Nomaden leben'); *dieser Stamm ist ~ (geworden)* **1.2.** ⟨nicht bei Vb.; vorw. präd.⟩ /jmd./ *irgendwo ~ sein* 'irgendwo seinen festen Wohnsitz haben': *er ist jetzt in N ~; er ist auf dem Lande ~ geworden* ❖ ↗ **sitzen**

Set [sɛt], **das**; ~s, ~s **1.** 'bestimmte Anzahl von zusammengehörenden Gegenständen gleicher Art od. von sich ergänzenden Gegenständen': *dieses ~ besteht aus Kamm, Bürste und Spiegel* **2.** 'kleine Decke aus Stoff, Kunststoff o.Ä., auf die ein Gedeck (1) gestellt wird': *ein ~ auflegen*

setzen ['zɛtsn̩] ⟨reg. Vb.; hat/ist; ↗ auch *gesetzt*⟩ **1.** ⟨hat⟩ **1.1.** /jmd./ *sich ~* 'machen, dass man selbst sitzt'; ↗ FELD I.7.7.2: *~ Sie sich bitte!; er stand auf und setzte sich wieder; sich irgendwohin ~*: *sich an den Tisch ~* ('machen, dass man selbst am Tisch sitzt'); *sie setzte sich in den Sessel, auf den Stuhl, auf den Boden, in die Sonne, neben ihn, zu ihm* **1.2.** /jmd./ *jmdn. irgendwohin ~* 'jmdn. nehmen und machen, dass er irgendwo sitzt': *sie setzte das Kind auf den Stuhl* **1.3.** /Tier/ *sich irgendwohin ~*: *der Kanarienvogel setzte sich mir auf die Schulter* ('machte, dass er auf meiner Schulter saß') **2.** ⟨hat⟩ /jmd./ **2.1.** *etw. irgendwohin ~* 'etw. irgendwohin stellen (2.1)': *den Stuhl ans Fenster ~; den Topf auf den Herd ~* **2.2.** *etw. irgendwohin ~* 'etw. nehmen, an eine bestimmte Stelle bringen, und machen, dass sich dort befindet' /beschränkt verbindbar/: *(sich* ⟨Dat.⟩*) die Mütze auf den Kopf ~; das Glas an den Mund ~* ('nehmen und zum Mund führen, um daraus zu trinken') **3.** ⟨hat⟩ /jmd./ **3.1.** *ein Satzzeichen ~* 'eine bestimmte Stelle im Text mit einem Satzzeichen versehen': *du hast vergessen, (hier) ein Komma zu ~* **3.2.** *etw. unter, auf etw. ~*: *seinen Namen unter, auf ein Schriftstück ~* ('unter, auf ein Schriftstück schreiben'); *jmdn. auf eine Liste ~* ('jmds. Namen auf eine Liste schreiben') **4.** ⟨hat⟩ /jmd./ *etw. auf etw. ~ ein Stück auf den Spielplan ~* ('in den Spielplan aufnehmen'); *einen Punkt auf die Tagesordnung ~* **5.** ⟨hat⟩ /Setzer/ *einen Text ~* ('in der Druckerei einen Text in die Form bringen, dass er gedruckt werden kann') **6.** ⟨hat⟩ /fester Stoff in einer Flüssigkeit/ *sich ~*: *die Flocken in der Lösung haben sich gesetzt* ('sind auf den Boden des Gefäßes, in dem sich die Lösung befindet, gesunken'); *der Kaffee* ('der gemahlene Kaffee in dem gebrühten Kaffee') *muss sich erst ~* **7.** ⟨hat⟩ /jmd./ *einen Ofen ~* ('einen Kachelofen bauen'); *einen Zaun ~* ('errichten'); *(jmdm.) ein Denkmal ~* **8.** ⟨ist/hat⟩ /jmd., Pferd/ *über etw. ~* 'einen großen Sprung über etw. machen': *der Junge setzte über den Graben, den Zaun; das Pferd setzte über das Hindernis* **9.** ⟨hat⟩ /jmd./ *auf ein Pferd ~* ('bei einem Pferderennen für ein Pferd eine Wette abschließen') **10.** ⟨hat⟩ /jmd./ *jmdm., für etw. eine Frist ~* ('für jmdn., etw. eine Frist festlegen'); *Prio-*

ritäten ~ ('festlegen'); *sich* ⟨Dat.⟩ *ein Ziel* ~ ('für sich ein Ziel festlegen'); *sich* ⟨Dat.⟩ *etw. zum Ziel* ~ ('etw. für sich als Ziel festlegen') **11.** ⟨hat⟩ /jmd./ *jmdn., etw., sich in etw.* ~ 'bewirken, dass jmd., etw., man selbst in einen bestimmten Zustand gerät' /beschränkt verbindbar/: *jmdn. in Erstaunen* ~; *etw. in Brand* ~; /etw./ *der Zug setzte sich in Bewegung* **12.** ⟨hat⟩ /abgeblasst in Verbindung mit best. Subst., auch Adj., z. B./: /jmd./ *etw. in, außer* ↗ *Betrieb* ~; /jmd./ *etw. in* ↗ *Gang* ~; /jmd./ *sich mit jmdm. in* ↗ *Verbindung* ~; /jmd./ *jmdn. auf* ↗ *Schonkost* ~; /jmd., etw./ *etw.* ⟨Dat.⟩ *ein* ↗ *Ende* ~ ❖ **Besatz, Besatzung, besetzen, besetzt, Besetzung, ersetzen, Ersatz, gesetzt, Satz, Satzung, Setzer, Setzling, versetzen, zersetzen – Ansatz, ansetzen, Aufsatz, aufsetzen, Auseinandersetzung, beisetzen, Beisetzung, Besetztzeichen, Bodensatz, Dreisatz, durchsetzen, Einsatz, einsetzen, entgegengesetzt, festsetzen, fortsetzen, Fortsetzung, Gegensatz, gegensätzlich, Grundsatz, herabsetzen, hinsetzen, hinwegsetzen, Satzzeichen, Schadenersatz, Schienenersatzverkehr, Umsatz, umsetzen, voraussetzen, Voraussetzung, Vorgesetzte, wegsetzen, widersetzen, widersetzlich, Zeichensetzung, zurücksetzen, zusammensetzen, Zusatz, zusätzlich;** vgl. **Gesetz, sitzen, übersetzen**

Setzer ['sɛtsɐ], *der*; ~s, ~ 'jmd., der beruflich die Tätigkeit des Setzens (5) ausübt': *das ist ein Fehler des* ~*s* ❖ ↗ **setzen**

Setzling ['sɛts..], *der*; ~s, ~e 'junge Pflanze, die zum weiteren Gedeihen an einen anderen Standort gepflanzt wird'; ↗ FELD II.4.1: ~*e pflanzen* ❖ ↗ **setzen**

Seuche ['zɔɪçə], *die*; ~, ~n 'sich schnell ausbreitende gefährliche, bei Tieren, auch bei Menschen auftretende Infektionskrankheit': *an einer* ~ *erkranken; die* ~ *hat sich schnell ausgebreitet; eine* ~ *bekämpfen, eindämmen*

seufzen ['zɔɪftsn̩] ⟨reg. Vb.; hat⟩ /jmd./ 'als Ausdruck von Kummer, Schmerz, Resignation, Erleichterung o.Ä. (mit einem Laut) tief und hörbar ein- und ausatmen'; ↗ FELD VI.1.2: *sie seufzte (tief), als sie an den Abschied dachte;* ~*d stimmte sie zu* ❖ **Seufzer – Stoßseufzer**

Seufzer ['zɔɪftsɐ], *der*; ~s, ~ 'beim Seufzen hörbarer Laut'; ↗ FELD I.6.1, VI.1.1: *einen (tiefen)* ~ *ausstoßen; mit einem* ~ *der Erleichterung fiel sie ihm um den Hals* ❖ ↗ **seufzen**

Sex [zɛks/sɛks], *der*; ~/~es, ⟨o.Pl.⟩ **1.** '(dargestellte) Sexualität in ihrer oberflächlichen Erscheinungsform': *ein Film mit viel* ~ **2.** 'Eigenschaft eines Menschen, bes. einer Frau, jmdn. sexuell (1) anzuziehen': *sie hat viel* ~ ❖ **Sexualität, sexuell, sexy**

Sexualität [zɛksŭaliˈtɛːt/..ˈteː..], *die*; ~, ⟨o.Pl.⟩ 'Gesamtheit der in dem Geschlechtstrieb begründeten Verhaltensweisen, Vorgänge, Empfindungen'; SYN Erotik (2): *in der Schule wurde über Fragen der* ~ *gesprochen* ❖ ↗ **Sex**

sexuell [zɛksŭˈɛl] ⟨Adj.; o. Steig.; nicht präd.⟩ **1.** 'die Sexualität betreffend': *die* ~*e Aufklärung; die Kin-*

der ~ *aufklären* **2.** 'den Geschlechtsverkehr betreffend, durch den Geschlechtstrieb bestimmt': *mit jmdm.* ~*e Kontakte haben; ein Kind* ~ *missbrauchen;* ~*e* (SYN 'erotische 2') *Bedürfnisse* ❖ ↗ **Sex**

sexy ['zɛksi/'sɛksi] ⟨Adj.; o. Steig.; indekl.; nicht attr.⟩ umg. 'Sex (2) habend': *sie ist, wirkt* ~; *in dem Badeanzug sieht sie* ~ *aus* ❖ ↗ **Sex**

sezieren [zeˈtsiːʀən], sezierte, hat seziert /Mediziner/ *eine Leiche* ~ ('aufschneiden, zerlegen und sie, die Organe untersuchen'); *er wurde nach seinem Tode seziert*

Shampoo ['ʃampu/..po], **Shampoon** ['ʃampun/..pon], *das*; ~s, ~s 'flüssiges, schäumendes Mittel zum Waschen der Haare': *ein* ~ *für trockenes, fettes, normales Haar*

Shorts [ʃɔʀts], *die* ⟨Pl.⟩ 'sportliche kurze Hose für Männer od. Frauen' (↗ TABL Kleidungstücke): ~ *tragen*

Show [ʃoː], *die*; ~, ~s 'Vorstellung, Fernsehsendung mit einem großen bunten Programm zur Unterhaltung'; SYN Schau (2): *in eine* ~ *gehen; hast du die* ~ *gesehen?; eine* ~ *inszenieren*
* /jmd./ *eine* ~ *abziehen* ('durch ein bestimmtes Verhalten Aufsehen erregen wollen')

sich [zɪç] ⟨Reflexivpron. der 3. Pers. Sg. u. Pl. u. von *Sie, man;* steht auch beim Infinitiv refl. Verben; Dat. u. Akk.⟩ **1.** ⟨Sg. u. Pl.⟩ /weist auf das Subj. zurück/ **1.1.** ⟨Akk.⟩ *er, sie, das Kind hat* ~ *verletzt; sie haben* ~ *verletzt; haben Sie* ~ *verletzt?; er hat nicht nur über sie, sondern auch über* ~ *(selbst) nachgedacht; sie stellten die Koffer neben* ~; *die Mutter drückte den Jungen an* ~; ⟨als fester Bestandteil des Verbs⟩ *er, sie, das Mädchen freute* ~ *über das Geschenk; die Kinder schämten* ~; *man muss* ~ *ja mit dir schämen!* **1.2.** ⟨Dat.; vorw. bei Verben, die außerdem ein Akk.obj. haben⟩ *er, sie hat* ~ *das Rauchen abgewöhnt; damit haben sie nicht nur dir, sondern auch* ~ *(selbst) geschadet; er zweifelt an* ~; ⟨sich kann wegfallen⟩: *er hat* ~ *einen Atlas gekauft;* ⟨als fester Bestandteil des Verbs⟩: *sie haben* ~ *das nur eingebildet;* ~ *etw. aneignen* **2.** ⟨Pl.; rez.⟩ **2.1.** ⟨Akk.⟩ SYN 'einander (1.1)': *sie haben* ~ *geküsst;* ⟨als fester Bestandteil des Verbs⟩: *die Geschwister vertragen* ~ *gut (miteinander); haben Sie* ~ *gut verstanden?;* ~ *gut verstehen* **2.2.** ⟨Dat.⟩ SYN 'einander (1.2)': *sie wollen* ~ *(gegenseitig) helfen* **3.** ⟨in Sätzen, in denen das Vb. in der 3. Pers. steht⟩ **3.1.** ⟨Sg.; in Satzkonstruktionen mit unpers. Subj. *es* u. mit einer modalen u. einer lokalen od. temporalen Adv.best.⟩ *in dieser Bibliothek arbeitet es* ~ *gut, lässt es* ~ *gut arbeiten* ('in dieser Bibliothek kann man gut arbeiten, kann in gut gearbeitet werden') **3.2.** ⟨Sg. u. Pl.; mit einer modalen Angabe⟩ *diese Apfelsinen schälen* ~ *schlecht, lassen* ~ *schlecht schälen* ('diese Apfelsinen kann man schlecht schälen, können schlecht geschält werden') **3.3.** ⟨Sg. u. Pl.⟩ *der Schlüssel wird, die Schlüssel werden* ~ *schon finden* ('wird, werden gefunden werden')

Sichel ['zɪçl̩], **die**; ~, ~n 'kleineres Gerät zum Mähen bes. von Gras' (↗ TABL Landw. Geräte): *das Gras mit der ~ mähen, schneiden* ❖ **sicheln**
sicheln ['zɪçl̩n] ⟨reg. Vb.; hat⟩ ⟨jmd./ etw. ~ 'etw., bes. Gras, mit einer Sichel mähen': *Gras ~* ❖ ↗ **Sichel**
sicher ['zɪçɐ] **I.** ⟨Adj.⟩ **1.** ⟨Steig. reg.⟩ 'nicht von einer bestimmten Gefahr, einem bestimmten Risiko bedroht': *ein ~er Weg; dieses Versteck ist ~; hier seid ihr vor der Entdeckung, vorm Regen, vor euren Verfolgern ~; hier ist das Geld vor Diebstahl ~; hier kannst du dich ~ fühlen; das Geld ~ aufbewahren; einen ~en Arbeitsplatz haben* ('nicht von Arbeitslosigkeit bedroht sein'); *ein ~es* (ANT *riskantes*) *Geschäft; er beobachtete das Geschehen aus ~er Entfernung* ('aus einer so großen Entfernung, dass ihm keine Gefahr drohte'); *das Sicherste/am ~sten wäre es* ('du gingest das geringste Risiko ein'), *wenn du morgen vorbeikämest* **2.** ⟨Steig. reg.⟩ **2.1.** ⟨nicht bei Vb.⟩ 'so beschaffen, dass Fehler, Irrtümer, unangenehme Folgen ausgeschlossen sind, dass man sich darauf verlassen kann' /vorw. auf Abstraktes bez./: *er besitzt ein ~es Urteil, einen ~en Geschmack; ~e Ergebnisse; einen ~en Beweis für etw. haben; ein ~es Präparat; diese Methode ist absolut ~; eine ~e* (SYN 'verbürgte', ↗ *verbürgen 2*') *Nachricht; etw. aus ~er* ('zuverlässiger') *Quelle erfahren haben* **2.2.** '(aufgrund von Übung, Erfahrung) keinen Fehler machend': *ein ~er Autofahrer; er fährt sehr ~ Auto, urteilt sehr ~; er ist in seinem Urteil, in der Orthographie sehr ~* **3.** ⟨Steig. reg., ungebr.⟩ 'davon zeugend, dass man glaubt, immer alles richtig zu machen': *er ist, wirkt sehr ~; ein ~es Benehmen; sehr ~ auftreten* **4.** ⟨o. Steig.⟩ **4.1.1.** ⟨nicht bei Vb.⟩ 'bestimmt, mit Gewissheit, Sicherheit eintretend': *das ist sein ~er Tod; seine Niederlage ist ~* (SYN 'gewiss 3.1') **4.1.2.** ⟨nur präd. (mit *sein*)⟩ /etw./ *jmdm. ~ sein* SYN 'jmdm. gewiss (3.2) sein': *dir ist eine Strafe ~* ('du wirst bestimmt eine Strafe bekommen'); *nach dieser Kür war ihr die Goldmedaille ~* ('war klar, dass sie die Goldmedaille bekommt') **4.2.** ⟨nur präd. (mit *sein*)⟩ *es ist ~, dass ...*': *es ist (so gut wie) ~, dass er es getan hat; soviel ist ~, er konnte nichts dafür* **4.3.1.** ⟨nur präd. (mit *sein*)⟩ /jmd./ ⟨*sich* ⟨Dat.⟩⟩ *~ sein, dass ...* 'nicht daran zweifeln, dass ..., die Gewissheit, feste Überzeugung haben, dass ...': *ich bin (mir) ~, dass er es schafft; bist du (dir) ~ (dass er unschuldig ist)?; (sich* ⟨Dat.⟩⟩ *nicht ~ sein, ob ...: ich bin mir nicht ~, ob er es schafft* **4.3.2.** ⟨nicht bei Vb.; vorw. präd. (nur mit *sein*)⟩ /jmd./ ⟨*sich* ⟨Dat.⟩⟩ *etw.* ⟨Gen.⟩, *jmds. ~ sein* 'nicht daran zweifeln, dass etw. eintreten wird, zutrifft, dass man sich auf jmdn. verlassen kann': *ich bin mir meines Erfolges, meines Freundes völlig ~; er war sich seiner Sache ganz ~* ('war fest davon überzeugt, Erfolg, Recht zu haben') — **II.** /als eine nachdrückliche, positive Antwort auf eine Frage od. als Verstärkung von *nicht* in einer Antwort/; SYN selbstverständlich (I.2): *„Kommst du morgen mit?" „Sicher!"* — **III.** ⟨Satzadv.⟩ /drückt die Einstellung des Sprechers

zum genannten Sachverhalt aus; drückt Gewissheit aus/; SYN 'gewiss (II.1.1)': *er ist ~ spazieren gegangen* ('ich bin mir ziemlich sicher, dass er spazieren gegangen ist'); *er wird sich ~ bei uns melden, sobald er angekommen ist* ❖ **Sicherheit, sicherheitshalber, sicherlich, sichern, Sicherung, unsicher, versichern, Versicherung** — **absichern, betriebssicher, bombensicher, fälschungssicher, Haftpflichtversicherung, Kaskoversicherung, Krankenversicherung, kugelsicher, Lebensversicherung, Pflegeversicherung, rückversichern, selbstsicher, sichergehen, Sicherheitsglas, -heitsgurt, -heitsnadel, -heitsschloss, sicherstellen, Sozialversicherung, standsicher, todsicher, treffsicher, Treffsicherheit**
-sicher /bildet mit einem Subst. od. Vb. als erstem Bestandteil Adjektive/ **1.** /gegen das im ersten Bestandteil Genannte gesichert, geschützt/: ↗ z. B. *fälschungssicher, kugelsicher* **2.** /das im ersten Bestandteil Genannte garantierend/: ↗ z. B. *treffsicher* (1.1)
sicher|gehen ['..], ging sicher, ist sichergegangen ⟨vorw. im Inf.⟩: /jmd./ *ich möchte ~* ('ich möchte in dieser Angelegenheit Gewissheit haben und kein Risiko eingehen') *und erst noch einen Fachmann hinzuziehen; um (ganz) sicherzugehen, ließ der Arzt die Galle röntgen* ❖ ↗ **sicher**, ↗ **gehen**
Sicherheit ['..], **die**; ~, ~en **1.** ⟨o.Pl.⟩ 'das Sichersein vor einer bestimmten Gefahr, einem bestimmten Risiko': *die Polizei sorgte für die ~ der Anwesenden; der Flüchtling befindet sich, ist in ~; soziale, wirtschaftliche, finanzielle ~; die ~ der Arbeitsplätze; jmdn., sich, etw. in ~ bringen* ('bewirken, dass jmd., man selbst, etw. aus dem Bereich einer Gefahr dorthin gelangt, wo keine Gefahr droht'); *sich, jmdn. in ~* ↗ *wiegen* **2.** ⟨o.Pl.⟩ /zu *sicher* I.2.1 u. 3/ 'das Sichersein'; /zu I.2.1/: *die ~ seines Urteils; die ~ der Ergebnisse in Frage stellen*; /zu I.3/: *sie besitzt ~ im Auftreten* **3.** ⟨o.Pl.⟩ 'Gewissheit': *das kann ich nicht mit ~ sagen; mit ziemlicher ~ kommt er nicht* **4.** 'für einen Kredit als Pfand hinterlegtes Geld, hinterlegte Wertpapiere o.Ä.': *die Bank forderte ~en; er hat als ~ sein Grundstück angeboten* ❖ ↗ **sicher**
Sicherheits ['zɪçɐhaɪts..]|-**glas, das** ⟨o.Pl.⟩ 'Glas (1), das beim Zerbrechen nicht splittert' ❖ ↗ sicher, ↗ Glas; -**gurt, der** 'Gurt, den man im Auto, Flugzeug umlegt und an seinem Sitz befestigt, um bei einem Ruck nicht vom Sitz geschleudert zu werden' ❖ ↗ sicher, ↗ Gurt
sicherheitshalber ['..] ⟨Adv.⟩ 'um sicherzugehen (↗ *sichergehen*)': *~ prüfe ich das noch einmal/ich prüfe das ~ noch einmal* ❖ ↗ **sicher**
Sicherheits ['..]|-**nadel, die** 'zum Befestigen od. Zusammenhalten bes. von Textilien dienende gebogene Nadel, deren Spitze durch eine Vorrichtung verdeckt, festgehalten werden kann' ❖ ↗ sicher, ↗ Nadel; -**schloss, das** 'durch seine Konstruktion gegen unbefugtes Öffnen besonders gesichertes Schloss (1)': *ein ~ in die Wohnungstür einbauen* ❖ ↗ sicher, ↗ schließen (2,3)

sicherlich ['zɪçɐ..] ⟨Satzadv.⟩ /drückt die Einstellung des Sprechers zum genannten Sachverhalt aus; drückt Gewissheit aus/ SYN 'gewiss (II.1.1)': *er ist ~ spazieren gegangen; er wird es ~ schaffen; er wird sich ~ bei uns melden, sobald er angekommen ist* ❖ ↗ **sicher**

sichern ['zɪçɐn] ⟨reg. Vb.; hat⟩ **1.** /jmd., Institution/ etw. ~ 'durch bestimmte Maßnahmen dafür sorgen, dass etw. vor einer bestimmten Gefahr sicher, geschützt ist': *das Fahrrad durch ein Schloss gegen, vor Diebstahl ~; die Tür mit einer Kette ~; die Grenzen eines Landes ~; die Arbeitsplätze ~* ('für sichere Arbeitsplätze sorgen'); *in gesicherten* ('nicht von negativer wirtschaftlicher, finanzieller Entwicklung bedrohten') *Verhältnissen leben; sich gegen etw./auch vor etw.* ⟨Dat.⟩ *~: du musst dich gegen, vor Diebstahl der Kunstwerke ~* **2.** etw. ~ **2.1.** /etw./ 'Gewähr für etw. sein'; SYN garantieren (1.2), gewährleisten: *diese Maßnahme sichert einen reibungslosen Ablauf; diese Besetzung sichert den Erfolg der Aufführung* **2.2.** /jmd., Institution/ 'durch bestimmte Maßnahmen dafür sorgen, dass etw. in der gewünschten, erforderlichen Weise abläuft, vorhanden ist, eintritt': *die Organisatoren sicherten einen reibungslosen Ablauf der Wettkämpfe; wissenschaftlich gesicherte* ('durch wissenschaftliche Beweise zweifelsfrei festgestellte') *Erkenntnisse; das Resultat ist statistisch gesichert* **3.** /jmd./ *sich* ⟨Dat.⟩, *jmdm. etw. ~* 'mit Überwindung von Schwierigkeiten dafür sorgen, dass man, jmd. etw., was viele andere auch haben wollen, bekommt': *ich habe mir eine Eintrittskarte, die Rechte gesichert; ich habe dir einen Fensterplatz gesichert* **4.** /Polizei/ *Spuren ~* ('Spuren am Tatort ermitteln, solange sie noch erkennbar, vorhanden sind') ❖ ↗ **sicher**

sicher|stellen ['zɪçɐ..], stellte sicher, hat sichergestellt /jmd., Institution/ etw. ~ 'etw. (in behördlichem Auftrag) dorthin bringen, wo es davor geschützt ist, dass jmd. es sich unrechtmäßig aneignet': *das nicht verwendete Baumaterial wurde sichergestellt; die Polizei stellte das gestohlene Fahrrad sicher* ❖ ↗ **sicher**, ↗ **stellen**

Sicherung ['zɪçərʊ..], die; ~, ~en **1.** ⟨o.Pl.⟩ /zu *sichern* 1, 2.2, 4/ 'das Sichern'; /zu 1/: *die ~ der Arbeitsplätze hat Vorrang*; /zu 2.2/: *die ~ der Versorgung*; /zu 4/: *die ~ der Spuren* **2.** 'Vorrichtung, durch die ein Stromkreis unterbrochen wird, wenn die Leitung zu stark belastet ist od. eine Störung, ein Kurzschluß auftritt': *die ~ ist durchgebrannt* ❖ ↗ **sicher**

Sicht [zɪçt], die; ~, ~en **1.** ⟨o.Pl.⟩ **1.1.** 'vom Licht, von der Witterung abhängige Möglichkeit, in der Ferne etw. zu sehen, zu erkennen'; ↗ FELD I.3.1.1: *gute, schlechte ~ haben; der Nebel nahm uns die ~* **1.2.** 'Möglichkeit, in Richtung auf etw. zu blicken': *die Häuser nahmen uns, versperrten uns die ~* **2.** ⟨vorw. Sg.⟩ 'Entfernung im Freien, bis zu der etw. gesehen, erkannt werden kann': *die ~ beträgt 40 Meter; das Schiff, Flugzeug kommt in ~* ('kommt so nahe, dass es gesehen, erkannt werden

kann'); *das Schiff, Flugzeug gerät außer ~* ('entfernt sich dahin, wo es nicht mehr gesehen, erkannt werden kann') **3.** ⟨vorw. Sg.; + Attr.⟩ 'Art und Weise, in der man, jmd. etw. betrachtet (2), beurteilt': *aus meiner ~ verhält sich das ganz anders; aus der, in der ~ des Mediziners ist dieser Sachverhalt anders zu beurteilen* ❖ ↗ **sehen**

sichtbar [zɪçt..] ⟨Adj.⟩ **1.** ⟨Steig. reg.; nicht bei Vb.; vorw. präd⟩ /etw./ *irgendwie ~ sein* '(nicht verdeckt, nicht zu weit entfernt sein und daher) mit den Augen irgendwie wahrgenommen werden, gesehen werden können'; ↗ FELD I.3.1.3: *der Kirchturm ist weithin ~; im Röntgenbild ist der Tumor deutlich ~* **2.** ⟨Steig. reg., ungebr.⟩ 'von einem solchen Maß, dass es gut mit den Augen wahrgenommen werden kann' /auf einen Zustand bez./: *der Kranke macht ~e Fortschritte; die Fortschritte sind deutlich ~; sein Befinden hat sich ~ verschlechtert* ❖ ↗ **sehen**

sichten ['zɪçtn̩], sichtete, hat gesichtet **1.** /jmd./ etw., jmdn. ~ 'etw., jmdn. (nach dem man ausgeschaut hat) in größerer Entfernung erblicken'; ↗ FELD I.3.1.2: *am Horizont wurde ein Schiff gesichtet; der Pilot sichtete die Schiffbrüchigen* **2.** /jmd./ *mehrere Sachen ~* 'mehrere Sachen, bes. Schriftstücke, der Reihe nach prüfend ansehen (und ordnen)': *die Akten, die Unterlagen, den Nachlass ~* ❖ ↗ **sehen**

sichtlich [zɪçt..] **I.** ⟨Adj.; o. Steig.; nicht präd.⟩ 'von einem solchen Maß, dass es gut mit den Augen od. geistig wahrgenommen werden kann' /auf psych. Zustand bez./: *sie aß den Kuchen mit ~em Genuss; jmdn. mit ~er Freude begrüßen* – **II.** ⟨Satzadv.⟩ /drückt die Einstellung des Sprechers zum genannten Sachverhalt aus/ 'offensichtlich (II)': *sie war ~ beeindruckt, traurig, als sie das hörte; die Verhältnisse haben sich ~ verschlechtert, gebessert; es hat ihm ~ Mühe bereitet; er war ~ erschöpft* ❖ ↗ **sehen**

sickern ['zɪkɐn] ⟨reg. Vb.; ist⟩ /Flüssigkeit/ in, durch etw. ~ 'allmählich, in einzelnen Tropfen in, durch einen porösen Stoff dringen': *das Regenwasser sickert in den Boden; das Blut ist durch den Verband gesickert*

sie [ziː] ⟨Personalpron.; subst.; ↗ TAFEL VII⟩ **1.** ⟨3. Pers. Sg. Fem.⟩ /für ein Subst. mit fem. Genus/: *er und ~; ~ will morgen verreisen; meine Schwester ist verreist, ich werde ~ sofort benachrichtigen; er hat sich die Hand gebrochen, man hat ~ in Gips gelegt; ich habe ihr das Buch gegeben; wir werden uns ihrer annehmen, wenn ~ hierher kommt* **2.** ⟨3. Pers. Pl.⟩ /für ein Subst. im Pl. od. zwei od. mehrere Subst./: *~ gehen heute ins Kino; es kamen mehrere Vorschläge, wir haben ~ alle berücksichtigt; mein Bruder und meine Schwägerin sind an der See, wir haben ~ besucht; er hat ihnen das Buch gegeben; wir werden uns ihrer annehmen, wenn ~ hierher kommen; vgl. ihrer, ihr, ihnen* ❖ **Sie, siezen**

MERKE Zum Reflexivpron. von *sie*. Es lautet *sich: sie haben sich gut verstanden; ↗* auch *er* (Merke)

Sie ⟨Personalpron.; subst.; ↗ TAFEL VII; das Verb steht stets in der 3. Pers. Pl., wenn *Sie* Subj. ist⟩ /für eine od. mehrere Personen unabhängig vom Geschlecht als höfliche Form der Anrede/: *kommen ~ alle drei zu uns oder nur ~ allein?; jmdn. mit ~ anreden; ich habe ~ gestern gesehen; ich gratuliere Ihnen zu diesem Erfolg; wir werden uns Ihrer annehmen, wenn ~ hierher kommen;* ↗ auch *du, ihr* ❖ ↗ **sie**
MERKE Zum Reflexivpron. von *Sie:* ↗ *er* (Merke)

Sieb [zi:p], **das**; ~s/auch ~es, ~e ´(am Boden) gleichmäßig verteilte Löcher aufweisendes od. aus einem Geflecht bestehendes Gerät, durch das eine Flüssigkeit gegossen wird, um feste Bestandteile aus ihr zu entfernen, od. durch das eine (körnige) Masse geschüttet wird, um ihre größeren Teile von den kleineren zu trennen´; ↗ FELD V.5.1: *den Tee, Kaffee durch das ~ gießen; Sand, Kies auf das ~ schaufeln; gekochte Äpfel durch ein ~ rühren* ❖ **¹sieben**

¹sieben [ˈziːbm̩] ⟨reg. Vb.; hat⟩ /jmd./ *etw. ~* ´eine körnige Masse durch ein Sieb schütten´: *Kies, Mehl ~* ❖ ↗ **Sieb**

²sieben ⟨Zahladj.; indekl.; nur attr. u. subst.; ↗ TAFEL XII⟩ /die Kardinalzahl 7/; ↗ auch *drei* ❖ **siebente, siebte, siebzig, siebziger, siebzigste — Siebensachen**
MERKE ↗ *drei* (Merke)

Sieben|sachen [ˈziːbm̩ˈzaxn̩] ⟨Pl.; + Possessivpron.⟩ umg. ´verschiedene Sachen, die man für einen bestimmten Zweck braucht, bei sich hat´: *ich muss noch meine ~ packen* ❖ ↗ **²sieben**, ↗ **Sache**

siebente [ˈziːbm̩tə]: ↗ **siebte**

siebte [ˈziːbtə] ⟨Zahladj.; nur attr.⟩ /die Ordinalzahl zu *sieben* (7.)/; ↗ auch *dritte* ❖ ↗ **²sieben**

siebzig [ˈziːbtsɪç] ⟨Zahladj.; indekl.; nur attr. u. subst.; ↗ TAFEL XII⟩ /die Kardinalzahl 70/; ↗ auch *dreißig* ❖ ↗ **²sieben**
MERKE ↗ *dreißig* (Merke)

siebziger [ˈziːbtsɪɡɐ] ⟨Zahladj.; indekl.; nur attr.⟩: *in den ~ Jahren* (´im achten Jahrzehnt´) *unseres Jahrhunderts* ❖ ↗ **²sieben**

siebzigste [ˈziːbtsɪçstə] ⟨Zahladj.; nur attr.⟩ /die Ordinalzahl zu *siebzig* (70.)/: ↗ auch *dreißigste* ❖ ↗ **²sieben**

siedeln [ˈziːdl̩n] ⟨reg. Vb.; hat⟩ /mehrere (jmd.)/ *irgendwo ~* ´irgendwo Wohnhäuser, Bauten errichten, den Boden kultivieren und dort ansässig werden´: *die Einwanderer haben am Ufer des Flusses gesiedelt* ❖ **Siedlung**

sieden [ˈziːdn̩], siedete, hat gesiedet; ↗ auch *gesotten; etw. siedet* ´eine Flüssigkeit ist so heiß, so stark erhitzt, dass sie dampft, in den gasförmigen Zustand übergeht´; ↗ FELD VI.5.2: *das Wasser, die Milch beginnt zu ~* ❖ **Sud, gesotten — Siedepunkt, Tauchsieder**
MERKE Die unregelmäßigen Flexionsformen *sieden, sott, gesotten* leben heute noch im Adj. *gesotten* (´gar gekocht´); es bezieht sich ausschließlich auf das Garen bestimmter Lebensmittel

Siede [ˈziːdə..]|-**punkt, der** fachspr. ´Grad der Temperatur, bei der eine bestimmte Flüssigkeit in den gasförmigen Zustand übergeht´; ↗ FELD VI.5.1 ❖ ↗ **sieden**, ↗ **Punkt**

Siedlung [ˈziːdl..], **die**; ~, ~en **1.** ´aus meist gleichartigen, meist zur gleichen Zeit erbauten Häusern mit Garten bestehender Teil einer Stadt, der am Rand od. etwas außerhalb liegt´: *er wohnt in einer ~ am Stadtrand* **2.** ´durch Siedeln an einem bestimmten Ort entstandene Gesamtheit von Bauten´: *hier gab es schon in früher Zeit eine menschliche, eine keltische ~* ❖ ↗ **siedeln**

Sieg [ziːk], **der**; ~es/auch ~s, ~e ´Erfolg, den jmd. in einem militärischen Kampf, einer politischen Auseinandersetzung, einem sportlichen Wettkampf gegen einen Gegner, in einem Wettstreit gegen einen Konkurrenten erringt´: ANT Niederlage: *ein militärischer, politischer ~; diese Partei errang (im Wahlkampf) einen deutlichen, knappen ~; das Spiel endete mit einem klaren, überlegenen, verdienten ~ unserer Mannschaft (über die gegnerische); in einem Gesangswettbewerb den ~ erringen; um den ~ kämpfen; jmdm. zum ~ verhelfen;* METAPH *der Vernunft, einer Idee zum ~ verhelfen* (´dafür sorgen, dass sich die Vernunft, eine Idee durchsetzt´) ❖ ↗ **siegen**

Siegel [ˈziːɡl̩], **das**; ~s, ~ **1.1.** ´Gegenstand aus Metall mit eingravierten Schriftzeichen, einem eingravierten Bild, Wappen, der in eine weiche Masse gedrückt wird, um ein Siegel (2.1) herzustellen´: *das ~ der Stadt; das ~ verwahren* **1.2.** ´Stempel (1) zum Herstellen eines Siegels (2.2)´: *das ~ auf ein Schriftstück drücken* **2.1.** ´mit einem Siegel (1.1) hergestellter Abdruck, mit dem etw., bes. ein Schriftstück, verschlossen wird od. mit dem die Echtheit eines Dokumentes amtlich bestätigt wird´: *ein ~ öffnen* **2.2.** ´Stempel (2), mit dem die Echtheit eines Dokuments amtlich bestätigt wird´: *die Urkunde trägt das (amtliche) ~ der Stadt* ❖ **besiegeln**

siegen [ˈziːɡn̩] ⟨reg. Vb.; hat⟩ /jmd., Gruppe, Organisation/ ´den Sieg erringen´; ANT unterliegen: *die Truppen siegten bei N, in dieser Schlacht; welche Partei hat im Wahlkampf gesiegt?; unsere Mannschaft hat knapp gesiegt* (´gewonnen´); *er siegte in dem Gesangswettbewerb;* METAPH *endlich siegte die Vernunft* (´setzte sich die Vernunft durch´) ❖ **besiegen, Sieg, Sieger — Siegerehrung, siegreich**

Sieger [ˈziːɡɐ], **der**; ~s, ~ ´jmd., der den Sieg errungen hat´: *die Truppen gingen als ~ aus der Schlacht hervor; unsere Mannschaft wurde bei, in dem Turnier ~; er wurde ~ nach Punkten; die ~ des Gesangswettbewerbs* ❖ ↗ **siegen**

Sieger|ehrung [ˈ..], **die** ´feierliche Ehrung der Sieger, des Siegers eines sportlichen Wettkampfs´: *unmittelbar im Anschluss an das Finale findet die ~ statt* ❖ ↗ **siegen**, ↗ **ehren**

sieg|reich [ˈziːk..] ⟨Adj.; o. Steig.⟩ **1.1.** ´den Sieg errungen habend´: *die ~e Mannschaft; dieser Politiker ging ~* (´als Sieger´) *aus dem Wahlkampf hervor*

1.2. ⟨nicht bei Vb.; vorw. attr.⟩ ˈmit dem Sieg beendet': *eine ∼e Schlacht* ❖ ↗ **siegen**, ↗ **reich**
sieht: ↗ *sehen*
sielen [ˈziːlən], **sich** ⟨reg. Vb.; hat⟩ umg. /jmd., Tier/ *sich irgendwo* ∼ ˈsich mit Behagen irgendwo wälzen': *die Kinder sielten sich in den Betten, auf dem Boden; das Schwein sielt sich im Dreck;* auch emot. neg.: *die* ∼ *sich schon wieder in den Betten*
siezen [ˈziːtsn̩] ⟨reg. Vb.; hat⟩ /jmd./ *jmdn.* ∼, *sich mit jmdm.* ∼ ˈjmdn. mit ‚Sie' anreden': *ich sieze meine Kollegen, mich mit meinen Kollegen;* ⟨rez.⟩ *wir* ∼ *uns* ❖ ↗ **sie**
Signal [zɪˈɡnɑːl/zi..], **das**; ∼s, ∼e **1.** ˈoptisches od. akustisches Zeichen mit einer festgelegten Bedeutung, durch das eine Information übermittelt wird': *ein optisches, akustisches* ∼; *der Dampfer gab ein* ∼; *mit einer Flagge, mit Flaggen, über Funk ∼e geben* **2.** ˈoptische Signale (1) gebende Vorrichtung zum Sichern, Regeln des Eisenbahnverkehrs': *das* ∼ *steht auf Grün, auf Halt, auf Freie Fahrt; ein* ∼ *überfahren* ❖ **signalisieren**
signalisieren [zɪɡnɑliˈziːʀən/zi..], signalisierte, hat signalisiert **1.1.** /jmd./ *jmdm. etw.* ∼ ˈjmdn. durch etw., bes. durch eine Mitteilung, etw. wissen lassen': *ich werde dir rechtzeitig meine Ankunft* ∼ **1.2.** /etw./ *etw.* ∼ ˈauf etw. schließen lassen': *das Wahlergebnis signalisiert einen neuen Trend* ❖ ↗ **Signal**
Signatur [zɪɡnaˈtuːɐ], **die**; ∼, ∼en **1.** ˈKombination aus Buchstaben und Zahlen zur Kennzeichnung des Standortes eines Buches in einer Bibliothek': *bei der Bestellung muss die* ∼ *des Buches angegeben werden* **2.1.** ˈSignum (1.1)': *mit seiner* ∼ *unterschreiben* **2.2.** ˈSignum (1.2)': *die* ∼ *des bekannten Malers* ❖ ↗ **signieren**
signieren [zɪˈɡniːʀən], signierte, hat signiert **1.1.** /jmd./ *etw.* ∼ SYN ˈein Schriftstück unterzeichnen': *beide Minister signierten den Vertrag, das Abkommen* **1.2.** /jmd./ *ein Schriftstück* ∼ ˈein Schriftstück mit seinem Signum (1.1) versehen': *einen Umlauf* ∼ **1.3.** /Maler/ *ein Kunstwerk* ∼ ˈsein fertiges Kunstwerk mit seinem Signum (1.2) versehen': *der Maler hat nicht jedes seiner Bilder signiert; eine signierte Grafik* **1.4.** /Autor/ *ein Buch* ∼ ˈein Exemplar seines Buches für jmdn. mit seiner Unterschrift versehen': *der Schriftsteller signiert nach der Lesung seinen neuen Roman* ❖ **Signatur, Signum**
signifikant [zɪɡnifiˈkant] ⟨Adj.; Steig. reg.; nicht bei Vb.⟩ ˈdeutlich als wichtig, als charakteristisch erkennbar': *das neue Verfahren weist ∼e Verbesserungen gegenüber dem alten auf; ∼e Merkmale; diese Äußerung ist* ∼ *für ihn*
Signum [ˈzɪɡnʊm], **das**; ∼s, Signa **1.1.** ˈAbkürzung für den (Vor- und) Familiennamen, mit der jmd. ein Schriftstück versieht, versehen hat, um es als gesehen zu kennzeichnen': *sein* ∼ *unter einen Umlauf setzen* **1.2.** ˈAbkürzung für den (Vor- und) Familiennamen od. (Vor- und) Familienname, mit der ein Maler sein fertiges Kunstwerk versieht, versehen hat, um es als von ihm geschaffen zu kenn-

zeichnen': *das* ∼ *des Malers befindet sich in der rechten unteren Ecke des Bildes* ❖ ↗ **signieren**
Silbe [ˈzɪlbə], **die**; ∼n, ∼n ˈeinen od. mehrere Laute umfassende Einheit, die einen Teil eines Wortes od. ein Wort bildet': *eine (un)betonte* ∼; *das Wort hat zwei, vier ∼n;* METAPH *etw. mit keiner* ∼ *erwähnen* (ˈüberhaupt nicht erwähnen')
Silber [ˈzɪlbɐ], **das**; ∼s, ⟨o.Pl.⟩ /Element/ ˈweiches, weiß glänzendes Edelmetall' /chem. Symb. Ag/; ↗ FELD II.5.1: *der Becher ist aus* ∼ ❖ **silbern, silbrig, Quecksilber − Silberblick, -medaille, -papier**
Silber [ˈ..]-**blick, der** ⟨o.Pl.⟩ scherzh.: *einen* ∼ *haben* (ˈleicht schielen') ❖ ↗ **Silber**, ↗ **Blick**; -**medaille, die** ˈMedaille aus Silber od. aus einem Silber enthaltenden Material, die bei bestimmten sportlichen Wettkämpfen für den zweiten Platz verliehen wird': *er gewann die* ∼; vgl. *Bronzemedaille, Goldmedaille* ❖ ↗ **Silber**, ↗ **Medaille**
silbern [ˈzɪlbɐn] ⟨Adj.; o. Steig.⟩ **1.** ⟨nur attr.⟩ ˈaus Silber bestehend'; ↗ FELD II.5.3 /vorw. auf Gegenstände, Schmuck bez./: *ein ∼er Becher, Ring* **2.** ˈwie Silber weiß glänzend'; SYN silbrig /auf Optisches bez./: *das ∼e Licht des Mondes, der See glänzt* ∼ ❖ ↗ **Silber**
Silber [ˈzɪlbɐ..]-**papier, das** ⟨o.Pl.⟩ ˈbes. zum Verpacken verwendetes Stanniol' ❖ ↗ **Silber**, ↗ **Papier**; -**streifen * ein ∼ am Horizont** ˈeine mögliche, lange erwartete positive Entwicklung': *endlich zeigte sich ein ∼ am Horizont*
silbrig [ˈzɪlbʀɪç] ⟨Adj.; o. Steig.⟩ SYN ˈsilbern (2)': *der ∼e Glanz des Sees; der See glänzt* ∼ ❖ ↗ **Silber**
Silhouette [zilũ̯ˈɛtə], **die**; ∼, ∼n ˈUmriss von etw., das sich dunkel vom helleren Hintergrund abhebt': *in der Ferne ist die* ∼ *der Stadt, der Berge, des Domes zu sehen*
Silizium [ziˈliːtsi̯ʊm], **das**; ∼s, ⟨o.Pl.⟩ ˈin den meisten Gesteinen und Mineralien enthaltenes Element' /chem. Symb. Si/
Silo [ˈziːlo], **der**/auch **das**; ∼s, ∼s ˈfür die Lagerung bes. von Getreide, Zement errichteter sehr großer, hoher Behälter'
Silvester [zɪlˈvɛstɐ], **der**/auch **das**; ∼s, ∼ ˈder letzte Tag des Jahres, der 31. Dezember'; ↗ FELD XII.5: ∼ *feiern; den letzten/das letzte* ∼ *waren wir eingeladen;* ∼/zu ∼ *essen wir Karpfen*
simpel [ˈzɪmpl̩] ⟨Adj.; Steig. reg.⟩ **1.** emot. neg. ˈso ¹einfach (2), dass es keiner großen geistigen Anstrengung bedarf, dass es leicht zu verstehen, zu bewältigen ist': *eine simple Rechenaufgabe, Methode; diese Konstruktion ist ganz* ∼; *etw. ganz* ∼ *ausdrücken* **2.** emot. neg. ˈnur aus dem Notwendigsten bestehend, ohne jedes die Qualität erhöhende besondere Merkmal; sehr, allzu ¹einfach (3.1)': *ein simples Haus, Spielzeug; das Kleid ist* ∼ **3.** SYN ˈeinfältig' /vorw. auf Personen bez./; ↗ FELD I.2.3: *er ist ein simpler Mensch, ist* ∼; *er stellt oft simple Fragen, drückt sich oft so* ∼ *aus* ❖ **simplifizieren − fachsimpeln**
MERKE Zum Ausfall des ‚e': ↗ *dunkel*

simplifizieren [zɪmplifiˈtsiːʀən], simplifizierte, hat simplifiziert /jmd./ etw. ~ ˈetw. einfacher darstellen (3), als es ist': *ein Problem, einen Sachverhalt* ~ ❖ ↗ **simpel**

Sims [zɪms], **der/das**; ~es, ~e ˈwaagerechter langer Vorsprung an einer Außenwand, bes. unmittelbar unter dem Fenster'; ↗ FELD V.3.1: *einen Blumenkasten auf den* ~ *stellen*

Simulant [zimuˈlant], **der**; ~en, ~en ˈjmd., der eine Krankheit, der Schmerzen simuliert': *er ist ein* ~ ❖ ↗ **simulieren**

simulieren [zimuˈliːʀən], simulierte, hat simuliert **1.** /jmd./ etw. ~ ˈSchmerzen, eine Krankheit vortäuschen, bes. um sich einer Verpflichtung entziehen zu können': *sie simulierte Kopfschmerzen, eine Grippe, einen Schwächeanfall; du musst das nicht so ernst nehmen, er simuliert nur* **2.** fachspr. /jmd./ etw. ~ ˈbes. zur Übung od. um Erkenntnisse zu gewinnen, technische od. naturwissenschaftliche Sachverhalte, Prozesse der Wirklichkeit entsprechend gestalten': *die Bedingungen eines Raumflugs, einen Raumflug* ~ ❖ **Simulant**

simultan [zimʊlˈtaːn] ⟨Adj.; nicht präd.⟩; *er übersetzt* ~ (ˈübersetzt mündlich zur gleichen Zeit, in der der zu übersetzende Text gesprochen wird'; ↗ FELD VII.4.3); ~ *aus dem Russischen ins Deutsche übersetzen*; ~es Dolmetschen

Sinfonie [zɪnfoˈniː], **die**; ~, ~n [..ˈniːən] ˈmeist vier Sätze umfassendes Werk für Orchester': *eine* ~ *von Mozart* ❖ **Sinfoniekonzert, -orchester**

Sinfonie [..ˈn..]||**-konzert, das** ˈKonzert, in dem ein Sinfonieorchester Werke der ernsten Musik spielt' ❖ ↗ Sinfonie, ↗ Konzert; **-orchester, das** ˈgroßes Orchester zur Aufführung von Werken der ernsten Musik' ❖ ↗ Sinfonie, ↗ Orchester

singen [ˈzɪŋən], sang [zaŋ], hat gesungen [ɡəˈzʊŋən]; ↗ FELD VI.1.2 **1.** /jmd., auch Gruppe/ **1.1.1.** ˈmit der Stimme eine Melodie meist mit dazugehörigem Text hervorbringen (1.1)': *er sang gut, laut, falsch, richtig; nach Noten, zur Gitarre, solo* ~; *er kann nicht* ~; *ich singe in einem Chor* (ˈgehöre einem Chor an') **1.1.2.** etw. ~ ˈein Musikstück, -werk mit dazugehörigem Text od. eine Melodie durch Singen (1.1.1) hören lassen': *ein Lied (von Schubert), eine Arie, einen Schlager* ~; *ein Solo* ~; *der Chor sang einen Kanon; diese Melodie ist schwer zu* ~ **1.1.3.** *sie singt Alt, Sopran* (ˈsie singt in der stimmlichen Lage des Alts, Soprans'); *er singt Bass, Tenor* **1.2.** /Singvogel/ ˈmit der Stimme eine melodische Folge von unterschiedlichen Tönen hervorbringen (1.1)': *im Garten* ~ *schon die Vögel* ❖ **Gesang, Sänger** – **Kammersänger, Singvogel**

¹Single [ˈsɪŋl], **die**; ~, ~/~s ˈkleine Schallplatte mit meist nur einem kurzen Musikstück, bes. einem Schlager, auf jeder Seite': *eine* ~ *produzieren, auf den Markt bringen; sie ist mit einer* ~ *herausgekommen* ❖ vgl. **singulär**

²Single, der; ~/~s, ~/~s ˈjmd., der (bewusst) ohne jede Bindung an einen Partner (4) lebt': *er, sie ist*

ein ~, *lebt als* ~; *ein Treffen, eine Reise für* ~(s) ❖ vgl. **singulär**

singulär [zɪŋɡuˈlɛːʀ/..leː..] ⟨Adj.; o. Steig.⟩ ˈnur vereinzelt, nur selten vorkommend' /auf Abstraktes bez./: *es handelt sich hier um ein* ~es *Problem; solche Erscheinungen sind äußerst* ~, *treten nur* ~ *auf* ❖ vgl. **¹,²Single**

Sing|vogel [ˈzɪŋ..], **der** ˈVogel, der eine melodische Folge von unterschiedlichen Tönen hervorbringen (1) kann'; ↗ FELD II.3.1: *die Amsel ist ein* ~ ❖ ↗ **singen**, ↗ **Vogel**

sinken [ˈzɪŋkn̩], sank [zaŋk], ist gesunken [ɡəˈzʊŋkn̩] **1.1.** /etw./ **1.1.1.** ˈsich langsam, meist senkrecht, nach unten bewegen'; ANT steigen (3.1); ↗ FELD VIII.2.2: *der Nebel, Ballon sinkt* **1.1.2.** etw. ~ lassen: *er ließ die Arme* ~ (ˈsenkte die Arme'); *als sie hereinkam, ließ er das Buch, die Geige* ~ (ˈbewegte er die Arme mit dem in den Händen gehaltenen Buch, mit der Geige nach unten und hörte auf zu lesen, zu spielen') **1.2.** /Wasserfahrzeug/ ˈunter die Wasseroberfläche geraten, bis auf den Grund kommen und nicht mehr nach oben gelangen'; SYN untergehen (2.1); ↗ FELD IV.1.2: *bei dem Sturm sind mehrere Fischerboote gesunken* **1.3.** *die Sonne sinkt (hinter den Horizont)* (ˈverschwindet am Horizont') **1.4.** /etw./ irgendwohin ~ ˈdurch Sinken (1.1.1) irgendwohin gelangen': *langsam sanken die Blätter zur Erde; das Wrack sank in die Tiefe; der Kopf sank auf die Brust* **1.5.** /jmd., etw./ in etw. ~ ˈtiefer in einen weichen Untergrund geraten': *bei jedem Schritt sank er tief in den Schnee; der Wagen sank in den Moorboden, Schlamm* **2.** /jmd./ irgendwohin ~ **2.1.** ˈbes. infolge Erschöpfung, starker Gefühlsbewegungen aus der stehenden Haltung langsam irgendwohin zum Sitzen od. zum Liegen kommen, aus der sitzenden Haltung langsam irgendwohin zum Liegen kommen': *er sank (erschöpft) in, auf den Sessel, (ohnmächtig) zu Boden; nach vorn, zur Seite* ~ **2.2.** *auf die Knie* (ˈin Ehrfurcht, Andacht langsam in eine kniende Stellung geraten'); *jmdm. an die Brust* ~ (ˈsich plötzlich mit viel Gefühl an jmds. Brust drücken'); *jmdm. in die Arme* ~ (ˈjmdn. mit viel Gefühl umarmen'); /zwei (jmd.)/ ⟨rez.⟩ *sie sanken sich* ⟨Dat.⟩/*einander weinend in die Arme* **3.** *das Hochwasser, der Wasserspiegel sinkt* (SYN ˈfällt', ↗ fallen 2.1, wird niedriger 2') **4.1.** /etw./ ˈder Wert (4) von etw., eine Menge wird weniger, geringer'; SYN fallen (2.2): *die Zahl der Arbeitslosen sinkt* (ANT ˈnimmt zu, ↗ zunehmen 1'); *das Fieber, die Preise sinken; die Aktien sind (im Kurs) gesunken; die Temperatur sinkt* (ˈes wird kälter'; ANT steigt 3.2) **4.2.** /etw./: *die Produktion ist im letzten Monat gesunken* (ˈim letzten Monat wurde weniger als vorher produziert'); *jmds. Mut sinkt* (ˈjmd. wird mutlos'); *lass den Mut nicht* ~!; *die Leistungen des Schülers sind gesunken* (ˈschlechter geworden') **4.3.** /jmd./ in jmds. Achtung, Gunst ~ ˈbei jmdm. weniger Achtung, Gunst genießen als zuvor': *er ist in der Gunst des Publikums gesunken* ❖ **sacken, versinken, absacken, einsinken;** vgl. **senken**

Sinn [zɪn], **der**; ~es/auch ~s, ~e **1.1.** ⟨vorw. Pl.⟩ 'durch die Sinnesorgane gegebene Fähigkeit des Wahrnehmens und Empfindens': *die fünf ~e des Menschen: Hören, Sehen, Riechen, Schmecken, Tasten; der Alkohol hat seine ~e getrübt; mit wachen ~en, mit wachem ~ genoss er die Schönheiten der Natur; Tiere haben oft schärfere ~e als der Mensch* **1.2.** ⟨nur im Pl.⟩ geh. *jmdm. schwinden die ~e* ('jmd. verliert das Bewusstsein'); *das hat ihm die ~e verwirrt* ('hat bewirkt, dass er nicht mehr klar denken kann, konnte') **2.** ⟨o.Pl.⟩ *~ für etw.* 'in jmds. Verhalten, Handeln als eine für ihn charakteristische Eigenschaft deutlich werdende innere positive Beziehung zu etw.': *er hat einen ausgesprochenen ~ für Gerechtigkeit; sie hat viel ~ für Ordnung; ihm fehlt jeder ~ für Ironie; ich habe keinen ~ für Familienfeiern* ('mag Familienfeiern nicht') **3.** ⟨o.Pl.⟩ **3.2.** ⟨vorw. mit Possessivpron.⟩ 'jmds. auf etw. gerichtete Gedanken (und sein Streben danach)': *sein ~ war nur auf dieses eine Ziel gerichtet; er handelte ganz in meinem ~* ('genau so, wie es meinen Interessen entspricht, wie ich gehandelt hätte'); *das Programm ist nicht nach meinem ~* ('gefällt mir nicht') **3.2.** *seinen ~* ('seine Meinung') *ändern; er ist jetzt anderen ~es* ('hat jetzt eine andere Meinung') **4.** ⟨o.Pl.; + Attr.⟩ 'jmds. Wesen (2), jmds. typische Art des Denkens': *er hat einen fröhlichen, realistischen ~; sein fröhlicher ~* **5.** ⟨o.Pl.⟩ 'das Wesentliche an Gedanken, was in etw., bes. in etw. Sprachlichem, enthalten ist': *ich verstehe nicht den ~ seiner Worte, dieser Äußerung, dieses Satzes, dieses Bildes; das Gleichnis hat einen tiefen ~; jmds. Äußerung dem ~ nach wiedergeben; über den ~ von etw. nachdenken; er hat sich in einem ähnlichen ~ geäußert* **6.** ⟨o.Pl.⟩ **6.1.** *der (eigentliche) ~* ('Zweck') *dieser Maßnahme ist eine Verbesserung des Angebots; seinem Leben einen ~ geben* ('sich für sein Leben ein Ziel stellen'); *nach dem ~* ('Wesen und Wert') *des Lebens fragen* **6.2** *etw. hat keinen ~* 'etw. hat keinen Zweck (1)': *seine Bemühungen haben gar keinen ~; es hat keinen ~, sich darüber zu ärgern* ❖ **Ansinnen, besinnen, besinnlich, Besinnung, entsinnen, Gesinnung, gesinnt, gesonnen, sinnen, besonnen, sinnfällig, sinnig, sinnlich, Sinnlichkeit, Unsinn, unsinnig, versonnen — besinnungslos, Blödsinn, Eigensinn, eigensinnig, feinsinnig, Irrsinn, irrsinnig, Leichtsinn, leichtsinnig, Scharfsinn, scharfsinnig, Schwachsinn, schwachsinnig, Sinnbild, sinnbildlich, Sinnesänderung, -eindruck, -organ, -täuschung, -wahrnehmung, -wandel, sinngemäß, -los, Sinnlosigkeit, Spürsinn, Starrsinn, starrsinnig, Stumpfsinn, stumpfsinnig, Tastsinn, Tiefsinn, tiefsinnig, Wahnsinn, wahnsinnig, Widersinn, widersinnig**
* *etw., jmd. geht jmdm. nicht mehr aus dem ~* ('jmd. muss ständig an etw., jmdn. denken'); *etw. geht jmdm. durch den ~* ('jmd. muss an etw. denken'); /jmd./ *mit jmdm. etw. etwas im ~ haben* ('in Bezug auf jmdn., etw. etw. Bestimmtes vorhaben'); /jmd./ **(wie) von ~en sein** ('vor Ärger, Schreck, Angst überaus aufgeregt sein'); **ohne ~ und Verstand** 'ohne vorher zu überlegen, nachzudenken': *er handelte*

ohne ~ und Verstand; **im wahrsten ~e (des Wortes)** 'genau so, wirklich so, wie ich es sage, formuliere' /verleiht einer Aussage Nachdruck/: *die Tiere sind bei der Dürre im wahrsten Sinne (des Wortes) verdurstet;* ⟨⟩ umg. /jmd./ **den/einen sechsten ~** ('einen besonderen Instinkt, mit dem man etw. richtig einzuschätzen, vorauszusehen vermag') **haben**

Sinn/sinn['..]**|-bild, das** SYN 'Symbol': *die Taube als ~ des Friedens* ❖ ↗ Sinn, ↗ Bild; **-bildlich** ⟨Adj.; o. Steig.; nicht präd.; vorw. bei Vb.⟩ SYN 'symbolisch': *etw. ~ meinen, darstellen; eine ~e Handlung* ❖ ↗ Sinn, ↗ Bild

sinnen ['zɪnən], sann [zan], hat gesonnen [gə'zɔnən]; ↗ auch gesinnt, gesonnen geh. **1.** /jmd./ ⟨+ Nebens. od. im Part. I u. im subst. Inf.⟩ 'intensiv über etw. nachdenken'; ↗ FELD I.4.1.2: *er sann lange (darüber), wie er ihr helfen könnte; er blickte ~d in die Ferne; jmd. verfällt in düsteres Sinnen* **2.** /jmd./ *auf etw. ~* **2.1.** 'intensiv nachdenken, um etw. zu finden, was eine Möglichkeit darstellt, aus einer bestimmten (Not)lage herauszukommen': *auf einen Ausweg, eine List, eine Ausrede ~* **2.2.** 'intensiv nachdenken, wie man etw., was gegen einen anderen gerichtet ist, realisieren kann': *auf Rache, jmds. Untergang ~* ❖ ↗ Sinn

Sinnes ['zɪnəs..]**|-änderung, die** 'das Sichändern der Einstellung zu etw., das Sichändern der Absichten'; SYN Sinneswandel: *in ihm hat sich eine plötzliche ~ vollzogen* ❖ ↗ Sinn, ↗ anderer; **-eindruck, der** 'durch ein Sinnesorgan entstandener Eindruck': *optische, akustische Sinneseindrücke* ❖ ↗ Sinn, ↗ Eindruck; **-organ, das** ⟨vorw. Pl.⟩ 'Organ des Menschen und bestimmter Tiere, das Reize an das Gehirn gelangen lässt' ❖ ↗ Sinn, ↗ Organ; **-täuschung, die** 'optische od. akustische Wahrnehmung, die eine falsche Vorstellung von der Wirklichkeit erzeugt': *er ist einer ~ zum Opfer gefallen* ❖ ↗ Sinn, ↗ täuschen; **-wahrnehmung, die** 'Wahrnehmung durch die Sinnesorgane': *etw. dient der besseren ~* ❖ ↗ Sinn, ↗ wahr, ↗ nehmen; **-wandel, der** SYN 'Sinnesänderung': *kannst du dir seinen plötzlichen ~ erklären?* ❖ ↗ Sinn, ↗ wandeln

sinn ['zɪn..]**|-fällig** ⟨Adj.; Steig. reg.⟩ 'anschaulich, leicht verständlich (2) und überzeugend' /vorw. auf Sprachliches bez./: *ein ~er Vergleich; diese Erklärung ist sehr ~; etw. ~ darstellen* ❖ ↗ Sinn; **-gemäß** ⟨Adj.; o. Steig.; nicht präd.; vorw. bei Vb.⟩ 'nicht wörtlich, sondern dem Sinn (5) nach': *ich kann seine Äußerung nur ~ wiedergeben* ❖ ↗ Sinn, ↗ ¹gemäß

sinnig ['zɪnɪç] ⟨Adj.; Steig. reg., ungebr.; nicht bei Vb.; vorw. attr.⟩ 'durch sorgfältiges Überlegen bei der (Aus)wahl genau für eine bestimmte Situation geeignet' /beschränkt verbindbar/: *ich bekam von ihr ein wunderschönes, ~es Geschenk; er sprach auf der Hochzeit einige ~e Worte;* vorw. iron. *Pralinen sind ein sehr ~es* ('ein nicht geeignetes') *Geschenk für einen, der gerade abnehmen will!; wie ~* ('wie unpassend')! ❖ ↗ Sinn

sinnlich ['zɪn..] ⟨Adj.; o. Steig.⟩ **1.** ⟨nicht präd.⟩ 'mit den Sinnesorganen, durch die Sinnesorgane be-

wirkt': *die ~e Wahrnehmung; ~e Eindrücke; etw.
~ wahrnehmen* **2.1.** ⟨nur attr.⟩ *~e* ('durch Essen,
Trinken, den Geschlechtsverkehr bewirkte') *Ge-
nüsse* **2.2.** 'den sexuellen Genuss betreffend': *~es
Verlangen; er hat eine starke ~e Veranlagung, ist
sehr ~ (veranlagt); jmdn. ~ erregen; sie hat ~e
Lippen* ('Lippen, die auf eine starke sinnliche Ver-
anlagung hinweisen') ❖ ↗ **Sinn**

Sinnlichkeit ['zɪnlɪç..], **die**; ~, ⟨o.Pl.⟩ 'sinnliches (2.2)
Verlangen': *eine gesunde, naive ~; seine ~ nicht be-
herrschen* ❖ ↗ **Sinn**

sinn/Sinn ['zɪn..]|**-los I.** ⟨Adj.⟩ **1.** ⟨Steig. reg.; nicht
bei Vb.⟩ 'keinen Sinn (6.2) habend'; SYN zwecklos
(1); ↗ FELD I.4.1.3: *ein ~er Versuch; es ist ~, dar-
auf zu warten;* vgl. *nutzlos* **2.** ⟨o. Steig.; nur attr.⟩
/beschränkt verbindbar/: *in ~er* ('außerordentlich
großer') *Wut schlug er auf seinen Gegner ein* – **II.**
⟨Adv.⟩ *~ betrunken* ('äußerst betrunken') *sein* ❖
↗ Sinn, ↗ los; **-losigkeit** [loːzɪç..], **die**; ~, ⟨o.Pl.⟩
/zu *sinnlos* I.1/ 'das Sinnlossein': *die ~ deiner Be-
mühung war mir von vornherein klar* ❖ ↗ Sinn, ↗
los; **-voll** ⟨Adj.⟩ **1.** ⟨Steig. reg.⟩ 'gut überlegt und
zweckmäßig'; ↗ FELD I.5.3: *das ist eine ~e Ein-
richtung; es ist nicht ~, das zu machen* **2.** ⟨o. Steig.;
nicht bei Vb.⟩ 'für jmdn. einen Sinn (6.1) habend
und ihn deshalb befriedigend': *eine ~e Aufgabe; ein
~es Leben führen; eine ~e* ('nützliche und persön-
lich befriedigende') *Arbeit* ❖ ↗ Sinn, ↗ voll

Sippe ['zɪpə], **die**; ~, ~n; ↗ FELD I.11 **1.** 'mehrere
meist nicht zusammenwohnende Familien umfas-
sende Gruppe von blutsverwandten Menschen
vorw. in der frühen Geschichte der Menschheit': *in
~n leben; die ~n der Jäger und Sammler* **2.** ⟨vorw.
Sg.⟩ scherzh. od. emot. neg. 'viele od. alle Mitglie-
der von jmds. Familie (1), viele od. alle Verwandte
von jmdm.': *sie kam mit ihrer ganzen ~ zu Besuch;
lass mich mit deiner ~ in Ruhe!* ❖ **Sippschaft**

Sippschaft ['zɪp..], **die**; ~, ~en; ↗ FELD I.11 **1.**
⟨vorw. Sg.⟩ emot. neg. 'Sippe (2)': *seine ganze ~
kam zum Geburtstag zu Besuch* **2.** ⟨o.Pl.⟩ emot.
'durch bestimmte negative Eigenschaften gekenn-
zeichnete Gruppe von Menschen': *mit dieser gan-
zen ~ will ich nichts zu tun haben!; das ist vielleicht
eine ~!* ❖ ↗ **Sippe**

Sirene [ziˈʀeːnə], **die**; ~, ~n 'Gerät zum Erzeugen
(lang) anhaltender hoher lauter Töne, die als Signal
dazu dienen, bei Gefahr zu warnen' (↗ BILD): *die
~ heult; die ~ der Feuerwehr, des Krankenwagens,
des Schiffes*

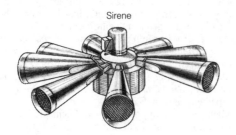

Sirene

Sirup ['ziːʀʊp], **der**; ~s, ⟨o.Pl.⟩ 'zähflüssige süße,
braune Masse, die bei der Herstellung von Zucker
entsteht und als Aufstrich verwendet wird': *~ aufs
Brot streichen*

Sitte ['zɪtə], **die**; ~, ~n **1.** 'auf Tradition beruhende,
in einer Gemeinschaft übliche, oft als verbindlich
betrachtete Handlung, Art und Weise zu handeln
(3), sich zu verhalten': *schöne, alte ~n; die ~n und
Bräuche eines Volkes; bei uns ist es ~* ('ist es üb-
lich'), *das so zu machen* **2.** ⟨der Pl. meint auch den
Sg.⟩ 'Gesamtheit von moralischen, ethischen
Grundsätzen, die für das zwischenmenschliche Ver-
halten innerhalb einer Gesellschaft bestimmend
sind'; ↗ FELD I.12.1: *gegen die ~/gute ~ versto-
ßen; Anstand und ~ bewahren; der Verfall der ~n*
3. ⟨nur im Pl.; + Attr.⟩ SYN 'Benehmen': *jmd. hat
gute, schlechte ~n; ein Mensch mit sonderbaren ~n*
❖ sittenlos, Sittenlosigkeit, sittlich, Sittlichkeit, Un-
sitte, unsittlich – Sittlichkeitsverbrechen

sitten/Sitten ['zɪtn̩..]|**-los** ⟨Adj.; vorw. attr.⟩ 'gegen die
Sitte (2) verstoßend': *ein ~er Mensch; ein ~es Trei-
ben* ❖ ↗ Sitte, ↗ los; **-losigkeit** [loːzɪç..], **die**; ~,
⟨o.Pl.⟩ 'das Sittenlossein': *die ~ beklagen; eine zu-
nehmende ~ macht sich breit* ❖ ↗ Sitte, ↗ los

sittlich ['zɪt..] ⟨Adj.; o. Steig.⟩ **1.** ⟨nicht präd.⟩ 'die
Sitte (2) betreffend, auf die Sitte bezogen'; ↗
FELD I.12.3: *jmd. hat gegen etw. ~e Bedenken; ihm
fehlt die ~e Reife; sich über jmdn. ~ entrüsten* **2.**
'die Sitte (2) genau beachtend, der Sitte entspre-
chend'; SYN moralisch (1.1): *er ist ein ausgespro-
chen ~er Mensch; ein ~es Leben führen; ~ handeln*
❖ ↗ Sitte

Sittlichkeit ['..], **die**; ~, ⟨o.Pl.⟩ **1.** 'Sitte (2)'; ↗ FELD
I.12.1: *die öffentliche ~ gefährden; die Gefährdung
der öffentlichen ~* **2.** 'sittliches (2) Verhalten': *er ist
ein Mensch ohne, von hoher ~* ❖ ↗ Sitte

Sittlichkeits|verbrechen ['zɪtlɪçkaɪts..], **das** 'Verstoß
gegen die Normen sexuellen Verhaltens, der als
Straftat geahndet wird'; ↗ FELD I.12.1 ❖ ↗ Sitte,
↗ verbrechen

Situation [zitu̯aˈtsi̯oːn], **die**; ~, ~en **1.1.** 'jmds.
augenblickliche Lage (3)': *das war für mich eine
peinliche, heikle, gefährliche, kritische ~; er war der
~ nicht gewachsen; einen Ausweg aus einer kompli-
zierten ~ suchen; in dieser ~ konnte er nicht anders
handeln* **1.2.** ⟨o.Pl.⟩ 'allgemein herrschende Lage':
*die gegenwärtige, politische, wirtschaftliche ~ hat
sich geändert; in der heutigen ~ wäre das unmöglich*

Sitz [zɪts], **der**; ~es, ~e **1.1.** 'etw., das zum Sitzen
dient, dienen kann, bes. in einem (Theater)saal od.
einem Fahrzeug (fest) eingebaute Vorrichtung zum
Sitzen'; ↗ FELD VIII.4.1.1: *ein Theater mit 1000
~en; die Zuschauer erhoben sich von ihren ~; den
~ (im Auto) vor-, zurückschieben; mir diente eine
Kiste als ~* **1.2.** 'die Fläche eines Sitzmöbels, bes.
eines Stuhls, auf der man sitzt': *ein gepolsterter,
weicher ~* **2.** *diese Partei erhielt bei den Parlaments-
wahlen 43 ~e* ('die Wahlen haben ergeben, dass
diese Partei im Parlament durch 43 stimmberech-
tigte Abgeordnete vertreten ist'); *diese Partei hat
fünf ~e verloren* **3.** ⟨oft mit Possessivpron.⟩ 'Ort

(1), an dem sich die Zentrale einer Institution o.Ä. od. eine Institution o.Ä. befindet': *die Vereinigten Nationen haben ihren ~ in New York; der ~ dieses Unternehmens ist (in) Berlin; die Regierung verlegte ihren ~ nach N* ❖ ↗ **sitzen**

* **auf einen ~** : *sie las das Buch auf einen ~* ('ohne mit dem Lesen auch nur vorübergehend aufzuhören')
sitzen ['zɪtsn̩], saß [zaːs], hat gesessen [gə'zɛsn̩] **1.1.** /jmd./ 'in einer Haltung sein, bei der man sich bei aufgerichtetem Oberkörper mit dem Gesäß und den Oberschenkeln auf der Fläche von etw., bes. auf einem Sitzmöbel, od. auf dem Boden befindet'; ↗ FELD I.7.1.2, 7.7.2: *das Kind kann schon ~!; bleiben Sie bitte ~!; irgendwie ~: krumm, bequem ~; bleib doch mal ruhig ~!; irgendwo ~: auf einem Stuhl, auf einem Sofa, auf einer Bank, in einem Sessel, auf einer Mauer, auf dem Boden, auf einer Wiese, im Gras ~; am Tisch, am Fenster, auf dem Balkon, auf seinem Platz, unter einem Baum, im Schatten, im Garten ~; ich sitze in der vierten Reihe; ich saß im Kino neben ihm* **1.2.** /jmd./ *irgendwo, bei einer bestimmten Tätigkeit ~*: *am Schreibtisch ~* ('am Schreibtisch sitzen 1.1 und arbeiten'); *beim Frühstück ~* ('sitzen 1.1 und frühstücken'); *an einer Arbeit ~* ('sitzen 1.1 und mit einer Arbeit .. beschäftigt sein'); *er saß über seinen Büchern* ('saß 1.1 und las intensiv in seinen Büchern, um zu lernen, um etw. auszuarbeiten'); *den ganzen Abend vor dem Fernseher ~* ('sitzen 1.1 und fernsehen') **1.3.** /Tier/ *irgendwo ~*: *auf der Birke sitzt eine Krähe* ('auf der Birke befindet sich eine Krähe in einer Stellung, die dem Sitzen 1.1 ähnlich ist') **2.** umg. /jmd./ 'sich in Haft befinden': *er sitzt (im Gefängnis); der hat schon mehrfach (im Gefängnis) gesessen* **3.** /etw./ *irgendwo ~*: *die Brille saß ihm fast auf der Nasenspitze* ('befand sich fast auf seiner Nasenspitze'); *an diesem Zweig ~* ('befinden sich') *mehrere Knospen; der Knopf sitzt an der falschen Stelle* ('ist an der falschen Stelle befestigt'); *irgendwie ~*: *sein Hut sitzt schief* ('befindet sich schief auf seinem Kopf') **4.1.** /Kleidungsstück/ 'in Größe und Schnitt genau den Maßen dessen entsprechend, der es gerade trägt': *die Bluse sitzt (gut, nicht, schlecht)* **4.2.** /Gegenstand auf dem menschlichen Körper/ *die Krawatte sitzt (gut)* ('ist so gebunden, dass sie sich genau an der richtigen Stelle am Körper befindet'); *die Brille sitzt (gut)* ('entspricht in Größe und Form genau den Maßen dessen, der sie trägt') **5.** umg. *etw. sitzt* 'jmd. hat etw. erfolgreich durch Üben gelernt': *du musst so lange üben, bis das Gedicht, die Sonate sitzt* ('bis du das Gedicht aufsagen, die Sonate spielen kannst'); *bei ihm sitzt jeder Handgriff* ('er führt jeden Handgriff ganz exakt und mechanisch aus') **6.** ⟨vorw. im Perf.⟩ /Schlag, Schuss/ 'genau treffen (1.1)': *die Ohrfeige hat gesessen; der Schuss des Stürmers hat gesessen;* /in der kommunikativen Wendung/ *das hat gesessen* ('diese kränkende Bemerkung hat wie gewünscht ihre Wirkung nicht verfehlt')! ❖ **Gesäß, Sessel, sesshaft, Sitz, Sitzung, versessen − absitzen, aufsitzen, dasitzen, Insasse, Schleudersitz, Sitzgele-**genheit, -möbel, -platz, Vorsitzende, Wohnsitz; vgl. setzen

* /jmd./ etw. nicht auf sich ⟨Dat.⟩ ~ lassen 'eine Anschuldigung, einen Vorwurf zurückweisen': *diesen Vorwurf, Verdacht, das lass ich nicht auf mir ~!*
sitzen bleiben, blieb sitzen, ist sitzen geblieben ⟨vorw. im Perf.⟩ umg. /Schüler/ 'nicht versetzt (↗ versetzen 3) werden': *er ist sitzen geblieben*

sitzen lassen (er lässt sitzen), ließ sitzen, hat sitzen lassen/auch sitzen gelassen umg. **1.1.** /Mann/ *eine Frau ~* 'eine Frau in nicht fairer Weise verlassen (und sie nicht heiraten)': *er hat sie ~, sitzen gelassen* **1.2.** /jmd./ *jmdn. ~* 'jmdm. in einer schwierigen Situation nicht die Unterstützung geben, die man ihm geben müsste': *du kannst ihn doch jetzt nicht ~!*

Sitz ['zɪts..]|-**gelegenheit, die** 'etw., worauf man sich setzen kann, bes. Sitzmöbel': *die ~en reichten nicht aus; als ~ diente ihm eine Kiste* ❖ ↗ sitzen, ↗ gelegen; -**möbel, das** ⟨vorw. Pl.⟩ 'zum Sitzen bestimmtes Möbelstück'; ↗ FELD V.4.1 ❖ ↗ sitzen, ↗ Möbel; -**platz, der** 'Fläche zum Sitzen für eine Person, bes. in einem öffentlichen Verkehrsmittel, einem (Thea-ter)saal'; SYN Platz (5): *jmdm. seinen ~ anbieten; das Theater hat 500 Sitzplätze* ❖ ↗ sitzen, ↗ Platz

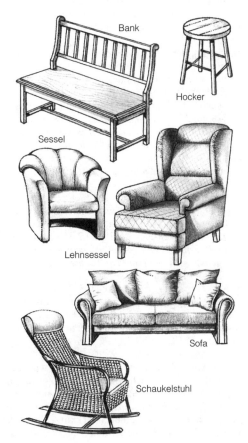

Sitzmöbel

Bank

Hocker

Sessel

Lehnsessel

Sofa

Schaukelstuhl

Sitzung ['zɪts..], **die**; ∼, ∼en 'nicht länger als maximal einen Tag dauernde Zusammenkunft, bei der die Teilnehmer über bestimmte Fragen beraten und Beschlüsse fassen': *eine öffentliche, konstituierende* ∼; *eine* ∼ *einberufen, eröffnen, schließen; die* ∼ *des Ausschusses wird vertagt* ❖ ↗ **sitzen**
MERKE Zu *Sitzung, Kolloquium, Kongress, Konferenz, Symposium, Tagung:* ↗ **Kolloquium** (Merke)

Skala ['skɑːla], **die**; ∼, Skalen ['..lən]/∼s **1.** 'geordnete Gesamtheit von Strichen, Zahlen o.Ä. auf einem Gerät zum Messen, an denen die Größe eines Wertes in der jeweiligen Maßeinheit festgestellt werden kann': *einen Messwert an, von der* ∼ *ablesen; die* ∼ *des Thermometers, der Waage* **2.** 'Gesamtheit von zusammengehörenden, sich graduell unterscheidenden Erscheinungen': *eine große* ∼ *von braunen Farbtönen; die* ∼ *der Verbrechen reicht von Diebstahl bis zu Mord*

Skale ['skɑːlə], **die**; ∼, ∼n fachspr. 'Skala (1)'

Skandal [skan'dɑːl], **der**; ∼s, ∼e 'Ereignis, Geschehen, das Empörung und Aufsehen erregt, weil anerkannte Verhaltensnormen stark verletzt wurden': *es gab einen großen* ∼; *sie wollten einen* ∼ *vermeiden; es ist ein* ∼ ('*es ist unerhört*'), *wie man uns behandelt hat!* ❖ **skandalös**

skandalös [skandɑ'løːs] ⟨Adj.; Steig. reg.⟩ emot. SYN 'unerhört (I.1,2)': *hier herrschen* ∼*e Zustände; ein* ∼*er Vorfall; sein Benehmen ist* ∼ ❖ ↗ **Skandal**

Skat [skɑːt], **der**; ∼s/auch ∼es, ⟨o.Pl.⟩ /Kartenspiel für drei Personen/: ∼ *spielen*

Skelett [ske'lɛt], **das**; ∼s/auch ∼es, ∼e **1.1.** 'die eine funktionelle Einheit bildende Gesamtheit der den Körper (1) stützenden und schützenden Knochen und Knorpel': *ein menschliches, tierisches* ∼; *im Museum steht das* ∼ *eines Pferdes* **1.2.** SYN 'Gerippe': *bei Ausgrabungen stieß man auf* ∼*e*

Skepsis ['skɛpsɪs], **die**; ∼, ⟨o.Pl.⟩ 'durch kritische Zweifel, durch Bedenken geprägte Einstellung gegenüber einem Sachverhalt'; ↗ FELD I.2.1, 4.3.1: *er betrachtete die Entwicklung voller* ∼, *mit großer, berechtigter* ∼; *seine* ∼ *ist unbegründet* ❖ **skeptisch**

skeptisch ['skɛpt..] ⟨Adj.; Steig. reg.⟩ 'von Skepsis geprägt, voller Skepsis'; ↗ FELD I.2.3: *er ist ein sehr* ∼*er Mensch; eine* ∼*e Miene machen; ich bin* ∼, *ob das gelingt; ich stehe diesem Vorschlag sehr* ∼ *gegenüber* ❖ ↗ **Skepsis**

Ski [ʃiː], **der**; ∼s, ∼er ['ʃiːɐ]/auch ∼ 'eins von zwei flachen, schmalen, langen Gebilden aus Holz, Kunststoff od. Metall, die man an den Schuhen befestigt, um sich über den Schnee fortbewegen zu können'; ↗ FELD I.7.4.1: *die* ∼*er anschnallen;* ∼ *laufen, fahren*

Skizze ['skɪtsə], **die**; ∼, ∼n **1.** '(als Entwurf dienende) nur mit wenigen Strichen ausgeführte Zeichnung, die das Wesentliche wiedergibt': *in der Ausstellung hängen* ∼*n zu diesem Porträt; eine* ∼ *vom Tatort machen* **2.** '(als Entwurf dienender) kurzer Text, der sich auf Wesentliches beschränkt': *im Nachlass des*

Schriftstellers fand man ∼*n für einen Roman* ❖ **skizzieren**

skizzieren [skɪ'tsiːʀən], skizzierte, hat skizziert **1.** /jmd./ *etw.* ∼ 'eine Skizze (1) von etw. machen': *ein Gebäude* ∼; *er skizzierte den Weg, den sie vom Bus zur Wohnung gehen musste* **2.** /jmd./ *etw.* ∼ **2.1.** SYN 'etw. umreißen (II)': *er skizzierte den Inhalt des Buches, der Situation* **2.2.** 'die wesentlichen Punkte eines Textes schriftlich darstellen, um den Text später noch genauer ausführen zu können': *er skizzierte den Text für seine Rede* ❖ ↗ **Skizze**

Sklave ['sklɑːvə], **der**; ∼n, ∼n **1.** 'jmd., der in völliger wirtschaftlicher und rechtlicher Abhängigkeit von einem anderen Menschen als dessen Eigentum lebte und für ihn zu arbeiten hatte': *im alten Rom galt der* ∼ *als Sache; viele Neger wurden als* ∼*n verkauft* **2.** ⟨+ Gen.attr.⟩ 'jmd., auf dessen Handeln, Verhalten etw. einen überaus großen (negativen) Einfluss hat und wovon er sich befreien kann': *er ist (der, ein)* ∼ *seiner Gewohnheiten, des Alkohols* ❖ **Sklaverei, sklavisch**

Sklaverei [sklɑːvə'ʀ..], **die**; ∼, ⟨o.Pl.⟩ 'völlige wirtschaftliche und rechtliche Abhängigkeit der Sklaven von anderen Menschen, als deren Eigentum sie lebten und für die sie zu arbeiten hatten': *die* ∼ *abschaffen* ❖ ↗ **Sklave**

sklavisch ['sklɑːv..] ⟨Adj.; o. Steig.; nicht präd.⟩ **1.1.** 'von unterwürfiger, kritikloser Haltung zeugend': ∼*er Gehorsam; jmdm.* ∼ *ergeben sein, gehorchen* **1.2.** 'ohne jedes kritische, selbständige Nachdenken gegenüber einem Vorbild, einer Vorlage (2,3), einer Vorschrift': *er hielt sich* ∼ *an die Vorschrift; eine* ∼*e Nachahmung* ❖ ↗ **Sklave**

Skorpion [skɔʀ'pi̯oːn], **der**; ∼s, ∼e 'vorw. in den Tropen und Subtropen lebendes Tier mit einem Giftstachel'; ↗ FELD II.3.1: *von einem* ∼ *gestochen werden*

Skrupel ['skʀuːpl̩], **der**; ∼s, ∼ ⟨vorw. Pl.⟩ SYN 'Hemmung (2.2)'; ↗ FELD I.4.3.1: *er hatte keine* ∼, *das zu tun; voller* ∼ *sein; er war von* ∼*n geplagt, gequält* ❖ **skrupellos, Skrupellosigkeit**

skrupel/Skrupel ['..]|**-los** ⟨Adj.; Steig. reg.⟩ SYN 'gewissenlos' /vorw. auf Personen bez./: *ein* ∼*er Geschäftsmann;* ∼ *handeln* ❖ ↗ Skrupel, ↗ los; **-losigkeit** [loːzɪç..], **die**; ∼, ⟨o.Pl.⟩ 'das Skrupellossein': *seine (moralische)* ∼ ❖ ↗ Skrupel, ↗ los

Skulptur [skʊlp'tuːɐ], **die**; ∼, ∼en SYN '²Plastik (1)': *eine Ausstellung von* ∼*en*

skurril [skʊ'ʀiːl] ⟨Adj.; Steig. reg.⟩ 'im Aussehen od. im Wesen merkwürdig und befremdend od. lächerlich wirkend': *er ist ein sehr* ∼*er Mensch; er hat immer so* ∼*e Einfälle; er sieht etwas* ∼ *aus, seine Einfälle sind immer etwas* ∼

Slip [slɪp], **der**; ∼s, ∼s 'zur Unterwäsche gehörendes Wäschestück für weibliche und männliche Personen, das den unteren Teil des Rumpfes bis zum Ansatz der Schenkel bedeckt'; ↗ FELD V.1.1: *sie, er trägt* ∼*s;* vgl. *Schlüpfer, Hose (2)*

Slipper ['slɪpɐ], **der**; ∼s, ∼/auch ∼s 'bequemer Schuh mit flachem Absatz, der nicht geschnürt wird': *ein leichter, bequemer* ∼

Slogan ['sloːɡən], **der**; ~s, ~s 'bes. in der Werbung, in der Politik verwendete, auf eine bestimmte Wirkung hin formulierte Aussage, die sich leicht einprägt': *die Firma benutzt in der Werbung einen neuen ~; ein wirkungsvoller, witziger ~*

Smaragd [smaˈʀakt], **der**; ~s/auch ~es, ~e 'grüner Edelstein': *ein Ring mit einem ~* ❖ **smaragden**

smaragden [smaˈʀakdn̩] ⟨Adj.; o. Steig.⟩ 'grün wie ein Smaragd': *etw. leuchtet ~; die ~e Färbung von etw.* ❖ ↗ **Smaragd**

Smog [smɔk], **der**; ~s, ~s 'für die Gesundheit schädlicher, mit Abgasen, Rauch, Ruß versehener Nebel über Großstädten, Industriegebieten': *dort herrscht ~; wegen ~ Alarm auslösen*

Snob [snɔp], **der**; ~s, ~s 'jmd., der bewusst im Verhalten, in der Kleidung in ausgefallener od. übertriebener Weise vom Üblichen abweicht und glaubt, dadurch geistig, kulturell überlegen zu sein': *du bist ein ~!; so ein ~!*

¹so [zoː] ⟨Adv.⟩ **1.** 'in, von dieser, solcher Art, Weise, auf diese, solche Art, Weise': *~ ist es nicht gewesen; ~ geht das nicht; ~ und nicht anders habe ich es gemeint; er spricht ~, dass ihn jeder versteht; bleibe ~, wie du bist; das ist, wenn ich ~ sagen darf, eine Frechheit; die Lage ist ~, wie ich es erwartet habe; das Ganze spielte sich ~* (SYN 'folgendermaßen') *ab: …; das kannst du ~ oder ~* ('auf diese oder auf jene Weise') *machen; gut ~* ('das hast du gut gemacht')*!; wir können sie doch nicht ~* ('in diesem Zustand') *allein lassen; mir war ~* ('es schien mir'), *als habe es geklopft;* ↗ *ach ~!; und ~* ↗ *weiter* **2.1.1.** ⟨vor Adj., Adv., Indefinitpron.⟩ 'in solchem hohen Grad, Maß': *einen ~ interessanten Film habe ich lange nicht gesehen; etwas ~ Schönes habe ich noch nie gesehen; sei nicht ~ laut!; das ist nicht ~ einfach; warum kommst du ~ spät?; er sagte ~ entschieden, dass ihm keiner zu widersprechen wagte; ich habe heute früh ~ wenig gegessen, dass ich jetzt Hunger habe* **2.1.2.** ⟨betont; vor Adj., Adv.; bei Vb.⟩ 'in (sehr) hohem Grad, Maß': *ich konnte nicht kommen, weil ich ~ erkältet war; ich habe es dir schon ~ oft gesagt!; und ich hatte mich (ja) ~ darauf gefreut!* **2.2.** ⟨vor Adj., Adv.; in Korrelation mit nachfolgendem wie⟩ SYN '¹ebenso (1.2)': *er ist ~ alt wie ich; er kam (nicht) ~ spät wie ich; das Zimmer ist doppelt ~ groß wie meins; ~ schnell, ~ gut, ~ bald, ~ oft wie/auch als möglich* ('möglichst schnell, gut, bald, oft'); vgl. aber *sobald, sooft* **3.** ⟨betont⟩ **3.1.** *~ etwas*, umg. *~ was* 'etwas von dieser, etwas Derartiges': *~ etwas, ~ was kann schon einmal vorkommen; wer hätte ~ etwas gedacht!; na/nein ~ etwas!, na/nein ~ was!* /Ausrufe, die Verwunderung od. Entrüstung ausdrücken/; *er ist ~ etwas wie ein Künstler* ('ist in vielem einem Künstler ähnlich'); *~ etwas Schönes habe ich noch nie gesehen;* umg. emot. *~ was von Frechheit* ('eine solche große Frechheit') *ist mir noch nicht vorgekommen!; ~ was von Glück!; und ~ was* ('ausgerechnet er, der ganz ungeeignet dafür ist') *will Techniker werden!; der ist ~ was von blöd* ('der ist überaus

blöd')! **3.2.** *~ ein* **3.2.1.** 'solch ein (↗ *solcher 1.1*)': *~ ein Kleid, ~ eine Jacke steht mir nicht; ~ einen schönen Urlaub hatten wir lange nicht* **3.2.2.** emot. *ich habe ~ einen* ('solchen, ↗ *solcher 1.2*') *Durst!; ~ ein Zufall* ('das ist wirklich ein großer Zufall')! **3.3.** *~ einer* 'einer von dieser Art, ein solcher (1.1)': *dieser schöne Ring! So einer würde mir auch gefallen; das Kleid gefällt mir. So eins möchte ich auch haben;* spött. od. emot. neg. *~ einer* ('jemand wie er') *hat uns gerade noch gefehlt!* **4.** ⟨betont; steht allein⟩ **4.1.** /als Feststellung, dass eine Handlung, ein Sichäußern abgeschlossen ist od. als abgeschlossen betrachtet wird (und gleichzeitig als Einleitung einer Schlussfolgerung od. Ankündigung)/: *~, jetzt bin ich fertig; ~, das wäre geschafft; ~, das wollte ich dir gesagt haben; ~, und jetzt möchte ich mal auf folgendes Problem eingehen; ~, und nun?* **4.2.** /als in fragendem Ton vorgebrachte, Erstaunen, Zweifel ausdrückende Antwort auf eine Erklärung/: *„Morgen reise ich ab.“ „So* ('wirklich')*?“; ~? Das hätte ich nicht gedacht* **5.** ⟨betont⟩ umg. 'ohne den vorher genannten od. sich aus der Situation ergebenden Gegenstand, Umstand': *ich hatte meine Eintrittskarte vergessen, aber man hat mich ~ reingelassen; den Katalog habe ich ~* ('ohne dass ich ihn bezahlen musste') *bekommen; „Wirst du diese Aufgabe übernehmen?“ „Nein, ich habe auch ~* ('ohnehin') *genug zu tun“* ❖ **ebenso, genauso, geradeso, sodann, -eben, sowieso, sozusagen**

²so ⟨als Glied zusammengesetzter subordinierender Konj.⟩ **1.** ⟨der Nebensatz steht vor od. nach dem Hauptsatz; + Adj., Adv., fakult. *auch*⟩ /konzessiv; der Sachverhalt des Nebensatzes gibt an, dass er eigentlich Anlass dafür wäre, den Sachverhalt des Hauptsatzes in Frage zu stellen, jedoch ohne Einfluss ist/: *ich muss jetzt gehen, ~ Leid es mir tut; sie verstand seine Haltung nicht, ~ sehr sie sich auch bemühte;* ⟨wenn der Nebensatz mit *so* Vordersatz ist, steht das Vb. im Hauptsatz an zweiter Stelle⟩: *~ schön es (auch) ist, ich muss jetzt gehen; ~ Leid es mir (auch) tut, ich kann nicht kommen* **2.** ⟨+ Adj. im Nebensatz (und Hauptsatz)⟩ /gibt einen Vergleich an; die Sachverhalte von Hauptsatz und Nebensatz haben dasselbe Maß/ **2.1.** ⟨der Nebensatz steht meist nach dem Hauptsatz⟩: *er rannte, ~ schnell er konnte; ich mache es, ~ gut ich kann* **2.2.** ⟨in der Doppelform *so … so*; mit parallel strukturiertem Adj., Adv.⟩ *~ sehr er Konzerte liebte, ~ sehr lehnte er Schlager ab* /der Vergleich gibt einen Gegensatz an/; *~ anstrengend die Hinfahrt war, ~ belastend war (auch) die Rückfahrt* /der Vergleich drückt Ähnlichkeiten aus/ **3.** ⟨als Glied der zusammengesetzten subordinierenden Konj. **so dass**; der Nebensatz steht nach dem Hauptsatz⟩ /konsekutiv; gibt an, dass sich der Sachverhalt des Nebensatzes aus dem des Hauptsatzes ergibt/: *er wurde krank, ~ dass er nicht kommen konnte; die lange Fahrt hatte mich müde gemacht, ~ dass ich sofort einschlief;* vgl. *so …, dass* (↗ *dass 2.2*) **4.** ⟨als Glied der mehrteiligen subordinierenden Konj. **so …, als**⟩

↗ *als* (2.3) ❖ **sobald, -gleich, -oft, -sehr, -viel, -wenig, -wie, -wohl**

³so ⟨Gradpartikel; betont od. unbetont; steht vor der Bezugsgröße⟩ **1.** ⟨betont od. unbetont; bezieht sich vorw. auf Adj.⟩ /unterstreicht die mit der Bezugsgröße genannte Eigenschaft/: *„Wie groß ist dein Sohn schon?" „So groß!"* /wird durch eine Geste verdeutlicht/ **2.** ⟨unbetont; bezieht sich auf verschiedene Kategorien, bes. auf Präpositionen und Partikeln⟩ /schließt andere Sachverhalte nicht aus; schränkt die Präzision des Sachverhalts ein/; SYN ungefähr: *~ Anfang Oktober wird er uns besuchen;* ⟨in Verbindung mit Wörtern (z. B. Präpositionen), die auch Unbestimmtheit ausdrücken⟩ *~ gegen vier Uhr kam er endlich; ~ an die 100 Leute waren gekommen; ~ etwa 200 Mark habe ich noch*

⁴so ⟨betont; steht allein⟩ **1.** /als Antwort in Form einer Frage, bezieht sich auf eine vorausgehende Äußerung; drückt Verwunderung, Skepsis des Sprechers aus, oft auch mangelndes Interesse/: *„Er hat gestern sein Examen bestanden." „So?"; „Man hat Herrn B entlassen." „So?"* **2.** /leitet eine Antwort ein, mit der signalisiert wird, dass man das Vorausgehende als beendet ansieht, nichts mehr dazu sagen und zu einem neuen Thema übergehen will/: *~, nun habe ich die Nase voll!; ~, nun wollen wir mal Schluss machen; ~, wir setzen morgen die Verhandlung fort*

so|bald [so'balt] ⟨Konj.; subordinierend; der Nebensatz steht vor od. nach dem Hauptsatz; die Tempusformen stimmen meist nicht überein⟩ /temporal/ **1.** /gibt an, dass der Sachverhalt des Nebensatzes zeitlich unmittelbar vor dem des Hauptsatzes liegt, der Sachverhalt des Hauptsatzes direkt folgt; vgl. *bevor*/; SYN sowie: *ich richte es ihm aus, ~ er nach Hause gekommen ist; ~ er die Arbeit beendet hatte, ging er nach Hause; er wird uns informieren, ~ er Genaueres weiß* **2.** /der Sachverhalt des Haupt- und Nebensatzes gibt Gleichzeitigkeit an; mit konditionalem Nebensinn/: *wir kommen, ~ wir Zeit haben* ❖ ↗ ¹**so,** ↗ **bald**

Söckchen ['zœkçən], *das;* ~s, ~ ⟨vorw. Pl.⟩; ↗ *auch Socke* 'von Kindern, auch Frauen bes. im Sommer getragener kurzer Strumpf, der nur bis knapp über den Knöchel reicht': *sie trug weiße ~* ❖ ↗ **Socke**

Socke ['zɔkə], *die;* ~, ~n ⟨vorw. Pl.⟩; ↗ *auch Söckchen* 'von Männern, auch von Frauen, Kindern getragener kurzer Strumpf, der etwa bis zur Hälfte des Unterschenkels reicht'; ↗ FELD V.1.1: *warme, dicke ~n; sie kaufte für ihren Mann ein Paar ~n; sie trug wollene ~n in den Stiefeln* ❖ **Söckchen**
* umg. /jmd./ **sich auf die ~n machen** ('aufbrechen und irgendwohin gehen'); /jmd./ **von den ~n sein** ('sehr überrascht sein')

Sockel ['zɔkl̩], *der;* ~s, ~ **1.** 'Block (1) aus Stein, der als tragendes Element für eine Statue, Büste, Säule dient': *der ~ des Denkmals ist aus Granit* **2.** 'unterer Teil einer Wand (1.1), eines Gebäudes, einer Mauer, eines Möbels': *ich werde den ~ in der Küche mit Ölfarbe streichen*

so|dann [zo'dan] ⟨Adv.⟩ 'ferner, außerdem': *das betrifft in erster Linie Fachbücher, ~ aber auch Fachzeitschriften und Dissertationen;* ⟨auch als Konjunktionaladv. mit Inversion des Subj.; schließt an einen vorausgehenden Hauptsatz einen Hauptsatz an⟩ *er hat mehrere Romane geschrieben, ~ hat er sich auch als Essayist betätigt* ❖ ↗ ¹**so,** ↗ **dann**

sodass: ↗ ²**so** (3)

Sodbrennen [zo:t..], *das;* ~s, ⟨o.Pl.⟩ 'durch zu viel Magensäure bewirktes brennendes Gefühl in der Speiseröhre': *~ haben* ❖ ↗ **brennen**

so|eben [zo|'e:bm̩] ⟨Adv.⟩ **1.1.** 'zum unmittelbar gegenwärtigen Zeitpunkt'; SYN ²eben (1.1), gerade (II.1); ↗ FELD VII.5.3: *~ kommt er herein/er kommt ~ herein; ~ beginnt es zu regnen* **1.2.** 'unmittelbar vor dem gegenwärtigen Zeitpunkt'; SYN ²eben (1.2), gerade (II.2): *~ ist er hereingekommen/er ist ~ hereingekommen; ~ war er noch hier* ❖ ↗ ¹**so,** ↗ ²**eben**

Sofa ['zo:fa], *das;* ~, ~s 'gepolstertes, mit einer Lehne für den Rücken und mit seitlichen Lehnen versehenes, bequemes Sitzmöbel für mehrere Personen' (↗ TABL Sitzmöbel): *auf dem ~ sitzen; sich aufs ~ setzen; sie lag auf dem ~*

sofern [zo'f..] ⟨Konj.; subordinierend; der Nebensatz steht hinter dem Hauptsatz⟩ /konditional; gibt an, dass der Sachverhalt des Nebensatzes die Bedingung für den Sachverhalt des Hauptsatzes bildet; vgl. *falls, wenn*/: *wir kommen morgen, ~ du nichts dagegen hast; wir gehen heute Abend aus, ~ es nicht regnet; ~ du nichts dagegen hast, besuche ich dich morgen*

soff: ↗ *saufen*

so|-fort [zo'f..] ⟨Adv.⟩ **1.1.** 'unmittelbar nach diesem Zeitpunkt'; SYN sogleich (1.1), ²gleich (1.1); ↗ FELD VII.6.3: *er wurde von einem Auto überfahren und war ~ tot; ~ nach dem Frühstück werde ich abreisen; diese Regelung gilt ab ~* ('von diesem Zeitpunkt an'); *es wurde ~* (ANT allmählich 1.1) *dunkel* **1.2.** SYN 'unverzüglich': *das muss ~ erledigt werden; du sollst ~ deinen Mann anrufen/du sollst deinen Mann ~ anrufen; komm ~ her!* **1.3.** SYN '²gleich (1.2)': *einen Moment, mein Mann kommt ~, wird ~ kommen* ❖ sofortig; **-fortig** ['fɔʁtɪç] ⟨Adj.; o. Steig.; nur attr.⟩ /beschränkt verbindbar/ **1.1.** 'unmittelbar eintretend, erfolgend': *diese Bestimmung tritt mit ~er Wirkung in Kraft; diese Konserve ist für den ~en Verbrauch bestimmt* **1.2.** SYN 'unverzüglich': *eine ~e Entscheidung fordern; die ~e Begleichung einer Rechnung* ❖ ↗ sofort

Sog [zo:k], *der;* ~es/auch ~s, ~e ⟨vorw. Sg.⟩ 'in strömendem Wasser, strömender Luft durch ein sich fortbewegendes Fahrzeug, durch einen Wirbel entstehender Unterdruck, der bewirkt, dass etw., jmd. in Richtung auf das Fahrzeug, den Wirbel bewegt wird': *das Boot geriet in den ~ des Schiffes; der ~ des Propellers, der Turbine*

so|gar [zo'ga:ɐ̯] ⟨Gradpartikel; unbetont; steht vorw. vor der Bezugsgröße; bezieht sich auf verschiedene

Kategorien〉 /schließt andere Sachverhalte nicht aus, hebt aber die Bezugsgröße hervor; die Bezugsgröße ist ein Sachverhalt, der über der Erwartung liegt und mit dem man nicht gerechnet hat; drückt Überraschung aus/; SYN ²selbst, ⁴auch (2): ~ *du konntest es nicht verhindern!; ~ sein Freund riet ihm davon ab; ~ der Kapitän/der Kapitän ~ wurde seekrank*

so genannt 〈nur attr.〉 ABK sog. ˈdiese (besondere) Bezeichnung tragend, wie es bezeichnet wird': *er ist ein so genannter freischaffender Künstler; iron. sein so genannter bester Freund* (ˈderjenige, den er zu Unrecht als seinen besten Freund bezeichnet') *hat ihn im Stich gelassen*

so|gleich [zoˈg..] 〈Adv.〉 **1.1.** SYN ˈsofort (1.1)': *~ nach dem Frühstück werde ich abreisen* **1.2.** SYN ˈunverzüglich': *das werde ich ~ erledigen* ❖ ↗ ²**so**, ↗ **gleich**

Sohle [zoːlə], **die**; ~, ~n **1.** SYN ˈFußsohle'; ↗ FELD I.1.1: *Blasen an den ~n haben* **2.** SYN ˈSchuhsohle': *die Stiefel haben dicke ~n; ~n aus Leder* **3.** *die ~* (ˈuntere Fläche') *eines Tales, Kanals, Stollens* ❖ **besohlen – Fußsohle, Schuhsohle**
* **auf leisen ~n**: *sich auf leisen ~n* (ˈganz unbemerkt') *davonmachen*

Sohn [zoːn], **der**; ~es/auch ~s, Söhne [ˈzøːnə] ˈmännliche Person in ihrer Beziehung zu den Eltern': *mein, ihr, unser ~; er hat einen ~ und eine Tochter; Vater und ~ sehen sich sehr ähnlich; ihr ältester, einziger ~; sie haben einen ~ bekommen; vgl. Tochter* ❖ **Enkelsohn, Muttersöhnchen, Schwiegersohn**

so|lang(e) [zoˈl..] 〈Konj.; subordinierend; der Nebensatz steht vor od. nach dem Hauptsatz〉 **1.** 〈die Tempusformen sind gleich〉 /temporal; gibt an, dass der Sachverhalt des Nebensatzes dieselbe Zeitdauer wie der des Hauptsatzes hat/: *~ du Fieber hast, musst du im Bett bleiben; ~ du da bist, fühle ich mich sicher; die Kinder waren ruhig, ~ ich Geschichten erzählte* **2. solange … nicht** 〈die Tempusformen sind verschieden; + Negation im Hauptsatz〉 /kann wie *solange* (1) und als konditional interpretiert werden/ ˈwenn (1)': *~ du nicht alles aufgegessen hast, darfst du nicht spielen* ❖ ↗ ¹**so**, ↗ ¹**lang**

solch [zɔlç]: ↗ **solcher**
solche [ˈzɔlçə]: ↗ **solcher**
solcher [ˈzɔlçɐ] 〈Demonstrativpron.; Mask. Sg.; Pl. u. Fem. Sg. **solche**, Neutr. Sg. **solches**; mit folgendem unbest. Art. unflektiert **solch**; ↗ TAFEL IX〉 **1.1.** 〈in Verbindung mit folgendem stark flektiertem Adj. meist unflektiert〉 /weist auf eine durch Kontext od. Situation charakterisierte Art od. Beschaffenheit von etw., jmdm. hin/ ˈvon dieser Art, so beschaffen': 〈adj.〉 *ein ~/solch ein Stoff, ~ Stoff, eine solche/solch eine/solche Lösung; ein solches/ solch ein/solches Glück; solche Menschen, Bedingungen, Bücher; ein solch großer Schrank/solch ein großer Schrank/solch großer Schrank/ein ~ großer Schrank/~ große Schrank/auch ~ großer Schrank; bei solch trübem Wetter/bei einem solch trüben Wet-*

ter/bei solch einem trüben Wetter/bei einem solchen trüben Wetter/bei solchem trüben Wetter/auch bei solchem trüben Wetter; *solch schöne Erlebnisse/solche schönen Erlebnisse/auch solche schöne Erlebnisse; das Ziel ~ neuen/auch neuer Forschungen; sie waren in einer solchen Lage, dass sie Hilfe brauchten;* solche *Abgeordneten/auch* Abgeordnete; 〈subst.〉 *solche wie er haben immer Glück; dieser schöne Ring! Ein ~ würde mir auch gefallen; der Vorschlag als ~* (ˈallein betrachtet') *ist gut, aber …; solch Schönes/solches Schöne habe ich noch nicht gesehen* **1.2.** 〈adj.〉 emot. ˈsehr groß': *ich habe solchen Durst/ einen solchen Durst/solch einen Durst!; ich habe solche Kopfschmerzen!; das macht solchen Spaß!*

solches [ˈzɔlçəs]: ↗ **solcher**
Sold [zɔlt], **der**; ~es/auch ~s, ~e 〈vorw. Sg.〉 ˈBezüge eines Soldaten': *den ~ zahlen, ausgezahlt bekommen* ❖ **Soldat, Söldner**
Soldat [zɔlˈdaːt], **der**; ~en, ~en ˈAngehöriger der Streitkräfte eines Landes': *er ist ~; viele ~en sind gefallen, vermisst* ❖ ↗ **Sold**
Söldner [ˈzœldnɐ], **der**; ~s, ~ ˈjmd., der für Geld in den Streitkräften einer ausländischen Macht Kriegsdienst leistet': *sich als ~ verdingen; ein Heer von ~n; ~ anwerben* ❖ ↗ **Sold**
solidarisch [zoliˈdaːʀ..] 〈Adj.; o. Steig.〉 ˈvon Solidarität zeugend, die Solidarität betreffend'; ↗ FELD I.18.3: *~e Hilfe für ein unterdrücktes Volk leisten; ~ handeln; die Streikenden ~ unterstützen; sich jmdm. gegenüber ~ verhalten; sich mit jmdm. ~ erklären* (ˈerklären, dass man den gleichen bes. politischen Standpunkt wie jmd. vertritt und bereit ist, sich für dessen Interessen, Ziele einzusetzen'); *mit jmdm. ~ fühlen, mit jmdm. ~ sein* (ˈden gleichen bes. politischen Standpunkt wie jmd. vertreten und sich für dessen Interessen, Ziele einsetzen') ❖ **solidarisieren, Solidarität**
solidarisieren [zolidaʀiˈziːʀən], **sich**, solidarisierte sich, hat sich solidarisiert /jmd./ *sich mit jmdm. ~* ˈsich mit jmdm., einer Gruppe solidarisch erklären und entsprechend handeln'; ↗ FELD I.18.2: *er, die Armee solidarisierte sich mit den aufständischen Arbeitern* ❖ ↗ **solidarisch**
Solidarität [zolidaʀiˈtɛːt/..ˈteːt], **die**; ~, 〈o.Pl.〉 ˈauf dem gleichen bes. politischen Standpunkt beruhender Einsatz von jmdm., bes. einer Gruppe, für jmd. anderen, bes. eine andere Gruppe, die um die Durchsetzung ihrer Interessen, bestimmter Ziele kämpft'; ↗ FELD I.18.1: *für ~ mit dem unterdrückten Volk, mit den Streikenden eintreten; ~ üben* (ˈsolidarisch handeln') ❖ ↗ **solidarisch**
solid [zoˈliːt] ↗ **solide**
solide [zoˈliːdə] 〈Adj.; Steig. reg.〉 **1.** ˈaus gutem, widerstandsfähigem Material sorgfältig hergestellt und dadurch haltbar, fest, doch nicht zu teuer und nicht zu elegant' /auf Gegenstände bez./: *~ Möbel; eine ~ Einrichtung; die Schuhe sind ~; das Haus ist ~ eingerichtet* (ˈhat eine solide Einrichtung') **2.** ˈsorgfältig und gut' /auf Arbeit bez./: *~ Arbeit leis-*

ten; mein Schuster arbeitet sehr ~; ~ gearbeitete Schuhe **3.** ⟨nicht bei Vb.; vorw. attr.⟩ 'mit den nötigen finanziellen Mitteln versehen' /auf Unternehmen bez./: *eine ~ Firma; ein ~s Unternehmen* **4.** ⟨nicht bei Vb.; vorw. attr.⟩ 'umfassend und gut (1)' /auf Kenntnisse bez./: *~ Kenntnisse haben; ein ~s Wissen; eine ~ Ausbildung* **5.** 'in seiner Lebensweise moralisch einwandfrei, nicht verschwenderisch, ohne Ausschweifungen': *er ist ein ~r junger Mann; er ist, lebt sehr ~*

Solist [zo'lɪst], **der**; ~en, ~en 'Sänger, Musiker, Tänzer, der innerhalb eines Musikwerks, Balletts (im Rahmen einer kollektiven Darbietung) allein singt, spielt, tanzt': *in dem Konzert, Ballett treten international bekannte ~en auf; N war gestern der ~ im Klavierkonzert von Mozart* ❖ ↗ **solo**

Solistin [zo'lɪst..], **die**; ~, ~nen /zu *Solist*; weibl./ ❖ ↗ **solo**

soll: ↗ *sollen*

Soll [zɔl], **das**; ~/~s, ~/~s ⟨vorw. Sg.⟩ 'festgesetzte, (vom Arbeitnehmer) geforderte Arbeitsleistung': *sein ~ erfüllen; das tägliche ~* (SYN 'Norm 3') *in der Fabrik ist sehr hoch, liegt bei fünfzig Stück pro Tag* ❖ ↗ **¹sollen**

¹sollen [zɔlən], ich, er soll [zɔl], sollte ['zɔltə], er hat gesollt [gə'zɔlt]/nach vorangehendem Inf.: hat ... sollen ⟨Modalvb.; + Inf. ohne *zu*; o. Imp.⟩ **1.1.** *jmd. soll etw. tun* 'jmd. anderes will, fordert, dass jmd. etw. Bestimmtes tut': *sie soll sofort zu mir, zu ihm kommen; mir fiel ein, dass ich den Brief hatte einwerfen ~;* ⟨der Inf. kann unter bestimmten Bedingungen wegfallen, unter bestimmten Bedingungen kann er durch *es, das* ersetzt werden; vgl. ²*sollen*⟩ *er soll ins Bett gehen; „Warum hast du das getan?" „Ich habe es gesollt ('habe es tun sollen')"; du sollst dich hier wohl fühlen* ('ich will, dass du dich hier wohl fühlst'); *du sollst wissen* ('ich will, dass du weißt'), *dass ich dir sehr dankbar bin* **1.2.** /etw./ *der Schal soll zum Mantel passen* ('ich will, dass der Schal zum Mantel passt); *~ deine Bemühungen Erfolg haben, erfolgreich sein* ('wenn du willst, dass deine Bemühungen Erfolg haben, erfolgreich sind'), *so musst du ...; was soll das heißen, bedeuten* ('was meinst du damit, willst du damit sagen')? **2.** ⟨im Präs. u. Prät.; mit Fragepron.; in Fragen, die jmd. sich selbst stellt⟩ /jmd., etw. (nur *was*)/ /drückt Ratlosigkeit aus/: *was soll ich nur machen?; er wusste nicht, was er tun sollte, wie dieses Problem gelöst werden sollte; was soll bloß werden?* **3.** ⟨im Konj. II⟩ /jmd./ **3.1.** *du solltest dich schämen* ('es wäre eigentlich zu erwarten, dass du dich schämst')!; *du solltest still sein, dich zusammennehmen!* **3.2.** *das sollte man schnell ändern* ('es wäre wünschenswert, ratsam, zu empfehlen, dass man das schnell ändert'); *darüber sollte man Bescheid wissen; wir hätten früher daran denken sollen* **4.1.** ⟨im Präs.⟩ /jmd., etw./ /drückt aus, dass der Sprecher die Aussage eines anderen wiedergibt und er sich nicht für deren Richtigkeit verbürgt/: *er soll krank sein* ('ich habe gehört, dass er krank ist'); *die Auf-*

führung soll gut sein **4.2.** ⟨vorw. im Konj. II; in Fragen, die der Sprecher jmdm. stellt⟩ /jmd./ *„Ich glaube, dass er es getan hat." „Warum sollte/auch soll er es getan haben* ('warum vermutest du, dass er es getan hat)?"; *„Er hat ihr schon lange nicht mehr geschrieben." „Warum hätte er ihr schreiben ~* ('warum hast du erwartet, dass er ihr schreibt')?" **5.** ⟨im Konj. II; in konditionalen Nebensätzen⟩ /jmd., etw./ *wenn du ihn anrufen solltest* ('für den Fall, dass du ihn anrufst'), *grüße ihn bitte von mir; sollte sich deine Meinung geändert haben, lass es mich wissen; sollte es regnen, (dann) komme ich nicht* **6.** ⟨im Konj. II; am Beginn von Fragen, bes. von solchen, die sich der Sprecher selbst stellt⟩ /jmd., etw./ /drückt Zweifel des Sprechers aus/: *sollte ich das übersehen haben* ('wäre es wirklich möglich, wäre es doch möglich, dass ich das übersehen habe')?; *sollte das der Grund sein?* **7.** ⟨im Prät.⟩ /jmd., etw./ /bezeichnet, von einem in der Vergangenheit liegenden Zeitpunkt aus gesehen, eine in der Vergangenheit liegende Zukunft/: *er sollte später mehr über sie erfahren* ('er erfuhr später mehr über sie'); *diesem Werk des Schriftstellers sollten noch viele weitere folgen; bald sollte es sich zeigen, dass ...* ❖ **Soll**

²sollen, ich, er soll [zɔl], sollte ['zɔltə], hat gesollt [gə'zɔlt] /jmd./ *irgendwohin ~* 'irgendwohin gehen, fahren ¹*sollen*': *ich soll nach Berlin; ich soll ins Bett*

solo [zo:lo] ⟨Adv.⟩ **1.** *er will künftig nur noch ~* ('als Solist') *singen, spielen, tanzen* **2.** umg. *ich bin heute ~* ('heute ohne Partner ... hier'); *er kam ~ zur Party* ❖ **Solist, Solistin, Solo**

Solo, das; ~s, Soli/auch ~s 'das, was ein Sänger, Musiker, Tänzer innerhalb eines Musikwerks, Balletts (im Rahmen einer kollektiven Darbietung) allein singt, spielt, tanzt': *die Sopranistin sang ihr ~, die Pianistin spielte ihr ~, die Tänzerin tanzte ihr ~ mit Bravour; ein ~ blasen; ein Oratorium für Soli* ('mit von Solisten zu singenden Teilen'), *Chor und Orchester* ❖ ↗ **solo**

somit [zo'mɪt/'zo:..] ⟨Adv.⟩ SYN '¹*also*'; ↗ FELD I.4.2.3: *er war dabei, er weiß ~ darüber Bescheid;* ⟨auch als Konjunktionaladv. mit Inversion des Subj.; schließt an einen vorausgehenden Hauptsatz einen Hauptsatz an; konsekutiv⟩ *er war dabei, ~ weiß er darüber Bescheid*

Sommer ['zɔmɐ], **der**; ~s, ~ ⟨vorw. Sg.⟩ 'Jahreszeit zwischen Frühling und Herbst, die die wärmste Zeit des Jahres ist'; ↗ FELD VI.5.1, VII.8.1: *ein heißer, trockener, verregneter, kurzer, später ~; im ~ fahren wir an die See; den ~ über war er im Ausland; der Kongress war im ~ (des Jahres) 1990; vgl. Frühling, Herbst, Winter* ❖ **sommerlich** — **Altweibersommer, Hochsommer, Sommerpause, -sprosse, -zeit**

sommerlich ['zɔmɐ..] ⟨Adj.; Steig. reg., ungebr.⟩ 'dem Sommer entsprechend, wie im Sommer'; ↗ FELD VI.5.3, VII.8.2: *~e Wärme; es herrschten ~e Temperaturen; sie war ~* ('leicht 1.2') *gekleidet; das Wetter könnte etwas ~er sein* ❖ ↗ **Sommer**

Sommer ['zɔmɐ..]‖-**pause, die** ⟨vorw. Sg.⟩ ʾbes. bei Theatern, Parlamenten übliche Unterbrechung der Tätigkeit im Sommerʾ: *die Oper hat ~; nach der parlamentarischen ~* ❖ ↗ Sommer, ↗ Pause; -**sprosse, die** ⟨vorw. Pl.⟩ ʾim Sommer stärker sichtbar werdender kleiner bräunlicher Fleck auf der Haut, bes. im Gesichtʾ: *sie hat rote Haare und ~n* ❖ ↗ Sommer, ↗ sprießen; -**zeit, die** ⟨o.Pl.⟩ ʾdie durch Vorstellen der Uhr um eine Stunde von Ende Mai bis Ende September gültige Zeit (1)ʾ; ↗ FELD VII.8.1: *die ~ einführen* ❖ ↗ Sommer, ↗ Zeit

Sonate [zoʾnaːtə], **die**; ~, ~n ʾKomposition mit meist drei od. vier Sätzen für ein od. zwei Instrumente (2)ʾ: *eine ~ für Violine und Klavier*

Sonde ['zɔndə], **die**; ~, ~n **1.** ʾstab- od. schlauchförmiges Instrument (1), das zur medizinischen Untersuchung od. Behandlung in Hohlräume des Körpers od. ins Gewebe eingeführt wirdʾ: *eine ~ in den Magen, in die Blase einführen* **2.** ʾnicht bemannter Raumflugkörper für wissenschaftliche Messungen im Weltraumʾ: *eine ~ für meteorologische Analysen; eine ~ in die Stratosphäre schießen*

Sonder/sonder- /bildet mit dem zweiten Bestandteil Substantive; kennzeichnet das im zweiten Bestandteil Genannte als etw. Besonderes, Zusätzliches, als etw., das aus besonderem Anlass besteht/: ↗ *Sonderstellung* ❖ **sonderbar, sonderbarerweise, sonderlich, Sonderling – Sonderschule, -stellung;** vgl. **besonder, sondern**

sonderbar ['zɔndɐ..] ⟨Adj.; Steig. reg.⟩ SYN ʾmerkwürdigʾ /auf Personen, Abstraktes bez./: *er ist ein ~er Mensch; ein ~es Gefühl; sein Benehmen ist ~; er sieht ~ aus; das finde ich ~; jmdn. ~ anlächeln* ❖ ↗ **Sonder/sonder-**

sonderbarer|weise [zɔndɐbaːɐˈvai̯zə] ⟨Satzadv.⟩ SYN ʾmerkwürdigerweiseʾ: *- ist er noch nicht da* ❖ ↗ **Sonder/sonder-**

sonderlich ['zɔndɐ..] **I.** ⟨Adj.; o. Steig.⟩ **1.** ⟨nur attr.; nur verneint⟩ SYN ʾbesonder (1)ʾ: *er schaffte es ohne ~e Mühe; sie hatte keine ~e Lust dazu* **2.** ⟨nicht bei Vb.⟩ ʾim Verhalten merkwürdigʾ: *ein ~er Mensch; er ist etwas ~* **II.** ⟨Adv.; vor Adj.; bei Vb.⟩ *nicht ~* ʾnicht sehrʾ: *er ist nicht ~ intelligent, gesund; er nahm das nicht ~ ernst; sie freute sich nicht ~ darüber* ❖ ↗ **Sonder/sonder-**

Sonderling ['zɔndɐ..], **der**; ~s, ~e ʾmännliche Person, die durch ihr sonderbares Wesen, Verhalten auffällt (und sich von den Menschen ihrer Umgebung absondert)ʾ: *er ist ein ~;* vgl. *Kauz (2)* ❖ ↗ **Sonder/sonder-**

MERKE ↗ *Kauz* (Merke)

sondern ['zɔndɐn] ⟨Konj.; koordinierend⟩ **1.** ⟨verbindet zwei Hauptsätze, zwei Nebensätze, zwei Satzglieder od. Teile von Satzgliedern; mit Negation im vorderen Teil⟩ /adversativ; berichtigt das Vorausgehende, das auch betont wird/: *er zahlte nicht bar, ~ überwies den Betrag; das war nicht meine Tante, ~ Frau Müller; das ist nicht grün, ~ türkis; das Haus ist nicht schön, ~ groß; er kaufte sich kein Auto, ~ ein Motorrad;* vgl. ¹*aber (1)* **2.** ⟨als Glied

der mehrteiligen Konj. **nicht nur ... sondern auch;** verbindet zwei Hauptsätze, zwei Nebensätze, zwei Satzglieder od. Teile von Satzgliedern, die meist aufeinander folgen⟩ /gibt an, dass die Sachverhalte für beide Glieder zugleich gelten, das zweite Glied aber etw. Zusätzliches darstellt/: *er ist nicht nur ein guter Sportler, ~ auch ein verlässlicher Freund; nicht nur wir waren begeistert, ~ auch alle Anwesenden; er hat sich nicht nur in dieser Sache verdient gemacht, ~ er hat damit auch neue Maßstäbe gesetzt; wir wissen, dass er sich damit nicht nur verdient gemacht, ~ auch damit neue Maßstäbe gesetzt hat* ❖ vgl. **Sonder/sonder-**

Sonder ['zɔndɐ..]-**schule, die** ʾSchule für körperlich, geistig behinderte od. für schwer erziehbare schulpflichtige Kinder, Jugendlicheʾ: *sie unterrichtet an einer ~; das Kind besucht die ~* ❖ ↗ Sonder/sonder-, ↗ Schule; -**stellung, die** ⟨vorw. Sg.⟩ ʾvom Üblichen in positiver Hinsicht abweichende Stellung (5) von jmdm., auch von etw.ʾ: *der neue Kollege nimmt im Institut eine ~ ein; dieser Wirtschaftszweig nimmt gegenüber den anderen Wirtschaftszweigen eine gewisse ~ ein* ❖ ↗ Sonder/sonder-, ↗ stellen

sondieren [zɔnˈdiːɐn], sondierte, hat sondiert /jmd./ etw. ~ ʾetw. vorsichtig erkunden (1.2), um aus dem Ergebnis Schlussfolgerungen für sein Vorgehen ziehen zu könnenʾ: *ehe ich etwas in dieser Sache unternehme, will ich erst einmal die Lage ~; ich werde erst einmal hinfahren, um zu ~, wie dort die Bedingungen sind*

Sonett [zoˈnɛt], **das**; ~s/auch ~es, ~e ʾgereimtes Gedicht, das aus zwei Strophen mit vier Zeilen und zwei Strophen mit drei Zeilen bestehtʾ: *ein ~ dichten; ein ~ von Rilke*

Song [sɔŋ], **der**; ~s, ~s ʾrhythmisches Lied mit einprägsamer Melodie und einprägsamem Text meist gesellschaftskritischen, satirischen Inhaltsʾ: *ein ~ aus der Dreigroschenoper*

Sonnabend ['zɔn..], **der**; ~s, ~e SYN ʾSamstagʾ; ↗ TAFEL XIII; ↗ auch *Dienstag: er kommt ~* ❖ sonnabends; vgl. **Sonne**

sonnabends ['zɔn..] ⟨Adv.⟩ ʾjeden Sonnabendʾ; ↗ auch *dienstags* ❖ ↗ **Sonnabend**

Sonne ['zɔnə], **die**; ~, ⟨o.Pl.⟩; ↗ FELD VI.2.1 **1.** ʾHimmelskörper, der am Tag als gelb bis rötlich leuchtende Scheibe am Himmel erscheint und der Erde Licht und Wärme spendetʾ: *~, Mond und Sterne; das Licht der ~; der Stand der ~; die ~ geht auf, ist untergegangen; heute scheint endlich wieder die ~; die ~ brennt, sticht* **2.** ʾdas nicht von Wolken verdeckte Licht (und die Wärme) der Sonne (1)ʾ: *in der prallen ~ sitzen; der See glänzt in der ~; diese Pflanzen brauchen viel ~; meine Wohnung hat den ganzen Tag ~; er kann keine ~ vertragen* ❖ **sonnen, sonnig – Höhensonne;** vgl. **Sonnen/sonnen-, Sonnabend, Sonntag**

sonnen ['zɔnən], **sich** ⟨reg. Vb.; hat⟩ **1.** /jmd./ sich ~ ʾsich im Freien wenig od. gar nicht bekleidet in die Sonne setzen, legen (um braun zu werden)ʾ: *sie* *sonnte sich (auf dem Balkon, am Strand)* **2.** /jmd./ *sich in etw.* ⟨Dat.⟩ ~: *er sonnte sich in seinem Glück, in seinen Erfolgen* (ʻer empfand große Freude über sein Glück, seinen Erfolg und war dabei selbstgefällig') ❖ ↗ **Sonne**

Sonnen/sonnen [ˈ..]‖**-aufgang, der** ʻdas Aufgehen der Sonne'; ↗ FELD VI.2.1: *den ~ beobachten; bei ~ marschierten wir los* ❖ ↗ gehen; **-bad, das** ⟨vorw. Sg.⟩ ʻdas Sichsonnen': *das ~ hat mir (nicht) gut getan; ein ~ nehmen* (ʻsich sonnen') ❖ ↗ **Bad**; **-blume, die** ʻPflanze mit starkem, sehr hohem Stängel und einer großen, scheibenförmigen, meist gelben Blüte und ölhaltigen Samen'; ↗ FELD II.4.1 ❖ ↗ **Blume**; **-brand, der** ⟨o.Pl.⟩ ʻdurch zu starke Einwirkung der Sonne hervorgerufene Rötung, Entzündung der Haut'; ↗ FELD VI.5.1: *einen ~ haben, bekommen* ❖ ↗ **brennen**; **-brille, die** ʻBrille mit dunklen Gläsern zum Schutz der Augen vor zu starker Helligkeit des Sonnenlichts': *eine ~ tragen* ❖ ↗ **Brille**; **-finsternis, die**; ~, *-se* ʻam Himmel zu beobachtende Erscheinung, bei der die Sonne durch den Mond, wenn dieser zwischen Sonne und Erde steht, teilweise od. ganz verdeckt wird'; ↗ FELD VI.6.1: *eine partielle, eine totale ~* ❖ ↗ **finster**; **-gereift** [gəʀaɪft] ⟨Adj.; o. Steig.; nicht bei Vb.⟩ ʻin der Sonne gereift': *~e Früchte; die Tomaten sind ~* ❖ ↗ **reif**; **-klar** ⟨Adj.; o. Steig.; nicht bei Vb.; vorw. präd. (mit *sein*)⟩ emot. /etw. (vorw. *es, das*)/ *~ sein* ʻjeden Zweifel ausschließen': *es ist ~, dass er Recht hat; der Fall ist ~!* ❖ ↗ **klar**; **-licht, das** ⟨o.Pl.⟩ ʻdas Licht der Sonne'; ↗ FELD VI.2.1: *grelles ~* ❖ ↗ **Licht**; **-schein, der** ⟨o.Pl.⟩ ʻdas nicht von Wolken verdeckte Licht der Sonne'; ↗ FELD VI.2.1, 5.1: *die Landschaft lag in hellem, vollem ~; wir gingen bei strahlendem ~ spazieren* ❖ ↗ **scheinen**; **-schirm, der 1.1.** ʻgrößerer Schirm, der im Freien zum Schutz vor der Sonne aufgestellt wird': *wir saßen im Garten unter einem ~* **1.2.** ʻSchirm, den jmd., bes. eine Frau, im Freien zum Schutz vor der Sonne über sich hält': *den ~ aufspannen* ❖ ↗ **Schirm**; **-stich, der** ⟨vorw. Sg.⟩ ʻdurch längeres Einwirken von Sonnenstrahlen auf den nicht bedeckten Kopf verursachte, mit Kopfschmerzen, Schwindel verbundene Übelkeit': *einen ~ haben, bekommen* ❖ ↗ **stechen**; **-strahl, der** ⟨vorw. Pl.⟩ **1.1.** ʻStrahl (1.2) der Sonne'; ↗ FELD VI.2.1: *~en drangen durch die Wolken* **1.2.** ʻdas Licht der Sonne': *die ersten ~en genießen* ❖ ↗ **Strahl**; **-uhr, die** ʻwaagerechte od. senkrechte Fläche mit einer Skala, auf der bei Sonnenschein durch den Schatten eines Stabes die Zeit angezeigt wird' ❖ ↗ **Uhr**; **-untergang, der** ʻdas Untergehen der Sonne'; ↗ FELD VI.2.1: *den ~ betrachten, fotografieren* ❖ ↗ **unten**, ↗ **gehen**

sonnig [ˈzɔnɪç] ⟨Adj.⟩ **1.** ⟨Steig. reg.; nicht bei Vb.⟩ **1.1.** ANT schattig; ↗ FELD VI.2.3, 5.3: *sich auf eine ~e Bank* (ʻeine Bank, auf die die Sonne scheint') *setzen; hier ist es schön ~, ist es mir zu ~* (ʻich finde, dass hier angenehmer, lästiger Sonnenschein ist') **1.2.** SYN ʻheiter (3)': *ein ~er* (ANT

trüber 2.2) *Tag; morgen wird es bestimmt wieder ~; das Zimmer ist ~* (ʻist so gelegen, dass die Sonne lange hineinscheinen kann') **2.** ⟨Steig. reg., ungebr.; nur attr.⟩ *er hat ein ~es* (ʻfreundliches, fröhliches'; ↗ FELD I.6.3) *Wesen;* iron. *du hast ein ~es Gemüt* (ʻdu bist aber naiv 1.1, 1.3')! ❖ ↗ **Sonne**

Sonntag [ˈzɔn..], **der**; ~s/auch ~es, ~e ʻsiebenter Tag der mit Montag beginnenden Woche, an dem nicht gearbeitet wird'; ↗ TAFEL XIII: *am ~ kann ich länger schlafen; jeden ~ spazieren gehen; dieser Zug verkehrt nicht an Sonn- und Feiertagen;* ↗ auch *Dienstag;* vgl. *Werktag* ❖ **sonntäglich, sonntags;** vgl. **Tag, Sonne**

sonntäglich [ˈzɔn..] ⟨Adj.; o. Steig.⟩ **1.** ⟨vorw. attr. u. bei Vb.⟩ ʻdem Sonntag entsprechend': *~ gekleidet sein; (eine) ~e Stille* **2.** ⟨nicht präd.; vorw. attr.⟩ ʻan jedem Sonntag (stattfindend), am Sonntag üblich': *sie will nicht auf den ~en Spaziergang verzichten; der ~e Braten* ❖ ↗ **Sonntag**

sonntags [ˈzɔn..] ⟨Adv.⟩ ʻjeden Sonntag': *sie geht ~ in die Kirche, geht ~ spazieren;* ↗ auch *dienstags* ❖ ↗ **Sonntag**

sonor [soˈnoːɐ̯] ⟨Adj.; Steig. reg., ungebr.⟩ ʻdunkel, kräftig tönend und angenehm klingend' /auf eine männliche Stimme bez./: *er hat eine ~e Stimme; er lachte ~*

sonst [zɔnst] ⟨Adv.⟩ **1.** /schränkt eine positive Voraussetzung negativ od. eine negative Voraussetzung positiv ein/; SYN ansonsten (1): *Mutter weiß es, ~ niemand* (ʻaußer Mutter weiß es niemand'); *Mutter weiß es nicht, ~ alle* (ʻaußer Mutter wissen es alle anderen'); *es hat den ganzen Tag geregnet, der Ausflug war aber ~ sehr schön;* ⟨auch als Konjunktionaladv. mit Inversion des Subj.; schließt an einen vorausgehenden Hauptsatz einen Hauptsatz an⟩ *er trinkt keinen Wodka, ~ kannst du ihm alles anbieten* (ʻaußer Wodka, den er nicht trinkt, kannst du ihm alles andere anbieten') **2.** ʻdarüber hinaus, außer dem Genannten'; SYN ansonsten (2): *er hat ~ nichts/nichts ~ erzählt; haben Sie ~ noch Fragen?; war ~ noch was?; wer sollte das ~ sein/wer ~ sollte das sein?; wo sollen wir ihn ~ suchen/wo ~ sollen wir ihn suchen?* **3.** ʻim Unterschied zu jetzt bei anderen früheren Gelegenheiten, in früherer Zeit': *ich kann ~ besser singen; du bist doch ~ nicht so empfindlich; er hatte doch ~ immer gute Zensuren; ich mache das wie ~* (ʻwie immer'); *alles ist hier wie ~* (ʻwie es früher gewesen ist') **4.** ʻim anderen Fall'; SYN andernfalls: *wir müssen uns beeilen, wir verpassen ~ den Zug* (ʻwenn wir uns nicht beeilen, verpassen wir den Zug'); ⟨auch als Konjunktionaladv. mit Inversion des Subj.; schließt an einen vorausgehenden Hauptsatz einen Hauptsatz an; konditional⟩ *wir müssen uns beeilen, ~ verpassen wir den Zug* ❖ **sonstig, ansonsten**

sonstig [ˈzɔnstɪç] ⟨Adj.; o. Steig.; nur attr.⟩ **1.1.** ʻdarüber hinaus vorhanden, hinzukommend': *diese Bemerkung war treffend, aber ihre ~en* (ʻübrigen') *kritischen Äußerungen haben mir nicht gefallen; die Kette und mein ~er goldener Schmuck; ~es über-*

flüssiges Material; mit ~em überflüssigem/überflüssigen Material **1.2.** *sie bekam zum Geburtstag Blumen und ~e* ('und überdies noch andere') *Geschenke; er kam mit vielen Koffern und ~em überflüssigem/überflüssigen Gepäck* ❖ ↗ **sonst**

sonst was ⟨Indefinitpron.; steht nie am Satzanfang; ↗ TAFEL X⟩ **1.** 'irgendetwas anderes': *kauf dir für das Geld Bonbons oder* ~ **2.** ⟨betont⟩ 'alles, was irgend möglich ist': *er hat* ~ *versucht, um eine Karte für die Premiere zu bekommen*

sonst wer ⟨Indefinitpron.; o. Gen.; o.Pl.; subst.; steht nie am Satzanfang; betont; ↗ TAFEL X⟩ 'irgendeine andere Person': *das kann* ~ *machen, ich nicht!; erzähle das sonst wem, aber nicht mir!; du magst sonst wen gesehen haben, aber nicht meinen Onkel*

sonst wie ⟨Adv.⟩ 'auf irgendeine andere Weise': *ich werde ins Kino gehen oder mich* ~ *ablenken*

sonst wo ⟨Adv.⟩ 'an irgendeinem (ganz) anderen Ort': *ich konnte weder dort noch* ~ *etwas darüber erfahren; ich habe dich* ~ *vermutet, aber nicht hier*

sonst wohin ⟨Adv.⟩ 'an irgendeinen (ganz) anderen Ort': *ich werde an die See oder* ~ *fahren; er kann* ~ *kommen, er findet sich überall zurecht*

so|oft [zoˈɔft] ⟨Konj.; subordinierend; der Nebensatz steht vor od. nach dem Hauptsatz; die Tempusformen sind gleich⟩ /temporal; gibt an, dass sich der Sachverhalt des Nebensatzes immer zum gleichen Zeitpunkt wie der des Hauptsatzes wiederholt/: *er konnte, brachte er Blumen mit; sie besuchte ihn,* ~ *er es wünschte;* ~ *wir uns begegnen, grüßt er freundlich* ❖ ↗ **³so,** ↗ **oft**

Sopran [zoˈpʀɑːn], **der;** ~s, ⟨o.Pl.⟩ 'höchste Lage der Stimme von Frauen, Kindern beim Singen': *sie hat einen schönen* ~; ~ ('im Sopran') *singen;* vgl. *Alt, Bariton, Bass, Tenor*

Sorge [ˈzɔʀɡə], **die;** ~ ~n **1.** 'Gefühl der Unruhe, Angst, das jmd. wegen einer unangenehmen, schwierigen od. gefährlichen Lage, Situation, Gegebenheit, deren Bewältigung noch nicht abzusehen ist, bedrückt und beschäftigt'; ↗ FELD I.4.4.1, 6.1: *er hat (große, berufliche, finanzielle)* ~n; *das erfüllt mich mit* ~; *meine Tochter, die Gesundheit meiner Tochter macht, bereitet mir (ernstlich)* ~, ~n; *diese* ~ *bin ich endlich los; ich mache mir um meinen Vater, wegen meines Vaters, um seine Gesundheit, wegen seiner Gesundheit* ~n ('ich habe Sorgen wegen meines Vaters, wegen seiner Gesundheit'); *mach dir meinetwegen, darum, deswegen, deshalb keine* ~n!; *ich bin in* ~ *um meinen Vater, um seine Gesundheit; meine größte* ~ *ist, dass er die Prüfung nicht besteht;* /in den kommunikativen Wendungen/ *keine* ~ ('beunruhige dich nicht')! /wird zu jmdm. beruhigend gesagt, wenn dieser sich unnötig Sorgen macht/; umg. iron. *der hat* ~n ('der regt sich über Belangloses auf')! /wird über jmdn. gesagt, der sich unnötig über etw. aufregt, wo anderes viel wichtiger ist od. der Sprecher selbst ganz andere und größere Sorgen hat/ **2.** ⟨o.Pl.⟩ ~ *für jmdn., etw.* 'das Sorgen (2) für jmdn., etw.': *die* ~ *für ihre Kinder, für die Zukunft ihrer Kinder nimmt*

sie völlig in Anspruch **3.** ~ *für etw. tragen* 'für etw. sorgen (3)': *ich werde* ~ *dafür tragen, dass das nicht wieder vorkommt, dass der Schaden behoben wird* ❖ ↗ **sorgen**

sorgen [ˈzɔʀɡn̩] ⟨reg. Vb.; hat⟩ **1.** /jmd./ *sich* ~ 'sich um jmdn., etw. Sorgen machen': *meine Eltern sorgen sich sehr (um mich, um meine Gesundheit, deswegen)* **2.** /jmd., Institution, Organisation/ *für jmdn., etw.* ~ 'kontinuierlich das Erforderliche tun, damit jmd. (der Unterstützung braucht) gute Lebensumstände hat, dass etw. in einem guten Zustand ist, sich gut entwickelt': *sie sorgte gut, vorbildlich für ihre kranke Mutter, für ihre Familie, für die Zukunft ihres Kindes; diese Organisation sorgt vorbildlich für die Alten; wirst du während unserer Abwesenheit für den Garten* ~?; *für jmdn., etw. ist gesorgt: für ihn, seine Zukunft ist gesorgt* ('ist Vorsorge getroffen') **3.** /jmd., Institution/ *für etw.* ~ 'das Erforderliche tun, damit etw. vorhanden ist, erreicht wird, zustande kommt': *ich werde für Getränke* ~; *für Ruhe* ~; *ich werde dafür* ~, *dass das nicht wieder vorkommt; die Polizei sorgte für Ordnung* **4.** /etw./ *für etw.* ~ 'etw. bewirken': *sein Besuch sorgte für einige Aufregung* ❖ **Sorge, besorgen, Besorgnis, besorgt, Besorgung, Sorgfalt, sorgfältig, sorgsam, unbesorgt, versorgen** − **Fürsorge, fürsorglich, Sorgenkind, sorglos, Sorglosigkeit, Vorsorge, vorsorglich**

Sorgen|kind [ˈ..], **das** 'Kind, das den Eltern od. jmd., der anderen ständig (wegen etw. Bestimmtem) Sorgen (1) macht': *sie ist unser* ~; *N ist das* ~ *der Familie, der Gruppe* ❖ ↗ **Sorge,** ↗ **Kind**

Sorgfalt [ˈzɔʀkfalt], **die;** ~, ⟨o.Pl.⟩ 'das Sorgfältigsein'; ↗ FELD I.4.4.1: *du musst deine Schulaufgaben mit mehr* ~ *erledigen; er hat große* ~ *auf das Anfertigen des Registers verwandt; hier mangelt es, fehlt es an der nötigen* ~ ❖ ↗ **sorgen**

sorgfältig [ˈzɔʀkfɛltɪç] ⟨Adj.; Steig. reg.⟩ 'alles mit Bedacht, Genauigkeit ausführend' /auf Tätigkeiten bez./; ↗ FELD I.4.4.3: *etw.* ~ *auswählen, vorbereiten; er war bei seinen Ermittlungen nicht* ~ *genug; eine* ~*e* ('mit Bedacht und Genauigkeit ausgeführte') *Prüfung des Geräts* ❖ ↗ **sorgen**

sorg/Sorg [ˈzɔʀk..]**-los** ⟨Adj.; Steig. reg.⟩ **1.** ⟨nicht bei Vb.⟩ 'keine Sorgen (1) bereitend' /auf einen Lebensabschnitt bez./; ↗ FELD I.6.3: *sie hatte eine* ~*e Jugend; ein* ~*es Leben führen* **2.** ⟨vorw. attr. u. bei Vb.⟩ SYN 'leichtfertig': *du darfst nicht so* ~ *mit deinem Geld umgehen; der* ~*e Umgang mit dem Feuer* ❖ ↗ Sorge, ↗ los; **-losigkeit** [loːzɪç..], **die;** ~, ⟨o.Pl.⟩ /zu *sorglos 2*/ 'das Sorglossein'; ↗ FELD I.4.4.1, 6.1: *seine* ~ *hat dazu geführt, dass …* ❖ ↗ Sorge, ↗ los

sorgsam [ˈzɔʀk..] ⟨Adj.⟩ **1.** ⟨Steig. reg.; vorw. bei Vb.⟩ 'beim Umgang mit etw. bestrebt, es in gutem Zustand zu erhalten'; SYN pfleglich: *geh bitte mit den geborgten Büchern* ~ *um!* **2.** ⟨Steig. reg., ungebr.; vorw. bei Vb.⟩ SYN 'sorgfältig' /auf Tätigkeiten bez./: *etw.* ~ *vorbereiten, ausführen* **3.** ⟨Steig. reg., ungebr.; nicht präd.; vorw. bei Vb.⟩ *sie deckte*

das Kind ~ ('fürsorglich und vorsichtig') *zu* ❖ ↗
Sorge

Sorte ['zɔʁtə]**, die**; ~, ~n **1.1.** 'eine der sich durch bestimmte Merkmale unterscheidenden Gruppen innerhalb einer bestimmten größeren Gruppe von Sachen, bes. Waren, od. von gezüchteten Pflanzen mit gemeinsamen wesentlichen Merkmalen': *die beste, schlechteste, billigste, teuerste ~ Zigaretten; das ist eine besonders milde ~ (Kaffee); diese ~ (Äpfel, Brot) schmeckt mir nicht; zwei ~n Weizen kreuzen* **1.2.** ⟨o.Pl.; + Attr.⟩ emot. neg. *mit dieser ~ Mensch* ('mit Menschen, die solche Eigenschaften haben') *komme ich nicht zurecht* ❖ **sortieren, Sortiment**

sortieren [zɔʁ'tiːʁən], sortierte, hat sortiert /jmd./ *mehrere Sachen* ~ 'die einzelnen Teile einer Menge von Sachen nach bestimmten Merkmalen ordnen': *die Kartoffeln (nach ihrer Qualität, nach der Größe)* ~; *Fotos, Briefe* ~; *die frisch gewaschene Wäsche* ~ ❖ ↗ **Sorte**

Sortiment [zɔʁti'mɛnt]**, das**; ~s/auch ~es, ~e 'Gesamtheit der verschiedenen Waren od. der Exemplare einer Ware in verschiedener Ausführung, die in einem Geschäft, Warenhaus zum Verkauf angeboten wird': *dieses Geschäft hat ein reichhaltiges, vielseitiges ~ (an Sommerkleidern); das ~ erweitern, vergrößern* ❖ ↗ **Sorte**

so|sehr [zo'zeːɐ] ⟨Konj.; subordinierend; der Nebensatz steht vor od. nach dem Hauptsatz; mit fakult. *auch* im Nebensatz⟩ /gibt an, dass der Sachverhalt des Nebensatzes, so groß auch seine Wirkung ist, keinen Einfluss auf den Sachverhalt des Hauptsatzes hat/: ~ *er sich (auch) bemühte, er konnte sie nicht davon überzeugen; er verzog keine Miene,* ~ *er sich (auch) ärgerte* ❖ ↗ ³**so,** ↗ **sehr**

Soße ['zoːsə]**, die**; ~, ~n 'schmackhafte, meist dickflüssige Flüssigkeit mit verschiedenen Zutaten, die einem Gericht, einer Nachspeise hinzugefügt wird od. zum Zubereiten von Salaten dient': *eine helle, braune, süße ~ zubereiten; Fleisch, Kartoffeln und ~ auf den Teller tun*

sott: ↗ *sieden* (Merke)

Souffleur [zu'fløːɐ]**, der**; ~s, ~e 'jmd., der beruflich während einer Theatervorstellung, ohne von den Zuschauern gesehen zu werden, den Darstellern den Text ihrer Rolle sagt (wenn sie ihn vergessen haben)' ❖ **Souffleuse**

Souffleuse [zu'fløːzə]**, die**; ~, ~n /zu *Souffleur*; weibl./ ❖ ↗ **Souffleur**

soundso ['zoːʊntzoː] I. ⟨Adv.⟩ **1.1.** 'in einer bestimmten Art und Weise, die nicht genauer angegeben werden muss, kann od. soll': *er hatte mir geraten, es* ~ *zu machen* **1.2.** ⟨vor Adj., Adv.⟩ /drückt eine bestimmte Maßangabe, Menge, Zahl, Zeit aus, die nicht genauer genannt werden muss, kann od. soll/: *das ist* ~ *groß, lang; er war* ~ *viele Tage krank, konnte* ~ *oft nicht kommen* — II. ⟨nachgestellt⟩ /steht an Stelle eines bestimmten Namens od. einer bestimmten Kardinalzahl, die nicht genannt werden müssen, können od. sollen/: *dort traf ich Frau*

Soundso, die mir sagte, dass ...; er hat gegen den Paragraphen ~ *verstoßen* ❖ ↗ ¹**so,** ↗ **und**

Souvenir [suvə'niːɐ]**, das**; ~s, ~s 'kleiner Gegenstand, den jmd. auf einer Reise kauft und als Erinnerung mitbringt': *ein* ~ *kaufen, von der Reise mitbringen;* vgl. *Andenken* (2)

souverän [suvə'ʁɛːn/..'ʁeːn] ⟨Adj.⟩ **1.** ⟨o. Steig; nicht bei Vb.⟩ 'Souveränität (1) besitzend': *ein* ~*er Staat* **2.** ⟨Steig. reg.; nicht präd.; vorw. bei Vb.⟩ 'Anforderungen ohne jede Mühe und ganz sicher (2.2) bewältigend': *in der Prüfung war er ganz* ~, *beantwortete er* ~ *jede Frage; Schwierigkeiten* ~ *meistern* ❖ **Souveränität**

Souveränität [suvəʁɛni'tɛːt/..'teː..]**, die**; ~, ⟨o.Pl.⟩ **1.** SYN 'Unabhängigkeit (1.2)': *die* ~ *eines Staates respektieren; dieses Land hat seine* ~ *erlangt;* vgl. *Hoheit* **2.** /zu *souverän* 2/ 'das Souveränsein': *mit* ~ *meisterte er diese schwierige Aufgabe* ❖ ↗ **souverän**

¹**so|viel** [zo'f..] ⟨Konj.; subordinierend; der Nebensatz steht meist vor dem Hauptsatz⟩ **1.** ⟨oft mit Verben des Wissens o.Ä.⟩ /gibt an, dass der Sprecher mit dem Sachverhalt des Nebensatzes den Sachverhalt des Hauptsatzes einschränkt, relativiert/: ~ *ich weiß, hat der Zug Verspätung;* ~ (SYN ²*soweit*) *bis jetzt bekannt ist, haben alle die Prüfung bestanden;* ~ (SYN ²*soweit*) *ich mich erinnere, sind damals drei der Insassen verunglückt* **2.** ⟨als Glied der mehrteiligen Konj. **soviel ... auch**⟩ /konzessiv; gibt an, dass der Sachverhalt des Nebensatzes, so groß auch seine Wirkung ist, keinen Einfluss auf den Sachverhalt des Hauptsatzes hat/: ⟨das Vb. steht im Hauptsatz an zweiter Stelle⟩ ~ *er auch arbeitete, er konnte den Termin nicht halten* ❖ ↗ ¹**so,** ↗ ¹**viel**

²**so viel** ⟨Indefinitpron.; für Mask., Fem., Neutr. und Pl.; in Korrelation mit nachfolgendem *wie*⟩ /bezeichnet eine unbestimmte Menge, Anzahl, die mit einer anderen verglichenen Menge, Anzahl gleich ist/: ⟨adj.⟩ *er hat doppelt* ~ *Geld wie ich;* ⟨subst.⟩ *er aß doppelt, halb* ~ *wie seine Schwester; ich werde dir* ~ *wie/auch als möglich* ('möglichst ¹*viel*') *davon geben; seine Antwort war* ~ *wie ein Versprechen* ('glich einem Versprechen')

³**so viel** ⟨Adv.⟩: ~ *wie/auch als möglich* 'möglichst ²*viel* (2)': *ich werde im Urlaub* ~ *wie/als möglich spazieren gehen*

¹**so weit** ⟨Adv.⟩ **1.1.** /drückt eine Einschränkung aus/ 'im Allgemeinen': *es geht ihm* ~ *gut/*~ *geht es ihm gut* **1.2.** ~ ('was das bis jetzt Gesagte betrifft') *bin ich einverstanden (,aber ...)* **2.** ⟨nur präd. (mit *sein*)⟩ **2.1.** *es ist* ~ 'der erwartete Zeitpunkt ist erreicht': *es ist* ~, *wir können essen; es ist gleich, noch lange nicht* ~ **2.2.** *jmd. ist* ~ 'jmd. ist fertig (1)': *wenn du* ~ *bist, können wir gehen*

²**soweit** [zovaɪt] ⟨Konj.; subordinierend; der Nebensatz steht meist vor dem Hauptsatz⟩ **1.** ⟨oft mit Verben des Wissens o.Ä.⟩ /gibt an, dass der Sprecher mit dem Sachverhalt des Nebensatzes den Sachverhalt des Hauptsatzes einschränkt, relativiert/: ~ (SYN ¹*soviel*) *ich mich erinnere, sind damals drei der Insassen verunglückt;* ~ (SYN ¹*soviel*)

bis jetzt bekannt ist, haben alle die Prüfung bestanden; ∼ *ich es beurteilen kann, hat sich das Unglück so nicht zugetragen* **2.** /gibt an, dass der Sachverhalt des Nebensatzes den Sachverhalt des Hauptsatzes unter einer bestimmten Bedingung einschränkt/: *alle Mitarbeiter des Betriebes,* ∼ *(sie nicht krank waren),* ∼ *sie gesund waren, beteiligten sich an dieser Aktion* ❖ ↗ ²so, ↗ weit

¹so wenig ⟨Adv.⟩ **1.** *ich weiß das* ∼ *wie du* ('so wie du das nicht weißt, weiß ich es auch nicht') **2.** ∼ *wie/auch als möglich* 'möglichst ²wenig (3)': *ich werde im Urlaub* ∼ *wie/als möglich an die Arbeit denken*

²so|wenig ⟨Konj.; subordinierend; steht der Nebensatz vor dem Hauptsatz, ist das Korrelat *doch* im Hauptsatz obligatorisch⟩ /gibt an, dass der Sachverhalt des Nebensatzes, so gering auch seine Wirkung ist, doch Einfluss auf den Sachverhalt des Hauptsatzes hat/: ∼ *er darüber informiert war, konnte er doch die Zusammenhänge ahnen;* ∼ *er (auch) damit befasst war, er hat es (doch) gut bewältigt* ❖ ↗ ²so, ↗ ¹wenig

³so wenig ⟨Indefinitpron.; indekl.; für Mask., Fem., Neutr. u. Pl.; in Korrelation mit nachfolgendem *wie*⟩ 'in gleichem Maß ¹wenig (1.1, 1.3)': ⟨adj.⟩ *wir hatten* ∼ *Anmeldungen wie voriges Jahr;* ⟨subst.⟩ *er aß* ∼ *wie seine Schwester; trinke* ∼ *wie/auch als möglich* ('möglichst wenig') ❖ ↗ ¹,³so, ↗ ¹wenig

so|-wie [..'v..] ⟨Konj.; subordinierend od. koordinierend⟩ **1.** ⟨subordinierend; der Nebensatz steht vor od. hinter dem Hauptsatz⟩ /temporal; gibt an, dass der Sachverhalt des Nebensatzes zeitlich unmittelbar vor dem des Hauptsatzes liegt, der Sachverhalt des Hauptsatzes folgt direkt/; SYN sobald (1): *ich richte es ihm aus,* ∼ *er nach Hause gekommen ist;* ∼ *er Genaueres weiß, wird er uns informieren* **2.** ⟨koordinierend; verbindet zwei Satzglieder, bes. Subst.⟩ /fügt bes. bei Aufzählungen etw. an/ 'und (außerdem)': *er kaufte Briefpapier, Briefmarken* ∼ *einige Farbstifte; unter dem Weihnachtsbaum lagen Äpfel, Apfelsinen und Nüsse* ∼ *Mandeln;* **-wieso** ['zo:vizo/..'zo:] ⟨Modalpartikel; betont od. unbetont; bezieht sich auf den ganzen Satz; steht vorw. in Aussagesätzen⟩ /der Sprecher drückt damit aus, dass der Sachverhalt unabhängig von anderen od. weiteren Gründen zutrifft/; SYN ohnehin: *dass das Projekt nicht genehmigt worden ist, brauchen wir nicht zu bedauern, es wäre* ∼ *nicht zustande gekommen; wir brauchen uns nicht zu beeilen, der Zug hat* ∼ *Verspätung; ich kann dir gleich ein Rezept holen, ich muss* ∼ *zum Arzt;* **-wohl** [..'v..] ⟨als Glied der mehrteiligen koordinierenden Konj. **sowohl … als/ wie auch**; verbindet bes. zwei Satzglieder od. Teile von Satzgliedern⟩ /gibt an, dass das durch *sowohl* Benannte und das durch *als auch* Benannte zugleich gelten; die mehrteilige Konj. ist nachdrücklicher als ↗ *und*; beide Teile werden eher als selbständige Teile aufgefasst/: ∼ *Hans als/wie auch Birgit hat den Film gesehen; er hat* ∼ *den Film gesehen, als auch das Buch dazu gelesen; es werden* ∼ *weibli*

che als auch männliche Arbeitskräfte eingestellt; er ist ∼ *Arzt wie auch Künstler*
MERKE Zur Kongruenz: Das Verb kann im Sg. als auch im Pl. stehen: ∼ *Frau F als auch Frau W hat/haben diesen Vorfall beobachtet*

sozial [zo'tsi̯aːl] ⟨Adj.; o. Steig.⟩ **1.** ⟨nur attr.⟩ **1.1.** 'die Beziehungen der Menschen untereinander in der Gesellschaft betreffend': *Kritik an den* ∼*en Verhältnissen üben; das* ∼*e Milieu* **1.2.** 'die Gesellschaft und ihre ökonomische und politische Struktur (in ihrer Auswirkung auf die Lebensbedingungen der Menschen) betreffend': *Staaten mit unterschiedlicher* ∼ *Ordnung; sich für* ∼*e Gerechtigkeit einsetzen;* ∼*e Politik; der* ∼*e Fortschritt* **2.** ⟨nicht präd.⟩ 'die Zugehörigkeit der Menschen zu einer der verschiedenen Schichten innerhalb der Gesellschaft betreffend': *Menschen unterschiedlicher* ∼*er Herkunft, Stellung;* ∼*e Gegensätze, Konflikte;* ∼ *aufsteigen* **3.** 'auf das Wohl der Mitglieder der Gesellschaft und speziell der wirtschaftlich Schwächeren gerichtet'; ↗ FELD I.18.3: *das* ∼*e Netz ausbauen; einen* ∼*en Beruf* ('einen Beruf, dessen Aufgabe es ist, sich in Not befindenden Menschen zu helfen') *ergreifen; die* ∼*e* ↗ *Marktwirtschaft; sein Verhalten ist nicht sehr* ∼*; es werden* ∼*e Maßnahmen eingeleitet;* ∼*e Einrichtungen;* ∼ *handeln* ❖ Sozialismus, Sozialist, sozialistisch, Soziologe, Soziologie, soziologisch; vgl. Sozial-

Sozial [zo'tsi̯aːl..]|-amt, das 'Behörde, die für die Durchführung aller gesetzlich vorgesehenen Maßnahmen für das Gewähren von Sozialhilfe zuständig ist'; SYN Fürsorge (2): *beim* ∼ *einen Antrag auf Sozialhilfe stellen* ❖ ↗ Amt; **-hilfe, die** ⟨o.Pl.⟩ 'durch den Staat in unterschiedlichen Formen, z. B. als Geld, gewährte Hilfe, auf die jmd. Anspruch hat, der den notwendigen Lebensunterhalt weder aus eigenen Mitteln noch mit Hilfe anderer bestreiten kann od. der in einer besonderen Notlage ist': ∼ *beantragen, erhalten* ❖ ↗ helfen; **-hilfeempfänger, der** 'jmd., der Sozialhilfe erhält': *die Zahl der* ∼ *ist gestiegen* ❖ ↗ helfen, ↗ empfangen

Sozialismus [zotsi̯a'lɪsmʊs], der; ∼, ⟨o.Pl.⟩ 'politische Richtung, Bewegung, die für das gesellschaftliche Eigentum an den Produktionsmitteln, für eine gerechte Verteilung des gesellschaftlichen Reichtums eintritt': *die Ziele, Ideale des* ∼*; der* ∼ *als Utopie; ein Anhänger des* ∼ ❖ ↗ sozial

Sozialist [zotsi̯a'lɪst], der; ∼en, ∼en 'Anhänger, Vertreter des Sozialismus': *er war überzeugter* ∼ ❖ ↗ sozial

sozialistisch [zotsi̯a'lɪst..] ⟨Adj.; o. Steig.; vorw. attr.⟩ 'den Sozialismus betreffend, auf dem Sozialismus beruhend': ∼*e Ideale; eine* ∼*e Partei* ❖ ↗ sozial

Sozial ['zotsi̯aːl..] |-versicherung, die 'gesetzlich geregelte Versicherung des Arbeitnehmers für den Fall der Arbeitslosigkeit, eines Arbeitsunfalls, von Krankheit und für das Gewähren einer Rente': *die Beiträge für die* ∼ ❖ ↗ sicher; **-wohnung, die** 'mit öffentlichen Mitteln gebaute Wohnung mit relativ geringer Miete für Mieter mit geringem Einkom men': *eine ~ haben; eine ~ beantragen* ❖ ↗ wohnen

Soziologe [zotsi̯o'loːgə], **der**; ~n, ~n 'Fachmann, Wissenschaftler auf dem Gebiet der Soziologie': *er ist ~* ❖ ↗ **sozial**

Soziologie [zotsi̯olo'giː], **die**; ~, ⟨o.Pl.⟩ 'Wissenschaft von den Formen der Beziehungen der Menschen untereinander in der Gesellschaft, den Erscheinungsformen, der Entwicklung und den Gesetzmäßigkeiten gesellschaftlichen Lebens': *~ studieren* ❖ ↗ **sozial**

soziologisch [zotsi̯o'loːg..] ⟨Adj.; o. Steig.; nicht präd.⟩ 'die Soziologie betreffend, auf der Soziologie beruhend': *das ist ein ~es Phänomen; etw. unter ~en Gesichtspunkten betrachten; ~e Studien, Untersuchungen, Forschungen* ❖ ↗ **sozial**

sozusagen ['zoːtsuzaːgn̩/zo..'zaː..] ⟨Satzadv.⟩ /drückt die vorsichtige, distanzierte Einstellung des Sprechers aus, mit der er seine Aussage relativiert/ 'wenn ich das so ausdrücken darf': *das ist ~ nur ein Experiment; er hat damit ~ bewiesen, dass ...* ❖ ↗ **¹so**, ↗ **sagen**

Spachtel ['ʃpaxtl̩], **der**; ~s, ~/auch **die**; ~, ~n 'aus einem breiten, flachen trapezförmigen Teil und einem Griff bestehendes kleines Werkzeug zum Auftragen, Glätten, Abkratzen von Farbe, Mörtel, Kitt, Gips': *die alte Farbe mit dem/der ~ abkratzen vgl. Spatel;* ↗ FELD V.5.1 ❖ **spachteln**

spachteln ['ʃpaxtl̩n] ⟨reg. Vb.; hat⟩ **1.** /jmd./ *Farbe, Mörtel, Kitt, Gips ~* ('Farbe, Mörtel, Kitt, Gips in breiartigem Zustand mit dem Spachtel auftragen [und glätten]'; ↗ FELD V.5.2); *etw. irgendwohin ~: Gips in die Fugen ~* ('mit dem Spachtel in die Fugen streichen und glätten') **2.** umg. 'mit gutem Appetit viel essen': *er hat ganz schön gespachtelt* ❖ ↗ **Spachtel**

spähen ['ʃpɛːən/'ʃpeː..] ⟨reg. Vb.; hat⟩ /jmd./ *aus etw.* ⟨Dat.⟩, *irgendwohin ~* 'scharf beobachtend, konzentriert und suchend aus etw., irgendwohin blicken': ↗ FELD I.3.1.2: *aus dem Fenster, um die Ecke, in die Ferne, nach dem Eingang ~* ❖ **Spähtrupp**

Späh|trupp ['ʃpɛː../'ʃpeː..], **der** 'zur Erkundung von etw. zusammengestellte Gruppe Soldaten': *einen ~ aussenden; der ~ machte Gefangene* ❖ ↗ **spähen**, ↗ **Truppe**

Spalier [ʃpa'liːɐ̯], **das**; ~s, ~e **1.** 'gitterartiges Gefüge aus Latten, Draht, an dem man Obstbäume, Kletterpflanzen in die Höhe, Breite wachsen lässt': *Rosen ranken am ~; Obstbäume am ~ ziehen* **2.** 'bei einem besonderen Anlass aus zwei Reihen von Menschen gebildete Gasse (2), durch die jmd., der geehrt werden soll, geht, fährt': *ein dichtes ~ bilden; ~* ↗ *stehen* (1.3) ❖ **Spalierobst**

Spalier|obst [..'l..], **das 1.** 'Obst von Bäumen, die an Spalieren (1) wachsen': *~ ernten* **2.** 'an Spalieren (1) wachsende Obstbäume': *~ anpflanzen, schneiden* ❖ ↗ **Spalier**, ↗ **Obst**

Spalt [ʃpalt], **der**; ~s/auch ~es, ~e **1.** 'vorübergehend entstandener länglicher, schmaler Zwischenraum

zwischen zwei Teilen von etw., der eine Öffnung darstellt'; SYN Spalt (2): *die Tür einen ~ weit, einen ~ breit öffnen, einen ~ offen lassen; durch einen ~ blicken; durch einen ~ im Fensterladen drang das Tageslicht* **2.** SYN 'Spalte (1)': *ein ~ im Eis* ❖ ↗ **spalten**

Spalte ['ʃpaltə], **die**; ~, ~n **1.** 'langer (breiter) Riss in einem festen Material'; SYN Spalt (2): *eine breite ~ im Gestein, Fels, Eis* **2.** SYN 'Spalt (1)': *die Tür einen ~ weit öffnen* **3.** 'eine von zwei od. mehreren senkrecht verlaufenden, rechteckigen Flächen auf einer Seite, einem Blatt mit od. für Text': *die Seiten dieses Wörterbuchs haben zwei ~n; der Zeitungsartikel war eine ~ lang; die Namen in die rechte ~ eintragen* ❖ ↗ **spalten**

spalten ['ʃpaltn̩], spaltete, hat gespalten/gespaltet **1.1.** ⟨gespalten/gespaltet⟩ /jmd./ *etw. ~* 'etw. (aus festem Material, bes. Holz) der Länge nach (gewaltsam) in zwei od. mehrere Teile teilen': *er hat (mit dem Beil) Holz gespalten, gespaltet; dieses Holz lässt sich gut, leicht ~* ('kann gut, leicht gespaltet werden'); *ein Haufen gespaltenes Holz; dem Opfer wurde der Schädel gespalten;* /etw./ *der Blitz hat den Baum gespalten, gespaltet* **1.2.** ⟨gespalten⟩ /etw./ *sich ~: ihre Haare, Fingernägel haben sich gespalten* ('sind der Länge nach bes. an den Spitzen in zwei od. mehrere Teile auseinander gegangen') **2.** ⟨gespalten⟩ Phys. /jmd., Unternehmen/ *Atomkerne ~* ('durch Einwirken z. B. von stark beschleunigten Neutronen auf Atomkerne erreichen, dass sie zerfallen, wobei Energie entsteht') **3.** ⟨gespalten⟩ **3.1.** /jmd., etw./ *eine Gruppe von Menschen, etw. ~* 'bewirken, dass die ideelle Einheit von einer Gesamtheit von Personen, von etw. aufhört zu bestehen': *es gelang ihm nicht, die Partei zu ~; etw. in zwei od. mehrere Gruppen ~: der Bürgerkrieg hat das Land in zwei Lager gespalten* ('hat bewirkt, dass im Land zwei gegensätzliche Lager entstanden sind') **3.2.** /Gruppe von Menschen/ *sich ~* 'die ideelle Einheit verlieren': *seine Anhängerschaft hat sich gespalten; sich in zwei od. mehrere Gruppen ~: die Klasse hat sich in zwei Lager gespalten* ('in der Klasse sind zwei gegensätzliche Lager entstanden')
MERKE Zu *spalten* (1.1): Wird das Part. II attr. od. mit *sein* verwendet, lautet es immer *gespalten* ❖ **Spalt, Spalte** – **Haarspalterei, Zwiespalt, zwiespältig**

Span [ʃpaːn], **der**; ~/auch ~es, Späne ['ʃpɛːnə/'ʃpeː..] 'von etw. abgetrenntes kleines, dünnes (längliches) Teil aus Holz, Metall von unregelmäßiger Form, das beim Bearbeiten eines Werkstücks entsteht': *feine Späne; beim Hobeln, Schnitzen fallen Späne ab*

Spange ['ʃpaŋə], **die**; ~, ~n **1.** 'aus Metall od. Kunststoff bestehender Gegenstand mit einem Verschluss, mit dem etw., bes. Haar, zusammengehalten wird': *sie trug eine ~ im Haar* **2.** 'Vorrichtung aus Draht, mit der die anomale Stellung von Zähnen korrigiert wird': *das Mädchen hat vorstehende Zähne und muss eine ~ tragen*

spanisch [ˈʃpaːn..] ⟨Adj.⟩
* /etw. (vorw. *das, es*)/ **jmdm. ~ vorkommen** (ˈjmdm. merkwürdig, verdächtig vorkommen')

spann: ↗ spinnen

Spann [ʃpan], **der**; ~s/auch ~es, ~e ˈobere Seite des menschlichen Fußes vom Ansatz des Schienbeins bis zu den Zehen'; ↗ FELD I.1.1: *einen hohen ~ haben* ❖ ↗ **spannen**

Spanne [ˈʃpanə], **die**; ~, ~n ⟨vorw. mit Attr.⟩ ˈ(kürzerer) Zeitraum': *ihm blieb nur eine kurze ~ (von drei Tagen); eine kurze ~ Zeit; die ~ eines Jahrzehnts; eine ~ von drei Stunden* ❖ ↗ **spannen**

spannen [ˈʃpanən] ⟨reg. Vb.; hat; ↗ auch *spannend, gespannt*⟩ **1.1.** /jmd./ etw. ~ ˈauf etw., bes. ein Seil, Netz, Tuch, von seinen Enden, Rändern aus in einer od. mehreren Richtungen einen Zug (1.2) ausüben und die Enden, Ränder irgendwo befestigen': *ein Seil, eine Wäscheleine ~; zwischen den Pfosten Drähte ~; ein Netz, Tuch ~* **1.2.** /jmd./ etw. ~ ˈauf etw., bes. eine Saite, (von seinen Enden, Rändern aus) in einer od. mehreren Richtungen einen Zug (1.2) ausüben und es so straff machen': *das Seil ~; die Saiten der Geige ~; den Bogen* (ˈdie Sehne des Bogens') ~ **2.** /Kleidungsstück/ ˈzu eng sein und dadurch eine unangenehme Empfindung verursachen': *das Kleid spannt (über den Hüften, unter den Armen)* **3.** /jmd./ ein Zugtier vor etw. ~ ˈdie Gurte des Geschirrs eines Zugtiers vorn an einem Wagen o.Ä. befestigen, damit dieser von ihm gezogen werden kann': *das Pferd vor den Wagen ~; den Ochsen vor den Pflug ~* **4.** /jmd./ etw. in etw. ~: *einen Bogen Papier in die Schreibmaschine ~* (ˈso in die Schreibmaschine bringen, dass er dort fest 3.1 ist'); *das Werkstück in den Schraubstock ~* **5.** /etw., bes. Brücke/ *sich über etw. ~*: *eine Brücke spannt sich über den Fluss* (ˈerstreckt sich in weitem Bogen über den Fluss') ❖ **entspannen, Entspannung, Gespann, gespannt, Spann, Spanne, spannend, Spannung — abgespannt, abspannen, ausspannen, einspannen, Hochspannung, spannungsgeladen, Spannweite, überspannt, Zeitspanne**

spannend [ˈʃpanənt] ⟨Adj.; ↗ auch *spannen*⟩ ˈgroße Spannung hervorrufend' /bes. auf Bücher, Filme, Erzählungen bez./: *ein ~er* (SYN ˈfesselnder 2') *Roman; ein ~es Fußballspiel; der Krimi ist sehr ~; er kann ~ erzählen* ❖ ↗ **spannen**

Spannung [ˈʃpan..], **die**; ~, ~en **1.** ⟨o.Pl.⟩ **1.1.** ˈZustand des erregten, ungeduldigen Wartens auf etw., bes. auf ein Ergebnis od. auf die Art der Entwicklung eines Geschehens': *ich verfolge die Ereignisse mit großer ~; im Saal herrschte ungeheure ~; die ~ im Stadion wuchs; mit/voll ~ auf das Wahlergebnis warten* **1.2.** *die Erzählung, das Fußballspiel ist voller ~* (ˈruft große Spannung 1.1 hervor, ist sehr spannend') **2.** ⟨vorw. Pl.⟩ ˈZustand des Erregtseins, der nervösen Unruhe': *psychische ~en* **3.** ⟨vorw. Pl.⟩ ˈgespanntes Verhältnis zwischen Personen, Personengruppen, Staaten': *zwischen meinen Eltern und mir besteht eine gewisse ~; politische, internationale ~en; es gab, herrschten in der Partei große ~en* **4.**

ˈStärke des elektrischen Stroms': *die ~ sinkt, steigt, schwankt; die Leitung steht unter ~* (ˈdurch die Leitung fließt Strom'); *die elektrische ~* **5.** Phys. ⟨+ Gen.attr.⟩ ˈKraft, mit der ein elastischer Körper auf Belastung reagiert': *die ~ einer Feder, eines Gewölbes* ❖ ↗ **spannen**

spannungs|geladen [ˈʃpanʊŋsɡəlaːdn̩] ⟨Adj.; Steig. reg., ungebr.; nicht bei Vb.⟩ ˈvon großen Spannungen (3) zeugend': *eine ~e Atmosphäre; die Sitzung war ~* ❖ ↗ **spannen, ↗ laden**

Spann|weite [ˈʃpan..], **die 1.** ˈEntfernung zwischen den äußeren Enden der ausgebreiteten Flügel eines Vogels, Insekts, zwischen den äußeren Enden der Tragflächen eines Flugzeugs': *die Tragflächen haben eine ~ von … Metern* **2.** Bauw. ˈEntfernung zwischen zwei Stützen einer Brücke, eines Bogens, eines Gewölbes': *die ~ einer Brücke; die Brücke hat eine ~ von … Metern* ❖ ↗ **spannen, ↗ weit**

Spar [ˈʃpaːʁ..]**|-buch, das** ˈHeft, in das die vom Sparer bei einer Sparkasse, Bank eingezahlten od. abgehobenen gesparten Beträge und die Zinsen eingetragen werden'; ↗ FELD I.16.1: *ein ~ anlegen; eine Summe vom ~ abheben, aufs ~ einzahlen* ❖ ↗ sparen, ↗ Buch; **-einlage, die** ˈdie Summe der auf das Sparkonto einer Sparkasse, Bank eingezahlten Geldbeträge'; ↗ FELD I.16.1: *die ~n haben sich erhöht* ❖ ↗ sparen, ↗ legen

sparen [ˈʃpaːʁən] ⟨reg. Vb.; hat⟩ **1.** /jmd./ ˈGeld nicht ausgeben, sondern (für einen bestimmten Zweck) aufheben od. auf ein Sparkonto einzahlen'; ↗ FELD I.2.2, 16.2: *wenn du ein Fahrrad haben willst, musst du ~; für/auf ein Auto ~; Geld ~: ich habe schon 500 Mark, einen größeren Betrag (für den Schrank) gespart* **2.** /jmd./ **2.1.** etw. ~ ˈmöglichst wenig von etw. verbrauchen (weil es knapp ist od. um möglichst wenig Geld dafür ausgeben zu müssen)': *wir müssen Strom ~; Material ~; mit etw. ~: spar mit dem Fett!* **2.2.** mit Geld ~ ˈbestrebt sein, möglichst wenig Geld auszugeben: *mit dem Wirtschaftsgeld ~; mit jedem Pfennig ~* (ˈsich auch die kleinste Ausgabe genau überlegen') **2.3.** an etw. ⟨Dat.⟩ ~ ˈbestrebt sein, möglichst wenig Geld für etw. auszugeben': *du darfst nicht am Essen, an der Kleidung ~* **2.4.** etw. ~ ˈetw. nicht verbrauchen, nicht verwenden und so für andere Gelegenheiten noch zur Verfügung haben': *ich gehe zu Fuß, um das Fahrgeld zu ~; durch diese Maßnahme können wir viel Arbeit, Zeit, Kraft ~* **3.** /jmd./ sich ⟨Dat.⟩ etw. ~ **3.1.** ˈetw., das für einen unangenehm, mühsam ist, vermeiden': *du sparst dir viel Ärger, wenn du nicht hingehst; diese Mühe, diesen Weg hätte ich mir ~ können* (ˈdiese Mühe, diesen Weg wäre nicht nötig gewesen')! **3.2.** ˈeine Äußerung unterlassen, weil sie überflüssig ist, als überflüssig betrachtet wird': *ich spare mir alle Ratschläge, du machst ja doch, was du willst!; diese Bemerkung hättest du dir ~ können* (ˈhättest du besser nicht gemacht')! ❖ **Sparer, ersparen, Ersparnis, spärlich, sparsam, Sparsamkeit — absparen, Bausparen, Sparbuch, -einlage, -kasse, -konto, zeitsparend**

Sparer [ˈʃpaːʀɐ], **der**; ~s, ~ ˈjmd., der bei einer Spar-
kasse, Bank ein Sparkonto hat'; ↗ FELD I.16.1:
die kleinen ~ (ˈSparer mit geringen Spareinlagen')
haben bei dem Bankrott der Bank alles verloren ❖
↗ **sparen**

Spargel [ˈʃpaʀgl], **der**; ~s, ~ **1.** ⟨vorw. Sg.⟩ ˈPflanze
mit gelblichen Blüten und kleinen roten Beeren, de-
ren junger, noch unter der Erde befindlicher stan-
genförmiger Spross als Gemüse verwendet wird';
↗ FELD II.4.1: ~ *anbauen* **2.** ⟨der Sg. meint den
Pl.⟩ ˈjunge, als Gemüse verwendete Sprosse vom
Spargel (1)'; ↗ FELD I.8.1 (↗ TABL Gemüsear-
ten): ~ ↗ *stechen; ~ essen; ein Bund ~*

Spar [ˈʃpaːʀ..]|-**kasse, die** SYN ˈBank (2)'; ↗ FELD
I.16.1: *Geld auf die ~ bringen;* -**konto, das** ˈKonto
für Spareinlagen'; ↗ FELD I.16.1 ❖ ↗ sparen, ↗
Kasse

spärlich [ˈʃpɛːɐ../ˈʃpeːɐ..] ⟨Adj.⟩ ˈin der Anzahl,
Menge, Intensität geringer als erwartet, er-
wünscht': *ein ~er Haarwuchs, Ertrag; eine ~e Ve-
getation; das Wasser floss ~ aus dem Hahn; eine ~e*
(SYN ˈklägliche 3') *Ausbeute; die Beleuchtung war
sehr ~* (SYN ˈdürftig 2') ❖ ↗ **sparen**

sparsam [ˈʃpaːʀ..] ⟨Adj.⟩ **1.** ⟨Steig. reg.⟩ ˈbestrebt,
möglichst wenig Produkte o.Ä. zu verbrauchen,
möglichst wenig Geld auszugeben' /vorw. auf Per-
sonen bez./: *sie ist eine ~e Hausfrau; sie ist, lebt
sehr ~; wir müssen mit dem Material, den Vorräten
~ sein, ~ umgehen* **2.** ⟨Steig. reg.; nur präd. (mit
sein)⟩ /Produkt o.Ä./ ~ *(im Verbrauch) sein: dieses
Waschpulver ist sehr ~ (im Verbrauch)* (ˈdieses
Waschpulver ist sehr ergiebig') **3.** ⟨o. Steig.; vorw.
bei Vb.⟩ *ein ~ möbliertes* (ˈmit nur wenigen Mö-
beln ausgestattetes') *Zimmer* ❖ ↗ **sparen**

Sparsamkeit [ˈ..], **die**; ~, ⟨o.Pl.⟩ /zu *sparsam 1*/ ˈdas
Sparsamsein'; ↗ FELD I.2.1: *seine ~ grenzt schon
an Geiz* ❖ ↗ **sparen**

spartanisch [ʃpaʀˈtaːn..] ⟨Adj.; Steig. reg., ungebr.⟩
/beschränkt verbindbar/ **1.** *eine ~e* (ˈstrenge, auf
strenge Disziplin gerichtete') *Erziehung; er ist ~ er-
zogen worden* **2.** *eine ~* (ˈauf das Nötigste be-
schränkte') *Möblierung; ~ leben* (ˈso leben, dass
man seine Ausgaben auf das Nötigste beschränkt';
ANT luxuriös, üppig 2)

Sparte [ˈʃpaʀtə], **die**; ~, ~n ˈspezieller Bereich als Teil
bes. der Wirtschaft od. bestimmter Verbände': *er
hat schon in verschiedenen ~n der Wirtschaft gear-
beitet; der Vorstand, die Mitglieder einer ~*

Spaß [ˈʃpaːs], **der**; ~es, Späße [ˈʃpɛːsə/ˈʃpeː..] **1.** ⟨o.Pl.⟩
ˈVergnügen, das man bei einem bestimmten Tun
empfindet'; ↗ FELD I.6.1: *dieses Spiel macht
(mir) großen, richtigen, viel, keinen ~; an etw.*
⟨Dat.⟩ ~ *haben, finden; jmdm. den ~ (an etw.) ver-
derben; /in der kommunikativen Wendung/ (ich
wünsche dir) viel ~* (ˈamüsier dich gut')! /wird zu
jmdm. gesagt, wenn dieser geht, um etw. Erfreuli-
ches zu erleben, od. wenn man sich von jmdm. ver-
abschiedet, dem etw. Erfreuliches bevorsteht/ **2.**
SYN ˈScherz': *ein harmloser ~; sich (mit jmdm.)
einen ~ erlauben; die Kinder lachten über die Späße*

der Clowns; er macht gern ~/Späße **3.** ⟨o.Pl.⟩ *ich
habe doch nur ~ gemacht* (ˈich habe das doch nur
im Scherz gesagt, nicht im Ernst gemeint'); *etw. nur
im/aus/zum ~ sagen* (ˈetw. nur im Scherz sagen,
nicht im Ernst meinen'); /in der kommunikativen
Wendung/ ~ *beiseite* (ˈim Ernst')! /wird gesagt,
wenn man den scherzhaften Umgangston wechseln
möchte, um ernsthaft über etw. zu reden/ ❖ **spaßen,
spaßig — Spaßmacher, -vogel**
* /jmd./ ~ **verstehen** (ˈHumor haben'); /jmd./ **keinen
~ verstehen** (ˈkeinen Humor haben'); ⟨⟩ umg. /etw.
(vorw. *das*)/ **ein teurer ~ sein** ⟨vorw. im Präs.⟩
(ˈgrößere Ausgaben verursachen')

spaßen [ˈʃpaːsn̩] ⟨reg. Vb.; hat; vorw. verneint⟩ /jmd./
ˈetw. im Scherz sagen, nicht im Ernst meinen': /in
den kommunikativen Wendungen/ *ich spaße nicht*
(ˈich meine das ernst')! /wird zu jmdm. warnend
gesagt, wenn dieser glaubt, an ihn gerichtete Forde-
rungen und Drohungen nicht ernst nehmen zu
müssen/; *du spaßt wohl* (ˈdas ist doch nicht dein
Ernst')?; vgl. *scherzen* ❖ ↗ **Spaß**
* **mit jmdm. ist nicht zu ~** (ˈjmd. wird leicht böse,
reagiert leicht empfindlich'); **mit etw. ist nicht zu ~**
ˈetw. ist in Bezug auf seine negativen Auswirkun-
gen nicht zu unterschätzen': *mit dieser Krankheit
ist nicht zu ~*

spaßig [ˈʃpaːsɪç] ⟨Adj.; Steig. reg.⟩ ˈbelustigend, er-
heiternd wirkend'; SYN komisch (1) /auf eine Per-
son, einen Text od. ein Ereignis bez./: *eine ~e Ge-
schichte; ein ~er alter Herr; er erzählt sehr ~; etw.
Spaßiges erleben* ❖ ↗ **Spaß**

Spaß [ˈʃpaːs]-**macher** [maxɐ], **der**; ~s, ~ ˈjmd., der
andere mit Späßen unterhält': *er gefiel sich in seiner
Rolle als ~* ❖ ↗ Spaß, ↗ machen; -**vogel, der** ˈjmd.,
der oft lustige Einfälle hat und andere mit seinen
Späßen erheitert': *er ist ein ~* ❖ ↗ Spaß, ↗ Vogel

Spat [ʃpaːt], **der**; ~es/auch ~s, ⟨o.Pl.⟩ ˈMineral, das
sich nach mehreren Richtungen gut spalten lässt';
↗ FELD II.5.1 ❖ **Feldspat**

spät [ʃpɛːt/ʃpeː..] ↗ auch *später, spätestens* **I.** ⟨Adj.⟩
1. ⟨Steig. reg., o. Superl.; nicht bei Vb.⟩ ˈdas Ende
eines bestimmten Zeitabschnitts betreffend'; ANT
früh (I.1): *am ~en Vormittag, Nachmittag, Abend;
das ~e Mittelalter; es ist schon ~ (am Tage); es
handelt sich um ein ~es Werk des Malers* (ˈum ein
Werk, das der Maler im Alter gemalt hat') **2.**
⟨Steig. reg.⟩ ˈnach einem bestimmten, für das Be-
treffende üblichen, günstigen Zeitpunkt liegend,
geschehend, vorhanden'; ANT früh (I.2): *ein ~es
Frühjahr; ~e Reue; einen ~eren Termin, Zug wäh-
len; es ist zu ~, um noch etwas ändern zu können;
beeilt euch, es ist schon ~!; ~ aufstehen; das Kind
hat ~ sprechen gelernt; du kommst aber ~!; ich
komme morgen etwas ~er* (ˈeinige Zeit nach dem
festgelegten Zeitpunkt'); *zu ~ kommen: sie kommt
ständig zu ~* (ˈsie kommt ständig nach dem für ein
Treffen, eine Zusammenkunft festgelegten Zeit-
punkt, bes. nach Arbeits-, Unterrichtsbeginn') **3.**
⟨o. Steig.; nur präd. (mit sein); nur im mit *wie* ein-
geleiteten Fragesatz⟩ *wie ~ ist es* (ˈwelche Uhrzeit

haben wir jetzt')? — **II.** ⟨Adv.⟩ *von früh bis ~ 'von morgens bis abends': er arbeitet von früh bis ~* ❖ **später, spätestens, verspäten, Verspätung — Spätfolge**

Spatel [ˈʃpaːtl̩], **der**; ~s, ~ /auch **die**; ~, ~n ʼin der Praxis eines Arztes od. in einer Apotheke verwendeter schmaler, flacher Gegenstand bes. aus Holz, Kunststoff, mit dem z. B. Salbe aufgetragen od. beim Untersuchen des Halses die Zunge nach unten gedrückt wird'; vgl. *Spachtel*; ↗ FELD V.5.1 ❖ vgl. **Spaten**

Spaten [ˈʃpaːtn̩], **der**; ~s, ~ ʼGerät, das bes. zum Graben, Umgraben verwendet wird'; ↗ FELD V.5.1 (↗ TABL Gartengeräte): *mit dem ~ den Garten umgraben, eine Grube ausheben* ❖ vgl. **Spatel**

später [ˈʃpɛːt/ˈʃpeː..] ↗ auch *spät* **I.** ⟨Adj.; o. Steig.; nur attr.⟩ **1.1.** /von der Gegenwart aus gesehen/ ʼnach einer gewissen Zeit in der Zukunft folgend'; ↗ FELD VII.4.8: *in ~en Jahren wirst du dich dessen erinnern; das ist eine Aufgabe für ~e* (ʼkünftige') *Generationen* **1.2.** /von der Gegenwart aus gesehen/ ʼnach einer gewissen Zeit auf einen vergangenen Zeitpunkt in der Vergangenheit folgend': *der Stil seiner ~en Romane; damals lernte ich meine ~e Frau kennen* (ʼlernte ich sie, die nach einer gewissen Zeit meine Frau wurde, kennen'); *der ~e Besitzer hat das Haus renovieren lassen* — **II.** ⟨Adv.⟩ **1.1.** /von der Gegenwart aus gesehen/ ʼzu einem Zeitpunkt, der nach einer gewissen Zeit in der Zukunft folgt': *das mache ich nicht jetzt, sondern ~; ich soll ~ wiederkommen;* ⟨+ Präp.⟩ *das hat Zeit bis ~;* /in der kommunikativen Wendung/ *bis/auf ~* (ʼwir sehen uns später')! /wird zum Abschied gesagt, wenn man weiß, dass man im Lauf des Tages wieder zusammen sein wird/ **1.2.** /von der Gegenwart aus gesehen/ ʼzu einem in der Vergangenheit gelegenen Zeitpunkt, der nach einer gewissen Zeit auf einen vergangenen Zeitpunkt gefolgt ist': *in meiner Jugend habe ich viel gelesen, ~ fehlte mir die Zeit dafür; erst ~ habe ich die Bedeutung seiner Worte verstanden;* ⟨einer temporal Adv.best. nachgestellt⟩ *im Frühjahr 1980 lernte ich sie kennen; ein halbes Jahr ~* (ʼdanach') *haben wir geheiratet* ❖ ↗ **spät**

spätestens [ˈʃpeːtəstn̩s/ˈʃpeː..], ⟨Adv.; + temporale Adv.best.; ↗ auch *spät*⟩ ʼnicht später (↗ *spät* I.1.1) als'; ANT frühestens: *ich komme ~ morgen, (am) Donnerstag, in einer Woche zurück; er wird (bis) ~ (um) elf Uhr damit fertig sein* ❖ ↗ **spät**

Spät|folge [ˈʃpɛːt../ˈʃpeː..], **die** ⟨oft im Pl.⟩ ʼSchaden (3), der sich als Folge von etw. erst nach längerer Zeit zeigt'; ↗ FELD VII.4.1: *es handelt sich um ~n der Operation, der er sich damals unterziehen musste* ❖ ↗ **spät**, ↗ **folgen**

Spatz [ʃpats], **der**; ~en/~es, ~en umg. SYN ʼSperling'; ↗ FELD II.3.1
* *das pfeifen die ~en von den/von allen Dächern* (ʼdas ist längst kein Geheimnis mehr, alle wissen das längst')

spazieren [ʃpaˈtsiːrən], spazierte, ist spaziert /jmd./ *irgendwohin ~* ʼohne Eile, geruhsam, zwanglos (und ohne ein Ziel zu verfolgen) irgendwohin gehen'; ↗ FELD I.7.2.2: *wir spazierten durch die Stadt, durch die Ausstellung, um den See* ❖ **Spaziergang, -gänger, -stock**

spazieren fahren (er fährt spazieren), fuhr spazieren, hat/ist spazieren gefahren **1.** ⟨ist⟩ /jmd./ ʼzur Erholung, zum Vergnügen bes. in einem Auto fahren, ohne sich sehr weit weg zu entfernen'; SYN ausfahren (1.1): *wir wollen am Sonntag ein Stück (im Auto) ~* **2.** ⟨hat⟩ /jmd./ **2.1.** *jmdn. ~* ʼjmdn. zu dessen Erholung, Vergnügen bes. in einem Auto irgendwohin fahren, ohne sich sehr weit weg zu entfernen': *am Sonntag habe ich meine Eltern ein Stück spazieren gefahren* **2.2.** *ein Kind, Baby ~* ʼmit einem Kind, Baby, das im Kinderwagen ist, spazieren gehen'; SYN ausfahren (1.2): *das Baby wird zum ersten Mal spazieren gefahren*

spazieren gehen, ging spazieren, ist spazieren gegangen /jmd./ ʼzur Erholung, zum Vergnügen im Freien geruhsam irgendwohin gehen, ohne sich sehr weit weg zu entfernen; einen Spaziergang machen'; ↗ FELD I.7.2.2: *ich bin heute eine Stunde (im Park) spazieren gegangen; ich will mit den Kindern ein Stück ~*

Spazier [ʃpaˈtsiːɐ..]‖-**gang, der** ʼdas Spazierengehen'; ↗ FELD I.7.2.1: *einen ~ machen; im Urlaub haben wir weite Spaziergänge gemacht; ich hole dich morgen zu einem ~ ab* ❖ ↗ spazieren, ↗ gehen; -**gänger** [gɛŋɐ], **der**; ~s, ~ ʼjmd., der einen Spaziergang macht'; ↗ FELD I.7.2.1: *unterwegs trafen wir viele ~* ❖ ↗ spazieren, ↗ gehen; -**stock, der** ʼStock (2) mit einem gebogenen Griff, der jmdm. beim Spazierengehen, Wandern als Stütze dient' ❖ ↗ spazieren, ↗ Stock (1)

Specht [ʃpɛçt], **der**; ~es/auch ~s, ~e ʼVogel mit einem langen, geraden, harten Schnabel, mit dem er aus der Rinde von Bäumen Insekten und deren Larven holt'; ↗ FELD II.3.1: *der ~ klopft, hämmert*

Speck [ʃpɛk], **der**; ~s/auch ~es, ⟨o.Pl.⟩ **1.** ʼgeräuchertes und gesalzenes, viel Fett enthaltendes Gewebe des Schweins, das zum Kochen, Braten dient': *magerer, durchwachsener, fetter ~; ~ in Würfel schneiden* **2.** umg. scherzh. *er hat ~ angesetzt* (ʼist dick geworden'), *hat ganz schön ~ auf den Rippen* (ʼist dick') **3.** /in der kommunikativen Wendung/ umg. *ran an den ~* (ʼjetzt aber los')! /sagt jmd., der andere auffordert, sich zu überwinden und sich an einem bestimmten Tun zu beteiligen/ ❖ **speckig — Speckschwarte**

speckig [ˈʃpɛkɪç] ⟨Adj.; Steig. reg., ungebr.⟩ ʼfettig, schmutzig und glänzend': *ein ~er Anzug; sein Kragen ist ~, sieht ~ aus* ❖ ↗ **Speck**

Speck|schwarte [ˈʃpɛk..], **die** ʼSchwarte (1) an einem Stück Speck': *die ~ abschneiden, mit in den Eintopf tun* ❖ ↗ **Speck**, ↗ **Schwarte**

Spediteur [ʃpediˈtøːɐ], **der**; ~s, ~e ʼUnternehmer, der das Abfertigen und Versenden von Gütern übernimmt': *den Umzug bei einem ~ in Auftrag geben* ❖ ↗ **Spedition**

Spedition [ʃpediˈtsi̯oːn], **die**; ~, ~en **1.** ⟨o.Pl.⟩ ʼdas Abfertigen und Versenden, der Transport von Frachtgut durch eine Spedition (2)ʼ: *diese Firma übernimmt die ~ der Waren* **2.** ʼUnternehmen für die Spedition (1) von Frachtgutʼ: *die Fracht, Möbel von einer ~ transportieren lassen* ❖ **Spediteur**

Speer [ʃpeːɐ], **der**; ~es/auch ~s, ~e ʼSportgerät in Form eines langen, mit einer (metallenen) Spitze versehenen Stabes, das geworfen wirdʼ; ↗ FELD V.6.1 (↗ TABL Sportgeräte): *den ~ werfen; er hat den ~ beim Wettkampf 62 Meter weit geworfen*

Speiche [ˈʃpai̯çə], **die**; ~, ~n **1.** ʼeines von mehreren strebenartigen Teilen eines Rades, die von der Nabe schräg zur Felge verlaufen und diese stützenʼ (↗ TABL Fahrzeuge): *eine ~ ist gebrochen; eine ~ auswechseln; mit dem Fuß in die ~n des Fahrrads geraten* **2.** ʼauf der Seite des Daumens liegender Knochen des Unterarmsʼ: *Elle und ~; er hat sich beim Sturz die ~ gebrochen*

Speichel [ˈʃpai̯çl̩], **der**; ~s, ⟨o.Pl.⟩ ʼvon im Mund befindlichen Drüsen abgesonderte Flüssigkeitʼ; SYN Spucke: *~ absondern; der ~ lief ihm im Mund zusammen* ❖ **Speichellecker**

Speichel|lecker [ˈ..lɛkɐ], **der**; ~s, ~ emot. ʼjmd., der einem anderen gegenüber unterwürfig ist, um dessen Gunst zu erlangenʼ: *so ein ~!* ❖ ↗ **Speichel**, ↗ **lecken**

Speicher [ˈʃpai̯çɐ], **der**; ~s, ~ **1.** ʼGebäude, in dem Vorräte an bestimmten landwirtschaftlichen Produkten od. Waren gelagert, aufbewahrt werdenʼ: *Getreide, Saatgut im ~ lagern; vgl. Lager (4), Magazin (1)* **2.** ʼBestandteil einer elektronischen Datenverarbeitungsanlage zum Speichern von Datenʼ: *Daten in den ~ eingeben* ❖ **speichern**

speichern [ˈʃpai̯çɐn], ⟨reg. Vb.; hat⟩ **1.** /jmd., Institution/ **1.1.** *Vorräte, Waren ~* (ʼVorräte an bestimmten landwirtschaftlichen Produkten od. an Waren in einem Speicher lagern, aufbewahrenʼ) **1.2.** ⟨vorw. im Pass.⟩ *irgendwo Wasser ~* ʼWasser irgendwo, bes. in einen Stausee, als Vorrat (an Trinkwasser) sich ansammeln lassenʼ: *in dem Becken wird Wasser gespeichert* **2.** ⟨vorw. im Pass.⟩ /jmd., Computer/ *Daten ~* ʼveranlassen, dass sich Daten irgendwo, bes. in einem Speicher (2), befinden, damit sie später zur Verfügung stehenʼ: *die Daten werden zentral gespeichert; Daten irgendwo ~: Daten, Informationen auf Magnetband ~* ❖ ↗ **Speicher**

speien [ˈʃpai̯ən], spie [ʃpiː], hat gespien /gespieen [gəˈʃpiː[ə]n] **1.** geh. /jmd./ **1.1.** *irgendwohin ~* ʼirgendwohin spuckenʼ: *er spie auf den Boden, spie ihm ins Gesicht* **1.2.** /beschränkt verbindbar/ *Blut ~* (ʼBlut spucken 1.3ʼ) **2.** /beschränkt verbindbar/ *der Vulkan speit Lava, Asche* (ʼaus dem Vulkan gelangt unter Druck viel Lava, Asche in die Luftʼ)

Speise [ˈʃpai̯zə], **die**; ~, ~n **1.** ⟨vorw. Pl.⟩ ʼzubereitete Nahrung für eine Mahlzeit ausschließlich Getränkenʼ: *warme, kalte ~n; ~n und Getränke sind im Eintrittspreis inbegriffen; die ~n zubereiten, anrichten* **2.** ⟨vorw. Sg.⟩ SYN ʼSüßspeiseʼ: *als Nachtisch*

gibt es ~ ❖ **speisen** – **abspeisen, Nachspeise, Speisefisch, -karte, -röhre, -wagen, Süßspeise, Vorspeise**

Speise [ˈ..]|**-fisch, der** ʼfür die menschliche Ernährung genutzter Fischʼ; ↗ FELD I.8.1: *der Karpfen ist ein ~, zählt zu den ~en* ❖ ↗ Speise, ↗ Fisch; **-karte, die** ⟨vorw. Sg.⟩ ʼfür den Gast bestimmtes Verzeichnis der Speisen, die in einer Gaststätte angeboten werdenʼ: *der Ober brachte die ~; das Gericht steht nicht auf der ~; ein Gericht aus der ~ auswählen* ❖ ↗ Speise, ↗ Karte

speisen [ˈʃpai̯zn̩] ⟨reg. Vb.; hat⟩ **1.** ⟨+ Adv.best.⟩ geh. /jmd./ ʼin kultivierter Weise (in einem Restaurant) essen (1)ʼ; ↗ FELD I.8.2: *in welchem Restaurant habt ihr gespeist?; ausgiebig, warm, zu Abend ~* **2.** ⟨vorw. im Pass.⟩ /etw./ *die Taschenlampe wird von/ durch zwei Batterien gespeist* (ʼerhält ihren Strom von zwei Batterienʼ); *der Stausee wird von einem Fluss gespeist* (ʼerhält sein Wasser von einem Flussʼ) ❖ ↗ **Speise**

Speise [ˈʃpai̯zə..]|**-röhre, die** ʼröhrenförmige Verbindung zwischen Mund und Magen, durch die die Nahrung in den Magen gelangtʼ; ↗ FELD I.1.1 ❖ ↗ Speise, ↗ Rohr; **-wagen, der** ʼWagen eines D-Zuges, in dem die Reisenden während der Fahrt Speisen und Getränke erhalten und zu sich nehmen könnenʼ: *in den ~ gehen; im ~ Mittag essen* ❖ ↗ Speise, ↗ Wagen

Spektakel [ʃpɛkˈtaːkl̩], **der/das**; ~s, ~ **1.** ⟨der; o.Pl.⟩ umg. ʼvon Menschen, bes. Kindern, verursachter Lärmʼ: *Kinder, macht nicht solchen ~!* **2.** ⟨das⟩ oft emot. neg. ʼAufsehen erregendes, einen eindrucksvollen Anblick bietendes Geschehenʼ: *sie schauten sich das ~ auf dem Marktplatz an* ❖ **spektakulär**

spektakulär [ʃpɛktakuˈlɛːɐ/..ˈleː..] ⟨Adj.; nicht bei Vb.⟩ ʼdurch besondere Auffälligkeit allgemeines Aufsehen erregendʼ /vorw. auf Ereignisse bez./: *ein ~er Zwischenfall; der ~e Auftritt des Sängers; sein Erfolg war ~* ❖ ↗ **Spektakel**

Spektrum [ˈʃpɛktrʊm], **das**; ~s, Spektren [..trən]/ auch Spektra **1.** ⟨o.Pl.⟩ ʼoptische Erscheinung von den verschiedenen Farben des Regenbogens, die entsteht, wenn ein Lichtstrahl durch ein gläsernes Prisma fälltʼ: *die Farben des ~s* **2.** ʼBereich, der verschiedene Möglichkeiten umfasstʼ: *das breite ~* (ʼdie Vielfaltʼ) *der modernen Literatur*

Spekulant [ʃpekuˈlant], **der**; ~en, ~en ʼjmd., der spekuliert (2) (hat)ʼ; ↗ FELD I.16.1: *er hat als ~ große Gewinne gemacht* ❖ ↗ **spekulieren**

Spekulation [ʃpekuˈlatsi̯oːn], **die**; ~, ~en **1.** ⟨vorw. Pl.⟩ ʼweniger auf realen Gegebenheiten als auf Vermutungen beruhende (geäußerte) Erwartung, dass bestimmte Möglichkeiten sich realisierenʼ: *das sind alles nur (wilde) ~en; über etw. ~en anstellen* **2.** ʼdas Spekulieren (2)ʼ; ↗ FELD I.16.1: *die ~ mit Grundstücken, Devisen; er ist durch ~en mit Aktien, an der Börse reich geworden* ❖ ↗ **spekulieren**

spekulieren [ʃpekuˈliːrən], spekulierte, hat spekuliert **1.** /jmd./ *auf etw. ~* ʼdarauf hoffen, etw. zu erlangen od. aus etw. Vorteil ziehen zu könnenʼ: *er spekuliert auf seine Beförderung; auf eine Erbschaft ~; er spe-*

kuliert auf meine Gutmütigkeit **2.** /jmd./ ʹmit Risiko verbundene Geschäfte abschließen, bei denen man sich auf Grund eventuell in der Zukunft eintretender Preisveränderungen große Gewinne erhofftʹ; ↗ FELD I.16.1: *er hat spekuliert und alles Geld verloren; mit etw.* ~: *er spekuliert mit Aktien, Wertpapieren, Grundstücken; an der Börse* ~ ❖ **Spekulant, Spekulation**

Spelunke [ʃpeˈlʊŋkə], **die**; ~, ~n umg. emot. ʹkleines verrufenes Lokalʹ: *eine alte, dreckige* ~; *in diese* ~ *gehe ich nicht*

spendabel [ʃpɛnˈdaːbl̩] ⟨Adj.; nicht bei Vb.⟩ umg. SYN ʹfreigebigʹ /auf Personen bez./; ↗ FELD I.2.3: *sie hat einen spendablen Freund; er ist (immer) sehr* ~; *er war heute Abend sehr* ~ ❖ ↗ **spenden**

MERKE Zum Ausfall des ʻeʻ: ↗ *dunkel* (Merke)

Spende [ˈʃpɛndə], **die**; ~, ~n ʹetw., das man (bei einer Sammlung) freiwillig und ohne Gegenleistung für einen bestimmten Zweck gibt, um einen anderen zu helfen od. um eine Sache zu unterstützen, zu fördernʹ: *eine großzügige, kleine* ~; ~n *an Geld, Kleidung, Lebensmitteln; etw. als* ~ *geben; das Komitee bat um eine, um* ~n *für die Opfer des Erdbebens* ❖ ↗ **spenden**

spenden [ˈʃpɛndn̩], spendete, hat gespendet **1.** /jmd./ **1.1.** *etw.* ~ ʹetw. als Spende gebenʹ: *Geld, Medikamente, Lebensmittel für die Opfer des Erdbebens* ~ **1.2.** *Blut* ~ (ʹsich Blut für Bluttransfusionen entnehmen lassenʹ) **2.1.** /jmd./ *jmdm. etw.* ~ ʹjmdm. etw., das von ihm als angenehm empfunden wird, bes. Anteilnahme, gebenʹ /beschränkt verbindbar/: *das Publikum spendete dem Sänger Beifall; jmdm. Trost* ~ (ʹjmdn. tröstenʹ); *jmdm. Lob* ~ (ʹjmdn. lobenʹ) **2.2.** *etw. spendet etw.* ʹdurch etw. entsteht etw., das vom Menschen als angenehm empfunden wirdʹ; SYN geben (4.2) /beschränkt verbindbar/: *der Baum spendet Schatten; der Ofen, die Sonne spendet Wärme; die Lampe spendet Licht* ❖ **spendabel, Spende, spendieren — Blutspender**

spendieren [ʃpɛnˈdiːrən], spendierte, hat spendiert /jmd./ *etw.* ~ ʹgroßzügig für jmdn., mit dem man zusammen ist, etw. zum Trinken, Essen bezahlenʹ: *er spendierte (uns) Kaffee und Kuchen, eine Runde Bier; sie spendierte (den Kindern) ein Eis* ❖ ↗ **spenden**

Sperber [ˈʃpɛrbɐ], **der**; ~s, ~ ʹkleinerer Raubvogel mit graubraunem Gefiederʹ; ↗ FELD II.3.1: *der* ~ *stößt auf seine Beute*

Sperenzchen [ʃpeˈrɛntsçən] ⟨Pl.⟩
* umg. /jmd./ ~ *machen* ʹin einer bestimmten Situation unnötige Schwierigkeiten machen, die (den Ablauf von) etw. behindernʹ: *mach keine* ~!; *als sie das Kind baden wollte, machte es* ~

Sperling [ˈʃpɛr..], **der**; ~s, ~e ʹkleiner Singvogel mit graubraunem, unauffälligem Gefieder und kräftigem Schnabelʹ; SYN Spatz; ↗ FELD II.3.1: *ein kleiner, frecher* ~; *die* ~e *plustern sich auf, baden im Sand*

Sperma [ˈʃpɛrma], **das**; ~s, Spermen [ˈʃpɛrmən] SYN ʹSamenflüssigkeitʹ; ↗ FELD I.1.1: *das* ~ *untersuchen* ❖ vgl. **Spermium**

Spermium [ˈʃpɛrmiʊm], **das**; ~s, Spermien [ˈʃpɛrmiən] ʹeinzelne reife männliche Keimzelleʹ: *die Verschmelzung des* ~s *mit der Eizelle* ❖ vgl. **Sperma**

sperrangel|weit [ˈʃpɛr|aŋl..] ⟨Adv.⟩ emot. ~ *offen stehen/aufstehen/ geöffnet sein/offen sein* ʹso weit wie überhaupt möglich geöffnet seinʹ; ↗ FELD I.7.8.3: *die Tür, das Fenster stand* ~ *offen, stand* ~ *auf, war* ~ *geöffnet, war* ~ *offen* ❖ ↗ **sperren**, ↗ **weit**

Sperre [ˈʃpɛrə], **die**; ~, ~n **1.** ʹVorrichtung, durch die verhindert werden soll, dass sich jmd., etw. weiter vorwärts bewegt, dass jmd., etw. in das dahinter liegende Gebiet gelangtʹ; ↗ FELD I.7.8.1: *eine* ~ *bauen, errichten, entfernen* **2.** ʹenge, schließbare Stelle bes. auf Bahnhöfen, Flugplätzen, an der man eine Fahrkarte, Eintrittskarte o.Ä. vorzeigen od. sich ausweisen muss, um sie passieren zu können, in den dahinter liegenden Bereich gelangen zu könnenʹ: *die Reisenden gingen durch die* ~ **3.** ʹMaßnahme, durch die etw. gesperrt (2.2) wirdʹ: *eine* ~ *über die Einfuhr einer Ware, von Waren verhängen* (ʹdie Einfuhr einer Ware, von Waren sperrenʹ); *eine* ~ *aufheben*; vgl. Sanktion (2.1) ❖ ↗ **sperren**

sperren [ˈʃpɛrən] ⟨reg. Vb.; hat⟩ **1.** /Institution, bes. Polizei, Militär/ *etw.* ~ ʹdurch ein Verbot, durch eine bestimmte Maßnahme, z. B. das Errichten einer Sperre (1), verhindern, dass jmd., etw. auf, in, über, durch etw. gelangtʹ: *diese Straße ist (für den Durchgangsverkehr) gesperrt; die Häfen, eine Brücke, einen Eingang* ~; *alle Zugänge zur Stadt waren gesperrt* **2.1.** /Institution/ *jmdm. etw.* ~: *jmdm. das Telefon, den Strom, das Gas* ~ (ʹdurch eine bestimmte Maßnahme verhindern, dass jmd. weiterhin in seiner Wohnung das Telefon benutzen, Strom, Gas verbrauchen kann, weil er seine Rechnungen nicht beglichen hatʹ); *etw.* ~: *die Bank hat sein Konto gesperrt* (ʹhat durch eine bestimmte Maßnahme verhindert, dass er od. jmd. anders von seinem Konto Geld abheben kannʹ) **2.2.** /Staat/ *die Einfuhr einer Ware* ~ (ʹdie Einfuhr durch ein Verbot verhindernʹ) **3.** /jmd./ *ein Tier, jmdn. in etw.* ~ ʹein Tier, jmdn. in einen Raum, ein Gebäude bringen und durch Abschließen der Tür von außen verhindern, dass es, er den Raum, das Gebäude verlassen kannʹ: *ein Tier in den Käfig, Stall* ~; ⟨vorw. im Pass.⟩ *er wurde ins Gefängnis, in eine Zelle gesperrt* **4.** /jmd./ *sich gegen etw.* ~ ʹsich hartnäckig einer Sache widersetzenʹ: *er sperrt sich gegen den Vorschlag, gegen diese Maßnahme* ❖ **Sperre, sperrig, versperren — absperren, aufsperren, einsperren, sperrangelweit, Sperrholz, -müll, Talsperre**

Sperr|holz [ˈʃpɛr..], **das** ⟨o.Pl.⟩ ʹHolz, das aus mehreren, in bestimmter Weise übereinander mit Leim verbundenen Schichten besteht und sich nicht verziehtʹ: *etw. aus* ~ *basteln; die Platten sind aus* ~ ❖ ↗ **sperren**, ↗ **Holz**

sperrig [ˈʃpɛriç] ⟨Adj.; Steig. reg.; nicht bei Vb.⟩ ʹdurch seine Form, Größe unverhältnismäßig viel

Platz beanspruchend und sich dadurch nur mit Schwierigkeiten transportieren, irgendwo unterbringen lassend': *eine ~e Kiste; ~e Möbel; sein Gepäck ist sehr ~* ❖ ↗ **sperren**

Sperr|müll ['ʃpɛʀ..], **der** 'im Haushalt nicht mehr benötigte sperrige Gegenstände, die nicht in die Mülltonne o.Ä. passen und gesondert zur Mülldeponie gefahren werden müssen': *~ abtransportieren, entsorgen lassen* ❖ ↗ **sperren**, ↗ **Müll**

Spesen ['ʃpeːzn̩], **die** ⟨Pl.⟩ 'beim Ausüben des Berufes entstehende Ausgaben, die vom Arbeitgeber ersetzt werden': *hohe ~; ~ haben, machen; die ~ erstatten; die ~ abrechnen*

spezialisieren [ʃpetsi̯ali'ziːʀən], **sich**, spezialisierte sich, hat sich spezialisiert ⟨vorw. im Perf.⟩ *sich auf etw. ~* **1.1.** /jmd./ 'ein bestimmtes Teilgebiet eines größeren Fachgebiets als Schwerpunkt seiner Tätigkeit wählen und dafür besondere Kenntnisse, Fähigkeiten erwerben': *er hat sich auf Mikrobiologie spezialisiert; er will sich ~* **1.2.** /Unternehmen/ *diese Buchhandlung hat sich, ist auf Kinderliteratur spezialisiert* ('hat die Kinderliteratur zum Schwerpunkt ihres Angebots gemacht') ❖ ↗ **¹speziell**

Spezialist [ʃpetsi̯a'lɪst], **der**; ~en, ~en 'jmd., der auf einem bestimmten Teilgebiet eines größeren Fachgebiets besondere Kenntnisse, Fähigkeiten besitzt': *er ist ~ für Fernmeldetechnik, Langlauf; in Finanzsachen ist er ~; zur Lösung dieser Probleme müssen wir uns an einen ~en wenden* ❖ ↗ **¹speziell**

Spezialität [ʃpetsi̯ali'tɛːt/..'teːt], **die**; ~, ~en **1.1.** 'Speise, die für einen bestimmten Ort, ein bestimmtes Gebiet charakteristisch ist': *Stollen ist eine Dresdener ~; in diesem Restaurant gibt es ungarische ~en* **1.2.** ⟨vorw. Sg.⟩ 'Speise, die jmd. besonders gut zubereiten kann od. besonders gern isst': *Gulasch ist seine ~, ist die ~ meiner Mutter* **2.** ⟨vorw. Sg.⟩ 'Tätigkeit, die jmd. besonders gut kann, besonders gern tut': *das Reparieren alter Uhren ist meine, seine ~* ❖ ↗ **¹speziell**

¹speziell [ʃpe'tsi̯ɛl] ⟨Adj.; Steig. reg., o. Superl.⟩ 'von besonderer Art, nur eine bestimmte Einzelheit betreffend; ANT allgemein (4) /auf Abstraktes bez./: *ich habe einen ganz ~en Wunsch; ~e Aufgaben, Fragen; dieses Problem ist zu ~, als dass wir es jetzt lösen könnten* ❖ **²speziell, Spezies, Spezifik, Spezifikum, spezifisch**

²speziell ⟨Gradpartikel; betont od. unbetont; steht vor od. nach der Bezugsgröße; bezieht sich auf verschiedene Kategorien⟩ SYN **²besonders**: *~ er/er ~ hat sich dabei verdient gemacht; ~ hier gefällt es mir; ~ im Sommer ist es schön am Meer* ❖ ↗ **¹speziell**

Spezies ['ʃpeːtsi̯es/'sp..], **die**; ~, ~ [..tsi̯eːs] **1.** Biol. SYN 'Art (4)': *die verschiedenen ~ von Pflanzen, Tieren; die ~ Klee gehört zur Gattung der ...* **2.** ⟨o.Pl.; + Attr.⟩ emot. neg. *mit dieser ~* ('Sorte') *Mensch komme ich nicht zurecht* ❖ ↗ **¹speziell**

Spezifik [ʃpe'tsiːfɪk/sp..], **die**; ~, ⟨o.Pl.⟩ 'Gesamtheit der spezifischen Merkmale von etw.': *die ~ der Literatur dieses Landes* ❖ ↗ **¹speziell**

Spezifikum [ʃpe'tsiːfikʊm/sp..], **das**; ~s, Spezifika [..ka] 'spezifisches Merkmal von etw.': *dieses Stilmittel ist ein ~ seiner frühen Romane* ❖ ↗ **¹speziell**

spezifisch [ʃpe'tsiːf../sp..] ⟨Adj.; o. Steig.; nur attr.⟩ **1.** 'als eine besondere Eigenschaft zu einer Sache, Person gehörend und diese von anderen Sachen, Personen unterscheidend' /auf Abstraktes bez./: *ein ~es Merkmal; seine ~en Fähigkeiten liegen auf diesem Gebiet; dieses Gewürz hat einen ganz ~en Geruch; das Spezifische des gotischen Baustils* **2.** Phys. *das ~e Gewicht* ('das Verhältnis des Gewichts eines Körpers 2 zu seinem Volumen') ❖ ↗ **¹speziell**

Sphäre ['sfɛːʀə/'sfeː..], **die**; ~, ~n ⟨+ Attr.⟩ 'Bereich (2), in dem jmd. lebt, sich betätigt und der von ihm geprägt wird, in dem etw. vor sich geht': *jmds. private, berufliche ~; die politische ~; die ~ der industriellen Produktion*
* /jmd./ **in höheren ~n schweben** ('sich Träumereien hingeben und die Wirklichkeit vergessen')

spicken ['ʃpɪkn̩] ⟨reg. Vb.; hat⟩ **1.** /jmd./ *Fleisch ~* 'Fleisch (vom Wild) vor dem Braten mit Streifen von Speck versehen': *den Rehrücken ~; gespickter Hasenbraten* **2.** umg. /jmd./ *etw. mit etw.* ⟨Dat.⟩ *~* 'etw., bes. etw. Abstraktes, (zu) reichlich mit etw. versehen' /beschränkt verbindbar/: *er spickte seine Rede mit Zitaten; sein Brief war mit Fehlern gespickt* **3.** umg. /jmd./ *jmdn. ~* ('jmdn. dadurch bestechen, dass man ihm Geld gibt')

spie: ↗ **speien**

Spiegel ['ʃpiːgl̩], **der**; ~s, ~ **1.** 'Gegenstand aus Glas od. Metall, auf dessen glatter Oberfläche das davor, ihm gegenüber Befindliche als Spiegelbild sichtbar ist': *ein rechteckiger, runder, ovaler, gerahmter ~; der ~ ist blind; in den ~ sehen, gucken; im Flur hängt ein ~; sich vorm ~ kämmen; sie holte einen ~ aus der Tasche* **2.** ⟨vorw. Sg.; + Gen.attr.⟩ 'glatte Oberfläche eines Gewässers': *der ~ des Meeres, Sees* **3.** ⟨vorw. Pl.⟩ **3.1.** 'viereckiges Kennzeichen aus Stoff auf den Ecken des Kragens einer Uniformjacke': *~ aufnähen, abtrennen* **3.2.** 'Besatz aus Seide auf den Revers eines Fracks' **4.** ⟨o.Pl.; + Gen.attr.⟩ *die Kunst ist ein ~* ('Abbild') *ihrer Zeit* ❖ **spiegeln – Hohlspiegel, Meeresspiegel, Spiegelbild, spiegelbildlich, Spiegelei, -fechterei, vorspiegeln, Wasserspiegel, widerspiegeln, Widerspiegelung**

Spiegel/spiegel ['..]|-**bild, das 1.** 'in einem Spiegel, auf einer glänzenden, glatten Fläche bes. von Glas, Wasser sichtbares Abbild von dem davor, gegenüber Befindlichen mit gegenüber der Wirklichkeit umgekehrter Lage der Seiten': *im Schaufenster, in der Pfütze sah sie ihr ~, das ~ ihrer Mutter* **2.** ⟨o.Pl.; + Gen.attr.⟩ 'etw., das etw. widerspiegelt': *die Kunst ist ein ~ ihrer Zeit; der Roman ist ein ~ dieser Gesellschaft; vgl. Abbild* ❖ ↗ **Spiegel**, ↗ **Bild**; **-bildlich** ⟨Adj.; o. Steig.⟩ 'wie bei einem Spiegelbild (1) mit gegenüber der Wirklichkeit umgekehrter Lage der Seiten': *eine ~e Darstellung* ❖ ↗ **Spiegel**, ↗ **Bild**; **-ei, das** 'in eine Pfanne geschlagenes und dann gebratenes Ei, dessen Dotter ganz geblieben ist'; ↗ FELD I.8.1: *Spinat mit ~ essen* ❖ ↗ **Spie-**

gel, ↗ Ei; **-fechterei** [fɛçtəR..], **die**; ~, ~en 'zum Schein geführte Auseinandersetzung, durch die ein bestehendes Einvernehmen verhüllt werden soll': *ihre Kontroverse war nichts als, war bewusste, reine ~* ❖ ↗ Spiegel, ↗ fechten

spiegeln ['ʃpiːgl̩n] ⟨reg. Vb.; hat⟩ **1.1.** /etw., jmd./ *sich irgendwo* ~ 'irgendwo als Spiegelbild sichtbar sein'; SYN widerspiegeln (1.2): *die Sonne spiegelte sich im Meer, im Fenster; die Laterne spiegelt sich auf dem nassen Asphalt* **1.2.** /etw., bes. Glas, Wasser/ *etw.* ~ 'das Spiegelbild von etw. sichtbar sein lassen'; SYN widerspiegeln (1.1): *das Schaufenster, der Flur spiegelt den Baum, die Sonne* **2.** /etw., bes. Fußboden, Wasserfläche/ SYN 'glänzen (1.1)': *der Fußboden spiegelte (vor Sauberkeit);* ⟨vorw. im Part. I⟩ *die ~de Fläche des Sees* **3.1.** /etw., bes. Zustand, psychischer Prozess/ *sich in etw.* ⟨Dat.⟩ ~ SYN 'sich in etw. widerspiegeln (2.3)': *in seinem Gesicht spiegelt sich Freude, Enttäuschung, Empörung; in dem Roman* ~ *sich die Widersprüche jener Zeit* **3.2.** /etw./ *etw.* ~ 'etw., bes. einen Zustand, psychischen Prozess, widerspiegeln (2.1)': *ihr Gesicht spiegelt Freude, Enttäuschung, Empörung* **3.3.** /etw./ *etw.* ~ SYN 'etw. widerspiegeln (2.2)': *der Roman spiegelt die Widersprüche jener Zeit, die damaligen Verhältnisse* ❖ ↗ **Spiegel**

Spiel [ʃpiːl], **das**; ~s/auch ~es, ~e **1.1.** ⟨o.Pl.⟩ 'Tätigkeit bes. eines Kindes, die zum Vergnügen, nicht zu einem bestimmten Zweck ausgeübt wird': *das Mädchen war in sein* ~ *(mit den Puppen) vertieft* **1.2.** 'bestimmte, der Unterhaltung, Entspannung, dem Vergnügen dienende Tätigkeit, die nach bestimmten Regeln von zwei od. mehreren Personen (als sportlicher Wettkampf) ausgeübt wird od. die bes. mit einem Ball von zwei Mannschaften als sportlicher Wettkampf ausgeübt wird und bei der es um das Gewinnen, Siegen geht': *~e für Kinder, Erwachsene; wir haben uns mit allerlei ~en die Zeit vertrieben; Schach ist ein schwieriges ~; Handball ist ein schnelles ~; die Olympischen ~e; wollen wir ein* ~ *machen, spielen?* **2.** 'in sich abgeschlossener Vorgang des Spielens (1.2) bestimmter Arten von Spielen (1.2) (als einzelner Teilabschnitt), bes. sportlicher Wettkampf bei Spielen (1.2) mit einem Ball, bei dem zwei Mannschaften um den Sieg kämpfen': *das war ein faires, interessantes ~; das* ~ *steht unentschieden; das* ~ *muss wiederholt werden, findet heute Abend statt; dieses* ~ *habe ich gewonnen, verloren; machen wir noch ein* ~? **3.** 'Gesamtheit der Gegenstände, die zum Ausführen bestimmter Spiele (1.2) notwendig sind': *der Junge bekam zum Geburtstag ein* ~; *das* ~ *ist nicht mehr vollständig; ein* ~ *Karten* (SYN 'Kartenspiel 2') **4.** ⟨o.Pl.⟩ 'dem Vergnügen dienende Tätigkeit, bei der es um Geld geht und das Gewinnen im Wesentlichen vom Zufall abhängt': *er ist dem* ~ *verfallen; er hat viel Geld beim/im* ~ *verloren* **5.** ⟨o.Pl.⟩ **5.1.** 'das Vortragen einer Komposition auf einem Instrument': *der Pianist begeisterte das Publikum durch sein* ~ **5.2.** 'das Gestalten einer Rolle durch einen Schauspie-

ler': *das überzeugende* ~ *des Hauptdarstellers* **6.** ⟨o.Pl.⟩ 'nicht aufrichtiges Handeln, Vorgehen od. Handeln, Vorgehen, ohne die sich daraus ergebenden Konsequenzen, Verpflichtungen auf sich zu nehmen': *ich habe dein* ~ *durchschaut; aus dem* ~ *wurde Ernst; ein falsches* ~ *treiben* ('nicht aufrichtig handeln, vorgehen'); *sein* ~ *mit etw., jmdm. treiben* ('mit etw., jmdm. spielen 8'); *das war ein* ~ *mit dem Leben* ('mit diesem Tun riskierte er leichtfertig sein Leben') **7.** ⟨o.Pl.⟩ Techn. 'gewisser freier Raum zwischen zwei ineinander greifenden Teilen eines Mechanismus, der den Ablauf einer Bewegung ermöglicht': *die Lenkung hat zu viel* ~ ❖ ↗ **spielen**
* /jmd./ **jmdn., etw. ins ~ bringen** ('von jmdm., etw. in einer Diskussion, einem Gespräch zu sprechen beginnen, um die Aufmerksamkeit darauf zu lenken und Vorteile daraus zu ziehen'); /jmd./ **gewonnenes ~ haben** ('erreicht haben, dass das, was man anstrebt, für einen positiv ausgeht'); /jmd./ **mit jmdm. (ein) leichtes ~ haben** ('keinerlei Mühe haben, sich jmdm. gegenüber in einer bestimmten Situation durchzusetzen'); /jmd./ **jmdn., etw. aus dem ~ lassen** ⟨vorw. im Imp.⟩ 'jmdn. nicht in einen bestimmten (negativen) Zusammenhang mit etw. bringen': *lasst mich, meine Mutter, seine Vergangenheit (dabei) aus dem ~!;* /jmd./ **etw. aufs ~ setzen** ⟨hat⟩ 'etw. (leichtfertig) riskieren': *er hat seinen guten Ruf, sein Leben aufs* ~ *gesetzt;* /etw./ **auf dem ~ stehen** 'in Gefahr sein, verloren zu gehen': *sein guter Ruf, sein Leben, seine Zukunft steht auf dem* ~

Spiel|art ['..], **die** 'eine der Formen von etw. Abstraktem, was in verschiedenen leicht voneinander abweichenden Formen realisiert wird, was in verschiedenen leicht voneinander abweichenden Formen auftritt': *die verschiedenen ~en des Jazz;* vgl. *Variante* ❖ ↗ **spielen**, ↗ **Art**

spielen ['ʃpiːlən] ⟨reg. Vb.; hat; ↗ auch *spielend*⟩ **1.1.** ⟨vorw. mit Präp.obj., Adv.best.⟩ /jmd., bes. Kind/ 'sich zum Vergnügen, zur Unterhaltung, aus Freude an der Sache betätigen, mit etw. beschäftigen': *die Kinder* ~ *(miteinander),* ~ *im Sandkasten, im Garten; der Vater spielt mit seinem Sohn; mit der Puppe, dem Ball, der Katze; mit der elektrischen Eisenbahn* ~; *mit dem Ball* ~; *Ball* ('mit dem Ball') ~; *darf ich noch ein bisschen* ~ *(gehen)?* **1.2.** /jmd./ *etw.* ~ 'ein Spiel (1.2) ausführen': *Schach, Skat, Fußball, Handball* ~; *sie kann gut Tennis* ~; *Mutter und Kind, Räuber und Gendarm* ~; *wollen wir ein Spiel* ~? **2.** ⟨+ Adv.best., Präp.obj.⟩ /jmd., Mannschaft/ 'ein Spiel (2) austragen': *die Mannschaft hat gut, schlecht, fair gespielt; wir müssen morgen auswärts* ~; *vor leeren Rängen, um die Meisterschaft* ~; *die Mannschaft musste gegen einen starken Gegner* ~; *der Verein hat gegen den Spitzenreiter 3:0 gespielt* ('hat das Spiel gegen den Spitzenreiter mit dem Ergebnis 3:0 beendet'); *die beiden Mannschaften haben unentschieden gespielt* **3.** ⟨vorw. mit Präp.obj., Adv.best.⟩ /jmd./ 'sich an einer bestimmten Art des Spiels (4) beteiligen': *um hohe Summen* ~; *riskant* ~; *in etw.* ⟨Dat.⟩ ~: *im Lotto* ~; *ihr*

Mann spielt (ˈist ein Spieler') **4.** /jmd./ **4.1.** *ein Instrument* ~ ˈauf einem Instrument Musik machen, das Instrument beherrschen': *er kann (gut) Klavier ~/spielt (gut) Klavier; er spielt gerade Klavier; er spielt seit seiner Kindheit Geige; spielst du ein Instrument?* **4.2.** *eine Komposition* ~ ˈauf einem Instrument eine Komposition wiedergeben': *eine Sonate (auf dem Klavier) ~; der Pianist spielte (Werke von) Mozart; das Orchester spielte die vierte Sinfonie von Brahms;* ⟨+ Adv.best.⟩ *sie spielte auswendig, nach Noten, vom Blatt, mit viel Ausdruck; der Pianist spielt heute in N* **5.1.** /Schauspieler/ *eine Rolle* ~ ˈeine Rolle in einem Theaterstück, Film darstellen': *wer wird die Hauptrolle (in diesem Stück, Film) ~?; er spielte den Hamlet (sehr überzeugend); er spielte ausgezeichnet* **5.2.** ⟨vorw. im Pass.⟩ /Theater/ *ein Bühnenwerk* ~ ˈein Bühnenwerk aufführen': *seine Stücke, Opern werden überall gespielt; diese Bühne spielt vorwiegend (Werke von) Brecht* **5.3.** /mehrere (jmd.)/ *Theater* ~ (ˈetw. aufführen 1') **5.4.** ⟨nur im Pass.⟩ *gespielt werden:* welcher Film wird heute gespielt (SYN ˈvorgeführt, ↗ *vorführen* 1')? **6.1.** /jmd./ *jmdn.* ~ ˈso tun, als ob man ein Mensch mit einer bestimmten Eigenschaft wäre': *er spielt gern den Überlegenen; spiel nicht den Unschuldigen, die große Dame!; ich habe es satt, den ganzen Tag Hausfrau zu* ~ (ˈdie Pflichten einer Hausfrau erfüllen zu müssen')!; *krank* ~: *sie spielt krank* (ˈtut so, als ob sie krank wäre') **6.2.** *etw. ist gespielt* SYN ˈetw. ist vorgetäuscht (↗ *vortäuschen*)': *seine Zuversicht war nur gespielt; gespielte Gleichgültigkeit* **7.** /Handlung, z. B. eines Romans, einer Oper/ *irgendwann, irgendwo* ˈsich irgendwann, irgendwo ereignen': *die Handlung (des Romans, der Oper) spielt im 19. Jahrhundert, in Spanien;* /Kunstwerk/ *der Roman, die Oper* (ˈdie Handlung des Romans, der Oper') *spielt im 19. Jahrhundert, in Spanien* **8.** /jmd./ *mit etw.* ⟨Dat.⟩, *jmdm.* ~ ˈsich gegenüber den Gefühlen von jmdm., in Bezug auf eine Sache in leichtfertiger Weise verhalten, ohne mögliche Konsequenzen, Verpflichtungen zu bedenken': *er spielt mit ihren Gefühlen, mit ihrer Liebe, mit ihr; er spielte mit dem Gedanken, ...; er spielt mit seinem Leben* (ˈer riskiert leichtfertig sein Leben'); *sie spielen* (SYN ˈkokettieren 3') *mit der Gefahr* **9.** /jmd./ *etw.* ~ *lassen* ˈetw. Positives, worüber man verfügt, bes. eine positive Eigenschaft, bei jmdm. wirksam werden lassen, um etw. bei ihm zu erreichen': *sie ließ ihren ganzen Charme, ihre Reize* ~; *ich werde meine Beziehungen* ~ *lassen* **10.1.** /etw./ *die Wellen* ~ *um den Felsen* (ˈbewegen sich leicht um den Felsen hin und her'); *die Wimpel* ~ *im Wind* (ˈbewegen sich leicht im Wind hin und her'); *ein Lächeln spielt um ihre Lippen, um ihren Mund* (ˈsie lächelt leicht') **10.2.** /Wind/ *in etw.* ⟨Dat.⟩, *mit etw.* ~ ˈetw. leicht hin und her bewegen': *der Wind spielt in, mit ihrem Haar, in, mit den Zweigen, mit der Gardine* **11.** /etw./ *die Farbe spielt ins Gelbliche* (ˈdie Farbe ist ein wenig gelblich'); *ihr Haar spielt ins Rötliche* (ˈihr Haar ist ein wenig rötlich') ❖ **Spiel, spielend, Spieler, Spielerei, spiele-**

risch, verspielen − abspielen, ausspielen, ausgespielt, **Gastspiel, Gesellschaftsspiel, Glücksspiel, herunterspielen, hineinspielen, hochspielen, Hörspiel, Kartenspiel, Laienspiel, Langspielplatte, Lustspiel, Schauspiel, Schauspieler, Schauspielerin, Trauerspiel, überspielen, Zusammenspiel, zuspielen, Zwischenspiel;** vgl. **Spiel-**

spielend [ˈʃpiːlənt] ⟨Adv.; ↗ auch *spielen*⟩: *etw.* ~ (ˈohne Mühe, ohne sich anstrengen zu müssen') *bewältigen; sie hat das Gedicht* ~ *gelernt; er ist begabt und lernt* ~ (SYN ˈleicht 2.1.2') ❖ ↗ **spielen**

Spieler [ˈʃpiːlɐ], *der;* ~s, ~ **1.** ˈjmd., der mit einem od. mehreren anderen ein Spiel (1.2) ausführt'; ↗ FELD I.7.4.1: *er ist ein fairer* ~; *zu diesem Spiel gehören vier* ~ **2.** ˈjmd., der dem Spiel (4) verfallen ist': *er ist als* ~ *bekannt* ❖ ↗ **spielen**

Spielerei [ʃpiːləˈʀ..], *die;* ~, ~en emot. ˈetw., das als nicht sinnvoll, nicht notwendig, nicht ernst zu nehmend angesehen wird': *das ist doch alles nur* ~; *hör auf mit dieser* ~! ❖ ↗ **spielen**

spielerisch [ˈʃpiːlərɪ..] ⟨Adj.; o. Steig.; nicht präd.⟩ ˈdavon zeugend, dass etw. jmdm. keine Mühe, Anstrengung bereitet': *mit* ~*er Leichtigkeit bewältigte er die Aufgabe; seine Hände glitten* ~ *über die Tasten* ❖ ↗ **spielen**

Spiel [ˈʃpiːl..]**-karte, die** ˈeins von einer bestimmten Anzahl Karten (1) für ein Kartenspiel (1)'; SYN Karte (6): *die* ~*n mischen, austeilen* ❖ ↗ Karte; **-plan, der 1.** ⟨vorw. Sg.⟩ ˈGesamtheit der für die Spielzeit eines Theaters vorgesehenen Stücke': *ein Stück, eine Oper in den* ~ *aufnehmen, auf den* ~ *setzen, vom* ~ *absetzen* **2.** ˈÜbersicht über die Termine der Theater- od. Kinovorstellungen in einem bestimmten Zeitraum': *hast du den neuen* ~, *den* ~ *für den Monat Oktober?* ❖ ↗ Plan; **-raum, der** ⟨vorw. Sg.⟩ ˈmehr Gelegenheiten, Zeit als unbedingt nötig für ein bestimmtes Tun, für das Bewältigen einer Aufgabe': *mein Chef lässt mir genügend, keinen* ~; *ich habe noch etwas* ~, *um das erledigen zu können; der Termin lässt mir viel* ~; *der schöpferischen Phantasie des Kindes* ~ (ˈGelegenheiten, sich zu entfalten') *lassen* ❖ ↗ Raum; **-regel, die 1.** ⟨vorw. Pl.⟩ ˈRegel, die beim Spielen eines Spiels (1.2) beachtet werden muss': *ich kenne die* ~*(n) nicht; die* ~*n beachten; gegen die* ~*n verstoßen* **2.** ⟨nur im Pl.⟩ ˈdie in einem bestimmten sozialen Rahmen zu beachtenden Verhaltensweisen': *gegen die* ~*n verstoßen; er sollte die demokratischen* ~*n beachten, kennen* ❖ ↗ Regel; **-sachen** [zaxn̩]**, die** ⟨Pl.⟩ ˈGegenstände zum Spielen für Kinder'; SYN Spielzeug (1): *räum deine* ~ *weg!;* **-verderber** [fɐdɐʀbɐ]**, der;** ~s, ~ ˈjmd. in einer Gruppe, der sich nicht an einem gemeinsamen, der Unterhaltung dienenden Unternehmen beteiligen will und so den anderen die Freude daran verdirbt': *du bist ein* ~; *sei kein* ~! ❖ ↗ verderben; **-zeit, die 1.** ˈdie Zeitspanne im Jahr, in der in einem Theater Aufführungen stattfinden'; SYN Saison (2): *die* ~ *beginnt am 1. September* **2.** ⟨vorw. Sg.⟩ ˈfestgelegte Zeitdauer bestimmter sportlicher Spiele (2)': *während der regulären* ~ *fiel kein Tor* ❖ ↗ Zeit; **-zeug,**

das; ~es/auch ~s, ~e **1.** ⟨o.Pl.⟩ SYN ˈSpielsachen'; ↗ FELD V.8.1: *räum dein ~ weg!* **2.** ˈGegenstand zum Spielen für Kinder': *diese Puppe ist ihr liebstes ~* ❖ ↗ **Zeug**

Spieß [ˈʃpiːs], **der**; ~es, ~e **1.** ˈdünner Stab (aus Metall) mit einem spitzen Ende, auf den (Stücke von) Fleisch, Speck, Zwiebeln u.Ä. zum Braten gesteckt werden': *Schaschlyk am ~ (braten); einen ganzen Ochsen an einem riesigen ~ braten* **2.** ˈaus einer Stange und einer eisernen Spitze bestehende, früher verwendete Waffe zum Stechen und Werfen'; ↗ FELD V.6.1: *mit ~en bewaffnete Landsknechte* ❖ **spießen**; vgl. **spießig**
* umg. emot. /jmd./ **wie am ~** (ˈvor Schmerz überaus laut') **schreien/brüllen**; /jmd./ **den ~ umdrehen/umkehren** (ˈsich mit den gleichen Mitteln, Waffen, mit denen man angegriffen worden ist, wehren und zum Angriff übergehen')

Spieß/spieß [ˈ..]**-bürger, der** ˈMensch, der engstirnig ist, kleinlich denkt, politisch unselbständig ist und nur am sicheren, ruhigen Leben interessiert ist'; SYN Spießer: *er ist in dem Provinznest (immer mehr) zum ~ geworden; ein mit sich zufriedener ~* ❖ ↗ **Bürger**, ↗ **spießig**; **-bürgerlich** ⟨Adj.; Steig. reg., ungebr.⟩ ˈeinem Spießbürger entsprechend' /vorw. auf Mentales bez./: *eine ~e Gesinnung, Einstellung; ~e Menschen, Vorurteile, Ansichten; ich fand ihn ~* ❖ ↗ **Bürger**, ↗ **spießig**

spießen [ˈʃpiːsn̩] ⟨reg. Vb.; hat⟩ /jmd./ *etw. auf etw. ~* **1.1.** ˈetw., bes. Papier, auf einen spitzen länglichen Gegenstand stecken und dadurch daran befestigen': *Quittungen auf einen Nagel ~; die Schmetterlinge waren auf Nadeln gespießt* **1.2.** ˈeinen spitzen Gegenstand so in etw. stechen, dass er daran hängen bleibt und der Gegenstand aufgenommen werden kann': *eine Kartoffel, ein Stück Fleisch auf die Gabel ~* ❖ ↗ **Spieß**

Spießer [ˈʃpiːsɐ], **der**; ~s, ~ SYN ˈSpießbürger': *er ist ein (richtiger) ~, benimmt sich wie ein ~* ❖ ↗ **spießig**

spießig [ˈʃpiːsɪç] ⟨Adj.; Steig. reg.⟩ emot. SYN ˈspießbürgerlich': *~e Ansichten; er ist ~, wird immer ~er* ❖ **Spießer, Spießbürger, spießbürgerlich**; vgl. **Spieß**

Spieß|ruten [ˈʃpiːsruːtn̩]
* /jmd./ **~ laufen** (ˈsich sehr irritiert fühlen, wenn man beim Vorbeigehen von vielen neugierig, feindlich blickenden Menschen angeschaut wird')

Spike [ʃpaɪk], **der**; ~s, ~s **1.** ⟨vorw. Pl.⟩ ˈan den Sohlen bestimmter Schuhe, an der äußeren Fläche von Autoreifen herausragender Stift aus Stahl': *die ~s der Rennschuhe, Autoreifen* **2.** ⟨nur im Pl.⟩ ˈSchuh mit Spikes (1), bes. zum Laufen (2.2) bei sportlichen Wettkämpfen'; ↗ FELD I.7.4.1: *er hatte ~s an* **3.** ⟨nur im Pl.⟩ ˈAutoreifen mit Spikes (1)': *bei Glatteis, Schneeglätte, Schnee mit ~s fahren; ~s sind in Deutschland verboten*

Spinat [ʃpiˈnaːt], **der**; ~s, ⟨o.Pl.⟩ ˈBlätter einer Pflanze, die (fein geschnitten und) gekocht, als Gemüse verwendet werden'; ↗ FELD I.8.1, II.4.1: *heute gibt es bei uns ~ mit Kartoffeln und Spiegeleiern*

Spind [ʃpɪnt], **das/der**; ~s/auch ~es, ~e ˈbes. für die Kleidung dienender einfacher, schmaler Schrank, bes. in Kasernen und Heimen'; ↗ FELD V.4.1: *den, das ~ aufräumen; etw. in den, das ~ legen, aus dem ~ nehmen*

Spindel [ˈʃpɪndl̩], **die**; ~, ~n ˈlängliches walzenförmiges Teil an bestimmten Maschinen, Geräten zum Spinnen (1), auf das der Faden gewickelt wird': *die ~ eines Spinnrads* ❖ **spindeldürr**

spindel|dürr [ˈ..] ⟨Adj.; o. Steig.; nicht bei Vb.⟩ emot. ˈsehr mager, sehr dünn' /auf Menschen, Gliedmaße bez./: *ein ~es Mädchen; ~e Beine, Arme; sie war ~* ❖ ↗ **Spindel**, ↗ **dürr**

Spinne [ˈʃpɪnə], **die**; ~, ~n ˈmeist räuberisch lebendes, insektengroßes Tier mit acht Beinen, das aus Drüsen Fäden absondert, aus denen es eine Art Netz baut, worin es seine Beute fängt'; ↗ FELD II.3.1 (↗ BILD): *die ~ webt, spinnt ihr Netz* ❖ ↗ **spinnen**

spinne|feind [ˈ..] ⟨Adj.; o. Steig.; nur präd. (mit *sein*)⟩ emot. /jmd./ *jmdm. ~ sein* ˈjmdm. persönlich sehr feindlich gesinnt sein': *er ist mir ~; /zwei (jmd.)/ ⟨rez.⟩ sie sind sich ⟨Dat.⟩ seit Jahren ~; miteinander ~ sein* ❖ ↗ **spinnen**, ↗ **Feind**

spinnen [ˈʃpɪnən], spann [ʃpan], hat gesponnen [gəˈʃpɔnən] **1.1.** /jmd./ *etw. ~* ˈaus einem bestimmten (natürlichen) Material durch Drehen von Fasern Fäden herstellen': *Wolle, Flachs ~* **1.2.** /jmd./ *etw. ~* ˈetw. Textiles durch Spinnen (1.1) erzeugen': *Garn ~* **2.** /Spinne, Raupe/ *etw. ~* ˈaus einem Sekret des eigenen Körpers Fäden erzeugen und daraus eine Art Netz od. einen Kokon herstellen': *die Raupe spinnt ihren Kokon; zuschauen, wie eine Spinne ihr Netz spinnt* **3.** ⟨vorw. im Präs. u. Perf.⟩ umg. /jmd./ ˈUnsinniges denken und sagen, erzählen': *du spinnst wohl!; etw. ~: das hat er gesponnen* ❖ **ent-Spinne, spinnen — Gespinst, Hirngespinst, spinnefeind**

Spion [ʃpiˈoːn], **der**; ~s, ~e ˈjmd., der im Dienst, Auftrag eines Staates militärische, wirtschaftliche, politische Geheimnisse auskundschaftet'; SYN Agent; ↗ FELD I.4.4.1: *jmdn. als (einen) ~ verdächtigen, überführen; einen ~ entlarven; einen ~ verhaften*; vgl. *Spitzel* ❖ **Spionage, spionieren**

Spionage [ʃpioˈnaːʒə], **die**; ~, ⟨o.Pl.⟩ ˈgeheime Tätigkeit im Dienst od. Auftrag bes. eines Staates, um wirtschaftliche, militärische, politische Geheim-

nisse auszukundschaften'; ↗ FELD I.4.4.1: *er hat*
∼ (für den Feind) getrieben; jmdn. unter dem Ver-
dacht der ∼ verhaften, ausweisen ❖ ↗ **Spion**

spionieren [ʃpi̯oˈniːRən], spionierte, hat spioniert **1.**
/jmd./ *für ein Land, eine Organisation ∼* 'als Spion
für ein Land, eine Organisation tätig sein'; ↗
FELD I.4.4.2: *für den Feind, Geheimdienst ∼; er*
hat während des Krieges spioniert **2.** /jmd./ *irgendwo*
∼ 'aus Neugier irgendwo, bei jmdm. herumsuchen,
nachforschen': *er spionierte in allen ihren Schubfä-*
chern, Koffern, Schränken ❖ ↗ **Spion**

Spirale [ʃpiˈRaːlə], **die**; ∼, ∼n **1.** 'sich auf einer Ebene
um einen Punkt, im Raum um eine Achse win-
dende Kurven': *der Rauch stieg in einer dünnen*
∼ zum Himmel empor; die Wendeltreppe verläuft in ei-
ner ∼ **2.** 'Gegenstand in Form einer Spirale (1)':
die ∼n der Matratze, der Federn des Sofas

Spirituose [ʃpiRiˈtu̯oːzə], **die**; ∼, ∼n ⟨vorw. im Pl.⟩
'durch Destillation erzeugtes Getränk mit hohem
Gehalt an Alkohol (2.1)': *ein Geschäft für ∼n und*
Weine

Spiritus [ˈʃpiːRitʊs], **der**; ∼, ∼se ⟨vorw. Sg.⟩ 'für tech-
nische Zwecke bestimmter, ungenießbar gemachter
Alkohol (2.1)': *etw. mit ∼ reinigen, desinfizieren;*
mit ∼ ('mit einem Gerät, das mit Spiritus geheizt
wird') *kochen*

spitz [ʃpɪts] ⟨Adj.⟩ **1.** ⟨Steig. reg.; vorw. attr.⟩ 'sich
zu seinem Ende hin von allen Seiten her verjüngend
und gleichsam in einem Punkt endend'; ANT
stumpf (1) /auf längliche Objekte bez./: *∼e Nadeln,*
Nägel, Dornen; ein ∼es Messer ('Messer, das am
Ende der Schneide spitz ausläuft'); *der Bleistift ist*
nicht ∼ genug; ein ∼er Turm; der Turm läuft ∼ zu;
sie hat eine ∼e Nase **2.** ⟨o. Steig.; nur attr.⟩ /be-
schränkt verbindbar/: *ein ∼er Winkel* ('Winkel, der
kleiner als ein rechter Winkel ist'; ANT stumpf (3)
↗ FELD III.1.3) **3.** ⟨o. Steig.⟩ SYN 'bissig (2)':
∼e Bemerkungen machen; er kann sehr ∼ sein; er
antwortete ∼ ❖ **Spitz, Spitze, spitzen − Finger-**
spitze, Fingerspitzengefühl, Messerspitze, Spitzen-
leistung, -zeit, Spitzname, spitzzüngig, überspitzen,
überspitzt, zuspitzen

Spitz, der; ∼es, ∼e 'kleiner Hund mit spitzer
Schnauze und spitzen Ohren': *ein kleiner, weißer ∼;*
der ∼ kläfft ❖ ↗ **spitz**

Spitz/spitz[ˈ..]**-bube, der** SYN 'Gauner (2)': *dieser ∼*
hat uns ganz schön reingelegt; scherzh. du bist viel-
leicht ein alter ∼! ❖ ↗ **Bub**; **-bübisch** [byːb..] ⟨Adj.;
o. Steig.⟩ 'verschmitzt und schalkhaft': *∼ lächeln;*
er hat, macht ein ∼es Gesicht ❖ ↗ **Bub**

Spitze [ˈʃpɪtsə], **die**; ∼, ∼n **1.** 'das spitze (1) Ende von
etw.': *die ∼n der Nadeln, Nägel, Dornen; die ∼ des*
Messers ist stumpf geworden; die ∼ des Bleistiftes
ist abgebrochen **2.** 'das spitz zulaufende obere Ende
von etw., das sich in die Höhe erstreckt'; ↗ FELD
III.1.1: *die ∼ der Tanne, eines Turms, Giebels, einer*
Pyramide; das Nest befindet sich an, in der ∼ des
Baumes **3.** 'vorderster Teil in einer Reihe von Per-
sonen, Dingen'; ↗ FELD IV.3.1: *die ∼ der Ko-*
lonne, des Demonstrationszuges; er marschierte an
der ∼ des Zuges; die ∼ des (Eisenbahn)zuges; unser

Boot lag bei dem Rennen lange Zeit an der ∼ ('in
der vordersten Position'), *bildete die ∼; unsere*
Mannschaft liegt an der ∼ ('an erster Stelle') *der*
Tabelle; er lag mit seinen Leistungen an der ∼ **4.**
'höchster Wert, höchstes Maß in Bezug auf etw.':
die Zahl der Besucher erreichte am Wochenende ihre
∼; das Auto fährt, macht 250 Kilometer ∼ ('fährt
bis zu 250 Kilometer in der Stunde'); *etw., jmd. ist*
absolute, einsame ∼ ('das, der Beste seiner Art') **5.**
'bissige Anspielung, Bemerkung': *eine deutliche,*
versteckte ∼; ∼n austeilen ('gegen verschiedene
Personen richten'); *die Rede enthielt einige ∼n (ge-*
gen seine politischen Gegner) **6.** 'in einer besonde-
ren Technik hergestellte netzartige Textilie, bei der
der Untergrund durchscheint': *zarte, kostbare ∼;*
∼n häkeln, klöppeln, wirken; eine Bluse aus ∼, mit
∼n ❖ ↗ **spitz**

* /jmd./ **etw.** ⟨Dat.⟩ **die ∼ abbrechen** ('einer Sache
ihre Gefährlichkeit, gefährdende Wirkung neh-
men'); **die ∼ des Eisbergs** 'der offen liegende, klei-
nere Teil einer üblen, misslichen Sache, die in Wirk-
lichkeit weit größere Ausmaße hat': *das ist nur die*
∼ des Eisbergs; /jmd./ **etw. auf die ∼ treiben** 'etw.,
bes. ein unangebrachtes Verhalten, bis zum Äußers-
ten fortsetzen': *treib den Unfug nicht auf die ∼!*

Spitzel [ˈʃpɪtsl̩], **der**; ∼s, ∼ 'jmd., der sich in fremdem
Auftrag unter dem Anschein gleicher Gesinnung in
Kreise anderer einschleicht, um sie auszuhorchen
und das Gehörte und Beobachtete seinem Auftrag-
geber zu hinterbringen'; ↗ FELD I.4.4.1: *er wurde*
als ∼ verdächtigt, erkannt, entlarvt; vgl. Agent, Spion

spitzen [ˈʃpɪtsn̩] ⟨reg. Vb.; hat⟩ **1.** /jmd./ *etw. ∼:* *den*
Bleistift ∼ ('die Mine des Bleistifts mit einem Mes-
ser o.Ä. spitz 1 machen'); *die Lippen (zum Pfeifen,*
Küssen) ∼ ('nach vorn drücken') **2.** umg. /jmd./
sich auf etw. ∼ 'darauf hoffen, etw. zu bekommen':
er hatte sich auf eine Belohnung, Anstellung, Beför-
derung gespitzt ❖ ↗ **spitz**

Spitzen- /bildet mit dem zweiten Bestandteil Substan-
tive; drückt aus, dass das im zweiten Bestandteil
Genannte in der Qualität an oberster Stelle steht/:
↗ z. B. *Spitzenleistung*

Spitzen [ˈ..]**-leistung, die** 'beste, hervorragende, aus-
gezeichnete Leistung': *∼en vollbringen; man kann*
auch von einem Könner nicht nur ∼en erwarten ❖
↗ spitz, ↗ leisten; **-zeit, die** 'Zeitraum am Tage,
während dessen die Verkehrsmittel am stärksten
benutzt werden': *in der ∼ verkehren die öffentlichen*
Verkehrsmittel in kurzen Abständen ❖ ↗ spitz, ↗
Zeit

spitz/Spitz [ˈʃpɪts..]**-findig** [fɪndɪç] ⟨Adj.; Steig. reg.⟩
'in der Argumentation auf übertriebene kleinliche
Weise die Argumente sehr weit herholend und so-
gar die Tatsachen verdrehend' /auf Sprachliches
bez./: *seine Beweisführung, Argumentation ist allzu*
∼; mit ∼en Erklärungen suchte er sich zu entschul-
digen; ∼ argumentieren; sei nicht so ∼! ❖ ↗ finden;
-kriegen ⟨trb. reg. Vb.; hat⟩ umg. /jmd./ *etw. ∼*
'etw. durchschauen': ⟨vorw. mit Nebens.⟩ *er hatte*
bald spitzgekriegt, dass Betrug, Schwindelei im
Spiele war; schnell den Betrug ∼; das wirst du bald

~; *er kriegte bald spitz, was gegen ihn geplant war*
❖ ↗ **kriegen; -name, der** 'Name, mit dem man
jmdn. aus Scherz, zum Spott bezeichnet': *er hat den
~n/sein ~ war „Eule"; jmdm. einen ~ geben; jmdn.
mit seinem ~n rufen* ❖ ↗ spitz, ↗ Name; **-züngig**
[tsʏŋɪç] ⟨Adj.; Steig. reg., ungebr.⟩ 'anzüglich und
boshaft kritisierend': *eine ~e Art haben; sie ist eine
~e Kritikerin, ist ~* ❖ ↗ spitz, ↗ Zunge

Spleen [ʃpliːn/sp..], **der; ~s, ~e/**auch **~s** ⟨vorw. Sg.⟩
'seltsame, überspannte Idee, Eigenheit': *wir kennen
seinen ~, jedem seine Träume deuten zu wollen; er
hat einen ~ bekommen* ('ist wunderlich, verrückt
geworden'); *er hat einen ~* (SYN 'Tick')

Splitt [ʃplɪt], **der; ~s,** ⟨o.Pl.⟩ 'Material aus kleinen
scharfkantigen Stücken von zerschlagenem Ge-
stein, das bes. für den Straßenbau, die Herstellung
von Beton gebraucht wird': *grober, feiner ~; eine
Ladung ~; ~ dem Beton beimischen* ❖ ↗ **Splitter**

Splitter [ʃplɪtɐ], **der; ~s, ~** 'kleineres, meist längli-
ches und spitzes Bruchstück von hartem, sprödem
Material, bes. von Holz, Glas, Metall': *der Spiegel
war in tausend (kleine) ~ zerbrochen, zersprungen;
ein ~ vom Holz, aus Eisen, von einem Knochen; er
ist durch den ~ einer Granate verwundet worden;
einen ~ im Finger haben* ❖ **Splitt, splittern, zersplit-
tern**

splittern [ʃplɪtɐn] ⟨reg. Vb.; hat/ist⟩ /etw., bes. Glas/
'in Splitter zerbrechen, zerspringen': *das Glas ist/
hat gesplittert; das Holz splittert leicht* ('vom Holz
lösen sich leicht Splitter ab') ❖ ↗ **Splitter**

spontan [ʃpɔnˈtaːn] ⟨Adj.; Steig. reg., Superl. un-
gebr.⟩ 'ohne langes Überlegen einem plötzlichen
Impuls, inneren Antrieb folgend' /auf Tätigkeiten,
Handlungen bez./: *ein ~er Entschluss; eine ~e Ak-
tion, Handlung; sie ist in ihren Reaktionen immer
sehr ~ gewesen; ~* (SYN 'impulsiv') *antworten,
reagieren* ❖ **Spontaneität**

Spontaneität [ʃpɔntaneiˈtɛːt/..ˈteː..], **die; ~,** ⟨o.Pl.⟩
/zu *spontan*/ 'das spontane Handeln, Vorgehen':
*wir bewunderten die ~ dieses Künstlers; seine ~ hat
uns oft in Schwierigkeiten gebracht* ❖ ↗ **spontan**

sporadisch [ʃpoˈʀaːd../sp..] ⟨Adj.; o. Steig.⟩ **1.** 'nur
vereinzelt, nur an wenigen Orten, Stellen vorkom-

mend' /auf Ereignisse, Zustände bez./: *das ~e Auf-
treten solcher Unwetter; das Vorkommen dieser
Pflanze ist ausgesprochen ~; etw. tritt nur ~ auf,
kommt nur ~ vor* **2.** SYN 'selten (I.2.1)' /vorw. auf
Handlungen bez./: *wir sahen uns nur ~; seine ~en
Besuche bei uns; seine Besuche sind ~*

Spore [ˈʃpoːʀə], **die; ~, ~n** Bot. 'der ungeschlechtli-
chen Vermehrung dienende Keimzelle bei niederen
Pflanzen'; ↗ FELD II.4.1: *Farne vermehren sich
durch ~n*

Sporen [ˈʃpoːʀən]: ↗ **Sporn**

Sporn [ʃpɔʀn], **der; ~s/~es,** Sporen [ˈʃpoːʀən] ⟨vorw.
Pl.⟩ 'spitzes Metallteil hinten am Stiefel des Rei-
ters, mit dem er das Pferd antreiben kann': *die Spo-
ren klirren; die Sporen anlegen* ❖ **Sporen – Ansporn**
* /jmd., bes. Reiter/ **dem Pferd die Sporen geben** ('das
Pferd mit den Sporen antreiben'); /jmd./ **sich**
⟨Dat.⟩ **(mit/durch etw.) die Sporen verdienen** ('sich
bei einer Aufgabe bewähren, die jmdm. am Beginn
seiner Laufbahn gestellt wird')

Sport [ʃpɔʀt], **der; ~s/~es,** ⟨o.Pl.⟩ **1.** ⟨vorw. o. Art.⟩
'als Wettkampf od. Spiel (gemeinsam mit anderen)
ausgeübte vorw. körperliche Betätigung, die der
Steigerung der körperlichen Leistungsfähigkeit
dient': *~ treiben, ausüben; ~ treibende Senioren;
sich für ~ begeistern* **2.** ⟨vorw. mit unbest. Art.⟩
'bestimmte Sportart': *Schwimmen ist ein gesunder
~; Boxen ist ein harter, männlicher ~; Fußball ist
ein sehr beliebter ~* **3.** ⟨vorw. o. Art.⟩ 'Sport (1)
als Unterrichtsfach in der Schule': *wir haben heute
(keinen) ~; ~ fällt heute aus* ❖ **Sportler, Sportlerin,
sportlich – Sportart, -disziplin, -gerät, -hemd, -platz**

Sport [ˈ..]**|-art, die** 'bestimmte Art Sport (1) (die in
der Regel eine Anzahl verschiedener Sportdiszipli-
nen umfasst)'; ↗ FELD I.7.4.1: *Leichtathletik ist
die ihm liebste ~* ❖ ↗ Sport, ↗ Art; **-disziplin, die**
'Teilgebiet einer Sportart': *Hochsprung ist eine
leichtathletische ~* ❖ ↗ Sport, ↗ Art; **-gerät, das**
'Gerät, das für eine bestimmte sportliche Disziplin
benötigt wird': *Speer, Reck, Barren sind ~e* ❖ ↗
Sport, ↗ Gerät; **-hemd, das** 'sportliches (4) Ober-
hemd (mit kurzen Ärmeln)': *er trägt ~en* ❖ ↗
Sport, ↗ Hemd

Sportgeräte

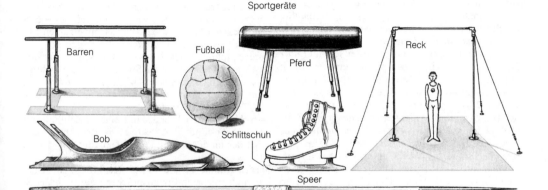

Barren

Fußball

Pferd

Reck

Bob

Schlittschuh

Speer

Sportler [ˈʃpɔʁtlɐ], **der**; ~s, ~ ˈjmd., der regelmäßig, aktiv Sport treibt'; ↗ FELD I.7.4.1: *er ist ein aktiver, bekannter ~; die ~ trainieren für die Meisterschaft* ❖ ↗ **Sport**

Sportlerin [ˈʃpɔʁtlɐʁ..], **die**; ~, ~nen /zu *Sportler/* weibl./ ❖ ↗ **Sport**

sportlich [ˈʃpɔʁt..] ⟨Adj.⟩ **1.** ⟨o. Steig.; nicht präd.⟩ ˈden Sport betreffend' /auf Tätigkeit, Abstraktes bez./; ↗ FELD I.7.4.3: *seine ~e Laufbahn* (ˈseine Laufbahn als Sportler'); *seine ~en Interessen; ~e Wettkämpfe, (Höchst)leistungen; sein hohes ~es Können; sich ~ betätigen; sich durch ~e Betätigung fit halten; die Mannschaft ist ~ in guter Form* **2.** ⟨Steig. reg.⟩ ˈkörperlich durch Anlage od. Training in einer Verfassung, die für die Ausübung von Sport (1) geeignet ist, scheint': *er, sie ist ~, hat eine ~e Figur, ist ein ~er Typ, sieht ~ aus, wirkt ~* **3.** ⟨o. Steig.⟩ SYN ˈfair': *sein ~es Verhalten; sein Verhalten war ~; die Mannschaft hat sehr ~ gespielt; ein ~es Spiel* **4.** ⟨Steig. reg., Superl. ungebr.⟩ ˈeinfach und zweckmäßig in Schnitt und Form und doch elegant wirkend' /bes. auf Kleidung bez./; ↗ FELD V.1.3: *ein ~es Kostüm; eine ~e Frisur; das Kostüm ist, wirkt ~* ❖ ↗ **Sport**

Sport|platz [ˈ..], **der** ˈPlatz (2) für sportliche Übungen, Wettkämpfe (der international festgelegten Abmessungen entspricht)': *ein ~ mit einer Aschenbahn, Rasenfläche; das Training auf dem ~* ❖ ↗ **Sport,** ↗ **Platz**

Spott [ʃpɔt], **der**; ~s/auch ~es, ⟨o.Pl.⟩ ˈÄußerungen, Mimik o.Ä., mit denen jmd. od. jmds. Verhalten, Denken, Tun und Fühlen lächerlich gemacht wird': *feiner, leiser ~; verletzender, scharfer, beißender, ätzender, bösartiger ~; sein ~ war nie gutmütig; der ~ in seinen Worten war unüberhörbar; er hatte bei ihnen nur Hohn und ~ erfahren, geerntet; seinen ~ mit jmdm. treiben* (ˈjmdn. verspotten'); *jmdn. mit ~ überschütten; er versteckte sich, weil er nicht zum ~ der Leute werden wollte* (ˈnicht von den Leuten verspottet werden wollte') ❖ **spotten, spötteln, Spötter, spöttisch – spottbillig, Spottlust, -preis**

spott|billig [ˈ..] ⟨Adj.; o. Steig.; vorw. attr.⟩ umg. emot. ˈsehr billig' /vorw. auf Waren bez./: *ein ~es Kleid; das Kleid war ~* ❖ ↗ **Spott,** ↗ **billig**

spötteln [ˈʃpœtln] ⟨reg. Vb.; hat⟩ /jmd./ *über jmdn., etw. ~* ˈjmdn., etw. ein wenig verspotten, ohne ihn, es sehr verletzen zu wollen': *er spöttelte (gern) über sie, ihre Ansichten* ❖ ↗ **Spott**

spotten [ˈʃpɔtn̩], spottete, hat gespottet **1.** /jmd./ *über jmdn., etw. ~* ˈsich über jmdn., etw. spöttisch äußern': *er spottete (gern) über seine Nachbarn, ihre Lebensweise, über die Art, wie sie sich ausdrückte* **2.** geh. /jmd./ *etw.* ⟨Gen.⟩ *~* ˈetw. vorsätzlich (und leichtfertig) nicht ernst nehmen, ihm trotzen': *er spottete der drohenden Gefahr, drang in das brennende Haus ein und rettete die Kinder; er spottete aller Schwierigkeiten* **3.** emot. /beschränkt verbindbar/ *etw. spottet etw.* ⟨Gen.⟩: *etw. spottet jeder Beschreibung, Erklärung, Vorstellung* ˈetw. ist so schlimm, dass es jedes Maß übersteigt, dass man es

nicht beschreiben, erklären, sich vorstellen kann': *seine Frechheit, Überheblichkeit spottet jeder Beschreibung* ❖ ↗ **Spott**

Spötter [ˈʃpœtɐ], **der**; ~s, ~ ˈjmd., der dafür bekannt ist, dass er gern, oft über andere, über etw. spottet': *er ist ein alter ~* ❖ ↗ **Spott**

spöttisch [ˈʃpœt..] ⟨Adj.⟩ **1.** ⟨Steig. reg.⟩ ˈSpott ausdrückend' /vorw. auf Sprachliches, Mimisches bez./: *~e Bemerkungen; ~ lächeln; jmdn. ~ ansehen; ihr Lächeln war ~* **2.** ⟨Steig. reg., ungebr.; vorw. attr.⟩ ˈgern spottend, zu Spott neigend' /auf Personen bez./: *er ist ein ~er Mensch* ❖ ↗ **Spott**

Spott [ˈʃpɔt..]**-lust, die** ⟨o.Pl.⟩ ˈLust, Neigung, über andere, anderes zu spotten (1): *etw. an ihr reizte seine ~* ❖ ↗ **Spott,** ↗ **Lust; -preis, der** emot. ˈsehr niedriger Preis für eine Ware': *etw. für einen ~, zu einem ~ verkaufen (müssen), bekommen; das sind ~e* ❖ ↗ **Spott,** ↗ **Preis**

sprach: ↗ **sprechen**

Sprache [ˈʃpʁaːxə], **die**; ~, ~n **1.** ˈSystem von Lauten, von Wörtern, von Bedeutungen, die ihnen zugeordnet sind und von Regeln, die den Angehörigen einer bestimmten sozialen Gemeinschaft, bes. von einem Volk, in gesprochener od. geschriebener Form als Mittel der Verständigung dienen': *die universelle Rolle der ~; die deutsche, englische ~; die romanischen ~n; eine natürliche, künstliche, tote, lebende ~; die Grammatik einer ~; er beherrscht, spricht, versteht mehrere ~n; das Buch wurde in mehrere ~n übersetzt* **2.** ⟨o.Pl.; nur mit best. Art.⟩ /beschränkt verbindbar/ ˈFähigkeit zu sprechen': *durch den Schock hat er die ~ verloren* **3.** ⟨o.Pl.⟩ ˈArt, in der sich jmd. mündlich, schriftlich ausdrückt': *seine ~ ist natürlich, klar; die ~ Goethes* ❖ ↗ **sprechen**
* /jmd./ *die ~ auf etw. bringen* (ˈdas Gespräch auf etw. lenken'); /jmd./ *etw. zur ~ bringen* (ˈveranlassen, bewirken, dass über etw. gesprochen, dass etw. erörtert wird'); *etw. kommt zur ~* (ˈüber etw. wird gesprochen, etw. wird erörtert'); /etw./ *eine deutliche ~ sprechen* ˈetw., bes. etw. Negatives, deutlich werden lassen': *diese Statistik spricht eine deutliche ~;* /zwei od. mehrere (jmd.)/ *die gleiche ~ sprechen* (ˈdie gleiche grundsätzliche Meinung, Einstellung zu etw. haben und sich deshalb gut verstehen'); *etw. verschlägt jmdm. die ~* ˈjmd. ist vor Überraschung od. Empörung über etw. sprachlos': *ihre Frechheit verschlug ihm die ~;* ⟨⟩ umg. /jmd./ *mit der ~ herausrücken* ˈetw. nur widerwillig sagen, erzählen, zugeben': *endlich ist er mit der ~ herausgerückt*

Sprach [ˈʃpʁaːx..]**gefühl, das** ⟨o.Pl.⟩ ˈSinn (2) für den richtigen Gebrauch von Sprache, für die richtige Verwendung sprachlicher Mittel': *er hat kein, ein gutes ~; nach meinem ~ kann man das nicht sagen* ❖ ↗ **sprechen,** ↗ **fühlen**

-sprachig [ˈʃpʁaːxɪç] /bildet mit einem (Zahl)adj. als erstem Bestandteil Adjektive/ ˈin der Anzahl od. Art des im ersten Bestandteil Genannten': ↗ z. B. *fremdsprachig*

Sprach|kenntnisse, die ⟨Pl.⟩ ˈKenntnisse in einer Fremdsprache, in Fremdsprachen': *gute ~ haben* ❖ ↗ **sprechen,** ↗ **kennen**

sprachlich [ˈʃpʀaːx..] ⟨Adj.; o. Steig.; nur attr.⟩ ˈdie Sprache, eine bestimmte Sprache betreffend': ~*e Veränderungen; das ist* ~ *falsch* ❖ ↗ **sprechen**

sprach|los [ˈʃpʀaːx..] ⟨Adj.; o. Steig.; nicht attr.⟩ ˈso überrascht, erregt, dass man im Augenblick gar nichts sagen kann': *er war* ~ *(vor Überraschung, Entrüstung, Schrecken, Entsetzen, Freude); sie starrte* ~ *auf das Telegramm; ich bin einfach* ~*!* ❖ ↗ **sprechen,** ↗ **los**

sprang: ↗ *springen*

Spray [ʃpʀeː/sp..], **der/das**; ~/auch ~s, ~s ˈfür bestimmte Zwecke dienende Flüssigkeit, die mit Hilfe einer Spraydose auf, in etw. gesprüht wird': *ein* ~ *gegen Mücken, Schweiß, Körpergeruch; ein, das* ~ *irgendwohin sprühen* ❖ **Spraydose**

Spray|dose [ˈ..], **die** ˈunter Druck stehender kleiner zylindrischer Behälter mit einem Spray' (↗ BILD) ❖ ↗ **Spray,** ↗ **Dose**

sprechen [ˈʃpʀɛçn̩] (er spricht [ʃpʀɪçt]), sprach [ʃpʀaːx], hat gesprochen [gəˈʃpʀɔxn̩]; ↗ auch *sprechend* **1.** /jmd./ ˈmit der menschlichen Stimme Laute, Wörter, Sätze hervorbringen, bilden': *sie konnte vor Angst, Heiserkeit kaum* ~; *das Sprechen fällt ihr noch schwer; meine Tochter hat früh* ~ *gelernt; meine Tochter kann schon* ~; *irgendwie* ~: *laut, leise, schnell, deutlich, durch die Nase* ~; *mit Akzent* ~; *er spricht sehr tief; hast du in der Diskussion deutsch oder französisch gesprochen?* (vgl. 2.2.) **2.** /jmd./ *etw.* ~ **2.1.** ˈeine (sinnvolle) Äußerung durch Sprechen (1) hervorbringen' /beschränkt verbindbar/: *das Kind kann schon ganze Sätze* ~; *sprich keinen Unsinn!; der Richter sprach das Urteil; der Pfarrer sprach den Segen;* SYN ˈreden (1.1)': *er sprach* (SYN ˈsagte 1.1') *nur ein paar Worte, kein einziges Wort; kann der Verletzte schon wieder* ~? **2.2.** ˈeine (Fremd)sprache beherrschen': *er spricht mehrere Sprachen; sie spricht fließend Französisch und ein wenig Italienisch; sprichst du einen Dialekt?* **3.1.** /jmd./ *über jmdn., etw./von jmdm., etw.* ~ ˈsich mündlich über jmdn., etw. äußern, jmdn. mündlich etw. über jmdn., etw. wissen lassen': *er hat (sehr positiv) über dich, von dir, über deine Leistungen, von deinen Leistungen gesprochen; er hat begeistert von seiner Reise gesprochen;* SYN ˈreden (1.2)': *sie sprach davon, dass sie morgen wiederkommen wolle; wovon sprach ich?; darüber sollte man noch nicht* ~; *wir haben gerade über dich gesprochen* **3.2.** /Richter,

Gericht/ *jmdn. schuldig* ~ (ˈjmdn. gerichtlich verurteilen') **4.** /jmd./ **4.1.** *mit jmdm.* ~ ˈmit jmdm. ein Gespräch führen'; SYN reden (1.3): *ich würde gern mal länger mit ihm* ~; *darüber muss ich noch mit ihm* ~; /zwei od. mehrere (jmd.)/ *miteinander/sich* ⟨Dat.⟩ ~: ⟨rez.⟩ *wir haben lange miteinander gesprochen; er hat lange nicht angerufen, aber gestern haben wir miteinander gesprochen* (ˈtelefoniert'); *auf dem Fest haben wir uns gesprochen* (ˈmiteinander geredet'); /in der kommunikativen Wendung/ *wir sprechen uns noch* (ˈdie Angelegenheit ist zwischen uns noch nicht erledigt')! /sagt jmd. als Drohung zu jmdm. nach einem Streit/; vgl. *sich unterhalten* (5) **4.2.** *jmdn.* ~ ˈjmdn. (zufällig) treffen und sich mit ihm unterhalten': *ich habe ihn gestern kurz gesprochen; ich habe ihn schon lange nicht mehr gesprochen* **4.3.** ⟨vorw. mit Modalvb.⟩ *jmdn./mit jmdm.* ~ ˈmit jmdm. ein besonderes Anliegen besprechen': *ich habe den Arzt, mit dem Arzt gesprochen; kann ich Herrn Doktor* ~? *ich muss Sie dringend, muss dringend mit Ihnen* ~!; *Sie haben mich* ~ *wollen?; jmd. ist zu* ~: *der Arzt ist morgen um zehn Uhr (für Sie) zu* ~ (ˈSie können morgen um 10 Uhr zum Arzt kommen und Ihr Anliegen mit ihm besprechen'); *ich bin heute für niemanden mehr zu* ~ **5.** ⟨+ Adv.best., Präp.obj.⟩ /jmd./ ˈeine Rede, einen Vortrag halten'; SYN reden (2): *er sprach vor einem großen Zuhörerkreis; über dieses Thema/zu diesem Thema wird (morgen) ein bekannter Mediziner* ~; *er hat (auf der Versammlung) völlig frei gesprochen* **6.** /etw./ **6.1.** *sein Herz, Gefühl* ~ *lassen; du sollst dein Herz, Gefühl* ~ *lassen* (ˈdu solltest so handeln, wie es deinem Gefühl entspricht') **6.2.** *aus etw.* ⟨Dat.⟩ ~: *aus seinen Worten spricht Hass* (ˈseine Worte drücken Hass aus'); *aus seinen Blicken sprach Angst* **6.3.** *für, gegen etw.* ~: *dieser Umstand spricht für seine Unschuld* (ˈlässt auf seine Unschuld schließen'); *es spricht für seine Unschuld/für seine Unschuld spricht, dass er es selbst erzählt hat; dieser Umstand spricht gegen seine Unschuld* (ˈlässt darauf schließen, dass er schuldig ist') **6.4.** *für, gegen jmdn.* ~: *sein Verhalten in dieser schwierigen Situation spricht für, gegen ihn* (ˈist als eine positive, negative Eigenschaft zu berücksichtigen, wenn man ihn beurteilt, charakterisiert'); *es spricht für ihn, dass er sich daran beteiligt hat* ❖ **besprechen, Besprechung, Gespräch, gesprächig, Sprache, sprachlich, sprechend, Sprecher, Sprecherin, Spruch, versprechen, Versprechen − Absprache, absprechen, Ansprache, ansprechen, ausgesprochen, Aussprache, aussprechen, Ausspruch, Einspruch, Fachsprache, Ferngespräch, Fernsprecher, freisprechen, Freispruch, Fremdsprache, fremdsprachig, fremdsprachlich, Funkspruch, Fürsprache, Fürsprecher, großsprecherisch, Lautsprecher, Muttersprache, muttersprachlich, Nationalsprache, Rücksprache, Selbstgespräch, Sprachgefühl, -kenntnisse, sprachlos, Sprechfunk, -stunde, -zimmer, Sprichwort, sprichwörtlich, spruchreif, Stadtgespräch, Streitgespräch, Trinkspruch, vorsprechen, widersprechen, Wider-**

spruch, widersprüchlich, widerspruchsfrei, Widerspruchsgeist, widerspruchslos, widerspruchsvoll, Zeichensprache, zusprechen, Zuspruch, Zwiegespräch, Zwiesprache

* /etw./ **für sich (selbst)** ~: *dieses Beispiel, dieser Umstand, spricht für sich* ('zeigt so deutlich, was ich meine, dass keine weiteren Erläuterungen nötig sind')
MERKE Zum Unterschied von *sprechen, reden, sagen:* In der Bedeutung „mit der menschlichen Stimme Laute, Wörter, Sätze hervorbringen" sind *sprechen* und *reden* synonym: *er kann schon sprechen/reden; laut, leise sprechen/reden.* In dieser objektlosen Verwendung ist *sagen* nicht möglich (nicht: *laut, leise, sagen*), *sagen* fordert immer ein Objekt. Wenn *sprechen* und *reden* mit einem Objekt verwendet werden, sind sie in einigen Verwendungen mit *sagen* austauschbar: *er sagte/sprach/redete kein einziges Wort; er redete/sagte/sprach immer dasselbe; reden* meint aber meist die Äußerung von Sätzen

sprechend ['ʃprɛçnt̩] ⟨Adj.; nicht bei Vb.; vorw. attr.; ↗ auch **sprechen**⟩ /beschränkt verbindbar/ **1.** ⟨o. Steig.⟩ SYN 'ausdrucksvoll (1)': *sie hat große,* ~*e Augen* **2.** ⟨Steig. reg.⟩ *ein* ~*es* (SYN 'überzeugendes') *Beispiel* ❖ ↗ **sprechen**

Sprecher ['ʃprɛçɐ], **der**; ~s, ~ **1.** 'jmd., der beruflich im Rundfunk, Fernsehen Nachrichten o.Ä. mündlich zur Kenntnis bringt': *er ist ~ beim Fernsehen* **2.** ⟨vorw. mit Gen.attr.⟩ **2.1.** 'jmd., der von einer bestimmten Personengruppe gewählt ist, um deren Interessen zu vertreten': *der ~ der Klasse nahm zu diesem Problem Stellung* **2.2.** 'jmd., der von einer Institution, Organisation beauftragt ist, offizielle Mitteilungen an die Öffentlichkeit weiterzugeben': *der außenpolitische ~ dieser Fraktion; der ~ der Regierung* ❖ ↗ **sprechen**

Sprecherin ['ʃprɛçɔr..], **die**; ~, ~nen /zu *Sprecher;* weibl./ ❖ ↗ **sprechen**

Sprech ['ʃprɛç]|-**funk, der** ⟨o.Pl.⟩ 'Möglichkeit, mit anderen Personen über Funk (1) zu kommunizieren'; SYN Funk (4): *eine Information über ~ weitergeben* ❖ ↗ **sprechen**, ↗ **Funk** -**stunde, die** 'festgelegte Zeit, in der man die Leistungen von Angehörigen bestimmter Berufe, von bestimmten Institutionen in Anspruch nehmen kann': *der Arzt hat montags von acht bis zwölf Uhr ~, hat montags keine ~; der Rechtsanwalt hat zweimal in der Woche nachmittags ~, hat veränderte ~n; heute ist keine ~* ❖ ↗ **sprechen**, ↗ **Stunde**, -**zimmer, das** 'Raum, in dem ein Arzt die Patienten behandelt, mit den Patienten deren Anliegen bespricht' ❖ ↗ **sprechen**, ↗ **Zimmer**

spreizen ['ʃpraɪtsn̩] ⟨reg. Vb.; hat⟩ **1.** /jmd., Vogel/ *etw.* ~ 'etw., bes. die Gliedmaßen, nach beiden Seiten hin strecken': *die Beine, Arme, Finger* ~; *er fuhr mit den gespreizten Fingern durch sein Haar; der Vogel spreizte sein Gefieder* **2.** ⟨+ Adv.best.⟩ /jmd./ *sich* ~ 'sich auffällig, affektiert, eitel benehmen': *sie spreizte sich vor den Besuchern; er spreizte sich in*

seinem neuen Anzug **3.** /jmd./ *sich* ~ 'sich affektiert sträuben': *er spreizte sich, das Geschenk anzunehmen; er spreizte sich erst, erklärte sich dann aber mit uns einverstanden*

sprengen ['ʃprɛŋən] ⟨reg. Vb.; hat⟩ **1.** /jmd./ **1.1.** *etw.* ~ 'etw. durch Sprengung(en) zerstören': *eine Brücke, ein Haus (in die Luft)* ~; *einen Felsen im Steinbruch* ~: *einen Schacht, Tunnel durch, in etw., in den Berg* ~ ('die Höhlung für einen Schacht, Tunnel durch Sprengung in etw., bes. einem Berg, herstellen'); *ein Loch in die Wand, Mauer* ~ **2.1.** /jmd./ *etw.* ~ 'etw., das etw. verschließt, durch Zerstörung, mit Gewalt aufbrechen (1)': *die Tür, das Tor, das Schloss an der Tür* ~; *eine Mauer* ~ **2.2.** /jmd., etw./ *etw.* ~ 'etw. durch Druck von innen mit Gewalt öffnen, aufbrechen (1,2)': *es gelang ihm, die Fesseln, Ketten zu* ~; *das Eis hat die Flasche gesprengt* **3.** /mehrere (jmd.)/ *etw.* ~ 'eine Ansammlung von Menschen mit Gewalt auflösen' /beschränkt verbindbar/: *die Polizei hat die Demonstration, die Versammlung gesprengt* **4.** /jmd./ **4.1.** *etw. auf, über etw.* ~ 'eine Flüssigkeit in Tropfen über etw., bes. auf etw. Textiles, schütten': *Wasser auf die Wäsche* ~ **4.2.** *etw.* ~ 'etw., bes. etw. Textiles, feucht machen, indem man Wasser darüber spritzt' /beschränkt verbindbar/: *die Wäsche vor dem Bügeln* ~; *den Rasen, die Beete* ~ (↗ FELD III.2.2) ❖ **Sprengung — Sprengladung, -körper, -stoff**

Spreng ['ʃprɛŋ..]|-**körper, der** 'mit Sprengstoff gefüllter Behälter, der für eine Explosion, Sprengung vorgesehen ist': *einen ~ zur Explosion bringen; der ~ explodierte* ❖ ↗ **sprengen**, ↗ **Körper**; -**ladung, die** 'die für eine Sprengung nötige Menge Sprengstoff': *eine ~ anbringen, zur Explosion bringen* ❖ ↗ **sprengen**, ↗ **laden**, -**stoff, der** 'Substanz, die durch geeignete Zündung explodiert und dabei einen großen zerstörerischen Druck entwickelt': *ein neuartiger ~; Dynamit ist ein ~; die Explosion eines ~s* ❖ ↗ **sprengen**, ↗ **Stoff**

Sprengung ['ʃprɛŋ..], **die**; ~, ~en 'Auslösung der Explosion eines Sprengstoffs': *für den Bau der Straße mussten mehrere ~en vorgenommen werden* ❖ ↗ **sprengen**

sprenkeln ['ʃprɛŋkl̩n] ⟨reg. Vb.; hat; ↗ auch *gesprenkelt*⟩ /jmd./ *etw. auf etw.* ~: *Farbe auf ein Blatt Papier* ~ ('viele farbige Punkte auf ein Blatt Papier setzen, malen, sprühen') ❖ **gesprenkelt**

Spreu [ʃprɔɪ], **die**; ~, ⟨o.Pl.⟩ 'die beim Dreschen entstandenen Abfälle von Getreide': ~ *als Viehfutter verwenden*

* /jmd./ **die** ~ **vom Weizen trennen** ('das Schlechte, Wertlose vom Guten, Wertvollen trennen')

spricht: ↗ **sprechen**

Sprich/sprich ['ʃprɪç..]|-**wort, das** ⟨Pl.: -wörter⟩ 'kurzer, oft eine Metapher enthaltender volkstümlicher Satz, der eine immer wieder im Leben gewonnene Erfahrung ausdrückt': *‚Morgenstund hat Gold im Mund' ist ein bekanntes* ~ ❖ ↗ **sprechen**, ↗ **Wort**; -**wörtlich** ⟨Adj.⟩ **1.** ⟨nur attr.⟩ *eine* ~*e* ('als Sprichwort, in der Art eines Sprichworts verwendete') *Redensart, Wendung* **2.** ⟨nicht bei Vb.; vorw. präd. (nur mit *sein*)⟩ /etw./ *~ sein*: *sein Glück, Pech ist ~* 'dass er oft Glück, Pech hat, ist allgemein bekannt'); *seine ~e Unpünktlichkeit* ❖ ↗ *sprechen*, ↗ **Wort**

sprießen ['ʃpʁiːsn̩], spross [ʃpʁɔs], ist gesprossen [gə'ʃpʁɔsn̩] /bes. etw. Pflanzliches/ 'zu ¹wachsen (1.1) beginnen'; ↗ FELD II.4.2: *die Knospen ~; das Gras, die Saat sprießt; Blumen ~ (aus der Erde); auf seiner Oberlippe sprießt ('wächst') schon der erste Bart; sein Bart sprießt schon;* vgl. *sprossen* ❖ **Spross, Sprosse, sprossen, Sprössling — Sommersprosse**

Spring|brunnen ['ʃpʁɪŋ..], der 'Anlage, bei der das Wasser durch Druck in die Höhe gespritzt wird und in ein Becken zurückfällt'; SYN Brunnen (3), Fontäne (1); ↗ FELD I.7.2.1: *der Park hat einen ~; die ~ in Rom* ❖ ↗ **springen**, ↗ **Brunnen**

springen ['ʃpʁɪŋən], sprang [ʃpʁaŋ], ist gesprungen [gə'ʃpʁʊŋən] **1.1.** /jmd., Tier/ 'sich kräftig mit einem od. beiden Beinen vom Boden abstoßen und dadurch in die Höhe, in die Luft (und durch die Luft zu einer anderen Stelle) bewegen und wieder auf den Boden gelangen': *mit Anlauf, aus dem Stand ~; er, das Pferd kann gut ~; er ist weit gesprungen, drei Meter weit gesprungen; irgendwohin ~: in die Luft, Höhe, ins Wasser, über einen Graben, aus dem Fenster, über Bord, ein paar Meter nach vorn, zur Seite ~; die Katze sprang auf den Tisch* **1.2.** /jmd., bes. Sportler/ *er ist einen neuen Rekord gesprungen* ('hat im Hoch- od. Weitsprung einen neuen Rekord erreicht'; ↗ FELD I.7.4.2) **2.** /jmd., Tier/ 'sich (durch Laufen, Springen 1.1) schnell zu Fuß fortbewegen'; ↗ FELD I.7.2.2: *das Känguru springt; irgendwohin ~: das Kind sprang spielend über die Straße; der Hund sprang durch das Zimmer* **3.** *der Ball, Stein springt* ('wird durch den Aufprall wieder in die Höhe geschnellt') **4.** *etw. springt von, aus etw.* ⟨Dat.⟩ 'etw. löst sich, einem Druck (1), Zug (1.1) nachgebend, ruckartig aus seiner Lage, Befestigung': *als er sich bückte, sprang ihm ein Knopf von der Jacke; die Perle ist aus der Fassung gesprungen; die Straßenbahn ist aus den Schienen gesprungen* ('ist entgleist') **5.** /Material, bes. Glas, Porzellan/ 'einen Riss, Risse bekommen (und auseinander brechen)': *das Glas ist gesprungen* **7.** /beschränkt verbindbar/ *die Knospen, Samenkapseln ~* ('öffnen sich') ❖ **entspringen, Sprung, sprunghaft — abspringen, Absprung, anspringen, aufspringen, einspringen, Hochsprung, Kopfsprung, Seitensprung, Springbrunnen, springlebendig, Sprungschanze, überspringen, Vorsprung**

spring|lebendig ['ʃpʁɪŋ..] ⟨Adj.; o. Steig.⟩ 'sehr munter, lebhaft'; SYN quicklebendig /auf Personen, Tiere bez./: *die alte Dame war noch ~, wirkte ~* ❖ ↗ **springen**, ↗ **leben**

sprinten ['ʃpʁɪntn̩], sprintete, ist/hat gesprintet /jmd./ 'eine kürzere Strecke, bes. im Sport, mit größtmög-

licher Geschwindigkeit laufen': *er ist/hat die letzten fünfzig Meter gesprintet*

Spritze ['ʃpʁɪtsə], die; ~, ~n **1.** 'Gerät, mit dem man eine Flüssigkeit od. eine zähflüssige Masse unter Druck aus einer Öffnung irgendwohin gelangen lassen kann': *eine ~ für die Bekämpfung von Ungeziefer; die Schlagsahne, Creme mit einer ~ auf die Torte bringen; den Brand mit der ~ bekämpfen* **2.** 'zylinderförmiges medizinisches Gerät mit einer hohlen Nadel, die in den Körper eingestochen wird und durch die unter Druck ein flüssiges Arzneimittel eingeführt od. Blut entnommen wird'; SYN Injektionsspritze: *eine ~ aufziehen, sterilisieren* **3.** 'das Injizieren mit Hilfe einer Spritze (2)'; SYN Injektion: *jmdm. eine ~ in den Arm, die Vene geben, verabreichen; er hat eine ~ zur Beruhigung bekommen; er hat eine ~ gekriegt* ❖ ↗ **spritzen**

spritzen ['ʃpʁɪtsn̩] ⟨reg. Vb.; hat/ist⟩ **1.** ⟨hat⟩ /jmd./ **1.1.** *etw. irgendwohin ~* 'eine Flüssigkeit versehentlich in kleinen Tropfen irgendwohin gelangen lassen': *er hat Tinte auf die Tischdecke, aufs Schreibpapier gespritzt; jmdm. aus Spaß Wasser ins Gesicht ~; sich* ⟨Dat.⟩ *etw. irgendwohin ~: sich ein paar Tropfen Parfüm auf das Kleid ~; er hat sich beim Schreiben Tinte aufs Hemd gespritzt; die Kinder ~ gern beim Baden* **1.2.** *jmdn. nass ~* ('durch Spritzen 1.1 von Wasser nass machen') **2.** ⟨ist⟩ **2.1.** *etw. spritzt aus etw.* ⟨Dat.⟩ 'etw., bes. etw. Flüssiges, dringt in Tropfen od. in einem Strahl unter Druck aus etw. heraus': *das Wasser spritzte aus der defekten Leitung, aus dem Schlauch* **2.2.** *etw. spritzt irgendwohin* 'etw. fliegt mit Schwung in Form von Tropfen irgendwohin': *als er in die Pfütze sprang, spritzte das Wasser nach allen Seiten* **3.** ⟨hat⟩ /jmd./ *etw. irgendwohin ~* 'etw., bes. eine Flüssigkeit, mit einer Spritze (1) irgendwohin gelangen lassen': *Wasser auf den Rasen, auf die Beete ~; Sahne, Creme auf die Torte ~* **4.** ⟨hat⟩ /jmd., bes. Arzt/ **4.1.** *etw. ~* 'etw., ein Medikament, mit einer Spritze (2) injizieren': *der Arzt hat erst einmal ein Beruhigungsmittel gespritzt; jmdm. etw. ~: er hat ihm ein neues Medikament gespritzt* **4.2.** *jmdn., sich ~* 'jmdm., sich mit einer Spritze (2) etw., ein Medikament injizieren': *er muss ihn täglich ~; sie ist zuckerkrank und muss sich ~; sich* ⟨Dat.⟩ *etw. ~: er hat sich Heroin gespritzt* ❖ **bespritzen, Spritze, Spritzer, spritzig — Injektionsspritze**

Spritzer ['ʃpʁɪtsɐ], der; ~s, ~ **1.** ⟨vorw. Pl.⟩ 'kleiner Tropfen, der mit Schwung von irgendwo schnell irgendwohin, hoch-, weggeschleudert wird': *die ~ prasselten auf, gegen die Scheibe des Autos, Bootes* **2.** ⟨vorw. Pl.⟩ 'durch einen kleinen Tropfen entstandener Fleck auf etw.': *auf dem Mantel waren viele ~* **3.** ⟨+ Attr.⟩ 'kleine Menge einer Flüssigkeit, die in, auf etw. gespritzt (3) wird': *einige ~ Zitrone, Essig in, an den Salat geben; Whisky mit einem ~ Mineralwasser;* vgl. *Schuss* (5) ❖ ↗ **spritzen**

spritzig ['ʃpʁɪtsɪç] ⟨Adj.; Steig. reg.⟩ 'auf eine unterhaltsame Weise geistreich und witzig' /vorw. auf

Sprachliches bez./: *er hat eine ~e Rede gehalten; die Rede war ~; eine ~e Komödie; das Kabarett bot ~e Unterhaltung; ein ~ geschriebener Bericht* ❖ ↗ **spritzen**

spröde ['ʃprøːdə] ⟨Adj.; Steig. reg.⟩ **1.** ⟨nicht bei Vb.⟩ 'hart, aber nicht biegsam, nicht elastisch, sondern leicht zerbrechend, splitternd' /auf Materialien bez./: *Glas, Gusseisen, Keramik sind ~e Materialien; ~s Gestein; das Metall ist ~* **2.** 'trocken und rissig' /auf Objekte des menschlichen Körpers, bes. auf die Haut, bez./: *er hat eine ~ Haut, hat ~ Haare; seine Lippen, Hände sind ~ (geworden)* **3.** /beschränkt verbindbar/ *eine ~* (SYN 'raue, ↗ rau 3.1') *Stimme haben* **4.** '(gegenüber Männern) zurückhaltend, abweisend' /vorw. auf Frauen bez./: *ein ~s Mädchen; sie ist ~, ist eine ~ Schönheit; sie zeigte sich ~; er hat ein ~s Wesen*

spross: ↗ **sprießen**

Spross [ʃprɔs], **der**; ~es ['ʃprɔsəs], ~e/~en ['ʃprɔsn̩] **1.** SYN 'Trieb (3)': *der Strauch, Baum hat dieses Jahr viele Sprosse(n)* **2.** ⟨Pl.: Sprosse; + Gen.attr.⟩ geh., auch scherzh. *er ist der jüngste, letzte ~* ('der jüngste, letzte Nachkomme') *unserer Familie, dieses (adligen) Geschlechts* ❖ ↗ **sprießen**

Sprosse ['ʃprɔsə], **die**; ~, ~n 'eine der die Stufen einer Leiter bildenden Stangen': *~n aus Holz, Metall; er wäre fast gestürzt, weil eine ~ lose war, zerbrach* ❖ ↗ **sprießen**

sprossen ['ʃprɔsn̩], sprosste, ist/hat gesprosst /Pflanze, bes. Strauch, Baum/ 'junge Triebe hervorbringen': *der Baum ist/hat gesprosst* ❖ ↗ **sprießen**

Sprössling ['ʃprœs..], **der**; ~s, ~e scherzh. *jmds.* 'jmds. Kind, bes. Sohn': *sie waren stolz auf ihre ~e; er ist der jüngste ~* ('Sohn') *meiner Schwester* ❖ ↗ **sprießen**

Sprotte ['ʃprɔtə], **die**; ~, ~n 'mit dem Hering verwandter kleiner Fisch, der geräuchert als Speisefisch genutzt wird': ↗ FELD I.8.1, II.3.1: *~n zum Brot essen; Kieler ~n*

Spruch [ʃprʊx], **der**; ~s/auch ~es, Sprüche [ʃprʏçə] 'einprägsam formulierter Satz mit einer allgemein gültigen Aussage, die oft als Lebensregel dienen kann': *ein alter, weiser, bekannter ~; die Weisheit eines ~s beherzigen; sich einen ~ an die Wand hängen* ❖ ↗ **sprechen**
* umg. emot. /jmd./ **Sprüche machen/klopfen** 'in großsprecherischer Weise reden': *der klopft nur Sprüche, es steckt nichts dahinter*

spruch|reif ['ʃprʊx..] ⟨Adj.; o. Steig.; vorw. präd.; nicht bei Vb.; vorw. verneint⟩ /etw./ *~ sein* 'so weit gediehen sein, dass bald darüber entschieden werden kann': *diese Angelegenheit, dieser Plan ist (noch nicht) ~; eine (noch nicht) ~e Angelegenheit* ❖ ↗ **sprechen**, ↗ **reif**

Sprudel ['ʃpruːdl̩], **der**; ~s, ~ ⟨vorw. Sg.⟩ 'Mineralwasser, das infolge seines Gehalts an Kohlensäure stark sprudelt (1)': *eine Flasche, ein Glas ~; er trinkt gern (ein Glas) ~; Herr Ober, bitte zwei (Glas) ~!* ❖ ↗ **sprudeln**

sprudeln ['ʃpruːdl̩n] ⟨reg. Vb.; hat/ist⟩ **1.** ⟨hat⟩ /Flüssigkeit/ 'sich unter zischendem Geräusch (spritzend) schäumend bewegen': *die Quelle, der Brunnen sprudelt; das kochende Wasser sprudelt stark, heftig; der Sekt, das Mineralwasser sprudelt* ('lässt die Kohlensäure in Form kleiner Bläschen aufsteigen, zischend entweichen') **2.** ⟨ist⟩ /Flüssigkeit/ *aus etw.* ⟨Dat.⟩, *irgendwohin ~* 'unter Sprudeln (1) aus etw. quellen, irgendwohin fließen': *die Quelle sprudelt aus dem Felsen; der Sekt sprudelt aus der Flasche; der Bach sprudelt über das Geröll* ❖ **Sprudel**

sprühen ['ʃpryːən] ⟨reg. Vb.; hat/ist⟩ **1.1.** ⟨hat⟩ /jmd./ *etw. auf etw. ~* 'eine Flüssigkeit mit einem Gerät zerstäuben und in feinsten Tröpfchen auf etw. gelangen lassen': *Lack auf die Oberfläche von etw. ~; (sich* ⟨Dat.⟩*) Haarlack auf die Frisur ~; Wasser auf die Wäsche, Blattpflanzen ~* **1.2.** ⟨hat⟩ /Flüssigkeit/ 'in feinsten Tröpfchen irgendwohin fliegen': *die Gischt sprühte; etw. sprüht irgendwohin* ⟨ist⟩: *die Gischt sprühte über die Kaimauer, übers Deck* **2.** /etw./ **2.1.** ⟨hat⟩ *etw. sprüht Funken:* *das Feuer, die Lokomotive, der Schweißbrenner sprüht Funken* ('lässt Funken von sich durch die Luft fliegen'); *eine Funken ~de Lokomotive* **2.2.** ⟨ist/hat⟩ *Funken ~* 'Funken fliegen nach allen Seiten durch die Luft': *der Schmied schlug auf das Eisen, den Amboss, dass die Funken sprühten* **3.** ⟨hat⟩ /jmd./ *vor Witz, Geist ~* 'in der Unterhaltung äußerst witzig, geistreich sein': *er sprühte vor Geist*

Sprung [ʃprʊŋ], **der**; ~s/auch ~es, Sprünge ['ʃprʏŋə] **1.** 'durch Springen (1) bewirkte Bewegung des Körpers irgendwohin, bes. in die Höhe, nach unten'; ↗ FELD I.7.2.1: *ein hoher, weiter, gewagter ~; vor Freude einen ~ machen; das Raubtier duckte sich zum ~; zu einem ~ ansetzen; ein ~ irgendwohin: ein ~ in die Höhe, Tiefe; ein ~ aus fünf Metern Höhe zur Erde hinab; ein ~ über einen Zaun, den Bach, den Bock, Kasten; mit einem gewaltigen ~ über etw. hinwegsetzen; in großen Sprüngen* ('sich schnell und mit großen Schritten') *davonlaufen* **2.** ⟨o.Pl.⟩ umg. *bis zu etw.* ⟨Dat.⟩ *ist es nur ein ~* 'bis zu etw. ist es nicht weit': *bis zum Haus meines Freundes ist es nur ein ~* **3.** 'feiner Riss in etw., bes. in Glas, Keramik, Porzellan, Lack': *die Tasse, das Glas, die Vase hat einen ~* (SYN 'Knacks 2'); *die Risse und Sprünge in der Glasur* ❖ ↗ **springen**
* **auf einen ~** 'für einen kurzen Besuch': *ich komme nur auf einen ~ (vorbei); ich schaue bei Euch auf einen ~ vorbei;* /jmd./ **keine großen Sprünge machen können** ('sich besonders finanziell nicht viel leisten können'); /jmd./ **jmdm., etw.** ⟨Dat.⟩ **auf die Sprünge helfen** ('durch sein Eingreifen, seine Hilfe dafür sorgen, dass jmd. bes. im Leben, Beruf vorankommt, dass jmd. mit etw. besser fertig wird, dass etw. in Gang kommt'); **etw. ist ein ~ ins kalte Wasser** 'etw. stellt für die Gründung der Existenz eine Entscheidung dar, bei der man infolge der Eile mögliche Folgen, Auswirkungen nicht bedenken kann': *seine Niederlassung als Arzt war für ihn ein ~ ins kalte Wasser;* /jmd./ **auf dem ~ sein, etw. zu**

tun ʿim Begriff sein, gerade dabei sein, etw. Bestimmtes zu tun, mit etw. zu beginnenʾ: *er war auf dem ~, zum Einkaufen zu gehen, wegzugehen;* ⟨⟩ umg. scherzh. /jmd./ **einen ~ in der Schüssel haben** (ʿein bisschen blöd, verrückt seinʾ)

sprunghaft [ˈʃpʀʊŋ..] ⟨Adj.⟩ **1.** ⟨Steig. reg., ungebr.; nicht bei Vb.⟩ ʿzu unvermittelten, plötzlichen Handlungen neigend und dabei rasch von einer Beschäftigung zu einer anderen übergehendʾ /auf Personen bez./: *er hat ein ~es Wesen, ist sehr ~* **2.** ⟨o. Steig.; vorw. attr. u. bei Vb.⟩ ʿplötzlich eintretend und rasch vor sich gehendʾ /auf Prozesse bez./: *seine Leistungen haben sich ~ gesteigert; das ~e Anwachsen dieser Krankheit; etw., jmd. entwickelt sich ~* (ʿnach Zwischenräumen der Ruhe plötzlich schnell und intensivʾ) ❖ ↗ **springen**

Sprung|schanze [ˈʃpʀʊŋ..]**, die** ʿan einem Hang steil nach unten führende Bahn für Skispringerʾ; ↗ FELD I.7.2.1 ❖ ↗ **springen,** ↗ **Schanze**

Spucke [ˈʃpʊkə]**, die;** ~, ⟨o.Pl.⟩ umg. SYN ʿSpeichelʾ: *eine Briefmarke mit ~ feucht machen; etw. mit ~ ankleben* ❖ ↗ **spucken**

* jmdm. bleibt die ~ weg ʿjmd. ist vor Überraschung, Erstaunen sprachlosʾ: *da bleibt einem die ~ weg, wenn man das liest*

spucken [ˈʃpʊkn̩] ⟨reg. Vb.; hat⟩ **1.** /jmd./ **1.1.** ʿSpeichel, Schleim aus dem Mund mit Schwung irgendwohin befördern, ausstoßenʾ; SYN speien: *spuck nicht!; irgendwohin ~: nicht auf den Boden ~!; er spuckte ihm ins Gesicht* **1.2.** *etw. irgendwohin ~* ʿetw. aus dem Mund mit Schwung irgendwohin befördern, (aus)spuckenʾ: *Kirschkerne auf den Teller, Boden ~* **1.3.** /beschränkt verbindbar/ *er, der Kranke spuckt Blut, Galle* (ʿverliert Blut, Galle durch den Mundʾ) **2.** /beschränkt verbindbar/ *der Vulkan spuckt Lava, Asche* (ʿaus dem Vulkan gelangt unter Druck viel Lava, Asche in die Luftʾ) **3.** umg. /jmd./ ʿsich erbrechenʾ: *er hat über Nacht gespuckt; er musste ~ während des Fluges* **4.** /jmd./ ʿschimpfen und wütend seinʾ: *da wird er aber ~, wenn er erfährt, dass er betrogen worden ist* ❖ **Spucke**

Spuk [ʃpuːk]**, der;** ~s/auch ~es, ⟨o.Pl.⟩ ʿdas Erscheinen von Geistern (I.3), Gespenstern, das Auftreten von Geräuschen, Erscheinungen, die gespenstisch anmutenʾ: *der ~ begann um Mitternacht; das Licht ging an, und der ganze ~ war vorbei; er glaubt nicht an ~ und Gespenster* ❖ **spuken**

spuken [ˈʃpuːkn̩] ⟨reg. Vb.; hat⟩ **1.** /Gespenst, Geist/ *irgendwo ~* ʿirgendwo als Gespenst, Geist (I.3) erscheinen, sich durch Geräusche bemerkbar machenʾ: *der alte Graf spukt noch immer in dem Schloss; hier, in diesem Haus soll es ~* **2.** *etw. spukt in jmds. Kopf* ʿein Gedanke hält sich beharrlich in jmds. Bewusstseinʾ: *dieser Aberglaube, Unsinn, diese Idee, Vorstellung spukt noch immer in den Köpfen der Menschen* ❖ ↗ **Spuk**

Spule [ˈʃpuːlə]**, die;** ~, ~n **1.** ʿzylinderförmiges Teil, auf das etw. gewickelt ist, wirdʾ: *den Film in den Schlitz der ~ klemmen; Zwirn, Garn, Draht auf eine* ~, *von einer ~ wickeln; eine ~ Garn; bei der Nähmaschine die ~ auswechseln* **2.** ʿBauteil der Elektrotechnik aus einem langen, dünnen, isolierten Draht aus Kupfer, der um eine Spule (1) gewickelt istʾ ❖ **spulen**

spulen [ˈʃpuːlən] ⟨reg. Vb.; hat⟩ /jmd., Maschine/ *etw. auf etw., von etw.* ⟨Dat.⟩ ~ ʿetw. auf eine od. von einer Spule (1) wickelnʾ: *Zwirn, Nähseide auf die Spule der Nähmaschine ~; etw. von einer Rolle ~* ❖ ↗ **Spule**

spülen [ˈʃpyːlən] ⟨reg. Vb.; hat⟩ **1.1.** /jmd./ *etw., bes. Geschirr ~* ʿetw. intensiv mit heißem Wasser und einem Spülmittel von Speiseresten, Schmutz säubernʾ; SYN abspülen (1.2), abwaschen (1.2): *das Geschirr, die Teller ~; ich muss noch die Gläser ~* **1.2.** /jmd./ *etw. ~* ʿetw., bes. Kleidung, in klarem Wasser schwenken, um die Reste des Waschmittels daraus zu entfernenʾ: *die Wäsche, Bettwäsche, Handtücher ~; sich* ⟨Dat.⟩ *die Haare ~* **2.** /jmd./ *(sich* ⟨Dat.⟩*) den Mund (mit einem Tee aus Kräutern) ~* (ʿetw. intensiv im Mund bewegen, damit es seine heilende Wirkung ausüben kannʾ); *eine Wunde ~* **3.** /jmd./ ʿdie Wasserspülung der Toilette betätigenʾ: *vergiss nicht zu ~!; er hat wieder nicht (richtig) gespült* **4.** /strömendes Wasser/ *etw., jmdn. irgendwohin, von irgendwo ~* ʿetw., jmdn. irgendwohin, von irgendwo schwemmenʾ: *das Meer hat Strandgut an die Küste gespült; die Wellen haben ihn über Bord, von Deck gespült* ❖ **Spülung – abspülen, hinunterspülen, Wasserspülung**

Spülung [ˈʃpyːl..]**, die;** ~, ~en **1.** ʿdas Spülen (2)ʾ: *mehrmalige ~en des Ohres; eine ~ machen* **2.** ⟨vorw. Sg.⟩ ʿVorrichtung an einem WC, mit der die Fäkalien durch Wasser weggespült werdenʾ: *die ~ betätigen; die ~ funktioniert nicht* ❖ ↗ **spülen**

Spund [ʃpʊnt]**, der;** ~s/auch ~es, ~e/auch Spünde [ˈʃpʏndə] ʿ(hölzerner) Zapfen zum Verschließen der Öffnung an einem Fassʾ: *einen ~ einschlagen*

* umg. ein junger ~ (ʿein junger, unerfahrener Mannʾ)

Spur [ʃpuːɐ̯]**, die;** ~, ~en **1.1.** ʿaufeinander folgende, eine Reihe, Linie bildende Abdrücke auf dem Erdboden, im Schnee, die durch Lebewesen, Räder, Kufen hervorgerufen worden sindʾ: *eine tiefe, deutliche, frische ~; eine ~ im Schnee, im feuchten Sand, im Schlamm; die ~ eines Hasen; die ~en eines Autos, Schlittens; einer ~ folgen; der Wind hat die ~en verweht* **1.2.** ⟨vorw. Sg.⟩ ʿetw. Materielles, das linienartig verläuft und von der Bewegung einer Person, eines Tieres zeugtʾ: *die Schnecke hat eine ~ aus Schleim hinter sich gelassen; der Hund wittert, verfolgt eine ~* **2.** ⟨vorw. Pl.⟩ ʿvon der Anwesenheit, vom Tun einer Person, von einem Geschehnis zeugende bestimmte Einzelheit, Veränderung an einem Ort, in einem Gebietʾ: *die ~en des Krieges, Erdbebens, der Zerstörung waren noch sichtbar, waren noch nicht beseitigt; die ~en alter Kulturen; das Buch trug die ~en häufigen Gebrauchs; die Diebe haben ihre ~en am Tatort gründlich beseitigt, verwischt, haben keine ~en zurückgelassen, hinterlassen; die ~en sichern; ein Fingerab-*

druck erwies sich als entscheidende ~ für die Aufklärung des Verbrechens; bei dem Kind fanden sich ~en einer Misshandlung; wir haben keine ~en gefunden, die auf seine Anwesenheit schließen lassen **3.** ʼaus bestimmten Indizien, Merkmalen sich ergebende Richtung (2) für die Nachforschung, um eine gesuchte Person od. Sache zu finden, ein Verbrechen aufzuklärenʼ: *die Polizei verfolgt eine ~, mehrere ~en; die ~ führt ins Ausland; auf der richtigen, falschen ~ sein* **4.** ⟨o.Pl.⟩ **4.1.** *eine ~* ⟨+ Attr.⟩ ʼeine winzige Menge von etw., die vorwiegend als Zutat dientʼ: *eine ~ Salz, Essig an den Kohl geben; dem Cocktail eine ~ Zitronensaft hinzufügen* **4.2.** *eine ~* ⟨vor Adj., Adv. (im Komp.)⟩ ʼein wenigʼ: *der Wein ist eine ~ zu kalt; das Kleid könnte eine ~ länger sein* **5.** SYN ʼFahrspurʼ: *die ~ wechseln; das Auto hält die ~* (ʼfährt korrekt in der mit den Vorderrädern gesteuerten Richtungʼ), *gerät aus der ~* ❖ **spuren – mehrspurig, spurlos, Spurweite**

* **eine heiße ~** (ʼein für die Aufklärung bes. eines Verbrechens sehr wichtiges, entscheidendes Indizʼ); **keine ~/nicht die ~** ʼüberhaupt nichtʼ: *er war keine ~/nicht die ~ nervös;* ⟨oft als Antwort⟩ *„Bist du hungrig?" „Ach wo, keine ~!";* /jmd./ **jmdm. auf die ~ kommen** (ʼjmds. heimliche, verbotene Handlungen aufdeckenʼ); /jmd./ *etw.* ⟨Dat.⟩ **auf die ~ kommen** (ʼentdecken, wie man einen Sachverhalt beherrschen, ein Problem lösen kannʼ); /jmd./ **auf der richtigen/falschen ~ sein** ʼetw. Richtiges, Falsches vermutenʼ: *da bist du auf der falschen ~!;* **/jmd./ etw.** ⟨Dat.⟩ **auf der ~ sein** (ʼdabei sein, einen Sachverhalt zu beherrschen, ein Problem zu lösenʼ); scherzh. **auf/in jmds. ~en wandeln** (ʼsich jmdn. zum Vorbild nehmen und in seinem Sinne handelnʼ)

spürbar [ˈʃpyːɐ̯..] **I.** ⟨Adj.⟩ ⟨o. Steig.⟩ **1.1.** ⟨nicht bei Vb.⟩ ʼso geartet, dass man es spüren (2) kannʼ /auf Abstraktes bez./: *er antwortete mit ~er Erleichterung; seine Feindseligkeit war deutlich ~* (SYN ʼfühlbarʼ); ↗ FELD I.3.5.3; vgl. *merklich* **1.2.** ʼdeutlich feststellbarʼ; SYN *merklich* /auf Abstraktes bez./: *eine ~e Verbesserung seines Zustandes ist eingetreten; eine ~e Abnahme der Geburtenrate; die Preise wurden ~ erhöht –* **II.** ⟨Adv.; vor Adj., Adv. (im Komp.)⟩ ʼsehr vielʼ: *es ist ~ kälter, wärmer geworden* ❖ ↗ **spüren**

spuren [ˈʃpuːʀən] ⟨reg. Vb.; hat⟩ umg. /jmd./ ʼalles, was verlangt, erwartet wird, gut und richtig tunʼ: *er wird schon ~; bei dem neuen Trainer spurt die Mannschaft; der Kerl spurt nicht!* ❖ ↗ **Spur**

spüren [ˈʃpyːʀən] ⟨reg. Vb.; hat⟩ **1.** /jmd./ *etw.* ~ **1.1.** ʼ(durch Tastsinn) etw. an, mit seinem Körper wahrnehmenʼ; ↗ FELD I.3.5.2: *spürst du schon die Wirkung der Tablette?; Hunger, Durst ~* (ʼHunger, Durst habenʼ); *jmds. Faust, Fäuste* (ʼSchläge mit der Faustʼ) *zu ~ bekommen; er spürte die Wirkung des Weines* (ʼmerkte, dass er allmählich betrunken wurdeʼ); *er spürte (den) Zorn in sich aufsteigen* (ʼmerkte, wie er zornig wurdeʼ); SYN *fühlen* (1): *eine Berührung, einen (stechenden, bohrenden)*

Schmerz ~; er spürte ihre Hand (auf seiner Schulter); vor Aufregung spürte er die Kälte, den Schmerz kaum; ⟨nach vorangehendem Inf. auch *hat ... ~*⟩: *er hatte sein Herz schlagen gespürt/schlagen ~* **1.2.** ʼSchmerzen in bestimmten Zonen seines Körpers haben und empfindenʼ: *er spürte nach dem Sturz alle Knochen, Gelenke; ich spüre mein Kreuz* **2.** /jmd./ *etw.* ~ SYN ʼetw. fühlen (3.1)ʼ: *jmds. Überlegenheit, Hass, Verachtung ~; hast du nicht gespürt, dass wir dir helfen wollten?; sie ließ ihn ihren Zorn ~; sie ließ ihn ~, dass sie ihn nicht mochte; Angst, Widerwillen ~* (SYN ʼempfinden 1.2ʼ) **3.** /Hund/ *nach einem Tier, nach jmdm. ~* ʼdie Spur (1.1) eines Tieres, Menschen mit dem Geruchssinn erkennen und ihr folgenʼ: *der Hund spürte im Unterholz nach Wild* ❖ **Gespür, spürbar, Spürhund, Spürnase**

Spür|hund [ˈʃpyːɐ̯..], **der** ʼHund, der eine besondere Ausbildung erhalten hat und durch seinen Geruchssinn Wild od. die Spuren von Personen finden kannʼ: *die Polizei setzte ~e ein, um den flüchtigen Verbrecher zu finden* ❖ ↗ **spüren**, ↗ **Hund**

spur|los [ˈʃpuːɐ̯..] ⟨Adj.; o. Steig.; nicht präd.⟩ /beschränkt verbindbar/ **1.1.** *etw., jmd. ist ~ verschwunden* (ʼkann nicht gefunden werdenʼ); *sein ~es Verschwinden erregte die Gemüter* **1.2.** ⟨vorw. verneint⟩ *etw., eine Krankheit, der Krieg ist nicht ~ an jmdm. vorbeigegangen* (ʼhat ihre, seine Spuren 2, Wirkungen bei jmdm. hinterlassenʼ) ❖ ↗ **Spur**, ↗ **los**

Spür [ˈʃpyːɐ̯..]**|-nase, die** ⟨o.Pl.⟩ *eine/jmds. ~ für etw.* ʼein, jmds. Spürsinn für etw.ʼ: *er hatte eine untrügliche ~ für die Fehler und Schwächen seiner Mitmenschen; seine ~ für lohnende Geschäfte* ❖ ↗ spüren, ↗ Nase; **-sinn, der** ⟨o.Pl.⟩ ʼFähigkeit eines Menschen, etw. zu ahnen, intuitiv richtig einzuschätzenʼ; SYN *Witterung* (3): *mit kriminalistischem ~ kam er ihm auf die Schliche; das war ihrem (weiblichen) ~ nicht entgangen; ein/jmds. ~ (für etw.): einen ~ für etw., für Fehler und Schwächen der Mitmenschen haben* ❖ ↗ spüren, ↗ Sinn

spurten [ˈʃpʊrtn̩], spurtete, ist/hat gespurtet **1.** ⟨ist/hat⟩ /Sportler, Mannschaft/ ʼbei einem sportlichen Wettkampf auf den letzten etwa 100 Metern das Tempo beschleunigen, um den Sieg zu erringenʼ; ↗ FELD I.7.4.2: *die Ruderer spurteten, um den Sieg zu erringen; die Radfahrer, Läufer spurteten, konnten aber die Spitze nicht einholen* **2.** ⟨ist⟩ umg. /jmd./ *irgendwohin ~* ʼirgendwohin rennenʼ: *zum Bus, zur Bahn ~* ❖ **spurtstark**

spurt|stark [ˈ..] ⟨Adj.; nicht bei Vb.⟩ ʼzu einem besonders schnellen Lauf, Tempo (auf dem letzten Teil der Strecke) fähigʼ /auf Sportler, Kraftfahrzeuge bez./; ↗ FELD I.7.4.3: *ein ~er Wagen, Läufer* ❖ ↗ **spurten**, ↗ **stark**

Spur|weite [ˈʃpuːɐ̯..], **die 1.** ʼAbstand zwischen den Schienen eines Gleisesʼ: *die russischen Gleise haben eine andere ~* **2.** ʼAbstand zwischen den auf einer Achse sitzenden Rädern eines Kraftfahrzeugsʼ ❖ ↗ **Spur**, ↗ **weit**

Staat [ʃtaːt], **der**; ~es/auch ~s, ~en **1.** ˈpolitische Organisation (2) einer Gemeinschaft von Menschen, die innerhalb territorial festgelegter Grenzen zusammenleben und von (gewählten) Vertretern dieser Gemeinschaft regiert werden': *ein feudaler, bürgerlicher, demokratischer, unabhängiger, souveräner ~; der deutsche, englische, französische ~; miteinander verbündete ~en; in einem ~ leben; einem ~ angehören* (ˈBürger eines Staates sein'); *einen ~ politisch anerkennen; einen ~ gründen, bekämpfen, schützen, verteidigen; die Regierung, Verwaltung, Verfassung eines ~(e)s; das liegt im Interesse des Staates; das höchste Amt im ~; das bezahlt der ~* (ˈeine Institution des Staates'); *das wird von ~s wegen* ⟨nur: *Staats*⟩ (ˈauf Veranlassung einer staatlichen Institution') *gemacht* **2.** ˈdas Territorium eines Staates (1) mit dem darin lebenden Menschen und ihrer Regierung'; SYN Land (5.1): *der Außenminister reiste in einen benachbarten ~; die Grenze zwischen zwei ~en* ❖ **staatlich, verstaatlichen − Bundesstaat, Generalstaatsanwalt, staatenlos;** vgl. **Staats/staats-**

* /jmd./ **mit etw., jmdm. ~ machen** ˈmit etw. Positivem, mit jmdm. wegen seiner (guten) Leistungen, Fähigkeiten Eindruck machen, imponieren wollen': *mit diesem Zeugnis, diesem Freund kannst du wirklich ~ machen, kannst du keinen ~ machen, kannst du nicht ~ machen;* /jmd., Bevölkerung/ **nach dem ~ rufen** (ˈdas Eingreifen, die Hilfe staatlicher Institutionen fordern')

staaten|los [ˈʃtaːtn̩..] ⟨Adj.; o. Steig.⟩ ˈohne Staatsangehörigkeit' /auf Personen bez./: *er war ~; ein ~er Bürger* ❖ ↗ **Staat,** ↗ **los**

staatlich [ˈʃtaːt..] ⟨Adj.; o. Steig.⟩ **1.1.** ⟨nicht präd.⟩ ˈden Staat (1) betreffend, auf den Staat bezogen' /vorw. auf Abstraktes bez./: *die ~en Interessen vertreten, durchsetzen, respektieren; es geht um die ~e Unabhängigkeit dieser Region; die ~e Anerkennung des Landes* (ˈdie Anerkennung des Landes als selbständiger Staat'); *ein Land ~ anerkennen* **1.2.** ⟨nicht bei Vb.⟩ ˈdem Staat (1) gehörend, vom Staat verwaltet'; ANT privat: *~e Museen, Institutionen; etw. aus ~en Mitteln finanzieren* **1.3.** ⟨nicht präd.⟩ ˈvom Staat (1) ausgehend'; ANT privat: *etw. ~ finanzieren, verwalten, subventionieren; ~e Subventionen; ein ~ beauftragter Prüfer* ❖ ↗ **Staat**

Staats/staats [ˈʃtaːts..]|**-aktion** * umg. /jmd., Institution/ **aus etw.** ⟨Dat.⟩ **eine ~ machen** (ˈbes. ein Vergehen, einen Fehler übermäßig, übertrieben bewerten und darstellen'); **-angehörige, der** u. **die;** ~n, ~n; ↗ TAFEL II ˈjmd., der eine bestimmte Staatsangehörigkeit hat': *ein deutscher, polnischer, französischer ~r; die deutschen ~n* ❖ ↗ gehören; **-angehörigkeit** [angəhøːʁɪç..], **die;** ~, ~en ⟨vorw. Sg.⟩ ˈrechtliche Zugehörigkeit einer Person als Bürger(in) zu einem Staat': *die deutsche ~ besitzen; ihm wurde die ~ aberkannt* ❖ ↗ gehören; **-anwalt, der** ˈJurist, der als Ankläger die Interessen des Staates, der Gesellschaft bei einem Verstoß gegen die Gesetze wahrnimmt': *der ~ erhebt Anklage* ❖ ↗ walten; **-anwältin, die** /zu Staatsanwalt/; weibl./ ❖ ↗ walten; **-begräbnis, das** ˈfeierliches öffentliches Begräbnis, das die Regierung eine Staates für eine bedeutende Persönlichkeit ihres Landes veranstaltet': *der verstorbene Politiker erhielt ein ~* ❖ ↗ graben; **-besuch, der** ˈmit einem bestimmten Zeremoniell verbundener Besuch eines hohen Staatsmannes bei der Regierung eines anderen Landes': *jmd. trifft zu einem ~ ein, wird zu einem ~ empfangen* ❖ ↗ suchen; **-bürger, der** ˈjmd., der die Staatsangehörigkeit eines Staates besitzt'; SYN Bürger (1); **-bürgerlich** ⟨Adj.; o. Steig.; nur attr.⟩ ˈdem Staatsbürger zustehend': *die ~en Rechte, Pflichten* ❖ ↗ Bürger; **-bürgerschaft, die** ⟨vorw. Sg.⟩ ˈStaatsangehörigkeit': *der Erwerb, Verlust der ~; die ~ erwerben, erlangen, verlieren* ❖ ↗ Bürger; **-dienst, der** ⟨vorw. Sg.⟩ ˈdie berufliche Tätigkeit als Beamter, Angestellter in einer staatlichen Institution': *im ~ tätig sein; in den ~ gehen; aus dem ~ entlassen werden* ❖ ↗ dienen; **-examen, das** ˈan einer Universität, Hochschule abgelegtes Examen, das zu einer Tätigkeit im Staatsdienst berechtigt': *er hat als Lehrer sein ~ abgelegt, gemacht* ❖ ↗ Examen; **-form, die** ˈForm, Art der Organisation u. des Aufbaus eines Staates': *die konstitutionelle ~ einer Monarchie* ❖ ↗ Form; **-gebiet, das** SYN ˈTerritorium (2)'; ↗ FELD II.1.1: *das ~ der Bundesrepublik Deutschland* ❖ ↗ Gebiet; **-mann, der** ⟨Pl.: Staatsmänner⟩ ˈangesehener Politiker, der eine führende, bedeutende Stellung im Staat (1) innehat': *Bismarck war ein bedeutender, großer ~* ❖ ↗ Mann; **-oberhaupt, das** ˈhöchster Repräsentant eines Staates': *der amerikanische Präsident ist das ~ der USA* ❖ ↗ oben, ↗ Haupt; **-organ, das** ˈFunktionen der Staatsmacht ausübende Person, Gruppe, Institution': *ein ~ der Legislative; ein nachgeordnetes ~* ❖ ↗ Organ; **-recht, das** ⟨o.Pl.⟩ ˈGesamtheit der rechtlichen Grundlagen des staatlichen Aufbaus und der Methoden der Ausübung der Staatsmacht durch den Staat (1) und seine Organe': *ein Fachmann für ~; ~ studieren* ❖ ↗ Recht; **-sekretär, der** ˈder im Rang höchste Beamte in einem Ministerium der Bundesrepublik Deutschland': *der Parlamentarische ~* ❖ ↗ Sekretär; **-streich, der** ˈplötzliche, gewaltsame Entmachtung der Regierung'; SYN Umsturz: *einen ~ planen, vorbereiten*

Stab [ʃtaːp], **der**; ~s/auch ~es, Stäbe [ˈʃtɛːbə/ˈʃtɛ..] **1.** ˈrelativ kurzer, gerader, massiver und nicht biegsamer Gegenstand mit meist rundem Querschnitt': *ein ~ aus Eisen, Holz, Glas; die Stäbe des Käfigs, Geländers; der Dirigent hebt seinen ~* (ˈTaktstock'); *der Läufer hat den ~ beim Wechsel, Staffellauf fallen lassen* **2.** ˈGruppe von Experten, die meist für eine bestimmte Aufgabe zusammengestellt worden ist': *ein ~ von Ärzten und Technikern wurde mit dieser Aufgabe betraut; ein ~ von Sachverständigen* **3.** ˈGruppe von Offizieren, die den Kommandeur einer großen Einheit bei seinen Aufgaben unter-

stützt': *er war Hauptmann im ~ des Divisionskommandeurs; der General und sein ~*
* /jmd./ **den ~ über jmdn. brechen** 'jmdn. wegen seines Verhaltens, Tuns verurteilen und sich von ihm distanzieren': *man hat voreilig den ~ über ihn gebrochen*

stabil [ʃtaˈbiːl] ⟨Adj.; Steig. reg.⟩ **1.** 'so konstruiert und gebaut und aus solchem Material bestehend, dass es Belastungen gut widersteht, dass es dauerhaft ist' /bes. auf Gebrauchsgegenstände bez./: *ein ~er Schrank, Stuhl; ein ~es Haus, Geländer, Gestell; das Regal ist sehr ~ (gebaut)* **2.** ⟨nicht bei Vb.⟩ 'widerstandsfähig, robust (1)'; ANT labil (1.1) /auf den physischen Zustand des Körpers bez./: *eine ~e Natur, Gesundheit, ~e Nerven haben; ein ~er Kreislauf; sein Kreislauf ist ~* **3.** 'keinen Schwankungen, Veränderungen unterworfen': *die Wirtschaft ist ~; ~e Preise; eine ~e Regierung; eine ~e* (SYN 'harte 8') *Währung* ❖ **Stabilisator, stabilisieren, Stabiliät**

Stabilisator [ʃtabiliˈzaːtoːɐ̯], der; ~s, ~en [..ˈtoːʁən] **1.** 'Stoff, der bewirkt, dass ein Gemisch aus Flüssigkeiten nicht od. nur sehr langsam in seine Bestandteile zerfällt': *ein ~ für Blutkonserven* **2.** Elektrotechn. 'Bauelement, das elektrische Spannungen, Strom konstant hält' **3.** 'Bauteil, das für die Beibehaltung der Lage eines größeren Körpers sorgt': *Tanks dienen als ~en eines Schiffes* ❖ ↗ **stabil**

stabilisieren [ʃtabiliˈziːʁən], stabilisierte, hat stabilisiert **1.** /jmd., bes. Fachmann/ *etw. ~* 'etw. stabil (1) machen': *ein Gerüst, Regal (durch Stützen, Verstrebungen) ~* **2.** /jmd., Institution/ *etw. ~* 'etw. durch bestimmte Maßnahmen in seinem Zustand, Bestand sichern, stabil (3) machen': *etw., einen Zustand, die Währung, Preise ~* **3.** /etw./ *sich ~* 'stabil (2) werden': *seine Gesundheit, sein Kreislauf hat sich (wieder) stabilisiert* ❖ ↗ **stabil**

Stabilität [ʃtabiliˈtɛːt/..ˈtɛː..], die; ~, ⟨o.Pl.⟩ /zu stabil 1. u. 2/ 'das Stabilsein'; /zu 1/: *die ~ einer Konstruktion*; /zu 3/: *die ~ einer Währung* ❖ ↗ **stabil**

stach: ↗ **stechen**

Stachel [ˈʃtaxl̩], der; ~s, ~ **1.** 'hartes, dünnes, spitzes Gebilde an Ästen, Zweigen, Blättern von Pflanzen': *er hat sich beim Pflücken an den ~n der Brombeeren verletzt; die ~n des Kaktus* **2.** 'hartes, dünnes, spitzes Gebilde auf der Haut bestimmter Säugetiere': *die ~n des Igels* **3.** 'kleines, spitzes, dünnes Gebilde meist am Ende des Körpers bestimmter Insekten, mit dem diese Menschen od. Tiere stechen können'; ↗ FELD II.3.1: *die ~n der Bienen, Wespen, Skorpione* **4.** ⟨+ Gen.attr.⟩ 'durch etw. bedingtes negatives Gefühl, das jmdn. immer wieder peinigt und zu einem bestimmten Handeln reizt': *der ~ des Ehrgeizes, Hasses, des Misstrauens, Zweifels, der Eifersucht; seine Reue hatte ihrem Zorn den ~ genommen* ('bewirkt, dass sie sich nicht mehr zum Zorn gereizt fühlte') ❖ **stachlig – anstacheln, aufstacheln, Stachelbeere, -beerstrauch, -draht**

* geh. /jmd./ **wider den ~ löcken** ('sich einer Sache, die man als Beeinträchtigung seiner Freiheit, Rechte empfindet, widersetzen')
MERKE Zum Unterschied von *Stachel* und *Dorn*: ↗ *Dorn* (Merke)

Stachel [ˈ..]|**-beere, die** 'Beere des Stachelbeerstrauches'; ↗ FELD I.8.1 (↗ TABL Früchte/Obst): *~n pflücken* ❖ ↗ Stachel, ↗ Beere; **-beerstrauch, der** 'Strauch mit harten, kurzen Stacheln an den Zweigen und mit essbaren Beeren, die bei einigen Arten mit kurzen, dünnen, aufrecht stehenden Haaren bedeckt sind'; ↗ FELD II.4.1 ❖ ↗ Stachel, ↗ Beere, ↗ Strauch; **-draht, der** ⟨o.Pl.⟩ 'mit spitzen Teilen besetzter Draht für Zäune, Absperrungen': *er hat sich am ~ seine Hose eingerissen; eine Rolle ~; ~ um die Koppel, um den Garten spannen* ❖ ↗ Stachel, ↗ Draht

stachlig [ˈʃtaxlɪç] ⟨Adj.; Steig. reg.; nicht bei Vb.⟩ 'mit Stacheln (1 u. 2) o.Ä. besetzt': *dieser Kaktus ist ~; er hat ein ~es* ('nicht rasiertes') *Kinn* ❖ ↗ **Stachel**

Stadion [ˈʃtaːdi̯ɔn], das; ~s, Stadien [ˈ..di̯ən] 'große Anlage für sportliche Wettkämpfe mit ansteigenden Sitzreihen, Rängen, Tribünen für die Zuschauer rund um den großen, meist elliptischen Sportplatz': *die Zuschauer strömten in Massen ins ~, um sich das Fußballspiel anzusehen*

Stadium [ˈʃtaːdi̯ʊm], das; ~s, Stadien [ˈ..di̯ən] 'bestimmter charakteristischer Abschnitt, Zeitraum im Ablauf einer Entwicklung, eines Geschehens': *die Entwicklung der Wissenschaft ist mit dieser Entdeckung in ein neues, entscheidendes ~* (SYN 'Etappe 2') *(ein)getreten; die Krankheit verläuft in drei Stadien*

Stadt [ʃtat], die; ~, Städte [ˈʃtɛːtə/ˈʃtɛ..] **1.** 'größerer Ort (2) mit relativ vielen Einwohnern, der meist ein Zentrum politischen, kulturellen und wirtschaftlichen Lebens darstellt': *eine große, kleine, schöne, alte ~; die ~ Berlin; die ~ liegt an der Elbe, im Gebirge, an der See; die Bürger, Einwohner einer ~; außerhalb, am Rande, im Zentrum der ~ wohnen; in einer ~ leben, arbeiten; er kommt, stammt aus der ~, ist in der ~/einer ~ aufgewachsen; die Leute in der ~* (ANT 'auf dem Lande', ↗ Land 4); *der Unterschied zwischen ~ und Land* **2.** ⟨o.Pl.⟩ 'Verwaltung der Stadt (1)': *bei der ~ arbeiten, angestellt sein* ❖ **Städter, Städterin, städtisch – Altstadt, Großstadt, Großstädter, großstädtisch, Hauptstadt, Kleinstadt, Kreisstadt, Weltstadt**; vgl. **stadt-, Stadt-**

stadt|**-auswärts** [..ˈaʊsvɛʁts] ⟨Adv.⟩ 'in Richtung aus der Stadt hinaus': *~ fahren, gehen; die Straße, der Weg führt ~* ❖ ↗ ²aus; **-bekannt** [ˈ..] ⟨Adj.; o. Steig.; nicht bei Vb.⟩ 'auf Grund meist negativer Merkmale bei den Einwohnern der Stadt bekannt': *er ist ein ~es Unikum; das, er ist doch ~!* ❖ ↗ kennen; **-einwärts** [..ˈaɪnvɛʁts] ⟨Adv.⟩ 'in Richtung in die Stadt hinein': *eine ~ führende Straße* ❖ ↗ einwärts

Städter [ˈʃtɛːtɐ/ˈʃtɛ../ˈʃtɛː..], der; ~s, ~ 'jmd., der in einer Stadt wohnt und durch diese Lebensweise geprägt ist': *am Wochenende zieht es die ~ aufs Land* ❖ ↗ **Stadt**

Städterin ['ʃtɛːtəʀ../'ʃtɛ../'ʃteː..], **die**; ~, ~nen /zu *Städter;* weibl./ ❖ ↗ **Stadt**

Stadt ['ʃtat..]|-**führer, der** 'Broschüre, Buch mit der Beschreibung einer Stadt, bes. ihrer Sehenswürdigkeiten': *etw. im ~ nachlesen* ❖ ↗ führen; -**gespräch** ⟨vorw. o. Art.⟩: *eine Affäre, ein Skandal ist, wird zum ~* ('ist, wird Thema für die Unterhaltung der Einwohner einer Stadt'); *das war damals ~* ('jeder in der Stadt redete damals darüber') ❖ ↗ sprechen

städtisch ['ʃtɛːt../'ʃtɛ../'ʃteː..] ⟨Adj.; o. Steig.; vorw. attr.⟩ **1.** 'im Dienst einer Stadt stehend': *die ~en Behörden; die ~e Feuerwehr, Müllabfuhr* **2.** das *~e* ('von der Besonderheit der Stadt geprägte'; ANT ländliche) *Leben; ~e Sitten, Bräuche; er war ~ gekleidet* ❖ ↗ **Stadt**

stellt werden kann': *ein halbfertiges Bild steht auf der ~; vor der ~ sitzen, stehen, malen* ❖ ↗ **Staffel**

Staffel|lauf ['ʃtafl..], **der** 'leichtathletischer Wettkampf, bei dem die Sportler einer Staffel (1) nacheinander eine Strecke laufend zurücklegen und dem sie ablösenden nächsten Läufer einen Stab übergeben'; ↗ FELD I.7.4.1 ❖ ↗ **Staffel,** ↗ **laufen**

staffeln ['ʃtafl̩n] ⟨reg. Vb.; hat⟩ /jmd., Institution/ *mehrere Sachen nach etw.* ⟨Dat.⟩ ~ 'mehrere Sachen nach bestimmten Stufen (3), Rängen (1) einteilen und festlegen': *die Gehälter nach Leistung, Dienstjahren ~; die Gebühren für Telefongespräche werden nach der Entfernung gestaffelt* ❖ ↗ **Staffel**

Staffelung ['ʃtafəl..], **die**; ~, ~en **1.** 'das Staffeln': *die ~ der Gehälter nach den Dienstjahren* **2.** 'die Art, wie mehrere Sachen gestaffelt sind': *eine neue ~ einführen* ❖ ↗ **Staffel**

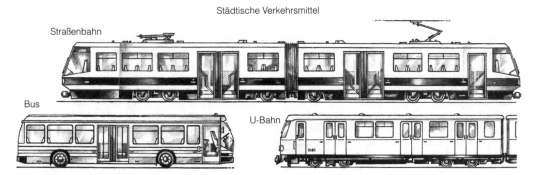

Städtische Verkehrsmittel

Straßenbahn

Bus

U-Bahn

Stadt ['ʃtat..]|-**plan, der** 'Plan (3) einer Stadt mit den Straßen, den Linien der öffentlichen Verkehrsmittel und wichtigen Gebäuden' ❖ ↗ **Plan;** -**rand, der** 'Gebiet, das den Rand einer Stadt bildet': *er wohnt am ~* ❖ ↗ **Rand;** -**rundfahrt** [rʊnt..], **die** 'für Touristen arrangierte Fahrt durch die Stadt, bei der die Sehenswürdigkeiten gezeigt werden': *eine ~ machen* ❖ ↗ rund, ↗ fahren; -**teil, der** 'eine gewisse Einheit bildender und als solche meist auch politisch verwalteter Teil einer Stadt': *er wohnt in einem südlichen ~ von Berlin* ❖ ↗ **Teil;** -**verwaltung, die** 'Institution für die Verwaltung (2) einer Stadt': *bei/ in der ~ arbeiten* ❖ ↗ walten; -**zentrum, das** 'Zentrum, Mitte einer Stadt': *er wohnt im ~* ❖ ↗ **Zentrum**

Staffage [ʃtaˈfaːʒə], **die**; ~, ⟨o.Pl.⟩ vorw. emot. neg. 'etw. Dekoratives, das einen bestimmten Anschein hervorrufen soll': *das ist (doch) alles nur ~; nimm die ~ weg, und es bleibt nichts übrig*

Staffel ['ʃtafl̩], **die**; ~, ~n **1.** 'Gruppe von meist vier sich bes. beim Laufen, Schwimmen nacheinander ablösenden Sportlern, deren Leistung gemeinsam gewertet wird': *die ~ der Frauen aus N; die französische ~ hat den Sieg errungen* **2.** 'militärische Einheit der Luftwaffe': *eine ~ Jagdflieger* ❖ staffeln, Staffelei, Staffelung − Staffellauf

Staffelei [ʃtafəˈlaɪ], **die**; ~, ~en '(hölzernes) Gestell, auf dem ein in Arbeit befindliches Gemälde aufge-

Stagnation [ʃtagnaˈt͡sioːn], **die**; ~, ~en ⟨vorw. Sg.⟩ 'das Stagnieren'; ↗ FELD IX.2.1: *eine ~ der Produktion, im Absatz, in der Stahlerzeugung* ❖ stagnieren

stagnieren [ʃtaˈgniːʀən], stagnierte, hat stagniert /etw., bes. Bereich der Wirtschaft/ 'in der Entwicklung stehen bleiben, sich nicht weiterentwickeln'; SYN stocken; ↗ FELD IX.2.2: *der Verkauf, die Produktion, der Export stagniert; die Löhne ~; die Entwicklung stagnierte* ❖ ↗ **Stagnation**

stahl: ↗ **stehlen**

Stahl [ʃtaːl], **der**; ~s, Stähle ['ʃtɛːlə/'ʃteː..] 'gehärtetes Eisen (in einer Legierung), das durch Schmieden, Walzen, Pressen geformt werden kann'; ↗ FELD II.5.1, III.4.1: *rostfreier, veredelter ~; hochwertige Stähle; etw. ist hart wie ~* ❖ stählen, stählern − Stahlbeton, Stahlhelm, -seil

Stahl|beton ['..], **der** ⟨o.Pl.⟩ 'für bestimmte Bauwerke verwendeter Beton, der mit Stäben aus Stahl versehen ist und eine große Stabilität gegen Druck (1) und Zug (1) hat'; ↗ FELD II.5.1: *ein Pfeiler, eine Brücke, ein Hochhaus aus ~* ❖ ↗ **Stahl,** ↗ **Beton**

stählen ['ʃtɛːlən/'ʃteː..] ⟨reg. Vb.; hat⟩ emot. pos. **1.1.** /jmd./ *sich, etw.* ~ 'sich, seinen Körper, bes. die Muskeln, durch Training o.Ä. kräftig und widerstandsfähig machen': *durch regelmäßiges Training hat er sich, seine Kräfte, seinen Körper, seine Mus-*

keln gestählt **1.2.** /etw./ *Sport stählt* ('macht den Körper kräftig und widerstandsfähig') ❖ ↗ **Stahl**

stählern ['ʃtɛːlɐn/'ʃteː..] ⟨Adj.; o. Steig.⟩ **1.** ⟨nur attr.⟩ 'aus Stahl' /auf Gegenstände bez./; ↗ FELD II.5.3, III.4.3: *~e Stangen; ein ~es Gerüst* **2.** ⟨nicht bei Vb.⟩ emot. pos. 'sehr stark, sehr kräftig' /auf Körperliches bez./: *er hat ~e Nerven; er hat ~e Muskeln* ❖ ↗ **Stahl**

Stahl ['ʃtɑːl..]**-helm, der** 'Helm aus Stahl, bes. für Soldaten, Feuerwehrleute'; ↗ FELD V.6.1 (↗ TABL Kopfbedeckungen): *den ~ auf-, absetzen* ❖ ↗ Stahl, ↗ Helm; **-seil, das** 'Seil aus stählernen Drähten': *die Brücke wird durch ~e gehalten* ❖ ↗ Stahl, ↗ Seil

stak: ↗ **stecken**

staksig ['ʃtɑːksɪç] ⟨Adj.; Steig. reg., ungebr.⟩ umg. 'unbeholfen und eckig (2) in den Bewegungen' /bes. auf Personen bez./: *sein ~er Gang; sein Gang war ~; der Betrunkene ging ~ zur Tür; ein langer, ~er Kerl; ein ~es Fohlen*

Stall [ʃtal]**, der**; ~s/auch ~es, Ställe ['ʃtɛlə] 'Gebäude, Raum, in dem Tiere, bes. Vieh, untergebracht sind'; ↗ FELD V.2.1: *die Kühe, Gänse, Pferde in den ~ bringen, treiben, aus dem ~ holen; den ~ säubern, ausmisten; aus Brettern einen ~ für die Kaninchen zimmern*

Stamm [ʃtam]**, der**; ~s/auch ~es, Stämme ['ʃtɛmə] **1.** 'der starke, säulenförmige Teil einer Pflanze, bes. eines Baumes, der sich nach oben hin verjüngt und von dem die Äste ausgehen'; SYN Baumstamm; ↗ FELD II.4.1: *ein dünner, dicker, hoher, knorriger, morscher ~; der ~ der Birke, Tanne; einen ~ zu Brettern zersägen* **2.** 'große Gruppe von Menschen, die sich aus mehreren Sippen und Familien zusammensetzt, meist einen eigenen gemeinsamen Namen hat und die sich durch gemeinsame Herkunft, Kultur, Sprache von anderen Gruppen von Menschen unterscheidet': *die germanischen Stämme; nomadisierende Stämme; er gehörte zum ~ der Sachsen; er war ein Mann aus dem ~e Davids* **3.1.** Biol. 'über der Klasse (3.1) stehende oberste Einheit im System der Lebewesen': *der ~ der Wirbeltiere; vgl. Familie, Gattung, Art, Klasse, Ordnung* **3.2.** 'kleinste Einheit von Lebewesen in der Mikrobiologie': *ein Serum gegen einen ~ von Viren entwickeln* **4.** 'grundlegende beständige Menge an Personen in einem Bereich, an Tieren, die sich jmd. hält, an Sachen, Gegenständen, Einrichtungen in einem Betrieb, im betrieblichen Bereich': *ein ~ von Spezialisten, Facharbeitern in einem Betrieb; die Gastwirtschaft hat einen festen ~ von Gästen; er hält sich seit Jahren einen ~ von Hühnern und Gänsen; diese Maschinen bilden den ~* ('die Grundlage') *für diesen Betrieb, für die Produktion* ❖ entstammen, stammen, stämmig – abstammen, Abstammung, Baumstamm, Stammbaum, -gast, -halter, -tisch

* umg. scherzh. /jmd./ *vom ~e Nimm sein* ('nicht bescheiden sein, alles nehmen, was man bekommen kann')

Stamm|baum ['..]**, der 1.** '(graphische) Darstellung der Herkunft eines Menschen und seiner verwandtschaftlichen Beziehungen': *sein ~ reicht bis ins 16. Jahrhundert* **2.** 'durch den Züchter erbrachter schriftlicher Nachweis der reinrassigen Herkunft eines Tieres, bes. eines Hundes, Pferdes': *der Hund hat einen, keinen ~; der ~ eines Pudels, Hengstes* ❖ ↗ Stamm, ↗ Baum

stammeln ['ʃtamļn] ⟨reg. Vb.; hat⟩ /jmd./ etw. ~ 'vor Erregung, Angst, aus Verlegenheit etw. stockend sagen': *vor Erregung stammelte er mühsam eine Antwort, Entschuldigung, Erklärung; vor Freude begann er zu ~*

stammen ['ʃtamən] ⟨reg. Vb.; hat; vorw. im Präs. u. Prät.⟩ **1.** /jmd., etw./ *aus etw.* ⟨Dat.⟩ *~* 'seinen Ursprung, seine Herkunft in etw., bes. einem lokalen, zeitlichen Bereich haben': *die Kartoffel stammt aus Amerika; er, seine Familie stammt aus Sachsen; er stammt aus einer Kaufmannsfamilie; diese Urkunde stammt aus dem 12. Jahrhundert; dieses Wort stammt aus dem Lateinischen* **2.** /etw./ *von jmdm. ~* **2.1.** *dieser Ausspruch, dieses Zitat, dieses Wort stammt von Goethe* ('hat Goethe formuliert') **2.2.** *diese Uhr, dieser Schmuck stammt von seiner Großmutter* ('war einst Besitz seiner Großmutter') **2.3.** *dieses Bild stammt von Picasso* ('hat Picasso gemalt') ❖ ↗ **Stamm**

Stamm ['ʃtam..]**-gast, der** 'jmd., der häufig, regelmäßig ein und dieselbe Gaststätte besucht': *die Stammgäste dieses Lokals haben zusammen Silvester gefeiert* ❖ ↗ Stamm, ↗ Gast; **-halter, der** vorw. scherzh. 'erstes männliches Kind eines Ehepaares': *unser ~ ist geboren* ❖ ↗ Stamm, ↗ halten

stämmig ['ʃtɛmɪç] ⟨Adj.; Steig. reg.⟩ 'untersetzt und muskulös, kräftig wirkend' /vorw. auf Personen bez./: *er ist ein ~er Mann; ein ~es Kind, ein ~er Junge* ❖ ↗ **Stamm**

Stamm|-tisch ['ʃtam..]**, der 1.** 'bestimmter Tisch in einer Gaststätte, an dem sich die Stammgäste regelmäßig zusammenfinden und der für sie reserviert ist': *sie saßen am ~ und tranken Bier* **2.** ⟨vorw. Sg.⟩ 'Kreis der Personen, die regelmäßig an einem Stammtisch (1) sitzen': *unser ~ kommt jeden Mittwochabend zusammen* ❖ ↗ **Stamm**, ↗ **Tisch**

stampfen ['ʃtampfn̩] ⟨reg. Vb.; hat/ist⟩ **1.** ⟨hat⟩ /jmd., Huftier/ *mit etw.* ⟨Dat.⟩ *~* 'mit dem Fuß, den Füßen, den Hufen heftig und geräuschvoll (wiederholt) auf den Boden treten': *er stampfte (vor Zorn, Ungeduld) mit dem Fuß, den Füßen; die Pferde ~ mit den Hufen; etw. mit etw.* ⟨Dat.⟩ *~: mit dem Fuß, den Füßen den Boden ~* **2.** ⟨ist⟩ /jmd., Huftier/ *irgendwohin ~* 'schwerfällig und stampfend (1) irgendwohin gehen': *er stampfte durch das Zimmer, zum Ausgang* **3.** /jmd./ etw. zu etw. ⟨Dat.⟩ *~* 'etw., bes. pflanzliches Material, durch kräftige Stöße mit einem Gegenstand, Gerät so zerkleinern, dass es eine amorphe Masse bildet': *Gewürze in einem Mörser zu Pulver ~; die Kartoffeln (mit einem Stampfer) zu Brei ~; Kartoffeln ~* **4.** /jmd./ *Pfähle*

für ein Bauwerk in den Boden ~ ('rammen 2') ❖
Stampfer

Stampfer ['ʃtampfɐ], **der**; ~s, ~ 'Gerät, mit dem Nahrung, bes. gekochte Kartoffeln, zu Brei, Pulver gestampft (3) werden': *das Futter mit dem* ~ *zerkleinern* ❖ ↗ **stampfen**

stand: ↗ **stehen**

Stand [ʃtant], **der**; ~es/auch ~s, Stände ['ʃtɛndə] **1.**
⟨o.Pl.⟩ 'das Stehen (1.1)'; ↗ FELD I.7.1.1: *ich habe auf dieser Leiter keinen guten, keinen sicheren* ~; Sport *vom Reck in den* ~ *springen* ('so vom Reck springen, dass man danach aufrecht auf dem Boden steht') **2.1.** 'etw. (für eine begrenzte Zeit) auf einem Platz, an einer Straße Errichtetes, bes. Tisch, von wo aus etw. (zum Verkauf) angeboten wird': *auf dem Markt gab es viele Stände mit Gemüse, mit Blumen; an einem* ~ *lag Informationsmaterial aus* **2.2.** 'abgeteilter räumlicher Bereich auf einer Messe, in dem ein Unternehmen Muster seiner Waren ausstellt': *er besuchte die Stände verschiedener Verlage* **3.** ⟨vorw. mit Attr.⟩ **3.1.** ⟨o.Pl.⟩ 'im Ablauf einer Entwicklung, eines Geschehens zu einem bestimmten Zeitpunkt erreichte Stufe (3.1)': *den neuesten* ~ *der Forschung, den internationalen* ~ *berücksichtigen; der gegenwärtige* ~ *der Dinge, der Verhandlungen; er erkundigte sich nach dem* ~ *meiner Arbeit; das Spiel wurde beim* ~ *von 5:3 abgebrochen* **3.2.** ⟨vorw. Sg.⟩ 'zu einem bestimmten Zeitpunkt erreichte Größe (5) von etw.': *den* ~ *der Temperatur, den* ~ *des Wassers ablesen; die Elbe hat ihren niedrigsten* ~ ('Wasserstand') *erreicht; den* ~ *des Thermometers* ('die auf dem Thermometer angezeigte Temperatur') *ablesen; die Zahl der Mitarbeiter auf den* ~ *des vorigen Jahres reduzieren* **4.** veraltend 'Gruppe von Menschen mit gleichem Beruf in einer Gesellschaft': *dem* ~ *der Handwerker angehören* **5.** geh. *jmdn. in den* ~ *setzen, etw. zu tun* 'jmdn. in die Lage versetzen, etw. Bestimmtes zu tun': *die Erbschaft setzte ihn in den* ~, *das Haus zu kaufen* **6.** *außer* ~e: ↗ *außerstande; im* ~e: ↗ *imstande; zu* ~e: ↗ *zustande; in* ~: ↗ *instand* ❖ ↗ **stehen**
* /jmd./ **bei jmdm. keinen leichten/einen schweren** ~ **haben** ('sich jmdm. gegenüber nur schwer behaupten, durchsetzen können')

Standard ['ʃtandaʀt], **der**; ~s, ~s **1.** 'geforderter, hoher Grad der Qualität als Richtwert, an dem Vergleichbares gemessen wird'; SYN Norm: *er erreicht mit seinen Leistungen, Produkten den* ~ *(noch nicht); verglichen mit dem internationalen* ~ *ist das schon recht gut* **2.** etw. *gehört zum* ~ *von etw.: Kühlschrank und Waschmaschine gehören heute zum* ~ ('zur allgemein üblichen, erwarteten Ausstattung') *eines Haushalts* ❖ **standardisieren** – **Lebensstandard**

standardisieren [ʃtandaʀdi'ziːʀən], standardisierte, hat standardisiert /jmd., Institution, Unternehmen/ *etw.* ~ 'für etw., bes. für die Herstellung od. die Qualität eines Produkts, eine Norm (4) festlegen,

einführen': *Prozesse, Vorgänge* ~; *standardisierte Bauelemente* ❖ ↗ **Standard**

Standarte [ʃtan'daʀtə], **die**; ~, ~n 'meist kleinere, quadratische Fahne als Kennzeichen bes. einer Truppe (1.1), eines militärischen Befehlshabers'

Stand|bild ['ʃtant..], **das** SYN 'Statue': *ein* ~ *aus Stein, Bronze* ❖ ↗ **stehen**, ↗ **Bild**

Ständchen ['ʃtɛntçən], **das**; ~s, ~ 'jmdm. zu Ehren, einem geliebten Menschen aus bestimmtem Anlass vor dessen Haus dargebotene (gesungene) Musik als Überraschung': *er hat seiner Geliebten ein* ~ *gebracht, gespielt, gesungen; eine Kapelle, ein kleines Orchester brachte dem Jubilar ein* ~ ❖ ↗ **stehen**

Ständer ['ʃtɛndɐ], **der**; ~s, ~ 'irgendwo stehende Vorrichtung unterschiedlicher Konstruktion, die dazu dient, dass eine bestimmte Art von Gegenständen auf sie gelegt, gesteckt, in sie gestellt, an sie gehängt werden kann': *die Noten auf den* ~ *legen; eine Kerze auf den* ~ *stecken; das Fahrrad in den* ~ *stellen; im Warenhaus hängen die Kleider nach Größen geordnet auf den* ~n ❖ ↗ **stehen**

Standes ['ʃtandəs..]|**amt, das** 'staatliche Institution, bei der Eheschließungen urkundlich vorgenommen, Veränderungen im Personenstand, Geburt und Tod registriert, urkundlich bestätigt werden': *zum* ~ *gehen; sich im* ~ *trauen lassen* ❖ ↗ **stehen**, ↗ Amt; **-beamte, der** 'Beamter, der auf dem Standesamt Beurkundungen, Eintragungen u.Ä. vornimmt': *der* ~ *nimmt die standesamtliche Trauung vor, stellt die Geburtsurkunde aus* ❖ ↗ **stehen**, ↗ Amt

stand|fest ['ʃtant..] ⟨Adj.; nicht bei Vb.⟩ **1.** ⟨o. Steig.⟩ 'so beschaffen, dass es fest und sicher steht' /bes. auf Möbel o.Ä. bez./: *die Leiter ist* ~; *eine* ~e *Leiter* **2.** ⟨Steig. reg., ungebr.⟩ 'nicht leicht zu beeinflussen, an seinen Auffassungen festhaltend' /auf Personen bez./: *er ist ein* ~er *Mensch, war, blieb* ~ ❖ ↗ **stehen**, ↗ **fest**

standhaft ['ʃtant..] ⟨Adj.; Steig. reg.⟩ 'unbeirrt bei seiner Haltung, seiner Entscheidung bleibend' /vorw. auf Personen bez./: *ein* ~er *Mensch; trotz aller Versuchungen blieb er* ~; *er weigerte sich* ~, *seine Freunde zu verraten; einen* ~en (SYN 'festen 4.1') *Charakter haben; er blieb* ~ (SYN 'unbeugsam') ❖ ↗ **stehen**

stand|halten ['ʃtant..] (er hält stand), hielt stand, hat standgehalten **1.** /etw./ etw. ⟨Dat.⟩ ~ 'der starken Einwirkung einer Kraft widerstehen und nicht entzweigehen': *die neuen Häuser halten starken Erschütterungen, einem Erdbeben stand; diese Rohre halten hohem Druck stand* **2.** /jmd./ etw. ⟨Dat.⟩ ~: *den Angriffen eines Gegners* ~ ('die Angriffe eines Gegners abwehren'); *einer Versuchung* ~ ('widerstehen'; ANT erliegen, nachgeben 2) **3.** /etw./ etw. ⟨Dat.⟩ ~ ⟨oft verneint⟩ *seine Behauptung hielt einer genauen Prüfung nicht stand* ('erwies sich bei genauer Prüfung als nicht richtig') ❖ ↗ **stehen**, ↗ **halten**

ständig ['ʃtɛndɪç] ⟨Adj.; o. Steig.; nicht präd.⟩ SYN 'übermäßig lang dauernd (1.1), immer wieder vor sich gehend und oft als unangenehm empfunden';

SYN andauernd, dauernd (1.2), ewig (2), fortgesetzt, permanent, unaufhörlich /bes. auf Tätigkeiten bez./: *im Wartesaal herrschte ein ~es Kommen und Gehen; seine ~en Klagen, Vorwürfe, Nörgeleien; dieses ~e Gerede; der Straßenverkehr nimmt ~ zu; wir haben ~* (SYN 'unablässig') *Ärger mit ihm* ❖ ↗ **stehen**

Stand/stand ['ʃtant..]‖**-ort, der 1.1.** 'Stelle, bes. im Freien, an der jmd. gerade steht, sich jmd., etw. gerade befindet'; ↗ FELD I.7.7.1: *er konnte uns von seinem ~ aus nicht sehen; seinen ~ wechseln; den ~ (mit Karte und Kompass) bestimmen; der ~ eines Schiffes* ('Stelle, an der sich ein Schiff auf See gerade befindet') **1.2.** 'Stelle, an der etw. gewöhnlich steht (2.1, 2.3)': *im Katalog den ~ eines Buches suchen; diese Pflanze braucht einen sonnigen ~; der ~ eines Betriebes* ❖ ↗ **stehen**, ↗ Ort; **-pauke, die** * umg. /jmd./ **jmdm. eine ~ halten** ('jmdm. längere eindringliche Vorhaltungen machen') **-punkt, der 1.1.** 'bestimmte Auffassung, Meinung, die jmd. in Bezug auf einen Sachverhalt vertritt'; SYN Position (2): *einen eigenen ~ haben, vertreten; das ist ein vernünftiger ~; deinen ~ kann ich nicht teilen; jmd. stellt sich auf den, steht auf dem ~* ('vertritt die Auffassung'), *dass …* **1.2.** ⟨o.Pl.; + Attr.⟩ *von jmds. ~ aus* 'von jmds. spezifischen, sachlichen od. persönlichen Gegebenheiten sich ergebende Art des Betrachtens (2)': *er beurteilt das nur vom ~ des Lehrers, Autofahrers (aus); vom historischen, fachmännischen ~ aus urteilen* ❖ ↗ **stehen**, ↗ Punkt; **-rechtlich** ⟨Adj.; o. Steig.; nicht präd.⟩ 'einem in bestimmten Situationen vom Militär wahrgenommenen Recht entsprechend, nach dem sehr schnell (Todes)urteile verhängt und vollstreckt werden' /beschränkt verbindbar/: *eine ~e Erschießung; jmdn. ~ erschießen* ❖ ↗ stehen, ↗ Recht; **-sicher** ⟨Adj.; o. Steig.; nicht bei Vb.⟩ 'standfest (1)': *eine ~e Leiter* ❖ ↗ stehen, ↗ sicher

Stange ['ʃtaŋə]**, die**; ~, ~n 'langer, gerader, runder, massiver Gegenstand mit einem im Verhältnis zur Länge kleinen Querschnitt': *eine hölzerne, eiserne ~; eine ~ aus Eisen, Kunststoff, Holz; die Kleider hängen im Schrank an einer ~; die Hühner sitzen im Stall auf der ~; die Bohnen ranken sich an den ~n hoch; vgl. Stab* ❖ **Kletterstange, Lenkstange**
* **von der ~** 'nicht nach Maß gearbeitet, sondern als Konfektionsware produziert': *einen Anzug von der ~ haben, kaufen;* ⟨⟩ umg. /jmd./ **bei der ~ bleiben** ('bei etw. aushalten 3, eine begonnene Sache zu Ende führen'); **eine ~ Geld** 'sehr viel Geld': *er hat dabei eine ~ Geld verdient; das hat eine ~ Geld gekostet;* /jmd./ **jmdn. die ~ halten** ('fest zu jmdm. halten und für ihn eintreten'); /jmd./ **jmdn. bei der ~ halten** ('so auf jmdn. einwirken, dass er ausharrt, eine begonnene Sache zu Ende führt')

Stängel, der; ~s, ~ 'von der Wurzel an nach oben wachsender länglicher, meist runder, stabiler, grüner Teil krautiger Pflanzen, der die Blätter, Blüten trägt'; SYN Stiel (1); ↗ FELD II.4.1: *ein dünner,*

dicker, langer, fester ~; die ~ der Blumen; die Tulpe hat einen dicken runden ~; der ~ ist geknickt

stank: ↗ **stinken**

stänkern ['ʃtɛŋkɐn] ⟨reg. Vb.; hat⟩ umg. /jmd./ 'heimlich od. offen durch wiederholte kritische Äußerungen Streit suchen und Unfrieden stiften': *er stänkert schon wieder (unter seinen Kollegen); immer wenn er betrunken ist, stänkert er*

Stanniol [ʃta'njoːl]**, das**; ~s, ⟨o.Pl.⟩ 'sehr dünn (aus)gewalzte Folie aus Zinn od. Aluminium': *die Schokolade ist in ~ eingewickelt* ❖ **Stanniolpapier**

Stanniol‖papier ['..]**, das** 'auf einer Seite mit einer Schicht aus dünnem Papier beklebtes Stanniol': *Zigaretten, die in ~ verpackt sind* ❖ ↗ **Stanniol,** ↗ **Papier**

Stanze ['ʃtantsə]**, die**; ~, ~n 'Maschine, Gerät zum Stanzen' ❖ **stanzen**

stanzen ['ʃtantsn̩] ⟨reg. Vb.; hat⟩ **1.** /jmd., Maschine/ etw. ~ 'etw. aus flächigem Material wie Blech mit einer Maschine unter Druck (1.1) heraustrennen': *Teile der Karosserie werden gestanzt; etw. aus etw.* ⟨Dat.⟩ ~ **2.** /jmd., Maschine/ etw. in, auf etw. ~ 'etw. in, auf etw. prägen': *das Berliner Wappen in, auf die Brieftasche aus Leder ~* ❖ ↗ **Stanze**

Stapel ['ʃtaːpl̩]**, der**; ~s ~ **1.** 'eine Menge, unbestimmte Anzahl sorgfältig aufeinander gelegter, meist gleichartiger u. meist gleichartiger Gegenstände': *ein ~ Bücher, Zeitungen, Wäsche, Bretter; etw. zu einem ~ (auf)schichten; etw. von einem ~ wegnehmen* **2.** 'Unterlage aus Balken, Keilen und Klötzen, auf der ein Schiff liegt, während es gebaut wird': *das Schiff liegt noch auf dem ~; ein Schiff läuft vom ~, wird vom ~ gelassen* ('wird nach seiner Fertigstellung zu Wasser gelassen'); *vgl. Haufen* ❖ **stapeln – tiefstapeln**
* umg. /jmd./ **etw. vom ~ lassen** ('etw. äußern, das als komisch, lächerlich empfunden wird, das auf Ablehnung stößt')

stapeln ['ʃtaːpl̩n] ⟨reg. Vb.; hat⟩ **1.** /jmd./ etw. ~ 'viele, mehrere gleichartige flächige Gegenstände zu einem Stapel (1) schichten, aufhäufen': *Briketts, Bretter, Zeitungen ~* **2.** /viele gleichartige Gegenstände/ sich irgendwo ~ 'sich nach und nach zu einem Stapel (1) anhäufen': *die unerledigte Post stapelt sich auf seinem Schreibtisch; das schmutzige Geschirr in der Küche stapelt sich schon; vgl. schichten* ❖ ↗ **Stapel**

stapfen ['ʃtapfn̩] ⟨reg. Vb.; hat⟩ /jmd./ irgendwohin ~ 'sich gehend so vorwärts bewegen, dass bei jedem Schritt aus Erschöpfung od. wegen des weichen Untergrundes die Beine hochgehoben und kräftig wieder aufgesetzt werden': *er stapfte mühsam durch den Sand, tiefen Schnee, Schlamm; er stapfte über das Feld (zur Straße)* ❖ **Fußstapfe**

Star [ʃtaːʁ]**, der**; ~s/auch ~es, ~e/~s **1.** ⟨Pl.: ~e⟩ 'in Scharen auftretender Singvogel mit dunklem, gesprenkeltem, leicht grünlich schimmerndem Gefieder': *der ~ ist ein Zugvogel; die ~e haben alle Kirschen vom Baum gefressen* **2.** ⟨Pl.: ~s⟩ 'berühmter, beliebter und gefeierter darstellender Künstler':

ein ~ der Oper; ein Film mit vielen ~s **3.** ⟨o.Pl.⟩ ˈErkrankung des Auges': *den ~ bekommen, am ~ operiert werden; der graue, grüne ~*
* umg. /jmd./ **jmdm. den ~ stechen** ˈjmdn. über seine falschen Vorstellungen von etw., jmdm. aufklären': *dem müssen wir mal den ~ stechen!*
starb: ↗ *sterben*
stark [ʃtark] ⟨Adj.; Steig.: stärker [ˈʃtɛʀkɐ], stärkste [ˈʃtɛʀkstə]⟩ **1.1.** ˈüber große körperliche Kraft verfügend'; SYN kräftig (1.1); ANT schwach (1.1) /auf Personen bez./: *ein ~er Mann; er ist ~ wie ein Bär; der Junge ist groß und ~ geworden; für diese Arbeit ist er, sie nicht ~ genug; sich ~ fühlen; gutes Essen und ausgiebiges Training machen ~* (ˈkräftigen sehr'); *der Kranke fühlt sich schon wieder ~* (ˈgekräftigt, ↗ *kräftigen*') *genug, um aufzustehen* **1.2.** ⟨nur attr.⟩ ˈvon besonders guter Leistungsfähigkeit'; SYN robust; ANT schwach (2) /auf menschliche Organe bez./: *sie hat ein ~es Herz/einen ~en Magen; er muss ~e Nerven haben, um diesen Belastungen standhalten zu können; sie hat ~e* (ˈsehr gute') *Augen* **2.** ⟨nicht bei Vb.⟩ ˈmit der Fähigkeit, sich zu behaupten und etw. durchzusetzen' /vorw. auf Personen bez./: *er ist eine ~e* (ANT labile 2) *Persönlichkeit; einen ~en* (SYN ˈfesten') *Willen haben* **3.1.** ⟨vorw. attr.⟩ ˈvon relativ großer Dicke und Stabilität und sehr widerstandsfähig gegen Druck (1) und Stoß (2)' /auf Gegenstände bez./: *eine ~e Mauer; ein ~es Fundament; ~e Taue, Balken, Bretter; ein Baum mit ~en Ästen* **3.2.** ⟨o. Superl.; nicht bei Vb.; mit Maßangabe und dieser nachgestellt⟩ /auf Gegenstände bez./: *das Brett ist drei Zentimeter ~* (ˈhat eine Dicke von drei Zentimetern'); *ein drei Zentimeter ~es Brett; dieses Brett ist noch zwei Zentimeter stärker; das Buch ist 1500 Seiten ~* (ˈhat einen Umfang von 1500 Seiten') **4.** ⟨Superl. ungebr.; nicht bei Vb.⟩ oft verhüll. ˈdick (2), beleibt' /vorw. auf weibliche Personen bez./: *sie ist im Alter, nach dem ersten Kind sehr ~ geworden, ist sehr ~; eine ~e Dame; sie hat eine ~e Figur* (ˈist beleibt') **5.** ⟨vorw. attr.⟩ ˈfähig, zu wirken und Einfluss auszuüben aufgrund der Menge von Personen, aufgrund der Ausstattung mit Machtmitteln und wirtschaftlicher Potenz' /bes. auf Gruppen, Unternehmen, Staaten bez./: *eine ~e Partei, Armee; ein wirtschaftlich, militärisch ~er Staat; ein ~es Unternehmen* **6.** ⟨nicht bei Vb.⟩ ˈzahlenmäßig groß': *er hatte nicht mit derart ~er Beteiligung gerechnet; sie hatten ein ~es Aufgebot zusammengebracht; eine ~ besuchte Veranstaltung; eine ~e Schulklasse;* ⟨der Maßgabe nachgestellt⟩ *die Gruppe ist acht Mann ~* (ˈbesteht aus acht Personen') **7.** ⟨vorw. attr.⟩ ˈeinen hohen Bestandteil an Wirkstoffen enthaltend' /bes. auf bestimmte Flüssigkeiten bez./: *eine ~e Lösung; ein ~er* (ˈviel Koffein enthaltender') *Kaffee; ~er* (ˈviel Tein enthaltender') *Tee; eine ~e* (ˈinfolge bestimmter Bestandteile sehr wirksame') *Arznei; ein ~er Schnaps* **8.** ⟨vorw. attr.⟩ ˈzu besonders großer Leistung auf seinem, dem genannten Gebiet fähig': *ein ~er (Fuß-*

ball)spieler; im Schach ist er ein ~er Gegner; ein ~es (ˈsehr vergrößerndes') *Fernglas; eine ~e Brille; ein ~er Motor* **9.1.** ⟨vorw. attr.⟩ ˈin hohem Maße wirkend od. vorhanden'; ANT schwach (6), leicht (3): *~er Schneefall, Regen, Verkehr, Beifall; ein ~er* (SYN ˈschwerer I.5.1.') *Sturm; ~er Hitze, Kälte ausgesetzt sein; in der ~en Strömung wäre er fast umgekommen; der Beitrag hat ~e Beachtung gefunden; in ~er Erregung sein; ~es* (ˈsehr großes') *Interesse an etw.* ⟨Dat.⟩ *haben; ~e Schmerzen, Zweifel, Hemmungen haben; das ist eine ~e Übertreibung; das Interesse, die Nachfrage war diesmal ~; das ~en Eindruck auf uns gemacht* **9.2.** ⟨Superl. ungebr.; nur bei Vb.⟩ ˈin hohem Maße': *er war ~ beschäftigt, erkältet, in Anspruch genommen; etw. duftet ~; die Suppe war zu ~ gesalzen; etw. ~ verdünnen* **10.** ⟨o. Steig.⟩ umg. ˈaußerordentlich gut': *ein ~er Film, Sound; ~e Musik; der Film ist ~; in den Jeans sieht er ~ aus* ❖ **bestärken, Stärke, stärken, Stärkung, verstärken, Verstärkung, Halbstarke, lautstark, Lautstärke, Rückenstärkung, spurtstark, Stärkemehl, Starkstrom, Stromstärke, willensstark**
* /jmd./ **sich für etw., jmdn. ~ machen** (ˈsich sehr für etw., jmdn. einsetzen')
-stark /bildet mit einem Subst. od. Vb. als erstem Bestandteil Adjektive/ **1.** /drückt aus, dass das im ersten Bestandteil Genannte in hohem Maße vorhanden ist/ ANT -schwach: ↗ z. B. *willensstark* **2.** /drückt aus, dass das im ersten Bestandteil Genannte besonders gut beherrscht wird/: ↗ z. B. *spurtstark*
Stärke [ˈʃtɛʀkə], **die**; ~, ~n **I.** /zu *stark* 1.1,1.2,2,3.1,5,6,7,8, 9.1/ ˈdas Starksein'; /zu 1.1/ ⟨o.Pl.; + Gen.attr.; + Possessivpron.: *seine ~; die ~ seiner Fäuste, Muskeln; mit seiner ~ prahlen;* /zu 2/ ⟨o.Pl.⟩: *seine moralische ~ war auf eine harte Probe gestellt worden;* /zu 3.1/: *die ~ dieser Bohlen macht sie äußerst belastbar; diese Festungsmauern sind von beachtlicher ~; ein Brett von sechs Zentimetern ~; die verschiedenen ~n dieser Latten und Leisten;* /zu 5/ ⟨o.Pl.⟩: *die finanzielle ~ dieses Konzerns; die ~ dieser Partei, Armee, dieses Staates, der Wirtschaft, dieses Landes;* /zu 6/ ⟨o.Pl.; + Attr.⟩: *die Klasse hat eine ~ von 30 Schülern; Angaben über die ~ der Teilnahme an den Lehrgängen machen;* /zu 7/: *die ~ dieses Giftes; ~ und Aroma des Kaffees zu unterscheiden wissen; die ~ einer Lösung;* /zu 8/: *seine ~ war sein schnelles Reaktionsvermögen; Mathematik war nie, nicht seine ~* (ˈdas Gebiet seiner großen Leistungen'); *seine ~n lagen in anderen Bereichen;* /zu 9.1/ ⟨o.Pl.; + Gen.attr.⟩: *die ~ des Verkehrs, Regens, Lärms nimmt ständig zu; die ~ der Schmerzen, seiner Leidenschaft; ein Sturm von außerordentlicher ~* — **II.** ⟨o.Pl.⟩ ˈzu den Kohlehydraten gehörende weiße pulverige Substanz, die aus Wurzeln, Knollen, Samen bestimmter Pflanzen gewonnen und zur Herstellung von Nahrung od. dazu dient, Wäsche steif (1) zu ma-*

chen': ~ *aus Kartoffeln, Reis; den Kragen eines Hemdes mit ~ behandeln* ❖ ↗ **stark**

Stärke|mehl ['..], **das** ⟨o.Pl.⟩ 'aus Stärke (II) gewonnenes Mehl für die Zubereitung von Speisen' ❖ ↗ **stark,** ↗ **Mehl**

stärken ['ʃtɛRkn̩] ⟨reg. Vb.; hat⟩ **1.1.** *etw. stärkt etw., jmdn.* 'ein Tun od. etw., das man zu sich nimmt, bewirkt, dass jmds. Kraft, Leistungsfähigkeit erhöht wird'; SYN kräftigen (1.1); ANT schwächen (1): *sportliche Betätigung, das Training, die Gymnastik, der Schlaf stärkt den Körper; das gute Essen hat ihn gestärkt* **1.2.** /jmd./ *sich ~* 'etw. essen, trinken (um seine Kraft, Leistungsfähigkeit wieder herzustellen)'; ↗ FELD I.8.2: *nach dem langen Ausflug mussten wir uns erst einmal ~* **1.3.** /jmd./ *jmdn. ~* 'jmdn. durch Nahrung wieder zu Kräften kommen lassen': *jmdn. (mit einem Imbiss) ~* **2.** /jmd., etw./ *etw. ~* 'durch sein Tun jmds. psychische Lage od. jmds. gesellschaftliche Position verbessern, festigen': *Lob hat sein Selbstbewusstsein gestärkt; damit stärkst* (ANT schwächst 2) *du nur die Position deiner Gegner; jmdm. (durch Zuspruch) den Willen ~; jmds. Hoffnung, Vertrauen ~; er war gestärkt aus den Querelen hervorgegangen* ❖ ↗ **stark**

Stark|strom ['ʃtark..], **der** ⟨o.Pl.⟩ 'Strom (5) mit Spannungen von 110 Volt an aufwärts' ❖ ↗ **stark,** ↗ **Strom**

Stärkung ['ʃtɛRk..], **die**; ~, ~en ⟨vorw. Sg.⟩ **1.** ⟨o.Pl.⟩ /zu *stärken* 1/ 'das Stärken': *die Kur dient der ~ seiner (angegriffenen) Gesundheit* **2.** 'Nahrung, die man zu sich nimmt (um seine Kraft, Leistungsfähigkeit wieder herzustellen)': *eine ~ zu sich nehmen; wir hatten dringend eine ~ nötig* ❖ ↗ **stark**

starr [ʃtaR] ⟨Adj.⟩ **1.** ⟨Steig. reg., ungebr.⟩ **1.1.** ⟨nicht bei Vb.⟩ 'sich kaum bewegen lassend'; SYN steif /auf den Körper, bes. die Gliedmaßen bez./; ↗ FELD III.4.3: *seine Finger waren (vor Kälte) ganz ~; der ~e Körper eines Toten* **1.2.** 'bes. durch psychische Wirkung ohne jede Bewegung' /auf Körperliches, bes. auf Augen bez./: *sie sah uns mit ~en Augen an; sein ~er Blick, seine ~e Miene; er war ~ vor Schreck, Entsetzen, Staunen, Überraschung; er schaute ~ geradeaus* **2.** ⟨Steig. reg., ungebr.⟩ 'unnachgiebig, starrköpfig' /bes. auf Psychisches bez./: *eine ~e Haltung haben; seine Haltung war ~; sein ~es Festhalten an überholten Prinzipien; er hielt ~ an seinen Prinzipien fest; sein ~er Sinn machte den Eltern sehr zu schaffen* **3.** ⟨o. Steig.⟩ 'ohne Gelenk fest miteinander verbunden'; ANT flexibel (1): *die beiden Raumschiffe sind ~ gekoppelt; ~e Achsen* ❖ **erstarren, Starre, starren** – **halsstarrig, Starrkopf, starrköpfig, Starrsinn, starrsinnig;** vgl. **störrisch**

Starre ['ʃtaRə], **die**; ~, ⟨o.Pl.⟩ /zu *starr* 1 u. 2/ 'das Starrsein'; /zu 1.1/: *die ~ seiner Gliedmaßen;* /zu 1.2/: *die ~ seines Blickes* ❖ ↗ **starr**

starren ['ʃtaRən] ⟨reg. Vb.; hat⟩ **1.** /jmd./ *irgendwohin ~* 'unentwegt, starr (1.2) in Richtung auf jmdn., etw. blicken, ohne die Augen abzuwenden': *entsetzt, überrascht, wortlos auf jmdn., in jmds. Gesicht*

~; *er starrte auf die Trümmer seines Hauses; wie gebannt auf jmdn., etw. ~* **2.** umg. emot neg. *etw. starrt vor, von Schmutz* 'etw. ist sehr verschmutzt': *die Bluse, Wohnung starrte, die Kleider starrten vor Schmutz, Dreck* **3.** *etw. starrt in die Luft:* die Trümmer des Hauses, die Balken, die kahlen Äste ~ ('ragen reglos hoch') *in die Luft* ❖ ↗ **starr**

Starr/starr ['ʃtaR..]|-**kopf, der** 'jmd., der starrköpfig ist': *er ist ein ~, alle Angebote hat er abgelehnt* ❖ ↗ **starr,** ↗ **Kopf; -köpfig** [kœpfɪç] ⟨Adj.; Steig. reg.⟩ SYN 'stur (1)'; ↗ FELD I.2.3: *jmds. ~e Haltung, ~es Verhalten; ein ~er Mensch; er war ~; ~ widersetzte er sich allen Vorschlägen* ❖ ↗ **starr,** ↗ **Kopf; -sinn, der** ⟨o.Pl.⟩ SYN 'starrköpfiges Verhalten'; ↗ FELD I.2.1: *es war ihnen nicht gelungen, ihm seinen ~ auszutreiben* ❖ ↗ **starr,** ↗ **Sinn; -sinnig** ⟨Adj.; Steig. reg.⟩ SYN 'starrköpfig'; ↗ FELD I.2.3: *warum ist er nur so ~?* ❖ ↗ **starr,** ↗ **Sinn**

Start [ʃtaRt], **der**; ~s/auch ~es, ~s/~e **1.** 'Beginn des Fluges'; SYN 'Abflug'; ANT Landung: *der ~ des Flugzeugs musste verschoben werden, verlief reibungslos; der ~ der Rakete hat geklappt; den ~ des Flugzeugs freigeben* ('genehmigen, dass es startet') **2.** 'auf ein Zeichen hin erfolgender Beginn eines sportlichen Wettkampfes, bes. beim Laufen, Fahren, Schwimmen'; ↗ FELD I.7.4.1, VII.1.1: *einen guten, schlechten ~ haben* ('gut, schlecht vom Start (3) wegkommen'); *das Zeichen zum ~ geben; der ~ musste abgebrochen, wiederholt werden; ein ~ fliegender* ~ **3.** 'Linie, von der aus der Start (1,2) erfolgt': *das Flugzeug rollte an den ~; den Ort für ~ und Ziel festlegen, markieren; der Rennwagen kam schlecht, gut vom ~ weg* **4.** *der ~ in etw.* 'der Beginn einer bestimmten Tätigkeit, eines bestimmten Lebensabschnitts': *der, sein ~ ins Berufsleben; der ~ in die Ferien, in den Urlaub; der ~ in den Alltag* ❖ **starten** – **Startfieber, -hilfe, startklar, Startschuss** * /jmd., bes. Sportler/ *an den ~ gehen* 'an einem sportlichen Wettkampf, bes. am Wettlauf, Wettrennen teilnehmen': *mehr als 50 Fahrer gingen an den ~*

starten ['ʃtaRtn̩], startete, ist/hat gestartet **1.** ⟨ist⟩ /Flugkörper, bes. Flugzeug, Rakete, jmd./ SYN 'abfliegen'; ANT landen (1.1): *das Flugzeug, die Rakete konnte wegen Nebels nicht ~; die Maschine nach N ist soeben gestartet* **2.** ⟨hat⟩ /jmd./ *etw. ~* 'einen Flugkörper, ein Kraftfahrzeug durch Einschalten des Motors, Triebwerks in Betrieb setzen und abfliegen, abfahren lassen': *eine Rakete, ein Flugzeug ~; er setzt sich in sein Auto und startet den Motor* (SYN 'lässt den Motor an'; ↗ anlassen 1'); *eine Rakete irgendwohin ~: eine Rakete zum Mond ~* **3.** ⟨ist⟩ /Sportler/ 'auf ein Zeichen hin zu einem sportlichen Wettkampf beginnen, bes. beim Laufen, Schwimmen'; ↗ FELD I.7.4.2, VII.1.2: *Rennwagen, Läufer, Schwimmer sind soeben gestartet* **4.** ⟨ist⟩ /jmd./ *zu etw.* ⟨Dat.⟩, *in etw. ~* 'zu etw. aufbrechen': *zu einer Reise, Expedition ~; in den Urlaub ~* ❖ ↗ **Start**

Start/start ['ʃtaRt..]|-**fieber, das** 'nervöse Erregung bei Sportlern vor dem Wettkampf' ❖ ↗ Start, ↗ Fieber; **-hilfe, die** ʿ(finanzielle) Hilfe, die jmdm. bei einem (wirtschaftlichen) Unternehmen den Anfang erleichtern soll': *er brauchte (eine) ~ für die Eröffnung seiner Praxis* ❖ ↗ Start, ↗ helfen; **-klar** ⟨Adj.; o. Steig.; vorw. präd. u. bei Vb.⟩ ʿzum Starten (1 u. 2) bereit, vorbereitet' /vorw. auf Luftfahrzeuge bez./; ↗ FELD VIII.2.3: *das Flugzeug ~ machen; die Maschine ist ~* ❖ ↗ Start, ↗ klar; **-schuss, der** ʿSchuss aus einer Pistole als Zeichen zum Start (2)': *der ~ ertönte* ❖ ↗ Start, ↗ schießen

Statik [ˈʃtaːtɪk], **die**; ~, ⟨o.Pl.⟩ **1.** ʿTeilgebiet der Physik, das sich damit befasst, wie sich ein Körper (2) im Zustand der Ruhe od. gleichförmigen Bewegung infolge der auf ihn wirkenden Kräfte verhält' **2.** Bauw. ʿZustand der Stabilität eines Bauwerks aufgrund der darauf einwirkenden Kräfte'; ↗ FELD V.3.1: *die ~ einer Brücke, eines Hauses berechnen* ❖ **statisch**; vgl. **Thermostat**

Station [ʃtaˈʦi̯oːn], **die**; ~, ~en **1.** ʿbauliche Einrichtung mit einem Bahnsteig, an dem Züge, bes. Züge der S- und U-Bahn, planmäßig halten und Fahrgäste ein-, aussteigen': *der Zug hält nicht an dieser ~; bis zum Zoo sind es noch drei ~en; ich muss nächste ~ aussteigen*; vgl. **Bahnhof 2.** ʿAbteilung in einem Krankenhaus': *die chirurgische, innere ~; er liegt, arbeitet auf der chirurgischen, psychiatrischen ~* **3.** ʿbauliche Einrichtung in einer besonderen Gegend, von der aus naturwissenschaftliche Forschungen, militärische Beobachtungen, Untersuchungen durchgeführt werden': *eine meteorologische, seismographische ~ im Polargebiet, auf einem Hochplateau* **4.** ⟨+ Gen.attr.⟩ /beschränkt verbindbar/ *die ~en seines Lebens* (ʿdie Abschnitte, entscheidenden Ereignisse seines Lebens') ❖ **stationär, stationieren – Endstation**

* /jmd./ **irgendwo ~ machen** ʿeine Fahrt, Reise irgendwo zu vorübergehendem Aufenthalt unterbrechen': *wir machten in N ~, fuhren aber am nächsten Tag weiter*

stationär [ʃtaʦi̯oˈnɛːɐ̯/..ˈneː..] ⟨Adj.; o. Steig.; nicht präd.⟩ **1.** Techn. ʿfest an einem Ort, einer Stelle montiert'; ANT mobil (2): *eine ~e Bohrmaschine; die Maschine wird nur ~ eingesetzt* **2.** ʿverbunden mit einem meist längeren Krankenhausaufenthalt'; SYN klinisch (1); ANT ambulant: *eine ~e Behandlung; jmdn. ~ behandeln; einen Patienten ~ aufnehmen* ❖ ↗ **Station**

stationieren [ʃtaʦi̯oˈniːʀən], stationierte, hat stationiert /jmd., Institution/ *jmdn., mehrere Personen irgendwo ~* ʿjmdm., einer Gruppe einen bestimmten Ort zu mehr od. weniger zeitweiligem Aufenthalt und zu bestimmter Tätigkeit zuweisen': *an der Grenze Truppen ~; UNO-Soldaten in Afrika ~; einen Polizisten an einer Straßenkreuzung ~* (ʿpostieren'); *etw. irgendwo ~: auf dem Balkan wurden Raketen stationiert* (ʿfür den Fall einer militärischen Auseinandersetzung aufgestellt') ❖ ↗ **Station**

statisch [ˈʃtaːt../ˈʃt..] ⟨Adj.; o. Steig.⟩ **1.** ⟨nicht präd.⟩ ʿdie Statik (2), das Gleichgewicht der Kräfte betreffend'; ↗ FELD V.4.3: *~e Berechnungen; das ~e*

Gleichgewicht; etw. ~ berechnen **2.** ⟨vorw. attr.⟩ ʿnicht offen für Veränderung, Entwicklung'; ANT dynamisch /bes. auf Ansichten, Verhalten bez./: *eine ~e Betrachtungsweise; eine ~e Weltanschauung; eine ~e Haltung zeigen* ❖ ↗ **Statik**

Statist [ʃtaˈtɪst], **der**; ~en, ~en ʿSchauspieler, der Nebenrollen (ohne Text) darstellt, der meist in Massenszenen auftritt': *für den Film wurden 200 ~en benötigt* ❖ ↗ **Status**

Statistik [ʃtaˈtɪstɪk], **die**; ~, ~en **1.** ⟨o.Pl.⟩ ʿWissenschaft, die sich mit der zahlen-, mengenmäßigen Erfassung und Auswertung in Massen auftretender Erscheinungen in Natur und Gesellschaft befasst': *die Methoden der ~* **2.** ʿZusammenstellung der Ergebnisse von Untersuchungen der Statistik (1), meist in Form einer Tabelle, graphischen Darstellung': *das ist eine instruktive, interessante ~; die Daten aus einer ~ ablesen* ❖ **statistisch**

statistisch [ʃtaˈtɪst..] ⟨Adj.; o. Steig.; nicht präd.⟩ ʿauf Ergebnissen der Statistik (1 u. 2) beruhend, durch zahlen-, mengenmäßige Angaben dargestellt, belegt': *~e Verfahren, Untersuchungen anwenden; das ist ~ erwiesen* ❖ ↗ **Statistik**

¹statt [ʃtat] ⟨Konj.⟩: ↗ **¹anstatt**

²statt ⟨Präp. mit Gen.; vorangestellt⟩ SYN ʿ²anstatt': *er antwortete ~ seiner, meiner; da er kein Bargeld bei sich hatte, bezahlte er ~ dessen mit einem Scheck; des Ministers sprach der Staatssekretär; er kaufte ~ des Teppichs einen Läufer*; ⟨umg. auch mit Dat.⟩ *~ dem erwarteten Betrag kam bei der Sammlung erheblich weniger zusammen*; vgl. **stattdessen**

³statt: *an seiner, meiner ~* (ʿ²statt seiner, meiner'); *an Eides* (↗ **Eid**) *~* (ʿanstelle eines Eides'); *jmdn. an Kindes* (↗ **Kind**) *~ annehmen* (ʿjmdn. adoptieren') ❖ **erstatten (1) – anstatt, eidesstattlich, stattdessen, Statthalter, wiedererstatten**; vgl. **Stätte**

statt|dessen [ʃtat..] ⟨Konjunktionaladv.; schließt an einen voraufgehenden Hauptsatz einen Hauptsatz an; mit Inversion des Subj.⟩ ʿdafür': *er konnte nicht kommen, ~ schickte er sie*

Stätte [ˈʃtɛtə], **die**; ~, ~n geh. ʿStelle (1), die durch bestimmte bedeutende Ereignisse, bestimmtes Wirken eines Menschen Bedeutung erlangt hat': *eine historische, (un)gastliche ~; eine ~ des Sieges, der Niederlage, des Grauens* ❖ **bestatten, Bestattung – Gaststätte, Gedenkstätte, gestatten, Heimstatt, Kindertagesstätte, Lagerstätte, stattfinden, Werkstatt, Werkstätte, vonstatten, zustatten**; vgl. **³statt**

statt|finden [ˈʃtat..], fand statt, hat stattgefunden /Ereignis, bes. Veranstaltung/ *irgendwann, irgendwo ~* ʿzu bestimmter Zeit, an bestimmtem Ort (geplant) vor sich gehen'; ↗ FELD X.2: *die Veranstaltung, das Konzert findet am Abend, in der Kongresshalle statt; die Uraufführung findet heute, morgen Abend statt; die Trauung findet am Morgen statt* ❖ ↗ **Stätte**, ↗ **finden**

statthaft [ˈʃtat..] ⟨Adj.; o. Steig.; nur präd. (mit *sein*); nur verneint⟩ *etw. ist nicht ~* ʿetw. ist amtlich nicht erlaubt, nicht zulässig': *es ist nicht ~, hier zu rau-*

chen; was sie da tun, ist nicht ∼*; das ist nicht* ∼ ❖ **unstatthaft**

Statt|halter [ˈʃtat..], **der** hist. ˋStellvertreter eines Monarchen od. Stellvertreter einer Regierung in einem Teil eines Landes' ❖ ↗ ³**statt,** ↗ **halten**

stattlich [ˈʃtat..] ⟨Adj.; Steig. reg.; nicht bei Vb.⟩ **1.** ˋgroß und kräftig und gut aussehend'; SYN ansehnlich /vorw. auf männl. Personen bez./: *ein* ∼*er Mann; er ist eine* ∼*e Erscheinung; er war groß und* ∼ **2.** ˋnach Größe und Form bemerkenswert und ansehnlich' /auf Gegenständliches bez./: *ein* ∼*es Haus; er hat einen* ∼*en Bart* **3.** ˋquantitativ recht groß': *er besitzt eine* ∼*e Sammlung (von Briefmarken, Gemälden); sie hat ein* ∼*es Vermögen angehäuft; ihre Sammlung war* ∼

Statue [ˈʃtaːtu̯ə], **die;** ∼, ∼n ˋkünstlerisch gestaltete Nachbildung eines frei stehenden Menschen, Tieres'; SYN Standbild: *eine aus Stein gehauene, in Bronze gegossene* ∼

Statur [ʃtaˈtuːɐ̯], **die;** ∼, ∼en [..ˈtuːʀən] ⟨vorw. Sg.⟩ ˋArt, wie jmd. körperlich gestaltet ist': *ein Mann von untersetzter, kräftiger* ∼*; sie ist von zierlicher* ∼*; er hat die* ∼ *seines Vaters* (ˋähnelt seinem Vater hinsichtlich der Statur')

Status [ˈʃtaːtʊs], **der;** ∼, ⟨o.Pl.⟩ **1.** ˋbestimmter gegenwärtiger gesellschaftlicher, politischer, rechtlicher Stand (3.1) einer Person, eines Landes o.Ä.': *durch den Beschluss des Parlaments ist der politische* ∼ *der Stadt nicht verändert worden; der wirtschaftliche* ∼ *eine Landes; der soziale* ∼ *der Eingewanderten;* Jur. *er hat den* ∼ (ˋdie rechtliche Stellung') *eines Diplomaten* **2.** Med. *der* ∼ (ˋgesundheitliche Zustand') *des Patienten ist zufrieden stellend* ❖ **Statist;** vgl. **Statut**

Statut [ʃtaˈtuːt], **das;** ∼s/auch ∼es, ∼e SYN ˋSatzung': *die Partei, der Verein hat sich ein* ∼ *gegeben, hat sein* ∼ *geändert; in einem Streitfall nach dem* ∼*, den* ∼*en entscheiden* ❖ vgl. **Status**

Stau [ʃtau], **der;** ∼s/auch ∼es, ∼e/∼s ⟨vorw. Sg.⟩ **1.** ˋdurch Stauen (1.1), Sichstauen bewirkte Ansammlung von Wasser, Eis': *der* ∼ *des Wassers, Flusses in einer Talsperre; ein durch Eisschollen bewirkter* ∼*; der* ∼ *der Eisschollen an der Brücke* **2.** ⟨Pl. ∼s⟩ ˋdurch eine Stockung im Straßenverkehr bewirkte Ansammlung von Kraftfahrzeugen in langer Reihe'; ↗ FELD IX.2.1: *an der Kreuzung, auf der Autobahn nach B kam es zu einem* ∼*; nach dem Unfall hatte sich ein* ∼ *gebildet; wir haben drei Stunden in einem* ∼ *gestanden, zugebracht* ❖ ↗ **stauen**

Staub [ʃtaup], **der;** ∼s/auch ∼es, ⟨o.Pl.⟩/fachspr. **Stäube** [ˈʃtɔɪbə] ˋin großer Menge auftretende feinste Teilchen unterschiedlicher Art, die in der Luft schweben und sich als Schicht auf allen Oberflächen ablagern'; ↗ FELD II.1.1: *überall, auf allen Möbeln lag feiner* ∼*; eine dicke Schicht* ∼*; der* ∼*, vom Wind aufgewirbelt, setzt sich nieder; die Radfahrer mussten viel* ∼ *(ein)atmen, schlucken;* ∼ *wischen* (ˋvon etw. entfernen mit einem Tuch'); *den* ∼ *von den Möbeln wischen; den* ∼ *mit dem Staubsauger vom Teppich entfernen; die Sachen auf dem*

Dachboden waren dick mit ∼ *bedeckt* ❖ **stauben, stäuben, staubig, zerstäuben − Blütenstaub, Staubfänger, -sauger, -tuch**

* /etw., bes. eine Affäre/ **(viel)** ∼ **aufwirbeln** ˋgroßes Aufsehen erregen und dabei Kritik und Empörung hervorrufen': *der Bestechungsskandal, Vertragsbruch hat viel* ∼ *aufgewirbelt;* ⟨⟩ umg. /jmd./ **sich aus dem** ∼**(e) machen** (ˋsich rasch und heimlich entfernen, meist aus Furcht vor Bestrafung od. Verfolgung')

stauben [ˈʃtaubm̩] ⟨reg. Vb.; hat⟩ /etw./ ˋviel Staub von sich geben': *der Teppich staubte sehr, als er geklopft wurde; es staubt* (ˋStaub bewegt sich heftig und unregelmäßig in der Luft hin und her') ❖ ↗ **Staub**

stäuben [ˈʃtɔɪbm̩] ⟨reg. Vb.; hat⟩ /jmd./ *etw. auf, über etw.* ∼ ˋetw. Pulverförmiges gleichmäßig auf, über etw. streuen': *Puderzucker auf, über den Kuchen* ∼ ❖ ↗ **Staub**

Staub/staub [ˈʃtaup..]**-fänger** [fɛŋɐ̯], **der;** ∼s, ∼ umg. oft emot. neg. ˋTeil der Einrichtung in einer Wohnung, bes. zur Zierde dienender Gegenstand, der von Kritikern als etw. verstanden wird, auf dem sich leicht Staub absetzt und das nutzlos ist': *diese Nippes sind die reinsten* ∼ ❖ ↗ Staub, ↗ fangen; **-fein** ⟨Adj.; o. Steig.⟩ ˋpulverförmig' /auf Stoffliches bez./: ∼ *gemahlener Kaffee;* ∼*er Zucker* ❖ ↗ Staub, ↗ fein

staubig [ˈʃtaubɪç] ⟨Adj.; Steig. reg.; vorw. attr.⟩ ˋmit Staub bedeckt, voller Staub' /vorw. auf Möbel, Kleidung bez./; ↗ FELD II.1.2: ∼*e Schuhe, Sessel, Straßen; die* ∼*en Kleider mit der Bürste säubern; seine Schuhe waren* ∼ *geworden* ❖ ↗ **Staub**

Staub [ˈʃtaup..]**-sauger** [zauɡɐ̯], **der** ˋelektrisches Gerät, mit dem der Staub in Räumen, bes. in Wohnungen, von Gegenständen entfernt wird' (↗ BILD) ❖ ↗ Staub, ↗ saugen; **-tuch, das** ⟨Pl.: -tücher⟩ ˋweiches Tuch, mit dem der Staub von Einrichtungsgegenständen gewischt wird' ❖ ↗ Staub, ↗ Tuch

Stau|damm [ˈʃtau..], **der** ˋMauer als Teil einer Talsperre quer durch das Tal eines Gewässers, durch die das Wasser aufgestaut wird': *der* ∼ *ist gebrochen;* vgl. *Stausee, Talsperre* ❖ ↗ **stauen,** ↗ **Damm**

Staude ['ʃtaudə]**, die**; ~, ~n 'Pflanze mit kräftigen, aus der Wurzel wachsenden Stängeln, die im Winter meist absterben und im Frühjahr wieder neu aus der Wurzel wachsen'; ↗ FELD II.4.1: *eine hohe, niedrige ~; im Vorgarten winterfeste ~n pflanzen*

stauen ['ʃtauən] ⟨reg. Vb.; hat⟩ **1.1.** /jmd., Betrieb/ *etw.* ~ 'bes. das Wasser eines fließenden Gewässers durch etw. Sperrendes, z. B. eine Mauer o.Ä., am Fließen hindern, sodass es sich in großer Menge ansammelt': *einen Fluss, Bach* ~; *das Wasser des Flusses wird durch ein Wehr, einen Damm gestaut* **1.2.** /etw. Fließendes/ *sich* ~ 'durch ein Hindernis zum Stehen kommen und sich in großer Menge ansammeln': *das Wasser staut sich vor der Mauer, dem Damm; das Eis staut sich am Pfeiler der Brücke; das Blut hat sich (in der Lunge, in den Arterien) gestaut* **1.3.** /Fahrzeuge/ *sich* ~ 'durch ein Hindernis zum Stillstand kommen und eine lange Reihe bilden'; ↗ FELD IX.2.2: *die Autos stauten sich am Kontrollpunkt* **2.** /etw. Psychisches/ *Zorn und Ärger haben sich in ihm gestaut* ('er ist immer zorniger und ärgerlicher geworden, ohne dass sich der Zorn, Ärger entladen konnte') ❖ **Stau — Staudamm, -see**

staunen ['ʃtaunən] ⟨reg. Vb.; hat⟩ /jmd./ 'von etw. Ungewöhnlichem, Unerwartetem, meist Positivem, so stark beeindruckt sein, dass man Bewunderung od. Verwunderung äußert, zeigt'; SYN erstaunen (2): *ihr werdet* ~, *wenn ihr hört, was wir erlebt haben, was wir euch mitgebracht haben; er staunte, wie schnell die Monteure mit ihrer Arbeit fertig waren; ich staune, was du alles kannst; er staunte nicht schlecht* ('staunte sehr'), *als er seine Frau kommen sah; jmdn. in Staunen (ver)setzen* ('bewirken, dass jmd. staunt'); *etw.* ~*d betrachten,* ~*d vor etw. stehen; über etw., jmdn.* ~: *wir staunten über ihn, ihre Schönheit, über das monumentale Kunstwerk, über die Höhe des Bauwerks; über jmds. Leistungen* ~; *aus dem Staunen nicht herauskommen* ('sich lange sehr über etw. wundern') ❖ **bestaunen, erstaunen, Erstaunen, erstaunlich**

Stau|see ['ʃtau..]**, der** 'durch Stauen eines fließenden Gewässers entstandener künstlicher See, oft auch Teil einer Talsperre'; vgl. *Staumauer, Talsperre* ❖ ↗ **stauen,** ↗ **¹See**

Steak [ʃteːk/st..]**, das**; ~s, ~s 'Scheibe Fleisch von der Lende des Rinds od. Schweins, die auf beiden Seiten kurz gebraten wird'; ↗ FELD I.8.1: *ein* ~ *braten, essen; ein gegrilltes, saftiges* ~; *ein* ~ *mit Pommes frites* ❖ **Beefsteak, Rumpsteak**

stechen ['ʃtɛçn̩] (er sticht [ʃtɪçt]), stach [ʃtaːx], hat gestochen [gə'ʃtɔçn̩]; ↗ auch *stechend* **1.** /jmd./ **1.1.** *etw./mit etw. in, durch etw.* ~ 'einen spitzen Gegenstand in etw. eindringen lassen, durch etw. dringen lassen': *eine Nadel in den Stoff, durch das Leder* ~; *der Arzt stach mit der Injektionsspritze in die Vene; jmdm. etw. in etw.* ~: *er stach seinem Opfer ein Messer in den Rücken* **1.2.** *jmdn.* ~ 'einen spitzen Gegenstand (versehentlich) in jmds. Haut eindringen

lassen': *habe ich dich gestochen?; jmdn./jmdm. in etw.* ~: *habe ich dich, dir in den Arm gestochen?; er stach ihn in den Rücken; jmdn. mit etw.* ~: *sie hat mich mit der Stecknadel gestochen* ('hat die Stecknadel in meine Haut eindringen lassen') **1.3.** *sich* ~ 'einen spitzen Gegenstand (versehentlich) in seine Haut eindringen lassen': *ich habe mich (mit der Stecknadel) gestochen; sich ⟨Akk.; Dat.⟩ in etw.* ~: *ich habe mich, mir in den Finger gestochen* **2.** /Pflanze, Teil einer Pflanze/ *die Dornen* ~ ('dringen, wenn man sie berührt, mit ihren Spitzen in die Haut'); *die Disteln* ~ **3.** /Insekt/ **3.1.** 'einen Stachel bzw. Stechrüssel haben und mit ihm in die Haut von Menschen, Tieren eindringen können, um sich zu wehren, um anzugreifen bzw. um Blut zu saugen'; ↗ FELD II.3.2: *Bienen, Mücken* ~ **3.2.** *jmdn., ein Tier* ~ 'mit einem Stachel bzw. einem Stechrüssel in die Haut von jmdm., von einem Tier eindringen, um sich zu wehren, um anzugreifen, um Blut zu saugen': *die Wespe, Mücke hat mich/mich hat eine Mücke, Wespe gestochen; ich bin (von einer Biene) gestochen worden; jmdn./jmdm., ein Tier/einem Tier in etw.* ~: *die Biene hat mich, mir in den Arm gestochen* **4.** /jmd./ *Aale* ~ ('Aale fangen, indem man ein spitzes Gerät in ihren Rücken stößt') **5.** /jmd./ *Spargel* ~ ('mit einem Messer unter der Erde abschneiden') **6.** *es sticht in etw. ⟨Dat.⟩* 'jmd. hat in einem Teil des Körpers stechende Schmerzen'; ↗ FELD VI.3.2: *es sticht (mich) in der Brust, in der Seite; ich habe ein Stechen* ('stechende Schmerzen') *in der Brust* **7.** emot. *die Sonne sticht* ('scheint unangenehm heiß') ❖ **erstechen, stechend, Stich, Stichelei, sticheln — abstechen, ausstechen, Kupferstich, Messerstich, Sonnenstich, Stechrüssel, Stichflamme, stichhaltig, Stichprobe, -punkt, -tag, -waffe, -wort, wurmstichig**

* /jmd./ *wie gestochen* ('sehr sorgfältig und sehr ordentlich') **schreiben**

stechend ['ʃtɛçn̩t] ⟨Adj.; Steig. reg.; ungebr.; ↗ auch *stechen*⟩ **1.** ⟨nur attr.⟩ /beschränkt verbindbar/ ~*e Schmerzen* ('Schmerzen von einer Stärke, als wenn jmd. einen mit einem spitzen Gegenstand sticht') *(in der Brust) haben* **2.** ⟨nicht bei Vb.; vorw. attr.⟩ /beschränkt verbindbar, auf die Augen bez./: *er hat einen* ~*en Blick* ('blickt starr und streng auf jmdn., der das als sehr unangenehm empfindet') **3.** ⟨vorw. attr.⟩ /beschränkt verbindbar, auf den Geruchssinn bez./ *ein* ~*er* ('beißend starker und sehr unangenehmer') *Geruch; ein* ~*es riechendes Gas* ❖ ↗ **stechen**

Stech|rüssel ['ʃtɛç..]**, der** 'röhrenförmiges, spitz zulaufendes Organ bestimmter Fliegen, Mücken, das zur Nahrungsaufnahme dient' ❖ ↗ **stechen,** ↗ **Rüssel**

Steck/steck- ['ʃtɛk..]**-brief, der** 'genaue Beschreibung der einer Straftat verdächtigen Person, durch die die Öffentlichkeit zur Mithilfe bei ihrer Festnahme aufgefordert wird': *einen* ~ *gegen jmdn. erlassen; auf dem Bahnhof hing sein* ~ ❖ ↗ **stecken,** ↗ **Brief**; **-brieflich** [bʀiːf..] ⟨Adv.⟩ 'mit Hilfe eines Steckbriefs': *dieser Mann wird* ~ *gesucht* ❖ ↗ **stecken,**

↗ Brief; **-dose, die** ˈ(in einer Wand befindliche) Vorrichtung, in die ein Stecker gesteckt wird, um ein elektrisches Gerät an das Stromnetz anzuschließenˈ (↗ BILD): *den Stecker in die ~ stecken* ❖ ↗ stecken, ↗ Dose

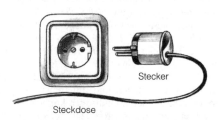

Stecker

Steckdose

stecken [ˈʃtɛkn̩], steckte/auch stak [ʃtaːk], hat gesteckt **1.** ⟨steckte⟩ /jmd./ *etw. irgendwohin ~* ˈetw. mit einer daran befindlichen Spitze irgendwo befestigenˈ: *ein Abzeichen an den Mantel ~; die Nadel in das Nadelkissen ~* **2.** ⟨steckte⟩ /jmd./ *etw. irgendwohin ~* **2.1.** ˈeinen (länglichen) Gegenstand an, in etw. dafür Vorgesehenes (für die er die entsprechenden Maße hat) bringen, an/in der er Halt hatˈ: *den Stecker in die Steckdose, den Schlüssel ins Schlüsselloch, Schloss ~; die Kerzen auf einen Kerzenständer ~; einen Stock in die Erde ~; jmdm., sich* ⟨Dat.⟩ *einen Ring an den Finger ~* (ANT ziehen 3) **2.2.** ˈetw., bes. einen Gegenstand, (durch eine Öffnung) in einen bestimmten Behälter, Hohlraum gelangen lassenˈ: *den Brief in den (Brief)kasten, in den Umschlag, das Buch in die Aktentasche, das Geld ins Portmonee ~; Watte ins Ohr, ein Bonbon in den Mund ~; etw. durch etw. ~: einen Brief durch den Briefschlitz ~* **2.3.** ˈeinen Körperteil irgendwohin gelangen lassenˈ: *die Hände in die Hosentaschen, die Hand durch das Gitter ~; steck die Beine unter die Decke!; den Kopf durch die Tür ~* (ˈmit vorgebeugtem Kopf durch die Tür blickenˈ); *etw. aus etw.* ⟨Dat.⟩ *~: den Kopf aus dem Fenster ~* (ˈstreckenˈ) **3.** ⟨steckte⟩ /jmd./ *jmdn. irgendwohin ~* ˈjmdn. meist gegen dessen Willen irgendwohin bringen, damit er dort für eine bestimmte Zeit bleibtˈ: *ein Kind ins Bett ~; die Eltern haben ihren Sohn in ein Internat gesteckt; man hat ihn ins Gefängnis gesteckt* **4.** ⟨steckte/geh. auch stak⟩ /etw. mit einer daran befindlichen Nadel/ *irgendwo ~* ˈ(mit einer Nadel) irgendwo befestigt seinˈ: *an seinem Mantel steckt ein Abzeichen* **5.** ⟨steckte/geh. auch stak⟩ *irgendwo ~* **5.1.** /etw., bes. länglicher Gegenstand/ ˈsich an einer bestimmten (dafür vorgesehenen) Stelle (für die es die entsprechenden Maße hat) befinden, an der es Halt hatˈ: *auf dem Kerzenständer ~ drei Kerzen; an einem Mittelfinger steckte, stak ein Ring; der Schlüssel steckt (im Schloss); der Stecker steckt in der Steckdose* **5.2.** /etw./ ˈsich an einer bestimmten (dafür vorgesehenen) Stelle, bes. in einem Behälter, einem Hohlraum, befindenˈ: *in deinem Briefkasten steckt Post; der Brief steckt schon im Umschlag; der Stock steckt in der Erde;*

das Foto steckte, stak zwischen den Buchseiten **5.3.** /Körperteil/ *seine Hände steckten* (ˈruhtenˈ) *in den Hosen-, Manteltaschen* **6.1.** ⟨steckte/auch stak⟩ /jmd./ *bis zu den Knien im Schnee ~* (ˈsich bis zu den Knien im Schnee befinden und sich nicht weiterbewegen könnenˈ) **6.2.** ⟨steckte⟩ umg. /jmd., etw./ *irgendwo ~* ˈsich (vorübergehend) irgendwo befinden od. verborgen habenˈ: *er steckt hinter der Tür, in der Werkstatt; wo hast du denn so lange gesteckt* (ˈwo bist du denn so lange gewesenˈ)*?; wo steckt nur mein Portmonee* **7.** ⟨steckte⟩ /jmd./ *etw. in Brand ~* (ˈetw. zum Brennen bringenˈ) ❖ **Stecker, Steckling** – **abstecken, anstecken, aufstecken, einstecken, Schukosteckdose, Schukostecker, Steckbrief, steckbrieflich, Steckdose, Stecknadel**

Stecken, der; ~s, ~ landsch., bes. süddt. ˈStock (2)ˈ ❖ ↗ **Stock (1)**

stecken bleiben, blieb stecken, ist stecken geblieben **1.** /Fahrzeug, jmd./ ˈbeim Fahren, Gehen in einem weichen Untergrund einsinken und nicht mehr weiterfahren, weitergehen könnenˈ: *das Auto ist (im Schlamm) stecken geblieben* (SYN ˈhat sich festgefahrenˈ, ↗ *festfahren* 1ˈ); *wir wären fast (im Schnee) stecken geblieben* **2.** /jmd./ ˈbeim Vortragen von etw. Auswendiggelerntem plötzlich ins Stocken geraten, weil man den Text vergessen hatˈ: *er ist mitten im Gedicht, ist ein paarmal stecken geblieben*

stecken lassen (er lässt stecken), ließ stecken, hat stecken lassen/auch stecken gelassen /jmd./ *etw. ~* ˈetw. an der Stelle lassen, an der es steckt (5.1, 5.2)ˈ: *ich habe den Schlüssel ~, stecken gelassen*

Stecken|pferd [ˈʃtɛkn̩..], **das** ˈHobbyˈ: *Fotografieren ist ihr ~* * /jmd./ **sein ~ reiten** ⟨hat⟩ (ˈsich seinem Hobby widmenˈ)

Stecker [ˈʃtɛkɐ], **der;** ~s, ~ ˈVorrichtung am Kabel eines elektrischen Gerätes, die in die Steckdose gesteckt wirdˈ (↗ BILD, oben): *den ~ in die Steckdose stecken* ❖ ↗ **stecken**

Steckling [ˈʃtɛk..], **der;** ~s, ~e ˈabgetrennter Teil bestimmter Pflanzen ˈ der unter geeigneten Bedingungen zum Wurzeln in die Erde gesteckt wird, damit sich daraus eine neue Pflanze entwickeltˈ; vgl. *Senker* ❖ ↗ **stecken**

Steck|nadel [ˈʃtɛk..], **die** ˈNadel mit einem Kopf aus Metall od. farbigem Glas, die z. B. zum Abstecken (2), zum Zusammenstecken von Stoffteilen verwendet wirdˈ; ↗ FELD V.5.1 (↗ TABL Werkzeuge): *einen Saum mit ~n abstecken, markieren; die Stoffteile mit ~n zusammenfügen* ❖ ↗ **stecken,** ↗ **Nadel** * **es ist so still, dass man eine ~ fallen hören kann** (ˈes herrscht vollkommene Stilleˈ); **es ist so voll, dass keine ~ zu Boden fallen kann** (ˈder Raum ist gedrängt voll von Menschenˈ); umg. /jmd./ **etw., jmdn. wie eine ~ suchen** (ˈsehr lange überall intensiv, mit viel Mühe nach etw., jmdm. suchenˈ)

Steg [ˈʃteːk], **der;** ~s/auch ~es, ~e **1.** ˈmeist aus Brettern und Pfählen errichtete schmale Brücke für Fußgängerˈ: *ein hölzerner, schwankender, morscher ~; über den Bach führt ein ~* **2.** ˈvom Ufer über das Wasser hin reichender, einem Steg (1) ähnlicher

Bau, an dem Boote anlegen können': *das Boot am ~ festmachen* ❖ **Laufsteg**

Steg|reif [ˈʃteːkRaɪf] * **aus dem ~** 'bei der (mündlichen) Darbietung eines Textes ohne Vorbereitung': *eine Rede aus dem ~ halten; ein Gedicht aus dem ~ vortragen; aus dem ~ übersetzen*

stehen [ˈʃteːən], stand [ʃtant], hat gestanden [gəˈʃtandn̩] **1.** /jmd./ **1.1.** 'sich in aufrechter Haltung (1), wobei das Gewicht des Körpers auf den Füßen ruht, an einer Stelle bleiben'; ANT liegen (1.1); ↗ FELD I.7.1.2, 7.7.2: *das Kind kann schon ~; der Bus war so voll, dass ich ~ musste* ('keinen Sitzplatz bekam'); *ich will ~ bleiben* ('will mich nicht setzen'); *das lange Stehen fällt mir schwer; ich habe schnell im Stehen* ('stehend') *eine Tasse Kaffee getrunken; irgendwie ~: gerade, aufrecht, krumm, auf einem Bein ~; irgendwo ~: an, in der Tür, am Fenster, an der Haltestelle ~; er steht (bis zu den Knien) im Wasser; auf der Leiter ~; hinter, neben jmdm. ~; ich habe ihn dort ~ sehen;* /Tier mit vier Beinen/ *das Pferd steht im Stall* **1.2.** *irgendwo ~: an der Maschine ~* ('stehend eine Maschine bedienen'); *am Herd ~* ('stehend am Herd kochen') **1.3.** *Spalier ~* ('zusammen mit mehreren Menschen stehen 1.1 und ein Spalier 2 bilden'); *Wache ~* ('Wache haben und dabei stehen 1.1') **2.1.** /etw./ *irgendwo ~* 'sich auf seiner kleinsten, seiner unteren Fläche od. auf Beinen, Rädern in vertikaler Lage an einer bestimmten Stelle befinden': *das Buch steht im Regal; in der Ecke steht ein Schrank, Tisch, Stuhl; die Flasche, das Glas, der Teller, das Telefon steht auf dem Tisch; die Suppe* ('der Teller, die Terrine mit Suppe') *steht schon auf dem Tisch; das Auto steht in der Garage; die Blumen ~ in der Vase; auf dem Tisch standen Blumen* ('stand eine Vase mit Blumen'); vgl. *liegen* 2.2. /etw. Gebautes, Errichtetes; Pflanze, bes. Baum, Strauch/ *irgendwo ~* 'sich an einer bestimmten Stelle befinden': *das Haus steht am Park; in der Ecke steht ein Kachelofen; auf dem Platz steht ein Denkmal, eine große Eiche* **2.3.** *der Mond, die Sonne steht am Himmel* ('ist am Himmel zu sehen') **3.** /etw./ *irgendwo ~* 'irgendwo geschrieben, gedruckt sein': *der Artikel steht auf der ersten Seite; das stand gestern in der Zeitung; was steht in dem Brief?; sein Name steht nicht auf der Liste; davon steht nichts im Vertrag; hier muss ein Komma ~* **4.** ⟨+ Adv.best.⟩ /etw. Erbautes, Errichtetes/ 'vorhanden sein': *das Haus, Denkmal steht noch, nicht mehr, seit vorigem Jahr* **5.1.** *das Wasser steht hoch, niedrig* ('der Wasserstand ist hoch, niedrig'); *das Wasser steht* ('reicht') *ihm bis zu den Knien* **5.2.** /Gerät zum Messen, Vorrichtung zum Geben optischer Signale/ *auf etw.* ⟨Dat.⟩ ~ 'einen bestimmten Wert anzeigen': *das Thermometer steht auf zehn Grad; das Barometer steht auf ‚Regen'; die Ampel steht auf ‚Grün'* ('lässt ein grünes Signal sehen'); *der Zeiger steht auf sechs Uhr* **5.3.** /Währungseinheit, Wertpapier/ *irgendwie ~* 'zu einem bestimmten Zeitpunkt einen bestimmten Wert haben': *der Dollar steht gut, schlecht, stand bei 1,75 (DM)*

('man muss viel, wenig, musste 1,75 DM für einen Dollar bezahlen') **5.4.** *das (Fußball)spiel, es steht 5:23* ('die Mannschaft hat zu diesem Zeitpunkt fünf, die andere drei Tore geschossen') **6.** /Fahrzeug, Maschine, Gerät/ 'keinen Antrieb (mehr) haben und deshalb nicht (mehr) in Bewegung, in Funktion sein': *der Zug steht; einen Zug zum Stehen bringen; nach 30 Metern kam das Auto zum Stehen; er wartete, bis die Maschine, der Motor stand; die Uhr steht* **7.** /etw., bes. Kleidungsstück/ *jmdm.* ~ 'so beschaffen sein, dass es für jmds. Erscheinung vorteilhaft (1.2) ist'; SYN jmdn. kleiden (2): *dieses Kleid, dieser Hut steht dir/steht dir gut, steht dir ausgezeichnet; die Farbe (des Pullovers) steht dir nicht* **8.** /etw./ *gut, schlecht ~: die Sache, Angelegenheit steht gut, schlecht* ('hat sich so entwickelt, dass Aussicht auf Erfolg, keine Aussicht auf Erfolg besteht'); *es steht schlecht, gut mit/um etw., mit jmdm./ um jmdn.: es steht schlecht, gut mit ihrer Gesundheit* ('sie ist gesundheitlich in schlechter, guter Verfassung'); *wie steht's mit der Arbeit* ('was gibt es über die Arbeit zu berichten')?; *mit ihm steht es schlecht, gut* ('er ist gesundheitlich in schlechter, guter Verfassung; er ist in einer schlechten, guten Lage'); /in der kommunikativen Wendung/ *wie steht's* ('wie geht es dir')? **9.** /jmd./ *(sich) gut, schlecht mit jmdm.* ~ 'zu jmdm. ein gutes, schlechtes Verhältnis haben': *er stand (sich) gut mit seiner Schwägerin, Schwiegermutter* **10.** /jmd./ *irgendwie zu etw.* ⟨Dat.⟩, *jmdm.* ~ 'zu etw., jmdm. eine bestimmte Einstellung haben': *wie stehst du zu dieser Angelegenheit, zu der neuen Kollegin?; wie ich zu der Sache stehe, weißt du; ich stehe positiv zu der Sache* **11.** /jmd./ *zu etw.* ⟨Dat.⟩ ~: *ich stehe zu meiner Tat* ('ich erkläre ausdrücklich, dass ich meine Tat, auch wenn sie kritisiert wird, noch immer für berechtigt, richtig halte'); *ich stehe zu meinem Versprechen* ('ich erkläre ausdrücklich, dass ich, auch wenn das bezweifelt wird, mein gegebenes Versprechen halten werde') **12.** /jmd./ **12.1.** *zu jmdm.* ~ 'auf jmds. Seite sein und ihm beistehen'; SYN halten: *was auch geschieht, ich werde immer zu dir ~; gut zu jmdm.* ~ **12.2.** *hinter jmdm., etw.* ⟨Dat.⟩ ~ 'seine Verbundenheit mit jmdm., der angegriffen (↗ angreifen 3) wird, mit etw. ausdrücklich zu erkennen geben': *der Parteivorstand stand einstimmig hinter dem Abgeordneten, hinter der Resolution* **13.** umg. /jmd./ *auf etw., jmdn.* ~ 'eine besonders große Vorliebe für etw., für einen bestimmten Typ Mensch haben': *er steht auf Jazz, auf blonde Frauen* **14.** *auf etw. steht etw.: auf eine bestimmte Straftat steht eine bestimmte Strafe* 'für eine bestimmte Straftat erhält der Täter eine bestimmte Strafe': *darauf steht Gefängnis, eine hohe Freiheitsstrafe* **15.** /etw./ *bei jmdm.* ~: *die Entscheidung steht bei dir* ('hängt allein von dir ab'; SYN liegen); *es steht (ganz) bei dir* ('es hängt allein von deiner Entscheidung ab'), *ob wir ihn besuchen (oder nicht)* **16.** /etw./ *für etw.* ~: *dieses Beispiel steht für viele* ('außer diesem Beispiel hätten noch viele andere ähnliche angeführt werden können') **17.** ⟨nur im Präs. u. Prät.⟩ *es steht zu erwarten, zu befürchten, dass …* 'es kann, muss erwartet werden, muss befürchtet werden, dass …': *es steht zu befürchten, dass er verunglückt ist* **18.** *jmd. steht unter Alkohol, Drogen, Medikamenten* ('jmd. hat Alkohol, Drogen, Medikamente zu sich genommen, und dieser, diese wirken auf ihn ein') **19.** /abgeblasst in Verbindung mit best. Subst., z. B./: /jmd./ *auf dem ↗ Standpunkt ~, dass …; /jmd./ mit jmdm. in ↗ Verhandlungen ~; /jmd./ mit jmdm. in ↗ Verbindung ~; /jmd./ mit jmdm. im/in ↗ Briefwechsel ~; /etw./ in ↗ Blüte ~; /etw./ in ↗ Aussicht ~; /jmd./ im ↗ Ausstand ~; /jmd./ mit einer Firma im ↗ Wettbewerb ~; /etw./ mit etw. in/im ↗ Zusammenhang ~; /etw./ im ↗ Widerspruch zu/ mit etw. ~; /jmd./ im/in/unter ↗ Verdacht ~, etw. Bestimmtes getan zu haben; /jmd./ unter ↗ Anklage ~; /jmd./ unter jmds. ↗ Schutz ~; /etw./ unter ↗ Naturschutz ~; /etw./ unter ↗ Strafe ~; /etw./ unter ↗ Wasser ~; /jmd./ vor ↗ Gericht ~; /jmd., Firma/ vor dem ↗ Bankrott ~; /jmd./ vor der ↗ Frage ~, ob …; /mehrere (etw.)/ zur ↗ Auswahl ~; /etw./ nicht zur ↗ Diskussion ~; /jmd., etw./ jmdm. zur ↗ Verfügung ~; /etw./ zur ↗ Debatte ~; /etw./ zum ↗ Verkauf ~; /jmd./ bei jmdm. ↗ Pate ~* ❖ **erstehen, Stand, Ständchen, Ständer, standhaft, ständig – Abstand, anstehen, Aufstand, aufstehen, Außenstände, Außenstehende, Ausstand, Beistand, beistehen, bevorstehen, dastehen, durchstehen, einstehen, feststehen, freistehen, instand, Instandhaltung, Instandsetzung, Kopfstand, nachstehen, nachstehend, Notstand, Rückstand, rückständig, Ruhestand, Standbild, standfest, -halten, Standort, -punkt, standrechtlich, -sicher, Stehleiter, -platz, Stillstand, stillstehen, überstehen, umstehend, unterstehen, Waffenstillstand, Wasserstand, Widerstand, widerstandsfähig, Widerstandskampf, -kämpfer, -kraft, widerstehen, zurückstehen**

* /etw./ **mit jmdm., etw. ~ und fallen** 'von jmdm., etw. entscheidend abhängig sein': *das Stück* ('der Erfolg des Stückes') *steht und fällt mit diesem Schauspieler*

stehen bleiben, blieb stehen, ist stehen geblieben **1.** /jmd./ 'aufhören zu gehen, nicht weitergehen'; SYN anhalten (2.2); ↗ FELD I.7.1.2: *sie blieb erstaunt, unschlüssig stehen; bleib nicht vor jedem Schaufenster stehen!* **2.** /Fahrzeug, Maschine, Gerät/ 'keinen Antrieb mehr haben und deshalb aufhören, in Bewegung, in Funktion zu sein'; SYN anhalten (2.1), halten (4): *plötzlich blieb der Zug, das Auto stehen; meine Uhr ist stehen geblieben* **3.** ⟨vorw. im Perf.⟩ /etw./ 'stehen gelassen (2) werden': *in der Garderobe ist ein Schirm, Koffer stehen geblieben* **4.** /in der kommunikativen Wendung/ *wo sind wir stehen geblieben* ('wo haben wir das Gespräch, die Lektüre, den Unterricht unterbrochen')? /sagt jmd., wenn er den Faden eines Gesprächs wieder aufnehmen will/

stehen lassen (er lässt stehen), ließ stehen, hat stehen lassen/auch stehen gelassen **1.** /jmd./ *etw. ~* 'etw. dort lassen, wo es steht (2.1)'; ↗ FELD I.7.1.2: *lass die Leiter bitte stehen, ich brauche sie noch; ich habe die Gläser auf dem Tisch ~, stehen gelassen* **2.** ⟨vorw. im Perf.⟩ /jmd./ *etw. ~* 'etw., das man irgendwohin gestellt hat, vergessen mit mitzunehmen': *ich habe in der Straßenbahn meinen Koffer ~, stehen gelassen* **3.** /Mann/ *sich* ⟨Dat.⟩ *einen Bart ~* ('wachsen lassen') **4.** ⟨vorw. im Perf.⟩ /jmd./ *jmdn. (einfach) ~* 'jmdn., mit dem man zusammengestanden und gesprochen hat, nicht länger beachten und weggehen': *sie hat ihn einfach ~, stehen gelassen*

Steh|leiter ['ʃteː..], die 'Leiter mit einem stützenden Teil, die, ohne dass sie an etw. gelehnt werden muss, irgendwo stehen kann' ❖ ↗ **stehen,** ↗ **Leiter**

stehlen ['ʃteːlən] (er stiehlt [ʃtiːlt]), stahl [ʃtaːl], hat gestohlen [gəˈʃtoːlən] **1.** /jmd./ **1.1.** *etw. ~* 'sich etw., das einem anderen gehört, heimlich und widerrechtlich nehmen, um es als Eigentum zu behalten'; SYN entwenden, klauen: *Geld, Schmuck ~; die gestohlenen Sachen sind bei ihm gefunden worden;* vgl. mausen **1.2.** *er stiehlt* ('pflegt zu stehlen'); *er stiehlt wie ein Rabe* ('er stiehlt alles, was man stehlen kann'); *er hat gestohlen* ('hat einen Diebstahl begangen') **2.** /jmd., etw./ *jmdm. etw. ~* SYN 'jmdm. etw. rauben': *er, sie hat mir mit seinen, ihren Sorgen die Ruhe gestohlen* ('hat mich um meine Ruhe gebracht, da ich mich nun auch sorge'); *diese Ängste, der ewige Lärm stiehlt uns den Schlaf* ('bewirkt, dass wir nicht gut schlafen können'); *du stiehlst mir mit deinem Gerede nur die Zeit* ('hältst mich durch deine Reden von Wichtigerem ab') **3.** /jmd./ *sich aus einem Raum, aus einer Gesellschaft ~* 'sich heimlich aus einem Raum, einer Gesellschaft entfernen': *sich aus dem Zimmer, Haus ~* ❖ **bestehlen, verstohlen – Diebstahl, wegstehlen**

Steh|platz ['ʃteː..], der: *ich hatte im Bus nur einen ~* ('ich musste im Bus stehen, weil ich keinen Sitzplatz hatte'); *der Straßenbahnwagen hat 25 Stehplätze* ('in dem Straßenbahnwagen können bis zu 25 Fahrgäste, die keinen Sitzplatz haben, stehen'; ↗ FELD I.7.1.1); *im dritten Rang gibt es Stehplätze* ('gibt es für Theaterbesucher, die keinen Sitzplatz haben, die Möglichkeit zu stehen') ❖ ↗ **stehen,** ↗ **Platz**

steif [ʃtaɪf] ⟨Adj.⟩ **1.** ⟨Steig. reg.⟩ 'meist hart und nicht biegsam und daher seine gegebene Form beibehaltend'; ANT biegsam /bes. von flächigem Material/; ↗ FELD III.4.3: *ein ~er Hut; das Leinen ist ~; etw. fühlt sich ~ an; durch den Frost wurde die Wäsche auf der Leine ganz ~; ~e Pappe, ~er Karton* **2.** ⟨Steig. reg., ungebr.⟩ 'infolge von Alter, Abnutzung, einer Verletzung unbeweglich (1.1) geworden' /bes. auf die Glieder des Menschen bez./: *er hat infolge einer Verletzung ein ~es Bein; durch die Kälte waren seine Finger ~ (geworden); vom langen Sitzen, vor Kälte war er, fühlte er sich ganz ~* ('konnte er seine Glieder kaum bewegen') **3.** ⟨Steig. reg., ungebr.⟩ 'in seiner Haltung, seinen Bewegungen, seinem Gebaren verkrampft und unnatürlich wirkend' /auf die Körperhaltung, Bewegung einer Person bez./: *er hat eine ~e Haltung; seine Haltung war ~; sein ~er Gang; sich ~ bewegen* **4.** ⟨Steig. reg., ungebr.⟩ 'sehr förmlich (2) und unpersönlich wirkend'; ANT locker (3.2), lässig /beschränkt verbindbar/; ↗ FELD I.2.3: *das war eine sehr ~e Begrüßung; er fühlte sich nicht wohl in dieser ~en Gesellschaft; er wirkte, war ~ und verschlossen* **5.** ⟨Steig. reg., Superl. ungebr.⟩ 'von fester (1), halbfester Konsistenz' /auf bestimmte, ursprünglich flüssige Stoffe der Nahrung bez./: *~e (Schlag)-sahne; den Eischnee, die Sahne ~ schlagen* ('mit Hilfe eines Gerätes zu Schaum schlagen'); *der Pudding ist nach dem Abkühlen ~ geworden* **6.** ⟨o. Steig.; nicht bei Vb.⟩ /beschränkt verbindbar/ *eine ~e* ('starke 8') *Brise; ein ~er* ('infolge eines großen Anteils an Rum starker, kräftiger') *Grog* ❖ **versteifen**

* /jmd./ **etw. ~ und fest behaupten** ('hartnäckig, nachdrücklich etw. behaupten')

Steig|bügel ['ʃtaik..], **der** 'beiderseits vom Sattel herabhängende Vorrichtung, in die der Reiter beim Reiten die Füße setzt' (↗ BILD): *er ritt ohne Sattel und ~* ❖ ↗ **steigen**, ↗ **Bügel**

steigen ['ʃtaign], stieg [ʃtiːk] ist gestiegen [gəˈʃtiːgn] **1.** /jmd./ *irgendwohin ~* 'einen in der Regel steilen Weg (über eine Leiter, eine Treppe) Schritt für Schritt irgendwohin, bes. nach oben, unten zurücklegen'; ↗ FELD I.7.2.2: *auf einen Berg, Gipfel ~; wir mussten bergauf, bergab ~; auf einen Turm, in den Keller ~; von einem Turm ~; etw. ~: die Treppe ~* ('die Treppe nach oben gehen') **2.** /jmd./ *irgendwohin ~* 'sich mit Hilfe der Hände und Füße und einigem Geschick auf einen bestimmten hohen od. niederen Platz begeben': *in die Badewanne ~; auf das Pferd, vom Pferd ~; er konnte elegant auf das Rad, vom Rad ~; sie musste auf den, einen Stuhl ~, um an die Lampe zu kommen; wieder vom Stuhl ~; durch das Fenster ins Zimmer ~; über einen Zaun ~; auf einen Baum ~; in das, aus dem Auto, in den, aus dem Zug ~* **3.** /etw./ **3.1.** 'sich (fliegend) in die Höhe, nach oben bewegen' (↗ sinken (1.1.1)); ↗ FELD VIII.2.2: *der Ballon, Hubschrauber, das Flugzeug steigt (in die Höhe); die Kinder lassen ihre Drachen ~; die Sonne steigt* ('bewegt sich immer höher über den Horizont'); METAPH *das Blut war ihr ins Gesicht gestiegen* ('ihr Gesicht rötete sich'); *der Wein stieg ihm zu Kopfe* ('ließ ihn betrunken werden'); *ein feiner Duft stieg mir in die Nase* ('wurde von mir wahrgenommen') **3.2.** 'einen höheren Stand (3.2) erreichen'; SYN ansteigen (2); ANT fallen (2), sinken (4.1): *die Temperatur steigt; die Zahl der Einwohner steigt* (SYN 'wächst, ↗ ¹wachsen 2') *ständig; das Thermometer ist gestiegen* ('zeigt jetzt eine höhere Temperatur an'); *das Hochwasser stieg* (SYN 'stieg an, ↗ ansteigen 2') *von Stunde zu Stunde; das Fieber war auf 40 Grad gestiegen; der Umsatz, der Wohlstand steigt* **3.3.** 'höher, größer werden': *die Preise, Kosten ~* (SYN 'ziehen an, ↗ anziehen 8'; ANT sinken 4.1) *sprunghaft; der Dollar, diese Aktie ist wieder gestiegen* ('hat im Wert zugenommen'; ANT *ist gefallen 2*); *die Begeisterung, seine Ungeduld, Wut stieg* ('steigerte sich'; SYN 'nahm zu, ↗ zunehmen 1.2', 'wächst, ↗ ¹wachsen 2') *von Minute zu Minute; seine Chancen sind gestiegen* ('größer geworden'); *ihre Leistungen ~* ('werden besser'; ANT *sinken*); *die Jugendlichen stellen ~de* ('immer höhere') *Ansprüche* **4.** umg. ⟨vorw. Präs., Futur⟩ /etw., bes. Veranstaltung/ 'stattfinden': *die Party, das Fest steigt noch in dieser Woche* ❖ **Steigung, Stiege, versteigen, verstiegen – absteigen, Abstieg, ansteigen, Anstieg, aufsteigen, Aufstieg, aussteigen, Aussteiger, Aussteigerin, Bergsteiger, einsteigen, zusteigen, Steigbügel, Bürgersteig**

steigern ['ʃtaign] ⟨reg. Vb.; hat⟩ **1.1.** /jmd./ *etw. ~* 'etw. erhöhen (2.2)': *die Geschwindigkeit, Leistung, Arbeitsproduktivität ~; die Geschwindigkeit ~* (ANT *mindern 1*); *den Absatz, Konsum ~; die Preise, Mieten ~* **1.2.** /etw./ *sich ~* 'sich erhöhen (2.2)': *die Arbeitsproduktivität, der Absatz hat sich gesteigert; durch diese Erfahrungen, Erlebnisse, Neuigkeiten steigerte sich seine Angst, Wut, Spannung, Freude; der Sturm steigerte sich* ('verstärkte sich') *zum Orkan* **2.** /jmd./ *sich ~* 'sich in seinen Leistungen verbessern': *der Sänger steigerte sich während seines Vortrags immer mehr; diese Leichtathleten können sich noch ~* **3.** /jmd./ *sich in etw. ~* 'sich zunehmend stärker in einen bestimmten Zustand der Erregung versetzen': *sich in (heftige) Wut, (große) Begeisterung ~* ❖ **versteigern, Versteigerung**

Steigung ['ʃtaig..], **die**; ~, ~en **1.** ⟨vorw. Sg.⟩ 'Grad des Ansteigens (1) bes. von einer Straße, einem Weg'; ANT Gefälle (1.1); ↗ FELD I.7.2.1, IV.1.1: *die Straße hat eine geringe, starke ~; die Straße hat eine ~ von 10 Prozent* ('steigt auf hundert Meter Länge um zehn Meter in die Höhe') **2.** 'ansteigender Weg, Verkehrsweg': *wir mussten bis zur Berghütte nur noch eine ~ überwinden, schaffen* ❖ ↗ **steigen**

steil [ʃtail] ⟨Adj.; Steig. reg.⟩ 'ein fast senkrecht verlaufendes Gefälle od. eine fast senkrecht verlaufende Steigung (1) bildend' /vorw. auf bestimmte Geländearten od. Verkehrswege bez./; ↗ FELD II.1.2, IV.1.3: *ein ~er (Ab)hang, Berg, ein ~er* ('schroffer') *Felsen; der Weg ist ~; in dieser Stadt gibt es viele ~e Straßen; das Gelände, die Straße fällt ~ ab, steigt ~ an; hier geht es, geht der Weg, Pfad ~ bergauf, bergab; die Schlucht fällt ~ ab; das*

Flugzeug, der Ballon stieg, flog ~ *in die Höhe, stürzte* ~ *nach unten*

Stein [ʃtaɪn], **der**; ~s/auch ~es, ~e **1.** ⟨o.Pl.; o.Art.⟩ **1.1.** ʿaus Mineralen bestehende feste harte Substanz, die als zusammenhängende Masse einen großen Teil der Erdkruste bildetʾ; SYN Gestein; ↗ FELD II.1.1, 5.1, III.4.1: *beim Graben sind sie auf* ~ *gestoßen; die flüssige Lava ist durch Abkühlung zu festem* ~ *geworden;* emot. *das Brot ist hart wie* ~ (ʿist sehr hartʾ) **1.2.** ʿStein (1.1) als Material für etw., für menschliche Tätigkeitʾ: *in, aus* ~.: *ein Denkmal, eine Statue aus* ~; *eine Figur in, aus* ~ *meißeln, hauen* **2.** ʿeinzelnes, relativ kleines Stück Stein (1.1)ʾ: *ein großer, kleiner, runder, flacher, spitzer, kantiger, schwerer* ~; *der* ~ *war flach und rund; auf dem Weg, am Rand des Baches, am Fuße des Berges lagen viele* ~e; *der Boden, Acker war voller* ~e; *ein Haufen* ~e *ab-, auflagen;* ~e *auflesen; einen* ~/*mit einem* ~ *nach jmdm. werfen; er hat einen* ~ *im Schuh; etw. mit einem* ~ *beschweren, damit es nicht weggeweht wird; er hat den ganzen Tag* ~e *geklopft* (ʿhat große Steine mit dem Hammer zerkleinertʾ) **3.** ʿzum Mauern verwendeter einzelner geformter Stein (2) od. meist aus Ton durch hohe Hitze, durch Brennen hergestellter, meist exakt quaderförmiger Gegenstandʾ; SYN Mauerstein, Ziegel: *eine Mauer aus (natürlichen, aus künstlich hergestellten)* ~en; ~e *zur Baustelle fahren, karren;* ~e (ʿZiegelʾ) *aus Glas, gebrannten Ton, Lehm; die* ~e *mit Mörtel (ver)binden* **4.** SYN ʿGrabsteinʾ: *einem Verstorbenen einen* ~ *setzen (lassen); die Inschrift eines* ~es **5.** ʿ(Halb)edelsteinʾ: *ein echter, synthetischer, falscher* ~; *ein Ring mit einem kostbaren* ~; *ein* ~ *von vier Karat; die Uhr hat 15* ~e (ʿhat 15 Rubine in ihrer Mechanikʾ) **6.** ʿKern mit sehr harter Schale bei bestimmten Obstartenʾ: *Pflaumen, Aprikosen, Kirschen haben einen* ~; *der* ~ *eines Pfirsichs; den* ~ *ausspucken* **7.** ʿsteinförmiges, -artiges, hauptsächlich aus Salzen bestehendes Gebilde, das in bestimmten Organen des Körpers entstehtʾ: ~e *in der Galle, Niere, Blase haben; einen* ~ *operativ entfernen; er hat einen* ~ *ausgeschieden* ❖ **Gestein, steinern, steinig − Baustein, Bernstein, Bordstein, Edelstein, Grabstein, Grundstein, Halbedelstein, Kalkstein, Mauerstein, Mühlstein, Sandstein, Schornstein, Schornsteinfeger, Tropfstein;** vgl. **stein/Stein-**

* /jmd., etw./ ~ **des Anstoßes sein** ʿdie Ursache für jmds. Verärgerung seinʾ: *der ungeliebte Schwiegersohn, seine derben Reden waren der* ~ *des Anstoßes in der Familie;* **es friert** ~ **und Bein** (ʿes herrscht starker Frostʾ); emot. ~ **und Bein schwören** (ʿäußerst nachdrücklich versichern, dass man die Wahrheit gesagt hat, etw. (nicht) getan hatʾ); /jmd./ **bei jmdm. einen** ~ **im Brett haben** (ʿvon jmdm., bes. von einem Vorgesetzten, aus Sympathie begünstigt werdenʾ); emot. **jmdm. fällt ein** ~ **vom Herzen/von der Seele** ʿjmd. ist von einer seelischen Belastung befreit, atmet erleichtert aufʾ: *mir fiel ein* ~ *vom Herzen, dass es meiner Mutter bald wieder besser*

ging; /Militär im Krieg/ **keinen** ~ **auf dem anderen lassen** ʿalles Gebaute in feindlicher Absicht zerstörenʾ: *die Truppen, Bomber haben in N keinen* ~ *auf dem anderen gelassen;* /jmd./ **den** ~ **ins Rollen bringen** (ʿbewirken, dass sich eine Angelegenheit entwickelt, zu entwickeln beginntʾ); **ein/der** ~ **kommt ins Rollen** ʿeine Angelegenheit entwickelt sich aus einem bestimmten Anlass, beginnt sich zu entwickelnʾ: *durch ihn, durch seinen Artikel, Hinweis kam der* ~ *ins Rollen;* /jmd./ **jmdm.** ~**e in den Weg legen** ʿjmdm. Schwierigkeiten bei etw. bereitenʾ: *er hat mir bei meinem Projekt nur* ~e *in den Weg gelegt;* /jmd./ **jmdm. (die)** ~**e aus dem Weg räumen** (ʿdie Schwierigkeiten, die jmds. Tun, Interessen behindern, für ihn beseitigenʾ); **der** ~ **der Weisen** ʿdie geniale Lösung für etw.ʾ: *er hat den* ~ *der Weisen gefunden*

MERKE Zum Unterschied von *Stein* (6) und *Kern* (1): ↗ *Kern* (Merke)

stein/Stein [ˈ..]**-alt** ⟨Adj.; o. Steig.⟩ emot. ʿsehr altʾ: *ein* ~*er Baum, Mensch; er war schon, wirkte* ~ ❖ ↗ alt; **-bruch, der** ʿStelle in der freien Natur, bes. in felsigem Gebiet, wo nutzbares Gestein abgebaut wirdʾ: *in einem* ~ *arbeiten; ein* ~, *in dem Granit, Marmor gewonnen wird* ❖ ↗ brechen

steinern [ˈʃtaɪnɐn] ⟨Adj.; o. Steig.; nicht bei Vb.⟩ **1.** ⟨nur attr.⟩ ʿaus Stein (1.1)ʾ /auf Gegenstände bez./; ↗ FELD II.5.3: ~e *Treppen; eine* ~e *Bank, Terrasse* **2.** /beschränkt verbindbar/: *ein* ~es (ʿausdrucksloses, unbewegliches und meist ernstesʾ) *Gesicht machen; er setzte eine* ~e (ʿkalte und abweisendeʾ) *Miene auf; ein* ~es *Herz haben* (ʿohne Mitleid seinʾ) ❖ ↗ Stein

Stein/stein [ˈʃtaɪn]**-erweichen** [ɛʁvaɪçn̩] * umg. emot. **zum** ~ ʿin starkem Maße Mitleid erregendʾ: *das Kind weinte zum* ~; **-gut, das** ⟨o.Pl.⟩ ʿkeramisches Material, das zur Herstellung von meist weißem, meist glasiertem Geschirr, von Fliesen od. sanitären Artikeln dientʾ: *Töpfe aus* ~ ❖ ↗ Gut; **-hart** [ˈ../..ˈh..] ⟨Adj.; o. Steig.⟩ emot. ʿhart wie Stein (1.1), sehr hartʾ /vorw. auf Gebackenes bez./; ↗ FELD III.4.3: *der Boden war* ~ *gefroren;* emot., oft übertrieben: *die Kekse sind* ~ *(geworden)!;* ~es *Backwerk* ❖ ↗ hart

steinig [ˈʃtaɪnɪç] ⟨Adj.; Steig. reg.; nicht bei Vb.⟩ ʿmit vielen Steinen bedecktʾ; ↗ FELD II.1.2: *ein* ~er *Acker, Weg; der Strand ist mir zu* ~ ❖ ↗ Stein

Stein/stein [ˈʃtaɪn..]**-kohle, die** ʿharte, schwarze Kohle (1) mit hohem Gehalt an Kohlenstoffʾ; ↗ FELD II.5.1; vgl. *Braunkohle* ❖ ↗ Kohle; **-metz** [mɛts], **der** ʿHandwerker, der Gestein (für Grabsteine) bearbeitetʾ: *den Grabstein bei einem* ~ *in Auftrag geben;* **-obst, das** ʿzum Obst gerechnete Früchte, die einen Stein (6) habenʾ: *in diesem Jahr wurde viel* ~ *geerntet* ❖ ↗ Obst; **-pilz, der** ʿessbarer Pilz mit einer fleischigen kugeligen dunkelbraunen Kappeʾ; ↗ FELD II.4.1: ~e *sammeln; er isst gern* ~e ❖ ↗ Pilz; **-reich** ⟨Adj.; o. Steig.; nicht bei Vb.⟩ emot. ʿsehr reichʾ; ↗ FELD I.17.3: *das sind* ~e *Leute; er ist* ~ *(geworden)* ❖ ↗ reich; **-schlag, der** ʿdas lawinenartige Herabstürzen von Steinen (2) an steilen Hängen': *die Straße ist wegen ~ gesperrt* ❖ ↗ schlagen

Stellage [ʃtɛˈlaːʒə], **die**; ~, ~n ʿ(einem Regal ähnliches) Gestell zum Aufbewahren, Ablegen von etw.': *das Obst auf ~n lagern* ❖ ↗ **stellen**

Stelldichein [ˈʃtɛldɪçǀai̯n], **das**; ~s/~, ~s/~ ⟨vorw. Sg.⟩ veraltend SYN ʿRendezvous': *sie verabredeten sich zu einem ~; sie war nicht zum ~ gekommen; mit jmdm. ein ~ haben* ❖ ↗ **stellen**

Stelle [ˈʃtɛlə], **die**; ~, ~n **1.** ʿbestimmter kleiner räumlicher Bereich im Freien, in einem Raum, wo sich jmd., etw. befindet, befunden hat, befinden wird, wo etw. geschieht, geschehen ist, geschehen wird'; ↗ FELD I.7.7.1: *wir haben uns an der vereinbarten ~ getroffen; das ist eine schöne ~ zum Zelten; an dieser ~ wachsen viele Pilze; an dieser ~ ereignete sich der Unfall; das Bild hing früher an einer anderen ~; leg die Zeitung bitte an die richtige ~!; rühr dich nicht von der ~* (ʿbleib an dem Platz, an dem du bist und geh nicht weg')! **2.** ⟨vorw. mit Attr.⟩ ʿbestimmter kleiner Bereich am Körper, an einem Gegenstand, der durch eine besondere Beschaffenheit gekennzeichnet ist': *eine gerötete, geschwollene ~ am Bein haben; an dieser ~ tut es mir weh; der Mantel hat schon einige schadhafte ~n* **3.1.** ʿkürzerer Teil eines Textes, einer mündlichen Äußerung, eines Musikstücks, eines Films, Theaterstücks o.Ä.': *eine ~ aus einem Buch zitieren; ich habe diese ~ (des Briefes) mehrmals gelesen; die wichtigsten ~n seines Vortrags notieren; diese ~ der Sonate höre ich besonders gern* **3.2.** an dieser ~ ʿan diesem Punkt (5) im Ablauf (1) einer Rede, eines Musikstücks, eines Films, Theaterstücks o.Ä.': *an dieser ~ möchte ich darauf hinweisen, dass …; an dieser ~ brach der Dirigent ab* **4.1.** ⟨vorw. mit Attr.⟩ ʿStufe, die jmd., etw. in einer Ordnung, Folge einnimmt': *das kommt an erster, letzter ~; (in einem Wettbewerb) an erster, zweiter, dritter ~ liegen, stehen* **4.2.** ʿPosition vor od. hinter dem Komma, an der eine Ziffer steht und aus der sich ihr Wert ergibt': *die erste ~ hinter dem Komma* **5.1.** ʿArbeitsstelle (2)': *seine ~ wechseln, aufgeben, verlieren; eine neue ~ suchen* **5.2.** ʿArbeitsstelle (2) im öffentlichen Dienst, die im Haushaltsplan fixiert ist': *er bekommt eine halbe ~, teilt sich mit jmdm. eine ~* **6.** SYN ʿDienststelle, Behörde': *eine staatliche, kirchliche ~; sich an die zuständige ~ wenden* **7.1.** an ~/auch ↗ anstelle ⟨+ Gen.⟩: *er kam an ~ seines Bruders* (ʿsein Bruder kam nicht, dafür kam er'); SYN ²statt) **7.2.** an ~ von/auch ↗ anstelle von: *an ~ von Butter nahm sie (für den Kuchen) Margarine* (ʿsie nahm nicht Butter, dafür nahm sie Margarine'; SYN ²statt) ❖ ↗ **stellen**
* **auf der ~ 1.1.** ʿsofort (1.1)': *er wurde von einem Auto überfahren und war auf der ~ tot* **1.2.** ʿsofort (1.2)': *lass ihn auf der ~ los!*; **jmd. an jmds. ~:** *ich an seiner ~* (ʿwenn ich er wäre, wenn ich in seiner Lage wäre') *würde das nicht machen/ich würde das an seiner ~ nicht machen; er würde das an meiner*

~ *auch nicht tun; er an meiner ~ wäre nicht gekommen; was würden Sie an unserer ~ tun?;* /jmd./ **nicht von der ~ kommen** ʿbei einer Arbeit, Tätigkeit nicht vorankommen (2)': *er kommt (mit seiner Doktorarbeit) nicht von der ~;* /jmd./ **zur ~ sein** ʿim richtigen Moment an einem bestimmten Ort (wo man erwartet wird) sein': *sie ist immer zur ~, wenn sie sie brauche;* /jmd./ **auf der ~ treten** ʿbei einer Arbeit, Tätigkeit nicht vorankommen': *bei den Verhandlungen trat man auf der ~*

stellen [ˈʃtɛlən] ⟨reg. Vb.; hat⟩ **1.** /jmd./ **1.1.** *sich irgendwohin ~* ʿsich an eine bestimmte Stelle begeben und dort stehen': *sich ans Fenster ~; sie stellte sich auf den Stuhl, um das Bild aufzuhängen; stell dich in die Reihe, hinter mich, dorthin!* **1.2.** *jmdn. irgendwohin ~* ʿjmdn. nehmen, an eine bestimmte Stelle bringen und machen, dass er dort steht': *die Mutter stellte das Kind auf den Stuhl, Tisch* **2.** /jmd./ **2.1.** *etw. irgendwohin ~* ʿetw. nehmen, an eine bestimmte Stelle bringen und machen, dass es dort steht (2.1)': *das Buch ins Regal, den Stuhl in die Ecke, die Flasche auf den Tisch, die Blumen in die Vase ~; die Suppe* (ʿden Teller, die Terrine mit Suppe') *auf den Tisch ~, das Fahrrad in den Keller ~* **2.2.** *etw. warm, kalt ~* ʿeine Speise, ein Getränk dorthin stellen (2.1), wo sie, es warm bleibt, kalt wird od. bleibt': *ich habe das Essen warm gestellt; ich muss noch den Sekt kalt ~* **3.** /jmd./ **3.1.** /bes. befugte Person/ *etw. ~* ʿeine technische Vorrichtung durch Betätigen eines Mechanismus in eine bestimmte Richtung bringen, sodass sie die gewünschte Funktion erfüllt': *eine Weiche, ein Signal ~* **3.2.** *eine Uhr ~* (ʿdurch Betätigen einer Vorrichtung an der Uhr bewirken, dass die Uhr die richtige od. gewünschte Zeit anzeigt') **3.3.** *den Wecker auf sechs Uhr ~* (ʿdurch Betätigen einer Vorrichtung bewirken, dass der Wecker um sechs Uhr klingelt') **3.4.** *das Radio laut, leise ~* (ʿdurch Betätigen einer Vorrichtung bewirken, dass aus dem Radio laute, leise Töne kommen') **4.1.** /jmd., Gruppe/ *jmdn. ~:* *die Polizei hat den Verbrecher gestellt* (ʿhat den Verbrecher nach einer Verfolgung festgenommen') **4.2.** /jmd., bes. Straftäter/ *sich ~:* *der Täter hat sich (der Polizei) gestellt* (ʿhat sich freiwillig bei der Polizei gemeldet, um sich für die von ihm begangene Straftat zu verantworten') **4.3.** /jmd./ *sich etw.* ⟨Dat.⟩, *jmdm. ~* ʿeiner Auseinandersetzung, einem Gegner nicht ausweichen': *sich der Diskussion, dem Kampf, dem Gegner ~; der Politiker stellte sich der Presse* (ʿwar bereit, der Presse ein Interview zu geben') **5.** /jmd./ *sich irgendwie ~* ʿeinen bestimmten Zustand, eine bestimmte Eigenschaft vortäuschen': *sich krank, schlafend ~; er stellt sich, als ob er schliefe; stell dich nicht so dumm* (ʿtu nicht so, als ob du das nicht wüsstest')! **6.** /jmd./ *sich mit jmdm. gut ~* ʿzu jmdm. ein gutes Verhältnis zu bekommen versuchen': *du musst dich mit ihm gut ~* **7.** /jmd./ *sich irgendwie zu etw.* ⟨Dat.⟩, *jmdm. ~* ʿzu etw., jmdm. eine bestimmte Einstellung haben (und sich entsprechend verhalten)': *wie stellst du dich zu diesem*

Problem, dazu, zu der neuen Kollegin?; ich stelle mich positiv dazu **8.** /jmd./ **8.1.** *sich hinter jmdn.* ~ 'seine Verbundenheit mit jmdm., der angegriffen (2) wird, deutlich zeigen': *der Parteivorstand stellte sich einstimmig hinter den Abgeordneten N; der Kanzler stellte sich hinter seinen Minister* **8.2.** *sich (schützend) vor jmdn.* ~ ('jmdn., der angegriffen 2 wird, verteidigen, unterstützen') **9.** /jmd., Institution/ *jmdn., etw.* ~ 'dafür sorgen, dass jmd., der angefordert wurde, etw., was angefordert wurde, für eine bestimmte Aufgabe zur Verfügung steht': *einen Vertreter, Bürgen, Zeugen* ~; *die Gemeinde stellte 30 Mann zur Bekämpfung des Waldbrandes; die Kostüme wurden vom Theater gestellt* ('bereitgestellt'); *eine Kaution* ~ **10.** /abgeblasst in Verbindung mit best. Subst., z. B./: /jmd./ *einen* ↗ *Antrag* ~; /jmd./ *(jmdm.) eine* ↗ *Bedingung* ~; /jmd./ *(jmdm.) eine* ↗ *Diagnose* ~; /jmd./ *jmdm. eine* ↗ *Frage* ~; /jmd./ *eine* ↗ *Forderung* ~; /jmd./ *jmdm. ein* ↗ *Ultimatum* ~; /jmd./ *sich auf den* ↗ *Standpunkt* ~, *dass* ..; /jmd./ *jmdm. etw. in* ↗ *Aussicht* ~; /jmd./ *etw. in* ↗ *Abrede* ~; /jmd./ *etw. in* ↗ *Dienst* ~; /jmd./ *etw. unter* ↗ *Naturschutz* ~; /jmd., Institution/ *etw. unter* ↗ *Strafe* ~; /jmd./ *jmdn. vor* ↗ *Gericht* ~; /jmd./ *etw. zur* ↗ *Auswahl* ~; /jmd./ *etw. zur* ↗ *Diskussion* ~; /jmd./ *jmdm. etw. zur* ↗ *Verfügung* ~; /jmd./ *sich jmdm. zur* ↗ *Verfügung* ~ ❖ **Stelle, Stellung, Gestell, Stellage, verstellen, Verstellung — abstellen, Angestellte, anstelle, anstellen, Anstellung, Arbeitsstelle, aufstellen, Aufstellung, ausstellen, Ausstellung, Baustelle, bereitstellen, bloßstellen, Bruchstelle, dahingestellt, darstellen, Dienststelle, dreistellig, einstellen, Einstellung, Fahrgestell, fertigstellen, feststellen, Feststellung, freistellen, Freistellung, gegenüberstellen, Haltestelle, herausstellen, hinstellen, kaltstellen, klarstellen, Lehrstelle, mehrstellig, Schausteller, sicherstellen, Sonderstellung, Stelldichein, Stellenplan, stellenweise, Stellungnahme, stellungslos, stellvertretend, Stellvertreter, Tankstelle, umstellen, Wasserstelle, Wechselstelle, wegstellen, zurückstellen, zusammenstellen, zustellen, Zweigstelle**

* /jmd./ **auf sich (selbst) gestellt sein** ('ohne Hilfe anderer etw. bewältigen müssen')

Stellen/stellen ['ʃtɛlən..]**-plan, der** 'Plan der vorhandenen und vorgesehenen Arbeitsstellen bes. im öffentlichen Dienst' ❖ ↗ **stellen**, ↗ **Plan**; **-weise** ⟨Adv.⟩ 'an manchen Stellen (1)': ~ *lag noch Schnee* ❖ ↗ **stellen**

-stellig ['ʃtɛlɪç] /bildet mit einem (Zahl)adj. als erstem Bestandteil Adjektive/ 'in der Anzahl des im ersten Bestandteil Genannten': ↗ z. B. *dreistellig*

Stellung ['ʃtɛl..]**, die;** ~, ~en **1.** 'bestimmte spezifische Art, in der sich die Glieder, der Kopf und der Körper des stehenden, auch sitzenden, liegenden Menschen zueinander befinden': *in aufrechter, gebückter, kniender* ~ *sein; eine andere* ~, *verschiedene* ~*en einnehmen; eine bequeme, unbequeme* ~ **2.** *die* ~ ('Position 4') *eines Sterns bestimmen* **3.** ⟨vorw. Sg.⟩ 'Einstellung zu jmdm., etw. od. Meinung über

jmdn., etw.': *sie hat eine kritische* ~ *zu ihm, dazu; für, gegen jmdn., etw.* ~ *nehmen* ('sich positiv, negativ über jmdn., etw. äußern') **4.** '(mit besonderer Verantwortung verbundene) berufliche Tätigkeit eines Angestellten'; SYN Anstellung: *er hat in der Firma eine verantwortungsvolle, interessante* ~; *in leitender* ~ *tätig sein* **5.** 'Grad des Ansehens, der Bedeutung, die jmd. in der Gesellschaft, die etw. in einer bestimmten Ordnung, innerhalb eines Ganzen hat': *die soziale* ~ *der Frau; sich in einer exponierten* ~ *befinden; die* ~ *der Bundesrepublik innerhalb der Europäischen Gemeinschaft* **6.** 'zum Zweck der Verteidigung befestigter, ausgebauter Abschnitt der Front': *die feindlichen* ~*en angreifen; eine* ~ *halten, verteidigen* ❖ ↗ **stellen**

Stellung|nahme ['nɑːmə]**, die;** ~, ~n **1.** ⟨o.Pl.⟩ 'das (offizielle) Äußern einer Meinung, Ansicht zu etw.': *den Minister um eine* ~ *bitten* **2.** 'zu etw. (offiziell) geäußerte Meinung, Ansicht': *die* ~ *des Ministers wurde verlesen* ❖ ↗ **stellen**, ↗ **nehmen**

stellungs|los ['ʃtɛlʊŋs..] ⟨Adj.; o. Steig.; nicht bei Vb.⟩ 'keine Stelle (5.1) habend'; SYN arbeitslos: *er ist* ~; *ein* ~*er Angestellter* ❖ ↗ **stellen**, ↗ **los**

stell/Stell ['ʃtɛl..]**-vertretend** [fɛtreːtn̩t] ⟨Adj.; o. Steig.⟩ **1.1.** ⟨nur attr.⟩ /auf leitende Personen bez./: *der* ~*e Minister für Finanzen, der* ~*e Direktor* ('der Stellvertreter des Ministers für Finanzen, der Stellvertreter des Direktors') **1.2.** ⟨nur bei Vb.⟩ 'als Stellvertreter': *er leitete* ~ *die Sitzung* **2.** ⟨nur bei Vb.⟩ ~ *für jmdn.* 'im Auftrag eines anderen, anderer handeln': *er sprach* ~ *für alle Institutsangehörigen* ❖ ↗ **stellen**, ↗ **treten**; **-vertreter, der** 'jmd., der offiziell die Funktion hat, vorübergehend jmds. dienstlichen Aufgabenbereich zu übernehmen'; SYN Vertreter (1): *der* ~ *des Ministers für Finanzen; während der Krankheit des Direktors führt sein* ~ *die Geschäfte; einen* ~ *ernennen* ❖ ↗ **stellen**, ↗ **treten**

Stelze ['ʃtɛltsə]**, die;** ~, ~n ⟨vorw. Pl.⟩ 'paarweise gebrauchte hohe hölzerne Stange mit einer Vorrichtung im unteren Drittel, auf der man jeweils mit einem Fuß stehen kann, um damit balancierend zu gehen, zu laufen': *auf* ~*n gehen* ❖ **stelzen**

stelzen ['ʃtɛltsn̩] ⟨reg. Vb.; ist⟩ /bes. langbeiniger Vogel/ *irgendwohin* ~ 'mit steif wirkenden Schritten und langen Beinen irgendwohin gehen'; ↗ FELD I.7.2.2: *der Storch stelzte über die Wiesen* ❖ ↗ **Stelze**

Stemm|eisen ['ʃtɛm..]**, das** 'Werkzeug aus Eisen mit einer scharfen Kante an einem Ende, mit dem man Holz bearbeiten kann'; ↗ FELD V.5.1: *die Kiste mit Hammer und* ~ *öffnen; mit dem* ~ *eine Vertiefung in einen Balken schlagen; das* ~ *mit einem Hammer in eine Fuge treiben; vgl. Meißel* ❖ ↗ **stemmen**, ↗ **Eisen**

stemmen ['ʃtɛmən] ⟨reg. Vb.; hat⟩ **1.** /jmd., bes. Sportler/ *etw.* ~ 'ein Gewicht mit den Händen über dem Kopf in die Höhe heben, bis die Arme gestreckt sind'; ↗ FELD I.7.3.2: *Gewichte, Hanteln (in die Höhe)* ~ **2.** /jmd./ **2.1.** *etw. auf etw.* ~ 'einen Körperteil (mit aller Kraft) auf eine Unterlage

drücken (2)': *die Ellenbogen, Arme auf den Tisch* ~
2.2. *etw. in etw.* ~ 'die Arme seitlich auf, gegen die
Hüften setzen': *er stemmte die Arme in die Seiten,
Hüften und stand so drohend vor ihm* **2.3.** *sich gegen
etw.* ~ 'mit aller Kraft seinen Körper gegen etw.
pressen, um es als Hindernis zu beseitigen od. um
zu verhindern, dass es von der anderen Seite geöff-
net od. beseitigt wird': *er stemmte sich gegen die
Tür, um sie zu öffnen; man wollte mit Gewalt die Tür
öffnen, aber er stemmte sich dagegen* **3.** */jmd./ sich
gegen etw.* ~ 'energischen Widerstand gegen etw.,
ein Ansinnen, eine Entwicklung, Neuerung o.Ä.
leisten': *sie stemmten sich gegen den Bau des Flug-
hafens, gegen die Errichtung der Mülldeponie, gegen
Änderungen; er stemmte sich gegen diese Entschei-
dung* **4.** */jmd./ etw.* ~: *ein Loch, eine Vertiefung, eine
Rille (in die Wand, Mauer, in das Holz)* ~ ('mit
Stemmeisen od. Meißel und Hammer herstellen')
5. */jmd./ etw. aus etw.* ⟨Dat.⟩ ~: *lange Streifen Ma-
terial aus einem Brett* ~ ('mit Stemmeisen und
Hammer aus ihm entfernen') ❖ **Stemmeisen**
Stempel ['ʃtɛmpl̩], **der**; ~s, ~ **1.** 'kleines Gerät mit
spiegelbildlich in Gummi, Kunststoff od. Metall
geprägten (Schrift)zeichen, Zahlen o.Ä., mit dem
ein Abdruck bes. auf Papier hergestellt wird': *ein
runder, viereckiger* ~; *der* ~ *einer Dienststelle; er
hat den* ~ *auf die Urkunde gedrückt; einen* ~ *anfer-
tigen* **2.** 'Abdruck eines Stempels (1) auf etw., bes.
auf einem behördlichen Dokument': *ein runder,
viereckiger* ~; *der* ~ *ist verwischt; der Brief trug
den* ~ *des Ministeriums; auf der Bescheinigung fehlt
noch der* ~ *der Behörde* **3.** 'auf Waren (aus Edel-
metall) geprägte(s) Zeichen, das den Gehalt an Edel-
metall od. den Hersteller o.Ä. angibt': *der Ring hat,
trägt, die Goldbarren haben einen* ~ **4.** ⟨o.Pl.⟩ *etw.
trägt den* ~ *von jmdm., etw.: diese Musik, dieses
Werk der Poesie trägt den* ~ *des Genies* ('stammt
unverkennbar von einem Genie'), *des Meisters* ❖
stempeln − Stempelkissen
* */etw., jmd./* **jmdm., etw.** ⟨Dat.⟩ **den/seinen** ~ **auf-
drücken** 'jmdn., etw. in charakteristischer Weise
prägen, beeinflussen': *die Fabrik hat dem Ort seinen*
~ *aufgedrückt; er hat dem Werk den* ~ *aufgedrückt*
Stempel|kissen ['..], **das** 'mit einer färbenden Lösung
getränktes Stück Filz o.Ä. in einem flachen Behält-
nis, auf das der Stempel (1) vor dem Stempeln ge-
drückt wird' ❖ ↗ **Stempel**, ↗ **Kissen**
stempeln ['ʃtɛmpl̩n] ⟨reg. Vb.; hat⟩ **1.1.** */jmd., Gerät,
Maschine/ etw.* ~ 'etw. mit einem Stempel (2) ver-
sehen': *einen Ausweis, ein Formular, einen Brief* ~;
*diese Bescheinigung, das Rezept ist nicht gestempelt
und darum ungültig* **1.2.** */jmd./ etw. auf etw.* ~
'durch Stempeln (1.1) den Abdruck eines Stempels
(1) auf etw. herstellen': *seine Adresse auf den Brief-
umschlag* ~ **2.** */jmd., etw./ jmdn. zu jmdm.* ~ 'jmdn.
einem negativen Typ von Menschen zuordnen (1.1)
und nicht davon abrücken, sodass er lange mit die-
sem Makel behaftet bleibt': *er stempelte ihn (mit
seinem Urteil) zum Verbrecher, Betrüger, Dieb, Ver-
leumder; durch den Artikel in der Presse wurde er*

*zum Lügner gestempelt; sein Verhalten stempelte ihn
zum Verräter* ❖ ↗ **Stempel**
* */jmd./* ~ **gehen** ('arbeitslos sein')
Stengel, der: ↗ **Stängel**
Steno ['ʃteːno/'ʃt..], **die**; ~, ⟨o.Pl.; vorw. o. Art.⟩
/Kurzw. für ↗ *Stenografie*/: *er lernt* ~, *kann schon*
~ (*schreiben*); *etw. in* ~ *schreiben* ❖ ↗ **Stenografie**
Stenografie [ʃtenoɡʀa'fiː], **die**; ~, ⟨o.Pl.; vorw. o.
Art.⟩ ABK Steno 'Schrift aus sehr kurzen Zeichen
für Buchstaben und Wörter, die ein sehr schnelles
Schreiben ermöglicht': *er kann* ~; ~ *lernen; sie
schreibt alles in* ~; vgl. *Stenotypistin* ❖ Steno, ste-
nografieren, stenografisch, Stenogramm
stenografieren [ʃtenoɡʀa'fiːʀən], stenografierte, hat
stenografiert */jmd./ etw.* ~ 'einen Text in Stenogra-
fie schreiben': *eine Rede, einen Text* ~ ❖ ↗ **Steno-
grafie**
stenografisch [ʃteno'ɡʀaːf..] ⟨Adj.; o. Steig.; nicht
präd.⟩ 'in Stenografie geschrieben' /auf Texte bez./:
~*e Notizen, Aufzeichnungen; etw.* ~ *aufzeichnen* ❖
↗ **Stenografie**
Stenogramm [ʃteno'ɡʀam], **das**; ~s, ~e 'in Stenogra-
fie niedergeschriebener Text': *ein* ~ *noch einmal
durchlesen, vorlesen; ein* ~ *in die (Schreib)maschine
übertragen* ('mit der Schreibmaschine abschrei-
ben'); *ein* ~ *aufnehmen* ('etw. Diktiertes in Steno-
grafie mitschreiben') ❖ ↗ **Stenografie**
Stenotypistin [ʃtenoty'pɪst..], **die**; ~, ~nen 'weibliche
Fachkraft, die Diktate in Stenografie mitschreibt
und in die maschinenschriftliche Form überträgt':
sie hat als ~ *gearbeitet*; vgl. *Stenografie*
Stepp|decke ['ʃtɛp..], **die** 'mit Federn, Watte od. syn-
thetischem Material gefüllte und durch Nähte in
einzelne Felder gegliederte Bettdecke': *eine seidene,
baumwollene* ~; *eine* ~ *in einen Bezug stecken* ❖ ↗
steppen, ↗ **Decke**
Steppe ['ʃtɛpə], **die**; ~, ~n 'in bestimmten geogra-
fischen Regionen vorkommendes ausgedehntes,
vorwiegend ebenes und mit Gräsern bestandenes
Gebiet, das fast ohne Bäume, Büsche ist und nur
geringen Niederschlag hat'; ↗ FELD II.1.1,
III.2.1: *die* ~*n Nordamerikas; die trostlose Weite der*
~; *durch die* ~ *reiten*
steppen ['ʃtɛpm̩] ⟨reg. Vb.; hat⟩ **1.** */jmd./ etw.* ~ 'eine
Naht so nähen, dass zwischen jedem Einstich auf
beiden Seiten des Stoffes ein Stück vom Faden ver-
läuft und zu sehen ist': *eine Naht, einen Saum* ~;
eine gesteppte Decke **2.** */jmd./* 'einen Stepptanz auf-
führen': *er kann (gut)* ~ ❖ **(zu 1): Steppdecke;
(zu 2): Stepptanz**
Stepp|tanz ['ʃtɛp..], **der** 'Tanz auf der Bühne, bei dem
die mit Eisenplättchen beschlagenen Spitzen und
Absätze der Schuhe der Tänzer stark rhythmisch
auf den Boden aufgeschlagen werden' ❖ ↗ **steppen**,
↗ **Tanz**
sterben ['ʃtɛʀbm̩] (er stirbt [ʃtɪʀpt]), starb [ʃtaʀp], ist
gestorben [ɡə'ʃtɔʀbm̩] **1.** */jmd., Tier, Pflanze/* 'zu le-
ben aufhören'; SYN versterben; ↗ FELD XI.2: ⟨+
Adv.best.⟩ *unerwartet, plötzlich, jung, in hohem
Alter* ~; *er ist gestern, zu Hause, im Krankenhaus,*

im Alter von 90 Jahren, an den Folgen eines Unfalls gestorben; an Krebs, an/vor Hunger ~; *eines natürlichen, gewaltsamen Todes* ~; *im Sterben liegen* ('infolge Krankheit, Verletzung o.Ä. bettlägerig und in seinen Lebenskräften so sehr geschwächt sein, dass man bald sterben wird'); /in der kommunikativen Wendung/ *davon stirbt man nicht* ('das ist nicht schlimm, nicht gefährlich') /wird zu jmdm. gesagt, der sich über etw. sehr ärgert, über eine Kleinigkeit, Verletzung zu sehr aufregt/; *jmd., ein Tier stirbt jmdm.* ⟨vorw. im Perf.⟩: *ihm ist gestern seine Frau gestorben* ('er hat gestern durch Tod seine Frau verloren'); *für etw.* ~: *er ist für seine Überzeugung gestorben* ('hat durch die Verfolgungen wegen seiner Überzeugung den Tod erlitten'); *einen schweren, leichten Tod* ~ 'schwer, leicht sterben': *er ist einen schweren Tod gestorben* 2. umg. emot. /jmd./ *vor Angst, Ungeduld, Neugier* ~ ('überaus ängstlich, ungeduldig, neugierig sein'); *vor Hunger* ~ ('sehr großen Hunger haben') ❖ **sterblich, Sterblichkeit, versterben, Verstorbene — absterben, aussterben, wegsterben**

Sterbens ['ʃtɛʁbm̩s..]|-**angst, die** umg. emot. 'sehr große Angst'; -**wörtchen** [vœʁtçən] * **kein/nicht ein** ~ 'kein einziges Wort': *er hatte kein, nicht ein* ~ *gesagt, verraten, davon gewusst*

sterblich ['ʃtɛʁp..] ⟨Adj.; o. Steig.; nur präd. (mit *sein*)⟩ /jmd., Tier/ ~ *sein* 'irgendwann sterben müssen, nicht ewig leben können'; ↗ FELD XI.3: *die Lebewesen, Menschen, Tiere sind* ~ ❖ ↗ **sterben**

Sterblichkeit ['ʃtɛʁplɪç..], **die**; ~, ⟨o.Pl.⟩ 1. 'das Sterblichsein'; ↗ FELD XI.1: *die* ~ *des Menschen* 2. 'Anzahl der Gestorbenen in einem bestimmten Zeitraum in Bezug auf bestimmte Umstände': *die* ~ *der Kinder (an Keuchhusten) ist zurückgegangen, gestiegen, hat zugenommen* ❖ ↗ **sterben**

Stereo ['ʃteːʀeo/'st..], **das**; ~s, ⟨o.Pl.; Kurzw. für ↗ *Stereofonie*⟩ 'elektroakustisches Verfahren, bei dem Töne, Sprache, Musik über mehrere Kanäle übertragen werden und so einen natürlichen räumlichen Eindruck beim Hören erzeugen': *etw. in* ~ *aufnehmen, senden; ein Musikprogramm in* ~ *hören* ❖ ↗ **stereofon**

Stereo|anlage ['..], **die** 'Anlage zum Hören und Wiedergeben von Sendungen des Rundfunks, Fernsehens in Stereo': *er hat eine neue* ~ ❖ ↗ **stereofon, ↗ legen**

stereofon [ʃteʀeo'foːn] ⟨Adj.; o. Steig.; nicht präd.⟩ 'in Stereo': *das Konzert wurde* ~ *aufgenommen, gesendet; die* ~*e Wiedergabe einer Sendung* ❖ **Stereo, Stereofonie — Stereoanlage**

Stereofonie [ʃteʀeofo'niː], **die**; ~, ⟨o.Pl.⟩ 'Stereo' ❖ ↗ **stereofon**

stereotyp [ʃteʀeo'tyːp] ⟨Adj.; o. Steig.; vorw. attr.⟩ 'immer in der gleichen Form wiederkehrend' /vorw. auf Äußerungen bez./: *eine* ~*e Frage, Antwort; sein* ~*es Lächeln; etw.* ~ *wiederholen* ❖ ↗ **Typ**

steril [ʃte'ʁiːl/st..] ⟨Adj.; o. Steig.⟩ 1. SYN 'keimfrei' /vorw. auf medizinisches Zubehör bez./: *ein* ~*er*

Verband; der Verband war nicht ~; *medizinische Instrumente* ~ *machen* 2. ⟨nicht bei Vb.⟩ SYN 'unfruchtbar (2)' /bes. auf Frauen bez./: *seit ihrer Operation ist sie* ~ ❖ **sterilisieren**

sterilisieren [ʃteʀili'ziːʀən/st..], sterilisierte, hat sterilisiert 1. /jmd./ *etw.* ~ 'etw., bes. medizinisches Zubehör, keimfrei machen': *ärztliche Instrumente* ~; *Lebensmittel werden bei der Konservierung sterilisiert* 2. /Arzt/ *jmdn., ein Tier* ~ 'jmdn., ein Tier durch einen Eingriff steril (2) machen'; vgl. *kastrieren* ❖ ↗ **steril**

Stern [ʃtɛʁn], **der**; ~s/auch ~es, ~e 1. 'am nächtlichen Himmel sichtbarer, als heller Punkt erscheinender, durch astronomische Instrumente identifizierbarer Himmelskörper': *ein hell leuchtender, funkelnder* ~; *Sonne, Mond und* ~*e; die* ~*e strahlen am Himmel; die* ~*e leuchten, glänzen, funkeln; die* ~*e am Himmel beobachten* 2.1. 'flächiges Zeichen mit drei od. mehr Zacken od. mit vom Zentrum ausgehenden Strahlen': *ein* ~ *mit fünf, sechs Zacken* 2.2. 'Stern (2.1) als Kennzeichen besonderer Qualität von Waren od. Hotels': *ein Weinbrand mit fünf* ~*en auf dem Etikett; das Hotel hat fünf* ~*e* 2.3. 'Gegenstand in Form eines Sterns (2.1)': *einen* ~, ~*e aus Stroh basteln, aus Papier ausschneiden; ~e an den Weihnachtsbaum hängen* ❖ **Seestern;** vgl. **Stern/stern-**

* *jmds.* ~ *geht auf* ('jmd. wird gerade bekannt, berühmt'); /jmd./ *nach den* ~*en greifen* ('oft verneint u. im Imp.) 'nach Unerreichbarem streben'; ⟨etw., vorw. *das*⟩ *in den* ~*en stehen* 'völlig ungewiss sein': *wann das einmal fertig wird, das steht in den* ~*en*; /etw., bes. Vorhaben/ *unter einem guten, schlechten* ~ *stehen* ⟨oft verneint⟩ ('einen guten, schlechten Verlauf nehmen; vom Schicksal begünstigt, nicht begünstigt sein')

Stern/stern ['..]|-**bild, das** 'als Bild, Figur gedeutete Gruppe benachbarter Fixsterne am Himmel' ❖ ↗ Bild; -**klar** ⟨Adj.; o. Steig.; nicht bei Vb.⟩ /beschränkt verbindbar/; ↗ FELD VI.2.3: *eine* ~*e Nacht* ('eine Nacht ohne Bewölkung od. Mondschein, in der die Sterne gut sichtbar sind') ❖ ↗ klar; -**schnuppe** [ʃnʊpə], **die**; ~, ~n 'kleiner Meteor, dessen Sturz auf die Erde als leuchtende Spur am Himmel beobachtet werden kann'; ↗ FELD VI.2.1 *eine* ~ *fällt; bei einer* ~ *kann man sich etw. wünschen*; -**stunde, die** ⟨vorw. Sg.; + Gen.attr.⟩ geh. 'Zeitpunkt, zu dem etw. Entscheidendes, in die Zukunft Weisendes geschieht': *die Erfindung der Glühlampe war eine* ~ *der Menschheit; eine* ~ *der Geschichte* ❖ ↗ Stunde; -**warte, die** 'wissenschaftliche Einrichtung zur Beobachtung der Objekte des Himmels': *die Teleskope der* ~

stet [ʃteːt] ⟨Adj.; o. Steig.; nur attr.⟩ geh. 1. SYN 'stetig' /beschränkt verbindbar/: *alles Lebende ist* ~*em Wandel, Wechsel unterworfen* 2. 'ständig gleich bleibend': *wir lieben an ihm seine* ~*e Freundlichkeit, Hilfsbereitschaft* ❖ **stetig, stets, unstet**

stetig ['ʃteːtɪç] ⟨Adj.; o. Steig.; nicht präd.⟩ '(gleichmäßig) über längere Zeit andauernd, ohne Unterbrechungen vor sich gehend'; ↗ FELD VII.2.3: *hier weht ein ~er Wind; der ~e Regen in dieser Region; die Zahl der Besucher ist ~ angestiegen; etw. sinkt ~, nimmt ~ zu, nimmt ~ ab; etw. wächst, verändert sich ~* ❖ ↗ **stet**

stets [ʃteːts] ⟨Adv.⟩ SYN 'immer (I.1)'; ANT nie; ↗ FELD VII.2.3: *er bringt (ihr) ~ Blumen mit; er war ~ freundlich und hilfsbereit, hat uns ~ geholfen; er trinkt den Tee ~ ohne Zucker* ❖ ↗ **stet**

¹Steuer [ˈʃtɔɪɐ], **das**; ~s, ~ ⟨vorw. Sg.⟩ 'Einrichtung in Fahrzeugen, mit der die Richtung der Fahrt, des Fluges geregelt wird': *das ~ bedienen; am, hinterm ~ sitzen; er wurde wegen Trunkenheit am ~ ('beim Fahren') bestraft; vgl. Lenkrad, Ruder* ❖ **steuern, Steuerung — Steuerbord, -mann**

²Steuer, die; ~, ~n ⟨vorw. Pl.⟩ 'gesetzlich festgelegte Abgabe, die vom Einkommen, Vermögen, für bestimmte Waren an den Staat zu entrichten ist': *hohe, niedrige ~n; für etw. ~n erheben; jmdm. eine ~ auferlegen; das Auto kostet jährlich ~n; Tabakwaren sind mit einer ~ belegt; (seine) ~n zahlen, abführen; die ~n senken, erhöhen; etw. von der ~ absetzen; er hat ~n hinterzogen* ❖ **steuerlich — Grundsteuer, Lohnsteuer, Steuerberater**

Steuer|-berater [ˈ..], **der** 'jmd., der beruflich Personen, Unternehmen hilft, die steuerlichen Angelegenheiten zu regeln, der ihnen sagt, wie sie Steuern sparen können': *der ~ hilft bei der Steuererklärung* ❖ ↗ **²Steuer, ↗ Rat; -bord** [bɔrt], **das** ⟨vorw. Sg. u. o. Art.⟩ 'die von hinten nach vorn gesehen rechte Seite eines Schiffes, auch Flugzeugs'; ANT Backbord; ↗ FELD VIII.4.3.1: *das Schiff hat Schlagseite nach ~; nach ~ gehen* ❖ ↗ **¹Steuer; -erklärung, die** 'Angaben für das Finanzamt über die Höhe der Einnahmen, Ausgaben, die für die Berechnung der ²Steuer dienen': *die ~ machen, abgeben*

steuerlich [ˈʃtɔɪ..] ⟨Adj.; o. Steig.; nicht präd.⟩ 'die ²Steuer betreffend' /auf Abstraktes bez./: *er erhält ~e Vergünstigungen, ist ~ begünstigt* ❖ ↗ **²Steuer**

Steuer|mann [ˈʃtɔɪ..], **der 1.** ⟨Pl.: ~leute⟩ 'Offizier, der für die Navigation eines Schiffes verantwortlich ist': *er hat das Patent für ,~ auf Großer Fahrt'* **2.** ⟨Pl.: ~männer⟩ 'jmd., der bei einem für den Wettkampf bestimmten Boot das Fahrzeug lenkt': *ein Zweier, Vierer mit, ohne ~* ❖ ↗ **¹Steuer, ↗ Mann**

steuern [ˈʃtɔɪɐn] ⟨reg. Vb.; hat/ist⟩ **1.** ⟨hat⟩ /befähigte Person/ *etw. ~* 'ein fahrendes, fliegendes, schwimmendes Fahrzeug lenken'; ↗ FELD VIII.1.2, 2.2, 3.2: *ein Auto, Flugzeug, Schiff ~; etw. irgendwohin ~: ein Schiff in den Hafen ~; nach links, rechts, geradeaus ~* **2.** ⟨ist⟩ /Fahrzeug/ *irgendwohin ~* 'sich direkt auf ein bestimmtes Ziel zu, in bestimmte Richtung hin bewegen': *das Schiff ist sicher in den Hafen gesteuert; das Flugzeug steuerte nach Osten* **3.** ⟨hat; oft im Pass.⟩ *etw. steuert etw.* 'ein biologisches, technisches System regelt den Ablauf der Funktionen eines anderen Systems': *der Kreislauf wird vom Nervensystem gesteuert; eine automatisch, elektronisch gesteuerte Anlage; das*

Fließband wird elektronisch gesteuert **4.** ⟨hat⟩ /jmd./ *etw. ~* 'einen Vorgang zu beeinflussen, zu lenken versuchen': *eine Unterhaltung, ein Gespräch, eine Entwicklung, einen Prozess (in die gewünschte Richtung) ~; einen chemischen Vorgang (durch einen Katalysator) ~* ❖ ↗ **¹Steuer**

Steuerung [ˈʃtɔɪɐ..], **die**; ~, ~en **1.** /zu steuern 1,3,4/ 'das Steuern'; /zu 3/: *die medikamentöse ~ organischer Vorgänge* **2.** 'Gesamtheit der Teile eines Fahrzeugs, die für das Steuern (1) notwendig sind, dienen': *die ~ betätigen; die ~ hat versagt* ❖ ↗ **¹Steuer**

Steward [ˈʃtjuːɐt], **der**; ~s, ~s 'männliche Person auf Schiffen, in Flugzeugen zur Betreuung der Passagiere': *der ~ serviert den Kaffee* ❖ **Stewardess**

Stewardess [ˈʃtjuːɐˈdɛs], **die**; ~, ~en /zu Steward; weibl./: *eine hübsche ~; die ~ bittet die Passagiere, sich anzuschnallen* ❖ ↗ **Steward**

stibitzen [ʃtiˈbɪtsn̩], stibitzte, hat stibitzt umg. scherz. /jmd./ *jmdm. etw. ~* 'jmdm. etw. (meist Geringfügiges) heimlich, auf listige Weise stehlen': *er hat ihm das Buch, den Radiergummi stibitzt*

Stich [ʃtɪç], **der**; ~s/auch ~es, ~e **1.1.** 'das Stechen (1.1) eines spitzen Gegenstandes, bes. einer Stichwaffe, eines Messers, in jmds. Körper': *der ~ (mit dem Messer) war, die ~e waren tödlich; der ~ traf ihn in die Lunge* **1.2.** 'das Stechen (3.2)': *der ~, die ~e einer Hornisse kann, können tödlich sein* **2.1.** 'durch einen Stich (1.1) entstandene Verletzung': *jmdm. einen ~ (mit dem Messer) zufügen; der Körper des Toten wies mehrere ~e auf* **2.2.** 'durch einen Stich (1.2) verursachte geschwollene, entzündete Stelle in der Haut': *ich habe viele ~e am Bein; der ~ eitert* **3.** 'plötzlicher (nur kurz andauernder) stechender Schmerz': *beim Laufen ~e in der Seite bekommen; er spürte einen ~ in der Brust; ~e in der Herzgegend haben* **4.** ⟨vorw. Pl.⟩ 'das Stechen (1.1) einer Nadel durch den Stoff beim Nähen, Sticken und das Durchziehen des Fadens': *das Futter mit ein paar ~en anheften* **5.** SYN 'Kupferstich': *ein zeitgenössischer, farbiger ~; er besitzt wertvolle ~e* **6.** ⟨o.Pl.⟩ *ein ~ ins ...* ⟨vorw. mit haben⟩ **6.1.** *ihr Haar hat einen ~ ins Rötliche* ('ist ein wenig rötlich, spielt ins Rötliche') **6.2.** *sie hat einen ~ ins Ordinäre* ('ist ein wenig ordinär') ❖ ↗ **stechen**

* /etw., best. Lebensmittel/ **einen ~ haben**: *die Milch hat einen ~* ('ist schon leicht sauer'); *die Butter hat einen ~* ('ist schon leicht ranzig'); /jmd./ **etw. im ~ lassen** 'etw. (Wertvolles), das man besitzt, mit dem Wissen, es nicht wiederzubekommen, irgendwo zurücklassen': *auf der Flucht mussten sie das Gepäck, die Wohnung im ~ lassen; als das Haus brannte, mussten sie alles im ~ lassen*; /jmd./ **jmdn. im ~ lassen 1.** 'jmdn. treulos verlassen': *er hat seine Familie, seine Frau im ~ gelassen* **2.** 'jmdm. in einer schwierigen Situation nicht die Unterstützung geben, die man ihm geben müsste': *du kannst ihn doch jetzt nicht im ~ lassen!*; /etw./ **jmdn. im ~ lassen**: *mein Gedächtnis ließ mich im ~* ('funktionierte plötzlich nicht mehr'); *mein Auto hat mich im ~ gelassen*; ⟨⟩ umg. /jmd./ **einen ~ haben** ('verrückt 2 sein')

Stichelei [ʃtıçə'l..], **die**; ~, ~en ⟨vorw. Pl.⟩ ˈleicht boshafte und anzügliche Bemerkung, mit der man jmdn. ärgern will': *kleine, provokatorische ~n; er ärgert sich über diese, unsere, seine ~en; fortwährend gab es ~en* ❖ ↗ **stechen**

sticheln [ˈʃtıçln̩] ⟨reg. Vb.; hat⟩ ˈleicht boshafte und anzügliche Bemerkungen gegen jmdn. machen, um ihn zu ärgern': *sie muss immer (gegen ihre Mitschüler) ~* ❖ ↗ **stechen**

Stich/stich [ˈʃtıç..]‖**-flamme, die** ˈplötzlich in die Höhe lodernde lange, spitze Flamme': *bei der Explosion schoss eine ~ in die Höhe* ❖ ↗ stechen, ↗ Flamme; **-haltig** [haltıç] ⟨Adj.; Steig. reg.⟩ ˈüberzeugend (und gut begründet) und nicht zu widerlegen': *ein ~es Argument; seine Beweise, Gründe sind nicht ~; etw. ~ begründen* ❖ ↗ stechen, ↗ halten; **-probe, die** ˈdas Prüfen (1) einer zufällig ausgewählten kleinen Menge aus einer Gesamtheit, um daraus auf die Beschaffenheit der gesamten Menge zu schließen': *an der Grenze wurden nur ~n gemacht, vorgenommen; sich durch ~n von der Qualität der Erzeugnisse überzeugen* ❖ ↗ stechen, ↗ Probe; **-punkt, der** ⟨vorw. Pl.⟩ ˈeinzelner Gedanke aus mündlichen, schriftlichen Ausführungen, den man sich notiert, um sich später an sie erinnern zu können, od. einzelner Gedanke, den man sich für spätere mündliche, schriftliche Äußerungen notiert': *er hat sich während des Vortrags ein paar ~e gemacht; er hat sich für seinen Vortrag einige ~e notiert* ❖ ↗ stechen, ↗ Punkt

sticht: ↗ **stechen**

Stich [ˈʃtıç..]‖**-tag, der** ˈbestimmter Tag, der amtlich als verbindlicher Termin für bestimmte behördliche Maßnahmen festgesetzt wurde': *den ~ festsetzen; ~ (für die Anmeldung) ist der 1. Juli (1999)* ❖ ↗ stechen, ↗ Tag; **-waffe, die** ˈmit einer Spitze versehene Waffe zum Stechen (1.2)'; ↗ FELD V.6.1: *der Dolch ist eine ~* ❖ ↗ stechen, ↗ Waffe; **-wort, das** **1.** ⟨Pl.: Stichwörter⟩ ˈWort, zu dem etw. in einem Wörterbuch, Lexikon geschrieben ist': *dieses Wörterbuch enthält 60.000 Stichwörter* **2.1.** ⟨Pl.: ~e⟩ ˈauf der Bühne von einem Schauspieler gesprochenes Wort, durch das sein Partner weiß, dass er jetzt zu sprechen beginnen od. auftreten muss': *das ist sein ~, das ~ für seinen Auftritt* **2.2.** ⟨o.Pl.⟩ ˈBemerkung, die eine bestimmte Handlung veranlasst': *das war das ~ für unseren Aufbruch* **3.** ⟨Pl.: ~e; vorw. Pl.⟩ SYN ˈStichpunkt': *er hat sich während des Vortrags ein paar ~e gemacht; er hat sich für seinen Vortrag einige ~e notiert* ❖ ↗ stechen, ↗ Wort

sticken [ˈʃtıkn̩] ⟨reg. Vb.; hat⟩ /jmd./ etw. ~ ˈmit Nadel und farbigen Fäden Verzierungen od. figürliche Darstellungen auf textilem Material herstellen': *ein Monogramm (in ein Hemd, Tuch) ~; sie stickt gern*

stickig [ˈʃtıkıç] ⟨Adj.; Steig. reg.; nicht bei Vb.⟩ ˈnicht mehr frisch, sondern arm an Sauerstoff und meist so warm, dass das Atmen erschwert wird' /vorw. auf die Luft in Räumen bez./: *im Keller, draußen war es sehr ~, war ~e Luft* ❖ **ersticken — Stickstoff**

Stick|stoff [ˈʃtık..], **der** ⟨o.Pl.⟩ ˈchemisches Element, das als farb- und geruchloses Gas den überwiegenden Teil der Luft ausmacht, ansonsten vorwiegend in chemischen Verbindungen vorkommt' /chem. Symb. N/: *ein Düngemittel mit hohen Anteilen von ~* ❖ ↗ **stickig,** ↗ **Stoff**

stieben [ˈʃtiːbm̩], stob [ʃtoːp]/stiebte, ist/hat gestoben [gəˈʃtoːbm̩]/ ist/hat gestiebt **1.1.** ⟨ist/hat⟩ /etw./ ˈals kleinste Teilchen sehr schnell durcheinander von irgendwo weg irgendwohin wirbeln, fliegen'; ↗ FELD III.2.2: *er schlug mit dem Hammer auf den Amboss, dass die Funken stoben; die Wassertropfen sind/haben so gestoben/gestiebt, dass wir alle nass wurden* **1.2.** ⟨ist⟩ /etw./ irgendwohin ~ ˈals kleinste Teilchen sehr schnell irgendwohin wirbeln, fliegen': *der Schnee stiebt durch alle Ritzen; die Funken sind in alle Richtungen gestoben/gestiebt*

Stiefel [ˈʃtiːfl̩], **der**; ~s, ~ ˈbis über die Knöchel od. bis zum Knie reichender Schuh'; ↗ FELD V.1.1: *ein Paar ~; ~ aus Leder, Gummi; er trug, hatte gefütterte, derbe ~; in ~n durch den Schnee stapfen* ✶ /jmd./ **einen (tüchtigen) ~ vertragen können** (ˈeine Menge Alkohol vertragen')

Stief [ˈʃtiːf..]‖**-kind, das** ˈKind, das nicht das leibliche Kind von einem der beiden Elternteile ist'; ↗ FELD I.9.1: *sie sorgte für ihre ~er wie für ihre eigenen Kinder* ❖ ↗ Kind; **-mutter, die** ˈFrau, die mit dem leiblichen Vater eines Kindes verheiratet ist, ohne die leibliche Mutter zu sein'; ↗ FELD I.9.1: *meine ~ hat mich nicht gut behandelt* ❖ ↗ Mutter; **-mütterchen** [mytɐçən], **das**; ~s, ~ ˈniedrige, krautige Pflanze mit großen Blüten in vielerlei kräftigen Farben': *~ pflanzen* ❖ ↗ Mutter; **-mütterlich** ⟨Adj.; o. Steig.⟩ ˈlieblos' /beschränkt verbindbar/: *jmdn. ~ behandeln; eine ~e Behandlung* ❖ ↗ Mutter; **-vater, der** ˈMann, der mit der leiblichen Mutter eines Kindes verheiratet ist, ohne der leibliche Vater zu sein': *mein ~ war streng, aber gerecht* ❖ ↗ Vater

stieg: ↗ **steigen**

Stiege [ˈʃtiːɡə], **die**; ~, ~n **1.1.** ˈsteile, schmale, meist aus Holz gebaute Treppe': *über eine (steile) ~ gelangt man in den Keller, auf den Boden* **1.2.** süddt. österr. ˈTreppe': *die ~ hinaufsteigen* ❖ ↗ **steigen**

stiehlt: ↗ **stehlen**

Stiel [ʃtiːl], **der**; ~s/auch ~es, ~e **1.** ˈStängel, bes. einer Blume, Frucht'; ↗ FELD II.4.1: *Rosen mit langen ~en; die Beeren hängen an winzigen ~en; Kirschen, Birnen mit dem ~ pflücken; die Beeren von den ~en streifen* **2.** ˈmeist gerader, runder, länglicher Griff (3) an Gegenständen, Geräten, Werkzeugen': *der ~ des Löffels, Hammers, der Pfanne; ein Weinglas mit geschliffenem ~* (ˈTeil des Glases zwischen Fuß und Kelch'); *Eis am ~* (ˈeine Portion Speiseeis an einem kleinen Stab zum Anfassen')

Stiel|augen [ˈ..] ⟨Pl.⟩ ✶ umg. scherzh. /jmd./ ~ **machen/bekommen** ˈangesichts von etw. Außergewöhnlichem äußerst überrascht, staunend, auch begehrlich, neidisch mit weit offenen Augen und starr darauf blicken': *als er ihr neues Auto erblickte, machte/bekam er ~*

Stier [ʃtiːɐ̯], der; ~s/auch ~es, ~e 'geschlechtsreifes männliches Rind'; SYN Bulle; ↗ FELD II.3.1: *ein starker wilder ~; er brüllte wie ein ~* (*'brüllte sehr laut'*)
* /jmd./ **den ~ bei den Hörnern packen** (*'eine schwierige Aufgabe mutig und entschlossen angehen'*)
stieß: ↗ **stoßen**
¹Stift [ʃtɪft], der; ~s/auch ~es, ~e **1.** 'kleiner dünner Nagel ohne Kopf': *ein ~ aus Holz, Metall; die Schuhsohle mit hölzernen ~en befestigen* **2.** 'stabförmiges Schreibgerät mit einer Mine, bes. Blei-, Buntstift': *den ~ anspitzen; mit einem ~ malen, schreiben* ❖ **Bleistift, Buntstift, Lippenstift, Rotstift**
²Stift, das; ~s/auch ~es, ~e **1.** 'kirchliche Einrichtung, die durch eine Stiftung (1) geschaffen wurde und bestimmte, meist karitative od. erzieherische Aufgaben erfüllt': *sie ist in einem ~ erzogen worden; ein ~ für die Pflege alter Menschen* **2.** 'großes Kloster mit gestiftetem Grundbesitz': *das ~ Melk* ❖ **stiften, Stiftung − anstiften, Brandstiftung, Kriegsbrandstifter**
stiften ['ʃtɪftn̩], stiftete, hat gestiftet **1.** /jmd., Institution/ *etw.* ~ 'Geld, einen Preis (1), einen Sachwert für einen allgemeinen nützlichen, wohltätigen Zweck, für die Schaffung einer Einrichtung zur Verfügung stellen': *das Geld (für die Renovierung einer Schule) ~; die Regierung des Landes stiftete einen Preis (für Verdienste um die Reinerhaltung der Luft)* **2.** /jmd., Institution, Unternehmen/ *etw.* ~ 'etw. gründen und die finanziellen Mittel dafür geben': *der Konzern hat ein Forschungszentrum gestiftet; ein Krankenhaus, Kloster ~; einen Orden ~* **3.** /jmd., Regierung/ *etw.* ~ 'durch sein Tun, Eingreifen bewirken, dass ein bestimmter psychischer od. sozialer Zustand eintritt' /beschränkt verbindbar/: *Frieden, Unheil, Unruhe, Verwirrung ~; er versuchte, Zwietracht (zwischen uns) zu ~* ❖ ↗ **²Stift**
Stiftung ['ʃtɪft..], die; ~, ~en **1.** 'Geldsumme, die jmd., eine Institution gestiftet hat und die nach seinem, ihrem Willen verwaltet und verwendet wird': *er erhielt eine Zuwendung, ein Stipendium aus einer ~* **2.** 'Institution, Anstalt, die durch eine Stiftung (1) geschaffen, erhalten wird': *die Schule in N war ursprünglich eine geistliche ~* ❖ ↗ **²Stift**
Stil [ʃtiːl/ʃt..], der; ~s/auch ~es, ~e **1.** 'Art und Weise der sprachlichen Formulierung eines gesprochenen, geschriebenen Textes'; SYN Ausdruck (2): *einen guten, schlechten, eleganten, gewandten, gepflegten, schwungvollen, schwerfälligen ~ haben, schreiben;* METAPH *jmd., etw. hat ~: er hat ~* (*'er weiß sich zu kleiden und zu benehmen'*); *etw. hat ~* 'sieht gut, elegant aus': *seine Wohnung, sein Haus hat ~* **2.** 'die für eine Epoche, für einen Künstler typische, für sie, ihn charakteristische Art und Weise der formalen Gestaltung bes. in der Baukunst, in der bildenden Kunst, in Musik und Literatur': *der ~ der Renaissance, des Barock, der Moderne; der romanische, gotische ~ in der Baukunst; ein im ~ der Romantik komponiertes Lied; einen neuen ~ entwickeln; seinen eigenen, persönlichen ~ finden, suchen;*

der ~ Beethovens **3.** 'die individuelle Technik (4) der Ausführung sportlicher Übungen': *er, der Schwimmer, Turner muss seinen ~ noch verbessern; er lief, fuhr einen eleganten, ausgezeichneten, schlechten ~* **4.** ⟨o.Pl.⟩ 'Art und Weise, wie etw. vor sich geht, wie sich jmd., wie sich die Menschen einer Zeit verhalten': *der ~ unseres heutigen Lebens; das ist nicht mein ~* (*'so verhalte, äußere ich mich nicht'*); *das ist (ein) schlechter politischer ~* ❖ **stilistisch − Freistil**
* **großen ~s/im großen ~** 'in großem Ausmaß': *sie betrieben Experimente großen ~s/im großen ~*
stilistisch [ʃtilɪst..] ⟨Adj.; o. Steig.; nicht präd.⟩ 'den Stil (1,2) betreffend': *~e Mängel, Glanzstücke; etw. ist ~ brillant geschrieben, gebaut, entworfen, ausgeführt* ❖ ↗ **Stil**
still [ʃtɪl] ⟨Adj.⟩ **1.** ⟨Steig. reg.; vorw. attr. u. präd. (mit *sein*)⟩ 'ohne Lärm od. Unruhe'; SYN ruhig: *er wohnt in einer ~en Straße, Gegend, in einem ~en Haus; im Wald war es friedlich und ~; ein ~er Abend; nach der Saison ist es sehr ~ in diesem Ort; er ist ein ~er* (*'keinen Lärm, keine Unruhe verursachender'*) *Mieter; ein ~er* (*'kaum hörbarer'*) *Seufzer; es war sehr ~ im Haus* **2.1.** ⟨Steig. reg., ungebr.⟩ 'ohne Bewegung und ohne etw. zu sagen' /auf Personen bez./; ↗ FELD I.7.1.3: *sich ~ verhalten; ~ dasitzen; ein ~er Zuhörer* (*'jmd., der nur zuhört und sich nicht an einer Unterhaltung beteiligt'*) **2.2.** ⟨o. Steig.; nur präd.⟩ /jmd./ *~ sein* 'nicht reden, aufhören zu reden'; SYN schweigen: *sei doch endlich ~!; ich bin, bleibe ganz ~ und höre zu; um etw., jmdn. ist es ~ geworden* (*'man spricht nur noch sehr wenig darüber, über ihn'*) **3.** ⟨o. Steig.; vorw. bei Vb.⟩ 'ohne Bewegung'; SYN ruhig: *der Kranke lag ganz ~ da; sie hatte ihre Hände ~ im Schoß liegen; ein ~es Gewässer; das Raubtier lauerte ~ im Gebüsch; die Luft war ~* (*'es wehte kein Wind'*) **4.** ⟨Steig. reg., Superl. ungebr.; nicht bei Vb.⟩ 'nicht lebhaft, wenig gesprächig' /auf Personen bez./: *sie, er war ein ~es Kind; Herr B ist ein ~er Mensch; als Kind war er sehr ~* **5.** ⟨o. Steig.; nicht präd.⟩ 'nicht mit Worten ausgedrückt, aber auf Grund der Mimik, Haltung bemerkbar': *ihr Blick war ein einziger ~er Vorwurf; sie litt ~ neben ihm* **6.** ⟨o. Steig.; nur attr.⟩ 'vor anderen verborgen und nicht geäußert, nicht gezeigt' /auf Psychisches bez./: *er hatte die ~e Hoffnung, Zuversicht, doch noch durchzukommen; ihre ~e Liebe zu ihm; sein ~es Leid* ❖ **Stille, stillen − schmerzstillend, totenstill, Totenstille, Waffenstillstand, windstill; vgl. still/Still-**
* **im Stillen: 1.** *im Stillen* (*'in seinem Inneren'*) *fürchtete er, zu spät zu kommen* **2.** *er hatte seine Flucht im Stillen* (*'heimlich'*) *vorbereitet*
Stille ['ʃtɪlə], die; ~, ⟨o.Pl.⟩ /zu still 1/ 'das Stillsein'; SYN Ruhe (2.1): ⟨+ Attr.⟩ *die sonntägliche ~; es herrschte eine fast unheimliche ~; in der ~ der Nacht* ❖ ↗ **still**
* **in aller ~** 'ohne Aufsehen zu erregen (und nur im Kreise der Familie)' /vorw. auf familiäre Veranstal-

tungen bez./: *sie haben in aller ~ geheiratet, haben ihr Kind in aller ~ beigesetzt; die Beisetzung fand in aller ~ statt; der Detektiv recherchierte in aller ~*

stillen ['ʃtɪlən] ⟨reg. Vb.; hat⟩ **1.** /Mutter/ *einen Säugling, ein Kind ~* 'an der Brust der Mutter trinken lassen': *sie hat ihr Kind selbst gestillt; sie konnte nicht ~* **2.** /jmd./ *etw. ~* 'ein Bedürfnis, Verlangen befriedigen': *sein Verlangen nach etw., seinen Hunger, Durst ~; seine Sehnsucht, Begierde ~; seine Neugier war gestillt* **3.** /jmd., etw./ 'beschränkt verbindbar/: *das Blut ~* ('das aus einer Wunde fließende Blut zum Stillstand bringen'); *seine, jmds. Tränen ~* 'bewirken, dass man, jmd. aufhört zu weinen': *die Nachricht, er hat ihre Tränen gestillt* ❖ ↗ **still**

still/Still ['ʃtɪl..]|-**halten** (er hält still), hielt still, hat stillgehalten **1.** /jmd./ 'sich nicht ¹bewegen (1), damit jmd. an einem, am Körper einer Person eine Handlung vornehmen kann'; ↗ FELD I.7.1.2: *der Arzt sagte ihm, er müsse jetzt ~; beim Friseur musst du ~* **2.** 'etw. geduldig ertragen, hinnehmen, ohne sich zu wehren': *er ist nicht der Mann, Typ, der ~ kann* ❖ ↗ **halten**; -**leben, das** 'Bild, das Blumen, Früchte, Gegenstände in künstlerischer Anordnung darstellt': *ein ~ malen; sich ein ~ kaufen* ❖ ↗ **leben**; -**legen** ⟨trb. reg. Vb.; hat⟩ **1.1.** /jmd., Unternehmen/ *etw. ~* 'einen Betrieb schließen': *die Werft, Fabrik ~* **1.2.** /Institution/ *die Strecke nach der Grenze ~* ('den Betrieb der Bahn auf der Strecke zur Grenze einstellen') ❖ ↗ **legen**; -**liegen**, lag still, hat stillgelegen: *das Werk lag monatelang still* ('war monatelang stillgelegt') ↗ **liegen**; -**schweigen, das 1.1.** 'völliges Schweigen': *nach einigem ~ begann er wieder zu reden; eine Bemerkung mit ~ übergehen* **1.2.** *über etw. ~ bewahren* ('über etw. schweigen, niemandem etw. darüber sagen') ❖ ↗ **schweigen**; -**schweigend** ⟨Adj.; o. Steig.; nicht präd.⟩ **1.** 'ohne etw. zu sagen und ohne Aufhebens': *jmdm. ~ seinen Platz anbieten; wir verließen ~ den Raum; eine ~e Übereinkunft* **2.** ⟨nur bei Vb.⟩ 'heimlich': *etw. ~ verschwinden lassen, mitnehmen* ❖ ↗ **schweigen**; -**stand, der** ⟨o.Pl.⟩ 'das Stillstehen, Zustand ohne Bewegung' /beschränkt verbindbar/; ↗ FELD I.7.1.1, IX.2.1: *das Gerät darf nur im ~ repariert werden; der ~ des Herzens; etw. zum ~ bringen* 'bewirken, dass etw. stillsteht': *den Motor, Zug zum ~ bringen; eine Blutung zum ~ bringen; zum ~ kommen* ('die Bewegung beenden und stillstehen'): *eine Entwicklung kommt zum ~; die Blutung kam schnell zum ~* ('hörte bald auf'); vgl. *Ruhe* (1) ❖ ↗ **stehen**; -**stehen**, stand still, hat stillgestanden **1.** /etw., das sich bewegt/ 'nicht mehr in Tätigkeit, Bewegung sein': *der Motor, der Verkehr, das Auto stand still*; METAPH *die Zeit schien stillzustehen; ihr Mund stand keinen Augenblick still* ('sie redete immer, gern und viel') **2.** /etw./ 'nicht mehr in Tätigkeit sein'; SYN stillliegen: *der Betrieb, das Werk steht schon monatelang still* ❖ ↗ **stehen**

Stimm/stimm ['ʃtɪm..]|-**band, das** ⟨Pl.: Stimmbänder; vorw. Pl.⟩ 'eins der zwei elastischen bandartigen Gebilde im Kehlkopf, deren Schwingungen die Stimme ertönen lassen': *durch die Erkältung haben seine Stimmbänder gelitten; er muss seine Stimmbänder (beim Singen, Sprechen) schonen* ❖ ↗ **Stimme**, ↗ **binden**; -**berechtigt** ⟨Adj.; o. Steig.; nicht bei Vb.⟩ 'berechtigt, an einer Abstimmung teilzunehmen' /auf Personen bez./: *die ~en Teilnehmer der Versammlung; die Gäste der Veranstaltung sind bei der Abstimmung nicht ~*; vgl. *wahlberechtigt* ❖ ↗ **Stimme**, ↗ **Recht**; -**bruch, der** ⟨o.Pl.⟩ 'Veränderung der Stimme eines Jungen während der Pubertät zur Stimme eines Mannes': *er ist im ~, befindet sich im ~* ❖ ↗ **Stimme**, ↗ **brechen**

Stimme ['ʃtɪmə], **die**; ~, ~n **1.1.** 'die Art und Weise dessen, was beim Sprechen, Singen durch Schwingungen der Stimmbänder, durch die Atemluft und durch Resonanz an Lauten, Tönen erzeugt wird': *er, sie hat eine hohe, tiefe, dunkle, kräftige ~; eine männliche ~ haben; die hellen ~n der Kinder; die schrille ~ seiner Frau; mit lauter, leiser, ruhiger, beherrschter, knarrender, gelassener, gleichgültiger ~ sprechen; er fuhr mit erhobener, bewegter ~ fort; seine ~ klang ungeduldig; die metallisch klingende ~ der Sängerin; der Sänger hat eine geschulte, volle, schöne ~; sie erkannte ihn an der ~; seine ~ verstellen; seine ~ dröhnte durch das Haus; die ~ heben, senken* ('lauter, leiser sprechen'); *die ~ versagte ihm* ('er konnte nicht weitersprechen'); METAPH ⟨+ Gen.attr.⟩ *der ~ der Vernunft, des Herzens: der ~ der Vernunft, des Herzens* ('vernünftigen Argumenten, dem Mitleid, der Güte') *entsprechend handeln, folgen; der ~ der Natur* ('seinen natürlichen Trieben') *folgen* **1.2.** 'die lautlichen Äußerungen höherer Tiere': *die ~n der Wale wissenschaftlich untersuchen; er konnte die ~n vieler Vögel nachahmen; die Vögel an ihrer ~ erkennen* **1.3.** ⟨vorw. Sg.⟩ *eine, die innere ~* ('eine, die Ahnung') *sagte ihm, dass das schief gehen würde* **2.** /jmds./ 'jmds. geäußerte Meinung': *seine ~ galt viel in unserem Kreise; seine ~ für, gegen jmdn., etw. erheben* ('für, gegen jmdn., etw. auftreten, sich einsetzen'); *die ~n mehren sich* ('immer mehr Leute sind der Meinung'), *dass ...;* ⟨+ Gen.attr.⟩ *die ~n des Protestes* ('die Proteste') *wurden immer lauter und nachdrücklicher; die ~n* ('Äußerungen') *der Presse* **3.** 'die bei einer Wahl, Abstimmung durch Zeichen mit der Hand gegebene od. durch einen Eintrag auf einem Stimmzettel festgelegte Äußerung des Willens einer Person': *die ~n der Wähler wurde ausgezählt, bei einer Wahl seine ~ abgeben; sich der ~ enthalten* ('sich bei einer Abstimmung für keinen der Kandidaten entscheiden'); *dieser Kandidat hat die meisten ~n bekommen; jeder Wähler hat nur eine ~* ('kann sich beim Wählen nur für eine Person, Partei, Sache entscheiden'); *als Kandidat ~n gewinnen, verlieren, bekommen; er wurde mit 200 zu 150 ~n gewählt* ❖ **stimmen, stimmlich, verstimmen − abstimmen, anstimmen, einstimmen, einstimmig, Stimmband,**

stimmberechtigt, Stimmbruch, Stimmenmehrheit, Stimmenthaltung, Stimmgabel, -recht, -zettel, übereinstimmen, umstimmen, zustimmen, Zustimmung
stimmen [ˈʃtɪmən] ⟨reg. Vb.; hat⟩ **1.** *etw.* (vorw. *es, das*) *stimmt* ˈetw., bes. eine Äußerung, Behauptung, ist richtig, wahrˈ: *es, das stimmt (nicht), was er gesagt hat; seine Behauptungen, ihre Aussagen ∼ (nicht); wenn diese Informationen ∼, dann …; die Rechnung stimmt nicht; ∼ diese Aufgaben, stimmt das Ergebnis dieser Rechnung?; stimmt es, dass ihr heiraten wollt?; das kann nicht, das kann unmöglich ∼;* /in der kommunikativen Wendung/ *(das) stimmt* (ˈdas ist richtigˈ)! /sagt jmd. bestätigend, bekräftigend auf jmds. Äußerung/ **2.** ⟨vorw. verneint⟩ *etw. stimmt* ˈetw. ist so, wie es sein soll, wie es sich gehört, wie es richtig istˈ: *die Kasse, Rechnung stimmt (nicht); hier stimmt etw. nicht; in ihrer Ehe stimmt etw. nicht; mit jmdm. stimmt etw. nicht* (ˈjmd. macht den Eindruck, als wäre er krank, als stecke er in Schwierigkeitenˈ); /in der kommunikativen Wendung/ *stimmt so* (ˈSie brauchen mir nichts von dem Geld wiederzugebenˈ)! /wird bes. in Gaststätten bei Bezahlung einer Rechnung gesagt, um zu klären, dass das herauszugebende Geld als Trinkgeld behalten werden soll/ **3.** /etw./ *jmdn. irgendwie ∼* ˈjmdn. in eine bestimmte Stimmung (1) versetzenˈ: *diese Nachricht stimmt ihn froh, optimistisch, heiter, hoffnungsvoll, traurig;* ⟨oft im Part. II⟩ *feierlich, festlich, versöhnlich, nachdenklich gestimmt sein* **4.** /jmd./ *ein Musikinstrument ∼* (ˈes so einstellen (2), dass es die Töne in der gewünschten Weise hervorbringtˈ); *die Geige ∼; das Klavier ∼ lassen* **5.** /jmd., bes. Wähler/ *für, gegen jmdn., etw. ∼* ˈsich bei einer Wahl, Abstimmung durch Abgeben der Stimme (3) für, gegen jmdn., einen Kandidaten, etw. entscheidenˈ: *er hat für, gegen den Kandidaten, den Antrag gestimmt; mit ˈJa, Neinˈ ∼* ❖ **zu (1): bestimmen, bestimmt, Bestimmtheit, Bestimmung, stimmig, Unstimmigkeiten, unbestimmt; zu (3): Stimmung — Bombenstimmung, einstimmen, Stimmungskanone, -mache, stimmungsvoll; zu (4,5):** ↗ **Stimme**
Stimmen|mehrheit [ˈ..], **die** ˈMehrheit der abgegebenen Stimmen (3) für jmdn., etw. bei einer Wahl, Abstimmungˈ; SYN Mehrheit: *das Gesetz wurde mit großer ∼ angenommen, beschlossen* ❖ ↗ **Stimme,** ↗ **¹mehr**
Stimm [ˈʃtɪm..]**-enthaltung, die**; ∼, ∼en: ∼ *üben* (ˈsich der Stimme 3 für, gegen jmdn. etw. enthaltenˈ); *es gab bei der Abstimmung drei ∼en, nur eine ∼* ❖ ↗ Stimme, ↗ enthalten; **-gabel, die** ˈmit einem Griff versehener, u-förmiger Gegenstand aus Metall, der durch einen Schlag gegen etw. den Ton a von sich gibt, der zum Stimmen (4) von Musikinstrumenten dientˈ (↗ TABL Werkzeuge): *die ∼ anschlagen* ❖ ↗ Stimme, ↗ Gabel
stimmig [ˈʃtɪmɪç] ⟨Adj.; Steig. reg., ungebr.; nicht bei Vb.⟩ ˈso beschaffen, dass die einzelnen Teile, Fakten o.Ä. miteinander in Einklang stehenˈ /auf Abstraktes bez./: *eine ∼e Beweisführung; seine Beweis-*

führung war ∼; etw. ist ∼; die ∼e Lösung einer Problematik ❖ ↗ **stimmen**
stimmlich [ˈʃtɪm..] ⟨Adj.; o. Steig.; nicht präd.⟩ ˈdie Stimme (1) betreffendˈ: *ein Redner von großer ∼er Gewalt, von großem ∼en Vermögen; diese Arie stellt hohe ∼e Anforderungen; sie war ∼ in bester Form* ❖ ↗ **Stimme**
Stimm|recht [ˈʃtɪm..], **das** ⟨o.Pl.⟩ ˈdas Bürgern zustehende Recht, an Abstimmungen, Wahlen teilzunehmenˈ: *von seinem ∼ Gebrauch machen* (ˈan einer Wahl, Abstimmung teilnehmen od. sich wählen lassenˈ) ❖ ↗ **Stimme,** ↗ **Recht**
Stimmung [ˈʃtɪm..], **die**; ∼, ∼en **1.** ˈmeist situativ bedingte psychische Verfassung eines Menschen, die sich in entsprechendem Verhalten ausdrücktˈ: *in froher, heiterer, guter, schlechter, trauriger ∼ sein; in diesem Kreise herrschte eine fröhliche ∼; seine düstere, gereizte ∼ verflog, als seine Freundin eintraf; die schlechte Nachricht trübte unsere ausgelassene ∼; der Wein hatte sie in beschwingte ∼ versetzt; die ∼ war bedrückt; jmdm. die ∼* (ˈdie gute Launeˈ) *verderben; ich bin jetzt nicht in der ∼, einen Witz zu erzählen; die ∼ schlug plötzlich um; die Gäste kamen (allmählich) in ∼* (ˈwurden fröhlich, ausgelassenˈ); *er sorgte für ∼* (ˈbewirkte, dass die Anwesenden fröhlich, heiter wurdenˈ; ↗ FELD I.6.1); *er ist ∼en unterworfen, ist sehr von ∼en abhängig* (ˈbeherrscht seine Empfindungen, Gefühle nicht, ist launischˈ) **2.** ⟨o.Pl.⟩ ˈvorherrschende Meinung, Einstellung einer Gruppe von Personen zu bestimmten Vorgängen, Erscheinungen, bes. des öffentlichen Lebensˈ: *wie ist die ∼ unter den Jugendlichen, den Arbeitern?* ❖ ↗ **stimmen**
* /jmd./ *für/gegen jmdn., etw. ∼ machen* (ˈdie öffentliche Meinung für, gegen jmdn., etw. zu beeinflussen suchenˈ)
Stimmungs/stimmungs [ˈʃtɪmʊŋs..]**-kanone, die** umg. emot. ˈjmd., der das Talent hat, fröhliche Stimmung unter Anwesenden in einer Gesellschaft (2.2) zu schaffenˈ: *auf der Party war er die ∼* ❖ ↗ stimmen, ↗ Kanone; **-mache** [maxə] ⟨o. Art.⟩ emot.: *etw. ist ∼* (bes. *das*) ist (ˈist der Versuch, die öffentliche Meinung mit unlauteren Mitteln für, gegen jmdn., etw. zu beeinflussenˈ) ❖ ↗ stimmen, ↗ machen; **-voll** ⟨Adj.; Steig. reg.⟩ ˈso beschaffen, dass es jmds. Gefühl, Gemüt angenehm berührtˈ: *eine ∼e Landschaft, Beleuchtung; sie hat das Gedicht sehr ∼ vorgetragen* ❖ ↗ stimmen, ↗ voll
Stimm|zettel [ˈʃtɪm..], **der** ˈbedruckter Zettel, den der Wähler, jmd. für eine Wahl, schriftliche Abstimmung erhältˈ: *den ∼ in die Wahlurne stecken, werfen; auf dem ∼ die Kandidaten ankreuzen* ❖ ↗ Stimme, ↗ Zettel
Stimulans [ˈʃtiːmulans/ˈst..], **das**; ∼, Stimulanzien [..ˈlantsi̯ən]/Stimulantia [..ˈlantsi̯a] ˈ(medizinisches) Mittel mit einer den Menschen stimulierenden Wirkungˈ: *der Arzt hat ihr ein ∼ verschrieben; Koffein und Nikotin sind Stimulanzien* ❖ ↗ **stimulieren**
stimulieren [ʃtimuˈliːʀən], stimulierte, hat stimuliert /etw., bes. Mittel/ *jmdn., etw. ∼* ˈjmdn., etw. anre-

gen, zu erhöhter Wirkung, Leistung bringen, ver-
anlassen': *dieses Mittel stimuliert den Kreislauf, hat
eine ~de Wirkung; erhöhte Wasserzufuhr stimuliert*
('fördert') *das Wachstum der Pflanzen; der Beifall
hat die Schauspieler sehr stimuliert* ❖ **Stimulans,
Stimulus**

Stimulus ['ʃtiːmulʊs], **der**; ~, Stimuli SYN 'Anreiz':
*die Erhöhung seiner Bezüge war ein ~ für ihn, noch
mehr und besser zu arbeiten* ❖ ↗ **stimulieren**

stink- ['ʃtɪŋk..] /bildet mit dem zweiten Bestandteil
Adjektive, die umg. emot. sind; bewirkt im negati-
ven Sinn eine Verstärkung; drückt aus, dass das im
zweiten Bestandteil Genannte außerordentlich
groß (5) ist/: ↗ z. B. *stinklangweilig*

stinken ['ʃtɪŋkn̩], stank [ʃtaŋk], hat gestunken
[gə'ʃtʊŋkn̩]; ↗ auch *stinkend* **1.** /etw., jmd./ 'einen
sehr unangenehmen Geruch verbreiten'; ANT duf-
ten; ↗ FELD VI.4.2: *faule Eier ~; das Fleisch, der
Käse fängt an zu ~, stinkt schon;* /etw. (vorw. *es*)/
nach etw. ⟨Dat.⟩ *~: hier stinkt es nach Teer, Petro-
leum* ('hier ist der sehr unangenehme Geruch von
Teer, Petroleum wahrzunehmen'); /jmd./ *nach etw.*
⟨Dat.⟩ *~: er stinkt nach Schweiß, Bier, Schnaps* **2.**
etw. (bes. *das*), *jmd. stinkt mir* ('etw., jmd. ist mir
sehr lästig, unangenehm') ❖ **Gestank, stinkend,
stinkig, Stunk − stinklangweilig, -sauer**

stinkend ['ʃtɪŋkn̩t] ⟨Adv.; vor Adj., Adv.; ↗ auch *stin-
ken*⟩ 'überaus' /beschränkt verbindbar; auf Negati-
ves bez./: *er ist ~ faul* ❖ ↗ **stinken**

stinkig ['ʃtɪŋkɪç] ⟨Adj.; o. Steig.⟩ **1.** 'stinkend (↗ *stin-
ken* 1)'; ↗ FELD VI.4.3: *ein ~er Abfluss; eine ~e
Kloake; ein ~er Mülleimer; hier riecht es ~* **2.**
⟨nicht bei Vb.⟩ /beschränkt verbindbar/: *eine ~e*
('sehr schlechte') *Laune haben; er ist heute ja mäch-
tig ~* ❖ ↗ **stinken**

stink/Stink [ʃtɪŋk..] umg. emot neg.|**-langweilig** [..'l..]
⟨Adj.; o. Steig.; nicht bei Vb.⟩ 'äußerst langweilig':
der Film war ~; ein ~er Film; dort war es ~ ❖ ↗
stinken, ↗ ¹lang, ↗ Weile; **-sauer** ⟨Adj.; o. Steig.;
vorw. präd. (mit *sein, werden*)⟩ /jmd./ *~ sein*
'äußerst wütend, verärgert sein': *er war ~, weil es
nichts zu essen gab, weil sein Auto noch nicht repa-
riert war* ❖ ↗ stinken (2), ↗ sauer; **-wut, die:** *eine
~ (auf jmdn.) haben* 'äußerst wütend (auf jmdn.)
sein': *er hatte eine ~ (auf ihn), weil er nicht pünkt-
lich war* ❖ ↗ stinken (2), ↗ Wut

Stipendium [ʃti'pɛndi̯ʊm], **das**; ~s, Stipendien [..di̯ən]
'Schülern, Studenten, jungen Wissenschaftlern,
Künstlern von einer öffentlichen Institution od. ei-
ner Stiftung gewährte finanzielle Unterstützung':
*jmd. erhält ein staatliches ~; jmdm. ein ~ gewähren,
geben*

Stipp|visite ['ʃtɪp..], **die** umg. 'kurzer Besuch bei
jmdm.': *bei jmdm. eine ~ machen; auf eine ~ zu
jmdm. kommen*

stirbt: ↗ sterben

Stirn [ʃtɪrn], **die**; ~, ~en 'Teil des Gesichts über den
Augen'; ↗ FELD I.1.1: *eine hohe, breite, niedere,
fliehende ~ haben; die ~ runzeln, in Falten ziehen;
er hat eine Beule an, auf der ~; sich den Schweiß,*

*die Schweißtropfen von der ~ wischen; das Haar
fällt ihm in die ~* ❖ **engstirnig**

* /jmd./ **jmdm., etw.** ⟨Dat.⟩ **die ~ bieten** ('jmdm., ei-
ner Institution, einer Regierung furchtlos entgegen-
treten, offen Widerstand leisten'); emot. neg. /jmd./
die ~ haben, etw. Bestimmtes zu tun 'die Dreistig-
keit besitzen, etw. Ungehöriges zu tun': *er hatte die
~, dem Chef zu widersprechen*

stob: ↗ stieben

stöbern ['ʃtøːbɐn] ⟨reg. Vb.; hat⟩ /jmd./ *irgendwo ~*
'wühlend, kramend irgendwo nach etw. suchen': *in
etw.* ⟨Dat.⟩ *~: er hat in meinen Sachen gestöbert;
er stöberte in allen Ecken und fand nichts; in alten
Zeitungen ~* ('blättern, lesen, um vielleicht etw. In-
teressantes zu finden'); *nach etw.* ⟨Dat.⟩ *~: im
Nachlass nach etw. Wertvollem ~*

stochern ['ʃtɔxɐn] ⟨reg. Vb.; hat⟩ /jmd./ *mit etw. in
etw.* ⟨Dat.⟩ *~* 'einen länglichen stabförmigen Ge-
genstand in etw. stecken und ihn darin hin und her
bewegen, meist um etw. Bestimmtes zu bewirken':
*mit dem Feuerhaken in der Glut, im Herd ~; mit
den Fingern im Mund, mit einem Zahnstocher in den
Zähnen ~*

Stock [ʃtɔk], **der**; ~s/auch ~es, Stöcke ['ʃtœkə] **1.** 'ge-
rade gewachsener, von einem Baum, Strauch abge-
trennter, nicht zu dicker, meist schon ein wenig be-
arbeiteter (Teil von einem) Ast, Zweig': *ein dicker,
derber, knotiger ~; er erhob den ~ drohend gegen
den Angreifer; mit einem ~ auf etw., jmdn. einschla-
gen* **2.** 'aus Holz, aus einem Stock (1) o.Ä. herge-
stellter stabförmiger Gegenstand, der als Werkzeug
zum Schlagen, zum Hinweisen auf etw., als Stütze
beim Laufen od. Skifahren dient und der in jeweils
verschiedener, bestimmter Weise gearbeitet ist': *er
ist mit einem ~ geschlagen worden; er zeigte mit
dem ~ auf der Landkarte die Hauptstädte Europas;
er stützte sich beim Gehen auf einen ~; er ging am
~* **3.** ⟨o.Pl.⟩ SYN 'Stockwerk'; ↗ FELD V.3.1: *wir
wohnen im ersten, vierten ~;* ⟨mit Mengenangabe
+ *hoch*⟩ *das Haus ist acht ~ hoch* ❖ **zu (1,2):
Stecken − Krückstock, Schraubstock, Spazierstock,
stockdumm, Taktstock, Weinstock; zu (3): Stock-
werk**

* **über ~ und Stein** 'auf nicht gebahnten Wegen quer
durch die Landschaft': *er rannte bei seiner Flucht
über ~ und Stein; die Fahrt ging querfeldein über ~
und Stein;* ⟨⟩ umg. /jmd./ **am ~ gehen** (1. 'finanziell
in schlechter Lage sein' **2.** 'sehr krank sein')
MERKE Zum Verhältnis von *Stock, Stockwerk,
Etage* und *Geschoss:* ↗ *Stockwerk* (Merke)

stock- ['..] /bildet mit dem zweiten Bestandteil Adjek-
tive; bewirkt im negativen Sinn eine Verstärkung;
drückt aus, dass das im zweiten Bestandteil Ge-
nannte außerordentlich groß (5) ist/: ↗ z. B. *stock-
dumm*

stock|dumm ['..] ⟨Adj.; o. Steig.; vorw. attr. u. präd.
(mit *sein*)⟩ emot. 'überaus dumm' /auf Personen
bez./: *er ist ~!; diese ~e Person!* ❖ ↗ **Stock,** ↗
dumm

stocken ['ʃtɔkŋ̩] ⟨reg. Vb.; hat⟩ **1.** *etw. stockt* 'ein Ablauf, Vorgang, eine Bewegung hört vorübergehend auf, ist zeitweise unterbrochen'; ↗ FELD IX.2.2: *die Arbeit, Produktion, Unterhaltung stockte; der Verkehr kam, geriet ins Stocken; als er das Zimmer betrat, stockten alle Gespräche; jmds. Atem stockt/ jmdm. stockt der Atem* ('jmd. kann momentan aus Überraschung, vor Entsetzen nicht atmen'): *ihm stockte der Atem, als er das Auto auf sich zukommen sah* **2.** /jmd./ 'beim Sprechen, in einer Bewegung plötzlich innehalten'; ↗ FELD I.7.1.2: *er stockte mitten im Text; er konnte das Gedicht ohne zu ~ aufsagen; er las ohne zu ~; ~d* ('mehrmals beim Sprechen innehaltend') *antworten; vor der Tür stockte er* ('blieb er ruckartig stehen') *und kehrte wieder um* ❖ **Stockung – Stockfleck**

Stock|fleck ['ʃtɔk..], *der* 'durch Feuchtigkeit und Schimmelpilze entstandener Fleck bes. auf Textilien, Papier': *die Betttücher, Bücher haben ~e* ❖ ↗ **Fleck**

Stockung ['ʃtɔk..], *die*; ~, ~en 'das Stocken (1), der Stillstand eines Ablaufs, Vorgangs, einer Bewegung'; ↗ FELD IX.2.1: *eine ~ im Verkehr; die Verhandlungen verliefen ohne ~en* ❖ ↗ **stocken**

Stock|werk ['ʃtɔk..], *das* 'eines der Geschosse (2) über dem Parterre'; SYN Etage; ↗ FELD V.3.1: *im unteren, oberen ~ wohnen; das Haus hat drei ~e* MERKE Das *Geschoss* bezieht sich auch auf den Keller und das Parterre, *Etage* und *Stockwerk* dagegen nur auf die Geschosse über dem Parterre: *das Haus hat drei Geschosse,* den Keller, das Erdgeschoss und ein Obergeschoss, aber: *das Haus hat drei Etagen* = drei Obergeschosse, Stockwerke ❖ ↗ **Stock**

Stoff [ʃtɔf], *der*; ~s/auch ~es, ~e **1.** 'textiles flächiges Gebilde, das bes. für Kleidung, Wäsche, zum Beziehen bestimmter Möbel und zur bestimmten Ausgestaltung von (Wohn)räumen dient': *ein seidener, wollener ~; leichte, dicke, strapazierfähige, weiche, billige, kostbare ~e; ~ für einen Mantel, zu einem Kostüm kaufen; ein Rock, Kleid aus kariertem, gemustertem ~; ~e für Gardinen, zum Beziehen der Polstermöbel; der ~ ist, liegt einen Meter zwanzig breit; drei Meter ~ vom Ballen abschneiden lassen; den ~ für ein Kleid zuschneiden* **2.** 'etw. Materielles, das sich im festen, flüssigen od. gasförmigen Zustand befindet'; SYN Substanz (1); ↗ FELD II.5.1: *ein natürlicher, synthetischer, chemischer, pflanzlicher, tierischer, mineralischer, (an)organischer, radioaktiver ~; Glas ist ein spröder ~; Kalk und Zement sind ~e zum Bauen; Säuren sind aggressive ~e; ein einfacher, vielfach zusammengesetzter ~; nützliche, schädliche ~e; vgl. Substanz (1)* **3.** ⟨vorw. Sg.⟩ 'das, was die thematische Grundlage für eine sprachliche, wissenschaftliche, künstlerische Darstellung, für eine Unterhaltung, eine Diskussion bildet': *ein beliebter, dankbarer, ergiebiger, trockener, reizvoller ~; das Ereignis ist ~ für ein Drama, einen Roman; er beherrschte den ~ für die Vorlesung, Prüfung; dieses Thema bietet reichlich ~ für*

Gespräche, Diskussionen; einen ~ gestalten, verfilmen; ~ für eine wissenschaftliche Arbeit, für einen Roman sammeln, zusammenstellen **4.** ⟨o.Pl.⟩ umg. 'Rauschgift': *er braucht ~* ❖ **stofflich – Altstoffe, Baustoff, Dieselkraftstoff, Farbstoff, Grundstoff, Kampfstoff, Klebstoff, Kohlenwasserstoff, Kunststoff, Lehrstoff, Nährstoff, Rohstoff, Sauerstoff, Schadstoff, Schaumstoff, Sprengstoff, Stickstoff, Stoffwechsel, Süßstoff, Wasserstoff, Werkstoff, Wirkstoff**

stofflich ['..] ⟨Adj.; o. Steig.; nicht präd.⟩ **1.** 'die Beschaffenheit eines Stoffes (2) betreffend'; SYN substantiell: *eine Substanz durch chemische Einwirkung ~ verändern; die ~e Zusammensetzung eines Medikaments, Düngemittels, einer Anstrichfarbe* **2.** 'den Stoff (3) betreffend': *die ~e Fülle eines Films künstlerisch bewältigen* ❖ ↗ **Stoff**

Stoff|wechsel ['..], *der* ⟨o.Pl.⟩ 'Gesamtheit der biochemischen Vorgänge, die die Verarbeitung, Nutzung und die Ausscheidung von Stoffen (2) durch einen lebenden Organismus bilden': *sein ~ funktioniert ausgezeichnet; die Ursache dieser Krankheit sind Störungen im ~* ❖ ↗ **Stoff**, ↗ **Wechsel**

stöhnen ['ʃtøːnən] ⟨reg. Vb.; hat⟩ **1.** /jmd./ '(vor Schmerz, Anstrengung, Erregung) die Luft rasch und mit einem (verhaltenen) unartikulierten Laut ausstoßen'; SYN seufzen, ächzen: *laut, leise, angstvoll, wohlig ~; vor etw.* ⟨Dat.⟩ *~: vor (verhaltener) Wut, vor Ärger, Freude, Lust ~; der Kranke stöhnte vor Schmerzen* **2.** /jmd./ *über etw. ~* 'über etw. klagen': *er stöhnte immer wieder über seine Arbeit, über die Hitze, den Lärm* **3.** /jmd./ *unter etw.* ⟨Dat.⟩ *~* 'sehr unter etw. leiden': *er stöhnte unter der Hitze, Kälte, unter der schweren Last, unter dem Stress*

Stoiker ['stoːikɐ/'ʃt..], *der*; ~s, ~ 'Mensch von unerschütterlichem Gleichmut': *er war ein ~* ❖ ↗ **stoisch**

stoisch ['stoː/'ʃtoː..] ⟨Adj.; o. Steig.⟩ 'von unerschütterlichem Gleichmut'; SYN gelassen: *seine ~e Haltung; ~ auf Schreckliches reagieren* ❖ **Stoiker**

Stola ['stoːlɑ/'ʃtoː..], *die*; ~, Stolen ['..lən] 'breites dekoratives Tuch (2), breiter Pelz für Frauen, das/der lose um die Schultern gelegt getragen wird': *eine lange ~; eine ~ aus Pelz*

Stolle ['ʃtɔlə], *die*; ~, ~n mitteldt. nordddt. 'großer, zu Weihnachten gebackener Kuchen aus einem Hefeteig mit viel Fett, Zucker, Rosinen, Mandeln, Zitronat u.Ä. in Form eines langen Brotes'; ↗ FELD I.8.1: *~ backen, essen* ❖ **Stollen**

Stollen ['ʃtɔlən], *der*; ~, ~ **1.** 'unterirdischer Gang (5), der bes. in einen Berg, in ein Bergwerk führt': *einen ~ (für eine Straße, für den Abbau von Erzen) anlegen, ausbauen; einen ~ in den Berg treiben; vgl. Schacht* **2.** bes. süddt. österr. 'Stolle' **3.** 'einer von zwei kurzen, dicken Zapfen am Hufeisen od. einer von mehreren Zapfen unter den Sohlen bes. der Fußballschuhe, der ein Ausgleiten verhindern soll': *ein Schuh mit ~* ❖ **zu (2):** ↗ **Stolle**

stolpern ['ʃtɔlpɐn] ⟨reg. Vb.; hat⟩ **1.** /jmd./ 'beim Gehen, Laufen mit dem Fuß gegen etw. stoßen, an etw. hängen bleiben und dadurch aus dem Rhythmus des Gehens, Laufens kommen, straucheln (1) (und stürzen 1.2)'; ↗ FELD I.7.2.2: *er ist gestolpert und hingefallen; über etw. ~* 'durch etw. stolpern': *über eine Baumwurzel, einen Stein ~* **2.** /jmd., Institution/ *über etw. ~* 'durch etw., was man nicht richtig einschätzt, das man übersehen od. falsch gemacht hat, Misserfolg haben, scheitern': *er ist über seine Fehlentscheidungen, eigenen Affären gestolpert*

stolz [ʃtɔlts] ⟨Adj.⟩ **1.1.** ⟨Steig. reg.⟩ 'von ausgeprägtem, starkem Selbstbewusstsein erfüllt (und dadurch oft überheblich und abweisend wirkend' /vorw. auf Personen bez./: *ein ~er Mann; eine ~e Frau; er war zu ~, um jmdn. um Hilfe zu bitten; die große Anerkennung, die seine Leistungen fanden, hat ihn ~ gemacht; mit ~er Genugtuung sprach er von seinen Erfolgen* **1.2.** ⟨Steig. reg., ungebr.; nicht bei Vb.⟩ /jmd./ *auf etw., jmdn. ~ sein* 'Freude und Genugtuung über eigene Leistungen od. die Leistungen eines anderen, anderer empfindend, mit denen man in gutem Sinne verbunden ist': *ich bin ~ auf dich, auf unser Werk, unsere Leistungen, auf deinen Erfolg* **2.** ⟨Steig. reg., ungebr.; nur attr.⟩ emot. 'sehr beeindruckend durch seine Größe, sein Aussehen' /vorw. auf Konstruiertes bez./; SYN stattlich (1): *das ist ein ~es Bauwerk, Schiff* **3.** ⟨o. Steig.; nur attr.⟩ umg. emot. *das ist eine ~e* ('große') *Leistung; die Sammlung erbrachte die ~e* ('große') *Summe von 10.000 Mark; das ist ein ~er* ('ein als zu hoch empfundener') *Preis* ❖ **Stolz, stolzieren**

Stolz, der; ~es ⟨o.Pl.⟩ **1.1.** /zu *stolz* 1.1/ 'das Gefühl eines Menschen, etw. wert od. etw. Besonderes zu sein, was sich in seinem starken Selbstbewusstsein, seinem Auftreten, in seiner Haltung, Einstellung äußert, von anderen aber leicht als Überheblichkeit empfunden wird': *jmdn. in seinem ~ kränken, verletzen; ihr ~ hat sie unbeliebt gemacht; aus falschem ~* ('unangemessen stolzer Zurückhaltung') *lehnte er jede Hilfe ab* **1.2.** /zu *stolz* 1.2/ *der ~ über etw.* 'das Stolzsein auf etw.': *er war von echtem, berechtigtem ~ über seine, ihre Leistung, den Erfolg seiner Kinder, Freunde erfüllt; voll ~ blickte er auf sein Werk; mit kindlichem ~ zeigte er uns seine Briefmarkensammlung; sein Sohn, das neue Auto war sein ganzer ~* ('er war sehr stolz auf seinen Sohn, sein neues Auto') ❖ ↗ **stolz**
* /jmd./ **(auch) seinen ~ haben** 'etw. Demütigendes nicht tun': *ihr habt euch nie um ihn gekümmert, und nun lehnt er euer Angebot ab, denn er hat auch seinen ~*; /jmd./ **seinen ~ in etw. setzen** 'aus Ehrgefühl alle Anstrengungen unternehmen, um etw. Schwieriges zu meistern': *er hat seinen ganzen ~ in dieses Projekt gesetzt*

stolzieren [ʃtɔl'tsiːʀən], stolzierte, ist stolziert oft spött. /jmd./ *irgendwo(hin) ~* 'irgendwo(hin) gehen und dabei durch eine steife, stolze Haltung zeigen, für wie wichtig, tüchtig man sich hält': *sie stolzierten auf der Promenade; er stolzierte zu seinem neuen Wagen* ❖ ↗ **stolz**

stopfen [ˈʃtɔpfn̩] ⟨reg. Vb.; hat⟩ **1.** /jmd./ *etw. ~* **1.1.** 'eine schadhafte Stelle im Material eines textilen Gegenstands mit Nadel und Faden ausbessern': *ein Loch in der Hose ~* **1.2.** 'einen textilen Gegenstand mit Nadel und Faden ausbessern': *die Strümpfe ~* **2.** /jmd./ **2.1.** *etw. ~* 'den Hohlraum von etw. gänzlich mit einem bestimmten Material prall füllen (das da hineingehört)'; ↗ FELD I.7.9.2: *einen Sack (mit Stroh) ~; eine Pfeife ~* ('mit Tabak füllen'); *ein Kissen (mit Federn) ~* **2.2.** *etw. in etw. ~* 'etw. ohne große Sorgfalt in etw. dicht gedrückt packen, unterbringen (bis nichts mehr hineingeht)': *die Wäsche in den Schrank, in den Koffer ~* **2.3.** /etw./ 'den Stuhlgang hemmen'; ANT abführen (3): *Schokolade stopft* ❖ **Stopfnadel;** vgl. **Stöpsel**

Stopf|nadel [ˈʃtɔpf..], **die** 'große dicke Nadel (1) zum Stopfen (1)' (↗ TABL Werkzeuge) ❖ ↗ **stopfen,** ↗ **Nadel**

Stopp [ʃtɔp], **der**; ~s, ~ **1.1.** 'das Stehenbleiben(müssen) eines Fahrzeugs'; ↗ FELD I.7.1.1: *die Kreuzung, Grenze ohne ~ passieren können* **1.2.** '(kurze) Unterbrechung, Pause während der Fahrt mit einem Kraftfahrzeug': *in N einen (kurzen) ~ einlegen* ('eine kurze Pause machen') **2.** 'vorübergehende Unterbrechung, Einstellung eines Vorgangs, Prozesses'; ↗ FELD IX.2.1: *den sofortigen ~ der Importe von Butter und Fleisch anordnen; ein ~ der Verhandlungen, der Rüstung, des Baus* ❖ ↗ **stoppen**

Stoppel [ˈʃtɔpl̩], **die**; ~, ~n ⟨vorw. Pl.⟩ **1.** 'nach dem Mähen stehen gebliebener Teil des Halms vom Getreide': *der Wind weht über die ~n; die Gänse über die ~n treiben* **2.** 'das nach dem Rasieren wieder gewachsene kurze Haar des Bartes': *er hatte ~n rund um das Kinn*

stoppen [ˈʃtɔpm̩] ⟨reg. Vb.; hat⟩ **1.1.** /jmd./ *jmdn., etw. ~* 'jmdn., der läuft od. ein Fahrzeug, das fährt, zum Anhalten bringen, veranlassen'; ↗ FELD I.7.1.2: *die Polizei, der Polizist stoppte den Fahrer, das Auto, den Bus, den Verkehr; das Schiff wurde von der Küstenwacht gestoppt; die Fußgänger wegen einer Sprengung ~* **1.2.** /etw., jmd./ 'aus der Bewegung, Fahrt, dem Lauf heraus stehen bleiben'; ↗ FELD VIII.1.2: *das Auto, der Zug, die Frau stoppte, als die Ampel auf Rot schaltete; er musste an der Kreuzung ~; er stoppte mitten im Lauf; /als Aufforderung/ stopp* ('halte an, bleibe stehen')! **2.** /jmd., Institution/ *etw., jmdn. ~* 'bewirken, dass ein Vorgang, Prozess aufhört, dass jmd. aufhört, etw. Bestimmtes zu tun'; ↗ FELD IX.2.2: *die Entwicklung, einen Prozess zu ~ versuchen; wir müssen den Kerl ~, sonst richtet er noch mehr Unheil an* **3.** /jmd./ *die Zeit des Läufers, Schwimmers ~* ('mit der Stoppuhr messen, wieviel Zeit er benötigt hat, um eine bestimmte Strecke laufend, schwimmend zurückzulegen') ❖ **Stopp — Stoppuhr**

Stopp|uhr [ˈʃtɔp..], **die** 'Uhr mit einem Sekundenzeiger, die bei sportlichen Wettkämpfen zum exakten Messen der Zeit eines Läufers, Schwimmers, Fahrers dient': *die Fahrzeit des Rennwagens, Zeit des Läufers mit der ~ messen* ❖ ↗ **stoppen,** ↗ **Uhr**

Stöpsel ['ʃtœpsl̩], **der**; ~s, ~ 'vorw. zylinderförmiger Gegenstand aus Glas, Metall, Gummi, mit dem eine (röhrenförmige) Öffnung verschlossen wird'; ↗ FELD I.7.8.1: *den ~ auf die Karaffe, Flasche stecken; den ~ aus der Badewanne ziehen;* vgl. *Korken* ❖ vgl. **stopfen**

stör|anfällig ['ʃtøːʔ..] ⟨Adj.; Steig. reg.; nicht bei Vb.⟩ 'sehr empfindlich (2) gegen Störungen, Belastungen und darum oft defekt, nicht (verlässlich) funktionierend' /auf technische Geräte bez./: *ein ~es Bügeleisen, Gerät; die Anlage, das Radio war schon immer ~; die ~e Elektrik eines Autos* ❖ ↗ **stören, ↗ Anfall**

Storch [ʃtɔʁç], **der**; ~s/auch ~es, Störche ['ʃtœʁçə] 'großer Vogel auf langen dünnen Beinen, mit langem Hals, auffällig langem Schnabel und weißem bis schwarzbraunem Gefieder' (↗ TABL Vögel): *der ~ stand regungslos auf einem Bein mitten in der Wiese; der ~ klappert mit dem Schnabel*

Store ['ʃtoːʁ], **der**; ~s, ~s 'das Fenster in seiner ganzen Breite bedeckende Gardine aus fast durchsichtigem Stoff': *ein weißer, duftiger ~; die ~s auf-, zuziehen; halblange ~s*

stören ['ʃtøːʁən] ⟨reg. Vb.; hat⟩ **1.** /jmd., etw./ jmdn. ~ 'jmdn. bei (s)einer Tätigkeit, in seiner Ruhe in unangenehmer Weise beeinträchtigen, belästigen, den Fortgang seines Tuns unterbrechen': *das Kind, das Gerede der Fahrgäste, der Hund, der Krach, die laute Musik störte ihn; wenn ich arbeite, möchte ich nicht gestört werden; jmdn. andauernd, unnötig ~; jmdn. bei der Arbeit, in seiner Ruhe, beim Lesen, Schlafen ~;* /in den kommunikativen Wendungen/ *entschuldigen Sie bitte, wenn ich störe* /wird aus Höflichkeit gesagt, wenn man annehmen kann, dass man mit seiner Frage, Bitte um Auskunft stören könnte, aber diese Störung nicht vermeiden zu können glaubt/: *entschuldigen Sie bitte, wenn ich störe, aber ich kann den Ausgang nicht finden; darf ich Sie einen Augenblick ~?* /sagt jmd. als vorsorgliche Entschuldigung, wenn er sich an jmdn. wendet, der sich dadurch gestört fühlen könnte/; *bitte lassen Sie sich nicht ~* /sagt jmd., der durch sein Eintreffen an einem Ort, durch seine Anwesenheit jmdn., andere nicht stören will/: *lassen Sie sich nicht ~, fahren Sie mit Ihrer Tätigkeit, Ihrem Vortrag ruhig fort* **2.** /jmd./ etw. ~ 'den Ablauf von etw. durch eine negative Einwirkung vorsätzlich, mutwillig beeinträchtigen': *er stört immer wieder den Unterricht, die Ordnung in der Klasse, die Ruhe der Gäste; er stört immer; jmds. Pläne ~; der Frieden in dieser Gegend, die Eintracht zwischen ihren Familien darf nicht gestört werden* **3.** ⟨nur adj. im Part. II⟩ *die (Telefon)verbindung ist gestört* ('unterbrochen') ❖ **Störung, verstört, zerstören, Zerstörer – störanfällig, Störenfried, Zerstörungswut**

Störenfried ['ʃtøːʁənfʁiːt], **der**; ~s/auch ~es, ~e umg. 'jmd., der jmdn., andere häufig (absichtlich) stört': *er ist ein ~* ❖ ↗ **stören, ↗ Frieden**

störrisch ['ʃtœʁ..] ⟨Adj.; Steig. reg.⟩ 'starrsinnig auf seinem Willen beharrend, sich eigensinnig widersetzend' /vorw. auf Personen bez./; ↗ FELD I.2.3: *ein ~es Kind; der Junge ist ~; er hat eine ~e Art; ein ~er Esel; er zeigt sich ~; ~ antworten* ❖ vgl. **starr**

Störung ['ʃtøːʁ..], **die**; ~, ~en **1.** /zu *stören* 1/ 'das Stören': *eine unangenehme, nächtliche ~; er beklagte sich über die ständigen ~en;* /in der kommunikativen Wendung/ *entschuldigen Sie (bitte) die ~* ('entschuldigen Sie bitte, wenn ich störe') **2.** 'durch etw. hervorgerufene Beeinträchtigung, Unterbrechung der Funktion von etw. od. eines Ablaufs, Prozesses'; ↗ FELD IX.2.1: *eine plötzliche, funktionelle, technische ~; eine gesundheitliche ~; sie leidet unter nervösen ~en; die ~ konnte rasch beseitigt, behoben werden* ❖ ↗ **stören**

Stoß [ʃtoːs], **der**; ~es, Stöße ['ʃtøːsə] **1.** 'kurze, meist heftige Berührung, die jmd. empfindet, wenn er von jmdm. gestoßen (1.1), irgendwohin gestoßen (1.2) worden ist'; ↗ FELD I.7.3.1: *ein leichter, heftiger, derber, kräftiger ~; ein ~ mit dem Ellenbogen, dem Fuß, der Faust; jmdm. einen ~ in die Seite, vor den Magen, gegen die Schulter geben, versetzen; er bekam einen ~ und stürzte* **2.** 'Erschütterung, die dadurch entstanden ist, dass sich etw. schnell bewegt hat und an, gegen etw. gestoßen (4.1) ist': *als der Lastwagen auf den Bus auffuhr, spürten die Fahrgäste einen heftigen ~; es gab einen heftigen ~; mehrere Stöße erschütterten den Erdboden* **3.** 'das Stoßen (1.1) mit einer Hieb-, Stichwaffe': *einen ~ ausführen, auffangen; jmdm. mit dem Dolch einen ~ ('Stich 1.1') (ins Herz) versetzen* **4.** ⟨vorw. Pl.⟩ 'schnelle, kurze, der Fortbewegung dienende heftige Bewegung beim Schwimmen, Rudern': *mit kräftigen Stößen schwimmen, rudern* **5.** ⟨vorw. mit Attr.⟩ SYN 'Stapel (1)': *ein ~ Bücher, Akten, Wäsche; ein ~ Holz; ich muss noch den ganzen ~ (Zeitungen) lesen* ❖ ↗ **stoßen**

Stößel ['ʃtøːsl̩], **der**; ~s, ~ 'kleiner, einem Stab ähnlicher, unten breiter werdender Gegenstand, mit dem man in einem Mörser von oben nach unten schnelle, kurze und heftige Bewegungen ausführt, um einen im Mörser befindlichen festen Stoff zu zerkleinern': *mit dem ~ Pfeffer zermahlen* ❖ ↗ **stoßen**

stoßen ['ʃtoːsn̩] (er stößt [ʃtøːst]), stieß [ʃtiːs], hat/ist gestoßen [ɡəˈʃtoːsn̩] **1.** ⟨hat⟩ **1.1.** /jmd./ jmdn. ~ 'jmdn. (voller Absicht) mit etw., bes. mit dem Fuß, der Hand, in schneller Bewegung kurz und meist heftig an einer Stelle des Körpers berühren': *du sollst deinen Bruder nicht ~!; jmdn. mit dem Fuß, der Faust, dem Ellenbogen, einem Stock ~* **1.2.** /jmd./ jmdn. irgendwohin ~ 'jmdn. stoßen (1.1) und ihn dadurch kurz und meist heftig an eine bestimmte Stelle des Körpers berühren': *er stieß mich gegen, vor die Brust; jmdn./jmdm. in etw. ~: er hat mich/mir in die Rippen, in die Seite gestoßen* **1.3.** /Tier/ jmdn., ein Tier ~ 'jmdn., ein Tier mit den Hörnern, der Stirn in schneller Bewegung kurz und meist heftig an einer Stelle des Körpers berühren': *der Stier hat mich (mit den Hörnern) gestoßen* **2.** ⟨hat⟩ /jmd./ jmdm., sich ⟨Dat.⟩ etw. in etw. ~: *der*

Verbrecher hat seinem Opfer ein Messer in den Rücken gestoßen ('hat mit schneller, kurzer und heftiger Bewegung seinem Opfer ein Messer in den Rücken gestochen') **3.** ⟨hat⟩ /jmd./ **3.1.** *jmd. irgendwohin ~, jmdn. von irgendwoher ~* 'jmdn. voller Absicht stoßen (1.1) und ihn dadurch von sich weg, von irgendwoher irgendwohin gelangen lassen': *er hat ihn in den Graben, zur Seite, aus der Straßenbahn, von der Leiter gestoßen* **3.2.** *etw. irgendwohin ~* 'etw. mit dem Fuß, der Hand in schneller Bewegung kurz und meist heftig berühren und es dadurch irgendwohin gelangen lassen'; ↗ FELD I.7.3.2, 7.4.2: *der Junge stößt den Ball ins Tor, in die Ecke, an die Wand; die Kugel ~* **4.1.** ⟨ist⟩ /jmd., etw./ *an, gegen etw. ~* 'durch eine schnelle Bewegung ohne Absicht etw. kurz und heftig berühren': *ich bin an, gegen den Schrank gestoßen; mit dem Kopf an die Decke ~; das Auto fuhr rückwärts und stieß gegen den Baum* **4.2.** ⟨hat⟩ /jmd./ *sich ~* 'an etw. stoßen (4.1) und dabei Schmerzen haben, sich dabei verletzen': *Vorsicht, stoß dich nicht!; sich an etw.* ⟨Dat.⟩ *~: ich habe mich am Schrank gestoßen* ('bin an den Schrank gestoßen und habe dabei Schmerzen gehabt, mich dabei verletzt') **4.3.** ⟨hat⟩ /jmd./ *sich an etw.* ⟨Dat.⟩ *~* 'mit einem Teil des Körpers an etw. stoßen (4.1) und dabei dort Schmerzen haben, sich dabei dort verletzen': *ich habe mich am Schienbein gestoßen* **5.** ⟨ist⟩ **5.1.** /jmd./ *auf jmdn. ~* 'jmdm. zufällig begegnen': *im Urlaub stieß ich auf einen alten Bekannten* **5.2.** /jmd./ *auf etw. ~* 'zufällig an eine Stelle kommen, wo sich etw. befindet': *beim Aufräumen bin ich auf alte Briefe gestoßen; bei den Bauarbeiten ist man auf alte Grundmauern gestoßen* **5.3.** /jmd., etw./ *auf etw. ~: bei der Durchführung dieses Planes stießen wir auf Schwierigkeiten* ('ergaben sich für uns unerwartet Schwierigkeiten'); *dieser Plan stieß auf Ablehnung* ('wurde unerwartet abgelehnt') **6.** ⟨ist⟩ /jmd./ *zu zwei od. mehreren Personen ~* 'dorthin kommen, wo sich zwei od. mehrere Personen, die zu einer Unternehmung unterwegs sind, befinden, um sich dann auch an der Unternehmung zu beteiligen': *im nächsten Ort werden wir zu den anderen ~; wann werden sie zu uns ~?* **7.** ⟨hat⟩ /etw./ *an etw. ~* 'an etw. grenzen': *sein Zimmer stößt an meins; der Garten stößt an den See* **8.** ⟨hat⟩ /jmd./ *sich an etw.* ⟨Dat.⟩ *~* 'an etw. Anstoß nehmen': *sie stieß sich an seinem unhöflichen Benehmen; daran darfst du dich nicht ~* ❖ **Stoß, Stößel, Verstoß, verstoßen — abstoßen, Anstoß, anstoßen, anstößig, aufstoßen, Ausstoß, ausstoßen, Freistoß, Holzstoß, Kugelstoßen, Rückstoß, Stoßseufzer, stoßweise, umstoßen, Zusammenstoß, zusammenstoßen, zustoßen**

Stoß[ˈʃtoːs..]**-seufzer, der** 'seufzend hervorgebrachte Äußerung, mit der man z. B. seinen Kummer, Schmerz, seine Resignation ausdrückt'; ↗ FELD I.6.1: *einen ~ von sich geben* ❖ ↗ **stoßen**, ↗ **seufzen**
stößt: ↗ **stoßen**
stoß [ˈʃtoːs..]**weise** ⟨Adj.; o. Steig.; nicht präd.; vorw. bei Vb.⟩ 'in Abständen plötzlich, kurz und heftig

einsetzend und nach kurzer Zeit unvermittelt wieder aufhörend': *~ atmen, weinen, reden; ihr ~s Lachen* ❖ ↗ **stoßen**
stottern [ˈʃtɔtɐn] ⟨reg. Vb.; hat⟩ **1.** /jmd./ 'wegen einer Störung der Sprachfähigkeit stoßweise, unter häufiger Wiederholung bes. der ersten Buchstaben, Silben von Wörtern sprechen, bes. bei Beginn eines Satzes': *er stottert seit seiner Kindheit, hat schon immer gestottert; er stottert in letzter Zeit immer weniger, stottert nicht mehr* **2.** /jmd./ *etw. ~* 'infolge Aufregung, Verlegenheit, Unsicherheit etw. stammelnd, stockend sprechen': *er stotterte eine Entschuldigung, einen Dank*
Straf [ˈʃtʁaːf..]**-anstalt, die** amtsspr. SYN 'Strafvollzugsanstalt': *einen Gefangenen in eine ~ einliefern; er verbüßte seine Strafe in der ~ B* ❖ ↗ Anstalt; **-anzeige, die** 'Anzeige (2) einer strafbaren Handlung bei der Polizei, bei einem Organ der Justiz': *eine ~ (gegen jmdn.) erstatten* ❖ ↗ zeigen
strafbar [ˈʃtʁaːf..] ⟨Adj.; o. Steig.⟩ **1.** ⟨nicht bei Vb.⟩ 'was als Handlung dem Gesetz nach bestraft wird' /auf Tätigkeiten bez./: *der Handel mit Drogen ist ~; eine ~e Handlung; das ist* ~ **2.** /jmd./ *sich ~ machen* 'etw. tun, was dem Gesetz nach bestraft wird; gegen das Gesetz verstoßen': *ich mache mich ~, wenn ich Ihnen das erlaube; wer als Autofahrer das Leben anderer gefährdet, macht sich ~; dadurch hat er sich ~ gemacht* ❖ ↗ **strafen**
Strafe [ˈʃtʁaːfə], **die**; ~, ~n **1.** 'als eine Art Sühne gedachte Maßnahme, bes. Haft, Geldstrafe, die von einem befugten Organ, bes. dem Gericht, gegen jmdn. angeordnet wird, weil er gegen bestehendes Recht, das Gesetz verstoßen hat': *eine strenge, harte, leichte, milde, abschreckende, exemplarische ~; eine (un)verdiente, (un)gerechte, (un)angemessene ~; die Verbrecher sind ihrer ~ nicht entgangen; eine ~ auf ↗ Bewährung; jmdm. eine ~ androhen, auferlegen; eine ~ über jmdn. verhängen; jmdm. die ~ erlassen; eine ~ vollstrecken; etw. steht unter ~* ('ist im Gesetz festgelegt, dass eine Handlung strafbar 1 ist'); *~ zahlen (müssen)* 'eine Geldstrafe bezahlen': *er musste 100 Mark (als) ~ zahlen; etw. ist bei ~ verboten* 'etw. wird nach dem Gesetz bestraft, wenn gegen das Verbot gehandelt wird': *das Betreten der Baustelle ist bei ~ verboten* **2.** 'Maßnahme, die bes. von Eltern, Lehrern u.Ä. gegen Kinder angewandt wird, wenn diese gegen Vorschriften, Regeln verstoßen haben': *eine milde, harte ~ anordnen; er hat die ~ verdient; zur ~* 'als Strafe für etw., was man getan hat, aber nicht tun durfte': *unser Sohn hat genascht, zur ~ darf er nicht ins Kino* ❖ ↗ **strafen**
strafen [ˈʃtʁaːfn̩] ⟨reg. Vb.; hat⟩ **1.** /jmd./ *jmdn. wegen, für etw. ~* 'gegen jmdn. wegen seines Verstoßes gegen eine Vorschrift, Regel eine Strafe (2) verhängen'; SYN bestrafen: *sie hat ihn hart, unbarmherzig gestraft; er straft seine Kinder wegen jeder Kleinigkeit; jmdn. für sein Vergehen, wegen eines Vergehens ~; jmdn. ~d* ('missbilligend') *anblicken* **2.** /jmd./

mit jmdm., etw. gestraft sein 'mit jmdm., etw. Kummer, Sorgen, Mühe und Verdruss haben': *er ist mit seinem ungeratenen Sohn gestraft; mit dieser Arbeit ist er (hinreichend) gestraft* ❖ **bestrafen, Strafe, strafbar, sträflich — Geldstrafe, straffällig, vorbestraft;** vgl. **straf/Straf-**

straff [ʃtʀaf] ⟨Adj.; Steig. reg.⟩ **1.1.** 'durch die Wirkung von Zug (1.1), Druck sehr gedehnt, gespannt (↗ *spannen*)'; SYN stramm (1); ANT locker (3.1), schlaff (1.1) /vorw. auf Seile o.Ä. bez./: *ein ~es Seil; ein ~ gespanntes Seil reichte von Baum zu Baum; die Zügel ~ anziehen; eine Leine, Saite ~ spannen* **1.2.** 'keine Falten werfend und fest anliegend': *~e* (ANT schlaffe 1.2) *Haut; das Haar ~ nach hinten kämmen; die Hose sitzt zu ~* ('ist zu eng und spannt 2 zu sehr') **2.** 'in angespannter Körperhaltung' /beschränkt verbindbar/: *er hielt sich ~; eine ~e Haltung an-, einnehmen* **3.** 'durch eine strenge Führung, Ordnung bestimmt': *eine ~e Leitung, Organisation; eine ~ geführte Organisation; es herrschte eine ~e* ('keine Nachlässigkeiten duldende') *Disziplin* ❖ **straffen**

straf|fällig [ˈʃtʀaːf..] ⟨Adj.; o. Steig.; nicht bei Vb.⟩ 'eine Straftat begangen habend' /auf Personen bez./: *ein ~er Jugendlicher; er ist (wieder) ~ geworden* ❖ ↗ strafen, ↗ Fall

straffen [ˈʃtʀafn̩] ⟨reg. Vb.; hat⟩ **1.** /jmd., etw./ 'etw. straff (1.1) spannen': *das Seil, die Leine ~; der Wind strafft* ('bläht') *die Segel* **2.** /etw./ sich ~ 'straff (1.1, 1.2) werden': *seine Gesichtszüge strafften sich* **3.** /jmd./ etw. ~ 'etw. auf das Wesentliche, Wichtige reduzieren': *den Aufwand an technischen Arbeiten, den organisatorischen Aufwand ~; den Lehrplan, einen Text ~* ❖ ↗ straff

straf/Straf [ˈʃtʀaː..]|**-frei** ⟨Adj.; o. Steig.; nicht attr.⟩ *jmd. bleibt ~* 'wird gegen die Erwartung in einem Prozess nicht verurteilt': *~ ausgehen: er ist bei dem Prozess ~ ausgegangen* ('ist nicht verurteilt worden'); /etw./ *dieses Vergehen ist, bleibt ~* ('wird nicht bestraft') ❖ ↗ strafen, ↗ frei; **-gefangene, der** u. **die** 'jmd., der eine Haftstrafe verbüßt'; SYN Häftling; ↗ TAFEL II ❖ ↗ fangen; **-gesetzbuch, das** ABK StGB 'Gesamtheit der Gesetze des Strafrechts' ❖ ↗ Gesetz, ↗ Buch

sträflich [ˈʃtʀɛː../ˈʃtʀeː..] ⟨Adj.; Steig. reg., ungebr.⟩ 'so unverantwortlich, dass man die dafür verantwortliche Person eigentlich dafür strafen (1) müsste'; SYN unverzeihlich: *das war ~er Leichtsinn, eine ~e Gedankenlosigkeit, Nachlässigkeit; sie hat ihre Kinder ~ vernachlässigt* ❖ ↗ strafen

Straf [ˈʃtʀaː..]|**-maß, das** ⟨Pl.: ~e; vorw. Sg.⟩ 'Art und Höhe einer gerichtlichen Strafe': *das Gericht hat das ~ auf 1000 Mark, 10 Jahre Haft festgesetzt* ❖ ↗ messen; **-prozess, der** 'gerichtliches Verfahren, in dem entschieden wird, ob im gegebenen Fall eine Straftat vorliegt und wie sie gesühnt werden kann': *er ist Verteidiger, Zeuge in einem ~* ❖ ↗ Prozess; **-recht, das** ⟨o.Pl.⟩ 'Gesamtheit der rechtlichen Bestimmungen, nach denen bestimmte Handlungen als Straftaten angesehen und verfolgt werden': *er*

kennt sich im ~ gut aus, ist Fachmann im ~; dem ~ entsprechen; vgl. *Zivilrecht* ❖ ↗ Recht; **-sache, die** 'Gegenstand eines Strafprozesses': *in der ~ N wurde Anklage gegen B erhoben; eine geringfügige ~* ❖ ↗ Sache; **-tat, die** 'Handlung, die gegen das Strafgesetz verstößt und gerichtlich geahndet wird'; SYN Tat: *der Angeklagte hat die, seine ~ eingestanden, bereut* ❖ ↗ Tat; **-täter, der** 'jmd., der eine Straftat begeht, begangen hat': *ein jugendlicher ~; rückfällige ~; einen ~ verhaften, aburteilen* ❖ ↗ Tat; **-vollzugsanstalt** [fɔlˈtsuːks..], **die** 'Anstalt, in der Verurteilte ihre Haft verbüßen'; SYN Strafanstalt, Gefängnis ❖ ↗ vollziehen, ↗ Anstalt; **-würdig** ⟨Adj.; o. Steig.; vorw. attr.⟩ 'sodass es gerichtlich bestraft werden muss, müsste' /beschränkt verbindbar/: *ein ~es Verhalten; eine ~e Tat* ❖ ↗ Würde

Strahl [ʃtʀaːl], **der**; ~s/auch ~es, ~en **1.1.** 'von einer Lichtquelle ausgehendes Licht, das als schmaler heller Schein sichtbar ist'; ↗ FELD VI.2.1: *der ~ der Taschenlampe, des Scheinwerfers* **1.2.** ⟨vorw. Pl.⟩ 'das von der Sonne ausgehende Licht, das den Raum über der Erde erhellt': *die wärmenden ~en der Sonne; nicht ein einziger ~ der Sonne war in das Verlies gedrungen* **1.3.** ⟨vorw. Pl.⟩ fachspr. 'von einem Punkt, einer Quelle ausgehender Strom kleinster materieller Teilchen od. elektromagnetischer Wellen, mit dem stets auch Energie (2) transportiert wird': *kosmische, radioaktive ~en; die ultravioletten ~en der Sonne; sich vor ~en schützen; etw. sendet ~en aus; die ~en werden reflektiert, absorbiert* **2.** ⟨vorw. Sg.⟩ 'eine Flüssigkeit, bes. Wasser, das unter Druck (1) aus einer engen Öffnung austritt': *ein dicker, dünner ~ (Wasser) kam aus dem defekten Rohr* **3.** Math. 'von einem Punkt ausgehende, ins Unendliche verlaufende Gerade'; vgl. *Strecke, Gerade* ❖ **bestrahlen, strahlen, strahlend, Strahlung — ausstrahlen, Sonnenstrahl**

strahlen [ˈʃtʀaːlən] ⟨reg. Vb.; hat; ↗ auch *strahlend*⟩ **1.** etw. strahlt 'etw. sendet Licht (1.1) aus, das sich rundum verbreitet od. in einem Strahl (1.1) in eine bestimmte Richtung geht'; ↗ FELD VI.2.2: *die Sonne strahlt (aus dem, vom wolkenlosen Himmel); die Scheinwerfer ~* **2.** /Wärmequelle/ etw. irgendwohin ~: *der Ofen, Heizlüfter strahlt seine Wärme ins Zimmer* ('von ihm geht Wärme aus ins Zimmer') **3.** ⟨+ Adv. best.⟩ /etw./ *der Weihnachtsbaum strahlt* ('leuchtet') *im Schein seiner Lichter; die Stadt strahlt im Schein, Glanz ihrer Lichter* **4.** *radioaktive Substanzen ~* ('senden Strahlen 1.3 aus') **5.** *jmd. strahlt* ('ist sehr froh, sieht glücklich aus') *über seinen Erfolg, vor Freude, Begeisterung; er strahlte, als er gelobt wurde* ❖ ↗ Strahl

strahlend [ˈʃtʀaːlənt]; ↗ auch *strahlen* **I.** ⟨Adj.; Steig. reg.; nur attr.⟩ /beschränkt verbindbar/: *ein ~er* ('heller und klarer sonniger') *Morgen, Tag* — **II.** ⟨Adv.; vor Adj.⟩ /beschränkt verbindbar/ *die Wäsche ist ~ weiß* ('ganz sauber und leuchtend weiß') *geworden; ~ weiße Zähne haben* ❖ ↗ strahlen

Strahlung [ˈʃtʀaːl..], **die**; ~, ~en 'Strom elektromagnetischer Teilchen, Wellen, Energie, der sich von einer Quelle aus fortbewegt': *die kosmische ~; die Anwendung ultravioletter ~ in der Medizin* ❖ ↗ **strahlen**

Strähne ['ʃtRɛːnə/'ʃtRɛː..], die; ~, ~n 'kleine Menge dicht nebeneinander liegender langer, glatter Haare des Kopfhaares': *das Haar fällt ihr in ~n auf die Schulter; sie hat sich eine ~ ihres Haares blond gefärbt; eine ~ (seiner Haare) hing ihm ins Gesicht, in die Stirn*

stramm [ʃtRam] ⟨Adj.⟩ **1.** ⟨Steig. reg.⟩ 'durch die Wirkung von Zug (1), Druck (1) stark gespannt und fest anliegend'; SYN prall, straff: *die Hose, der Rock sitzt zu ~ um die Hüften, über dem Gesäß; der Gummizug in der Hose ist zu ~* **2.** ⟨Steig. reg., ungebr.⟩ 'straff (2)': *eine ~e Haltung an-, einnehmen; ~ dastehen* **3.** ⟨Steig. reg.; vorw. attr.⟩ kraftvoll und gesund aussehend und in gewisser Weise dick': *sie hat einem ~en Jungen das Leben geschenkt, hat einen ~en Jungen zur Welt gebracht; er, sie hat ~e* ('kräftige, feste und dicke') *Waden*

stramm ziehen, zog stramm, hat stramm gezogen /jmd./ etw. ~ 'etw. fest, straff spannen (1.2)': *die Leine, den Gürtel ~*

Strampel|hose ['ʃtRampl̩..], die 'einteiliges, den ganzen Körper bedeckendes, nur den Kopf und die Arme unbedeckt lassendes Kleidungsstück für Babys': *eine gestrickte ~* ❖ ↗ **strampeln**, ↗ **Hose**

strampeln ['ʃtRampl̩n] ⟨reg. Vb.; hat⟩ /jmd., bes. Baby/ 'im Liegen, Sitzen lebhaft Arme und Beine hin und her bewegen': *das Baby fing an zu schreien und zu ~; im Schlaf ~; das Baby strampelte vergnügt* ❖ **Strampelhose**

Strand [ʃtRant], der; ~s/auch ~es, Strände ['ʃtRɛndə] 'flacher sandiger, auch steiniger Streifen Land entlang der Küste des Meeres od. des Ufers eines Sees': *ein breiter, langer, steiniger ~; am ~ liegen und sich sonnen; zum Baden an den ~ gehen* ❖ **stranden, Strandkorb**

stranden [ʃtRandn̩], strandete, ist gestrandet /Schiff/ 'an der Küste, an einer Sandbank auf den Grund des Wassers geraten und fest sitzen': *das Schiff ist vor der Küste gestrandet* ❖ ↗ **Strand**

Strand|korb ['ʃtRant..], der 'meist aus einem Korbgeflecht hergestellte, überdachte, nach einer Seite offene transportable Sitzgelegenheit, die am Strand als Schutz gegen Wind und Sonne dient': *einen ~ mieten; im ~ sitzen, liegen* ❖ ↗ **Strand**, ↗ **Korb**

Strang [ʃtRaŋ], der; ~s/auch ~es, Stränge ['ʃtRɛŋə] **1.** 'starkes, dickes Seil, Band, mit dem etw. bewegt, gezogen wird'; SYN Strick: *die Glocke wird durch einen ~ zum Läuten gebracht; jmdn. zum Tode durch den ~* ('zum Tode durch Erhängen') *verurteilen* **2.** 'sich linienförmig über eine gewisse Länge hin erstreckender Teil einer Rohrleitung': *ein ~ der Wasserleitung, Gasleitung, der Kanalisation* **3.** 'sich in der Länge erstreckende gebündelte Fasern, bes. der Muskulatur': *bei dem Unfall waren mehrere Stränge der Muskeln, Nerven verletzt worden* ❖ **strangulieren**

* **wenn alle Stränge reißen** 'wenn keine andere Möglichkeit bleibt; im Notfall': *wenn alle Stränge reißen, müssen wir eben auswandern, streiken* (vgl. auch *Strick*); /zwei od. mehrere (jmd.)/ **am selben/ an demselben/am gleichen/an einem ~ ziehen** ('das gleiche Ziel, die gleichen Absichten haben und daher gemeinsam vorgehen'); ⟨⟩ umg. /jmd./ **über die Stränge schlagen** ('aus der gewöhnlichen, üblichen Ordnung ausbrechen und in übermütiger Weise leichtsinnig werden und Unerlaubtes tun')

strangulieren [ʃtRaŋɡu'liːRən], strangulierte, hat stranguliert /jmd./ jmdn. ~ 'jmdn. durch Erhängen, Erdrosseln, Erwürgen töten': *das Opfer wurde vermutlich stranguliert; sich ~: das Kind hätte sich fast mit dem Seil stranguliert* ❖ ↗ **Strang**

Strapaze [ʃtRa'paːtsə], die; ~, ~n 'sehr große, bes. körperliche Anstrengung': *diesen ~n sind wir nicht gewachsen; sie hat große ~n aushalten müssen; es ist eine ~, diese Musik hören zu müssen; ~n auf sich nehmen, überstehen; sich von den ~n erholen* ❖ **strapazieren, strapaziös – strapazierfähig**

strapazieren [ʃtRapa'tsiːRən], strapazierte, hat strapaziert **1.** /jmd., etw./ etw. ~ 'etw. durch seine Benutzung stark beanspruchen und abnutzen': *er hat seine Schuhe auf seinen Wanderungen stark strapaziert; die Reifen seines Autos wurden durch die schlechten Straßen strapaziert; durch den ständigen Gebrauch werden die Maschinen sehr strapaziert* **2.** /jmd., etw./ jmdn., etw. ~ 'jmdn., jmds. Organismus über das erträgliche Maß (in einer der Gesundheit schädlichen Weise) beanspruchen': *er hat uns mit seinen ständigen Klagen, seinen schlechten Witzen strapaziert; die Kinder haben unsere Nerven strapaziert; diese Musik strapaziert uns, unsere Nerven; jmds. Geduld ~* ('lange und intensiv jmds. Geduld belasten') ❖ ↗ **Strapaze**

strapazier|fähig [ʃtRapa'tsiːɐ̯..] ⟨Adj.; Steig. reg.; nicht bei Vb.⟩ 'so beschaffen, dass es strapaziert werden kann, ohne entzweizugehen' /auf Material, Gebrauchsgegenstände bez./; ↗ FELD V.1.3: *~e Möbelstoffe; ~es* (SYN 'festes 2') *Schuhwerk* ❖ ↗ **Strapaze**, ↗ **fähig**

strapaziös [ʃtRapa'tsiøːs] ⟨Adj.; Steig. reg.; nicht bei Vb.⟩ 'sehr anstrengend, mit Strapazen verbunden' /bes. auf Unternehmungen bez./: *eine ~e Reise, Busfahrt; die Fahrt war ~* ❖ ↗ **Strapaze**

Straße ['ʃtRaːsə], die; ~, ~n 'planmäßig angelegter, befestigter Streifen Land in und außerhalb von Ortschaften, auf dem sich der Verkehr (1) von (Kraft)fahrzeugen bewegt': *eine schmale, lange, breite, kurvenreiche ~; eine ruhige, belebte, regennasse ~; ~n bauen, ausbessern, sperren; eine ~ entlangfahren; eine ~ überqueren;* /in Ortschaften/: *auf die ~ laufen; durch die ~n gehen, spazieren; unser Wohnhaus liegt an der ~; die Straße zwischen Zentrum und Stadtrand, zum Bahnhof;* /außerhalb von Ortschaften/: *die ~ nach Leipzig; wir fuhren auf der ~ zwischen Berlin und Potsdam* ❖ **Einbahnstraße, Hauptstraße, Milchstraße, Nebenstraße, Schnellstraße, Wasserstraße;** vgl. **Straßen-**

* /jmd./ **jmdn. von der ~ auflesen** 'jmdn. in einer desolaten sozialen Lage finden und ihn aufnehmen, für ihn sorgen': *ich habe dich auf der ~ aufgelesen, und wie dankst du es mir?*; /mehrere (jmd.)/ **auf die ~ gehen** ('für, gegen etw. öffentlich demonstrieren'); **auf offener ~** 'in der Öffentlichkeit auf der Straße': *er wurde von einem Attentäter auf offener ~ erschossen; das spielte sich auf offener ~ ab;* ⟨⟩ umg. /jmd./ **auf der ~ liegen** ('arbeitslos sein'); /jmd./ **jmdn. auf die ~ setzen/werfen** ('jmdm. den Mietvertrag od. das Arbeitsverhältnis kündigen')

Straßen ['ʃtRɑːsn̩..]|**-bahn, die** 'auf Straßen (in Ortschaften) verkehrendes, elektrisch betriebenes, schienengebundenes Fahrzeug zur Beförderung einer größeren Anzahl von Personen'; SYN Bahn (5); ↗ FELD VIII.4.1.1 (↗ TABL Städt. Verkehrsmittel): *er fährt täglich mit der ~ zur Arbeit, zum Dienst; die ~ ist entgleist;* vgl. *Eisenbahn, S-Bahn, U-Bahn* ❖ ↗ Bahn; **-fahrzeug, das** 'Fahrzeug für den Verkehr auf Straßen': *das Auto ist ein ~* ❖ ↗ fahren; **-graben, der** 'einer der beiden Gräben, die meist auf beiden Seiten von Straßen zwischen den Ortschaften sich erstrecken': *er ist mit dem Auto im ~ gelandet* ❖ ↗ Graben; **-kreuzung, die** 'Stelle, an der sich zwei Straßen (in einer Ortschaft) kreuzen': *an der ~ wird der Verkehr durch eine Ampelanlage geregelt* ❖ ↗ Kreuzung; **-verkehr, der** 'Verkehr von Fahrzeugen (und Personen) auf öffentlichen Straßen'; ↗ FELD VIII.1.1: *der ~ nimmt ständig zu; Vorsicht und gegenseitige Rücksichtnahme im ~* ❖ ↗ Verkehr

Stratege [ʃtRɑˈteːɡə], **der**; ~n, ~n 'jmd., der sich auf dem Gebiet der Strategie auskennt': *ein politischer, militärischer ~* ❖ ↗ Strategie

Strategie [ʃtRɑteˈɡiː], **die**; ~, ~n 'die umfassende, alle möglichen Sachverhalte von vornherein berücksichtigende Planung für ein Vorgehen, bes. bei einer militärischen, politischen, wirtschaftlichen Unternehmung': *die politische, militärische, wirtschaftlich ~ eines Landes; die richtige, falsche ~ anwenden; eine ~ richtig, falsch anwenden; er hat eine neue ~ für unser Vorgehen erarbeitet* ❖ **Stratege, strategisch**

strategisch [ʃtRɑˈteːg..] ⟨Adj.; o. Steig.; nicht präd.⟩ 'bes. die militärische Strategie betreffend': *die ~e Planung; eine ~ wichtige Brücke, Straße* ❖ ↗ **Strategie**

sträuben ['ʃtRɔɪbn̩] ⟨reg. Vb.; hat⟩ **1.1.** /Tier mit Gefieder od. Fell/: *die Federn, das Fell ~* ('die Federn, Haare des Fells in die Höhe, nach allen Seiten hin vom Körper weg strecken') **1.2.** /Federn, Haare/ *sich ~* 'sich in die Höhe richten, nach allen Seiten vom Körper weg strecken': *das Gefieder des Hahnes sträubte sich* **2.** /jmd./ *sich ~*: ⟨+ Inf.satz⟩ *er sträubte sich* ('war nicht bereit, widersetzte sich dem Verlangen'), *diesem Vorschlag zuzustimmen, an der Aktion teilzunehmen; sich gegen etw. ~: er sträubte sich* ('wehrte sich, widersetzte sich') *mit aller Macht gegen diese Entscheidung* ❖ **haarsträubend**

Strauch [ʃtRaux], **der**; ~s/auch ~es, Sträucher ['ʃtRɔɪçɐ] 'nicht sehr hoch wachsende Pflanze ohne Stamm, deren holzige Triebe, Zweige zu mehreren aus der Wurzel wachsen'; ↗ FELD II.4.1: *der Flieder und der Holunder sind Sträucher; frisch vom ~ gepflückte Johannis-, Stachelbeeren; ein blühender ~; einen ~ pflanzen, beschneiden, abernten;* vgl. *Baum, Busch* ❖ **Brombeerstrauch, Gesträuch, Himbeerstrauch, Johannisbeerstrauch, Stachelbeerstrauch**

straucheln ['ʃtRauxl̩n] ⟨reg. Vb.; ist⟩ **1.** /jmd., Tier/ 'aus dem Rhythmus des Gehens geraten, stolpern und taumeln, dabei beinahe hinfallen': *er stieß mit dem Fuß gegen einen Stein und strauchelte, kam ins Straucheln* **2.** /jmd./ 'straffällig werden': *mancher strauchelt und wird kriminell; die Gier nach Geld hatte ihn ~ lassen*

Strauß [ʃtRaus], **der**; ~es, Sträuße ['ʃtRɔɪsə]/~e **1.** ⟨Pl.: Sträuße⟩ 'zu einem ästhetischen Ganzen zusammengestellte abgeschnittene, gepflückte Blumen, auch Gräser od. Zweige': *ein ~, zwei Sträuße Rosen; ein bunter, duftender ~; Blumen zu einem ~ binden; den ~ in die Vase stellen; jmdm. einen ~ Nelken überreichen* **2.** ⟨Pl.: Strauße⟩ 'bes. in Afrika lebender, bis zu drei Meter großer, kräftiger Vogel mit langen Beinen, der nicht fliegen, aber sehr schnell laufen kann': *afrikanische ~e* ❖ **Blumenstrauß**

* /jmd./ geh. **mit jmdm. einen ~ ausfechten** ('sich mit jmdm. auseinander setzen')

Strebe ['ʃtReːbə], **die**; ~, ~n ['ʃtReːbm̩] 'längliches, schräg nach oben ragendes, stützendes Element einer Konstruktion, eines Baus': *eine ~ am Gerüst, Dach an der Wand des Hauses; die ~n eines Schirmes, einer Brücke* ❖ ↗ **streben**

streben ['ʃtReːbm̩] ⟨reg. Vb.; hat/ist⟩ **1.** ⟨ist/hat⟩ /jmd., Tier, Pflanze/ *irgendwohin ~* 'sich zielstrebig in eine bestimmte Richtung bewegen': *die Gäste strebten nach Hause, nach draußen, sind/haben nach der Feier nach Hause gestrebt; am Sonntag strebten die Massen ins Stadion, ins Freie; die Pflanze strebt* ('wächst in Richtung auf') *nach dem/zum Licht* **2.** ⟨ist⟩ /beschränkt verbindbar/ *etw., die Pfeiler, Türme eines Bauwerkes ~* ('ragen') *in die Höhe* **3.** ⟨hat⟩ /jmd./ *nach etw.* ⟨Dat.⟩ ~ 'etw., bes. geistige od. materielle Güter, unter Anwendung seiner geistigen, körperlichen Kräfte als Ziel zu erreichen suchen'; SYN erstreben; ↗ FELD I.2.2: *nach Erfolg, Glück, Wissen ~; er hat stets danach gestrebt* ('hat sich stets darum bemüht'), *sich weiterzubilden* ❖ **Bestreben, bestrebt, Strebe, Streber, strebsam — widerstreben, zielstrebig**

Streber ['ʃtReːbɐ], **der**; ~s, ~ emot. 'jmd., der (in der Ausbildung) ehrgeizig und egoistisch danach strebt, unbedingt schnell und gut voranzukommen': *er war ein elender, widerlicher, gewissenloser ~; so ein ~!* ❖ ↗ **streben**

strebsam ['ʃtReːp..] ⟨Adj.; Steig. reg.; nicht bei Vb.⟩ 'fleißig und zielbewusst arbeitend, lernend, tätig, um ein Ziel zu erreichen'; ANT faul (2); ↗ FELD

I.2.3: *ein ~er Mensch, Schüler; er war ~ und zuverlässig* ❖ ↗ **streben**

Strecke ['ʃtʀɛkə]**, die**; ~, ~n **1.** ˈEntfernung zwischen zwei festliegenden Punkten, die zurückgelegt wird, worden ist': *eine kurze, kleine, große, lange ~ laufen, rennen, fahren, schwimmen; wir haben jetzt die schwierigste ~ unserer Wanderung hinter uns; die ~ bis zum Hotel schaffen wir noch; er fliegt die ~* (ˈRoute') *Berlin-Paris jede Woche einmal* **2.** ˈvon den Gleisen, bes. der Eisenbahn, gebildete Anlage, die sich über Land von Station zu Station erstreckt': *auf der ~ Berlin-Paris/zwischen Berlin und Paris ereignete sich ein Zugunglück; die ~ ist wegen Überschwemmung gesperrt; der Zug hielt auf offener ~* (ˈaußerhalb eines Bahnhofs') **3.** Math. ˈzwischen zwei Punkten auf einer Geraden liegender Abschnitt dieser Geraden'; vgl. *Gerade, Strahl* ❖ ↗ **strecken**

* /jmd., etw./ **auf der ~ bleiben** ˈscheitern (2)': *er, der Betrieb, das Projekt ist (im Konkurrenzkampf) auf der ~ geblieben;* /jmd./ **ein Tier zur ~ bringen** (ˈein Tier bei der Jagd erlegen')

strecken ['ʃtʀɛkn̩] ⟨reg. Vb.; hat⟩ **1.** /jmd./ **1.1.** *etw. ~* ˈeinen Teil des Körpers, bes. Gliedmaßen, aus einer gebeugten in eine gerade Haltung bringen'; SYN ausstrecken: *die Arme, Beine, den Körper ~* **1.2.** *etw. irgendwohin ~* ˈeinen Teil des Körpers, bes. Gliedmaßen, irgendwohin in eine gerade Haltung bringen'; SYN recken: *die Arme zur Seite, in die Höhe, die Beine von sich, unter den Tisch ~; den Kopf weit aus dem Fenster ~, um einen guten Überblick zu haben; der Schüler streckt den Arm, die Hand in die Höhe* (ˈzeigt damit an, dass er eine Antwort weiß') **1.3.** *etw., sich ~* ˈ(liegend) bes. Gliedmaße, sich unter Anspannung der Muskeln in gerade Haltung bringen und dabei in die Länge ziehen, dehnen'; SYN recken: *nachdem er aufgewacht war, streckte und reckte er seinen Körper, seine Glieder, sich (im Bett)* **1.4.** *sich irgendwohin ~* ˈsich der Länge nach ausgestreckt irgendwohin legen': *sich behaglich ins Bett, Gras, aufs Sofa, auf eine Decke ~* **2.** /jmd./ **2.1.** *etw. mit etw. ~* ˈetw., bes. Lebensmittel, dadurch in der Menge vermehren, dass man zusätzlich etw. meist weniger Wert-, Gehaltvolles darunter mischt': *die Soße, Suppe mit Wasser, die Bowle mit Mineralwasser, das Schabefleisch mit Semmelmehl ~* **2.2.** *etw. ~* ˈden Bestand an etw., das nach und nach verbraucht wird, so rationieren, in kleinere Portionen einteilen, dass es für eine längere Zeit als vorgesehen reicht': *wir mussten unsere Vorräte, die Kohlen, Kartoffeln ~* ❖ **erstrecken, Strecke – ausstrecken, Kurzstrecke, Kurzstreckenlauf, Langstreckenlauf, streckenweise**

strecken|weise ['ʃtʀɛkn̩..] ⟨Adj.; o. Steig.; nicht präd.; vorw. bei Vb.⟩ **1.** *die Straße ist ~* (ˈauf bestimmten Abschnitten') *in sehr schlechtem Zustand* **2.** *seine Arbeit ist nur ~* (ˈnur in bestimmten Passagen') *gut* ❖ ↗ **Strecke**

Streich ['ʃtʀaɪç]**, der**; ~s/auch ~es, ~e ˈHandlung, die jmd. meist aus Mutwillen, Übermut begeht, um jmdn. zu necken od. zu ärgern': *das war ein lustiger, übermütiger, dummer, böser ~; (freche, tolle) ~e machen, aushecken; immer zu ~en aufgelegt sein*

* /jmd./ **jmdm. einen ~ spielen** (**1.** ˈjmdn. mit einem Streich necken, ärgern' **2.** ˈjmdn. hereinlegen')

streicheln ['ʃtʀaɪçl̩n] ⟨reg. Vb.; hat⟩ /jmd./ *jmdn., ein Tier, etw. ~* ˈmit der Hand wiederholt sanft und liebevoll über jmdn., ein Tier, einen Teil des Körpers einer Person, eines Tieres streichen (2.1)'; ↗ FELD I.3.5.2, VI.3.2: *die Mutter streichelt ihr Kind; er streichelte ihr die Hände, Wangen; sie streichelte liebevoll ihre Katze* ❖ ↗ **streichen**

streichen ['ʃtʀaɪçn̩]**,** strich [ʃtʀɪç]**,** hat/ist gestrichen [gəˈʃtʀɪçn̩] **1.** ⟨hat⟩ /jmd./ **1.1.** *etw. auf etw. ~* ˈein weiches, halbfestes Nahrungsmittel mit einem Messer od. eine Creme mit den Fingern in dünner Schicht auf die Oberfläche von etw. bringen und dort gleichmäßig verteilen': *(mit dem Messer) Butter, Honig, Marmelade aufs Brot ~; (mit den Fingern) Salbe auf eine schmerzende Stelle, auf eine Wunde ~* **1.2.** *etw. irgendwohin ~* ˈein weiches Material mit einem Werkzeug in einen Hohlraum von etw. drücken und ihn damit füllen': *Mörtel (mit einer Kelle) in, zwischen die Fugen der Mauer ~; Kitt in die Spalten ~* **1.3.** *etw. irgendwohin ~* ˈein weiches Material mit einem Werkzeug durch Löcher, z. B. eines Siebes, Durchschlags, drücken': *sie streicht die Masse durch das Sieb* **2.** *etw. ~* SYN ˈetw. anstreichen (1)'; ↗ FELD V.3.2: *eine Wand, den Zaun, das Zimmer ~; die Tür weiß ~; Vorsicht, frisch gestrichen!* /Aufschrift als Warnung, sich vor der noch feuchten Farbe von etw. in Acht zu nehmen/ **3.** ⟨hat⟩ /jmd./ **3.1.** *jmdm., sich* ⟨Dat.⟩ *über etw. ~* ˈdie Hand, Hände sacht und sanft bei dauernder leichter Berührung über einen Teil des Körpers hin (und her) bewegen'; ↗ FELD I.3.5.2. VI.3.2: *jmdm. liebevoll über das Haar, den Kopf ~; jmdm., sich über die Stirn ~; über etw. ~: (mit der Hand) über die Decke, den Stoff ~, um die Qualität zu prüfen* **3.2.** /beschränkt verbindbar/ *ein Instrument, dessen Saiten mit einem Bogen gestrichen werden* (ˈüber dessen Saiten ein Bogen hin und her bewegt wird, um sie zum Klingen zu bringen') **4.** ⟨hat⟩ /jmd./ *etw. ~* ˈetw. Geschriebenes, Gedrucktes mit einem Strich (1) ungültig machen, tilgen': *ein Wort, eine Zeile, ganze Abschnitte eines Textes ~; jmds. Namen in, aus einer Liste ~* **5.** ⟨ist⟩ **5.1.** /jmd./ *durch etw. ~* ˈohne ein bestimmtes Ziel irgendwo umhergehen'; SYN streifen (2): *er strich kreuz und quer durch die Straßen der Stadt, durch Wald und Feld ~* **5.2.** /jmd., Tier/ *um etw. ~* ˈlauernd um etw. schleichen': *der Verliebte strich Abend für Abend um ihr Haus; die Katze strich mir um die Beine* **6.** ⟨hat⟩ /jmd./ *die Flagge, Segel ~* (ˈeinholen') ❖ **bestreichen, streicheln, Streicher, Strich, stricheln – Abstriche, anstreichen, Anstrich, Aufstrich, ausstreichen, durchstreichen, Gedankenstrich, Streichholz, strichweise**

Streicher ['ʃtʀaɪçɐ]**, der**; ~s, ~ ˈMusiker, der ein Streichinstrument in einem Orchester spielt' ❖ ↗ **streichen**

Streich ['ʃtʀaiç..]|**-holz, das** ⟨Pl.: Streichhölzer⟩ ˈkleines, meist vierkantiges dünnes Stäbchen aus Holz mit einer Masse an einem Ende, die sich beim Reiben auf einer dafür präparierten Fläche entzündetˈ; SYN Zündholz: *ein ~ anzünden; das ~ brennt* ❖ ↗ streichen, ↗ Holz; **-instrument, das** ˈMusikinstrument mit Saiten, die durch Streichen (3.2) mit einem Bogen zum Klingen gebracht werden, z. B. Violine, Celloˈ ❖ ↗ streichen, ↗ Instrument

Streife ['ʃtʀaifə], **die**; ~, ~n **1.** ˈkleine Gruppe von Polizisten, Soldaten, die durch ein Gebiet gehen od. fahren, um Kontrollen, Erkundungen zu machenˈ: *eine ~ kontrollierte das Lokal; der Dieb wurde von einer ~ gefasst; er lief einer ~ in die Arme* **2.** ˈvon einer Streife (1) durchgeführter Gang, durchgeführte Fahrtˈ: *von der ~ zurückkehren; auf ~ gehen, sein; sie haben während der ~ Einbrecher gefasst* ❖ ↗ streifen

streifen ['ʃtʀaifn̩] ⟨reg. Vb.; hat/ist⟩ **1.** ⟨hat⟩ /jmd./ *jmdn., etw. ~* ˈjmdn., etw. mit einer kurzen Bewegung leicht, flüchtig berührenˈ; ↗ FELD VI.3.2: *beim Vorbeigehen streifte er mich (an der Schulter, am Arm); etw. mit etw. ~: mit dem Ärmel, Kleid die Wand ~; mit dem Auto den Pfosten ~* **2.** ⟨ist⟩ /jmd./ *durch etw. ~* ˈdurch ein bestimmtes Gebiet ohne ein bestimmtes Ziel laufen, wandern, fahrenˈ; ↗ FELD I.7.2.2: *durch die Wälder, durch das Land ~* **3.** ⟨hat⟩ /jmd./ *etw. ~* ˈbei einem Vortrag ein bestimmtes Thema nur erwähnen, nebenbei darauf hinweisen, ohne es ausführlich zu behandelnˈ: *während seiner Ausführungen streifte er das Thema, Problem mehrfach; in dem Vortrag wurde diese Frage nur gestreift* ❖ **Streife, Streifen — Funkstreife, Lochstreifen, Mittelstreifen, Streiflicht, -schuss, -zug, umherstreifen**

Streifen, der; ~s, ~ **1.** ˈgerades, langes, schmales, abgetrenntes Stück von etw.ˈ: *ein ~ Stoff, Papier, Land; etw., den Speck in ~ schneiden* **2.** ˈgerader, schmaler, langer Teil einer Fläche, der sich durch seine Farbe von der Umgebung abhebtˈ: *ein Stoff mit feinen weißen ~; ein heller ~ am Horizont; ein ~ Licht drang in das Zimmer* ❖ ↗ streifen

* umg. /etw. (vorw. *das*)/ **jmdm. (nicht) in den ~ passen** ˈjmdm. sehr (un)gelegen kommenˈ ⟨vorw. verneint⟩: *das passt ihm nicht so recht in den ~*

Streif ['ʃtʀaif..]|**-licht, das** ⟨Pl.: ~er; vorw. Pl.⟩ ˈknapp dargestelltes einzelnes charakteristisches Ereignis aus einem größeren Zusammenhangˈ: *er erzählte ~er aus seinem Leben; ~er vom Sportgeschehen* ❖ ↗ streifen, ↗ Licht; **-schuss, der** ⟨Pl.: Streifschüsse⟩ **1.** ˈSchuss (2), bei dem das Geschoss den Körper eines Menschen, Tieres nur streift (1)ˈ: *er ist von einem ~ getroffen, verletzt worden* **2.** ˈdurch einen Streifschuss (1) verursachte Verletzungˈ: *einen ~ am Arm, Bein, Kopf haben* ❖ ↗ streifen, ↗ schießen; **-zug, der** ˈWanderung, Fahrt, bei der man ohne bestimmtes Ziel durch ein Gebiet streiftˈ: *einen ~ durch den Wald, ins Gebirge, in die nähere Umgebung unternehmen* ❖ ↗ streifen, ↗ ziehen

Streik [ʃtʀaik], **der**; ~s/auch ~es, ~s/auch ~e ˈmeist durch die Gewerkschaft organisierte vorübergehende Einstellung der Arbeit durch die Arbeiter bzw. Angestellten eines Betriebes, um bessere Arbeitsbedingungen, bes. höhere Löhne, durchzusetzenˈ; SYN Ausstand: *ein organisierter ~; ein spontaner, wilder* (↗ wild 2) *~; ~s für höhere Löhne, gegen Entlassungen; einen ~ ausrufen, durchführen, niederschlagen; in den ~ treten; im ~ stehen; einen ~ friedlich beenden* ❖ ↗ **streiken**

streiken ['ʃtʀaikn̩] ⟨reg. Vb.; hat⟩ **1.** /mehrere (jmd.), bes. Arbeiter/ ˈeinen Streik durchführenˈ: *für höhere Löhne, gegen die Entlassungen ~* **2.** umg. /etw., bes. Maschine, Gerät/ ˈplötzlich nicht mehr funktionierenˈ: *der Motor, das Auto, die Maschine streikt; in dieser Situation streikten* (ˈversagtenˈ) *meine Nerven* **3.** umg., oft scherzh. /jmd./ ˈsich weigern, (weiterhin) etw. Bestimmtes zu tunˈ: *ich kann nicht mehr essen, ich streike* ❖ **Streik — Streikposten, -recht**

Streik ['ʃtʀaik..]|**-posten, der** ˈvon Streikenden aufgestellter Posten (2.2), der Leuten den Zugang zu dem bestreikten Betrieb untersagt, verwehrtˈ: *~ aufstellen; ~ haben das Tor besetzt* ❖ ↗ streiken, ↗ Posten; **-recht, das** ⟨o.Pl.⟩ ˈrechtlicher Anspruch zur Durchführung eines Streiksˈ: *das ~ anerkennen, garantieren; vom ~ Gebrauch machen* ❖ ↗ streiken, ↗ Recht

Streit [ʃtʀait], **der**; ~s/auch ~es, ~e ⟨vorw. Sg.⟩ **1.1.** ˈmit heftigen Worten, Beschimpfungen laut und erregt ausgetragene Meinungsverschiedenheit(en) (mit Handgreiflichkeiten)ˈ; ↗ FELD I.14.1: *ein heftiger, erbitterter ~; ein ~ um Nichtigkeiten, Belangloses; der ~ entstand, als es um die Verteilung des Erbes ging; zwischen ihnen herrscht schon lange Zank und ~; die beiden sind im ~ auseinander gegangen* (ˈhaben sich gestritten, ohne sich zu versöhnenˈ); *mit jmdm. ~* (SYN ˈKrach 2ˈ) *haben, bekommen; einen ~ beginnen, anzetteln, provozieren; einen ~ schlichten, beenden; in ~ geraten; im ~ mit jmdm., einem Amt, einer Behörde liegen; sich in einen ~ einmischen, aus einem ~ heraushalten; er sucht ständig ~* (ˈwill sich ständig mit anderen streitenˈ); *ein ~ der Meinungen* **1.2.** SYN ˈKontroverseˈ; ↗ FELD I.4.2.1: *ein wissenschaftlicher ~; diese Frage löste einen heftigen ~ aus* ❖ ↗ **streiten**

* /jmd., Institution/ **einen ~ vom Zaun(e) brechen** (ˈeinen Streit provozierenˈ)

streitbar ['..] ⟨Adj.; Steig. reg., ungebr.; vorw. attr.; nicht bei Vb.⟩ ˈstets bereit zu kritischer, polemischer Auseinandersetzung; bereit, sich kämpferisch für od. gegen etw. einzusetzenˈ: *er ist ein ~er Mensch, ist in ~er Stimmung, hat eine ~e Gesinnung* ❖ ↗ **streiten**

streiten ['ʃtʀaitn̩], stritt [ʃtʀit], hat gestritten [gə'ʃtʀitn̩] **1.1.** /jmd./ *sich mit jmdm. ~* ˈmit jmdm. heftige Wörter, Beschimpfungen wegen unterschiedlicher Meinungen wechseln (und miteinander handgreiflich werden)ˈ; ↗ FELD I.14.2: *er hat sich den ganzen Tag mit ihm gestritten; er stritt sich wegen jeder*

Kleinigkeit mit ihm; /zwei od. mehrere (jmd.)/ ⟨rez.⟩ *sich* ⟨Dat.⟩ ~: *müßt ihr (euch) denn immer ~?; sie stritten sich um den Besitz ihrer Eltern, wegen eines Problems* **1.2.** /jmd./ *mit jmdm. über etw.* ~ ʼmit jmdm. heftig über etw. diskutieren (wobei jeder seine eigene Meinung durchsetzen will)ʼ: *er stritt mit ihm über weltanschauliche, wissenschaftliche Fragen; /zwei od. mehrere (jmd.)/* ⟨rez.⟩ *sich* ~: *sie stritten sich darüber, ob es vertretbar sei oder nicht; über Gechmack lässt sich (nicht)* ~ **2.** geh. /jmd./ *für etw.* ~ ʼmit allen Kräften für etw., bes. für ein ideelles Ziel, kämpfen (1.1)ʼ: *für eine Idee, seine Überzeugung, für Recht und Freiheit* ~ ❖ **Streit, streitbar, streitig, strittig, bestreiten, Streitigkeiten − Landstreitkräfte, Luftstreitkräfte, Meinungsstreit, Rechtsstreit, Seestreitkräfte, umstritten, Wettstreit, Widerstreit, widerstreiten;** vgl. **Streit-, streit/Streit-**

Streit [ʹʃtRaɪt..]|**-frage, die** ʼFrage, ungeklärtes Problem, worüber heftig diskutiert wirdʼ: *eine* ~ *diskutieren;* **-gespräch, das** ʼ(öffentliche) längere Diskussion, in der verschiedene Ansichten, Anschauungen vertreten werdenʼ; ↗ FELD I.4.2.1: *ein* ~ *führen; ein politisches, wissenschaftliches* ~; *sich einem* ~ *stellen* ❖ ↗ **sprechen; -hammel, der** umg. emot. ʼstreitsüchtiger Menschʼ: *so ein* ~*!; du alter* ~*!* ❖ ↗ Hammel

streitig [ʹʃtRaɪtɪç]
* /jmd., Institution, Land/ **jmdm., etw.** ⟨Dat.⟩ **etw. ~ machen** ʼetw., das ein anderer beansprucht od. besitzt, für sich beanspruchenʼ: *jmdm., einem Land, einen Anspruch, das Recht auf etw., den Besitz einer Sache* ~ *machen; jmdm. in einem Wettkampf den Sieg* ~ *machen* ❖ ↗ **streiten**

Streitigkeiten [ʹʃtRaɪtɪçkaɪtn̩], **die** ⟨Pl.⟩ SYN ʼReibereienʼ: ~ *miteinander austragen; sich aus den* ~ *der Nachbarn heraushalten; es kam zwischen ihnen ständig zu* ~ ❖ ↗ **streiten**

Streit/streit [ʹʃtRaɪt..]|**-kräfte, die** ⟨Pl.⟩ ʼGesamtheit der militärischen Organe eines Staates, einer Gruppe von Staatenʼ: *die französischen, deutschen* ~; *die* ~ *der NATO; die Stationierung von* ~*n* ❖ ↗ Kraft; **-objekt, das** ʼetw., um dessen Besitz sich mehrere streiten (1)ʼ: *die Insel war lange* ~ *beider Länder* ❖ ↗ Objekt; **-sucht, die** ⟨o.Pl.⟩ ʼstarke Neigung, bei jeder Gelegenheit mit jmdm. einen Streit anzufangenʼ ❖ ↗ Sucht; **-süchtig** ⟨Adj.; Steig. reg., ungebr.; nicht bei Vb.⟩ ʼsehr zur Streitsucht neigendʼ; ANT friedfertig /auf Personen bez./: *er ist* ~, *ein* ~*er Mensch* ❖ ↗ Sucht

streng [ʃtRɛŋ] ⟨Adj.⟩ **1.** ⟨Steig. reg.⟩ ʼdie Durchsetzung und Einhaltung bestimmter Regeln und Forderungen verlangend, keine Abweichungen od. Nachlässigkeiten duldend und entsprechend ohne Rücksicht od. Nachgiebigkeit vorgehendʼ; ANT milde (1), nachsichtig /vorw. auf Personen bez./: *ein* ~*er Lehrer, Vater, Meister, Kritiker, Richter; der neue Lehrer zensiert* ~; *er tadelte ihn* ~, *mit* ~*en Worten; seine Eltern waren sehr* ~ *zu ihm, haben ihn* ~ *erzogen; er ist* ~ *gegen sich und die anderen* **2.**

⟨Steig. reg.⟩ ʼso, dass es den Forderungen in einem hohen Maß an Konsequenz entsprichtʼ; ↗ FELD I.18.3, I.2.3: *eine* ~*e Untersuchung, Prüfung; eine* ~*e* (ANT milde 1) *Strafe; die Untersuchung war* ~; *hier herrscht eine* ~*e Ordnung; wir fordern* ~*ste Verschwiegenheit von euch; etw. ist bei* ~*er* (ʼharter, schwererʼ) *Strafe, aufs Strengste verboten; diese beiden Sachverhalte müssen* ~ (ʼkonsequentʼ) *voneinander getrennt, unterschieden werden; etw., jmdn.* ~ *bewachen, bestrafen; diese Anweisungen müssen* ~ *befolgt, eingehalten werden* **3.1.** ʼdas Strengsein (1) mimisch ausdrückendʼ /auf Mimisches bez./: *er machte ein* ~*es Gesicht; jmdn. mit* ~*em Blick,* ~*er Miene ansehen; sein Blick war* ~ **3.2.** *diese Frisur, das Kostüm ist, wirkt* ~ (ʼlässt jmdn. ernst, unzugänglich erscheinenʼ); *der* ~*e Schnitt eines Kostüms* **4.** ⟨nicht bei Vb.⟩ ʼmit sehr niedrigen Temperaturenʼ: *ein* ~*er Winter; der Winter war* ~; ~*e Kälte;* ~*er Frost* **5.** ʼstark und unangenehm auf den Geruchssinn, Geschmackssinn wirkendʼ: *der* ~*e Geruch eines Raubtiers; der Käse hat einen* ~*en Geschmack; etw. riecht, schmeckt* ~ ❖ **Strenge**

Strenge [ʹʃtRɛŋə], **die**; ~, ⟨o.Pl.⟩ /zu streng 1,3,4,5/ ʼdas Strengseinʼ; ANT Milde; /zu 1/; ↗ FELD I.2.1, 18.1: ~ *anwenden, walten lassen; die ganze* ~ (ʼkeine Ausnahme, Nachsicht duldende Härteʼ) *des Gesetzes* ❖ ↗ **streng**

streng genommen ⟨Modalpartikel⟩ SYN ʼgenau genommenʼ: ~ *ist das nicht korrekt, aber …*

Stress [ʃtRɛs], **der**; ~/auch ~es, ⟨o.Pl.; vorw. nicht mit unbest. Art.⟩ ʼstarke Beanspruchung des menschlichen Organismus durch extreme körperliche, bes. nervliche und seelische Belastung, die zu entsprechenden Reaktionen des Organismus führtʼ: *unter* ~ *stehen; er leidet unter dem* ~; *der* ~ *des Lebens in der Großstadt; der* ~ *macht mich kaputt*

Streu [ʃtRɔɪ], **die**; ~, ⟨o.Pl.; vorw. o. Art.⟩ ʼdas, was im Stall für das Vieh in einer Schicht auf dem Boden ausgebreitet wird, bes. Strohʼ: *die Tiere bekommen täglich frische* ~; *Tannennadeln, Sägespäne als* ~ *benutzen* ❖ ↗ **streuen**

streuen [ʹʃtRɔɪən] ⟨reg. Vb.; hat⟩ **1.** /jmd./ *etw.* ~ ʼetw., bes. eine körnige Masse, mit der Hand od. einem Gerät auf eine Fläche, in etw. werfen, fallen lassen, sodass es sich darüber verteiltʼ: *Dünger, Samen, Sand* ~; *den Hühnern, Vögeln Körner* ~; *dem Brautpaar Blumen* ~; *etw. auf, über, in etw.* ~: *Zucker, über den Kuchen* ~; *Humus auf den Rasen* ~; *Salz in die Suppe, Zucker in den Kaffee* ~; *bei Glatteis, Schneeglätte muss gestreut werden* (ʼmuss Sand o.Ä. auf den Gehwegen, Straßen verteilt werdenʼ) **2.** /etw., bes. Licht/ ʼvon der geraden Bahn, Linie nach verschiedenen Seiten, nach einer bestimmten bevorzugten Richtung abweichenʼ: *die Linse streut; die Werte* ~ (ʼweichen in verschiedener Weise von einem Durchschnittswert abʼ); *das Geschütz, Gewehr streut* (ʼtrifft ungenauʼ) ❖ **Streu, Streuung, bestreuen, verstreuen, zerstreuen, zerstreut, Zerstreuung − Streugut**

Streu|gut ['ʃtRɔɪ..], das ⟨o.Pl.⟩ 'Material, bes. Sand, zum Streuen (1) bei Glätte': *Kies, Sand, Granulat dienen als ~* ❖ ↗ **streuen,** ↗ **Gut**

streunen ['ʃtRɔɪnən] ⟨reg. Vb.; ist/hat⟩ /jmd., Haustier/ **1.1.** ⟨hat⟩ 'ohne Ziel und Zweck irgendwo umherlaufen'; SYN sich herumtreiben: *der Junge hat den ganzen Tag gestreunt; ~de Katzen* **1.2.** ⟨ist⟩ irgendwohin ~ 'ohne Ziel und Zweck irgendwohin laufen': *der Junge ist den ganzen Tag durch die Stadt gestreunt*

Streuung ['ʃtRɔɪ..], die; ~, ~en ⟨vorw. Sg.⟩ 'die Art und Weise, wie etw. streut (↗ *streuen* 2)': *die ~ des Lichts* ❖ ↗ **streuen**

strich: ↗ *streichen*

Strich [ʃtRɪç], der; ~s/auch ~es, ~e **1.** 'gerade od. krumme Linie, die mit einem Stift, Pinsel, einer Feder gezogen wird, worden ist': *ein dünner, dicker, feiner, kurzer, langer ~; einen ~ mit einem Lineal ziehen; etw., einen Satz, ein Wort mit einem roten ~ unterstreichen, durchstreichen; einen ~ durch etw. ziehen* ('quer über etw., bes. einen Text, durch Zahlen, ziehen, um es zu streichen, ungültig zu machen') **2.** 'Zeichen (1) in Form eines kurzen geraden Strichs (1)': *die Morsezeichen bestehen aus Punkten und ~en; die ~e der Gradeinteilung auf dem Zollstock, auf der Skala, auf dem Thermometer, am Rand des Messbechers* **3.** ⟨o.Pl.⟩ 'Richtung, in der die vielen nebeneinander liegenden dünnen fadenförmigen Teile von etw. liegen, bes. das Haar des Menschen, das Fell von Tieren, die Fäden eines Gewebes' /beschränkt verbindbar/: *die Haare, das Fell gegen, wider den ~ bürsten* ❖ ↗ **streichen**

* **unter dem ~** 'nach dem Abwägen aller Vor- und Nachteile': *seine Bemühungen haben unter dem ~ keine Vorteile, keinen echten Erfolg gebracht;* ⟨⟩ umg. **nach ~ und Faden** 'gehörig' /beschränkt verbindbar/: *sie haben ihn nach ~ und Faden betrogen, verprügelt;* /jmd./ **auf den ~ gehen** ('der Prostitution nachgehen'); /etw. (vorw. *das*)/ **jmdm. gegen den ~ gehen** 'jmdm. unangenehm, zuwider sein': *das ging mir gegen den ~;* /jmd., etw./ **jmdm. einen ~ durch die Rechnung machen** 'etw., das jmd. vorhat, verhindern, vereiteln': *der Direktor, Betrieb, die schlechte Auftragslage hat ihm einen ~ durch die Rechnung gemacht;* /jmd./ **keinen ~ tun/machen** ⟨vorw. im Perf.⟩ 'nichts für eine Arbeit, bes. eine schriftliche Arbeit, tun': *ich habe heute noch keinen ~ getan*

stricheln ['ʃtRɪçl̩n] ⟨reg. Vb.; hat⟩ /jmd./ etw. ~ 'etw. durch viele kleine (dicht nebeneinander gezogene) Striche darstellen': *den Umriss von etw. (auf einem Blatt) ~, um ihn hervorzuheben; eine gestrichelte Linie* ('aus vielen kleinen Strichen bestehende Linie') ❖ ↗ **streichen**

strich|weise ['ʃtRɪç..] ⟨Adv.⟩ 'nur in einigen kleinen Gebieten': *~ ist Regen gefallen* ❖ ↗ **streichen**

Strick [ʃtRɪk], der; ~s/auch ~es, ~e 'aus natürlichen, künstlichen Fasern, Fäden gedrehtes, geflochtenes Seil'; ↗ FELD I.7.6.1: *ein langer, dicker, kräftiger ~; der ~ hält, ist gerissen; einen ~ um etw. schlingen, binden, zu einem Knoten schlingen; ein Paket*

mit einem ~ verschnüren ❖ **stricken, verstricken** – **Strickleiter, -nadel**

* **wenn alle ~e reißen** 'wenn keine andere Möglichkeit bleibt; im Notfall': *wenn alle ~e reißen, müssen wir eben auswandern, streiken* (vgl. auch *Strang*); ⟨⟩ umg. /jmd./ **jmdm. einen ~ aus etw.** ⟨Dat.⟩ **drehen** 'jmds. Äußerung, Handeln vor anderen so auslegen, dass er dadurch belastet wird, es ihm schadet': *sie wollten mir daraus, aus meiner liberalen Haltung einen ~ drehen*

stricken ['ʃtRɪkn̩] ⟨reg. Vb.; hat⟩ /jmd./ etw. ~ 'etw., bes. Kleidung, mit Hilfe von Stricknadeln od. einer Maschine und Garn, Wolle herstellen': *linke, rechte Maschen ~; einen Pullover, Strümpfe ~; eine gestrickte Jacke* ❖ ↗ **Strick**

Strick ['ʃtRɪk..]-**leiter, die** 'aus Seilen gefertigte Leiter mit (hölzernen) Sprossen zum Hinauf-, Hinabsteigen, bes. auf Schiffen, zum Klettern und Arbeiten an Fels-, Hauswänden': *der Lotse kletterte an, auf einer ~ an Bord (des Schiffes)* ❖ ↗ Strick, ↗ ²Leiter; -**nadel, die** 'lange und relativ dicke Nadel (1.1) zum Stricken' ❖ ↗ Strick, ↗ Nadel

Strieme ['ʃtRi:mə], die; ~, ~n; ↗ *Striemen*

Striemen ['ʃtRi:mən], der; ~s, ~ 'dunkler Streifen auf der Haut, der durch den Schlag mit einem Stock od. einer Peitsche entstanden ist': *rote, blutig verfärbte ~ auf dem Rücken, Arm, im Gesicht haben; der Körper war mit ~ bedeckt*

strikt [ʃtRɪkt] ⟨Adj.; Steig. reg., Komp. ungebr.; nicht präd.⟩ 'keinen Widerspruch, keine Abweichung duldend' /bes. auf eine Anweisung, einen Befehl bez./: *es erging die ~e Weisung, der ~e Befehl an die Truppen, das Gebiet zu verlassen, nicht zu schießen; ~en Gehorsam, ~e Geheimhaltung fordern; sich ~ an die Vorschriften halten; etw. ~* ('entschieden') *zurückweisen, ablehnen; etw. ~ befolgen*

stritt: ↗ *streiten*

strittig ['ʃtRɪtɪç] ⟨Adj.; Steig. reg., ungebr.; nicht bei Vb.⟩ 'verschiedene, gegensätzliche Auffassungen zulassend und daher umstritten' /auf Abstraktes bez./; ↗ FELD I.4.2.3: *eine ~e Frage, Angelegenheit; die Echtheit dieses Dokuments ist, bleibt noch ~* ❖ ↗ **streiten**

Stroh [ʃtRo:], das; ~s/auch ~es, ⟨o.Pl.⟩ 'die trockenen Halme des gedroschenen Getreides': *ein Bund ~; frisches, trockenes ~; ~ häckseln; ein mit ~ gedecktes Dach* ❖ **Strohfeuer, -halm**

* umg. /jmd./ **~ im Kopf haben** ('sehr dumm sein'); /jmd./ **leeres ~ dreschen** ('viel reden, ohne etw. Sinnvolles zu sagen')

Stroh ['..]-**feuer, das** ⟨o.Pl.⟩: *etw. ist (nur) ein ~* 'eine positive, meist euphorische Emotion, ein Plan o.Ä. klingt rasch wieder ab': *seine Begeisterung für den Sport, seine Liebe war nur ein ~* ❖ ↗ Stroh, ↗ Feuer; -**halm, der** 'trockener Halm des gedroschenen Getreides': *~e zu einem Bündel schnüren; der Sturm hatte die Bäume wie ~e geknickt* ❖ ↗ Stroh, ↗ Halm; * /jmd./ **nach dem rettenden ~ greifen** ('auch die kleinste Möglichkeit wahrnehmen, um in einer ausweglosen Lage doch noch Rettung zu finden'); **-mann, der** ⟨Pl.: Strohmänner⟩ 'jmd., der von jmdm., der nicht selbst auftreten, der im Hintergrund bleiben will, vorgeschoben wird, um für den anderen etw. zu tun, bes. Geschäfte, Verträge abzuschließen': *den ~ (für jmdn.) machen, abgeben; er hatte die Mehrheit der Aktien durch Strohmänner für sich kaufen lassen* ❖ ↗ Stroh, ↗ Mann

Strolch [ˈʃtRɔlç], **der**; ~s/auch ~es, ~e 'kein geregeltes Leben führender, durch das Land strolchender, oft verwahrloster, zu kleineren kriminellen Handlungen neigender Mann': *er, sie ist von einem ~ überfallen, belästigt worden; Diebe und ~e treiben ihr Unwesen* ❖ **strolchen**

strolchen [ˈʃtRɔlçn̩] ⟨reg. Vb.; hat⟩ emot. neg. /jmd./ *irgendwohin* ~ 'ziellos und müßig durch die Gegend ziehen od. durch die Stadt laufen'; ↗ FELD I.7.2.2: *er strolchte tagelang durch die Stadt; er ist durch die halbe Welt gestrolcht* ❖ ↗ **Strolch**

Strom [ˈʃtRoːm], **der**; ~s/auch ~es, Ströme [ˈʃtRøːmə] **1.** 'besonders breiter, großer, viel Wasser führender Fluss, der viele Nebenflüsse hat und ins Meer mündet'; ↗ FELD II.2.1: *ein breiter, tiefer, mächtiger ~; das Unwetter hat die Flüsse und Bäche in reißende Ströme verwandelt* **2.** ⟨+Attr.⟩ emot. *ein ~ von Menschen, Sachen* 'eine große, sich ununterbrochen (vorwärts) bewegende Menge von Menschen, Sachen': *ein ~ von Autos; Ströme, ein ~ von Menschen strebten zum Sportplatz; Ströme von Tränen vergießen* **3.** SYN 'Strömung (1)'; ↗ FELD I.7.2.1: *der ~ trieb ihn, den Kahn in die Mitte des Flusses; er wurde vom ~ fortgerissen; ein ~ kalter Luft aus Richtung Norden* **4.** SYN 'Strömung (2)': *ein warmer, kalter ~ führt am Kontinent vorbei* **5.** ⟨o.Pl.⟩ SYN 'Elektroenergie': *der* ↗ *elektrische ~; starker, schwacher ~; den ~ ein-, aus-, abschalten; mit ~ heizen; die Leitung steht unter ~* ('in ihr fließt Elektroenergie'); *etw. unter ~ setzen* ('Elektroenergie durch etw. fließen lassen') ❖ **strömen, Strömung — ausströmen, Drehstrom, Gleichstrom, Schwachstrom, Starkstrom, Wechselstrom**; vgl. **Strom/strom-**

* /jmd./ **mit dem ~ schwimmen** ('sich der herrschenden Meinung aus Opportunismus anschließen, anpassen'); emot. /Getränk, bes. Wein, Sekt/ **in Strömen fließen**: *der Sekt floss in Strömen* ('es wurde viel Sekt angeboten und getrunken'); emot. /etw. (nur *es*)/ **in Strömen gießen/regnen**: *es goss, regnete in Strömen* ('es regnete sehr stark'); /jmd./ **gegen den ~ schwimmen** ('sich gegen die herrschende Meinung stellen, sich ihr widersetzen')

strömen [ˈʃtRøːmən] ⟨reg. Vb.; ist⟩ **1.** /etw. Flüssiges, Gasförmiges/ *irgendwohin, irgendwoher* ~ '(schnell) in großer Menge irgendwohin, von irgendwoher fließen (1)'; ↗ FELD II.2.2: *der Fluss strömt breit und gemächlich durch das Tal; Wasser strömt in dickem Strahl aus dem Rohr, aus der Leitung, in das Becken; frische, kalte Luft strömt in unser Gebiet; die Tränen strömten ihr aus den Augen; das Blut strömt aus der Wunde; sie brachen bei ~dem Regen auf* **2.** emot. /mehrere (jmd.)/ *irgendwoher, irgend-*

wohin ~ 'in Massen von irgendwoher kommen, irgendwohin gehen': *die Menschen strömten aus dem, in den Saal, auf die Straßen, den Platz* ❖ ↗ **Strom**

Strom/strom [ˈʃtRoːm..]|**-kreis, der** 'mit einer Stromquelle verbundenes System von Leitungen, durch das Elektroenergie fließt': *einen ~ schließen* ('den Kontakt zwischen Teilen eines Stromkreises herstellen'); *einen ~ unterbrechen* ('den Kontakt zwischen Teilen eines Stromkreises aufheben') ❖ ↗ Kreis; **-linienförmig** ⟨Adj.; o. Steig.⟩ 'so geformt, dass selbst bei großer Geschwindigkeit die Luft nur geringsten Widerstand findet': *der ~ gestaltete Körper eines Raumschiffs, Rennautos, eines Triebwagens* ❖ ↗ Linie, ↗ Form; **-netz, das** 'System elektrischer Leitungen': *ein Haus, Gerät an das ~ anschließen* ❖ ↗ Netz; **-quelle, die** 'Vorrichtung, bes. Generator, Batterie, die unter Spannung (4) steht und Elektroenergie abgeben kann': *die Batterie als ~* ❖ ↗ Quelle; **-schnelle, die** 'Stelle, Strecke in einem Fluss, Strom mit reißender Strömung': *mit einem Schlauchboot durch ~n fahren* ❖ ↗ schnell; **-stärke, die** 'Menge der Elektroenergie, die in einer bestimmten Zeit durch eine Leitung fließt': *die ~ (in Ampere) messen* ❖ ↗ stark

Strömung [ˈʃtRøːm..], **die**; ~, ~en **1.** ⟨o.Pl.⟩ 'das Strömen (1) von etw. Flüssigem, bes. Wasser, von etw. Gasförmigem, bes. Luft'; SYN Strom (3); ↗ FELD I.7.2.1, II.2.1: *eine gefährliche ~; in eine ~ geraten; von einer ~ erfasst werden; das Boot wurde von der reißenden ~ fortgerissen; der Schwimmer kämpfte gegen die ~ an; eine ~ (mit) kalter Luft aus dem Norden* **2.** 'größere Menge Wasser, das sich in einem Fluss, Strom, Meer in bestimmter Richtung bewegt'; SYN Strom (4): *eine kalte, warme ~ im Meer* **3.** 'bestimmte Richtung (3), Tendenz, Entwicklung im politischen, geistigen Bereich': *eine politische, geistige, ideologische ~; es gibt eine nostalgische ~ in der Mode; ~en in der Literatur, Politik analysieren* ❖ ↗ **Strom**

Strophe [ˈʃtRoːfə], **die**; ~, ~n 'aus mehreren Versen bestehender, eine Einheit bildender Teil eines Gedichtes, Liedes': *das Lied, Gedicht hat vier ~n; auf jede ~ folgt ein Kehrreim; wir haben nur die erste ~ gesungen*

strotzen [ˈʃtRɔtsn̩] ⟨reg. Vb.; hat⟩ umg. *vor/von etw.* ⟨Dat.⟩ ~ **1.1.** emot. pos. /jmd./ *vor, von Gesundheit, Energie* ~ ('überaus gesund, voller Energie sein und so aussehen') **1.2.** emot. neg. /jmd., etw./ *vor/von Schmutz* ~ 'überaus schmutzig sein': *der Junge, Anzug strotzte vor/von Schmutz* **1.3.** emot. neg. /geschriebener Text, bes. Diktat, Aufsatz/ *vor/von Fehlern* ~ 'überaus viele Fehler enthalten': *der Aufsatz, das Diktat strotzte vor/von Fehlern*

Strudel [ˈʃtRuːdl̩], **der**; ~s, ~ 'starke kreis-, spiralförmige Strömung (1) im Wasser, die einen starken, nach unten gerichteten Sog verursacht': *das Boot, der Schwimmer war in einen ~ geraten; im Fluss gibt es einige gefährliche ~* (SYN 'Wirbel 1')

Struktur [ʃtRʊkˈtuːɐ], **die**; ~, ~en **1.** 'Art, wie die Teile eines Ganzen, die Elemente eines Systems miteinander verbunden sind, zueinander in Relation stehen und dadurch den inneren Bau, die innere Gliederung eines Ganzen ausmachen'; SYN Aufbau (2), Bau (6): *die ~ des Atoms, der Zellen eines Organismus, eines Kristalls; die grammatische ~ einer Sprache;* SYN 'Gefüge (2)': *die soziale, gesellschaftliche, wirtschaftliche ~ eines Landes; wirtschaftliche ~en* **2.** 'wie ein Relief erscheinende formale Beschaffenheit der Oberfläche von etw., bes. einer Textilie': *ein Gewebe mit einer groben ~; eine Tapete mit ~; das Gewebe hat eine feine ~* ❖ **strukturell, strukturieren**

strukturell [ʃtrʊktuˈrɛl] ⟨Adj.; o. Steig.; nicht präd.⟩ 'die Struktur (1) betreffend' /auf Abstraktes bez./: *~e Unterschiede zwischen inhaltlich ähnlichen Systemen; ~e Veränderungen innerhalb eines Systems; etw. ~ verändern; ~* ('durch unterschiedliche Bedingungen, regionale Verhältnisse') *bedingte Arbeitslosigkeit* ❖ ↗ **Struktur**

strukturieren [ʃtrʊktuˈriːrən], strukturierte, hat strukturiert ⟨oft im Pass.⟩ /jmd., Institution/ etw. ~ 'etw. nach einer bestimmten Struktur (1) (um)gestalten': *der Betrieb müsste völlig neu strukturiert werden* ❖ ↗ **Struktur**

Strumpf [ʃtrʊmpf], **der**; ~es/auch ~s, Strümpfe [ˈʃtrʏmpfə] 'textiles Kleidungsstück, das den Fuß und einen Teil des Beines bis knapp über den Knöchel od. bis zum Knie od. (bei Frauen) das ganze Bein bedeckt'; ↗ FELD V.1.1: *ein Paar (lange, kurze) Strümpfe; eine Laufmasche im ~ haben* ❖ **Strumpfhose**
* umg. /jmd./ **sich auf die Strümpfe machen** 'aufbrechen (3)': *es ist schon spät, jetzt müssen wir uns aber auf die Strümpfe machen!*

Strumpf|hose ['..], **die** 'Kleidungsstück bes. für Frauen, das die Füße, Beine und den Unterleib bedeckt'; ↗ FELD V.1.1: *sie trägt ~n* ❖ ↗ **Strumpf**, ↗ **Hose**

struppig [ˈʃtrʊpɪç] ⟨Adj.; Steig. reg.⟩ 'wirr und ungeordnet sowie steif abstehend' /auf die Haare des Menschen, das Fell von Tieren, bes. des Hundes, bez./: *er hatte ~es Haar, einen ~en Bart; das Fell des Hundes war ~ und nass; er sah ~ aus*

Stube [ˈʃtuːbə], **die**; ~, ~n [ˈʃtuːbm̩] landsch. SYN 'Wohnzimmer'; ↗ FELD V.2.1: *eine große, helle, warme ~* ❖ **Stubenarrest, -hocker**

Stuben [ˈʃtuːbm̩..]-**arrest, der** 'als Strafe gedachtes Verbot, die Stube zu verlassen und nach draußen zu gehen' /wird einem Kind von seinen Eltern verordnet/: *unser Sohn hat heute ~, er hat gestern keine Schularbeiten gemacht* ❖ ↗ Stube, ↗ Arrest; **-hocker, der** umg. emot. neg. 'jmd., der sich am liebsten sehr viel zu Hause im Zimmer aufhält und wenig ins Freie geht': *er ist ein ~* ❖ ↗ Stube, ↗ hocken

Stuck [ʃtʊk], **der**; ~s/auch ~es, ⟨o.Pl.⟩ **1.** 'gut formbare, schnell hart werdende Masse aus Gips, Kalk, Sand und Wasser, die als Werkstoff für plastische Verzierungen an Decken und Wänden, für Plastiken verwendet wird': *Figuren aus ~* **2.** 'aus Stuck (1) hergestellte Verzierung (2)': *die Decken, Wände waren mit ~ verziert*

Stück [ʃtʏk], **das**; ~s/auch ~es, ~e **1.** ⟨+ Attr.; mit Mengenangabe: vorw. *Stück*⟩ 'von etw. abgetrennter und eine eigene Einheit bildender Teil': *ein, zwei ~ Brot, Kuchen, Torte, Schokolade, Stoff, Papier; ein, das ~ Kuchen kostet eine Mark; ein ~ Wurst; ein ~ vom Fleisch abschneiden; das ist ein schönes ~ Fleisch; er ist stolzer Besitzer eines ~(e)s Land/ eines ~ Landes; ein ~ (Text) aus einem Buch vorlesen; er legte mehrere ~/~e, drei ~/~e Holz auf das Feuer;* ⟨Pl. nur: *Stücke*⟩: *die Scheibe zerbrach in tausend ~e; Kuchen in ~e schneiden; er hat die (zehn) ~e der zerbrochenen Vase mühsam wieder zusammengesetzt; er hat den Brief in viele ~e zerrissen; im ~: Wurst, Käse im ~* ('nicht in Scheiben geschnitten') *kaufen* **2.** ⟨+ Attr.; mit Mengenangabe: *Stück*⟩ 'bestimmte Menge eines Stoffes, die, nach Form und Gewicht festgelegt, ein Ganzes bildet und so in den Handel gelangt': *ein ~ Seife, Butter; er nahm ein, zwei ~ Zucker in den Tee* **3.** 'einzelner Gegenstand als Exemplar einer Gattung verschiedenartiger od. auch identischer Gegenstände': *neue Möbel standen neben wertvollen alten ~en; die schönsten ~e der Sammlung waren ausgestellt;* umg. *dieser Mantel ist sein bestes ~* ('ist das beste Kleidungsstück, das er hat'); *die Zigarren kosten 60 Pfennig das/pro ~; ich habe das ~ für ein paar Mark bekommen;* ⟨mit Mengenangabe: *Stück*⟩: *die Produktion von Fahrrädern wurde um, auf 5000 ~ erhöht; ich möchte fünf ~ von den Rosen* **4.** ⟨mit Mengenangabe: *Stück*⟩ *ein ~* 'ein einzelnes, (zum Vieh) gezähltes Tier': *auf der Jagd wurde nur ein, wurden acht ~ Wild erlegt* **5.** ⟨o.Pl.; mit best. Adj.attr.⟩ /beschränkt verbindbar/ umg. *das hat ein schönes ~* ('ziemlich viel') *Geld gekostet; hier muss noch ein gutes ~ Arbeit geleistet werden* **6.** 'Theaterstück': *ein ~ schreiben, inszenieren, aufführen, vom Spielplan absetzen; hast du das neue ~ schon gesehen?* **7.** 'Musikstück': *auf dem Klavier ein ~ von Mozart spielen; ein ~ für Klavier und Harfe* **8.** ⟨vorw. Sg.; mit best. adj. Attr.⟩ umg. emot. neg. /meint einen Menschen/: *er, sie ist ein dummes, faules, freches ~* ('ist dumm, faul, frech') **9.** ⟨o.Pl.⟩ **9.1.** *ein ~* 'ein wenig, etwas': *er ist ein ~ gewachsen; er ist ein ~ größer als ich; ein ~ spazieren gehen; jmdn. ein ~ auf dem Heimweg begleiten* **9.2.** *ein ganzes, gutes ~*: *bis zum Bahnhof ist es ein gutes ~ Weg(es)* ('ist es recht weit'); *er ist ein ganzes ~* ('recht viel') *gewachsen* ❖ **Bruchstück, Gepäckstück, Grundstück, Möbelstück, Kleidungsstück, Kunststück, Meisterstück, Möbelstück, Mundstück, Musikstück, Prunkstück, Schmuckstück, Schriftstück, Theaterstück, Volksstück, Wäschestück, Wassergrundstück, Wertstück, Stücklohn, -werk**
* **aus freien ~en** 'freiwillig, ohne aufgefordert worden zu sein': *er hat sich aus freien ~en gemeldet; jmdm. aus freien ~en helfen; das hat er aus freien ~en getan; etw., bes. Gegenstand/ in ~e gehen* 'entzweigehen': *das Porzellan ist bei dem Sturz in ~e gegan-*

gen; /jmd./ **große ~e auf jmdn. halten** (ʻvon jmds. Fähigkeiten, Tüchtigkeit überzeugt sein, ihn sehr schätzen 3ʼ); ⟨⟩ umg. emot. /jmd./ **sich für jmdn. in ~e reißen lassen** (ʻsich für jmdn. aufopfern, alles für jmdn. tunʼ); emot. **das ist ein starkes ~** ʻdas ist unverschämt, unerhörtʼ: *das ist denn doch, das ist wirklich ein starkes ~!*

Stück [ʻ..]|-**lohn, der** ⟨o.Pl.⟩ ʻArbeitslohn, der nach der in einer bestimmten Zeit produzierten Menge der Erzeugnisse berechnet wirdʼ ❖ ↗ Stück, ↗ Lohn; **-werk** ⟨o. Art.⟩: *etw. ist, bleibt ~* ʻetw. ist unvollständig, unfertig und befriedigt nichtʼ; ↗ FELD III.5.1: *unser Wissen ist häufig nur ~; das wird immer ~ bleiben; was er auch anfing, tat, es war, es blieb ~* ❖ ↗ Stück

Student [ʃtuˈdɛnt], **der**; ~en, ~en ʻjmd., der an einer Universität, Hoch-, Fachschule studiertʼ: *ein ~ der Medizin; er ist ~ im ersten Semester, an der Philosophischen Fakultät* ❖ ↗ **studieren**

Studenten|futter [ʃtuˈdɛntn̩..], **das** ʻMischung aus Rosinen und Nüssen, die man zwischen den Mahlzeiten isst, um seinen Hunger zu stillenʼ ❖ ↗ **studieren**, ↗ **Futter**

Studentin [ʃtuˈdɛnt..], **die**; ~, ~nen /zu *Student;* weibl./ ❖ ↗ **studieren**

studentisch [ʃtuˈdɛnt..] ⟨Adj.; o. Steig.; nicht präd.⟩ ʻvon Studenten getragenʼ: *die ~en Protestbewegungen; das ~e Leben* ❖ ↗ **studieren**

Studie [ʻʃtuˈdiə], **die**; ~, ~n **1.** ʻEntwurf, Skizze für eine künstlerische Arbeitʼ: *er hat mehrere ~n für das Gemälde, die Plastik, das Denkmal gemacht* **2.** ʻ(kürzere) schriftliche wissenschaftliche Untersuchung, Darstellungʼ: *eine historische, psychologische ~ veröffentlichen; eine ~ über Probleme der Arbeit am Theater, über Bewässerung, soziale Probleme* ❖ ↗ **studieren**

Studien|platz [ʻʃtuˈdiən..], **der** ʻMöglichkeit für jmdn., ein bestimmtes Studium an einer bestimmten Universität, Hoch-, Fachschule aufzunehmenʼ: *es sind noch Studienplätze frei, vorhanden; (k)einen ~ bekommen* ❖ ↗ **studieren**, ↗ **Platz**

studieren [ʃtuˈdiːʀən], studierte, hat studiert **1.** /jmd./ ʻsich an einer Universität, Hoch-, Fachschule als Student(in) in einem bestimmten Fach, in bestimmten Fächern ausbilden lassenʼ: *seine Kinder ~ alle; er studiert an einer technischen Hochschule, an einer Universität, in Berlin, im ersten Semester; er möchte gern ~; etw. ~: er studiert Chemie, Medizin, Germanistik (an der Universität N)* **2.** /jmd./ *etw.; ~* ↗ FELD I.4.1.2 **2.1.** ʻsich intensiv, wissenschaftlich mit einer Publikation beschäftigen, um etw. zu lernenʼ: *ein grundlegendes Werk über Chemie, Psychologie ~* **2.2.** ʻsich intensiv, eingehend, wissenschaftlich mit bestimmten Problemen, Verhältnissen beschäftigen, um sie genau kennen zu lernen, zu erforschenʼ: *eine Frage, ein Problem, die wirtschaftlichen Verhältnisse in einer Gegend ~* **2.3.** umg. scherzh. *die Speisekarte, den Fahrplan ~* (ʻgenau lesen, um sich über das Angebot zu informierenʼ)

❖ **Student, Studentin, studentisch, Studie, Studium** ↗ **einstudieren, Studienplatz, Studentenfutter**

Studio [ʻʃtuːdi̯o], **das**; ~s, ~s **1.** ʻArbeitsraum eines bildenden Künstlersʼ; SYN Atelier **2.** ʻRaum für Aufnahmen, Sendungen bei Film, Funk und Fernsehenʼ: *eine Sendung im ~ drehen; die Aufnahmen wurden im ~ gemacht* **3.** ʻgewerbliche Einrichtung, in der bestimmte Dienstleistungen geboten werden, z. B. Frisieren, Bräunen, Schneidern u.Ä.ʼ /vorw. in Komposita wie z. B. *Haarstudio, Sonnenstudio*/: *ein ~ eröffnen; in ein ~ gehen*

Studium [ʻʃtuːdi̯ʊm], **das**; ~, Studien [..ˈdi̯ən] **1.** ⟨o.Pl.⟩ ʻdie Ausbildung an einer Universität, Hoch-, Fachschuleʼ: *das ~ der Medizin; ein medizinisches, naturwissenschaftliches ~; ein ~ aufnehmen, abschließen; sich für ein ~ bewerben; zum ~ zugelassen werden* **2.1.** ʻdas Studieren (2.2)ʼ; ↗ FELD I.4.1.1: *ein gründliches ~ der historischen Quellen als Voraussetzung für wissenschaftliche Erkenntnisse; sich in das ~ alter Sprachen vertiefen; seine Studien über das Verhalten bestimmter Insekten, die sozialen Verhältnisse eines Landes* **2.2.** ⟨o.Pl.⟩ ʻdas Studieren (2.1)ʼ: *das ~ der Fachliteratur* ❖ ↗ **studieren**

Stufe [ʻʃtuːfə], **die**; ~, ~n **1.** ʻeiner von mehreren, eine waagerechte Fläche bildenden Teilen einer Treppe, Leiterʼ: *niedrige, hohe, breite, ausgetretene ~n; die unterste, oberste ~ der Treppe, Leiter; ~n aus Holz, Stein; er kam die ~n herauf, herunter, ging die ~n hinauf, hinunter; er nahm immer zwei ~n auf einmal* (ʻnutzte nur jede zweite Stufe zum Aufsetzen der Füßeʼ) **2.1.** ʻbestimmter Zustand, Abschnitt im Verlauf einer Entwicklung, eines Geschehensʼ: *die Industrie, wissenschaftliche Forschung des Landes steht auf einer hohen ~* (SYN ʻStand 3.1ʼ); *er ist auf einer bestimmten ~ der Entwicklung stehen geblieben; eine wichtige ~* (SYN ʻEtappe 2ʼ) *auf dem Weg zum Erfolg; er steht geistig auf der ~ eines dreijährigen Kindes* **2.2.** ⟨+ Gen.attr.⟩ ʻAusmaß, Gradʼ: *er hat die höchste ~ seiner Leistungsfähigkeit erreicht; sie sind auf der tiefsten ~ menschlicher Erniedrigung angekommen* **3.** ʻStelle (5), die jmd, etw. in einer Ordnung (5.1), Folge einnimmtʼ: *er ist darum bemüht, beruflich eine höhere ~ zu erreichen; er ist gehaltlich in die nächste ~ aufgerückt; nach seiner Meinung stehen die beiden Kunstwerke auf einer/auf der gleichen ~* (ʻsind die beiden Kunstwerke von gleichem Wertʼ); *man kann diese beiden Forscher, Erkenntnisse nicht auf eine/nicht auf die gleiche ~ stellen* (ʻihnen nicht die gleiche Bedeutung 2 zuerkennenʼ); *willst du dich etwa mit diesen Kerlen auf die gleiche ~ stellen* (ʻwillst du zu diesen Kerlen gerechnet werdenʼ)? **4.** ʻeines von mehreren (solchen) Teilen einer Rakete, die alle außer der letzten dem Antrieb dienen und abgestoßen werden, wenn sie leer gebrannt sindʼ ❖ ↗ **einstufen**

Stuhl [ʃtuːl], **der**; ~s/auch ~es, Stühle [ʻʃtyːlə] **1.** ʻSitzmöbel mit meist vier Beinen und einer Lehne für den Rücken, für eine Personʼ; ↗ FELD V.4.1 (↗ TABL Sitzmöbel): *ein bequemer, moderner ~; ein* *hölzerner, mit Leder bezogener* ~; *ein* ~ *mit gepolsterter Lehne; sich auf einen* ~ *setzen; von einem* ~ *aufstehen; auf einen* ~ *steigen, klettern, um etwas auf den Schrank zu legen* **2.** 'Stuhlgang': *regelmäßig* ~ *haben; haben Sie heute schon* ~ *gehabt?* **3.** 'menschlicher Kot': ~ *zur Untersuchung beim Arzt abgeben; harter, weicher* ~ ❖ **Beichtstuhl, Dachstuhl, Fahrstuhl, Lehrstuhl, Liegestuhl, Rollstuhl, Schaukelstuhl, Stuhlgang, Webstuhl**

* /jmd., Institution/ **sich zwischen zwei Stühle setzen** 'sich nach zwei Seiten hin in eine unglückliche Lage bringen': *mit dieser Entscheidung hat er sich zwischen zwei Stühle gesetzt;* /jmd., Institution/ **zwischen zwei Stühlen sitzen** 'sich nach zwei Seiten hin in eine unglückliche Lage gebracht haben': *mit dieser Entscheidung sitzt er nun zwischen zwei Stühlen, beide Parteien kritisieren ihn;* /jmd., Unternehmen/ **jmdm. den ~ vor die Tür setzen/stellen** 'jmdm. die Stellung, sein Arbeitsverhältnis kündigen, ihn entlassen': *man hat ihm den* ~ *vor die Tür gesetzt;* ⟨⟩ umg. /etw. (bes. *das)*/ **jmdn. vom ~ hauen** 'jmdn. sehr überraschen': *das hat ihn glatt vom* ~ *gehauen*

Stuhl|gang ['..], **der** ⟨o.Pl.⟩ 'Ausscheidung von Kot': ~ *haben; etw. hemmt den* ~ ❖ ↗ **Stuhl**, ↗ **gehen**

stülpen ['ʃtʏlpm̩] ⟨reg. Vb.; hat⟩ **1.** /jmd./ *etw. über etw.* ~ 'eine Hülle o.Ä. über etw., bes. über ein Gerät, legen, setzen, um es damit völlig zu bedecken': *einen Kasten, eine Hülle über die Nähmaschine, Schreibmaschine* ~ **2.** umg. /jmd./ *sich* ⟨Dat.⟩, *jmdm. etw. auf den Kopf* ~ ('eine Kopfdeckung auf den Kopf setzen') **3.** /jmd./ *etw. nach außen* ~: *das Innere eines Handschuhs, einer Handtasche, eines Beutels nach außen* ~ ('nach außen wenden'), *um das Futter zu reinigen*

stumm ['ʃtʊm] ⟨Adj.; o. Steig.⟩ **1.** 'ohne die Fähigkeit, sprachliche Laute hervorzubringen' /auf Personen bez./: *ein* ~*es Kind; er ist von Geburt an* ~, *ist* ~ *geboren;* vgl. *taubstumm* **2.** ⟨vorw. attr.⟩ 'sich nicht zum Gesagten, Dargebotenen äußernd' /auf Personen bez./: *er war ein* ~*er Zuschauer, ein* ~*er Zuhörer* **3.** ⟨nicht präd.⟩ 'wortlos' /auf Mimisches, Sprachliches bez./: *sein* ~*er Blick sprach Bände; sein Gesicht war ein einziger* ~*er Vorwurf; sie sahen einander* ~ *an; er verabschiedete sich* ~ ❖ **taubstumm**

Stummel ['ʃtʊml̩], **der**; ~s, ~ 'kurzes Stück, das von einem längeren Gegenstand übrig geblieben ist': *der* ~ (SYN 'die ¹Kippe') *einer Zigarette; von der Kerze ist nur noch ein* ~ *übrig; von einem Bleistift den* ~ *wegwerfen*

Stümper ['ʃtʏmpɐ], **der**; ~s, ~ 'jmd., der stümpert, gestümpert hat': *er ist ein* ~; *so ein* ~! ❖ **Stümperei, stümpern**

Stümperei [ʃtʏmpə'ʁ..], **die**; ~, ~en /zu *stümpern*/ **1.** ⟨o.Pl.⟩ 'das Stümpern'; SYN Pfusch: *du arbeitest nicht gut, das ist* ~, *was du da machst* **2.** 'etw., das durch Stümperei (1) entstanden ist'; SYN Pfusch: *dieses Gemälde, der Einbau dieser Tür, das ist* ~ ❖ ↗ **Stümper**

stümpern [ʃtʏmpɐn] ⟨reg. Vb.; hat⟩ /jmd./ 'infolge mangelhafter Kenntnis, geringen Könnens od. aus großer Nachlässigkeit, Oberflächlichkeit schlecht arbeiten'; SYN pfuschen: *mit ihm ist nichts anzufangen, er stümpert nur und bringt nichts Gescheites zustande* ❖ ↗ **Stümper**

stumpf [ʃtʊmpf] ⟨Adj.⟩ **1.** ⟨Steig. reg.; vorw. attr.⟩ 'durch häufigen Gebrauch abgenutzt und nicht so scharf, spitz wie erwünscht' /auf Werkzeuge bez./: ANT scharf (1): *ein* ~*es Messer, Beil; eine* ~*e Schere, Säge; das Messer ist* ~; *die Klinge ist* ~ *geworden;* ANT spitz (1): *eine* ~*e Nadel, Kanüle; ein* ~*er Bleistift* **2.** ⟨o. Steig.; nur attr.⟩ 'ohne Spitze' /auf Gegenstände bez., die sich normalerweise zum Ende hin verjüngen/: *ein* ~*er Kegel, Kirchturm* **3.** ⟨o. Steig.; nur attr.⟩ ANT spitz (2): *ein* ~*er* ('zwischen 90° und 180° großer'; ↗ FELD III.1.3) *Winkel;* **4.** ⟨Steig. reg.⟩ 'von rauer Oberfläche' /auf Gegenstände mit best. Oberfläche bez./; ↗ FELD III.3.3: *seine Zähne fühlten sich* ~ *an; die Rutschbahn war* ~ (ANT glatt 2), *war über Nacht* ~ *geworden* **5.** ⟨Steig. reg., ungebr.⟩ 'ohne Glanz (1)'; SYN matt (2): *sie hat* ~*es Haar; ihr Haar wirkt* ~, *ist durch die Sonne ganz* ~ *geworden; der Maler hat* ~*e Farben verwandt; ihre Augen waren* ~ **6.** ⟨Steig. reg., ungebr.⟩ 'geistig, gefühlsmäßig nicht reagierend'; SYN gleichgültig, teilnahmslos: *er hatte ein ausdrucksloses,* ~*es Gesicht; er ging* ~ *an all den Schönheiten der Natur vorüber; der ständige Schmerz hatte ihn* ~ *gemacht* ❖ **Stumpfsinn, stumpfsinnig** — **abstumpfen**

Stumpf, der; ~s/auch ~es, Stümpfe ['ʃtʏmpfə] **1.** 'kurzes Stück, das von einem längeren Gegenstand übrig geblieben ist': *die Kerze war bis auf einen* ~ *niedergebrannt; der* ~ *eines gefällten Baumes* **2.** 'am Körper verbliebener Teil eines amputierten Armes od. Beines'

* /jmd./ **etw. mit ~ und Stiel** ('ganz und gar') **ausrotten**

Stumpf/stumpf ['ʃtʊmpf..]**-sinn, der 1.** 'psychischer Zustand, der durch geistige, gefühlsmäßige Teilnahmslosigkeit gekennzeichnet ist'; ↗ FELD I.4.4.1, 6.1: *in seinem* ~ *konnte er stundenlang tatenlos auf einem Fleck sitzen; er war im Alter in* ~ *verfallen, versunken* **2.** umg. 'etw. ganz und gar Langweiliges, Eintöniges, Geistloses': *diese Tätigkeit ist der reinste* ~ ❖ ↗ stumpf, ↗ Sinn; **-sinnig** ⟨Adj.; Steig. reg.⟩ **1.** 'Stumpfsinn (1) ausdrückend'; SYN stupid /auf Personen bez./; ↗ FELD I.4.4.3, 5.3, 6.3: *er blickte* ~ *vor sich hin; er hörte ihm* ~ ('ohne geistig od. gefühlsmäßig zu reagieren') *und wortlos zu* **2.** 'Stumpfsinn (2) darstellend'; SYN langweilig, geistlos, stupid; ANT interessant (1) /auf Tätigkeiten bez./: *eine ausgesprochen* ~*e Tätigkeit; die Arbeit ist schrecklich* ~ ❖ ↗ stumpf, ↗ Sinn

Stunde ['ʃtʊndə], **die**; ~, ~n **1.** 'Zeitraum von 60 Minuten': *er hatte eine viertel, halbe, dreiviertel* ~, *drei* ~*n gewartet; das dauert eine, eine reichliche, knappe* ~, *anderthalb* ~*n; er muss alle drei* ~*n seine Medi-*

*zin einnehmen; bis zum nächsten Ort ist es eine ~,
sind es drei ~n* ('braucht man eine Stunde, drei
Stunden') *(mit dem Fahrrad); sie hat eine ~ lang
telefoniert; das Auto fährt 180 Kilometer die/pro ~;
der Arbeitstag umfasst nur noch sechs ~n* ('es wird
nur noch sechs Stunden am Tag gearbeitet'); *er
kam um die zehnte ~* ('etwa um zehn Uhr') *bei uns
an; zu früher ~* ('früh am Morgen'); *zu später ~*
('spät am Abend'); *ein paar gemütliche ~n mitein-
ander verbringen;* vgl. *Sekunde, Minute* 2. 'Unter-
richtsstunde' /dauert meist 45 Minuten/: *wir haben
morgen sechs ~n; die erste ~ beginnt um 8.00/um
acht Uhr; die letzte ~ ist gestern ausgefallen; wir
haben heute zwei Stunden Mathematik, Sport; eine
~ schwänzen* 3. ⟨o.Pl.; + Gen.attr.⟩ *die ~* ('der
Zeitpunkt') *der Entscheidung, Bewährung, Rache
ist, war gekommen; die ~ der Wahrheit* ('Zeitpunkt,
an dem sich zeigt, wie fähig jmd., wie gut etw. ist')
❖ **stunden, stündlich — dreistündige, Dreiviertel-
stunde, einstündig, einstündlich, Feierstunde, halb-
stündig, halbstündlich, mehrstündig, Sprechstunde,
Sternstunde, Überstunde, Viertelstunde, viertelstün-
dig, viertelstündlich, stundenlang, Stundenplan**
* … *der ersten ~: er war ein Mann, Aktivist, Politiker
der ersten ~* ('er hat als einer der Ersten den Be-
ginn von etw., den Neubeginn mitbestimmt'); **jmds.
letzte ~ hat geschlagen** ('jmd. muss sterben'); **die ~
Null** ('bes. der Zeitpunkt einer Niederlage, nationa-
len Katastrophe, an dem sich die Wende zu einer
neuen Entwicklung vollzieht'); **in einer schwachen
~** 'in einer Situation, in der jmd. nachgiebig wird
od. sich verführen lässt': *in einer schwachen ~ hat
er ihr sein Haus vermacht;* **in einer stillen ~** 'in einer
Situation, in der man in Ruhe über etw. nachden-
ken kann': *in einer stillen ~ kam er zu der Erkennt-
nis, dass …;* **die ~ X** ('noch unbekannter, nur Ein-
geweihten bekannter Zeitpunkt, an dem etw. Be-
deutendes, bes. eine militärische Aktion, beginnen
wird'); **zur ~** 'zum gegenwärtigen Zeitpunkt': *zur
~ sieht es so aus, dass …*

stunden ['ʃtʊndn̩], stundete, hat gestundet /jmd./
jmdm. etw. ~ 'jmdm. gestatten, die Frist für eine
Zahlung, die er ihm schuldet, auf einen späteren
Termin zu verlegen': *er hat sie gebeten, ihm den Be-
trag noch einmal, noch für einige Tage zu ~* ❖ ↗
Stunde

stunden/Stunden ['..]|**-lang** ⟨Adj.; o. Steig.; nicht präd.⟩
'mehrere Stunden (1) dauernd': *sie haben ~e Wande-
rungen gemacht; er kann ~ mit seinen Kindern spielen*
❖ ↗ Stunde, ↗ lang; **-plan, der** 'der für Lehrer und
Schüler verbindliche Plan für die Unterrichtsstun-
den einer Woche' ❖ ↗ Stunde, ↗ Plan

stündlich ['ʃtʏnt..] ⟨Adj.; o. Steig.; nicht präd.⟩ 'im
Abstand von einer Stunde (1), jede Stunde einmal':
*der ~e Wechsel des Verbandes; eine Medizin ~ ein-
nehmen müssen; dieser Bus verkehrt ~* ❖ ↗ Stunde

Stunk [ʃtʊŋk], der; ~s/auch ~es, ⟨o.Pl.⟩ derb 'Ärger
(2) und Streit': *bei euch hört der ~ nicht auf, gibt
es immer wieder ~* ❖ ↗ **stinken**

stupid [ʃtu'piːt] ↗ **stupide**

stupide [ʃtu'piːdə] ⟨Adj.; Steig. reg.⟩ 1. 'stumpfsinnig
(1)'; ANT wach /auf Personen bez./; ↗ FELD
I.4.4.3: *er ist ~, sieht ~ aus; sein ~r Gesichtsaus-
druck* 2. ⟨nicht bei Vb.⟩ 'stumpfsinnig (2)' /auf Tä-
tigkeiten bez./: *eine ~e Tätigkeit; die Arbeit ist ~*
❖ **Stupidität**

Stupidität [ʃtupidi'tɛːt/..'teːt], die; ~, ⟨o.Pl.⟩ /zu *stu-
pide* 1 u. 2/ 'das Stupidesein'; /zu 2/: *die ~ dieser
Arbeit* ❖ ↗ **stupide**

stur [ʃtuːɐ] ⟨Adj.; Steig. reg.⟩ 1. 'in unangenehmer
Weise hartnäckig auf etw. bestehend und (geistig,
psychisch) nicht imstande od. nicht bereit, auf an-
dere, ihre Argumente einzugehen'; SYN halsstar-
rig, starrköpfig /auf Personen bez./; ↗ FELD I.2.3:
*ein ~er Mensch, Kerl; er kann sehr ~ sein; ~ an
etw. festhalten* 2. ⟨Steig. reg., ungebr.; nur bei Vb.⟩
einen Befehl ~ ('ohne darüber nachzudenken') *aus-
führen; ~* ('ohne angemessene Überlegung') *nach
Vorschrift arbeiten* 3. ⟨Steig. reg.; nicht bei Vb.⟩
'stumpfsinnig (2)': *eine ~e Arbeit*

Sturm [ʃtʊrm], der; ~s/auch ~es, Stürme ['ʃtʏrmə]
1. 'überaus heftiger, starker Wind (1)': *ein heftiger,
verheerender ~; ein ~ bricht los, erhebt sich, wütet,
lässt nach, hört auf, legt sich; der ~ hat die Bäume
wie Streichhölzer geknickt, hat große Schäden ange-
richtet; er muss bei Regen und ~ draußen arbeiten;
das Schiff ist bei ~ gestrandet, gekentert* 2. ⟨vorw.
Sg.; + Gen.attr.⟩ 'heftige psychische Reaktion ei-
ner großen Menge Menschen' /beschränkt verbind-
bar/: *ein ~ der Entrüstung, Begeisterung brach los*
3. ⟨o.Pl.⟩ 'heftig und schnell vorgetragener Angriff
(1), um den Gegner zu überraschen'; SYN Sturm-
angriff: *zum ~ antreten; der ~ auf die gegnerischen
Stellungen, auf die Festung; eine Festung, Stadt im
~ nehmen, erobern* ❖ **stürmen, bestürmen — An-
sturm, Sandsturm, Wirbelsturm, Sturmangriff, -flut,
-schritt,**
* /jmd./ **~ klingeln/läuten** ('heftig und anhaltend klin-
geln, läuten'); /jmd./ **gegen etw. ~ laufen** ('gegen
etw. Geplantes heftig protestieren, ankämpfen');
ein ~ im Wasserglas 'viel Aufregung um eine un-
wichtige Sache': *das war nur ein ~ im Wasserglas*

Sturm|angriff ['..], der SYN 'Sturm (3)': *einen ~ un-
ternehmen; zum ~ antreten* ❖ ↗ **Sturm, ↗ greifen**

stürmen ['ʃtʏrmən] ⟨reg. Vb.; hat/ist⟩ 1. ⟨hat⟩ *es
stürmt* 'es weht ein heftiger, starker Wind': *es hat
die ganze Nacht (mächtig) gestürmt und geschneit*
2. ⟨ist⟩ /jmd./ *irgendwohin ~* 'sehr schnell und un-
gestüm irgendwohin laufen': *die Kinder sind, kamen
ins Zimmer, in den Garten gestürmt* 3. ⟨hat⟩ /Trup-
pen/ *etw. ~* 'eine gegnerische Stellung, Befestigung,
Ortschaft o.Ä. im Sturm (3) erobern': *eine Brücke,
die gegnerischen Stellungen ~* ❖ ↗ **Sturm**

Sturm|flut ['ʃtʊrm..], die 'besonders hoher Stand des
Wassers an der Küste, wenn bei Flut ein Sturm das
Wasser der See ans Ufer treibt'; ↗ FELD II.2.1,
III.2.1: *wir haben, es gab (eine) ~; bei der ~ bra-
chen Deiche* ❖ ↗ **Sturm, ↗ Flut**

stürmisch ['ʃtʏrm..] ⟨Adj.⟩ 1. ⟨Steig. reg.; nicht bei
Vb.⟩ 'mit viel Sturm': *ein ~er Tag; ~es Wetter; ein*

~*er Herbst, Frühling, Winter; das Wetter war* ~; *eine* ~*e Überfahrt, Seereise* **2.** ⟨o. Steig.; nicht bei Vb.⟩ /beschränkt verbindbar/: *bei* ~*er* (ˈstark vom Sturm bewegterˈ) *See über das Meer fahren; die See war* ~ **3.** ⟨Steig. reg., ungebr.; nicht bei Vb.⟩ ˈvon vielen Ereignissen, Aufregungen, von Unruhe und Belastungen erfülltˈ /vorw. auf Zeitliches bez./: *das waren* ~*e Tage, Jahre* **4.** ⟨Steig. reg., ungebr.⟩ ˈüberaus temperamentvollˈ; SYN ungestüm; ↗ FELD I.2.3: *ein* ~*er Liebhaber; eine* ~*e Umarmung, Begrüßung; die Begrüßung war* ~; *jmdn.* ~ *begrüßen, umarmen* **5.** ⟨Steig. reg., ungebr.⟩ ˈvon einer Menge Menschen heftig und ungestüm geäußertˈ /auf best. positive od. negative Äußerungen bez./: ~*er Protest; es gab* ~*en Beifall* **6.** ⟨Steig. reg., ungebr.; nicht präd.⟩ emot. ˈsehr schnell vor sich gehendˈ /beschränkt verbindbar/: *die* ~*e Entwicklung der modernen Wissenschaft; die Wirtschaft hat sich* ~ *entwickelt* ❖ ↗ **Sturm**

Sturm|schritt [ˈʃtʊrm..] ⟨o.Pl.⟩: *im* ~: *er eilte im* ~ (ˈso schnell wie möglich laufendˈ) *nach Hause* ❖ ↗ **Sturm,** ↗ **schreiten**

Sturz [ʃtʊrts], **der;** ~es, Stürze [ˈʃtʏrtsə] **1.** ⟨vorw. Sg.⟩ /zu *stürzen* 1.1,5/ ˈdas Stürzenˈ; /zu 1.1/; ↗ FELD I.7.2.1: *er ist bei dem* ~ *aus dem Fenster, vom Pferde, Felsen, beim* ~ *in den Abgrund schwer verletzt worden, ist bei dem* ~ *(aus dem Fenster) ums Leben gekommen;* /zu 6/: *der* ~ *der Regierung war die Folge ihres Versagens in der Politik* **2.** ⟨vorw. Sg.; + Gen.attr.⟩ ˈplötzlicher starker Rückgang von etw.ˈ: *ein* ~ *der Temperatur um zehn Grad; der* ~ (ˈplötzlicher starker Fall im Wertˈ) *der Aktien* ❖ ↗ **stürzen**

stürzen [ˈʃtʏrtsn̩] ⟨reg. Vb.; ist/hat⟩ **1.** ⟨ist⟩ **1.1.** /jmd., etw./ *irgendwohin, irgendwoher* ~ ˈirgendwoher aus der Höhe durch die Luft in die Tiefe fallen und irgendwo aufprallenˈ; ↗ FELD I.7.2.2: *das Flugzeug ist ins Meer gestürzt; er ist aus dem Fenster, vom Dach, Pferd, ist ins Wasser, in die Grube gestürzt; das Wasser des Flusses stürzt über den Felsen in die Tiefe* **1.2.** /jmd./ SYN ˈfallen (1.2)ˈ: *er glitt aus und stürzte; er ist unglücklich gestürzt; irgendwo* ~: *er ist auf der Straße, im Treppenhaus, beim Skilaufen, auf dem Glatteis gestürzt* **2.** ⟨hat⟩ /jmd./ *sich, jmdn. irgendwohin* ~ ˈsich, jmdn. (in mörderischer, selbstmörderischer Absicht) von irgendwo aus der Höhe in die Tiefe werfenˈ: *der Selbstmörder hat sich aus dem Fenster, von der Brücke, in den Strom gestürzt; er hat ihn aus dem Fenster, in die Tiefe gestürzt* **3.** ⟨ist⟩ /jmd./ *irgendwohin* ~ ˈsich schnell, ungestüm irgendwohin begeben, eilenˈ: *er stürzte aus Fenster, aus dem Haus, auf den Hof, über die Straße; er kam wütend ins Zimmer gestürzt* **4.** ⟨hat⟩ **4.1.** umg. /jmd., Tier/ *sich auf etw.* ~ ˈsich schnell auf etw. zu bewegen und es ungestüm an sich nehmen, in Besitz nehmen und sich eifrig damit befassenˈ: *die Kinder haben sich regelrecht auf ihre Spielsachen gestürzt; die Hunde stürzten sich auf ihr Fressen* **4.2.** /jmd./ *sich in etw.* ~: *sich in die Arbeit, ins Vergnügen* ~ (ˈmit Eifer anfangen zu

arbeiten, Vergnügungen wahrzunehmenˈ) **4.3.** /jmd., Tier/ *sich auf jmdn.* ~ ˈsich schnell auf jmdn. zu bewegen, um ihn tätlich anzugreifenˈ: *er stürzte sich auf die Frau und entriss ihr die Handtasche, schlug auf sie ein; der Tiger stürzte sich auf den Jäger, seine Beute* **4.4.** /jmd., mehrere (jmd.)/ *sich auf jmdn.* ~ ˈsich ungestüm und schnell auf jmdn. zubewegen, um etw. von ihm zu erfahren, zu erhalten od. um ihn zu feiernˈ: *die Journalisten stürzten sich auf den Star, Minister, auf den berühmten Wissenschaftler; die Kinder stürzten sich auf ihre Eltern, als diese vom Einkauf, von der Reise zurückkehrten; die Mannschaft stürzte sich auf den glücklichen Torschützen* **5.** ⟨hat⟩ /jmd./ *etw.* ~ **5.1.** ˈein Gefäß mit Inhalt, bes. mit einem Kuchen, Pudding, so geschickt um sich selbst drehen, dass die Oberseite nach unten zeigt und der Inhalt auf eine Unterlage fälltˈ: *einen Topf (mit Pudding)* ~; *den Pudding, Teig, die Sülze* ~ **5.2.** *Vorsicht, nicht* ~ (ˈnicht in schräge Lage bringen, nicht umwerfen, kippen od. umfallen lassenˈ)! /Aufschrift auf Verpackungen, Kisten mit zerbrechlichem Inhalt/ **6.** ⟨hat⟩ /mehrere (jmd., bes. politische Rivalen)/ *jmdn., etw.* ~ SYN ˈjmdn., etw. entmachtenˈ: *den Präsidenten, König, eine Regierung, ein Regime* ~ **7.** ⟨ist⟩ /beschränkt verbindbar/ emot. *an dieser Stelle stürzte der Felsen* (ˈverläuft der Felsenˈ) *steil nach unten, ins Meer, in die Tiefe, in die Schlucht* **8.** ⟨hat⟩ /jmd./ emot. *jmdn. in etw.* ~ ˈbewirken, dass jmd. in einen bestimmten, für ihn nachteiligen Zustand gerätˈ /beschränkt verbindbar/: *jmdn. ins Verderben, Unglück* ~ ❖ **Sturz** — **abstürzen, einstürzen, hinabstürzen, Sturzflut, -helm, überstürzen, Umsturz, umstürzen, umstürzlerisch, Wettersturz**

Sturz [ˈʃtʊrts..]]**-flut, die** ˈnach unten stürzende große Mengen Wasserˈ: *eine* ~ *ergoss sich ins Tal* ❖ ↗ stürzen, ↗ Flut; **-helm, der** ˈhelmartige Kopfbedeckung aus festem widerstandsfähigem Kunststoff, Leichtmetall, die bes. von Motorradfahrern, Rennfahrern zum Schutz des Kopfes getragen wirdˈ (↗ TABL Kopfbedeckungen): *einen* ~ *tragen; den* ~ *aufsetzen, festschnallen* ❖ ↗ stürzen, ↗ Helm

Stuss [ʃtʊs], **der;** ~es, ⟨o.Pl.⟩ umg. ˈdumme, törichte Äußerung(en)ˈ: *rede nicht solchen* ~!; *was soll der* ~?; *hör endlich mit dem* ~ *auf!*

Stute [ˈʃtuːtə], **die;** ~, ~n ˈweibliches Tier bei Pferden, Kamelen, Eseln, nachdem es das erstemal gefohlt hatˈ; ↗ FELD II.3.1: *die* ~ *hat gefohlt;* vgl. *Hengst* ❖ **Gestüt**

Stütze [ˈʃtʏtsə], **die;** ~, ~n **1.** ˈsenkrecht stehendes Bauteil, bes. Pfahl, Balken o.Ä., das etw. vorw. waagerecht Gebautes trägt, stützt (1)ˈ: *die Brücke, das Gebäude, der Balken ruht auf* ~*n aus Stahl, Holz, Stahlbeton* **2.** ˈetw., bes. ein Gegenstand, eine Vorrichtung, die die Funktion hat, eine Sache, jmdm. Halt zu gebenˈ: *der junge Baum braucht eine* ~, *damit ihn der Sturm nicht umwirft; ihm diente ein Stock als* ~ *beim Gehen* **3.** ˈjmd., der für andere einsteht, ihnen ständig hilftˈ: *der Sohn war die* ~ *der Familie* (ˈsorgte für den Unterhalt der Familie'); *an ihrer Großmutter hatten sie eine große* ~ ('*ihre Großmutter half ihnen viel*'); *er war ihr, sie war ihrem Mann eine wertvolle* ~ ❖ ↗ **stützen**

stutzen ['ʃtʊtsn̩] ⟨reg. Vb.; hat⟩ **1.** /jmd./ *etw.* ~ '*die Enden von etw. Gewachsenem durch Schneiden kürzen*': *den Bart, die Haare* ~; *Bäume, Hecken* ~; *dem Hahn die Flügel* ~; *dem Pferd den Schwanz* ~ **2.** /jmd./ '*verwundert, überrascht bei etw. innehalten od. anhalten*': *er stutzte, als er die Tür verschlossen fand, als plötzlich sein Bruder vor ihm stand; auf halbem Wege stutzte er plötzlich und lauschte* ❖ **stutzig**

stützen ['ʃtʏtsn̩] ⟨reg. Vb.; hat⟩ **1.1.** /Gegenstand, Vorrichtung, Bauteil/ *etw.* ~ '*einer Sache von unten od. von der Seite Halt geben, dass sie in der gewünschten Lage bleibt*': ⟨oft im Pass.⟩ *Säulen* ~ *das Gewölbe; der Vorbau wird von Säulen gestützt; die baufällige Mauer wird von mehreren schräg gestellten Balken gestützt* **1.2.** /jmd./ *etw., jmdn.* ~ '*einem Bauwerk, Bauteil mit einer Stütze (1,2) von unten od. von der Seite Halt geben, damit es nicht einstürzt od. umstürzt; jmdm. mit den Händen, Armen Halt geben, damit er nicht stürzt*': *das Dach musste (mit mehreren Balken) gestützt werden; die alte Frau war so schwach, dass er sie beim Gehen* ~ *musste* **2.** /jmd./ *sich auf etw., jmdn.* ~ '*etw., jmdn. als Stütze (2) nutzen*': *der Verletzte stützte sich beim Gehen auf einen Stock, auf die Krankenschwester* **3.** /jmd./ *etw. in, auf etw.* ~ '*einen Körperteil, bes. Kopf, Arm, in, auf etw. setzen, das als feste Unterlage, als Halt dienen kann*': *den Kopf in die Hand, die Arme in die Hüften, die Ellenbogen auf den Tisch* ~ **4.** /Geldinstitut/ *etw.* ~ '*durch bestimmte Maßnahmen, bes. durch Käufe, verhindern, dass der Wert einer Währung sinkt*': *den Dollar* ~ **5.** /etw., jmd./ *etw.* ~ *etw.*, bes. die Richtigkeit einer Behauptung, eines Urteils durch etw. beweisen': *diese Aussagen* ~ *den Verdacht; er konnte seine Theorie nicht durch überzeugende Beweise* ~; *sich auf etw.* ~: *er stützte sich (in seiner Argumentation) auf unwiderlegbare Beweise; dieses Urteil stützt sich auf Präzedenzfälle* ❖ **Stütze — Stützpunkt, unterstützen, Unterstützung**

stutzig ['ʃtʊtsɪç] ⟨Adj.; o. Steig.⟩ /etw./ *jmdn.* ~ *machen* 'jmdn. aufmerken, Verdacht schöpfen lassen, zum Überdenken von etw. kommen lassen': *der Umstand, die Antwort machte mich* ~; /jmd./ ~ *werden* 'misstrauisch werden, Verdacht schöpfen': *er wurde* ~, *als sich niemand meldete* ❖ ↗ **stutzen**

Stütz|punkt ['ʃtʏts..], *der* 'militärische Anlage mit entsprechenden Einrichtungen, die als wichtiger Ausgangspunkt für bestimmte Aktionen, Operationen dient'; SYN Basis (3): *die Truppen haben ihre* ~*e räumen müssen* ❖ ↗ **stützen, ↗ Punkt**

Subjekt [zʊp'jɛkt], *das*, ~s/auch ~es, ~e ⟨mit best. adj. Attr.⟩ umg. 'Mensch mit hervorstechend negativen moralischen Eigenschaften': *er ist ein verdorbenes, verkommenes, zweifelhaftes* ~; *gekaufte, bezahlte* ~*e hatten diesen Anschlag verübt* ❖ **subjektiv**

subjektiv [zʊpjɛk'tiːf] ⟨Adj.; Steig. reg., ungebr.⟩ 'mehr von (unsachgemäßen) Vorstellungen eines

Urteilenden als von den wirklichen Eigenschaften des beurteilten Objektes bestimmt'; SYN persönlich; ANT objektiv, sachlich (3) /auf Abstraktes bez./: *ein* ~*es Urteil über etw. abgeben; das hat er viel zu* ~ *eingeschätzt; sein Urteil war* ~ ❖ ↗ **Subjekt**

Substanz [zʊp'stants], *die*, ~, ~en **1.** 'bestimmter einzelner materieller Stoff (2)'; ↗ FELD II.5.1: *eine feste, flüssige, (an)organische* ~; *chemische, giftige, radioaktive* ~*en*; ~*en mischen*; vgl. *Stoff (2)* **2.** ⟨o.Pl.⟩ 'etw., das die Grundlage von etw. bildet, das nicht ohne Gefahr für die Existenz von etw. angegriffen werden darf': *es geht um die Erhaltung der baulichen* ~ *dieses kulturhistorisch wertvollen Gebäudes; von der* ~ *leben, zehren: die Firma lebt schon seit geraumer Zeit von der* ~ ('*vom vorhandenen Vermögen, ohne dass ein Gewinn dazugekommen wäre*'); *seit Wochen zehren sie von der* ~ ('*leben sie von Vorräten*') **3.** ⟨o.Pl.⟩ 'etw., das den inhaltlichen Wert, Gehalt einer Sache, Person bildet': *dem Roman fehlt es an* ~; *diesem Menschen mangelt es an moralischer* ~

substituieren [zʊpstitu'iːʀən], substituierte, hat substituiert fachspr. /jmd./ *etw. durch etw.* ~ 'etw. durch etw. ersetzen, gegen etw. austauschen': *metallische Werkstoffe durch Kunststoffe, Glas* ~

subtil [zʊp'tiːl] ⟨Adj.; Steig. reg.⟩ **1.** ⟨vorw. attr.⟩ 'bis in Nuancen hinein durchdacht' /auf Abstraktes bez./: *er machte ganz* ~*e Unterscheidungen in seiner Beweisführung; sie waren von seinen* ~*en Äußerungen beeindruckt* **2.** ⟨nicht bei Vb.⟩ 'äußerst fein od. kompliziert strukturiert und höchste Ansprüche an das Verständnis stellend' /auf Abstraktes bez./: *das ist ein* ~*es Problem, das vorsichtig angegangen werden muss; eine* ~*e Problemstellung; die Unterschiede, Abweichungen sind sehr* ~

subtrahieren [zʊptʀa'hiːʀən], subtrahierte, hat subtrahiert /jmd., Rechenmaschine o.Ä./ *etw. von etw.* ⟨Dat.⟩ ~ 'rechnerisch eine Zahl um eine andere Zahl verringern, vermindern'; SYN abziehen (4): *fünf von zwanzig* ~ ❖ **Subtraktion**

Subtraktion [zʊptʀak'tsi̯oːn], *die* ~, ~en 'das Subtrahieren': *einen Wert durch* ~ *ermitteln; die* ~ *einer Zahl von einer anderen* ❖ ↗ **subtrahieren**

Subvention [zʊpvɛn'tsi̯oːn], *die*, ~, ~en 'an einen Zweck gebundener staatlicher Zuschuss für wirtschaftliche Unternehmen, für die Produktion bestimmte Produkte, der nicht zurückgezahlt zu werden braucht': *staatliche* ~*en; die Gewährung von* ~*en*; ~*en erhalten, zahlen, leisten* ❖ **subventionieren**

subventionieren [zʊpvɛntsi̯o'niːʀən], subventionierte, hat subventioniert /Staat/ *etw.* ~ 'etw. durch Subventionen unterstützen, fördern': *die Landwirtschaft* ~; *staatlich subventionierte Forschungen, Produktion* ❖ ↗ **Subvention**

Subversion [zʊpvɛʀ'zi̯oːn], *die*, ~, ~en ⟨vorw. Sg.⟩ 'meist geheim betriebene Tätigkeit zur Untergrabung und zum Sturz einer bestehenden staatlichen, politischen Ordnung (6)': ~ *betreiben; Terror und Sabotage als Formen der* ~ ❖ **subversiv**

subversiv [zʊpvɛʀ'ziːf] ⟨Adj.; o. Steig.⟩ **1.** 'auf Subversion gerichtet' /auf Tätigkeiten bez./: ~*e Aktio-*

nen, Tätigkeit; ~ *tätig sein; sich* ~ *betätigen* **2.** ⟨vorw. attr.⟩ ʿSubversion betreibend' /auf Personen bez./: ~*e Elemente, Kräfte* ❖ ↗ **Subversion**

Suche [ˈzuːxə]**, die**; ~, ⟨o.Pl.⟩ /zu *suchen* 1/ *die* ~ *nach etw.* ⟨Dat.⟩, *jmdm.* ʿdas Suchen nach etw., jmdm.': *die* ~ *nach dem Schmuckstück, Kind war erfolgreich; eine systematische* ~ *nach etw., jmdm. betreiben, anordnen; auf die* ~ *nach etw., jmdm. gehen; auf der* ~ *nach etw., jmdm. sein* ❖ ↗ **suchen**

suchen [ˈzuːxn̩] ⟨reg. Vb.; hat⟩ **1.** /jmd./ *etw., jmdn.* ~ ʿsich bemühen, eine Sache od. Person (die man nicht hat, die man verloren hat, von der man nicht weiß, wo sie ist, die man aber braucht od. wiederhaben möchte) zu finden, wiederzukommen': *im Wald Beeren, Pilze* ~; *eine neue Stelle, einen Arbeitsplatz* ~; *die Polizei sucht den Täter; eine Frau, einen Mann* ~ (ʿsich bemühen, einen Partner, eine Partnerin für das Leben, zum Heiraten zu finden'); *er suchte seine Brieftasche und konnte sie nirgends finden; er suchte das verlorene Geld vergeblich; sie suchte den Mann, der sie angerempelt hatte, der sie verlassen hatte; er hatte seine Brille verlegt und suchte sie verzweifelt; nach etw.* ⟨Dat.⟩, *jmdm.* ~: *sie suchte im Gedränge nach ihren Kindern;* /in der kommunikativen Wendung/ *du hast, Sie haben hier nichts zu* ~ (ʿdu bist, Sie sind hier nicht erwünscht und haben kein Recht, hier zu sein; gehe, gehen Sie von hier weg')! **2.** /jmd./ *etw.* ~ ʿbemüht sein, etw., einen bestimmten Zustand für sich zu erreichen': *Ruhe, Frieden, Trost (bei jmdm.)* ~; *Streit* ~ (ʿeinen Streit provozieren wollen') **3.** /jmd./ ⟨+ Inf. mit *zu*⟩ ~, *etw. zu erreichen* ʿsich bemühen, etw. Bestimmtes zu erreichen': *er suchte, ihr zu gefallen, seinen Rivalen auszustechen, möglichst viel Gewinn zu machen; sie suchte ihm seine törichten Pläne auszureden; die Wahrheit zu ergründen* ~, *zu finden* ~ ❖ **Suche, Besuch, besuchen, Besucher, ersuchen, Ersuch, Versuch, versuchen, Versuchung − absuchen, aussuchen, Blitzbesuch, durchsuchen, Hausbesuch, Haussuchung, heimsuchen, Messebesucher, nachsuchen, Staatsbesuch, untersuchen, Untersuchung, Untersuchungshaft, zusammensuchen**

Sucht, **die**; ~, **Süchte** [ˈzʏçtə] **1.** ⟨vorw. Sg.⟩ ʿallzu sehr gesteigertes Verlangen, Streben nach etw.': *die, seine* ~ *nach Geld, Vergnügen; die, seine* ~, *sich hervorzutun, alles zu kritisieren; es ist bei ihm zu einer* ~ *geworden, über alles zu meckern* **2.** ʿkrankhafter Zustand, der dadurch bedingt ist, dass man nicht mehr ohne ein Genussmittel, Rauschgift leben kann': *das Rauchen ist bei ihm zu einer* ~ *geworden; die* ~ *nach etw.* ⟨Dat.⟩: *die* ~ *nach Alkohol, Tabak, Drogen; unter einer* ~ *leiden; jmdn. von einer* ~ *zu heilen versuchen* ❖ **süchtig − Eifersucht, eifersüchtig, Gelbsucht, Habsucht, habsüchtig, herrschsüchtig, klatschsüchtig, mondsüchtig, Sehnsucht, sehnsüchtig, Selbstsucht, selbstsüchtig, Streitsucht, streitsüchtig, Tobsucht, tobsüchtig**

süchtig [ˈzʏçtɪç] ⟨Adj.; o. Steig.⟩ **1.** ⟨vorw. präd. (mit *sein*)⟩ /jmd./ *nach etw.* ⟨Dat.⟩ ~ *sein* ʿvon einer Sucht (1) nach etw. besessen sein': *er ist* ~ *nach*

Macht, Ruhm; ein nach Sensationen, Vergnügungen ~*es Publikum* **2.** ʿvon einer Sucht (2) besessen, unter ihr leidend': *er ist* ~ *(geworden); sie haben ihn* ~ *gemacht;* ~*e Patienten* ❖ ↗ **Sucht**

-süchtig /bildet mit einem Subst. od. Vb. als erstem Bestandteil Adjektive; drückt die Sucht nach dem im ersten Bestandteil Genannten aus/: ↗ z. B. *klatschsüchtig*

Sud [zuːt]**, der**; ~s/auch ~es, ~e ⟨vorw. Sg.⟩ ʿFlüssigkeit, in der etw., bes. Fleisch, Fisch, gekocht worden ist und die nach dem Kochen übrig bleibt': *Fleisch in den kochenden* ~ *legen, aus dem* ~ *nehmen; den* ~ *mit Mehl zu einer Soße andicken* ❖ ↗ **sieden**

Süd [zyːt] ⟨indekl.; o. Art.; vorw. mit Präp.; o. Attr.⟩ ABK: S fachspr. Süden (1): *der Wind weht aus/von* ~; *sie führen von Nord nach* ~; *nach* ~ *drehende Winde* ❖ ↗ **Süden**

Süden [ˈzyːdn̩]**, der**; ~s, ⟨o.Pl.⟩ **1.** ⟨vorw. o. Art.; o. Attr.; vorw. mit Präp.⟩ ABK: S ʿHimmelsrichtung, in der die Sonne auf der nördlichen Halbkugel der Erde zur Mittagszeit und im Sommer ihren höchsten Stand über dem Horizont erreicht': *die Zugvögel fliegen nach* ~, *kommen von* ~; *das Zimmer liegt, geht nach* ~; *das Flugzeug, Schiff nahm Kurs nach* ~ **2.** ⟨nur mit best. Art.⟩ **2.1.** ʿsüdlicher (2) Teil eines bestimmten Gebietes': *der* ~ *Europas; im* ~ *grenzt Europa an das Mittelmeer; er wohnt im* ~ *Berlins/im* ~ *von Berlin/im Berliner* ~; *er stammt aus dem* ~ *Italiens* **2.2.** *nach dem, in den* ~ (ʿin südlich 2 vom Ausgangspunkt gelegene Gebiete') *reisen, fliegen, fahren; er stammt aus dem* ~ (ʿaus einem vom Sprecher aus gesehen südlichen Gebiet') ❖ **Süd, südlich − Südfrucht, -pol, -wind**

Süd|frucht [ˈzyːt..]**, die** ⟨vorw. Pl.⟩ ʿaus subtropischen od. tropischen Gebieten stammende, dort wachsende Frucht': ↗ FELD I.8.1: *Bananen und Apfelsinen sind Südfrüchte* ❖ ↗ **Süden**, ↗ **Frucht**

südlich [ˈzyːt..] ⟨Adj.; nicht präd.⟩ **1.** ⟨o. Steig.; nur attr.⟩ **1.1.** ʿnach Süden (1)': *das Schiff nahm* ~*en Kurs* **1.2.** ʿaus Süden (1)': ~*e Winde* **2.** ⟨Steig. reg.⟩ ʿim Süden (2) eines bestimmten Gebietes gelegen': *die* ~*en Gebiete des Landes; die* ~*en Länder; der* ~*e Harz* (ʿder nach Süden zu gelegene Teil des Harzes'); ⟨präpositional mit Gen. od. mit *von*, wenn o. Art.⟩ ~ *des Waldes liegt ein See; der Ort liegt* ~ *von Dresden* ❖ ↗ **Süden**

Süd [ˈzyːt..]**-pol, der** ʿsüdlicher Pol eines Gestirns, bes. der Erde': *die Gebiete am, um den* ~ ❖ ↗ **Süden**, ↗ **Pol**; **-wind, der** ⟨o.Pl.⟩ ʿaus Süden (1) wehender Wind': *(ein) feuchter, warmer* ~ ❖ ↗ **Süden**, ↗ **Wind**

Suff [zʊf]**, der**; ~s/auch ~es, ⟨o.Pl.⟩ derb **1.** ʿSucht (2) nach alkoholischen Getränken': *der* ~ *hat ihn ruiniert* **2.** *im* ~: *das hat er im* ~ (ʿin betrunkenem Zustand') *gesagt* ❖ ↗ **saufen**

süffig [ˈzʏfɪç] ⟨Adj.; Steig. reg.⟩ ʿsehr gut schmeckend und zum Trinken anregend' /vorw. auf alkoholische Getränke bez./: *ein* ~*er Wein; der Wein ist, schmeckt* ~ ❖ ↗ **saufen**

süffisant [zʏfiˈzant] ⟨Adj.; Steig. reg., ungebr.⟩ ʼherablassend und selbstgefällig seine (vermeintliche) Überlegenheit zur Schau tragendʼ /vorw. auf Mimisches bez./: *ein ~es Lächeln; ein ~es Gesicht, eine ~e Miene machen, aufsetzen; er lächelte ~*

suggerieren [zʊɡeˈʀiːʀən], suggerierte, hat suggeriert **1.** /jmd./ *jmdm. etw.* ~ ʼjmdn. in seinen Ansichten, Meinungen, in seinem Verhalten durch Äußerungen so beeinflussen, dass dieser (ohne dass es ihm bewusst wird) tut od. sagt, was der andere willʼ: *jmdm. eine Meinung, Auffassung, eine Idee, Haltung, Verhaltensweise, ein Bedürfnis* ~ **2.** /etw./ *etw.* ~ ʼbewirken, dass ein bestimmter Eindruck entstehtʼ: *die Werbung versucht bei den Käufern Solidität, Sicherheit zu* ~ ❖ **Suggestion, suggestiv – Suggestivfrage**

Suggestion [zʊɡɛˈsti̯oːn], die; ~, ~en ⟨vorw. Sg.⟩ ʼdas Suggerierenʼ: *einer* ~ *erliegen; jmdn. durch* ~ *beeinflussen* ❖ ↗ **suggerieren**

suggestiv [zʊɡɛˈstiːf] ⟨Adj.; o. Steig.; vorw. attr.⟩ ʼjmdm. etw. suggerierend (2)ʼ /vorw. auf Abstraktes bez./: *die ~e Wirkung geschickter Werbung; eine ~e Frage; von dem Bild ging eine ~e Faszination aus; jmdn.* ~ *beeinflussen* ❖ ↗ **suggerieren**

Suggestiv|frage [..ˈst..], die ʼFrage, die den Gefragten die mögliche, gewünschte Antwort sagen lassen sollʼ: *jmdn., einen Zeugen, Angeklagten durch eine* ~ *zu beeinflussen suchen; ~en sind vor Gericht nicht erlaubt* ❖ ↗ **suggerieren,** ↗ **fragen**

Sühne [ˈzyːnə], die; ~, ~n ⟨vorw. Sg.⟩ geh. ʼdas, was jmd. tut, tun muss, um ein begangenes Unrecht zu büßen, um eine Schuld wieder gutzumachenʼ: *für etw.* ~ *leisten; jmdm. eine* ~ *auferlegen; das erfordert eine gerechte ~; von jmdm.* ~ *für etw. verlangen* ❖ **sühnen, versöhnen, versöhnlich**

sühnen [ˈzyːnən] ⟨reg. Vb.; hat⟩ geh. /jmd./ *etw.* ~ ʼfür etw. Sühne leistenʼ; SYN büßen: *ein Verbrechen, ein schweres Unrecht, seine Schuld* ~; *er hat seine Tat (mit seinem Leben, mit dem Tod)* ~ *müssen; für etw.* ~: *er hat für seine Schuld, Tat gesühnt* ❖ ↗ **Sühne**

Suite [ˈsviːtə], die; ~, ~n **1.** SYN ʼGefolgeʼ: *der Präsident und seine* ~ **2.** ʼeine Art Wohnung bildende Anzahl von hinter-, nebeneinander liegenden, meist luxuriös eingerichteten Zimmern, bes. in einem Hotelʼ: *eine* ~ *bewohnen, mieten* **3.** ʼMusikstück aus mehreren Sätzen, meist tänzerischen Charaktersʼ: *eine* ~ *von Bach; eine lyrische* ~

Sujet [syˈʒeː], das; ~s, ~s geh. ʼGegenstand (2.2), Motiv (2), Thema einer künstlerischen Darstellungʼ: *(für einen Film) ein geeignetes* ~ *suchen, gestalten, verarbeiten*

sukzessiv [zʊktsɛˈsiːf] ⟨Adj.; o. Steig.⟩ ʼallmählich, nach und nach vor sich gehendʼ /vorw. auf Verbalabstrakta bez./: *die neuen Anschauungen setzten sich* ~ *durch; eine ~e Entwicklung, Veränderung, Verbesserung; ein ~er Abbau von Leistungen, Abgaben*

Sülze [ˈzʏltsə], die; ~, ~n ʼSpeise aus Stücken von Fleisch od. Fisch in gewürztem Gallertʼ: *eine Scheibe ~; Bratkartoffeln mit ~ essen*

summarisch [zʊˈmɑːʀ..] ⟨Adj.; o. Steig.⟩ ʼmehreres kurz zusammenfassend und dabei das Wesentliche nennendʼ: *ein ~er Überblick; ein Thema nur ~ behandeln* ❖ ↗ **Summe**

Summe [ˈzʊmə], die; ~, ~n **1.** ʼbestimmter Betrag an Geldʼ: *eine beträchtliche* ~ *vom Konto abheben, aufs Konto einzahlen; eine* ~ *aufbringen müssen, bereitstellen; die* ~ *muss bar bezahlt werden; das kostet eine beträchtliche, hübsche ~; eine* ~ *von 250 Mark zahlen* **2.** ʼErgebnis einer Additionʼ: *die* ~ *von zwei und drei ist, beträgt fünf* ❖ **summarisch, summieren**

summen [ˈzʊmən] ⟨reg. Vb.; hat⟩ **1.** /fliegendes Insekt; Gerät/ ʼeinen leisen (1), anhaltenden, gleichmäßig vibrierenden, meist leicht brummenden Ton von sich geben, hervorbringenʼ: *die Biene, Mücke, Fliege summt; der Ventilator, der Kessel auf dem Herd summt* **2.** /jmd./ *etw.* ~ ʼmit den Stimmbändern eine Melodie mit geschlossenen Lippen hervorbringenʼ: *ein Lied, eine Melodie ~; er summte leise vor sich hin*

summieren [zʊˈmiːʀən], **sich,** summierte sich, hat sich summiert /etw./ *sich* ~: *die vielen kleinen Ausgaben* ~ *sich* (ʼergeben schließlich eine große Summeʼ); *in letzter Zeit haben sich die Beschwerden summiert* (ʼsind immer mehr Beschwerden gekommenʼ) ❖ ↗ **Summe**

Sumpf [zʊmpf], der; ~es/auch ~s, Sümpfe [ˈzʏmpfə] ʼständig feuchtes Gebiet (in Niederungen) mit schlammigem Boden, der meist mit Wasser bedeckt istʼ; ↗ FELD II.1.1, III.2.1: *einen* ~ *entwässern, trockenlegen; in einen* ~ *geraten; in einem* ~ *stecken bleiben;* vgl. *Moor* ❖ **sumpfen, sumpfig**

sumpfen [ˈzʊmpfn̩] ⟨reg. Vb.; hat⟩ umg. /jmd./ ʼliederlich leben, bes. nächtelang zechen und sich vergnügenʼ: ⟨+ Adv.best.⟩ *die beiden haben wieder tagelang, nächtelang gesumpft* ❖ ↗ **Sumpf**

sumpfig [ˈzʊmpfɪç] ⟨Adj.; Steig. reg.; nicht bei Vb.⟩ ʼdie Merkmale eines Sumpfes aufweisendʼ /auf ein Gebiet bez./; ↗ FELD II.1.2. III.2.3: *eine ~e Wiese, Niederung; ein ~es Gelände; das Gelände ist* ~ ❖ ↗ **Sumpf**

Sünde [ˈzʏndə], die; ~, ~n **1.** Rel. ʼVerstoß gegen ein Gebot Gottesʼ; ↗ FELD XII.1.1: *dies ist eine große, schwere ~; eine* ~ *begehen; seine ~n bekennen, beichten; für seine ~n büßen (müssen); seine ~n wurden ihm vergeben* **2.** oft scherzh. ʼmeist kleinerer Verstoß gegen bestehende Normen des Verhaltensʼ: *das ist eine schwere, unverzeihliche ~; ich muss dir eine* ~ *beichten; da fallen mir alle meine ~n* (ʼdie mir in diesem Zusammenhang unterlaufenen Versäumnisseʼ) *ein; die ~n* (ʼFehler, Versäumnisseʼ) *der Verkehrsplanung; eine* ~ *wider die Vernunft, Sittlichkeit; es wäre eine* ~ (ʼeine Dummheitʼ), *dafür auch noch Geld auszugeben!* ❖ **Sünder, Sünderin, sündhaft, sündigen – Sündenbock**
* /jmd./ **faul wie die ~ sein** (ʼsehr faul seinʼ)

Sünden|bock [ˈzʏndn̩..], der umg. ʼjmd., dem alle Schuld für etw. zugeschoben wird, obwohl er unschuldig istʼ: *jmdn. zum* ~ *machen; nach einem* ~

suchen (´danach trachten, einen anderen für seine Schuld verantwortlich zu machen´) ❖ ↗ **Sünde,** ↗ **Bock**

Sünder [ˈzʏndɐ], der; ~s, ~ **1.** Rel. ´jmd., der eine Sünde (1), der Sünden begangen hat´; ↗ FELD XII.1.1: *ein reuiger, verstockter ~* **2.** oft scherzh. *er saß da wie ein armer ~* (´wie jmd., der sich schuldig fühlt, weil er etw. verschuldet hat´), *wie ein ertappter ~* ❖ ↗ **Sünde**

Sünderin [ˈzʏndərɪn..], die; ~, ~nen /zu *Sünder;* weibl./ ❖ ↗ **Sünde**

sündhaft [ˈzʏnt..] I. ⟨Adj.⟩ **1.** ⟨Steig. reg.; nicht bei Vb.⟩ Rel. ´gegen Gottes Gebote verstoßend´: *ein ~es Leben führen; sein ~er Lebenswandel; ~e Gedanken, Wünsche; seine Wünsche waren ~* **2.** ⟨o. Steig.; nur präd. (mit *sein*)⟩ oft scherzh. /etw./ *~ sein: einen solchen Tag zu verschlafen, eine solche Gelegenheit nicht zu nutzen, das ist geradezu* (´ist so dumm, dass man es nicht verzeihen kann´) *—* II. ⟨Adv.; vor Adj., Adv.⟩ emot. neg. ´überaus´: *das ist ~ teuer; er, sie ist ~ faul; sie ist ~ schön* ❖ ↗ **Sünde**

sündigen [ˈzʏndɪɡn̩] ⟨reg. Vb.; hat⟩ **1.** /jmd./ Rel. ´gegen göttliche Gebote verstoßen´; ↗ FELD I.12.2, XII.1.2: *er hat (viel) gesündigt; in Gedanken, mit Worten ~* **2.** oft scherzh. /jmd./ ´sich Versäumnisse, Unkorrektheiten, kleine Verstöße zuschulden kommen lassen´: *ich habe heute schon (gegen meine Gesundheit) gesündigt und zuviel Kuchen gegessen; auf dem Gebiet des Straßenbaus ist viel gesündigt* (´vieles falsch gemacht´) *worden; gestern habe ich schwer gesündigt* (´habe ich zu viel gegessen, geraucht, Alkohol getrunken o.Ä.´) ❖ ↗ **Sünde**

süperb [zyˈpɛʁp] ⟨Adj.; Steig. reg., ungebr.⟩ geh. ´vorzüglich´: *das war ein ~es Essen, Mahl; wir sind ~ bewirtet worden; das Essen war ~*

Suppe [ˈzʊpə], die; ~, ~n [ˈzʊpm̩] ´flüssige Speise, meist mit beigegebenen festen Bestandteilen wie Fleisch, Gemüse, die mit dem Löffel (vom Teller) gegessen wird´; ↗ FELD I.8.1: *eine klare, pikante ~ (als Vorspeise); eine ~ kochen; eine ~ würzen, (ver)salzen; die ~ servieren; eine, die ~ essen, löffeln* ❖ **Kartoffelsuppe, Suppengrün**
* /jmd./ **die ~ auslöffeln müssen (die man sich eingebrockt hat)** (´die Folgen eines törichten, unüberlegten Tuns selbst tragen, für sie einstehen müssen´); /jmd./ **jmdm., sich** ⟨Dat.⟩ **eine schöne ~ eingebrockt haben** ´jmdm., sich in eine unangenehme, schwierige Lage gebracht haben´: *da hast du dir ja eine schöne ~ eingebrockt!;* /jmd./ **jmdm. die ~ versalzen** (´jmds. Absichten, Pläne zunichte machen, jmdm. die Freude an einer Sache verderben´); ⟨⟩ derb /jmd./ **jmdm. in die ~ spucken** ´jmdm. etw., bes. einen Plan, verderben, jmdm. die Freude an etw. verderben´: *ich lass mir von Euch doch nicht in die ~ spucken!; dem werde ich mal tüchtig in die ~ spucken!*

Suppen|grün [ˈzʊpm̩..], das ´verschiedenes Gemüse, bes. Möhren, Sellerie, Porree, Petersilie in kleinen Mengen, das als Gewürz einer Suppe beigegeben wird´: *die Brühe mit ~ ansetzen* ❖ ↗ **Suppe,** ↗ **grün**

surren [ˈzʊʁən] ⟨reg. Vb.; hat/ist⟩ **1.1.** ⟨hat⟩ /fliegendes Insekt; Gerät/ ´ein feines, anhaltendes, aus tiefen, vibrierenden Tönen bestehendes Geräusch hervorbringen´: *die Biene, der Käfer surrt; das Surren der Kameras, Ventilatoren* **1.2.** ⟨ist⟩ /fliegendes Insekt/ *irgendwohin ~* ´surrend (1) irgendwohin fliegen´: *ein Käfer surrte durch den Raum*

Surrogat [zʊʁoˈɡaːt], das; ~s/auch ~es, ~e ´für ein echtes, natürliches Produkt als Ersatz dienendes Produkt, das in Wert, Gehalt und Qualität oft weniger gut ist´: *Kunsthonig, Malzkaffee sind ~e; ein billiges ~*

suspekt [zʊsˈpɛkt] ⟨Adj.; Steig. reg., ungebr.⟩ ´verdächtig (2)´: *sein Vorhaben ist ~; eine ~e Frage, Einstellung; jmd. ist (jmdm.), gilt als ~; das scheint mir ziemlich ~*

suspendieren [zʊspɛnˈdiːʁən], suspendierte, hat suspendiert **1.** ⟨oft im Pass.⟩ /befugte Person, Institution/ *jmdn. ~* ´jmdn. zeitweilig von einer Verpflichtung befreien (4)´; SYN freistellen: *er, der Schüler wurde vom Sport suspendiert* **2.** /befugte Person, Institution/ *jmdn. von etw.* ⟨Dat.⟩ *~* ´jmdn. von einem bestimmten Amt entbinden´: *man hat ihn vom Amt des Direktors/er wurde vom Amt des Direktors suspendiert; er wurde suspendiert*

süß [zyːs] ⟨Adj.⟩ **1.** ⟨Steig. reg.⟩ **1.1.** ´wie Zucker, Honig schmeckend´; ANT sauer (1.1) /vorw. auf Früchte, Speisen bez./: *~e Früchte, Kirschen; die Kirschen sind ~; ~e* (ANT bittere I.1) *Mandeln; die Beeren schmecken ~ (wie Zucker); ~e Speisen; er isst gern ~e Sachen* (´Süßigkeiten, Kuchen´) **1.2.** *~er* (´mit Zucker o.Ä. süß (1.1) gemachter´) *Kaffee; den Kaffee ~ machen; der Kaffee ist mir zu ~* **2.** ⟨Steig. reg.; vorw. attr.⟩ ´von einem Geruch, der dem Geschmack von süß (1.1) vergleichbar empfunden werden kann, wird´ /auf Gerüche bez. od. auf Stoffe, die Gerüche erzeugen/: *ein ~er Duft; der ~e Geruch von Flieder; ein ~es* (ANT herbes 1) *Parfüm; das Parfüm ist mir zu ~; beim Bäcker roch es ~* **3.** ⟨Steig. reg.⟩ umg. ´anmutig, hübsch und von einer gewissen Zartheit´ /bes. auf erwachsene weibliche Personen, auf Kinder, auch auf kleine Tiere bez./; ↗ FELD I.6.3: *er hat eine ganz ~e Freundin; seine Freundin ist ~; ist sie nicht ~?; der Dreijährige ist ein ~er Bengel; sie hat ein ~es Gesicht; die jungen Kätzchen sind einfach ~; sie sah ~ aus in ihrem neuen Kleid; ein ~es Kleid* **4.** ⟨Steig. reg., Komp. ungebr.; vorw. bei Vb.⟩ ´angenehm und wohltuend´: *~ träumen, schlummern; träum ~!; in einen ~en Schlaf, Schlummer sinken; er hatte einen ~en Traum* **5.** ⟨attr. o. Steig.⟩ ´lieblich klingend´: *die ~en Töne, Klänge der Flöte, Geige* ❖ **Süße, süßen, süßlich, Süßigkeit — Süßholz, süßsauer, Süßspeise, -stoff, -wasser**

Süße [ˈzyːsə], die; ~, ⟨o.Pl.⟩ /zu *süß* 1 u. 2/ ´das Süßsein´; /zu 1/: *die ~ des Honigs, Weins;* /zu 2/: *die betäubende ~ des Parfüms* ❖ ↗ **süß**

süßen [ˈzyːsn̩] ⟨reg. Vb.; hat⟩ /jmd./ *etw. ~* ´ein Getränk, eine Vorspeise durch Zusatz von Zucker

o.Ä. süß machen': *den Tee ~; Speisen mit Süßstoff*
~ ❖ ↗ **süß**

Süß|holz ['zyːs..]**, das** ⟨o.Pl.⟩ 'Strauch, dessen Wurzeln als Heilmittel od. zur Herstellung von Lakritze verwendet werden': *~ kauen* ❖ ↗ **süß**, ↗ **Holz**

***** umg. spött. /jmd./ **~ raspeln** ('mit einer weiblichen Person flirten, ihr Schmeicheleien sagen')

Süßigkeit ['zyːsɪç..]**, die**; ~, ~en ⟨vorw. Pl.⟩ 'Produkte wie Bonbons, Pralinen, Schokolade u. a.': *er, sie nascht gern ~en; ~en essen, knabbern; sich mit ~en den Magen verderben; zu Ostern gibt es viele ~en* ❖ ↗ **süß**

süßlich ['zyːs..] ⟨Adj.; Steig. reg., ungebr.⟩ **1.** 'ein wenig süß (1,2) od. auch unangenehm, widerlich süß': *ein ~er Geschmack; erfrorene Kartoffeln schmecken ~; der ~e Duft des Parfüms; das Parfüm ist mir zu ~* **2.** 'übertrieben, heuchlerisch freundlich': *sein ~es Lächeln; er lächelte ~; sie redete mit ~er Stimme; seine ~en Worte; er ist mir zu ~* ❖ ↗ **süß**

süß/Süß ['zyːs..]**|-sauer** ⟨Adj.; o. Steig.⟩ **1.** ⟨vorw. attr.⟩ 'süß (1) und sauer (1.1) zugleich': *er isst gern süßsaure Linsen* **2.** 'erfreut und missvergnügt zugleich' /auf Mimisches bez./: *sie machte ein süßsaures Gesicht; ~ lächeln* ❖ ↗ **süß**, ↗ **sauer**; **-speise, die** 'meist als Nachtisch gereichte süße Speise'; SYN Speise (2): *der Pudding ist eine ~* ❖ ↗ **süß**, ↗ Speise; **-stoff, der** ⟨o.Pl.⟩ 'synthetisch hergestellte Substanz ohne Nährwert, mit dem man etw. süßen kann': *~ in den Tee, Kaffee tun* ❖ ↗ **süß**, ↗ Stoff; **-wasser, das** ⟨o.Pl.⟩ 'salzarmes, nicht nach Salz schmeckendes Wasser der Flüsse und Seen sowie der Niederschläge'; ANT Salzwasser: *Fische, die nur im ~ leben; aus Meerwasser ~ gewinnen* ❖ ↗ süß, ↗ Wasser

Symbol [zʏm'boːl]**, das**; ~s, ~e 'etw. gegenständlich, graphisch Dargestelltes, das als Bild, Zeichen für etw. Abstraktes dient'; SYN Sinnbild: *die Taube als ~ des Friedens; die blaue Blume als zentrales ~ der Romantik; der Löwe als ~ der Stärke* ❖ **symbolhaft, symbolisch – symbolträchtig**

symbolhaft [..'b..] ⟨Adj.; o. Steig.⟩ 'wie ein Symbol': *~e Darstellungen; diese Ereignisse erschienen ihnen ~; das Geleitwort war ~* ❖ ↗ **Symbol**

symbolisch [..'b..] ⟨Adj.; o. Steig.⟩ 'ein Symbol darstellend, auf einen tiefe(re)n Sinn hinweisend'; SYN sinnbildlich: *eine ~e Handlung, Geste; die Geste war (nur) ~; das hat ~e Bedeutung; etw. ist ~ zu verstehen* ❖ ↗ **Symbol**

symbol|trächtig [zʏm'boːl..] ⟨Adj.; Steig. reg., ungebr.⟩ 'in hohem Maße symbolischen Charakter besitzend' /vorw. auf Ereignisse bez./: *ein ~es Ereignis, Datum; ein ~er Ort* ❖ ↗ **Symbol**, ↗ **tragen**

Symmetrie [zʏme'triː]**, die**; ~, ~n [..'triːən] 'Gleichheit der Teile eines räumlichen od. flächigen Gebildes, die von der Mittellinie nach beiden Seiten od. von einem Mittelpunkt gleich weit entfernt sind': *die ~ des menschlichen Körpers, eines regelmäßigen Vierecks, einer Kugel; die Rolle der ~ im Bauwesen* ❖ **symmetrisch**

symmetrisch [zʏ'meːtʀ..] ⟨Adj.; o. Steig.⟩ 'im Sinne der Symmetrie' /vorw. auf Konstruiertes bez./; ↗ FELD III.1.3: *ein ~es Gebilde; beide, die linke und die rechte Seite des Hauses, sind ~ (konstruiert); ~ angelegte Anlagen* ❖ ↗ **Symmetrie**

Sympathie [zʏmpa'tiː]**, die**; ~, ~n [..'tiːən] 'gefühlsmäßig positive Einstellung, Neigung zu jmdm., etw.'; ANT Antipathie; ↗ FELD I.6.1: *wenig, große, viel ~ für jmdn., etw. empfinden, haben; jmdm. ~ entgegenbringen; jmdm. seine ~ bekunden; er hat sich die ~ aller erobert; jmds. ~ gewinnen, genießen, sich erhalten, sich verscherzen; etw. erweckt jmds. ~; dieser Plan hat unsere ~* ('Zustimmung') ❖ **Sympathisant, sympathisch, sympathisieren, unsympathisch**

Sympathisant [zʏmpati'zant]**, der**; ~en, ~en 'jmd., der mit jmdm., etw., bes. einer politischen Richtung, sympathisiert, aber dafür meist nicht aktiv tätig ist': *er war nur ein ~ dieser Partei, politischen Richtung* ❖ ↗ **Sympathie**

sympathisch [zʏm'paːt..] ⟨Adj.; Steig. reg.⟩ 'jmds. Sympathie erweckend, von jmdm. als angenehm, liebenswert empfunden' /vorw. auf Personen bez./: *er ist ein ~er Mensch, Mann; eine ~e Frau; er, sie war mir sehr, nie ~; er, sie wirkt ~; sein ~es Äußeres, Wesen besticht; das, der Vorschlag ist mir nicht ~* ('sagt mir nicht zu, gefällt mir nicht') ❖ ↗ **Sympathie**

sympathisieren [zʏmpati'ziːʀən], sympathisierte, hat sympathisiert /jmd./ *mit jmdm., etw. ~* 'jmdm. gewogen sein, etw., bes. einer politischen Richtung, zugetan sein': *die Einwohner sympathisierten mit den Demonstranten; er sympathisierte mit dem linken Flügel seiner Fraktion, ohne ihm direkt anzugehören; er sympathisierte mit der Politik des Kanzlers* ❖ ↗ **Sympathie**

Symposion [zʏm'poːzi̯ɔn]**, das**; ~s, Symposien [..zi̯ən]: ↗ **Symposium**

Symposium [zʏm'poːzi̯ʊm]**, das**; ~s, Symposien [..zi̯ən] 'dem Austausch von Gedanken und Erkenntnissen dienende Zusammenkunft eines Kreises von Wissenschaftlern': *ein medizinisches ~; ein ~ über den 30jährigen Krieg; ein ~ veranstalten, durchführen; an einem ~ teilnehmen; das ~ findet im September statt*

MERKE Zu *Symposium, Konferenz, Kolloquium, Kongress, Sitzung, Tagung*: ↗ **Kolloquium** (Merke)

Symptom [zʏmp'toːm]**, das**; ~s, ~e 'charakteristisches Anzeichen für eine meist negative Entwicklung, bes. für eine Krankheit, auch für bestimmte Tendenzen in Politik, Wirtschaft, in der gesellschaftlichen Entwicklung': *die ~e einer Krise; die ~e für etw. beschreiben*; SYN 'Anzeichen 1': *das sind die typischen, klassischen ~e für diese Krankheit; bestimmte ~e für etw. feststellen; auf die ~e der Umweltverschmutzung hinweisen; das sind die ~e einer inflationären Entwicklung* ❖ **symptomatisch**

symptomatisch [zʏmpto'maːt..] ⟨Adj.; o. Steig.; vorw. präd.⟩ /etw./ *für etw. ~ sein* 'ein Symptom für etw.

darstellen': *dieses Blutbild ist ~ für diese Krankheit; ständig steigende Preise sind ~ für eine inflationäre Entwicklung; diese Äußerung ist ~ für ihn; das ist ein ~er Fall* ❖ ↗ **Symptom**

synchron [zʏn'kRo:n] ⟨Adj.; o. Steig.⟩ vorw. fachspr. ʾgleichzeitig verlaufend' /auf zwei od. mehrere Bewegungen, Abläufe od. Prozesse bez./; ↗ FELD VII.5.3: *~e Bewegung, Prozesse; etw. läuft ~ ab; zwei Ventile ~ schalten; die Bewegungen beider Tänzer waren ~* ❖ **synchronisieren**

synchronisieren [zʏn'kRoni'zi:Rən], synchronisierte, hat synchronisiert vorw. fachspr.; ↗ FELD VII.5.2 **1.1.** /jmd., Institution/ *die Tätigkeit zweier Teams ~* (ʾdie Tätigkeit zweier Teams in zeitliche Übereinstimmung bringen') **1.2.** /jmd., Unternehmen/ *einen Film ~* (ʾBild und Ton eines Films in zeitliche Übereinstimmung bringen') ❖ ↗ **synchron**

Synthese [zʏn'te:zə], die; ~, ~n **1.** ʾVereinigung mehrerer (selbständiger) Elemente zu einem (höheren) Ganzen, einer Ganzheit'; ANT Analyse: *etw. ist die ~ aus zwei od. mehreren Dingen; die Dichtung ist die, eine gelungene ~ von epischen und lyrischen Elementen* **2.** Chem. ʾdurch das Zusammenfügen einfacher Stoffe zu komplizierten Stoffen bewirkte Herstellung von in der Natur vorkommenden od. neuen chemischen Verbindungen': *die ~ des Kautschuks; durch ~ hergestellte Fasern, Werkstoffe, Hormone, Vitamine* ❖ **synthetisch, synthetisieren**

synthetisch [zʏn'te:t..] ⟨Adj.; o. Steig.; nicht präd.⟩ ʾauf Synthese (2) beruhend, durch Synthese (2) hergestellt': *ein ~es Verfahren; ~e Fasern; ~er Kautschuk; ein ~er* (SYN ʾkünstlicher 1') *Edelstein; ~er Treibstoff; etw. ~ herstellen, gewinnen* ❖ ↗ **Synthese**

synthetisieren [zʏnteti'zi:Rən], synthetisierte, hat synthetisiert Chem. /jmd./ *etw. ~* ʾetw. durch Synthese (2) herstellen': *eine Substanz, Vitamine, Insulin ~* ❖ ↗ **Synthese**

System [zʏs'te:m], das; ~s, ~e **1.** ʾaus einer Menge von bestimmten materiellen und/od. geistigen Elementen und Relationen gebildete (natürliche) Ordnung, Struktur eines Ganzen, das je nach sein seinen Bestandteilen und seiner Funktion den verschiedensten Bereichen der Welt und des Lebens zugeordnet ist': /vorw. mit best. Adj./ *ein materielles, geistiges, dynamisches ~; ein theoretisches, ideelles, philosophisches, wissenschaftliches, ökologisches, biologisches ~; ein ausgeklügeltes, bewährtes, natürliches ~; das ~ der Sterne unserer Galaxis; das ~ Erde, Sonne und Mond; lebende Organismen als lebendige ~e; das ~ der freien und sozialen Marktwirtschaft; das natürliche ~ der Zoologie, der chemischen Elemente; ein ~ aus Kanälen, Straßen und Wegen* **2.** ʾsinnvolle Gliederung, Ordnung von etw.': *wir brauchen ein praktisches, übersichtliches, zweckmäßiges ~ für die griffbereite Ablage dieser Akten; die Bücher nach einem bestimmten ~ ordnen; ~ in etw. bringen* (ʾetw. Ungeordnetes sinnvoll, zweckmäßig ordnen, gliedern') **3.** ʾPlan für das Handeln, für die Erreichung eines Ziels' /beschränkt verbindbar/: *nach einem bestimmten ~*

vorgehen **4.** ʾForm der staatlichen Organisation einer Gesellschaft': *ein totalitäres, reaktionäres, korruptes ~* (SYN Regime); *ein demokratisches, parlamentarisches ~; für ein ~ kämpfen, eintreten; ein ~ bekämpfen* ❖ **Systematik, systematisch, systematisieren — Nervensystem**

Systematik [zʏste'ma:tɪk], die; ~, ~en ⟨vorw. Sg.⟩ ʾArt und Weise der bewussten Gliederung, Gestaltung von etw.': *eine moderne ~; die ~ der Darstellung eines Stoffes im Unterricht* ❖ ↗ **System**

systematisch [zʏste'ma:t..] ⟨Adj.; nicht präd.⟩ **1.** ⟨Steig. reg.⟩ ʾmethodisch, planmäßig nach einem bestimmten System (3), Plan': *durch seine ~e Arbeitsweise ist er sehr produktiv; er hat diese Tätigkeit, Forschungen ~ betrieben; jmdn. ~ schulen; die Polizei hat die Wohnung des Verdächtigen ~* (*nach Drogen*) *durchsucht; bei etw. ~ vorgehen; ~* (ʾnach Plan') *gymnastische Übungen ausführen; ein ~es Training* **2.** ⟨o. Steig.; nur attr.⟩ /beschränkt verbindbar/: *ein ~er* (ʾnach einem bestimmten System 2 aufgebauter, gegliederter') *Katalog* ❖ ↗ **System**

systematisieren [zʏstemati'zi:Rən], systematisierte, hat systematisiert /jmd./ *etw. ~* ʾetw. nach einem, durch ein System (2) gliedern': *eine Materialsammlung ~; er hat die zahlreichen neuen Entdeckungen auf seinem Gebiet systematisiert* ❖ ↗ **System**

Szene ['stse:nə], die; ~, ~n **1.** ʾkleiner Abschnitt eines Aktes in einem Theaterstück, Film, Hörspiel, der meist durch Auftritt und Abgang eines Schauspielers begrenzt wird'; SYN Auftritt (2): *er trat im ersten Akt in der vierten ~ auf; die ~ spielt in einer Gaststätte; eine ~ spielen, proben, drehen* **2.** ⟨o.Pl.⟩ ʾSchauplatz der Handlung einer Szene (1) in einem Theaterstück': *die ~ stellt eine ländliche Idylle dar* **3.1.** ⟨mit best. Adj.⟩ ʾsich bes. in einer Gruppe von Personen abspielendes, meist emotional ergreifendes Geschehen'; ↗ FELD X.1: *eine peinliche, bewegende, komische, rührende, traurige, lustige ~; bei der Ankunft der Heimkehrer spielten sich erschütternde ~n ab* **3.2.** ʾAuseinandersetzung, Streit, oft zwischen Eheleuten': *in ihrer Ehe kam es oft zu hässlichen ~n; vgl. Auftritt (3)* ❖ **Szenerie, szenisch** * /Mann, Frau/ **jmdm. eine ~ machen** ʾbei, aus bestimmtem Anlass jmdm. heftige Vorwürfe machen, mit jmdm. streiten': *sie machte ihm, er machte ihr eine ~ wegen seiner, ihrer Unpünktlichkeit;* **auf offener ~** ʾwährend des Spiels auf der Bühne': *es gab Bravorufe, Buhrufe, Beifall auf offener ~; sie spendeten (ihm) Beifall auf offener ~; sie applaudierten auf offener ~;* /jmd./ **sich in ~ setzen** ʾsich selbst wirkungsvoll (in einer bestimmten Situation) zur Geltung bringen': *er versteht es, sich in ~ zu setzen*

Szenerie [stsenə'Ri:], die; ~, ~n [..'Ri:ən] **1.** ʾSzene (2)': *die ~ wechselte von Akt zu Akt* **2.** ʾder Anblick einer außergewöhnlich schönen Landschaft'; SYN Bild: *die beeindruckende ~ des Gebirgsmassivs* ❖ ↗ **Szene**

szenisch ['stse:n..] ⟨Adj.; o. Steig.; nicht präd.⟩ ʾdie Szene (2) betreffend': *~e Effekte; die Art der ~en Gestaltung; etw. effektiv ~ gestalten* ❖ ↗ **Szene**

t, T

Tabak [ˈtaːbak/taˈbak], **der**; ~s, ~e **1.** ⟨vorw. Sg.⟩ ˈPflanze, deren Blätter Nikotin enthaltenˈ: ~ *anbauen, pflanzen, ernten;* ~ (ˈdie Blätter des Tabaksˈ) *trocknen, fermentieren* **2.** ⟨o.Pl.⟩ ˈaus den getrockneten (und zerkleinerten) Blättern von Tabak (1) hergestelltes Genussmittel, bes. zum Rauchen und meist in der Form von Zigarren, Zigarettenˈ: *einen guten, milden, starken* ~ *rauchen; sich seine Pfeife mit* ~ *stopfen;* ~ *kauen, schnupfen*

Tabelle [taˈbɛlə], **die**; ~, ~n ˈübersichtliche, in Form von Listen angelegte Zusammenstellung von Zahlen, Begriffen, Werten (4)ˈ; SYN Tafel (4.1): *eine statistische* ~; *eine* ~ *aufstellen; etw. in eine* ~ *eintragen; die wichtigsten Daten in einer* ~ *darstellen, anhand einer* ~ *verdeutlichen; etw. aus einer* ~ *ablesen, entnehmen*

Tablett [taˈblɛt], **das**; ~s/auch ~es, ~s/auch ~e ˈeiner Platte (1) ähnlicher, am Rand etwas erhöhter, aus unterschiedlichen Materialien bestehender Gegenstand, der zum Servieren von Speisen benutzt wirdˈ (↗ BILD): *sie stellte das Geschirr auf ein* ~ *und trug es in die Küche; die Speisen auf einem* ~ *servieren*

* /jmd./ **jmdm. etw. auf einem silbernen ~ servieren** (ˈjmdm. etw. besonders Erstrebenswertes, Vorteilhaftes so vorteilhaft präsentieren, dass er sich wenig anzustrengen, wenig dafür zu bezahlen brauchtˈ)

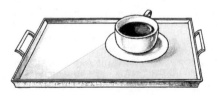

Tablette [taˈblɛtə], **die**; ~, ~n ˈMedikament in Form eines meist kleinen, mehr oder weniger flachen, runden Scheibchensˈ: *er bekam von seinem Arzt wirksame* ~*n verordnet, verschrieben; regelmäßig seine* ~*n (gegen Kopfschmerzen) (ein)nehmen; eine Tablette schlucken, in Wasser auflösen*
MERKE: Zum Unterschied von *Tablette, Dragee, Pille:* ↗ *Pille*

tabu [taˈbuː/ˈtaːbu] ⟨Adj.; o. Steig.; indekl.; nur präd. (mit *sein, bleiben*)⟩ **1.** /etw./ ~ *sein* ˈeinem Tabu unterliegenˈ: *darüber spricht man nicht, das, dieses Thema ist* ~; *etw. als* ~ *ansehen; das ist für sie* ~ (ˈdarüber spricht sie nicht, weil es ihrer Ansicht nach ein Tabu darstelltˈ) **2.** /jmd./ *für jmdn.* ~ *sein: der ist für mich* ~ (ˈich mag ihn nicht, und deshalb will ich mit ihm nichts zu tun habenˈ)

Tabu, das; ~s, ~s ˈauf Konvention beruhendes strenges Gebot, über bestimmte Themen nicht zu spre-

chen, bestimmte Handlungen nicht auszuführenˈ: *mit dieser Äußerung hat er an ein* ~ *gerührt, gegen ein* ~ *verstoßen; mit seinem Verhalten verletzt, bricht er ein* ~; *Sex ist kein* ~ *mehr*

Tadel [ˈtaːdl̩], **der**; ~s, ~ ˈmeist aus ernsthaftem Anlass gegen jmdn., jmds. Handeln, Verhalten gerichtete missbilligende Äußerung, erteilte scharfe Kritikˈ; SYN Rüffel, Rüge, Verweis (1): *ein milder, scharfer* ~; *einen* ~ (ANT Lob) *aussprechen, erhalten; dieser* ~ *traf sie hart; der* ~ *war ungerecht* ❖ **tadeln − tadellos**

tadel|los [ˈ..] ⟨Adj.; o. Steig.⟩ SYN ˈeinwandfrei (1)ˈ: *das ist eine* ~*e Arbeit; dieser Anzug sitzt* ~; *sein Betragen war* ~ ❖ ↗ **Tadel**, ↗ **los**

tadeln [ˈtaːdl̩n] ⟨reg. Vb.; hat⟩ /jmd./ *jmdn., etw.* ~ ˈsich sehr kritisch über jmdn., jmds. Handeln, Verhalten äußernˈ; SYN missbilligen, rügen: *einen Schüler (wegen seiner Haltung, wegen seines Benehmens)* ~ (ANT loben); *sie tadelte seine Unpünktlichkeit, Bequemlichkeit; vgl. runterputzen* ❖ ↗ **Tadel**

Tafel [ˈtaːfl̩], **die**; ~, ~n **1.** ˈGegenstand in Form einer großen, senkrecht (an der Wand) installierten Platte, die zum Beschreiben, Bemalen, bes. zum Anbringen von Mitteilungen, Informationen dientˈ: *eine* ~ *anbringen; der Lehrer schrieb Fremdwörter an die* ~ (SYN ˈWandtafelˈ); *alle Bekanntmachungen zu den Veranstaltungen sind an der* ~ *zu lesen; diese Informationen sind der* ~ *zu entnehmen* **2.** SYN ˈGedenktafelˈ: *am Hause des verstorbenen Komponisten wurde zur Erinnerung eine* ~ *angebracht* **3.** *eine* ~ *Schokolade* ˈplattenförmiges, durch Kerben unterteiltes Stück Schokolade, das verpackt und in dieser Form in den Handel kommtˈ: *eine* ~, *drei* ~*n Schokolade kaufen* **4.1.** SYN ˈTabelleˈ: *eine* ~ *mit den wichtigsten physikalischen Formeln* **4.2.** ˈbes. in Büchern zur Illustration des Textes dienende, auf einer Seite übersichtlich zusammengefasste Abbildungenˈ: *das Werk enthält viele* ~*n* **5.** ˈlanger, für eine festliche Mahlzeit gedeckter Tischˈ; ↗ FELD IV.2.1: *die* ~ *mit Blumen festlich schmücken; an jmds.* ~ (ˈbei jmdm.ˈ) *speisen* ❖ **tafeln, täfeln, Täfelung − Gedenktafel, tafelfertig, Wandtafel**

* /jmd./ **die ~ aufheben** (ˈdie Mahlzeit durch ein Zeichen für beendet erklärenˈ)

tafel|fertig [ˈ..] ⟨Adj.; o. Steig.; vorw. attr.⟩ ˈso zubereitet und konserviert, dass es nur noch erwärmt werden mussˈ /auf Speisen bez./: ~*e Gerichte; die Gemüse-, Fleischkonserven kommen* ~ *in den Handel* ❖ ↗ **Tafel**, ↗ **fertig**

tafeln [ˈtaːfl̩n] ⟨reg. Vb.; hat⟩ /jmd./ ˈausgiebig, gut und mit Genuss in einem meist festlichen Rahmen essen und trinkenˈ: *gestern Abend haben wir mal so* *richtig getafelt; zum Geburtstag wollen wir in einem guten Restaurant* ~ ❖ ↗ **Tafel**

täfeln ['tɛːfl̩n/'teː..] ⟨reg. Vb.; hat⟩ /jmd./ *etw.* ~ ˈetw., bes. die Wände, Decken eines Raumes, mit dünnen (Holz)platten verkleidenˈ: *er ließ sein Arbeitszimmer* ~; *eine dunkel* (ˈmit dunklem Holzˈ) *getäfelte Decke* ❖ ↗ **Tafel**

Täfelung ['tɛːfəl../'teː..], auch **Täflung, die**; ~, ~en ˈaus dünnen (Holz)platten bestehende Verkleidung für Wände od. Deckenˈ: *den Raum mit einer* ~ *versehen; durch die* ~ *wirkt der Raum wärmer* ❖ ↗ **Tafel**

Taft [taft], **der**; ~es/auch ~s, ~e ⟨vorw. Sg.⟩ ˈvielfach zum Füttern (II.2) von Kleidungsstücken verwendeter steifer, dicht gewebter, glänzender Stoff aus (künstlicher) Seideˈ: *das Kleid war ganz auf* ~ *gearbeitet* (ˈmit Taft gefüttertˈ); *sie trägt ein Kleid aus* ~

Tag [taːk], **der**; ~s/auch ~es, ~e **1.1.** ˈZeitraum von 24 Stunden, von Mitternacht zu Mitternachtˈ; ANT Nacht (1); ↗ FELD VII.7.1: *die sieben* ~*e der Woche; er reiste noch am gleichen* ~ *ab; welcher* ~ (ˈwelches Datumˈ) *ist heute?; wir verbrachten die letzten* ~*e am Meer; jeden* ~ (ˈin Kürzeˈ): *die erwartete Ware kann jeden* ~ *eintreffen; heute vor drei* ~*en ist er angekommen; dreimal am* ~ (ˈdreimal täglichˈ) *Zähne putzen; alle acht* ~*e* (ˈjeweils nach acht Tagenˈ) *muss er zur Untersuchung; er ist auf/ für ein paar* ~*e verreist; heute vor/in zehn* ~*en* (ˈvon heute an gerechnet vor od. in zehn Tagenˈ); *sich einen faulen* ~ *machen* (ˈeinen Tag lang faulenzenˈ); *von* ~ *zu* ~ ˈstetigˈ: *es geht ihm von* ~ *zu* ~ *besser;* ~ *für* ~ ˈjeden Tag und immer wiederˈ: ~ *für* ~ *haben wir den gleichen Ärger; sich einen freien* (ˈarbeitsfreienˈ) ~ *nehmen; heute hatte er einen schwarzen* ~ (ˈheute ist ihm nichts gelungen, hatte er Pechˈ); *gestern war sein großer* ~ (ˈwar ein bedeutsamer Tag für ihnˈ); *dein* ~ *wird schon noch kommen* (ˈirgendwann wirst du schon Erfolg habenˈ)! **1.2.** /als Glied bestimmter Gedenktage/: *der* ~ *der deutschen Einheit* /Nationalfeiertag der Bundesrepublik Deutschland; 3. Oktober/; ~ *des Kindes* /1. Juni/ **1.3.** ⟨nur im Pl.; nur mit Attr.⟩ ˈsich meist über einen längeren Abschnitt erstreckende Zeit, in der jmd. lebt, gelebt hat, in die jmd. hineingeboren wurdeˈ /beschränkt verbindbar/: *er erinnert sich gern an die* ~*e seiner Jugend; sie hatten schon bessere* ~*e gesehen* (ˈes ging ihnen früher wirtschaftlich, gesundheitlich besserˈ); *er treibt Sport wie in seinen jungen* ~*en* (ˈin seiner Jugendˈ); *trotz seiner alten* ~*e* (ˈtrotz seines hohen Altersˈ) *fährt er noch Rad* **2.** ˈZeit des Tages (1), während der sich die Sonne über dem Horizont befindet, etwa zwischen Sonnenaufgang und Sonnenuntergangˈ: *einen schönen, sonnigen, regnerischen, trüben* ~ *erleben; das war heute wieder ein langer, anstrengender* ~; *den ganzen* ~ *konzentriert arbeiten; die* ~*e werden kürzer, länger; wir kamen noch bei* ~ (ˈim Hellenˈ) *an;* ~ *und Nacht* (ˈvon früh bis spätˈ) *arbeiten;* /in der kommunikativen Wendung/ *guten/Guten* ~; umg.

~*!* /als Gruß in der Zeit vom Morgen bis zum späten Nachmittag/; *jmdm. guten/Guten* ~ *sagen, einen guten/Guten* ~ *wünschen* **3.** *über, unter* ~*e* ˈim Bergbaubetrieb auf der Erdoberfläche bzw. im Stollen unter der Erdoberflächeˈ: *er arbeitet über, unter* ~*e;* vgl. *Woche, Monat, Jahr* ❖ **betagt, tagen, Tagung, täglich, tags** − **Alltag, alltäglich, alltags, Bundestag, dreitägig, eintägig, Feiertag, Geburtstag, Gedenktag, halbtags, heutzutage, Jahrestag, Kindertagesstätte, Landtag, mehrtägig, Stichtag, Tagebau, -buch, tagelang, Tageslicht, -ordnung, -zeitung, taghell, tagsüber, tagtäglich, Vormittag, vormittags, Vortag, Werktag, werktags, Wochentag, wochentags, zutage;** vgl. **Dienstag, Donnerstag, Freitag, Sonntag**

* /jmd., etw./ *etw. an den* ~ *bringen* ˈetw. Verheimlichtes aufdeckenˈ: *die Wahrheit an den* ~ *bringen;* **dieser ~e 1.** ˈunlängstˈ: *ich habe dieser* ~*e gehört, gelesen, dass …* **2.** ˈdemnächstˈ *sie wird dieser* ~*e 30 Jahre alt; dieser* ~ *erwartet sie ihr erstes Kind;* **eines (schönen) ~es** ˈan einem nicht näher bestimmten Tag (in der Zukunft)ˈ: *eines schönen* ~*es bekommst du schon noch deine Strafe;* /etw./ emot. **ewig und drei ~e** (ˈsehr langeˈ) **dauern; jmds. ~e sind gezählt 1.** ˈjmd. wird bald sterbenˈ **2.** ˈjmds. Aufenthalt an einem bestimmten Ort geht zu Endeˈ: *in diesem Betrieb sind seine* ~*e gezählt, weil er am 1. Juli in Rente geht;* /etw./ **an den ~ kommen** ˈetw. Verheimlichtes wird bekanntˈ: *nun ist dieses Verbrechen doch noch an den* ~ *gekommen;* ~ **der offenen Tür** (ˈTag, an dem man die Möglichkeit hat, bestimmte (öffentliche) Einrichtungen, die sonst für die Öffentlichkeit nicht zugänglich sind, zu besichtigenˈ); **der ~ X** (ˈnoch unbekannter Tag, an dem etw. Bedeutendes, bes. eine militärische Aktion, beginnen wirdˈ); **zu ~e treten:** ↗ **zutage**

tag|aus [taːk|ˈaus]

* ~, **tagein** ˈjeden Tag aufs Neue, immer wiederˈ: ~, *tagein erscheint er pünktlich im Dienst; seit mehr als zehn Jahren fährt er* ~, *tagein mit diesem Bus zur Arbeit*

Tage/tage ['taːgə..]**|-bau, der** ⟨Pl.: ~e⟩ **1.** ⟨o.Pl.⟩ ˈGewinnung von Bodenschätzen nicht unter, sondern auf der Erdoberflächeˈ: *der* ~ *hat die Landschaft völlig verändert; im* ~ ˈdurch den Abbau auf der Erdoberflächeˈ: *Braunkohle, Erze im* ~ *fördern, abbauen* **2.** ˈAnlage für den Tagebau (1)ˈ: *einen neuen* ~ *erschließen* ❖ ↗ **Tag**, ↗ **Bau; -buch, das** ˈBuch, Heft für tägliche Eintragungen persönlicher Erlebnisse, Gedankenˈ: ~ *führen; seit Jahren führt sie* ~ ❖ ↗ **Tag**, ↗ **Buch; -lang** ⟨Adj.; nicht präd.⟩ ˈmehrere Tage dauerndˈ; ↗ FELD VII.2.3: *sein* ~*es Schweigen beunruhigte sie; die* ~*en Diskussionen führten zu nichts; sie warteten* ~ *auf ihn* ❖ ↗ **Tag**, ↗ ¹**lang**

tagen ['taːgn̩] ⟨reg. Vb.; hat⟩ **1.** /mehrere (jmd.), Gruppe/ ˈeine Tagung, Sitzung abhaltenˈ: *wir* ~ *nächste Woche; das Parlament, der Kongress tagt in zwei Wochen; der Bundestag tagte* **2.** geh. *es tagt* ˈes wird hell, die Sonne geht auf'; ↗ FELD VI.2.2, VII.1.2: *es beginnt (schon) zu* ~ ❖ ↗ **Tag**

Tages ['tɑːgəs..]|**-licht, das** ⟨o.Pl.⟩ 'Licht, Helligkeit des Tages (2)'; ↗ FELD VI.2.1: *bei* ~ *arbeitet es sich am besten; der Stoff sieht bei* ~ *ganz anders aus* ('hat am Tage, wenn es hell ist, eine andere Farbe'); *seine Augen mussten sich erst ans* ~ *gewöhnen* ❖ ↗ **Tag**, ↗ **Licht** * /jmd./ **etw. ans** ~ **bringen** 'etw. Verheimlichtes aufdecken': *die Presse brachte den Skandal ans* ~; /etw./ **ans** ~ **kommen** 'etw. Verheimlichtes wird bekannt': *die Korruption ist doch ans* ~ *gekommen;* /jmd./ **das** ~ **scheuen** 'die Öffentlichkeit meiden, weil man etw. zu verbergen hat': *mit seinen unsauberen Geschäftspraktiken scheut er das* ~; **-ordnung, die** 'vorgesehener Ablauf der Reihenfolge von Themen, die bei einer Beratung, Versammlung abgehandelt werden sollen': *dieser Punkt muss unbedingt auf die* ~; *etw. auf die* ~ *setzen, von der* ~ *absetzen; zur* ~! /Mahnung an die Teilnehmer einer Beratung, zum Thema zu sprechen, beim Thema zu bleiben/ ❖ ↗ **Tag**, ↗ **ordnen** * **etw. ist an der** ~ 'etw., bes. etw. als negativ Empfundenes, ist allgemein üblich': *Unpünktlichkeit war (bei ihm) an der* ~; *Staus auf allen Autobahnen sind an den Wochenenden an der* ~; /jmd./ **(über etw.) zur** ~ **übergehen** 'ein aufgeworfenes Problem nicht mehr weiter behandeln und zu anderen anstehenden Fragen, Themen übergehen': *nach der Klärung dieser Probleme ging man zur* ~ *über;* **-zeitung, die** 'Zeitung, die an allen Wochentagen, täglich erscheint': *diese Informationen (über den neuen Flugplan) kann man der* ~ *entnehmen* ❖ ↗ **Tag**, ↗ **Zeitung**

tag|hell ['tɑːk..] ⟨Adj.; o. Steig.⟩ **1.** ⟨nur präd. (mit *sein*)⟩ /etw. (vorw. *es*)/ ~ *sein* 'durch Tageslicht völlig hell sein'; ↗ FELD VI.2.3: *als er erwachte, war es* ~; *in ein paar Stunden wird es* ~ *sein* **2.** ⟨nicht attr.⟩ 'hell wie am Tage': *die Scheinwerfer erleuchten auch nachts das Gelände* ~; *durch die Scheinwerfer war es, die Straße* ~ ❖ ↗ **Tag**, ↗ **hell**

täglich ['tɛːk../'teː..] ⟨Adj.; o. Steig.; nicht präd.⟩ 'jeden Tag (1.1) sich wiederholend, vor sich gehend, an jedem Tag' /bes. auf Vorgänge, Tätigkeiten bez./; ↗ FELD VII.7.2: *der* ~*e Stress nervte sie;* ~ *fuhr sie die Strecke mit dem Bus zur Arbeit; die Tabletten müssen dreimal* ~ *genommen werden; sie sehen sich* ~ ❖ ↗ **Tag**

tags [tɑːks] ⟨Adv.⟩ **1.** 'am Tage, während des (ganzen) Tages (2)'; SYN tagsüber; ANT nachts: ~ *arbeitet, ist sie im Büro* **2.** ~ *darauf* 'am darauf folgenden Tag (1.1)': ~ *darauf passierte es dann;* ~ *zuvor* 'am vorhergehenden Tag (1.1)': *er war erst* ~ *zuvor angekommen* ❖ ↗ **Tag**

tags|über [tɑːks|'yːbɐ] ⟨Adv.⟩ 'während des (ganzen) Tages (1.1)'; SYN tags; ANT nachts; ↗ FELD VII.7.2: ~ *arbeitet er auf einer Baustelle; die Großmutter betreut* ~ *das Kind* ❖ ↗ **Tag**, ↗ **über**

tag|täglich [tɑːkˈt..] ⟨Adj.; o. Steig.; nicht präd.⟩ 'jeden Tag (1.1) ohne Ausnahme, immer wiederkehrend' /vorw. auf Tätigkeiten bez./: *er machte* ~ *sei-*

nen Spaziergang; die ~*e Arbeit nahm sie voll in Anspruch* ❖ ↗ **Tag**

Tagung ['tɑːg..], **die**; ~, ~en 'meist mehrere Tage (2) dauernde, der Beratung, dem Austausch von Gedanken od. Informationen dienende Zusammenkunft von Fachleuten': *an einer* ~ *teilnehmen; eine außerordentliche, konstituierende* ~ *einberufen, veranstalten; der Verband hält zweimal jährlich eine* ~ *ab; er besucht regelmäßig die fachlichen* ~*en, um sich weiterzubilden* ❖ ↗ **Tag**
MERKE Zu *Tagung, Kolloquium, Konferenz, Kongress, Sitzung, Symposium:* ↗ *Kolloquium* (Merke)

Taille ['taljə], **die**; ~, ~n 'zwischen Hüfte und Brustkorb gelegener Teil des menschlichen Körpers': *sie hat eine schmale, schlanke* ~; *er zog seinen Gürtel fester um die* ~; *das Kleid ist auf* ~ ('die Taille betonend') *gearbeitet*

Takt [takt], **der**; ~s/auch ~es, ~e **1.1.** ⟨o.Pl.⟩ 'rhythmische Gliederung bei Musikstücken': *der* ~ *eines Marsches, Walzers; der Musiker gibt den* ~ *an; an dieser Stelle des Liedes wechselt der* ~; *im* ~ *bleiben* **1.2.** 'kleiner, mehrere Töne umfassender, durch den Takt (1.1) begrenzter Teil eines Musikstücks': *er spielte ein paar* ~*e des Marsches auf dem Klavier* **1.3.** ⟨o.Pl.⟩ 'rhythmische Abfolge von Bewegungen': *sie rudern im* ~; *im* ~ *bleiben; beim Tanzen aus dem* ~ *kommen* **2.** ⟨o.Pl.⟩ 'natürliches Empfinden für ein rücksichtsvolles, nicht verletzendes Verhalten im Umgang mit anderen Menschen'; SYN Taktgefühl; ↗ FELD I.18.1: *viel, wenig* ~ *haben; er behandelte die peinliche Angelegenheit mit viel* ~; ~ *kann man nicht lernen, man muss ihn haben, besitzen* ❖ **taktieren, taktisch, Taktik** — **intakt, Taktgefühl, taktlos, Taktlosigkeit, taktvoll** * /jmd./ **den** ~ **angeben** 'zu bestimmen haben': *in diesem Betrieb gibt er den* ~ *an;* ⟨⟩ umg. /jmd./ **mit jmdm. ein paar** ~**e reden** 'jmdm. gehörig die Meinung sagen': *mit dem muss ich wohl mal ein paar* ~*e reden!*

Takt|gefühl ['..], **das** ⟨o.Pl.⟩ SYN 'Takt (2)': *bisher hat er aus* ~ *geschwiegen; er besitzt kein* ~ ❖ ↗ **Takt**, ↗ **fühlen**

taktieren [takˈtiːʀən], taktierte, hat taktiert /jmd./ 'sich in einer schwierigen, komplizierten Situation geschickt verhalten, taktisch vorgehen': *in dieser scheinbar aussichtslosen Lage konnte er nur noch* ~; ⟨vorw. mit best. Adv.best.⟩ *klug, diplomatisch* ~ ❖ ↗ **Takt**

Taktik ['taktɪk], **die**; ~, ~en ⟨vorw. Sg.⟩ 'geschicktes Ausnützen bestimmter Gegebenheiten, um ein angestrebtes Ziel zu erreichen': *seine* ~ *ändern; nach einer bestimmten* ~ *vorgehen; der Redner verfolgt eine bestimmte* ~, *um zu überzeugen; dank ihrer guten* ~ *hat unsere Mannschaft das Spiel gewonnen; die* ~ *der gegnerischen Streitkräfte war leicht zu durchschauen* ❖ ↗ **Takt**, ↗ **fühlen**

taktisch ['takt..] ⟨Adj.; o. Steig.; nicht präd.⟩ 'die Taktik betreffend, auf Taktik beruhend': *er hat* ~ *klug gehandelt; aus* ~*en Gründen spielte unsere*

Mannschaft in der ersten Halbzeit defensiv ❖ ↗
Takt

takt/Takt- ['takt..]|**-los** ⟨Adj.; Steig. reg.⟩ 'keinen Takt zeigend, ohne Takt (2)' /vorw. auf Personen, Äußerungen bez./; ↗ FELD I.18.3: *ein ~er Mensch; sein Benehmen, seine Bemerkungen waren ~* ❖ ↗ Takt, ↗ los; **-losigkeit** [lo:zɪç..], **die**; ~, ⟨o.Pl.⟩ 'das Taktlossein': *seine ~ berührte uns unangenehm* ❖ ↗ Takt, ↗ los; **-stock, der** 'Stab, mit dem der Dirigent dirigiert': *mit dem ~ auf das Notenpult klopfen* ❖ ↗ Takt, ↗ Stock; **-voll** ⟨Adj.⟩ 'Takt zeigend, mit Takt (2)' /vorw. auf Personen bez./; ↗ FELD I.18.3: *ein ~er Mensch; sie übersah ~ seine schlechten Manieren* ❖ ↗ Takt, ↗ voll

Tal [ta:l], **das**; ~s/auch ~es, Täler ['tɛ:lɐ/te:..] 'mehr od. weniger großes, meist von Bergen umgebenes, tiefer gelegenes Gebiet in einer Landschaft'; ANT Berg (1); ↗ FELD II.1.1, IV.1.1: *ein enges, weites, tiefes ~; sie hatten einen herrlichen Blick über die Berge und Täler* ❖ **Talsperre**

Talent [ta'lɛnt], **das**; ~ es/auch ~ s, ~ e **1.** 'besondere, über das Durchschnittliche hinausgehende Anlage (4), Fähigkeit, die jmd. auf einem bestimmten, meist künstlerischem Gebiet, besitzt und die ihn große Leistungen vollbringen lässt'; SYN Begabung (1); ↗ FELD I.5.1: *er besitzt, hat ~; er besitzt musisches, pädagogogisches ~; er hat viel ~ (zu einem guten, großen Schauspieler); jmds. (sprachliches) ~ fördern;* umg. *nun stehen wir aber da mit unserem ~* ('nun sind wir ratlos'); *mit deinem ~* ('deiner Unart'), *alle Leute vor dem Kopf zu stoßen, machst du dich immer wieder unbeliebt* **2.** 'jmd., der Talent (1) besitzt': *der Verein fördert junge ~e; er ist ein ausgesprochen malerisches, musikalisches, künstlerisches ~* (SYN 'Begabung 2') ❖ **talentiert**

talentiert [talɛn'tiːɐt] ⟨Adj.; Steig. reg.; nicht bei Vb.; vorw. präd. (mit *sein*)⟩ /jmd./ *~ sein* SYN 'begabt sein'; ↗ FELD I.5.3: *er ist sehr ~; junge, ~e Künstler; so ~ wie er ist, sollte er Schauspieler werden* ❖ ↗ **Talent**

Talg [talk], **der**; ~ es/auch ~s, ~e ['..gə] ⟨vorw. Sg.⟩ 'aus dem Gewebe (2) von Rindern und Schafen gewonnenes festes, nicht streichfähiges, gelbliches Fett': *etw. in ~ braten*

Talisman ['ta:lɪsman], **der**; ~s, ~e ⟨vorw. Sg.⟩ 'kleiner Gegenstand, meist ein Schmuckstück aus unterschiedlichem Material, das seinen Träger vor Gefahren schützen und ihm Glück bringen soll'; SYN Maskottchen: *sie hat immer ihren ~ bei sich*

Talmi ['talmi], **das**; ~s, ⟨o.Pl.⟩ 'Schmuck, der im Hinblick auf Material und Verarbeitung von minderwertiger Qualität ist, aber den Anschein von etw. Wertvollem erwecken soll': *dieser Ring, Schmuck ist nur ~*

Talsperre ['ta:l..], **die** 'Anlage aus einer über die ganze Breite eines von einem Gewässer durchflossenen Tales reichenden hohen Mauer und dem dahinter entstandenen Stausee, meist auch mit Kraftwerk': *die ~ führt Hochwasser* ❖ ↗ **Tal**, ↗ **sperren**

Tampon ['tampɔŋ/..'pɔ̃], **der**; ~s, ~s 'mit Gaze überzogener saugfähiger (länglicher) Bausch aus Watte, Mull oder Zellstoff zum Aufsaugen von Flüssigkeiten, Stillen von Blutungen od. zum Einführen in die Scheide während der Menstruation': *ein ~ einführen*

Tamtam [tam'tam], **das**; ~s, ⟨o.Pl.⟩ umg. emot. neg. SYN 'Trara': *viel ~ um etw., jmdn. machen; deswegen brauchst du nicht so großes ~ zu machen; wir empfingen ihn mit großem ~*

Tand [tant], **der**; ~s, ⟨o.Pl.⟩ veraltend 'unbestimmte Menge verschiedener, kleiner wert- und nutzloser Gegenstände': *sie besaß allerlei billigen ~; das ist nur ~*

Tandem ['tandɛm], **das**; ~s, ~s 'Fahrrad für zwei Personen mit zwei hintereinander liegenden Sitzen und Pedalen': *wir fahren ~*

Tang [taŋ], **der**; ~s, ~e ⟨vorw. Sg.⟩ 'meist rötlich od. braun gefärbte Alge, die in der Nähe von Küsten im Meer wächst'; ↗ FELD II.4.1: *es ist viel ~ angeschwemmt worden*

Tank [taŋk], **der**; ~s/auch ~es, ~s **1.1.** 'großer Behälter zur Aufbewahrung od. zum Transport von Flüssigkeiten, bes. von Erdöl, Treibstoff od. Wasser' /oft als Teil eines Lastwagens/; ↗ FELD V.7.1: *der ~ fasst 50000 Liter Erdöl* **1.2.** 'in ein Kraftfahrzeug eingebauter kleiner Tank (1.1), der den Treibstoff enthält': *der ~ des Autos fasst 40 Liter Benzin* ❖ **tanken, Tanker** – **Tankstelle**

tanken ['taŋkn̩] ⟨reg. Vb.; hat⟩ **1.** /jmd./ etw. *~* 'Kraftstoff in den Tank (1.2) einfüllen (lassen)': *ich muss noch ~; Benzin, Diesel ~; wie viel hast du getankt?* **2.** /jmd./ scherzh. *er hat ganz schön, zu viel getankt* ('er ist betrunken') **3.** /jmd./ *frische Luft ~* ('an der frischen Luft sein und gute, reine Luft atmen') ❖ ↗ **Tank**

Tanker ['taŋkɐ], **der**; ~s, ~ 'Schiff mit großen eingebauten Tanks (1.1) zur Beförderung von Flüssigkeiten, bes. von Erdöl' (↗ TABL Fahrzeuge); ↗ FELD VIII.4.3.1: *ein riesiger, moderner ~; der ~ ist leck, verliert Öl* ❖ ↗ **Tank**

Tank|stelle ['taŋk..], **die** 'an Straßen gelegene Einrichtung, bei der Kraftfahrzeuge gegen Bezahlung Benzin, Diesel tanken können': *die ~ hat Tag und Nacht geöffnet, ist geschlossen; an den ~n gab es lange Schlangen* ❖ ↗ **Tank**, ↗ **Stelle**

Tanne ['tanə], **die**; ~, ~n 'immergrüner Nadelbaum mit glatter Borke, aufrecht stehenden Zapfen und stumpf endenden Nadeln, die an der Unterseite zwei weiße Streifen haben'; ↗ FELD II.4.1 (↗ TABL Bäume): *vor dem Haus steht eine hohe ~; die ~* ('den Weihnachtsbaum') *schmücken* ❖ **Tannenbaum**

Tannen|baum ['tanən..], **der** SYN 'Weihnachtsbaum': *den ~ schmücken; ein festlich geschmückter ~; die Lichter am ~; der ~ brennt* ('die Kerzen sind angezündet') ❖ ↗ **Tanne**, ↗ **Baum**

Tante ['tantə], **die**; ~, ~n **1.** ⟨vorw. mit Possessivpron.⟩ 'Schwester des Vaters od. der Mutter, Ehefrau des Onkels'; ↗ FELD I.9.1: *meine ~ kommt* *zu Besuch; ~ Anna ist gekommen; die ~ beerben* **2.** /meist von Kindern für eine unbekannte erwachsene weibliche Person (als Anrede) benutzt/: *die, eine ~ hat mir Schokolade, Bonbons geschenkt; ~, kannst du mir den Weg nach Hause zeigen?;* vgl. *Onkel*

Tanz [tants], **der**; ~es, Tänze ['tɛntsə] **1.** ˈdas Tanzen (1.1) als künstlerische od. gesellige Form menschlicher Betätigungˈ: *moderne, kultische, historische Tänze; ein wilder, ekstatischer ~* **2.1.** ˈeinzelnes, vorw. für die Bühne bestimmtes musikalisches Werk des künstlerischen Tanzes (1)ˈ: *das Ballett übt einen neuen ~ ein; das Ensemble führt historische Tänze vor, studiert historische Tänze ein* **2.2.** ˈMusikstück für das Tanzen (1.1) zweier Personen miteinander zur Unterhaltung im geselligen Kreis od. als Sport(art)ˈ: *ein moderner ~; Tango und Walzer sind beliebte Tänze; sie führten den neusten ~ vor* **3.** ⟨vorw. Sg.⟩ ˈdas Tanzen (2) eines Tanzes (2.2.)ˈ; ↗ FELD I.7.2.1: *jmdn. um einen ~ bitten; jmdn. zum ~ auffordern; die Kapelle spielt zum ~ auf* **4.** ⟨o.Pl.⟩ ˈVeranstaltung, auf der getanzt (1.1) wirdˈ: *morgen Abend gehen wir zum ~; der ~ beginnt um 20 Uhr* **5.** ⟨o.Pl.; vorw. mit unbest. Art.⟩ umg. *als er das erfuhr, machte er einen fürchterlichen ~; führte er einen schrecklichen ~ auf* (ˈschimpfte er fürchterlichˈ); *es gab einen mächtigen ~, als ...* ❖ **tanzen, Tänzer, Tänzerin − Volkstanz**

tanzen ['tantsn̩] ⟨reg. Vb.; hat/ist⟩ **1.** ⟨hat⟩ **1.1.** /jmd./ *irgendwie ~* ˈsich irgendwie (mit jmdm.) zum Vergnügen od. als künstlerische Darbietung auf der Bühne nach Musik in einem bestimmten Rhythmus bewegen und nach vorgegebenen Regeln eine Abfolge von Schritten ausführenˈ; ↗ FELD I.7.2.2: *er kann nicht ~; ~ lernen; er tanzt gut, schlecht, leicht, beschwingt; sie haben langsam, schnell zu den Klängen der Kapelle getanzt* **1.2.** /jmd./ *mit jmdm. ~* ˈsich zusammen mit jmdm. tanzend (1.1.) bewegenˈ: *sie tanzte den ganzen Abend mit ihm;* /zwei od. mehrere (jmd.)/: ⟨rez.⟩ *sie ~ beide sehr gern miteinander* **1.3.** /jmd./ *sich irgendwie ~* ˈsich tanzend (1.1.) in einen bestimmten Zustand versetzenˈ: *sie hat sich müde getanzt; er hat sich in Ekstase getanzt* **2.** ⟨hat⟩ /jmd./ *etw. ~* ˈeinen Tanz (2.1., 2.2.) ausführenˈ: *einen Tango, Walzer ~; klassisches Ballett ~* **3.** ⟨ist⟩ /zwei od. mehrere (jmd.), jmd./ *irgendwohin ~* ˈsich tanzend (1.1.) in eine bestimmte Richtung bewegenˈ: *er ist (mit seiner Partnerin), sie sind quer durch den Saal getanzt;* METAPH *er tanzte vor Freude durch das Zimmer* **4.** /mehrere (etw.)/ *irgendwo ~* ˈsich irgendwo unruhig auf und ab bewegenˈ: *die Mücken, Blätter, Schneeflocken ~ in der Luft; das Boot tanzte auf den Wellen; die Buchstaben tanzten vor seinen Augen* (ˈverschwammen vor seinen Augenˈ) ❖ ↗ **Tanz**

Tänzer ['tɛntsɐ], **der**; ~s, ~ **1.** ˈjmd., der tanzt, tanzen (1.1) kannˈ; ↗ FELD I.7.2.1: *er ist ein guter, schlechter, ausgezeichneter ~* **2.** ˈjmd., der beruflich tanztˈ: *er ist von Beruf ~; er ist ~ am Theater* ❖ ↗ **Tanz**

Tänzerin ['tɛntsəʀ..], **die**; ~, ~en /zu *Tänzer;* weibl./ ❖ ↗ **Tanz**

Tapet [ta'pe:t], **das**
* umg. /jmd./ *etw. aufs ~ bringen* (ˈetw. zur Sprache bringenˈ); *das kommt nicht aufs ~* (ˈdas kommt nicht in Frageˈ)

Tapete [ta'pe:tə], **die**; ~, ~n ˈzum Bekleben von (Zimmer)wänden dienendes, meist aus festem (gemustertem) Papier bestehendes Material, das von einer bestimmten Breite ist und in Form einer Rolle in den Handel kommtˈ; ↗ FELD V.3.1: *eine gemusterte, strukturierte, abwaschbare ~ kaufen; neue ~n fürs Wohnzimmer; eine Rolle ~/~n* ❖ **tapezieren**
* ⟨⟩ umg. **die ~n wechseln** (ˈdie gewohnte Umgebung aufgeben, bes. umziehenˈ)

tapezieren [tape'tsi:ʀən], tapezierte, hat tapeziert /jmd./ *etw. ~* ˈbes. ein Zimmer, die Wände, mit Tapeten beklebenˈ; ↗ FELD V.3.2: *ein frisch tapeziertes Zimmer; die Wohnung ~ (lassen)* ❖ ↗ **Tapete**

tapfer ['tapfɐ] ⟨Adj.⟩ **1.** ⟨Steig. reg.⟩ ˈmutig, trotz Gefahr kämpfend, ausharrend, durchhaltendˈ; ANT feige (1) /auf Personen bez./; ↗ FELD I.6.3: *ein ~er Soldat; er hat ~ gekämpft; sie ist ~, eine ~e Frau* **2.** ⟨Steig. reg.; nur bei Vb.⟩ ˈohne zu klagen, nicht wehleidigˈ: *er ertrug ~ die Schmerzen; seinen Kummer ~ verbergen* **3.** ⟨o. Steig.; nur bei Vb.⟩ umg. scherzh. *die Gäste langten ~ zu* (ˈaßen und tranken vielˈ) ❖ **Tapferkeit**

Tapferkeit ['..], **die**; ~, ⟨o.Pl.⟩ /zu tapfer 1/ ˈdas Tapferseinˈ; ↗ FELD I.6.1: *er wurde wegen ~ (vor dem Feind) ausgezeichnet; sie hat ~ bewiesen, gezeigt* ❖ ↗ **tapfer**

tappen ['tapm̩] ⟨reg. Vb.; ist⟩ **1.** /jmd./ *irgendwohin ~* ˈmit unsicheren, unbeholfenen Schritten sich auf ein bestimmtes Ziel zu bewegen (und beim Gehen dumpfe Geräusche verursachen)ˈ: *sie tappte hilflos im Finstern herum; er ist durch den dunklen Flur getappt; er ist barfuß über die Fliesen getappt*

täppisch ['tɛp..] ⟨Adj.; Steig. reg.⟩ ˈungeschickt und schwerfälligˈ /vorw. auf Personen bez./; ↗ FELD I.2.3: *er war ein ~er Junge; seine Bewegungen waren ausgesprochen ~; sich ~ benehmen*

Tarif [ta'ʀi:f], **der**; ~s, ~e **1.** ˈzwischen Gewerkschaften und Arbeitgebern vereinbarte und vertraglich festgelegte Staffelung und Höhe von Löhnen und Gehältern der Arbeiter und Angestelltenˈ: *die Arbeiter werden nach ~ bezahlt; die ~e kündigen, aushandeln* **2.** ˈfestgesetzte Gebühr, Preis für bestimmte Dienstleistungen, bes. für Wasser, Energie und Transportˈ: *amtliche, gewerbliche ~e; die ~e für Wasser, Taxifahrten werden ab 1. Januar erhöht; die Post hat ihre ~e erhöht* **3.** ˈstaatliche Festlegung für die Höhe von Steuern, Gebührenˈ: *die Lohnsteuer für Verheiratete ergibt sich aus dem ~* ❖ **tariflich**

tariflich [..ʀi:f..] ⟨Adj.; o. Steig.⟩ **1.** ˈdem, einem Tarif (1−3) entsprechendˈ: *die Löhne wurden ~ festgelegt; ~e Vereinbarungen* **2.** ˈdem, einem Tarif (3) entsprechendˈ: *jmdn. ~ einstufen* ❖ ↗ **Tarif**

tarnen ['taʀnən] ⟨reg. Vb.; hat⟩ **1.** /jmd./ *sich, jmdn., etw.* ~ ˊsich, jmdn., etw. mit Hilfe bestimmter Mittel, bes. durch Anpassung an die Umgebung, gegen die Entdeckung durch andere schützen': *die Soldaten tarnten sich mit Buschwerk; sie tarnte sich durch eine neue Haarfarbe; die feindlichen Stellungen, Geschütze waren perfekt getarnt* **2.** /jmd./ *etw. als etw.* ~ ˊetw. so gestalten, dass nicht zu erkennen ist, was es wirklich bezwecken soll': ⟨vorw. adj. im Part. II⟩ *die Bombe war als Geschenksendung, als Brief getarnt* **3.** /jmd./ *sich als etw.* ~ ˊsich eine andere Identität, um ein bestimmtes Ziel zu erreichen, geben': *der Agent hatte sich als Geschäftsmann getarnt; sich mit falschen Papieren* ~ (ˊsich durch falsche Papiere eine andere Identität zulegen, verschaffen')

Tasche ['taʃə], **die**; ~, ~n **1.** ˊbeutelartiges Teil (1.1) eines Kleidungsstücks zur Aufbewahrung kleiner Gegenstände': *ein Kleid, Rock, Mantel mit aufgesetzten, aufgenähten, eingesetzten* ~*n; der Junge hat alles Mögliche in seinen* ~*n; er langte in seine* ~, *kramte etwas aus seiner* ~ *hervor; seine* ~*n umdrehen; ein Tuch, die Hände in die* ~ *stecken* **2.** ˊvorw. aus Leder od. Stoff bestehendes, meist mit einem Riemen od. Griff (3) versehenes Behältnis zum Tragen von Gegenständen': *sie kaufte sich eine neue, schicke* ~; *seine* ~ *für die Reise packen; er kramte in seiner Tasche, holte die Unterlagen aus seiner* ~; vgl. *Beutel* ❖ **Brieftasche, Brusttasche, Handtasche, Westentasche**; vgl. **Taschen-**
* /jmd., Institution, Unternehmen/ **in die eigene** ~ (ˊin betrügerischer Weise zum eigenen Vorteil') **wirtschaften**; /jmd./ **etw. in der** ~ **haben** ˊetw. erreicht haben': *das Examen, den Vertrag, Sieg in der* ~ *haben*; /jmd., Institution/ **tief in die** ~ **greifen** (ˊviel für etw. bezahlen') **(müssen)**; /jmd./ **jmdn. in die** ~ **stecken** ˊjmdm. geistig überlegen sein': *den steckst du doch glatt in die* ~*!*; ⟨⟩ umg. /jmd./ **jmdm. auf der** ~ **liegen** ˊsich von jmdm. ernähren, aushalten lassen': *seit Jahren geht er keiner Arbeit nach, sondern liegt seinen Eltern auf der* ~

Taschen ['taʃn̩..]|**-buch, das** ˊpreiswertes kleines, handliches, broschiertes Buch': *der Roman ist jetzt als* ~ *erschienen* ❖ ↗ **Buch**; **-dieb, der** ˊDieb, der andere bestiehlt, indem er ihnen bes. Geld, Papiere aus der Tasche (1) zieht': *vor* ~*en wird gewarnt!; er wurde das Opfer eines* ~*s* ❖ ↗ **Dieb**; **-geld, das** ⟨o.Pl.⟩ **1.** ˊGeldsumme, die bes. Eltern ihren Kindern regelmäßig für kleinere persönliche Ausgaben zur Verfügung stellen': *die Tochter bekommt monatlich 20 DM* ~ **2.** ˊBargeld einer ausländischen Währung, das Touristen für kleinere Ausgaben von ihren Veranstaltern während ihres Aufenthalts im Ausland erhalten': *im Preis der Reise ist auch* ~ *enthalten* ❖ ↗ **Geld**; **-lampe, die** ˊkleine, handliche, durch Batterien gespeiste, tragbare Lampe': *die* ~ *an-, ausknipsen* ❖ ↗ **Lampe**; **-messer, das** ˊkleines zusammenklappbares Messer, das man in der Tasche (1) mit sich führen kann': *das* ~ *aufklappen; das* ~ *besteht*

aus mehreren Klingen und einem Korkenzieher' ❖ ↗ **Messer**; **-rechner, der** ˊkleiner, elektronischer Rechner, den man in der Tasche (1) mit sich führen kann' ❖ ↗ **rechnen**; **-tuch, das** ⟨Pl.: -tücher⟩ ˊkleines, meist viereckiges Stück aus Stoff, Papier, mit dem man z. B. die Nase säubert': *sein* ~ *entfalten; mit dem* ~ *den Schweiß von der Stirn tupfen, die Nase putzen; sich ins* ~ *schnäuzen* ❖ ↗ **Tuch**

Tasse ['tasə], **die**; ~, ~n **1.** ˊmeist mit einem seitlich angebrachten Henkel versehenes Trinkgefäß für warme Getränke'; ↗ **FELD** V.7.1 (↗ **TABL** Geschirr): ~*n aus Porzellan, Keramik; etw. in die* ~ *gießen, schütten; das Kind trinkt schon aus der* ~; /in der kommunikativen Wendung/ umg. scherzh. *hoch die* ~*n!* /Aufforderung zum Trinken von Alkohol in gastlicher Runde/ **2.** ⟨+ Attr.⟩ ˊMenge, die den Inhalt von Tasse (1) bildet': *eine* ~, *drei* ~*n Kaffee trinken; er trinkt schon die dritte* ~ *Tee* ❖ **Untertasse**
* /jmd./ salopp **nicht alle** ~**n im Schrank haben** ˊverrückt sein' /meist als Vorwurf/: *du hast wohl nicht alle* ~*n im Schrank?!; sag mal, hast du noch alle* ~*n im Schrank?!*; **trübe** ~ ˊein langweiliger Mensch': *wer ist diese trübe* ~; *so eine trübe* ~*!*

Taste ['tastə], **die** ~, ~n ˊHebel, der mit dem Finger durch Herunterdrücken betätigt wird und einen bestimmten Mechanismus auslöst': *die* ~*n des Klaviers leicht anschlagen; auf die* ~*n hauen* (ˊschwungvoll Klavier spielen'); *auf den* ~*n der Schreibmaschine herumhämmern* ❖ **Tasteninstrument**

tasten ['tastn̩] tastete, hat getastet **1.** /jmd./ *nach etw.* ⟨Dat.⟩, *jmdm.* ~ ˊmittels des Tastsinns mit den Händen nach etw., jmdm. suchen'; ↗ **FELD** I.3.5.2: *er tastete im Dunkeln nach dem Lichtschalter; sie tastete nach ihm, seinem Arm* **2.** /jmd./ *sich irgendwohin* ~ ˊsich tastend (1) seinen Weg suchen, irgendwohin bewegen': *sich zur Tür, an der Wand entlang* ~ ❖ **Tastsinn, unangetastet, unantastbar**

Tasten|instrument ['..], **das**; ~es/auch ~s, ~e ˊMusikinstrument, das mit Hilfe von Tasten zu spielen ist': *das Klavier ist ein* ~ ❖ ↗ **Taste**, ↗ **Instrument**

Tast|sinn ['tast..], **der** ⟨o.Pl.⟩ ˊFähigkeit von Lebewesen, mit Hilfe bestimmter Organe Berührungen wahrzunehmen, zu erkennen': *etw. mit seinem, durch seinen* ~ *erkennen* ❖ ↗ **tasten**, ↗ **Sinn**

tat: ↗ **tun**

Tat [taːt], **die**; ~, ~en ˊeine von jmdm. bewusst gewollte Handlung, durch die er etw. bewirkt': *eine gute, mutige, edle, verbrecherische* ~; *dieses neue Gesetz war eine große* ~ (ˊhervorragende Leistung'); *eine* ~ *planen, ausführen; es war eine* ~ *der Verzweiflung; der Angeklagte hat die, seine* ~ (SYN ˊStraftat') *eingestanden, bereut* ❖ **betätigen, Täter, Täterin, tätig, tätigen, Tätigkeit, tätlich, Untat** – **berufstätig, Schandtat, selbsttätig, Straftat, Straftäter, Tatbestand, tatenlos, werktätig, Werktätige**; vgl. **Tat/tat-**; vgl. **tun**
* /jmd./ **jmdn. auf frischer** ~ **ertappen** (ˊbei einer unerlaubten Handlung fassen'); **in der** ~ **1.** ˊwirklich':

das war in der ~ *sehr praktisch, gut* **2.** /als nachdrückliche Bekräftigung einer zutreffenden Äußerung/: *es ist so, in der* ~*!;* /jmd./ **etw. in die ~ umsetzen** 'etw. verwirklichen': *er hat seine Pläne, seine Ideen in die* ~ *umgesetzt*

Tat|bestand ['..], **der 1.** 'Gesamtheit aller (zu einem bestimmten Ereignis) unter bestimmten Gesichtspunkten zusammengefassten Fakten'; SYN Sachverhalt: *die Polizei stellte den* ~ *fest, nahm den* ~ *auf* **2.** Jur. 'die Kriterien, die für ein Verbrechen im Gesetz festgelegt sind': *der* ~ *des Hochverrats; seine Handlungen erfüllen den* ~ *der fahrlässigen Tötung; damit ist der* ~ *eines Sexualdelikts erfüllt*

taten|los ['ta:tn̩..] ⟨Adj.; o. Steig.; nicht präd.; vorw. bei Vb.⟩ 'ohne zu handeln, ohne aktiv in ein (kritisches) Geschehen einzugreifen': *statt am Unfallort zu helfen, sahen sie* ~ *zu;* ~ *herumstehen;* ~*es Herumstehen* ❖ ↗ **Tat**, ↗ **los**

Täter ['tɛːtɐ/'teː..], **der;** ~**s,** ~ 'jmd., der eine Straftat begeht, begangen hat': *nach einem unbekannten* ~ *fahnden, suchen; den* ~ *ergreifen, festnehmen; weiß man schon, wer der* ~ *war?* ❖ ↗ **Tat**

Täterin ['tɛːtəʀɪn/'teː..], **die;** ~, ~**nen** /zu *Täter;* weibl./ ❖ ↗ **Tat**

tätig ['tɛːtɪç/'teː..] ⟨Adj.; o. Steig.⟩ **1.** ⟨nur präd.⟩ /jmd./ **1.1.** ~ *sein, werden* 'eine bestimmte Tätigkeit (1.1) ausüben': *angespannt* ~ *sein; irgendwo* ~ *sein: er ist unermüdlich im Garten* ~ **1.2.** /jmd./ *als jmd.* ~ *sein* 'eine bestimmte berufliche Tätigkeit (1.2) ausüben': *er ist als Lehrer, als Meister (in der Industrie)* ~ **2.** ⟨nur attr.⟩ ~*e* ('sich in Taten, nicht nur in Worten äußernde') *Hilfe, Mitarbeit; Jur.* ~*e Reue* ❖ ↗ **Tat**

tätigen ['tɛːtɪgn̩/'teː..] ⟨reg. Vb.; hat⟩ vorw. amtsspr. /jmd./ *etw.* ~ 'etw. durchführen' /beschränkt verbindbar/: *einen Kauf, Einkäufe, ein Geschäft* ~ ❖ ↗ **Tat**

Tätigkeit ['tɛːtɪç../'teː..], **die;** ~, ~**en 1.1.** 'das aktive Handeln, Wirken, Schaffen eines Menschen im täglichen Leben, im Beruf und in der Freizeit': *eine rege, fieberhafte* ~ *entfalten; eine komplizierte* ~ *ausführen* **1.2.** 'das aktive Wirken, Schaffen eines Menschen in einem bestimmten Beruf': *er hat im Betrieb eine verantwortungsvolle* ~ *übernommen; seine* ~ *als Lehrer ausüben; eine gut bezahlte* ~ ('Anstellung, Arbeit') *haben; seine berufliche* ~*; auf eine langjährige* ~ *in diesem Beruf zurückblicken können; sich um eine neue, sitzende* ~ *kümmern* **2.** ⟨o.Pl.⟩ **2.1.** 'das Funktionieren bes. von Organen (1), Maschinen': *die* ~ *des Herzens, der Nieren; er kontrolliert, überprüft regelmäßig die* ~ *der Maschinen; in, außer* ~ 'in, außer Betrieb': *etw., eine Maschine, Anlage in, außer* ~ *setzen* **2.2.** *der Vulkan ist noch in* ~ ('ist noch aktiv und kann jederzeit ausbrechen') ❖ ↗ **Tat**

Tat/tat ['taːt..]**-kraft, die** ⟨o.Pl.⟩ SYN 'Energie (1)'; ↗ FELD I.2.1: *er ist voller* ~*; er geht jede Aufgabe mit* ~ *an* ❖ ↗ **Kraft; -kräftig** ⟨Adj.; Steig. reg.; nicht präd.⟩ 'mit Tatkraft handelnd, sehr aktiv (1)': *die Organisation leistet* ~*e Hilfe; sie unter-*

stützt ihn ~*; er ist ein* ~*er* (SYN 'energischer 1') *Mann* ❖ ↗ **Kraft**

tätlich ['tɛːt../'teː..] ⟨Adj.; o. Steig.; präd. (nur mit *werden*)⟩ 'körperliche Gewalt gegen jmdn. einsetzend'; SYN handgreiflich: *er war in eine* ~*e Auseinandersetzung mit der Polizei verwickelt; (gegen jmdn.)* ~ *werden; jmdn.* ~ *angreifen;* vgl. *gewalttätig* ❖ ↗ **Tat**

Tätlichkeit ['..], **die;** ~, ~**en** ⟨vorw. Pl.⟩ /zu *tätlich*/ 'die Anwendung von körperlicher Gewalt gegen andere Menschen': *sich zu* ~*en verleiten, hinreißen lassen* ❖ ↗ **Tat**

Tat/tat ['taːt..]**-ort, der** 'Ort, an dem eine Straftat begangen wurde': *die Polizei sucht den* ~ *nach brauchbaren Spuren ab; am* ~ *die Spuren sicherstellen* ❖ ↗ **Ort; -sache, die 1.** 'wirkliches, nicht zu bezweifelndes Geschehen, bestimmter, objektiv gegebener Sachverhalt': *diese Darstellung entspricht (nicht) den* ~*n; es ist* ~ ('ist erwiesen'), *dass ...* **2.** umg. /dient dem Sprecher, die Wahrheit seiner Äußerung zu beteuern/: *er hat es* ~ ('tatsächlich II') *geschafft;* ~*, so war es!; es ist keine Erfindung, das ist* ~ (SYN 'Realität 3') ❖ ↗ **Sache; -sächlich I.** ⟨Adj.; o. Steig.; nur attr.⟩ 'wirklich (I.1)': *sein* ~*es Einkommen berücksichtigen; dies entspricht eher den* ~*en Verhältnissen* − **II.** ⟨Satzadv.⟩ /drückt die Stellung des Sprechers zum genannten Sachverhalt aus; unterstreicht die Wahrheit des Sachverhalts/ 'wenn man sich an der Wirklichkeit (1.1) und nicht am äußeren Anschein orientiert'; SYN in Wahrheit (4), in Wirklichkeit (1.2): ~ *hat sich die Sache anders zugetragen; das ist* ~ ('davon darf man überzeugt sein') *besser so; er ist es* ~ ❖ ↗ **Sache**

Tatze ['tatsə], **die;** ~, ~**n** 'Pfote eines größeren Raubtiers'; SYN Pranke: *der Bär hat gewaltige* ~*n; der Löwe schlug mit seiner* ~ *nach ihm*
MERKE Zum Unterschied im Gebrauch von *Tatze, Huf, Klaue* und *Pfote:* ↗ **Huf** (Merke)

Tau [tau], **der/das;** ~**s/auch** ~**es,** ~**e 1.** ⟨der; o.Pl.⟩ 'sich in der Nacht in Form von Tröpfchen auf Boden und Pflanzen niederschlagende Feuchtigkeit der Luft': *das Gras ist nass vom* ~ **2.** ⟨das⟩ 'starkes Seil, das bes. auf Schiffen verwendet wird'; SYN Leine (1.3); ↗ FELD I.7.6.1: *ein dickes* ~*; ein* ~ *kappen, lösen; die Kinder kletterten am* ~ *in die Höhe* ❖ **abtauen, taufrisch;** vgl. **tauen**

taub [taup] ⟨Adj.; o. Steig.⟩ **1.** ⟨vorw. präd. u. bei Vb.⟩ 'ohne die Fähigkeit, akustisch etw. wahrnehmen zu können' /auf Personen bez./: *er ist auf einem Ohr, auf beiden Ohren seit seiner Geburt* ~*; er ist* ~ *geboren; sich* ~ *stellen* ('so tun, als könnte man nicht hören') **2.** ⟨nicht bei Vb.⟩ 'ohne körperliche Empfindung' /vorw. auf Körperteile bez./; ↗ FELD I.3.5.3: *nach seiner Verletzung blieben zwei Finger* ~*; ein* ~*es Gefühl in den Füßen, im Arm haben* **3.** ⟨vorw. attr.; nicht bei Vb.⟩ 'einen erwartbaren charakteristischen Bestandteil, eine notwendige Eigenschaft nicht aufweisend' /bes. auf Früchte bez./: *eine* ~*e* ('keinen Kern, keine Körner enthal-*

tende') *Nuss, Ähre; ein ~es* ('nicht befruchtetes') *Ei* **4.** ⟨nur attr.⟩ /beschränkt verbindbar/ Bergm. *~es* ('kein Erz enthaltendes') *Gestein* ❖ **betäuben − taubstumm**

Taube ['taubə], **die**; ~, ~n ['taubm̩] 'mittelgroßer Vogel mit kleinem Kopf, kurzem Hals, kurzen Beinen und tiefer gurrender Stimme'; ↗ FELD II.3.1 (↗ TABL Vögel): *die ~n gurren; er züchtet seit vielen Jahren ~n; die ~n füttern; das Bild der ~ ist ein Symbol für den Frieden* ❖ **Taubenschlag**

Taubenschlag ['taubm̩..], **der** 'Verschlag unter dem Dach eines Hauses, Stalls od. Häuschen auf einem (hohen) Pfahl, in dem Tauben gehalten (↗ halten 9) werden'
* umg., emot. neg. **irgendwo/hier ist es/geht es zu wie in einem ~** 'hier gehen ständig sehr viele Leute aus und ein': *bei uns, im Büro geht es zu wie in einem ~*

taub|stumm ['taup..] ⟨Adj.; o. Steig.⟩ 'von Geburt an ohne Gehör und deshalb nicht fähig, artikuliert zu sprechen': *ein ~es Kind, betreuen; er ist ~ (geboren)* ❖ ↗ **taub**, ↗ **stumm**

tauchen ['tauxn̩] ⟨reg. Vb.; hat/ist⟩ **1.1.** ⟨hat/ist⟩ /jmd., Schwimmvogel/ 'sich vorübergehend, bes. mit dem Kopf, unter Wasser begeben, sich dort fortbewegen, (kurzzeitig) aufhalten'; ↗ FELD I.7.2.2, 7.4.2, IV.1.2: *er hat, ist mehrmals getaucht; die Enten ~;* ⟨ist⟩ *irgendwohin ~: er tauchte in die Fluten, ist auf den Grund des Sees getaucht; aus etw.* ⟨Dat.⟩ *~: er tauchte aus dem Wasser;* METAPH *plötzlich tauchte er aus dem Dunkel der Nacht* **1.2.** ⟨ist⟩ /etw., bes. U-Boot/ 'etw., bes. ein U-Boot, begibt sich unter Wasser'; ↗ FELD VIII.3.2: *das U-Boot taucht; irgendwohin ~: das U-Boot ist auf den Meeresgrund getaucht;* METAPH *das Flugzeug taucht in die Wolken; die Sonne taucht ins Meer* **1.3.** ⟨hat/ist⟩ /jmd./ *nach etw.* ⟨Dat.⟩ *~* 'nach etw. tauchend (1.1.) suchen': *er hat, ist nach Perlen, Muscheln getaucht* **2.** ⟨hat⟩ /jmd./ **2.1.** *etw. in etw. ~* 'etw. in Wasser, in eine Flüssigkeit stecken (2.2)': *den Pinsel in die Farbe ~; die Hand, die Angel ins Wasser ~* **2.2.** *jmdn. ins/unter Wasser ~* 'jmds. Kopf gewaltsam unter Wasser drücken': *er hat ihn ins, unter Wasser getaucht*

Taucher ['tauxɐ], **der**; ~s, ~ 'jmd., der das Tauchen (1.1.) (mit einer Ausrüstung) beruflich od. als Sport betreibt'; ↗ FELD I.7.2.1: *~ einsetzen; die ~ fanden die Leiche; er ist ein ausgezeichneter ~* ❖ **Taucher − eintauchen, Tauchsieder**

Tauch|sieder ['tauxzi:dɐ], **der**; ~s, ~ 'elektrisches Gerät, das in ein kleines Gefäß mit Wasser getaucht wird und dieses Wasser erhitzt'; ↗ FELD VI.5.1 ❖ ↗ **tauchen**, ↗ **sieden**

tauen ['tauən] ⟨reg. Vb.; ist/hat⟩ **1.1.** ⟨ist⟩ *das Eis, der Schnee taut* (SYN 'schmilzt, ↗ schmelzen 1.'; ANT gefriert); *der Schnee, das Eis ist (in der Sonne, durch die Wärme) getaut* **1.2.** ⟨hat⟩ /etw., bes. Sonne/ *den Schnee, das Eis ~* SYN 'schmelzen 2': *die Sonne hat den Schnee getaut* **1.3.** ⟨hat⟩ *es taut* ('es ist Tauwetter') **2.** ⟨hat⟩ *es taut, hat getaut* ('es

gibt Tau (I), hat Tau gegeben') ❖ **Tauwetter;** vgl. **Tau**

Taufe ['taufə], **die**; ~, ~n 'religiöse Handlung in Form von Eintauchen od. Begießen mit Wasser, durch die jmd., bes. ein Kind, in die Gemeinschaft der Christen aufgenommen wird'; ↗ FELD XII.3.1: *die ~ empfangen, erhalten* ❖ ↗ **taufen**

taufen ['taufn̩] ⟨reg. Vb.; hat⟩ /Geistliche/ *jmdn. ~* 'jmdn. bes. ein Kind, durch die Taufe in die Gemeinschaft der Christen aufnehmen'; ↗ FELD XII.3.2: *das Kind ~; er wurde, ist nicht getauft; sich ~ lassen* ❖ **Taufe**

tau|frisch ['tau..] ⟨Adj.; o. Steig.⟩ emot. 'sehr frisch (1)' /vorw. auf Obst, Gemüse bez./: *~es Obst, Gemüse; der Salat ist ~* ❖ ↗ **Tau**, ↗ **frisch**

taugen ['taugn̩] ⟨reg. Vb.; hat⟩ **1.** /vorw. verneint/ /jmd., etw./ *(nicht) für etw., zu etw.* ⟨Dat.⟩ *~* 'für, zu etw. (nicht) geeignet sein': *er taugt nicht für diesen Beruf, für diese schwere Arbeit; der taugt nicht zum Lehrer; das taugt zu gar nichts* ('ist zu überhaupt nichts zu gebrauchen') **2.** umg. **2.1.** *etw. taugt nichts* 'etw. ist unbrauchbar, leistet nicht viel': *dieses Radio, das heutige Programm fürs Theater taugt nichts* **2.2.** *jmd. taugt nichts* 'jmd. hat einen schlechten Charakter, ist nicht verlässlich': *der Bursche taugt nichts* ❖ **tauglich, Tauglichkeit**

tauglich ['tauk..] ⟨Adj.⟩ **1.** ⟨Steig. reg., ungebr.⟩ für etw., zu etw. ⟨Dat.⟩ *~* 'zu etw. brauchbar, geeignet' /auf Personen, Sachen bez./; ↗ FELD I.2.3: *er ist für diese Aufgabe, diesen schweren Beruf (nicht) ~; der neue Werkstoff hat sich als ~ erwiesen; etw. für ~ erklären; ein ~es Konzept* **2.** ⟨vorw. präd. (mit sein)⟩ /jmd./ *~ sein* 'für den Wehrdienst geeignet sein': *er ist beschränkt, voll ~; jmdn. für ~ erklären; er ist ~* ❖ ↗ **taugen**

Tauglichkeit ['tauklɪç..], **die**; ~, ⟨o.Pl.⟩ /zu *tauglich* 1/ 'das Tauglichsein': *jmds., etw. auf seine ~ untersuchen* ❖ ↗ **taugen**

Taumel ['tauml̩], **der**; ~s, ~ ⟨vorw. Sg.⟩ **1.** 'Gefühl des Schwankens, Taumelns (1.1.), Gefühl leichten Schwindels': *ein leichter, plötzlicher ~ erfasste, ergriff, überkam sie; wie im ~ sein* ('leicht benommen sein') **2.** ⟨+ Gen.attr.⟩ SYN 'Rausch (2)': *die Menge wurde von einem ~ der Freude erfasst; er geriet in einen ~ des Glücks, der Leidenschaft* ❖ ↗ **taumeln**

taumeln ['taumln̩] ⟨reg. Vb.; hat/ist⟩ **1.1.** ⟨hat/ist⟩ /jmd., etw./ 'sich schwankend hin und her bewegen (und drohen zu fallen)'; ↗ FELD I.7.2.2: *er taumelte wie ein Betrunkener; er schleppte sich ~d nach Hause; nach dem anstrengenden Tag taumelte er vor Müdigkeit; er taumelte vor Schwäche, hat/ist vor Schwäche getaumelt; das Segelflugzeug begann in der Luft zu ~* **1.2.** ⟨ist⟩ /jmd., etw./ *irgendwohin ~* 'mit schwankenden Bewegungen irgendwohin gehen, fliegen'; ↗ FELD I.7.2.2: *er ist nach Hause, durchs Zimmer, ans Fenster getaumelt; der Schmetterling taumelte durch die Luft* ❖ **Taumel**

Tausch [tauʃ], **der**; ~es/auch ~s, ~e ⟨vorw. Sg.⟩ /zu *tauschen* 1.1/ 'das Tauschen'; ↗ FELD I.16.1: *die*

Wohnung zum ~ anbieten; einen (guten, schlechten)
~ machen; etw. durch ~ erwerben; etw. im ~ gegen
etw. erhalten ❖ ↗ **tauschen**

tauschen ['tauʃn̩] ⟨reg. Vb.; hat⟩; ↗ FELD IX.1.2
1.1. /zwei oder mehrere (jmd.), jmd./ *etw.* ~ ˈjmdm.
etw., bes. Sachen, Gegenstände, geben und etw.
Gleichartiges od. Gleichwertiges dafür von ihm er-
halten'; ↗ FELD I.16.2: *wollen wir ~?; seit Jahren*
~ sie Briefmarken, Münzen; /jmd./ *etw. gegen etw.*
~: Rollschuhe gegen Schlittschuhe ~; etw. mit
jmdm. ~: er hat seine Wohnung mit ihr getauscht
1.2. /zwei od. mehrere (jmd.)/ *etw.* ~ ˈetw. wechsel-
seitig tun': *sie tauschten Informationen, Grüße; sie*
tauschten (miteinander) schadenfrohe, fragende
Blicke; /jmd./ *etw. mit jmdm.* ~: *Küsse, Zärtlichkei-*
ten mit jmdm. ~ **1.3.** /zwei od. mehrere (jmd.)/ *etw.,*
jmdn. ~ ˈetw., jmdn. an die Stelle (7.2) von etw.,
eines anderen treten lassen': *sie haben die Plätze,*
Partner getauscht; /jmd./ *etw. mit jmdm.* ~: *mit*
jmdm. den Platz ~; *mit niemandem, keinem* ~ *wol-*
len (ˈmit seinem Leben, seiner gegenwärtigen Situa-
tion vollauf zufrieden sein') ❖ **Tausch, vertauschen**
— **Austausch, austauschen, umtauschen**

täuschen ['tɔyʃn̩] ⟨reg. Vb.; hat; ↗ auch *täuschend*⟩ **1.**
/jmd., etw./ *jmdn.* ~ ˈjmdn. etw. glauben machen,
was nicht den Tatsachen entspricht': *wenn mich*
nicht alles täuscht, so ...; wenn mich mein Gedächt-
nis nicht täuscht (SYN ˈtrügt, ↗ *trügen*'), *kenne ich*
den Mann; jmdn. über etw. ~: *er hat uns über seine*
wahren Absichten getäuscht; SYN ˈirreführen (1)':
er konnte uns nicht ~; *sein anfänglicher Erfolg hat*
sie getäuscht **2.** /jmd./ *sich in etw.* ⟨Dat.⟩, *jmdm.* ~
ˈeine falsche Vorstellung, Meinung von etw., jmdm.
haben'; SYN irren (1.2): *er täuschte sich in der Uhr-*
zeit; wir haben uns in ihm getäuscht; ich täuschte
mich über seine Gesundheit; da täuschst du dich, er
sah ganz anders aus; er täuscht sich, wenn er glaubt,
dass ...; ich kann mich ~, *aber ...* ❖ **täuschend,**
Täuschung — **enttäuschen, Enttäuschung, Sinnestäu-**
schung, vortäuschen

täuschend ['tɔyʃn̩t] ⟨Adj.; o. Steig.; nicht präd.; ↗
auch *täuschen*⟩ /beschränkt verbindbar/: *eine ~e*
(ˈsehr große') *Ähnlichkeit mit jmdm. haben; die*
Tochter sieht der Mutter, das Gebäude sieht dem
Schloss ~ (ˈzum Verwechseln') *ähnlich; er kann sei-*
nen Lehrer ~ (ˈperfekt') *nachahmen* ❖ ↗ **täuschen**

Täuschung ['tɔyʃ..], **die**; ~, ~en /zu *täuschen* 1 u. 2/
ˈdas (Sich)täuschen': /zu 1/: *eine plumpe, raffinierte*
~; sein Erfolg beruhte auf ~; auf eine ~ hereinfal-
len; /zu 2/: *sich einer ~ hingeben* ❖ ↗ **täuschen**

tausend ['tauznt] ⟨Zahladj.; indekl.; nur adj. u.
subst.; ↗ TAFEL XII⟩ **1.** /die Kardinalzahl 1000/:
die Zahlen von eins bis ~; ~ *Bücher, Mitglieder;* ~
und abertausend Sterne (vgl. *Tausend*); *es wurden ~*
Flaschen Wein verkauft; an die ~ *Demonstranten*
nahmen an der Kundgebung teil **2.** ⟨nur adj.⟩ emot.
ˈsehr viele': *der Teller zersprang in* ~ *Stücke;* ~
Wünsche haben; /als Gruß am Schluss von privaten
Briefen/: *mit* ~ *Grüßen und Küssen, Dein Gustav;*
/in der kommunikativen Wendung/ ~ *Dank* /sagt

jmd., wenn er sich überschwenglich bedankt/ ❖
Tausend, tausenderlei, tausendfach, Tausendsa(s)sa,
tausendste, tausendstel — **eintausend, Jahrtausend,**
tausendmal, zehntausend

MERKE Zur Unterscheidung von *tausend* und *ein-*
tausend: ↗ *einhundert* (Merke)

Tausend, das; ~s, ~/auch ~e **1.** ⟨Pl.: ~, wenn das
Attribut den Kasus angibt; nicht in Verbindung mit
Kardinalzahlen⟩ ˈEinheit (1.2) von tausend gleich-
artigen Gegenständen, von tausend Lebewesen':
das erste ~ (ˈdie ersten 1000 Exemplare') *des Ro-*
mans ist ausgeliefert worden; ein paar ~ *Fans kamen*
zum Konzert; einige, ein paar, viele ~ *Eier, Blumen;*
~ *und Abertausend Sterne* (vgl. *tausend*) **2.** ⟨Pl.: ~e;
nur im Pl.; mit Gen.attr. od. mit *von* od. mit Appo-
sition im gleichen Kasus⟩ ˈunbestimmte, sehr
große Anzahl von Personen, von etw.': *~e de-*
monstrierten auf den Straßen; einige, viele ~e Zu-
schauer; vor dem Tor standen ~e von Menschen, ~e
begeisterter/begeisterte Zuschauer; das Geschrei von
~en begeisterten Zuschauer; die Verluste, Kosten
gehen in die ~e (ˈbetragen mehrere tausend Mark');
die Besucher kamen zu ~en; sie hat ~e von Kilome-
tern mit dem Rad zurückgelegt; einer unter ~en hat
solch ein Glück ❖ ↗ **tausend**

tausenderlei ['tauznd̩lai/..'l..] ⟨Indefinitpron.; in-
dekl.⟩ ⟨adj.⟩ ˈsehr viele verschiedene': ~ *Einwände,*
Ausflüchte, Bedenken haben; ~ *Bedenken äußern;*
⟨subst.⟩ *an* ~ *denken müssen;* ~ *anfangen* ❖ ↗ **tau-**
send

tausendfach ['tauznt..] **I.** ⟨Zahladj.; nicht präd.⟩ ˈtau-
sendmal (1) so viel, so oft, so groß': *wir stellen die*
~e Menge davon her; etw. auf, um das Tausendfache
erhöhen — **II.** ⟨Adj.; vorw. vor Adj.; bei Vb.⟩ ˈsehr
viele Male': *das ist ein* ~ *bewährtes Gerät; das ist*
ein ~ *verkauftes Erzeugnis; wir haben ~e* (ˈsehr
große') *Erfahrungen damit* ❖ ↗ **tausend**

tausend|mal ['..] ⟨Adv.⟩ **1.1.** ˈtausend Male': *diese*
Strecke ist er ~ *gefahren; diesen Handgriff wieder-*
holt er mehr als ~ *am Tage* **1.2.** emot. SYN ˈviel-
mals': *ich bitte* ~ *um Entschuldigung!; sei* ~ *gegrüßt*
und geküsst von ... /als Gruß am Schluss von priva-
ten Briefen/; *ich habe dich schon* ~ (ˈsehr oft, im-
mer wieder') *darum, um den Gefallen gebeten;* ~
hast du mir das versprochen, aber nichts hat sich ge-
ändert! ❖ ↗ **tausend,** ↗ **Mal**

Tausendsa(s)sa ['t..sasa], **der**; ~/auch ~s, ~(s) umg.
scherzh. ˈtalentierter, auf vielen Gebieten bewan-
derter, geschickter, oftmals auch leichtsinniger
Mensch, den man aber trotzdem vielfach bewun-
dert': *er ist ein richtiger* ~ ❖ ↗ **tausend**

tausendste ['tauzntsta] ⟨Zahladj.; nur attr.⟩ /die Ord-
nungszahl zu *tausend* (1000.); bezeichnet in einer
Reihenfolge die Position „tausend"/: *jeder* ~ *Besu-*
cher erhält ein Geschenk; der ~ *Teil einer Summe,*
einer Menge; wer wird der Tausendste sein? ❖ ↗ **tau-**
send

tausendstel ['tauzn̩tstl̩] ⟨Zahladj.; indekl.; + voran-
gestellte Kardinalzahl; nur attr.⟩ /bezeichnet als Nen-
ner einer Bruchzahl den tausendsten Teil einer

(Maß)einheit/: *ein ~ (1/1000) Liter, Gramm; ↗ auch drittel* ❖ *↗* **tausend**

Tau|wetter ['tɑu..]**, das** ⟨o.Pl.⟩ 'auf eine Periode des Frosts folgendes Wetter, in der Schnee und Eis schmelzen (1)': *~ setzt ein; wir haben seit gestern ~* ❖ *↗* **tauen,** *↗* **Wetter**

Taxe ['taksə]**, die**; *~, ~n* **1.** SYN 'Taxi': *eine ~ bestellen; mit der ~ fahren; er winkt einer ~* ('hat die Absicht, mit dem betreffenden Taxi zu fahren') **2.** 'durch einen Sachverständigen geschätzter Preis einer (gebrauchten) Sache, eines Grundstücks': *er hat das Haus, das Auto für ein Mehrfaches der ~ erworben; das Grundstück ist laut ~ eine Million Mark wert* ❖ *↗* **taxieren**

Taxi ['taksi]**, das**/schweiz. auch **der**; *~/auch ~s, ~s* 'Auto mit Fahrer, das zur Beförderung von Personen gegen ein tariflich (2) festgesetztes Entgelt gemietet werden kann'; SYN Taxe (1); *↗* FELD VIII.4.1.1: *mit dem ~ fahren; ein ~ bestellen, rufen, heranwinken; nach einem ~ telefonieren* ('ein Taxi telefonisch bestellen'); *das ~* ('der Preis für die Fahrt mit dem Taxi') *kostet 10 Mark* ❖ *↗* **taxieren**

taxieren [ta'ksi:rən]**,** taxierte, hat taxiert; *↗* FELD I.4.2.2 **1.** umg. /jmd./ *etw., jmdn. ~* 'die Größe, das Gewicht, den Wert von etw., jmdm. schätzen': *das Gewicht des Koffers, jmds. Alter ~; er taxierte den Koffer auf 10 Kilo, ihr Alter auf etwa 20 Jahre* **2.** /jmd./ *etw. ~* '(durch einen Sachverständigen) etw. schätzen (2)': *er hat sein Grundstück, sein Auto taxiert, ~ lassen; die Münzsammlung ist auf 200 000 Mark taxiert worden* **3.** /jmd./ *jmdn., etw. richtig, falsch ~* 'jmdn., etw. richtig, falsch einschätzen, beurteilen': *er hat ihn, die Lage richtig, falsch taxiert* **4.** /jmd./ *jmdn., etw. ~* 'jmdn., etw. kritisch mustern (1)': *er taxierte sie von oben bis unten, taxierte sein Gegenüber* ❖ **Taxe, Taxi − Gütertaxi, Kurtaxe**

Team [ti:m]**, das**; *~s, ~s* **1.** 'Gruppe von Personen, bes. von Wissenschaftlern, Technikern, Ingenieuren, die gemeinsam an der Lösung einer Aufgabe, eines Problems arbeiten'; *↗* FELD I.11: *er hat ein ~ von Fachleuten mit dieser schwierigen Aufgabe betraut; in einem ~ arbeiten* **2.** Sport 'Mannschaft': *sie waren seit Jahren das beste ~, das es im Handball je gegeben hatte; sie spielen in unserem ~ mit*

Technik ['tɛçnɪk]**, die**; *~, ~en* **1.** ⟨o.Pl.; nur mit best. Art.⟩ 'die Gesamtheit aller Methoden, Maßnahmen, Verfahren und Einrichtungen, Apparate, Geräte, die die Beherrschung der Natur ermöglichen und die Kräfte der Natur für die Menschen nutzbringend anwendet, ausnutzt': *der neueste Stand der ~; die moderne ~; die Errungenschaften der ~* **2.** ⟨o.Pl.⟩ 'maschinelle und industrielle Einrichtung, Ausrüstung in der (materiellen) Produktion': *der Betrieb arbeitet mit modernster ~, mit einer ~, die längst veraltet ist; das Werk ist mit der neusten ~ ausgerüstet* **3.** ⟨o.Pl.; vorw. mit best. Art.⟩ 'die technische Beschaffenheit, Konstruktion, Wirkung eines Gerätes, einer Maschine o.Ä.': *er ist mit der ~ dieser Maschine vertraut; er kennt sich mit der ~ dieses Gerätes, mit dieser ~ nicht aus* **4.** 'bestimmte

Methode des geschickten, rationalen Vorgehens bei der Ausführung einer Tätigkeit': *handwerkliche, künstlerische ~en; eine neue ~ einführen, anwenden; die ~ des Schweißens beherrschen; der Pianist hat eine brillante ~; er hat beim Hochsprung seine eigene, eine neue ~ entwickelt* ❖ **Techniker, Technikerin, technisch, technisieren, Technologe, Technologie, Technologin − Elektrotechnik, polytechnisch**

Techniker ['tɛçnɪkɐ]**, der**; *~s, ~* **1.** 'jmd., der auf dem Gebiet der Technik (1) Fachmann ist'; *↗* FELD I.10: *er arbeitet als ~, ist ~; ~ haben ein neues Gerät entwickelt* **2.** 'jmd., der die Technik (4) auf einem bestimmten Gebiet beherrscht': *dieser Boxer, Fußballspieler ist ein guter ~, hat sich als ein vollendeter ~ erwiesen* ❖ *↗* **Technik**

Technikerin ['tɛçnɪkəʀ..]**, die**; *~, ~nen* /zu *Techniker;* weibl./ ❖ *↗* **Technik**

technisch ['tɛçn..] ⟨Adj.; o. Steig.⟩ **1.** ⟨nicht präd.⟩ 'die Technik (1) betreffend, auf ihr beruhend': *der ~e Fortschritt; ~e Neuerungen; die Technische Universität Berlin; etw. ist ~ interessiert* **2.** ⟨nur attr.⟩ 'die Technik (2) betreffend': *die ~e Ausrüstung des Betriebes ist veraltet* **3.** ⟨nicht präd.⟩ 'die Technik (4) betreffend, auf ihr beruhend': *ein ~ meisterhaft geschriebenes Drama; sie ist eine ~ perfekte Pianistin, spielt ~ perfekt* **4.** ⟨nur attr.⟩ *die Premiere musste aus ~en Gründen* ('aus Gründen, die sich aus einer Störung im äußeren Ablauf ergeben') *ausfallen* **5.** Boxen *ein ~er K.o.* ('Abbruch des Kampfes bes. wegen Verletzung des Gegners') ❖ *↗* **Technik**

technisieren [tɛçni'zi:rən]**,** technisierte, hat technisiert /jmd./ *etw. ~:* *die Produktion, Landwirtschaft ~* ('mit moderner Technik 2 ausrüsten'); ⟨vorw. adj. im Part. II⟩ *technisierte* ('durch Technik 2 geprägte, geregelte') *Produktion* ❖ *↗* **Technik**

Technologe [tɛçno'lo:gə]**, der**; *~n, ~n* 'Fachmann, Wissenschaftler auf dem Gebiet der Technologie'; *↗* FELD I.10 ❖ *↗* **Technik**

Technologie [tɛçnolo'gi:]**, die**; *~, ~n* [..'gi:ən] **1.** ⟨o.Pl.⟩ 'Wissenschaft von der Anwendung und Ausnutzung bes. naturwissenschaftlicher und technischer Erkenntnisse bei der Entwicklung von Verfahren in der Produktion': *die ~ des Bergbaus, Automobilbaus* **2.** 'Gesamtheit aller zur Gewinnung od. Fertigung eines bestimmten Produkts notwendigen Arbeiten': *eine neue ~ ausarbeiten, entwickeln; die Anwendung rationeller ~n* ❖ *↗* **Technik**

Technologin [tɛçno'lo:g..]**, die**; *~, ~nen* /zu *Technologe;* weibl./ ❖ *↗* **Technik**

Tee [te:]**, der**; *~s, ~s* **1.** 'strauchartige Pflanze, aus deren Blättern ein anregendes Getränk zubereitet wird': *~ anpflanzen, anbauen* **2.** ⟨Pl.: *~s*, vorw.: Teesorten⟩ **2.1.** 'zur Zubereitung von Tee (3.1) bestimmte getrocknete Blätter, Pflanzenteile von Tee (1)': *schwarzer, grüner, chinesischer, indischer ~; ~ kaufen, einführen; ein Päckchen ~* **2.2.** 'zur Zubereitung von Tee (3.2) dienende getrocknete Blätter, Blüten, Früchte von (einheimischen) Pflanzen': *ein ~ aus Kamillen-, Lindenblüten* **3.** ⟨o.Pl.⟩ **3.1.** 'durch

Aufbrühen hergestelltes anregendes Getränk aus Tee (2.1.)'; ↗ FELD I.8.1: *schwarzen ~ trinken; Herr Ober, bitte zwei* ('zwei Glas') *~!; ein, zwei Glas ~ (mit Zitrone) bestellen;* umg. /in der kommunikativen Wendung/ *abwarten und ~ trinken* ('nichts überstürzen') /wird als Aufforderung zu anderen, aber auch zu sich selbst gesagt, wenn es angeraten ist, in einer Situation nicht sofort zu handeln/ **3.2.** 'durch Aufbrühen, Kochen hergestelltes, für Heilzwecke verwendetes Getränk aus Tee (2.2.)': *der ~ hilft bei Erkältungen, Magenbeschwerden, wirkt gegen Verstopfung* **4.** 'gesellige Zusammenkunft (am späten Nachmittag), bei der meist Tee (3.1.) und Gebäck gereicht wird': *er hat sie zum ~ eingeladen* ❖ **Teelöffel**

Tee|löffel ['..], **der** 'kleiner Löffel, der bes. zum Umrühren von Tee (3.1.), Kaffee (2) benutzt wird'; ↗ FELD V.5.1 (↗ TABL Essbesteck): *ein silberner ~* ❖ ↗ **Tee**, ↗ **Löffel**

Teer [teːɐ̯], **der**; ~s, ~e 'zähflüssige, klebrige braune bis schwarze Masse von durchdringendem, stechendem Geruch, die bes. bei der Umwandlung von Kohle in Koks entsteht, aber auch bei der schwelenden Verbrennung von Holz, Gas o.Ä.': *~ kochen, als Straßenbelag aufbringen; Fugen mit ~ abdichten*

teeren ['teːʀən] ⟨reg. Vb.; hat⟩ /jmd./ *etw. ~* 'etw., bes. einen Gegenstand aus Holz od. eine Straße, mit Teer bestreichen, meist zum Schutz vor Witterung': *das Dach des Hauses ~; er teerte sein Boot; eine geteerte* ('asphaltierte') *Straße* ❖ **teeren**

Teich [taɪç], **der**; ~s/auch ~es, ~e 'kleines, stehendes Gewässer'; ↗ FELD II.2.1: *einen ~ anlegen; dieser ~ ist für die Fischzucht geeignet*
* **der große ~** 'der Atlantik': *über den großen ~* ('nach Amerika') *fahren, reisen*

Teig [taɪk], **der**; ~s/auch ~es, ~e 'bes. aus Mehl, Milch, Wasser und anderen Zutaten bereitete knetbare Masse, aus der durch Backen Brot, Kuchen o.Ä. hergestellt wird': *einen ~ mit Hefe ansetzen; den ~ kneten, rühren, ausrollen* ❖ **Blätterteig, Teigware**

Teig|ware ['taɪk..], **die** ⟨vorw. Pl.⟩ 'auf der Basis von Mehl, Grieß, Eiern hergestelltes getrocknetes Nahrungsmittel, das als Einlage (1) in Suppen od. als Beilage zu verschiedenen Gerichten dient': *Nudeln sind eine hervorragende ~; der Betrieb stellt verschiedene Arten von ~n her* ❖ ↗ **Teig**, ↗ **Ware**
MERKE *Teigware* wird nur als Oberbegriff benutzt. Man kauft *Nudeln, Spaghetti, Makkaroni,* aber nicht eine *Teigware*

Teil [taɪl], **der/das**; ~s/auch ~es, ~e **1.** ⟨der⟩ 'etw., das eine kleinere (abgegrenzte) Menge, Größe, Masse von einem größeren komplexen Ganzen bildet': *etw. in zwei ~e trennen, schneiden; der westliche, östliche ~ der Bundesrepublik; den größten ~ seiner Arbeit hat er geschafft; der zweite ~ der Veranstaltung war interessanter; der fünfte ~ von zwanzig; ein großer ~ der Schüler kannte den Film schon; zum ~: es waren zum ~* ('teilweise') *sehr schöne*

Bilder, die er erworben hatte; er hatte nur zum ~ Recht; zum ~ ..., zum ~ ... 'teils ... teils': *zum ~ war es Missgeschick, zum ~ seine Dummheit, die den Unfall verursacht hat; zum großen, größten ~/ zu einem großen ~: die Arbeit ist zum größten ~ fertig* ('ist fast fertig'); *das Land ist zum großen ~ sumpfig, bebaut* **2.** ⟨der/das⟩ **2.1.** 'etw., das jmdm. von einem Ganzen gehört, das seinen Anteil an etw. darstellt': *jeder bekommt sein(en) ~; die Kinder erben zu gleichen ~en* **2.2.** SYN 'Beitrag (2)': *sein(en) ~ zum Haushalt, zum Umweltschutz beitragen; jeder muss einen ~ zu den neuen Projekt beisteuern* **3.** ⟨das⟩ 'einzelnes, relativ selbständiges Element eines Geräts, einer technischen Konstruktion': *ein defektes ~ am Fernsehgerät, Auto auswechseln; ich muss das Gerät, um es zu reparieren, erst in seine ~e zerlegen* ❖ **beteiligen, Beteiligung, teilen, teils, verteilen, Verteilung, zuteil** — **Abteil, Abteilung, Anteil, Anteilnahme, austeilen, Bestandteil, beteiligen** — **aufteilen, austeilen, Bruchteil, einteilen, Erdteil, Gegenteil, Großteil, größtenteils, Körperteil, Löwenanteil, Verkehrsteilnehmer, Vorteil, vorteilhaft, zuteilen;** vgl. **teil/Teil-**
* /jmd./ *sich* ⟨Dat.⟩ **sein ~ denken** 'sich in einer bestimmten Situation seine eigenen Gedanken zu etw. machen, ohne sie jedoch (in Form einer Kritik) laut auszusprechen': *er hat doch glatt behauptet, alles allein geleistet zu haben, na, ich habe mir gleich mein ~ dabei gedacht;* **ich für mein(en) ~** 'ich persönlich, was mich betrifft': *ich für meinen ~ sehe die Angelegenheit als erledigt an;* /jmd./ **seinen ~ zu tragen haben** ('ein schweres Los, kein leichtes Leben haben'); /jmd./ **sein(en) ~ weghaben** (**1.** 'gesundheitlichen Schaden erlitten haben' **2.** 'seine Strafe für etw. erhalten haben')

teilen ['taɪlən] ⟨reg. Vb.; hat⟩ **1.1.** /jmd./ *etw. ~* 'ein Ganzes in einzelne, gleich od. verschieden große Teile (1.1.), Stücke, Bereiche zerlegen'; ↗ FELD I.7.6.2: *den Kuchen, Braten (in viele Stücke) ~; das Land wurde geteilt; der Fluss teilt die Stadt in zwei Hälften; den Garten durch einen Zaun ~;* **beide waren geteilter** ('verschiedener') *Meinung* **1.2.** /etw., bes. Weg/ *sich ~* 'von einem gemeinsamen Ausgangspunkt nach verschiedenen Richtungen auseinander gehen, sich bewegen': *der Weg, die Straße teilt* (SYN 'gabelt') *sich hier; der Nebel teilt sich langsam; der Vorhang teilt sich* **2.** /jmd./ *eine Zahl durch eine Zahl ~* SYN 'eine Zahl durch eine Zahl dividieren': *die Schüler mussten 20 durch 2 ~* **3.1.** /zwei od. mehrere (jmd.)/ *etw. ~* 'aus etw., bes. einem größeren Ganzen, (gleich große) Teile machen und unter mehreren Personen (gleichmäßig) verteilen': *sie haben, er hat die Äpfel, die Süßigkeiten brüderlich geteilt; die Beute wurde geteilt, jeder bekam ein Drittel; wir haben immer geteilt* **3.2.** /jmd./ *etw. mit jmdm. ~* 'jmdm. einen Teil seines Besitzes überlassen': *er teilte sein letztes Geld, die letzte Zigarette mit ihr; sich* ⟨Dat.⟩ *etw. mit jmdm. ~:* ich teilte mir mit ihm die Hinterlassenschaft; ⟨rez.⟩ *wir teilten uns den Rest* **3.3.** /jmd./ *sich* ⟨Dat.⟩ *mit jmdm. etw. ~*

ˈmit jmdm. etw. gemeinsam nutzenˈ: *ich teile mir mit ihm die Garage, Wohnung;* auch: *etw. mit jmdm.* ∼: *ich teile mit ihm die Wohnung, Garage* **4.** /zwei od. mehrere (jmd.)/ *sich in etw.* ∼ ˈgemeinsam etw. nutzen, bewältigenˈ: *beide* ∼ *sich in diese Aufgabe, Arbeit; beide haben sich in dieses Projekt geteilt;* /jmd./ *sich mit jmdm. in etw.* ∼: *er hat sich mit ihr in die Kosten, Aufgabe geteilt* **5.** /jmd./ *etw. mit jmdm.* ∼ ˈin einer Sache genauso wie der andere fühlen, denkenˈ: *er teilt seinen Schmerz, seine Freude mit ihr; etw.* ∼: *sie teilt seine Ansicht, Meinung* (ˈist seiner Ansicht, Meinungˈ) ❖ ↗ **Teil**

teil/Teil [ˈtaɪl..]|**-haben** ⟨reg. trb. Vb.; hat⟩ /jmd./ *an etw.* ⟨Dat.⟩ ∼ ˈan etw. beteiligt sein, Anteil an etw. habenˈ: *er hatte teil an ihrer Arbeit; jmdn., die Eltern an seiner Freude* ∼ *lassen* ❖ ↗ **haben**; **-haber** [haːbɐ], **der**; ∼s, ∼ ˈjmd., der finanziell an einem Unternehmen (1) beteiligt istˈ: *er ist* ∼ *dieser Firma; ein stiller* ∼ (ˈein Teilhaber, der nach außen nicht in Erscheinung treten willˈ) ❖ ↗ **haben**; **-nahme** [naːmə], **die**; ∼, ∼n **1.** ⟨vorw. Sg.; vorw. mit Possessivpron.⟩ ˈdas Teilnehmen (1) an etw.ˈ: *er musste seine* ∼ *(am Kongress) absagen* **2.** ⟨o.Pl.; vorw. mit Possessivpron.⟩ SYN ˈMitgefühlˈ: *jmdm. seine* ∼ *bezeugen; seine aufrichtige* ∼ *aussprechen;* vgl. *Beileid* **3.** ⟨o.Pl.⟩ SYN ˈInteresse (1)ˈ: *mit, ohne* ∼: *den Bau der neuen Straße mit* ∼ *verfolgen; etw. ohne (besondere)* ∼ *über sich ergehen lassen* ❖ ↗ **nehmen**; **-nahmslos** [naːms..] ⟨Adj.; Steig. reg.⟩ ˈohne erkennbare Teilnahme (3) od. Reaktionˈ; ↗ FELD I.4.4.3: *er schaute in* ∼*e Gesichter; er war völlig* ∼, *saß* ∼ *im Konzert* ❖ ↗ **nehmen**, ↗ **los**; **-nahmslosigkeit** [..loːzɪç..], **die**; ∼, ⟨o.Pl.⟩ ˈdas Teilnahmslosseinˈ; ↗ FELD I.4.4.1: *seine* ∼ *ärgerte sie* ❖ ↗ **Teil**, ↗ **nehmen**, ↗ **los**; **-nahmsvoll** ⟨Adj.; Steig. reg.⟩ ˈvoll Mitgefühlˈ: *sein* ∼*er Brief; seine* ∼*en Worte;* ∼ *erkundigte er sich nach ihr* ❖ ↗ **nehmen**, ↗ **voll**; **-nehmen** (er nimmt teil), nahm teil, hat teilgenommen **1.** /jmd./ *an etw.* ⟨Dat.⟩ ∼ ˈsich an einer Aktion, Veranstaltung beteiligenˈ: *er nahm an der Spendenaktion teil; er hat an der Demonstration teilgenommen* **2.** geh. /jmd./ *an etw.* ⟨Dat.⟩ ∼ ˈan etw. Anteil nehmenˈ: *sie nahm teil an seinem Schmerz, seinem Glück; seine* ∼*den* (ˈteilnahmsvollenˈ) *Worte* ❖ ↗ **nehmen**; **-nehmer** [neːmɐ], **der**; ∼s, ∼ **1.** ˈjmd., der an etw. teilnimmt (1.1.), teilgenommen hatˈ: *die* ∼ *des Kongresses, Symposiums, Seminars* **2.** ˈGesprächspartner am Telefonˈ: *der* ∼ *meldet sich nicht* ❖ ↗ **nehmen**; **-nehmerin** [neːmər..], **die**; ∼, ∼nen /zu *Teilnehmer*/; weibl./ ❖ ↗ **nehmen**

teils [taɪls] ⟨in der konjunktionalen Doppelform **teils ... teils**; koordinierend; verbindet zwei Hauptsätze od. zwei Satzglieder od. Teile von Satzgliedern⟩ /gibt an, dass die genannten Sachverhalte proportional dieselbe Geltung haben/: *wir hatten* ∼ *gutes,* ∼ *schlechtes Wetter; ich kenne das* ∼ *aus Büchern, (und)* ∼ *aus eigener Erfahrung;* /in der kommunikativen Wendung/ ∼, ∼ ˈsowohl gut, als auch schlechtˈ: *„Wie hat dir gestern das Konzert gefal-*

len?" „Teils, ∼*"* /sagt jmd., wenn er, nach seinem Urteil gefragt, keine eindeutig positive od. negative Antwort geben will/ ❖ ↗ **Teil**

teil/Teil [ˈtaɪl..]|**-weise** ⟨Adj.; o. Steig.; nicht präd.⟩ ˈnur in einem beschränkten, gewissen Umfangˈ: *er hat nur einen* ∼*n Erfolg erzielt; die Arbeit ist erst* ∼ *fertig;* **-zahlung**, **die** ˈZahlung in Raten (1)ˈ: *den Fernseher, die Möbel auf* ∼ *kaufen* ❖ ↗ **Zahl**

Teint [tɛŋ/tɛ̃], **der**; ∼s, ∼s ˈZustand und Farbe der Haut des Gesichtsˈ: *einen hellen, dunklen* ∼ *haben; sie hat einen unreinen* ∼

Telefon [teleˈfoːn/ˈteː..], **das**; ∼s, ∼e ˈApparat mit einer Scheibe od. Tasten zum Wählen, der das Telefonieren über eine Leitung od. drahtlos über Funk ermöglichtˈ; SYN Fernsprecher: *er hat (kein)* ∼; *das* ∼ *klingelt, läutet; jmdn. ans* ∼ *rufen; ans* ∼ *gehen* ❖ telefonieren, telefonisch − **Telefonnummer**

telefonieren [telefoˈniːrən], telefonierte, hat telefoniert /jmd./ *mit jmdm.* ∼ ˈein Gespräch mit jmdm. mit Hilfe des Telefons führenˈ: *er hat lange mit ihr telefoniert; irgendwohin* ∼: *nach N* ∼; /zwei (jmd.)/ *miteinander* ∼ ❖ ↗ **Telefon**

telefonisch [teleˈfoːn] ⟨Adj.; o. Steig.; nicht präd.⟩ ˈmit Hilfe des Telefonsˈ: *wir erteilen keine* ∼*e Auskunft; eine* ∼*e Auskunft erhalten; sich* ∼ *bei jmdm. anmelden; er ist* ∼ *nicht erreichbar* ❖ ↗ **Telefon**

Telefon|nummer [teleˈfoːn..], **die** ˈNummer (1), unter der jmd. telefonisch zu erreichen istˈ; SYN Nummer (6), Rufnummer: *meine* ∼ *ist 2765* ❖ ↗ **Telefon**, ↗ **Nummer**

Telegraf [teleˈɡraːf], **der**; ∼en, ∼en ˈelektrisches Gerät, mit dem sehr schnell Nachrichten durch vereinbarte Zeichen (1.1) übermittelt werden könnenˈ ❖ **telegrafieren**

telegrafieren [teleɡraˈfiːrən], telegrafierte, hat telegrafiert /jmd./ *etw.* ∼ ˈNachrichten mit Hilfe des Telegrafen übermittelnˈ: *er telegrafierte (ihr) seine Ankunft, die Nachricht vom Tod seines Onkels* ❖ ↗ **Telegraph**

Telegramm [teleˈɡram], **das**; ∼s, ∼e ˈmit Hilfe eines Telegrafen übermittelte Nachricht, die dem Empfänger schriftlich zugestellt wirdˈ: *jmdm. (zum Geburtstag) ein* ∼ *schicken; ein* ∼ *aufgeben; ein* ∼ *erhalten*

Teller [ˈtɛlɐ], **der**; ∼s, ∼ **1.** ˈflacher runder Gegenstand mit erhöhtem Rand, meist aus Porzellan, von dem zubereitete Speisen gegessen werdenˈ; ↗ FELD V.7.1 (↗ TABL Geschirr): *ein flacher, tiefer* ∼; *Fleisch auf den* ∼ *tun, legen; die* ∼ *abwaschen, abtrocknen* **2.** ⟨bei Mengenangabe Pl.: ∼; + Attr.⟩ ˈMenge, die den Inhalt von Teller (1) bildetˈ: *er aß zwei* ∼ *Suppe, Eintopf* ❖ **Kuchenteller**

Tempel [ˈtɛmpl], **der**; ∼s, ∼ ˈ(geweihter,) kultischen Zwecken dienender Bau bestimmter religiöser Richtungen, bes. in der Antikeˈ: *ein antiker, römischer* ∼; *der* ∼ *des Apoll* (ˈTempel, der dem Apoll geweiht istˈ)
* umg. /jmd./ *jmdn. zum* ∼ *hinausjagen* (ˈjmdn. voller Zorn hinauswerfenˈ)

Temperament [tɛmpəʀaˈment], **das**; ~s/auch ~es, ~e **1.** ˈdurch Vererbung festgelegte, spezifische und relativ stabile Art, wie jmd. emotional reagiert und handelt, sich verhält': *sie hat ein lebhaftes ~; er hat ein cholerisches ~; ihre ~e sind sehr verschieden; dieses Pferd hat viel ~* (SYN ˈFeuer 3') **2.** ⟨o.Pl.⟩ ˈlebhafte, leicht erregbare Wesensart, mitreißender Elan': *sein jugendliches ~; er hat kein, hat viel ~; mit seinem ~ riss er alle mit; das ~ geht oft mit ihr durch* ❖ **temparamentvoll**

temperament|voll [..ˈm..] ⟨Adj.; Steig. reg.⟩ ˈsehr lebhaft, voller Elan'; ANT phlegmatisch /vorw. auf Personen bez./: *sie ist sehr ~; sie spielte ihre Rolle ~; ihre ~e* (SYN ˈfeurige 2') *Art gefiel ihm* ❖ ↗ **Temparament,** ↗ **voll**

Temperatur [tɛmpəʀaˈtuːɐ], **die**; ~, ~en **1.** ˈin Zahlen, Graden gemessene Wärme eines Gases, Stoffes, Körpers, einer Flüssigkeit': *eine gleich bleibende, hohe, niedrige ~; in diesem Raum herrscht eine angenehme ~; der Wein hat die richtige ~; die ~ ist gestiegen, gefallen; die ~ ist drei Grad unter null gefallen* **2.** ⟨vorw. Sg.⟩ ˈleicht erhöhte Körpertemperatur, leichtes Fieber': *leicht erhöhte ~ haben; seit Tagen hat er etwas ~* ❖ **temperieren**

temperieren [tɛmpəˈʀiːʀən], temperierte, hat temperiert /jmd./ *etw. ~* ˈetw., bes. eine Flüssigkeit, auf die gewünschte od. für den jeweiligen Bedarf erforderliche Temperatur (1) bringen': ⟨oft adj. im Part. II⟩ *ein gut temperiertes Zimmer, Badewasser; der Wein muss gut temperiert sein* ❖ ↗ **Temperatur**

Tempo [ˈtɛmpo], **das**; ~s, ~s/auch Tempi **1.** ⟨Pl.: ~s; vorw. Sg.⟩ ˈrelativ hohe Geschwindigkeit, mit der eine Bewegung ausgeführt wird, in der ein Vorgang abläuft'; SYN Schnelligkeit (1): *mit hohem, niedrigem, langsamem, rasantem, wahnsinnigem ~ fahren; er hielt das vorgeschriebene ~ ein; das ~ erhöhen;* umg. *er hat ein mächtiges ~ drauf* (ˈfährt, läuft sehr schnell'); /in der kommunikativen Wendung/ umg. *~, ~!* /wird zu jmdm. gesagt, wenn er sich besonders beeilen soll, auch um die Sportler bei sportlichen Veranstaltungen anzufeuern/ **2.** ⟨Pl.: ~s; vorw. Sg.⟩ ˈGeschwindigkeit, Schnelligkeit einer Handlung, eines Vorgangs, der Entwicklung': *das ~ des technischen Fortschritts; das ~ der Produktion erhöhen* **3.** ⟨Pl. Tempi⟩ Mus. ˈauf die Zeit bezogenes Maß (I.1.1), in dem ein Musikstück gespielt wird': *die Tempi genau einhalten*

Tendenz [tɛnˈdɛnts], **die**; ~, ~en **1.1.** ⟨vorw. Sg.⟩ ˈsich andeutende Entwicklung von etw., jmdm., in eine bestimmte Richtung': *die ~ geht dahin, dass …; es zeichnet sich schon eine gewisse ~ ab; die ~ (an der Börse) ist fallend, steigend; er kann eine positive ~ aufweisen; hinsichtlich der Kriminalität eine sinkende ~ beobachten können* **1.2.** ⟨vorw. Pl.⟩ ˈStrömung (3)': *neue ~en in der Musik, Malerei* **2.** *eine ~ zu etw.* ⟨Dat.⟩ ˈeine Neigung, ein Hang zu etw.': *er hat eine ~ zum Pessimismus, zur Bequemlichkeit; eine ~ zum Leichtsinn zeigen;* ⟨+ Nebens.⟩ *er hat die ~, alles zu rosig zu sehen* **3.** ⟨o.Pl.⟩ ˈArt der Darstellung in einem künstlerischen Werk, die

ein bestimmtes (meist politisches) Ziel zum Inhalt hat': *das Buch hat, zeigt eine klare politische ~* ❖ **tendenziell, tendenziös, tendieren**

tendenziell [tɛndɛnˈtsi̯ɛl] ⟨Adj.; o. Steig.; nicht präd.⟩ ˈder Tendenz (1.1.) nach, in eine bestimmte Richtung gehend' /auf Abstraktes bez./: *dies ist ~ richtig; etw. weist eine ~e Entwicklung auf* ❖ ↗ **Tendenz**

tendenziös [tɛndɛnˈtsi̯øːs] ⟨Adj.; Steig. reg.⟩ emot. ˈvon einer bestimmten (politischen) Haltung geprägt und bewusst einseitig orientierend' /bes. auf Texte bez./: *ein ~er Bericht; ~e Nachrichten; die Darstellung in der Presse war ~; über etw. ~ berichten* ❖ ↗ **Tendenz**

tendieren [tɛnˈdiːʀən], tendierte, hat tendiert **1.** /jmd., Gruppe/ *zu etw.* ⟨Dat.⟩ *~* ˈsich politisch in eine bestimmte Richtung entwickeln, zu etw. neigen': *er tendierte schon immer zu solchen Auffassungen; irgendwohin ~: diese Partei tendiert nach rechts, links* **2.** /etw./ *diese Farbe tendiert mehr zu Rot* (ˈist farblich dem Rot angenähert'); *die Börse tendiert uneinheitlich* (ˈzeigt keine klare Richtung') ❖ ↗ **Tendenz**

Tennis [ˈtɛnɪs], **das**; ~, ⟨o.Pl.⟩ ˈBallspiel, bei dem zwei Spieler od. zwei Paare von Spielern mit ihrem Schläger (2) einen Ball nach bestimmten Regeln über ein Netz hin- und zurückschlagen'; ↗ FELD I.7.4.1: *~ spielen* ❖ **Tischtennis**

¹Tenor [teˈnoːɐ], **der**; ~s, ⟨o.Pl.⟩ ˈhöchste Stimmlage bei Männern': *er hat einen wunderbaren ~; er singt ~;* vgl. *Alt, Bass, Bariton, Sopran*

²Tenor [ˈteːnoːɐ], **der**; ~s, ⟨o.Pl.⟩ ˈgrundlegender Gehalt, Sinn einer Äußerung': *der ~ seiner Rede, einer Diskussion, eines Vortrages; der übereinstimmende ~ verschiedener Zeitungen machte klar, dass …*

Teppich [ˈtɛpɪç], **der**; ~s, ~e ˈin einer bestimmten Länge und Breite hergestellter textiler Belag, mit dem man einen großen Teil des Fußbodens bedeckt': *ein gemusterter, gewebter ~; einen ~ kaufen, saugen* ❖ **Teppichboden, Wandteppich**

* umg. /jmd./ **auf dem ~ bleiben** ⟨meist im Imp.⟩ ˈsachlich, im vernünftigen Rahmen bleiben': *mit dieser Äußerung machst du dich bloß lächerlich, bleib auf dem ~!;* /jmd./ **etw. unter den ~ kehren** ˈetw. Unangenehmes, das einem angelastet werden kann, zu vertuschen suchen': *er versucht das Problem unter den ~ zu kehren*

Teppich|boden [ˈ..], **der** ˈin einer bestimmten Breite hergestellter textiler Belag, mit dem der Fußboden eines Raumes vollständig ausgelegt wird': *einen ~ verlegen; das Zimmer mit (einem) ~ auslegen* ❖ ↗ **Teppich,** ↗ **Boden**

Termin [tɛʀˈmiːn], **der**; ~s, ~e ˈfestgelegter Zeitpunkt, bis zu dem etw. erledigt, geschehen sein muss': *einen ~ für etw. festlegen, vereinbaren; an einen ~ gebunden sein; einen ~ einhalten; dieser ~ ist sehr ungünstig für mich; der ~ für die Miete ist morgen* (ˈmorgen muss die Miete bezahlt werden') ❖ **Lokaltermin, termingemäß**

termin|gemäß [..ˈm..] ⟨Adj.; o. Steig.; nicht präd.⟩ ˈeiner gesetzten Frist entsprechend': *etw. ~ fertig stel-*

len, beenden, beginnen; die ~*e Übergabe eines Baus*
❖ ↗ **Termin,** ↗ **¹gemäß**

Terminus ['tɛʁmɪnʊs], **der**; ~, Termini ['..mini] SYN
'Fachwort': *ein juristischer, medizinischer* ~; *der* ~
für 'Lungenentzündung' *heißt* 'Pneumonitis'

Terrain [tɛ'ʁɛŋ/..'ʁɛ̃], **das**; ~s, ~s SYN 'Gelände
(1,2)'; ↗ FELD II.1.1: *ein unwegsames, ebenes, hü-
geliges* ~; *dieses* ~ *ist ideal für ein Gewerbegebiet*
* /jmd./ **das** ~ **sondieren** 'eine Lage, Sache vorsichtig
erkunden': *wir wollen für unser Produkt erst einmal
das* ~ *sondieren; /jmd./* **das** ~ **für etw. vorbereiten**
'Grundlagen, Voraussetzungen für etw. schaffen':
er hat das ~ *für die Verhandlungen vorbereitet*

Terrarium [tɛ'ʁɑːʁi̯ʊm], **das**; ~s, Terrarien [..ʁi̯ən]
'Anlage od. Behälter für die Haltung, Zucht von
Lurchen und Kriechtieren': *unsere Kinder haben in
ihrem Zimmer ein kleines* ~; *Schildkröten in einem*
~ *halten*

Terrasse [tɛ'ʁasə], **die**; ~, ~n 'zu ebener Erde an ein
Haus angebaute, größere, meist überdachte Fläche
zum Aufenthalt im Freien': *abends saßen sie auf ih-
rer* ~; *sich auf der* ~ *sonnen*

Terrier ['tɛʁi̯ɐ], **der**; ~s, ~ 'kleiner bis mittelgroßer
Hund mit kurzem, steifem, nicht gekräuseltem
Haar'; ↗ FELD II.3.1 ❖ **Foxterrier**

Terrine [tɛ'ʁiːnə], **die**; ~, ~n 'mehrere Portionen fas-
sende große (Suppen)schüssel mit Deckel' (↗
TABL Geschirr): *eine* ~ *mit Suppe*

territorial [tɛʁito'ʁi̯aːl] ⟨Adj.; o. Steig.; vorw. attr.⟩
1. 'das Territorium (1) betreffend': *die* ~*e Gliede-
rung des Kontinents;* ~*e Forderungen, Ansprüche an
ein Land stellen* **2.** 'das Territorium (2) betreffend'
/auf Abstraktes bez./: *die* ~*e Einheit, Integrität ei-
nes Staates* ❖ ↗ **Territorium**

Territorium [tɛʁi'toːʁi̯ʊm], **das**; ~s, Territorien
[..ʁi̯ən] ↗ FELD II.1.1 **1.** '(großes) geographisches
Gebiet': *ein ausgedehntes, riesiges* ~; *25 Prozent
des* ~*s (der Erde) hat er schon bereist* **2.** 'durch
Grenzen festgelegtes, unter der Hoheit eines be-
stimmten Staates (1) stehendes Gebiet'; SYN
Hoheitsgebiet, Staatsgebiet: *ein fremdes* ~ *überfliegen;
das* ~ *der Bundesrepublik Deutschland* ❖ **territorial**

Terror ['tɛʁoːɐ], **der**; ~s, ⟨o.Pl.⟩ 'Anwendung od.
Androhung von Gewalt, um Menschen in Furcht
und Schrecken zu versetzen, sie einzuschüchtern
und die Macht zu erlangen, bestimmte politische
Ziele durchzusetzen': *im Land herrscht* ~; *geisti-
gen, individuellen* ~ *(auf jmdn., auf die Bevölke-
rung) ausüben; ein Akt des* ~*s; das ist blutiger, bru-
taler* ~ ❖ **terrorisieren, Terrorismus, Terrorist, Ter-
roristin, terroristisch**

terrorisieren [tɛʁoʁi'ziːʁən], terrorisierte, hat terrori-
siert **1.** /jmd., Gruppe, Staat/ *jmdn., eine Gruppe* ~
'jmdn., Menschen durch Terror in Furcht und
Schrecken versetzen': *die Bevölkerung durch Mord-
drohungen* ~; *eine bewaffnete Bande terrorisierte die
ganze Gegend* **2.** /jmd., Gruppe/ *jmdn., eine Gruppe*
~ 'jmdn., eine Gruppe durch Drohungen, Anwen-
dung von Gewalt in Angst versetzen': *er terrori-
sierte die ganze Klasse, seine Familie* ❖ ↗ **Terror**

Terrorismus [tɛʁo'ʁɪsmʊs], **der**; ~, ⟨o.Pl.⟩ 'Einstel-
lung und Verhaltensweise, die darauf gerichtet ist,
mit Hilfe von Terror (politische) Ziele durchzuset-
zen': *der* ~ *von links, rechts* ❖ ↗ **Terror**

Terrorist [tɛʁo'ʁɪst], **der**; ~en, ~en 'jmd., der Terror
ausübt': *linke, rechte* ~*en; das Attentat war von*
~*en ausgeführt worden* ❖ ↗ **Terror**

Terroristin [tɛʁo'ʁɪst..], **die**; ~, ~nen /zu Terrorist;
weibl./ ❖ ↗ **Terror**

terroristisch [tɛʁo'ʁɪst..] ⟨Adj.; o. Steig.; vorw. attr.⟩
'auf Terror, Terrorismus beruhend': ~*e Methoden;
ein* ~*er Anschlag; eine* ~*e* ('Terror ausübende')
Gruppe; etw. mit ~*en Mitteln durchsetzen wollen* ❖
↗ **Terror**

Test [tɛst], **der**; ~s/auch ~es, ~s/auch ~e 'nach be-
stimmten Kriterien ausgearbeitete Methode, mit
deren Hilfe bes. Eigenschaften, Fähigkeiten, Leis-
tungen einer Person, einer Sache ermittelt, unter-
sucht, geprüft werden sollen': *ein medizinischer,
psychologischer* ~; *einen* ~ *vornehmen; einen* ~ *mit
jmdm., an jmdm., etw. durchführen; sich, jmdm., etw.
einem* ~ *unterziehen; durch einen* ~ *jmds. Intelli-
genz prüfen; die* ~*s brachten genauere Ergebnisse* ❖
testen

Testament [tɛsta'mɛnt], **das**; ~s/auch ~es, ~e 'letzte,
schriftlich getroffene Erklärung, in der jmd. die
Verteilung seines Vermögens nach seinem Tod re-
gelt': *ein* ~ *machen, aufsetzen, anfechten; jmdn. in
seinem* ~ *bedenken* ❖ **testamentarisch**
* umg. /jmd./ **sein** ~ **machen können** 'sich auf etw.
Unangenehmes, auf schlimme Folgen gefasst ma-
chen können': *wenn ich den Kerl erwische, kann er
sein* ~ *machen; du kannst dein* ~ *machen, wenn ich
dich noch einmal dabei ertappe*

testamentarisch [tɛstamɛn'taːʁ..] ⟨Adj.; o. Steig.;
nicht präd.⟩ 'durch ein Testament festgelegt': *etw.
~ verfügen, festlegen, bestimmen; jmdm. etw.* ~ *ver-
machen; jmdn.* ~ *als Erben einsetzen; eine* ~*e Ver-
fügung treffen* ❖ ↗ **Testament**

testen ['tɛstn̩], testete, hat getestet **1.** /jmd./ **1.1.** *jmdn.,
etw.* ~ 'jmdn., etw. einem Test unterziehen': *einen
Piloten* ~; *man testete seine Reaktionsfähigkeit;
jmdn. auf etw.* ~: *man testete ihn auf seine Reak-
tionsfähigkeit; sich auf seine berufliche Eignung* ~
lassen **1.2.** *etw.* ~ SYN 'etw. erproben': *ein Gerät,
ein Auto* ~; *der Stoff wurde unter extremen Bedin-
gungen getestet; etw. auf etw.* ~: *die Wirkung des
Medikaments auf Nebenwirkungen* ~ ❖ ↗ **Test**

teuer ['tɔi̯ɐ] ⟨Adj.⟩ **1.** ⟨Steig. reg.⟩ 'viel Geld kostend,
einen hohen Preis (1) habend'; ANT erschwinglich,
billig (1.1) /auf Produkte bez./: *ein teures Buch, Bild
kaufen; dieses Auto ist (zu)* ~; *etw. ist 10 Mark
teurer als etw.* 'etw. kostet 10 Mark mehr als etw.':
*dieser Mantel ist fünf Mark teurer als der andere;
die hohen Lohnkosten machen das Produkt noch teu-
rer; etw. kostet teures* ('viel') *Geld; sie waren gestern
in einem teuren Restaurant* ('in einem Restaurant,
in dem die Preise hoch sind'); *wie* ~ *ist der Mantel*
('wieviel kostet der Mantel')? **2.** ⟨Steig. reg., un-
gebr.; nur bei Vb.⟩ 'von der Art, dass dem, der es

tut od. will, Nachteile entstehen`: *er hat diesen Sieg* ~ (`unter vielen Opfern`) *erkaufen müssen; sich seine finanzielle Unabhängigkeit* ~ *erkämpfen* **3.** ⟨Steig. reg.; nicht bei Vb.⟩ geh. `von mir, von allen sehr geschätzt, sehr geliebt`: *der teure Verstorbene; das Buch, sein Andenken ist mir* ~ (`bedeutet mir sehr viel`); /in der Anrede/: *teure Freunde!* ❖ **Teuerung, verteuern**

* /jmd./ etw. ~ **bezahlen müssen** (`für eine begangene Handlung schwer büßen müssen`); /etw./ **jmdm./ jmdn.** ~ **zu stehen kommen** `üble Folgen für jmdn. haben`: *sein Leichtsinn kommt ihn* ~ *zu stehen*
MERKE Zum ,e`-Ausfall der Endung: ↗ *dunkel* (Merke)

Teuerung [ˈtɔɪ̯əʀ..], **die**; ~, ~en `das allgemeine Ansteigen der Preise (1)`: *es kommt eine erneute* ~ *auf uns zu* ❖ ↗ **teuer**

Teufel [ˈtɔɪ̯f̩l], **der**; ~s, ~ **1.** ⟨o.Pl.; nur mit best. Art.⟩ `nach christlichem Glauben der Widersacher Gottes, die Verkörperung des Bösen`; SYN Satan (1): *etw. dem* ~ *zuschreiben*; /vorw. in Flüchen/: umg. *zum* ~!, *hol's der* ~!; /in den kommunikativen Wendungen/ *pfui* ~! /Ausruf des Missfallens, Ekels, der Empörung/: *pfui* ~, *bist du schmutzig!*; *geh zum* ~! (`verschwinde, geh weg`)!; *der* ~ *soll ihn, dich holen!*; *den* ~ *werde ich tun und ...: den* ~ *werde ich tun/ich werde den* ~ *tun und ihm helfen* (`ich werde ihm auf keinen Fall helfen`); *bist du, sind Sie des* ~s (`bist du, sind Sie verrückt`)? **2.1.** `bösartiger, boshafter Mensch`; SYN Satan (2): *er ist ein* ~ *in Menschengestalt* (`ein gemeiner und gefährlicher Mensch`); *er war der reinste* ~ (`kannte kein Mitleid`) **2.2.** umg. *ein armer* ~ `ein bedauernswerter Mensch`: *er ist ein armer* ~; *den armen* ~ *kann man nur bedauern* ❖ **Teufelei, teuflisch — Teufelskerl, -kreis**

* umg. /jmd./ **den** ~ **mit dem Beelzebub austreiben** (`ein Übel mit einem anderen Übel bekämpfen`); /etw./ **zum** ~ **gehen** `kaputtgehen`: *das Auto ist zum* ~ *gegangen*; **irgendwo, irgendwann ist der** ~ **los** `irgendwo, irgendwann geht es drunter und drüber, ist alles in Aufruhr`: *in N ist heute, war gestern der* ~ *los*; /jmd./ emot. **jmdn. zum** ~ **jagen** (`jmdn. vertreiben`); /jmd./ **in** ~**s Küche geraten/kommen** `in eine sehr unangenehme Situation, Lage geraten`: *wenn du dich darauf einlässt, kommst du in* ~*s Küche; hättest du das getan, wärst du in* ~*s Küche geraten*; emot. **in drei** ~**s Namen** `meinetwegen`: *du kannst in drei* ~*s Namen gehen!*; emot. neg. **auf** ~ **komm raus** `mit aller Kraft, aber unbedacht und wenig kontrolliert`: *er arbeitet auf* ~ *komm raus*; **jmdn. reitet der** ~ ⟨vorw. im Prät., Perf.; hat⟩ (`jmd. lässt sich hinreißen, mutwillig Unvernünftiges zu tun`); /jmd./ **sich zum** ~ **scheren** ⟨vorw. im Imp.⟩ `verschwinden`: *scher dich zum* ~!; *der soll sich zum* ~ *scheren!*; /jmd./ **den** ~ **an die Wand malen** ⟨vorw. verneint; vorw. im Imp.⟩ (`von einem möglicherweise eintretenden Unglück sprechen`): *mal nicht den* ~ *an die Wand!*); emot. **weiß der** ~! ⟨steht vor einem abhängigen Fragesatz⟩ `ich weiß nicht ...,

niemand weiß ...`: *weiß der* ~, *wo der schon wieder hin will; weiß der* ~, *warum das nicht klappen will; weiß der* ~, *wer das getan hat; weiß der* ~, *wie das zustande gekommen ist*; **es müsste doch mit dem** ~ **zugehen** (`etw. sehr Unwahrscheinliches müsste passieren`), **wenn** ...: *bei der Fahrt müsste es schon mit dem* ~ *zugehen, wenn wir nicht rechtzeitig ankämen*; emot. **wer/was** (auch **wem, wen**) **zum** ~ `wer, was` /drückt den Ärger des Sprechers aus/: *wer zum* ~ *hat meinen Radiergummi benutzt?; was zum* ~ *hat der hier zu suchen?; wen zum* ~ *haben sie jetzt schon wieder angeschleppt?*

Teufelei [tɔɪ̯fəˈlaɪ̯], **die**; ~, ~en **1.** ⟨o.Pl.⟩ `teuflische (1), boshafte Gesinnung`: *er tat dies aus reiner* ~ **2.** `auf Bosheit beruhende Handlung`: *sich eine* ~ *ausdenken* ❖ ↗ **Teufel**

Teufels [ˈtɔɪ̯f̩s..]||**-kerl, der** umg. emot. pos. `kühner, verwegener, toller Mann, den man wegen seines Verhaltens, Mutes bewundert`; SYN Draufgänger: *er kann alles, er ist ein richtiger* ~ ❖ ↗ Teufel, ↗ Kerl; **-kreis, der** `ausweglos erscheinende Lage, die in einer Folge vor allem negativer Faktoren od. Geschehen besteht, von denen jeweils eines das andere bedingt`: *sie möchte aus dem* ~ *ausbrechen; er ist in einem* ~ *gefangen, in einen* ~ *geraten* ❖ ↗ Teufel, ↗ Kreis

teuflisch [ˈtɔɪ̯fl..] emot. **I.** ⟨Adj.⟩ **1.** ⟨Steig. reg.⟩ `niederträchtig, böse (1)`: ~ *lächeln; einen* ~*en Plan aushecken; der Plan war* ~ **2.** ⟨o. Steig.⟩ umg. `in hohem Maße`: *er hat einen* ~*en Durst; eine* ~*e Kälte* — **II.** ⟨Adv.; vor Adj., Adv.; bei Vb.⟩ /bewertet das durch das Bezugswort Genannte neg./ `in höchstem Grad`: *draußen ist es* ~ *kalt; es tut* ~ *weh; man muss* ~ *aufpassen* ❖ ↗ **Teufel**

Text [tɛkst], **der**; ~es, ~e **1.** `(schriftlich) festgehaltene, thematisch zusammenhängende Folge von Aussagen`: *einen* ~ *entwerfen, (auf)schreiben; den genauen, vollen* ~ *der Rede lesen; einen schwierigen* ~ *übersetzen; der Schauspieler lernt den* ~ (`den Wortlaut`) *seiner Rolle* **2.** `zu einem musikalischen Werk gehörender sprachlicher Teil`: *ein guter* ~; *der* ~ *stammt von N; den* ~ *des Liedes auswendig lernen* **3.** `sprachliche Erläuterung zu einer Illustration`: *die Bilder zusätzlich mit (einem)* ~ *versehen*
* umg. /jmd./ **jmdn. aus dem** ~ **bringen** `jmdn. (unterbrechen) und vom Thema abschweifen lassen`: *jetzt hast du mich aus dem* ~ *gebracht!; bring mich nicht ständig aus dem* ~!; /jmd./ **aus dem** ~ **kommen** (**1.** `in der Rede stecken bleiben` **2.** `vom Thema abschweifen`); **weiter im** ~ `fahre fort, mach weiter`: *los, weiter im* ~, *ich will alles wissen!*

textil [tɛksˈtiːl] ⟨Adj.; o. Steig.; nur attr.⟩ `aus spinnbarem od. gesponnenem Material` /auf Materialien, Produkte bez./: ~*e Fasern, Waren;* ~*es Material verarbeiten* ❖ **Textilie — Textilindustrie**

Textilie [tɛksˈtiːli̯ə], **die**; ~, ~n ⟨vorw. Pl.⟩ `Erzeugnis, das aus gewebtem od. gestricktem Material besteht, bes. Stoff, Wäsche, Bekleidung`; ↗ FELD V.8.1: *gebrauchte* ~*n;* ~*n aus Baumwolle, Kunstfa-*

sern; ~n herstellen, produzieren, verkaufen ❖ ↗ **tex-til**

Textil|industrie [tɛks'tiːl..], **die** 'Zweig der Industrie, der Waren aus textilen Materialien herstellt' ❖ ↗ **textil,** ↗ **Industrie**

Tezett ['teːtsɛt/te'tsɛt], **das**

* umg. **bis zum/ins ~** 'bis ins Kleinste, Letzte': *er diskutierte die Sache bis zum/ins ~*

Theater [te'aːtɐ], **das; ~s, ~ 1.** 'kulturelle Institution für die Aufführung von Bühnenwerken'; SYN Bühne (2): *beim ~ sein* ('als Schauspieler an einer Bühne tätig sein'); *unser ~ bringt ein Stück von Goethe* **2.** 'Gebäude, in dem Bühnenwerke aufgeführt werden'; ↗ FELD V.2.1: *die Stadt ließ ein neues ~ bauen* **3.** ⟨o.Pl.⟩ 'Aufführung, Vorstellung im Theater (2)': *das ~ beginnt um 19 Uhr; Karten fürs ~ besorgen; unsere Kinder spielen gern ~* ('führen gerne etw. auf, vor') **4.** ⟨o.Pl.⟩ 'darstellende Kunst, bezogen auf eine bestimmte Epoche, Richtung': *das ~ der Antike, der Zeit Shakespeares; das ~ von heute; das Ensemble bietet realistisches ~ in höchster Perfektion; er hat sich viel mit ~ beschäftigt* **5.** ⟨o.Pl.⟩ /beschränkt verbindbar/: *das ganze ~* ('alle Personen, die sich während einer Vorstellung im Theater (1) befanden') *lachte; das gesamte ~* ('alle Personen, die zum Theater (2) gehören, in ihm arbeiten') *hat sich an der Aktion beteiligt* ❖ **theatralisch − Kasperletheater, Theaterstück**

* umg. /jmd./ **wegen etw.** ⟨Gen.⟩ **~ machen** ⟨oft im Imp.; oft verneint⟩ 'unnötiges Aufhebens um etw. machen': *mach doch wegen so einer Lappalie nicht solches ~!; wegen so einer Angelegenheit macht der nun so ein ~!;* /jmd./ **~ spielen** 'etw. heucheln, vortäuschen': *glaub ihm nicht, der spielt nur ~!*

Theater|stück [..'aː..], **das; ~es/auch ~s, ~e** 'für das Theater (1) geschriebenes dramatisches Werk': *das neue ~ hat am 1.11. Premiere; ein ~ schreiben, aufführen* ❖ ↗ **Theater,** ↗ **Stück**

theatralisch [tea'traː:l..] ⟨Adj.; Steig. reg., Superl. ungebr.⟩ 'mit unnatürlich, übertrieben wirkenden Gebärden' /bes. auf Gestisches bez./: *seine ~en Gebärden; sein ~es Gehabe; sein Verhalten war, wirkte ~* ❖ ↗ **Theater**

Theke ['teːkə], **die; ~, ~n** 'langer, hoher, hölzerner Tisch in einer Gaststätte, an dem Getränke ausgeschenkt, Gläser gespült werden (und wo auch Gäste sitzen können, um etwas zu trinken)'; SYN Ausschank (2); ↗ FELD V.4.1: *er trank sein Bier an der ~; der Wirt hinter der ~ zapft das Bier*

Thema ['teːma], **das; ~s, Themen** ['..mən]/auch **~ta** ['..mata] 'der allgemeine gedankliche Inhalt einer schriftlichen od. mündlichen Darlegung, einer wissenschaftlichen Untersuchung, eines Gesprächs, einer Rede'; SYN Gegenstand (2.2), Sache (2.2): *das ~ des Vortrags war interessant; ein aktuelles, heikles, politisches, umstrittenes ~ anschneiden, behandeln; vom ~ abkommen; das ~ wechseln* ('aufhören, über ein Thema zu reden und von etw. anderem sprechen') ❖ **Thematik, thematisch**

Thematik [te'maːtɪk], **die; ~, ~en** ⟨vorw. Sg.⟩ 'Thema, bes. im Hinblick auf seine gesamte Komplexität, Vielfalt der Aspekte, die es behandelt': *das Buch behandelt eine interessante ~; über eine schwierige ~ diskutieren; die ~ eines Films, Romans* ❖ ↗ **Thema**

thematisch [te'maːt..] ⟨Adj.; o. Steig.; nicht präd.⟩ 'ein Thema betreffend, ihm entsprechend' /vorw. auf Abstraktes bez./: *etw. ~, nach ~en Gesichtspunkten ordnen; einen ~en Überblick bieten* ❖ ↗ **Thema**

Theologe [teo'loːgə], **der; ~n, ~n** 'jmd., der Theologie studiert hat und als Wissenschaftler od. Priester tätig ist'; ↗ FELD XII.1.1: *ein evangelischer, katholischer ~* ❖ ↗ **Theologie**

Theologie [teolo'giː], **die; ~, ~n** [..'giːən] 'Wissenschaft, die sich mit der Auslegung heiliger Schriften und der Lehre einer Religion, Konfession beschäftigt'; ↗ FELD XII.1.1: *die evangelische, katholische ~; ~ studieren* ❖ **Theologe**

Theoretiker [teo'reːtɪkɐ], **der; ~s, ~** 'jmd., der bes. zur Lösung eines Problems eine Theorie (1) entwickelt und vorwiegend theoretisch arbeitet'; ANT Praktiker: *er ist ein glänzender ~; ein guter ~ ist noch kein guter Praktiker* ❖ ↗ **Theorie**

theoretisch [teo'reːt..] ⟨Adj.; o. Steig.⟩ ANT praktisch **1.** ⟨vorw. attr.⟩ 'der Theorie (1) entsprechend, auf ihr beruhend' /auf Abstraktes bez./: *die ~e Physik, Chemie; ~e Kenntnisse, Grundlagen schaffen; ein ~es Experiment anstellen; ~e Zusammenhänge lösen* **2.** ⟨nicht präd.⟩ 'mit Hilfe einer Theorie (1)': *etw. ~ begründen, erklären; die ~e Lösung eines Problems* **3.** ⟨nur bei Vb.⟩ 'wenn man von der Wirklichkeit abstrahiert': *das ist zwar ~ möglich, aber unwahrscheinlich; ~ geht das, aber praktisch nicht* ❖ ↗ **Theorie**

Theorie [teo'riː], **die; ~, ~n** [..'riːən] **1.** 'logische und systematische Zusammenfassung und Verallgemeinerung von Erkenntnissen über einen Bereich der Wirklichkeit, deren Zusammenhänge erklärend, begründend widergespiegelt werden'; ANT Praxis (1): *eine ~ über die Entwicklung der Wirtschaft; eine wissenschaftliche ~ (über etw.) aufstellen, entwickeln, vertreten; ~ und Praxis gehören eng zusammen* **2.** ⟨vorw. o. Art.⟩ 'abstrakte Gedanken und Vorstellungen, deren Bezug zur Realität nicht offenkundig ist od. bezweifelt wird': *das ist alles nur, reine, bloße ~; nach seiner ~* ('nach seiner Meinung über den Sachverhalt') *konnte nur er der Täter sein* ❖ **Theoretiker, theoretisch**

Therapie [tera'piː], **die; ~, ~n** [..'piːən] 'Gesamtheit der angewendeten Maßnahmen zur Behandlung einer Krankheit': *eine moderne, konservative ~ anwenden; die erfolgreichste ~ bei dieser Krankheit ist eine strenge Diät; eine ~ absetzen* ❖ **Psychotherapie**

Thermometer [tɛrmo'm..], **das; ~s, ~** 'Gerät zum Messen der Temperatur'; ↗ FELD VI.5.1: *das ~ zeigt einige Grade unter Null; das ~ steigt, fällt; mit dem ~* ('Fieberthermometer') *das Fieber messen* ❖ **Fieberthermometer; vgl auch Meter**

Thermos|flasche ['tɛʀmɔs..], **die** ˈisoliertes, flaschenförmiges Gefäß zum Warm-, Kühlhalten von Getränken'; ↗ FELD VI.5.1: *für die Reise eine ~, Kaffee in der ~ mitnehmen* ❖ ↗ **Flasche**

Thermostat [tɛʀmo'staːt], **das**; ~es/auch ~s/~en, ~e/ auch ~en ˈVorrichtung, mit deren Hilfe man die gewünschte Temperatur z. B. einer Heizung konstant halten kann'; ↗ FELD VI.5.1: *etw. ist mit einem ~en ausgerüstet* ❖ vgl. **Statik**

These ['teːzə], **die**; ~, ~n ˈwissenschaftlich zu beweisende Behauptung': *eine ~ aufstellen; seine ~n mit Erfolg vertreten; diese ~ ist haltlos*

Thriller ['θʀɪlɐ], **der**; ~s, ~/auch ~s ˈsehr spannender Kriminalroman, -film': *nach dem ~ (im Fernsehen) konnte sie nicht einschlafen; der Film war ein richtiger ~*

Thron [tʀoːn], **der**; ~es/auch ~s, ~e ˈfür feierliche Anlässe bestimmter repräsentativer, meist erhöht aufgestellter Sessel, der als Sitz eines Monarchen dient und das Symbol für dessen Macht und Würde ist': *ein geschnitzter, prunkvoller ~; den ~ besteigen* (ˈals Monarch die Regierung antreten'); *auf den ~ verzichten* (ˈals Monarch auf die Herrschaft verzichten')

* **jmds. ~ wackelt** (ˈjmds. Machtposition ist nicht mehr sicher')

Tick [tɪk], **der**; ~s, ~s ˈsonderbare Angewohnheit, Eigenart eines Menschen'; SYN Fimmel: *das ist ein ~ von ihr; jmd. hat einen ~; du hast wohl einen ~?*

ticken ['tɪkn̩] ⟨reg. Vb.; hat⟩ /etw., bes. Uhr/ ˈkurze, schnell und regelmäßig aufeinander folgende (leise) Geräusche hervorbringen'; ↗ FELD VI.1.2: *die Uhr, der Wecker, Fernschreiber tickt*

* umg. scherzh. **bei jmdm. tickt es nicht richtig/jmd. tickt nicht richtig** ˈjmd. ist etw. verrückt' ⟨oft als Frage⟩: *du tickst wohl nicht richtig?*

Ticket ['tɪkət], **das**; ~s, ~s ˈFahr-, Flug-, Eintrittskarte': *ein ~ für einen Flug nach München lösen; habt ihr schon ein ~s (für das Schiff) gekauft?*

tief [tiːf] ⟨Adj.⟩ **1.1.** ⟨Steig. reg.⟩ ˈvon relativ großer Ausdehnung (senkrecht) nach unten (1)' /vorw. auf Gewässer bez./: *ein ~er* (ANT flacher) *See; ein ~es* (ANT seichtes) *Gewässer; ein ~er Schacht; er springt über einen ~en Graben; der Brunnen ist sehr ~; ~ fallen, graben, tauchen; ~* (ˈsehr weit senkrecht in ein Material eindringend') *bohren; im Schnee ~ einsinken; eine ~e Wunde* **1.2.** ⟨Steig. reg., o. Superl.⟩ /mit einer Maßangabe und dieser nachgestellt/ *an dieser Stelle ist das Meer 60 Meter ~; ein fünf Meter ~er Brunnen; dieser See ist noch 20 m tiefer als der andere* **2.1.** ⟨Steig. reg.; nur bei Vb.⟩ ˈrelativ in einem Bezugspunkt (weit) unten befindlich'; ANT hoch: *~ (unten) im Tal liegt das Dorf* **2.2.** ⟨nur bei Vb.⟩ /mit einer Maßangabe und dieser nachgestellt/: ⟨nur im Komp.⟩ *Familie Lehmann wohnt zwei Etagen ~er* (ANT höher) **2.3.** ⟨Steig. reg., Superl. ungebr.; vorw. attr. u. bei Vb.⟩ ˈsehr weit nach unten': *eine ~e Verbeugung machen; die Mütze ~ ins Gesicht ziehen; ein Kleid mit einem ~en* (ˈsehr weiten') *Ausschnitt* **3.** ⟨Steig. reg.;

nur bei Vb.⟩ ˈin geringer Höhe'; ANT hoch (I.2.2); ↗ FELD IV.1.3: *die Wolken hängen ~; das Flugzeug fliegt sehr ~; die Sonne stand schon ~ am Horizont* **4.** ⟨Steig. reg.⟩ ˈweit unter einem mittleren, meist in Zahlen messbaren Wert'; SYN niedrig (2), ANT hoch (I.3.1): *seit Tagen haben wir sehr ~e Temperaturen; die Zahl der Arbeitslosen hat seinen ~sten Stand erreicht; die Mittel sind zu ~ veranschlagt* **5.** ⟨Steig. reg., ungebr.; nur attr.⟩ ˈmit starker Wölbung nach unten'; ANT flach (4) /auf Gegenstände bez./: *ein ~er Teller; eine ~e Schüssel* **6.1.** ⟨Steig. reg.; nur bei Vb.⟩ ˈhorizontal weit in etw. hineinreichend, gerichtet': *die Höhle führt ~ in den Berg hinein; vom Gipfel des Berges kann man ~ ins Land hineinsehen* **6.2.** ⟨Steig. reg.⟩ ˈvon relativ großer Ausdehnung nach hinten, nach innen' /vorw. auf Möbel bez./: *ein ~er Schrank, ein ~es Regal* **6.3.** ⟨Steig. reg., o. Superl.; nicht bei Vb.⟩ /mit einer Maßangabe und dieser nachgestellt; vorw. auf Möbel bez./: *das Regal ist 30 Zentimeter ~, noch zehn Zentimeter tiefer als das andere; ein 60 Zentimeter ~es Schubfach; der Schrank ist 1,50 Meter hoch und 0,60 Meter ~* **6.4.** ⟨Steig. reg.; nur bei Vb.⟩ ˈweit im Innern von etw. befindlich': *das Haus liegt ~ im Wald, Gebirge* **7.** ⟨Steig. reg., Komp. ungebr.; nicht präd.⟩ ˈmitten in (etw.)' /auf Zeitliches bez./: *im ~sten Winter, Sommer; bis ~ in die Nacht hinein arbeiten; das ist ja ~es Mittelalter!* **8.1.** ⟨Steig. reg.; vorw. attr. u. bei Vb.⟩ ˈvon großer Intensität, Stärke' /vorw. auf Gefühle bez./: *in ~er Trauer sein; eine ~e Freude, Sehnsucht, Niedergeschlagenheit; eine ~e Verachtung für jmdn. empfinden; etw. ~ empfinden; ~ empfundenes Mitleid; jmdn. ~ enttäuschen; etw. schmerzt jmdn. ~; etw. ~, auf das Tiefste bereuen; er genießt die ~e* (ˈabsolute') *Stille des Waldes; in einen ~en* (ˈsehr festen'; ANT leichten 3.1) *Schlaf sinken;* ⟨vor Part. II⟩ ˈsehr': *~ betrübt, enttäuscht sein; er war davon ~ durchdrungen, beeindruckt, überzeugt* **8.2.** ⟨Steig. reg., Komp. ungebr.; nur attr.⟩ ˈsehr stark empfunden': *jmdm. seinen ~en Dank, seine ~e Anteilnahme, sein ~es Beileid ausdrücken, aussprechen* **9.** ⟨Steig. reg., Superl. ungebr.⟩ ˈauf das bezogen, was das eigentlich Wesentliche von etw. darstellt': *der ~ere Sinn eines Buches, Filmes; das hat eine ~e Bedeutung* **10.** ⟨o. Steig.; nur attr.⟩ ˈkräftig und dunkel im Farbton': *ein ~es Schwarz; ~e Röte stieg ihr ins Gesicht* **11.** ⟨Steig. reg.; vorw. attr. und bei Vb.⟩ ˈdunkel klingend'; ANT hoch (I.6) /auf Stimme od. Ton bez./ *er hat eine sehr ~e Stimme; zu ~ singen; der Ton liegt eine Oktave ~er* ❖ **Tief, Tiefe, Untiefe, vertiefen, Vertiefung, zutiefst — Tiefbau;** vgl. **Tief/tief-, tief/Tief-**

* *etw.* ⟨vorw. *das*⟩ **lässt ~ blicken** (ˈetw. zeigt etw. sehr deutlich'); /jmd./ **~ gesunken sein** ˈmoralisch verkommen sein': *oh, wie ~ bist du gesunken!*

Tief, das; ~s, ~s **1.** Meteor. ˈGebiet niedrigen Luftdrucks'; ANT Hoch: *über dem Atlantik liegt ein ~; das ~ verlagert sich, wandert ostwärts; ein kräftiges, ausgedehntes ~ bestimmt z. Zt. unser Wetter; das*

~ *schwächt sich ab* **2.** 'depressive Stimmung eines Menschen' /beschränkt verbindbar/: *ein (seelisches)* ~ *haben, erleben* **3.** 'tiefster, zu erreichender Stand einer Entwicklung': *diese Maßnahmen führen zu einem wirtschaftlichen* ~; *die Stahlindustrie steckt in einem (absoluten)* ~ ('in einer Krise') ❖ ↗ **tief**

Tief|bau ['..], **der** ⟨o.Pl.⟩ 'Bereich des Bauwesens, der sich bes. mit dem Bau von Straßen, Brücken, Kanälen od. Tunneln befasst, wobei die Ausführung der Arbeiten unterhalb der Erdoberfläche erfolgt', ANT Hochbau (1): *er ist beim* ~ *beschäftigt* ❖ ↗ **tief, ↗ Bau**

Tiefe ['ti:fə], **die**; ~, ~n **1.1.** ⟨vorw. Sg.⟩ '(senkrechte) Ausdehnung bes. eines Gewässers nach unten (1)'; ↗ FELD II.2.1, IV.1.1: *dieser See, Fluss hat eine beachtliche* ~; *die* ~ *des Wassers messen; der Brunnen, Schacht hat eine* ~ *von 20 Metern* **1.2.** 'sehr weit unten (1) gelegener Bereich': *in der* ~ *des Meeres leben seltene Arten von Fischen; aus der* ~ *emportauchen* **1.3.** ⟨o.Pl.⟩ *in die* ~ 'nach unten': *in die* ~ *blicken, schauen; das Flugzeug stürzt in die* ~ **2.1.** ⟨vorw. Sg.⟩ 'Ausdehnung einer Fläche, eines Raumes von vorn nach hinten, nach innen': *die* ~ *einer Höhle; die* ~ *des Schrankes beträgt 0,60 m; die Bühne hat keine große* ~; *ein Regal von 0,50 m* **2.2.** 'weit im Innern gelegener Teil, Bereich eines Raumes, Geländes, Gebäudes': *die Forscher sind in die* ~(*n*) *des Meeres, Weltalls vor-, eingedrungen; aus der* ~ *des Waldes kam ein Lichtschein; aus der* ~ *des Gebäudes drang leise Musik;* METAPH *in der* ~ *ihres Herzens* ('insgeheim') *hoffte sie, dass* … **3.** ⟨o.Pl.; vorw. mit Gen.attr.⟩ 'große Stärke, Intensität' /vorw. auf Psychisches bez./: *die* ~ *seines Schmerzes, der Trauer, seines Glaubens, ihrer Liebe* **4.** ⟨o.Pl.⟩ 'der tiefe (6) geistige Gehalt von etw.': *die* ~ *seiner Gedanken beeindruckte uns; die philosophische* ~ *eines Romans; sein Werk hat an* ~ *gewonnen; es ist nicht immer leicht, die Bedeutung von etw. in ihrer ganzen* ~ *zu erfassen* **5.** ⟨o.Pl.; vorw. mit Gen.attr.⟩ 'sehr dunkler Farbton': *die* ~*e des Blaus, Grüns* **6.** 'dunkler Klang einer Stimme, eines Tons': *sein Bass hat eine erstaunliche* ~; *die* ~ *seiner Stimme, eines Tons* ❖ ↗ **tief**

Tief/tief ['ti:f..]|**-ebene, die** 'Ebene (1) in Höhen bis zu 200 Metern über dem Meeresspiegel'; ↗ FELD II.1.1, IV.1.1: *die norddeutsche* ~ ❖ ↗ ¹**eben; -gang, der** ⟨o.Pl.⟩ 'senkrechter Abstand von der untersten Kante des Kiels bis zu der Linie am Rumpf des Schiffes, bis zu der ein Schiff ins Wasser eintaucht': *der* ~ *verändert sich je nach der Ladung des Schiffes* ❖ ↗ **gehen; -gefrieren,** hat tiefgefroren ⟨nur im Perf. u. adj. im Part. II; oft im Pass.⟩ /jmd./ etw. ~ 'etw., bes. Lebensmittel, durch die Einwirkung von Kälte haltbar machen': *Fleisch* ~; *das Fleisch wird, ist tiefgefroren; tiefgefrorenes Obst, Gemüse* ❖ ↗ **frieren**

tief greifend [gRaifn̩t] ⟨Steig.: tiefer greifend, am tiefsten greifend; vorw. attr.⟩ **1.** 'von sehr starker

Auswirkung auf etw.' /vorw. auf Entwicklungen, Veränderungen bez./: *eine* ~*e Debatte führen; der Wohnungswechsel war ein* ~*er Einschnitt in seinem Leben; etw.* ~ *beeinflussen, verändern;* SYN 'einschneidend': ~*e Veränderungen in der Gesellschaft; eine* ~ *Umgestaltung* **2.** 'bis weit in die Tiefe (1) wirkend, reichend' /beschränkt verbindbar/: *seit Jahren beobachten wir eine* ~*e Erwärmung der Erdoberfläche*

tief/Tief ['ti:f..]‖**gründig** [gRYndɪç] ⟨Adj.; vorw. attr.⟩ 'ein Problem bis ins Einzelne analysierend' /auf Analysen o.Ä. bez./: *das Problem* ~ *erörtern; eine* ~*e Untersuchung, Abhandlung; zu diesen Fragen haben sie* ~*e Untersuchungen angestellt; etw.* ~ *untersuchen* ❖ ↗ **Grund; -kühltruhe** [ky:l..], **die** 'einer Truhe ähnlicher Behälter, in dem Lebensmittel tiefgefroren und aufbewahrt werden': *Fleisch, Butter in die* ~ *tun; etw. aus der* ~ *nehmen* ❖ ↗ **kühl,** ↗ **Truhe; -punkt, der** 'negativster Abschnitt in einem Ablauf (1), in einer Entwicklung'; ANT Höhepunkt; ↗ FELD IV.1.1: *unsere Beziehung ist gegenwärtig auf einem* ~ (*angelangt*); *die wirtschaftliche Entwicklung hat einen* ~ *erreicht; seine Rede war der absolute* ~ *der Veranstaltung* ❖ ↗ **Punkt; -see, die** ⟨o.Pl.⟩ 'Bereiche der Meere, die tiefer als 3000 Meter unter dem Meeresspiegel liegen'; ↗ FELD IV.1.1: *die Erforschung der* ~; *die Fauna der* ~ ❖ ↗ ²**See; -sinn, der** ⟨o.Pl.⟩ 'tiefe (9) Bedeutung von etw.' /beschränkt verbindbar/; ↗ FELD I.4.1.1: *der* ~ *des Gedichts fiel ihm nicht gleich auf* ❖ ↗ **Sinn; -sinnig** ⟨Adj.; Steig. reg.; nicht bei Vb.⟩ 'von Tiefsinn zeugend' /vorw. auf Äußerungen bez./; ↗ FELD I.4.1.3: *das Buch, der Film ist* ~; ~*e Gespräche führen; ihre Gespräche waren sehr* ~ ❖ ↗ **Sinn; -stapeln** ⟨trb. reg. Vb.; hat; vorw. im Perf.⟩ /jmd./ 'die Kenntnisse, Leistungen, bes. der eigenen Person, bewusst so darstellen, dass sie geringer erscheinen als sie in Wirklichkeit sind'; SYN untertreiben; ANT hochstapeln (2): *sei nicht so bescheiden, du hast zu sehr tiefgestapelt!* ❖ ↗ **Stapel**

Tiegel ['ti:gl], **der**; ~s, ~ vorw. landsch. 'Pfanne od. flacher Topf mit Stiel zum Braten von Speisen'; ↗ FELD V.5.1: *Butter im* ~ *zerlassen, schmelzen*

Tier [ti:ɐ̯], **das**; ~s/auch ~es, ~e 'Lebewesen, das sich von pflanzlichen od. tierischen Stoffen ernährt, sich selbständig fortbewegt, nach seinem Instinkt handelt, und nicht die Fähigkeit zum logischen Denken od. Sprechen hat'; ↗ FELD II.3.1: *ein männliches, weibliches, zahmes, wildes* ~; *das* ~ *frisst nur Gras, Klee; ein* ~ *zähmen;* ~*e halten, züchten;* ~*e beobachten, füttern; ein* ~ *schlachten; das* ~ *ist verendet, verwest* ❖ **tierisch** – **Beuteltier, Haustier, Huftier, Kriechtier, Maultier, Murmeltier, Muttertier, Nagetier, Säugetier, Wassertier, Wirbeltier, Zugtier** – **Tiergarten, -park, -quälerei, -reich, -schutz**

* umg., oft spött. **ein großes/hohes** ~ 'jmd., der im öffentlichen Leben eine hohe Position einnimmt':

er ist ein großes ~ *in der Regierung, beim Militär; die hohen* ~*e lassen sich alle im Dienstwagen fahren*
Tier|garten ['..], **der** 'zoologischer Garten'; SYN Zoo: *ein moderner* ~*; die Besucher des* ~*s; in den* ~ *gehen;* vgl. *Tierpark* ❖ ↗ **Tier,** ↗ **Garten**
tierisch ['..] **I.** ⟨Adj.; o. Steig.⟩ **1.** ⟨vorw. attr.⟩ **1.1.** 'ein Tier betreffend, für ein Tier charakteristisch'; ↗ FELD II.3.3: ~*es Verhalten erforschen;* ~*e Parasiten, Organismen* **1.2.** 'von Tieren stammend'; SYN animalisch (1): ~*e Fette, Eiweiße* **2.** emot. neg. 'nicht der Vorstellung von dem entsprechend, was einen Menschen ausmacht'; SYN grausam (2), roh (2): *mit* ~*er Rohheit zuschlagen; er stieß* ~*e Schreie aus* **3.** umg. emot. ⟨nicht bei Vb.⟩ 'außerordentlich groß, stark': *es herrschte eine* ~*e Hitze, Kälte;* ~*e Freude, ein* ~*es Vergnügen über etw. empfinden; er hatte einen* ~*en Hunger, Durst* – **II.** ⟨Adv.; vor Adj., Adv.; bei Vb.⟩ umg. emot. 'außerordentlich': *es war* ~ *kalt, heiß; er hat sich* ~ *gefreut, war* ~ *beleidigt; das war ja* ~ *hart!* ❖ ↗ **Tier**
Tier ['..]**-park, der** 'weitläufig (1) angelegter zoologischer Garten, in dem den Tieren möglichst eine ihrer Art entsprechende Umwelt geschaffen wird': *ein moderner* ~*; die Besucher des* ~*s; in den* ~ *gehen;* vgl. *Tiergarten* ❖ ↗ **Tier,** ↗ **Park; -quälerei, die** ⟨o.Pl.⟩ 'das Quälen und Misshandeln von Tieren': ~ *ist strafbar; jmdn. wegen* ~ *bestrafen, verklagen* ❖ ↗ **Tier,** ↗ **Qual; -reich, das** ⟨o.Pl.⟩ 'Gesamtheit aller Tiere der Erde'; SYN Fauna; ↗ FELD II.3.1: *in seinem Buch beschreibt er das exotische* ~ *der Tiefsee, des Urwalds* ❖ ↗ **Tier,** ↗ **Reich** (2); **-schutz, der** 'Gesamtheit aller gesetzlichen Maßnahmen zur Erhaltung frei lebender Tiere und zum Schutz gegen Tierquälerei od. sinnloser Tötung': *Maßnahmen, die dem* ~ *dienen; man muss dem* ~ *mehr Aufmerksamkeit widmen* ❖ ↗ **Tier,** ↗ **schützen**
Tiger ['ti:gɐ], **der**; ~s, ~ 'in Asien heimisches, sehr kräftiges Raubtier, dessen rötlich gelbes Fell schwarze Querstreifen aufweist'; ↗ FELD II.3.1 (↗ TABL Säugetiere): *der indische, sibirische* ~*; der* ~ *brüllt, setzt zum Sprung an*
tilgen ['tɪlgn̩] ⟨reg. Vb.; hat⟩ /jmd./ *etw.* ~ **1.1.** 'durch eine Tätigkeit bewirken, dass etw. nicht mehr vorhanden ist': *die Spur des Verbrechens* ~ (SYN 'beseitigen'); *eine Eintragung im, aus dem Strafregister* ~ (SYN 'löschen') **1.2.** *eine Schuld, einen Kredit* ~ ('zurückzahlen') **1.3.** *etw. aus dem Gedächtnis* ~: *eine Erinnerung aus dem Gedächtnis* ~ ('sich an etw. nicht mehr erinnern wollen') ❖ **vertilgen**
Tinktur [tɪŋk'tuːɐ], **die**; ~, ~en 'dünnflüssige, vorw. aus pflanzlichen Stoffen gewonnene Substanz für medizinische Zwecke': ~*en und Salben; die Wunde mit einer heilenden* ~ *bestreichen*
Tinnef ['tɪnəf], **der/das**; ~s, ⟨o.Pl.⟩ umg. emot. **1.** SYN 'Kram (1) od. Schund': *in diesem Laden gibt es nur* ~*; solchen* ~ *kaufst du?; das ist doch* ~*!* **2.** SYN 'Unsinn (1)': *rede keinen, nicht solchen* ~*!*
Tinte ['tɪntə], **die**; ~, ~n 'Farbstoff enthaltende Flüssigkeit zum Schreiben, Zeichnen': *schwarze, blaue, rote, grüne* ~ *benutzen; er schreibt nur mit* ~*; eine*

Flasche ~ *kaufen; die* ~ ('das mit Tinte Geschriebene') *muss erst trocknen, ist noch nass*
* umg. scherzh. **das ist klar wie dicke** ~ ('das ist völlig klar'); umg. /jmd./ **in der** ~ **sitzen** 'in einer unangenehmen, ausweglos erscheinenden Lage sein': *das hättest du nicht machen dürfen, jetzt sitzt du in der* ~*!* ❖ **Tintenkiller**
Tinten|killer ['..], **der**; ~s, ~ 'Mittel, mit dem das mit Tinte Geschriebene gelöscht werden kann': *ein Wort mit dem* ~ *auslöschen* ❖ ↗ **Tinte**
Tipp [tɪp], **der**; ~s, ~s **1.** umg. 'guter Rat'; SYN Hinweis: *das war ein guter* ~ *(von dir); jmdm. einen schlechten* ~ *geben; er hat viele nützliche* ~*s bekommen* **2.** 'schriftliche Fixierung von Zahlen für Ziehungen im Lotto, Toto, für Pferderennen, die bei richtiger Übereinstimmung einen Gewinn erbringen': *sein richtiger* ~ *brachte ihm 5000 DM ein; wie sieht dein* ~ *aus?; seinen* ~ *abgeben* ❖ ↗ **tippen**
tippeln ['tɪpl̩n] ⟨reg. Vb.; hat⟩ umg., oft scherzh. /jmd./ *irgendwohin* ~ 'irgendwohin (über eine weite Entfernung) zu Fuß gehen': *wir haben die Bahn verpasst, jetzt müssen wir (die ganze Strecke, die fünf Kilometer) bis nach Hause* ~*; durch die Stadt, zum Bahnhof* ~
tippen ['tɪpm̩] ⟨reg. Vb.; hat⟩ **1.** ⟨+ Präp., bes. *an, auf*⟩ /jmd./ *an, auf etw.* ~ 'etw. leicht berühren, bes. mit den Fingerspitzen, der Spitze des Fußes': *grüßend (mit dem Finger) an die Mütze, den Hut* ~*; jmdm. auf die Schulter* ~*; (mit dem Fuß) gegen den Ball* ~*; sich* ⟨Dat.⟩ *(mit dem Finger) an die Stirn* ~*; mit dem Finger an die Stirn* ~ /Geste, die ausdrücken soll, dass man jmdn. für dumm, verrückt hält od. etw. unsinnig findet/ **2.** umg. /jmd./ *etw.* ~ 'etw. auf, mit der Schreibmaschine schreiben': *einen Brief, Aufsatz, Artikel, Text* ~*; hast du noch viel zu* ~*?; er hat den ganzen Abend getippt* **3.** /jmd./ *auf jmdn., etw.* ~ 'in Bezug auf jmdn., etw. eine Voraussage machen, etw. vermuten': *er hat schon lange auf ihn getippt; auf den Falschen* ~*; als ob sie hätte ich nie getippt; der Arzt tippte auf Krebs; irgendwie* ~: *da hast du aber falsch, richtig getippt;* ⟨+ Nebens.⟩ *ich tippe, dass er beim Theater ist* **4.** /jmd./ ⟨+ Adv.best.⟩ 'einen Tipp (2) abgeben, am Lotto, Toto teilnehmen': *sie* ~ *jede Woche im Lotto; er hat richtig getippt* ❖ **abtippen, antippen, Tippfehler, -schein; zu (4): Tipp**
* umg. /jmd./ **an etw. nicht** ~ **können** 'etw. nicht in Frage stellen können': *an die Ergebnisse kann niemand* ~
Tipp ['tɪp..]**-fehler, der** 'Fehler, der beim Maschineschreiben entsteht': *(keine)* ~ *machen; der Text enthält sehr viele* ~ ❖ ↗ **tippen** (2), ↗ **fehlen; -schein, der** 'vorgedrucktes Papier, in das die Tipps (2) eingetragen werden': *den* ~ *ausfüllen, abgeben; er hat vergessen, den* ~ *für das Lotto abzugeben, hat den* ~ *verloren* ❖ ↗ **tippen,** ↗ **Schein**
Tirade [ti'ʀɑːdə], **die**; ~, ~n ⟨oft im Pl.⟩ 'lange nutzlose, sinnlose Äußerungen einer Person'; SYN Geschwätz: *er langweilt sie mit seinen ewigen* ~*n; sich in einer langen* ~ *ergehen*

Tisch [tɪʃ], **der**; ~es, ~e **1.** ˈMöbelstück aus einer waagerechten Platte (1) und mit in der Regel vier Beinen (2), an dem man sitzt, arbeitet, auf das man etw. legen, stellen kannˈ; ↗ FELD V.4.1 (↗ BILD): *ein eckiger, runder, großer ~; am ~ essen, arbeiten; sich an den ~ setzen; am ~ sitzen; etw., das Buch auf den ~ legen, stellen; den ~ zur Seite rücken; den ~ decken; einen ~ für zwei Personen* (ˈTisch, an dem zwei Personen sitzen könnenˈ) *reservieren lassen;* ⟨+ best. Art.⟩ *der ganze ~* (ˈalle am Tisch sitzenden Personenˈ) *lachte* **2.** ⟨o.Art.; o.Pl.; + Präp., bes. *vor, nach*⟩ *vor, nach ~* ˈvor, nach dem Essenˈ: *nach ~ ein wenig schlafen; bei ~* ˈbeim Essenˈ: *bei ~ keine Zeitung lesen; jmdn. zu ~* (ˈzum Essenˈ) *bitten; sich zu ~ setzen* ❖ **Tischler − Nachtisch, Schreibtisch, Stammtisch, tischfertig, Tischrede, Tischtennis**

* **vom grünen ~ aus** ˈohne Kenntnis der wirklichen Verhältnisseˈ /auf Amtspersonen bez./: *etw. vom grünen Tisch aus entscheiden, anordnen;* /jmd., Institution/ **reinen ~ machen** (ˈeine Angelegenheit bereinigen, klärenˈ); **der runde ~** (ˈBeratung politischer Probleme durch gleichberechtigte Vertreter verschiedener Interessengruppen, Parteienˈ); ⟨⟩ umg. /etw./ **unter den ~ fallen** ˈnicht berücksichtigt werdenˈ: *man hat auf der Sitzung nur zwei Punkte behandelt, alles andere ist unter den ~ gefallen;* /jmd., Institution/ **etw. unter den ~ fallen lassen** (ˈetw. bei seinen Überlegungen, Plänen nicht berücksichtigen, beachtenˈ); /jmd./ **auf den ~ hauen** ˈsich in einer bestimmten Angelegenheit energisch zeigen, seinen Protest äußernˈ: *du musst mal kräftig auf den ~ hauen, vielleicht schaffst du es dann;* /jmd./ **jmdn. unter den ~ trinken** (ˈso lange mit jmdm. Alkoholisches trinken, bis er völlig betrunken istˈ); /jmd., Institution/ **jmdn. über den ~ ziehen** ˈjmdn. übervorteilenˈ: *die haben uns über den ~ gezogen, wollten uns über den ~ ziehen*

Tisch

tisch|fertig [ˈ..] ⟨Adj.; o. Steig.; nur attr.⟩ ˈtafelfertigˈ /beschränkt verbindbar/: *~e Gerichte; ~e Speisen sind sehr beliebt* ❖ ↗ **Tisch,** ↗ **fertig**
Tischler [ˈtɪʃlɐ], **der**; ~s, ~ ˈjmd., der Holz für den Hausbau be- od. verarbeitet od. der Möbel herstelltˈ; ↗ FELD I.10: *etw., einen Schrank, ein Regal vom ~ anfertigen lassen* ❖ ↗ **Tisch**
Tisch [ˈtɪʃ..]**-rede, die** ˈ(kurze) meist mit einem Trinkspruch endende Ansprache bei einer offiziellen od. privaten Feierˈ: *der Vater der Braut hielt vor dem*

Essen eine ~ ❖ ↗ Tisch, ↗ reden; **-tennis, das** ˈdem Tennis ähnliches, auf einem rechteckigen Tisch ausgetragenes Ballspiel, bei dem von zwei od. mehr Spielern ein kleiner, leicht federnder Ball aus Kunststoff mit einem Schläger (2) über ein Netz hin und zurück geschlagen wirdˈ; ↗ FELD I.7.4.1: *morgen findet die Meisterschaft im ~ statt; sie spielen zu zweit, zu viert ~* ❖ ↗ Tisch, ↗ Tennis
Titel [ˈtiːtl̩/ˈtɪtl̩], **der**; ~s, ~ **1.1.** ˈdurch Prüfungen erworbene od. verliehene ehrenvolle Bezeichnung, die jmds. Rang (1), Stand (3.1), Amt (1), seine berufliche Stellung kennzeichnet und dem Namen vorangestellt wirdˈ: *einen akademischen ~ haben, führen; jmdm. den ~ Dr. h.c., eines Professors verleihen; er bekam von der Universität Berlin diesen ehrenvollen ~ verliehen; ihm ist der ~ eines Professors zuerkannt worden; jmdn. mit seinem ~ anreden; sich* ⟨Dat.⟩ *einen ~ anmaßen, einen falschen ~ zulegen* **1.2.** ˈbei sportlichen Wettkämpfen errungene Bezeichnung für einen bestimmten Rang (1), für den Sieger in einer Meisterschaft (2.1)ˈ: *die Mannschaft hat ihren ~ erfolgreich verteidigt; den ~ eines Weltmeisters erkämpfen, erobern, erringen; er hatte den ~ des Landesmeisters im Boxen inne; sie holte sich den ~ im Tennis* **2.1.** ˈWort, od. Gruppe von Wörtern, die einem Text, einem Buch od. einem musikalischen Kunstwerk als Hinweis auf das Thema, den Inhalt vorangestellt istˈ: *der ~ eines Romans, Aufsatzes, Liedes; der Film hat einen reißerischen, irreführenden ~; das Buch ist unter einem anderen ~ erschienen als der Film; dieses Werk hat einen nichts sagenden ~; wie lautet der genaue ~ des Aufsatzes?* **2.2.** ˈunter einem bestimmten Titel (2.1) veröffentlichtes Buch, veröffentlichte Schallplatte o.Ä.ˈ: *dieser ~* (ˈdieses Buchˈ) *ist vergriffen; der letzte ~* (ˈSchlagerˈ) *des Sängers war ein großer Erfolg; er hat schon mehr als hundert ~ produziert; haben sie diesen ~ noch im Angebot?* ❖ **Titelkampf**
Titel|kampf [ˈ..], **der** Sport ˈWettkampf um den Titel (1.2)ˈ: *um zur Olympiade fahren zu können, musste er mehrere Titelkämpfe bestehen* ❖ ↗ **Titel,** ↗ **Kampf**
Toast [toːst], **der**; ~s/auch ~es, ~e/auch ~s **1.1.** ⟨o. Art.; o.Pl.⟩ ˈgeröstetes (Weiß)brot in Scheiben (2)ˈ: *zum Frühstück gab es ~; er nahm sich zwei Scheiben ~; der ~ ist zu scharf geröstet* **1.2.** ⟨Pl.: ~s⟩ ˈeinzelne Scheibe geröstetes (Weiß)brot, die belegt, bestrichen wirdˈ: *den ~ mit Butter, Marmelade bestreichen; sie aß einen ~ mit Käse; ~s mit Schinken und Käse belegen* **1.3.** ⟨vorw. o. Art.; o.Pl.⟩ ˈspeziell zum Toasten geeignetes Weißbrotˈ; SYN Toastbrot: *sie kaufte ~; für das Frühstück muss ich noch ~ besorgen* **2.** ⟨Pl.: ~s/~e⟩ ˈbes. bei offiziellen Anlässen meist mit einer Tischrede verbundene kurze Ansprache, die sich an jmdn., auf etw. richtetˈ: *einen ~ auf jmdn., etw. ausbringen; einen ~ auf das junge Paar!; seine Leistungen in einem ~ ehren* ❖ **toasten, Toaster − Toastbrot**
Toast|brot [ˈ..], **das** ˈToast (1.3)ˈ: *für die Party müssen wir noch fünf ~e besorgen, kaufen* ❖ ↗ **Toast,** ↗ **Brot**

toasten ['toːstn̩] toastete, hat getoastet /jmd./ *etw.* ~ 'bes. Scheiben von Weißbrot (in einem Toaster) rösten': *Weißbrot ~; getoastetes Weißbrot; zum Frühstück ~ wir immer; bitte, toaste noch eine Scheibe für mich* ❖ ↗ **Toast**

Toaster ['toːstɐ], **der**; ~s, ~ 'elektrisches Gerät zum Toasten': *Weißbrotscheiben in den ~ stecken; der ~ wirft die gerösteten Scheiben aus* ❖ ↗ **Toast**

Tobak ['toːbak], **der**
* scherzh. **anno ~** 'zu Großmutters Zeiten, einstmals': *das sind ja Methoden von ~; das ist starker ~* ('das ist allerhand, unglaublich, empörend')

toben ['toːbm̩] ⟨reg. Vb.; hat/ist⟩ **1.** ⟨hat⟩ /jmd./ *vor etw.* ⟨Dat.⟩ ~ 'aus einer bestimmten psychischen Haltung heraus emotional sehr bewegt sein und sich unbeherrscht, wie wahnsinnig gebärden'; SYN rasen (2); ↗ FELD I.6.2: *er tobte (die ganze Nacht) vor Zorn; bei dieser Nachricht schrie und tobte er; vor Schmerz und Empörung ~* **2.** ⟨hat; vorw. mit Adv.best.⟩ /mehrere (jmd.)/ 'vor Begeisterung, Freude, Entzücken schreien und ausgelassen sein': *das Publikum tobte vor Begeisterung; die Fans tobten während seines Konzerts, bei seinen Liedern; die Zuschauer jubelten und tobten vor Begeisterung, wegen des Sieges ihrer Mannschaft* **3.1.** ⟨hat⟩ /jmd., bes. Kinder/ *irgendwo* ~ 'beim Spielen wild und ausgelassen sein, mit lautem Geschrei irgendwo hin und her rennen': *die Kinder haben (den ganzen Tag) im Garten getobt; sie tobten in ihrem Zimmer* **3.2.** ⟨ist⟩ /jmd., bes. Kinder/ *irgendwohin* ~ 'sich lärmend und rennend irgendwohin bewegen': *die Kinder tobten durch die Straßen; die Schüler sind mit lautem Geschrei durch die Gänge der Schule getobt* **4.** ⟨hat; vorw. mit Adv.best.⟩ /etw., bes. Naturgewalt/ 'in wilder Bewegung sein und eine zerstörerische Wirkung haben': *über dem Meer tobt (seit mehreren Tagen) ein Sturm; der Orkan tobt ohne Unterbrechung; der Krieg, die Schlacht tobt seit Wochen; seit Tagen ~ Brände und vernichten weite Gebiete, den Wald* ❖ **austoben, Tobsucht, tobsüchtig**

Tob/tob ['toːp..]|-**sucht, die** ⟨o.Pl.⟩ 'sich hemmungslos, ziellos gegen alles und jeden richtende Wut'; ↗ FELD I.6.1: *in einem Anfall von (rasender) ~ zerschlug er das Geschirr* ❖ ↗ toben, ↗ Sucht; **-süchtig** ⟨Adj.; o. Steig.⟩ 'an Tobsucht leidend'/auf Personen bez./: *er schimpfte wie ~; ein ~er Patient; er wurde ~, als ...* ❖ ↗ toben, ↗ Sucht

Tochter ['tɔxtɐ], **die**; ~, Töchter ['tœçtɐ] **1.1.** ⟨oft mit Poss.pron.⟩ 'weibliche Person in ihrer Beziehung zu den Eltern; unmittelbarer weiblicher Nachkomme': *unsere ~ studiert schon; ist das deine, eure ~?; ihr habt aber eine hübsche ~; sie haben drei Töchter und einen Sohn; meine älteste ~ ist verheiratet; sie ist ganz die ~ ihres Vaters* ('sie ist, sieht ihm sehr ähnlich'); veraltend *ich habe mich gestern mit Ihrem Fräulein ~ unterhalten* **1.2.** ⟨vorw. mit best. Adj., mit Gen.attr.⟩ *sie ist die berühmteste ~* ('Bürgerin') *unserer Stadt; wir ehren unsere tapferen Söhne und Töchter* ('Angehörigen'), *die für uns*

kämpften; vgl. *Sohn* ❖ **Enkeltochter, Schwiegertochter**

Tod [toːt], **der**; ~s/auch ~es, ⟨o.Pl.⟩ **1.** 'das Ende eines Lebens bei einem Lebewesen, bes. bei einem Menschen': *jmd. hatte einen ruhigen, schmerzlosen, schönen ~; ein unerwarteter, langsamer, qualvoller ~; sein früher ~ traf die Familie schwer; dem ~e nahe sein; den ~ kommen, nahen fühlen; dem ~ entkommen, entfliehen; der ~ ist aufgrund von Altersschwäche, durch Erfrieren, Ertrinken eingetreten; er starb eines natürlichen ~es; den ~ fürchten, scheuen; der Arzt stellte fest, dass der ~ zwischen sechzehn und achtzehn Uhr eingetreten war; der Mörder wurde zum ~e verurteilt; diese Tat wurde früher mit dem ~e bestraft; über jmds. ~ nicht hinwegkommen können; jmds. ~ beklagen; einer Person, einer Überzeugung bis zum ~ treu bleiben; jmdn., ein Tier zu ~e prügeln, hetzen* ('so lange prügeln, hetzen, bis er, es stirbt') **2.** 'das Ende, Scheitern bes. eines Unternehmens, eines Projekts': *die neuen Bedingungen sind der ~ dieses Planes; zu wenig Geld wäre der ~ für dieses Vorhaben; die hohen steuerlichen Belastungen, ein schlechtes Management sind der ~ der Firma; die Entlassung dieses Wissenschaftlers wäre der ~ des Projekts* **3.** 'symbolische Gestalt, die (1) darstellen soll': *auf diesem Bild wird der ~ als Mann mit der Sense dargestellt; der ~ hielt reiche Ernte* ('es gab viele Tote'); *der ~ hat ihn geholt* ('er ist gestorben') ❖ **tödlich, tot, Tote, töten – scheintot, todfeind, Todfeind, todkrank, todsicher, Totenkopf, totenstill, Totenstille, totkriegen, totlachen, Totschlag, totschweigen;** vgl. **todes/Todes-**
* /jmd./ **mit dem ~/~e kämpfen, ringen** 'lebensgefährlich krank od. verletzt sein': *seit zwei Wochen ringt er mit dem ~;* emot. /jmd./ **zu ~e** ('zutiefst, sehr') **erschrocken/betrübt sein:** *er war zu ~e erschrocken, als plötzlich jmd. im Zimmer stand;* **aussehen wie der (leibhaftige) ~** ('sehr blass, bleich sein'); ⟨⟩ geh. /jmd./ **dem ~e geweiht/des ~es sein** ('bald sterben müssen'); **etw. ist der ~** ⟨+ Gen.attr.⟩ 'etw. richtet etw. zugrunde': *Langeweile ist der ~ jeder Unterhaltung;* /jmd./ **bei etw. zu ~e kommen/bei etw. den ~ finden** ('tödlich verunglücken, sein Leben verlieren'); emot. /jmd./ **tausend ~e sterben** ('vor etw. entsetzliche Angst haben'); ⟨⟩ umg. emot. /jmd./ **jmdn., etw. auf/für den ~** ('absolut nicht') **ausstehen/leiden können;** scherzh. **dem ~ von der Schippe springen** ('einer tödlichen Gefahr im letzten Moment entkommen, eine lebensbedrohliche Krankheit überstehen')

Todes/todes ['toːdəs..]|-**angst, die** emot. 'sehr große Angst'; ↗ FELD I.6.1: *seit Wochen hatte er eine ~, dass er die Krankheit nicht besiegen würde; in seiner ~ rief er um Hilfe* ❖ ↗ **Angst; -fall, der** 'Tod (1) einer Person'; ↗ FELD XI.1: *das Geschäft ist wegen ~ geschlossen; in der Familie gibt es einen ~* ❖ ↗ **Fall; -folge, die** ⟨vorw. Sg.⟩: *ein Unfall mit ~* ('ein Unfall, bei dem der Verunglückte stirbt'; ↗

FELD XI.1) ❖ ↗ folgen; **-mut, der** ʼsehr großer Mut in einer gefährlichen Situation, wobei man auch den Einsatz seines Lebens nicht scheutʼ: *mit ~ sprang er in das eiskalte Wasser, um den Mann vor dem Ertrinken zu retten; sein ~ rettete ihr das Leben* ❖ ↗ Mut; **-mutig** ⟨Adj.; o. Steig.; vorw. bei Vb.⟩ ʼmit Todesmutʼ /auf Personen bez./: *~ sprang er ins eiskalte Wasser, um den Mann vor dem Ertrinken zu retten; ~ riss er das Kind von der Fahrbahn* ❖ ↗ Mut; **-opfer, das** ʼjmd., der bei einem Unglück, einer (Natur)katastrophe, einer Epidemie umgekommen istʼ; ↗ FELD XI.1: *bei dem Busunglück gab es 20 ~; die Zahl der ~ hat sich seit gestern um zwei erhöht* ❖ ↗ Opfer; **-urteil, das** ʼgerichtliches Urteil, das die Hinrichtung des Verurteilten vorsiehtʼ; ↗ FELD XI.1: *das ~ fällen, vollstrecken* ❖ ↗ Urteil; **-verachtung, die** ʼbewusst furchtlose Haltung in einer gefährlichen Situationʼ; ↗ FELD I.6.1: *~ zeigen* ❖ [1] ↗ Acht * umg. /jmd./ **mit ~** ʼtrotz eines Gefühls von Ekel, Abscheu, aber ohne sich dabei etw. anmerken zu lassenʼ: *mit ~ aßen sie das angebrannte Essen*

tod/Tod [ˈtoːt..]**-feind** [ˈf..] ⟨Adj.; o. Steig.; nur präd. (mit *sein, bleiben*)⟩ emot. /zwei od. mehrere (jmd.)/ *einander, sich* ⟨Dat.; rez.⟩ *~ sein* ʼeinander in höchstem Grade feindlich gesinnt seinʼ: *sie waren sich, einander ~* ❖ ↗ Tod, ↗ Feind; **-feind, der** ⟨vorw. mit Possessivpron.⟩ ʼjmd., der jmdm. ein unversönlicher Feind istʼ: *er war sein, mein, ich war sein ~* ❖ ↗ Tod, ↗ Feind; **-krank** ⟨Adj.; o. Steig.; nicht bei Vb.⟩ ʼso schwer krank, dass mit dem baldigen Tod von ihm gerechnet werden mussʼ /auf Personen bez./: *wir haben erfahren, dass er ein ~er Mann ist; er war ~* ❖ ↗ Tod, ↗ krank

tödlich [ˈtøːt..] I. ⟨Adj.; o. Steig.⟩ **1.** ʼden Tod zur Folge habendʼ /auf Vorgänge, Stoffe bez./: *er wurde ~ verwundet; bei dem Unfall wurde er ~ verletzt; der ~e Verlauf einer Krankheit; ein Unfall mit ~ Folge; ein ~es Gift; die Krankheit verläuft auf jeden Fall ~; das Gift ist, wirkt absolut ~* **2.** ⟨nur attr.⟩ emot. ʼsehr groß, sehr intensivʼ /vorw. auf Psychisches bez./: *er behandelt alles mit ~em Ernst; er war in ~er Verlegenheit; sie hat einen ~en Hass auf ihn; emot. mit ~er (ʼabsoluterʼ) Sicherheit findet er immer eine akzeptable Lösung* − **II.** ⟨Adv.; vor Part. II; bei Vb.⟩ emot. ʼüberausʼ: *er war ~ beleidigt, gekränkt; jmdn. ~* (SYN ʼzutiefstʼ) *beleidigen, kränken; sie haben sich ~ gelangweilt; er hat sich ~ erschreckt* ❖ ↗ Tod

tod|sicher [ˈtoːt..] I. ⟨Adj.; o. Steig.; nicht bei Vb.⟩ umg. emot. ʼvöllig sicherʼ /beschränkt verbindbar/: *eine ~e Methode; der Plan war ~, es konnte nichts schief gehen; er hatte einen ~en Tipp für sie* − **II.** ⟨Satzadv.⟩ /drückt die Einstellung des Sprechers zum genannten Sachverhalt aus/; SYN bestimmt: *er kommt ~ erst morgen* (ʼich bin mir völlig sicher, dass er erst morgen kommtʼ) ❖ ↗ Tod, ↗ sicher

Toilette [tɔaˈlɛtə]**, die**, ~, ~n **1.1.** ʼauf eine bestimmte Art geformtes Becken (1), in das man seine Not-

durft verrichten kannʼ; SYN Klo (1.1): *eine ~ mit Wasserspülung; die ~ säubern; wirf nichts in die ~!; die ~ ist verstopft* **1.2.** ʼRaum, der mit einer od. mehreren Toiletten (1.1) und einem Waschbecken zum Waschen der Hände ausgestattet istʼ; SYN Klo (1.2); ↗ FELD V.2.1: *eine gekachelte, geflieste ~; der Junge muss unbedingt auf die ~; eine öffentliche ~ suchen; weißt du, wo hier eine ~ ist?* ❖ **Damentoilette, Herrentoilette, Toilettenpapier**

Toiletten|papier [tɔaˈlɛtn̩..]**, das** ⟨o.Pl.⟩ ʼmeist auf eine Rolle aufgewickeltes Papier zum Säubern des Afters nach dem Stuhlgangʼ: *festes, weiches, hartes ~; das ~ ist schon wieder alle!; ~ kaufen* ❖ ↗ **Toilette**, ↗ **Papier**

tolerant [toleˈʀant] ⟨Adj.; Steig. reg.⟩ ʼbes. in religiösen, politischen Fragen bereit, neben der eigenen Meinung, Überzeugung auch die anderer gelten zu lassenʼ; ANT intolerant; ↗ FELD I.2.3: *gegen jmdn., etw. ~ sein: gegen Andersdenkende, gegen das Verhalten Jugendlicher ~ sein; in dieser Sache hat er sich sehr ~ verhalten; sie hat zu dieser Frage eine sehr ~e Einstellung, Haltung; er sollte ihr gegenüber doch etwas ~er sein; vgl. großzügig (2)* ❖ ↗ **Toleranz**

Toleranz [toleˈʀants]**, die**; ~, ~en **1.** ⟨o.Pl.⟩ ʼdas Tolerantseinʼ; ↗ FELD I.2.1: *gegenüber jmdm., etw.* ⟨Dat.⟩ *~ üben; gegen jmdn., etw. ~* (ANT Intoleranz) *zeigen; gegen diese Einstellung hilft nur ~; gegen jmdn., jmdm. gegenüber ~ üben* (ʼjmdm. gegenüber tolerant seinʼ); *mit ein wenig ~ ist uns allen geholfen; bei dieser lauten Musik muss man viel ~ aufbringen* **2.** Techn. ʼzulässige Abweichung von einem verbindlichen Maß für Werkstückeʼ: *eine ~ von einem Millimeter ist normal; die Turbine hat eine ~ von … Millimetern; die unterschiedlichen ~en bei Rohren* ❖ **tolerant, tolerieren**

tolerieren [toleˈʀiːʀən], tolerierte, hat toleriert /jmd., Institution/ *jmdn., etw. ~* ʼsich jmdm., einer Sache gegenüber tolerant verhaltenʼ; SYN dulden: *der Chef tolerierte unsere Ansichten; der Staat kann die Aktivitäten dieser Partei nicht ~; sie toleriert seine laute Musik; kannst du diesen Freund tolerieren?* ❖ ↗ **Toleranz**

toll [tɔl] ⟨Adj.; Steig. reg.⟩ **1.** umg. emot. **1.1.** SYN ʼgroßartigʼ /vorw. auf Personen bez./: *der Sänger war heute wieder ~; er findet sie nach den vielen Jahren immer noch ~; er ist ein ~er Typ; sie ist eine ~e Frau; ein ~es Auto; seine Idee war einfach ~; sie sieht ~ aus; sie kann ~ schwimmen, kochen; das ist ja ~!* /Ausruf der Bewunderung, Freude über jmdn., etw./; *ihr Lehrer ist einfach ~!; diese Idee ist ja ~!* **1.2.** ⟨nicht bei Vb.⟩ ʼaußergewöhnlich gut, günstigʼ /auf Abstraktes bez./: *das war ein ~er Zufall; das Tollste an der Sache war, dass …; der Laden hatte ~e Angebote; das Angebot war ~* **2.** ⟨nur attr.⟩ emot. ʼsehr groß (7.1)ʼ: *nach der langen Fahrt haben sie einen ~en Hunger; die Schüler machten einen ~en Lärm* **3.** ⟨nicht bei Vb.⟩ umg. ʼübermütig und ausgelassenʼ /auf Psychisches bez./: *es*

herrschte eine ~e Stimmung; er hatte eine ~e Laune
4. ⟨nicht präd.⟩ *zu ~* 'zu weit gehend, über das normale Maß hinausgehend': *die Kinder treiben es zu ~; er erlaubt sich zu ~e Scherze* – **II.** ⟨Adv.; vor Part. II u. bei Vb.⟩ umg. emot. 'sehr': *es regnet, schneit ~; sie hat sich über die Blumen ~ gefreut; ~ verliebt sein; er ist ~ betrunken, verdreckt* ❖ **tollen – mannstoll, tollkühn, Tollwut, tollwütig**
tollen ['tɔlən] ⟨reg. Vb.; hat/ist⟩ **1.** ⟨hat⟩ /jmd., bes. Kinder, Hunde, Katzen/ *irgendwo ~* 'beim Spielen laut und ausgelassen sein, irgendwo hin und her rennen': *die Kinder tollten im Garten, im Haus* **2.** ⟨ist⟩ /jmd., bes. Kinder/ *irgendwohin ~* 'sich lärmend und rennend irgendwohin bewegen': *die Jungen, jungen Hunde sind wild durch das Haus, über die Wiese getollt* ❖ ↗ **toll**
toll/Toll ['tɔl..]|**-kühn** ⟨Adj.; Steig. reg., ungebr.⟩ emot. 'auf leichtsinnige Weise sehr kühn (1), kein Risiko scheuend'; SYN waghalsig; ↗ FELD I.6.3: *er war ein ~er Reiter; ein ~er Ritt, Sprung, Angriff; ~ überholte er den Lastwagen in der engen Kurve; diese Gedanken waren mehr als ~* ❖ ↗ **toll**, ↗ **kühn**; **-patsch** ['patʃ], **der**; *~es, ~e* 'unbeholfener (2) Mensch, der bei seinem Tun keine Geschicklichkeit zeigt': *manchmal ist er ein richtiger ~, nichts gelingt ihm; pass auf, du ~, du reißt die Vase um!*; **-wut, die** 'durch den Speichel von erkrankten Tieren auch auf den Menschen übertragbare Infektionskrankheit, die sich durch Aggressivität, Beißen äußert und meist tödlich verläuft': *er wurde gegen ~ geimpft; ein Mittel gegen ~ (spritzen); die Katze, der Fuchs hat die ~* ❖ ↗ **toll**, ↗ **Wut**; **-wütig** [vytɪç] ⟨Adj.; nicht bei Vb.⟩ 'an Tollwut erkrankt' /auf best. Tiere bez./: *er wurde von einem ~en Hund, Fuchs gebissen; das Tier ist ~* ❖ ↗ **toll**, ↗ **Wut**
Tolpatsch ↗ *Tollpatsch*
Tölpel ['tœlpl], **der**; *~s, ~* emot. neg. 'einfältiger Mensch, der in seinem Tun keine Geschicklichkeit zeigt': *pass doch auf, du ~!; der ~ hat die Vase umgeschmissen; so ein !* ❖ **übertölpeln**
Tomate [to'maːtə], **die**; *~, ~n* **1.** 'Gemüsepflanze mit gelb blühendem Kraut und roten, fleischigen Früchten'; ↗ FELD II.4.1 (↗ TABL Gemüsearten): *~n pflanzen, anbinden, gießen; ~n züchten; auf dieser Fläche werden ~n angebaut* **2.** 'Frucht von Tomate (1)'; ↗ FELD I.8.1: *kleine, große, fleischige ~n; sie essen gern ~n; reife, gefüllte, gedünstete ~n; ein Salat mit frischen ~n; jmdn. mit faulen ~n bewerfen*; umg. scherz. *bei dieser Bemerkung wurde sie rot wie eine ~* ('errötete sie heftig')
* umg. scherz. *eine treulose ~* 'jmd., der einen anderen im Stich lässt, gelassen hat': *sie hat mich schon wieder versetzt, diese treulose ~!*; ⟨⟩ umg. emot. neg. /jmd./ *~n auf den Augen haben* ⟨vorw. im Fragesatz⟩ 'etw., jmdn. entgegen allen Erwartungen nicht bemerken, nicht sehen': *das Buch liegt genau vor dir, hast du ~n auf den Augen?; du hast wohl ~n auf den Augen, er war doch nun wirklich nicht zu übersehen!*

Tombola ['tɔmbolɑ]**, die**; *~, ~s/auch* Tombolen 'Verlosung von (gestifteten) Gegenständen': *eine ~ zugunsten behinderter Kinder veranstalten; er hat das bei der einer gewonnen*
Ton [toːn]**, der**; *~es/auch ~s,* Töne ['tøːnə]/*~e* **1.** ⟨Pl.: Töne⟩ **1.1.** 'mit dem Gehör wahrnehmbare Einheit von Schwingungen der Luft'; ↗ FELD VI.1.1: *ein leiser, lauter, schriller, lieblicher ~; er entlockt seinem Instrument die herrlichsten Töne; ein ~ erklingt; einen ~ hören; eine Flut von Tönen drang aus dem Zimmer* **1.2.** ⟨o.Pl.⟩ 'Klang (2) eines Musikinstruments, einer Stimme': *das Instrument hat einen blechernen ~; der schöne volle ~ der Geige; der klare, angenehme, weiche ~ ihrer Stimme; seine Stimme hat einen rauen ~* **1.3.** 'in einem musikalischen System genau festgelegter Ton (1.1), der durch einen Buchstaben bezeichnet wird': *ein ganzer, halber ~; einen halben ~ höher singen; auf dem Klavier den ~ C anschlagen; er gab dem Sänger den ~* ('die Höhe des Tones 1.1') *an* **1.4.** ⟨oft verneint⟩ 'Laut (1)': *vor Aufregung brachte sie keinen ~ heraus* ('konnte sie nicht sprechen, singen'); *das Tier stieß klagende Töne aus; in dieser Angelegenheit sage ich keinen ~ mehr* ('schweige ich'); /Aufforderung, bes. an Kinder/: *ich möchte keinen ~* ('keine Widerrede') *mehr hören!; er hätte doch nur einen ~* ('ein Wort') *zu sagen brauchen, ich hätte ihm sofort geholfen* **1.5.** ⟨o.Pl.⟩ 'die Musik, Geräusche, Sprache einer Sendung im Radio, Fernsehen, in einem Film': *den ~ des Fernsehers leiser stellen; plötzlich waren mitten im Film Bild und ~ weg, fielen Bild und Ton aus; den ~ des Radios lauter drehen* **2.** ⟨o.Pl.⟩ 'das Betonen (1)': *die erste Silbe des Wortes trägt den ~; der ~ liegt auf dem ‚e'; den ~ auf etw. legen* ('etw. betonen, hervorheben') **3.** ⟨o.Pl.; + best. Adj.⟩ 'Art und Weise, in der jmd. mit jmdm., mit anderen Menschen spricht, umgeht': *jmdm. etw. in einem freundlichen, angemessenen, ruhigen ~ sagen; er schlug einen scharfen ~ an; nicht den richtigen ~ finden; der ~ dieses Schreibens ist sehr unfreundlich; hier herrscht ein kameradschaftlicher, rauer, herzlicher ~; er hat sich im ~ vergriffen* ('hat falsche, unpassende Worte gebraucht'); /in den kommunikativen Wendungen/ *diesen ~ verbitte ich mir* ('es ist unerhört, wie Sie mit mir reden')! /Ausruf der Empörung/; *was ist denn das für ein ~ (hier)* ('warum diese unpassende Form in der Rede miteinander')? /sagt jmd., wenn er über die Art des Umgangs miteinander verärgert ist und dagegen protestiert/ **4.** ⟨Pl.: Töne; + best. Adj.⟩ SYN 'Farbton': *warme, dunkle Töne; ein Kleid in einem pastellfarbenen ~; der düstere ~ des Gemäldes stimmte sie traurig; die Bluse ist ~ in ~* ('die Farben sind aufeinander abgestimmt') *gehalten* **5.** ⟨Pl.: Tone⟩ 'schwere Erde, die im feuchten Zustand weich und formbar ist, und aus der sich unter Einwirkung von großer Hitze Keramik (1) herstellen lässt'; ↗ FELD II.5.1: *~ formen; etw. in ~ modellieren; der ~ wird gebrannt; hübsche Vasen aus ~ herstellen* ❖ **tönen, betonen, betont, ertönen, vertonen – Brust-**

ton, eintönig, Farbton, Flötentöne, Tonband, -bandgerät, -leiter, tonlos, Unterton
* /jmd./ **den ~ angeben** ʼin einem bestimmten Kreis maßgebend seinʼ: *bei uns zu Hause gibt der Vater den ~ an;* **der gute ~** (ʼRegeln des Umgangs der Menschen miteinander, des Benehmensʼ); /jmd./ **jmdn., etw. in den höchsten Tönen loben** ʼjmdn., etw. überschwenglich lobenʼ /der Sprecher äußert damit seinen Zweifel darüber, ob das Lob berechtigt ist/: *er lobte seine Frau, den Wein in den höchsten Tönen;* ⟨⟩ umg. /jmd./ **keinen ~ von sich geben** (ʼkein Wort sagen, keinen Laut hervorbringenʼ); /jmd./ **große Töne schwingen/spucken** (ʼsich aufspielen, sehr angebenʼ)

ton/Ton [ˈ..]|**-angebend** ⟨Adj.; o. Steig.; nicht bei Vb.; vorw. präd. (mit *sein*)⟩ /jmd./ **~ *sein*** ʼin einem bestimmten Kreis maßgebend seinʼ: *die Mutter, er ist bei uns zu Hause ~; in seinem Fach ist er ~; einige ~e Leute kennen* ❖ ↗ Ton, ↗ geben; **-band, das** ⟨Pl.: ~bänder⟩ ʼauf eine Spule (2) aufgewickeltes langes schmales ¹Band (1) aus Kunststoff, auf dem sich Musik, Sprache od. Geräusche elektromagnetisch speichern lassenʼ; SYN ¹Band (4): *ein ~ abspielen, besprechen; etw., Musik vom ~ abspielen; etw. auf ~ aufnehmen, auf ~ sprechen* ❖ ↗ Ton, ↗ binden; **-bandgerät, das** ʼGerät für Aufnahmen auf Tonband und Abspielen von Tonbändernʼ: *das ~ einschalten, ausschalten, stoppen; ein tragbares ~* ❖ ↗ Ton, ↗ binden, ↗ Gerät

tönen [ˈtøːnən] ⟨reg. Vb.; hat⟩ **1.** /etw./ *irgendwie* **~** ʼals Ton (1.1), Töne hörbar seinʼ; SYN klingen (1.1); ↗ FELD VI.1.2: *etw. tönt laut, hell, schrill, dumpf; die Glocke tönt (durch den ganzen Ort); von irgendwoher ~: aus dem Lautsprecher tönt laute Musik; aus dem Zimmer tönt lauter Gesang; er hat eine weithin ~de Stimme* **2.** umg. emot. /jmd./ *von etw.* ⟨Dat.⟩, *über etw.* **~** ʼin prahlerischer, angeberischer Weise von, über etw. sprechenʼ: *er tönt schon wieder von seinen Plänen; wenn man ihn trifft, tönt er immer von seinen Erfolgen* **3.** /jmd./ *etw., bes. Haare, irgendwie* **~** ʼmit Hilfe einer leichten Färbung den eigentlichen Farbton von, um eine Nuance verändernʼ: *sie hat ihre Haare (leicht) getönt; das Haar blond ~ lassen; die Decke des Zimmers ist (leicht) gelb getönt* ❖ ↗ Ton

Ton/ton [ˈtoːn..]|**-leiter, die** Mus. ʼFolge der Töne einer Tonart vom Grundton bis zur Oktaveʼ: *eine ~ auf dem Klavier spielen; die ~ auf der Klarinette üben* ❖ ↗ Ton, ↗ ²Leiter; **-los** ⟨Adj.; o. Steig.⟩ ʼohne Klang od. Betonungʼ; ↗ FELD VI.1.3: *etw. mit ~er Stimme sagen; etw. ~ antworten; er sagte dies ~* ❖ ↗ Ton, ↗ los

Tonne [ˈtɔnə] **, die;** ~, ~n **1.** ⟨mit Mengenangabe: Tonnen⟩ ABK t; /Maßeinheit der Masse/ ʼ1000 kgʼ: *ein Waggon von zehn ~n Gewicht; die Maschine wiegt eine ~, mehrere ~n; eine ~ Getreide kostet … DM; fünf ~n Getreide kosten … DM; 1000 ~n Getreide bestellen, kaufen* **2.** ʼgroßer zylindrischer Behälter, vorw. aus Metall, bes. zur Aufnahme von Flüssigkeiten und chemischen Erzeugnissenʼ; ↗

FELD V.7.1: *die ~ ist voller (Regen)wasser; auf dem Hof stehen mit Benzin gefüllte ~n;* METAPH umg. *er ist dick wie eine ~* (ʼsehr dickʼ) **3.** ⟨+ Attr.⟩ ʼMenge von etw., die den Inhalt von Tonne (2) bildetʼ: *zwei ~n Benzin, Teer;* vgl. Fass ❖ **Mülltonne**

Topas [toˈpaːs] **, der;** ~es, ~e [..ˈpaːzə] ʼEdelstein von meist gelber Farbeʼ: *sie trug einen Ring mit einem herrlichen ~*

Topf [tɔpf] **, der;** ~s/auch ~es, Töpfe [ˈtœpfə] **1.** ʼbes. zum Kochen von Nahrungsmitteln dienendes, mit einem od. zwei Henkeln versehenes rundes, relativ tiefes Gefäß (mit Deckel)ʼ; ↗ FELD V.5.1, 7.1 (↗ TABL Geschirr): *ein emaillierter, leerer, voller ~; der ~ steht auf dem Herd; den ~ vom Herd nehmen; die Töpfe müssen noch abgewaschen, ausgespült werden; Wasser in den ~ gießen; den ~ leeren* **2.1.** ʼmeist aus Keramik od. Porzellan bestehendes (kleines) Gefäß (ohne Deckel), in dem man Nahrungsmittel aufbewahrtʼ: *ein ~ mit Schmalz, Gurken; ein ~ Marmelade kaufen; der ~ ist mir zerbrochen* **2.2.** ⟨+ Attr.⟩ ʼMenge von etw., die den Inhalt von Topf (1,2.1) bildetʼ: *ein ~ Kartoffeln;* /zu 2.1/: *ich muss noch einen ~ Honig kaufen; Herr Ober, einen ~ Suppe, bitte!; einen ~ Milch trinken* **3.** SYN ʼBlumentopfʼ: *die Pflanze muss in einen größeren ~ gesetzt werden; sie hat zum Geburtstag mehrere schöne Töpfe bekommen* ❖ **Eintopf, Kochtopf**
* /jmd., Institution/ emot. neg. **alles in einen ~ werfen** ʼalles gleich beurteilen, ohne Unterschiede zu machenʼ: *wenn du so argumentierst, wirfst du alles in einen ~*

¹Tor [toːɐ] **, das;** ~s/auch ~es, ~e **1.1.** ʼgroße (verschließbare) Öffnung in einem Gebäude, einem Zaun, einer Mauer, durch die man gehen od. fahren kannʼ; ↗ FELD V.3.1: *die ~e der Stadtmauer, des Schlosses; die ~e einer Burg; jeden Tag fahren sie durch dieses ~; zum ~ hinausgehen;* ⟨mit Eigen-, Ortsnamen⟩ *das Brandenburger ~; vor den ~en* ʼdicht vor, außerhalb der Stadtʼ: *vor den ~en (der Stadt) entsteht ein neues, großes Einkaufszentrum; jedes Jahr findet vor den ~en ein großes Fest statt;* vgl. Tür, Pforte, Portal **1.2.** ʼmeist aus zwei Flügeln (3.1) bestehende große Tür, mit der man ein ¹Tor (1.1.) verschließen kannʼ: *ein ~ aus Eichenholz; ein schmiedeeisernes ~; das ~ öffnen, schließen, verriegeln; er klopfte an das ~; um auf das Grundstück zu gelangen, muss man durch ein großes ~* **2.1.** ʼbes. dem Fuß-, Handball dienende Vorrichtung, die aus (Holz)pfosten und einem zwischen ihnen gespanntem Netz besteht, in das man mit einem Ball treffen sollʼ; ↗ FELD I.7.4.1: *er traf leider nur den Pfosten und nicht das ~; er hat am ~ vorbeigeschossen; auf, in das ~ schießen* **2.2.** ʼder Treffer, wenn man den Ball ins ¹Tor (2.1.) geschossen hatʼ: *ein ~ schießen, erzielen; ein ~ ist gefallen; der Spieler konnte das ~ gerade noch verhindern; unsere Mannschaft hat zwei ~e geschossen; er hat schon das dritte ~ in diesem Spiel geschossen; ~! /Ausruf der Zuschauer,*

wenn ein Ball ins ¹Tor 2.1. geschossen worden ist/
❖ **Torschlusspanik**

²Tor, der; ~en, ~en veraltend ˈeinfältiger, törichter
und weltfremder Menschˈ; SYN Narr; ↗ FELD
I.5.1: *ein armer, dummer ~; und das glaubst du, du
~?* ❖ **Torheit, töricht**

Torf [tɔrf], **der**; ~s/auch ~es, ⟨o.Pl.⟩ **1.** ˈdurch Zer-
setzung von Pflanzenteilen entstandene leichte
Erde mit dunkelbrauner bis schwarzer Färbung,
die getrocknet auch als Brennstoff verwendet
wirdˈ; ↗ FELD II.1.1: *~ ↗ stechen, mit dem Spa-
ten, Bagger ausheben; ~ pressen, schichten, trock-
nen; Sand mit ~ mischen* **2.** ˈaus Torf (1) gewonne-
ner Brennstoff zum Heizenˈ; ↗ FELD II.5.1: *mit
~ heizen; der ~ brennt langsam*

Torheit [ˈ..], **die**; ~, ~en geh. **1.** ⟨o.Pl.⟩ ˈjmds. von
Unvernunft und Dummheit zeugende Eigenartˈ; ↗
FELD I.5.1: *das ist eine unglaubliche ~!; das hat er
aus lauter ~ getan; etw. zeugt von jmds. ~; aus rei-
ner ~ hat er dies getan* **2.** ⟨oft im Pl.⟩ ˈunvernünf-
tige, dumme Handlungˈ: *er hat früher in seiner Ju-
gend auch so manche ~ begangen; was du da vor-
hast, sind alberne, kindische ~en; jmdn. vor einer ~
bewahren* ❖ ↗ **²Tor**

töricht [ˈtøːrɪçt] ⟨Adj.; Steig. reg.⟩ **1.1.** ˈdumm (1.1)
und unvernünftigˈ /vorw. auf Personen bez./; ↗
FELD I.4.1.3, 5.3: *er ist ein ~er Mensch, Junge; sie
stellten ~e Fragen; er ist zu ~, um die Konsequen-
zen vorauszusehen; er stellte sich ~ an* **1.2.** ˈvon
Dummheit und Unvernunft zeugendˈ /vorw. auf
Tätigkeiten bez./: *so ein ~es Geschwätz!; seine ~e
Haltung konnten wir nicht billigen; seine Haltung
war ~; wenn du das tust, handelst du äußerst ~; ~
reden; sie hatte noch immer diese ~e (SYN ˈunsin-
nigeˈ) Hoffnung, dass er gesund werden würde* ❖ ↗
²Tor

torkeln [ˈtɔrkl̩n] ⟨reg. Vb.; ist/hat⟩ umg. **1.1.** ⟨ist/
hat⟩ /jmd./ ˈsich schwankend hin und her bewegen
(und zu fallen drohen)ˈ; SYN taumeln (1.1); ↗
FELD I.7.2.2: *nach vier Bier torkelte er schon; ~d
stand er auf; /auch Tier/ die Katze torkelte vor
Schwäche* **1.2.** ⟨ist⟩ /jmd./ *irgendwohin ~* ˈsich tor-
kelnd (1.1) irgendwohin bewegenˈ; ↗ FELD
I.7.2.2: *betrunken torkelte er durch das Zimmer;
ziellos hin und her ~; er ist über die Straße getor-
kelt;* vgl. *taumeln*

Torpedo [tɔrˈpeːdo], **der**; ~s, ~s ˈzigarrenförmiges
Geschoss, das sich selbständig unter Wasser seinem
Ziel nähert und bes. von U-Booten, Flugzeugen
auf feindliche Schiffe abgeschossen wirdˈ; ↗ FELD
V.6.1: *ein Schiff mit einem ~ versenken; das Schiff,
der Flugzeugträger wurde von einem ~, von mehre-
ren ~s getroffen und sank*

Torschluss|panik [ˈtoːɐ̯ʃlʊs..], **die** ⟨o.Pl.⟩ ˈjmds. Angst,
eine (für das Leben) wichtige Angelegenheit nicht
mehr rechtzeitig erledigen zu könnenˈ /auf Men-
schen bez./: *als sie dreißig Jahre alt wurde, bekam
sie ~ und heiratete; in ~ geraten; bei ihm brach ~
aus* ❖ ↗ **¹Tor**, ↗ **schließen**, ↗ **Panik**

Torso [ˈtɔrzo], **der**; ~s, ~s/auch Torsi [ˈ..zi] **1.** ˈSta-
tue, von der oft nur der Rumpf vollendet wurde od.
erhalten geblieben istˈ (↗ BILD): *der ~ einer antiken
Göttin; bei den Ausgrabungen fand man den ~ einer
Statue des Apoll* **2.** ˈunvollendetes od. nur in Bruch-
stücken vorhandenes, bes. literarisches Werk (4.1)ˈ:
der Roman, das Drama blieb (nur) ein ~

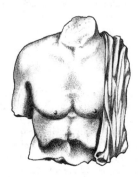

Torte [ˈtɔrtə], **die**; ~, ~n ˈmeist runder Kuchen aus
feinem Teig, der aus mehreren mit Creme od.
Sahne gefüllten Schichten besteht od. mit Obst be-
legt istˈ; ↗ FELD I.8.1: *zum Geburtstag eine ~
backen; beim Bäcker mehrere ~n bestellen; als Ge-
schenk brachte sie eine hübsch verzierte ~ mit; zwei
Stück ~ kaufen, essen*

Tortur [tɔrˈtuːɐ̯], **die**; ~, ~en [..rən] emot. ˈStrapazeˈ:
*während des Berufsverkehrs wird Autofahren zur ~;
dieser lange Marsch wurde für alle zur ~; der Be-
such beim Zahnarzt war für ihn immer eine ~*

tosen [ˈtoːzn̩] ⟨reg. Vb.; hat⟩ /etw., bes. Wind, Was-
ser/ ˈin heftiger Bewegung sein und dabei ein
(gleichförmiges) sehr lautes, brausendes Geräusch
erzeugenˈ; ↗ FELD VI.1.2: *das Meer, die Brandung
tost; draußen toste der Sturm;* ⟨vorw. adj. im Part.
I⟩: *sie standen vor einem ~den Wasserfall; das Pu-
blikum dankte dem Künstler mit ~dem* (ˈlautem und
anhaltendemˈ) *Beifall*

tot [toːt] ⟨Adj.; o. Steig.; ↗ auch *Tote*⟩ **1.1.** ˈZustand,
in dem alle Lebensfunktionen erloschen sindˈ: /auf
Menschen, Tiere bez./; ↗ FELD XI.3: *auf dem Weg
lag ein ~es Tier, eine ~e Katze; ein ~er* (ANT le-
bendiger 1) *Organismus; er lag wie ~ da; er war
schon ~, als sie ihn fanden; ~ umfallen, zusammen-
brechen; die vielen ~en Menschen erschütterten sie
tief; die Verunglückten konnten nur noch ~ gebor-
gen werden; jmdn. ~ in seiner Wohnung auffinden;
seine Eltern sind schon seit fünf Jahren ~; jmdn. für
~ erklären lassen/ /in der kommunikativen Wen-
dung/ wenn du ..., bist ein ~er Mann!* /sagt jmd.,
*wenn er jmdm. drohen will/: wenn du das tust, bist
du (morgen) ein ~er Mann!* **1.2.** ⟨vorw. attr.⟩ ˈohne
Lebenˈ /vorw. auf Pflanzen bez./: *ein ~er Baum,
Ast; ~e Zweige; ~es Gewebe; das Tote Meer* /salz-
reicher See in Israel/ **1.3.** ⟨vorw. attr.⟩ ˈzum unbe-
lebten Teil (der Natur) gehörendˈ /bes. auf spezifi-
sche Materie bez./: *~es Gestein, ~er Fels; ~e* (SYN

'anorganische') *Materie; das* ~*e Inventar eines Bauernhofs* /die Gebäude, Maschinen, Vorräte/ **1.4.** 'ohne Lebendigkeit und Glanz' /auf Sachen bez./: *er blickte mit* ~*en Augen ins Leere; seine Kleidung war von einem* ~*en Grau* **1.5.** 'ohne das geringste Anzeichen von lebenden Menschen, Tieren' /auf Regionen bez./: *eine* ~*e* (SYN 'menschenleere') *Stadt; vom Berg aus wirkte die Gegend wie* ~; *das Meer, der Wald lag (wie)* ~ *vor ihnen* **2.** ⟨nicht bei Vb.⟩ 'ohne jede Wirksamkeit': ~*es* ('nicht anwendbares') *Wissen; eine* ~*e* ('früher existierende') *Sprache;* ~*es* ('keinen Gewinn, Ertrag abwerfendes') *Kapital; das Telefon, die Leitung ist* ~ ('funktioniert nicht'); *eine* ~*e Leitung; diese Strecke, dieses Gleis ist seit Jahren* ~ ('nicht mehr in Betrieb'); *ein* ~*es Gleis; der* ~*e Arm eines Flusses* **3.** ⟨nur attr.⟩ /beschränkt verbindbar/: *etw. liegt im* ~*en Winkel* ('im räumlichen Bereich, der vom menschlichen Auge nicht erfasst werden kann') ❖ ↗ **Tod**
* emot. /jmd./ **mehr** ~ **als lebendig sein** 'völlig erschöpft sein': *nach dieser langen Wanderung waren sie mehr* ~ *als lebendig*

total [to'taːl] **I.** ⟨Adj.; o. Steig.; nicht präd.⟩ SYN 'völlig (I)': *auf den Straßen herrschte das* ~*e Chaos; eine* ~*e Sonnenfinsternis, Mondfinsternis; sie hatte einen* ~*en Misserfolg; sie arbeiteten bis zur* ~*en* (SYN 'absoluten 1') *Erschöpfung;* − **II.** ⟨Adv.; vor Adj., Adv., Part. II; bei Vb.⟩ umg. 'überaus': *er hat* ~ *blöde Fotos gemacht; das Kind ist* ~ *übermüdet; er ist* ~ *verrückt; das sieht* ~ *gut, schön aus; sie macht immer alles* ~ *verkehrt; das habe ich* ~ *vergessen* ❖ **totalitär**

totalitär [totali'tɛːɐ̯..'teː..] ⟨Adj.; o. Steig.⟩ emot. 'das gesamte gesellschaftliche Leben reglementierend und keine Opposition gegen die Regierung duldend' /auf Regierungsformen bez./; ↗ FELD I.14.3: *ein* ~*es Regime; ein* ~*er Staat;* ~ *herrschen, regieren* ❖ ↗ **total**

Tote ['toːtə], **der u. die;** ~n, ~n; ↗ TAFEL II; ↗ auch *tot* 'Mensch, der gestorben ist'; ↗ FELD XI.1: *bei dem Unglück gab es mehrere* ~; *einen* ~n *bestatten; sie begruben ihre* ~n; *der* ~n *gedenken; um die* ~n *trauern; ein* ~r *konnte nicht identifiziert werden* ❖ ↗ **Tod**
* /jmd./ **schlafen wie ein** ~r ('sehr fest schlafen')
töten ['tøːtn̩], tötete, hat getötet **1.1.** /jmd./ *jmdn., ein Tier* ~ 'bewirken, dass jmd., ein Tier sein Leben (1.1) verliert': *jmdn. ohne Skrupel* ~; *er hat seinen Vater, Sohn, Freund getötet; jmdn., ein Tier mit Gift, mit einer Schusswaffe* ~; *die Katze war krank, wir mussten sie* ~ *lassen; jmdn. fahrlässig, vorsätzlich* ~ **1.2.** /Fachmann/ *den Nerv eines Zahnes* ~ ('abtöten') ❖ ↗ **Tod**
Toten/toten ['toːtn̩..]**|-kopf, der 1.** 'Schädel eines Toten'; /auch als Symbol, das vor einer Gefahr warnen soll/: *auf der Flasche mit dem Gift war ein* ~ *abgebildet* ❖ ↗ Tod, ↗ Kopf; **-still** ⟨Adj.; o. Steig.; nur präd.⟩ emot. /etw. (vorw. *es*)/ ~ *sein* 'vollkommen still sein': *das Haus ist, im Haus ist es* ~; *im Wald war es* ~ ❖ ↗ Tod, ↗ still; **-stille, die** emot.

'vollkommene Stille': *im Haus herrschte* ~; *die* ~ *machte ihr Angst; eine* ~ *lag über dem Ort* ❖ ↗ Tod, ↗ still
tot/Tot ['toːt..]**|-kriegen** ⟨Vb.⟩ * umg. scherzh. **jmd. ist nicht totzukriegen** 'jmd. hat so viel Energie, Kraft, dass er nicht so schnell müde wird od. aufgibt': *wir waren von der Reise alle kaputt, nur er, sie war nicht totzukriegen;* **-lachen, sich** ⟨reg. Vb.; hat⟩ umg. /jmd./ *sich über etw., jmdn.* ~ 'über etw., jmdn. sehr lachen': *wir haben uns über seine Späße totgelacht; über seine Ansichten kann man sich* ~; *das ist zum Totlachen* ('ist sehr komisch, lustig') ❖ ↗ Tod, ↗ lachen; **-schlag, der** ⟨o.Pl.⟩ Jur. 'das Töten eines Menschen, das unter bestimmten, die Schuld des Täters mildernden Umständen begangen wird'; ↗ FELD XI.1: *er wurde wegen* ~s *verhaftet, verurteilt* ❖ ↗ Tod, ↗ schlagen; **-schweigen,** schwieg tot, hat totgeschwiegen /jmd., Institution/ *etw., jmdn.* ~ 'über etw., jmdn. mit Schweigen hinweggehen, bis es, er in Vergessenheit geraten ist od. dafür sorgen, dass jmd., etw. in der Öffentlichkeit nicht erwähnt und bekannt wird': *von seinen Gegnern wurde er totgeschwiegen; diese Vorkommnisse hat man totgeschwiegen; durch Totschweigen hoffte man, die Sache aus der Welt zu schaffen* ❖ ↗ Tod, ↗ schweigen

Toupet [tu'peː], **das;** ~s, ~s 'Haarteil, das als Ersatz für fehlendes eigenes Kopfhaar getragen wird': *schon in jungen Jahren musste er ein* ~ *tragen* ❖ **toupieren**
toupieren [tu'piːʀən], toupierte, hat toupiert /jmd./ *jmdm., sich* ⟨Dat.⟩ *die Haare* ~ 'jmdm., sich das Haar so kämmen, dass es voller und lockerer erscheint': *sie hat sich die Haare toupiert; sich vom Friseur die Haare* ~ *lassen* ❖ ↗ **Toupet**
Tour [tuːɐ̯], **die;** ~, ~en ['..ʀən] **1.1.** 'Ausflug': *eine* ~ *durch Europa, in die Berge, durch die Wüste; seit Jahren gehen sie gemeinsam auf* ~; ~*en, eine* ~ *mit dem Schiff, dem Auto od. zu Fuß machen, unternehmen; eine weite, anstrengende* ~ *machen; sie sind auf einer* ~ *durch Deutschland* **1.2.** 'genau festgelegte Strecke (1) einer Reise, Fahrt': *zweimal die Woche fährt er die* ~ *Berlin-Mannheim; die Maschine fliegt die* ~ *Berlin-München zweimal täglich; einmal im Monat hat er die* ~ *nach Polen; eine der beiden* ~*en* ('entweder die Hin- od. die Rückfahrt') *muss er mit dem Bus fahren* **2.** ⟨vorw. Sg.⟩ umg. emot. 'meist Vorgehensweise, mit der jmd. bei jmdm. etw. Bestimmtes erreichen will, die aber meist durchschaut wird': *er versucht es immer wieder auf dieselbe, sanfte* ~; *komm mir nicht auf die, auf diese (krumme)* ~, *darauf falle ich nicht rein!; mit dieser plumpen* ~ *kommst du bei mir nicht an* **3.** ⟨nur im Pl.⟩ 'Zahl der Umdrehungen eines Motors, einer Anlage': *der Motor kommt schnell auf* ~*en* ('auf eine hohe Zahl der Umdrehungen'); *die Maschine läuft mit 4500 Umdrehungen pro Minute auf vollen, höchsten* ~*en* ❖ **Tourismus, Tourist, Touristin, Tournee**

* umg. /jmd./ **jmdn. auf ~en bringen 1.** ʿjmdn. in Schwung, Stimmung bringen': *die Musik, der Rhythmus brachte sie auf ~en* **2.** ʿjmdn. ärgerlich, wütend machen': *mit seinen frechen Bemerkungen brachte er sie auf ~en;* /jmd./ **auf die dumme ~ reisen/reiten** ʿetw. durch gespielte Ahnungslosigkeit zu erreichen suchen': *der reist immer auf die dumme ~;* **in einer ~** (ʿununterbrochen'); /jmd./ **auf ~en kommen 1.** ʿin Schwung, Stimmung kommen': *durch die Musik, den Rhythmus auf ~en kommen; nach dem ersten Tanz kamen sie schon auf ~en* **2.** ʿwütend werden': *diese Antwort reicht schon aus, dass sie auf ~en kommt;* /jmd./ **auf die krumme ~ reisen/reiten** (ʿetw. auf unlautere Weise zu erreichen suchen'); /jmd./ **jmdm. auf die sanfte ~ kommen** (ʿbei jmdm. etw. durch gespielte Nachgiebigkeit zu erreichen suchen'); /jmd./ **jmdm. auf die süße ~ kommen** (ʿbei jmdm. mit Schmeicheleien etw. zu erreichen suchen'); /jmd./ **jmdm. die ~ vermasseln** ʿjmds. Pläne durchkreuzen': *durch diese Maßnahme hat er ihm die ~ vermasselt*

Tourismus [tuˈʀɪsmʊs], **der**; ~, ⟨o.Pl.⟩ ʿ(organisiertes) Reisen zur Erholung od. zum Kennenlernen anderer, fremder Orte und Länder': *der ~ nimmt von Jahr zu Jahr zu; dieses Gebiet, das Land, der Ort lebt ausschließlich vom ~; diese Stadt ist ein Zentrum des ~* ❖ ↗ **Tour**

Tourist [tuˈʀɪst], **der**; ~en, ~en ʿjmd., der (in seinem Urlaub) reist, um fremde Orte, Länder kennen zu lernen': *Italien ist ein beliebtes Land für ~en; die Schlösser in Frankreich werden von vielen ~en besucht* ❖ ↗ **Tour**

Touristin [tuˈʀɪst..], **die**; ~; ~en /zu *Tourist;* weibl./ ❖ ↗ **Tour**

Tournee [tʊʀˈneː/tuʀ..], **die**; ~, s/auch ~n [..ˈneːən] ʿdas Auftreten eines darstellenden Künstlers, einer Gruppe von Künstlern an verschiedenen Orten in einer genau festgelegten, zeitlichen Folge': *auf ~ sein, auf ~ gehen; die ~ führte das Orchester nach Berlin, Leipzig und Hamburg; die ~ fing in Paris an und endete in New York* ❖ ↗ **Tour**

Trab [tʀɑːp/tʀap], **der**; ~s/auch ~es, ⟨o.Pl.⟩ **1.1.** ʿbeschleunigte Gangart bes. der Pferde, bei der ein Vorderfuß und der diagonal entgegengesetzte Hinterfuß zugleich aufgesetzt werden': *das Pferd fiel in leichten ~; im schnellen, scharfen ~ reiten; ein Pferd in ~ setzen, im ~ gehen lassen;* vgl. *Galopp* **1.2.** ʿlangsamer Lauf (1.1)'; ↗ FELD I.7.2.1: *im ~ durch den Park laufen; er setzte sich in ~* (ʿlief langsam los') **1.3.** /in der kommunikativen Wendung/ *nun aber ein bisschen ~* (ʿnun beeil dich aber')! ❖ ↗ **traben**

* umg. /jmd./ **jmdn. auf ~ bringen** ʿjmdn. zu schnellerem Handeln veranlassen': *den muss ich erst mal auf ~ bringen!;* /jmd./ **jmdn. in/im ~ halten** ʿdafür sorgen, dass jmd. ständig in Bewegung ist, ständig beschäftigt ist; jmdn. ständig antreiben': *der ist so faul, den muss man ständig in ~ halten;* /jmd./ **auf ~ sein** ʿnicht zur Ruhe kommen, weil man viel zu tun hat': *er ist immer, ganz schön auf ~*

Trabant [tʀaˈbant], **der**; ~en, ~en Astron. SYN ʿSatellit (1)': *der Mond ist ein ~ (der Erde)*

traben [tʀɑːbm̩] ⟨reg. Vb.; hat/ist⟩ **1.** ⟨hat/ist⟩ /bes. ein Pferd/ ʿsich im Trab (1.1.) bewegen'; ↗ FELD I.7.2.2: *das Pferd hat, ist leicht getrabt; seinen Gaul ~ lassen* **1.2.** ⟨ist⟩ /Pferd/ *irgendwohin ~* ʿsich im Trab (1.1.) irgendwohin bewegen': *ins Ziel ~* **2.** ⟨ist⟩ /jmd./ *irgendwohin ~* ʿsich im langsamen Lauf irgendwohin bewegen': *er trabte hinter ihr her; die Kinder trabten in die Schule, nach Hause; sie trabten über die Straße, durch den Park* ❖ **Trab**

¹Tracht [tʀaxt], **die**; ~, ~en ʿKleidung, die in bestimmten Landschaften (von bestimmten Berufsgruppen) zu besonderen Anlässen getragen wird und nicht von der Mode abhängig ist': *die ~ der Spreewälder; zu diesem Fest tragen die Bergleute ihre ~en* ❖ ↗ **tragen**

²Tracht, die
* **eine ~ Prügel** ʿviele Schläge, die jmd. von jmdm. erhält od. die jmd. jmdm. gibt': *eine ~ Prügel bekommen; jmdm. eine ~ Prügel verabreichen*

trachten [ˈtʀaxtn̩], trachtete, hat getrachtet geh. /jmd./ **1.1.** *nach etw.* ⟨Dat.⟩ ~ ʿversuchen, etw. zu erlangen': *er trachtete nach (ihrem) Geld und Besitz; sie trachtet seit Jahren nach Anerkennung* **1.2.** ⟨mit Inf. + zu⟩ *(danach) ~, etw. Bestimmtes zu tun* ʿbestrebt sein, etw. zu erreichen': *er trachtete danach, es ihr gleich zu tun; sie trachteten, ihn schnell einzuholen; wir müssen ~, hier raus-, wegzukommen*

trächtig [ˈtʀɛçtɪç] ⟨Adj.; o. Steig.; vorw. präd. (mit sein); nicht bei Vb.⟩ /weibliches Tier, bes. Kuh/ ~ *sein* ʿein Ungeborenes im Körper tragen'; SYN tragend: *die Kuh ist ~; eine ~e Kuh; eine ~e Katze, Stute*

-trächtig /bildet mit einem Subst. als erstem Bestandteil Adjektive; drückt aus, dass das im ersten Bestandteil Genannte in hohem Maße (als Möglichkeit) enthalten ist/ ↗ z. B. *symbolträchtig*

Tradition [tʀadiˈtsi̯oːn], **die**; ~, ~en ʿdas, was sich als Verhalten, Handlungsweise, Gedankengut, Kultur im Laufe der Geschichte entwickelt hat und von Generation zu Generation weitergegeben worden ist': *humanistische, demokratische ~en pflegen, bewahren; er kommt aus einer Familie mit bäuerlicher, handwerklicher ~; die Firma blickt auf eine alte, lange ~ zurück; etw. fußt auf einer alten ~; er ist gegen die ~ seiner Familie Künstler geworden; etw. ist in einer bestimmten ~ verwurzelt; die Konzerte im Sommer sind schon zur ~* (ʿzu einer festen Gewohnheit') *geworden; eine ~ fortsetzen, erhalten; an eine ~ anknüpfen; mit einer ~ brechen* ❖ **traditionell**

traditionell [tʀaditsi̯oˈnɛl] ⟨Adj.; o. Steig.; vorw. attr.⟩ ʿder, einer Tradition entsprechend'; SYN herkömmlich: *das ~e Essen zu Weihnachten, Silvester; ~e Methoden; etw. nach ~en Verfahren herstellen; etw. ist schon ~* (ʿzur Gewohnheit') *geworden* ❖ ↗ **Tradition**

traf: ↗ *treffen*

Trafo ['tRɑːfo], **der**; ~, ~s /Kurzw. für ↗ *Transformator*/

tragbar ['tRɑːk..] ⟨Adj.; o. Steig.⟩ **1.** ⟨nicht bei Vb.⟩ ˈso beschaffen, dass man es (ohne besondere Mühe) mit den Händen tragen (1.1) kann' /vorw. auf Geräte bez./: *ein ~es Fernsehgerät, eine ~e Schreibmaschine, ein ~er Computer* **2.** ⟨nicht bei Vb.⟩ SYN ˈkleidsam' /auf Kleidung bez./: *sie hat sich für ein ~es Modell entschieden; die Mode ist (nicht) ~; dieses Kleid ist auch in drei Jahren noch ~* **3.** ⟨nicht bei Vb.; vorw. präd. (mit *sein*)⟩ /etw./ *~ sein* ˈso beschaffen sein, dass es für jmdn. keine besonders große (finanzielle) Belastung darstellt': *die Erhöhung der Steuern in diesem Jahr ist gerade noch so ~;* ⟨vorw. verneint⟩ *das Projekt ist nicht ~; die Preise für Lebensmittel sind nicht mehr ~; finanziell und wirtschaftlich ist das (für die Bevölkerung) nicht ~; dieser Zustand ist nicht länger ~* **4.** ⟨nicht bei Vb.; vorw. präd.; vorw. verneint⟩ /jmd./ *~ sein: er ist nach dieser Affäre als Minister nicht mehr ~* (ˈer entspricht nicht mehr den Anforderungen, man kann ihn nicht mehr tolerieren') ❖ ↗ **tragen**

Trage ['tRɑːgə], **die**; ~, ~n ˈflaches rechteckiges Gestell mit je zwei Griffen an den Enden, auf dem Kranke od. Verletzte liegend transportiert werden können': *den Verletzten auf eine ~ legen, auf einer ~ befördern* ❖ ↗ **tragen**

träge ['tRɛːgə/'tRɛː..] ⟨Adj.; Steig. reg.⟩ ˈlangsam und lustlos in seiner Tätigkeit, Bewegung'; ANT lebhaft (1.1): *er ist ein ~r Mensch, ist geistig ~; der viele Wein hat ihn ~ gemacht; er ist zu ~, um sich um eine Arbeit zu kümmern; ~ in der Sonne liegen* ❖ **Trägheit**

tragen ['tRɑːgn̩], (er trägt [tRɛːkt/tRɛː..]), trug [tRuːk], hat getragen; ↗ auch *tragend* **1.** /jmd./ **1.1.** *etw., jmdn. irgendwie ~* ˈetw., jmdn. mit den Händen halten od. auf den Schultern haben und so fortbewegen': *er trug den Koffer, die Aktentasche, das Netz mit der linken, rechten Hand; er trug den Sack auf den Schultern, die Handschuhe in der Hand; sie trug das Kind auf dem Arm, auf dem Rücken; jmdm. etw. ~: soll ich dir den Koffer, die Tasche ~?;* /auch Tier/ *der Hund trug die Zeitung im Maul; der Hund trug ihm die Tasche;* METAPH *meine Füße wollen mich nicht mehr ~* (ˈich kann nicht mehr gehen') **1.2.** *jmdn., etw. irgendwohin ~* ˈjmdn., etw. durch Tragen (1.1) irgendwohin befördern': *das Kind ins Bett ~; den Brief zur Post, den Koffer zum Bahnhof ~* **1.3.** *etw. bei sich* ⟨Dat.⟩ *~* ˈetw. stets bei sich haben, mit sich führen': *wenn er das Haus verlässt, trägt er immer einen Regenschirm bei sich; ihr Foto trägt er ständig bei sich; sie trägt ihren Ausweis immer bei sich; etw. ~: er trägt eine Waffe* **1.4.** *etw. trägt sich schlecht, gut* ˈetw. kann man schlecht, gut tragen (1.1)': *die Tasche trägt sich gut; der schwere Sack trägt sich leichter auf dem Rücken* **2.1.** /etw./ *etw. trägt etw., jmdn.* ˈetw. kann bis zu einem bestimmten Gewicht belastet werden, ohne dass ein Schaden entsteht': *die*

Brücke trägt fast zwanzig Tonnen; ob mich der Ast trägt?; die Leiter trägt sein Gewicht nicht; das Eis trägt schon (ˈist schon so fest, dass man darauf gehen kann, ohne einzubrechen'); *das Eis trägt noch nicht* **2.2.** ⟨oft im Pass.⟩ *etw. trägt etw.* ˈetw. stützt eine Last von unten': *das Dach wird von vier Säulen getragen; die Decke wird von zwei stabilen Balken getragen; bei den Außenwänden handelt es sich um ~de Wände* (ˈum Wände, die so konstruiert sind, dass das meiste Gewicht ohne Gefahr für das übrige Bauwerk auf ihnen ruhen kann') **2.3.** /etw., bes. Unternehmen/ *sich (selbst) ~: das Unternehmen, der Betrieb, das Projekt trägt sich selbst* (ˈist ökonomisch so effektiv, dass es keine finanzielle Unterstützung braucht') **2.4.** /jmd./ *etw. irgendwie ~* ˈeinen Körperteil durch Stützung in einer bestimmten Stellung halten': *den gebrochenen Arm in der Schlinge, Schiene ~* **2.5.** /etw., bes. Wasser/ *jmdn., etw. ~* ˈjmdn., etw. auf seiner Oberfläche schwimmend fortbewegen': *der Fluss trägt das Boot; das Holz, die Stämme werden vom Wasser getragen; er lässt sich von den Wellen ~* **3.1.** /jmd./ *etw. ~* ˈmit etw. bekleidet sein, ein bestimmtes Kleidungsstück am Körper haben': *ein Kleid, Kostüm ~; sie trägt am liebsten lange Hosen; er trägt nie einen Hut; bei der Kälte solltest du Handschuhe ~; sie trug gestern einen blauen Pullover; das trägt man nicht mehr* (ˈdas ist aus der Mode'); *getragene* (ˈnicht mehr neue') *Schuhe, Sachen* **3.2.** *etw. trägt sich gut, schlecht* ˈetw. kann man gut, schlecht tragen (3.1)': *der Anzug trägt sich gut* **3.3.** /jmd./ *etw. ~* ˈetw., bes. Schmuck, am Körper haben': *ein Toupet, eine Perücke, Zöpfe ~; er muss eine Brille ~; er trägt einen Bart; sie hat schon immer viel Schmuck getragen; sie trägt einen kostbaren Ring (am Finger), eine Blume im Haar, eine wunderschöne Kette (um den Hals)* **3.4.** /jmd./ *das Haar irgendwie ~* ˈauf eine bestimmte Art und Weise frisiert sein': *sie trägt die Haare kurz, lang, zusammengebunden; das Haar offen ~* **4.1.** /jmd./ *etw. für etw. ~* ˈdie sich aus etw. ergebenden Verpflichtungen, Konsequenzen auf sich nehmen müssen': *die Verantwortung für das Projekt ~; er musste die Folgen für seine Unaufmerksamkeit ~; die Versicherung will die Kosten für den Schaden nicht ~; für deine Fehler trägst du die Konsequenzen selbst* **4.2.** /jmd./ *etw. irgendwie ~* ˈetw. Unangenehmes irgendwie erdulden, ertragen': *etw. mit Fassung, Würde ~; sie hat die Krankheit mit viel Geduld getragen* **5.1.** /Baum, bes. Obstbaum, Strauch/ *etw. ~* ˈFrüchte als Ertrag hervorbringen'; ↗ FELD II.4.2: *der Apfelbaum hat im letzten Jahr reichlich Früchte getragen, hat viel, wenig getragen* **5.2.** *das Kapital trägt Zinsen* (ˈaus dem Kapital ergeben sich Zinsen'); *der Baum trägt gut, schlecht, noch nicht* **6.** /jmd., etw./ *etw. ~* ˈetw. haben (I.1.1)': *einen bekannten Namen ~; das Buch trägt den Titel …; der Brief trägt das Datum vom 4. August; etw. trägt eine Inschrift; er trägt einen Titel* ❖ **tragbar, Trage, tragend, Träger, Ertrag, ertragen, erträglich, Tracht, trächtig, unverträglich,**

vertragen, verträglich − **abtragen, abträglich, Antrag, beantragen, austragen, Briefträger, Brillenträger, ertragreich, davontragen, Flugzeugträger, Gepäckträger, Hosenträger, Nachtrag, nachtragen, nachtragend, nachträglich, Preisträger, symbolträchtig, Tragfläche, **[1,2]**übertragen, Vortrag, vortragen, Würdenträger, zusammentragen, zutragen, zuträglich**

tragend ['tRɑːgn̩t] ⟨Adj.; o. Steig. reg.; nicht bei Vb.; ↗ auch *tragen*⟩ **1.** ⟨nur attr.⟩ 'grundlegend': *das ~e Motiv eines Romans; eine ~e ('wichtige') Rolle spielen; dies ist ein ~er Gedanke seiner Darstellung* **2.** ⟨vorw. präd. (mit *sein*); nicht bei Vb.⟩ /weibliches Tier, bes. Kuh/ *~ sein* SYN 'trächtig sein': *die Kuh ist ~; eine ~e Kuh, Katze* ❖ ↗ **tragen**

Träger ['tRɛːgɐ/'tRɛː..], **der**; ~s, ~ **1.** 'jmd., der aus beruflichen Gründen etw. od. jmdn. trägt (1.1,1.2)': *sich am Bahnhof einen ~ (SYN 'Gepäckträger') nehmen; für den Umzug haben wir vier ~ bestellt; die ~ legten den Verletzten auf die Trage* **2.** 'Bauteil aus Holz, Stahl o.Ä., das als Stütze einer technischen Konstruktion dient': *die Brücke ruht auf mächtigen ~n (aus Eisen); einen ~ in die Decke einziehen, um sie zu stützen; die ~ bogen sich unter der Last* **3.** ⟨vorw. Pl.⟩ 'eins von zwei z. B. an einem Rock, Kleid, an einer Hose befestigten (relativ schmalen) Bändern (1) aus Stoff, die über die Schulter führen und so das Kleidungsstück halten': *die ~ eines Hemdes; ein ~ an ihrem Kleid war abgerissen; die ~ verlängern, kürzen; ein Rock, Kleid mit ~n* **4.** ⟨+ Gen.attr.⟩ /beschränkt verbindbar/: *der ~ eines Preises ('der Preisträger'); er ist der letzte ~ dieses bekannten Namens ('er ist der Letzte, der diesen bekannten Namen hat')* ❖ ↗ **tragen**

Trag|fläche ['tRɑːk..], **die** 'eines der beiden, seitlich am Rumpf eines Flugzeugs befestigten flächigen Teile, die den Auftrieb ermöglichen'; SYN Flügel (2); ↗ FELD VIII.4.2: *rechteckige, trapezförmige ~n* ❖ ↗ **tragen,** ↗ **flach**

Trägheit ['tRɛːk../'tRɛːn..], **die**; ~, ⟨o.Pl.⟩ /zu *träge*/ 'das Trägesein'; SYN Bequemlichkeit': *geistige, körperliche ~; jmd. neigt zur ~; seine ~ macht sie wütend; das sorgenfreie Leben verführt zur ~* ❖ ↗ **träge**

Tragik ['tRɑːgɪk], **die**; ~, ⟨o.Pl.⟩ '(durch ein Unglück, eine Katastrophe hervorgerufenes) Leid, das Trauer, Mitgefühl auslöst': *die ~ seines Leben war die Vernichtung seines Lebenswerkes; die ~ des Unfalls, seines Todes lag darin, dass ...; seine ~ bestand darin, dass er absolut schuldlos war* ❖ ↗ **Tragödie**

tragikomisch ['tRɑːgi..] ⟨Adj.; o. Steig.; vorw. attr.⟩ 'tragisch, aber zugleich auch komisch': *das war eine dieser ~en Situationen; dies führte zu einer ~en Verwechslung; er spielt eine ~e Rolle* ❖ ↗ **Tragödie,** ↗ **Komik**

tragisch ['tRɑːg..] ⟨Adj.; Steig. reg.⟩ 'durch unglückliche Umstände verursacht und viel Leid bringend': *er fiel einem ~en Missverständnis zum Opfer; gestern ist ein ~es Unglück passiert; ~e Umstände*

kosteten ihn das Leben; ihre Eltern sind auf ~e Weise ums Leben gekommen; das ist ja wirklich ~!; sein Leben endete ~; /in der kommunikativen Wendung/ umg. *das ist nicht so ~!* /sagt jmd., wenn er jmdn. beruhigen will, der sich wegen möglicher Folgen Sorgen macht/ ❖ ↗ **Tragödie**

* /jmd./ etw. ~ nehmen ⟨oft verneint⟩ 'etw. Belangloses als bedrohlich ansehen': *er nimmt immer alles so ~!; nimm's nicht so ~!*

Tragödie [tRɑˈgøːdi̯ə], **die**; ~, ~n **1.** 'Drama (1) mit ernstem, tragischem Ausgang'; SYN Trauerspiel: *eine antike, klassische ~; eine ~ inszenieren, aufführen;* vgl. *Drama, Komödie, Schauspiel* **2.** 'tragisches Ereignis, Geschehen': *er war Zeuge dieser schrecklichen ~; die ~ hat sich gestern, in N abgespielt;* umg. *der macht aus allem immer gleich eine ~ ('er befürchtet immer gleich das Schlimmste und dramatisiert selbst harmlose Dinge'); mach doch nicht gleich eine ~ daraus, aus allem!* ❖ **Tragik, tragisch** − **tragikomisch**

trägt: ↗ **tragen**

Trag|weite ['tRɑːk..], **die** ⟨o.Pl.⟩ 'Ausmaß, in dem sich etw. auf etw. auswirkt': *dieses Ereignis ist von äußerst großer ~; er ist sich der historischen ~ bewusst; sie begriffen erst jetzt das Unglück in seiner ganzen ~* ❖ ↗ **weit**

Trainer ['tRɛːnɐ/'tRɛː..], **der**; ~s, ~ 'jmd., der spezielle Kenntnisse in einer Sportart hat und Sportler, auch Tiere, bes. Pferde, trainiert'; ↗ FELD I.7.4.1: *die Mannschaft hat seit der letzten Saison einen neuen ~; mit diesem erfahrenen ~ schafften sie den Sprung ins Finale* ❖ ↗ **trainieren**

trainieren [tRɛˈniːRən/tRɛˈniː..], trainierte, hat trainiert /jmd./ **1.1.** *jmdn., ein Pferd ~* 'durch ständiges und systematisches Üben erreichen, dass jmd., ein Pferd hohe sportliche Leistungen erreicht (3)'; ↗ FELD I.7.4.2: *er trainierte ihn (für die Wettkämpfe, die Olympiade); er trainiert die Fußballmannschaft; ein Pferd ~* **1.2.** *irgendwie ~* 'irgendwie systematisch üben, um hohe sportliche Leistungen zu erreichen': *fleißig, hart, eisern, täglich dreimal in der Woche ~; auf, für etw. ~: er trainiert auf, für die nächsten Wettkämpfe, für die Olympischen Spiele* **1.3.** *etw. ~* 'etw. durch gezieltes, wiederholtes Üben zu bestimmten Fertigkeiten, Fähigkeiten führen': *sein Gedächtnis, seinen Körper ~; er hat einen trainierten Körper* ❖ **Trainer, Training** − **Trainingsanzug**

Training ['tRɛːnɪŋ/'tRɛːn..], **das**; ~s, ~s ⟨vorw. Sg.⟩ 'das Trainieren (1.2)'; ↗ FELD I.7.4.1: *ein hartes, anstrengendes ~ absolvieren; zweimal in der Woche ging er zum ~; die Sportler führten ein intensives ~ durch* ❖ ↗ **trainieren**

Trainigs|anzug ['..], **der** 'die Handgelenke und Knöchel eng umschließender, warmer, bequemer, zweiteiliger Dress, bes. für Sportler': *zum Sport im ~ erscheinen, einen ~ anziehen* ❖ ↗ **trainieren,** ↗ **ziehen**

Traktat [tRakˈtɑːt], **das/der**; ~s, ~e 'kurze wissenschaftliche od. religiöse Abhandlung': *ein histori-*

sches, philosophisches ~; *ein* ~ *verfassen, verbreiten, lesen*

traktieren [tʀak'tiːʀən], traktierte, hat traktiert /jmd./ *jmdn. mit etw.* ⟨Dat.⟩ ~ *'jmdn. mit etw. quälen'*: *seit Wochen traktiert er sie mit Vorwürfen; er traktiert sie ständig mit Beleidigungen; er hat ihn, den Hund mit dem Stock traktiert ('geschlagen'); der Lehrer traktiert die Schüler seit drei Wochen mit diesem Thema*

Traktor ['tʀaktoɐ], **der**; ~s, ~en [..'toːʀən] *'speziell zum Ziehen von landwirtschaftlichen Geräten und Maschinen eingesetztes Kraftfahrzeug'*; ↗ FELD VIII.4.1.1 (↗ TABL Fahrzeuge): *ein leichter, schwerer* ~; *den* ~ *zum Pflügen einsetzen; der* ~ *ist mit Raupen ausgerüstet; während der Ernte sind alle* ~*en auf dem Feld*

trampeln ['tʀampl̩n] ⟨reg. Vb., hat/ist⟩ **1.** ⟨hat⟩ **1.1.** /jmd./ *'sitzend od. stehend seiner Wut od. Begeisterung durch schnelles und wiederholtes Stampfen mit den Füßen Ausdruck verleihen'*: *das Kind trampelte vor Wut (mit den Füßen); er trampelte schon vor Ungeduld; die Zuschauer klatschten und trampelten vor Begeisterung (mit den Füßen)* **1.2.** /jmd./ *sich* ⟨Dat.⟩ *etw. von etw.* ⟨Dat.⟩ ~ *'etw. durch wiederholtes Stampfen mit den Füßen von den Schuhen, Füßen entfernen'*: *sich den Schmutz, Schnee, Dreck von den Schuhen, Füßen* ~ **2.1.** ⟨ist⟩ /jmd./ *irgendwohin* ~ *'schwerfällig und rücksichtslos, bes. ohne Rücksicht auf die Pflanzen, irgendwohin gehen (und dabei irgendetwas zerstören)'*: *ohne nach rechts und links zu sehen, trampelten sie durch den Wald; warum bist du über das Beet getrampelt?* **2.2.** ⟨hat⟩ emot. /mehrere (jmd., Tier)/ *jmdn. zu Tode* ~ *'jmdn., der am Boden liegt, durch Darüberhinweglaufen töten'*: *die Kühe, Pferde trampelten ihn zu Tode; er wurde von der Meute zu Tode getrampelt*

trampen ['tʀɛmpm̩/'tʀampm̩] ⟨reg. Vb.; ist⟩ /jmd./ *irgendwohin* ~ *'per Anhalter irgendwohin reisen'*: *sie sind von Berlin nach Hamburg, Griechenland getrampt; er spart das Geld für die Bahn und trampt lieber*

Tran [tʀaːn], **der**; ~s/auch ~es, ⟨o.Pl.⟩ *'aus im Meer lebenden Säugetieren, bes. aus Walen, gewonnenes Öl'*: *aus dem Fett von Walen* ~ *kochen* ❖ **tranig – Lebertran**

* umg. /jmd./ *im* ~ *sein* *'bes. durch Alkohol, Schläfrigkeit benommen sein'*: *mit ihm war nicht zu reden, denn er war noch halb, ganz im* ~; /jmd./ *etw. im* ~ (*'etw. geistesabwesend'*) **tun**

Trance [tʀãs], **die**; ~, ⟨o.Pl.⟩ *in* ~ *'in einem/einen dem Schlaf ähnlichen Zustand des Dämmerns, bes. in der Hypnose'*: *sie verließ das Haus wie in* ~; *jmdn. in* ~ *versetzen; sich in* ~ *befinden; in* ~ *verfallen; sich wie in* ~ *bewegen*

Träne ['tʀɛːnə/'tʀɛː..], **die**; ~, ~n *'klare Flüssigkeit in Form eines Tropfens, die bei starker emotionaler Erregung, (heftigem) Schmerz od. durch einen äußeren Reiz vom Auge abgesondert wird'*: *sich die* ~ *abwischen, trocknen; bei dem Streit kamen ihr die* ~*n, brach sie in* ~*n aus; der Schmerz trieb ihr die*

~*n in die Augen;* ~*n der Freude weinen; die* ~*n liefen ihr über das Gesicht; ihr Gesicht war von* ~*n überströmt;* ~*n lachen* (*'so sehr lachen, dass jmdm. die Tränen kommen'); beim Abschied hatte er* ~*n in den Augen;* /in der kommunikativen Wendung/ umg. iron. *mir kommen gleich die Tränen!* /wird gesagt, wenn jmdm. zu verstehen gegeben werden soll, dass er nicht so viel klagen soll, da es ihm nicht so schlecht geht, wie er es gerne darstellen möchte/ ❖ **tränen – Krokodilstränen**

* /jmd./ *in* ~*n aufgelöst sein* (*'unter starker Erregung heftig und lange weinen'); /jmd./ **jmdm., etw.** ⟨Dat.⟩ **keine** ~ **nachweinen** (*'jmdm., einer Sache nicht nachtrauern'*); spött. **mit einer** ~ **im Knopfloch** *'voller Rührung'*: *er verabschiedete sich mit einer* ~ *im Knopfloch;* ⟨⟩ geh. /jmd./ ~*n vergießen* *'weinen'*: *er vergoss bittere* ~*n*

tränen ['tʀɛːnən/'tʀɛː..] ⟨reg. Vb.; hat⟩ *ein, das Auge, die, jmds. Augen* ~ *'die Augen, das Auge sondert, meist aufgrund einer Reizung, Tränen ab'*: *jmdm.* ~ *die Augen vom Rauch, vom scharfen Wind; mir tränt seit zwei Tagen das rechte Auge* ❖ ↗ **Träne**

tranig ['tʀaːnɪç] ⟨Adj.; Steig. reg.⟩ **1.** *'wie Tran'* /vorw. auf Nahrungsmittel bez./: *etw. riecht, schmeckt* ~; *der Fisch, das Öl schmeckt, ist* ~; *der* ~*e Geschmack einer Ente* **2.** umg. *'träge und langsam'* /auf Personen bez./: *ein* ~*er Bursche; er war schon immer* ~, *wirkte schon immer etwas* ~ ❖ ↗ **Tran**

trank: ↗ **trinken**

Trank [tʀaŋk], **der**; ~s/auch ~es, Tränke ['tʀɛŋkə] ⟨vorw. Sg.⟩ geh. SYN *'Trunk (1)'*; ↗ FELD I.8.1: *ein heißer, süßer, bitterer* ~; *ein erfrischender, belebender, tödlicher* ~; *einen* ~ *brauen, mischen, zubereiten; der* ~ *erfrischte ihn; er hat ihr einen* ~ *verabreicht* ❖ ↗ **trinken**

Tränke ['tʀɛŋkə], **die**; ~, ~n *'Stelle an einem Gewässer, an der Vieh, Wild trinken kann'*: *die Rehe kommen jeden Tag um die gleiche Zeit zur* ~; *die Kühe zur* ~ *treiben* ❖ ↗ **trinken**

tränken ['tʀɛŋkn̩] ⟨reg. Vb.; hat⟩ **1.** /jmd., bes. Bauer/ *ein Tier, Kühe, Pferde* ~ *'einem Tier, Kühen, Pferden zu trinken geben'*: *das Vieh (im Stall, auf der Weide)* ~ **2.** /jmd./ *etw. mit etw.* ⟨Dat.⟩ ~ *'etw. mit einer Flüssigkeit sich vollsaugen lassen'*: *den Lappen mit Benzin, Watte mit Öl* ~; *Bretter mit Öl* ~; *ein mit Essig getränktes Tuch, getränkter Schwamm;* METAPH *die Erde war mit Blut getränkt* ❖ ↗ **trinken**

Transformator [tʀansfɔʀ'maːtoːɐ], **der**; ~s, ~en [..'toːʀən]; ↗ auch *Trafo* *'Apparat, mit dem die Spannung des Stroms erhöht od. vermindert werden kann'*: *einen* ~ *installieren*

Transit [tʀan'ziːt/'tʀanzɪt], **der**; ~s/auch ~es, ~e *'Durchreise von Personen, Transport von Waren von einem Land zu einem anderen durch ein drittes'*: *die Straße, das Land ist für den* ~ *gesperrt; die beiden Staaten verhandeln über Verträge, Abkommen zum* ~ ❖ **Transitverkehr, -visum**

Transit [..'z..]**-verkehr, der** *'der Verkehr von Personen od. Waren, der durch das Hoheitsgebiet eines*

Staates führt': *der ~ von Waren; eine Straße für den ~; das Land ist für den ~ gesperrt; der ~ hat zugenommen* ❖ ↗ Transit, ↗ Verkehr; **-visum, das** 'Visum für den Transit': *er hat ein ~ beantragt, erhalten* ❖ ↗ Transit, ↗ Visum

transparent [tʀanspaˈʀɛnt] ⟨Adj.; Steig. reg., ungebr.⟩ **1.** ⟨nicht bei Vb.⟩ 'Licht durchlassend' /auf best. Materialien bez./; ↗ FELD I.3.1.3: *~es Papier; das Glas ist nicht ~;* vgl. *durchsichtig* (1) **2.** 'klar und verständlich' /auf Abstraktes bez./: *etw. ~ schildern, darstellen; etw. ~* (SYN 'erkennbar') *machen, gestalten; seine Politik ist nicht ~; ~e gesellschaftliche Beziehungen*

Transparent, das; ~s/auch ~es, ~e 'bes. auf Demonstrationen mitgeführtes breites Band (1) aus Papier od. Stoff, auf dem (politische) Parolen stehen': *die Menge führte viele ~e mit sich; die Arbeiter hatten die Forderungen auf ihre ~e geschrieben*

transpirieren [tʀanspiˈʀiːʀən], transpirierte, hat transpiriert geh. od. fachspr. /jmd./ 'schwitzen (1)': *stark, heftig ~; unter den Achseln ~*

Transplantation [tʀansplantaˈtsi̯oːn], **die**; ~, ~en Med. 'das Transplantieren von Gewebe od. eines Organs in einen menschlichen, tierischen Körper': *die ~ einer Niere, Leber; die ~ von Haut; eine schwierige, komplizierte ~; eine ~ vorbereiten, durchführen* ❖ ↗ **transplantieren**

transplantieren [tʀansplanˈtiːʀən], transplantierte, hat transplantiert Med. /Chirurg/ *etw. ~* 'Gewebe auf ein anderes Körperteil übertragen od. ein fremdes Organ in einen anderen (menschlichen) Körper einsetzen (1)'; SYN verpflanzen (2): *eine Niere, Leber, ein Herz ~; Haut ~; transplantierte Organe; einem Tier etw. ~* ❖ **Transplantation**

Transport [tʀansˈpɔʀt], **der**; ~s/auch ~es, ~e **1.** 'das Transportieren (1.1)' /auf Personen, Tiere, Waren bez./; ↗ FELD VIII.1.1: *der ~ der Reisenden, Tiere, Möbel/der ~ von Reisenden, Tieren, Möbeln; der ~ erfolgt mit dem Flugzeug, Bus, mit der Bahn, mit dem Schiff; die Möbel wurden auf dem, durch den ~ beschädigt; der ~ der Verunglückten (nach N, in die Klinik)* **2.** 'zur gemeinsamen Beförderung zusammengestellte Menge von bestimmten Waren (gleicher Art), von Personen od. Tieren': *ein ~ Autos, Schlachtvieh, Möbel/mit Autos, Schlachtvieh, Möbeln; der ~ (mit Lebensmitteln) ist für die Stadt N bestimmt; ein ~ mit Flüchtlingen; einen ~ zusammenstellen; den ~ mit Gefangenen bewachen, begleiten* ❖ **transportabel, transportieren**

transportabel [tʀanspɔʀˈtaːbl̩] ⟨Adj.; o. Steig.; nicht bei Vb.⟩ 'so beschaffen, dass man es (leicht) transportieren (1.1) kann' /vorw. auf Geräte bez./; ↗ FELD VIII.1.3: *ein transportabler Fernseher, Ofen; eine transportable Garage; das Gerät ist ~* ❖ ↗ **Transport**

MERKE Zum ‚e'-Ausfall der Endung: ↗ *dunkel* (Merke)

transportieren [tʀanspɔʀˈtiːʀən], transportierte, hat transportiert **1.1.** /jmd., Unternehmen, Fahrzeug/ *etw., jmdn. ~* 'etw., jmdn. (mit einem Fahrzeug)

irgendwohin befördern (1)'; ↗ FELD VIII.1.2: *Waren, Tiere, Personen (mit, auf der Bahn, per Schiff) ~; diese Möbel sind leicht zu ~; jmdn., etw. irgendwohin ~: den Verletzten (mit dem Auto) in die Klinik ~; Lebensmittel in ein Krisengebiet ~* **1.2.** /etw., bes. Gerät, Vorrichtung/ *etw. ~* 'etw. weiter befördern, bewegen': *die Kamera transportiert den Film automatisch; der Fotoapparat transportiert nicht mehr* ('bewegt den Film nicht mehr weiter'); *das Förderband transportiert die Waren, Pakete, die Kohlen (bis zur Rampe)* ❖ ↗ **Transport**

Trapez [tʀaˈpeːts], **das**; ~es, ~e **1.** 'Viereck mit zwei parallelen, aber ungleich langen Seiten' (↗ TABL Geometr. Figuren): *ein ~ zeichnen, konstruieren; die Fläche eines ~es berechnen* **2.** 'hoch über dem Boden, an zwei herabhängenden Seilen angebrachte waagerechte kurze Stange, die als Turngerät für Artisten dient': *der Artist zeigte Übungen am fliegenden ~; am ~ turnen*

trappeln [ˈtʀapl̩n] ⟨reg. Vb.; ist/hat⟩ **1.** ⟨ist⟩ /mehrere (jmd., bes. Kinder, Tiere)/ *irgendwohin ~* 'sich mit kurzen, schnellen Schritten irgendwohin fortbewegen und dabei bestimmte Geräusche erzeugen': *die Kinder sind über den Flur getrappelt; die Schafe trappelten auf den Hof* **2.** ⟨hat⟩ /mehrere (jmd., bes. Kinder)/ 'durch unruhiges Treten auf der gleichen Stelle bestimmte Geräusche erzeugen': *voller Ungeduld trappelten die Kinder schon vor dem Kino, vor der Tür*

Trara [tʀaˈʀaː], **das**; ~s, ⟨o.Pl.⟩ umg. emot. 'mit viel Trubel und Lärm verbundener Aufwand um, für etw., jmdn.'; SYN Tamtam: *viel ~ um etw., jmdn. machen; deswegen brauchst du nicht so ein großes ~ zu machen!; wir empfingen den Gast mit großem ~*

Trasse [ˈtʀasə], **die**; ~, ~n '(geplanter) Verlauf einer für den Verkehr genutzten Strecke, einer Leitung (3.1)': *die ~ einer U-Bahn, Autobahn, Gasleitung; eine ~ planen, bauen; die ~ festlegen; die geplante ~ der Magnetbahn führt nicht durch das Naturschutzgebiet*

Tratsch [tʀaːtʃ], **der**; ~es, ⟨o.Pl.⟩ umg. 'Klatsch': *von ihr kommt immer nur boshafter ~; lass mich doch mit diesem ~ in Ruhe; ich kümmere mich nicht um den ~* ❖ ↗ **tratschen**

tratschen [ˈtʀaːtʃn̩] ⟨reg. Vb.; hat⟩ umg. **1.** /jmd./ *über jmdn., etw. ~* 'über jmdn., etw. klatschen (3.1)': *über ihn, über das neue Auto des Nachbarn wurde viel getratscht; den ganzen Tag tratscht sie nur* **2.** /jmd./ *mit jmdm. ~* 'mit jmdm. schwatzen': *bevor sie nach Hause ging, tratschte sie noch ein wenig mit ihrer Freundin; /zwei od. mehrere (jmd.)/ die beiden ~ dauernd; ⟨rez.⟩ sie ~ miteinander* ❖ **Tratsch**

Traube [ˈtʀaubə], **die**; ~, ~n [ˈtʀaubm̩] **1.** ⟨oft im Pl.⟩ 'die an einem Stiel sitzenden Beeren des Weinstocks'; SYN Weintraube; ↗ FELD II.4.1: *blaue, gelbe, süße ~n; der Weinstock hängt voller ~n; ~n schneiden, ernten, lesen, keltern; ~n essen; ein Pfund blaue ~n, eine ~ kaufen* **2.** 'geballte, dicht gedrängte Menge (von Menschen)': *eine ~ (von) Menschen stand vor dem Kino; in dicken ~n dräng-*

ten sich die Kinder vor dem Eingang ❖ **Traubenzucker, Weintraube**

* **jmdm. hängen die ~n zu hoch** (ʾjmd. tut so, als wollte er etw. gar nicht haben, als wäre er nicht daran interessiert, in Wirklichkeit ist es für ihn unerreichbarʾ)

Trauben|zucker [ˈtʀaʊbm̩..], **der** ʾZucker, der in grünen Pflanzen, Früchten und im Honig vorkommt und weniger süß als Rohrzucker istʾ: *~ gibt dem Körper Energie; in Weintrauben ist viel ~ enthalten;* vgl. *Rohrzucker* ❖ ↗ **Traube**, ↗ **Zucker**

trauen [ˈtʀaʊən] ⟨reg. Vb.; hat⟩ **I.1.** /jmd./ *jmdm., etw.* ⟨Dat.⟩ *~* ʾjmdm., einer Sache Vertrauen, Glauben schenken, keinen Nachteil hinter etw., nichts Böses hinter jmds. Handeln vermutenʾ: *du kannst ihm (absolut) ~; er traute ihren Versprechungen nicht recht; seit dieser Geschichte, seit dem Betrug traut er keinem mehr; sie traut seinen Worten nicht; man sollte nicht allen und jedem ~* **2.** ⟨vorw. verneint⟩ /jmd./; ↗ FELD I.6.2 **2.1.** ⟨mit Inf. + zu⟩ *sich/auch sich* ⟨Dat.⟩ *~, etw. zu tun* ʾwagen (1.1), etw. Bestimmtes zu tunʾ: *sie traut sich nicht, allein zu verreisen; sie ~ sich nicht, darum zu bitten; ich traue mich/seltener: mir nicht zu fragen* **2.2.** *sich irgendwohin ~* ʾwagen, sich irgendwohin zu begebenʾ: *sich nicht aus dem Haus ~; sie traut sich nicht ins kalte Wasser; er traute sich nicht in die Schule, zu seinem Lehrer zu gehen; sie traut sich nicht zu ihrem Chef (zu gehen)* – **II.** ⟨oft im Pass.⟩ /Standesbeamter, Pfarrer/ *ein Brautpaar, jmdn. trauen* ʾdurch eine Zeremonie ein Brautpaar miteinander, jmdn. mit jmdm. rechtskräftig verheiratenʾ: *der Priester hat das junge Paar (in der Kirche) getraut; sie sind gestern getraut worden; jmd. ist kirchlich, standesamtlich getraut;* /jmd., zwei (jmd.)/ *sich (kirchlich) ~ lassen; sie, beide haben sich ~ lassen* (ʾhaben geheiratetʾ) ❖ **zu (I): betrauen, getrauen, misstrauen, Misstrauen, misstrauisch, traulich, vertrauen, Vertrauen, vertraulich, Vertraulichkeit, vertraut, Vertraute** – **anvertrauen, Selbstvertrauen, Traute, Vertrauensbruch, -person, vertrauensselig, -voll, Zutrauen, zutraulich; zu (II): Trauung**

Trauer [ˈtʀaʊɐ], **die**; *~*, ⟨o.Pl.⟩ **1.1.** ʾGefühl tiefen Schmerzes um den Verlust eines geliebten Menschen, über ein Unglück, eine unangenehme Sacheʾ; SYN Traurigkeit; ↗ FELD I.6.1: *tiefe ~ empfinden; sie konnte ihre ~ nach außen nicht zeigen; ~ um jmdn., über etw.: (jmds.) ~ um einen verstorbenen Angehörigen; (jmds.) ~ über jmds. Wortbruch, Betrug; in ~ sein: er ist in ~* (ʾtrauert um einen Totenʾ); /als Formel am Schluss von offiziellen od. privaten Todesanzeigen, meist vor dem Namen der Trauernden/: *in stiller ~, in tiefer ~, Firma Meier, Familie Lehmann* **1.2.** ʾoffizielle, durch Tradition festgelegte Zeit des Trauerns (1.1) um einen nahen Angehörigenʾ: *während der ~ ging sie wenig außer Haus; Familie B hat ~; er hat vor Ablauf der ~ wieder geheiratet; der Minister hat drei Tage ~ angeordnet* **2.** ʾTrauerkleidungʾ /beschränkt ver

bindbar/: *~ anlegen, tragen; in ~ gehen* ❖ **trauern, traurig, Traurigkeit** – **Trauerkleidung, -kloß, -spiel**

Trauer [ˈ..]|**-kleidung, die** ʾschwarze Kleidung, die als Zeichen der Trauer (1.1.) getragen wirdʾ; ↗ FELD I.6.1: *seit einem halben Jahr trägt sie, er schon ~* ❖ ↗ **Trauer**, ↗ **Kleid; -kloß, der** ʾjmd., der langweilig, träge und selten fröhlich istʾ; ↗ FELD I.6.1: *dieser ~ kommt doch nie mit, wenn wir ausgehen; er ist ein richtiger ~* ❖ ↗ **Trauer**, ↗ **Kloß**

trauern [ˈtʀaʊɐn] ⟨reg. Vb.; hat⟩ /jmd./ **1.1.** *um jmdn., etw. ~* ʾTrauer (1.1.) wegen eines Verstorbenen, über etw. empfindenʾ; ↗ FELD I.6.2: *sie trauerte lange um ihren Mann; er trauert um seinen Vater, um seine verstorbene Frau, um ihren Tod; er trauert um die verlorenen Jahre* **1.2.** *über etw. ~* ʾtraurig, betrübt über etw. seinʾ: *sie trauert über ihre verlorene Kette, ihre gestohlene Handtasche* ❖ ↗ **Trauer**

Trauer|spiel [ˈtʀaʊɐ..], **das 1.** ʾTragödie (1)ʾ: *ein ~ in vier Akten; ein klassisches ~; ein ~ inszenieren, aufführen; heute steht ein ~ auf dem Spielplan des Theaters* **2.** ⟨vorw. Sg.⟩ umg. *es ist ein ~* (ʾist sehr schlimmʾ), *dass daraus nichts geworden ist* ❖ ↗ **Trauer**, ↗ **spielen**

träufeln [ˈtʀɔɪfl̩n] ⟨reg. Vb.; hat⟩ /jmd./ *etw. in, auf etw. ~* ʾeine Flüssigkeit, bes. ein Medikament, in kleinen Tropfen in, auf etw. gebenʾ: *sie träufelt dem Kind Tropfen ins Ohr, Auge, auf die Wunde; Zitrone auf den Fisch ~* ❖ ↗ **Tropfen**

traulich [ˈtʀaʊ..] ⟨Adj.; Steig. reg.⟩ geh. ʾden Eindruck einer ruhigen, harmonischen und gemütlichen Atmosphäre erweckendʾ: *die Lampe spendet ein ~es Licht; sie saßen bei ~em Kerzenschein, in einer ~en Runde zusammen; sie saßen ~ beieinander* ❖ ↗ **trauen (I)**

Traum [tʀaʊm], **der**; *~s/auch ~es*, Träume [ˈtʀɔɪmə] **1.** ʾim Schlaf auftretende Bilder, Vorstellungen, Gefühle, szenenartige Abläufe von Handlungen, Ereignissenʾ: *einen schönen, bösen, wunderbaren ~ haben; wilde, wirre Träume; jmdn. im ~ sehen; er hatte heute Nacht einen sehr seltsamen ~; aus dem, einem ~ erwachen, aufschrecken; er wurde aus den schönsten Träumen gerissen; sein toter Vater ist ihm im ~ erschienen; Träume deuten, auslegen; es war mir wie ein ~, es kam mir alles wie im ~ vor* **2.1.** ʾsehnlichster, größter Wunschʾ: *endlich hat sich ihr ~, haben sich ihre Träume erfüllt; sein ~ war es, einmal zu fliegen; der ~ vom großen Glück; ihr ~ ist es, zum Theater zu gehen; sie sind jung und haben noch Träume* (ʾerwarten noch etwas vom Lebenʾ); *das war der ~ seiner Jugend* **2.2.** ⟨+ Attr.⟩ umg. ʾPerson, Sache, die der Wunschvorstellung von Schönheit und Ideal von jmdm. entsprichtʾ: *das war ja ein ~ von einem Auto, Kleid, Haus!; diese Frau ist sein ~; die Reise war ein einziger ~ für mich; sie war der ~ seiner Jugend; sie ist ein ~ von einem Mädchen* (ʾist ein sehr schönes Mädchenʾ); *als Schauspieler ist er ein ~* (ʾer spielt hervorragendʾ) **2.3.** /in der kommunikativen Wendung/ *aus der ~!* /sagt man, wenn man seine Resignation darüber ausdrücken will, dass sich etw. nicht realisieren* lässt/ ❖ **träumen, Träumer, Träumerin, traumhaft, verträumt** — **Alptraum, Traumberuf, -reise**

* **nicht im ~** ⟨vorw. mit den Vb. *denken, einfallen* + Nebens.⟩ ˋdurchaus nicht, nicht im Entferntestenˊ /drückt meist eine Weigerung aus/: *dahin zu gehen, fällt mir nicht im ~ ein; ich denke nicht im ~ daran, diese Arbeit zu übernehmen*

Traum- /bildet mit dem zweiten Bestandteil Subst., die emotional sind; drückt aus, dass das im zweiten Bestandteil Genannte dem höchsten Ideal, dem größten Wunsch entspricht/: ↗ z. B. *Traumberuf, Traumreise* ❖ ↗ **Traum**

Traum|beruf [ˈ..]**, der** emot. ˋBeruf, den man sich sehnlichst wünschtˊ: *Friseuse, Model ist ihr ~* ❖ ↗ **Traum,** ↗ **Beruf**

träumen [ˈtʁɔɪmən] ⟨reg. Vb.; hat⟩ **1.** /jmd./ *etw.* ~ ˋeinen bestimmten Traum (1) habenˊ: *etw. Schönes, Schlechtes, Furchtbares ~; er hat wieder wirres Zeug geträumt; sie hat schlecht geträumt; von jmdm., etw.* ⟨Dat.⟩ ~: *in der letzten Nacht hat er von seinem Vater geträumt; sie träumte von ihrem Geburtstag;* ⟨+ Nebens. u. Konj. II⟩ *sie träumte, dass sie in Indien wäre; er hat geträumt, dass er durch die Prüfung gefallen wäre; er träumte, dass er sie wiedersehen würde; geh. jmdm. träumt/es träumt jmdm.* ⟨+ Nebens. od. Haupts.⟩ *mir träumte, (dass) ich fliege* **2.** /jmd./ *von etw.* ⟨Dat.⟩ ~ ˋsich etw. wünschen, etw. erhoffenˊ: *er, sie träumt schon lange von einer großen Reise, von einem eigenen Haus; er, sie träumte von einer großen Karriere* **3.** umg. /jmd./ ˋseine Gedanken schweifen lassen, nicht konzentriert, nicht aufmerksam seinˊ; ↗ FELD I.4.4.2: *er träumt mit offenen Augen; du träumst zu viel; der Fahrer muss wohl geträumt haben (ˋhat nicht aufgepasstˊ); /in der kommunikativen Wendung/ träum' nicht! /wird zu jmdm. gesagt, um ihn zu mehr Aufmerksamkeit zu veranlassen/* ❖ ↗ **Traum**

* /jmd./ **sich** ⟨Dat.⟩ **etw.** (oft *das*) **nicht ~ lassen** ˋnicht im Entferntesten für möglich halten, dass etw. eintrittˊ: *ich habe/hätte mir nicht ~ lassen, dass ich mit sechzig Jahren noch einmal von vorn anfangen muss; das hätte ich mir nicht ~ lassen!*

Träumer [ˈtʁɔɪmɐ]**, der**; ~s, ~ ˋjmd., der viel träumt (3), nur seinen Gedanken nachhängt und deshalb mit der Wirklichkeit nicht gut zurechtkommtˊ; ↗ FELD I.4.4.1: *seine Ansichten sind die eines ~s; du warst schon immer ein ~, deine Vorstellungen lassen sich nicht erfüllen!; vgl. Romantiker (2)* ❖ ↗ **Traum**

Träumerin [ˈtʁɔɪməʁ..]**, die**; ~, ~nen /zu *Träumer*; weibl./ ❖ ↗ **Traum**

traumhaft [ˈtʁaʊm..] **I.** ⟨Adj.; Steig. reg., ungebr.⟩ **1.** ⟨nicht präd.⟩ ˋwie in einem Traumˊ /beschränkt verbindbar/: *er bewegt sich mit ~er Sicherheit* **2.** ⟨nicht bei Vb.⟩ emot. pos. ˋüberaus schön, gutˊ: *wir hatten ~es Wetter, einen ~en Urlaub; das Auto ist ~* — **II.** ⟨Adv.; vor Adj., Adv.; bei Vb.⟩ emot. pos. ˋüberausˊ: *er sang ~ schön, gut; dort war es ~ schön; sie fuhren ~ schnell; sie spielten ~ (ˋüberaus gutˊ)* ❖ ↗ **Traum**

Traum|reise [ˈ..]**, die** emot. ˋReise, die man sich sehnlichst wünschtˊ: *beide machen eine ~: sie machen eine Kreuzfahrt, fahren mit dem Schiff durch die Karibik* ❖ ↗ **Traum,** ↗ **reisen**

traurig [ˈtʁaʊʁɪç] ⟨Adj.; Steig. reg.⟩ **1.1.** ˋvoller Trauer (1.1.)ˊ; SYN betrübt /auf Personen, Mimisches bez./; ↗ FELD I.6.3: *die ~en Hinterbliebenen; seit diesem Unglück war sie ~; etw. stimmt, macht jmdn. ~* (ANT fröhlich 1.2, froh 1.1): *schon diese Aussicht, Vorstellung macht ihn, sie ~; sein ~er Blick; er hat wohl Kummer, er sieht sehr ~ aus, macht ein ~es Gesicht; sie sah ihn ~ an* **1.2.** ⟨nicht bei Vb.⟩ ˋTrauer (1.1), Kummer verursachendˊ /auf etw. bezogen, das Informationen vermittelt/: *er erhielt eine ~e Nachricht; sie hatte eine ~e Pflicht zu erfüllen; sie haben sich einen ~en Film angesehen, haben ein ~es Buch gelesen; der Film war ~; er hatte den ~en Eindruck, dass …; er musste ihr die ~e Mitteilung machen, dass …* **2.** ⟨nicht bei Vb.⟩ **2.1.** ˋohne jede Freudeˊ: *er hatte eine ~e Jugend; sein Schicksal war, ist ~; das waren damals ~e Zeiten* **2.2.** ˋeinen schlechten Eindruck vermittelndˊ; SYN erbärmlich: *das Haus war in einem ~en Zustand; die Gefangenen befanden sich in einer ~en Verfassung; sein Zustand war ~; er musste in ~en Verhältnissen leben; sie fuhren seit Stunden durch eine ~e Gegend* **3.** ⟨nicht bei Vb.⟩ ˋbeschämend (↗ beschämen 1.1)ˊ /auf Abstraktes bez./: *er macht eine ~e Figur bei der Sache; in diesem Fall spielt er eine ~e Rolle; er hat eine ~e Berühmtheit erlangt; es ist ~, dass …: es ist ~, dass er das nicht zugibt; ~ ist es, dies mit ansehen zu müssen* ❖ ↗ **Trauer**

Traurigkeit [ˈ..]**, die**; ~, ⟨o.Pl.⟩ /zu *traurig* 1.1.,1.2./ ˋdas Traurigseinˊ; SYN Trauer (1.1); ANT Fröhlichkeit; ↗ FELD I.6.1 /zu 1.1/: *eine tiefe ~ überkam sie; man sah ihm seine große ~ an; plötzlich fiel alle ~ von ihr ab* ❖ ↗ **Trauer**

Traute [ˈtʁaʊtə]**, die**; ~, ⟨o.Pl.⟩ umg. SYN ˋMutˊ /beschränkt verbindbar/: *(keine rechte) ~ zu etw. haben; ihm fehlt die ~ dazu; die ~ zu etw. verlieren* ❖ ↗ **trauen**

Trauung [ˈtʁaʊ..]**, die**; ~, ~en ˋZeremonie, durch die ein Brautpaar getraut (II) wirdˊ: *eine kirchliche, standesamtliche ~; die ~ vollziehen; die ~ ist Dienstag um 11 Uhr, ist im Standesamt in N* ❖ ↗ **trauen**

Treff [tʁɛf]**, der**; ~s, ~s umg. **1.1.** ˋZusammenkunft von zwei od. mehreren Personen zu einem bestimmten Zweckˊ: *einen (geheimen) ~ verabreden, vereinbaren; beim letzten ~ hat er ihr das Buch übergeben; ein ~ von Schriftstellern, Künstlern; der Einladung zu einem ~ folgen* **1.2.** /Kurzw. für ↗ *Treffpunkt*/: *die Gaststätte ist ein beliebter ~ für Künstler; sich am vereinbarten ~ einfinden* ❖ ↗ **treffen**

treffen [ˈtʁɛfn̩]**,** (er trifft [tʁɪft]), traf [tʁaːf], hat/ist getroffen [ɡəˈtʁɔfn̩] **1.** ⟨hat⟩ **1.1.** /jmd./ *etw., jmdn.* ~ ˋetw., jmdn. durch einen Schuss, Wurf, Stoß, Schlag erreichen (und verletzen)ˊ: *er hat schon beim ersten Schuss das Ziel, die Scheibe, in die Mitte der Scheibe getroffen; der Jäger hat das Tier mitten ins*

Herz getroffen; er traf sie (mit dem Schneeball) ins Gesicht; er traf den Jungen mit der Faust (an der Stirn); der Schütze hat gut, schlecht getroffen **1.2.** /etw., bes. Schuss, Wurf, Schlag, Stoß/ *jmdn., etw.* ~ ʽjmdn., etw. erreichen und dadurch verletzen, zerstörenʼ: *die Frau wurde von dem Stein an der Schulter getroffen; der Stock hat ihn am Auge getroffen; die Kugel traf (ihn) zum Glück nicht; der Schlag traf ihn am Kopf; sein Haus wurde von einer Bombe getroffen; er wurde tödlich getroffen;* METAPH *ein schweres Unglück hat die Familie getroffen* (ʽist der Familie widerfahrenʼ); *ihn trifft kein Vorwurf* (ʽer ist daran nicht schuldʼ) **2.** ⟨o.Pass.⟩ **2.1.** ⟨hat⟩ /jmd./ *jmdn. irgendwo, irgendwie* ~ ʽmit jmdm., den man kennt, zufällig zusammenkommenʼ: *ich habe ihn gestern im Kino getroffen; er traf seinen Vater unerwartet auf der Straße;* ⟨rez.⟩ /zwei od. mehrere (jmd.)/ *sich* ~: *wir trafen uns zufällig im Theater;* METAPH *ihre Blicke trafen sich* (ʽsie sahen sich zufällig anʼ) **2.2.** ⟨hat⟩ /jmd./ *jmdn. irgendwo, irgendwann* ~ ʽaufgrund einer Verabredung mit jmdm. an einem bestimmten Ort zu einer verabredeten Zeit zusammenkommenʼ: *ich treffe ihn morgen Abend (im Theater); sich mit jmdm. irgendwann, irgendwo* ~: *ich treffe mich morgen mit ihm (am Bahnhof); triffst du dich morgen schon mit ihm?; er hat sich heimlich mit ihr getroffen;* ⟨rez.⟩ /zwei od. mehrere (jmd.)/ *sich irgendwann, irgendwo* ~: *sie treffen sich morgen (im Theater)* **2.3.** ⟨ist⟩ /jmd./ *auf jmdn., etw.* ~ ʽjmdm., einer bestimmten Sache unvermutet begegnen, auf jmdn., etw. stoßen (5)ʼ: *die Forscher trafen auf neue Fakten; er ist dort auf interessante Menschen getroffen; am Fluss trafen sie auf den Feind; die Mannschaft ist auf einen starken Gegner getroffen* (ʽhatte einen Wettkampf mit einem starken Gegner zu bestreitenʼ) **3.** ⟨hat⟩ **3.1.** /jmd., etw. (vorw. das)/ *jmdn., etw.* ~ SYN ʽjmdn., etw. kränkenʼ: *jmdn. tief, stark* ~; *das hat ihn (in seiner Ehre) getroffen; seine Worte trafen sie bis ins Innerste; mit diesen Vorwürfen hat er ihren Stolz getroffen* **3.2.** ⟨vorw. im Prät., Perf.⟩ *etw. trifft jmdn. schwer* ʽetw. erschüttert jmdn.ʼ: *der Verdacht, die Nachricht, Mitteilung hat ihn schwer getroffen* **3.3.** /jmd./ *etw.* ~ ʽdas Richtige herausfindenʼ: *jmds. Geschmack* ~; *den richtigen Ton in einer Ansprache* ~; *jmd. hat jmdn., etw. gut, schlecht, nicht gut getroffen* ʽjmd. hat jmdn., etw. gut, schlecht fotografiertʼ: *er hat dich gut getroffen, hat die Landschaft gut getroffen* **4.** ⟨o.Pass.; hat⟩ /jmd./ *es mit etw. irgendwie* ~ ʽin Bezug auf etw. gute, schlechte Bedingungen vorfindenʼ: *sie haben es im Urlaub mit dem Wetter hervorragend getroffen; es gut, schlecht* ~ **5.** ⟨o.Pass; hat⟩ *es trifft sich, dass ...* ʽes ist ein günstiger Zufall, dass ...ʼ: *es traf sich, dass er mit demselben Zug fuhr; es trifft sich gut, dass ...: es traf sich gut, dass sie beide im selben Hotel wohnten* **6.** ⟨hat⟩ /abgeblasst in Verbindung mit best. Subst., z. B./: /jmd./ *eine ↗ Auswahl* ~; /jmd./ *eine ↗ Anordnung* ~; /jmd./ *eine ↗ Entscheidung* ~; /jmd./ *eine kluge, schlechte ↗ Wahl* ~ ❖ **Treff, Treffen, Treffer, betref-**

fen, betroffen, Betroffenheit, triftig − antreffen, eintreffen, Treffpunkt, treffsicher, Treffsicherheit, übertreffen, vortrefflich, zutreffen

* /jmd./ **sich getroffen fühlen** (ʽeine Äußerung auf sich beziehen und als kränkend empfindenʼ)

Treffen, das; ~s, ~ /zu *treffen* 2.2/ ʽdas Sichtreffenʼ; SYN Zusammenkunft: *ein* ~ *aller Mitglieder des Vereins verlangen; das* ~ *der Außenminister beider Länder verlief in freundschaftlicher Atmosphäre; ein* ~ *veranstalten; an mehreren* ~ *teilnehmen* ❖ ↗ **treffen**

Treffer [ˈtʀɛfɐ], **der**; ~s, ~ **1.** ʽ(gezielter) Schuss (1), Wurf, Stoß, Schlag u.Ä., der ins Ziel getroffen hatʼ: *er hat einen* ~ *erzielt; er hatte (auf zehn Schüsse) acht* ~ (ʽachtmal getroffenʼ); *der Boxer ging nach dem zweiten* ~ (ʽnachdem er zweimal getroffen wurdeʼ) *zu Boden; das Haus hat im Krieg mehrere* ~ *abbekommen; das Schiff, Flugzeug, der Panzer erhielt zwei* ~; *die gegnerische Mannschaft hat schon drei* ~ (ʽToreʼ); *einen* ~ *erzielen; beim Boxen einen* ~ *landen* **2.1.** ʽLos einer Lotterie mit einem Gewinnʼ; ANT Niete: *in der Klassenlotterie einen* ~ *erzielen; unter den fünfzig Losen war nicht ein* ~ **2.2.** *etw. ist ein* ~ ʽetw. ist ein Erfolgʼ: *sein Buch, Film, seine neue Kollektion ist, war ein* ~ ❖ ↗ **treffen**

Treff/treff [ˈtʀɛf..]|**-punkt, der** ʽ(vorher vereinbarter) Ort, an dem sich jmd. mit jmdm. trifft (2.1)ʼ; ↗ auch *Treff*: *einen* ~ *verabreden; pünktlich kam er zum vereinbarten* ~; *das Café ist ein* ~ *für junge Musiker* ❖ ↗ **treffen**, ↗ **Punkt**; **-sicher** ⟨Adj.; Steig. reg.⟩ **1.1.** /jmd., Waffe/ ʽein Ziel genau, sicher treffendʼ /auf Personen, Waffen bez./: *er ist ein* ~*er Schütze; ein* ~*es Gewehr; er ist* ~, *die Waffe gilt als* ~ **1.2.** ʽsicher in der Beurteilung, Einschätzung, Charakterisierung von jmdm., etw.ʼ /auf Abstraktes bez./: *er hat ein* ~*es Urteilsvermögen; eine* ~*e Bemerkung über etw. machen; ihr Urteil ist überlegt und* ~; *etw.* ~ *bemerken, formulieren* ❖ ↗ **treffen**, ↗ **sicher**; **-sicherheit, die** ⟨o.Pl.⟩ /zu *treffsicher* 1.1 u. 1.2/ ʽdas Treffsichersein; /zu 1.1./: mit tödlicher* ~ *traf er ins Ziel; /zu 1.2./: seine* ~ *im Formulieren beeindruckte alle* ❖ ↗ **treffen**, ↗ **sicher**

treiben [ˈtʀaɪbm̩], trieb [tʀiːp], hat/ist getrieben [ɡəˈtʀiːbm̩] **1.** ⟨hat⟩ **1.1.** /jmd./ *ein Tier, jmdn., etw. irgendwohin* ~ ʽein Tier, jmdn., etw. (meist durch Anwendung von Gewalt) dazu zwingen, sich irgendwohin zu bewegen, begebenʼ: *das Vieh, die Kühe, Schafe, Pferde auf die Weide* ~; *die Jäger trieben das Wild vor sich her; die Gefangenen hat man in ein Lager getrieben; jedes Frühjahr werden die Kühe, Schafe in die Berge getrieben; den Ball ins Tor* ~ (ʽschießenʼ) **1.2.** /etw./ *etw., jmdn. irgendwohin* ~ ʽbewirken, dass etw., jmd. sich irgendwohin bewegtʼ; ↗ FELD I.7.3.2: *der Wind treibt die Blätter durch den Garten; die Wellen* ~ *das Boot an die Küste; die Strömung trieb ihn hinaus aufs Meer; der Hunger hat sie nach Hause getrieben; es treibt ihn immer wieder an diesen Ort; die Schmerzen* ~ *ihr die Tränen in die Augen* (ʽbewirken, dass ihr die*

Tränen in die Augen treten'); *die schwere Arbeit treibt ihm den Schweiß auf die Stirn* ('bewirkt, dass ihm der Schweiß auf der Stirn steht') **2.** ⟨hat⟩ **2.1.** /jmd., etw./ *jmdn. zu etw.* ⟨Dat.⟩, *in etw.* ~ 'jmdn. (durch psychische Wirkung) in einen Zustand versetzen, in dem er seine Handlungsweise nicht mehr kontrollieren kann und dadurch zu extremen Reaktionen neigt': *seine schweren Vorwürfe haben sie in den Tod getrieben* ('zum Selbstmord veranlasst'); *ihre ständige Eifersucht trieb ihn aus dem Haus* ('veranlasste ihn, sie zu verlassen'); *mit seinen ständigen Verdächtigungen trieb er sie in den Wahnsinn; Not, Verzweiflung, Einsamkeit haben ihn zum Äußersten getrieben* **2.2.** /jmd./ *jmdn. zu etw.* ⟨Dat.⟩ ~ 'jmdn. zu etw. antreiben'; SYN drängen: *er trieb seine Freunde zu äußerster Eile; jmdn. zum Aufbruch* ~; *er musste den Jungen immer zur Arbeit* ~; *treib mich nicht ständig!* **3.** ⟨vorw. im Pass.; hat⟩ /etw., bes. Wind, Wasser/ *etw. treibt etw.* 'etw. bildet die Energie für den Antrieb von etw.'; SYN antreiben (4): *die Mühle wird durch Wind getrieben; die Maschinen werden mit/durch Dampf getrieben;* METAPH *er, sie ist die ~de Kraft bei diesem Projekt, Unternehmen* **4.1.** ⟨ist/hat⟩ /etw./ *irgendwo* ~ 'irgendwo von der Strömung des Wassers, der Luft bewegt werden': *das Boot treibt auf den Wellen; die Wolken* ~ *am Himmel; das Schiff treibt ohne Steuer auf dem Meer; Holz treibt auf dem, im Wasser* **4.2.** ⟨ist⟩ /etw./ *irgendwohin* ~ 'vom Wind, Wasser irgendwohin bewegt werden': *das Boot ist ans Ufer getrieben; der Ballon ist nach Westen getrieben; die Blätter trieben über die Straße, durch den Park, die Alleen* **5.** ⟨hat⟩ /jmd./ **5.1.** *etw. in, durch etw.* ~ 'etw. bes. durch Schläge mit einem Werkzeug in, durch etw. dringen lassen'; SYN schlagen (2.1): *einen Keil in das Holz* ~; *einen Nagel in die Wand* ~; *er hat schon zehn Pfähle in den Boden getrieben* **5.2.** *etw. durch, in etw.* ~ 'durch Bohrungen einen bestimmten Hohlraum in etw. schaffen, entstehen lassen': *einen Schacht in die Erde* ~; *einen Tunnel in den Fels, durch den Berg* ~ **6.** ⟨hat⟩ /etw. treibt etw./ 'eine Pflanze entwickelt Blätter, Blüten, Knospen': *der Baum treibt neue Blätter; die Rose hat schon viele Knospen getrieben; die Pflanzen* ~ *schon* **7.** ⟨hat⟩ /jmd./ *etw.* ~ **7.1.** 'sich mit etw., was man erlernen möchte, intensiv beschäftigen': *er treibt Philosophie, Geschichte; Latein, Englisch* ~ **7.2.** umg. 'sich mit etw. beschäftigen': *seit seiner Jugend treibt er Sport; etw. nur zum Vergnügen* ~; *was treibt ihr in den Ferien?; müsst ihr immer Unfug* ~?; *sie* ~ *alles Mögliche; jmds. Treiben* ('jmds. verwerflichem Handeln') *ein Ende bereiten* **7.3.** 'eine bestimmte Arbeit, Tätigkeit ausüben': *Handel, Viehzucht* ~; *er treibt Ackerbau, ein seltenes Handwerk* **8.** ⟨hat⟩ umg. **8.1.** /jmd./ *es irgendwie* ~ 'sich in bestimmter, nicht zu billigender Art und Weise verhalten': *es toll, schlimm, bunt* ~; *er treibt es noch so weit, dass er seine Arbeit verlieren wird; treib es nicht zu arg!* **8.2.** emot. /jmd./ *es mit jmdm. irgendwie* ~ 'mit jmdm. in einer nicht zu billigenden Art und Weise

umgehen': *sie haben es schlimm mit den Gefangenen getrieben; mit uns haben sie es arg getrieben;* verhüll. emot. neg. *er hat es mit ihr getrieben, sie hat es mit ihm getrieben* ('hat mit ihr, ihm Geschlechtsverkehr gehabt') **9.** ⟨hat⟩ /abgeblasst in Verbindung mit best. Subst., z. B./: /jmd./ *mit etw.* ↗ *Missbrauch* ~; /jmd./ ↗ *Sport* ~; /jmd./ *mit etw.* ↗ *Spott* ~, *seinen* ↗ *Spott mit jmdm.* ~; /jmd./ *mit etw.* ↗ *Wucher* ~ ❖ **Treiben, Trieb, triebhaft, betreiben, Betrieb, betriebsam, Betriebsamkeit, Getriebe, vertreiben, Vertriebene – abtreiben, Abtreibung, antreiben, Antrieb, Auftrieb, austreiben, Betriebsangehörige, betriebsbereit, -sicher, Betriebsverfassungsgesetz, Betriebswirtschaft, durchtrieben, Geschlechtstrieb, herumtreiben, innerbetrieblich, Kriegstreiber, Quertreiber, Treibhaus, -mittel, -riemen, -sand, Triebfeder, -kraft, -mittel, -wagen, -werk, übertreiben, übertrieben, Umtriebe, Zeitvertreib;** vgl. **betriebs/Betriebs-**

* /jmd./ *sich* ~ *lassen* 'sich widerstandslos, willenlos dem Geschehen überlassen': *er ließ sich* ~; *du darfst dich nicht (so)* ~ *lassen*

Treiben, das; ~s, ⟨o.Pl.⟩ 'das geschäftige, lebhafte Hin und Her einer größeren Zahl von Menschen': *ein reges, emsiges, buntes* ~; *sie beobachtete das Leben und* ~ *auf der Straße; auf dem Markt herrscht reges* ~ ❖ ↗ **treiben**

Treib ['tRɑip..]**-haus, das** 'vorwiegend aus Glas bestehendes Haus, in dem ein feuchtes und warmes Klima erzeugt wird, um Pflanzen züchten zu können, die unter den im Freien gegebenen Bedingungen nicht angebaut werden können'; ↗ FELD VI.5.1: *Bananen wachsen in unseren Breiten nur im* ~ ❖ ↗ treiben, ↗ Haus; **-mittel, das** 'Triebmittel': *für den Kuchen Backpulver als* ~ *verwenden* ❖ ↗ treiben, ↗ Mittel; **-riemen, der** 'einen geschlossenen Kreis bildender Riemen, der eine Rotation vom Motor auf ein Maschinenteil überträgt': *den* ~ *auf die Welle legen; der* ~ *ist von der Welle gesprungen, ist gerissen* ❖ ↗ treiben, ↗ Riemen; **-sand, der** ⟨o.Pl.⟩ 'feiner, lockerer Sand, der vom Wind aufgehäuft ist und in dem man leicht versinkt': *das Auto ist im* ~ *stecken geblieben* ❖ ↗ treiben, ↗ Sand

Trend [tRɛnt], **der**; ~s, ~s 'Richtung in einer Entwicklung, deren Anzeichen über einen längeren Zeitraum zu beobachten sind': *einen* ~ *beobachten, feststellen; der* ~ *zu etw.* ⟨Dat.⟩: *der* ~ *zu modischer Kleidung ist sehr auffällig; der* ~ *zu immer mehr Konsum ist steigend; der* ~ *geht zu kurzen Röcken; im* ~ *liegen: kurze Röcke liegen in diesem Sommer im* ~ ('entsprechen dem Trend'); *er liegt genau im* ~ ('trifft hundertprozentig den Geschmack der Zeit')

trennen ['tRɛnən] ⟨reg. Vb.; hat; ↗ auch getrennt⟩ **1.1.** /jmd./ *zwei od. mehrere Personen, Sachen* ~ 'zwei od. mehrere Personen, Sachen, die zusammengehören, in einen (räumlichen) Abstand zueinander bringen, eine irgendwie geartete Verbindung zwischen ihnen lösen'; ↗ FELD I.7.6.2: *nach dem Tod *der Eltern wollten die Kinder nicht getrennt werden; sie waren lange getrennt; der Lehrer versuchte, die raufenden Schüler zu ~; er hat die Stifte nach Farben getrennt; sie trennt die Bücher nach Fachbüchern und Romanen* **1.2.** /jmd., Institution/ *jmdn. von jmdm., etw. von etw.* ⟨Dat.⟩, *ein Tier von einem Tier ~* 'jmdn., etw., ein Tier von jmdm., etw., einem Tier, mit dem eine Verbindung besteht, lösen': *das Kind von den Eltern, vom Vater, von der Mutter ~;* ⟨oft im Pass.⟩ *sie wurde (auf der Flucht) von ihrem Kind getrennt; die Männer wurden im Gefangenenlager von den Frauen getrennt; die Kühe von den Kälbern ~; den Ärmel vom Kleid ~* ('abtrennen') **2.1.** /jmd./ *sich von jmdm. ~* **2.1.1.** 'einen mit jmdm. bisher gemeinsam verfolgten Weg nicht fortsetzen und in eine andere Richtung gehen': *am Bahnhof trennte er sich von ihm und bestieg ein Taxi;* ⟨rez.⟩ /zwei od. mehrere (jmd.)/ *sich (voneinander) ~: am Bahnhof trennten wir uns* ('gingen wir in verschiedene Richtungen auseinander'); *lange nach Mitternacht trennten wir uns* ('gingen wir, jeder für sich, nach Hause') **2.1.2.** 'die weitere Zusammenarbeit mit jmdm. aufgeben und eigene Wege gehen': *der Dirigent musste sich von seinem Orchester ~; die Spieler trennten sich von ihrem Trainer;* ⟨rez.⟩ /zwei od. mehrere (jmd., Gruppe)/ *sich ~: die beiden Mannschaften trennten sich 2:2* ('beendeten ihren Wettkampf mit dem Ergebnis 2:2') **2.2.** /jmd./ *sich von jmdm. ~* 'eine (eheliche) Beziehung, die man mit jmdm. unterhalten hat, lösen': *sie hat sich von ihrem Mann, er hat sich von seiner Frau, Partnerin, Geliebten getrennt; er will sich von ihr ~;* ⟨rez.⟩ /zwei od. mehrere (jmd.)/ *sich ~: die Geschäftspartner haben sich nach drei Monaten wieder getrennt; sie leben (voneinander) getrennt* **2.3.** /jmd./ *sich von etw.* ⟨Dat.⟩ *~* 'etw. als Eigentum aufgeben': *sie hat sich von ihren alten Möbeln getrennt; er kann sich nicht von diesem Buch ~; langsam muss er sich von diesen Gedanken ~* ('muss er diese Gedanken fallen lassen'), *dass …* **3.** /jmd./ **3.1.** *zwei od. mehrere Sachen od. etw. ~* 'zwei od. mehrere Sachen od. etw., das aus mehreren Bestandteilen besteht, in seine Bestandteile zerlegen': *Stoffe ~; ein Gemisch ~; Wörter richtig, falsch ~* ('orthographisch richtig, falsch abteilen') **3.2.** *etw. von etw.* ⟨Dat.⟩ *~* 'etw. von etw. absondern': *das Eiweiß vom Eigelb ~; Erze vom tauben Gestein ~* **3.3.** *zwei od. mehrere Sachen ~* 'zwei od. mehrere Sachen auseinander halten': *man sollte Beruf und Privates, Arbeit und Vergnügen ~; er kann beides nicht ~* **3.4.** *etw. von etw.* ⟨Dat.⟩ *~* 'etw. von etw. unterscheiden': *ein Problem von seinem Umfeld ~; einen Begriff klar, sauber, deutlich von einem anderen Begriff ~; Begriffe klar voneinander ~; etw. von jmdm. ~: bei einer Beurteilung die Sache von der Person ~* **4.** *etw. trennt zwei od. mehrere Sachen, Personen* 'etw. grenzt zwei od. mehrere Sachen, Personen voneinander ab, bildet eine Grenze zwischen zwei od. mehreren Sachen, Personen': *der Fluss trennt die beiden Länder; die Hecke trennt die Grundstücke;*

ihre politischen Ansichten ~ sie; ihre verschiedene Herkunft trennte sie; umg. *sie ~ Welten!* ('ihre Ansichten sind unvereinbar') **5.** *etw. trennt jmdn. von etw.* ⟨Dat.⟩, *jmdm.* 'etw. stellt eine zeitliche, räumliche Entfernung zwischen (zwei) Sachen, Personen her': *wenige Tage ~ sie noch vom Urlaub; vom Titel des Weltmeisters trennten ihn nur drei Sekunden; sie waren durch eine große Entfernung getrennt* ('eine große Entfernung lag zwischen ihnen') **6.** ⟨vorw. im Pass.⟩ /jmd./ *etw. ~* 'eine telefonische Verbindung od. Funkverbindung unterbrechen': *unser Gespräch wurde getrennt; zwei od. mehrere Personen ~: wir wurden getrennt* ('unser Telefongespräch wurde unterbrochen') ❖ **getrennt – abtrennen, abtrünnig**

Treppe ['tʀɛpə], **die;** ~, ~n 'aus Stufen bestehendes Bauteil, das als Verbindung zwischen Ebenen verschiedener Höhe innerhalb od. außerhalb eines Bauwerks dient'; ↗ FELD V.3.1: *eine steile, breite, bequeme ~; eine ~ aus Holz, Stein, Marmor; die ~ hat über 100 Stufen; die ~ führt auf den Boden, in den Keller; für ihn ist es beschwerlich, ~n zu steigen; die ~ hinaufgehen, hinuntergehen, heraufkommen, hinunterfallen; sie wischt gerade die ~n; Familie Müller wohnt drei ~n hoch* ('im dritten Stockwerk'); *sie wohnt zwei ~n* ('zwei Stockwerke') *höher, tiefer* ❖ **Rolltreppe**

* umg. spött. /jmd./ *die ~ hinauffallen* 'durch besondere Umstände überraschend beruflich aufsteigen': *er ist ganz schön die ~ hinaufgefallen*

Tresor [tʀe'zoːɐ̯], **der;** ~s, ~e **1.** 'aus Stahl hergestellter, gegen Feuer und Diebstahl gesicherter Schrank, in dem bes. Geld, Wertsachen od. Dokumente aufbewahrt werden': *die Papiere, den Schmuck im ~ aufbewahren; etw. in den ~ legen; die Dokumente liegen im ~; einen ~ aufbrechen, knacken*

treten ['tʀeːtn̩], (*er tritt* [tʀɪt]), *trat* [tʀaːt], *ist/hat getreten* **1.** ⟨ist; + Präp., z. B. an, auf, aus, hinter⟩ /jmd./ *irgendwohin ~* 'irgendwohin einen Schritt, wenige Schritte machen und sich damit an eine bestimmte Stelle begeben': *an das Fenster, an jmds. Bett ~; auf den Balkon, die Terrasse ~; der Schauspieler tritt auf die Bühne; sie trat einen Schritt auf sie zu; ich sah ihn vor zwei Stunden aus dem Haus ~; er trat hinter die Mauer; sie trat ins Zimmer; er trat ihr plötzlich in den Weg* ('versperrte ihr den Weg'); *sie mussten noch ein paar Schritte nach vorn, hinten ~; er trat vor die Tür, den Spiegel; er trat zu ihr; sie tritt mutig zwischen die Streitenden; in dem Laden war es so voll, dass man nicht wusste, wohin man ~ sollte* ('wohin man die Füße setzen sollte'); /in der kommunikativen Wendung/ *bitte, ~ Sie näher!* /höfliche Aufforderung, näher zu kommen, um etw. genauer zu betrachten/ **2.1.** ⟨ist/hat⟩ /jmd./ *in, auf etw. ~* '(un)absichtlich seinen Fuß in, auf etw., ein Tier setzen': *er ist auf seine Brille getreten; er hat/ist auf die Pflanzen getreten; auf einen Ast, die Blumen ~; in eine Pfütze ~; er ist in Kot, in einen Kuhfladen getreten; jmdn./jmdm. auf etw. ~: er hat* *mich/ist mir auf den Fuß getreten; er ist ihm/hat ihn auf die Hand getreten; er ist der Katze auf den Schwanz getreten* **2.2.** ⟨hat⟩ /jmd./ *jmdn.* ~ ˈjmdn. auf den Fuß treten (2.1) und ihm dadurch Schmerz zufügen': *er hat mich aus Versehen getreten* **2.3.** ⟨hat⟩ /jmd./ *jmdm., einem Tier/jmdn., ein Tier ir- gendwohin* ~ ˈjmdn., ein Tier irgendwo am Körper heftig mit dem Fuß stoßen': *er hat ihn/ihm ins Kreuz, in den Rücken, ans Schienbein getreten; das Kind trat nach ihr, hat nach ihr getreten; er hat die Katze (auf den Schwanz) getreten; /auch Tier, bes. Kuh, Pferd/ das Pferd, der Esel hat ihn getreten* (ˈhat ausgeschlagen und ihn getroffen'); *sie ist beim Melken von einer Kuh getreten worden* **3.** ⟨hat⟩ *etw.* ~ ˈeinen mit dem Fuß zu betätigenden Hebel nie- derdrücken und dadurch etw. in Funktion, Bewe- gung setzen': *die Kupplung, Bremse* ~; *die Pedale des Klaviers* ~ **5.** ⟨ist⟩ /etw./ *irgendwohin* ~: *der Fluss ist über die Ufer getreten* (ˈhat die Ufer über- schwemmt'); *der Schweiß trat ihm auf die Stirn* (ˈwurde auf der Stirn sichtbar') **6.** ⟨ist⟩ /abgeblasst in Verbindung mit best. Subst., z. B./: /jmd./ *mit jmdm. in* ↗ *Verhandlungen,* ↗ *Kontakt* ~; /jmd./ *mit jmdm. in* ↗ *Wettbewerb* ~; /jmd., Institution/ *in* ↗ *Aktion* ~; /etw., jmd./ *in* ↗ *Funktion* ~; /etw./ *in* ↗ *Erscheinung* ~ **7.** *zu Tage* ~: ↗ *zutage* ❖ **¹be- treten, Tritt, vertreten, Vertreter − antreten, Antritt, abtreten, auftreten, Auftritt, austreten, Austritt, bei- treten, Beitritt, eintreten, Eintritt, Eintrittskarte, Fußtritt, Rücktritt, Stellvertreter, stellvertretend, Trittbrett, Trittleiter, Vortritt, zurücktreten, Zutritt** MERKE Zum Perfekt von *treten* (2.1): Perf. mit *sein* bei Dat. d. Pers. (Akk. d. Sache), Perf. mit *haben* bei Akk. der Pers. (Akk. d. Sache)

treu [tʀɔɪ] ⟨Adj.⟩ **1.** ⟨Steig. reg.⟩ ˈan der (engen) Bin- dung zu jmdm., etw. beständig und unerschütter- lich festhaltend' /vorw. auf Personen bez./; ↗ FELD I.12.3: *seit Jahren sind sie* ~*e Freunde; jmdm.* ~ *zur Seite stehen; jmdm., etw.* ⟨Dat.⟩ ~ *ergeben sein; er ist seinem Glauben, seinen Ansichten stets* ~ *geblieben; sie verbindet eine* ~*e Freundschaft* **2.** ⟨Steig. reg.; nicht bei Vb.⟩ ˈkeine sexuellen Be- ziehungen außerhalb der Ehe od. einer festen Part- nerschaft eingehend' /auf Personen bez./: *er ist ein* ~*er* (ANT treuloser) *Ehemann; sie ist ihrem Part- ner stets* ~ *geblieben, gewesen* **3.** ⟨o. Steig.; vorw. attr.⟩ SYN ˈgetreu (2)' /bes. auf Abstraktes, Künst- lerisches bez./: *sie ist das* ~*e Abbild ihrer Mutter; das Bild ist eine* ~*e Wiedergabe der Wirklichkeit* ❖ **betreuen, getreu, Treue − naturgetreu, treuherzig, Treuherzigkeit, untreu, Untreue, veruntreuen, treu- los, Treulosigkeit, wahrheitsgetreu, werkgetreu** * oft spött. ~ *und brav* ˈrechtschaffen und das aus- führend, was von einem erwartet wird': *seit Stun- den wartet er* ~ *und brav auf sie*

Treue [ˈtʀɔɪə], **die;** ~, ⟨o.Pl.⟩ /zu treu 1−3/ ˈdas Treu- sein'; ↗ FELD I.12.1: /zu 1./: *jmdm. die* ~ *halten; in* ~ *zu einem Bündnis stehen;* /zu 2./: *es mit der ehelichen* ~ *ernst nehmen; er hat seiner Frau ewige*

~ *geschworen;* /zu 3./: *die historische* ~ *der Darstel- lung* ❖ ↗ **treu**
* /jmd./ *auf Treu und Glauben* ˈim festen Vertrauen darauf, dass alles richtig, wahr ist': *jmdm. etw. auf Treu und Glauben übergeben; auf Treu und Glauben handeln; ich leihe dir das Buch, die tausend Mark auf Treu und Glauben*

treu/Treu [ˈtʀɔɪ..]‖**-herzig** [hɛʀtsɪç] ⟨Adj.; Steig. reg.⟩ ˈauf kindliche Weise gutgläubig und arglos' /auf Personen, Mimisches bez./; ↗ FELD I.2.3: *ein* ~*er Mensch, Blick; sein Blick war* ~; *jmdn.* ~ *ansehen;* ~ *antwortete er auf alle Fragen* ❖ ↗ treu, ↗ Herz; **-herzigkeit** [hɛʀtsɪç..], **die;** ~, ⟨o.Pl.⟩ ˈdas Treuher- zigsein'; ↗ FELD I.2.1: *er antwortete mit einer* ~, *die alle in Verlegenheit brachte* ❖ ↗ treu, ↗ Herz; **-los** ⟨Adj.; Steig. reg., ungebr.⟩ ˈin der Treue (1,2) zu jmdm. nicht beständig': *jmd. ist, handelt* ~ *(an jmdm.); er ist ein* ~*er* (ANT treuer 2) *Ehemann; er hat sie* ~ *verlassen* MERKE Zum Unterschied von *treulos* und *untreu*: Beide sind in attributiver Funk- tion austauschbar, *untreu* ist jedoch nicht bei Vb. verwendbar ❖ ↗ treu, ↗ los; **-losigkeit** [loːzɪç..], **die;** ~, ⟨o.Pl.⟩ ˈdas Treulossein': *durch seine* ~ *ging die Ehe in die Brüche* ❖ ↗ treu, ↗ los

Tribüne [tʀiˈbyːnə], **die;** ~, ~n **1.** ˈ(aus hölzernen, metallenen Teilen errichtetes leichtes) meist über- dachtes Bauwerk mit stufenförmig angeordneten Reihen von Sitzplätzen für die Zuschauer von Ver- anstaltungen': *eine* ~ *(für sportliche Veranstaltun- gen) errichten, bauen; langsam füllt sich die* ~ *mit Zuschauern* **2.** ˈPodium': *der Redner bestieg die* ~

Tribut [tʀiˈbuːt], **der;** ~s/auch ~es, ~e ˈAbgabe, Steuer o.Ä., die ein besiegtes Volk an den Sieger zu zahlen hat': *einen* ~ *erheben, auferlegen; den* ~ *zahlen, entrichten;* METAPH *das Hochwasser, der zunehmende Autoverkehr forderte einen hohen* ~ (ˈviele Opfer') *an Menschenleben*
* /jmd., Institution/ *etw.* ⟨Dat.⟩ *seinen* ~ *zollen* **1.** ˈZugeständnisse an etw. machen': *der Mode seinen* ~ *zollen* **2.** ˈetw. lobend anerkennen': *dieser Leis- tung musste man seinen* ~ *zollen*

Trichter [ˈtʀɪçtɐ], **der;** ~s, ~ **1.** ˈRohr, das an einem Ende weit ist, sodass man damit Flüssigkeiten in eine enge Öffnung gießen kann': *Saft mit einem* ~ *in Flaschen füllen; ein* ~ *aus Metall, Glas, Kunst- stoff* **2.** ˈmeist durch den Einschlag von Geschos- sen, Bomben entstandenes rundes, sich nach unten verjüngendes Loch im Erdboden': *ein* ~ *von drei Meter(n) Durchmesser; der* ~ *hat sich mit Schlamm, Wasser gefüllt*
* umg. /jmd./ *jmdn. auf den (richtigen)* ~ *bringen* ˈjmdm. mit einem Hinweis zu einer Erkenntnis ver- helfen': *mit diesem Tipp hat er sie auf den richtigen* ~ *gebracht;* /jmd./ *auf den (richtigen)* ~ *kommen* ˈdie richtige Lösung für ein Problem gefunden ha- ben': *endlich ist er auf den richtigen* ~ *gekommen*

Trick [tʀɪk], **der;** ~s, ~s **1.** ˈMethode, mit der jmd. getäuscht, betrogen wird': *ein alter, bekannter, raf- finierter* ~(SYN ˈMasche II'); *auf einen üblen* ~ *hereinfallen; er kennt alle* ~*s der Gauner, Diebe* **2.**

'besonders geschickte Methode, praktische Fertigkeit, mit der eine bestimmte Arbeit erleichtert werden kann, mit der sich ein Problem lösen lässt'; *alle ~s der Regie beherrschen* (SYN 'Raffinesse 2'); SYN 'Dreh, Kniff (2)': *ein technischer, künstlerischer ~; einen ~ anwenden; es gibt einen ganz einfachen ~, sich diese Arbeit zu erleichtern; sie kannten alle ~s dieses Handwerks* **3.** 'auf Geschicklichkeit beruhende, verblüffende (artistische) Darbietung': *der ~ des Zauberkünstlers; der ~ mit den Karten; einen ~ vorführen* ❖ **Trickaufnahme, -film**

Trick ['..]|**-aufnahme, die** 'Verfahren der Film-, Tontechnik, bei dem etw. dargestellt wird, wie es in Wirklichkeit nicht möglich ist': *in diesem Film wurde viel mit ~n gearbeitet; die Szene war so unwirklich, dass es eine ~ sein musste* ❖ ↗ Trick, ↗ nehmen; **-film, der** 'Film, der aus den einzelnen Aufnahmen gezeichneter od. gestellter Phasen von Bewegungen zusammengestellt ist': *das Märchen wird als ~ gezeigt* ❖ ↗ Trick, ↗ Film

Trieb [tri:p], **der**; ~s/auch ~es, ~e **1.** '(vom Instinkt gesteuerter) bei Mensch und Tier vorhandener Drang nach Handlungen, der der Befriedigung von grundlegenden (physischen) Bedürfnissen dient': *der ~ zum Essen, Trinken; der sexuelle ~ ist uns angeboren; der ~ zum Schlafen, Spielen; seinen ~ beherrschen, zügeln, befriedigen; er ist seinen ~n unterworfen; sie gab diesem ~ nicht nach* **2.** ⟨o.Pl.⟩ umg. SYN 'Antrieb (2)': *nicht den geringsten, leisesten ~ zum Wandern, Lesen, Lernen haben, empfinden, verspüren* **3.** 'junger, gerade erst entwickelter Teil einer Pflanze': *ein wilder, kräftiger, dünner ~* (SYN 'Spross 1'); *die ~e zurückschneiden; das Wild hat die jungen ~e gefressen; an den Spitzen der Äste haben sich ~e gebildet; die ~e sind schon weit entwickelt; vgl. Keim (1.2)* ❖ ↗ **treiben**

Trieb|feder ['..], **die**: *etw. ist die ~ von etw.* 'etw. treibt (2) jmdn. zu einem bestimmten Handeln': *seine Eifersucht war die ~ ihres ständigen Streits; Hass war die starke, eigentliche ~ seines Handelns* ❖ ↗ **treiben, ↗ Feder**

trieb|haft ['..] ⟨Adj.; Steig. reg., ungebr.⟩ 'von (sexuellen) Trieben (1) beherrscht' /vorw. auf Personen bez./: *er ist ein ~er Mensch; ~e Handlungen; sein ~es Verhalten; er ist, handelt ~* ❖ ↗ **treiben**

Trieb ['tri:p..]|**-kraft, die 1.** 'Faktor von starker mobilisierender Wirkung, der die Ursache für Entwicklungen ist': *wirtschaftliche Triebkräfte; Ehrgeiz war die, wurde zur ~ seines Handelns; der Handel ist eine wichtige, entscheidende ~ für die Wirtschaft* **2.** ⟨o.Pl.⟩ 'Fähigkeit eines Triebmittels': *die Hefe hat keine ~ mehr* ❖ ↗ treiben, ↗ Kraft; **-mittel, das** 'beim Backen Gas entwickelnder Stoff, der einem Teig zugesetzt wird, damit er sich nach oben hin ausdehnt, locker (2.2), porig wird': *Backpulver, Hefe sind ~* ❖ ↗ treiben, ↗ Mittel; **-wagen, der** 'Schienenfahrzeug der (Eisenbahn, Straßenbahn, U- und S-Bahn) mit eingebautem Elektro- od. Dieselmotor, das Wagen zieht und gleichzeitig zur Be-

förderung von Personen eingesetzt wird'; ↗ FELD VIII.4.1.1: *ein elektrischer ~* ❖ ↗ treiben, ↗ Wagen; **-werk, das** 'aus mehreren Elementen bestehende Anlage zum Antrieb eines Flugzeugs, einer Rakete'; ↗ FELD V.5.1: *das ~ einer Düsenmaschine, einer Rakete; bei dem Flugzeug ist ein ~ ausgefallen* ❖ ↗ treiben, ↗ Werk

triefen ['tri:fn̩], triefte/veraltend troff [trɔf], ist/hat getrieft **1.** ⟨ist⟩ /Flüssigkeit, bes. Schweiß, Wasser/ *von irgendwoher ~* 'in (dicken) Tropfen irgendwoher herunterfallen od. in kleinen Rinnsalen herunterfließen'; ↗ FELD III.2.2: *der Schweiß triefte/troff ihm von der Stirn; das Wasser ist von den feuchten Wänden, den Bäumen, vom Dach des Zeltes getrieft; der Regen trieft; sie gingen im ~den Regen spazieren; aus der Wunde troff immer noch Blut* **2.** ⟨hat⟩ /jmd., etw., bes. Kleidungsstück/ *von/vor etw.* ⟨Dat⟩ *~* 'so nass sein, dass die Flüssigkeit, das Wasser in großen Mengen herunterfließt': *er, der Mantel triefte vor/von Nässe;* ⟨oft adj. im Part. I⟩ *vor Schweiß ~d, stieg er den Berg hinauf; ~d nass* ('völlig durchnässt') *sein; den ~den Schirm in den Eimer stellen!; die ~den Hosen ausziehen* **3.** ⟨hat⟩ /jmd., etw./ *von/ vor etw.* ⟨Dat.⟩ *~* 'eine bestimmte Haltung in übertriebenem Maße zeigend, ausdrückend': *er, sein Benehmen trieft vor Freundlichkeit* ('er, sein Benehmen ist übertrieben freundlich'); *ihre Worte troffen vor Spott, Hohn; er trieft vor Wohlwollen, Rührseligkeit; seine Geschichten triefen vor Edelmut, Güte* ❖ ↗ **Tropfen**

trifft: ↗ *treffen*

triftig ['trɪftɪç] ⟨Adj.; Steig. reg.; vorw. attr.⟩ SYN 'stichhaltig': *er führte für sein Fehlen als Entschuldigung ~e Gründe an; er hatte ~e Einwände, Beweise, Argumente; er hat uns ~ beweisen können, dass …* ❖ ↗ **treffen**

Trikot [tri'ko:/'triko], **das**; ~s, ~s **1.** ⟨vorw. o. Art.⟩ 'maschinell hergestelltes elastisches Gewirk, aus dem bes. Unterwäsche hergestellt wird': *Wäsche aus ~ tragen; er trug gern Unterhemden aus ~* **2.** 'meist in einem Stück gearbeitetes Kleidungsstück aus Trikot (1), das eng am Körper anliegt und bes. bei sportlichen Betätigungen getragen wird': *ein schwarzes, grünes ~; das ~ eines Tänzers, Turners; die Fußballmannschaft trug rote ~s; das gelbe ~ des Radrennfahrers* ❖ ↗ **Trikotage**

Trikotage [triko'ta:ʒə], **die**; ~, ~n ⟨vorw. Pl.⟩ 'aus Trikot (1) hergestellte textile Ware': *ein Geschäft für ~n; Pullover, Unterhemden sind ~n* ❖ ↗ **Trikot**

Triller ['trilɐ], **der**; ~s, ~ **1.1.** 'Ton, Klang, der durch wiederholten schnellen Wechsel mit dem nächsthöheren halben od. ganzen Ton entsteht': *die Sängerin übte ~; die Geige setzte mit einem ~ ein; sie spielte einige ~ auf der Flöte* **1.2.** 'Ruf eines Vogels, der durch schnelle Wiederholung ein und desselben Tones erzeugt wird': *die ~ des Kanarienvogels* ❖ **trillern — Trillerpfeife**

trillern ['trilɐn] ⟨reg. Vb.; hat⟩ /jmd., Vogel/ 'singen, pfeifen und dabei Triller (1.1,1.2) erzeugen': *mit der*

Stimme ~; sie trillerte auf der Flöte; die Lerche trillert ❖ ↗ **Triller**

Triller|pfeife ['tʀɪlɐ..], **die** 'für Signale verwendete Pfeife (1), die dem Triller ähnliche Töne hervorbringt': *die ~ gellt, schrillt; die ~ des Schiedsrichters* ❖ ↗ **Triller,** ↗ **Pfeife**

Trilogie [tʀilo'giː], **die**; ~, ~n [ ] 'Zyklus (2) von drei selbständigen, aber thematisch zusammenhängenden Werken der Literatur, Musik, des Films': *der Roman erscheint als ~; Schillers Dramen über Wallenstein bilden eine ~*

trimmen ['tʀɪmən] ⟨reg. Vb.; hat⟩ **1.1.** /jmd./ *jmdn. auf etw., zu etw.* ⟨Dat.⟩ *~* 'durch wiederholtes Einüben bei jmdm. bestimmte Eigenschaften, ein bestimmtes Verhalten entwickeln, Aussehen erzeugen': *er hat seine Kinder auf, zur Pünktlichkeit getrimmt; jmdn. auf Ordnung, Höflichkeit, Gehorsam ~; einen Schauspieler auf einen bestimmten Typ ~* ('festlegen') **1.2.** /jmd., vorw. Frau/ *sich auf etw. ~* 'sich durch Kleidung, Frisur, Makeup so verändern, dass man einem bestimmten Menschentyp entspricht': *sie hat sich auf Vamp, sportlich, jugendlich getrimmt* **1.3.** /jmd./ *etw. auf etw. ~* 'etw. durch bestimmte Maßnahmen in seinem Äußeren verändern': *die Wohnung auf modern, das Restaurant auf historisch, rustikal ~; sich auf etw. ~: sie trimmt sich auf jugendlich* **2.** /jmd./ *etw. auf etw. ~* 'einen Motor durch geeignete Änderungen auf ein bestimmtes Niveau bringen': *einen Motor auf höchste Leistung ~* **3.** /jmd./ *sich, jmdn. ~* 'sich, jmdn. durch (intensive) sportliche Betätigung körperlich leistungsfähig machen, halten': *er trimmt sich, um fit zu bleiben; der Trainer trimmt seine Spieler für das Endspiel; er ist ein gut getrimmter Schwimmer*

trinkbar ['tʀɪŋk..] ⟨Adj.; o. Steig.; nicht bei Vb.; vorw. attr. u. subst.⟩ 'so beschaffen, dass man es trinken (1.1) kann, ohne gesundheitlich Schaden zu nehmen' /vorw. auf Wasser bez./: *das Wasser aus diesem Brunnen, aus dem Fluss ist (nicht) ~; hast du etw./was Trinkbares* ('irgendetw., das ich trinken kann, was man gewöhnlich trinkt') *im Hause?* ❖ ↗ **trinken**

trinken ['tʀɪŋkn̩], trank [tʀaŋk], hat getrunken [gə'tʀʊŋkn̩] **1.1.** /jmd., auch Tier/ *etw. ~* 'Flüssigkeit, flüssige Nahrung durch den Mund zu sich nehmen'; ↗ FELD I.8.2: *Wasser, Milch, Kaffee, Bier ~; das Kind will keine Milch ~, will die Milch nicht ~; junge Katzen ~ gern Milch; (etw.) langsam, schnell, gierig, in großen Schlucken ~; eine Tasse, einen Schluck Tee, ein Glas Bier, Sekt, Wein ~; er trank das Bier gleich aus der Flasche; viel, wenig, essen und ~; trinkst du gerne Wein?; er hat zu kalt* ('eine zu kalte Flüssigkeit') *getrunken; wer möchte noch (etwas) von dem Saft ~?; aus etw.* ⟨Dat.⟩ *~: er trinkt aus der Tasse, dem Glas; etw. aus etw.* ⟨Dat.⟩ *~: sie tranken (den) Sekt aus Gläsern; etw. lässt sich ~* 'ein bestimmtes Getränk schmeckt gut': *der Sekt, Wein, das Bier lässt sich ~* **1.2.** /jmd./ *ein Glas leer ~* ('ein Glas durch Trinken leeren') **1.3.** /jmd./ *sich satt ~: das Baby, die Katze*

hat sich satt getrunken ('hat so viel, so lange getrunken, bis es, sie satt war') **2.1.** *jmd. trinkt* 'jmd. nimmt gewohnheitsmäßig und in großer Menge alkoholische Getränke zu sich': *ihr Mann trinkt* ('ist ein Trinker'); *sie trinkt aus Kummer; er hat angefangen zu ~, trinkt nicht mehr* **2.2.** /jmd./ *auf jmdn., etw. ~* 'das Glas heben und mit einem alkoholischen Getränk anstoßen, um damit jmdn. zu ehren, etw. zu feiern': *wir ~ auf unsere Eltern, den Jubilar, unseren Gast; wir wollen auf deine Gesundheit, das bestandene Examen ~; etw. auf etw. ~: ein Glas Sekt auf jmds. Wohl, Gesundheit ~* ❖ **Trank, Tränke, tränken, Trinker, Trinkerin, Trunk, trunken, betrinken, betrunken, Betrunkene, ertränken, ertrinken, Getränk, Trunkenbold** – **angetrunken, austrinken, Mixgetränk, schlaftrunken, Trinkgeld**

Trinker ['tʀɪŋkɐ], **der**; ~s, ~ 'jmd., der gewohnheitsmäßig und in großer Menge alkoholische Getränke zu sich nimmt'; SYN Alkoholiker, Trunkenbold: *er ist ein ~; einen ~ zur Entziehungskur schicken* ❖ ↗ **trinken**

Trinkerin ['tʀɪŋkəʀ..], **die**; ~, ~nen /zu *Trinker*; weibl./ ❖ ↗ **trinken**

Trink ['tʀɪŋk..]|**-geld, das** ⟨vorw. Sg.⟩ 'kleinerer Geldbetrag, den man jmdm. (zusätzlich zum geforderten Preis) für etw., bes. eine Dienstleistung, freiwillig zusätzlich gibt, um seine Zufriedenheit auszudrücken': *dem Kellner, dem Fahrer des Taxis ein (kleines) ~, reichliches ~ geben; hast du ~ gegeben?* ❖ ↗ trinken, ↗ Geld; **-spruch, der** 'kurze Rede bei einem festlichen Anlass, die mit der Aufforderung schließt, zu Ehren von jmdm. von einem alkoholischen Getränk einen Schluck zu trinken'; SYN Toast: *einen ~ (auf jmdn., auf jmds. Wohl) ausbringen* ❖ ↗ trinken, ↗ sprechen; **-wasser, das** ⟨o.Pl.⟩ 'trinkbares Wasser': *die Aufbereitung von ~ kostet den Staat jährlich mehrere Millionen; das kannst du ruhig trinken, das ist ~!* ❖ ↗ trinken, ↗ Wasser

Trio ['tʀiːo], **das**; ~s, ~s **1.** 'Komposition für drei solistische Instrumente': *ein ~ für Klavier, Violine und Flöte* **2.** 'Gruppe von drei Musikern, die gemeinsam auftreten': *das ~ bestritt den ganzen Abend, erhielt großen Beifall* **3.** 'Gruppe von drei Personen, die entweder häufig gemeinsam in Erscheinung treten, oft zusammenarbeiten od. die gemeinsam eine kriminelle Handlung begehen': *sie arbeiten nur als ~* ('zu dritt gemeinsam'); *gestern hat man das ~* ('die drei Betrüger, Einbrecher o.Ä.') *festgenommen*

Trip [tʀɪp], **der**; ~s, ~s 'kleinere, kurze Reise, zu der man sich spontan entschließt, ohne längere Vorbereitungen zu treffen'; SYN Ausflug: *einen ~ nach N unternehmen; gemeinsam haben sie sich für einen ~ nach N entschieden*

trippeln ['tʀɪpl̩n] ⟨reg. Vb.; ist⟩ /jmd., bes. kleines Kind, auch Tier/ *irgendwohin ~* 'irgendwohin mit kleinen, schnellen Schritten gehen'; ↗ FELD I.7.2.2: *das Kind trippelte durch das Zimmer; hin und her ~; sie trippelte auf ihren hohen Absätzen über die Straße; die Schafe ~ in den Stall*

trist [tʀɪst] ⟨Adj.; Steig. reg.⟩ 'eintönig und reizlos' /auf Regionen, Orte, Bauten bez./: *ein ~es Dorf; eine ~e* (SYN 'trübselige 1') *Gegend; lange ~e und graue Straßen; hier sieht alles langweilig und ~ aus; etw. ~ finden; heute haben wir ~es* ('schlechtes 2.1') *Wetter; hier fristete er ein ~es Dasein*

Tritt [tʀɪt]**, der**; *~s/auch ~es, ~e* **1.** 'das Aufsetzen des Fußes beim Gehen'; SYN Schritt (1): *er hörte leise, schwere, feste ~e; der Balken biegt sich unter seinen ~en; bei jedem ~ knarrten die Dielen; das Laub raschelt unter ihren ~en; einen falschen ~ tun* ('sich den Fuß vertreten') **2.** ⟨o.Pl.⟩ **2.1.** 'Art und Weise, wie jmd. geht'; SYN Gang: *einen leichten, federnden, schweren ~ haben; jmdn. am ~ erkennen; mit festem ~ kam er die Treppe herab* **2.2.** 'Gleichschritt' /beschränkt verbindbar/: *aus dem ~ kommen; ~ fassen* ('im Gleichschritt anfangen zu marschieren'); *ohne ~* ('nicht im Gleichschritt') *Marsch!* /Kommando beim Militär/ **3.** 'Stoß (1) mit dem Fuß'; SYN Fußtritt: *jmdm., einem Tier einen ~ versetzen; einen Hund mit ~en verjagen; er bekam von hinten einen ~ und stürzte* ❖ ↗ **treten**

Tritt ['..]|**-brett, das** 'bes. bei öffentlichen Verkehrsmitteln unterhalb der Tür angebrachte Stufe, die den Fahrgästen das Ein- und Aussteigen erleichtern soll': *das ~ eines Zuges, einer Straßenbahn; auf das ~ eines schon anfahrenden Busses springen; vom ~ springen, stürzen* ❖ ↗ **Brett; -leiter, die** 'niedrige Leiter, die frei stehen kann und wie eine Treppe konstruiert ist' (↗ BILD (Leiter): *zum Putzen der Fenster eine ~ benutzen* ❖ ↗ treten, ↗ ²Leiter

Triumph [tʀiˈʊmf]**, der**; *~s/auch ~es, ~e* **1.** 'großer Erfolg'; SYN Sieg: *etw. ist ein ~ der Menschlichkeit; mit dieser Erfindung errang die Wissenschaft einen ihrer größten ~e; jmd., etw. feiert einen ~, feiert ~e* ('ist sehr erfolgreich'); *er genoss seinen ~; die Sängerin war auf der Höhe ihres ~es; wir gönnten ihnen den ~ von ganzem Herzen; mit der siegreichen Mannschaft den ~ feiern; sie kostete ihren ~ aus* **2.** ⟨o.Pl.⟩ 'Genugtuung, Freude, bes. über einen errungenen Erfolg, Sieg': *sie geleiteten den Sieger im ~ durch die Straßen; in seiner Stimme schwang verächtlicher, kalter, unverhohlener ~ mit; ~ spiegelte sich auf seinem Gesicht* ❖ **triumphal, triumphieren**

triumphal [tʀiʊmˈfaːl] ⟨Adj.; Steig. reg.⟩ **1.** 'großartig und von großem Jubel und Begeisterung begleitet': *dem Minister, Schauspieler wurde ein ~er Empfang bereitet; jmdn. ~ feiern; der Gewinner, Sieger wurde ~ empfangen; der Empfang war ~* **2.** ⟨nicht bei Vb.; vorw. attr.⟩ 'einen Triumph (1) darstellend, Bewunderung hervorrufend': *ein ~er Erfolg der Medizin; ein ~er Sieg der Forschung über die Tuberkulose; der ~e Erfolg dieses Theaterstücks versetzte alle in Erstaunen; sein erster öffentlicher Auftritt, sein Debüt war ~* ❖ ↗ **Triumph**

triumphieren [tʀiʊmˈfiːʀən], triumphierte, hat triumphiert **1.** /jmd., etw./ *über jmdn., etw. ~* 'jmdn., etw. erfolgreich besiegen': *seine Vernunft triumphierte*

über sein Gefühl; *seine Angst, die Gerechtigkeit hat schließlich triumphiert; zuletzt hat er über seinen Rivalen, seine Feinde triumphiert* **2.** /jmd./ 'über etw., bes. einen Erfolg, Sieg, große Genugtuung empfinden (und diese ausdrücken)': *er triumphierte, als er die schwere Aufgabe gelöst hatte; als sie von seiner Niederlage hörte, triumphierte sie; innerlich, heimlich, im Stillen ~;* ⟨oft adj. im Part. I⟩ *ein ~des Lächeln nicht unterdrücken können; etw. mit ~dem Gesicht, Blick sagen; jmdm. etw. mit ~der Miene/ ~d berichten, sagen, zeigen; jmdn. ~d ansehen;* vgl. *frohlocken* ❖ ↗ **Triumpf**

trivial [tʀiˈvi̯aːl] ⟨Adj.; Steig. reg.⟩ emot. neg. **1.** 'durchschnittlich und unbedeutend'; SYN platt /auf Gedanken bez./: *seine Weisheiten, Gedanken waren dumm und ~; er machte einige ~e Bemerkungen; wie können seine Ansichten nur so ~ sein!; diese Idee klingt ~* **2.** 'alltäglich und gewöhnlich': *Essen ist eine ~e Beschäftigung; sie beschäftigt sich mit so ~en Dingen wie Haushalt, Wäsche, Garten* ❖ **Trivialität**

Trivialität [tʀiˈvi̯ali̯tɛːt/..ˈteː..]**, die**; *~, ~en* ⟨vorw. Sg.⟩ /zu trivial 1 u. 2/ 'das Trivialsein': /zu 1/: *die ~ seiner Ideen, Gedanken, Ansichten;* /zu 2/: *die ~ des alltäglichen Lebens* ❖ ↗ **trivial**

trocken [ˈtʀɔkn̩] ⟨Adj.⟩ **1.1.** ⟨Steig. reg.⟩ 'ohne Nässe, Feuchtigkeit'; ANT nass (1) /auf Stoffliches bez./: *trock(e)ne Kleidung, Sachen anziehen; das Holz, der Sand, die Erde ist ~; ist die Wäsche, Farbe schon ~?; er rasiert sich ~* ('nicht mit Wasser, Seife, Rasiermesser, sondern mit einem elektrischen Apparat'); *wir kamen noch ~ nach Hause* ('auf dem Weg nach Hause kamen wir nicht in den Regen'); *im Trocken(e)n* ('an einem Platz, den der Regen nicht erreichen kann') *sitzen* **1.2.** ⟨Steig. reg., nicht bei Vb.⟩ 'mit sehr geringem Gehalt an Feuchtigkeit'; ANT feucht (1) /vorw. auf Körperliches bez./: *trock(e)ne Haut, trock(e)nes Haar; die Luft ist heute sehr ~; vor Durst hatte sie ganz ~e Lippen* **1.3.** ⟨o. Steig.; nicht bei Vb.⟩ 'infolge eines gestörten Wasserhaushalts, wegen ungenügender Zufuhr von Wasser abgestorben und brüchig'; SYN dürr (1); ANT saftig (1) /auf Pflanzen, Teile von Pflanzen bez./: *~es Gras, ~e Blumen; das Gras war (schon) ~; trock(e)ne Äste, Blätter; trock(e)nes Laub raschelt unter unseren Füßen;* vgl. *vertrocknen* **1.4.** ⟨Steig. reg.; nicht bei Vb.⟩ 'nur geringe od. gar keine Niederschläge aufweisend' /auf Wetter, Jahreszeiten bez./: *ein trock(e)ner Sommer; das Wetter ist schon seit Wochen heiß und ~; mir ist der Herbst viel zu ~; bei trock(e)nem Wetter sitzt er viel in seinem Garten; das Land hat ein sehr trock(e)nes Klima* **1.5.** ⟨o. Steig.; nicht präd.⟩ 'ohne Belag, Aufstrich, ohne irgendwelche weiteren Zutaten': *wir hatten nichts weiter als ~ Brot/trock(e)nes Brot im Haus; die Kartoffeln, das Fleisch mussten wir ~* ('ohne Soße') *essen* **2.** ⟨Steig. reg., ungebr.; nicht bei Vb.⟩ 'mit wenig Gehalt an Zucker'; ANT lieblich (2) /auf Wein, Sekt bez./: *dieser Wein, Sekt ist ~* (SYN 'herb 1'); *ich habe uns einen trock(e)-*

nen Wein bestellt **3.** ⟨o. Steig.; nur präd. (mit *sein*)⟩ /jmd./ ~ *sein* 'durch Entwöhnung keine alkoholischen Getränke mehr zu sich nehmen': *er ist seit einem Jahr* ~ **4.1.** ⟨Steig. reg.⟩ 'sachlich und dadurch nicht unterhaltsam'; ANT interessant (1): *sein Vortrag, Unterricht war sehr* ~; *der trock(e)ne Lehrstoff liegt mir nicht; er schreibt meistens sehr* ~ **4.2.** ⟨Steig. reg., ungebr.; vorw. attr.⟩ 'durch eine sachliche Darstellung sehr witzig und erheiternd wirkend' /bes. auf Äußerungen bez./: *er hat einen ziemlich trock(e)nen Humor; mit seinen trock(e)nen Witzen, Bemerkungen bringt er alle zum Lachen; ganz* ~ *hat er ihr darauf geantwortet* ❖ **Trockenheit, trocknen, vertrocknen − abtrocknen, austrocknen, knochentrocken, trockenlegen**

* umg. /jmd., Institution, Unternehmen/ **auf dem Trock(e)nen sitzen 1.** '(vorübergehend) kein Geld haben': *er kann seine Miete nicht bezahlen, er sitzt auf dem Trock(e)nen* **2.** 'vor einem leeren Glas sitzen, nichts mehr zu trinken haben': *Herr Ober, wir sitzen auf dem Trock(e)nen!*
MERKE Zum Ausfall des ‚e' der Endung: ↗ *dunkel* (Merke)

Trockenheit ['..], **die**; ~, ⟨o.Pl.⟩ /zu *trocken* 1 u. 4/ 'das Trockensein'; ↗ FELD III.2.1 /zu 1.4/: *die lange* ~ *macht der Landwirtschaft zu schaffen*; /zu 4.1/: *die* ~ *seines Vortrags*; /zu 4.2/: *er erzählte das mit einer* ~, *die alle zum Lachen brachte* ❖ ↗ **trocken**

trocken|legen ['..] ⟨trb. reg. Vb.; hat⟩ **1.** /jmd./ *jmdn., bes. ein Baby* ~ ('bei jmdm., einem Baby die nassen Windeln entfernen und durch neue ersetzen') **2.** /jmd./ *etw., bes. einen Sumpf* ~ 'etw., bes. einem Sumpf durch den Bau von Kanälen u.Ä. das Wasser entziehen od. es ableiten'; SYN 'entwässern'; ↗ FELD III.2.2: *einen Sumpf* ~; *die Wiese wurde trockengelegt* ❖ ↗ **trocken**, ↗ **legen**

trocknen ['tʀɔknən], trocknete, hat/ist getrocknet; ↗ FELD III.2.2 **1.1.** ⟨ist⟩ /etw./ 'trocken werden, indem nach und nach die Feuchtigkeit entzogen wird': *dieser Pullover trocknet schnell, langsam, gut, schlecht; draußen* ~ *die Sachen besser; die aufgehängte Wäsche ist schnell getrocknet; den Schirm zum Trocknen aufspannen; die Straße ist nach dem Regen schnell getrocknet* (SYN 'abgetrocknet 2') **1.2.** ⟨hat⟩ /jmd., etw., bes. Sonne, Wind/ *etw.* ~ 'etw. trocken (1.1) werden lassen': *die Wäsche im Garten, auf dem Balkon, auf der Wiese* ~; *sie trocknet die Haare mit dem Föhn; sich* ⟨Dat.⟩ *die Hände am, mit dem Handtuch* ~ ('abtrocknen 1'); *der Wind, die Sonne hat die Wäsche schnell getrocknet* **2.** ⟨hat⟩ /jmd./ *etw.* ~ 'Lebensmittel durch den Entzug von Feuchtigkeit haltbar machen': *Äpfel, Aprikosen und anderes Obst* ~; *den Schinken an der Luft* ~; *getrocknete Hülsenfrüchte* **3.** ⟨hat⟩ /jmd./ *etw.* ~ 'etw. Nasses durch Wegwischen entfernen': *jmds. Tränen* ~ ('mit dem Taschentuch abwischen'); *sie trocknet den Fleck mit einem Tuch; er versucht den Inhalt des umgefallenen Glases schnell zu* ~ ❖ ↗ **trocken**

Troddel ['tʀɔtl̩], **die**; ~, ~n 'kleine Quaste, die oft als Verzierung angebracht ist': *ein Lampenschirm, eine Mütze mit (bunten)* ~n; *ein altmodischer Sessel mit* ~n

Trödel ['tʀøːdl̩], **der**; ~s, ⟨o.Pl.⟩ umg. emot. 'alte, als wert- und nutzlos geltende Gegenstände; SYN Kram, Plunder': *wirf endlich den ganzen* ~ *weg!; sie besaßen viel alten* ~ ❖ **trödeln**

trödeln ['tʀøːdl̩n] ⟨reg. Vb.; hat/ist⟩ umg. /jmd./ **1.1.** ⟨hat⟩ *bei etw.* ⟨Dat.⟩ ~ 'sich bei der Ausführung einer Tätigkeit, beim Arbeiten, Gehen zu viel Zeit lassen'; SYN bummeln (2): *unser Sohn trödelt immer beim Waschen; die Schüler haben auf dem Weg nach Hause getrödelt; sie trödelt immer bei den Hausaufgaben; weil sie trödelten, kamen sie zu spät zur Schule* **1.2.** ⟨ist⟩ *irgendwohin* ~ SYN 'irgendwohin schlendern'; ANT eilen: *sie trödelten durch die Gassen, Straßen; sie sind durch die Stadt getrödelt* ❖ ↗ **Trödel**

troff: ↗ *triefen*

trog: ↗ *trügen*

Trog [tʀoːk], **der**; ~s/auch ~es, Tröge ['tʀøːgə] 'länglicher, oben offener Behälter, der bes. beim Füttern von Tieren od. beim Backen verwendet wird'; ↗ FELD V.7.1: *ein hölzerner* ~; *ein* ~ *aus Stein; der Teig wird im* ~ *geknetet; Pferde, Kühe, Schafe und Schweine fressen aus dem* ~

trollen ['tʀɔlən], **sich** ⟨reg. Vb.; hat⟩ umg. /jmd./ *sich irgendwohin* ~ 'sich langsam von jmdm. weg irgendwohin begeben, weil man dazu aufgefordert wird od. man beleidigt ist od. sich für etw. schämt': *die Kinder trollten sich kleinlaut nach Hause; er hat sich nach der Standpauke in sein Zimmer getrollt; trollt euch ('verschwindet') endlich!*

Trommel ['tʀɔml̩], **die**; ~, ~n **1.** 'Schlaginstrument, bestehend aus einem hölzernen od. metallenen zylindrischen Körper, über dessen Öffnung bes. eine Tierhaut gespannt ist': *eine große, kleine* ~; *die* ~ *schlagen; die* ~n *dröhnen, tönen dumpf* **2.** 'rotierender zylindrischer Behälter, meist als Teil einer Maschine, der für die Aufnahme von etw. bestimmt ist': *die* ~ *der Waschmaschine mit Wäsche füllen; die* ~ ('das rotierende Magazin') *eines Revolvers* **3.** 'zylindrischer Körper, um den etw. gewickelt wird': *das Kabel, Tau auf eine* ~ *wickeln* ❖ **trommeln**

* /jmd., Institution, Unternehmen/ **die ~ für etw. rühren** 'für etw. sehr werben': *seit drei Wochen rührten sie überall die ~ für die neue Zeitung*

trommeln ['tʀɔml̩n] ⟨reg. Vb.; hat⟩; ↗ FELD VI.1.2 **1.** /jmd./ *etw., bes. einen Rhythmus* ~ 'etw., bes. einen Rhythmus, auf einer Trommel (1) schlagen': *er trommelt den Rhythmus zu dieser Melodie; laut, leise* ~ **2.1.** /jmd./ *(mit etw.) an, auf, gegen etw.* ~ 'an, auf, gegen etw. (heftig und) rasch mit der Faust, den Fingern schlagen': *mit den Fingern auf den Tisch* ~; *er hat vor Wut mit den Fäusten gegen, an die Tür getrommelt* **2.2.** /Regen/ *an, gegen, auf etw.* ~ 'mit einem Geräusch, wie es beim Trommeln (1) entsteht, gegen, auf etw. fallen': *der Regen* *trommelt an, gegen die Scheiben, das Fenster, auf das Dach* ❖ ↗ **Trommel**

Trompete [tʀɔmˈpeːtə], die; ~, ~n ˈBlechblasinstrument, bestehend aus einem zylindrischen, am Ende trichterförmigen Rohr aus Messingˈ (↗ TABL Blasinstrumente): *die ~ blasen, spielen; er ist Meister auf der ~; die ~ schmettert* ❖ **trompeten, Trompeter**

trompeten [tʀɔmˈpeːtn̩], trompetete, hat trompetet **1.** /Elefant, jmd./ ˈLaute hervorbringen, die ähnlich wie die Töne der Trompete klingenˈ: *der Elefant trompetet;* umg. scherzh. *jmd. trompetet* (ˈschnäuzt sich lautˈ) **2.** umg. /jmd./ etw. irgendwohin ~ ˈetw. (Geheimes) laut und öffentlich irgendwohin rufenˈ; SYN posaunen: *eine Neuigkeit, ein Geheimnis in alle Welt ~; eine Nachricht über den Flur ~* ❖ ↗ **Trompete**

Trompeter [tʀɔmˈpeːtɐ], der; ~s, ~ ˈjmd., der (beruflich) die Trompete blästˈ: *er ist ein erstklassiger ~; das Orchester sucht einen neuen ~* ❖ ↗ **Trompete**

Tropen [ˈtʀoːpm̩], die ⟨Pl.⟩ ˈGebiet beiderseits des Äquators (zwischen den nördlichen und südlichen Wendekreisen), in dem ständig sehr hohe Temperaturen und hohe Luftfeuchtigkeit herrschenˈ: *das heiße, feuchte Klima der ~; die Vegetation der ~; in den ~ leben* ❖ **tropisch**

tröpfeln [ˈtʀœpfl̩n] ⟨reg. Vb.; hat/ist⟩ **1.** ⟨hat⟩ /jmd./ etw. irgendwohin ~ ˈeine Flüssigkeit langsam in kleinen Tropfen auf etw., in etw. fallen lassenˈ; SYN träufeln, tropfen (3): *die Medizin in ein Glas Wasser, in den Tee ~; das Serum auf ein Stück Zucker ~; Öl ins Ohr ~* **2.** ⟨ist⟩ /etw./ irgendwoher, irgendwohin ~ ˈin kleinen einzelnen Tropfen langsam von irgendwoher, irgendwohin herabfallen od. rinnenˈ: *von der Decke tröpfelt das Wasser; aus der Wunde tröpfelt Blut (auf die Erde); der Regen tröpfelt von den Bäumen* **3.** ⟨hat⟩ umg. /Regen/ es tröpfelt ˈes regnet in vereinzelten, kleinen Tropfenˈ: *es tröpfelt nur leicht* ❖ ↗ **Tropfen**

tropfen [ˈtʀɔpfn̩] ⟨reg. Vb.; ist/hat⟩ **1.** ⟨ist⟩ /Flüssigkeit/ von irgendwoher, irgendwohin ~ ˈin einzelnen Tropfen langsam von irgendwoher, irgendwohin herabfallenˈ; SYN tröpfeln: *der Regen tropft vom Dach; der Schweiß tropft (ihr) von der Stirn; ihre Tränen tropften auf das Blatt Papier; das Wasser tropfte von den Bäumen* **2.** ⟨hat⟩ etw. tropft ˈetw. gibt einzelne Tropfen (in regelmäßigen Abständen) von sichˈ: *der Wasserhahn, die Kerze, jmds. Nase tropft* **3.** ⟨hat⟩ /jmd./ etw. irgendwohin ~ ˈeine Flüssigkeit langsam in kleinen Tropfen auf etw., in etw. fallen lassenˈ; SYN träufeln, tröpfeln (1)ˈ: *sie tropft die Medizin in den Tee; eine Tinktur auf die Wunde ~* ❖ ↗ **Tropfen**

Tropfen, der; ~s, ~ **1.** ˈsehr kleine Menge Flüssigkeit in runder od. ovaler Formˈ; ↗ FELD III.2.1: *ein ~ Wasser, Öl, Blut; die ersten ~ (ˈRegentropfenˈ) sind schon gefallen; der Schweiß steht ihr in ~ auf der Stirn; an seiner Nase hängt ein ~* **2.** ⟨nur im Pl.⟩ ˈArznei, die in Form von Tropfen (1) verabreicht wirdˈ: *schmerzstillende ~; ~ gegen Husten,*

Schnupfen; ~ einnehmen; der Arzt verschreibt ~ für den Magen ❖ **träufeln, triefen, tröpfeln, tropfen – tropfnass, Tropfstein**

* **ein guter/edler ~** ˈein gutes alkoholisches Getränkˈ: *dieser Wein ist wirklich ein edler ~;* **etw.** (vorw. *das*) **ist nur ein ~ auf den heißen Stein** ˈetw. ist viel zu wenig, um eine (große) Wirkung zu erzielenˈ: *die Spende, der Kredit ist nur ein ~ auf den heißen Stein*

tropf/Tropf [ˈtʀɔpf..]|**-nass** ⟨Adj.; o. Steig.⟩ **1.1.** ˈso nass, dass es tropftˈ /bes. auf Kleidung, Wäsche bez./; ↗ FELD III.2.3: *die ~e Wäsche auf die Leine hängen; ein Kleidungsstück nach dem Waschen ~ aufhängen* **1.2.** emot. ˈvöllig durchnässtˈ /auf Kleidung, Personen bez./: *seine Kleidung war ~; er ist ~ nach Hause gekommen* ❖ ↗ Tropfen, ↗ nass; **-stein, der** ˈmeist zapfen- od. säulenartig geformtes Gebilde, das in Höhlen durch Verdunsten von tropfendem, kalkreichem Wasser entsteht und an der Decke hängt od. auf dem Boden stehtˈ ❖ ↗ Tropfen, ↗ Stein

Trophäe [tʀoˈfɛːə/..ˈfeː..], die; ~; ~n **1.** ˈetw., das man zur Erinnerung an eine Jagd aufbewahrt, bes. ein Geweih, Fell o.Ä.ˈ: *der Förster hatte viele ~n an seiner Wand hängen* **2.** ˈaus einem bestimmten Gegenstand bestehender Preis, der für einen Sieg bei (sportlichen) Wettkämpfen überreicht wirdˈ; SYN Preis: *die Fußballmannschaft hat die begehrte ~ gewonnen; er hat viele ~n in den Regalen stehen* **3.** ˈerbeutete Fahne, Waffe o.Ä. als Zeichen des Sieges über einen militärischen Gegnerˈ: *sie zeigten stolz die ~n, die sie dem Feind abgenommen hatten; ~n erbeuten*

tropisch [ˈtʀoːp..] ⟨Adj.; o. Steig.; nicht bei Vb.; vorw. attr.⟩ ˈden Tropen zugehörig, eigenˈ: *in diesen Breiten herrscht ~es Klima; die ~e Vegetation; ~e Pflanzen, Arten, Tiere; die Hitze ist heute geradezu ~* (ˈes ist sehr heißˈ; ↗ FELD VI.5.3) ❖ ↗ **Tropen**

Trost [tʀoːst], der; ~s/auch ~es, ⟨o.Pl.⟩ ˈetw., das den Menschen in seinem Leid, Kummer aufrichtet (und ihm wieder neuen Mut macht)ˈ: *etw. ist ein großer, schlechter, schwacher ~ (für jmdn.); in etw.* ⟨Dat.⟩, *bei jmdm. ~ suchen, finden: er sucht ~ im Alkohol; jmdm. ~ spenden, bringen, zusprechen; eine ~ bringende Nachricht; ihr einziger, ganzer ~ ist das Kind; jmdm. etw. zum ~ sagen; zu deinem ~* (ˈdeiner Beruhigungˈ) *kann ich dir sagen, dass ...;* umg. *auf diesen ~ kann ich verzichten* (ˈich brauche keinen solchen Trostˈ) ❖ **trösten, tröstlich, vertrösten – trostlos, Trostpreis**

* umg. /jmd./ **nicht ganz bei ~ sein** ˈverrückt seinˈ: *du bist wohl nicht ganz bei ~, was?; der ist nicht ganz bei ~!*

trösten [ˈtʀøːstn̩], tröstete, hat getröstet **1.1.** /jmd., etw. (vorw. *es*)/ jmdn. ~ ˈjmdn. in seinem Kummer, Leid durch Anteilnahme, Zuspruch aufzurichten suchenˈ: *die Mutter tröstete ihr weinendes Kind; jmdn. mit herzlichen Worten ~; seine Worte trösteten mich, konnten mich nicht ~; es tröstet mich schon, dass du mir zuhörst; sie war nur schwer zu ~; jmdn. in seinem Schmerz, Kummer ~; er fand*

~*de Worte* **1.2.** /jmd./ *sich mit jmdm., etw.* ⟨Dat.⟩ ~ ˈbei jmdm., in etw. Trost finden, bes. nach einem (schweren) Verlust, nach einer Enttäuschungˈ: *er tröstete sich mit Alkohol; er tröstete sich schnell mit einer anderen Frau; sich mit dem Gedanken* ~, *dass* … **1.3.** /jmd./ *sich über etw.* ~ ˈüber etw. hinwegkommenˈ: *er tröstete sich rasch über den Verlust; über die Niederlage konnte er sich lange nicht* ~ ❖ ↗ **Trost**

tröstlich [ˈtʀøːst..] ⟨Adj.; Steig. reg.⟩ ˈTrost bringendˈ: *ein* ~*er Gedanke; jmdm. einen* ~*en Brief schreiben; ein* ~*es Gespräch mit jmdm. führen; etw. ist, klingt* ~ ❖ ↗ **Trost**

trost/Trost [ˈtʀoːst..]**-los** ⟨Adj.; Steig. reg.⟩ **1.** ⟨vorw. präd. u. bei Vb.⟩ ˈohne durch jmdn., etw. Trost, Hoffnung findendˈ; SYN verzweifelt /auf Personen bez./; ↗ FELD I.6.3: ~ *vor sich hin starren; ihm war* ~ *zumute; sie fühlte sich* ~ *und kraftlos* **2.** ⟨nicht bei Vb.⟩ ˈfür die Beteiligten deprimierend, da keine Hoffnung auf Besserung, Änderung besteht'; SYN hoffnungslos /auf Situatives bez./: *er hat eine* ~*e Vergangenheit, Zeit hinter sich; überall herrschen* ~*e Zustände; die finanzielle Lage wird immer* ~*er* **3.** ⟨nicht bei Vb.⟩ SYN ˈödeˈ /vorw. auf Gegenden, Orte o.Ä. bez./: *dieser Anblick ist* ~; *ein* ~*er Ort, Anblick; diese Gegend war schon immer* ~ ❖ ↗ Trost, ↗ los; **-preis, der** ˈkleine, nicht sehr wertvolle Entschädigung für jmdn., der bei einem Spiel mitgemacht, aber nicht gesiegt hat': *er hat nur einen* ~ *erhalten* ❖ ↗ Trost, ↗ Preis

Trott [tʀɔt], **der**; ~s/auch ~es, ⟨o.Pl.⟩ **1.** ˈgemächlicher, etwas schwerfälliger Gang eines Pferdes, einer Kuh, auch eines Menschen': *das Pferd, die Kuh geht im* ~; *beim Spaziergang in gemächlichem* ~ *gehen; in langsamen* ~ *fallen* **2.** umg. emot. neg. ˈdurch Gewohnheit, ständige Wiederholung geprägte (etwas lässige) Art zu leben und zu handeln': *alles geht seinen alltäglichen, gewohnten* ~; *er verfällt immer wieder in denselben alten* ~; *im alten* ~ *weitermachen* ❖ ↗ **treten**

Trottel [ˈtʀɔtl̩], **der**; ~s, ~ umg. ˈungeschickter, dummer Mensch'; SYN Dummkopf: *mit diesem* ~ *kann man alles machen; dieser* ~ *lässt sich alles gefallen; jmdn. als* ~ *hinstellen, behandeln;* auch Schimpfw. *du* ~!

trotten [ˈtʀɔtn̩], trottete, ist getrottet umg. /jmd., auch Tier, bes. Kuh/ *irgendwohin* ~ ˈsich irgendwohin gemächlich, etwas schwerfällig gehend fortbewegen'; ↗ FELD I.7.2.2: *wir trotteten nach Hause; der Hund trottet hinter dem kleinen Jungen, hinter der Herde her; die Kühe trotteten abends von der Weide in den Stall* ❖ ↗ **treten**

trotz [tʀɔts] ⟨Präp. mit Gen., auch mit Dat.; vorangestellt⟩ /konzessiv; gibt an, dass etw., obwohl man es erwarten könnte, ohne Einfluss auf das Geschehen ist/: ~ (SYN ˈbei 5ˈ) *aller Aufregung lief alles gut ab;* ~ *des schlechten Wetters fuhren wir los;* ~ *allen Fleißes schaffte er das Examen nicht;* ⟨umg. mit Dat.⟩: ~ *dem Verbot ging der Junge auf das Eis;* ~ *allen Erfahrungen machten sie diesen schwe-*

ren *Fehler;* ⟨+ all, alledem; nur mit Dat.⟩ ~ *allem* (↗ *all* 1.3); ~ ↗ *alledem* ❖ ↗ **Trotz**

Trotz, der; ~es, ⟨o.Pl.⟩ **1.1.** ˈhartnäckiger Widerstand aus Eigensinn od. weil man glaubt, im Recht zu sein, weil man seinen eigenen Willen, Standpunkt durchsetzen möchte'; SYN Widerspenstigkeit; ↗ FELD I.2.1: *kindlicher, kindischer* ~; *etw. aus* ~ *tun: das Kind schwieg aus* ~; *der Junge rührte sich aus* ~ *nicht von der Stelle; der Kleine trampelte aus* ~ *mit den Füßen; jmds.* ~ *brechen; jmdm.* ~ *bieten* (ˈjmdm. trotzen'); vgl. *Eigensinn* **1.2.** (*jmdm.*) *zum* ~ ˈum sich jmdm., jmds. Wunsch zu widersetzen': *etw. zum* ~ *tun, lassen; aller Gefahr, allen Warnungen zum* ~ (ˈalle Gefahr, Warnungen missachtend') *brach er auf* ❖ **trotz, trotzen, trotzig** − [1,2]**trotzdem**

[1]**trotzdem** [ˈtʀɔtsdeːm/..ˈdeːm] **I.** ⟨Adv.⟩ ˈtrotz des betreffenden Umstands'; SYN dennoch: *er wusste, dass es verboten war, aber er tat es* ~; *er kam pünktlich, der Bus war aber* ~ *weg* − **II.** ⟨Konjunktionaladv.; mit Inversion des Subj.; schließt an einen vorangehenden Hauptsatz einen Hauptsatz an; adversativ⟩ *es regnete,* ~ *war der Urlaub schön; er konnte nicht schwimmen,* ~ *liebte er das Meer* ❖ ↗ **Trotz,** ↗ **dem**

[2]**trotzdem** ⟨Konj.; subordinierend; der Nebensatz steht vor od. nach dem Hauptsatz⟩ /konzessiv; gibt an, dass der Sachverhalt des Nebensatzes, auch wenn man es erwarten könnte, den Sachverhalt des Hauptsatzes nicht ändern kann/; SYN obwohl: *er kam,* ~ *er erkältet war;* ~ *er sich sehr anstrengte, schaffte er das Examen nicht* ❖ ↗ **Trotz,** ↗ **dem**

trotzen [ˈtʀɔtsn̩] ⟨reg. Vb.; hat⟩ **1.** /jmd., bes. Kind/ ˈsich aus Trotz (1.1) weigern, etw. Bestimmtes zu tun'; ↗ FELD I.2.2: *unser Kleiner trotzt; er trotzt, weil er Schokolade haben will* **2.** geh. /jmd./ *jmdm., etw.* ⟨Dat.⟩ ~ ˈsich jmdm., etw. (mutig) widersetzen': *dem Feind, Vater, der Gefahr* ~; *der Kälte, dem schlechten Wetter* ~ (ˈvor der Kälte, dem schlechten Wetter nicht kapitulieren') ❖ ↗ **Trotz**

trotzig [ˈtʀɔtsɪç] ⟨Adj.; Steig. reg.⟩ SYN ˈwiderspenstig (1)ˈ /bes. auf Kinder bez./; ↗ FELD I.2.3: *ein* ~*es Kind; ein* ~*es Gesicht machen;* ~ *sein, werden;* ~ *antworten, schweigen* ❖ ↗ **Trotz**

trüb [tʀyːp] ⟨vorw. präd. u. bei Vb.⟩: ↗ *trübe*

trübe [ˈtʀyːbə] ⟨Adj.; Steig. reg.⟩ ANT klar (1.1) **1.1.** ˈdurch Schmutz od. andere Stoffe nicht durchsichtig' /vorw. auf Flüssigkeiten bez./: *das Wasser ist ganz* ~; *der Wein ist* ~; *ein* ~*r Most; der See, das Wasser sieht* ~ *aus* **1.2.** ⟨vorw. attr.⟩ ˈstumpf und ohne Glanz' /vorw. auf Glas o.Ä. bez./: *das Glas ist* ~, *trüb, wirkt trüb; der Spiegel hat* ~ *Stellen; der Spiegel ist* ~; *er hat* ~ *Augen* **2.1.** ˈnicht hell leuchtend' /auf Lichtquellen bez./: *die Lampe leuchtet* ~, *verbreitet* ~*s Licht; das* ~ *Licht eines Novembertags* **2.2.** ⟨nicht bei Vb.⟩ ˈmit wenig Sonnenlicht, weil der Himmel bedeckt ist'; SYN grau (1.3); ANT sonnig (1.2), klar (1.2) /vorw. auf Himmel, zeitl. Begriffe bez./; ↗ FELD VI.2.3: *der Himmel ist* ~, *sieht* ~ *aus; ein* ~*r Tag; heute, draußen ist es*

~; *ein ~r Novembertag* **3.1.** ⟨nicht präd.⟩ ʼvon einer traurigen, pessimistischen Stimmung beherrschtʼ; ↗ FELD I.6.3: *jmd. hängt ~n Gedanken nach; er lächelte ~ vor sich hin; ~ saß er in einer Ecke; das Wetter macht mich ganz ~* **3.2.** ⟨nicht bei Vb.⟩ ʼbedrückendʼ: *die Aussichten sind ja ~!; sie wurde von ~n Ahnungen geplagt; das wird dir über ~ Stunden hinweghelfen; mit ihm hat sie nur ~ Erfahrungen gemacht* ❖ **betrüben, betrüblich, Trübsal, trübselig — Trübsinn, trübsinnig**

* umg. /jmd./ **im Trüben fischen** (ʼaus einer unklaren Lage Vorteile ziehenʼ)

Trubel [ˈtʀuːbl̩], **der**; ~s, ⟨o.Pl.⟩ SYN ʼTumult (1)ʼ: *in der Stadt herrscht immer ~; bei diesem ~ kann man nicht vernünftig arbeiten; sich nicht an den ~ gewöhnen können; das ist mir zu viel ~!*

trüben [ˈtʀyːbm̩] ⟨reg. Vb.; hat⟩ **1.1.** /etw., bes. etw. Chemisches od. Organisches/ *etw.* ~ ʼbewirken, dass etw. nicht durchsichtig, klar bleibtʼ: *die Ablagerungen ~ das Wasser; durch die Bakterien, die chemische Substanz wird die Lösung, Flüssigkeit getrübt* **1.2.** /vorw. Flüssigkeit/ *sich* ~ ʼundurchsichtig werden, nicht mehr klar seinʼ: *das Wasser trübt sich; seine Augen ~ sich* (ʼwerden glanzlosʼ) **1.3.** /etw./ *jmdm. etw.* ~ ʼbewirken, dass jmd. etw. nicht klar erkennt, beurteiltʼ: *jmdm. den Blick für etw. ~; sich* ⟨Dat.⟩ *den Blick für etw. durch nichts ~ lassen; etw. trübt jmds. Urteil* (ʼmindert jmds. Urteilsvermögenʼ) **2.** /etw./ *etw.* ~ ʼetw. in seiner Harmonie beeinträchtigen, störenʼ: *dieser Vorfall trübte ihre Freundschaft; diese Tage waren durch nichts getrübt; sich* ~: *unser gutes Einvernehmen hat sich getrübt* **3.** /etw./ *etw.* ~ ʼdie Leuchtkraft von etw. mindernʼ: *keine Wolke trübte den Sonnenschein; dunkle Regenwolken ~ den Himmel; sich* ~: *der Himmel trübt sich* (ʼbewölkt sichʼ) ❖ ↗ **trübe**

Trübsal [ˈtʀyːpzaːl], **die**; ~, ⟨o.Pl.⟩ geh. ʼ(längere Zeit anhaltende) tiefe Traurigkeitʼ; SYN Kummer; ↗ FELD I.6.1: *jmdn. aus seiner ~ reißen; plötzlich hatte er alle ~ vergessen; er war voller ~* ❖ ↗ **trübe**

* umg. /jmd./ ~ **blasen** ʼsich seinem Schmerz, Kummer hingeben und nichts Vernünftiges tunʼ: *nun hör' endlich auf, ~ zu blasen!*

trüb/Trüb [ˈtʀyːp..]|**-selig** ⟨Adj.; Steig. reg.⟩ **1.** ⟨nicht bei Vb.⟩ ʼoptisch so beschaffen, dass es bedrückend wirktʼ: *sie befanden sich in einer ~en* (SYN ʼtristenʼ) *Gegend; seit Wochen war das Wetter grau und ~; die Lampe gibt ein ~es Licht* **2.** SYN ʼniedergeschlagenʼ /auf Psychisches bez./; ↗ FELD I.6.3: *in ~er Stimmung sein; ~ dasitzen; seit Tagen ist er schon so ~* ❖ ↗ trübe; **-sinn, der** ⟨o.Pl.⟩ ʼlänger anhaltender Zustand der Niedergeschlagenheitʼ; ↗ FELD I.6.1: *er ist in ~ verfallen; er hatte schon immer eine Neigung zum ~* ❖ ↗ trübe, ↗ Sinn; **-sinnig** ⟨Adj.; Steig. reg.⟩ ʼüber längere Zeit sehr niedergeschlagenʼ /vorw. auf Personen bez./; ↗ FELD I.6.3: ~ *sein; vor Kummer ~ werden* (ʼin Trübsinn verfallenʼ); *das war ein ~er* (ʼvon Trübsinn geprägterʼ) *Abend; ~ in der Ecke sitzen* ❖ ↗ trübe, ↗ Sinn

trudeln [ˈtʀuːdl̩n] ⟨reg. Vb.; ist⟩ /etw./ *irgendwohin* ~ ʼsich irgendwohin langsam rollend und sich dabei nicht gleichmäßig um sich selbst drehend fortbewegenʼ; ↗ FELD I.7.2.2: *der Ball, die Kugel trudelt den Berg hinunter; der Reifen trudelt langsam ins Wasser; die Blätter, Schneeflocken ~ zu Boden*

trug: ↗ **tragen**

Trug|bild [ˈtʀuːk..], **das** ʼauf Sinnestäuschung beruhende od. nur in der Einbildung vorhandene, nicht real existierende Erscheinungʼ: *von einem ~ getäuscht werden; es war nur ein ~* ❖ ↗ **trügen**, ↗ **Bild**

trügen [ˈtʀyːgn̩], trog [tʀoːk], hat getrogen [gəˈtʀoːgn̩] /etw./ *jmdn.* ~ ʼjmdm. einen falschen Eindruck von etw. vermittelnʼ; SYN täuschen (1): ⟨oft im vorangestellten Nebens.⟩: *wenn mich mein Gedächtnis nicht trügt, kenne ich den Film schon; wenn mich meine Erinnerung nicht trügt, war er vor drei Jahren hier; seine Ahnungen haben ihn nicht getrogen; ihre Hoffnungen haben sie getrogen; etw. trügt: der Schein, sein Äußeres trügt* (ʼerweckt einen falschen Eindruckʼ) ❖ **Betrug, betrügen, Betrüger, Betrügerin, Selbstbetrug, trügerisch, untrüglich — Trugbild, Trugschluss, untrüglich**

trügerisch [ˈtʀyːgəʀ..] ⟨Adj.; Steig. reg.; nicht bei Vb.⟩ ʼeinen falschen Eindruck od. eine falsche Hoffnung bei jmdm. weckendʼ: *das ist ein ~es Gefühl; sich ~en Hoffnungen hingeben; die Ruhe war ~; sie durchschaute den ~en Schein* ❖ ↗ **trügen**

Trug|schluss [ˈtʀuːk..], **der** ʼauf einem Fehler im Denken beruhende Folgerungʼ; ↗ FELD I.4.2.1: *jmd. unterliegt, verfällt einem ~; das führt nur zu Trugschlüssen; bei seinen Untersuchungen ist er zu einem ~ gelangt* ❖ ↗ **trügen**, ↗ **schließen**

Truhe [ˈtʀuːə], **die**; ~, ~n ʼ(großer) rechteckiger Behälter, der sich auf-, zuklappen lässt und zum Aufbewahren von Gegenständen, bes. von Wäsche, Kleidung od. Geld, dientʼ; ↗ FELD V.7.1 (↗ BILD): *eine große, alte, mit Beschlägen verzierte ~; sein Geld in einer kleinen ~ aufbewahren* ❖ **Tiefkühltruhe**

Truhe

Trümmer [ˈtʀʏmɐ], **die** ⟨Pl.⟩ ʼReste, einzelne Teile eines zerstörten (größeren) Ganzen, bes. eines Gebäudesʼ; ↗ FELD III.5.1: *die ~ eines Hauses, Flugzeugs; die ~ lagen weit verstreut; die ~ beseitigen; jmdn. aus den ~n bergen; von dem verunglückten Auto existierten nur noch ~*

* /etw., bes. Gegenstände, Gebäude, Stadt/ **in ~ gehen** ʼzerstört werdenʼ: *das Haus, die Stadt ging in*

~; /jmd., Truppe/ **etw. in ~ legen** ´etw., bes. ein Haus, eine Stadt, völlig zerstören´: *die Bomber, Geschütze legten die Stadt in ~;* /etw., bes. Haus, Stadt/ **in ~an liegen** ´völlig zerstört sein´: *nach dem Angriff lag die Stadt, lag alles in ~n*

Trumpf [tRʊmpf], **der**; ~s/auch ~es, Trümpfe [´tRʏmpfə] **1.** ⟨o.Art.; o.Pl.⟩ ´beim Kartenspiel jeweils die Farbe, die einen höheren Wert als alle anderen hat´: *Pik, Herz ist ~; er hat die Hand voller Trümpfe; ~ ausspielen; er muss ~ spielen, ziehen* **2.** ´je nach Art des Spieles bestimmte Spielkarte, die als Trumpf (1) fungieren kann´: *viele Trümpfe haben; den Stich mit dem ~ nehmen; zum Schluss kam er noch mit einem ~* **3.** ⟨o.Pl.⟩ *etw. ist ~* ´etw. wird zu einem bestimmten Zeitpunkt am meisten geschätzt´: *Qualität ist ~; Elektronik ist ~; Herz ist ~*
* /jmd./ **einen ~ ausspielen** (´etw. Wirkungsvolles zu seinem eigenen Vorteil vorbringen´); /jmd., Institution/ **einen ~ in der Hand haben** (´etw. haben, das man zum eigenen Vorteil wirkungsvoll einsetzen kann´); /jmd., Institution/ **alle Trümpfe in der Hand haben** (´in einem Streit alle Vorteile auf seiner Seite haben´)

Trunk [tRʊŋk], **der**; ~s/auch ~es, ⟨o.Pl.⟩ geh. **1.** ⟨mit best. Adj.⟩ ´etw. zum Trinken, jeweils in einer bestimmten Menge´; SYN Trank; ↗ FELD I.8.1: *jmdm. einen erfrischenden, kühlen ~ anbieten; er reichte ihr einen stärkenden ~* **2.** ´das gewohnheitsmäßige übermäßige Trinken von Alkohol´ /beschränkt verbindbar/: *er hat sich dem ~ ergeben* (´ist Alkoholiker geworden´); *sie, er ist dem ~ verfallen* ❖ ↗ **trinken**

trunken [´tRʊŋkn̩] ⟨Adj.; Steig. reg., ungebr.; nicht bei Vb.; vorw. präd.⟩ geh. **1.1.** /jmd./ *~ von etw.* ⟨Dat.⟩ *sein* ´durch ein alkoholisches Getränk in einen Rausch (1) versetzt sein´: *er war ~ von/vom Wein* **1.2.** /jmd./ *~ von/vor etw.* ⟨Dat.⟩ *sein* ´emotional in einen Rausch (2) versetzt sein durch etw.´: *er war ~ von, vor Glück, Begeisterung, Liebe* ❖ ↗ **trinken**

Trunken|bold [´..bɔlt], **der**; ~s/auch ~es, ~e emot. neg. SYN ´Trinker´: *er ist ein alter, notorischer ~; jmd. ist zum ~ geworden* ❖ ↗ **trinken**

Trupp [tRʊp], **der**; ~s, ~s ´relativ kleine Gruppe von Personen, die zur gemeinsamen Bewältigung einer Arbeit, Aufgabe sich meist irgendwohin begibt od. irgendwo eingesetzt wird´: *ein ~ Soldaten, Arbeiter, Gefangener/ein ~ von Soldaten, Arbeitern, Gefangenen; in ~s wandern; einen ~ losschicken, abkommandieren; einen ~ auf die Suche schicken; ein ~ Polizisten ritt/auch ritten durch die Straßen* ❖ ↗ **Truppe**

Truppe [´tRʊpə], **die**; ~, ~n **1.1.** ⟨vorw. Pl.⟩ ´militärische Einheit als Teil der Armee (für die Lösung spezieller, militärischer Aufgaben)´: *eine motorisierte ~; reguläre ~n; irgendwo ~n zusammenziehen; ~n an die Front bringen; er gehört zu einer speziellen militärischen ~; die Moral der ~ stärken; sich unerlaubt von der ~ entfernen; die ~n* (´die Streitkräfte´) *mobil machen* **1.2.** ⟨o.Pl.⟩ /beschränkt ver-

bindbar/ *der Dienst bei der ~* (´bei den Streitkräften, in der Armee´) **2.** ⟨vorw. Sg.⟩ umg. ´zusammenarbeitende, zusammenwirkende Gruppe von Personen´: *wir waren eine gute ~* ❖ **Trupp — Luftlandetruppe, Spähtrupp**
* umg. /jmd./ **nicht von der schnellen ~ sein** (´etw. umständlich, allzu langsam erledigen´)

tschüs [tʃyːs]: ↗ *tschüss*

tschüss [tʃʏs] /Gruß zum Abschied, bes. verwendet unter Freunden und guten Bekannten, zunehmend aber auch gebraucht zwischen Personen, die sich persönlich nicht so gut kennen/: *~, alter Junge!; ~ sagen: ich sag' jetzt ~* (´ich gehe jetzt fort und sage auf Wiedersehen´)

T-Shirt [´tiːʃœɐt], **das**; ~s, ~s ´Kleidungsstück der Oberbekleidung mit einem einfachen T-förmigen Schnitt, mit meist kurzen Ärmeln und rundem Ausschnitt am Hals´; ↗ FELD V.1.1 (↗ TABL Kleidungsstücke): *sie trägt gern ~s; ein ~ mit einem Aufdruck; ein ~ aus Baumwolle*

Tube [´tuːbə], **die**; ~, ~n **1.1.** ´aus meist weichem Metall od. Kunststoff bestehendes röhrenartiges Behältnis mit einem Verschluss zum Schrauben, in dem Pasten, Salben, dickflüssige Stoffe abgefüllt zum Verkauf kommen´; ↗ FELD V.7.1 (↗ BILD): *eine volle, leere ~; Zahnpasta wird in ~n verkauft; eine ~ verschließen; den Inhalt aus der ~ drücken* **1.2.** ´Menge, die den Inhalt von Tube (1.1.) bildet´: *eine ~ Zahnpasta, Fischpaste, Klebstoff; drei ~n Zahnpasta, Klebstoff*
* umg. /jmd./ **auf die ~ drücken** ´etw., bes. die Geschwindigkeit, beschleunigen´: *um pünktlich unser Ziel zu erreichen, mussten wir mächtig auf die ~ drücken*

Tube

Tuberkulose [tubɛrkuˈloːzə], **die**; ~, ⟨o.Pl.⟩ ABK Tb, Tbc, Tbk ´durch Bakterien hervorgerufene Infektionskrankheit, die bes. die Lunge befällt´: *eine aktive, verkapselte ~; eine latente, offene ~ haben; an ~ erkranken, leiden*

Tuch [tuːx], **das**; ~s/auch ~es, ~e/auch Tücher [´tyːçɐ] **1.** ⟨vorw. o. Art.; Pl.: ~e⟩ ´glattes, dichtes wollenes Gewebe mit einer wie Filz wirkenden Oberfläche, das sich bes. zur Herstellung von Anzügen, Mänteln o.Ä. eignet´: *ein Kostüm, Anzug, Mantel aus* (´blauem´) *~; der Kasten, das Etui war mit ~ ausgeschlagen; feines, weiches, wollenes ~; ein Meter ~* **2.** ⟨Pl.: Tücher⟩ ´(viereckiges) Stück Stoff von verschiedener Größe und Form, das jeweils einem bestimmten Zweck dient´: *ein ~ um den Kopf, Hals binden; sich ein feuchtes ~ zum Kühlen auf die Stirn legen; die Hände an einem ~* (´Handtuch´) *abtrocknen; die Sportler schwenkten* *bunte Tücher* ❖ **Handtuch, Staubtuch, Taschentuch, Tuchfühlung**

* umg. /jmd., etw./ **ein rotes ~ für jmdn. sein** ʼdurch sein Vorhandensein Widerwillen, heftigen Zorn hervorrufenʼ: *allein seine Anwesenheit war ein rotes ~ für sie; sie ist ein rotes ~ für ihn*

Tuch|fühlung [ˈtuːxfyːl..], **die**; ~, ⟨o.Pl.⟩ ʼenger Abstand zum Nebenmannʼ: *auf ~ gehen* (ʼeng aneinander rückenʼ); *~ mit jmdm. haben, halten* (ʼzu jmdm. einen so engen Abstand haben, halten, dass man ihn leicht berührtʼ) ❖ ↗ **Tuch,** ↗ **fühlen**

tüchtig [ˈtʏçtɪç] **I.** ⟨Adj.⟩ **1.** ⟨Steig. reg.; nicht bei Vb.⟩ ʼauf seinem Gebiet viele Kenntnisse besitzend und seine Aufgaben mit viel Fleiß und Sorgfalt erfüllendʼ; SYN fähig, fleißig; ANT unfähig (2) /auf Personen bez./; ↗ FELD I.2.3: *er ist ein ~er Arzt, Handwerker, Arbeiter; jmd. ist sehr ~ (in seinem Beruf); er ist ~er als sein Kollege* **2.** ⟨Steig. reg.; nur attr.⟩ umg. ʼals Leistung sehr gutʼ /auf Leistungen bez./: *das ist eine ausgesprochen ~e Arbeit; eine ~e Leistung* **3.** ⟨o. Steig.; nur attr.⟩ umg. ʼin der Quantität großʼ: *ein ~es Stück laufen; einen ~en Schluck nehmen; ein ~er Regenguss; jmdm. eine ~e* (SYN ʼgehörige 3ʼ) *Ohrfeige, Tracht Prügel verabreichen; das war ein ~es* (SYN ʼordentliches 5ʼ) *Stück Arbeit* – **II.** ⟨Adv.; vorw. vor Adj., Adv.; bei Vb.⟩ umg. ʼüberausʼ: *es ist ~ kalt, laut, voll; sich ~ anstrengen; jmdn. ~ ärgern; etw. ~ schütteln; er fror ~; es hat ~ geregnet; ~ arbeiten, lernen* ❖ **Tüchtigkeit** – **fahrtüchtig, lebenstüchtig**

-tüchtig /bildet mit einem Subst. od. Vb. als erstem Bestandteil Adjektive; drückt aus, dass etw., jmd. in Bezug auf das im ersten Bestandteil Genannte besonders brauchbar, einsatzfähig ist/: ↗ z. B. *fahrtüchtig*

Tüchtigkeit [ˈ..], **die**; ~, ⟨o.Pl.⟩ ʼdas Tüchtigsein (1)ʼ: *seine handwerkliche ~ war überall bekannt; seine ~ im Beruf* ❖ ↗ **tüchtig**

Tücke [ˈtʏkə], **die**; ~, ~n **1.** ⟨o.Pl.⟩ ʼhinterhältiges und boshaftes Wesenʼ; ↗ FELD I.2.1: *jmd. ist, steckt voller ~; jmds. ~ erkennen, entlarven* **2.** ʼhinterhältige, boshafte Handlung eines Menschenʼ: *er ist zu jeder ~ bereit, fähig; jmds. ~n nicht gewachsen sein; auf jmds. ~n nicht vorbereitet sein* **3.** ⟨nur im Pl.⟩ ʼmeist nicht sofort erkennbare Eigenschaft einer Sache, die jmdn. in eine verhängnisvolle, gefährliche Situation bringen kannʼ: *die ~n des Moors, Urwalds; sie haben die ~n dieses Sees unterschätzt* ❖ **tückisch** – **heimtückisch**

* /vorw. etw. Technisches/ **seine ~n haben** ʼunvermutet auftretende Mängel habenʼ: *der Motor, das Gerät hat seine ~n; das Wetter hat hier manchmal seine ~n;* **die ~ des Objekts** (ʼunvermutet auftretende Schwierigkeiten beim Gebrauch eines Gegenstandsʼ)

tuckern [ˈtʊkɐn] ⟨reg. Vb.; hat/ist⟩ **1.** ⟨hat⟩ /etw., bes. Maschine, Motor/ ʼregelmäßige, kurze, klopfende Geräusche hervorbringenʼ: *von früh bis spät ~ die Motoren, Motorboote; der Traktor tuckert; ~de Geräusche* **2.** ⟨ist⟩ /etw., bes. Motorfahrzeug mit Die-

sel/ *irgendwohin ~* ʼsich (langsam) mit dem Geräusch von tuckern (1) irgendwohin bewegenʼ: *die Fähre ist über den Fluss, ans andere Ufer getuckert; über die Brücke, durch die Straße tuckerte langsam ein Auto*

tückisch [ˈtʏk..] ⟨Adj.; Steig. reg.⟩ **1.** ʼhinterhältig und boshaftʼ /auf Personen, Mimisches bez./: *ein ~er Mensch, Blick; er, sein Blick ist ~; ~ grinsen; jmdn. ~ ansehen* **2.** ⟨nicht bei Vb.⟩ ʼnicht voraussehbare Gefahren in sich bergendʼ: *eine ~e Krankheit; ein ~es Klima; der Sumpf ist ~* ❖ ↗ **Tücke**

tüfteln [ˈtʏftl̩n] ⟨reg. Vb.; hat⟩ umg. /jmd./ *an etw.* ⟨Dat.⟩ *~* ʼeine komplizierte Aufgabe mit viel Geduld und Ausdauer zu lösen versuchenʼ: *tagelang an etw. ~; seit Stunden tüftelt er an der Lösung des Problems; er ~ an einer Verbesserung der Maschine; er tüftelt gern*

Tugend [ˈtuːɡn̩t], **die**; ~, ~en [ˈtuːɡn̩dən] **1.** ʼsittlich wertvolle Eigenschaft eines Menschenʼ; ↗ FELD I.12.1: *christliche, bürgerliche, hausfrauliche ~en; Geduld, Aufrichtigkeit gehört nicht gerade zu seinen ~en; jeder hat seine Fehler und ~en; Ehrlichkeit ist eine ~, die nicht jeder beherzigt; die ~ der Gerechtigkeit* **2.** ⟨o.Pl.⟩ ʼvorbildliches sittliches Verhaltenʼ /beschränkt verbindbar/: *an seiner ~ war nicht zu zweifeln*

Tulpe [ˈtʊlpə], **die**; ~, ~n ʼim Frühjahr in verschiedenen Farben blühende, aus einer Zwiebel wachsende Pflanze mit einer auf einem hohen Stengel sitzenden kelchartigen Blüteʼ; ↗ FELD II.4.1: *die ~n blühen, es wird Frühling; ein Beet mit ~n anlegen; er brachte ihr einen Strauß (mit) ~n*

tummeln [ˈtʊml̩n], **sich** ⟨reg. Vb.; hat⟩ /jmd./ *sich irgendwo ~* ʼsich irgendwo fröhlich und lärmend bewegenʼ; SYN tollen (1): *die Kinder tummelten sich im Gras; heute haben wir uns den ganzen Tag im Wasser getummelt; die Jungen tummelten sich auf dem Sportplatz; sich fröhlich, lustig ~*

Tumor [ˈtuːmoːɐ̯], **der**; ~s, ~e/auch ~en [tuˈmoːʀən] SYN ʼGeschwulstʼ: *ein gutartiger, bösartiger ~; ein ~ im Gehirn; man hat bei ihm einen ~ festgestellt; einen ~ operieren*

Tümpel [ˈtʏmpl̩], **der**; ~s, ~ ʼkleines, stehendes, oft morastiges Gewässerʼ; SYN Teich; ↗ FELD II.2.1: *ein schmutziger, schlammiger ~; der ~ ist zugefroren*

Tumult [tuˈmʊlt], **der**; ~s/auch ~es, ~e **1.** ⟨o.Pl.⟩ ʼlärmendes Durcheinanderʼ; SYN Trubel: *ein lauter, wilder ~; auf den Straßen herrscht immer ~; der ~ wurde stärker, legte sich* **2.** ʼöffentliche, gegen bestimmte Personen oder Zustände gerichtete erregte Auseinandersetzungʼ: *im Saal, während der Demonstration kam es zu ~en, brach ein ~ aus; seine Rede ging im allgemeinen ~ unter*

¹tun [tuːn] (er tut [tuːt], tat [taːt], hat getan [ɡəˈtaːn]) **1.** ⟨vorw. mit Indefinitpron. als Obj.⟩ /jmd./ *etw. ~* ʼeine bestimmte Arbeit, Tätigkeit verrichtenʼ: *ich habe heute noch viel, manches zu ~; er muss noch etwas ~; das muss heute noch getan werden; viel, wenig zu ~ haben; nichts ~; im Garten ist im Früh-*

jahr viel zu ∼ **2.** /jmd., auch Tier, bes. Hund/ *jmdm. etw.* ⟨vorw. *was, nichts*⟩ ∼ ˈjmdm. etw. Böses zufügen od. etw. Gutes zukommen lassen': *mit dieser Behauptung tust du ihr Unrecht; keine Angst, ich tue dir nichts!; der Hund tut dir nichts* (ˈbeißt dich nicht'); *jmdm. einen Gefallen* ∼ (ˈjmdm. gefällig sein'); *er hat ihr viel Gutes getan; jmdm. etw.* ↗ *zuliebe* ∼; *sich* ⟨Dat.⟩ *etw.* ⟨vorw. *was*⟩ ∼: *hast du dir bei dem Sturz weh getan?; lass das, du tust dir sonst was!* **3.** umg. /jmd./ *etw. irgendwohin* ∼ ˈetw. an eine (bestimmte) Stelle bringen, setzen, stellen, legen'; ↗ FELD I.7.9.2: *er hat die Koffer in, auf den Schrank getan; tu die Bücher ins Regal!; er hat den Mantel in den Schrank getan; seine Fotos ins Album* ∼; *den Müll in den Eimer* ∼; *wohin hast du die Schere getan?* **4.** emot. neg. /jmd./ *irgendwie* ∼ ˈein bestimmtes Verhalten zeigen, das nicht seiner wahren Haltung entspricht': *interessiert, geheimnisvoll, hochmütig* ∼; *er tut immer freundlich und verständnisvoll; ob er nur so tut?; er ist nicht böse mit dir, er tut nur so* (ˈer verstellt 4.2. sich'); *tu nicht so beleidigt, empfindlich!; so* ∼, *als ob* ⟨vorw. mit Konj. II im Nebens.⟩: *er tat so, als ob er von nichts wüsste; er tat so, als ob er einverstanden wäre; sie tut so, als ob sie schläft, als ob sie nach Hause geht; tu bitte so, als ob du zu Hause wärst* (ˈbenimm und fühle dich wie zu Hause') **5.** /jmd., Institution/ *etw.* (vorw. *es, das, was*) ∼ ˈeine (bestimmte) Handlung ausführen, sich mit etw. beschäftigen'; SYN machen (3); ANT lassen (6.1): *das Richtige, Falsche* ∼; *er wusste nicht, was er* ∼ *sollte; er lässt sie* ∼, *was sie will; das hat er ganz allein getan; der Senat tut das, weil er sparen muss; ⟨mit Adv.best.⟩ das habe ich gern, zum Vergnügen, aus Freude, aus Überzeugung getan; was er getan hat, ist erstaunlich; freiwillig hätte sie das nie getan; /in der kommunikativen Wendung/ was tust du denn hier?* (ˈich bin sehr überrascht, dich hier anzutreffen und möchte wissen, was dich hierher geführt hat') /sagt jmd. erstaunt zu jmdm., den er an dieser Stelle nicht erwartet hätte/ **6.1.** /jmd., Institution/ *etw. für jmdn., etw.* ∼ ˈgezielt aktiv werden, um jmdm. zu helfen, etw. zu bewirken': *der Minister will etw. für die Arbeitslosen* ∼; *der Senat tut mehr für den Umweltschutz; er tat sein Bestes, um ihr zu helfen; er hat viel für ihn getan; dieses Land tut viel für die Kinder; er tut viel für seine Familie, Gesundheit; /in der kommunikativen Wendung/ kann ich etw. für Sie* ∼? /wird höflich gefragt, wenn man jmdm. helfen möchte/ **6.2.** /Institution, jmd./ *etw. gegen etw.* ∼ ˈgezielt versuchen, etw. zu verhindern od. zu ändern': *die UNO tut viel gegen die Vernichtung der Wälder; der Staat will etw. gegen die Arbeitslosigkeit* ∼; *was tut er gegen diese Verleumdungen?; sie müssen etw. gegen diese Krankheit* ∼; *dagegen muss man etw.* ∼ **7.1.** /jmd., etw./ *etw.* ∼ ˈeine bestimmte Handlung ausführen': *eine Äußerung* ∼ (ˈetw. äußern'); *etw. tut seine Wirkung* (ˈetw. wirkt 3,4'); *einen Schrei* ∼ (ˈschreien'); *einen Fall* ∼ (ˈfallen'); *einen Sprung* ∼ (ˈspringen') **7.2.** *etw. tut jmdm. ir-*

gendwie: etw. tut jmdm. ↗ *Leid; etw. tut jmdm.* ↗ *weh; jmdm.* ↗ *weh* ∼ ❖ **betulich, ²tun, tunlich, tunlichst** − **abtun, angetan, antun, auftun, dazutun, Genugtuung, großtun, hervortun, Mittäter, Wichtigtuer, Wichtigtuerei, wichtigtuerisch, Wohltat, wohltätig, wohltuend, zusammentun, Zutat, Zutun;** vgl. **Tat**

* /jmd./ *es mit jmdm. zu* ∼ *bekommen/kriegen* ˈmit jmdm. Schwierigkeiten bekommen': *wenn du nicht die Finger davon lässt, bekommst du es mit mir zu* ∼; /jmd./ *nicht dergleichen* ∼ ˈso auf etw. reagieren, als ginge es einen nichts an': *wie oft habe ich ihn gemahnt, sich darum zu kümmern, aber er tat nicht dergleichen; mit etw. ist es nicht getan* ˈetw. genügt noch nicht': *mit einer Drei im Zeugnis ist nicht getan, du musst dich noch gewaltig anstrengen!; /jmd./ mit jmdm., etw. nichts zu* ∼ *haben wollen: mit dem Kerl will ich nichts zu* ∼ *haben* (ˈden Kerl werde ich meiden und keinerlei Beziehung zu ihm unterhalten'); /etw. (vorw. *das*)/ *mit etw.* ⟨Dat.⟩ *zu* ∼ *haben* ˈmit etw. zusammenhängen': *das hat mit dem Wetter zu* ∼; *das hat damit zu* ∼, *dass sich die Erde um die Sonne dreht;* /jmd./ *es mit etw.* ⟨Dat.⟩ *zu* ∼ *haben* ˈan etw. leiden': *er hat es schon lange mit dem Magen zu* ∼; **jmds. Tun und Treiben** (ˈalles, was jmd. tut, wie sich jmd. verhält'); **jmdm. ist es um etw., jmdn. zu** ∼ ˈjmdm. ist an etw., jmdm. gelegen': *ihm ist es nur darum zu tun, das Buch zu veröffentlichen;* /jmd./ *etw. von selbst* (ˈaus eigenem Antrieb') ∼; ⟨⟩ umg. *etw. tut's auch* ˈetw. ist eine mögliche Alternative': *Margarine tut's auch; das tut's auch; es tut sich nichts* (ˈes wird nichts getan, unternommen')

²tun (er tut), tat ⟨Hilfsvb.; nur im Präs., Prät.; + Vb. im Inf. ohne *zu*⟩ **1.** ⟨der Inf. steht am Satzanfang; *tun* hebt die im Inf. ausgedrückte Tätigkeit hervor⟩ /jmd., etw./ *weinen tu ich selten* (ˈich weine selten'); *schmerzen tut es nie; kochen tut sie nie* (ˈsie kocht nie'); *regnen tut es hier selten; kaufen tu ich es selbst; sagen tut er mir nie was* **2.** ⟨dient der Umschreibung des Konj.; drückt eine Möglichkeit aus⟩ /etw. (*das, es*)/ *das täte* (ˈwürde') *mich schon reizen, interessieren* ❖ ↗ **¹tun**

Tünche [ˈtʏnçə], **die**; ∼, ⟨o.Pl.⟩ **1.** ˈdünnflüssige, weiße od. getönte Farbe aus Kalk, mit der man Mauerwerk, Wände streicht': *die Wand wurde mit frischer, weißer* ∼ *überstrichen; die alte* ∼ *abwaschen; die schadhaften Stellen am Mauerwerk mit* ∼ *überdecken* **2.** emot. ˈetw., das den wahren Charakter, das wahre Wesen von etw., jmdm. verdecken soll': *seine Bildung ist nur* ∼ (ˈist nur oberflächlich'); *ihr Benehmen, ihre Höflichkeit ist nichts als* ∼ ❖ **tünchen**

tünchen [ˈtʏnçn̩] ⟨reg. Vb.; hat⟩ *etw.* ∼ ˈetw., bes. Mauerwerk, mit Tünche bestreichen'; ↗ FELD VI.2.2: *die Wände* ∼; *eine frisch getünchte Decke* ❖ ↗ **Tünche**

tunlich [ˈtuːn..] ⟨Adj.; o. Steig.; nicht attr.; ↗ auch *tunlichst*⟩ SYN ˈratsam' /beschränkt verbindbar/: *etw.* (vorw. *es, das*) *für* ∼ *halten* ⟨mit Nebens.⟩: *ich halte es für* ∼, *die Einladung nicht anzunehmen; wir* *halten es für* ~, *dass du das Geschenk nicht an-nimmst* ❖ ↗ **¹tun**

tunlichst ['tuːnlɪçst] ⟨Adv.; ↗ auch *tunlich*⟩ 'mög-lichst, unbedingt': *etw.* ~ *vermeiden, bleiben lassen; halte dich* ~ *aus meinen Angelegenheiten heraus; unterlasse das* ~*!; erledige das* ~ *schnell* ❖ ↗ **¹tun**

Tunnel ['tʊnl̩], **der**; ~s, ~/auch ~s 'unterirdisch angelegter Verkehrsweg': *durch einen* ~ *fahren, gehen; einen* ~ *bauen; einen* ~ *durch den Berg bohren; der* ~ *unter dem Kanal verbindet England und Frankreich miteinander; ein* ~ *für die Eisenbahn, die Fußgänger*

tupfen ['tʊpfn̩] ⟨reg. Vb.; hat⟩ **1.1.** /jmd./ *etw., bes. eine Flüssigkeit, auf etw.* ~ 'etw., bes. eine Flüssigkeit, durch leichte, mehrmalige Berührung mit etw. auf eine bestimmte Stelle bringen': *Jod, eine Salbe auf die Wunde* ~*; dem Verletzten ein schmerzstillendes Mittel auf die Haut* ~ **1.2.** /jmd./ *etw. von etw.* ⟨Dat.⟩ ~ 'etw., bes. eine Flüssigkeit, von einer Stelle entfernen, indem man diese mehrmals leicht mit etw. berührt, so dass die Flüssigkeit aufgesogen wird': *jmdm. (mit einem Taschentuch) den Schweiß von der Stirn* ~*; sich* ⟨Dat.⟩ *etw. von etw.* ⟨Dat.⟩ ~*: sich Blut von der Hand* ~*; sich Fett (mit einer Serviette) vom Mund* ~*; sich* ⟨Dat.⟩ *den Mund, die Lippen* ~ ('den feuchten Mund, die feuchten Lippen durch mehrmaliges Berühren mit dem Mundtuch trocknen')

Tür [tyːɐ], **die**; ~, ~en **1.1.** 'Vorrichtung aus einer meist rechteckigen Platte mit Scharnieren, die zum Verschließen einer sich bes. am Eingang von Gebäuden, Räumen, Grundstücken, Fahrzeugen, Möbeln befindenden Öffnung dient'; ↗ FELD V.3.1 (↗ TABL Haus/Gebäude): *die* ~ *ist zu, auf; die* ~ *zum Garten steht immer offen; sie stehen vor verschlossener* ~*; die* ~ *klemmt, knarrt, ist verglast, hat zwei Flügel; öffne, schließe doch bitte die* ~*!; die Tür abschließen, aufschließen; die* ~ *aushängen; an die* ~ *klopfen; dieses Jahr müssen wir die* ~*en gestrichen werden; das Auto hat drei, vier* ~*en; der Schrank hat zwei* ~*en;* /in der kommunikativen Wendung/ umg. *du kriegst die* ~ *nicht zu* ('das ist unerhört') /als Ausruf der Verärgerung/; vgl. **¹Tor, Pforte, Portal 1.2.** 'Eingang, Ausgang mit Tür (1.1.)': *den Gast bis zur* ~*, bis an die* ~ *begleiten; vor die* ~ *treten; den Jungen zur* ~ *hereinlassen; das Bett ist zu breit, es geht nicht durch die* ~*; Verzeihung, ich habe mich in der* ~ *geirrt!; diese* ~ *geht auf den Hof, zur Straße* ❖ **Drehtür**

* /jmd./ **jmdm. stehen alle ~en offen** ('jmd. wird in jeder Hinsicht gefördert, unterstützt'); /jmd./ **zwischen ~ und Angel** 'im Vorbeigehen, in aller Eile': *das hat er nur zwischen* ~ *und Angel erzählt;* /jmd./ **von ~ zu ~ gehen** ('von Wohnung zu Wohnung, Haus zu Haus gehen'); /jmd./ **mit der ~ ins Haus fallen** ('sein Anliegen ohne Umschweife vortragen'); /jmd./ **offene ~en einrennen** 'sich energisch für etw. einsetzen, das längst akzeptiert worden ist': *der Antrag ist längst genehmigt, da rennst du offene* ~*en ein!;* /etw./ **vor der ~ stehen** ('unmittelbar be-

vorstehen'); /jmd./ **etw. hinter verschlossenen ~en** ('geheim') **verhandeln;** /jmd./ **vor verschlossener ~ stehen** ('niemanden zu Hause antreffen'); /jmd./ **jmdm. die ~ weisen** ('jmdn. scharf auffordern das Haus, die Wohnung zu verlassen'); /jmd./ **mit jmdm. ~ an ~ wohnen** ('unmittelbar neben jmdm. wohnen')

Turbine [tʊrˈbiːnə], **die**; ~, ~n 'Maschine, die die Energie von strömendem Dampf, Gas, Wasser unmittelbar in drehende Bewegung umsetzt'; ↗ FELD V.5.1: *die* ~*n eines Kraftwerks; die* ~*n erzeugen Strom; die* ~*n anlassen, in Betrieb nehmen; die Drehzahl einer* ~

turbulent [tʊrbuˈlɛnt] ⟨Adj.; Steig. reg.⟩ 'lebhaft und laut': *in der Versammlung ging es* ~ *zu; dort war es ziemlich* ~*; das war eine* ~*e* ('sehr unruhige') *Zeit; in ihrer Familie geht es meistens sehr* ~ *zu;* SYN 'wild (3.2)': *am Strand, auf dem Markt herrscht* ~*es Treiben, gab es* ~*e Szenen*

türkis [tyrˈkiːs] ⟨Adj.; o. Steig.; indekl./umg. dekl.⟩ 'von einer Farbe zwischen Grün und Blau': *sie trägt ein Kleid in Türkis; das Kleid ist* ~ *gefärbt, ist* ~*; umg. sie trägt eine* ~*ene Bluse*

Türkis, der; ~es, ~e 'Edelstein von einer Farbe zwischen Grün und Blau': *ein Ring mit einem wunderschönen* ~

Turm [tʊrm], **der**; ~s/auch ~es, Türme ['tyrmə] **1.** 'auf einer relativ kleinen Grundfläche errichtetes hohes, andere Bauwerke überragendes Bauwerk, das einen Teil eines Gebäudes darstellt od. frei steht'; ↗ FELD IV.1.1, V.3.1 (↗ TABL Haus/Gebäude): *ein runder, eckiger, spitzer* ~*; der* ~ *der Kirche, Burg, des Schlosses; die Türme einer Stadt; einen* ~ *besteigen; der schiefe* ~ *von Pisa* **2.** 'Figur in Form eines Turms (1) beim Schach': *er hat schon beide Türme eingebüßt; mit dem* ⁻⁻ *Schach bieten* ❖ **Leuchtturm**

türmen ['tyrmən] ⟨reg. Vb.; hat/ist⟩ **1.** ⟨hat⟩ **1.1.** /mehrere (etw.)/ *sich irgendwo* ~ 'bes. Papiere, Bücher liegen irgendwo in hohen Haufen, Stapeln übereinander'; SYN stapeln: *auf seinem Tisch* ~ *sich die Bücher, Akten; in der Post* ~ *sich die Briefe;* METAPH *vor ihnen türmten sich die Schwierigkeiten* **1.2.** /jmd./ *etw. irgendwo* ~ 'etw. irgendwo in hohen Haufen aufschichten'; SYN stapeln: *Bücher auf dem Boden* ~*; er musste die Akten auf dem Tisch* ~ **2.** ⟨ist⟩ umg. /jmd./ SYN 'fliehen'; ↗ FELD I.7.2.2: *die Täter sind getürmt, konnten* ~*; von irgendwo* ~*: er ist aus dem Gefängnis getürmt*

turnen ['tʊrnən] ⟨reg. Vb.; hat/ist⟩ **1.** ⟨hat⟩ /jmd./ *an etw.* ⟨Dat.⟩ ~ '(gymnastische) Übungen an einem bestimmten Gerät od. am Boden ausführen'; ↗ FELD I.7.4.2: *am Barren, Boden, an den Ringen* ~*; wir* ~ *heute in der Halle; an einem Gerät* ~*; sie* ~ *gut, schlecht; irgendwo* ~*: in einer Halle, im Freien* ~*; etw.* ~*: eine Übung* ~ **2.** ⟨ist⟩ umg. /jmd./ *irgendwohin* ~ 'geschickt über, auf etw. klettern': *die Kinder sind über Tische und Bänke geturnt; die Affen* ~ *in den Bäumen; er turnte von Stein zu Stein,* *über die Mauer* ❖ **Turnen, Turner — Geräteturnen;** vgl. **Turnier**

Turnen, das; ~s, ⟨o.Pl.⟩ 'Sport als Unterrichtsfach in der Schule'; ↗ FELD I.7.4.1: *wir haben heute (kein) ~; am ~ (nicht) teilnehmen* ❖ ↗ **turnen**

Turner ['tʊʀnɐ], **der**; ~s, ~ **1.1.** 'jmd., der turnt, bes. Schüler des Fachs Turnen': *er ist der beste ~ der Klasse* ('er kann in der Klasse am besten turnen') **1.2.** 'Sportler der Disziplin Geräteturnen, Bodenturnen'; ↗ FELD I.7.4.1: *bei den Wettkämpfen dominierten die japanischen ~* ❖ ↗ **turnen**

Turn ['tʊʀn..]|**gerät, das** 'für das Turnen (↗ turnen 1) benutztes, fest stehendes Gerät, z. B. Barren, Reck, Pferd'; ↗ FELD I.7.4.1: *an den ~en turnen* ❖ ↗ **turnen, ** ↗ **Gerät**

Turnier [tʊʀ'niːɐ], **das**; ~s, ~e 'sportliche Veranstaltung, auf der in vielen einzelnen Wettkämpfen aus einer größeren Anzahl von Teilnehmern, Mannschaften der Sieger ermittelt wird'; SYN Wettkampf; ↗ FELD I.7.4.1: *ein großes, bedeutendes, internationales ~; ein ~ ausschreiben, austragen, organisieren; an einem ~ teilnehmen; den Sieger des ~s ermitteln* ❖ vgl. **turnen**

Turnus ['tʊʀnʊs], **der**; ~, ~se ⟨+ Präp. *in*⟩ 'festgelegte, regelmäßig sich wiederholende Reihenfolge, Abfolge von bestimmten Ereignissen, Vorgängen': *sich mit jmdm. in einem bestimmten ~ ablösen; in regelmäßigem ~ müssen dem Wasser Proben entnommen werden; der Lehrgang läuft in einem sechsmonatlichen ~* ('wird alle sechs Monate wiederholt'); *etw. findet in einem bestimmten ~ statt; in einem ~ von vier Jahren werden Wahlen durchgeführt; sein Tagesablauf läuft in einem festen ~ ab* ❖ **turnusmäßig**

turnus|mäßig ['t..] ⟨Adj.; o. Steig.; nicht präd.⟩ 'in einem bestimmten Turnus (stattfindend)' /auf Tätigkeiten bez./: *eine ~e Kontrolle, Sitzung durchführen; die Veranstaltung findet ~ alle drei Jahre statt* ❖ ↗ **Turnus,** ↗ **messen**

Tusch [tʊʃ], **der**; ~es, ~e/auch ~s 'kurzer, kräftiger Akkord, mit dem eine (Blas)kapelle die Zuhörer auf sich, auf etw. aufmerksam machen will'; ↗ FELD VI.1.1: *die Kapelle spielte, blies einen ~; jmdn. mit einem ~ empfangen; sein Erscheinen wurde durch einen ~ angekündigt*

Tusche ['tʊʃə], **die**; ~, ~n ⟨vorw. Sg.⟩ **1.** 'intensiv schwarze od. farbige Lösung, die zum Schreiben und Zeichnen verwendet wird': *mit Feder und ~ zeichnen; eine technische Zeichnung mit ~ anfertigen* **2.** 'Schminke für Augenbrauen und Wimpern': *wasserfeste ~ für die Wimpern; sie schminkt ihre Augenbrauen mit einer schwarzen ~* **3.** landsch. 'Wasserfarbe': *sie braucht noch ~ für den Zeichenunterricht; mit Pinsel und ~ malen* ❖ **tuschen;** vgl. **vertuschen**

tuscheln ['tʊʃln] ⟨reg. Vb.; hat⟩; ↗ FELD VI.1.2 **1.1.** /zwei od. mehrere (jmd.)/ 'heimlich so miteinander flüstern, dass andere das Gesagte nicht verstehen können': *sie standen eng zusammen und tuschelten; sie haben hinter seinem Rücken (über ihn, sein Ver-*

halten) getuschelt; /jmd./ mit jmdm. ~: er tuschelt dauernd mit seiner Banknachbarin; ⟨+ Nebens.⟩ *es wird getuschelt* ('es gibt das Gerücht'), *dass ...* **1.2.** /jmd./ *etw. ~* 'etw. so flüsternd mitteilen, dass andere das Gesagte nicht verstehen können': *er tuschelte irgendetw. Unverständliches; jmdm. etw. ins Ohr ~* ('jmdm. etw. leise ins Ohr sagen')

tuschen ['tʊʃn] ⟨reg. Vb.; hat⟩ **1.** /jmd./ *etw. ~* **1.1.** 'etw. mit Tusche (1) schreiben od. zeichnen': *eine Landschaft ~; das Schöne an dem Bild sind die zart getuschten Blumen* **1.2.** landsch. 'etw. mit Wasserfarben malen': *ein Bild ~* **2.** /jmd./ *sich* ⟨Dat.⟩ *die Wimpern, Augenbrauen ~* 'die Wimpern, Augenbrauen mit Tusche (2) schminken': *sie muss sich noch schnell die Wimpern ~* ❖ ↗ **Tusche**

tut: ↗ **tun**

Tüte ['tyːtə], **die**; ~, ~n **1.** 'trichter-, zylinderförmiger od. rechteckiger Behälter, bes. aus festem Papier, in dem bestimmte Waren, bes. Lebensmittel, z. B. Zucker, Mehl, Salz, transportiert werden'; ↗ FELD V.7.1 (↗ TABL Behälter): *eine spitze, haltbare ~; eine ~ aus Papier, Kunststoff; in ~n abgepackter Zucker; die ~ ist aufgeplatzt* **2.** ⟨+ Attr.⟩ 'Menge, die den Inhalt von Tüte (1) bildet': *er brachte ihr eine ~ Bonbons mit; drei ~n Zucker und zwei ~n Mehl kaufen; geben sie mir bitte eine ~ Salz* ❖ **Lohntüte, Milchtüte, Schultüte**

* umg. **etw.** (vorw. *das*) **kommt nicht in die ~** ('kommt nicht in Frage')

tuten ['tuːtn], tutete, hat getutet umg. **1.1.** /etw., bes. Fahrzeug/ 'als Signal einen gleichförmigen, lang gezogenen lauten Ton ertönen lassen'; ↗ FELD VI.1.2: *der Dampfer tutete mehrmals, bevor er abfuhr; die E-Lok stand am Haltesignal und tutete; das laute Tuten der Autos ging uns auf die Nerven* **1.2.** /etw./ *das (Nebel)horn, die Sirene eines Betriebes tutet* ('ertönt lang gezogen, laut und dumpf') **2.** /jmd./ *in etw. ~* 'durch Hineinblasen in einen trichterförmigen Gegenstand od. in ein Blasinstrument einen langgezogenen Ton hervorrufen': *in seine Trompete ~*

* umg. /jmd./ **von Tuten und Blasen keine Ahnung haben** 'überhaupt nichts von einer Sache verstehen': *der hat von Tuten und Blasen keine Ahnung und ausgerechnet den hat man zum Chef gemacht*

Tweed [tviːt], **der**; ~s, ⟨o.Pl.⟩ 'dicker, aus groben Garnen locker gewebter, meist melierter Wollstoff': *er trägt einen Mantel, eine Hose aus ~*

Typ [tyːp], **der**; ~s, ~en **1.1.** ⟨+ Attr.⟩ 'durch bestimmte gemeinsame charakteristische Merkmale gekennzeichnete Kategorie, Art von Dingen od. Individuen': *dieser ~ Viren ist gefährlich; er ist ein athletischer ~; sie passt ihre Kleidung ihrem ~ an; er gehört zu jenem ~ Mensch, der immer überlegt handelt; er ist ein kühler ~* ('seine Handlungen werden durch den Verstand bestimmt'); *sie ist ein visueller ~* ('merkt sich Lernstoff durch Lesen') **1.2.** ⟨+ Gen.attr.⟩ SYN 'Inbegriff': *er war der ~ eines Wissenschaftlers; er ist für mich der ~ eines Spießers* **2.** SYN 'Modell (2)': *Autos desselben ~s, ver-*

schiedenen ~s; zehn Geräte vom gleichen ~; einen neuen ~ entwickeln, produzieren; von dieser Sorte gibt es verschiedene ~en ❖ **Type, typisch, typisieren − Prototyp, stereotyp**

Type ['ty:pǝ], **die;** ~, ~n **1.** umg. ʿdurch seine besondere, oft komische Art auffallender Menschʾ: *er ist eine lustige ~; kennst du auch diese (ulkige) ~?; das ist vielleicht eine merkwürdige ~!* ❖ ↗ **Typ**

typisch ['ty:p..] ⟨Adj.; Steig. reg.; nicht bei Vb.⟩ **1.1.** ʿdem Typ (1.1) entsprechendʾ: *das ist ein ~es Merkmal für ihn; mir scheint es ~ dafür zu sein, dass ...; das ist ~ für sie; die Krankheit nahm einen ~en* (SYN ʿklassischen 4ʾ) *Verlauf* **1.2.** ʿdie charakteristischen Merkmale von etw. in ausgeprägter Form aufweisend, dem Prototyp entsprechendʾ; SYN echt (I.3): *er ist ein ~er Berliner; dieser Stil ist ~ für das 18. Jahrhundert* ❖ ↗ **Typ**

typisieren [typi'zi:ʀǝn], typisierte, hat typisiert /jmd./ etw. ~ ʿden Typ (1.1) von etw. feststellen, etw. einem Typ (1.1) zuordnenʾ: *einen neuen Virus ~; ein Transplantat ~* ❖ ↗ **Typ**

Tyrann [ty'ʀan], **der;** ~en, ~en **1.** ʿherrschsüchtiger, rücksichtslos und diktatorisch anderen seinen Willen aufzwingender Menschʾ: *er ist ein richtiger, ist der ~ der Familie* **2.** ʿunumschränkt Gewalt und Zwang ausübender Herrscher (früherer historischer Epochen)ʾ: *das Volk litt unter dem ~en; Nero war ein grausamer, brutaler ~* ❖ **Tyrannei, tyrannisch, tyrannisieren**

Tyrannei [tyʀa'nɑi], **die;** ~, ~en; ↗ FELD I.14.1 **1.** ⟨vorw. Sg.⟩ ʿHerrschaft eines Tyrannen (2), eines diktatorischen Regimesʾ: *die faschistische ~; ein Land aus der (jahrzehntelangen) ~ befreien* **2.** ⟨o.Pl.⟩ ʿrücksichtsloses und diktatorisches Verhalten eines herrschsüchtigen Menschenʾ: *diese, seine ~ kann ich nicht mehr länger ertragen* ❖ ↗ **Tyrann**

tyrannisch [ty'ʀan..] ⟨Adj.; Steig. reg., ungebr.⟩ ʿwie ein Tyrann (1) auftretend, andere behandelndʾ; ↗ FELD I.14.3: *er ist ~; ein ~er Familienvater* ❖ ↗ **Tyrann**

tyrannisieren [tyʀani'zi:ʀǝn], tyrannisierte, hat tyrannisiert /herrschsüchtiger Mensch/ *jmdn., eine Gruppe* ~ ʿjmdn., einer Gruppe rücksichtslos und diktatorisch seinen Willen aufzwingenʾ; ↗ FELD I.14.2: *er tyrannisierte seine Familie; er hat seine Frau in unglaublicher Weise tyrannisiert* ❖ ↗ **Tyrann**

u, U

U-Bahn ['uː..], **die** ˈSchienenfahrzeug für den Nahverkehr in Großstädten, das unter der Erde fährt'; ↗ FELD VIII.4.1.1 (↗ TABL Städt. Verkehrsmittel): *die ~ fährt morgens in einem Abstand von drei Minuten; fährst du mit der ~ oder mit der Straßenbahn?*; vgl. auch *S-Bahn, Straßenbahn* ❖ ↗ **Bahn**

übel ['yːbl] ⟨Adj.⟩ **1.** ⟨Steig. reg.; nicht präd.⟩ SYN ˈabscheulich (I.1)'; ANT angenehm /auf den Geruchssinn, Geschmackssinn bez./: *ein übler Gestank, Geschmack; etw. riecht, schmeckt ~; einen üblen Geschmack auf der Zunge haben* **2.** ⟨Steig. reg; nur präd. (mit *sein, werden*)⟩ *jmdm. ist (es)* ˈjmd. fühlt sich so, als müsse er sich übergeben'; SYN schlecht (6.3), unwohl (1.2): *ihm war, wurde ganz ~/ihm ist ganz ~ geworden, als er das sah; von diesem Geruch, Anblick wurde uns ganz ~* **3.** ⟨Steig. reg.⟩ emot. **3.1.** ⟨nur attr.⟩ ˈeinen schlechten Charakter besitzend und moralisch von negativer Wirkung'; SYN schlecht (3.1) /vorw. auf Personen bez./; ↗ FELD I.2.3: *er ist ein übler Bursche; sie ist eine üble Person; er ist in üble Gesellschaft geraten; hüte dich vor ihm, er hat einen üblen Charakter* **3.2.** ⟨nur attr. u. bei Vb.⟩ ˈgemein und boshaft': *jmdn. auf üble* (SYN ˈniederträchtige'), *in der übelsten Weise beschimpfen; man hat ihm bei dieser Sache ~ mitgespielt, hat ihn ~ hereingelegt, zugerichtet* **3.3.** ⟨vorw. attr.⟩ ˈvon einem schlechten Charakter, einer schlechten Moral zeugend' /beschränkt verbindbar/: *er hat einen üblen Ruf, Leumund* **4.** ⟨Steig. reg.⟩ ˈvon nachteiliger Wirkung für jmdn.'; SYN unangenehm: *in einer üblen Lage, Situation sein; etw. nimmt ein übles Ende, wird üble Folgen haben; das kann ~ ausgehen, enden; er hat das ~ aufgenommen* ('war mir deswegen böse'); *wir hatten es ~ getroffen* ('waren damit, bes. mit dem Quartier, nicht zufrieden'); *nicht ~* ˈganz gut': *das hat er nicht ~ gemacht; das ist nicht ~!*; umg. /auch als kommunikative Wendung; sagt jmd., wenn er eine Leistung vorsichtig anerkennt/: *„Wie findest du meinen neuen Roman?" „Nicht übel!"* **5.** ⟨Steig. reg.; nicht präd.⟩ /beschränkt verbindbar/ *mit seiner üblen* ('schlechten') *Laune steckt er alle an; er war ~ gelaunt* ❖ Übel, Übelkeit, verübeln
* /jmd./ **jmdm. etw. ~ vermerken** ˈjmdm. etw. übel nehmen': *er hat es (mir) ~ vermerkt, dass ich ihm damals nicht geholfen habe*
MERKE Zum ‚e'-Ausfall der Endung: ↗ dunkel (Merke)

Übel, das; ~s, ~ **1.** ˈetw., das als übel (4) angesehen werden muss': *ein ~ beseitigen; die Wurzel, der Grund des/alles/allen ~s ist, dass …; das ~ erkennen, bekämpfen* **2.** SYN ˈLeiden (1)': *ein chronisches ~; sein altes ~, der Husten, plagt ihn wieder; gegen sein ~ ankämpfen* ❖ ↗ **übel**

* **zu allem ~** emot. neg. ˈobendrein': *es fuhr kein Taxi, und zu allem ~ fing es auch noch an zu regnen*; **etw. ist vom/von ~** ('führt zu nichts Gutem'); **das kleinere ~** ˈdas, die weniger unerfreuliche von zwei unangenehmen Dingen, Personen': *der Regen, der neue Chef ist das kleinere ~; wenn du nach N gehst, ist dies das kleinere ~*; /jmd./ **das kleinere ~ wählen** ˈsich für die weniger unerfreuliche von zwei unerfreulichen Varianten entscheiden': *indem ich mich für die Operation entschied, wählte ich das kleinere ~*; /etw., jmd./ **ein notwendiges ~ sein** ˈeine unangenehme Sache, Person sein, die man aber aus einer Zwangslage heraus tolerieren muss': *die Lastwagen sind ein notwendiges ~*; /jmd./ **das ~ mit der Wurzel ausrotten/das ~ an der Wurzel packen/fassen** ˈeine unangenehme Sache völlig, ganz und gar beseitigen': *wir wollen das ~ an der Wurzel packen!*

Übelkeit ['..], **die;** ~, ~en ⟨vorw. Sg.⟩ ˈdas Gefühl, dass man sich übergeben müsste': *seit Tagen kämpfte er gegen eine leichte ~ an; ~ empfinden; von einer plötzlichen ~ befallen werden; etw. erregt ~* ❖ ↗ **übel**

übel nehmen (er nimmt übel), nahm übel, hat übel genommen /jmd./ *jmdm. etw. ~* ˈwegen jmds. Verhalten, Äußerung beleidigt sein und es ihn fühlen lassen'; SYN verübeln; ↗ FELD I.6.2: *diese Behauptung, diesen Scherz nahm sie ihm sehr übel; er hat ihr ihre Worte sehr übel genommen;* /in der kommunikativen Wendung/ *nehmen Sie es mir bitte nicht übel, aber …* /wird einleitend und entschuldigend zu jmdm. gesagt, um höflich seine eigene, andere Meinung zu einem vorausgegangenen Thema zu äußern/: *nehmen Sie es mir bitte nicht übel, aber ich habe dazu einen ganz anderen Standpunkt*.

übel wollen, wollte übel, hat übel gewollt /jmd./ *jmdm. ~* ˈjmdm. schaden wollen': *er will ihm übel, hat ihm immer übel gewollt*

üben ['yːbn̩] ⟨reg. Vb.; hat⟩ **1.** /jmd./ *etw. ~* ˈetw. nach bestimmten Regeln ständig wiederholen, um es dadurch zu lernen, zu beherrschen'; ↗ FELD I.4.1.2: *seit Tagen übt er das Gedicht, Klavierstück; nur durch Üben wirst du das erlernen; er übt Tanzschritte, eine Rolle, einen Text, einen Salto; du musst ~!; der Sänger übt jeden Tag ein paar Stunden; der Turner übt am Reck* **2.** /abgeblasst in Verbindung mit best. Subst., z. B./: /jmd./ ↗ *Diskretion ~*; /jmd./ ↗ *Gerechtigkeit ~*; /jmd./ *an jmdm., etw.* ⟨Dat.⟩ *Kritik ~*; /jmd., Institution/ ↗ *Nachsicht ~*; /jmd./ *an jmdm.* ↗ *Rache ~*; /jmd./ *jmdm. gegenüber* ↗ *Rücksicht ~*; /jmd./ *gegen jmdn./jmdm. gegenüber* ↗ *Toleranz ~*; /jmd./ *an jmdm., etw.* ↗ *Verrat ~* ❖ **zu (1):** Übung; **zu (2):** verüben — ausüben

¹**über** ['yːbɐ] ⟨Adv.⟩ **I.1.** /drückt aus, dass eine Zahl, ein Wert überschritten wird/; ANT ¹unter (2): *das Gerät kostet ~ 1000 DM; ~ die Hälfte der Zu-*

schauer waren Jugendliche; seit ~ einem Jahr kennt
er sie schon; der Zaun ist ~ 5 Meter hoch − **II.**
⟨nur präd. (mit *sein, werden)*⟩ umg. **2.1.** /jmd./
jmdm. irgendwie ~ sein ʿjmd. in Bezug auf etw.
überlegen seinʾ: *körperlich ist er ihm ~; im Rechnen
ist er ihr ~* **2.2.** /etw./ *jmdm. ~ sein, werden* ʿjmdm.
lästig sein, werdenʾ: *das ewige Fernsehen ist, wird
mir über* ❖ **überall, überdies;** vgl. **über/Über-;** vgl.
darüber, worüber
* *~ und ~* ʿetw., jmdn. völlig bedeckendʾ: *er war ~
und ~ mit Dreck bespritzt; der Baum war ~ und ~
mit Blüten bedeckt; er wurde ~ und ~ rot* (ʿer errö-
tete heftigʾ)
MERKE Zur Getrennt-, Zusammenschreibung
von *über* und *sein:* Getrenntschreibung auch im In-
finitiv
²über ⟨Präp. mit Dat. u. Akk.; voran-, auch nachge-
stellt; mit best. Art. Mask., Neutr. häufig ↗ *überm,
übern, übers*⟩ **1.** ⟨mit Dat.; vorangestellt⟩ /lokal/
1.1. /gibt eine Lage an, die höher als der Bezugs-
punkt ist; der Bezugspunkt wird nicht berührt/: *die
Sonne steht schon ~ den Bergen, ist ~ dem/überm
Horizont aufgegangen; das Bild hängt ~ dem/überm
Schreibtisch; ~ mir (in der Luft) kreiste ein Bus-
sard; das Flugzeug schwebte ~ den Wolken; er stand
~ mir auf der Leiter; der Ort liegt 50 Meter ~*
(ANT unter 1.1) *dem Meeresspiegel; er wohnt ~
uns* (ʿein Stockwerk höherʾ) **1.2.** /gibt eine Lage auf
einer Fläche an, wobei die Fläche bedeckt wird/: *~
dem Sofa lag eine Decke; Schnee lag ~ der Land-
schaft; Nebel lag ~ den Wiesen; sie trug ~ dem
Kleid einen leichten Mantel; ~ der Statue hing ein
weißes Tuch;* vgl. ²*auf* 2. ⟨mit Akk.; vorangestellt⟩
/lokal/ **2.1.** /gibt die Richtung einer Bewegung und
deren Endpunkt an, der höher als der Bezugspunkt
liegt; der Bezugspunkt wird nicht berührt/: *das Bild
~ den/übern Schreibtisch hängen; ein Schild ~ die
Tür, ~ das/übers Klavier hängen* **2.2.** /gibt die Rich-
tung einer Bewegung in der Höhe parallel zu einem
tiefer gelegenen Bezugspunkt an; der Bezugspunkt
wird nicht berührt/: *die Maschine flog ~ die Stadt,
~ die Ostsee; Vögel flogen ~ uns hinweg* **2.3.** /gibt
die Richtung einer Bewegung und deren Endpunkt
auf einer Fläche an, wobei die Fläche bedeckt
wird/: *eine Decke ~ den Tisch legen; Nebel legte
sich ~ die Wiesen; sie zog eine Jacke ~ das Kleid*
2.4. /gibt die Richtung einer Bewegung beim Klet-
tern, Werfen, Springen an, wodurch der höchste
Punkt eines Hindernisses überwunden wird; der
Bezugspunkt wird berührt od. nicht berührt/: *er
sprang, kletterte ~ die Mauer, ~ den/übern Zaun;
er warf den Stein ~ den/übern Zaun;* /auch in Bezug
auf Ufer, Grenze/: *sie fuhren ~ die Grenze; der
Fluss trat ~ die Ufer; sie fuhren ~ den/übern Rhein*
2.5. /gibt die Richtung einer Bewegung auf einer
Fläche an, wobei daraus nicht hervorgeht, ob diese
Fläche verlassen wird/: *sie gingen ~ die Wiese, ~
das/übers Feld; sie segelten ~ den/übern See* **2.6.**
/gibt einen geographischen Punkt auf einer Ver-
kehrsstrecke an; an dem Punkt wird gehalten od.

nicht; der Punkt verdeutlicht den Verlauf der
Strecke/: *die Maschine fliegt ~ Frankfurt nach Van-
couver, ~ Mailand nach Pisa; die Bahn fährt ~ den
Hauptbahnhof; fährt der Zug ~ Leipzig nach Halle?*
3. ⟨mit Akk.; voran- od. nachgestellt⟩ /temporal/
3.1. ⟨vorangestellt; auch o. Kasusforderung⟩ /gibt
eine begrenzte, aber in ihrer Ausdehnung ungenaue
Zeitdauer an, innerhalb derer das Geschehen ab-
läuft/: *~ Weihnachten, übers Wochenende fahren wir
an die Ostsee; ~ die Feiertage bleibt er zu Hause;
~ Nacht* (ʾirgendwann in der Nachtʾ) *hat es ge-
schneit; ~ Mittag* (ʾwährend der Mittagszeitʾ) *fährt
er schnell nach Hause* **3.2.** ⟨nachgestellt; fakultativ⟩
/gibt eine durch nichts unterbrochene Zeitdauer
an/; SYN ²*durch* (2), *hindurch* (2): *den ganzen Tag
~ regnete es; den Sommer (~) lebten sie an der
Küste; er war die ganze Woche (~) unterwegs* **3.3.**
⟨vorangestellt⟩ /gibt das Überschreiten eines Zeit-
punktes an/: *es war weit ~ Mitternacht, als sie end-
lich aufbrachen; er ist schon ~ 60 Jahre (alt)/ist
schon ~ 60* **4.** ⟨mit Dat.; vorangestellt; mit subst.
Vb.⟩ /temporal; hat auch kausalen Charakter; gibt
an, dass während und aufgrund einer Tätigkeit etw.
geschieht/: *er ist ~ dem/überm Lesen eingeschlafen;
~ der Arbeit hat er alles andere vergessen* **5.** ⟨mit
Akk.; vorangestellt⟩ /modal/; gibt den Vermittler
für eine Information an/; SYN ²*durch* (4): *ich habe
das ~ den Rundfunk, ~ das/übers Fernsehen erfah-
ren* **6.** ⟨o. Kasusforderung; als Glied von Doppel-
formen⟩ /modal/; gibt eine Steigerung, eine Genera-
lisierung an/: *Briefe ~ Briefe kamen ins Haus; sein
Diktat hatte Fehler ~ Fehler* (ʾsehr viele, nur Feh-
lerʾ); *ihm wurden Fragen ~ Fragen gestellt* **7.** ⟨mit
Akk.; in fester Abhängigkeit von Verben⟩ *sich ~
jmdn., etw. freuen; sich ~ etw., jmdn. aufregen; sich
~ jmdn., etw. beklagen; ~ jmdn., etw. staunen; ~
jmdn., etw. reden, nachdenken, schreiben; ~ jmdn.
urteilen; sich ~ jmdn., etw. unterhalten* ❖ **kopfüber;**
vgl. **über/Über-;** vgl. **darüber, drüber, drüben, wor-
über**
¹über- /bildet mit dem zweiten Bestandteil Verben;
unbetont, untrennbar (z. B. *überarbeiten:* er über-
arbeitet, überarbeitete, hat überarbeitet) od. be-
tont, trennbar (im Präsens u. Präteritum)/ **1.** /unbe-
tont; untrennbar; drückt aus, dass durch das im
zweiten Bestandteil Genannte eine Größe über eine
andere Größe hinweg gelangt/: ↗ z. B. *überschrei-
ten* (1) **2.** /betont; trennbar; mit Akk.obj. unbetont,
untrennbar; drückt aus, dass durch das im zweiten
Bestandteil Genannte eine Größe über eine Größe
gelangt, reicht/: ↗ z. B. *überragen* (1) **3.** /betont,
trennbar od. unbetont, untrennbar; drückt aus,
dass das im zweiten Bestandteil Genannte das nor-
male Maß überschreitet und kennzeichnet es als zu
hoch, zu stark/ ANT ¹*unter-:* ↗ z. B. *überfordern,
überbewerten* **4.** /unbetont; untrennbar; drückt aus,
dass das im zweiten Bestandteil Genannte noch
einmal zum Zweck der Prüfung einer Größe er-
folgt/: ↗ *überarbeiten* (1) ❖ **Grenzübergang, hier-
über, unübersehbar;** vgl. **über/Über-**

²über- /bildet mit dem zweiten Bestandteil Adjektive; bewirkt eine Verstärkung; drückt aus, dass das im zweiten Bestandteil Genannte überaus stark vorhanden ist/: ↗ z. B. *überglücklich, übervoll* ❖ vgl. **über/Über-**

³Über- /bildet mit dem zweiten Bestandteil Substantive; drückt aus, dass das im zweiten Bestandteil Genannte über dem normalen Maß liegt und kennzeichnet es als zu hoch, zu stark/ ANT ²Unter-: ↗ z. B. *Überdruck* ❖ vgl. **über/Über-**

über/Über [yːbɐ]-**all** [..'a../'..] ⟨Adv.⟩ 'an allen Orten, Stellen (1)'; ANT nirgends: *diese Pflanze kommt ~ vor; ~ in der Welt kann es schön sein; jmdn. ~ suchen; er ist ~ und nirgends* ('nicht dort, wo man ihn vermutet') *zu finden; er hat ~ nach ihr gefragt; er ist ~* ('bei allen Leuten') *beliebt; er kennt sich ~* ('auf vielen Gebieten') *aus; sie drängt sich ~* ('bei jeder Gelegenheit') *in den Vordergrund; das ist ~* (SYN 'allgemein 3') *bekannt* ❖ ↗ ¹über, ↗ all; **-antworten** [..'ant..], überantwortete, hat überantwortet geh. /jmd./ *jmdn., etw. jmdm., etw.* 'die Verantwortung für jmdn., etw. jmdm., etw. ¹übertragen (5)': *das Kind wurde dem Vater überantwortet; den Bau des neuen Gebäudes hat man einer großen Firma überantwortet* ❖ ↗ Antwort; **-arbeiten** ['aʀ..], überarbeitete, hat überarbeitet **1.** /jmd./ *etw. ~* 'etw., bes. einen Text, noch einmal bearbeiten (1,2) und dabei ergänzen, verbessern (1)'; SYN feilen (2): *er hat den Text schon zweimal überarbeitet; das Buch erscheint demnächst in einer überarbeiteten Auflage; das musst du noch einmal ~* **2.** /jmd./ *sich ~* 'so viel, intensiv arbeiten, dass man völlig erschöpft ist': *er hat sich überarbeitet, sieht überarbeitet aus; du musst Urlaub machen, du bist völlig überarbeitet!* ❖ ↗ Arbeit; **-aus** ['../..'aus] ⟨Adv.; vor Adj., Adv., Indefinitpron.; bei Vb.⟩ 'in höchstem Grad'; SYN überaus (II), äußerst (II), unermeßlich (II), ungeheuer (II), ungewöhnlich (II), unglaublich (II), unsagbar (II), unsäglich (II), außergewöhnlich (II): *sie waren ~ lustig; eine ~ schwierige Lage; die Begrüßung war ~ herzlich; das hat mir ~ gut gefallen; er hat sich ~ gefreut; er möchte ~* (SYN 'brennend II') *gern dieses Konzert besuchen;* **-bewerten** ['..], überbewertete, hat überbewertet /jmd., Institution/ *jmdn., etw. ~* 'jmdn., etw. höher bewerten, als ihm zukommt'; ANT unterbewerten: *ich habe seine Fähigkeiten offensichtlich überbewertet; man hat ihn überbewertet* ❖ ↗ wert; **-bieten** ['b..], überbot, hat überboten **1.** /jmd./ *jmdn. ~* 'einen höheren Preis als ein anderer bieten, bes. auf Auktionen'; ↗ FELD I.16.2: *er hat ihn (um 100 Mark) überboten; mit seinem Angebot hat er alle überboten* **2.** /jmd./ *jmdn., etw. ~* 'mit einer Leistung besser sein als jmd., etw.'; SYN übertreffen (1): *er überbot ihn, den Rekord (im Schwimmen) (um eine zehntel Sekunde); seine Leistung ist nicht mehr zu ~; jmdn. an etw.* ⟨Dat.⟩ *~: er überbot alle an Charme, Frechheit; /zwei od. mehrere (jmd.)/* ⟨rez.⟩ *sich (an etw.) ~: sie überboten sich gegenseitig (an Höflichkeit)* ❖ ↗ bieten; **-bleibsel** ['..blaɪpsl̩], **das**; -s, ~ **1.1.** 'etw., das (beim Essen) übrig geblieben ist'; SYN Rest: *die ~ der Mahlzeit, Party* **1.2.** 'etw. meist nicht sehr Wichtiges, Wertvolles, das sich aus vergangener Zeit erhalten hat': *die Burg ist ein ~ aus mittelalterlicher Zeit; dies ist ein ~ aus damaliger Zeit;* vgl. *Relikt* ❖ ↗ bleiben; **-blick** ['..], **der 1.** ⟨vorw. Sg.; + Präp. *über*⟩ 'weit reichender, umfassender Blick von einer Stelle aus, die höher liegt als ihre Umgebung': *einen ~ über etw. haben; vom Turm aus haben wir einen guten ~ über die Stadt, das Tal* **2.1.** ⟨+ Präp. *über*⟩ 'eine kurze, umfassende Zusammenfassung, Darstellung von etw., bes. von einem Fachgebiet': *einen interessanten ~ über die deutsche Geschichte vermitteln; einen ~ über etw. haben, geben, gewinnen; die deutsche Literatur im ~* **2.2.** ⟨o.Pl.⟩ SYN 'Übersicht (1)': *ihm fehlt noch der ~; er hat völlig den ~ verloren; über dieses Fachgebiet muss er sich erst einen ~ verschaffen* ❖ ↗ blicken; **-blicken** [..'b..], überblickte, hat überblickt **1.** /jmd./ *etw. ~* 'einen Überblick (1) über etw. haben': *vom Baum aus konnte der Junge den ganzen Hof ~; vom Berg aus das Tal, vom Fenster aus die Kreuzung ~ (können)* **2.** /jmd./ *etw. ~* 'durch umfassende Kenntnisse fähig sein, ein Fachgebiet, etw. in seinen wesentlichen Zusammenhängen zu erfassen und zu beurteilen': *sein Fachgebiet, den gegenwärtigen Stand der Forschung ~; er hat die Lage sofort überblickt; das ganze Ausmaß der Katastrophe lässt sich noch nicht ~* (SYN 'abmessen 2') ❖ ↗ blicken; **-brücken** ['bʀʏkn̩], überbrückte, hat überbrückt /jmd./ *etw. mit etw.* ⟨Dat.⟩, *durch etw. ~* 'eine schwierige Situation, eine gewisse Zeitspanne durch etw., bes. durch ein bestimmtes Tun, überwinden': *bis zur Abfahrt des Zuges überbrückte sie die Zeit mit Lesen; die Verlegenheitspause mit einem Scherz ~; die Gegensätze konnten nicht überbrückt* ('überwunden') *werden; Schwierigkeiten, einen Zwiespalt, eine Kluft ~* ❖ ↗ Brücke; **-dies** ['../..'d..] ⟨Modalpartikel; unbetont; steht auch am Satzanfang; bezieht sich auf den ganzen Satz; steht vorw. in Aussagesätzen⟩ /der Sprecher drückt damit aus, dass seine Information als etw. Zusätzliches, wenn auch nicht weniger Wichtiges aufgefasst werden soll/ SYN außerdem: *ich habe ihm ~ gesagt, dass ich mit seinem Vorschlag einverstanden bin; wir machen nächste Woche Urlaub, unsere Kinder haben ~ Ferien;* MERKE Die Verwendung von *überdies* ist nicht möglich in Aufforderungen und in Ausrufen ❖ ↗ ¹über, ↗ dies; **-druck** ['..], **der** ⟨Pl.: ~drücke; vorw. Sg.⟩ 'zu hoher Druck (1)'; ANT Unterdruck: *etw. erzeugt einen ~; im Kessel entstand ein ~; der Autoreifen hat ~* ❖ ↗ drücken; **-druss** ['..dʀʊs], **der**; ~es, ⟨o.Pl.⟩ 'Widerwille, Abneigung gegen etw., womit man zu lange und dauernd beschäftigt war, sich ständig auseinander setzen musste': *sein Gesicht zeigte ~ und Langeweile; bis zum ~: das haben wir bis zum ~* ('bis wir es nicht mehr ertragen konnten') *gehört, gesagt, getan; ~ an etw.* ⟨Dat.⟩: *aus ~ an der Arbeit kündigen; aus ~ am Leben Selbstmord*

verüben ❖ überdrüssig; vgl. *verdrießen;* **-drüssig**
['..dʀʏsɪç] ⟨Adj.; Steig. reg., ungebr.; nicht bei Vb.;
vorw. präd. (mit *sein, werden*)⟩ /jmd./ *jmds., etw.*
⟨Gen.⟩ ~ *sein, werden* 'allmählich Widerwillen,
Abneigung gegen jmdn., etw. empfinden': *wir sind
seiner* ~ *geworden; er war des langen Wartens* ~*;
sie war seiner Ausflüchte, Lügen schon lange* ~*; ich
bin des Ärgers, der langen Diskussionen* ~*; ein sei-
ner ständigen Ermahnungen* ~*er Vater* ... ❖ ↗
Überdruss; **-eilen** [..'aɪ..], übereilte, hat übereilt
/jmd./ *etw.* ~ 'etw. ohne genügend zu überlegen
und voreilig ausführen': *wir wollen nichts* ~ (SYN
'überstürzen'); *eine Entscheidung, einen Entschluss*
~*;* ⟨oft adj. im Part. II⟩: *eine übereilte Zusage,
Schlussfolgerung, Handlung; übereilte Maßnahmen
treffen;* ⟨vorw. verneint⟩ *sich* ~ 'zu schnell und un-
überlegt handeln': *übereile dich* (*mit dieser Sache*)
nicht! ❖ ↗ eilen; **-einander** ['../'nandɐ] ⟨Adv.⟩ **1.1.**
'einer, eines über dem anderen': *sie wohnen* ~*; ihre
Zimmer liegen* ~ **1.2.** 'einen über den anderen':
zwei Pullover ~ *ziehen* **1.3.** ⟨rez.⟩ 'einer über den
anderen': *sie schimpften* ~ ❖ ↗ ¹ein, ↗ anderer
MERKE Verbindungen aus *übereinander* + Vb.
werden getrennt geschrieben

überein/Überein [y:bɐ|'aɪn..]‖**-kommen**, kam überein,
ist übereingekommen ⟨mit Nebens.⟩ /jmd./ *mit
jmdm.* ~*, etw. Bestimmtes zu tun* 'sich mit jmdm.
einigen, gemeinsam etw. Bestimmtes zu tun': *er ist
mit ihr übereingekommen, dass sie die Angelegenheit
auf sich beruhen lassen sollten; ich bin mit ihr über-
eingekommen, die Verantwortung dafür zu überneh-
men; /zwei od. mehrere jmd./ sie kamen überein,
sich um 7 Uhr zu treffen; die Partner kamen überein,
die Zusammenarbeit zu verbessern;* vgl. *vereinbaren*
❖ ↗ kommen; **-kommen, das**: *ein* ~ *treffen* 'ge-
meinsam etw. vereinbaren': *beide Parteien haben
(in dieser Angelegenheit) ein* ~ (SYN 'Vereinba-
rung 2') *getroffen; sie haben ein stillschweigendes* ~
getroffen ❖ ↗ kommen; **-kunft** [kʊnft], **die**: ~,
-künfte [..kʏnftə] SYN 'Vereinbarung (2)': *beide
sind zu einer* ~ *gekommen; mit jmdm. eine* ~ *erlan-
gen, erreichen; nach* ~ *mit jmdm. handeln* ❖ ↗ kom-
men; **-stimmen**, stimmte überein, hat übereinge-
stimmt **1.** /jmd./ *mit jmdm. in etw.* ⟨Dat.⟩ ~ 'mit
jmdm. in einer bestimmten Angelegenheit gleicher
Meinung sein': *ich stimme mit ihm in dieser Hin-
sicht überein; ich stimme mit ihnen darin überein,
dass ...; mit etw.* ⟨Dat.⟩ ~: *ich stimme mit ihrer
Ansicht überein; /zwei od. mehrere (jmd.)/ wir
stimmten darin, in unseren Ansichten überein; wir
stimmen in allen wesentlichen Punkten überein* **2.**
/zwei od. mehrere (etw.)/ 'zwei od. mehrere Sachen
decken sich in den wesentlichen inhaltlichen Merk-
malen, im Wortlaut': *unsere Aufzeichnungen, Noti-
zen stimmen im Wesentlichen überein; die Aussagen
der beiden Zeugen stimmten überein;* ⟨oft adj. im
Part. I⟩: ~*de Auffassungen vertreten; etw.* ~*d* ('in
gleicher Weise') *festgestellt haben;* ~*den Berichten
zufolge ist ...; /etw./ mit etw.* ⟨Dat.⟩ ~: *seine Aussa-
gen stimmten mit ihren überein* **3.** *etw. stimmt mit*

etw. ⟨Dat.⟩ *überein* 'etw. passt zu etw.': *der Teppich
stimmt mit der Farbe der Gardinen überein; die Bluse
stimmt mit dem Rock überein* ❖ ↗ Stimme

über/Über [y:bɐ..]‖**-fahren** ['f..], (er überfährt), über-
fuhr, hat überfahren **1.** ⟨oft im Pass.⟩ /jmd./ *jmdn.,
ein Tier* ~ 'mit einem Fahrzeug über jmdn., ein
Tier hinwegfahren und ihn, es verletzen od. töten
(1.1.)': *er hat die Katze* ~*; das Kind ist von einem
Auto* ~ *worden; sie ist von der Straßenbahn* ~ *wor-
den* **2.** /jmd./ *etw.* ~ 'an einem Signal, Hinweis-
schild vorbeifahren, ohne es zu beachten, zu be-
merken und ohne zu halten': *ein Signal, ein Warn-
schild* ~ **3.** umg. /jmd./ *jmdn.* ~ 'jmdn. schnell zu
etw. überreden, das für ihn nachteilig ist': *in dieser
Sache hat er ihn glatt* ~*; mit diesem Vertrag hat
man uns* ~ *wollen* ❖ ↗ fahren; **-fall** ['..], **der** ⟨+
Präp. *auf*⟩ 'plötzlicher, überraschender Angriff auf
jmdn., etw.; oft mit Waffen'; ↗ FELD I.14.1: *auf
ihn wurde ein brutaler* ~ *verübt; einen* ~ *auf eine
Bank planen; die Überfälle nehmen zu; beim* ~ *wur-
den Geiseln genommen, mehrere Personen verletzt* ❖
↗ Fall; **-fallen** ['f..] (er überfällt), überfiel, hat über-
fallen **1.** /jmd./ *jmdn., etw.* ~ 'auf jmdn., etw. einen
Überfall verüben'; ↗ FELD I.14.2: *man hat ihn
nachts* ~*; die deutschen Truppen überfielen Polen;
gestern wurde die Bank* ~ *und ausgeraubt* **2.** emot.
/jmd./ *etw. überfällt jmdn.* 'etw. ¹überkommt
jmdn.': *ein Gefühl der Freude, Trauer überfiel ihn;
plötzlich überfiel ihn eine große Müdigkeit; ein
fürchterlicher Schreck hat uns* ~ **3.** /jmd./ *jmdn.
etw.* ⟨Dat.⟩ ~ 'jmdn. überraschend mit etw. so be-
drängen, dass er seine Entscheidung nicht richtig
überprüfen kann'; SYN überrumpeln: *die Kinder
überfielen uns mit tausend Fragen, Bitten* ❖ ↗ Fall;
-fällig ['..] ⟨Adj.; o. Steig.; nicht bei Vb.; vorw.
präd. (mit *sein*)⟩ /bes. Schiff, Flugzeug/ ~ *sein* 'zur
erwarteten Zeit, im festgesetzten Zeitraum aus un-
bekanntem Grund noch nicht eingetroffen sein':
das Flugzeug ist seit zwei Stunden ~*; der Bus, der
Zug ist seit zehn Minuten* ~*; die seit zehn Stunden*
~*e Maschine* ↗ Fall; **-fluss** ['..], **der** ⟨o.Pl.⟩
⟨+ Präp. *an, über, in*⟩ 'über den eigentlichen Be-
darf hinausgehendes, reichliches Vorhandensein
von etw.'; ANT Mangel: *(keinen)* ~ *an etw.* ⟨Dat.⟩
haben; der ~ *an Lebensmitteln, Baustoffen; etw. ist
in/im* ~ *vorhanden; im* ~ *leben* ❖ ↗ fließen *** zu
allem** ~ 'obendrein': *ich habe den Bus verpasst und
zu allem* ~ *fing es noch an zu regnen;* **-flüssig** ['..]
⟨Adj.; Steig. reg., ungebr.⟩ 'nicht nötig': *keine* ~*en
Bemerkungen, Worte zu etw. machen, verlieren; das
ist eine* ~*e Arbeit; etw.* ~ (SYN 'entbehrlich'; ANT
notwendig 1) *finden, für* ~ *halten; sich* ~ *vorkom-
men* ('das Gefühl haben, in einer Gruppe zu stören
od. unerwünscht zu sein') ❖ ↗ fließen; **-fordern**
['f..], überforderte, hat überfordert /jmd., etw./
jmdn. ~ 'jmdn. stärker beanspruchen, als er zu leis-
ten imstande ist'; ANT unterfordern: *er, die Schule,
die Prüfung hat ihn überfordert; er wurde durch den
Sport überfordert;* ⟨oft adj. im Part. II⟩ *er ist über-
fordert* ❖ ↗ fordern; **-führen** ['f../'..] **I.** überführte,

hat überführt /auch übergeführt **1.** /jmd., Institution/ *jmdn., etw. irgendwohin* ~ 'jmdn., etw. an einen anderen Ort bringen': *man überführte den Verletzten in eine Klinik; der Sarg wurde nach N überführt, übergeführt* **2.** ⟨vorw. im Pass.⟩ /jmd., etw./ *etw. in etw.* ~ 'etw. von einem Zustand in einen anderen bringen': *die neuen Methoden werden in die Praxis überführt* ('für die Praxis nutzbar gemacht'); *die chemische Verbindung wurde in eine andere überführt, übergeführt* ('umgewandelt'); /Institution/ *der Betrieb wurde in Privateigentum übergeführt, überführt* − **II.** überführte, hat überführt ⟨vorw. im Pass.⟩ /jmd./ *jmdn. etw.* ⟨Gen.⟩ ~ 'jmdm. eine Straftat nachweisen': *man hat ihn, er wurde des Mordes, des Verbrechens überführt; er wurde, ist, gilt des Diebstahls überführt; der Verräter wurde überführt* ❖ ↗ führen; **-führung** ['f..], **die**; ~, ~en **1.** /zu *überführen* I.1.,I.2.,II./ 'das Überführen': /zu I.1./: *die* ~ *des Patienten in eine Klinik;* /zu I.2./: *die* ~ *der Forschungsergebnisse in die Praxis;* /zu II/ ⟨vorw. Sg.⟩: *die* ~ *der Diebe, des Täters* **2.** 'Brücke, die über eine (Wasser)straße od. Eisenbahnstrecke führt'; ANT Unterführung: *die* ~ *über den Kanal; unter der* ~ *durchfahren* ❖ ↗ führen; **-gang** ['..], **der**; ~s, Übergänge **1.** *der* ~ *über etw.* 'das ¹Passieren eines Flusses, Gebirges u.Ä.': *der* ~ *der Truppen über den Fluss, die Alpen* **2.** *ein* ~ *über etw.* 'Stelle, an der man über einen Fluss od. eine Straße o.Ä. fahren od. gehen kann': *einen* ~ *über den Fluss suchen; einen neuen* ~ *für Fußgänger bauen; ein* ~ *über die Bahn* **3.** *der* ~ *von etw.* ⟨Dat.⟩ *zu etw.* ⟨Dat.⟩, *in etw.* 'die Entwicklung von einem Zustand zu einem anderen, neuen': *der* ~ *von der Schule zum Beruf fiel ihm nicht leicht; die Entwicklung dieser Technik befindet sich noch im Stadium des* ~*s; ohne jeden* ~ ('plötzlich und unerwartet') *wechselte die Szene; ein Bild mit zarten farblichen Übergängen* ('Nuancen') *von hellen zu dunklen Farben* **4.** ⟨o.Pl.⟩ **4.1.** 'Jahreszeit zwischen Sommer und Winter od. Winter und Sommer': *ein Kostüm für den* ~ *kaufen; ich brauche noch einen Mantel für den* ~ **4.2.** 'vorläufige, noch nicht ganz befriedigende Lösung': *diese Wohnung kann nur ein* ~ *sein; diese Arbeit mache ich nur als* ~; *für den* ~ ('bis ich etw. Besseres finde') *geht es gerade so* ❖ ↗ gehen; **-geben** ['g..] (er übergibt), übergab, hat übergeben **1.** /jmd./ *jmdm. etw.* ~ **1.1.** 'jmdm. etw. (in feierlicher Form) geben (1.1,1.2), das von diesem Moment an ihm gehört'; SYN aushändigen, überreichen: *er hat mir den Brief persönlich* ~; *jmdm. ein Buch, eine Protestnote* ~; *er hat mir die Schlüssel* ~ **1.2.** 'jmdm. etw., bes. ein Amt, eine Aufgabe (5), ¹übertragen': *jmdm. die Leitung, Aufsicht* ~; *ich habe ihr diese schwierige Aufgabe* ~ **2.** /jmd./ *sich* ~ SYN 'sich erbrechen': *er musste sich mehrmals* ~ ❖ ↗ geben; **-gehen** ['..], ging über, ist übergegangen **I.1.** /jmd./ *zu etw.* ⟨Dat.⟩ ~ 'mit etw. aufhören und mit etw. anderem beginnen': *zur Tagesordnung, zu einem anderen Thema* ~; *immer mehr geht man dazu über, neue Techniken auf diesem Gebiet anzu-*

wenden; zum Angriff ~ ('statt sich auf die Verteidigung zu beschränken, mit einem Angriff beginnen') **2.** /jmd./ *zur Gegenpartei* ~ ('überwechseln 1.2'); *er ging von der FDP zur CDU über; ins feindliche Lager* ~ **3.1.** /etw./ *in etw.* ~ '(allmählich) einen anderen Zustand, eine andere Form annehmen': *das Fleisch ging in Fäulnis über; der Regen ging in Schnee über; die Beeren gehen, der Most geht schon in Gärung über; die Leiche ist schon in Verwesung übergegangen* **3.2.** *etw. geht in etw. über* 'etw., bes. eine Farbe, ist nicht scharf gegen eine andere abgegrenzt': *das Gelb geht in Orange über;* /zwei od. mehrere Farben/ *ineinander* ~: *die Farben gehen ineinander über* ('vermischen sich') **4.** *etw. geht in jmds. Besitz über* 'etw. wird jmds. Eigentum': *das Buch geht in seinen Besitz über; der Betrieb geht in privates Eigentum über; das Haus ging in den Besitz des Vaters über* − **II.** ['g..] überging, hat übergangen **1.1.** /jmd./ *jmdn.* ~ 'jmdn. mit Absicht nicht beachten': *bei der Begrüßung hat er sie übergangen* (SYN 'ignoriert') **1.2.** /jmd., Institution/ *jmdn. bei etw.* ⟨Dat.⟩ ~ 'jmdn. bei etw. nicht berücksichtigen': *bei der Beförderung ist er übergangen worden; man hat sie bei der Gehaltserhöhung, im Testament übergangen; sich übergangen fühlen* **2.** /jmd./ *etw.* ~ **2.1.** 'auf etw. absichtlich nicht eingehen': *seine Fragen, die geäußerte Kritik überging er einfach; die peinliche Angelegenheit wurde stillschweigend übergangen* **2.2.** 'bewusst gegen etw. verstoßen': *eine Anordnung, ein Gesetz* ~ **2.3.** 'etw. überspringen (II.2)': *dieses Kapitel, diesen Teil des Buches behandeln wir später, den übergehe ich jetzt; der Punkt zwei wird später berücksichtigt, den übergehe ich zunächst* ❖ ↗ gehen; **-geordnet** ['..gəɔRtnət] ⟨Adj.; o. Steig.; nicht bei Vb.⟩ /beschränkt verbindbar/: *eine* ~*e Behörde* 'eine Behörde, die befugt ist, Anweisungen an die ihr unterstellten Behörden zu erteilen': *sich an die* ~*e Instanz wenden; diese Behörde ist dem Amt* ~ ❖ ↗ ordnen; **-glücklich** ['..] ⟨Adj.; o. Steig.⟩ emot. 'überaus glücklich' /auf Personen bez./: *ich bin* ~; *der* ~*e Gewinner; das macht mich* ~ ❖ ↗ Glück; **-griff** ['..], **der** 'Handlung, mit der sich jmd. ohne Berechtigung in die Angelegenheiten, den Bereich anderer einmischt': *sich vor* ~*en schützen; er hat sich einen* ~ *erlaubt; er hat sich einiger schlimmer* ~*e schuldig gemacht* ❖ ↗ greifen; **-haben** ['..] (er hat über), hatte über, hat übergehabt umg. **1.** /jmd./ *etw., jmdn.* ~ 'einer Sache, Person überdrüssig sein': *seine ewigen Streitereien hat sie über; das Warten* ~; *sie hat ihn schon längst über* **2.** /jmd./ *etw.* ~ 'ein Kleidungsstück über ein anderes gezogen haben': *einen Mantel, eine Jacke* ~; *er hatte nichts über* ('übergezogen, ↗ überziehen I') ❖ ↗ haben

überhand nehmen (er nimmt überhand), nahm überhand, hat überhand genommen /etw./ *etw. nimmt überhand* 'etw., das als negativ bewertet wird, nimmt in einer Weise zu, dass es als unangenehm empfunden wird': *der Schmutz, das Unkraut nimmt*

überhand; diese Unsitte, der Lärm hat überhand genommen; die vielen Besuche nehmen überhand
über/Über [y:bɐ..]||**-häufen** ['h..], überhäufte, hat überhäuft /jmd./ *jmdn. mit etw.* ⟨Dat.⟩ ~ ˈjmdm. viel od. zu viel von etw. zuteil werden lassenˈ: *man überhäufte sie mit Blumen und Geschenken; jmdn. mit Beschimpfungen, Vorwürfen ~; sie sind mit Arbeit überhäuft worden* ❖ ↗ Haufen; **-¹haupt** [..'h..] ⟨Adv.; steht vor einer Negation, vor Adv., Adj., Indefinitpron.⟩ /verstärkt die Negation/: *er hat ~ nichts gegessen; sie hat ~ keine Vorstellung davon, was wirklich passiert ist; ich habe dort ~ niemanden gesehen; ich kenne ihn ~ nicht; dazu hat er ~ kein Recht; das geht dich ~ nichts an;* **-²haupt** ⟨Modalpartikel; betont od. unbetont; bezieht sich auf den ganzen Satz⟩ **1.** ⟨steht nicht am Satzanfang; steht in Fragesätzen, in Entscheidungsfragen⟩ /stellt (in nahezu verletzender Weise) einen Sachverhalt in Frage, der zuvor erwähnt wurde/: *kann er ~ Klavier spielen?; hat er ~ das Abitur gemacht?; darfst du das ~?; kannst du ~ schwimmen?; weißt du ~, wie das funktioniert?; ist ihr das ~ zuzumuten?; hat das Projekt ~ eine Chance?* **2.** ⟨steht auch am Satzanfang; steht in Aussagesätzen⟩ /drückt aus, dass der genannte Sachverhalt generelle Gültigkeit hat und keinen Einzelfall darstellt/: *~ ist das eine ganz dumme Geschichte; ~ fühlt er sich jetzt wohler; ich habe ihn gestern nicht angetroffen, er ist ~ selten zu Hause; er spielt ~ gern Schach/~ spielt er gern Schach; ~ ist Milch gesund; er hat nie Zeit und ist ~ selten abkömmlich* **3.** ⟨steht meist nicht am Satzanfang; steht in Fragesätzen, in Ergänzungsfragen⟩ /der Sprecher lenkt damit das Gespräch beiläufig auf ein Thema, das ihm wichtig ist/: *wie konnte das ~ passieren?; wann habe ich dich ~ das letzte Mal gesehen?; wann waren wir ~ das letzte Mal im Kino?* **4.** ⟨leitet einen Aussagesatz ein; allein stehend⟩ /vgl. 3/: *ach, ~, da fällt mir etwas ein; und ~, das kann ich mir gar nicht leisten;* **-heblich** ['he:p..] ⟨Adj.; Steig. reg.⟩ ˈsich selbst zu hoch einschätzend und von einer selbstherrlichen, dünkelhaften Haltung zeugend und auf andere herabsehendˈ; SYN anmaßend, hochmütig /vorw. auf Personen bez./: *er ist ein ~er Mensch; ~ lächeln, sprechen; sein Ton war ~; er tritt ~ auf; er ist sehr ~; ihr Benehmen ist äußerst ~* ❖ ↗ heben; **-heblichkeit** [he:plɪç..], **die**; ~, ⟨o.Pl.⟩ ˈdas Überheblichseinˈ: *seine ~ geht allen auf die Nerven; die ~ in ihrem Ton war nicht zu überhören* ❖ ↗ heben; **-holen** ['..], überholte, hat überholt; ↗ auch *überholt* /jmd., Fahrzeug/ *jmdn., etw. ~* ˈan jmdm., etw. aufgrund einer höheren Geschwindigkeit vorbeifahren, -laufen und ihn, es hinter sich lassenˈ: *einen Bus, die Straßenbahn, einen Fußgänger ~; er hat das Auto links überholt; der Laster überholte den Radfahrer, unseren Wagen; sie wurde beim 100-Meter-Lauf noch kurz vor dem Ziel überholt* **2.** /jmd./ *jmdn., etw. ~* ˈjmdn., etw. in der Leistung übertreffen (1)ˈ: *beim Tennis hat er mich längst überholt; ein Land im Export von Autos ~; der Schüler hat alle anderen in der Klasse über-*

holt **3.** /jmd./ *etw. ~* ˈetw., bes. Fahrzeuge, Maschinen, durch gründliches Überprüfen, Beseitigen von Mängeln und verbessernde Veränderungen wieder voll gebrauchsfähig machenˈ: *das Auto, den Motor ~; das Fahrzeug muss in die Werkstatt, um überholt zu werden; das Boot ist gründlich überholt worden* ❖ ↗ holen; **-holt** ['ho:lt] ⟨Adj.; o. Steig.; nicht bei Vb.; ↗ auch *überholen*⟩ ˈnicht mehr zeitgemäß, üblichˈ /vorw. auf Abstraktes bez./: *diese Anschauung, Methode ist ~; das sind ~e Sitten, Bräuche; das ist schon längst ~* ❖ ↗ holen; **-¹kommen** ['k..], überkam, hat überkommen ⟨vorw. Präs., Prät.⟩ *etw. überkommt jmdn.* ˈeine Empfindung ergreift, erfasst jmdn.ˈ: *Angst, Trauer, Mitleid überkam sie; Ekel, Zorn überkam uns bei diesem schrecklichen Anblick* ❖ ↗ kommen; **-²kommen** ⟨Adj.; o. Steig.; nur attr.⟩ SYN ˈüberliefertˈ /auf Abstraktes bez./: *sie pflegen ihre ~en Bräuche, Sitten; du musst dich von diesen ~en Vorstellungen lösen* ❖ ↗ kommen; **-lassen** ['l..] (er überlässt), überließ, hat überlassen **1.** /jmd./ *jmdm. etw. ~* ˈjmdm. etw. (dauernd) zur Verfügung stellenˈ: *jmdm. das Buch, das Auto kostenlos, leihweise, für eine längere Zeit ~; er überließ ihr freiwillig seine Theaterkarten; ich überlasse dir das Fahrrad billig, kostenlos* **2.1.** /jmd./ *jmdm. jmdn., etw. ~* ˈjmdm. jmdn., etw. anvertrauenˈ: *der Nachbarin die Kinder ~; während des Urlaubs haben wir unseren Hund, das Haus den Großeltern ~* **2.2.** /jmd./ *jmdn. sich* ⟨Dat.⟩ *selbst ~* ˈjmdn. ohne Pflege, Hilfe allein lassenˈ: *abends ~ sie die Kinder sich selbst; sie waren oft, zu viel sich selbst ~* **3.1.** /jmd./ *jmdm. etw. ~* ˈjmdn. ohne Beeinflussung etw. tun, entscheiden lassenˈ; SYN freistellen: *er überließ ihr die Entscheidung; es ist dir ~, was du damit anfängst; sie überlässt nichts dem Zufall;* /in der kommunikativen Wendung/ *überlass das bitte mir!* /sagt jmd., wenn er nicht will, dass sich ein anderer in seine Angelegenheiten einmischt/ **3.2.** /jmd./ *etw. dem Zufall ~* ˈin einer bestimmten Situation nicht eingreifen, sondern abwarten, was passiertˈ: *sie überlässt es dem Zufall, ob sie sich wiedersehen werden* **4.1.** /jmd./ *jmdn. etw.* ⟨Dat.⟩ ~ ˈjmdn. einem Zustand preisgebenˈ: *jmdn. seinem Schicksal ~; jmdn. einer Gefahr, dem Elend ~* **4.2.** /jmd./ *sich etw.* ⟨Dat.⟩ ~ ˈsich einer Empfindung hingebenˈ: *sich seiner Trauer, seinem Schmerz ~; er überließ sich seinen Träumen* ❖ ↗ lassen; **-¹laufen I.** ['..] (er läuft über), lief über, ist übergelaufen **1.** *etw. läuft über* ˈeine Flüssigkeit läuft über den Rand eines Gefäßesˈ: *die Milch läuft über; die Badewanne* (ˈdas Wasser in der Badewanneˈ) *ist übergelaufen; die Suppe lief über* (ˈlief über den Rand des Tellersˈ) **2.** /jmd./ *jmd. läuft über* ˈjmd. wechselt im Krieg als Soldat auf die Seite des Gegners, Feindes überˈ; SYN desertieren: *im Krieg sind viele Soldaten (zum Feind) übergelaufen* − **II.** ['l..] (er überläuft), überlief, hat überlaufen *etw. überläuft jmdn.* (ˈein Gefühl od. Kälte bewirkt bei jmdm. eine Empfindung, die der des Fröstelns ähnlich istˈ: *ein Schauer überlief mich; es überläuft jmdn. irgendwie: es überlief mich kalt, eis-*

kalt, heiß, als ich an die bevorstehende Prüfung dachte ❖ ↗ laufen; **-²laufen** ['l..] ⟨Adj.; Steig. reg., ungebr.; nicht bei Vb.⟩ ʹvon zu vielen Menschen besuchtʹ: *die Stadt war, die Bäder waren im Sommer ständig ~* (ANT menschenleer); *die Geschäfte sind vor Weihnachten ~; seine Praxis ist sehr ~; ein von Touristen ~er Ort* ❖ ↗ laufen; **-leben** ['l..], überlebte, hat überlebt **1.** /jmd./ *etw.* ~ ʹetw. Schweres od. Gefährliches (ohne Schaden) überstehenʹ: *er hat den Sturz aus dem Fenster überlebt; der Verletzte hat die Nacht nicht überlebt* (ʹer ist gestorbenʹ); *keiner konnte das Unglück ~; sie glaubte, den Verlust ihres Kindes nicht ~ zu können; jmdn. ~* ʹnach jmds. Tod weiterlebenʹ: *er hat seine Frau (um fünf Jahre) überlebt* **2.** ⟨vorw. im Perf.⟩ *etw. überlebt sich* ʹetw. kommt aus der Modeʹ: *diese Mode hat sich (schon längst) überlebt;* ⟨oft adj. im Part. II⟩ *überlebte Methoden, Ansichten* ❖ ↗ leben; **-¹legen** ['l..], überlegte, hat überlegt /jmd./ *etw.* ~ ʹsich gedanklich mit etw. so auseinander setzen, dass man zu einem Entschluss, einer Erkenntnis kommtʹ; SYN nachdenken; ↗ FELD I.4.1.2, 5.2: *etw. in aller Ruhe, gründlich ~; sie hat lange überlegt, ob sie die Arbeit annehmen soll; sich* ⟨Dat.⟩ *etw. ~: er hat sich seine Antwort gut überlegt; sie muss sich das erst noch einmal ~, ehe sie zusagt* ❖ überlegt; **-²legen** ⟨Adj.; o. Steig.⟩ **1.1.** ⟨nicht bei Vb.; vorw. präd. (mit *sein*)⟩ /jmd./ *jmdm. an etw.* ⟨Dat.⟩ ~ *sein* ʹin Bezug auf etw., bes. hinsichtlich der Leistungsfähigkeit, besser sein als jmd.ʹ; ANT unterlegen: *jmdm. an Erfahrung, Leistung, Ausdauer ~ sein; unser an Erfahrung allen ~e Kollege; jmdm. in etw.* ⟨Dat.⟩ ~ *sein: er war ihr besonders im Tennis ~; sie ist ihren Mitschülern in Mathematik haushoch ~* **1.2.** ⟨nicht präd.⟩ SYN ʹklar (3.1)ʹ: *ein ~er Sieg; die Mannschaft hat ~ gesiegt* **2.** ⟨nicht präd.⟩ ʹselbstsicher und gelassenʹ /vorw. auf Mimisches bez./: *eine ~e Miene aufsetzen; ~ lächeln; er tat sehr ~;* **-legt** ['le:kt] ⟨Adj.; o. Steig.; nicht präd.⟩ SYN ʹbesonnenʹ /auf eine Tätigkeit bez./: ~ *handeln, reagieren; sein ~es Vorgehen* ❖ ↗ ¹überlegen; **-liefern** ['l..], überlieferte, hat überliefert /jmd./ *jmdm. etw.* ~ ʹetw. kulturell Wertvolles der nächsten Generation mündlich, schriftlich od. als Sache weitergebenʹ: *sein Werk der Nachwelt ~; in dieser Chronik ist uns überliefert, dass ...; diese Sage ist uns nur mündlich, ist schriftlich überliefert* ❖ ↗ liefern; **-liefert** ['li:fɐt] ⟨Adj.; o. Steig.; nur attr.⟩ ʹauf Grund von Tradition üblichʹ; SYN ²überkommen: *an ~en Formen, Sitten festhalten; sich an ~e Normen halten* ❖ ↗ liefern
überm ['y:bɐm] ⟨Verschmelzung von Präp. *über* (Dat.) + Art. *(dem)*⟩ ↗ ²über
Über/über|-macht ['y:bɐ..], die ⟨o.Pl.⟩ ʹ(militärische) Überlegenheit an Zahl, Stärkeʹ: *die ~ haben, besitzen; in der ~ sein* (ʹdie größere Anzahl, Stärke besitzenʹ); *sie kämpften gegen eine vielfache ~; der feindlichen ~ standhalten* ❖ ↗ Macht; **-maß** ['..], das ⟨o. Pl.⟩ *ein ~ an etw.* ⟨Dat.⟩ ʹeine Menge, Stärke, Intensität von etw., die über ein normales od. er-

trägliches Maß hinausgehtʹ: *ein ~ an Arbeit, Belastung; ein ~ an Arbeit zu bewältigen haben; ein ~ an Glück, Freude, Hass, Schmerz, Leid* ❖ ↗ messen; **-mäßig** ['..] **I.** ⟨Adj.; o. Steig.; nicht präd.⟩ ʹüber das normale, erträgliche Maß hinausgehendʹ: *eine ~e Belastung; an ~em Appetit, an ~er Neugier leiden; ~ rauchen, trinken* − **II.** ⟨Adv.; vor Adj., Adv.; bei Vb.⟩ SYN ʹüberausʹ: ~ *hohe Mieten verlangen;* ~ *hohe Kosten verursachen; er musste sich ~ anstrengen, um den Job zu bekommen; der Pullover ist* ~ *teuer;* ~ *viel verlangen* ❖ ↗ messen; **-menschlich** ['..] ⟨Adj.; Steig. reg., Komp. ungebr.; vorw. attr. u. bei Vb.⟩ ʹüber die Kraft, Grenzen des Menschen hinausgehendʹ: *eine ~e Leistung vollbringen; mit ~er Anstrengung erreichte er schwimmend das Ufer; er musste sich ~ anstrengen* ❖ ↗ ¹Mensch; **-mitteln** ['mɪtl̩n], übermittelte, hat übermittelt /jmd., Institution/ *jmdm. etw.* ~ ʹjmdm. durch eine Person eine Nachricht senden: *jmdm. einen Glückwunsch, eine Botschaft, Nachricht ~; jmdm. Grüße per Telefon, Post ~* ❖ ↗ Mittel; **-mittlung** ['mɪtl..], die; ~, ~en ʹdas Übermittelnʹ: *die ~ einer Nachricht* ❖ ↗ Mittel; **-morgen** ['..] ⟨Adv.⟩ ʹan dem auf morgen folgenden Tagʹ; ↗ FELD VII.6.3: ~ *fahre ich in die Stadt; wir treffen uns ~; hast du ~ schon etwas vor?* ❖ ↗ Morgen; **-mut** ['..], der ⟨o.Pl.⟩ ʹungehemmte Fröhlichkeit, die oft zu leichtsinnigem Verhalten führtʹ; ↗ FELD I.6.1: ⟨+ Präp., z. B. *im, vor, aus*⟩ *etw. im/vor/aus* ~ *tun: er hat dies im ~ getan; im kindischen ~ hat er die Sachen zerstört; vor, aus lauter ~ sprang er von der Mauer* ❖ übermütig; **-mütig** ['..my:tɪç] ⟨Adj.; Steig. reg.⟩ ʹvoller Übermutʹ; ↗ FELD I.6.3: *ein ~er Streich;* ~ *sein, lachen; er ist ein ~es Kind; die Kinder waren ~* ❖ ↗ Übermut
übern ['y:bɐn] ⟨Verschmelzung von Präp. *über* (Akk.) + Art. *(den)*⟩ ↗ ²über
über/Über ['y:bɐ..]|**-nachten** ['naxtn̩], übernachtete, hat übernachtet /jmd./ *irgendwo* ~ ʹdie Nacht nicht bei sich zu Hause, sondern an einem anderen Ort verbringen, bei jmdm. schlafenʹ; ↗ FELD V.2.2: *wenn er in N ist, übernachtet er immer im selben Hotel; er hat gestern bei seinem Freund übernachtet; im Zelt, im Freien ~* ❖ ↗ Nacht; **-natürlich** ['..] ⟨Adj.; o. Steig.⟩ ʹnicht durch die Gesetze der Natur, nicht mit dem menschlichen Verstand zu erklärenʹ: *etw. dem Wirken ~er Kräfte zuschreiben; das erscheint mir ~; die Angst verlieh ihr ~e* (ʹsehr großeʹ) *Kräfte* ❖ ↗ Natur; **-nehmen** ['n..] (er übernimmt), übernahm, hat übernommen **1.1.** ⟨oft im Pass.⟩ /jmd., Institution/ *etw.* ~ ʹetw. in Besitz, Verwaltung nehmenʹ: *das Gebäude wurde von der Stadt übernommen; der Verlag wurde von der Konkurrenz übernommen; der Konzern übernahm die kleine Firma* **1.2.** /jmd./ *etw.* ~ ʹetw. als jmds. Nachfolger weiterführenʹ: *der Sohn will die Firma des Vaters ~; die Tochter übernimmt das Geschäft ihrer Mutter; wer wird nach seinem Tod den Laden ~?* **1.3.** /jmd./ *etw.* ~ ʹetw., das einem als Aufgabe angetragen wird, annehmen und ausführenʹ: *eine Funktion,*

eine anspruchsvolle Aufgabe ∼; er hat die Verteidigung des Angeklagten übernommen; er soll die Leitung der Firma ∼; er hat es übernommen, das Kind zu betreuen; die Verantwortung für etw. ∼ (ʼetw. verantworten 1ʼ); der Staat muss dafür die Kosten ∼ (ʼtragen 4.1ʼ); er hat die übernommenen Aufträge immer noch nicht erledigt ❖ ↗ nehmen; **-ragen** [ʼR..], überragte, hat überragt; ↗ auch *überragend* **1.** *jmd., etw. überragt jmdn., etw.* ʼjmd. ist viel größer als jmd. anderes, etw. ist viel höher als etw. anderesʼ: *er überragte seinen Vater (um einen Kopf); die Hochhäuser ∼ die Stadt; die Kirche überragt noch das höchste Haus* **2.** */jmd./ jmdn. ∼* ʼjmdn. in bestimmter Hinsicht weit übertreffen (1)ʼ: *er überragte (in Mathematik, durch hervorragende Leistungen) alle seine Mitschüler, Kollegen; jmdn. an etw.* ⟨Dat.⟩ *∼: jmdn. an Mut, Intelligenz ∼* ❖ ↗ ragen; **-ragend** [ʼRD:gn̩t] ⟨Adj.; o. Steig.; nicht bei Vb.; ↗ auch *überragen*⟩ ʼaußerordentlich groß (7.1, 8)ʼ: *das ist eine Frage von ∼er Bedeutung; er erzielte damit einen ∼en Erfolg; dieser Wissenschaftler ist ∼* (ʼaußerordentlich gutʼ) ❖ ↗ ragen; **-raschen** [ʼRaʃn̩], überraschte, hat überrascht **1.** *etw. überrascht jmdn.* ʼetw. versetzt jmdn. in Erstaunenʼ: *diese Nachricht überraschte alle, hat uns nicht (weiter) überrascht; es überraschte sie, dass er das getan hatte; von diesem herzlichen Empfang waren alle (angenehm) überrascht; dass er doch noch kam, hat sie angenehm überrascht; /adj. im Part I/ die Post ging ∼d* (ʼunerwartetʼ) *schnell; das war ein ∼der Erfolg* **2.** */jmd./ jmdn. bei etw.* ⟨Dat.⟩ *∼* ʼjmdn. bei etw. ertappenʼ: *die Diebe wurden beim Einbruch, beim Verladen der gestohlenen Sachen überrascht; sie hat ihr Kind beim Naschen überrascht* **3.** *etw. überrascht jmdn.* ʼetw. geschieht für jmdn. völlig unerwartetʼ: *das Erdbeben hat die Menschen im Schlaf überrascht; das Gewitter überraschte uns kurz vor unserer Tür; wir wurden auf See von einem Sturm überrascht* **4.** */jmd./ jmdn. mit etw.* ⟨Dat.⟩ *∼* ʼjmdm. mit etw. eine unerwartete Freude bereitenʼ: *er überraschte sie mit einem Geschenk, mit Blumen; unser Sohn hat uns mit guten Zensuren überrascht; /in den kommunikativen Wendungen/ ich lass mich ∼!, lassen wir uns ∼ /wird gesagt, wenn jmd. ausdrücken will, dass er einem zukünftigen Geschehen abwartend gegenübersteht/: er hat mir erzählt, dass er uns bald besuchen will, lassen wir uns eben ∼* ❖ Überraschung; **-raschung** [ʼRaʃ..], **die**; ∼, ∼en **1.** ⟨o.Pl.⟩ *zu überraschen* 1ʼ ʼdas Überraschtseinʼ: *er war vor ∼ sprachlos; zu jmds. ∼* ʼsehr überraschtʼ: *zu seiner ∼ musste er hören, dass …; zu unserer ∼ klappte es doch noch mit dem Urlaub* (ʼwir waren sehr überrascht, dass es doch noch mit dem Urlaub klappteʼ) **2.** ʼunerwartetes Geschehen, Ereignisʼ: *eine unangenehme, schlimme ∼ erleben; das ist ja eine schöne, herrliche ∼!; der Sieg unserer Mannschaft war für alle eine große, freudige ∼* **3.** ʼetw., das jmdm. eine unerwartete Freude bereitetʼ: *das Kind hat der Mutter mit den Blumen eine große ∼* (ʼFreudeʼ) *bereitet; ich habe eine kleine ∼ für dich*

(gekauft); der Pullover soll eine ∼ für sie sein ❖ ↗ überraschen; **-reden** [..ʼR..], überredete, hat überredet ⟨vorw. mit Nebens. od. Präp. *zu*⟩ */jmd./ jmdn. ∼* ʼjmdn. durch Zureden dazu bringen, etw. zu tun, das er ursprünglich nicht tun wollteʼ: *ich muss noch meinen Vater ∼, dass er mich in die Disko gehen lässt; er überredete sie, mit ins Kino zu gehen; jmdn. zu etw.* ⟨Dat.⟩ *∼: kann ich dich zu einer Tasse Kaffee ∼?; er wollte sie zum Kauf des Fernsehers ∼* ❖ ↗ reden; **-reichen** [ʼR..], überreichte, hat überreicht */jmd./ jmdm. etw. ∼* SYN ʼjmdm. etw. übergebenʼ: *er überreichte ihr (aus Anlass ihrer erfolgreichen Promotion) einen Blumenstrauß; jmdm. eine Urkunde, eine kleine Aufmerksamkeit ∼* ❖ ↗ reichen (1); **-rest** [ʼ..], **der** ⟨vorw. Pl.⟩ ʼdas, was von einem Ganzen übrig geblieben, noch vorhanden istʼ; SYN Rest: *die kärglichen, traurigen ∼e einer einst prunkvollen Architektur; die ∼e der Mahlzeit wegräumen; von dem einstigen Schloss gibt es nur noch ein paar ∼e* ❖ ↗ Rest * **jmds. sterbliche ∼e** ʼjmds. Leichnam, jmds. Ascheʼ: *seine sterblichen ∼e wurden dem Meer, der Erde übergeben*; **-rumpeln** [ʼRʊmpl̩n], überrumpelte, hat überrumpelt */jmd./ jmdn. mit etw.* ⟨Dat.⟩ *∼* ʼjmdn. mit etw. so überraschen, dass er nicht besonnen reagieren kannʼ: *mit seinem Angebot hat er sie völlig überrumpelt; jmdn. mit seinen Fragen ∼; mit seinem Besuch hat er uns überrumpelt; jmdn. ∼: einen Gegner ∼* (ʼvöllig überraschend angreifen, so dass er keinen Widerstand leisten kannʼ)

übers [ʼy:bɐs] ⟨Verschmelzung von Präp. *über* (Akk.) + Art. *(das)*⟩ ↗ ²*über*

über/Über- [ˈy:bɐ..]|**-schätzen** [ʼʃ..], überschätzte, hat überschätzt */jmd./ sich, jmdn., etw. ∼* ʼsich, jmdn. etw. hinsichtlich der Fähigkeiten zu hoch einschätzenʼ; ANT unterschätzen; ↗ FELD I.4.2.2: *er hat sich, seine Kräfte beim Bergsteigen überschätzt; wir hatten ihre Fähigkeiten überschätzt, so gut waren sie nun auch nicht; wir hatten seine Macht überschätzt* ❖ ↗ Schatz; **-schlagen** [ʼʃ..] (er überschlägt), überschlug, hat überschlagen **1.** */jmd., etw., bes. Fahrzeug/ sich ∼* ʼstürzen od. umkippen und sich dabei um die eigene Achse drehenʼ: *er hat sich (bei dem Sturz vom Fahrrad) ∼; das Auto kam von der Straße ab und überschlug sich* **2.** */jmd./ etw. ∼* SYN ʼetw. überspringen (II.2)ʼ: *beim Lesen überschlug er einige Seiten; ein Kapitel im Buch ∼* **3.** */jmd./ etw. ∼* ʼetw. schnell und ungefähr berechnenʼ: *etw. kurz, schnell, im Kopf ∼; die Kosten ∼; er überschlug die Menge Bier, Brot, die er kaufen musste; er überschlug, ob sein Geld für den Einkauf reichen würde* ❖ ↗ schlagen (6); **-schneiden** [ʼʃ..], **sich**, überschnitt sich, hat sich überschnitten **1.** */zwei od. mehrere (etw.)/* ⟨rez.⟩ *sich ∼* ʼsich in einem od. mehreren Punkten schneiden (8) und dabei sich teilweise überdeckenʼ: *die Linien, Kreise ∼ sich; an diesem Punkt überschnitten sich die beiden Geraden* **2.** */zwei od. mehrere (etw.)/* ⟨rez.⟩ *sich ∼* ʼ(zeitlich) mit etw. zusammenfallen (2)ʼ: *die beiden Sendungen im Fernsehen ∼ sich; wenn du zu der Veranstaltung gehst,* *versäumst du den Anfang des Films, weil sich beides zeitlich überschneidet; die Probleme überschnitten sich* ('berühren sich inhaltlich') *(in einem wesentlichen Punkt); die beiden Themen, unsere Interessen ~* ('sind teilweise gleich') *sich an dieser Stelle; /etw./ sich mit etw.* ⟨Dat.⟩ *~: der Anfang dieser Sendung überschneidet sich (zeitlich) mit dem Ende des Films auf dem anderen Kanal* ❖ ↗ schneiden; **-schreiben** ['ʃ..], überschrieb, hat überschrieben /jmd./ *jmdm. etw.* ~ 'in einem Dokument verbindlich festlegen, dass man jmdm. etw. als Eigentum schenkt': *er hat das Haus seiner Tochter überschrieben; dem Sohn, Neffen das Grundstück ~; etw. auf jmdn. ~: die Immobilie ist auf seine Frau überschrieben worden; er hat das Geschäft auf seinen Sohn ~ lassen* ❖ ↗ schreiben; **-schreiten** ['ʃ..], überschritt, hat überschritten **1.** /jmd., Militär/ *etw.* ~ 'über eine Grenzlinie od. eine natürliche Grenze od. eine Barriere gehen und so auf die andere Seite gelangen' bzw. in ein anderes Land eindringen; SYN passieren: *die Grenze ~; die Truppen haben schon den Fluss überschritten; die Schwelle des Hauses ~; die Gleise ~; er hat die Siebzig bereits überschritten* ('ist schon über 70 Jahre alt') **2.** /jmd./ *etw.* ~ 'in Bezug auf etw. über die Grenzen des Zulässigen hinausgehen': *seine Befugnisse, seine Rechte ~; er hat seine Kompetenzen weit überschritten; der fällige Termin ist schon um ein Vielfaches überschritten; die zulässige Höchstgeschwindigkeit ~* ('schneller fahren als erlaubt') ❖ ↗ schreiten; **-schrift** ['..], **die** 'aus einem od. mehreren Wörtern bestehende Aussage, die über einem Text steht als Hinweis auf das Thema, den Inhalt': *die ~ war fett gedruckt; der Artikel hat eine originelle ~; man sollte nicht von der langweiligen ~ auf den ganzen Text schließen; das Kapitel ist durch mehrere ~en gegliedert* ❖ ↗ schreiben; **-schuss** ['ʃ..], **der 1.** 'Erlös von etw. nach Abzug der Ausgaben, Kosten'; SYN Gewinn: *Überschüsse erwirtschaften, erzielen; die Inventur ergab einen ~ von 200 000 Mark* **2.** ⟨vorw. Sg.⟩ *ein ~ an etw.* ⟨Dat.⟩ '(produzierte) Menge von etw., die über den eigentlichen Bedarf hinausgeht'; ANT Mangel: *ein ~ an Getreide, Früchten; einen ~ an Gemüse erzielen, produzieren; einen ~ an etw. haben; es gab keinen ~* ❖ ↗ schießen (4); **-schüssig** ['..ʃʏsɪç] ⟨Adj.; o. Steig.; nicht bei Vb., vorw. attr.⟩ 'über den eigentlichen Bedarf hinausgehend' /vorw. auf Produkte, Erzeugnisse bez./: *~e Gelder, Wärme, Energie; wir wussten seine ~en Kräfte zu nutzen* ❖ ↗ schießen (4); **-schwang** ['..ʃvaŋ], **der** ⟨o.Pl.⟩ 'Übermaß an Begeisterung, Gefühl': *etw. im jugendlichen ~ tun; sie waren voll/voller* ('sie waren überschwänglich') *im ~* ⟨+ Gen.attr.⟩: *im ~ der Begeisterung, Gefühle* ('in ihrer euphorischen Begeisterung, in ihrem Übermaß an Gefühl') *hatten sie vergessen, dass ...* ❖ ↗ schwingen; **-schwäng-lich** [..ʃvɛŋl..] ⟨Adj.; Steig. reg.⟩ 'übermäßig gefühlvoll': *eine ~e Freude, Begeisterung zeigen; ~e Briefe schreiben; sich mit ~en Worten bedanken; sie ist mir zu ~* ('zu übertrieben freundlich'); *sich ~*

bedanken ❖ ↗ schwingen; **-schwemmen** ['ʃ], überschwemmte, hat überschwemmt /Flüssigkeit, Gewässer/ *etw.* ~ 'über etw. fließen und es ganz bedecken': *das Hochwasser hat große Teile der Stadt überschwemmt; der Fluss überschwemmt im Frühjahr regelmäßig die Felder; im Herbst ist das Land ständig überschwemmt* ❖ ↗ schwimmen; **-schwemmung** ['ʃvɛm..], **die**; ~, ~en 'das Überschwemmen': *durch die ~ wurden viele Gebäude beschädigt; der anhaltende Regen führte zu ~en; die ~ hat erheblichen Schaden angerichtet* ❖ ↗ schwimmen; **-schwenglich**: ↗ überschwänglich; **-see** ['..] ⟨o. Art.⟩ *aus, von, nach ~* 'aus einem od. in ein Land jenseits des Ozeans': *Importe aus, von ~; nach ~ reisen, auswandern;* **-sehen** ['z..] (er übersieht), übersah, hat übersehen **1.** /jmd./ *etw.* ~ *können* 'frei und ungehindert über etw. hinwegblicken können'; SYN überblicken (1): *von hier aus kann man das ganze Tal ~; von dem Hügel aus kann er die gesamte Stadt ~* **2.** /jmd./ *etw.* ~ 'das gesamte Ausmaß von etw. einschätzen'; SYN überblicken (2): *er kann das Ausmaß der Katastrophe noch nicht ~; mit einem Blick übersah er die Lage, Situation; was aus dieser Angelegenheit wird, kann man jetzt noch nicht ~* **3.1.** /jmd./ *etw., jmdn.* ~ 'etw., jmdn. versehentlich nicht sehen'; ANT berücksichtigen; ↗ FELD I.4.4.2: *beim Durchlesen des Artikels hat er mehrere Fehler ~; er hat das Verkehrsschild ~; er hat sie in der großen Menschenmenge ~* **3.2.** /jmd./ *etw., jmdn.* ~ 'etw., jmdn. nicht beachten wollen'; SYN ignorieren; ↗ FELD I.18.2: *er übersah sie einfach; jmdn. geflissentlich ~; diese Tatsache hat er einfach ~* ❖ ↗ sehen; **-setzen I.** ['..] ⟨trb. reg. Vb.; hat/ist **1.1.** ⟨hat⟩ /jmd./ *jmdn.* ~ 'jmdn. mit einem Boot, einer Fähre ans andere Ufer fahren': *der Fischer hat uns übergesetzt; er setzte uns ans andere Ufer über* **1.2.** ⟨hat/ist⟩ /jmd./ 'mit einem Boot, einer Fähre ans andere Ufer fahren': *wir sind, haben mit dem alten Kahn (ans andere Ufer) übergesetzt; die Truppen sind im Morgengrauen übergesetzt* – **II.** ['z..] übersetzte, hat übersetzt /jmd./ *etw.* ~ 'einen Text schriftlich od. mündlich in einer anderen Sprache wiedergeben': *das Buch, sein Artikel wurde in mehrere Sprachen übersetzt; einen französischen Text (ins Deutsche) ~; übersetzt diesen Text aus dem Deutschen ins Englische!;* vgl. *dolmetschen* ❖ Übersetzer, Übersetzerin; vgl. setzen; **-setzer** ['zɛtsɐ], **der**; ~s, ~ 'jmd., der (beruflich) Texte übersetzt (II)': *er arbeitet als ~; er ist ein (fachlich guter) ~ für das Spanische, für Fachtexte* ❖ ↗ übersetzen; **-setzerin** ['zɛtsəʀ..], **die**; ~, ~nen /zu Übersetzer; weibl./ ❖ ↗ übersetzen; **-sicht** ['..], **die 1.** ⟨o.Pl.⟩ 'Fähigkeit, bestimmte Zusammenhänge (schnell) zu erfassen, ein bestimmtes Fachgebiet zu überblicken'; SYN Überblick (2.2): *nicht genügend ~ (über etw.) haben; auf diesem Gebiet fehlt ihm einfach die ~; sie hat total die ~ verloren; er musste sich erst einmal eine gewisse ~ verschaffen* **2.** *eine ~ über etw.* 'eine zusammenfassende, übersichtliche Darstellung von etw.': *eine ~ über die französische Litera-*

tur des 18. Jahrhunderts; er gab eine kurze ~ über sein Fachgebiet; im Fernsehen brachten sie eine ~ über das Programm der kommenden Woche ❖ ↗ sehen; **-sichtlich** ['..zɪçt..] ⟨Adj.; Steig. reg.⟩ **1.** 'so angelegt, gestaltet, dass es gut zu überblicken (1) ist' /vorw. auf Gelände bez./: diese Straße ist sehr ~; der Park ist ~ angelegt; ein ~es Gelände **2.** 'klar geordnet und daher gut und schnell lesbar, verständlich' /auf Texte bez./: eine ~e Darstellung, Abhandlung über ein Thema; die Gliederung ist sehr ~; etw. ~ anordnen, gliedern ❖ ↗ sehen; **-spannt** ['ʃp..] ⟨Adj.; Steig. reg.⟩ **1.1.** 'das Maß des Vernünftigen, Zumutbaren überschreitend, zum Abwegigen, Absurden tendierend'; SYN verstiegen /auf Abstraktes bez./: ~e Ideen, Ansichten; ~e Hoffnungen haben; etw. ist, wirkt ~ **1.2.** 'im Wesen, Verhalten auffallend lebhafter, aktiver als üblich'; SYN verrückt (2) /vorw. auf Personen bez./: ein ~er Mensch; er war ~; jmdn. ~ finden, für ~ halten ❖ ↗ spannen; **-spanntheit** ['ʃpant..], **die**; ~, ~en /zu überspannt 1.2/ 'das Überspanntsein': mit ihrer ~ macht sie alle verrückt ❖ ↗ spannen; **-spielen** ['ʃp..], überspielte, hat überspielt **1.** /jmd./ etw. ~ 'Unangenehmes od. Peinliches durch geschicktes Verhalten andere nicht merken lassen': er überspielte seine Unsicherheit, Angst durch ständiges Reden; diese Taktlosigkeit hat sie geschickt überspielt **2.** /jmd./ etw. auf etw. ~ 'eine akustische Aufnahme od. einen Film von einem Mittel auf ein anderes bringen': eine Schallplattenaufnahme auf eine Kassette ~; er überspielt die Fernsehsendung auf Video ❖ ↗ spielen; **-spitzen** ['ʃp..], überspitzte, hat überspitzt; ↗ auch überspitzt /jmd./ etw. ~ 'Probleme, Sachverhalte in übertriebener Weise darstellen'; SYN übertreiben (1.1): er sollte die Angelegenheit nicht ~; er hat die Neigung, alles zu ~ ❖ ↗ spitz; **-spitzt** ['ʃpɪtst] ⟨Adj.; Steig. reg., Superl. ungebr.; ↗ auch überspitzen⟩ 'das normale Maß in der Formulierung überschreitend' /auf Sprachliches bez./: das ist ~ dargestellt, formuliert; ~e Darlegungen; ~e Forderungen stellen; das ist etwas ~ ausgedrückt ❖ ↗ spitz; **-springen I.** ['..], sprang über, ist übergesprungen **1.** das Feuer, ein Funke ist übergesprungen ('ist rasch von einer Stelle zu einer anderen gelangt'); die Feuerwehr konnte verhindern, dass das Feuer auf das nächste Haus übersprang; die Funken sprangen auf die Gardine über und entzündeten sie; METAPH der Funke der Begeisterung sprang auf das Publikum über **2.** /jmd./ auf ein anderes Thema ~ ('unvermittelt zu einem anderen Thema übergehen') − **II.** ['ʃp..], übersprang, hat übersprungen **1.** /jmd./ etw. ~ 'über etw. weg, springen': er übersprang den umgestürzten Baum; einen Zaun, eine niedrige Mauer, einen Bach ~ **2.** /jmd./ etw. ~ 'beim Lesen Text(e) auslassen'; SYN übergehen, überschlagen: er übersprang einige Seiten in dem Buch; da der Roman langweilig war, übersprang sie einfach, schnell einige Seiten ~ ❖ ↗ springen; **-stehen** ['ʃt..], überstand, hat überstanden /jmd./ etw. irgendwie ~ 'etw. bewältigen, das nicht leicht zu er-

tragen ist': er hat die Krankheit nur schwer überstanden; sie überstand den Unfall relativ gut; hoffentlich übersteht er die Operation gut; sie hat die Geburt ihres Kindes gut überstanden ❖ ↗ stehen; **-stunde** ['..], **die** ⟨vorw. Pl.⟩ 'Arbeit, die man zusätzlich über die festgesetzte Arbeitszeit hinaus für den Betrieb leistet': ~n machen, leisten; er bekommt seine ~n nicht bezahlt; ~n abbummeln ❖ ↗ Stunde; **-stürzen** ['ʃt..], überstürzte, hat überstürzt **1.** /jmd./ etw. ~ 'etw. zu früh od. zu schnell ohne Nachdenken, ohne ausreichende Vorbereitung tun': man sollte nichts ~; er hat die Entscheidung überstürzt; ⟨oft adj. im Part. II⟩ ihre überstürzte Abreise machte uns misstrauisch **2.** /mehrere (etw., bes. Ereignisse)/ sich ~ 'so schnell aufeinander folgen, dass die Übersicht verloren geht': seit Tagen ~ sich die Ereignisse, Nachrichten, neuesten Berichte ❖ ↗ stürzen; **-tölpeln** ['tœlp ̩ln], übertölpelte, hat übertölpelt /jmd./ jmdn. ~ 'jmdn. in plumper Weise betrügen': sie versuchte ihn zu ~; ihn konnte man ganz leicht ~; du darfst dich von ihm nicht ~ lassen ❖ ↗ Tölpel; **-¹tragen** ['t..] (er überträgt), übertrug, hat übertragen; ↗ auch ²übertragen **1.** /jmd., Institution/ etw. ~ 'etw. direkt vom Ort des Geschehens aus im Rundfunk od. Fernsehen senden': ⟨oft im Pass.⟩ ein Konzert, eine Veranstaltung ~; das Fußballspiel wird direkt (aus Belgien) ~; die Sitzung des Parlaments wurde live (im Fernsehen) ~ **2.** /jmd./ etw. auf, in etw. ~ 'etw. Geschriebenes, Gezeichnetes ohne Änderung noch einmal an anderer Stelle schreiben, zeichnen': den Aufsatz in ein Heft ~; Korrekturen auf den Rand des Buches ~; die Änderungen in ein anderes Exemplar ~ **3.** /jmd./ etw. in etw. ~ 'etw. in eine andere Form bringen od. in eine andere Sprache übersetzen (II)': die Gedichte in Prosa ~; das Buch vom Französischen ins Deutsche ~; er hat den Roman ins Schwedische ~ **4.1.** /etw., bes. ein technisches Teil/ etw. auf etw. ~ 'Kraft od. Energie auf ein anderen Teil weiterleiten': die Achse überträgt den Antrieb auf die Räder; Energie ~ **4.2.** /jmd./ etw. auf etw., jmdn. ~ 'etw. bereits Vorhandenes auf etw., jmdn. anwenden, für das, den es ebenso zutreffend ist': diese Verhältnisse in N lassen sich, diese Situation lässt sich auch auf unsere, auf uns ~; das kann man auch auf uns ~; Vorurteile (nicht) vom Vater auf den Sohn ~ **5.** /jmd., Institution/ jmdm. etw. ~ 'jmdn. dazu veranlassen, eine bestimmte Aufgabe zu übernehmen': ⟨oft im Pass.⟩ ihm wurde die Leitung des Betriebes ~; man hat ihm diese schwierige Arbeit ~; die Verantwortung für das Kind wurde ihr ~ **6.** etw. überträgt sich auf jmdn. 'ein psychischer Vorgang, ein Verhalten beeinflusst die Person, die sich mit jmdm. im engen Kontakt befindet, in seiner Nähe aufhält': ihre Freude übertrug sich auf ihn, mich; sein Benehmen überträgt sich auch auf seine Kollegen; ihre schlechte Laune überträgt sich auf alle anderen Mitschüler; seine Unruhe übertrug sich auf die anderen **7.** /jmd./ eine Krankheit auf jmdn. ~ ('bewirken, dass der Erreger einer Krankheit bei jmdm.

eine Krankheit verursacht': *er hat diese Krankheit auf sie* ~; *die Krankheit kann auch auf den Menschen übertragen werden; die Krankheit wird durch Speichel, sexuellen Kontakt* ~ ❖ *tragen;* -**²tragen** ⟨Adj.; o. Steig.; ↗ auch *¹übertragen*⟩ 'metaphorisch': *ein Wort im* ~*en* ('nicht wörtlichen') *Sinn, in seiner* ~*en Bedeutung benutzen, anwenden, verwenden; die* ~*e Bedeutung eines Wortes;* -**treffen** ['t..] (er übertrifft), übertraf, hat übertroffen **1.** /jmd., etw./ *jmdn., etw.* ~ 'mit einer, in der Leistung besser sein als jmd., etw.': *jmdn. durch Fleiß, Ausdauer in der Leistung* ~ (SYN 'überbieten 2'); *im Sport, Schach ist er nicht zu* ~ ('schlagen 9.2'); *seine Leistungen übertrafen alle Erwartungen; jmdn., etw. an etw.* ⟨Dat.⟩ ~: *sie übertrifft ihn an Mut, Kühnheit (um vieles); dieses neue Verfahren übertrifft das alte bei weitem an Qualität; dieses Obst ist frischer und übertrifft das aus dem anderen Laden bei weitem;* /jmd./ *sich selbst* ~: *mit dieser Leistung hat er sich selbst übertroffen* ('hat er mehr als je zuvor, mehr, als man von ihm erwartete, geleistet') **2.** *etw. übertrifft etw.* 'etw. liegt im positiven od. negativen Sinne über dem eigentlich Erwarteten': *das übertrifft unsere schlimmsten Befürchtungen, unsere kühnsten Träume; das Ergebnis übertrifft alle unsere Erwartungen; das übertraf alles bisher Bekannte* ❖ ↗ *treffen;* -**treiben** ['t..], übertrieb, hat übertrieben; ↗ auch *übertrieben* /jmd./ **1.1.** 'etw. in einer Äußerung größer, kleiner, besser, schlimmer erscheinen lassen, als es in Wirklichkeit ist': *du weißt doch, dass er immer übertreibt, man darf ihm nicht glauben; übertreibe doch nicht so schamlos!; er kann nicht anders, er übertreibt immer maßlos; sie hat nicht übertrieben, mir gefällt das Buch, die Arbeit wirklich; eine Affäre, einen Vorfall mit Hilfe der Medien* ~ (SYN 'aufbauschen 2'); *ich übertreibe nicht, wenn ich sage, dass ...* /sagt jmd. einleitend, wenn er das Folgende glaubhaft machen will/; *das halte ich nun aber doch für ziemlich, stark übertrieben!; etw.* ~: *sie sollte die Sache nicht so* ~ (SYN 'überspitzen') **1.2.** *etw.* ~ 'in Bezug auf etw. mehr tun als die Vernunft zulässt': *er übertreibt das Training; sie darf ihre Forderungen nicht* ~; *er übertreibt seine Ansprüche; (es) mit etw.* ⟨Dat.⟩ ~: *es mit seiner Strenge, Genauigkeit* ~ ❖ ↗ *treiben;* -**treten I.** ['t..] (er tritt über), trat über, ist/hat übergetreten **1.** ⟨ist/hat⟩ /jmd./ 'vorw. bei bestimmten Disziplinen der Leichtathletik über eine vorhandene Markierung treten, so dass das erzielte Ergebnis nicht anerkannt wird': *er ist beim Kugelstoßen, Weitsprung übergetreten; beim letzten Versuch hat sie übergetreten* **2.** ⟨ist⟩ *ein Fluss tritt über* ('breitet sich über das Ufer hinaus aus') **3.** ⟨ist⟩ /jmd./ *zu etw.* ⟨Dat.⟩ ~ 'eine Anschauung aufgeben, eine Organisation verlassen und sich einer anderen Anschauung, Organisation anschließen': *zu einer anderen Religion* ~; *von der FDP zur CDU* ~ − **II.** ['t..] (er übertritt), übertrat, hat übertreten /jmd./ *etw.* ~ 'gegen etw. verstoßen': *er hat permanent das Gesetz, Verbot* ~; *sie hat wissentlich die Anordnung,*

die Vorschrift ~ ❖ ↗ *treten;* -**trieben** ['tʀi:bm̩] **I.** ⟨Adj.; Steig. reg.; nicht bei Vb.; ↗ auch *übertreiben*⟩ 'allzu groß (7.1)': *sich* ~*e Hoffnungen machen; sein* ~*es Misstrauen; sein Misstrauen war* ~ − **II.** ⟨Adv.; vor Adj., Adv.⟩ 'überaus': *er war* ~ *freundlich, liebenswürdig, misstrauisch, ehrgeizig* ❖ ↗ *treiben;* -**voll** ['..] ⟨Adj.; vorw. präd. (mit *sein*)⟩ /etw., bes. Raum/ ~ *sein* 'allzu voll sein': *der Saal, der Zug war* ~ ❖ ↗ *voll;* -**vorteilen** ['fɔʀtɑɪlən], übervorteilte, hat übervorteilt ⟨oft im Pass.⟩ /jmd./ *jmdn.* ~ 'sich auf jmds. Kosten einen Gewinn, Vorteil verschaffen, indem man seine Unerfahrenheit ausnutzt': *bei diesem Tausch, Vertrag wurde er glatt übervorteilt; er hat sich beim Kauf seines Autos* ~ *lassen; der Vertrag sollte nur dann abgeschlossen werden, wenn beide Partner nicht übervorteilt werden* ❖ ↗ Vorteil; -**wältigen** ['vɛltɪɡn̩], überwältigte, hat überwältigt; ↗ auch *überwältigend* **1.** /jmd./ *jmdn.* ~ 'jmdn., bes. einen Verbrecher, durch die Anwendung von körperlicher Gewalt dahin bringen, dass er nicht flieht und nicht gewalttätig wird'; SYN bezwingen: *die Entführer des Flugzeuges konnten überwältigt werden; die Polizei hat die Täter überwältigt; der Einbrecher wurde überwältigt* **2.** *etw. überwältigt jmdn.* 'etw. erfasst jmdn. mit solcher Intensität, dass er sich nicht dagegen wehren kann': *Angst, Hass überwältigte ihn; von Müdigkeit überwältigt schlief er ein; die Erinnerung an den vergangenen Schmerz überwältigte sie; sie waren überwältigt* ('sehr beeindruckt') *von den Ergebnissen* ❖ überwältigend; -**wältigend** ['vɛltɪɡn̩t] ⟨Adj.; nicht bei Vb.; ↗ auch *überwältigen* 2⟩ **1.1.** ⟨Steig. reg.⟩ 'großartig und sehr eindrucksvoll' /auf etw. bez., das psychisch wirksam ist/: *das Haus bot einen* ~*en Anblick; der erste Eindruck war* ~; *das Konzert war einfach* ~; *unsere Mannschaft konnte einen* ~*en Sieg erreichen* **1.2.** ⟨o. Steig.; nur attr.⟩ 'ungewöhnlich groß und stark' /auf Mengen von Personen bez./: *die Resolution wurde mit* ~*er Mehrheit angenommen; eine* ~*e Zahl der Bevölkerung hat sich dieser Meinung angeschlossen* ❖ ↗ überwältigen; -**wechseln** ['..] ⟨trb. reg. Vb.; ist⟩ /jmd./ **1.** *zu etw.* ⟨Dat.⟩ ~ **1.1.** 'zu etw. übergehen (I.1.)': *zu einem anderen Thema* ~; *vom Studium der Mathematik zur Physik* ~; *in etw.* ~: *er wechselte ins Gymnasium über* **1.2.** /jmd./ 'zu etw. übertreten (I.3.)': *zur gegnerischen Partei* ~; *er wechselte von der FDP zur CDU über* ❖ ↗ Wechsel; -**weisen** ['v..], überwies, hat überwiesen **1.** /jmd./ *etw.* ~ 'einen Geldbetrag (von der eigenen Bank) auf jmds. oder sein eigenes Konto einzahlen': *er hat ihm, an ihn den Betrag, 100 Mark überwiesen; sie lässt sich ihr Gehalt auf ihr Konto* ~; *er überwies endlich den seit Monaten fälligen Betrag* **2.** /Arzt/ *jmdn. an jmdn.* /zu jmdm., an/ *in etw.* ~ 'einen Patienten für eine spezielle Behandlung zu einem Facharzt, in eine Klinik schicken': *der Arzt hat den Patienten an einen Facharzt, an eine Klinik überwiesen; sein Arzt hat ihn zu einem, an einen Spezialisten, in eine Klinik überwiesen* ❖ ↗ weisen; -**werfen, sich I.** ['v..] (er überwirft sich), überwarf sich, hat sich überworfen /zwei od. mehrere (jmd.)/ *sich* ⟨rez., Dat.⟩ *(miteinander)* ~ 'miteinander über etw. in Streit geraten und danach jeden Kontakt untereinander abbrechen'; SYN entzweien (1.2): *die Brüder haben sich (wegen der Erbschaft) überworfen;* /jmd./ *sich mit jmdm.* ~*:* er hat sich mit seinem Vater (wegen der Heirat) überworfen; wegen einer Kleinigkeit überwarf er sich mit seiner Freundin* − **II.** ['..] (er wirft über), warf über, hat übergeworfen /jmd./ *etw.* ~ 'sich, jmdm. schnell ein Kleidungsstück o.Ä. lose umlegen od. überziehen': *er hat einen leichten Pullover übergeworfen; sich* ⟨Dat.⟩ *etw.* ~*: sie hat sich ein Tuch, einen Schal, einen Mantel übergeworfen;* **-¹wiegend** ['..viːgn̩t/'viː..] ⟨Adj.; o. Steig.; nur attr.⟩ 'den größten od. größeren Teil von etw. bildend': *der* ~*e Teil der Bevölkerung; die* ~*e Mehrheit stimmte dem Plan, Vorschlag zu;* **-²wiegend** ⟨Gradpartikel⟩ SYN 'vorwiegend': ~ *junge Leute besuchen diese Veranstaltungen; das Wetter war* ~ *schön; in dieser Abteilung arbeiten* ~ *Frauen; er betätigte sich* ~ *auf wissenschaftlichem Gebiet;* **-winden** ['v..], überwand, hat überwunden **1.** /jmd./ *jmdn., etw.* ~ 'jmdn., etw. im Kampf od. Spiel besiegen': *er hat seinen Gegner in einem fairen Kampf überwunden; die Angreifer konnten mit vereinten Kräften überwunden werden; der Libero überwand das gegnerische Tor* ('schoss ein Tor für seine Mannschaft') **2.1.** /jmd., auch Fahrzeug/ *etw.* ~ 'etw., das Schwierigkeiten verursacht, durch eigene physische od. psychische Anstrengung bewältigen'; SYN meistern: *der Radfahrer, das Auto musste einen großen Berg, eine Steigung* ~*; sie hatten noch einige Hindernisse zu* ~*; es gab noch einige Probleme zu* ~ **2.2.** /jmd./ *etw.* ~ 'einen psychischen Prozess, der einem zusetzt, durch eigene Kraft bewältigen': *seine Angst, seinen Schock* ~*; seine Hemmungen, sein Misstrauen, seine Schüchternheit* ~*; er brauchte lange Zeit, seine Enttäuschung zu* ~ **2.3.** /Institution, jmd./ *etw.* ~ 'etw., das ein allgemeines (soziales) Problem darstellt, bewältigen': *den Hunger in der Welt* ~*; eine Krankheit* ~ **2.4.** /jmd./ *etw.* ~ 'nach längerem inneren Kampf von einer einmal gefassten und sich als falsch erwiesenen Einstellung, Haltung abgehen': *endlich überwand er seine Abneigung gegen sie; seine Einstellung, seinen alten Standpunkt* ~ **3.** ⟨vorw. mit Nebens.⟩ /jmd./ *sich* ~*, etw. zu tun* 'sich dazu durchringen, etw. Bestimmtes zu tun, was einem schwer fällt': *er hat sich schließlich überwunden mitzukommen; er überwand sich nur schwer, dieser Sache zuzustimmen* ❖ vgl. verwinden; **-zeugen** ['ts..], überzeugte, hat überzeugt; ↗ auch *überzeugend, überzeugte* **1.** /jmd./ *jmdn. von etw.* ⟨Dat.⟩ ~ 'jmdn. durch Argumente dazu bringen, dass er etw. als richtig, notwendig anerkennt': *jmdn. von der Schuld eines anderen* ~*; sie konnte ihn von der Wahrheit ihrer Argumente* ~*; er überzeugte sie von der richtigen Meinung in dieser Sache; er war nicht davon zu* ~*, dass …; er war (davon) überzeugt, dass …; er war von der Lehre des Christentums überzeugt* **2.**

/jmd./ *sich von etw.* ⟨Dat.⟩ ~ 'sich selbst durch Nachprüfen Gewissheit über etw. verschaffen': *sich von der Wahrheit ihrer Aussage* ~*; er überzeugte sich selbst (davon), ob alle Türen verschlossen waren* ❖ ↗ Zeuge; **-zeugend** ['tsɔɪɡn̩t] ⟨Adj.; Steig. reg.; ↗ auch überzeugen, überzeugt⟩ 'so geartet od. dargestellt, dass man es glauben (2) kann, dass es für jmdn. unmittelbar verständlich ist'; SYN glaubhaft, plausibel, sprechend (2) /auf Abstraktes bez./: ~*e Gründe, Beweise für etw. haben; er hat die Fakten* ~ *dargestellt; seine Argumente waren für mich* ~ ❖ ↗ Zeuge; **-zeugt** ['tsɔɪkt] ⟨Adj.; Steig. reg.; nicht bei Vb.; ↗ auch überzeugen, überzeugend⟩ 'der Richtigkeit, Gültigkeit von etw. sicher und nicht davon abweichend' /auf Personen bez./: *er ist ein* ~*er Antifaschist, Liberaler; sie war so* ~*, dass niemand sie von ihrer Meinung abbringen konnte; er ist sehr von sich selbst* ~ ('ist sehr selbstbewusst') ❖ ↗ Zeuge; **-zeugung** ['ts..], **die**; ~, ~en 'das Überzeugtsein': *die politische* ~ *eines Menschen; etw. aus fester, in, mit innerster* ~ *tun; meiner* ~ *nach/nach meiner* ~ *ist dieser Vorfall anders einzuschätzen; gegen seine* ~ *handeln; er war der* ~ ('war davon überzeugt'), *dass …* ❖ ↗ Zeuge; **-ziehen;** ↗ auch *überzogen* **I.** ['..], zog über, hat übergezogen /jmd./ *jmdm., sich* ⟨Dat.⟩ *etw.* ~ 'ein Kleidungsstück über den Körper od. über ein anderes Kleidungsstück ziehen (3)'; ↗ FELD V.1.2: *sich einen Mantel, ein Kleid* ~*; es war kühl, deshalb zog er sich noch einen Pullover über; ich ziehe mir nur schnell noch etw. über, dann können wir gehen* − **II.** [ts..], überzog, hat überzogen **1.** /jmd./ *etw. mit etw.* ⟨Dat.⟩ ~ **1.1.** 'etw. mit einer dünnen Schicht aus etw. bedecken': *sie überzog die Torte mit einem Schokoladenguss; den Kuchen mit einer Zuckerglasur* ~*; etw. mit einer isolierenden Schicht, mit Lack, Farbe* ~ **1.2.** /jmd./ 'etw. mit etw. beziehen': *den Sessel, die Couch mit neuem Stoff, mit Leder* ~ **2.** /jmd./ *etw.* ~ **2.1.** 'für etw. mehr Zeit verbrauchen, als einem zusteht': *er hat die Sendezeit um zehn Minuten überzogen; der Moderator überzieht ständig in seinen Sendungen; er hat bei seinem Vortrag, seiner Rede (erheblich) die Zeit überzogen; bei einer Live-Sendung* ~ **2.2.** *sein Konto* ~ ('mehr Geld abheben, als auf dem Konto vorhanden ist'); *seinen, den Etat* ~ ('mehr ausgeben, als im Etat vorgesehen ist') **3.1.** *etw. überzieht etw.* 'etw. bedeckt nach und nach die Haut bzw. breitet sich auf der Haut aus': *tiefe Röte überzog ihr Gesicht; seine Stirn war mit kaltem Schweiß überzogen* **3.2.** /Himmel/ *sich mit Wolken* ~ 'sich nach und nach mit Wolken bedecken': *abends überzog sich der Himmel mit Wolken* **3.3.** *etw. ist mit, von etw.* ⟨Dat.⟩ *überzogen* 'etw. ist von, mit einer Schicht bedeckt': *das Geländer ist mit Rost überzogen; der Käse war von Schimmel überzogen* ❖ ↗ ziehen * umg. /jmd./ **jmdm. eins/ein paar** ~ ['..] 'jmdm. einen Schlag, Schläge mit dem Stock, der Peitsche versetzen': *wenn du jetzt nicht gehorchst, ziehe ich dir eins über;* **-zogen** ['tsoːgn̩] **I.** ⟨Adj.; Steig. reg., ungebr.; nicht bei Vb.; ↗ auch überzie-

hen II⟩ ʿübertrieben': *er stellte ∼e Ansprüche; seine Kritik war ∼* – **II.** ⟨Adv.; vor Adj., Adv.⟩ *er war ∼* (ʿübertrieben') *freundlich, vorsichtig* ❖ ↗ ziehen; **-zug** ['..], **der 1.1.** ⟨vorw. Sg.⟩ ʿSchicht, mit der etw. bedeckt ist': *die Torte, der Kuchen hat einen ∼ aus Schokolade, Zucker; der Stahl ist mit einem ∼ aus Aluminium, Kunststoff versehen* **1.2.** ʿHülle, die über etw. gezogen wird': *die Betten hatten bunte Überzüge* (SYN ʿBezüge'); *für die Kissen hat sie Überzüge gekauft* ❖ ↗ ziehen

üblich ['y:p..] ⟨Adj.; o. Steig.; nicht bei Vb.⟩ ʿeiner (allgemeinen) Gepflogenheit entsprechend': *er stellte die ∼en Fragen; er arbeitet nach der ∼en* (SYN ʿgängigen 1') *Methode; etw. zu den ∼en Bedingungen vereinbaren, zum ∼en Preis verkaufen; in der ∼en Weise verfahren; dort ist es ∼, dass ...; ist das hier so ∼?; es ist ∼, dass ...; das ist überhaupt nicht (mehr) ∼!; wie ∼* ʿwie immer, wie gewöhnlich (1)': *wie ∼, kam er zu spät; wir sehen uns, wie ∼, am Wochenende; das ist hier nicht so ∼* (SYN ʿgebräuchlich') ❖ **handelsüblich**

U-Boot ['u:..], **das** ʿvorwiegend militärischen Zwecken dienendes Schiff, das tauchen und unter Wasser fahren kann'; ↗ FELD V.6.1 (↗ TABL Fahrzeuge): *ein ∼ für Forschungszwecke; ein mit Atomenergie angetriebenes, mit Raketen, Torpedos ausgerüstetes ∼; das ∼ taucht, taucht auf; das Schiff wurde durch ein ∼ versenkt* ❖ ↗ **Boot**

übrig ['y:bʀɪç] **I.** ⟨Adj.; o. Steig.; nicht bei Vb.⟩ ʿ(als Rest) noch vorhanden, verbleibend'; SYN restlich /auf Sachen, bes. Nahrungsmittel, Waren, bez./: *den ∼en Kuchen, die ∼en Brötchen kannst du morgen zum Frühstück essen; ist von gestern noch Brot ∼?; vom Stoff ist nicht mehr viel ∼* **II.** ⟨Indefinitpron.⟩ **1.** *die ∼en* ⟨Pl.; Mask., Fem., Neutr.; adj. u. subst.⟩ ʿdie anderen' /auf Personen, Sachen bez./: *die ∼en Teilnehmer wussten nichts davon; die Übrigen waren nicht erschienen* **2.** ⟨subst.⟩ *das Übrige* ʿalles Weitere': *das Übrige besprechen wir morgen; alles Übrige erledigen wir später* ❖ **erübrigen, übrigens**
* /jmd./ *etwas/viel für jmdn.* ∼ **haben** ʿjmdn. sympathisch finden, gern haben': *er hat viel für ihre kleine Schwester ∼; hast du etwas für sie ∼?;* /jmd./ *etwas für etw.* ∼ **haben** ʿfür etw. Interesse, eine Vorliebe haben': *er hatte schon immer etwas für Klaviermusik ∼;* **im Übrigen** SYN ʿübrigens' /unterstreicht eine vorausgehende Aussage/: ⟨steht vorw. am Satzanfang in Aussagesätzen⟩ *im ∼en habe ich dir das schon zehnmal erklärt;* /jmd./ **ein Übriges tun** /steht in Verbindung mit einem Aussagesatz/ ʿnoch mehr tun als man ohnehin schon getan hat': *er hat (noch) ein ∼es getan und sie nach Hause gefahren*
übrig bleiben, blieb übrig, ist übrig geblieben /etw./ *von etw.* ⟨Dat.⟩ ∼ ʿals Rest von etw. zurückbleiben': *von der Torte ist noch etwas übrig geblieben; von seinem Taschengeld blieben nur noch einige Pfennige übrig; von der Schokolade blieb nichts übrig*
* *jmdm.* **bleibt nichts anderes** ∼, *als ...* ʿjmd. hat keine andere Wahl, als ...': *wenn du das Abitur gut ma-*

chen willst, bleibt dir nichts anderes übrig, als tüchtig zu lernen
übrigens ['y:bʀɪgn̩s] ⟨Modalpartikel; steht auch am Satzanfang; bezieht sich auf den ganzen Satz; steht in Aussage- und Fragesätzen (Ergänzungsfragen)⟩ /der Sprecher drückt damit aus, dass er eine Information od. Frage, die er selbst wohl nicht für so wichtig hält, in die Unterhaltung einfließen lässt/: *ich habe ∼ vergessen, dir zu gratulieren; ∼ habe ich vergessen, dir zu danken; habe ich dir ∼ schon gesagt, dass wir verreisen werden?; du könntest mir ∼ einen Gefallen tun* ❖ ↗ **übrig**
MERKE *Übrigens* wird nicht in Aufforderungen od. Ausrufen verwendet
Übung ['y:b..], **die**; ∼, ∼en **1.** ⟨o.Pl.⟩ **1.1.** ʿdas Üben (1)'; ↗ FELD I.4.1.1: *das macht alles nur die ∼; mit etwas mehr ∼ schaffst du das auch; um das zu lernen, gut zu beherrschen, braucht es schon viel ∼;* vgl. *Training* **1.2.** ʿdurch Übung (1.1) erlangte Fertigkeit, Geschicklichkeit': *um meisterhaft Klavier spielen zu können, fehlt es ihr noch an ∼, fehlt ihr noch die richtige ∼ (darin); er hat noch nicht die richtige ∼ (darin); in etw.* ⟨Dat.⟩ ∼ **haben:** ∼ *im Turnen haben; in (der)* ∼ **sein, bleiben** (ʿdurch Übung 1.1 dafür sorgen, dass man die erlangte Fertigkeit behält'); *aus der* ∼ **sein, kommen** (ʿnicht mehr die richtige Fertigkeit haben, weil man zu üben versäumt hat') **2.** ʿsich wiederholende Folge bestimmter Bewegungen, bes. beim Turnen': *gymnastische ∼en; eine leichte, schwere, komplizierte ∼; ∼en im Schwimmen, Turnen; eine schwierige ∼ am Barren zeigen, vorführen, turnen* **3.** ʿAufgabe in einem Lehr-, Schulbuch, die dazu dient, den Lehrstoff zu festigen': *praktische ∼en für den Unterricht; eine ∼ als Hausaufgabe geben* ❖ ↗ **üben**
Ufer ['u:fɐ], **das**; ∼s, ∼ ʿunmittelbar an ein (fließendes) Gewässer angrenzender Streifen Land': *ein steiles, flaches, befestigtes, unbefestigtes ∼; ein bewaldetes ∼; das ∼ des Sees, Flusses; das ∼ des Meeres* (vgl. *Strand*); *der Fluss trat über die ∼; durch den Sturm sind die entwurzelten Bäume an das ∼ geschwemmt worden; er erreichte schwimmend das ∼* ❖ **Flussufer, uferlos**
ufer|los ['..] ⟨Adj.; o. Steig.; nicht bei Vb.⟩ ʿnicht enden wollend'; SYN endlos /auf Sprachliches bez./: *sie führten eine ∼e Diskussion; wenn wir nicht aufpassen, wird die Sitzung ∼; zwischen ihnen gab es einen ∼en Streit* ❖ ↗ **Ufer,** ↗ **los**
* *etw.* **geht/führt ins Uferlose** ʿetw. sprengt den Rahmen, wird endlos': *die Diskussion, der Plan würde ins ∼ führen; wenn wir nicht ablehnen, führen seine Forderungen ins ∼*
Uhr ['u:ɐ], **die**; ∼, ∼en ['u:ʀən] **1.** ʿGerät mit einem Zifferblatt und zwei Zeigern in verschiedenster Form und Größe, das die Zeit anzeigt': *die ∼ aufziehen, stellen; eine automatische, wasserdichte ∼ kaufen; die Uhr tickt, schlägt zehn* (ʿgibt durch Schlagen an, dass es zehn Uhr ist'); *die ∼ steht, geht vor, geht nach; meine ∼ geht zehn Minuten vor, nach; auf die, nach der ∼ sehen* (ʿanhand der Uhr

feststellen, wie spät es ist') **2.** ⟨o.Pl.⟩ /gibt in Verbindung mit Zahlen die Uhrzeit an/: *es ist genau, Punkt, Schlag zehn ~; das Verbrechen geschah um zwei ~ nachts; von zwölf bis vierzehn ~ ist Pause; fünf ~ und dreizehn Minuten,* /in der kommunikativen Wendung/ umg. *wieviel ~ ist es* ('wie spät ist es')? /wird gesagt, wenn jmd. die genaue Uhrzeit wissen möchte/ ❖ **Sanduhr, Sonnenuhr, Stoppuhr, Uhrzeit**

* jmds. **~ ist abgelaufen** ('jmd. wird bald sterben'); **rund um die ~** 'ohne Pause, Unterbrechung' /auf eine Maschine, einen Betrieb, eine Person bez./: *um die Maschinen richtig nutzen zu können, wird (im Betrieb) rund um die ~ gearbeitet; das Geschäft hat rund um die ~ geöffnet*
MERKE 1. Bei mündlichen Zeitangaben steht *Uhr* immer zwischen der vollen Stunde und den Minuten: *es ist jetzt zehn ~ dreiundzwanzig; ganz genau ist es jetzt zwölf ~ vier Minuten und dreiundvierzig Sekunden.* Bei schriftlichen Zeitangaben steht *Uhr* jeweils hinter der Angabe der vollen Stunde (*es ist 10 ~*) und hinter den Minuten (*10.23 ~*) bzw. Sekunden (*12.04.43 ~*) **2.** Im Deutschen sind bei Zeitangaben folgende Varianten möglich: *es ist zehn vor acht*/amtl.: *sieben ~ fünfzig* (7.50 Uhr), *zehn nach acht*/amtl.: *acht ~ zehn* (8.10 Uhr); *es ist halb neun*/amtl.: *acht ~ dreißig* (8.30 Uhr); *es ist drei viertel acht* od. *Viertel vor acht*/amtl.: *sieben ~ fünfundvierzig* (7.45 Uhr); *es ist Viertel nach acht* od. *viertel neun*/amtl.: *acht ~ fünfzehn* (8.15 Uhr); *es ist fünf vor halb neun*/amtl.: *acht ~ fünfundzwanzig* (8.25 Uhr), *fünf nach halb neun*/amtl.: *acht ~ fünfunddreißig* (8.35 Uhr); *es ist zwanzig nach acht*/amtl.: *acht ~ zwanzig* (8.20 Uhr); *es ist zwanzig vor neun*/amtl.: *acht ~ vierzig* (8.40 Uhr)

Uhr['..]|-**macher, der** 'Handwerker, der Uhren repariert, verkauft'; ↗ FELD I.10; -**zeit, die** ⟨vorw. Sg.⟩ 'die Zeit, die durch die Uhr (1) angegeben wird': *können Sie mir die genaue ~ sagen?* ❖ ↗ **Uhr,** ↗ **Zeit**

Ulk [ʊlk], **der**; ~s/auch ~es, ⟨o.Pl.⟩ SYN 'Spaß': *(etw. nur aus) ~ machen; (seinen) ~ mit jmdm. treiben* ❖ **ulkig**

ulkig [ʊlkɪç] ⟨Adj.⟩ **1.** ⟨Steig. reg.⟩ SYN 'komisch (1)': *hast du schon die ~en Zeichnungen gesehen?; diese Geschichte ist sehr ~; etw. ~ schildern, beschreiben; gestern hatte er ein ~es Erlebnis; er sah ganz ~ aus* **2.** ⟨Steig. reg., ungebr.⟩ SYN 'merkwürdig' /vorw. auf Personen bez./: *sein ~es Verhalten fiel allen auf; er ist ein ~er Mensch; sie ist eine ~e Nudel, Type; er war schon immer etwas ~; der benimmt sich aber ~* ❖ ↗ **Ulk**

ultimativ [ʊltima'tiːf] ⟨Adj.; o. Steig.⟩ 'in Form eines Ultimatums' /beschränkt verbindbar/: *eine ~e Forderung stellen; seine Forderung war ~; etw. ~ verlangen* ❖ ↗ **Ultimatum**

Ultimatum [ʊlti'maːtʊm], **das**; ~s, ~s/auch Ultimaten [..tən] '(auf diplomatischem Wege gestellte) mit einer Frist versehene letzte Forderung, für deren Nichterfüllung harte Gegenmaßnahmen angedroht

werden': *jmdm., dem militärischen Gegner ein ~ stellen; ein ~ zurückweisen; der Feind hat (uns) ein ~ gestellt; morgen läuft das ~ ab, dann muss man mit dem Schlimmsten rechnen* ❖ **ultimativ**

¹um [ʊm] ⟨Adv.; nur präd. (mit *sein*)⟩ *etw. ist ~* 'ein Zeitabschnitt ist zu Ende': *die Ferien sind seit zwei Tagen ~; ihr Urlaub ist auch schon wieder ~; das Jahr war schnell ~; die Pause, die Stunde ist ~* ❖ vgl. **um-**

* **~ und ~:** *etw. ~ und ~ kehren, wenden* ('etw. immer wieder umwenden')
MERKE Zu ²*um:* Zur Getrennt-, Zusammenschreibung von *um* und *sein:* Getrenntschreibung auch im Infinitiv

²um ⟨als Glied einer zusammengesetzten od. mehrteiligen subordinierenden Konj.⟩ **1.** ⟨als Glied der mehrteiligen Konj. **um ... zu**; + Inf.; bei Gleichheit des Subj. von Haupt- und Nebensatz⟩ **1.1.** ⟨der Nebensatz steht vorw. nach dem Hauptsatz⟩ /final; der Nebensatz gibt das Ziel an für den im Hauptsatz genannten Sachverhalt/; SYN ²*damit: sie fuhr in die Stadt, ~ sich einen Mantel zu kaufen; ich komme, ~ dir zu helfen* **1.2.** ⟨in Korrelation mit einem Adj. + *genug* im Hauptsatz; der Nebensatz steht vor od. hinter dem Hauptsatz⟩ /konsekutiv; der Nebensatz gibt die Folgerung aus einer meist positiven Voraussetzung an; der Hauptsatz gibt an, dass das nötige Maß für das im Nebensatz Genannte vorhanden ist/: *du bist klug genug, ~ das begreifen zu können; du hast Zeit genug, ~ alles in Ruhe zu erledigen* **1.3.** ⟨in Korrelation mit *zu* + Adj. im Hauptsatz; der Nebensatz steht vor od. hinter dem Hauptsatz⟩ /konsekutiv; gibt an, dass etw. als Folge eines Übermaßes vermutlich nicht realisiert wird/; SYN als dass (↗ *dass* 4): *er ist zu alt, ~ das alles noch bewältigen zu können; er ist zu jung, ~ das alles zu verstehen* **2.1.** ⟨als Glied der zusammengesetzten Konj. **um so mehr als**; der Nebensatz steht nach dem Hauptsatz⟩ /kausal; gibt den Grund in positivem Sinne für den im Hauptsatz genannten Sachverhalt an/ 'besonders deshalb, weil': *er ist mein Freund, ~ so mehr, als ich mich auf ihn verlassen kann; du musst rechtzeitig schlafen gehen, ~ so mehr, als du morgen sehr früh aufstehen musst* **2.2.** ⟨als Glied der zusammengesetzten Konj. **um so weniger als**; der Nebensatz steht nach dem Hauptsatz⟩ /kausal; gibt den Grund im negativen Sinne für den im Hauptsatz genannten Sachverhalt an/ 'gerade deshalb nicht, weil': *ich esse keine Pilze, ~ so weniger, als ich giftige von ungiftigen nicht unterscheiden kann* **3.** ⟨als Glied mehrteiliger Konj.⟩ **je ... um so:** ↗ ²*je* (1); **außer um ... zu:** ↗ *außer* (3)
MERKE Zum Vergleich von *um ... zu* (²*um* 1.2) und *als dass:* ↗ *als* (4); zum Vergleich von *um ... zu* und ²*damit:* ↗ ²*damit* (Merke)

³um ⟨Präp.⟩ **I.** ⟨mit Akk.; vor best. Art. Neutr. häufig *ums*; vorangestellt⟩ /lokal/ **1.1.** ⟨oft in Verbindung mit *herum*⟩ /gibt eine Lage od. Bewegung an, die die Form eines Kreises hat, in dessen Zentrum etw., jmd. steht/: *wir gingen ~ das Haus (herum),* *fuhren ∼ die Stadt, ∼ den See (herum); die Katze streicht ums Haus; die Erde dreht sich ∼ die Sonne; er drehte sich ∼ sich selbst; ∼ die Ecke gehen; sie standen ∼ den Baum (herum); die Familie saß ∼ den Tisch (herum); die ganze Klasse stand (im Kreis) ∼ ihren Lehrer herum; die Häuser rings ∼ den Marktplatz* **1.2.** /gibt eine Lage od. Bewegung an, die die Form eines Bogens hat, in dessen Zentrum jmd., ein Körperteil ist/: *er legte den Arm ∼ sie, ∼ ihre Schulter, ∼ ihre Hüfte* **1.3.** ⟨+ sich + Vb.⟩ /gibt eine Tätigkeit an, die von jmdm., etw. nach allen Seiten hin ausgeht/: *er schlug wild ∼ sich; er blickte ängstlich, hilflich, erschrocken ∼ sich; das Feuer, die Krankheit griff rasch ∼ sich* **2.** ⟨in Verbindung mit Zeitangaben⟩ /temporal/ **2.1.** /gibt einen Zeitpunkt, bes. die Uhrzeit, an/: *wir treffen uns ∼ 16 Uhr; ∼ vier aufstehen; ∼ halb fünf/ ∼ 16.30 Uhr* (sprich: 16 Uhr 30); *ich bin gestern Abend schon ∼ zehn Uhr ins Bett gegangen* **2.2.** /gibt einen ungefähren Zeitpunkt an/ ⟨oft in Verbindung mit *herum*⟩: *wir kommen so ∼ Ostern (herum); ich besuche Euch ∼ fünf Uhr herum; ∼ die Mittagszeit fing es an zu regnen; das Haus ist ∼ 1900 (herum) gebaut worden; ∼ den 1. November herum gab es den ersten Frost* **3.** ⟨vorw. in Abhängigkeit von Verben⟩ /mit kausalem Charakter/: *∼ jmdn. weinen, trauern, bangen;* /mit finalem Charakter/: *jmdn. ∼ Geld angehen; jmdn. ∼ Rat fragen; sich ∼ eine Stelle bewerben; ∼ etw., jmdn. kämpfen, ringen* **4.** ⟨o. Kasusforderung⟩ /modal/ **4.1.** ⟨als Glied von Doppelformen⟩ /gibt eine Steigerung, Generalisierung an/: *er wartete Stunde ∼ Stunde* ('viele Stunden'), *Tag ∼ Tag, ohne dass sich jemand meldete; Meter ∼ Meter kämpfte er sich durch das Dickicht; eine Woche ∼ die andere, ein Jahr ums andere verging* ('viele Wochen, Jahre vergingen') **4.2.** ⟨in Verbindung mit Zahlangaben⟩ /gibt den Unterschied bei der Veränderung eines Maßes, einer Menge an/: *den Rock ∼ fünf Zentimeter kürzen; die Temperatur stieg ∼ sechs Grad; der Ausflug wurde ∼ vier Wochen verschoben* − **II.** ⟨als Glied der Präp. **um … willen**/ mit Gen.; umschließt das Nomen⟩ /kausal u. final/; SYN *wegen: er hat es ∼ des Friedens willen, ∼ der Gerechtigkeit willen getan; er hat das Rauchen ∼ der Gesundheit willen aufgegeben; sie lassen sich ∼ der Kinder willen* ('mit Rücksicht auf die Kinder') *nicht scheiden;* ⟨Zusammenschreibung in Verbindung mit Personalpron., vgl. *meinetwillen, deinetwillen, seinetwillen*⟩; ⟨in Ausrufen⟩ *∼ (des) Himmels willen, ∼ Gottes willen!* /drückt Bestürzung aus; sagt jmd. in beschwörender Weise, wenn er Unheil abwenden will/: *∼ Gottes willen, tun Sie das nicht!* ❖ **darum, drum, worum − rundum**

⁴**um … willen:** ↗ ³*um* (II)

um- /bildet mit dem zweiten Bestandteil Verben; betont; trennbar (im Präsens u. Präteritum) od. unbetont, untrennbar (z. B. *umschwärmen:* er umschwärmte, er hat umschwärmt)/ **1.** /unbetont; untrennbar; drückt aus, dass das im zweiten Bestandteil Genannte im Kreis, Bogen, von allen Seiten um

eine Größe herum erfolgt/: ↗ z. B. *umbauen* (II), *umschwärmen* (1) **2.** /betont; trennbar; drückt aus, dass durch das im zweiten Bestandteil Genannte eine Größe um jmds. Körper, um einen Körperteil gelangt/: ↗ z. B. *umhängen* **3.** /betont; trennbar; drückt aus, dass durch das im zweiten Bestandteil Genannte eine Größe in eine andere (entgegengesetzte) Richtung, Lage gelangt/: ↗ z. B. *umbiegen* (2) **4.** /betont; trennbar; drückt aus, dass durch das im zweiten Bestandteil Genannte eine Größe von der vertikalen in die horizontale Lage, auf den Boden gelangt/: ↗ z. B. *umfallen* (1.1) **5.** /betont; trennbar; drückt aus, dass durch das im zweiten Bestandteil Genannte eine Größe von einer Stelle an eine andere Stelle gelangt/: ↗ z. B. *umstellen* (I.1) **6.** /betont; trennbar; drückt aus, dass das im zweiten Bestandteil Genannte erneut und anders erfolgt/: ↗ z. B. *umbauen* (I), *umwandeln* (1.1) ❖ vgl. **um-**

um/Um- [ʊm..]|-**armen** [ˈaʀmən], umarmte, hat umarmt /jmd./ *jmdn. ∼* 'die Arme liebevoll, voller Freude um jmdn. legen'; ↗ FELD VI.3.2: *zum Abschied umarmte er sie; er umarmte seine Mutter, umarmte sie voller Freude;* /zwei od. mehrere (jmd.)/ *sich* ⟨rez.⟩ *(einander) ∼:* *bei der Begrüßung haben sie sich, haben sie einander (liebevoll) umarmt* ❖ ↗ Arm; **-bauen I.** [ˈ..] ⟨trb. reg. Vb.; hat⟩ /jmd., Institution/ *etw. ∼* 'etw. für einen bestimmten Zweck baulich verändern'; ↗ FELD V.3.2: ⟨oft im Pass.⟩ *sie bauen das alte Haus um; das alte Gebäude wurde (zu einem Kino/in ein Kino) umgebaut; die Bühnendekoration wird für dieses Theaterstück umgebaut* − **II.** [ˈb..], umbaute, hat umbaut /jmd./ *eine Fläche ∼* 'um eine Fläche herum Bauten errichten': *der Platz wurde mit Hochhäusern umbaut; der Hof ist von einer hohen Mauer umbaut* ❖ ↗ Bau; **-biegen** [ˈ..], bog um, hat/ist umgebogen **1.** ⟨hat⟩ /jmd./ *etw. ∼* 'etw. aus Metall od. Stoff durch Biegen (1) in seiner Lage, Form verändern': *einen Draht, Nagel ∼; ein Blech nach hinten ∼; den Kragen ∼* **2.** ⟨ist⟩ /jmd./ SYN 'umkehren (1)': *am Ende des Waldes biegen wir um und kehren zurück* ❖ ↗ biegen; **-bilden** [ˈ..], bildete um, hat umgebildet; ↗ FELD IX.1.2 **1.** /bevollmächtigte Person/ *ein Kabinett, eine Regierung ∼* ('in einem Kabinett, einer Regierung personelle Veränderungen vornehmen') **2.** /etw., bes. Zellgewebe/ *sich zu etw.* ⟨Dat.⟩ *∼* 'sich verändern und eine andere Form od. Qualität annehmen': *das gesunde Gewebe bildet sich zu Krebszellen um; das Knochengewebe hat sich bei der Patientin umgebildet* ❖ ↗ Bild; **-bringen** [ˈ..], brachte um, hat umgebracht /jmd./ *jmdn., sich ∼* 'jmdn., sich gewaltsam töten': ↗ FELD XI.2: *er hat seine Frau umgebracht; er hat ihn auf eine grauenvolle Weise umgebracht; er hat sich (selbst) umgebracht* ('hat Selbstmord begangen') ❖ ↗ bringen * umg. **etw. bringt jmdn. noch um** 'jmd. leidet unter etw. sehr': *dieser ganze Stress, das bringt mich noch um!;* **-bruch** [ˈ..], der SYN 'Umwälzung (2)'; ↗ FELD IX.1.1: *die Gesellschaft befindet sich im ∼; diese Er-*

gebnisse haben einen ~ *in den Naturwissenschaften bewirkt* ❖ ↗ brechen; **-denken** ['..], dachte um, hat umgedacht ⟨vorw. im Inf.⟩ /jmd., Institution/ ˈ(aufgrund einer veränderten Situation) seine bisherigen Anschauungen aufgeben und sich (politisch) neu orientieren'; ↗ FELD IX.1.2: *er musste lernen, umzudenken; nach diesem Ereignis begann ein Prozess des Umdenkens; wir müssen mehr Gewicht auf den Umweltschutz legen, in dieser Frage müssen wir grundlegend* ~ ❖ ↗ denken; **-drehen** ['..] ⟨trb. reg. Vb.; hat/ist⟩ **1.** ⟨hat⟩ /jmd./ **1.1.** *etw., jmdn.* ~ ˈetw., bes. eine Fläche, jmdn. auf seine andere entgegengesetzte Seite bringen': *eine Münze* ~, *einen Stoß Papier, ein Blatt* ~; *das Schild so* ~, *dass man die Schrift lesen kann; zum Waschen musste er den Kranken* ~; *den Schlüssel zweimal im Schloss* ~ **1.2.** *jmdm. den Arm* ~ (ˈnach hinten drehen, so dass er sich nicht mehr wehren kann') **2.** ⟨hat⟩ /jmd./ *etw.* ~ ˈdie Innenseite von einem Kleidungsstück nach außen drehen'; SYN umkrempeln, umwenden: *die, seine Hosentaschen, Strümpfe* ~; *er hat seine Taschen umgedreht, aber das Gesuchte nicht gefunden* **3.** ⟨hat⟩ /jmd./ **3.1.** *sich* ~ ˈeine Wendung (um 180 Grad) machen'; ↗ FELD I.7.2.2: *er drehte sich um und ging weg* **3.2.** *sich nach jmdm., etw.* ⟨Dat.⟩ ~ (ˈsich nach jmdm., etw. umsehen 2') **4.** ⟨hat/ist⟩ /jmd., Fahrzeug/ SYN ˈumkehren (1)'; ↗ FELD IV.3.2, I.7.2.2: *er steuert den Wagen bis hart an den Abgrund und dreht dann um; am Ende dieser Straße ist er mit dem Auto umgedreht; das Schiff war schon auf hoher See, als es* ~ *musste* ❖ ↗ drehen; **-einander** [..ˈnandɐ] ⟨Adv.⟩ ˈeiner um den anderen, eines um das andere und umgekehrt': *beide sind* ~ *besorgt; sie kümmern sich beide* ~ ❖ ↗ ¹ein, ↗ anderer MERKE Verbindungen aus *umeinander* + Vb. werden getrennt geschrieben; **-fallen** ['..], (er fällt um), fiel um, ist umgefallen **1.1.** /etw./ ˈplötzlich aus einer vertikalen in eine horizontale Lage geraten und auf dem Boden, einem Untergrund zu liegen kommen'; ↗ FELD I.7.2.2: *der Stuhl, der Tisch fiel um, ist umgefallen; der Hund stieß an die Vase, sodass sie umfiel; stell die Leiter richtig hin, sonst fällt sie um!; bei dem starken Sturm ist der Baum umgefallen* **1.2.** /jmd./ ˈinfolge eines Schwächeanfalls zu Boden sinken': *plötzlich fiel er um; sie ist tot umgefallen* (ˈinfolge einer Herzattacke zu Boden sinken und sterben'); /in der kommunikativen Wendung/ scherzh. *ich falle um vor Hunger, Durst* /sagt jmd., wenn er großen Hunger, Durst hat/ **2.** umg. emot. neg. /jmd./ *jmd. fällt um* (ˈjmd. ändert überraschend seine Meinung, seine Gesinnung, gibt in einer Angelegenheit nach') ❖ ↗ fallen * **zum Umfallen müde sein** ˈsehr müde sein': *er war nach der langen Reise zum Umfallen müde;* **-fang** ['..], *der* ⟨vorw. Sg.⟩ **1.** ˈLänge einer Linie, die um den Körper herumführt und die die äußere Grenze eines Gegenstandes, Körpers (3) bildet': *der Stamm hat einen* ~ *von sechs Metern; den* ~ *der Taille messen; seine Oberarme haben einen beträchtlichen* ~; *er hat einen ganz schönen* ~

(ˈist ziemlich dick'); *den* ~ *eines Kreises, Rechtecks, Dreiecks, Quadrats berechnen, ermitteln* **2.** ˈAusmaß (1) eines Gebiets, einer Fläche': *das Waldgebiet, der Platz hat einen riesigen* ~ **3.** ˈAusmaß (1) eines Gegenstandes' /bes. auf Bücher bez./: *der Band, die Akte hat einen* ~ *von 500 Seiten* (ˈumfasst 500 Seiten') **4.** *der* ~ *einer Stimme* ˈdie Höhen, Tiefen, bis zu denen eine Stimme reicht': *die Stimme des Sängers hat einen beträchtlichen* ~ **5.** ⟨+ Gen.attr.⟩ **5.1.** ˈAusmaß (2) dessen, was etw. umfasst': *der* ~ *der Arbeit überstieg seine Möglichkeiten; der* ~ *der Sammlung nahm ständig zu; der* ~ *des Themas war zu groß; er entsprach den Anforderungen an diesen Beruf in vollem* ~ (ˈvöllig') *der Angeklagte war in vollem* ~ *geständig* (ˈhat alles gestanden') **5.2.** ˈAusmaß (2) eines oft negativen Geschehens': *der* ~ *der Katastrophe, des Verlustes war höher als man anfangs geglaubt hatte; die Arbeit nahm einen ungeheuren* ~ *an; dieses Problem muss man in seinem vollen* ~ *betrachten* ❖ umfänglich, umfangreich; **-fänglich** ['..fɛŋ..] ⟨Adj.; nicht bei Vb.⟩ **1.1.** ⟨Steig. reg.⟩ ˈumfangreich (1.1')' /auf Gegenständliches bez./: *er erhielt ein* ~*es Paket; eine* ~*e Akte* **1.2.** ⟨Steig. reg., Superl. ungebr.⟩ SYN ˈumfassend' /auf Abstraktes bez./: *er besitzt* ~*e Kenntnisse, ein* ~*es Wissen* ❖ ↗ Umfang; **-fangreich** ['..faŋ..] ⟨Adj.; nicht bei Vb.⟩ **1.1.** ⟨Steig. reg.⟩ ˈvon großem Umfang (3)' /auf Gegenständliches bez./: *er hat ein* ~*es Buch geschrieben; eine* ~*e Akte* **1.2.** ⟨Steig. reg., Superl. ungebr.⟩ SYN ˈumfassend' /auf Abstraktes bez./: *er hat ein* ~*es Wissen; auf diesem Gebiet hatte sie* ~*e Kenntnisse erworben; für diese Reise sind* ~*e Vorbereitungen zu treffen* ❖ ↗ Umfang; **-fassen** ['..], umfasste, hat umfasst **1.** /jmd./ *etw., jmdn.* ~ ˈFinger, Hände od. Arme so um etw., jmdn. legen, dass man es, ihn festhalten kann': *jmds. Handgelenk, Arme, Schultern* ~; *zärtlich umfasste er sie; sie umfasste die Taille des Kindes und hob es hoch;* /mehrere (jmd.)/ *sich (einander)* ~ (ˈsich umarmen') **2.** *etw. umfasst etw.* ˈetw. enthält etw. in einer bestimmten Menge, Zahl': *das Buch umfasst 1000 Seiten; die Sammlung umfasst die wertvollsten Gemälde unseres Jahrhunderts; diese Ausgabe umfasst alle Werke des Dichters* ❖ ↗ fassen; **-fassend** [..ˈfasn̩t] ⟨Adj.; Steig. reg.⟩ ˈvieles in sich enthaltend, einschließend' /auf Abstraktes bez./: ~*e Kenntnisse, ein* ~*es Wissen besitzen; seine Kenntnisse waren* ~; *er hat sich, war* ~ *informiert;* ~*e Maßnahmen ergreifen; er legte ein* ~*es Geständnis ab* ❖ ↗ fassen; **-frage** ['..], *die* ˈAktion, bei der (systematisch) eine größere Anzahl von Personen nach ihrer Meinung zu einem bestimmten Problem, einer bestimmten Angelegenheit (von allgemeiner Bedeutung) gefragt wird': *das Institut hat eine interessante, repräsentative* ~ *durchgeführt; die* ~ *hat ergeben, dass …; eine* ~ *zu etw.* ⟨Dat.⟩, *über etw. (veranstalten): eine* ~ *(unter Schülern, Studenten) zur Rechtschreibreform, über die Hochschulreform* ❖ ↗ fragen; **-gang** ['..], *der* ⟨o.Pl.⟩ **1.** ~ *mit jmdm.* ˈjmds. ständiger, durch Kommunikation bestimmter Kontakt mit jmdm.': ~ *mit jmdm. pflegen, haben; er hat viel ~ mit Ausländern; er pflegte den ~ mit Schauspielern, Künstlern; sie hat viel Erfahrung im ~ mit Kindern; ~ miteinander* ⟨rez.⟩: *seit Jahren pflegen sie einen freundschaftlichen ~ miteinander; ihr ~ miteinander war immer höflich und korrekt* **2.** ~ *mit etw.* ⟨Dat.⟩ 'das Umgehen (I.2.2) mit etw.': *die Schüler üben den ~ mit Karte und Kompass; er kannte sich im ~ mit technischen Geräten besonders aus; den ~ mit Wörterbüchern lernen* ❖ umgänglich − Umgangsformen * **jmd. ist kein ~** ('keine passende, geeignete Gesellschaft') **für jmdn.**; **-gänglich** ['..gɛŋ..] ⟨Adj.; Steig. reg.; nicht bei Vb.; vorw. präd. (mit *sein*)⟩ *jmd. ist ~* 'jmd. ist freundlich und angenehm im Umgang (1) und macht keine Schwierigkeiten': *er ist ein ~er Mensch; sie hat eine ~e Art, ist immer sehr ~; sein neuer Hund ist ein sehr ~es Tier* ❖ ↗ Umgang; **-gangsformen** ['..gaŋsfɔʁmən], **die** ⟨Pl.⟩ SYN 'Benehmen': *jmd. hat gute, schlechte ~; jmd. hat keine ~* ('jmd. weiß sich nicht zu benehmen') ❖ ↗ Umgang, ↗ Form; **-garnen** ['garnən], umgarnte, hat umgarnt /jmd., bes. Frau/ *jmdn. ~* 'jmdn., bes. einen Mann, auf eine liebenswürdige, listige Art für sich und seine Absichten zu gewinnen suchen': *sie versuchte mit vielen Tricks, mit ihren Verführungskünsten ihn zu ~; sie verstand es, ihn zu ~; er umgarnte sie mit Schmeicheleien* ❖ ↗ Garn; **-geben** ['g..] (er umgibt), umgab, hat umgeben **1.1.** /mehrere (jmd.)/ *jmdn. ~* 'ständig um jmdn. herum sein': *Neugierige umgaben den Verletzten;* ⟨vorw. im Part. II⟩ *er war von Neugierigen ~; der Sänger war von seinen Fans ~; jmd. ist von etw.* ⟨Dat.⟩ *~: er war ~ von der Liebe und Fürsorge seiner Eltern* **1.2.** /jmd./ *sich mit mehreren (jmd.) ~* 'viele Personen, eine Gruppe um sich scharen (1.2)': *er umgab sich mit Fachleuten, mit einem Stab von Fachleuten* **1.3.** *etw. umgibt etw.* 'etw. ist rings um etw. herum': *eine dichte Hecke umgibt das Grundstück; das Grundstück war von einer hohen Hecke ~; der Hof war mit einer hohen Mauer ~* **1.4.** /jmd./ *etw. mit etw.* ⟨Dat.⟩ *~* 'etw. um etw. herum errichten': *sie haben den Hof mit einer hohen Mauer ~* ❖ Umgebung; **-gebung** ['ge:b..], **die**; ~, ~en **1.** 'das, was im Umkreis eines Ortes od. Hauses als Landschaft od. Ortschaften vorhanden ist': *er versucht, seine nähere ~ zu erkunden; einen Ausflug in die ~ machen; das Haus hat eine wunderschöne ~* **2.** 'Bereich, in dem ein Lebewesen existiert, in dem jmd. tätig ist': *hast du dich schon mit der neuen ~ vertraut gemacht?; er hat sich schnell in die neue ~ eingelebt; der Täter wohnte in der näheren ~ des Opfers* ('unter den Menschen, die das Opfer täglich umgaben') ❖ ↗ umgeben; **-gehen** I. ['..], ging um, ist umgegangen; ↗ auch *umgehend* **1.1.** *etw. geht um* 'etw. gelangt von einem zum anderen und verbreitet sich dadurch schnell': *ein Gerücht, eine Krankheit geht um* **1.2.** *ein Geist, jmd. geht irgendwo um* 'ein Geist, jmd. spukt irgendwo': *in der alten Burg soll ein Gespenst ~; die haben sich zum Fasching verkleidet und gehen als Geister um* **2.1.** /jmd./ *mit jmdm. ir-*

gendwie ~ 'jmdn. irgendwie behandeln': *er ging immer sehr liebevoll mit ihr um; mit Kindern umzugehen wissen* ('sie richtig behandeln können'); *mit einem Tier ~: mit seinem Hund geht er sehr grob um;* /in der kommunikativen Wendung/ umg. *wie gehst du denn mit mir um!* ('das ist empörend, das werde ich mir nicht gefallen lassen') /wird gesagt, wenn man sich von einer Person schlecht behandelt fühlt und darüber sehr entrüstet ist/ **2.2.** /jmd./ *mit etw.* ⟨Dat.⟩ *irgendwie ~* 'etw. irgendwie handhaben, gebrauchen': *er geht sehr sorgfältig mit seinen Sachen um; er muss noch lernen, damit richtig umzugehen; sparsam, verschwenderisch, leichtsinnig mit Geld ~* − **II.** ['g..], umging, hat umgangen **1.** /jmd./ *jmdn., etw. ~* 'im Bogen od. Kreis um jmdn., etw., bes. ein Hindernis, herumgehen, herumfahren': *die feindlichen Truppen, den Gegner ~; ein unwegsames Gelände, ein Moor, einen Berg ~; ein überschwemmtes Gebiet ~;* /etw./ *diese Straße umgeht die Ortschaft* ('verläuft um die Ortschaft herum') **2.** /jmd./ *etw. ~* 'etw. für jmdn. Schwieriges, Unangenehmes vermeiden': *er versuchte die Schwierigkeiten, Vorschriften, das heikle Thema, die Antwort zu ~; es ließ sich nicht ~, dass ...; sie hat die Gesetze umgangen* ('hat sich nicht an die Gesetze gehalten') ❖ ↗ gehen; **-gehend** ['..ge:ənt] ⟨Adj.; o. Steig.; nicht präd.; ↗ auch *umgehen*⟩ 'sofort bei der ersten Gelegenheit'; SYN sofort /vorw. auf Kommunikatives bez./: *er dankte ihr für die ~e Erledigung seines Auftrages; er hat ihr ~ geantwortet; jmdm./an jmdn. ~ schreiben; er machte der Behörde ~ davon Mitteilung; das ist kein Problem, das wird ~ erledigt!* ❖ ↗ gehen; **-gekehrt** ['..gəke:ɐt] ⟨Adj.; o. Steig.; ↗ auch *umkehren*⟩ **1.** SYN 'entgegengesetzt (1)': *etw. läuft in ~er Reihenfolge ab* **2.** 'das Gegenteil zu dem bildend, was man erwartet hat': *nach genauer Prüfung den ~en Eindruck von etw. gewinnen; der ~e Fall trat ein; die Sache verhielt sich, war genau ~; das ist gerade ~* ('das Gegenteil ist richtig')! ❖ ↗ kehren (I); **-gestalten** ['..], gestaltete um, hat umgestaltet /jmd., Institution, Staat/ *etw. ~* 'etw. in seiner Form, Struktur (zweckmäßig) verändern'; ↗ FELD IX.1.2: *der Platz, die Parkanlage wurde völlig umgestaltet; die Wirtschaft musste umgestaltet werden; die Regierung will das Transportwesen ~* ❖ ↗ Gestalt; **-graben** ['..] (er gräbt um), grub um, hat umgegraben /jmd./ *etw. ~* 'die obere Schicht des Bodens (von etw.) mit dem Spaten hochheben und umdrehen, so dass das Untere nach oben gelangt': *die Erde ~; das Beet, ein Stück Land ~; im Herbst wird der Garten umgegraben* ❖ ↗ graben; **-grenzen** ['grɛntsn̩], umgrenzte, hat umgrenzt *etw. umgibt* (↗ *umgeben* 1.3) *etw. ringsum*: *eine Hecke umgrenzt das Grundstück, den Garten;* ⟨oft im Pass., im Part. II⟩ *etw. wird von etw. umgrenzt: der See wird vom Wald umgrenzt; der Teich ist von Bäumen umgrenzt; eine vom Wald umgrenzte Wiese* ❖ ↗ Grenze; **-hängen** ['..] ⟨trb. reg. Vb.; hat⟩ /jmd./ *jmdn., sich* ⟨Dat.⟩ *etw. ~* 'jmdm., sich etw. um den Hals, über die Schulter hängen': *sich den*

Fotoapparat, eine Kette, eine Tasche ~; **-her** [ˈheːɐ̯] ⟨Adv.⟩ ˈnach allen Seiten'; SYN ringsumher /beschränkt verbindbar/: *die Trümmer des abgestürzten Flugzeuges lagen weit* ~ *verstreut; weit* ~ *waren nur Wälder und Wiesen* ❖ rundumher, umherstreifen

umher- /bildet mit dem zweiten Bestandteil Verben; betont; trennbar; drückt aus, dass das im zweiten Bestandteil Genannte ziellos, ohne bestimmte Richtung erfolgt/: ↗ z. B. *umherstreifen*

umher|streifen [ʊmˈheːɐ̯..] ⟨trb. reg. Vb.; hat⟩ /jmd., Tier/ *irgendwo* ~ ˈziellos irgendwo durch die Gegend streifen': *im Wald, im Park* ~; *er streifte stundenlang umher* ❖ ↗ umher, ↗ streifen

umhin|können [..ˈhɪn..] (er kann umhin), konnte umhin, hat umhingekonnt ⟨nur verneint; nur mit Nebens. u. Inf. + *zu*⟩ /jmd./ *nicht* ~, *etw. Bestimmtes zu tun* ˈnicht anders können, als etw. Bestimmtes zu tun'; SYN enthalten (3): *er konnte nicht umhin, die Einladung anzunehmen; nicht* ~, *jmdm., einem Tier zu helfen; obwohl es ihm Leid tat, konnte er nicht umhin, das Kind zu bestrafen; seine Antwort war so überzeugend, dass sie nicht umhinkonnte, ihm zu glauben* ❖ ↗ **können**

um/Um|-hüllen [ˈh..], umhüllte, hat umhüllt /jmd./ *jmdn., etw. mit etw.* ⟨Dat.⟩ ~ ˈetw. um jmdn., etw. legen, sodass es ihn schützend ganz bedeckt': *jmdn. mit einer Decke* ~; *sie umhüllte das Baby mit einem warmen Tuch;* /etw./ *dichter Nebel umhüllte* (ˈumgab, ↗ *umgeben* 1.1') *uns* ❖ ↗ Hülle; **-hüllung** [ˈhʏl..], **die;** ~, ~en ˈetw., bes. ein Tuch, eine Plane, das jmdn., etw. umhüllt': *von etw. die* ~ *entfernen; das Geschenk war mit einer hübschen* ~ *versehen; ich war gespannt, was sich unter der* ~ *verbarg* ❖ ↗ Hülle; **-kehren** [ˈ..] ⟨trb. reg. Vb.; ist/hat; ↗ auch *umgekehrt*⟩ **1.** ⟨ist⟩ /jmd., Fahrzeug/ ˈauf dem eingeschlagenen Weg Halt machen und sich wieder zurück in die Richtung begeben, aus der man gekommen ist'; SYN umdrehen; ↗ FELD I.7.2.2, IV.3.2: *als der Regen einsetzte, kehrten wir auf dem schnellsten Weg um; lass uns* ~, *gleich wird es ein Gewitter geben!* **2.** ⟨hat⟩ /jmd./ *etw.* ~ ˈetw. umdrehen (1.1, 2)': *die Hosentaschen, die Strümpfe* ~ **3.** ⟨hat⟩ /jmd./ ˈetw., bes. einen Zustand, ein Verhältnis, in sein Gegenteil verändern': *die Reihenfolge von etw.* ~; *die Entwicklung umzukehren suchen;* /etw./ *sich* ~: *die Verhältnisse haben sich völlig umgekehrt* ❖ ↗ kehren (I); **-kippen** [ˈ..] ⟨trb. reg. Vb.; ist/hat⟩ **1.** ⟨ist⟩ **1.1.** *etw. kippt um* ˈetw. fällt um (↗ *umfallen* 1.1)'; ↗ FELD I.7.2.2: *Vorsicht, die Vase, Flasche, Kanne, das Weinglas kippt um!; beim Transport kippte der Schrank um; die Leiter kann leicht* ~; /jmd./ *mit etw.* ⟨Dat.⟩ ~ *er ist mit dem Stuhl, Fahrrad, mit der Leiter umgekippt* **1.2.** umg. *jmd. kippt um* ˈjmd. fällt um, weil er ohnmächtig wird': *wenn sie Blut sieht, kippt sie um; bei der großen Hitze, der schlechten Luft kippten viele Menschen um* **1.3.** ⟨hat⟩ /jmd., auch Tier, etw./ *etw.* ~ ˈetw. umstoßen (1)': *er hat die Vase, Kanne, Flasche, das Weinglas, den Schrank umgekippt; unser Hund hat schon wieder den Napf, das Fressen umgekippt; der Sturm*

kippte das Boot um (ˈbrachte das Boot zum Kentern') **2.** ⟨ist⟩ **2.1.** umg. emot. neg. *jmd. kippt um* ˈjmd. gibt psychischem Druck nach und ändert überraschend seine Meinung, Gesinnung': *ich hätte nicht gedacht, dass er so leicht umkippt; beim Verhör, nach der Folter kippte er um* **2.2.** umg. *etw. kippt um* ˈetw. schlägt plötzlich ins Gegenteil um (↗ *umschlagen* 1.2)': *von einer Minute auf die andere kippte die Stimmung im Saal um* **3.** ⟨vorw. Perf.⟩ /Gewässer/ *der See, der Teich kippt um* ˈder See, Teich ist so schmutzig, dass die darin lebenden Pflanzen und Tiere langsam sterben': *der See droht umzukippen* ❖ ↗ kippen; **-kommen** [ˈ..], kam um, ist umgekommen **1.** /jmd./ *bei etw.* ⟨Dat.⟩ ~ ˈbei einem Unfall, Unglück, im Krieg sterben'; SYN draufgehen (3); ↗ FELD XI.2: *beide Eltern sind bei dem Unfall (mit dem Auto) umgekommen; er ist beim Angriff, im Krieg umgekommen;* /in der kommunikativen Wendung/ scherzh. *ich komme um vor Hunger, Durst* /sagt jmd., wenn er großen Hunger, Durst hat/ **2.** ⟨vorw. verneint⟩ /Lebensmittel/ ˈschlecht, ungenießbar werden'; SYN verderben /beschränkt verbindbar/: *pass auf, dass nichts umkommt!; man soll nichts* ~ *lassen* ❖ ↗ kommen; **-kreis** [ˈ..], **der** ⟨o.Pl.⟩ *im* ~ ⟨+ Gen.attr.⟩ od. *im* ~ *von* **1.1.** *im* ~ *von etw.* ˈim Gebiet von bestimmter Ausdehnung um einen bestimmten Punkt, Ort herum': *die Trümmer lagen im* ~ *von einem Kilometer verstreut; im* ~ (SYN ˈin der Umgebung') *von Berlin gibt es sehr schöne Seen* **1.2.** *im* ~ *von jmdm.* ˈim Kreis der Personen, mit denen jmd. eng zusammenarbeitet': *er hält sich im* ~ *des Ministers auf; er arbeitet im* ~ *der Regierung; nur ihr engster* ~ *wusste von den Vorfällen* ❖ ↗ Kreis; **-kreisen** [ˈk..], umkreiste, hat umkreist /Tier/ *etw., jmdn.* ~ ˈsich in einer kreisförmigen Bahn um etw., jmdn. bewegen': *Vögel* ~ *den Turm; der Hund umkreist seinen Herrn;* /etw./ *etw.* ~: *das Raumschiff hat die Erde umkreist;* METAPH *seine Gedanken* ~ *ein (bestimmtes) Thema* (ˈer beschäftigt sich im Gedanken intensiv mit einem Thema');* /jmd./ *etw., jmdn.* ~: *er umkreiste lauernd das Haus, sein Opfer* ❖ ↗ Kreis; **-krempeln** [ˈ..] ⟨trb. reg. Vb.; hat⟩ **1.** umg. **1.1.** /jmd./ *die Hosenbeine, Ärmel* ~ (ˈmehrmals nach oben umschlagen'); *sich* ⟨Dat.⟩ *die Ärmel* ~ **1.2.** *die Strümpfe, Taschen* ~ (ˈumdrehen 2') **2.** umg. /jmd./ *etw., jmdn.* ~ ˈetw., jmdn. von Grund auf ändern (3)': *er hat seinen ursprünglichen Plan wieder völlig umgekrempelt; in dem Alter kannst du ihn nicht mehr* ~; *nach der Renovierung hat er seinen Laden völlig umgekrempelt* ❖ ↗ Krempe; **-lauf** [ˈ..], **der 1.** ⟨o.Pl.; + Gen.attr.⟩ ˈdie Bewegung in einer bestimmten Bahn um etw. herum'; ↗ FELD I.7.2.1: *der* ~ *eines Planeten um die Sonne, eines Satelliten um die Erde* **2.** ⟨o.Pl.; + Gen.attr.⟩ ˈdas Umlaufen (I.3)': *der* ~ *der Zahlungsmittel; diese Münze wird aus dem* ~ (ˈdem Verkehr 2') *gezogen; etw. in* ~ *bringen* ˈetw., bes. ein Schriftstück, kursieren lassen': *ein Schreiben, eine Nachricht in* ~ *bringen; ein Schreiben, ein Gerücht ist im* ~ (ˈkursiert') **3.** 'schriftliche Mitteilung, die ein Betrieb unter seinen Mitarbeitern kursieren lässt, damit sie es alle lesen können, sollen': *etw. durch einen ~ bekannt machen; der ~ muss weitergegeben werden* ❖ ↗ laufen; **-laufen I.** ['..] (er läuft um), lief um, hat/ ist umgelaufen **1.** ⟨hat⟩ /jmd./ *jmdn.* ~ 'jmdn. beim Laufen umstoßen': *er hätte sie, den Schiedsrichter beinahe umgelaufen* **2.** ⟨ist⟩ /etw., bes. Maschinenteil/ 'sich um eine Achse drehen'; SYN rotieren: ⟨vorw. adj. im Part. I⟩ *eine ~de Welle* **3.** ⟨ist⟩ /etw./ 'von einem zum anderen weitergegeben werden'; SYN kursieren: *die Zeitschrift lief unter den Mitarbeitern um; ~den Gerüchten zur Folge, …; das ~de* ('im Verkehr 2 befindliche') *Geld* − **II.** ['l..] (er umläuft), umlief, hat umlaufen **1.** /jmd./ *etw.* ~ 'den Weg um etw. herum laufend zurücklegen': *in einer Stunde hatte er den See ~; er hat die Talsperre ganz ~* **2.** /Planet/ *etw.* ~ 'sich in einer (bestimmten) Bahn um einen Planeten herum bewegen': *die Erde umläuft die Sonne in einem Jahr* ❖ ↗ laufen; **-legen** ['..] ⟨trb. reg. Vb.; hat⟩ **1.** /jmd., etw., bes. Witterungserscheinungen/ *etw.* ~ 'etw. von der vertikalen in die horizontale Lage bringen': *einen Baum ~* ('fällen'); *den Schornstein eines Schiffes beim Durchfahren einer Brücke ~; der Hagel hat das Getreide, der schwere, nasse Schnee die Hecke umgelegt* ('zu Boden gedrückt') **2.** /jmd./ *jmdm., sich* ⟨Dat.⟩ *etw.* ~ 'jmdm., sich etw. um die Schultern, um den Hals legen, hängen': *sich einen Mantel, Schal ~; er legte ihr ein goldenes Kettchen um* **3.** /jmd./ *etw.* ~ 'etw. in die horizontale od. vertikale Lage bringen': *den Schalter, Hebel ~; die Lehnen der Sitze lassen sich ~; den Kragen ~* ('umschlagen 1.1') **4.** /jmd./ *etw. auf zwei od. mehrere Personen* ~ 'etw. anteilmäßig auf zwei od. mehrere Personen verteilen': *die (Un)kosten, Ausgaben auf alle Beteiligten, Mieter ~* **5.1.** /jmd./ *jmdn.* ~ 'einen Patienten in ein anderes Zimmer verlegen': *der Patient wurde (in ein anderes Zimmer) umgelegt* **5.2.** /jmd./ *etw.* ~: *ein Telefongespräch ~* ('für ein Telefongespräch eine andere Verbindung herstellen'); *einen Termin von Mittwoch auf Donnerstag ~* ('verlegen') **6.** derb /jmd./ *jmdn.* ~ 'jmdn. kaltblütig erschießen': *die Gangster legten ihn einfach um; die Bankräuber haben einen Polizisten umgelegt* ❖ ↗ legen; **-leitung** ['..], **die** 'Strecke, über die der Verkehr (1) von einer Strecke geleitet wird, die wegen einer Baustelle, einem Hindernis (zeitweilig) gesperrt ist': *dort ist eine ~; eine ~ fahren (müssen); auf einer ~ fahren* ❖ ↗ leiten; **-münzen** ['..mʏntsn̩] ⟨trb. reg. Vb.; hat⟩ *etw. in etw., zu etw.* ⟨Dat.⟩ ~ **1.1.** emot. neg. /jmd./ *etw.* Positives bewusst als Negatives auslegen od. umgekehrt': *er hat die Aussage seines Kollegen zu seinem Vorteil umgemünzt; er hat es fertig gebracht, seine Niederlage in einen Sieg umzumünzen* **1.2.** /jmd./ *etw.* nutzbringend (in, zu etw.) verwandeln': *Ideen in solide Vorschläge ~* ❖ ↗ Münze; **-nachtet** ['naxtət] ⟨Adj.; o. Steig.; nicht bei Vb.; vorw. präd. (mit *sein*)⟩ 'sich im Zustand geistiger Verwirrung befindend': *er war (geistig) ~; ein*

geistig ~er Patient ❖ ↗ Nacht; **-rechnen** ['..], rechnete um, hat umgerechnet /jmd./ *etw. in etw.* ~ 'ausrechnen, wieviel etw., bes. ein Betrag, in einer anderen Währung, einer anderen (Maß)einheit ergibt': *Mark in Dollar ~; Meter in Zentimeter ~* ❖ ↗ rechnen; **-reißen I.** ['..], riss um, hat umgerissen **1.** /Tier, jmd., etw./ *jmdn., etw.* ~ 'jmdn., etw. zu Boden reißen': *der Hund riss ihn in seiner Freude um; das Kind, die Katze hat die Vase umgerissen; der Sturm hat das Zelt umgerissen* − **II.** ['R..], umriss, hat umrissen /jmd./ *etw.* ~ 'die wesentlichsten Aspekte, Punkte von etw. knapp, in großen Zügen darstellen'; SYN skizzieren (2.1): *er hat das Thema, die Situation kurz umrissen; klar umrissene* ('genaue') *Vorstellungen von einem Projekt haben* ❖ ↗ reißen; **-ringen** ['R..], umringte, hat umringt /mehrere/ *jmdn., etw.* ~ 'dicht gedrängt sich um jmdn., etw. stellen': *Kinder ~ ihren Lehrer; Fans ~ ihren Star; Neugierige umringten den Messestand* ❖ ↗ Ring; **-riss** ['..], **der 1.** 'Linie, die die äußerste Begrenzung von jmdm. od. etw. darstellt (und oft vor einem Hintergrund erscheint)'; SYN Kontur (1.1): *er erkannte die Gestalt an ihren Umrissen; die Umrisse von etw. erkennen; etw. im ~, in Umrissen zeichnen* **2.** ⟨nur im Pl.⟩ *in ~en* 'im kurzen Überblick': *eine Geschichte der Literatur in ~en; etw. in groben ~en darstellen* ❖ ↗ reißen

ums [ʊms] ⟨Verschmelzung von Präp. *um* (Akk.) + Art. *(das)*⟩ ↗ ²*um*

um/Um [ʊm..]‖**-satteln** ['..zatn̩] ⟨trb. reg. Vb.; hat⟩ umg. /jmd./ *auf etw., zu etw.* ⟨Dat.⟩ ~ 'von einem Fach, Beruf in ein anderes, einen anderen wechseln': *er sattelte noch im 6. Semester auf ein anderes Fach, auf Chemie um; er sattelte von der Chemie zur Medizin um; er hat umgesattelt und arbeitet jetzt in der Landwirtschaft* ❖ ↗ Sattel; **-satz** ['..], **der** 'der gesamte Wert od. die gesamte Menge der in einem bestimmten Zeitraum verkauften Waren, der erbrachten (Dienst)leistungen od. umgesetzten Geldbeträge': ↗ FELD I.16.1: *das Unternehmen hat einen hohen, niedrigen ~; den ~ steigern, erhöhen; einen guten ~ machen; der ~ an Getränken, Medikamenten ist in den letzten Monaten stark gestiegen, zurückgegangen* ❖ ↗ setzen; **-schalten** ['..], schaltete um, hat umgeschaltet **1.** /jmd./ *etw. (von etw.) auf etw.* ~ 'ein Gerät, eine Anlage (3) durch Schalten (1.1) anders einstellen': *das Netz von Gleichstrom auf Wechselstrom ~; den Herd auf Stufe drei ~; von etw.* ⟨Dat.⟩ *in etw.* ~: *von einem Programm in ein anderes ~* **2.** umg. *jmd. kann nicht so schnell ~* ('sich auf einen neuen Gedanken, eine veränderte Situation einstellen') ❖ ↗ schalten; **-schau** ['..ʃau] ⟨o.Art.⟩: *(nach jmdm., etw.* ⟨Dat.⟩*) ~ halten* 'sich nach jmdm., etw. suchend umsehen': *vergebens nach jmdm., seinem Buch ~ halten* ❖ ↗ schauen; **-schlag** ['..], **der 1.** 'Hülle aus Papier, in die man einen Brief steckt, um ihn mit der Post zu versenden'; SYN Kuvert: *die Adresse auf den ~ schreiben; der ~ muss noch beschriftet werden; den Brief in den ~ stecken; den ~ zukleben; Umschläge aus recycel-*

tem Papier **2.** ʿHülle, die zum Schutz des Einbandes um ein Buch gelegt wirdʾ: *der ~ des Buches ist fleckig, schadhaft; den ~ erneuern; Umschläge für Schulbücher* **3.** ʿzu therapeutischen Zwecken vorgenommene Umhüllung, Bedeckung eines Teils des Körpers mit einem Tuchʾ: *einen heißen, kalten ~ machen; bei Fieber helfen (nur) kalte Umschläge; den ~ wechseln, erneuern; ein ~ um etw.: einen ~ um den Hals, die Brust machen* **4.** ⟨o.Pl.⟩ ʿplötzliche entscheidende Änderung der Stimmung, des Wettersʾ; ↗ FELD IX.1.1: *der ~ der Stimmung war uns unerklärlich; morgen ist mit einem ~ des Wetters zu rechnen* **5.** ʿbes. an Hosenbeinen, Ärmeln nach außen geschlagener Randʾ: *eine Hose mit Umschlägen, ohne Umschläge; die Bluse hat Ärmel mit breiten Umschlägen* ❖ ↗ schlagen; **-schlagen** [ʾ..] ⟨er schlägt um⟩, schlug um, hat/ist umgeschlagen **1.** ⟨hat⟩ **1.1.** /jmd./ *etw.* ~ ʿden Rand von etw., bes. eines Kleidungsstücks, auf seine andere Seite wenden (1)ʾ: *den Kragen des Mantels ~; die Tischdecke ist an der einen Seite umgeschlagen; er hat seine Hosenbeine mehrmals umgeschlagen* (ʿin die Höhe gekrempeltʾ) **1.2.** /jmd./ *eine Seite, die Seiten im Buch ~* (ʿauf die andere Seite wendenʾ) **2.** ⟨ist⟩ /etw., bes. Stimmung, Wetter/ *in etw.* ~ ʿsich plötzlich entscheidend ändernʾ; ↗ FELD IX.1.2: *seine Stimmung schlug in Depression um; sein Verhalten schlug plötzlich ins Gegenteil um; von einer Minute auf die andere schlug die Stimmung im Saal um; gerade schien noch die Sonne, jetzt scheint das Wetter umzuschlagen* **3.** ⟨hat⟩ /jmd., Unternehmen/ *Waren, Güter* ~ ʿWaren, Güter von einem Transportmittel in ein anderes ladenʾ: *Getreide, Düngemittel (von der Bahn aufs Schiff) ~* ❖ ↗ schlagen; **-schreiben I.** [ʾ..], schrieb um, hat umgeschrieben **1.** /jmd., bes. Autor/ *etw.* ~ ʿeinen (literarischen) Text inhaltlich, formal neu gestaltenʾ: *er musste ein Kapitel für sein neues Buch ~; einen Artikel, Aufsatz ~* **2.** /jmd./ *etw. auf etw.* ~ *lassen* ʿetw. auf etw. übertragen lassen (1)ʾ: *die Zinsen auf ein anderes Konto ~ lassen* − **II.** [ʾʃ..] umschrieb, hat umschrieben **1.** /jmd./ *etw.* ~ ʿetw. in seinen wesentlichen Teilen, seinen wichtigsten Merkmalen kurz beschreibenʾ: *jmds. Befugnisse genau ~; in wenigen Worten umschrieb er seine Rechte und Pflichten; jmdm. etw. ~: er umschrieb seinem neuen Mitarbeiter die zukünftigen Arbeitsaufgaben* **2.** /jmd./ *etw.* ~ ʿetw. mit anderen (verhüllenden) Wörtern, Worten ausdrückenʾ: *ein unanständiges Wort ~; eine peinliche Situation geschickt ~* ❖ ↗ schreiben; **-schulen** [ʾ..] ⟨trb. reg. Vb.; hat⟩ **1.** /jmd./ *jmdn.* ~ ʿeinen Schüler von einer Schule in eine andere überwechseln lassenʾ: *die Eltern haben ihn (aus konfessionellen Gründen) umgeschult;* ⟨oft im Pass.⟩ *wegen des Umzugs der Familie mussten die Kinder umgeschult werden* **2.** /jmd., Institution, Unternehmen/ **2.1.** *jmdn. für etw., zu etw.* ⟨Dat.⟩ ~ ʿjmdn. für einen anderen Beruf als den bisher ausgeübten ausbildenʾ; ↗ FELD IX.1.2: *die Busfahrer wurden zu Taxifahrern umgeschult; wir schulen unsere Mitarbeiter für einen neuen Beruf*

um; er wurde zum Koch umgeschult; sich ~ lassen **2.2.** *jmd. schult um:* ʿweil er in seinem alten Betrieb keine Chancen mehr hat, schult er umʾ (ʿlässt er sich umschulenʾ) ❖ ↗ Schule; **-schwärmen** [ʾʃv..], umschwärmte, hat umschwärmt **1.** /viele Insekten/ *etw., jmdn.* ~ ʿInsekten fliegen in Schwärmen um etw., jmdn. herumʾ: *Mücken, Motten ~ die Lampe, das Licht; Bienen ~ die Blüten; Fliegen ~ den Kadaver* **2.** /mehrere (jmd.)/ *jmdn.* ~ ʿständig um jmdn. herum sein, weil man ihn bewundert, verehrt und seine Gunst zu erlangen suchtʾ: *Männer ~ sie;* ⟨oft im Pass.⟩ *der Schauspieler wird, ist ständig von jungen Mädchen umschwärmt; sie wurde, war sehr umschwärmt* ❖ ↗ Schwarm; **-schweife** [ʾ..ʃvaifə] ⟨Pl.; o. Art.⟩ * **ohne** ~ ʿoffen und ohne zu zögernʾ: *ohne ~ kam er gleich zur Sache;* /jmd./ **keine ~ machen** ʿetw. offen und ohne zu zögern sagenʾ: *er machte keine ~ und sprach sofort über die bestehenden Probleme;* **-schwung** [ʾ..], **der** ʿplötzliche, grundlegende Änderung, bes. in der Politik, Witterungʾ; ↗ FELD IX.1.1: *einen ~ in der Wirtschaft herbeiführen; es kam zu einem ~ in der Politik; der klimatische ~ machte ihr sehr zu schaffen; plötzlich trat ein ~ in seiner Stimmung ein* ❖ ↗ schwingen; **-sehen** [ʾ..], **sich** ⟨er sieht sich um⟩, sah sich um, hat sich umgesehen **1.** /jmd./ *sich irgendwo* ~ ʿirgendwo ringsum alles genau beobachtenʾ: *neugierig sah er sich in der Wohnung um; er ging in die Stadt, um sich dort umzusehen; er hat sich überall in der Welt umgesehen* (ʿer hat fast die ganze Welt bereist, war schon in sehr vielen Ländernʾ); /in den kommunikativen Wendungen/ *du darfst dich bei mir aber nicht* ~ /sagt jmd., wenn er sich bei jmdm. dafür entschuldigen will, dass die Wohnung nicht aufgeräumt ist/; *du wirst dich noch* ~! /sagt jmd., wenn er jmdm. begreiflich machen will, dass eine Sache nicht so einfach, ein Problem nicht so leicht zu lösen ist/ **2.** /jmd./ *sich nach jmdm., etw.* ⟨Dat.⟩ ~ ʿsich nach jmdm. umdrehen (3.2)ʾ: *sich auf der Straße nach jmdm. ~; er hat sich noch oft nach seiner Freundin umgesehen; sie hat sich mehrmals (nach uns), nach dem folgenden Auto umgesehen* **3.** /jmd./ *sich nach etw.* ⟨Dat.⟩, *jmdm.* ~ ʿsich bemühen, eine benötigte Sache zu erwerben, jmdn. für eine Anstellung zu gewinnenʾ; SYN suchen (1): *er sah sich lange nach einem passenden Geschenk für sie um; sich nach einem neuen Mitarbeiter ~; sich nach einer neuen Stelle, einem (neuen) Job ~* ❖ ↗ sehen; **-setzen** [ʾ..] ⟨trb. reg. Vb.; hat⟩ **1.** /jmd./ *etw.* ~ ʿetw. von einem Standort an einen anderen Standort bringenʾ: *einen Bagger, Kran ~; Pflanzen, einen Baum ~* (ʿausgraben und an anderer Stelle eingrabenʾ) **2.1.** /etw., jmd./ *etw. in etw.* ~ ʿetw. durch einen Prozess in eine andere Form, in einen anderen Zustand umwandelnʾ: *Wasserkraft in Strom ~; Stärkemehl in Zucker ~; Gefühle in Töne, in ein Gedicht ~; einen Plan, eine Idee in die Praxis ~* (ʿin der Praxis anwendenʾ) **2.2.** /etw./ *sich in etw.* ~ ʿsich durch einen Prozess in etw. umwandelnʾ: *Bewegung setzt sich in Wärme um; Stärkemehl setzt* *sich in Zucker um* **3.** /jmd., Unternehmen/ *Waren* ~ ('auf den Markt bringen und verkaufen'; ↗ FELD I.16.2) ❖ ↗ setzen; **-sicht** ['..], **die** ⟨o.Pl.⟩ 'konzentrierte Aufmerksamkeit und Vorsicht, mit der man seine Situation voll erfasst und dabei alle möglichen (gefährlichen) Folgen berücksichtigt'; ↗ FELD I.4.4.1, 5.1: *er ging mit größter* ~ *zu Werke; mit* ~ *bei etw. vorgehen; in dieser gefährlichen Situation zeigte er größte* ~; *auch hier bewies sie wieder einmal große* ~; *dank seiner* ~ *konnte ein Unfall vermieden werden* ❖ ↗ sehen; **-sichtig** ['..zıçtıç] ⟨Adj.; Steig. reg.⟩ 'Umsicht zeigend' /vorw. auf Personen bez./; ↗ FELD I.4.4.3: *er ist bei allem sehr* ~; ~ *handeln;* ~ *bei etw. vorgehen, agieren; er ist ein sehr* ~*er Arzt;* ~*es Handeln* ❖ ↗ sehen; **-sonst** ['z..] ⟨Adv.⟩ **1.** *für* ~ 'ohne Bezahlung'; SYN unentgeltlich: *die Theaterkarten bekam er (für)* ~ ('ohne etw. dafür zahlen zu müssen'); *diese Arbeit machte er ganz (für)* ~ ('ohne etw. dafür zu verlangen') **2.** 'vergeblich': *alle Arbeit war* ~ *getan; er hatte sich* ~ *bemüht; seine Bemühungen waren (nicht)* ~ **3.** *nicht* ~ 'nicht ohne Grund': *er hatte nicht* ~ *davor gewarnt; das habe ich Euch doch nicht* ~ *gesagt!;* **-springen** ['..], sprang um, ist umgesprungen **1.** umg. /jmd./ *mit jmdm. irgendwie* ~ 'jmdn. irgendwie in nicht zu billigender Weise behandeln': *mit jmdm. grob, unfreundlich* ~; *man kann gar nicht mit ansehen, wie er mit ihr umspringt; so kannst du aber nicht mit dem Kind* ~! **2.** *etw. springt von etw.* ⟨Dat.⟩ *auf etw. um* 'etw. wechselt plötzlich die Richtung': *der Wind sprang von Nordwest auf Nordost um; plötzlich sprang der Wind um; die Ampel ist von Rot auf Grün umgesprungen* ❖ ↗ springen

Umstand ['ʊmʃtant], **der 1.** 'das, was einen Sachverhalt, ein Geschehen, eine Situation mit bestimmt': *ein wesentlicher, wichtiger, entscheidender, unerwarteter* ~ *dabei war, dass …; die Umstände waren so, dass …; ein günstiger* ~ *veränderte die ganze Situation; durch einen glücklichen* ~ *wurde er gerettet; nach den näheren Umständen eines Unglücks, Unfalls fragen; man muss dabei den veränderten Umständen Rechnung tragen; dem Patienten geht es den Umständen entsprechend* ('so wie es einem geht, der in dieser Lage ist'); Jur. *einem Täter mildernde Umstände* ('für eine geringere Strafe sprechende Fakten') *zubilligen; erschwerende Umstände* ('die Strafe verschärfende Fakten') **2.** ⟨nur im Pl.⟩ 'unnötige Mühe': *mach dir meinetwegen keine Umstände; (nicht) viel Umstände (mit etw., jmdm.) machen; sie macht sich mit dem Essen immer sehr viel Umstände* ❖ **umständlich**

* **unter Umständen** 'vielleicht': *unter Umständen ist das gar nicht zu realisieren;* **unter allen Umständen** 'unbedingt': *wir wollen das Projekt unter allen Umständen beenden;* /Frau/ **in anderen Umständen sein** 'schwanger sein': *sie ist in anderen Umständen;* **unter (gar) keinen Umständen** 'auf keinen Fall': *das darf unter gar keinen Umständen passieren*

umständlich ['..ʃtɛnt..] ⟨Adj.; Steig. reg.⟩ **1.1.** 'schwerfällig, allzu gründlich und langsam handelnd' /vorw. auf Personen bez./: *er ist ein* ~*er Mensch; er ist bei allem, was er macht, sehr* ~; *sie zog sich* ~ *an, räumte ihre Sachen* ~ *in den Schrank;* **1.2.** 'aufwendig und zeitraubend' /oft auf Äußerungen bez./: *diese Methode ist zu* ~; *er gab uns eine* ~*e* ('weitschweifige') *Erklärung dafür; er erzählte alles sehr* ~ ❖ ↗ **Umstand**

um/Um [ʊm..]-**stehend** ['..ʃteːənt] ⟨Adj.; o. Steig.⟩ **1.** ⟨nur attr. od. subst. im Pl.⟩ 'um jmdn., etw. im Kreis (herum)stehend' /auf Personen bez./: *er wandte sich mit seiner Bitte an die* ~*en Leute; die Umstehenden klatschten Beifall, verfolgten das Ereignis mit Interesse* **2.** ⟨nicht präd.⟩ 'auf der anderen Seite eines Blattes (2,3), Schriftstücks befindlich': *die* ~*en Erläuterungen, Tabellen;* ~ *befinden sich noch einige Erläuterungen zum Text; Umstehendes muss unbedingt beachtet werden!* ❖ ↗ stehen; **-steigen** ['..], stieg um, ist umgestiegen **1.** /jmd./ 'aus einem Verkehrsmittel aussteigen, in ein anderes einsteigen und mit diesem seinen Weg fortsetzen': *in München müssen wir* ~; *dieser Zug fährt durch, du brauchst nicht umzusteigen; er ist in Berlin umgestiegen, um seinen Zug nach Hannover zu bekommen; auf dieser Strecke musst du viermal* ~; *von etw.* ⟨Dat.⟩ *in etw.* ~: *er ist vom Flugzeug ins Taxi umgestiegen* **2.** umg. /jmd./ *von etw.* ⟨Dat.⟩ *auf etw.* ~ 'von etw. zu etw. Neuem od. anderem wechseln': *er ist (von Physik) auf Medizin umgestiegen; sie ist vom Auto aufs Fahrrad umgestiegen* ('fährt jetzt nur noch Fahrrad'); *er ist auf leichte Kost umgestiegen* ❖ ↗ steigen; **-stellen I.** ['..] ⟨trb. reg. Vb.; hat⟩ **1.** /jmd./ *etw.* ~ 'etw. von einem Platz auf einen anderen stellen, rücken': *sie haben das Sofa, den Schrank umgestellt; wenn du das Bett umstellst, gewinnst du mehr Platz* **2.** umg.; ↗ FELD IX.1.2 **2.1.** /jmd., etw./ *etw. auf etw.* ~ 'etw. bestimmten Erfordernissen anpassen': *die Ernährung auf eine gesunde Lebensweise* ~; *auf etw.* ~: *der Betrieb stellt auf Computer um; das Geschäft stellt auf längere Öffnungszeiten um; sich auf etw.* ~: *er, das Geschäft stellt sich auf neue Kunden um; sich, jmdn. von etw.* ⟨Dat.⟩ *auf etw.* ~: *sich vom Berufsleben auf das Leben als Rentner* ~; *das Baby von Muttermilch auf Flaschennahrung* ~ **2.2.** /jmd./ *sich* ~ 'sich veränderten Verhältnissen anpassen': *die Arbeit war neu für ihn, aber er hat sich schnell umgestellt; er ist zu alt, er stellt sich nicht mehr um* − **II.** ['ʃt..] umstellte, hat umstellt /mehrere (jmd.)/ *etw., jmdn.* ~ 'sich um etw., jmdn. herum aufstellen, um zu verhindern, dass die, die sich darin befinden, entkommen': *die Polizei hat das Haus umstellt; die Stadt war von feindlichen Truppen umstellt; die Jäger* ~ *das Waldstück* ❖ ↗ stellen; **-stimmen** ['..] ⟨trb. reg. Vb.; hat⟩ /jmd./ *jmdn.* ~ 'durch gute Argumente od. durch Bitten bewirken, dass jmd. seine Meinung, Haltung jmdm., einer Sache gegenüber ändert': *er ließ sich trotz allen Zuredens nicht* ~; *alle Ermahnungen halfen nichts, wir konnten sie nicht* ~; *versuche doch*

deinen Vater umzustimmen! ❖ ↗ Stimme; **-stoßen**
['..] (er stößt um), stieß um, hat umgestoßen **1.**
/jmd./ *etw., jmdn.* ~ ˈdurch einen Stoß verursachen,
dass etw., jmd. umfällt': *er hat die Leiter umgesto-*
ßen; er hat das Kind aus Versehen umgestoßen; stoß
nicht den Eimer mit Farbe um! **2.** /jmd./ *etw.* ~ ˈetw.
rückgängig machen od. für ungültig erklären': *sie*
haben ihren Plan schon wieder umgestoßen; sein Te-
stament, ein Urteil ~ ❖ ↗ stoßen; **-stritten** [ˈʃt..]
⟨Adj.; Steig. reg.; nicht bei Vb.⟩ ˈin seiner Gültig-
keit, seinem Wert durch einen Streit der Meinungen
nicht (völlig) geklärt': *dieses Buch, der Film ist*
äußerst ~; *er war schon immer ein* ~*er Autor; die*
Echtheit dieses Gemäldes ist ~; *das ist eine* ~*e Me-*
thode ❖ ↗ streiten; **-sturz** [ˈ..], **der** ⟨vorw. Sg.⟩ SYN
ˈRevolution (1)'; ↗ FELD IX.1.1: *einen* ~ *planen,*
vorbereiten; an einem ~ *aktiv teilnehmen; ein politi-*
scher, revolutionärer ~; *der* ~ *ist gescheitert; der* ~
war erfolgreich; vgl. *Putsch, Rebellion* ❖ ↗ Sturz;
-stürzen [ˈ..] ⟨trb. reg. Vb.; hat/ist⟩ **1.** ⟨ist⟩ /etw.,
bes. großes Gerät, Konstrukt/ ˈmit Wucht umfallen
(1.1)': *der Kran, das Gerüst ist durch den Sturm um-*
gestürzt; viele Bäume stürzten bei dem Unwetter um
2. ⟨hat⟩ /jmd./ *etw.* ~ ˈ(durch einen Stoß) bewir-
ken, dass etw. mit Wucht umfällt (1.1)'; SYN um-
werfen: *eine Leiter* ~; *Tische und Bänke* ~; *er hat*
den Schrank umgestürzt; /Wind/ *etw.* ~: *der Sturm*
hat einen Kran, ein Gerüst, viele Bäume umgestürzt
3. ⟨hat⟩ /etw./ *etw.* ~ ˈetw. bis dahin Geltendes
plötzlich völlig in Frage stellen'; ↗ FELD IX.1.2:
die neueste Entdeckung auf dem Gebiet der Medizin
stürzt alle bisherigen Erkenntnisse um; dies stürzt
alle unsere Pläne um ❖ ↗ Sturz; **-stürzlerisch**
[ˈ..ʃtʏrtslər..] ⟨Adj.; o. Steig.; nicht bei Vb.⟩ emot.
neg. ˈauf Umsturz zielend, einen Umsturz herbei-
führend' /auf Abstraktes bez./; ↗ FELD IX.1.3: *er*
hatte schon immer ~*e Ideen, Gedanken; mit deinen*
~*en Äußerungen solltest du dich vorsehen* ❖ ↗
Sturz; **-tauschen** [ˈ..] ⟨trb. reg. Vb.; hat⟩; ↗ FELD
IX.1.2 **1.1.** /jmd./ *etw.* ~ ˈetw., bes. eine (nicht ein-
wandfreie) Ware an den Verkäufer, Hersteller zu-
rückgeben und dafür ein entsprechendes (einwand-
freies) Äquivalent (derselben Art) erhalten': *nach*
Weihnachten wurden viele Geschenke wieder umge-
tauscht; die Ware hat einen Fehler, du kannst sie ~;
was dir nicht gefällt, tauschst du einfach um **1.2.**
/jmd./ *Geld* ~ SYN ˈGeld wechseln (5.2)': *bevor ich*
in den Urlaub fahre, muss ich noch Geld ~; *eine*
Währung in eine andere Währung ~: *Mark in Dol-*
lar ~ ❖ ↗ tauschen; **-triebe** [ˈ..tri:bə] ⟨Pl.; o.Art.⟩
ˈgeheime Aktivitäten, die auf den Umsturz der be-
stehenden staatlichen Ordnung gerichtet sind': *re-*
aktionäre, feindliche, politische ~; *er wurde wegen*
staatsfeindlicher ~ *angeklagt, verhaftet* ❖ ↗ trei-
ben; **-wälzung** [ˈ..vɛlts..], **die**; ~, ~en; ↗ FELD
IX.1.1 **1.** SYN ˈRevolution (1)': *eine revolutionäre,*
soziale ~; vgl. *Putsch, Rebellion* **2.** ˈgrundlegende
Erneuerung in einem bestimmten Bereich der ge-
sellschaftlichen Entwicklung'; SYN Revolution:
technische ~*en vollziehen sich; es hat eine große, ge-*

waltige ~ *in der Wissenschaft, Technik stattgefun-*
den; eine ~ *in der Moral deutet sich an* ❖ ↗ wälzen;
-wandeln [ˈ..] ⟨trb. reg. Vb.; hat⟩ **1.1.** /jmd./ *etw. in*
etw., zu etw. ⟨Dat.⟩ ~ ˈaus etw. (funktionell) etw.
anderes machen'; ↗ FELD IX.1.2: *das Restaurant*
wurde in ein Café umgewandelt; das Kino in ein, zu
einem Bürohaus ~ **1.2.** /Anlage/ ˈGleichstrom in
Wechselstrom ~ ('mit Hilfe eines Transformators
aus Gleichstrom Wechselstrom machen') ❖ ↗ wan-
deln * /jmd./ **wie umgewandelt sein** ˈin seinem We-
sen plötzlich völlig verändert sein': *nach seiner*
Rückkehr aus Italien war er wie umgewandelt; **-weg**
[ˈ..], **der** ˈWeg, der länger als der direkte Weg zu
einem Ziel ist': *einen* ~ *machen: weil die Straße ge-*
baut wird, müssen wir einen ~ *(über N) machen;*
komm gleich nach Hause und mache nicht erst einen
~; *diese Straße ist ein* ~; *wir kamen nur auf* ~*en*
zum Ziel; METAPH *etw. auf, über einen* ~,
auf ~*en* ('durch indirektes Vorgehen') *zu erreichen*
suchen ❖ ↗ Weg; **-welt** [ˈ..], **die** ⟨o. Pl.⟩ **1.** ˈGesamt-
heit der natürlichen und vom Menschen geschaffe-
nen Bedingungen, unter denen Menschen, Tiere,
Pflanzen leben': *die natürliche* ~; *wir müssen unse-*
ren Kindern eine saubere ~ *erhalten; die Verschmut-*
zung der ~ *stoppen* **2.** ˈdie sozialen Verhältnisse, die
einen Menschen umgeben': *eine fremde, unge-*
wohnte ~; *er fühlt sich von der* ~ *missverstanden,*
verraten ❖ ↗ Welt; **-weltschutz** [ˈ..vɛlt..], **der** ⟨o.Pl.⟩
ˈGesamtheit von Maßnahmen zum Schutz der na-
türlichen Umwelt (1)': *wir müssen mehr für den* ~
tun; es wurden neue Maßnahmen zum ~ *ergriffen;*
~, *das heißt vor allem Kampf gegen die Verschmut-*
zung der Luft und der Gewässer ❖ ↗ Welt, ↗ schüt-
zen; **-wenden** [ˈ..], wendete/wandte um, hat/ist um-
gewendet/umgewandt **1.** ⟨wendete/seltener wandte
um⟩ /jmd./ *etw.* ~ ˈetw. von einer Seite auf die an-
dere wenden': *einen Stein, Teller* ~ (SYN ˈumdre-
hen'); *ein Blatt im Buch* ~; *den Braten im Tiegel* ~
2. ⟨wandte/wendete um⟩ /jmd./ **2.1.** *sich* ~ SYN
ˈsich umdrehen (3.1)': *er wandte sich um und ging*
fort **2.2.** *sich nach jmdm., etw.* ⟨Dat.⟩ ~ ˈsich nach
jmdm., etw. auf der Straße umdrehen (3.2)': *er*
wandte sich nach ihr um, wandte sich nach dem fol-
genden Auto um ❖ ↗ wenden; **-werfen** [ˈ..] (er wirft
um), warf um, hat umgeworfen **1.** /jmd., etw., bes.
Wind/ *etw., jmdn.* ˈbewirken, dass etw., jmd. um-
fällt (1.1)': *fast hätte er mich umgeworfen; der*
Sturm hat die Stühle umgeworfen; wer hat die Vase
umgeworfen? **2.** umg. *etw. wirft jmdn. um* ˈetw. über-
rascht jmdn., macht jmdn. fassungslos': *das, diese*
Nachricht, Neuigkeit hat mich fast umgeworfen ❖ ↗
werfen; **-ziehen** [ˈ..], zog um, ist/hat umgezogen **1.**
⟨ist⟩ /jmd./ *irgendwohin* ~ ˈaus einer Wohnung
ausziehen und in eine andere Wohnung einziehen';
↗ FELD V.4.2: *er will* ~; *nächste Woche ziehen wir*
um; er hat jetzt eine neue Adresse, er ist nämlich
umgezogen; wie oft bist du schon umgezogen?; nach
⟨+ Ort⟩ ~: *wir ziehen nach Berlin, München, Ro-*
stock um **2.** ⟨hat⟩ /jmd./ *sich* ~ ˈsich andere Klei-
dung anziehen (1.2)': *ich zieh mich schnell um; du*

bist ja immer noch nicht umgezogen!; sich für etw. ~: *sich für die Oper* ~, *fürs Theater* ~ ❖ ↗ *ziehen;* **-zug** ['..], **der 1.** ˈdas Umziehen (1)ˈ; ↗ FELD V.4.1: *der* ~ *(nach Berlin) findet Ende des Monats statt; der* ~ *in unsere neue Wohnung; einen* ~ *von A nach B organisieren; jmdm. beim* ~ *helfen* **2.** ˈ(feierlicher, festlicher) Zug (1) durch die Straßenˈ: *einen* ~ *machen, veranstalten, organisieren; ein festlicher* ~; *morgen gibt es einen* ~ *in unserer Stadt; ein* ~ *der Kinder mit Lampions* ❖ ↗ *ziehen*

unabdingbar ['ʊnˈapdɪŋ..ˈ..'dˌ..] ⟨Adj.; o. Steig.; nicht bei Vb.⟩ ˈunbedingt notwendigˈ: *etw. ist eine* ~*e Voraussetzung für etw.; das ist* ~

unabhängig ['ʊnˈaphɛŋɪç] ⟨Adj.; o. Steig.⟩ **1.** ⟨vorw. präd.; vorw. mit Attr.⟩ /etw., bes. Staat, jmd./ *von etw.* ⟨Dat.⟩, *jmdm.* ~ *sein* ˈvon etw., jmdm. nicht abhängig (1) seinˈ; SYN selbständig (2): *dieser Staat ist (vom Ausland) wirtschaftlich* ~; *er ist finanziell (von seinen Eltern)* ~; *ein politisch* ~*er* (ˈsouveräner, autonomer 1ˈ) *Staat* **2.** ⟨vorw. präd.⟩ /etw./ *von etw.* ⟨Dat.⟩ ~ *sein* ˈvon etw. nicht abhängig (2) seinˈ: *unser Vorhaben ist vom Wetter* ~ **3.** ⟨+ Pronominaladv. *davon;* leitet einen Satz ein, der eine Einschränkung darstellt und hebt diese wieder auf⟩ ~ *davon, dass/ob ...: wir wollen morgen verreisen,* ~ *davon, dass/ob es regnet* (ˈgleichgültig, ob es regnetˈ) ❖ ↗ *abhängen*

Unabhängigkeit ['..], **die;** ~, ⟨o.Pl.⟩ /zu *unabhängig* 1/ **1.1.** ˈdas Unabhängigsein vom Einfluss anderer auf die Entscheidung seiner eigenen Angelegenheitenˈ; SYN Selbständigkeit (1.1): *Frauen kämpfen seit langem um ihre* ~ **1.2.** ˈdas Unabhängigsein eines Staates vom Einfluss anderer Staaten auf die Entscheidung seiner eigenen Angelegenheitenˈ; SYN Autonomie (1), Selbständigkeit (1.2), Souveränität (1): *die politische und ökonomische* ~ *eines Staates* ❖ ↗ *abhängen*

unablässig ['ʊnˈaplɛsɪç/..ˈl..] ⟨Adj.; nicht präd.; vorw. bei Vb.⟩ SYN ˈständigˈ: *er musste* ~ *an sie denken; der Wasserhahn tropft* ~ ❖ ↗ [1]*lassen*

unachtsam ['ʊnˈaxt..] ⟨Adj.; Steig. reg.⟩ **1.** ˈohne die erforderliche Aufmerksamkeitˈ /auf Personen bez./; ↗ FELD I.4.4.3: *er war nur einen Augenblick* ~ *und schon passierte es* **2.** ˈohne Sorgfaltˈ /auf Tätigkeiten bez./: ~ *mit etw. umgehen; etw.* ~ *behandeln* ❖ ↗ [1]*Acht*

unangefochten ['ʊnˈaŋɡəfɔxtn̩] ⟨Adj.; o. Steig.⟩ **1.** ⟨nicht bei Vb.; vorw. präd. (mit *bleiben, sein*)⟩ /etw./ ~ *sein: das Testament blieb* ~ (ˈwurde nicht angefochtenˈ, ↗ *anfechten*); *diese These ist* ~ (ˈwird von niemandem angefochtenˈ) **2.** ⟨nicht präd.; vorw. bei Vb.⟩ *er passierte* ~ (ˈohne dass man ihn anhielt, ihm Schwierigkeiten machteˈ) *die Kontrolle* ❖ ↗ *fechten*

unangemessen ['ʊnˈaŋɡəmɛsn̩] ⟨Adj.; o. Steig.⟩ ˈden Umständen nicht angemessenˈ: *mit* ~*er Geschwindigkeit fahren; eine Forderung für* ~ *halten;* ~ *scharf auf eine Kritik reagieren; das erscheint jmdm.* ~; *etw.* ~ *finden* ❖ ↗ *messen*

unangenehm ['ʊnˈaŋɡəneːm] ⟨Adj.⟩ **1.** ⟨Steig. reg.⟩ ˈnicht angenehmˈ /auf Sinneseindrücke bez./: *ein* ~*er Geruch; diese Salbe riecht* ~; *das Geräusch ist* ~ **2.** ⟨Steig. reg.⟩ /auf Personen bez./ *ein* ~*er* (ˈnicht sympathischerˈ; ANT netter 1) *Mensch; er ist* ~; *ich fand ihn* ~ **3.** ⟨Steig. reg.⟩ ˈnicht bei Vb.⟩ ˈSchwierigkeiten bereitendˈ; SYN unliebsam (3) /auf Abstraktes bez./: *das kann für dich sehr* ~ *werden* (ˈdu kannst dadurch in Schwierigkeiten kommen, kannst dadurch Ärger bekommenˈ); *in einer* ~*en Lage sein; das hatte* ~*e Folgen für ihn* **4.** ⟨o. Steig.; nicht bei Vb.⟩ SYN ˈpeinlich (I.1)ˈ: *es ist mir sehr* ~, *dass ich den Termin vergessen habe; der Vorfall war mir sehr* ~ **5.** ⟨o. Steig.; nur präd. (mit *werden*)⟩ /jmd./ ~ *werden: wenn er sich übergangen fühlt, kann er sehr* ~ (ˈböse, verletzendˈ) *werden* ❖ ↗ *angenehm*

unangetastet ['ʊnˈaŋɡətastət] ⟨Adj.; o. Steig.; nicht attr.; vorw. präd. (mit *bleiben*)⟩ **1.** /etw., bes. Rechtliches/ ~ *bleiben: der Vertrag blieb* ~ (ˈwurde nicht verändertˈ); ⟨+ *lassen*⟩ *bei der Verfilmung des Romans ließ man seinen Inhalt* ~ (ˈveränderte man seinen Inhalt nichtˈ) **2.** /etw./ ~ *bleiben: die Vorräte blieben* ~ (ˈwurden nicht angebrochenˈ; ↗ *anbrechen*); ⟨+ *lassen*⟩ *er will seine Ersparnisse* ~ *lassen* (ˈnicht anbrechenˈ) ❖ ↗ *tasten*

Unannehmlichkeit ['ʊnˈanneːmlɪç..], **die;** ~, ~*en* ⟨vorw. Pl.⟩ ˈunangenehme, mit Ärger, Schwierigkeiten verbundene Angelegenheitˈ: *nicht immer lassen sich* ~*en vermeiden; er hat (mit etw., durch etw.)* ~*en (bekommen); er hat gedroht, mir* ~*en zu machen, zu bereiten* ❖ ↗ *nehmen*

unanschaulich ['ʊnˈanʃau..] ⟨Adj.; Steig. reg., ungebr.⟩ ˈnicht anschaulichˈ /vorw. auf Sprachliches bez./: *die Darstellung wirkte* ~; *eine* ~*e Darstellung, Schilderung; sein Vortrag war* ~ ❖ ↗ *schauen*

unanständig ['ʊnˈanʃtɛndɪç] **I.** ⟨Adj.; Steig. reg.⟩ ˈdas Schamgefühl verletzend, bes. gegen sexuelle Tabus verstoßend und daher als anstößig empfundenˈ /vorw. auf Sprachliches bez./; SYN dreckig (3.1), gemein (I.2), obszön, schmutzig (2), schweinisch: *sein* ~*es Benehmen;* ~*e Witze, Lieder* – **II.** ⟨Adv.; vor Adv., Adj.⟩ emot. /bewertet das durch das Bezugwort Ausgedrückte negativ/ ˈaußerordentlichˈ: ~ *laut lachen;* ~ *viel essen* ❖ ↗ *Anstand*

unantastbar ['ʊnˈantast..ˈ..'tast..] ⟨Adj.; o. Steig.; nicht bei Vb.⟩ **1.** ˈvon der Art, dass die betreffende Person, Sache nicht angegriffen, nicht in Zweifel gezogen werden darfˈ /vorw. auf Abstraktes bez./: *die im Gesetz verankerten Rechte sind* ~; *die Freiheit, Würde des Menschen ist* ~; ~*e Freiheiten, Rechte* **2.** ˈmoralisch einwandfreiˈ: *sein Leumund, seine Ehre ist* ~; *ein moralisch* ~*er Zeuge* ❖ ↗ *tasten*

Unart ['ʊnˈaːɐt], **die;** ~, ~*en* ˈAngewohnheit, die für andere Menschen unangenehm istˈ: *diese* ~ *musst du dir endlich abgewöhnen!; das ist eine alte* ~ *von ihm, dass er immer zu spät kommt; er hat diese* ~ *abgelegt* ❖ ↗ *Art*

unartig ['ʊn|a:ʀtɪç] ⟨Adj.; nicht bei Vb.⟩ SYN 'ungezogen' /vorw. auf ein Kind bez./: *ein ~es Kind; die Kleine war heute sehr ~* ❖ ↗ **Art**

unaufhörlich ['ʊn|aufhøːɐ..ˈ..'h..] ⟨Adj.; o. Steig.; nicht präd.; vorw. bei Vb.⟩ SYN 'ständig'; ↗ FELD VII.2.3: *er raucht ~; seit gestern regnet es ~* (SYN 'ununterbrochen'); *vormittags klingelte ~* ('immer wieder') *das Telefon* ❖ ↗ **aufhören**

unausbleiblich ['ʊn|ausblaɪp..ˈ..'b..] ⟨Adj.; o. Steig.⟩ 'mit Sicherheit eintretend, geschehend' /vorw. auf negative Folgen bez./: *die Katastrophe schien ~; die ~en Folgen einer Handlung* ❖ ↗ **bleiben**

unausgeglichen ['ʊn|ausɡəɡlɪçn] ⟨Adj.⟩ 1. ⟨Steig. reg.⟩ 'nicht ausgeglichen' /vorw. auf Personen bez./: *sein ~es Wesen; er ist ein ~er Mensch; er war, wirkte in letzter Zeit ~* 2. ⟨o. Steig.; nicht bei Vb.⟩ /beschränkt verbindbar/ fachspr.: *eine ~e Bilanz* ('eine Bilanz, bei der Soll und Haben nicht übereinstimmen') ❖ ↗ **aus-**, ↗ ¹**gleich**

unauslöschlich ['ʊn|auslœʃ..ˈ..'l..] ⟨Adj.; o. Steig.⟩ emot. 'für immer in Erinnerung bleibend' /auf Psychisches bez./: *ein ~er Eindruck; dieses Erlebnis hat sich ihr ~ eingeprägt, war ihr ~* ❖ ↗ **löschen**

unausstehlich ['ʊn|ausʃteː..ˈ..'ʃteː..] ⟨Adj.; Steig. reg.; nicht bei Vb.⟩ 'wegen des unangenehmen Charakters, wegen der Launen nicht auszustehen (2)'; SYN schrecklich (I.2), ungenießbar (2) /auf Personen bez./; ↗ FELD I.6.3: *sie ist eine ~e Person; du bist heute ~!; ich finde diese Leute ~* ❖ ↗ **ausstehen**

unbändig ['ʊnbɛndɪç] ⟨Adj.⟩ 1. ⟨Steig. reg.⟩ 'nicht zu zügeln'; SYN wild (3.2) /auf Personen, Tiere, auf Charakter bez./: *ein ~es Kind, Pferd; er hatte ein ~es Temperament; er tollte ~ umher* 2. ⟨Steig. reg., ungebr.; nicht bei Vb.⟩ emot. 'jedes Maß übersteigend, überaus groß' /auf Psychisches bez./: *ihn erfasste ein ~es Verlangen; eine ~e Sehnsucht, Freude, Heiterkeit; ~er Hass stieg in ihm auf; ihn packte eine ~e Wut* 3. ⟨o. Steig.; nur bei Vb.⟩ emot. 'überaus, sehr': *er freute sich ~* (*über sein neues Fahrrad*) ❖ ↗ **Bande**; vgl. **binden**

unbedacht ['ʊnbədaxt] ⟨Adj.; Steig. reg.⟩ 'nicht genügend überlegt und die negativen Folgen nicht bedenkend'; SYN gedankenlos (1); ↗ FELD I.4.1.3, 4.4.3: *eine ~e Äußerung; sie hat ~ gehandelt; das war ~* ❖ ↗ **denken**

unbedingt ['ʊnbədɪŋt/..'d..] I. ⟨Adj.; o. Steig.⟩ 1. ⟨nicht präd.⟩ 'ohne Einschränkung (2)': *sie hat ~es Vertrauen zu ihm; diese Maßnahme ist ~ notwendig; die Erörterung dieses Problems gehört nicht ~ zum Thema* 2. ⟨nur attr.⟩ Physiol. *ein ~er* ('angeborener, unwillkürlicher, in seinem Ablauf festgelegter') *ANT bedingter 2) Reflex* – II. ⟨Satzadv.⟩ /drückt die Einstellung des Sprechers zum genannten Sachverhalt aus; unterstreicht eine Aufforderung: *diesen Film musst du dir ~ ansehen* ('du musst ihn dir ansehen, mag kommen, was will')! ❖ ↗ **bedingen**

unbefangen ['ʊnbəfaŋən] ⟨Adj.⟩ 1. ⟨Steig. reg.⟩ 'nicht befangen (1)'; ANT gehemmt: *ein ~es Kind;*

sie war ganz ~; sein ~es Benehmen; sie sprach ganz ~ über ihre Probleme 2. ⟨Steig. reg., ungebr.⟩ 'keine Vorurteile habend': *ein ~er Beobachter; ein ~er Zeuge des Geschehens; der Zeuge war ~; er steht allem Neuen ~ gegenüber* ❖ ↗ **befangen**

unbefugt ['ʊnbəfuːkt] ⟨Adj.; o. Steig.⟩ 1.1. ⟨vorw. attr.⟩ /auf Personen bez./: *~e Personen haben hier nichts zu suchen; einen Ausweis ~ benutzen;* ⟨subst.⟩ *Unbefugten ist der Zutritt verboten* 1.2 ⟨nur attr.⟩ /beschränkt verbindbar/: *der ~e Aufenthalt* ('der Aufenthalt einer Person, die dazu nicht befugt ist') *in diesen Räumen ist verboten* ❖ ↗ **befugt**

unbegreiflich ['ʊnbəɡʀaɪf..ˈ..'ɡ..] ⟨Adj.; Steig. reg.; nicht bei Vb.⟩ 'nur schwer zu begreifend (1), nicht verständlich (3)'; SYN unverständlich (3); ↗ FELD I.4.1.3: *sein Verhalten ist mir ~; ~er Leichtsinn hat zu diesem Unfall geführt; mir ist es völlig/ es ist mir völlig ~/es ist ~ für mich, wie er solchen Unsinn glauben konnte; da geschah etw. Unbegreifliches;* vgl. *unfassbar (2)* ❖ ↗ **begreifen**

unbegründet ['ʊnbəɡʀʏndət] ⟨Adj.; o. Steig.⟩: *sein Misstrauen ist ~* ('dass er misstrauisch ist, ist nicht zu rechtfertigen, er hat keinen Grund, misstrauisch zu sein'); *~e Angst, Zweifel, Bedenken haben; einen Verdacht als ~ zurückweisen* ❖ ↗ **Grund**

Unbehagen ['ʊnbəha:ɡn], *das;* ~s, ⟨o.Pl.⟩ 'diffuses unangenehmes Gefühl'; ↗ FELD I.6.1: *beim Öffnen des Telegramms überkam, befiel ihn ein leises ~; er hörte ihr mit wachsendem ~ zu; er empfand ein gewisses ~; etw. bereitet jmdm. ~, ruft ~ hervor* ❖ ↗ **Behagen**

unbehaglich ['ʊnbəha:k..] ⟨Adj.; Steig. reg.⟩ 1. 'Unbehagen hervorrufend'; SYN ungemütlich (1); ANT gemütlich (1) /bes. auf Situationen od. Räumlichkeiten bez./; ↗ FELD V.2.3: *das kahle Zimmer wirkte ~; hier ist es kalt und ~* 2. ⟨nicht attr.⟩ *jmd. fühlt sich ~, jmdm. ist ~ zumute* 'jmd. empfindet Unbehagen'; ANT ¹wohl (1.2); ↗ FELD I.6.3: *er fühlt sich in der fremdem Umgebung ~* (SYN 'unwohl 2'); *je näher die Entscheidung rückte, desto ~er war ihr zumute; jmdm. wird ~ zumute* ❖ ↗ **Behagen**

unbehelligt ['ʊnbəhɛlɪçt/..'h..] ⟨Adj.; o. Steig.; nicht attr.⟩ 1. 'ohne gestört, belästigt (1) zu werden': *dort bist du ~, kannst du ~ arbeiten* 2. ⟨nur bei Vb.⟩ 'ohne von jmdm. daran gehindert (↗ hindern 1) od. verfolgt zu werden': *er gelangte ~ ins Haus, über die Straße; er konnte die Grenze ~ passieren*

unbeholfen ['ʊnbəhɔlfn] ⟨Adj.; Steig. reg.⟩ 1. 'schwerfällig in den Bewegungen' /vorw. auf Personen bez./: *der Alte erhob sich ~ aus dem Sessel; ~e Gehversuche; er war etwas ~ bei der Arbeit* 2. ⟨nur präd. (mit sein)⟩ *jmd./ ~sein* 'für bestimmte manuelle Tätigkeiten kein Geschick haben'; ↗ FELD I.2.3: *beim Nähen ist er sehr ~; er ist zu ~, um die Reparatur selbst durchzuführen* 3. 'nicht gewandt'; SYN linkisch: *sein Benehmen war, wirkte ~; er drückte sich ziemlich ~ aus; seine ~e Art, sich auszudrücken* ❖ ↗ **helfen**

unbekannt ['ʊnbəkant] ⟨Adj.; o. Steig.; nicht bei Vb.⟩
1. ˈvon niemandem gekannt (↗ *kennen* 1.1)ˈ: *das Bild eines ~en Malers; die Ursache der Explosion ist noch ~; Empfänger ~* /Vermerk auf Postsendungen, wenn der Empfänger unter der angegebenen Adresse nicht ermittelt werden konnte/; Math. *eine ~e Größe* (ˈein meist mit *x* od. *y* bezeichneter Wert, der ermittelt werden sollˈ); ⟨subst.⟩ Jur. *Strafanzeige gegen unbekannt* (ˈgegen den, die unbekannten Täterˈ) **2.** ⟨nur präd.⟩ /jmd., etw./ *jmdm. ~ sein* ˈjmdn., etw. nicht kennenˈ: *der Mann auf dem Foto ist mir ~; das Ziel seiner Reise ist uns ~; das ist mir ~* (ˈdavon weiß ich nichtsˈ) **3.** ⟨nur präd. (mit *sein*)⟩ /jmd./ *irgendwo ~ sein: ich bin hier ~* (ˈkenne mich hier in dieser Gegend nicht ausˈ) ❖ ↗ **kennen**
unbenommen ['ʊnbənɔmən] ⟨Adj.; o. Steig.; nur präd. (mit *sein, bleiben*)⟩ *es ist, bleibt jmdm. ~, etw. Bestimmtes zu tun* ˈes ist jmdm. überlassen, ob er etw. Bestimmtes tun will od. nicht': *es bleibt Ihnen ~, eine Eingabe zu machen; /etw./ jmdm. ~ sein, bleiben: diese Möglichkeit ist dir ~* ❖ ↗ **nehmen**
unberührt ['ʊnbəʀyːɐt] ⟨Adj.; o. Steig.⟩ **1.** ⟨vorw. präd. u. bei Vb.⟩ *das Essen war ~* (ˈniemand hatte davon gegessenˈ); *er ließ alles ~ liegen* (ˈrührte davon nichts anˈ) **2.** ⟨nicht bei Vb.; vorw. attr.⟩ /beschränkt verbindbar/: *ein Film mit Bildern einer ~en* (ˈnoch nicht durch die Auswirkungen der Zivilisation verändertenˈ) *Natur, Landschaft* **3.** ⟨vorw. präd. u. bei Vb.⟩ /jmd./ *von etw.* ⟨Dat.⟩ *~ sein* ˈvon etw. Erschütterndem nicht beeindruckt, nicht ergriffen sein (↗ *ergreifen* 2)ˈ: *sie war von der Musik ~ geblieben; von ihrem Schmerz, Leid ~, wandte er sich wieder seiner Arbeit zu; das Elend der Opfer ließ ihn völlig ~* ❖ ↗ **rühren**
unbeschwert ['ʊnbəʃveːɐt] ⟨Adj.; Steig. reg.; vorw. attr. u. bei Vb.⟩ ˈnicht mit Sorgen, Problemen belastetˈ: *die ~en Tage der Kindheit; eine ~e Kindheit; völlig ~ genossen sie ihren Urlaub; sie lebten dort völlig ~* ❖ ↗ **schwer**
unbesorgt ['ʊnbəzɔrkt] ⟨Adj.; Steig. reg., ungebr.; nicht attr.⟩ ˈohne sich Sorgen machen zu brauchenˈ: *sie kann ganz ~ sein, ihr Herz ist organisch völlig gesund; sei /seien Sie ~, du kannst/ Sie können ~ sein* /wird gesagt, um jmdn., der sich bestimmte Sorgen macht, zu beruhigen/: *seien Sie ganz ~, wir passen auf Ihr Kind gut auf!; du kannst das Gerät ~* (ˈohne Bedenkenˈ) *benutzen* ❖ ↗ **sorgen**
unbestechlich ['ʊnbəʃtɛç../..'ʃt..] ⟨Adj.; nicht bei Vb.⟩ **1.** ⟨Steig. reg.⟩ ˈnicht bestechlichˈ /auf eine amtliche Person bez./: *ein ~er Beamter; er ist gerecht und ~* **2.** ⟨Steig. reg., ungebr.⟩ *ein ~er* (ˈin seinem Urteil durch nichts und niemanden zu beeinflussenderˈ) *Kritiker, Beobachter; er war in seinem Urteil ~; er hat ein ~es Urteil* **3.** ˈeindeutig feststehendˈ /auf Abstraktes bez./: *die Zahlen, Fakten sind ~* ❖ ↗ **bestechen**
unbestimmt ['ʊnbəʃtɪmt] ⟨Adj.; Steig. reg., ungebr.⟩ **1.** ⟨nicht bei Vb.; vorw. attr.⟩ ˈnicht genau zu erklärenˈ; SYN ˈdunkel (4)ˈ /auf Psychisches bez./: *ein ~er Verdacht; ein ~es Gefühl; eine ~e Angst er-*

füllte ihn; vgl. *vage* (1) **2.** ˈnicht präzise, nicht eindeutig genugˈ: *seine Angaben waren ziemlich ~; er konnte sich nur ~ erinnern; er gab nur eine ~e Auskunft* **3.** ˈnicht feststehendˈ: *der Termin ist noch ~; es ist ~, ob er kommt; er ist auf ~e Zeit verreist; etw. auf ~e Zeit verschieben; er ließ seine Teilnahme ~* **4.** ⟨nur attr.⟩ Gramm. *der ~e Artikel* (ˈder Artikel *ein, eine*ˈ; ANT bestimmt I.3) ❖ ↗ **stimmen**
unbeugsam ['ʊnbɔik../..'b..] ⟨Adj.; Steig. reg.⟩ ˈsich fremdem Willen, der Gewalt nicht beugendˈ: *sein Wille war ~;* SYN standhaft: *ein ~er Widerstandskämpfer, Antifaschist; er blieb ~, hielt ~ an seinem Entschluss fest* ❖ ↗ **beugen**
unbewandert ['ʊnbəvandɐt] ⟨Adj.; Steig. reg., Superl. ungebr.; nur präd. (mit *sein*)⟩ /jmd./ *auf einem Gebiet, in etw.* ⟨Dat.⟩ *~ sein: auf diesem Gebiet, in diesen Fragen bin ich völlig ~* (ˈweiß ich nicht Bescheid, bin ich nicht bewandertˈ); *er ist auf dem Gebiet der Archäologie nicht ~* (ˈweiß auf dem Gebiet der Archäologie ziemlich gut Bescheidˈ) ❖ ↗ **bewandert**
unbeweglich ['ʊnbəve:k../..'v..] ⟨Adj.⟩ **1.** ⟨o. Steig.; nicht attr.⟩ ˈnicht (mehr) zu bewegen (1.1)ˈ /vorw. auf Gliedmaßen, Maschinenteile bez./: *seit dem Unfall ist das Gelenk nahezu ~; die Teile der Maschine sind ~* (ˈstarr 3ˈ; ANT beweglich) *miteinander verbunden* **2.** ⟨o. Steig.; nur attr.⟩ /beschränkt verbindbar/ ANT mobil: *der ~e Besitz* (ˈdie Immobilienˈ) **3.** ⟨o. Steig.; nur bei Vb.⟩ SYN ˈregungslosˈ: *bei Gefahr verharrt das Tier ~* **4.** ⟨o. Steig.; nicht bei Vb.⟩ ˈstarr und ausdruckslosˈ /auf Mimisches bez./; ↗ FELD I.7.1.3: *er hörte sich ihre Vorwürfe mit ~er Miene, ~em Gesicht an* **5.** ⟨Steig. reg.; nicht bei Vb.⟩ ˈschwerfälligˈ: *geistig ~: er ist geistig ~; ein geistig ~er Mensch* ❖ ↗ ¹**bewegen**
unbewegt ['ʊnbəve:kt] ⟨Adj.; o. Steig.⟩ ˈstarr und ausdruckslosˈ /auf Mimisches bez./: *sie sah ihn ruhig und ~ an, hörte sich alles mit ~em Gesicht, ~er Miene an* ❖ ↗ ¹**bewegen**
unbewusst ['ʊnbəvʊst] ⟨Adj.; o. Steig.⟩ **1.** ˈnicht im Bewusstsein reflektiert, sondern vom Gefühl, Instinkt bestimmtˈ; SYN instinktiv; ↗ FELD I.4.1.3: *eine ~e Angst, Scheu vor der Verantwortung haben; ganz ~ das Richtige tun* **2.** ⟨vorw. bei Vb.⟩ ˈohne es richtig zu erfassenˈ: *er hat den Vorfall nur ~ wahrgenommen; er nahm das Gehörte ~ auf* **3.** ⟨nicht präd.⟩ ˈnicht beabsichtigtˈ: *die ~e Komik einer Formulierung; jmdn. ~ kränken, beleidigen* ❖ ↗ **wissen**
unbezahlbar ['ʊnbətsɑ:l../..'ts..] ⟨Adj.; o. Steig.; nicht bei Vb.⟩ **1.** ˈso teuer, dass man es nicht bezahlen kannˈ: *er verlangt einen ~en Preis; die Miete wurde für sie ~; das Gemälde, Porzellan ist ~* **2.** ⟨vorw. präd. (mit *sein*)⟩ /etw./ *~ sein* ˈvon großem ideellen Wert sein, der nicht mit Geld aufgewogen werden kannˈ: *dieses Foto ist ~* **3.** ⟨vorw. präd. (mit *sein*)⟩ umg. /jmd., etw./ *~ sein: dieser Klebstoff ist einfach ~* (ˈgroßartig und durch nichts zu ersetzenˈ); *er ist ~ mit seinem Humor* (ˈhat einen großartigen Humorˈ) ❖ ↗ **Zahl**

unblutig ['ʊnbluːtɪç] ⟨Adj.; o. Steig.; nicht präd.⟩ 'keine Toten, Verletzten zur Folge habend' /auf gewaltsame Aktionen, kriegerische Auseinandersetzungen bez./; ↗ FELD I.14.3: *ein ~er Aufstand; die Befreiung der Geiseln verlief ~* ❖ ↗ **Blut**

und [ʊnt] ⟨Konj.; koordinierend⟩ **I.** ⟨verbindet zwei, mehrere Hauptsätze, zwei, mehrere Nebensätze, zwei, mehrere Satzglieder od. Teile von Satzgliedern; die Teile sind syntaktisch gleichartig; ausgenommen sind Artikel, Konjunktionen, Interjektionen, Indefinitpronomen⟩ /gibt an, dass das durch den ersten Teil und das durch den zweiten Teil Benannte in Bezug auf den Kontext zugleich gelten/ **1.** *du ~ ich; er ~ sie; Bruder ~ Schwester; Mann ~ Frau; Mutter ~ Kind; sie lachten ~ sangen; eine interessante ~ strapaziöse Reise; die Häuser waren zerstört ~ die Menschen hatten den Ort verlassen; wir sahen ihn, als er das Haus verließ ~ mit seinem Auto wegfuhr;* /als Präzisierung/ *Äpfel, Birnen ~ anderes Obst; er liebt seine Kinder ~ besonders seine Tochter; ~ außerdem:* ↗ *außerdem; ~ ob!* ('aber sicher, gewiss' /sagt jmd. auf jmds. Frage, wenn er diese nachdrücklich bestätigt/: *„Hast du Hunger?" „Und ob!";* /in den kommunikativen Wendungen/ *~, ~, ~* 'und so weiter und so weiter und so weiter': *Frau B redete wie ein Buch, dass ihre Nachbarin sie beleidigt habe, ihr Hund entlaufen sei, die Kartoffeln teurer geworden ~, ~, ~* /sagt jmd., wenn er ausdrücken möchte, dass jmds. Rede so endlos weitergehen könnte/; *~ so weiter* ABK usw. /dient dazu, eine Aufzählung zu raffen und abzukürzen/; *~ Ähnliches* ABK u.Ä. /dient dazu, zu verdeutlichen, dass ähnliche Beispiele folgen könnten, aber unterbleiben/; *na ~* ('was ist dabei')? /sagt jmd. herausfordernd und ablehnend als Reaktion auf eine Kritik, Zurechtweisung/: *„Du hast ja trotz der Kälte wieder keine Mütze aufgesetzt!" „Na und?"* **2.1.** /kann auch als *oder* (I.1) interpretiert werden/: *er darf kommen ~ gehen, wie er will; sie rechnet besser als ihre Schwester ~ ihr Bruder* **2.2.** /kann auch als *aber* (I.2) interpretiert werden/: *ihr vergnügt euch ~ ich muss arbeiten; er kennt die Wahrheit ~ sagt sie nicht* **3.** ⟨verbindet gleichlautende Teile; Adjektive stehen im Komp.⟩ /gibt eine Generalisierung an/: *wir sahen nur Wasser ~ Wasser* ('nichts als Wasser'); *er las ~ las* ('er las immerzu'); *das Flugzeug stieg höher ~ höher* ('stieg immer höher'); ⟨in Doppelformen, die in der indirekten Rede verwendet werden; steht für relativische Ausdrücke⟩ *so ~ so: er sagte, es sei so ~ so gewesen* ('er sagte, wie es im Einzelnen gewesen sei'); *der ~ der: er sagte, es sei der ~ der gewesen* ('er sagte, wer es gewesen sei') – **II.** ⟨in Verbindungen, in denen der zweite od. erste Teil als Nebensatz interpretiert werden kann⟩ **1.** ⟨der zweite Teil kann als Nebensatz interpretiert werden⟩ **1.1.** /mit konzessivem Charakter/: *er will es versuchen ~ wäre es noch so schwierig* ('er will es versuchen, auch wenn es schwierig wäre'); *ich will ins Kino ~ wenn es noch so regnet* **1.2.** /mit konsekutivem Charakter/: *es reg-*

nete stark ~ der Fluss trat über die Ufer **1.3.** /mit dem Charakter eines Objektsatzes statt Inf. mit *zu*/: *tu mir den Gefallen ~ schreib mir bald* ('tu mir den Gefallen, mir bald zu schreiben') **2.** ⟨der erste Teil kann als Nebensatz interpretiert werden; das erste Glied ist ein Imperativsatz, das zweite ein Aussagesatz⟩ /mit konditionalem Charakter/: *komm her ~ ich verzeihe dir; iss deinen Pudding ~ du darfst spielen* – **III.** ⟨in Verbindungen, die als negierter Aussagesatz interpretiert werden können; der erste Teil ist ein Nomen, der zweite ein Vb. im Inf. od. ein Adj., Adv.⟩ meist spött.: *der ~ Ski laufen* ('der kann überhaupt nicht Ski laufen')!; *der ~ das Rauchen aufgeben* ('der hört nie auf zu rauchen')! – **IV.** ⟨verbindet Kardinalzahlen⟩ SYN 'plus (1.1)': *drei ~ drei ist sechs* ❖ **soundso**

undeutlich [ʊndɔ͡yt..] ⟨Adj.⟩ **1.** ⟨Steig. reg.⟩ 'nicht deutlich (1)' /auf optisch, akustisch Wahrnehmbares bez./: *die Berge waren nur ~ zu erkennen; sprich bitte lauter, ich höre dich nur ganz ~; ein ~es* ('nicht scharfes') *Foto; eine ~e* ('schlecht artikulierte') *Aussprache haben; seine Schrift war sehr ~* ('schwer lesbar'); *~ schreiben* **2.** ⟨o. Steig.⟩ 'nicht genau'; SYN schattenhaft (2) /auf Psychisches bez./: *sich nur ~ an etw., jmdn. erinnern können; eine ~e Vorstellung von etw. haben* ❖ ↗ **deuten**

Unding ['ʊndɪŋ]: *es, das ist ein ~* 'es, das ist absurd': *es ist ein ~, so etwas zu behaupten; das ist einfach ein ~!* ❖ ↗ **Ding**

undurchdringlich ['ʊndʊʁçdʁɪŋ../..'d..] ⟨Adj.; nicht bei Vb.⟩ **1.** ⟨Steig. reg.⟩ 'so dicht (1.1, 1.3), dass man es nicht durchdringen kann' /vorw. auf Pflanzen bez., die dicht beieinander stehen/; ↗ FELD I.7.8.3: *ein ~es Dickicht; das Gestrüpp war ~* **2.** ⟨o. Steig.⟩ /beschränkt verbindbar/ *er hörte ihr mit ~er Miene* ('ohne dass an seiner Miene seine Meinung, Absicht zu erkennen war') *zu* ❖ ↗ **dringen**

uneigennützig ['ʊn|a͡ɪɡn̩nʏtsɪç] ⟨Adj.; Steig. reg.⟩ 'nicht durch das Streben nach eigenem Vorteil, Gewinn geprägt': *ein ~er Mensch; seine ~e Tat; etw. aus ~en Motiven heraus tun; jmd. ist, hat ~ gehandelt* ❖ ↗ **eigen**, ↗ **nutzen/nützen**

uneinig ['ʊn|a͡ɪnɪç] ⟨Adj.; o. Steig.; nicht bei Vb.; vorw. präd. (mit *sein, werden*)⟩ /jmd./ *mit jmdm. in etw.* ⟨Dat.⟩, *über etw. ~ sein* 'mit jmdm. in etw. verschiedener Meinung, nicht einig sein': *in diesem Punkt bin ich mit ihm ~;* /zwei od. mehrere (jmd.)/ *sich* ⟨rez.; Dat.⟩ *~sein: sie sind sich ~, welche Methode effektiver ist; miteinander ~ sein; die in dieser Angelegenheit ~e Leitung* ❖ ↗ **²ein**

uneins ['ʊn|a͡ɪns] ⟨Adj.; o. Steig.; indekl.; nur präd. (mit *sein, werden*)⟩ **1.** /jmd./ *mit jmdm. ~* ('uneinig') *sein;* /zwei od. mehrere (jmd.)/ *miteinander, sich* ⟨rez.; Dat.⟩ *~ sein: sie sind (miteinander) ~, wie sie vorgehen wollen; darin sind sie sich ~* **2.** /zwei od. mehrere (jmd.)/ *miteinander ~ sein: sie sind seit vielen Jahren ~ (miteinander)* ('entzweit') **3.** /jmd./ *mit sich* ⟨Dat.⟩, *mit sich selbst ~ sein* 'im inneren Zwiespalt, unschlüssig sein': *er ist mit sich selbst ~, ob er nachgeben soll oder nicht* ❖ ↗ **²ein**

unendlich [ʊnˈʔɛnt..] **I.** ⟨Adj.; o. Steig.⟩ **1.** ˈräumlich nicht begrenztˈ: *das ~e Meer; der ~e Urwald des Amazonas; die Wälder waren ~; die ~e* (SYN ˈendlose 1.2ˈ) *Weite des Meeres; den Fotoapparat auf ~* (ˈeine nicht begrenzte Entfernungˈ) *einstellen; der Weg scheint bis ins Unendliche* (ˈbis ans Ende der Weltˈ) *zu gehen* **2.** ⟨vorw. bei Vb.⟩ ˈeine Ewigkeit dauerndˈ; SYN endlos; ↗ FELD VII.2.3: *die Stunden kamen mir ~ vor; die Zeit des Wartens erschien uns, die Minuten erschienen uns ~* **3.** ⟨vorw. attr.⟩ emot. SYN ˈgrenzenlos (2)ˈ /vorw. auf Psychisches bez./: *sie hat eine ~e Geduld mit ihm; diese Arbeit hat ~e* (ˈaußerordentlich vielˈ) *Mühe gekostet* – **II.** ⟨Adv.; vor Adj., Adv.⟩ emot. ˈüberausˈ: *sie ist ~ traurig, fühlt sich ~ erleichtert* ❖ ↗ **Ende**

unentbehrlich [ˈʊnʔɛntbeːɐ̯..../..ˈb..] ⟨Adj.; Steig. reg.⟩ ˈnicht zu entbehren (1)ˈ: *der Hammer ist ein ~es Werkzeug; dieser Mitarbeiter ist für den Betrieb ~; er hält sich für ~;* oft emot. neg. *sich bei jmdm., seiner Tätigkeit, in einer Institution ~ machen: er hat es verstanden, sich bei ihnen ~ zu machen* (ˈhat sich bei ihnen in einer Weise betätigt, dass man nicht mehr ohne ihn auskommen kannˈ) ❖ ↗ **entbehren**

unentgeltlich [ˈʊnʔɛntgɛlt../..ˈg..] ⟨Adj.; o. Steig.⟩ SYN ˈkostenlosˈ: *eine ~e Dienstleistung; die Auskunft ist ~; er will mir die Wohnung ~ renovieren* ❖ ↗ **Entgelt**

unentschieden [ˈʊnʔɛntʃiːdn̩/..ˈʃ..] ⟨Adj.; o. Steig.⟩ **1.** ⟨nicht bei Vb.⟩ ˈnoch nicht entschiedenˈ (↗ entscheiden 1): *~e Fragen; es ist noch ~, wer sein Nachfolger wird* **2.** ⟨nicht attr.⟩ ˈvon keinem der beteiligten Sportler, von keiner der beteiligten Mannschaften gewonnen od. verlorenˈ /auf Wettkämpfe bez./: *noch steht der Kampf ~; das Spiel endete ~; sie spielten ~* ❖ ↗ **entscheiden**

Unentschieden, das; ~s, ~ Sport ˈunentschiedenes (2) Ergebnis eines Wettkampfsˈ: *es kam zu einem, es wurde ein ~; durch das ~ kam die Mannschaft in die Endrunde* ❖ ↗ **entscheiden**

unentwegt [ˈʊnʔɛntveːkt/..ˈv..] ⟨Adj.; o. Steig.; nicht präd.⟩ **1.** ˈbeharrlich ein bestimmtes Ziel verfolgend, mit großer Ausdauer etw. Bestimmtes tuendˈ /auf Personen bez./: *er ist ein ~er Streiter für Gerechtigkeit; er sucht ~ nach effektiven Methoden;* ⟨subst.⟩ *nur ein paar Unentwegte harrten im strömenden Regen aus* **2.** ⟨nicht präd.; vorw. bei Vb.⟩ SYN ˈununterbrochenˈ; ↗ FELD VII.2.3: *der Schüler schwatzt ~; seit gestern regnet es ~; jmdn. ~ anstarren; das Telefon klingelt ~*

unerbittlich [ˈʊnʔɛbɪt../..ˈb..] ⟨Adj.; Steig. reg.⟩ **1.** ˈdurch nichts, auch nicht durch Bitten, umzustimmenˈ; ↗ FELD I.2.3 /auf Personen bez./: *ein ~er Gegner; sie ist und bleibt ~ in ihrer Ablehnung des Kompromisses; er beharrte ~ auf seiner Forderung* **2.** ⟨vorw. attr.⟩ ˈäußerst hart (6)ˈ /beschränkt verbindbar/: *ein ~er Kampf* ❖ ↗ **bitten**

unerhört [ˈʊnʔɛhøːɐ̯t] **I.** ⟨Adj.⟩ emot. **1.** ⟨Steig. reg.⟩ ˈempörend, schändlich (I) und Aufsehen erregendˈ; SYN skandalös, unglaublich (4) /auf Negatives bez./: *das ist eine ~e Frechheit; diese Schlamperei ist ~; das ist einfach, ich finde das ~!* **2.** ⟨o. Steig.; nicht bei Vb.⟩ ˈnoch nie dagewesenˈ: *eine ~e Begebenheit; da geschah etw. Unerhörtes* **3.** ⟨o. Steig.; nicht bei Vb.; vorw. attr.⟩ ˈaußerordentlich groß (7.1)ˈ: *um dieses Ziel zu erreichen, bedarf es einer ~en Anstrengung; er hat ~es Glück gehabt* – **II.** ⟨Adv.; vor Adj., Adv., Indefinitpron.⟩ emot. ˈüberausˈ: *der Wettkampf war ~ spannend; er hat ~ viel erlebt* ❖ ↗ **hören**

unermesslich [ˈʊnʔɛmɛs../..ˈm..] **I.** ⟨Adj.; o. Steig.; nicht bei Vb.⟩ **1.** ⟨nur attr.⟩ ˈvon unvorstellbar großer räumlicher Ausdehnungˈ: *die ~en Weiten des Meeres, Universums; ~e Räume* **2.** ˈzahlenmäßig, mengenmäßig außergewöhnlich umfangreichˈ /auf Abstraktes bez./: *der Hurrikan verursachte ~e Schäden; die Schäden waren ~; Kunstschätze von ~em Wert; die Kosten wuchsen ins Unermessliche* **3.** /vorw. auf Psychisches bez./: *das ~e* (ˈunvorstellbar großeˈ) *Leid der Kriegsopfer; ihre Qualen waren ~* – **II.** ⟨Adv.; vor Adj., Adv.⟩ emot. SYN ˈüberausˈ: *der Ring ist ~ kostbar* ❖ ↗ **messen**

unermüdlich [ˈʊnʔɛmyːt../..ˈm..] ⟨Adj.; Steig. reg.⟩ ˈin seinem Eifer nicht nachlassendˈ: *ein ~er Helfer; sein ~er Fleiß; er setzt sich ~ für das Wohl seiner Patienten ein; er ist ~ in seiner Hilfsbreitschaft* ❖ ↗ **müde**

unerreichbar [ˈʊnʔɛʀaɪç../..ˈʀ..] ⟨Adj.; o. Steig.; vorw. attr. u. präd.⟩ **1.** ˈso weit entfernt, so hoch oben, dass man es nicht erreichen (1) kannˈ /auf Sachen bez./: *ohne Leiter sind die Äpfel für mich ~* **2.** /beschränkt verbindbar/: *der Gipfel lag in ~er Ferne* (ˈwar so weit entfernt, dass man glaubte, ihn nie erreichen 1 zu könnenˈ) **3.** /beschränkt verbindbar/: *dieses Ziel ist für ihn ~* (ˈwird er nie erreichen 3ˈ); *ein ~es Ideal* ❖ ↗ **reichen**

unerschöpflich [ˈʊnʔɛʃœpf../..ˈʃ..] ⟨Adj.; o. Steig.; nicht bei Vb.⟩ **1.** ˈin so großer Menge vorhanden, dass es nicht verbraucht werden kannˈ: *ein ~er Vorrat; ~e Reserven; die finanziellen Mittel waren ~;* METAPH *seine Güte ist ~; sein ~er Humor* **2.** /beschränkt verbindbar/: *dieses Thema ist ~* (ˈso umfangreich, dass man immer wieder darüber sprechen, schreiben kannˈ); *das ist ein ~es Thema* ❖ ↗ **erschöpfen**

unerschrocken [ˈʊnʔɛʃʀɔkn̩] ⟨Adj.; o. Steig.⟩ ˈkeine Furcht zeigendˈ; ↗ FELD I.2, 6.3: *ein ~er Kämpfer gegen den Rassismus; sein ~es Auftreten, Handeln; sich mutig und ~ zur Wehr setzen;* vgl. *kühn (1.1), verwegen (1)* ❖ ↗ **Schreck**

unerschütterlich [ˈʊnʔɛʃʏtɐ../..ˈʃ..] ⟨Adj.; Steig. reg.⟩ ˈdurch nichts zu erschüttern (2)ˈ /vorw. auf Psychisches bez./: *sein ~es Vertrauen, sein ~er Optimismus; etw. mit ~er Ruhe hinnehmen, tun; er glaubt ~ daran; ihre Liebe war ~* ❖ ↗ **erschüttern**

unerschwinglich [ˈʊnʔɛʃvɪŋ../..ˈʃ..] ⟨Adj.; o. Steig.; nicht bei Vb.⟩ ˈnicht erschwinglichˈ: *ein ~er Preis; etw. ist für jmdn. ~: das Grundstück ist für ihn ~* ❖ ↗ **erschwingen**

unerwartet [ˈʊn|ɛvaRtət/..ˈv..] ⟨Adj.; o. Steig.⟩ ˈvöllig überraschend, ohne dass man damit gerechnet hat': *es gab ein ~es Wiedersehen; er starb plötzlich und ~; da geschah etwas Unerwartetes; diese Nachricht war, kam für uns völlig ~* ('wir hatten mit dieser Nachricht nicht gerechnet'); *das kam, geschah für uns nicht ~* ❖ ↗ **warten**

unfähig [ˈʊnfɛːɪç/..feː..] ⟨Adj.⟩ **1.** ⟨o. Steig.; nicht attr.⟩ /jmd./ *zu etw. ~ sein* ˈzu etw. nicht fähig sein': ⟨vorw. mit Nebens. + Inf.⟩ *der Kranke ist ~* ('körperlich nicht fähig') *aufzustehen; er fühlte sich ~* ('hatte nicht die psychische Kraft'), *ihr die Wahrheit zu sagen* **2.** ⟨Steig. reg.; nicht bei Vb.⟩ ˈfür eine bestimmte Aufgabe nicht die erforderlichen Fähigkeiten besitzend'; ↗ FELD I.2.3: *ein ~er* (ANT tüchtiger I.1) *Mitarbeiter; er, sie ist einfach ~* ❖ ↗ **fähig**

Unfähigkeit [ˈ..], die; ~, ⟨o.Pl.⟩ /zu *unfähig* 1 u. 2/ ˈdas Unfähigsein'; ↗ FELD I.5.1; /zu 2/: *er wurde wegen ~ entlassen* ❖ ↗ **fähig**

Unfall [ˈʊnfal], der; ~s, Unfälle [ˈ..fɛlə] ˈVorfall, Ereignis, bei dem ein Mensch, Tier verletzt, getötet wird od. materieller Schaden entsteht'; ↗ FELD X.1: *ein leichter, schwerer, tragischer, tödlicher ~; die Ursachen eines ~s feststellen; es ereigneten sich mehrere Unfälle; an den Folgen eines ~s sterben; bei einem ~ ums Leben kommen; einen ~ verschulden, verursachen; einen ~ mit dem Auto haben; Unfälle am Arbeitsplatz, beim Sport, im Straßenverkehr; ein ~ mit tödlichem Ausgang* ❖ ↗ **Fall**

unfassbar [ʊnˈfas..] ⟨Adj.; nicht bei Vb.⟩ **1.** ⟨Steig. reg.⟩ ˈso beschaffen, dass man glaubt, es nicht fassen (7) zu können': *ein ~es Geschehen; etw. ist für jmdn. ~: der Tod des Sohnes ist für sie ~* **2.** ⟨o. Steig.⟩ emot. ˈetw., das weder rational noch emotional für jmdn. zu begreifen ist': *dieser Leichtsinn ist einfach ~; dieser ~e Leichtsinn!; es ist mir/es ist für mich ~, wie er das tun konnte!*; vgl. unbegreiflich **3.** ⟨o. Steig.⟩ ˈunvorstellbar groß (7)' /auf Negatives bez./: *in dem Erdbebengebiet herrscht ein ~es Elend; seine Grausamkeit war ~* ❖ ↗ **fassen**

unfehlbar [ʊnˈfeːl../ˈ..] I. ⟨Adj.; o. Steig.⟩ **1.** ⟨vorw. präd (mit *sein*) u. bei Vb.⟩ ˈsich niemals irrend, niemals einen Fehler machend' /auf Personen bez./: *niemand ist ~; er hält sich für ~* **2.** ⟨vorw. attr.⟩ /vorw. auf die Sinne bez./ *er hat einen ~en* ('untrüglichen') *Instinkt dafür; er besaß einen ~en Geruchssinn* − II. ⟨Satzadv.⟩ /drückt die Einstellung des Sprechers zum genannten Sachverhalt aus; drückt absolute Gewissheit aus/ ˈmit Sicherheit'; SYN zweifellos: *mit dieser Haltung wird er ~ scheitern* ❖ ↗ **fehl**

unfern [ˈʊnfɛRn] ⟨Präp. mit Gen.; vorangestellt⟩ /lokal/; SYN ˈunweit': *er stand ~ der Brücke, Straße; in einem Dorf ~ Leipzigs* ❖ ↗ **fern**

unflätig [ˈʊnflɛːtɪç/..ˈfleː..] ⟨Adj.; Steig. reg.⟩ ˈin grober Weise unanständig (I.1) und gemein (I.2)' /vorw. auf Sprachliches bez./: *~e Bemerkungen machen; er hat sie ~ beschimpft; seine Worte, Ausdrücke, Witze waren ~; sie grölten ~e Lieder*

unförmig [ˈʊnfœRmɪç] ⟨Adj.; Steig. reg.⟩ ˈsehr groß, sehr breit und dabei ohne angemessene Proportionen': *eine ~e Nase; eine ~e Gestalt; ein ~er Sessel; in diesem Kleid wirkt sie ~; er ist ~* ('grobschlächtig') *(geworden)* ❖ ↗ **Form**

unfrei|willig [ˈʊnfRaivilɪç] ⟨Adj.; o. Steig.⟩ **1.** ˈgegen den eigenen Willen': *der Grund für unseren ~en Aufenthalt war eine Panne; etw. ~ tun; ~ auf etw. verzichten müssen; sein Verzicht war ~* **2.** ⟨vorw. attr. ˈnicht beabsichtigt': *ein ~er Scherz; eine ~e Komik*; scherzh. *er hat ein ~es Bad genommen* ('ist ins Wasser gefallen') ❖ ↗ **frei**, ↗ **Wille**

unfreundlich [ˈʊnfRɔint..] ⟨Adj.; Steig. reg.⟩ **1.** ˈim Umgang mit Menschen nicht freundlich (1.1), sondern abweisend und mürrisch'; ANT liebenswürdig, nett (1.1) /vorw. auf Personen bez. Mimik bez./: *eine ~e Verkäuferin; ein ~es Gesicht machen; er war zu ihr/gegen sie recht ~; jmdm. ~ antworten; er äußerte sich in ~en* (SYN ˈherben 2.2') *Worten* **2.** ˈunangenehm, düster wirkend, nicht freundlich (2)': *eine ~e Umgebung; ein ~es Zimmer; die Atmosphäre wirkte ~; das Wetter war kühl und ~* ('die Sonne schien nicht') ❖ ↗ **Freund**

unfruchtbar [ˈʊnfRʊxt..] ⟨Adj.; o. Steig.; nicht bei Vb.⟩ **1.** /auf (Nutz)flächen bez./ *ein ~er* ('nicht fruchtbarer'; ANT erträglicher) *Boden, Acker* **2.** ˈzur Fortpflanzung unfähig' /auf weibliche, auch auf männliche Lebewesen bez./: *eine ~e Frau; ~; die Stute ist ~* **3.** /vorw. auf Gespräche bez./ *eine ~e* ('ohne positive Ergebnisse verlaufende') *Diskussion* ❖ ↗ **Frucht**

Unfug [ˈʊnfuːk], der; ~s, ⟨o.Pl.⟩ **1.1.** SYN ˈUnsinn (2)': *~ machen, treiben; lass endlich diesen ~!* **1.2.** *grober ~* ˈöffentliches Ärgernis erregende, verbotene Handlung, durch die andere gefährdet werden können': *er erhielt wegen groben ~s eine Ordnungsstrafe* **2.** SYN ˈUnsinn (1)': *sie hat lauter ~ geredet; so ein ~!*

ungeachtet [ˈʊngə|axtət] ⟨Präp. mit Gen.; voran- u. nachgestellt; vorw. in Verbindung mit Abstrakta⟩ /konzessiv/; gibt an, dass Aktivitäten, obwohl man es erwarten könnte, das Geschehen nicht ändern können/: *~ wiederholter Mahnungen/wiederholter Mahnungen ~ bezahlte er seine Rechnungen nicht; ~ aller Schwierigkeiten haben sie das Projekt beendet; ~ dessen: ich kann ihn nicht leiden, ~ dessen helfe ich ihm; ~ des schlechten Wetters gingen wir spazieren* ❖ ↗ **¹Acht**

Ungeduld [ˈʊngədʊlt], die; ~, ⟨o.Pl.⟩ ˈUnfähigkeit, etw. mit Geduld abzuwarten': *eine leise, wachsende ~; er wartete voller ~ auf Nachricht; voller ~ sein; vor ~ fast vergehen; von ~ ergriffen werden* ❖ ↗ **dulden**

ungeduldig [ˈʊngədʊldɪç] ⟨Adj.; Steig. reg.⟩ ˈvoller Ungeduld' /auf Personen bez./: *ein ~er Kunde, Patient; er wurde immer ~er; er wartet ~ auf ihn, auf Nachricht; etw. ~ fordern* ❖ ↗ **dulden**

¹ungefähr [ˈʊngəfɛːɐ/..feːɐ/..ˈf..] ⟨Adj.; o. Steig.; nicht präd.⟩ ˈannähernd genau (1)'; ANT präzise: *der Schüler hat bereits eine ~e Vorstellung von seinem* *zukünftigen Beruf; sie kann den Täter nur ~ beschreiben*

* nicht von ~ ΄keineswegs zufällig΄: *diese Frage hat er nicht von ~ gestellt;* **wie von ~** ΄scheinbar zufällig, scheinbar ohne Absicht΄: *wie von ~ trat er zu ihnen an den Tisch*

²ungefähr ⟨Gradpartikel; betont od. unbetont; steht vor od. nach der Bezugsgröße; bezieht sich vorw. auf Zahlangaben⟩ /schließt andere, größere od. kleinere Sachverhalte nicht aus, da die Bezugsgröße relativiert und nur ungenau bestimmt wird/; SYN ²etwa (1), ²rund: *er ist ~ 50 Jahre alt; in ~ zwei Stunden/in zwei Stunden ~ müssen wir losfahren; ~ 300 Personen/300 Personen ~ haben daran teilgenommen*

ungeheuer [΄ʊngəhɔie̯/..΄h..] **I.** ⟨Adj.; o. Steig.; nicht bei Vb.; vorw. attr.⟩ emot. **1.** ΄außergewöhnlich groß in der Ausdehnung΄: *eine ungeheure Weite, Entfernung, Höhe, Tiefe* **2.** ΄zahlenmäßig, mengenmäßig außergewöhnlich umfangreich΄: *eine ungeheure Summe, Menschenmenge; ungeheure Kosten, Ausgaben, Verluste; die Kosten stiegen ins Ungeheuere* **3.** ΄außergewöhnlich groß (7.1)΄ /vorw. auf Psychisches bez./: *in ungeheuren Jubel ausbrechen; das Interview erregte ungeheures Aufsehen; eine ungeheure Erleichterung verspüren; sie hat eine ungeheure Wut auf dich* − **II.** ⟨Adv.; vor Adj., Adv.; bei Vb.⟩ emot. SYN ΄überaus΄: *er ist ~ stark; sich ~ freuen* ❖ ↗ **geheuer**

Ungeheuer [΄ʊngəhɔie̯], **das;** ~s, ~ **1.** ΄sehr großes, einem Tier ähnelndes, unheimliches Wesen in Märchen o.Ä.΄: *die Sage erzählt von einem schrecklichen ~; in dem See soll ein ~ leben; das ~ von Loch Ness* **2.** emot. /meint einen Menschen/: *er ist ein ~* (΄ist außerordentlich brutal, grausam΄) ❖ ↗ **geheuer**

ungeheuerlich [΄ʊngəhɔie̯../..΄h..] ⟨Adj.; Steig. reg.; vorw. attr. u. präd. (mit *sein*)⟩ emot. ΄außerordentlich schwerwiegend und kaum zu glauben΄: *eine ~e Verdrehung der Tatsachen; ein ~es Verbrechen; diese Behauptung, Anschuldigung ist ~; es ist ~, was du da behauptest!* ❖ ↗ **geheuer**

ungehörig [΄ʊngəhø:ʀɪç] ⟨Adj.; Steig. reg.⟩ ΄nicht den gültigen Umgangsformen entsprechend΄ /beschränkt verbinbar/: *sein ~es Betragen; sich ~ benehmen, betragen; das war ~ von ihm* (΄er hat sich ungehörig benommen΄); *seine Antwort, Frage, Äußerung war ~* ❖ ↗ **hören**

ungelegen [΄ʊngəle:gn̩] ⟨Adj.; Steig. reg., ungebr.; nicht präd.⟩ /beschränkt verbindbar/: *zu ~er Stunde, Zeit kommen* (΄zu einem Zeitpunkt kommen, der einer bestimmten Person nicht gelegen ist, von ihr als unpassend empfunden wird΄); *~ kommen: er, die Einladung kam ~; du kommst (heute, jetzt) leider ~* ❖ ↗ **liegen**

ungelernt [΄ʊngəlɛʀnt] ⟨Adj.; o. Steig.; nicht bei Vb.⟩ umg. ΄ohne abgeschlossene Berufsausbildung΄ /auf Personen bez./: *ein ~er Arbeiter; sie, er ist ~* ❖ ↗ **lernen**

ungemein [΄ʊngəmain] ⟨Adv.; vor Adj., Adv., Indefinitpron.; bei Vb.⟩ ΄überaus, in höchstem Grad΄: *die Begrüßung war ~ herzlich; das war ~ nützlich, wichtig für uns; das freut mich ~; er hat sich ~ viel Mühe gegeben*

ungemütlich [΄ʊngəmy:t..] ⟨Adj.⟩ **1.** ⟨Steig. reg.⟩ SYN ΄unbehaglich (1)΄ /bes. auf Situationen od. Räumlichkeiten bez./; ↗ FELD V.2.3: *ein ~es Zimmer; hier ist es kalt und ~; ihre Wohnung ist, wirkt ~* **2.** ⟨o. Steig.; nur präd. (mit *werden*)⟩ umg. *jmdm. wird es ~* ΄jmd. bekommt Angst vor einer Strafe o.Ä.΄: *als sie den Kontrolleur sah, wurde es ihr ~* **3.** ⟨o. Steig.; nur präd. (mit *werden*)⟩ umg. /jmd./ *~ werden (können)* /als Warnung/: *ich kann sehr ~ werden* (΄wenn ich mich ärgere, werde ich sehr unangenehm΄); *B kann dann, da (sehr) ~ werden, wenn du deine Schulden nicht bezahlst* ❖ ↗ **gemütlich**

ungeniert [΄ʊnʒəni:ɐt/..΄n..] ⟨Adj.; vorw. bei Vb.⟩ **1.** ⟨Steig. reg.⟩ SYN ΄ungezwungen΄: *sie war, benahm sich völlig ~* **2.** ⟨Steig. reg., ungebr.⟩ emot. neg. ΄ohne sich zu genieren΄: *sie musterte ihn ~; laut und ~ gähnen; sein ~es Benehmen* ❖ ↗ **genieren**

ungenießbar [΄ʊngəni:s../..΄n..] ⟨Adj.; o. Steig.⟩ **1.** ⟨nur attr. u. präd.⟩ **1.1.** ΄für die menschliche Ernährung nicht geeignet΄ /vorw. auf Früchte bez./; ↗ FELD I.8.3: *~e Beeren, Früchte; man unterscheidet essbare, ~e und giftige Pilze* **1.2.** *hebt man das Bier zu lange auf, wird es ~* (΄schmeckt es nicht mehr΄) **2.** ⟨nur präd.⟩ umg. *er, unser Chef, Vater ist heute wieder ~* (SYN ΄unausstehlich΄); *wenn er sein Bier nicht kriegt, wird er ~* ❖ ↗ **genießen**

ungenügend [΄ʊngəny:gnt/..΄n..] ⟨Adj.; o. Steig.⟩ ΄bestimmten quantitativen, qualitativen Maßstäben nicht entsprechend΄; SYN mangelhaft: *die ~e Belüftung des Raumes; seine Leistungen sind ~; sie hatte sich ~ vorbereitet;* /als Zensur mit der schlechtesten Bewertung/: *die Note ,~‘* (΄die Note 6‘); *der Aufsatz wurde mit ,~‘ bewertet* ❖ ↗ **genug**

ungerade [΄ʊngəʀɑ:də] ⟨Adj.; o. Steig.; nicht attr.⟩ /beschränkt verbindbar/: Math. *eine ~* (΄nicht ohne Rest durch 2 dividierbare΄; ANT ¹gerade I.4) *Zahl* ❖ ↗ **gerade**

ungerecht [΄ʊngəʀɛçt] ⟨Adj.; Steig. reg.⟩ ΄nicht gerecht (1)΄: *er ist jmdm. gegenüber/gegenüber jmdm., zu jmdm., gegen jmdm. ~; er war, als Vater war er seinen Kindern gegenüber oft ~; jmdn. ~ behandeln, beurteilen; eine ~e Strafe; ein ~es Urteil; das Urteil ist ~; der Richter war ~ (in seinem Urteil)* ❖ ↗ **gerecht**

Ungerechtigkeit [΄ʊngəʀɛçtɪç..], **die;** ~, ~en **1.** ⟨o.Pl.⟩ /zu *ungerecht/* ΄das Ungerechtsein΄: *sie leidet unter der ~ des Vaters; alle sind über die ~ des Urteils empört; soziale ~* **2.** ΄ungerechte Handlung΄: *das war eine große ~; er muss sich für diese ~en verantworten* ❖ ↗ **gerecht**

ungereimt [΄ʊngəʀaimt] ⟨Adj.; o. Steig.⟩ emot neg. /vorw. auf Psychisches bez./: *er hat den ganzen Abend ~es Zeug* (΄Unsinn΄) *geredet; ~e Gedanken,*

Einfälle; was sie sagte, war, klang ziemlich ~ ('verworren und unsinnig') ❖ ↗ **Reim**

ungesättigt ['ʊngəzɛtɪçt] ⟨Adj.; o. Steig.; nicht bei Vb.⟩ ANT gesättigt **1.** Chem. *eine ~e Lösung* ('Lösung, die noch mehr von der aufzulösenden Substanz aufnehmen kann') **2.** Phys. *~er Dampf* ('Dampf, der noch mehr von einer verdunstenden Flüssigkeit aufnehmen kann') ❖ ↗ **satt**

ungeschehen ['ʊngəʃeːən] ⟨Adj.; o. Steig.; nur bei Vb.⟩ /beschränkt verbindbar/: *jmd. möchte/würde etw. gerne ~ machen: er möchte die Tat am liebsten ~ machen* ('bedauert, bereut seine Tat zutiefst'); *das kann man nicht ~ machen* ❖ ↗ **geschehen**

ungeschlacht ['ʊngəʃlaxt] ⟨Adj.; Steig. reg.; vorw. attr.⟩ **1.** SYN 'grobschlächtig (1)' /auf Personen, Tiere bez./: *ein ~er Kerl; ein großes und ~es Tier; er wirkte, war ~* **2.** ⟨nicht bei Vb.⟩ SYN 'grobschlächtig (2)' /beschränkt verbindbar/: *sein ~es* ('unbeholfenes und plumpes') *Benehmen; sein Auftreten war ~*

ungeschliffen ['ʊngəʃlɪfn̩] ⟨Adj.; Steig. reg., ungebr.; vorw. attr.⟩ 'keine guten Manieren habend und sich daher grob, taktlos benehmend' /auf Personen bez./: *ist das ein ~er Bursche!; er wirkte ~* ❖ ↗ **schleifen**

ungeschoren ['ʊngəʃoːʀən] ⟨Adj.; o. Steig.⟩ * /jmd./ **~ bleiben** ('von bestimmten unangenehmen Maßnahmen nicht betroffen sein, nicht zur Verantwortung gezogen werden'); /jmd./ **jmdn. ~ lassen** ('jmdn. mit einer unangenehmen Maßnahme verschonen, jmdn. nicht zur Verantwortung ziehen')

ungestüm ['ʊngəʃtyːm] ⟨Adj.; Steig. reg., ungebr.⟩ 'überaus temperamentvoll'; SYN stürmisch (4); ↗ FELD I.2.3: *ein ~er junger Mann; sein ~es Wesen; seine ~e Freude; er sprang auf und umarmte, küsste sie ~; jmdn. ~ begrüßen; sei nicht so ~!*

ungesund ['ʊngəzʊnt] ⟨Adj.; Steig.: ungesünder/ungesunder, ungesündeste/ungesundeste⟩ **1.** 'die Gesundheit schädigend': *seine ~e Lebensweise; Rauchen ist ~; ein ~es Klima, eine ~e Ernährung; er lebt, ernährt sich ~; das ist ~* **2.** ⟨o. Steig.; vorw. attr. u. bei Vb.⟩ 'auf eine Krankheit hindeutend' /auf körperliche Erscheinungen bez./: *die ~e Blässe ihres Gesichtes; er hat eine ~e Gesichtsfarbe; er sieht ~ aus* **3.** ⟨nicht bei Vb.⟩ 'sich negativ auswirkend': *~e familiäre Verhältnisse; das Klima in dieser Abteilung ist ~; eine ~e Atmosphäre; dort herrscht eine ~e Betriebsamkeit* ❖ ↗ **gesund**

Ungetüm ['ʊngətyːm], *das*; ~es, ~e emot. neg. /meint ein sehr großes, unheimlich wirkendes Tier, einen sehr großen, unförmigen Gegenstand/: *der Schrank ist ein wahres ~; ein ~ von (einem) Tier, von etw.* ⟨Dat.⟩: *so ein ~ von einem Hund; dieses ~ von (einem) Hund ist bissig; dieses ~ von (einem) Sofa kommt mir nicht ins Haus!*

ungewiss ['ʊngəvɪs] ⟨Adj.; o. Steig.⟩ **1.** ⟨nicht bei Vb.⟩ 'nicht genau vorauszusehend (↗ *voraussehen*)'; SYN unklar (2) /auf Schicksal o.Ä. bez./: *ihn erwartet ein ~es Schicksal, eine ~e Zukunft; sein Schicksal ist ~; der Ausgang des Prozesses ist noch*

~; es ist, bleibt, scheint ~, ob ...: es bleibt weiter ~ ('steht noch nicht fest'), *ob er den Vorschlag annimmt; /jmd./ es im Ungewissen lassen, ob ...: sie ließ es im Ungewissen* ('legte sich nicht darauf fest, ↗ *festlegen* 2'), *ob sie kommt* **2.** ⟨nur präd. (mit sein)⟩ */jmd./ ~ /sich* ⟨Dat.⟩ *~ sein, ob ...: ich bin (mir) noch ~* ('unschlüssig'), *was ich mache* ❖ ↗ **wissen** * /jmd./ **über etw. im Ungewissen bleiben/sein** 'über etw. im Zweifel bleiben, sein': *er blieb darüber im Ungewissen, ob ...*; /jmd./ **jmdn. über etw. im Ungewissen lassen** 'jmdm. über seine Absichten, eine Entscheidung keine genaue Auskunft geben': *er ließ sie lange über seine Pläne im Ungewissen*

ungewöhnlich ['ʊngəvøːn..] **I.** ⟨Adj.; nicht bei Vb.⟩ **1.** ⟨Steig. reg., ungebr.⟩ SYN 'außergewöhnlich (I.1)': *er ist ein ~er Mensch; für eine Frau ist dieser Beruf noch immer recht ~* **2.** ⟨o. Steig.⟩ SYN 'außergewöhnlich (I.2)': *diese Hitze war ~; es herrschte für diese Jahreszeit eine ~e Kälte; eine ~e Leistung; jmdn. mit ~er Höflichkeit empfangen* – **II.** ⟨Adv.; vor Adj., Adv.⟩ SYN 'überaus': *er ist ~ begabt; ein ~ heißer Tag; das Haus ist, wirkt ~ groß, klein; eine ~ hohe Beteiligung bei der Wahl* ❖ ↗ **gewöhnen**

ungewohnt ['ʊngəvoːnt] ⟨Adj.; o. Steig.; nicht bei Vb.; vorw. attr.⟩ **1.1.** *das ist für ihn eine ~e Tätigkeit* ('er ist an diese Tätigkeit nicht gewöhnt, weil er sie sonst nicht verrichtet'); *diese Arbeit ist ihm, für ihn noch ~* **1.2.** /beschränkt verbindbar/: *sie sagte dies mit ~er Schärfe* ('mit einer Schärfe, die man bei ihr sonst nicht gewohnt ist') **1.3.** /beschränkt verbindbar/: *der Hund fühlte sich in der ~en* ('ihm fremden') *Umgebung nicht wohl* ❖ ↗ **gewöhnen**

Ungeziefer ['ʊngətsiːfɐ], *das*; ~s, ⟨o.Pl.⟩ 'für den Menschen, die Haustiere, Pflanzen schädliche Tiere, bes. Insekten, bestimmte Nagetiere'; ↗ FELD II.3.1: *Schaben, Wanzen, Ratten und anderes ~; die Pflanze ist von ~ befallen; das ~ mit chemischen Mitteln bekämpfen, vernichten*

ungezogen ['ʊngətsoːgn̩] ⟨Adj.; Steig. reg.⟩ 'sich frech, ungehörig benehmend'; SYN unartig; ANT artig /vorw. auf ein Kind bez./: *ein ~es Kind; die Kleine war heute sehr ~; sei nicht so ~ zu Oma!; die Antwort war sehr ~* ('frech, ungehörig') ❖ **Ungezogenheit**

Ungezogenheit ['..], *die*; ~, ~en **1.** ⟨o.Pl.⟩ 'das Ungezogensein': *die Nachbarin hat sich über die ~ des Jungen, seine ~ beklagt; die ~ seines Benehmens* **2.** 'ungezogene Handlung, Äußerung': *ich lasse mir seine ~en nicht länger bieten!* ❖ ↗ **ungezogen**

ungezwungen ['ʊngətsvʊŋən] ⟨Adj.; Steig. reg.⟩ 'natürlich (3,4) und nicht durch Hemmungen geprägt, keinerlei Zwang (3) unterworfen'; SYN leger (1), ungeniert (1), zwanglos (1) /auf Sprechen, Sichbenehmen bez./: *sein ~es Benehmen; ihr Benehmen war völlig ~; eine ~e Unterhaltung; unter den Gästen herrschte ein ~er Ton; Sie können hier ganz frei und ~ reden* ❖ ↗ **zwingen**

Ungezwungenheit ['..], *die*; ~, ⟨o.Pl.⟩ 'das Ungezwungensein': *die ~ ihres Benehmens, Verhaltens* ❖ ↗ **zwingen**

unglaublich [ʊnglaup../..'g..] **I.** ⟨Adj.⟩ **1.** ⟨Steig. reg.⟩ SYN ꞌunwahrscheinlich (I.2)ꞌ: *er behauptet die ∼sten Dinge; das klingt ∼, entspricht aber den Tatsachen; es ist ∼!; es ist etw. Unglaubliches passiert* **2.** ⟨o. Steig.; nicht bei Vb.; vorw. attr.⟩ ꞌzahlenmäßig, mengenmäßig ungewöhnlich umfangreichꞋ: *eine ∼e Summe, Menge* **3.** ⟨o. Steig.; nicht bei Vb.; vorw. attr.⟩ ꞌungewöhnlich groß (5, 7.1)Ꞌ: *du hast ∼es Glück gehabt; sie fuhren ein ∼es Tempo; eine ∼e Geschwindigkeit* **4.** ⟨o. Steig.⟩ emot. neg. SYN Ꞌunerhört (I.1.)Ꞌ: *das ist eine ∼e Frechheit!; es ist einfach ∼, wie er die Tatsachen verdreht* − **II.** ⟨Adv.; vor Adj., Adv.; bei Vb.⟩ emot. SYN ꞌüberausꞋ: *etw. geschieht in ∼ kurzer Zeit; sie wirkt ∼ jung, sieht ∼ gut aus* ❖ ↗ **glauben**

ungleich [ʊnglaiç] **I.** ⟨Adj.; o. Steig.⟩ **1.** ⟨vorw. attr.⟩ ꞌnicht ¹gleich (1)Ꞌ: *du hast ja ∼e Schuhe an!; die ∼en Charaktere der beiden Brüder; die beiden ∼en* (ꞌsich im Aussehen, Charakter voneinander unterscheidendenꞋ) *Brüder; sie sind ein ∼es Paar; Stores von ∼er Länge* (ꞌin der Länge nicht übereinstimmende StoresꞋ); *ein ∼er* (Ꞌfür die Beteiligten nicht die gleichen Voraussetzungen aufweisenderꞋ) *Kampf;* vgl. *verschieden* **2.** ⟨nur bei Vb.; + Part. II⟩ *die Pflichten sind ∼* (ꞌnicht zu gleichen TeilenꞋ) *verteilt* − **II.** ⟨Adv.; vor Adj., Adv. im Komp.⟩ /dient der Steigerung des mit dem Adj., Adv. ausgedrückten Inhalts/ ꞌweitausꞋ: *das Hotel ist ∼ moderner als die anderen* ❖ ↗ **gleich**

Unglück [ʊnglʏk], **das**; ∼s, ∼e **1.** ⟨vorw. Sg.⟩ ꞌdurch technisches, menschliches Versagen, durch Naturereignisse verursachtes Geschehen, bei dem Menschen verletzt, getötet werden, materieller Schaden entstehtꞋ: *in dem Bergwerk hat sich ein schweres ∼ ereignet; wo ist das ∼ geschehen?; wann ist das ∼ passiert?; das ∼ hat mehrere Todesopfer gefordert* **2.** ⟨o.Pl.⟩ ꞌschlimmes persönliches MissgeschickꞋ: *er hat im Leben viel ∼ gehabt; es ist ihr ∼* (ꞌist für sie schlimmꞋ), *dass sie sich nicht durchsetzen kann; sie hatte Glück im ∼* (ꞌbei allem Missgeschick auch ein bisschen GlückꞋ); /in der kommunikativen Wendung/ umg. *das ist doch kein ∼* (ꞌist überhaupt nicht schlimmꞋ)! /wird zu jmdm. tröstend gesagt, der Pech gehabt hat/; vgl. *Pech* (II) **3.** ⟨o.Pl.⟩ ꞌfurchtbares Elend und schreckliches LeidꞋ; SYN Unheil: *die Dürre brachte ∼ über das Land; er hat sich und seine Familie ins ∼ gestürzt* (ꞌin eine sehr schlimme Lage gebrachtꞋ) ❖ ↗ **Glück**
* **zu allem ∼** ꞌum die unangenehme Situation noch schlimmer zu machenꞋ /drückt aus, dass das zuvor Erwähnte schon schlimm genug ist/: *ich weiß die Adresse nicht und habe zu allem ∼ noch die Telefonnummer vergessen*

unglücklich [ʊnglʏk..] ⟨Adj.⟩ **1.** ⟨Steig. reg.⟩ ꞌzutiefst traurig und verzweifeltꞋ: *sie machte ein ∼es Gesicht; sie ist sehr ∼; sich einsam und ∼ fühlen; ∼ über etw. sein: das Kind war über den Tod der Katze sehr ∼; er ist ∼ darüber, dass er ihr nicht helfen kann;* /in der kommunikativen Wendung/ umg. *mach dich nicht ∼* (ꞌtu das nicht, du schadest dir

damitꞋ)! **2.** ⟨Steig. reg.; vorw. attr.; nicht bei Vb.⟩ /auf Personen bez./: *er ist ein ∼er* (ꞋbedauernswerterꞋ) *Mensch* **3.** ⟨o. Steig.; vorw. attr.⟩ ꞌsich ungünstig auswirkendꞋ: *ein ∼er Zufall; ein ∼es Zusammentreffen verschiedener Umstände; die Sache ist für ihn sehr ∼ ausgegangen; eine ∼e* (ꞌnicht erwiderteꞋ) *Liebe* **4.** ⟨Steig. reg., ungebr.⟩ /beschränkt verbindbar/: *er hat sich durch eine ∼e* (ꞌnicht kontrollierteꞋ) *Bewegung den Arm verrenkt; das ist ∼* (ꞌschlecht und nicht überzeugendꞋ) *formuliert, übersetzt* ❖ ↗ **Glück**

Ungnade [ʊngnɑːdə] ⟨o. Art.⟩ /beschränkt verbindbar/: *bei jmdm. in ∼ fallen* ꞌjmds Wohlwollen verlierenꞋ; ↗ FELD I.6.1: *sie ist bei ihm in ∼ gefallen; bei jmdm. in ∼ sein: wer bei ihm in ∼ ist, hat nichts zu lachen* ❖ ↗ **Gnade**

ungültig [ʊngʏltɪç] ⟨Adj.; o. Steig.; vorw. attr. u. präd.⟩ ꞌnicht (mehr) gültigꞋ: *eine ∼e Fahrkarte; diese Banknoten sind ∼; ∼e Briefmarken; der Pass wird am 1. Juli ∼; das Gericht hat den Vertrag für ∼ erklärt* (ꞌden Vertrag aufgehobenꞋ) ❖ ↗ **gelten**

Ungunst [ʊngʊnst], **die** ⟨+ Gen.attr.⟩ /beschränkt verbindbar/: *die ∼ der Verhältnisse* (ꞌdie ungünstigen VerhältnisseꞋ) *brachte es mit sich, dass ...; trotz der ∼ der Verhältnisse, des Wetters* (ꞌtrotz der ungünstigen Verhältnisse, des ungünstigen WettersꞋ) *gelang es, ...* ❖ ↗ **Gunst**
* **zu jmds. ∼en:** ↗ *zuungunsten*

ungünstig [ʊngʏnstɪç] ⟨Adj.; Steig. reg.⟩ ꞌsich nachteilig auswirkendꞋ; SYN schlecht: *bei ∼er Witterung findet die Veranstaltung im Saal statt; sie übt auf ihn einen ∼en Einfluss aus; etw. nimmt einen ∼en Verlauf; der Termin ist (denkbar) ∼; er erschien in einem ∼en Augenblick; es ist ∼, dass er keine Zeugen nennen kann; diese Maßnahme kann sich ∼ auswirken; auf diesem Foto wirkst du ∼* (ꞌnicht vorteilhaftꞋ); *du stehst hier ∼; die Voraussetzungen waren äußerst ∼* ❖ ↗ **Gunst**

ungut [ʊnguːt] ⟨Adj.; o. Steig.⟩ /beschränkt verbindbar/: *jmd. hat bei etw.* ⟨Dat.⟩ *ein ∼es Gefühl* ꞌjmd. hat bei einem Tun, Geschehen, Vorhaben das vage Gefühl, dass es nicht gut gehen könnteꞋ: *ich hatte bei dieser Sache von Anfang an ein ∼es Gefühl;* /in der kommunikativen Wendung/ *nichts für ∼* (ꞌnimm es mir, nehmen Sie es mir nicht übel, was ich gesagt, getan habe!Ꞌ) /wird gesagt, wenn man fürchtet, jmdn. verletzt zu haben/ ❖ ↗ **gut**

unhaltbar [ʊnhalt../..'h..] ⟨Adj.; nicht bei Vb.⟩ **1.** ⟨vorw. attr.⟩ /auf best. Verhältnisse bez./: *∼e Zustände* (ꞌZustände, die auf die Dauer nicht so bleiben können, die geändert werden müssenꞋ) **2.** /beschränkt verbindbar/: *der Ball war (für den Torwart) ∼* (ꞌnicht zu halten!Ꞌ); *ein ∼er Schuss; der Schuss war (für den Torwart) ∼* **3.** /auf Sprachliches bez./: *diese These ist ∼* (ꞌfalsch und daher nicht aufrechtzuerhaltenꞋ; ↗ FELD I.4.2.3); *eine ∼e Behauptung* ❖ ↗ **halten**

Unheil [ʊnhail], **das**; ∼s, ⟨o.Pl.⟩ geh. SYN ꞌUnglück (3)Ꞌ: *der Krieg brachte großes ∼ über die Menschheit; das drohende ∼ abwenden; der Sturm hat gro-*

ßes ~ ('großen Schaden') *angerichtet; es zeichnen sich* ~ *bringende Veränderungen ab* ❖ ↗ **Heil**

unheimlich ['ʊnhaɪm../..'h..] **I.** ⟨Adj.⟩ **1.** ⟨Steig. reg.⟩ 'ein unbestimmtes Gefühl der Angst, des Grauens hervorrufend'; SYN **gruselig**; ↗ FELD I.6.3: *ein* ~*er Ort; die plötzliche Stille wirkte* ~; *etw., jmd. ist jmdm.* ~: *seine eisige Höflichkeit, er war ihr* ~; *ich hatte ein* ~*es Gefühl* ('ein unbestimmtes Gefühl der Angst, des Grauens') **2.** ⟨Steig. reg., Superl. ungebr.⟩ *jmdm. ist (es)* ~ *(zumute)* 'jmd. hat ein unbestimmtes Gefühl der Angst, des Grauens': *den Kindern war im Dunkeln* ~ *(zumute); jmdm. wird (es)* ~ *(zumute)* 'jmd. bekommt ein unbestimmtes Gefühl der Angst, des Grauens': *ihr wurde immer* ~*er* (SYN 'gruseliger') *(zumute)* **3.** ⟨o. Steig.; nur attr.⟩ umg. emot. **3.1.** 'zahlenmäßig, mengenmäßig außerordentlich umfangreich': *eine* ~*e Anzahl, Menge (Menschen); er hat eine* ~*e Summe dafür bezahlt* **3.2.** 'außerordentlich groß (7.1)': *im Schrank herrscht ein* ~*es Durcheinander; das macht* ~*en Spaß* – **II.** ⟨Adv.; vor Adj., Adv.⟩ emot. 'überaus': *das hat* ~ *lange gedauert; er hat sich* ~ *gefreut* ❖ vgl. **heimlich**

Unhold ['ʊnhɔlt], **der**; ~s, ~e emot. neg. 'gewalttätiger Verbrecher': *die Polizei fahndet intensiv nach dem* ~; *der* ~ *konnte von der Polizei gefasst werden*

Uniform [uni'fɔrm], **die**; ~, ~en 'in Material, Farbe, Schnitt einheitliche Dienstkleidung bes. für Soldaten, Polizisten, Angestellte der Post, Eisenbahn': *die* ~ *des Eisenbahners; ein Soldat in* ~; *er trägt (eine)* ~; *sie ist in* ~ ('trägt eine Uniform'; ANT Zivil); *er war in voller* ~ ('trug eine Uniform mit allem, was dazugehört') ❖ ↗ **Form**

Union [u'nɪ̯oːn], **die**; ~, ~en **1.** 'durch einen Vertrag zur Wahrung und Durchsetzung gemeinsamer Interessen geschaffene Vereinigung von Staaten o.Ä.': *wie viele Republiken gehören dieser* ~ *an?; die Europäische* ~ (ABK: EU); *einer* ~ *beitreten; sich einer* ~ *anschließen; sich zu einer* ~ *zusammenschließen* **2.** ⟨o.Pl.⟩ 'organisatorische Vereinigung von Personen, Personengruppen' /in Namen von Parteien/: *die Christlich-Demokratische* ~ (ABK: CDU); *die Christlich-Soziale* ~ (ABK: CSU); *die Junge* ~ ('die gemeinsame Jugendorganisation der CDU und CSU')

Universalität [univɛrzali'tɛːt/..'teːt], **die**; ~, ⟨o.Pl.⟩ **1.** ⟨nur mit best. Art.⟩ *die* ~ ('prinzipielle Möglichkeit der Mitgliedschaft für alle Staaten') *der UNO* **2.** 'Vielseitigkeit des Wissens und der schöpferischen Kraft einer Person': *die* ~ *dieses Gelehrten* **3.** 'Möglichkeit des vielseitigen Einsatzes' /vorw. auf technisches Gerät bez./: *die* ~ *dieses Gerätes* ❖ ↗ **universell**

universell [univɛr'zɛl] ⟨Adj.; o. Steig.⟩ **1.** 'allgemein und umfassend' /auf Abstraktes bez./: *ein Problem von* ~*er Bedeutung; Umweltschutz ist eine* ~*e* ('umfassende und globale') *Aufgabe; sein Wissen ist* ~ ('umfasst verschiedenste Gebiete'), *er ist* ~ *gebildet* **2.** ⟨nicht bei Vb.⟩ 'über ein Wissen auf verschiedensten Gebieten und eine vielseitige schöpferische

Kraft verfügend' /auf Personen bez./: *er ist ein* ~*er Gelehrter; als Gelehrter war er* ~ **3.** 'so beschaffen, dass es vielseitig eingesetzt werden kann' /vorw. auf Geräte, Materialien bez./: *ein* ~*es Gerät; dieser Kunststoff ist* ~ ('vielseitig') *verwendbar* ❖ **Universalität;** vgl. **Universum, Universität**

Universität [univɛrzi'tɛːt/..'teːt], **die**, ~, ~en **1.** 'höchste staatliche Einrichtung für wissenschaftliche Lehre und Forschung auf verschiedensten Gebieten der Wissenschaft': *die Studenten und Dozenten der* ~; *an der* ~ *lehren, studieren;* ⟨in Verbindung mit Städte- und Eigennamen⟩ *die* ~ *Greifswald/die Greifswalder* ~; *die Technische* ~ *Dresden; die Freie* ~ *Berlin; die Humboldt-Universität;* vgl. **Hochschule 2.** 'Gebäude der Universität (1)'; ↗ FELD V.2.1: *die* ~ *liegt im Zentrum der Stadt* **3.** 'Dozenten, Studenten und Angestellte der Universität (1)': *die* ~ *nimmt am Festumzug teil* ❖ vgl. **universell**

Universum [uni'vɛrzʊm], **das**; ~s, ⟨o.Pl.⟩ SYN 'Weltall': *die Entstehung des* ~*s; die unendliche Weite des* ~*s; die Erforschung des* ~*s; in das* ~ *vorstoßen; das* ~ *erforschen* ❖ vgl. **universell**

unkenntlich ['ʊnkɛnt..] ⟨Adj.; o. Steig.; nicht attr.; vorw. präd. (mit *sein, werden*)⟩ /jmd., etw./ ~ *sein* 'völlig verändert im Aussehen und daher nicht mehr zu erkennen (1)': *durch den Unfall war ihr Gesicht* ~ *geworden; mit Bart und Brille ist er völlig* ~; *der Täter hatte sich (mit einer Maske)* ~ *gemacht* ❖ ↗ **kennen**

Unkenntnis ['ʊnkɛnt..], **die**; ~, ⟨o.Pl.⟩ 'das Fehlen bestimmter Kenntnisse, Informationen': *die* ~ *eines Gesetzes schützt nicht vor Strafe; seine völlige* ~ *auf diesem Gebiet führte zu Fehlentscheidungen; das hat er aus* ~ ('weil ihm bestimmte Kenntnisse, Informationen fehlten') *falsch gemacht; in* ~ ⟨+ Gen.attr.⟩/*in* ~ *über: er hat in* ~ *der Bestimmungen* ('ohne die Bestimmungen zu kennen') *gehandelt; in* ~ *über etw. sein* ('von etw. nicht unterrichtet, über etw. nicht informiert sein'); *jmdn. in* ~ *(über etw.) lassen* ('jmdn. über etw. nicht informieren'): *man hat ihn über seine Rechte in* ~ *gelassen* ❖ ↗ **kennen**

unklar ['ʊnklaːr] ⟨Adj.⟩ **1.** ⟨Steig. reg.⟩ SYN 'unverständlich (2)' /vorw. auf Sprachliches bez./: ~*e Stellen im Text; der Sinn dieser Worte ist* ~; *es ist mir* ~, *wie er das gemeint hat; sich* ~ *ausdrücken* **2.** ⟨o. Steig.; nicht bei Vb.⟩ SYN 'ungewiss (1)': *der Ausgang des Konflikts ist noch* ~; *es ist völlig* ~, *wie es weitergehen soll* **3.** ⟨o. Steig.; nicht bei Vb.⟩ 'nicht geklärt (↗ klären)': *die Herkunft des Wortes bleibt* ~; *noch ist* ~, *welche Motive der Täter hatte* **4.** ⟨Steig. reg., ungebr.; nicht bei Vb.⟩ ~*e* ('ziemlich verworrene') *Verhältnisse; die Lage ist völlig* ~ **5.** ⟨o. Steig.; nicht präd.⟩ 'ungefähr (I)': *von etw. eine* ~*e Vorstellung haben; sich nur* ~ *an etw. erinnern können* ❖ ↗ **klar**
* /jmd./ **sich über etw. im Unklaren sein** 'keine klaren Vorstellungen von etw. haben': *sie ist sich lange über ihr Verhältnis zu ihm im* ~*en gewesen;* /jmd./

jmdn. über etw. im Unklaren lassen ('jmdm. keine genaue Auskunft über etw. geben')

Unkosten ['ʊnkɔstn̩], **die** ⟨Pl.⟩ **1.** 'Kosten, die zusätzlich zu den normalen Ausgaben entstehen': *durch die Dienstreise sind ihm ~ entstanden* **2.** 'der gesamte finanzielle Aufwand für etw.': *die ~ der Veranstaltung werden von den Beteiligten getragen; er hat sich unnötige ~* ('Ausgaben') *gemacht* ❖ ↗ **kosten**

* umg., oft spött. /jmd./ **sich in ~ stürzen** ⟨hat⟩ 'bei einem bestimmten Anlass für andere viel Geld ausgeben' ⟨vorw. im Perf. od. verneint im Imp.⟩: *stürz dich nicht in ~!; er hat sich bei der/für die Feier ganz schön in ~ gestürzt*

Unkraut ['ʊnkʀaʊt], **das**; ~s, Unkräuter ['..kʀɔɪtɐ]; ↗ FELD II.4.1 **1.** ⟨o.Pl.; o. unbest. Art.⟩ 'zwischen den angebauten Pflanzen wild wachsende Pflanzen': *nach dem Regen wuchert das ~ im Garten; ~ jäten* **2.** 'wild wachsende, für den Menschen nicht nutzbare Pflanze': *das ist ein ~; wie heißen diese Unkräuter?* ❖ ↗ **Kraut**

unlängst ['ʊnlɛŋst] ⟨Adv.⟩ SYN 'kürzlich'; ↗ FELD VII.4.3: *wir sprachen ~ darüber; das Buch ist erst ~ erschienen; ich hörte ~, dass ...* ❖ ↗ ¹**lang**

unlieb ['ʊnliːp] ⟨Adj.; o. Steig.; nur präd. (mit *sein*)⟩ /etw./ *jmdm. nicht ~ sein* 'jmdm. gelegen sein': *es ist mir nicht ~, dass er seinen Besuch abgesagt hat; das ist mir durchaus nicht ~* ❖ ↗ **lieb**

unliebsam ['ʊnliːp..] ⟨Adj.; nicht präd.⟩ **1.** SYN 'unangenehm (3)': *das kann ~e Folgen haben; das war eine ~e Überraschung; jmd. erregt ~es Aufsehen; er ist ~ aufgefallen* **2.** ⟨nur attr.⟩ /auf Personen bez./: *~e* ('nicht gern gesehene, als lästig empfundene') *Gäste, Beobachter* ❖ ↗ **lieb**

unlöslich ['ʊnløːs../..'l..] ⟨Adj.; o. Steig.⟩ **1.** 'nicht löslich': *die ~en Bestandteile einer Emulsion* **2.** 'nicht zu lösen (1.3.1)' /beschränkt verbindbar/: *ein ~er Knoten, ein ~es Knäuel; etw. ~ miteinander verbinden* **3.** ⟨nicht präd.⟩ 'nicht voneinander zu trennen (3.4)': *die beiden Probleme sind ~ verbunden; diese Faktoren stehen in einem ~en* ('festen') *Zusammenhang* ❖ ↗ **los**

Unmasse ['ʊnmasə] ⟨o. best. Art.⟩; *eine ~/~n* umg. emot. 'eine Unmenge' /vorw. auf Sachen bez./: ⟨+ Attr.⟩ *eine ~ Bücher /an Büchern/ von Büchern; ~n an Schallplatten besitzen; Schallplatten in ~n* ('außerordentlich viele Schallplatten') *besitzen* ❖ ↗ **Masse**

Unmenge ['ʊn..] ⟨o. best. Art.⟩; ~, ~n emot. ⟨+ Attr.⟩ *eine ~ Geld/eine ~ von Geld* 'außerordentlich viel Geld'; SYN Masse (1.2): *eine ~ Geld ausgeben; eine ~ Bücher/eine ~ von, an Büchern besitzen; in ~n* 'außerordentlich viel(e)': *Bier in ~n trinken; am See gibt es Mücken in ~n* ('außerordentlich viele Mücken') ❖ ↗ **Menge**

Unmensch ['ʊnmɛnʃ], **der**; ~en, ~en 'Mensch, der äußerst hart, grausam, brutal gegenüber Mitmenschen ist': *er, sie ist ein ~*

* umg., oft scherzh. /jmd./ **kein ~ sein** 'nicht hartherzig sein, Verständnis für andere zeigen': *aber Herr*

*Klein, ich bin doch kein ~! /*wird in einem Dialog gesagt, um seine Kompromissbereitschaft zu zeigen/ ❖ ↗ **Mensch**

unmenschlich ['ʊnmɛnʃ../..'m..] **I.** ⟨Adj.; Steig. reg., Komp. ungebr.⟩ **1.** 'äußerst hart, grausam, brutal gegenüber Mitmenschen': *er war ~ zu ihnen; jmdn. ~ behandeln, quälen; seine ~e Grausamkeit; ein ~es Regime; ein ~es Verbrechen; der ~e Terror der Faschisten; dieser Hass ist ~* **2.** ⟨nicht bei Vb.⟩ /beschränkt verbindbar/: *unter ~en* (SYN 'menschenunwürdigen') *Bedingungen leben* **3.** emot. 'die physische, psychische Kraft eines Menschen übersteigend': *~e Qualen, Strapazen; sie hat ~ leiden müssen* – **II.** ⟨Adv.; vor Adj.; bei Vb.⟩ emot. 'überaus': *~ frieren; es war ~ kalt* ❖ ↗ **Mensch**

Unmenschlichkeit ['ʊn..], **die**; ~, ⟨o.Pl.⟩ /zu unmenschlich I.1 u. 2/ 'das Unmenschlichsein'; /zu I.1/; ↗ FELD I.2.1: *die ~ des Regimes* ❖ ↗ **Mensch**

unmissverständlich ['ʊnmɪsfɐʃtɛnt../..'ʃt..] ⟨Adj.; Steig. reg., ungebr.⟩ **1.** 'so klar (3) und eindeutig, dass es nicht missverstanden werden kann'; SYN deutlich (3), eindeutig (1) /auf Sprachliches bez./: *eine ~e Aussage; der Text war ~; etw. ~ formulieren* **2.** 'mit Nachdruck und rücksichtsloser Offenheit geäußert' /auf eine Äußerung bez., die Unangenehmes ausdrückt/: *eine ~e Drohung, Antwort; jmdm. etw. ~ zu verstehen geben* ('jmdm. etw. direkt, ganz deutlich sagen'); *jmdm. ~ seine Meinung sagen* ❖ ↗ **verstehen**

unmittelbar ['ʊnmɪt..] ⟨Adj.; o. Steig.; nicht präd.⟩ **1.** ⟨vorw. bei Vb.⟩ SYN 'direkt (I.1)': *die Straße, der Weg führt ~ zum Bahnhof* **2.** 'räumlich in nächster Nähe von etw., jmdm. befindlich'; SYN direkt (I.2): *in der ~en Umgebung der Stadt gibt es zahlreiche Seen; etw. aus ~er Nähe erleben; er stand, saß ~* ('ganz dicht') *neben mir, stand ~ am Eingang* **3.** 'zeitlich direkt dem Vorangegangenen folgend'; SYN direkt (I.3): *im ~en Anschluss an den Kongress nahm er Urlaub; etw. folgt ~* ('sofort') *auf etw.; ~ nach etw.: ~ nach der Pause; ich traf ihn ~ danach; ~ vor etw.: ~ vor dem Start; ~ davor rief er bei mir an* **4.** ⟨vorw. bei Vb.⟩ SYN 'direkt (I.4)': *das Geschäft bezieht die Ware ~* ('ohne dass sie dazwischen über einen weiteren Händler geht') *vom Hersteller; die Frage war ~ an ihn* ('an ihn und keinen anderen') *gerichtet; das geht dich ~ an* ('du persönlich bist davon tangiert') **5.** ⟨nur attr.⟩ *den ~en* ('augenblicklich bestehenden') *Bedarf befriedigen; die ~e* (SYN 'akute') *Gefahr abwenden* ❖ ↗ **mittelbar**

unmöglich ['ʊnmøːk../..'m..] **I.** ⟨Adj.⟩ **1.** ⟨o. Steig.; nicht attr.⟩ 'sich nicht realisieren lassend': *die sofortige Erledigung des Auftrags ist ~; das ist technisch, zeitlich ~; es ist mir leider ~, an der Sitzung teilzunehmen* ('ich kann leider nicht an der Sitzung teilnehmen') **2.** ⟨Steig. reg., Superl. ungebr.⟩ umg. emot. 'in unangenehmer Weise vom Üblichen abweichend': *sie trug ein ~es Kleid; sich ~ kleiden, benehmen; du bist* ('benimmst dich') *~!* – **II.** ⟨Satzadv.⟩ /drückt die Einstellung des Sprechers zum genannten Sachverhalt aus/ 'unter keinen Umständen': *die Rechnung kann ~ stimmen; ich kann ~ absagen; das kannst du ~ so machen!* ❖ ↗ **mögen**

* /jmd./ **sich, jmdn. ~ machen** ('sich, jmdn. blamieren')

Unmut ['ʊnmuːt], der; ~s, ⟨o.Pl.⟩ SYN 'Ärger (1)'; ↗ FELD I.6.1: *~ stieg in ihm auf; sein ~ war schnell verflogen; voll, voller ~ (über etw.) sein* ❖ vgl. **Mut**

unnachahmlich ['ʊnnɑːx|aːm../..'aːm..] ⟨Adj.; vorw. attr. u präd. (mit sein)⟩ 'einmalig und kaum nachzuahmen': *sie bewegt sich mit ~er Grazie, Gewandtheit; seine Mimik war ~* ❖ ↗ **nachahmen**

unnachgiebig ['ʊnnɑːxgiːbɪç] ⟨Adj.; Steig. reg.⟩ 'nicht zum Kompromiss bereit' /auf ein Verhalten bez./; ↗ FELD I.2.3: *seine ~e Haltung in dieser Angelegenheit, er war, zeigte sich ~* ❖ ↗ **nachgeben**

unnatürlich ['ʊn..] ⟨Adj.; o. Steig.⟩ **1.** 'nicht normal (1)' /vorw. auf Körperliches bez./: *die ~e Blässe, Röte seines Gesichts; seine Blässe war ~; ihre Stimme klang ~; eines ~en Todes* ('durch Mord, Selbstmord') *sterben* **2.** 'nicht dem natürlichen (4) Verhalten entsprechend, sondern vorgetäuscht anmutend'; SYN künstlich (2) /vorw. auf Psychisches bez./: *sein ~es Verhalten; seine Fröhlichkeit, Ruhe, Gelassenheit war, wirkte ~* ❖ ↗ **Natur**

unnütz ['ʊnnyts] ⟨Adj.; o. Steig.⟩ **1.** SYN 'nutzlos': *~es Gerede; sein Leben ~* ('sinnlos I.1') *aufs Spiel setzen; du solltest nichts Unnützes kaufen* **2.** 'nicht nötig' /auf Psychisches bez./: *mach dir nicht ~e Sorgen!; er hat sich ~ aufgeregt* **3.** ⟨nur attr.⟩ 'nur Nutzloses, Unsinniges tuend' /auf Personen bez./: *so ein ~er Bengel* ❖ ↗ **nutzen/nützen**

Unordnung ['ʊn..], die; ~, ⟨o.Pl.⟩ 'Zustand, in dem keine Ordnung (2,4) herrscht'; SYN Durcheinander (1): *auf seinem Schreibtisch, im Kinderzimmer herrscht immer eine schreckliche ~; die Kinder brachten in kurzer Zeit alles in ~; die ~ in seinem Bücherschrank war unbeschreiblich; sie hinterließen eine fürchterliche ~* ❖ ↗ **ordnen**

unparteiisch ['ʊnpaʁtaɪ..] ⟨Adj.; o. Steig.⟩ 'sich bei einer Auseinandersetzung neutral verhaltend, objektiv urteilend' /vorw. auf Personen bez./: *ein ~er Beobachter; er ist ~ und gerecht; eine ~e Haltung einnehmen; ein ~er* ('in einem Rechtsstreit keine der streitenden Parteien begünstigender') *Zeuge; das Recht ~* ('ohne jemanden zu benachteiligen od. zu begünstigen') *handhaben; sich ~ verhalten* ❖ ↗ **Partei**

unpassend ['ʊnpasn̩t] ⟨Adj.; Steig. reg.⟩ **1.** 'einer bestimmten Situation nicht angemessen': *eine ~e Bemerkung machen; der Anzug ist für diesen Anlass ~; er hat sich höchst ~ benommen* **2.** ⟨nicht bei Vb.⟩ /beschränkt verbindbar/: *im ~en Augenblick, zu ~er Zeit* 'zu einem Zeitpunkt, der für die betreffende Angelegenheit ungünstig, einer bestimmten Person nicht gelegen ist': *er ruft immer im ~sten Moment an; der Moment, sie anzurufen, war absolut ~* ❖ ↗ **passen**

unpersönlich ['ʊnpɛʁzøːn..] ⟨Adj.; o. Steig.⟩ **1.** ⟨vorw. präd.⟩ /jmd./ ~ *sein* 'im Umgang mit anderen Menschen förmlich und kühl sein': *er wurde plötzlich sehr ~; er war (ihr gegenüber) sehr ~; seine ~e Art;* vgl. *konventionell (2)* **2.** 'rein förmlich im sprachlichen Ausdruck' /vorw. auf Texte bez./: *ein ~es Schreiben; der Brief ist ganz ~ (gehalten)* ❖ ↗ **Person**

unpraktisch ['ʊnpʁakt..] ⟨Adj.; Steig. reg.; vorw. attr. u. präd.⟩ **1.** 'für die Handhabung nicht praktisch (2)' /auf Sachen bez./: *das Verfahren, die Methode, das Gerät ist völlig ~; das ist mir zu ~* **2.** 'nicht praktisch (3)' /auf Personen bez./; ↗ FELD I.2.3: *sie kann nicht nähen und ist auch sonst ziemlich ~* ❖ ↗ **Praktik**

Unrat ['ʊnʁaːt], der; ~s, ⟨o.Pl.⟩ 'herumliegender Schmutz od. Abfall': *stinkender ~; den ~ beseitigen*

* umg. /jmd./ ~ **wittern** ('etw. Schlimmes ahnen')

unrecht ['ʊnʁɛçt] ⟨Adj.; o. Steig.⟩ **1.** 'nicht dem geltenden Recht, den moralischen Normen entsprechend': *eine ~e Tat, Entscheidung; das war ~; er hat ~ gehandelt; ich habe doch nichts Unrechtes getan!* **2.** ⟨nicht bei Vb.; vorw. attr.⟩ 'nicht richtig (I.5)'; SYN falsch (3) /auf Zeitliches bez./: *die Maßnahmen erfolgten im ~en Augenblick* ❖ ↗ **Recht**

Unrecht, das; ~s, ⟨o.Pl.⟩ 'nicht dem geltenden Recht, den moralischen Normen entsprechende Handlung': *ihm ist großes, bitteres ~ geschehen, widerfahren; jmdm. ein ~ antun; er hat ein schweres ~ begangen; sie wollen das ~ wieder gutmachen* ❖ ↗ **Recht**

* /jmd./ **jmdm. ~ geben** ('jmds. Meinung als falsch ablehnen'); /jmd./ ~ **haben** ('eine falsche Meinung vertreten, nicht Recht haben'); /jmd./ **im ~ sein** ('eine falsche Meinung vertreten'); /jmd./ **sich (durch, mit etw.) ins ~ setzen** ('zwar im Recht sein, aber zur Durchsetzung des Rechts etwas tun, was nicht rechtmäßig ist') /jmd./ **jmdm. ~ tun** ('jmdn. negativ, aber falsch beurteilen'); **zu ~** 'ohne dass es berechtigt wäre': *man hat ihn zu ~ beschuldigt*

unrein ['ʊnʁaɪn] ⟨Adj.; Steig. reg., ungebr.; vorw. attr.; nicht bei Vb.⟩ **1.** /beschränkt verbindbar/: *~e* ('verunreinigte') *Luft; ~es Wasser* **2.** ANT ¹rein (2.2) /nur auf die Haut bez./: *er hat ~e Haut* ('hat Pickel, Mitesser'); *seine Haut ist ~* ❖ ↗ ¹**rein**

* /jmd./ **mit sich selbst im Unreinen sein** ('noch keine klare Vorstellung von einer Sache haben und noch nicht wissen, wie man sich entscheiden soll'); /jmd./ **etw. ins Unreine schreiben** ('einen Text entwerfen und ihn provisorisch aufschreiben')

Unruhe ['ʊnʁuːə], die; ~, ~n **1.** ⟨o.Pl.⟩ 'mit Besorgnis verbundene innere Erregung': *eine quälende ~ ergriff, erfüllte ihn; ihre ~ wuchs von Stunde zu Stunde; ihr Brief hatte ihn in ~ versetzt; in/voll/voller ~ sein: er war voll nervöser ~* **2.** ⟨o.Pl.⟩ 'als Störung empfundener Lärm, der dann entsteht, wenn mehrere Personen gleichzeitig reden, sich bewegen': *im Publikum entstand ~; in der Klasse herrscht ständig ~* **3.** ⟨o.Sg.⟩ 'Empörung, Aufruhr einer größeren Anzahl von Menschen gegen einen bestehenden Zustand, gegen bestehende gesellschaftliche Verhältnisse': *soziale, politische ~n; bei den ~n sind mehrere Menschen ums Leben gekommen* ❖ ↗ **Ruhe**

unruhig ['ʊnʀuːɪç] ⟨Adj.⟩ **1.** ⟨Steig. reg.⟩ 'voller Unruhe (1)' /auf Personen bez./: *er ist ein ~er Mensch; sie wurde immer ~er; ~ schlafen* **2.** ⟨Steig. reg., ungebr.; vorw. attr. u. präd. (mit *sein*)⟩ /auf Gewässer bez./: *das Meer, die See war ~* ('es herrschte starker Seegang') **3.** ⟨Steig. reg., ungebr.; vorw. attr. u. präd.⟩ /beschränkt verbindbar/: *er führte ein ~es* ('mit Aufregungen verbundenes und wechselvolles') *Leben* **4.** ⟨Steig. reg.; vorw. attr. u. präd.⟩ /auf eine Region bez./: *eine ~e* ('durch ständigen Verkehr, Lärm beeinträchtigte') *Wohngegend; die Straße ist sehr ~* **5.** ⟨Steig. reg.; vorw. attr. u. präd.⟩ /auf Zeitliches bez./: *~e* ('in ihrem normalen Ablauf durch besondere Vorkommnisse beeinträchtigte') *Tage; die Woche war sehr ~* ❖ ↗ **Ruhe**

uns [ʊns] **I.** ⟨Akk. u. Dat. vom Personalpron. *wir*⟩: *er hat ~ erkannt, gesehen, verlassen, betrogen; er hat ~ gratuliert, gedankt, vertraut;* − **II.** ⟨Reflexivpron. der 1. Pers. Pl. von *wir* im Akk. u. Dat.; weist auf das Subj. zurück⟩: *wir haben ~ schon gewaschen; das haben wir ~ schon gedacht;* ⟨rez.⟩ *wir haben ~ gestritten;* ↗ **wir** ❖ **unser − unsererseits, unseresgleichen, unseretwegen**

unsachlich ['ʊnzax..] ⟨Adj.; Steig. reg.⟩ 'von Emotionen, Vorurteilen geprägt, nicht sachlich' /auf Äußerungen bez./: *eine ~e Kritik; ich verbitte mir diesen ~en Ton!; werden, seien Sie nicht ~* ('bleiben, seien Sie bei Ihren Äußerungen sachlich')!; *sich ~ äußern* ❖ ↗ **Sache**

unsagbar ['ʊnzaːk../..'z..] **I.** ⟨Adj.; o. Steig.; nicht bei Vb.⟩ **1.** SYN 'unsäglich (I.1)': *~e Angst haben; es herrschte ~es Elend* **2.** SYN 'unsäglich (I.2)': *ihn überkam ein ~es Gefühl* − **II.** ⟨Adv.; vor Adj., Adv.; bei Vb.⟩ emot. SYN 'überaus': *er war ~ müde, glücklich* ❖ ↗ **sagen**

unsäglich ['ʊnzɛːk../..zeːk../..'z..] **I.** ⟨Adj.; Steig. reg., ungebr.; nicht bei Vb.⟩ /auf Psychisches bez./ **1.** emot. 'überaus groß (7.1)'; SYN unsagbar (I.1): *Krieg bedeutet ~es Leid; er hatte ~e Angst; sie fühlte eine ~e Freude* **2.** 'nicht mit Worten auszudrücken'; SYN unsagbar (I.2): *ihn überkam ein ~es Gefühl* − **II.** ⟨Adv.; vor Adj., Adv.; bei Vb.⟩ emot. SYN 'überaus': *er war ~ müde, stolz, glücklich* ❖ ↗ **sagen**

unsauber ['ʊnzaʊbɐ] ⟨Adj.; Steig. reg.⟩ **1.** SYN 'schmutzig (1.1,1.2)': *~e Wäsche, Fingernägel; die Wohnung war, wirkte ~* **2.** 'Arbeit nicht ordentlich (I.4.1), nicht sorgfältig ausgeführt' /auf etw. bez., das jmd. fertig gestellt hat/: *eine ~e Naht, Arbeit; das ist ~ geschrieben* **3.** 'im Klang nicht rein': *~e Töne; er singt ~* **4.** ⟨nicht bei Vb.; vorw. attr.⟩ 'in moralischer Hinsicht nicht einwandfrei': *~e Geschäfte; er hat sich ~er Mittel und Methoden bedient* ❖ ↗ **sauber**

unschädlich ['ʊnʃɛːt../'..ʃe:..] ⟨Adj.; o. Steig.; nicht bei Vb.⟩ **1.** /vorw. auf Insekten bez./: *~e* ('keinen Schaden verursachende') *Insekten; diese Käfer sind ~* **2.** SYN 'harmlos (2)' /vorw. auf Materialien bez./: *~e Gase; dieses Mittel ist völlig ~; ~e Pillen einnehmen* ❖ ↗ **schaden**
* /jmd., Institution/ **jmdn. ~ machen** 'dafür sorgen, dass jmd. keinen weiteren Schaden anrichtet': *der Polizei gelang es, den Betrüger ~ zu machen*

unscheinbar ['ʊnʃain..] ⟨Adj.; Steig. reg.⟩ 'keine auffälligen äußeren Merkmale aufweisend': *ein kleiner, ~er Mann; die Blüte dieser Pflanze ist, wirkt ganz ~* ❖ ↗ **scheinen**

unschlüssig ['ʊnʃlʏsɪç] ⟨Adj.⟩ **1.** ⟨Steig. reg., ungebr.⟩ 'nicht schlüssig (2)': *ein ~er Käufer; er ist noch ~/ ist sich* ⟨Dat.⟩ *noch ~, ob er das Angebot annimmt; sie stand ~ da und überlegte, was zuerst getan werden müsste* **2.** ⟨o. Steig.⟩ *er nimmt eine ~e Haltung ein* ('in seiner Haltung kommt zum Ausdruck, dass er unschlüssig 1 ist'; ANT entschlossen) ❖ ↗ **Schluss**

Unschuld ['ʊnʃʊlt], die; ~, ⟨o.Pl.⟩ **1.** 'das Nichtschuldigsein'; ↗ FELD I.12.1: *der Angeklagte beteuerte seine ~, konnte seine ~ beweisen; an jmds. ~ glauben* **2.** 'Unfähigkeit, Böses zu wollen und anzunehmen, dass andere es wollen': *ein Ausdruck kindlicher ~ lag auf ihrem Gesicht; in aller ~* 'ohne sich etwas Böses dabei zu denken': *er ahnte nichts von dem Zerwürfnis und bat sie in aller ~, ihren Bruder herzlich zu grüßen* ❖ ↗ **Schuld**

unschuldig ['ʊnʃʊldɪç] ⟨Adj.⟩ **1.** ⟨o. Steig.⟩ 'nicht schuldig'; SYN schuldlos /auf Personen bez./: *der Angeklagte ist ~; jmdn. für ~ erklären; an etw.* ⟨Dat.⟩ *~ sein* 'an etw. keine Schuld haben': *er ist ~ an dem Unfall/an dem Unfall* **2.** ⟨Steig. reg.⟩ /vorw. auf Personen, bes. Kinder, bez./ 'unfähig, Böses zu wollen und anzunehmen, dass andere es wollen': *~e Kinder; er hat ein ~es Gemüt; das Kind blickte ihn ~ an* **3.** ⟨o. Steig.; nur attr.⟩ /beschränkt verbindbar/: *ein ~es* ('harmloses und naives') *Vergnügen* ❖ ↗ **Schuld**

unser ['ʊnzɐ] **I.** ⟨Possessivpron. zu *wir*; Mask. u. Neutr. Sg.; Fem. Sg. u. Pl. *uns(e)re*; ↗ Tafel VIII⟩ '(zu) uns gehörend' **1.1.** ⟨adj.⟩ *~ Sohn, Kind, Hund, Land; das Buch ~es/unsres Sohnes; in ~(e)m/unsrem Garten; wir ziehen in ~ neues Haus; wir wohnen in ~(e)m/unsrem neuen Haus; ~e/unsre Tochter; ~e/unsre neue Wohnung; ~e/unsre Kinder; ~e/unsre neuen Bekannten* **1.2.** ⟨subst.; geh. auch mit best. Art.⟩ *lass deinen Wagen zu Hause, wir nehmen ~en/unsren; das ist ~er/unsrer, ~e/unsre, ~(e)s/unsres; das sind ~e/unsre; sein Haus steht neben ~(e)m/unsrem/neben dem ~(e)n/unsren; die Unseren/unser(e)n* ('unsere Angehörigen') − **II.** ⟨Gen. vom Personalpron. *wir*; in Verbindung mit best. Verben⟩: *sie werden ~ gedenken;* ↗ **wir**
MERKE Zur Flexion des substantivischen Gebrauchs von *unser* (I): ↗ **dein** (Merke) ❖ ↗ **uns**

uns(e)re: ↗ *unser*

unsererseits [ˈʊnzɐʀɛzaits] ⟨Adv.⟩ ʹvon uns ausgehendʹ: *haben wir ~ Bedenken?; ~ gibt es keine Bedenken; gibt es ~ Bedenken/Bedenken ~?* ❖ ↗ **uns,** ↗ **Seite**

unseresgleichen [ˈʊnzɐʀəsɡlaiçn̩] ⟨Indefinitpron.; indekl.; subst.⟩ ʹjmd. wie wir, Menschen von unserer Artʹ: *das ist nichts für Leute ~* ❖ ↗ **uns,** ↗ ¹**gleich**

unseretwegen [ˈʊnzɐʀətveːɡn̩] ⟨Adv.⟩ ʹaus Gründen, die uns betreffenʹ: *er ist ~ gekommen; er hat sich ~ verspätet* ❖ ↗ **uns,** ↗ **wegen**

unsicher [ˈʊnziçɐ] ⟨Adj.; Steig. reg.⟩ **1.** ⟨nicht bei Vb.⟩ *ein ~es* (ʹnicht ausreichend fundiertesʹ) *Ergebnis; diese Methode ist ~* (ʹfunktioniert nicht immer einwandfreiʹ); ANT zuverlässig **2.** ⟨nicht bei Vb.⟩ ʹhinsichtlich seines Verlaufes, Ausgangs nicht eindeutig feststehendʹ: *es handelt sich um eine ziemlich ~e* (SYN ʹfragliche 1.1ʹ) *Sache; ein ~er Faktor* (ʹein Faktor, von dem man nicht weiß, wie er sich auswirken wirdʹ); *im Unsichern* (ʹim Zweifelʹ) *sein* **3.** ʹauf Grund mangelnder Erfahrung, Übung zu Fehlern neigendʹ /auf Personen bez./: *ein ~er Autofahrer; der neue Kollege ist noch etwas ~; anfangs fuhr sie noch ziemlich ~; das Kind läuft noch sehr ~* (ʹkann beim Laufen noch nicht immer das Gleichgewicht haltenʹ); *in etw.* ⟨Dat.⟩ *~ sein* ʹetw. nicht fehlerfrei beherrschenʹ: *sie ist in der Rechtschreibung sehr ~* **4.** ʹnicht selbstsicherʹ /auf Personen bez./: *er fühlt sich in der neuen Umgebung noch ~; im Auftreten ist er sehr ~; er hat ein ~es Auftreten* (ʹtritt nicht selbstsicher aufʹ) **5.** ⟨nur präd.⟩ /etw./ *~ sein* ʹnicht feststehenʹ; SYN fraglich (1.1): *seine Teilnahme ist ~; es ist ~, ob er kommt* ❖ ↗ **sicher**

Unsinn [ˈʊnzɪn] *der;* *-s,* ⟨o.Pl.⟩ **1.** ʹetw., bes. eine Äußerung, Handlung, das keinen Sinn, keine Logik hatʹ; SYN Käse (2.1), Kohl (2), Tinnef (2), Unfug (2), Zimt (2), Zinnober (4); ↗ FELD I.4.1.1: *er hat nur ~ geredet; das ist doch glatter, purer ~!;* umg. *mach bloß keinen ~* (ʹtu nichts Unüberlegtes, Falschesʹ)! **2.** ʹals Spaß gemeinte, aber törichte, unpassende (1) Handlungʹ; SYN Firlefanz (2), Unfug (1.1): *lass diesen ~!; der Junge hat nur ~ im Kopf* ❖ ↗ **Sinn**

unsinnig [ˈʊnzɪnɪç] **I.** ⟨Adj.⟩ **1.** ⟨Steig. reg.⟩ ʹin sich widersprüchlich und vernünftigem Denken zuwiderlaufend, keinen Sinn, keine Logik habendʹ; SYN absurd, abwegig, widersinnig /vorw. auf Sprachliches bez./; ↗ FELD I.4.1.3: *~es Gerede; diese Behauptung ist ~; diesen Vorschlag finde ich völlig ~* **2.** ⟨o. Steig.; vorw. attr.⟩ emot. ʹüberaus groß (7.1)ʹ /vorw. auf Psychisches bez./: *sie hatte vor der Operation ~e Angst; sie empfand eine ~e Freude darüber; ~e* (ʹübertrieben hoheʹ) *Forderungen* – **II.** ⟨Adv.; vor Adj., Adv.⟩ emot. ʹüberausʹ: *eine ~ hohe Forderung* ❖ ↗ **Sinn**

Unsitte [ˈʊnzɪtə], *die; ~, ~n* ʹübliches, aber falsches Verhaltenʹ; ↗ FELD I.12.1: *es ist eine gefährliche ~, im Bett zu rauchen; eine ~, seine ~n ablegen; hier herrschen schreckliche ~n* ❖ ↗ **Sitte**

unsittlich [ˈʊnzɪt..] ⟨Adj.; o. Steig.⟩ ʹdie Moral auf sexuellem Gebiet grob verletzendʹ /auf Handlungen bez./; ↗ FELD I.12.3: *eine ~e Handlung; das war ~; er hat sich dem Kind ~ genähert; jmdn. ~ berühren* ❖ ↗ **Sitte**

unstatthaft [ˈʊnʃtat..] ⟨Adj.; o. Steig.; vorw. präd. (mit *sein*)⟩ ʹnicht statthaftʹ; ANT zulässig (1.1) /auf Handlungen bez./: *das Rauchen ist in diesen Räumen ~; es erschien mir ~* (ʹunpassendʹ), *ihn nach den Gründen für sein Tun zu fragen; ein ~es Betragen* ❖ ↗ **statthaft**

unstet [ˈʊnʃteːt] ⟨Adj.; Steig. reg., ungebr.; vorw. attr.⟩ **1.** ʹvon innerer Unruhe getrieben und häufig den Aufenthaltsort, den Arbeitsort, den Partner wechselndʹ; SYN rastlos (2) /auf Personen bez./: *ein ~er Mensch; in seiner Jugend zog er ~ von Stadt zu Stadt;* vgl. *ruhelos* **2.** /beschränkt verbindbar/: *er führt ein ~es* (ʹdurch häufigen Wechsel des Aufenthaltsortes, des Arbeitsplatzes, des Partners bestimmtesʹ) *Leben; er hat einen ~en Blick* (ʹsein Blick wandert ständig umherʹ) ❖ ↗ **stet**

Unstimmigkeit [ˈʊnʃtɪmɪç..], *die; ~, ~en* ⟨vorw. Pl.⟩ **1.** ʹwidersprüchliches Detail in Berichten, Rechnungen o.Ä.ʹ: *als man die Aussagen miteinander verglich, stieß man auf ~en* **2.** SYN ʹMeinungsverschiedenheit (1.2)ʹ: *in dieser Frage kam es zwischen dem Schauspieler und dem Regisseur, zwischen Autor und Verlag zu ~en* ❖ ↗ **stimmen**

Unsumme [ˈʊnzʊmə], *die; ~, ~n* ⟨vorw. Pl.⟩ emot. ʹaußerordentlich viel Geldʹ: *der Komponist hat an dem Hit ~n verdient; der Bau hat ~n verschlungen; er gibt ~n für sein Hobby aus* ❖ ↗ **Summe**

unsympathisch [ˈʊnzʏmpaːt..] ⟨Adj.; Steig. reg.⟩ ʹkeinerlei Sympathie bei jmdm. erzeugendʹ /auf Personen, Verhaltensweisen bez./: *er ist ein ~er Kerl, Bursche, ist, wirkt (sehr) ~* ❖ ↗ **Sympathie**

Untat [ˈʊntaːt], *die; ~, ~en* ʹschreckliche Tat, unmenschliches Verbrechenʹ; ↗ FELD I.12.1: *die ~en der Kriegsverbrecher; wer hat diese fürchterliche ~ begangen?* ❖ ↗ **Tat**

unten [ˈʊntn̩] ⟨Adv.⟩ **1.1.** ʹan einer tief od. tiefer gelegenen Stelleʹ; ANT oben (1.1); ↗ FELD IV.1.3: ⟨vorw. mit Adv. best.⟩ *das Dorf liegt ~ im Tal; die Flasche steht ganz ~ im Schrank/im Schrank ganz ~; sie wohnen ~* (ʹin einem tiefer gelegenen, im untersten Stockwerkʹ); ⟨+ Präp.⟩ *nach ~ gehen* (ʹüber die Treppe in ein tiefer gelegenes Zimmer od. auf die Straße gehenʹ); *der Fahrstuhl kommt von ~, fährt nach ~; sie ist mit dem Gesicht nach ~ hingefallen; der Turm verjüngt sich von ~ nach oben* **1.2.** ʹda, wo der unterste Teil von etw. istʹ: *die Kiste ~* (ʹan ihrem Bodenʹ) *anheben; wo/was ist bei dieser Kiste ~* (ʹdie der oberen entgegengesetzte Seiteʹ)? **2.** ʹam Ende einer Seite, eines Blattes, Bogensʹ; ANT oben (2): *~ (rechts) steht die Unterschrift* **3.** ʹweiter hinten im Textʹ; ANT oben (3) /beschränkt verbindbar/: *siehe ~* (ABK s. u.) /Hinweis des Autors für den Leser, bes. in wissenschaftlicher Literatur, auf eine einschlägige Stelle weiter hinten im Text/; *weiter* ~ *steht Folgendes ...* ❖ **¹,²unter − Sonnenuntergang, zuunterst;** vgl. **unter/Unter-**

* umg. /jmd./ **bei jmdm. ~ durch sein** ('sich bei jmdm. alle Sympathien verscherzt haben')

¹unter [ˈʊntɐ] ⟨Adj.; Steig.: nur Superl.; nur attr.⟩ **1.** 'vertikal tiefer als anderes, andere befindlich'; ANT ober (1) /vorw. auf eines von mehreren Gleichartigen bez./: *die ~e Schublade; in den ~en Lagen der Mittelgebirge liegt schon Schnee; die ~ste Sprosse der Leiter; an der Bluse fehlt der ~ste Knopf* **2.** 'in einer Rangordnung, in einer hierarchischen Ordnung niedriger als anderes, andere'; ANT ober (2): *die ~en militärischen Ränge; die ~ste Gehaltsstufe; die ~en Schulklassen* ('Schulklassen der Unterstufe') ❖ **¹,²unterhalb;** vgl. **Unter/unter-**

* /jmd./ **das Unterste zuoberst kehren** ('beim Suchen alles durcheinander bringen')

²unter ⟨Präp. mit Dat., Akk.; vorangestellt; vor best. Art. Mask., Neutr. häufig *unterm, untern, unters*⟩ **1.** ⟨mit Dat.⟩ /lokal/ **1.1.** /gibt eine Lage an, die tiefer als der Bezugspunkt ist; der Bezugspunkt ist nicht berührt/: *er stand ~ einem Baum, ~ einer Brücke; er wohnt oben ~ dem/unterm Dach; er wohnt ~ uns* ('ein Stockwerk tiefer'); *der Ort liegt 50 Meter ~* (ANT über 1.1) *dem Meeresspiegel* **1.2.** /gibt eine Lage an der Unterseite einer Fläche an, wobei der Gegenstand, die Person von der Fläche bedeckt ist/: *~ einer Decke liegen; die Landschaft lag ~ einer weißen Decke; ~* (ANT über) *dem/unterm Mantel trug sie einen Pullover und einen Rock; der Brief lag ~* (ANT ²auf 1.1) *dem/unterm Buch* **2.** ⟨mit Akk.⟩ /lokal/ **2.1.** /gibt die Richtung einer Bewegung und ihren Endpunkt an, der tiefer als der Bezugspunkt liegt; der Bezugspunkt wird nicht berührt/: *den Hocker ~ den/untern Tisch stellen; ~ den/untern Tisch kriechen; sich ~ die Dusche stellen; den Tisch ~ die Lampe stellen* **2.2.** /gibt die Richtung einer Bewegung und ihres Endpunktes an, der Endpunkt liegt an der Unterseite einer Fläche; der Gegenstand, die Person wird von der Fläche bedeckt/: *eine Jacke ~ den Mantel ziehen; den Brief ~ das/unters Buch legen; eine Leitung ~ Putz legen* **3.** /lokal/ **3.1.** ⟨mit Dat.⟩ /gibt eine Lage zwischen einer Menge von Personen, Sachen an/; SYN zwischen (1.2): *er saß ~ den Besuchern der Veranstaltung; er stand (mitten) ~ ihnen; er ist gerne ~ Menschen* ('ist gern in Gesellschaft'); *er ist nur einer ~ vielen; er lebt ~ den Bewohnern der Sahara; ~ den Besuchern waren auch zahlreiche Prominente; der Brief lag nicht ~ den Papieren; ~ den Zeitungen fand sich das gesuchte Schreiben* **3.2.** ⟨mit Akk.⟩ /gibt die Richtung einer Bewegung und ihren Endpunkt an; der Endpunkt liegt inmitten einer Menge von Personen, Sachen/; SYN zwischen (1.2): *er mischte sich ~ die Menge, ~ die Zuschauer; er begab sich ~ die Gäste, Zuschauer; Äpfel ~ den Reis, Teig mischen* **4.** ⟨mit Dat.⟩ /modal/ **4.1.** /gibt einen begleitenden Umstand od. das Mittel an/: *~ Tränen erzählte sie von ihrem Unglück; er verließ ~ Protest*

der Anwesenden den Saal; etw. ~ (SYN ²mit 2.3) *Aufbietung aller Kräfte erreichen; etw. findet ~ Ausschluss der Öffentlichkeit statt; er hat sich das ~ Vorspiegelung falscher Tatsachen ergaunert* **4.2.** /gibt ein Verhältnis der Unterordnung an/: *ein Konzert ~ der Leitung von B; die Sozialdemokratische Partei wurde ~ Bismarck* ('in der Zeit, als Bismarck regierte') *verboten; etw. steht ~ dem Kommando von General N;* ⟨+ sich + haben⟩ *er hat etwa 20 Mitarbeiter ~ sich* ('leitet die Arbeit von 20 Mitarbeitern') **4.3.** /gibt eine Relation zwischen Autor und Produkt an/: *das Buch ist ~ dem Namen von B erschienen; das Buch ist ~ fremdem Namen, unter einem Pseudonym erschienen* **4.4.** /gibt auch die Bedingung an/: *wir stimmen dem nur ~ der Voraussetzung zu, dass alle Aufgaben erfüllt werden* **4.5.** vorw. in Abhängigkeit von best. Verben/: *er leidet ~ (der) Kälte, ~ Gedächtnisschwäche* ❖ **darunter, worunter − Unterrock, zuunterst;** vgl. **Unter/unter-;** vgl. **unten**

¹unter- /bildet mit dem zweiten Bestandteil Verben; betont, trennbar (im Präsens u. Präteritum) od. unbetont, untrennbar (z. B. *unterbieten:* er unterbot, er hat unterboten) **1.** /betont, trennbar; drückt aus, dass durch das im zweiten Bestandteil Genannte eine Größe unter eine andere Größe gelangt/: ↗ z. B. *unterpflügen* **2.** /betont, trennbar od. unbetont, untrennbar; drückt aus, dass das im zweiten Bestandteil Genannte das normale Maß unterschreitet und kennzeichnet es als zu niedrig, ungenügend/ ANT ¹über-: ↗ z. B. *unterfordern, unterbewerten* ❖ vgl. **unter/Unter-**

²Unter- /bildet mit dem zweiten Bestandteil Substantive; drückt aus, dass das im zweiten Bestandteil Genannte unter dem normalen Maß liegt und kennzeichnet es als zu niedrig, ungenügend/ ANT ³Über-: ↗ z. B. *Unterdruck* ❖ vgl. **unter/Unter-**

Unter/unter- [ˈʊntɐ..]**|-arm** [ˈ..], **der** 'Teil des Arms zwischen Ellenbogen und Handgelenk'; ↗ FELD I.1.1: *eine Tätowierung auf dem ~* ❖ ↗ Arm; **-bewerten** [ˈ..], unterbewertete, hat unterbewertet /jmd., Institution/ *jmdn., etw. ~* 'jmdn., etw. niedriger bewerten, als ihm zukommt'; ANT überbewerten: *man hat ihn unterbewertet; ich habe seine Fähigkeiten offensichtlich unterbewertet* ❖ ↗ Wert; **-bieten** [ˈb..], unterbot, hat unterboten **1.** /jmd., Geschäft/: *jmdn., ein Angebot, einen Preis ~* ('aus Gründen der Konkurrenz einen geringeren Preis fordern als ein anderer Verkäufer, als ein anderes Geschäft'; ↗ FELD I.16.2: *die Supermärkte ~ die Preise der kleinen Läden;* ⟨rez.⟩ *sich ~: die Händler unterboten sich gegenseitig* **2.** /Sportler/ *eine Zeit ~* 'bei einem Wettkampf weniger Zeit benötigen als vorher, als ein anderer Sportler vorher': *er hat seine persönliche Bestzeit um zwei Sekunden unterboten; sie will die Weltbestzeit ~; einen Rekord ~* ('unter der Zeit des Rekords bleiben') **3.** /jmd., bes. Unternehmen/ *einen Termin ~* 'früher als vorgesehen mit der Arbeit fertig werden': *die Baufirma will den Termin ~* ❖ ↗ bieten; **-bleiben** [ˈb..], unterblieb, ist unterblieben *etw. unterbleibt* 'etw. wird nicht durchgeführt': *die vorgeschriebene Kontrolle war unterblieben; derartige Störungen haben künftig zu* ~ ('sind zu unterlassen') ❖ ↗ bleiben; **-brechen** ['b..] (er unterbricht), unterbrach, hat unterbrochen **1.** /jmd./ *etw.* ~ 'vorübergehend mit einer Tätigkeit o.Ä. aufhören in der Absicht, sie nach einer bestimmten Zeit wieder aufzunehmen': *er unterbrach seine Arbeit, um zu frühstücken; wir* ~ *unsere Sitzung für fünfzehn Minuten* **2.** /jmd./ *etw.* ~ 'den kontinuierlichen Fluss, das Funktionieren von etw. vorübergehend unmöglich machen'; ↗ FELD IX.2.2: *der Monteur musste die Stromzufuhr kurz* ~; *die Telefonverbindung nach außerhalb ist unterbrochen* **3.** /Arzt/ *eine Schwangerschaft* ~ ('die Frucht durch ärztlichen Eingriff abtöten und aus dem Körper entfernen') **4.** /jmd./ *jmdn.* ~ 'jmdn., der spricht, durch eine Bemerkung o.Ä. am Weitersprechen hindern': *er unterbrach mich mitten im Satz; er unterbrach den Redner mit einer Frage, Zwischenfrage; unterbrich mich nicht ständig!; darf ich Sie mal kurz* ~? ❖ ↗ brechen; **-breiten** ['bʀaɪtn̩], unterbreitete, hat unterbreitet /jmd./ *jmdm., etw.* ⟨Dat.⟩ *etw.* ~ 'jmdm., einer Institution einen Vorschlag o.Ä. ausführlich vortragen': *er will mir demnächst ein Angebot* ~; *sie hat uns ihre Vorstellungen, Pläne unterbreitet; der Behörde ein Gesuch, einen Vorschlag* ~ ❖ ↗ breit; **-bringen** ['..], brachte unter, hat untergebracht **1.** /jmd./ **1.1.** *mehrere Personen, Sachen in etw.* ⟨Dat.⟩ ~ 'mehreren Personen in einem Raum, mehreren Sachen in einem Behältnis einen Platz geben'; ↗ FELD I.7.7.2: *wie viele Personen kann man in dem Saal* ~?; *die Sachen in zwei Koffern* ~ **1.2.** *etw. in etw.* ⟨Dat.⟩ ~ 'etw. zur Aufbewahrung, zum Transport in etw. stellen, legen': *den alten Schrank vorläufig im Keller* ~ **2.** ⟨vorw. adj. im Part. II⟩ *etw. ist in etw.* ⟨Dat.⟩ *untergebracht: die Kantine ist im Hauptgebäude untergebracht* ('befindet sich im Hauptgebäude) **3.** /jmd./ *jmdn. in etw.* ⟨Dat.⟩, *bei jmdm.* ~ 'für jmdn. in etw., bei jmdm. eine Unterkunft bereitstellen'; ↗ FELD V.2.2: *kannst du ihn für eine Nacht, drei Tage bei euch* ~?; *die Teilnehmer der Tagung wurden in Hotels untergebracht* **4.** /jmd./ **4.1.** *jmdn. in etw.* ⟨Dat.⟩, *bei etw.* ⟨Dat.⟩ ~ 'dafür sorgen, dass jmd. von einer geeigneten Einrichtung, Firma aufgenommen und betreut, ausgebildet wird, dort arbeiten kann': *er hat seinen Sohn als Lehrling bei der Post, im Stahlwerk untergebracht* **4.2.** *er hat seinen Roman endlich bei einem Verlag untergebracht* ('hat erreicht, dass ein Verlag seinen Roman veröffentlicht') ❖ ↗ bringen; **-dessen** [..'dɛdn̩] ⟨Adv.⟩ **1.1.** SYN 'inzwischen (1)' /betont die Gleichzeitigkeit/: *sie deckte den Tisch, und er kochte* ~ *den Kaffee* **1.2.** /gibt an, dass der in der Vergangenheit beginnende genannte Zeitraum bis heute reicht/: *wir waren lange nicht dort,* ~ *hat sich viel verändert* ❖ ↗ dessen; **-druck** ['..], *der* ⟨Pl.: ~drücke; vorw. Sg.⟩ 'zu geringer Druck (1)'; ANT Überdruck: *etw. erzeugt einen* ~; *im Kessel entstand ein* ~ ❖ ↗ drücken;

-drücken [..'d..], unterdrückte, hat unterdrückt **1.** /Gruppe, Staat/ *eine Gruppe* ~ 'unter Einsatz von Machtmitteln eine gesellschaftliche Gruppe an der Durchsetzung ihrer Interessen hindern': *jahrhundertelang unterdrückte der Feudaladel die Bauern; ein Volk* ~ (SYN 'knebeln 2'); ⟨vorw. adj. im Part. II⟩ *unterdrückte Minderheiten; die einst kolonial unterdrückten Völker, Stämme Afrikas* **2.** /jmd./ *jmdn., eine Gruppe* ~ 'jmdn., eine Gruppe gewaltsam daran hindern, sich zu verwirklichen': *er hat seine Frau, Familie tyrannisiert und unterdrückt* **3.** /Truppen, Polizei, Staat/ *einen Aufstand, einen Aufruhr, eine Rebellion* ~ ('durch militärischen Einsatz gewaltsam verhindern, beenden') **4.** /jmd./ *etw.* ~ 'sich zwingen, aufkommende Gedanken nicht zu äußern, Gefühle nicht zu zeigen, nicht merken zu lassen'; SYN verbergen (2): *er unterdrückte eine ironische Bemerkung; nur mit Mühe konnte sie das Lachen, ihre Empörung* ~; *seine Wut, Erregung* ~ (SYN 'dämmen 2') ❖ ↗ drücken; **-einander** [..'nandɐ] ⟨Adv.⟩ **1.** /lokal/ **1.1.** 'einer, eines unter dem anderen': *die Bilder hängen in einer Reihe* ~ **1.2.** 'einer unter den anderen, eines unter das andere': *die Namen müssen* ~ *in die linke Spalte der Liste eingetragen werden* **2.** /gibt den Rahmen an, innerhalb dessen eine bestimmte Gruppe agiert/ **2.1.** *das müsst ihr* ~ ('in eurem Kreis') *regeln; die Geschwister wollen das Erbe* ~ ('unter allen Geschwistern') *aufteilen* **2.2.** ⟨zur Verstärkung des rez. Pron. sich im Dat. und Akk.⟩: *die Nachbarn helfen sich* ⟨Dat.⟩ ~ ('sich gegenseitig'); *im Kollegenkreis duzen wir uns* ~ ('duzt einer den anderen') ❖ ↗ ¹ein, ↗ anderer MERKE Verbindungen aus *untereinander* + Vb. werden getrennt geschrieben; **-entwickelt** ['..ɛntvɪkəlt] ⟨Adj.; Steig. reg., ungebr.⟩ 'in der körperlichen, geistigen Entwicklung zurückgeblieben' /auf Personen bez./: *ein* ~*es Kind; der Junge ist körperlich gesund, aber geistig* ~; *das Kind wirkt* ~ ❖ ↗ entwickeln; **-fangen** ['f..], **sich** (er unterfängt sich), unterfing sich, hat sich unterfangen geh. /jmd./ *sich* ~, *etw. Bestimmtes zu tun* **1.1.** *er hat sich* ~ ('hatte den Mut'), *den Streit schlichten zu wollen* **1.2.** *wie konnte er sich* ~ (SYN 'sich unterstehen 2'), *gegen diese Anweisung zu handeln?* ❖ Unterfangen; **-fangen, das;** ~s, ~ ⟨vorw. Sg.⟩ geh. SYN 'Unternehmen (2)': *ein gewagtes, sinnloses* ~; *es ist ein schwieriges* ~, *ihn von seinem Vorhaben abzubringen* ❖ ↗ unterfangen; **-fordern** ['f..], unterforderte, hat unterfordert /jmd., etw./ *jmdn.* ~ 'jmdn. weniger beanspruchen, als er zu leisten imstande ist'; ANT überfordern ⟨vorw. adj. im Part. II⟩ *in dieser Klasse, mit dieser Arbeit ist er unterfordert* ❖ ↗ fordern; **-führung** ['f..], *die;* ~, ~en 'Bauwerk, das es ermöglicht, dass eine Straße unter einer höher gelegenen Eisenbahnstrecke od. einer anderen Straße hindurchgeht'; ANT Überführung: *die* ~ *unter einer Autobahn* ❖ ↗ führen; **-gang** ['..], *der* **1.** ⟨vorw. Sg.⟩ ANT Aufgang; ↗ FELD I.7.2.1: *der* ~ ('das Untergehen 1') *der Sonne, des Mondes* **2.** ⟨vorw. Sg.⟩ 'das Untergehen 2': *beim* ~ *des*

Schiffes kam die ganze Besatzung ums Leben **3.**
⟨o.Pl.⟩ ˈdas Untergehen 3ˈ: *der ~ des Römischen
Reiches;* /etw., jmd./ *jmds. ~ sein* ˈjmdn. zugrunde
richten': *der Alkohol war sein ~* ❖ ↗ *gehen* * geh.
/etw., bes. Staat, Kultur/ **dem ~ geweiht sein** ˈmit
Sicherheit in absehbarer Zeit untergehen': *das
Reich der Inkas, diese Kultur war dem ~ geweiht;*
-gehen ['..], ging unter, ist untergegangen **1.** *die
Sonne, der Mond geht unter* (ˈverschwindet unter
dem Horizont'; ANT aufgehen 1) **2.1.** /Wasserfahr-
zeug/ SYN ˈsinken (1.2)'; ↗ FELD IV.1.2: *das
Schiff ging unter, ist untergegangen* **2.2.** /jmd./ ˈun-
ter die Wasseroberfläche geraten': *das Kind ist ins
Wasser gefallen und sofort untergegangen* **3.** ⟨vorw.
im Prät. u. Perf.⟩ *etw. geht unter* ˈetw., bes. ein
Staat, hört auf zu bestehen': *wann ist das Reich der
Inkas untergegangen?; eine ~de Gesellschaft; eine
untergegangene Kultur* **4.** /etw./ *in etw.* ⟨Dat.⟩ *~:
seine Bemerkung ging in dem allgemeinen Tumult
unter* (ˈwar in dem allgemeinen Tumult nicht zu hö-
ren') ❖ ↗ gehen; **-graben** ['g..] (er untergräbt), un-
tergrub, hat untergraben /jmd./ *etw. ~* ˈetw., das
jmds. soziale Geltung ausmacht, vorsätzlich lang-
sam und unmerklich zerstören': *er will ihr Ansehen,
ihre Autorität ~;* /etw./ *das Rauchen hat seine Ge-
sundheit ~* (ˈzerrüttet') ❖ ↗ graben; **-grund** ['..], **der**
⟨o.Pl.⟩ **1.** ˈunter der Oberfläche liegende Schicht
des Bodens': *der ~ stellt für die Pflanzen ein Was-
serreservoir dar; die Beschaffenheit des ~s* **2.** ˈBo-
den unterhalb eines Bauwerks': *das Gebäude steht
auf felsigem ~; der ~ hat sich während der Bauar-
beiten gesenkt* **3.** ˈFläche, auf die man Farbe
streicht oder etw. legt': *ein saugfähiger ~; der ~ ist
aus Papier, Holz, Leinen* ❖ ↗ Grund; **-¹halb** ['..]
⟨Adv.⟩ *~ von etw.* ⟨Dat.⟩ ˈtiefer als etw. gelegen,
befindlich'; ANT oberhalb: *~ vom Dorf erstreckt
sich ein Tal* ❖ ↗ ¹unter; **-²halb** ⟨Präp. mit Gen.;
vorangestellt⟩ /lokal; gibt eine Lage unter einer (ge-
dachten) Linie auf einer senkrechten Fläche an/;
ANT oberhalb: *~ des Dorfes liegt ein See; die
Wiese liegt ~ des Berges; eine Wunde ~ des Knies*
❖ ↗ ¹unter; **-halt** ['..], **der** ⟨o.Pl.⟩ **1.** SYN ˈLebens-
unterhalt': *sie verdient sich ihren ~ als Schneiderin;
wovon bestreitet er seinen ~?; für jmdn. ~ zahlen*
(ˈregelmäßig eine bestimmte, gerichtlich festgelegte
Summe für jmds. Lebensunterhalt zahlen müssen')
2. ˈdas Unterhalten (2)': *der Staat stellt finanzielle
Mittel für den ~ von Theatern und Museen bereit* ❖
↗ halten; **-halten** ['h..] (er unterhält), unterhielt, hat
unterhalten **1.** /jmd./ *jmdn. ~* SYN ˈjmdn. ernähren
(2)': *er hat eine große Familie zu ~* **2.** /Unterneh-
men, Organisation, jmd./ *etw. ~* ˈeine Einrichtung,
Anlage, ein Gebäude o.Ä. finanzieren und instand
halten': *der Betrieb unterhält eine Kinder-
tagesstätte; das Stadion, der Verein wird von einem
Sportklub, Sponsor ~* **3.** /jmd./ *etw. ~* ˈein Geschäft
o.Ä. in eigener Verantwortung, auf eigene Kosten
und zu eigenem Nutzen führen': *seine Eltern unter-
hielten ein kleines Café* **4.** /jmd., Institution/ *etw.
zu jmdm., einer Institution ~* ˈBeziehungen o.Ä. zu

jmdm., einer Institution haben und pflegen': *das
Land unterhält Handelsbeziehungen zu vielen Staa-
ten;* /zwei od. mehrere (jmd., Institution)/: *die bei-
den Familien ~ engen freundschaftlichen Kontakt*
(ˈstehen miteinander in engem freundschaftlichen
Kontakt') **5.** /zwei od. mehrere (jmd.)/ *sich* ⟨rez.⟩
~ ˈmiteinander über etw., jmdn. (auf angenehme
Weise) ein Gespräch führen': *sie haben sich den
ganzen Abend lang angeregt ~; worüber habt ihr
euch ~?; sie haben sich miteinander ~;* /jmd./ *sich
mit jmdm. ~: mit ihm kann man sich gut (über
alles) ~;* vgl reden (1.3), sprechen (4.1) **6.** /jmd./
jmdn. ~ ˈjmdm. auf angenehme, vergnügliche
Weise die Zeit vertreiben': *er versuchte, die Gäste
mit Anekdoten zu ~; zwischen den Tänzen unterhielt
ein Conférencier das Publikum;* /zwei oder mehrere
(jmd.)/ *sich* ⟨rez.⟩ *~: wir haben uns auf der Party
gut ~* ❖ zu (5,6): Unterhaltung – Unterhaltungs-
musik; zu (1–3): ↗ halten; **-haltung** ['h..], **die**; ~,
~en **1.** /zu *unterhalten* 5/ SYN ˈGespräch (1)': *eine
lebhafte, interessante ~; mit jmdm. eine ~ führen; sie
beteiligte sich nicht an der ~* **2.** ⟨o.Pl.⟩ /zu *unterhal-
ten* 6/ ˈdas (Sich)unterhalten': *er trug viel zur ~ der
Gäste bei, ich wünsche Ihnen angenehme ~!* /wird vor
Beginn einer heiteren Veranstaltung von dem dafür
Verantwortlichen zu den Anwesenden gesagt/ ❖ ↗
unterhalten; **-haltungsmusik** ['haltʊŋs..], **die** ⟨o.Pl.⟩
ˈleichte Musik zur Unterhaltung (2)': *das Orchester
spielte Volksweisen und ~* ❖ ↗ unterhalten * Mu-
sik; **-hemd** ['..], **das** ˈHemd, das von männlichen
Personen unter der Oberbekleidung direkt auf dem
Körper getragen wird'; ↗ FELD V.1.1: *ein ärmello-
ses ~* ❖ ↗ Hemd; **-holz** ['..], **das** ⟨o.Pl.⟩ ˈGesamt-
heit aller im Wald unter hohen Bäumen wachsen-
den Sträucher, Büsche, kleineren Bäume'; ↗
FELD II.4.1: *das Reh flüchtete ins ~* ❖ ↗ Holz;
-hose ['..], **die** ˈHose, die von männlichen Personen
unter der Oberbekleidung direkt auf dem Körper
getragen wird'; ↗ FELD V.1.1: *eine kurze, lange
~; er trägt eine lange ~/lange ~* ❖ ↗ Hose
MERKE Zum Sg. u. Pl. von *Unterhose:* ↗ Hose
(Merke); **-irdisch** ['../ɪrd..] ⟨Adj.; o. Steig.; vorw.
attr.⟩ ˈunter der Erdoberfläche befindlich': *ein ~er
Gang; die Abwässer werden ~ abgeleitet* ❖ ↗ Erde;
-jochen ['joxn̩], unterjochte, hat unterjocht emot.
/jmd., Institution, Regierung, Land/ *ein Volk, Land
~* ˈein Volk, Land mit militärischer Gewalt unter-
werfen und unterdrücken': *die deutschen Faschisten
hatten fast ganz Europa unterjocht; kolonial unter-
jochte Völker* ❖ ↗ Joch; **-kommen** ['..], kam unter,
ist untergekommen /jmd./ *irgendwo ~* **1.1.** *er
konnte für drei Tage bei Bekannten, im Hotel ~*
(ˈeine Unterkunft finden'; ↗ FELD I.7.7.2) **1.2.** *er
versucht, bei der Post unterzukommen* (ˈeinen Ar-
beitsplatz, eine Lehrstelle zu bekommen') ❖ ↗
kommen; **-kriegen** ['..] ⟨reg. Vb.; hat⟩ umg. /jmd.,
etw.⟩ *jmdn. ~* ˈjmdn. in einer Auseinandersetzung
dazu bringen, dass er den Mut verliert und den Wi-
derstand aufgibt': *er hat ihn schließlich doch unter-
gekriegt;* METHAPH *die Krankheit hat ihn nicht ~*

können ❖ ↗ kriegen * /jmd./ **sich nicht ~ lassen** (ˈtrotz aller Schwierigkeiten nicht den Mut verlieren'); **-kunft** [ˈ..kʊnft], **die**; ~, Unterkünfte [ˈ..kʏnftə] ˈRaum o.Ä., in dem man übernachten, sich vorübergehend aufhalten, wohnen kann'; SYN Obdach, Quartier: *eine ~ für eine Nacht, drei Tage suchen;* ~ *und Verpflegung kosten 50 Mark pro Tag* ❖ ↗ kommen; **-lage** [ˈ..], **die 1.** ˈflächiges Stück eines bestimmten Materials, das z. B. zum Schutz od. um darauf eine Tätigkeit zu verrichten, unter etw., jmdn. gelegt wird': *eine dicke, weiche ~; eine ~ aus Gummi, Filz; das Gerät muss auf einer glatten ~ stehen; der Kranke soll auf einer harten ~ liegen* **2.** ⟨nur im Pl.⟩ ˈSchriftstück, Schriftstücke, die als Beleg, Beweis dienen': *amtliche, persönliche, statistische ~n; bei einer Bewerbung die erforderlichen ~n einreichen, prüfen; jmdm. Einblick in die ~n gewähren; das geht aus meinen ~n nicht hervor* ❖ ↗ liegen; **-lass** [ˈ..las]: *ohne ~* ˈunaufhörlich': *es regnete drei Tage lang ohne ~; das Telefon klingelte ohne ~* ❖ ↗ lassen; **-lassen** [ˈl..] (er unterlässt), unterließ, hat unterlassen **1.** /jmd./ *etw. ~* ˈetw., das man tun könnte od. müsste, bewusst und aus bestimmten Gründen nicht tun': *diesmal unterließ er seine ironischen Bemerkungen;* ⟨oft mit Nebens.⟩ *er hat es wohlweislich ~, ihn danach zu fragen; ich möchte Sie bitten, das Rauchen zu ~* (ˈnicht zu rauchen')! **2.** /jmd./ *er hat es ~* (ˈversäumt'), *den zuständigen Leiter darüber zu informieren* ❖ ↗ lassen; **-legen** [ˈl..] ⟨Adj.; o. Steig.; vorw. präd. (mit *sein*)⟩; ↗ auch *unterliegen* /jmd., Gruppe, etw./ *jmdm., etw.* ⟨Dat.⟩ *~ sein* ˈin bestimmter Hinsicht schwächer als ein anderer od. etw. anderes, die anderen sein'; ANT ²überlegen: *er ist seinem Bruder geistig, an Kraft ~; die dem Gegner (zahlenmäßig) weit ~en Truppen; das Produkt ist dem der Konkurrenz weit ~* ❖ ↗ liegen; **-leib** [ˈ..], **der** ⟨o.Pl.⟩ ˈunterer Teil des Bauches mit den Geschlechtsorganen' /vorw. bei weiblichen Personen/; ↗ FELD I.1.1: *sie hat Schmerzen im ~, wurde am ~ operiert; er hat ihn brutal in den ~ getreten* ❖ ↗ Leib; **-liegen** [ˈl..], unterlag, hat/ist unterlegen; ↗ auch *unterlegen* **1.** ⟨ist⟩ /jmd./ *jmdm. ~* ˈin einem Wettbewerb, Wettkampf o.Ä. von jmdm. bezwungen, besiegt werden'; ANT siegen: *die Mannschaft unterlag dem Gegner (mit) 3:2; der Kandidat unterlag bei der Abstimmung* (ˈerhielt bei der Abstimmung weniger Stimmen als ein anderer') **2.** ⟨ist⟩ /jmd./ *etw.* ⟨Dat.⟩ *~* ˈeinem psychischen Druck erliegen': *schließlich unterlag er der Versuchung* **3.** ⟨hat⟩ /etw./ *etw.* ⟨Dat.⟩ *~* ˈin seinem Charakter, seiner Entwicklung von etw. bestimmt werden': *die Kleidung hat stets der Mode unterlegen; die Auskünfte ~ der ärztlichen Schweigepflicht* (ˈfür Auskünfte gilt die ärztliche Schweigepflicht'); *dieses Verbrechen unterliegt nicht der Verjährung* (ˈverjährt nicht'); ⟨drückt ein Passiv aus⟩ *die Produkte ~ einer strengen Kontrolle* (ˈwerden streng kontrolliert') ❖ ↗ liegen

unterm [ˈʊntɐm] ⟨Verschmelzung von Präp. *unter* (Dat.) + Art. *(dem)*⟩: ↗ ²*unter* (1)

unter|mauern [ˈm..], untermauerte, hat untermauert /jmd., etw./ *etw. ~* ˈbestimmte Ausführungen mit stichhaltigen Argumenten, durch Beweise stützen'; SYN fundieren: *etw. wissenschaftlich, theoretisch ~; er hat seine Thesen mit Fakten untermauert; die Fotos ~ die Aussage der Reportage; eine statistisch untermauerte Analyse* ❖ ↗ **Mauer**

untern [ˈʊntɐn] ⟨Verschmelzung von Präp. *unter* (Akk.) + Art. *(den)*⟩: ↗ ²*unter* (1)

unter/Unter|-nehmen [ˈn..] (er unternimmt), unternahm, hat unternommen **1.** /jmd./ **1.1.** *etw. ~* ˈetw. tun, was bestimmte Aktivitäten verlangt': *eine Expedition zum Nordpol ~; wir haben mehrere Versuche, Vorstöße unternommen; sie ~* (ˈmachen') *jeden Abend einen langen Spaziergang* **1.2.** *etw. ~* ˈetw. tun, um sich zu vergnügen': *was wollen wir heute Abend ~?* **2.** /jmd./ *etw. ~* ˈgegen eine Maßnahme, die man für falsch hält, gegen eine Person, Institution, deren Maßnahmen man für falsch hält, in geeigneter Weise vorgehen': *hast du schon etwas in dieser Angelegenheit unternommen?; etw., nichts gegen etw., jmdn. ~: dagegen musst du etw. ~!; sie will nichts gegen ihn ~* ❖ Unternehmen, Unternehmer – Mammutunternehmen, Unternehmensberater, Unternehmensberatung; zu (1.2): ↗ nehmen; **-nehmen, das**; ~s, ~ **1.** ˈBetrieb, Vereinigung mehrerer Betriebe der Industrie, des Handels, Verkehrs': *ein staatliches, kommunales, privates, erfolgreiches ~; ein ~ gründen, aufbauen, leiten, managen; an der Finanzierung des ~s sind mehrere Banken beteiligt* **2.** ˈgeplante Aktion, deren Ergebnis als unsicher, gefährlich angesehen wird'; SYN Unterfangen: *ein kühnes, schwieriges, gefährliches ~; ein ~ planen, durchführen; das ~ ist gescheitert* ❖ ↗ unternehmen; **-nehmensberater** [ˈneːmənsbəʁaːtɐ], **der** ˈFachmann auf dem Gebiet der Unternehmensberatung'; ↗ FELD I.10: *er ist, arbeitet als ~* ❖ ↗ unternehmen, ↗ Rat; **-nehmensberatung** [ˈneːməns..], **die** ˈBeratung (für die Gründung) eines Unternehmens, bes. das Finanzielle betreffend' ❖ ↗ unternehmen, ↗ Rat; **-nehmer** [ˈneːmɐ], **der**; ~s, ~ ˈjmd., der ein privates Unternehmen (1) besitzt, leitet'; ↗ FELD I.10: *ein bekannter, erfolgreicher ~; er ist ~* ❖ ↗ unternehmen; **-offizier** [ˈ..], **der 1.** /Angehöriger der Land-, Luftstreitkräfte mit einem bestimmten Dienstgrad (↗ Tafel XX)/: *er ist zum ~ befördert worden* **2.** ⟨nur im Pl.⟩ /Angehörige der Land-, Luftstreitkräfte mit einem Dienstgrad zwischen Unteroffizier (1) und Leutnant/: *die Offiziere und ~e der Bundeswehr* ❖ ↗ Offizier; **-ordnen** [ˈ..], ordnete unter, hat untergeordnet /jmd./ *sich jmdm., etw.* ⟨Dat.⟩ *~* ˈjmdn., jmds. Willen als bestimmend für sich selbst anerkennen': *es fällt ihm nicht leicht, sich anderen unterzuordnen; schließlich hat er sich ihrem Wunsch untergeordnet; er will sich nicht ~* ❖ ↗ ordnen; **-pflügen** [ˈ..] ⟨trb. reg. Vb.; hat⟩ /jmd./ *etw. ~* ˈetw. durch Pflügen unter die Erde bringen': *den Dung, Dünger ~* ❖ ↗ Pflug; **-redung** [ˈʁeːd..],

die; ~, ~en ʻder Klärung einer Angelegenheit dienendes, sachliches Gespräch mit jmdm.ʼ: *eine wichtige, vertrauliche ~; den Direktor um eine ~ bitten; mit jmdm. eine ~ vereinbaren; sie hatte in dieser/ über diese Frage eine lange ~ mit ihm* ❖ ↗ reden

Unterricht [ˈʊntɐrɪçt], **der**; ~s, ⟨o.Pl.⟩ **1.** ʻin einer Schule o.Ä. regelmäßig unter der Leitung eines Lehrers durchgeführte, systematische Vermittlung und Aneignung von Kenntnissen, Fähigkeiten, Fertigkeitenʼ: *der naturwissenschaftliche, fremdsprachliche ~; ein lebendiger ~; der ~ in den Fächern Geschichte und Deutsch; der ~ beginnt um acht Uhr; morgen fällt der ~ aus; der Schüler nimmt regelmäßig am ~ teil, ist dem ~ unentschuldigt ferngeblieben, hat den ~ geschwänzt* **2.** /beschränkt verbindbar/: *jmdm. ~ geben, erteilen* ʻeinem Schüler regelmäßig und systematisch bestimmte Kenntnisse, Fähigkeiten, Fertigkeiten vermittelnʼ: *sie erteilt Kindern ~ in Gitarre und Klavier; der junge Kollege, unser Lehrer gibt einen interessanten ~ in Chemie; bei jmdm. in etw.* ⟨Dat.⟩ *~ nehmen* ʻsich unter der Leitung eines Lehrers regelmäßig und systematisch Kenntnisse, Fähigkeiten, Fertigkeiten in einem bestimmten Fach aneignenʼ: *bei wem, wo kann man ~ in Gesang, im Zeichnen nehmen?* ❖ **unterrichten** – **Unterrichtsstunde**

unterrichten [ˈʀ..], unterrichtete, hat unterrichtet **1.** /jmd., bes. Lehrer/ **1.1.** *jmdn. in etw.* ⟨Dat.⟩ *~* ʻjmdm. in einem bestimmten Fach Unterricht gebenʼ; SYN unterweisen (1): *er unterrichtet die Schüler der Oberstufe im Fach Deutsch und in Englisch* **1.2.** *etw. ~* ʻin einem bestimmten Fach Unterricht gebenʼ: *welcher Lehrer unterrichtet in eurer Klasse Physik?; sie unterrichtet mehrere Fächer* **2.** /jmd./ **2.1.** *jmdn., sich über etw. ~* ʻjmdn., sich informieren, wie etw. ist, verläuftʼ: *der Arzt unterrichtete sich über den Zustand des Verunglückten; die Presse unterrichtet die Leser ausführlich über den Staatsbesuch; falsch, einseitig unterrichtet sein; wie wir von unterrichteter Seite, aus unterrichteten Kreisen* (ʻvon Personen, die es genau wissenʼ) *erfahren haben, stehen die Verhandlungen kurz vor dem Abschluss* **2.2.** *jmdn. von etw.* ⟨Dat.⟩ *~* ʻjmdn., eine Behörde informieren, dass etw. geschehen ist, sich etw. ereignet hatʼ: *er unterrichtete sofort die Polizei von dem Vorfall, Einbruch* ❖ ↗ **Unterricht**

Unterrichts|stunde [ˈʊntɐrɪçts..], **die** ʻzeitliche Einheit des Unterrichts von meist 45 Minutenʼ: *die Schüler haben täglich sechs ~n; eine ~ schwänzen; die letzte ~ fällt heute aus* ❖ ↗ **Unterricht**, ↗ **Stunde**

Unter|rock [ˈ..], **der** ʻeinem längeren Hemd ähnliches Wäschestück für weibliche Personen, das unter dem Kleid, Rock getragen wirdʼ ❖ ↗ **²unter**, ↗ **Rock**

unters [ˈʊntɐs] ⟨Verschmelzung von Präp. *unter* (Akk.) + Art. *(das)*⟩: ↗ **²unter** (1)

unter/Unter|-sagen [..ˈz..], untersagte, hat untersagt /jmd./ *jmdm. etw. ~* SYN ʻjmdm. etw. verbieten (1)ʼ: *der Arzt hat ihm das Rauchen untersagt; etw. ist untersagt: die Einfuhr von Schusswaffen ist*

strengstens, bei Strafe untersagt* (ʻverboten 1ʼ) ❖ ↗ sagen; **-schätzen** [ˈʃ..], unterschätzte, hat unterschätzt /jmd./ *etw., jmdn. ~* ʻetw., jmdn. zu gering einschätzenʼ; ANT überschätzen; ↗ FELD I.4.2.2: *sie ~ die Entfernung, Gefahr; du hast ihn, seine Fähigkeiten gewaltig unterschätzt; jmd., etw. ist nicht zu ~: der Gegner ist nicht zu ~* (ʻist starkʼ); *sein nicht zu ~der* (ʻsein großerʼ) *Einfluss* ❖ ↗ Schatz; **-scheiden** [ˈʃ..], unterschied, hat unterschieden **1.** /jmd./ *jmdn. von jmdm., etw. von etw.* ⟨Dat.⟩ *~* ʻeinen Unterschied, Unterschiede zwischen zwei Personen, Sachen feststellenʼ: *kannst du ihn von seinem Bruder, eine Fichte von einer Tanne/eine Fichte und eine Tanne (voneinander) ~?; zwei od. mehrere Personen, Sachen, zwischen zwei od. mehreren Sachen ~: man kann die Zwillinge kaum (voneinander) ~; es fällt ihm schwer, zwischen Wesentlichem und Unwesentlichem zu ~; jmd. ist von jmdm./etw. ist von etw. leicht, schwer zu ~; zwei od. mehrere Personen, Sachen sind leicht, schwer voneinander zu ~* (ʻman kann zwischen zwei od. mehreren Personen, Sachen leicht, schwer einen Unterschied feststellenʼ) **2.1.** /jmd./ *sich durch etw., in etw.* ⟨Dat.⟩ *von jmdm. ~* ʻdurch ein bestimmtes Merkmal von einer anderen Person, anderen Personen verschieden seinʼ: *sie unterscheidet sich von ihrer Schwester nur durch die Augenfarbe, in ihrem Gang; /etw./ sich durch etw., in etw.* ⟨Dat.⟩ *von etw. ~: das blaue Kleid unterscheidet sich von dem roten nur in der Stoffqualität; /mehrere (jmd., etw.)/: sie ~ sich stark, kaum (voneinander); in diesem Punkt ~ sich ihre Meinungen* **2.2.** /etw./ *jmdn. von jmdm., etw. von etw.* ⟨Dat.⟩ *~* ʻdas bestimmte Merkmal sein, durch das jmd. von jmdm., etw. von etw. verschieden istʼ: *seine Lebhaftigkeit unterscheidet ihn deutlich von seinen Geschwistern* **3.** /jmd./ *jmdn., etw. ~* ʻjmdn., etw. mit Hilfe der Sinnesorgane, bes. akustisch od. optisch, wahrnehmen und identifizierenʼ: *in der Dunkelheit war es unmöglich, die Personen zu ~; trotz des Lärms konnte man deutlich ihre helle Stimme ~* ❖ ↗ scheiden; **-schenkel** [ˈ..], **der** ʻTeil des Beines zwischen Knie und Knöchelʼ; ↗ FELD I.1.1 ❖ ↗ Schenkel: *er hat muskulöse, dünne, dicke ~*; **-schieben** [ˈ../..ˈʃ..], unterschob, hat unterschoben/schob unter, hat untergeschoben /jmd./ *jmdm. etw. ~* ʻjmdm. etw. in hinterhältiger Weise unterstellenʼ: *man hat ihm betrügerische Absichten unterschoben/untergeschoben; jmdm. einen Brief ~* (ʻin hinterhältiger Weise unterstellen, dass er der Verfasser eines bestimmten Briefes istʼ) ❖ ↗ schieben; **-schied** [ˈ..ʃiːt], **der**; ~s, ~e **1.** ʻdas Verschiedensein zweier od. mehrerer Personen, Sachenʼ: *ein kleiner, gewaltiger, grundlegender ~; soziale ~e; zwischen ihren Auffassungen besteht kein ~; worin besteht der ~ zwischen einer Biene und einer Wespe?; die ~e in der Qualität sind gering, beträchtlich; die ~e sind nicht zu übersehen; im ~ zu jmdm., etw.* ⟨Dat.⟩*/zum ~ von jmdm., etw.* ⟨Dat.⟩: *im ~ zu ihrer Schwester trägt sie eine Brille* (ʻsie unterscheidet sich von ihrer Schwester dadurch, dass sie eine Brille trägtʼ) **2.**

ohne ~: *die Schuldigen werden ohne* ~ ('ohne Ausnahmen, in gleicher Weise') *zur Verantwortung gezogen;* ⟨+ Gen.attr.⟩ *die Demonstranten forderten gleiches Recht für alle ohne* ~ *der Rasse* ('ohne dass auf Grund der Rasse differenziert wird') **3.** *einen, keinen* ~ *zwischen zwei od. mehreren Personen, Sachen machen* ('(nicht) zwischen zwei od. mehreren Personen, Sachen unterscheiden (1)': *einen* ~ *zwischen Absicht und Fahrlässigkeit machen; er macht keinen* ~ *zwischen den Kollegen* ('behandelt alle Kollegen gleich') ❖ ↗ scheiden; **-schiedlich** ['..ʃɪːt..] ⟨Adj.; Steig. reg.⟩ ANT ¹*gleich* (1) **1.1.** SYN 'verschieden': *Bretter* ~*er Länge/von* ~*er Länge; Mäntel* ~*er Größe/von* ~*en Größen; Staaten mit* ~*er Gesellschaftsordnung; die beiden Freunde sind (im Charakter) sehr* ~; ~ *groß, hoch sein* **1.2.** ⟨vorw. präd.⟩ */zwei od. mehrere (etw.)/* ~ *sein* 'in bestimmter Hinsicht nicht so gleichmäßig wie angestrebt, erwünscht sein': *die Produkte, Erzeugnisse sind in ihrer Qualität (leider) recht* ~; *die Farben sind* ~ *ausgefallen* ❖ ↗ scheiden; **-schlagen** ['ʃ..] (er unterschlägt), *unterschlug, hat unterschlagen* */jmd./ etw.* ~ **1.1.** 'sich fremdes Geld, fremde Sachen, die einem anvertraut sind, in betrügerischer Weise aneignen'; SYN veruntreuen: *er hat eine größere Summe, Waren, Gelder* ~ **1.2.** 'etw. bewusst verschweigen': *der Referent hat einige wichtige Fakten* ~; *sie hat den Brief* ~ ❖ Unterschlagung; **-schlagung** ['ʃlaːg..], die; ~, ~en 'das Unterschlagen (1)': ~*en sind strafbar; eine* ~ *begehen* ('etw. unterschlagen') ❖ ↗ unterschlagen; **-schlupf** [ʃlʊpf], der; ~*s/auch* ~*es,* ~*e* ⟨vorw. Sg.⟩ **1.1.** 'Stelle, die einem Tier (vorübergehend) Sicherheit, Schutz bietet': *der Igel kam aus seinem* ~ *hervor* **1.2.** 'Stelle, wo jmd. vorübergehend Unterkunft, Schutz findet': *die alte Scheune bot den Wanderern* ~ *für die Nacht, vor dem Regen* **1.3.** 'Möglichkeit, sich als Verfolgter zu verstecken': *der Bankräuber fand bei einem Freund* ~; *jmdm.* ~ *gewähren* ❖ ↗ schlüpfen; **-schreiben** ['ʃ..], *unterschrieb, hat unterschrieben /jmd./ etw.* ~ 'zum Zeichen der Bestätigung handschriftlich seinen eigenen Namen unter ein Schriftstück setzen': *einen Vertrag, Antrag* ~; ~ *Sie bitte mit Vor- und Zunamen!; er hat (eigenhändig) unterschrieben* ('hat mit seiner Unterschrift bestätigt'), *dass er einverstanden ist* ❖ ↗ schreiben; **-schrift** ['..], die 'zum Zeichen der Bestätigung unter ein Schriftstück gesetzter Name': *die eigenhändige* ~ *des Antragstellers; eine* ~ *leisten, fälschen* ❖ ↗ schreiben; **-schwellig** ['..ʃvɛlɪç] ⟨Adj.; o. Steig.⟩ 'unbewusst vorhanden': *eine* ~*e Angst; diese Reize wirken* ~ ❖ ↗ Schwelle; **-seeboot** ['..], das; ↗ auch *U-Boot* 'Schiff, das tauchen und längere Zeit unter Wasser fahren kann und bes. für militärische Zwecke eingesetzt wird': *das* ~ *taucht auf; das Schiff wurde von* ~*en versenkt; sie haben einen ganz neuen Typ des* ~*s entwickelt* ❖ ↗ See, ↗ Boot; **-setzt** ['zɛtst] ⟨Adj.; o. Steig.⟩ 'von mittelgroßer und kräftiger Gestalt' */bes. auf einen erwachsenen Mann bez./:* *ein* ~*er Mann; er ist* ~, *wirkt etw.* ~; **-stehen** ['ʃt..],

unterstand, hat unterstanden **1.** */jmd., Betrieb, Institution/ jmdm., etw.* ⟨Dat.⟩ ~ 'jmdm., einer Institution unterstellt (II.1) sein': *das Amt untersteht unmittelbar dem Ministerium; ihm* ~ *zwanzig Mitarbeiter* **2.** */jmd./ sich* ~, *etw. Bestimmtes zu tun* 'so frech, dreist sein, etw. Bestimmtes zu tun'; SYN unterfangen (1.2): *niemand unterstand sich, gegen diese Anweisung zu handeln; wie kannst du dich* ~, *mir so etwas zu unterstellen!; /oft als drohende Warnung/ untersteh dich* ('wage das ja nicht')! ❖ ↗ stehen; **-stellen I.** ['..] ⟨trb. reg. Vb.; hat⟩ **1.** */jmd./ etw.* ~ 'etw. unter etw. stellen': *wenn es durchregnet, musst du einen Eimer* ~ **2.** */jmd./ etw. irgendwo, bei jmdm.* 'etw. (vorübergehend) in einem Raum, bei jmdm. unterbringen'; ↗ FELD I.7.7.2: *er hat sein Motorrad in unserer Garage untergestellt; wir mussten die Möbel vorerst bei Bekannten* ~ **3.** */jmd./ sich* ~ 'sich bei Regen dort hinstellen, wo man davor geschützt ist': *wenn der Regen noch stärker wird, muss ich mich, müssen wir uns* ~ − **II.** ['ʃt..] *unterstellte, hat unterstellt* **1.** */jmd., Institution/ jmdn., etw. jmdm., etw.* ⟨Dat.⟩ 'festlegen, dass jmd., eine Institution von einem Leiter, einer übergeordneten Institution Weisungen erhält und kontrolliert wird': *man will ihn, die Abteilung unmittelbar dem Direktor* ~; *die Behörde ist dem Ministerium direkt unterstellt; wie viele Mitarbeiter sind ihm unterstellt?* **2.** */jmd./ jmdm. etw.* ~ 'von jmdm., um ihm zu schaden, fälschlich etw. behaupten'; SYN unterschieben: *jmdm. böse Absichten* ~; *wie können Sie mir* ~, *dass ich darüber informiert war!* **3.** ⟨in der kommunikativen Wendung⟩ *wir wollen einmal* ~/ ~ *wir einmal* ('gehen wir bei unseren Überlegungen einmal von der Möglichkeit aus'), *dass ...:* ~ *wir einmal, dass diese Annahme richtig ist /wird gesagt, wenn ein Problem o.Ä. hypothetisch erläutert wird/* ❖ zu (II): Unterstellung; zu (I): ↗ stellen; **-stellung** ['ʃt..], die; ~, ~en /zu *unterstellen* II.2/ 'etw. Unterstelltes': *das ist eine bösartige, infame* ~*!* ❖ ↗ unterstellen; **-stützen** ['ʃt..], *unterstützte, hat unterstützt* **1.** */jmd., Institution/ jmdn.* ~ 'jmdm., der sich in einer schwierigen Lage befindet, materielle Hilfe zuteil werden lassen, bei einem schwierigen Vorhaben helfen': *jmdn. finanziell, materiell, mit Rat und Tat* ~; *viele Länder* ~ *die Bevölkerung des Erdbebengebiets mit Hilfssendungen; er hat sie tatkräftig bei ihrer Arbeit, in ihren Bemühungen unterstützt; als Student wurde er von seinen Eltern (finanziell) unterstützt* **2.** */jmd./* **2.1.** *etw.* ~ SYN 'etw. befürworten': *er will ihr Gesuch, Anliegen, seinen Antrag* ~ **2.2.** *jmds. Pläne, Ziele* ~ ('jmdm. helfen, seine Pläne zu verwirklichen, seine Ziele zu erreichen') ❖ ↗ stützen; **-stützung** ['ʃtʏts..], die; ⟨o.Pl.⟩ **1.** /zu *unterstützen* 1 u. 2/ 'das Unterstützen'; /zu 1/ ⟨o. Art.⟩: *jmdm. finanzielle, materielle* ~ *zusagen;* /zu 2.1./: *der Vorschlag fand allgemeine* ~ ('wurde allgemein unterstützt'); /zu 2.2./ ⟨+ Gen.attr.⟩: *die tatkräftige* ~ *dieses Vorhabens* **2.** 'Geldbetrag, mit dem jmd. unterstützt wird': *er erhält eine einmalige, monatliche* ~ *in Höhe von ...;*

(eine) ~ *beantragen, beziehen* ❖ ↗ stützen; **-suchen** ['z..], untersuchte, hat untersucht **1.** /Arzt/ *jmdn.* ~ 'prüfen, ob ein Patient krank ist, an welcher Krankheit er leidet': *der Arzt untersucht den Patienten; du solltes dich (vom Arzt) gründlich* ~ *lassen!* **2.1.** /jmd., Institution/ *etw.* ~ 'einen Sachverhalt mit Hilfe spezifischer Methoden zu klären versuchen': *etw. gerichtlich, polizeilich* ~; *das Gericht wird den Fall* ~; *die Ursachen des Brandes werden von der Polizei sorgfältig untersucht* **2.2.** /jmd./ *etw.* ~ 'etw. wissenschaftlich analysieren': *der Verfasser untersucht die Veränderungen des Klimas; etw. chemisch, mikroskopisch* ~ ❖ ↗ suchen; **-suchung** ['zu:x..], **die**; ~, ~en **1.** /zu *untersuchen* 1 u.2/ 'das Untersuchen'; /zu 1/: *eine vorbeugende* ~; /zu 2.1./: *gegen jmdn. eine polizeiliche* ~ *einleiten;* ~*en anstellen* ('etw. untersuchen'); /zu 2.2./: *mikroskopische* ~*en* **2.** 'wissenschaftliche Abhandlung': *in welchem Verlag erscheint die* ~? ❖ ↗ suchen; **-suchungshaft** ['zu:xʊŋs..], **die** 'bis zum Beginn des Prozesses andauernde Haft für eine Person, die einer Straftat beschuldigt wird, verdächtigt ist': *in* ~ *sitzen, sein; sich in* ~ *befinden; aus der* ~ *entlassen werden* ❖ ↗ suchen, ↗ haften; **-tan** ['..tɑːn] ⟨Adj.; o. Steig.; nicht attr.⟩ **1.** ⟨nur bei Vb.⟩ /jmd./ *sich* ⟨Dat.⟩ *etw.* ~ *machen: der Mensch macht sich die Natur* ~ ('ordnet die Natur seinen Zwecken unter') **2.** ⟨nur präd.⟩ /jmd./ *jmdm.* ~ *sein: im Mittelalter waren die Bauern den Feudalherren* ~ ('von den Feudalherren ökonomisch, rechtlich, politisch abhängig'); **-tasse** ['..], **die** 'kleiner, flacher Teller, auf den die Tasse gestellt wird'; ↗ FELD V.7.1 (↗ TABL Geschirr): *geben Sie mir bitte sechs Tassen mit passenden* ~*n* ❖ ↗ Tasse; **-ton** ['..], **der** ⟨mit best. Attr.⟩ 'das, was bei einer mündlichen Äußerung beabsichtigt od. unbeabsichtigt als Ausdruck einer Emotion mit beteiligt ist': *seine Vorwürfe hatten einen bitteren, drohenden* ~; *er bedankte sich mit einem ironischen* ~, *mit einem* ~ *von Spott* ❖ ↗ Ton; **-wandern** ['v..], unterwanderte, hat unterwandert /Gruppe/ *etw.* ~ 'in eine Institution, Organisation allmählich an Einfluss gewinnen mit dem Ziel, sie schließlich zu beherrschen': *die Mafia versucht, das Parlament, die Wirtschaft zu* ~ ❖ ↗ wandern; **-wäsche** ['..], **die** ⟨o.Pl.⟩ 'unter der Oberbekleidung unmittelbar auf dem Körper getragene Wäsche': ~ *für Damen, Herren, Kinder; warme* ~ *anziehen, tragen* ❖ ↗ waschen; **-wegs** ['ve:ks] ⟨Adv.⟩ **1.1.** 'auf dem Weg zu einer bestimmten Person, zu einem bestimmten Ort': ~ *traf er seinen Freund; er ist* ~ *zu dir; der Krankenwagen ist schon* ~; *der Brief war drei Tage* ~ ('es dauerte drei Tage, bis der Brief dem Empfänger zugestellt wurde') **1.2.** 'auf Reisen': *wir haben* ~ *viel erlebt; sie waren vier Wochen* ~ **2.** /jmd./ ~ *sein* 'sich nicht zu Hause aufhalten, sondern herumlaufen, herumfahren, um bestimmte Dinge zu erledigen': *ich war den ganzen Tag* ~; *um diese Zeit ist niemand mehr* ~ **3.** umg. *bei ihr ist ein Kind* ~ ('sie ist schwanger') ❖ ↗ Weg; **-weisen** ['v..], unterwies, hat unterwiesen **1.** geh.

/jmd., bes. Lehrer/ *jmdn. in etw.* ⟨Dat.⟩ ~ SYN 'jmdn. in etw. unterrichten (1.1)': *jmdn. in einer Sprache, in einem Handwerk* ~ **2.** /jmd., bes. Leiter/ *jmdn.* ~ SYN 'jmdn. instruieren'; ↗ FELD I.13.2: *man hat uns rechtzeitig unterwiesen (, wie wir uns in diesem Fall zu benehmen, zu verhalten haben)* ❖ ↗ weisen; **-werfen** ['v..] (er unterwirft), unterwarf, hat unterworfen **1.** /jmd., Institution, Regierung, Land, Volk/ *ein Volk, Land* ~ 'ein Volk, Land mit politischer, militärischer Gewalt unter seine Herrschaft bringen': *es gelang den Eroberern nicht, das Volk zu* ~; *die afrikanischen Stämme wurden von den Kolonialtruppen unterworfen* **2.** /Volk, Land/ *sich jmdm., etw.* ⟨Dat.⟩ ~ 'sich der politischen, militärischen Gewalt einer Institution, eines Herrschers beugen': *schließlich musste sich das Land den fremden Eroberern, dem Diktat* ~ **3.** /jmd./ *sich etw.* ⟨Dat.⟩ ~ 'sich bestimmten Vorschriften, Maßnahmen fügen': *er will sich diesen Bedingungen, Anordnungen nicht* ~ **4.** /jmd., etw. einer ↗ Prüfung* ~; *jmdn. einem* ↗ *Verhör* ~ ❖ ↗ werfen; **-würfig** ['..vʏRfɪç] ⟨Adj.; Steig. reg.⟩ 'in würdeloser Weise jmdm. gehorchend, bereit, jmdm. zu dienen'; SYN kriecherisch, servil /auf Personen, Verhalten bez./; ↗ FELD I.2.3: *er ist (jedem Vorgesetzten gegenüber)* ~ *und ohne Rückgrat; seine* ~*e Haltung;* ~ *lächeln; sich* ~ *verbeugen* ❖ ↗ werfen; **-zeichnen** ['ts..], unterzeichnete, hat unterzeichnet /jmd./ *etw.* ~ 'ein Schriftstück unterschreiben und es damit rechtskräftig machen'; SYN signieren (1.1): *die Außenminister wollen das Abkommen, den Vertrag noch heute* ~; *einen Appell* ~ ('mit seiner Unterschrift bekräftigen, dass man Initiator des Appells ist od. den Appell unterstützt') ❖ ↗ Zeichen; **-ziehen** ['ts..], unterzog, hat unterzogen **1.** /jmd./ *sich etw.* ⟨Dat.⟩ ~ 'eine anstrengende, unangenehme Sache auf sich nehmen': *er hat sich dieser Mühe, komplizierten Aufgabe, langen Reise nur ungern unterzogen* **2.** /jmd./ *jmdn. einer* ↗ *Prüfung* ~; *jmdn. einem* ↗ *Verhör* ~; *sich einer* ↗ *Operation* ~ ❖ ↗ ziehen

Untiefe ['ʊnti:fə], **die**; ~, ~n; ↗ FELD II.2.1 **1.** 'seichte Stelle in einem Gewässer': *der Segler kannte diese* ~ *nicht und lief mit seinem Boot auf Grund* **2.** ⟨vorw. Pl.⟩ 'außerordentlich tiefe Stelle in einem Gewässer': *der See hat* ~*n, die beim Baden gefährlich werden können* ❖ ↗ **tief**

untreu ['ʊntRɔɪ] ⟨Adj.; o. Steig.⟩ **1.** ⟨nicht bei Vb.⟩ 'dem Partner, der Partnerin nicht treu (1.2)': *ein* ~*er Ehemann, Geliebter, Freund; sie ist ihrem Mann, er ist seiner Frau* ~ *gewesen, geworden* ('hat ihren Mann, seine Frau mit einem anderen Mann, einer anderen Frau betrogen') **2.** /jmd./ *etw.* ⟨Dat.⟩ ~ *werden* 'an einer Überzeugung o.Ä. nicht länger festhalten': *er ist den Idealen seiner Jugend* ~ *geworden; ich habe gehört, Sie wollen unserer Abteilung* ~ *werden* ('wollen unsere Abteilung verlassen')?; *sich* ⟨Dat.⟩ *selber/selbst* ~ *werden* ('seine individuelle Eigenart aufgeben') ❖ ↗ **treu**

MERKE Zum Unterschied von *untreu* (1) und *treulos*: ↗ **treulos** (Merke)

Untreue ['ʊntRɔịə], **die**; ~, ⟨o.Pl.⟩ **1.** /zu *untreu* 1/ 'das Untreusein': *die ~ des Ehemanns, der Geliebten* **2.** Jur. 'Unterschlagung': *sich wegen fortgesetzter ~ vor dem Gericht verantworten müssen* ❖ ↗ **treu**

untrüglich ['ʊntRy:k../..'t..] ⟨Adj.; Steig. reg., ungebr.; vorw. attr.⟩ 'absolut sicher (2.1)' /beschränkt verbindbar; auf Abstraktes bez./: *etw. ist ein ~es Zeichen für etw.; das ist ein ~er Beweis für seine Schuld; einen ~en Instinkt für etw. besitzen* ❖ ↗ **trügen**

unübersehbar ['ʊn|y:bɐze:../..'ze:..] ⟨Adj.; o. Steig.; nicht bei Vb.⟩ **1.** 'so groß, dass man es kaum überblicken kann': *die ~e Weite der Steppe; auf dem Platz hatte sich eine ~e Menschenmenge versammelt; die Menschenmenge war* ~ **2.** 'so schwer wiegend, dass es nicht zu übersehen (3) ist': *das Buch, der Plan hat ~e Fehler, Mängel* **3.** 'nicht absehbar' /beschränkt verbindbar/: *das kann ~e Folgen haben; die Folgen sind* ~ ❖ ↗ **¹über-**, ↗ **sehen**

unumgänglich ['ʊn|ʊmgɛŋl../..'g..] ⟨Adj.; Steig. reg., ungebr.⟩ 'dringend erforderlich und nicht zu umgehen (II.2), nicht zu vermeiden': *~e Maßnahmen; der Krankenhausaufenthalt ist* ~; *es ist* ~, *sich mit diesem Problem auseinander zu setzen; etw. für* ~ *halten* ❖ ↗ **gehen**

ununterbrochen ['ʊn|ʊntɐbRɔxn̩/..'b..] ⟨Adj.; o. Steig.; nicht präd.⟩ 'ohne Unterbrechung, ohne aufzuhören'; SYN unentwegt (2); ↗ FELD VII.2.3: *die Autos fuhren in ~er Folge; seit drei Tagen regnet es* ~; emot. neg. *sie redete* ~; *vormittags klingelte* ~ *das Telefon;* vgl. *Unterlass* ❖ ↗ **unterbrechen**

unveränderlich ['ʊnfɐ|ɛndɐ../..'ɛ..] ⟨Adj.; o. Steig.⟩ 'sich nicht verändernd': *ein ~es Naturgesetz; etw. ist, bleibt* ~, *hat sich* ~ *gehalten; eine ~e mathematische Größe;* vgl. *konstant* ❖ ↗ **anderer**

unverbindlich ['ʊnfɐbɪnt../..'b..] ⟨Adj.; o. Steig.⟩ **1.** 'zu nichts verpflichtend, nicht verbindlich (2)': *~e Verhandlungen führen; das Gerät wurde dem Kunden* ~ ('ohne ihn dadurch zum Kauf zu nötigen') *vorgeführt; das ist (für Sie) völlig* ~ **2.** ⟨vorw. attr. u. präd. (mit *sein*)⟩ /etw./ ~ *sein* 'ohne Gewähr sein' /auf Sprachliches bez./: *diese Auskunft, Angabe ist* ~ **3.** 'zwar höflich, aber nicht freundlich und entgegenkommend, nicht verbindlich (1)' /vorw. auf Personen bez./: *ein Verkäufer sollte nicht so* ~ *sein; seine ~e Art; er antwortete kurz und* ~ ❖ ↗ **binden**

unverblümt ['ʊnfɐbly:mt/..'b..] ⟨Adj.; Steig. reg., ungebr.⟩ 'ganz offen (5.1,7) und ohne Umschweife' /auf Äußerungen bez./: *eine ~e Drohung, Kritik; jmdm.* ~ *die Wahrheit sagen; etw.* ~ *fordern; sein ~er* ('offen gezeigter, unverhohlener') *Egoismus* ❖ ↗ **verblümt**

unverfroren ['ʊnfɐfRo:Rən/..'fR..] ⟨Adj.; Steig. reg.⟩ 'in skrupelloser Weise unverschämt (I.1)': *er ist* ~ *genug, für sich Sonderrechte zu beanspruchen; seine ~en Forderungen;* ~ *lügen; seine Behauptung war* ~ ❖ ↗ **frieren**

unvergleichlich ['ʊnfɐglaịç../..'g..] **I.** ⟨Adj.; o. Steig.⟩ emot. 'durch nichts Vergleichbares zu übertreffen': *die ~e Schönheit der Landschaft; die Anmut und Ausdruckskraft dieser Tänzerin ist* ~; *sie tanzt* ~ – **II.** ⟨Adv.; vor Adj., Adv.; bei Vb.⟩ 'überaus': *sie tanzt* ~ *gut; sie ist* ~ *schön* ❖ ↗ **¹gleich**

unverhohlen ['ʊnfɐho:lən/..'h..] ⟨Adj.; Steig. reg., ungebr.; nicht präd.⟩ 'entgegen den Erwartungen rückhaltlos offen (5.2) gezeigt' /vorw. auf Psychisches, Reaktionen bez./: *ihre ~e Abneigung, Verachtung traf ihn tief; jmdn. mit ~er Neugier mustern; jmdm.* ~ *die Meinung sagen; sie freute sich* ~ *über ihren Erfolg* ❖ ↗ **verhehlen**

unvermeidlich ['ʊnfɐmaịt../..'m..] ⟨Adj.; o. Steig.⟩ 'nicht zu vermeiden': *etw. als ~es Übel betrachten; er nahm es als* ~ *hin; es war leider* ~, *dass der Zahn gezogen werden musste; du musst dich ins Unvermeidliche fügen* ❖ ↗ **meiden**

unvermittelt ['ʊnfɐmɪt|t] ⟨Adj.; o. Steig.; nicht präd.⟩ 'ohne Übergang und meist ohne Zusammenhang mit dem Voraufgehenden plötzlich erfolgend'; SYN abrupt /vorw. auf Äußerungen, Handlungen bez./: *diese ~e Frage verwirrte sie;* ~ *das Gespräch abbrechen; sich* ~ *verabschieden* ❖ ↗ **Mittel**

unvermutet ['ʊnfɐmu:tət] ⟨Adj.; o. Steig.; nicht präd.⟩ 'ohne dass man damit hätte rechnen können, plötzlich erfolgend': *~e Schwierigkeiten;* ~ *trat er ins Zimmer; ein ~es* ('überraschendes') *Wiedersehen* ❖ ↗ **vermuten**

Unvernunft ['ʊnfɐnʊnft], **die**; ~, ⟨o.Pl.⟩ 'Mangel an Vernunft und Einsicht'; ↗ FELD I.5.1: *er war die* ~ *in Person, die* ~ *selbst* ('er war sehr unvernünftig'); *es ist die reine* ~, *bei diesem Wetter zu baden; durch die* ~ *der Besucher wurde viel Schaden angerichtet* ❖ ↗ **Vernunft**

unvernünftig ['ʊnfɐnʏnftɪç] ⟨Adj.; Steig. reg.⟩ 'wenig, keine Vernunft zeigend' /auf Personen, Handlungen bez./; ↗ FELD I.5.3: *ein ~er Mensch; sei nicht so* ~ *und lass das sein!; sich in einer Angelegenheit* ~ *verhalten; etw. Unvernünftiges tun; ~e Ansichten äußern* ❖ ↗ **Vernunft**

unverrichteterdinge/auch **unverrichteter Dinge** ['ʊnfɐRɪçtətɐ'dɪŋə] ⟨Adv.⟩ 'ohne das tun zu können, was geplant, beabsichtigt war': *er musste* ~ *umkehren; sie kam* ~ *zurück* ❖ ↗ **richten**

unverschämt ['ʊnfɐʃɛ:mt/..ʃɛ:..] **I.** ⟨Adj.⟩ **1.** ⟨Steig. reg.⟩ 'herausfordernd frech'; SYN dreist, schamlos (2.1): *dieser ~e Kerl wollte sich einfach vordrängen; sein ~es Benehmen; er war* ~ *zu ihr; sich gegen jmdn./gegenüber jmdm.* ~ *benehmen;* ~ *grinsen* **2.** ⟨o. Steig.; nicht bei Vb.⟩ umg. emot. 'überaus groß (5.,7.1)': *sie hat ~es Glück gehabt; der Preis, den er verlangt, ist* ~ ('unerhört hoch') – **II.** ⟨Adv.; vor Adj., Adv.⟩ emot. 'das sieht* ~ *gut aus, ist* ~ *teuer* ❖ ↗ **Scham**

Unverschämtheit ['..], **die**; ~, ~en **1.** ⟨o.Pl.⟩ /zu *unverschämt* I.1/ 'das Unverschämtsein': *das ist der Gipfel der* ~ ('ist überaus unverschämt')! **2.** 'unverschämte (I.1) Äußerung, Handlung': *ich lasse mir seine ~en nicht länger bieten* ❖ ↗ **Scham**

unverständlich ['ʊnfɛʃtɛnt..] ⟨Adj.; Steig. reg.⟩ **1.** 'akustisch nicht verständlich (1)'∕ 'auf Sprachliches bez.∕: *er hat eine ~e Aussprache; sein ~es Lallen; er sprach ~; er murmelte etw. Unverständliches* **2.** 'dem Sinn nach nicht verständlich (2)'; SYN unklar (1) ∕auf Texte bez.∕: *eine ~e Gebrauchsanweisung, Aufgabe; der Sinn seiner Rede blieb, war (ihnen) ~; er hat die Aufgabe völlig ~ formuliert* **3.** ⟨nicht bei Vb.⟩ SYN 'unbegreiflich'∕: *eine ~e Handlungsweise; mir ist es∕es ist mir ~, wie man so leichtsinnig sein kann* ❖ ↗ **verstehen**

unversucht ['ʊnfɛzuːxt∕..'z..] ⟨Adj.; o. Steig.⟩ ∕jmd.∕ *nichts ~ lassen* 'alles nur Mögliche versuchen, unternehmen, um etw. Bestimmtes zu erreichen'∕: *„wirst du es denn schaffen?" „Ich werde nichts ~ lassen"; er ließ nichts ~∕will nichts ~ lassen, um sein Ziel zu erreichen* ❖ ↗ **suchen**

unverträglich ['ʊnfɛtʁɛːk..∕..tʁeː..∕..'t..] ⟨Adj.; nicht bei Vb.⟩ **1.** ⟨Steig. reg.⟩ 'nicht verträglich (1)'; ANT friedfertig ∕auf Personen bez.∕: *ein ~er Mensch; jmd. ist ~* **2.** ⟨o. Steig.⟩ SYN 'gegensätzlich' ∕vorw. auf Meinungen o.Ä. bez.∕: *~e Standpunkte, Ansichten; beider Meinungen sind ~* **3.** ⟨o. Steig.⟩ 'nicht verträglich (2)'; ANT verträglich (2) ∕vorw. auf Speisen bez.∕: *Kaffee, dieser Impfstoff ist für viele ~; eine ~e ('nicht bekömmliche') Kost* ❖ ↗ **tragen**; vgl. auch **vertragen (1.2, 2), verträglich**

unverwüstlich ['ʊnfɛvyːst..∕..'v..] ⟨Adj.; Steig. reg., ungebr.; nicht bei Vb.⟩ **1.** 'sehr strapazierfähig und lange haltbar' ∕auf Gebrauchsgegenstände, sehr stark beanspruchte Materialien bez.∕: *ein ~es Material; dieser Stoff, Rucksack ist ~* **2.** 'physischen, psychischen Belastungen standhaltend' ∕auf Physisches, Psychisches bez.∕: *er ist ~; seine ~e Energie, Gesundheit; einen ~en Humor haben* ❖ ↗ **wüst**

unverzüglich ['ʊnfɛtsyːk..∕..'ts..] ⟨Adj.; o. Steig.; nicht präd.⟩ 'ohne Verzug erfolgend'; SYN schleunig, sofort (1.2), sofortig (1.2), sogleich (1.2): *durch die ~e Hilfe wurden die Folgen der Katastrophe gemildert; du sollst ~ anrufen, damit beginnen, abreisen!* ❖ ↗ **Verzug**

unvorstellbar ['ʊnfoːɐʃtɛl..∕..'ʃt..] **I.** ⟨Adj.⟩ **1.** ⟨Steig. reg., Superl. ungebr.; nur präd. (mit *sein*)⟩ ∕etw.∕ *~ sein* 'so beschaffen sein, dass man es sich nicht vorstellen kann': *die Auswirkungen sind ~; es ist jmdm. ~, dass ...: es ist mir ~ ('ich kann es mir nicht vorstellen'), dass er seinen besten Freund belügt* **2.** ⟨o. Steig.; nicht bei Vb.; vorw. attr.⟩ 'ungeheuer groß (4,5)' ∕auf Mengen bez.∕: *Schäden von ~em Ausmaß; eine ~e Anzahl von Verletzten* − **II.** ⟨Adv.; vor Adj., Adv.; bei Vb.⟩ emot. 'überaus': *das Land ist ~ groß* ❖ ↗ **vorstellen**

unwahrscheinlich ['ʊnvaːɐʃaɪn..] **I.** ⟨Adj.⟩ **1.** ⟨Steig. reg.; nicht attr.⟩ 'kaum anzunehmen, nicht wahrscheinlich (I)'∕: *es ist ~, dass er noch kommt; er hält einen Erfolg für ~* **2.** ⟨Steig. reg., ungebr.⟩ 'offenbar nicht den Tatsachen entsprechend'; SYN unglaublich (I.1) ∕vorw. auf Darstellungen bez.∕: *er hat uns eine ~e Geschichte aufgetischt; seine Darstellung ist ziemlich ~, klingt ~* **3.** ⟨o. Steig.; nicht

bei Vb.⟩ umg. emot. 'überaus groß (7.1)': *er hat ~es Glück gehabt; eine ~e Menge, Anzahl von etw.* − **II.** ⟨Adv.; vor Adj., Adv.⟩ emot. 'überaus': *etw., jmd. ist ~ gut, schnell* ❖ ↗ **wahr, ↗ scheinen**

unwegsam ['ʊnveːk..] ⟨Adj.; Steig. reg.; nicht bei Vb.⟩ 'nicht od. kaum zu Fuß, mit einem Fahrzeug zu durchqueren': *ein ~es Gelände, Gebirge; der Wald war ziemlich ~* ❖ ↗ **Weg**

unweigerlich ['ʊnvaɪgɐ..∕..'v..] **I.** ⟨Adj.; o. Steig.; nur attr.⟩ 'mit Sicherheit eintretend': *die ~e Folge davon wird sein, dass ...* − **II.** ⟨Satzadv.⟩ ∕drückt die Einstellung des Sprechers zum genannten Sachverhalt aus∕: *das führt ~ ('dessen bin ich mir sicher') zu einer Katastrophe* ❖ ↗ **weigern**

unweit ['ʊnvaɪt] ⟨Präp. mit Gen.; vorangestellt⟩ ∕lokal; gibt eine Lage in der Nähe von etw. an∕; SYN unfern: *er wohnt ~ der Kreuzung, Brücke, des Flusses; ein Ort ~ Dresdens* ❖ ↗ **weit**

Unwesen ['ʊnveːzn̩]
* ∕jmd.∕ **irgendwo sein ~ treiben** ⟨hat; vorw. 3. Pers. Sg. u. Pl.⟩ 'irgendwo heimlich etw. Verbrecherisches tun': *in dieser Gegend treibt ein Einbrecher sein, eine Bande, treiben Diebe ihr ~*

Unwetter ['ʊnvɛtɐ], **das;** ~s, ~ 'Sturm und Niederschlag von starker, Schaden verursachender Intensität'; SYN Wetter (2): *ein schweres, verheerendes ~; ein ~ bricht los; wir wurden unterwegs von einem ~ überrascht; das ~ hat große Schäden angerichtet* ❖ ↗ **Wetter**

unwiderruflich ['ʊnviːdɐʁuːf..∕..'ʁ..] ⟨Adj.; o. Steig.⟩ 'für immer festgelegt, bestätigt und nicht rückgängig zu machen'; SYN endgültig ∕vorw. auf Festlegungen bez.∕: *eine ~e Entscheidung; diese Anordnung ist ~; etw. steht ~ fest; nun ist ~ Schluss damit!* ❖ ↗ **wider, ↗ rufen**

unwiderstehlich ['ʊnviːdɐʃteː..∕..'ʃt..] ⟨Adj.; Steig. reg., ungebr.⟩ **1.** ⟨vorw. attr.⟩ 'von einer so starken Wirkung, dass man sich ihr nicht entziehen kann': *ein ~es Verlangen nach etw. haben; von den Aquarellen dieser Künstlerin geht ein ~er Zauber aus; die ~e Komik dieser Szene; etw. zieht jmdn. ~ an* **2.** 'äußerlich so attraktiv, so bezaubernd, dass man sich der Wirkung nicht entziehen kann' ∕auf (weibliche) Personen bez.∕: *sie ist einfach ~; er hält sich für ~; sein ~er Charme; sie hat etw. Unwiderstehliches an sich* ❖ ↗ **widerstehen**

unwillkürlich ['ʊnvɪlkyːɐ..∕..'k..] ⟨Adj.; o. Steig.⟩ **1.1.** ⟨nicht präd.⟩ 'als Reaktion auf etw. gleichsam von selbst ablaufend': *eine ~e Bewegung machen; als plötzlich sein Name aufgerufen wurde, zuckte er ~ zusammen; (+ müssen + best. Vb.) er musste ~ lächeln, husten, flüstern* **1.2.** ⟨vorw. bei Vb.⟩ 'nicht vom Willen gesteuert' ∕beschränkt verbindbar∕: *die Ausscheidungen erfolgen beim Baby noch ~* ❖ ↗ **Willkür**

unwirklich ['ʊnvɪʁk..] ⟨Adj.; Steig. reg., ungebr.⟩ 'den Eindruck hervorrufend, als ob es nicht wirklich existiere'; SYN irreal; ∕beschränkt verbindbar∕: *ihm kam die Situation, alles ganz ~ vor; die ganze

Szene war ~*; er befand sich plötzlich in einer* ~*en*
Situation ❖ ↗ **wirklich**

unwohl [ˈʊnvoːl] ⟨Adv.⟩ **1.1.** *sich* ~ (ˈnicht ganz ge-
sund, nicht wohlˈ) *fühlen* **1.2.** *jmdm. ist, wird* ~
(SYN ˈübel 2ˈ) **2.** *sich* ~ *fühlen: er fühlt sich in der
Rolle eines Vorbildes, in seiner Gesellschaft, Nähe
äußerst* ~ (SYN ˈunbehaglich 2ˈ; ↗ FELD I.6.3)
❖ ↗ **wohl**

unwürdig [ˈʊnvʏʁdɪç] ⟨Adj.⟩ **1.** ⟨o. Steig.; nicht bei
Vb.; vorw. präd. (mit *sein*)⟩ **1.1.** /jmd./ *etw.* ⟨Gen.⟩,
jmds. ~ *sein* ˈeiner Sache, jmds. nicht würdig (4)
sein, etw., jmdn. nicht verdienen (3)ˈ: *er ist dieses
Amtes, dieser Ehrung, Frau* ~ **1.2.** /etw., bes. Hand-
lung/ *jmds.* ~ *sein* ˈim Widerspruch zu jmds. Würde
stehendˈ: *diese Handlungsweise ist seiner* ~ **2.**
⟨Steig. reg., Komp. ungebr.⟩ ˈmenschenunwürdigˈ:
jmdn. in ~*er Weise behandeln, beschimpfen; die Be-
handlung war* ~ ❖ ↗ **Würde**

Unzahl [ˈʊntsaːl], **die**; ~, ⟨o.Pl.; vorw. mit unbest.
Art.; mit Gen.attr. im Pl. od. mit *von*⟩ emot. *eine
~* ˈeine sehr große Anzahlˈ: *auf dem Platz hatte
sich eine* ~ *von Demonstranten versammelt; die Re-
daktion erhielt eine* ~ *kritischer Leserbriefe, eine* ~
von interessanten Vorschlägen ❖ ↗ **Zahl**

Unzeit [ˈʊntsait]: geh. *zur* ~ ˈzu unpassender Zeitˈ:
er merkte, dass er zur ~ *gekommen war und bei der
Arbeit störte* ❖ ↗ **Zeit**

unzufrieden [ˈʊntsufʁiːdn̩] ⟨Adj.; Steig. reg.⟩ ˈnicht
zufriedenˈ; ↗ FELD I.6.3: *ein ewig* ~*er Mensch; er
ist ewig* ~*; er machte ein* ~*es Gesicht; er war mit
dem Verhandlungsergebnis* ~*; warum siehst du so* ~
aus? ❖ ↗ **Frieden**

Unzufriedenheit [ˈ..], **die**; ~, ⟨o.Pl.⟩ ˈdas Unzufrie-
denseinˈ; ↗ FELD I.6.1: *seine permanente* ~*; auf
seinem Gesicht lag ein Ausdruck von* ~ ❖ ↗ **Frieden**

unzugänglich [ˈʊntsugɛŋ..] ⟨Adj.⟩ **1.** ⟨o. Steig.; vorw.
attr u. präd. (mit *sein*)⟩ ˈnicht od. kaum zu Fuß,
mit Fahrzeugen zu erreichen; nicht zugänglich (1)ˈ
/auf Gelände, Gebiete bez./; ↗ FELD I.7.8.3: *ein
~es Gebiet; große Teile des Gebirges sind* ~*; etw.* ~
machen **2.** ⟨Steig. reg.⟩ ˈkeinen engeren Kontakt
zulassend; nicht zugänglich (3)ˈ /auf Personen
bez./: *ein* ~*er Mensch; im Gegensatz zu seinem kon-
taktfreudigen Bruder ist er, wirkt er ziemlich* ~ **3.**
⟨Steig. reg., ungebr.; vorw. präd. u. bei Vb.⟩ /jmd./
etw. ⟨Dat.⟩ ~ *sein, bleiben: er ist allen Bitten* ~
(ˈgeht auf keine der Bitten einˈ); *sie zeigte sich allen
Vernunftgründen, Ratschlägen gegenüber* ~ (ˈver-
schloss sich allen Vernunftgründen, Ratschlägenˈ)
❖ **gehen**

unzulänglich [ˈʊntsulɛŋ..] ⟨Adj.; Steig. reg., Superl.
ungebr.⟩ ˈqualitativ, quantitativ nicht ausreichend
und den Anforderungen nicht genügendˈ: *eine* ~*e
Ausrüstung kann bei einer Hochgebirgstour gefähr-
lich werden; die Beleuchtung im Treppenhaus ist* ~*;
sie waren nur* ~ *darauf vorbereitet* ❖ **langen**

üppig [ˈʏpɪç] ⟨Adj.; Steig. reg.⟩ **1.** ˈin großer Fülle
vorhandenˈ /auf natürliches Wachstum bez./: *eine
~e Vegetation; sein* ~*er Bartwuchs; in diesem Jahr
blüht der Flieder besonders* ~ **2.** ˈsehr reichlich und

gutˈ; ANT kärglich, mager (4), spartanisch /vorw.
auf Mahlzeiten bez./: *eine* ~*e Mahlzeit; die Tafel
war* ~ *gedeckt* (ˈauf der Tafel war eine üppige
Mahlzeit angerichtetˈ); *sie lebten sehr* ~ (SYN ˈver-
schwenderisch 2ˈ) **3.1.** ⟨nicht bei Vb.⟩ ˈvolle Kör-
performen aufweisendˈ /auf Frauen bez./: *eine* ~*e
Blondine; sie ist sehr* ~ (*geworden*) **3.2.** ⟨vorw.
attr.⟩ ˈvoll und rundlichˈ /auf den Körper von
Frauen bez./: *ihre* ~*en Formen; sie hat einen* ~*en*/~
entwickelten Busen **4.** ⟨nicht bei Vb.⟩ /beschränkt
verbindbar/: *er, sie hat eine* ~*e Phantasie* (ˈüber-
treibt stark in seinen, ihren Schilderungen, bleibt
nicht bei den Tatsachenˈ)

urbar [ˈuːɐ̯..] ⟨Adj.; o. Steig.⟩ /jmd./ *etw.* ~ *machen*
ˈBoden erstmals kultivieren (1)ˈ; ↗ FELD II.4.2:
*die Einwanderer mussten den Boden, das Land erst
~ machen*

ureigen [ˈuːɐ̯|aign̩] ⟨Adj.; Steig. reg., o. Komp.; nur
attr.⟩ ˈjmdn. in besonderem Maße, ganz persönlich
betreffendˈ /beschränkt verbindbar/: *das ist seine
~e*/~*ste Angelegenheit, liegt in seinem* ~*en*/~*sten
Interesse* ❖ ↗ **eigen**
MERKE Der Superlativ macht die Aussage noch
nachdrücklicher

Urheber [ˈuːɐ̯heːbɐ], **der**; ~s, ~ **1.** ˈjmd., der durch
sein Tun bewirkt hat, dass etw. in Angriff genom-
men worden ist; jmd., der etw. verursacht hatˈ: *er
ist der geistige* ~ *dieser Projekte; wer waren die* ~
dieses Krawalls (ˈwer hat den Krawall angezetteltˈ)?
2. ˈjmd., der auf dem Gebiet der Literatur, bilden-
den Kunst, Musik, Wissenschaft ein bedeutendes
Werk geschaffen hatˈ: *die Rechte des* ~*s sind ge-
setzlich geschützt*

Urin [uˈʁiːn], **der**; ~s, ⟨o.Pl.⟩ SYN ˈHarnˈ: *im* ~ *des
Patienten sind Bakterien festgestellt worden;* ~ *las-
sen* (ˈHarn ausscheidenˈ)

Urkunde [ˈuːɐ̯kʊndə], **die**; ~, ~n ˈbeglaubigtes
Schriftstück, durch das etw. rechtskräftig beurkun-
det, bestätigt wirdˈ; SYN Dokument (1): *eine stan-
desamtliche, notarielle* ~*; die* ~ *ist echt, gefälscht;
eine* ~ (*über etw.*) *ausstellen; der Sieger erhielt eine
~* ❖ ↗ **²Kunde**

Urlaub [ˈuːɐ̯laup], **der**; ~s, ~e **1.1.** ˈzum Zweck der
Erholung gewährte, gesetzlich geregelte, bezahlte
Freistellung von der Arbeit in Betrieben, Behör-
denˈ: *während unseres* ~*s/in unserem* ~ *hat es stän-
dig geregnet; das Geschäft ist wegen* ~ *geschlossen;
sich im* ~ *gut erholen; seinen* ~ *antreten; in* ~ *ge-
hen;* ~ *machen;* ~ *nehmen; er verbringt seinen* ~ *an
der See, im Gebirge; Kollege Müller hat* ~*, ist im/
in* ~*; er hat vom 15. Mai bis 6. Juni* ~*; wann kommt
er aus dem* ~ *zurück?* **1.2.** ˈzum Zweck der Erho-
lung gewährte Freistellung aus dem Dienst in der
Armeeˈ: *zu Weihnachten kommt ihr Mann auf* ~*;
unser Sohn ist gerade auf* ~ (ˈhat Urlaub und ver-
bringt ihn zu Hauseˈ) **1.3.** ˈzur Wahrnehmung
wichtiger persönlicher Belange od. Funktionen ne-
ben dem Urlaub (1.1) gewährte, befristete Freistel-
lung von der Arbeit in Betrieben, Behördenˈ: *für
den Umzug bekam er zwei Tage* ~*; unbezahlten* ~

beantragen ❖ **beurlauben, Urlauber – Schwangerschaftsurlaub, urlaubsreif**

MERKE Zu Unterschieden im Sprachgebrauch bei *Urlaub* und *Ferien*: ↗ **Ferien** (Merke)

Urlauber ['uːɐlaʊbɐ], **der**; ~s, ~ **1.1.** 'jmd., der Urlaub (1.1) hat und ihn außerhalb seines Wohnortes verbringt': *Ferienwohnungen für ~; sie vermietet den Bungalow an ~* **1.2.** 'Soldat, der auf Urlaub (1.2) ist': *der ~ hat die schriftliche Erlaubnis, Zivilkleidung zu tragen* ❖ ↗ **Urlaub**

urlaubs|reif ['uːɐlaʊps..] ⟨Adj.; o. Steig.; vorw. präd. (mit *sein*)⟩ oft scherzh. /jmd./ ~ *sein* 'körperlich, bes. nervlich, so beansprucht sein, dass Erholung, Urlaub dringend notwendig ist': *ich bin ~; ich glaube, du bist ~* ❖ ↗ **Urlaub,** ↗ **reif**

Urne ['ʊɐnə], **die**; ~, ~n **1.** 'verschließbarer Behälter für die Asche eines Toten nach der Verbrennung': *die ~ wurde in aller Stille beigesetzt* **2.** SYN 'Wahlurne': *den Stimmzettel in die ~ werfen; zur ~ gehen/an die ~ treten* ('ins Wahllokal gehen, um seine Stimme abzugeben')

Ursache ['uːɐzaxə], **die**; ~, ~n **1.** 'Sachverhalt, der einen anderen Sachverhalt hervorbringt und wesentlich bestimmt'; SYN Grund (4.2): *~ und Wirkung; objektive, subjektive, gesellschaftliche ~n; was ist die ~/wo liegt die ~ für sein Versagen?; die ~n des Unglücks sind noch nicht geklärt; die ~n der Missstände wurden aufgedeckt und behoben; die ~n des Waldsterbens erkennen, beseitigen;* vgl. *Ursprung* (2) **2.** *alle ~* ('allen Grund') *haben, etw. Bestimmtes zu tun/alle ~ zu etw.* ⟨Dat.⟩ *haben: du hast alle ~, dich zu freuen; sie hat alle ~ zur Freude;* /in der kommunikativen Wendung/ *keine Ursache* ('Sie sind mir keinen Dank schuldig')! /wird gesagt, wenn man jmds. Dank höflich abwehren will/ ❖ **ursächlich, verursachen**

ursächlich ['uːɐzɛç..] ⟨Adj.; o. Steig.⟩ **1.** ⟨nicht präd.⟩ 'die Ursache (1), Ursachen betreffend': *die ~e Klärung eines Flugzeugabsturzes* **2.** 'als Ursache (1), als Ursachen wirkend': *~e Faktoren; ~ war für den Waldbrand eindeutig Brandstiftung; beide Erscheinungen stehen im ~en* ('auf dem Verhältnis von Ursache und Wirkung beruhenden') *Zusammenhang* ❖ ↗ **Ursache**

Ursprung ['uːɐʃprʊŋ], **der**; ~s/auch ~es, Ursprünge ['uːɐʃprʏŋə] **1.** 'das, wovon ausgegangen ist, von wo etw. begonnen hat': *der ~ des Lebens; eine Entwicklung bis zu ihrem ~ zurückverfolgen; der See ist vulkanischen ~s* ('durch einen Vulkan entstanden'); *ein Fremdwort lateinischen ~s* ('lateinischer Herkunft') **2.** 'Grund (4.1)': *der ~ dieses Konflikts liegt in den unterschiedlichen Charakteren der beiden Kontrahenten; etw. hat seinen ~ in etw.* ⟨Dat.⟩ 'etw. ist durch etw. bedingt': *seine Depressionen haben ihren ~ in seiner Einsamkeit;* vgl. *Ursache* (1) ❖ **ursprünglich;** vgl. **springen**

ursprünglich ['uːɐʃprʏŋ../..'ʃp..] ⟨Adj.⟩ **1.** ⟨o. Steig.; nur attr.⟩ 'ganz zu Beginn, vor dem jetzigen Zustand vorhanden'; ↗ FELD VII.1.3: *als man die Wände abwusch, kam die ~e Farbe zum Vorschein; er hat seinen ~en Plan geändert; ~ wollte er Arzt*

werden; an dieser Stelle stand ~ das Rathaus **2.** ⟨Steig. reg., ungebr.; vorw. attr.⟩ SYN 'urwüchsig (1)': *dort gibt es noch ~e Natur* **3.** ⟨o. Steig.⟩ SYN 'natürlich (I.3)': *ihre ~e Musikalität* ❖ ↗ **Ursprung**

Urteil ['ʊɐtaɪl], **das**; ~s, ~e **1.** 'Entscheidung des Gerichts in einem gerichtlichen Verfahren': *ein mildes, hartes, gerechtes ~; das ~ ist rechtskräftig, lautet auf Freispruch; der Richter verkündete das ~; ein ~ fällen, anfechten, aufheben; gegen ein ~ Berufung einlegen* **2.** 'auf eigener Erkenntnis, Einstellung beruhende, eine Sache, Person bewertende Äußerung'; ↗ FELD I.4.2.1: *ein nüchternes, sachliches, treffendes, vorschnelles ~; das ~ eines Fachmannes, Sachverständigen; das einhellige ~ der Experten; sein ~ war vernichtend; sich ein ~ über etw., jmdn. bilden; sich ein ~ anmaßen; ich gebe nichts, viel auf sein ~* ('ich halte nichts, viel von seinem Urteil'); *ein ~ (über etw.) abgeben* ('über etw. urteilen') ❖ **beurteilen, Beurteilung, urteilen, verurteilen – Todesurteil, Urteilskraft, Vorurteil, vorurteilsfrei, vorurteilslos**

urteilen ['ʊɐtaɪlən] ⟨reg.Vb.; hat⟩ /jmd./ *über etw., jmdn. irgendwie ~* 'etw., jmdn. in bestimmter Weise beurteilen'; ↗ FELD I.4.2.2, 5.2: *wie ~ Sie darüber?; er hat vorschnell, ziemlich abfällig, objektiv, zu hart (über ihn, den Film, die Aufführung) geurteilt* ❖ ↗ **Urteil**

Urteils|kraft ['ʊɐtaɪls..], **die** ⟨o.Pl.⟩ 'Fähigkeit, selbständig, objektiv zu urteilen'; ↗ FELD I.4.2.1: *seine kritische, politische ~* ❖ ↗ **Urteil,** ↗ **Kraft**

urtümlich ['uːɐtyːm..] ⟨Adj.; Steig. reg., ungebr.⟩ SYN 'urwüchsig (1)': *eine ~e Landschaft*

Urwald ['uːɐ..], **der**; ~s/auch ~es, Urwälder 'urwüchsiger, in seiner Entwicklung nicht vom Menschen beeinflusster, nicht bewirtschafteter Wald'; ↗ FELD II.4.1: *die tropischen Urwälder* ❖ ↗ **Wald**

urwüchsig ['uːɐvyksɪç] ⟨Adj.⟩ **1.** 'in der durch die Natur vorgegebenen Form vorhanden'; SYN ursprünglich (2), urtümlich: *eine ~e Landschaft, ein ~er Menschenschlag* **2.** 'von einer natürlichen (I.4) und dabei drastischen Art' /auf charakterliche Eigenarten, auf Äußerungen von Personen bez./: *sein ~er Humor; eine ~e Sprache haben* ❖ ↗ **wachsen**

Urzeit ['uːɐ..], **die**; ~, ~en; ↗ FELD VII.4.1 **1.** ⟨o.Pl.⟩ **1.1.** 'älteste Zeit der Geschichte der Erde (1.1)': *Fossilien aus der ~* **1.2.** 'älteste Zeit der Geschichte der Menschheit': *Funde aus der ~ des Menschengeschlechts* **2.** ⟨nur im Pl.⟩ emot. *seit ~en* 'seit sehr langer Zeit': *wir kennen uns seit ~en* ❖ ↗ **Zeit**

Usus ['uːzʊs], **der**; ~, ⟨o.Pl.⟩ 'allgemeiner Brauch, allgemeine Gewohnheit': *er folgte dem allgemeinen ~ und gab eine Runde für das ganze Lokal; sich dem ~ verpflichtet fühlen; ~ sein* 'üblich sein': *das ist (hier, bei uns) so ~; es war früher ~, dass man unverheiratete Frauen mit „Fräulein" anredete*

Utensil [utɛn'ziːl], **das**; ~s, ~ien [..'ziːliən] ⟨vorw. Pl.⟩ 'kleiner, für einen bestimmten Zweck benötigter Gebrauchsgegenstand': *auf dem Schreibtisch lagen ein Kugelschreiber und ein paar andere ~ien; seine persönlichen ~ien einpacken, mitnehmen; der Ta-*

schenrechner ist für viele zum unentbehrlichen ~ *geworden*

Utopie [uto'pi:], **die**; ~, ~n [..'pi:ən] **1.** ʻphantastische Vorstellung, die nicht realisierbar istʼ: *ein Leben ohne Widersprüche und Konflikte — das ist doch eine* ~*!* **2.** ʻVorstellung, für deren Verwirklichung die gesellschaftlichen, technisch-naturwissenschaftlichen Voraussetzungen noch nicht vorhanden sindʼ: *die sozialen* ~*n vergangener Jahrhunderte* ❖ **utopisch**

utopisch [u'to:p..] ⟨Adj.⟩ **1.** ⟨Steig. reg., Superl. ungebr.⟩ ʻnicht realisierbar, nicht zu verwirklichendʼ; ANT realistisch (1): *eine* ~*e Vorstellung, Hoffnung; das ist doch* ~*!; etw. erscheint* ~ **2.** ⟨o. Steig.; nur attr.⟩ *ein* ~*er Roman* (ʻRoman, in dem zur Zeit seiner Entstehung nicht existierende gesellschaftliche Zustände und technisch-naturwissenschaftliche Erkenntnisse als in der Zukunft real existierend dargestellt sindʼ) ❖ ↗ **Utopie**

v, V

vag [vɑːk] ⟨Adj.; nur präd. u. bei Vb.⟩: ↗ *vage*

vage [ˈvɑːgə] ⟨Adj.; Steig. reg.⟩ **1.** ʼnicht genau zu bestimmen (3)ʼ; ANT klar /auf Psychisches, Sprachliches bez./: *eine ~ Vermutung haben; meine Vorstellung davon ist ziemlich ~/vag; ich kann mich nur ~/vag daran erinnern;* ~ (ʼverschwommene, nicht deutlicheʼ) *Andeutungen machen; eine* ~ (ʼnicht konkrete und nur schwacheʼ) *Hoffnung haben;* vgl. *unbestimmt* (1) **2.** ʼkeine scharfen Konturen aufweisendʼ; ANT scharf /auf optische Wahrnehmungen bez./: *im Nebel, in der Dunkelheit waren nur ~ Umrisse zu erkennen*

Vakuum [ˈvaːkuʊm], **das**; ~s, Vakua [ˈvaːkŭa] Phys. **1.** ʼfast luftleerer Raum, in dem ein Druck herrscht, der deutlich kleiner als der Druck der Atmosphäre istʼ: *ein ~ erzeugen* **2.** ʼBereich, der nicht durch Aktivität ausgefüllt istʼ: *nach dem plötzlichen Tod des langjährigen Direktors entstand zunächst ein ~* ❖ **vakuumverpackt**

vakuum|verpackt [ˈ..fɐpakt] ⟨Adj.; o. Steig.⟩ ʼmit einer Verpackung, in der ein Vakuum erzeugt wurde, das die Haltbarkeit der verpackten Ware verlängertʼ /auf Waren bez./: ~er *Kaffee; der Kaffee ist* ~ ❖ ↗ **Vakuum**, ↗ **packen**

Valuta [vaˈluːta], **die**; ~, Valuten [..ˈluːtn̩] /meint jede ausländische Währung und die auf sie lautenden Zahlungsmittel und Vermögenswerte/: *durch den Export ~ einnehmen; für den Export ~ ausgeben; in ~ zahlen*

Vanille [vaˈnɪljə], **die**; ~, ⟨o.Pl.⟩ **1.** ʼtropische Pflanze mit grünlichen Blüten und schotenförmigen Früchtenʼ: ~ *anbauen* **2.** ʼals Gewürz für Eis, Kuchen, Pudding, Likör verwendete getrocknete Schote von Vanille (1)ʼ: *der Pudding schmeckt nach ~*

variabel [vaˈʀiaːbl̩] ⟨Adj.⟩ **1.** ⟨Steig. reg., Superl. ungebr.⟩ ʼso beschaffen, dass man es variieren (1) kannʼ: *variable Kombinationen in der Damenmode; eine elektronische Rechenmaschine mit variablem Programm;* ~ *gestaltete Anbaumöbel* **2.** ⟨o. Steig.; nicht bei Vb.⟩ Math. Phys. *eine variable Größe* (ʼGröße, die verschiedene Werte annehmen kann, im Wert variiertʼ; ANT konstant) ❖ ↗ **variieren**

Variante [vaˈʀiantə], **die**; ~, ~n ʼetw., das äußerlich od. inhaltlich nur in bestimmten Punkten von etw. bereits Vorhandenem abweichtʼ: *das Auto ist eine ~ des Standardmodells; das Modell gibt es in fünf ~n; die verschiedenen ~n einer Konzeption; für welche ~ haben Sie sich entschieden?;* vgl. *Spielart* ❖ ↗ **variieren**

Varietee/auch **Varieté** [vaʀieˈteː], **das**; ~s, ~s **1.** ʼTheater für leichte Unterhaltung mit einem Programm musikalischer, tänzerischer und artistischer Darbietungenʼ: *er ist Jongleur und tritt in ~s auf* **2.** ⟨o.Pl.⟩ ʼVorstellung von Varieté (1)1ʼ: *wir gehen heute Abend ins ~; nach dem ~ waren wir in der Bar*

variieren [vaʀiˈiːʀən], variierte, hat variiert **1.** /jmd., etw./ ʼetw., bes. einen Typ (1.1,2), äußerlich od. inhaltlich geringfügig verändernʼ: *der Dichter hat dieses Thema immer aufs Neue variiert; dieses Kostüm lässt sich vielfältig ~* **2.** /mehrere gleichartige Dinge/ ʼ(geringfügige) Unterschiede aufweisenʼ: *die Mitgliedsbeiträge ~ je nach Einkommen;* /etw./ *die Höhe der Mitgliedsbeiträge variiert* (ʼist unterschiedlichʼ); *das Gefieder dieses Vogels variiert von gelb bis braun* (ʼweist Schattierungen zwischen Gelb und Braun aufʼ) ❖ **variabel, Variante**

Vase [ˈvaːzə], **die**; ~, ~n ʼaus Glas, Prozellan o.Ä. hergestelltes Gefäß für Schnittblumenʼ (↗ TABL Gefäße): *eine hohe, schlanke, bauchige ~; eine ~ mit Rosen; eine ~ aus Kristall; Wasser in die ~ füllen; einen Strauß, die Blumen in die ~ stellen*

Vater [ˈfaːtɐ], **der**; ~s, Väter [ˈfɛːtɐ/ˈfeː..] **1.** ʼMann, der ein Kind gezeugt hatʼ /vorw. im Verhältnis zu seinem Kind und im Verhältnis seines Kindes zu ihm/; ↗ FELD I.9.1: ~ *und Mutter; wer ist der ~ des Kindes?; er ist ~ von drei Kindern; wie geht es deinem ~?; sie liebt ihren ~ abgöttisch; sein ~ lebt nicht mehr; er ist ~ geworden* (ʼseine Frau, Partnerin hat ein Kind geboren, das er gezeugt hatʼ); *der Junge ist ganz der ~* (ʼsieht seinem Vater sehr ähnlichʼ) **2.** *der geistige ~* ⟨+ Gen.attr.⟩ ʼder Urheber, Initiatorʼ: *er ist der geistige ~ dieses Projekts* ❖ **väterlich** — **altväterlich, Großvater, Schwiegervater, Vaterland**

Vater|land [ˈ..], **das** emot. ʼLand (5.1), Staat, aus dem jmd. stammt und dem er sich zugehörig fühltʼ: *er liebte sein ~; das deutsche ~* (ʼdas Vaterland der Deutschenʼ) ❖ ↗ **Vater**, ↗ **Land**

väterlich [ˈfɛːtɐ../ˈfeː..] ⟨Adj.; o. Steig.⟩ **1.** ⟨nur attr.⟩ ʼdem eigenen Vater gehörigʼ: *später will der Sohn die ~e Werkstatt übernehmen* **2.** ⟨nur attr.⟩ ʼvom eigenen Vater stammendʼ: *das ~e Erbteil, Testament* **3.** ⟨nur attr.⟩ ʼfür das Verhältnis eines verantwortungsbewussten Vaters zu seinem Kind typischʼ; ↗ FELD I.9.2: *er betrachtete seinen Sohn mit ~em Stolz; er sieht dies als seine ~e Pflicht an* **4.** ⟨nicht präd.⟩ ʼsich wie ein Vater (1) um einen jüngeren Menschen kümmerndʼ: *ihr ~er Freund; er half ihm ~ mit Rat und Tat* ❖ ↗ **Vater**

Vegetation [vegetaˈtsi̯oːn], **die**; ~, ~en ⟨vorw. Sg.⟩; ↗ FELD II.4.1 **1.** ʼGesamtheit der Pflanzen eines bestimmten Gebietesʼ: *die ~ tropischer Urwälder* **2.** ʼWachstum der Pflanzenʼ: *das tropische Klima ermöglicht eine ganzjährige ~* ❖ ↗ **vegetieren**

vegetieren [vegeˈtiːʀən], vegetierte, hat vegetiert /jmd./ ʼohne Hoffnung unter ärmlichsten, schlimmsten Bedingungen lebenʼ; ↗ FELD XI.2: *Menschen, die in Elendsquartieren, Slums ~* ❖ **Vegetation**

vehement [vehe'mɛnt] ⟨Adj.; Steig. reg.⟩ **1.** 'äußerst heftig, leidenschaftlich geäußert' /auf Äußerungen bez./: *sein ~er Protest; etw. ~ fordern, verurteilen* **2.** ⟨vorw. bei Vb.⟩ 'sich mit großer Heftigkeit bewegend': *er sprang ~ auf* ❖ **Vehemenz**

Vehemenz [vehe'mɛnts], **die**; ~, ⟨o.Pl.⟩ /zu vehement 1 u. 2/ 'das Vehementsein'; /zu 1/: *er verteidigte mit ~ seinen Standpunkt* ❖ ↗ **vehement**

Veilchen ['faɪlçən], **das**; ~s, ~ **1.** 'im Frühjahr blühende kleine Pflanze mit dunkelvioletten, stark duftenden Blüten'; ↗ FELD II.4.1: *im März blühen die ersten ~* **2.** 'Blüte und Stiel von Veilchen (1) als Blume': *ein Strauß ~; ~ pflücken* ❖ **Alpenveilchen**

Vene ['ve:nə], **die**; ~, ~n 'Blutgefäß, durch das das Blut zum Herzen zurückfließt': *eine ~ anstechen, abklemmen*

Ventil [vɛn'ti:l], **das**; ~s, ~e **1.** 'Vorrichtung, durch die das Hindurchfließen, der Druck von flüssigen, gasförmigen Stoffen in Behältern, Rohren reguliert werden kann': *das ~ einer Dampfmaschine, Wasserleitung; das ~ am Fahrradschlauch; ein ~ öffnen, schließen* **2.** ⟨o.Pl.⟩ *er braucht ein ~ für seinen Ärger, seine Wut* ('eine Möglichkeit, seinen Ärger, seine Wut abzureagieren')

Ventilator [vɛnti'la:toːɐ̯], **der**; ~s, ~en [..la'to:ʀən] 'mit einem Motor betriebenes Gerät, mit dem frische Luft in einen Raum, verbrauchte Luft aus einem Raum befördert od. ein Motor gekühlt wird': *das Surren des ~s; den ~ einschalten, abschalten*

verabreden [fɐ'apʀeːdn̩], verabredete, hat verabredet **1.** /zwei od. mehrere (jmd.)/ etw. ~ SYN 'etw. vereinbaren (1)': *sie haben regelmäßige Zusammenkünfte verabredet; sie haben verabredet, gemeinsam vorzugehen; wir haben miteinander verabredet, dass wir ...; er hat wie verabredet bei ihr angerufen;* /jmd./ mit jmdm. etw. ~: *er wollte mit ihr einen Theaterbesuch ~; ich habe mit ihm regelmäßige Treffen verabredet* **2.** /jmd./ sich mit jmdm. ~ 'mit jmdm. mündlich, schriftlich eine Zusammenkunft vereinbaren': *ich habe mich mit ihr um 17 Uhr am Hauptbahnhof verabredet; er ist mit ihr verabredet;* /zwei od. mehrere (jmd.)/ sich ⟨rez.⟩ ~: *sie haben sich für morgen Abend verabredet; wir sind (miteinander) zum Essen verabredet* ❖ ↗ **reden**

verabreichen [fɐ'apʀaɪ̯çn̩], verabreichte, hat verabreicht /jmd./ jmdm. etw. ~ 'jmdm., meist im Rahmen einer Therapie, eine Speise, ein Medikament o.Ä. geben': *der Arzt ordnete an, dem Kranken nur salzlose Kost zu ~; eine Injektion ~; von diesem Medikament müssen zweimal täglich zwanzig Tropfen verabreicht werden* ❖ ↗ **reichen (1)**

verabscheuen [fɐ'apʃɔɪ̯ən], verabscheute, hat verabscheut /jmd./ etw., jmdn. ~ 'vor etw., jmdm. Abscheu, Ekel, gegenüber etw., jmdm. heftige Abneigung empfinden'; SYN hassen (2); ↗ FELD I.6.2: *sie verabscheut Käse, Hausarbeit; sie verabscheute ihn; er verabscheut Fanatismus, Opportunismus; er verabscheut es, wenn ihm widersprochen wird* ❖ ↗ **scheu**

verabschieden [fɐ'apʃiːdn̩], verabschiedete, hat verabschiedet **1.** /jmd./ sich von jmdm. ~ 'sich von jmdm., der zurückbleibt od. weggeht, mit Worten, Gesten trennen': *er hat sich höflich, mit einem herzlichen Händedruck von ihr verabschiedet; ich möchte mich von Ihnen ~!;* /zwei od. mehrere (jmd.)/ sich ⟨rez.⟩ ~: *sie haben sich mit einem Kuss (voneinander) verabschiedet* **2.** ⟨vorw. im Pass.⟩ /jmd., Gruppe/ jmdn. ~ 'einem scheidenden Gast offiziell einen zeremoniellen Abschied bereiten': *der Präsident wurde auf dem Flugplatz feierlich verabschiedet* **3.** /jmd., Institution/ etw. ~ 'ein Gesetz, eine Resolution o.Ä. (nach eingehender Beratung) billigen': *nach mehrtägiger Debatte hat das Parlament heute das Gesetz verabschiedet* ❖ ↗ **scheiden**

verachten [fɐ'axtn̩], verachtete, hat verachtet /jmd./ jmdn., etw. ~ 'jmdn., jmds. Verhalten o.Ä. für unwürdig halten und daher keine Achtung vor ihm haben'; ANT achten (2); ↗ FELD I.6.2,12.2: *sie verachtet ihn wegen seiner Feigheit* ❖ ↗ **¹Acht**
* umg. /etw./ **nicht zu ~ sein** ⟨vorw. im Präs.⟩ 'besonders gut, begehrenswert sein': *dieser Wein ist nicht zu ~; so eine Segeljacht ist auch nicht zu ~*

Verachtung [fɐ'axt..], **die**; ~, ⟨o.Pl.⟩ 'das Verachten'; ANT Achtung (2): *sie lässt ihn ihre ~ spüren; jmdn. mit/voll ~ ansehen; jmdn. mit ~ strafen* ('jmdn., den man verachtet, nicht beachten') ❖ ↗ **¹Acht**

verallgemeinern [fɐ|algə'maɪ̯nɐn], verallgemeinerte, hat verallgemeinert /jmd./ etw. ~ 'einen bestimmten Sachverhalt als zutreffend für alle ähnlichen Fälle, als allgemein gültig erklären': *man muss sich hüten, seine eigenen Erfahrungen vorschnell zu ~; dieses Forschungsergebnis kann man nicht ~* ❖ ↗ **all**, ↗ **gemein (*)**

Verallgemeinerung [fɐ|algə'maɪ̯nəʀ..], **die**, ~, ~en **1.** ⟨o.Pl.⟩ 'das Verallgemeinern': *die ~ von Forschungsergebnissen* **2.** 'verallgemeinernde Aussage': *er neigt zu vorschnellen ~en* ❖ ↗ **all**, ↗ **gemein (*)**

veraltet [fɐ'altət] ⟨Adj.⟩ 'nicht mehr dem heutigen Gebrauch entsprechend'; ↗ FELD VII.4.3: *ein ~es Gerät, Modell; das Wort ist ~; ~e Anschauungen, Methoden*

Veranda [ve'ʀanda], **die**; ~, ~s/Veranden [..ʀandn̩] 'mit großen Fenstern versehener Anbau an Wohnhäusern'; ↗ FELD V.2.1 (↗ TABL Haus/Gebäude): *sie saßen in der ~ und tranken Tee*

veränderlich [fɐ'ɛndə..] ⟨Adj.; o. Steig.; vorw. präd. (nur mit bleiben, sein)⟩: *das Wetter bleibt ~* ('neigt weiterhin dazu, sich zu ändern'; ANT konstant, beständig 1.2; ↗ FELD IX.1.3); *das Barometer steht auf ,~*' ('zeigt an, dass das Wetter veränderlich ist') ❖ ↗ **anderer**

verändern [fɐ'ɛndɐn], veränderte, hat verändert; ↗ FELD IX.1.2 **1.** /jmd., etw./ jmdn., etw. ~ 'jmdm., einer Sache ein anderes Wesen, eine andere Beschaffenheit geben': *als junger Mann wollte er die Welt ~; dies hat sein Leben völlig verändert; dieses Erlebnis hat ihn völlig verändert* **2.** /jmd., etw./ sich ~ 'ein anderes Wesen, Aussehen, eine andere Beschaffenheit annehmen'; SYN ändern (3): *das*

Klima der Erde verändert sich allmählich; er hat sich zu seinem Vorteil, Nachteil, seinen Ungunsten verändert; /in der kommunikativen Wendung/ *du hast dich kaum, überhaupt nicht verändert* (˹siehst genauso aus wie früher˺)! /wird meist gesagt, wenn man jmdn. nach langer Zeit wiedersieht/ ❖ ↗ **anderer**

Veränderung [fɐ|'ɛndəʀ..]**, die**; ~, ~en; ↗ FELD IX.1.1 **1.** /zu *verändern* 1 u. 2/ ˹das (Sich)verändern˺; /zu 1/: *die Demonstranten fordern politische ~en; er will einige bauliche ~en an seinem Haus vornehmen;* /zu 2/: *seit Jahren geht eine erstaunliche ~ mit ihm vor* **2.** /zu *verändern* 1 u. 2/ ˹das Verändertsein˺; /zu 1/: *der endgültige Text weist gegenüber dem Entwurf einige entscheidende ~en auf;* /zu 2/: *die Untersuchung ergab eine krankhafte ~ des Organs* ❖ ↗ **anderer**

veranlagt [fɐ|'anlɑːkt] ⟨Adj.; o. Steig.; vorw. präd. (mit *sein*); nicht bei Vb.⟩ /jmd./ *irgendwie ~ sein* **1.1.** ˹in bestimmter Weise physiologisch, psychisch durch Vererbung geprägt sein˺ /auf Personen bez./: *allergisch, hysterisch ~ sein* (˹zu Allergien, zur Hysterie neigen˺); *ein krankhaft ~er Mensch* **1.2.** ˹in bestimmter Weise geistig, körperlich befähigt sein˺ /auf Personen bez./: *ein praktisch ~er Mensch; künstlerisch ~ sein* ❖ ↗ **Anlage**

Veranlagung [fɐ|'anlɑː..]**, die**; ~, ~en /zu *veranlagt* 1.1 u. 1.2/ ˹das Veranlagtsein˺; /zu 1.1/: *die hysterische ~ des Patienten;* /zu 1.2/ SYN ˹Anlage (4)˺: *eine praktische, künstlerische ~ haben* ❖ ↗ **Anlage**

veranlassen [fɐ|'anlasn̩], **veranlasste, hat veranlasst** **1.** /jmd., Institution/ *etw. ~* ˹dafür sorgen, dass etw. Bestimmtes getan wird˺: *er hat eine Überprüfung dieser Angelegenheit veranlasst; ich werde sofort alles Nötige ~; das Ministerium veranlasste, dass …* **2.** /etw./ *jmdn. zu etw. ~* ˹Anlass, Grund für jmdn. sein, etw. Bestimmtes zu tun˺: *die anhaltenden Proteste haben ihn zum Rücktritt veranlasst; was hat ihn zu diesem Schritt veranlasst?* ❖ ↗ **Anlass**

Veranlassung [fɐ|'anlas..]**, die**; ~, ~en **1.** ⟨o.Pl.⟩ *auf jmds. ~* ˹auf jmds. Anordnung hin˺: *auf ~ des Arztes stellte er das Rauchen ein; diese Maßnahme wurde auf seine ~ hin ergriffen* **2.** ⟨vorw. Sg.⟩ *~ zu etw.* ⟨Dat.⟩ ˹etw., das jmdn. zu etw. veranlasst, das Grund für etw. ist˺: *er gab nie ~ zu einem Streit; es gab keine ~ zur Unzufriedenheit/unzufrieden zu sein; es besteht keine ~ zur Panik* ❖ ↗ **Anlass**

veranschlagen [fɐ|'anʃlɑːgn̩], **veranschlagte, hat veranschlagt** /jmd., Institution/ *etw. ~* ˹im Voraus ermitteln, wie viel Zeit, welche Menge von Material nötig ist, wie viel von etw. man für ein bestimmtes Vorhaben braucht˺; ↗ FELD I.4.2.2: *man hat die Kosten für den Bau zu gering veranschlagt; die Vorbereitung wurde auf drei Wochen veranschlagt; er benötigte dafür weit mehr Material als veranschlagt* (SYN ˹berechnet 3.1˺); vgl. *rechnen* (2.1) ❖ ↗ **schlagen**

veranstalten [fɐ|'anʃtaltn̩], **veranstaltete, hat veranstaltet** /jmd., Institution/ *etw. ~* ˹etw., woran viele Personen teilnehmen, organisieren und durchfüh-

ren˺: *das Institut will im Frühjahr eine internationale Tagung ~* (SYN ˹abhalten 2˺); *eine Ausstellung, ein Fest, einen Wettbewerb ~; eine Sammlung zugunsten der Erdbebenopfer ~; ein Konzert, Fest ~* (SYN ˹geben 6.2˺) ❖ **Veranstaltung – Lehrveranstaltung;** vgl. **Anstalt**

Veranstaltung [fɐ|'anʃtalt..]**, die**; ~, ~en **1.** ⟨vorw. Sg.⟩ ˹das Veranstalten˺: *die ~ einer Umfrage, Sammlung, Auktion* **2.** ˹das Veranstaltete˺: *eine öffentliche, geschlossene, literarische ~; die Mitwirkenden und Besucher einer ~; bei Regen findet die ~ im Saal statt; die ~ beginnt um 20 Uhr; an einer ~ teilnehmen* ❖ ↗ **veranstalten**

verantworten [fɐ|'antvɔʀtn̩], **verantwortete, hat verantwortet** **1.** /jmd., Institution/ *etw. ~* ˹das, was man getan, gesagt, veranlasst od. unterlassen hat, als gerechtfertigt ansehen und bereit sein, die eventuellen Folgen zu tragen˺: *wer hat diese Entscheidung zu ~?; ich kann eine solche Maßnahme vor, gegenüber meinen Kollegen nicht ~; das ist nicht zu ~* (˹das kann niemand verantworten, weil von vornherein klar ist, dass es sich negativ auswirken wird˺) **2.** /jmd./ *sich ~* ˹sich für das, was man getan, gesagt, veranlasst od. unterlassen hat und wodurch man schuldig geworden ist, rechtfertigen, wenn es einem vorgeworfen wird˺; ↗ FELD I.12.2: *du wirst dich für diese Fehlentscheidung ~ müssen; er hat sich wegen Unterschlagung vor Gericht zu ~* ❖ **Verantwortung, verantwortlich, Verantwortlichkeit – verantwortungsbewusst, verantwortungslos;** vgl. **Antwort**

verantwortlich [fɐ|'antvɔʀt..] ⟨Adj.; o. Steig.⟩ **1.** ˹die Verantwortung für etw., jmdn. habend˺ /auf Personen bez./: *der ~e Minister, Leiter, Mitarbeiter; wer ist für diese Maßnahme ~?; als Lehrer fühlt er sich für seine Schüler voll ~; für etw. ~ zeichnen* (˹mit seiner Unterschrift die Verantwortung für etw. übernehmen˺); *die Verantwortlichen zur Rechenschaft ziehen; jmdn. für etw. ~ machen; ich mache Sie persönlich für die ordnungsgemäße Durchführung dieser Aktion ~* (˹verpflichte Sie, für die ordnungsgemäße Durchführung dieser Aktion zu sorgen˺); *man wollte den Arzt für den Tod des Patienten ~ machen* (˹wollte ihm die Schuld für den Tod des Patienten geben˺) **2.** ⟨nur attr.⟩ ˹mit Verantwortung verbunden˺: *seine ~e Tätigkeit, eine ~e Aufgabe* ❖ ↗ **verantworten**

Verantwortlichkeit [fɐ|'antvɔʀtlɪç..]**, die**; ~, ⟨o.Pl.⟩ /zu *verantwortlich* 1/ ˹das Verantwortlichsein˺; ↗ FELD I.12.1: *die persönliche ~ eines Leiters; die strafrechtliche ~ eines Täters* ❖ ↗ **verantworten**

Verantwortung [fɐ|'antvɔʀt..]**, die**; ~, ⟨o.Pl.⟩ **1.** ˹die Pflicht, über das, was in Erfüllung einer bestimmten Aufgabe getan, gesagt, veranlasst od. unterlassen wird, Rechenschaft abzulegen und die eventuellen Folgen zu tragen˺; ↗ FELD I.12.1: *eine große, schwere ~ lastet auf ihm; die ~ der Eltern für ihre Kinder; wer trägt die ~ für diese Maßnahme?; ich übernehme, trage die volle, alleinige ~ für den Unfall; ich lehne die ~ dafür ab; er hat versucht, die ~

auf andere abzuwälzen; auf jmds. ~: *ich tue das auf deine* ~ ('ich tue das, weil du es willst, aber du trägst die Verantwortung dafür')! **2.** *jmdn. zur* ~ *ziehen* 'von jmdm. für eine Schuld Rechenschaft fordern': *die Schuldigen zur* ~ *ziehen; jmdn. wegen eines Vergehens/für ein Vergehen strafrechtlich zur* ~ *ziehen* ❖ ↗ **verantworten**

verantwortungs [fɐˈʔantvɔʁtʊŋs..]**-bewusst** ⟨Adj.; Steig. reg., ungebr.⟩ 'im Bewusstsein einer Verantwortung handelnd' /vorw. auf Personen bez./; ↗ FELD I.12.3: *er ist ein* ~*er Mensch, handelte, war* ~ ❖ ↗ verantworten, ↗ wissen; **-los** ⟨Adj.; Steig. reg.⟩ 'ohne Verantwortungsbewusstsein'; ↗ FELD I.12.3: *das zu behaupten, wäre* ~; *er hat* ~ *gehandelt* ❖ ↗ verantworten, ↗ los

verarbeiten [fɐˈʔaʁbai̯tn̩], verarbeitete, hat verarbeitet **1.** /Betrieb, jmd./ ⟨vorw. im Pass.⟩ **1.1.** *etw.* ~ *zu etw.* ⟨Dat.⟩ ~ 'aus einem Material, Rohstoff o.Ä. ein bestimmtes Produkt, bestimmte Produkte herstellen'; ↗ FELD II.5.2: *in dieser Halle werden Kartoffeln zu Stärke verarbeitet; der Stoff soll zu Mänteln verarbeitet werden* **1.2.** *etw.* ~ 'etw. als Material für bestimmte Produkte verwenden': *im Werk werden nur die besten Rohstoffe verarbeitet* **2.** /etw., jmd./ *etw.* ~ 'Eindrücke der Sinnesorgane o.Ä. durch geistige, psychische Tätigkeit nutzbar machen': *das Gehirn nimmt Signale auf und verarbeitet sie; das Kind kann die neuen Eindrücke nicht so schnell* ~ ('psychisch bewältigen') ❖ ↗ **Arbeit**

verausgaben [fɐˈʔausgaːbm̩], verausgabte, hat verausgabt **1.** /jmd., Institution/ *etw.* ~ 'eine bestimmte Summe ausgeben': *der Sportklub hat für den Bau der Schwimmhalle 600.000 Mark verausgabt; die verausgabte Summe überstieg den Voranschlag* **2.** /jmd., Unternehmen/ *sich* ~ 'sein gesamtes Geld ausgeben': *durch den Kauf des Autos hat er sich völlig verausgabt* **3.** /jmd./ *sich* ~ 'seine körperlichen, geistigen Kräfte bei einer Tätigkeit bis zur Erschöpfung beanspruchen': *der Läufer hat sich beim Endspurt völlig verausgabt; etw.* ~: *er hat seine Kräfte bis zur Erschöpfung verausgabt* ❖ ↗ **geben**

veräußern [fɐˈʔɔi̯sɐn], veräußerte, hat veräußert /jmd./ *etw.* ~ 'etw. aus seinem Besitz verkaufen, um dadurch zu Geld zu kommen'; ↗ FELD I.16.2: *er will, musste einige wertvolle Münzen aus seiner Sammlung* ~; *der Komponist hat die Rechte auf dieses Werk veräußert* ❖ ↗ **außen**

Verband [fɐˈbant], **der**; ~s/auch ~es, Verbände [..ˈbɛndə] **I.** 'textiles Material, das zum Bedecken einer Wunde, eines kranken, verletzten Körperteils um diese(s) gewickelt ist': *der* ~ *rutscht, ist durchgeblutet; der Arzt legt einen* ~ *an; der* ~ *muss täglich erneuert, gewechselt werden* – **II.** 'meist aus vielen Vereinigungen gebildete Organisation zur Wahrung gemeinsamer Interessen, zur Durchsetzung gemeinsamer Ziele ihrer Mitglieder'; ↗ FELD I.11: *der Vorsitzende, die Mitglieder des* ~*s; einen* ~ *gründen; sich zu einem* ~ *zusammenschließen; einem* ~ *angehören, beitreten; /in Namen von*

Organisationen/: ~ *Deutscher Elektrotechniker* ❖ ↗ **binden**

verbannen [fɐˈbanən], verbannte, hat verbannt /Institution, jmd./ *jmdn. irgendwohin* ~ 'jmdn. zur Strafe aus einem bestimmten Gebiet, Land ausweisen, ihn an einen weit entfernten Ort schicken und zwingen, dort zu bleiben': *er wurde nach Sibirien verbannt* ❖ ↗ **bannen**

Verbannung [fɐˈban..], **die**; ~, ~en ⟨vorw. Sg.⟩ **1.** 'das Verbannen': *seine* ~ *nach Sibirien; die* ~ *eines Dissidenten, Regimekritikers* **2.** 'das Verbanntsein': *in der* ~ *leben* ('dort leben, wohin man verbannt wurde'); *in die* ~ *gehen* ❖ ↗ **bannen**

verbarg: ↗ *verbergen*

verbarrikadieren [fɐbaʁikaˈdiːʁən], verbarrikadierte, hat verbarrikadiert /jmd./ **1.1.** *etw.* ~ 'einen Zugang zu einem Gebäude, Raum durch Gegenstände, Hindernisse versperren, um andere am Eindringen zu hindern': *er hatte die Tür mit Tischen und Stühlen verbarrikadiert* **1.2.** *sich irgendwo* ~ 'sich in einem Raum, Gebäude o.Ä. aufhalten und den Zugang dazu von innen durch Gegenstände, Hindernisse versperren, um andere am Eindringen zu hindern': *als die Polizei erschien, verbarrikadierte sich der Einbrecher im Keller* ❖ ↗ **Barrikade**

verbeißen [fɐˈbai̯sn̩], verbiss [..ˈbɪs], hat verbissen [..ˈbɪsn̩]; ↗ auch *verbissen* **1.** /jmd./ (*sich* ⟨Dat.⟩) *etw.* ~ 'etw. mit Mühe unterdrücken (4)': *er konnte (sich) kaum das Lachen* ~; *ich habe es mir verbissen, nach seinen Gründen zu fragen* **2.** ⟨vorw. im Perf.⟩ /Tier, bes. Hund/ *sich in etw., ein Tier* ~ 'fest in etw., ein Tier beißen und es nicht wieder loslassen': *der Hund hat sich in den Stock verbissen; /zwei od. mehrere (Tier)/* ⟨rez.⟩ *sich ineinander* ~: *die Hunde hatten sich ineinander verbissen* **3.** /jmd./ *sich in etw.* ~: *wer sich so in eine Idee verbeißt* ('so blind und hartnäckig an einer Idee festhält'), *wird leicht zum Fanatiker; er hat sich in diese Aufgabe verbissen* ('widmet sich mit zähem Eifer der Erfüllung dieser Aufgabe') ❖ ↗ **beißen**

verbergen [fɐˈbɛʁgn̩] (*er verbirgt* [..ˈbɪʁkt]), verbarg [..ˈbark], hat verborgen [..ˈbɔʁgn̩] **1.** /jmd./ *etw., jmdn., sich irgendwo* ~ 'etw., jmdn., sich irgendwo vor dem Zugriff anderer in Sicherheit bringen, vor Entdeckung schützen'; SYN *verstecken*: *er verbarg das Buch unter seinem Mantel; wir verbergen uns hinter einer Hecke, in der Scheune; etw., jmdn., sich vor jmdm.* ~: *es gelang dem Dieb, zu fliehen und sich vor der Polizei zu* ~; *etw., jmdn., sich verborgen halten: sie hielten den Flüchtling wochenlang in ihrem Haus verborgen; sie verbarg ihr Gesicht in, mit den Händen* ('bedeckte ihr Gesicht, bes. aus Scham, vor Schmerz, mit den Händen') **2.** /jmd./ *etw.* ~ SYN 'etw. unterdrücken (4)': *er konnte seine Rührung, Wut kaum* ~; *er versuchte, seine Tränen zu* ~; *diese Absicht ist uns nicht verborgen geblieben* ('wir haben diese Absicht gemerkt') **3.** /jmd./ SYN 'etw. verheimlichen': *du verbirgst mir irgendetw.; warum hast du diese Tatsachen vor uns verborgen?; etw., nichts zu* ~ *haben: wer so spricht, hat etwas zu* ~

('hat kein reines Gewissen'); *ich habe nichts zu* ~ ('habe ein reines Gewissen'); *seine Verlegenheit zu* ~ (SYN 'kaschieren') *suchen* ❖ ↗ **bergen**

verbessern [fɐ'bɛsɐn], verbesserte, hat verbessert **1.** /jmd., Institution/ *etw.* ~ 'etw. so verändern, dass es besser wird': *der Schüler bemüht sich, seine englische Aussprache zu* ~; *die Qualität der Erzeugnisse* ~; *die Lebensbedingungen der Menschen* ~; *etw. technisch* ~; *eine neue, verbesserte Auflage des Lexikons; sie hat den Weltrekord um 15 Zentimeter verbessert* **2.** /etw./ *sich* ~ 'besser werden'; ANT verschlechtern (1.2,1.3): *sein Gesundheitszustand hat sich verbessert; die Arbeitsbedingungen haben sich verbessert;* /jmd./ *er hat sich mit seiner neuen Anstellung finanziell verbessert* ('wird in seiner neuen Anstellung besser bezahlt') **3.** /jmd./ **3.1.** *etw.* ~ SYN 'etw. berichtigen (1)': *einen Rechtschreibfehler* ~; vgl. *korrigieren* (1.2) **3.2.** *jmdn.* ~ 'jmds. sprachlich fehlerhafte Äußerung in der korrekten Form mündlich wiederholen': *er verbessert ihn ständig; sich* ~: *sie versprach sich, verbesserte sich aber sofort* ('wiederholte aber sofort ihre Äußerung in der korrekten Form') ❖ ↗ **besser**

Verbesserung [fɐ'bɛsəʀ..], **die**; ~, ~en **1.** /zu *verbessern* 1 u. 3/ 'das Verbessern'; /zu 1/: *die ständige* ~ *der Qualität;* /zu 3.1/ SYN 'Korrektur': *die Schüler erhielten als Hausaufgabe die* ~ *des Diktats* **2.** /zu *verbessern* 2/ 'das Besserwerden': *allmählich setzte eine* ~ *der Lage ein* **3.** /zu *verbessern* 3.1/ 'etw. Verbessertes'; SYN Korrektur: *im Manuskript finden sich zahlreiche* ~*en* **4.** /zu *verbessern* 2/ 'gebesserter (↗ *bessern* 2) Zustand': *es ist eine spürbare* ~ *der Lage festzustellen* ❖ ↗ **besser**

verbeugen [fɐ'bɔɪ̯gn̩], **sich**, verbeugte sich, hat sich verbeugt /jmd./ *sich* ~ 'zum Gruß, zum Zeichen der Hochachtung, des Dankes Kopf und Oberkörper vor jmdm., dem man gegenübersteht, nach vorn beugen'; ↗ FELD III.1.2: *sich (vor jmdm.)* ~: *der Dirigent verbeugte sich vor dem Publikum; sich tief* ~ ❖ ↗ **beugen**

verbeulen [fɐ'bɔɪ̯lən], verbeulte, hat verbeult ⟨vorw. adj. im Part. II⟩ /jmd., etw./ *etw.* ~ 'durch starken Druck, heftigen Aufprall bei einem Gegenstand (aus Metall) Beulen verursachen'; ↗ FELD III.1.2: ⟨vorw. im Pass.⟩ *bei dem Unfall wurde der rechte Kotflügel verbeult;* ⟨adj. im Part. Prät.⟩ *ein alter, verbeulter* ('Beulen aufweisender') *Blecheimer, Kochtopf, Helm* ❖ ↗ **Beule**

verbieten [fɐ'biːtn̩], verbot [..'boːt], hat verboten [..'boːtn̩]; ↗ auch *verboten* **1.** /jmd., Institution/ *jmdm. etw.* ~ 'jmdm. etw. (offiziell) nicht erlauben'; SYN untersagen; ANT erlauben (1): *der Arzt hat ihm das Rauchen verboten; Jugendlichen unter achtzehn Jahren ist der Eintritt verboten; die Einfuhr von Waffen ist verboten; sie hat ihm ihr Haus verboten* ('hat ihm das Betreten ihres Hauses verboten') **2.** /etw./ *etw.* ~ 'etw. nicht zulassen' /beschränkt verbindbar/: *ihn darum zu bitten, verbietet mir mein Stolz; sich* ~: *das verbietet sich von selbst* ('ist aus Gründen, die in der Sache selbst liegen, nicht mög-

lich'); *jmdm. etw.* ~: *meine Gesundheit verbietet* (ANT erlaubt 2) *mir das* ❖ ↗ **bieten**

verbinden [fɐ'bɪndn̩], verband [..'bant], hat verbunden [..'bʊndn̩] **1.** /jmd./ *jmdm. die Augen* ~ 'jmdm. ein Tuch über die Augen binden, damit er nichts mehr sehen kann') **2.** /jmd./ **2.1.** *jmdm.* ~ 'jmdm. einen Verband (I) anlegen': *die Schwester verband den Verletzten* **2.2.** *etw.* ~ 'eine Wunde, einen verletzten Körperteil mit einem Verband (I) bedecken': *sie verband die Wunde notdürftig; soll ich dir die Hand* ~? **3.** /jmd., etw./ *zwei od. mehrere Teile, Gegenstände* ~ 'zwei od. mehrere Gegenstände, Teile aneinander befestigen': *man könnte die beiden Platten mit Leim oder durch Schrauben* ~; *die Räder sind durch eine Achse verbunden* **4.** /jmd./ *etw. mit etw.* ⟨Dat.⟩ ~ 'etw. so an etw. anschließen, dass zwischen beiden ein Prozess ablaufen kann'; ↗ FELD I.7.6.2: *das Gerät mit dem Stromnetz, den Schlauch mit dem Wasserhahn* ~ **5.** /Straße o.Ä., Verkehrsmittel/ *etw. mit etw.* ⟨Dat.⟩ ~ 'einen Ort o.Ä. von einem anderen aus erreichbar machen': *ein Damm verbindet die Insel mit dem Festland; die beiden Städte sind durch mehrere Buslinien miteinander verbunden* **6.** /jmd., Telefonistin/ *jmdn. mit jmdm., etw.* ~ 'einem Anrufer ermöglichen, telefonisch mit jmdm. zu sprechen': ~ *Sie mich bitte mit Frau Müller, der Theaterkasse, (dem) Apparat 2311; einen Augenblick bitte, ich verbinde!; Verzeihung, falsch verbunden!* **7.** /etw./ *sich mit etw.* ⟨Dat.⟩ ~ 'sich mit einem Stoff chemisch vereinigen': *wenn sich zwei Wasserstoffatome mit einem Sauerstoffatom* ~, *entsteht ein Molekül Wasser;* /zwei od. mehrere (etw.)/ *sich* ⟨rez.⟩ *(miteinander)* ~: *Chlor und Natrium* ~ *sich (miteinander) zu Kochsalz* **8.1.** /jmd./ *etw. mit etw.* ⟨Dat.⟩ ~ 'etw. mit etw. anderem kombinieren': *Wörter mit Wörtern (zu einem Satz)* ~ **8.2.** /jmd./ *etw. mit etw.* ⟨Dat.⟩ ~ 'etw. mit etw. anderem gleichzeitig erledigen': *er will die Dienstreise mit einem Besuch bei uns* ~; *das Angenehme mit dem Nützlichen* ~ **8.3.** /etw./ *sich mit etw.* ⟨Dat.⟩ ~ 'mit bestimmten Eigenschaften, Umständen, Folgen, Voraussetzungen zusammenhängen': *bei ihm verbindet sich Musikalität mit poetischer Begabung;* ⟨vorw. adj. im Part. II⟩ *die Umgestaltung ist mit großen Schwierigkeiten verbunden; die Sanierung der Altstadt war mit immensen Kosten verbunden; die mit dieser Aufgabe verbundene Mühe; diese Probleme sind eng (miteinander) verbunden* **9.1.** /etw./ *sich für jmdn. mit etw.* ⟨Dat.⟩ ~ 'bei jmdm. bestimmte damit zusammenhängende Gedanken, Erinnerungen o.Ä. hervorrufen': *für ihn verbindet sich mit diesem Namen, Begriff nichts; damit* ~ *sich für mich Jugenderinnerungen* **9.2.** /jmd./ *etw. mit etw.* ⟨Dat.⟩ ~ 'bei jmdm. als damit zusammenhängende Gedanken, Erinnerungen hervorgerufen werden': *ich verbinde mit dieser Stadt herrliche Erinnerungen* **10.** /etw./ *zwei od. mehrere Personen* ~ 'enge Beziehungen zwischen zwei od. mehreren Personen schaffen und erhalten': *uns* ~ *gemeinsame Interessen; seit ihrer Jugend verband sie eine feste Freund-

schaft; durch seine jahrzehntelange Tätigkeit war er aufs Engste mit dem Betrieb und seinen Kollegen verbunden; sich mit jmdm., etw. verbunden fühlen; sie blieben ihr ganzes Leben lang (miteinander) freundschaftlich verbunden; jmdn. mit etw. ~: mit diesem Land ~ ihn unvergessliche Erlebnisse **11.** /jmd., Gruppe/ *sich mit jmdm.* ~ ʿsich mit jmdm. verbünden'; SYN sich zusammenschließen (2): *er hat sich mit ihnen zu gemeinsamem Vorgehen verbunden;* /zwei od. mehrere (jmd., Gruppe)/ *sich* ⟨rez.⟩ ~: *die Gruppen wollen sich ~ und ihre Aktionen koordinieren* ❖ ↗ **binden**

verbindlich [fɐˈbɪnt..] ⟨Adj.⟩ **1.** ⟨Steig. reg.⟩ ʿfreundlich und zuvorkommend' /vorw. auf Sprachliches bez./: *der Verkäufer hatte eine sehr ~e Art, war sehr ~; sie wechselten ein paar ~e Worte; ~ lächeln; ~en/~sten Dank!* /höfliche Form des Dankes/ **2.** ⟨o. Steig.⟩ ʿzur Einhaltung des Genannten verpflichtend' /auf Abstraktes bez./: *eine ~e Abmachung; diese Anordnung ist für alle Mitarbeiter ~; etw.* ~ (SYN ʿfest 4.2') *zusagen* ❖ ↗ **binden**

Verbindlichkeit [..ˈb..], die; ~, ~en **1.** ⟨nur im Pl.⟩ ʿfreundliche, höfliche Äußerung': *er wollte uns mit ein paar ~en abspeisen* **2.** ⟨o.Pl.; + Gen.attr.⟩ ʿverbindlicher (2) Charakter': *die ~ des Völkerrechts, eines Vertrags* **3.** ⟨nur im Pl.⟩ ʿVerpflichtung zur Zahlung einer bestimmten Summe, die man jmdm., einer Institution schuldet': *seine ~en gegenüber der Bank belaufen sich auf eine halbe Million Dollar; ~en gegen jmdn./gegenüber jmdm. haben; er kann seine ~en nicht erfüllen* ❖ ↗ **binden**

Verbindung [fɐˈbɪnd..], die; ~, ~en **1.** ⟨o.Pl.⟩ **1.1.** /zu *verbinden* 3,4,5/ ʿdas Verbinden'; /zu 3/; ↗ FELD I.7.6.1: *die ~ von Metallteilen durch Löten oder Schweißen;* /zu 5/: *die ~ des Neubaugebietes mit dem Stadtzentrum durch die U-Bahn* **1.2.** /zu *verbinden* 7,11/ ʿdas Sichverbinden'; /zu 7/: *die ~ von Chlor und Natrium zu Kochsalz* **2.** /zu *verbinden* 3,4,5,8/ ʿdas Verbundensein'; /zu 4/: *die ~ mit dem Stromnetz herstellen;* /zu 5/: *durch starke Schneefälle ist das Dorf von jeder ~ zur/mit der Außenwelt abgeschnitten;* /zu 8/: *eine enge ~ von Theorie und Praxis anstreben; zwischen diesen beiden Vorkommnissen besteht keinerlei ~* **3.** in ~ mit etw. ⟨Dat.⟩: *die verbilligte Fahrkarte gilt nur in ~ (ʿnur zusammen') mit dem Studentenausweis; etw., jmdn. mit etw., jmdn. in ~ bringen* ʿeinen Zusammenhang zwischen etw., jmdm. und einer bestimmten Sache, Person herstellen': *die Polizei brachte sein Verschwinden mit dem Verbrechen in ~* **4.** /zu *verbinden* 3,4,5/ ʿdas Verbindende'; /zu 3/: *ein Bolzen dient als ~ beider Maschinenteile;* /zu 5/: *der Damm ist die einzige ~ zwischen der Insel und dem Festland; die Gerade ist die kürzeste ~ zwischen zwei Punkten* **5.** ʿMöglichkeit, mit einem Verkehrsmittel zu Lande, zu Wasser od. in der Luft von einem Ort zu einem anderen zu gelangen': *gibt es von hier aus eine direkte ~ nach Berlin?; die schnellste ~ dorthin ist das Flugzeug* **6.** ʿMöglichkeit, jmdn., einen Ort über Telefon o.Ä. zu erreichen': *gibt es eine telefonische*

~ *dorthin?; ich konnte keine ~ bekommen* **7.** ʿdurch Verbinden (7) entstandener Stoff': *Wasser ist eine ~ von Wasserstoff und Sauerstoff; chemische ~en* **8.** SYN ʿBeziehung (1)': *freundschaftliche, politische, geschäftliche, internationale ~en; die ~ zu jmdm. abbrechen; mit jmdm. (brieflich) ~ haben; zu jmdm. (telefonisch) ~ aufnehmen; sich mit jmdm. in ~ setzen* (ʿKontakt zu jmdm. aufnehmen'); *mit jmdm. in ~ treten* (ʿKontakt zu jmdm. aufnehmen'); *mit jmdm. in ~ stehen* (ʿKontakt zu jmdm. haben'); *mit jmdm. in ~ bleiben* **9.** ⟨nur im Pl.⟩ *er hat gute ~en* (SYN ʿBeziehungen 2') *und weiß diese ~en zu nutzen* **10.** ʿorganisierter Zusammenschluss von Personen zu gemeinsamem Handeln': *er gehörte einer geheimen, verbotenen ~ an* ❖ ↗ **binden**

Verbindungs|mann [fɐˈbɪndʊŋs..], der ⟨Pl.: -männer/-leute⟩ ʿPerson, deren Aufgabe es ist, Kontakte zwischen Personen, Gruppen zu halten': *jmdn. als ~ einsetzen* ❖ ↗ **binden,** ↗ **Mann**
MERKE Zum Pl. von *Verbindungsmann:* ↗ **Mann** (Merke)

verbissen [fɐˈbɪsn̩] ⟨Adj.; Steig. reg.; nicht präd.; ↗ auch *verbeißen*⟩ ʿhartnäckig und zäh': *mit ~em Fleiß an einer Aufgabe arbeiten; die Mannschaft kämpft ~ um den Sieg; ~* (SYN ʿkrampfhaft 2') *über etw. nachdenken, an seiner Überzeugung festhalten* ❖ **Verbissenheit;** vgl. **beißen**

Verbissenheit [..ˈb..], die; ~, ⟨o.Pl.⟩ ʿdas Verbissensein': *sich mit ~ zur Wehr setzen* ❖ ↗ **verbissen**

verbitten [fɐˈbɪtn̩], sich, verbat [..ˈbeːt.] /jmd./ *sich* ⟨Dat.⟩ *etw.* ~ ʿnachdrücklich verlangen, etw. zu unterlassen, weil man es als Zumutung empfindet': *er verbot sich jede Einmischung in seine persönlichen Angelegenheiten; ich verbitte mir solche Unverschämtheiten!* ❖ ↗ **bitten**

verbittern [fɐˈbɪtɐn], verbitterte, hat verbittert **1.** /etw., z. B. Enttäuschung, Misserfolg/ *jmdn.* ~ ʿjmdn. mit anhaltendem Groll erfüllen, pessimistisch und unzugänglich machen': *die Jahre der Verfolgung haben ihn verbittert; früher war er ein heiterer, optimistischer Mensch, jetzt ist er völlig verbittert;* ⟨oft adj. im Part. II⟩ *ein verbitterter alter Mann* **2.** /jmd./ *sich* ⟨Dat.⟩ *etw. nicht ~ lassen* ʿsich die Freude an etw. nicht verderben lassen': *wir lassen uns das Leben nicht ~!* ❖ ↗ **bitter**

verblassen [fɐˈblasn̩], verblasste, ist verblasst **1.** /etw./ ʿdie Intensität des Farbe allmählich verlieren': *die Tapeten ~ allmählich; ein verblasstes Foto; die Farben ~ immer mehr* (ʿverlieren die Intensität immer mehr') **2.** *die Erinnerung an dieses Erlebnis verblasst* (ʿschwindet') *allmählich* ❖ ↗ **blass**

Verbleib [fɐˈblaip], der; ~s, ⟨o.Pl.⟩ ʿOrt, wo sich eine gesuchte, vermisste Person, Sache befindet': *niemand weiß etwas über den ~ der Akten; er erkundigte sich nach ihrem ~* ❖ ↗ **bleiben**

verbleiben [fɐˈblaibm̩], verblieb [..ˈbliːp], ist verblieben [..ˈbliːbm̩] **1.** /jmd./ *mit jmdm. irgendwie* ~: *wie bist du mit ihm verblieben* (ʿwas hast du mit ihm vereinbart')?; *ich bin mit ihm so verblieben, dass er morgen anruft; wie ~ wir/wie wollen wir ~* (ʿwas wollen wir in Bezug darauf vereinbaren')?; /zwei od. mehre (jmd.)/ *wir sind so verblieben* ('haben vereinbart'), *dass er morgen anruft* **2.** /etw./ *jmdm. ~ 'von einer größeren Menge, Anzahl jmdm. als Rest übrig bleiben': das Geld, das ihm verblieben ist, reicht dafür nicht aus; die noch verbliebenen Urlaubstage will er zu Hause verbringen* ❖ ↗ **bleiben**

verbleichen [fɐ'blaiçn̩], verblich [..'bliç], ist verblichen [..'bliçn̩] /etw./ 'die Intensität der Farbe allmählich infolge der Einwirkung des Lichtes verlieren': *die Vorhänge ~ allmählich; das Blau der Jacke ist verblichen* ❖ ↗ **bleich**

verblenden [fɐ'blɛndn̩], verblendete, hat verblendet /etw./ *jmdn. ~* 'jmdm. die Einsicht, Vernunft rauben': *der Erfolg hat ihn verblendet; sie war von Hass und Eifersucht verblendet; sie waren völlig verblendet* ('waren vom positiven Erscheinungsbild einer Sache so fasziniert, dass sie ihren negativen Kern nicht erkannten') ❖ ↗ **blenden**

verblüffen [fɐ'blʏfn̩], verblüffte, hat verblüfft /etw., jmd./ *jmdn. ~* 'jmdn. so in Erstaunen versetzen, dass er im ersten Augenblick nicht weiß, was er sagen, tun soll': *seine Antwort verblüffte uns; er verblüfft uns immer wieder mit seinen Kenntnissen; ihn konnte nichts ~; er war völlig verblüfft, als wir ihm plötzlich gegenüberstanden; die Ergebnisse der Untersuchung waren ~d; es ist ~d, wie schnell er reagiert; jmd. hat eine ~de Ähnlichkeit mit jmdm.* ❖ ↗ **bluffen**

verblümt [fɐ'bly:mt] ⟨Adj.; Steig. reg., ungebr.⟩ 'das Gemeinte nur vorsichtig andeutend, umschreibend' /auf Äußerungen bez./: *etw. ~ ausdrücken; etw. in/ mit ~en Worten ausdrücken* ❖ **unverblümt**

¹**verborgen:** ↗ *verbergen*

²**verborgen** [fɐ'bɔʁgn̩], verborgte, hat verborgt /jmd./ *etw. an jmdn. ~* SYN 'etw. an jmdn. verleihen (2)': *ich weiß nicht, an wen ich das Buch verborgt habe; er verborgt seine Schallplatten ungern* ❖ ↗ **borgen**

Verbot [fɐ'bo:t], **das**; ~s/auch ~es, ~e 'von jmdm., einer Institution erlassene schriftliche od. mündliche Anordnung, mit der verboten (↗ *verbieten* 1) wird, etw. Bestimmtes zu tun': *ein ärztliches, polizeiliches ~; ein ~ erlassen, aufheben; sich an ein ~ halten; gegen ein ~ verstoßen; ein ~ aussprechen* ('etw. Bestimmtes verbieten 1') ❖ ↗ **bieten**

verboten [fɐ'bo:tn̩] ⟨Adj.; Steig. reg., ungebr.; nur bei Vb.; ↗ auch *verbieten*⟩ *~ aussehen: mit diesem Hut sieht sie ~* ('lächerlich, unmöglich') *aus; das sah ~ aus* ❖ ↗ **bieten**

verbrämen [fɐ'brɛːmən/..'brɛː..], verbrämte, hat verbrämt /jmd./ *etw. ~* 'das Negative einer Aussage, Antwort o.Ä. durch Hinzufügen von etw. Positivem, Angenehmem zu mildern versuchen': *der Versuch des Redners, die bestürzenden Fakten durch schöne Worte/mit schönen Worten zu ~*

Verbrauch [fɐ'braux], **der**; ~s/auch ~es, ⟨o.Pl.⟩ **1.** 'das Verbrauchen (1)': *die Ware ist zum alsbaldigen ~ bestimmt; die Hautcreme ist sehr sparsam im ~* ('man braucht von der Hautcreme nur sehr wenig zu nehmen, sodass sie lange reicht'); vgl. *Konsum*

(1.1) 2. 'das, was verbraucht worden ist od. wird'; SYN Konsum (1.2): *ein hoher ~ an/von Butter; der ~ von Alkohol hat stark zugenommen; den ~ drosseln, steigern* ❖ ↗ **brauchen**

verbrauchen [fɐ'brauxn̩], verbrauchte, hat verbraucht; ↗ auch *verbraucht* **1.** /jmd./ *etw. ~* 'etw. für die Befriedigung bestimmter Bedürfnisse verwenden, sodass davon kein Rest übrig bleibt': *wir haben in diesem Winter viel Heizöl, Gas verbraucht; wenig, viel Butter ~; er verbraucht im Monat rund 1000 Mark* ('gibt im Monat rund 1000 Mark aus'); *alle Vorräte sind längst verbraucht* **2.** *etw. verbraucht etw.* 'etw. hat einen bestimmten Bedarf an etw.'; SYN fressen (3): *dieses Auto verbraucht zehn Liter (Kraftstoff) auf/für hundert Kilometer; für dieses Projekt wurde viel Zeit, Geld verbraucht* **3.** umg. /jmd./ *etw. ~* 'etw. verschleißen (1.1)': *der Junge verbraucht pro Jahr zwei Anoraks* ❖ ↗ **brauchen**

Verbraucher [fɐ'brauxɐ], **der**; ~s, ~ 'jmd., der Waren kauft und konsumiert': *eine Einrichtung zur Beratung der ~; Gesetze zum Schutz der ~*

verbraucht [fɐ'brauxt] ⟨Adj.; Steig. reg., ungebr.⟩ **1.** ⟨nicht bei Vb.; ↗ auch *verbrauchen*⟩ 'nicht mehr frisch und arm an Sauerstoff' /beschränkt verbindbar/: *die Luft im Zimmer war ziemlich ~* **2.** 'durch ein hartes Leben, schwere Arbeit vorzeitig gealtert, nicht mehr leistungsfähig' /auf Personen bez./: *er ist völlig ~, sieht ~ aus; ein alter, ~er Mann* ❖ ↗ **brauchen**

verbrechen [fɐ'brɛçn̩] (er verbricht [..'brɪçt]), verbrach [..'braːx], hat verbrochen [..'brɔxn̩] ⟨nur im Perf. u. Plusquamperf.⟩ umg. /jmd./ *etw. verbrochen haben* 'etw. Böses, Schlimmes getan haben': *was hat er denn verbrochen, dass sie ihn derart hasst?; ich habe doch nichts verbrochen!* ❖ **Verbrechen, Verbrecher, verbrecherisch** − **Kriegsverbrecher, Sittlichkeitsverbrechen;** vgl. **brechen**

Verbrechen, das; ~s, ~ **1.** 'schwere Straftat': *ein abscheuliches, brutales, schweres ~; ein ~ begehen; ein ~ aufklären; an ihm wurde ein ~ verübt; ein ~ gestehen; das Gesetz sieht für dieses ~ eine Freiheitsstrafe von mindestens zwei Jahren vor* **2.** 'Handlung, die zu verabscheuen ist'; ↗ FELD I.12.1: *Kriege sind ein ~ gegen die Menschlichkeit; Kinder zum Lügen zu erziehen, ist ein ~*; umg. scherzh. *dass sie nicht gerne kocht, ist doch kein ~* ('ist doch nicht schlimm')! ❖ ↗ **verbrechen**

Verbrecher [fɐ'brɛçɐ], **der**; ~s, ~ 'jmd., der ein Verbrechen (1) begangen hat': *ein gefährlicher ~; die Polizei fahndet nach dem ~; einen ~ verhaften, verurteilen* ❖ ↗ **verbrechen**

verbrecherisch [fɐ'brɛçər..] ⟨Adj.; Steig. reg., ungebr.⟩ **1.** 'den Charakter eines Verbrechens (1) habend'; SYN kriminell (1.1) /auf Tätigkeiten bez./: *~e Handlungen* **2.1.** ⟨nur attr.⟩ *~e Elemente* ('Personen, deren Handlung als verbrecherisch 2.2 bewertet werden muss') *haben das Denkmal geschändet* **2.2.** 'jegliches Gefühl für Verantwortung vermissen lassend und in hohem Grade zu verabscheuen' /auf das Tun, die Einstellung von Men-

schen bez./; ↗ FELD I.12.3: ~e *Machenschaften;*
dieser Leichtsinn ist ~; *nicht ist* ~*er, als* ... ❖ ↗
verbrechen

verbreiten [fɐˈbʁaitn̩], verbreitete, hat verbreitet **1.**
/jmd., etw./ *etw.* ~ ˈdafür sorgen, dass etw. allge-
mein bekannt wirdˈ: *sie verbreitet überall das Ge-
rücht von einer Fälschung des Protokolls; Rundfunk
und Fernsehen haben die Meldung von seinem Rück-
tritt bereits über alle Sender verbreitet* **2.** /etw., z. B.
Nachricht/ *sich* ~ ˈallgemein bekannt werdenˈ: *die
Neuigkeit verbreitete sich wie ein Lauffeuer in der
Stadt* **3.** /etw./ *sich irgendwo, irgendwohin* ~ ˈsich in
einem größeren Umkreis ausbreiten, immer mehr
Fläche, Raum bedecken, füllenˈ; SYN ausbreiten
(3): *dicker Qualm verbreitete sich im ganzen Haus;
die Grippe verbreitete sich rasch über ganz Europa*
❖ ↗ **breit**

verbrennen [fɐˈbʁɛnən], verbrannte [..ˈbʁantə], hat/ist
verbrannt [..ˈbʁant] **1.** ⟨hat⟩ /jmd./ *etw.* ~ ˈetw.
durch Feuer vernichtenˈ: *sie las die alten Briefe
noch einmal und verbrannte sie dann im Ofen; wenn
das Laub trocken ist, wollen wir es* ~ **2.** ⟨ist⟩ /etw./
ˈdurch Feuer vernichtet werdenˈ: *bei dem Feuer sind
alle Dokumente mit verbrannt; zu etw.* ⟨Dat.⟩ ~:
die Kohle verbrennt zu Asche (ˈwird durch Feuer zu
Ascheˈ); /jmd./ ˈim Feuer umkommenˈ: *bei der Gas-
explosion sind mehrere Menschen verbrannt* **3.** ⟨ist⟩
/etw., bes. eine Speise/ ˈbeim Backen, Braten durch
zu große Hitze verkohlen und ungenießbar wer-
denˈ: *der Kuchen, Braten ist völlig verbrannt* **4.**
⟨hat⟩ /jmd./ **4.1.** *sich* ~ ˈsich durch Einwirkung
von Hitze verletzenˈ: *sei vorsichtig und verbrenne
dich nicht!; sie hat sich am Bügeleisen verbrannt* **4.2.**
sich ⟨Dat.⟩ *etw.* ~ ˈsich durch Einwirkung von
Hitze einen Körperteil verletzenˈ: *sie hat sich beim
Plätten die Hand verbrannt; ich habe mir mit der
heißen Brühe die Zunge verbrannt* **5.1.** /Pflanzen/
ˈdurch zu starke Hitze der Sonne völlig vertrock-
nenˈ: *das Getreide, der Mais ist durch die sengende
Hitze/von der sengenden Hitze völlig verbrannt* **5.2.**
die Sonne hat ihm den Rücken verbrannt (ˈhat auf
seinem Rücken einen Sonnenbrand verursachtˈ) ❖
↗ **brennen**

Verbrennungs|motor [fɐˈbʁɛnʊŋs..], der ˈMotor, der
die durch Explosion eines Gemisches von Kraft-
stoff und Luft in einem Zylinder entstehende Ener-
gie in nutzbare mechanische Energie umwandeltˈ;
↗ FELD VI.5.1: *die Abgase eines* ~*s* ❖ ↗ **brennen,**
↗ **Motor**

verbringen [fɐˈbʁɪŋən], verbrachte [..ˈbʁaxtə], hat ver-
bracht /jmd./ *etw. irgendwo, irgendwie* ~ ˈeine Zeit-
spanne an einem bestimmten Ort in einem be-
stimmten Zustand zubringen, mit einer bestimmten
Tätigkeit ausfüllenˈ: *sie* ~ *ihren Urlaub an der See,
im Gebirge, zu Hause; sie verbrachte zwei Wochen
krank im Bett; er hat die Wartezeit mit Lesen ver-
bracht; eine schlaflos verbrachte Nacht* ❖ ↗ **bringen**

verbrühen [fɐˈbʁyːən], verbrühte, hat verbrüht /jmd./
1.1. *sich, jmdn.* ~ ˈsich, jmdn. durch Einwirkung

einer heißen, kochenden Flüssigkeit verletzenˈ:
*„Wie ist das passiert?" „Sie hat sich beim Kochen
verbrüht"* **1.2.** *sich* ⟨Dat.⟩, *jmdm. etw.* ~ ˈsich,
jmdm. durch Einwirkung einer heißen, kochenden
Flüssigkeit einen Körperteil verletzenˈ: *ich habe mir
die Hand verbrüht* ❖ ↗ **brühen**

Verbundenheit [fɐˈbʊndn̩..], **die**; ~, ⟨o.Pl.⟩ /zu *verbin-
den* (10)/ ˈdas Verbundensein mit jmdm., etw.ˈ: *er
betonte seine* ~ *mit seinen Kollegen, mit seiner Hei-
matstadt* ❖ ↗ **binden**

verbünden [fɐˈbʏndn̩], **sich**, verbündete sich, hat sich
verbündet /jmd., Gruppe, Institution/ *sich mit
jmdm., etw.* ~ ˈmit jmdm., einer Institution,
Gruppe ein Bündnis schließenˈ: *du solltest dich mit
ihm (zu gemeinsamem Vorgehen)* ~; /zwei od. meh-
rere (jmd., Gruppe, Institution/ *sich* ⟨rez.⟩ ~: *die
oppositionellen Gruppierungen wollen sich (mitein-
ander)* ~; *sich gegen jmdn., etw.* ~ ❖ ↗ **binden**

verbürgen [fɐˈbʏʁɡn̩], verbürgt, hat verbürgt **1.** /etw.,
bes. Gesetz, Institution/ *etw.* ~ ˈein Recht o.Ä. ga-
rantierenˈ: *die Verfassung verbürgt (uns) das Recht
auf freie Meinungsäußerung; ein durch das Gesetz
verbürgter Anspruch* **2.** /jmd./ *etw.* ~ *etw.*, bes. eine
Aussage aufgrund seiner Kenntnis als richtig bestä-
tigenˈ: ⟨vorw. adj. im Part. II⟩ *die Wahrheit dieser
Behauptung ist nicht verbürgt; eine verbürgte* (ˈvon
maßgeblicher Seite bestätigteˈ) *Nachricht; eine ver-
bürgte* (SYN ˈsichere I.2.1ˈ) *Information weiterge-
ben* **3.** /jmd./ *sich für etw., jmdn.* ~ ˈfür etw., jmdn.
bürgenˈ: *ich verbürge mich für ihn, seine Zuverläs-
sigkeit* ❖ ↗ **Bürge**

verbüßen [fɐˈbyːsn̩], verbüßte, hat verbüßt /jmd./ *eine
Freiheitsstrafe* ~ (ˈden für eine Freiheitsstrafe fest-
gelegten Zeitraum in einer Strafvollzugsanstalt ver-
bringenˈ); *nachdem er zwei Jahre verbüßt hatte* (ˈin
der Strafvollzugsanstalt verbracht hatteˈ), *wurde er
wegen guter Führung vorzeitig entlassen* ❖ ↗ **Buße**

Verdacht [fɐˈdaxt], **der**; ~s, ⟨o.Pl.⟩ **1.** ˈVermutung der
schuldhaften Tat, Absicht in Bezug auf eine Per-
sonˈ: *ich hatte nicht den geringsten, nie den leisesten*
~; *der* ~ *hat sich bestätigt; der* ~ *fiel sofort auf
ihn; er hegt einen schlimmen* ~; *er hat den* ~ *geäu-
ßert, dass sie gelogen hat; sein Verhalten erregte* ~;
~ *schöpfen* (ˈargwöhnisch werdenˈ); *jmdn. auf blo-
ßen* ~ *(hin)* (ˈohne gegen ihn Beweise für eine
Straftat zu habenˈ) *verhaften; jmds.* ~ *zerstreuen;
in* ~ *kommen, geraten (etw. getan zu haben)* ˈden
Verdacht (1) erregen, etw. Bestimmtes getan zu ha-
benˈ: *er ist in* ~ *geraten, das Geld unterschlagen
zu haben; im/in/unter* ~ *stehen, etw. getan zu haben*
ˈverdächtigt werden, etw. Bestimmtes getan zu ha-
benˈ: *er steht im* ~, *den Scheck gefälscht zu haben;
er steht unter dem dringenden* ~ *der Fälschung, des
Betrugs; jmdn. in/im* ~ *haben, etw. getan zu haben*
ˈjmdn. verdächtigen, etw. getan zu habenˈ: *man hat
ihn in* ~, *seine Kinder misshandelt zu haben* **2.** *bei
dem Patienten besteht (der)* ~ *auf Krebs* (ˈaufgrund
bestimmter Anzeichen muss man annehmen, dass
der Patient an Krebs erkrankt istˈ); *den* ~ *haben,*

dass … ῾annehmen, dass …᾽*: ich habe den ~, dass er den Termin vergessen hat; auf ~ (hin): er hat auf ~ hin* (῾weil er annahm, dass es regnen würde᾽) *seinen Regenschirm mitgenommen; auf bloßen ~* (῾nur auf Grund der Annahme, dass er es haben möchte᾽) *würde ich das Buch nicht für ihn kaufen* ❖ ↗ **denken**

-verdächtig /bildet mit einem Subst. als erstem Bestandteil Adjektive; drückt aus, dass das im ersten Bestandteil Genannte in Bezug auf eine Person zu erwarten ist/: ↗ z. B. *rekordverdächtig*

verdächtig [fɐˈdɛçtɪç] ⟨Adj.; Steig. reg., ungebr.⟩ **1.** ⟨nicht bei Vb.; vorw. präd.⟩ /jmd./ ⟨+ Gen.attr.⟩ *einer Straftat ~ sein* ῾im Verdacht stehen, eine Straftat begangen zu haben᾽: *der Verhaftete ist dringend der Tat ~; er ist des Diebstahls ~; sich ~ machen* (῾durch ein bestimmtes Verhalten den Verdacht erregen, eine Straftat begangen zu haben᾽) **2.** ῾einen unbestimmten Verdacht erregend᾽: *~e Gestalten; ein ~es Geräusch hören; die Sache ist sehr ~; dieser Mann kam uns ~ vor; es war ~ still im Kinderzimmer* ❖ ↗ **denken**

verdächtigen [fɐˈdɛçtɪɡn̩], verdächtigte, hat verdächtigt /jmd., Institution/ *jmdn. ~* ῾gegen jmdn. einen Verdacht haben (und ihn äußern)᾽: *man verdächtigt ihn des Diebstahls; er wurde verdächtigt, das Geld unterschlagen zu haben; jmdn. unschuldig, zu Unrecht ~* ❖ ↗ **denken**

verdammt [fɐˈdamt] ⟨Adj.; nicht bei Vb.⟩ emot. **1.1.** ⟨nur attr.⟩ /drückt Ärger, Wut über das im Bezugswort Genannte aus/: *dieser ~e Apparat, Motor!; der ~e Kerl hat mich betrogen!* **1.2.** /in Ausrufen des Ärgers, der Wut/: *~e Scheiße!; (so ein) ~er Mist!; ~ (noch mal)!; ~ und zugenäht!*

verdanken [fɐˈdaŋkn̩], verdankte, hat verdankt **1.** /jmd./ *jmdm. etw. ~* ῾jmdm. für etw. Dank schuldig sein᾽: *ich verdanke ihm viel; er hat ihm wertvolle Hinweise zu ~; sie verdankt ihm ihr Leben* (῾er hat ihr das Leben gerettet᾽) **2.** /jmd./ *etw. ⟨Dat.⟩ etw. ~/etw. zu ~ haben* ῾etw. Positives durch einen bestimmten günstigen Umstand erlangt haben᾽: *diesen Erfolg verdankt er der Tatsache, dass sein größter Konkurrent wegen einer Verletzung nicht am Wettbewerb teilgenommen hat; das hat er nur dem Zufall zu ~* **3.** iron. /jmd./ *jmdm. etw. (nur das) zu ~ haben: das habe ich dir zu ~* (῾du bist schuld daran᾽)*!* ❖ ↗ **danken**

verdarb: ↗ **verderben**

verdauen [fɐˈdauən], verdaute, hat verdaut **1.** /Verdauungsorgan, jmd./ *etw. ~* ῾aufgenommene Nahrung im Körper umsetzen᾽: *der Magen verdaut fette Speisen langsam; Pilze sind schwer zu ~; er hat das Essen gut, schlecht verdaut* **2.** umg. /jmd./ *etw. ~* ῾einen Eindruck, ein Erlebnis o.Ä. geistig, psychisch verarbeiten᾽: *ich muss die vielen Eindrücke, die Nachricht erst einmal ~* ❖ **verdaulich**

verdaulich [fɐˈdau..] ⟨Adj.; o. Steig.; nur präd.; in Verbindung mit *leicht, schwer*⟩ *eine Speise ist leicht, schwer ~* (῾wird vom Körper leicht, schwer umgesetzt᾽; ↗ **FELD** I.8.3) ❖ ↗ **verdauen**

verdenken [fɐˈdɛŋkn̩], verdachte [..ˈdaxtə], hat verdacht ⟨vorw. im Inf. und in Verbindung mit *können, wollen;* vorw. verneint⟩ /jmd./ *jmdm. etw. nicht ~ können* ῾für jmds. Denken, Verhalten, Tun Verständnis haben und es daher nicht missbilligen können᾽: *das kannst du ihm nicht ~; man kann es ihm nicht ~, dass er auf seinem Recht besteht; das kann man niemandem ~; ich kann es keinem Menschen ~, wenn er in dieser Situation erst einmal an sich denkt; das kann ihm keiner ~; niemand kann es ihm ~, dass er …; wer will ihm das ~* (῾wer will sein Tun missbilligen᾽)*?* ❖ ↗ **denken**

verderben [fɐˈdɛrbm̩] (er verdirbt [..ˈdɪrpt]), verdarb [..ˈdarp], hat/ist verdorben [..ˈdɔrbm̩] **1.** ⟨ist⟩ /Nahrung/ ῾durch Fäulnis, Gärung für die Ernährung nicht mehr verwendbar werden᾽: *Hackfleisch verdirbt im Sommer sehr schnell; die Wurst war verdorben; verdorbene Konserven* **2.** ⟨hat⟩ /jmd., etw./ *etw. ~* ῾bewirken, dass eine Speise für die Ernährung nicht mehr verwendbar wird᾽: *der Koch hat das Essen verdorben; zu viel Salz verdirbt das Essen* **3.** ⟨hat⟩ /beschränkt verbindbar/ /jmd./ *sich ⟨Dat.⟩ den Magen ~* ῾sich durch eine nicht einwandfreie Speise, durch zu reichliches Essen eine Störung der Verdauung zuziehen᾽: *wenn du zu viel Eis isst, verdirbst du dir den Magen; sich die Augen ~: schalte doch die Lampe an, sonst verdirbst du dir die Augen* (῾schädigst du deine Augen᾽) **4.** ⟨hat⟩ /jmd., etw./ *jmdm. etw. ~* ῾bewirken, dass jmd. keine Freude, keinen Spaß mehr an etw. hat᾽: *dieser Querulant hat uns den ganzen Urlaub verdorben; solch ein Anblick kann einem den Appetit ~* (῾bei solch einem Anblick hat man keinen Appetit mehr᾽); *jmdm. die Freude, den Spaß (an etw.) ~* (SYN ῾versalzen 2᾽) **5.** ⟨hat⟩ umg. /jmd./ *die Preise ~* (῾für eine Ware o.Ä. mehr zahlen als üblich od. zu wenig zahlen, was sich für andere negativ auswirkt᾽) **6.** ⟨hat⟩ /etw., jmd./ *jmdn., etw. ~* ῾auf jmdn., jmds. Charakter, Moral einen äußerst negativen Einfluss ausüben᾽: *der schlechte Umgang hat ihn, seine Freunde haben ihn verdorben; früher war er so ein anständiger Junge, jetzt ist er durch und durch verdorben* (῾moralisch heruntergekommen᾽) ❖ **Verderben, verderblich – Spielverderber**

* /jmd./ *es (sich ⟨Dat.⟩) mit jmdm. ~* ῾durch ein bestimmtes Tun, Verhalten sich jmds. Gunst, Wohlwollen verscherzen᾽: *er will es mit niemandem ~; nun habe ich es mir endgültig mit ihm verdorben*

Verderben, das; *~s,* ⟨o.Pl.⟩ SYN ῾Verhängnis᾽: *der Alkohol war sein ~; eine ~ bringende Politik* ❖ ↗ **verderblich**

* /jmd./ *in sein/ins ~ laufen/rennen* (῾blindlings etw. Bestimmtes tun, was zu seinem eigenen physischen, psychischen, moralischen, wirtschaftlichen Ruin führt᾽); /jmd., etw./ *jmdn. ins ~ stürzen* (῾jmdn. physisch, psychisch, moralisch, wirtschaftlich ruinieren᾽) ❖ ↗ **verderben**

verderblich [fɐˈdɛrp..] ⟨Adj.⟩ **1.** ⟨o. Steig.; nicht bei Vb.⟩ ῾schnell verderbend᾽; ANT haltbar (1) /auf Nahrungsmittel bez./: *~e Lebensmittel; leicht ~e*

Waren 2. ⟨Steig. reg., ungebr.; vorw. attr.⟩ ʾsich auf jmds. Charakter, Moral äußerst negativ auswirkend': *er hat diesen ~en Einflüssen nicht widerstehen können; er hat dabei eine ~e Rolle gespielt* ❖ ↗ **verderben**

verdeutlichen [fɐˈdɔi̯tlɪçn̩], verdeutlichte, hat verdeutlicht /jmd., etw./ *etw.* ~ ʾetw. leichter begreifbar machen': *ich möchte diesen Unterschied durch ein Beispiel ~; zahlreiche Tabellen ~ diese Darstellung* ❖ ↗ **deuten**

Verdickung [fɐˈdɪk..], **die**; ~, ~en ʾdeutlich dickere Stelle an einem Körperteil, einer Pflanze': *krankhafte ~en an den Fingergelenken* ❖ ↗ **dick**

verdienen [fɐˈdiːnən], verdiente, hat verdient; ↗ auch *verdient* 1. /jmd./ *Geld* ~ ʾGeld für eine Arbeit, Leistung gezahlt bekommen': *er verdiente acht Mark die/in der Stunde; wie viel verdienst du im Monat/monatlich?; wie viel/was verdient ein Dreher?; sich* ⟨Dat.⟩ *etw.* ~: *er verdient sich noch etwas nebenbei; das ist ehrlich verdientes Geld; gut, schlecht* ~ (ʾviel, wenig Geld für eine Arbeit, Leistung gezahlt bekommen') 2. /jmd., Geschäft/ *etw.* ~ ʾbei einem Geschäft o.Ä. einen finanziellen Gewinn erzielen': *der Makler hat an/bei/mit dem Verkauf des Grundstücks eine erhebliche Summe verdient; er soll mit dieser Erfindung ein Vermögen verdient haben; daran ist nichts zu* ~ (ʾdabei ist kein Gewinn zu machen') 3. /jmd./ *etw.* ~ ʾfür ein bestimmtes Tun, Verhalten etw. zu Recht als Lohn erhalten': *die fleißigen Helfer* ~ *Dank, Lob; das hat sie eigentlich nicht verdient; womit habe ich das verdient!?* /sagt jmd., dem unerwartet etw. Schlimmes widerfährt/; *er hat seine verdiente* (ʾdie seinem Tun, Verhalten angemessene') *Strafe bekommen; der Sieg der Mannschaft ist verdient* (ʾentspricht ihrer Leistung'); /etw./ *etw.* ~: *sein selbstloser Einsatz verdient Anerkennung* ❖ ↗ **dienen**

¹Verdienst [fɐˈdiːnst], **der**; ~es, ~e ʾdurch Arbeit, Leistung verdientes Geld': *ein monatlicher* ~ *von 3000 DM brutto; sie ist auf den zusätzlichen* ~ *angewiesen* ❖ ↗ **dienen**

²Verdienst, das; ~es, ~e 1.1. ʾdie öffentliche Anerkennung verdienende Leistung zum Nutzen der Gesellschaft': *die Redner würdigten das bleibende, historische* ~ *des Toten; es ist nicht sein* ~, *dass die Katastrophe gerade noch abgewendet werden konnte; seine ~e auf diesem Gebiet, um den Sport sind unbestritten* 1.2. ⟨nur im Pl.⟩ *er hat sich große ~e um die Wissenschaft erworben* (ʾhat für seine Leistungen auf dem Gebiet der Wissenschaft Anerkennung erworben') ❖ ↗ **dienen**

verdient [fɐˈdiːnt] ⟨Adj.; Steig. reg., ungebr.; nicht präd.; ↗ auch *verdienen*⟩ ʾbesondere ²Verdienste habend' /auf Personen bez./: *ein ~er Mitarbeiter* ❖ ↗ **dienen**

* /jmd./ **sich (um etw., jmdn.) ~ machen** ⟨vorw. im Perf.⟩ ʾsich besondere ²Verdienste um etw., jmdn. erwerben': *er hat sich um die Mitarbeiter, um die Förderung des Nachwuchses ~ gemacht*

verdirbt: ↗ *verderben*

verdoppeln [fɐˈdɔpl̩n], verdoppelte, hat verdoppelt 1.1. /jmd., Unternehmen/ *etw.* ~ ʾeine Anzahl, Menge auf das doppelte Maß bringen': *die Firma will den Export* ~ 1.2. /etw./ *sich* ~ ʾin der Anzahl, Menge doppelt so groß werden': *der Export, Wasserverbrauch hat sich verdoppelt* 2. /jmd./ *etw.* ~: *wir müssen unsere Kräfte, Anstrengungen* ~ (ʾbeträchtlich verstärken') ❖ ↗ **doppelt**

verdorben: ↗ *verderben*

verdrängen [fɐˈdrɛŋən], verdrängte, hat verdrängt 1. /jmd./ *jmdn.* ~ ʾjmdn. von der Stelle, wo er sich befindet, wegdrängen und seinen Platz einnehmen': *sie wollten uns von unseren Plätzen* ~; METAPH *er konnte ihn nicht aus seiner Position, von seinem Posten* ~ 2. /jmd./ *etw.* ~ ʾein Erlebnis, das nicht psychisch bewältigt wird, im Bewusstsein unterdrücken': *er hat diesen Konflikt verdrängt; verdrängte Ängste, Wünsche* ❖ ↗ **drängen**

verdrehen [fɐˈdreːən], verdrehte, hat verdreht 1. /jmd./ *etw.* ~ ʾetw. durch Drehen aus seiner natürlichen, ursprünglichen, normalen Stellung bringen': *hast du den Knopf am Radio verdreht?; jmdm. den Arm* ~; *sie verdrehte vielsagend ihre Augen; soviel ich mir auch den Hals verdrehte* (ʾmich nach allen Seiten umschaute'), *ich konnte ihn nicht in der Menge entdecken* 2. /jmd./ *etw.* ~ ʾetw. absichtlich falsch darstellen, wiedergeben': *er hat die Wahrheit, Tatsachen verdreht; jmds. Worte* ~; *das Recht* ~ (ʾeine gesetzwidrige Handlung durch unzulässige Interpretation des Rechts zu einer rechtlich korrekten Handlung zu machen versuchen') ❖ ↗ **drehen**

verdrießen [fɐˈdriːsn̩], verdross [..ˈdrɔs], hat verdrossen [..ˈdrɔsn̩]; ↗ auch *verdrossen* 1. /etw./ *jmdn.* ~ ʾjmdm. so sehr missfallen, dass er missmutig wird': *die lange Wartezeit verdross ihn sehr; es verdross ihn, dass sie sich nicht an die Abmachung hielt* 2. /jmd./ *sich* ⟨Dat.⟩ *etw. nicht* ~ *lassen: lass dir die Freude daran nicht* ~ (ʾnicht verderben')!; *es sich nicht* ~ *lassen: sie ließ es sich nicht* ~ (ʾließ sich trotz Ärger, Enttäuschung nicht die Laune verderben, wurde nicht missmutig') *und versuchte es noch einmal, diesmal mit Erfolg; lass es dich nicht* ~! ❖ **verdrießlich, verdrossen, Verdruss;** vgl. **überdrüssig**

verdrießlich [fɐˈdriːs..] ⟨Adj.⟩ 1. ⟨Steig. reg.⟩ SYN ʾmürrisch'; ANT fröhlich (1.2), heiter /auf Personen bez./: *er sah* ~ *aus, war* ~, *machte ein ~es Gesicht* 2. ⟨Steig. reg., ungebr.⟩ geh. ʾVerdruß bereitend': *eine ~e Angelegenheit; ich finde das* ~, *das war ziemlich* ~

verdross: ↗ *verdrießen*

verdrossen [fɐˈdrɔsn̩] ⟨Adj.; Steig. reg., ungebr.; ↗ auch *verdrießen*⟩ SYN ʾmissmutig' /vorw. auf Mimisches bez./: *er starrte* ~ *vor sich hin, war* ~, *machte ein ~es Gesicht* ❖ ↗ **verdrießen**

Verdruss [fɐˈdrʊs], **der**; ~es, ⟨o.Pl.⟩ ʾdurch Ärger, Enttäuschung hervorgerufener Missmut'; ANT Freude; ↗ FELD I.6.1: *diese Aufgabe bereitet, bringt ihm viel Ärger und* ~; *bei der Preisverteilung gab es großen* ~ *unter den Bewerbern; lange ging sie ihm aus* ~ *über diesen Affront aus dem Weg; er hat* *diese Vorwürfe ohne* ~ (ʹohne sich zu ärgernʹ) *hingenommen; noch immer ist er voll* ~ *über diesen Misserfolg* ❖ ↗ **verdrießen**

verdunkeln [fɐˈdʊŋkl̩n], verdunkelte, hat verdunkelt **1.** /etw./ *etw.* ~ ʹetw. dunkel (1) machenʹ; SYN verfinstern (1); ↗ FELD VI.2.2: *die Wolken* ~ *den Himmel* **2.** /jmd./ *die Fenster* ~ (ʹvöllig bedecken, sodass kein Licht von draußen in den Raum, nach draußen aus dem Raum dringtʹ); *einen Raum* ~ (ʹdie Fenster eines Raumes verdunkeln, sodass kein Licht von draußen hineindringtʹ) **3.** *der Himmel verdunkelt* (SYN ʹverfinstert, ↗ verfinstern 2ʹ) *sich* (ʹdunkle Wolken ziehen aufʹ) **4.** /jmd./ *etw.* ~ ʹdafür sorgen, dass etw. nicht bekannt, nicht durchschaut wirdʹ: *er sucht die Tatbestände zu* ~ ❖ ↗ **dunkel**

verdunsten [fɐˈdʊnstn̩], verdunstete, hat/ist verdunstet; ↗ FELD III.2.2 **1.** ⟨ist⟩ /Flüssigkeit/ ʹallmählich vom flüssigen in einen gasförmigen Zustand übergehenʹ: *Benzin verdunstet schnell; das Wasser im Topf ist völlig verdunstet* **2.** ⟨hat⟩ /etw., bes. Organismus/ *etw.* ~ ʹeine Flüssigkeit allmählich in einen gasförmigen Zustand überführenʹ: *eine Birke verdunstet viel Wasser* ❖ ↗ **Dunst**

verdursten [fɐˈdʊʁstn̩], verdurstete, ist verdurstet *jmd., ein Tier verdurstet* (ʹstirbt aus Mangel an trinkbarer Flüssigkeitʹ) ❖ ↗ **Durst**

verdutzt [fɐˈdʊtst] ⟨Adj.; o. Steig.⟩ ʹdurch etw. Überraschendes verwirrt und sprachlosʹ /auf Mimisches bez./: *du hättest mal sehen sollen, wie* ~ *er war; ein* ~*s Gesicht machen;* ~ *dreinschauen*

verehren [fɐˈʔeːʁən], verehrte, hat verehrt **I. 1.** /jmd./ *jmdn.* ~ ʹjmdm. Bewunderung und Ehrfurcht entgegenbringenʹ: *er hat seine Mutter, seinen alten Lehrer sehr verehrt; sehr verehrter Herr Minister!* /höfliche Anrede in Briefen/; *verehrte Anwesende!; meine (sehr) verehrten Damen und Herren!* /höfliche Anreden für ein Publikum/ **2.** /Mann/ *ein Mädchen, eine Frau* ~ (ʹlieben und um sie werbenʹ); ↗ FELD I.6.2 **3.** Rel. /jmd., Gruppe/ *einen Gott, Heiligen* ~ (ʹeinem Gott, Heiligen kultische Ehren erweisenʹ) – **II.** oft scherzh. /jmd./ *jmdm. etw.* ~ ʹjmdm., den man schätzt, etw. als kleines Geschenk gebenʹ: *er hat mir dieses Buch verehrt; darf ich dir ein Foto von mir* ~? ❖ ↗ **Ehre**

vereidigen [fɐˈʔaɪdɪɡn̩], vereidigte, hat vereidigt ⟨vorw. im Pass.⟩ /jmd./ *jmdn.* ~ ʹjmdn. in feierlichem Rahmen durch einen Eid zur Erfüllung bestimmter dienstlicher Aufgaben verpflichtenʹ: *morgen werden die neuen Minister, die Soldaten vereidigt* ❖ ↗ **Eid**

Verein [fɐˈʔaɪn], der; ~s, ~e ʹorganisierter Zusammenschluss von Personen zur Pflege gleicher (kultureller od. sportlicher) Interessenʹ; ↗ FELD I.11: *ein* ~ *zur Förderung des Tierschutzes, der Kultur; Mitglied eines* ~*s sein; sie gehört dem* ~ *seit seiner Gründung an, ist seit seiner Gründung in dem* ~; *wann bist du dem* ~ *beigetreten?; er will aus dem* ~ *austreten; ein (im Vereinsregister) eingetragener* ~ (ABK e.V.) /Zusatz bei Namen von Vereinen/ ❖ vgl. ²**ein**

vereinbaren [fɐˈʔaɪnbaːʁən], vereinbarte, hat vereinbart **1.** /zwei od. mehrere (jmd.)/ *etw.* ~ ʹetw. gemeinsam mündlich od. schriftlich festlegenʹ; SYN abmachen (2), absprechen, ausmachen (4), verabreden (1): *wir haben bereits einen Termin vereinbart; sie haben vereinbart, sich gegenseitig zu informieren;* /jmd./ *etw. mit jmdm.* ~: *ich habe mit ihm regelmäßige Zusammenkünfte vereinbart; die Ware wurde zum vereinbarten Preis geliefert; vertraglich vereinbarte Dienstleistungen* **2.** ⟨vorw. verneint⟩ **2.1.** /jmd./ *etw. mit etw.* ⟨Dat.⟩ ~ ʹetw. mit etw. in Übereinstimmung bringenʹ; SYN vereinen (4.1): *wie will sie die Pflege der schwer kranken Mutter mit der beruflichen Tätigkeit* ~?; *das kann ich nicht mit meinem Gewissen* ~ **2.2.** /etw./ *sich mit etw.* ⟨Dat.⟩ ~ *lassen* ʹsich mit etw. in Übereinstimmung bringen lassenʹ: *ein solches Ansinnen ließ sich nicht mit seinen Grundsätzen* ~; *etw. zu* ~ *sein: das ist nicht mit unseren Idealen zu* ~; /zwei od. mehrere (etw.)/ *sich* ~ *lassen;* SYN ʹvereinen (4.2)ʹ: *derart unterschiedliche Standpunkte lassen sich nicht (miteinander)* ~; *zu* ~ *sein: beides ist nicht zu* ~ ❖ **Vereinbarung**; vgl. ²**ein**

Vereinbarung [fɐˈʔaɪnbaˈʁ..], die; ~, ~en **1.** ⟨vorw. Sg.⟩ /zu *vereinbaren* 1/ ʹdas Vereinbaren (1)ʹ: *die* ~ *einer Zusammenkunft, Regelung* **2.** /zu *vereinbaren* 1/ ʹerzielte (verbindliche) Einigung zwischen zwei od. mehreren Partnern über etw.ʹ; SYN Abmachung, Absprache, Übereinkommen, Übereinkunft: *eine geschäftliche, wirtschaftliche, internationale* ~; *er hat sich nicht an die/unsere* ~*(en) gehalten; sie haben eine* ~ *getroffen* ❖ ↗ **vereinbaren**

vereinen [fɐˈʔaɪnən], vereinte, hat vereint **1.** /etw., jmd./ *zwei od. mehrere Personen, Sachen* ~ ʹzwei od. mehrere Personen, Sachen zusammenbringenʹ: *die Feier vereinte Jung und Alt; uns* ~ (ʹverbindenʹ) *gleiche Interessen; mit vereinten Kräften* (ʹgemeinsamʹ) *werden sie es schaffen; nun sind wir wieder vereint* (ʹzusammenʹ) **2.1.** /jmd./ *zwei od. mehrere Personen, Sachen* ~ ʹzwei od. mehrere Personen, Sachen zu einer (organisatorischen) Einheit verbindenʹ: *er hat vorgeschlagen, alle Forderungen (zu einem Programm) zu* ~ **2.2.** /jmd., etw./ *sich mit jmdm., etw.* ~ SYN ʹsich mit jmdm., etw. vereinigen (2.2)ʹ: *wenn wir uns mit den anderen (Gruppen)* ~, *sind wir stärker;* /zwei od. mehrere (jmd., etw.)/ *sich* ~: *die oppositionellen Kräfte wollen sich (zu einer Partei)* ~; *die Vereinten Nationen* /die UNO/ **3.** /jmd., etw./ *etw. in sich* ~ ʹunterschiedliche Eigenschaften gleichzeitig besitzenʹ: *dieser Film vereint in sich gedankliche Tiefe und künstlerische Ausdruckskraft;* /zwei od. mehrere (etw.)/ *sich in, bei jmdm., etw.* ~: *in ihm* ~ *sich Güte und Weisheit des Alters* (ʹsind Güte und Weisheit des Alters gleichermaßen vorhandenʹ) **4.1.** /jmd., etw./ *etw. mit etw.* ⟨Dat.⟩ ~ SYN ʹetw. mit etw. vereinbaren (2.1)ʹ: *ihr Bemühen, die familiären Aufgaben mit der beruflichen Arbeit zu* ~ **4.2.** /zwei od. mehrere (etw.)/ *sich* ~ *lassen* SYN ʹsich vereinbaren (2.2) lassenʹ: *so un-*

terschiedliche Konzepte lassen sich nicht (miteinander) ~ ❖ ↗ **²ein**

vereinigen [fɐ|'aɪnɪgn̩], vereinigte, hat vereinigt **1.** /jmd., etw./ *zwei od. mehrere Sachen, Personen* ~ ˈzwei od. mehrere Sachen, Personen zusammenbringen': *es wäre sinnvoll, diese Aufgaben in einer Hand zu* ~; *die Feier vereinigte alle Verwandten in einer fröhlichen Runde* **2.1.** /jmd./ *zwei od. mehrere Personen, Sachen* ~ ˈzwei od. mehrere Personen, Sachen zu einer organisatorischen Einheit verbinden': *die Unternehmen wurden zu einem Werk vereinigt; zwei Parteien* ~ **2.2.** /jmd., etw./ *sich mit jmdm., etw.* ~ ˈsich mit jmdm., etw. zu einer organisatorischen Einheit verbinden'; SYN vereinen (2.2): *wenn wir uns mit den anderen* ~, *sind wir besser dran*; /zwei od. mehrere (jmd., etw.)/ *sich* ~: *er hat vorgeschlagen, dass sich die oppositionellen Gruppen zu einer Partei* ~; *die Vereinigten Staaten (von Amerika)* **3.** /etw., jmd./ *etw. in sich* ~ ˈunterschiedliche Eigenschaften gleichzeitig besitzen': *diese Rinderrasse vereinigt mehrere Vorzüge in sich*; /zwei od. mehrere (etw.)/ *sich in, bei jmdm., etw.* ~: *in dieser jungen Tänzerin haben sich Anmut und Kraft vereinigt* (ˈsind Anmut und Kraft gleichermaßen vorhanden'); /zwei od. mehrere (etw.)/ *sich* ~ *lassen: diese gegensätzlichen Standpunkte lassen sich nicht (miteinander)* ~ (ˈin Übereinstimmung bringen') ❖ vgl. **²ein**

Vereinigung [fɐ|'aɪnɪg..], die; ~, ~en **1.** ⟨vorw. Sg.⟩ /zu vereinigen 1,2,4/ ˈdas Vereinigen'; /zu 2/: *die* ~ *beider Parteien* **2.** ˈOrganisation, in der sich Personen zur gemeinsamen Pflege gleicher Interessen, zu gemeinsamem Handeln zusammengeschlossen haben'; ↗ FELD I.11: *eine* ~ *gründen; einer* ~ *angehören; eine* ~ *zum Schutz der Menschenrechte* ❖ vgl. **²ein**

vereinzelt [fɐ|'aɪntsl̩t] ⟨Adj.; o. Steig.; nicht präd.⟩ **1.** ˈnicht überall, sondern nur an einigen Stellen vorkommend': *es handelt sich um eine* ~*e Erscheinung; diese Pflanze tritt* ~ *im Hochgebirge auf; diesen Tieren begegnet man meist in Gruppen und nur selten* ~ (SYN ˈeinzeln 1') ❖ vgl. **²ein**

vereiteln [fɐ|'aɪtl̩n], vereitelte, hat vereitelt /jmd./ *etw.* ~ ˈdie Durchführung, den Erfolg von etw. verhindern': *wir müssen seinen Plan, dieses Vorhaben* ~!; *der geplante Terroranschlag wurde in letzter Minute vereitelt*

verenden [fɐ|'ɛndn̩], verendete, ist verendet /größeres Tier, bes. Stück Wild/; SYN krepieren (2.1); ↗ FELD XI.2: *während des strengen Winters sind viele Rehe verendet* (ˈgestorben, ↗ sterben 1') ❖ ↗ **Ende**

vererben [fɐ|'ɛrbm̩], vererbte, hat vererbt **1.** /jmd./ *jmdm. etw.* ~ ˈjmdm., einer Institution etw. als Erbe hinterlassen'; SYN hinterlassen (1.2), vermachen (1); ↗ FELD I.15.2: *sie will das Haus, Geld ihrem Enkel, den Schmuck ihrer Tochter* ~ **2.** umg. scherzh. /jmd./ *jmdm. etw.* ~ ˈjmdm. etw. aus dem eigenen Besitz zur weiteren Verwendung schenken'; SYN vermachen (2): *er hat mir sein altes Radio vererbt* **3.1.** /jmd., Tier, Pflanze/ *etw.* ~ ˈetw. als Veran-

lagung auf einen Nachkommen übertragen': *eine Krankheit, Eigenschaft, Anlage* ~; *etw. auf jmdn.* ~: *er hat die Neigung zu Allergien auf seinen Sohn vererbt* **3.2.** /Krankheit, Charaktereigenschaft, Begabung/ *sich* ~ ˈsich als Veranlagung auf einen Nachkommen übertragen': *diese Krankheit vererbt sich nicht, kann sich* ~ ❖ ↗ **Erbe**

¹verfahren [fɐ'faːʀən] (er verfährt [..'fɛːɐt/..'feː..]), verfuhr [..'fuːɐ], hat/ist verfahren **1.** ⟨hat⟩ /jmd./ *sich* ~ ˈmit einem Fahrzeug den falschen Weg, die falsche Richtung einschlagen': *auf dem Rückweg haben wir uns* ~ **2.** ⟨ist⟩ /jmd./ **2.1.** *irgendwie* ~ ˈin bestimmter Weise an ein Problem herangehen'; SYN vorgehen (5): *wie wollen wir* ~?; *man muss dabei sehr vorsichtig* ~; *nach einer bestimmten Methode, in herkömmlicher Weise* ~; *falsch, richtig* ~ **2.2.** *mit jmdm., etw. irgendwie* ~ ˈjmdn., etw. in bestimmter Weise behandeln': *er ist zu streng mit den Kindern, Schülern* ~; *du kannst mit dieser Summe nach deinem Gutdünken* ~ (ˈkannst damit machen, was du willst') ❖ **zu (2): Verfahren; zu (1):** ↗ **fahren**

²verfahren ⟨Adj.; vorw. attr. u. präd.⟩ ˈdurch ein bestimmtes Vorgehen, Handeln in eine falsche Richtung geraten und keinen Ausweg, keine befriedigende Lösung erkennen lassend' /vorw. auf Abstraktes bez./: *eine* ~*e Situation; diese Angelegenheit, Lage, Situation ist völlig* ~

Verfahren, das; ~s, ~ **1.** ˈTechnologie': *moderne technische* ~; *ein neues* ~ *entwickeln, erproben, anwenden* **2.** ˈgerichtliche Untersuchungen und Maßnahmen zur Erledigung einer Rechtssache': *das* ~ *wurde ausgesetzt, eingestellt; die Wiederaufnahme eines* ~*s beantragen; der Staatsanwalt hat bereits ein* ~ *gegen ihn eingeleitet; gegen jmdn. läuft ein* ~; *in ein schwebendes* ~ *eingreifen; wer trägt die Kosten des* ~*s?* ❖ ↗ **¹verfahren**

Verfall [fɐ'fal], der; ~s, ⟨o.Pl.⟩ /zu verfallen 1−4/ ˈdas Verfallen'; /zu 1/: *der* ~ *der historischen Bausubstanz*; /zu 2/: *der geistige* ~ *eines Menschen; der* ~ (ˈdas Abnehmen 8.2') *seiner Kräfte*; /zu 3/: *der* ~ (SYN ˈNiedergang') *einer Kultur; der moralische* ~; /zu 4/: *für ein Milchprodukt das Datum des* ~*s festlegen* ❖ ↗ **fallen**

verfallen [fɐ'falən] (er verfällt [..'fɛlt]), verfiel [..'fiːl], ist verfallen **1.** /Bauwerk/ ˈbaufällig werden': *die Häuser der Altstadt verfielen allmählich, waren* ~; ~*e Hütten* **2.** /jmd./ ˈseine körperlichen, geistigen Kräfte verlieren': *es ist auffallend, wie er von Tag zu Tag mehr verfällt; er verfiel zusehends* **3.** /etw./ ˈan Macht, Wirksamkeit verlieren': *das Römische Reich verfiel; er beklagt, dass die guten Sitten mehr und mehr* ~ **4.** /etw./ ˈungültig werden': *die alten Geldscheine* ~ *Ende des Jahres; die Eintrittskarte ist bereits* ~ **5.** /jmd./ *in etw.* ~ ˈin einen bestimmten psychischen, geistigen Zustand geraten': *sie verfiel in Schweigen, Nachdenken, Panik; er verfällt immer wieder in* (ˈmacht immer wieder') *den gleichen Fehler* **6.** /jmd./ *auf etw.* ~ ˈeinen außergewöhnlichen, merkwürdigen Einfall o.Ä. haben': *er verfiel auf den Gedanken, sein Leben radikal ändern zu müssen*;

wie bist du denn auf diese Idee verfallen? /wird gesagt, wenn jmd. jmds. Idee absurd findet/ **7.** /jmd./ *etw.* ⟨Dat.⟩, *jmdm.* ~ ʻvon einer Sache, jmdm. völlig abhängig werden': *er verfiel dem Alkohol; er ist dieser Frau völlig* ~ (ʻist dieser Frau hörig') ❖ ↗ **fallen**

verfälschen [fɐ'fɛlʃn̩], verfälschte, hat verfälscht /jmd./ *etw.* ~ ʻetw. bewusst falsch darstellen': *der Autor hat die historischen Tatsachen, die Geschichte verfälscht* ❖ ↗ **falsch**

verfangen [fɐ'faŋən] (er verfängt [..'fɛŋt]), verfing [..'fɪŋ], hat verfangen **1.** /etw., jmd./ *sich in etw.* ⟨Dat.⟩ ~ ʻin etw. hängen bleiben': *der Luftballon verfing sich im Baum; er hat sich im Stacheldraht* ~ **2.** /jmd./ *sich in Widersprüchen* ~ (ʻsich so sehr in Widersprüche verwickeln, dass es keinen Ausweg daraus gibt'; SYN verstricken) **3.** ⟨vorw. verneint⟩ /etw./ *bei jmdm.* ~ ʻauf jmdn. die beabsichtigte Wirkung haben': *bei ihm verfing kein Zureden, kein Bitten; Schmeicheleien* ~ *noch immer bei ihr; dieser Trick verfängt bei mir nicht* ❖ ↗ **fangen**

verfänglich [fɐ'fɛŋ..] ⟨Adj.; Steig. reg.; vorw. attr. u. präd.⟩ ʻso beschaffen, dass man dabei z. B. durch eine Antwort, Reaktion leicht in eine peinliche Situation gerät, sich dabei bloßstellt, verdächtig macht': *er begriff sofort, wie* ~ *die Situation für ihn war; eine* ~*e Frage* ❖ ↗ **fangen**

verfärben [fɐ'fɛrbm̩], **sich**, verfärbte sich, hat sich verfärbt /etw./ *sich* ~ ʻeine andere Farbe annehmen': *das Papier, der Stoff hat sich verfärbt; sein Gesicht verfärbte sich* (ʻwurde bleich') *vor Schreck; sein Gesicht verfärbte sich* (ʻrötete sich') *vor Scham; er* (ʻsein Gesicht') *verfärbte sich* ❖ ↗ **Farbe**

verfassen [fɐ'fasn̩], verfasste, hat verfasst /jmd./ *etw.* ~ ʻeinen Text formulieren (und schriftlich niederlegen)': *er hat zahlreiche Gedichte, Dramen verfasst; wer hat die Resolution, den Leitartikel verfasst?* ❖ ↗ **fassen**

Verfasser [fɐ'fasɐ], **der**; ~s, ~ ʻjmd., der einen Text formuliert (und schriftlich niedergelegt) hat': *diese Bücher sind alphabetisch nach dem Namen ihrer* ~ *geordnet*; vgl. *Autor, Schriftsteller* ❖ ↗ **fassen**

Verfassung [fɐ'fas..], **die**; ~, ~en **I.** ʻgrundlegendes Gesetz eines Staates, das die Form des Staates festlegt, die elementaren Rechte und Pflichten seiner Bürger regelt': *die in der* ~ *verankerten Rechte und Pflichten der Bürger; eine* ~ *ändern, in Kraft setzen*; vgl. *Grundgesetz (2)* – **II.** ⟨o.Pl.⟩ ʻphysischer, psychischer Zustand eines Menschen': *seine körperliche und geistige* ~ *ist ausgezeichnet; er ist, befindet sich in bester gesundheitlicher* ~; *ich bin jetzt nicht in der* ~ (ʻfühle mich jetzt nicht in der Lage, bin nicht in der richtigen Stimmung'), *um darüber zu sprechen* ❖ ↗ **fassen**

verfehlen [fɐ'feːlən], verfehlte, hat verfehlt **1.** /Schuss o.Ä./ *etw.* ~ ʻan einem bestimmten Ziel vorbeigehen': *die Kugel verfehlt das Ziel; der Schuss verfehlt das Tor*; /jmd./ *der Libero verfehlte das Tor nur um wenige Zentimeter* **2.** /jmd., etw./ *etw.* ~ ʻin Bezug auf etw. den erwünschten Erfolg nicht erreichen':

seine Worte haben ihre Wirkung (nicht) verfehlt; der Schüler hat das Thema verfehlt (ʻist nur ungenügend auf das vorgegebene Thema eingegangen'); *er hat den Weltrekord nur knapp verfehlt* (ʻist knapp unter dem Weltrekord geblieben'); *du hast deinen Beruf verfehlt* (ʻdu hast den falschen Beruf ergriffen') /wird zu jmdm. gesagt, um ihn für eine Fähigkeit zu loben, die außerhalb seines Berufs liegt/ **3.** /jmd./ *etw., jmdn.* ~ ʻetw., z. B. ein Verkehrsmittel, das man erreichen (1) will, nicht erreichen, jmdn., den man treffen (2.2) will, nicht treffen'; SYN verpassen (1.1): *er hat den Bus verfehlt; ich wollte ihn abholen, habe ihn aber leider verfehlt*; /zwei od. mehrere (jmd.)/ *sich* ⟨rez.⟩ ~: *wir haben uns verfehlt* (ʻsind nicht zusammengetroffen') ❖ ↗ **fehl**

Verfehlung [fɐ'feːl..], **die**; ~, ~en SYN ʻVergehen'; ↗ FELD I.12.1: *er hat sich eine (schwerwiegende, grobe)* ~ *zuschulden kommen lassen* ❖ ↗ **fehl**

verfeinden [fɐ'faɪndn̩], **sich**, verfeindete sich, hat sich verfeindet /jmd./ *sich mit jmdm.* ~ ʻsich jmdn. zum Feind machen': *er wollte sich wegen so einer Lappalie nicht mit seinem Nachbarn* ~; /zwei od. mehrere (jmd.)/ *sich* ⟨rez.⟩ ~: *sie haben sich verfeindet; sie sind (miteinander) verfeindet* ❖ ↗ **Feind**

verfeinern [fɐ'faɪnɐn], verfeinerte, hat verfeinert **1.** /jmd./ *etw.* ~ ʻetw., bes. eine Speise, durch einen Zusatz geschmacklich verbessern': *eine Speise* ~; *man kann die Soße mit einem Schuss Rotwein* ~ **2.** /etw./ *sich* ~ ʻfeiner (7), genauer, raffinierter werden': *die Methoden, Techniken haben sich verfeinert; ihr Stil, Umgangston hat sich verfeinert* ❖ ↗ **fein**

verfilmen [fɐ'fɪlmən], verfilmte, hat verfilmt /jmd. bes. Regisseur/ *etw.* ~ ʻetw., bes. einen literarischen Stoff, mit den Mitteln des Films gestalten': *einen Roman, eine Oper* ~ ❖ ↗ **Film**

verfinstern [fɐ'fɪnstɐn], verfinsterte, hat verfinstert **1.** /etw./ *etw.* ~ SYN ʻetw. verdunkeln (1)'; ↗ FELD VI.2.2: *Gewitterwolken* ~ *die Sonne* **2.** *der Himmel verfinsterte* (SYN ʻverdunkelte 3') *sich* **3.** *jmds. Miene, Gesicht verfinstert sich* (ʻwird finster 1') ❖ ↗ **finster**

verflechten [fɐ'flɛçtn̩], (er verflicht [..'flɪçt]), verflocht [..'flɔxt], hat verflochten [..'flɔçtn̩] /jmd./ *zwei od. mehrere Teile* ~ ʻzwei od. mehrere Teile durch Flechten (↗ flechten 1.1) miteinander verbinden': *sie verflocht die Blumen und Zweige (zu einem Kranz); etw. mit etw.* ⟨Dat.⟩ ~: *ein Band mit anderen Bändern* ~ ❖ ↗ **flechten**

verfliegen [fɐ'fliːgn̩], verflog [..'floːk], ist verflogen [..'floːgn̩] **1.** /vorw. flüssige Substanz/ ʻin einen gasförmigen Zustand übergehen (3.1)': *Benzin, Äther verfliegt leicht; das Aroma, der Duft verfliegt* (ʻverschwindet') **2.1.** /Zeit, Zeitabschnitt/ ʻschnell vergehen (1)'; ↗ FELD X.2: *die Zeit verfliegt; die Stunden verflogen* **2.2.** *jmds. Ärger, Zorn verfliegt* (SYN ʻvergeht 2.1') *bald wieder* ❖ ↗ **fliegen**

verfließen [fɐ'fliːsn̩], verfloss [..'flɔs], ist verflossen [..'flɔsn̩] **1.** /Zeit, Zeitabschnitt/ ʻvergehen (1)': *der Urlaub verfloss viel zu schnell; sie sprachen über verflossene Zeiten* **2.** /zwei od. mehrere (etw.)/ *Farben*

~ *(ineinander)* (ʾgehen ohne scharfe Grenzen ineinander über', ↗ *übergehen*); *die Konturen* ~ (SYN ʾverschwimmen') *in der Dämmerung;* METAPH *die Grenzen zwischen ähnlichen Wortbedeutungen* ~ ❖ ↗ **fließen**

verfluchen [fɐˈfluːxn̩], verfluchte, hat verflucht; ↗ auch *verflucht* /jmd./ *jmdn., etw.* ~ SYN ʾjmdn., etw. verwünschen': *er hat ihn schon oft wegen seiner Unzuverlässigkeit verflucht; er verfluchte den Tag, an dem er sich dazu hatte überreden lassen* ❖ ↗ **fluchen**

verflucht [fɐˈfluːxt] ⟨Adj.; o. Steig.; nicht bei Vb.; ↗ auch *verfluchen*⟩ emot. **1.1.** ⟨nur attr.⟩ /drückt Ärger, Wut über das im Bezugswort Genannte aus/: *so eine* ~*e Geschichte!* **1.2.** /in Ausrufen des Ärgers, der Wut/: *(so ein)* ~*er Mist!;* ~ *noch mal!* ❖ ↗ **fluchen**

verfolgen [fɐˈfɔlɡn̩], verfolgte, hat verfolgt **1.1.** /jmd., Gruppe/ *jmdn.* ~ ʾjmdm. folgen, um ihn festzunehmen': *die Polizei verfolgte den Einbrecher, den Flüchtenden* **1.2.** /jmd./ *jmdn.* ~ ʾjmdm. folgen, um ihn zu beobachten, zu überwachen': *jemand verfolgte ihn; er fühlte sich (ständig) beobachtet und verfolgt* **1.3.** /Tier/ *ein Tier* ~ ʾeinem Tier folgen, um es zu erbeuten': *die Hunde verfolgten den Hasen* **2.** /jmd., Gruppe/ *eine Spur, Fährte* ~ ʾeiner Spur, Fährte folgen, um ihren Verursacher aufzuspüren': *die Jäger haben die Spur bis zum Fuchsbau verfolgt; wir verfolgten diesen Weg* (ʾblieben auf diesem Weg') *bis zum Waldrand;* METAPH *die Kripo verfolgt mehrere Spuren* **3.** /jmd./ *jmdn. mit Blicken, mit den Augen* ~ (ʾjmdn. ständig beobachten'; SYN folgen 1.2) **4.** /etw., z. B. Gedanke, Vorstellung/ *jmdn.* ~ ʾjmdn. ständig beschäftigen (3) und quälen': *die Bilder von den Opfern, den hungernden Kindern, die Erinnerungen, Eindrücke verfolgten ihn Tag und Nacht* **5.** ⟨oft im Pass.⟩ /Institution, Staat/ *jmdn.* ~ ʾjmdn., einen bestimmten Personenkreis aus politischen, religiösen, rassistischen Gründen in seiner Freiheit beschränken und in seiner Existenz bedrohen': *politisch Andersdenkende wurden verfolgt; ein rassisch Verfolgter* **6.** Jur. /Straftat/ *strafrechtlich verfolgt werden: Zuwiderhandlungen, Verstöße (gegen dieses Verbot) werden strafrechtlich verfolgt* (ʾgegen denjenigen, der Zuwiderhandlungen, Verstöße begeht, wird strafrechtlich vorgegangen') **7.** /jmd., Institution, etw./ *etw.* ~ ʾdie Verwirklichung von etw., ein bestimmtes Ziel anstreben': *welchen Zweck verfolgt er damit?; diese Partei verfolgt eine soziale Politik; dieses Hilfsprogramm verfolgt das Ziel* (ʾdient dem Ziel') *der Schaffung einer international konkurrenzfähigen Wirtschaft* **8.** /jmd./ *etw.* ~ ʾauf die Entwicklung, den Verlauf von etw. aufmerksam achten': *er verfolgt sehr intensiv die politischen Ereignisse; ich habe die Diskussion darüber in der Presse, im Fernsehen verfolgt; zehntausend Zuschauer im Stadion verfolgten gespannt die Wettkämpfe; auch als Rentner verfolgt er noch kontinuierlich die Entwicklung auf seinem Fachgebiet* ❖ ↗ **folgen**

verfügbar [fɐˈfyːk..] ⟨Adj.; Steig. reg., ungebr.⟩ **1.** ⟨vorw. attr.⟩ ʾzum Einsatz, zur Verwendung bereitstehend': *wir bemühen uns mit allen* ~*en Mitarbeitern, Mitteln um eine schnelle Lösung des Problems* **2.** ⟨vorw. verneint⟩ SYN ʾvorrätig': *das Ersatzteil, Buch ist zur Zeit leider nicht* ~; *etw.* ~ *machen; die nicht mehr* ~*en Buchtitel* ❖ ↗ **verfügen**

verfügen [fɐˈfyːɡn̩], verfügte, hat verfügt **1.** /Institution, jmd./ *etw.* ~ SYN ʾetw. anordnen (1)': *der Magistrat hat die sofortige Schließung des Schwimmbads verfügt; er hat testamentarisch/in seinem Testament verfügt, dass seine Nichte das Grundstück erbt* **2.** /jmd./ *über jmdn., etw.* ~ ʾbestimmen, was mit jmdm., etw. geschehen soll': *er wollte einfach über mich* ~; *über etw., jmdn.* ~ *können: Sie können über diese Summe frei* ~; *du kannst, wenn du umziehst, über mich* ~ (ʾohne Bedenken meine Hilfe in Anspruch nehmen') **3.** /jmd./ *über etw.* ~ **3.1.** ʾetw. besitzen und jederzeit verwenden können'; ↗ FELD I.15.2: *er verfügt über einige Ersparnisse, über viel freie Zeit* **3.2.** ʾeine bestimmte Fähigkeit, Anlage haben': *er verfügt über ein umfangreiches Wissen, über schöpferische Phantasie* ❖ ↗ **verfügen**

Verfügung [fɐˈfyːɡ..], die; ~, ~en **1.** ʾAnordnung einer Behörde, bes. eines Gerichts od. Anordnung einer Person, die juristische Konsequenzen nach sich zieht': *eine einstweilige, richterliche* ~; ~*en erlassen, treffen; die letztwillige* ~ (ʾdas Testament') *eines Verstorbenen* **2.** *etw. zur* ~ *haben* (ʾüber etw. verfügen 2 können'); *sich zur* ~ *halten* (ʾsich bereithalten'); *jmd. steht jmdm. zur* ~ (ʾist jederzeit bereit, jmdm. zu helfen'); *etw., jmd. steht jmdm. zur* ~ (ʾjmd. kann über etw., jmd. verfügen 2'); *jmdm. etw. zur Verfügung stellen* ʾjmdm. etw. zur beliebigen Verwendung überlassen': *ich stelle Ihnen dafür meinen Wagen zur* ~; *sein Amt zur* ~ *stellen* (ʾseinen Rücktritt anbieten'); *sich jmdm. zur* ~ *stellen* (ʾjmdm. seine Hilfe anbieten') ❖ ↗ **verfügen**

verführen [fɐˈfyːʀən], verführte, hat verführt **1.** /jmd./ *jmdn. zu etw.* ⟨Dat.⟩ ~ ʾjmdn. so sehr beeinflussen, dass er etw. tut, das für ihn nicht zuträglich ist und das er von sich aus nicht tun würde'; SYN verleiten: *ein Mitschüler hat ihn zum Rauchen verführt;* /etw./ *jmdn. zu etw.* ⟨Dat.⟩ ~: *eigentlich wollten wir am Wochenende lernen, aber das schöne Wetter hat uns zum Spazierengehen verführt; sie hat sich von der raffinierten Werbung zum Kauf* ~ *lassen* **2.** /jmd./ *jmdn.* ~ ʾauf jmdn. erotisch so wirken, dass er zum Geschlechtsverkehr bereit ist'; ↗ FELD I.6.2: *er hat das Mädchen verführt; sie hat ihn verführt, wollte ihn* ~ ❖ ↗ **führen**

verführerisch [fɐˈfyːʀəʀ..] ⟨Adj.; Steig. reg.⟩ **1.** ʾfür jmdn. so attraktiv, dass er davon verführt (1) werden kann': *ein* ~*es Angebot; die Torte sieht* ~ *aus, ist* ~ **2.** ʾauf Männer erotisch anziehend wirkend' /vorw. auf Frauen bez./: *ein* ~*es Lächeln; in diesem Kleid sieht sie sehr* ~ *aus* ❖ ↗ **führen**

vergällen [fɐˈɡɛlən], vergällte, hat vergällt **1.** ⟨vorw. im Pass.⟩ vorw. fachspr. /jmd./ *etw.* ~ ʾeinen Stoff durch einen Zusatz für den Menschen ungenießbar machen': *Alkohol ~; der Zucker wird vergällt und an Bienen verfüttert* **2.** /jmd., etw./ *jmdm. etw. ~ ʿjmdm. die Freude an etw. verderben': mit seiner schlechten Laune hat er ihr die ganze Feier vergällt; durch den Stau wurde uns die ganze Fahrt gründlich vergällt*

vergangen: ↗ *vergehen*

Vergangenheit [fɐˈɡaŋən..], **die**; ~, ⟨o.Pl.⟩ **1.1.** ʿder aus der Sicht der Gegenwart zurückliegende Zeitraum'; ↗ FELD VII.4.1: ~, *Gegenwart und Zukunft; in jüngster ~ war zu beobachten, dass ...; etw. gehört der ~ an* (ʿgibt es in der heutigen Zeit nicht mehr'); *lassen wir die ~ ruhen* (ʿsprechen wir nicht mehr von dem, was damals geschehen ist') **1.2.** ʿdas Leben eines Menschen im zurückliegenden Zeitraum bis zur Gegenwart': *seine politische ~; er hat eine bewegte, dunkle ~; jmdn. nach seiner ~ fragen; die stolze ~* (ʿGeschichte') *der alten Stadt;* vgl. *Gegenwart, Zukunft* ❖ ↗ **gehen**

vergänglich [fɐˈɡɛŋ..] ⟨Adj.; o. Steig.; nicht bei Vb.⟩ ʿkeinen ewigen Bestand habend, schnell vergehend (1)'; ↗ FELD X.3 /auf Positives bez., von dem man wünscht, dass es ewigen Bestand hätte/; ANT *ewig: unser ~es Leben; die Jugend, Schönheit ist ~* ❖ ↗ **gehen**

vergaß: ↗ *vergessen*

vergeben [fɐˈɡeːbm̩] (er vergibt [..ˈɡiːpt]), vergab [..ˈɡaːp], hat vergeben **1.1.** /jmd., Gruppe, Institution/ *etw. an jmdn., etw. ~* ʿeinem Bewerber den Zuschlag für etw. erteilen': *an wen, welchen Betrieb wurde der Auftrag ~?; etw. nach etw. ~: das Olympische Komitee hat die Olympiade nach Tokio ~* (ʿhat Tokio mit der Durchführung der Olympiade beauftragt') **1.2.** /jmd., Gruppe, Institution/ *etw. ~* ʿetw., das zur Verfügung steht, an jmdn. aus einer Gruppe verteilen': *die Jury vergab zwei erste Preise; die Stelle ist schon ~* (ʿist schon mit einer bestimmten Person besetzt'); *ein Zimmer ist noch zu ~* (ʿist noch frei') **2.** geh. /jmd./ *jmdm. etw. ~* SYN ʿjmdm. etw. verzeihen (1.1)': *das hat er ihm längst ~; die Sache ist ~ und vergessen* ❖ **vergebens, vergeblich; zu (1):** ↗ **geben**

vergebens [fɐˈɡeːbm̩s] ⟨Adv.⟩ SYN ʿvergeblich': *alle Bemühungen waren ~; sie hat ~ gewartet* ❖ ↗ **vergeben**

vergeblich [fɐˈɡeːp..] ⟨Adj.; o. Steig.⟩ ʿtrotz aller Bemühungen ohne die erhoffte Wirkung'; SYN vergebens /bes. auf Handlungen, Tätigkeiten bez./: *das war ~e Mühe; wir haben ~ versucht, ihn umzustimmen; alle unsere Bemühungen waren ~* ❖ ↗ **vergeben**

vergehen [fɐˈɡeːən], verging [..ˈɡɪŋ], hat/ist vergangen [..ˈɡaŋən] **1.** ⟨ist⟩ /Zeit, Zeitabschnitt/ ʿzur Vergangenheit werden': *wenn der Winter vergangen ist, kehren die Störche aus dem Süden zurück; viele Jahre sind seitdem vergangen; die Zeit verging (mir) wie im Fluge;* ⟨oft adj. im Part. II⟩ *vergangene* (ʿletzte') *Nacht/in der vergangenen Nacht hat es geschneit; die vergangenen* (ANT *zukünftigen*) *Jahre*

2. ⟨ist⟩ **2.1.** /Physisches, Psychisches/ ʿ(allmählich) aufhören'; SYN verfliegen (2): *nach einer Weile vergingen die Schmerzen; sein Ärger vergeht bald wieder;* /in den kommunikativen Wendungen/ *da, dabei kann einem ja der Appetit ~* (ʿdas ist ja ekelhaft') /wird gesagt, wenn jmd. seinen Abscheu ausdrücken will/; *jmdm. wird noch das Lachen ~* (ʿjmd. wird noch Schlimmes erleben')! /wird meist drohend gesagt, wenn jmd. triumphiert, man sich aber wünscht, dass er am Ende scheitert/ **2.2.** ⟨vorw. subst.⟩ *das Werden und Vergehen* (ʿdas Leben und Sterben') *in der Natur* **3.** ⟨ist⟩ /jmd./ *vor etw.* ⟨Dat.⟩ *~: ich vergehe vor Durst* (ʿhabe sehr großen Durst'); *er verging fast vor Sehnsucht nach ihr* (ʿhatte sehr große Sehnsucht nach ihr'); *ich hätte vor Scham ~ können* (ʿschämte mich zutiefst') **4.** ⟨hat⟩ /jmd./ *sich gegen etw. ~* SYN ʿgegen etw. verstoßen (1)'; ↗ FELD I.12.2: *er hat sich gegen das Gesetz vergangen; sich an fremdem Eigentum ~* (ʿstehlen 1.2') **5.** ⟨hat⟩ /Mann/ *sich an jmdm. ~* ʿan einer Frau, einem Kind ein sexuelles Verbrechen begehen': *er hat sich an dem Kind vergangen* ❖ ↗ **gehen**

Vergehen, das; ~s, ~ ʿstrafbare Handlung, die meist nicht die Schwere eines Verbrechens hat'; SYN Verstoß, Verfehlung; ↗ FELD I.12.1: *welches ~ wird ihm zur Last gelegt?; er hat sich ein schweres ~ zuschulden kommen lassen* ❖ ↗ **gehen**

vergelten [fɐˈɡɛltn̩] (er vergilt [..ˈɡɪlt]), vergalt [..ˈɡalt], hat vergolten [..ˈɡɔltn̩] /jmd./ *etw. mit etw.* ⟨Dat.⟩ *etw. irgendwie ~* ʿauf jmds. unfreundliche Handlungsweise in bestimmter Weise reagieren': *er will Böses mit Bösem ~; es ist schwer, Böses mit Gutem zu ~; er hat ihr die Fürsorge übel, mit Undank vergolten; wie soll ich dir das ~?* (ʿdu hast mir so geholfen, dass ich nicht weiß, wie ich dir dafür danken soll'); vgl. *danken (2)* ❖ **Vergeltung;** vgl. **entgelten**

Vergeltung [fɐˈɡɛlt..], **die**; ~, ⟨o.Pl.⟩ SYN ʿRache': *die Stunde der ~ war gekommen; ~ üben* ʿsich für etw. Bestimmtes rächen': *für das erlittene Unrecht ~ üben* ❖ ↗ **vergelten**

vergessen [fɐˈɡɛsn̩] (er vergisst [..ˈɡɪst]), vergaß [..ˈɡaːs], hat vergessen **1.** /jmd./ *etw. ~* ʿetw. aus dem Gedächtnis, der Erinnerung verlieren'; ↗ FELD I.4.4.2, 5.2: *ich habe die Vokabeln, seine Adresse ~; ich habe seinen Namen ~* (ANT *behalten 1.4*); *dieser Dichter, sein literarisches Werk ist heute längst ~* (ʿdiesen Dichter, sein literarisches Werk kennt heute niemand mehr'); vgl. *entfallen (1)* **2.** /jmd./ **2.1.** *etw. ~* ʿan etw. nicht mehr denken': *wahrscheinlich hat er den Termin ~* (SYN ʿ¹verschlafen 2'); *für ein paar Stunden vergaß er seine Sorgen, seine guten Vorsätze; er hat über dem Erzählen ganz seine Arbeit ~; das werde ich dir nie ~/das vergesse ich dir nie* (1. ʿdafür werde ich dir immer dankbar sein' 2. ʿich werde immer daran denken, was du mir angetan hast')!; *~, etw. zu tun: ich habe ~, mir Geld einzustecken; ich habe ganz ~, ihn danach zu fragen; ~, dass ...: ich hätte beinahe*

~, *dass heute Sonntag ist* **2.2.** *etw.* ~ SYN ˈetw. liegen lassenˈ: *ich habe die Schlüssel* ~; *vergiss deinen Pass nicht* (ˈvergiss nicht, deinen Pass mitzunehmenˈ)!; *er hat den Schirm im Bus* ~ ❖ **Vergessenheit, vergesslich, Vergesslichkeit − selbstvergessen, weltvergessen**

* umg. /jmd./ **etw. ~ können** ˈeinen Plan in Bezug auf etw. aufgeben, weil es nichts taugt od. aussichtslos istˈ: *den Urlaub kannst du* ~; *„Ob das Projekt realisiert wird?" „Das kann man* ~*!"*

Vergessenheit [..ˈg..]: *in* ~ *geraten* ˈvergessen (1) werdenˈ; ↗ FELD I.5.1: *der Vorfall geriet schließlich in* ~ ❖ ↗ **vergessen**

vergesslich [fɐˈgɛs..] 〈Adj.; Steig. reg.; nicht bei Vb.; vorw. präd. (mit *sein, werden*)〉 /jmd./ ~ *sein* ˈleicht und oft etw. vergessenˈ; ↗ FELD I.4.4.3, 5.3: *er ist sehr* ~, *wird immer* ~*er; ein* ~*er Mensch* ❖ ↗ **vergessen**

Vergesslichkeit [fɐˈgɛslɪç..], **die**; ~, 〈o.Pl.〉 ˈdas Vergesslichseinˈ; ↗ FELD I.4.4.1, 5.1 ❖ ↗ **vergessen**

vergeuden [fɐˈgɔɪdn̩], vergeudete, hat vergeudet /jmd./ *etw.* ~ SYN ˈetw. verschwenden (1)ˈ; ↗ FELD I.2.2: *vergeudet kein Wasser!; wir wollen unsere kostbare Zeit nicht mit langen Reden* ~; *er hat das Geld, seine Kräfte leichtsinnig vergeudet; er hat sein Leben vergeudet* (ˈnicht sinnvoll gestaltetˈ)

vergewaltigen [fɐˈgəvaltɪgn̩], vergewaltigte, hat vergewaltigt /Mann/ *jmdn.* ~ ˈjmdn., bes. eine Frau, durch Gewalt, Drohung zum Geschlechtsverkehr zwingenˈ; SYN schänden (2); ↗ FELD I.14.2: *er hat sie vergewaltigt; sie wurde vergewaltigt* ❖ ↗ **Gewalt**

vergewissern [fɐˈgəvɪsɐn], **sich**, vergewisserte sich, hat sich vergewissert /jmd./ **1.1.** *sich* ~, *dass ..., ob ...* ˈsich durch Überprüfung Gewissheit verschaffend, dass ..., ob ...ˈ: *er ging noch einmal zurück und vergewisserte sich, dass er die Tür abgeschlossen hatte; er hat sich vergewissert, ob die Rechnung stimmte* **1.2.** geh. *sich jmds., etw.* 〈Gen.〉 ~ ˈsich durch Überprüfung Gewissheit darüber verschaffen, ob man sich auf jmdn., etw. verlassen kannˈ; SYN versichern (3): *hast du dich seiner vergewissert?; du solltest dich vorher seiner Zuverlässigkeit* ~ ❖ ↗ **wissen**

vergiften [fɐˈgɪftn̩], vergiftete, hat vergiftet **1.** /jmd., etw./ *etw.* ~ ˈetw. mit Gift durchsetzen und dadurch giftig machenˈ: *der Gegner hatte die Brunnen vergiftet; die Abwässer haben das Grundwasser vergiftet; die Speise, das Futter war vergiftet* **2.** /jmd./ *jmdn., ein Tier* ~ ˈjmdn., ein Tier durch Gift tötenˈ: *sie hat ihren Mann, Liebhaber (aus Eifersucht) vergiftet; die Ratten müssen vergiftet werden; sich* ~ ˈdurch Anwendung von Gift Selbstmord verübenˈ: *er wollte sich (mit Gas, Tabletten)* ~ **3.** /jmd./ *sich durch etw./an etw.* 〈Dat.〉 ~ ˈdurch Essen, Trinken von verdorbenen Speisen, giftigen Substanzen schwer erkrankenˈ: *der Patient hat sich durch verdorbenen Fisch, an Pilzen vergiftet* **4.** /etw., jmd./ *die Atmosphäre* ~ ˈdie Beziehungen innerhalb einer Gemeinschaft nachhaltig störenˈ: *die gegenseitigen*

Verdächtigungen haben, er hat mit seinen Verdächtigungen die Atmosphäre vergiftet ❖ ↗ **Gift**

vergisst: ↗ **vergessen**

Vergleich [fɐˈglaɪç], **der**; ~s/auch ~es, ~e **1.** ˈvergleichende (2) Betrachtung, Überlegungˈ: *ein guter, treffender, gewagter* ~; *der* ~ *hinkt, ist schief* (ˈdie Bezüge sind nicht treffendˈ) **2.** /zu *vergleichen* 1 u. 2/ ˈdas Vergleichenˈ; /zu 1/: *beim* ~ *der beiden Fassungen fällt auf, dass ...; im* ~ *zu ihr* (ˈwenn man ihn mit ihr vergleichtˈ) *ist er sehr zurückhaltend; einen* ~ *zwischen zwei od. mehreren Personen, Sachen anstellen/ziehen* (ˈzwei od. mehrere Personen, Sachen miteinander vergleichen 1ˈ) **3.** Jur. ˈEinigung in einem gerichtlichen Streitfall durch einen Kompromissˈ: *der Prozess endete mit einem* ~; *beide Parteien schlossen einen* ~ ❖ ↗ **¹gleich**

vergleichen [fɐˈglaɪçn̩], verglich [..ˈglɪç], hat verglichen **1.** /jmd./ *zwei od. mehrere Personen, Sachen* ~ ˈdie Eigenschaften von zwei od. mehreren Personen, Sachen prüfen, um festzustellen, inwiefern sie übereinstimmen od. sich unterscheidenˈ: *die Preise, die Uhren* ~; *die Unterschriften auf den Schecks* ~; *das kann man doch nicht* ~ (ˈdas sind doch völlig verschiedene Dingeˈ)!; *jmdn. mit jmdm., etw. mit etw.* ~: *Experten wollen die Fälschung mit dem Original* ~; *verglichen mit seiner Schwester/vergleicht man ihn mit seiner Schwester, ist er sehr zurückhaltend* **2.** /jmd./ *jmdn., etw. mit jmdm., etw.* ~ ˈjmdn., etw. aufgrund bestimmter Merkmale mit jmdm., einer Sache, die gleiche od. ähnliche Merkmale besitzt, in Beziehung setzen, um bestimmte Eigenschaften zu verdeutlichenˈ: *er verglich sie mit einer Blume; der Redner hat die derzeitige Lage mit einem Pulverfass verglichen* ❖ ↗ **¹gleich**

Vergnügen [fɐˈgny:gn̩], **das**; ~s, 〈o.Pl.〉 ˈFreude, die jmd. durch bestimmte erfreuliche Umstände empfindetˈ; ↗ FELD I.6.1: *es ist ein* ~, *den Kindern beim Spielen zuzuschauen; es hat ihm immer ein großes* ~ *bereitet, gemacht; er findet kein* ~ *daran; er hörte mit* ~ *zu, klatschte sich vor* ~ *auf die Schenkel; das ist wahrhaftig kein* ~ (ˈdas macht keinen Spaßˈ); /in den kommunikativen Wendungen/ *(ich wünsche dir, euch, Ihnen) viel* ~*!* /wird zu jmdm. gesagt, der an einer Veranstaltung teilnehmen will/; *mit (dem größten)* ~ (ˈdas tue ich sehr gerneˈ)! /als höfliche Erwiderung auf jmds. Bitte, etw. Bestimmtes für ihn zu tun/; *es war mir ein* ~ (1. ˈich habe das sehr gern getanˈ /als höfliche Erwiderung auf jmds. Dank für etw., das man getan hat/ 2. ˈich habe mich gefreut, Sie kennen zu lernenˈ) ❖ **vergnüglich, vergnügt − quietschvergnügt**

* /etw./ **jmdm. ein diebisches ~ bereiten** (ˈbei jmdm. Schadenfreude und heimliche Genugtuung hervorrufenˈ); /etw./ **ein teures ~** (ˈeine kostspielige Sache, Angelegenheitˈ) **sein/werden**

vergnüglich [fɐˈgny:k..] 〈Adj.; Steig. reg.〉 **1.** 〈nicht präd.〉 SYN ˈvergnügt (1)ˈ: *er lächelte* ~ *vor sich hin, blickte uns* ~ *an, lächelte* ~ **2.** 〈nicht bei Vb.〉 ˈVergnügen bereitendˈ: *ein* ~*er* (SYN ˈfröhlicher

1.2', 'vergnügter 2') *Abend; es war ~, ihm zuzuhören;* vgl. *heiter* (2) ❖ ↗ **Vergnügen**

vergnügt [fɐ'gny:kt] ⟨Adj.; Steig. reg.⟩ **1.** 'heiter und zufrieden gestimmt'; ↗ FELD I.6.3 /auf Personen bez./: *~e Menschen; alle waren sehr ~;* SYN 'vergnüglich (1)': *ein ~es Lächeln; er rieb sich ~ die Hände* **2.** ⟨nur attr.⟩ SYN 'vergnüglich (2)' /auf Veranstaltungen bez./: *es war ein ~er Abend* ❖ ↗ **Vergnügen**

vergönnen [fɐ'gœnən], vergönnte, hat vergönnt geh. ⟨vorw. verneint⟩ *das Schicksal hat es ihr nicht vergönnt* ('gegönnt'), *das noch zu erleben;* ⟨vorw. Part. II⟩ /in feierlichen Äußerungen, bes. in Nachrufen, Glückwünschen/ /etw., vorw. *es, das* / *jmdm. vergönnt sein: mögen Ihnen noch viele Jahre erfolgreicher Arbeit vergönnt sein* ('mögen Sie noch viele Jahre erfolgreicher Arbeit erleben')!; *es war ihm nicht vergönnt, seinen 80. Geburtstag zu feiern* ('er hat seinen 80. Geburtstag nicht mehr erlebt') ❖ ↗ **gönnen**

vergrämt [fɐ'grɛ:mt/..'grɛ:..] ⟨Adj.; Steig. reg., Superl. ungebr.⟩ 'von Gram, Kummer gezeichnet' /auf Personen bez./: *eine ~e alte Frau; ihr ~es Gesicht; er wirkt, ist ~* ❖ ↗ **Gram**

vergreifen [fɐ'grai̯fn̩], **sich**, vergriff [..'grif] sich, hat sich vergriffen [..'grifn̩]; ↗ auch *vergriffen* **1.** /jmd./ *sich an fremdem Eigentum ~: er soll sich an fremdem Eigentum vergriffen* ('soll gestohlen') *haben* **2.** /Mann/ *sich an jmdm. ~* 'jmdm. gegenüber tätlich werden': *der Betrunkene hat sich an einem Passanten vergriffen* **3.** /Mann/ *sich an jmdm. ~: er hat sich an dem Kind, der Frau vergriffen* ('hat das Kind sexuell missbraucht, die Frau vergewaltigt') ❖ ↗ **greifen**

vergriffen [fɐ'grifn̩] ⟨Adj.; o. Steig.; nicht bei Vb.; ↗ auch *vergreifen*⟩ 'nicht mehr am Lager (4)'; SYN ausverkauft /auf bestimmte Waren bez./: *das Buch ist ~* ❖ ↗ **greifen**

vergrößern [fɐ'grø:sɐn], vergrößerte, hat vergrößert; ANT verkleinern **1.** /etw., jmd./ *etw. ~* 'etw. größer (↗ *groß* 1.1) machen': *das Mikroskop vergrößert zweihundertfach; können Sie die Aufnahme ~* ('eine größere Reproduktion von dieser Aufnahme herstellen')?; *den Abstand ~* (ANT verringern 1.1) **2.** /jmd./ *etw. ~: er will den Betrieb ~* ('die Kapazität des Betriebes erweitern'); *die Abteilung soll personell vergrößert werden* **3.** /etw./ *sich ~* **3.1.** 'größer (↗ *groß* 1.1) werden': *durch den übermäßigen Alkoholgenuss hat sich die Leber vergrößert; ein krankhaft vergrößertes Organ* **3.2.** 'größer (↗ *groß* 4,5) werden': *unsere Abteilung hat sich in den letzten Jahren nicht mehr vergrößert; seine Chancen haben sich vergrößert* (ANT verringert 1.2) ❖ ↗ **groß**

vergüten [fɐ'gy:tn̩], vergütete, hat vergütet **1.** /jmd./ *etw. ~* 'für einen Schaden, Verlust o.Ä. finanzielle Entschädigung zahlen': *der Lieferant will (ihm) den Verlust ~; die beschädigte Ware wird vertragsgemäß vergütet; entstehende Unkosten werden vergütet* ('erstattet') **2.** /Arbeitgeber, Auftraggeber/ *etw.*

~ 'eine Arbeit, Leistung bezahlen': sie hat (ihm) seine Arbeit, Mitarbeit angemessen vergütet ❖ ↗ **gut**

verhaften [fɐ'haftn̩], verhaftete, hat verhaftet; ↗ auch *verhaftet* /Polizist, Polizei/ *jmdn. ~* 'jmdn. aufgrund eines Haftbefehls in Haft nehmen'; SYN festnehmen, inhaftieren: *er wurde am Tatort verhaftet; die Polizei hat ihn unter dem Verdacht des Mordes, der Spionage verhaftet;* vgl. *einkerkern, einsperren;* vgl. *Gewahrsam* ❖ ↗ **haften**

verhaftet [fɐ'haftət] ⟨Adj.; o. Steig.; nicht bei Vb.; vorw. präd.; ↗ auch *verhaften*⟩ /jmd./ *in etw.* ⟨Dat.⟩ *~ sein, bleiben* 'unter dem Einfluss von etw., bes. etw. Ideellem, stehen und sich davon nicht lösen können': *er blieb in diesen Vorurteilen ~; etw.* ⟨Dat.⟩ *~ sein, bleiben: er war sein Leben lang dieser Tradition ~; ein dieser Tradition ~er Mensch* ❖ ↗ **haften**

verhalten [fɐ'haltn̩] (er verhält [..'hɛlt]), verhielt [..'hi:lt], hat verhalten **1.** /jmd., Tier/ *sich irgendwie ~* 'unter bestimmten Umständen irgendwie reagieren, sich irgendwie benehmen': *verhaltet euch ruhig!; er hat sich uns gegenüber stets korrekt ~; ich weiß nicht, wie ich mich in einem solchen Fall ~ würde* **2.** /Angelegenheit o.Ä./ *sich irgendwie ~: die Sache verhält sich* ('der Sachverhalt ist') *so, folgendermaßen: ...; wie verhält es sich damit* ('wie ist in diesem Fall der Sachverhalt')? **3.** vorw. fachspr. /Größe, Zahl/ *sich zu etw.* ⟨Dat.⟩ *~* 'zu einer anderen Größe, Zahl in einem bestimmten Verhältnis (2) stehen': *zwei verhält sich zu vier wie drei zu sechs* **4.** ⟨vorw. verneint⟩ /jmd./ *etw. ~* 'ein Gefühl, Äußerung eines Gefühls unterdrücken': *er konnte das Lachen, die Tränen nicht ~; seine Stimme bebte vor ~em Zorn* **5.** /jmd./ *den Schritt ~* 'langsamer gehen und stehen bleiben': *er verhielt einen Augenblick (den Schritt), ging dann aber rasch weiter* ❖ **Verhalten, Verhältnis − Fehlverhalten, Lebensverhältnisse, Liebesverhältnis, Sachverhalt, Verhaltensweise, verhältnismäßig**

Verhalten, das; *~s,* ⟨o.Pl.⟩ /zu verhalten 1/ 'Art und Weise des Verhaltens': *bei diesen Tieren ist ein geselliges ~ zu beobachten; das ~ im Straßenverkehr; das ~ des Schülers; er ist mir durch sein merkwürdiges ~ aufgefallen;* vgl. *Benehmen* ❖ ↗ **verhalten**

Verhaltens|weise, die 'Art und Weise des Sichverhaltens bei Menschen, Tieren': *die ~ der Katzen studieren, erforschen; das Kind zeigte eine krankhafte, sonderbare, abnorme ~* ❖ ↗ **verhalten**

Verhältnis [fɐ'hɛlt..], **das;** *~ses, ~se* **1.** ⟨vorw. Sg.⟩ SYN 'Relation': *das ~ von Theorie und Praxis; das ~ zwischen Ursache und Wirkung; in welchem ~ stehen Theorie und Praxis zueinander?* **2.** ⟨vorw. Sg.⟩ 'Beziehung, bei der sich vergleichbare Dinge, z. B. Teile von etw., aneinander messen lassen': *die Aufteilung entspricht einem ~ von 3:1; im ~ zu jmdm., etw.: im ~ zu ihr ist er sehr klein; im ~ zum Wert* ('gemessen an seinem Wert') *ist dieser Preis viel zu hoch; der Aufwand stand in keinem ~ zum Erfolg* ('war, gemessen am Erfolg, viel zu groß') **3.** ⟨o.Pl.⟩ **3.1.** 'persönliche Beziehung zu jmdm.': *das*

~ *zwischen ihm und seinem Bruder war nie besonders eng; sie stehen in einem freundschaftlichen* ~ *zueinander;* vgl. *Kontakt* (1) **3.2.** *kein* ~ *zu etw. haben* 'kein Verständnis für etw. haben': *er hat kein* ~ *zur klassischen Musik* **3.3.** *ein* ~ *mit jmdm. haben* 'eine intime Beziehung mit jmdm. haben': *er hatte ein* ~ *mit seiner Sekretärin; die beiden haben ein* ~ *(miteinander)* **4.** ⟨nur im Pl.⟩ **4.1.** 'spezifisches soziales Milieu, wirtschaftliche Lage eines Menschen': *er lebt in guten, geordneten* ~*sen; er stammte aus einfachen* ~*sen* **4.2.** ⟨vorw. im Pl.⟩ 'die sozialen, politischen, wirtschaftlichen Strukturen, Bedingungen innerhalb einer Gesellschaft': *die gesellschaftlichen, politischen* ~*se in einem Land; aufgrund der wirtschaftlichen* ~*se ...* **4.3.** 'die natürlichen, äußeren Bedingungen, unter denen jmd., etw. lebt': *wie sind die klimatischen* ~*se in dieser Region?; die Flüchtlinge leben in denkbar ungünstigen räumlichen* ~*sen* ❖ ↗ **verhalten**

* /jmd./ **über seine ~se leben** ('für den Lebensunterhalt mehr Geld ausgeben, als entsprechend der finanziellen Lage ausgegeben werden dürfte')

verhältnismäßig [..'h..] ⟨Adv.; vor Adj., Adv.⟩ 'wenn man es mit anderem, anderen vergleicht': *wir mussten* ~ *lange warten; ein* ~ *großes Stück* ❖ ↗ **verhalten**

verhandeln [fɐ'handl̩n], verhandelte, hat verhandelt **1.** /jmd./ *mit jmdm. über etw.* ~ 'mit jmdm. über die Lösung eines bestimmten Problems, über strittige Fragen sprechen, um zu einer Einigung darüber zu kommen': *er lehnt es strikt ab, mit ihm über die Beilegung des Konflikts zu* ~; /zwei od. mehrere (jmd.)/ *über etw.* ~: *die Experten beider Länder* ~ *über ein neues Handelsabkommen, die Lieferung von Getreide* **2.** *das Gericht verhandelt etw., gegen jmdn.* 'das Gericht führt im Rahmen eines Gerichtsverfahrens, in einem Fall, gegen jmdn. eine mündliche Beratung durch': *das Gericht hat bereits mehrmals wegen Amtsmissbrauches gegen ihn verhandelt; es wurde beschlossen, den Fall in zweiter Instanz zu* ~ ❖ ↗ **handeln**

Verhandlung [fɐ'hant..], **die**; ~, ~en **1.** ⟨vorw. Pl.⟩ /zu *verhandeln* 1/ 'das Verhandeln': *direkte, offizielle, schwierige* ~*en; die* ~*en finden an einem geheimen Ort statt, werden hinter geschlossenen Türen geführt;* ~*en mit jmdm. führen; die* ~*en machen Fortschritte, drohen zu scheitern; die* ~*en wurden ergebnislos abgebrochen; schließlich konnten die langwierigen* ~*en erfolgreich abgeschlossen werden; die Ergebnisse der* ~*en werden in der Presse veröffentlicht; mit jmdm. in* ~*en stehen* ('mit jmdm. über etw. verhandeln'); *mit jmdm. in* ~*en treten* ('mit jmdm. über etw. zu verhandeln beginnen') **2.** 'mündliche Beratung des Gerichts im Rahmen eines Prozesses vor Gericht': *die* ~ *fand unter Ausschluss der Öffentlichkeit statt; er ist als Zeuge zu der (gerichtlichen)* ~ *geladen; die* ~ *wurde vertagt* ❖ ↗ **handeln**

verhängen [fɐ'hɛŋən], verhängte, hat verhängt **1.** /jmd./ *etw.* ~ 'etw., bes. ein Fenster, aus einem bestimmten Grund mit einem Tuch o.Ä. bedecken':

sie hatte alle Fenster mit Decken verhängt **2.** /Institution/ *etw.* ~ 'eine einschränkende Maßnahme, eine Strafe o.Ä. anordnen': *das Gericht verhängte die Höchststrafe; nach den schweren Zusammenstößen zwischen den Demonstranten und der Polizei wurde der Ausnahmezustand über die Stadt verhängt* ❖ ↗ **¹hängen**

Verhängnis [fɐ'hɛŋ..], **das**; ~ses, ~se ⟨vorw. Sg.⟩ 'Unheil, dem man nicht entgehen kann': *der Alkohol war sein* ~ (SYN 'Verderben'); *das* ~ *nahm seinen Lauf; etw. wird jmdm./für jmdn. zum* ~ ('etw., dessen Ursachen in der betreffenden Person selbst liegen, bringt dieser Unheil, richtet sie zugrunde') ❖ **verhängnisvoll**

verhängnis|voll [fɐ'hɛŋnɪs..] ⟨Adj.; Steig. reg.⟩ 'so beschaffen, dass es zu einem Verhängnis wird, werden kann' /auf Negatives bez./: *ein* ~*er Fehler, Irrtum; diese Politik wirkte sich* ~ *für die Wirtschaft des Landes aus* ❖ ↗ **Verhängnis**, ↗ **voll**

verharmlosen [fɐ'haʁmloːzn̩], verharmloste, hat verharmlost /jmd./ *etw.* ~ 'etw. als harmloser hinstellen, als es tatsächlich ist': *er versuchte, die Gefahr, die Wirkung der Waffe, die Nebenwirkung des Medikaments zu* ~ ❖ ↗ **harmlos**

verhärmt [fɐ'hɛʁmt] ⟨Adj.; Steig. reg., Superl. ungebr.⟩ 'von Kummer und Sorgen gezeichnet': *eine* ~*e Frau; ihr* ~*es Gesicht; sie sah abgearbeitet und* ~ *aus, war* ~

verhasst [fɐ'hast] ⟨Adj.; Steig. reg., Superl. ungebr.⟩ **1.** ⟨vorw. präd.⟩ /jmd./ ~ *sein* 'von vielen Menschen gehasst werden' /auf Personen, Institutionen bez./: ↗ FELD I.6.3: *der Direktor war bei den Schülern, er war überall* ~; *ein* ~*es Regime; sich* ~ *machen; das Regime hatte sich (bei der Bevölkerung)* ~ *gemacht* ('hatte sich durch sein Verhalten den Hass der Bevölkerung zugezogen') **2.** /etw./ *jmdm.* ~ *sein* 'bei jmdm. starken Widerwillen, heftige Ablehnung hervorrufen': *fettes Fleisch, diese Arbeit ist ihm* ~ ❖ ↗ **hassen**

verhehlen [fɐ'heːlən], verhehlte, hat verhehlt geh. /jmd./ *etw.* ~ 'einen Gedanken, ein Gefühl vor (einem) anderen verbergen': ⟨oft verneint⟩ *er konnte seinen Neid nicht* ~; *ich habe dir nie verhehlt, dass sie mir nicht sonderlich sympathisch ist* ❖ **unverhohlen**

verheimlichen [fɐ'hai̯mlɪçn̩], verheimlichte, hat verheimlicht /jmd./ *etw.* ~ 'jmdm. etw. bewusst nicht mitteilen, damit etw. nicht bekannt wird, bestimmte Personen etw. nicht erfahren': SYN verbergen (3), verschweigen: *schließlich konnte sie ihre Schwangerschaft nicht länger* ~; */jmdm., vor jmdm. etw.* ~: *sie hat das Gefühl, dass er ihr irgendetwas verheimlicht; warum hast du das vor mir verheimlicht?* ❖ ↗ **heimlich**

verheiraten [fɐ'hai̯ʁaːtn̩], **sich**, verheiratete sich, hat sich verheiratet /jmd./ *sich mit jmdm.* ~ 'jmdn. heiraten': *er hat sich mit einer Krankenschwester verheiratet;* ⟨vorw. adj. im Part. II⟩ *verheiratet sein: sie war zehn Jahre verheiratet* ('hatte zehn Jahre einen Ehemann'), *ist aber seit kurzem geschieden; ein* *verheirateter Mann, eine verheiratete Frau; mit jmdm. verheiratet sein: er ist mit der Schwester seines Freundes verheiratet* ('hat die Schwester seines Freundes zur Ehefrau'); *sie sind seit zwanzig Jahren miteinander glücklich verheiratet* ('führen seit ihrer Heirat vor zwanzig Jahren eine glückliche Ehe') ❖ ↗ **heiraten**

verhelfen [fɐˈhɛlfn̩], (er verhilft [..ˈhɪlft]), verhalf [..ˈhalf], hat verholfen [..ˈhɔlfn̩] /jmd./ *jmdm. zu etw.* ⟨Dat.⟩ ~ 'jmdm. dabei behilflich sein, dass er etw. erhält, erlangt, dass ihm etw. ermöglicht wird': *vielleicht kann ihm sein Freund zu einer Anstellung ~; er hat ihm zur Flucht verholfen; /etw./ der Zufall hat ihm zum Erfolg, hat der Sache zum Durchbruch verholfen* ❖ ↗ **helfen**

verherrlichen [fɐˈhɛʀlɪçn̩], verherrlichte, hat verherrlicht /jmd., Institution/ *jmdn., etw.* ~ 'jmdn., etw. überschwenglich preisen': *jmdn. als Helden ~; er wurde wegen seiner Heldentaten verherrlicht; jmds. Taten, Leistungen ~* ❖ ↗ **herrlich**

verhindern [fɐˈhɪndɐn], verhinderte, hat verhindert; ↗ auch *verhindert* /jmd., etw./ *etw.* ~ 'bewirken, dass etw. nicht geschehen, nicht entstehen, nicht getan werden kann': *man hätte diese Katastrophe ~ können; wer könnte ein Interesse daran haben, die Aufdeckung dieser Machenschaften zu ~?; er verhinderte, dass es zu einem Eklat kam; das Unglück konnte im letzten Moment verhindert werden; der Mangel an Kompromissbereitschaft hat eine Übereinkunft verhindert; es ließ sich nicht ~, dass es zu Entlassungen kam* ❖ ↗ **hindern**
MERKE Der abhängige Nebensatz darf nicht verneint werden

verhindert [fɐˈhɪndɐt] ⟨Adj.; o. Steig.; nicht bei Vb.; vorw. präd. (nur mit *sein*); ↗ auch *verhindern*⟩ /jmd./ ~ *sein* 'aus bestimmten Gründen nicht kommen, an einer Veranstaltung o.Ä. nicht teilnehmen können': *unser Vorsitzender ist leider durch Krankheit ~; ich war dienstlich ~* ❖ ↗ **hindern**

verhöhnen [fɐˈhøːnən], verhöhnte, hat verhöhnt /jmd./ *jmdn., etw.* ~ 'jmdn., etw. verächtlich machen, boshaft verspotten': *sie hat ihn wegen seiner Feigheit ausgelacht und verhöhnt; er wurde von den Zuschauern verhöhnt* ❖ ↗ **Hohn**

Verhör [fɐˈhøːɐ], das; ~s, ~e 'polizeiliche Vernehmung'; ↗ FELD I.3.2.1: *der Festgenommene hat den Einbruch schon beim ersten ~ gestanden; jmdn. einem ~ unterziehen, unterwerfen; er war einem langen ~ unterzogen, unterworfen worden; jmdn. ins ~ nehmen* ('jmdn. polizeilich vernehmen') ❖ ↗ **hören**

verhören [fɐˈhøːʀən], verhörte, hat verhört 1. /Polizist/ *jmdn.* ~ 'jmdn. polizeilich vernehmen (1)'; ↗ FELD I.3.2.2: *der Kommissar hat ihn zwei Stunden lang verhört* 2. /jmd./ *sich* ~: *da muss ich mich wohl verhört haben* ('da habe ich wohl etw. nicht richtig gehört')! 'eine Äußerung falsch verstehen': *ich kann mich verhört haben, als er die Lottozahlen nannte* ❖ ↗ **hören**

verhüllen [fɐˈhʏlən], verhüllte, hat verhüllt 1. /jmd./ *etw.* ~ 'etw., um es vor unerwünschten Blicken zu

verbergen, mit einem Tuch o.Ä. bedecken': *sie verhüllte ihr Gesicht mit einem Schleier; ein Denkmal, ein Bild ~; sich ~: die Frauen hatten sich mit Tüchern verhüllt;* METAPH *dichte Wolken verhüllten die Gipfel der Berge* 2. /etw., jmd./ *etw.* ~ 'etw. Schlimmes so verharmlosend ausdrücken, dass es weniger unangenehm, krass wirkt'; SYN kaschieren: *schöne Worte sollten die bitteren Tatsachen ~; ein ~der Ausdruck; eine verhüllte* ('versteckte') *Drohung* ❖ ↗ **Hülle**

verhungern [fɐˈhʊŋɐn], verhungerte, ist verhungert 1. /jmd./ 'sterben, weil nichts zu essen vorhanden ist'; ↗ FELD XI.2: *täglich ~ viele Menschen in der Welt* 2. umg. scherzh. *wir ~ bald/sind am Verhungern* ('haben sehr großen Hunger') ❖ ↗ **Hunger**

verhüten [fɐˈhyːtn̩], verhütete, hat verhütet /jmd./ *etw.* ~ 'durch geeignete Maßnahmen, gezieltes Handeln das Eintreten von etw. Unerwünschtem verhindern': *durch vorbeugenden Brandschutz Brände ~; eine Schwangerschaft ~; eine Infektion durch Impfung ~; ein Unglück ~* ❖ ↗ **²Hut**
MERKE Der abhängige Nebensatz darf nicht verneint werden

Verhütung [fɐˈhyːt..], die; ~, ⟨o.Pl.⟩ 'das Verhüten': *Mittel zur ~ einer Schwangerschaft* ❖ ↗ **²Hut**

verirren [fɐˈʔɪʀən], sich, verirrte sich, hat sich verirrt 1. /jmd./ *sich* ~ 'vom richtigen Weg abkommen und ihn nicht mehr finden können': *die Kinder haben sich beim Pilzesammeln (im Wald) verirrt; sich abends in der Großstadt ~; sich im Nebel ~* 2. /jmd./ *sich irgendwohin* ~: *in dieses Dorf verirrt sich nur selten ein Fremder* ('dieses Dorf ist so abgelegen, so wenig attraktiv, dass nur selten ein Fremder dorthin kommt') ❖ ↗ **irr**

verjähren [fɐˈjɛːʀən/..ˈjeː..], verjährte, ist verjährt /etw./ 'nach Ablauf einer festgesetzten Frist nicht mehr gesetzlich durchgesetzt, gerichtlich verfolgt werden können': *weißt du, ob Mord verjährt?; dieser Garantieanspruch ist bereits verjährt; die Anklage ist, die Schulden sind verjährt* ❖ ↗ **Jahr**

verjüngen [fɐˈjʏŋən], verjüngte, hat verjüngt 1. /etw./ *etw., jmdn.* ~ 'einer Sache, jmdm. ein jüngeres Aussehen geben': *diese Hormoncreme verjüngt die Haut; eine Mode, durch die die reifere Frau verjüngt wird; /jmd./ sich* ~ 'jünger werden': *er hat sich im Urlaub regelrecht verjüngt; er fühlt sich nach der Kur wie verjüngt* ('als wäre er jünger geworden') 2. /etw./ *sich* ~ '(nach oben zu) dünner, schmaler werden': *der Turm, die Vase verjüngt sich nach oben hin* ❖ ↗ **jung**

Verkauf [fɐˈkauf], der; ~s, Verkäufe [..ˈkɔɪfə] 'das Verkaufen'; ↗ FELD I.16.1: *der ~* (ANT Kauf 1) *eines Grundstücks, von Brot, Theaterkarten; der ~ von Medikamenten an Kinder ist verboten; der Ankauf und ~ von Antiquitäten; etw. zum ~ anbieten; einen ~ rückgängig machen; ~ auch außer Haus* /Hinweis in Gaststätten, dass Waren, bes. Kuchen und Getränke, zum Mitnehmen gekauft werden können/; *etw. kommt zum ~* ('wird verkauft'); *etw.*

steht zum ~ ('wird zum Verkauf angeboten') ❖ ↗
kaufen

verkaufen [fɐ'kaufn̩], verkaufte, hat verkauft **1.** /jmd.,
Geschäft/ *etw.* ~ ˈetw. aus dem persönlichen Besitz,
eine Ware gegen Bezahlung einem anderen als des-
sen Eigentum zu überlassen'; ↗ FELD I.15.2, 16.2:
er hat sein Motorrad günstig ~ *können; etw. mit Ge-
winn, Verlust, unter Wert* ~ (ANT kaufen 1); *Waren
zu Dumpingpreisen ins Ausland* ~; *die Bluse ist be-
reits verkauft; jmdm. etw., etw. an jmdn.* ~: *er wollte
mir sein altes Auto für 10.000 Mark* ~; *er hat ihm
sein altes Auto verkauft* (ANT abgekauft 1); *er hat
das Grundstück an einen Kollegen verkauft; an Ju-
gendliche wird kein Alkohol verkauft; sie arbeitet im
Kaufhaus und verkauft dort Schuhe* (ˈist Verkäuferin
für Schuhe'); METAPH *er hat sein Leben teuer ver-
kauft* (ˈzäh verteidigt') **2.** /Ware/ *etw. verkauft sich
gut, schlecht* ˈetw. wird viel, wenig von den Kunden
gekauft': *die teuren Uhren* ~ *sich schlecht; etw., die
Auflage ist restlos verkauft* ❖ ↗ **kaufen**

Verkäufer [fɐ'kɔifɐ], **der;** ~s, ~ **1.** ˈAngestellter eines
Geschäfts, der Waren verkauft'; ↗ FELD I.10,
16.2: *er ist* ~; *er arbeitet als* ~ *in einem Möbelge-
schäft* **2.** ˈnatürliche od. juristische Person, die etw.
Bestimmtes verkauft (hat)': *der Vertrag zwischen* ~
und Käufer des Grundstückes; als ~ *tritt in diesem
Fall ein Unternehmen auf* ❖ ↗ **kaufen**

Verkäuferin [fɐ'kɔifərin..], **die;** ~, ~nen /zu *Verkäufer*
1; weibl./; ↗ FELD I.10: *sie ist* ~ *in einem Waren-
haus* ❖ ↗ **kaufen**

verkäuflich [fɐ'kɔif..] ⟨Adj.; o. Steig.; nicht bei Vb.;
vorw. präd. (nur mit *sein*)⟩ /etw./ **1.1.** ~ *sein* ˈzum
Verkauf bestimmt sein': *die Vase ist* ~, *gehört zur
Schaufensterdekoration und ist nicht* ~ **1.2.** *schwer,
leicht* ~ *sein: das Haus ist schwer, leicht* ~ (ˈist
schwer, leicht zu verkaufen') **1.3.** *frei* ~ *sein·ˈdas
Medikament ist frei* ~ (ˈwird auch ohne Rezept ver-
kauft'); *ein frei* ~*es Medikament* ❖ ↗ **kaufen**

Verkehr [fɐ'keːɐ], **der;** ~s, ⟨o.Pl.⟩ **1.** ˈdas Fahren von
Fahrzeugen, das Gehen von Personen auf den da-
für bestimmten Wegen (1.1)'; ↗ FELD VIII.1.1:
der ~ *auf der Autobahn, in der Großstadt; der* ~
*hat stark zugenommen; auf dieser Straße herrscht
ständig reger* ~; *in den Abendstunden brach der* ~
völlig zusammen; an der Kreuzung wird der ~ *durch
eine Ampel geregelt; die Schneemassen brachten den
~ auf Straße und Schiene völlig zum Erliegen; die
Fluggesellschaft will den* ~ *auf dieser Route einstel-
len; eine Straße für den* ~ *freigeben, sperren; der* ↗
fließende, ↗ *öffentliche,* ↗ *ruhende* ~ **2.** *etw. aus
dem* ~ *ziehen: diese Banknoten werden demnächst
aus dem* ~ *gezogen* (ˈnicht mehr für den Umlauf
zugelassen') **3.** ˈständiger durch Kommunikation
bestimmter Kontakt zwischen Personen, Institutio-
nen': *sie pflegen freundschaftlichen* ~ *mit ihren
Nachbarn; der geschäftliche, dienstliche, diplomati-
sche* ~ *läuft reibungslos* **4.** SYN ˈGeschlechtsver-
kehr': *mit jmdm.* ~ *haben* ❖ **verkehren — Fernver-
kehr, Geschlechtsverkehr, Grenzverkehr, Kraftver-
kehr, Linienverkehr, Nahverkehr, Nahverkehrsmit-**

**tel, Schienenersatzverkehr, Straßenverkehr, Ver-
kehrsmittel, -polizei, -regel, -teilnehmer;** vgl. **kehren
(I)**

verkehren [fɐ'keːʀən], verkehrte, hat/ist verkehrt; ↗
auch *verkehrt* **1.** ⟨hat/ist⟩ /öffentliches Verkehrs-
mittel/ ˈplanmäßig auf einer bestimmten Strecke
fahren, fliegen'; ↗ FELD VIII.1.2: *dieser Zug ver-
kehrt nur an Wochentagen; zwischen der Insel und
dem Festland verkehrt eine Fähre; auf dieser Strecke
verkehrt die Straßenbahn viertelstündlich; gestern
hat/ist der Bus unregelmäßig verkehrt* **2.** ⟨hat⟩ **2.1.**
/jmd./ *mit jmdm. irgendwie* ~ ˈmit jmdm. in be-
stimmter Weise Kontakt, Verkehr (3) haben': *wir
~ brieflich mit ihm;* /mehrere (jmd.)/ *sie haben nur
dienstlich miteinander verkehrt* **2.2.** /jmd./ *irgendwo,
bei jmdm.* ~ ˈirgendwo, bei jmdm. häufig zu Gast
sein': *in diesem Café* ~ *viele Künstler; er verkehrte
damals bei ihnen* **3.** ⟨hat⟩ /jmd./ *mit jmdm. (ge-
schlechtlich)* ~ ˈmit jmdm. Geschlechtsverkehr ha-
ben': *sie hat in dem fraglichen Zeitraum mit mehre-
ren Männern verkehrt* **4.** ⟨hat⟩ **4.1.** /jmd., etw./ *etw.
in etw.* ~ ˈetw. so sehr verändern, dass daraus das
Gegenteil wird': *der Versuch, Lüge in Wahrheit zu
~; der Regisseur hat die Aussage des Stücks ins Ge-
genteil verkehrt; etw.* ~: *den Sinn einer Aussage* ~
4.2. /etw./ *sich in etw.* ~ ˈsich in das Gegenteil ver-
wandeln': *ihre Liebe hat sich in Hass verkehrt* ❖ **zu
(1–3):** ↗ **Verkehr; zu (4):** ↗ **kehren**

Verkehrs[fɐ'keːɐs..]‖**-mittel, das:** *ein öffentliches* ~ ˈfür
die Beförderung von Personen, Gütern im öffentli-
chen Verkehr bestimmtes Straßen-, Schienen-,
Wasser-, Luftfahrzeug': *Bus, Straßenbahn und an-
dere öffentliche* ~ *benutzen; die Tarife der öffentli-
chen* ~ ❖ ↗ **Verkehr,** ↗ **Mittel; -polizei, die** ˈfür die
Überwachung, Regelung und Sicherung des Ver-
kehrs (1) zuständige Polizei': *die* ~ *war sofort am
Unfallort; der Führerschein wurde ihm von der* ~
entzogen ❖ ↗ **Verkehr,** ↗ **Polizei; -regel, die** ˈge-
setzliche Vorschrift für das Verhalten der Verkehrs-
teilnehmer': *die* ~*n beachten, kennen* ❖ ↗ **Verkehr,**
↗ **Regel; -teilnehmer, der** ˈPerson, die am öffentli-
chen Verkehr teilnimmt': *auch Fußgänger sind* ~ ❖
↗ **Verkehr,** ↗ **Teil,** ↗ **nehmen**

verkehrt [fɐ'keːɐt] ⟨Adj.; ↗ auch *verkehren*⟩ ANT
richtig (I) **1.** ⟨o. Steig.; nicht präd.⟩ SYN ˈfalsch
(2.1)': *wir sind an der* ~*en Haltestelle ausgestiegen;
ich habe die* ~*e Brille eingesteckt; du hast den Pull-
over* ~ (1. ˈmit dem vorderen Teil nach hinten' **2.**
ˈmit der Innenseite nach außen') *angezogen; das
Buch stand* ~ (ˈan der falschen Stelle') **2.** ⟨Steig.
reg., Komp. ungebr.⟩ SYN ˈfalsch (2.2)': *er hat eine
~e Auskunft bekommen; meine Vorstellung davon
war völlig* ~; *ich habe alles* ~ *gemacht; das war das
Verkehrteste, was er machen konnte; das hast du* ~
verstanden; das ist nicht ~ (ˈist ganz richtig, was
jmd. tut, denkt'); *ein Wort* ~ (ˈorthographisch
nicht korrekt') *schreiben* **3.** ⟨o. Steig.; nur bei Vb.⟩
die Uhr geht ~ (ˈgeht falsch') ❖ ↗ **kehren (I)**

verkennen [fɐ'kɛnən], verkannte [..'kantə], hat ver-
kannt [..'kant] **1.1.** /jmd./ *etw., jmdn.* ~ ˈdas wahre

Wesen von etw., jmdm. nicht erkennen und daher die betreffende Sache, Person falsch einschätzen'; ↗ FELD I.4.2.2: *du verkennst das, ihn völlig!; lange hat er den Ernst der Lage verkannt* **1.2.** *ich will nicht* ~ ('muss zugeben'), *dass ...: ich will nicht* ~, *dass die Aufgabe sehr schwierig war* **2.** *etw. ist nicht zu* ~ **2.1.** 'etw. kann man nicht verwechseln': *seine Handschrift war nicht zu* ~ **2.2.** 'etw. kann man nicht falsch deuten': *seine Absicht war nicht zu* ~ ❖ ↗ **kennen**

verklagen [fɐˈklaːɡn̩], verklagte, hat verklagt /jmd., Institution/ *jmdn.* ~ 'gegen jmdn. klagen (4)': *er will seinen Nachbarn* ~; *jmdn. auf Schadenersatz, wegen Verleumdung* ~; vgl. *klagen* ❖ ↗ **klagen**

verkleiden [fɐˈklaɪ̯dn̩], verkleidete, hat verkleidet **1.** /jmd./ *sich* ~ 'sein Aussehen durch Kleidung verändern, damit man nicht erkannt wird': *Kinder* ~ *sich gerne; sich zum Fasching als Cowboy* ~ **2.** /jmd./ *etw.* ~ 'eine Fläche mit einem bestimmten Material bedecken, damit sie optisch günstiger wirkt': *die Wände mit Holz* ~ *(lassen)* ❖ ↗ **Kleid**

verkleinern [fɐˈklaɪ̯nɐn], verkleinerte, hat verkleinert ANT vergrößern **1.** /jmd./ *eine Aufnahme* ~ ('eine kleinere Reproduktion von einer Aufnahme herstellen') **2.** /jmd./ *den Betrieb* ~ ('das Personal und die Kapazität des Betriebes verringern') **3.** /etw./ *sich* ~ SYN 'sich verringern (1.1)': *der Abstand zwischen den beiden führenden Rennwagen verkleinerte sich von Runde zu Runde* **4.** /jmd./ *sich* ~ 'eine kleinere Wohnung, ein kleineres Haus beziehen': *wenn unsere Kinder aus dem Haus sind, wollen wir uns* ~ ❖ ↗ **klein**

verklemmt [fɐˈklɛmt] ⟨Adj.; Steig. reg.⟩ umg. 'durch Hemmungen verkrampft wirkend' /vorw. auf Personen bez./: *er ist, wirkt ziemlich* ~; *seine* ~*e Haltung; sexuell* ~ ('in seinem sexuellen Verhalten verkrampft') *sein* ❖ ↗ **klemmen**

verknappen [fɐˈknapm̩], verknappte, hat verknappt **1.1.** /etw./ *sich* ~ 'knapp (1) werden': *durch die anhaltende Dürre haben sich die Lebensmittel verknappt* **1.2.** /jmd./ *etw.* ~ 'veranlassen, dass etw. knapp (1) wird': *die Exporteure haben das Rohöl auf dem Weltmarkt verknappt* ❖ ↗ **knapp**

verkneifen [fɐˈknaɪ̯fn̩], verkniff [..ˈknɪf], hat verkniffen [..ˈknɪfn̩]; ↗ auch *verkniffen* **1.** /jmd./ *den Mund, die Lippen* ~: *wenn er wütend wird, verkneift er den Mund* ('presst er die Lippen so zusammen, dass sein Gesicht böse wirkt'); ⟨vorw. adj. im Part. II⟩ *mit verkniffenem Mund hörte er sich die Vorwürfe an* **2.** umg. /jmd./ *sich* ⟨Dat.⟩ *etw.* ~ 'auf etw. schweren Herzens verzichten': *wenn du nachher noch Auto fahren willst, musst du dir den Whiskey aber* ~ **3.** umg. /jmd./ *sich* ⟨Dat.⟩ *etw.* ~ 'eine Äußerung o.Ä. mühsam unterdrücken': *sich eine Bemerkung, Frage* ~; *er konnte sich das Lachen nicht* ~ ❖ ↗ **kneifen**

verkniffen [fɐˈknɪfn̩] ⟨Adj.; Steig. reg.; ↗ auch *verkneifen*⟩ 'harte, scharfe Züge und einen boshaften, verbitterten Ausdruck aufweisend' /auf Mimisches

bez./: *ein* ~*es Gesicht; sein Gesicht war, wirkte* ~ ❖ ↗ **kneifen**

verknüpfen [fɐˈknʏpfn̩], verknüpfte, hat verknüpft **1.** /jmd./ *zwei od. mehrere Sachen* ~ 'Fäden, Bänder o.Ä. fest miteinander verbinden': *geschickt verknüpfte sie die bunten Bänder zu einem Netz; die Enden eines Bindfadens durch einen festen Knoten miteinander* ~; *etw. mit etw.* ⟨Dat.⟩ ~: *er verknüpfte das eine Ende der Schnur mit dem anderen Ende* **2.** /jmd./ *etw. mit etw.* ⟨Dat.⟩ ~ 'etw. von einer Voraussetzung o.Ä. abhängig machen': *er wollte seine Zustimmung mit bestimmten Voraussetzungen* ~; ⟨vorw. adj. im Part. II⟩ *die Erbschaft war mit Bedingungen verknüpft* **3.1.** /jmd./ *zwei od. mehrere Sachen* ~ 'zwei od. mehrere Begriffe, Gedanken o.Ä. in einen gedanklichen, logischen Zusammenhang bringen': *zwei Thesen logisch (miteinander)* ~; *etw. mit etw.* ⟨Dat.⟩ ~: *mit dem Wort ‚Ferien' verknüpft er immer schöne Erinnerungen aus seiner Kindheit; mit seinem Namen ist die Vorstellung von Ehrlichkeit und Zivilcourage verknüpft* **3.2.** /etw./ *sich mit etw.* ⟨Dat.⟩ ~ 'bei jmdm. mit bestimmten Gedanken, Assoziationen verbunden sein': *mit dieser Stadt* ~ *sich (für ihn) furchtbare Kriegserinnerungen* ❖ ↗ **knüpfen**

verkohlen [fɐˈkoːln̩], verkohlt, hat/ist verkohlt **1.** ⟨ist⟩ /etw./ 'durch das Einwirken von (schwelendem) Feuer zu einem kohleartigen Stoff werden': *der Docht der Kerze verkohlte allmählich; verkohlte Balken* **2.** ⟨hat⟩ umg. /jmd./ *jmdn.* ~ 'jmdn. zum Besten haben': *du willst mich wohl* ~?; *er hat uns ganz schön verkohlt!* ❖ ↗ **Kohle**

verkommen [fɐˈkɔmən], verkam [..ˈkaːm], ist verkommen **1.** /jmd./ 'sein Äußeres verwahrlosen lassen und gesundheitlich, moralisch, sozial, wirtschaftlich absinken'; SYN herunterkommen (2); ↗ FELD I.17.2: *wenn sich die Nachbarin nicht um ihn gekümmert hätte, wäre er (im Schmutz)* ~; emot. neg. *eine moralisch durch und durch* ~*e* ('moralisch heruntergekommene'; ↗ FELD I.12.3) *Familie; er ist ein* ~*es Subjekt; jmd. macht einen* ~*en Eindruck, wirkt* ~ **2.** /Nahrungsmittel, Speisen/ 'verderben (1)': *iss alles auf, damit nichts verkommt; es ist eine Sünde, Brot* ~ *zu lassen* **3.** /etw., z. B. Gebäude, Grundstück, Anlage/ 'infolge mangelnder Pflege allmählich in einen schlechten Zustand geraten'; SYN herunterkommen (3): *die Häuser der Altstadt verkamen und mussten schließlich abgerissen werden; der Sportplatz macht einen* ~*en Eindruck* ❖ ↗ **kommen**

verkörpern [fɐˈkœrpɐn], verkörperte, hat verkörpert /Schauspieler/ *jmdn.* ~ 'eine literarische Figur auf der Bühne, im Film darstellen': *er verkörperte den „Faust"* ❖ ↗ **Körper**

verkracht [fɐˈkraxt] ⟨Adj.; o. Steig.; nur attr.⟩ umg. 'im Leben, im Beruf gescheitert' /auf Personen bez./: *ein* ~*er Schauspieler; eine* ~*e Existenz* ❖ ↗ **Krach**

verkraften [fɐˈkraftn̩], verkraftete, hat verkraftet /jmd./ *etw.* ~ 'etw. psychisch, physisch Belastendes bewältigen': *er hat das Erlebnis, den Konflikt, den Unfall, die Belastungen nicht, nur schwer verkraftet;* /etw./ *die Stadt verkraftet ('bewältigt') diese Mehrausgaben nicht* ❖ ↗ **Kraft**

verkrampft [fɛˈkʀampft] ⟨Adj.; Steig. reg.⟩ 'nicht ungezwungen, sondern gehemmt und unnatürlich': *er ist, wirkt ~; ein ~es Lachen* ❖ ↗ **Krampf**

verkriechen [fɛˈkʀiːçn̩], **sich**, verkroch [..ˈkʀɔx] sich, hat sich verkrochen [..ˈkʀɔxn̩] **1.** /Tier/ *sich irgendwo, irgendwohin ~* 'um nicht gesehen zu werden, zu seinem Schutz irgendwohin kriechen': *der Hund verkroch sich unter dem/den Tisch;* METAPH *die Sonne verkriecht sich (hinter den/die Wolken)* **2.** oft emot. neg. /jmd./ *sich irgendwo, irgendwohin ~* 'sich irgendwohin zurückziehen, um dort alleine zu sein': *er hat sich in seinem/sein Haus verkrochen und lässt niemanden herein; sich hinter seinen Büchern ~* ('sich ausschließlich mit seinen Büchern befassen und dabei nicht gestört werden wollen') ❖ ↗ **kriechen**

verkümmern [fɛˈkʏmɐn], verkümmerte, ist verkümmert **1.** /Pflanze, Tier/ 'unter bestimmten ungünstigen Bedingungen allmählich aufhören zu wachsen, sich zu entwickeln': *an einem dunklen Standort verkümmert der Strauch; ein durch lange Gefangenschaft verkümmertes Tier* **2.** /jmd./ 'durch Kummer, Sorgen die Freude am Leben, alle Energie verlieren': *seit dem Tod ihres Mannes verkümmert sie zusehends; er ist seelisch verkümmert* ❖ ↗ **Kummer**

verkünden [fɛˈkʏndn̩], verkündete, hat verkündet **1.1.** /Richter, Gericht/ *ein Urteil ~* 'zum Abschluss einer Gerichtsverhandlung das Urteil bekannt geben': *in der morgigen Verhandlung wird das Urteil verkündet* **1.2.** /jmd./ *etw. ~* 'etw. in nachdrücklicher Form mitteilen': *stolz verkündete er, dass man ihn zum Abteilungsleiter befördert habe* ❖ ↗ **²Kunde**

verkürzen [fɛˈkʏʁtsn̩], verkürzte, hat verkürzt **1.** /jmd./ *etw. ~* 'etw. kürzer (↗ *kurz* 1.1) machen': *du musst das Brett um drei Zentimeter ~; durch die Operation hat er ein verkürztes Bein* **2.** /etw./ *sich ~* 'kürzer (↗ *kurz* 1.1) werden': *über Mittag sich die Schatten* **3.** /jmd./ *etw. ~* 'eine (festgelegte) Zeitspanne verringern': *durch das starke Rauchen hat er sein Leben verkürzt; die wöchentliche Arbeitszeit soll verkürzt werden; verkürzt* ('nicht die festgelegte volle Anzahl der Wochenstunden') *arbeiten; sich mit etw.* ⟨Dat.⟩ *die Zeit ~* ('sich mit etw. beschäftigen, damit die Zeit kürzer erscheint') ❖ ↗ **kurz**

verladen [fɛˈlaːdn̩] (er verlädt [..ˈlɛːt/..ˈleːt] /umg. verladet), verlud [..ˈluːt], hat verladen /jmd., eine Gruppe/ *etw. ~* 'etw. zum Transport auf, in ein Fahrzeug laden': *Kohlen, Stückgut (auf einen LKW, in Waggons) ~; im Hafen wurden Truppen, Panzer ~* ❖ ↗ **laden**

Verlag [fɛˈlaːk], **der**; ~s/auch ~es, ~e 'Unternehmen, das von Autoren Manuskripte erwirbt, um sie zu drucken und zu vertreiben (2)': *ein belletristischer, naturwissenschaftlicher ~; in welchem ~ ist das Buch erschienen?; er arbeitet als Lektor in einem ~* ❖ ↗ **¹verlegen**

verlagern [fɛˈlaːgɐn], verlagerte, hat verlagert **1.** *etw. irgendwohin ~* **1.1.** /jmd., Institution/ 'etw. von einer Stelle an eine andere bringen, damit es dort lagert (2.1)': *die Kunstschätze wurden während des Krieges (nach N) verlagert* **1.2.** /jmd./ *die Last von einer Schulter auf die andere ~* ('bewirken, dass die Last von einer Schulter auf die andere kommt'); *das Körpergewicht nach vorn ~* **2.** /etw./ *sich irgendwohin ~* 'sich von einem Standort weg irgendwohin bewegen': *das Tiefdruckgebiet verlagert sich langsam (von Norden) nach Osten* ❖ ↗ **legen, liegen**

verlangen [fɛˈlaŋən], verlangte, hat verlangt **1.** /jmd./ *etw. ~* 'etw. nachdrücklich fordern': *sie verlangt Schadenersatz; die Demonstranten verlangten den Rücktritt der Regierung; ich verlange eine schriftliche Antwort, eine Erklärung; etw. von jmdm. ~: er hat von ihr verlangt, dass sie auf ihren Anteil verzichtet; er tut alles, was von ihm verlangt wird; das kannst du nicht von mir ~* ('was du von mir forderst, ist mir nicht zuzumuten') **2.** /jmd./ *etw. für etw. ~* 'etw. als Entgelt für etw., bes. für eine geleistete Arbeit, fordern': *er hat 500 Mark für die Reparatur verlangt;* vgl. *abverlangen (1)* **3.1.** /Käufer/ *etw. ~* 'eine bestimmte Ware zu kaufen wünschen': *der Kunde hat französischen Rotwein verlangt* **3.2.** /jmd./ *nach etw.* ⟨Dat.⟩ *~* 'etw. zu erhalten wünschen': *der Kranke verlangte nach einem Glas Wasser* **3.3.** *es verlangt jmdn. nach etw.* ⟨Dat.⟩*, jmdm.* 'jmd. sehnt sich nach etw., jmdm.': *es verlangte ihn stark nach einer Zigarette, nach Ruhe* **4.** /jmd./ *jmdn. ~* 'nachdrücklich jmdn. zu sprechen wünschen': *er hat den Geschäftsführer verlangt; du wirst am Telefon verlangt; nach jmdm. verlangen: die Patientin verlangt nach einem Arzt* ('wünscht, dass ein Arzt zu ihr kommt') ❖ **Verlangen — abverlangen**

Verlangen, das; ~s, ⟨o.Pl.⟩ **1.** 'intensiver Wunsch, inneres Bedürfnis nach etw., jmdm.': *sein ~ nach Lob und Anerkennung; er fühlte ein großes, leidenschaftliches ~, sie wiederzusehen; ich habe kein ~ danach; die kostbare Perlenkette erregte ihr ~* ('erregte ihren Wunsch, sie zu besitzen'); *voll/voller ~: voller ~ streckte das Kind beide Hände nach der Puppe aus* **2.** *auf ~* 'wenn es verlangt (1.1) wird': *die Eintrittskarte ist auf ~ vorzuzeigen; auf jmds. ~: erst auf sein ausdrückliches ~ (hin)* ('erst als er es ausdrücklich verlangte') *erhielt er die Bescheinigung* ❖ ↗ **verlangen**

verlängern [fɛˈlɛŋɐn], verlängerte, hat verlängert **1.** /jmd./ *etw. ~* 'etw. länger (↗ *¹lang* 1.2.) machen': *die Ärmel der Jacke ~* (ANT kürzen 1; ↗ FELD V.1.2): *kannst du mir den Rock um drei Zentimeter ~?* **2.1.** /jmd./ *etw. ~* 'etw. über einen bestimmten Zeitraum hinaus ausdehnen': *den Urlaub ~; eine Pause ~* (ANT kürzen 2); *er hat die Frist um eine Woche verlängert* **2.2.** /Institution, jmd./ *einen Ausweis ~* ('im Ausweis amtlich vermerken, dass er über den zunächst vorgesehenen Zeitpunkt hinaus gültig ist'); *er muss seinen Pass ~ lassen* ❖ ↗ **¹lang**

Verlass [fɛˈlas] ⟨o. Art.⟩: *auf jmdn., etw. ist (kein) ~* 'auf jmdn., etw. kann man sich (nicht) verlassen':

auf sein Wort ist (kein) ~; auf ihn war stets ~ ❖
↗ **²verlassen**

¹verlassen [fɐˈlasn̩] (er verlässt [..ˈlɛst]), verließ [..ˈliːs],
hat verlassen; ↗ auch ²*verlassen* **1.** /jmd., etw./ *etw.*
~ 'sich von einem Ort, einer Stelle entfernen'; ↗
FELD I.7.2.2: *wütend verließ er das Zimmer, Haus;*
~ *Sie sofort meine Wohnung!; seine Heimat, sein
Land* ~; *der Kranke darf das Bett nicht* ~ ('darf
nicht aufstehen'); *täglich* ~ *zwanzig Maschinen das
Werk* ('werden vom Werk zwanzig Maschinen aus-
geliefert'); *hinter N verließen wir die Autobahn* ('bo-
gen wir von der Autobahn ab') **2.** /jmd./ *jmdn.* ~
'sich von jmdm., mit dem man in enger Gemein-
schaft gelebt hat, trennen': *er hat seine Familie* ~
*und lebt jetzt mit einer anderen Frau zusammen; sich
einsam und* ~ *fühlen* **3.** /etw./ *jmdn.* ~: *ihn verließ
der Mut* ('er verlor allen Mut'); *seine Kräfte verlie-
ßen ihn allmählich* ('begannen allmählich zu
schwinden') **4.** /jmd./ *sich auf jmdn., etw.* ~ 'davon
ausgehen, dass man jmdm., einer Sache fest ver-
trauen kann, und ihn, sie als sicheren Faktor in
sein Tun, seine Überlegungen einbeziehen': *auf
meinen Bruder kann ich mich (voll, hundertprozen-
tig)* ~; *sie hat sich ganz auf seine Hilfe* ~; *ich ver-
lasse mich darauf, dass du kommst; darauf kannst
du dich* ~ ('das ist so, da kannst du ganz sicher
sein')!; *auf sein Urteil können wir uns* ~ ('er beur-
teilt immer alles richtig') ❖ **zu (4): Verlass, verläss-
lich, zuverlässlich; zu (1–3):** ↗ **lassen**

²verlassen ⟨Adj.; Steig. reg., Superl. ungebr.; ↗ auch
¹*verlassen*⟩ **1.1.** ⟨vorw. attr.⟩ 'abgelegen und kaum
von Menschen aufgesucht'; SYN einsam (3.1)
/vorw. auf Regionales bez./: *eine ~e Gegend; ein
~es Haus* **1.2.** ⟨nicht attr.⟩ SYN 'menschenleer'
/auf die Straßen einer Stadt bez./: *die Straßen,
Plätze waren, lagen still und* ~ ❖ ↗ **lassen**

verlässlich [fɐˈlɛs..] ⟨Adj.⟩ **1.1.** ⟨Steig. reg.; nicht bei
Vb.⟩ SYN 'zuverlässig (1)' /auf Personen bez./: *ein
~er Kollege, Mensch; er ist absolut* ~, *gilt als* ~
1.2. ⟨Steig. reg., ungebr.; nicht bei Vb.⟩ 'zuverläs-
sig (2)': *etw. aus ~er Quelle erfahren haben; der
Zeuge ist* ~ ('dem Zeugen kann man glauben') **2.**
⟨Steig. reg.⟩ 'einen spezifischen Zweck ohne Feh-
ler, Störungen erfüllend': *eine ~e Methode; das
Verfahren ist* ~; *die Maschine arbeitet* ~ ❖ ↗ ¹**ver-
lassen**

Verlauf [fɐˈlauf], der; ~s/auch es, Verläufe [..ˈlɔɪfə]
⟨vorw. Sg.⟩ **1.1.** ⟨+ Gen.attr.⟩ 'Art und Weise, wie
etw. verläuft (6), verlaufen ist'; ↗ FELD X.1: *der
typische Verlauf einer Krankheit; vom* ~ *eines Expe-
rimtents, einer Reise berichten; die Zuschauer ver-
folgten gespannt den* ~ *der Wettkämpfe* **1.2.** ⟨o.Pl.⟩
im ~/~*e* ('innerhalb') *eines Jahres ereigneten sich
hier drei Unfälle; nach* ~ *von drei Tagen* ('nachdem
drei Tage vergangen waren') *stand das endgültige
Ergebnis fest* **2.** ⟨+ Gen.attr.⟩ 'Richtung, in der
eine Linie o.Ä. verläuft (5)': *den* ~ *der Grenze neu
festlegen und markieren* ❖ ↗ **laufen**

verlaufen [fɐˈlaufn̩] (er verläuft [..ˈlɔɪft]), verlief
[..ˈliːf], hat/ist verlaufen **1.** ⟨hat⟩ /jmd., Tier/ *sich* ~

'die Orientierung verlieren und einen falschen Weg
gehen': *als sie merkte, dass sie sich* ~ *hatten, kehr-
ten sie um; auf dem Rückweg haben wir uns im Wald
~* **2.** ⟨hat⟩ /mehrere (jmd.)/ *sich* ~ SYN 'sich zer-
streuen (2.2)': *nach der Kundgebung verlief sich die
Menge rasch* **3.** ⟨hat⟩ /Flüssigkeit, bes. Wasser/ *sich*
~ SYN 'abfließen': *das Hochwasser beginnt sich zu
~* **4.** ⟨ist⟩ /etw., z. B. Spur/ *in etw.* ⟨Dat.⟩ ~ 'sich
in etw. verlieren (10)': *die Fährte verlief im Sand* **5.**
⟨ist⟩ /etw./ *irgendwo, irgendwohin, irgendwie* ~ 'sich
in Form einer Linie irgendwo, irgendwohin, ir-
gendwie erstrecken': *die Grenze verläuft in der
Mitte des Flusses, über den Kamm des Gebirges; die
Linien* ~ *parallel* **6.** ⟨ist⟩ /Vorgang, Prozess/ *irgend-
wie* ~ 'irgendwie, mit einem bestimmten Ergebnis
geschehen'; ↗ FELD X.2: *die Fahrt verlief ohne
Zwischenfälle; die Operation ist gut* ~; *eine tödlich
~de Krankheit; es verlief alles nach Wunsch* ❖ ↗
laufen

verlebt [fɐˈleːpt] ⟨Adj.; Steig. reg., ungebr.; nicht
präd.⟩ 'in den Gesichtszügen deutlich erkennbare
Spuren eines ausschweifenden Lebens aufweisend
und dadurch älter wirkend': *seine ~en Züge; jmd.
sieht* ~ *aus* ❖ ↗ **leben**

¹verlegen [fɐˈleːgn̩], verlegte, hat verlegt **1.** ⟨vorw. im
Perf.⟩ /jmd./ *etw.* ~ 'etw. an einen bestimmten
Platz legen und später nicht mehr wissen, wohin
man es gelegt hat': *er hat seine Brille, Schlüssel ver-
legt* **2.** /jmd., Institution/ *etw., eine Gruppe, jmdn.
(von irgendwoher) nach irgendwohin* ~ 'den Stand-
ort einer Einrichtung, jmds. Aufenthaltsort, den
Wohnort durch Umzug an einen anderen Ort ver-
ändern': *die Garnison, das Regiment wurde nach N
verlegt; er hat seinen Wohnsitz von Berlin nach Wei-
mar verlegt; die Patienten in ein anderes Zimmer* ~;
die Haltestelle ist hinter die Kreuzung verlegt worden
('befindet sich jetzt hinter der Kreuzung') **3.** ⟨oft
im Pass.⟩ /jmd., Institution/ *etw. auf etw.* ~ 'den
festgesetzten Zeitpunkt für eine Veranstaltung o.Ä.
widerrufen, und einen neuen Termin dafür festle-
gen'; SYN legen (5): *die Premiere, Tagung, Veran-
staltung wurde auf nächsten Mittwoch verlegt;* vgl.
verschieben (3.1) **4.** /jmd./ **4.1.** *etw.* ~ 'eine Leitung,
Rohre o.Ä. in einer vorgegebenen Ordnung, Rei-
henfolge montieren'; SYN legen (2): *Kabel, Was-
serleitungen, Gleise* ~ **4.2.** *etw.* ~ 'etw. als Belag
auf einer Fläche befestigen'; SYN legen (2): *er will
die Steinplatten selbst* ~; *einen Teppichboden* ~;
fachgerecht verlegtes Parkett **5.** /jmd./ *sich auf etw.*
~ 'sich auf eine andere Haltung, Handlungsweise
festlegen': *als alles Leugnen nicht half, verlegte er
sich aufs Bitten* **6.** /Verlag/ *etw.* ~ 'das Manuskript
eines Autors erwerben, drucken und vertreiben
(2)': *dieser Verlag verlegt vorwiegend Fachliteratur*
❖ ↗ **legen**

²verlegen ⟨Adj.; Steig. reg.⟩ 'peinlich berührt und
deshalb befangen, verwirrt': *sie wurde* ~ *und errö-
tete heftig; er stand* ~ *da; sein ~es Schweigen, Lä-
cheln* ❖ **Verlegenheit**

* /jmd./ **um etw. nicht/nie ~ sein** ʹeine Antwort o.Ä. als Entgegnung sofort zur Verfügung haben': *er war noch nie um eine Ausrede ~*

Verlegenheit [..ʹl..], **die**; ~, ~en **1.** ⟨o.Pl.⟩ /zu ²*verlegen*/ ʹdas Verlegensein': *sie errötete vor ~; sie brachten ihn mit ihren Fragen in ~* **2.** ⟨vorw. Sg.⟩ ʹunangenehme, peinliche Situation, in die jmd. geraten ist': *er ist in finanzieller ~; hoffentlich komme ich nie in die ~, ihn um Hilfe bitten zu müssen* ❖ ↗ **Verlegenheit**

verleiden [fɐʹlai̯dn̩], verleidete, hat verleidet /jmd., etw./ *jmdm. etw., jmdn.* ~ ʹbewirken, dass jmd. an etw., jmdm. keinen Gefallen, keine Freude mehr hat': *er hat uns mit seiner Meckerei alles verleidet; die Mücken haben uns die Gartenparty verleidet; er ließ sich das Mädchen durch diesen Klatsch nicht* ~ ❖ ↗ **Leid**

verleihen [fɐʹlai̯ən], verlieh [..ʹliː], hat verliehen [..ʹliːən] **1.** /jmd., Institution/ *jmdm. etw.* ~ ʹjmdn. mit etw. auszeichnen': *jmdm. einen Orden, Preis ~* **2.** /jmd./ *etw. (an jmdn.)* ~ ʹetw. privat od. gewerbsmäßig einem (anderen) für eine bestimmte Zeit überlassen'; SYN verborgen: *er weiß nicht mehr, an wen er das Buch verliehen hat; Autos, Strandkörbe ~; er verleiht seine Bücher nicht gerne; dort verleiht man Fahrräder gegen eine kleine Gebühr* **3.** geh. **3.1.** /etw./ *jmdm., etw.* ⟨Dat.⟩ *etw.* ~ ʹbewirken, dass jmd., etw. etw. als Eigenschaft, Fähigkeit erhält': *dieser Erfolg verlieh ihm Kraft und Mut; Hopfen verleiht dem Bier einen bitteren Geschmack* **3.2.** /jmd., etw./ *etw.* ⟨Dat.⟩ *Ausdruck* ~ ʹetw. ausdrücken (2)': *ich möchte meinem Bedauern darüber Ausdruck ~; das Gedicht hat seinen Gefühlen Ausdruck verliehen* ❖ ↗ **leihen**

verleiten [fɐʹlai̯tn̩], verleitete, hat verleitet /jmd., etw./ *jmdn. zu etw.* ⟨Dat.⟩ ~ SYN ʹjmdn. zu etw. verführen (1)': *ein Mitschüler hat ihn zum Rauchen verleitet; durch diese raffinierte Werbung hat sich schon mancher zum Kauf* ~ *lassen; jmdn. zum Geschlechtsverkehr* ~ ❖ ↗ **leiten**

verlernen [fɐʹlɛrnən], verlernte, hat verlernt /jmd./ *etw.* ~ ʹeine durch Lernen erworbene Fähigkeit, Fertigkeit durch mangelnde Übung wieder verlieren'; ↗ FELD I.5.2: *das Schwimmen verlernt man nicht; ich habe das Klavierspielen völlig verlernt* ❖ ↗ **lernen**

verlesen [fɐʹleːzn̩] (er verliest [..ʹliːst]), verlas [..ʹlaːs], hat verlesen **1.** /jmd./ *etw.* ~ ʹetw. öffentlich vorlesen, um es bekannt zu geben': *einen Befehl, eine Grußbotschaft ~; der Staatsanwalt verlas die Anklageschrift* **2.1.** /jmd./ *sich* ~ ʹsich beim lauten Lesen versprechen': *der Nachrichtensprecher wirkte nervös und verlas sich mehrmals* **2.2.** *sich* ~ ʹeinen Text falsch lesen und falsch verstehen': *was du sagst, stimmt nicht, du musst dich* ~ *haben* **3.** /jmd./ *Linsen, Beeren* ~ ʹdie schlechten Linsen, Beeren durch Sortieren mit der Hand von den guten trennen') ❖ ↗ **lesen**

verletzen [fɐʹlɛtsn̩], verletzte, hat verletzt **1.1.** /jmd./ *jmdn., sich* ~ ʹjmdm., sich selbst eine Verletzung zufügen': *der Angeklagte verletzte sein Opfer schwer; bei dem Unfall wurden zwei Personen verletzt; er hat sich* (beim Sturz, am Stacheldraht, mit der Säge) *verletzt; er hat ihn (am Kopf) verletzt;* /etw./ *jmdn.* ~: *der Schuss traf ihn am Kopf und verletzte ihn schwer* **1.2.** *sich* ⟨Dat.⟩ *etw.* ~ ʹsich an einem Körperteil eine Verletzung zufügen': *er hat sich (beim Sturz) das Knie, den Arm verletzt* **2.** /jmd., etw./ **2.1.** *jmdn.* ~ SYN ʹjmdn. kränken'; ↗ FELD I.2.2: *deine Worte haben ihn zutiefst verletzt; sich in seiner Ehre verletzt fühlen;* /oft adj. im Part. I⟩ *er sagte dies in einem ~den Ton* **2.2.** *etw.* ~: *jmds. Stolz* ~ (ʹjmdn. in seinem Stolz treffen') **3.** /jmd./ *etw.* ~ ʹgegen eine Regel, Vorschrift verstoßen': *wer ein Gesetz verletzt, macht sich strafbar; seine Pflicht* ~ (ʹseiner Pflicht nicht nachkommen') **4.** /jmd., etw./ *die Grenze, den Luftraum* ~ ʹillegal die Grenze eines Landes überschreiten (1), illegal in den Luftraum eines Landes eindringen': *der Pilot, das Flugzeug hat den Luftraum verletzt* ❖ **Verletzung – Schussverletzung**

Verletzung [fɐʹlɛts..], **die**; ~, ~en ʹdurch äußere Gewalt entstandene Schädigung der Haut, eines inneren Organs': *lebensgefährliche, innere ~en; eine leichte ~ am Kopf, an der Hand; er ist seinen schweren ~en erlegen* (ʹist an seinen schweren Verletzungen gestorben') ❖ ↗ **verletzen**

verleugnen [fɐʹlɔi̯knən], verleugnete, hat verleugnet **1.** /jmd./ *etw. nicht* ~ *können* ʹam Äußeren, an seinem Verhalten allzu deutlich zu erkennen sein, auch wenn es derjenige nicht wahrhaben will': *er kann seine Herkunft, sein Alter nicht* ~; /etw./ *sich nicht* ~ *lassen: bei diesen Bildern sind die Einflüsse Picassos nicht zu* ~; *das lässt sich nicht* ~ **2.1.** /jmd./ *jmdn.* ~ ʹbehaupten, jmdn., den man kennt, nicht zu kennen': *er hat seinen Freund verleugnet* **2.2.** /jmd./ *sich* ~ *lassen* ʹeinem Besucher durch jmdn. mitteilen lassen, man sei nicht anwesend, obgleich man doch anwesend ist': *er hat sich (durch seine Mutter)* ~ *lassen* **3.** /jmd./ **3.1.** *sich selbst* ~ ʹgegen die eigene Überzeugung handeln': *wenn ich das täte, müsste ich mich selbst* ~ **3.2.** *sein Gefühl, seine Gesinnung* ~ (ʹsein wirkliches Gefühl, seine wahre Gesinnung verbergen') ❖ ↗ **leugnen**

verleumden [fɐʹlɔi̯mdn̩], verleumdete, hat verleumdet /jmd./ *jmdn.* ~ ʹüber jmdn. Lügen, nicht zu beweisende Behauptungen verbreiten und dadurch seinem Ansehen schaden'; SYN diffamieren: *sein Nachbar hat ihn in übelster Weise verleumdet* ❖ **Leumund, Verleumdung**

Verleumdung [fɐʹlɔi̯md..], **die**; ~, ~en ʹÄußerung, durch die jmd. verleumdet wird': *diese infamen ~en entbehren jeder Grundlage* ❖ ↗ **verleumden**

verlieben [fɐʹliːbm̩], **sich**, verliebte sich, hat sich verliebt /jmd./ *sich in jmdn.* ~ ʹvon Liebe zu jmdm. erfasst werden'; ↗ FELD I.6.2: *er hat sich in die neue Kollegin verliebt; sie hat sich in ihn verliebt; ein verliebtes Paar; sie ist unglücklich verliebt* (ʹihre Liebe wird nicht erwidert'); *sie tauschen verliebte*

('von Liebe erfüllte') *Blicke;* METAPH *sich in etw.*
~: *er ist in sein Auto verliebt* ❖ ↗ **lieb**
verlieren [fɐˈliːʀən], verlor [..ˈloːɐ̯], hat verloren [..ˈloː-
ʀən]; ↗ auch *verloren* **1.** /jmd./ **1.1.** *etw.* ~ 'einen
Gegenstand, den man bei sich hatte, nicht mehr
haben und nicht wissen, wo er nun ist': *seine*
Schlüssel, Brieftasche, seinen Ausweis ~; *wahr-*
scheinlich hat er die Uhr auf dem Weg zum Bahnhof
verloren **1.2.** *jmdn.* ~ 'im allgemeinen Durcheinan-
der von jmdm. getrennt werden und nicht wissen,
wo er nun ist': *ich habe sie im Gewühl verloren;*
/zwei od. mehrere (jmd.)/ ⟨rez.⟩ *sich* ~: *wir dürfen*
uns nicht ~ **2.1.** /jmd./ *jmdn.* ~ *jmdn.,* mit dem
man eng verbunden war, durch dessen Tod nicht
mehr haben': *er hat mit zwei Jahren seinen Vater*
verloren; bei dem Kampf hat der Gegner zahlreiche
Soldaten verloren ('sind zahlreiche Soldaten des
Gegners verwundet od. getötet worden') **2.2.1.**
/jmd., etw./ *etw.* ~ 'einen zugehörigen Teil einbü-
ßen': *er hat im Krieg das linke Bein verloren; bei*
dieser Krankheit verliert man die Haare ('gehen ei-
nem die Haare aus'); *der Baum verliert plötzlich die*
Blätter ('wirft plötzlich die Blätter ab'); *der Motor*
verliert Öl ('aus dem Motor tritt aufgrund eines
Defektes Öl aus') **2.2.2.** /jmd., etw./ *etw.* ~ SYN
'etw. einbüßen': *er fürchtet, seinen Arbeitsplatz zu*
~; *du darfst nicht den Mut, die Hoffnung, Geduld,*
den Glauben ~!; *wenn du den Pullover schleuderst,*
verliert er die Fasson; der Kaffee, Tee hat sein
Aroma verloren; der Spiegel hat seinen Glanz verlo-
ren; das Leben hatte für ihn seinen Sinn verloren **3.1.**
/jmd., etw./ *an etw.* ⟨Dat.⟩ ~ 'in Bezug auf etw.
nachlassen': *er verliert immer mehr an Autorität;*
das Hochdruckgebiet verliert allmählich an Einfluss;
plötzlich verlor das Flugzeug stark an Höhe **3.2.**
/etw., jmd./ 'nicht mehr die erwünschte anziehende,
günstige Wirkung haben': *ohne Gürtel verliert das*
Kleid; sie hat in letzter Zeit sehr verloren **4.** /jmd./
bei einem Spiel Geld ~ ('weil man das Spiel nicht
gewonnen hat, Geld bezahlen müssen'; ANT ge-
winnen 3) **5.** /jmd., Institution, Organisation/ *etw.*
~ 'bei etw. unterliegen (1)'; ANT gewinnen 1: *die*
Mannschaft hat (das Spiel) 2:3 verloren; einen Pro-
zess ~; *das Land hat den Krieg* ~; *eine verlorene*
Wette **6.** /etw./ *sich* ~ 'in seiner Intensität nachlas-
sen und allmählich schwinden (1.1)': *der Geruch*
(nach frischer Farbe) verliert sich bald wieder; ihre
Scheu verlor sich im Laufe der Zeit **7.** /jmd., etw./
sich irgendwo ~ 'in einem großen Raum, unter
großen Gegenständen winzig erscheinen': *in dem*
großen Stadion verloren sich die wenigen Zuschauer;
das zierliche Tischchen wirkt verloren neben den
schweren Polstermöbeln; ihre Stimme verlor sich im
Saal ('war zu schwach für den Saal'); *er fühlte sich*
verloren ('einsam') *in der großen fremden Stadt* **8.**
/jmd./ *sich in etw.* ~ 'sich seinen Gedanken, Gefüh-
len o.Ä. ganz hingeben': *du darfst dich nicht so in*
Erinnerungen ~; *in düstere Gedanken verloren,*
starrte sie vor sich hin **9.** /jmd., etw./ *sich in etw.* ~:

er, sein Bericht verliert sich zu sehr in Einzelheiten
('befasst sich zu sehr mit Einzelheiten, ohne zum
Wesentlichen zu kommen') **10.** /etw., bes. Weg,
Spur/ *sich in etw.* ⟨Dat.⟩ ~ 'bis zu einer bestimm-
ten Stelle führen und dann nicht mehr zu sehen
sein': *die Spur verliert sich im Wald, Sand* ❖ **verlo-
ren, Verlust, verlustig** − **gedankenverloren**
✱ /jmd./ **nichts zu** ~ **haben** ('alles riskieren können,
weil es einem nicht mehr schlechter gehen kann');
⟨⟩ umg. /jmd./ **irgendwo nichts verloren haben:** *hier*
hast du nichts verloren ('hier bist du nicht er-
wünscht'); *bei denen habe ich nichts verloren* ('zu
denen will ich nicht gehören')
MERKE Zu *verlieren* (3.1): Das entsprechende Ob-
jekt wird ohne Artikel und ohne erkennbare Fle-
xion gebraucht. Zu *verlieren* 8 u. 9: Das entspre-
chende Objekt wird meist ohne Artikel gebraucht
verlischt: ↗ **verlöschen**
verloben [fɐˈloːbm̩], **sich,** verlobte sich, hat sich ver-
lobt; ↗ auch *Verlobte* /jmd./ *sich* ~ 'jmdm. verspre-
chen, ihn zu heiraten': *er, sie hat sich offiziell, heim-
lich verlobt; sich mit jmdm.* ~: *er hat sich mit ihr;*
sie hat sich mit ihm verlobt; /Mann und Frau/ *sich*
⟨rez.⟩ ~: *sie haben sich Weihnachten verlobt; sie*
sind (miteinander) verlobt ❖ ↗ **geloben;** vgl. **loben**
Verlobte [fɐˈloːptə], **der** u. **die;** ~n, ~n; ↗ TAFEL II;
↗ auch *verloben* 'jmd., der mit jmdm. verlobt ist':
ihr, mein ~r; *ist das deine, seine* ~?; *die* ~n *wollen*
im Herbst heiraten ❖ ↗ **geloben**
Verlobung [fɐˈloːb..], **die;** ~, ~en 'gegenseitiges Ver-
sprechen, einander zu heiraten': *sie haben ihre* ~
im Familienkreis gefeiert; hat er oder hat sie die ~
gelöst? ❖ ↗ **geloben**
verlogen [fɐˈloːgn̩] ⟨Adj.; vorw. attr. u. präd.⟩ **1.**
⟨Steig. reg.⟩ 'zum Lügen neigend, häufig lügend';
SYN lügnerisch (1); ANT ehrlich (1) /auf Personen
bez./: *sie ist eine ganz* ~e *Person; er ist durch und*
durch ~ **2.** ⟨Steig. reg.⟩ 'auf Lüge, Verstellung be-
ruhend' /vorw. auf Ethisches bez./: *die* ~e *Moral*
des Spießers; sein ~es *Mitleid* ❖ ↗ **lügen**
verlor: ↗ **verlieren**
verloren [fɐˈloːʀən] ⟨Adj.; o. Steig.; nicht attr.; ↗
auch *verlieren*⟩ 'nicht mehr zu retten': *wir sind* ~;
hoffnungslos, rettungslos ~ *sein; er gab sich, das*
Unternehmen ~ ❖ ↗ **verlieren**
verloren gehen [..ˈl..], ging verloren, ist verloren ge-
gangen **1.** /etw./ 'unbemerkt verschwinden und
nicht mehr aufzufinden sein': *die Unterlagen dürfen*
nicht ~!; *das Buch ist mir verloren gegangen* ('ich
habe das Buch nicht mehr und weiß nicht, wo es
ist'); *das Paket ist verloren gegangen* ('ist abge-
schickt worden, aber nicht beim Empfänger ange-
kommen') **2.** /jmd./ *an jmdm. verloren gegangen*
sein: an *ihm ist ein Schauspieler verloren gegangen*
('er wäre ein guter Schauspieler geworden')
verlosen [fɐˈloːzn̩], verloste, hat verlost ⟨oft im Pass.⟩
/jmd., Institution/ *etw.* ~ 'den Gewinner von etw.
durch das Los bestimmen': *auf dem Fest wurden*
Reisen, wurde ein Auto verlost ❖ ↗ **Los**

Verlosung [fɐˈloːz..], **die**; ~, ~en 'das Verlosen': *die ~ von Reisen; sich an einer ~ beteiligen; etw. bei einer ~ gewinnen* ❖ ↗ **Los**

Verlust [fɐˈlʊst], **der**; ~s/auch ~es, ~e **1.** ⟨o.Pl.⟩ /zu *verlieren* 1.1,2.1,2.2.1,3.1/ 'das Verlorenhaben': /zu 1.1/: *am Abend bemerkte er den ~ seiner Brieftasche; bei ~ kein Ersatz*; /zu 2.2.1/: *er kann den ~ seiner Mutter nur schwer verwinden*; /zu 2.1/: *nach dem ~ des rechten Arms konnte er seinen Beruf nicht mehr ausüben*; /zu 3.1/: *ein starker ~ an Autorität, Einfluss* **2.** 'durch Verlust (1) entstandener Schaden': *materielle, finanzielle ~e; er hat einen schmerzlichen, unersetzlichen ~ erlitten; der Gegner hat schwere ~e an Menschen und Material zu beklagen* **3.** 'finanzielle Einbuße eines Unternehmens, bei einem Geschäft'; ANT Profit (2): *Gewinn und ~; der Betrieb arbeitet mit ~; etw. mit ~ verkaufen* ❖ ↗ **verlieren**

verlustig [fɐˈlʊstɪç] ⟨Adj.; o. Steig.⟩ /jmd./ etw. ⟨Gen.⟩ ~ *gehen* amtsspr. 'etw. verlieren (1.1,2.2.1,3.1)': *wer den Vertrag bricht, geht aller Rechte ~* ❖ ↗ **verlieren**

vermachen [fɐˈmaxn̩], vermachte, hat vermacht **1.** /jmd./ *jmdm., einer Institution etw. ~* SYN 'jmdm., einer Institution etw. vererben (1)'; ↗ FELD I.15.2: *das Haus hat er seinem Sohn und die Gemäldesammlung dem Museum vermacht* **2.** umg. scherzh. /jmd./ *jmdm. etw. ~* SYN 'jmdm. etw. vererben (2)': *meine Freundin hat mir ihren Pelzmantel vermacht* ❖ **Vermächtnis**; vgl. **machen**

Vermächtnis [fɐˈmɛçt..], **das**; ~ses, ~se **1.** geh. /zu *vermachen* 1/ 'das jmdm., einer Institution Vermachte': *die kostbare Sammlung ist das ~ eines Bürgers unserer Stadt; er hat die Sammlung der Stadt als ~ hinterlassen* **2.** 'letzter Wunsch eines Verstorbenen im Hinblick auf die Verwirklichung seiner Ideen o.Ä.': *sie gelobten, das ~ des großen Humanisten zu erfüllen* ❖ ↗ **vermachen**

vermählen [fɐˈmɛːlən/..ˈmeː..], **sich**, vermählte sich, hat sich vermählt geh. /Mann und Frau/ ⟨rez.⟩ *sich ~*: *sie haben sich vermählt* ('haben geheiratet'); /jmd./ *sich mit jmdm. ~* ('jmdn. heiraten')

vermarkten [fɐˈmarktn̩], vermarktete, hat vermarktet **1.** Wirtsch. /Unternehmen/ *etw. ~* 'ein Produkt als Ware auf dem Markt anbieten'; ↗ FELD I.16.2: *würde die Firma ihre Erzeugnisse besser ~, könnte sie höhere Gewinne erzielen* **2.** /jmd., Unternehmen/ *etw., jmdn. ~* 'etw., jmdn. wie eine Ware auf dem Markt anbieten und viel Geld dadurch verdienen': *der Manager verstand es, ihr Talent geschickt zu ~; er wollte sich und seine Familie nicht ~ lassen* ❖ ↗ **Markt**

vermehren [fɐˈmeːrən], vermehrte, hat vermehrt **1.1.** /jmd., Institution/ *etw. ~* 'die Anzahl, Menge von etw. erhöhen, den Umfang von etw. vergrößern'; ANT verringern: *die Zahl der Hochschulen ~; es gelang ihm nicht, seinen Einfluss zu ~* **1.2.** /etw./ *sich ~* 'an Anzahl, Menge, Umfang zunehmen'; ANT verringern: *die tödlichen Unfälle ~ sich von Jahr zu*

Jahr; sein Einfluss hat sich deutlich vermehrt (ANT verringert 1.2) **2.** /Lebewesen/ *sich ~* SYN 'sich fortpflanzen (1)': *wie ~ sich die Fledermäuse?; Ameisen ~ sich durch Eier; sich geschlechtlich ~; die Kaninchen haben sich sehr vermehrt* ('ihre Menge hat zugenommen') ❖ ↗ **¹mehr**

vermeiden [fɐˈmaidn̩], vermied [..ˈmiːt], hat vermieden [..ˈmiːdn̩] /jmd./ *etw. ~* 'dafür sorgen, dass etw. nicht entsteht, nicht geschieht': *er will Zank und Streit ~; er vermied (es) ängstlich, mit ihr zusammenzutreffen; diesen Fehler hätte man ~ können; dieser Fehler hätte sich ~ lassen; es ließ sich nicht mehr ~, dass der Konflikt offen zutage trat* ❖ ↗ **meiden**

vermeintlich [fɐˈmaint..] ⟨Adj.; o. Steig.; vorw. attr.; nicht präd.⟩ 'irrtümlich als solche, solcher, solches angesehen': *die ~e Chance war ein Reinfall; der ~e Vertreter erwies sich als Betrüger; ein ~ günstiges Angebot* ❖ ↗ **meinen**

Vermerk [fɐˈmɛrk], **der**; ~s/auch ~es, ~e **1.** 'Notiz am Rande eines Schriftstücks': *von wem stammen die ~e in der Akte?; einen Antrag mit einem ~ versehen*; vgl. *Notiz* **2.** 'amtliche Eintragung in einen Ausweis': *ein ~ in einem Reisepass* ❖ ↗ **merken**

vermerken [fɐˈmɛrkn̩], vermerkte, hat vermerkt **1.** /jmd./ *etw. irgendwo ~* SYN 'etw. irgendwo notieren': *etw. im Terminkalender ~; auf der Rückseite der Quittung war eine Telefonnummer vermerkt* **2.** /jmd./ *etw. irgendwie ~* 'etw. in bestimmter Weise zur Kenntnis nehmen': *er hat deine Bemühungen dankbar vermerkt; etw. übel ~* (SYN 'etw. übel nehmen') ❖ ↗ **merken**

vermessen [fɐˈmɛsn̩] ⟨Adj.; Steig. reg.⟩ 'sich in überheblicher Weise überschätzend': *er war so ~ anzunehmen, man würde ihn einstimmig wählen; ein ~es* ('überheblich wirkendes') *Urteil über jmdn.; sein Urteil war ~* ❖ ↗ **messen**

vermieten [fɐˈmiːtn̩], vermietete, hat vermietet /jmd./ *etw. ~* 'jmdm. etw., bes. Wohnraum, zeitweilig gegen Entgelt zur Nutzung überlassen'; ↗ FELD V.2.2: *ein Zimmer, Haus, eine Wohnung ~* (ANT mieten); *im Sommer vermietet er den Bungalow (an Urlauber); jmdm. etw. ~: sie will mir das Zimmer möbliert ~* ❖ ↗ **Miete**

vermindern [fɐˈmindɐn], verminderte, hat vermindert /jmd./ *etw. ~* SYN 'etw. verringern (1.1)': *wir müssen die Gefahr ~; in diesem Zustand ist er nur vermindert* ('nicht voll') *zurechnungsfähig* ❖ ↗ **minder**

vermissen [fɐˈmisn̩], vermisste, hat vermisst /jmd./ *etw. ~* **1.1.** 'feststellen, dass etw. fehlt od. nicht mehr da ist, und nicht wissen, wo es sich befindet': *seit gestern vermisse ich meinen Ausweis; jmd. wird vermisst, gilt als vermisst: ihr Sohn ist nicht aus dem Krieg zurückgekehrt und gilt als vermisst* ('über seinen Aufenthaltsort, sein Schicksal ist nichts bekannt') **1.2.** ⟨oft mit sehr⟩ *jmdn., etw. ~* SYN 'jmdn., etw. entbehren (1.1)': *wir haben ihn während seiner langen Krankheit sehr vermisst; ich vermisse* *ihn sehr; ich vermisse seinen Rat und seine Hilfe;* vgl. *fehlen* (1.4) ❖ ↗ **missen**

vermitteln [fɐ'mɪtl̩n], vermittelte, hat vermittelt **1.** /jmd., Institution/ **1.1.** *jmdm. etw. ~* 'jmdm. behilflich sein, etw. zu erhalten': *sein Onkel hat ihm eine Stelle beim Fernsehen vermittelt; das Reisebüro vermittelt auch Ferienwohnungen; jedem Schulabgänger konnte eine Lehrstelle vermittelt werden* **1.2.** *etw., jmdn. an jmdn., etw. ~* 'dafür sorgen, dass etw., jmd. mit der Institution, Person in Verbindung gebracht wird, die Bedarf dafür hat': *vermittelt das Arbeitsamt auch Jobs an Studenten?; man hat ihn an diese Firma, an den Chef des Unternehmens vermittelt* **2.** /Lehrer, Schule o.Ä./ *etw. ~* 'bestimmte Kenntnisse an Interessierte weitergeben': *er versteht es hervorragend, sein Wissen und seine Erfahrungen (jungen Menschen) zu ~; der Kursus soll Grundkenntnisse auf dem Gebiet der Datenverarbeitung ~; er kann sein Wissen nicht ~* ('hat nicht die Fähigkeit, sein Wissen weiterzugeben') **3.** /etw./ *etw. ~* 'dem Leser od. Betrachter etw. anschaulich vor Augen führen': *der Roman vermittelt ein genaues Bild der damaligen Lebensverhältnisse/von den damaligen Lebensverhältnissen; das Gemälde vermittelt eine recht gute Vorstellung von dieser Zeit; die Ausstellung vermittelt einen Einblick in das Leben um die Jahrhundertwende* **4.** /jmd./ *in einem Streit ~* ('einen Streit zu schlichten versuchen'); *er wollte (zwischen den streitenden Parteien) ~* ('wollte die streitenden Parteien dazu bringen, ihren Streit zu beenden, einen Kompromiss zu schließen'); *er hat eine ~de* ('auf die Vermeidung von Zwist gerichtete') *Art* ❖ ↗ **Mittel**

Vermittler [fɐ'mɪtlɐ], **der;** ~s, ~ /zu *vermitteln* 1 u. 4/ 'jmd., der (etw.) vermittelt, vermittelt hat'; /zu 4/: *als ~ zwischen den (streitenden) Parteien auftreten* ❖ ↗ **Mittel**

vermöge [fɐ'mø:gə] ⟨Präp. mit Gen.; vorangestellt⟩ geh. /kausal; gibt die Fähigkeit an, etw. Bestimmtes bewirken zu können/: *~* (SYN 'dank 2') *seiner Kenntnisse konnte er diese Aufgabe schnell lösen; ~ seines Einflusses gelang es ihm, das Projekt durchzusetzen* ❖ ↗ **vermögen**

vermögen [fɐ'mø:gn̩] (er vermag [..'ma:k]), vermochte [..'mɔxtə], hat vermocht geh. /jmd., etw./ **1.1.** ⟨+ zu + Inf.⟩ *etw. zu tun ~* 'imstande sein, etw. Bestimmtes zu tun': *niemand vermag zu sagen, wie lange dieser Zustand noch dauern wird; seine Gründe vermochten uns nicht zu überzeugen* **1.2.** *etw. ~* 'zu einer Leistung fähig sein': *Liebe vermag viel; es ist erstaunlich, was ein starker Wille vermag; er tat, was er vermochte* ('was er zu leisten imstande war') ❖ **vermöge, Vermögen, vermögend – Denkvermögen, Erinnerungsvermögen, Fassungsvermögen, Sehvermögen;** vgl. auch **mögen**

Vermögen, das; ~s, ~ **1.** ⟨vorw. Sg.⟩ 'Eigentum an Geld, an materiellen Werten'; ↗ FELD I.15.1: *ein großes, ansehnliches ~ besitzen; wer erbt sein ~?; er hat durch den Bankrott sein gesamtes ~ verloren;*

das ~ des Angeklagten wird eingezogen **2.** ⟨o.Pl.⟩ 'Fähigkeit zu einer bestimmten Leistung': *sein schauspielerisches ~ ist nur begrenzt; die hohen Anforderungen gehen über sein ~; er hat das ~, Mathematik zu studieren; was/so viel in jmds. ~ liegt/steht … 'was jmd. (aufgrund seiner Macht) zu tun imstande ist': *ich will alles tun, was in meinem ~ liegt, steht; so viel in seinem ~ lag, stand, hat er getan* ❖ ↗ **vermögen**

vermögend [fɐ'mø:gn̩t] ⟨Adj.; Steig. reg.; nicht bei Vb.⟩ SYN 'reich (1)'; ANT mittellos /auf Personen bez./; ↗ FELD I.17.3: *~e Leute; sein Schwiegervater ist sehr ~* ❖ ↗ **vermögen**

vermuten [fɐ'mu:tn̩], vermutete, hat vermutet ⟨oft mit Nebens.⟩ **1.1.** /jmd./ *etw. ~* SYN 'etw. annehmen (5.2)': *man vermutet Brandstiftung; ich vermute* (SYN 'ahne 2'), *dass er verreist ist/geh. sei; es wird vermutet/es lässt sich ~, dass … 'man nimmt an, dass …': *es wird vermutet, dass die Unglücksursache menschliches Versagen ist; /etw./ etw. ~ lassen: die Spuren ließen zunächst einen Einbruch ~* ('erweckten zunächst den Eindruck, dass es sich um einen Einbruch handelt') **1.2.** /jmd./ *jmdn., etw. irgendwo ~* 'annehmen, dass sich jmd., etw. irgendwo befindet': *dich hätten wir hier nicht vermutet; wir vermuteten ihn zu Hause, das Wrack in der Nähe der Küste* ❖ **unvermutet, vermutlich, Vermutung**

MERKE: Bei Verben wie *glauben, annehmen, vermuten* u.Ä. steht der Nebensatz, der das Geglaubte, Angenommene, Vermutete bezeichnet, bei gehobener Ausdrucksweise im Konjunktiv I, während in alltäglicher Rede der Indikativ zulässig ist: *sie vermutet, dass er verreist ist/geh. sei.* Zum Unterschied von *vermuten, annehmen, denken, glauben, meinen:* ↗ **annehmen** (Merke)

vermutlich [fɐ'mu:t..] **I.** ⟨Adj.; o. Steig.; nur attr.⟩ SYN 'mutmaßlich': *er ist der ~e Täter; die ~e Dauer beträgt zehn Stunden* – **II.** ⟨Satzadv.⟩ /drückt die Einstellung des Sprechers zum genannten Sachverhalt aus/: *~ hat er den Termin vergessen* ('man darf vermuten, dass er den Termin vergessen hat') ❖ ↗ **vermuten**

Vermutung [fɐ'mu:t..], **die;** ~, ~en **1.** 'das Vermuten (1.1)': *die ~ liegt nahe, dass es sich um eine gezielte Kampagne handelt; die Polizei war bei ihren Ermittlungen auf ~en angewiesen; die ~ haben, hegen* ('vermuten 1.1'), *dass …* **2.** /zu *vermuten* 1.1/ 'das Vermutete'; SYN Annahme (2): *unsere ~ war richtig, hat sich nicht bestätigt; eine ~ äußern* ❖ ↗ **vermuten**

vernachlässigen [fɐ'na:xlɛsɪgn̩], vernachlässigte, hat vernachlässigt **1.** /jmd./ *jmdn. ~* 'sich nicht genügend um jmdn. kümmern'; ↗ FELD I.4.4.2: *er hat seine Familie, seine Frau vernachlässigt; sie hat ihre Kinder vernachlässigt; unsere Freunde fühlen sich von uns vernachlässigt* **2.** /jmd./ *etw., jmdn., sich ~* 'etw., jmdn., sich nicht genügend pflegen': *sie vernachlässigt ihren Haushalt; seit einiger Zeit vernachlässigt er sein Äußeres; die Kinder sehen vernachläs-*

sigt aus; dieses Gebiet wurde von der Forschung bisher *vernachlässigt* ('nicht genügend berücksichtigt') **3**. /jmd./ *er vernachlässigt seine Pflichten* ('kommt seinen Pflichten nicht nach'); *er hat sein Studium vernachlässigt* ❖ ↗ **nach-**, ↗ **lassen**

vernehmen [fɐ'neːmən] (er vernimmt [..'nɪmt]), vernahm [..'naːm], hat vernommen [..'nɔmən] **1**. /Richter, Polizist/ *jmdn. ~ 'jmdn. richterlich, polizeilich zu einem bestimmten Sachverhalt befragen': jmdn. als Zeugen ~; einen Angeklagten ~; der Zeuge ist akut erkrankt und kann daher nicht zur Sache vernommen werden* **2**. geh. /jmd./ *etw. ~ 'etw. akustisch wahrnehmen'*; SYN *hören* (1.1); ↗ FELD I.3.2.2: *obwohl er leise sprach, konnte ich jedes Wort ~; plötzlich vernahmen sie laute Hilferufe* ❖ **Vernehmung**

Vernehmung [fɐ'neːm..], die; ~, ~en 'das Vernehmen (1)'; ↗ FELD I.3.2.1: *eine polizeiliche ~; die ~ des Zeugen; es wurden mehrere ~en durchgeführt* ❖ ↗ **vernehmen**

verneinen [fɐ'nainən], verneinte, hat verneint **1**. /jmd./ *etw. ~ 'eine Frage mit Nein beantworten'*; ANT *bejahen* (1): *er verneinte meine Frage; der Richter fragte die Angeklagte, ob sie den Zeugen wieder erkenne, und sie verneinte dies mit einem Kopfschütteln; eine ~de Antwort* **2**. /jmd./ *etw. ~ 'sich gegen etw. aussprechen'*; SYN *ablehnen* (2): *der Redner verneinte den Vorschlag der Opposition; er steht dieser These ~d gegenüber* ❖ ↗ **nein**

vernichten [fɐ'nɪçtn̩] vernichtete, hat vernichtet; ↗ auch *vernichtend* **1**. /jmd., etw./ *etw. ~ 'auf etw. so einwirken, dass es aufhört zu existieren': er hat alle Unterlagen vernichtet; Unkraut, Schädlinge ~; die gesamte Ernte wurde durch Hagelschlag vernichtet; bei dem Brand sind mehrere wertvolle Gemälde vernichtet worden* **2**. ⟨vorw. im Pass. u. adj. im Part. I⟩ /Truppen/ *den Gegner, Feind ~ 'dem Gegner, Feind hohe Verluste zufügen und ihn kampfunfähig machen': die feindlichen Verbände wurden vernichtet; der Feind erlitt eine ~de Niederlage* ❖ ↗ **nicht**

vernichtend [fɐ'nɪçtn̩t] ⟨Adj.; Steig. reg.; nicht bei Vb.; ↗ auch *vernichten*⟩ emot. **1.1**. 'Verachtung, Entrüstung ausdrückend' /auf Mimisches bez./: *ihn traf ein ~er Blick* **1.2**. 'völlig negativ' /auf Äußerungen bez./: *eine ~e Kritik; ein ~es Urteil* ❖ ↗ **nicht**

Vernunft [fɐ'nʊnft], die; ~, ⟨o.Pl.⟩ 'Vermögen des Menschen, Zusammenhänge zu erkennen, zu beurteilen und sich dementsprechend sinnvoll zu verhalten'; ↗ FELD I.2.1, 5.1: *die menschliche ~; er hat gegen alle ~ gehandelt; das ist doch gegen alle ~!; ~ annehmen* ⟨vorw. im Imp.⟩ 'vernünftig werden': *nimm doch endlich ~ an!; jmdn. zur ~ bringen* 'bewirken, dass jmd. vernünftig wird': *weder Drohungen noch Bitten konnten ihn zur ~ bringen; zur ~ kommen* 'vernünftig werden': *endlich ist er zur ~ gekommen* ❖ **vernünftig, unvernünftig**

vernünftig [fɐ'nʏnftɪç] ⟨Adj.⟩ **1**. ⟨Steig. reg.⟩ 'in seinem Denken und Handeln von Vernunft bestimmt'; ↗ FELD I.5.3: *ein ~er Mensch tut das*

nicht; *ein ~er Vorschlag; sei doch ~!; der Junge ist schon recht ~; diese Ansicht ist sehr ~; sich ~ verhalten; ~ leben, urteilen* **2**. ⟨o. Steig.; oft verneint⟩ umg. 'den Vorstellungen von guter Qualität entsprechend' /auf Gegenständliches bez./: *ich habe kein ~es Foto von mir; wo kann man hier ~ essen?; er hat nichts Vernünftiges anzuziehen* ❖ ↗ **Vernunft**

veröffentlichen [fɐ'|œfntlɪçn̩], veröffentlichte, hat veröffentlicht **1**. /Presse/ *etw. ~ 'eine Meldung der breiten Öffentlichkeit zugänglich machen': die heutigen Tageszeitungen ~ die Rede in vollem Wortlaut* **2**. /jmd., bes. Autor, Verlag/ *etw., bes. ein Buch ~* SYN 'etw., bes. ein Buch, publizieren': *der Autor hat bereits mehrere Romane veröffentlicht; die Forschungsergebnisse sollen in einem Sammelband veröffentlicht werden* ❖ ↗ **offen**

Veröffentlichung [fɐ'|œfntlɪç..], die; ~, ~en **1**. ⟨o.Pl.⟩ SYN 'Publikation (1)': *die ~ der endgültigen Wahlergebnisse erfolgt in der morgigen Ausgabe* **2**. SYN 'Publikation (2)': *seine jüngsten ~en haben in Fachkreisen großes Aufsehen erregt; er ist durch seine ~en bekannt geworden* ❖ ↗ **offen**

verordnen [fɐ'|ɔʁtnən], verordnete, hat verordnet /Arzt/ *jmdm. etw. ~ 'für einen Patienten mündlich od. schriftlich ein Medikament, bestimmtes Hilfsmittel, eine bestimmte Maßnahme zur Therapie festlegen': der Arzt hat ihm Tabletten und Bettruhe, Bewegung verordnet; jmdm. eine Kur ~; ich muss mir eine neue Brille ~ lassen; haben Sie die verordnete Diät eingehalten?* ❖ ↗ **ordnen**

verpacken [fɐ'pakn̩], verpackte, hat verpackt /jmd., Maschine/ etw./ *etw. ~, bes. eine Ware, zum Schutz vor Beschädigung für den Transport, die Lagerung mit einer Umhüllung versehen od. in einem Behältnis unterbringen': vor dem Umzug hat er seine Schallplatten sorgfältig verpackt; das Brot wird maschinell verpackt; die Ware ist beschädigt, weil sie schlecht verpackt war; etw. in etw.* ⟨Dat. od. Akk.⟩ *~; jede Glühbirne wird einzeln in einem/einen Karton verpackt* ❖ ↗ **packen**

Verpackung [fɐ'pak..], die; ~, ~en **1**. ⟨o.Pl.⟩ 'das Verpacken': *die ~ erfolgt maschinell; die Ware ist bei der ~ beschädigt worden* **2**. 'Umhüllung od. Behältnis, womit od. worin ein Gegenstand, bes. eine Ware, verpackt ist': *die ~ wurde beim Transport beschädigt* ❖ ↗ **packen**

verpassen [fɐ'pasn̩] verpasste, hat verpasst **1**. /jmd./ **1.1**. *etw., jmdn. ~ SYN 'etw., jmdn. verfehlen (3)': beeile dich, sonst verpasst du den Zug!; ich war mit ihm zu/um 15 Uhr verabredet, habe ihn aber verpasst* **1.2**. *etw. ~ 'zu spät kommen und dadurch an etw. nicht mehr teilnehmen, etw. nicht mehr miterleben': wir hatten eine Panne und haben dadurch leider die Vorstellung, das Konzert, die erste Halbzeit verpasst; habe ich etwas verpasst* ('ist mir etwas entgangen')? **2**. /jmd./ etw. ~ 'im richtigen Augenblick nicht das Vorgesehene, Erwartete, Notwendige tun': *ein Musiker des Orchesters hat den Einsatz* *verpasst; diese Chance, Gelegenheit wollte er nicht* ~ ('wollte er nutzen'); *den Anschluss an die Entwicklung* ~ ('es versäumen, in seiner Entwicklung auf der Höhe der Zeit zu bleiben') **3.** umg. /jmd./ *jmdm. etw.* ~ 'jmdm. etw. Unangenehmes zuteil werden lassen': *der Arzt hat mir gleich eine Spritze verpasst; wer hat dir denn diese unmögliche Frisur verpasst?; jmdm. eine Tracht Prügel* ~ ('jmdn. verprügeln') ❖ vgl. **passen**

verpflanzen [fɐ'pflantsn̩], verpflanzte, hat verpflanzt **1.** /jmd./ *etw.* ~ 'eine Pflanze aus der Erde nehmen und sie an einer anderen Stelle wieder einpflanzen': *es ist ein Risiko, einen alten Baum zu* ~ **2.** /Chirurg/ *Gewebe, ein Organ* ~ (SYN 'transplantieren') ❖ ↗ **Pflanze**

verpflegen [fɐ'pfleːgn̩], verpflegte, hat verpflegt /jmd./ *jmdn., sich* ~ 'jmdn., sich mit Nahrung versorgen': *wir haben uns im Urlaub selbst verpflegt; die Teilnehmer der Tagung werden im Kongresszentrum verpflegt* ❖ ↗ **pflegen**

Verpflegung [fɐ'pfleːg..], die; ~, ~en **1.** ⟨o.Pl.⟩ 'das (Sich) verpflegen': *die* ~ *der Reisenden, Teilnehmer hat vorzüglich geklappt* **2.** ⟨vorw. Sg.⟩ 'Nahrung, mit der jmd. versorgt wird': *die* ~ *im Ferienlager war sehr eintönig* **3.** ⟨o.Pl.⟩ *für den Urlaub ein Zimmer mit voller* ~ ('inklusive Frühstück, Mittag- und Abendessen') *mieten, buchen* ❖ ↗ **pflegen**

verpflichten [fɐ'pflɪçtn̩], verpflichtete, hat verpflichtet **1.1.** /jmd./ *jmdn. zu etw.* ⟨Dat.⟩ ~ 'jmdm. das feste Versprechen abnehmen, die Pflicht auferlegen, etw. Bestimmtes zu tun': *man kann ihn nicht zur Zahlung* ~; *man hat ihn dazu verpflichtet, alles zurückzuzahlen; die Minister wurden feierlich durch Eid auf die Verfassung verpflichtet* ('den Ministern wurde das Versprechen abgenommen, sich in ihrem Handeln stets von der Verfassung leiten zu lassen') **1.2.** /jmd., Institution/ *sich zu etw.* ⟨Dat.⟩ ~, *sich* ~, *etw. Bestimmtes zu tun* 'fest zusagen, etw. Bestimmtes zu tun': *er musste sich zum Schweigen* ~/*er musste sich* ~ *zu schweigen; er hat sich schriftlich, mit seiner Unterschrift verpflichtet, diesen Auftrag auszuführen; die Firma hat sich vertraglich zur Lieferung verpflichtet; die Firma hat sich vertraglich verpflichtet, bis Donnerstag zu liefern* **1.3.** /etw./ *jmdn. zu etw.* ⟨Dat.⟩ ~, *jmdn.* ~, *etw. Bestimmtes zu tun* 'jmdm. die Pflicht auferlegen, etw. Bestimmtes zu tun': *sein Eid verpflichtet den Arzt zur Hilfeleistung/Hilfe zu leisten; das Gesetz verpflichtet den Verursacher des Schadens zum Schadenersatz/den Schaden zu ersetzen* **1.4.** /jmd., Institution/ *zu etw.* ⟨Dat.⟩ *verpflichtet sein, verpflichtet sein, etw. Bestimmtes zu tun* 'die Pflicht haben, etw. Bestimmtes zu tun': *laut Mietvertrag ist der Vermieter zu dieser Reparatur verpflichtet; ist die Versicherung in diesem Fall verpflichtet, für den Schaden aufzukommen?; jmdm. zu Dank verpflichtet sein* ('jmdm. Dank schuldig sein'); *du bist zu nichts verpflichtet* ('kannst selbst entscheiden, was du in diesem Fall tust'); *sich zu etw. verpflichtet fühlen, sich verpflich-*

tet fühlen, etw. Bestimmtes zu tun 'es für seine moralische, menschliche Pflicht halten, etw. Bestimmtes zu tun': *er hat sich verpflichtet gefühlt/ich fühle mich verpflichtet, ihn einzuladen* **2.1.** /jmd., Institution/ *jmdn. für irgendetw., irgendwohin* ~ 'jmdn. auf künstlerischem Gebiet auf der Grundlage eines Vertrages für eine bestimmte Zeit, Rolle (für ein bestimmtes Theater) einstellen': *der Intendant hat ihn zunächst nur auf/für eine Spielzeit verpflichtet; sie wurde für die Rolle der „Carmen" nach Wien verpflichtet; er wurde an die Staatsoper verpflichtet* **2.2.** /jmd., bes. Schauspieler, Sänger, Musiker, Tänzer/ *sich für irgendetw.* ~ 'sich für eine bestimmte Tätigkeit, bes. auf künstlerischem Gebiet, vertraglich für eine bestimmte Zeit an eine Institution binden': *er hat sich auf/für drei Jahre (für die Staatsoper) verpflichtet* **3.** geh. /jmd., etw./ *jmdm., etw.* ⟨Dat.⟩ *verpflichtet sein* 'von jmdm., etw. stark beeinflusst sein': *es ist ihm bewusst, dass sein Werk diesem großen Philosophen verpflichtet ist; er ist als Maler dem Impressionismus, Picasso verpflichtet* ❖ ↗ **Pflicht**

verprügeln [fɐ'pryːgl̩n], verprügelte, hat verprügelt /jmd./ *jmdn.* ~ 'jmdn. heftig schlagen': *zur Strafe hat er den Jungen verprügelt; er wurde auf der Straße von Rowdies verprügelt* ❖ ↗ **Prügel**

verquicken [fɐ'kvɪkn̩] verquickte, hat verquickt /jmd./ *zwei od. mehrere Dinge* ~ 'zwei od. mehrere sehr unterschiedliche Sachverhalte gedanklich sehr eng verbinden': *diese Probleme sollte man nicht (miteinander)* ~; *etw. mit etw.* ~: *in seinem jüngsten Roman hat der Autor das Historische mit dem Gegenwärtigen verquickt; beide Angelegenheiten sind eng miteinander verquickt*

Verrat [fɐ'Raːt], **der**; ~s/auch ~es, ⟨o.Pl.⟩ **1.** 'Zerstörung einer vertrauensvollen Verbundenheit, indem jmd. jmdn. täuscht, betrügt': *diesen* ~ *(an ihrer Freundschaft, an ihren Freunden) hat er ihm bis heute nicht verziehen; an jmdm., etw. (einen)* ~ *begehen, an jmdm., etw.* ~ *üben* ('jmdn., etw. verraten 1') **2.** 'das Verraten (2)': *der* ~ *militärischer Geheimnisse (an den Gegner); einen* ~ *begehen* ❖ **verraten, Verräter, verräterisch** – **Hochverrat, Hochverräter, Landesverrat**; vgl. **Rat**

verraten [fɐ'Raːtn̩] (er verrät [..'Rɛːt/..'Reː..]), er verriet [..'Riːt], hat verraten **1.** /jmd./ *etw., jmdn.* ~ 'die vertrauensvolle Verbundenheit mit etw., jmdm. durch Täuschung, Betrug zerstören': *er hat seine Ideale, unsere Freundschaft* ~; *er wollte sein Vaterland, seine Freunde nicht* ~ **2.** /jmd./ *jmdn., etw.* ~ 'einen Vertrauensbruch begehen, indem man (einem) anderen etw., was geheim bleiben sollte, über jmdn., etw. mitteilt': *wer hat uns* ~?; *unser Geheimnis, jmds. Namen* ~ (SYN 'preisgeben 3'); *etw. jmdm., etw. an jmdn.* ~: *er hat dem Gegner den Plan/hat den Plan an den Gegner* ~ **3.** umg. /jmd./ *jmdm. etw.* ~ 'jmdm. etw. mitteilen': ⟨vorw. mit Modalvb.⟩ *können Sie mir (nicht)* ~, *wie dieses Gerät funktioniert?; willst du mir nicht* ~, *was du vorhast?; damit* *verrate ich Ihnen sicher nichts Neues* ('das wissen Sie sicherlich schon'); *er hat uns kein Wort ~* ('hat nichts davon gesagt') **4.** /etw./ *etw. ~* 'etw. erkennen lassen': *schon die Skizzen ~ eine große Begabung* **5.** /jmd./ *sich durch etw. ~* 'seine eigentlichen Beweggründe, Absichten ungewollt erkennen lassen': *durch das Lächeln hat er sich ~* ❖ ↗ **Verrat**

* /jmd./ **sich ~ und verkauft** ('von allen im Stich gelassen, verloren') **fühlen**

Verräter [fɐˈʀɛːtɐ/..ʀɛː..], **der**; *~s, ~* /zu *Verrat* 1 und 2/ 'jmd., der einen Verrat begeht, begangen hat': *er ist ein ~; den ~ überführen; er ist zum ~ geworden* ❖ ↗ **Verrat**

verräterisch [fɐˈʀɛːtɐʀ../..ˈʀɛː..] ⟨Adj.⟩ **1.** ⟨o. Steig.; nur attr.⟩ 'mit einem Verrat (1) verbunden' /auf Abstraktes bez./: *er hat von Anfang an in ~er Absicht gehandelt; ~e Beziehungen zum Feind unterhalten* **2.** ⟨Steig. reg.⟩ 'jmds. eigentliche Beweggründe, Absichten, Gefühle erkennen lassend' /bes. auf Mimisches bez./: *ein ~es Lächeln zuckte um ihre Mundwinkel; diese Geste war ~; seine Augen glänzten ~* ❖ ↗ **Verrat**

verrechnen [fɐˈʀɛçnən], verrechnete, hat verrechnet **1.** /jmd./ *etw. mit etw.* ⟨Dat.⟩ *~* 'bei einer Abrechnung eine Forderung mit einer anderen Forderung ausgleichen': *der Vermieter schlug vor, die Reparaturkosten mit der Miete zu ~; die Spesen werden im nächsten Monat verrechnet* **2.** /jmd./ *sich ~* **2.1.** 'beim Rechnen einen Fehler machen': *der Ober hat sich (um drei Mark) verrechnet* **2.2.** 'sich irren, indem man Voraussetzungen für etw. falsch einschätzt': *du hast dich aber verrechnet, wenn du annimmst, dass …!; sich in jmdm. ~: er hat sich in ihm verrechnet* ('hat sich in ihm getäuscht') ❖ ↗ **rechnen**

verreisen [fɐˈʀaɪzn̩], verreiste, ist verreist /jmd./ 'eine Reise unternehmen': *wir ~ morgen; er ist verreist; für drei Wochen, ein paar Tage ~; dieses Jahr ~ wir im Urlaub nicht; er war dienstlich verreist; verreist du alleine oder mit deiner Mutter?* ❖ ↗ **reisen**

verrenken [fɐˈʀɛŋkn̩], verrenkte, hat verrenkt /jmd./ **1.1.** *sich* ⟨Dat.⟩ *etw. ~* 'sich selbst durch eine unglückliche Bewegung ein Glied aus dem Gelenk drehen'; ↗ FELD I.1.2: *ich habe mir den Arm verrenkt* **1.2.** *jmdm. etw. ~* 'jmdm. durch Gewalteinwirkung ein Glied aus dem Gelenk drehen': *er hat ihm bei der Rempelei den Arm verrenkt* ❖ vgl. **ausrenken**

verrichten [fɐˈʀɪçtn̩], verrichtete, hat verrichtet /jmd./ *etw. ~* SYN 'etw. ausführen (4.2)' /beschränkt verbindbar/: *er hat seinen Dienst stets zuverlässig und ordnungsgemäß verrichtet; eine Tätigkeit, Arbeit ~* ❖ ↗ **richten**

verringern [fɐˈʀɪŋɐn], verringerte, hat verringert **1.1.** /jmd./ *etw. ~* 'etw. geringer machen'; SYN herabsetzen (1), reduzieren, verkleinern (3), vermindern; ANT vermehren, vergrößern: *sie müssen versuchen, die Kosten zu ~; das Tempo ~; den Abstand ~* (ANT vergrößern 1); vgl. *mindern* (1) **1.2.** /etw./ *sich*

~ 'geringer werden'; ANT zunehmen: der Abstand verringert sich allmählich; seine Chancen haben sich verringert (ANT vergrößert 3.3); *sein Einfluss hat sich deutlich verringert* (ANT vermehrt 1.2); *die Einwohnerzahl hat sich verringert* (SYN 'hat abgenommen, ↗ abnehmen 8.1') ❖ ↗ **gering**

verrückt [fɐˈʀʏkt] ⟨Adj.; ↗ auch *Verrückte*⟩ **1.** ⟨Steig. reg., ungebr.⟩ SYN 'wahnsinnig (1)': emot. *er ist vor Angst, Schmerzen fast ~ geworden; bei dem Lärm kann man ja ~ werden* ('den Verstand verlieren')!; *diese Ungewissheit macht mich ~* ('bringt mich völlig durcheinander, macht mich nervös') **2.** ⟨Steig. reg.⟩ SYN 'überspannt (1.2)': emot. *ein ~er Kerl; ein ~er Einfall, Gedanke; sie trug einen ganz ~en* ('ausgefallenen') *Hut; so etwas Verrücktes!* ❖ **Verrückte**

* umg. /jmd./ **nach jmdm. ~ sein** ('in jmdn. heftig verliebt sein'); /jmd./ **~ spielen** (**1.** 'mit maßloser Wut auf etw. reagieren' **2.** 'bei seinem Tun äußerst hektisch sein'); emot. **wie ~**: *er brüllte wie ~* ('hemmungslos und überaus laut'); *er rannte wie ~* ('maßlos schnell') *los; es regnet wie ~* ('es regnet heftig')

Verrückte [fɐˈʀʏktə], **der** u. **die**; *~n, ~n*; ↗ TAFEL II; ↗ auch *verrückt* 'jmd., der verrückt (1) ist': *sich wie ein Verrückter gebärden* ❖ ↗ **verrückt**

verrufen [fɐˈʀuːfn̩] ⟨Adj.; Steig. reg.; nicht bei Vb.⟩ **1.1.** SYN 'berüchtigt (1.1)': *eine ~e Kneipe, Gegend* **1.2.** SYN 'berüchtigt (1.2) /auf Personen bez./: *als Geschäftsmann ist er ganz schön ~* ❖ ↗ **rufen**

Vers [fɛʀs], **der**; *~es, ~e* **1.** 'rhythmisch, metrisch gegliederte Zeile eines Gedichts': *reimlose, kunstvolle ~e; die beiden letzten ~e der Strophe reimen sich; ~e ↗ schmieden* **2.** umg. 'Strophe eines Gedichts': *wie viel ~e hat das Lied?*

versagen [fɐˈzaːɡn̩], versagte, hat versagt **1.** /jmd., Institution, etw./ 'nicht das Erwartete, Geforderte leisten'; ↗ FELD I.5.2: *er hat bei dieser Aufgabe versagt* (ANT sich bewähren); *er hatte Angst, im entscheidenden Augenblick zu ~; er hat in der Prüfung kläglich versagt; die Regierung, das Ministerium hat in dieser Frage versagt; die ärztliche Kunst hat hier versagt; die Ursache des Unglücks war menschliches Versagen* **2.** /etw., bes. etw. Technisches/ 'plötzlich nicht mehr funktionieren': *vor lauter Aufregung versagte seine Stimme; die Bremsen haben versagt; das Gerät hat noch nie versagt* **3.** /jmd./ **3.1.** *jmdm. etw. ~* 'jmdm. etw. nicht gewähren': *er hat ihr diesen Wunsch, seine Hilfe, seinen Schutz versagt; ich kann ihm meine Achtung nicht ~; Kinder waren, blieben ihnen versagt* ('sie hatten keine leiblichen Kinder') **3.2.** *sich* ⟨Dat.⟩ *etw. ~* 'auf etw. verzichten': *sie musste sich im Leben vieles ~; er konnte sich eine abfällige Bemerkung nicht ~* ❖ **Versager**

Versager [fɐˈzaːɡɐ], **der**; *~s, ~* emot. 'jmd., der oft den Aufgaben, Anforderungen, die an ihn gestellt werden, nicht gewachsen ist, der nicht das Erwartete leistet'; SYN Flasche (4), Niete (2): *er ist ein ~!* ❖ ↗ **versagen**

versalzen [fɐ'zaltsn̩], versalzte, hat versalzen **1.** /jmd./ etw. ~ 'eine Speise zu stark salzen': *sie hat die Suppe, das Essen ~; die Suppe war total ~* **2.** umg. /jmd./ jmdm. die Freude ~ (SYN 'verderben 4') ❖ ↗ **Salz**

versammeln [fɐ'zaml̩n], versammelte, hat versammelt **1.1.** /jmd./ mehrere Personen irgendwo ~ 'eine größere Anzahl von Personen an einem bestimmten Ort zu einem bestimmten Zweck zusammenrufen': *der Lehrer versammelte seine Schüler um sich* **1.2.** /mehrere (jmd.)/ sich irgendwo ~ 'an einem bestimmten Ort zu einem bestimmten Zweck zusammenkommen (1.1)': *viele Hunderte von Demonstranten hatten sich vor dem Rathaus versammelt; vor versammelter Mannschaft* 'in Gegenwart von allen anwesenden Mitarbeitern': *das hat er vor versammelter Mannschaft gesagt, gefordert* ❖ ↗ **sammeln**

Versammlung [fɐ'zaml..], **die**; ~, ~en 'organisierte offizielle Zusammenkunft einer größeren Anzahl von Personen an einem bestimmten Ort zu einem bestimmten Zweck'; ↗ FELD I.11: *eine öffentliche ~; die ~ findet morgen um 15 Uhr statt; an einer ~ teilnehmen; auf einer ~ sprechen; eine ~ einberufen, leiten; hiermit erkläre ich die ~ für eröffnet!* ❖ ↗ **sammeln**

Versand [fɐ'zant], **der**; ~s/auch ~es, ⟨o.Pl.⟩ **1.** 'das Versenden von Waren, Erzeugnissen': *der ~ erfolgt per Post* **2.** 'für Versand (1) zuständige Abteilung eines Unternehmens': *wo befindet sich der ~?; der Leiter des ~s; er arbeitet im ~* ❖ ↗ **senden**

versäumen [fɐ'zɔɪmən], versäumte, hat versäumt **1.** /jmd./ **1.1.** etw. ~ 'ein öffentliches Verkehrsmittel o.Ä. durch langes Zögern, langsames Reagieren verpassen (1.1)': *wenn du dich nicht beeilst, wirst du den Zug, Bus ~* **1.2.** etw. ~ 'an etw., das wichtig ist, nicht teilnehmen können, es nicht miterleben': *der Schüler hat durch den Unfall mehrere Wochen lang den Unterricht versäumt; diesen Film möchte ich auf keinen Fall ~* ('möchte ich unbedingt sehen'); *habe ich gestern etwas versäumt* ('ist mir gestern etwas entgangen')?; *du hast bei dem Vortrag nichts versäumt* ('du brauchst dich nicht darüber zu ärgern, dass du den Vortrag nicht gehört hast, denn er war ziemlich schlecht') **2.** ⟨oft verneint; + Modalvb.⟩ /jmd./ etw. ~ 'etw. ungenutzt vergehen lassen': *das ist eine einmalige Chance, die du nicht ~ solltest; wir dürfen keine Zeit ~* **3.** /jmd./ etw. ~/ ~, etw. Bestimmtes zu tun 'das Nötige unterlassen': *ich möchte nicht ~, Ihnen herzlich zu gratulieren; am Wochenende will er den versäumten Schlaf nachholen; er hat seine Pflichten versäumt* ('ist seinen Pflichten nicht nachgekommen') ❖ ↗ **säumen**

Versäumnis [fɐ'zɔɪm..], **das**; ~ses, ~se /zu versäumen 3/ 'das Versäumte': *ein schweres, verhängnisvolles ~; welches ~ hat er sich denn zuschulden kommen lassen?; diese ~se sind nicht gutzumachen* ❖ ↗ **säumen**

verschaffen [fɐ'ʃafn̩], verschaffte, hat verschafft /jmd./ jmdm., sich ⟨Dat.⟩ etw. ~ 'erreichen, dass jmd., man selbst etw. erhält, dass jmdm., einem selbst etw. zugestanden wird': *er will ihm Unterkunft und Arbeit ~; zuerst muss ich mir etwas zu essen ~; der Täter hat sich mit Hilfe eines Freundes ein Alibi verschafft; ich muss mir noch ein bisschen Bewegung ~* (SYN 'schaffen 1.4'); *ich will mir Gewissheit ~* ('will erreichen, dass ich Gewissheit habe'); *im allgemeinen Tumult konnte er sich kein Gehör ~* ('konnte er nicht erreichen, dass ihm zugehört wurde'); *er versteht es, sich Respekt zu ~* ('zu erreichen, dass er respektiert wird'); /etw. (nur was)/ /in den kommunikativen Wendungen/ vorw. scherzh. *was verschafft mir das Vergnügen, die Ehre* ('weshalb suchst du, suchen Sie mich auf')? /wird gesagt, wenn unerwartet ein Besucher auftaucht/ ❖ ↗ **schaffen**

verschämt [fɐ'ʃɛːmt/..'ʃeː..] ⟨Adj.; Steig. reg., ungebr.; vorw. attr. u. bei Vb.⟩ 'ein wenig Scham und Verlegenheit ausdrückend' /oft auf Mimisches bez./: *ein ~es Lächeln; sie nickte, lächelte ~* ❖ ↗ **Scham**

verschärfen [fɐ'ʃɛrfn̩], verschärfte, hat verschärft **1.** /jmd., Institution/ etw. ~ 'bestimmte Maßnahmen strenger handhaben': *eine Strafe ~; man hat die Kontrollen verschärft* **2.1.** /etw./ etw. ~ 'eine Konfliktsituation noch schlimmer machen'; SYN zuspitzen: *der Zwischenfall verschärfte die Lage, Situation, Krise, die politischen Spannungen* **2.2.** /Konflikt, Situation/ sich ~ SYN 'sich zuspitzen (3)': *die Gegensätze ~ sich immer mehr; die Lage hat sich verschärft* (ANT entspannt) ❖ ↗ **scharf**

verschenken [fɐ'ʃɛŋkn̩], verschenkte, hat verschenkt /jmd./ etw. ~ 'etw. als Geschenk weggeben': *ich will das Buch ~; etw. an jmdn. ~: er hat den Schreibtisch an einen Studenten verschenkt* ❖ ↗ **schenken**

verscherzen [fɐ'ʃɛrtsn̩], verscherzte, hat verscherzt /jmd./ sich ⟨Dat.⟩ etw. ~ 'etw. durch ein bestimmtes leichtsinniges Verhalten einbüßen' /beschränkt verbindbar/: *wenn du so weitermachst, wirst du dir sein Wohlwollen ~; sie hat sich seine Sympathie, diese Chance ein für allemal verscherzt* ❖ ↗ **scherzen**

verschieben [fɐ'ʃiːbm̩], verschob [..'ʃoːp], hat verschoben [..'ʃoːbm̩] **1.1.** /jmd./ etw. ~ 'etw. an eine andere Stelle schieben': *wir müssen den Schrank (um zehn Zentimeter) ~* **1.2.** /etw./ sich ~ 'sich an eine andere Stelle, in eine andere Lage schieben': *der Teppich hat sich verschoben; er rückte die verschobene Krawatte wieder gerade* **2.** /etw./ sich ~ 'sich im Rahmen eines komplexen Ganzen in seinen Relationen ändern': *allmählich verschiebt sich das Kräfteverhältnis unter den Großmächten* **3.1.** /jmd./ etw. ~ 'etw., das möglichst gleich getan werden sollte, auf einen späteren Termin verlegen'; SYN aufschieben: *er will seine Abreise ~; du musst deinen Urlaub um eine Woche ~; die Sitzung wird auf nächsten Freitag, auf unbestimmte Zeit verschoben*; vgl. ¹verlegen (3) **3.2.** /etw. zeitlich Festgelegtes/ sich ~ 'nicht an dem dafür vorgesehenen Zeitpunkt stattfinden': *der Beginn der Vorstellung hat sich verschoben; der Termin verschiebt sich voraussicht-*

lich (um zehn Tage) **4.** /jmd./ *etw.* ~ ´Devisen, Waren o.Ä. auf gesetzwidrige Weise dem Handel entziehen (und heimlich verkaufen)´: *er soll Devisen (ins Ausland) verschoben haben; die Grundstücke wurden an einflussreiche Personen verschoben* ❖ ↗ **schieben**

verschieden [fɐˈʃiːdn̩] ⟨Adj.; Steig. reg.; ↗ auch *verschiedene*⟩ ´sich von etw., jmdm. unterscheidend´; SYN unterschiedlich (1.1); ANT ¹gleich (1) /auf zwei od. mehrere Personen, Sachen bez./: *Bretter ~er Länge/von ~er Länge; Schuhe ~er Größen/von ~en Größen; das ist von Fall zu Fall ~, darüber kann man ~ denken, ~er Meinung sein; ~ lang, groß sein; die beiden Brüder sind sehr ~ (im Charakter); ~e* (SYN ´andersartige´) *Ansichten, Interessen, Denkweisen haben; ~er* (SYN ´anderer 3´) *Meinung sein; vgl. ungleich (I.1)* ❖ ↗ **scheiden**

verschiedene [fɐˈʃiːdənə] ⟨Indefinitpron.; Pl.; Neutr. Sg. **verschiedenes**; ↗ TAFEL X; ↗ auch *verschieden*⟩ **1.1.** ⟨nur im Pl.⟩ ´einige (1.1,1.2)´: ⟨adj.⟩ ~ *Teilnehmer protestierten heftig; es wurden ~ gute Vorschläge gemacht*; ⟨subst.⟩ *der Reporter hat mit Verschiedenen (von ihnen) gesprochen* **1.2.** ⟨o.Pl.; nur Neutr.: Verschiedenes; subst.⟩ ´einige (1.3)´: *ich muss noch Verschiedenes (´noch einige Dinge´) besorgen; Verschiedenes (´einiges´) blieb unerwähnt; mit Verschiedenem war er nicht einverstanden* ❖ ↗ **scheiden**

Verschiedenes: ↗ *verschiedene* (1.2)

verschießen [fɐˈʃiːsn̩], verschoss [..ˈʃɔs], hat/ist verschossen [..ˈʃɔsn̩] **1.** ⟨hat⟩ /jmd., Gruppe/ *etw.* ~ ´ein Geschoss abschießen´: *die Truppe verfügt über modernste Anlagen, mit denen sie Raketen ~ kann* **2.** ⟨hat⟩ /jmd., Gruppe/ *etw.* ~ ´ein Geschoss, Munition beim Schießen verbrauchen´: *als der Gangster die letzte Patrone verschossen hatte, ergab er sich der Polizei; die ganze Munition ~* **3.** ⟨hat; vorw. im Part. II⟩ umg. /jmd./ *sich in jmdn.* ~ ´sich in jmdn. verlieben´: *er hat sich in sie verschossen; sei mal ehrlich, du bist doch in sie verschossen; sei mal ehrlich, du bist doch in sie verschossen* **4.** ⟨ist; vorw. adj. im Part. II⟩ /etw./ ´verbleichen´: *die Stoffe ~, wenn sie zu lange der Sonne ausgesetzt sind; die Markisen sind völlig verschossen; eine alte verschossene Bluse; das Blau wirkt leicht verschossen (´verblasst´)* ❖ ↗ **schießen**

¹verschlafen [fɐˈʃlaːfn̩] (er verschläft [..ˈʃlɛːft/..ˈʃleː..]), verschlief [..ˈʃliːf], hat verschlafen **1.** /jmd./ **1.1.** *die Zeit* ~ ´ungewollt zu lange schlafen und dadurch einen bestimmten Zeitpunkt verpassen´: *ich habe heute Morgen die Zeit ~; er verschläft häufig* **1.2.** *etw.* ~ ´etw. durch zu langes Schlafen versäumen´: *er hat das Frühstück, das Treffen ~* **2.** umg. /jmd./ *etw.* ~ SYN ´etw. vergessen (2.1)´: *es tut mir Leid, aber ich habe die Rückgabe des Buches einfach ~* ❖ ↗ **schlafen**

²verschlafen ⟨Adj.⟩ **1.** ⟨vorw. bei Vb.⟩ ´noch vom Schlaf benommen, nicht ganz ausgeschlafen´: *noch völlig ~ öffnete er uns die Tür; er sah ~ aus, war noch ganz ~* **2.** ⟨vorw. attr.⟩ spött. ´sehr ruhig und

ziemlich langweilig´ /beschränkt verbindbar/: *eine ~e Kleinstadt; ein ~es Nest* ❖ ↗ **schlafen**

¹verschlagen [fɐˈʃlaːgn̩] (er verschlägt [..ˈʃlɛːkt/..ˈʃleː..]), verschlug [..ˈʃluːk], hat verschlagen **1.** /jmd./ *etw. mit etw.* ⟨Dat.⟩ ~ ´etw. mit Brettern und Nägeln verschließen´: *man hatte die Fenster und Türen mit Brettern ~* **2.** /jmd./ *eine bestimmte Seite, einen bestimmten Text* ~ ´nach dem Umblättern eine bestimmte Seite, Textstelle in einem Buch nicht mehr finden können´: *pass auf, dass du die Seite nicht verschlägst!; ich habe die Textstelle, das Zitat ~* **3.** ⟨vorw. im Perf.⟩ /etw. (bes. *es*)/ jmdn., *etw. irgendwohin* ~ ´jmdn., etw. durch besondere Umstände zufällig irgendwohin gelangen lassen´: *nach dem Krieg hat es ihn hierher ~; der Krieg, das Schicksal hat ihn in unsere Stadt ~; das Schiff wurde vom Sturm an eine einsame Küste ~; scherzh. was hat dich denn hierher ~?* **4.** /etw./ *jmdm. etw.* ~ ´so stark auf jmdn. einwirken, dass er vorübergehend zu etw. nicht mehr imstande ist´: *der Schreck verschlug ihm das Lachen; die Kälte hat ihm fast den Atem ~ (´durch die große Kälte konnte er plötzlich kaum noch atmen´)* ❖ ↗ **schlagen**

²verschlagen ⟨Adj.⟩ emot. ´von hinterhältiger Bösartigkeit´: *ein ~er Geschäftsmann; er ist ein ~er Bursche, hat einen ~en Blick; ~ lächeln, grinsen; sein Blick war ~*

verschlechtern [fɐˈʃlɛçtɐn], verschlechterte, hat verschlechtert **1.1.** /jmd., etw./ *etw.* ~ ´etw. so verändern, dass es schlechter wird´: *wenn er so stur bleibt, wird er seine Lage nur ~; das verschlechtert unsere Lage* **1.2.** /etw./ *sich* ~ ´schlechter werden´; ANT verbessern (2), bessern (1.1): *sein Gesundheitszustand verschlechtert sich von Tag zu Tag mehr; ab morgen soll sich das Wetter ~* **1.3.** /jmd./ *sich* ~: *in der neuen Stelle habe ich mich finanziell verschlechtert (´bin ich finanziell schlechter gestellt´)*; ANT verbessern 2) ❖ ↗ **schlecht**

Verschleiß [fɐˈʃlaɪs], der; ~es, ⟨o.Pl.⟩ ´durch langen, häufigen, intensiven Gebrauch bedingtes Nachlassen der Fähigkeit, einwandfrei zu funktionieren´: *die Eisenbahnschienen, Reifen unterliegen einem starken ~; der ~ der Wirbelsäule; der natürliche ~ des Körpers* ❖ ↗ **verschleißen**

verschleißen [fɐˈʃlaɪsn̩], verschliss [..ˈʃlɪs], hat/ist verschlissen [..ˈʃlɪsn̩] **1.1.** ⟨hat⟩ /jmd. etw./ *etw.* ~ ´etw., besonders einen Gebrauchsgegenstand, durch langen, häufigen, intensiven Gebrauch abnutzen´; SYN verbrauchen (3): *er hat schon mehrere Tennisschläger verschlissen; der Junge verschleißt jedes Jahr mindestens drei Paar Turnschuhe* **1.2.** ⟨ist⟩ /etw., bes. Gebrauchsgegenstand/ ´durch langen, häufigen, intensiven Gebrauch abgenutzt werden´: *bei starker Beanspruchung ~ diese Teile sehr schnell; die Vorhänge sind ausgeblichen und verschlissen; ein verschlissener (SYN ´abgetragener, ↗ abtragen 2´) Anzug* ❖ **Verschleiß**

verschleppen [fɐˈʃlɛpm̩], verschleppte, hat verschleppt **1.** ⟨oft im Pass.⟩ /jmd./ *jmdn. (irgendwohin)* ~ ´jmdn. gewaltsam, widerrechtlich irgendwohin bringen und dort festhalten': *die Geiseln wurden verschleppt; die Gangster haben ihre Geisel an einen unbekannten Ort verschleppt; von den Verschleppten fehlt jede Spur; die Kinder sind irgendwohin verschleppt worden;* vgl. *entführen* (1.1) **2.** /jmd./ **2.1.** /jmd., bes. Jurist, Institution/ *eine Verhandlung, Untersuchung, ein Verfahren, einen Prozess ~* ('absichtlich hinausziehen, um ein bestimmtes positives Ergebnis zu erreichen'; SYN *verzögern* 1.1); *sein Anwalt versuchte, den Prozess zu ~* **2.2.** *eine Krankheit ~* ('eine Krankheit nicht rechtzeitig od. gar nicht behandeln lassen und sie dadurch verlängern': *sie hat die Grippe verschleppt; er leidet an einer verschleppten Grippe* ❖ ↗ **schleppen**

verschließen [fɐ'ʃliːsn̩], verschloss [..'ʃlɔs], hat verschlossen [..'ʃlɔsn̩]; ↗ auch *verschlossen* **1.** /jmd./ *etw. ~* 'mit Hilfe eines Schlüssels ein Schloss betätigen und damit einen Raum vor dem Zutritt, den Inhalt eines Behälters vor dem Zugriff Unbefugter sichern'; SYN *abschließen* (1), *absperren* (1), *zuschließen*; ANT *aufschließen* (1); ↗ FELD I.7.8.2: *die Tür ~; eine Kassette sorgfältig ~; das Zimmer, Haus, der Keller war verschlossen* **2.** /jmd./ *etw. ~* SYN 'etw. einschließen (1.3'): *die Akten, Unterlagen (im Schreibtisch, Tresor) ~* **3.** /jmd./ *etw. in sich, im Innern, Herzen ~* 'ein Gefühl, einen Gedanken verbergen, niemandem mitteilen': *er verschloss seine Gedanken, Liebe tief in seinem Innern* **4.** /jmd./ *sich etw.* ⟨Dat.⟩, *jmdm. ~/sich etw.* ⟨Dat.⟩, *jmdm. gegenüber/gegen etw., jmdn. ~* 'sich dem Inhalt einer Äußerung, gegenüber einem Sachverhalt ablehnend, sich jmdm. gegenüber abweisend verhalten': *er verschloss sich diesen Argumenten, gegen ihre Bitten; sie konnte sich der Wahrheit nicht länger ~; ich kann mich der Tatsache nicht verschließen, dass viele heute diese Dinge anders beurteilen; ihr Sohn hat sich ihr gegenüber immer mehr verschlossen* ❖ ↗ **schließen (1,2)**

verschlimmern [fɐ'ʃlɪmɐn], verschlimmerte, hat verschlimmert **1.1.** /jmd., etw./ *etw. ~* 'etw. schlimmer machen': *durch seinen Eigensinn hat er seine schwierige Situation noch verschlimmert; anhaltender Stress kann eine Krankheit ~* **1.2.** /etw./ *sich ~* 'schlimmer werden': *sein Zustand hat sich weiter verschlimmert* (ANT *gebessert* 1.1) ❖ ↗ **schlimm**

verschlossen [fɐ'ʃlɔsn̩] ⟨Adj.; Steig. reg., ungebr.; ↗ auch *verschließen*⟩ 'sich anderen nicht mitteilend, anderen gegenüber nicht aufgeschlossen': *er ist ein ~er Mensch; von Tag zu Tag wurde er ~er; er wirkte ziemlich ~; sein Gesicht wirkte ~* ('abweisend, ↗ *abweisen* 1') ❖ ↗ **schließen (1,2)**

verschlucken [fɐ'ʃlʊkn̩], verschluckte, hat verschluckt **1.** /jmd./ *etw. ~* 'etw. versehentlich schlucken'; ↗ FELD I.1.2: *einen Kirschkern ~;* METAPH *er verschluckt beim Sprechen die Endsilben* **2.** /jmd./ *sich ~* 'beim Essen ein wenig feste od. flüssige Nahrung in die Luftröhre bekommen': *er lachte, verschluckte sich dabei und musste kräftig husten* **3.** *der Nebel, die Nacht hatte ihn verschluckt* ('er war im Nebel,

im Dunkel der Nacht nicht mehr zu sehen') ❖ ↗ **schlucken**

Verschluss [fɐ'ʃlʊs], der; ~es, Verschlüsse [..'ʃlʏsə] **1.** 'Gegenstand, Vorrichtung zum Verschließen (2) bes. eines Behälters od. Schmuckstücks'; ↗ FELD I.7.8.1: *ein schadhafter ~; den ~ von einer Flasche abschrauben; an meiner Handtasche, Halskette ist der ~ kaputt; einen ~ öffnen, schließen, zudrehen* **2.** ⟨o.Pl.⟩ *unter ~* 'vor dem Zugriff Unbefugter sicher eingeschlossen': *die giftigen Chemikalien befinden sich unter ~, werden unter ~ aufbewahrt; etw. unter ~ halten* ('etw. vor dem Zugriff Unbefugter sicher verwahren'); *unter ~ stehen: diese Akten stehen unter ~* ('werden vor dem Zugriff Unbefugter sicher verwahrt') ❖ ↗ **schließen**

verschlüsseln [fɐ'ʃlʏsln̩], verschlüsselte, hat verschlüsselt /jmd./ *etw. ~* 'einen Text, der geheim bleiben soll, mit Hilfe eines Schlüssels (2) so abfassen, dass er für jene, die diesen Schlüssel nicht kennen, unverständlich bleibt'; SYN *chiffrieren, kodieren;* ANT *dechiffrieren, dekodieren, entschlüsseln: sämtliche Texte, alle Informationen wurden verschlüsselt;* ⟨oft adj. im Part. II⟩ *ein verschlüsseltes Telegramm*

verschmähen [fɐ'ʃmɛːən/..'ʃmeː..], verschmähte, hat verschmäht geh. /jmd./ *etw. ~* 'etw., das einem angeboten worden ist, geringschätzig ablehnen': *er hat unsere Hilfe verschmäht; sie hat seine Liebe verschmäht;* oft scherzh. *er verschmäht auch die heimischen Weine auch* ('trinkt auch heimische Weine'); *jmdn. ~: er hat sich sehr um sie bemüht, aber sie hat ihn verschmäht* ('hat seine Werbung abgewiesen'); ⟨adj. im Part. II⟩ *ein verschmähter Liebhaber* ❖ ↗ **schmähen**

verschmerzen [fɐ'ʃmɛʁtsn̩], verschmerzte, hat verschmerzt /jmd./ *etw. ~* 'über etw. Schmerzliches hinwegkommen': *einen Verlust, eine Niederlage ~; diese Enttäuschung hat er doch längst verschmerzt!;* ⟨+ *können*⟩ *er hat den Misserfolg bis heute nicht ~ können; das kann ich ~* ('darauf zu verzichten, fällt mir nicht schwer') ❖ ↗ **Schmerz**

verschmitzt [fɐ'ʃmɪtst] ⟨Adj.; Steig. reg., ungebr.⟩ 'von freundlicher und listiger Art zeugend' /vorw. auf Mimisches bez./: *seine ~en Augen; mit einem ~en Lächeln; er sah sie ~ an, lächelte ~;* vgl. *schelmisch*

verschnupfen [fɐ'ʃnʊpfn̩], verschnupfte, hat verschnupft umg. /etw., jmd./ *jmdn. ~* 'jmdn. erkennbar verärgern, beleidigen': *deine Bemerkung hat ihn/du hast ihn mit deiner Bemerkung sehr verschnupft; er ist immer schnell verschnupft; er war wegen unserer Absage mächtig verschnupft*

verschollen [fɐ'ʃɔlən] ⟨Adj.; o. Steig.; nicht bei Vb.⟩ 'seit längerer Zeit vermisst, ohne dass man etwas über den Verbleib erfahren hätte': *seit dem Funkspruch ist das Schiff ~; sie hofft noch immer auf ein Lebenszeichen von ihrem im Krieg ~en Sohn* ❖ vgl. **Schall**

verschonen [fɐ'ʃoːnən], verschonte, hat verschont **1.1.** /etw., jmd./ *jmdn., etw. ~* 'jmdm. nichts Schlimmes antun, einer Sache keinen Schaden zufügen': *der Krieg hat niemanden, kaum eine Familie verschont; (von etw.) verschont bleiben* 'im Gegensatz zu anderen, anderem (durch etw.) keinen Schaden, nichts Schlimmes erleiden': *hoffentlich bleibst du von der Grippe verschont!; das Erdbeben hat zahlreiche Gebäude zerstört oder schwer beschädigt, nur wenige sind verschont geblieben* **1.2.** ⟨vorw. im Imp.⟩ /jmd./ *jmdn. mit etw.* ⟨Dat.⟩ ~ 'jmdn. mit, durch etw. nicht belästigen': *verschone mich mit deinen Fragen, deinem Klatsch!* ❖ ↗ **schonen**

verschreiben [fɐˈʃʀaɪbm̩], verschrieb [..ˈʃʀiːp], hat verschrieben [..ˈʃʀiːbm̩] **1.** /jmd./ *sich* ~ 'beim Schreiben aus Versehen einen Fehler machen': *ich verschreibe mich dauernd; er hat sich beim Ausfüllen des Formulars mehrmals verschrieben* **2.** /Arzt/ *jmdm. etw.* ~ 'einem Patienten etw. schriftlich verordnen': *die Ärztin hat ihm eine Salbe und Massagen verschrieben; er hat Tabletten verschrieben bekommen* **3.** /jmd./ *jmdm. etw.* ~ 'jmdm. etw. schriftlich durch eine Urkunde o.Ä. als Eigentum übertragen': *er hat das Grundstück seinem Enkel verschrieben* **4.** ⟨vorw. im Perf.⟩ /jmd./ *sich etw.* ⟨Dat.⟩ ~ 'sich einer Aufgabe o.Ä. ganz hingeben, intensiv widmen': *er hat sich ganz und gar seinem Beruf verschrieben; sich dem Theater, der Wissenschaft, Forschung* ~, *verschrieben haben* ❖ ↗ **schreiben**

verschroben [fɐˈʃʀoːbm̩] ⟨Adj.; Steig. reg., Superl. ungebr.⟩ 'im Verhalten sonderbar und daher Befremden hervorrufend' /vorw. auf Personen bez./: *sie ist eine ziemlich* ~*e Person; --e Ansichten haben; er wirkte etwas* ~; vgl. *wunderlich*

verschulden [fɐˈʃʊldn̩], verschuldete, hat/ist verschuldet **1.** ⟨hat⟩ /jmd./ *etw.* ~ 'durch schuldhaftes Verhalten etw. Schlimmes verursachen': *wer hat den Unfall verschuldet?; den Tod eines Menschen* ~; *das hat er selbst verschuldet; durch eigenes, fremdes Verschulden, ohne eigenes, fremdes Verschulden: er ist ohne eigenes Verschulden in Not geraten* **2.1.** ⟨oft adj. im Part. II; ist⟩ /jmd., Unternehmen, Besitz/ 'in Schulden geraten': *er, der Hof, das Unternehmen verschuldete immer mehr; stark verschuldet sein; ein verschuldeter Betrieb* **2.2.** ⟨hat⟩ *sich* ~ 'Schulden machen': *er nahm weitere Kredite auf und verschuldete sich noch mehr; er hat sich durch den Kauf des Autos, durch den Bau des Hauses hoch verschuldet* ❖ ↗ **Schuld**

verschütten [fɐˈʃʏtn̩], verschüttete, hat verschüttet **1.** /jmd./ *etw.* ~ 'einen Teil von einer Flüssigkeit, körnigen, pulvrigen Masse versehentlich aus einem Gefäß gelangen lassen, sodass sie irgendwohin fällt': *sie stolperte mit dem schweren Eimer und verschüttete dabei Wasser; abergläubische Menschen meinen, es bringt Ärger, wenn man Salz verschüttet* (SYN 'verstreut, ↗ *verstreuen* 1.2') **2.** ⟨nur im Pass. u. adj. im Part. II⟩ /jmd., etw./ *verschüttet werden* 'von Erd-, Gesteins-, Schneemassen bedeckt werden, sodass keine Luft zum Atmen

bleibt': *bei dem Erdrutsch wurden viele Einwohner, mehrere Häuser verschüttet; die Verschütteten konnten nur noch tot geborgen werden* ❖ ↗ **schütten**

verschwägert [fɐˈʃvɛːgɐt/..ˈʃve..] ⟨Adj.; o. Steig.; nur präd. (mit *sein*)⟩ /jmd./ *mit jmdm.* ~ *sein* 'mit dem Bruder od. der Schwester des Ehemanns, der Ehefrau als Schwager od. Schwägerin verwandt sein'; ↗ FELD I.9.2: *mit jmdm. weder verwandt noch* ~ *sein;* /mehrere (jmd.)/ ⟨rez.⟩ *miteinander* ~ *sein* ❖ ↗ **Schwager**

verschweigen [fɐˈʃvaɪgn̩], verschwieg [..ˈʃviːk], hat verschwiegen [..ˈʃviːgn̩]; ↗ auch *verschwiegen* /jmd./ *jmdm. etw.* ~ SYN 'jmdm. etw. verheimlichen'; ANT offenbaren (1): *du verschweigst mir etw.!; er hat uns die Wahrheit verschwiegen; er hat ihr verschwiegen, dass er vorbestraft ist* ❖ ↗ **schweigen**

verschwenden [fɐˈʃvɛndn̩], verschwendete, hat verschwendet **1.** /jmd., Unternehmen/ *etw.* ~ 'leichtsinnig, ohne angemessenen Nutzen allzu viel von etw. verbrauchen, aufwenden'; SYN vergeuden; ↗ FELD I.2.2: *Wasser, Energie* ~; *er hat sein Geld, seine Zeit, Kräfte sinnlos verschwendet; viel Mühe an/auf/für eine Sache* ~ **2.** emot. /jmd./ *keinen/nicht einen Blick, Gedanken, kein/nicht ein Wort an jmdn., etw.* ~: *an diese Sache solltest du keinen Gedanken* ~ ('diese Sache ist es nicht wert, dass du dir darüber Gedanken machst')!; *er verschwendete nicht einen Blick an sie* ('sie war ihm so gleichgültig, dass er sie überhaupt nicht anblickte') ❖ ↗ **schwinden**

verschwenderisch [fɐˈʃvɛndɐR..] ⟨Adj.; Steig. reg.⟩ **1.** 'leichtsinnig, ohne angemessenen Nutzen im Verbrauch von etw., im Ausgeben von Geld'; ↗ FELD I.2.3: *er ist* ~, *ein* ~*er Mensch, führt ein* ~*es Leben;* ~ *mit Geld, Wasser, seiner Zeit umgehen* **2.** SYN 'üppig (2)' /beschränkt verbindbar/: *die* ~*e Ausstattung des Schlosses; das Schloss war* ~ *ausgestattet* ❖ ↗ **schwinden**

verschwiegen [fɐˈʃviːgn̩] ⟨Adj.; Steig. reg.; nicht bei Vb.; ↗ auch *verschweigen*⟩ /beschränkt verbindbar/ **1.** *er ist ein* ~*er Mensch, ist* ~ ('er erzählt das, was geheim bleiben soll, nicht anderen') **2.** 'einsam, ruhig und nur wenigen bekannt' /auf Orte o.Ä. bez./: *gibt es hier ein* ~*es Plätzchen, wo wir ungestört miteinander reden können?* ❖ ↗ **schweigen**

Verschwiegenheit [..ˈʃ..], die; ~, ⟨o.Pl.⟩ /zu *verschwiegen* 1 u. 2/ 'das Verschwiegensein'; /zu 1/: *auf seine* ~ *kann man sich verlassen* ❖ ↗ **schweigen**

verschwimmen [fɐˈʃvɪmən], verschwamm [..ˈʃvam], ist verschwommen [..ˈʃvɔmən]; ↗ auch *verschwommen* /etw./ 'für den Betrachter die klaren Umrisse verlieren und nicht mehr deutlich zu erkennen sein': *die Berge* ~ *im Dunst; vor seinen Augen verschwammen die Buchstaben; jmdm. verschwimmt alles vor den Augen/jmd. sieht alles verschwommen* ('jmd. kann nicht mehr klar und deutlich sehen'); *die Konturen* ~ (SYN 'verfließen 2') *in der Dämmerung;* ⟨adj. im Part. II⟩ *die verschwommenen Umrisse der Gipfel* ❖ ↗ **schwimmen**

verschwinden [fɐ'ʃvɪndn̩], verschwand [..'ʃvant], ist verschwunden [..'ʃvʊndn̩]; ↗ *auch* **verschwindend 1.1.** /jmd., etw./ *irgendwohin, irgendwo ~* 'sich immer weiter entfernen und schließlich von einer bestimmten Stelle aus nicht mehr zu sehen sein'; ↗ FELD I.7.2.2: *der Junge, das Auto verschwand um die Ecke; die Sonne ist hinter den Bergen verschwunden; schon war er im Gewühl verschwunden* **1.2.** umg. verhüll. /jmd./ *~ müssen* 'zur Toilette müssen': *ich muss mal schnell ~* **2.** /jmd./ SYN 'weggehen (1)': *gleich nach dem Essen verschwand er; verschwinde (endlich)!; ich bin müde und verschwinde jetzt* ('gehe jetzt schlafen') **3.** /etw., jmd./ '(allmählich) nicht mehr zu sehen sein': *der Fleck verschwindet (allmählich); das Kind, mein Schlüssel ist spurlos verschwunden* ('ist nirgendwo zu finden') ❖ ↗ **schwinden**

verschwindend [fɐ'ʃvɪndn̩t]; ↗ *auch* **verschwinden** I. ⟨Adj.; o. Steig.; nur attr.⟩ /beschränkt verbindbar/: *eine ~e* ('äußerst geringe') *Minderheit* – II. ⟨Adv.; vor Adj.⟩ emot. 'überaus' /auf Geringfügiges, Kleines bez./: *~ wenig, klein: sein Anteil war ~ klein; ein ~ kleiner Anteil* ❖ ↗ **schwinden**

verschwören [fɐ'ʃvøːʀən], **sich**, verschwor [..'ʃvoːɐ] sich, hat sich verschworen [..'ʃvoːʀən] ⟨vorw. im Perf.⟩ **1.** /zwei od. mehrere (jmd.)/ *sich gegen jmdn., etw. verschworen haben* 'sich im Geheimen verabredet haben und planen, gegen jmdn., etw. vorzugehen': *sie hatten sich gegen den Diktator, das Regime verschworen und wollten ihn, es stürzen; sie waren alle gegen ihn verschworen; er denkt, dass sich alle gegen ihn verschworen haben;* METAPH emot. *heute hat sich wohl alles gegen mich verschworen* ('heute will mir, scheint es, gar nichts gelingen')! /Ausruf der Verärgerung/ **2.** /jmd./ *sich etw.* ⟨Dat.⟩ *verschworen haben* 'sich einer Sache ganz und gar hingeben, intensiv widmen': *er hat sich ganz, ist ganz seinem Beruf, dieser Aufgabe verschworen* ❖ ↗ **schwören**

Verschwörung [fɐ'ʃvøːʀ..], **die**; ~, ~en /zu *verschwören* 1/ 'Plan, mit dem sich Personen gegen einen Machthaber, ein Regime verschwören, verschworen haben': *eine ~ gegen jmdn., etw.; wer war an der ~ beteiligt?; er lehnte eine ~ ab und forderte zum offenen Widerstand auf; die ~ gegen den Diktator wurde aufgedeckt* ❖ ↗ **schwören**

versehen [fɐ'zeːən] (er versieht [..'ziːt]), versah [..'zɑː], hat versehen **1.** /jmd./ **1.1.** *jmdn., sich mit etw.* ⟨Dat.⟩ *~* SYN 'jmdn., sich mit etw. versorgen (1)': *bevor er zu der Bergtour aufbrach, versah er sich mit Proviant; Spitzel haben ihn regelmäßig mit Informationen ~* **1.2.** *etw. mit etw.* ⟨Dat.⟩ *~* 'dafür sorgen, dass etw. etw. hat': *das Verkaufspersonal versieht die Waren mit Preisschildern; die Waren sind mit Preisschildern ~; die Urkunde ist mit der Unterschrift des Direktors ~* **2.** /jmd./ *sein Amt, seinen Dienst gewissenhaft ~* (SYN 'ausüben 1') **3.** ⟨oft im Perf.⟩ /jmd./ *sich ~* 'bes. beim Lesen irrtümlich etw. Falsches sehen': *es tut mir Leid, ich habe mich*

~; er hat sich beim Ablesen des Thermometers ~ ❖ ↗ **sehen**

* **ehe man sich's versieht** 'schneller als gedacht': *ehe man sich's versieht, ist ein Jahr vorbei; ehe man sich's versah, hatte ihn der Hund ins Bein gebissen*

Versehen, das; ~s, ~ 'etw., das irrtümlich falsch gemacht wurde': *das hat er nicht absichtlich getan, es war doch nur ein ~; mir ist ein ~ passiert, unterlaufen; er bedauert das, sein ~; aus ~* 'versehentlich, irrtümlich': *ich habe aus ~ deinen Kugelschreiber eingesteckt* ❖ ↗ **sehen**

versehentlich [fɐ'zeːɔnt..] ⟨Adv.⟩ 'ohne Absicht, aus Versehen': *er hat ~ etwas Rotwein verschüttet; sie hat ~ zu viel Salz genommen; er hat wohl ~* (SYN 'irrtümlich') *eine falsche Telefonnummer gewählt* ❖ ↗ **sehen**

versenden [fɐ'zɛndn̩], versandte [..'zantə]/auch versendete, hat versandt [..'zant]/auch versendet /jmd., Institution/ *etw. ~* 'Waren, Erzeugnisse per Post od. Bahn an viele Adressaten senden': *Einladungen, Warenproben ~; auf schriftliche Anforderung versendet die Firma per Nachnahme Ersatzteile für ihre Produkte* ❖ ↗ **senden**

versenken [fɐ'zɛŋkn̩], versenkte, hat versenkt **1.1.** /Militär, Kriegsschiff/ *ein Schiff ~* '(durch einen militärischen Angriff) bewirken, dass ein Schiff in einem Gewässer versinkt'; ↗ FELD V.6.2: *der Zerstörer wurde von einem U-Boot versenkt; das feindliche Schiff ~* **1.2.** /jmd./ *etw. irgendwo (hin) ~* 'etw., um sich dessen zu erledigen, in ein Gewässer versinken lassen': *skrupellose Elemente wollten die Fässer mit dem Giftmüll ins/im Meer ~* **2.** /jmd./ *etw. ~* 'bewirken, dass etw. unter der Oberfläche von etw. verschwindet': *die Nähmaschine kann man ~; der Öltank soll im Erdboden versenkt werden* **3.** /jmd./ *sich in etw. ~* SYN 'sich in etw. vertiefen (3)': *er versenkte sich in sein Buch, in die Betrachtung des Bildes* ❖ ↗ **senken**

Versenkung [fɐ'zɛŋk..], **die**; ~, ~en **1.** ⟨o.Pl.⟩ /zu *versenken* 1 u. 2/ 'das Versenken'; ↗ FELD I.7.3.1; /zu 1.1/: *die ~ eines Zerstörers, Flugzeugträgers, Frachtschiffs* **2.** 'Teil der Bühne, der in die Tiefe gesenkt und wieder gehoben werden kann': *nach seinem großen Monolog verschwand er mit Blitz und Donner in der ~* ❖ ↗ **senken**

* umg. /jmd./ *in der ~ verschwinden* ⟨vorw. im Prät., Perf.⟩ 'plötzlich nicht mehr in der Öffentlichkeit erscheinen': *seit dem Skandal ist der Politiker, der jahrelang im Mittelpunkt des öffentlichen Interesses gestanden hatte, in der ~ verschwunden;* /jmd./ *aus der ~ auftauchen* ⟨vorw. im Prät., Perf.⟩ ('plötzlich wieder in der Öffentlichkeit erscheinen')

versessen [fɐ'zɛsn̩] ⟨Adj.; Steig. reg., ungebr.; vorw. präd. (mit *sein*)⟩ /jmd./ *auf etw. ~ sein* 'begierig darauf aus sein, etw. zu erlangen': *sie ist auf Süßigkeiten, Anerkennung ~; auf Klatsch ~ sein* ('sich brennend für Klatsch interessieren'); *er ist ganz ~ darauf, deine Bekanntschaft zu machen*

versetzen [fɐ'zɛtsn̩], versetzte, hat versetzt **1.** /jmd./ *etw. ~* 'etw. von einer Stelle an eine andere Stelle*

setzen (2.2)': *einen Zaun, Grenzstein (um zwei Me-
ter) ~; einen Knopf ~* ('abschneiden und an einer
anderen, daneben befindlichen Stelle wieder annä-
hen'); *einen Strauch ~* ('ausgraben und an einer
anderen Stelle neu pflanzen') **2.** /Institution/ jmdn.
irgendwohin ~ 'einem Angestellten eine Aufgabe an
einem anderen Ort, in einer anderen Dienststelle
übertragen': *der Lehrer wurde an eine andere
Schule, in eine andere Stadt versetzt; der Beamte
wurde in eine andere Abteilung versetzt* **3.** /Schüler/
versetzt werden 'als Schüler am Ende des Schuljah-
res auf dem Zeugnis bestätigt bekommen, dass
man die nächste Klasse besuchen kann': *der Schü-
ler wird (in die achte Klasse) versetzt; es ist noch
fraglich, ob ihre Tochter versetzt wird, werden kann*
4. /jmd./ *sich in etw., jmdn. ~* 'sich vorstellen, in
einer bestimmten Situation, an jmds. Stelle zu
sein': *~ Sie sich mal in meine Lage!; als Erwachse-
ner kann man sich nur schwer in ein Kind ~; ~ wir
uns mal in das Berlin der Jahrhundertwende* **5.** /jmd./
etw. ~ 'in einer finanziellen Notlage etw. Wertvol-
les (in einer Pfandleihe) weggeben und dafür Geld
ausgezahlt bekommen': *er hat seine goldene Uhr, sie
hat ihren Schmuck versetzt* **6.** /jmd./ *jmdn. ~* 'zu
einer mit jmdm. vereinbarten Zeit, an einem mit
jmdm. vereinbarten Ort nicht erscheinen, so dass
der Betreffende vergeblich wartet': *seine Freundin
hat ihn versetzt; der Klempner hat uns schon einmal
versetzt* **7.** ⟨nur mit Sätzen der direkten od. indirek-
ten Rede⟩ /jmd./ *etw. ~* SYN 'etw. antworten':
*„Das lehne ich strikt ab", versetzte er; sie bat ihn
um eine Unterredung, aber er versetzte, er habe
keine Zeit; auf unser Angebot versetzte er, dass er
für das Auto 10.000 Mark verlange* **8.1.** /jmd., etw./
etw., jmdn. in etw. ~ 'bewirken, dass jmd., etw. in
einen bestimmten Zustand gerät': *ein Pendel in
Schwingung(en) ~;* ⟨oft im Pass., o. Agens⟩ *die
Maschine wird durch einen automatischen Schalter
in Bewegung versetzt; er ist in den Ruhestand ver-
setzt worden* **8.2.** /etw./ *jmdn. in etw. ~* 'bei jmdm.
eine bestimmte Emotion auslösen': *der anonyme
Drohbrief hat die Familie in große Unruhe versetzt;
jmdn. in Angst und Schrecken ~; jmdn. in Begeiste-
rung, Erstaunen, Panik, Wut ~* **9.** /jmd./ *jmdm. etw.
~* 'jmdm. etw. geben (1.4)': *er hat ihm mehrere Fuß-
tritte versetzt; jmdm. eine Ohrfeige, einen Schlag,
Stoß ~; jmdm. einen Seitenhieb ~* **10.** /abgeblasst
in Verbindung mit best. Subst./: /etw., jmd./ *jmdn.
in eine bestimmte* ↗ *Lage ~* ❖ ↗ **setzen**
MERKE Zum Gebrauch von *versetzen* (7): Im Ge-
gensatz zu *antworten, entgegnen, erwidern* (1) hat
versetzen kein Dat.obj. der Person

versichern [fɐ̯ˈzɪçɐn], versicherte, hat versichert **1.**
/jmd./ *etw., jmdn., sich ~* 'für etw., jmdn., sich
selbst eine Versicherung (2) abschließen': *vor An-
tritt der Reise sollten Sie ihr Gepäck ~; er hat sein
Haus gegen Brandschäden, Einbruch ~ lassen; er
ist, hat sich gegen Unfall versichert; wie hoch war er
versichert?* **2.** /jmd./ **2.1.** ⟨vorw. mit Nebens.⟩ *etw.*

*~ 'erklären, dass etw. wahr, sicher ist, den Tatsa-
chen entspricht': *der Angeklagte hat wiederholt ver-
sichert, dem Zeugen nie begegnet zu sein; er hat dies
eidesstattlich, glaubhaft versichert; jmdm. etw. ~:* er
versicherte uns, dass er den besten Eindruck von uns
gehabt hätte* **2.2.** /jmd./ *jmdm. etw. ~* 'jmdm. erklären,
dass er mit etw. rechnen, auf etw. vertrauen kann': *
er hat mir seine Hilfe, sein Wohlwollen versichert;
geh. jmdn. etw. ⟨Gen.⟩ ~: sie versicherten ihn feier-
lich ihres Beistandes; jmdn. ~ ⟨+ Nebens.⟩: seien
Sie versichert/Sie können versichert sein, dass wir
Sie nach besten Kräften unterstützen werden* **3.**
/jmd./ *sich etw. ⟨Gen.⟩ ~* SYN 'sich etw. vergewis-
sern (1.2)': *der Minister hat sich der Unterstützung,
des Beistandes seiner Amtskollegen versichert; du
solltest dich (dessen) ~* ('davon überzeugen'), *dass
die Alarmanlage eingeschaltet ist* ❖ ↗ **sicher**

Versicherung [fɐ̯ˈzɪçɐr..], die; ~, ~en **1.** 'Erklärung,
dass etw. wahr, sicher ist': *eine eidesstattliche, feier-
liche ~ abgeben; er gab uns die ~, dass wir uns voll
und ganz auf ihn verlassen könnten* **2.** '(vertragliche)
Regelung mit einer Versicherung (3), bei der dem
Versicherten gegen Beiträge im Fall eines Schadens
Schadenersatz garantiert wird': *er hat eine ~ abge-
schlossen; eine ~ erneuern, kündigen* **3.** 'Unterneh-
men, bei dem man Versicherungen (2) abschließen
kann': *wenn man den Schaden selbst verschuldet
hat, bei Alkohol am Steuer zahlt die ~ nicht* ❖ ↗
sicher

versiegen [fɐ̯ˈziːgn̩], versiegte, ist versiegt geh. **1.** *die
Quelle ist versiegt* ('es kommt kein Quellwasser
mehr aus dem Boden'); *ihre Tränen versiegten bald*
('sie hörte bald zu weinen auf') **2.** *das Gespräch
versiegte* ('hörte allmählich auf')

versiert [vɛʁˈziːɐt] ⟨Adj.; Steig. reg.⟩ 'auf einem
Fach-, Sachgebiet gut unterrichtet und über ein-
schlägige Erfahrungen, Fertigkeiten verfügend'
/vorw. auf Personen bez./: *ein ~er Verkäufer; er be-
rät die Kunden freundlich und ~*

versinken [fɐ̯ˈzɪŋkn̩], versank [..ˈzaŋk], ist versunken
[..ˈzʊŋkn̩] **1.** /jmd., etw./ *irgendwo ~* 'irgendwo tief
einsinken': *wir versanken bis zu den Knöcheln,
Knien im Schnee; im Schlamm, Morast ~* **2.** /Schiff,
jmd./ 'in einem Gewässer untergehen (2)'; ↗
FELD IV.1.2: *er versank (mit seinem Schiff) in den
Wellen, Fluten; das Schiff ist im Meer versunken;*
vgl. *sinken* **3.** *die Sonne versinkt hinter den/dem Ho-
rizont* ('geht unter') **4.** ⟨adj. im Part. II⟩ *versunkene*
('untergegangene, untergehen 3') *Kulturen* **5.**
/jmd./ *in etw. ~* 'sich einem Zustand, einer Tätig-
keit ganz hingeben und alles um sich her verges-
sen': *von Zeit zu Zeit versinkt sie in Apathie,
Schwermut; er war ganz in Gedanken, in seine Ar-
beit, diesen Anblick versunken* ❖ ↗ **sinken**

Version [vɛʁˈzi̯oːn], die; ~, ~en **1.** 'eine von mehreren
Darstellungen, Interpretationen eines Sachverhalts,
Vorfalls': *die amtliche, offizielle ~; ich habe noch
eine andere ~ gehört; über diesen Hergang kursieren
mehrere ~en* **2.** SYN 'Fassung (2)': *in der Analyse*

werden die verschiedenen ~en der Novelle miteinander verglichen; die englische ~ ('Übersetzung') des Romans **3.** 'leicht abweichende Form eines bereits existierenden Modells, Produkts': die neue ~ unterscheidet sich nicht nur in der Farbe vom Standardmodell

versöhnen [fɐ'zøːnən], versöhnte, hat versöhnt **1.** /jmd./ **1.1.** sich mit jmdm. ~ 'einen Streit mit jmdm. beilegen'; SYN aussöhnen (1.1): er hat sich (wieder) mit ihr versöhnt; /zwei od. mehrere (jmd.)/ sich ~: ⟨rez.⟩ sie haben sich beide versöhnt **1.2.** jmdn. mit jmdm. ~ 'erreichen, dass sich jmd. mit jmdm. wieder verträgt'; SYN aussöhnen (1.2): er hat sie mit der Mutter versöhnt; zwei od. mehrere Personen (miteinander) ~: es ist ihm gelungen, die beiden feindlichen Brüder, Parteien (miteinander) zu versöhnen ❖ ↗ **Sühne**

versöhnlich [fɐ'zøːn..] ⟨Adj.; Steig. reg., ungebr.; nicht präd.⟩ 'die Bereitschaft zur Verständigung, zur Beilegung eines Streits erkennen lassend': eine ~e Geste; er fand ~e Worte, sprach in ~em Ton; er ist ein ~er Mensch; sie hatte eine harte Auseinandersetzung befürchtet, doch er war ~ gestimmt; er hat sich ~ geäußert ❖ ↗ **Sühne**

versonnen [fɐ'zɔnən] ⟨Adj.; Steig. reg., ungebr.⟩ 'mit einem Gesichtsausdruck, der erkennen lässt, dass der Betreffende in Gedanken versunken ist': ein ~es Lächeln lag auf ihrem Gesicht; ~ schaute sie aus dem Fenster, lächelte sie; vgl. verträumt (1) ❖ ↗ **Sinn**

versorgen [fɐ'zɔrgn̩], versorgte, hat versorgt **1.** /jmd./ jmdn., sich, etw. mit etw. ⟨Dat.⟩ ~ 'dafür sorgen, dass jmd., man selbst, etw. etw. zur Verfügung hat'; SYN versehen (1.1): hast du dich für die lange Bahnfahrt schon mit Lesestoff versorgt?; die Nachbarin versorgt uns jeden Morgen mit frischen Brötchen; er ist mit allem, was er braucht, versorgt; /etw., bes. Anlage, Maschine/ etw., jmdn. mit etw. ⟨Dat.⟩ ~: das neue Wasserwerk wird die Bevölkerung, mehrere Dörfer und Gemeinden mit Trinkwasser ~ **2.** /jmd./ **2.1.** jmdn., etw., Tiere ~ 'das Nötige für jmdn., etw., für Tiere tun': die alte Frau wird von hilfsbereiten Nachbarn und der Gemeindeschwester versorgt; während ihres Urlaubs versorgt der Sohn das Vieh und den Garten; unsere Tochter ist versorgt ('hat die zum Leben notwendigen finanziellen Mittel') **2.2.** jmdn. zu ~ haben 'für jmds. Lebensunterhalt verantwortlich sein': er hat eine große Familie, fünf Kinder zu ~ ❖ ↗ **Sorge**

verspäten [fɐ'ʃpɛːtn̩/..'ʃpeː..], **sich**, verspätete sich, hat sich verspätet /jmd., etw./ sich ~ 'später als festgelegt, verabredet, zu spät kommen': er hat sich ein wenig verspätet; der Zug wird sich voraussichtlich um zehn Minuten ~, kam verspätet an ❖ ↗ **spät**

Verspätung [fɐ'ʃpɛːt/..'ʃpeː..], **die**; ~, ~en **1.1.** ⟨vorw. Sg.⟩ 'verspätetes Kommen': entschuldige bitte meine ~! **1.2.** /öffentliches Verkehrsmittel/ ~ haben 'infolge besonderer Umstände später als vorgesehen abfahren, ankommen': der Zug hatte wieder

einmal ~; das Flugzeug traf mit einer Stunde ~ ('eine Stunde später als vorgesehen') ein ❖ ↗ **spät**

versperren [fɐ'ʃpɛʀən], versperrte, hat versperrt **1.1.** /etw./ etw. ~ 'etw. unzugänglich machen': ein Lieferwagen versperrte die Einfahrt **1.2.** /jmd./ jmdm., etw. ⟨Dat.⟩ den Weg ~: er wollte uns den Weg ~ ('uns am Weitergehen hindern'); umgestürzte Bäume versperrten dem Konvoi den Weg ('verhinderten die Weiterfahrt des Konvois') und so mussten die Autos umkehren **2.** /etw., jmd./ jmdm. die Sicht, den Blick ~ 'jmdm. die Sicht, den Blick nehmen': das gegenüberliegende Haus versperrt uns den Blick auf den See; geh doch mal zur Seite, du versperrst mir die Sicht! ❖ ↗ **Sperre**

verspielen [fɐ'ʃpiːlən], verspielte, hat verspielt /jmd./ **1.1.** Geld ~ 'beim Spiel (4) Geld verlieren': er hat beim Roulette sein ganzes Geld verspielt **1.2.** seine Chance, sein Glück ~ ('durch Leichtsinn, eigenes Verschulden verlieren')
* /jmd./ **bei jmdm. verspielt haben** 'jmds. Sympathie, Vertrauen verloren haben': durch diesen Vertrauensbruch hat er endgültig bei ihr verspielt ❖ ↗ **Spiel**

verspotten [fɐ'ʃpɔtn̩], verspottete, hat verspottet /jmd./ jmdn., etw. ~ 'seinen Spott gegen jmdn., etw. richten': sie verspotteten ihn, das neue Programm; er wurde wegen seiner Ungeschicktheit verspottet ❖ ↗ **Spott**

versprechen [fɐ'ʃpʀɛçn̩] (er verspricht [..'ʃpʀɪçt]), versprach [..'ʃpʀɑːx], hat versprochen [..'ʃpʀɔçn̩] **1.** /jmd./ jmdm. etw. ~ **1.1.** ⟨vorw. mit Nebens.⟩ 'jmdm. gegenüber ausdrücklich erklären, etw. bestimmt zu tun': das musst du mir fest ~!; versprich mir, dass du gut auf das Kind aufpassen wirst; er hat ihr hoch und heilig versprochen, sie nie wieder zu belügen **1.2.** 'jmdm. gegenüber ausdrücklich erklären, dass er von ihm etw. bestimmt erhalten wird'; SYN zusagen: jmdm. Geld, Hilfe ~; er hat seinem Enkel zum Geburtstag ein Fahrrad versprochen; den Schrank kann ich dir leider nicht geben, denn ich habe ihn schon meinem Bruder versprochen; er hat ihr die Ehe versprochen ('hat versprochen, sie zu heiraten') **2.1.** /jmd., etw./ etw. ~ 'Anlass zu der Hoffnung geben, dass in der Zukunft etw. Bestimmtes eintritt': die Erdbeeren ~ eine reiche Ernte; er verprach, ein guter Sänger zu werden; sein Blick versprach nichts Gutes ('sein Blick hatte etw. Drohendes, Böses') **2.2.** /jmd./ sich ⟨Dat.⟩ etw. von etw. ⟨Dat.⟩, jmdm. etw. ~ 'etw. von etw., jmdm. erwarten': der Direktor verspricht sich eine Menge von den neuen Maschinen; was versprichst du dir davon?; ich habe mir mehr von dem Film versprochen **3.** /jmd./ sich ~ 'versehentlich ein Wort falsch aussprechen, einen Satz falsch formulieren': er wirkte abgespannt und versprach sich bei der Rede mehrmals ❖ ↗ **sprechen**

Versprechen, das; ~s, ~ 'Erklärung, mit der jmd. jmdm. etw. verspricht (1)'; SYN Zusage: ein feierliches, leichtsinniges ~; das waren nur leere ~en; jmdm. ein ~ geben, machen; ein ~ abgeben ('etw.

versprechen'); *ein ~ halten; ich will endlich mein ~ einlösen; er hat ihr das ~ abgenommen* ('hat sie gebeten, ihm zu versprechen'), *es nie wieder zu tun* ❖ ↗ **sprechen**

verstaatlichen [fɐ'ʃtaːtlɪçn̩], verstaatlichte, hat verstaatlicht /Regierung/ *etw.* ~ 'privates Eigentum an Betrieben, Boden in staatliches Eigentum überführen': *die Opposition hat im Parlament den Antrag eingebracht, die Stahlindustrie zu ~; die Eisenbahn wurde verstaatlicht* ❖ ↗ **Staat**

Verstand [fɐ'ʃtant], **der**; ~s/~es, ⟨o.Pl.⟩ 'Fähigkeit des Menschen zu denken, zu urteilen, das Wahrgenommene begrifflich zu erfassen'; ↗ FELD I.5.1: *sein klarer, scharfer ~; er verfügt über einen nüchternen, praktischen ~, hat (nicht viel) ~* (SYN 'Grips'); *dafür reicht sein ~ nicht aus; der Appell spricht Gefühl und ~ gleichermaßen an; manchmal zweifle ich an seinem ~; das geht über meinen ~* ('das verstehe ich nicht'); *er musste seinen ganzen ~ zusammennehmen* ('musste scharf nachdenken'), *um das zu verstehen* ❖ ↗ **verstehen**
* /etw./ **jmdn. um den ~ bringen** ('jmdn. wahnsinnig I.2 machen'); /jmd./ **den ~ verlieren** ('wahnsinnig I.1 werden'); ⟨⟩ umg. /jmd./ **nicht ganz/recht bei ~ sein** 'verrückt (2) sein': *ich glaube, der ist nicht ganz bei ~!; du bist wohl nicht recht bei ~!* /wird zu jmdm. gesagt, der sich absonderlich benimmt, etw. Absurdes tut/

verständig [fɐ'ʃtɛndɪç] ⟨Adj.; Steig. reg.⟩ 'Verstand zeigend' /auf Personen bez./; ↗ FELD I.5.3: *sie ist eine ~e Frau; das Kind ist für sein Alter schon sehr ~; ~ urteilen, handeln* ❖ ↗ **verstehen**

verständigen [fɐ'ʃtɛndɪɡn̩], verständigte, hat verständigt **1.** /jmd., Institution/ *jmdn., etw.* ~ SYN 'jmdn., etw. benachrichtigen'; ↗ FELD I.13.2: *wir müssen sofort den Arzt ~; wer verständigt die Angehörigen des Toten?; die Feuerwehr wurde bereits (über den Unfall, von der Havarie) verständigt; die Polizei ist schon verständigt;* vgl. *informieren* **2.** /mehrere (jmd.)/ **2.1.** *sich* ~ 'sich mit Worten, Gesten so ausdrücken, dass jeder den anderen versteht': *sie konnten sich mit den Einheimischen kaum, nur durch Zeichen ~; sie haben sich auf Französisch verständigt; sich mit Blicken ~;* /jmd./ *sich mit jmdm.* ~: *wie hast du dich mit ihm verständigt?* **2.2.** *sich über etw.* ~ 'miteinander über etw. zu einer Übereinkunft kommen'; SYN einigen (1): *wir müssen uns noch über die Modalitäten ~;* /jmd./ *sich mit jmdm. über etw.* ~: *er hat sich mit ihr nicht über die Höhe des Preises ~ können* ❖ ↗ **verstehen**

Verständigung [fɐ'ʃtɛndɪɡ..], **die**; ~, ⟨o.Pl.⟩ /zu *verständigen* 1,2/ 'das (Sich)verständigen'; /zu 1/: *wer übernimmt die ~ der Angehörigen?;* /zu 2.1/: *bei dem Lärm war eine ~ unmöglich;* /zu 2.2/: *noch zeichnet sich keine ~ zwischen den Verhandlungspartnern ab* ❖ ↗ **verstehen**

verständlich [fɐ'ʃtɛnt..] ⟨Adj.; Steig. reg.⟩ **1.** 'akustisch deutlich wahrzunehmen, gut zu hören' /auf mündliche Äußerungen bez./; ↗ FELD I.3.2.3: *seine Worte waren kaum ~; er hat eine ~e Aus-*

sprache; sprich bitte laut und ~ ('deutlich')! **2.** 'dem Sinn nach leicht zu begreifen' /auf mündliche und schriftliche Äußerungen bez./; ↗ FELD I.4.1.2: *kannst du dich nicht ~er ausdrücken?; sich ~ machen* 'sich mündlich od. schriftlich so ausdrücken, dass der Sinn begriffen wird': *obwohl er das Verfahren mehrfach erklärte, konnte er sich (den Zuhörern) nicht ~ machen;* SYN 'fasslich': *die Formulierung muss für andere ~ sein; diese Interpretation ist nur sehr schwer ~; dieses Buch ist in einer ~en Art geschrieben* **3.** ⟨nicht bei Vb.⟩ SYN 'begreiflich (1)' /vorw. auf Psychisches bez./: *ein ~er Wunsch; seine Angst ist durchaus ~* ❖ ↗ **verstehen**

Verständnis [fɐ'ʃtɛnt..], **das**; ~ses, ⟨o.Pl.⟩ ~ *für etw., jmdn.* 'Bereitschaft, sich in jmdn., etw. hineinzudenken': *dafür fehlt ihm das ~; er hat, zeigt viel, kein ~ für die Probleme junger Menschen; stets zeigte er großes ~ für die Behinderten; ich habe volles ~ für deine Entscheidung* ('verstehe die Gründe für deine Entscheidung sehr gut') ❖ ↗ **verstehen**

verstärken [fɐ'ʃtɛrkn̩], verstärkte, hat verstärkt **1.** /jmd., Unternehmen/ *etw.* ~ 'etw., bes. einen Bau, ein Bauteil, durch zusätzliche Maßnahmen stabiler, haltbarer machen': *einen Damm, eine Mauer* ~ **2.** /jmd., Institution/ *etw.* ~ 'eine Gruppe zahlenmäßig vergrößern (2)': *der Minister schlug vor, die Armee um 20 000 Mann zu ~; die Truppen an der Grenze ~; das Wachpersonal muss verstärkt werden* **3.1.** /jmd., etw./ *etw.* ~ 'die Intensität von etw. erhöhen': *die elektrische Spannung, den Druck ~; mehrere Lautsprecher im Saal verstärkten die Stimmen der Redner; wir müssen unsere Anstrengungen, Bemühungen ~* (SYN 'intensivieren')! **3.2.** /etw./ *sich* ~ 'an Intensität zunehmen': *der Sturm verstärkt sich von Stunde zu Stunde; seine Zweifel haben sich verstärkt; die Schmerzen treten häufiger und verstärkt auf* ❖ ↗ **stark**

Verstärkung [fɐ'ʃtɛrk..], **die**; ~, ~en **1.** ⟨vorw. Sg.⟩ /zu *verstärken* 1–3/ 'das (Sich)verstärken'; /zu 2/: *die ~ der Truppen an der Grenze;* /zu 3.2/: *es ist eine ~ des Sturms zu erwarten* **2.** 'Person(en), durch die eine Gruppe zahlenmäßig vergrößert und zusätzlich unterstützt wird': *~ ist schon unterwegs; die ~ ist bereits eingetroffen; ~ anfordern* ❖ ↗ **stark**

verstauchen [fɐ'ʃtauxn̩], verstauchte, hat verstaucht /jmd./ *sich* ⟨Dat.⟩ *etw.* ~ 'sich durch Zerren od. Zerreißen der Bänder etw., bes. ein Gelenk, verletzen'; ↗ FELD I.1.2: *ich habe mir den Fuß, die linke Hand verstaucht; den verstauchten Knöchel bandagieren*

Versteck [fɐ'ʃtɛk], **das**; ~s/auch ~es, ~e 'Ort, wo etw., jmd. versteckt ist, versteckt werden kann, wo sich jmd. versteckt hat, sich verstecken kann': *das Diebesgut wurde in einem raffiniert getarnten ~ gefunden; weißt du ein sicheres ~ für das Geld?; der Junge kam aus seinem ~ hervor; der Hund stöberte die Katze in ihrem ~ auf* ❖ ↗ **verstecken**

verstecken [fɐ'ʃtɛkn̩], versteckte, hat versteckt; ↗ auch *versteckt* /jmd./ *etw., jmdn., sich irgendwo* ~ SYN 'etw., jmdn., sich irgendwo verbergen (1)': *wir* *müssen das Geld ~; die alte Frau hatte ihre Erspar-nisse (unter der Matraze) versteckt; sie versteckten den Flüchtigen im Keller; der Junge lief weg und ver-steckte sich (hinter dem Schuppen, im Gebüsch); etw., jmdn., sich vor jmdm. ~: es gelang dem Dieb zu fliehen und sich vor der Polizei zu ~; etw., jmdn., sich versteckt halten: wo hat er sich die ganze Zeit über versteckt gehalten?; wir hielten ihn im Keller versteckt* ❖ **Versteck, versteckt**

versteckt [fɐˈʃtɛkt] ⟨Adj.; ↗ auch *verstecken*⟩ **1.** ⟨Steig. reg., ungebr.; nicht attr.⟩ ʻnicht od. nur schwer zu sehen, zu finden': *das Haus ist, liegt ganz ~ hinter Bäumen* **2.** ⟨o. Steig.; nur attr.⟩ ʻnicht of-fen ausgesprochen, nur angedeutet' /bes. auf Äuße-rungen bez./: *ein ~er Vorwurf; ~e Drohungen* ❖ ↗ **verstecken**

verstehen [fɐˈʃteːən], verstand [..ˈʃtant], hat verstanden [..ˈʃtandn̩] **1.** /jmd./ *jmdn., etw. ~* ʻjmdn., etw. akus-tisch wahrnehmen, deutlich hören'; ↗ FELD I.3.2.2: *sprich bitte lauter, ich verstehe dich sonst nicht!; obwohl die Tür geschlossen war, konnte er alles, jedes Wort ~; er war (am Telefon) deutlich, schlecht, kaum zu ~; es war kein Wort zu ~* **2.** /jmd./ *etw. ~* ʻmit dem Verstand erfassen, welchen Sinn etw. hat, es in seinen Zusammenhängen erken-nen'; SYN begreifen (1), kapieren; ↗ FELD I.4.1.2, 5.2: *er hat ihn, den Sinn seiner Worte nicht verstanden; dieser Essay ist schwer zu ~; wie soll ich das ~* (ʻwie meinst du, wie meinen Sie das')?; *wenn ich Sie (recht, richtig) verstehe/verstanden habe ...*(ʻwenn ich annehme, zu wissen, was Sie meinen, dann ...') *wollte er Sie erpressen; hast du/ haben Sie das, mich verstanden?; verstanden?* /steht am Ende eines (militärischen) Befehls und drückt aus, dass der Sprecher keinen Widerspruch duldet/: *du gibst ihm das Geld sofort zurück, verstanden?; Sie gehen/du gehst wieder an Ihre/deine Arbeit, haben Sie/hast du mich verstanden?* **3.** /jmd./ *jmdn., etw. ~* ʻsich durch Nachdenken und Einfühlen in jmdn., etw., bes. in jmds. Verhalten, versetzen und darum für jmdn., etw. Verständnis finden, haben'; SYN begreifen (2): *ich möchte niemandem zur Last fallen, kannst du das ~?; das kann ich gut ~!; er versteht durchaus deine Bedenken, Sorgen; sie versteht nicht, wie man so gemein sein kann* **4.** /zwei od. mehrere (jmd.)/ *sich* ⟨rez.⟩ *(miteinander) ~* ʻgleicher Mei-nung sein, gleiche Interessen haben und miteinan-der gut auskommen (2)': *versteht er sich mit ihr?; wir ~ uns (gut), haben uns immer (gut) verstanden; die Geschwister ~ sich überhaupt nicht (miteinan-der); in diesem Punkt haben wir uns nie verstanden* (ʻwaren wir stets unterschiedlicher Meinung'); /jmd./ *sich mit jmdm. ~: er versteht sich ausgezeich-net, blendend mit seinem Vater* **5.** /jmd./ **5.1.** *sein Fach, seinen Beruf ~* (SYN ʻbeherrschen 5') **5.2.** *etw. von etw.* ⟨Dat.⟩ *~* ʻauf einem bestimmten Ge-biet über solide Kenntnisse verfügen': *verstehst du etwas von Chemie?; du kannst ihn ruhig danach fra-gen, er versteht eine Menge davon; ich verstehe*

nichts von Technik; davon verstehst du nichts! **5.3.** *sich auf etw., jmdn. ~* ʻsich mit einer bestimmten Tätigkeit, mit bestimmten Menschen, Tieren, Pflanzen gut auskennen, mit bestimmten Men-schen, Tieren, Pflanzen gut umgehen können': *sie versteht sich aufs Stricken; er hat sich schon immer gut auf Kinder verstanden; er versteht sich auf Pferde, auf Blumen* ❖ **missverstehen, Missverständ-nis, unverständlich, Verstand, verständig, verständi-gen, Verständigung, verständlich, Verständnis − ein-verstanden, Einverständnis, Sachverständige, Selbst-verständnis, selbstverständlich**

* /jmd./ **jmdm. etw. zu ~ geben/jmdm. zu ~ geben, dass ...** (ʻjmdm. etw. durch einen Hinweis andeu-ten'); /etw., vorw. *das, es*/ **sich von selbst ~** ʻselbst-verständlich sein, keiner Erklärung bedürfen': *das versteht sich doch von selbst!; es verstand sich von selbst, dass sie ihm dabei halfen;* auch: *das versteht sich doch!*

versteifen [fɐˈʃtaifn̩], versteifte, hat versteift **1.** /jmd./ *etw. ~* **1.1.** ʻein textiles Gewebe o.Ä. durch Hinzu-fügen eines festen Materials steif (1) machen': *die Manschetten, den Kragen eines Oberhemdes ~* **1.2.** ʻetw. durch Ziegel, Bretter, Balken o.Ä. stützen': *eine Mauer, einen Bretterzaun ~* **2.** /etw./ *sich ~* ʻhartnäckiger werden': *ihr Widerstand hat sich ver-steift* **3.** /jmd./ *sich auf etw. ~* ʻetw. unbedingt durchsetzen, haben wollen': *ich an deiner Stelle würde mich nicht auf diesen Termin ~; sich auf sein Recht ~; sie hat sich darauf versteift, Schauspielerin zu werden* ❖ ↗ **steif**

versteigen [fɐˈʃtaign̩], **sich**, verstieg [..ˈʃtiːk] sich, hat sich verstiegen [..ˈʃtiːgn̩]; ↗ auch *verstiegen* /jmd./ *sich zu etw.* ⟨Dat.⟩ *~* ʻetw. äußern, denken, was andere als anmaßend, das übliche Maß überschrei-tend, empfinden': *er verstieg sich zu der Behauptung, dass dieser Erfolg ganz allein ihm zu verdanken sei; wie konnte er sich zu solcher Äußerung ~?* ❖ ↗ **stei-gen**

versteigern [fɐˈʃtaigɐn], versteigerte, hat versteigert ⟨oft im Pass.⟩ /jmd., Unternehmen/ *etw. ~* ʻetw. im Rahmen einer eigens dafür anberaumten Veran-staltung mehreren Interessenten anbieten und an denjenigen verkaufen, der am meisten geboten hat'; ↗ FELD I.16.2: *die nicht abgeholten Fund-sachen werden versteigert; etw. öffentlich, meistbie-tend ~* ❖ ↗ **steigern**

Versteigerung [fɐˈʃtaigɐ..], **die**; ~, ~en **1.** ʻdas Ver-steigern'; ↗ FELD I.16.1: *die ~ der Fundsachen, des Nachlasses erbrachte einen Erlös von mehr als 3000 Mark; zur ~ gelangen, kommen* (ʻversteigert werden') **2.** ʻVeranstaltung, auf der eine Versteige-rung (1) durchgeführt wird'; SYN Auktion: *er hat das Gemälde auf einer ~ erworben* ❖ ↗ **steigern**

verstellen [fɐˈʃtɛlən], verstellte, hat verstellt **1.** /jmd./ *etw. ~* ʻden Zutritt zu etw. dadurch, dass man ei-nen Gegenstand davor stellt, unmöglich machen': *er hat die Tür zum Nebenzimmer mit einem Schrank verstellt; jmdm. den Weg ~* (ʻsich jmdm. in den Weg* stellen und ihn so am Weitergehen hindern') **2.** /jmd./ *ein Buch* ~ ('aus Versehen an einen falschen Platz stellen, sodass es nicht gefunden wird') **3.** /jmd./ *etw.* ~ 'die (gewohnte) Stellung od. Einstellung von etw. verändern': *wer hat das Fernglas verstellt?; die Autositze* ~ ('nach vorn od. hinten versetzen') **4.** /jmd./ **4.1.** *etw.* ~: *er hat seine Stimme, Handschrift verstellt* ('verändert, um andere irrezuführen') **4.2.** *sich* ~ 'sich, um andere irrezuführen, anders geben, als man denkt, tatsächlich ist'; SYN *heucheln (2): er, sie kann sich meisterhaft* ~ ❖ ↗ **stellen**

Verstellung [fɐ'ʃtɛl..], *die;* ~, ~en 'das Sichverstellen, ↗ *verstellen* (4.2)': *er war ein Meister der* ~ ❖ ↗ **stellen**

versterben [fɐ'ʃtɛʁbm̩] (er *verstirbt* [..'ʃtɪʁpt]), *verstarb* [..'ʃtarp], *ist verstorben* [..'ʃtɔʁbm̩]; ↗ auch *Verstorbene* ⟨vorw. im Prät. u. adj. im Part. II⟩ /jmd./ SYN 'sterben (1)'; ↗ FELD XI.2: *er verstarb an den Folgen eines Unfalls, verstarb am Unfallort, auf dem Weg in die Klinik, während des Transports; er ist vor drei Wochen verstorben; ihr verstorbener Mann* ❖ ↗ **sterben**

verstiegen [fɐ'ʃti:gn̩] ⟨Adj.; Steig. reg.; nicht bei Vb.; ↗ auch *versteigen*⟩ SYN 'überspannt (1.1)' /auf Mentales bez./: *seine* ~*en Ideen, Vorstellungen* ❖ ↗ **steigen**

verstimmen [fɐ'ʃtɪmən], *verstimmte, hat verstimmt* /etw./ *jmdn.* ~ 'jmdn. ärgerlich stimmen': *ihre Antwort verstimmte ihn; diese Absage scheint ihn verstimmt zu haben; er war, schwieg verstimmt* ❖ ↗ **Stimme**

verstohlen [fɐ'ʃto:lən] ⟨Adj.; Steig. reg., ungebr.; nicht präd.⟩ 'vorsichtig und unauffällig, damit es nicht bemerkt wird'; SYN heimlich /vorw. auf Handlungen bez., die das Sehen und das Mimische betreffen/: *jmdm.* ~*e Blicke zuwerfen; sie lächelte* ~, *sah ihn* ~ *von der Seite an* ❖ ↗ **stehlen**

Verstorbene [fɐ'ʃtɔʁbənə], *der* u. *die;* ~n, ~n; ↗ TAFEL II; ↗ auch *versterben* 'unlängst verstorbene Person'; ↗ FELD XI.1: *haben Sie den* ~n *näher gekannt?; die* ~ *hat ihr Vermögen der Kirche vermacht; mit einer Schweigeminute der* ~n *gedenken* ❖ ↗ **sterben**

verstören [fɐ'ʃtø:ʁən], *verstörte, hat verstört* /etw./ *jmdn.* ~ 'jmdn. aus dem psychischen Gleichgewicht bringen, tief erschüttern, stark verwirren': *die Nachricht von dem Unglück hat ihn völlig verstört; er war, wirkte verstört; sie sah ihn verstört, mit verstörtem Blick an* ❖ ↗ **stören**

Verstoß [fɐ'ʃto:s], *der;* ~es, *Verstöße* [..'ʃtø:sə] SYN 'Vergehen'; ↗ FELD I.12.1: *einen schweren* ~ *gegen die Disziplin, Dienstvorschrift begehen; jeder* ~ *wird geahndet* ❖ ↗ **stoßen**

verstoßen [fɐ'ʃto:sn̩] (er *verstößt* [..'ʃtø:st]), *verstieß* [..'ʃti:s], *hat verstoßen* **1.** /jmd./ *gegen etw.* ~ 'eine Vorschrift, Regel, ein Prinzip o.Ä. verletzen, nicht befolgen'; SYN vergehen (4); ↗ FELD I.12.2: *wer gegen das Gesetz verstößt, macht sich strafbar; ge-*

gen die Regeln des Anstands, die öffentliche Ordnung, gegen ein Tabu ~ **2.** /jmd./ *jmdn.* ~ 'jmdn. aus einer Gemeinschaft ausstoßen': *sein Vater hat ihn* ~; *er wurde aus der Familie* ~ ❖ ↗ **stoßen**

verstreuen [fɐ'ʃtʁɔi̯ən], *verstreute, hat verstreut* **1.** /jmd./ **1.1.** *etw.* ~ 'einen körnigen, pulvrigen Stoff möglichst gleichmäßig auf eine bestimmte Fläche streuen (1)': *die Samen auf dem Beet* ~ **1.2.** *Zucker, Salz* ~ (SYN 'verschütten 1') **2.** /jmd./ *etw.* ~ 'zusammengehörende Gegenstände einzeln an zufälligen Stellen hinlegen und dort liegen lassen': *der Junge hat seine Spielsachen im ganzen Zimmer verstreut* ❖ ↗ **streuen**

verstricken [fɐ'ʃtʁɪkn̩], *verstrickte, hat verstrickt* /jmd./ **1.1.** *jmdn. in etw.* ~ SYN 'jmdn. in etw. verwickeln (2.1)': *er verstrickte mich in ein Gespräch; sie will sich nicht in diese Affäre* ~ *lassen* **1.2.** *sich in etw.* ~: *er hat sich in Lügen, Widersprüche verstrickt* (SYN 'verwickelt 2.2') ❖ ↗ **Strick**

verstümmeln [fɐ'ʃtʏml̩n], *verstümmelte, hat verstümmelt* **1.** /jmd./ ⟨vorw. im Pass. u. adj. im Part. II⟩ *jmdn.* ~ 'jmdn. schwer verletzen, wobei meist ein Glied od. mehrere Glieder abgetrennt werden': *der Täter hat sein Opfer, er wurde bis zur Unkenntlichkeit verstümmelt; etw.* ~: *bei dem Unfall wurde seine linke Hand verstümmelt* **2.** /jmd./ *etw.* ~ 'einen Text stark, willkürlich kürzen od. sinnwidrig wiedergeben': *der Reporter hat die Äußerungen des Ministers verstümmelt, verstümmelt wiedergegeben; ein verstümmeltes Zitat, Telegramm* ❖ ↗ **Stummel**

Versuch [fɐ'zu:x], *der;* ~s/auch ~es, ~e **1.** 'unter bestimmten Bedingungen durchgeführte Handlung, durch deren Ergebnis man etw. wissenschaftlich erklären, eine These o.Ä. beweisen, überprüfen will'; SYN Experiment (1): *ein physikalischer, wissenschaftlicher* ~; *der* ~ *verlief erfolgreich, ist fehlgeschlagen; einen* ~ *an Tieren, mit Menschen machen; einen* ~ *abbrechen, durchführen, vorbereiten, wiederholen; die* ~e *auswerten; eine Reihe, Serie von* ~en **2.** 'das Versuchen (1.1)': *ein verzweifelter, vergeblicher* ~; *er hat nie den ernsthaften* ~ *gemacht* ('sich nie ernsthaft bemüht'), *selbständig zu entscheiden; es käme auf einen* ~ *an* ('man sollte es versuchen'); *wer wagt den* ~ ('wer versucht es')?; *einen, den* ~ *machen, unternehmen, etw. zu tun: er machte mehrmals den* ~ *zu fliehen* ❖ ↗ **suchen**

versuchen [fɐ'zu:xn̩], *versuchte, hat versucht* **1.** /jmd./ **1.1.** ⟨vorw. mit Nebens.⟩ *etw.* ~ 'sich Mühe geben, etw. Schwieriges erfolgreich durchzuführen': *er hat mehrmals zu fliehen versucht; er hat es mit allen Mitteln versucht; er hat verzweifelt, vergeblich versucht, die Tür zu öffnen; ich will* ~, *Ihnen das zu erklären; versucht bitte nicht, mich zu überreden!; die Anklage lautet auf versuchten Mord* **1.2.** *etw.* ~ 'etw. Bestimmtes tun, um durch das Ergebnis der Handlung festzustellen, ob sich eine Sache bewährt, ob man erfolgreich ist': *er hat schon alles Mögliche versucht; diese Methode, diesen Trick, das habe ich noch nie versucht; hast du schon versucht,* *ob der Schlüssel passt?* **1.3.** *es mit etw.* ⟨Dat.⟩, *jmdm.* ~ ʽprüfen, ob sich etw., jmd. bewährtʼ: *vielleicht solltest du es mal mit einem anderen Medikament* ~; *er hat es mit Güte und mit Strenge versucht, aber alles war vergebens; wir wollen es noch einmal mit dir* ~ (ʽwir geben dir eine letzte Chanceʼ) **2.** /jmd./ *sich versucht fühlen/versucht sein, etw. Bestimmtes zu tun* ʽden heftigen Wunsch spüren, etw. Bestimmtes zu tunʼ: *er fühlte sich versucht, ihm eine Ohrfeige zu geben; einen Moment lang war ich versucht, eine ironische Bemerkung zu machen* ❖ ↗ **suchen**

Versuchung [fɐˈzuːx..], **die**; ~, ~en ʽheftiger Wunsch, der durch etw. Verführerisches ausgelöst wird und jmdn. dahin bringt, etw. Bestimmtes zu tun, zu erlangenʼ: *das war eine große* ~ *für ihn; die* ~ *zu rauchen/zum Rauchen war stärker als er; er erlag, widerstand der* ~, *alles Geld auszugeben; in (die)* ~ *geraten, kommen, etw. Bestimmtes zu tun: er geriet in* ~, *das Geld zu unterschlagen; jmdn. in (die)* ~ *führen, etw. Bestimmtes zu tun* ʽjmdn. zu einer ursprünglich nicht beabsichtigten Tat, zu etw. Unrechtem veranlassen wollenʼ: *du kannst mich mit diesem Angebot nicht in* ~ *führen!* ❖ ↗ **suchen**

vertauschen [fɐˈtauʃn̩], vertauschte, hat vertauscht **1.** /jmd./ *zwei od. mehrere Sachen* ~ ʽetw., was einem anderen gehört, irrtümlich nehmen und etw. Ähnliches dafür zurücklassenʼ; SYN verwechseln (1.2): *unsere Mäntel sind in der Garderobe vertauscht worden; etw. mit etw.* ⟨Dat.⟩ ~: *er muss meinem Schirm (mit seinem) vertauscht haben* **2.** /jmd./ *etw. mit etw.* ⟨Dat.⟩ ~: *schnell vertauschte sie die Schürze mit einem Kleid* (ʽzog sie die Schürze aus und ein Kleid anʼ); *sie haben die Stadt mit dem Land vertauscht* (ʽsind von der Stadt aufs Land gezogenʼ) ❖ ↗ **tauschen**

verteidigen [fɐˈtaɪdɪɡn̩], verteidigte, hat verteidigt **1.1.** /Soldat, Armee/ *etw., sich* ~ ʽetw., sich vor militärischen Angriffen durch geeignete militärische Gegenmaßnahmen schützen, militärische Angriffe auf etw., sich abwehrenʼ: *die Kompanie hat ihre Stellung erfolgreich verteidigt; eine Stadt, die Heimat, das Vaterland, die Freiheit* ~ **1.2.** /jmd., Tier/ *jmdn., sich, etw.* ~ ʽeine Bedrohung gegen jmdn., sich, etw. durch geeignete Gegenmaßnahmen abzuwehren versuchenʼ: *wenn ich tätlich angegriffen werde, muss ich mich doch (gegen den Angreifer)* ~!; *die Löwin verteidigte ihr Junges; er hat sein Leben zäh verteidigt* **2.** /jmd./ *jmdn., sich, etw.* ~ ʽjmdn., sich, etw. rechtfertigenʼ: *er hat sich, seinen Standpunkt geschickt verteidigt; er verteidigte diese These hartnäckig, konnte sie jedoch nicht aufrechterhalten; er versuchte, seinen Freund gegen den Vorwurf der Überheblichkeit zu* ~ **3.** /Anwalt/ *jmdn.* ~ ʽeinen Angeklagten vor Gericht in einem Strafprozess vertretenʼ: *wie heißt der Rechtsanwalt, der die Angeklagte verteidigt?* ❖ **Verteidiger, Verteidigung**

Verteidiger [fɐˈtaɪdɪɡɐ], **der**; ~s, ~ **1.1.** ʽSoldat, der etw., sich verteidigtʼ: *die* ~ *der belagerten Stadt; die*

mutigen, heldenhaften ~ **1.2.** ʽSpieler bei bestimmten Mannschaftsspielen, dessen Hauptaufgabe es ist, die Angriffe auf das Tor abzuwehrenʼ: *der linke, rechte* ~ **2.** ʽRechtsanwalt, der einen Angeklagten verteidigtʼ: *ein bekannter, brillanter; einen* ~ *benennen (für jmdn.); das Plädoyer des* ~s; *der* ~ *verwies auf die tiefe Reue seines Mandaten* ❖ ↗ **verteidigen**

Verteidigung [fɐˈtaɪdɪɡ..], **die**; ~, ⟨o.Pl.⟩ /zu *verteidigen* 1–3/ ʽdas Verteidigenʼ; /zu 1.1/: *die* ~ *der Heimat; die gegnerische* ~ *brach zusammen; Mittel, Maßnahmen zur* ~; /zu 2/: *die überzeugende, wortreiche* ~ *seines Standpunktes*; /zu 3/: *welchen Anwalt haben Sie mit Ihrer* ~ *beauftragt?* ❖ ↗ **verteidigen**

verteilen [fɐˈtaɪlən], verteilte, hat verteilt **1.** /jmd./ *mehrere Sachen* ~ ʽvon einer bestimmten Anzahl von Dingen mehreren Personen je ein einzelnes Stück, mehrere Stücke geben, bis nichts mehr übrig istʼ: *die Lehrerin verteilte die Zeugnisse; auf der Straße wurden Flugblätter verteilt; etw. gerecht* ~; *Bonbons, Luftballons (an die Kinder)* ~; *die Karten wurden unter die Zuschauer/den Zuschauern verteilt; ein Stück mit verteilten Rollen lesen* (ʽein Theaterstück laut lesen, wobei mehrere Personen je eine Rolle übernehmenʼ); METAPH *seine Sympathien waren stets gleichmäßig unter den, auf die Kollegen verteilt* **2.** /jmd./ **2.1.** *etw. irgendwo(hin)* ~ ʽeine Menge von etw. in bestimmten Teilen (gleichmäßig) auf eine Fläche bringen, legenʼ: *die Streusel auf dem Teig, über den Teig* ~; *die Salbe gleichmäßig auf die Wunde* ~; *die Ladung muss gleichmäßig auf der/die Ladefläche verteilt werden* **2.2.** *mehrere Personen irgendwo(hin)* ~ ʽmehrere Personen in Gruppen einteilen und diese an verschiedene Orte bringenʼ: *die Flüchtlinge wurden im Ort, auf drei Lager verteilt* **3.1.** /mehrere (jmd.)/ *sich irgendwo, irgendwohin* ~ ʽauseinander gehen (1) und sich innerhalb eines Gebäudes, Geländes an verschiedene Plätze begebenʼ: *nach dem Essen verteilten sich die Gäste im Park, über alle Räume* **3.2.** /etw./ *sich irgendwo(hin)* ~ ʽsich innerhalb eines Gebäudes, Geländes, Raums (3.2,4) ausbreiten, verbreitenʼ: *der Qualm verteilte sich durch das ganze Haus/im ganzen Haus; den Teig sorgfältig rühren, damit sich die Zutaten gut* ~ (ʽvermischenʼ) ❖ ↗ **Teil**

Verteilung [fɐˈtaɪl..], **die**; ~, ⟨o.Pl.⟩ **1.** /zu *verteilen* 1 u. 2/ ʽdas Verteilenʼ; /zu 1/: *am Ende des Schuljahres die* ~ *der Zeugnisse durchführen, wahrnehmen; die* ~ *von Lebensmitteln an Notleidende, an die Opfer der Katastrophe; etw. zur* ~ *bringen* (ʽetw. verteilen 1ʼ); *zur* ~ *gelangen, kommen* (ʽverteilt 1 werdenʼ) **2.** /zu *verteilen* 2 u. 3/ ʽArt und Weise des Verteiltseinsʼ; /zu 2.1/: *das Schiff ist infolge ungleichmäßiger* ~ *der Ladung gekentert*; /zu 3.2/: *die* ~ *von Schadstoffen in der Luft messen* ❖ ↗ **Teil**

verteuern [fɐˈtɔɪɐn], verteuerte, hat verteuert /etw./ **1.1.** *etw.* ~ ʽetw. teurer machenʼ: *hohe Personalkosten, Transportkosten, Materialkosten* ~ *die Produkte* **1.2.** *sich* ~ ʽteurer werdenʼ: *infolge erhöhter*

Nachfrage haben sich die Waren stark verteuert ❖ ↗ **teuer**

vertiefen [fɐˈtiːfn̩], vertiefte, hat vertieft **1.** /jmd., etw./ *etw.* ~ ˈetw. tiefer machen': *eine Grube* ~; *der Graben muss um 50 Zentimeter vertieft werden; der Kummer hat die Falten um seinen Mund vertieft* **2.1.** /jmd./ *etw.* ~: *seine Kenntnisse, sein Wissen* ~ (ˈdurch gründliche Beschäftigung mit dem betreffenden Gebiet vergrößern'); *den Lehrstoff* ~ (ˈdurch Wiederholung, zusätzliche Übungen festigen') **2.2.** /etw./ *sich* ~: *im Laufe der Jahre hat sich der Konflikt, ihre Freundschaft noch vertieft* (ˈist der Konflikt, ihre Freundschaft noch stärker geworden') **3.** /jmd./ *sich in etw.* ~ ˈsich intensiv mit etw. beschäftigen, sich ganz auf etw. konzentrieren'; SYN versenken (3): *er antwortete nur knapp und vertiefte sich wieder in seine Arbeit, Zeitung; das Kind war ganz in sein Spiel vertieft; in Gedanken vertieft sein* ❖ ↗ **tief**

Vertiefung [fɐˈtiːf..], die; ~, ~en **1.** ⟨o.Pl.⟩ /zu *vertiefen* 1 u. 2/ ˈdas (Sich)vertiefen'; /zu 1/: *die* ~ *des Grabens*; /zu 2.1/: *die* ~ *des Lehrstoffs* **2.** ˈStelle, die tiefer ist als die sie umgebende Oberfläche'; ↗ FELD III.1.1: ~*en im Gelände* ❖ ↗ **tief**

vertikal [vɛrtiˈkaːl] ⟨Adj.; o. Steig.⟩ SYN ˈsenkrecht'; ANT horizontal, waagerecht; ↗ FELD IV.2.3: *sich in* ~*er Lage befinden; eine* ~*e Linie; etw. ist* ~ *angebracht, verläuft* ~

vertilgen [fɐˈtɪlɡn̩], vertilgte, hat vertilgt **1.** ⟨oft im Pass.⟩ /jmd./ *Insekten, Ungeziefer, Unkraut mit chemischen Mitteln* ~ (ˈvollständig vernichten') **2.** umg. scherzh. /jmd./ *etw.* ~ ˈeine große Menge von etw. aufessen, austrinken': *die Kinder haben alles, den ganzen Kuchen vertilgt* ❖ ↗ **tilgen**

vertonen [fɐˈtoːnən], vertonte, hat vertont /Komponist/ *etw.* ~ ˈfür einen Text eine Musik komponieren': *ein Gedicht, Libretto* ~ ❖ ↗ **Ton**

vertrackt [fɐˈtrakt] ⟨Adj.; vorw. attr. u. präd.⟩ **1.** ⟨Steig. reg.⟩ ˈziemlich schwierig, verwickelt, äußerst kompliziert' /auf Abstraktes bez./: *eine* ~ *Frage, Aufgabe; er ist da in eine* ~*e Lage geraten; die Situation ist ganz* ~ **2.** ⟨o. Steig.; nur attr.⟩ ˈals schlecht, unangenehm empfunden': *ich habe das* ~*e Gefühl, dass …; so ein* ~*es Wetter!*

Vertrag [fɐˈtraːk], **der;** ~s/auch ~es, Verträge [..ˈtrɛːɡə/..ˈtrɛː..] ˈrechtskräftige Vereinbarung zwischen zwei od. mehreren Partnern': *ein schriftlicher, mündlicher* ~; *ein internationaler, langfristiger, zweiseitiger* ~; *(mit jmdm.) einen* ~ *abschließen, schließen; einen* ~ *brechen, einhalten, kündigen, unterzeichnen, verletzen; jmdn. unter* ~ *nehmen: einen Künstler unter* ~ *nehmen* (SYN ˈengagieren 2') ❖ **vertraglich**

vertragen [fɐˈtraːɡn̩] (er verträgt [..ˈtrɛːkt/..ˈtrɛː..]), vertrug [..ˈtruːk], hat vertragen **1.1.** ⟨oft verneint⟩ /jmd., etw./ *etw.* ~ ˈetw. Belastendes ertragen (1.1) können': *er kann keine Sonne, Kälte, kaum Hitze, Lärm nicht* ~; *er verträgt keine Aufregung; er hat das Klima gut* ~; *Widerspruch und Kritik hat er*

noch nie ~; *er verträgt keinen Spaß* (ˈnimmt einen Spaß leicht übel'); *meine Haut verträgt diese Salbe (gut)* (ˈreagiert nicht negativ auf diese Salbe') **1.2.** /jmd./ *etw.* ~ ˈetw. essen od. trinken können, ohne danach Beschwerden zu haben': *er verträgt keinen Kaffee, Alkohol, keine fetten Speisen; das Medikament hat er gut, schlecht* ~; *er verträgt viel, eine ganze Menge/kann viel, eine ganze Menge* ~ (ˈkann eine Menge Alkohol trinken, ohne betrunken zu werden') **2.** /zwei od. mehrere (jmd.)/ **2.1.** *sich* ⟨rez.⟩ *(miteinander)* ~ ˈkeinen Streit miteinander haben, gut miteinander auskommen (2)': *die Kinder* ~ *sich nicht und zanken sich ständig; wir haben uns immer gut* ~; /jmd./ *sich mit jmdm.* ~: *er hat sich von Anfang an (nicht) mit ihm* ~ **2.2.** *sich* ⟨rez.⟩ *(wieder)* ~ ˈsich versöhnen und wieder gut miteinander auskommen (2)': *wollen wir uns wieder* ~?; *vertragt euch doch wieder!*; /jmd./ *sich mit jmdm.* ~: *ich wollte mich (wieder) mit ihr* ~, *aber sie wollte nicht* **3.** ⟨vorw. verneint⟩ /etw./ *sich mit etw.* ⟨Dat.⟩ ~ ˈzu etw. passen': *die Farbe ihres Kleides verträgt sich nicht mit ihrem blassen Teint* ❖ ↗ **tragen**

vertraglich [fɐˈtraːk..] ⟨Adj.; o. Steig.; nicht präd.⟩ ˈdurch einen Vertrag geregelt' /auf Abstraktes bez./: ~*e Verpflichtungen, Vereinbarungen; etw.* ~ *festlegen, vereinbaren; er ist bereits* ~ *gebunden; der Schadenersatz ist* ~ (ˈdurch einen Vertrag') *geregelt* ❖ ↗ **Vertrag**

verträglich [fɐˈtrɛːk../..ˈtrɛː..] ⟨Adj.⟩ **1.** ⟨Steig. reg.⟩ ˈsich mit anderen gut vertragend, gut mit anderen auskommend'; SYN friedfertig /auf Personen bez./: *er ist ein* ~*er Mensch, ist, zeigt sich sehr* ~ **2.** ⟨o. Steig.⟩ ˈso beschaffen, dass es im Allgemeinen gut vertragen (1.2) wird'; SYN bekömmlich /auf Speisen, Getränke, Medikamente bez./: *eine* ~*e Mahlzeit; Obst ist leicht* ~; *dieser Wein ist nur schwer* ~; *der Impfstoff hat sich als* ~ *erwiesen* ❖ **unverträglich**; ↗ **tragen**

vertrauen [fɐˈtraʊən], vertraute, hat vertraut; ↗ auch *vertraut, Vertraute* /jmd./ *jmdm., etw.* ⟨Dat.⟩, *auf jmdn., etw.* ~ ˈfest glauben, überzeugt sein, dass man sich auf jmdn., etw. verlassen kann': *er vertraut* (ANT misstraut) *mir; den eigenen Kräften* ~; *du kannst seinen Worten* ~; *sie hat ihm bedingungslos, blindlings, fest, voll vertraut; ich habe (fest) auf seine Ehrlichkeit vertraut* ❖ ↗ **trauen**

Vertrauen, das; ~s, ⟨o.Pl.⟩ ˈfester Glaube, feste Überzeugung, dass man sich auf jmdn., etw. verlassen kann': *sein festes, blindes, grenzenloses* ~; *jmd. erweckt* ~ (ANT Misstrauen, Argwohn); *sein energisches Auftreten flößt* ~ *ein; Sie haben mein volles* ~!; *er hatte ihr (sein)* ~ *geschenkt; jmdm. das* ~ *aussprechen, entziehen; jmds.* ~ *genießen, gewinnen, missbrauchen, verdienen;* ~ *zu jmdm., etw./ in jmdn., etw. haben: sie hat nur wenig, kein rechtes* ~ *zu ihm; er hat kein* ~ *in seine Fähigkeiten mehr; das* ~ *zu jmdm., etw., in jmdn./etw. verlieren; jmdn. ins* ~ *ziehen* (ˈjmdn. in eine vertrauliche Angelegenheit einweihen 2'); *jmdn. etw. im* ~ (ˈvertrauensvoll') *fragen; sich voll ~ an jmdn. wenden; im ~ auf etw.* ˈauf etw. fest vertrauendˈ: *im festen ~ auf die Bündnistreue der Partner handeln;* /in der kommuniktativen Wendung/ *im ~ (gesagt)* (ˈfür das, was ich jetzt sage, möchte ich Verschwiegenheit erwartenˈ) /*wird gesagt, wenn sich jmd. jmds. Verschwiegenheit versichern möchte, wenn er ihm etw. Vertrauliches mitteilt*/ ❖ ↗ **trauen**

Vertrauens/vertrauens[fɐˈtʀɑuəns..]|**-bruch, der** ˈschwerwiegende Verletzung des Vertrauensˈ: *er hat ihm diesen ~ nie verziehen; einen ~ begehen* ❖ ↗ trauen, ↗ brechen; **-person, die** ˈPerson, die jmds. volles Vertrauen hat, der man Aufträge geben kann, die Vertrauen erfordernˈ ❖ ↗ trauen, ↗ Person; **-selig** ⟨Adj.; Steig. reg.⟩ ˈjmdm., einer Sache blindlings, naiv vertrauendˈ: *ein ~er Mensch; jmdm. ~ etw. erzählen; er ist anderen gegenüber zu ~* ❖ ↗ trauen; **-voll** ⟨Adj.; Steig. reg.⟩ ˈvoll Vertrauenˈ: *er ist sehr ~* (ANT argwöhnisch); *sich ~ an jmdn. wenden; ~ in die Zukunft blicken; ~e* (ˈauf gegenseitigem Vertrauen basierendeˈ) *Zusammenarbeit* ❖ ↗ trauen, ↗ voll

vertraulich [fɐˈtʀɑu..] ⟨Adj.; o. Steig.⟩ **1.** ˈdie Verschwiegenheit, Diskretion des Gesprächspartners voraussetzendˈ /auf Abstraktes bez./: *eine (streng) ~e Information, Unterredung; ein ~es Gespräch führen; etw. (streng) ~ behandeln; was ich dir jetzt sage, ist streng ~!* **2.** ˈvon enger, freundschaftlicher Verbundenheit zeugendˈ /auf Sprachliches bez./: *in ~em Ton miteinander reden; er redete ~ mit ihm, legte ihm ~ den Arm auf die Schulter* ❖ ↗ **trauen**

Vertraulichkeit [fɐˈtʀɑulɪç..], **die**; ~, **die 1.** ⟨o.Pl.⟩ /zu *vertraulich* 1 u. 2/ ˈdas Vertraulichseinˈ; /zu 1/: *die strenge ~ einer Information, Unterredung* **2.** ⟨vorw. Pl.⟩ ˈplumpe Zudringlichkeitˈ: *sie verbat sich jede ~; bitte keine ~en!* ❖ ↗ **trauen**

verträumt [fɐˈtʀɔɪmt] ⟨Adj.⟩ **1.** ⟨Steig. reg., ungebr.⟩ ˈ(häufig) seinen Gedanken, Phantasien hingegeben und dabei die Welt um sich her vergessendˈ; SYN versonnen /auf Personen bez./; ↗ FELD I.4.4.3: *ein ~es Kind; ihr ~er Blick; als Mädchen war sie sehr ~; er lächelte ~ vor sich hin, blickte ~ ins Leere;* vgl. *versonnen* **2.** ⟨o. Steig.; vorw. attr.⟩ ˈstill (1) und abgelegenˈ /auf Ortschaften bez./: *ein ~es Fischerdorf, Städtchen* ❖ ↗ **Traum**

vertraut [fɐˈtʀɑut] ⟨Adj.; ↗ auch *vertrauen, Vertraute*⟩ **1.** ⟨Steig. reg.⟩ ˈeng verbunden und sich gegenseitig vertrauendˈ /auf Personen(gruppen) bez./: *im ~en Kreis zusammensitzen; sie sind schon sehr ~ miteinander; sie ist sehr ~ mit ihm* **2.** ⟨Steig. reg., ungebr.; nur attr.⟩ *ein ~es* (ˈvertrauliches 1ˈ) *Gespräch* **3.** ⟨Steig. reg., ungebr.⟩ **3.1.** /jmd./ *jmdn., sich mit etw.* ⟨Dat.⟩ *~ machen* ˈjmdm., sich genaue Kenntnisse von etw. vermitteln, jmdn., sich gründlich in etw. einarbeitenˈ: *zunächst möchte ich Sie mit den technischen Daten, dem Programm ~ machen; sich mit den neuen Aufgaben ~ machen* /jmd./ *mit etw. ~ sein:* sind *Sie mit dem Gerät ~* (ˈwissen Sie, wie das Gerät arbeitet, können Sie das Gerät

bedienenˈ)?; *der neue Mitarbeiter ist mit unserer Kartei, dem Computer noch nicht so ~* **3.2.** ⟨nicht bei Vb.⟩ ˈjmdm. seit längerer Zeit sehr gut bekannt und von ihm geschätztˈ; ANT fremd (2) /auf Orte, Gebäude, auch Personen bez./: *er fühlt sich wohl in der ~en Umgebung; diese Gegend, das Gebäude ist mir seit meiner Kindheit ~; er war mir sehr ~* ❖ ↗ **trauen**

Vertraute [fɐˈtʀɑutə], **der** u. **die**; ~n, ~n; ↗ TAFEL II; ↗ auch *vertrauen, vertraut* ˈjmd., der mit jmdm. eng, freundschaftlich verbunden ist und sein Vertrauen genießtˈ: *er ist ein enger ~r des Bürgermeisters, von ihm; ihr engster ~r, ihre engste ~, sein engster ~r, seine engste ~* ❖ ↗ **trauen**

vertreiben [fɐˈtʀɑibm̩], vertrieb [..ˈtʀi:p], hat vertrieben [..ˈtʀi:bm̩]; ↗ auch *Vertriebene* **1.1.** /jmd., etw./ *jmdn., ein Tier ~* ˈjmdn., ein Tier veranlassen, seinen Platz zu verlassen, sich an einen anderen Platz zu begebenˈ: *er ließ sich nicht (von seinem Platz) ~; er zündete sich eine Pfeife an, um die Mücken durch den Rauch zu ~; das laute Gelächter hat die Rehe vertrieben; etw. ~: der Wind ist stärker geworden und wird die Wolken ~;* METAPH *ihre Fröhlichkeit vertrieb bald seine schlechte Laune* **1.2.** /jmd., Institution/ *jmdn. ~* ˈjmdn. mit militärischen, politischen Maßnahmen zwingen, seine Heimat, ein bestimmtes Gebiet zu verlassenˈ: *sie wurden aus ihrer Heimat vertrieben und leben seither in Lagern* **2.** ⟨vorw. fachspr.⟩ /Unternehmen/ *etw. ~* ˈProdukte in größeren Mengen zum Kauf anbietenˈ: *die Firma vertreibt Zeitschriften; die Produkte, Erzeugnisse dieser Firma werden nur im ambulanten Handel, im Fachhandel vertrieben; von wem werden diese Waren vertrieben?* ❖ **zu (2): Vertrieb; zu (1):** ↗ **treiben**

¹vertreten [fɐˈtʀe:tn̩] (er vertritt [..ˈtʀɪt]), vertrat [..ˈtʀɑ:t], hat vertreten; ↗ auch ²*vertreten, Vertreter* **1.** /jmd./ *jmdn. ~* ˈjmds. (berufliche) Aufgaben übernehmen, solange dieser seine Tätigkeit nicht ausüben kannˈ: *wer vertritt den erkrankten Kollegen?; jmdn. während seines Urlaubs, in der Sitzung, im Dienst ~* **2.1.** /jmd., Institution/ *etw., jmdn. ~* ˈjmds. Interessen, Rechte wahrnehmen, sich im Auftrag einer bestimmten Person, Institution für etw. einsetzenˈ: *der Anwalt vertritt vor Gericht die Interessen seines Klienten; der Abgeordnete vertritt seine Wähler; jahrelang vertrat er sein Land als Botschafter bei der UNO; wir müssen selbst nachdrücklich unsere Forderungen ~;* vgl. *wahrnehmen (2.1)* **2.2.** /jmd./ *ein Unternehmen, eine Firma ~* (ˈals Vertreter 4 für eine Firma arbeitenˈ) **3.** /jmd./ *etw. ~* ˈeine Tat, Entscheidung vor sich selbst und anderen verantwortenˈ: *was ich getan habe, kann ich jederzeit ~; wie wollen Sie diese Entscheidung vor Ihren Kollegen ~?* **4.** /jmd./ *etw. ~* ˈeinen Standpunkt o.Ä. haben und ihn äußernˈ: *er vertritt die Auffassung, dass es sich um eine vorübergehende Krise handelt; eine These, Überzeugung ~* **5.** /jmd./ *sich* ⟨Dat.⟩ *den Fuß ~* (ˈungeschickt auftreten und sich dadurch den Fuß verstauchen') ❖ **²vertreten, Vertreter, Vertretung** – **Handelsvertreter, Volksvertreter, Volksvertretung**

²vertreten ⟨Adj.; o. Steig.; nur präd.; ↗ auch ¹*vertreten, Vertreter*⟩ **1.1.** /jmd., Institution/ *irgendwo* ~ *sein: bei der Sitzung war auch die Gewerkschaft* ~ (ʿwar auch ein Vertreter, waren auch Vertreter der Gewerkschaft anwesend'); *diese Partei ist mit hundert Abgeordneten im Parlament* ~ (ʿhat 100 Abgeordnete im Parlament'); *auf dem Kongress waren die Frauen sehr zahlreich* ~ (ʿwaren zahlreiche Frauen anwesend') **1.2.** /etw./ *irgendwo* ~ *sein: auf der Modenschau war vom Badeanzug bis zum Abendkleid alles* ~ (ʿwar das ganze Spektrum zwischen Badeanzug und Abendkleid vorhanden'); *auf der Ausstellung waren seine Bilder kaum* ~ (ʿvorhanden') ❖ ↗ ¹**vertreten**

Vertreter [fɐˈtʀeːtɐ], der; ~s, ~. **1.** SYN ʿStellvertreter': *der ständige* ~ *des Direktors, Ministers; der* ~ *von Kollegin Müller; wer ist dein* ~?; *vor Antritt des Urlaubs einen* ~ *benennen* **2.** ⟨+ Gen.attr.⟩ ʿjmd., der einen Standpunkt o.Ä. vertritt': *ein konsequenter* ~ *humanistischer Ideale* **3.** SYN ʿRepräsentant': *auf der Kundgebung kamen* ~ *aller Parteien zu Wort; führende* ~ *der Wissenschaft, von Politik und Wirtschaft* **4.** ʿjmd., der von einer Firma mit dem Verkauf ihrer Produkte, mit der Vermittlung od. dem Abschluss von geschäftlichen Vereinbarungen beauftragt ist und zu diesem Zweck Firmen, private Haushalte aufsucht'; ↗ FELD I.10: *er ist* ~; *er arbeitet als* ~ *einer bekannten Autofirma, Versicherung; ein* ~ *für elektrische Haushaltsgeräte* ❖ ↗ ¹**vertreten**

Vertrieb [fɐˈtʀiːp], der; ~s, ⟨o.Pl.⟩ ʿdas Vertreiben (2)': *der* ~ *von Zeitungen und Zeitschriften an Kiosken* ❖ ↗ **vertreiben**

Vertriebene [fɐˈtʀiːbənə], der u. die; ~n, ~n; ↗ TAFEL II; ↗ auch *vertreiben* ʿjmd., der aus seiner Heimat vertrieben (↗ *vertreiben* 1.2) wurde': *die* ~*n wollen in ihre Heimat zurückkehren* ❖ ↗ **treiben (1)**

vertrocknen [fɐˈtʀɔknən], vertrocknete, ist vertrocknet /etw./ ʿdurch Mangel an Wasser, Feuchtigkeit völlig trocken (1) werden'; ↗ FELD III.2.2: *durch die anhaltende Hitze sind die Beeren an den Sträuchern völlig vertrocknet; vertrocknetes Brot; ein vertrockneter* (SYN ʿabgestorbener, ↗ *absterben*') *Ast; vgl. trocknen* (1.3) ❖ ↗ **trocken**

vertrösten [fɐˈtʀøːstn̩], vertröstete, hat vertröstet /jmd./ ʿjmds. Wünsche, Hoffnungen nicht sofort erfüllen, sondern sagen, dass sie sich später erfüllen werden': *er hat uns immer wieder vertröstet; jmdn. auf etw.* ~ ʿjmdm. für einen späteren Zeitpunkt die Erfüllung seiner Wünsche, Hoffnungen versprechen': *er vertröstete das Kind auf die Sommerferien* ❖ ↗ **Trost**

vertuschen [fɐˈtʊʃn̩], vertuschte, hat vertuscht umg. /jmd./ *etw.* ~ ʿetw., das unangenehme Konsequenzen haben würde und deshalb nicht bekannt werden soll, zu verheimlichen suchen': *ein findiger Re-*

porter hat die Affäre, die der Parteivorstand ~ *wollte, aufgedeckt und veröffentlicht; der Skandal sollte vertuscht werden; die Betrügereien ließen sich nicht länger* ~ ❖ vgl. **Tusche**

verübeln [fɐˈʔyːbl̩n], verübelte, hat verübelt /jmd./ *jmdm. etw.* ~ SYN ʿjmdm. etw. übel nehmen'; ↗ FELD I.6.2: *diese abfällige Bemerkung hat er ihm sehr verübelt; er hat mir sehr verübelt, dass ich ihn nicht darüber informiert hatte* ❖ ↗ **übel**

verüben [fɐˈʔyːbm̩], verübte, hat verübt /jmd./ *etw.* ~ ʿetw. ausführen (3, 4), tun, das als verwerflich gilt'; SYN begehen (2): *ein Attentat, Verbrechen, einen Verrat* ~; *er hat Selbstmord verübt* ❖ ↗ **üben**

verunglimpfen [fɐˈʔʊnɡlɪmpfn̩], verunglimpfte, hat verunglimpft /jmd., Institution, etw./ *jmdn., etw.* ~ ʿjmdn., etw. in verleumderischer Weise herabsetzen': *seinen politischen Gegner* ~; *ich lasse meinen Kollegen nicht von Ihnen* ~!; *in dem Zeitungsartikel wird er verleumdet und seine ehrliche Absicht verunglimpft* ❖ vgl. **glimpflich**

verunglücken [fɐˈʔʊnɡlʏkn̩], verunglückte, ist verunglückt **1.** /jmd., etw., bes. Fahrzeug/ ʿdurch eigenes, menschliches, technisches Versagen schweren Schaden erleiden': *auf dem Weg zur Arbeit, beim Baden, mit dem Auto, schwer, tödlich* ~; *der Bus ist in dichtem Nebel verunglückt; der verunglückte Fahrer; die Verunglückten wurden sofort in das nächste Krankenhaus gebracht* **2.** umg. scherzh. /etw./ ʿmisslingen': *der Braten, Kuchen ist (mir) heute ein bisschen verunglückt;* ⟨vorw. adj. im Part. II⟩ *eine verunglückte Rede, Party* ❖ ↗ **Glück**

verunreinigen [fɐˈʔʊnʀaɪnɪɡn̩], verunreinigte, hat verunreinigt /jmd., etw./ *etw.* ~ ʿetw. schmutzig machen': *Rowdys haben die Telefonzelle verunreinigt und demoliert; der See wird durch die Abwässer der angrenzenden Grundstücke verunreinigt* ❖ ↗ ¹**rein**

verunstalten [fɐˈʔʊnʃtaltn̩], verunstaltete, hat verunstaltet /etw., jmd., etw./ *jmdn., etw.* ~ SYN ʿjmdn., etw. entstellen (1)': *eine tiefe Narbe verunstaltet ihn, sein Gesicht; die Landschaft ist durch Hochhäuser verunstaltet* ❖ ↗ **Gestalt**

veruntreuen [fɐˈʔʊntʀɔɪən], veruntreute, hat veruntreut /jmd./ *etw.* ~ SYN ʿetw. unterschlagen (1.1)': *er hat die ihm anvertrauten Gelder und Waren in großem Umfang veruntreut und wird sich dafür vor Gericht verantworten müssen* ❖ ↗ **treu**

verursachen [fɐˈʔuːɐzaxn̩], verursachte, hat verursacht /jmd., etw./ *etw.* ~ ʿdie Ursache von etw. sein': *wer hat den Unfall verursacht?; diese Seife kann Allergien* ~; *der Brand wurde durch einen/von einem Blitz verursacht; der Unfall hat viel Ärger verursacht; jmdm. etw.* ~: *diese Affäre, sein Sohn hat ihm viel Aufregung und Ärger verursacht* (SYN ʿbereitet 3, gemacht, ↗ *machen* 4.1') ❖ ↗ **Ursache**

verurteilen [fɐˈʔuːɐtaɪlən], verurteilte, hat verurteilt **1.** /Richter, Gericht/ *jmdn. zu etw.* ⟨Dat.⟩ ʿdurch ein gerichtliches Urteil verfügen, dass jmd. eine bestimmte Strafe erhält': *das Gericht hat ihn wegen Diebstahls zu einer Geldstrafe verurteilt; er wurde zu einer zweimonatigen Haftstrafe, zum Tode verur-*

teilt; der Verurteilte will Berufung einlegen **2.** /jmd., etw./ *zu etw.* ⟨Dat.⟩ *verurteilt sein* ʽschwierigen Umständen, einer negativen Entwicklung machtlos ausgeliefert (2) sein': *er kann keine Arbeit finden und ist zum Nichtstun verurteilt; ein zum Untergang verurteiltes Regime; dieser Plan war von Anfang an zum Scheitern verurteilt* (ʽmusste zwangsläufig scheitern') **3.** /jmd., Institution/ *jmdn., etw.* ~ ʽjmds. Handlungsweise, etw. scharf ablehnen, für verwerflich erklären'; ↗ FELD I.12.2: *der Präsident, die Regierung, die internationale Öffentlichkeit hat den Terroranschlag aufs Schärfste verurteilt; jmds. Benehmen, Handlungsweise* ~; *man sollte ihn nicht vorschnell* ~ ❖ ↗ **Urteil**

vervielfältigen [fɐˈfiːlˌfɛltɪgn̩], vervielfältigte, hat vervielfältigt /jmd./ *etw.* ~ **1.** ʽviele Kopien (1) von etw. Geschriebenem, Gedrucktem od. auf künstlerischem Wege Entstandenen herstellen'; SYN kopieren (1): *die Initiatoren wollen ihren Aufruf* ~ *lassen und öffentlich verteilen; einen Text, eine Zeichnung* ~ **2.** ʽeine od. mehrere Kopien (3) von etw. herstellen'; SYN kopieren (2): *das Buch, den Brief* ~ ❖ ↗ **viel**

vervollkommnen [fɐˈfɔlkɔmnən], vervollkommnete, hat vervollkommnet /jmd./ **1.1.** *etw.* ~ ʽetw. vollkommen, noch besser machen': *den Konstrukteuren gelang es, die Maschine weiter zu* ~; *er ist ständig bemüht, seine französische Aussprache, seine Fachkenntnisse zu* ~ **1.2.** *sich* ~ ʽseine Leistungen auf einem bestimmten Gebiet steigern, vollkommen machen': *er will sich* ~ *und übt täglich; sich im Klavierspiel* ~ ❖ ↗ **vollkommen**

vervollständigen [fɐˈfɔlˌʃtɛndɪgn̩], vervollständigte, hat vervollständigt **1.1.** /jmd., Institution/ *etw.* ~ ʽeiner Sache etw. Fehlendes hinzufügen und sie dadurch vollständig(er) machen': *die Einrichtung, Bibliothek* ~; *er, das Museum ist bestrebt, seine Sammlungen zu* ~ **1.2.** /etw./ *sich* ~ ʽvollständig(er) werden': *allmählich vervollständigt sich das Mobiliar, der Haushalt des jungen Paares* ❖ ↗ **vollständig**

verwachsen [fɐˈvaksn̩] ⟨Adj.; Steig. reg., ungebr.; vorw. attr. u. präd.⟩ ʽschief, krumm gewachsen': *er hat einen* ~*en Rücken; er ist* ~ (ʽhat einen schiefen, krummen Rücken'); *ein kleiner,* ~*er Mann* ❖ ↗ **wachsen**

verwahren [fɐˈvaːʀən], verwahrte, hat verwahrt **1.** /jmd./ *etw.* ~ ʽetw. an einer Stelle aufbewahren, wo es bis zu seiner Verwendung vor dem Zugriff Unbefugter, vor Schaden sicher ist': *ich werde die Urkunde so lange für dich* ~; *etw. irgendwo* ~: *etw. im Schrank, Schreibtisch, in einer Kassette* ~; *das Geld und der Schmuck sind im Safe sicher verwahrt* **2.** /jmd./ *sich gegen etw.* ~ ʽgegen einen Vorwurf o.Ä. entschieden protestieren, einen Vorwurf o.Ä. scharf zurückweisen': *er verwahrte sich ganz entschieden gegen diese ungeheuerliche Verdächtigung; sich energisch, mit Nachdruck, voller Entrüstung gegen etw.* ~ ❖ ↗ **wahren**

verwahrlosen [fɐˈvaːʀloːzn̩], verwahrloste, ist verwahrlost **1.** /etw./ ʽdurch Mangel an Pflege in einen unordentlichen Zustand geraten': *das Grundstück, der Garten verwahrlost immer mehr; er hat seine Wohnung, seine Kleidung* ~ *lassen* **2.** /jmd./ ʽsozial (und moralisch) herunterkommen (2)': *es besteht die Gefahr, dass sich die arbeitslosen Jugendlichen herumtreiben und (sittlich)* ~ ❖ ↗ **los**

verwalten [fɐˈvaltn̩], verwaltete, hat verwaltet /jmd., Unternehmen, Institution/ *etw.* ~ ʽfür die Durchführung aller Maßnahmen, Regelung aller Angelegenheiten in einem bestimmten Sachbereich verantwortlich, zuständig sein': *er verwaltet die Kasse, Gelder des Vereins, seinen Nachlass; von diesem Büro werden zahlreiche Häuser und Grundstücke verwaltet* ❖ ↗ **walten**

Verwaltung [fɐˈvalt..], die; ~, ~en **1.** ⟨o.Pl.⟩ ʽorganisatorische Tätigkeiten, die die Arbeit eines Unternehmens, einer Institution gewährleisten': *die Kosten für die* ~ *des Klinikums sind gestiegen; die Museen der Stadt befinden sich, sind in, stehen unter kommunaler* ~ (ʽwerden kommunal verwaltet') **2.** ⟨o.Pl.⟩ ʽdas Verwalten': *die* ~ *der Kasse, seines Nachlasses* **3.** ʽAbteilung eines Unternehmens, einer Institution, die für die Verwaltung (1) zuständig ist': *die* ~ *befindet sich im 1. Stock; die Mitarbeiter der* ~; *in der* ~ *arbeiten; wenden Sie sich bitte an unsere* ~! ❖ ↗ **walten**

verwandeln [fɐˈvandl̩n], verwandelte, hat verwandelt; ↗ FELD IX.1.2 **1.1.** /etw./ *etw., jmdn.* ~ ʽetw., jmdn. völlig verändern': *bald wird der Frühling die Landschaft* ~; *der Erfolg hat ihn völlig verwandelt; seit diesem Tag ist er wie verwandelt; etw. in etw.* ~ ʽbewirken, dass etw. zu etw. anderem wird': *die Explosion hat die Fabrik in einen Schutthaufen verwandelt; die Flüssigkeit wird durch Hitze in Dampf verwandelt* **1.2.** /etw., jmd./ *sich in etw., jmdn.* ~ ʽzu etw., jmd. anderem werden': *durch die anhaltende Dürre verwandelt sich das einst blühende Land mehr und mehr in eine trostlose Steppe; sie hat sich von einem schüchternen jungen Mädchen in eine selbstbewusste junge Frau verwandelt* ❖ ↗ **Wandel**

verwandt [fɐˈvant] ⟨Adj.; o. Steig.; nicht bei Vb.; ↗ auch *Verwandte*⟩ **1.** /jmd./ *mit jmdm.* ~ *sein* ʽzu jmdm. in einem Verhältnis stehen, das durch Abstammung von ihm od. durch gemeinsame Vorfahren bestimmt ist': *er ist nicht mit ihr* ~; *mit jmdm. eng, entfernt, im zweiten Grad* ~ *sein; sie sind weder* ~ *noch verschwägert; der mit ihm* ~*e Herr M; mit jmdm. durch Heirat* ~ *sein* (ʽzu jmdm. in einem Verhältnis stehen, das durch Heirat begründet wurde'); /zwei od. mehrere (jmd.)/ ~ *sein: sie sind (miteinander) weitläufig* ~ **2.** ʽzur gleichen Familie (2) gehörend' /auf Pflanzen, Tiere bez./: ~*e Edelhölzer, Katzenarten* **3.** SYN ʽähnlich (1.1)' /auf Abstraktes bez./: ~*e Berufe, Charaktere;* ~*e Interessen* ❖ **Verwandte, Verwandtschaft, verwandtschaftlich** − **blutsverwandt, Blutsverwandte**

Verwandte [fɐˈvantə], der u. die; ~n, ~n; ↗ TAFEL II; ↗ auch *verwandt* ʽjmd., mit dem jmd. verwandt ist': *er ist ein* ~*r meiner Frau; eine enge, entfernte, nahe, weitläufige* ~; *die* ~*n zweiten Grades; einen*

~n, eine ~ besuchen; zu der Feier sind alle meine ~n und Freunde eingeladen ❖ ↗ **verwandt**

Verwandtschaft [fɐ'vant..], **die**; ~, ⟨o.Pl.⟩ **1.** /zu verwandt 1/ 'das Verwandtsein': die ~ hat für die Erbfolge Bedeutung **2.** 'Gesamtheit der Verwandten, die jmd. hat': er hat eine große ~; zu seiner Hochzeit, seinem Begräbnis kam die ganze ~ ❖ ↗ **verwandt**

verwandtschaftlich [..v..] ⟨Adj.; o. Steig.; nur attr.⟩ 'auf Verwandtschaft (1) beruhend' /auf Abstraktes bez./: ~e Beziehungen ❖ ↗ **verwandt**

verwarnen [fɐ'vaʀnən], verwarnte, hat verwarnt /jmd., Institution/ jmdn. ~ 'jmdn. scharf zurechtweisen und ihm mit einer Strafe drohen, falls er etw. Bestimmtes (noch einmal) tut': der Spieler wurde wegen Foulspiels vom Schiedsrichter verwarnt; jmdn. streng, polizeilich ~ ❖ ↗ **warnen**

verwechseln [fɐ'vɛksəln], verwechselte, hat verwechselt **1.1.** /jmd./ jmdn. mit jmdm. ~ 'jmdn. irrtümlich für jmd. anderen halten': er hat mich mit meiner Schwester verwechselt; die beiden Brüder werden oft (miteinander) verwechselt; sie sind leicht (miteinander) zu ~; die beiden sehen sich zum Verwechseln ähnlich ('sind sich so außerordentlich ähnlich, dass man sie leicht verwechseln kann'); er ist, sieht ihm zum Verwechseln ähnlich **1.2.** /jmd./ etw. ~ SYN 'etw. vertauschen (1)': er hat meinen Mantel (mit seinem) verwechselt **1.3.** zwei od. mehrere Sachen ~ 'etw. irrtümlich, aus Unkenntnis, Vergesslichkeit an Stelle von etw. anderem verwenden': er muss die Termine wohl verwechselt haben; Begriffe, Daten (miteinander) ~; er verwechselt ‚mir' und ‚mich' ('macht Fehler beim Kasus des Personalpronomens ‚ich' im Deutschen') ❖ ↗ **Wechsel**
＊ verhüll. /jmd./ **Mein und Dein ~** 'stehlen': er hat Mein und Dein verwechselt

verwegen [fɐ've:gn̩] ⟨Adj.⟩ **1.** ⟨Steig. reg.⟩ 'sich furchtlos, einer Gefahr aussetzend, Risiken nicht scheuend'; SYN draufgängerisch, keck (2); ↗ FELD I.6.3: ein ~er Bursche, Angriff; sein Plan war ziemlich ~; ~ vorgehen; vgl. kühn (1.1), unerschrocken **2.** ⟨Steig. reg., ungebr.⟩ 'in lustiger Weise ein bisschen frech und herausfordernd wirkend'; SYN keck (3), kess (1.2) /auf Sachen bez., die zum Erscheinungsbild einer Person gehören/: er trug einen ~en Schnurrbart, hatte den Hut ~ ins Genick geschoben

verwehren [fɐ've:ʀən], verwehrte, hat verwehrt geh. /jmd./ jmdm. etw. ~ 'jmdn. hindern od. jmdm. nicht erlauben, etw. zu tun'; ANT gestatten (1.1): er wollte ihm den Eintritt in das Haus ~; jmdm. die Benutzung von etw., die Teilnahme an etw. ~; das kann dir niemand ~! ❖ ↗ **wehren**

verweichlichen [fɐ'vaiçliçn̩], verweichlichte, ist/hat verweichlicht **1.1.** ⟨ist⟩ /jmd./ 'durch zu geringe physische Belastungen energielos werden, gegenüber physischen, psychischen Belastungen an Widerstandskraft verlieren': er vermeidet jede Anstrengung und verweichlicht immer mehr **1.2.** ⟨hat⟩ /jmd., etw./ jmdn. ~ 'jmdn. durch zu geringe physische

Belastungen energielos machen, jmdm. die physische, psychische Widerstandskraft nehmen': sie verweichlicht den Jungen; das bequeme Leben hat ihn verweichlicht ❖ ↗ **weich**

verweigern [fɐ'vaigɐn], verweigerte, hat verweigert **1.1.** /jmd./ etw. ~ 'sich weigern, etw. zu tun, zu geben, was von einem verlangt, erwartet wird': der Empfänger hat die Annahme des Briefes verweigert; die Aussage, Unterschrift, den Wehrdienst, die Zahlung ~; den Befehl ~ ('sich weigern, einen bestimmten Befehl auszuführen'; ANT befolgen); der Hund verweigert die Nahrung ('frisst nichts, obwohl er zum Fressen genötigt wird') **1.2.** /jmd., Institution/ jmdm. etw. ~ 'jmdm. etw. nicht gewähren (1,2)'; ANT zugestehen (1.2): er verweigerte ihm jegliche Hilfe, Unterstützung; mit welcher Begründung wurde ihm die Einreise verweigert? ❖ ↗ **weigern**

verweilen [fɐ'vailən], verweilte, hat verweilt **1.** /jmd./ irgendwo ~ 'sich irgendwo (längere Zeit) aufhalten'; ↗ FELD VII.2.2: er verweilte stets gerne an diesem Ort, bei ihnen; jmdn. zum Verweilen auffordern; METAPH sein Blick verweilte lange auf diesem Gemälde, auf ihr; er verweilte nur kurz bei diesem Gedanken und ging schon zum nächsten Thema über ❖ ↗ **Weile**

Verweis [fɐ'vais], **der**; ~es, ~e **1.** SYN 'Tadel': einen milden, scharfen, strengen ~ aussprechen; der Chef hat ihm einen ~ erteilt; einen ~ erhalten, bekommen **2.** 'in einem Text, bei einem Wort vorhandener Hinweis auf eine andere Textstelle, ein anderes Wort, wo der Leser nachschlagen soll': das Buch enthält ein ausgeklügeltes System von ~en; einen ~ auf ein anderes Stichwort, auf das Register anbringen, einfügen ❖ ↗ **weisen**

verweisen [fɐ'vaizn̩], verwies [..'vi:s], hat verwiesen [..'vi:zn̩] **1.** /jmd./ jmdn. auf etw. ~ 'jmdm. deutlich machen, dass er etw. berücksichtigen muss': der Beamte verwies ihn auf die gesetzlichen Bestimmungen; bei zahlreichen Stichwörtern wird der Benutzer des Wörterbuches auf die grammatischen Tabellen am Ende des Buches verwiesen **2.** /jmd., Institution/ **2.1.** jmdn. an jmdn., etw. ~ 'jmdn. auffordern, sich in seiner Angelegenheit an die dafür zuständige Person, Stelle zu wenden': der Leiter der Dienststelle verwies ihn an die Abteilung Finanzen **2.2.** eine Rechtssache, einen Rechtsfall an die zuständige Instanz ~ ('zur Bearbeitung an die zuständige Instanz leiten') **3.** /jmd./ jmdm. etw. ~ 'jmdn. wegen etw., bes. wegen seines Verhaltens, tadeln, jmdm. einen Verweis erteilen': sie hat ihm seine Frechheit, Unachtsamkeit verwiesen; er sagte dies in einem ~den Ton **4.** /jmd., Institution/ jmdn. von etw. ~ 'jmdm. den weiteren Aufenthalt an einem bestimmten Ort, in einer bestimmten Institution untersagen': man hat den Schüler wegen seiner politischen Äußerungen von der Schule verwiesen; der Spieler wurde durch den Schiedsrichter vom Platz, Feld, geh. des Platzes, Feldes verwiesen ❖ ↗ **weisen**

verwenden [fɐ'vɛndn̩], verwendete/verwandte [..'vantə], hat verwendet/verwandt [..'vant] **1.** /jmd./ **1.1.** *etw.* ~ SYN ʿetw. benutzen': *sie verwendet nur umweltschonende Reinigungsmittel; ein Buch im Unterricht* ~; *etw. bei, für, zu etw.* ~: *kann man das neue Waschpulver auch für Wolle* ~?; *er hat den Lottogewinn für Neuanschaffungen verwendet/verwandt* **1.2.** *etw. auf etw.* ~ ʿetw. für etw. aufwenden': *er hat viel Zeit und Mühe auf diese Aufgabe verwendet/verwandt* **2.** /jmd./ *sich für jmdn., etw.* ~ ʿsich zu jmds. Fürsprecher machen, sich für jmdn., etw. einsetzen': *kannst du dich nicht beim Direktor für ihn* ~?; *er hat sich für den Bau eines Spielplatzes verwendet/verwandt* ❖ vgl. **anwenden**

verwerfen [fɐ'vɛʁfn̩] (er verwirft [..'vɪʁft]), verwarf [..'vaʁf], hat verworfen [..'vɔʁfn̩]; ↗ auch *verworfen* /jmd./ *etw.* ~ ʿetw. für nicht geeignet, nicht durchführbar, nicht zumutbar, für sinnlos befinden und deshalb nicht länger in Erwägung ziehen': *er wollte ihn um Hilfe bitten, verwarf aber diesen Gedanken schließlich wieder; einen Plan, eine These* ~ ❖ ↗ **werfen**

verwerflich [fɐ'vɛʁf..] (Adj.; Steig. reg.; vorw. attr. u. präd.) ʿvom moralischen Standpunkt aus schlecht und daher zu verurteilen'; SYN scheußlich (1.4), schlimm (3) /vorw. auf jmds. Verhalten, Tun bez./: *eine* ~*e Tat* (SYN grässlich I.1.2, scheußlich 1.4); *eine solche Handlungsweise wird jeder anständige Mensch als* ~ *betrachten, für* ~ *erklären* ❖ ↗ **werfen**

verwerten [fɐ'veːɐtn̩], verwertete, hat verwertet /jmd./ *etw.* ~ ʿetw., das sonst kaum (noch) verwendet wird, nutzbringend verwenden': *man sollte überlegen, ob man die Reste noch irgendwie* ~ *kann; eine Erfindung, Idee* ~; *die Abfälle sind nicht mehr industriell zu* ~ ❖ ↗ **wert**

verwesen [fɐ'veːzn̩], verweste, ist verwest (oft im Part. I,II) /toter menschlicher, tierischer Körper/ ʿin Fäulnis übergehen (3.1)': *die Leichen begannen zu* ~, *waren schon stark verwest; ein* ~*der Leichnam*

verwickeln [fɐ'vɪkl̩n], verwickelte, hat verwickelt; ↗ auch *verwickelt* **1.** /etw., bes. Faden/ *sich* ~ ʿso in Unordnung geraten, dass es nur mit Mühe zu entwirren (1) ist': *die Schnur, der Bindfaden hat sich verwickelt* **2.** /jmd./ **2.1.** *jmdn., etw. in etw.* ~ ʿbewirken, dass jmd., etw. in eine bestimmte, unangenehme Situation gerät'; SYN hineinziehen, verstricken (1.1): *er hat ihn in ein langes Gespräch verwickelt; in diesen Skandal sollen mehrere Firmen verwickelt sein; lass dich nicht in diese Affäre, diesen Streit* ~!; *die Truppen waren in schwere Kämpfe verwickelt* **2.2.** *sich in etw.* ~ ʿso viel Widersprüchliches äußern, dass man keinen Ausweg daraus findet'; SYN verstricken (1.2): *sich in Widersprüche* ~ ❖ ↗ **wickeln**

verwickelt [fɐ'vɪkl̩t] (Adj.; Steig. reg.; vorw. attr. u. präd.; ↗ auch *verwickeln*) ʿsehr kompliziert und unübersichtlich' /auf Abstraktes bez./: *eine* ~*e Angelegenheit;* ~*e Verhältnisse; dieser Fall ist ziemlich* ~ ❖ ↗ **wickeln**

verwinden [fɐ'vɪndn̩], verwand [..'vant], hat verwunden [..'vʊndn̩] (vorw. verneint) /jmd./ *etw.* ~ ʿüber etw. Schlimmes, das einem widerfahren ist, hinwegkommen': (oft mit *können*) *diese Enttäuschung hat er bis heute nicht verwunden; einen Verlust, eine Kränkung nicht* ~ *können; er kann es nicht* ~, *dass sie ihn hintergangen hat* ❖ vgl. **überwinden**

verwirklichen [fɐ'vɪʁklɪçn̩], verwirklichte, hat verwirklicht **1.1.** /jmd., Institution/ *etw.* ~ ʿetw., bes. eine Idee, einen Plan, Wirklichkeit werden lassen, in die Tat umsetzen'; SYN ausführen (3), realisieren (1.1): *eine Idee, ein Programm* ~; *er hat seinen Jugendtraum verwirklicht; dieser Plan, Vorschlag ist nicht zu* ~ (SYN ʿdurchzuführen, ↗ durchführen 1') **1.2.** /etw./ *sich* ~ ʿWirklichkeit werden': *seine Idee hat sich, seine Hoffnungen haben sich (nicht) verwirklicht* ❖ ↗ **wirklich**

Verwirklichung [fɐ'vɪʁklɪ..], **die**; ~, (o.Pl.) /zu *verwirklichen* 1.1/ ʿdas Verwirklichen': *die zügige* ~ *eines Plans, Vorschlags, einer Idee* ❖ ↗ **wirklich**

verwirren [fɐ'vɪʁən], verwirrte, hat verwirrt; ↗ auch *verwirrt, verworren* **1.** /etw., jmd./ *etw.* ~ ʿetw., bes. Fäden, Haare, durcheinander bringen': *der heftige Wind hat ihr Haar verwirrt; er hat die Wollfäden derart verwirrt, dass man sie nicht mehr entwirren kann* **2.** /etw., jmd./ *jmdn.* ~ ʿvorübergehend jmds. klares Denken beeinträchtigen': *diese Frage verwirrte ihn, mit dieser Frage verwirrte er ihn vollends; er war völlig verwirrt; sie blickte ihn verwirrt an;* (oft im Part. I) *eine* ~*de Fülle von Einzelheiten; die Vielfalt der Eindrücke wirkte* ~*d auf sie* ❖ ↗ **wirr**

verwirrt [fɐ'vɪʁt] (Adj.; Steig. reg., ungebr.; vorw. attr. u. präd.; ↗ auch *verwirren, verworren*) ʿgeistig gestört' /auf Personen bez./: *die alte Frau ist* ~ ❖ ↗ **wirr**

Verwirrung [fɐ'vɪʁ..], **die**; ~, (o.Pl.) **1.** ʿZustand großen Durcheinanders, völliger Ratlosigkeit': *im Saal herrschte eine allgemeine* ~; *diese Ankündigung löste bei den Anwesenden Unruhe und* ~ *aus; jmdn. in* ~ *bringen* ʿjmdn. verwirren (2)': *du hast ihn mit deiner Frage/deine Frage hat ihn in* ~ *gebracht* **2.** *sich im Zustand geistiger* ~ *befinden* (ʿgeistig gestört sein') ❖ ↗ **wirr**

verwitwet [fɐ'vɪtvət] (Adj.; o. Steig.; nicht bei Vb.): /Mann, Frau/ ~ *sein: sie, Frau Müller ist* ~ (ʿist Witwe'); *er ist schon lange* ~ (ʿist Witwer'); *die* ~*e Frau Müller, der* ~*e Herr Müller; Frau Müller,* ~*e Schulze* (ʿFrau Müller ist in der vorherigen Ehe mit Herrn Schulze Witwe geworden') ❖ ↗ **Witwe**

verwöhnen [fɐ'vøːnən], verwöhnte, hat verwöhnt; ↗ auch *verwöhnt* /jmd., etw./ *jmdn.* ~ ʿjmdm. seine Wünsche ständig über das normale Maß hinaus erfüllen, jmdn. zu nachgiebig und großzügig behandeln, was er schließlich als selbstverständlich erwartet': *sie haben ihren Sohn verwöhnt; das Schicksal hat ihn nicht verwöhnt; er ist maßlos verwöhnt; er schmollte wie ein verwöhntes Kind; er verwöhnt seine Frau mit Geschenken* (ʿmacht seiner Frau ständig Geschenke') ❖ **verwöhnt**; vgl. **gewöhnen**

verwöhnt [fɐ'vøːnt] ⟨Adj.; Steig. reg.; nur attr.; ↗ auch *verwöhnen*⟩ 'im Hinblick bes. auf Essen, Trinken sehr anspruchsvoll': *er hat einen ~en Geschmack; er hat einen ~en Gaumen* ('trinkt, isst gern etw., das besonders gut schmeckt'); *ein ~er Raucher* ❖ ↗ **verwöhnen**

verworfen [fɐ'vɔrfn̩] ⟨Adj.; Steig. reg.; nicht bei Vb.; ↗ auch *verwerfen*⟩ 'moralisch verkommen, charakterlich verdorben': *er ist ein ~er Mensch, ist ~* ❖ ↗ **werfen**

verworren [fɐ'vɔrən] ⟨Adj.; vorw. attr. u. präd.; ↗ auch *verwirren, verwirrt*⟩ **1.1.** ⟨Steig. reg.⟩ 'äußerst verwickelt und schwer zu durchschauen' /auf komplexe Situationen, Angelegenheiten, Probleme bez./: *~e Verhältnisse; die Lage wurde immer ~er* **1.2.** ⟨Steig. reg., Superl. ungebr.⟩ SYN 'wirr (1.2)': *~e Gedanken, Vorstellungen; er redete lauter ~es Zeug* ❖ ↗ **wirr**

verwunden [fɐ'vʊndn̩], verwundete, hat verwundet; ↗ auch *Verwundete* **1.** /etw., jmd./ *jmdn. ~* 'jmdm. durch den Einsatz von Waffen Verletzungen zufügen': *die Kugel traf ihn und verwundete ihn schwer, glücklicherweise nur leicht; er schoss auf den Angreifer und verwundete ihn tödlich am Kopf; im Krieg verwundet werden; die verwundeten Soldaten kamen ins Lazarett* **2.** emot. /etw., jmd./ *jmdn. ~* SYN 'jmdn. kränken': *ihre Vorwürfe haben ihn tief verwundet; sie hat ihn in seinem Selbstwertgefühl verwundet* ❖ ↗ **wund**

Verwundete [fɐ'vʊndətə], der u. die; ~n, ~n; ↗ TAFEL II; ↗ auch *verwunden (1)* 'jmd., der verwundet worden ist': *die ~n kamen ins Lazarett* ❖ ↗ **wund**

Verwundung [fɐ'vʊnd..], die; ~, ~en **1.** ⟨vorw. Sg.⟩ /zu *verwunden* 1 u. 2/ 'das Verwunden' **2.** 'jmdm. durch den Einsatz von Waffen zugefügte Verletzung': *eine leichte, lebensgefährliche ~; eine ~ an der Schulter, am Kopf; die ~ ist geheilt* ❖ ↗ **wund**

verwünschen [fɐ'vʏnʃn̩], verwünschte, hat verwünscht /jmd./ *etw., jmdn. ~* 'aus Ärger, Wut über etw., jmdn. wünschen, dass es diese Sache nie gegeben hätte od. dass es dieser Person schlimm ergehen möge'; SYN verfluchen: *er verwünschte den Tag, an dem er diesen Entschluss gefasst hatte; er hat laut geflucht und ihn verwünscht* ❖ ↗ **Wunsch**

verwüsten [fɐ'vyːstn̩], verwüstete, hat verwüstet /etw., jmd./ *etw. ~* 'etw., bes. ein Gebiet, einen Ort, ein Bauwerk, eine Einrichtung, völlig zerstören': *das Erdbeben verwüstete weite Teile des Landes; von jugendlichen Rowdys wurden mehrere Geschäfte geplündert und verwüstet; vom Krieg verwüstete Dörfer und Städte* ❖ ↗ **wüst**

verzagen [fɐ'tsaːgn̩], verzagte, hat/ist verzagt geh. /jmd./ 'den Mut, das Selbstvertrauen, die Hoffnung verlieren'; ↗ FELD I.6.2: *verzagt nicht!; du darfst nicht immer gleich ~!; zuerst war er noch zuversichtlich, doch schließlich ist/hat er verzagt; sie waren ganz verzagt* ❖ vgl. **zaghaft**

verzehren [fɐ'tseːʀən], verzehrte, hat verzehrt geh. **1.** /jmd./ *etw. ~* 'etw. essen (und etw. dazu trinken)'; ↗ FELD I.8.2: *er verzehrte das Frühstück mit gro-*

ßem Appetit; wegen der hohen Preise ~ die jugendlichen Gäste im Hotel nicht viel **2.** /etw./ *jmdn. ~* 'jmds. physische und psychische Kräfte verbrauchen': *der Kummer droht ihn zu ~;* /jmd./ *sich ~: sie verzehrt sich förmlich in Sehnsucht nach ihm* ❖ ↗ **zehren**

verzeichnen [fɐ'tsaiçnən], verzeichnete, hat verzeichnet **1.** /jmd./ *etw. irgendwo ~* 'etw. in einem Schriftstück aufführen': *in seinen Tagebüchern hat er alle wichtigen Ereignisse verzeichnet und kommentiert; die Namen der Teilnehmer sind alphabetisch (in der Liste) verzeichnet* **2.** /jmd./ *etw. ~* 'etw. bemerken (1), feststellen (2)': *diese Tatsache hat er mit besonderer Genugtuung verzeichnet; er verzeichnete (es) mit Befriedigung, dass sein Kontrahent schwerwiegende Fehler eingestehen musste* **3.** /jmd./ *jmdn., etw. ~* 'jmdn., etw. bewusst od. unbewusst nicht der Wahrheit entsprechend darstellen': *der Autor hat die historischen Personen, Tatsachen völlig verzeichnet* ❖ ↗ **Zeichen**

Verzeichnis [fɐ'tsaiç..], das; ~ses, ~se '(vollständige) schriftliche Aufzählung bestimmter Personen, Gegenstände (in alphabetischer Reihenfolge)': *ein ~ aller Buchtitel, Personen, des Inventars; ein alphabetisches, genaues, vollständiges ~; ein ~ anfertigen, anlegen, aufstellen; das ~ enthält die Namen aller deutschsprachigen Schriftsteller der Gegenwart; dieses Buch ist in dem Verzeichnis nicht aufgeführt;* vgl. *Liste* ❖ ↗ **Zeichen**

verzeihen [fɐ'tsaiən], verzieh [..'tsiː], hat verziehen [..'tsiːən] **1.1.** /jmd./ *jmdm. etw. ~* 'für jmds. Schuld, Vergehen Verständnis haben und auf Vergeltung, Wiedergutmachung verzichten'; SYN vergeben (2); ↗ FELD I.2.2: *bitte, verzeih(e) mir!; das wird er mir nie ~; er kann ihr diese Kränkung nicht ~; er hat ihr längst verziehen* **1.2.** /in kommunikativen Wendungen/ *bitte, ~ Sie die Störung!; ~ Sie bitte, können Sie mir sagen, wie ich zum Flugplatz komme?* /drückt als Einleitung einer Frage das höfliche Bedauern des Sprechers darüber aus, dass sich der Angesprochene durch ihn belästigt, gestört, unhöflich behandelt fühlen könnte/ ❖ **verzeihlich, Verzeihung**

verzeihlich [fɐ'tsai..] ⟨Adj.; Steig. reg., ungebr.; nicht bei Vb.⟩ 'leicht zu verzeihen (1)': *ein ~er Fehler; dieser Irrtum ist ~* ❖ ↗ **verzeihen**

Verzeihung [fɐ'tsai..], die; ~, ⟨o.Pl.⟩ **1.1.** /zu *verzeihen* 1.1/ 'das Verzeihen': *jmdn. um ~ bitten* **1.2.** ⟨'verzeih mir/verzeihen Sie mir bitte')!; ~, können Sie mir sagen, wo hier das nächste Postamt ist?* /drückt als Einleitung einer Frage das höfliche Bedauern des Sprechers darüber aus, dass sich der Angesprochene durch ihn belästigt, gestört, unhöflich behandelt fühlen könnte/ ❖ ↗ **verzeihen**

verzerren [fɐ'tsɛrən], verzerrte, hat verzerrt **1.1.** /jmd./ *das Gesicht, den Mund ~* 'das Gesicht, den Mund vor Schmerz, psychischer Erregung stark verziehen (1.1)': *er verzerrte seinen Mund vor Schmerz, Wut;* METAPH *eine ungeheure Wut verzerrte sein Gesicht* **1.2.** /Gesicht, Mund/ *sich ~* 'sich vor Schmerz, psychischer Erregung stark verziehen (1.2)': *sein Gesicht verzerrt sich vor Schmerz, vor Wut* **2.** ⟨vorw. im Pass. u. adj. im Part. II⟩ /etw./ *etw.* ~ ʽetw. Akustisches od. Optisches entstellt wiedergeben': *bei der Tonbandaufnahme wurden einige Passagen verzerrt; das Fernsehbild ist stark verzerrt* **3.** ⟨vorw. im Part. II⟩ /jmd., etw./ *etw.* ~ ʽetw. stark verzeichnet (↗ *verzeichnen* 3) darstellen': *im Bericht wurden die tatsächlichen Ereignisse verzerrt* ❖ ↗ **zerren**

verzetteln [fɐˈtsɛtl̩n], verzettelte, hat verzettelt umg. /jmd./ **1.1.** *etw.* ~ ʽetw. planlos für Nebensächliches verwenden, anstatt es konzentriert für das Wichtigste einzusetzen': *er verzettelt sein Geld und seine Kräfte (für nutzlose Kleinigkeiten, Projekte)* **1.2.** /jmd./ *sich* ~ ʽsich planlos mit Nebensächlichkeiten beschäftigen, anstatt sich auf das Wichtigste zu konzentrieren': *bei ihm besteht die Gefahr, dass er sich (mit seinen zahlreichen Hobbys) völlig verzettelt* ❖ ↗ **Zettel**

verzichten [fɐˈtsɪçtn̩], verzichtete, hat verzichtet /jmd./ *auf etw.* ~ ʽden Anspruch auf etw., das einem zusteht od. einem wichtig ist, aufgeben': *man hat ihm nahe gelegt, auf die Kandidatur zu* ~; *er hat auf seinen Anteil, das Erbe verzichtet* (ANT beanspruchen 1); *schweren Herzens, nur ungern, freiwillig, zu jmds. Gunsten auf etw.* ~; *auf deine Hilfe, deinen Rat kann ich* ~ (ʽdeine Hilfe, dein Rat nützt mir gar nichts, ich will sie, ihn nicht') ❖ **Verzicht**

verziehen [fɐˈtsiːən], verzog [..ˈtsoːk], hat verzogen [..ˈtsoːgn̩] **1.1.** /jmd./ *das Gesicht, den Mund* ~ ʽdas Gesicht, den Mund durch die Muskulatur in eine vom Normalen abweichende Form bringen': *sie verzog spöttisch ihren Mund; das, sein Gesicht (zu einer Grimasse)* ~; *keine Miene* ~ ʽauf etw. Bestimmtes reagieren, etw. Bestimmtes tun, ohne dass sich dabei der Gesichtsausdruck ändert': *er verzog keine Miene dabei; er hörte sich die Rede an, ohne eine Miene zu* ~ **1.2.** /Gesicht/ *sich* ~ (ʽdurch die Tätigkeit der Muskulatur eine abweichende Form annehmen') **2.** /bes. Gegenstand aus Holz/ *sich* ~ ʽdie normale, passende Form verlieren'; SYN sich werfen: *durch die Feuchtigkeit haben sich die Fensterrahmen, Bretter verzogen* **3.** /etw./ *sich* ~ ʽsich allmählich von etw. fortbewegen, entfernen': *im Laufe des Vormittags verzog sich der Nebel; die Rauchschwaden haben sich verzogen; das Gewitter hat sich verzogen* **4.** umg. /jmd./ *sich* ~ ʽunauffällig weggehen': *als er merkte, dass er störte, verzog er sich schnell wieder* ❖ ↗ **ziehen**

verzieren [fɐˈtsiːʀən], verzierte, hat verziert /jmd./ *etw.* ~ ʽetw. mit etw. Schmückendem versehen': *den Kragen einer Bluse mit Stickereien* ~ ❖ ↗ **zieren**

Verzierung [fɐˈtsiːʀ..], die; ~, ~en **1.** ʽdas Verzieren': *die* ~ *der Hauswände, Pfeiler* **2.** ʽdas, womit etw. verziert ist': *die ~en an einem Gitter, gotischen Kapitell;* /in der kommunikativen Wendung/ umg. *brich dir bloß keine ~en ab!* (ʽtu nicht so geziert') /wird zu jmdm. gesagt, wenn dieser sich in übertrie-

bener Weise affektiert gebärdet, ausdrückt/ ❖ ↗ **zieren**

verzögern [fɐˈtsøːgɐn], verzögerte, hat verzögert **1.1.** /jmd., etw./ *etw.* ~ ʽbewirken, dass etw. in seinem Ablauf verlangsamt, gehemmt wird und dadurch erst zu einem späteren Zeitpunkt eintritt': *der Frost hat die Baumblüte verzögert; man kann sich des Eindrucks nicht erwehren, dass er die Klärung des Falles bewusst verzögert* (SYN ʽverschleppt 2.1') **1.2.** /etw./ *sich* ~ ʽin seinem Ablauf langsamer, gehemmt werden und dadurch erst zu einem späteren Zeitpunkt eintreten': *die Abfahrt des Zuges wird sich voraussichtlich um zwanzig Minuten* ~; *infolge der kühlen Witterung hat sich die Erdbeerernte verzögert* ❖ ↗ **zögern**

verzollen [fɐˈtsɔlən], verzollte, hat verzollt /jmd./ *etw.* ~ ʽfür etw. bei der Ein- und Ausfuhr Zoll bezahlen': *haben Sie etwas zu* ~?; *Alkohol muss bei der Einfuhr verzollt werden* ❖ ↗ **Zoll**

Verzug [fɐˈtsuːk], *ohne* ~ ʽpünktlich zum geplanten, erwarteten Zeitpunkt, fälligen Termin': *die Zahlung erfolgte stets ohne* ~; *bei* ~ (ʽwenn der geplante, erwartete Zeitpunkt, der fällige Termin überschritten wird') *werden Zinsen berechnet; im* ~ *sein* ʽden fälligen Termin überzogen haben': *er ist mit seinen Steuern im* ~; *in* ~ *geraten, kommen* ʽden fälligen Termin überziehen': *durch die lange Krankheit ist er (mit seiner Dissertation) in* ~ *geraten; die Fertigstellung des Gebäudes kam in* ~ (ʽverzögerte sich') ❖ **unverzüglich**; vgl. **ziehen**

verzweifeln [fɐˈtsvaɪfl̩n], verzweifelte, ist verzweifelt; ↗ auch *verzweifelt* /jmd./ ʽalle Hoffnung auf die Besserung einer bestehenden Situation verlieren und keinen Ausweg mehr sehen': *sie ist angesichts der unüberwindlichen Schwierigkeiten verzweifelt; er war darüber ganz verzweifelt; das ist ja zum Verzweifeln!* /Ausruf, wenn jmds. Geduld aufs Äußerste strapaziert wird/ ❖ ↗ **Zweifel**

verzweifelt [fɐˈtsvaɪflt] ⟨Adj.; ↗ auch *verzweifeln*⟩ **1.** ⟨Steig. reg.⟩ *sich in einer ~en* (ʽvöllig hoffnungslosen') *Lage befinden; die Lage war* ~ **2.** ⟨Steig. reg., Superl. ungebr.⟩ ʽwegen höchster Gefahr mit äußerster Anstrengung, letzter Kraft durchgeführt': *sein ~er Kampf; sie haben sich* ~ *dagegen gewehrt* ❖ ↗ **Zweifel**

Verzweiflung [fɐˈtsvaɪfl..], die; ~, ⟨o.Pl.⟩ ʽdas Verzweifeltsein': *ihn packte eine wilde* ~; *das hat sie aus* ~ *getan; sie wusste vor lauter* ~ *weder aus noch ein; jmdn. zur* ~ *bringen* ʽjmds. Geduld aufs Äußerste strapazieren': *seine Schlamperei kann einen zur* ~ *bringen; du bringst mich noch zur* ~! ❖ ↗ **Zweifel**

Veteran [veteˈʀaːn], der; ~en, ~en ⟨+ Gen.attr.⟩ ʽjmd., der nach langer Dienstzeit (beim Militär), nach vielen Jahren aktiver Tätigkeit ausgeschieden ist': *ein* ~ *der Wissenschaft; die ~en des Vereins; die ~en des 1. Weltkrieges*

Vetter [ˈfɛtɐ], der; ~s, ~n SYN ʽCousin': *er sieht seinem* ~ *sehr ähnlich; mein* ~ *besucht uns morgen*

vibrieren [viˈbʀiːʀən], vibrierte, hat vibriert /etw./ ʽ(mit einem zitternden Ton) schnell schwingen':

wenn die Wäscheschleuder in Gang gesetzt wird, beginnt der Fußboden zu ~; die Saite vibrierte leise; ihre Stimme vibrierte ('zitterte') *vor Erregung*

Videorecorder ['video..], **der** 'Gerät zum Aufzeichnen und Abspielen von Filmen, Fernsehsendungen': *den ~ an den Fernseher anschließen* ❖ ↗ Recorder

Vieh [fiː], **das**; ~s/auch ~es, ⟨o.Pl.⟩/umg. Viecher [fiːɐ̯] **1.** ⟨o.Pl.⟩ 'in einem landwirtschaftlichen Betrieb gehaltene Nutztiere wie Pferde, Kühe, Schweine, Schafe'; ↗ FELD II.3.1: *das ~ füttern, versorgen* **2.** umg. 'Tier': *das ist ein riesiges ~!; er kann gut mit Viechern umgehen* **3.** ⟨o.Pl.⟩ emot. neg. 'roher, brutaler und gemeiner Mann': *dieses ~ hat die Gefangenen gequält und geprügelt; er ist, war ein ~* ❖ **viehisch** − **Kleinvieh, Rindvieh**

viehisch ['fiːɪʃ] ⟨Adj.⟩ emot. **1.** SYN 'brutal' /auf Tätigkeiten bez./: *die Gefangenen wurden ~ misshandelt; die ~e Ermordung von Geiseln; er wurde auf ~e Weise, wurde ~ gefoltert, gequält; das war ~* **2.** emot. neg. 'überaus stark': *er hatte ~e Schmerzen; die Schmerzen waren ~; das hat ~ geschmerzt* ❖ ↗ **Vieh**

¹viel [fiːl] ⟨Indefinitpron.; unflektiert für Mask., Fem., Neutr. Sg. u. Pl.; auch: Mask. Sg. **vieler**, Fem. Sg. u. Pl. **viele**, Neutr. Sg. **vieles**; ↗ TAFEL X⟩ /bezeichnet eine unbestimmte große Anzahl, Menge, einen hohen Grad/ **1.1.** ⟨oft unflektiert; adj.⟩ *~ Kundschaft, Zeit, Geld, Ärger haben; das ~e Geld, das er für sein Hobby ausgibt; mit ~/~em Eifer; ~ Obst essen; das macht ~/~e Arbeit; so ~/ ~en Schnee hatten wir lange nicht; er hat sehr ~e/ ~ Freunde, Bücher, Probleme; das ist die Ansicht ~er Menschen/von ~en Menschen; er hat es uns mit ~en/~ Worten erklärt; im Kino laufen augenblicklich ~e interessante Filme;* ⟨+ Adj.; flektiert od. unflektiert⟩ *~es brauchbare/~ brauchbares Material; mit ~ gutem Willen; die Aufzählung ~er grammatischer/grammatischen Fehler;* /in kommunikativen Wendungen, in denen man jmdm. gegenüber seine Dankbarkeit, seine guten Wünsche für ihn und seine Unternehmung ausdrückt/ *~en* ↗ *Dank!; ~* ↗ *Glück!; ~* ↗ *Vergnügen!; ~* ↗ *Erfolg!* **1.2.** ⟨subst.⟩ **1.2.1.** ⟨nur im Pl.⟩ *~e* ('viele Menschen') *haben dafür Verständnis; die Interessen ~er, von ~en; ~en gefällt das nicht* **1.2.2.** ⟨Neutr.; nur im Sg.; im Nom. u. Akk. oft unflektiert⟩ *~/~es hat* ('viele Sachen haben') *sich verändert; er hat ~/~es dazugelernt; in ~em ähneln sie sich; mit ~em unzufrieden sein; er hat ~* ('eine Menge') *gegessen, ~es* ('viele Sachen') *ausprobiert* ❖ **vielerlei, vielfach, Vielfalt, vielfältig, vervielfältigen − soviel, vielmals, vielmehr, Vielseitigkeit, wievielte**

²viel ⟨Adv.; Steig.: ↗ mehr, am meisten (↗ meist)⟩ **1.1.** ⟨bei Vb.⟩ 'sehr': *er hat zwar ~ gearbeitet, aber nicht genug* **1.2.** ⟨vor Adj., Adv. im Komp.⟩ 'in hohem Grad': *er ist ~ größer als sein Bruder; sie arbeitet (sehr) ~ mehr als er;* ⟨+ zu + Adj.⟩ *die Bluse ist ihr ~ zu klein, eng; er hat ~ zu oft gefehlt* **2.** 'häufig, oft': *~ lachen; sie gingen ~ spazieren; das Buch wurde ~ zitiert*

viele ['fiːlə]: ↗ ¹**viel**
vieler ['fiːlɐ]: ↗ ¹**viel**
vielerlei ['fiːlɐlai/..'l..] ⟨indekl. Indefinitpron.⟩ /bezeichnet eine unbestimmte große Anzahl, die Unterschiedliches umfasst/: ⟨adj.⟩ *~ Dinge, Gedanken; diese Krise hat ~ Ursachen;* ⟨subst.⟩ *er hat ~ ausprobiert* ❖ ↗ ¹**viel**
vieles ['fiːləs]: ↗ ¹**viel**
vielfach ['fiːlfax] ⟨Adj.; nicht präd.⟩ **1.** 'sich viele, mehrere Male wiederholend': *sie ist ~e Europameisterin; ein ~es Echo schallte zurück; etw. ~ erörtern, kritisieren; ein ~* ('in mehreren Lagen'; ANT ¹**einfach** 1) *gefaltetes Tuch; die ~e Ausfertigung eines Formulars; eine Veranstaltung auf ~en* ('von vielen geäußerten') *Wunsch wiederholen* **2.** ⟨vorw. attr. u. subst.⟩ 'viele Male so groß': *er hat nicht nur die doppelte, sondern eine ~e Menge an Material verbraucht; das Vielfache/ein Vielfaches der angegebenen Menge; um ein Vielfaches: die Preise sind um ein Vielfaches* ('bedeutend') *gestiegen* **3.** ⟨nur bei Vb.⟩ 'in vielen Fällen': *man hört ~ die Meinung, dass …; diese Maßnahmen wurden ~ kritisiert* ❖ ↗ ¹**viel**
Vielfalt ['fiːlfalt], **die**; ~, ⟨o.Pl.⟩ 'das Vorhandensein in vielen Formen, Arten': *die Malerei in ihrer künstlerischen ~; die ~ des Warenangebots* ❖ ↗ ¹**viel**
vielfältig ['fiːlfɛltɪç] ⟨Adj.; Steig. reg.⟩ 'in vielen Formen, Arten vorhanden': *~e Beziehungen, Kontakte haben; die ~en Ursachen und Auswirkungen einer Krise; die Aufgabe ist sehr ~* ('umfasst viele Bereiche'); *miteinander ~ verflochtene Probleme* ❖ ↗ ¹**viel**

¹vielleicht [fiˈlaiçt] ⟨Satzadv.⟩ /drückt die Einstellung des Sprechers zum genannten Sachverhalt aus/ 'es ist denkbar, dass …, es könnte möglich sein, dass …': *~ hat er sich geirrt; es geht ~ doch schneller, als du denkst;* ⟨in Fragesätzen als höfliche Bitte⟩ *haben Sie ~ Feuer?; könntest du mir ~ die Butter rüberreichen?*
²vielleicht ⟨Modalpartikel; unbetont; steht nicht am Satzanfang; bezieht sich auf den ganzen Satz⟩ **1.** ⟨steht in Ausrufesätzen⟩ /drückt das Erstaunen od. die Geringschätzung des Sprechers über einen Sachverhalt aus/; SYN ²**aber** (1): *der hat ~ einen Unsinn geredet!; die sind ~ gerannt, als der Hund kam!; das ist ~ ein Idiot!; das war ~ ein Tag!; das hat ~ geschneit!; wir haben ~ geschwitzt!; wir haben ~ geschuftet!* **2.** ⟨steht in Fragesätzen (Entscheidungsfragen)⟩ /der Sprecher drückt seine Kritik an einem Sachverhalt aus und erwartet vom Hörer eine negative Antwort; die Frage kann auch rein rhetorisch gemeint sein/; SYN ¹**etwa** (1): *ist das ~ Gerechtigkeit?; ist das ~ vernünftig?; hat er sich dabei ~ angestrengt?;* /der Sprecher erwartet eine positive Antwort/: *ist das ~ kein Bild?; hat er ~ nicht gelogen?; ist das ~ keine Lösung?*
³vielleicht ⟨Gradpartikel; unbetont; steht vor der Bezugsgröße; bezieht sich vorw. auf Zahlangaben⟩ /schließt andere Sachverhalte nicht aus, da die Bezugsgröße relativiert und nur ungenau bestimmt

wird/; SYN ungefähr: *es waren ~ 100 Personen ge-kommen; er ist ~ fünf Jahre älter als sein Bruder; in ~ vier Wochen werden wir bei euch sein*

vielmals ['fiːlmɑːls] ⟨Adv.; vorw. mit Verben des Grü-ßens, Dankens, Entschuldigens⟩ ˈbesonders herz-lichˈ; SYN tausendmal (1.2): *er lässt dich ~ grüßen; ich bitte Sie ~ um Entschuldigung;* /in der kommu-nikativen Wendung/ *danke ~!* /wird gesagt, wenn man jmdm. gegenüber seine Dankbarkeit ausdrü-cken möchte/ ❖ ↗ **¹viel**, ↗ **Mal (II)**

vielmehr [fiːlˈmeːɐ̯/ˈf..] ⟨Adv. u. Konjunktionaladv.; schließt als Konjunktionaladv. mit Inversion des Subjekts an einen voraufgehenden Hauptsatz einen Hauptsatz an, an ein voraufgehendes Satzglied ein Satzglied⟩ **1.1.** /präzisiert die voraufgehende Aus-sage/ ˈgenauer gesagtˈ: *er schrieb einen Aufsatz, ~ eine lange Abhandlung über dieses Problem; diese Regelung gilt für Kinder und Jugendliche (oder) ~ betrifft sie/sie betrifft ~ Lehrlinge, Schüler, Studen-ten* **1.2.** /adversativ; gibt einen Gegensatz zur vor-aufgehenden negativen Aussage an und berichtigt sie/ ˈim Gegenteilˈ: *wir erwarteten kein Lob, ~ machten wir uns/wir machten uns ~ auf scharfe Kri-tik gefasst;* /als Verstärkung von *sondern*/ *das ist kein Vergnügen, sondern ~ bitterer Ernst* ❖ ↗ **¹viel**, ↗ **mehr**

viel sagend ˈetw. Bestimmtes (durch Gesten, Mimik) ausdrückend, ohne dass es mit Worten gesagt wirdˈ: *jmdm. einen ~en Blick zuwerfen; ihr Schwei-gen war ~; ~ lächeln*

viel/Viel [fiːl]-**seitig** [zaɪtɪç] ⟨Adj.; Steig. reg.⟩ **1.1.** ˈviele, verschiedene Gebiete umfassendˈ /auf Ab-straktes bez./: *seine ~en Interessen; ~e Anregungen, Erfahrungen; diese Tätigkeit ist sehr ~; er ist ~ in-teressiert* **1.2.** ⟨nicht bei Vb.⟩ ˈauf vielen, verschie-denen Gebieten begabt, erfahren, an vielem interes-siertˈ /auf Personen bez./: *ein ~ er Künstler; er ist sehr ~* ❖ ↗ **¹viel**, ↗ **Seite**; **-seitigkeit** [zaɪtɪç..], **die**; ~, ⟨o.Pl.⟩ /zu *vielseitig* 1.1 u. 1.2/ ˈdas Vielseitig-seinˈ; /zu 1.1/: *die ~ seiner Ausbildung;* /zu 1.2/: *die ~ eines Künstlers* ❖ ↗ **¹viel**, ↗ **Seite**

vier [fiːɐ̯] ⟨Zahladj.; nur attr. u. subst.; indekl.; ↗ TA-FEL XII⟩ /die Kardinalzahl 4/: *die ~ Jahreszeiten, Himmelsrichtungen;* ↗ auch *drei* ❖ **Vierer, vierte, viertel, Viertel, vierzig, vierziger, vierzigste – drei-viertel, Dreiviertelstunde, Viereck, viereckig;* vgl. **viertel/Viertel-**

* /jmd./ **auf allen ~en** (ˈauf Händen und Füßenˈ) **ge-hen/kriechen;** ⟨⟩ umg. /jmd., Tier/ **alle ~e von sich strecken** (ˈsich entspannt lang ausstreckenˈ) MERKE ↗ *drei* (Merke)

Vier/vier ['..]|-**eck** [ɛk], **das**; ~s/auch ~es, ~e ˈvon vier Strecken begrenzte, eine Fläche bildende geo-metrische Figurˈ: *ein rechtwinkliges ~* ❖ ↗ vier, ↗ Ecke; **-eckig** [ɛkɪç] ⟨Adj.; o. Steig.; nicht bei Vb.⟩ ˈin der Form eines Vierecksˈ: *ein ~es Tuch; der Platz ist ~* ❖ ↗ vier, ↗ Ecke

Vierer ['fiːrɐ], **der**; ~s, ~ **1.** ˈRuderboot für vier Ru-dererˈ: *ein ~ ohne, mit Steuermann* **2.** umg. *einen ~* (ˈvier richtige Zahlen im Lottoˈ) *haben* ❖ ↗ **vier**

vierschrötig ['fiːɐ̯ʃʁøːtɪç] ⟨Adj.; Steig. reg., ungebr.⟩ ˈeine kräftige, breite Statur habend und dabei etwas plump wirkendˈ /vorw. auf Männer bez./: *ein ~er Mann; er ist mittelgroß und ~*

vierte ['fiːɐ̯tə] ⟨Zahladj.; nur attr.⟩ /die Ordinalzahl zu *vier* (4.)/: *im ~n Gang fahren; beim ~n Mal ge-lang es endlich; zu viert: wir gingen zu viert* (ˈwir vier gingen gemeinsamˈ) *ins Kino;* ↗ auch *dritte* ❖ ↗ **vier**

viertel ['fɪrtl̩] ⟨Zahladj.; indekl.; + vorangestellter Kardinalzahl; nur attr.⟩ /bezeichnet als Nenner ei-ner Bruchzahl den vierten Teil einer (Maß)einheit/: *drei ~ (3/4) Liter;* ↗ auch *drittel* ❖ ↗ **vier**

Viertel, das; ~s, ~ **I.** ˈder vierte Teil einer (Maß)ein-heitˈ: *im dritten ~ des Jahres; ein ~* (ˈein viertel Literˈ) *Wein; es ist ~* (ˈeine Viertelstundeˈ) *vor zehn;* ↗ auch *Drittel* – **II.** ˈStadtteilˈ: *in diesem ~ befinden sich zahlreiche Banken* ❖ ↗ **vier**

Viertel/viertel['..]|-**jahr, das** ˈZeitraum von drei Mona-tenˈ: *nach einem ~; im ersten ~* vgl. *Quartal* ❖ ↗ Jahr; **-jährig** [jɛːʁɪç/jeː..] ⟨Adj.; o. Steig.; nur attr.⟩ ˈein Vierteljahr dauerndˈ: *ein ~er Lehrgang* ❖ ↗ Jahr; **-jährlich** ⟨Adj.; o. Steig.; nicht präd.⟩ ˈin Ab-ständen von jeweils einem Vierteljahr stattfindend, erfolgendˈ: *~e Zahlungen; ~ eine Inventur machen* ❖ ↗ Jahr; **-stunde, die** ˈZeitraum von fünfzehn Mi-nutenˈ: *es dauert höchstens eine ~; er hat eine ~ lang geredet* ❖ ↗ Stunde; **-stündig** [ʃtʏndɪç] ⟨Adj.; o. Steig.; nur attr.⟩ ˈeine Viertelstunde dauerndˈ: *eine ~e Wartezeit* ❖ ↗ Stunde; **-stündlich** ⟨Adj.; o. Steig.; nicht präd.⟩ ˈin Abständen von jeweils einer Viertelstunde stattfindend, erfolgendˈ: *~e Kontrol-len; der Bus fährt ~* ❖ ↗ Stunde

vierzig ['fɪrtsɪç] ⟨Zahladj.; indekl.; nur attr.; ↗ TA-FEL XII⟩ /die Kardinalzahl 40/: *ein Mann von ~ Jahren;* ↗ auch *dreißig* ❖ ↗ **vier**
MERKE ↗ *drei* (Merke)

vierziger ['fɪrtsɪɡɐ] ⟨Zahladj.; indekl.; nur attr. u. subst.⟩: *in den ~ Jahren* (ˈim fünften Jahrzehntˈ) *unseres Jahrhunderts;* ⟨subst.⟩ *er ist in den Vierzi-gern* (ˈist über vierzig Jahre altˈ); ↗ auch *dreißiger* ❖ ↗ **vier**

vierzigste ['fɪrtsɪçstə] ⟨Zahladj.; nur attr.⟩ /die Ordi-nalzahl zu *vierzig* (40.)/: *im ~n Lebensjahr;* ↗ auch *dreißigste* ❖ ↗ **vier**

Villa ['vɪlɑ], **die**; ~, Villen ['..lən] ˈgrößeres, repräsen-tatives Einfamilienhaus in einem Garten od. Parkˈ; ↗ FELD V.2.1: *er wohnt in einer ~, besitzt eine ~*

violett [vɪoˈlɛt] ⟨Adj.; o. Steig.⟩ ˈblau mit einem ge-ringen rötlichen Anteilˈ; ↗ FELD VI.2.3: *eine ~e Blüte des Veilchens; ein ~es Kleid*

Violine [vɪoˈliːnə], **die**; ~, ~n fachspr. SYN ˈGeigeˈ (↗ TABL Saiteninstrumente): *ein Konzert für ~ und Orchester*

Viper ['viːpɐ], **die**; ~, ~n ˈOtterˈ: *er ist von einer ~ gebissen worden*

Virtuose [vɪrˈtu̯oːzə], **der**; ~n, ~n ˈKünstler, bes. Musiker, der die betreffende künstlerische Technik absolut beherrschtˈ: *das Konzert des berühmten ~n; er ist ein ~ auf dem Klavier, auf der Geige*

Virus ['vi:ʀʊs], **das**/auch **der**; ~, Viren ['vi:ʀən] ˈmikroskopisch kleiner, einem Organismus ähnlicher Körper, der sich nur in lebenden Zellen vermehren kann, bei Menschen, Tieren und Pflanzen Krankheiten hervorruft': *eine Infektion durch Viren*

Vision [vi'zi̯o:n], **die**; ~, ~en **1.1.** ˈin jmds. Vorstellung entstandenes Bild von der Zukunft': *seine, die prophetische ~ von einer Welt ohne Krieg und Hunger* **1.2.** ˈdurch Einbildung entstandene übernatürliche Erscheinung': *er hatte eine seltsame, schreckliche ~; seine krankhaften ~en; eine ~ überkam ihn*
❖ **visionär**

visionär [vizi̯o'nɛ:ɐ] ⟨Adj.; o. Steig.⟩ **1.1.** ⟨vorw. attr.⟩ ˈden Charakter einer Vision (1.2) habend': *~e Bilder, Erscheinungen* **1.2.** ⟨nicht bei Vb.⟩ ˈVisionen (1.1) gestaltend': *ein ~er Künstler; etw. mit ~er Kraft gestalten; ein ~er Roman* ❖ ↗ **Vision**

visuell [vi'zu̯ɛl] ⟨Adj.; o. Steig.; nicht präd.⟩ **1.** ˈmit den Augen wahrnehmbar': *~e Eindrücke, Signale; etw. ist ~ wahrnehmbar* **2.** *jmd. ist ein ~er* ('das Gesehene leichter als das Gehörte aufnehmender') *Typ*

Visum ['vi:zʊm], **das**; ~s, Visa ['..za]/Visen ['zn̩] ˈin einem Pass eingetragener Vermerk, der dem Inhaber die Einreise in einen Staat, die Ausreise aus einem Staat od. die Durchreise durch einen Staat erlaubt': *das ~ ist abgelaufen; ein ~ beantragen; sich in der Botschaft ein ~ ausstellen lassen*

vital [vi'ta:l] ⟨Adj.⟩ **1.** ⟨Steig. reg.⟩ ˈvoller Lebenskraft, Energie' /auf Personen bez./: *er ist ein ~er Mensch; trotz ihres hohen Alters ist sie noch sehr ~* **2.** ⟨o. Steig.; nur attr.⟩ SYN ˈlebenswichtig' /beschränkt verbindbar/: *jmds. ~e Bedürfnisse, Interessen; eine Frage von ~er Bedeutung*

Vitamin [vita'mi:n], **das**; ~s, ~e ˈfür Menschen und Tiere lebenswichtiger organischer Stoff, der bes. mit der Nahrung aufgenommen wird': *wasserlösliche ~e; Zitronen enthalten viel ~ C*

Vitrine [vi'tʀi:nə], **die**; ~, ~n **1.** ˈvorw. aus Glasscheiben bestehender schrankähnlicher Gegenstand, in dem z. B. Kunstgegenstände, Waren ausgestellt werden können': *die ~n im Museum; die Verkäuferin nahm das Buch aus der ~, stellte das Buch in die ~* **2.** ˈschrankähnliches Möbelstück mit Türen aus Glas für kostbare, als Zierde dienende Gegenstände'; ↗ FELD V.4.1: *die ~ im Wohnzimmer; in der ~ stehen Gläser, Porzellan u. a.*

Vogel ['fo:gl̩], **der**; ~s, Vögel ['fø:gl̩] ˈzweibeiniges Wirbeltier mit Federn und Flügeln, einem Schnabel aus Horn, das Eier legt und meist fliegen kann'; ↗ FELD II.3.1 (↗ TABL Vögel): *ein kleiner, bunter ~; einheimische, exotische Vögel; der ~ fliegt von Ast zu Ast, baut ein Nest, brütet; die Vögel singen, zwitschern; /in der kommunikativen Wendung/ der ~ ist ausgeflogen /wird gesagt, wenn man jmdn. nicht zu Hause antrifft od. wenn ein Übeltäter, den*

man sucht, heimlich von einem Ort verschwunden ist/ ❖ **Raubvogel, Schwimmvogel, Singvogel, Spaßvogel, Wasservogel, Vogelkäfig, -perspektive, -scheuche**

* /jmd./ **jmdm. einen ~ zeigen** (ˈsich selbst mit dem Zeigefinger an die Stirn tippen, um auszudrücken, dass man den anderen, jmdn. für verrückt hältˈ); ⟨⟩ umg. /jmd./ **den ~ abschießen** (ˈalle anderen übertreffenˈ); /jmd./ **einen ~ haben** (ˈverrückt seinˈ)

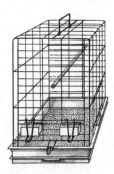

Vogel[ˈ..]|-**käfig, der** ˈKäfig, in dem man einen Vogel, mehrere Vögel halten kannˈ (↗ BILD) ❖ ↗ Vogel, ↗ Käfig; **-perspektive, die** ⟨o.Pl.⟩: *etw. aus der ~* (ˈwie ein Vogel von sehr weit obenˈ) *betrachten* ❖ ↗ Vogel, ↗ Perspektive; **-scheuche** [ʃɔiçɐ], **die;** ~, ~n ˈmit alten Kleidern behängtes Gestell, das einer menschlichen Gestalt ähnlich sehen soll und in Gärten, auf Feldern aufgestellt wird, damit Vögel fernbleiben und keinen Schaden anrichtenˈ (↗ BILD): *der Nachbar hat im Garten eine ~ aufgestellt* ❖ ↗ Vogel, ↗ scheuchen

Volk [fɔlk], **das;** ~es/auch ~s, Völker [ˈfœlkɐ] **1.1.** ˈdurch gemeinsame Sprache, Kultur, Geschichte verbundene Gemeinschaft der Bürger eines Staatesˈ: *das französische, polnische ~; die Völker Asiens, Europas; die Geschichte des deutschen ~es; die Freundschaft mit allen Völkern* **1.2.** ˈVölkerschaftˈ: *das ~ der Lappen; ein von Viehzucht lebendes ~; nomadisierende Völker* **2.** ⟨o.Pl.; nur mit best. Art.⟩ ˈdie Masse der Bürger eines Staatesˈ:

das ~ stand hinter der Regierung; die gewählten Vertreter des ~es; die Abgeordneten arbeiten zum Wohle des ~es **3.** ⟨o.Pl.; nur mit best. Art.⟩ ˈGesamtheit der Angehörigen der unteren sozialen Schichtenˈ: *er ist ein Mann aus dem ~/~e; das einfache, arbeitende ~* **4.** ⟨o.Pl.; vorw. mit best. Art.⟩ umg. ˈLeuteˈ: *auf dem Markt drängelte sich viel ~; dieses liederliche, blöde ~!; das junge ~* (ˈdie jungen Leuteˈ) *in den Diskos; auf dem Hof lärmte das kleine ~* (ˈlärmten die Kinderˈ) **5.** *ein ~ Bienen* (ˈein Bienenvolkˈ) ❖ **bevölkern, Bevölkerung, Völkerschaft, volkstümlich − Naturvolk, Völkerrecht;** vgl. **Volks-**

* /jmd., Institution/ **etw. unters ~ bringen** ˈeine Nachricht, Information unter die Bevölkerung verbreitenˈ: *er wollte seine Ansichten unters ~ bringen*

Völker|recht [ˈfœlkɐ..], **das** ⟨o.Pl.⟩ ˈGesamtheit der rechtlichen Normen, die die Beziehungen zwischen den Staaten regelnˈ: *eine Verletzung des ~s; etw. entspricht dem ~, steht im Widerspruch zum ~* ❖ ↗ **Volk,** ↗ **Recht**

Völkerschaft [ˈfœlkɐ..], **die;** ~, ~en ⟨vorw. im Pl.⟩ ˈaus einem od. mehreren Stämmen (2) hervorgegangene kleinere Gruppe von Menschen mit gleicher Sprache und Kulturˈ: *die ~en des Kaukasus; nomadisierende ~en* ❖ ↗ **Volk**

Volks[ˈfɔlks..]-**befragung** [bəfʀaːg..], **die;** ~, ~en; vom Staat angeordnete Abgabe von Stimmzetteln, durch die die Bürger ihre Meinung zu einer bestimmten grundsätzlichen Frage äußern und die dem Staat als Grundlage für gesetzliche Festlegungen dient: *eine ~ durchführen* ❖ ↗ fragen; **-hochschule, die** ˈöffentliche Einrichtung, in der sich Erwachsene neben ihrer beruflichen Arbeit weiterbilden könnenˈ: *die ~ besuchen; er hat Kurse an der ~ belegt; er hat einen Beruf erlernt und später an der ~ das Abitur gemacht* ❖ ↗ hoch, ↗ Schule; **-lied, das** ˈmeist von einem unbekannten Verfasser aus dem Volk (2) stammendes Lied volkstümlichen (1) Charaktersˈ: *~er singen, sammeln* ❖ ↗ Lied; **-mund, der** ⟨o.Pl.⟩ **1.1.** ˈim Volk lebendige, überlieferte Anschauungˈ: *der ~ meint, dass der Schornsteinfeger Glück bringt* **1.2.** *im ~* ˈnach dem im Volk üblichen Sprachgebrauchˈ: *im ~ wird der Kauz ˌTotenvogelˈ genannt* ❖ ↗ Mund; **-musik, die** ⟨o.Pl.⟩ ˈmeist regional geprägte volkstümliche (1) Musikˈ: *der Chor widmet sich der Pflege der ~* ❖ ↗ Musik; **-reden** ⟨Pl.⟩ * umg. scherzh. /jmd./ **~ halten**: *er hält gerne ~* (ˈredet gerne lange belehrend auf andere einˈ); *halte keine (langen, endlosen) ~* (ˈfasse dich kurz, wenn du sprichst!)!; **-stück, das** ˈvolkstümliches (1), oft humoristisches Theaterstück, das regional geprägt (und in Mundart abgefasst) istˈ ❖ ↗ Stück; **-tanz, der** ˈmeist regional geprägter volkstümlicher (1) Tanzˈ: *einen ~ einstudieren* ❖ ↗ Tanz

volkstümlich [ˈfɔlkstyːm..] ⟨Adj.; Steig. reg., ungebr.; vorw. attr.⟩ **1.** ˈdem Denken und Fühlen des Volkes (3) entsprechendˈ: *~e Lieder und Tänze* **2.** SYN ˈpopulär (3)ˈ /vorw. auf Vorträge, Publikationen u.Ä. bez./: *ein ~er Vortrag; ein kompliziertes Problem ~ darstellen* ❖ ↗ **Volk**

Volks['fɔlks..]|-**vertreter, der** SYN 'Abgeordneter' ❖ ↗ vertreten; **-vertretung, die** 'staatliches Organ (3), das vom Volk (2) gewählt wird und seine Interessen vertreten soll': *die Landtage sind die ~en auf der Ebene der Bundesländer; die oberste ~* ('das Parlament') ❖ ↗ vertreten; **-wirtschaft, die 1.** 'Gesamtheit von Strukturen, Prozessen und Einrichtungen der Wirtschaft eines Staates': *der Einfluss der Finanz- und Steuerpolitik auf die moderne ~* **2.** ⟨o.Pl.⟩ 'Wissenschaft von Volkswirtschaft (1)': *er studiert ~* ❖ ↗ Wirtschaft

voll [fɔl] ⟨Adj.⟩ **1.1.** ⟨Steig. reg.⟩ 'mit einem bestimmten Inhalt, mit Menschen ganz und gar gefüllt'; ANT leer (1.1) /vorw. auf Gefäße, Behälter, Räume bez./; ↗ FELD I.7.9.3: *eine ~e Flasche, Kiste, Tüte; ein ~er Bus; ~e Regale; der Koffer ist ~; der Saal war brechend ~* ('war überfüllt'); *er hatte beide Arme, Hände ~* ('trug etw. Bestimmtes mit beiden Armen, Händen gleichzeitig'); umg. *ich bin jetzt wirklich ~* ('sehr satt'); *er war ~* ('stark betrunken') **1.2.** ⟨o. Steig.; wird unflektiert einem Subst., das eine Mengenangabe darstellt, nachgestellt, wenn der Inhalt bereits vorher erwähnt ist od. als bekannt vorausgesetzt wird⟩ *die Suppe schmeckte so gut, dass er zwei Teller ~* ('zwei volle Teller') *aß* **1.3.** ⟨o. Steig.; wird flektiert od. unflektiert einer Mengenangabe nachgestellt, wenn ihm ein (artikelloses) Attribut folgt, das die Inhaltsmenge darstellt; steht flektiert vorw. im Gen.⟩ 'gefüllt mit': *ein Glas ~/~er Wein; ein Korb ~/~er reifer Kirschen; eine Kanne ~ heißem Kaffee;* geh. *ein Fass ~ (des) edelsten Weins; ~ mit/von etw.* ⟨Dat.⟩, *jmdm.: eine Kiste ~ mit Spielzeug; ein Korb ~ mit saftigen Birnen; der Tisch lag ~ mit Büchern und Akten; der Saal war ~ mit/von festlich gestimmten Menschen;* METAPH *ein Leben ~/~er Arbeit und Sorgen; sie sah ihn ~/~er Hass an; sein Herz war ~er/~ von Dankbarkeit* **1.4.** ⟨o. Steig.⟩ *die Stube war ~/~er Staub* ('war sehr staubig'); *das Schreiben war ~/~er Fehler* ('enthielt sehr viele Fehler') **2.** ⟨Steig. reg., Superl. ungebr.⟩ 'weich, rund in den Konturen'; SYN rundlich: *ihre ~en Lippen, Arme; er hat ein ~es Gesicht; sie ist ~er* (SYN 'rundlicher, ↗ rundlich 2') *geworden* **3.** ⟨Steig. reg., Superl. ungebr.; nicht bei Vb.⟩ /beschränkt verbindbar/: *er hat ~es* ('dicht gewachsenes'; ANT dünnes 4) *Haar; ihr schönes ~es Haar* **4.** ⟨Steig. reg., Superl. ungebr.; vorw. attr.⟩ 'angenehm kräftig klingend': *seine ~e dunkle Stimme; mit ~er Stimme singen; ~e Akkorde* **5.** ⟨o. Steig.; nicht präd.⟩ 'hinsichtlich des Umfangs, des Ausmaßes von etw. nicht vermindert, ohne die geringste Einschränkung': *ein ~es Dutzend; auch Rentner müssen den ~en Preis bezahlen; er musste eine ~e Stunde warten; sie unterschrieb mit ihrem ~en Namen* ('mit Vor- und Nachnamen und ohne Abkürzung'); *den Schaden im ~en Umfang ersetzen; das war ein ~er Erfolg; er bekam den Lohn ~ ausgezahlt; er ist für seine Tat ~ verantwortlich; ~* ('den

vollen Preis') *bezahlen; sie arbeitet ~* ('die volle Arbeitszeit'); *die Bäume stehen in ~er Blüte* ('haben den Höhepunkt ihrer Blüte erreicht'); *die Maschine arbeitet auf ~en Touren* ('mit höchster Leistungskraft') ❖ **¹vollends, völlig — anspruchsvoll, aufopferungsvoll, ausdrucksvoll, eindrucksvoll, gedankenvoll, gefühlvoll, geheimnisvoll, geschmackvoll, gottvoll, grauenvoll, hochachtungsvoll, hoffnungsvoll, humorvoll, kraftvoll, kunstvoll, liebevoll, maßvoll, mühevoll, niveauvoll, prachtvoll, prunkvoll, qualvoll, rücksichtsvoll, salbungsvoll, schmachvoll, sinnvoll, stimmungsvoll, taktvoll, teilnahmsvoll, temperamentvoll, übervoll, verhängnisvoll, vertrauensvoll, vorwurfsvoll, weihevoll, wertvoll, widerspruchsvoll, würdevoll, vervollständigen, Vollgas;** vgl. Voll/voll- * /jmd./ **jmdn., etw. nicht für ~ nehmen** ('jmdn., etw. nicht ernst nehmen, nicht gelten lassen'); /jmd./ **aus dem Vollen schöpfen** ('alles für etw. reichlich zur Verfügung haben'); **etw. ~ und ganz** ('völlig') **verstehen;** ⟨⟩ umg. /jmd./ **in die Vollen gehen** ('verschwenderisch mit Geld o.Ä. umgehen')

MERKE Zu *voll* 1.3 u. 1.4: Ist die Ergänzung, die den Inhalt angibt, ein artikelloses Substantiv ohne Kasuskennzeichen, wird *voll* und *voller* gebraucht: *ein Korb ~/~er Kirschen; der Saal war ~/~er Menschen.* Ist sie durch von od. mit angeschlossen, wird nur *voll* gebraucht: *der Korb ist ~ mit reifen Äpfeln.* Oft steht die Ergänzung im Dativ oder bei gehobenem Sprachgebrauch (meist mit Attribut) im Genitiv: *eine Kiste ~/~er schöner Spielsachen; sein Herz ist ~ tiefstem Hass*/geh. *(des) tiefsten Hasses.* Verbindungen mit Verben werden getrennt geschrieben, wenn die Betonung auf *voll* liegt, z. B. *voll füllen, laden, tanken;* zusammengeschrieben werden *vollbringen, vollenden, vollführen, vollstrecken, vollziehen*

-voll /bildet mit einem Subst. als erstem Bestandteil Adjektive; drückt aus, dass von dem im ersten Bestandteil Genannten viel vorhanden ist/: ↗ z. B. *niveauvoll, widerspruchsvoll*

Voll/voll['..]|-**automat, der** 'automatisch gesteuertes Gerät, automatisch gesteuerte Maschine': *bei dieser Waschmaschine handelt es sich um einen ~en* ❖ ↗ Automat; **-automatisch** ⟨Adj.⟩ 'o. Steig.; nicht präd.⟩ 'automatisch gesteuert' /auf Vorrichtungen, Maschinen bez./: *eine ~e Waschmaschine, Taktstraße* ❖ ↗ Automat; **-bart, der** 'dichter Bart an Wangen, Kinn, Oberlippe': *er trug einen ~* ❖ ↗ Bart; **-beschäftigung, die** ⟨o.Pl.⟩ 'Zustand der Wirtschaft, bei dem nur ein geringer Teil der Arbeitnehmer arbeitslos ist': *es herrschte (Hochkonjunktur mit) ~* ❖ ↗ beschäftigen; **-besitz, der:** *im ~ seiner Kräfte, Sinne sein* 'über seine Kräfte, Sinne voll verfügen können': *unser Großvater, unsere Großmutter ist noch im ~ seiner, ihrer Kräfte* ❖ ↗ besitzen; **-bringen** ['b..], vollbrachte ['bRaxtə], hat vollbracht geh. /jmd., Institution/ *etw. ~* 'etw. trotz Schwierigkeiten leisten, bewerkstelligen können': *er hat Großes vollbracht; eine große Tat, ein gutes Werk ~* ❖ ↗ bringen; **-enden** ['ɛn..], vollendete, hat vollendet; ↗ auch *vollendet* **1.1.** /jmd., Institution/ *etw. ~* 'etw. Begonnenes zum Abschluss bringen';

↗ FELD VII.3.2: *der Autor hat den Roman vor seinem Tod nicht mehr ~ können* **1.2.** geh. /jmd./ *ein bestimmtes Lebensjahr ~: im nächsten Monat vollendet er das 60. Lebensjahr* (ˈhat er seinen 60. Geburtstag') ❖ ↗ Ende; **-endet** [ˈɛndət] 〈Adj.; o. Steig.; ↗ auch *vollenden*〉 **1.1.** ˈauf einem bestimmten Gebiet vollkommen' /bes. auf Künstler bez./: *er ist ein ~er Tänzer, Virtuose; er hat die Sonate ~ gespielt* **1.2.** 〈nur attr.〉 ˈnicht mehr zu überbieten' /auf Negatives bez./: *er ist ein ~er Heuchler; das ist ~er Blödsinn!* ❖ ↗ Ende

¹vollends [ˈfɔlɛnts] 〈Adv.〉 ˈin vollem Maße'; SYN total: *diese Absage wird ihn ~ verärgern; die Sonne brach nun ~ durch* ❖ ↗ **voll**

²vollends 〈Gradpartikel; betont od. unbetont; steht vorw. vor der Bezugsgröße; bezieht sich auf verschiedene Kategorien〉 SYN ²*besonders*: *~ im Frühjahr ist die Landschaft schön; sie war müde von der Wanderung, und ~ für das Kind war es anstrengend*

voller [ˈfɔlɐ]: ↗ *voll* (1.3, 1.4)

Voll|gas [ˈfɔl..] 〈o. Art.〉: *~ geben* (ˈdie Fahrt des Kraftfahrzeugs aufs Äußerste beschleunigen'); *mit ~* (ˈgrößtmöglicher Geschwindigkeit') *fahren* ❖ ↗ **voll**, ↗ **Gas**

völlig [ˈfœlɪç] **I.** 〈Adj.; o. Steig.; nur attr.〉 ˈohne die geringste Einschränkung den höchsten Grad aufweisend'; SYN absolut, total (I), vollkommen, vollständig: *es herrschte ~e Ruhe, Windstille; ~e Gewissheit erlangen; etw. ist ~er* (SYN ˈkompletter I.2') *Unsinn; ein ~er* (SYN ˈradikaler 1.1') *Bruch mit der Tradition; etw. ist ~* (SYN ˈrestlos 2') *ausverkauft* – **II.** 〈Adv.; vor Adj., Adv.; bei Vb.〉 ˈin höchstem Grad': *er war ~ betrunken*; SYN ˈvollkommen (II)': *das ist ~ unmöglich; ich bin ~ deiner Meinung; etw. ~ verstehen, vergessen; das genügt mir ~; er ist ~* (SYN ˈkomplett II') *verrückt* ❖ ↗ **voll**

voll[ˈfɔl..]**-jährig** [jɛːrɪç/jeː..] 〈Adj.; o. Steig.; nicht bei Vb.; vorw. präd. (mit *sein, werden*)〉 /jmd./ *~ sein, werden: zum Zeitpunkt der Tat war er noch nicht ~* (ˈhatte er noch nicht das Alter, das zu bestimmten zivil- und familienrechtlichen Handlungen, zur Wahrnehmung bestimmter politischer Rechte berechtigt'); *im nächsten Jahr wird sie ~*; vgl. *erwachsen* ❖ ↗ **Jahr**; **-jährigkeit** [jɛːrɪç../jeː..], **die**; ~, 〈o.Pl.〉 ˈdas Volljährigsein': *die ~ beginnt mit dem vollendeten 18. Lebensjahr* ❖ ↗ **Jahr**

vollkommen [fɔlˈkɔmən/auch ˈf..] **I.** 〈Adj.; o. Steig.〉 **1.** [ˈf..] 〈nur attr.〉 ˈvöllig (I)': *es herrschte ~e Ruhe, Finsternis; man hat darüber ~e Einigung erzielt* **2.** [..ˈk..] 〈Steig. reg., ungebr.; nicht bei Vb.〉 ˈnicht mehr zu verbessernd od. zu ergänzend und ohne jeden Fehler, Makel': *die ~e Schönheit dieser antiken Statue; kein Mensch ist ~; sein Glück war ~* (ˈnicht mehr zu steigern') – **II.** [ˈf..] 〈Adv.; vor Adj., Adv.; bei Vb.〉 SYN ˈvöllig (II)': *ein ~ übermüdeter Busfahrer; ich bin ~ deiner Meinung; das verstehe ich ~; sich ~ verausgaben* ❖ **Vollkommenheit, vervollkommnen**

Vollkommenheit [ˈk..], **die**; ~, 〈o.Pl.〉 /zu *vollkommen* I.2/ ˈdas Vollkommensein': *die ~ eines Kunstwerks bewundern; die ~ seines Glücks genießen* ❖ ↗ **vollkommen**

Voll/voll[ˈfɔl..]**-macht, die**; ~, ~en **1.** ˈjmdm. von einer bestimmten Person schriftlich erteiltes Recht, etw. Bestimmtes an ihrer Stelle tun zu dürfen': *jmdm. eine ~ (zum Unterschreiben, für einen Vertragsabschluss) geben, erteilen; jmdn. mit allen ~en ausstatten; er hat seine ~en überschritten* **2.** ˈSchriftstück, das Vollmacht (1) ausweist': *ich darf Ihnen die Sendung nur gegen Vorlage einer ~ des Empfängers aushändigen* ❖ bevollmächtigen, Bevollmächtigte; vgl. Macht; **-milch, die** ˈMilch mit nur leicht reduziertem Fettgehalt'; ↗ FELD I.8.1 ❖ ↗ Milch; **-mond, der** 〈o.Pl.〉 ˈPhase des Mondes, in der seine der Erde zugewandte Seite von der Erde aus als runde Fläche zu sehen ist': *heute ist/ haben wir ~* ❖ ↗ Mond; **-pension, die** 〈o.Pl.〉 ˈUnterkunft mit Übernachtung, Frühstück, Mittagessen und Abendbrot': *wir hätten gerne ein Doppelzimmer mit ~* ❖ ↗ Pension; **-schlank** 〈Adj.〉 ˈein wenig zu dick' /vorw. auf Frauen bez./: *eine ~e Blondine; sie ist mittelgroß und ~* ❖ ↗ schlank

vollständig [ˈfɔlʃtɛndɪç] 〈Adj.; o. Steig.〉 **1.** ˈalle dazugehörigen Teile, Stücke umfassend'; ↗ FELD III.5.3: *ein ~es Verzeichnis der Werke des Dichters; die Sammlung ist nicht ganz ~* **2.** SYN ˈvöllig (I)': *es herrschte ~e* (ANT partielle) *Finsternis; sie lässt ihm ~e Freiheit; er hofft auf die ~e Wiederherstellung seiner Gesundheit* **3.** 〈nur bei Vb.〉 SYN ˈvöllig (II)': *er hatte es ~ vergessen; das genügt mir ~* ❖ **vervollständigen, Vollständigkeit**

Vollständigkeit [ˈ..], **die**; ~, 〈o.Pl.〉 /zu *vollständig* 1/ ˈdas Vollständigsein'; ↗ FELD III.5.1: *die ~ einer Kartei, Liste, Sammlung überprüfen* ❖ ↗ **vollständig**

voll[fɔl..]**-strecken** [ˈʃt..], vollstreckte, hat vollstreckt /jmd., Institution/ *etw.* ˈeine rechtlich wirksame Entscheidung od. einen rechtlich wirksamen Anspruch verwirklichen': *das Urteil wurde sofort vollstreckt; das Testament ~*; **-wertig** [ˈ..veːɐtɪç] 〈Adj.; vorw. attr.〉 ˈalle erforderlichen Eigenschaften aufweisend und damit den vollen Wert besitzend': *eine ~e Ernährung; ein ~es Material; jmdm. ~en Ersatz leisten* ❖ ↗ wert; **-zählig** [ˈtsɛːlɪç/ˈtseː..] 〈Adj.; o. Steig.; vorw. präd. u. bei Vb.〉 ˈdie dazugehörigen Teile, Personen in voller Anzahl umfassend': *die Tassen, die zu dem Service gehören, sind nicht mehr ~; die Familie hatte sich ~ versammelt; nun ist die Mannschaft ~* (SYN ˈkomplett I.1') ❖ ↗ Zahl; **-ziehen** [ˈts..], vollzog, hat vollzogen **1.** 〈oft im Pass.〉 /jmd., Institution/ *etw.* ˈeinen offiziellen Auftrag ausführen': *ein Urteil, einen Auftrag ~; die Trauung wurde bereits vollzogen* **2.** /etw./ *sich irgendwie ~* ˈin bestimmter Weise geschehen, vor sich gehen': *dieser Wandel vollzog sich unmerklich; eine sich gesetzmäßig ~de Entwicklung*

Volumen [voˈluːmən], **das**; ~s, ~/Volumina [voˈluːmina] **1.** ˈräumlicher Inhalt eines Körpers (2)': *die Oberfläche und das ~ einer Kugel, eines Würfels be-*

rechnen **2.** ʼUmfang (5.1) von etw. innerhalb eines bestimmten Zeitraumsʼ: *das ~ des Exports, der Ausgaben, Einnahmen im vergangenen Jahr*
vom [fɔm] ⟨Verschmelzung von Präp. *von* (Dat.) + Art. (*der*)⟩: ↗ *von*
von [fɔn] ⟨Präp.; vorangestellt; vor best. Art. Mask., Neutr. häufig *vom*⟩ **I.** ⟨mit Dat.⟩ **1.** /lokal/ **1.1.** ⟨oft in Verbindung mit *kommen*⟩ /gibt den Ausgangspunkt einer Bewegung, Tätigkeit an/: *der Zug kommt ~ Berlin; ~ Norden weht ein frischer Wind; sie sind gerade ~ Sylt zurückgekehrt; sie kommt gerade vom Arzt; ~ rechts, links, ~ hinten, vorn, oben, unten kommen; jmdn. ~ der Seite ansehen; das Bild ~ der Wand nehmen; vom Pferd steigen; Brot vom Bäcker holen; er kommt gerade ~ einer Party, Versammlung, vom Finanzamt,* /gibt den Bezugspunkt an/: *die Klingel links ~ der Tür; er war ~ der Stadt noch weit entfernt* **1.2.** ⟨in Verbindung mit einer zweiten Präp. od. *her,* die dem regierten Subst. nachgestellt ist und den Ausgangspunkt verdeutlicht⟩ /in der Bedeutung 1.1/: *~ Leipzig, vom Signal ab fuhr der Zug langsamer; er kam ~ München her; vom Bahnhof aus sind es drei Kilometer; ~ hier an muss das Manuskript geändert werden* **1.3.** ⟨in Verbindung mit einer zweiten Präp., die den Endpunkt angibt und das zweite Subst. regiert⟩ /in der Bedeutung 1.1/: *wir fliegen, fahren ~ Berlin bis/nach München; er sprang vom Baum aufs Dach, vom Steg ins Boot; das Schiff fuhr ~ einem Ufer zum anderen; er telefonierte ~ Berlin nach Hamburg; er ist ~ hier direkt nach Hause gefahren;* ⟨in Doppelformen⟩ /gibt eine Steigerung, Wiederholung an/: *sie zogen ~ Stadt zu Stadt, ~ Land zu Land* (ʼvon einer Stadt/von einem Land zum anderenʼ) **1.4.** ⟨vorw. mit Lokaladv., lokalem Attr.⟩ /gibt die Herkunft, den Ursprung an/: *er ist nicht ~ hier; er ist, stammt ~ auswärts; er kommt ~ der Küste; ~ woher kommt er?;* vgl. *aus* (2.1) **2.** /temporal/ **2.1.** ⟨in Verbindung mit einer zweiten Präp. od. *her,* die dem regierten Subst. nachgestellt sind⟩ /gibt den Ausgangspunkt eines zeitlichen Ablaufs in der Vergangenheit, Gegenwart, Zukunft an/: ⟨oft o. Kasusforderung⟩ *~ jenem Tage an war er völlig verändert; sie kannten sich schon ~ Kindheit an; wir kennen uns vom Urlaub her; ~ alters her ist das Brauch; ~ frühester Jugend auf/an treibt er Sport; ich habe das ~ Anfang an gewusst; ~ heute ab/an machen wir das anders; ~ nun /jetzt/ morgen an* **2.2.** ⟨in Verbindung mit einer zweiten Präp., die den zeitlichen Endpunkt angibt und das zweite Subst. regiert⟩; vgl. *²auf* (4.3) /in der Bedeutung 2.1/: *sie waren ~ Morgen bis zum Abend unterwegs; das Geschäft ist ~ Montag bis Freitag geöffnet; ~ morgens bis abends tätig sein; in der Zeit ~ 9 bis 12 Uhr bleibt das Büro geschlossen;* ⟨in Doppelformen⟩ /gibt eine Steigerung, Wiederholung an/: *~ Jahr zu Jahr, ~ Monat zu Monat, ~ Tag zu Tag hat er seine Leistungen gesteigert; ~ Stunde zu Stunde stieg das Wasser* (ʼes stieg ständigʼ) **3.** /modal/ **3.1.** ⟨in Verbindung mit Abstrakta, die eine Qualität angeben; vorw. o.

Art.⟩ /gibt die Art und Weise an/: *eine Frau ~ großer Schönheit, ~ hochherziger, aufrichtiger Gesinnung; ein Mensch ~ kräftiger Gestalt; ein Mann ~ Geist; ein Schriftsteller ~ internationalem Ruf; ein Aufsatz ~ hoher Aktualität* **3.2.** ⟨in Verbindung mit Maß-, Zahlangaben; o. Art.⟩ /gibt die Menge an/: *ein Brett ~ zwei Meter(n) Länge; ein Zimmer ~ vier Meter(n) Breite und drei Meter(n) Höhe; eine Wanderung ~ zwei Stunden; ein Betrag ~ 30 Mark* **3.3.** ⟨in Verbindung mit Materialbez.; o. Art.⟩ geh. /gibt die Art des Materials an/: *ein Kleid ~ Seide; ein Ring ~ purem Gold; die Kette ist ~ Silber* **3.4.** ⟨in passivischen Sätzen⟩ /gibt das logische Subj., die Ursache für ein Geschehen an; vgl. *durch*/: *er wurde ~ einem Auto angefahren* (ʼein Auto hat ihn angefahrenʼ); *das Dach wurde vom Sturm* (ʼdurch den Sturmʼ) *beschädigt; er wurde ~ ihm verprügelt; sie wurde vom Arzt behandelt* **3.5.** /gibt das Mittel an/: *er hat die Bücher ~ seinem Taschengeld, Lohn bezahlt; kann er ~ seinem Einkommen leben?* **3.6.** /gibt die Ursache an/: *er ist erschöpft ~ der vielen Arbeit, ~ dem weiten Weg; die Erkältung kommt ~ der Zugluft; ~ allein kommt nichts* **3.7.** /gibt das Verhältnis zwischen dem Einzelnen und dem Ganzen an/: *ich habe einige ~ meinen Freunden wieder getroffen; ~ allen Freunden war er der verlässlichste; ein Stück vom Kuchen bekommen; ein Stück vom Feld verkaufen; einer ~ euch muss es getan haben; keiner ~ ihnen war bereit, uns zu helfen* **3.8.** ⟨in Abhängigkeit von Wörtern des Sagens, Denkens⟩ /gibt den Inhalt an/: *er hat mir ~ seinem Missgeschick erzählt; ~ seinen Erlebnissen haben wir nichts erfahren; ein Bericht ~ seiner Reise; ~ jmdm. etw. behaupten* **4.** ⟨vorw. o. Art.; schließt an Verbalsubst. das Obj. des entsprechenden Verbs an⟩: *der Bau ~ Hochhäusern, Sozialwohnungen; die Herstellung ~ Textilien; der Verkauf ~ Obst* **5.** ⟨präd. Adj. + *von* + Personalpron.⟩ /gibt an, dass sich etw. auf eine bestimmte Person bezieht/: *das war nett ~ dir; das war vernünftig ~ dir; das ist sehr liebenswürdig ~ Ihnen; das war eine gute Idee ~ dir; es war ungeschickt ~ dir, so heftig zu reagieren* − **II.** ⟨als Glied der Präp. **von … wegen**; mit Gen.; umschließt das Nomen; o. Art.⟩ amtsspr. /gibt den Grund an; beschränkt verbindbar/: *das ist ~ Staats wegen* (ʼdurch den Staatʼ) *angeordnet worden; sich ~ Berufs wegen* (ʼaufgrund seines Berufsʼ) *mit etw. befassen; etw. ~ Amts wegen* (ʼkraft seines Amtesʼ) *verkünden, verbieten* ❖ **hiervon, voneinander, vonstatten**; vgl. auch **davon, wovon**
MERKE Zum Verhältnis von (2.1) … *an/ab* und *seit:* ↗ *seit* (Merke)

von|einander [fɔn|ain'andɐ] ⟨Adv.⟩ ʼeiner, eines von dem anderen, eine von der anderenʼ: *die beiden fordern viel ~; sie haben eine hohe Meinung ~; die beiden Hälften ~ trennen; die Dörfer sind etwa zehn Kilometer ~ entfernt; sie sind ~ enttäuscht, wissen alles ~* ❖ ↗ **von,** ↗ **¹ein,** ↗ **anderer**
vonstatten [fɔn'ʃtatn̩] /etw./ *~ gehen* **1.1.** *irgendwann, irgendwo ~ gehen* ʼzu einem bestimmten Zeitpunkt,

an einem bestimmten Ort stattfinden': *wann und wo soll die Zeremonie ~ gehen?* **1.2.** *irgendwie ~ gehen* 'sich in bestimmter Weise vollziehen': *die Umstrukturierung geht zügig ~* ❖ ↗ **von,** ↗ **Stätte**

¹vor [foːɐ] 〈Adv.〉 'nach vorn' /in Aufforderungen/: *zwei Schritte ~!* ❖ **vorwärts;** vgl. **vor/Vor-, vor-**
* **es gibt kein Vor und kein Zurück** ('es gibt keinen Ausweg mehr')!

²vor 〈Präp. mit Dat., Akk.; vorangestellt; vor best. Art. Neutr., Mask. häufig *vors, vorm*〉 **1.** 〈mit Dat.〉 /lokal/ **1.1.** /gibt (vom Standpunkt des Sprechers) eine Lage an einer vertikalen Fläche an, die auf der Vorderseite eines Gebäudes, Berges, eines Gegenstandes od. einer Fläche ist/; ANT hinter (1.1): *er steht, sitzt ~ dem Fenster, der Tür, dem/vorm Haus; er steht ~ einer Tafel, ~ dem Spiegel; er wartete ~ dem/vorm Bahnhof auf mich; das Auto hält vor der Post; die Kaserne liegt ~ der Stadt* **1.2.** 〈vor geografischen Begriffen〉 /gibt bei einer Fortbewegung das Ziel, den Endpunkt an/: *~ Potsdam hält der Zug nicht mehr; ~ Berlin mussten wir mehrere Umleitungen passieren; ~ den Alpen mussten wir Schneeketten anlegen* **1.3.** 〈vor Personenbez.〉 /gibt in einer Reihe hintereinander sich vorwärts bewegender Personen, Fahrzeuge die erste Position an/; ANT hinter (1.3): *er marschierte ~ der Kompanie; er trug die Fahne ~ ihnen her; der Hund rennt ~ dem Fahrrad her; er lag mit seinem Wagen ~ dem Hauptfeld* **1.4.** /gibt die Präsenz gegenüber einer Gruppe an/: *ein Konzert ~ geladenen Gästen; etw. ~ Zeugen erklären; er hat das ~ allen Leuten, aller Öffentlichkeit behauptet, erklärt; ~ Gericht stehen; ~ der Uno-Vollversammlung, ~ der Belegschaft, ~ den Mitarbeitern eine Rede halten* **2.** 〈mit Akk.〉 /lokal/ **2.1.** /gibt die Richtung einer Bewegung und deren Endpunkt an einer vertikalen Fläche an, die aus der Sicht des Sprechers die Vorderseite ist/: *er stellte sich ~* (ANT hinter 2) *den Spiegel, ~ die Tafel, ~ das/vors Fenster; er legte das Paket ~ die Tür; das Pferd ~ den Wagen spannen; jmdm. den Koffer ~ die Füße stellen; die Hand ~ den Mund halten; er erhielt einen Schlag ~ den Kopf; die Truppen zogen ~ die Stadt und belagerten sie* **2.2.** /gibt die Richtung einer Bewegung und deren Endpunkt an; der Endpunkt ist eine Gruppe/: *er trat ~ sein Publikum, ~ die Versammlung und sprach ein paar Worte; ~ das Gericht treten;* /der Endpunkt ist eine Person/: *er stellte sich schützend ~ ihn* **3.** 〈mit Dat.〉 /temporal/ **3.1.** /gibt einen Zeitpunkt an, der einem Zeitpunkt od. Vorgang od. der Gegenwart des Sprechers vorausgeht/; ANT ²nach (2): *es ist zehn ~ acht; der Zug ist ~ zehn Minuten abgefahren; das ist ~ einer Woche, Stunde passiert; heute ~ 20 Jahren haben wir geheiratet; ~ einiger Zeit; ~ langer Zeit; gestern ~ drei Wochen ist er gestorben* **3.2.** /gibt den Endpunkt einer Zeitdauer an, die in der Vergangenheit liegt/; ANT nach: *er arbeitete ~ 1945 in N; es geschah kurz ~ dem Unfall; etw. ~ dem Essen erledigen; die Zeit ~ dem Ersten Weltkrieg; er hat sich ~ dem Schlafengehen*

die Zähne geputzt **3.3.** /gibt einen Zeitpunkt an, der nach der Gegenwart des Sprechers liegt/: *~ Ende dieser Woche wird er wiederkommen; ~ Abend wird er nicht zu Hause sein* **4.** 〈mit Dat.; vor Personenbez.〉 /gibt in einer Rangfolge die zweite Position an/: *die Rettung von Menschenleben hat den Vorrang ~ allen anderen Maßnahmen; ~ dem Hauptmann kommt der Oberleutnant; Hamburg kommt der Größe nach ~ Bremen* **5.** 〈mit Dat.; vorw. o. Kasusforderung; oft in Verbindung mit psychischen Prozessen〉 /kausal; gibt die Ursache, den Beweggrund an/; SYN ²aus (5): *~ Angst zittern; ~ Schreck blass werden; er weinte ~ Wut, schrie ~ Schmerz; ~ Hunger, Durst umkommen; ~ Neid, Ärger, Neugierde platzen*

MERKE Zum Verhältnis von *vor* (3.2) und *seit:* ↗ *seit* (Merke); zum Verhältnis von *vor* (5) und *aus:* ↗ *aus* (Merke) ❖ **vorig, vorn, vorne − bevormunden, Vorabend, Vorname;** vgl. auch **bevor, davor, wovor, voran, voraus, vorbei, vorder, vorher, vorhin, vornherein, vorhinein, vorüber, vorweg, wovor, zuvor;** vgl. **vor/Vor-**

vor- /bildet mit dem zweiten Bestandteil Verben; betont; trennbar (im Präsens u. Präteritum)/ **1.** /drückt aus, dass durch das im zweiten Bestandteil Genannte eine Größe vor eine andere Größe gelangt/: ↗ z. B. *vorhalten* (1) **2.** /drückt aus, dass durch das im zweiten Bestandteil Genannte eine Größe nach vorn gelangt/: ↗ z. B. *vorgehen* (2) **3.** /drückt aus, dass das im zweiten Bestandteil Genannte im Voraus, als Vorbereitung einer folgenden Tätigkeit erfolgt/: ↗ z. B. *vorbedenken* **4.** /drückt aus, dass das im zweiten Bestandteil Genannte in Gegenwart einer Person, Gruppe erfolgt (und für sie bestimmt ist)/: ↗ z. B. *vorlesen* ❖ **Voranschlag, vornehmen;** vgl. **vor/Vor-**

Vor|abend ['..], der 〈o.Pl.〉; ↗ FELD VII.4.1 **1.** 'Abend unmittelbar vor einem Tag mit einem besonderen Ereignis': *am ~ des Jubiläums, seiner Abreise* **2.** 'Zeitraum unmittelbar vor einem historischen Ereignis': *am ~ des Zweiten Weltkriegs, der Reformation* ❖ ↗ **vor,** ↗ **Abend**

voran [fo'Ran; Trennung: vor|an od. vo|ran] 〈Adv.〉 **1.** 'an der Spitze einer sich vorwärts bewegenden Gruppe'; ↗ FELD IV.3.3: *sie stiegen langsam bergauf, der Bergführer immer ~, die Gruppe hinterher;* 〈nachgestellt〉 *einer Gruppe ~: allen ~ marschierte der Tambourmajor; dem Festzug ~ marschierte eine Blaskapelle* **2.** *allen ~* 'mehr als alle anderen': *die Kinder kreischten vor Vergnügen, allen ~ die Jüngsten* ❖ **vorangehen, -kommen, -schreiten;** vgl. auch **²vor**

voran[..'R..]**|-bringen,** brachte voran, hat vorangebracht /jmd., Institution/ *etw.* ~ 'dafür sorgen, dass etw. vorankommt (2)': *die Planung, Arbeiten für den Bau zügig ~* ❖ ↗ **bringen; -gehen,** ging voran, ist vorangegangen **1.** /jmd./ 'an der Spitze einer sich vorwärts bewegenden Gruppe gehen'; ↗ FELD I.7.2.2, IV.3.2: *der Bergführer ging (den Touristen) voran* **2.** 〈vorw. adj. im Part. I,II〉 /Text/ *etw.* 〈Dat.〉 ~ 'sich unmittelbar vor einem Text befinden': *dem Schluss des Romans geht ein Kapitel voran, in dem …; im ~den Kapitel wurde diese Problematik eingehend erörtert* **3.** /etw., bes. Tätigkeit/ *etw.* ⟨Dat.⟩ ~ 'vor einem bestimmten Zeitpunkt stattfinden, erfolgen': *dem Vertragsabschluss gingen schwierige Verhandlungen voran; am vorangegangenen Tag* ('am Vortag') **4.** /etw., bes. Tätigkeit/ 'Fortschritte machen': *die Untersuchungen gehen zügig, schleppend voran; mit den Bauarbeiten will es nicht ~* ❖ ↗ **voran**, ↗ **gehen**; **-kommen**, kam voran, ist vorangekommen **1.** /jmd., Fahrzeug/ 'von der Stelle kommen'; ↗ FELD I.7.2.2: *auf dem holprigen Weg kamen wir mit unseren Fahrrädern, kamen die Autos nur mühsam, langsam voran* **2.** ⟨vorw. mit Adv.best.⟩ /jmd., etw./ 'Fortschritte machen': *er kommt (mit der Arbeit) gut, nicht recht voran; die Restaurierung des Schlosses kommt zügig, planmäßig voran; er will in seinem Beruf ~* ('in seinem Beruf erfolgreich sein') ❖ ↗ **voran**, ↗ **kommen**

Vor|anschlag ['foːɐ̯|anʃlaːk], **der** 'Berechnung od. Schätzung, bes. der voraussichtlichen Kosten'; ↗ FELD VII.4.1: *machen Sie mir bitte einen ~!; die Ausgaben entsprechen etwa dem ~* ❖ ↗ **schlagen**

voran|schreiten [foˈʀan..], schritt voran, ist vorangeschritten geh. **1.** /etw./ 'vorangehen (4)': *die Entwicklung schreitet unaufhaltsam voran* **2.** /jmd./ 'vorangehen (1)': *der Bürgermeister schritt voran und alle anderen folgten; die Ehrenbürger der Stadt schritten dem Festzug voran* ❖ ↗ **voran**, ↗ **schreiten**

voraus ['foːʀaus/..'ʀ..]; Trennung: vor|aus od. vo|raus] ⟨Adv.⟩ **1.** [..'ʀ..] 'vor etw. ⟨Dat.⟩, den anderen'; SYN vorweg (2): *es näherte sich der Wagen des Präsidenten, ~ die motorisierte Eskorte;* ⟨auch präd. (mit *sein*)⟩ *jmdm., etw.* ⟨Dat.⟩ ~ *sein: schon in der dritten Runde waren die beiden Läufer den anderen, dem Hauptfeld weit ~* **2.1.** ['..] *im Voraus* 'bereits vorher'; ↗ FELD VII.4.3: *wir wussten es schon im ~; die Miete, den Mitgliedsbeitrag im ~* ('vor dem festgesetzten Termin') *bezahlen;* /in der kommunikativen Wendung/ *vielen Dank im Voraus!* /wird gesagt, wenn man jmdn. um etw. gebeten hat, man sicher ist, dass er der Bitte nachkommt und man ihm schon jetzt seinen Dank ausdrücken möchte/ **2.2.** [..'ʀ..] ⟨nur präd. (mit *sein*)⟩ /jmd., etw./ *jmdm., etw.* ⟨Dat.⟩ ~ *sein: in Mathematik war er den anderen Schülern immer weit ~* ('war er weitaus besser als die anderen Schüler'); *er war (mit seinen Erkenntnissen) seinen Zeitgenossen, seine Erkenntnisse waren seiner Zeit weit ~* ('seine Erkenntnisse wiesen über den Erkenntnisstand seiner Zeit hinaus weit in die Zukunft') ❖ vgl. **voraus/Voraus-;** vgl. auch ²**vor**

MERKE: Zur Getrennt-, Zusammenschreibung von *voraus* und *sein:* Getrenntschreibung auch im Infinitiv

voraus/Voraus[..'ʀ..]|**-berechnen**, berechnete voraus, hat vorausberechnet /jmd./ *etw.* ~ 'den Verlauf, Zeitpunkt von etw. im Voraus berechnen'; ↗ FELD VII.4.2: *die Umlaufbahn eines Satelliten, den Ausbruch eines Vulkans (exakt) ~* ❖ ↗ **rechnen;**

-datieren, datierte, voraus, hat vorausdatiert /jmd./ *etw.* ~ SYN 'etw. vordatieren'; ANT zurückdatieren; ↗ FELD VII.4.2: *einen Brief, Scheck ~* ❖ ↗ Datum; **-haben** (er hat voraus), hatte voraus, hat vorausgehabt /jmd., etw./ *etw. jmdm., etw.* ⟨Dat.⟩ ~/*etw. vor jmdm., etw.* ⟨Dat.⟩ ~ 'jmdm., einer Sache gegenüber etw. als Vorzug aufweisen können, jmdm., einer Sache in etw. überlegen sein': *er hat (vor) seinen Kollegen die größere Erfahrung voraus; eines hatte der preisgekrönte Film den anderen voraus: die perfekte Regie* ❖ ↗ **haben; -sagen** ⟨trb. reg. Vb.; hat⟩ /jmd./ *etw.* ~ 'sagen, dass etw. zu erwarten ist, eintreten wird'; ↗ FELD VII.4.2: *er hat das Fiasko vorausgesagt; was er vorausgesagt hat, ist eingetroffen; schon damals hat sein Lehrer vorausgesagt, dass aus ihm ein großer Pianist werden würde* ❖ ↗ **sagen; -schauen** ⟨trb. reg. Vb.; hat⟩ /jmd., Institution/ *etw.* ~ 'etw. in der Zukunft zu Erwartendes, bes. Erfordernisse, schon im Voraus erkennen und bei seinem Planen, Tun berücksichtigen'; ↗ FELD VII.4.2: ⟨vorw. adj. im Part. I⟩ *eine ~de Politik; er war stets ~d; ~d handeln, entscheiden* ❖ ↗ **schauen; -sehen** (er sieht voraus), sah voraus, hat vorausgesehen /jmd., Institution/ *etw.* ~ 'etw. in der Zukunft zu Erwartendes schon im Voraus erkennen'; ↗ FELD VII.4.2: *das war doch vorauszusehen!; niemand kann ~, wie sich die Dinge entwickeln werden; soweit man es ~ kann, ist nicht mit einem Fehlschlag zu rechnen* ❖ ↗ **sehen; -setzen** ⟨trb. reg. Vb.; hat⟩ **1.** /jmd., Institution/ *etw.* ~ 'von der Annahme ausgehen, dass etw. in bestimmter Weise geschieht, sich verhält': *er hatte unser Einverständnis vorausgesetzt; stillschweigend, als selbstverständlich ~, dass …; ich kann diese Tatsache als bekannt ~* ('kann davon ausgehen, dass diese Tatsache bekannt ist') **2.** /etw./ *etw.* ~ 'etw. als Bedingung haben, erst möglich werden, wenn etw. Bestimmtes vorhanden ist': *die Bewältigung dieser Aufgabe setzt großes Engagement voraus* **3.** ⟨nur im Part. II⟩ /leitet einen Nebensatz od. Hauptsatz ein, der die Bedingung für den Vordersatz angibt⟩ *vorausgesetzt, (dass) …* 'unter der Bedingung, Voraussetzung, dass …': *der Junge kann am Montag wieder zur Schule gehen, vorausgesetzt, dass er fieberfrei bleibt; wir treffen um zehn Uhr in Berlin ein, vorausgesetzt, der Zug hat keine Verspätung* ❖ Voraussetzung; **-setzung** [zɛts..], **die**; ~, ~en **1.** 'Annahme, dass etw. in bestimmter Weise geschieht, sich verhält': *bei seiner Entscheidung ging er von der (falschen) ~ aus, dass sich die Bedingungen nicht ändern würden* **2.1.** 'etw., das vorhanden sein muss od. eine Bedingung, die erfüllt sein muss, damit etw. Bestimmtes realisiert werden, sich vollziehen kann': *für die Realisierung des Projekts fehlen die wichtigsten, grundlegenden ~en, fehlt eine wichtige ~; zuerst muss man die notwendigen, ökonomischen, technischen ~en dafür schaffen* **2.2.** unter der ~, dass … 'wenn die Bedingung erfüllt ist, dass …': *unter der ~, dass er mitmacht, stimme ich zu; die Kommission hat dem Projekt nur unter der*

~ *zugestimmt, dass die Konzeption geändert wird* ❖ ↗ voraussetzen; **-sicht, die 1.** ⟨vorw. Sg.⟩ ʿauf der Kenntnis bestimmter Zusammenhänge beruhende allgemeine Vorstellung von etw. Künftigem, zu Erwartendemʾ: *diese ~ hat sich bestätigt; entgegen aller ~ hat sich die Lage wieder stabilisiert; aller ~ nach* ʿvoraussichtlich (II)ʾ: *aller ~ nach wird aus den bevorstehenden Wahlen die Opposition als Sieger hervorgehen* **2.** ⟨o.Pl.⟩ SYN ʿWeitblickʾ: *ihm fehlt es an ~; sein Misserfolg beruht auf mangelnder ~* ❖ ↗ sehen; **-sichtlich I.** ⟨Adj.; o. Steig.; nur attr.⟩ ʿmit ziemlicher Gewissheit zu erwartendʾ /vorw. auf Zeitbegriffe bez./: *die ~e Verspätung des Zuges, die ~e Wartezeit beträgt zwanzig Minuten; die ~en Kosten berechnen* – **II.** ⟨Satzadv.⟩ /drückt die Einstellung des Sprechers zum genannten Sachverhalt aus/ ʿsoweit man es voraussehen kannʾ; SYN wahrscheinlich: *die Sitzung wird ~ verschoben;* vgl. *wahrscheinlich* (II) ❖ ↗ sehen

vor/Vor[ˈfoːɐ̯..]**-bauen** ⟨trb. reg. Vb.; hat⟩ /jmd., Institution/ *etw.* ⟨Dat.⟩ ~ ʿdurch bestimmte Äußerungen o.Ä. unangenehmen Reaktionen anderer vorbeugenʾ: *er wollte mit dieser Bemerkung Missverständnissen, Irrtümern, möglicher Kritik ~* ❖ ↗ bauen; **-bedacht:** *aus, mit ~* ʿnach vorheriger Überlegung und in bestimmter Absichtʾ; SYN bewusst (3); ↗ FELD I.4.4.1, VII.4.1: *er hat aus ~ gelogen; das hat er mit ~ getan; ohne ~* ʿohne vorherige Überlegung und ohne bestimmte Absichtʾ; *er hat ihn ohne ~* (SYN ʿunbewusst 3ʾ) *beleidigt* ❖ ↗ denken; **-bedenken** [ˈ..], vorbedachte, hat vorbedacht /jmd./ *etw.* ~ ʿetw. im Voraus (bei einer folgenden Tätigkeit) bedenkenʾ: *das muss man ~!; die Kosten hast du nicht vorbedacht* ❖ ↗ denken; **-behalt** [bə-halt], der; ~s/auch ~es, ~e ʿgeltend gemachte Bedenken gegenüber jmdm., etw., dem man im Großen und Ganzen durchaus positiv gegenübersteht ʾ: *seine heimlichen, inneren ~e ihr gegenüber; er hatte viele ~e gegen dieses Unternehmen; ich möchte dagegen ~e anmelden; er hat mit, ohne, unter ~ zugesagt; er will sich nur unter dem ~ beteiligen, sich jederzeit wieder aus dem Projekt zurückziehen zu können* ❖ ↗ vorbehalten; **-behalten** (er behält vor), behielt vor, hat vorbehalten **1.** /jmd., Institution/ *sich* ⟨Dat.⟩ *etw.* ~ ʿfür sich das Recht beanspruchen, etw. gegebenenfalls zu beanspruchen, zu tunʾ: *er hat sich das Mitspracherecht, gelegentliche Kontrollen ~;* ⟨als Part. II in verkürzten Sätzen⟩ *Spielplanänderungen ~* /schriftlicher Hinweis für den Besucher eines Kinos, Theaters darauf, dass das Programm unter Umständen geändert werden muss/; *alle Rechte ~* /Vermerk in Druckerzeugnissen hinsichtlich des Urheberrechts bei Nachdruck, Verfilmung/ **2.** /etw., bes. *es, das*/ *jmdm.* ~ *sein, bleiben* **2.1.** *die Entscheidung darüber ist, bleibt dem Geschäftsführer* ~ (ʿallein der Geschäftsführer ist berechtigt, darüber zu entscheidenʾ); *allein ihm ist es* ~, *darüber zu entscheiden* **2.2.** *es war/blieb ihm* ~, *als Erster den Südpol zu erreichen* (ʿnur er war dafür prädestiniert, den Südpol zu erreichenʾ) ❖ Vor-

behalt -vorbehaltlos; **-behaltlos** [bəhaltloːs] ⟨Adj.; o. Steig.; vorw. attr. u. bei Vb.⟩ SYN ʿbedingungslos (1)ʾ: *jmds. ~e Zustimmung; jmdn., einen Vorschlag ~ unterstützen; er vertraute, glaubte ihr ~* ❖ ↗ vorbehalten, ↗ los

vorbei [foːɐ̯ˈbai̯] ⟨Adv.; nur präd.⟩ **1.** *jmd., etw. ist an, bei jmdm., etw.* ⟨Dat.⟩ ~ ʿjmd., etw. hat sich von hinten auf eine Person, Sache zu, ein Stück neben ihr her und dann wieder nach vorn von ihr weg bewegtʾ; SYN vorüber (1): *der Festzug ist schon (bei uns, am Rathaus) ~* **2.** *etw. ist* ~ ʿetw. ist zu Endeʾ; SYN vorüber (2); ↗ FELD VII.3.3: *der Winter, das Gewitter, die Gefahr ist ~; als er kam, war alles längst ~* ❖ **vorbeigehen, -lassen, -reden;** vgl. auch ²**vor**

MERKE Zur Getrennt-, Zusammenschreibung von *vorbei* und *sein:* Getrenntschreibung auch im Infinitiv

vorbei[..ˈb..]**-gehen,** ging vorbei, ist vorbeigegangen **1.** /jmd./ *an jmdm., etw.* ⟨Dat.⟩ ~ ʿvon hinten auf jmdn., etw. zugehen, ein Stück neben ihm gehen und dann wieder nach vorn von ihm weggehenʾ; ↗ FELD IV.3.2: *er ging schnell, grußlos an ihr vorbei; beim, im Vorbeigehen warf sie schnell einen Blick in den Spiegel;* METAPH *er geht an den Schönheiten der Natur achtlos vorbei* **2.** /etw., oft *das*/ SYN ʿvergehen (2.1)ʾ: *ihr Kummer ging rasch wieder vorbei; keine Sorge, es geht vorbei!* ❖ ↗ vorbei, ↗ gehen; **-lassen** (er lässt vorbei), ließ vorbei, hat vorbeigelassen /jmd./ *jmdn., etw.* ~ ʿjmdn., etw. vorbeigehen (1), vorbeifahren lassenʾ; ↗ FELD IV.3.2: *der Radfahrer ließ die Autos (an sich) vorbei; würden Sie mich bitte ~?* ❖ ↗ vorbei, ↗ lassen; **-reden,** redete vorbei, hat vorbeigeredet **1.** /jmd./ *an etw.* ⟨Dat.⟩ ~ ʿüber etw. Bestimmtes reden, ohne das Wesentliche dieser Sache zu berührenʾ: *er redete an den eigentlichen Problemen vorbei* **2.** /zwei od. mehrere (jmd.)/ *aneinander* ~ ʿmiteinander reden, ohne vom anderen verstanden zu werden, ohne auf die Probleme des anderen einzugehenʾ: *sie haben aneinander vorbeigeredet;* /jmd./ *an jmdm.* ~: *er hat an ihm vorbeigeredet* ❖ ↗ vorbei, ↗ reden

vor/Vor[ˈfoːɐ̯..]**-bereiten,** bereitete vor, hat vorbereitet **1.** /jmd./ **1.1.** *etw.* ~ ʿdie notwendigen Voraussetzungen für das Gelingen von etw. schaffenʾ: *eine Reise, ein Fest ~; der Lehrer hatte die Unterrichtsstunde sorgfältig vorbereitet; die Flucht war von langer Hand vorbereitet* **1.2.** *etw., jmdn. für etw., zu etw.* ⟨Dat.⟩ ~ ʿetw., jmdn. in den für etw. erforderlichen Zustand bringenʾ: *man hat den Patienten bereits für die, zur Operation vorbereitet; ist alles für die Feier, den Umzug vorbereitet?* **1.3.** *jmdn., sich auf, für etw.* ~ ʿjmdm. die für eine bestimmte Aufgabe notwendigen Kenntnisse, Fertigkeiten vermitteln (1.1), sich die für eine bestimmte Aufgabe notwendigen Kenntnisse, Fertigkeiten aneignenʾ: *der Meister hat die Lehrlinge, ich habe mich intensiv auf die Prüfung vorbereitet; er hatte sich lange und gründlich vorbereitet; er war (auf den Unterricht) nicht vorbereitet; jmdn. schonend auf etw.* ~ (ʿjmdm.

eine schlechte Nachricht nach und nach, vorsichtig mitteilen') **2.** 〈nur im Part. II〉 /jmd./ *auf etw., jmdn. vorbereitet sein* 'erwarten, dass etw., meist Unangenehmes, erfolgt, jmd. kommt': *durch diese Andeutung war ich schon auf Schlimmeres vorbereitet; auf dich war ich nicht vorbereitet* ('dich hatte ich nicht erwartet') **3.** /etw./ *sich* ~ 'sich entwickeln und bevorstehen': *es gibt konkrete Anzeichen dafür, dass sich politische Veränderungen* ~; *ein erneuter Ausbruch des Vulkans scheint sich vorzubreiten* ❖ ↗ bereit; **-bereitung** [bəʀaɪt..], **die;** ~, ~en 〈vorw. Pl.〉 'Maßnahme, durch die etw. ermöglicht, die notwendige Voraussetzung für das Gelingen von etw. geschaffen wird': *die* ~*en für das Fest sind in vollem Gange; mit (umfänglichen, letzten)* ~*en für etw. beginnen, beschäftigt sein;* ~*en für etw. treffen* ('etw. vorbereiten 1.2'); *eine Nachauflage des Romans ist, befindet sich in* ~ ('wird vorbereitet 1.1') ❖ ↗ bereit; **-bestraft** [bəʃtʀaːft] 〈Adj.; o. Steig.; nicht bei Vb.〉 'mit einer od. mehreren Vorstrafen belastet' /auf Personen bez./: *der Angeklagte ist wegen Diebstahls mehrfach* ~ ❖ ↗ strafen; **-beugen** 〈trb. reg. Vb.; hat〉 **1.** /jmd./ *etw., sich* ~ 'einen Körperteil, sich nach vorn beugen'; ↗ FELD I.7.2.2: *er beugte den Oberkörper weit vor; er beugte sich vor, um besser sehen zu können; mit vorgebeugtem Kopf dasitzen* **2.** /jmd., Institution/ *etw.* 〈Dat.〉 ~ 'etw. durch rechtzeitige Vorsorge zu verhüten suchen'; ↗ FELD I.4.4.2: *dieser Krankheit kann man durch eine Impfung* ~; *einer Gefahr, einem Konflikt* ~; 〈oft adj. im Part. I〉 ~*de Maßnahmen; der* ~*de Gesundheitsschutz; eine* ~*de* (SYN 'prophylaktische') *Untersuchung, Kur* ❖ zu (1): ↗ beugen; **-bild, das 1.** 'jmd., etw., in dem man ein nachahmenswertes Beispiel sieht': *dieser Mann, sein Mut wurde den Schülern als leuchtendes* ~ *hingestellt; er betrachtete ihn als sein großes* ~; *er war ein* ~ *für ihn/war sein* ~*/war ihm (ein)* ~; *sie waren seine* ~*er; jmdm. ein (gutes, schlechtes)* ~ *geben* ('etw. tun, was für andere ein gutes, schlechtes Beispiel darstellt'); *(sich* 〈Dat.〉) *jmdn., etw. zum* ~ *nehmen* ('jmdn., etw. als nachahmenswertes Beispiel wählen und ihm nacheifern'); *das ist ohne* ~ (**1.** 'das ist hervorragend' **2.** 'das ist empörend')! **2.** 'etw., das bei der Herstellung von etw. als Muster dient': *für diese Modelle dienten (dem Modeschöpfer) die Kleider der zwanziger Jahre als* ~; *dieses Schloss wurde nach historischem* ~ ('wie es in der Vergangenheit schon einmal bestand, historisch getreu') *wieder aufgebaut* ❖ ↗ Bild; **-bildlich** 〈Adj.; o. Steig.〉 'als Vorbild geeignet'; SYN beispielhaft; ↗ FELD I.12.3: ~ *er Lehrer, Arzt; eine* ~ *e Erziehung; seine Einsatzbereitschaft ist* ~; *er benimmt sich, arbeitet* ~ ❖ ↗ Bild; **-bringen,** brachte vor, hat vorgebracht /jmd./ *etw.* ~ 'ein Anliegen gegenüber jmdm., einer Institution in mündlicher od. schriftlicher Form äußern, um ihm Geltung zu verschaffen': *bei der nächsten Sitzung will er diese Forderung* ~; *können Sie dafür Beweise* ~?; *sie konnte nichts gegen ihn* ~; *die in der Auseinandersetzung vorge-*

brachten Anschuldigungen ❖ ↗ bringen; **-datieren,** datierte vor, hat vordatiert /jmd./ *etw.* ~ 'ein Schriftstück mit einem in der Zukunft liegendem Datum versehen'; SYN vorausdatieren; ANT zurückdatieren: *einen Brief, Scheck* ~ ❖ ↗ Datum

vorder ['fɔʀdɐ] 〈Adj.; nur attr.; Steig.: nur Superl.〉 'vorn (1.1 u. 1.2) befindlich'; ANT ¹hinter; ↗ FELD IV.3.3: *die* ~*en Wagen des Zuges; der* ~*e Teil, die* ~*e Seite des Hauses; die* ~*en Plätze im Kino; in einer der* ~*en Reihen, in der* ~*sten Reihe sitzen, stehen* ❖ **Vordergrund, vordergründig, Vordermann, -seite;** vgl. ²vor

Vorder/vorder['..]|**-grund, der** 〈vorw. Sg.〉 'der für den Betrachter vorn (1.4) liegende Teil von etw.'; ANT Hintergrund; ↗ FELD IV.3.1: *der* ~ *des Gemäldes zeigt eine blühende Wiese; die Personen im* ~ *(des Fotos) sind unscharf* ❖ ↗ vorder, ↗ Grund * /jmd./ *etw., jmdn. in den* ~ *rücken/stellen* 'jmdm., etw. größere Bedeutung und Beachtung verschaffen': *mit seinem Aufsatz hat er ein Problem in den* ~ *gestellt, das …;* /etw./ *im* ~ *stehen* 'von großer Bedeutung sein und stark beachtet werden': *gegenwärtig steht folgendes Problem im* ~: …; *er steht neuerdings wieder im* ~ *des allgemeinen Interesses;* /etw./ **in den** ~ **treten** 'die Aufmerksamkeit stärker auf sich ziehen und an Bedeutung gewinnen': *für die Stadt ist jetzt folgendes Problem in den* ~ *getreten;* **-gründig** [gʀʏndɪç] 〈Adj.; Steig. reg., ungebr.〉 'leicht durchschaubar und ziemlich oberflächlich'; ANT hintergründig: *die zu* ~*e Handlung des Films; das Tatmotiv ist allzu* ~; *etw.* ~ *darstellen* ❖ ↗ vorder, ↗ Grund; **-mann, der** 〈Pl.: Vordermänner〉 〈vorw. mit Possessivpron.〉 'jmd., der sich unmittelbar vor einem anderen befindet'; ANT Hintermann (1); ↗ FELD IV.3.1: *mein* ~ *war während des Vortrages eingeschlafen; sein* ~ *war sehr groß und versperrte ihm die Sicht* ❖ ↗ vorder, ↗ Mann; **-seite, die 1.** 'die Seite, die man betrachten soll'; ANT Rückseite; ↗ FELD IV.3.1: *die* ~ *des Fotos zeigt ein junges Mädchen und auf der Rückseite steht eine Widmung geschrieben; der Eingang des Hauses befindet sich an der* ~ **2.** 'aufgrund bestimmter Kriterien als dominierend geltende Seite von etw.': *die* ~ (ANT Rückseite) *einer Münze* ❖ ↗ vorder, ↗ Seite

vor/Vor['foːɐ..]|**-dringen,** drang vor, ist vorgedrungen **1.** /jmd./ **1.1.** 'sich mühsam einen Weg bahnen'; ↗ FELD I.7.2.2: *sie drangen Schritt für Schritt (durch das Dickicht) vor* **1.2.** *in etw.* ~ 'nach Überwindung von Schwierigkeiten an einen bestimmten Ort gelangen': *der Traum des Menschen, in den Weltraum vorzudringen;* METAPH *in ein neues Wissensgebiet* ~ **2.** /etw./ 'sich ausbreiten und an Einfluss gewinnen': *die neue Mode dringt unaufhaltsam vor; in etw.* ~: *die moderne Technik dringt allmählich in den entferntesten Winkel der Erde vor* ❖ ↗ dringen; **-dringlich** 〈Adj.; Steig. reg., ungebr.〉 'dringlicher als anderes': *eine* ~*e Angelegenheit; dieser Antrag ist* ~ *und muss unverzüglich bearbeitet werden; ein* ~ *zu lösendes Problem* ❖ ↗ dringen; **-eilig** 〈Adj.; Steig. reg.〉 'bei der Entscheidung zu schnell und ohne genügend darüber nachzudenken'; SYN vorschnell /vorw. auf Handlungen, Entscheidungen bez./: *eine ~e Entscheidung; er hat seinen ~en Entschluss, Schritt bitter bereut; ~ handeln; du warst zu ~* ('hast vorher nicht genügend über deine Entscheidung, dein Tun nachgedacht') ❖ ↗ eilen; **-einander** [..'andɐ] ⟨Adv.⟩ 'einer, eines vor dem anderen, eine vor der anderen': *sie haben großen Respekt ~; sie konnten ihre Angst nicht länger ~ verbergen* ❖ ↗ anderer; **-eingenommen** [ɑingənɔmən] ⟨Adj.; Steig. reg., ungebr.; vorw. präd. u. bei Vb.⟩ 'von einer vorgefassten Meinung ausgehend, voller Vorurteile gegen jmdn., etw.'; ANT objektiv: *er betrachtet die Sache ~; man sollte nicht ~ urteilen; jmdm. gegenüber ~ sein; gegen jmdn., etw. ~ sein* ('gegenüber jmdm., etw. ein negatives Vorurteil haben') ❖ ↗ nehmen; **-enthalten** (er enthält vor), enthielt vor, hat vorenthalten /jmd./ *jmdm. etw. ~* 'jmdm. etw., das ihm zusteht, nicht geben': *sie wollten ihm sein Erbe ~; warum hast du mir das ~* ('nicht gesagt')? ❖ ↗ enthalten; **-erst** ⟨Adv.⟩ 'bis zu einer späteren Regelung, Entscheidung geltend'; SYN einstweilen, zunächst (2): *du kannst ~ bei mir wohnen; ~ will er ihr noch nichts davon sagen;* vgl. vorläufig ❖ ↗ ¹erst; **-fahr(e)** [fɑːʀ(ə)], der; ~(e)n, ~(e)n; ↗ FELD VII.4.1 **1.** 'Person, von der jmd. abstammt'; SYN Ahn(e): *ein ~ von ihm/einer seiner ~en* (ANT Nachkomme) *war Franzose; seine ~en waren Bauern* **2.** ⟨nur im Pl.⟩ *unsere ~en* ('die vor uns lebenden Generationen'); **-fahrt, die** ⟨o.Pl.⟩ 'durch die Verkehrsregeln gegebenes Recht, bei einmündenden od. sich kreuzenden Straßen und Wegen als Erster zu fahren': *Sie haben die ~ nicht beachtet!; er, der LKW hatte (die) ~; dem Fahrer ~ geben, der von rechts kommt; er wollte die ~ erzwingen; jmdm. die ~ nehmen* ('gegen die Regel als Erster fahren'); *(jmdm.) an einer Kreuzung (die) ~ gewähren* ❖ ↗ fahren; **-fall, der** 'plötzliches, unerwartetes, für die Beteiligten meist unangenehmes Ereignis, Geschehen'; SYN Vorkommnis; ↗ FELD X.1: *ein unerhörter, peinlicher ~; er konnte sich ganz genau an diesen ~ erinnern; der ~ ereignete sich direkt vor dem Rathaus* ❖ ↗ Fall; **-freude, die** ⟨o.Pl.⟩: *die ~ auf etw.* 'Freude in Erwartung von etw.'; ↗ FELD VII.4.1: *die ~ der Kinder auf Weihnachten; sie genoss die ~ auf die Reise, das Fest* ❖ ↗ freuen; **-fühlen** ⟨trb. reg. Vb.; hat⟩ umg. /jmd./ *bei jmdm., etw. ~* 'bei jmdm., der betreffenden Stelle vorsichtig zu erfahren suchen, wie die Aussichten für ein bestimmtes Anliegen sind': *du kannst inzwischen schon mal bei ihm ~, ob er sich an den Kosten beteiligen würde* ❖ ↗ fühlen; **-führen** ⟨trb. reg. Vb.; hat⟩ **1.** /jmd./ *etw. ~* 'etw. zur Unterhaltung der Anwesenden, eines Publikums darbieten': *er führte den Kindern Zauberkunststücke vor; nach dem Abendbrot führte er Dias von seinem letzten Urlaub vor; welcher Film wird heute vorgeführt* (SYN 'gespielt, ↗ spielen 5.4')? **2.** /jmd./ **2.1.** *etw. ~* 'dem Käufer, Interessenten eine Ware anbieten, indem man sie zeigt und ihre Eigenschaften erläu-

tert': *der Verkäufer hat (dem Kunden) mehrere Geräte vorgeführt; auf der Modenschau wurden auch Bademoden vorgeführt* **2.2.** *jmdm. etw. ~* 'jmdm. etw. Neues anschaulich erklären': *der Lehrer führte den Schülern vor, wie die Aufgabe zu lösen ist; er hat uns seinen neuen Computer vorgeführt* ('gezeigt und erklärt, wie er funktioniert') **3.** /jmd./ *jmdn. jmdm., etw.* ⟨Dat.⟩ *~* 'jmdn. (zwangsweise) zum Zwecke einer Untersuchung, Verhandlung o.Ä. zur zuständigen Person, Institution bringen': *der Häftling wurde dem Richter, der Kranke dem Arzt vorgeführt; man ließ ihn aus der Untersuchungshaft zur Vernehmung ~* ❖ ↗ führen; **-führung, die** /zu vorführen 1–3/ 'das Vorführen'; /zu 1/: *die ~ eines Films* ❖ ↗ führen; **-gang, der** 'etw., das vor sich geht, geschieht'; ↗ FELD X.1: *ein komplizierter ~; biologische, meteorologische, psychische Vorgänge* ('Prozesse'); *beschreiben Sie den ~!* ❖ ↗ gehen; **-gänger** [gɛŋɐ], der; ~s, ~ ⟨vorw. mit Possessivpron.⟩ 'jmd., der vor einem anderen dessen Stellung, Amt innehatte'; ↗ FELD VII.4.1: *er war mein ~; der Arbeitsstil seines ~s* ❖ ↗ gehen; **-geben** (er gibt vor), gab vor, hat vorgegeben **1.** /jmd., Institution/ *etw. ~* 'etw. im Voraus als Richtlinie für eine Aufgabe o.Ä. festlegen': *der Minister hat die anzuwendenden Kriterien vorgegeben; die Norm war ihnen vorgegeben; die vorgegebenen Eckwerte einhalten* **2.** ⟨vorw. mit Nebens.⟩ /jmd./ *etw. ~* 'etw. fälschlich behaupten': *er gab vor, die Uhr gefunden zu haben; sie gab vor, dass sie ihn nie zuvor gesehen hätte* ❖ ↗ geben; **-geblich** [geːp..] **I.** ⟨Adj.; o. Steig.; nur attr.⟩ 'fälschlich als vorhanden angegeben': *seine ~e Erkrankung* — **II.** ⟨Satzadv.⟩ /drückt die skeptische Einstellung des Sprechers zum genannten Sachverhalt aus/ 'wie fälschlich behauptet wird'; SYN 'angeblich (II)': *er hat ~ nichts gewusst* ❖ ↗ geben; **-gefasst** [gəfast] ⟨Adj.; o. Steig.; nur attr.⟩ 'für jmdn. von vornherein feststehend, auf Vorurteilen beruhend': *eine ~e Meinung haben; nichts und niemand konnte ihn von seinem ~en Urteil abbringen* ❖ ↗ fassen; **-gehen**, ging vor, ist vorgegangen **1.** /jmd./ 'früher als ein anderer, der dasselbe Ziel hat, losgehen'; ↗ FELD I.7.2.2: *ihr könnt schon ~, ich komme gleich nach; ich gehe schon mal vor, ihr kommt ja auch bald* **2.** umg. /jmd./ 'nach ¹vorn (1.3) gehen': *geh mal vor (an die/zur Tafel) und schreibe folgenden Satz an …* **3.** *die Uhr geht vor* ('geht zu schnell und zeigt die Zeit zu früh an'; ANT nachgehen 2) **4.** /etw., jmd./ 'den Vorrang haben': *die Gesundheit geht vor; gerne hätte sie ihren Beruf wieder ausgeübt, aber ihr krankes Kind ging vor* **5.** /jmd., Institution/ *irgendwie ~* 'im Hinblick auf etw. bestimmte Maßnahmen durchführen': *eigenmächtig, geschickt, systematisch, mit größter Vorsicht ~; wie wollen wir ~* (SYN '¹verfahren 2.1')?; *gegen jmdn. irgendwie ~: die Polizei sollte gegen solche Randalierer energisch, mit aller Schärfe ~; gegen jmdn. gerichtlich ~* ('gegen jmdn. klagen 4') **6.** /etw., vorw. was/ 'etw. geschieht (nach und nach), vollzieht sich': *was geht hier vor* ('ist hier los')?; *ihn*

interessiert nicht, was in der Welt vorgeht ❖ ↗ ge-
hen; **-gehen, das**; ~s, ⟨o.Pl.⟩ 'Art des Vorgehens
(5)': *ein solches ~ kann man nicht billigen; sein ei-*
genmächtiges, rücksichtsloses, übereiltes ~ hat gro-
ßen Schaden angerichtet ❖ ↗ gehen; **-gesetzte** [gə-
zɛtstə], **der** u. **die**; ~n, ~n; ↗ TAFEL II ⟨vorw. mit
Possessivpron.⟩ 'jmd., der einem anderen im Beruf
übergeordnet ist und berechtigt ist, ihm Anweisun-
gen zu geben': *wer ist Ihr ~r?; ich möchte Ihren ~n*
sprechen ❖ ↗ setzen; **-gestern** ⟨Adv.⟩ **1.** 'an dem
Tag vor dem gestrigen': *er hat ~ angerufen; die*
Zeitung ist von ~; ⟨+ Adv.best.⟩ *~ Abend, früh,*
Nachmittag, ~ vor einer Woche **2.** *etw., jmd. ist von*
~ 'etw. ist überholt, rückständig, jmd. ist in seinen
Ansichten rückständig'; ↗ FELD VII.4.3: *seine*
Ansichten sind von ~; du bist ja von ~! ❖ ↗ gestern;
-greifen, griff vor, hat vorgegriffen ⟨vorw. verneint⟩
/jmd./ *etw.* ⟨Dat.⟩, *jmdm. ~* 'etw. Bestimmtes tun,
was für einen späteren Zeitpunkt vorgesehen war,
was jmd. später entscheiden, tun wollte': *man darf*
der Entscheidung des Gerichts nicht ~; wir wollen
ihm (in dieser Angelegenheit) nicht ~ ❖ ↗ greifen;
-haben (er hat vor), hatte vor, hat vorgehabt /jmd./
etw. ~ 'die Absicht haben, etw. Bestimmtes zu tun':
er hat eine große Arbeit vor; hast du heute Abend
schon etw. vor?; er hatte noch viel vor; eigentlich
hatte ich vor, ins Kino zu gehen; vgl. beabsichtigen,
planen (2) ❖ Vorhaben; **-haben, das**; ~s, ~ 'Ab-
sicht, Plan, etw. Bestimmtes zu tun': *das ist ein*
nützliches, schwieriges ~; er konnte sein ~ nicht
ausführen; schließlich hat er sein ~ aufgegeben ❖ ↗
vorhaben; **-halten** (er hält vor), hielt vor, hat vorge-
halten **1.** /beschränkt verbindbar/ /jmd./ *jmdm., sich*
⟨Dat.⟩ *etw. ~* 'etw. vor jmdn., sich halten': *jmdm.*
einen Spiegel ~ ('jmdm. einen Spiegel vor das Ge-
sicht halten'); *sich ein Taschentuch ~* ('sich ein Ta-
schentuch vor den Mund halten'); *er zwang ihn mit*
vorgehaltener ('mit einer auf ihn gerichteten') *Pis-*
tole, den Safe zu öffnen /jmd./ *jmdm. etw. ~*
'jmdn. vorwurfsvoll, tadelnd auf seinen Fehler,
seine Schwäche hinweisen': *du hast mir diese Fehl-*
einschätzung, meine Unentschlossenheit oft genug
vorgehalten; er hielt ihr vor, im entscheidenden
Augenblick versagt zu haben **3.** /etw./ eine bestimmte
Zeit *~* **3.1.** 'für eine bestimmte Zeit ausreichen':
unsere Vorräte werden ungefähr drei Wochen, wer-
den nicht lange ~ **3.2.** 'eine bestimmte Zeit lang
wirken (3)': *sein guter Vorsatz hielt nicht lange vor;*
die Kur hat zwei Jahre (lang) vorgehalten ❖ ↗ hal-
ten; **-haltung, die** ⟨vorw. Pl.⟩ SYN 'Vorwurf': *er*
konnte ihre ständigen ~en nicht länger ertragen;
jmdm. (ernsthafte) ~en machen ❖ ↗ halten ❖ ↗
halten; **-handen** [ˈhandn̩] ⟨Adj.; o. Steig.; nicht bei
Vb.; vorw. präd. (nur mit *sein)*⟩ 'zu einem be-
stimmten Zeitpunkt an einem bestimmten Ort ver-
fügbar': *wie lange reicht das ~e Material?; diese*
Ware ist zur Zeit nicht ~; es waren noch genügend
Eintrittskarten ~; sie taten, als wäre er nicht ~ ('sie
ignorierten ihn'); **-hang, der** 'größeres Stück Stoff
o.Ä., das vor Fenster, Türen, Regale gehängt wird

od. einen Teil eines Raumes abtrennt': *der ~ im*
Theater hebt sich, öffnet sich, fällt; zum Schluss tra-
ten die Schauspieler vor den ~ und verneigten sich;
die Vorhänge an den Fenstern auf-, zuziehen, zur
Seite ziehen; eine Ecke des Zimmers war durch einen
~ abgeteilt ❖ ↗ ¹hängen
vorher [ˈfoːɐheːɐ] ⟨Adv.⟩ 'vor einem bestimmten Zeit-
punkt, Ereignis, Geschehen'; ANT nachher (1.1);
↗ FELD VII.4.3: *das müsst ihr euch ~ gut überle-*
gen; hättest du mir das nicht ~ sagen können?; man
konnte ~ doch nicht ahnen, dass alles ganz anders
kommen würde; kurz, zwei Tage ~ (SYN 'davor 2';
ANT darauf 2, danach 1) *rief er mich an* ❖ **vorhe-**
rig; vgl. ²**vor**
vorherig [foːɐˈheːrɪç] ⟨Adj.; o. Steig.; nur attr.⟩ 'vor-
her erfolgend, erfolgt'; ↗ FELD VII.4.3: *etw. ohne*
~e Warnung tun; um ~e Anmeldung, Bezahlung
wird gebeten! /schriftlicher Hinweis für Patienten,
Kunden, Besucher/ ❖ ↗ **vorher**
Vor/vor[ˈfoːɐ..]|-**herrschaft, die** ⟨o.Pl.⟩ '(politisch) be-
herrschende Rolle': *das Land strebte nach der ~ in*
Europa; die ~ behaupten, verlieren ❖ ↗ herrschen;
-herrschen ⟨trb. reg. Vb.; hat⟩ /etw./ irgendwo, ir-
gendwann *~* 'irgendwo, irgendwann am stärksten,
häufigsten in Erscheinung treten'; SYN dominie-
ren: *in dieser Gegend herrscht Kiefernwald vor; da-*
mals herrschte die Meinung vor, dass ...; ⟨oft adj.
im Part. I⟩ *der ~de Geschmack jener Zeit* ❖ ↗
herrschen
vorhin [ˈfoːɐhɪn] ⟨Adv.⟩ 'vor einigen Minuten, Stun-
den'; ↗ FELD VII.3.3: *er ist ~ erst angekommen,*
hat es mir erst ~ erzählt; sie war ~ hier und hat
nach dir gefragt ❖ vgl. ²**vor**
vorhinein [ˈfoːɐhɪnaɪn] * **im Vorhinein** 'von Anfang
an': *er hatte eine Beteiligung im ~ abgelehnt*
vorig [ˈfoːrɪç] ⟨Adj.; o. Steig.; nur attr.⟩ 'zeitlich dem
jetzigen vorangegangen, gerade vergangen'; SYN
letzt (2): *das ~e Jahrhundert, Jahr; ein Brief vom*
Juli ~en Jahres; die Konferenz fand ~e Woche/*in*
der ~en Woche statt; (am) ~en Dienstag war ich
beim Zahnarzt; er hat bereits am ~en Kursus teilge-
nommen; davon hat sie in ihrem ~en Brief nichts
erwähnt; zu ihrem ~en Trainer hatte die Mannschaft
ein besseres Verhältnis ❖ vgl. ²**vor**
Vor/vor[ˈfoːɐ..]|-**kenntnis, die** ⟨vorw. Pl.⟩ 'Kenntnis,
die als Voraussetzung für die Ausübung einer be-
stimmten Tätigkeit, für das Verstehen, Erlernen
von etw. notwendig ist': *er hat geringe, gute, umfas-*
sende ~se auf diesem Gebiet; er besitzt ausreichende
~se; von den Teilnehmern an dem Kursus werden
keine ~se verlangt; für die Bedienung des Geräts
sind keine speziellen ~se erforderlich ❖ ↗ kennen;
-kommen, kam vor, ist vorgekommen **1.** /etw.,
z. B. Fehler/ 'geschehen, sich ereignen'; ↗ FELD
X.2: *derartige Fehler kommen häufig, selten vor; lei-*
der kommen solche Versehen immer wieder vor; so
etwas kann schon mal ~!; das darf nicht wieder ~!;
/in der kommunikativen Wendung/ *das kommt in*
den besten Familien vor ('das ist nicht so tragisch,
das kann doch jedem passieren') /wird gesagt, um

jmds. Fehltritt zu bagatellisieren/ **2.** /etw./ *irgendwo ~ ʿan einem bestimmten Ort vorhanden sein*ʾ: *Eulen kommen hier nur noch selten vor; in Gebieten, wo Uran vorkommt; in Europa kommt diese Krankheit schon lange nicht mehr vor; in diesem Leitartikel kommen viele Fremdwörter vor* (ʿgibt es viele Fremdwörter*ʾ); /jmd./ *in dem Roman kommt ein alter General vor, der ...* **3.** /etw., jmd./ *jmdm. noch nicht vorgekommen sein: eine solche Frechheit ist mir mein Lebtag noch nicht vorgekommen* (ʿhabe ich nie zuvor erlebt*ʾ)! /als Ausdruck größter Entrüstung über etw., jmdn./ **4.** /jmd., etw./ *jmdm. irgendwie ~ ʿbei jmdm. einen bestimmten Eindruck hervorrufen*ʾ: *dieser Mann kommt mir bekannt vor; diese Sache kam mir von Anfang an verdächtig vor; er kam mir ziemlich nervös, unsicher vor; es kommt jmdm. (so) vor, als ...*/als ob ... ʿes scheint jmdm., als ob ...*ʾ: *es kam mir so vor, als hätte jemand meinen Namen gerufen*/als ob jemand meinen Namen gerufen hätte; das wäre ihm wie Verrat vorgekommen;* /jmd./ *sich* ⟨Dat.⟩ *irgendwie ~: sich klug, schön ~* (ʿsich für klug, schön halten*ʾ); *er kam sich* ⟨Dat.⟩ *wie ein Bettler, Fremder vor* (ʿfühlte sich wie ein Bettler, Fremder*ʾ); vgl. *erscheinen* (3) ❖ **Vorkommnis** * /etw., bes. *das*/ **jmdm. spanisch ~** ʿjmdn. verdächtig, sonderbar anmuten*ʾ: *das kam mir von Anfang an spanisch vor;* **-kommnis** [kɔm..]*, das;* ~*ses,* ~*se* ʿungewöhnliches Ereignis*ʾ; ⤴ FELD X.1: *ich habe von diesem ~ gehört; peinliche, seltsame, unangenehme* ~*se* ❖ ⤴ *vorkommen;* **-lage, die 1.** ⟨o.Pl.⟩ /zu *vorlegen* 1.1/ ʿdas Vorlegen*ʾ: *diese Bescheinigung ist zur ~ beim Arbeitsamt bestimmt; ich kann Ihnen das Geld nur gegen ~ einer Vollmacht auszahlen; jmdm. etw. gegen ~ des Personalausweises aushändigen* **2.** ʿzur Diskussion, Abstimmung vorgelegter Entwurf, Vorschlag*ʾ: *der Ausschuss berät über die ~, hat die ~ abgelehnt; nach eingehenden Beratungen und einigen Änderungen wurde die ~ von der Kommission zum Beschluss erhoben* **3.** ʿetw., das jmdm. beim Zeichnen, Anfertigen einer Handarbeit o.Ä. als Anleitung, Muster dient*ʾ: *eine Stickerei nach einer ~ anfertigen; nach einer ~ zeichnen;* ~*n für Bastelarbeiten; er hat sich sklavisch, nicht an die ~ gehalten* ❖ ⤴ *liegen;* **-läufer, der** ʿjmd., etw., bei dem Ansätze für eine spätere Leistung, Entwicklung zu erkennen sind*ʾ; ⤴ FELD VII.4.1: *er war ein ~ der abstrakten Malerei, der modernen Chirurgie; das Grammophon ist ein ~ unseres heutigen Plattenspielers, CD-Players* ❖ ⤴ *laufen;* **-läufig** [lɔɪfɪç] ⟨Adj.; o. Steig.; nicht präd.⟩ ʿbis zu einer späteren Regelung, Entscheidung, bis zu einer irgendwann eintretenden Äußerung geltend*ʾ; ANT endgültig /auf Abstraktes bez./: *eine ~e Entscheidung, Regelung; das ist ein* ~*es, noch nicht das endgültige Wahlergebnis;* ~ *wird sich nichts ändern, kann man nichts unternehmen;* vgl. *vorerst* **-laut** ⟨Adj.; Steig. reg.⟩ ʿsich ein wenig dreist, ohne die nötige Zurückhaltung äußernd*ʾ /vorw. auf Kinder, Äußerungen von Kindern bez/: *eine ~e Schülerin; eine ~e Frage, Bemerkung; sei nicht so ~!; sich ~*

äußern ❖ ⤴ Laut; **-legen** ⟨trb. reg. Vb.; hat⟩ **1.1.** /jmd./ *jmdm. etw. ~ ʿjmdm., einer Institution ein Schriftstück, Dokument o.Ä. zur Prüfung, Bearbeitung geben*ʾ: *sie hat dem Personalchef ihre Zeugnisse vorgelegt; der Abteilungsleiter ließ sich die Akten ~; der Betrüger hat bei der Bank einen gefälschten, gestohlenen Scheck vorgelegt; sie musste auf dem Finanzamt alle Rechnungen ~* **1.2.** /jmd., Institution/ *jmdm. etw. ~ ʿjmdm., einer Institution etw. zur Diskussion, Abstimmung unterbreiten*ʾ: *demnächst will die Opposition dem (im) Parlament einen Gesetzentwurf ~; die Ergebnisse der Befragung müssen der Öffentlichkeit vorgelegt werden; jmdm., sich* ⟨Dat.⟩ *eine Frage ~* (ʿstellen*ʾ) **1.3.** /jmd., Unternehmen/ *etw. ~ ʿmit einem Arbeitsergebnis an die Öffentlichkeit treten*ʾ: *das Team wird in Kürze seine Forschungsergebnisse ~; der Autor, Verlag hat zu diesem Thema einen neuen Titel vorgelegt* (ʿveröffentlicht*ʾ) **2.1.** /bes. Kellner/ *etw. ~ ʿbeim Servieren eine Speise aus einer Schüssel, von einer Platte nehmen und auf den Teller eines am Tisch Sitzenden geben*ʾ: *der Kellner legte (den Gästen) Fleisch und Gemüse vor* **2.2.** /jmd., bes. Bauer/ *einer Kuh, einem Pferd, Schaf Futter ~ ʿvor einer Kuh, einem Pferd, Schaf Heu o.Ä. zum Fressen hinlegen*ʾ: *den Kühen Heu, Rüben ~* **3.** /jmd./ *etw. ~: sie legt jeden Abend (an der Tür) den Riegel, die Sicherheitskette vor* (ʿsichert die Tür, indem sie den Riegel vorschiebt, die Sicherheitskette einhängt*ʾ) **4.** /jmd./ *ein schnelles Tempo ~ ʿmit einem schnellen Tempo beginnen*ʾ: *gleich nach dem Start legte er ein scharfes, mächtiges Tempo vor und hatte bald einen beachtlichen Vorsprung (vor den anderen)* ❖ ⤴ legen; **-lesen** (er liest vor)*, las vor, hat vorgelesen* /jmd./ *jmdm. etw. ~ ʿin jmds. Gegenwart und für ihn etw. laut lesen*ʾ: *einem Kranken etw. ~; einem Kind etw. ~; soll ich dir was ~?* ❖ ⤴ lesen; **-letzt** ⟨Adj.; o. Steig.; nur attr.⟩ **1.1.** ʿin einer Aufeinanderfolge den Platz einnehmend, der vor dem letzten liegt*ʾ: *das ~e Haus in der Straße; auf der ~en Seite des Buches; am ~en Tag des Jahres, seines Urlaubs* **1.2.** ~*es Jahr*/im ~*en Jahr* ʿin dem Jahr, das vor dem vorigen, gerade vergangenen lag*ʾ: ~*es Jahr hat sie ihren Urlaub in Spanien verbracht* ❖ ⤴ letzt; **-liebe, die;** ~*,* ~*n* ⟨vorw. Sg.⟩ *jmds. ~ für etw., jmdn.* ʿjmds. besondere Neigung für etw., jmdn., die sich darin äußert, dass er es, ihn anderem, anderen Vergleichbaren vorzieht*ʾ: *seine ~ für Kammermusik; eine ~ für etw., jmdn. haben: er hat eine ausgesprochene ~ für sportliche Kleidung, für Komiker; mit ~: er liest mit ~* (ʿbesonders gern*ʾ) *Kriminalromane* ❖ vgl. **lieb**

vorlieb nehmen (er nimmt vorlieb)*, nahm vorlieb, hat vorlieb genommen* /jmd./ *mit etw.* ⟨Dat.⟩*, jmdm. ~ ʿsich mangels einer besonderen Möglichkeit mit etw., jmdm. begnügen*ʾ: *die Karten für das Konzert sind restlos ausverkauft, du musst mit der Fernsehübertragung ~; mein Mann kommt leider erst in einer Stunde, wenn Sie inzwischen mit mir* (ʿmeiner Gesellschaft*ʾ) ~ *wollen?*

vor['foːɐ..]‖**liegen**, lag vor, hat vorgelegen **1.1.** /Schriftstück o.Ä./ ʽsich bei der zuständigen Person, Stelle zur Einsicht, Bearbeitung befinden und verfügbar sein': *das Gutachten liegt bereits vor; der Antrag, die Beschwerde liegt (bei) uns, (bei) der Kommission vor; die Unterlagen haben dem Ausschuss zur Prüfung und Entscheidung vorgelegen; was liegt heute vor* (ʽwelche Aufgaben sind heute zu erledigen')?; ⟨oft adj. im Part. I⟩ *die ~den Angaben, Resultate; beim/im ~den Fall ist das so …* **1.2.** /etw./ ʽals Tatsache vorhanden und zu berücksichtigend': *liegen denn Beweise dafür vor?; es liegt etw. vor: es liegt keinerlei Veranlassung zur Besorgnis vor; es lagen schwerwiegende Bedenken, Zweifel vor; hier liegt ein Irrtum, Missverständnis vor* (ʽhier handelt es sich um einen Irrtum, ein Missverständnis'); *gegen jmdn. liegt etw., nichts vor* ʽvon jmdm. ist etw. Nachteiliges, nichts Nachteiliges bekannt': *liegt denn etwas gegen Sie vor?* **1.3.** *ein Buch liegt vor* ʽein Buch ist veröffentlicht': *jetzt liegt auch der letzte Band der Trilogie (gedruckt) vor* ❖ ↗ **liegen**
vorm ['foːɐm] ⟨Verschmelzung von Präp. *vor* (Dat.) + Art. *(dem)*⟩: ↗ **²vor**

vor/Vor['foːɐ..]‖**-machen** ⟨trb. reg. Vb.; hat⟩ **1.** /jmd./ **1.1.** *jmdm. etw. ~* ʽjmdm. durch seine Tätigkeit zeigen, wie etw. ausgeführt wird': *er machte dem Lehrling jeden Handgriff vor; der Gärtner hat ihr vorgemacht, wie man einen Baum pflanzt* **1.2.** umg. *jmdm., sich* ⟨Dat.⟩ *etw. ~* SYN ʽjmdm., sich etw. einreden (1.2)': *er lässt sich von niemandem etwas ~; mir machst du doch nichts vor!* ❖ ↗ **machen**
* **jmdm. macht niemand/keiner bei etw.** ⟨Dat.⟩/**in etw.** ⟨Dat.⟩ *etw. vor*: *beim, im Backen macht ihr keiner so leicht was vor* (ʽsie bäckt so gut wie kaum eine andere'); **-mittag, der 1.1.** ʽTageszeit vom Morgen bis zum Mittag'; ↗ FELD VII.7.1: *ein sonniger, schwüler ~; am frühen, späten ~; er will dich im Laufe des ~s anrufen; am ~ des 3. April; ich habe den ganzen ~ vergeblich auf ihn gewartet; sie arbeitet drei ~e/an drei ~en in der Woche* **1.2.** ʽam Vormittag' /einem Temporaladv. od. der Bez. für einen Wochentag nachgestellt/: *heute, gestern, morgen, Dienstag ~;* vgl. *Mittag* ❖ ↗ Mitte, ↗ Tag; **-mittags** ⟨Adv.⟩ ʽam Vormittag (1.1), an jedem Vormittag'; ↗ FELD VII.7.2: *wir fuhren ~ ab; ~ (um) 11 Uhr; Montag ~; das Geschäft ist täglich ~ (von 9 bis 12 Uhr) geöffnet;* ⟨auch attr; einem Subst. nachgestellt⟩ *der Spaziergang ~ tat ihm gut* MERKE Wird einem Adv., das einen Wochentag bezeichnet, nachgestellt: *dienstags vormittags/auch dienstagsvormittags* ❖ ↗ Mitte, ↗ Tag; **-mund, der**; *~s, ~e* /auch Vormünder ʽjmd., der zum gesetzlichen Vertreter eines Minderjährigen od. Entmündigten bestimmt wurde': *ein Onkel wurde als ~ für den Jungen eingesetzt* ❖ ↗ mündig

¹vorn [fɔrn] ⟨Adv.⟩ **1.1.** ʽdort, wo der Anfang von etw. ist'; ANT hinten (1.6); ↗ FELD IV.3.3: *das Inhaltsverzeichnis befindet sich ~ (im Buch); ein Buch von ~ bis hinten* (ʽvon der ersten bis zur letzten Seite') *durchblättern; er fuhr ~* (ʽan der Spitze

der Kolonne') **1.2.** ʽbei, in einem Fahrzeug dort, wo beim Vorwärtsfahren die Richtung auf das Ziel liegt'; ANT hinten (1.1): *der Fahrer sitzt ganz ~; im Bus ~ gleich hinter dem Fahrer sitzen; das Auto ist links ~/~ links eingebeult; die Bereifung muss ~ und hinten erneuert werden; nach ~ fahren; zwei Schritte nach ~* (ʽnicht zur Seite, nicht nach hinten, sondern geradeaus') *machen* **1.3.** ʽdort, wo man z. B. als Zuschauer dem Dargebotenen am nächsten ist'; ANT hinten (1.2): *sie saßen ~ in der zweiten Reihe und wir in der Mitte des Saals; sie erhob sich von ihrem Platz, ging nach ~ und trat ans Rednerpult; die Schüler blickten aufmerksam nach ~ (zur Tafel, zum Lehrer);* ⟨attr.; nachgestellt⟩ *der Platz ~ ist noch frei* **1.4.** ʽan der Stelle eines Raumes, Behälters, die dem Betrachter am nächsten ist'; ANT hinten (1.3): *der Brief liegt links ~ (im Schubfach); ganz ~ im Schaufenster steht eine wunderschöne Vase* **1.5.** ʽdort, wo sich das Gesicht des Menschen befindet, wenn er geradeaus blickt'; ANT hinten (1.4): *jmdn. von ~ angreifen; sich das Haar nach ~ kämmen; der Pullover wird ~ (am Hals) geknöpft* **1.6.** ANT hinten (1.5): *das Zimmer, die Wohnung liegt nach ~* (ʽdie Fenster des Zimmers, der Wohnung sind zur Straße gerichtet'); ⟨attr.; nachgestellt⟩ *das Zimmer ~* (ʽdas Zimmer, dessen Fenster zur Straße gerichtet sind') *hat zwei Fenster* **1.7.** *von ~* ʽvom Anfang eines Geschehens, Tuns'; ANT hinten (1.7): *erzähl uns alles von ~ und der Reihe nach!; sie unterbrach ihr Klavierspiel und fing wieder von ~ an* ❖ ↗ **¹vor**
* umg. emot. neg. **von ~ und/bis hinten**: *jmdn. von ~ bis hinten* (ʽin jeder erdenklichen Weise, bei jeder erdenklichen Gelegenheit') *bedienen, betrügen*

²vorn [foːrn] ⟨Verschmelzung von Präp. *vor* (Akk.) + Art. *(den)*⟩: ↗ **²vor**
Vor|name ['foːɐ..], **der** ʽzum Familiennamen hinzutretender Eigenname einer Person, der ihr nach der Geburt gegeben und in die Geburtsurkunde eingetragen wird': *wie lautet Ihr ~?; sein ~ ist Peter; Anna ist ein weiblicher ~* ❖ ↗ **¹vor**, ↗ **Name**
vorne ['fɔrnə] umg.: ↗ *vorn* ❖ ↗ **¹vor**
vornehm ['foːɐneːm] ⟨Adj.⟩ **1.** ⟨Steig. reg.; vorw. bei Vb.⟩ ʽgediegen, elegant und von kultiviertem Geschmack zeugend': *diese Möbel wirken ~, sehen ~ aus; seine Wohnung ist sehr ~ eingerichtet; eine ~ gekleidete Dame* **2.1.** ⟨Steig. reg., ungebr.; nicht bei Vb.⟩ ʽzur Oberschicht gehörend' /auf Personen bez./: *in diesem Viertel wohnen die ~en Leute; sie verkehren nur in ~en Kreisen* **2.2.** ⟨Steig. reg.⟩ ʽden Normen, Ansprüchen der Oberschicht entsprechend, sehr elegant ausgestattet'; SYN nobel (2) /auf Sachen bez./: *eine ~e Villa; ein ~es Hotel; er wohnt in einer ~en Gegend; das Restaurant, in das er sie einlud, war ~ und teuer* **2.3.** ⟨o. Steig.; vorw. bei Vb.⟩ spött. *jmd. tut (schrecklich), spricht immer so ~* (ʽgibt sich, spricht sehr geziert, weil er meint, dass die Oberschicht sich so gibt, so spricht, zu der er sich gerne zählen würde'); *sein ~es Getue* **3.** ⟨Steig. reg., ungebr.; nicht präd.⟩ ʽvon Anständig-

keit, Großzügigkeit, Zurückhaltung zeugend'; SYN nobel (1) /vorw. auf Charakter, Denken, Verhalten bez./: *ein ~er Charakter; ein Mann von ~er Haltung; das ist sehr ~ gedacht* **4.** 〈nur im Superl./ nur attr.〉 geh. *die ~ste* (SYN ʿerstrangige 1') *Pflicht, Aufgabe eines Arztes ist, den Menschen zu helfen*

vor|nehmen ['foːɐ..] (er nimmt vor), nahm vor, hat vorgenommen **1.** /jmd./ *sich ~, etw. zu tun* ʿden Vorsatz fassen, etw. Bestimmtes zu tun': *er hat sich fest vorgenommen, mit dem Rauchen aufzuhören; hast du dir für morgen Abend schon etw. vorgenommen?; sich etw. ~: für das Wochenende haben wir uns einen Ausflug nach Dresden vorgenommen* **2.** /jmd./ *etw. ~* ʿetw. aus-, durchführen': *die Polizei hat bei ihm eine Hausdurchsuchung vorgenommen; er hat (am Programm) eine Änderung vorgenommen* (ʿhat etw. geändert'); *er hat bereits (für die Festspiele) eine Auswahl vorgenommen* (ʿhat bereits einige Stücke, Personen ausgewählt'); *es wurden an der Grenze Kontrollen vorgenommen* (ʿes wurde an der Grenze kontrolliert'); *der Pastor hat heute eine Trauung vorgenommen* (ʿhat heute ein Paar getraut') **3.** /jmd./ *sich* 〈Dat.〉 *etw. ~* ʿetw. zur Hand nehmen und sich damit zu beschäftigen beginnen': *er setzte sich in den Sessel und nahm sich die Zeitung, ein Buch vor* **4.** umg. /jmd./ *sich* 〈Dat.〉 *jmdn. ~* ʿjmdn., der einem meist unterstellt ist od. zu einem in einem Abhängigkeitsverhältnis steht, scharf und drohend zurechtweisen': *den werde ich mir ~!; ich habe mir den Kerl erst einmal vorgenommen* ❖ ↗ **vor-**, ↗ **nehmen**

vornehmlich ['foːɐneːm..] 〈Gradpartikel; betont; steht vor der Bezugsgröße; bezieht sich auf verschiedene Kategorien〉 SYN ²besonders: *er beschäftigt sich ~ mit Musik; es geht dabei ~ um Gerechtigkeit; ~ im Herbst geht es ihm gut; er liest ~ abends, in den Ferien*

vorn|herein ['fɔrn..] * **von ~** ʿvon Anfang an, als die weitere Entwicklung noch nicht abzusehen war': *das hab ich von ~ gesagt, gewusst; etw. von ~ ablehnen*

Vor/vor['foːɐ..]|-**ort, der** ʿkleinerer Ort am Rande einer größeren Stadt, der auch Teil dieser Stadt selbst sein kann': *N ist ein ~ von Berlin; sie wohnen in einem ~* ❖ ↗ **Ort**; -**rang, der** 〈o.Pl.〉 /beschränkt verbindbar/: *(den) ~ haben* (ʿwichtiger, bedeutender als andere Personen, Sachen sein und daher bevorzugt werden'); *jmdm., etw. den ~ geben* (ʿjmdn., etw. gegenüber anderen als wichtiger, bedeutender einschätzen und ihn, es bevorzugen'); *jmdm. den ~ streitig machen* (ʿjmdm. die Berechtigung absprechen, gegenüber anderen als wichtiger, bedeutender eingeschätzt zu werden') ❖ ↗ **Rang**; -**rangig** [ʀaŋɪç] 〈Adj.; o. Steig.〉 **1.1.** 〈nicht bei Vb.; vorw. attr.〉 ʿwichtiger als eine andere Sache, als andere Sachen (und daher eine bevorzugte Stellung einnehmend)': *etw. ist von ~er Bedeutung, Wichtigkeit; welche Aufgaben sind ~?; etw. als ~ betrachten* **1.2.** 〈nur bei Vb.〉 ʿvor anderem, anderen, weil man ihm, ih-

nen den Vorrang gibt'; SYN zuerst: *etw. ~ erledigen; angemeldete Kunden werden ~ bedient* ❖ ↗ **Rang**

Vorrat ['foːɐɑːt], **der**; ~s/auch ~es, Vorräte ['..ʀɛːtə/ '..ʀɛː..] ʿfür späteren Bedarf vorhandene, verfügbare größere Menge, Anzahl von etw.'; SYN Reservoir (2): *ein großer, unerschöpflicher ~ an Bodenschätzen; Vorräte an Lebensmitteln, von Medikamenten anlegen; unser ~ geht zur/auf die Neige, ist verbraucht; auf ~* ʿfür den Fall, dass man es einmal dringend braucht': *etw. auf ~ einlagern, kaufen* ❖ **vorrätig**; vgl. ¹**vor**

vorrätig ['foːɐʀɛːtɪç/'..ʀɛː..] 〈Adj.; o. Steig.; vorw. präd. (mit *sein*)〉 *etw. ist ~* ʿeine Ware ist als Vorrat vorhanden' SYN verfügbar (2): *dieses Modell ist noch in großer Stückzahl ~; etw. ~ haben: das, davon hat unsere Filiale leider nicht, nichts mehr ~, wir können es aber für Sie nachbestellen* ❖ ↗ **Vorrat**

Vor ['foːɐ..]|-**recht, das** ʿeiner bestimmten Person, einem bestimmten Personenkreis zugestandenes Recht, etw. Bestimmtes zu tun, in den Genuss von etw. zu kommen, was anderen nicht gewährt wird'; SYN Privileg: *die bürgerliche Revolution schaffte die ~e des Adels ab; jmdm. ein ~ zugestehen; ein ~ genießen; etw. als sein ~ betrachten* ❖ ↗ **Recht**; -**richtung, die** ʿeinem bestimmten Zweck, einer bestimmten Funktion dienendes technisches Teil, Hilfsmittel': *eine einfache, nützliche, praktische ~; an einer Maschine eine ~ anbringen; mit Hilfe dieser ~ kann das Fenster mühelos gekippt werden* ❖ ↗ **richten (I)**

vors['foːɐs] 〈Verschmelzung von Präp. *vor* (Akk.) + Art. *(das)*〉 ↗ ²**vor**

Vor/vor['foːɐ..]|-**satz, der** ʿdas, was jmd. sich aufgrund seiner inneren Entscheidung zu tun vorgenommen hat': *es war sein fester ~, keinen Alkohol zu trinken; er blieb seinem ~ treu; jmdn. in seinem ~ bestärken; einen ~ fassen, haben; er hatte seine guten Vorsätze bald wieder vergessen* ❖ **vorsätzlich**; -**sätzlich** [zɛts..] 〈Adj.; o. Steig.〉 SYN ʿbewusst (3)' /vorw. auf strafbare Handlungen bez./: *eine ~e Beleidigung, Körperverletzung; es ist unklar, ob er die Brandstiftung fahrlässig oder ~ begangen hat* ❖ ↗ **Vorsatz**; -**schein, der** * /jmd., etw./ **zum ~ kommen 1.** ʿwieder auftauchen (3)': *er verschwand in seiner Werkstatt und kam erst abends wieder zum ~* (ʿkam erst abends wieder heraus') **2.** ʿsichtbar werden': *als man den Putz entfernte, kamen alte Fresken zum ~; bei dieser Gelegenheit kam sein wahrer Charakter zum ~* (ʿzeigte sich sein wahrer Charakter'); /etw., jmd./ **etw. zum ~ bringen:** *die Ausgrabungen brachten Reste einer slawischer Siedlungen zum ~* (ʿließen Reste einer slawischen Sielung sichtbar werden'); -**schieben**, schob vor, hat vorgeschoben **1.** /jmd./ *etw. ~* ʿetw. vor etw. schieben (1)': *hast du schon den Riegel (vor die Tür) vorgeschoben?* **2.** /jmd./ *etw. ~* ʿetw. nach vorn schieben (1)': *schieben Sie bitte den Unterkiefer, das Kinn etwas vor!; sich ~: langsam schob er sich durch die Menschenmenge vor* (ʿbewegte er sich schiebend durch die

Menschenmenge nach vorn'); *auf vorgeschobenem* ('vor der eigenen Linie, in unmittelbarer Nähe des Gegners befindlichem') *Posten stehen* **3.** /jmd./ *jmdn.* ~ 'in einer bestimmten Angelegenheit nicht selbst tätig werden, sondern sie durch einen anderen erledigen lassen, während man selbst im Hintergrund bleibt': *er wollte sich nicht exponieren und hat ihn (als Strohmann) vorgeschoben* **4.** /jmd./ *etw.* ~ 'etw. als Vorwand benutzen': *weil er den wahren Grund für seine Absage nicht nennen wollte, schob er eine Dienstreise, dringende Arbeit vor; die Krankheit war nur vorgeschoben* ❖ ↗ schieben; **-schlag, der** 'unverbindliche Empfehlung, etw. in bestimmter Weise zu tun, zu lösen': *das ist ein akzeptabler, guter, undurchführbarer* ~; *einem* ~ *zustimmen; einen* ~ *ablehnen; jmdm. einen* ~ *machen; mach doch mal einen konkreten* ~, *wie man das ändern kann!; er ist auf die Vorschläge überhaupt nicht eingegangen* ❖ vorschlagen; **-schlagen** (er schlägt vor), schlug vor, hat vorgeschlagen **1.1.** /jmd./ *etw.* ~ 'eine unverbindliche Empfehlung unterbreiten, etw. in bestimmter Weise zu tun, zu lösen': *gleich zu Beginn der Verhandlung schlug er eine gütliche Einigung vor; ich schlage vor, wir machen erst einmal eine Pause/dass wir erst einmal eine Pause machen; jmdm. etw.* ~: *er hat den Kontrahenten vorgeschlagen, sich gütlich zu einigen; alle Anwesenden waren mit dem vorgeschlagenen Termin, der vorgeschlagenen Tagesordnung einverstanden* **1.2.** /jmd., Institution/ *jmdn. als jmdn., jmdn. für etw.* ~ 'jmdn. als möglichen Anwärter für ein Amt nennen': *mehrere Mitglieder des Vereins haben ihn als Kassierer, für diesen verantwortungsvollen Posten vorgeschlagen; es können mehrere Kandidaten vorgeschlagen werden* ❖ ↗ Vorschlag; **-schnell** ⟨Adj.; o. Steig.⟩ SYN 'voreilig' /vorw. auf Handlungen, Entscheidungen bez./: *ein* ~*er Entschluss; er neigt zu* ~*en Verallgemeinerungen, Urteilen; man soll keine* ~*en Schlüsse ziehen; er bedauert, sich so* ~ *entschieden, so* ~ *geantwortet zu haben* ❖ ↗ schnell; **-schreiben**, schrieb vor, hat vorgeschrieben /jmd., Institution, etw./ *etw.* ~ 'für jmdn. etw. (offiziell) als verbindlich erklären': *das Gesetz schreibt eine solche Überprüfung vor; jmdm. Bedingungen* ~; *von Ihnen lasse ich mir nichts* ~*!;* ⟨oft adj. im Part. II⟩ *für diese Ausbildung ist eine Eignungsprüfung vorgeschrieben; die vorgeschriebene Dosis eines Medikaments einnehmen; die vorgeschriebenen Bestimmungen einhalten* ❖ ↗ schreiben; **-schrift, die** '(offizielle) Erklärung, dass etw. Bestimmtes verbindlich ist': *eine strenge, genaue* ~; *gesetzliche, dienstliche* ~*en; die* ~ *besagt, dass …; es ist wichtig, dass die* ~*en beachtet, befolgt, eingehalten werden; er hat die* ~ *verletzt; kennen Sie die* ~*en?; sich genau an die* ~ *halten; gegen die* ~*en verstoßen; nach* ~ *handeln; jmdm.* ~*en machen* ('jmdm. etw. Bestimmtes vorschreiben') ❖ ↗ schreiben; **-schub** * /jmd., etw./ **jmdm., etw.** ⟨Dat.⟩ ~ **leisten** ('jmdn. bei etw. Negativem unterstützen, etw. Negatives begünstigen'); **-schulisch** [ʃuːlɪʃ] ⟨Adj.; o. Steig.; nur attr.⟩ 'der Schulzeit vorausge-

hend, auf die Schulzeit vorbereitend' /beschränkt verbindbar/: ~*e Einrichtungen* ❖ ↗ Schule; **-schuss, der** 'Geld, das jmd. als Teil einer ihm später zustehenden Zahlung, bes. von Lohn, Gehalt, bereits im Voraus erhält'; ↗ FELD VII.4.1: *den Chef um (einen)* ~ *bitten; jmdm. einen* ~ *geben, zahlen; er hat bereits einen* ~ *von 500 Mark erhalten* ❖ ↗ schießen; **-sehen** (er sieht vor), sah vor, hat vorgesehen **1.1.** ⟨vorw. im Perf.⟩ /jmd./ *etw.* ~: *die Lehrerin hat (für die Klasse) einen Besuch im Museum vorgesehen* ('beabsichtigt, mit der Klasse ein Museum zu besuchen'); *etw. als etw.* ~: *er hat diesen Ort als Urlaubsziel vorgesehen* ('will in diesem Ort seinen Urlaub verbringen') **1.2.** /etw./ *etw.* ~: *das Gesetz sieht solche Maßnahmen nicht vor* ('schreibt solche Maßnahmen nicht vor') **1.3.** /jmd., etw./ *für etw. vorgesehen sein* 'für etw., jmdn. bestimmt sein': *das Terrain ist für einen Flugplatz vorgesehen; er war für eine Beförderung vorgesehen* ('man hatte geplant, ihn zu befördern') **2.** ⟨oft im Imp.⟩ /jmd./ *sich* ~ 'vorsichtig sein': *sieh dich vor, wenn du über die Straße gehst!; sieh dich vor, dass du nicht ausrutschst!; ich habe mich so vorgesehen und trotzdem ist mir ein Glas zerbrochen* ❖ ↗ sehen; **-sicht, die** ⟨o.Pl.⟩ 'besonnenes und wachsames, mögliche Gefahren vermeidendes Verhalten'; ↗ FELD I.4.4.1: *etw. mit aller, äußerster, der nötigen* ~ *tun; das ist trotz größter* ~ *passiert; jmdm. zur* ~ *raten* /als warnender Ausruf od. als warnender schriftlicher Hinweis/: ~*!;* ~, *Stufe!;* ~, *Hochspannung!;* umg. *etw., jmd. ist mit* ~ *zu genießen* ('man muss bei etw., jmdm. vorsichtig, kritisch sein'); *er ist heute (nur) mit* ~ *zu genießen* ('ist wegen seiner schlechten Laune nur vorsichtig zu behandeln') ❖ ↗ sehen; **-sichtig** [zɪçtɪç] ⟨Adj.; Steig. reg.⟩ 'mit der nötigen Vorsicht'; ↗ FELD I.4.4.3: *ein* ~*er* (ANT nachlässiger **1.3**, leichtsinniger **2**) *Mensch; er ist sehr* ~; *seine* ~*en Andeutungen; nach* ~*en Schätzungen beläuft sich der Schaden auf drei Millionen Dollar; sei bitte* ~ *mit dem Fotoapparat; es ist viel zu* ~, *um sich auf ein solches Risiko einzulassen;* ~ *öffnete er die Tür; er fragte* ~, *ob sie sich bereits entschieden habe* ❖ ↗ sehen; **-sichtshalber** [zɪçtshalbɐ] ⟨Adv.⟩ 'um für alle Fälle gerüstet zu sein': *du solltest dir* ~ *einen Regenschirm mitnehmen; ich werde das Ergebnis* ~ *noch einmal prüfen* ❖ ↗ sehen; **-sitzende** [zɪtsn̩də], **der** u. **die**; ~*n*, ~*n;* ↗ TAFEL II 'jmd., der in einer Organisation, Institution, Gruppe die leitende Funktion, die Führung hat': *der* ~ *des Vereins; er ist* ~*r des Aufsichtsrates* ❖ ↗ sitzen; **-sorge, die** ⟨o.Pl.⟩ 'der Vermeidung eventueller künftiger Notlagen, Krankheiten o.Ä. dienende Maßnahmen'; ↗ FELD I.4.4.1, VII.4.1: *die medizinische* ~; ~ *(für etw.) tragen, treffen* 'für etw. vorsorgen': *er hat rechtzeitig* ~ *für das Alter getroffen* ❖ ↗ sorgen; **-sorgen** ⟨trb. reg. Vb.; hat⟩ /jmd., Institution/ 'rechtzeitig Maßnahmen ergreifen, um eventuelle künftige Notlagen, Krankheiten o.Ä. zu vermeiden'; ↗ FELD I.4.4.2, VII.4.2: *er hat beizeiten (für das Alter) vorgesorgt* ❖ ↗ sorgen; **-sorglich** [zɔʀk..] ⟨Adj.; o. Steig.; nicht präd.⟩ ʹder Vorsorge dienendʹ; ↗ FELD I.4.4.3: *eine ~e Maßnahme; ~* (ʹvorsichtshalberʹ) *hatte sie einen Regenschirm mitgenommen* ❖ ↗ sorgen; **-speise, die** ʹSpeise, die vor dem Hauptgericht gegessen wirdʹ; ↗ FELD I.8.1, VII.4.1: *als ~ gab es Fisch;* vgl. *Nachspeise* ❖ ↗ Speise; **-spiegeln** ⟨trb. reg. Vb.; hat⟩ */jmd., etw./ jmdm. etw. ~* ʹjmdm. durch Täuschung einen bestimmten Eindruck vermitteln, der nicht den Tatsachen entsprichtʹ: *sie hat ihm eine schwere Krankheit, harmonische Ehe vorgespiegelt; sein Geltungsbedürfnis spiegelt ihm ständig Erfolge vor;* vgl. *einreden* (1.2) ❖ ↗ Spiegel; **-sprechen** (er spricht vor), sprach vor, hat vorgesprochen **1.1.** */jmd./ jmdm. etw. ~* ʹvor jmdm., der das Gehörte hören (und richtig wiederholen) soll, etw. deutlich sprechenʹ: *einem Kind ein schwieriges Wort, einen Satz ~;* vgl. *nachsprechen* **1.2.** /Schauspieler/ ʹeinen Text aus einem Theaterstück vortragen, um seine schauspielerischen Fähigkeiten prüfen zu lassenʹ: *er hat an der Bühne in N vorgesprochen und ist sofort engagiert worden* **2.** */jmd./ bei jmdm., etw./in etw.* ⟨Dat.⟩ *~* ʹjmdn., eine Behörde o.Ä. zwecks einer Unterredung aufsuchenʹ: *er hat in dieser Angelegenheit bereits mehrmals beim Direktor, bei der Post, im Ministerium vorgesprochen* ❖ ↗ sprechen; **-sprung, der 1.** ʹnach vorn ragender Teil von etw.ʹ: *unter dem ~ eines Daches, Felsens Schutz vor dem Unwetter suchen* **2.** ⟨vorw. Sg.⟩ ʹräumlicher od. zeitlicher Vorteil gegenüber einem Verfolger, Konkurrentenʹ: *der ~ des Favoriten vergrößerte sich von Runde zu Runde; am Ziel hatte der Sieger einen ~ von achtzig Metern, sechs Sekunden; einen beträchtlichen, kleinen ~ haben; jmdm. bei einem Wettlauf zehn Schritt ~ geben; einen ~ aufholen, einbüßen, gewinnen; er hat den ~ nicht halten können* ❖ ↗ springen; **-stand, der** ʹgeschäftsführendes, leitendes Organ einer Aktiengesellschaft, einer Organisationʹ; ↗ FELD I.11: *der ~ hat beschlossen, dass …; die Damen und Herren des ~s; wer gehört dem ~ an?; laut Satzung wählen die Mitglieder den ~; in den ~ gewählt werden* ❖ ↗ stehen; **-stellen** ⟨trb. reg. Vb.; hat⟩ **1.1.** */jmd./ sich ~* ʹjmdm, dem man zum ersten Mal gegenübersteht und mit dem man ins Gespräch kommen möchte, seinen Namen nennen (und dabei nähere Angaben zu seiner Person machen)ʹ: *darf ich mich (Ihnen) ~?; er hat sich als Vertreter einer Baufirma vorgestellt; jmdn. jmdm. ~: demnächst will er uns seine Freundin ~* **1.2.** */jmd./ sich in/bei einer Firma, in der Personalabteilung, beim Personalchef ~* (ʹzum Zweck der Bewerbung ein Gespräch führenʹ) **1.3.** */jmd./ sich, jmdn. einem Arzt, in einer medizinischen Einrichtung ~* ʹsich, jmdn. von einem Arzt, in einer medizinischen Einrichtung untersuchen lassenʹ: *Sie sollten Ihren Sohn unbedingt einem Orthopäden ~; ich muss mich morgen in der Klinik ~* **1.4.** */jmd., Firma/ etw. ~* ʹInteressenten, potentiellen Käufern ein neues Produkt o.Ä. vorführen (2.1)ʹ: *die Firma wird auf der Messe (den Besuchern) ihr neuestes Modell ~; bei der Modenschau*

wurde die neue Linie für die kommende Sommersaison vorgestellt **2.** */jmd./ sich* ⟨Dat.⟩ *etw. ~* ʹsich in Gedanken ein Bild von früher wahrgenommenen od. möglichen Sachverhalten machenʹ: *ich kann mir seine Überraschung (lebhaft, gut) ~; es ist schwer, sich das volle Ausmaß dieser Katastrophe vorzustellen; unter diesem Titel kann ich mir nichts, nur schwer etwas ~; er hatte sich seine Arbeit interessanter vorgestellt; ich kann mir ~, wie das passiert ist; das kann ich mir (einfach) nicht ~* (ʹdas glaube ich nichtʹ) */wird gesagt, wenn man etw. Bestimmtes für unmöglich hält/; /in der kommunikativen Wendung/ stell dir vor /als einleitende Bemerkung, wenn der Sprecher etw. Ungewöhnliches, Überraschendes mitteilen will/: stell dir vor, wer mich heute angerufen hat!; sich* ⟨Dat.⟩ *jmdn. ~: er kann sich seinen Urgroßvater noch ganz genau ~* (ʹerinnert sich noch ganz genau an seinen Urgroßvaterʹ); *als Lehrer kann ich mir ihn/kann ich mir überhaupt nicht ~* (ʹmeiner Meinung nach wäre er als Lehrer nicht geeignetʹ) **3.** */jmd./* **3.1.** *etw. ~* ʹetw. nach vorn stellen (2.1)ʹ: *das rechte Bein ~* **3.2.** *die Uhr ~:* heute *Nacht müssen wir die Uhr um eine Stunde ~* (ʹdie Zeiger der Uhr um eine Stunde vorwärts drehenʹ) **4.** */jmd./ etw. ~* ʹetw. vor etw. Bestimmtes stellen (2.1)ʹ: *um die Tür zu verdecken, könnte man ein Regal oder einen Schrank ~* ❖ unvorstellbar, vorstellig, Vorstellung; **-stellig** [ʃtɛlɪç] ⟨Adj.; o. Steig.; nur präd. (mit werden)⟩ */jmd./ bei jmdm., etw./in, auf etw.* ⟨Dat.⟩ *~ werden* ʹsich mit einem Anliegen mündlich od. schriftlich an jmdn., die zuständige Behörde o.Ä. wendenʹ: *er ist in dieser Angelegenheit bereits beim Bürgermeister, auf dem/im Rathaus ~ geworden* ❖ ↗ vorstellen; **-stellung, die 1.** ʹVeranstaltung, bei der dem Publikum ein Bühnenstück, Film o.Ä. dargeboten wirdʹ: *die ~ beginnt (um) 20 Uhr, dauert zwei Stunden; die ~ war ausverkauft, nur schwach besucht; für die erste ~, die ~ am Nachmittag sind noch Karten vorhanden; während, nach der ~* **2.** ʹim Bewusstsein vorhandenes Bild früher wahrgenommener od. möglicher Sachverhalteʹ: *eine falsche, feste, klare, verschwommene ~ von etw.* ⟨Dat.⟩ *haben; seine ~en von sozialer Gerechtigkeit sind nicht zu verwirklichen; ich kann mir davon keine richtige, kaum eine ~ machen; die Stadt entspricht völlig, überhaupt nicht den ~en, die ich immer von ihr hatte; das Angebot entspricht ganz meinen ~en* (ʹganz dem, was ich erwartet, gewünscht habeʹ); *meine ~en wurden bei weitem übertroffen* (ʹes war mehr, als ich erwartet, gewünscht hatteʹ); *du machst dir/Sie machen sich keine ~en (davon)* (ʹdu würdest/Sie würden es sich für möglich haltenʹ), *wie gastfreundlich die Leute dort sind, was alles passieren kann* **3.** */zu vorstellen 1.2/* ʹdas Sichvorstellenʹ: *um persönliche ~ der Bewerber wird gebeten* ❖ ↗ vorstellen; **-tag, der** ⟨o.Pl.⟩ ʹTag vor einem bestimmten Tag od. besonderen Ereignisʹ; ↗ FELD VII.4.1: *die Gartenparty fand bei strahlendem Sonnenschein statt und noch am ~ hatte es stundenlang geregnet; er dachte noch einmal in Ruhe* *über die Ereignisse des ~s/vom ~ nach; am ~ der Abreise, Prüfung* ❖ ↗ Tag; **-täuschen** ⟨trb. reg. Vb.; hat⟩ /jmd./ *etw.* ~ 'bewusst den Anschein von etw. erwecken, das nicht den Tatsachen entspricht'; SYN spielen (6.2): *er täuschte einen Schwächeanfall vor; sie versuchte Überraschung, Fröhlichkeit vorzutäuschen, aber er durchschaute sie; der Einbruch war nur vorgetäuscht; ein vorgetäuschter Selbstmord* ❖ ↗ täuschen; **-teil, der** ANT Nachteil **1.1.** 'etw., das sich für jmdn. günstig auswirkt, jmdm. Nutzen, Gewinn bringt': *er hat davon keinen* ~, *hat dadurch weder* ~*e noch Nachteile; etw. bringt jmdm. finanzielle, materielle* ~*e; er wollte sich dadurch persönliche* ~*e verschaffen; er war stets auf seinen* ~ *bedacht; etw. ist für jmdn. von* ~, *geschieht zu jmds.* ~ ('wirkt sich für jmdn. günstig aus'); ~*e aus etw.* ⟨Dat.⟩ *ziehen* ('etw. für sich nutzen und Gewinn daraus ziehen'); *jmdm. gegenüber im* ~ ('in einer günstigeren Lage') *sein; er hat sich zu seinem* ~ *verändert* ('hat sich verändert und wirkt nun günstiger, angenehmer') **1.2.** 'Eigenschaft einer Sache, die diese Sache im Vergleich zu einer anderen, zu anderen für jmdn. nutzbringender macht': *der* ~ *dieser Methode liegt auf der Hand; das neue Modell weist gegenüber seinem Vorgänger einige* ~*e auf, bietet mehrere* ~*e; die Sache hat den* ~, *dass …* ❖ vorteilhaft − übervorteilen; **-teilhaft** [tail..] ⟨Adj.; Steig. reg.⟩ **1.1.** 'jmdm. Nutzen, Gewinn bringend': *ein* ~*es Angebot; das ist* ~; *etw.* ~ *einkaufen, verkaufen; etw. wirkt sich* ~ (ANT nachteilig) *aus* **1.2.** ⟨vorw. präd. u. bei Vb.⟩ 'für jmds. Aussehen günstig': *diese Farbe ist für Blondinen besonders* ~; *sich* ~ *kleiden* ❖ ↗ Vorteil; **-trag** [tRa:k], **der**; ~*s*/~*es*, Vorträge [tRε:gə/tRε:..] **1.** 'Rede, die vorwiegend Fachsprachliches zum Gegenstand hat': *ein interessanter, langer, populärwissenschaftlicher* ~; *ein* ~ *über Erkrankungen der Wirbelsäule, die Ursachen des Waldsterbens; der* ~ *war sehr informativ; einen* ~ *ausarbeiten; einen* ~ *halten* ('den Zuhörern mündlich darbieten') **2.** ⟨vorw. Sg.⟩ 'das Vortragen (1)': *der* ~ *der jungen Pianistin war technisch brillant und sehr ausdrucksvoll; das Programm begann mit dem* ~ *eines Gedichts* ❖ ↗ vortragen; **-tragen** (er trägt vor), trug vor, hat vorgetragen **1.** /jmd./ *etw.* ~ 'vor einem Publikum ein sprachliches, musikalisches Kunstwerk, eine sportliche Leistung darbieten'; SYN darbieten (2): *ein Gedicht, Lied* ~; *das Ensemble trug Volkslieder und Tänze aus seiner Heimat vor; die Eiskunstläuferin hat ihre Kür mit Eleganz und großer Musikalität vorgetragen* **2.** /jmd./ *jmdm. etw.* ~ 'jmdm. etw. (offiziell) mündlich in sachlicher Form darlegen': *der Sprecher des Betriebsrats trug dem Geschäftsführer die Forderungen der Streikenden vor; er hat dem Direktor seine Bedenken, den Fall vorgetragen; darf ich Ihnen eine Bitte* ~? ❖ Vortrag; **-trefflich** ['tRεf..] ⟨Adj.; Steig. reg., ungebr.⟩ SYN 'ausgezeichnet': *er ist ein* ~*er Redner, Schwimmer; ein* ~*es Gedächtnis besitzen; dieser Wein ist ganz* ~; *sie kocht* ~; *die Schuhe passen* ~ *zum Kleid;* **-tritt, der** ⟨o.Pl.⟩ 'Recht, entspre-

chend den Regeln der Höflichkeit vorangehen zu dürfen': *dem Älteren gebührt der* ~; *jmd. hat den* ~; *höflich ließ er ihr den* ~; METAPH *sie ließ ihm in der Diskussion den* ~ ❖ ↗ treten

vorüber [fo:'Ry:bɐ; Trennung: vor|über od. vo|rüber] ⟨Adv.; nur präd.⟩ **1.** *jmd., etw. ist an/bei jmdm., etw.* ⟨Dat.⟩ ~ SYN 'etw. ist an, bei jmdm., etw. vorbei (1)': *der Festzug ist bereits (am Dom, bei den Ehrengästen)* ~ **2.** *etw. ist* ~ SYN 'etw. ist vorbei (2)'; ↗ FELD VII.3.3: *der Winter, das Gewitter, die Gefahr ist* ~; *als wir dort ankamen, war der größte Ansturm schon* ~ ❖ **vorübergehen, vorübergehend;** vgl. auch ²vor

MERKE Zur Getrennt-, Zusammenschreibung von *vorüber* und *sein*: Getrenntschreibung auch im Infinitiv

vorüber|gehend [..'Ry:..ge:ənt] ⟨Adj.; o. Steig.⟩ SYN 'zeitweilig (1.2)' /vorw. auf Tätigkeiten, Vorgänge, Abstraktes bez./: *ein* ~*er Aufenthalt, Temperaturanstieg; die Besserung seines Befindens war nur* ~; *das Geschäft ist* ~ *geschlossen; die Wiesen standen* ~ *unter Wasser* ❖ ↗ **vorüber,** ↗ **gehen**

Vor/vor|['fo:ɐ..]|-urteil, das 'meist ohne Kenntnis der Tatsachen voreilig gebildetes od. übernommenes Urteil ( )'; ↗ FELD I.4.2.1: *ein dummes, herkömmliches* ~; *diesem* ~ *muss man entschieden entgegentreten; gegen etw., jmdn. ein* ~ *haben; es ist schwer, verbreitete* ~ *abzubauen; ein Mensch ohne* ~*e* ❖ ↗ Urteil; **-urteilsfrei** [ɔRtails..] ⟨Adj.; o. Steig.⟩ SYN 'vorurteilslos' /auf Einstellungen, Urteile bez./; ↗ FELD I.4.2.3: *er, sein Urteil war völlig* ~; *sein* ~*es Denken;* ~ *urteilen* ❖ ↗ Urteil; **-urteilslos** [ɔRtails..] ⟨Adj.; o. Steig.⟩ 'frei von Vorurteilen'; SYN vorurteilsfrei /auf Einstellungen, Urteile bez./; ↗ FELD I.4.2.3: ~ *an ein Problem herangehen;* ~ *urteilen; er ist ein* ~*er Mensch;* ~ *sein* ❖ ↗ Urteil; **-wand, der**; ~*s*/auch ~*es*, Vorwände 'als Ausrede benutzter Grund': *ein fadenscheiniger* ~; *etw. als* ~ *benutzen; etw. zum* ~ *nehmen; er hat die Sitzung unter einem* ~ *vorzeitig verlassen*

vorwärts ['fo:ɐvɐRts] ⟨Adv.⟩ ANT rückwärts **1.1.** ⟨auch attr. einem Subst. nachgestellt⟩ 'in Richtung auf das angestrebte, geforderte Ziel hin, nach vorn': ~ *gehen, fahren; den Wagen* ~ *einparken; den Blick (nach)* ~ *richten; zwei Schritte* ~ *(machen);* ~! /Ausruf, der zum sofortigen Gehen, Fahren, Handeln auffordert/; Mil. ~ *marsch!* /Kommando/; METAPH *diese Maßnahme bedeutet einen großen Schritt* ~ **1.2.** 'vom Anfang einer Sache in Richtung auf ihr Ende hin, von vorn nach hinten': *ein Tonband, einen Film* ~ *laufen lassen; ich habe die Kartei* ~ *und rückwärts durchgeblättert, aber den Titel nicht gefunden* ❖ ↗ ¹vor

vorweg [fo:ɐ'vɛk] ⟨Adv.⟩ **1.** 'vorher, im Voraus'; ↗ FELD VII.4.3: *das müsst ihr euch* ~ *gut überlegen* **2.** SYN 'voraus (1)': *bei unserem Spaziergang war der Hund immer (ein Stück)* ~ ❖ **vorwegnehmen;** vgl. ¹vor, weg

vorweg|nehmen [..'vɛk..] (er nimmt vorweg), nahm vorweg, hat vorweggenommen /jmd., etw./ *etw.* ~

ʹetw. vor dem dafür vorgesehenen Zeitpunkt sagen, tun'; ↗ FELD VII.4.2: *wir wollen das Ergebnis (der Verhandlungen), die Pointe nicht ∼; um gleich das Wichtigste, die Hautsache vorwegzunehmen* ... /als einleitende Bemerkung, wenn der Sprecher darauf hinweisen will, dass die unmittelbar folgenden Ausführungen besonders wichtig sind/: *um das Wichtigste gleich vorwegzunehmen: er hat bei dem Unfall nur leichte Verletzungen davongetragen und konnte bereits aus dem Krankenhaus entlassen werden;* METAPH *diese Theorie hat künftige Entwicklungen vorweggenommen* ❖ ↗ **vorweg**, ↗ **nehmen**

vor/Vor[ˈfoːɐ..]‖**-werfen** (er wirft vor), warf vor, hat vorgeworfen **1.** /jmd./ *jmdm. etw.* ∼ ʹjmdn. vorwurfsvoll, tadelnd auf einen Fehler, eine Schwäche hinweisen': *jmdm. Feigheit, Rücksichtslosigkeit* ∼; *sie wirft ihm immer wieder seine Vergangenheit vor; er wirft ihr vor, dass sie ihn belogen habe; du hast kein Recht, mir das vorzuwerfen; man wirft ihm Betrug vor* (ʹbeschuldigt ihn des Betrugs'); *er hat sich nichts vorzuwerfen* (ʹhat sich in dieser Sache korrekt verhalten') **2.** /jmd./ *einem Tier etw.* ∼ ʹeinem Tier, bes. einem Raubtier im Zoo, Futter hinwerfen': *der Tierpfleger warf ihm Fleisch vor* ❖ Vorwurf − vorwurfsvoll; **-¹wiegend** [viːɡn̩t] ⟨Adj.; o. Steig.; nur attr.⟩ ʹden größeren, wichtigeren Teil ausmachend' /auf Abstraktes bez./: *die* ∼*en Gesichtspunkte dieser Diskussion; der* ∼*e* (ʹgrößere') *Teil der Bevölkerung;* **-²wiegend** ⟨Gradpartikel; betont od. unbetont; steht vor der Bezugsgröße; bezieht sich auf verschiedene Kategorien⟩ /schließt andere Sachverhalte nicht aus, hebt aber die Bezugsgröße hervor/; SYN überwiegend, durchweg, ²hauptsächlich: *das Theater spielt* ∼ *klassische Stücke; in dem Haus wohnen* ∼ *ältere Leute; heute war das Wetter* ∼ *heiter, sonnig; er hat sich in seiner Freizeit* ∼ *mit Archäologie beschäftigt; in der Familie kennt sich* ∼ *sein Sohn mit dem Computer aus; er verlebt seinen Urlaub* ∼ *dort;* **-witzig** ⟨Adj.; Steig. reg.⟩ ʹunangenehm neugierig od. vorlaut' /auf Personen, Äußerungen von Personen bez./: *ein* ∼*es Kind;* ∼*e Bemerkungen, Fragen; sei nicht so* ∼*!* ❖ ↗ **Witz**; **-wort, das** ⟨Pl. ∼e⟩ ʹeinleitende, erläuternde Ausführungen vor dem eigentlichen Text des Buches'; ↗ FELD VII.4.1: *das* ∼ *des Herausgebers; ein* ∼ *schreiben* ❖ ↗ Wort; **-wurf, der** ʹÄußerung, mit der jmd. jmdm. etw. vorwirft (1)': *ein ernster, versteckter* ∼; *der* ∼ *unterlassener Hilfeleistung, des Verrats; dieser* ∼ *hat ihn tief getroffen; diesen* ∼ *lasse ich nicht auf mir sitzen!; jmdm. einen* ∼ *machen, sich (bittere, schwere) Vorwürfe* (SYN ʹVorhaltungen') *machen; Vorwürfe gegen jmdn. erheben; jmdm. etw. zum* ∼ *machen* (ʹjmdm. etw. vorwerfen 1') ❖ ↗ **vorwerfen**; **-wurfsvoll** [voːɐfs..] ⟨Adj.; Steig. reg., ungebr.⟩ ʹeinen Vorwurf, Vorwürfe enthaltend': *etw. in* ∼*em Ton sagen; ein* ∼*er Blick; jmdn.* ∼ *ansehen* ❖ ↗ **vorwerfen**, ↗ **voll**; **-zeichen, das 1.** ʹetw. Wahrnehmbares, das etw. Zukünftiges ankündigt': *verschiedene* ∼ *deuten auf eine Wende zum Positiven; diese Demonstrationen sind ein untrügliches* ∼

für kommende soziale Auseinandersetzungen; er sieht in diesem Kompromiss ein günstiges ∼ *für die weiteren Verhandlungen* **2.** ⟨nur im Pl.⟩ *etw. vollzieht, wiederholt sich mit/unter veränderten, umgekehrten* ∼ (ʹzwar in gleicher, ähnlicher Weise, aber mit verändertem, umgekehrtem Inhalt') **3.1.** Math. ʹeiner Zahl vorangestelltes Zeichen (1.3), das dieses als positiv od. negativ kennzeichnet': *ein positives, negatives* ∼ **3.2.** Mus. ʹZeichen (1) am Beginn eines Musikstücks, einer Notenlinie, das die Tonart angibt': *ein Stück mit einem Kreuz als* ∼ ❖ ↗ Zeichen; **-zeitig** ⟨Adj.; o. Steig.; nicht präd.⟩ ʹfrüher als vorgesehen od. erwartet geschehend'; ↗ FELD VII.4.3: *seine* ∼*e Abreise, Entlassung, Heimkehr; jmdn.* ∼ *entlassen;* ∼ *abreisen; die Geburt wurde vom Arzt* ∼ *eingeleitet* ❖ ↗ Zeit; **-ziehen**, zog vor, hat vorgezogen **1.** /jmd., Institution/ **1.1.** *etw.* ∼ *etw. lieber als etw. anderes mögen, tun';* SYN bevorzugen: *er zieht Tee (dem Kaffee) vor; wir nahmen uns ein Taxi, er jedoch zog es vor, zu Fuß zu gehen; er zog es vor zu schweigen* **1.2.** *jmdn.* ∼ ʹjmdn. (ohne berechtigten Grund) günstiger, besser behandeln als einen, die anderen'; ANT zurücksetzen: *sie hat den jüngsten Sohn immer vorgezogen* **2.** /jmd./ *etw.* ∼ ʹetw. von der Seite her vor eine Öffnung o.Ä. ziehen (2.1), um diese zu verdecken od. das Hindurchblicken zu verhindern': *zieh bitte die Vorhänge vor!* **3.** /jmd., Institution/ **3.1.** *etw.* ∼ ʹetw. für später Vorgesehenes zu einem früheren Zeitpunkt durchführen, erledigen': *die Opposition möchte die Wahlen um ein Jahr* ∼ **3.2.** *jmdn.* ∼ ʹjmdn., der noch nicht an der Reihe ist, zuerst abfertigen': *wegen ihrer starken Schmerzen hat sie der Zahnarzt vorgezogen* ❖ ↗ **ziehen**; **-zug, der 1.1.** ʹpositive Eigenschaft, durch die sich jmd., etw. auszeichnet': *jmd. hat, besitzt viele Vorzüge; die absolute Genauigkeit ist der entscheidende* ∼ *dieser Methode; Verantwortungsbewusstsein ist nur einer seiner Vorzüge* **1.2.** ʹVorteil (1.2)': *man muss die Vorzüge und Nachteile gegeneinander abwägen; diese Variante hätte den großen* ∼, *dass ...* **2.** ⟨o.Pl.⟩ *etw. verdient den* ∼ (ʹverdient größere Anerkennung als anderes, andere'); *etw.* ⟨Dat.⟩, *jmdm. den* ∼ *geben, einräumen: er trinkt am liebsten Bier, während sie einem Glas Wein den* ∼ *gibt* (ʹein Glas Wein vorzieht') ❖ ↗ **ziehen**; **-züglich** [tsyːk..] ⟨Adj.; Steig. reg.⟩ SYN ʹhervorragend': *er ist ein* ∼*er Kenner der antiken Kunst; das Essen war, schmeckte* ∼; *sie tanzt* ∼; *das Kleid steht ihr* ∼ ❖ ↗ **ziehen**

vulgär [vʊlˈɡɛːɐ/..ˈɡeː..] ⟨Adj.; Steig. reg.⟩ ʹabstoßend derb (4), grob (4) und unanständig' /vorw. auf das Verhalten, auf Äußerungen von Personen bez./: ∼*e Ausdrücke, Flüche; ich finde ihn ziemlich* ∼; *sie lacht immer so* ∼; *sein Benehmen hat so etw. Vulgäres*

Vulkan [vʊlˈkɑːn], **der;** ∼s, ∼e ʹdurch ausströmende Lava entstandener Berg': *ein tätiger, erloschener* ∼; *der* ∼ *ist wieder aktiv; der Ausbruch des* ∼*s steht unmittelbar bevor; wie auf einem* ∼ (ʹin ständiger Gefahr') *leben*

w, W

Waage ['vɑːgə], **die**; ~, ~n ˈGerät zur Feststellung des Gewichts' (↗ BILD): *die ~ zeigte siebenhundert Gramm an; etw. auf die ~ legen, mit der ~ wiegen; sich auf die ~ stellen* ❖ ↗ **wägen**

waage|recht ['..] ⟨Adj.; Steig. reg., ungebr.⟩ ˈin einer geraden Linie im rechten Winkel zu einer senkrechten Linie verlaufend'; SYN horizontal; ANT senkrecht, vertikal /vorw. auf Gegenstände bez./: *eine ~e Linie; die Linie ist ~; das Brett liegt, der Kühlschrank steht ~* ❖ ↗ **wägen**

Wabe [vɑːbə], **die**; ~, ~n ˈGebilde aus vielen sechseckigen Zellen (2), das (den Bienen) zur Aufzucht der Brut, zur Speicherung der Nahrung dient' (↗ BILD): *die ~n der Bienen bestehen aus Wachs; eine mit Honig gefüllte ~*

wach [vax] ⟨Adj.; o. Steig.⟩ **1.** ⟨vorw. präd. u. bei Vb.⟩ **1.1.** ˈnicht (mehr) schlafend' /auf Personen bez./: *er war schon ~, als ich ihn wecken wollte; bist du schon lange ~?; er lag (lange) ~* (ANT müde 1) *da; er trank starken Kaffee, um ~* (SYN ˈmunter 1') *zu bleiben; die Schmerzen hielten sie die ganze Nacht, lange ~; er wurde früh, um fünf Uhr ~* (ˈwachte früh, um fünf Uhr auf'); *jmdn. ~* (ANT müde 1) *machen* (ˈjmdn. wecken') **1.2.** ⟨nur präd. (mit *werden*)⟩ /etw., bes. Psychisches/ *~ werden* ˈwieder ins Bewusstsein gelangen': *Erinnerungen wurden, sein Ehrgeiz wurde ~* **2.** ⟨vorw. attr.; nicht bei Vb.⟩ ˈaufmerksam, rege und aufgeschlossen' /auf Personen, Mentales bez./: *ein ~es Publikum; sein ~er Geist; etw. mit ~em Interesse verfolgen;*

sein Interesse für die Weltpolitik blieb, war bis ins hohe Alter ~ ❖ **bewachen, erwachen, Wache, wachen, wachsam, Wachsamkeit** − **aufwachen, hellwach, wachrufen, -rütteln**

Wache ['vaxə], **die**; ~, ~n **1.** ˈ(militärisch ausgerüstete) Person od. Gruppe, die etw. Bestimmtes bewacht': *am Tor des Geländes steht eine ~; es wurden ~n aufgestellt; die ~ wird alle drei Stunden abgelöst; als die Gefahr vorüber war, wurde die ~ abgezogen* **2.** ⟨o.Pl.⟩ **2.1.** ˈDienst, bei dem etw. Bestimmtes bewacht, gesichert wird': *wer hatte gestern ~?; ~ halten* (ˈden Dienst ausüben, etw. zu bewachen'); *~ ↗ stehen; ein ~ stehender Soldat* **2.2.** *sie hat die ganze Nacht am Bett des Kranken ~ gehalten* (ˈgewacht', ↗ *wachen 2.3')* ❖ ↗ **wach**

wachen ['vaxn̩] ⟨reg. Vb.; hat⟩ **1.** /jmd./ ˈwach sein, nicht schlafen können'; ANT schlafen: *als die Uhr drei schlug, wachte sie noch immer; sie hat die ganze Nacht gewacht und auf ihn gewartet* **2.** /jmd./ **2.1.** ˈals Posten Dienst haben und an einer bestimmten Stelle etw. bewachen, sichern': *ein Posten wacht am Eingang zur Kaserne* **2.2.** *über etw. ~* ˈauf etw. sorgsam aufpassen': *an der Kreuzung wacht ein Polizist über den Verkehr; er wacht darüber, dass die Vorschriften eingehalten werden* **2.3.** *bei jmdm. ~* ˈwach bleiben, um jmdn., bes. einen Kranken, zu beobachten und gegebenenfalls zu versorgen': *die Mutter hat die ganze Nacht bei dem fiebernden Kind gewacht; am Bett eines Kranken ~* (ˈsich am Bett eines Kranken aufhalten, um ihn zu beobachten und gegebenenfalls zu versorgen') ❖ ↗ **wach**

wach halten (er hält wach), hielt wach, hat wach gehalten /jmd. etw./ *etw. ~* ˈetw. im Bewusstsein fortdauern lassen': *die Bewunderer des Dichters haben sein Andenken, das Interesse für sein Werk stets wach gehalten; die Briefe halten ihre Freundschaft trotz der großen Entfernung wach*

Wacholder [va'xɔldɐ], **der**; ~s, ~ **1.** ⟨vorw. Sg.⟩ ˈzu den Nadelhölzern gehörender immergrüner Strauch, dessen häufigste Art schwarzblaue Beeren hat, die als Gewürz, Heilmittel, zur Herstellung alkoholischer Getränke verwendet werden': *einen ~ pflanzen* **2.** ˈmit Extrakten der Beeren von Wacholder (1) hergestellter Branntwein': *eine Flasche, ein Glas ~; einen ~* (ˈein Glas Wacholder') *trinken*

wach ['vax..]|**-rufen**, rief wach, hat wachgerufen /etw./ *etw. ~* ˈeine Erinnerung od. einen psychischen Prozess (wieder) in jmds. Bewusstsein entstehen lassen': *dieser Misserfolg rief seinen Ehrgeiz wach; durch dieses Foto wurden Erinnerungen (in ihm) wachgerufen* ❖ ↗ wach, ↗ rufen; **-rütteln**, rüttelte wach, hat wachgerüttelt **1.** /jmd./ *jmdn.* ~ ˈjmdn. durch Rütteln wecken': *er schlief so tief, dass sie ihn ~ musste* **2.** /jmd., etw./ *jmdn., etw.* ~ ˈjmdn., jmds. Bewusstsein für eine bestimmte Problematik interessieren und aktivieren': *mit diesem Appell wollte er die Gleichgültigen ~; die Fotos von den Kriegsopfern haben unser aller Gewissen wachgerüttelt* ❖ ↗ **wach**, ↗ **rütteln**

Wachs [vaks], **das**; ~es, ⟨o.Pl.⟩ ˈfettige, leicht zu knetende und zu schmelzende Masse, die in der Natur als Bienenwachs vorkommt, aber auch chemisch erzeugt wird': *flüssiges ~; Kerzen aus echtem ~; ~ schmilzt leicht; sein Gesicht war bleich, gelb wie ~* ❖ **²wachsen, wächsern — Bienenwachs**
* /jmd./ **(wie) ~ in jmds. Händen sein** (ˈalles tun, was jmd. will und sich leicht von jmdm. beeinflussen lassen')

wachsam [ˈvax..] ⟨Adj.; Steig. reg.⟩ ˈaufmerksam Acht gebend': *sein ~er Blick; unser Hund ist sehr ~; den Verlauf eines Experiments ~ beobachten, verfolgen* ❖ ↗ **wach**

Wachsamkeit [ˈvaksɑːm..], **die**; ~, ⟨o.Pl.⟩ ˈdas Wachsamsein': *jmdn. zur ~ anhalten; jmds. ~ belohnen* ❖ ↗ **wach**

¹wachsen [ˈvaksn̩] (er wächst [vɛkst]), wuchs [vuːks], ist gewachsen; ↗ auch *gewachsen* **1.1.** /jmd., Tier, Pflanze/ ˈbei der Entwicklung vom Keim zum fertigen Organismus an Größe, Gewicht zunehmen': *das Fohlen, die Birke wächst zusehends; seit dem letzten Sommer ist der Junge enorm, (um) zehn Zentimeter gewachsen; irgendwie ~: die Birke ist gerade, krumm, in die Breite gewachsen;* METAPH *er wird mit den größeren Aufgaben ~; allmählich wuchs in ihm eine Idee* **1.2.** /Pflanze/ *in dieser Gegend wächst kein Weizen* (ˈist das Klima, der Boden für den Anbau von Weizen nicht geeignet') **1.3.** /Haar, Finger-, Fußnagel/ ˈlänger werden': *sein Haar wächst sehr schnell; er lässt sich den Bart ~* (ˈschneidet den Bart nicht, weil er lang werden soll') **2.** /etw., auch Gruppe/ ˈ(zahlenmäßig) zunehmen (1.1)': *die Bevölkerung, Einwohnerzahl der Stadt wächst; das Bruttosozialprodukt wuchs im vergangenen Jahr langsamer als zuvor;* ⟨adj. im Part. I⟩ *~de* (SYN ˈsteigende, ↗ *steigen* 3.3') *Ansprüche, Anforderungen, Lebenshaltungskosten, Umsätze; mit ~der* (SYN ˈsteigender, ↗ *steigen* 3.2') *Geschwindigkeit* **3.** /etw., oft Psychisches/ ˈan Intensität, Stärke zunehmen': *jmds. Ansehen, Einfluss wächst* (SYN ˈsteigt, ↗ *steigen* 3.2'); *die Spannung, sein Misstrauen wuchs von Tag zu Tag; der Sturm wuchs zum Orkan;* ⟨adj. im Part. I⟩ *die ~den Gefahren für die Umwelt; etw. mit ~der Sorge, Unruhe beobachten; das ~de Interesse an privaten Investitionen* ❖ **Wachstum, Wuchs — bewachsen, erwachsen, Erwachsene, Gewächs, gewachsen, urwüchsig, verwachsen — anwachsen, aufwachsen, durchwachsen, hinauswachsen, heranwachsen, nachwachsen, zusammenwachsen, Zuwachs, halbwüchsig, hochgewachsen**

²wachsen ⟨reg. Vb.; hat⟩ /jmd./ *die Skier ~* (ˈdie Lauffläche der Skier mit einem speziellen Wachs einreiben, damit sie gut gleiten'); *den Fußboden, das Linoleum ~* (SYN ˈbohnern') ❖ ↗ **Wachs**

wächsern [ˈvɛksɐn] ⟨Adj.; o. Steig.⟩ **1.** ⟨nicht bei Vb.; vorw. attr.⟩ ˈaus Wachs bestehend' /auf Gegenstände bez./: *ein ~es Siegel* **2.** ˈgelblich weiß wie Wachs' /auf Körperliches bez./: *sein ~es Gesicht; die ~en Hände der Greisin; seine Hände waren ~* ❖ ↗ **Wachs**

wächst: ↗ *wachsen*

Wachstum [ˈvaks..], **das**; ~s, ⟨o.Pl.; oft mit Gen.attr.⟩ /zu *wachsen* 1 u. 2/ ˈdas Wachsen'; /zu 1.1/: *das ~ eines Kindes, Baumes; Faktoren, die das natürliche ~ beeinflussen;* /zu 1.3/: *dieses Präparat wirkt sich günstig auf das ~ der Haare aus;* /zu 2/: *das kontinuierliche ~ der Bevölkerung, Industrieproduktion* ❖ ↗ **¹wachsen**

wackelig: ↗ *wacklig*

wackeln [ˈvakl̩n] ⟨reg. Vb.; hat⟩ **1.** /etw., bes. Gegenstand/ ˈnicht fest (auf dem Boden) stehen und bei der Benutzung schwanken': *der Tisch, die Leiter wackelt; der Zahn, die Prothese wackelt* (ˈist locker') **2.** /etw., jmd./ ˈsich (schwankend, schwingend) hin- und herbewegen': *bei der Detonation wackelten alle Türen; steh still und wackle/wackel nicht!* **3.** /jmd., bes. Frau/ *mit etw.* ⟨Dat.⟩ ~ ˈetw. schwingend bewegen': *sie wackelte mit den Hüften, dem Popo* ❖ **wacklig**

wacklig [ˈvaklɪç] ⟨Adj.; Steig. reg.⟩ ˈbei der Benutzung wackelnd (1)' /auf Gegenstände bez./: *ein ~er Stuhl; der Tisch, die Leiter steht ~; ein ~er* (ˈlockerer') *Zahn* ❖ ↗ **wackeln**

Wade [ˈvaːdə], **die**; ~, ~n ˈhinterer, muskulöser Teil des Unterschenkels': *kräftige, stramme ~n; einen Krampf in der linken ~ haben; der Rock reicht ihr bis zu den ~n*

Waffe [ˈvafə], **die**; ~, ~n **1.1.** ˈGerät, Vorrichtung für den Kampf mit einem (militärischen) Gegner': *atomare, chemische, konventionelle ~n; einen Knüppel als ~ benutzen;* METAPH *der Zeichenstift ist die ~ des Karikaturisten; mit geistigen ~n kämpfen* **1.2.** SYN ˈSchusswaffe': *besitzt der Täter eine ~?; eine ~ bei sich tragen; der Bankräuber richtete die ~ auf den Kassierer und drohte, ihn zu erschießen; der Polizist sah sich gezwungen, von der ~ Gebrauch zu machen* (ˈsah sich gezwungen zu schießen') ❖ **bewaffnen, Bewaffnung, entwaffnen — Feuerwaffe, Handfeuerwaffe, Hiebwaffe, Kernwaffe, Luftwaffe, Schusswaffe, Stichwaffe, Waffengewalt, -ruhe, -stillstand**
* /mehrere (jmd.), Volk/ **zu den ~n greifen** (ˈsich gegen den Gegner militärisch zur Wehr setzen'); /mehrere (jmd., bes. Soldat, Truppe)/ **die ~n niederlegen** (ˈkapitulieren 1'); /jmd./ **jmdn. mit den eigenen ~n schlagen** (ˈsich gegenüber jmdm. der gleichen Methoden, Argumente wie dieser bedienen und sich dadurch gegen ihn durchsetzen'); **die ~n strecken** (**1.** /jmd./ ˈsich geschlagen geben' **2.** /mehrere (jmd., bes. Soldat, Truppe)/ ˈkapitulieren 1')

Waffel ['vafḷ], **die**; ~, ~n 'flaches Gebäck mit meist wabenförmigem Muster' (↗ BILD): *süße, knusprige ~n; ~n backen*

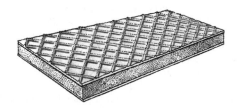

Waffen ['vafn̩..]|-**gewalt** ⟨o.Art.; o.Pl.⟩ 'Ausübung polizeilicher, militärischer Macht unter Einsatz von Waffen': *als die Demonstranten das Gelände nicht räumten, wurde ~ angewendet; der Aufstand, Putsch wurde mit ~ niedergeschlagen* ❖ ↗ Waffe, ↗ Gewalt; **-ruhe, die** 'Unterbrechung im militärischen Kampf': *~ vereinbaren; die ~ einhalten* ❖ ↗ Waffe, ↗ ruhe; **-stillstand** [ʃtɪl..], **der** 'bes. zwischen miteinander im Krieg befindlichen Staaten vereinbarte allgemeine od. lokale Einstellung der Kampfhandlungen, meist bis zum Abschluss der Friedensverhandlungen': *die Unterhändler haben einen ~ (ab)geschlossen; den ~ brechen, einhalten; den ~ ('den schriftlich fixierten Waffenstillstand') unterzeichnen* ❖ ↗ Waffe, ↗ still, ↗ stehen

Wage/wage ['va:gə..]|-**mut, der** 'Mut zum Risiko': *der ~ dieses Forschers; mit beispiellosem ~ an eine riskante Aufgabe herangehen* ❖ ↗ wagen, ↗ Mut; **-mutig** ⟨Adj.; Steig. reg.⟩ 'Mut zum Risiko besitzend, mit Mut zum Risiko': *ein ~er Entdecker; eine ~e Tat; er war tatkräftig und ~* ❖ ↗ wagen, ↗ Mut

wagen ['va:gn̩] ⟨reg. Vb.; hat; ↗ auch *gewagt*⟩ **1.1.** /jmd., Institution/ *etw. ~* 'etw. tun, was Mut zum Risiko erfordert': *wer von euch wagt den ersten Versuch, Sprung?; ~ (SYN 'sich trauen'), etw. Bestimmtes zu tun: niemand wagte (es), dagegen zu protestieren; er wagte nicht, ihn bei der Arbeit zu stören* **1.2.** /jmd./ *sich irgendwohin, zu irgendjmdm. ~* 'trotz möglicher Gefahren den Mut haben, sich irgendwohin, zu irgendjmdm. zu begeben': *sie wagt sich im Dunkeln nicht allein auf die Straße, durch den Park; aus Angst vor einer Operation hat er sich nicht zum Arzt gewagt* **1.3.** /jmd./ *sich an etw. ~* 'trotz möglicher Misserfolge, Gefahren den Mut haben, mit einer schwierigen Aufgabe zu beginnen': *nach anfänglichem Zögern hat er sich schließlich doch an die Überarbeitung des Manuskripts gewagt* **2.** /jmd./ *etw. ~* SYN 'etw. riskieren (1.1)': *einen so hohen Einsatz würde ich nicht ~; er hat dabei viel, alles gewagt; der Retter hat sein Leben für das Kind gewagt* ❖ **gewagt, Wagnis − heranwagen, Wagemut, wagemutig, waghalsig**

Wagen, der; ~s, ~ **1.1.** 'dem Transport von Sachen, Personen dienendes Fahrzeug mit Rädern, das von Zugtieren gezogen wird': *ein Ochse zog den hoch beladenen ~; auf den ~ steigen; die Pferde vor den*

~ ('Pferdewagen') *spannen* **1.2.** SYN 'Handwagen': *der Alte zog einen ~ mit Kohlen hinter sich her* **1.3.** 'Kinderwagen': *das Baby in den ~ legen; das Baby wird im ~ spazieren gefahren* **2.** 'von einer Lokomotive, einem Triebwagen gezogener Teil einer Bahn (4,5)': *einen ~ abhängen, ankuppeln; der letzte ~ der Straßenbahn ist entgleist; ein Zug mit zehn ~* (SYN 'Eisenbahnwagen') **3.** SYN 'Personenkraftwagen': *der ~ steht in der Garage; wo hast du deinen ~ geparkt?; bist du mit dem Bus oder mit dem ~ gefahren?* ❖ **Waggon − Eisenbahnwagen, Güterwagen, Handwagen, Kesselwagen, Kinderwagen, Kleinwagen, Kombiwagen, Kraftwagen, Krankenwagen, Lastkraftwagen, Lieferwagen, Mietwagen, Triebwagen, Wohnwagen**

* umg. /jmd./ *jmdm. an den ~ fahren* ('scharfe Kritik an jmdm. üben und ihm dadurch schaden')

wägen ['vɛ:gn̩/'ve:..], wog [vo:k]/wägte, hat gewogen [gə'vo:gn̩] **1.** ⟨wog/auch wägte⟩ fachspr. /jmd./ *etw. ~* ('etw. mit einer Waage wiegen, die durch Gewichte 2.1 reguliert wird') **2.** ⟨wog/auch wägte⟩ geh. /jmd./ *etw. ~* 'etw. sorgsam prüfend bedenken': *wäge deine Worte!; zwei od. mehrere Sachen ~* 'zwei od. mehrere Sachen abwägen': *lange wägte er das Für und Wider, die Vor- und Nachteile* ❖ **erwägen, Waage − abwägen, waagerecht, Wasserwaage**; vgl. ¹**wiegen**

Waggon/auch Wagon [va'gɔŋ], **der**; ~s, ~s **1.** SYN 'Wagen (2)' /bes. der Eisenbahn, Straßenbahn/: *ein Zug mit dreißig ~s; ein ~ mit Kies, Schrott; einen ~ an-, abkuppeln; die ~s* (SYN 'Güterwagen') *stehen auf dem Güterbahnhof zum Entladen bereit; die ~s be-, entladen* **2.** ⟨mit Mengenangabe vorw.: ~ Waggon⟩ 'Menge, die den Inhalt von Waggon (1) bildet': *drei ~ Kohlen* ❖ ↗ **Wagen**

wag|halsig ['va:khalzɪç] ⟨Adj.; Steig. reg.⟩ 'die große Gefahr, das hohe Risiko leichtsinnig in Kauf nehmend' /auf Personen, Tätigkeiten bez./: *ein ~er Kletterer, Sprung; er ist mutig und manchmal geradezu ~; er fährt, ist sehr ~* ❖ ↗ **wagen**

Wagnis ['va:k..], **das**; ~ses, ~se **1.1.** 'kühnen Mut erforderndes, (lebens)gefährliches Unternehmen (2)': *die Besteigung des Himalaja war ein großes ~; sich tollkühn in ein ~ stürzen; ein ~ bestehen* **1.2.** 'mit dem Risiko des Verlusts verbundenes Unternehmen (2)': *der Kauf dieser Aktien ist ein ~; du musst es dir reiflich überlegen, ob du ein solches ~ eingehen willst; er lässt sich auf kein ~, keine ~se ein* ❖ ↗ **wagen**

Wagon: ↗ **Waggon**

Wahl [va:l], **die**; ~, ~en **1.** ⟨o.Pl.⟩ 'das Sichentscheiden zwischen zwei od. mehreren Möglichkeiten, Dingen, Personen': *jmdn. fällt die ~ schwer, nicht leicht; du hast die ~* ('kannst wählen') *zwischen einem Buch und einer Schallplatte; ich lasse dir die ~* ('du darfst auswählen, was dir gefällt, und ich nehme dann, was du nicht möchtest'); *in die engere ~ kommen/gezogen werden: drei Bewerber, Varianten kamen in die engere ~/wurden in die engere ~ gezogen* ('kamen nach einer ersten Auswahl auch weiterhin in Frage'); *vor der ~ stehen/vor die ~ gestellt sein/sich vor die ~ gestellt sehen* ('sich entscheiden müssen'), *dieses oder jenes zu tun; zur ~ stehen: mehrere Bewerber, Reiserouten standen zur ~* ('man konnte unter mehreren Bewerbern, Reiserouten auswählen'); *jmd. hat keine andere ~* ('kann sich auf Grund bestimmter, meist äußerer Bedingungen nicht anders entscheiden'); *jmd. trifft seine ~* ('wählt etw. Bestimmtes, eine bestimmte Person aus'); *eine kluge, schlechte ~ treffen* ('etw. klug, schlecht auswählen') **2.1.** ⟨der Pl. kann die vielen Aktionen dieses Vorgangs, kann aber auch den Sg. meinen⟩ 'Abgabe der Stimme(n) (3), durch die eine Person in ein Amt, eine Funktion berufen wird, durch die über die Zusammensetzung eines Gremiums, einer Körperschaft entschieden wird': *eine demokratische ~; freie und geheime ~en; die ~ eines Präsidenten; die ~/~en zum Bundestag; die ~ des Betriebsrats; das endgültige Ergebnis der ~/~en; ~en ausschreiben, durchführen, anfechten; viele Wahlberechtigte gingen bereits in den Vormittagsstunden zur ~, blieben der ~/den ~en fern* **2.2.** ⟨o.Pl.⟩ 'das Gewähltwerden in ein Amt, eine Funktion': *er nahm die/seine ~ an, lehnte seine ~ ab; jmdm. zu seiner ~ gratulieren; sich zur ~ stellen* ('seine Bereitschaft erklären, in ein Amt, eine Funktion gewählt zu werden') ❖ **wählen, Wähler, wählerisch** – **Auswahl, auswählen, Damenwahl, wahlberechtigt;** vgl. **wahl/Wahl-**

wahl|berechtigt ['..] ⟨Adj.; o. Steig.; nicht bei Vb.⟩ 'berechtigt, an einer Wahl (2.1) teilzunehmen' /auf Personen bez./: *er ist noch nicht ~; die ~en Bürger; die Wahlberechtigten geben ihre Stimme ab, üben ihr Wahlrecht aus;* vgl. *stimmberechtigt* ❖ ↗ **Wahl,** ↗ **Recht**

wählen ['vɛːlən/'veː..] ⟨reg. Vb.; hat⟩ **1.** /jmd./ **1.1.** *etw. ~* 'sich für eine von zwei od. mehreren Möglichkeiten, Sachen, Personen entscheiden': *er wählte eine Krawatte als Geschenk; sie wählte lange und sorgfältig, bis sie sich schließlich für ein blaues Samtkleid entschied; wenn du zwischen einer Reise zum Nordpol und einer Kreuzfahrt nach Hawaii ~ könntest, wofür würdest du dich entscheiden?; (auf der Speisekarte) ein Gericht ~; haben Sie schon gewählt* ('haben Sie sich anhand der Speisekarte schon entschieden, was Sie essen od. trinken möchten')? /Frage des Obers in einem Restaurant an den Gast, dessen Bestellung er entgegennehmen will/ **1.2.** *eine (Telefon)nummer ~* 'die Zahlen einer bestimmten Telefonnummer in ihrer Reihenfolge nacheinander dem Telefon eingeben (2), damit die Verbindung mit dem gewünschten Teilnehmer entsteht': *welche Nummer muss man ~, wenn man die Feuerwehr alarmieren will?; du musst (die) 323 ~; jmdn., etw. ~:* den *Pförtner, die Zentrale* ('die Nummer des Pförtners, der Zentrale') *~* **2.** /jmd./ *jmdn., etw. ~* 'durch Abgabe der Stimme(n) (3) jmdn. in ein Amt, eine Funktion berufen, über die Zusammensetzung eines Gremiums, einer Körperschaft entscheiden': *jmdn. zum Vorsitzenden, in den Vor-*

stand *~; die Wähler sind aufgerufen, ein neues Parlament zu ~; wen, welche Partei wählst du, hast du gewählt?; morgen wählt das Parlament den Präsidenten; er wurde einstimmig, mit elf Gegenstimmen gewählt; der Präsident wird direkt* ('in direkter Wahl') *gewählt; ein demokratisch gewähltes Parlament; er darf noch nicht ~* ('ist noch nicht wahlberechtigt') ❖ ↗ **Wahl**

Wähler ['vɛːlɐ/'veː..], **der**; ~s, ~ 'jmd., der berechtigt ist, an einer Wahl (2), Volksbefragung teilzunehmen (und an ihr teilnimmt)': *die ~ entscheiden heute über die Zusammensetzung des Parlaments* ❖ ↗ **Wahl**

wählerisch ['vɛːlɐr../'veː..] ⟨Adj.; nicht bei Vb.; vorw. präd.⟩ /jmd., Tier/ *~ sein* **1.1.** ⟨Steig. reg.⟩ /jmd., Tier/ *~ sein* 'besondere Ansprüche in Bezug auf etw. stellen, schwer zufrieden zu stellen': *bei der Auswahl seiner Garderobe ist er ziemlich ~; unsere Katze ist sehr ~ im Fressen* **1.2.** ⟨o. Steig.; nur verneint⟩ /jmd./ 'bei der Wahl (1) von etw. wenig Skrupel haben': *er ist nicht ~ in seinen Mitteln, Methoden* ❖ ↗ **Wahl**

Wahl/wahl- ['vɑːl..]|**-kampf, der** 'der Wahl (2.1) vorausgehende öffentliche Auseinandersetzung der Parteien und ihrer Vertreter, Kandidaten, um die Stimmen der Wähler für ihre jeweiligen politischen Ziele zu gewinnen': *ein fairer ~; der ~ hat begonnen* ❖ ↗ Kampf; **-lokal, das** 'Raum, in dem die Wahlberechtigten, bes. bei der Wahl zu einem Parlament o.Ä., ihre Stimme abgeben können': *die ~e schließen um 18 Uhr* ❖ ↗ lokal; **-los** ⟨Adj.; o. Steig.; vorw. bei Vb.⟩ 'willkürlich und ohne vorher lange nachzudenken, ohne auszuwählen': *er trank alles ~ durcheinander; aus der Fülle des Materials ~ ein Beispiel herausgreifen; die Polizei schoss ~ in die Menge* ❖ ↗ los; **-recht, das**; ⟨o.Pl.⟩ 'Recht des Bürgers eines Staates, sich an der Wahl zu beteiligen (und selbst gewählt zu werden)': *jeder Wahlberechtigte sollte sein ~ ausüben, wahrnehmen; das* ↗ *aktive,* ↗ *passive ~* ❖ ↗ Recht; **-urne, die** 'Kasten mit einem Schlitz, in den der Wähler bei der Abgabe seiner Stimme seinen Stimmzettel steckt'; SYN Urne (2): *die ~ versiegeln; den Stimmzettel in die ~ werfen; der Gang an die/zur ~* ('das Wählengehen,' ↗ *wählen 2*') ❖ ↗ Urne; **-weise** ⟨Adj.; o. Steig.; nicht präd.⟩ 'nach eigener Wahl (1), eigenem Ermessen': *die ~ Verwendung von Butter oder Margarine zum Backen; an diesen Seminaren können Sie ~ teilnehmen*

Wahn [vɑːn], **der**; ~s, ⟨o.Pl.⟩ **1.1.** geh. 'falsche Vorstellung, trügerische Hoffnung': *für ihn ist der Glaube an Gerechtigkeit ein schöner, leerer ~; in dem (blinden) ~ befangen sein, handeln, dass ...: er ist in dem ~ befangen, dass alle Menschen gut sind; jmdn. in dem ~ lassen (, dass ...)* **1.2.** Med. 'krankhafte Störung der Denktätigkeit, bei der sich nicht zu unterdrückende, nicht durch logische Einwände zu korrigierende falsche Vorstellungen, Überzeugungen bilden': *wie äußert sich dieser ~ bei dem Patienten?; er lebt in dem ~, dass er krank sei, lebt*

in dem ~, von allen verfolgt zu werden ❖ **wähnen –
Größenwahn, größenwahnsinnig, Wahnsinn, wahn-
sinnig**
wähnen ['vɛːnən/'veː..] ⟨reg. Vb.; hat⟩ geh. /jmd./
jmdn., etw. irgendwo, irgendwie ~ '(fälschlich) an-
nehmen, vermuten, dass sich jmd., etw. an einem
bestimmten Ort, in einem bestimmten Zustand be-
findet': *er wähnte seinen Bruder längst wieder zu
Hause, sein Auto in der Garage; er wähnte alle Miss-
verständnisse längst ausgeräumt/er wähnte, alle
Missverständnisse seien längst ausgeräumt; er
wähnte sie glücklich; ~, dass …: er wähnte ('nahm
an'), dass die Zeit dafür gekommen war; sich irgend-
wie ~: er wähnte sich glücklich* ('hielt sich für
glücklich') ❖ ↗ **Wahn**
Wahn/wahn ['vɑːn..]|-**sinn, der** ⟨o.Pl.⟩ **1.** 'mit Wahn
(1.2), sinnlosen Handlungen einhergehende Psy-
chose': *ist ~ heilbar?; er verfiel dem ~, in ~; dieser
unlösbare Konflikt hat ihn in den ~, bis an die Gren-
zen des ~s getrieben* **2.** 'wie Wahnsinn (1) anmuten-
des gefährliches Denken, Tun, Verhalten': *der ~
des Krieges;* umg. *das ist doch heller, glatter, der
reine ~!;* umg. emot. pos. *das ist (ja) ~* ('kaum zu
fassen')! ❖ ↗ **Wahn,** ↗ **Sinn; -sinnig** [zɪnɪç] **I.**
⟨Adj.⟩ **1.** ⟨o. Steig.⟩ 'an Wahnsinn (1) leidend';
SYN verrückt (1) /vorw. auf Personen bez./: *die
Unterschiede im Verhalten normaler und ~er Men-
schen; sein ~es Lachen und Kreischen; sich wie ~,
wie ein Wahnsinniger gebärden;* umg. *du bist wohl
~* ('hast wohl den Verstand verloren')!; *ich werde
~! /Ausruf des Erstaunens, Entsetzens/;* vgl. geis-
teskrank **2.** ⟨Steig. reg.; nicht bei Vb.⟩ 'wie Wahn-
sinn (1) anmutend' /vorw. auf das Denken, Tun,
Verhalten bez./: *seine ~en Ideen, Hoffnungen; die-
ser Plan ist ~* **3.** ⟨o. Steig.; vorw. attr.⟩ emot. 'über-
aus groß (7.1)' /auf Negatives bez./: *eine ~e Angst,
~e Schmerzen haben* – **II.** ⟨Adv.; vor Adj., Indefi-
nitpron.; bei Vb.⟩ umg. emot. 'in höchstem Maße':
*das Kleid war ~ teuer, steht dir ~ gut; er isst ~
viel; ich habe mich darüber ~ gefreut, geärgert* ❖ ↗
Wahn, ↗ Sinn
wahr [vaːR] ⟨Adj.; o. Steig.; nicht bei Vb.⟩ **1.1.** 'von
der Art, dass das, was etw. ausdrückt, wirklich
stimmt, nicht erfunden od. gelogen ist' /auf Ab-
straktes bez./: *eine ~e Begebenheit; eine ~e* (ANT
lügnerische 2) *Behauptung; die Geschichte, die er
zunächst für erfunden hielt, ist wirklich ~; etw. für
~ halten; daran ist etwas Wahres/ist kein ~es Wort/
kein Wort ~* ('was gesagt, behauptet wird, ent-
spricht in keinem Punkt den Tatsachen') **1.2.** SYN
'wirklich I.1' /vorw. auf Abstraktes bez./: *das ~e
Wesen einer Sache erkennen; darin kam sein ~er
Charakter zum Vorschein; kennst du den ~en
Grund?; er hat sie über seine ~en Beweggründe, In-
teressen im Unklaren gelassen; der ~e Täter ist un-
bekannt* **1.3.** /in kommunikativen Wendungen und
in Ausrufen/ *nicht ~? /wird zu jmdm. gesagt, wenn
man sich vergewissern will, dass der Gesprächs-
partner in Bezug auf das Gesagte derselben Mei-
nung, dass er damit einverstanden ist/: du kommst*

*doch mit, nicht ~?; das Konzert war doch wunder-
bar, nicht ~?; das ist doch schon bald nicht mehr ~*
('es ist schon lange her') */wird gesagt, wenn man
etw. in den Bereich der Vergangenheit zurückwei-
sen will/; so ~ ich lebe, so ~ ich hier stehe* 'ganz
bestimmt' /Ausdruck der Beteuerung/: *das hat er
wirklich gesagt, getan, so ~ ich lebe, so ~ ich hier
stehe;* umg. *das kann/darf (doch) nicht ~ sein!* ('ich
kann es kaum fassen, glauben') /Ausruf der freudi-
gen od. unangenehmen Überraschung, des Entset-
zens/ **2.** ⟨nur attr.⟩ **2.1.** SYN 'echt (I.2)': *ein ~er
Freund; das ist ~e Kunst, Liebe* **2.2.** umg. emot.
'sehr groß (7.1)' /auf Abstraktes bez./: *sie singen zu
hören, ist eine ~e Freude, ein ~es Vergnügen; neben
einem Flugplatz zu wohnen, ist eine ~e Strafe; es ist
ein ~es Wunder, dass ihm dabei nichts passiert ist* ❖
**bewahrheiten, gewahr, gewahren, wahrhaft, wahr-
haftig, Wahrheit – Sinneswahrnehmung, unwahr-
scheinlich, wahrhaben, wahrheitsgemäß, wahrheits-
getreu, Wahrheitsliebe, wahrscheinlich, Wahrschein-
lichkeit;** vgl. **wahr/Wahr-**
* /jmd./ etw. ~ **machen** ('etw. verwirklichen 1.1');
/etw., das man erhoffte, erwartet hat/ ~ **werden**
('Realität werden')
wahren ['vaːRən] ⟨reg. Vb.; hat⟩ /jmd., Institution/
1.1. etw. ~ 'an etw. festhalten, bes. an einem be-
stimmten Verhalten, an bestimmten ethischen Wer-
ten, und sie zu erhalten suchen'; SYN bewahren:
*er hat stets seinen (guten) Ruf, seine Würde, den
Anstand, die Form(en) gewahrt; er versprach ihr,
darüber (größtes, strengstes) Stillschweigen zu ~;
in einer gefährlichen Situation Ruhe und Disziplin
~; im Straßenverkehr den Sicherheitsabstand ~* **1.2.**
seine Interessen, Rechte ~ ('seine Interessen,
Rechte wahrnehmen'); *er versteht es, stets seinen
Vorteil zu ~* (SYN 'nutzen 2') ❖ **bewahren, Ge-
wahrsam, verwahren – aufbewahren, Gepäckaufbe-
wahrung**
währen ['vɛːRən/'veː..] ⟨reg. Vb.; hat⟩ geh. /etw., bes.
Vorgang/ SYN 'dauern (1)': *der Krieg währte sechs
Jahre; ihr Kummer währte nicht lange; stundenlang
~de Gespräche* ❖ **¹,²während – fortwährend**
¹während ['vɛːRənt/'veː..] ⟨Konj.; subordinierend;
steht vor od. nach dem Hauptsatz; die Tempusfor-
men sind gleich⟩ **1.** /temporal/; gibt an, dass die
Sachverhalte von Haupt- und Nebensatz im glei-
chen Zeitraum liegen, wobei beide Zeiträume nicht
gleich lang sein müssen/; SYN ²indessen (1): *~ wir
rasteten, machte er Aufnahmen; ~ wir im Kino sa-
ßen, ging draußen ein Unwetter nieder; das Unglück
ereignete sich, ~ wir in Urlaub waren; ich ging oft
ins Konzert, ~ ich in Leipzig studierte* **2.** /gibt einen
Gegensatz an, der durch die Teilsätze ausgedrückt
wird/: *~ es gestern schneite, haben wir heute sonni-
ges Wetter; ~ sie gerne ins Kino geht, geht er lieber
ins Theater; er steht gerne früh auf, ~ seine Frau
morgens gern lange schläft* ❖ ↗ **währen**
²während ⟨Präp. mit Gen.; mit Dat., wenn der Gen.
Pl. nicht erkennbar ist;* umg. *auch Dat. im Sg.; vor-
angestellt; vorw. in Verbindung mit Verbal-*

abstrakta⟩ /temporal; gibt eine Zeitdauer an, die mit der der Handlung identisch ist/: ~ *dieser Zeit, ~ der Ferien, ~ dieser Tage ereignete sich nichts; ~ des Krieges,* ~ (SYN ˈbei 2.1ˈ) *der Arbeit; ~ des Vortrags durfte er nicht unterbrochen werden; ~ der Aufnahme nicht stören!; ~ des Essens*/umg. *~ dem Essen darf nicht geraucht werden; ~ drei Monaten hat er alles geschafft* ❖ ↗ **währen**

wahr|haben [ˈvaːʀ..] ⟨Vb.; nur im Inf. + *wollen*⟩ /jmd., Institution/ *etw. nicht ~ wollen* ˈetw. nicht einsehen (3), nicht zugeben wollenˈ: *er will seinen Irrtum, Fehler nicht ~; er wollte es einfach nicht ~; er hat es nie ~ wollen, dass …* ❖ ↗ **wahr,** ↗ **haben**

wahrhaft [ˈvaːʀ..] I. ⟨Adj.; o. Steig.; nicht präd.⟩ geh. SYN ˈecht (I.2)ˈ /auf Abstraktes bez./: *~e Freundschaft, Treue; jmdn. ~ lieben* – II. ⟨Adv.; vor Adj.⟩ emot. SYN ˈaußerordentlich (II)ˈ: *ein ~ großer Dichter; eine ~ mutige Tat; ein ~ abscheuliches Verbrechen* ❖ ↗ **wahr**

wahrhaftig [ˈvaːʀhaftɪç] I. ⟨Adj.; o. Steig.; nicht bei Vb.⟩ geh. SYN ˈaufrichtigˈ /als Eigenschaft einer Person/: *er war ein ~er Mensch; in seinem Denken und Tun ist er ~* – II. ⟨Satzadv.⟩ SYN ˈwirklich (II)ˈ: *es hat ~ keinen Zweck, noch länger auf ihn zu warten; er hätte sich ~ ein bisschen mehr Mühe geben können; das hat sich ~ so zugetragen; ich habe es (wirklich und) ~ nicht gewollt!* ❖ ↗ **wahr**

Wahrheit [ˈvaːʀ..], **die;** ~, ~en 1. ⟨o.Pl.⟩ /zu *wahr* 1/ ˈdas Wahrseinˈ: *die ~ einer Aussage prüfen; die ~ einer Darstellung anzweifeln, bestreiten* 2. ˈAussage, Erkenntnis, die mit dem von ihr wiedergegebenen Sachverhalt übereinstimmtˈ: *das ist eine allgemein gültige, banale, bittere ~; geschichtliche, philosophische, wissenschaftliche ~en* 3. ⟨o.Pl.⟩ ˈdas, was wirklich geschehen ist, der wahre (1.2), wirkliche Sachverhaltˈ: *sag (mir) die ~!; wir müssen die ~ herausfinden; er spricht die (volle) ~; das ist die (reine, nackte) ~; die ganze, ungeschminkte ~ (über jmdn., etw.) erfahren; er wollte die ~ leugnen, verschleiern, vertuschen* 4. in ~ SYN ˈtatsächlich (II)ˈ: *~ verhielt es sich ganz anders* ❖ ↗ **wahr**

wahrheits/Wahrheits [ˈvaːʀhaits..]**-gemäß** ⟨Adj.; o. Steig.; nicht präd.⟩ ˈder Wahrheit (2) entsprechendˈ /auf Abstraktes bez./: *eine ~e Aussage, Schilderung; eine Frage ~ beantworten* ❖ ↗ wahr, ↗ [1]**ge-mäß; -getreu** ⟨Adj.; o. Steig.; nicht präd.⟩ ˈwahrheitsgemäßˈ: *er antwortete ~* ❖ ↗ wahr, ↗ treu; **-liebe, die** ˈStreben, die Wahrheit (3) zu erkennen und auszusprechenˈ: *Kinder zur ~ erziehen* ❖ ↗ wahr, ↗ lieb

wahr/Wahr [ˈvaːʀ..]**-nehmen** (er nimmt wahr), nahm wahr, hat wahrgenommen 1. /jmd./ *etw., jmdn. ~* ˈetw., jmdn. durch die Sinnesorgane erfassenˈ: *ein Geräusch, einen Lichtschein, stechenden Schmerz ~; einen Gegenstand, eine Person im Dunkeln kaum ~ können; er ging an ihr vorbei, ohne sie wahrzunehmen; er hatte den Radfahrer zu spät wahrgenommen und nicht mehr rechtzeitig bremsen können* 2. /jmd./ *etw. ~* **2.1.** ˈals jmds. juristischer Vertreter dessen Interessen (vor einer Institution) durchzusetzen su-

chenˈ; SYN [1]*vertreten* (2.1): *jmds. Angelegenheiten, Belange ~; sie hat einen Anwalt beauftragt, ihre Interessen wahrzunehmen;* vgl. [1]*vertreten* (2.1) **2.2.** ˈeine bestimmte Möglichkeit nutzenˈ: *ein Recht, eine Chance, seinen Vorteil ~; diese Angelegenheit solltest du unbedingt ~; einen Termin ~* (ˈzu einem Termin erscheinenˈ) **2.3.** *eine Pflicht, Verantwortung ~* (ˈeiner Pflicht, Verantwortung nachkommenˈ); *eine Aufgabe ~* (ˈeine Aufgabe übernehmen und erfüllenˈ) ❖ ↗ **nehmen; -nehmung** [neːm..], **die;** ~, ~en 1. /zu *wahrnehmen* 1/ ˈdas Wahrnehmenˈ: *akustische, optische ~en; die bewusste ~ eines Vorgangs* 2. ⟨o.Pl.⟩ /zu *wahrnehmen* 2.1–2.3/ ˈdas Wahrnehmenˈ; /zu 2.1/: *sie hat ihn mit der ~ ihrer Interessen beauftragt;* /zu 2.3/: *er wurde vom Direktor mit der ~ dieser Aufgabe, Funktion betraut* ❖ ↗ **nehmen; -sagen,** sagte wahr/wahrsagte, hat wahrgesagt/gewahrsagt /jmd./ ˈüber Zukünftiges mit Hilfe bestimmter Praktiken (meist durch Schwindel) Aussagen machenˈ: *aus der Hand, dem Kaffeesatz, den Karten ~* ❖ ↗ sagen; **-sager** [zaːgɐ], **der;** ~s, ~ ˈjmd., der wahrsagt, wahrgesagt hatˈ ❖ ↗ sagen; **-sagerin** [zaːgəʀ..], **die;** ~, ~nen /zu *Wahrsager;* weibl./ ❖ ↗ sagen; **-sagung** [zaːg..], **die;** ~, ~en 1. ⟨o.Pl.⟩ ˈdas Wahrsagenˈ 2. ˈdas Wahrgesagteˈ: *ihre ~ hat sich nicht erfüllt* ❖ ↗ sagen

wahrscheinlich [ˈvaːʀʃain..] I. ⟨Adj.; Steig. reg.⟩ ˈin hohem Grade möglich, mit ziemlicher Sicherheit anzunehmendˈ /auf Abstraktes bez./: *die ~en Folgen seiner Entscheidung; etw. als ~ annehmen, für (sehr) ~ halten; es ist nicht sehr ~, dass sich diese Verhältnisse schnell ändern* – II. ⟨Satzadv.⟩ /drückt die Einstellung des Sprechers zum genannten Sachverhalt aus/ ˈwie mit ziemlicher Sicherheit anzunehmen istˈ: *~ wird es morgen regnen; er kommt ~ noch; die Schuhe sind dir ~ viel zu groß;* vgl. *voraussichtlich* (II) ❖ ↗ **wahr,** ↗ **scheinen**

Wahrscheinlichkeit [vaːʀʃainlɪç..], **die;** ~, ⟨o.Pl.⟩ /zu *wahrscheinlich* I/ ˈdas Wahrscheinlichseinˈ: *mit großer ~ wird es morgen regnen; die ~, dass dieser Fall tatsächlich eintritt, ist gering, (nicht sehr) groß; aller ~ nach* (ˈmit großer Wahrscheinlichkeitˈ) *werden die Gelder für dieses Projekt bewilligt* ❖ ↗ **wahr,** ↗ **scheinen**

Währung [ˈvɛːʀ../ˈveː..], **die;** ~, ~en 1. ˈgesetzliches Zahlungsmittel eines Staatesˈ: *eine konvertierbare ~; ausländische ~en; die ~ Österreichs ist der Schilling* 2. ˈSystem der in- und ausländischen Geldbeziehungen, der Wert der Währung (1) im Vergleich zu anderen Währungen, auch die Art ihrer Repräsentationˈ: *eine feste, stabile ~ schaffen; der Börsenkrach hat die Stabilität der ~en zerrüttet, erschüttert*

Waise [ˈvaizə], **die;** ~, ~n ˈKind, das Vater und Mutter, Vater od. Mutter durch Tod verloren hatˈ: *der Junge, das Mädchen ist ~* ❖ **Halbwaise**

Wal [vaːl], **der;** ~s/~es, ~e ˈim Meer lebendes sehr großes Säugetier mit massigem Körper und waagerechter Schwanzflosseˈ (↗ TABL Säugetiere): *die* *dicke Speckschicht des ~s; mit Fangschiffen Jagd auf ~e machen*

Wald [valt], **der**; ~s/~es, Wälder ['vɛldɐ] 'größeres, dicht mit Bäumen bewachsenes Gebiet': *ein dunkler, gesunder, verschneiter ~; im tiefen ~; weite, undurchdringliche Wälder; die Pflanzen und Tiere des ~es; sich beim Pilzesammeln im ~ verirren; den ~ abholzen; durch den ~ gehen, wandern; durch ~ und Feld, ~ und Flur, Wiesen und Wälder streifen* ❖ **Laubwald, Mischwald, Nadelwald, Urwald**
* umg. /jmd./ **den ~ vor lauter Bäumen nicht sehen** ('vor nebensächlichen Einzelheiten das Wichtigste übersehen')

Wal|fang ['vɑːl..], **der** 'Jagd auf Wale': *die ~ treibenden Nationen; den ~ ächten*

Wall [val], **der**; ~s/~es, Wälle ['vɛlə] 'durch Aufschütten von Erde, Steinen geschaffene schmale, längliche Erhöhung vor einem, um einen bestimmten Bereich, den sie vor bestimmten Gefahren schützen soll': *der ~ einer Burg, mittelalterlichen Befestigungsanlage; einen ~ aufschütten, errichten*

wallen ['valən] ⟨reg. Vb.; hat/ist⟩ **1.** ⟨hat⟩ /etw. Flüssiges/ 'in heftiger, Wellen bildender Bewegung sein': *das kochende Wasser wallte heftig (im Topf); die Suppe zum Wallen bringen* **2.** /Dampf, Nebel, Rauch o.Ä./ **2.1.** ⟨hat⟩ *irgendwo ~: dunkler Rauch wallte* ('bewegte sich in Schwaden') *über der zerstörten Stadt* **2.2.** ⟨ist⟩ *irgendwohin ~: Nebel wallte* ('zog in Schwaden') *über die Wiesen, durch die Bäume* **3.** ⟨ist⟩ geh. *das Haar wallte (ihr)* ('fiel ihr wellig und in großer Fülle') *bis auf die Schultern;* ⟨adj. im Part. I⟩ *sein ~der Vollbart; ~de* ('in vielen Falten fallende') *Gewänder, Vorhänge* ❖ **Wallung, Welle, wellig − Kurbelwelle, Kurzwelle, Langwelle, Wellengang, -länge**

Wallung ['val..], **die**; ~, ~en geh. 'plötzliche, starke innere Erregung': *eine jähe, freudige ~; eine ~ des Zorns, Mitleids überkam ihn; jmds. Blut gerät, kommt in ~* ('jmd. erregt sich plötzlich stark'); *jmds. Blut, Herz, Gemüt in ~ bringen* ('jmdn. plötzlich stark erregen'); *er gerät leicht in ~* ('wird leicht wütend'); *diese Unterstellung brachte ihn in ~* ('ließ ihn wütend werden') ❖ ↗ **wallen**

Walnuss ['val..], **die**; ~, Walnüsse 'Frucht des Walnussbaums, die eine harte Schale und einen essbaren Kern hat' (↗ TABL Früchte/Obst) ❖ ↗ **Nuss**

Walnuss|baum ['valnʊs..], **der** 'Laubbaum mit essbaren Früchten (↗ *Walnuss*) und wertvollem, hartem Holz' ❖ ↗ **Nuss, ↗ Baum**

walten ['valtn̩], waltete, hat gewaltet geh. **1.1.** /etw./ 'wirksam sein': *die Kräfte und Gesetze, die in der Natur ~; hier sollte Vernunft ~* **1.2.** /jmd./ etw. *lassen* 'in einer schwierigen Angelegenheit, Situation ein bestimmtes, besonnenes Verhalten zeigen': *er will noch einmal Gnade, Milde ~ lassen; man sollte Rücksicht, Vorsicht ~ lassen; er ließ Gerechtigkeit ~* ❖ **verwalten, Verwaltung − Anwalt, Generalstaatsanwalt, Staatsanwalt, Stadtverwaltung;** vgl. **Gewalt**

Walze ['valtsə], **die**; ~, ~n **1.** Math. 'gerader zylindrischer Körper (2) mit kreisförmigem Querschnitt' (↗ TABL Geometr. Figuren) **2.** 'sich um seine eigene Achse drehendes Teil an Geräten od. Maschinen, das die Form von Walze (1) hat': *die ~ der Schreibmaschine* **3.** 'Fahrzeug mit einem großen, schweren Teil, das die Form von Walze (1) hat und zum Walzen (2) dient': *mit einer ~ die Saat festdrücken; mit einer ~ den frischen Asphalt verdichten* ❖ ↗ **walzen**

walzen ['valtsn̩] ⟨reg. Vb.; hat⟩ **1.** /jmd., Maschine/ etw. ~ 'Metallteile durch rotierende pressende Walzen (2) in eine Form mit geringerem Querschnitt und größerer Länge bringen': *in diesem Werk wird Blech gewalzt; Eisen, Schienen ~* **2.** /jmd., Gerät/ etw. ~ 'den Boden, die Oberfläche der Straße mit einer Walze (3) verdichten, glätten': *den Acker, die Straße ~* ❖ **Walze;** vgl. **wälzen**

wälzen ['vɛltsn̩] ⟨reg. Vb.; hat⟩ **1.1.** /jmd./ etw., jmdn. *irgendwohin* 'etw. (Großes, Schweres), jmdn. um seine eigene Achse drehen und dabei irgendwohin bewegen': *einen Stein zur Seite ~; einen Verletzten auf den Bauch, Rücken ~* **1.2.** /etw., Menschenmenge/ sich *irgendwohin* ~ 'sich als Masse (schwerfällig, langsam) irgendwohin bewegen': *eine Schneelawine wälzt sich ins Tal; die Menge wälzte sich durch die Tore, ins Freie, durch die Straßen* **2.1.** /jmd./ etw. in etw. ⟨Dat.⟩ ~: *vor dem Braten musst du die Bratwurst, Koteletts in Paniermehl ~* ('im Paniermehl hin- und herbewegen, bis sie rundherum, auf beiden Seiten mit einer Schicht Paniermehl bedeckt sind') **2.2.** /jmd., Tier/ sich ~ 'sich im Liegen drehend hin- und herbewegen': *der Verletzte wälzte sich vor Schmerzen (von einer Seite auf die andere); er hat sich die ganze Nacht schlaflos im Bett gewälzt; die Schweine wälzten sich im Dreck* ❖ **Wälzer − abwälzen, Umwälzung;** vgl. **walzen**

Walzer ['valtsɐ], **der**; ~s, ~ **1.** 'Tanz im 3/4-Takt, bei dem sich Mann und Frau als Paar um sich selbst herum drehen': *einen ~ tanzen* **2.** 'Musik für einen Walzer (1)': *ein ~ von Johann Strauß*

Wälzer ['vɛltsɐ], **der**; ~s, ~ umg., oft emot. neg. 'großes, dickes Buch': *ein alter ~* ❖ ↗ **wälzen**

wand: ↗ *winden*

Wand [vant], **die**; ~, Wände ['vɛndə] **1.1.** 'einen Raum seitlich begrenzendes, meist senkrecht stehendes Bauteil': *eine dünne, schräge, ↗ tragende ~; Wände aus Beton, Holz; eine ~ durchbrechen, einziehen* **1.2.** 'Fläche von Wand (1.1)': *eine ~ mit Holz verkleiden; sich an die ~ lehnen; einen Nagel in die ~ schlagen; einen Schrank von der ~ abrücken; die Wände streichen, tapezieren; sie wurde bleich, weiß wie eine ~* ('sehr bleich') **2.** 'wie eine Wand (1.1) wirkende hohe, senkrechte Fläche, die etw. von etw. trennt, etw. von etw. abschirmt': *über eine ~ aus Steinen, Brettern klettern;* METAPH emot. *sie hatte das Gefühl, gegen eine ~ von Intoleranz, Vorurteilen anzurennen* ❖ **Wandung − Außenwand, inwendig, Leinwand, Wandschirm, -tafel, -teppich**

* /jmd./ **jmdn. an die ~ drücken** (ʿeinen Konkurrenten o.Ä. rücksichtslos verdrängenʾ); **hier haben die Wände Ohren** (ʿkann man belauscht werdenʾ); **eine spanische ~** (ʿein Wandschirmʾ); /jmd./ **jmdn. an die ~ spielen** (ʿeinen Konkurrenten o.Ä. durch bessere Leistungen, geschicktes Vorgehen verdrängenʾ); /jmd./ **mit jmdm. ~ an ~** (ʿunmittelbar neben jmdm.ʾ) **wohnen**; ⟨⟩ verhüll. /jmd./ **jmdn. an die ~ stellen** (ʿjmdn. standrechtlich erschießenʾ); umg. /jmd./ ⟨vorw. im Konj. II⟩ **die Wände hochgehen können**: *ich könnte vor Wut, Schmerzen die Wände hochgehen* (ʿich bin sehr wütend, habe unerträgliche Schmerzenʾ); **das ist ja, um die Wände/an den Wänden hochzugehen** (1. ʿdas ist zum Verzweifelnʾ 2. ʿdas ist empörendʾ); /jmd./ **die ~ mitnehmen** ⟨vorw. im Perf.⟩ (ʿdie Wand streifen und sich dabei mit Farbe beschmutzenʾ); /jmd./ **gegen eine ~ reden/sprechen** (1. ʿbeim Reden nicht beachtet werdenʾ 2. ʿjmdn., zu dem man spricht, nicht überzeugen könnenʾ); **in jmds. (eigenen) vier Wänden**: *er blieb den ganzen Tag in seinen vier Wänden* (ʿin seiner Wohnungʾ); *in meinen, seinen vier Wänden* (ʿin meiner, seiner Wohnungʾ) *kann ich, er tun und lassen, was ich, er will;* emot. … **dass die Wände wackeln**: *er lachte, brüllte, dass die Wände wackelten* (ʿer lachte, brüllte überaus lautʾ)

Wandel [ˈvandl̩], **der**; ~s, ⟨o.Pl.⟩ /zu *wandeln* I.1.1/ ʿdas Sichwandelnʾ: *ein grundlegender, tief greifender ~ vollzieht sich (in jmdm., etw.); ein ~ ist eingetreten; etw. befindet sich in ständigem, stetem ~; im ~ der Zeiten* (ʿin der Geschichte, in deren Verlauf sich alles verändertʾ) ❖ **wandeln — Lebenswandel, schlafwandeln, Schlafwandler, Schlafwandlerin, Sinneswandel, umwandeln, verwandeln**; vgl. **wenden**

wandeln [ˈvandl̩n] ⟨reg. Vb.; hat/ist⟩ **I.** ⟨hat⟩ **1.1.** /jmd., etw./ *sich* ʿsich im Wesen allmählich verändernʾ: *er hat sich (innerlich) gewandelt; seine Ansichten haben sich im Laufe der Jahre stark gewandelt; die Mode, der Geschmack wandelt sich* **1.2.** /etw./ *jmdn., etw. ~* ʿjmdn., etw. im Wesen allmählich verändernʾ: *diese Erfahrungen haben ihn gewandelt; die Jahre im Ausland, die schwere Krankheit hat seinen Charakter sehr gewandelt* — **II.** ⟨ist⟩ geh. /jmd./ *irgendwo ~* ʿirgendwo geruhsam spazieren gehenʾ: *sonntäglich gekleidete Spaziergänger wandelten auf der Promenade, unter den alten Bäumen des Parks* ❖ ↗ **Wandel**

wandern [ˈvandɐn] ⟨reg. Vb.; ist⟩ **1.** /jmd./ **1.1.** ʿin der Natur zur Erholung eine längere Strecke zu Fuß gehenʾ: *er wandert (gern); am frühen Morgen brach er auf und wanderte auf dem Kamm des Gebirges nach N; im Gebirge, durch Wälder und Wiesen ~; sie sind im Urlaub (täglich 20 km) gewandert* **1.2.** ʿgeruhsam gehenʾ: *gedankenverloren wanderte er durch das Zimmer* (ʿging er im Zimmer hin und herʾ); METAPH *die Wolken ~ am Himmel; seine Augen wanderten von einem zum anderen; seine Gedanken ~ in die Ferne, Vergangenheit* **2.** umg. /etw., jmd., Tier/ *in etw. ~* ʿirgendwohin geschafft, gebracht werdenʾ: *der erste Entwurf wanderte in den*

Papierkorb; er wurde auf frischer Tat ertappt und ist für drei Monate ins Gefängnis gewandert; scherzh. *das Huhn wird bald in den Kochtopf ~* **3.** /etw./ ʿseinen Standort, seine Lage (1,2) ändernʾ: *der Splitter im Körper, der Gallenstein wandert; eine ~de Düne* ❖ **Wanderer, Wanderung — Auswanderer, auswandern, einwandern, Einwanderer, unterwandern;** vgl. **bewandert**

Wanderer [ˈvandəʁɐ], **der**; ~s, ~ ʿjmd., der (oft) eine Wanderung macht, gemacht hatʾ: *die ~ machten Rast, kehrten ins Wirtshaus ein* ❖ ↗ **wandern**

Wanderung [ˈvandəʁ..], **die**; ~, ~en ʿdas Zurücklegen einer bestimmten Strecke durch Wandern (1.1)ʾ: *eine anstrengende, lange, weite ~; eine ~ im Gebirge, durch den Wald machen; auf/bei ihren ~en haben sie viel gesehen und erlebt* ❖ ↗ **wandern**

Wand [ˈvant..]**-schirm, der** ʿmeist mehrteiliger, mit Stoff od. Papier bespannter Holzrahmen, der aufgestellt wird, um jmdn., etw. vor unerwünschten Blicken zu schützenʾ: *sich hinter einem ~ entkleiden* ❖ ↗ **Wand,** ↗ **Schirm; -tafel, die** ʿin Unterrichtsräumen an der Wand hängende Tafel (1), auf der Lehrstoff mit Kreide angeschrieben wirdʾ: *eine Aufgabe, einen Satz an die ~ schreiben; die ~ abwischen* ❖ ↗ **Wand,** ↗ **Tafel**

wandte: ↗ **wenden**

Wand|teppich [ˈvant..], **der** ʿwie ein Teppich gestaltete, als Schmuck für die Wand (1.2) bestimmte Textilieʾ: *über dem Sofa hing ein dekorativer ~ in leuchtenden Farben* ❖ ↗ **Wand,** ↗ **Teppich**

Wandung [ˈvand..], **die**; ~, ~en fachspr. ʿFläche, die einen Hohlkörper umschließtʾ: *die ~ einer Röhre, eines Schiffes; eine dünne, dicke ~* ❖ ↗ **Wand**

Wange [ˈvaŋə], **die**; ~, ~n geh. SYN ʿBacke (1)ʾ: *die linke, rechte ~; eingefallene, rote, volle ~n haben; jmds. ~n röten sich, brennen; jmdn. auf beide ~n küssen*

wankelmütig [ˈvaŋkl̩myːtɪç] ⟨Adj.; Steig. reg.; vorw. attr. u. präd.⟩ ʿim Verhalten, den Ansichten schwankend, nicht entschiedenʾ: *ein ~er Mensch, Charakter; er wurde ~* ❖ ↗ **wanken**

wanken [ˈvaŋkn̩] ⟨reg. Vb.; hat/ist⟩ **1.** ⟨hat⟩ /jmd., Tier, etw./ ʿsich (auf der Stelle) schwankend hin- und herbewegenʾ: *er wankte unter der schweren Last auf seinen Schultern; das Beben, die Explosion war so heftig, dass die Mauern, Häuser wankten; eine Wagenladung gerät ins Wanken* **2.** ⟨ist⟩ /jmd., Tier/ *irgendwohin ~* SYN ʿirgendwohin schwanken (2.2)ʾ: *er wankte zur Tür und brach dort bewusstlos zusammen* **3.** ⟨hat⟩ /jmd./ SYN ʿschwanken (4)ʾ: *er hat lange gewankt, ob er ihn ins Vertrauen ziehen sollte;* ⟨vorw. adj. im Part. I⟩ *jmd. wird (in seinem Entschluss, seinen Vorsätzen) ~d; niemand und nichts konnte ihn ~d machen; dieser Einwand hat ihn ins Wanken gebracht* ❖ **wankelmütig**

* /jmd./ **nicht ~ und (nicht) weichen** (1. ʿhartnäckig irgendwo ausharrenʾ: *es regnete in Strömen, aber er wankte und wich nicht, er wollte nicht ~ und (nicht) weichen* 2. ʿstandhaft bleibenʾ)

wann [van] ⟨Adv.; steht am Anfang eines (in)direkten Fragesatzes⟩ **1.** ʿzu welcher Zeit?ʾ: ~ *bist du geboren?; ~ kommst du?; ~ ist das passiert?; ~ lebte Napoleon?;* ⟨verstärkt auch dem Vb. nachgestellt⟩ *du bist ~ geboren?; Napoleon lebte ~?; frag ihn doch, ~ es ihm passt, ~ es passiert ist; ich weiß nicht, ~ das passiert ist;* ⟨+ Präp.⟩ *von ~ bis ~ dauert die Vorstellung?; von ~ an gilt diese Regelung?; seit ~, bis ~ bist du hier?* **2.** ʿunter welchen Bedingungen?ʾ: *~ kann eine Prüfung als bestanden gelten?; ich weiß genau, ~ ich Vorfahrt habe*

Wanne [ˈvanə], **die**; ~, ~n ʿgroßes, meist längliches, oben offenes Gefäß bes. zum Waschen von Wäsche, zum Badenʾ: *eine emaillierte, hölzerne ~; eine ~ aus Zink; eine ~ mit Wasser füllen; in die ~* (SYN ʿBadewanneʾ) *steigen; in der ~ liegen, sitzen* ❖ **Badewanne**

Wanze [ˈvantsə], **die**; ~, ~n **1.** ʿin zahlreichen Arten vorkommendes flaches, Pflanzen, Tiere befallendes räuberisches, parasitäres Insektʾ **2.** ʿin Häusern lebendes flaches, Blut saugendes Insektʾ: *in dem Hotel gab es ~n; er ist von ~n gestochen worden* **3.** umg. ʿsehr kleines, versteckt installiertes elektronisches Gerät, mit dem Gespräche belauscht werden könnenʾ: *in der Wohnung waren ~n installiert*

Wappen [ˈvapm̩], **das**; ~s, ~ ʿmeist historisch entstandenes Kennzeichen eines Staates, Ortes, einer Körperschaft od. einer zum Adel gehörenden Person, Familie, dessen Symbole meist im Rahmen eines nach unten spitz zulaufenden Rechtecks gestaltet sindʾ: *das ~ des Königs, einer gräflichen Familie; die Stadt führt einen Löwen in ihrem ~*

wappnen [ˈvapnən], **sich**, wappnete sich, hat sich gewappnet /jmd., Institution/ **1.1.** *sich gegen, für etw. ~* ʿsich auf eine schwierige, unangenehme, bevorstehende Situation vorsorglich einstellen (5.1)ʾ: *sich gegen Vorwürfe, eine drohende Gefahr, für den Winter, eine Auseinandersetzung ~; dagegen war er, die Polizei nicht gewappnet* **1.2.** *sich mit Geduld, Mut ~* (ʿfür bevorstehende Schwierigkeiten, Unannehmlichkeiten seine ganze Geduld, seinen ganzen Mut aufbietenʾ)

war: ↗ **sein**

warb: ↗ **werben**

Ware [ˈvaːʀə], **die**; ~, ~n ⟨der Sg. kann eine Gesamtheit von (verschiedenen) Produkten bezeichnen; der Pl. bezeichnet eine Vielzahl einzelner Artikel, Posten, Sorten⟩ ʿetw., das zum Kauf, Verkauf od. Tausch bestimmt istʾ: *eine fehlerhafte, preiswerte, teure, verbilligte ~; abgepackte, leicht verderbliche ~/~n; eine ~ bestellen, verkaufen; ~n anbieten, herstellen, exportieren; morgen wird das Geschäft mit neuer ~/neuen ~n beliefert; die ~ ist schwer abzusetzen* ❖ **Backware, Handelsware, Kurzware, Rauchwaren, Teigware, Warenhaus**
* **heiße ~** (ʿetw. Gestohlenes, Geschmuggeltes, das zum Kauf od. Verkauf angeboten wirdʾ)

Waren|haus [ˈvaːʀən..], **das** ʿgroßes Geschäft des Einzelhandels, das in einem großen, oft mehrstöckigen Gebäude Waren vieler Branchen zum Kauf anbietetʾ; SYN Kaufhaus: *die großen, eleganten Warenhäuser in der City, im Zentrum* ❖ ↗ **Ware**, ↗ **Haus**

warf: ↗ **werfen**

warm [varm] ⟨Adj.; Steig.: wärmer [ˈvɛʀmɐ], wärmste [ˈvɛʀmstə] **1.1.** ʿeine mäßig hohe (als angenehm empfundene) Temperatur aufweisend, ausstrahlendʾ; ANT kalt (1.1): *~e Luft, ~es Wasser, Wetter; ein ~er Ofen, Wind; an einem schönen, ~en* (ANT kühlen 1) *Sommerabend; in der ~en Jahreszeit Urlaub machen; Gegenden mit ~em Klima; hier drin ist es schön ~* (ANT kühl 1); *der Kaffee ist noch ~; hoffentlich wird es bald wärmer; die Sonne scheint ~; ~e Länder* (ʿLänder mit warmem Klimaʾ); *eine ~e* (1. ʿgut geheizteʾ 2. ʿgut heizbareʾ) *Wohnung; das Essen ~ machen* (SYN ʿaufwärmen 1ʾ); *die Suppe, das Essen ~ stellen, halten* (ʿso aufbewahren, dass sie, es warm bleibenʾ); *sich* (ʿmit warmem Wasserʾ) *waschen; sich im Warmen* (ʿin einem geheizten Raumʾ) *aufhalten* **1.2.** ⟨o. Steig.⟩ ʿeine normale od. leicht erhöhte Körpertemperatur aufweisendʾ: *~e* (ANT kalte 1.3) *Hände, Füße haben; mir ist ~; bei dieser Arbeit wird einem ~; seine Stirn fühlte sich ziemlich ~ an* **1.3.** ⟨o. Steig.; nicht präd.⟩ ANT kalt (1.2): *~e Speisen* (ʿdurch Braten, Kochen, Backen zubereitete Speisen, die im warmen 1.1 Zustand gegessen werdenʾ); *~e Getränke* (ʿGetränke, die im warmen 1.1 Zustand getrunken werdenʾ); *ich möchte etwas Warmes trinken; er hat heute noch nichts Warmes zu sich genommen;* umg. *~ essen: heute Abend essen wir ~* (ʿessen wir warme Speisenʾ); **2.** ʿgeeignet, den (menschlichen) Körper gegen Kälte zu schützenʾ /vorw. auf Kleidung bez./: *ein ~er Mantel, Pullover; ~e Unterwäsche, Stiefel; eine ~e Decke; jmdn. ~* (ʿmit wärmenden Decken o.Ä.ʾ) *zudecken; diese Jacke hält nicht ~* (ʿschützt nicht vor Kälteʾ); *sich ~, etw. Warmes* (ʿwärmende Kleidungʾ, ↗ *wärmen* 2) *anziehen* **3.** ⟨o. Steig.⟩ ʿvon Herzen kommendʾ: *ein ~er Händedruck; jmdm. mit ~en Worten danken; ein ~es Herz haben* (ʿfreundlich, mitfühlend seinʾ); vgl. *herzlich* (I) **4.** ⟨Superl. ungebr.; vorw. attr.⟩ ʿangenehm, behaglich wirkendʾ; ANT kalt (4) /auf Farben, Licht bez./: *ein ~es Braun, Rot; das Zimmer ist in ~en Farben, Tönen gehalten; die Lampe spendete ~es Licht* **5.** ⟨o. Steig.; nicht attr.⟩ *sich ~ reden* (ʿbeim Reden in Schwung kommen, seine Befangenheit, Zurückhaltung verlierenʾ); *~ werden* ʿseine Zurückhaltung aufgebenʾ: *es dauert immer eine Weile, bis er ~ wird;* umg. *mit jmdm. nicht ~ werden (können)* (ʿzu jmdm. kein herzliches Verhältnis findenʾ) ❖ **erwärmen, Wärme, wärmen − aufwärmen, durchwärmen, lauwarm, Wärmequelle, Wärmflasche, warmherzig**

Wärme [ˈvɛʀmə], **die**; ~, ⟨o.Pl.⟩ **1.** ʿmäßig hohe (als angenehm empfundene) Temperaturʾ: *die sommerliche ~; eine feuchte, trockene ~* (ANT Kälte 1); *der Ofen strahlt eine angenehme, wohltuende ~ aus, hält die ~ nicht lange; Reibung erzeugt ~; kann man ~ speichern?; gestern waren zwanzig Grad ~* **2.** ⟨oft mit Gen.attr.⟩ SYN ʿHerzlichkeitʾ; ANT

Kälte (2): *die ~ ihres Wesens, seiner Worte; sich mit mütterlicher ~ um einen Kranken kümmern; mit großer ~ von jmdm. sprechen* **3.** 'angenehme, behagliche Atmosphäre'; ANT Kälte (3): *diese braunen Farbtöne strahlen ~ aus, geben dem Raum ~* ❖ ↗ **warm**

wärmen ['vɛRmən] ⟨reg. Vb.; hat⟩ **1.1.** /etw./ *etw. ~* 'etw. warm (1.1) machen': *ein großer Kachelofen wärmte das Zimmer; im März wärmt die Sonne schon* ('verbreitet sie schon Wärme') **1.2.** /jmd./ *jmdn., etw. ~* 'jmdn., einen Körperteil warm (1.2) werden lassen': *sie drückte das frierende Kind fest an sich, um es zu ~; sich ⟨Dat.⟩ etw. ~: sich die Hände, Füße (am Ofen) ~* **1.3.** /jmd./ *etw. ~* SYN 'etw. aufwärmen (1)': *die Milch (für das Baby) ~; die Suppe (auf dem Herd) ~; das Bier ~* (ANT kühlen 1) **2.** ⟨vorw. mit Adv.best.⟩ /etw., bes. Kleidungsstück/ *irgendwie ~* 'den (menschlichen) Körper irgendwie vor Kälte schützen': *die Jacke wärmt gut, schön, wärmt nicht;* ⟨oft adj. im Part. I⟩ *~de Decken über jmdn. breiten* ❖ ↗ **warm**

Wärme|quelle ['vɛRmə..], **die** 'etw., das Wärme (1) erzeugt, von dem Wärme (1) ausgeht': *die Sonne ist die ~ für unseren Planeten; Radiatoren, Öfen und andere ~n* ❖ ↗ **warm,** ↗ **Quelle**

Wärm|flasche ['vɛRm..], **die** 'Behälter, der mit heißem Wasser gefüllt und zum Wärmen (1.2) ins Bett, an den Körper gelegt wird' ❖ ↗ **warm,** ↗ **Flasche**

warm halten (er hält warm), hielt warm, hat warm gehalten umg. /jmd./ *sich ⟨Dat.⟩ jmdn. ~* 'alles tun, um sich jmds. Wohlwollen zu bewahren': *so einen tüchtigen Helfer muss man sich ~; den solltest du dir ~!*

warm|herzig ['..hɛRtsɪç] ⟨Adj.; Steig.: warmherziger, warmherzigst⟩ 'voller Wärme (2)': *ein ~er Mensch; ~e Worte; sie ist sensibel und ~; der Brief klingt ~* ❖ ↗ **warm,** ↗ **Herz**

warnen ['vaRnən] ⟨reg. Vb.; hat⟩ /jmd./ **1.1.** *jmdn. vor etw. ⟨Dat.⟩, jmdn. ~* 'jmdn. auf ein drohendes Unheil, eine Gefahr, die von etw., jmdm. ausgeht, aufmerksam machen': *er hatte den Jungen vor der Gefahr, vor dem Genuss von Rauschgift gewarnt; ich hatte dich (vor ihm) gewarnt!; in der Zeitung wurde wiederholt vor Trickbetrügern, dem Betreten der dünnen Eisdecke gewarnt;* ⟨adj. im Part. I⟩ *~d hob er den Zeigefinger; der Unfall seines Freundes sollte ihm ein ~des Beispiel sein* **1.2.** ⟨vorw. im Vor- od. Nachsatz⟩ *jmdn. ~* 'jmdn. drohend auffordern, etw. Bestimmtes zu unterlassen': *komm mir nicht zu nahe, ich warne dich!; ich warne dich, rühr mich nicht an!; er ist gewarnt: wenn er weiter so leichtsinnig ist, kann das böse Folgen haben* ❖ **entwarnen, verwarnen, Warnung**

Warnung ['vaRn..], **die;** ~, ~en 'Hinweis auf ein drohendes Unheil, auf eine Gefahr, die von etw., jmdm. ausgeht': *das war eine eindringliche, ernste ~; er hat auf unsere ~en nicht gehört; das sollte (dir) eine ~ sein!* ❖ ↗ **warnen**

Warte ['vaRtə], **die**

* von jmds. ~ (aus) 'von jmds. Standpunkt aus betrachtet': *er urteilt von der ~ des Betrachters, von seiner ~ (aus); von seiner ~ aus (gesehen), hat er Recht;* **von höherer/hoher ~ aus** 'von einer Position aus, die es ermöglicht, größere Zusammenhänge zu überblicken': *etw. von höherer ~ aus betrachten, beurteilen*

warten ['vaRtn̩], wartete, hat gewartet **I.1.1.** /jmd./ 'die Zeit verbringen, bis jmd. eintrifft, etw. eintritt': *er hat geduldig, vergeblich, tagelang, bis gegen Abend gewartet; er musste lange ~, bis sein Name aufgerufen wurde; man hat ihn drei Stunden ~ lassen; warte bitte einen Augenblick!; auf jmdn., etw. ~: ich werde vor dem Kino, an der Haltestelle auf dich ~; auf dem Bahnsteig standen viele Leute und warteten auf den Zug; er wartet auf ihre Rückkehr, eine Nachricht, eine günstige Gelegenheit; wenn du dich beeilst, warte ich auf dich* ('bleibe ich, bis du fertig bist'); /in den kommunikativen Wendungen/ *da kannst du lange ~* ('du wartest, hoffst vergeblich')! /wird zu jmdm. gesagt, der hofft, dass jmd. kommt od. etw. Bestimmtes tut, dass etw. geschieht od. eintritt/; *warte (mal)/ ~ Sie (mal)* /wird gesagt, wenn der Sprecher etw. Bestimmtes sofort tun will und den anderen eilfertig bittet, es nicht allein zu tun, zu versuchen od. ihn bittet, sich einen Moment zu gedulden/: *warte, ich helfe dir!; ~ Sie mal (einen Moment), ich bringe das gleich in Ordnung!; wart(e) nur/na warte, wenn ich dich erwische!* /drückt eine Warnung des Sprechers aus, mit der er eine Strafe androht/ *das kann ~* ('das muss nicht sofort, kann später erledigt werden') /wird gesagt, wenn man etw. zurückstellt, weil man etw. Dringenderes erledigen muss/; METAPH *zu Hause wartet eine Überraschung auf dich; auf mich wartet noch viel Arbeit* **1.2.** /jmd./ *mit etw. ⟨Dat.⟩ ~* 'etw. nicht sofort tun, sondern erst, wenn jmd. eintrifft, etw. eintritt': *wir werden mit dem Essen noch etwas ~; wir haben umsonst mit dem Essen (auf ihn) gewartet; mit dem Renovieren ~ wir lieber noch (bis zum Sommer)* **1.3.** /jmd., etw./ *auf sich ~ lassen: der Briefträger, Bus lässt heute (ziemlich lange) auf sich ~* ('kommt heute später als sonst'); *der Erfolg, die Wirkung ließ nicht lange auf sich ~* ('trat sofort ein') – **II.** /jmd./ *etw. ~* 'ein technisches Gerät, Fahrzeug o.Ä. regelmäßig pflegen, überprüfen und gegebenenfalls reparieren, damit es einwandfrei funktioniert': *die Anlage, Maschine, das Gerät regelmäßig ~; die Anlage wird von einem Maschinisten gewartet, muss regelmäßig gewartet werden* ❖ **erwarten, Erwartung – abwarten, Anwärter, unerwartet, Wartesaal, -zimmer**

Warte|-saal ['vaRtə..], **der** 'größerer Raum auf Bahnhöfen für den Aufenthalt der Reisenden' ❖ ↗ **warten,** ↗ **Saal; -zimmer, das** 'Raum für Personen, die (in einer öffentlichen Einrichtung) auf Abfertigung warten': *ein überfülltes ~; das ~ des Zahnarztes; bitte, nehmen Sie im ~ Platz und warten Sie, bis Sie aufgerufen werden!* ❖ ↗ **warten,** ↗ **Zimmer**

warum [vaˈʀʊm; Trennung: war|um od. wa|rum] ⟨Adv.; steht am Anfang eines (in)direkten Fragesatzes⟩ ˈaus welchem Grund?ˈ; SYN weshalb, wieso⟩ ~ *hast du das getan?; ~ wurde das Stück vom Spielplan abgesetzt?; ich begreife nicht, ~ er das Angebot abgelehnt hat; jetzt verstehe ich, ~ der Apparat nicht richtig funktioniert; er versuchte zu erklären, ~ er nicht anders handeln konnte;* /in der kommunikativen Wendung/ ~ *nicht?* (ˈselbstverständlichˈ) /wird in einem Dialog von jmdm. gesagt, wenn er die Bejahung der an ihn gerichteten Frage od. die Realisierung eines an ihn gerichteten Vorschlags für selbstverständlich hält/: *„Kommst du mit uns ins Kino?" „Warum nicht?"; „Wir könnten heute Abend im Restaurant essen." „Warum (eigentlich) nicht?"*

Warze [ˈvaʀtsə], **die**; ~, ~n ˈkleine, runde krankhafte Wucherung der Hautˈ: *eine ~ an der linken Hand, auf der Nase haben; die ~ vom Arzt entfernen lassen* ❖ **Brustwarze**

was [vas] ⟨o.Pl.; subst; ↗ auch **wer**; ↗ TAFEL XI⟩ **I.** ⟨Interrogativpron.⟩ **1.** /steht am Anfang eines direkten od. indirekten Fragesatzes/ **1.1.** /fragt allgemein nach etw., z. B. einer Sache, Handlung, einem Vorgang/: ~ *ist das?; ~ machst, suchst du da?; ~ ist geschehen, passiert?; weißt du, ~ passiert ist?; ~ ist aus ihm geworden?; weißt du, ~ aus ihm geworden ist?; ~ soll ich tun?; ~ hat das zu bedeuten?; ~ gibt es Neues?; ~ ist er (von Beruf)?; ich frage dich, ~ das soll?; wessen beschuldigt er dich?; ~ wünschen Sie, ~ darf es sein?* /Fragen des Verkäufers an den Kunden/; ~ *macht deine Gesundheit?* (ˈwie ist es um deine Gesundheit bestellt?ˈ); ~ *macht deine Arbeit?* (ˈwie weit bist du mit deiner Arbeit?ˈ) **1.2.** ⟨+ Präp.; im Akk. u. Dat.⟩ umg. *an* ~ (SYN ˈworan 1ˈ) *denkst du?, für* ~ (SYN ˈwofür 1ˈ) *brauchst du das?; um* ~ (SYN ˈworum 1ˈ) *handelt es sich; mit* ~ (SYN ˈwomit 1ˈ) *beschäftigt er sich?* **1.3.** ~ *für ein(e), ein(e)s, ~ für ...* ˈvon welcher Art, Beschaffenheitˈ: ~ *für ein Buch möchtest du lesen?; ~ für eine Bluse hast du dir gekauft?; „Ich möchte mir ein Kleid kaufen." „Was für ein(e)s?"; ~ für Blumen sind das/~ sind das für Blumen?; ~ für Leute sind das/~ sind das für Leute?; ~ für welcher, welche, welches:* ↗ *welcher (I.3);* /in Ausrufen der Begeisterung; der Sprecher weist damit auf die besondere Eigenart od. auf das Ausmaß von etw. hin/: *was für ein (schöner) Tag!; was für ein (großer) Erfolg!;* vgl. *welcher* (I.2) **2.** /in fragenden Ausrufen; frei stehend/: ~, *das weißt du nicht?; ~, das hast du gesagt?* **3.** /in Ausrufen und kommunikativen Wendungen/: ↗ *ach* ~!; ~ *du nicht* ↗ *sagst!; ~ ist* ↗ *los?* − **II.** ⟨Relativpron.⟩ **1.** /leitet einen Relativsatz ein, der sich inhaltlich auf ein unbelebtes Subst. od. Pron. im übergeordneten Hauptsatz bezieht und darüber Näheres aussagt/: *das ist das Neueste, ~ ich höre; ich möchte ihr etwas schenken, ~ ihr Freude macht; er nahm alles, ~ er bekommen konnte; er hat ihnen nur das erzählt, ~ er mit eigenen Augen gesehen hatte; das, wessen man ihn beschuldigt, spielt hier*

keine Rolle; ⟨+ Präp.⟩ umg. *das ist es, an* ~ (ˈworanˈ) *ich dich erinnern wollte; das ist es, auf* ~ (ˈworaufˈ) *du achten solltest* **2.** /leitet den Satzinhalt des übergeordneten Hauptsatzes zusammenfassend, einen weiterführenden Nebensatz (Relativsatz) ein/: *wegen des Sturms musste der Flug abgesagt werden, ~ vielen Passagieren große Schwierigkeiten bereitete* **3.** ~ *auch immer!/~ immer auch:* ~ *auch immer geschehen mag, wir halten zusammen* (ˈnichts kann uns daran hindern zusammenzuhaltenˈ) − **III.** ⟨Indefinitpron.; steht nie am Satzanfang⟩ umg. **1.** ˈirgendetwasˈ: *da klappert* ~ (SYN ˈ¹etwas 1ˈ) **2.** ˈein wenigˈ: *ist noch* ~ *übrig?; kann ich davon* ~ *abhaben?* − **IV.** ⟨Adv.⟩ umg. **1.** ˈwarumˈ: ~ *regst du dich auf?; ~ starrst du mich so an?;* /in vorwurfsvollen Ausrufen/: ~ *musstest du auch unbedingt Auto fahren, das hast du nun davon!* **2.** ˈwie sehrˈ: *mein Junge, ~ hast du dich verändert in dieser Zeit!* ❖ vgl. **¹etwas**

waschbar [ˈvaʃ..] ⟨Adj.; o. Steig.; nicht bei Vb.⟩ ˈso beschaffen, dass man es waschen (1.1) kann, ohne dass es einläuft, die Form, Farbe verliertˈ /auf Textilien bez./: *ist die Krawatte, der Rock ~?* ❖ ↗ **waschen**

Wasch|becken [ˈvaʃ..], **das** ˈ(an der Wand befestigtes) Becken (1) zum Waschen (1.2) der Hände, des Körpersˈ (↗ BILD): *ins ~ Wasser einlaufen lassen* ❖ ↗ **waschen**, ↗ **Becken**

Wäsche [ˈvɛʃə], **die**; ~, ~n **1.** ⟨o.Pl.⟩ **1.1.** /für alle waschbaren Textilien, die unter der Oberbekleidung unmittelbar auf dem Körper getragen od. im Haushalt verwendet werden/: ~ *aus Damast, Leinen, reiner Baumwolle; die gebügelte ~ in den Schrank legen; frische, saubere ~* (ˈUnterwäscheˈ) *anziehen* **1.2.** ˈWäsche (1.1), die gewaschen werden muss od. gerade gewaschen wurdeˈ: *die (schmutzige) ~ in Fein- und Kochwäsche sortieren; die ~ in die Waschmaschine legen; die ~ einweichen, spülen, schleudern; die ~ zum Trocknen aufhängen; ist die ~ schon trocken?; morgen muss ich ~ waschen; wie viel Waschpulver braucht man für zwei Kilo ~?* **2.1.** ˈdas Waschen von Wäsche (1.2)ˈ: *ein Waschmittel für die ~ bei 30 Grad; das Hemd ist bei, in der ~* (ˈdurch das Waschenˈ) *eingegangen; die Tischtücher sind alle in der ~* (ˈwerden gerade gewaschenˈ); *heute habe ich ~* (ˈwasche ich Wäsche 1.2ˈ); *die große ~* (ˈdas Waschen einer großen Menge Wäsche, bes. Bettwäsche, Hand-, Geschirr- u. Tisch-*

tücher'); *die kleine* ~ ('das Waschen von Unter-
wäsche, Hemden, Blusen, Strümpfen') **2.2.** 'das
(Sich)waschen': *die tägliche* ~ *(von Kopf bis Fuß);
er war gerade bei der morgendlichen* ~ **2.3.** *die* ~
('Säuberung der Karosserie') *des Autos* ❖ ↗ **wa-
schen**
* umg., emot. neg. /zwei od. mehrere (jmd.)/ **(seine)
schmutzige ~ waschen** 'missliche private Angele-
genheiten vor anderen ausbreiten': *wir müssen vor
Gericht nicht unsere schmutzige* ~ *waschen;* salopp
/jmd./ **dumm aus der ~ gucken** 'völlig verdutzt sein,
gucken': *die guckten aber dumm aus der* ~*, als das
Auto verschwunden war;* /jmd./ **jmdm. an die ~ ge-
hen/wollen** ('jmdn. tätlich angreifen, anfassen wol-
len')
wasch|echt ['vaʃ..] ⟨Adj.; o. Steig.⟩ **1.** ⟨nicht bei Vb.⟩
'beim Waschen nicht abfärbend' /auf (die Farbe
von) Textilien bez./: ~*e Farben; ist die Wolle, die
Bluse* ~*?* **2.** ⟨nur attr.⟩ umg. *er ist ein* ~*er* ('typi-
scher') *Berliner* ❖ ↗ **waschen,** ↗ **echt**
Wäsche ['vɛʃə..]**|-klammer, die** 'Klammer (1) zum Be-
festigen nasser Wäsche an der Wäscheleine'; ❖ ↗
waschen, ↗ **Klammer; -leine, die** 'Leine (1.1), die
gespannt wird, um daran nasse Wäsche aufzuhän-
gen': *die* ~ *zwischen den Bäumen spannen, anbrin-
gen; die trockene Wäsche von der* ~ *nehmen* ❖ ↗
waschen, ↗ **Klammer**
waschen ['vaʃn] (er wäscht [vɛʃt]), wusch [vuːʃ], hat
gewaschen **1.** /jmd./ **1.1.** *etw.* ~ 'eine Textilie mit
Wasser und einem Waschmittel reinigen': *Wolle
darfst du nur bei 30 Grad* ~*; eine Bluse mit der
Hand, in der Waschmaschine* ~*; die Bluse ist frisch
gewaschen; die Socken haben beim Waschen abge-
färbt; ich habe gestern den ganzen Tag gewaschen*
('Wäsche 1.2 gewaschen') **1.2.** *sich, jmdn., etw.* ~
'sich, jmdn., einen Körperteil mit Wasser und Seife
reinigen': *sich täglich von Kopf bis Fuß* ~*; sich kalt,
gründlich* ~*; die Mutter wäscht das Kind; er wäscht
täglich seine Haare; sich* ⟨Dat.⟩*, jmdm. etw.* ~*: ich
muss unserem Kind noch den Kopf, die Haare* ~ **1.3.**
etw. ~ 'etw. mit Wasser und einem speziellen Reini-
gungsmittel reinigen': *das Auto* ~*; der Wagen muss
gewaschen werden* **2.** Bergm. /jmd./ *Erz, Gold, Kohle*
~ ('durch Wasser, Lösungsmittel von nicht er-
wünschten Bestandteilen trennen'); Chem. *Gas* ~
('durch eine Flüssigkeit leiten und dadurch reini-
gen') **3.** ⟨vorw. im Pass.⟩ /jmd., Unternehmen/ *Geld*
~ 'auf kriminelle Weise erworbenes Geld durch
eine seriöse Firma in den normalen Geldumlauf
bringen': *das Geld wurde durch eine Bank gewa-
schen* ❖ **waschbar, Wäsche, Wäscherei − Abwasch,
abwaschen, Aufwasch, auswaschen, durchwaschen,
Waschbecken, waschecht, Wäscheklammer, -leine,
-stück, Waschlappen, -maschine, -mittel, -pulver,
Waschzeug, Bettwäsche, Buntwäsche, Unterwäsche,
Weißwäsche**
* umg. /etw./ **sich gewaschen haben**: *eine Ohrfeige, die
sich gewaschen hat* ('eine sehr kräftige Ohrfeige');
die Prüfungsfragen hatten sich gewaschen ('waren
sehr schwierig')

Wäscherei [vɛʃəˈʀai̯], **die**; ~, ~en 'Betrieb, in dem
Wäsche gegen Bezahlung gewaschen (und gebügelt)
wird': *die Bettwäsche in die* ~ *geben; die* ~ *holt und
bringt die Wäsche* ❖ ↗ **waschen**
Wäsche|stück ['vɛʃə..], **das** 'einzelnes Stück von Wä-
sche (1.1, 1.2)': *die* ~*e vor dem Waschen nach Bunt-
und Weißwäsche sortieren* ❖ ↗ **waschen,** ↗ **Stück**
Wasch ['vaʃ..]**|-lappen, der 1.** 'Lappen (aus Frottee)
zum Waschen des Körpers': *ein trockener, nasser*
~ **2.** umg. emot. neg. 'männliche Person, die zu
nachgiebig ist, sich nicht durchsetzen kann, keine
Zivilcourage hat': *er ist und bleibt ein* ~*;* auch
Schimpfw. *du* ~*!* ❖ ↗ **waschen,** ↗ **Lappen; -ma-
schine, die** 'Gerät, mit dem die Wäsche automatisch
gewaschen und gespült werden
kann': *eine vollautomatische* ~*; etw. in, mit der* ~
waschen ❖ ↗ **waschen,** ↗ **Maschine; -mittel, das**
'pulverförmiges od. flüssiges Mittel (2.1), das dem
Wasser beim Waschen (1.1) zugesetzt wird, um die
Reinigungskraft stark zu erhöhen': *moderne, um-
weltschonende* ~ *verwenden* ❖ ↗ **waschen,** ↗ **Mit-
tel; -pulver, das** 'pulverförmiges Waschmittel' ❖ ↗
waschen, ↗ **Pulver**
wäscht: ↗ **waschen**
Wasch|zeug ['vaʃ..], **das** 'zum Waschen des Körpers
benötigte Utensilien': *er packte Rasierapparat und*
~ *in die Reisetasche* ❖ ↗ **waschen,** ↗ **Zeug**
Wasser ['vasɐ], **das**; ~s, ~/Wässer ['vɛsɐ] **1.** ⟨o.Pl.⟩
1.1. 'natürliche, farb-, geruch- und geschmacklose,
durchsichtige trinkbare Flüssigkeit, die für den le-
benden Organismus unentbehrlich ist, bei null
Grad gefriert und bei hundert Grad siedet': *fri-
sches, klares, sauberes, trübes* ~*; das* ~ *ist eisenhal-
tig, hart, weich, enthält Chlor; das* ~ *kocht, verduns-
tet; das* ~ *fließt, sprudelt, tropft aus dem Hahn; ein
Glas, Eimer* ~*; eine Kanne voll mit* ~*; dem Hund
eine Schale mit* ~ *zum Trinken hinstellen; den Blu-
men in der Vase frisches* ~ *geben; sich mit kaltem*
~ *waschen;* ~ *in die Badewanne lassen; das Aqua-
rium mit frischem* ~ *füllen; beim Ober ein* ~ ('ein
Glas, eine Flasche Mineralwasser') *bestellen; ein
stilles* ~ ('Mineralwasser ohne Kohlensäure'); *das*
~ ('den Wasserhahn') *abdrehen; ein Zimmer mit
fließendem* ~ ('mit einem Anschluss für Wasser und
einem Waschbecken'); *unser Keller, die Altstadt
steht unter* ~ ('ist überschwemmt'); /in der kom-
munikativen Wendung/ *da, hier wird auch nur mit*
~ *gekocht* ('da, hier werden die Leistungen auch
nur auf eine normale Weise erbracht') /wird zu
jmdm. beruhigend gesagt, der annimmt, dass von
ihm besondere Leistungen erwartet werden/ **1.2.**
'Wasser (1.1) von Seen, Flüssen, Meeren, in dem
sich Mensch und Tier bewegen, das von Schiffen
genutzt wird': *in dem durch Abwässer verunreinigten*
~ *ist das Baden verboten; auf dem* ~ *schwammen
Enten und Schwäne; aus dem* ~ *auftauchen; im* ~
waten; ins ~ *fallen, springen; unter* ~ *schwimmen;
etw. ins* ~ *werfen; ein Boot zu* ~ *bringen, lassen* **2.**
⟨Pl.: ~⟩ geh. SYN 'Gewässer': *ein klares, tiefes,
fließendes, stehendes* ~*; das Dorf ist zu Lande und*

zu ~ (ʿauf dem Land od. auf dem Wasser fahrend') *erreichbar* **3.** ⟨Pl.: Wässer⟩ ʿwässrige Lösung für bestimmte Zwecke': *wohlriechende Wässer und andere Kosmetika* ❖ **wassern, wässern, wässrig, Gewässer, bewässern, entwässern** – **Abwasser, Binnengewässer, Fahrwasser, Grundwasser, Hochwasser, Hoheitsgewässer, Mineralwasser, Quellwasser, Salzwasser, Selter(s)wasser, Trinkwasser;** vgl. **Wasser/ wasser-**

* /jmd./ **jmdm. das ~ abgraben** (ʿjmdn. bei seinen Aktivitäten behindern, in seiner Existenz gefährden'); /etw., bes. Veranstaltung/ **ins ~ fallen** (ʿnicht durchgeführt, verwirklicht werden können'); /jmd./ **nahe/ dicht am ~ gebaut haben** (ʿleicht weinen'); ⟨⟩ verhüll. /jmd./ **ins ~ gehen** (ʿsich ertränken'); /jmd./ **mit allen ~n gewaschen sein** (ʿdurchtrieben, raffiniert sein'); /jmd./ **sich (mit etw.) über ~ halten** ʿseine wirtschaftliche Existenz erhalten': *er hielt sich mit dem Austragen von Zeitungen über ~;* umg. **jmdm. steht das ~ bis zum Hals** (ʿjmd. hat große finanzielle Schwierigkeiten'); /etw./ **~ auf jmds. Mühle sein** (ʿjmdn. in seinem Verhalten, in seiner Meinung bestärken'); umg. **jmdm. läuft das ~ im Mund(e) zusammen** (ʿjmd. bekommt, bes. beim Anblick einer delikaten Speise, großen Appetit'); /jmd./ **jmdm. nicht das ~ reichen können** (ʿan jmds. Fähigkeiten, Leistungen nicht heranreichen')

Wässerchen [ˈvɛsɐçən], **das**
* umg. /jmd./ **kein ~ trüben können** ʿden Anschein erwecken, harmlos, zu nichts Bösem, Unrechtem fähig zu sein, aber in Wirklichkeit durchtrieben sein': *er blickte sie so treuherzig an, als könnte er kein ~ trüben*

Wasser/wasser [ˈvasɐ..]‖**-dampf, der** ʿdurch Sieden od. Verdunsten von Wasser entstandener Dampf': *beim Kochen entweicht ~* ❖ ↗ Dampf; **-dicht** ⟨Adj.; o. Steig.; nicht bei Vb.⟩ ʿso gut abgedichtet, dass Wasser, Feuchtigkeit nicht eindringen kann': *eine ~e Armbanduhr, Kamera; die Schuhe sind nicht mehr ~* ❖ ↗ dicht; **-fahrzeug, das** ʿFahrzeug, das zur Fortbewegung auf dem Wasser (1.2) dient': *das Boot ist ein ~* ❖ ↗ fahren; **-fall, der** ʿüber ein Ge-

fälle (im Flussbett) senkrecht stürzendes Wasser' (↗ BILD) ❖ ↗ fallen; **-farbe, die** ʿFarbstoff, der mit Wasser angerührt, dem Leim zugesetzt wird und der auch nach dem Trocknen wasserlöslich bleibt': *mit ~ malen; die Schüler benutzten im Zei-*

chenunterricht ~*n* ❖ ↗ Farbe; **-fest** ⟨Adj.; o. Steig.; nicht bei Vb.⟩ ʿgegen die Einwirkung von Wasser (1.1) beständig': *ein ~er Lack* ❖ ↗ fest; **-flugzeug, das** ʿFlugzeug, das auf Gewässern starten, landen, gleiten kann': *mit dem ~ auf dem See landen* ❖ ↗ fliegen; **-grundstück, das** ʿGrundstück an einem Gewässer': *ein ~ mit einem Bungalow* ❖ ↗ Grund, ↗ Stück; **-hahn, der** ʿHahn (2) an einer Wasserleitung, durch den das Durchfließen des Wassers reguliert, Wasser entnommen werden kann' (↗ BILD): *der ~ tropft* ❖ ↗ Hahn; **-kraftwerk, das**

ʿKraftwerk, in dem der Druck von gestautem Wasser mittels Turbinen und Generatoren in elektrische Energie umgewandelt wird': *ein ~ bauen* ❖ ↗ Kraft, ↗ Werk; **-kreislauf, der** ⟨o.Pl.⟩ ʿKreislauf des Wassers vom Meer über den Wasserdampf der Atmosphäre und die Niederschläge zurück zum Meer, zum Boden' ❖ ↗ Kreis, ↗ laufen; **-leitung, die** ʿLeitung (3.1) für Wasser': *eine ~ anlegen; die ~ ist verstopft, durchgerostet* ❖ ↗ leiten; **-löslich** ⟨Adj.; nicht bei Vb.⟩ ʿin Wasser löslich' /auf Substanzen bez./: *~e Stoffe, Vitamine; die Farbe ist ~* ❖ ↗ los

wassern [ˈvasɐn] ⟨reg. Vb.; hat/ist⟩ vorw. fachspr. /Wasserflugzeug o.Ä., Wasservogel/ ʿauf ein Gewässer niedergehen': *die Enten drehten ein paar Runden über dem Teich und wasserten dann; die Kapsel mit den Astronauten hat/ist im vorgesehenen Gebiet gewassert* ❖ ↗ **Wasser**

wässern [ˈvɛsɐn] ⟨reg. Vb.; hat⟩ **1.** /jmd./ etw. ~ ʿetw. für längere Zeit in Wasser (1.1) legen, damit sich bestimmte, nicht erwünschte Stoffe daraus lösen': *Heringe, Salzfleisch ~;* Fotogr. *ein Negativ ~* **2.** /jmd./ *eine Pflanze ~* (ʿmit Wasser begießen, damit sie wächst und gedeiht'); *den Boden, die Felder ~* (ʿmit Wasser versehen, damit die dort angebauten Pflanzen wachsen und gedeihen') ❖ ↗ **Wasser**

Wasser/wasser [ˈvasɐ..]‖**-pflanze, die** ʿim Wasser (1.2) lebende Pflanze': *Algen, Tang sind ~n* ❖ ↗ Pflanze; **-scheu** ⟨Adj.; Steig. reg., ungebr.; nicht bei Vb.⟩ ʿAngst, mit Wasser (1.1, 1.2) in Berührung zu kommen': *du bist doch nicht etwa ~?* ❖ ↗ scheu; **-spiegel, der** ʿHöhe des Grundwassers od. der Oberfläche eines Gewässers': *der ~ ist gestiegen, gesunken* ❖ ↗ Spiegel; **-spülung, die** ʿVorrichtung in einer Toilette, durch die die Fäkalien mittels Wasser in den Abwasserkanal befördert werden': *die Toilette hat ~* ❖ ↗ spülen; **-stand, der** ʿHöhe der Oberfläche eines Gewässers, die mit einem Pegel (1.1) gemessen wird'; SYN Pegel (1.2): *ein nor-maler, niedriger ~; der ~ steigt, fällt; den ~ messen* ❖ ↗ stehen; **-stelle, die** ˈStelle in einem trockenen Gebiet, an der Wasser vorkommt': *in Zeiten der Dürre kommen die Tiere von weit her, um an dieser ~ zu trinken; eine ~ suchen* ❖ ↗ stellen; **-stoff, der** ˈhäufigstes nichtmetallisches Element, das als farb-, geruch- und geschmackloses Gas auftritt und in Verbindung mit Sauerstoff Wasser bildet' /chem. Symb. H/ ❖ ↗ Stoff; **-straße, die** ˈvon Schiffen genutzte Strecke auf einem Gewässer, bes. Kanal, Fluss od. Meerenge: *eine künstliche, natürliche ~* ❖ ↗ Straße; **-tier, das** ˈTier, das an, auf od. in Gewässern, am, auf dem od. im Meer lebt': *der Hai ist ein ~* ❖ ↗ Tier; **-vogel, der** ˈVogel, der auf od. an Gewässern, auf dem od. am Meer lebt: *die Ente ist ein ~* ❖ ↗ Vogel; **-waage, die** ˈInstrument, mit dem ermittelt werden kann, ob etw. Bestimmtes genau waagerecht od. senkrecht ist': *den Kühlschrank mit der ~ ausrichten* ❖ ↗ wägen; **-werk, das** ˈAnlage, in der Wasser für Haushalt, Industrie und Landwirtschaft aufbereitet und dieses zugeleitet wird' ❖ ↗ Werk; **-zeichen, das** ˈZeichen bes. im Schreibpapier und in Banknoten, das die Echtheit beweist und das sichtbar wird, wenn man das Papier gegen das Licht hält': *das ~ einer Banknote* ❖ ↗ Zeichen

wässrig [ˈvɛsrɪç] ⟨Adj.⟩ **1.** ⟨Steig. reg., ungebr.⟩ **1.1.** ˈviel Wasser enthaltend' /auf Flüssiges bez./: *eine ~e Lösung; die Milch ist, sieht ~ aus* **1.2.** ˈwie Wasser, sehr fade schmeckend, kein Aroma habend' /auf Getränke, Früchte bez./: *~er Wein; die Tomaten schmecken, sind ~* **2.** ⟨o. Steig.⟩ /beschränkt verbindbar/: *~e* (ˈhell wie Wasser wirkende') *Augen; die Augen waren, wirkten ~* ❖ ↗ **Wasser**

waten [ˈvaːtn̩], watete, hat/ist gewatet /jmd., Tier/ **1.1.** ⟨ist/hat⟩ *irgendwo ~* ˈlangsam, (bis zu den Knöcheln) einsinkend, in niedrigem Wasser od. auf weichem Untergrund gehen': *die Jungen hatten die Hosen hochgekrempelt und wateten im Bach, Sand* **1.2.** ⟨ist⟩ *irgendwohin ~* ˈlangsam, (bis zu den Knöcheln) einsinkend, durch niedriges Wasser od. über weichen Untergrund irgendwohin gehen': *sie mussten durch Pfützen, tiefen Schnee ~; er watete ans Ufer, in den See*

Watt [vat], das; ~s, ~en ˈbei Ebbe nicht überflutetes Gebiet an der Küste bestimmter Meere, z. B. der Nordsee': *eine Wanderung durch, über das ~ machen; die Priele im ~*

Watte [ˈvatə], die; ~, ⟨o.Pl.⟩ ˈlockere, weiche Masse aus Baumwolle od. synthetischen Fasern, die bes. zur Behandlung von Wunden, zur kosmetischen Pflege, zum Polstern von Kleidungsstücken dient': *eine Wunde mit sterilisierter ~ abtupfen; Gesichtswasser auf ~ träufeln; sich ~ in die Ohren stopfen; früher wurden die Schultern des Mantels mit ~ gepolstert, heute verwendet man Schaumstoff dafür* ❖ **wattieren**

* umg. spött. /jmd./ **jmdn. in ~ packen** (ˈjmdn. übertrieben behutsam, fürsorglich behandeln, um ihn vor Krankheiten, Problemen zu bewahren')

wattieren [vaˈtiːʀən], wattierte, hat wattiert /jmd./ *etw. ~* ˈein Kleidungsstück mit Watte füttern, polstern': *einen Mantel ~;* ⟨oft adj. im Part. II⟩ *eine wattierte Jacke; die Schultern der Jacke sind wattiert* ❖ ↗ **Watte**

WC [veːˈtseː], das; ~/~s, ~/~s /Kurzw. für heute unübliches *Wasserklosett*/ ˈToilette mit Wasserspülung': *ein Hotelzimmer mit Dusche und ~*

weben [ˈveːbm̩], webte/wob [voːp], hat gewebt/gewoben [ɡəˈvoːbm̩] **1.** ⟨webte, hat gewebt⟩ /jmd./ *etw. ~* ˈlängs und quer verlaufende Fäden so miteinander verbinden, dass daraus ein Stoff, eine Textilie entsteht': *Leinen, Anzugstoffe, Bänder ~; sie hat die Decke, den Teppich selbst gewebt; die Bäuerinnen haben damals noch selbst gewebt; maschinell, mit der Hand ~* **2.** ⟨wob, hat gewoben⟩ geh. *die Sonne wob goldene Fäden in das Laub* (ˈSpinnweben glänzten golden, von der Sonne angestrahlt, im Laub'); *Sagen woben sich um das Schloss* (ˈes entstanden Sagen über das Schloss') ❖ **Gewebe** – **Webstuhl**

Web|stuhl [ˈveːp..], der ˈGerät, Maschine zum Weben (1)': *die Erfindung des mechanischen ~s; er saß den ganzen Tag am ~* ❖ ↗ **weben,** ↗ **Stuhl**

Wechsel [ˈvɛksl̩], der; ~s, ~ **I.** ⟨vorw. Sg. u. vorw. mit Gen.attr.⟩ /zu *wechseln* 1.1, 1.2, 3, 4.2/ ˈdas Wechseln'; /zu 1.1/: *der regelmäßige ~ des Verbands;* /zu 1.2/: *einen ~ der Arbeitsstelle, Wohnung vornehmen;* /zu 3/: *der ständige ~ der Mode, des Wetters;* /zu 4.2/: *im regelmäßigen ~; der ~ von Tag und Nacht; im ~ der Jahre, Jahreszeiten* – **II.** ˈSchuldschein, auf dem derjenige, der ihn ausstellt, zusichert od. einen Dritten anweist, einen bestimmten Geldbetrag zu einem bestimmten Zeitpunkt an eine bestimmte Person zu zahlen': *ein ungedeckter ~; einen ~ ausstellen, unterschreiben, bezahlen, einlösen, verlängern; der ~ ist fällig, verfällt; ein ~ über 5000 Mark* ❖ **verwechseln, wechselhaft, wechseln** – **abwechseln, abwechselnd, Abwechslung, auswechseln, Briefwechsel, Schichtwechsel, Schusswechsel, Stoffwechsel, überwechseln;** vgl. **wechsel/Wechsel-**

Wechsel [ˈ..]**-beziehung, die** ⟨vorw. im Pl.⟩ ˈwechselseitige (1.1) Beziehung (1,2)': *die ~en zwischen Politik und Wirtschaft* ❖ ↗ ziehen; **-fälle** [fɛlə], **die** ⟨Pl.⟩: *die ~ des Lebens* (ˈEreignisse im Leben eines Menschen, durch die sich seine Situation verbessert od. verschlechtert') ❖ ↗ Fall; **-geld, das** ⟨o.Pl.⟩ **1.** ˈGeldbetrag, der jmdm. gegeben wird, weil er mit einer über der geforderten Summe liegenden Banknote, Münze bezahlt hat': *die Verkäuferin gab dem Kunden das ~ heraus* **2.** ˈfür das Herausgeben des Wechselgelds (1) bestimmtes Kleingeld': *die Kassiererin hatte kein, nicht genug ~ in der Kasse* ❖ ↗ Geld

wechselhaft [ˈ..] ⟨Adj.; Steig. reg., ungebr.⟩ ˈständig wechselnd, ↗ *wechseln* (3)' /auf das Wetter bez./: *~es Wetter; es bleibt, ist weiterhin ~ und für die Jahreszeit zu kühl* ❖ ↗ Wechsel

Wechsel ['..]|-**jahre** [jɑːʀə], **die** ⟨Pl.⟩ 'Zeitraum etwa zwischen dem 45. und 55. Lebensjahr der Frau, in dem die Menstruation allmählich aufhört': *sie ist in den ~n; in die ~ kommen* ❖ ↗ Jahr; **-kurs** [kʊʀs], **der** 'Kurs (3), zu dem das Geld einer Währung in Geld einer anderen Währung umgetauscht werden kann': *der ~ von, zwischen Dollar und Schilling* ❖ ↗ Kurs

wechseln ['vɛks̩ln] ⟨reg. Vb.; hat/ist⟩ **1.** ⟨hat⟩ /jmd./ **1.1.** *etw.* ~ 'etw., das nicht mehr brauchbar ist, durch etw. Neues, Frisches derselben Art ersetzen': *die nassen Schuhe ~; den Reifen, das Motoröl ~; der Verband muss gewechselt werden; die Wäsche ~* ('sich frische Unterwäsche anziehen'); *im Hotel werden täglich die Handtücher gewechselt* ('die benutzten Handtücher gegen frische ausgetauscht') **1.2.** *etw.* ~ 'etw. aufgeben (4) und etw. anderes derselben Art dafür wählen': *seinen Arbeitsplatz, Beruf, die Schule, Wohnung, den Wohnort ~; er stand mehrmals auf und wechselte den Platz; das Auto vor uns wechselte plötzlich die Fahrspur; den Kurs, die Richtung, seine Meinung, den Standpunkt ~; wir ~ wohl besser das Thema* ('wenden uns wohl lieber einem weniger heiklen Thema zu'); *jmdn. ~: den Gesprächspartner ~* ('sich einem anderen Gesprächspartner zuwenden') **2.** ⟨hat⟩ /etw., bes. Gegenstand, Immobilie/ *den Besitzer ~* 'in den Besitz eines anderen übergehen': *das Grundstück hat im Laufe der Zeit mehrmals den, seinen Besitzer gewechselt* **3.** ⟨hat; + Adv.best.⟩ /etw./ 'sich ändern (3)': *seine Stimmung wechselt rasch; die Mode, das Wetter wechselt ständig; das Kinoprogramm wechselt diese, kommende Woche;* ⟨oft adj. im Part. I⟩ *~de Bewölkung; es war ~d bewölkt; etw. mit ~dem* ('mit einmal mehr, einmal weniger') *Erfolg, Glück versuchen* **4.** ⟨hat⟩ **4.1.** /zwei od. mehrere (jmd.)/ *etw.* ~ 'jmdm. etw. zukommen (4.1) lassen und (als Reaktion darauf) etw. derselben Art von ihm bekommen': *bei der Eheschließung die Ringe ~; sie haben (miteinander) die Plätze gewechselt; wir haben nur wenige Worte (miteinander) gewechselt* ('nur kurz miteinander gesprochen'); *sie wechselten viel sagende Blicke* ('sahen sich viel sagend an'); *etw. mit jmdm.* ~: *er hat mit ihr den Platz gewechselt; mit jmdm. Blicke, einen Blick, Händedruck* ~ ('einander Blicke, einen Blick zuwerfen, die Hand drücken'); *miteinander Briefe* ~ ('einander Briefe schreiben') **4.2.** /zwei od. mehrere (etw.)/ 'abwechselnd aufeinander folgen': *Freude und Leid ~ im Leben; in rascher Folge wechselten Rede und Gegenrede* **5.** ⟨hat⟩ /jmd./ *etw.* ~ **5.1.** 'für eine größere Banknote, Münze kleinere Noten, Münzen derselben Währung geben': *kannst du (mir) einen Zehnmarkschein ~?; ich kann leider nicht ~* **5.2.** 'Geld einer Währung in Geld einer anderen Währung tauschen (1.1)'; SYN umtauschen (1.2): *an der Grenze Geld ~; wo kann man hier Dollar gegen Mark, Gulden ~?* **6.** ⟨ist⟩ /jmd., Tier, bes. Hund, Reh/ *(von etw.) auf, in, zu etw.* ~ 'einen Ort, Platz verlassen und sich zu einem anderen begeben': *von* einer Straßenseite auf die andere ~; *über die Grenze* ~; *er ist in ein anderes Ressort gewechselt; der Hirsch ist über die Lichtung gewechselt; an dieser Stelle sind Rehe gewechselt* ❖ ↗ Wechsel

wechsel/Wechsel ['vɛks̩..]|-**seitig** [zaɪ̯tɪç] ⟨Adj.; o. Steig.; nicht präd.⟩ **1.1.** SYN 'gegenseitig (1)' /auf Abstraktes bez./: *zwischen diesen Problemen besteht ein ~er Zusammenhang; eine ~e Wirkung; ihre ~e Sympathie* **1.2.1.** SYN 'gegenseitig (2.2)': *sie, die beiden helfen sich* ⟨Dat.⟩ ~ **1.2.2.** SYN 'gegenseitig (2.1)': *diese Prozesse bedingen, beeinflussen sich* ⟨Akk.⟩ ~; *eine ~e Beeinflussung* ❖ ↗ Seite; **-stelle, die** 'Filiale od. Abteilung einer Bank, in der man Geld wechseln (5.2) kann' ❖ ↗ stellen; **-strom, der** ⟨o.Pl.⟩ 'elektrischer Strom, dessen Richtung und Stärke sich periodisch ändern' (vgl. auch *Gleichstrom*): *die Haushalte haben ~, der Elektromotor ist nur für ~ geeignet* ❖ ↗ Strom; **-voll** ⟨Adj.; Steig. reg., Superl. ungebr.⟩ 'durch einen häufigen Wechsel gekennzeichnet, der für die Betroffenen Angenehmes od. Unangenehmes bedeutet'; ANT einförmig /auf Prozesse bez./: *er hatte ein ~es Leben; sein Leben war ~; das ~e Schicksal dieses Landes; die Geschichte der Stadt gestaltete sich sehr ~* ❖ ↗ voll; **-weise** ⟨Adv.⟩ SYN 'abwechselnd': *er hat ~ Früh- und Spätschicht; sie machen ~ Bereitschaftsdienst* ('wechseln einander mit dem Bereitschaftsdienst ab'); **-wirkung, die** 'wechselseitige (1.1) Wirkung, Beeinflussung': *die ~ zwischen dem Menschen und seiner Umwelt* ❖ ↗ wirken

wecken ['vɛkn̩] ⟨reg. Vb.; hat⟩ **1.** /jmd., etw./ *jmdn.* ~ 'bewirken, dass jmd. wach (1) wird, jmdn. wach (1) machen': *würdest du mich bitte um sechs Uhr ~?; der Lärm hat ihn geweckt; er wurde durch lautes Hundegebell geweckt* **2.** /jmd., etw./ *etw.* ~ 'bestimmte Gedanken, Emotionen o.Ä. bei jmdm. hervorrufen': *die junge Frau, ihr merkwürdiges Verhalten weckte seine Neugierde; der Lehrer versteht es, bei den Schülern Interesse, Verständnis/das Interesse, Verständnis zu ~; der Brief hat in ihr Argwohn, alte Erinnerungen geweckt* ❖ erwecken, Wecker – aufwecken

Wecker ['vɛkɐ], **der**; ~s, ~ 'Uhr, die zu einem bestimmten Zeitpunkt, den man vorher einstellt, ein akustisches Signal gibt, bes. um jmdn. zu wecken (1)': *der ~ klingelt, rasselt; den ~ (auf, zu fünf Uhr) stellen; den ~ aufziehen; ich habe den ~* ('das Signal des Weckers') *nicht gehört* ❖ ↗ wecken * umg. /jmd., etw./ *jmdm. auf den ~ fallen* ('jmdm. lästig sein, werden')

wedeln ['veːdln̩] ⟨reg. Vb.; hat⟩ **1.** /Hund/ *mit dem Schwanz* ~ ('den Schwanz rasch hin und her bewegen') **2.1.** /jmd./ *mit etw.* ⟨Dat.⟩ ~ 'etw. Leichtes rasch hin und her bewegen': *sie rief ihm etw. zu und wedelte dabei mit einem Blatt Papier* **2.2.** /etw./ 'sich (durch Luftzug) rasch hin und her bewegen': *die Wäsche wedelte auf der Leine, im Wind* **3.** 'bei der Talfahrt auf Skiern rasch aufeinander folgend die Skier parallel von einer Seite zur anderen und umgekehrt bewegen': *er kann ~*

weder ['ve:dɐ] ⟨als Glied der mehrteiligen koordinierenden Konj. **weder ... noch**; verbindet zwei Hauptsätze, zwei Nebensätze, zwei Satzglieder od. Teile von Satzgliedern; das Vb. des zweiten Hauptsatzes steht an erster Stelle⟩ /gibt an, dass beide durch *weder ... noch* benannten Teile zugleich nicht gelten/: *er hat ~ sein Studium beendet, noch hat er irgendeine vernünftige Ausbildung;* ⟨mit Einsparung eines Satzglieds bei Identität⟩ *gestern hat es ~ geregnet noch geschneit; wir stellen ~ weibliche noch männliche Mitarbeiter ein; ~ Barbara noch Birgit hat/haben den Film gesehen* ❖ **entweder**

weg [vɛk] ⟨Adv.⟩ **1.** /bezeichnet die (Bewegungs)richtung von irgendwo nach irgendwohin/ **1.1.** ⟨einem Subst., Pron. nachgestellt⟩ 'von einem bestimmten Ort zu einem anderen Ort': *die Straße führt vom Dorf ~ in den Wald;* umg. *sie wurde vom Flugplatz ~* ('unmittelbar vom Flugplatz aus') *direkt ins Krankenhaus gebracht* **1.2.** umg. /fordert in imperativischen Sätzen dazu auf, sich od. etw. zu entfernen (1,3)/; SYN 'fort (1.2.)': *~ (mit euch)!; ~ da!; schnell ~ von hier!; Hände, Finger ~ (davon)!; ~ mit dem ganzen Plunder!* **2.** ⟨nur präd.⟩ *etw., jmd. ist ~* 'etw., jmd. befindet sich nicht mehr an einem bestimmten Ort': *als wir endlich am Bahnhof ankamen, war der Zug schon ~; unser Besuch ist wieder ~; er war lange ~* ('war lange nicht anwesend'); *das Kind, mein Schlüssel ist ~* ('nicht aufzufinden'); *der Fleck ist ~* ('nicht mehr vorhanden'); *die Schmerzen waren plötzlich ~* ('waren nicht mehr zu spüren, hatten aufgehört'); umg. *die Ware war schnell ~* ('verkauft'); *er ging früh ins Bett und war sofort ~* ('eingeschlafen') **3.** ⟨nur präd.⟩ *etw. ist weit ~* 'etw. befindet sich in großer Entfernung von etw.': *das nächste Dorf ist weit ~ (von hier); das Schiff ist noch weit ~* **4.** umg. *das ist (alles) schon so weit ~* ('so lange her und daher nicht mehr wichtig') ❖ **hinweg, hinwegkommen, hinwegsehen, hinwegsetzen, wegbekommen;** vgl. **weg-;** vgl. auch **vorweg**
* umg. *jmd. ist ganz ~* ('ist begeistert'); **jmd. ist über etw. ~** ('hat einen Schicksalsschlag, eine Enttäuschung o.Ä. überwunden')
MERKE Zur Getrennt-, Zusammenschreibung von *weg* und *sein*: Getrenntschreibung auch im Infinitiv

Weg [ve:k], *der;* ~s/~es, ~e **1.1.** 'relativ schmaler und meist nicht befestigter Streifen Land, meist außerhalb von Ortschaften, auf dem sich Fußgänger, auch Fahrzeuge durch ein Gebiet bewegen können': *ein gepflasterter, schmaler, steiler ~; öffentliche ~e; der ~ führt durch den Wald, ins Dorf, über Wiesen und Felder, zum See; die ~e im Park; nach fünfzig Metern zweigt links ein ~ ab* **1.2.** *sich einen ~ durch die Menschenmenge, das Dickicht bahnen* ('sich nur mühsam durch die Menschenmenge, das Dickicht vorwärts bewegen können') **2.** 'Strecke, die zurückgelegt werden muss, um ein bestimmtes Ziel zu erreichen': *ein ~ von fünf Kilometern, einer Stunde; einen weiten ~ (zur Schule)*

haben; einem Fremden den ~ zum Rathaus beschreiben, zeigen; um den ~ abzukürzen, ging er quer über den Rasen; das liegt an meinem ~ ('daran komme ich vorbei'); *hier trennen sich unsere ~e* ('jetzt muss jeder von uns in eine andere Richtung gehen'); *jmdm. den ~ freigeben* ('zur Seite treten, damit jmd. weitergehen kann'); *jmdm. den ~ abschneiden* ('jmdm. auf kürzerer Strecke zuvorkommen und sich ihm entgegenstellen, so dass er nicht weitergehen kann'); *den ~ durch die Hintertür nehmen* ('nicht durch den vorderen Eingang, sondern durch die Hintertür gehen') **3.1.** 'Gang, Fahrt in einer bestimmten Richtung, zu einem bestimmten Ziel': *nach der Ankunft führte ihn sein erster ~ zu ihr; er traf ihn auf dem ~ zur Arbeit, Schule; er kaufte am Kiosk eine Zeitung und setzte seinen ~ fort; er befindet sich/ist auf dem ~* ('ist unterwegs') *nach N, zu dir* **3.2.** 'Gang (2), um etw. zu erledigen, um Einkäufe zu machen': *ich habe einen dringenden ~ zu erledigen; er hat ihr manchen ~ abgenommen; sie muss schnell noch ein paar ~e machen* **4.** ⟨vorw. Sg.; vorw. mit Attr.⟩ 'bestimmte Art und Weise des Vorgehens': *dieser ~ scheidet aus; etw. auf friedlichem ~/~e regeln; auf gesetzlichem ~/~e vorgehen; sich auf gütlichem ~/~e einigen; der ~ der Verhandlung ist dem ~ der Konfrontation vorzuziehen* **5.** ⟨vorw. Sg.; vorw. mit Attr.⟩ 'durch entsprechendes Denken und Handeln bestimmte Richtung einer Entwicklung': *sie glaubten, auf dem richtigen ~ zu sein; der ~ des ökonomischen Niedergangs war vorprogrammiert; der ~ des Landes in eine glückliche, gesicherte Zukunft* **6.** zu ~e: ↗ zuwege ❖ **unwegsam − Abwege, abwegig, Ausweg, Gehweg, geradewegs, Holzweg, Lebensweg, Mittelweg, Umweg, unterwegs, Wegbereiter, Wegelagerer, wegweisend, Wegweiser, zuwege**
* /jmd., Institution/ **auf dem besten ~e sein, etw. zu erreichen/zu werden 1.** 'alle Aussicht haben, (durch seine Tüchtigkeit) etw. Bestimmtes zu erreichen, zu werden': *er ist auf dem besten ~e, ein großer Schauspieler zu werden; er ist auf dem besten ~e, den Wettbewerb zu gewinnen* **2.** 'durch sein Verhalten mit großer Wahrscheinlichkeit in die Gefahr geraten, in eine unangenehme Lage zu kommen': *er, die Stadt ist auf dem besten ~e, sich wirtschaftlich zu ruinieren;* /jmd., etw./ **jmdm. den ~ ebnen** ('Hindernisse, die jmdn. in seiner Entwicklung behindern, beseitigen'); /jmd./ **seine eigenen ~e gehen** ('sich in seinem Denken, Handeln nicht von anderen beeinflussen lassen, sondern selbständig denken, handeln'); /jmd./ **jmdm. etw. mit auf den ~ geben** ('jmdm., bevor er weggeht, etw. sagen, was er beherzigen soll'); /jmd./ **jmdm., etw.** ⟨Dat.⟩ **aus dem ~/~e gehen** ('jmdn., etw. meiden'); /jmd., Institution/ **jmdm. auf halbem ~/~e entgegenkommen** ('bei einer Verhandlung, Auseinandersetzung o.Ä. jmdm. gegenüber teilweise nachgeben, wenn dieser sich auch kompromissbereit zeigt'); /jmd./ **auf halbem ~/~e stehen bleiben** ('etw. Angefangenes nicht zu Ende führen'); /jmd., Institution/ **etw. in die ~e**

leiten ('etw. vorbereiten und zu verwirklichen beginnen'); /jmd./ **sich auf den ~ machen** ('aufbrechen 3'); /jmd., Institution/ **etw. aus dem ~ räumen** ('ein Hindernis beseitigen'); /jmd./ **jmdn. vom rechten ~ abbringen** ('jmdn. dazu verleiten, etw. Verwerfliches, Strafbares zu tun'); **auf dem schnellsten ~/~e** 'so schnell wie möglich': *das muss auf dem schnellsten ~e erledigt werden; auf dem schnellsten ~e nach Hause fahren;* ; /jmd., etw./ **jmdm., etw.** ⟨Dat.⟩ **im ~/~e sein/stehen** ('jmdm. bei der Durchführung, Verwirklichung einer Sache hinderlich sein, die Entwicklung einer Sache behindern'); /jmd./ **~ und Steg kennen** 'sich in einer bestimmten Gegend genau auskennen': *der kennt hier ~ und Steg;* /etw., (nur nichts)/ **etw.** ⟨Dat.⟩ **im ~e stehen** 'ohne weiteres durchgeführt werden können': *dem steht absolut nichts im ~e;* /jmd./ **sich jmdm. in den ~ stellen** ('jmdm. Widerstand leisten'); /jmd./ **jmdm. nicht über den ~ trauen** ('jmdm. misstrauen'); **bis dahin ist es noch ein weiter ~** ('das dauert noch lange, ehe es soweit, bis es geschafft ist'); /jmd., Institution/ **den ~ des geringsten Widerstandes gehen** ('allen Schwierigkeiten ausweichen, um etw. Bestimmtes zu erreichen'); ⟨⟩ umg. /jmd./ **jmdm. über den ~ laufen** 'jmdm. zufällig begegnen': *da ist mir doch neulich ein alter Bekannter über den ~ gelaufen;* verhüll. /jmd./ **jmdn. aus dem ~ räumen** ('jmdn. umbringen, der einem Plan hinderlich ist')

weg|bekommen ['vɛk..], bekam weg, hat wegbekommen /jmd./ *etw.* ~ 'etw. Störendes beseitigen (1), entfernen können': *ich habe den Fleck (nicht)* ~ ❖ ↗ **weg,** ↗ **bekommen**

Weg|bereiter ['veːkbəʀaɪtɐ], **der;** ~s, ~ 'jmd., der durch sein Denken, Handeln die Voraussetzungen zur Verwirklichung von etw. schafft, geschaffen hat'; SYN Pionier (2): *die ~ des ökologischen Denkens* ❖ ↗ **Weg,** ↗ **bereit**

weg ['vɛk..]|**-bleiben**, blieb weg, ist weggeblieben umg. **1.** /jmd./ 'an einen bestimmten Ort nicht mehr zurückkommen': *er ging und blieb für immer weg; von dem Tage an blieb er weg; du bist lange weggeblieben!* **2.** /etw./ 'plötzlich aussetzen (5)': *der Motor, Strom blieb (plötzlich) weg* **3.** *jmdm. bleibt die Luft weg* ('jmd. kann vorübergehend nicht richtig atmen') **4.** ⟨+ Modalvb.⟩ /etw./ 'weggelassen (1) werden': *dieser Satz kann* ~ ❖ ↗ **weg,** ↗ **bleiben;** **-denken**, dachte weg, hat weggedacht /jmd./ *sich* ⟨Dat.⟩ *etw., jmdn.* ~ 'sich vorstellen, dass sich etw., jmd. nicht mehr an einer bestimmten Stelle befindet': *den Schrank musst du dir* ~; *ich kann mir ihn aus unserem Freundeskreis nicht mehr* ~ ('ich kann mir nicht vorstellen, dass wir ihn in unserem Freundeskreis entbehren können') ❖ ↗ **weg,** ↗ **bedenken**

Wege|lagerer ['veːgəlaːgəʀɐ], **der;** ~s, ~ 'jmd., der an Wegen, Straßen auf Vorbeikommende lauert, sie überfällt und beraubt': ~ *mach(t)en die Gegend unsicher* ❖ ↗ **Weg,** ↗ **liegen**

wegen ['veːgn̩] ⟨Präp. mit Gen.; im Sg. auch o. erkennbare Kasusforderung; mit Dat., wenn der Gen. Pl. nicht erkennbar ist; umg. auch Dat. im

Sg.; vorangestellt, auch nachgestellt, wenn das Subst. im Gen. steht⟩ /kausal; gibt die Ursache, den Grund an/: ~ *des schlechten Wetters/des schlechten Wetters* ~ *fällt die Veranstaltung aus;* ~ *Umbau geschlossen; er wurde* ~ *seiner Aufmerksamkeit gelobt; der Flug fällt* ~ *Nebel(s) aus;* /gibt auch den Zweck an/: ~ *eines Biers renne ich doch nicht durch die ganze Stadt!; das hat er nur* ~ *des Geldes/ des Geldes* ~/umg. ~ *dem Geld getan* ❖ **deinetwegen, derentwegen, deswegen, euretwegen, ihretwegen, meinetwegen, seinetwegen, unseretwegen** MERKE Zum Verhältnis von *wegen, infolge:* Wenn durch *infolge* das Ergebnis, die Folge aus etw. betont wird, kann es nicht durch *wegen* ersetzt werden; *wegen* betont immer die Ursache. In Verbindung mit Personalpron. bildet *wegen* Komposita: vgl. *meinetwegen, deinetwegen, euretwegen, ihretwegen, seinetwegen, unseretwegen.* Zum Unterschied von *wegen* und *aufgrund:* ↗ *aufgrund* (Merke)

weg ['vɛk..]|**-fallen** (er fällt weg), fiel weg, ist weggefallen /etw./ 'gegenstandslos geworden sein und daher nicht mehr berücksichtigt werden'; SYN entfallen (2): *dieser Grund fällt weg; der letzte Absatz im Text kann* ~ ('weglassen 1 werden'); *nach der neuen Verordnung fallen diese Zuschläge weg* ('werden diese Zuschläge nicht mehr berücksichtigt und daher nicht mehr gezahlt') ❖ ↗ fallen; **-gehen**, ging weg, ist weggegangen **1.1.** /jmd./ 'sich zu Fuß von einem Ort entfernen'; SYN fortgehen, verschwinden (2), gehen (2): *heimlich, leise, schnell* ~; *es vor einer Stunde weggegangen und wollte so schnell wie möglich zurückkommen;* /in der kommunikativen Wendung/ *geh mir weg damit!* ('verschone mich damit') /wird vom Sprecher unwillig geäußert, wenn jmd. etw. an ihn heranträgt, was ihm zuwider ist/ **1.2.** umg. *jmd geht nur selten weg* (SYN 'geht nur selten aus', ↗ *ausgehen 1'*) **1.3.** /jmd./ 'seinen bisherigen Wohnsitz, Arbeitsplatz aufgeben': *nach dem Studium will er (von N)* ~; *er ist vor zwei Jahren (aus dem Institut, von seiner Dienststelle) weggegangen* **2.** *das Paket, der Brief geht heute noch weg* ('wird heute noch abgeschickt'), *ist gestern schon weggegangen* **3.** umg. /etw./ **3.1.** *der Fleck geht nicht (mehr) weg* ('kann nicht beseitigt, entfernt werden') **3.2.** *die Schmerzen gehen allmählich weg* ('hören allmählich auf', ↗ *aufhören*) **4.** umg. /Ware/ *reißend, schnell* ~ 'guten Absatz finden, schnell verkauft werden': *die Neuauflage ging schnell weg, ist reißend weggegangen* ❖ ↗ gehen; **-haben**, hatte weg, hat weggehabt umg. **1.** /jmd./ *etw.* ~ 'etw. ¹bekommen (1.1) haben': *du hast deinen Anteil (schon) weg; er hat seine Strafe weg* ('hat die verdiente Strafe bekommen'); *bei dem nasskalten Wetter hatte er sofort eine Erkältung, einen Schnupfen weg* ('hatte er sich sofort eine Erkältung, einen Schnupfen zugezogen') **2.** /jmd./ **2.1.** *er hatte schnell weg* ('hatte schnell begriffen'), *wie man das Gerät bedienen muss* **2.2.** *auf diesem Gebiet, in Botanik hat er was weg* ('weiß er sehr gut Bescheid, ist er beschlagen') ❖ ↗ haben; **-helfen** (er hilft *weg*), half *weg*, hat *weggeholfen* umg. /jmd., etw./ *jmdm. über etw.* ~ **1.1.** ˈjmdm. helfen (1.1), ein Hindernis (1) zu überwinden': *er streckte ihr die Hand entgegen und half ihr über den Graben weg* **1.2.** ˈjmdm. helfen (1.1), etw. Schlimmes psychisch zu bewältigen': *die Enkelin, diese Aufgabe half ihr über den schmerzlichen Verlust weg* ❖ ↗ helfen; **-holen** ⟨trb. reg. Vb.; hat⟩ **1.** /jmd./ *jmdn., etw. von irgendwo* ~ ˈjmdn., etw. von einem bestimmten (gefährlichen) Ort entfernen': *er ergriff den Hund am Halsband und holte ihn von der Fahrbahn weg* **2.** umg. /jmd./ *sich* ⟨Dat.⟩ *etw.* ~ ˈsich etw. zuziehen (3)': *er hat sich dabei eine Erkältung, nasse Füße weggeholt; sich* ⟨Dat.⟩ *was* ~ ˈsich eine Krankheit zuziehen': *bei diesem Wetter holt man sich leicht was weg* ❖ ↗ holen; **-kommen**, kam *weg*, ist *weggekommen* **1.** umg. /jmd./ **1.1.** ˈsich von einem bestimmten Ort entfernen': *wir müssen versuchen, (hier) schleunigst wegzukommen; mach, dass du wegkommst* (ˈverschwinde')!; **1.2.** *er kommt selten, wenig, kaum weg* (1. ˈhat selten die Möglichkeit, die gewohnte Umgebung zu verlassen' 2. ˈhat selten die Möglichkeit auszugehen' **2.** ⟨vorw. im Perf.⟩ /etw./ ˈverloren gehen': *hier kommt nichts weg; ihm ist Geld, sein Schlüsselbund weggekommen* **3.** /jmd./ *über etw.* ~ SYN ˈüber etw. hinwegkommen': *sie ist über den Verlust nur schwer weggekommen; er kommt nicht darüber weg, dass sie ihn hintergangen hat* **4.1.** *gut, schlecht* ~ ˈbesser od. schlechter beurteilt, bewertet werden, als zu erwarten war': *der Film ist (auf dem Festival, bei den Kritikern) gut, schlecht weggekommen* **4.2.** /jmd./ *billig, gut* ~ ˈbei einer (Geld)strafe weniger zahlen müssen, als zu erwarten war': *er hat nur ein Bußgeld zahlen müssen, damit ist er billig weggekommen* ❖ ↗ kommen; **-lassen** (er lässt *weg*), ließ *weg*, hat *weggelassen* **1.** /jmd./ *etw.* ~ ˈetw. nicht erwähnen, weil man es nicht für wichtig hält od. weil man es als Information unterdrücken will': *das Unwesentliche* ~; *den Titel bei der Anrede* ~; *etw. absichtlich, versehentlich* ~; *eine Szene im Theaterstück* ~ (ˈnicht aufführen 1') **2.** /jmd./ *etw.* ~ ˈetw. nicht benutzen, verwenden (1.1), weil man es für entbehrlich od. nicht geeignet hält': *bei der Wärme kannst du den Schal getrost* ~; *der Kümmel kann weggelassen und die Soße nur mit Pfeffer gewürzt werden* **3.** umg. /jmd./ *jmdn. nicht* ~ **3.1.** ˈjmdn. nicht weggehen (1.1) lassen': *das Kind klammerte sich an die Mutter und wollte sie nicht* ~ **3.2.** ˈjmdn. nicht weggehen (1.3) lassen': *der Direktor will ihn nicht* ~ *und hat ihn gebeten, die Kündigung noch einmal zu überdenken* ❖ ↗ lassen; **-laufen** (er läuft *weg*), lief *weg*, ist *weggelaufen* **1.1.** /jmd./ ˈsich durch Laufen (2.1) von jmdm., etw. entfernen': *das Kind lief weinend (vor ihm, dem Hund) weg; als er Schritte hörte, ließ er die Beute liegen und lief (vom Tatort) weg* **1.2.** /jmd., bes. Kind/ ˈheimlich, ohne Abschied, spontan, sein Elternhaus in der Absicht verlassen, einer unangenehmen Situation zu entgehen und nicht zurückzukehren'; SYN ausreißen (2), ausrücken: *der*

Junge ist von zu Hause weggelaufen und treibt sich vermutlich irgendwo herum; /jmd., bes. Frau/ *jmdm.* ~: *ihm ist seine Frau weggelaufen;* /in der kommunikativen Wendung/ *das läuft dir nicht weg* (ˈdas hat Zeit, muss nicht sofort erledigt werden') /wird zu jmdm. gesagt, wenn dieser glaubt, etw. unbedingt noch schnell erledigen zu müssen'/ ❖ ↗ laufen; **-nehmen** (er nimmt *weg*), nahm *weg*, hat *weggenommen* **1.** /jmd./ *etw.* ~ ˈetw. von der Stelle nehmen, an der es sich befindet': *würden Sie bitte Ihren Mantel (von) hier* ~?; *nimm die Hände weg* (ˈfass das, mich nicht an')! **2.** /jmd./ **2.1.** *jmdm. etw.* ~ ˈetw., das jmd. besitzt, gegen dessen Willen an sich nehmen': *er wollte ihr das Buch, die Brieftasche* ~; *die Lehrerin hat dem Schüler die Zigaretten weggenommen; jmdm. jmdn.* ~: *er hat seinem Bruder die Freundin weggenommen* (ˈhat bewirkt, dass die Freundin sich von seinem Bruder abgewandt hat und jetzt zu ihm gehört'); *der Mutter wurde das Kind weggenommen* (ˈwurde das Recht entzogen, das Kind zu erziehen und es bei sich zu haben') **2.2.** /jmd., etw./ *jmdm. etw.* ~ ˈbewirken, dass jmd. etw. nicht mehr hat (1)': *sein breiter Rücken nahm ihr die Sicht weg; ich möchte dir nicht deine kostbare Zeit* ~; /etw./ *etw.* ~: *das Sofa nimmt viel Platz weg* (ˈnimmt viel Platz ein') ❖ ↗ nehmen; **-rühren, sich** ⟨trb. reg. Vb.; hat⟩ /jmd./ *sich nicht* ~ ˈvon einem bestimmten Ort nicht weggehen (1.1)': ⟨häufig im Imp.⟩ *rühr dich nicht (vom Fleck) weg!* ❖ ↗ rühren; **-schließen**, schloss *weg*, hat *weggeschlossen* /jmd./ *etw.* ~ SYN ˈetw. einschließen (1.3)': *er schloss die Briefe, Dokumente, das Geld sorgfältig weg* ❖ ↗ schließen; **-sehen** (er sieht *weg*), sah *weg*, hat *weggesehen* **1.** /jmd./ ˈden Blick von einer Sache, Person abwenden und in eine andere Richtung blicken': *angewidert* ~ **2.** /jmd./ **2.1.** *über etw.* ~ SYN ˈüber etw. hinwegsehen (2.1)': *darüber* ~, *dass …;* *über Kleinigkeiten sollte man* ~ **2.2.** *über jmdn.* ~ SYN ˈüber jmdn. hinwegsehen (2.2)': *er hat einfach über sie weggesehen* ❖ ↗ sehen; **-setzen** ⟨trb. reg. Vb.; hat⟩ **1.** /jmd./ **1.1.** *etw.* ~ ˈetw. von einer Stelle wegnehmen (1) und an eine andere stellen (2.1)': *den Stuhl, die Vase* ~ **1.2.** *sich* ~ ˈden Platz, wo man sitzt, verlassen und sich woanders hinsetzen': *er hat sich (vom Fenster, von der Tür) weggesetzt* **2.** umg. /jmd./ *sich über etw.* ~ ˈsich über etw., das man normalerweise berücksichtigt, hinwegsetzen': *er hat sich über diese Bedenken großzügig weggesetzt; darüber kann ich mich nicht einfach* ~ ❖ ↗ setzen; **-stehlen, sich** (er stiehlt sich *weg*), stahl sich *weg*, hat sich *weggestohlen* geh. /jmd./ *sich* ~ ˈsich heimlich von einem Ort, aus einem Personenkreis entfernen': *sie debattierten erregt und merkten nicht, wie er sich wegstahl* ❖ ↗ stehlen; **-stellen** ⟨trb. reg. Vb.; hat⟩ /jmd./ *etw.* ~ ˈetw. an einen dafür vorgesehenen Platz stellen': *das saubere Geschirr* ~; *ich muss erst schnell mein Fahrrad* ~ ❖ ↗ stellen; **-sterben** (er stirbt *weg*), starb *weg*, ist *weggestorben* ⟨vorw. im Perf.⟩ umg. /meist mehrere (jmd.)/ *jmdm.* ~: *ihm sind die El-*

tern, die Kinder früh weggestorben ('er hat seine El-
tern, Kinder früh durch den Tod verloren'); *ihm ist
die Frau weggestorben* ❖ ↗ sterben
weg/Weg ['ve:k..]|-**weisend** [vɑi̯znt] ⟨Adj.; o. Steig.⟩
'eine Orientierung für die künftige Entwicklung,
jmds. künftiges Handeln gebend': *ein ~er Be-
schluss, Hinweis; diese Forschungsergebnisse waren,
wirkten ~* ❖ ↗ Weg, ↗ weisen; -**weiser** [vɑi̯zɐ], **der**;
~s, ~ '(an einem Pfahl befestigte) Tafel, auf der
angegeben ist, wohin der betreffende Weg, die be-
treffende Straße führt (↗ BILD)': *an der Kreuzung
steht ein ~* ❖ ↗ Weg, ↗ weisen

Wegweiser

weg|-werfen ['vɛk..] (er wirft weg), warf weg, hat weg-
geworfen; ↗ auch *wegwerfend* /jmd./ etw. ~ 'etw.,
das man nicht behalten will, nicht benötigt, von
sich, irgendwohin werfen': *etw. achtlos ~; keine
brennenden Zigaretten ~!; er hat seine alten Schuhe
weggeworfen* ❖ ↗ werfen; -**werfend** [vɛʁfn̩t] ⟨Adj.;
o. Steig.; nicht präd.; ↗ auch *wegwerfen*⟩ 'Verach-
tung ausdrückend' /auf eine Geste, meist kurze
mündliche Äußerung bez./: *eine ~e Handbewegung,
Bemerkung machen; in ~em Ton über etw., jmdn.
reden; sich über jmdn., etw. ~ äußern; von jmdm.,
etw. ~ sprechen* ❖ ↗ werfen
¹weh [ve:] ⟨Adj.; o. Steig.⟩ ⟨nicht bei Vb.⟩ geh. SYN
'wehmütig': *ein ~es Lächeln; ihr war so ~ ums
Herz* ❖ **²weh, Wehe, Wehmut, wehmütig — Heim-
weh, wehklagen, wehleidig, wehtun**
²weh ⟨Interj.⟩ **1.** *o ~!* /drückt Schmerz, Klage des
Sprechers aus/: *o ~, das ganze Geschirr ist kaputt!;
o ~, wie konnte das nur passieren!* **2.** ↗ *wehe* ❖ ↗
¹weh
wehe ['ve:ə] ⟨Interj.; allein stehend od. mit folgendem
Dat. d. Pers.⟩ /drückt eine Drohung des Sprechers
aus/: *~ (dir), wenn du nicht pünktlich bist!;* ⟨mit
folgendem Dat. d. Pers. auch *weh*⟩ *~/wehe ihm,
wenn er gelogen hat*
Wehe, die; ~, ~n **I.** ⟨vorw. Pl.⟩ 'schmerzhaftes Sich-
zusammenziehen der Muskulatur der Gebärmutter
bei der Geburt': *die ~n beginnen, setzen ein, lassen
nach; sie hat heftige, schwache ~n; der Abstand zwi-
schen den einzelnen ~n verkürzt sich; sie liegt in den
~n* ('ist dabei, ein Kind zu gebären') − **II.** 'vom
Wind aufgehäufter Schnee, Sand': *der Sturm hatte
den Schnee zu hohen ~n aufgetürmt; die ~n behin-
derten den Straßenverkehr* ❖ **zu (I):** ↗ **¹weh; zu (II):**
↗ **wehen**

wehen ['ve:ən] ⟨reg. Vb.; hat⟩ **1.** /Wind, Luftzug/ **1.1.**
'sich langsam od. schnell in eine bestimmte Rich-
tung bewegen': *der Wind weht schwach, heftig, ei-
sig, aus Südwest; vom Meer wehte eine steife Brise;
es wehte ein scharfer Nordost* **1.2.** *etw. irgendwohin
~* 'etw. durch Wehen (1.1) in eine bestimmte Rich-
tung, an einen od. von einem bestimmten Ort be-
fördern': *der Wind wehte ihm Sand ins Gesicht; der
Sturm hat den Schnee von den Dächern geweht; durch
den Luftzug wurden die Seiten des Manuskripts auf
den Fußboden geweht* **2.** /etw./ 'sich im Wind, durch
den Luftzug hin und her od. irgendwohin bewe-
gen': *bunte Girlanden wehten (im Wind); die Wä-
sche auf der Leine wehte heftig im Wind; ~de Fah-
nen; die Blätter wehten durch den Park; das Papier
wehte zu Boden* ❖ **Wehe — Schneewehe**
weh/Weh ['ve:..]|-**klagen**, wehklagte, hat gewehklagt
/jmd./ 'über ein Unglück, einen Verlust laut klagen
(3)': *sie jammerte und wehklagte unentwegt (über
den Verlust ihrer Handtasche, ihrer Katze); in lautes
Wehklagen ausbrechen* ❖ ↗ ¹weh, ↗ klagen; -**leidig**
[lai̯dɪç] ⟨Adj.⟩ **1.1.** ⟨Steig. reg.; nicht bei Vb.⟩
'übertrieben empfindlich auf Schmerzen reagie-
rend, schon bei geringen Schmerzen klagend' /auf
Personen bez./: *ein ~er Mensch; er ist ziemlich ~*
1.2. ⟨Steig. reg., ungebr.⟩ 'bewusst körperlichen,
psychischen Schmerz ausdrückend, um Mitleid,
Aufmerksamkeit zu erregen' /auf Akustisches, Mi-
misches bez./: *etw. mit ~er Stimme sagen; ein ~es
Gesicht machen; ~ lächeln* ❖ ↗ ¹weh, ↗ Leid; -**mut,
die** ⟨o.Pl.⟩ 'leichte, verhaltene Trauer, stiller
Schmerz bei der Erinnerung an etw. Vergangenes,
Verlorenes': *~ ergriff, beschlich ihn beim Abschied;
mit heimlicher, leiser ~ an etw. zurückdenken; voll/
voller ~ erinnerte sie sich an die glücklichen Tage* ❖
↗ ¹weh; -**mütig** [my:tɪç] ⟨Adj.; Steig. reg., ungebr.⟩
'ein wenig traurig, voll Wehmut'; SYN ¹weh: *~e
Erinnerungen, Lieder; eine ~e Stimmung erfasste
ihn; die Melodie klingt ~; ~ lächeln, von vergange-
nen Zeiten sprechen* ❖ ↗ ¹weh
¹Wehr [ve:ɐ]
* /jmd./ **sich zur ~ setzen (1.1.** 'sich wehren (1.1)': *als
sie handgreiflich wurden, setzte er sich (gegen die
Diebe) zur ~* **1.2.** 'sich wehren (1.2)': *er setzte sich
gegen diese Vorwürfe heftig, energisch zur ~*)
²Wehr, das; ~s/-es, ~e 'quer durch ein fließendes
Gewässer gebaute Anlage zum Stauen des Wassers,
bes. um den Wasserstand zu regeln': *das ~ an der
alten Mühle; das ~ öffnen, schließen* ❖ ↗ **wehren**
Wehr|dienst ['ve:ɐ..], **der** ⟨o.Pl.⟩ 'Dienst, den jmd. in
Erfüllung der Wehrpflicht beim Militär leistet': *er
ist zum ~ einberufen worden, leistet seinen ~ bei der
Marine ab* ❖ ↗ **wehren,** ↗ **dienen**
wehren ['ve:ʀən] ⟨reg. Vb.; hat⟩ **1.** /jmd./ *sich ~* **1.1.**
'sich gegen einen Angreifer, Angriff verteidigen
(1.2)': *als ihr der Dieb die Handtasche entreißen
wollte, wehrte sie sich energisch; das Volk wehrte
sich tapfer, mit aller Kraft gegen die Aggressoren,
den Überfall* **1.2.** 'etw. Unangenehmem, Bedrohli-
chem entschieden entgegentreten': *du darfst diese*

infamen Anschuldigungen nicht auf dir sitzen lassen, du musst dich (dagegen) ∼!; sie hat sich mit aller Kraft gegen die bösartige Krankheit gewehrt **2.** geh. /jmd./ etw. ⟨Dat.⟩ ∼ 'etw. Böses, eine Gefahr abzuwenden versuchen': wie können wir dem Unheil ∼?; ihr müsst den Anfängen ∼! ❖ **²Wehr, Gewehr, verwehren − Abwehr, abwehren, Bundeswehr, Feuerwehr, Luftabwehr, Notwehr, Wehrdienst, wehrlos, Wehrpflicht, wehrpflichtig, Wehrpflichtige**

wehr/Wehr ['veːɐ..]∥**-los** ⟨Adj.; Steig. reg., ungebr.⟩ 'unfähig, ohne die Möglichkeit, sich zu wehren (1.1)': auf ein ∼es Kind einschlagen; gegen jmdn., etw. ∼ sein; ∼ am Boden liegen; einem Gegner, Angriff ∼ ausgeliefert sein ❖ ↗ wehren, ↗ los; **-pflicht, die** ⟨o.Pl.⟩ 'gesetzliche Pflicht, Wehrdienst zu leisten': die allgemeine ∼ ❖ ↗ wehren, ↗ Pflicht; **-pflichtig** [pflɪçtɪç] ⟨Adj.; o. Steig.; nicht bei Vb.; ↗ auch Wehrpflichtige⟩ 'der Wehrpflicht unterliegend': ein ∼er junger Mann; Männer im ∼en Alter ❖ ↗ wehren, ↗ Pflicht; **-pflichtige** [pflɪçtɪɡə], **der;** ∼n, ∼n; ↗ auch wehrpflichtig; ↗ TAFEL II 'jmd., der wehrpflichtig ist': die ∼n des Jahrgangs 1980 einberufen; ein ∼r; jeder ∼ ❖ ↗ wehren, ↗ Pflicht

weh|tun ['veː..] (er tut weh), tat weh, hat wehgetan **1.1.** /etw./ jmdm. ∼ SYN 'jmdn. schmerzen (1)': mir tut der Kopf, Hals, Bauch, linke Arm weh; der Zahn tut sehr weh; tut dir was weh?; wo tut es (dir) denn weh?; tut es noch weh? **1.2.** /jmd., etw./ jmdm., sich ⟨Dat.⟩ ∼ 'jmdm., sich körperlichen Schmerz zufügen': du tust mir ja weh!; hast du dir wehgetan?: das grelle Licht tut mir weh; /etw./ etw. ⟨Dat.⟩ ∼ 'einem Körperteil Schmerz zufügen': das Quietschen tat ihren Ohren weh **2.** /jmd., etw./ jmdm. ∼ 'jmdm. psychischen Schmerz zufügen, Kummer bereiten': er hat ihr mit dieser Bemerkung sehr wehgetan; diese Gleichgültigkeit tut ihm weh

Weib [vaip], **das;** ∼s/geh. ∼es, ∼er ['vaibɐ]; ↗ auch Weibchen ⟨vorw. mit Attr.⟩ umg. SYN 'Frau (1.1)': emot. neg. dieses ∼ schikaniert ihn von früh bis spät; sie ist ein albernes, hysterisches ∼; auch als Schimpfw. blödes ∼!; auch emot. pos. ein hübsches, junges ∼; sie ist ein tolles ∼! ❖ **Weibchen, weibisch, weiblich**

Weibchen ['vaipçən], **das;** ∼s, ∼ ↗ auch Weib 'weibliches Tier' /für ein weibliches Tier, für das es keine besondere Bezeichnung gibt/: das ∼ brütet; er hat zwei Meerschweinchen, ein Männchen und ein ∼; vgl. Männchen ❖ ↗ Weib

weibisch ['vaib..] ⟨Adj.; o. Steig.⟩ emot. neg. 'die für eine Frau als typisch betrachteten Eigenschaften habend'; SYN feminin (2); ANT männlich; /auf einen Mann, auf das Verhalten eines Mannes bez./: sein ∼es Gehabe, Benehmen, Wesen; er hat ∼e Züge, wirkt ∼ ❖ ↗ Weib

weiblich ['vaib..] ⟨Adj.⟩ ANT männlich **1.** ⟨o. Steig.; nur attr.⟩ **1.1.** das ∼e Geschlecht ('das Geschlecht, das Nachkommen gebären bzw. Eier legen kann'); ein Kind ∼en Geschlechts; Bot. eine ∼e ('Frucht hervorbringende') Pflanze, Blüte **1.2.** 'dem weiblichen Geschlecht angehörend' /auf Personen, Tiere bez./: die ∼e Jugend; die ∼en Familienmitglieder,

Teilnehmer; das Gefieder der ∼en Vögel **2.1.** ⟨Steig. reg., ungebr.; nicht bei Vb.⟩ 'für das weibliche Geschlecht charakteristisch'; SYN feminin: die ∼en Geschlechtsmerkmale; ∼e Vornamen; eine ∼e Stimme war zu hören **2.2.** ⟨Steig. reg.⟩ 'den allgemeinen Vorstellungen von den Eigenschaften einer Frau entsprechend'; SYN feminin (1.2): ∼e Frisuren; mit ∼em Charme, Spürsinn; das ist typisch ∼!; sie ist, kleidet sich sehr ∼ **3.** ⟨o. Steig.; nicht bei Vb.⟩ Gramm. SYN 'feminin (3)': dieses Substantiv ist ∼, ∼en Geschlechts ❖ ↗ **Weib**

weich [vaiç] ⟨Adj.⟩ **1.** ⟨Steig. reg.⟩ **1.1.** 'nicht fest und mechanischer Einwirkung, einem Druck leicht nachgebend (und sich dabei verformend)'; ANT hart (1) /vorw. auf Nahrungsmittel, Materialien bez./: ∼es Brot, Holz; eine ∼e Unterlage; ∼e Polster; etw. ist ∼ wie Wachs; die Butter ist ganz ∼ geworden; das Gemüse, Fleisch ∼ ('¹gar') kochen; ein ∼es ('weich gekochtes') Ei; ∼ ('auf weicher Unterlage') liegen, sitzen **1.2.** 'sich geschmeidig und glatt, zart anfühlend': sein feines, ∼es Haar; ihr Haar ist ∼; Handschuhe aus ∼em Leder; eine Haut so ∼ wie Samt; der Stoff fühlt sich warm und ∼ an **2.** ⟨Steig. reg.; nicht bei Vb.⟩ /beschränkt verbindbar/: ∼es ('wenig Kalk enthaltendes'; ANT hartes 1.3) Wasser **3.** ⟨Steig. reg., ungebr.⟩ 'empfindsam, voller Mitgefühl und nachgiebig': ein ∼er Mensch; er hat ein ∼es Herz, Gemüt; ihm wurde ganz ∼ ums Herz; er ist zu ∼ (ANT hart 2); die Erinnerung stimmte ihn ∼; /in der kommunikativen Wendung/ nur nicht ∼ werden (1. 'nur nicht nachgeben' 2. 'nur kein Mitleid zeigen')! /wird zu jmdm. gesagt, der geneigt ist, in einer bestimmten Situation nachzugeben, mitleidig zu werden, obwohl es nicht angebracht ist/ **4.** ⟨o. Steig.; nicht bei Vb.⟩ 'mit abgerundeten od. verschwimmenden Konturen' /auf Formen bez./: ∼e Umrisse; ein ∼er ('voller, ↗ voll 2 und nicht streng wirkender') Mund **5.** ⟨Steig. reg., Superl. ungebr.⟩ 'nicht laut und schrill, sondern angenehm gedämpft und warm klingend'; ANT hart: das Instrument hat einen ∼en Klang; ihre Stimme klingt zart und ∼ **6.** ⟨o. Steig.; nur attr.⟩ /beschränkt verbindbar/: eine ∼e ('nicht abhängig machende'; ANT harte 4) Droge **7.** ⟨o. Steig.⟩ 'sich ohne heftigen Aufprall vollziehend'; ANT hart (5) /vorw. auf das Landen bez./: eine ∼e Landung; das Raumschiff ist ∼ gelandet ❖ **²weichen, weichlich, verweichlichen − weichherzig**

Weiche ['vaiçə], **die;** ∼, ∼n 'von einem Gleis zu einem anderen Gleis führendes Schienenpaar, das verstellt werden kann, damit Schienenfahrzeuge von einem Gleis auf das andere wechseln, die Fahrtrichtung ändern können': die ∼n werden automatisch od. entsprechend dem Fahrplan vom Stellwerk aus gestellt; METAPH mit dieser Entdeckung wurden die ∼n für die spätere Entwicklung gestellt ❖ ↗ ¹**weichen**

¹weichen ['vaiçn], wich [vɪç], ist gewichen [ɡə'vɪçn] geh. **1.** ⟨vorw. verneint⟩ /jmd./ von etw. ⟨Dat.⟩ ∼ 'sich von etw. entfernen': er wich nicht vom Fleck, von der Stelle; sie ist nicht von seiner Seite, vom Bett *des Kranken gewichen; du darfst keinen Schritt vom Wege* ~ ('du darfst dich nicht vom Weg entfernen') **2.** /etw./ '(langsam) verschwinden (1,3)': *allmählich wich seine Befangenheit; von jmdm., aus etw.* ⟨Dat.⟩ ~: *die Spannung war von ihm gewichen; aus ihrem Gesicht war alle Farbe gewichen* ('sie war bleich geworden'); *der Nebel wich* ('verging') *den ganzen Tag nicht* **3.** /jmd., Gruppe/ *etw.* ⟨Dat.⟩, *vor jmdm., etw.* ~ 'einem Gegner, einer Übermacht nachgeben und sich zurückziehen': *vor dem Feind nicht* ~; *ich weiche nur der Gewalt; der Gegner begann zu* ~ **4.** /etw./ *etw.* ⟨Dat.⟩ ~: *die alten Häuser mussten Neubauten* ~ ('mussten der Neubauten wegen abgerissen werden'); *die Freude wich bald der Enttäuschung* ('an die Stelle von Freude trat bald Enttäuschung') ❖ **Weiche − abweichen, ausweichen, zurückweichen**

²weichen ⟨reg. Vb.; hat/ist⟩ **1.1.** ⟨hat⟩ /jmd./ *etw.* ~ 'etw. in eine Flüssigkeit legen, damit es für einen bestimmten Zweck weich (1.1) wird': *vor dem Waschen musst du die Wäsche gründlich* ~ **1.2.** ⟨hat/ist⟩ /etw./ 'in einer Flüssigkeit liegen und (für einen bestimmten Zweck) weich (1.1) werden': *die Wäsche hat über Nacht, ist in der Nacht geweicht; die Brötchen sind in Milch geweicht* ❖ ↗ **weich**

weich gekocht ⟨o. Steig.; nur attr.⟩: *ein* ~*es Ei* ('gekochtes Ei, dessen Eiweiß schon fest, dessen Dotter aber noch flüssig ist')

weich|herzig ['vaiçhɛʀtsɪç] ⟨Adj.; Steig. reg., Superl. ungebr.; nicht bei Vb.⟩ 'empfindsam, gutmütig und mitfühlend'; ANT hartherzig /auf Personen bez./: *ein* ~*er Mensch; er ist* ~ ❖ ↗ **weich,** ↗ **Herz**

weichlich ['vaiç..] ⟨Adj.; Steig. reg., Superl. ungebr.⟩ 'empfindsam, labil und ohne Energie' /vorw. auf einen Mann bez./: *ein* ~*er Mensch, Charakter; er wirkt* ~ ❖ ↗ **weich**

Weide ['vaidə], **die** ~, ~n **I.** 'mit Gras bewachsenes eingezäuntes Stück Land, auf dem Rinder, Pferde, Schafe Gras fressen können': *eine dürre, fette* ~; *grüne, saftige* ~*n; das Vieh auf die* ~ *treiben; die Kühe, Schafe grasen auf der* ~ − **II.** 'Baum od. Strauch mit schmalen Blättern an dünnen elastischen Zweigen und Kätzchen als Blüten' (↗ TABL Bäume): *die alten* ~*n am Bach; aus den Zweigen der* ~ *Körbe flechten* ❖ **weiden − Weideland**

Weide|land ['..], **das** ⟨o.Pl.⟩ 'mit Gras bewachsenes Land, das als Weide (I) geeignet ist, genutzt wird': *Flächen als* ~ *nutzen* ❖ ↗ **Weide,** ↗ **Land**

weiden ['vaidn̩], weidete, hat geweidet **1.1.** *ein Tier, bes. Kuh, Pferd, weidet* 'ein Tier befindet sich auf der Weide (I) und frisst Gras'; SYN grasen: *die Kühe, Pferde* ~; *das Vieh weidet auf der Koppel, Wiese;* ⟨adj. im Part. I⟩ ~*de Herden* **1.2.** /jmd./ *das Vieh* ~ ('hüten und Gras fressen lassen') **2.** /jmd./ *sich an etw.* ⟨Dat.⟩ ~ **2.1.** 'den Anblick von etw. genießen': *er weidete sich am reizenden Anblick, am Anblick der herrlichen Natur* **2.2.** 'ausgiebig und mit großer Schadenfreude jmds. Not, Verlegenheit, Angst mit ansehen': *er weidete sich an ihrer Angst, Verlegenheit, Not* ❖ ↗ **Weide**

Weid|mann ['vait..], **der**; ~s/auch ~es, -männer vorw. fachspr. SYN 'Jäger' ❖ ↗ **Mann**

weigern ['vaigɐn], **sich** ⟨reg. Vb.; hat⟩ /jmd./ *sich* ~, *etw. zu tun* 'ablehnen (2), etw. Bestimmtes zu tun': ⟨+ Nebens. + Inf. mit *zu*⟩ *er weigerte sich hartnäckig, heftig, daran teilzunehmen; er hat sich geweigert, das Geld anzunehmen, seine Freunde zu bespitzeln, den Auftrag auszuführen; er hat sich standhaft geweigert* ❖ **unweigerlich, verweigern**

Weihe ['vaiə], **die** ~, ~n ⟨+ Gen.attr.⟩ **1.** Rel. kath. 'das Weihen (1)': *die* ~ *eines Priesters, Altars, einer Kirche; die, seine* ~ ('das Geweihtwerden') *zum Priester* **2.** ⟨vorw. Sg.⟩ geh. 'feierliche Stimmung, erhabener Ernst (3,4)': *die* ~ *des Augenblicks, der Stunde empfinden* ❖ ↗ **weihen**

weihen ['vaiən] ⟨reg. Vb.; hat⟩ **1.** Rel. kath. /jmd./ **1.1.** *etw.* ~ 'etw. feierlich segnen': *einen Altar* ~; *geweihtes Wasser; die Kirche ist dem heiligen Michael geweiht* ('nach dem heiligen Michael benannt und steht unter seinem Schutz') **1.2.** *jmdn. zum Priester* ~ ('jmdn. feierlich segnen und zum Amt des Priesters berufen') **2.** geh. /jmd./ *etw. etw.* ⟨Dat.⟩, *jmdn.* ~ 'etw. selbstlos und ausschließlich für etw., jmdn. einsetzen (4.2)': *er hat sein Leben, seine ganze Kraft dieser schweren Aufgabe, der Wissenschaft, Kunst geweiht* ❖ **Weihe − einweihen, Jugendweihe, weihevoll, Weihnacht, Weihnachten, weihnachtlich, Weihnachtsbaum, Weihnachtsfest, Weihnachtsmann, Weihnachtsmarkt, Weihrauch, -wasser**

weihe|voll ['vaiə..] ⟨Adj.; Steig. reg.; nicht bei Vb.⟩ geh. SYN 'erhaben (2)' /auf Abstraktes, Psychisches bez./: *ein* ~*er Augenblick; eine* ~*e Stille, Stimmung verbreitete sich im Saal; vgl. feierlich (1)* ❖ ↗ **weihen,** ↗ **voll**

Weihnacht ['vai..], **die** ~, ⟨o.Pl.; vorw. in Wunschformeln⟩ geh. 'Weihnachten': *jmdm. eine frohe* ~ *wünschen; frohe, fröhliche* ~*!* /Wunschformel zum Weihnachtsfest/ ❖ ↗ **weihen,** ↗ **Nacht**

Weihnachten ['vainaxtn̩], **das** ~, ~ ⟨vorw. o. best. Art.; der Pl. hat singularische Bedeutung⟩ 'vom 24. bis 26. Dezember begangenes Fest, das von Christen aus Anlass der Geburt Christi gefeiert wird': *bald ist* ~; *wie feiert man bei euch* ~?; *die Kinder freuen sich auf* ~; *wir verreisen über, zu* ~; ~*/zu* ~ *bekommen wir Besuch; was wünschst du dir zu* ~?; *ich überlege, was man ihm zu* ~ *schenken kann; bei uns gibt es (zu)* ~ *Gänsebraten; in der Woche nach, vor* ~; *ein* ~ *ohne Schnee; mehrere* ~ *hintereinander lag kein Schnee; letztes, nächstes, voriges* ~; ⟨als Pl. bes. in Wunschformeln⟩ *letzte, nächste* ~; *frohe, fröhliche* ~*!* /Wunsch zum Weihnachtsfest/; ↗ *grüne,* ↗ *weiße* ~

MERKE Als sachlicher Pl. zu *Weihnachten* wird meist *Weihnachtsfeste* verwendet ❖ ↗ **weihen,** ↗ **Nacht**

weihnachtlich ['vainaxt..] ⟨Adj.; o. Steig.⟩ 'Weihnachten entsprechend': *der Saal war* ~ *geschmückt; in* ~*er Stimmung sein* ❖ ↗ **weihen,** ↗ **Nacht**

Weihnachts ['vaɪnaxts..]‖**-baum, der** ˈFichte, Tanne od. Kiefer, die zu Weihnachten in Wohnungen, auf Straßen und Plätzen aufgestellt und mit Kerzen, Kugeln u. a. geschmückt wird'; SYN Tannenbaum: *den ~ putzen, schmücken* ❖ ↗ weihen, ↗ Nacht, ↗ Baum; **-fest, das** ˈWeihnachten': *jmdm. ein frohes ~ wünschen; das ~ verleben wir in diesem Jahr zu Hause* ❖ ↗ weihen, ↗ Nacht, ↗ Fest; **-mann, der** ⟨Pl. ~männer⟩ ˈMann in rotem Mantel und mit weißem Bart, der einen Sack auf dem Rücken trägt und nach altem Brauch den Kindern zu Weihnachten Geschenke bringt' (↗ BILD): *was wünschst du dir vom ~?; was hat dir denn der ~ gebracht?* ❖ ↗ weihen, ↗ Nacht, ↗ Mann; **-markt, der** ˈvor Weihnachten in Städten veranstalteter Markt (1) auf einem weihnachtlich geschmückten Platz': *am Sonntag gehen wir mit unseren Kindern auf den ~; die Buden und Karussells auf dem ~* ❖ ↗ weihen, ↗ Nacht, ↗ Markt

Weihnachtsmann

Weih ['vaɪ..]‖**-rauch, der** ˈkörniges Harz exotischer Sträucher, das beim Erhitzen wohlriechende, würzige Dämpfe entwickelt und in verschiedenen Religionen bei Kulthandlungen verwendet wird': *es riecht, duftet in der Kirche nach ~* ❖ ↗ Weihe, ↗ Rauch; **-wasser, das** ⟨o.Pl.⟩ ˈgeweihtes Wasser, das in der Liturgie der katholischen Kirche verwendet wird und in das die Gläubigen beim Betreten der Kirche, bevor sie sich bekreuzigen, die Finger tauchen': *ein Gefäß mit ~; jmdn., etw. mit ~ besprengen* ❖ ↗ weihen, ↗ Wasser

weil [vaɪl] ⟨Konj.; subordinierend; steht vor od. nach dem Hauptsatz⟩ /kausal; gibt an, dass der Sachverhalt des Nebensatzes der Grund, die Erklärung für den Sachverhalt des Hauptsatzes ist; vgl. ²da/: *ich kann nicht kommen, ~ ich erkältet bin; ~ es geschneit hatte, konnten wir nur langsam fahren; ~ er nur wenig verdient, kann er sich diese Wohnung nicht leisten;* ⟨oft mit den Korrelaten *darum, deshalb, deswegen* im Hauptsatz; dann ist *weil* nicht mit ²da austauschbar⟩ *er kann darum, deshalb, deswegen nicht kommen, ~ seine Frau erkrankt ist;* ⟨*weil* kann auch einen selbständigen Nebensatz einleiten, der eine Antwort auf eine Frage darstellt; der Hauptsatz ist weggelassen; ist in dieser Funktion

nicht mit ²*da* austauschbar⟩ „*Warum bist du gestern nicht gekommen?" „Weil ich krank war"; „Warum hast du mich denn nicht angerufen?" „Weil ich deine Nummer nicht auswendig wusste";* ⟨kann in verkürzter Form zwei Adjektive verbinden, wenn das Verb des Nebensatzes weggelassen ist⟩ *er hat mir einen sehr teuren, ~ seltenen Band geschenkt* (ˈer hat mir einen Band geschenkt, der sehr teuer ist, weil er sehr selten ist'); *eine unwichtige, ~ inzwischen erledigte Frage*

MERKE *Weil* wird neuerdings umg. auch mit Zweitstellung des finiten Verbs im unmittelbar auf *weil* folgenden Satz verwendet, aber nie in Erststellung (meist mit Sprechpause nach *weil*): *ich will das gar nicht wissen, ~ – es würde mich nur beunruhigen; zum Verhältnis von ²da* (1) *und weil:* ↗ ²*da* (Merke)

Weile ['vaɪlə] *eine ~* ˈZeitraum von unbestimmter, meist kürzerer Dauer': *es dauerte eine (kleine, kurze) ~, bis er zurückkam; er musste eine ~ warten; für eine ~ herrschte Ruhe; nach einer ~ wurde sein Name aufgerufen; das ist schon vor einer ganzen ~, vor geraumer ~* (ˈvor einiger Zeit') *passiert* ❖ **weilen, verweilen** – **einstweilen, einstweilig, jeweilig, jeweils, kurzweilig, Langeweile, langweilen, langweilig, stinklangweilig, zeitweilig, zuweilen**

weilen ['vaɪlən] ⟨reg. Vb.; hat⟩ geh. /jmd./ *irgendwo, bei jmdm. ~* ˈsich einige Zeit lang an einem bestimmten Ort, bei jmdm. aufhalten': *auf, zu Besuch bei jmdm. ~; der Dichter weilte mehrmals in N;* verhüll. *er weilt nicht mehr unter uns, unter den Lebenden* (ˈer ist tot'); METAPH *meine Gedanken ~ bei dir* ❖ ↗ **Weile**

Wein [vaɪn], **der**; ~s/~es, ~e **1.** ⟨o.Pl.⟩ **1.1.** ˈWeinstöcke': *in dieser Gegend wird ~ angebaut* **1.2.** ˈFrucht von Wein (1.1.)'; SYN Weintrauben: *~ ernten, lesen; sie kaufte ein Kilo ~* **2.** ˈaus Wein (1.2) durch Gärung gewonnenes alkoholisches Getränk': *ein edler, leichter, süffiger, trockener ~; welchen ~ trinkst du am liebsten?; ein Glas, eine Flasche ~; Herr Ober, bitte zwei Schoppen ~!* ❖ **Branntwein, Rotwein, Schaumwein, Weißwein;** vgl. **Wein-**

* /jmd./ **jmdm. klaren/reinen ~ einschenken** (ˈjmdm. die volle, für ihn unangenehme Wahrheit sagen')

Wein ['..]‖**beere, die** ˈeinzelne kleine Frucht einer Weintraube' ❖ ↗ Beere; **-berg, der** ˈmit Weinstöcken bepflanzter Hang (1)' ❖ ↗ Berg; **-brand, der** ⟨o.Pl.⟩ ˈaus Wein (2) destilliertes hochprozentiges alkoholisches Getränk': *der ~ wurde in Eichenholzfässern gelagert; Herr Ober, bitte zwei* (ˈzwei Glas') *~!* ❖ ↗ brennen

weinen ['vaɪnən] ⟨reg. Vb.; hat⟩ *jmd. weint* ˈaus jmds. Augen fließen bei einer starken Gemütsbewegung Tränen (, wobei er stoßweise atmet und klagende Laute von sich gibt)': *er weinte bitterlich; laut, heftig ~* (ANT lachen 1); *vor Enttäuschung, Freude, Schmerz ~; das Kind weinte leise vor sich hin; sie weinte über ihr Missgeschick, um den Verstorbenen; Tränen ~: sie hat oft bittere, heiße, stille Tränen geweint* (ˈhat oft bitter, heftig, leise und ohne es an-

dere wissen zu lassen geweint') ❖ **beweinen, weiner-
lich**

weinerlich ['vaɪnɐ..] ⟨Adj.; Steig. reg., Superl. un-
gebr.⟩ **1.1.** ʽso klingend, als ob man weint, dem
Weinen nahe istʼ /vorw. auf den Klang der mensch-
lichen Stimme bez./: *etw. in ~em Ton, mit ~er
Stimme sagen; ihre Worte klangen ~* **1.2.** ⟨nicht bei
Vb.⟩ *ein ~es* (ʽleicht weinendesʼ) *Kind; die Kleine
ist heute sehr, so ~* ❖ ↗ **weinen**

Wein ['vaɪn..]|-**karte, die** ʽKarte (1) in einem Restau-
rant mit einem Verzeichnis der dort angebotenen
Weine für die Gästeʼ: *Herr Ober, bringen Sie uns
bitte die ~!* ❖ ↗ Karte; **-keller, der 1.** ʽKeller, in
dem Wein aufbewahrt wirdʼ **2.** ʽmeist im Kellerge-
schoss gelegenes Restaurant, in dem Wein ausge-
schenkt wirdʼ: *im ~ isst man sehr gut* ❖ ↗ Keller;
-rebe, die 1. ʽRanke, Zweig des Weinstocksʼ: *die ~n
schneiden* **2.** ʽWeinstockʼ: *~n anbauen;* **-stock, der**
⟨Pl.: -stöcke⟩ ʽrankender Strauch, der in vielen
Sorten angebaut wird, aus dessen Trauben bes.
Wein (2) hergestellt wirdʼ: *die mit Weinstöcken be-
wachsenen Hänge, Hügel* ❖ ↗ Stock; **-traube, die**
⟨oft im Pl.⟩ ʽaus runden, zu einer Traube angeord-
neten Beeren bestehende Frucht des Weinstocksʼ
(↗ TABL Früchte/Obst): *als Nachtisch gab es
(grüne, blaue) ~n* ❖ ↗ Traube

weise ['vaɪzə] ⟨Adj.⟩ **1.** ⟨Steig. reg.; nicht bei Vb.⟩
ʽWeisheit (1) besitzend' /auf Menschen bez./: *ein ~r
alter Mann; eine ~ alte Frau; er, sie ist sehr ~* **2.**
⟨Steig. reg.⟩ ʽvon Weisheit (1) zeugendʼ /auf Ab-
straktes bez./: *das ist ein ~r Ratschlag; ~ Mäßi-
gung, Beschränkung, Vorsicht; ~ lächeln, handeln,
urteilen* ❖ **Weisheit – Binsenweisheit, weismachen,
weissagen;** vgl. **wissen**

Weise, die ~, ~n **I.** ⟨vorw. Sg.; gibt als Subst. vorw.
in Verbindung mit Attr. an, wie etw. verläuft, ge-
schieht, getan wird/: *nach der gewohnter ~, nach der übli-
chen ~ verfahren; auf ähnliche, in ähnlicher ~ ver-
laufen; dieses Problem kann man auf verschiedene ~
lösen; das löse ich auf meine ~; er unterstützt ihn in
großzügiger ~; auf welche ~ funktioniert das?; auf
die eine oder die andere ~ werden wir es schon schaf-
fen; die Art und ~: die Art und ~ seines Auftretens
erregte Befremden; auf diese Art und ~* (ʽsoʼ) *wird
er nichts erreichen;* vgl. *Art (1), Form (3)* ❖ Lebens-
weise – **II.1.1.** ʽkleines, anspruchsloses Musik-
stückʼ: *die Blaskapelle spielte beschwingte, flotte ~n*
1.2. SYN ʽMelodieʼ: *die schlichte, innige ~ eines
Volkslieds*

-weise 1. /bildet mit einem Adj. als erstem Bestandteil
+ -er- Satzadverbien; drückt eine Art und Weise
aus, die dem im ersten Bestandteil Genannten ent-
sprichtʼ: ↗ z. B. *bezeichnenderweise, merkwürdiger-
weise* **2.** /bildet mit einem Subst. als erstem Be-
standteil Adverbien und Adjektive, die vorw. adv.
gebraucht werden, aber auch attr., wenn die Be-
zugsgröße ein Subst. ist, das ein Geschehen be-
zeichnet/ **2.1.** /in Form von dem im ersten Bestand-
teil Genannten/: ↗ z. B. *zwangsweise* **2.2.** /nach der
im ersten Bestandteil genannten Menge, Maßein-
heit/: ↗ z. B. *schrittweise*

weisen ['vaɪzn̩], wies [viːs], hat gewiesen [gə'viːzn̩] **1.1.**
/jmd./ *auf etw., jmdn., irgendwohin ~* SYN ʽauf
etw., jmdn. irgendwohin zeigen (1)ʼ: *er wies in die
Ferne, (mit dem Finger, der Hand) auf eine junge
Frau, das Bild* **1.2.** /etw./ *irgendwohin ~* ʽin eine be-
stimmte Richtung zeigen (2)ʼ: *der Pfeil weist nach
oben; der Wegweiser wies in die entgegengesetzte
Richtung, nach rechts* **1.3.** /jmd./ *jmdm. den (richti-
gen) Weg, die Richtung ~* (SYN ʽzeigen 3.1ʼ) **2.**
/jmd./ *jmdn. aus, von etw.* ⟨Dat.⟩ ~ ʽjmdn. auffor-
dern, einen Raum, ein Gebäude, Gelände zu ¹ver-
lassen (1)ʼ: *wütend wies er ihn aus dem Zimmer,
Haus; er wurde von der Schule, vom Hof gewiesen*
3. /jmd./ *etw. von sich* ⟨Dat.⟩ ~ ʽetw. als Zumu-
tung, als nicht berechtigt betrachten und es daher
entschieden ablehnen, zurückweisenʼ: *er wies dieses
Ansinnen (weit) von sich; das muss ich strikt von
mir ~* ❖ **beweisen, Weisung, Verweis, verweisen –
abweisen, anweisen, Anweisung, aufweisen, Ausweis,
ausweisen, Beweismaterial, Hinweis, hinweisen,
Nachweis, nachweisen, nachweislich, überweisen, un-
terweisen, wegweisend, Wegweiser, zukunftsweisend,
zuweisen, zurechtweisen, zurückweisen**

Weisheit ['vaɪs..], **die** ~, ~en **1.** ⟨o.Pl.⟩ ʽauf reicher
Lebenserfahrung, tiefer Einsicht in die Zusammen-
hänge des Lebens und an innerer Reife beruhende
Klugheitʼ: ⟨oft mit Gen.attr.⟩ *seine tiefe ~; aus ihm
spricht die ~ des Alters, eines langen Lebens; die
Güte und ~ der alten Frau* **2.** ʽetw., das durch Er-
kenntnis, Erfahrung überliefert worden istʼ: *das ist
eine alte ~;* umg. *woher hast du diese ~* (ʽwoher
weißt du dasʼ)*?; behalte deine ~en für dich* (ʽmische
dich gefälligst nicht mit deinen nutzlosen Ratschlä-
gen ein'*)!* ❖ ↗ **weise**

* umg. /jmd./ **mit seiner ~ am Ende sein** (ʽbei der
Lösung eines Problems nicht mehr weiter wissenʼ);
umg. spött. /jmd./ **die ~ nicht mit Löffeln gefressen
haben** (ʽnicht sehr klug seinʼ)

weis|machen ['vaɪs..] ⟨trb. reg. Vb.; hat⟩ /jmd./ *jmdm.
etw. ~* ʽjmdm. etw. Falsches einredenʼ: ⟨oft ver-
neint u. mit *können, wollen*⟩ *ich lasse mir doch
nichts ~; das kannst du mir, das kann mir niemand
~; das machst du mir nicht weis, dass der keinen
Pfennig besitzt!; er wollte ihr ~, dass seine Ehe un-
glücklich ist* ❖ ↗ **weise,** ↗ **machen**

weiß: ↗ **wissen**

weiß ['vaɪs] ⟨Adj.; o. Steig.; ↗ auch ¹*Weiße,* ²*Weiße*⟩
1. ʽvon der Farbe des Schneesʼ; ANT schwarz: ~
*wie Milch, Schnee; ~e Schwäne; ein ~es Laken, Se-
gel; ~e Wolken am blauen Himmel; ~e Zähne ha-
ben; die ~en Schachfiguren; ein Topf mit ~er Farbe;
ein makelloses Weiß; die Braut war ganz in Weiß*
(ʽwar weiß gekleidetʼ); *die frisch gewaschene Wä-
sche leuchtet, schimmert ~; etw. ~* (ʽmit weißer
Farbeʼ) *streichen; aus Schwarz Weiß, aus Weiß
Schwarz machen* (ʽetw. optimistisch bzw. pessimis-
tisch darstellenʼ); *sie wurde ganz ~/~ wie die Wand*
(ʽbleichʼ) *vor Schreck; ~e Ostern, Weihnachten*
(ʽOstern, Weihnachten mit Schneeʼ); *die ~e Fahne
/Signal der Verhandlungsbereitschaft, Kapitulation
bei kriegerischen Auseinandersetzungen/* **2.** ʽmit ge-

ringer od. gar keiner Färbung, sehr hell': ~*er Pfeffer; die ~en und die roten Blutkörperchen; ein Mensch mit ~er* (SYN 'heller 3') *Hautfarbe; den Kaffee ~* ('mit Milch') *trinken; er hat ~es Haar; sein Haar ist schon ~; er ist in den letzten Jahren ganz ~ geworden* ('seine Haare sind weiß geworden') ❖ **¹,²Weiße, weißlich, − Weißbrot;** vgl. **weiß/ Weiß-**

weis|sagen ['vaịs..], weissagte, hat geweissagt /jmd./ etw. ~ SYN 'etw. prophezeien': *er hat großes Unheil geweissagt; es ist eingetroffen, was er geweissagt hat; er hatte ihr geweissagt, dass sie eine weite Reise machen würde* ❖ ↗ **weise,** ↗ **sagen**

Weiß|brot ['vaịs..], **das 1.1.** ⟨o.Pl.⟩ 'aus Weizenmehl und Hefe gebackenes Brot (1.1)': *er isst nur ~* **1.2.** 'aus Weizenmehl und Hefe gebackenes Brot (1.2)': *zwei ~e kaufen* ❖ ↗ **weiß,** ↗ **Brot**

¹Weiße ['vaịsə], **der** u. **die;** ~n, ~n; ↗ TAFEL II; ↗ auch *weiß* 'Mensch mit weißer (2) Hautfarbe': *die ~n und die Schwarzen* ❖ ↗ **weiß**

²Weiße, die ⟨vorw. mit unbest. Art.⟩; ~, ⟨o.Pl.⟩ 'aus Weizen gebrautes säuerliches alkoholarmes Bier': *eine Berliner ~ mit Schuss* ('mit Himbeersaft') ❖ ↗ **weiß**

weiß/Weiß ['vaịs..]**-haarig** [haːʀɪç] ⟨Adj.; o. Steig.; nicht bei Vb.⟩ 'mit weißem Haar': *ein ~er alter Mann; er war schon ~* ❖ ↗ Haar; **-kohl, der** 'Kohl, dessen Kopf außen glatte hellgrüne, innen weiße Blätter hat': *~ anbauen, ernten; aus ~ Sauerkraut herstellen* ❖ ↗ Kohl

weißlich ['vaịs..] ⟨Adj.; o. Steig.; vorw. attr.⟩ 'leicht weiß': *~er Dunst; in der Nacht hatte es gefroren und ein ~er Schimmer lag auf den Wiesen* ❖ ↗ **weiß**

Weiß ['vaịs..]**-macher** [maxɐ], **der;** ~s, ~ 'Substanz in Waschmitteln, durch die die Fasern beim Waschen optisch heller werden': *ein Waschmittel mit ~* ❖ ↗ machen; **-wäsche, die** ⟨o.Pl.⟩ '(kochfeste) weiße Wäsche (1)': *ein Waschpulver für ~* ❖ ↗ Wäsche; **-wein, der** 'heller, gelblicher Wein (2)': *trinkst du lieber Rotwein oder ~?; eine Flasche ~; ein lieblicher, trockener ~* ❖ ↗ Wein

Weisung ['vaịz..], **die;** ~, ~en 'Anweisung, Anordnung eines Vorgesetzten': *eine strikte, strenge ~; eine ~ erteilen, erhalten, befolgen; er hatte (die) ~ von seinem Chef, alle Mitarbeiter darüber zu informieren* ❖ ↗ **weisen**

weit ['vaịt] ↗ auch *weiter* **I.** ⟨Adj.⟩ **1.1.** ⟨Steig. reg.⟩ 'sich, von einem Ausgangspunkt aus gesehen, über eine (relativ) große Entfernung, Strecke bis zu einem anderen Punkt erstreckend': *ein ~er Weg; eine ~e Entfernung; eine ~e Reise machen; einen ~en Abstand voneinander haben; die ~ere* (ANT *nähere;* ↗ ¹*nahe* 1) *Umgebung; ist es noch sehr ~?; das ist nicht ~ (weg) von hier; wie ~ ist es* ('wie lang ist der Weg') *bis zur nächsten Tankstelle?; ~ springen, werfen; den Oberkörper ~ vorbeugen; ~ von: das Haus liegt (nicht) ~ vom Bahnhof; er wohnt nicht ~ von hier; er ist in der Welt ~ herumgekommen; er lehnte sich noch ~er aus dem Fenster, um alles genau beobachten zu können; (schon) von ~em* ('bereits aus großer Entfernung'): *er winkte schon*

von ~em; METAPH *seine Verbindungen reichen ~; etw. ~ von sich* ↗ *weisen* (3) **1.2.** ⟨Steig. reg., o. Superl.; mit Maßangabe und dieser nachgestellt⟩ *er sprang drei Meter ~, einen halben Meter ~er; der See liegt etwa zehn Kilometer ~ von hier; die nächste Stadt ist drei Autostunden ~ entfernt* ('um die nächste Stadt zu erreichen, muss man mit dem Auto drei Stunden lang fahren') **2.1.** ⟨o. Steig.⟩ 'sich über eine große Fläche ausdehnend': *ein ~es Tal; eine ~e Ebene; das ~e Meer; es zog ihn in die ~e Welt* **2.2.** ⟨Steig. reg.⟩ 'räumlich in Länge, Breite ausgedehnt': *eine ~e Öffnung; machen Sie den Mund ~ auf!; die Tür stand ~ offen; kannst du das Fenster noch ein bisschen ~er öffnen?; sie starrte ihn mit ganz ~ aufgerissenen Augen an;* METAPH *ein ~es Herz haben* ('großzügig und gütig sein') **3.** ⟨Steig. reg., Superl. ungebr.⟩ 'vom gegenwärtigen Zeitpunkt aus betrachtet einen relativ großen Abstand zur Zukunft, Vergangenheit habend': *die endgültige Lösung des Problems liegt noch in ~er Ferne; bis Weihnachten ist es noch ~; es ist nicht mehr ~ bis zu den Parlamentswahlen; das liegt ~, noch ~er zurück; er arbeitet bis ~* ('spät') *in die Nacht hinein* **4.** ⟨Steig. reg.; nicht attr.⟩ 'bis zu einem bestimmten Punkt der Entwicklung, des Handelns gelangt': *die Forschung ist noch längst nicht so ~; die Klasse ist schon ~er im Lehrplan; wie ~ bist du (mit deiner Arbeit)* ('in welchem Stadium bist du mit deiner Arbeit, wieviel hast du geschafft')*?; so ~, dass … 'bis zu dem bestimmten Punkt der Entwicklung': so ~ ist die Forschung noch nicht, dass man einen Impfstoff gegen diese Krankheit entwickeln kann; das Projekt sollte so ~ gefördert werden, dass die Ergebnisse industriell verwertet werden können; wenn der Wasserverbrauch noch mehr steigt, könnte es so ~ kommen, dass das Trinkwasser knapp wird;* umg. *so ~ kommt's noch* ('das darf auf gar keinen Fall eintreten') */wird gesagt, wenn man empört über eine vorerst mögliche Entwicklung ist und sein Eintreten für sehr schlimm, nicht erwünscht hält/* **5.** ⟨Steig. reg.; nicht präd.⟩ 'nicht beschränkt, nicht eng, sondern sich auf vieles erstreckend, vieles umfassend'; ANT eng (4.1): *er hat einen ~en Gesichtskreis; im ~esten Sinne des Wortes; er* (SYN 'breite 3.1') *Kreise der Bevölkerung; dieser Irrtum ist außerordentlich ~ verbreitet* **6.** ⟨Steig. reg., Superl. ungebr.⟩ 'am Körper (sehr) locker anliegend'; ANT knapp (2), eng (3) /auf ein Kleidungsstück bez./: *ein ~er Rock; ihm sind alle Sachen zu ~ geworden; eine Hose ~er machen* − **II.** ⟨Adv.⟩ **1.** ⟨bei Vb.⟩ 'sehr': *jmdm. ~ überlegen sein; jmdn ~ übertreffen; er ist ~ über sechzig* ('ist schon viele Jahre älter als sechzig'); *er ist ~ über die Sechzig* **2.** ⟨vor Adj., Adv. im Komp.⟩ 'sehr viel': *er ist ~ jünger als du denkst; ~ älter aussehen; ~ mehr leisten können* ❖ **zu (I.): erweitern, Weite, weiten, weiter − anderweitig, ausweiten, Spannweite, sperrangelweit, unweit, weltweit;** vgl. **weit/Weit-, weiter-**

* /jmd./ **bei ~em** 'mit großem Abstand im Vergleich zu anderen' /vorw. auf Positives bez./: *er hat bei*

~em die besten Ergebnisse erzielt; **bei ~em nicht** ʿlängst nichtʾ: *das ist bei ~em nicht alles, was ihm zur Last gelegt wird;* **~ und breit** ʿin der ganzen Umgebungʾ; SYN ringsum: *~ und breit war niemand zu sehen;* /jmd./ **es ~ bringen** (ʿviel erreichen, sehr erfolgreich seinʾ); /etw. (meist *das*)/ **zu ~ führen** (ʿüber das vertretbare Maß hinausgehen, einen bestimmten Rahmen sprengenʾ); /jmd./ **zu ~ gehen** ⟨oft im Perf.⟩ (ʿsich zu viel herausnehmenʾ); **das geht zu ~** (ʿdas ist unverschämtʾ)!; iron. **es ist ~ mit jmdm. gekommen** (ʿjmd. ist wirtschaftlich, moralisch zerrüttetʾ); /etw./ **~ hergeholt sein** (ʿfür die Argumentation als Kriterium nur am Rande liegen, kaum Beweiskraft habenʾ); **mit etw. ist es nicht ~ her** (ʿetw. ist unzulänglichʾ); /jmd./ **mit etw. nicht ~ kommen** (**1.** ʿmit etw. nicht viel erreichenʾ **2.** ʿmit etw. nicht lange reichenʾ); /jmd./ **~ davon entfernt sein** ʿin keiner Weise beabsichtigen, nicht daran denken, etw. Bestimmtes zu tunʾ: *ich bin ~ davon entfernt, ihm blindlings zu vertrauen;* /jmd./ **das Weite suchen** (ʿfliehen, weglaufenʾ); /jmd./ **etw. zu ~ treiben** (ʿetw. übertreiben, bes. die Grenze des Zulässigen überschreitenʾ)

weit/Weit [ˈvaɪ̯t..]**-aus** ⟨Adv.; vor Adj., Adv. im Komp. u. Superl.⟩ ʿsehr ²viel (1.2)ʾ: *er ist ~ klüger, begabter als sein Bruder; er hat ~ mehr geleistet;* **-blick, der** ⟨o.Pl.⟩ ʿFähigkeit, künftige Entwicklungen, Erfordernisse zu erkennen, richtig zu beurteilenʾ; SYN Voraussicht (2): *für sein jugendliches Alter hat er einen erstaunliche ~ bewiesen; ein Mensch mit, von politischem ~* ❖ ↗ **blicken**; **-blickend** [ˈblɪkn̩t] ⟨Adj.; Steig.: weitblickender, weitblickendste; Steig. ungebr.⟩ ʿmit Weitblickʾ: *eine ~e Entscheidung; die rechtzeitige Vorsorge für das Alter war vernünftig und ~* ❖ ↗ **blicken**

Weite [ˈvaɪ̯tə], die; ~, ~n **1.** ʿ(große) lineare Erstreckung von einem Ausgangspunkt bis zu einem anderen Punktʾ: *er hatte die ~ des Wegs unterschätzt; er erreichte beim Skisprung eine ~ von 85 Metern; die Skispringer erreichten ~n von über 100 Metern* **2.** ⟨vorw. Sg. + Gen.attr.⟩ ʿAusdehnung über eine große Flächeʾ: *die ~ des Meeres, Weltalls; in die ~* (ʿFerneʾ) *blicken* **3.** ʿZuschnitt eines Kleidungsstücks, das einen engen od. lockeren Sitz aufweistʾ: *was für eine ~ hat der Kragen?; ein Hemd, Mantel in bequemer ~* ❖ ↗ **weit**

weiten [ˈvaɪ̯tn̩], weitete, hat geweitet **1.1.** /jmd./ etw. ~ ʿetw., bes. (Hand)schuhe aus Leder, durch Dehnen (1.1) weiter (↗ weit I.6) machenʾ: *die, seine Schuhe ~; der Schuh wurde geweitet; er hat sich seinen rechten Handschuh ~* (SYN ʿdehnen 1.2ʾ) *lassen* **1.2.** /etw., bes. Schuh, Kleidungsstück/ sich ~: *die Schuhe haben sich mit der Zeit geweitet* (ʿwurden mit der Zeit von selbst weiterʾ); *die Schuhe werden sich noch ~* **2.** /etw./ sich ~ ʿbreiter od. größer werdenʾ: *hinter der Wegbiegung weitet sich das Tal; seine Augen, Pupillen weiteten sich vor Angst, Schreck, Erstaunen* **3.1.** /etw., bes. ein Erlebnis/ etw. ~: *seine zahlreichen Reisen, sein Umgang mit klugen Menschen haben seinen Horizont, Blick geweitet*

(ʿhaben ihn erfahrener und klüger gemacht, so dass er mehr und vieles besser weiß als zuvorʾ) **3.2.** /etw./ sich ~: *sein Gesichtskreis, Horizont hat sich geweitet* (ʿer ist erfahrener und klüger gewordenʾ) ❖ ↗ **weit**

weiter [ˈvaɪ̯tɐ] ⟨Komp. zu *weit*; ↗ auch *weit*⟩ **I.** ⟨Adj.; nur attr.⟩ gibt es noch *~e* (ʿnoch mehrʾ) *Fragen (zu diesem Thema)?; wir müssen die ~e* (ʿkünftigeʾ) *Entwicklung (der Dinge) abwarten;* SYN ʿzusätzlichʾ: *~e Belastungen; ~e Gäste, Besucher sind nicht gekommen; hier war jedes ~e Wort überflüssig;* — **II.** ⟨Adv.⟩ **1.1.** ⟨vorw. mit einschränkenden Ergänzungen⟩ *~ nicht/nicht ~, ~ nichts/nichts ~, ~ niemand/niemand ~* ʿdarüber hinaus, sonst nicht, nichts, niemandʾ: *der Zeuge sagte aus, dass er ~ nichts/nichts ~ wisse* (ʿüber das bereits Gesagte hinaus nichtsʾ); *wir werden in der Sache ~ nichts/nichts ~* (ʿnichts mehrʾ) *tun; ~ brauchen, wollen wir nichts (mehr); es war ~ niemand/niemand ~ da* (ʿaußer den Genannten, Bekannten war niemand daʾ) **1.2.** *und was geschah ~* (ʿanschließend, außerdem nochʾ)?; *alles Weitere, das Weitere* (ʿdas Übrigeʾ) *besprechen wir später* **2.1.** /eine Fortsetzung, bes. einer Handlung ausdrückend; in den kommunikativen Wendungen, die eine Aufforderung ausdrücken/: *(halt) bis hierher und nicht ~* (ʿdas lassen wir uns nicht länger bietenʾ)! /sagt jmd., um jmdn. zu stoppen od. sein Tun zu unterbinden/; *bitte, ~!* /sagt jmd., um jmdn. aufzufordern, in seinem Tun (bes. Erzählen) fortzufahren/ **2.2.** *und so ~* (ABK usw.) /bricht eine Aufzählung ab, weist auf noch andere Teile der Aufzählung hin, die nicht mehr genannt werden/: *er kaufte Brot, Butter, Wurst und so ~, was man halt alles so braucht* **3.** ʿweiterhin (1.1)ʾ: *wir werden uns auch ~ um ihn kümmern* **4.** ⟨vorw. mit einschränkenden Ergänzungen⟩ *nicht(s) ~/~ nicht(s)* ʿsonstʾ /beschränkt verbindbar/: *da ist nichts ~/~ nichts dabei* (ʿdas ist nicht von Bedeutung, ist nicht schlimmʾ); *ich finde ~ nichts/nichts ~ dabei, habe nichts ~ dagegen* (ʿich habe keine Einwände dagegenʾ); *der Schaden ist nicht ~/~ nicht* (ʿnicht besonders, nicht sehrʾ) *groß, schlimm; das ist nicht ~ schlimm* (ʿdas macht nichts, ist unbedeutendʾ); /in der kommunikativen Wendung/ *wenn es ~ nichts ist* (ʿwenn nur dieses Problem zu lösen istʾ) /sagt jmd., um auszudrücken, dass er etw. für gar nicht so schlimm, wichtig, schwierig hält/: *wenn es ~ nichts ist, das kriegen wir schon hin* ❖ ↗ **weit**

* **bis auf ~es** ʿbis anders entschieden wirdʾ; SYN vorläufig: *bis auf ~es wird nach den alten Regeln verfahren, bleibt alles beim Alten;* **des Weiteren** ʿaußerdemʾ: *des Weiteren ist noch Folgendes zu klären: ...;* **ohne ~es 1.** ʿohne dass man Bedenken haben mussʾ: *ihr könnt das ohne ~es auch künftig so machen; das kann man nicht so ohne ~es sagen; Sie können den Präsidenten nicht so ohne ~es ansprechen* **2.** ʿohne dass Schwierigkeiten, besonders ungünstige Umstände eintreten, eintratenʾ: *wir sind ohne ~es durch die Kontrolle, über die Grenze gekommen; man kommt jetzt nicht ohne ~es nach N*

weiter ['..]∥-**bilden, sich**, bildete sich weiter, hat sich weitergebildet /jmd./ ˈsich nach Abschluss der beruflichen Ausbildung noch weiterhin gezielt Wissen und Fähigkeiten auf einem bestimmten, auf seinem Gebiet aneignenˈ: *er will sich noch ~; sich irgendwie, in etw.* ⟨Dat.⟩ *~: sich fachlich, im Steuerrecht, in Betriebswirtschaft ~; er hat sich in seinem Beruf weitergebildet* ❖ ↗ bilden; -**entwickeln** ⟨trb. reg. Vb.; hat⟩ **1.** /jmd./ *etw.* ~ ˈetw. über den erreichten Stand hinaus entwickeln, verbessernˈ: *eine Theorie, ein Verfahren, ein Modell, ein Konstruktion ~* **2.** /jmd., etw./ *sich* ~ ˈsich weiterhin zu immer höherer Qualität, Befähigung entwickelnˈ: *die Menschheit, das Leben auf der Erde, die Industrie, jeder einzelne Mensch entwickelt sich (immer) weiter* ❖ ↗ entwickeln; -**gehen**, ging weiter, ist weitergegangen **1.** /jmd./ ˈseinen Weg fortsetzen, nicht stehen bleibenˈ: *wir gehen gleich weiter; sie gingen weiter, ohne sich umzudrehen* **2.** /etw./ ˈfortgesetzt werden (↗ *fortsetzen*)ˈ: *die Vorstellung geht weiter; der Streit ist noch lange weitergegangen; wie geht diese Geschichte weiter* (ˈwie ist der weitere Verlauf dieser Geschichteˈ)?; /in der kommunikativen Wendung/ *das kann so nicht ~* (ˈdas muss geändert werden, darf nicht fortgesetzt werdenˈ)! /sagt jmd., wenn er das Vorgehen, Handeln anderer heftig kritisiert und eine Änderung verlangt/ ❖ ↗ gehen; -**helfen** (er hilft weiter), half weiter, hat weitergeholfen /jmd./ ~ ˈjmdm. so helfen, dass seine Lage verbessert wird, er Schwierigkeiten überwindet, in seiner Entwicklung gut vorankommtˈ: *als er schon aufgeben wollte, hat sie ihm selbstlos weitergeholfen,* /etw./ *deine Ratschläge haben uns weitergeholfen* ❖ ↗ helfen; -**hin** ⟨Adv.⟩ **1.1.** ˈauch in Zukunftˈ: *sich auch ~ um jmdn. kümmern; etw. (auch) ~ tun* **1.2.** *er ist ~* (ˈnoch immerˈ) *misstrauisch, skeptisch, uneinsichtig* **2.** ˈaußerdemˈ: *~ ist/es ist ~ zu bedenken, dass ...; ~ wurde/es wurde ~ gefordert, dass ...;* -**kommen**, kam weiter, ist weitergekommen /jmd./ **1.1.** ˈseine Fahrt, Reise fortsetzen könnenˈ: *von N kann man nur mit dem Bus, Taxi oder zu Fuß ~* **1.2.** *mit etw.* ⟨Dat.⟩ ~ ˈsich bei der Bewältigung einer Aufgabe seinem Ziel nähernˈ: ⟨vorw. mit Adv.⟩ *mit meinem Aufsatz, meiner Dissertation komme ich gut, zügig weiter* **1.3.** ˈsich (durch Qualifizierung) beruflich verbessernˈ: *er will unbedingt ~; bei diesem Job kam er nicht weiter* ❖ ↗ kommen; -**machen** ⟨trb. reg. Vb.; hat⟩ /jmd./ ˈin (s)einer Tätigkeit, (s)einem Verhalten fortfahrenˈ: *ich will noch eine Weile (so) ~; so kannst du nicht ~* (ˈso darfst du künftig nicht vorgehen, dich künftig nicht verhaltenˈ)!; *mit etw.* ⟨Dat.⟩ *~: mit seinem Projekt, Roman ~;* /in der kommunikativen Wendung/ *mach(t) (nur) weiter so!* /wird ironisch warnend, vorwurfsvoll, aber auch anerkennend zu jmdm., anderen gesagt, dessen, deren Tun, Verhalten man (nicht) billigt und dem, denen man im Falle der Fortsetzung unangenehme Folgen od. Erfolg ankündigt/ ❖ ↗ machen; -**sagen** ⟨trb. reg. Vb.; hat⟩ /jmd./ *jmdm. etw.* ~ ˈetw., das einem mitgeteilt, zusätzlich anvertraut worden ist, (einem) anderen sagenˈ: *aber sag' es bitte nicht weiter!; das darfst du niemandem ~!* ❖ ↗ sagen; -**wissen**, wusste weiter, hat weitergewusst /jmd./ ˈeinen Ausweg, eine Lösung für eine schwierige Lage wissenˈ: ⟨vorw. verneint⟩ *er wusste nicht mehr weiter, hat nicht weitergewusst* ❖ ↗ wissen

weit/Weit ['vaɪ̯t..]∥-**gehend** [ge:ənt] ⟨Adj.; Steig. weitgehender/weiter gehend, weitestgehende/weitgehendste; vorw. attr. u. bei Vb.⟩ **1.** ⟨nur attr.⟩ ˈsich in seiner Geltung auf einen großen Bereich (2) erstreckendˈ: *~e Vollmachten, Befugnisse haben; jmdm. ~e Zugeständnisse machen* **2.** ⟨nur bei Vb.⟩ ˈin hohem Maßeˈ: *jmdm. ~ entgegenkommen; etw. ~, weitestgehend berücksichtigen, verbessern; sie haben ihm ~ Freiheit gelassen* ❖ ↗ gehen; -**her** ['../ ..'h..] ⟨Adv.⟩ *von ~: die Gäste kamen von ~* (ˈvon weit entfernten Ortenˈ) *(angereist); von ~* (ˈaus weiter Ferneˈ) *hörte man Motorengeräusche, Geschützdonner* ❖ ↗ her; -**herzig** [hɛʀtsɪç] ⟨Adj.; Steig.: weitherziger, weitherzigste; vorw. attr. u. bei Vb.⟩ ˈgroßzügig, nicht kleinlichˈ /auf Abstraktes bez./: *eine Vorschrift, einen Befehl ~ auslegen; die ~e Auslegung eines Textes; ~ ausgelegte Vorschriften* ❖ ↗ Herz; -**hin** ['../..'h..] ⟨Adv.⟩ **1.** ˈbis in große Entfernungˈ: *er war ~ zu hören, zu sehen; das ist ~ noch unbekannt* **2.** ˈvor allem, in hohem Maßeˈ: *das ist ~ sein Verdienst; er hat das ~ alleine geleistet* ❖ ↗ hin; -**läufig** [lɔɪ̯fɪç] ⟨Adj.⟩ **1.** ⟨Steig.: weitläufiger, weitläufigste; nicht präd.⟩ ˈin der Fläche nach allen Richtungen hin sehr ausgedehntˈ /auf Flächen, Gebäude bez./: *ein ~er Garten; ein ~ angelegter Park; ein ~es Gebäude* **2.** ⟨Superl. ungebr.; nicht präd.⟩ ˈnicht in einem engen od. engeren verwandtschaftlichen Verhältnis zu jmdm. stehendˈ; SYN entfernt (2.1); ANT ¹nahe (3.1) /auf Personen bez./: *er ist ein ~er Verwandter (von mir); er ist mit ihm ~ verwandt* **3.** ⟨Steig. reg.; vorw. attr. u. bei Vb.⟩ SYN ˈweitschweifigˈ /auf Sprachliches bez./: *eine ~e Erzählung; etw. ~ schildern* ❖ ↗ laufen

weit reichend ⟨nur attr.⟩ **1.** ˈsich in seiner Geltung auf einen großen Bereich (2) erstreckendˈ: *~e Vollmachten, Befugnisse haben, besitzen* **2.** *er hat ~e* (ˈsogar einflussreiche Personen einschließendeˈ) *Beziehungen*

weit/Weit∥-**schweifig** [ʃvaɪ̯fɪç] ⟨Adj.; Steig.: weitschweifiger, weitschweifigste⟩ ˈsehr ausführlich, wortreich und umständlichˈ; SYN langatmig, weitläufig (3); ANT knapp (3) /auf Sprachliches bez./: *ein ~er Vortrag; etw. ~ erzählen; ~ über etw. berichten; sein Vortrag war sehr ~* ❖ ↗ schweifen; -**schweifigkeit** [ʃvaɪ̯fɪç..], **die**; ~, ⟨o.Pl.⟩ ˈdas Weitschweifigseinˈ: *die ~ seiner Ausführungen, seines Vortrags* ❖ ↗ schweifen; -**sicht, die** ⟨o.Pl.⟩ ˈdie Fähigkeit, mögliche künftige Entwicklungen vorauszusehen, sie zu beurteilen und sich auf sie einzustellenˈ; SYN Weitblick: *einen Plan mit Sachkenntnis und ~ aufstellen; ein Politiker mit viel ~ und Sachverstand* ❖ ↗ sehen; -**sichtig** [zɪçtɪç] ⟨Adj.; Steig.: weitsichtiger, weitsichtigste⟩ **1.** ⟨o. Steig.; nicht bei Vb.; vorw. präd. (mit *sein*)⟩ /jmd./ *~ sein* ˈin der Nähe Befindliches nicht gut, in der Ferne Befindliches aber deutlich sehen könnenˈ /auf Personen bez./: *er ist ~ und muss zum Lesen stets eine Brille aufsetzen; er ist ~, was sich beim Autofahren günstig auswirkt; ein ~er Fahrer* **2.** ⟨Steig. reg.⟩ ʿvorausschauend u. weitblickendʾ; ANT kurzsichtig (2) /vorw. auf Abstraktes bez./: *~ denken und handeln; eine ~e Politik betreiben; seine Politik war ~* ❖ ↗ sehen

weit verbreitet ⟨nur attr.⟩ ʿan vielen Orten, bei vielen Personen vorkommend, vorhandenʾ /auf Abstraktes bez./: *das ist ein ~er Irrtum, eine ~e Ansicht, Unsitte*

Weizen [ˈvaɪtsn̩], **der**; ~s, ⟨o.Pl.⟩ **1.** ʿGetreidepflanze ohne Grannen, aus dessen Samenkörnern Mehl vor allem für die Herstellung von Weißbrot, Kuchen und Torten gewonnen wirdʾ (↗ TABL Getreidearten): *~ (aus)säen, ernten* **2.** ʿSamenkörner von Weizen (1)ʾ: *~ mahlen*

welch [vɛlç]: ↗ *welcher* (I.2)

welche [ˈvɛlçə]: ↗ *welcher* (I,II,III)

welcher [ˈvɛlçɐ] ⟨Mask. Sg.; Fem. Sg. u. Pl. **welche**, Neutr. Sg. **welches**; ↗ TAFEL X, XI⟩ **I.** ⟨Interrogativpron.; steht am Anfang eines direkten od. indirekten Fragesatzes⟩ **1.** /fragt allgemein nach einem einzelnen Lebewesen, einer einzelnen Sache (aus einer Menge) ʿwas für ein(e)?ʾ: ⟨adj.⟩ *~ Schüler fehlt heute?; welche Jungen waren daran beteiligt?; welches Heft habe ich dir geliehen?; an welchem Tag bist du geboren?; aus welchem Grund hat er abgesagt?; ich fragte ihn, welche Pläne, Wünsche er habe;* ⟨subst.⟩ *~ der beiden ist dafür geeigneter; welches/~ war sein?* **2.** ⟨unflektiert *(welch)* mit unbest. Art. u./od. Adj.⟩ /vorw. in Ausrufen der Begeisterung; der Sprecher weist damit auf die besondere Eigenart od. auf das Ausmaß von etw., jmdm. hin/: *welch (ein) schöner Tag!; welch ein stattlicher Mensch!; welch (ein) großer Erfolg!;* ⟨flektiert od. unflektiert, wenn es nur mit dem Subst. verbunden ist⟩ *welch(es) Glück!* (vgl. *was* I.1) **3.** *was für ~, welche, welches?* /fragt nach der Art, Beschaffenheit des Genannten; wird selten auf Personen bez./: *„Es gibt noch Kuchen." „Was für welchen?"; „Wir haben Äpfel gekauft." „Was für welche?"* − **II.** ⟨Relativpron.; leitet einen Relativsatz ein, der sich inhaltlich auf ein Subst. od. Pron. im übergeordneten Hauptsatz bezieht und darüber Näheres aussagt; wird vorw. zur Vermeidung mehrerer gleich lautender Pronomen verwendet⟩ ʿder, die, dasʾ: *das Kind, welches gestern verunglückt ist; die Kinder, welche noch nicht geimpft sind; das Buch, welches ich gerade lese; derjenige, ~ mir helfen kann ...* − **III.** ⟨Indefinitpron.; subst.⟩ /steht stellvertretend für ein vorher genanntes Subst./ **1.** /meint eine unbestimmte Menge des Genannten/ *„Brauchst du noch Geld?" „Ich habe noch welches."; uns fehlen noch Teller, ich hole schnell welche; sind alle Schüler anwesend oder fehlen noch welche; wir benötigen noch Zement, ich kaufe welchen* **2.** ⟨nur im Pl.⟩ *welche* ʿeinigeʾ /auf Personen bez./: *„Sind schon Gäste gekommen?" „Ja, es sind schon welche da."; es gibt welche, die nur schwatzen/die schwatzen nur* ❖ **irgendwelcher**

MERKE Zur Flexion des nach *welcher* (I.2) folgenden Adj.: Nach unflektiertem *welch* wird das folgende Adj. stark flektiert: *welch (ein) schöner Tag*. Sonst wird das nach *welcher* folgende Adjektiv schwach flektiert: *welcher berühmte Schriftsteller ist der Autor dieses Romans?*

welches [ˈvɛlçəs]: ↗ *welcher* (I,II,III)

welk [vɛlk] ⟨Adj.; Steig. reg.⟩ **1.** ʿ(bes. infolge von Wassermangel) kraftlos herabhängend, runzlig und mehr od. weniger vertrocknetʾ /auf krautige Pflanzen, Blätter, Blüten bez./: *~e Blumen, Blätter, Blüten; ~es Laub; die Rosen sind ~ (geworden)* **2.** ʿdurch die Alterung nicht mehr straff, sondern nach unten herabhängendʾ; SYN schlaff (1.2) /auf Teile des menschlichen Körpers bez./: *~e Haut haben; seine Lippen, Hände waren, wirkten ~* ❖ **welken**

welken [ˈvɛlkn̩] ⟨reg. Vb.; hat/ist⟩ **1.** ⟨vorw. im Präs., Prät.⟩ /krautige Pflanze, Blatt, Blüten/ ʿwelk (1) werdenʾ: *die Blumen, Blüten ~; der ~de Strauß* **2.** /jmd., bes. alte Frau/: *sie begann früh zu ~* (ʿzu alternʾ) ❖ ↗ **welk**

Welle [ˈvɛlə], **die**; ~, ~n **1.** ⟨vorw. Pl.⟩ ʿeine der vielen hintereinander folgenden langen Reihen, die durch Wind entstehen und sich auf der Oberfläche des Wassers auf und ab bewegenʾ: *hohe, schäumende, kurze, kleine ~n; die ~n ziehen an den Strand; die ~n schlugen über das Boot; die ~n branden an die Küste, Mole, brechen sich an den Klippen, gehen hoch; sich von einer ~ tragen lassen; auf einer ~ reiten; ein Boot treibt auf den ~n* (ʿauf der bewegten Oberfläche eines Gewässersʾ); *in den ~n* (ʿin einem bewegten Gewässer, im Meerʾ) *ertrinken* **2.** ⟨vorw. Pl.⟩ ʿHaarteil, das wellig geformt istʾ: *sich das Haar in ~n legen (lassen); durch die Haarwäsche sind die ~n verschwunden* **3.** ⟨vorw. Pl.⟩ ʿetw., das wellige Formen aufweistʾ: *eine Straße mit vielen quer verlaufenden ~n; das Gelände weist ~n auf; der Teppich, Fußbodenbelag hat ~n* (ʿliegt nicht mehr glatt, hat wellige Erhebungenʾ) **4.** ⟨vorw. Pl.⟩ ʿSchwingung einer sich in Raum und Zeit (periodisch) ändernden physikalischen Größeʾ: *die ~n des Lichts, Schalls; elektrische, elektromagnetische, kurze, lange ~n* **5.** ⟨vorw. Sg.; + Gen.attr. od. + *von*⟩ ʿetw., das wie eine Bewegung (II) viele Menschen (zugleich) erfasst und eine Zeitlang für sie bedeutsam istʾ: *eine ~ der Begeisterung, Freude hatte sie alle erfasst; ihm schlug eine ~ des Mitgefühls, Misstrauens/von Missgunst entgegen; der Vorgang, Beschluss, die Entscheidung löste eine ~ des Protestes aus* **6.** ʿMaschinenteil, das sich um seine Achse dreht und Bewegungen überträgtʾ: *eine gebrochene ~; eine neue ~ einbauen; die ~ des Schiffsmotors, des Getriebes* **7.** ⟨o.Pl.⟩ *die* ↗ *grüne ~* ❖ ↗ **wallen**

* **etw. schlägt (hohe) ~n** ʿetw. erregt großes Aufsehen in der Öffentlichkeit, erzeugt große Aufregung unter den Menschenʾ: *die Nachricht schlug hohe ~n*

Wellen [ˈvɛlən..]**-gang, der** ⟨o.Pl.⟩ ʿdie aufwärts und abwärts gehende Bewegung der Wellen (1)ʾ: *gestern hatten wir hohen, niedrigen, starken, wenig ~* ❖ ↗

wallen, ↗ gehen; **-länge, die** Phys. ʼAbstand zwischen zwei aufeinander folgenden Punkten der gleichen Phase einer Welle (4)ʼ ❖ ↗ wallen, ↗ lang * /zwei od. mehrere (jmd.)/ **die gleiche ~ haben** ʼdie gleiche Art haben zu fühlen, zu denkenʼ: *wir haben beide die gleiche ~*

wellig [ˈvɛlɪç] ⟨Adj.; Steig. reg.; vorw. attr.⟩ ʼin Form einer Welle (1), von Wellen verlaufend, wie Wellen geformtʼ: *~es* (SYN ʼlockigesʼ) *Haar; ~es Gelände; der Teppichboden, Teppich ist (an einer Stelle) ~ geworden* ❖ ↗ **wallen**

Welpe [ˈvɛlpə], **der**; ~n, ~n ʼdas Junge des Hundes (1), auch des Fuchses, Wolfsʼ: *die Hündin hat vier ~n geworfen; die ~n sind schon entwöhnt; ~n zum Kauf anbieten*

Welt [vɛlt], **die**; ~, ~en **1.** ⟨o.Pl.⟩ **1.1.** ʼdie (gesamte) Erde (1) als der Bereich, in dem Menschen, Tiere und Pflanzen lebenʼ; SYN Erde (1.2): *die große, schöne, weite ~; die Schönheiten der ~; Reisen unternehmen, um die ~ kennen zu lernen; jmd. hat die ~ gesehen, ist (viel) in der ~ herumgekommen* (ʼist viel gereistʼ); *eine Reise (rund) um die ~ machen; allein in/auf der ~ sein* (ʼkeine Angehörigen mehr habenʼ); *der ~ den Frieden erhalten; die ~ vor den Gefahren bewahren, die ihr von den Menschen drohen* **1.2.** ʼGesamtheit der Verhältnisse, unter denen die Menschen, Tiere, Pflanzen auf der Welt (1.1) lebenʼ: *die ~ verändern, verbessern wollen; eine bessere ~ aufbauen; die ~ von heute, von morgen; mit sich und der ~ zufrieden sein; sich in der ~ (gut) zurechtfinden; sich aus/von der ~* (ʼvom Umgang mit den Menschenʼ) *zurückziehen; die ~ kennen* (ʼwissen, wie es in der Welt zugehtʼ) **1.3.** SYN ʼWeltöffentlichkeitʼ: *diese Nachricht ließ die ~ aufhorchen; etw., jmd. ist in der ganzen ~ bekannt; etw. vor der, vor aller ~ verbergen, verheimlichen, gestehen* **2.** ⟨vorw. Sg.; vorw. mit Gen.attr.⟩ ʼbestimmter Bereich im Leben der Menschenʼ: *die bunte ~ des Zirkus; die religiöse ~ des Islam; die ~ der Antike, der Kunst, der Technik; die ~ der Mode, des Theaters; die ~ des Kindes, der Phantasie; jmd. lebt in seiner ~* (ʼverschließt sich weitgehend vor anderen und lebt nur für seine Gedanken, Interessenʼ); *etw. ist eine ~ für sich* (ʼist ein in sich abgeschlossener Lebensbereichʼ); *als er diese Lehren studierte, tat sich ihm eine ganz neue ~ auf/taten sich ihm neue ~en auf; seine ~* (ʼder ihm liebste Bereich im Lebenʼ) *ist die Musik* **3.** ⟨o.Pl.⟩ *eine ~ von etw.* ⟨Dat.⟩: *er musste gegen eine ~ von Vorurteilen* (ʼgegen sehr viele Vorurteileʼ) *kämpfen; er sah sich einer ~ von* (ʼvon sehr vielenʼ) *Problemen, Feinden gegenüber* **4.** ⟨o.Pl.⟩ SYN ʼWeltallʼ: *die Entstehung der ~* **5.** ʼLeben ermöglichender Himmelskörperʼ: *im Weltall sind sehr viele bewohnte ~en denkbar; sie kam ihm vor wie ein Wesen aus einer anderen ~* ❖ **weltlich — Halbwelt, Nachwelt, Umwelt, Umweltschutz;** vgl. **welt/Welt-**

* /jmd./ **mit der ~ abgeschlossen haben** (ʼnichts mehr vom Leben erwartenʼ); **alle/die ganze/die halbe ~** ʼsehr viele Menschenʼ: *alle ~ war gekommen; aus*

aller ~ ʼvon überall herʼ: *Waren aus aller ~ gab es dort; Gäste aus aller ~ waren gekommen;* **in alle ~** ʼüberallhinʼ: *sie reisten in alle ~;* **in aller ~** ⟨+ *warum, was, wer, wo*⟩ emot. /drückt in Fragesätzen Verwunderung, Unwillen aus/ *warum in aller ~ hast das getan* (ʼwarum hast du das nur getanʼ)?; *wer in aller ~ kann so blöd sein, so etwas zu tun* (ʼwer kann denn nur so blöd sein …ʼ); **nicht um alles in der ~** ʼum keinen Preis, auf keinen Fallʼ: *nicht um alles in der ~ möchte ich mit dir tauschen, möchte ich jetzt dort sein, will ich das hergeben!;* **die ~ aus den Angeln heben** (ʼdie Welt grundlegend verändernʼ); **die Dritte ~** ʼdie Entwicklungsländerʼ: *Entwicklungshilfe für die Dritte ~, für Länder der Dritten ~;* /Frau/ **ein Kind auf die ~ bringen/in die ~ setzen** ⟨vorw. Perf.⟩ (ʼein Kind gebärenʼ); /Kind/ **auf die ~ kommen** ⟨vorw. Perf.⟩ (ʼgeboren werdenʼ); **zwischen zwei od. mehreren liegen ~en:** *zwischen uns, ihnen liegen ~en* (ʼwir, sie sind völlig verschiedenʼ)!; /jmd./ **die ~ nicht mehr verstehen** (ʼüberhaupt nicht mehr verstehen, was vor sich geht und daher fassungslos seinʼ); /etw. (vorw. *das*)/ **nicht die ~ kosten** ⟨vorw. Präs.⟩ ʼnicht sehr teuer seinʼ: *das kostet nicht die ~;* /etw./ **nicht aus der ~ liegen** ʼnicht weit entfernt liegenʼ: *Hamburg liegt nicht aus der ~, fahr doch einfach hin!;* /etw. (vorw. *das*)/ **nicht die ~ sein** (ʼnicht von Bedeutung seinʼ); /jmd., Institution/ **etw. aus der ~ schaffen** ʼetw. Unangenehmes bereinigenʼ: *damit war der Streit aus der ~ geschafft;* /jmd./ **etw. in die ~ setzen** ʼetw. verbreitenʼ: *ein Gerücht in die ~ setzen*

Welt/welt- [ˈ..]-**all, das** ʼGesamtheit aller Materie, bes. der Himmelskörper und der davon eingenommene Raumʼ; SYN All, Kosmos, Universum, Welt (4): *die Erforschung des ~s; das ~ ist in einem Prozess der Ausdehnung begriffen* ❖ ↗ all; **-anschaulich** ⟨Adj.; o. Steig.; nicht präd.⟩ ʼdie Weltanschauung betreffendʼ /auf Abstraktes bez./: *jmds. ~e Einstellung; ~e Auseinandersetzungen; ~ bestehen zwischen ihnen beträchtliche Unterschiede, Differenzen* ❖ ↗ schauen; **-anschauung, die** ʼbestimmte (in ein System gebrachte) Vorstellungen, Ansichten von Natur, Gesellschaft, der Welt als Ganzem und der Stellung des Menschen in ihrʼ: *eine religiös bestimmte ~; eine idealistische, materialistische, realistische ~; jmds. ~ hat sich gewandelt* ❖ ↗ schauen; **-bekannt** ⟨Adj.; o. Steig.⟩ ʼbei den Menschen in allen Gegenden der Welt, überall bekanntʼ /vorw. auf Personen, Konstrukte bez./: *ein ~es Bauwerk, Orchester, Projekt; ein ~er Künstler, Sportler, Hersteller; er ist ~* ❖ ↗ kennen; **-berühmt** ⟨Adj.; o. Steig.⟩ ʼbei den Menschen in allen Gegenden der Welt berühmtʼ /vorw. auf Personen, Konstrukte bez./: *ein ~er Dichter, Arzt; er ist ~; ~e Bauwerke, Leistungen der Forschung; das hat ihn ~ gemacht* ❖ ↗ Ruhm; **-bewegend** [bəveˈgnt] ⟨Adj.; o. Steig.; nicht bei Vb.⟩ ʼfür viele, alle Menschen in der Welt von (großer) Bedeutung, von großer Auswirkungʼ /vorw. auf Leistungen, Vorgänge bez./: *eine ~e Idee, Erfindung, Entdeckung; ~e Ereig-*

nisse, Taten, Leistungen, Geschehnisse; spött. *das ist ja nicht gerade* ~ ('das ist unwichtig, unbedeutend') ❖ ↗ ²**bewegen; -fremd** ⟨Adj.; Steig. reg.; vorw. attr.⟩ 'von geringer Erfahrung, Kenntnis der Welt zeugend' /auf Personen od. menschliche Ansichten, Vorstellungen bez./: *er ist, wirkt* ~, *ist ein* ~*er Mensch;* ~*e Ideen; seine Ideen sind* ~ ❖ ↗ fremd; **-geschichte, die** 1. ⟨o.Pl.⟩ 'Geschichte der Menschheit, aller Völker, Nationen der Welt': ~ *studieren* 2. 'Werk (3.2) über die Weltgeschichte (1)': *eine mehrbändige* ~; *eine* ~ *verfassen* ❖ ↗ geschehen; **-gewandt** ⟨Adj.; Steig. reg., ungebr.⟩ 'aufgrund entsprechender Erfahrung sicher im Auftreten und im Umgang mit Menschen': *ein* ~*er Politiker, Geschäftsmann; er war* ~; ~ *auftreten; sein* ~*es Auftreten* ❖ ↗ gewandt; **-handel, der** 'der internationale Handel': *die Entwicklung des* ~*s* ❖ ↗ handeln; **-klasse,** die ⟨o.Pl.⟩ 'das, der Beste seiner Art in der Welt' /auf Produkte, Leistungen, Personen bez./: *etw. ist* ~, *gehört zur* ~: *die Produkte dieser Firma sind* ~; *die Sportler dieses Landes gehören zur* ~; *heute Abend spielt ein Orchester der* ~ ❖ ↗ Klasse; **-krieg, der** 'Krieg im 20. Jahrhundert, an dem viele Länder der Welt beteiligt sind': *der Erste* ~ ('Krieg von 1914–1918'); *der Zweite* ~ ('Krieg von 1939–1945'); *die Gefallenen, Opfer beider* ~*e; einen* ~ *vom Zaun brechen* ❖ ↗ Krieg

weltlich ['vɛlt..] ⟨Adj.; o. Steig.; vorw. attr.⟩ 'im Unterschied zum Religiösen, Geistlichen das alltägliche Leben, das Diesseits betreffend'; SYN profan (2) /auf Gegenständliches, Abstraktes bez./: ~*e* (ANT sakrale, geistliche 1.1) *Lieder, Schriften;* ~*e Bauwerke;* ~*e Freuden, Genüsse* ❖ ↗ Welt

Welt/welt ['vɛlt..]**-macht, die** 'Großmacht mit weltweitem Einfluss': *das Übergewicht, der Einfluss der Weltmächte; eine Konferenz der Weltmächte* ❖ ↗ Macht; **-markt, der** ⟨o.Pl.⟩ 'der internationale Markt (3)': *mit einem neuen Produkt auf dem* ~ *auftreten, auf den* ~ *gehen; der Konzern beherrscht mit seinen Produkten fast den ganzen* ~; *das Produkt hat den* ~ *erobert* ❖ ↗ Markt; **-meister, der** 1. ⟨o.Pl.⟩ /Titel des Siegers bei einer Weltmeisterschaft/ 2. 'Träger des Titels eines Weltmeisters (1)': *er ist, wurde* ~ *(im Gewichtheben)* ❖ ↗ Meister; **-meisterschaft, die** 1. 'in festgelegten Abständen stattfindender Wettkampf, bei dem der beste Sportler, die beste Sportmannschaft der Welt in einer Disziplin ermittelt wird und den Titel „Weltmeister" (1) erhält': *die* ~*en im Schwimmen, Fußball, in den leichtathletischen Disziplinen* 2. ⟨o.Pl.⟩ 'Sieg in einer Weltmeisterschaft (1)': *um die* ~ *kämpfen; er hat die* ~ *im Hundertmeterlauf errungen, erlangt* ❖ ↗ Meister; **-offen** ⟨Adj.; Steig. reg.; nicht bei Vb.; vorw. attr.⟩ 1. 'für alles in der Welt aufgeschlossen, am Geschehen in der Welt interessiert' /vorw. auf Personen bez./: *ein* ~*er Mensch; er ist* ~; *seine* ~*e Haltung* 2. 'offen (5.2) für die Weltöffentlichkeit' /auf Städte, Länder bez./: *N ist eine* ~*e Stadt; ein* ~*es Land* ❖ ↗ offen; **-öffentlichkeit, die** 'die Menschen und Institutionen der Länder der Erde, die

am Geschehen in der Welt teilnehmen und sie gestalten'; SYN Welt (1.3): *die Nachricht wurde von der* ~ *mit Befriedigung aufgenommen; etw. findet in der* ~ *große Beachtung* ❖ ↗ offen; **-rang** ⟨o.Art.⟩ *von* ~ 'von weltweiter Bedeutung, Geltung': *ein Erzeugnis, ein Wissenschaftler, Künstler von* ~; *etw. hat* ~ ('hat weltweite Geltung') ❖ ↗ ringen; **-raum, der** ⟨o.Pl.⟩ 'der gesamte Raum des Weltalls außerhalb der Erde': *mit Raumschiffen in den* ~ *vorstoßen, den* ~ *erschließen* ❖ ↗ Raum; **-reich, das** 'Reich, das in einer historischen Epoche große Teile der Welt beherrschte, umfasste': *das römische* ~; *das* ~ *Alexander des Großen* ❖ ↗ Reich; **-rekord, der** 'offiziell anerkannte beste Leistung in der Welt in einer sportlichen Disziplin': *einen* ~ *erringen, brechen, einstellen; er hält den* ~ *im Hundertmeterlauf* ❖ ↗ Rekord; **-ruf** ⟨o.Art.; o.Pl.⟩ 'das hohe internationale Ansehen einer Person, Sache': *jmd., etw. erlangt, gewinnt, hat* ~; *ein Künstler von* ~ ❖ ↗ rufen; **-schmerz, der** ⟨o.Pl.⟩ 'melancholische, traurige Stimmung einer Person, die auf dem Unbehagen über die Unzulänglichkeiten der Welt und der eigenen Lage beruht': *seine von* ~ *geprägte Lyrik* ❖ ↗ Schmerz; **-stadt, die** 'Großstadt (mit über einer Million Einwohnern) von weltweiter Bedeutung': *Berlin ist eine* ~ ❖ ↗ Stadt; **-vergessen** ⟨Adj.; o. Steig.⟩ 1. ⟨nicht bei Vb.; vorw. attr.⟩ 'weit entfernt vom städtischen Leben und Treiben und einsam gelegen' /auf Orte bez./: *ein* ~*es Dorf, Nest* 2. ⟨nicht präd.⟩ 'gedanklich der Welt, Wirklichkeit entrückt, tief in Gedanken, in sich versunken' /auf Personen bez./: *ein* ~*er Träumer;* ~ *dasitzen und grübeln* ❖ ↗ vergessen; **-weit** ⟨Adj.; o. Steig.⟩ 'die ganze od. viele und große Teile der Welt erfassend, umfassend, betreffend' /auf Mentales bez./: ~*e Proteste; etw. hat* ~*(e) Bedeutung, Wirkung; etw. hat* ~*e Geltung, hat* ~*e Anerkennung, Unterstützung gefunden; etw. ist von* ~*em Interesse; etw. ist* ~ ('in der ganzen, in großen Teilen der Welt') *bekannt; der Protest war* ~ ❖ ↗ weit

wem [ve:m]: ↗ wer

wen [ve:n]: ↗ wer

Wende ['vɛndə], **die;** ~, ~**n** 1. ⟨vorw. Sg.⟩ '(einschneidende, entschiedene) Veränderung im Verlauf eines Geschehens, im (Entwicklungs)prozess im Leben eines Einzelnen od. einer Gruppe von Menschen od. im politischen Leben eines Landes': *in den Beziehungen zwischen den beiden Ländern zeichnet sich eine (historische)* ~ *ab; die neue Erfindung, Entdeckung führte zu einer* ~ *in den physikalischen Grundauffassungen; er stand an einer* ~ *seines Lebens; im Krankheitsverlauf war eine unvorhergesehene* ~ *eingetreten; eine/die* ~ (SYN 'Wendung 3') *zum Guten, Schlimmen* 2. ⟨o.Pl.; nur mit best. Art.⟩ *an der/um die* ~ *des 20. Jahrhunderts* ('in der Zeit des Übergangs vom 19. zum 20. Jahrhundert') 3. ⟨o.Pl.; nur mit best. Art.⟩ 'die Zeit des Umbruchs in der DDR nach der Öffnung der Mauer': ⟨vorw. mit Präp. *nach, vor*⟩ *nach der* ~ *musste sich der Betrieb neu orientieren; er hat nach der* ~ *seinen

Bauernhof wiederbekommen; er verlor nach der ~ seinen Arbeitsplatz; vor der ~ war das nicht möglich ❖ ↗ wenden

Wende|kreis ['..], **der** ˈnördlichste od. südlichste parallel zum Äquator verlaufende gedache Linie auf der Erdoberfläche, über der die Sonne im Zenit stehen kannˈ: *der nördliche, südliche ~* ❖ ↗ **wenden,** ↗ **Kreis**

Wendeltreppe ['vɛndl̩..], **die** ˈTreppe, deren Stufen wie eine Spirale um eine Achse angeordnet sindˈ (↗ TABL Haus/Gebäude): *die ~ hinaufsteigen, hinabsteigen* ❖ ↗ **wenden,** ↗ **Treppe**

wenden ['vɛndn̩], wandte ['vantə]/wendete, hat gewandt [gə'vant]/gewendet **1.** ⟨wendete, hat gewendet⟩ /jmd./ **1.1.** *etw. ~* ˈetw vorw. Flaches zu bestimmtem Zweck so bewegen, dass es auf die andere Seite zu liegen kommtˈ /beschränkt verbindbar/: *die Koteletts, Eierkuchen beim Braten in der Pfanne ~; (das) Heu ~, damit es besser trocknet; die Seite eines Buches ~; bitte ~* (ABK b. w.) /Hinweis und Aufforderung auf dem rechten unteren Rand der Seite eines Buches, die Seite zu wenden/ **1.2.** *ein Kleidungsstück ~* ˈein Kleidungsstück so verändern, dass seine bisherige Innenseite zur Außenseite wirdˈ; SYN kehren (I.2): *sie hat den Rock gewendet; der Rock wurde gewendet; der Mantel muss, kann gewendet werden* **2.1.** ⟨wendete, hat gewendet⟩ /jmd./ *ein Fahrzeug ~* ˈein Fahrzeug beim Fahren in die entgegengesetzte Richtung lenkenˈ: *das Auto, Boot ~; er konnte in der schmalen Gasse nicht ~; /etw., jmd./ das Schiff, Auto, der Schwimmer wendet* (ˈschlägt die entgegengesetzte Richtung einˈ); *der Wind wendet* (ˈändert seine Richtungˈ) **2.2.** ⟨wendete/wandte, hat gewendet/gewandt⟩ /jmd./ *etw., sich irgendwohin ~* ˈden Kopf, Blick, sich in eine bestimmte andere Richtung, zu jmdm. hin drehenˈ: *er wendete/wandte den Kopf, seinen Blick nach rechts, zur Seite, nach/zu uns, zur Uhr; er hatte sich, sein Gesicht zur Wand gewendet/gewandt; zu seinem Freund gewendet/gewandt, sagte er …* **2.3.** ⟨wendete/wandte, hat gewendet/gewandt⟩ /jmd./ *sich irgendwohin ~* ˈeine bestimmte Richtung einschlagen, in eine bestimmte Richtung gehenˈ: *er wendete/wandte sich zum Ausgang, zur Tür; wir müssen uns mehr zum Wald hin ~; seine Schritte zum Wald ~* (ˈin Richtung auf den Wald zu gehenˈ) **3.** ⟨wendete/wandte, hat gewendet/gewandt⟩ **3.1.** /jmd./ *sich an jmdn., eine Institution ~* ˈjmdn., eine Institution in einer bestimmten Angelegenheit um Auskunft, Rat, Hilfe bittenˈ: *er wendete/wandte sich vertrauensvoll, hilfesuchend, mündlich, schriftlich an uns, an die zuständige Behörde; sich (mit etw.) an eine höhere Instanz ~; sich mit einer Frage, Bitte an jmdn. ~* **3.2.** /Text, Buch/ *sich an mehrere Personen ~* ˈeinen bestimmten Kreis von Personen als Adressaten als Ziel habenˈ: *der Aufruf wendete/wandte sich an alle Bürger der Stadt; das Buch wendet sich vor allem an Fachleute, wendet sich an ein breites Publikum* **4.** ⟨wendete sich, hat sich gewendet⟩ *etw., ein Zustand, ein Prozess, wendet sich zum*

Guten, Besseren, Schlechten (ˈetw. verändert sich so, dass es gut, besser, ungünstig wirdˈ); *das Wetter hat sich gewendet* (ˈverändert 2ˈ) **5.** ⟨wendete/wandte, hat gewendet/gewandt⟩ geh. /jmd./ **5.1.** *etw., eine bestimmte Leistung an/auf etw., jmdn. ~* ˈetw. für etw., jmdn. aufbringen (2)ˈ /beschränkt verbindbar/: *er hat viel Mühe, Sorgfalt, Arbeit an/ auf diese Aufgabe gewendet/gewandt; sie wendete/ wandte alles an ihre Kinder* **5.2.** *etw. auf etw., jmdn. ~* ˈetw. auf etw., jmdn. richten (2)ˈ: *seine Aufmerksamkeit auf den Straßenverkehr ~; er wandte/wendete alle seine Gedanken auf sie* **6.** ⟨wandte, hat gewandt⟩ /jmd., etw./ *sich gegen jmdn., etw. ~* ˈjmdm., etw. entschieden entgegentreten, gegen jmdn., etw. auftretenˈ; SYN richten (3.2): *er wandte sich gegen seine Kritiker, gegen ihre Vorwürfe; diese, seine Kritik wendet sich nur gegen die überholte These, gegen seine altmodische Auffassung* **7.** ⟨wendete/wandte, hat gewendet/gewandt⟩ /jmd./ *sich von jmdm. ~* ˈdas Verhältnis mit jmdm., die Beziehungen zu jmdm. abbrechenˈ: *er hatte sich nie ganz von ihr gewendet/gewandt* **8.** ⟨wendete/wandte, hat gewendet/gewandt⟩ /jmd./ *etw. Unangenehmes von jmdm. ~* ˈjmdn. vor etw. Unangenehmem schützen, bewahrenˈ: *er hat alles Unheil, jede Gefahr von ihr gewandt/gewendet* ❖ **Wende, wendig, Wendung — abwenden, auswendig, Kehrtwende, postwendend, umwenden, Wendekreis, Wendeltreppe, Wendepunkt, Zeitaufwand, zeitaufwendig, zuwenden;** vgl. **Wandel**

Wende|punkt ['vɛndə..], **der** ⟨Pl.: ~e⟩ **1.** ˈ(äußerster) Punkt, an dem der Verlauf von etw. seine Richtung ändertˈ: *der ~ einer Kurve; der nördliche, südliche ~ der Sonne* **2.** ˈZeitpunkt, an dem sich etw., ein Verlauf, Prozess entscheidend verändertˈ: *an einem ~ seines Lebens stehen; der Tod des Diktators wurde zum ~ in der Geschichte des Landes* ❖ ↗ **wenden,** ↗ **Punkt**

wendig ['vɛndɪç] ⟨Adj.; Steig. reg.⟩ **1.** ⟨nicht bei Vb.⟩ ˈeine Situation schnell und sicher erfassend, sich ihr geschickt anpassend und sie zu nutzen wissendˈ; SYN flexibel (2) /auf Personen bez./: *ein ~er Bursche, Geschäftsmann; er ist sehr ~; dafür ist er nicht ~ genug* **2.** ˈgewandt und flinkˈ /auf Personen, Tiere bez./: *ein ~es Wiesel; ein ~er Turner, Fußballer; er ist sehr ~; ~ klettern* **3.** ⟨nicht bei Vb.⟩ ˈleicht und gut zu steuernˈ /auf Fahrzeuge bez./: *ein ~es Auto, Boot; die kleinen Transporter sind sehr ~* ❖ ↗ **wenden**

Wendung ['vɛnd..], **die**; ~, ~en **1.** /zu wenden (2.2)/ ˈdas (Sich)wenden in eine andere, in die entgegengesetzte Richtungˈ: *eine scharfe, jähe, halbe ~ nach links, rechts; eine ~ um 180 Grad; die ~ des Kopfes (zur Seite); mit einer schnellen ~ verhinderte er eine Kollision* **2.** SYN ˈBiegungˈ: *an der ~ des Flusses, der Straße Halt machen, rasten* **3.** SYN ˈWende (1)ˈ: *eine glückliche, unerwartete ~; etw. nimmt eine ~ zum Guten, Schlechten; einem Gespräch eine ~ geben* (ˈbewirken, dass das Gespräch einen anderen Verlauf nimmtˈ) **4.** SYN ˈRedewendungˈ: *eine* *feste, idiomatische* ~; *er gebrauchte eine ungewöhnliche* ~ ❖ ↗ **wenden**

¹wenig [ve:nɪç] ⟨Indefinitpron.; unflektiert für Mask., Fem., Neutr. u. Pl.; auch flektiert, Mask.: **weniger**, Fem. und Pl.: **wenige**, Neutr.: **weniges**; ↗ TAFEL X⟩ /bezeichnet eine unbestimmte kleine Anzahl, Menge, einen niedrigen Grad/ **1.1.** ⟨oft unflektiert; adj.⟩ ~ *Publikum, Übung, Geld, Erfahrung, Energie haben; ich habe heute* ~ *Zeit; er isst* ~ *Obst; das macht* ~/~*e*/*die* ~*ste Arbeit; das* ~*e Geld, das* …; *so* ~/~*en Schnee hatten wir lange nicht; nur* ~*er Schmuck war ihr geblieben; er hat nur* ~*el*~ *Bücher, Probleme; das ist die Ansicht nur* ~*er Menschen; zu* ~*el*~ *Möglichkeiten haben; das trifft in den* ~*sten Fällen zu; er hat es uns mit* ~*en*/~ *Worten erklärt; ein* ~: *ein* ~ (‘¹*etwas*’) *Zucker, Kummer* **1.2.** ⟨nur im Pl.; stets flektiert; subst.⟩ ANT **mehrere**: *einige* ~*el*nur ~*el*~*e waren gekommen; er sagte das in Gegenwart* ~*er*/von ~ *en; die* ~*sten (von uns) wussten davon; es waren nicht* ~*e* (‘es waren viele’), *die* … **1.3.** ⟨o.Pl.; Neutr.; im Nom. u. Akk. oft unflektiert; subst.⟩ ~/~*es wissen; er hat nur* ~ *gegessen; er ist mit* ~*em zufrieden;* ~/~*es hat sich hier verändert; es ist nicht* ~ (‘es ist viel’), *was er dafür bekommt; das ist mir zu* ~; *ein* ~: *er hat nur ein* ~ (SYN ‘¹*etwas* 3.1’) *davon gegessen* ❖ **weniger, wenige, weniges** − **³sowenig**

²wenig ⟨Adv.; vor Adj., Adv.; bei Vb.; ↗ auch **wenigstens**⟩ **1.1.** ‘in geringem Maße, Grade, nicht sehr’: *er hat uns (nur)* ~ *geholfen; das stört, kümmert mich* ~; *ich kenne ihn noch zu* ~ (‘noch nicht gut genug’); *eine* ~ *belebte Straße; das ist* ~/~*er erfreulich, angenehm; er ist jetzt* ~*er* (‘nicht mehr so’); ANT ²**mehr** 1.1) *fleißig als früher; hier kommt es* ~*er* (‘nicht so sehr’; ANT ²**mehr** 1.1) *auf Quantität als (vielmehr) auf Qualität an; er ist nichts* ~*er als* (‘ist ganz und gar nicht’) *glücklich;* ⟨vor Komp.⟩ *ihr Mann ist* ~ *älter* (‘nicht viel älter’) *als sie* **1.2.** *je … destol*so ~*er: je mehr er verspricht, desto* ~*erlum so* ~*er* (‘in ebenso geringerem Grade’) *glaube ich ihm* **2.** *ein* ~ **2.1.** ‘²*etwas*’; ANT ²**viel** (1.2): *er hat ihm ein* ~ *geholfen* **2.2.** ‘³*etwas* (1,2)’: *ein* ~ *spazieren gehen* **3.** ‘nicht oft’; SYN **selten**; ANT **oft** (1.1): *wir gehen nur* ~ *ins Theater, sehen* ~ *fern; diese Oper wird* ~ *gespielt* ❖ **wenigstens** − **nichtsdestoweniger**

wenige [ˈve:nɪɡə] ⟨Indefinitpron.; Fem. u. Pl.⟩: ↗ ¹*wenig* (1.1,1.2)

weniger [ˈve:nɪɡɐ] ⟨Indefinitpron.; Mask.⟩: ↗ ¹*wenig* (1.1,1.2)

weniges [ˈve:nɪɡəs] ⟨Indefinitpron.; Neutr.⟩: ↗ ¹*wenig* (1.1)

Wenigkeit [ˈve:nɪç..]
❋ umg. scherzh. **meine** ~ ‘ich od. mich’: *er hat seine besten Freunde und meine* ~ (‘mich’) *eingeladen; meine* ~ *ist* (‘ich bin’) *nicht daran beteiligt gewesen*

wenigstens [ˈve:nɪçstns] ⟨Gradpartikel; betont od. unbetont; steht vor der, selten nach der Bezugsgröße; bezieht sich auf verschiedene Kategorien⟩ ↗ auch ²*wenig* **1.** ⟨oft mit Zahlenangaben⟩ /betont, dass die

Bezugsgröße die untere Grenze darstellt, die nicht nach unten überschritten werden darf, jedoch nach oben/; SYN **mindestens**; ANT **höchstens**: *er will* ~ *drei Tage bleiben; jeder hat* ~ *drei Flaschen Bier getrunken;* ~ *20 Personen haben dafür gestimmt; in* ~ *zwei Stunden ist alles vorbei;* ~ *beeilen hättest du dich können;* ~ *du/du* ~ *hättest mir schreiben können;* SYN **zumindest**: *du hättest* ~ *schreiben können, dich entschuldigen können;* ~ *warm hätte der Kaffee sein können/der Kaffee hätte* ~ *warm sein können* **2.** /mindert etw. Negatives/: *der Ausflug war anstrengend, aber es regnete* ~ *nicht* ❖ ↗ ²*wenig*

wenn [vɛn] ⟨Konj.⟩ **I.** ⟨subordinierend; steht vor od. nach dem Hauptsatz⟩ **1.** /konditional; gibt an, dass der Sachverhalt des Nebensatzes die Bedingung für den Sachverhalt des Hauptsatzes ist; die Bedingung ist irreal/ **1.1.** ⟨es steht der Indikativ⟩ ~ *heute die Sonne scheint, fahren wir ins Grüne; du schaffst es,* ~ *du dich anstrengst;* ⟨mit dem fakult. Korrelat *so* od. *dann* im Hauptsatz⟩ ~ *der Zug nicht pünktlich ist, (dann/so) erreichen wir nicht den Bus* **1.2.** ⟨es steht der Konj. II od. *würde* + Inf.⟩: ~ *gutes Wetter wäre, könnten wir einen Ausflug machen; ich würde mich freuen,* ~ *sich das realisieren ließe* **1.3.** /auf die Vergangenheit bez./ ⟨+ Konj. II⟩: ~ *ich mehr Freizeit gehabt hätte, wäre ich öfter gewandert* **1.4.** ⟨in Verbindung mit *sollen*; auch mit unterschiedlichem Tempus und Modus⟩ ~ *wir hier nur rumsitzen sollen, können wir auch etwas anderes beginnen;* ~ *du zur Post gehen solltest, bringe mir doch bitte Briefmarken mit* **2.** /temporal/ **2.1.** /gibt an, dass der Sachverhalt des Nebensatzes zum gleichen Zeitpunkt in der Gegenwart od. Zukunft abläuft wie der Sachverhalt des Hauptsatzes/: ~ *die Störche nach Süden fliegen, wird es Herbst;* ~ *du wieder hier/zurück bist, werden wir deinen Erfolg feiern; jedes Mal/immer,* ~ *er kommt, bringt er Blumen mit* **2.2.** /gibt an, dass der Sachverhalt des Nebensatzes zeitlich vor dem des Hauptsatzes liegt/: ~ *wir alles erledigt haben, trinken wir erst einmal Kaffee; (immer)* ~ *er das Haus verlassen hat, zündet er sich eine Zigarette an* **3.** ⟨+ *auch*; oft mit der Korrelation von *so … doch* im Hauptsatz⟩ /konzessiv/ **3.1.** ~ **auch** ⟨oft mit Korrelat *so … doch* od. *trotzdem* od. *dennoch* im Hauptsatz⟩ /gibt an, dass der Sachverhalt des Nebensatzes, auch wenn man es erwarten könnte, den Sachverhalt des Hauptsatzes nicht ändern kann/; SYN **obwohl**: ~ *ich auch verloren habe, so hatte ich doch viel Spaß am Spiel;* ~ *er auch mein Freund ist, so kann ich dies doch nicht entschuldigen; die Skitour hat Spaß gemacht,* ~ *sie auch sehr anstrengend war* **3.2.** **auch/selbst/sogar** ~ ⟨oft mit Konj. II⟩ /wird oft generalisierend verwendet; mit der Bedeutung von 3.1/: *auch/selbst* ~ *du noch weniger wiegen würdest, wäre das zu viel; auch* ~ *er nicht pünktlich kommen sollte, warten wir nicht länger als nötig* **4.** ⟨als Glied konjunktionaler Verbindungen⟩ **als** ~: ↗ *als* (2.4.2); **außer** ~: ↗ ¹*außer* (2.2); **wie** ~: ↗ ¹*wie* (II.1.1) − **II.** ⟨leitet einen elliptischen Satz ein, der einen irrealen Wunsch ausdrückt; mit der Stellung des Verbs in einem Nebensatz⟩ **1.** ⟨mit Konj. II od. *würde* + Inf.; oft mit *doch, nur*⟩ /bezieht sich auf die Gegenwart, Zukunft/; SYN dass (II): *~ er doch bald käme!; ~ er doch nur kommen würde!; ~ nur die Hitze bald vorbei wäre!* **2.** ⟨mit Konj. II⟩ /bezieht sich auf die Vergangenheit/: *~ ich nur/doch meinen Mund gehalten hätte!; ~ er sich nur nicht so blöd benommen hätte!* MERKE Zum Unterschied von *wenn* und *falls:* Die durch *falls* genannten Bedingungen sind in der Regel erfüllbar und nicht irreal wie bei *wenn* (vgl. *wenn* I.1); Satzgefüge mit *falls* können in der Regel auch nicht die Folge aus einer Bedingung herleiten: *wenn er sich anstrengen würde, könnte er es schaffen;* aber nicht: *falls er sich …;* zum Verhältnis von *nachdem* und *wenn:* ↗ *nachdem* (Merke) ❖ **wenngleich**

wenn|gleich ['..] ⟨Konj.; subordinierend; steht vor od. nach dem Hauptsatz⟩ geh. /konzessiv; gibt an, dass der Sachverhalt des Nebensatzes, auch wenn man es erwarten könnte, den Sachverhalt des Hauptsatzes nicht ändern kann/; SYN obwohl: *sie nickte zustimmend, ~ sie es nicht recht verstanden hatte; ~ es mir nicht gleichgültig war, musste ich zustimmen* ❖ ↗ **wenn**

wer [veːɐ] ⟨o.Pl.; subst.; ↗ auch *was;* ↗ TAFEL XI⟩ **I.** ⟨Interrogativpron.⟩ **1.** /steht am Anfang eines direkten od. indirekten Fragesatzes/ **1.1.** /fragt allgemein nach einer Person männlichen od. weiblichen Geschlechts/: *~ ist das, er, dieser Mann?; ich weiß nicht, ~ das ist; ~ hat das getan?; sage mir, ~ das getan hat!; ~ kommt für die Tat in Frage?; weißt du, ~ für die Tat in Frage kommt?; ~ (alles) kommt mit?; wem hast du das Buch gegeben; sage mir, wem du das Buch gegeben hast!; wen hast du gefragt?; weißt du noch, wen du gefragt hast?; wessen Buch ist das?; ~ da?* /Ruf des Wachpostens/ **1.2.** ⟨+ Präp.; im Akk. u. Dat.⟩ *an wen denkst du?; für wen arbeitest du?; sage mir, für wen du arbeitest; mit wem verreist du?* **2.** /in kommunikativen Wendungen/ *na, ~ ↗ sagt's denn? (↗ sagen); ~ ↗ weiß (↗ wissen)* **3.** *~ weiß wo* 'irgendwo, niemand weiß, wo': *das Buch liegt ~ weiß wo; ~ weiß wann* 'irgendwann, niemand weiß, wann': *~ weiß, wann der kommt; ~ weiß wie* 'so sehr': *er hat ~ weiß wie gejammert, aber es hat ihm nichts genutzt; er hält sich für ~ weiß wie* ('für sehr') *klug, er ist es aber nicht; er hat ~ weiß wie viele Leute* ('sehr viele') *Leute betrogen* − **II.** ⟨Relativpron.⟩ **1.** /leitet einen Relativsatz ein, der sich inhaltlich auf ein belebtes Subst. od. Pron. im übergeordneten Hauptsatz bezieht und darüber Näheres aussagt; steht am Anfang eines Satzgefüges, außer bei Imp. im Hauptsatz/: *~ das behauptet, (der) ist ein Schuft, Lügner; rette sich, ~ kann!; wem es nicht gefällt, der soll es bleiben lassen; wen ich einmal gesehen habe, den vergesse ich nicht wieder;* /hebt mit dem Relativsatz das Subj. des Hauptsatzes hervor; kann auch Tadel, Überraschung ausdrücken/: *~ nicht mitmachte, war Fritz* ('Fritz machte nicht mit') **2.** *~ auch im*

mer/~ immer auch: ~ auch immer das getan haben mag, man wird ihn bestrafen ('ganz unabhängig davon, wer es getan hat, man wird denjenigen bestrafen') − **III.** ⟨Indefinitpron.; steht nie am Satzanfang⟩ umg. **1.** 'jemand (1)': *da ist ~ an der Tür; ist da ~?; suchen Sie wen?* **2.** 'jemand, der es zu etwas gebracht hat od. eine bestimmte Position hat und geachtet, respektiert wird': *er ist jetzt ~ (in seiner Firma); er wollte immer ~ sein, hat es aber nie geschafft* ❖ **irgendwer**

werben ['vɛʁbm̩] (er wirbt [vɪʁpt], warb [vaʁp], hat geworben [gə'vɔʁbm̩]) **1.** /jmd., Unternehmen/ *für etw. ~* 'etw., bes. eine Ware, Dienstleistung, anbieten und ihre Vorzüge lobend hervorheben, um Käufer, Interessenten dafür zu gewinnen': *für ein neues Produkt, eine neue Marke, eine Zeitschrift, ein neues Waschmittel ~; für ein Theaterstück, eine (neue) Idee ~* **2.** /jmd., Unternehmen/ *jmdn. ~* 'jmdn. für etw., eine Gruppe, für jmdn., sich zu gewinnen, zu überzeugen suchen, indem man die Vorzüge hervorhebt': *Kunden (für den neuen Supermarkt), Leser (für eine Zeitung), Mitglieder (für einen Verein) ~* **3.** /jmd./ **3.1.** *um etw. ~* 'sich darum bemühen, etw. von jmdm. zu erhalten, das dessen Zuneigung ausdrückt' /auf positive Werte bez., die jmds. Haltung bestimmen; beschränkt verbindbar/: *er warb um ihre Liebe, um seine Gunst, Freundschaft, um sein, ihr Vertrauen* **3.2.** *um jmdn., bes. um eine Frau, ~* 'für eine feste Bindung mit, Zuneigung, Liebe zu erringen suchen': *er hat lange, vergeblich um sie geworben* ❖ **bewerben, Bewerber, Berwerberin, Bewerbung, Werbung − Asylbewerber, werbewirksam, Wettbewerb;** vgl. **Gewerbe**

Werbe/werbe ['vɛʁbə..]-**trommel, die** * umg. /jmd./ *für etw. die ~ rühren* ('mit großem Aufwand für etw. werben 1'); -**wirksam** ⟨Adj.; Steig. reg.⟩ 'von großer Wirkung in der Werbung (1)' /vorw. auf Grafisches bez./: *ein ~es Plakat; die Anzeige war sehr ~; die ~e Aufmachung eines Produkts; etw. ~ aufmachen* ❖ ↗ werben, ↗ wirken

Werbung ['vɛʁb..], **die;** ~, ~en **1.** ⟨o.Pl.⟩ /zu *werben* (1,2)/ 'das Werben': /zu 1/: *diese Firma macht eine geschickte, ansprechende, raffinierte ~* (SYN 'Reklame') *für ihre Produkte;* /zu 2/: *die ~ neuer Kunden, Mitglieder* **2.** 'jmds. Bemühungen um die Zuneigung, Liebe einer Person, bes. einer Frau': *endlich hat sie seine ~, seinen stürmischen ~en nachgegeben* ❖ ↗ **werben**

Werde|gang ['vɛʁdə..], **der** ⟨o.Pl.; + Gen.attr.⟩ 'Vorgang der Entwicklung einer Person, des Entstehens und der Entwicklung einer Sache': *der ~ eines Künstlers, Arztes, der modernen Psychologie, einer Nation* ❖ ↗ **werden,** ↗ **gehen**

werden ['vɛʁdn̩] (er wird [vɪʁt], wir werden), wurde ['vʊʁdə]/veraltend ward [vaʁt], ist geworden [gə'vɔʁdn̩] **I.1.** /bezeichnet eine Zustandsänderung/ **1.1.** ⟨vorw. mit best. Adj.⟩ /jmd., etw./ *irgendwie ~* 'in einen bestimmten Zustand übergehen, eine bestimmte Eigenschaft bekommen': *er ist alt, müde, blass, krank, wütend geworden; er ist ein an* *derer geworden* (ʹer hat sich charakterlich verändert'); *er wird immer mehr wie sein Vater; sein Haar ist weiß geworden; die Milch ist sauer geworden; das Wetter wird immer besser, schlechter; er ist recht nachlässig geworden, das muss anders ~!* **1.2.** ⟨mit best. Adj., Subst.⟩ *es wird irgendwie* ʹeine bestimmte Tages- od. Jahreszeit beginnt': *es wird jetzt früh hell, dunkel; es wurde Tag; es wird Herbst, Frühling, Winter; wenn es Nacht wird, …* **1.3.** *jmdm. wird (es) irgendwie* ʹjmd. beginnt sich körperlich irgendwie zu fühlen': *es wurde ihm übel, schlecht, heiß, warm, kalt; ihm wurde (es) wohl* **1.4.** /jmd., Unternehmen/ *jmdm. untreu ~* (ʹdie feste Beziehung zu einem Partner beenden'); /jmd., etw./ *jmdm. lästig werden* ʹbeginnen, jmdn., etw. als unangenehm, störend zu empfinden': *er wurde uns lästig; seine ewigen Fragen wurden mir lästig* **1.5.** ⟨mit best. Nomen o. Art.⟩ /jmd./ *etw. ~* ʹim Leben, in Familie und Gesellschaft einen bestimmten neuen Zustand erreichen': *sie wurde seine Frau; er ist Vater geworden* (ʹer ist Vater eines Kindes geworden'); *sie ist Mutter, Großmutter geworden;* /zwei od. mehrere (jmd.)/ *sie, beide sind Freunde geworden* **1.6.** ⟨vorw. mit best. Nomen o. Art.⟩ /jmd./ *etw. ~* ʹeinen bestimmten Beruf ergreifen': *er will Lehrer, Bäcker ~; was willst du ~* (ʹwelchen Beruf willst du erlernen')? **1.7.** *jmd. wird zu etw.* ⟨Dat.⟩/ *aus jmdm. wird etw.* ʹjmd. entwickelt sich zu etw.': *er ist zum Lügner und Dieb geworden; er ist zu einem anerkannten Fachmann geworden; schließlich ist aus ihm noch ein tüchtiger Mensch geworden; was soll bloß aus dir noch ~?* /sagt jmd., wenn er sich um jmds. Zukunft sorgt/ **1.8.** ⟨mit Subst. o. Art. od. mit unbest. Art.⟩ *etw. wird etw.* ʹetw. bekommt eine neue Qualität': *breite Revers sind wieder Mode geworden; der Plan, sein Traum ist endlich Wirklichkeit geworden; das (Theaterstück) ist ein Erfolg geworden; das Geschenk sollte eine Überraschung ~* **1.9.** ⟨mit best. Nomen o. Art.⟩ *etw. wird zu etw.* ⟨Dat.⟩ ʹetw. entwickelt sich zu etw. (anderem)' /beschränkt verbindbar/: *das Laub wird allmählich (zu) Humus; das Wasser ist zu Eis, Dampf geworden; in den Jahrtausenden ist der Baumstamm zu Stein geworden; schließlich wurde (ihm) die Vermutung zur Gewissheit; etw. wird jmdm. zu etw.* ⟨Dat.⟩: *das Trinken wurde ihm zur Gewohnheit, zum Verhängnis; aus etw.* ⟨Dat.⟩ *wird etw.: aus Laub wird Humus; aus Freundschaft wurde Liebe* **1.10.** ⟨+ Zeitangabe⟩ **1.10.1.** /etw. (nur es)/ ʹsich einem Zeitpunkt nähern': *in wenigen Minuten wird es zehn (Uhr); es wird (höchste) Zeit, dass wir aufbrechen* **1.10.2.** ⟨vorw. mit zeitlichen Angaben⟩ *jmd. wird etw.* ʹjmd. erreicht ein bestimmtes Alter': *er wird bald 50, ist 50 geworden; wie alt ist er geworden?; er ist sehr alt geworden* **2.** /bezeichnet einen Entstehungs-, Entwicklungsprozess/ **2.1.** /etw., jmd./ ʹentstehen, sich entwickeln': *vieles ist noch nicht zustande gekommen, aber es wird noch/wird noch ~; das wird wieder ~!; da ist etw. im Werden begriffen; der Junge wird noch/wird noch ~* (ʹwird sich noch

gut entwickeln'); ⟨adj. im Part. I⟩ *eine ~de Mutter* (ʹschwangere Frau'); *ein ~der* (ʹangehender') *Schriftsteller* **2.2.** umg. *etw. wird irgendwie: das Haus wird allmählich, so langsam* (ʹder Bau des Hauses kommt allmählich voran'); *etw. wird was: sind die Fotos was geworden* (ʹgut gelungen, ↗ gelingen')?; *die Fotos sind nichts geworden* **3.** /weist in Fragesätzen auf Zukünftiges hin/ **3.1.** *was wird* ʹwas wird geschehen (1.1)?': *was soll jetzt (damit) ~?; was wird, wenn er nicht kommt?* **3.2.** /in der kommunikativen Wendung/ *(na,) wird's bald?* /ungeduldige, energische, barsche Aufforderung an jmdn., etw. Bestimmtes sofort zu tun/ – **II.** ⟨Hilfsvb.⟩ **1.** ⟨+ Inf. ohne *zu;* dient im Präs. zur Bildung des Fut. I⟩ /jmd., etw./ **1.1.** /weist den zugehörigen Inf. als ein zukünftiges Geschehen aus/: *ich werde (zu euch) kommen; wir ~ morgen ins Theater gehen; ich werde dich morgen anrufen; es wird bald regnen;* /in den kommunikativen Wendungen/ *das werde ich dir heimzahlen* /sagt jmd., wenn er jmdm. seine Rache androht/; *wer wird denn gleich …: wer wird denn (gleich) weinen* (ʹweine doch nicht, es besteht kein Grund, hör doch auf zu weinen')!; *wer wird denn gleich weglaufen, aufgeben, verzweifeln!* **1.2.** /bezeichnet ein vermutetes gegenwärtiges Geschehen/: *er wird im Wohnzimmer, krank sein* (ʹvermutlich ist er im Wohnzimmer, ist er krank') **2.** ⟨+ Part. II + haben, sein; dient zur Bildung des Fut. II⟩ /jmd. etw./ **2.1.** /bezeichnet ein als abgeschlossen vorgestelltes zukünftiges Geschehen/: *morgen werden wir die Arbeit geschafft haben; der Transport wird noch vor morgen früh angekommen sein; um diese Zeit wirst du schon eingeschlafen sein* **2.2.** /bezeichnet ein vermutetes abgeschlossenes vergangenes od. gegenwärtiges Geschehen/: *er wird krank gewesen sein, sich verlaufen haben,* /drückt in Fragesätzen eine Befürchtung aus, die man nicht realisiert wünscht/ *ihm wird doch nichts passiert sein?* (ʹhoffentlich ist ihm nichts passiert') **3.** ⟨+ Part. II; dient im Präs. u. Prät. zur Bildung des Pass.; bei vorangehendem Part. II steht *worden* statt *geworden*⟩ /jmd., etw./ *er wird, wurde ausgezeichnet, wird ausgezeichnet ~, ist ausgezeichnet worden* **4.** ⟨+ Part. II; nur im Präs.⟩ /drückt eine energische Aufforderung aus, die sich an eine Person od. an eine Gruppe richtet/: *jetzt wird aber gegessen, geschlafen, nicht mehr geredet!* **5.** ⟨*würde* + Inf.; dient zur Bildung des Konj. II⟩ /jmd., etw./ *er würde sich freuen, wenn wir ihn besuchten; was würdest du dazu sagen?; es würde sich gut machen, wenn er seine Schulden bezahlte* ❖ **innewerden, loswerden, Werdegang**

* **das wird nichts** ʹdas wird nicht gelingen, nicht zustande kommen': *was du da machen willst, das wird nichts;* **aus etw.** ⟨Dat.⟩ **wird nichts** ʹetw. kommt nicht zustande': *aus der Verabredung, daraus ist nichts geworden;* **aus jmdm. wird was** ʹjmd. wird es zu etw. bringen, wird erfolgreich sein': *aus dem wird noch mal was;* **etw. ist im Werden** (ʹetw. ist dabei zu entstehen, sich zu gestalten')

MERKE Zu *werden* (II.1.1): Das Futur I kann auch durch das Präsens des Vollverbs ausgedrückt werden: *ich rufe dich morgen an; wir gehen morgen ins Theater; es regnet bald;* zu II.2.1: das Futur II kann auch durch das Pefekt wiedergegeben werden: *in dieser Zeit bist du (morgen) schon eingeschlafen*

werfen ['vɛRfn̩] (er wirft [vɪRft]), warf [vaRf], hat geworfen [gə'vɔRfn̩] **1.1.** /jmd./ *etw. irgendwohin* ~ 'einem Gegenstand, den man in der Hand hält, mit kräftiger Bewegung des Arms einen Schwung geben, sodass er durch die Luft irgendwohin fliegt': *einen Ball, Stein ins Wasser, in die Höhe, gegen eine Wand, nach jmdm., weit weg* ~; *er hat den Speer, Diskus vierzig Meter weit geworfen; Papier in den Papierkorb, ins Feuer* ~; *jmdm. etw. an den Kopf, vor die Füße* ~; *mit etw.* ⟨Dat.⟩ ~: *mit einem Stein (nach jmdm.)* ~ **1.2.** /Sportler/ *er hat (einen) Weltrekord geworfen* ('einen Weltrekord im Werfen aufgestellt, erreicht') **1.3.** /etw., Tier, jmd./ *etw., jmdn. irgendwohin* ~ 'etw., jmdn. durch starke Bewegung mit Schwung irgendwohin befördern': *der Sturm, das Meer warf das Schiff gegen die Kaimauer, auf eine Sandbank; bei dem Zusammenstoß wurde er aus dem Wagen geworfen; das Pferd warf den Reiter aus dem Sattel; der Ringer warf seinen Gegner (mit kräftigem Schwung) auf die Matte* **1.4.** /jmd./ *sich irgendwohin* ~ 'sich meist spontan und aus einem starken Gefühl heraus mit Schwung irgendwohin fallen lassen': *sich (vor Übermut) ins Gras, (vor Müdigkeit) ins Bett* ~; *sich (vor Verzweiflung) auf die Erde* ~; *sich gegen die Tür* ~, *um sie aufzubrechen; sich auf die Knie* ~ *und um Gnade bitten; sich erschöpft auf einen Stuhl, in einen Sessel* ~; *sich jmdm. (weinend, lachend) an die Brust, an den Hals, in die Arme* ~ ('jmdn. heftig umarmen') **1.5.** /jmd./ *sich auf jmdn.* ~ 'jmdn. heftig mit der Kraft der Arme, des Köpers angreifen': *er warf sich auf seinen Gegner und überwältigte ihn* **1.6.** /jmd./ *einen Körperteil, den Körper irgendwohin* ~ 'einen Körperteil, den Körper spontan und aus einem Gefühl heraus mit Schwung, mit einem Ruck in eine bestimmte Richtung bewegen': *hochmütig warf sie den Kopf in den Nacken; vor Freude die Arme in die Luft, Höhe* ~; *im Schlaf den Körper hin und her* ~ **1.7.** /jmd./ *einen Blick irgendwohin* ~ 'irgendwohin flüchtig blicken': *er warf (schnell) einen Blick auf seinen Nachbarn, aufdas Bild, in den Spiegel, durch die Tür, hinter den Zaun, ins Zimmer* **1.8.** /jmd., Unternehmen/ *etw. auf den Markt* ~ 'Waren in größeren Mengen in den Handel bringen': *Waren, Produkte, ein neues Produkt auf den Markt* ~ **2.** /jmd./ **2.1.** *jmdm. ein Loch in den Kopf* ~ ('jmdn. durch Werfen 1.1 mit einem Gegenstand am Kopf verletzen') **2.2.** *ein Tor* ~ ('beim Handball durch Werfen 1.1 erzielen') **3.** /jmd./ *sich auf etw.* ~ 'sich von einem bestimmten Zeitpunkt an (intensiv) mit etw. beschäftigen': *er hat sich aufs Tennisspielen, auf die Musik, aufs Schachspielen geworfen* **4.** umg. /jmd./ *mit etw.* ⟨Dat.⟩ *um sich* ~: *mit Fremdwörtern, Redensarten um sich* ~ ('sie in unangenehm auffälliger, oft angeberischer Weise allzu reichlich gebrau-

chen'); *mit Geld um sich* ~ ('viel Geld verschwenderisch ausgeben') **5.1.** /jmd./ *jmdn. aus etw.* ⟨Dat.⟩ ~ 'jmdn. energisch auffordern, einen Raum zu verlassen': *ich warf ihn aus dem Zimmer, aus dem Haus, aus der Wohnung* **5.2.** /Vermieter, Institution/ *jmdn. aus der Wohnung* ~ 'einem Mieter kündigen und ihn zwingen, die Wohnung aufzugeben': *man hat ihn/er wurde aus der Wohnung geworfen* **6.** *jmd., etw. wirft etw.* 'jmd., etw. als rein körperliche Erscheinung lässt etw. entstehen' /beschränkt verbindbar/: *jmd., ein Baum, Haus wirft einen Schatten; der Stoff, die Hose wirft Falten; die kochende Flüssigkeit wirft Blasen* ('Blasen steigen in ihr auf') **7.** /bestimmte Säugetiere/ *Junge* ~ 'Junge gebären': *die Katze, das Kaninchen hat fünf Junge geworfen* **8.** *das Holz wirft sich* ('verzieht sich, ↗ verzieht 2'), *hat sich geworfen; solide Möbel, die sich nicht* ~ ❖ **Wurf, verwerfen, verwerflich, verworfen, Würfel, Zerwürfnis — abwerfen, anwerfen, aufwerfen, Bildwerfer, Brühwürfel, hinauswerfen, hinwerfen, niederwerfen, Scheinwerfer, überwerfen, umwerfen, unterwerfen, unterwürfig, vorwerfen, Vorwurf, wegwerfen, wegwerfend, zurückwerfen**

Werft [vɛRft], **die**; ~, ~en 'Betrieb, Anlage zum Bau und zur Reparatur von Wasserfahrzeugen, auch von Flugzeugen': *das Schiff ist auf der* ~ *in N gebaut worden*

Werk [vɛRk], **das**; ~s/auch ~es, ~e **1.** ⟨o.Pl.⟩ 'der Bewältigung einer (größeren) Aufgabe dienende Tätigkeit, Arbeit' /beschränkt verbindbar/: *ein* ~ *beginnen, durch-, weiterführen* **2.** ⟨vorw. im Sg.; vorw. mit Attr.⟩ *ein gutes* ~, *gute* ~*e* ('etw. Gutes') *tun; das ist, war ein* ~ (SYN 'Tat') *der Nächstenliebe; diese Zerstörung war ein* ~ ('Ergebnis') *weniger Sekunden, war das* ~ *eines Unwetters* **3.** *jmds., etw.* ⟨Gen.⟩ ~ 'etw., das jmd. getan, das etw. bewirkt hat': *diese Zerstörung, Intrige ist sein* ~; *diese Neubauten sind das* ~ *ihrer Hände* **4.1.** 'Erzeugnis künstlerischen, wissenschaftlichen Schaffens': *die großen* ~*e der Kunst und Literatur; das ist ein unvollendetes, neues* ~ *des Künstlers; dichterische, künstlerische, wissenschaftliche* ~*e; die* ~*e Goethes, Mozarts; ein dichterisches* ~ *abfassen, verfassen; ein* ~ *auf der Bühne aufführen; dieses* ~ ('Buch') *hat 400 Seiten* **4.2.** ⟨o.Pl.⟩ 'Gesamtheit der Werke (4.1) eines Künstlers, Wissenschaftlers': *das dramatische, dichterische* ~ *Schillers; das* ~ *Mozarts; das* ~ *Humboldts* **5.** 'größerer Betrieb, großer, meist räumlich gesondert liegender Teil eines größeren Betriebes (1.1), in dem materielle Güter, Produkte hergestellt werden': *ein* ~ *der Autoindustrie; ein* ~ *errichten, in Betrieb nehmen, stilllegen; er arbeitet im* ~ *II des Konzerns* **5.** 'Mechanismus, der etw. antreibt': *das* ~ *einer Uhr; das* ~ *aufziehen* ❖ **Bauwerk, Bergwerk, Bollwerk, Bühnenwerk, Elektrizitätswerk, Fachwerk, Feuerwerk, Gewerkschaft, Gewerkschafter, gewerkschaftlich, Gewerkschaftsbund, Gewerkschaftsfunktionär, Handwerk, Handwerker, handwerklich, Kernkraftwerk, Kraftwerk, Kunstwerk, Nachschlagewerk, Triebwerk, Wasserwerk, Wasserkraftwerk;** vgl. **werk/Werk-;** vgl. auch **wirken**

* /jmd./ **ans ~ gehen** ʿeine Aufgabe anpackenʾ: *wir gingen fröhlich ans ~;* /jmd./ **irgendwie zu ~e gehen** ʿirgendwie mit einer Arbeit beginnen, eine Aufgabe anpackenʾ: *er geht fröhlich, unbekümmert, bedachtsam, geschickt zu ~e;* /jmd./ **sich ans ~ machen** ʿmit einer Arbeit beginnen, eine Aufgabe anpackenʾ: *wir machten uns schnell ans ~;* /jmd./ **am ~ sein**: *da waren Diebe, Rowdys, Schelme am ~* (ʿdas haben Diebe ... getanʾ)

werk/Werk [ʾ..]‖**-gerecht** ⟨Adj.; o. Steig.⟩ ʿder Eigenheit eines (Kunst)werkes und den Absichten des Urhebers gerecht werdendʾ /vorw. auf Literarisches bez./: *ein Drama, eine Oper ~ inszenieren; eine ~e Inszenierung; die Inszenierung war ~* ❖ ↗ *gerecht* (2); **-getreu** ⟨Adj.; o. Steig.⟩ ʿbei der Interpretation eines Kunstwerkes genau seiner Eigenheit entsprechend verfahrendʾ /vorw. auf Literarisches bez./: *eine ~e Aufführung, Wiedergabe eines Musikstückes, Dramas; ein Drama ~ aufführen* ❖ ↗ *treu;* **-statt** [ʃtat]**, die**; ~, Werkstätten [ʾ..ʃtɛtn̩] ʿArbeitsraum, bes. eines handwerklichen Betriebesʾ: *die ~ eines Tischlers, Schlossers; die ~ ist heute geschlossen; ein Produkt aus eigener ~; er besitzt eine kleine ~; eine ~ eröffnen* ❖ ↗ *Stätte;* **-stätte, die**: ↗ *Werkstatt* ❖ ↗ *Stätte;* **-stoff, der** ʿfestes Material, aus dem etw. hergestellt wirdʾ: *synthetische ~e; ein keramischer, hölzerner ~* ❖ ↗ *Stoff;* **-tag, der** ʿTag,

an dem allgemein in Betrieben, Institutionen gearbeitet wird, im Unterschied zu ↗ *Sonn-* und ↗ *Feiertagenʾ: das Geschäft ist an ~en geöffnet* ❖ ↗ *Tag;* **-tags** ⟨Adv.⟩ ʿan Werktagenʾ /vorw. in Fahrplänen/: *dieser Zug verkehrt nur ~* ❖ ↗ *Tag;* **-tätig** ⟨Adj.; o. Steig.; nicht bei Vb.; ↗ auch *Werktätige*⟩ ʿals Werktätiger arbeitend, lebendʾ: *die ~en Menschen* ❖ ↗ *Tat;* **-tätige** [tɛtɪgə/teː..]**, der** u. **die**; ~n, ~n; ↗ auch *werktätig* (↗ TAFEL II) ʿjmd., der in einem Arbeitsverhältnis steht und so tätig ist, seinen Lebensunterhalt verdientʾ: *die ~n des Landes demonstrierten für höhere Löhne* ❖ ↗ *Tat;* **-zeug, das** ⟨Pl.: ~e⟩ **1.** ʿin bestimmter Weise konstruierter Gegenstand, mit dem etw. hergestellt, bearbeitet wirdʾ: *der Spaten ist ein ~ zum Graben; Hammer und Zange werden als ~e in vielen handwerklichen Berufen verwendet* **2.** ⟨o. Pl.⟩ ʿGesamtheit der Werkzeuge (1) und Hilfsmittel für eine bestimmte (handwerkliche) Tätigkeitʾ: *das ~ des Klempners, Elektrikers; er führt sein ~ in einer Tasche mit sich, hatte sein ~ vergessen* **3.** ʿjmd., der von anderen als Mittel zur Erreichung bestimmter Ziele benutzt wirdʾ /beschränkt verbindbar/: *jmdn. als ~ benutzen, missbrauchen; jmdn. zu seinem (willenlosen, blinden) ~ machen; sie waren willenlose ~e des Diktators* ❖ ↗ *Zeug*

Werkzeuge

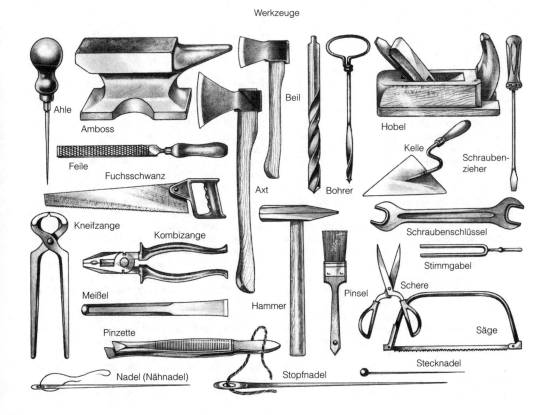

Ahle, Amboss, Beil, Feile, Fuchsschwanz, Hobel, Kelle, Schraubenzieher, Axt, Bohrer, Kneifzange, Kombizange, Schraubenschlüssel, Stimmgabel, Meißel, Schere, Hammer, Pinsel, Säge, Pinzette, Stecknadel, Nadel (Nähnadel), Stopfnadel

wert [veːɐt] ⟨Adj.; o. Steig.; vorw. präd. (mit *sein*)⟩ **1.** ⟨nur präd. (mit *sein*)⟩ *etw. ist etw.* ~ ʿetw. hat einen bestimmten, meist in Geld ausgedrückten Wert (1)ʾ: *die alte Uhr ist viel, wenig, nichts* ~; *das Auto ist noch 10.000 Mark* ~; *dieser Schmuck ist das/sein Geld (nicht)* ~; *wie viel ist Ihnen das* ~ (ʿwie viel würden Sie dafür bezahlenʾ)?; *ist diese Uhr noch etwas* ~ (ʿhat sie noch einen Wertʾ)? **2.** ⟨nur präd. (mit *sein*)⟩ **2.1.** ⟨nur mit best. Adv.; vorw. verneint⟩ *etw. ist etw.* ~ ʿetw. ist für etw. zu gebrauchen, taugt für etw.ʾ: *dieser Apparat ist nichts mehr* ~ (ʿist nicht mehr zu verwendenʾ); *ist dieser Bleistift denn etwas* ~ (ʿist dies ein guter, brauchbarer Bleistiftʾ)?; *dieser Plan, Rat war nur wenig* ~, *war viel* ~ **2.2.** ⟨nur verneint⟩ *jmd. ist nichts* ~ (ʿjmd. hat kaum sittlich positive Eigenschaftenʾ) **3.** *etw., jmd. ist jmdm. irgendwie* ~ ʿetw., jmd. ist für jmdn. irgendwie wichtig, nützlichʾ: *seine Hilfe, sein Urteil war mir immer viel* ~; *er ist uns lieb und wert, ist uns im Laufe der Zeit lieb und* ~ *geworden* **4.1.** *etw. ist etw.* ~ ʿetw. ist so gut, bedeutsam für jmdn., dass es den dafür notwendigen Aufwand lohntʾ: *diese Reise, Veranstaltung war die Umstände, Arbeit, das Geld, war ihr Geld* ~; *das, dieses Opfer ist die Sache nicht* ~; *das wäre einen Versuch* ~; *etw. ist es* ~ ⟨+ Nebens.⟩: *diese Leistungen sind es* ~, *hervorgehoben zu werden; etw. ist etw.* ⟨Akk. od. Gen.⟩ ~: *sein Entschluss ist alle/aller Achtung* ~ (ʿist wert, dass man ihn achtetʾ); *etw. ist die/der Mühe* ~ **4.2.** *jmd. ist (es)* ~ ⟨+ Nebens. mit Inf. + *zu*⟩: *jmd. ist es* ~ (ʿjmd. verdient 3 esʾ), *beachtet zu werden; jmd. ist (es) nicht* ~, *beachtet zu werden* geh. *jmd. ist etw.* ⟨Gen.⟩, *jmds.* ~: *er ist unseres Vertrauens, ihrer Liebe, dieses Freundes* ~; *er ist ihrer nicht* ~ **4.3.** /jmd./ *etw. für* ~ (ʿfür geeignetʾ) *befinden, erachten, halten* ⟨+ Nebens.⟩: *etw. für* ~ *halten, dass man es druckt, gekauft zu werden/dass man es kauft* ❖ **Wert, werten, bewerten, entwerten, verwerten − abwerten, auswerten, beneidenswert, hochwertig, liebenswert, minderwertig, nennenswert, preiswert, Richtwert, Sachwert, Schätzwert, überbewerten, vollwertig, wissenswert, wünschenswert;** vgl. **Wert/ wert-**

Wert, der; ~s/auch ~es, ~e **1.** ⟨o.Pl.⟩ ʿdas meist in Geld ausgedrückte Äquivalent einer Sache, Ware, aus dem sich der Preis ergibt, den man zahlen muss, um diese Sache, Ware zu erwerbenʾ: *dieser Schmuck hat einen großen, hohen* ~, *hat nur noch geringen* ~; *den* ~ *eines Gegenstandes schätzen, angeben; etw. über, unter dem, zu seinem reellen* ~ *(ver)kaufen; etw. behält seinen* ~, *ist im* ~ *gestiegen, gefallen, hat an* ~ *zugenommen, verloren; der* ~ *des Geldes* (ʿdas, was man tatsächlich dafür kaufen kannʾ) *steigt, fällt; das Land hat Waren im* ~*(e) von einer Milliarde Mark importiert* **2.** ⟨o.Pl.⟩ ʿdie Bedeutung, die etw., jmd. auf Grund seiner Eigenschaften hatʾ: ⟨vorw. mit Attr.⟩ *der künstlerische* ~ *des Romans; der technische* ~ *einer Erfindung; der moralische, ideelle, erzieherische, praktische* ~ *einer Sache, Idee, Handlung; den wahren* ~ *eines Men-*

schen erkennen; *den* ~ *der Freundschaft zu schätzen wissen; sich seines* ~*es bewusst sein; etw. hat wenig, viel, keinen* ~ *für etw., jmdn.* (ʿetw. ist für etw., jmdn. wenig, sehr, nicht wichtigʾ); *das, dieser Beschluss ist ohne* ~ *für die Sache, für die jungen Leute; das hat nur* ~ *für ihn* (ʿdas ist nur für ihn wichtigʾ); *einer Sache großen, keinen* ~ *beilegen, beimessen* (ʿetw. für sehr, nicht wichtig erachtenʾ) **3.** ⟨nur im Pl.⟩ **3.1.** ʿGegenstände von großem materiellen, kulturellen Wert (2)ʾ: *der Krieg hat große (materielle, kulturelle)* ~*e vernichtet; die* ~*e zu erhalten suchen; als Künstler hat er bleibende, unvergängliche* ~*e geschaffen* **3.2.** ⟨nur im Pl.⟩ ʿsittliche, geistige Eigenschaften, Normen, die einen Wert (2) repräsentierenʾ: *die ethischen* ~*e eines Menschen* **4.** ʿin Zahlen ausgedrücktes Ergebnis einer Messung, Untersuchungʾ: *meteorologische, mathematische, technische* ~*e; die mitteren, extremen* ~*e der Temperatur im Sommer, Winter; den (mittleren)* ~ *einer Messung notieren* ❖ ↗ **wert**

* /jmd./ ~ **auf etw. legen** ʿetw. für wichtig halten und betonen, dass man es realisiert sehen möchteʾ: *sie legt viel* ~ *auf Etikette, auf gutes Benehmen*

-wert /bildet mit einem subst. Inf. als erstem Bestandteil Adjektive; drückt aus, dass man das im ersten Bestandteil Genannte tun sollte/: ↗ z. B. *bedauernswert, beneidenswert*

werten [ˈveːɐtn̩], wertete, hat gewertet /jmd./ **1.1.** *etw.* ~ ʿden Wert (2) von etw. bestimmen, beurteilenʾ: ⟨vorw. mit Adv.best.⟩ *eine Tat, Leistung, ein Verhalten positiv, hoch, niedrig, kritisch, moralisch* ~ **1.2.** *etw. als etw.* ~ ʿetw. als etw. betrachten, einschätzenʾ: *etw. als gute Leistung, als Ausdruck des Mitgefühls, der Wertschätzung, als Erfolg* ~ ❖ ↗ **wert**

Wert/wert [ˈveːɐt..]|**-gegenstand, der** ʿGegenstand von großem Wert (1)ʾ: *die Wertgegenstände in Sicherheit bringen; sie besaß viele Wertgegenstände* ❖ ↗ Gegenstand; **-gemindert** [ɡəˈmɪndɐt] ⟨Adj.; o. Steig.; nicht bei Vb.⟩ ʿnicht mehr richtig zu nutzen od. nicht mehr gefragt und darum preisgünstig angebotenʾ /auf Produkte bez./: *eine* ~*e Ware* ❖ ↗ mindern; **-los** ⟨Adj.; Steig. reg.⟩ **1.** ʿohne Wert (1)ʾ /auf Produkte bez./: *ein* ~*es Produkt; etw. ist* ~ *geworden; verfallene und darum* ~*e Banknoten; das hat alles* ~ *gemacht* **2.** ʿohne Wert (2)ʾ: ⟨vorw. mit Attr.⟩ *dieser Roman ist künstlerisch, das Forschungsergebnis ist wissenschaftlich* ~; *ein* ~*er Versuch* ❖ ↗ los; **-objekt, das** ʿetw. von großem Wert (1), bes. Gebäude, Grundstück o.Ä.ʾ: *er hat sein Geld in* ~*en angelegt* ❖ ↗ Objekt; **-papier, das** ⟨vorw. Pl.⟩ ʿUrkunde über einen bestimmten Wert (1), bes. Aktienpapierʾ: *er besaß viele* ~*e* ❖ ↗ Papier; **-sache, die** ⟨vorw. Pl.⟩ ʿWertgegenstand, bes. Schmuck, Geldʾ: *seine* ~*n in einem Safe aufbewahren, deponieren* ❖ ↗ Sache; **-schätzung, die** ʿ(große) Achtung, Anerkennung für etw., jmdn.ʾ: ⟨vorw. mit Attr.⟩ *jmdm., einer Sache (große)* ~ *entgegenbringen; jmd., jmds. Leistung genießt allgemein große* ~; *seine* ~ *für etw., jmdn. zum Ausdruck brin-*

gen ❖ ↗ Schatz; **-stück, das** ⟨Pl.: ~e⟩ ˈWertgegen-stand, bes. einer Sammlung': *stolz zeigte er uns die ~e seiner Sammlung* ❖ ↗ Stück; **-voll** ⟨Adj.; Steig. reg.; nicht bei Vb.⟩ **1.** ˈvon großem materiellem Wert (1)' /bes. auf Schmuck o.Ä. bez./: *ein ~er Ring; die Brosche ist sehr ~; ein ~es Gemälde* **2.** ˈvon hohem Wert (2)': *ein ~er Rat; ~e Erfahrun-gen; seine Hilfe war uns sehr ~* ❖ ↗ voll

Wesen [ˈveːzn̩], **das**; ~s, ~ **1.** ⟨o.Pl.⟩ ˈdie grundle-gende charakterliche Eigenart, Beschaffenheit einer Sache, eines Vorgangs': ⟨vorw. mit Gen.attr.⟩ *das wahre, widerspruchsvolle ~ einer Sache; das ~ der Demokratie, der Kunst; das ~ einer Sache ergrün-den, erkennen, erforschen, beurteilen; etw. liegt im ~ einer Sache; der Unterschied von ~ und Erschei-nung* **2.** ⟨o.Pl.⟩ ˈGesamtheit der wesentlichen, rela-tiv konstanten Eigenschaften eines Menschen, die sein Verhalten bestimmen'; SYN Art (2), Wesens-art: *jmds. ~ verstehen; dieses Verhalten gehört zu, entspricht (nicht) seinem ~; er hat ein freundliches, liebenswürdiges ~; er ist im Grunde seines ~s ein schüchterner Mensch; sein ~ strahlt Zuversicht aus; er ist uns in seinem ~ fremd geblieben* **3.** ⟨+ best. Adj.⟩ **3.1.** ˈunter einem bestimmten Aspekt gesehe-ner lebender Organismus': *winzige ~ unter dem Mi-kroskop betrachten; ein menschliches ~* (ˈein Mensch') **3.2.** ˈMensch (1.1)': *ein männliches, weib-liches ~; sie ist ein liebevolles, sanftes ~* **4.** ˈGe-schöpf, von dem man glaubt, dass es existiert': *er glaubt an überirdische, höhere ~* ❖ **wesenhaft, we-sentlich – Fabelwesen, Lebewesen, wesenlos, We-sensart, wesenseigen, -fremd; vgl. abwesend, anwe-send**

* /jmd./ **viel, kein ~/~s von/um etw., jmdn. machen** (ˈeiner Sache, jmdm. viel, keine Bedeutung beimes-sen und sie, ihn entsprechend behandeln')

-wesen, das ⟨o.Pl.⟩ /bildet vorw. mit einem Subst. als erstem Bestandteil Substantive; drückt die Gesamt-heit der Einrichtungen und Prozesse aus, die das im ersten Bestandteil Genannte betreffen/: ↗ *Ge-sundheitswesen*

wesenhaft [ˈveːzn̩..] ⟨Adj.; o. Steig.⟩ ˈdas Wesen (1) einer Sache, das Wesen (2) eines Menschen betref-fend' /auf Abstraktes bez./: *das ist ein ~es Merkmal dieser Ideologie; diese Eigenschaft scheint ~ zu ihm zu gehören* ❖ ↗ **Wesen**

wesen|los [ˈveːzn̩..] ⟨Adj.; o. Steig.⟩ **1.** ⟨vorw. attr.⟩ ˈohne Gestalt, Kontur' /auf Gebilde der Phantasie bez./: *~e Schatten, Träume* **2.** ⟨vorw. bei Vb.⟩ ˈohne jede reale Substanz': *etw. als ~ empfinden; ihm erschien alles so ~* ❖ ↗ **Wesen,** ↗ **los**

Wesens/wesens [ˈveːzn̩s..]**|-art, die** SYN ˈWesen (2)': *jmd. hat eine ruhige ~, ist von schüchterner ~; die-ses Verhalten ist seiner ~ fremd* ❖ ↗ Wesen, ↗ Art; **-eigen** ⟨Adj.; o. Steig.; nicht bei Vb.⟩ ˈzum Wesen (1) einer Sache, Wesen (2) einer Person gehörend' /auf Abstraktes bez./: *das ist ein ihm ~er Zug, ein ~es Verhalten; solche Schwankungen sind diesem Prozess ~* ❖ ↗ Wesen; **-fremd** ⟨Adj.; o. Steig.⟩ ˈdem Wesen (1) einer Sache, Wesen (2) einer Person

fremd, nicht zu ihr, ihm gehörend, passend' /auf Gegenständliches, Abstraktes bez./: *diese Hochhäu-ser wirken, sind ~ in diesem Stadtteil; etw. ist jmdm. ~* ❖ ↗ Wesen, ↗ fremd

wesentlich [ˈveːzn̩t..] **I.** ⟨Adj.; Steig. reg.⟩ ˈdas Wich-tigste, das Wesen (1) von etw. betreffend': *die ~en Merkmale einer Sache; die ~en Bestandteile eines Apparates; es ist keine ~e Änderung des Wetters, seiner Situation zu erwarten; da ist ein ganz ~er Un-terschied zwischen beiden Methoden; zwischen unse-ren Anschauungen bestehen ~e Unterschiede; etw. ~* (SYN ˈgrundlegend 1') *verändern* – **II.** ⟨Adv.; vor Adj., Adv. im Komp.; bei Vb.⟩ ˈsehr viel': *sie ist ~ älter als er; er, der Sportler hat sich in seinen Leis-tungen ~ verbessert* ❖ ↗ **Wesen**

* **im Wesentlichen 1.** ˈwenn man es genau betrachtet': *das ist ~ dasselbe; es wurde ~ nichts gebessert* **2.** ˈfast vollständig und was das Wichtigste anbe-langt': *er hat seinen Auftrag ~ erfüllt; die Bauten stammen ~ aus dem 18. Jahrhundert*

weshalb [vɛsˈhalp/ˈ..] ⟨Adv.; steht am Anfang eines (in)direkten Fragesatzes⟩ SYN ˈwarum?': *~ hast du das getan?; sage mir, ~ du das getan hast*

Wespe [ˈvɛspə], **die**; ~, ~n ˈfliegendes, stechendes In-sekt mit einem schwarz und gelb gestreiften Hinter-leib' (↗ TABL Insekten): *ihn hat eine ~ gestochen* ❖ **Wespennest**

Wespen|nest [ˈvɛspm̩..], **das** ˈdie Waben der Wespen': *auf dem Dachboden ist ein ~* ❖ ↗ **Wespe,** ↗ **Nest**

* /jmd./ **in ein ~ stechen/sich in ein ~ setzen** (ˈeine heikle, üble Angelegenheit ansprechen, aufdecken und dadurch viel Aufregung hervorrufen und sich eine Menge Unannehmlichkeiten, Feinde machen')

wessen [ˈvɛsn̩]: ↗ wer (I.1.1), ↗ was

West [vɛst] ⟨indekl.; o.Art.; vorw. mit Präp.; o.Attr.⟩ ABK: W; fachspr. ˈWesten (1)': *der Wind weht aus/ von ~; sie fuhren von Ost nach ~; auf/nach ~ dre-hende Winde* ❖ ↗ **Westen**

Weste [ˈvɛstə], **die**; ~, ~n ˈüber dem Hemd od. der Bluse getragenes, bis zur Taille reichendes Klei-dungsstück ohne Ärmel, das vorn meist geknöpft wird' (↗ TABL Kleidungsstücke): *ein Anzug mit ~* ❖ **Westentasche, Westover**

* /jmd./ **keine/eine reine ~ haben** ˈsich bei etw. irgend-wie schuldig gemacht haben, sich in keiner Weise bei etw. schuldig gemacht haben': *man konnte ihm bei dem Bestechungsskandal nichts nachweisen, er hatte eine reine ~; ⟨⟩ umg. scherzh.* /jmd./ **jmdm. etw. unter die ~ jubeln** (**1.** ˈerreichen, dass jmd. etw. bekommt, das er nicht haben will od. etw. tun muss, das er nicht tun will' **2.** ˈjmdn. zu Unrecht einer Sache beschuldigen')

Westen [ˈvɛstn̩], **der**; ~s, ⟨o.Pl.⟩ **1.** ⟨vorw. o.Art.; mit Präp., o.Attr.⟩ ABK: W ˈHimmelsrichtung in der Mitte zwischen Süden und Norden, dort, wo die Sonne untergeht': *die Sonne geht im ~ unter; der Wind kommt aus (dem)/von/vom ~; dies ist die Richtung nach ~* **2.** ⟨nur mit best. Art.⟩ **2.1.** ˈwestli-cher (2) Teil eines bestimmten Gebietes': *im ~ Eu-ropas, der Stadt; der ~ des Landes ist gebirgig* **2.2.**

nach dem, in den ~ (ʹin westlich (2) vom Ausgangspunkt gelegene Gebieteʹ) *reisen; er stammt aus dem* ~ (ʹaus einem vom Sprecher aus gesehen westlichen Gebietʹ; ANT Osten 2.2); vgl. *Norden, Osten, Süden* ❖ **West, westlich**

Westen|tasche [ˈvɛstn̩..], **die** ʹTasche in einer Westeʹ: *etw. in die* ~ *stecken* ❖ ↗ **Weste**, ↗ **Tasche**
* /jmd./ **etw. wie seine** ~ (ʹsehr gutʹ) **kennen**

westlich [ˈvɛst..] ⟨Adj.; nicht präd.⟩ **1.** ⟨o. Steig.; nur attr.⟩ **1.1.** ʹnach Westen (1)ʹ: *das Schiff nahm* ~*en Kurs* **1.2.** ʹaus Westen (1)ʹ: ~*e Winde; die Ballons kamen aus* ~*er Richtung* **2.** ⟨Steig. reg.⟩ ʹim Westen (2) eines bestimmten Gebietes gelegenʹ: *die* ~*en,* ~*sten Gebiete des Landes; der Fluss liegt weiter* ~; *das* ~*e Ufer; der 20. Grad* ~*er Länge* ABK: w/ westl. L./; *das* ~*e* (ʹder im Westen 2 gelegene Teil vomʹ) *Erzgebirge;* ⟨präpositional mit Gen. od. mit *von,* wenn o.Art.⟩ ʹan der im Westen (1) gelegenen Seite von etw.ʹ: ~ *des Waldes liegt ein See; der Ort liegt (20 Kilometer)* ~ *von Berlin* ❖ ↗ **Westen**

Westover [vɛˈstoːvɐ], **der**; ~s, ~ ʹPullover ohne Ärmelʹ (↗ TABL Kleidungsstücke): *einen* ~ *überziehen* ❖ ↗ **Weste**

Wett|bewerb [ˈvɛtbəvɛrp], **der**; ~s, ~e **1.** ʹWettkampf, Wettstreitʹ: *einen musikalischen, sportlichen* ~ *veranstalten, austragen; einen* ~ *für Architekten ausschreiben* **2.** ʹKampf der Firmen untereinander um wirtschaftliche Vorteile auf dem Markt, um Absatzʹ: *mit einer Firma in* ~ *treten, mit einer Firma im* ~ *stehen; ein fairer, unlauterer* ~ ❖ ↗ **Wette**, ↗ **werben**

Wette [ˈvɛtə], **die**; ~, ~n **1.** ʹVereinbarung zwischen zwei od. mehreren Personen, dass der, dessen Behauptung sich als richtig erweist, etw. vorher Vereinbartes, meist eine Geldsumme, vom Verlierer, von den Verlierern erhältʹ: *mit jmdm. eine* ~ *vereinbaren, abschließen, eingehen; eine* ~ *annehmen, gewinnen, verlieren; ich gehe jede* ~ *ein, mache jede* ~ *mit* (ʹbin fest davon überzeugt, ganz sicherʹ), *dass ich Recht behalten, die* ~ *gewinnen werde; die* ~ *ging um 100 Mark;* /in der kommunikativen Wendung/ *was gilt die* ~ (ʹwie viel Geld gibst du mir, wenn ich Recht behalteʹ)? /wird als Herausforderung zu einer Wette gesagt/ **2.** ʹgegen Zahlung einer Geldsumme abgegebener Tipp (2) über den Ausgang eines Rennens, einer Ziehung im Glücksspiel, der bei richtiger Voraussage ein Mehr-, Vielfaches der gesetzten Summe als Gewinn erbringtʹ: *eine* ~ *abschließen; er hat in mehreren* ~*n hintereinander eine Menge Geld gewonnen, verloren* **3.** **um die** ~: *(mit jmdm.) um die* ~ *laufen, arbeiten* (ʹmit jmdm. zugleich laufen, arbeiten, um festzustellen, wer die beste Leistung erbringtʹ); *sie haben (miteinander) um die* ~ *gesungen, getanzt* ❖ *wetten* − **Wettbewerb, Wetteifer, wetteifern;** vgl. **Wett/wett-**

Wett|wett [ˈvɛt..]**-eifer, der** ʹernstliches Bemühen, einander in guten Leistungen zu übertreffenʹ: *die Schüler zum* ~ *anregen; es begann ein hektischer* ~ *um den ersten Platz* ❖ ↗ **Wette**, ↗ **Eifer**; **-eifern** [ɑifɐn], wetteiferte, hat gewetteifert /zwei od. meh-

rere (jmd.) **um etw.** ~ ʹim eifrigen Streben wegen etw. einander zu übertreffen suchenʹ: *sie wetteiferten um die besten Noten, Zensuren; sie haben um den ersten, besten Platz in der Wertung gewetteifert;* /jmd./ *mit jmdm. um etw.* ~: *er hat mit mir, die Jungen haben mit uns um die beste Leistung gewetteifert; wir haben damals miteinander (um den ersten Platz) gewetteifert* ❖ ↗ **Wette**, ↗ **Eifer**

wetten [ˈvɛtn̩], wettete, hat gewettet **1.1.** /zwei od. mehrere (jmd.)/ ʹeine Wette (1) miteinander abschließenʹ: ⟨+ Nebens.⟩ *sie wetteten, wer am schnellsten rennen könne; wollen wir* ~? /sagt jmd. zu jmdm., wenn er mit ihm um etw. wetten möchte/; /jmd./ *mit jmdm.* ~: *mit dir wette ich nicht; mit jmdm. um etw.* ~: *ich wette mit dir um 100 Mark* **1.2.** /jmd./ *auf etw.* ~: *auf ein Pferd, auf Sieg* ~ (ʹeine Wette 2 darauf abschließen, dass ein bestimmtes Pferd in einem Rennen siegen wirdʹ) **1.3.** /jmd./ *ich wette/möchte* ~/*wette zehn zu eins* (ʹbehaupte, bin mir ganz sicherʹ), *dass der Zug Verspätung haben wird;* ~, *dass …* ʹwollen wir wetten?ʹ: ~, *dass der Zug Verspätung haben wird?* ❖ ↗ **Wette**

Wetter [ˈvɛtɐ], **das**; ~s, ⟨o.Pl.⟩ **1.** ʹGesamtheit der Zustände, Vorgänge in der Atmosphäre über einen bestimmten Zeitraum in einem bestimmten Gebiet, die sich als Temperatur, Wind, Wolken, Niederschlag, Sonnenschein äußernʹ: *wir haben/es ist, herrscht gutes, schönes, sonniges, schlechtes, regnerisches, sommerliches, wechselhaftes* ~; *heute hatten wir warmes, kaltes, windiges, stürmisches* ~; *gestern war (ein) scheußliches, trübes* ~; *wie wird das* ~ *morgen?; das* ~ *ändert sich, schlägt um, ist beständig; das* ~ *vorhersagen; er geht bei jedem* ~ *spazieren* **2.** geh. SYN ʹUnwetterʹ: *ein (heftiges, schweres)* ~ *zieht auf, braut sich zusammen, ist niedergegangen; das* ~ *hat sich ausgetobt, zieht ab* ❖ **Witterung** − **Donnerwetter, Sauwetter, Tauwetter, Wetterbericht, wetterfühlig, -hart, Wetterleuchten, -seite, -sturz, -umschlag, wetterwendisch;** vgl. **Wetter/wetter-;** vgl. **Gewitter**
* umg. /jmd./ **um gut(es)** ~ **bitten** ʹum Nachsicht, Verständnis für sein Fehlverhalten bittenʹ: *na, dann bitte man um gutes* ~!

Wetter/wetter [ˈ..]**|-bericht, der** ʹvon einer Institution erarbeiteter, meist über die Medien verbreiteter Bericht über das gegenwärtige und voraussichtliche Wetterʹ: *nach dem* ~ *wird es morgen bei uns regnen; was sagt der* ~?; *den* ~ *hören, lesen* ❖ ↗ **berichten;** **-fest** ⟨Adj.; Steig. reg., ungebr.; nicht bei Vb.⟩ ʹwiderstandsfähig gegen Nässe, bes. bei Regen, Schneeʹ /bes. auf Kleidung bez./: ~*e Schuhe, Kleidung, Zelte* ❖ ↗ **fest;** **-fühlig** [fyːlɪç] ⟨Adj.; Steig. reg., ungebr.; nicht bei Vb.⟩ **1.1.** ʹauf eine Änderung des Wetters empfindlich reagierendʹ /auf Personen bez./: *er, sie ist sehr* ~; ~*e Patienten* **1.2.** ʹdurch eine besondere Sensibilität eine Änderung des Wetters vorhersagen könnendʹ /auf Personen bez./: *sie ist sehr* ~ *und kann jede Änderung des Wetters vorher spüren* ❖ ↗ **fühlen;** **-hart** ⟨Adj.; o.

Steig.; nicht bei Vb.; vorw. attr.⟩ **1.** ˊabgehärtet gegen die unangenehmen Wirkungen des Wetters ̓ /auf Personen bez./: ~*e Bauarbeiter, Seeleute* **2.** ˊdurch viel Aufenthalt im Freien bei jedem Wetter geprägt ̓ /auf das Gesicht bez./: ~*e Gesichtszüge, Gesichter* ❖ ↗ hart; **-leuchten, das**; ~s, ⟨o.Pl.⟩ ˊüber dem Horizont sichtbarer Widerschein der Blitze weit entfernter Gewitter, wobei kein Donner gehört wird ̓: *es gab ein* ~; *in der Ferne sah man ein* ~ ❖ ↗ leuchten

wettern [ˈvɛtɐn] ⟨reg. Vb.; hat⟩ /jmd./ *gegen, über jmdn., etw.* ~ ˊlaut, heftig und anhaltend über jmdn., etw. schimpfen ̓: *gegen, über etw., jmdn.* ~: *gegen/über laute Radiomusik, lärmende Kinder* ~; *er wetterte immer gegen alles Neue; er wetterte laut, heftig, in einem fort*

Wetter/wetter [ˈvɛtɐ..]‖**-seite, die** ⟨vorw. Sg.⟩ ˊdie Seite bes. eines Hauses, Baumes, die der Himmelsrichtung zugewandt ist, aus der meist das schlechte Wetter kommt ̓: *er wollte keinen Balkon auf der* ~ *haben* ❖ ↗ Seite; **-sturz, der** ˊplötzlicher Übergang von schönem zu schlechtem Wetter mit meist starkem Sturm und raschem Sinken der Temperatur ̓: *solch einen* ~ *haben wir noch nicht erlebt* ❖ ↗ stürzen; **-umschlag, der** ⟨vorw. Sg.⟩ ˊrasche Änderung des Wetters ̓: *ein plötzlicher* ~ *von nasser Kälte zu trockener Hitze* ❖ ↗ schlagen; **-wendisch** [vɛnd..] ⟨Adj.; Steig. reg., ungebr.⟩ emot. ˊseine Meinung, Stimmung leicht und schnell wechselnd und daher unberechenbar, unbeständig ̓ /auf Peronen bez./: *er ist ein* ~*er Mensch, ist (sehr)* ~ ❖ ↗ wenden

Wett/wett [ˈvɛt..]‖**-kampf, der** ˊVeranstaltung, bei der bes. Sportler, Sportmannschaften in einer, mehreren Disziplinen gegeneinander antreten, um die, den Besten zu ermitteln ̓; SYN Kampf (1.3), Konkurrenz (2): *ein fairer* ~; *einen* ~, *Wettkämpfe veranstalten, durchführen; an einem* ~, *an Wettkämpfen teilnehmen; einen* ~ *gewinnen, verlieren;* vgl. *Wettstreit* ❖ ↗ Kampf; **-kämpfer, der** ˊjmd., der aktiv an einem Wettkampf teilnimmt, teilgenommen hat ̓: *die* ~ *gehen an den Start* ❖ ↗ Kampf; **-lauf, der** ˊLauf, bei dem zwei od. mehrere um die Wette laufen ̓: *einen* ~ *veranstalten; einen* ~ *gewinnen, verlieren* ❖ ↗ laufen; **-machen** ⟨trb. reg. Vb.; hat⟩ /jmd./ *etw.* ~ ˊetw. Negatives, Versäumtes od. die Folgen eines Versagens durch eine positive Leistung ausgleichen ̓: *einen Mangel, Nachteil, Fehler, Verlust, eine Benachteiligung (durch etw. entsprechend Gutes)* ~; *einen Schaden* ~ (ˊwieder gutmachen ̓) ❖ ↗ machen; **-streit, der** ⟨vorw. Sg.⟩ ˊdas Bemühen, andere, einander in guten Leistungen zu übertreffen ̓: *ein musikalischer, sportlicher* ~; *mit jmdm. in den, in einen* ~ *treten;* vgl. *Wettkampf* ❖ ↗ streiten

wetzen [ˈvɛtsn̩] ⟨reg. Vb.; hat/ist⟩ **1.** ⟨hat⟩ /jmd./ *etw.* ~ ˊetw. an einem rauhen Gegenstand hin und her reiben, damit er glatt, scharf wird ̓: *eine Sense, Sichel* ~; *ein Messer (an einem Lederband)* ~ **2.** ⟨ist⟩ umg. *irgendwohin* ~ ˊirgendwohin rennen ̓: *er*

wetzte über die Straße, um die Ecke, zum Bahnhof; wir sind vielleicht gewetzt (ˊhaben uns sehr beeilt ̓)!

Whisky [ˈvɪski], **der**; ~s, ~s ˊBranntwein aus Gerste, Roggen od. Mais, der einen rauchigen Geschmack hat ̓: *schottischer, irischer* ~; *(einen)* ~ *mit Soda trinken; Herr Ober, bitte zwei* ~

wich: ↗ weichen

wichtig [ˈvɪçtɪç] ⟨Adj.⟩ **1.** ⟨Steig. reg.; nicht bei Vb.⟩ ˊin einem bestimmten Zusammenhang von großer, wesentlicher Bedeutung für jmdn., etw. ̓ /vorw. auf Abstraktes bez./: *eine* ~*e Angelegenheit, Arbeit, Aufgabe; das ist ein für uns* ~*er Beschluss; das ist eine* ~*e Richtlinie für die weitere Arbeit; eine für alle* ~*e Mitteilung, Information; ein* ~*er Brief; etw. (nicht) für* ~ *halten; etw., jmd. ist für jmdn., etw. sehr* ~; *ein für das Leben, die Gesundheit* ~*er* (ˊnotwendiger ̓) *Nährstoff; es ist* ~, *dass der Brief noch heute abgeschickt wird; das* ~*ste ist jetzt/am* ~*sten ist es jetzt, alle zu informieren; etw. Wichtiges tun, vorhaben;* /in der kommunikativen Wendung/ *das ist nur halb so* ~ /sagt jmd., um auszudrücken, dass er etw. für nicht dringlich od. notwendig hält/ **2.** ⟨Steig. reg.; nicht bei Vb.⟩ *jmd. ist in einer Firma, Partei, für eine Firma, Partei ein* ~*er Mann* (ˊeine Person, die Macht und Einfluss hat od. die dringend gebraucht wird ̓) **3.** ⟨o. Steig.; nur attr.⟩ SYN ˊwichtigtuerisch ̓ /vorw. auf Mimisches bez./: *ein* ~*es Gesicht machen; etw. mit* ~*er Miene, in* ~*em Ton sagen* ❖ **Wichtigkeit** − **lebenswichtig, Wichtigtuer, Wichtigtuerei, wichtigtuerisch**

* /jmd./ *etw.* ~ **nehmen** (ˊetw. für wichtig halten ̓); /jmd./ *sich (zu)* ~ **nehmen** ˊsich selbst, seine Probleme, Funktion in ihrer Bedeutung überschätzen ̓: *der nimmt sich immer so* ~!; ⟨⟩ umg. /jmd./ *sich (mit etw.)* ~ **machen/haben/(sich)** ~ **tun** (ˊsich benehmen, als ob man etw. Besonderes wäre od. viel zu sagen hätte ̓); /jmd./ *sich* ⟨Dat.⟩ ~ **vorkommen** (ˊsich für etw. Besonderes halten und entsprechend auftreten ̓)

Wichtigkeit [ˈ..], **die**; ~, ⟨o.Pl.⟩ /zu wichtig 1/ ˊdas Wichtigsein ̓; SYN Bedeutung; /zu 1/: *die* ~ *einer Angelegenheit; die* ~ *seiner Arbeit für den Umweltschutz; einer Sache große* ~ *beimessen; das ist für uns, für diese Aufgabe von großer* ~ ❖ ↗ wichtig

Wichtig/wichtig [ˈ..]‖**-tuer** [tuːɐ], **der**; ~s, ~ ˊjmd., der sich ständig so benimmt, als wäre er etwas Besonderes und hätte Bedeutsames, Besonderes zu sagen ̓: *er war ein unerträglicher* ~ ❖ ↗ wichtig, ↗ ¹tun; **-tuerei** [tuːəˈʀ..], **die**; ~, ⟨o.Pl.⟩ ˊwichtigtuerisches Auftreten, Verhalten ̓: *er mit seiner penetranten* ~! ❖ ↗ wichtig, ↗ ¹tun; **-tuerisch** [tuːəʀ..] ⟨Adj.; o. Steig.⟩ ˊein Verhalten von der Art zeigend, als wäre man etw. Besonderes, hätte etw. Bedeutsames zu sagen ̓: *jmds.* ~*es Verhalten, Auftreten; eine* ~*e* (SYN ˊwichtige 3 ̓) *Miene aufsetzen, machen; sich* ~ *benehmen; etw.* ~ *erzählen, berichten; er war immer sehr* ~ ❖ ↗ wichtig, ↗ ¹tun

Wicke [ˈvɪkə], **die**; ~, ~n ˊrelativ kleine krautige Pflanze mit weißen od. rosa Blüten, die sich an etw.

emporrankt'; ↗ FELD II.4.1: *die ~n blühen, ran-
ken sich am Zaun empor*
Wickel ['vɪkl̩], **der**; ~s, ~ 'feuchtes Tuch, das zu the-
rapeutischen Zwecken um einen Körperteil gewi-
ckelt und mit einem trockenen Tuch bedeckt wird':
*jmdm. einen warmen, kalten ~ anlegen, machen; ein
~ um die Brust, Waden; durch einen ~ das Fieber
senken* ❖ **verwickeln, verwickelt, wickeln — aufwi-
ckeln, einwickeln, Lockenwickler**
* umg. /jmd./ **jmdn. am/beim ~ nehmen/haben/am ~
kriegen** ('jmdn. zur Verantwortung ziehen, von
jmdm. Rechenschaft fordern')
wickeln ['vɪkl̩n] ⟨reg. Vb.; hat⟩ **1.** /jmd./ **1.1.** *etw. auf,
um etw. ~* 'etw. Dünnes, Schmales, Langes durch
viele wiederholte kreisende Bewegungen um etw.
herum neben- und übereinander legen': *einen Fa-
den, ein Band, Wolle, Draht auf eine Rolle, um etw.,
um sich selbst ~; sich* ⟨Dat.⟩ *einen Schal um den
Hals, ein Tuch um den Kopf ~* **1.2.** *etw. zu etw.*
⟨Dat.⟩ *~: Wolle zu einem Knäuel ~* ('Wolle so wi-
ckeln, dass sie zu einem Knäuel wird'); *Draht zu
einer Spule ~* **1.3.** *etw. ~: ein verletztes Glied, Bein
~* ('eine Binde mehrfach um ein verletztes Glied,
Bein wickeln 1.1') **1.4.** *ein Baby ~* ('einem Baby
eine saubere Windel anlegen') **2.** /jmd./ *etw. von
etw.* ⟨Dat.⟩ *~* 'das, was auf, um etw. gewickelt ist,
durch drehende Bewegungen wieder entfernen':
*den Draht von einer Spule, das Garn von einer Rolle,
die Wolle von einem Knäuel, den Verband vom Bein,
Arm, Kopf ~* **3.** /jmd./ **3.1.** *etw., jmdn., sich in etw.
~* 'etw., jmdn., sich mit etw. Flächigem umhüllen,
einhüllen, bedecken': *ein Buch, gekaufte Ware in
Papier, in eine Zeitung ~; jmdn., sich in eine wär-
mende Decke ~* **3.2.** *etw. um etw., jmdn. ~: Papier
um ein Kästchen, eine Schachtel ~* ('um ein Käst-
chen, eine Schachtel herumlegen, um es so zu ver-
packen'); *eine Decke um ein Kind ~* ('um ein Kind
herumlegen, damit es nicht friert') **3.3.** *etw., jmdn.,
sich aus etw.* ⟨Dat.⟩ *~* 'durch Wickeln (3) entstan-
dene Hülle um etw., jmdn., sich wieder entfernen':
*das Geschenk, die Blumen, Bonbons aus dem Papier
~; das Kind aus den Decken ~* **4.** /etw., bes. etw.
Längliches/ *sich um etw. ~* 'sich infolge einer Dreh-
bewegung, von der es erfasst wird, mehrfach um
etw. legen': *die Leine hatte sich um die Stange, um
meine Beine gewickelt* ❖ ↗ **Wickel**
Widder ['vɪdɐ], **der**; ~s, ~ 'männliches Schaf'; ↗
FELD II.3.1: *ein ~ mit krummen Hörnern*
wider ['vi:dɐ] ⟨Präp. mit Akk.; vorangestellt; vorw. in
Verbindung mit Abstrakta⟩ geh. /adversativ; be-
schränkt verbindbar/; SYN **gegen** (2) /meist im
Sinne eines Verstoßes/: *er handelte ~ das Gesetz, ~
die Ordnung; das ist ~ die Natur;* ⟨als Glied von
Wendungen; o. Art.⟩ *~ Willen musste er lachen;
das hat er ~ besseres Wissen, ~ alle Vernunft getan*
❖ **widrig, Widrigkeit, erwidern, widerbortsig, wider-
lich, widerwärtig, Widerwärtigkeit — anwidern, fol-
gewidrig, gesetzwidrig, unwiderruflich, unwiderstehl-
lich, widerspruchsfrei, Widerspruchsgeist, wider-**

spruchslos, widerspruchsvoll, Widerstand, [1,2]**zuwi-
der;** vgl. **wider/Wider-, widerstands/Widerstands-**
wider/Wider ['..]⟨-**borstig** ⟨Adj.; Steig. reg., ungebr.⟩
SYN 'widerspenstig (1)': *er war als Kind ziemlich
~; ein ~es Kind* ❖ ↗ Borste; **-fahren** ['f..] (er wider-
fährt), widerfuhr, ist widerfahren geh. *jmdm. wider-
fährt etw.* 'jmd. erlebt unvorbereitet etw. meist Un-
angenehmes, das ihn persönlich betrifft'; ↗ FELD
X.2: *er erzählte, was ihm im Leben alles ~ war; ihm
widerfuhr schweres Leid, Unrecht, etw. Merkwürdi-
ges, eine große Freude; jmdm. Gerechtigkeit ~ las-
sen* ('als Person od. Institution dafür sorgen, dass
jmd. sein Recht erhält') ❖ ↗ fahren; **-haken, der**
'bes. an einem Pfeil od. Angelhaken befindlicher
spitzer Teil, der in die entgegengesetzte Richtung
weist und verhindern soll, dass der Haken wieder
aus dem Körper gleitet, in den er zuvor eingedrun-
gen ist': *ein Pfeil, Angelhaken, eine Harpune mit ~*
❖ ↗ Haken; **-hall, der** ⟨o.Pl.⟩ **1.** 'hörbare Wieder-
holung eines Schalles infolge seiner Reflexion';
SYN Echo; ↗ FELD VI.1.1: *den ~ der eigenen
Schritte, Rufe hören; der ~ eines Schusses* **2.** SYN
'Resonanz (2)': *der ~ der Regierungspolitik bei den
Wählern, in der Bevölkerung; etw., jmd. findet gro-
ßen, keinen ~ in der Öffentlichkeit* ❖ ↗ hallen; **-hal-
len**, hallte wider/widerhallte ['..'h..], hat wiederge-
hallt *etw. hallt (von etw.) wider/widerhallt (von
etw.);* ↗ FELD VI.1.2 **1.1.** 'Töne, Geräusche wer-
den durch Reflektion von etw. zurückgeworfen':
*die Schreie, Rufe hallten (von den Häuserwänden)
wider/widerhallten von den Häuserwänden* **1.2.** 'etw.
ist von Widerhall (1) erfüllt': *die engen Straßen
hallten von den Rufen und Gesängen wider/wider-
hallten von den Rufen und Gesängen* ❖ ↗ hallen;
-legen ['l..], widerlegte, hat widerlegt /jmd./ *etw. ~*
'beweisen, dass etw., bes. eine Behauptung, nicht
stimmt, nicht zutrifft'; ANT beweisen (1); ↗
FELD I.4.3.2: *eine Aussage, Theorie, einen Ein-
wand, Vorwurf ~* ❖ ↗ legen
widerlich ['vi:dɐ..] **I.** ⟨Adj.; Steig. reg.⟩ **1.** SYN
'scheußlich (I.1.1)' /auf Sinneseindrücke bez./: *ein
~er (Bei)geschmack, Geruch, Gestank, Anblick;
etw. ist, schmeckt, riecht ~* **2.** 'sehr unsympathisch';
SYN fies (1.1) /auf Personen, Verhaltensweisen
bez./: *er ist ein ~er Heuchler, Kerl, Charakter, Typ;
sein aufdringliches Benehmen war (mir) ~; er
grinste ~* **3.** ⟨nicht bei Vb.⟩ 'äußerst unangenehm
und Ärger verursachend': *das ist eine ~e Situation,
Lage, Angelegenheit* — **II.** ⟨Adv.; vor Adj., Adv.⟩
'überaus' /bewertet das Bezugswort negativ/: *der
Kuchen ist ~ süß* ❖ ↗ wider
wider/Wider ['vi:dɐ..]⟨-**natürlich** ⟨Adj.; o. Steig.⟩ 'den
natürlichen biologischen Gegebenheiten od. den
üblichen Vorstellungen, Verhaltensweisen im
menschlichen Zusamenleben zuwiderlaufend'
/vorw. auf menschliches Verhalten bez./: *ein ~es
Verhalten zeigen; eine ~e Veranlagung haben; er
hatte ein ~es Verhältnis zu seiner Tochter; sich ~
verhalten* ❖ ↗ Natur; **-part** [paʀt] ***** /jmd./ **jmdm.,
einer Institution ~ bieten/geben/halten** ('sich jmdm.,

einer Institution standhaft widersetzen, ihm, ihr Widerstand leisten'); **-rechtlich** ⟨Adj.; o. Steig.⟩ ˈgegen das Recht, Gesetz verstoßend': *sich etw. ~ aneignen; ~(en) Gebrauch von etw. machen; das war ~* ❖ ↗ Recht (II); **-rede, die** SYN ˈWiderspruch (1)': *etw. ohne ~ tun, befolgen; ohne ~ gehorchen; er duldete, wagte keine ~; keine ~!* ❖ ↗ reden; **-ruf, der** /zu widerrufen/ ˈdas Widerrufen' /bes. im behördlichen Bereich/: *durch Gerichtsurteil zu einem öffentlichen ~ gezwungen sein; bis auf ~: etw. ist bis auf ~* (ˈbis eine entgegengesetzte Erklärung erfolgt') *gestattet, verboten;* **-rufen** [ˈʀ..], widerrief, hat widerrufen /jmd., Institution/ *etw. ~* ˈetw. Gesagtes, Erklärtes, Angeordnetes mündlich od. schriftlich offiziell zurücknehmen (2), für nicht (mehr) gültig erklären': *eine Anordnung, einen Befehl ~; sein Geständnis, seine Aussage ~* ❖ ↗ rufen; **-sacher** [zaxɐ], **der**; ~s, ~ geh. ˈpersönlicher Feind, der die Bestrebungen eines anderen zu hintertreiben und ihm so zu schaden sucht': *sein ehemalige Freund ist heute sein erbittertster ~; sein persönlicher, politischer ~; gegen seinen ~ kämpfen; seinen ~ herausfordern* ❖ ↗ Sache; **-schein, der** SYN ˈReflex (1)'; ↗ FELD VI.2.1: *der ~ des Feuers lag auf den Gesichtern der Umstehenden; der ~ der Sonne auf dem Wasser des Sees* ❖ ↗ scheinen; **-setzen** [ˈz..], **sich**, widersetzte sich, hat sich widersetzt /jmd./ *sich jmdm., etw.* ⟨Dat.⟩ *~* ˈgegen jmds. Forderung Widerstand leisten, etw. weigern, etw. Gefordertes zu tun, zu befolgen'; ↗ FELD I.2.2: *sich jmds. Anordnungen, den Vorschriften ~; sich dem Lehrer, dem Vater, Chef ~* ❖ ↗ setzen; **-setzlich** [ˈzɛts..] ⟨Adj.; o. Steig.⟩ SYN ˈaufsässig' /vorw. auf Personen bez./: *ein ~er Schüler; das Kind ist ~, zeigte sich ~* ❖ ↗ setzen; **-sinn, der** ⟨o.Pl.⟩ ˈetw. in sich selbst Widersprüchliches, etw. logisch Unrichtiges': ⟨vorw. mit Gen.attr.⟩ *der ~ einer These, Behauptung; den ~ von etw., den ~ der Anordnungen anprangern* ❖ ↗ Sinn; **-sinnig** ⟨Adj.; o. Steig.; nicht bei Vb.⟩ SYN ˈunsinnig (I.1)' /vorw. auf Mentales bez./; ↗ FELD I.4.1.3: *eine ~e Entscheidung, Anordnung; einen ~en Befehl verweigern; das ist eine ~e Behauptung, ein ~er Plan, Vorschlag; ich finde das ~; deine These ist ~* ❖ ↗ Sinn; **-spenstig** [ˈʃpɛnstɪç] ⟨Adj.; Steig. reg.⟩ **1.** ˈnicht bereit, jmdm. zu gehorchen, einer Anordnung Folge zu leisten'; SYN trotzig /vorw. auf Personen bez./; ↗ FELD I.2.3: *ein ~es Kind; ein ~er Esel; sich ~ verhalten, zeigen; sei nicht so ~!* **2.** ˈsich nicht od. nur schwer formen lassend' /auf Haare bez./: *~e Haare, Locken; er versuchte, seine ~en Locken mit dem Kamm zu bändigen;* **-spiegeln**, spiegelte wider/widerspiegelte [ˈʃp..], hat widergespiegelt **1.1.** /etw./ *etw. ~*: *das Wasser des Sees spiegelt die Berge und Bäume wider* (ˈim Wasser des Sees erscheint das Spiegelbild der Berge und Bäume') **1.2.** /etw./ *sich ~*: *im Wasser widerspiegelten sich ihre Gesichter* (ˈerschienen die Spiegelbilder ihrer Gesichter') **2.1.** /etw., bes. Gesicht/ *etw. ~* ˈeine Empfindung durch Mimik erkennen lassen': *seine Augen spiegeln, sein*

Gesicht, seine Miene spiegelt die Freude, Trauer über das Erlebte wider **2.2.** /etw./ *etw. ~* ˈein Bild, eine Vorstellung von etw. vermitteln': *der Roman widerspiegelt die Verhältnisse jener Zeit, spiegelt die damalige Zeit wider* **2.3.** *etw. spiegelt sich in etw.* ⟨Dat.⟩ *wider* ˈeine Empfindung kommt in jmds. Äußerung zum Ausdruck': *in den Worten des Redners spiegelte sich seine Betroffenheit, sein Zorn wider* ❖ ↗ Spiegel; **-spiegelung** [ˈʃpiːɡəl..], **die**; ~, ⟨o.Pl.⟩ /zu widerspiegeln/ ˈdas (Sich)widerspiegeln'; /zu 1/: *die ~ der Berge im See* ❖ ↗ Spiegel; **-sprechen** [ˈʃp..] (er widerspricht), widersprach, hat widersprochen **1.** /jmd./ *jmdm., etw.* ⟨Dat.⟩ *~* ˈjmds. Meinung(säußerung) für unrichtig erklären und eine andere, entgegengesetzte Meinung äußern': *einem Redner, jmds. Behauptungen, Worten ~; jmdm. in scharfen Worten ~* **2.1.** *etw. widerspricht etw.* ⟨Dat.⟩ ˈetw. steht im Widerspruch (2) zu etw.'; ↗ FELD I.4.2.2: *diese Behauptung widerspricht allen seinen bisherigen Aussagen, seinen Angaben; dies widerspricht den Bestimmungen* **2.2.** /zwei od. mehrere (etw.)/ *sich* ⟨Dat.⟩, *einander ~* ˈzueinander im Widerspruch stehen': ⟨rez.⟩ *die Zeugenaussagen, Nachrichten ~ sich, einander;* ⟨adj. im Part. I⟩ *(sich) ~de Antworten, Auskünfte erhalten; einander ~de Aussagen; ihn bewegten die ~dsten Empfindungen, Gefühle* ❖ ↗ sprechen; **-spruch, der 1.** ⟨o.Pl.⟩ ˈdas Äußern einer Meinung, mit der die eines anderen abgelehnt od. widerlegt wird'; ↗ FELD I.4.2.1, 4.3.1: *jmds. ~ zurückweisen; ~ gegen etw., jmdn. erheben; diese Provokationen reizen zum ~, fordern ~ heraus; auf (harten, heftigen) ~ stoßen;* SYN ˈWiderrede': *der Direktor, Lehrer duldete, vertrug keinen ~, ließ ~ nicht zu; er hörte sich die Darlegungen ohne ~ an; etw. ohne ~ hinnehmen* **2.** ˈVerhältnis zwischen zwei od. mehreren Sachverhalten, das zeigt, dass sie nicht miteinander übereinstimmen, weil sie Gegensätzliches ausdrücken'; SYN Gegensatz (1): *der ~ zwischen seinen Worten und Taten; seine Vorstellungen, Meinungen, standen in krassem ~ zu denen seiner Kollegen; zwischen ihren Auffassungen bestanden scheinbar unlösbare Widersprüche; ein logischer ~* (ˈdie Verbindung einer Aussage mit ihrer Verneinung'); *etw., eine Aussage enthält einen ~ (in sich selbst)* (ˈist in sich widersprüchlich'); *etw. steht zu/mit etw. im ~: der Angeklagte verwickelte sich in Widersprüche* (ˈmachte einander widersprechende Aussagen') **3.** ˈder Unterschied zwischen zwei Erscheinungen, die einander bedingen, sich aber zugleich ausschließen': *der ~ zwischen Wesen und Erscheinung, Form und Inhalt, Theorie und Praxis* ❖ ↗ sprechen; **-sprüchlich** [ˈʃpʀʏç..] ⟨Adj.; o. Steig.⟩ ˈeinen Widerspruch (2), Widersprüche enthaltend'; ↗ FELD I.4.2.3: *~e Aussagen, Meinungen, Nachrichten; die Aussage ist in sich ~; eine ~e Formulierung; seine Empfindungen bei dieser Darstellung waren sehr ~* ❖ ↗ sprechen

widerspruchs/Widerspruchs- [ˈviːdɐʃpʀʊxs..]|**-frei** ⟨Adj.; o. Steig.⟩ ˈkeinen (logischen) Widerspruch (2) enthaltend': *eine ~e Theorie* ❖ ↗ wider, ↗ sprechen, ↗ frei; **-geist, der 1.** ⟨o.Pl.⟩ ˈder Drang zu widersprechen (1)'; ↗ FELD I.2.1: *in ihm regte sich, erwachte der ~* **2.** ⟨Pl.: ~geister⟩ ˈjmd., der gern und oft anderen widerspricht (1)': *er ist ein hartnäckiger ~* ❖ ↗ wider, ↗ sprechen, ↗ Geist; **-los** ⟨Adj.; o. Steig.; vorw. bei Vb.⟩ ˈkeinen Widerspruch (1) gegen etw. erhebend': *er ließ sich ~ abführen, demütigen, nimmt alles ~ hin* ❖ ↗ wider, ↗ sprechen, ↗ los; **-voll** ⟨Adj.; o. Steig.⟩ ˈvoller Widersprüche (2)': *ein ~es Leben führen; seine Haltung war sehr ~; seine Entwicklung verlief ~* ❖ ↗ wider, ↗ sprechen, ↗ voll

Wider|stand [ˈviːdɐ..], **der 1.** ⟨o.Pl.⟩ ˈdie ablehnende Haltung und das entsprechende Handeln gegen jmdn., eine Institution, ein Regime, bes. um eigene Interessen od. das Gemeinwohl zu wahren od. durchzusetzen': *(gegen jmdn., etw.) hartnäckigen, heftigen, offenen, aktiven, passiven ~ leisten; der antifaschistische ~* (ˈWiderstandskampf'); *~ gegen staatliche Maßnahmen; er ließ sich ohne ~* (ˈwiderstandslos') *festnehmen; sein Werben stieß bei ihr auf entschiedenen ~* (ˈstrikte Ablehnung'); *den ~ des Gegners brechen; den ~ aufgeben, einstellen* **2.** ˈetw., das sich jmdm., einem Prozess, Geschehen hindernd entgegenstellt': *gegen den ~ des Gestrüpps bahnte er sich seinen Weg; sich allen Widerständen* (ˈSchwierigkeiten') *zum Trotz durchsetzen; (beim Bohren, Graben) auf ~ stoßen; beim geringsten ~ aufgeben; seine inneren Widerstände* (SYN ˈHemmungen 2.1') *überwinden* **3.** Phys. **3.1.** ˈKraft (3), die entgegen einer Bewegung wirkt': *der ~ der Luft, der Strömung des Wassers* **3.2.** ˈder elektrische ~* (ˈdie Eigenschaft eines Stoffes (2), ¹Leiters (2), den Fluss des elektrischen Stroms zu hemmen') **4.** Elektrotechn. ˈBauteil zur Verringerung des elektrischen Stromes': *einen ~ einbauen* ❖ ↗ wider, ↗ stehen

widerstands/Widerstands [ˈviːdɐʃtants..]**-fähig** ⟨Adj.; Steig. reg.; nicht bei Vb.⟩ **1.** ˈfähig, schädlichen Einflüssen, Krankheitserregern zu widerstehen (2), ohne selbst Schaden zu erleiden' /auf lebende Organismen bez./: *ein (gegen Ansteckung, Krankheiten) ~er Körper; eine ~e Pflanze* **2.** ˈnicht empfindlich gegen äußere Einwirkungen der Witterung, durch Belastungen keinen Schaden erleidend' /vorw. auf Materialien bez./: *ein gegen Zug, Druck ~es Material; das Material ist ~ (gegen Korrosion); eine ~e Konstruktion* ❖ ↗ fähig; **-fähigkeit, die** ⟨o.Pl.⟩ /zu *widerstandsfähig* (1 u. 2)/ ˈdas Widerstandsfähigsein'; ↗ FELD I.2.1 /zu 1/: *die ~ des Körpers erhöhen* ❖ ↗ fähig; **-kampf, der** ⟨o.Pl.⟩ ˈorganisierter, aktiver politischer Kampf gegen ein diktatorisches, terroristisches Regime': *der antifaschistische ~; am ~ teilnehmen; ~ leisten* ❖ ↗ Kampf; **-kämpfer, der** ˈjmd., der Widerstandskampf leistet, geleistet hat': *er war ~ in der Resistance* ❖ ↗ Kampf; **-kraft, die** ˈFähigkeit, physischen, psychischen Belastungen zu widerstehen': *er besaß eine große ~; seine ~ war ungebrochen* ❖ ↗

Kraft; **-los** ⟨Adj.; o. Steig.; vorw. bei Vb.⟩ ˈjmdm., einer Macht (1) gegenüber keinen Widerstand (1) leistend'; SYN willenlos: *er ließ sich ~ festnehmen, abführen* ❖ ↗ los

wider/Wider [ˈviːdɐ..]**-stehen** [ˈʃt..], widerstand, hat widerstanden **1.** /jmd./ *jmdm., etw.* ⟨Dat.⟩ ~ ˈgegenüber jmdm., einer (verlockenden) Sache, einer Versuchung standhaft bleiben': *jmds. Bitten, Überredungskünsten ~; einer Verlockung, Versuchung (nicht) ~ (können); sie konnte seiner Werbung, ihm nicht länger ~; bei Schokolade kann ich nicht ~;* /in der kommunikativen Wendung/ *wer könnte da ~!* (ˈda kann niemand widerstehen') /sagt jmd., wenn ihm etw. Verlockendes geboten wird/ **2.** /etw., bes. Material/ *etw.* ⟨Dat.⟩ ~ ˈdie Einwirkung einer Kraft od. stärkeren Belastung ohne Schaden aushalten': *dieses Material widersteht allen Belastungen, Erschütterungen* **3.** *es widersteht jmdm.* ⟨+ Nebens. + Inf. + zu⟩ ˈetw. ist jmdm. unangenehm': *es widersteht ihm, lange Erklärungen abgeben zu müssen* ❖ ↗ stehen; **-streben** [ˈʃt..], widerstrebte, hat widerstrebt **1.** *etw. widerstrebt jmdm., jmds. Empfind(ung)en* ˈetw. ist jmds. Empfinden zuwider': *es widerstrebt ihm, darüber zu reden, ihr Vertrauen zu missbrauchen; solcher Aufwand widerstrebte ihm, ihr, ihrem Charakter, ihrer Einstellung; etw. mit ~den Gefühlen tun* **2.** geh. /jmd./ *jmds. Wünschen, Forderungen ~* ˈjmds. Wünschen, Forderungen nicht nachkommen (wollen)': *jmds. Plänen, Absichten ~; er ging nur mit Widerstreben/ging nur ~d* (ˈwiderwillig'), *ohne Widerstreben* (ˈbereitwillig') *mit* ❖ ↗ streben; **-streit** [..], **der** ⟨o.Pl.⟩ ˈder Kampf gegensätzlicher Empfindungen, Regungen': *der ~ zwischen Pflicht und Neigung; im ~ der Gefühle leben* ❖ ↗ streiten; **-streiten** [ˈʃt..], widerstritt, hat widerstritten *etw. widerstreitet etw.* ⟨Dat.⟩ ˈetw. steht im Gegensatz zu etw. anderem und ist mit ihm unvereinbar': *dieses Angebot widerstreitet seinen Prinzipien; etw. widerstreitet allen überkommenen Vorstellungen;* /zwei od. mehrere (etw.)/ *die beiden Thesen ~ einander;* /oft adj. im Part. I/ *~de* (ˈmiteinander unvereinbare') *Wünsche, Gefühle, Ansichten, Thesen* ❖ ↗ streiten

widerwärtig [ˈviːdɐvɛrtɪç] ⟨Adj.; Steig. reg.⟩ **1.** SYN ˈwiderlich (I.1)' /vorw. auf Sinneseindrücke bez./: *ein ~er Geruch, Geschmack; der Anblick war ~; etw. schmeckt, riecht ~, sieht ~ aus* **2.** SYN ˈwiderlich (I.2)' /vorw. auf Personen bez./: *ein ~er Kerl, Bursche; ein ~es Benehmen; eine ~e Angelegenheit* ❖ ↗ wider

Widerwärtigkeit [ˈviːdɐvɛrtɪç..], **die;** ~, ~en **1.** ⟨o.Pl.⟩ /zu *widerwärtig* 1 u. 2/ ˈdas Widerwärtigsein'; /zu 1/: *die ~ dieses Geruchs, Anblicks;* /zu 2/: *die ~ seines Benehmens* **2.** ⟨vorw. Pl.⟩ ˈetw., das als unangenehm, ärgerlich empfunden wird, bes. ein Erlebnis, eine Situation': *er musste viele ~en überwinden, durchstehen; mit ~en fertig werden* ❖ ↗ wider

Wider/wider [ˈviːdɐ..]**-wille(n), der** ⟨o.Pl.⟩ **1.1.** SYN ˈEkel' /bes. auf Nahrungsmittel bez./: *einen großen*

~n gegen fettes Fleisch haben; ~n vor rohem Fisch empfinden; (einen) ~n vor Mäusen haben **1.2.** SYN ˈAbscheuˈ; ↗ FELD I.6.1: *er konnte seinen ~n gegen seinen Lehrer, Chef nicht überwinden; etw., jmd. erregt bei jmdm. ~n/erregt jmds. ~n* ❖ ↗ Wille; **-willig** ⟨Adj.; Steig. reg., ungebr.; nicht präd.⟩ ˈjmds. Forderungen, Wünschen nur ungern und zögernd folgendˈ /bes. auf Äußerungen bez./: *eine ~e Antwort geben; ~ antworten; das Kind gehorchte nur ~; eine Arbeit nur sehr ~ tun; er ging, kam nur ~ mit* ❖ ↗ Wille

widmen [ˈvɪtmən] ⟨reg. Vb.; hat⟩ **1.** /jmd., bes. Autor/ *jmdm. etw. ~* ˈeinem selbst geschaffenen künstlerischen od. wissenschaftlichen Werk einen kurzen Text voranstellen, mit dem man jmdm. seine Zuneigung, Verehrung, Dankbarkeit ausdrücktˈ: *er widmete seinen ersten Roman seiner Frau; jmdm. eine Symphonie, seine Dissertation ~* **2.** *etw. ist jmdm., etw.* ⟨Dat.⟩ *gewidmet* ˈetw. (Geschriebenes) hat jmdn., etw. als Themaˈ: *der Zeitungsartikel ist dem jungen Komponisten, der Kunstausstellung, dem großen Ereignis gewidmet* **3.** /jmd./ *etw. etw.* ⟨Dat.⟩, *jmdm. ~* ˈetw. ganz, ausschließlich auf etw., jmdn. richtenˈ /auf Abstraktes bez./: *sein Leben der Kunst, seine Kraft der Forschung ~; er hat dem Redner seine volle Aufmerksamkeit gewidmet; sie widmete die meiste Zeit ihren Kindern* (ˈbeschäftigt sich die meiste Zeit mit ihren Kindernˈ) **4.** /jmd./ *sich jmdm., etw.* ⟨Dat.⟩ *~* ˈ(sich unter Zurückstellung von anderem ausschließlich) mit jmdm., mit einer bestimmten Tätigkeit (längere Zeit) eingehend beschäftigenˈ; SYN hingeben (3): *sich seinen Kindern, dem Studium, Haushalt, der Kunst, Musik ~* ❖ **Widmung**

Widmung [ˈvɪtm..], **die**; ~, ~en ˈText am Anfang eines künstlerischen od. wissenschaftlichen Werkes, mit dem der Autor, Künstler, Wissenschaftler jmdm. dieses Werk widmet (1)ˈ: *ein Buch mit einer eigenhändigen ~ des Autors; eine ~ in ein Buch schreiben* ❖ ↗ **widmen**

widrig [ˈviːdrɪç] ⟨Adj.; Steig. reg., ungebr.; nicht bei Vb.⟩ ˈfür jmdn., etw. hinderlich und ungünstigˈ: *seinem Plan standen eine Menge ~e Umstände entgegen; ein ~es Geschick, Wetter; ~e* (ˈdie Fahrt, den Flug hemmendeˈ) *Winde* ❖ ↗ **wider**

-widrig /bildet mit einem Subst. als erstem Bestandteil Adjektive; gegen das im ersten Bestandteil Genannte verstoßend/: ↗ z. B. *rechtswidrig*

Widrigkeit [ˈ..], **die**; ~, ~en ⟨vorw. Pl.⟩ ˈwidrige Umständeˈ: *mit ~en zu kämpfen haben; die ~en des Lebens* ❖ ↗ **wider**

¹wie [viː] ⟨Adv.⟩ **1.** ⟨steht am Anfang eines (in)direkten Fragesatzes⟩ **1.1.** ⟨+ Vb.⟩ /fragt nach der Art und Weise, Ursache eines Verlaufs, Vorgangs, einer Tätigkeit, nach der Beschaffenheit eines Zustands/ ˈauf welche Weise, in welcher Artˈ: *wie geht das vor sich, soll das vor sich gehen?; ~ geht es jetzt weiter?; ~ konnte das geschehen?; ~ ist das möglich?; wie hat sie darauf, auf die Frage reagiert?; ~ funktioniert das, dieses Gerät?; ~ hast du das gemacht?; ~*

heißen Sie, ~ ist Ihr Name?; ~ war das Wetter in eurem Urlaub?; ~ kommt es (ˈwas ist die Ursache dafürˈ), dass sie so traurig ist?; ~ kommst du dazu (ˈwas veranlasst dichˈ), das zu glauben?; ich weiß nicht, ~ das gekommen, ~ es dazu gekommen ist; er erzählte, ~ es ihm ergangen war; /in den kommunikativen Wendungen/ ~ bitte (ˈwas haben Sie, hast du gesagtˈ)? /wird gesagt, wenn man etw. nicht richtig verstanden hat/; ~ geht es dir/Ihnen? /Frage, mit der sich jmd. höflich nach jmds. Befinden erkundigt/; ~ komme ich dazu ˈich denke gar nicht daranˈ /drückt jmds. Protest gegen etw. aus, das er als Zumutung empfindet/: ~ komme ich dazu, deine Rechnung zu bezahlen? /wird gesagt, um eine Zumutung zurückzuweisen/ **1.2.** ⟨+ Adj., Adv., Indefinitpron.⟩ /fragt nach dem Grad, Umfang, Ausmaß, nach der Zeit, Dauer eines Vorgangs, Zustands, einer Tätigkeit/: ~ viele Einwohner hat Leipzig?; ~ groß, alt bist du?; ~ stark, klug ist er denn?; ~ warm ist es in Italien?; ~ spät ist es? /Frage nach der Urzeit/; ~ weit ist es bis zum Bahnhof?; ~ lange bleibst du weg, in Frankfurt?; ~ schnell bist du gefahren?* **2.1.** ⟨steht am Anfang von Ausrufen der Freude, Bewunderung, Entrüstung, des Bedauerns⟩ emot. /bezeichnet einen hohen Grad/: *~* (ˈdas ist sehrˈ) *schön, schade, dumm, furchtbar!; ~ haben wir uns gefreut* (ˈwir haben uns sehr gefreutˈ)!; *oft habe ich dir das schon gesagt!* **2.2.** ⟨einer Aussge nachgestellt und diese verstärkend⟩ *aber ~/und* ˈwie sehrˈ: *sie ist auf der glatten Straße gestürzt, aber/und ~!;* ⟨als Antwort⟩ /bestätigt einen Sachverhalt einer Frage und betont zugleich sein Ausmaß/ „*Hast du dich darüber gefreut?" „Und/Aber ~!"* (ˈwirklich sehrˈ); „*Tut es sehr weh?" „Und/Aber ~!"* ❖ **irgendwie, wievielte**

²wie Konj.; koordinierend od. subordinierend⟩ **I.** ⟨koordinierend⟩ **1.1.** ⟨oft in Korrelation mit *so*; verbindet zwei Satzglieder⟩ /gibt einen Vergleich zweier Personen, Sachen an/ ⟨die zum Vergleich dienende Person, Sache steht hinter dem *wie*⟩: *seine Hand war (so) kalt ~ Eis; er geht ~ sein Vater; sie sieht (so) aus, lacht (so) ~ ihre Mutter; etw. ist hart ~ Stein; es geht mir so ~ dir; einen Mann ~ ihn findest du selten; er war glücklich ~ noch nie zuvor; vgl. auch ²als (2.2); vgl. auch die subordinierende Konj. wie* (↗ ²wie II.1.1) **1.2.** ⟨verbindet zwei Satzglieder; oft verstärkt durch *zum Beispiel, etwa*; oft als Einleitung bei Aufzählungen⟩ /gibt an, dass das auf *wie* folgende Satzglied als erläuterndes Beispiel für das vorausgehende dient/: *bedeutende deutsche Dichter ~ (zum Beispiel) Goethe, Schiller, Hölderlin …; tierische Fette ~ Butter, Schmalz und Talg* **1.3.** ⟨verbindet Satzglieder und Teile von Satzgliedern; oft in Verbindung mit *auch*⟩ /gibt an, dass das durch den ersten Teil und das durch den zweiten Teil Benannte in Bezug auf den Kontext zugleich gelten/; SYN und, sowie, sowohl … als auch: *er wurde als Wissenschaftler ~ (auch) als Mensch sehr geachtet; sie ist ebenso hübsch ~ klug* (ˈsie ist sowohl hübsch als auch klugˈ); *die schnelle Erledi-*

gung der Angelegenheit liegt in deinem ∼ *unserem Interesse;* ⟨auch als Glied der mehrteiligen koordinierenden Konj. **sowohl ... ∼ auch**⟩ (vgl. *sowohl*): *er war sowohl als Wissenschaftler* ∼ *auch als Politiker tätig* − **II.** ⟨subordinierend⟩ **1.1.** ⟨steht nach dem Hauptsatz; steht oft in Korrelation mit einem *so* im Hauptsatz⟩ /gibt die Gleichheit des Ausmaßes einer Eigenschaft bei Vergleich zweier Personen, Sachen an/ (vgl. dazu *als* (2.3), das immer ein höheres Maß ausdrückt): *sie liebt ihn (so),* ∼ *er ist; wir bleiben so lange,* ∼ *wir wollen; er arbeitet so gut,* ∼ *er kann; er benahm sich (so),* ∼ *es sich gehört; dies war eine Aussicht,* ∼ *ich sie noch nie erlebt hatte;* ⟨in Verbindung mit *wenn;* + Konj. II⟩ ∼ **wenn** /gibt einen Vergleich an/.; SYN als ob (↗ *als* 5): *er benahm sich (so),* ∼ *wenn er völlig verwirrt wäre* **1.2.** ⟨steht vorw. vor dem Hauptsatz; oft in Verbindung mit Verben des Sagens⟩ /der durch *wie* eingeleitete Nebensatz kündigt eine Information an, die durch den Hauptsatz gegeben wird/: ∼ *ich gehört habe, willst du morgen verreisen;* ∼ *er mir gestern erzählte, soll sein Haus bald abgerissen werden; du willst,* ∼ *ich gehört habe, morgen verreisen?* **1.3.** ⟨steht vor od. nach dem Hauptsatz; die Tempusformen sind gleich⟩ /gibt an, dass der Sachverhalt des Nebensatzes zum gleichen Zeitpunkt in der Gegenwart, Vergengenheit wie der des Hauptsatzes abläuft; bezieht sich *wie* auf die Vergangenheit, ist es mit *als* austauschbar/: ∼ *ich zurückkomme, höre ich nebenan einen Schrei;* ∼ *ich das Haus verlassen will, spricht mich jemand an;* (′*als*′) *er sich auf sein Motorrad setzte, begann es zu regnen* **1.4.** ⟨als Glied der mehrteiligen Konj. ∼ ... **auch**; steht vor od. nach dem Hauptsatz⟩ /konzessiv; gibt an, dass der Sachverhalt des Nebensatzes, auch wenn er einen hohen Grad darstellt, den Sachverhalt des Hauptsatzes nicht ändern kann/: ⟨mit normaler Verbstellung im Hauptsatz⟩ ∼ *sehr er sich auch beeilte, er erreichte den Zug nicht mehr;* ∼ *schnell er auch lief, er holte sie nicht ein;* ∼ *schön es hier auch ist, wir können nicht bleiben* ❖ **sowie**
³wie ⟨Relativpartikel; leitet einen Attributivsatz ein; modal⟩ *die Art,* ∼ (′*in der*′) *sie sich bewegte, gefiel mir; er verhielt sich so,* ∼ *es sich gehörte;* vgl. *wo*
wieder [′viːdɐ] ⟨Adv.⟩ **1.** /drückt aus, dass ein Vorgang, eine Tätigkeit noch einmal geschieht/ ′ein zweites, weiteres Mal′: *fahrt ihr dieses Jahr* ∼ *an die See?; das solltest du nicht* ∼*, nie* ∼ *tun; die Sitzung ist* ∼ *verschoben worden* **2.** /drückt aus, etw. in gleicher Weise geschieht/ ′gleichfalls′: *sie hat vier Kinder, die alle vier* ∼ *vier Kinder haben; die neue Therapie hat* ∼ *nicht geholfen* **3.** /drückt aus, dass ein Vorgang, Geschehen so wie heute schon des öfteren geschehen ist/ ′wie schon öfter′ /drückt oft Erstaunen, Überdruss, Missfallen aus/: *(schon)* ∼ *ist ein Jahr vergangen; es regnet (schon)* ∼*; etw.* ∼ *und* ∼/*immer* ∼ (′*immer noch einmal, mehrmals hintereinander*′) *tun, üben, versuchen, lesen* /drückt in Fragen, Ausrufen die Verärgerung aus/: *was soll denn das* ∼ *heißen?; was hast du denn da* ∼ *ange-*

stellt? **4.** /drückt eine Rückkehr in einen früheren, ursprünglichen Zustand, an einen vorher verlassenen Ort aus/: *werde bald* ∼ *gesund!; er ist bald* ∼ *da; lege das Buch* ∼ *an die alte Stelle,* ∼ *in das Regal!; etw.* ∼ *aufgeben; allmählich wurde die Klasse* ∼ *ruhig; er ist* ∼ *freigelassen worden; kann man das* ∼ *in Ordnung bringen?* **5.** /setzt verschiedene unterschiedliche alternierende Handlungen, Tatbestände miteinander in Beziehung/: *sie sprach einmal laut und dann* ∼ *leise; er freute sich darüber und zugleich auch* ∼ *nicht; da hast du freilich auch* ∼ *Recht* ❖ **wiederum;** vgl. **wieder/Wieder-**
wieder- /bildet mit dem zweiten Bestandteil Verben; betont, trennbar (im Präsens u. Präteritum), auch unbetont u. trennbar/ **1.** /drückt aus, dass an dem zweiten Bestandteil Genannte (nach einer gewissen Zeit der Unterbrechung) erneut erfolgt/: ↗ z. B. *wiederkäuen* **2.** /drückt aus, dass durch das im zweiten Bestandteil Genannte (das erneut erfolgt) eine Größe in ihren ursprünglichen, früheren Zustand gebracht wird/: ↗ *wiederherstellen* (1.1) ❖ vgl. **wieder/Wieder-**
wieder/Wieder|**-bekommen** [′..], bekam wieder, hat wiederbekommen /jmd./ *etw.* ∼ ′etw., das man weggegeben hatte, wieder erhalten′: *ich habe das Buch, das ich B geliehen hatte, endlich* ∼ ❖ ↗ **bekommen**
wieder beleben, belebte wieder, hat wieder belebt /jmd., bes. Arzt/ *jmdn.* ∼ ′einen Bewusstlosen, eine leblose Person durch gezielte Maßnahmen so behandeln, dass sie wieder das Bewusstsein erlangt′: *einen Verunglückten, Ertrunkenen, eine leblose Person* ∼
wieder erkennen, erkannte wieder, hat wieder erkannt /jmd./ *jmdn., etw.* ∼ ′eine Person, Sache, die man lange nicht gesehen hat, bei erneutem Zusammentreffen erkennen′; ↗ FELD I.5.2: *er hat seinen Freund, sein Elternhaus (nach langer Abwesenheit) sofort, nicht wieder erkannt*
wieder|**erstatten** [′..], erstattete wieder, hat wiedererstattet ⟨oft im Pass.⟩ /jmd., Institution/ *jmdm. etw.* ∼ ′jmdm. etw., bes. einen Geldbetrag, den man erhalten hat, zurückgeben′: *die Auslagen, (Un)kosten* ∼*; ihm wurden alle Kosten wiedererstattet* ❖ ↗ **³statt**
wieder finden, fand wieder, hat wieder gefunden **1.1.** /jmd./ *etw.* ∼ ′etw., das man verloren od. verlegt hat, finden′: *er hat seine Schlüssel, seinen Ausweis wieder gefunden* **1.2.** *etw. findet sich wieder* ′etw., das man verloren od. verlegt hat, taucht nach langer Zeit wieder auf′: *das Buch wird sich schon* ∼*, hat sich bald, inzwischen wieder gefunden* **2.** /jmd./ *sich irgendwo* ∼ ′nach einem bestimmten Geschehen wahrnehmen, dass man sich irgendwo befindet′: *nach dem Unfall fand er sich im Straßengraben, Krankenhaus wieder* **3.** /jmd./ *etw.* ∼ ′etw. wiedergewinnen (1.2)′ /beschränkt verbindbar/: *seine Sprache, Fassung, Würde* ∼
Wieder/wieder [′...]|**-gabe, die** ⟨vorw. Sg.⟩ **1.** /zu *wiedergeben* 2/ ′das Wiedergeben′: *die* ∼ *der Landschaft (durch den Maler), des Gesprächs (durch den*

Zeugen); die ~ des Liedes (durch den Sänger) **2.** SYN ˈReproduktionˈ: *eine gute ~ von Rembrandts ‚Nachtwache'* ❖ ↗ geben; **-geben** (er gibt wieder), gab wieder, hat wiedergegeben **1.** /jmd./ *jmdm. etw. ~* SYN ˈjmdm. etw. zurückgeben (1.1)ˈ: *jmdm. ein geliehenes Buch, das geliehene Geld, Fahrrad ~; das habe ich dir geschenkt, du brauchst es (mir) nicht wiederzugeben; ich werde dir das Geld ~* **2.1.** /jmd./ *etw., jmdn. irgendwie ~* ˈetw., jmdn. als Kunstwerk irgendwie, bes. originalgetreu, ähnlich gestalten, darstellenˈ: ⟨vorw. im Perf.⟩ *der Bildhauer hat den Kopf des alten Mannes erstaunlich lebensecht wiedergegeben; der Maler hat mit seinem Aquarell die Abendstimmung eindrucksvoll wiedergegeben* **2.2.** /jmd./ *etw. in etw.* ⟨Dat.⟩ *~* ˈeinen Text in eine andere Sprache übersetzenˈ: *einen französischen Text, englischen Roman in deutscher Sprache ~* **2.3.** /jmd./ *etw. irgendwie ~* ˈetw. Gehörtes, Gelesenes, Erlebtes, Empfundenes irgendwie durch Worte ausdrückenˈ: *einen Text, ein Gespräch (sinngemäß, wörtlich, mit eigenen Worten, wortgetreu) ~; die Ausdrücke, die er gebrauchte, kann man nicht ~; einen Vorgang, Anblick treffend, richtig, entstellt ~; seine Gedanken, Gefühle, Empfindungn (nicht) ~ können* **2.4.** /jmd./ *etw. ~* ˈrezitierenˈ): *ein Gedicht ~* (ˈrezitierenˈ); *ein Lied, Klavierstück ~* (ˈsingen, spielenˈ) **2.5.** /etw., bes. Text, technisches Gerät/ *etw. irgendwie ~* ˈetw. irgendwie erlebbar, hörbar, sichtbar werden lassenˈ: *das Foto, der Film gibt die Farben, Bewegungen, das Ausmaß der Verwüstungen eindrucksvoll wieder; der Roman, die Reportage gibt die Stimmung realistisch wieder; die Lautsprecher geben die Musik gut, verzerrt wieder; die Zeitung hat die Rede wortgetreu, in vollem Wortlaut, verkürzt, entstellt wiedergegeben* (ˈabgedrucktˈ) ❖ ↗ geben; **-gewinnen**, gewann wieder, hat wiedergewonnen /jmd./ **1.1.** *etw. ~* ˈetw. gewinnen, das man zuvor im Spiel verloren hatteˈ: *heute habe ich alles Geld, das ich verloren hatte, wiedergewonnen* **1.2.** *etw. ~: seine Freiheit ~; etw. ~* ˈes schaffen, eine bestimmte Fähigkeit wieder zu besitzenˈ: *seine Fassung, Sicherheit, gute Laune, sein (inneres) Gleichgewicht ~* ❖ ↗ gewinnen

wieder gutmachen, machte wieder gut, hat wieder gutgemacht /jmd., Land/ *etw. ~* ˈ(selbst verschuldetes) Unrecht, (selbst verursachten) Schaden durch etw. ausgleichenˈ; SYN ausgleichen (3.2): *seinen Fehler, den Schaden, jmds. Verlust ~*

Wieder/wieder [ˈ..]-**gutmachung** [ˈguːtmaːx..], **die**; ~, ~en **1.** ⟨o.Pl.⟩ ˈdas Wiedergutmachenˈ: *die ~ von Kriegsschäden* **2.** ˈbestimmte Leistung, durch die etw., ein (selbst verursachter) Schaden, ein (selbst verursachtes) Unrecht wieder gutgemacht wird, werden sollˈ: *eine ~, ~en zahlen* ❖ ↗ gut, ↗ machen; **-haben** (er hat wieder), hatte wieder, hat wiedergehabt umg. /jmd./ *etw. ~* ˈwieder im Besitz von etw. sein, das man verloren od. verliehen hatteˈ: *er hat sein Fahrrad immer noch nicht wieder; ich möchte, will das Buch ~* ❖ ↗ haben; **-herstellen** [ˈh..], stellte wieder her, hat wiederhergestellt /jmd.,

Institution/ *etw. ~* **1.1.** ˈetw. Zerstörtes, Beschädigtes wieder in den ursprünglichen Zustand bringenˈ: *eine zerstörte Brücke, Anlage ~* **1.2.** ˈetw. wieder in den normalen Zustand bringenˈ: *das Ansehen einer Person, Ruhe und Ordnung, die guten Beziehungen zwischen zwei Staaten ~; jmd., jmds. Gesundheit ist wiederhergestellt* (ˈjmd. ist wieder gesundˈ) ❖ ↗ herstellen; **-herstellung** [..ˈh..], **die** /zu wiederherstellen 1.1 u.1.2/ ˈdas Wiederherstellenˈ; /zu 1.1/: *die ~ einer Bahnverbindung, telefonischen Verbindung; die ~ der zerstörten Gebäude*; /zu 1.2/: *für die ~ von Ruhe und Ordnung sorgen* ❖ ↗ herstellen; **-holen I.** [ˈ..h..] ⟨trb. reg. Vb.; hat⟩ /jmd., Institution/ *etw., jmdn. ~* ˈetw., jmdn. wieder dahin holen, wo er, es vorher, früher gewesen istˈ: *sie hat (sich* ⟨Dat.⟩*) die verliehenen Bücher wiedergeholt; der Fußballverein hat den guten Spieler (aus dem Ausland) wiedergeholt* – **II.** [ˈh..], wiederholte, hat wiederholt; ↗ auch *wiederholt* **1.1.** /jmd./ *etw. ~* ˈetw. Gesprochenes, Gehörtes, eine Melodie noch einmal sagen od. singenˈ: *auf Bitten der Zuhörer wiederholte er den Satz, die Melodie; auf Befehl eine Anweisung ~; eine Gespräch in allen Einzelheiten, Wort für Wort, wörtlich ~; ich kann nur ~, dass ich nichts davon weiß* **1.2.** /jmd./ *sich ~* ˈerneut od. öfter dasselbe sagenˈ: *mein Lieber, du wiederholst dich!; er wiederholt sich ständig* **2.** /jmd./ *etw. ~* ˈetw. noch einmal tunˈ: *eine Untersuchung, Belehrung ~; eine Veranstaltung, Sendung, ein Konzert ~* (ˈnoch einmal durchführenˈ); *eine Arie ~* (ˈnoch einmal vortragenˈ) **3.** /jmd./ *etw. ~* ˈetw. zu Lernendes noch einmal durchgehen, um es sich gut einzuprägenˈ: *die Vokabeln, den Lehrstoff, die Regeln ~* **4.** *etw. wiederholt sich* ˈetw. findet noch einmal statt, geschieht mehrere Male hintereinanderˈ: *der Vorgang hat sich schon mehrfach wiederholt; das kann sich täglich, jederzeit ~; das darf sich nie ~!* ❖ ↗ holen; **-holt** [ˈhoːlt] ⟨Adj.; o. Steig.; nicht präd.; ↗ auch *wiederholen* (II)⟩ ˈmehr als zweimal erfolgend od. erfolgtˈ: *~e* (SYN ˈmehrmaligeˈ) *Untersuchungen, Belehrungen, Aufforderungen, Beschwerden; etw. zum ~en Male tun, sagen; er ist ~* (SYN ˈmehrmalsˈ) *aufgefordert worden* ❖ ↗ holen; **-käuen** ⟨trb. reg. Vb.; hat⟩ **1.** /Wiederkäuer/ *das Schaf, Rind käut wieder* (ˈbefördert die teilweise verdaute Nahrung aus dem Magen wieder ins Maul und kaut sie noch einmalˈ); *die Nahrung, das Gras ~* **2.** umg. emot. /jmd., bes. Lehrer/ *etw. ~* ˈeinen Lehrstoff so oft wiederholen, sodass es die Zuhörer ermüdet und langweiltˈ: *der käut das wieder, was ohnehin im Lehrbuch nachzulesen ist* ❖ ↗ kauen; **-käuer** [kɔɪɐ], **der**; ~s, ~ ˈSäugetier, das bereits teilweise verdaute Nahrung aus dem Magen wieder ins Maul befördert und sie noch einmal kautˈ; ↗ FELD II.3.1: *Schafe, Rinder sind ~* ❖ ↗ kauen; **-kommen**, kam wieder, ist wiedergekommen **1.** /jmd./ ˈzu dem Ort, von dem man weggegangen ist, zurückkommenˈ: *wann wirst du (von deiner Reise) ~?, der Ausreißer ist nach wenigen Stunden wiedergekommen; beim Abschied sagten die Gäste, dass sie ~ werden; kom-*

men Sie bitte morgen wieder ('kommen Sie bitte morgen noch einmal')! /wird zu jmdm. gesagt, der umsonst, ohne etw. zu erreichen, gekommen ist und den man auf einen anderen Tag vertrösten will/ **2.** /etw./ 'sich noch einmal ereignen': *diese Gelegenheit, das kommt nicht wieder; er hatte nicht geglaubt, dass das noch einmal ~ könnte* ❖ ↗ kommen

wieder sehen (er sieht wieder), sah wieder, hat wieder gesehen /jmd./ **1.1.** *jmdn. ~* 'mit jmdm. nach einer Zeit der Trennung wieder zusammentreffen, jmdm. wieder begegnen': *wie hat er sich gefreut, sie wieder zu sehen!; wir haben uns nach vielen Jahren zufällig wieder gesehen* **1.2.** *etw. ~: seine Heimat(stadt) nach vielen Jahren ~* ('nach vielen Jahren wieder in seine Heimat, Heimatstadt kommen')

Wieder|sehen, das; ~s, ⟨o.Pl.⟩ 'das Zusammentreffen nach einer Zeit der Trennung': *ein fröhliches, überraschendes ~; das ~ müssen wir feiern; auf ~ /sagt jmd., wenn er sich von jmdm. verabschiedet/; (jmdm.) Auf ~ sagen* ('sich von jmdm. verabschieden'); *auf ~ in Berlin, Hamburg* ('wir sehen uns in Berlin, Hamburg wieder')! ❖ ↗ sehen

wiederum ['viːdərʊm; Trennung: wiede|rum od. wie-der|um] ⟨Adv.⟩ **1.** SYN 'wieder (1)' /betont/: *die Sitzung findet wie gestern ~ im Plenarsaal statt; er bat sie, es zu wiederholen, aber er verstand ~ nichts; das ist ~ eine dieser hässlichen Geschichten; am nächsten Tag besuchte er uns ~* **2.** ⟨einem Personalpron. nachgestellt; in Verbindung mit *und*⟩ *ich ~* ('ich meinerseits'); *er ~* ('er seinerseits'); *ich/er erfuhr es von meiner/seiner Frau und sie ~ von ihrer Nachbarin* ❖ ↗ wieder

Wiege ['viːgə], die; ~, ~n **1.** 'kleines Bett für einen Säugling, das auf einem unten halbrunden Gestell ruht und seitwärts in schaukelnde Bewegung versetzt werden kann' (↗ BILD): *das Kind liegt, schläft in der ~* **2.** ⟨o.Pl.; + Gen.attr.⟩ 'Ort, an dem etw. Bedeutendes seinen Ursprung hat': *Frankreich war die ~ der bürgerlichen Revolution; die ~ der Menschheit; Rom und Athen sind die ~ der europäischen Kultur* ❖ ²wiegen

¹**wiegen** ['viːgn̩], wog [voːk], hat gewogen [gə'voːgn̩] **1.** /jmd./ *etw., jmdn., sich ~* 'das Gewicht von etw., jmdm., sich mit einer Waage feststellen': *den Brief, ein Paket, Äpfel, Fleisch ~; die Verkäuferin hat die Wurst genau gewogen; ein Kind ~; sie wiegt sich*

jeden Morgen, um ihr Gewicht zu kontrollieren **2.** ⟨o.Pass.; + Adv.best.⟩ /etw., jmd./ 'ein bestimmtes Gewicht haben': *das Brot wiegt drei Kilo; wie viel wiegst du?; irgendwie ~: der Koffer wiegt leicht, schwer* ('ist leicht, schwer'); *er wiegt zu viel, zu wenig* ('ist zu schwer, zu leicht'); vgl. *wägen* ❖ **Gewicht, gewichtig — aufwiegen, Bruttogewicht, Gewichtheben, Gleichgewicht, schwerwiegend**; vgl. **wägen**

²**wiegen** ⟨reg. Vb.; hat⟩ **1.1.** /jmd./ *jmdn., etw. ~* 'jmdn., etw. irgendwie leicht hin und her od. auf und nieder bewegen': *ein Baby (in der Wiege), das Kind in den Armen ~* **1.2.** /jmd./ *sich in den Hüften, im Tanz, Takt der Musik ~* ('den Körper rhythmisch hin und her bewegen'); *etw. irgendwie ~: den Kopf bedenklich, bedauernd ~* **1.3.** /etw., Tier/ *sich irgendwo ~: das Boot, die Möwe wiegt sich auf den Wellen* ('lässt sich von den Wellen hin und her, auf und ab bewegen'); *die Vögel wiegten sich auf den Zweigen, in den Bäumen; die Halme, Zweige wiegten sich im Wind* ('bewegten sich durch den Wind hin und her') **2.** /jmd./ **2.1.** *sich in etw.* ⟨Dat.⟩ *~* 'ganz in einer bestimmten Erwartung leben und an ihre Verwirklichung, Dauer glauben': *er wiegte sich in der (trügerischen) Hoffnung, Vorstellung auf einen großen Gewinn, das große Los zu gewinnen, sich in Sicherheit ~* **2.2.** *jmdn. in etw.* ⟨Dat.⟩ *~: jmdn. in Sicherheit ~* ('jmdn. so beeinflussen, dass er sich entgegen der drohenden Gefahr sicher fühlt') **3.** /jmd./ *etw. ~* 'bestimmte Nahrung mit einem dazu halbrund geformten Messer durch schaukelnde Bewegung zerkleinern': *Petersilie, Zwiebeln, hart gekochte Eier ~; die Zwiebeln werden gewiegt* ❖ **Wiege**

wiehern ['viːɐn] ⟨reg. Vb.; hat⟩ *das Pferd wiehert* ('gibt eine rasche Folge meist hoher heller Laute von sich'; ↗ FELD VI.1.2)

wies: ↗ weisen

Wiese ['viːzə], die; ~, ~n 'mit Gras bewachsene größere Fläche, die landwirtschaftlich als Weide od. zur Gewinnung von Heu genutzt wird'; ↗ FELD II.1.1: *eine grüne ~; eine sumpfige ~; eine ~ mähen; auf einer ~ liegen, spielen*; vgl. *Rasen, Weide*

wie|so [vi'zoː] ⟨Adv.; steht am Anfang eines direkten od. indirekten Fragesatzes⟩ SYN 'warum?': *~ willst du uns Ärger machen?; ~ hat er uns nichts davon gesagt?; verrate uns doch, ~ du das getan hast* ❖ ↗ ¹wie

wie viel ⟨Adv.⟩ ⟨steht am Anfang eines direkten od. indirekten Fragesatzes⟩ /fragt nach der Menge, Anzahl von etw., von Personen/ **1.1.** 'welche Anzahl, Menge?': *~(e) Einwohner hat Hamburg?; ~ Geld hast du bei dir?; ~ kostet das, bin ich dir schuldig?; er wusste nicht genau, ~(e) Bücher er besitzt; ~ Zeit hast du noch?; ~ ist acht plus zwei?* **1.2.** /in Ausrufen des Erstaunens, Bedauerns, der Freude/ 'welch großes Maß': *~ Geld, Zeit muss das gekostet haben!; ~ Leid hat sie ertragen müssen!*; vgl. ¹*viel*

wie|vielte ['viːfiːltə/vi'fiːltə] ⟨Adj.; o. Steig.; nur attr. u. subst.; ↗ TAFEL II⟩ /fragt nach der Position in einer Reihenfolge, worauf mit einer Ordnungszahl geantwortet wird/: „Als ~r Läufer, als Wievielter bist du ins Ziel gekommen?" „Als Dritter"; die ~ Haltestelle ist dies?; der Wievielte ('welcher Tag des Monats') ist heute?; ↗ auch *dritte* ❖ ↗ ¹*wie*, ↗ ¹*viel*

wild [vɪlt] ⟨Adj.⟩ **1.** ⟨o. Steig.; nicht präd.⟩ 'unter natürlichen Bedingungen lebend, wachsend und nicht gezähmt, nicht kultiviert' /auf Tiere, Pflanzen bez./: ~*e Kaninchen, Pferde;* ~*e Früchte, Erdbeeren, Rosen;* ~*er Wein; ein* ~*es* ('frei in der Natur lebendes, größeres, als gefährlich empfundenes') *Tier;* ~ *wachsendes Unkraut; ein* ~ *lebendes Schwein, Kaninchen; diese Pflanzen wachsen* ~ *in dieser Gegend* **2.** ⟨o. Steig.; nicht präd.⟩ 'offiziell nicht zugelassen' /beschränkt verbindbar/: *ein* ~*er Streik;* ~ ('auf einem dafür nicht zugelassenen Platz') *zelten;* ~*es Parken, Zelten wird bestraft* **3.1.** ⟨Steig. reg.; vorw. attr.⟩ 'von großem Ausmaß, weil ohne Hemmung und Kontrolle durch die Vernunft' /vorw. auf Psychisches od. Sprachliches bez./: *sie veranstalteten ein* ~*es Geschrei; ihn ergriff eine* ~*e Freude, ein* ~*es Verlangen; zwischen ihnen entbrannte ein* ~*er Streit; eine* ~*e* ('sehr schnelle') *Hetzjagd, Flucht;* ~ ('ohne Hemmung 2.1') *weinen, schluchzen; sie haben sich* ~ (SYN 'leidenschaftlich I.2') *geküsst* **3.2.** ⟨Steig. reg.; nicht bei Vb.⟩ 'sehr laut, lebhaft und ohne Disziplin' /auf Personen bez./: *sie war ein* ~*es Kind; die Kinder sind heute wieder sehr* ~ **3.3.** ⟨o. Steig.; nicht präd.⟩ 'sehr zornig, heftig erregt'; ↗ FELD I.6.3: *jmdn.* ~ *machen;* ~ *werden;* ~ *um sich blicken, schlagen; sich* ~ *gebärden;* ~*e Drohungen, Beschimpfungen, Flüche ausstoßen; es gab* ~*e* (SYN 'turbulente') *Szenen* **3.4.** ⟨o. Steig.; nur präd. (mit *werden*)⟩ /Tier, bes. Pferd/ '~ *werden* 'in ängstlicher Erregung geraten und losrennen') **4.** ⟨Steig. reg., Komp. ungebr.; vorw. attr.⟩ SYN 'wirr (1.2)' /vorw. auf Psychisches, Sprachliches bez./: *ihn plagten* ~*e Gedanken, Träume, Ängste; es wurden* ~*e Gerüchte, Behauptungen in die Welt gesetzt* **5.** ⟨Steig. reg., ungebr.⟩ SYN 'zügellos (1)': *ein* ~*es Treiben; ein* ~*es Leben führen* ❖ **Wild, Wilderer, Wildnis, wildern – Wildschwein;** vgl. *Wild-, wild-* ∗ /jmd./ ~ *auf etw., jmdn. sein* 'auf etw., jmdn. versessen sein, es leidenschaftlich gern haben, machen wollen': *er ist ganz* ~ *auf Schokolade, Sahne, Eis, auf sie; wie ein Wilder/wie die Wilden* 'hemmungslos': *wie ein Wilder toben, schreien, rennen*

Wild, das; ⟨~es/auch ~s, ⟨o.Pl.⟩ **1.** 'die wild lebenden Säugetiere und Vögel, die laut Gesetz gejagt werden (dürfen)'; ↗ FELD II.3.1: *das* ~ *füttern, hegen, jagen; in dieser Gegend gibt es viel* ~; *ein Stück* ~ ('einzelnes Tier des Wildes') *beobachten, erlegen* **2.** ⟨o.Art.⟩ 'Fleischgericht aus einem Stück Wild (1)'; ↗ FELD I.8.1: ~ *essen; heute gibt es bei uns* ~ ❖ ↗ **wild**

Wild ['..]|**-bahn, die** 'die freie Natur als natürliche Umgebung wild lebender Tiere' /beschränkt verbindbar/: *Tiere in der freien, in/auf freier* ~ *beob-*

achten ❖ ↗ Bahn; **-bret** [bʀɛt], **das;** ~s, ⟨o.Pl.⟩ 'Wild (2)': ~ *braten, essen*

Wilderer ['vɪldəʀɐ], **der;** ~s, ~ 'jmd., der wildert, gewildert hat': *einen* ~ *auf frischer Tat ertappen, stellen; einen* ~ *bestrafen* ❖ ↗ **wild**

wildern ['vɪldɐn] ⟨reg. Vb.; hat⟩ **1.** /jmd./ 'ohne Genehmigung, Befugnis Wild fangen, erlegen, sich aneignen': *jmd. hat in dem Revier gewildert; hier wurde früher viel gewildert* **2.** *der Hund, die Katze wildert* ('streunt umher und fällt Wild an') ❖ ↗ **wild**

wild|fremd ['vɪlt..] ⟨Adj.; o. Steig.; nicht bei Vb.⟩ emot. 'völlig fremd (2) und unbekannt' /auf Personen, Sachen bez./: *es war eine* ~*e Gegend; er sah nur* ~*e Menschen, Gesichter um sich; ich fand mich in einer (mir)* ~*en Stadt wieder; das alles war (mir)* ~ ❖ ↗ **fremd**

wild lebend ⟨nur attr.⟩ 'in der freien Natur lebend; nicht vom Menschen gezähmt' /auf Tiere bez./: ~*e Tiere, Pferde, Ziegen*

Wild|leder, das ⟨o.Pl.⟩ 'weiches, sich samtig anfühlendes Leder aus Häuten bes. von Schafen, Ziegen, Rehen': *ein Paar Schuhe, eine Jacke aus* ~ ❖ ↗ **Leder**

Wildnis ['vɪlt..], **die;** ~, ~se ⟨vorw. Sg.⟩ 'von menschlicher Einwirkung unberührtes, im natürlichen Zustand belassenes, befindliches Gebiet': *eine unberührte, unwegsame* ~; *die undurchdringliche* ~ *des Urwalds* ❖ ↗ **wild**

Wild|schwein ['vɪlt..], **das** 'wild lebendes Schwein mit schmalem längerem Kopf, starken Eckzähnen und dichtem dunklem Fell'; ↗ FELD II.3.1 (↗ TABL Säugetiere): *Jagd auf* ~*e machen; ein* ~ *schießen;* vgl. *Bache, Keiler* ❖ ↗ **wild,** ↗ **Schwein**

will: ↗ ²,³*wollen*

Wille ['vɪlə], **der;** ~ns, ⟨o.Pl.⟩ 'geistig-seelische Fähigkeit eines Menschen, sich bewusst für od. gegen etw. zu entscheiden und sein Ziel durchzusetzen': *er hat einen starken, schwachen, unbeugsamen* ~*n; der* ~, *Gutes zu tun; sein* ~ *zum Leben/zu leben; er hat in dieser Sache seinen* ~*n* ('seinen ausgeprägten Willen') *bewiesen; das habe ich nicht aus bösem* ~*n* ('nicht aus niedrigen Beweggründen') *getan; er hat den (festen)* ~*n, sich zu bessern; er hat seinen eigenen* ~*n* ('er weiß, was er will und will nur tun, was ihm gefällt'); *er hat keinen eigenen* ~*n* ('er weiß nicht, was er will, ordnet sich allzu bereitwillig unter'); *seinen guten* ~*n* ('seine Bereitschaft, etw. Bestimmtes zu tun') *beweisen; etw. aus freiem* ~*n* ('ohne Zwang, freiwillig') *tun; seinen* ~*n durchsetzen, bekommen* ('erreichen, was man will'); *jmdm. seinen* ~*n aufzwingen* ('jmdn. zwingen zu tun, was man will'); *auf seinem* ~*n beharren, bestehen; etw. gegen seinen* ~*n tun* ('etw. tun bzw. tun müssen, was man eigentlich nicht will'); *etw. gegen jmds.* ~*n tun; jmdm. seinen* ~*n lassen* ('jmdn. tun lassen, was er will'); *soll er (doch) seinen* ~*n haben* ('mag er bekommen, tun, was er will')!; *es nicht an gutem/am guten* ~*n fehlen lassen* ('Bereitschaft zeigen, jmdm. entgegenzukommen 2'); *mit einigem guten* ~*n wäre*

Hilfe möglich gewesen; der ~ *des Volkes (zum Frieden)* ❖ **bewilligen, gewillt, willens, willentlich, willfährig, willig** – **dessentwillen, derentwillen, eigenwillig, einwilligen, freiwillig, gutwillig, Mutwille, mutwillig, unfreiwillig, widerwillig, willenlos, Willensfreiheit, -kraft, willensschwach, -stark, willkommen, Willkommen;** vgl. **wollen, Willkür**

* **beim besten ~n nicht** ʾabsolut nichtʾ /drückt die Haltung eines Sprechers aus, der eigentlich zu einer Leistung bereit ist, aber aus bestimmten zwingenden Gründen dazu nicht in der Lage ist/: *das kann ich beim besten ~n nicht tun; ich kann dir beim besten ~n nicht helfen;* **der letzte ~** ʾdas Testamentʾ: *der letzte ~ unseres Verstorbenen; jmds. letzten ~n respektieren;* **jmdm. zu ~n sein (1.** /jmd./ ʾin meist unterwürfiger Weise tun, was jmd. von einem verlangtʾ **2.** /Frau/ ʾsich einem Mann hingebenʾ: *sie war ihm zu ~n;* /jmd./ **jmdm. den/seinen ~n tun** ʾtun, was jmd. willʾ; **wider ~n** ʾentgegen der eigenen Absichtʾ: *das haben wir nur unter Zwang und wider ~n getan*

willen [ˈvɪlən]: *um … ~: ↗ ³um*

willen|los [ˈ..] ⟨Adj.; o. Steig.⟩ ʾkeinen eigenen Willen, nur einen schwachen Willen habend und sich leicht unterordnendʾ /auf Personen bez./: *er war ein ~er Mensch; er war völlig ~; er ließ sich ~* (SYN ʾwiderstandslosʾ) *abführen* ❖ ↗ **Wille,** ↗ **los**

willens [ˈvɪləns] ⟨Adv.; nur präd. (mit *sein*)⟩ /jmd./ ~ *sein* ʾbereit zu etw. seinʾ: ⟨+ Nebens. mit Inf. + *zu*⟩ *ich war ~, ihm beizustehen, auf seinen Vorschlag einzugehen* ❖ ↗ **Wille**

Willens/willens [ˈ..]|-**freiheit, die** ⟨o.Pl.⟩ ʾFreiheit, nach eigenem Willen, eigenen Vorstellungen zu leben, zu handelnʾ: ~ *fordern* ❖ ↗ **Wille,** ↗ **frei;** -**kraft, die** ʾKraft, Fähigkeit, seinen Willen zu behaupten und etw. durchzusetzenʾ: *er besitzt eine große, nur geringe ~; alle ~ aufbieten, um etw. durchzusetzen* ❖ ↗ **Wille,** ↗ **Kraft;** -**schwach** ⟨Adj.; o. Steig.⟩ ʾvon geringer Willenskraftʾ /auf Personen bez./: *er war ein ~er Mensch; ~ sein; ~ reagieren* ❖ ↗ **Wille,** ↗ **schwach;** -**stark** ⟨Adj.; o. Steig.; nicht bei Vb.⟩ ʾvon starker Willenskraftʾ /auf Personen bez./: ~ *sein; ein ~er Mensch* ❖ ↗ **Wille,** ↗ **stark**

willentlich [ˈvɪlənt..] ⟨Adv.⟩ geh. ʾabsichtlichʾ /meist in negativem Zusammenhang/: ~ *etw. tun;* ~ *gegen eine Vorschrift, ein Gesetz verstoßen* ❖ ↗ **Wille**

willfährig [ˈvɪlfɛːrɪç/ˈ..feː..] ⟨Adj.; Steig. reg.⟩ emot. neg. ʾohne Bedenken und in würdeloser Weise bereit, etw. Negatives, Unmoralisches zu tun, das ein anderer von einem verlangtʾ: *jmd. ist ein ~es Werkzeug in den Händen von Verbrechern; ein ~er Handlanger bei dubiosen Geschäften;* ~ *tun, was andere von einem verlangen; jmdm.* ~ *sein* ʾtun, was jmd. willʾ) ❖ ↗ **Wille**

willig [ˈvɪlɪç] ⟨Adj.; Steig. reg.⟩ SYN ʾbereit, das zu tun, was jmd. willʾ /auf Personen bez./; ↗ FELD I.2.3: *ein ~er Schüler, Angestellter; jmd. ist sehr ~; sich* ~ *fügen;* ~ (ʾbereitwilligʾ) *Auskunft geben* ❖ ↗ **Wille**

willkommen [vɪlˈkɔmən] ⟨Adj.; Steig. reg., ungebr.; nicht bei Vb.⟩ ʾvon jmdm. als angenehm, weil erwünscht, betrachtetʾ: *das war eine ~e Gelegenheit, Abwechslung, Nachricht; ein ~er Gast; etw. ist jmdm.* ~; *jmd. ist jmdm.* ~ (ʾwird von jmdm. mit Freude als Besuch empfangenʾ); *herzlich* ~! /Gruß beim Empfang eines (erwarteten) Gastes/ ❖ ↗ **Wille,** ↗ **kommen**

* /jmd./ **jmdn.** ~ **heißen** ʾjmdn. feierlich, mit Freude empfangenʾ: *wir heißen dich* ~, *lieber Freund!*

Willkommen, das; ~s, ⟨o.Pl.⟩ ʾBegrüßung beim Empfang von jmdm.ʾ: *jmdm. ein herzliches* ~ *bereiten; das, sein* ~ *war recht frostig* ❖ ↗ **Wille,** ↗ **kommen**

Willkür [ˈvɪlkyːɐ̯], **die;** ~, ⟨o.Pl.⟩ ʾdas Handeln einer Person, Institution ohne Rücksicht auf geltende Maßstäbe od. geltendes Recht, das nur von eigenen Interessen, von subjektivem Ermessen bestimmt istʾ; ↗ FELD I.2.1, 18.1: *das ist ein Akt der* ~; *die* ~ *eines Diktators, Machthabers; die* ~ *einer Behörde; jmds.* ~, *der* ~ *eines Staates ausgesetzt, ausgeliefert, preisgegeben sein* ❖ **unwillkürlich, willkürlich;** vgl. **Wille**

willkürlich [ˈ..] ⟨Adj.; Steig. reg., ungebr.⟩ **1.** ⟨nicht präd.⟩ ʾdurch Willkür bestimmt, Willkür ausdrückendʾ; ↗ FELD I.2.3, 18.3: *diese Maßnahme, Anordnung wurde von allen Betroffenen als* ~, *als ~er Akt aufgefasst; jmd. legt etw.* ~ *fest* **2.** ⟨vorw. attr.⟩ fachspr. ʾvom Willen, Bewusstsein gesteuertʾ; ANT unwillkürlich /auf physische Vorgänge des Körpers bez./: ~*e Bewegungen der Muskeln* ❖ ↗ **Willkür**

wimmeln [ˈvɪml̩n] ⟨reg. Vb.; hat/ist⟩ **1.1.** ⟨hat/ist⟩ /sehr viele Menschen od. kleine Tiere/ ʾsich in großer Anzahl (an einem bestimmten Ort) ungeordnet und lebhaft hin und her bewegenʾ: *die Fische wimmelten im Netz, haben, sind im Netz gewimmelt;* ⟨oft adj. im Part. I⟩ *ein ~der Ameisenhaufen* **1.2.** ⟨hat⟩ /etw., vorw. etw. wimmelt von etw. ⟨Dat.⟩: *die Straße wimmelte von Menschen, Schaulustigen, Spaziergängern* (ʾdie Straße war voll von hin und her und durcheinander laufenden Menschenʾ); *es wimmelte dort von Menschen, Ameisen, Käfern; der Waldboden wimmelte von Käfern; auf dem See wimmelte es von Booten* **1.3.** *etw. wimmelt von etw.* ⟨Dat.⟩: *der Aufsatz wimmelte von Fehlern* (ʾenthielt sehr viele Fehlerʾ)

wimmern [ˈvɪmɐn] ⟨reg. Vb.; hat⟩ /jmd./ ʾin leisen, zitternden und weinerlichen Tönen seinen Schmerz, Kummer äußernʾ: *das Kind, sie wimmerte leise; etw.* ⟨Dat.⟩ ~: *er wimmerte vor Schmerz, Angst*

Wimpel [ˈvɪmpl̩], **der;** ~s, ʾkleine, schmale, dreieckige Fahne, die meist an einer Stange befestigt istʾ (↗ BILD, Fahne): *die* ~ *flattern im Wind*

Wimper [ˈvɪmpɐ], **die;** ~, ~n ⟨vorw. Pl.⟩ ʾkurzes, meist gebogenes kleines Haar, das mit vielen anderen am Rand des Augenlids sitztʾ; ↗ FELD I.1.1: *lange, seidige, dunkle ~n haben; sie pustete eine ~ vom Finger und wünschte sich etw.*

* **ohne mit der ~ zu zucken** ʾohne innere Beteiligung zu zeigenʾ /auf negative Handlungen bez./: *er tat das, ohne mit der ~ zu zucken*

Wind [vɪnt], der; ~es/auch ~s, ~e **1.** ʿmehr od. weniger starke, spürbare Bewegung der Luftʾ: *es weht ein frischer, kalter, eisiger, stürmischer, sanfter, warmer ~; der ~ weht, bläst scharf; ungünstige, widrige ~e machten den Seglern zu schaffen; (ein leichter) ~ kam auf, erhob sich; bei schwachen bis mäßigen ~en aus südlicher Richtung …* /Angabe im Wetterbericht/; *der ~ kommt von Osten, dreht nach Nordwest, nimmt zu, flaut ab, ist umgesprungen, hat sich gelegt; der ~ heult, pfeift (um das Haus); gegen den ~ laufen, fahren, ankämpfen, segeln;* /in den kommunikativen Wendungen/ *daher weht der ~* (ʿdas ist also der wahre Grundʾ)! /wird gesagt, um zu verstehen zu geben, dass man etw. Unangenehmes, nur Angedeutetes durchaus verstanden hat, dass man jmds. Pläne durchschaut hat); ⟨nur im Imp.⟩ *mach nicht so viel/solchen ~* (1. ʿgibt nicht so anʾ 2. ʿübertreibe das nicht!)! **2.** ⟨vorw. im Pl.⟩ verhüll. SYN ʿ(abgehende) Blähungʾ: *versetzte ~e; einen ~ fahren lassen* ❖ **windig** — **Ostwind, Südwind, Wirbelwind**; vgl. **Wind-, Wind/wind-**
* **in alle (vier) ~e** ʿin alle Richtungenʾ: *die Freunde waren in alle (vier) ~e verstreut, verschwunden, auseinander gegangen;* **hier/dort weht ein anderer ~** (ʿhier, dort geht es strenger zu, herrscht ein strengerer Ton, geht es härter zuʾ); /jmd./ **von etw.** ⟨Dat.⟩ **~ bekommen** (ʿvon etw., das nicht bekannt werden sollte, erfahrenʾ); **hier/dort weht ein frischer ~** (ʿhier, dort ist ein frischer Geist zu spürenʾ); /jmd./ **in den ~ reden** (ʿkeine Beachtung für seine Äußerung, bes. für seine Warnungen, bei anderen findenʾ); /jmd./ **etw. in den ~ schlagen** (ʿeine Äußerung, Warnung, einen guten Rat nicht beachtenʾ); /jmd./ **jmdm. den ~ aus den Segeln nehmen** (ʿjmds. Absichten vereiteln, indem man ihm den Grund und die Argumente für sein Vorgehen nimmtʾ); **bei ~ und Wetter** ʿbei jedem, bei gutem und auch bei schlechtem Wetterʾ: *sie mussten bei ~ und Wetter im Steinbruch arbeiten;* /jmd./ **wissen/merken, woher der ~ weht** (ʿerkennen, wie sich etw. Unerfreuliches wirklich verhält, was jmd. wirklich vorhat und im entsprechend verhaltenʾ); ⟨⟩ umg. **der ~ pfeift jetzt aus einem anderen Loch** (ʿjetzt wird härter durchgegriffen, wird strenger vorgegangenʾ); /jmd./ **sich** ⟨Dat.⟩ **den ~ um die Nase/Ohren wehen lassen** (ʿsich im Leben, in der Welt umsehen und Erfahrungen sammelnʾ)

Winde [ˈvɪndə], die; ~, ~n **1.** ʿMaschine bes. zum Heben, Senken von Lasten durch Zug (1) mittels eines über eine Trommel, Welle laufenden Seils od. einer Ketteʾ; ↗ FELD I.7.3.1: *einen Baum(stamm) mit einer ~ aufrichten; einen Eimer Wasser mit der ~ aus dem Brunnen ziehen* **2.** ʿKletterpflanze mit weiß, lila od. rosa blühenden trichterförmigen Blütenʾ; ↗ FELD II.4.1: *die ~ rankt sich am Zaun empor* ❖ ↗ **winden**

Windel [ˈvɪndl̩], die; ~, ~n ʿGegenstand aus saugfähigem weichem stoffartigem Material, der um den Unterkörper eines Säuglings gelegt wird, um dessen Ausscheidungen aufzunehmenʾ: *saugfähige ~n; ~n aus Stoff, Zellstoff; dem Baby eine saubere, frische ~ umlegen; die ~n wechseln* ❖ ↗ **winden**
* /etw., bes. Projekt/ **noch in den ~n stecken** ʿnoch im frühesten Stadium seinʾ: *das Projekt steckte damals ja noch in den ~n*

winden [ˈvɪndn̩], wand [vant], hat gewunden [gəˈvʊndn̩] **1.** /jmd./ *etw. irgendwohin ~* ʿeine Last mit Hilfe einer Winde (1) bes. in die Höhe bewegen, befördernʾ: *Lasten in die Höhe, nach oben, aufs Dach ~* **2.** /jmd./ **2.1.** *etw. zu etw.* ⟨Dat.⟩ *~* ʿmehrere längliche dünne Gegenstände, bes. Blumen, Zweige, dadurch zu einem festen Gebilde zusammenfügen, dass man sie umeinander schlingtʾ: *Blumen zu einem Kranz, Zweige zu einer Girlande ~* **2.2.** *etw. ~* ʿdurch Winden (2.1) ein festes einheitliches Gebilde herstellenʾ: *einen Kranz, eine Girlande ~; etw. aus etw.* ⟨Dat.⟩ *~:* *er hat aus dem dünnen Draht ein feines Netz gewunden* **3.** /jmd./ *jmdm., sich* ⟨Dat.⟩ *etw. um etw. ~* ʿjmdn., sich etw. Langes mehrmals um etw., einen Körperteil wickelnʾ: *jmdm., sich ein Band um die Stirn, ein Tuch um den Kopf ~* **4.** /jmd./ *jmdm. etw. aus der Hand, den Händen ~* (ʿjmdm. etw., das dieser in der Hand, den Händen hält, durch Reißen, Ziehen gewaltsam wegnehmenʾ) **5.** /jmd./ *sich vor Schmerzen, sich in Krämpfen ~* (ʿden Körper unter Schmerzen, Krämpfen unwillkürlich und heftig krümmenʾ); *sich vor Lachen ~* (ʿden Körper infolge heftigen Lachens hin und her bewegen, auf und nieder beugenʾ) **6.1.** /jmd., Schlange/ *sich durch etw. ~* ʿsich durch etw. schlängelnʾ: *er wand sich durch das Gedränge, durch die Menschenmenge, durch das Dickicht, durch das Loch im Zaun; Schlangen ~ sich durch das Gras* **6.2.** /fließendes Gewässer/ *sich irgendwohin ~:* *der Bach windet sich* (ʿfließt in vielen Windungenʾ) *durch die Wiese; der Pfad windet sich zum Gipfel* **6.3.** /Kletterpflanze/ *sich um etw. ~:* *eine Pflanze, bes. eine Kletterpflanze, windet sich um etw.* (ʿwächst mit ihren Ranken in Windungen an, um etw. herum nach obenʾ) **7.** emot. neg. /jmd./ *sich ~* ʿausweichend reden, antwortenʾ/beschränkt verbindbar/: *als wir ihn zur Rede stellten, wand und erfand immer neue Ausreden* ❖ **Gewinde, Winde, Windel, Windung**

Windes|eile [ˈvɪndəs..] emot.
* **in/mit ~:** **1.** ʿsehr schnell, schneller als üblichʾ: *sie hatte ihre Hausarbeit in/mit ~ getan, um noch Zeit für einen Ausflug zu haben* **2.** ʿüberraschend schnellʾ: *die Nachricht, das Gerücht hatte sich in/mit ~ herumgesprochen*

Wind [ˈvɪnt..]**-fang**, der ʿVorraum, der die inneren Räume eines Hauses gegen den Luftzug von draußen beim Öffnen der Tür schütztʾ: *durch einen ~ gelangt der Besucher in die Halle* ❖ ↗ fangen; **-hose**, die ʿWirbel (1), der sich fortbewegt und dabei Sand, Staub, Wasser vom Boden in die Höhe reißtʾ: *die ~ hat Schaden angerichtet* ❖ ↗ Hose; **-hund**, der **1.** ʿHund mit langem schmalem Körper und schmalem Kopf, der sehr schnell rennen kannʾ: *das Wettrennen der ~e* **2.** umg. emot. ʿleichtsinniger, oberflächlicher, wenig zuverlässiger Mann': *er war früher ein ausgesprochener ∼; solch einen ∼ würde ich nicht heiraten* ❖ ↗ Hund

windig ['vɪndɪç] ⟨Adj.; nicht bei Vb.⟩ **1.** ⟨Steig. reg.⟩ 'mit viel Wind (1) /beschränkt verbindbar/: *∼es Wetter; an der See ist es oft sehr ∼; es ist sehr, schwach ∼* ('es weht viel, wenig Wind') **2.** ⟨o. Steig.⟩ **2.1.** /auf Personen bez./: *ein ∼er* ('leichtsinniger, unzuverlässiger') *Mensch, Bursche* **2.2.** *ein ∼es* ('unsicheres, zweifelhaftes') *Projekt* **2.3.** *eine ∼e* ('nicht glaubhafte') *Ausrede* ❖ ↗ **Wind**

Wind/wind ['vɪnt..]|**-mühle, die** 'Mühle, die durch den Wind angetrieben wird' (↗ BILD) ❖ ↗ mahlen; **-richtung, die** 'Richtung, aus der der Wind (1) weht' ❖ ↗ richten; **-rose, die** 'Darstellung der Himmelsrichtungen auf einer Scheibe (des Kompasses)': *die Richtungen der ∼* ❖ ↗ Rose; **-schief** ⟨Adj.; o. Steig.⟩ emot. 'nicht (mehr) gerade, senkrecht auf der Erde stehend' /vorw. auf alte Gebäude bez./: *ein ∼es Gebäude, Haus* ❖ ↗ schief; **-still** ⟨Adj.; o. Steig.; nur präd. (mit *sein*)⟩ *etw.* ⟨nur *es*⟩ *ist ∼* ('es weht überhaupt kein Wind'); *es war völlig ∼* ❖ ↗ still

Windung ['vɪnd..], **die**; ∼, ∼en ⟨vorw. Pl.⟩ 'Bogen (1) beim Verlauf von etw., bes. bei einem fließenden Gewässer': *der Fluss, Weg verläuft in vielen, macht viele ∼en* ❖ ↗ **winden**

Wink [vɪŋk], **der**; ∼s/auch ∼es, ∼e **1.** 'durch eine Bewegung der erhobenen Hand od. des Kopfes, der Augen gegebenes Zeichen, mit dem jmd. jmdm. etw. zu verstehen gibt': *ihm genügte ein kurzer, heimlicher ∼, um sich zurückzuziehen; jmdm. mit den Augen, dem Kopf einen ∼ geben; etw. auf jmds. ∼ hin tun* **2.** SYN 'Hinweis (1)'; ↗ FELD I.13.1: *jmdm. einen ∼ geben; einen ∼ erhalten, befolgen; praktische ∼e* ('Ratschläge') *für die Hausfrau, den Studierenden, für Reisen ins Ausland*; METAPH *etw. als einen ∼* ('als nützlichen Hinweis od. als Warnung') *des Schicksals auffassen* ❖ ↗ **winken**
* umg. **ein ∼ mit dem Zaun(s)pfahl** ('eine sehr deutliche Anspielung, bes. darauf, dass man etw. von jmdm. haben möchte')

Winkel ['vɪŋkl], **der**; ∼s, ∼ **1.** 'in Geraden gemessenes Verhältnis zweier Geraden zueinander, wenn sie

sich in einem Punkt treffen, schneiden'; ↗ FELD III.1.1: *einen ∼ messen; ein ↗ spitzer, ↗ stumpfer, ↗ rechter ∼; einen ∼ messen; der ∼ beträgt 45 Grad* **2.** 'Bereich bes. eines Raumes, der dadurch gebildet wird, dass zwei (Wand)flächen aufeinander stoßen': *die Statue steht in einem ∼* (SYN 'Ecke 1.1') *des Zimmers; sich in einen ∼ setzen* **3.** 'Gegend in einem Ort od. Bereich in einem Haus, der besonders durch seine abgesonderte Lage charakterisiert ist': ⟨mit best. Adj.⟩ *ein versteckter, malerischer, idyllischer ∼ (der Altstadt); sich in einem verschwiegenen, verborgenen ∼ des Gartens, im hintersten ∼ der Wohnung, des Hauses aufhalten; jeden ∼ der Stadt kennen* **4.** *etw. liegt im toten ∼:* ↗ tot (3) ❖ **Mundwinkel, Schlupfwinkel, Winkelzug**

Winkel|zug ['vɪŋk|..], **der** ⟨vorw. Pl.⟩ emot. neg. 'geschicktes, meist mit Täuschung verbundenes Vorgehen, durch das jmd. sein Ziel erreicht, erreichen will'; SYN Manöver (3): *taktische, juristische, diplomatische Winkelzüge; das war ein ganz raffinierter ∼; mit allerlei Winkelzügen vorgehen; sich mit einem ∼ aus einer schwierigen Lage retten* ❖ ↗ **Winkel,** ↗ **ziehen**

winken ['vɪŋkn̩] ⟨reg. Vb.; hat⟩ **1.** /jmd./ **1.1.** *jmdm. ∼* 'jmdm. durch eine Bewegung mit der Hand, den Händen, mit einem Gegenstand ein Zeichen geben, das ihn zu etw. auffordern soll, mit dem gegrüßt wird': *er winkte dem Kellner (mit der Hand, mit einer Zeitung), damit er zu ihm käme; sie winkte (mit der Hand, mit einem Fähnchen, mit dem Taschentuch) zum Abschied, zur Begrüßung; etw.* ⟨Dat.⟩ *∼: einem Taxi ∼* ('es durch einen Wink (1) veranlassen heranzukommen') **1.2.** *jmdm., etw. irgendwohin ∼* 'jmdn., etw. durch Winken veranlassen herbeizukommen, irgendwohin zu kommen': *der Polizist winkte den Wagen zur, an die Straßenseite; er winkte ihn zu sich, ins Haus* **2.** *jmdm. winkt etw.* 'jmd. hat etw. Positives od. Negatives zu erwarten': *dem Finder winkt eine große Belohnung; dem Einbrecher winkt eine harte Strafe; dem Sieger winkt ein Pokal* ❖ ↗ **Wink**

winseln ['vɪnzl̩n] ⟨reg. Vb.; hat⟩ **1.** *der Hund winselt* ('gibt leise, lang gezogene hohe klagende Laute von sich'; ↗ FELD VI.1.2) **2.** emot. neg. /jmd./ *um etw. ∼* 'in würdeloser Weise um etw. betteln, flehen' /beschränkt verbindbar/: *um Gnade, Erbarmen, um sein Leben ∼*

Winter ['vɪntɐ], **der**; ∼s, ∼ 'die auf den Herbst folgende kalte Jahreszeit, die in den nördlichen Breiten durch Schneefall und Frost gekennzeichnet ist'; ↗ FELD VII.8.1: *ein harter, strenger, kalter, milder, langer, früher ∼; mitten im (tiefsten) ∼* ('dann, wenn der Winter auf seinem Höhepunkt, wenn es bes. kalt und dunkel ist'); *im ∼ 1990/91; es ist, wird (bald) ∼; gut durch, über den ∼ kommen* ('die Unbilden des Winters ohne Schaden überstehen'); vgl. *Frühling, Sommer, Herbst* ❖ **winterlich − Winterschlaf**

winterlich ['vɪntɐ..] ⟨Adj.; o. Steig.; vorw. attr.⟩ **1.1.** 'dem Winter entsprechend od. vom Winter ge-

prägt' /auf die Erscheinungen des Winters bez./; ↗
FELD VI.5.3, VII.8.2: *~e Temperaturen, Kälte; die
Temperaturen sind schon ~; wir hatten im November
schon ausgesprochen ~es Wetter; das Wetter wirkt
schon ~; sie genossen die Pracht der ~n* ('schneebe-
deckten') *Landschaft; es ist ~ kalt* **1.2.** 'passend
od. angemessen für den Winter' /auf Kleidung
bez./: *~e* ('warme') *Kleidung; ~ angezogen sein* ❖
↗ **Winter**

Winter|schlaf ['vɪntɐ..], der 'der über den Winter hin
andauernde schlafähnliche Zustand bestimmter
Säugetiere'; ↗ FELD VII.8.1: *der Bär hält seinen
~; aus dem ~ erwachen* ❖ ↗ **Winter,** ↗ **schlafen**

Winzer ['vɪntsɐ], der; ~s, ~ 'jmd., der beruflich
Weinstöcke anbaut und aus den Weintrauben Wein
gewinnt'; ↗ FELD I.10: *die ~ erwarten in diesem
Jahr eine gute Ernte*

winzig ['vɪntsɪç] ⟨Adj.; Steig. reg.⟩ emot. 'von außer-
ordentlich geringer Größe, Menge; sehr klein': *eine
~e Menge, Portion; ein ~es Fenster, Häuschen,
Hündchen; ein ~er Geldbetrag; zwischen ihren Mei-
nungen bestanden nur ~e Unterschiede; etw. sieht ~
aus, ist ~ (klein)*

Wipfel ['vɪpfl̩], der; ~s, ~ 'oberster Teil eines Bau-
mes': *die hohen ~ der Kiefern; die ~ rauschen im
Wind;* vgl. *Krone*

Wippe ['vɪpə], die; ~, ~n 'Gerät aus einem Brett, das
in der Mitte beweglich auf einer Unterlage befestigt
ist und zwei Personen, die sich gegenübersitzen,
zum Wippen (1.1) dient' (↗ BILD): *auf dem Spiel-
platz steht eine ~* ❖ **wippen**

wippen ['vɪpm̩] ⟨reg. Vb.; hat⟩ **1.1.** /jmd./ *auf etw.*
⟨Dat.⟩ *~* 'auf einer Wippe sitzend sich ruckartig,
federnd abwechselnd auf und ab bewegen': *sie
wippten beide* **1.2.** ⟨Adv.best.⟩ /etw., bes. etw. frei
Hängendes/ 'sich ruckartig, federnd auf und nie-
der, vor und zurück bewegen': *die Blüten, Zweige
~ im Wind; ihre Zöpfe wippten bei jedem Schritt;
die Federn an seinem Hut wippten im Takt seiner
Schritte; ein ~der Rock* **1.3.** /jmd./ *mit etw.* ⟨Dat.⟩
~ 'sitzend eine Sitzgelegenheit ruckartig vor und
zurück od. auf und ab bewegen': *mit dem Stuhl ~*
❖ ↗ **Wippe**

wir [viːɐ] ⟨Personalpron. 1. Pers. Pl.; subst.; ↗ TAFEL
VII⟩ **1.** /zwei od. mehrere Personen, unabhängig
vom Geschlecht, die von sich sprechen und zu de-
nen der Sprecher selbst gehört/: *~ gehen heute ins
Kino; ~ kommen bald zurück; ~/ beide, meine
Schwester und ich, verstehen uns gut; ~ wollen uns
wieder versöhnen; ~ lieben uns* **2.** /wird von einem

Redner, Autor statt *ich* gebraucht, um sich nicht in
den Vordergrund zu stellen/: *wir sind der Meinung,
dass alles auch ganz anders gewesen sein könnte; ~
wollen uns hierzu nicht näher äußern* **3.** /wird in der
Rede für *du, ihr, Sie* gebraucht, um ein vertrauli-
ches Verhältnis zur angeredeten Person, zu den an-
geredeten Personen herzustellen; der Sprecher be-
zieht sich scheinbar mit ein; oft im Dialog mit Kin-
dern verwendet/: *aber Kinder, das dürfen ~* ('das
dürft ihr') *doch nicht machen!; ~ wollen hier doch
nicht solchen Lärm machen!; na, mein Kleines, was
haben ~* ('was hast du') *denn heute auf dem Her-
zen?;* vgl. *unser, uns*

MERKE Zum Reflexivpron. von *wir:* Das Refle-
xivpron. von *wir* lautet *uns;* ↗ auch *er* (Merke)

Wirbel ['vɪrbl̩], der; ~s, ~ **1.** 'sehr schnell um einen
Mittelpunkt kreisende Bewegung, bes. in einem
flüssigen, gasförmigen Medium': *die Papierfetzen
wurden von einem ~ erfasst und flogen umher; der
Sand, Staub, das dürre Laub stob in heftigen ~n
durch die Straßen; ein ~ von Staub, Asche; im Fluss,
See gibt es einige gefährliche ~* (SYN 'Strudel') **2.**
⟨o.Pl.⟩ 'aufgeregtes hektisches Durcheinander':
*der Rücktritt des Ministers erregte einen heftigen ~
in den Redaktionen; es hat viel ~ um die Sache gege-
ben; etw. verursacht viel ~; im ~, über dem ~*
('über der Vielzahl und schnellen Aufeinander-
folge') *der Ereignisse hat er vergessen, dass … * **3.**
'Stelle in der Behaarung des Kopfes, von der aus
die Haare rundum nach allen Seiten hin wachsen':
*er hat vorne, hinten einen ~; er kann seine ~ nur
schwer bändigen* **4.** 'einzelnes Glied der Wirbel-
säule': *er hat sich einen ~ verrenkt, gestaucht* **5.**
'schnelle Folge von kurzen harten Schlägen auf
etw., bes. der Trommel': *einen ~ auf der Trommel,
mit den Fingern auf der Tischplatte schlagen* ❖ **wir-
beln** – **Wirbelsäule, -tier, -sturm, -wind**

* /jmd., Institution/ **viel ~ um etw. machen** 'wegen
einer Angelegenheit mehr Aufsehen erzeugen, als
ihr zukommt': *der macht viel ~ um seine Erfindung*

wirbeln ['vɪrbl̩n] ⟨reg. Vb.; hat/ist⟩ **1.1.** /etw., bes.
Rauch, Schneeflocken, Laub/ *irgendwohin ~* 'sich
rasch in Wirbeln (1) irgendwo bewegen': *der
Schnee hat gewirbelt, ist durch die Luft gewirbelt;
die Schneeflocken, dürren Blätter der Bäume ~ vor
dem Fenster, in der Luft* **1.2.** ⟨ist⟩ /jmd., etw./ *ir-
gendwohin ~* 'sich rasch um sich selbst drehend ir-
gendwo(hin) bewegen': *der Schnee wirbelt, die
Schneeflocken ~, Staub wirbelt durch die Luft; aus
dem Schornstein wirbelt weißer Rauch; die Tänzer
wirbelten über die Bühne; der Kreisel wirbelte über
den Platz* **1.3.** ⟨hat⟩ /etw., bes. Wind/ *etw. irgend-
wohin ~:* *der Wind wirbelte die Blätter* ('trieb die Blät-
ter in Wirbeln 1') *in die Ecke des Hofes* ❖ ↗ **Wirbel**

Wirbel|-säule ['vɪrbl̩..], die 'den Körper der Wirbel-
tiere und des Menschen stützende, vom Kopf bis
zum Ende des Rumpfes reichende Achse des Ske-
letts, die aus einer bestimmen Anzahl von Wirbeln
(4) besteht, die beweglich miteinander verbunden
sind'; SYN Rückgrat; ↗ FELD I.1.1: *eine Verlet-*

zung der ∼*; die* ∼ *ist gebrochen; er ist an der* ∼ *operiert worden* ❖ ↗ Wirbel, ↗ Säule; **-sturm, der** ´bes. in den tropischen Gebieten auftretender starker Sturm, der sich als ein großer Wirbel (1), um einen Mittelpunkt kreisend, fortbewegt´: *es tobten heftige, verheerende Wirbelstürme* ❖ ↗ Wirbel, ↗ Sturm; **-tier, das** ´Tier mit einer Wirbelsäule (und zwei paar Gliedmaßen)´; ↗ FELD II.3.1: *Schlangen, Vögel gehören zu den* ∼*en* ❖ ↗ Wirbel, ↗ Tier; **-wind, der** ´heftiger Wind, Windstoß, der (einen) Wirbel (1) hervorruft´: *ein heftiger* ∼ *brachte das Segelboot zum Kentern* ❖ ↗ Wirbel, ↗ Wind

wirbt: ↗ werben

wird: ↗ werden

wirft: ↗ werfen

wirken ['vɪrkn̩] ⟨reg. Vb.; hat⟩ **1.** /jmd./ **1.1.** *als etw.* ∼ ´in einem bestimmten (beruflichen) Bereich als jmd. mit einer bestimmten Qualifikation tätig sein, arbeiten´: *er hat lange Zeit als Arzt, Schauspieler, Bürgermeister in dieser Stadt gewirkt; sein Wirken als Schauspieler; sein schriftstellerisches Wirken* **1.2.** *für, gegen etw., jmdn.* ∼ ´in einem bestimmten Bereich positiv für, gegen etw., jmdn. tätig sein, arbeiten´: *er hat mit Wort und Tat für den Wiederaufbau des zerstörten Schlosses gewirkt; für die Armen in der Welt, für den Frieden, gegen Hunger und Unterdrückung* ∼ **2.** ⟨+ subst. Adj.⟩ geh. /jmd./ *etw.* ∼ ´durch seine Tätigkeit im öffentlichen Leben etw. Bedeutendes leisten´ /beschränkt verbindbar/: *er hat (als Beauftragter der Regierung, in seiner Funktion als Minister) viel Gutes (für die Menschen) gewirkt; er hat Großes gewirkt* **3.1.** /etw., bes. Medikament/ *irgendwie* ∼ ´auf Grund seiner Beschaffenheit auf jmds. Körper eine bestimmte Wirkung ausüben´: *das Medikament wirkt gut, rasch, nachhaltig, zuverlässig (gegen Kopfschmerz); Kaffee, Tee wirkt belebend; diese Tat wirkt beispielgebend; die Arzneimittel haben gewirkt* **3.2.** /etw./ *auf jmdn., etw.* ∼ ´auf jmds. Psyche, Bewusstsein eine bestimmte Wirkung ausüben´: *die Musik, das Theaterstück hat (stark) auf ihn gewirkt; diese Szene, dieser Streit, diese Epoche hat auf ihn gewirkt; etw., eine schöne Landschaft auf sich* ∼ *lassen* (´sich der Wirkung von etw., der schönen Landschaft hingeben, überlassen´); *seine Mahnung hat gewirkt* (´hat ihre Wirkung nicht verfehlt´); *die Aussicht auf Belohnung hat gewirkt* **4.1.** /jmd., etw./ *irgendwie* ∼ ´auf jmdn. einen bestimmten Eindruck machen´: *er wirkte (auf uns) sehr müde und erschöpft; er wirkte männlich und kraftvoll, abgespannt, lächerlich; neben ihm wirkte sie klein und zierlich; die Ortschaft wirkte (wie) ausgestorben; sein Verhalten wirkte ausgesprochen abstoßend (auf uns)* **4.2.** ⟨+ Adv.best.⟩ /etw., jmd./ ´beim Betrachten voll zur Geltung, Wirkung kommen´: *dieses Aquarell wirkt erst aus der Ferne; dieses Stück wirkt nur auf der Bühne; er wirkt vor allem durch die Art seines Auftretens* **5.** /jmd./ *etw.* ∼ ´ein Gewebe, Kleidungsstück durch eine bestimmte maschinelle Technik so herstellen, als wäre es gestrickt´: *Pullover, Strümpfe, Unterwä-*

sche ∼; vgl. *weben* ❖ **bewirken, Gewirk, wirksam, Wirkung** − **auswirken, Auswirkung, mitwirken, nachwirken, Nebenwirkung, praxiswirksam, Wechselwirkung, werbewirksam, Wirkstoff**; vgl. **wirklich**

wirklich ['vɪrk..] **I.** ⟨Adj.; o. Steig.⟩ **1.** ´der Wirklichkeit (1.1), Realität entsprechend und so, wie in ihr vorhanden od. geschehend´; SYN tatsächlich (I): *das ist nicht ausgedacht, das ist* ∼ *so (geschehen); der Roman schildert das* ∼*e Leben, das Leben, wie es* ∼ *ist; der* ∼*e* (SYN ´faktische I´) *Nutzen dieser Arbeit; diese Darstellung entspricht nicht der* ∼*en* (´realen´) *Lage der Dinge; der Künstler benutzte kein Pseudonym, sondern seinen* ∼*en Namen; er wollte wissen, wie es* ∼ *war, was sie* ∼ *denkt, macht* **2.** ⟨vorw. attr.; nicht präd.⟩ SYN ´echt (I.2)´: *ein* ∼*er Freund, Künstler, Könner; er wollte endlich einmal einen* ∼*en Erfolg erringen* − **II.** ⟨Satzadv.; oft mit Negation⟩ /drückt die Meinung des Sprechers zum genannten Sachverhalt aus; der Sprecher beteuert die Wahrheit od. seine Überzeugung davon, dass etw. wahr ist/; SYN wahrhaftig (II), tatsächlich (II): *er versteht* ∼ *etwas von der Sache, versteht* ∼ *sein Fachgebiet!; das weiß ich* ∼ *nicht mehr, habe ich* ∼ *nicht getan!; darauf kommt es nun* ∼ *nicht an; das tut mir* ∼ *Leid; da bin ich aber* ∼ (´sehr´) *neugierig, ob das stimmt* ❖ **unwirklich, verwirklichen, Verwirklichung, Wirklichkeit**; vgl. **wirken**

Wirklichkeit ['vɪrk..], **die**; ∼, ∼en ⟨vorw. Sg.⟩ **1.1.** ´das tatsächlich (als Sache, Prozess) Existierende, in seiner Gesamtheit´; SYN Realität (1): *die bunte, rauhe, harte, nüchterne* ∼ *erleben, erfahren, (in einem Roman) darstellen; die gesellschaftliche, politische* ∼; *der Unterschied zwischen Träumen und Wünschen und der* ∼; *etw. wird* ∼ (´etw. wird zu etw. objektiv Vorhandenem´); *auf dem Boden der* ∼ *stehen* (´eine nüchterne, realistische Lebenseinstellung haben´) **1.2.** *in* ∼ SYN ´tatsächlich (II)´: *in* ∼ *ist alles viel schwerer, leichter, einfacher, komplizierter* ❖ ↗ **wirklich**

wirksam ['vɪrk..] ⟨Adj.⟩ **1.** ⟨o. Steig.; nicht bei Vb.⟩ ´eine bestimmte Aktivität zeigend´ /auf Naturvorgänge bez./: *die in der Natur* ∼*en Kräfte, Gesetze* **2.** ⟨Steig. reg.⟩ ´die gewünschte Wirkung erzielend, zeigend´; SYN gut (1.5) /vorw. auf Medikamente, Maßnahmen bez./: *ein* ∼*es Medikament; eine* ∼*e Therapie; eine* ∼*e Maßnahme, Strafe; jmdn.* ∼ *(vor etw.) schützen; die Geldbuße war* ∼; ∼ *in etw. eingreifen* **3.** ⟨o. Steig.; nicht bei Vb.; vorw. präd. (mit sein, werden)⟩ /etw., bes. eine behördliche Regelung/ ∼ *sein* ´gültig sein´: *die Verordnung ist seit dem 1. Januar* ∼; *die seit 1950* ∼*e Verordnung wird außer Kraft gesetzt* ❖ ↗ **wirken**

Wirk|stoff ['vɪrk..], **der** ´Stoff (2), der im lebenden Organismus eine spezifische Wirkung ausübt´: *ein biologischer, Fett lösender, natürlicher, synthetischer* ∼; *einen neuen* ∼ *entwickeln, entdecken* ❖ ↗ **wirken**, ↗ **Stoff**

Wirkung ['vɪrk..], **die**; ∼, ∼en ´das, was von einer Person, Sache als eine Kraft ausgeht und den Verlauf, die Beschaffenheit einer anderen Sache, das

Handeln, Denken einer anderen Person beeinflusst od. bestimmt': *das Verhältnis von Ursache und ~; von ihm, von seinen Ermahnungen ging eine gute, erzieherische ~ aus; diese Methoden haben bisher nur nachteilige, ungünstige ~en gehabt; von jmdm., etw. geht eine starke ~ aus; etw. übt eine nachhaltige ~ aus; diese Rede hat eine große, aufmunternde ~ gehabt; die ~ einer Maßnahme, von Explosionen; seine Bemühungen blieben ohne ~, hatten keine, keinerlei ~, verfehlten ihre ~; jmd. steht unter der ~ von Alkohol* ❖ ↗ **wirken**

* mit ~ von ⟨+ Datumsangabe⟩ /gibt den Zeitpunkt an, von dem an eine Regelung, ein Gesetz in Kraft tritt/ *das Gesetz gilt mit ~ vom 1. August, tritt mit ~ vom 1. August in Kraft*

wirr [VIR] ⟨Adj.⟩ **1.1.** ⟨Steig. reg., ungebr.; nicht präd.⟩ 'ohne jegliche Ordnung der Dinge, sodass eines od. verschiedene Dinge wahllos über, neben und unter dem anderen sind'; SYN chaotisch: *im Zimmer herrschte ein ~es Durcheinander von Papieren, Kleidern und Geschirr; seine Haare standen ihm ~ um den Kopf* **1.2.** ⟨Steig. reg., ungebr.; vorw. attr.⟩ 'ohne jegliche Ordnung der Gedanken, Gefühle, sodass eines das andere überlagert und Unklarheit entsteht'; SYN konfus (1) /auf Psychisches, Sprachliches bez./: *~e Gedanken, Gefühle, Vorstellungen haben; ein ~ denkender Mensch; was er gesagt hat, das war nur ~es Gerede; ~es* (SYN 'wüstes 3') *Zeug reden; diese Ideen sind noch viel zu ~, als dass wir über sie diskutieren könnten; ihn plagten ~e* (SYN 'wilde 4') *Gedanken, Träume, Ängste* **1.3.** ⟨o. Steig.; vorw. präd. (mit *sein, werden*)⟩ *jmdm. ist es ganz ~ im Kopf* ('jmd. ist verwirrt, sodass er nicht mehr klar denken kann'); *er war noch ganz ~ von dem ungewohnten Lärm, von den Aufregungen; er wirkte ~* (ANT klar 2) ❖ **Wirren, entwirren, Gewirr, verwirren, verwirrt, Verwirrung — Wirrkopf, Wirrwarr**

Wirren ['vIRən], **die** ⟨Pl.⟩ 'durch politische Auseinandersetzungen, Unruhen verursachtes Durcheinander in den gesellschaftlichen Verhältnissen eines Landes': *innere, politische ~; es geschah in den ~ der Nachkriegszeit* ❖ ↗ **wirr**

Wirr|kopf ['vIR..], **der** 'wirr (1.2) denkender und handelnder Mensch, der meist recht aktiv und von sich eingenommen ist': *er war ein politischer ~* ❖ ↗ **wirr, ↗ Kopf**

Wirrwarr ['vIRvaR], **der**; ~s, ⟨o.Pl.⟩ 'völlige Unordnung, großes Durcheinander psychischer Prozesse od. von Gegenständen': *in seinem Kopf war ein ~ von Gedanken und Befürchtungen; auf seinem Schreibtisch herrschte ein unbeschreiblicher, heilloser ~ von Papieren, Büchern, Akten und allen möglichen anderen Sachen; in diesem ~ kann ich mich nicht wohl fühlen* ❖ ↗ **wirr**

Wirsing ['vIRzIŋ], **der**; ~s, ⟨o.Pl.⟩ SYN 'Wirsingkohl'; ↗ FELD II.4.1: *aus ~ einen Eintopf kochen* ❖ **Wirsingkohl**

Wirsing|kohl ['..], **der** 'Kohl, dessen Kopf grüne krause Blätter hat'; SYN Wirsing; ↗ FELD I.8.1, II.4.1; vgl. *Grünkohl* ❖ ↗ **Wirsing, ↗ Kohl**

Wirt [vIRt], **der**; ~s/auch ~es, ~e 'Inhaber, Pächter, Leiter einer Gaststätte'; SYN Gastwirt: *der ~ des 'Goldenen Adlers'; der ~ kocht, bedient selbst; die Rechnung beim ~ bezahlen* ❖ **bewirten, Wirtin — Gastwirt, Hauswirt**; vgl. **Wirtschaft**

Wirtin ['..], **die**; ~, ~nen **1.** /zu *Wirt*; weibl./: *die ~ kocht selbst* **2.** 'meist ältere weibliche Person, die ein Zimmer an einen Untermieter abvermietet hat' ⟨oft mit Possessivpron.⟩: *meine ~ hat mir Herrenbesuch, Besuch nach 22 Uhr verboten; seine ~ hat ihm gekündigt* ❖ ↗ **Wirt**

Wirtschaft ['..], **die**; ~, ~en **1.** ⟨vorw. Sg.⟩ 'alles, was die Produktion von Gütern, den Handel mit diesen Gütern und ihre Konsumtion in einem Land umfasst': *die ~ eines Landes; eine blühende, krisenfeste, leistungsstarke, stagnierende ~; die Industrialisierung der ~; die ~ ankurbeln, leiten; in der ~ tätig sein; die Leistungen, Schwächen der ~* **2.** ⟨vorw. Sg.⟩ **2.1.** 'Haushalt (1.1)': *jmdm. die ~ führen, besorgen; die Kinder helfen der Mutter in der ~* **2.2.** *eine eigne ~ gründen* ('sich eine eigene Wohnung, ein Haus mit allem, was dazugehört, anschaffen, um selbständig zu sein') **3.** ⟨o.Pl.⟩ 'das Wirtschaften': *er, sie versteht nichts von der ~; bei solch schlechter ~ kann der Betrieb, das Land, der Haushalt nicht florieren* **4.1.** landsch. 'kleinere Gaststätte, in der bes. Getränke ausgeschenkt werden': *in die ~ gehen* **4.2.** *er hat eine kleine ~* ('einen privaten landwirtschaftlichen Betrieb') **5.** ⟨o.Pl.; vorw. mit unbest. Art.⟩ umg. emot. SYN 'Unordnung' /beschränkt verbindbar/: *was hast du denn da wieder für eine ~ angerichtet!; das ist ja eine schöne ~!* ❖ **wirtschaften, bewirtschaften, wirtschaftlich — Betriebswirtschaft, Forstwirtschaft, herunterwirtschaften, Landwirtschaft, landwirtschaftlich, Lotterwirtschaft, Marktwirtschaft, Misswirtschaft, Volkswirtschaft, Wirtschafts-**; vgl. **Wirtschafts-**; vgl. **Wirt**

wirtschaften ['vIRt∫aftn̩], wirtschaftete, hat gewirtschaftet /jmd., Unternehmen, Regierung/ **1.1.** *irgendwie ~* 'in der Wirtschaft (1) od. einem bestimmten Bereich der Wirtschaft (1) mit den gegebenen Mitteln und Möglichkeiten so rationell wie möglich arbeiten': *rationell, rentabel, sparsam, mit Gewinn, mit Verlust ~; der Betrieb hat gut, schlecht gewirtschaftet* **1.2.** /jmd./ 'seinen persönlichen Haushalt so führen, dass man mit dem Geld gut auskommt': *jmd. kann ~, versteht zu ~; sie wohnen zusammen und ~ gemeinsam* ('führen gemeinsam einen Haushalt'); *mit etw. irgendwie ~: sparsam, verschwenderisch mit den Geldmitteln, Ersparnissen ~* ❖ ↗ **Wirtschaft**

wirtschaftlich ['vIRt∫aft..] ⟨Adj.⟩ **1.** ⟨o. Steig.; nicht präd.⟩ 'die Wirtschaft (1) betreffend'; SYN ökonomisch (1): *der ~e Aufbau, die ~e Entwicklung eines Landes; die ~en Verhältnisse im Lande, in Europa; ~e Interessen, Erfolge; ~e Vereinbarungen zwischen zwei Unternehmen, Ländern; das Land erlebt einen ~en Aufschwung, eine ~e Blüte, Depression, Krise; ein ~ selbständiges Land; eine Gegend ~ erschließen* **2.** ⟨o. Steig.; nicht präd.⟩ SYN 'finanziell (1)': *in* *eine ~e Notlage geraten; jmd. ist ~ unabhängig, möchte sich ~ verbessern, unabhängig werden; ihm geht es ~ (nicht) gut* **3.** ⟨Steig. reg.⟩ ˈso, dass es Nutzen, Vorteil, finanziellen Gewinn bringt'; SYN rentabel': *so ein Betrieb muss besonders ~ geleitet werden; dieses Verfahren ist (nicht) ~; ein ~es* (ˈrelativ wenig Unkosten verursachendes') *Auto* ❖ ↗ **Wirtschaft**

Wirtschafts [ˈvɪʀtʃafts..]|**-geld, das** ⟨o.Pl.⟩ ˈdas zur Führung eines privaten Haushalts bestimmte und verwendete Geld': *mit seinem ~ sparsam wirtschaften; mit dem ~ (nicht) auskommen* ❖ ↗ Geld; **-gemeinschaft, die** ⟨vorw. Sg.⟩: *die Europäische ~* (ABK: EWG) (ˈZusammenschluss europäischer Länder zu gemeinsamem Handeln auf wirtschaftlichem Gebiet') ❖ ↗ gemein (*); **-politik, die** ˈdie staatlichen Maßnahmen zur Gestaltung der Wirtschaft': *eine Änderung der ~* ❖ ↗ Politik; **-wunder, das** ⟨o.Pl.⟩ ˈplötzlicher wirtschaftlicher Aufschwung, bes. nach 1945 in der Bundesrepublik Deutschland': *das deutsche ~* ❖ ↗ Wunder; **-zweig, der** ˈTeilbereich der Wirtschaft, der alle Betriebe mit gleichartiger Produktion umfasst': *der Tourismus hat sich zu einem bedeutenden ~ entwickelt* ❖ ↗ Zweig

Wisch [vɪʃ]**, der**; ~es, ~e umg. emot. neg. ˈbeschriebenes, bedrucktes Blatt Papier, vorw. amtliches Schriftstück': *diesen ~ habe ich nicht geschrieben; den ~ unterschreibe ich nicht*

wischen [ˈvɪʃn̩] ⟨reg. Vb.; hat⟩ /jmd./ **1.1.** *mit etw.* ⟨Dat.⟩ *über etw. ~* ˈmit etw., bes. mit der Hand, leicht über etw. streichen': *er wischte mit der Hand über die Stirn, den Kopf; aus Versehen mit dem Ärmel über den Tisch ~; sich* ⟨Dat.⟩ *über etw. ~: er wischte sich (mit der Hand) über das Haar, die Stirn* **1.2.** *etw. mit etw.* ⟨Dat.⟩ *~* ˈetw. durch Wischen (1.1) mit etw. säubern': *(sich* ⟨Dat.⟩*) den Mund mit einer Serviette, mit der Hand ~; den Fußboden, die Treppe (mit einem Scheuerlappen) ~* **1.3.** *etw. von, aus etw.* ⟨Dat.⟩ *~* ˈetw. durch Wischen (1.1) von, aus etw. entfernen': *die Krümel (mit einem Lappen) vom Tisch ~; den Staub (mit einem Tuch) von den Büchern, Bildern, Möbeln ~; sich* ⟨Dat.⟩*, jmdm. die Tränen aus den Augen, den Schweiß von der Stirn ~; Staub ~* (ˈmit einem Staubtuch den Staub von irgendwo, bes. von Möbeln, beseitigen'); *es ist lange nicht Staub gewischt worden* ❖ **abwischen, auswischen**

* derb /jmd./ *jmdm. eine ~* (ˈjmdn. kräftig ohrfeigen')

Wiss/wiss [ˈvɪs..]|**-begier(de), die** ˈBegierde, Verlangen, etw. zu erfahren, zu lernen'; ↗ FELD I.4.4.1: *er war von ~ besessen; seine ~ stillen; er war ~ voller ~* ❖ ↗ wissen, ↗ Gier; **-begierig** ⟨Adj.; Steig. reg.⟩ ˈvoller Wissbegierde' /auf Personen bez./; ↗ FELD I.4.4.3: *ein ~er Schüler; ~ in einem Lexikon blättern; ~ zuhören; er war (als Kind schon) sehr ~* ❖ ↗ wissen, ↗ Gier

wissen [ˈvɪsn̩] (er weiß [vaɪs]), wusste [ˈvʊstə], hat gewusst [gəˈvʊst] **1.** /jmd./ **1.1.** *etw. ~* ˈüber etw. eine Information, Informationen im Gedächtnis gespei-

chert haben': *weißt du seinen Namen?; wer weiß Näheres, Genaueres darüber, davon, von ihm, über sie?; das Neueste weißt du ja noch gar nicht!; er weiß nichts davon; er weiß nichts mehr davon* (ˈkann sich daran nicht mehr erinnern'); *ich weiß nicht mehr, wo ich das gelesen, gesehen habe; wie, woher soll ich das ~?* (ˈdarüber kann ich gar keine Informationen haben'); *soviel ich weiß* (ˈnach meinen Informationen'), *ist er noch unverheiratet; viel, wenig (über etw., jmdn.) ~; etw. nicht ~; ich kann nicht ~, was morgen geschieht; das weiß ich nicht* /verneinende Antwort auf eine Frage/; *etw. seit langem ~; etw. sicher, genau, aus sicherer Quelle, nur vom Hörensagen ~; das weiß ich von ihm* (ˈdas hat er mir erzählt'); *um etw. ~: er wusste um diese Angelegenheit, um dieses Problem* **1.2.** *etw. ~* ˈdurch Erfahrung Kenntnisse über etw. im Gedächtnis gespeichert haben': *das weiß ich aus eigener Erfahrung, Anschauung, aus eigenem Erleben; er wusste den Weg nicht mehr* (ˈkonnte sich nicht mehr an den Weg erinnern'); *er wusste (k)einen Ausweg, (k)eine Lösung, (keinen) Rat; er weiß ein Mittel gegen diese Beschwerden* **1.3.** ⟨vorw. mit Nebens.⟩ *etw. ~* ˈsich einer Sache bewusst sein': *er weiß, was er will; er weiß, welche Folgen dieser Entschluss für ihn hat; er wusste nicht, was mit ihm geschehen war; er wusste nicht, was er tun sollte; du musst selber ~, wofür du dich entscheidest* **1.4.** *jmdn., etw., sich irgendwie, irgendwo ~* ˈsicher sein, dass sich jmd., etw., man selbst in einer bestimmten Lage, an einem bestimmten Ort ist' /beschränkt verbindbar/: *jmdn., seine Kinder in Sicherheit ~, jmdn. zu Hause, in guter Obhut ~; er wusste seine Kinder bei den Großeltern gut versorgt; seine Blumen vom Nachbarn gut betreut ~; sich unbeobachtet, verantwortlich, frei von Schuld ~* **1.5.** /in den kommunikativen Wendungen/ *wer weiß* ⟨+ Fragesatz⟩ /als rhetorische Frage/: *wer weiß, ob er das schafft;* /als Antwort/: *„Ob er jemals kommen wird?" „Wer weiß"; wer weiß, was noch alles geschehen wird; wie man weiß* (ˈbekanntlich'), *ist, wird, hat, … * /wird gesagt, um auszudrücken, dass man das Folgende als Kenntnis voraussetzt/; umg. *was weiß ich (denn)* (ˈdas ist mir unbekannt, davon habe ich keine Ahnung') /sagt jmd., wenn er unwirsch jmds. Frage od. Vorwurf zurückweist und ausdrücken will, dass er von etw. nichts weiß und auch nichts wissen will/; *und was weiß ich (noch alles)* (ˈund noch alles Mögliche andere') /wird gesagt, um eine Aufzählung zu beenden und auszudrücken, dass man noch vieles nennen könnte, was sich aber nicht lohnen würde/; *was weißt du denn davon* (ˈdavon weißt du doch gar nichts') /sagt jmd. zu jmdm., wenn er jmds. Anmaßung od. Vorwurf zurückweist und um ihm zu sagen, dass er bestimmte Erlebnisse, Kenntnisse nicht hat/; *nicht dass ich wüsste* (ˈdas ist mir nicht bekannt') /soll Unkenntnis von einer Sache ausdrücken/; *ich weiß* (ˈich weiß darüber Bescheid') /sagt jmd. als Antwort, um auszudrücken, dass er über etw. unterrichtet ist/; *weißt du, ~ Sie* /sagt jmd. als

Einleitung, wenn er das Verständnis des anderen für das Folgende sichern möchte/: ~ *Sie, wir konnten uns damals kaum selbst versorgen, waren in einer schwierigen Lage* **2.** ⟨+ *zu* + Inf.⟩ /jmd./ *etw. mit sich* ⟨Dat.⟩, *jmdm., etw.* ⟨Dat.⟩ *zu tun* ~ 'aufgrund bestimmter Kenntnisse, Fähigkeiten imstande sein, etw. mit sich, jmdm., etw. zu tun, auszuführen': *er weiß sich zu helfen; er weiß mit Kindern umzugehen; er weiß nichts mit sich, mit jmdm., mit etw. anzufangen* ('ist nicht imstande, sich mit etw. zu beschäftigen, mit jmdm. etw. zu unternehmen, mit einer Sache etw. zu machen'); *jmds. Vertrauen zu würdigen, zu schätzen* ~ ('imstande sein, den Wert von jmds. Vertrauen zu würdigen'); *sich vor Freude, Lachen, Stolz nicht zu halten* ~ ('sich übermäßig freuen, übermäßig lachen, stolz sein'); *sie weiß (et)was aus sich zu machen* ('als selbstbewusste Person aufzutreten, beruflich Erfolg zu haben und sich entsprechend auszustatten'); *er wusste zu berichten* ('konnte berichten, berichtete'), *dass …*; vgl. **kennen** ❖ **bewusst, gewiss, Gewissen, gewissenhaft, gewissermaßen, Wissen, Wissenschaft, Wissenschaftler, wissenschaftlich, wissentlich – allwissend, bewusstlos, Bewusstlosigkeit, Bewusstsein, Gesellschaftswissenschaft, gesellschaftswissenschaftlich, gewissenlos, Gewissensbisse, Klassenbewusstsein, Mitwisser, Naturwissenschaft, schuldbewusst, selbstbewusst, Selbstbewusstsein, verantwortungsbewusst, weiterwissen, Wissbegier, wissbegierig, Wissensdurst, -lücke, wissenswert, wohlweißlich, zielbewusst;** vgl. **weise**
* **wer weiß wie** emot. 'wie sehr': *wer weiß wie habe ich mir das gewünscht/ich habe mir das wer weiß wie gewünscht!*; /jmd./ **von jmdm., etw.** ⟨Dat.⟩ **nichts ~ wollen** ('jmdn., etw. nicht mögen, in keiner Beziehung zu jmdm., etw. stehen wollen')

Wissen, das; ~s, ⟨o.Pl.⟩ 'Gesamtheit dessen, was jmd., eine Gruppe, die Menschheit (auf einem bestimmten Gebiet) weiß (↗ *wissen* 1.1,1.2)': *ein Mensch mit einem großen, umfassenden, vielseitigen* ~; *unser gesichertes, exaktes* ~ *vom Aufbau der Materie; das* ~ *und Können der Arbeiter, Techniker, Ingenieure, Wissenschaftler; trotz ihres ~s um seine Vergangenheit* ('obgleich sie seine Vergangenheit kannte'), *hat sie ihn geheiratet; sein* ~ *erweitern, weitergeben, in die Praxis umsetzen, in der Praxis anwenden; sich* ~ *aneignen* ❖ ↗ **wissen**
* **meines ~s** (ABK m.W.), **unseres ~s** (ABK u.W.) 'soviel ich weiß, soviel wir wissen': *meines ~s ist er nicht verheiratet;* **mit ~** 'bewusst und absichtlich': *er hat das mit ~ getan;* **nach bestem ~ und Gewissen** 'ehrlich und so gut man es kann od. weiß': *nach bestem ~ und Gewissen handeln;* **ohne jmds. ~** 'ohne dass jmd. davon etw. weiß': *etw. ohne jmds. ~ tun; sie haben das Haus ohne unser ~, ohne ~ ihrer Eltern renovieren lassen;* **wider/gegen besseres ~** 'obgleich man weiß, dass es nicht recht, gut ist': *etw. wider besseres ~ tun*

Wissenschaft ['..], **die**; ~, ~en **1.1.** ⟨o.Pl.⟩ 'alle Tätigkeiten, die die Erscheinungen der Welt in objekti-

ver Weise untersuchen, erforschen, um gesicherte, nachprüfbare, logisch einwandfreie (Er)kenntnisse über sie zu erlangen und sie besser verstehen und erklären zu können'; ↗ FELD I.4.4.1: ~ *und Technik;* ~ *und Praxis; Vertreter von Kunst und* ~; *die* ~ *fördern; der* ~ *dienen; die* ~ *hat* ('die Wissenschaftler haben') *erkannt, dass …* **1.2.** 'einzelne Disziplin von Wissenschaft (1.1)': *die biologische, medizinische* ~; *die technischen* ~*en; die exakten* ~*en* ('die wissenschaftlichen Disziplinen, deren Ergebnisse durch mathematische Beweise, Experimente, Analysen gestützt sind') ❖ ↗ **wissen**
* umg. **das ist eine ~ für sich** ('das ist sehr kompliziert und nicht ohne weiteres verständlich od. machbar')

Wissenschaftler ['vɪsn̩ʃaftlɐ], **der**; ~s, ~ 'jmd., der an einer Hochschule ausgebildet und auf einem Gebiet der Wissenschaft tätig ist'; ↗ FELD I.4.4.1,10: *ein bekannter, bedeutender, berühmter* ~; ~ *haben entdeckt, dass …* ❖ ↗ **wissen**

Wissenschaftlerin ['vɪsn̩ʃaftləʀ..], **die**; ~, ~nen /zu *Wissenschaftler;* weibl./: *eine bedeutende, berühmte, bekannte* ~ ❖ ↗ **wissen**

wissenschaftlich ['vɪsn̩ʃaft..] ⟨Adj.; o. Steig.⟩ **1.** ⟨nicht präd.⟩ 'den exakten Prinzipien der Wissenschaft (1.1) und der Logik entsprechend' /vorw. auf Tätigkeiten bez./; ↗ FELD I.4.4.3: *eine* ~*e Arbeit, Aufgabe, Theorie, Auseinandersetzung, Untersuchung, Analyse, Methode;* ~ *arbeiten, denken, tätig sein; etw.* ~ *begründen, erforschen, entwickeln; die These ist* ~ *fundiert; das ist* ~ *erwiesen; die These ist* ~ *nicht haltbar* **2.** ⟨nur attr.⟩ 'die Wissenschaft (1.1) od. eine ihrer Disziplinen betreffend': *eine* ~*e Institution, Tagung; ein* ~*es Institut; eine* ~*e Gesellschaft; eine* ~*e Zeitschrift; ein* ~*er* ('auf einem Gebiet der Wissenschaft ausgebildeter') *Mitarbeiter* ❖ ↗ **wissen**

Wissens/wissens ['vɪsn̩s..]**-durst, der** emot. 'heftiges Verlangen, sich Wissen anzueignen'; ↗ FELD I.4.4.1: *seinen* ~ *stillen; er brannte vor* ~ ('war begierig darauf, sich Wissen anzueignen') ❖ ↗ **wissen**, ↗ **Durst**; **-lücke, die** ⟨oft im Pl.⟩ 'etw. (aus der Allgemeinbildung), das jmd. als Wissen nicht verfügbar hat, das er nicht kennt od. nicht gelernt hat': *~n haben; seine ~n zu füllen suchen* ❖ ↗ **wissen**, ↗ **Lücke**; **-wert** ⟨Adj.; nicht bei Vb.⟩ 'so geartet, dass man es wissen (1.1), kennen sollte': *eine* ~*e Neuigkeit, Tatsache; das ist* ~; *er hat uns alles Wissenswerte mitgeteilt* ❖ ↗ **wissen**, ↗ **wert**

wissentlich ['vɪsn̩t..] ⟨Adj.; o. Steig.; nicht präd.⟩ SYN 'bewusst (3)': *eine* ~*e Lüge, Kränkung;* ~ *falsche Angaben machen; er hat sie* ~ *getäuscht* ❖ ↗ **wissen**

wittern ['vɪtɐn] ⟨reg. Vb.; hat⟩ **1.** /Tier, bes. Hund/ *etw.* ~ 'den Geruch, der von etw., jmdm. ausgeht, wahrnehmen'; ↗ FELD I.3.3.2: *der Hund witterte einen Hasen, die Spur des Verbrechers, Flüchtenden; der Hirsch witterte den Jäger; das Pferd wittert den Stall* **2.** umg. /jmd./ *etw.* ~ 'etw. spüren (2)': *ein*

Geschäft, seine Chance, seinen Vorteil ~; Unheil, eine Gefahr ~

Witterung ['vɪtəʀ..], **die**; ~, ⟨o.Pl.⟩ **1.** ʼVerlauf des Wetters über einen kürzeren od. längeren Zeitraum in einem bestimmten Gebietʼ: *wir haben zur Zeit (eine) kühle, warme, nasse, trockene, milde, beständige ~; die jahreszeitlich bedingten Schwankungen der ~* **2.1.** ʼFähigkeit eines Tieres, etw. zu riechenʼ /bes. vom Hund, Wild gesagt/; ↗ FELD I.3.3.1: ⟨vorw. mit unbest. Art.⟩ *der Hund hat eine gute, feine, scharfe ~* **2.2.** ⟨vorw. o.Art.⟩ ʼder vom Hund, Wild wahrgenommene Geruch, der von Menschen, Tieren, Sachen ausgehtʼ: *die Rehe hatten, bekamen ~ (vom Jäger); der Hund nahm ~ (ʼden Geruch des Verfolgten, des Tieresʼ) auf, verlor die ~* **3.** ⟨vorw. mit unbest. Art.⟩ SYN ʼSpürsinnʼ: *er hatte eine empfindliche, feine ~ für Stimmungen, für die Gefühle anderer, für gefährliche Situationen* ❖ ↗ **Wetter**

Witwe ['vɪtvə], **die**; ~, ~n ʼFrau, deren Ehemann gestorben istʼ: *sie ist seit drei Jahren ~; eine reiche, junge ~ heiraten* ❖ **verwitwet, Witwer**

Witwer ['vɪtvɐ], **der**; ~s, ~ ʼMann, dessen Ehefrau gestorben istʼ: *er ist nicht lange ~ geblieben* (ʼer hat nach dem Tode seiner Frau bald wieder geheiratetʼ) ❖ ↗ **Witwe**

Witz [vɪts], **der**; ~es, ~e **1.1.** ʼkurze Erzählung mit einer überraschenden Pointe, die zum Lachen reiztʼ: *ein guter, schlechter, geistreicher, anzüglicher, zweideutiger, pikanter, fauler, derber, schmutziger, politischer ~; einen ~ erzählen, zum Besten geben; über einen ~ lachen; eine Menge ~e kennen* **1.2.** ʼlustige, scherzhafte Bemerkung, durch die jmd., etw. dem Gelächter preisgegeben wirdʼ: *einen ~, ~e über etw., jmdn. machen* **1.3.** ⟨o.Pl.⟩ *der ~ der Sache ist der, dass …* ʼdas Komische od. Interessante od. Wesentliche daran ist …ʼ: *er hat eine Reise gewonnen, aber der ~ der Sache ist gerade der, dass er eigentlich nicht reisen möchte* **1.4.** umg. /in den kommunikativen Wendungen/ *das ist doch/ ja ein ~* (ʼdas kann nicht wahr, möglich sein; das ist ein schlechter Scherz, eine Zumutungʼ)! /wird gesagt, um etw. Unwahrscheinliches anzuzweifeln/; *ist das nicht ein ~* (ʼist das nicht zum Lachen, nicht ärgerlichʼ)? /wird verärgert gesagt, wenn etw. zu jmds. Nachteil wider Erwarten doch noch eingetreten ist/; *mach keine ~e* (ʼerzähle keinen Unsinnʼ)! /wird zweifelnd gesagt, wenn jmd. etw. Überraschendes und zugleich Unwahrscheinliches erzählt hat und wenn man sich vergewissern möchte, ob es auch wirklich stimmt/ **2.** ⟨o.Pl.⟩ ʼFähigkeit, etw. Lustiges, treffend, schlagfertig und geistreich zu erzählen, darzustellenʼ: *sein beißender, bissiger, scharfer, funkelnder ~ hat uns immer wieder beeindruckt; etw. mit feinem ~, mit viel ~ erzählen; seine Rede sprühte von Geist und ~, von ~ und guter Laune* ❖ **gewitzt, Witzbold, witzig — Mutterwitz, vorwitzig, witzlos**

* /jmd./ *einen ~ reißen* (ʼeine scherzhafte Bemerkung machenʼ)

Witz|bold ['vɪtsbɔlt], **der**; ~s/auch ~es, ~e umg. ʼjmd., der häufig und gern Witze (2) (über etw., jmdn.) macht und dabei glaubt, geistreich zu seinʼ: *er ist ein ~, den nehmen wir nicht ernst* ❖ ↗ **Witz**

witzig ['vɪtsɪç] ⟨Adj.; Steig. reg.⟩ **1.** ʼmit der Fähigkeit begabt, treffende, schlagfertige und lustige Bemerkungen zu machen (und damit etwas zum Lachen zu bringen)ʼ /auf Personen bez./: *er, sie ist eine ausgesprochen ~e Person, ist ~, wirkt ~* **2.** ʼlustig (und geistreich) in der Art eines Witzes (1.1,1.2)ʼ /auf Sprachliches bez./: *eine ~e Geschichte, Anekdote erzählen; die Geschichte war sehr ~; eine ~e Anspielung machen; einen ~en Einfall haben; das finde ich gar nicht ~* (ʼdas geht zu weitʼ)! ❖ ↗ **Witz**

witz|los ['vɪts..] ⟨Adj.⟩ **1.** ⟨Steig. reg., ungebr.⟩ ʼohne Geist, ohne Humorʼ: *ein ~er Spaß, Kerl; etw. ~* (ʼlangweilig, einfallslosʼ) *erzählen* **2.** ⟨o. Steig.; nur präd. (mit *sein*); vorw. mit Nebens. u. Inf. + *zu*⟩ umg. *es ist (völlig) ~* ʼes ist sinnlosʼ: *es ist (für mich) ~, jetzt noch länger zu warten* ❖ ↗ **Witz**, ↗ **los**

¹wo [vo:] ⟨Adv.⟩ **1.** ⟨leitet einen direkten od. indirekten Fragesatz ein⟩ ʼan welchem Ort, an welcher Stelleʼ: *~ bist du?; ~ bist du gestern gewesen?; ~ wohnt ihr?; ich weiß nicht, ~ er arbeitet, geboren ist;* umg. *wer weiß ~: er hält sich, wer weiß ~* (ʼirgendwoʼ) *auf* **2.** umg. /in den kommunikativen Wendungen/ emot. ↗ *ach ~!; ~ denkst du hin* (ʼda irrst du dichʼ)! /wird vorwurfsvoll, entrüstet gesagt, um eine, jmds. weitgehende Annahme zurückzuweisen/: *„Wollt ihr verreisen?“ „Wo denkst du hin, wir haben keinen Urlaub mehr“; ~ fehlt's denn* (ʼwas ist denn nicht in Ordnungʼ)? /wird gesagt, um zu erfahren, was eventuell nicht in Ordnung ist, bes. die Gesundheit, die finanzielle Lage, und ob man helfen kann/; *~ werd' ich denn* (ʼauf keinen Fallʼ) /sagt jmd. beteuernd, wenn er eine Frage als eine Unterstellung zurückweisen will/: *„Du hast doch nicht etwa das ganze Geld ausgegeben?“ „Wo werd' ich denn!“* ❖ **irgendwo, sonstwo, sonstwohin**; vgl. auch **wobei, wodurch, wofür, wohin, wogegen, womit, wonach, woraus, worin, worüber, worum, worunter, wovon, wovor, wozu**

²wo ⟨als Glied der zusammengesetzten subordinierenden Konj. *~ … doch*; steht vorw. hinter dem Hauptsatz⟩ **1.** /kausal; der Sachverhalt des Nebensatzes gibt den Grund für den Sachverhalt des Hauptsatzes an/: *du solltest besser/lieber nicht spazieren gehen, ~ du doch so erkältet bist* **2.** /konzessiv; drückt aus, dass der Sachverhalt des Nebensatzes, auch wenn man es erwarten könnte, den Sachverhalt des Hauptsatzes nicht ändern kann/: *warum beschimpft er mich, ~ ich ihm doch oft geholfen habe?* ❖ **wohingegen**

³wo ⟨Relativpartikel; leitet einen Attributsatz ein⟩ umg. **1.** /lokal; bezieht sich auf einen vorher genannten Ort/: *hier ist der Ort, ~* (ʼan demʼ) *er verunglückt ist; hier ist der Wald, ~* (ʼin demʼ) *die Maschine abgestürzt ist; das Feld, ~* (ʼauf demʼ) *das Manöver stattfindet;* ⟨in Korrelation mit *dort*⟩ *der*

Mantel hängt dort, ∼ *du ihn hingehängt hast; er blieb dort,* ∼ (ʹan dem Ort, an demʹ) *er studiert hatte* **2.** /temporal; bezieht sich auf einen vorher genannten Zeitpunkt od. Zeitraum/: *an dem Tag,* ∼ (ʹan demʹ) *er am meisten zu tun hatte; jetzt,* ∼ (ʹzum jetzigen Zeitpunkt, an demʹ) *ich alles noch einmal lese, kommen mir Bedenken* ❖ **wobei, wodurch, wofür, wohin, wogegen, womit, wonach, worauf, woraus, worin, worüber, worum, worunter, wovon, wovor, wozu**

⁴wo ⟨Adv.⟩ /lokal/ umg. SYN ʹirgendwoʹ: *er hat seinen Schirm* ∼ *stehen lassen*

wob: ↗ **weben**

wo|bei [voʹbaɪ] ⟨Pronominaladv.⟩ /auf Sachen bez./ **1.** ⟨leitet einen direkten od. indirekten Fragesatz ein⟩ ʹbei welcher Sache, Tätigkeit, bei welchem Vorgangʹ: ∼ *ist das passiert?;* ∼ *habt ihr ihn angetroffen?; sie wollten wissen,* ∼ *das geschehen ist* **2.** ⟨leitet einen Relativsatz (Attributsatz) ein; auf ein Subst. bez.⟩ ʹbei der, bei demʹ: *das ist eine Angelegenheit,* ∼ *noch allerhand zu bedenken ist; ein Versuch,* ∼ *große Gefahren drohen* ❖ ↗ **bei;** vgl. auch **¹,³wo**

MERKE Zur Betonung des Pronominaladv. mit *wo-:* Bei besonderem Nachdruck kann in Fragesätzen der Ton auf der ersten Silbe liegen

Woche [ʹvɔxə]**, die;** ∼, ∼n ʹZeitraum, der die sieben Tage von Montag bis Sonntag umfasstʹ: *diese, (die) vorige, vergangene, nächste* ∼; *die erste* ∼ *des Jahres, Monats; die letzte* ∼ *des Jahres; die* ∼ *vor der Abreise; in dieser, der nächsten, kommenden* ∼; *die* ∼ *vor, nach Weihnachten; (am) Anfang, zu Beginn, gegen Ende der* ∼; *jede (dritte)* ∼ *muss er zum Arzt; alle drei* ∼n *besucht er seine Tante; (heute) in einer* ∼ *komme ich zurück; es passierte vor drei* ∼n; *ein Buch innerhalb von drei* ∼n *zurückgeben müssen; für mehrere* ∼n *verreisen; er ist schon seit vielen, vier* ∼n *krank; das wird mehrere* ∼n *(lang) dauern;* ∼ *für* ∼ (ʹjede Woche wiederʹ) *kommt er uns besuchen; etw. zieht sich über* ∼n (ʹwochenlangʹ) *hin; die* ∼ *über/unter der* ∼ (ʹan den Werk-, Wochentagenʹ) *bleiben sie in der Stadt;* vgl. **Monat** − **wöchentlich, Wöchnerin** − **dreiwöchig, einwöchig, Flitterwochen, mehrwöchig, Mittwoch, mittwochs, Aschermittwoch;** vgl. **Wochen/wochen-**

Wochen/wochen [ʹvɔxn..]**-bett, das** ⟨o.Pl.⟩ ʹder Entbindung folgender Zeitraum bis zur Zurückbildung der Gebärmutter auf ihre normale Größeʹ: *sie ist während des* ∼s/im ∼ *gestorben* ❖ ↗ **Bett; -ende, das** ʹZeitraum der arbeitsfreien Tage am Ende der Woche, bes. Sonnabend und Sonntagʹ: *am, übers* ∼ *verreisen; ein langes, verlängertes* ∼ (ʹein Wochenende, das durch einen od. mehrere arbeitsfreie Tage, bes. durch den Montag, verlängert istʹ) ❖ ↗ **Ende; -lang** ⟨Adj.; o. Steig.; nicht präd.⟩ ʹmehrere Wochen dauerndʹ: *nach* ∼er *Abwesenheit zurückkehren;* ∼ *warten, krank sein; wir haben* ∼ *nichts von ihm gehört* ❖ ↗ **¹lang; -tag, der** ʹeiner der sechs Tage der Woche außer Sonntagʹ: *der Montag ist ein* ∼; *wir treffen uns an einem* ∼ ❖ ↗ **Tag; -tags**

⟨Adj.⟩ ʹan Wochentagenʹ; SYN alltags: ∼ *muss er immer zeitig aufstehen* ❖ ↗ **Tag**

wöchentlich [ʹvœçntl..] ⟨Adj.; o. Steig.; nicht präd.⟩ ʹjede Woche erneut stattfindend od. fälligʹ: *die* ∼e *Lohnzahlung;* ∼ *ein-, zweimal berichten, abrechnen; diese Zeitschrift erscheint* ∼; vgl. **monatlich** ❖ ↗ **Woche**

Wöchnerin [ʹvœçnər..]**, die;** ∼, ∼nen ʹFrau während der Zeit ihres Wochenbettesʹ: *die ärztliche Betreuung von* ∼nen ❖ ↗ **Woche**

Wodka [ʹvɔtka]**, der;** ∼s, ⟨o.Pl.⟩ ʹaus Korn, Kartoffeln hergestellter heller, klarer Branntwein ohne aromatische Zusätzeʹ; ↗ FELD I.8.1: *russischer* ∼; /mit Mengenangabe Pl./: ∼/: *einen, zwei* (ʹein, zwei Glasʹ) ∼ *trinken; Herr Ober, bitte drei* ∼

wo|-durch [voʹdʊrç] ⟨Pronominaladv.⟩ /auf Sachen bez./ **1.** ⟨leitet einen direkten od. indirekten Fragesatz ein⟩ ʹdurch welche Sache, Tätigkeit, durch welchen Vorgangʹ: ∼ *ist er ein solcher Mensch geworden?; ich weiß nicht,* ∼ *das gekommen ist* **2.** ⟨leitet einen Relativsatz (Attributsatz) ein, der sich auf ein Subst. od. auf einen ganzen Satz beziehen kann⟩ ʹdurch den, durch die, durch dasʹ: *das Erdbeben,* ∼ *er alles verloren hatte, war außerordentlich stark; er hat den Wecker nicht gehört,* ∼ (ʹdurch welche eben erwähnte Sacheʹ) *er verschlafen hat* MERKE Zur Betonung: ↗ **wobei** (Merke) ❖ ↗ **²durch;** vgl. **¹,³wo; -für** [voʹfyːɐ] ⟨Pronominaladv.⟩ /auf Sachen bez./ **1.** ⟨leitet einen direkten od. indirekten Fragesatz ein⟩ ʹfür welche Sache, Tätigkeitʹ; SYN ʹwas (1.2: *für was*)ʹ: ∼ *hast du dein ganzes Geld ausgegeben?;* ∼ *wird er sich schließlich entscheiden?; ich weiß nicht,* ∼ *er das Geld ausgegeben hat* **2.** ⟨leitet einen Relativsatz (Attributsatz) ein, der sich auf ein Subst., Vb. od. einen ganzen Satz beziehen kann⟩ ʹfür den, für die, für dasʹ: *das ist das Auto,* ∼ *sie sich entschieden hat; er hat ein Kind vor dem Ertrinken gerettet,* ∼ (ʹfür welche eben erwähnte Sacheʹ) *er ausgezeichnet wurde; ich kann dir sagen,* ∼ (ʹfür was für eine Art Menschʹ) *ich ihn halte* ❖ ↗ **für;** vgl. **¹,³wo;** MERKE Zur Betonung: ↗ **wobei** (Merke)

wog: ↗ **wiegen**

Woge [ʹvoːgə]**, die;** ∼, ∼n geh. **1.** ʹhohe, starke Welle (1)ʹ: *die* ∼n *des Meeres; eine riesige* ∼ *schleuderte das Boot an den Strand* **2.** ⟨+ Gen.attr.⟩ /bezeichnet, auf Emotionales bez., das große Ausmaß einer Emotion/: *eine* ∼ *herzlicher Sympathie* (ʹeine von vielen Menschen ausgehende starke Sympathieʹ) *empfing ihn; die* ∼n *der Freunde, Empörung schlugen hoch* (ʹes herrschte allgemein große Freude, Empörungʹ); *die* ∼n *der Diskussion gingen hoch* (ʹes wurde heftig diskutiertʹ); *etw. löst eine* ∼ (ʹeine sehr große Mengeʹ) *von Protesten aus* ❖ **wogen**

wo|gegen [voʹgeːgn] ⟨Pronominaladv.⟩ **I.** /auf Sachen bez./ **1.** /leitet einen direkten od. indirekten Fragesatz ein⟩ ʹgegen welche Sacheʹ: ∼ *bist du gestoßen?* **2.** ⟨leitet einen Relativsatz (Attributsatz) ein; auf ein Subst. od. den ganzen Satz bez.⟩ *ein Argument,* ∼ *er nichts einzuwenden wusste; er schlug einen ge-*

meinsamen Ausflug vor, ~ *niemand etw. einwandte* ❖ ↗ **gegen**; vgl. auch ¹,³**wo**

wogen ['vo:gn̩] ⟨reg. Vb.; hat⟩ geh. **1.1.** *das Wasser wogt* 'bewegt sich in großen langen hohen Wellen': *der Ozean, die See wogte;* ⟨oft adj. im Part. I⟩ *das* ~*de Meer* **1.2.** /viele (etw.)/ 'sich durch den Wind hin und her und auf und ab bewegen': *die Ähren* ~ *sacht; die Gräser* ~ *im Wind* **1.3.** /viele (jmd.)/ *irgendwohin* ~: *eine Menschenmenge wogte durch die Straßen* ('strömte durch die Straßen'); vgl. *wiegen* ❖ ↗ **Woge**

wo|-her [vo'he:ɐ] ⟨Adv.⟩ **1.** ⟨leitet einen direkten od. indirekten Fragesatz ein⟩ **1.1.** 'von welchem Ort, aus welcher Richtung' ~ *ist er gekommen?;* ~ ('aus welcher Gegend') *stammt diese Familie, stammst du?; kannst du mir sagen,* ~ *diese Pflanze stammt?* **1.2.** 'von wem': ~ *stammt dieser Ring?; sage mir,* ~ *du diesen Ring hast* **2.** ⟨leitet einen Relativsatz (Attributsatz) ein; auf ein Subst. bez.⟩ *wir gehen zurück an den Ort,* ~ ('von dem') *wir gekommen sind* **3.** /in der kommunikativen Wendung/ ↗ *ach,* ~ *(denn)* MERKE Zur Betonung bei Adverbien mit *wo-:* Bei besonderem Nachdruck kann in Fragesätzen der Ton auf der ersten Silbe liegen ❖ ↗ her; vgl. auch ¹,³wo; **-hin** [vo'hɪn] ⟨Adv.⟩ **1.** ⟨leitet einen direkten od. indirekten Fragesatz ein⟩ 'an welche Stelle': ~ *soll ich mich setzen?;* ~ *soll ich das Buch legen?;* ~ ('an welchen Ort, in welche Richtung') *gehst du?; ich weiß nicht* ~ *mit den vielen Sachen* ('an welche Stelle ich die Sachen legen soll') **2.** ⟨leitet einen Relativsatz (Attributsatz) ein⟩ *geht,* ~ ('an welchen Ort, in welche Richtung') *ihr wollt!; das ist eine Gegend,* ~ ('in die') *es mich immer wieder zieht* **3.** /lokal/ umg. verhüll. *jmd. muss mal* ~ ('muss mal auf die Toilette gehen') MERKE Zur Betonung: ↗ *woher* (Merke) ❖ ↗ hin; vgl. auch ¹,³wo; **-hingegen** [hɪn'ge:gn̩] ⟨Konj.; subordinierend; steht nach dem Hauptsatz⟩ geh. /adversativ; der Sachverhalt des Nebensatzes gibt einen Gegensatz zum Sachverhalt des Hauptsatzes an/; SYN ²indessen: *er hat studiert,* ~ *seine Geschwister alle ein Handwerk erlernt haben* ❖ ↗ **gegen**; vgl. auch ¹wo

¹wohl [vo:l] ⟨Adv.⟩ **1.** ⟨Steig.: wohler, am wohlsten⟩ **1.1.** 'physisch und psychisch in gutem Zustand' /auf Personen bez./: *sich* ~ *fühlen;* ~ *aussehen; jmdm. ist (es)* ~ *zumute; nach dem Urlaub sah er wieder sehr* ~ *aus;* ⟨auch präd.⟩ *jmdm. ist* ~: *nach dem Bad war ihm* ~; *ihm war nicht* ~ **1.2.** 'psychisch in einem angenehmen, behaglichen Zustand': *bei euch, in ihrer Gegenwart fühle ich mich immer* ~ (ANT unbehaglich 2); *er ließ es sich* ~ *schmecken, gehen* ('genoss das Essen, das angenehme Leben'); ⟨auch präd.; verneint⟩ *jmdm. ist (es) nicht* ~ *bei etw.* ⟨Dat.⟩; *jmdm. ist bei etw.* ⟨Dat.⟩ *nicht* ~ *zumute* ('jmd. fühlt sich bei etw., bes. bei einer Unternehmung, unbehaglich, hat wegen möglicher schlimmer Folgen Bedenken, Befürchtungen'); /in den kommunikativen Wendungen/ veraltend *lebe* ~! /Abschiedsgruß/; ~ *be-*

komm's! /meist scherzhafter Wunsch beim Essen, Trinken/; *schlaf* ~! /Wunsch für die Nachtruhe/; ~ *dem, der …* 'wie gut, welch ein Glück für denjenigen, der …': ~ *dem, der gesund ist, der ein Dach über dem Kopf hat!* /Ausruf darüber, wie gut es jmd. hat, wenn er über etw. Bestimmtes verfügt/ **2.** ⟨Steig.: besser, am besten; meist betont⟩ 'genau' /bes. auf menschliches Tun bez./: *er hatte alles* ~ *bedacht; sie hatte* ~ *bedacht, was sie tun könnte, um …; er wusste* ~ ('sehr gut'), *wo das Geld versteckt war;* ⟨+ Part. II⟩ *etw. ist* ~ *überlegt, geplant; er hatte die Sachen* ~ ('sorgfältig') *verpackt* **3.** ⟨o. Steig.; betont⟩ /einen Zweifel entkräftend/ 'ganz genau': *ich erinnere mich (sehr)* ~ *an diesen Vorfall, habe es (sehr)* ~ *gesehen, wie sie er küsste; er hat (sehr)* ~ *verstanden, was gemeint war* ❖ **Wohl, wohlig, unwohl − Lebewohl**; vgl. **wohl/Wohl-**
* ~ **oder übel** 'ob man will oder nicht': *das werden wir* ~ *oder übel tun müssen;* /jmd./ **es sich** ~ **sein lassen** ('sein Leben genießen, sich Essen und Trinken schmecken lassen')

²wohl ⟨Modalpartikel; betont od. unbetont; steht nicht am Satzanfang; bezieht sich auf den ganzen Satz⟩ **1.** ⟨unbetont; steht in Aussagesätzen⟩ /der Sprecher drückt damit aus, dass er den Sachverhalt für sehr wahrscheinlich hält/: *er wird* ~ *noch kommen; es wird* ~ *besser sein, darüber nicht zu reden; das wirst du* ~ *nie begreifen; ich werde ihn* ~ *heute Abend sehen; er hat sich* ~ *wieder verirrt; er kommt heute ja* ~ *wieder zu spät* ('er kommt sehr wahrscheinlich wieder zu spät'); *er kommt doch* ~ *nicht zu spät* ('es ist nicht so wahrscheinlich, dass er zu spät kommt') **2.** ⟨unbetont; steht in Aufforderungen, die die Form von Entscheidungsfragen haben⟩ /der Sprecher verleiht seiner Forderung dadurch Nachdruck/: ⟨+ werden, wollen⟩ *wirst/willst du* ~ *sofort herkommen!; willst du das* ~ *sofort sein lassen!, willst/wirst du* ~ *still sein!* **3.** ⟨unbetont; steht in Fragesätzen, in Entscheidungsfragen, in Wendungen mit dem Charakter eines Ausrufs⟩ /der Sprecher drückt vorwurfsvoll seinen Unwillen über das negative Tun, die negative Haltung des Hörers aus und warnt ihn, dies fortzusetzen/: *du bist* ~ *verrückt!?; bei dir piept's* ~?!; *bei dir ist* ~ *eine Schraube locker?!; du bist* ~ *nicht recht bei Trost?!* **4.** ⟨unbetont; steht in Fragesätzen, in Ergänzungsfragen⟩ /der Sprecher drückt damit seine Zurückhaltung und Vorsicht aus/: *was mag* ~ *dazu geführt haben?; wer mag das* ~ *getan haben?; wie das* ~ *passieren konnte?; wo mag er* ~ *geblieben sein?; warum er sich* ~ *nie dazu geäußert hat?; wie spät mag es* ~ *sein?* **5.** ⟨unbetont; steht in Fragesätzen, in Entscheidungsfragen⟩ /der Sprecher drückt damit eine höfliche Bitte aus/: *darf ich Sie* ~ *einen Moment sprechen?; kann/darf ich* ~ *mal kurz, schnell telefonieren?; würden Sie mir* ~ *mal behilflich sein?* **6.** ⟨betont; steht in Aussagesätzen⟩ /der Sprecher unterstreicht einen Sachverhalt, lässt aber eine Relativierung zu/: *ich habe seine Absicht* ~ *gemerkt, habe es ihn aber nicht merken lassen; ich* *habe es* ~ *gehört, aber ich muss es deshalb nicht gleich ausposaunen; ich weiß sehr* ~, *was er damit sagen wollte* ❖ **obwohl**

Wohl, das; ~s/auch ~es, ⟨o.Pl.⟩ ˈZustand, in dem sich ein Mensch wohl fühlt, Menschen sich wohl (1) fühlen, in dem es ihm, ihnen gut geht': *für das* ~ *seiner Familie, Kinder sorgen; für das* ~ *der Mitbürger wirken; etw. zum* ~*e des Menschen tun; eine Erfindung zum* ~*e* (SYN ˈSegen 3') *der Menschheit; das allgemeine, öffentliche* ~; *auf jmds.* ~ (ˈjmds. Gesundheit') *trinken; mit jmdm. auf sein* ~ *anstoßen* (ˈvor dem gemeinsamen Trinken eines alkoholischen Getränks die Gläser leicht gegeneinander stoßen und sich Wohlbefinden wünschen'); /in der kommunikativen Wendung/ *zum* ~, *(auf) Ihr, dein* ~*!* (ˈdas es Ihnen, dir wohl ergehe') /Wunsch beim gemeinsamen Trinken eines alkoholischen Getränks/ ❖ ↗ **¹wohl**
* geh. **jmds.** ~ **und Wehe**: *sich um jmds.* ~ *und Wehe kümmern, sorgen* (ˈsich jmds. Sorgen annehmen und darauf achten, dass es jmdm. gut geht')

wohl/Wohl [ˈvoːl..]‖**-auf** [ˈauf] ⟨Adj.; o. Steig.; nur präd. (mit *sein, bleiben*)⟩ /jmd./ ~ *sein* ˈgesund sein': *er, sie ist (wieder)* ~; *bleibt* ~*!;* **-befinden, das**: *jmds.* ~ ˈjmds. guter psychischer, physischer Zustand': *sein seelisches, körperliches* ~; *er hat sich nach dem* ~ *ihres Mannes erkundigt* ❖ ↗ befinden; **-behagen** [bəhaːɡn̩], **das** ˈgroßes Behagen'; ↗ FELD I.6.1: *er aß, genoss den Braten mit* ~; *für jmds.* ~ (SYN ˈWohlbefinden') *sorgen* ❖ ↗ Behagen; **-behalten** ⟨Adv.⟩ **1.** ˈgesund und ohne Schaden erlitten zu haben' /auf Personen bez./: *wir sind* ~ *angekommen* **2.** ˈnicht beschädigt' /auf Sachen bez./: *das Paket ist* ~ *eingetroffen* ❖ ↗ halten; **-gefallen, das**; ~s, ⟨o.Pl.; vorw. o.Art.⟩ **1.1.** ˈangenehmes Gefühl, das in jmdm. aufkommt, wenn er Gefallen an jmdm., etw. findet': *er blickte ihr mit* ~ *nach; jmd., etw. erregt jmds.* ~, *erregt allgemeines* ~ **1.2.** ~ *an etw.* ⟨Dat.⟩, *jmdm. finden* (ˈetw., jmdn. sehr mögen') ❖ ↗ gefallen * /etw./ **sich in** ~ **auflösen** (1. ˈein gutes Ende finden, nachdem es zunächst nicht so schien' **2.** iron. ˈüberraschend entzweigehen'); **-habend** [haːbm̩t] ⟨Adj.; Steig. reg.; nicht bei Vb.⟩ ˈin guten finanziellen Verhältnissen lebend' /auf Personen bez./; ↗ FELD I.17.3: *ein* ~*er Mann; er, sie stammt aus einer* ~*en Familie; er, sie ist über Nacht* ~ *geworden, ist* ~ (ANT mittellos); vgl. *reich* (1) ❖ ↗ haben

wohlig [ˈvoːlɪç] ⟨Adj.⟩ **1.1.** ⟨Steig. reg., ungebr.; nur attr.⟩ ˈvon jmdm. als angenehm, behaglich empfunden': *ein* ~*es Gefühl der Geborgenheit; eine* ~*e Wärme* **1.2.** ⟨o. Steig.; nur bei Vb.⟩ ˈmit einem Gefühl der Behaglichkeit': *sich* ~ *rekeln/räkeln;* ~ *knurren, schnurren* ❖ ↗ **¹wohl**

Wohl/wohl [ˈvoːl..]‖**-leben, das** ˈangenehmes Leben bei guter Gesundheit und in guten finanziellen Verhältnissen': *das* ~ *hatte ihn faul und nachlässig gemacht* ❖ ↗ leben; **-stand, der** ⟨o.Pl.⟩ ˈhoher materieller Lebensstandard'; ↗ FELD I.17.1: *ein Leben in Glück und* ~; *im* ~ *leben; jmd. hat es zu* ~ *gebracht,*

ist zu (bescheidenem) ~ *gelangt;* **-tat, die 1.** ˈgute Tat zum Wohle anderer': *jmdm. für eine, seine* ~, *für die, seine* ~*en danken; jmdm. eine* ~, ~*en erweisen* **2.** ⟨o.Pl.; o. best. Art.⟩ ˈetw., das in einer bestimmten Situation als besonders angenehm empfunden wird': *die Stille wurde von allen als* ~ *empfunden; das satte Grün ist eine* ~ *für die Augen; das heiße Bad, der Kaffee war nach der Strapaze eine (wahre)* ~ ❖ ↗ **¹tun; -tätig** ⟨Adj.; o. Steig.⟩ **1.** ⟨nur attr.⟩ /beschränkt verbindbar/: *Geld für* ~*e* (ˈfür die Unterstützung Hilfsbedürftiger dienende'; ↗ FELD I.2.3) *Zwecke sammeln, verwenden* **2.** ⟨vorw. attr.⟩ ˈGutes bewirkend' /auf eine Wirkung bez./: *etw. übt einen* ~*en Einfluss auf jmdn. aus; jmd. übt eine* ~*e Wirkung auf jmdn. aus* ❖ ↗ **¹tun; -tuend** [tuːənt] **I.** ⟨Adj.; Steig. reg., ungebr.; ↗ auch *wohltun*⟩ ˈvon angenehmer Wirkung auf die Psyche, auf den Körper, meist nach einer großen Anstrengung': *im Wald herrschte eine* ~*e Kühle, Stille* − **II.** ⟨Adv.; vor Adj., Adv.⟩ *jmd. ist* ~ (ˈausgesprochen') *sachlich, bescheiden*

wohl tun, (er tut wohl) tat wohl, hat wohl getan *etw. tut jmdm. wohl* ˈetw. hat in einer bestimmten Situation auf jmdn. eine psychisch, physisch bes. angenehme Wirkung': *ein Bad wird dir* ~; *die frische Luft, der Kognak, Kaffee tat ihm wohl nach der Anstrengung; die aufmunternden, tröstenden Worte taten ihm wohl*

wohl überlegt ⟨o. Steig.⟩ ˈim Voraus klug überlegt': ~ *handeln, vorgehen; das war eine* ~*e Maßnahme; das war* ~

wohl|weislich [ˈ..vaɪs../..ˈv..] ⟨Adv.⟩ ˈmit Bedacht': ~ *schweigen; wir haben ihm* ~ *nichts davon gesagt* ❖ ↗ wissen

wohl wollen, wollte wohl, hat wohl gewollt, ↗ auch *wohlwollend* geh. *jmd. will jmdm. wohl* (ˈjmd. ist jmdm. freundlich gesinnt und will sein Bestes'; ↗ FELD I.2.2): *jeder wollte ihm wohl*

Wohl/wohl [ˈvoːl..]‖**-wollen, das**; ~s, ⟨o.Pl.⟩ ˈEinstellung zu jmdm., die freundliche Zuneigung, guten Willen ausdrückt' ❖ FELD I.2.2: *er brachte ihm väterliches* ~ *entgegen; kein, wenig* ~ *für jmdn. empfinden; jmds.* ~ (ˈGunst') *erwerben, erringen, verlieren, verspielen; jmdn. mit* ~ *betrachten* ❖ ↗ **³wollen; -wollend** [vɔlənt] ⟨Adj.; Steig. reg., ungebr.; nicht präd.; ↗ auch *wohl wollen*⟩ ˈmit Wohlwollen': ~ *nicken; jmdm.* ~ *anlächeln; jmdm.* ~ *auf den Rücken klopfen; er hat alles* ~ *geprüft; jmdn. mit* ~*er Nachsicht behandeln; jmds.* ~*er Blick; in* ~*em Ton mit jmdm. sprechen* ❖ ↗ **³wollen**

Wohn|block, der ⟨Pl.: vorw. -blocks⟩ ˈlanges mehrstöckiges Wohngebäude mit mehreren Eingängen, Aufgängen od. (quadratisch angeordneter) Gebäudekomplex'; ↗ FELD V.2.1: *moderne* ~*s* ❖ ↗ wohnen, ↗ Block

wohnen [ˈvoːnən] ⟨reg. Vb.; hat⟩ /jmd./ **1.1.** *irgendwo* ~ ˈan, in einem bestimmten Ort, in einer Gegend, in einem Haus seine Wohnung haben'; ↗ FELD V.2.2: *auf dem Land, in der Stadt, an der Küste, in Berlin* ~; *im Parterre, parterre, im zweiten Stock*

~; *wo* ~ *Sie?*; *er wohnt zehn Minuten vom Bahnhof entfernt* **1.2.** *irgendwie* ~: *komfortabel, möbliert, beengt* ~ ('eine komfortable, möblierte, für die Anzahl der darin Wohnenden zu kleine Wohnung haben') **1.3.** *zur (Unter)miete* ~ ('als Untermieter in einer Wohnung, als Mieter in einem Haus') ~ **2.** *er wohnt* ('übernachtet') *während der drei Tage in einem Hotel, bei Bekannten* ❖ **wohnlich, Wohnung, bewohnen, Bewohner – Anwohner, beiwohnen, Einwohner, Einwohnerin, Mietwohnung, Sozialwohnung, Wohnhaus, Wohnzimmer**; vgl. **Wohn-**

Wohn|haus ['vo:n..], **das** 'Haus zum Wohnen mit einer od. mehreren Wohnungen'; ↗ FELD V.2.1: *ein altes, baufälliges, neues, modernes, ein fünfstöckiges* ~; *ein* ~ *mieten, vermieten, kaufen, verkaufen* ❖ ↗ **wohnen,** ↗ **Haus**

wohnlich ['vo:n..] ⟨Adj.; Steig. reg.⟩ 'so ausgestattet, dass man sich darin wohl fühlt, gern darin wohnt' /auf Wohnräume, Wohnungen bez./; ↗ FELD V.2.3: *ein* ~*er Raum; ein Zimmer, eine Wohnung* ~ *machen, einrichten; ein* ~ *eingerichtetes Zimmer; das Zimmer ist* ~ ❖ ↗ **wohnen**

Wohn ['vo:n..]|**-mobil, das**; ~s, ~e 'großes, für Reisen konstruiertes Auto, das mit Küche, Toilette und Sitz-, Liegemöbeln ausgestattet ist'; ↗ FELD VIII.4.1.1: *mit einem* ~ *durch Schweden, Kanada reisen, fahren* ❖ ↗ **mobil; -ort, der** ⟨Pl.: ~e⟩ 'Ort (1), an dem jmd. seinen Wohnsitz hat': *den* ~ *angeben, wechseln* ❖ ↗ **Ort; -raum, der 1.** 'Wohn-, Schlafzimmer im Unterschied zu Küche, Bad, Arbeitsraum'; ↗ FELD V.2.1: *eine Wohnung mit drei Wohnräumen* **2.** ⟨o.Pl.⟩ 'zum Wohnen vorhandene, verfügbare Räume in einem Gebiet, bes. einer Stadt': *die Schaffung, Nutzung von* ~; *es fehlte in Berlin an* ~; ~ *schaffen* ❖ ↗ **Raum; -sitz, der** 'Wohnung an, in einem bestimmten Ort, die jmdm. zum (ständigen) Aufenthalt dient': *er hat einen zweiten* ~ *in der Hauptstadt; jmd. ist ohne festen* ~ ('hat keine Wohnung, in der er ständig wohnt') ❖ ↗ **sitzen; -wagen, der** 'zum Wohnen, Übernachten ausgerüstetes Fahrzeug, das von einem Auto gezogen wird'; ↗ FELD VIII.4.1.1: *den* ~ *an-, abkoppeln* ❖ ↗ **Wagen**

Wohnung ['vo:n..], **die**; ~, ~en 'Einheit von einem od. mehreren Wohnräumen (mit Küche, Bad, Toilette) in einem Wohnhaus für eine Person od. mehrere Personen, bes. eine Familie, die darin (ständig) lebt': *eine große, gemütliche, warme, helle, feuchte* ~; *eine* ~ *mit Küche, Bad, Balkon; eine* ~ *mit vier Zimmern; eine* ~ *mit Zentralheizung; eine* ~ *mieten, tauschen, beziehen, einrichten, kaufen, verkaufen; jmd. hat eine (eigene), sucht eine (neue, andere)* ~; *die* ~ *wechseln* ('umziehen 2') *eine* ~ *besetzen* ('aus Mangel an geeignetem Wohnraum in eine leer stehende, nicht genutzte Wohnung einziehen und sie für sich beanspruchen, ohne Miete zu zahlen') ❖ ↗ **wohnen**

Wohn|zimmer ['vo:n..], **das 1.** 'Zimmer in einer Wohnung, in dem man sich tagsüber aufhält im Unterschied zu Küche und Schlafzimmer'; ↗ FELD

V.2.1: *er führte den Gast ins* ~; *der Fernseher steht im* ~ **2.** 'Möbel für ein Wohnzimmer (1)'; ↗ FELD V.4.1: *wir wollen uns ein neues* ~ *kaufen* ❖ ↗ **wohnen,** ↗ **Zimmer**

wölben ['vœlbm̩], **sich** ⟨reg. Vb.; hat⟩ **1.1.** /etw., bes. Konstruktion/ *sich über etw.* ~ 'sich bogenförmig über etw. erstrecken'; ↗ FELD III.1.2: *die Brücke wölbt sich über den Fluss, das Tal; der Himmel wölbt sich (strahlend blau) über uns; die Bahnhofshalle hat eine gewölbte Decke* **1.2.** /etw./ *sich* ~ 'eine erhabene Stelle bilden in horizontaler od. vertikaler Ebene': *der Büchsendeckel wölbte sich; sie hat eine gewölbte* ('stark gerundete') *Stirn* ❖ **Gewölbe, Wölbung**

Wölbung ['vœlb..], **die**; ~, ~en **1.1.** 'der bogenförmige Verlauf einer Konstruktion'; ↗ FELD III.1.1: *die* ~ *der Kuppel, des Torbogens* **1.2.** 'erhabene, gewölbte* (↗ *wölben* 1.2) *Stelle': *die sanfte* ~ *ihrer Augenbrauen, Stirn* ❖ ↗ **wölben**

Wolf [vɔlf], **der**; ~s/auch ~es, Wölfe ['vœlfə] 'hundeartiges, in Rudeln lebendes Raubtier'; ↗ FELD II.3.1 (↗ TABL Säugetiere): *ein Rudel Wölfe; die Wölfe heulen; er war hungrig wie ein* ~ ('war sehr hungrig')

* /jmd./ **mit den Wölfen heulen** 'sich aus Opportunismus der Meinung der Mehrheit anschließen': *man heult mit den Wölfen;* **ein** ~ **im Schafspelz** 'jmd., der friedlich wirkt und tut, aber in Wirklichkeit wegen seiner Absichten gefährlich ist': *er war ein* ~ *im Schafspelz* ⟨⟩ umg. /jmd., Institution/ **jmdn. durch den** ~ **drehen** ('jmdm. sehr, hart zusetzen')

Wolke ['vɔlkə], **die**; ~, ~n **1.** 'hoch in der Luft schwebendes, vielfältig und unregelmäßig geformtes, weißes bis graues, dunkles Gebilde, das aus einer großen Menge von kleinsten Wassertröpfchen, auch Eiskristallen besteht (und vom Wind getrieben wird)': *eine weiße, dunkle* ~; *schwarze, düstere* ~*n ziehen am Horizont herauf, ballen sich zusammen; der Himmel war von, mit* ~*n bedeckt; die Berggipfel sind in dichte* ~*n gehüllt; die Sonne bricht durch die* ~*n* **2.** 'in der Luft schwebendes Gebilde aus Dampf, Rauch, das meist aus einem Schornstein o.Ä. ausgetreten ist': *aus dem Schornstein kamen, quollen dicke schwarze* ~*n; eine* ~ *von Tabaksqualm* **3.** ⟨+ Attr.; vorw. mit *von* + Subst.⟩ 'große Ansammlung von etw. in der Luft, bes. von vielen winzigen Teilchen, Tieren, Gerüchen': *eine* ~ *von Staub, Puder, Schnee wirbelte auf; eine* ~ *von Mücken tanzte vor dem Fenster;* ~*n von Heuschrecken; eine* ~ *von Parfüm umgab sie* ❖ **wolkig, bewölken, Bewölkung – Wolkenbruch, -kratzer, -los**

* /jmd./ **aus allen** ~**n fallen** ('außerordentlich überrascht, erstaunt sein')

Wolken/wolken ['vɔlkn̩..]|**-bruch, der** 'plötzlich einsetzender sehr starker Regen (der nicht lange andauert)'; ↗ FELD III.2.1: *ein schwerer* ~ *geht, prasselt nieder; nach dem* ~ *waren alle Straßen überschwemmt* ❖ ↗ Wolke, ↗ brechen; **-kratzer, der** 'außerordentlich hohes Hochhaus'; ↗ FELD V.2.1: *die* ~ *von New York* ❖ ↗ Wolke, ↗ kratzen;

-los ⟨Adj.; o. Steig.; vorw. attr.⟩ 'ohne Wolken' /vorw. auf den Himmel bez./: *ein ~er Himmel; ein ~er Tag* ('ein Tag mit einem wolkenlosen Himmel') ❖ ↗ Wolke, ↗ los

wolkig ['vɔlkɪç] ⟨Adj.; nicht bei Vb.⟩ 'mit Wolken (1)' /vorw. auf den Himmel bez./; ↗ FELD VI.2.3: *ein ~er Himmel; morgen soll es ~ sein; der Himmel war ~; eine ~e Nacht* ('eine Nacht, in der Wolken am Himmel sind') ❖ ↗ **Wolke**

Wolle ['vɔlə], die, ~, ⟨o.Pl.⟩ **1.** 'die langen, bes. am Körper des Schafes sich befindenden Haare, die abgeschnitten und zum Spinnen verwendet werden': *dieses Schaf hat eine dichte, lange, kräftige ~; rohe, ungewaschene ~; ~ spinnen* **2.** 'Garn aus Wolle (1), das meist zum Stricken verwendet wird': *rote, weiße, feine, dicke, echte ~; einen Pullover aus ~ stricken; diese ~ filzt nicht beim Waschen* **3.** 'Stoff (1) aus Wolle (2)': *ein Mantel aus ~* ❖ ¹**wollen, wollig** – **Baumwolle, baumwollen, Holzwolle, Schurwolle**

* umg. /zwei od. mehrere (jmd.)/ **sich in der ~ haben/ liegen** ('sich heftig streiten'); /zwei od. mehrere (jmd.)/ **sich in die ~ kriegen** ('zu streiten anfangen')

¹**wollen** ['vɔlən] ⟨Adj.; nicht bei Vb.⟩ 'aus Wolle (2,3)' /auf Textilien bez./; ↗ FELD V.1.3: *eine ~e Decke, Jacke, Mütze; ~e Strümpfe, Handschuhe* ❖ ↗ **Wolle**

²**wollen** (ich, er will [vɪl]), wollte, hat gewollt ⟨nach vorangehendem Inf.: hat ... wollen; Modalvb. + Inf. ohne *zu* od. + Gliedsatz; o. Imp.; ↗ TAFEL V⟩ **1.** ⟨+ Inf. ohne *zu*⟩ /jmd./ *etw. tun, haben ~* 'den Willen, die Absicht, den Wunsch haben, etw. zu tun od. zu erreichen, dass jmd. etw. tut': *sie will verreisen, auswandern; er will (Medizin) studieren, hat Medizin studieren ~; wollten Sie etw. sagen?; er sagte, er wolle ihr (einen Brief) schreiben; was willst du tun, (von mir) haben, bekommen, erfahren?; das habe ich schon immer tun ~; er wollte etw. sagen, erleben; ich will wissen, was geschehen ist; das will ich nicht wissen; ich will, dass er mitkommt; wir ~ erreichen, dass diese Forderung durchgesetzt wird; sie will ihre Absicht, ihren Plan unter allen Umständen durchsetzen* ⟨im Indikativ od. Konj. II⟩ /drückt Höflichkeit aus/ *ich wollte Sie fragen, ob ...; ~ Sie bitte Platz nehmen/einen Augenblick warten/so freundlich sein, mir den Weg zu zeigen!;* /in Aufforderungen zu gemeinsamem Tun/ *wir ~ gehen, aufbrechen/~ wir gehen?; wir ~ unser Glas erheben und auf seinen Erfolg anstoßen;* /in leicht drohender Aufforderung/: *wollt ihr wohl (endlich) still sein, schlafen gehen* ('ihr seid endlich still, geht endlich schlafen')*!;* ⟨unter bestimmten Bedingungen kann der Inf. durch *es, das* ersetzt werden⟩ *willst du noch ein wenig bei uns bleiben? Ja, das will ich; ich will es wirklich* ('ich will es wirklich tun'); /in den kommunikativen Wendungen/ *ich will mal nicht so sein* (1. 'ich werde darüber hinwegsehen' 2. 'aus Großzügigkeit, weil ich dich, euch mag, werde ich tun, was ihr verlangt, obgleich ich es nicht beabsichtigt hatte'); *das ist, wenn man so will* ('wenn man es so beurteilt'), *eine feine Sache; er*

mag ~ oder nicht, er ... /wird gesagt, wenn man ausdrücken will, dass jmdm. nichts anderes zu tun übrig bleibt/; das will ich nicht gesehen haben ('das hättet ihr nicht tun dürfen, aber ich will nachsichtig sein und darüber hinwegsehen'); *wir ~ sehen* ('es wird sich zeigen, ergeben'), *was sich machen lässt, wie wir helfen können* **2.** ⟨+ Part. II + *sein;* steht für ein Pass.⟩ /drückt Notwendigkeit aus, besagt, dass etw. getan werden muss/ /etw./ *diese Arbeit will getan sein* ('muss getan werden'); *das will gelernt, gut bedacht sein* ('muss erlernt, gut bedacht werden') **3.** ⟨+ Inf. ohne *zu*⟩ /weist auf einen Zeitraum hin, der in der Zukunft liegt/ /jmd./ *ich will* ('werde') *hier warten, bis du zurückkommst; ich will morgen mit dir ausgehen; er will mich besuchen* **4.** ⟨+ Inf. ohne *zu*⟩ /etw. (bes. *es*), jmd./ 'nahe daran sein zu geschehen, etw. Bestimmtes zu tun': *es will Abend werden; ihr wollten fast/schon die Tränen kommen; wir wollten schon verzagen, die Hoffnung aufgeben, aber ...; ich wollte gerade losgehen* ('ich war im Begriff loszugehen'), *da will ich* **5.** ⟨+ Inf. ohne *zu;* verneint; vorw. im Prät.⟩ /etw./ /drückt aus, dass etw. Erwünschtes, Erwartetes wider Erwarten nicht so vor sich geht, eintritt, wie es sollte/: *die Wunde wollte (und wollte) nicht heilen; der Motor wollte nicht anspringen; nicht enden ~der Beifall* **6.** ⟨+ Inf. ohne *zu*⟩ emot. /etw. (nur *das, es*)/: *das will nichts besagen* ('das besagt nichts'); *es will mir scheinen* ('mir scheint'), *als ob ...; das will mir nicht gefallen* ('das gefällt mir nicht') **7.** ⟨+ Inf. ohne *zu;* mit Subst. + *sein*⟩ /jmd./ /drückt aus, dass der Sprecher den Inhalt des Inf. als Behauptung des Subj. hinstellt, deren Richtigkeit er bezweifelt/: *du willst krank sein?; sie ~ eine Lehrerin sein?* **8.** ⟨im Konj. II; in Wunschsätzen; in der 1. Pers. Sg.⟩ /jmd./ *ich wollte* ('ich wünsche mir': *ich wollte, er käme bald zurück; ich wollte, es wäre schon Abend; ich wollte, wir wären uns nie begegnet* ❖ ↗ ³**wollen**

³**wollen** (ich, er will), wollte, hat gewollt **1.** /jmd./ *etw. ~* 'den Wunsch haben, etw. zu erhalten, zu besitzen'; vgl. ¹*wollen* (1); meist unter Weglassung von *haben: er will abends immer seinen Schnaps; willst* ('möchtest') *du Honig?; ich will einen Apfel; ich will nichts; willst du noch eine Tasse Kaffee?; nimm dir, so viel du willst!; was willst du von mir?; er will seine Ruhe; was willst du?; er weiß nicht, was er will; wenn du willst, können wir losgehen; das habe ich nicht gewollt* ('nicht beabsichtigt') /sagt jmd., um sich für etw. zu entschuldigen, das er bewirkt, aber nicht beabsichtigt hatte/; *jmdn. ~: sie will Kinder* **2.** /jmd./ *irgendwohin ~* 'die Absicht haben, irgendwohin zu reisen, zu gehen': *wir ~ heute nach N, ins Kino, in die Berge; ich will nach Hause; sie will zum Film* ('will Filmschauspielerin werden'); *zu wem ~ Sie* ('wen möchten Sie sprechen')*?* **3.** /etw., bes. Pflanze, Tier/ *etw. ~* SYN 'etw. brauchen (1.1)': *die Blumen ~ Wasser, die Tiere ~ Pflege; der Motor will Pflege* **4.** /etw./ *nicht mehr ~* 'nicht mehr in der Lage sein, etw. zu leisten': *die Beine ~ nicht mehr;*

der Motor will nicht mehr ❖ **Wille, willig** – **Wohl-wollen, wohlwollend, Wollust, wollüstig**

wollig ['vɔlɪç] ⟨Adj.; Steig. reg., ungebr.⟩ 'weich wie Wolle' /auf Gewebe, Haare bez./: *etw., das Gewebe, der Pelz fühlt sich ~ an; er hat ~es* ('dichtes, krauses') *Haar* ❖ ↗ **Wolle**

Woll|knäuel ['vɔl..], *das* 'zu einem Knäuel aufgewickelter langer wollener Faden': *etw. aus einem ~ stricken; ein buntes ~* ❖ ↗ **Wolle**, ↗ **Knäuel**

wollte: ↗ [2,3]*wollen*

Wollust ['vɔlʊst], *die*; ~, Wollüste ['..lʏstə] ⟨vorw. Sg.⟩ **1.** 'Gefühl der Lust bei sexueller Erregung, Gefühl der Lust, das auf Befriedigung sexueller Bedürfnisse gerichtet ist': *~ empfinden; etw. aus ~ tun* **2.** ⟨o.Pl.⟩ emot. *etw. mit (wahrer) ~* ('mit großem Eifer und innigem Vergnügen, mit Wonne') *tun* ❖ ↗ [3]**wollen**, ↗ **Lust**

wollüstig ['vɔlʏstɪç] ⟨Adj.; Steig. reg., ungebr.⟩ 'mit, voller Wollust (1)': *eine ~e Erregung hatte ihn erfasst; jmdn. ~ an sich pressen* ❖ ↗ [3]**wollen**, ↗ **Lust**

wo [vo:]|**-mit** ['m..] ⟨Pronominaladv.⟩ /auf Sachen bez./ **1.** ⟨leitet einen direkten od. indirekten Fragesatz ein⟩ 'mit welcher Sache, Tätigkeit'; SYN was (1.2: *mit was*): *~ bist du gerade beschäftigt?; ich frage mich, ~ er das verdient hat* **2.** ⟨leitet einen Relativsatz (Attributsatz) ein, der sich auf ein Subst. od. auf den ganzen Satz beziehen kann⟩ 'mit welcher Sache: *das ist etw., ~* ('mit dem') *wir nicht zufrieden sind; er gab ihr eine Auskunft, ~* ('mit der') *sie nichts anzufangen wusste; er gab uns eine unbefriedigende Auskunft, ~ ich ohnehin gerechnet hatte* ❖ ↗ [1]*mit*; vgl. [1,3]*wo*; MERKE Zur Betonung: ↗ *wobei* (Merke); **-möglich** ['m..] ⟨Satzadv.⟩ /drückt die Einstellung des Sprechers zum genannten Sachverhalt aus; der Sprecher hält es für möglich, dass das Genannte zutrifft, drückt aber auch Zweifel, mitunter auch die Befürchtung aus, dass es eintritt/; SYN vielleicht; ANT bestimmt: *er kommt ~ erst morgen* ('es kann sein, dass er erst morgen kommt'); *~ ist er damit nicht einverstanden; hast du ~ deinen Ausweis vergessen?* ❖ ↗ mögen; **-nach** ['n..] ⟨Pronominaladv.⟩ /auf Sachen bez./ **1.** ⟨leitet einen direkten od. indirekten Fragesatz ein⟩ 'nach welcher Sache?': *~ hat er dich gefragt?; ~ sucht sie?; wir wissen nicht, ~ wir uns richten sollen* **2.** ⟨leitet einen Relativsatz (Attributsatz) ein, der sich auf ein Subst. bezieht⟩ 'nach dem, nach der': *die Auskunft, ~* ('nach der') *er fragte ...; ein Gesetz, ~* ('nach dessen Wortlaut') *es verboten ist, dass ...* ❖ ↗ nach; vgl. [1,3]wo; MERKE Zur Betonung: ↗ *wobei* (Merke)

Wonne ['vɔnə], *die*; ~, ~n 'Gefühl größter Freude, innigsten Vergnügens, höchsten Genusses': *es ist eine (wahre) ~, etw. derart Schönes, Gutes zu essen, zu hören; die ~n der Liebe genießen; sich vor ~ kaum fassen können; vor ~ laut jubeln;* scherzh. *jmdm. mit ~* ('mit dem größten Vergnügen') *die Meinung sagen, eine Ohrfeige versetzen* ❖ **wonnig**

wonnig ['vɔnɪç] ⟨Adj.; Steig. reg.⟩ emot. '(bes. beim Betrachten) jmds. Entzücken hervorrufend' /bes.

auf kleine Kinder bez./: ein ~es Baby!; ein ~er kleiner Kerl! ❖ ↗ **Wonne**

woran [vo'ran; Trennung: wor|an od. wo|ran] ⟨Pronominaladv.⟩ /auf Sachen bez./ **1.** ⟨leitet einen direkten od. indirekten Fragesatz ein⟩ 'an welche, welcher Sache?'; SYN was (1.2: *an was*): *~ hast du ihn, das erkannt?; ~ ist er gestorben?; er weiß nicht, ~ er ihn erkennen soll* **2.** ⟨leitet einen Relativsatz (Attributsatz) ein, der sich auf ein Subst. od. auf einen ganzen Satz beziehen kann⟩ 'an welche, welcher Sache?': *bei Regen konnten die Wege schlammig werden, ~* ('an das') *viele nicht gedacht hatten; das Buch, ~* ('an dem') *er gerade arbeitet, ...* ❖ ↗ [2]*an*; vgl. [1,3]*wo*

MERKE Zur Betonung: ↗ *wobei* (Merke)

worauf [vo'rauf; Trennung: wor|auf od. wo|rauf] ⟨Pronominaladv.⟩ /auf Sachen bez./ **1.** ⟨leitet einen direkten od. indirekten Fragesatz ein⟩ 'auf welcher, welche Sache?': *~ steht die Vase?; ~ soll ich die Vase stellen?; ~ wartest du noch?; er weiß nicht, ~ er sich berufen soll* **2.** ⟨leitet einen Relativsatz (Attributsatz) ein, der sich auf ein Subst. bezieht⟩ 'auf welche, welcher Sache': *der Stuhl, ~* ('auf dem') *die Bücher liegen, ...; der Stuhl, ~* ('auf den') *sie die Bücher gelegt hat, ...* **3.** 'woraufhin (2)': *er erhielt ein Telegramm, ~ er abreiste* ❖ **woraufhin**; vgl. [1,3]**wo**, [1]**auf**

MERKE Zur Betonung: ↗ *wobei* (Merke)

worauf|hin [vorauf'h..; Trennung: wor|auf|hin od. wo|rauf..] ⟨Adv.⟩ /auf Sachen bez./ **1.** ⟨leitet einen direkten od. indirekten Fragesatz ein⟩ 'auf Grund welcher Sache, welchen Anlasses': *wir wissen nicht den Grund, ~ er so gehandelt hat; ~ hat er denn das getan?* **2.** ⟨leitet einen Relativsatz (Attributsatz) ein, der sich auf den ganzen Satz bezieht⟩ 'auf welche eben erwähnte Sache hin'; SYN worauf (3): *sie gab ihm einen Korb, ~ er sie nie wieder ansprach* ❖ ↗ **worauf**, ↗ **hin**

woraus [vo'raus; Trennung: wor|aus od. wo|raus] ⟨Pronominaladv.⟩ /auf Sachen bez./ **1.** ⟨leitet einen direkten od. indirekten Fragesatz ein⟩ 'aus welcher Sache': *~* ('aus welchem Behälter') *hast du diese Sachen genommen?; ~* ('aus welchen Bestandteilen') *besteht diese Konstruktion?; ~ besteht dieser Salat?; ~* ('aus welchem Umstand') *kann man das folgern?* **2.** ⟨leitet einen Relativsatz (Attributsatz) ein, der sich auf ein Subst. od. auf den ganzen Satz beziehen kann⟩ 'aus welcher eben erwähnten Sache': *das Gefäß, ~ er getrunken hatte; er hat viel durchgemacht, ~ sich seine ernste Lebenseinstellung erklärt* ❖ ↗ [1]**aus**; vgl. [1,3]**wo**

MERKE Zur Betonung: ↗ *wobei* (Merke)

worin [vo'rɪn; Trennung: wor|in od. wo|rin] ⟨Pronominaladv.⟩ /auf Sachen bez./ **1.** ⟨leitet einen direkten od. indirekten Fragesatz ein⟩ 'in welcher Sache, in welchem Umstand': *~ besteht die Verbesserung?; ich weiß nicht, ~ der Sinn liegen soll* **2.** ⟨leitet einen Relativsatz (Attributsatz) ein, der sich auf ein Subst. bezieht⟩ 'in welcher eben erwähnten Sache': *das ist der Punkt, ~* ('in dem') *ich anderer Meinung*

bin; das ist der Aufsatz, ~ ('in dem') *der verhängnis-volle Satz steht* ❖ ↗ **in;** vgl. **¹,³wo**
MERKE Zur Betonung: ↗ *wobei* (Merke)
Wort [vɔʁt]**, das;** ~s/auch ~es, Wörter ['vœʁtɐ]/~e; ↗ auch *Wörtchen* **1.** ⟨Pl.: Wörter/auch ~e⟩ ˈmünd-lich od. schriftlich gebrauchte kleinste im Text iso-lierbare selbständige sprachliche Einheit, die beim Schreiben von anderen durch einen Zwischenraum getrennt wird und eine bestimmte eigene Bedeu-tung od. Funktion hat': *ein langes, kurzes, ein-, mehrsilbiges, zusammengesetztes, neues, veraltetes, schwieriges* ~; *deutsche, englische, französische Wörter; nach einem (geeigneten, treffenden, passen-den)* ~ *suchen; ein* ~ *buchstabieren, schreiben, rich-tig, falsch (aus)sprechen, hören, lesen, falsch beto-nen, nicht verstehen, nicht kennen; dieses Wort hat nur eine, hat mehrere Bedeutungen; ein Satz aus drei, mit 15 Wörtern; dreitausend Mark in* ~*en* ('in Buchstaben geschrieben') /*als Text auf einem For-mular*/ **2.** ⟨Pl.: ~e; vorw. Pl.; vorw. mit Attr.⟩ **2.1.** ˈmündlich od. schriftlich formulierte sinnvolle Äu-ßerung, zusammengehörige Gruppe von grammati-sch miteinander verbundenen Wörtern (1), die ei-nen bestimmten Bedeutungsgehalt hat': *geistreiche, mahnende, liebevolle, beleidigende* ~*e sprechen; ei-nige, ein paar* ~*e mit jmdm. wechseln; etw. in weni-gen ausdrucksvollen, präzisen* ~*en ausdrücken, schildern; jmdm. in, mit bewegten* ~*n danken; die passenden, richtigen* ~ *e finden, sagen; im Streit fie-len harte, scharfe* ~*e; das lässt sich nicht in, mit wenigen* ~*en sagen, erklären; mit jmdm. ein offenes, vernünftiges, ernstes* ~ ('mit jmdm. offen, vernünf-tig, ernst über etw.') *sprechen; mit jmdm. ein paar* ~*e* ('kurz') *sprechen; vor Lärm konnten wir das ei-gene, unser eigenes* ~ *nicht verstehen; er half, ohne viel* ~*e (zu machen)* ('er half ganz selbstverständ-lich, ohne viel darüber zu reden'); *wir trauen seinen (schönen)* ~*en nicht* ('wir glauben ihm nicht'); *das sind nur schöne* ~*e* ('leere Versprechungen'); *er hat kein* ~ ('nichts') *davon gesagt; das gesprochene, ge-schriebene* ~ ('der gesprochene, geschriebene Text') ⟨+ Gen.attr.⟩ *jmdm. ein* ~/~*e des Dankes, Trostes, der Anerkennung sagen* ('jmdm. danken, jmdn. trösten, jmds. Leistung anerkennen'); ~*e des Bedauerns, Mitleids äußern;* /in den kommunikati-ven Wendungen/ *mit anderen* ~*en* ('das schon Ge-sagte noch einmal, aber anders ausgedrückt') /wird gesagt, wenn man aus bestimmten Gründen eine Äußerung durch eine leichtere, verständlichere Formulierung deutlicher od. wirkungsvoller ma-chen will/; *mit einem* ~ ('kurz gesagt und das vor-her Gesagte zusammenfassend') /leitet eine zusam-menfassende Wiederholung ein/; *das letzte Wort ist (in dieser Angelegenheit, Sache) noch nicht gespro-chen* ('diese Angelegenheit, Sache ist noch nicht endgültig abgeschlossen') /wird gesagt, um (in ei-nem Streitfall) zu erklären, dass man weiter um sein Recht o.Ä. kämpfen will/; *hast du da noch* ~*e* ('das ist unerhört')! **2.2.** ⟨vorw. Sg.⟩ SYN ˈAus-spruch': *ein* ~ *Goethes/von Goethe* **2.3.** ⟨nur im Pl.⟩

jmds. ~*e* ˈjmds. Mahnung, Empfehlung': *du solltest auf seine* ~*e achten; denke an meine* ~*e!; niemand nahm seine* ~*e ernst* **3.** ⟨o.Pl.⟩ ˈMöglichkeit, Gele-genheit zur mündlichen Darlegung seiner Gedan-ken zu einem Thema vor einem bestimmten Publi-kum in einer Versammlung' /beschränkt verbind-bar/: *ums* ~ *bitten; jmdm. das* ~ *geben, erteilen; jmd. nimmt, ergreift (auf einer Tagung, Sitzung) das* ~*; jmdm. das* ~ *entziehen; das* ~ *hat Kollege, Herr B* ('jetzt spricht B') /wird vom Diskussionsleiter ge-sagt, damit B sprechen kann/ **4.** ⟨o.Pl.⟩ ˈ(mündli-ches) Versprechen, (mündliche) Zusage od. Ehren-wort': /beschränkt verbindbar/ *jmd. gibt, verpfän-det, hält sein* ~*; zu seinem* ~ *stehen; sein* ~ *einlö-sen; sein* ~ *brechen, zurücknehmen* ❖ **Wörtchen, wörtlich – befürworten, Ehrenwort, Fachwort, Fremdwort, Kennwort, Machtwort, Nachwort, Schimpfwort, Schlagwort, Sprichwort, sprichwört-lich, Vorwort, Kreuzworträtsel, Wörterbuch;** vgl. **Wort/wort-, wort/Wort-;** vgl. **Antwort**
* /jmd./ **(bei jmdm.) ein (gutes)** ~ **für jmdn. einlegen** ˈjmdm. zu helfen suchen, indem man bei jmdm. Gutes über ihn sagt und ihn um Hilfe für ihn bit-tet': *soll ich ein gutes* ~ *für dich einlegen?;* /jmd./ **jmdm. ins** ~ **fallen** ('jmdn. durch Dazwischenreden am Sprechen hindern, ihn unterbrechen'); **jmdm. fehlen die** ~**e/jmd. findet keine** ~**e** ˈjmd. ist so er-staunt, entrüstet, dass er zunächst nicht sprechen kann, nicht weiß, was er sagen soll, müsste': *also Fritz, mir fehlen die* ~*e, du kommst schon wieder zu spät!;* /jmd./ **das** ~ **führen** ('im Gespräch, in der Diskussion führend sein'); /jmd./ **das große** ~ **füh-ren** ('prahlerisch und viel reden'); ~ **für** ~ ˈwörtlich, dem genauen Wortlaut entsprechend': *etw.* ~ *für* ~ *wiederholen; sie hat ihrer Nachbarin alles, was er gesagt hat,* ~ *für* ~ *erzählt;* **ein geflügeltes** ~ ˈAus-spruch einer (bekannten) Person, der allgemeine Verbreitung gefunden hat': *dieser Satz des Kanzlers ist mittlerweile zum geflügelten Wort geworden;* /jmd./ **jmdm. aufs** ~ **glauben** ('jmdm. alles, was er sagt, ohne zu zweifeln, glauben'); /jmd./ **kein** ~ **über etw. verlieren** ('nicht über etw. sprechen'); /jmd./ **das letzte** ~ **haben (1.** ˈals letzter Sprecher noch ein-mal seine Meinung sagen dürfen': *Herr B, Sie ha-ben das letzte* ~*!* **2.** ˈals Letzter reden und damit Recht behalten wollen': *du willst immer das letzte Wort haben!*); /jmd./ **sich zu** ~ **melden** ('in einer Ver-sammlung durch Handzeichen zu erkennen geben, dass man zur Sache sprechen möchte'); /jmd./ **jmdm. das** ~ **aus dem Munde nehmen** ˈetw. Be-stimmtes sagen, bevor ein anderer es ausspricht': *Herr Kollege, Sie nehmen mir (dauernd) das* ~ *aus dem Munde;* /jmd./ **jmdm. bleibt das** ~ **im Munde stecken** ('jmd. kann vor Schreck, Erstaunen plötz-lich nicht weitersprechen'); /jmd./ **jmdn. beim** ~ **nehmen** ˈvon jmdm. verlangen, dass er hält, was er versprochen hat': *wir wollen ihn beim* ~ *nehmen;* /jmd./ **jmdm., etw.** ⟨Dat.⟩ **das** ~ **reden** ('für jmdn., etw. durch Argumentation, Beweise eintreten'); /jmd./ **das** ~ **an jmdn. richten** ('jmdn. ansprechen');

/jmd./ **nicht viel/viele ~e machen** (1. ʿhandeln, ohne lange od. viel darüber zu reden, zu argumentieren, was zu tun seiʾ **2.** ʿwortkarg seinʾ); ⟨⟩ umg. /jmd./ **jmds. ~(e) auf die Goldwaage legen** (ʿdas von jmdm. Gesagte wortwörtlich, in kleinlicher Weise genau auslegen, nehmenʾ); /jmd./ **jmdm. das ~ im Mund(e) (her)umdrehen** (ʿden Sinn der Äußerung einer Person böswillig falsch interpretierenʾ)

Wort/wort [ʹ..]|-**bruch, der** ʿvorsätzliche Nichterfüllung eines Versprechensʾ: *einen ~ begehen; sich eines ~s schuldig machen; das ist ~!* ❖ ↗ brechen; **-brüchig** ⟨Adj.; o. Steig.; nicht bei Vb.; vorw. präd. (mit *sein, werden*)⟩ /jmd./ **~ sein** ʿsein Versprechen nicht haltenʾ: *er ist, wurde ~; ein ~er Mensch* ❖ ↗ brechen

Wörtchen [ʹvœʀtçən] ↗ auch *Wort* /in der kommunikativen Wendung/ *da habe ich, hat er, haben wir auch ein ~ mitzureden* (ʿin dieser Angelegenheit bin ich, ist er, sind wir berechtigt, mit zu entscheidenʾ) /wird gesagt, wenn man eine Entscheidung nicht einfach hinnehmen will/ ❖ ↗ **Wort**

* /jmd./ **ein ~ mit jmdm. reden müssen** ʿjmdm. energisch und deutlich seinen Standpunkt klarmachen, seine Meinung sagen müssenʾ: *mit dem muss ich wohl mal ein ~ reden!*

Wörter|buch [ʹvœʀtɐ..], **das** ʿNachschlagewerk, in dem Wörter aufgelistet sind, die nach bestimmten thematischen Gesichtspunkten ausgewählt und in bestimmter Weise angeordnet sind, zu denen je nach dem Thema bestimmte Aussagen gemacht werdenʾ: *ein medizinisches, englisches ~; ein historisches, ein-, zweisprachiges ~; ein ~ der Synonyme; eine Wendung in einem ~ nachschlagen* ❖ ↗ **Wort**, ↗ **Buch**

wort/Wort [ʹvɔʀt..]|-**karg** ⟨Adj.; Steig. reg., ungebr.; nicht bei Vb.⟩ SYN ʿeinsilbigʾ /auf Personen bez./: *ein ~er Mensch; er ist immer sehr ~* ❖ ↗ karg; **-klauberei** [klaubəʀɑɪ], **die**; ~, ~en ⟨vorw. Sg.⟩ SYN ʿHaarspalthereiʾ: *das ist doch reine, bloße ~; das ist nichts als ~;* **-laut, der**: *etw., einen Vortrag, eine Rede im (vollen, originalen) ~* (ʿsprachlich exakt so, wie es geschrieben, gesprochen worden istʾ) *wiedergeben; den genauen ~ eines Satzes, eines Gesetzes, einer Verordnung zitieren* ❖ ↗ **Laut**

wörtlich [ʹ..vœʀt..] ⟨Adj.; o. Steig.; vorw. bei Vb.⟩ ʿeinen Text sprachlich exakt so wiedergebend, wie er geschrieben, gesprochen worden istʾ: *einen Text, Brief, Vertrag ~ wiederholen, zitieren, abdrucken; das hat er ~* (ʿin eben diesem Wortlautʾ) *gesagt; eine ~e Rede; eine ~e* (ʿsich streng an den Text des Originals haltende, nicht freieʾ) *Übersetzung* ❖ ↗ **Wort**

* /jmd./ **etw. allzu ~ nehmen** ʿsich zu seinem Vorteil etw. zunutze machen, indem man sich auf den genauen Text einer Regelung beruftʾ: *der hat die Aufforderung „bitte durchtreten" allzu ~ genommen;* /jmd./ **es nicht so ~ nehmen** (ʿeine Regelung, Anweisung nicht so strikt befolgen, sondern zu seinen Gunsten auslegenʾ)

wort/Wort [ʹvɔʀt..]|-**los** ⟨Adj.; o. Steig.; nicht präd.⟩ ʿohne etw. zu sagenʾ: *er wandte sich ~ ab, ging ~ hinaus; zwischen den beiden herrschte eine ~e Übereinkunft, Verständigung* (ʿsie verstanden sich gut, ohne darüber reden zu müssenʾ) ❖ ↗ los; **-schatz, der 1.1.** ʿGesamtheit der Wörter und Wendungen, von Wörtern und Wendungen einer Spracheʾ: *der allgemeine, wissenschaftliche, deutsche ~* **1.2.** ʿdie Wörter und Wendungen einer Sprache, die jmd. kennt, beherrschtʾ: *jmd. hat einen großen, geringen ~* ❖ ↗ Schatz; **-wörtlich** [ʹ..ʹvœʀt..] ⟨Adj.; nicht präd.⟩ ʿganz genau wörtlichʾ: *etw. ~ notieren, abschreiben; das hat er tatsächlich ~ so gesagt; eine ~e Übereinstimmung mehrerer Texte* ❖ ↗ Wort

worüber [voˈʀyːbɐ; Trennung: worüber od. wo|rüber] ⟨Pronominaladv.⟩ /auf Sachen bez./ **1.** ⟨leitet einen direkten od. indirekten Fragesatz ein⟩ ʿüber welche, welcher Sacheʾ: *~ habt ihr gesprochen?; ~ bist du gestolpert?; ~ soll die Lampe hängen?; weißt du, ~ er sich so sehr erregt hat?* **2.** ⟨leitet einen Relativsatz (Attributsatz) ein; bezieht sich vorw. auf ein Subst.⟩ ʿüber welche Sacheʾ: *er hatte alles erfahren, ~* (ʿüber dasʾ) *er etw. wissen wollte; das Thema, ~* (ʿüber dasʾ) *dort gesprochen wird, interessiert mich nicht* ❖ ↗ ¹**über**; vgl. ¹,³**wo**

MERKE Zur Betonung: ↗ *wobei* (Merke)

worum [voˈʀʊm; Trennung: worum od. wo|rum] ⟨Pronominaladv.⟩ /auf Sachen bez./ **1.** ⟨leitet einen direkten od. indirekten Fragesatz ein⟩ ʿum welche Sache?ʾ; SYN was (1.2: *um was*): *~ handelt es sich hier?; er ahnte, ~ es hier ging* **2.** ⟨leitet einen Relativsatz (Attributsatz) ein⟩ ʿum welche Sacheʾ: *er erzählte mir alles, ~* (ʿum dasʾ) *ich ihn gebeten hatte* ❖ ↗ ³**um**; vgl. ¹,³**wo**

MERKE Zur Betonung: ↗ *wobei* (Merke)

worunter [voˈʀʊntɐ; Trennung: wor|unter od. wo|runter] ⟨Pronominaladv.⟩ /auf Sachen bez./ **1.** ⟨leitet einen direkten od. indirekten Fragesatz ein⟩ ʿunter welcher, welche Sache?ʾ: *~ leidet er?; ~* (ʿunter wasʾ) *hat er das Geld gesteckt?* **2.** ⟨leitet einen Relativsatz (Attributsatz) ein; bezieht sich vorw. auf ein Subst.⟩ ʿunter welcher Sacheʾ: *er gab eine Erklärung ab, ~* (ʿunter derʾ) *wir uns nichts vorstellen konnten; das ist etw., ~ ich mir gar nichts vorstellen kann* ❖ ↗ ¹,³**wo**, ↗ ²**unter**

MERKE Zur Betonung: ↗ *wobei* (Merke)

wo [voː]|-**von** [ˈfɔn] ⟨Pronominaladv.⟩ /auf Sachen bez./ **1.** ⟨leitet einen direkten od. indirekten Fragesatz ein⟩ ʿvon welcher Sache?ʾ: *~ habt ihr gesprochen?; ich habe keine Ahnung, ~ die Rede war* **2.** ⟨leitet einen Relativsatz Attributsatz) ein; kann sich auf ein Subst. od. einen ganzen Satz beziehen⟩ ʿvon welcher Sacheʾ: *das ist etw., ~ niemand spricht; er hatte den ganzen Tag im Garten gearbeitet, ~ er völlig erschöpft war* ❖ ↗ ¹,³**wo**, ↗ von

MERKE Zur Betonung: ↗ *wobei* (Merke); **-vor** [ˈfoːɐ] ⟨Pronominaladv.⟩ /auf Sachen bez./ **1.** ⟨leitet einen direkten od. indirekten Fragesatz ein⟩ ʿvor welcher, welche Sache?ʾ: *~ habt ihr Angst?; ~ habt ihr den Tisch gestellt?; ich weiß nicht, ~ ihr Angst* *habt* **2.** ⟨leitet einen Relativsatz (Attributsatz) ein⟩ ʿvor welcher Sacheʾ: *für ihn gibt es nichts,* ~ (ʿvor demʾ) *er sich fürchtet* ❖ ↗ vor; vgl. ¹,³wo MERKE Zur Betonung: ↗ *wobei* (Merke); **-zu** [ˈtsuː] ⟨Pronominaladv.⟩ /auf Sachen bez./ **1.** ⟨leitet einen direkten od. indirekten Fragesatz ein⟩ ʿzu welchem Zweckʾ: ~ *tut ihr das?; wisst ihr denn,* ~ *ihr das tut?* **2.** ⟨leitet einen Relativsatz (Attributsatz) ein⟩ ʿzu welcher Sacheʾ: *ich muss noch abwaschen,* ~ *ich aber gar keine Lust habe; ein Thema,* ~ (ʿzu demʾ) *noch viel zu sagen wäre* ❖ ↗ ¹zu; vgl. ¹,³wo MERKE Zur Betonung: ↗ *wobei* (Merke)

Wrack [vʀak], *das*; ~s, ~s **1.** ʿdurch Schäden unbrauchbar gewordenes Fahrzeug, bes. (gestrandetes, untergegangenes, ↗ *untergehen*) Schiffʾ; ↗ FELD VIII.4.3.1: *ein* ~ *aus den Fluten heben, bergen; das* ~ *eines Autos, Flugzeugs* **2.** ʿjmd., der psychisch und physisch völlig am Ende seiner Kräfte istʾ: *er ist (nur noch) ein* ~; *ein menschliches* ~

wrang: ↗ *wringen*

wringen [ˈvʀɪŋən], *wrang* [vʀaŋ], *hat gewrungen* [ɡəˈvʀʊŋən] /jmd./ *etw.* ~ ʿnassen Stoff mit beiden Händen so drehen und pressen, dass das Wasser herausfließtʾ: *die Wäsche, die nasse Badehose* ~

Wucher [ˈvuːxɐ], *der*; ~s, ⟨o.Pl.⟩ ʿstark überhöhte Forderung von Geld, Zins für etw., bes. beim Verleih von Geldʾ: *20 Prozent Zinsen zu verlangen, das ist* ~; *mit etw.* ~ *treiben: mit Darlehen, Miete* ~ *treiben* (ʿstark überhöhte Forderungen für ein Darlehen, einen Mietzins verlangen und so Profit machenʾ); *das ist ja* ~ (ʿein unerhört hoher Preisʾ)! ❖ **wuchern, Wucherung**

wuchern [ˈvuːxɐn] ⟨reg. Vb.; hat⟩ **1.** emot. neg. /Pflanzen, Gewebe/ ʿ(übermäßig) üppig und unkontrolliert wachsen (1.1)ʾ; ↗ FELD II.4.2: *das Unkraut wuchert üppig im Garten, das wilde Fleisch wuchert; eine* ~*de Geschwulst;* ~*des Zahnfleisch entfernen* **2.** /jmd./ *mit etw.* ⟨Dat.⟩ ~ ʿmit etw. durch Wucher Profit aus etw. zu erzielen suchenʾ: *er wuchert mit seinem Geld, Kapital* ❖ ↗ **Wucher**

Wucherung [ˈvuːxəʀ..], *die*; ~, ~en **1.** ⟨o.Pl.⟩ ʿkrankhaft um sich greifende vermehrte Bildung von Gewebe im, am menschlichen, tierischen, pflanzlichen Körperʾ: *die* ~ *der Schleimhäute, des Knochengewebes einzugrenzen suchen* **2.** ʿdurch Wucherung (1) entstandenes Gewebe, Geschwulstʾ: *eine harmlose, gutartige, bösartige* ~; *er hat* ~*en in der Nase;* ~*en entfernen* ❖ ↗ **Wucher**

wuchs: ↗ *wachsen*

Wuchs [vuːks], *der*; ~es, ⟨o.Pl.⟩ **1.** ʿdas Wachsen (1)ʾ: *der üppige* ~ *des Kopfhaares; Bäume, Pflanzen mit schnellem* ~ **2.** ʿdurch Wuchs (1) entstandene äußere Erscheinungsformʾ; SYN Gestalt: *ein Mensch von kräftigem, schlankem, zierlichem* ~; *der hohe* ~ *einer Tanne* ❖ ↗ **¹wachsen**

Wucht [vʊxt], *die*; ~, ⟨o.Pl.⟩ **1.** ʿdurch eine heftige Bewegung erzeugte starke Kraft, mit der etw. jmdn., etw. trifftʾ: *die* ~ *des Schlages, Stoßes, Wurfs, Aufpralls; der Hieb, Stein traf ihn mit ganzer, voller* ~; *unter der* ~ *der Schläge, des Zusammen-*

pralls wanken, umfallen, stürzen; mit voller ~ *zuschlagen; vgl. Gewalt (3)* **2.** umg. *etw., jmd. ist eine* ~ ʿist großartig, phantastischʾ: *das neue Auto ist eine* ~; *meine Freundin ist eine* ~ ❖ **wuchtig**

wuchtig [ˈvʊxtɪç] ⟨Adj.; Steig. reg.⟩ **1.** ʿmit Wucht (1)ʾ /auf Tätigkeiten bez./: ~*e Schläge mit der Axt, Faust;* ~ *hauen, schlagen* **2.** ʿdurch seine Masse groß und schwer wirkendʾ /vorw. auf Konstrukte bez./: *ein* ~*er Turm, Schrank; die* ~*en Mauern einer Burg; der Bau war, wirkte* ~ ❖ ↗ **Wucht**

wühlen [ˈvyːlən] ⟨reg. Vb.; hat⟩ **1.** /Tier, jmd./ *in etw.* ⟨Dat.⟩ ~ ʿmit den Händen, den vorderen Pfoten in die Erde (3) eindringen und sie mit kräftigen Bewegungen nach links und rechts zur Seite wenden und sie um und um kehren, bes. um etw. darin zu suchenʾ: *er wühlte mit Eifer in der Erde, im Sand, im Schlamm; der Hund wühlte im Beet* **1.2.** /Tier/ *etw. in etw.* ~ ʿein Loch, einen Gang durch Graben in der Erde herstellenʾ: *der Maulwurf wühlt lange Gänge in das Erdreich; der Hund hat ein Loch in die Erde gewühlt* **1.3.** /jmd., Tier/ *nach etw.* ⟨Dat.⟩ ~ ʿdurch Graben in der Erde nach etw. suchenʾ: *(in der Erde) nach Kartoffeln* ~; *nach Würmern* ~ **1.4.** /jmd./ *irgendwo nach etw.* ⟨Dat.⟩ ~ ʿim Inhalt eines Behälters, in einem Haufen von Sachen nach etw. suchen und dabei alles durcheinander bringenʾ: *im Koffer, unter der Wäsche, zwischen den Papieren nach etw.* ~, *nach dem Brief* ~ **2.** /jmd./ *gegen jmdn., etw.* ʿgegen jmdn., etw. (im politischen, wirtschaftlichen Bereich) hetzen od. etw. unternehmen, das ihm Schaden zufügtʾ; ↗ FELD I.2.2: *sie haben so lange gegen ihn gewühlt, bis er aufgegeben hat, zurückgetreten ist* ❖ **aufwühlen**

Wulst [vʊlst], *der*; ~es/auch ~s, Wülste [ˈvʏlstə]/auch ~e; auch *die*; ~, Wülste/auch ~e ʿetw., das in länglicher rundlicher Form aus etw., bes. aus der Haut, hervorstehtʾ: *jmd. hat dicke Wülste im Nacken; die* ~ *auf der vernarbten Wunde; beim Schweißen ist eine dicke* ~ *auf dem Werkstück entstanden* ❖ **wulstig**

wulstig [ˈvʊlstɪç] ⟨Adj.; Steig. reg.; nicht bei Vb.⟩ ʿwie ein(e) Wulst geformtʾ /beschränkt verbindbar/: ~*e Lippen* ❖ ↗ **Wulst**

wund [vʊnt] ⟨Adj.; o. Steig.⟩ ʿbes. durch Reibung leicht verletzt, entzündetʾ /auf die Haut bes. von Gliedmaßen bez./: ~*e Fersen, Füße, Finger, Hände; der Kranke ist* ~ *vom langen Liegen; den Säugling pudern, damit er nicht* ~ *wird; er hat sich* ⟨Dat.⟩ *die Füße* ~ *gelaufen* ❖ **verwunden, Verwundete, Verwundung, Wunde – Schürfwunde**

Wunde [ˈvʊndə], *die*; ~, ~n ʿdurch gewaltsame Einwirkung hervorgerufene Verletzung der Haut und des darunter liegenden Gewebesʾ: *eine leichte, schwere, tiefe, frische, offene, vernarbte, schmerzhafte, gefährliche* ~; *die* ~ *blutet, eitert, schmerzt; die* ~ *behandeln, reinigen, desinfizieren, nähen, verbinden; er hat eine* ~ *am Arm, Kopf; der Hund leckt seine* ~*n; er blutete aus vielen* ~*n* ❖ ↗ **wund**

* /jmd., etw./ **eine alte ~/alte ~n wieder aufreißen** ʿschmerzliche Erinnerungen wieder wachrufenʾ:

dieses Ereignis, seine Erzählung hat alte ~n wieder aufgerissen

Wunder, das; ~s, ~; vgl. *wunder* **1.** ˈnicht erklärbares, Staunen erregendes Geschehen, das den Gesetzmäßigkeiten, Regeln widerspricht, zu widersprechen scheintˈ: *ein unbegreifliches, vermeintliches ~; (nicht) an ~, an ein ~ glauben; auf ein ~* (ˈeine glückliche Wende in einer Angelegenheitˈ) *hoffen; sein Rettung erschien ihm, uns allen wie ein ~, war ein ~; ein ~* (ˈetw., das man nach aller Erfahrung nicht erwartet hätteˈ) *ist geschehen; wie durch ein ~* (ˈals hätte ein Wunder gewirktˈ) *hat er überlebt* **2.** ⟨o.Pl.⟩ *ein ~* ⟨+ Gen.attr. od. *an*⟩ ˈdas übliche Maß weit überschreitendes bewundernswertes Produkt, Ergebnisˈ: *das ist ein ~ der Technik, Natur; das Flugzeug ist ein ~ an Präzision; das Kind ist ein ~ an Begabung* (ˈist außergewöhnlich begabtˈ) ❖ **wunderbar, wunderlich, wundern, bewundern, Bewunderung − Wirtschaftswunder**

* **~ was**: *er denkt, er wäre ~ was* (ˈwäre etw. Besonderesˈ); *denk bloß nicht, dass deine Leistung ~ was* (ˈetw. Überragendesˈ) *wäre;* **~ wer**: *er glaubt, er wäre ~ wer* (ˈer wäre eine bewundernswerte Persönlichkeitˈ); **~ wie**: *er denkt, er wäre ~ wie klug* (ˈer wäre besonders klugˈ); **etw. wirkt ~** ˈetw., bes. eine Aktion, ein Medikament, hat eine überraschend gute und schnelle Wirkung, hilft sehr gut und schnellˈ: *eine Ohrfeige wirkt da manchmal ~;* ⟨⟩ umg. /jmd./ ⟨nicht im Prät., Perf.⟩ **sein blaues ~ erleben** /meist als Androhung/ ˈeine unangenehme Überraschung erlebenˈ: *der wird noch sein, da kannst/wirst du dein blaues ~ erleben!;* /etw., vorw. es, das/ **(k)ein ~ sein** ˈ(nicht) erstaunlich seinˈ: *es, das ist ein ~, dass er das überlebt hat; es ist kein ~, dass er die Prüfung nicht bestanden hat;* **was ~, wenn …/dass …** ˈes ist nicht zu verwundern, wenn …/ dass …, denn es war ja vorauszusehenˈ: *was ~, dass das Experiment nicht geklappt hat!*

wunderbar [ˈ..] ⟨Adj.⟩ **1.** ⟨o. Steig.⟩ ˈwie ein Wunder (1) erscheinendˈ: *die ~e Rettung der Schiffbrüchigen; eine ~e Begebenheit* **2.** ⟨Steig. reg.⟩ ˈBewunderung erregendˈ; SYN großartig, phantastisch /auf Sachen, Personen bez./: *ein ~es Gemälde, Konzert; das Buch ist ~; ~ spielen, tanzen, singen; er ist ein ~er Mensch* (ˈein Mensch mit sehr positiven Charaktereigenschaftenˈ) **3.** ⟨o. Steig.; nur bei Vb.⟩ ˈaußerordentlich gutˈ: *sie hat sich ~ erholt, gehalten* ❖ ↗ **Wunder**

wunderlich [ˈ..] ⟨Adj.; Steig. reg.⟩ ˈsonderbar und ein wenig lächerlichˈ; SYN kauzig, schrullig /auf Sprachliches, Personen bez./: *eine ~e Idee; ein ~er Mensch; etw. mutet jmdn. ~ an, kommt jmdn. ~ vor; er ist doch schon recht ~ (geworden);* vgl. *verschroben* ❖ ↗ **Wunder**

wundern [ˈvʊndɐn] ⟨reg. Vb.; hat⟩ **1.** /jmd./ *sich über etw., jmdn. ~* ˈetw., jmdn., das, der ganz anders ist als üblich od. erwartet, mit Staunen und Überraschung zur Kenntnis nehmenˈ: *wir haben uns sehr über seine Äußerung, seine Aufmachung, darüber, über sein Verhalten, über ihn gewundert;* ⟨+

Nebens.⟩ *du wirst dich ~* (ˈes nicht für möglich haltenˈ), *wenn du hörst, was uns widerfahren ist; wir haben uns sehr, nicht wenig gewundert* **2.** *etw.* ⟨vorw. es, das⟩ *wundert jmdn.* ˈetw., bes. jmds. Verhalten/ liegt außerhalb jeglicher Norm und ist daher für jmdn. überraschend und unerwartet, dass er nicht weiß, wie er es beurteilen sollˈ: *sein Verhalten, seine Entscheidung, sein Benehmen hat uns sehr gewundert; das wundert ihn schon gar nicht mehr; es wunderte ihn/ihn wunderte es, dass keine Nachricht gekommen war; es sollte mich nicht ~, wenn …* (ˈich halte es für möglich, wahrscheinlich, dass …ˈ): *es sollte mich nicht ~, wenn er durch die Prüfung fiele, so faul wie er ist; es sollte mich ~, wenn sie uns schriebe* (ˈich glaube nicht, dass sie uns schreiben wirdˈ) ❖ ↗ **Wunder**

wund liegen, sich, lag sich wund, hat sich wund gelegen /jmd./ *das Baby, der Kranke hat sich wund gelegen* (ˈhat durch langes Liegen wunde, entzündete Stellen auf der Haut bekommenˈ)

Wunsch [vʊnʃ], **der;** ~es, Wünsche [ˈvʏnʃə] **1.1.** ˈetw., das jmd. gern haben od. verwirklicht sehen möchteˈ: *jmd. hat einen berechtigten, (un)bescheidenen, großen, geheimen, unerfüllbaren ~; sein sehnlichster, einziger ~ war ein neues Auto; das war schon immer sein ~; sein liebster ~ war in Erfüllung gegangen; er hat viele, keine Wünsche; er war von dem ~ beseelt, ein eigenes Haus zu besitzen; einen ~ äußern; einen ~ an jmdn. herantragen; jmds Wünsche befriedigen; jmdm. einen ~ erfüllen, abschlagen; sich nach jmds. Wünschen richten; sich jmds. ~ beugen; am Ziel seiner Wünsche sein* (ˈerreicht, bekommen haben, was man begehrteˈ); *der ~ nach etw.: der ~ nach Frieden, Ruhe, Wohlstand; alles ging, lief nach ~* (ˈso, wie es erhofft, gewünscht wurdeˈ); ⟨+ Nebens.⟩ *er hat nur den einen ~, wieder gesund zu werden; es war sein ~ und Wille* (ˈer wollte unbedingtˈ), *dass …* **1.2.** *auf eigenen ~* ˈweil man es selbst willˈ: *er ist auf eigenen ~ in eine andere Abteilung versetzt worden; auf vielfachen ~* ˈweil von vielen Hörern, Zuschauern gewünschtˈ: *das Theaterstück, die Sendung wird auf vielfachen ~ wiederholt; auf ~* ˈwenn es vom Kunden verlangt wirdˈ: *auf ~ wird die Ware auch ins Haus geliefert* **1.3.** /in der kommunikativen Wendung/ *haben Sie sonst noch einen ~, noch Wünsche* (ˈdarf ich Ihnen sonst noch etw. servieren, anbietenˈ)? /Frage des Kellners od. Verkäufers an den Gast, Kunden/ **2.** ⟨vorw. Pl.⟩ ˈjmdm. aus bestimmtem Anlass ausgesprochene Hoffnung, Erwartung, dass sich für ihn etw. bestimmtes Positives verwirklichen mögeˈ: *jmdm. die besten Wünsche für eine baldige Genesung aussprechen; herzliche, beste, alle guten Wünsche zum Jahreswechsel, zum Geburtstag, zur Hochzeit versenden; Die besten Wünsche zum …, zur …* /Text einer Glückwunschkarte/: *die besten Wünsche zur Verlobung sendet dir dein Bruder* ❖ **erwünschen, verwünschen, wünschen − beglückwünschen, Glückwunsch, wünschenswert**

* etw. ist ein frommer ~ (´ist etw., das sich nicht verwirklichen lässt´); ⟨⟩ scherzh. **dein ~ ist mir Befehl** (´ich tute, was du willst´)

wünschen [´vʏnʃn̩] ⟨reg. Vb.; hat⟩ **1.** /jmd./ *sich* ⟨Dat.⟩ *etw.* ~ ´in Bezug auf sich selbst einen Wunsch (1.1), Wünsche haben, äußern´: *sich etw. sehnlich(st), heimlich, nachdrücklich ~; sich ein Auto, Glück (im Spiel) ~; es wäre zu ~, dass diese Affäre gut endet; er wünschte nichts sehnlicher, als dass sie zu ihm zurückkäme; ihr hättet euch kein schöneres Wetter ~ können!; /in der kommunikativen Wendung/ was ~ Sie bitte* (´was möchten sie gern kaufen´)? /Frage des Verkäufers an den Kunden/ **2.** /jmd./ *jmdm. etw.* ~ ´jmdm. gegenüber die Erwartung äußern, dass sich etw. für ihn verwirklichen möge´: *jmdm. viel Erfolg ~; ich wünsche dir, dass alles gut geht; ich wünsche dir von Herzen alles Gute, Gesundheit, viel Glück!; jmdm. gute Besserung, guten Appetit* ~ **3.** /jmd./ ⟨+ Nebens.⟩; oft in der 1. Pers.⟩ *etw.* ~ ´nachdrücklich den Wunsch (1) äußern, dass etw. Bestimmtes getan wird´: *ich wünsche, nicht gestört zu werden/dass ich nicht gestört werde; er wünscht, dass die Arbeit termingemäß fertig gestellt wird; die gewünschten Angaben machen* ❖ ↗ **Wunsch**

* etw. lässt zu ~ übrig ´etw. ist nicht so gut, wie man es erwarten könnte´: *der Aufsatz, sein Verhalten ließ zu ~ übrig*

wünschens|wert [´vʏnʃns..] ⟨Adj.; Steig. reg., ungebr.⟩ ´so, dass man sich wünscht, es sei eintrete, verwirklicht werde´: *etw., die Einhaltung der Versprechungen der Politiker ist, wäre ~, halten wir für ~; etw. mit ~er Offenheit, Höflichkeit* (´mit einer Offenheit, Höflichkeit, wie man sie sich gewünscht hat od. wünschte´) *vortragen, erklären, äußern* ❖ ↗ **Wunsch, ↗ wert**

wurde: ↗ *werden*

Würde [´vʏʀdə], **die**; ~, ~n **1.** ⟨o.Pl.⟩ ´dem Menschen als Persönlichkeit zukommender, ihm eigener Wert, der geachtet, respektiert werden muss´: *die menschliche ~/die ~ des Menschen ist unantastbar; seine ~ (be)wahren, verlieren; jmds. ~ schützen, achten, respektieren; jmdn. in seiner ~ verletzen* **2.** ⟨o.Pl.⟩ ´Haltung, Verhalten, Auftreten eines Menschen im Bewusstsein seiner Würde (1)´: ⟨vorw. mit Attr.⟩ *seine, ihre natürliche, schlichte, edle ~; er strahlte ~ aus; jmdn. mit gelassener ~ behandeln, empfangen; mit gemessener ~ sprechen* **3.** ´mit Titel(n), Ehren und hohem Ansehen verbundene Stellung´: *akademische, geistliche ~n empfangen; jmdm. die ~ eines Professors verleihen* **4.** ⟨o.Pl.⟩ *die* ~ (´die Achtung gebietende Bedeutung´) *des Gerichts, Alters* ❖ **würdig, würdigen, Würdigung, entwürdigen** — **denkwürdig, erbarmungswürdig, fragwürdig, glaubwürdig, herabwürdigen, liebenswürdig, menschenwürdig, menschenunwürdig, strafwürdig, unwürdig, würdelos, Würdenträger, würdevoll**

* /etw./ unter jmds. ~ sein ´für jmdn. aus Gründen seiner Würde, seiner Selbstachtung unmöglich sein,

etw. Bestimmtes zu tun´: *es war unter seiner ~, ihn anzusprechen;* spött. *den Mülleimer runterzubringen ist wohl unter deiner ~* (´du hältst dich wohl für etw. Besonderes, weil du es als unzumutbar ansiehst, den Mülleimer runterzutragen´)?; ⟨⟩ umg. **etw.** (bes. *das*) **ist unter aller ~** ´etw. ist sehr schlecht´: *dein Aufsatz ist unter aller ~!*

würde|los [´..] ⟨Adj.⟩ ´die Würde (1) verletzend´ /auf bestimmte Tätigkeiten bez./: *sein ~es Benehmen; die Behandlung der Gefangenen war ~; sich ~ benehmen* ❖ ↗ **Würde, ↗ los**

Würden|träger [´vʏʀdn̩..], **der** ´jmd., der ein hohes, ehrenvolles Amt bekleidet´: *ein hoher, kirchlicher ~; die ~ der Universität erschienen in ihrer Amtsrobe* ❖ ↗ **Würde, ↗ tragen**

würde|voll [´vʏʀdə..] ⟨Adj.; Steig. reg., ungebr.⟩ ´voller Würde (1)´: *~ daherschreiten; jmdn. ~ begrüßen* ❖ ↗ **Würde, ↗ voll**

würdig [´vʏʀdɪç] ⟨Adj.⟩ **1.** ⟨Steig. reg.⟩ ´Würde (2) besitzend, ausstrahlend und zeigend´ /auf Personen und ihre Haltung bez./: *eine ~e Haltung, Miene; seine Haltung war ~; ~ auftreten; ein ~er alter Herr* **2.** ⟨Steig. reg.; nicht präd.⟩ ´dem, einem feierlichen Anlass angemessen´: *ein ~es Begräbnis; ein Jubiläum ~, in ~er Form begehen; einen hohen Gast ~ empfangen, verabschieden* **3.** ⟨Steig. reg., ungebr.⟩ ´Verdienste, Fähigkeiten für etw. besitzend, die keinen Vergleich zu scheuen brauchen´ /auf Personen bez./: *er ist ein ~er Nachfolger des Direktors; sie hielten ihn für ~, er war ~, dieses Amt zu übernehmen, zu versehen* **4.** ⟨o. Steig.; nur präd. (mit sein, werden)⟩ /jmd./ *etw.* ⟨Gen.⟩ ~ *sein: er ist unseres Vertrauens, dieser Ehre* ~ (´verdient unser Vertrauen, ist diese Ehre wert´); *sich etw.* ⟨Gen.⟩ ~ *erweisen: er hat sich dieses Amtes, unserer Freundschaft* ~ *erwiesen* (´er hat gezeigt, dass er dieses Amt gut versehen kann, dass er unsere Freundschaft verdient´) ❖ ↗ **Würde**

-würdig /bildet mit einem Subst. als erstem Bestandteil Adjektive; drückt aus, dass man das im ersten Bestandteil Genannte tun sollte/: ↗ z. B. *erbarmungswürdig*

würdigen [´vʏʀdɪgn̩] ⟨reg. Vb.; hat⟩ **1.** /jmd./ *jmdn., etw.* ~ ´jmdn. offiziell bes. nach seiner Leistung, etw. offiziell nach seinem Wert anerkennen und entsprechend loben´; ↗ FELD I.4.2.2: *einen Schriftsteller, Architekten, einen Künstler ~; jmds. Verdienste, Leistungen ~; sie wussten sein Entgegenkommen zu ~; jmds. Werk, ein Werk der Technik* ~ **2.** ⟨nur verneint⟩ /jmd./ *jmdn. etw.* ⟨Gen.⟩ ~: *jmdn. keines Grußes, Blickes, keiner Antwort* ~ (´jmdn. aus Ablehnung, Arroganz nicht grüßen, anblicken, jmdm. nicht antworten´) ❖ ↗ **Würde**

Würdigung [´vʏʀdɪg..], **die**; ~, ~en ⟨vorw. Sg.⟩ ´anerkennende Einschätzung einer Person, ihrer Leistung´; ↗ FELD I.4.2.1: *etw., jmd. erfährt, findet eine angemessene, gerechte, gebührende, verdiente ~; jmdn. in ~* (´wegen´) *seiner Verdienste, Arbeit auszeichnen* ❖ ↗ **Würde**

Wurf [vʊrf], **der**; ~s/auch ~es, Würfe ['vʏrfə] **1.** /zu *werfen 1/* ˈeinzelner Vorgang des Werfens'; ↗ FELD I.7.3.1: *ein kurzer, weiter, geschickter ~; ein ~ mit einem Speer; einen ~ tun; zu einem ~ ausholen* **2.** ⟨+ Attr.⟩ ˈGesamtheit der von einem kleineren Säugetier auf einmal geborenen Jungen': *ein ~ Ferkel, Hunde, Katzen, Kaninchen* ❖ ↗ **werfen**

Würfel ['vʏrfļ], **der**; ~s, ~ **1.** Math. ˈvon sechs gleichen quadratischen Flächen begrenzter Körper'; ↗ FELD III.1.1 (↗ TABL Geom. Figuren): *den Inhalt, die Oberfläche eines ~s berechnen* **2.** ˈkleiner Gegenstand in Form eines Würfels (1) mit meist abgerundeten Ecken und Kanten, dessen Flächen in bestimmter Anordnung mit Punkten von 1–6 versehen sind': *ein ~ aus Holz, Elfenbein, Kunststoff; mit ~n spielen* **3.** ˈetw., meist ein Nahrungsmittel, das wie ein Würfel (1) geformt worden ist': *ein ~ Margarine, Speck; Fleisch, Kartoffeln, Karotten, Käse in ~ schneiden* ❖ ↗ **werfen**

würfeln ['vʏrfļn] ⟨reg. Vb.; hat⟩ **1.** /jmd./ *eine Zwei, Sechs ~* (ˈbeim Werfen eines Würfels erreichen, dass er mit der Seite nach oben zu liegen kommt, auf der zwei, sechs Punkte sind') **2.** /jmd./ *mit jmdm. um etw. ~* ˈdurch Würfeln (1) mit jmdm. um etw. losen': *mit jmdm. um Geld ~;* /zwei od. mehrere (jmd.)/ *sie würfelten um Geld* **3.** /jmd./ *etw. ~* ˈein schnittfestes Nahrungsmittel so zerschneiden, dass Würfel (3) entstehen': *Speck, Zwiebeln, Kartoffeln ~* ❖ ↗ **werfen**

würgen ['vʏrgn] ⟨reg. Vb.; hat⟩ **1.** /jmd./ *jmdn. ~* ˈjmdm mit den Händen, mit einem Strick o.Ä. die Kehle zusammenpressen (damit er erstickt)': *er hat sie so sehr gewürgt, dass sie fast erstickt wäre; jmdn. bis zur Bewusstlosigkeit ~* **2.** *etw. würgt jmdn.* **2.1.** *die Krawatte, der Kragen würgt* (ˈdrückt') *ihn (am Hals)* **2.2.** *der Husten würgte ihn* (ˈnahm ihm den Atem') **2.3.** *der Ekel würgte ihn* (ˈverursachte ihm das Gefühl im Hals, als müsste er sich übergeben') ❖ **erwürgen – abwürgen**

Wurm [vʊrm], **der**; ~s/auch ~es, Würmer ['vʏrmɐ] ˈkleines längliches rundes Tier ohne Knochen und Gliedmaßen, das sich kriechend, bes. durch Zusammenziehen und Strecken des Körpers, fortbewegt'; ↗ FELD II.3.1: *ein langer, fetter, dicker ~; der ~ windet sich, krümmt sich, kriecht voran; einen ~ als Köder beim Angeln benutzen; von Würmern befallenes, zerfressenes Holz; er hat Würmer* (ˈkleine Parasiten im Darm, After'); /in der kommunikativen Wendung/ umg. *da ist der ~ drin* (ˈda stimmt etw. nicht, ist etw. nicht in Ordnung') /wird gesagt, wenn man vermutet, dass bei einem Unternehmen, Plan, Vorhaben (vorsätzlich) etw. versäumt, falsch gemacht wurde/ ❖ **Bandwurm, wurmstichig**

* umg. /jmd./ *jmdm. die Würmer aus der Nase ziehen müssen* ˈjmdn., der nicht mitteilsam ist, lange und umständlich fragen müssen, bis er etw. mitteilt': *dem muss man ja die Würmer aus der Nase ziehen*

wurmen ['vʊrmən] ⟨reg. Vb.; hat⟩ umg. *etw.* ⟨vorw. es, das⟩ *wurmt jmdn.* ˈetw. ärgert, verdrießt jmdn.

lange': ⟨oft mit Nebens.⟩ *es wurmt mich sehr, dass ich das Grundstück nicht sofort gekauft habe*

wurm|stichig ['vʊrmʃtɪçɪç] ⟨Adj.; Steig. reg.; nicht bei Vb.⟩ ˈvon Würmern befallen, zerfressen' /vorw. auf Holz bez./: *~es Holz, Obst; die Pilze sind ~* ❖ ↗ **Wurm, ↗ stechen**

Wurst [vʊrst], **die**; ~, Würste ['vʏrstə] ↗ auch *Würstchen* **1.1.** ⟨o.Pl.⟩ ˈaus verschiedenartigen Mischungen von zerkleinertem Fleisch, Innereien, Blut, Fett und Gewürzen hergestellte Masse, die gekocht, gebrüht, geräuchert (und als Füllung in eine Hülle gestopft) wird'; ↗ FELD I.8.1 (↗ BILD): *eine Dose mit ~; ~ aufs Brot legen, streichen* **1.2.** ˈlängliches, an beiden Enden zugebundenes Stück aus natürlichem od. künstlichem Darm, das mit Wurst (1) gefüllt ist': *eine geräucherte, harte, frische ~; Würste kochen, braten, grillen; eine Scheibe von einer ~ (abschneiden);* /in den kommunikativen Wendungen/ umg. *jetzt geht es um die ~* (ˈjetzt entscheidet sich die Sache und alle Kräfte müssen mobilisiert werden, um den Erfolg zu sichern') /sagt jmd., wenn er vor einer Entscheidung aufrufen will, sich zu konzentrieren/; *das ist mir (alles völlig) ~/ Wurscht* (ˈdas ist mir vollkommen gleichgültig')! ❖ **Würstchen – Bratwurst, Bockwurst, Leberwurst**

Wurst

* /jmd./ *mit der ~ nach der Speckseite/dem Schinken werfen* (ˈbei kleinem Einsatz, Aufwand etw. Größeres, Besseres, mehr zu gewinnen suchen')

Würstchen ['vʏrstçən], **das**; ~s, ~; ↗ auch *Wurst* ˈdünne Wurst (2), die warm und mit Senf gegessen wird': *Wiener, Frankfurter ~; ~ warm machen; ~ mit Senf und Brötchen* ❖ ↗ **Wurst**

Würze ['vʏrtsə], **die**; ~, ~n ⟨vorw. Sg.⟩ ˈSubstanz, die einer Speise, einem Getränk einen angenehmen Geschmack, Geruch verleiht': *eine feine, milde, kräftige ~; Pfeffer, Paprika als ~ verwenden* ❖ **Gewürz, würzen, würzig**

Wurzel ['vʊrtsļ], **die**; ~, ~n ˈim Erdboden wachsender Teil einer Pflanze, der ihr Halt gibt und deren dünne, feine und feinste verästelte Teile Wasser und Nährstoffe für sie aufnehmen'; ↗ FELD II.4.1: *eine lange, dünne, dicke ~; eine Blume mit starken, kräftigen ~n; Unkraut mit der ~ ausreißen; eine Pflanze treibt ~n; die Pflanze hat ~n geschlagen* (ˈhat Wurzeln gebildet und ist damit angewachsen') ❖ **wurzeln**

* /jmd./ *irgendwo ~n schlagen* ˈirgendwo heimisch werden': *er hat rasch ~n geschlagen in Berlin* **2.** *da kann man ja ~n schlagen, willst du hier ~n schlagen?* /wird gesagt, wenn man glaubt, irgendwo allzu lange warten zu müssen/

wurzeln ['vʊrtsļn] ⟨reg. Vb.; hat⟩ /Pflanze/ *im Erdboden ~* (ˈmit der Wurzel, den Wurzeln im Erdboden

festen Halt gefunden haben'); *flach, tief* ~ ❖ ↗
Wurzel

würzen ['vʏʁtsn̩] ⟨reg. Vb.; hat⟩ **1.** /jmd./ *eine Speise,
ein Getränk* ~ 'eine Speise, ein Getränk durch Hinzufügen von Gewürzen schmackhaft(er) machen':
den Braten (mit Pfeffer, Kräutern, Paprika) ~*; die
Suppe ist pikant, scharf, zu wenig, ist stark gewürzt*
2. /jmd., etw./ *etw. mit etw.* ⟨Dat.⟩ ~ 'einen Text
durch bestimmte Elemente attraktiv machen': *er
hatte seinen Vortrag mit einigen Anekdoten gewürzt;
Humor würzt das Leben* ('macht das Leben angenehmer') ❖ ↗ **Würze**

würzig ['vʏʁtsɪç] ⟨Adj.; Steig. reg.⟩ 'einen angenehm
kräftigen Geschmack aufweisend od. einen angenehm kräftigen Geruch verbreitend' /vorw. auf
Nahrung bez./; ↗ FELD I.3.4.3, 8.3: *ein* ~*es Ragout, Schwarzbrot; das Brot ist* ~*; ein* ~*er Duft,
Wein; ein* ~*es Aroma;* ~*e Kräuter; etw. riecht,
schmeckt* ~ ❖ ↗ **Würze**

wusch: ↗ *waschen*

wusste: ↗ *wissen*

Wust [vuːst], **der;** ~es/auch ~s, ⟨o.Pl.⟩ emot. neg.
'großes Durcheinander von Dingen': *ein heilloser*
~ *(aus Bücher und alten Kleidungsstücken) lag
herum; ein* ~ *Papiere, Bücher; ein* ~ *von Büchern;
ein* ~ *von Gedanken, Ideen; in einem* ~ *von Zahlen
zu ersticken drohen*

wüst [vyːst] ⟨Adj.⟩ emot. **1.** ⟨Steig. reg., ungebr.;
nicht bei Vb.⟩ 'landwirtschaftlich nicht genutzt
und nicht bewohnt'; SYN öde /auf Land bez./: *eine*
~*e Gegend, Landschaft;* vgl. öde (2) **2.** ⟨Steig. reg.⟩
SYN 'chaotisch (1.1)': *in der Wohnung herrschte ein*
~*es Durcheinander; die Haare standen ihm* ~ *um
den Kopf; hier sieht es* ~ *aus, liegt alles* ~ *durcheinander* **3.** ⟨Steig. reg., ungebr.⟩ SYN 'wirr (1.2)' /auf
Mentales, Sprachliches bez./: ~*e Gedanken haben;
sein Bericht war ein* ~*es Gestammel;* ~*e Träume
haben; er hat* ~ *geträumt* **4.** ⟨Steig. reg.⟩ emot.
SYN 'zügellos (1)' /auf Handlungen, Personen
bez./: *dort herrschte ein* ~*es Treiben, eine* ~*e Orgie;
er war ein* ~*er Kerl; ein* ~*es* (SYN 'ausschweifendes 2') *Leben führen* **5.** ⟨Steig. reg., ungebr.⟩ emot.
'wild und heftig' /vorw. auf Akustisches, auf Auseinandersetzungen bez./: ~*er Lärm; eine* ~*e Schlägerei; ein* ~*es Gebrüll; eine* ~*e Hetze;* ~ *toben und
schreien* **6.** ⟨Steig. reg.⟩ 'unflätig und hemmungslos' /vorw. auf Sprachliches bez./: ~*e Drohungen,
Schmähungen, Flüche ausstoßen; jmdn.* ~ *beschimpfen* ❖ **Wüste, Wüstling, unverwüstlich, verwüsten**

Wüste ['vyːstə], **die;** ~, ~n 'größeres Gebiet mit großer Trockenheit und meist großer Hitze am Tag,

das vor allem von Sand od. Gestein bedeckt ist und
in dem es nahezu keine Vegetation gibt'; ↗ FELD
III.2.1,II.1.1: *die afrikanischen, asiatischen* ~*n; die*
~ *Gobi, Sahara; eine Oase in der* ~*; eine* ~ *durchqueren* ❖ ↗ **wüst**

Wüstling ['vyːst..], **der;** ~s, ~e emot. 'jmd., der ein
sittenloses, ausschweifendes Leben führt, geführt
hat': *sich wie ein* ~ *benehmen; ein alter, schamloser*
~ ❖ ↗ **wüst**

Wut [vuːt], **die;** ~, ⟨o.Pl.⟩ SYN 'Zorn'; ↗ FELD
I.6.1: *sinnlose, ohnmächtige, blinde* ~*; ihn hatte eine
rasende, wilde* ~ *ergriffen; in* ~ *geraten, ausbrechen; voller* ~ *zertrümmerte er die Einrichtung,
brüllte er sie an; vor* ~ *toben und schreien; von* ~
erfüllt sein; voller ~ *stürzte er sich auf seinen Widersacher; die* ~ *(gegen jmdn., etw.) hatte ihn erfasst,
gepackt; seine* ~ *legte sich schnell; seine* ~ *war
schnell verraucht; wegen etw.* ~ *auf jmdn., etw. haben; seine* ~ *an jmdm. auslassen; sie heulte vor* ~*;
er war rot, bleich vor* ~ *(im Gesicht); vor* ~ *platzen, schäumen* ('außerordentlich wütend sein')
❖ **wüten, wütend – Stinkwut, Tollwut, tollwütig,
wutentbrannt, Zerstörungswut**

* umg. /jmd./ **(eine)** ~ **im Bauch haben** ('sehr wütend
sein, ohne dies äußern zu können')

wüten ['vyːtn̩], wütete, hat gewütet; ↗ auch *wütend* **1.**
/jmd./ 'vor Wut toben, gewalttätig werden'; ↗
FELD I.6.2: *sie haben gewütet wie die Barbaren;
erbittert, blind, sinnlos* ~*; gegen jmdn.* ~ ('gegen
jmdn. zornig und gewalttätig vorgehen') **2.** emot.
ein Unwetter, Sturm, Gewitter wütet ('ist so heftig,
dass es viele Zerstörungen anrichtet'); *das Feuer hat
schrecklich gewütet* ('war sehr heftig und hat großen Schaden angerichtet'); *Seuchen wüteten* ('verbreiteten sich rasch und forderten viele Opfer') *im
Land* ❖ ↗ **Wut**

wütend ['vyːtn̩t] ⟨Adj.; ↗ auch *wüten*⟩ **1.** ⟨Steig. reg.⟩
'von Wut erfüllt'; ↗ FELD I.6.3: *ein* ~*er Betrunkener;* ~ *toben und schreien; jmdn.* ~ *machen; er wird,
ist immer schnell* ~*; jmdn.* ~ ('vor Wut') *beschimpfen, angreifen; auf, über jmdn., etw.* ~ *sein; ein* ~*er*
('Wut ausdrückender') *Blick* **2.** ⟨o. Steig.; nur attr.⟩
emot. 'außerordentlich heftig': *ein* ~*er Sturm,
Schmerz, Hunger; eine* ~*e Hetze gegen jmdn., etw.*
❖ ↗ **Wut**

wut|entbrannt ['vuːt|ɛntbʁant] ⟨Adj.; o. Steig.; vorw.
bei Vb.⟩ 'in Wut geraten od. von Wut erfüllt'; ↗
FELD I.6.3: ~ *auf jmdn. losgehen, jmdn. angreifen,
beschimpfen; sich* ~ *auf jmdn. stürzen* ❖ ↗ **Wut,** ↗
brennen

x, X

x-beliebig [ˈɪks..] ⟨Adj.; o. Steig.; nicht präd.⟩ umg. ˈganz gleichgültig, welche Person od. Sache': *nennen sie mir eine ~e Zahl!; das kann ein ~er Mensch gewesen sein; das kann an jedem ~en Ort, zu jeder ~en Zeit geschehen sein; das kann nicht ~* (ˈunbegrenzt, willkürlich') *verändert, gesteigert werden* ❖ ↗ **lieb**

x-fach [ˈɪksfax] ⟨Adv.⟩ umg. ˈimmer wieder, viele Male sich wiederholend': *das ist schon ~ geschehen, versucht worden; ein ~ erprobtes Mittel*

x-mal [ˈɪksmɑːl] ⟨Adv.⟩ ˈimmer wieder, viele Male': *etw. ~ wiederholen, sagen* ❖ ↗ **Mal**

Xylophon [ksyloˈfoːn]**, das**; ~s, ~e ˈSchlaginstrument aus Holzstäbchen, die mit zwei Schlegeln zum Klingen gebracht werden': *(auf dem) ~ spielen*

z, Z

Zack [tsak]
* umg. /jmd./ **etw. auf ~ bringen** ('etw. in den gewünschten ordentlichen Zustand bringen'); /jmd./ **auf ~ sein** ('körperlich, geistig in sehr guter Verfassung sein')

Zacke ['tsakə], **die**; ~, ~n 'eins von mehreren spitz zulaufenden, meist dreieckigen Gebilden': *die ~n* (SYN 'Zähne 2') *einer Säge, einer Krone; ein Stern mit drei, sechs ~n; die ~n eines Gebirgskamms* ❖ **zackig — zickzack**

Zacken ['tsakn̩], **der**
* umg. **da brichst du dir keinen ~ aus der Krone/da bricht dir kein ~ aus der Krone** ('da vergibst du dir nichts (↗ *vergeben*), wenn du das tust'); /jmd./ **einen ~ in der Krone haben** ('angetrunken sein')

zackig ['tsakɪç] ⟨Adj.; Steig. reg.⟩ **1.** ⟨vorw. attr.⟩ 'Zacken (↗ *Zacke*) habend, aufweisend' /auf Gegenstände bez./: *~e Felsen* **2.** 'militärisch straff in den Bewegungen': *der junge Soldat grüßte ~; ~ marschieren; er ist ein ~er Bursche* ❖ **zu (1):** ↗ **Zacke**

zaghaft [tsa:k..] ⟨Adj.; Steig. reg.⟩ '(aus Hemmung, Ängstlichkeit) überaus vorsichtig und unentschlossen': *er ist ein ~er Mensch; er machte ein paar ~e Schritte, einen ~en Versuch; ~ gegen die Tür klopfen; er ist sehr ~* ❖ vgl. **verzagen**

zäh [tsɛ:/tse:] ⟨Adj.⟩ **1.1.** ⟨Steig. reg.; nicht bei Vb.⟩ 'von solcher Beschaffenheit, dass es sich nur sehr schwer od. nicht zerreißen lässt'; ANT mürbe (1,2) /auf flexible Materialien, bes. auf Leder bez./; ↗ FELD III.4.3: *~es Leder; etw. ist ~ wie Leder;* scherzh. *das Roastbeef war ~ wie Leder* **1.2.** ⟨nicht bei Vb.⟩ 'von solcher Beschaffenheit, dass es sich nur schwer mit den Zähnen zerkleinern lässt' /auf Nahrung, bes. Fleisch, bez./: *~es Fleisch; der Braten ist ~* **2.** ⟨Steig. reg.; nicht bei Vb.⟩ 'bei schweren Belastungen ausdauernd und widerstandsfähig' /auf Personen, die körperliche Verfassung bez/: *ein ~er Bursche; er hat eine ~e Natur, Gesundheit, Konstitution, ist ~* **3.** ⟨Steig. reg., ungebr.⟩ 'ausdauernd und beharrlich und ohne in seinem Einsatz nachzulassen' /auf Handlungen bez./: *eine Aufgabe mit ~em Fleiß zu Ende führen; er leistete ~en Widerstand; sie haben sich in ~er Kleinarbeit eine Existenz aufgebaut; ~ um den Erfolg kämpfen, ringen* ❖ **zähflüssig**

zäh|flüssig ['..] ⟨Adj.; Steig. reg.; nicht bei Vb.⟩ SYN 'dickflüssig' /vorw. auf bestimmte Nahrungsmittel bez./: *~er Honig, Teig, Brei; der Teig muss ~ sein* ❖ ↗ **zäh,** ↗ **fließen**

Zahl [tsa:l], **die**; ~, ~en **1.** 'mathematische Größe, mit der gezählt, gerechnet wird, z. B. 1,2,3,4 usw.': *die ~ drei (3); die ~en von 5 bis 10; ~en addieren, subtrahieren, dividieren, multiplizieren; eine hohe, niedrige ~; eine gerade, ungerade ~; die Drei ist*

eine ungerade ~, die Vier eine gerade ~; *etw. in ~en angeben; arabische, römische ~en* ('Ziffern'); *genaue ~en* ('Angaben in Zahlen') *liegen noch nicht vor;* vgl. *Ziffer* **2.** ⟨o.Pl.⟩ 'Anzahl, Menge': *die ~ der Bewerber, Bücher; eine große ~ (von) Menschen; der ~ nach waren es nur wenige* ❖ **zahlen, zählen, Zähler, bezahlen, bezahlt — abzählen, Anzahl, anzahlen, aufzählen, Bruchzahl, Dezimalzahl, Unzahl, Gegenzähler, heimzahlen, Mehrzahl, nachzählen, Teilzahlung, vollzählig, zahllos, Zahlungsmittel, zahlungsfähig, -unfähig, zurückzahlen, zusammenzählen, zuzahlen**

* /Unternehmen/ **in die roten ~en kommen/in den roten ~en sein** 'finanzielle Verluste haben': *der Betrieb ist in die roten ~en gekommen, ist in den roten ~en;* /Unternehmen/ **aus den roten ~en herauskommen** ('Gewinne erwirtschaften'); /Unternehmen/ **schwarze ~en schreiben** 'finanzielle Gewinne machen': *der Betrieb schreibt wieder schwarze ~en* ('wirtschaftet wieder effektiv')

zahlen ['tsa:lən] ⟨reg. Vb.; hat⟩ /jmd./ *etw.* ~ 'einer finanziellen Verpflichtung durch Zahlen eines entsprechenden Geldbetrages nachkommen'; SYN bezahlen (1.2): *seine Miete pünktlich, regelmäßig ~; einen Betrag, Geld, den Preis für etw. ~; drei Mark, einen Betrag im Voraus, auf einmal, in Raten ~; Beiträge, Steuern, Schulden ~; bar, mit einem Scheck, einer Kreditkarte ~; mit/in Schweizer Franken ~; jmd. zahlt (jmdm.)* ('entlohnt jmdn.') *gut; jmd. zahlt (jmdm.) Schweigegeld* ❖ ↗ **Zahl**

zählen ['tsɛ:lən/'tse:..] ⟨reg. Vb.; hat⟩ **1.** /jmd./ 'Zahlen der Reihe nach nennen': *von eins bis zwanzig ~; das Kind kann schon ~, hat schon ~ gelernt* **2.** /jmd./ *mehrere (jmd., etw.)* ~ 'die Anzahl der einzelnen Exemplare einer Menge von Sachen, Personen, die Höhe einer Geldsumme durch Zählen (1) und Addieren feststellen, um die zahlenmäßige Größe der Menge angeben zu können': *die Gepäckstücke, seine Bücher, sein Geld, die Anwesenden ~; die Mieter des Hauses ~; die Kinder zählten die Tage bis zu den Ferien* ('stellten die Anzahl der Tage bis zu den ungeduldig erwarteten Ferien fest'); *(das) Geld auf den Tisch ~* ('eine Summe Geld in einzelnen Scheinen, Münzen nacheinander auf den Tisch legen und dabei die Summe feststellen') **3.** /jmd., etw./ *etw.* ~ 'eine bestimmte Anzahl von etw. aufweisen': *er zählt 25 Jahre* ('ist 25 Jahre alt'); *die Stadt zählt* ('hat') *eine Million Einwohner* **4.** /etw./ 'von Bedeutung, Wichtigkeit sein': *hier ~ nur die Leistungen; das zählt nicht* ('das muss nicht berücksichtigt werden') **5.1.** /jmd., etw./ *zu jmdm., etw.* ⟨Dat.⟩ ~ 'Teil einer Gruppe, eines Ganzen sein'; SYN gehören (2): *er zählt zu unseren besten Freunden; die Bäume jenseits der Straße ~ nicht mehr zu unserem Eigentum* **5.2.** /jmd./ *jmdn., sich, etw. zu* *einer Gruppe von Personen, Sachen* ~ ʼjmdn., sich, etw. als zu einer Gruppe, einer Gesamtheit gehörig betrachtenʼ; SYN rechnen (3.1): *jmdn. zu den bedeutendsten Malern des vorigen Jahrhunderts* ~; *er zählt sich zu den glücklichsten Menschen; sie zählt ihre Urlaubsreisen zu den schönsten Erlebnissen ihres Lebens* **6.** /jmd./ *auf etw., jmdn.* ~ ʼsich auf jmdn., etw., bes. ein bestimmtes Verhalten einer Person, verlassenʼ: *sie können auf meine Verschwiegenheit* ~; *ich zähle auf dich; auf mich kannst du* ~!; *er konnte bei dem Hausbau auf seine Brüder* ~ (ʼkonnte sich darauf verlassen, dass sie ihm helfen würdenʼ) ❖ ↗ **Zahl**

Zähler [ˈtsɛːlɐ/ˈtseː..]**, der**; ~s, ~ **1.** ʼGerät, das automatisch den Verbrauch von Gas, Strom ausweistʼ: *den* ~ *ablesen* **2.** ʼbei einem ¹Bruch (4) die über dem Bruchstrich stehende Zahl (1)ʼ: ~ *und Nenner; den* ~ *durch den Nenner dividieren;* vgl. *Nenner* ❖ ↗ **Zahl**

zahl [ˈtsaːl..]]**-los** ⟨Adj.; o. Steig.; nicht bei Vb.⟩ ʼunübersehbar vieleʼ /auf Personen, Sachen bez./: *eine* ~*e Menge strömte auf den Festplatz; die Menge war* ~ (ʼriesengroßʼ); **-reich** ⟨Adj.; Steig. reg., Superl. ungebr.; nicht präd.⟩ ʼin großer Zahlʼ /auf Personen, Sachen bez./: ~*e Zuschauer waren gekommen; sie waren* ~ *erschienen; sich für das* ~*e Erscheinen bedanken* ❖ ↗ **Zahl**

Zahlung [ˈtsaːl..]**, die**; ~, ~en ʼdas Zahlenʼ: *die* ~ *der Beiträge, Raten, der Miete erfolgt monatlich; eine* ~ *leisten* (ʼetw. bezahlenʼ); *die* ~*en einstellen* (ʼetw. nicht mehr weiter zahlenʼ); *etw. in* ~ *geben: das alte Auto in* ~ *geben* (ʼbei dem Kauf eines neuen Autos dem Verkäufer geben, damit er es seinem Wert nach mit dem Preis für das neue verrechnetʼ); *etw. in* ~ *nehmen: die Autofirma hat mein altes Auto in* ~ *genommen* (ʼhat mein altes Auto beim Kauf eines neuen mit verrechnetʼ) ❖ ↗ **Zahl**

zahlungs/Zahlungs [ˈtsaːlʊŋs..]]**-fähig** ⟨Adj.; o. Steig.⟩ ʼin der Lage, Zahlungen zu leisten, zu denen man verpflichtet istʼ /auf Personen bez./: *ein* ~*er Kunde; er war nicht mehr* ~; *er erklärte sich für* ~ ❖ ↗ **Zahl**, ↗ **fähig**; **-mittel, das** ʼetw., das offiziell dazu dient, etw. zu bezahlen, bes. Geld, Schecks, Kreditkarten o.Ä.ʼ; ↗ FELD I.16.1 ❖ ↗ **Zahl**, ↗ **Mittel**; **-unfähig** ⟨Adj.; o. Steig.⟩ ʼnicht in der Lage, Zahlungen zu leisten, zu denen man verpflichtet istʼ: *er ist* ~ ❖ ↗ **Zahl**, ↗ **fähig**

zahm [tsaːm] ⟨Adj.⟩ **1.** ⟨Steig. reg., ungebr.⟩ *ein* ~*es Tier* ʼein sonst wild lebendes Tier, das an den Umgang mit Menschen gewöhnt ist und darum keine Scheu mehr vor ihm hatʼ: *ein* ~*es Reh; ein* ~*er Fuchs; das Tier ist* ~; *ein Tier* ~ *kriegen* **2.** ⟨Steig. reg.; vorw. attr.⟩ umg., emot. neg. ʼnicht streng (1)ʼ /bes. auf Kritiken bez./: *eine* ~*e Kritik, Rezension, Zurechtweisung; die Kritik war recht, ziemlich* ~ ❖ **bezähmen, zähmen**

zähmen [ˈtsɛːmən/ˈtseː..] ⟨reg. Vb.; hat⟩ **1.** /jmd./ *ein Tier* ~ ʼein wild lebendes Tier an den Menschen gewöhnen, damit es seine Scheu vor ihm verliertʼ: *eine Wildkatze, ein Reh* ~ **2.** /jmd./ *seine Ungeduld,*

Neugier, Leidenschaft ~ (ʼbeherrschen lernenʼ) ❖ ↗ **zahm**

Zahn [tsaːn]**, der**; ~s/auch ~es, Zähne [ˈtsɛːnə/ˈtseː..] **1.** ʼeines der sehr harten Gebilde im Ober-, Unterkiefer des Menschen und der Wirbeltiere, die zum Abbeißen und Zerkleinern der Nahrung dienenʼ; ↗ FELD I.1.1: *weiße, gesunde, schlechte Zähne haben; ein hohler, falscher, künstlicher* ~; *der Zahnarzt zieht, füllt einen* ~; *ein* ~ *schmerzt, ist locker; sich die Zähne putzen; der Hund zeigte, fletschte die Zähne; vor Wut mit den Zähnen knirschen; die Zähne zusammenbeißen* (ʼfest aufeinander drücken, bes. um einen starken Schmerz besser aushalten zu könnenʼ) **2.** ⟨vorw. Pl.⟩ SYN ʼZackeʼ: *die Zähne einer Säge, Briefmarke, eines Zahnrades* ❖ **Backenzahn, Löwenzahn, Milchzahn;** vgl. **Zahn-**
* /jmd., Armee, Staat/ *bis an die Zähne bewaffnet sein* (ʼstark bewaffnet seinʼ, ↗ **bewaffnen**); *die dritten Zähne* (ʼdas künstliche Gebissʼ); ⟨⟩ umg. /jmd./ *sich* ⟨Dat.⟩ *an etw.* ⟨Dat.⟩ *die Zähne ausbeißen* (ʼmit einer schwierigen Sache, Aufgabe trotz großer Anstrengung nicht fertig werden, an ihr scheiternʼ); /jmd./ *jmdm. auf den* ~ *fühlen* (ʼjmdn. durch geschicktes Vorgehen, Fragen aushorchenʼ); **etw.** (vorw. *das*) *reicht nur/das ist nur für den hohlen* ~ ʼdas ist viel zu wenig zum Lebenʼ: *mit zehn Mark kann man keine großen Sprünge machen, das reicht heutzutage nur für den hohlen* ~; /jmd./ *jmdm. die Zähne zeigen* (ʼjmdm. zeigen, dass man sich von ihm nichts gefallen lässt, dass man sich zu wehren weißʼ); /jmd./ *jmdm. diesen/den* ~ *ziehen* ʼjmdm. eine Illusion, Hoffnung nehmenʼ: *er glaubte, etw. zu erben, aber den* ~ *hat man ihm schnell gezogen;* /jmd./ *einen* ~ *zulegen* (ʼschneller fahren, arbeitenʼ): *„Nun leg doch mal einen* ~ *zu!“;* /jmd./ *die Zähne zusammenbeißen* (**1.** ʼstarke Schmerzen klaglos ertragenʼ **2.** ʼeine schwierige Situation tapfer durchstehenʼ)

Zahn [ˈ..]]**-arzt, der** ʼ(Fach)arzt, der erkrankte Zähne behandelt, der für Zahnersatz sorgtʼ; ↗ FELD I.10: *zum* ~ *gehen* ❖ ↗ **Arzt**; **-bürste, die** ʼeiner Bürste ähnliches kleines, handliches Gerät zum Säubern und Pflegen der Zähneʼ (↗ BILD): *eine* ~ *mit weichen, harten Borsten; eine* ~ *mit auswechselbarer Bürste* ❖ ↗ **Bürste**; **-pasta** [pasta]**, die**; ~, Zahnpasten ʼPaste, die auf die Zahnbürste zum Pflegen der Zähne aufgetragen wirdʼ: *die* ~ *auftragen; eine andere, neue* ~ *nehmen; die* ~ *aus der Tube drücken* ❖ ↗ **Paste**; **-prothese, die** ʼProthese, die fehlende Zähne ersetztʼ: *den Abguss für eine* ~ *herstellen; die* ~ *anpassen; die* ~ *sitzt, passt (nicht), ist durchgebrochen* ❖ ↗ **Prothese**; **-rad, das** ʼradartiges Teil einer Maschine mit Zähnen (2) auf seinem Rand, durch die Drehbewegungen übertragen werdenʼ: *die Zahnräder greifen ineinander* ❖ ↗ **Rad**

Zahnbürste

Zange ['tsaŋə], **die**; ~, ~n **1.** 'Werkzeug mit zwei über Kreuz verbundenen länglichen Teilen, deren Enden fest zusammengepresst werden können und so zum Zupacken, Biegen od. Zertrennen benutzt werden'; ↗ FELD V.5.1: *einen Draht mit einer ~ abkneifen, abschneiden, biegen; Nägel mit einer ~ aus einem Brett ziehen* **2.** 'zangenähnliches Organ zum Greifen, bes. bei Krebsen' ❖ **Kneifzange, Kombizange**
* /zwei od. mehrere (jmd.)/ **jmdn. in die ~ nehmen 1.** 'jmdn. von zwei, mehreren Seiten bedrängen': *die beiden Verteidiger nahmen den Stürmer in die ~, sodass er nicht zum Torschuss kam* **2.** 'Zwang auf jmdn. ausüben, um ihn zu einem bestimmten Tun zu veranlassen': *die Polizei hat ihn derart in die ~ genommen, dass er nicht umhin konnte, die Tat zu gestehen*

Zank [tsaŋk], **der**; ~es/auch ~s, ⟨o.Pl.⟩ 'Streit mit gegenseitigen Beschimpfungen u.Ä.': *zwischen ihnen gab es ständig ~ (und Streit)* ❖ ↗ **zanken**
zanken ['tsaŋkn̩] ⟨reg. Vb.; hat⟩ **1.** /jmd./ *sich mit jmdm. um etw.* ~ 'sich mit jmdm. um den Besitz von etw. meist Geringfügigem streiten': *er zankte sich mit ihr um den besten Platz, um das größte Stück Kuchen,* /zwei od. mehrere (jmd.)/ ⟨rez.⟩ *sich um etw.* ~: *die Kinder zankten sich um das Spielzeug* **2.** /jmd./ *mit jmdm.* ~ 'jmdn. (heftig) tadeln': *die Mutter zankte (mit den Kindern), weil ...* ❖ **Zank, zänkisch**
zänkisch ['tsɛnk..] ⟨Adj.; Steig. reg.; nicht bei Vb.⟩ 'oft und aus geringfügigem Anlass Streit, Zank beginnend': *er ist ein ~er Mensch; sie ist sehr* ~ ❖ ↗ **zanken**

Zäpfchen ['tsɛpfçən], **das**; ~s, ~ **1.** 'frei hinten im Rachen hängendes längliches Teil des weichen Gaumens'; ↗ FELD I.1.1 **2.** 'Medikament in länglicher Form, das in den After eingeführt und über die Schleimhaut vom Körper aufgenommen wird': *ein ~ einführen; ein ~ gegen Fieber, Schmerzen* ❖ ↗ **Zapfen**

Zapfen ['tsapfn̩], **der**; ~s, ~ **1.** 'meist längliche Frucht von Nadelbäumen mit zahlreichen kleinen Plättchen, zwischen denen die Samen sitzen'; ↗ FELD II.4.1: ~ *pflücken, sammeln* **2.** 'kurzes, rundes, meist konisch geformtes Stück Holz od. Kunststoff zum Verschließen einer runden Öffnung bei einem Gefäß, bes. einem Fass': *der ~ des Bier-, Weinfasses; eine Öffnung mit einem ~ verschließen; einen ~ in das Fass schlagen* ❖ **Zäpfchen**

zappelig ['tsapəliç] ⟨Adj.; Steig. reg.⟩ 'häufig, anhaltend zappelnd' /bes. auf Kinder bez./; ↗ FELD I.7.2.3: *ein ~es Kind; sei nicht so ~!; das macht mich ganz* ~ ❖ ↗ **zappeln**
zappeln ['tsapl̩n] ⟨reg. Vb.; hat⟩ /jmd., bes. Kind, Tier/ 'sich rasch und heftig (mit den Gliedmaßen) kurz und ruckartig hin und her bewegen'; ↗ FELD I.7.2.2: *das Baby zappelte (mit Armen und Beinen); irgendwo* ~: *die Fische* ~ *im Netz* ❖ **zappelig**
* /jmd./ **jmdn. ~ lassen** 'jmdn., der ungeduldig wartet, lange auf eine Antwort, Mitteilung, Entschei-

dung warten lassen': *man hat ihn ganz schön* ~ *lassen*

zart [tsaːʀt] ⟨Adj.⟩ **1.** ⟨Steig. reg.; vorw. attr.⟩ 'von sehr dünner Struktur und sich daher geschmeidig, weich anfühlend und zugleich empfindlich gegen starke Einwirkungen'; ANT grob /vorw. auf Materialien, menschliche Haut bez./: *sie hat eine ~e Haut; ihre Haut war* ~; ~*e Wangen; der ~e Flaum auf den Wangen des jungen Mannes; eine Bluse aus* ~*er Seide; Blumen, Blüten sind* ~*e Gebilde; dieses Gewebe fühlt sich sehr* ~ *an* **2.1.** ⟨Steig. reg.⟩ 'schmal, schlank und schwächlich wirkend'; SYN zerbrechlich (2); ANT kräftig /auf den menschlichen Körper, auf Personen bez./: ~*e Glieder haben; sie ist von* ~*er Gestalt, von* ~*em Wuchs, hat ein* ~*es Gesicht; ein* ~*es Kind; sie war schon immer sehr* ~; *sie sieht* ~ *aus* **2.2.** ⟨Steig. reg., ungebr.; nicht bei Vb.⟩ 'noch sehr jung (1) und daher empfindlich, wenig widerstandsfähig'; ANT kräftig (2) /auf Pflanzen, pflanzliche Organismen bez./: ~*e Pflänzchen, Knospen; die* ~*en grünen Blätter der Birke; die Blätter waren noch* ~ **3.** ⟨Steig. reg.; nicht bei Vb.⟩ 'weich und leicht abzubeißen, leicht zu kauen' /auf Nahrungsmittel bez./: ~*es Gemüse;* ~*es Gebäck; das Schnitzel, Fleisch war sehr* ~ **4.** ⟨Steig. reg.; vorw. attr.⟩ 'so dünn, dass es kaum zu sehen ist': *sehr* ~*e Linien, Striche* **5.** ⟨Steig. reg., Superl. ungebr.; vorw. attr.; nicht bei Vb.⟩ 'schwach (1.1) und empfindlich (2)'; ANT stark, kräftig (1.1): *eine* ~*e Gesundheit, Lunge,* ~*e Nerven haben* **6.** ⟨o. Steig.⟩ oft spött. /beschränkt verbindbar/ *dieser Film, dieses Theaterstück ist nichts für* ~*e ('sensible') Gemüter* **7.** ⟨Steig. reg.; nicht präd.⟩ 'rücksichtsvoll und liebevoll' *jmdn. mit* ~*er Aufmerksamkeit, Fürsorge behandeln; eine* ~*e ('leichte, kaum merkliche, vorsichtige') Berührung, Liebkosung; er ist nicht* ~ *mit ihr umgegangen; sie haben ihn bei dem Verhör nicht gerade* ~, *allzu* ~ *angefasst* **8.** ⟨Steig. reg., ungebr.; vorw. attr.⟩ 'von geringer Intensität, bes. von wenig intensiver Färbung, Leuchtkraft od. Lautstärke' /vorw. auf Farbliches, Akustisches bez./: *eine* ~*e Röte überzog ihr Gesicht; ein Stoff von* ~*em Rosa;* ~*e Farben; eine* ~*e ('leise') Stimme, Melodie; ein* ~*er ('kaum spürbarer') Hauch, Duft* ❖ **zärtlich, Zärtlichkeit** – **zartbesaitet, -fühlend**
zart|-besaitet ⟨Adj.; Steig. reg.; nicht bei Vb.⟩ vorw. spött. 'sehr empfindsam' /auf Personen bez./: ~ *sein; ein* ~*er Mensch;* auch **zart besaitet** ⟨Steig.⟩: *zarter besaitet, am zartesten besaitet* ❖ ↗ **zart; -fühlend** ['..] ⟨Adj.; Steig. reg.; nicht präd.⟩ 'behutsam, rücksichtsvoll, taktvoll' /auf Personen bez./: *jmdn.* ~ *nach etw. Heiklem fragen; er hat sich als sehr* ~, *als* ~*er Mensch erwiesen;* auch **zart fühlend** ⟨Steig.⟩: *zarter fühlend, am zartesten fühlend* ❖ ↗ zart, ↗ fühlen

zärtlich ['tsɛːʀt../'tseː..] ⟨Adj.; Steig. reg.⟩ **1.1.** 'von großer Zuneigung erfüllt und diese sanft (2.1) ausdrückend'; SYN liebevoll (1.1)'; ↗ FELD I.6.3: ~*e Worte, Liebkosungen; seine Küsse waren* ~; *jmdn.*

~ berühren, streicheln, küssen; für jmdn. ~e Gefühle empfinden, hegen ('jmdn. lieben') **1.2.** SYN 'liebevoll (1.2)' /auf nahe stehende Personen bez./: *jmdn.* ~ *pflegen, umsorgen; ein ~er Vater, Ehemann* ❖ ↗ **zart**

Zärtlichkeit ['tsɛːɐtlɪç../'tseː..], die; ~, ~en **1.** ⟨o.Pl.⟩ /zu *zärtlich* 1/ 'das Zärtlichsein': *jmdm. seine ~ zeigen, beweisen, jmdn. voll(er) ~ anblicken* **2.** ⟨vorw. Pl.⟩ 'zärtliche (1) Handlung, bes. Küssen, Streicheln': *(stürmische, scheue) ~en austauschen* ❖ ↗ **zart**

Zauber ['tsaubɐ], der; ~s, ⟨o.Pl.⟩ **1.** 'Handlung, bei der durch die Beschwörung übernatürlicher Kräfte etw. Außerordentliches, sonst Unmögliches bewirkt werden soll': *ein ~ zur Heilung, Abwehr von Krankheit; ein ~, mit dem Regen, Glück bewirkt werden soll; einen ~ anwenden; jmdn. durch einen ~ heilen; einen ~ über jmdn. aussprechen* ('durch einen Spruch eine positive, negative Wirkung in Bezug auf jmdn. heraufzubeschwören suchen'); *der lang vermisste Goldring ist wie durch einen ~* ('plötzlich und auf unerklärliche Weise') *wieder gefunden worden* **2.** 'faszinierende Wirkung, die von etw., jmd. ausgeht': *niemand konnte sich dem ~ ihres Lächelns, ihrer Jugend entziehen; er war ihrem ~ erlegen; von jmdm., etw.* ⟨Dat.⟩ *geht ein ~ aus; der ~ der Berge, des Meeres; der ~ des Varietees; der ~ einer sternklaren Nacht; der ~* (SYN 'Poesie 2') *der Landschaft* **3.** umg. emot. 'etw., das für unnötig, bedeutungslos empfunden wird': *was kostet der ganze ~* ('was ist der Preis für all diese Dinge, für diesen Plunder')?; *ich mache diesen ~* ('diesen Unsinn') *nicht mehr mit; ich halte nichts von diesem ~* ('von all diesen Aktivitäten') ❖ **Zauberer, zauberhaft, zaubern — Zauberkünstler**

* umg. **fauler ~** 'Schwindel (1)': *das ist alles nur fauler ~!*

Zauberer ['tsaubəRɐ], der; ~s, ~ **1.** 'Figur des Märchens, die durch übernatürliche Kräfte etw. hervorbringen, bewirken kann': *ein böser ~; ein ~ hat sie in Stein verwandelt* **2.** 'Zauberkünstler': *er trat als ~ im Varietee auf* ❖ ↗ **Zauber**

zauberhaft ['tsaubɐ..] ⟨Adj.; Steig. reg.⟩ emot. 'ungewöhnlich schön': *ein ~er Sonnenuntergang, Frühlingstag; etw. übt einen ~en* ('unwiderstehlichen') *Reiz (auf jmdn.) aus; sie sah ~ aus;* vgl. *märchenhaft (2)* ❖ ↗ **Zauber**

Zauber|künstler ['tsaubɐ..], der 'Artist, der etw. zaubert (2)': *er arbeitet als ~ im Zirkus, Varietee; er ist ~* ❖ ↗ **Zauber**, ↗ **Kunst**

zaubern ['tsaubɐn] ⟨reg. Vb.; hat⟩ **1.** /jmd./ 'einen Zauber (1) anwenden, um etw. sonst Unmögliches zu bewirken': *er behauptete, ~ zu können;* /übernatürliches Wesen/ etw. ~: *die Fee, der Geist zauberte ein Schloss* ('ließ durch Zauber ein Schloss entstehen'); /in der kommunikativen Wendung/ *ich kann (doch) nicht ~* ('ich kann in so kurzer Zeit nichts Unmögliches zustande bringen')! /sagt jmd. scherzhaft, wenn andere alles Mögliche gleichzeitig von ihm erwarten/: *ihr verlangt zuviel von mir, ich kann*

doch nicht ~! **2.** /jmd., bes. Artist/ etw. ~ 'durch erlernte Geschicklichkeit Erstaunliches bewirken, als ob man zaubern (1) könnte': *ein Kaninchen, Tauben aus dem Hut ~* **3.** /jmd./ etw. aus etw. ⟨Dat.⟩ ~ 'mit großem Geschick, Können, oft trotz unzulänglicher Mittel, etw. aus etw. zustande bringen': *sie hat aus den Stoffresten ein elegantes Kleid gezaubert; etw. auf etw.* ~: *mit wenigen Strichen zauberte* ('zeichnete') *der Künstler eine reizvolle Landschaft auf das Papier* ❖ ↗ **Zauber**

Zaum [tsaum], der; ~es/auch ~s, Zäume ['tsɔimə] 'die um den Kopf von Reit-, Zugtieren, bes. von Pferden, angebrachten Riemen, mit denen das Tier geführt, gelenkt wird': *einem Pferd den ~ anlegen* * /jmd./ etw., jmdn., sich im ~ halten 'etw., jmdn., sich beherrschen (4), in der Gewalt haben': *du musst dich, deine Gefühle, Kinder besser im ~ halten;* /jmd./ seine Zunge im ~ halten ('nicht unüberlegt etw. äußern, gegebenenfalls nichts sagen')

Zaun [tsaun], der; ~es/auch ~s, Zäune ['tsɔinə] 'aus Latten, Draht und Pfählen bestehende Konstruktion, mit der ein Grundstück umgrenzt wird, ist': *ein eiserner, hoher, niedriger ~; ein ~ aus hölzernen Latten; ein elektrischer* ('aus elektrisch geladenem Draht bestehender') ~; *einen ~ um etw. errichten; einen ~ um etw. ziehen* ('errichten'); *über den ~ klettern* ❖ **Zaungast**

Zaun|gast ['..], der 'jmd., der nicht zu den Teilnehmern einer Veranstaltung gehört und aus einer Entfernung (heimlich, ohne Eintrittsgeld gezahlt zu haben,) zusieht': *er war nur ~* ❖ ↗ **Zaun**, ↗ **Gast**

zausen ['tsauzn̩] ⟨reg. Vb.; hat⟩ /jmd./ etw. ~: *sie zauste sein Haar, seinen Bart* ('zog an seinem Haar, Bart, kraulte und wühlte darin, sodass es in Unordnung geriet'); /etw./ *der Wind zauste die Bäume*

Zeche ['tsɛçə], die; ~, ~n **1.** 'Geldbetrag, der für die in einer Gaststätte genossenen Speisen und Getränke bezahlt werden muss': *die ~ war groß, klein; eine große ~ machen* ('im Restaurant viel verzehren und viel dafür bezahlen müssen'); *die ~ betrug 100 Mark; seine ~ nicht bezahlen (wollen, können); die ~ prellen* ('heimlich ein Lokal verlassen, ohne bezahlt zu haben') **2.** SYN 'Bergwerk': *in der ~ wird Steinkohle gefördert; eine ~ stilllegen; die ~ hat die Arbeit eingestellt*

Zehe ['tseːə], die; ~, ~n 'eines der Glieder des Fußes von Menschen und bestimmten Wirbeltieren' (↗ TABL Körperteile); ↗ FELD I.1.1: *die große, kleine ~; sich auf die ~n stellen* ('sich im Stehen so strecken, dass man die Fersen hebt'); *jmdm./jmdn. auf die ~n treten*

zehn [tseːn] ⟨Zahladj.; indekl.; nur attr. und subst.; ↗ TAFEL XII⟩ /die Kardinalzahl 10/: *die Zahlen von eins bis ~; der Mensch hat ~ Finger und ~ Zehen; das Fest hat ~ Stunden gedauert; ~ Tage, Monate, Jahre; eine arabische Zehn (10); eine römische Zehn (X);* ↗ auch *drei* ❖ **Zehner, zehnte — Jahrzehnt, zehntausend**

MERKE ↗ *drei* (Merke)

Zehner ['tse:nɐ], **der**; ~s, ~ umg. ʿMünze im Wert von zehn Pfennigʾ; ↗ FELD I.16.1 ❖ ↗ **zehn**

zehn|tausend ['tse:n../..'t..] ⟨Zahladj.; indekl.; nur attr. u. subst.⟩ ↗ TAFEL XII /die Kardinalzahl 10 000/: ~ *Menschen hatten sich auf dem Platz versammelt* ❖ ↗ **zehn,** ↗ **tausend**

* **die oberen zehntausend/Zehntausend** ʿSchicht der Reichsten und der Einflussreichsten der Gesellschaft eines Landesʾ: *die Familie gehört zu den oberen zehntausend/Zehntausend*

zehnte ['tse:ntə] ⟨Zahladj.; nur attr.⟩ /die Ordinalzahl zu *zehn* (10.)/: ↗ auch *dritte: der ~ Tag der Reise, der ~ Mai; am Zehnten jedes Monats* ❖ ↗ **zehn**

zehren ['tse:ʀən] ⟨reg. Vb.; hat⟩ **1.1.** *etw. zehrt:* See*luft, Fieber zehrt* (ʿvermindert das Körpergewicht, die Kräfteʾ) **1.2.** *etw. zehrt an jmdm., etw.* ⟨Dat.⟩ ʿetw. schwächt jmdn. physisch, psychisch, schwächt jmds. Kräfteʾ: *das Fieber, die Krankheit zehrte an ihm, an seinen Kräften; der Kummer, das Leid zehrt an ihr, an ihrem Herzen* **2.** geh. /jmd., Tier/ *von etw.* ⟨Dat.⟩ ~ ʿsich von etw., bes. von Vorräten, ernährenʾ: *sie zehrten lange von ihren Vorräten, Ersparnissen; der Bär zehrt während des Winterschlafs von seinem eigenen Fett* **3.** /jmd./ *von etw.* ⟨Dat.⟩ ~ ʿsich an Erlebtes gern erinnern und sich daran erfreuenʾ: *sie ~ immer noch von ihren Urlaubserlebnissen, von ihrem Urlaub, ihrer Reise* ❖ **verzehren**

Zeichen ['tsaiçn̩], **das**; ~s, ~ **1.1.** ʿetw. Sichtbares, Hörbares, womit man jmdn. auf etw. hinweisen, aufmerksam machen od. zu etw. veranlassen willʾ: *ein heimliches, verabredetes* ~; *jmdm. ein* ~ *geben, machen; sich durch* ~ *miteinander verständigen; jmdn. durch ein* ~ *vor etw. warnen; ein Pfiff war das Zeichen zum Aufbruch; das* ~ *zum Aufbruch, Anfang geben, ertönen lassen; er nickte zum* ~, *dass er verstanden habe, einverstanden sei; zum/als* ~ *ihrer Versöhnung umarmten sie sich; sie gaben sich beide mit einer Taschenlampe (ein)* ~ **1.2.** ʿetw. Grafisches od. Gegenständliches, womit jmd. etw. kennzeichnet, markiert, das für ihn, andere etw. Bestimmtes bedeutetʾ: *sich an einer Stelle im Buch ein* ~ *(mit dem Bleistift) machen;* ~ *in ein Brett kerben, ritzen, schneiden; Rindern ein* ~ *einbrennen; ein Stück Papier als* ~ *in ein Buch legen; Wäschestücke mit einem* ~ *versehen* **1.3.** ʿdurch allgemeine Übereinkunft festgelegtes grafisches Symbol für etw., bes. für bestimmte Begriffe, das (mit anderen zusammen) eine Information ergibtʾ: *ein sprachliches, mathematisches, chemisches, musikalisches* ~; *ein* ~ (SYN ʿSatzzeichenʾ) *setzen; das* ~ *des Kreuzes, das* ~ + *steht für Addition; das* ~ *H₂O ist die chemische Formel für Wasser; ein System von* ~ **2.** ʿetw. an jmdm., etw., das seinen Zustand offenbart, erkennbar macht od. auf etw. Künftiges hindeutetʾ; SYN Anzeichen (1): *wenn er bleich wird, ist das ein deutliches, klares, untrügliches* ~ *dafür, dass er wütend wird; wenn er viel niest, ist es ein* ~ *dafür, dass er sich erkältet hat; die dunklen Wolken sind ein* ~ *für ein heraufziehendes Gewitter; etw. ist ein gutes, bö-*

ses ~ (ʿweist darauf hin, dass Gutes, Böses zu erwarten istʾ); *etw. für ein* ~ *der Schwäche, Stärke nehmen, halten; er gab deutliche* ~ *der Ungeduld, Ermüdung von sich; wenn nicht alle* ~ *trügen, ist unser Besuch nicht erwünscht; jmdn. mit dem* ~ *ehrlicher Freude begrüßen;* SYN ʿSymptomʾ: *die* ~ *einer Krankheit an jmdm. wahrnehmen; die* ~ *des Verfalls einer Gesellschaft erkennen, beschreiben* ❖ **zeichnen, zeichnerisch, Zeichnung, bezeichnen, bezeichnend, Bezeichnung, verzeichnen, Verzeichnis** − **Abzeichen, abzeichnen, Anzeichen, aufzeichnen, Aufzeichnung, ausgezeichnet, auszeichnen, Auszeichnung, Besetztzeichen, bezeichnenderweise, Fragezeichen, Freizeichen, Handzeichen, Hoheitszeichen, Inhaltsverzeichnis, Kennzeichen, kennzeichnen, Lesezeichen, Markenzeichen, Morsezeichen, Satzzeichen, unterzeichnen, Vorzeichen, Zeichensetzung, -sprache**

* **etw. steht im ~** ⟨+ Gen.attr.⟩ ʿetw. wird von etw. besonders stark geprägtʾ: *die Feier stand ganz im* ~ *der wiedergewonnenen Freiheit*

Zeichen ['..]|-**setzung** [zɛts..], **die**; ~, ⟨o.Pl.⟩ ʿdie Regeln zum Gebrauch der Satzzeichenʾ: *die Regeln der* ~ ❖ ↗ **Zeichen,** ↗ **setzen; -sprache, die 1.** ʿSystem von Zeichen (1.1), die mit den Fingern, der Hand, den Händen gemacht werden, das zur Kommunikation bes. unter Gehörlosen dientʾ: *die* ~ *beherrschen; die* ~ *der Taubstummen* **2.** ⟨nur im Sg.⟩ *wir konnten uns nur durch* ~ (ʿeine Anzahl von Gesten, Gebärden, Hand-, Fingerzeichenʾ) *mit diesen Fremden verständigen* ❖ ↗ **Zeichen,** ↗ **sprechen**

zeichnen ['tsaiçnən], *zeichnete, hat gezeichnet* **1.** /jmd./ *etw., jmdn.* ʿeine künstlerische Zeichnung von jmdm., etw., eine technische Zeichnung von etw. anfertigenʾ: *eine Landschaft, ein Kind, einen Akt* ~; *ein Porträt, eine Karikatur* ~; *den Aufriss eines Gerätes, den Grundriss für einen Neubau* ·~, *(etw.) mit (Farb)stiften, Feder und Tusche, mit Kohle, Kreide* ~; *etw., jmdn. irgendwie* ~: *etw., jmdn. aus der Erinnerung, freihändig, mit Zirkel und Lineal* ~; *er zeichnet am liebsten nach der Natur, nach einer Vorlage; er kann gut* ~; vgl. *malen* **2.** /jmd./ *etw., ein Tier* ʿetw., ein Tier mit (einem) Zeichen (1) versehenʾ; SYN kennzeichnen: *die Wäsche (mit dem Monogramm)* ~; *die Rinder einer Herde* ~; *Bäume (zum Fällen)* ~ **3.** ⟨nur adj. im Part. II⟩ /ein Tier, etw./ *irgendwie gezeichnet sein* ʿeine bestimmte Musterung (2) habenʾ: *der Schmetterling ist schön gezeichnet; ein schön gezeichneter Schmetterling; das Tier hat ein schwarz und weiß gezeichnetes Fell* **4.** ⟨nur adj. im Part. II; nicht bei Vb.⟩ /jmd., etw./ *von etw. gezeichnet sein* ʿan seinem Äußeren sichtbare Kennzeichen von etw. meist Negativem habenʾ: *er, sein Gesicht war von großen Strapazen, einer schweren Krankheit gezeichnet; jmd. ist vom Tode gezeichnet* (ʿist dem Tod sichtbar naheʾ) **5.** /jmd./ *etw.* ~ ʿetw. unterschreibenʾ: *er muss die Akte erst noch (mit seinem Namen)* ~; ⟨im Part. II⟩ *gezeichnet;* ABK *gez.; gezeichnet Müller* /Vermerk auf vervielfältigten Schriftsätzen vor der mit Maschine geschriebenen Unterschrift/ **6.** /jmd./ *etw. für etw.* ~ 'bei einer Sammlung einen Betrag für etw. spenden und dies in einer Liste eintragen': *er hat 200 Mark (für die Sache) gezeichnet* **7.** /jmd./ *als etw., jmd.* ~: *als Verfasser, Herausgeber zeichnet Dr. B* ('Dr. B ist der Verfasser, Herausgeber') ❖ ↗ **Zeichen**

zeichnerisch ['tsaiçnɐ..] ⟨Adj.; o. Steig.; nicht präd.⟩ /zu *zeichnen* (1)/: *er ist ein* ~*es Talent* ('hat Talent zum künstlerischen Zeichnen'); *die* ~*en Unterlagen* ('technischen Zeichnungen) *liegen im Büro auf dem Tisch; dieser Entwurf ist* ~ ('was die Ausführung der Zeichnung betrifft') *noch zu wenig ausgefeilt* ❖ ↗ **Zeichen**

Zeichnung ['tsaiçn..], **die**; ~, ~en **1.** 'bildliche Darstellung, die vorw. in Linien, Strichen, Kurven ausgeführt ist': *eine künstlerische, technische* ~*; eine flüchtige, naturgetreue, lustige* ~*; eine in/mit wenigen Strichen ausgeführte* ~*; eine (technische)* ~ *im Maßstab 1:20; ein Werkstück nach einer* ~ *herstellen; eine* ~ *(von etw.) machen; die* ~*en des berühmten Künstlers;* vgl. *Bild, Gemälde* **2.** ⟨mit best. Attr.⟩ 'natürliche Musterung (2) von Tieren, Pflanzen': *die* ~ *des Tigers, eines Blattes; das Fell, Blatt, der Tiger hat eine schöne, auffallende* ~ **3.** 'Schilderung, Darstellung von jmdm., etw. in einem sprachlichen Kunstwerk': *die realistische, lebensnahe* ~ *der Charaktere in einem Roman, Drama; die anschauliche* ~ *der Verhältnisse in einem fremden Land* ❖ ↗ **Zeichen**

Zeige|finger ['tsaigɐ..], **der** 'der Finger neben dem Daumen' (↗ TABL Körperteile); ↗ FELD I.1.1: *mit dem* ~ *auf etw., jmdn. zeigen; warnend den* ~ *heben; etw. mit erhobenem* ~ ('warnend, mahnend') *sagen* ❖ ↗ **zeigen**, ↗ **Finger**

zeigen ['tsaign] ⟨reg. Vb.; hat⟩ **1.** /jmd./ *auf etw., jmdn., irgendwohin* ~ 'den gestreckten Zeigefinger, die Hand auf etw., jmdn., irgendwohin richten (1.1), um andere auf etw., jmdn. aufmerksam zu machen, um damit etw. zu erklären'; SYN deuten (2), weisen (1.1): *er zeigte auf das Pferd, Kind, Flugzeug; er zeigte geradeaus, nach links; er zeigte in die Richtung, aus der er gekommen war; mit etw. auf etw., jmdn.* ~: *mit dem Finger, mit einem Stock auf etw., jmdn.* ~ **2.** *etw. zeigt irgendwohin* 'etw. Längliches ist irgendwohin gerichtet'; SYN weisen (1.2): *der Wegweiser zeigt nach links, rechts, geradeaus; die Magnetnadel des Kompasses zeigt nach Norden; der Pfeil zeigt zum Ausgang, in den Keller; die Uhr, der Zeiger der Uhr zeigt (auf) neun* ('der kleine Zeiger der Uhr ist auf die Neun gerichtet') **3.** /jmd./ *jmdm. etw.* ~ **3.1.** 'jmdm. mit Worten und Gesten erklären, wo sich etw. befindet, wie man irgendwohin gelangt'; SYN weisen (1.3): *jmdm. den Weg zum Bahnhof* ~; *er zeigte ihm, in welche Richtung er gehen muss* **3.2.** 'jmdm. mit Worten und Gesten, durch Hantieren erklären, wie etw. funktioniert, wie man etw. handhabt': *er hat uns die Bedienung der Maschine gezeigt/er hat uns gezeigt, wie man die Maschine bedient* **4.** /jmd./ *jmdm. etw.* ~ 'jmdm. auf

etw. hinweisen, damit er es sehen, betrachten kann': *jmdm. einen Brief, sein neues Haus, seine Wohnung, ein Buch, seine Arbeit* ~; *dem Polizisten auf Verlangen seinen Ausweis* ~; *zeig' uns mal, was du gemalt hast!; er hat mir die ganze Stadt gezeigt* ('mich zur Besichtigung durch die ganze Stadt geführt') **5.** *sich irgendwo* ~ 'sich so auffällig verhalten, dass andere einen sehen können': *sie, die Königin zeigte sich am Fenster; sich auf einem Fest* ~ ('ein Fest besuchen, um dort gesehen zu werden'); *sich öffentlich mit jmdm.* ~ ('sich in der Öffentlichkeit in Begleitung von jmdm. sehen lassen'); *so kann ich mich nicht auf der Straße, vor Leuten* ~ ('so, wie ich jetzt aussehe, angezogen bin, kann ich nicht in die Öffentlichkeit gehen, sodass mich alle sehen können') **6.** *etw. zeigt jmdn., etw.: das Foto zeigt meinen Vater* ('ist ein Foto, auf dem mein Vater zu sehen ist'); *die Bäume, Sträucher* ~ ('haben') *schon die ersten Knospen; die Straße zeigte ihr gewohntes Bild* ('sah wie üblich aus'); *die Uhr zeigt fünf nach zwölf* ('auf ihr kann man ablesen, dass es fünf Minuten nach zwölf Uhr ist') **7.** *etw. zeigt sich irgendwo: am Himmel* ~ *sich die Sterne* ('werden die Sterne sichtbar'); *auf ihrem Gesicht zeigten sich die ersten Runzeln* ('waren die ersten Runzeln zu sehen') **8.** /jmd./ **8.1.** *jmdm. etw.* ~ 'etw., bes. ein bestimmtes Gefühl, durch sein Verhalten für jmdn. sichtbar, erkennbar machen': ⟨vorw. mit Subst. + Possessivpron.⟩ *(jmdm.) seinen Ärger (durch lautes Schimpfen), seine Freude (durch Händeklatschen), sein Interesse für etw.* ~; *jmdm. seine Liebe* ~; *er kann seine Gefühle nicht* ~ ('hat Hemmungen, seine Gefühle nicht erkennen zu lassen') **8.2.** ⟨+ Subst. o.Art.⟩ *jmd. zeigt* ('offenbart durch sein Verhalten') *Mut, Geschick, Mitleid, Ausdauer; er hat die Standhaftigkeit gezeigt, die wir von ihm erwartet hatten; er zeigte keine Einsicht, Reue* **8.3.** *sich irgendwie* ~ 'sich in bestimmter Situation für andere sichtbar, erkennbar irgendwie verhalten': *sich erfreut, dankbar, gekränkt, besorgt, tapfer, feige, großzügig* ~; *sich von seiner besten Seite* ~ ('sich, so gut wie man kann, verhalten') **9.** *etw. zeigt etw.* 'etw. lässt etw. erkennbar, deutlich werden, lässt auf etw. schließen': *die Erfahrung, der Versuch hat gezeigt, dass ...; sein Verhalten zeigt* ('offenbart') *einen Mangel an Takt, Einfühlungsvermögen;* /etw. (vorw. *es*)/ *sich* ~: *es zeigt sich* ('stellt sich heraus, wird erkennbar, offenbar'), *dass er sich verrechnet, getäuscht hat* **10.** *jmd. zeigt sich einer Aufgabe (nicht) gewachsen* ('es erweist sich, dass jmd. einer Aufgabe gewachsen, nicht gewachsen ist'); *sich als jmd.* ~: *sich als guter Freund* ~ ('erweisen, bewähren') ❖ **Zeiger** – **Anzeige, anzeigen, aufzeigen, Fingerzeig, Strafanzeige, Zeigefinger**

* umg. /jmd./ *es jmdm.* ~ 'jmdm. deutlich die Meinung sagen': ⟨oft + *werden*⟩ *dem werd' ich's aber* ~! /Drohung/

Zeiger ['tsaigɐ], **der**; ~s, ~ 'schmales längliches Teil einer Uhr, eines Gerätes, das die Zeit od. einen gemessenen Wert angibt': *die* ~ *der Uhr stehen auf* zwölf Uhr; der ~ des Seismographen, der Waage schlägt (nach rechts) aus; der große, kleine ~ der Uhr; der ~ ist abgebrochen; der ~ der Uhr ist stehen geblieben ❖ ↗ **zeigen**

Zeile ['tsai̯lə], **die**; ~, ~n **1.1.** ˹die gedruckten od. geschriebenen Wörter, Ziffern o.Ä., die in einem Heft, Buch auf einer Linie nebeneinander stehen˺: *die erste, zweite ~ auf der Seite; die dritte ~ von oben, unten; einen Text ~ für ~ aufmerksam lesen; eine ~ unterstreichen; sie hat von dem Buch noch keine ~/nicht eine ~* (ˈnichts') *gelesen* **1.2.** ˹der für Zeile (1.1) vorgesehene Raum˺: *eine ~ freilassen* **2.** ⟨vorw. Pl.; + Attr., Possessivpron.⟩ ˹kurze schriftliche Mitteilung' /beschränkt verbindbar/: *ich habe mich sehr über deine ~n gefreut; ein paar ~n an jmdn. schreiben; vielen Dank für deine ~n vom 16. März!* /in einer schriftlichen Antwort/ ❖ **Schlagzeile**

* /jmd./ **etw. zwischen den ~n lesen** (ˈetw. nicht ausdrücklich Formuliertes, aber Gemeintes, Angedeutetes beim Lesen eines Textes erkennen')

zeit [tsai̯t] ⟨Präp. mit Gen.; vorangestellt⟩ /als Glied der Wendung/ *~ seines Lebens*⟩: ↗ **Leben** ❖ ↗ **Zeit**

Zeit, die; ~, ~en **1.** ⟨o.Pl.⟩ ˹das, was in Sekunden, Minuten, Stunden, Tagen, Wochen, Jahren usw. gemessen wird und kontinuierlich abläuft, vor sich geht': *die ~ vergeht schnell, wie im Fluge, langsam; die ~ verrinnt, verstreicht, scheint manchmal still zu stehen; das wird sich im Laufe der ~ herausstellen; die ~ wird es lehren, erweisen* (ˈes wird sich später erweisen'), *ob du Recht hattest; die Existenz der Materie in Raum und ~* **2.** ⟨o.Pl.⟩ **2.1.** ˹Teil der Zeit (1), über die jmd. verfügen kann, um etw. zu tun, den etw. für seinen Ablauf braucht': *keine, (nur) wenig, viel ~ für etw., für eine Arbeit haben; für jmdn., für seine Kinder viel, keine ~ haben; die, seine ~ (zu, für etw.) nutzen, vertrödeln; (sich) seine ~ einteilen; die ~ mit etw., mit Lesen, Spielen, mit jmdm., mit seinen Freunden ver-, zubringen; viel ~ (und Mühe) auf etw. verwenden; jmd. nimmt sich ~ für etw., jmdn., für sein Hobby, seine Familie; wenn du die Bahn nimmst, kannst du ~ sparen* (ˈbist du früher am Ziel'); *die ~ drängt, wird knapp* (ˈetw. erfordert Eile, Beschleunigung'); *etw. erfordert, braucht viel ~, mehr ~ als gedacht, geplant; ich brauche dafür noch etwas ~; dazu fehlt mir die ~, habe ich keine ~; wir dürfen jetzt keine ~ verlieren, wir müssen uns beeilen; wir haben noch genug ~ für einen Spaziergang, um eine Tasse Tee zu trinken* **2.2.** SYN ˈFrist': *für diese Arbeit hast du noch 14 Tage ~; ist um, abgelaufen; er hat ihm für die Nachbesserung, Rückzahlung drei Monate ~ gegeben* **3.** ⟨vorw. mit Attr.⟩ **3.1.** ˹Teil der Zeit (1), der durch ein Ereignis, durch bestimmte Ereignisse in seiner Ausdehnung bestimmt ist': *die schönste ~ im Leben/des Lebens/seines Lebens; während der ~ seines Studiums; in ~en der Not; in früheren, vergangenen ~en; wir haben eine herrliche ~ miteinander verbracht; es gibt ~en/er hat ~en, da ist er nicht zu ertragen; zu der ~, als das geschah, war er noch*

nicht geboren; zur ~ Goethes; er will uns in nächster ~/in der nächsten ~ (ˈbald') besuchen; das ist zu allen ~en (ˈimmer') dasselbe **3.2.** /meint eine bestimmte Menge Zeit (1)/: *es verging viel ~, bis er zur Einsicht kam; das ist alles schon längere, geraume ~ her; er hat seit langer ~ nicht mehr geschrieben; es wird einige ~ dauern, bis er wiederkommt; er war vor kurzer ~* (ˈvor kurzem') *hier; das ist schon vor langer ~ geschehen; er muss sich erst einmal eine ~* (ˈeine Zeit lang') *erholen* **4.** ⟨o.Pl.⟩ ˹Zeit (1), die jmd. benötigt hat, eine bestimmte Strecke durch Laufen, Fahren od. Schwimmen zurückzulegen (5)': *die ~ (bei einem Lauf) nehmen, stoppen* (ˈmessen'); *er ist eine gute ~ gelaufen, gefahren, geschwommen* (ˈhat relativ wenig Zeit gebraucht, um eine Strecke zu laufen, zu fahren, zu schwimmen') **5.** ˹bestimmter (größerer) Abschnitt in der Geschichte eines Volkes, der Völker': *die ~* (SYN ˈEpoche') *Goethes, des Barocks, der Befreiungskriege; zur ~ Wilhelm II.; die ~ des Übergangs zur industriellen Produktion; für diese Ideen war die ~, waren die ~en noch nicht reif* (ˈhatte sich die Menschheit noch nicht weit genug entwickelt'); *das ist ein Zug der ~* (ˈein Charakteristikum einer bestimmten Epoche, bes. der Gegenwart'); *das waren schwere, gute ~en;* ⟨mit best. Präp.⟩ *in unserer, der heutigen ~* (ˈin der Gegenwart 1'); *ein Märchen aus alten ~en* (ˈaus einer weit zurückliegenden Epoche'); *die ~ vor, nach dem Zweiten Weltkrieg; das gibt es schon seit ewigen ~en* (ˈseit langem') *(nicht mehr); das gab es zu keiner ~* (ˈdas gab es nie'); *in jüngster* ˈgegenwärtig (1.1)': *in jüngster ~ kann man häufig beobachten, dass ...; vgl. Epoche, Zeitalter* **6.1.** ⟨o.Pl.⟩ ˹die jeweils durch die Uhr korrekt angegebene Zeit (1) nach Minute und Stunde': *jmdn. nach der ~ fragen* (ˈfragen, wie spät es ist'); *jmdm. die genaue ~ sagen; hast du (die) genaue ~?; welche ~ habt ihr jetzt?; die Uhr zeigt die genaue ~ an; im Radio, Fernsehen wird die ~ angesagt* **6.2.** ⟨vorw. Sg.⟩ ˹Zeitpunkt, zu dem etw. anfängt od. etw. anberaumt ist, Zeitraum, in dem etw. vor sich geht': *die ~ der Ernte; die ~ für die Einschulung ist gekommen; die Medikamente werden zu bestimmten ~en eingenommen;* ⟨o.Pl.⟩ *die ~/~ und Ort der Versammlung bekannt geben; die ~* (ˈden Zeitpunkt des Aufstehens') *verschlafen; etw. auf unbestimmte ~ verschieben, vertagen; zur festgelegten, rechten ~ kommen; vor der ~* (ˈfrüher als festgelegt') *kommen; um diese ~ ist er nicht zu Hause; es ist jetzt nicht die ~, um darüber zu sprechen; zu gegebener ~* (ˈwenn es passt') *werden wir darauf zurückkommen;* /in der kommunikativen Wendung/ *alles zu seiner ~* (ˈnichts übereilen')! /wird gesagt, um zu verhindern, dass schon etw. getan wird, das nicht so eilig ist wie etw. anderes/ ❖ **zeit, zeitig, zeitlich, Zeitung, Unzeit, Urzeit − beizeiten, Blütezeit, derzeit, Dienstzeit, Fastenzeit, Freizeit, gleichzeitig, Jahreszeit, jederzeit, Neuzeit, Schonzeit, Schulzeit, seinerzeit, Sommerzeit, Spielzeit, Spitzenzeit, Tages-**

zeitung, Uhrzeit, vorzeitig, zurzeit, Zwischenzeit;
vgl. **Zeit/zeit-;** vgl. **Gezeiten**
* **für alle ~(en)** ʿfür immerʾ: *jmd. hat für alle ~en
genug von etw., jmdm.;* **auf ~** ⟨+ Attr.⟩ ʿfür eine
bestimmte Dauer, bis auf Widerrufʾ: *eine Anstel-
lung auf ~ (haben); er ist Soldat auf ~* (ʿist nicht
Berufssoldatʾ); **seit ewigen ~en** emot. ʿschon sehr
langeʾ: *das habe ich (schon) seit ewigen ~en nicht
mehr gesehen, gehört, erlebt;* **jmdm. läuft die ~ da-
von** ʿjmd. wird mit etw., einer Arbeit nicht termin-
gerecht fertig, weil er zu wenig Zeit dafür hatʾ: *er
merkte, dass ihm die ~ davonlief;* /jmd./ **mit der ~
gehen** ʿsich in seinem Verhalten, seinen Gewohn-
heiten den Gegebenheiten der gegenwärtigen Ent-
wicklung anpassenʾ: *in ihrer Kleidung geht sie im-
mer mit der ~;* **jmds. ~ ist gekommen 1.** ʿeine Ent-
wicklung ist an einen Punkt gekommen, an der
jmd., etw. erfolgreich wirdʾ: *als seine ~ gekommen
war, setzte sich die Erfindung durch* **2.** verhüllend
ʿjmd. muss sterbenʾ: *sie spürte, dass ihre ~ gekom-
men war* **3.** /von einer Frau/ *ihre ~ war gekommen*
(ʿihre Niederkunft stand bevorʾ), *und sie brachte
Zwillinge zur Welt;* /jmd./ **~ gewinnen** ʿerreichen,
dass ein kritischer Termin verzögert wird, bis die
Lage wieder günstiger istʾ: *er wollte, musste ~ ge-
winnen; er versuchte ~ zu gewinnen, um sich besser
auf den Prozess vorbereiten zu können;* **etw.** (vorw.
das) **hat ~** ʿetw., bes. die Erledigung von etw., ist
nach Meinung des Sprechers nicht eiligʾ: *die Beant-
wortung der Post, der Brief hat ~;* /jmd./ **seine ~
für gekommen halten/sehen** ʿglauben, erkennen,
dass der Zeitpunkt für sein Eingreifen in eine Ent-
wicklung, für sein Emporkommen gekommen istʾ:
*er, sie hielt seine, ihre ~ für gekommen, sah seine,
ihre ~ gekommen, in die Leitung des Unternehmens
einzugreifen, einen glänzenden Aufstieg zu erleben;*
es ist/wird (höchste) ~ für etw. od. etw. zu tun ʿder
Zeitpunkt für etw., um etw. zu tun, ist gekommenʾ:
*es ist (höchste) ~ für einen Regierungswechsel; es
ist ~, die Äpfel zu pflücken;* **es ist an der ~, dass ...**/
es ist an der ~ ⟨+ Inf. mit *zu*⟩ ʿder Zeitpunkt ist
gekommen, dass ...: *es ist an der ~, dass hart
durchgegriffen wird/härter durchzugreifen;* **zu jeder
~** ʿin ausnahmslos allen Situationenʾ; SYN immer:
ich bin zu jeder ~ für dich da, erreichbar; **jmdm.
wird die ~ lang** ʿjmd. hat, bekommt Langeweileʾ:
den Kindern wurde bei dem langen Flug die ~ lang;
/jmd./ emot. **irgendwo die längste ~ gewesen sein**
ʿaus bestimmtem Grund irgendwo nicht länger
bleiben wollenʾ /als Ausdruck der Empörung/: *in
dieser unwirtlichen Gegend, Stadt, bei diesen Ver-
wandten bin ich, sind wir die längste ~ gewesen!;*
/jmd./ **jmdm. ~ lassen** (ʿjmdn., bes. bei einer Arbeit,
Verrichtung, nicht drängen **3.1**ʾ); **im Laufe der ~**
ʿallmählichʾ: *im Laufe der ~ wird er es schon noch
lernen!;* **mit der ~** ʿallmählichʾ: *mit der ~ wird sich
das alles schon noch bessern;* /jmd./ **sich** ⟨Dat.⟩ **(die)
~ für etw. nehmen** ʿetw., bes. die Erledigung einer
Arbeit, ohne Hast, in Ruhe und mit Bedacht aus-
führenʾ: *er hat sich immer (viel) ~ genommen für*

*seine Briefmarkensammlung; er hat sich die ~ für
die Ordnung seiner Angelegenheiten genommen; er
hat sich die ~ genommen, seine Angelegenheiten zu
ordnen;* /jmd./ **sich** ⟨Dat.⟩ **(die) ~ für jmdn. nehmen**
ʿanderes, bes. Arbeiten, Verpflichtungen, beiseite
lassen und sich statt dessen mit jmdm. beschäfti-
gen, ihm helfenʾ: *er hat sich für seine Kinder ~ ge-
nommen, hat sich (die) ~ genommen, seinem Sohn
bei den Schulaufgaben zu helfen;* /jmd./ **jmdm. die ~
stehlen** (ʿjmdn. von etw. Wichtigem, bes. von der
Arbeit, abhaltenʾ); **seit/vor undenklichen ~en** ʿseit,
vor außerordentlich langer Zeitʾ: *das ist vor un-
denklichen ~en passiert;* /jmd./ **jmdm., sich** ⟨Dat.⟩
die ~ vertreiben (ʿjmdn., sich mit etw. unterhalten,
beschäftigen, um die Zeit zu verkürzen, bes. wäh-
rend man lange auf etw. warten mussʾ); **von ~ zu ~**
ʿgelegentlichʾ: *von ~ zu ~ kommt er zu Besuch,
kommt er uns besuchen;* **zu jmds. ~ 1.** ʿals jmd. noch
lebte, wohnte, arbeiteteʾ: *zu meiner, ihrer ~ konnte
man das Wasser des Baches noch trinken; zu seiner
~ gab es noch keine Autos* **2.** ʿunter jmds. Leitungʾ:
*zu seiner, ihrer ~ hat es solche Schlamperei nicht
gegeben* **3.** ʿin jmds. Jugendʾ: *zu meiner ~ haben
wir noch Walzer tanzen können;* ⟨⟩ umg. **zu nacht-
schlafender ~** ʿzur Zeit der Nachtruheʾ: *hat man so
was schon erlebt, der ruft mich zu nachtschlafender
~ an!;* /jmd./ **die ~ totschlagen (1.** ʿsich die Lange-
weile mit irgendetw. vertreibenʾ; ↗ FELD I.6.2
2. ʿZeit nutzlos verbringenʾ)

Zeit/zeit [ʿ..]]**-abschnitt, der** ʿdurch Anfang und Ende
bestimmter Teil der Zeit (1)ʾ: *die Abhandlung um-
fasst den ~ von 1810–1815 in Deutschland, mehrere
~e* ❖ ↗ ab-, ↗ schneiden; **-alter, das** ʿlängerer Ab-
schnitt (3) in der Geschichte der Menschheit, der
Erdeʾ: *ein neues ~ hat begonnen;* ⟨mit Personenna-
men; + Gen.attr.⟩ *das ~ der Dinosaurier;* SYN
ʿEpocheʾ: *das ~ Napoleons, Newtons; wir befinden
uns im ~ der Raumfahrt;* vgl. **Zeit (5)** ❖ ↗ alt; **-auf-
wand, der** ʿAufwand an Zeit (2) für etw.ʾ: *die Her-
stellung von etw. erfordert einen ~ von 20 Tagen,
von mehreren Wochen; den ~ für etw. verringern* ❖
↗ aufwenden; **-aufwändig**/auch **-aufwendig** ⟨Adj;
Steig. reg.; nicht bei Vb.⟩ ʿviel Zeit (2) erfordernd,
beanspruchendʾ; SYN zeitraubend /vorw. auf Ar-
beiten bez./: *eine ~e Methode, Arbeit; etw. in ~er
Kleinarbeit entwickeln; das ist sehr ~* ❖ ↗ aufwen-
den; **-bedingt** ⟨Adj.; o. Steig.⟩ ʿdurch die Gegeben-
heiten einer bestimmten Zeit (3.1,5) bedingt, beein-
flusstʾ /auf Abstraktes bez./: *diese Auffassungen
sind, diese Erscheinung ist ~; das sind ~e Erschei-
nungen, Schwierigkeiten* ❖ ↗ bedingen; **-druck, der**
⟨o.Pl.; vorw. o.Art.⟩ ʿunter, in ~: unter ~ stehen
(ʿnur wenig Zeit (2) für die Erledigung von etw.
zur Verfügung haben und dadurch in Bedrängnis
geratenʾ); *unter ~ arbeiten müssen; in ~ geraten;
im ~ sein* ❖ ↗ drücken; **-gemäß** ⟨Adj.; o. Steig.⟩
ʿder jeweils gegenwärtigen Zeit und ihren Vorstel-
lungen, Normen entsprechendʾ: *eine ~e Mode; ~er
Schmuck; eine ~e Denkweise; seine Ansichten waren
damals nicht mehr ~; sich ~ kleiden; das ist nicht*

mehr ~ ❖ ↗ ¹gemäß; **-genössisch** [gənœs..] ⟨Adj.; o. Steig.; nicht bei Vb.; vorw. attr.⟩; ↗ FELD VII.5.3 **1.** ʾaus der Zeit stammend, in ihr entstanden, auf die es sich bezieht' /auf Texte, Bilder bez./: ~e Quellen, Dokumente, Memoiren berichten übereinstimmend von den Geschehnissen des Bauernkrieges; das Bild, Gedicht ist eine ~e Darstellung; eine ~e Abbildung **2.** ʾaus der heutigen Zeit stammend, in ihr entstanden' /auf künstlerische Produkte bez./: die ~e Musik, Literatur, Kunst; vgl. gegenwärtig (1.1) ❖ ↗ Genosse; **-gründe** [gʁʏndə] ⟨Pl.⟩: aus ~n ʾaus Zeitmangel': etw. aus ~n nicht tun können, nicht schaffen ❖ ↗ Grund

zeitig [ˈtsaɪtɪç] ⟨Adj.; Steig. reg., Superl. ungebr.; nicht präd.⟩ **1.1.** ʾzu einem relativ frühen Zeitpunkt': ich bin ~ (ʾsehr früh') aufgestanden; ein ~er Aufbruch; ich bin ~ (ʾrechtzeitig, etwas früher als nötig') losgegangen, gekommen; er ist ~ genug (ʾdurchaus rechtzeitig') gekommen **1.2.** ʾfrüher als üblich (eintretend)' /bes. auf Jahreszeiten bez./: wir gehen heute ~ schlafen; in diesem Jahr haben wir einen ~en Winter, haben wir ~e Ostern ❖ ↗ **Zeit**

Zeit lang ⟨nur mit unbest. Art.; o.Pl.⟩ eine ~ ʾeine Weile': eine ~ hat er als Taxifahrer gearbeitet; eine ~ glaubte ich, ich wäre im Unrecht

zeit|lebens [..ˈleːbm̩s/ˈ..l..] ⟨Adv.⟩ ʾjmds. ganzes Leben lang': er hat ~ (ʾsein ganzes Leben lang') schwer gearbeitet; daran werde ich ~ (ʾsolange ich lebe') denken; jmdm. ~ dankbar sein ❖ ↗ leben

zeitlich [ˈtsaɪt..] Adj.; o. Steig.; nicht präd.⟩ **1.1.** ⟨nur attr.⟩ ʾdie Zeit (1) betreffend' /auf eine Folge bez./: die ~e Abfolge, Reihenfolge der Ereignisse; den ~en Ablauf einer Tagung festlegen **1.2.** ʾim Hinblick auf die zur Verfügung stehende Zeit (2)': ich weiß nicht, wie ich das ~ einrichten soll, euch auch noch zu besuchen; die Rededauer muss ~ begrenzt werden; eine ~e Begrenzung der Rededauer ❖ ↗ **Zeit**

* das Zeitliche segnen 1. /jmd./ ʾsterben': er hat plötzlich das Zeitliche gesegnet **2.** scherzh. /etw., bes. Gebrauchsgegenstand/ SYN ʾentzweigehen': unser Fernseher hat gestern das Zeitliche gesegnet'

zeit/Zeit [ˈtsaɪt..]**-los** ⟨Adj.; o. Steig.⟩ ʾnicht der (gegenwärtig herrschenden) Mode unterworfen und trotzdem od. gerade deswegen Anklang findend': ein ~es Modell, Kostüm; ~e Möbel; diese Ideen sind ~, ~ gültig ❖ ↗ los; **-lupe, die** ⟨vorw. o.Art.⟩ in ~ ʾFilmaufnahmen in einer Geschwindigkeit ablaufen lassend, die langsamer ist als der reale Ablauf'; ANT Zeitraffer: etw. in ~ filmen; die Ankunft der Läufer im Ziel in ~ vorführen ❖ ↗ Lupe; **-mangel, der** ⟨o.Pl.; vorw. o.Art.⟩ ʾMangel an Zeit (2)': der ~ ist unser größtes Problem; aus ~: etw. aus ~ nicht schaffen, tun können ❖ ↗ ¹Mangel; **-not, die** ⟨o.Pl.; vorw. o.Art.⟩ ʾschwierige Lage, Bedrängnis, die durch Mangel an Zeit (2) entstanden ist' /beschränkt verbindbar/: in ~: in ~ sein, geraten; sich in ~ befinden; aus ~ einen Besuch, einen Vortrag absagen müssen; aus ~ seine Beteiligung absagen müssen; das ist nur wegen dieser ~ passiert ❖ ↗ Not; **-punkt, der** ʾbestimmter Augenblick im Ablauf

der Zeit (1), der für etw. von Bedeutung, Wichtigkeit ist': den rechten, geeigneten ~ (SYN ʾMoment 1.2, Augenblick 2') abwarten, verpassen, für gekommen halten; einen ~ (ʾTag und Stunde') für etw. festsetzen; der ~, in/zu dem er eingreifen sollte, war noch nicht gekommen; ⟨+ Gen.attr.⟩ der ~ seines Todes ❖ ↗ Punkt; **-raffer** [Rafɐ], **der** ⟨vorw. o.Art.⟩ im/in ~ ʾFilmaufnahmen in einer Geschwindigkeit ablaufen lassend, die schneller als der reale Ablauf ist'; ANT Zeitlupe: der Film zeigt das Aufblühen einer Rose im/in ~ ❖ ↗ raffen; **-raubend** [Raʊbm̩t] ⟨Adj.; Steig. reg.; nicht bei Vb.⟩ SYN ʾzeitaufwändig': das ist eine ~e Arbeit, Methode ❖ ↗ Raub; **-raum, der** ʾmeist längerer Zeitabschnitt': ein langer ~ lag zwischen den Ereignissen; ein ~ von mehreren Tagen, Monaten; etw. gilt für/umfasst, umspannt einen größeren ~, lange, große Zeiträume; vgl. Dauer ❖ ↗ Raum; **-rechnung, die** ⟨o.Pl.⟩ ʾbestimmte Art und Weise der Zählung der Jahre von einem bestimmten Ereignis an gerechnet': das zweite Jahrhundert vor, nach unserer ~; mit der Geburt Christi beginnt unsere ~; vgl. Geburt (2) ❖ ↗ rechnen; **-schrift, die** ʾmeist wöchentlich, monatlich als Heft erscheinendes, (illustriertes) Druckerzeugnis, das vorwiegend über ein od. mehrere thematische Gebiete unterrichtet, auch zur Unterhaltung und Information dient': eine ~ für Kunst und Literatur, für Architektur; eine medizinische, wissenschaftliche ~; eine ~ lesen; eine ~ abonnieren, abbestellen ❖ ↗ schreiben; **-spanne, die** ʾZeitraum von relativ kurzer Dauer': eine kurze, lange ~; die ~ von Frühjahr bis Herbst; eine ~ von zwei Jahren ❖ ↗ spannen ❖ ↗ spannen; **-sparend** [ʃpaːʁənt] ⟨Adj.; Steig. reg.; nicht bei Vb.⟩ ʾweniger Zeit (2) als üblich, als bisher beansprucht': eine ~e Methode; ein ~es Verfahren; die Methode ist ~ ❖ ↗ sparen

Zeitung [ˈtsaɪt..], **die**; ~, ~en ʾmeist täglich und in Form gefalteter großer Blätter erscheinendes Druckerzeugnis, das aktuelle Nachrichten und Beiträge aus Politik, Wirtschaft, Kultur und Sport veröffentlicht und Anzeigen abdruckt': eine ~ herausgeben, abonnieren, halten; (die) ~ lesen; was steht heute in der ~?; die ~ hat diese Meldung auf der ersten Seite gebracht; eine Anzeige in der ~ veröffentlichen; eine Annonce, ein Inserat in die ~ setzen; in der ~ steht, dass … ❖ ↗ **Zeit**

Zeit/zeit [ˈtsaɪt..]**-vertreib** [fɐtʁaɪp], **der**; ~s, ⟨o.Pl.⟩ **1.1.** jmds. ~ ʾBeschäftigung, mit der sich jmd. die Langeweile vertreibt': Lesen, Fußballspielen ist sein liebster ~; etw. ist ein kleiner, amüsanter ~ **1.2.** zum, zu seinem ~: etw. nur zum, zu seinem ~ tun (ʾetw. nur tun, um sich die Langeweile zu vertreiben'); zum ~ sammelt er Briefmarken ❖ ↗ treiben; **-weilig** [vaɪlɪç] ⟨Adj.; o. Steig.; nicht präd.⟩ **1.1.** ʾnur für eine bestimmte Zeit, nicht ständig geltend, wirkend': ein ~es Abkommen, eine ~e Verfügung; eine ~e Maßnahme; die Verfügung gilt nur ~ **1.2.** ʾnur eine Weile dauernd'; SYN vorübergehend: seine ~e Abwesenheit war nicht aufgefallen; ~ gab es Rückschläge; die Wiesen standen ~ unter Wasser;

er ist ~ ('wiederholt für eine kurze Zeit') *nicht zurechnungsfähig* ❖ ↗ **Weile**; **-weise** ⟨Adv.⟩ **1.1.** 'für eine bestimmte kurze Zeit': *durch das Unwetter waren die Straßen* ~ *unpassierbar;* ~ *beschäftigte er sich mit Okkultismus* **1.2.** 'nicht immer, sondern in bestimmten zeitlichen Abständen': *der Bungalow ist nur* ~ *bewohnt*

Zelle ['tsɛlə], **die**; ~, ~n **1.** 'kleiner Raum in einem Gefängnis, in dem Strafgefangene untergebracht sind, od. in einem Kloster, in dem ein Mönch, eine Nonne wohnt': *eine kahle, enge, dunkle* ~*; die Häftlinge in ihre* ~*(n) führen* **2.** 'meist sechseckig geformter Teil der Wabe': *die* ~*n einer Wabe;* vgl. *Wabe* **3.** 'kleinste lebende Einheit in einem Organismus (1.1)'; ↗ FELD II.3.1, 4.1: *lebende, tote* ~*n; die* ~*n wachsen, teilen sich, sterben ab* ❖ **Einzeller, einzellig**

* scherzh. **die kleinen grauen ~n** 'das Denkvermögen': *nun streng' mal deine kleinen grauen* ~*n an!*

Zelt [tsɛlt], **das**; ~s/auch ~es, ~e 'aus Stangen und einer Plane im Freien errichtete Unterkunft' (↗ BILD): *ein* ~ *aufstellen, aufbauen, abbauen, abbrechen; im Urlaub in einem* ~ *wohnen; in einem* ~ *schlafen; der Zirkus hat sein* ~ ('sein sehr großes, meist rundes Zelt, in dem die Vorstellungen stattfinden') *auf dem Markt aufgebaut* ❖ **zelten**

* /jmd./ **die/seine ~e abbrechen** ('einen Ort, an dem man gewohnt hat, den Bereich, in dem man bisher gelebt hat, verlassen'); /jmd./ **seine ~e irgendwo aufschlagen** ('sich irgendwo niederlassen')

zelten ['tsɛltn̩], zeltete, hat gezeltet /jmd./ *irgendwo* ~ 'irgendwo in einem Zelt wohnen, übernachten, bes. in der Freizeit, im Urlaub': *auf einem Campingplatz, an der See* ~*; werdet ihr nächstes Jahr wieder* ~*?* ❖ ↗ **Zelt**

Zement [tse'mɛnt], **der**; ~s/auch ~es, ⟨o.Pl.⟩ 'pulverförmiger Baustoff, der mit Wasser und Kies, Sand vermischt wird und Beton od. (zusätzlich mit Kalk vermischt) Mörtel ergibt und hart wie Stein wird'; ↗ FELD II.5.1: *der Beton hat zu wenig* ~

Zenit [tse'ni:t], **der**/auch **das**; ~s/auch ~es, ⟨o.Pl.⟩ 'senkrecht über etw., über dem Beobachter am Himmel gedachter Punkt': *ein Stern steht im* ~*, hat den* ~ *überschritten*

zensieren [tsɛn'zi:ʀən], zensierte, hat zensiert **1.** /Lehrer/ *etw.* ~ 'die Leistung, eine Arbeit eines Schülers mit einer Zensur (1) bewerten'; ↗ FELD I.4.2.2: *einen Aufsatz, eine Mathematikarbeit, einen mündlichen Vortrag* ~*; etw. mit der Note 'zwei', mit einer Zwei* ~*; er zensiert immer streng, mild* **2.** /Institu-

tion, bes. eines totalitären Staates/ *etw.* ~ 'etw. zur Veröffentlichung Bestimmtes, z. B. einen Film od. ein Buch, prüfen, ob es zur Veröffentlichung freigegeben werden kann od. aus bestimmten, bes. moralischen, religiösen, politischen Gründen geändert od. verboten werden soll': *einen Film, ein Theaterstück* ~ ❖ **Zensur**

Zensur [tsɛn'zu:ɐ], **die**; ~, ~en **1.** ⟨nicht in Verbindung mit Zahlen⟩ 'Wort od. Zahl, mit der die Leistung eines Schülers, Studenten bewertet wird'; SYN Note (2); ↗ FELD I.4.2.1: *jmdm. eine gute* ~*, jmdm. gute* ~*en geben, erteilen; eine gute, schlechte* ~ *(in Deutsch, Physik) von seinem Lehrer bekommen* **2.** ⟨o.Pl.⟩ 'das Zensieren (2) durch eine (staatliche) Institution': *etw. unterliegt der* ~*, geht durch die* ~*; die* ~ *ausüben* **3.** ⟨o.Pl.⟩ 'staatliche Institution, die die Zensur (2) ausübt': *der Film, das Buch wurde damals von der* ~ *verboten* ❖ ↗ **zensieren**

Zentimeter [tsɛnti'm../..], **der**/fachspr. **das**; ~s, ~ ABK cm 'ein hundertstel Meter' /Maßeinheit der Länge/: *ein Faden von 30* ~*(n) Länge; das Lineal ist 30* ~ *lang; 50* ~ *Stoff kaufen;* vgl. auch *Meter, Kilometer, Millimeter* ❖ ↗ **Meter**

MERKE Zum Dat. Pl.: ↗ *Meter*

Zentner [tsɛntnɐ], **der**; ~s, ~ '50 Kilogramm' /wird noch als Maßangabe z. B. für Kohlen, Kartoffeln, Getreide benutzt/: *einen* ~*, fünf* ~ *Kartoffeln kaufen; der, ein* ~ *Briketts kostet ... Mark; zehn* ~ *Briketts kosten ... Mark*

zentral [tsɛn'tʀa:l] ⟨Adj.; o. Steig.; nicht präd.; ↗ auch *Zentrale*⟩ **1.** 'in der Mitte von etw.., bes. eines Ortes, gelegen' /vorw. auf Gebäude bez./: *das Hotel, seine Wohnung ist* ~ *gelegen; der Marktplatz hat meist eine* ~*e Lage* **2.** ⟨nur attr.⟩ 'von grundlegender Bedeutung' /auf Abstraktes bez./: *etw. ist von* ~*er Bedeutung; das ist ein* ~*es Problem, Vorhaben; eine* ~*e Frage, Aufgabe; das* ~*e Nervensystem* ('der aus dem Gehirn und dem Rückenmark bestehende Teil des Nervensystems') **3.** 'von einer leitenden Institution gelenkt' /beschränkt verbindbar/: *eine* ~*e Leitung, Organisation; etw.* ~ *organisieren, verwalten* ❖ ↗ **Zentrum**

Zentrale [tsɛn'tʀa:lə], **die**; ~, ~n; ↗ auch *zentral* **1.** 'Institution, von der aus mehrere Einrichtungen geleitet werden': *die* ~ *einer Organisation, Bank, eines Konzerns; die* ~ *hat beschlossen, angeordnet, dass ...* **2.** 'technische Anlage, von der aus bestimmte technische Vorgänge gesteuert werden': *das Telefongespräch wurde von der* ~ *weiter vermittelt* ❖ ↗ **Zentrum**

Zentrifuge [tsɛntʀi'fu:gə], **die**; ~, ~n 'Gerät, das Stoffe verschiedener Dichte auf mechanischem Wege trennt'

Zentrum ['tsɛntʀʊm], **das**; ~s, Zentren ['..tʀən] **1.1.** SYN 'Mittelpunkt (1)': *das* ~ *des Kreises; das* ~ *des Erdbebens* ('sein Herd 2') *lag 400 km vor der Küste* **1.2.** 'Mitte einer (großen) Stadt'; SYN Mitte (1.1): *das* ~ *von Berlin, München; das* ~ *der Stadt; im* ~ *herrscht starker Verkehr; er wohnt im* ~*; ins*

~ *fahren* **2.** *etw., jmd. steht im ~* ('im Mittelpunkt 3') *des Interesses, der Diskussion, der Überlegungen* **3.** 'Bereich (1), Ort (1), in dem etw. konzentriert ist, besonders stark vertreten ist': *Dresden ist ein kulturelles ~* (SYN 'Mittelpunkt 2.1'); *ein industrielles ~ des Landes; die Zentren der Macht, Wissenschaft, Kultur;* vgl. *Mittelpunkt* ❖ **zentral, Zentrale — Stadtzentrum**

Zepter ['tsɛptɐ], **das/**auch **der**; ~s, ~ 'meist reich geschmückter, verzierter, stabförmiger Gegenstand, der die Macht und Würde eines Königs, Kaisers versinnbildlicht': *Krone und ~ sind die Symbole der Macht eines Monarchen*
* scherzh. /jmd./ *das ~* **führen/schwingen** 'in einem Bereich die bestimmende Person sein': *in der Familie, zu Hause schwingt sie das ~*

zerbrechen [tsɐ'bʀɛçn̩] (er zerbricht [..'bʀɪçt]), zerbrach [..'bʀɑːx], hat/ist zerbrochen [..'bʀɔxn̩] **1.** ⟨hat⟩ /jmd./ *etw. ~* 'etw. (un)absichtlich in zwei od. mehrere Stücke brechen und dadurch zerstören'; ↗ FELD I.7.6.2: *einen Stock, Stab ~; er hat das Glas, einen Teller zerbrochen* **2.** ⟨ist⟩ /etw./ 'infolge mechanischer Einwirkung, bes. durch Aufprall, in Stücke brechen': *der Teller, das Glas fiel zu Boden und zerbrach; seine Brille ist zerbrochen* **3.** ⟨ist⟩ /jmd./ *an etw.* ⟨Dat.⟩ ~ SYN 'an etw. kaputtgehen (2)': *daran, an seinem Kummer, Leid, an der schweren seelischen Belastung, am Unglück seiner Eltern ist er fast zerbrochen* ❖ ↗ **brechen**

zerbrechlich [tsɐ'bʀɛç..] ⟨Adj.; Steig. reg., ungebr.⟩ **1.** ⟨nicht bei Vb.⟩ 'so beschaffen, dass es leicht zerbricht' /auf Gegenstände, Materialien bez./: *die Vase ist aus leicht ~em Material; Glas, Keramik ist ~* **2.** SYN 'zart (2.1)' /auf Personen bez./: *sie ist, wirkt ~; sie ist ein schmächtiges, ~es Persönchen* ❖ ↗ **brechen**

Zeremonie [tseʀemo'niː], **die**; ~, ~n [..'niːən] 'feierliche Handlung, die nach bestimmten (traditionellen) Regeln abläuft': *die prunkvolle, kirchliche ~; die ~ der Trauung, Beisetzung, Taufe* ❖ **Zeremoniell**

Zeremoniell [tseʀemo'niɛl], **das**; ~s, ~e 'Gesamtheit der bei bestimmten feierlichen Anlässen einzuhaltenden Vorschriften, Regeln': *das diplomatische, höfische, militärische ~; das ~ bei einem Staatsempfang; das ~ einhalten; etw. erfolgt nach einem strengen ~* ❖ ↗ **Zermonie**

zerfallen [tsɐ'falən] (er zerfällt [..'fɛlt]), zerfiel [..'fiːl], ist zerfallen **1.** /etw./ *in etw., zu etw.* ⟨Dat.⟩ ~ '(durch den Einfluss der Witterung) sein festes Gefüge verlieren und sich in einzelne Teile auflösen od. zu einem anderen Element werden'; ↗ FELD I.7.6.2, III.5.2: *das Haus zerfällt; die prächtigen Bauten sind im Laufe der Jahrhunderte in, zu Staub ~; ein ~es Gehöft, Schloss; etw. ist zu Asche ~; Atomkerne ~* **2.** /etw., bes. Staat, Reich/ 'seine Macht, Wirkung einbüßen und aufhören zu existieren': *ein Weltreich zerfällt; Sitte und Moral waren ~* **3.** ⟨nur präd. (mit *sein*)⟩ /jmd./ **3.1.** *mit jmdm.* ~ *sein* 'mit jmdm. verfeindet sein': *seit der Erbschaft ist er mit ihr ~;* /zwei od. mehrere (jmd.)/ ⟨rez.⟩ *sie*

sind beide miteinander ~ **3.2.** *mit sich* ⟨Dat.⟩ ~ *sein* 'im Zwiespalt mit sich und niedergeschlagen sein': *er war mit sich und der Welt ~* **4.** /Buch, Text/ *in etw. ~* 'sich in etw. gliedern (1.2)': *der Aufsatz zerfällt in mehrere Abschnitte; das Buch zerfällt in mehrere Kapitel; der Prozess zerfällt in mehrere Phasen* ❖ ↗ **fallen**

zerkleinern [tsɐ'klainɐn], zerkleinerte, hat zerkleinert /jmd./ *etw. ~* 'etw. in kleinere Stücke teilen'; ↗ FELD I.7.6.2, III.5.2: *Fleisch, Gemüse, Holz ~* ❖ ↗ **klein**

zerknirscht [tsɐ'knɪʀʃt] ⟨Adj.; Steig. reg., ungebr.⟩ 'von starker Reue ergriffen' /auf Personen, Mimisches bez./: *ein ~es Gesicht machen; ~ sein; er wirkte ~* ❖ ↗ **knirschen**

zerknittert [tsɐ'knɪtɐt] ⟨Adj.; Steig. reg., ungebr.⟩ SYN 'faltig (1)' /auf Materialien wie Stoff, Papier o.Ä. bez./: *die Bluse ist ~; ~es Papier* ❖ ↗ **Knitter**

zerlassen [tsɐ'lasn̩] (er zerlässt [..'lɛst]), zerließ [..'liːs], hat zerlassen /jmd./ *etw. ~* 'etw., bes. hartes Fett, beim Kochen, Backen, Braten durch Einwirkung von Hitze flüssig werden lassen': *Butter, Talg (in der Pfanne) ~* ❖ ↗ **lassen**

zerlegen [tsɐ'leːgn̩], zerlegte, hat zerlegt /jmd./ *etw. ~* 'etw., das aus einzelnen Teilen zusammengesetzt ist, durch bestimmte Tätigkeiten dahin bringen, dass es wieder einzelne Teile werden'; ↗ FELD I.7.6.2: *ein Motorrad (in seine Bestandteile) ~; eine Uhr, ein Gewehr ~* ❖ ↗ **legen**

Zerr|bild ['tsɛʀ..], **das** 'eine Darstellung, die etw. absichtlich verzerrt, entstellt wiedergibt': *das Buch ist ein ~ der damaligen Verhältnisse; seine Darstellung der Ereignisse war eher ein ~ als eine sachgerechte Reportage* ❖ ↗ **zerren,** ↗ **Bild**

zerreißen [tsɐ'ʀaisn̩], zerriss [..'ʀɪs], hat/ist zerrissen [..'ʀɪsn̩] **1.** ⟨hat⟩ /jmd./ *etw. ~* 'etw., bes. etw. aus Papier, Stoff, (gewaltsam) in Stücke reißen (1.1)'; ↗ FELD I.7.6.2, III.5.2: *ein Blatt Papier, ein Foto, einen Brief ~; einen Faden ~;* vgl. *reißen (1.1)* **2.** ⟨hat; vorw. im Pass.⟩ /etw., bes. Geschoss/ *er wurde von einer Granate zerrissen* ('getötet und in Stücke zerrissen'); /in den kommunikativen Wendungen/ umg. emot. *ich könnte ihn (in der Luft) ~* ('ich bin außerordentlich wütend auf ihn'); *ich kann mich doch nicht ~* ('ich kann nicht alles zugleich, nicht mehrere Dinge auf einmal tun')! /sagt jmd., wenn er sich den vielen Forderungen anderer, für sie tätig zu sein, widersetzen will/ **3.** ⟨hat⟩ /jmd./ *etw. ~* 'in etw., bes. in ein Kleidungsstück, ein Loch bzw. Löcher reißen (1.3)': *hast du schon wieder deine Hose zerrissen?!; sich* ⟨Dat.⟩ *etw. ~: sich (beim Klettern) den Strumpf, das Kleid ~* **4.** ⟨ist⟩ /etw./ SYN 'reißen (1.2)': *der Bindfaden, das Seil, Papier zerreißt leicht, ist durch die Belastung zerrissen;* METAPH *seine Nerven waren zum Zerreißen gespannt* ('er war in der Erwartung von etw., in einer bestimmten Situation äußerst konzentriert') ❖ ↗ **reißen**

zerren ['tsɛʀən] ⟨reg. Vb.; hat⟩ **1.** /jmd./ *jmdn., etw. irgendwohin ~* 'jmdn., etw. mit Kraftanstrengung ziehen und damit irgendwohin befördern'; ↗

FELD I.7.3.2: *jmdn. in ein Haus, aus dem Bett, Auto ~; jmdn. zu Boden, in die Höhe ~* **2.** /jmd., Tier, bes. Hund/ *jmdn. an etw.* ⟨Dat.⟩ *~: jmdn. an den Haaren, am Arm, Mantel ~* ('heftig und ruckweise an jmds. Haaren, Arm, Mantel ziehen'); *der Hund zerrte* ('zog heftig und ruckweise') *an der Leine, Kette* **3.** ⟨vorw. im Prät., Perf.⟩ /jmd./ *er hat sich* ⟨Dat.⟩ *eine Sehne gezerrt* ('hat sich die Zerrung einer Sehne zugezogen') ❖ **verzerren, Zerrung – Zerrbild**

Zerrung ['tsɛʀ..], **die**; *~, ~en* 'Schädigung einer Sehne, eines Muskels dadurch, dass sie durch plötzliche große Belastung zu stark gedehnt worden ist': *sich eine ~ zuziehen* ❖ ↗ **zerren**

zerrütten [tsɐ'ʀʏtn̩], zerrüttete, hat zerrüttet /etw./ **1.1.** *jmdn., etw. ~* 'jmdn., jmds. Gesundheit durch zu starke Belastung stark schädigen': *diese Belastungen zerrütteten seine Gesundheit, seine Widerstandskraft, seine Nerven; das hat ihn körperlich, psychisch zerrüttet* **1.2.** *etw. ~* 'etw. in seinem Gefüge zerstören': *seine Untreue, der Alkohol zerrüttete ihre Ehe;* ⟨oft adj. im Part. II⟩ *eine zerrüttete Wirtschaft; zerrüttete Finanzen; eine zerrüttete Familie, Ehe*

zerschlagen [tsɐ'ʃlaːgn̩] (er zerschlägt [..'ʃlɛːkt/ ..'ʃleːkt]), zerschlug [..'ʃluːk], hat zerschlagen **1.** /jmd./ *etw. ~* 'etw. durch heftiges Schlagen, Werfen zerbrechen'; ↗ FELD I.7.6.2, III.5.2: *einen Teller, den Spiegel, eine Fensterscheibe, Vase (aus Versehen, absichtlich, mit einem Hammer) ~; er hat (in seiner Wut) die ganze Einrichtung ~* (SYN 'zusammengeschlagen 2') **2.** /Truppe/ *eine gegnerische Armee ~* ('vernichtend besiegen') **3.** ⟨vorw. im Perf.⟩ /etw., bes. Pläne, Vorhaben/ *sich ~* 'sich nicht realisieren lassen, nicht zustande kommen': *unsere (Urlaubs)pläne, Hoffnungen haben sich ~; die Sache hat sich ~; die Verhandlungen zerschlugen sich* ❖ ↗ **schlagen**

zerschneiden [tsɐ'ʃnaɪdn̩], zerschnitt [..'ʃnɪt], hat zerschnitten [..'ʃnɪtn̩] /jmd./ *etw. ~* 'etw. durch Schneiden in (zwei) Stücke teilen'; ↗ FELD I.7.6.2, III.5.2: *Papier, Stoff, Bleche ~; etw. mit einer Schere, einem Messer ~* ❖ ↗ **schneiden**

zersetzen [tsɐ'zɛtsn̩], zersetzte, hat zersetzt **1.1.** /etw., bes. chemische Verbindung od. Mikroben/ *etw. ~* 'auf etw. einwirken und es dadurch zerstören': *die Säure hat das Metall zersetzt; Säuren ~ die meisten Stoffe; die Fäulnis zersetzt den Baumstumpf* **1.2.** /etw., bes. Organisches/ *sich ~* 'durch die Einwirkung bestimmter Stoffe, Mikroben zerstört werden, sich auflösen': *die Pflanzen ~ sich im Kompost; das Metall hat sich (durch die Säure) zersetzt* **2.** /jmd., etw./ *etw. ~* 'etw. untergraben': *Hunger und Kälte haben die Widerstandskraft (der Truppen) zersetzt; der Gegner versuchte, mit Propaganda die Moral (der Bevölkerung) zu ~;* ⟨adj. im Part. I⟩ *~de Kritik, Propaganda; ~e Äußerungen* ❖ ↗ **setzen**

zersplittern [tsɐ'ʃplɪtɐn], zersplitterte, hat/ist zersplittert **1.1.** ⟨hat⟩ /jmd./ *etw. ~* 'so auf etw. aus Holz, Glas Bestehendes einschlagen, dass es splittert, zu

Splittern wird'; ↗ FELD III.5.2: *eine Tür mit einem Beil ~; Rowdies haben die Fenster des Autos zersplittert* **1.2.** ⟨ist⟩ *etw. zersplittert* 'etw. zerbricht so, dass daraus Splitter werden': *die Fensterscheiben, Knochen ~* **2.** ⟨hat⟩ /jmd./ *sich, seine Kräfte ~* ('sich mit zu vielen Dingen gleichzeitig beschäftigen, sodass man nichts gründlich tun kann') ❖ ↗ **Splitter**

zerstäuben [tsɐ'ʃtɔɪbm̩], zerstäubte, hat zerstäubt /jmd./ *etw. ~* 'etw., bes. eine Flüssigkeit, mittels Druck durch eine Düse in die Form unzählig vieler winziger Tröpfchen bringen': *ein Parfüm ~; Wasser ~* ❖ ↗ **Staub**

zerstören [tsɐ'ʃtøːʀən], zerstörte, hat zerstört /jmd./ *etw. ~* 'etw. so stark beschädigen, dass es unbrauchbar wird und in seiner ursprünglichen Beschaffenheit, Gestalt nicht mehr vorhanden ist'; ↗ FELD III.5.2: *ein Haus, eine Brücke, eine Stadt durch Bomben, Beschuss ~; eine zerstörte Fabrik; ein zerstörter Bahnhof;* SYN 'etw. kaputtmachen (1)': *etw. mutwillig, im Zorn, völlig ~* ❖ ↗ **stören**

Zerstörer [tsɐ'ʃtøːʀɐ], **der**; *~s, ~* 'mittelgroßes, schnelles, wendiges Schiff der Seestreitkräfte, das mit Geschützen und Raketen ausgerüstet ist und oft zum Geleitschutz eingesetzt wird' (↗ TABL Fahrzeuge); ↗ FELD V.6.1: *einen ~ in Dienst stellen; der ~ wurde versenkt;* vgl. *Schlachtschiff, Kreuzer, Flugzeugträger* ❖ ↗ **stören**

Zerstörung [tsɐ'ʃtøːʀ..], **die**; *~, ~en* **1.** ⟨vorw. Sg.⟩ 'das Zerstören': *die ~ der Anlagen, gegnerischen Stellungen, Bunker* **2.** 'das Zerstörtsein'; ↗ FELD III.5.1: *die ~en waren unübersehbar; das Unwetter hat große ~en angerichtet* ❖ ↗ **stören**

Zerstörungs|wut [tsɐ'ʃtøːʀʊŋs..], **die** 'starker Drang, Trieb, etw. (gründlich) zu zerstören': *etw. aus ~ tun; Jugendliche hatten ihre ~ an den Blumen des Stadtparks ausgelassen* ❖ ↗ **stören**, ↗ **Wut**

zerstreuen [tsɐ'ʃtʀɔɪən], zerstreute, hat zerstreut; ↗ auch *zerstreut* **1.** /etw., bes. Wind/ *viele, mehrere (etw.) ~: der Wind hat die Blätter (überallhin) zerstreut* ('in alle Richtungen getrieben, sodass sie überall umherliegen'); ⟨oft adj. im Part. II⟩ *die Kleider lagen zerstreut auf dem Boden; die Häuser liegen zerstreut* ('räumlich weit auseinander') *an den Berghängen* **2.1.** /Polizei/ *viele, mehrere (jmd.) ~: die Polizei zerstreute die Menge (der Demonstranten)* ('löste den Zug der Demonstranten auf, sodass die Menschen in verschiedene Richtungen auseinander gingen') **2.2.** *viele (jmd.) ~ sich* 'viele Personen laufen in verschiedene Richtungen auseinander'; SYN sich verlaufen (2): *die Demonstranten ~ sich, die Menge zerstreute sich* **3.** /jmd./ *etw. ~* 'durch gutes Zureden, Argumente bewirken, dass ein negatives Gefühl bei jmdm. verschwindet' /beschränkt verbindbar/: *er hat ihren Argwohn, ihr Misstrauen, unseren Verdacht, seine Zweifel, Befürchtungen, Ängste zerstreut, ~ können* **4.** /jmd./ *jmdn., sich ~* 'jmdn., sich durch Unterhaltung, Beschäftigung mit Heiterem, Vergnüglichem entspannen und von etw. ablenken': *jmdn. durch Scherze,* *ein Spiel ∼; sich beim Fernsehen, im Kino, durch Schachspielen ∼* ❖ ↗ **streuen**

zerstreut [tsɐ'ʃtRɔịt] ⟨Adj.; Steig. reg., ungebr.; ↗ auch *zerstreuen*⟩ ʹbei einer Tätigkeit an etw. anderes denkend, mit seinen Gedanken abwesendʹ /auf Personen, Tätigkeiten bez./; ↗ FELD I.4.4.3, 5.3: ∼ (SYN ʹgedankenlosʹ) *nicken, lächeln; ein ∼er Dozent;* ∼ (SYN ʹgedankenverloren, gedankenlosʹ) *antworten; er war sehr* ∼ ❖ ↗ **streuen**

Zerstreuung [tsɐ'ʃtRɔị..], die; ∼, ∼en ʹetw., womit man sich, andere zerstreuen (4) kannʹ; ↗ FELD I.4.4.1: *während des Urlaubs hatte, fand er viel* ∼; *den Urlaubern, Gästen vielerlei* ∼*(en) bieten;* SYN ʹ*Abwechslung (1)*ʹ: *sie lieben* ∼; *er suchte* ∼ ❖ ↗ **streuen**

Zerwürfnis [tsɐ'vYRf..], das; ∼ses, ∼se ʹdurch heftigen Streit ausgelöster Bruch der Beziehungen zweier Menschen, meist zwischen Eheleutenʹ: *zwischen ihnen war es zu einem* ∼, *zu tiefen* ∼*sen gekommen* ❖ ↗ **werfen**

Zeter ['tse:tɐ]
* oft scherzh. /jmd./ ∼ **und Mordio schreien** (ʹvoller Entrüstung und Empörung laut über etw. schimpfenʹ)

zetern ['tse:tɐn] ⟨reg. Vb.; hat⟩ umg. emot. /jmd./ ʹlang anhaltend voller Empörung laut über etw., jmdn. (mit hoher Stimme) schimpfenʹ; ↗ FELD VI.1.2: *die Frauen fingen an zu* ∼; *laut (über jmdn., etw.)* ∼)

Zettel ['tsɛtḷ], der; ∼s, ∼ ʹkleines loses Blatt Papier, auf dem etw. geschrieben steht od. auf das man etw. schreibtʹ: *ein leerer, weißer* ∼; *sich etw. auf einem* ∼ *notieren; etw. auf einen Zettel schreiben; einen* ∼ *kniffen, zerreißen; ein* ∼ *mit der Aufschrift: ...; jmdm. einen* ∼ *mit einer Nachricht in den Briefkasten stecken* ❖ **verzetteln** − **Denkzettel, Stimmzettel**

Zeug [tsɔịk], das; ∼s/auch ∼es, ⟨o.Pl.⟩ umg. 1. ʹKleidung, bes. Wäscheʹ: ⟨mit best. Adj.⟩ *neues, dickes, trockenes* ∼ *anziehen; in dem dünnen* ∼ *wirst du frieren; wohin hast du dein, das* ∼ *gehängt?; das* ∼ *zum Trocknen aufhängen* 2. ʹnicht näher bezeichnete Menge als wertlos betrachteter Gegenstände, Sachenʹ: *was für ein* ∼ *hast du da liegen?; wo hast du denn das* ∼ *her?; räume dein* ∼ (ʹdeine Sachenʹ) *bitte weg!; was soll ich mit diesem* ∼ *tun, anfangen?; dieses fade, salzlose, zähe* ∼ (ʹEssenʹ) *kriege ich nicht runter* 3. ʹetw. Unsinniges (I.1)ʹ: ⟨mit best. Adj.⟩ *albernes, wirres, sinnloses* ∼ *reden, tun, träumen* 4. ʹVoraussetzungen, Fähigkeiten, etw. Bestimmtes leisten zu könnenʹ /beschränkt verbindbar/: *jmd. hat (nicht) das* ∼, *um etw. zu lösen, zu bewältigen; er hat durchaus das* ∼ *für diese Aufgabe, Arbeit; jmdm. fehlt das* ∼ *zulʹür etw.; ihm fehlt das* ∼ *zum Trainer, für einen guten Arzt; in ihm steckt das* ∼ *für einenlzu einem guten Lehrer* ❖ **Dreckzeug, Nähzeug, Schneidewerkzeug, Spielzeug, Waschzeug, Werkzeug;** vgl. **-zeug**

* umg. /jmd./ **jmdm. etw. am ∼(e) flicken** (ʹjmdm. etw. Nachteiliges anhängen, nachweisen, etw. Ne-

gatives über jmdn. sagenʹ); /jmd./ **arbeiten, was das ∼ hält** (ʹmit äußerster Anspannung aller Kräfte arbeitenʹ); /jmd./ **sich für jmdn., etw. ins ∼ legen** (ʹsich für jmdn., etw. energisch einsetzenʹ)

-zeug, das ⟨o.Pl.⟩ /bildet mit einem Vb. als erstem Bestandteil Substantive; drückt die Gesamtheit der Gegenstände, Materialien aus, die für das im ersten Bestandteil Genannte benötigt werden/: ↗ z. B. *Rasierzeug, Nähzeug*

Zeuge ['tsɔịɡə], der; ∼n, ∼n 1. ʹjmd., der dabei war, als etw., bes. ein Verbrechen, ein Unfall, geschah, der es gesehen (od. gehört) hat und davon berichten kannʹ: *er war (unfreiwilliger)* ∼ *eines Gespräches, Streites, Unfalls, Überfalls, Verbrechens; etw. nur im Beisein von* ∼*n, nur ohne* ∼*n sagen, tun wollen; als* ∼ *bei der Polizei aussagen* 2.1. ʹjmd., der zu einer juristischen Handlung hinzugezogen wird, um den Sachverhalt mit seiner Unterschrift bestätigen zu könnenʹ: ∼ *beim Abschluss eines Vertrages, bei der Abfassung eines Testaments, bei einer Trauung sein* 2.2. ʹjmd., der als Zeuge (1) in einem Verfahren vor Gericht vorgeladen ist, um über etw., das er gesehen, gehört, erlebt hat, auszusagenʹ: *einen* ∼*n beibringen; einen* ∼*n befragen, vernehmen, vorladen; als* ∼ *vor Gericht aussagen; er war* ∼ *der Anklage; der* ∼ *hat vor Gericht ausgesagt, dass ...; die Aussagen des, eines* ∼*n zu Protokoll nehmen; die Aussagen der beiden* ∼*n widersprachen sich; einen* ∼*n vereidigen; er trat vor Gericht als* ∼ *auf, war als* ∼ *(nicht) glaubwürdig* ❖ **Zeuge, zeugen, Zeugin, Zeugnis, überzeugen − Augenzeuge, überzeugen, überzeugend, überzeugt, Überzeugung**

zeugen ['tsɔịɡn̩] ⟨reg. Vb.; hat⟩ 1. /Mann/ ein Kind ∼ ʹdurch den Geschlechtsakt die Entstehung eines Kindes bewirkenʹ: *er hat einen Sohn, drei Kinder gezeugt; jmd. zeugt mit jmdm. ein Kind: ein Mann zeugt mit einer Frau ein Kind; er hat mit ihr eine Tochter, einen Sohn gezeugt* 2. /jmd./ **für, gegen jmdn.** ∼ (ʹfür, gegen jmdn. vor Gericht als Zeuge 2.2 aussagenʹ) 3. /etw. (oft *das*)/ **von etw.** ⟨Dat.⟩ ∼ ʹauf etw. hindeuten (2), auf etw. schließen lassenʹ: *diese Arbeit zeugt von großem Fleiß, Können; das zeugt nicht gerade von Ehrlichkeit, Großmut* ❖ ↗ **Zeuge**

Zeugin ['tsɔịɡ..], die; ∼, ∼nen /zu *Zeuge;* weibl./ ❖ ↗ **Zeuge**

Zeugnis ['tsɔịk..], das; ∼ses, ∼se 1. ʹoffizielles Schriftstück einer Schule, Universität, in dem die Leistungen und das Verhalten eines Schülers, Lehrlings, Studenten mittels Zensuren bewertet sindʹ; ↗ FELD I.4.2.1: *das ist ein gutes, schlechtes, glänzendes* ∼; *ein gutes* ∼ *bekommen, haben; lauter gute Noten im* ∼ *haben; jmdm. sein* ∼ *aushändigen; bei der Bewerbung seine* ∼*se vorlegen* 2. ʹBescheinigung über ein Arbeitsverhältnis mit Angaben über Leistungen und Verhalten einer Person, die vom Arbeitgeber bei Beendigung des Arbeitsverhältnisses ausgestellt wirdʹ: *jmdm. ein gutes* ∼ *ausstellen; er konnte gute* ∼*se vorweisen* 3. ʹurkundliche Bescheinigung eines Sachverhalts, bes. das Gutachten eines Fachmanns über jmds. Zustand, über die Qualität, den Zustand von etw.ʾ: *für jmdn. ein ärztliches ~ (SYN ʿAttestʾ) anfordern; jmdn. ein ärztliches ~ ausstellen; ein fachmännisches, amtliches ~ über die Qualität eines Produkts, über die Echtheit eines Kunstwerks* **4.** ⟨o.Pl.⟩ ʾAussage, die jmd. als Zeuge (2.2) vor Gericht macht, gemacht hatʾ: *ein ~ für, gegen jmdn. abgeben* **5.** ʿetw., das auf etw. hindeutetʾ /beschränkt verbindbar/: ⟨+ Gen.attr.⟩ *dieser Felsblock ist ein ~ der Eiszeit; etw. ist ein beredtes ~ von der Kunst der Antike; nach ~sen der Vergangenheit in alten Archiven suchen; etw. legt ~ ab von etw.* ⟨Dat.⟩ ʾetw. beweist etw.ʾ: *etw. legt ~ ab vom Vorhandensein einer Ölquelle, von der Besiedlung eines Landstrichs vor Tausenden von Jahren* ❖ ↗ **Zeuge**

Zicken [ˈtsɪkn̩] ⟨Pl.⟩
* derb /jmd./ *~* **machen** ⟨oft verneint⟩ ʿUnsinn, Schwierigkeiten machenʾ: *was der immer für ~ macht!; mach keine ~!* /drohende Warnung/

Zickzack [ˈtsɪktsak]: *im ~* ʾin einer Linie, die ständig hin und her läuftʾ: *sie fuhren, liefen im ~* ❖ ↗ **Zacke**

Ziege [ˈtsiːɡə], **die**; ~, ~n **1.** ʾzu den Wiederkäuern gehörendes mittelgroßes Säugetier, das wild lebend vorkommt und wegen der Milch gehalten wirdʾ; ↗ FELD II.3.1 (↗ TABL Säugetiere): *~n halten, hüten, melken; die ~ meckert* **2.** umg. Schimpfw. /meint eine weibl. Person/; ↗ FELD I.5.1: *so eine (dumme, alberne) ~!; du (blöde) ~!*

Ziegel [ˈtsiːɡl̩], **der**; ~s, ~ ʾaus Ton, Lehm geformter und gebrannter (quaderförmiger) Stein zum Bauen, Mauern, zum Decken von Dächernʾ; SYN Baustein (1); ↗ FELD II.5.1: *~ formen, brennen; aus ~n ein Haus bauen; das Dach mit ~n* (SYN ʿDachziegelnʾ) *decken* ❖ **Dachziegel**

ziehen [ˈtsiːən], zog [tsoːk], hat/ist gezogen [ɡəˈtsoːɡn̩] **1.** ⟨hat⟩ /jmd., Zug, Tier, etw./: *etw., jmdn., ein Tier ~* ʿetw., jmdn., ein Tier bei eigner Fortbewegung und unter Anwendung von Kraft hinter sich herbewegenʾ /wobei der Mensch den Gegenstand mit der Hand hält, das Zugtier damit verbunden ist/; ↗ FELD I.7.3.2, VIII.4.1.2: *einen Handwagen, den Schlitten ~; sie zieht ihren Hund an der Leine, ihr Kind am Arm (hinter sich her); du schiebst und ich ziehe (und so kriegen wir das Ding von der Stelle); Pferde zogen mit starker Kraft; die Lokomotive zieht die Waggons; das Kind ließ sich ~* (ʿfolgte nur widerwilligʾ); *etw., jmdn. irgendwohin ~: er, das Pferd zog den Wagen aus dem Graben, in den Hof; er zog ihn, seinen Hund zum Ausgang; der Strudel, Sog zog* (ʿdrückteʾ) *ihn in die Tiefe* **2.** ⟨hat⟩ **2.1.** /jmd., etw./ *jmdn., etw. irgendwohin ~* ʾjmdn., etw., ohne sich selbst vorwärts zu bewegen, mit Hilfe der Hände, Hand, eines Gegenstands, Gerätes irgendwohin bewegenʾ: *er zog sie, das Kind an sich; er zog sie (liebevoll, zärtlich) neben sich, auf das Sofa; einen Eimer Wasser aus dem Brunnen in die Höhe ~*; METAPH *etw., die Sehnsucht, es zieht ihn in die Ferne, das Heimweh zieht ihn nach Hause* (ʿer ver-

spürt den Drang, sich in die Ferne, nach Hause zu begebenʾ); *jmdn. in seinen ↗ Bann ~; jmdn. in ein ↗ Gespräch ~* **2.2.** /jmd./ *etw., jmdn. aus etw.* ⟨Dat.⟩ *~* ʿetw., jmdn. mit der Hand, den Händen od. mit einem Werkzeug durch Ziehen (2.1) aus dem Inneren von etw. nach außen bringenʾ: *die Uhr, Geldbörse aus der Tasche ~; das Boot aus dem Wasser, einen Verunglückten aus dem Auto ~; (mit der Zange) einen Nagel aus der Wand, (mit einem Korkenzieher) den Korken aus der Flasche ~; ein Los (aus dem Behälter) ~; eine Spielkarte (aus einem Stapel Karten) ~; das Schwert, den Degen (aus der Scheide), das Messer (aus der Tasche) ~; den Revolver ~* (ʿzum Schießen aus dem Gürtel, Halfter nehmenʾ); *sich* ⟨Dat.⟩ *einen Splitter aus dem Finger ~* (ʿentfernenʾ); *jmdm. einen Zahn ~*; METAPH *die Wurzel aus einer Zahl ~* (ʿerrechnenʾ); *etw. aus dem ↗ Verkehr ~* **3.** ⟨hat⟩ /jmd./ *etw. ~* ʾetw. mit der Hand zu bestimmtem Zweck aus einer bestimmten Lage, Stellung in eine andere bringenʾ: *den Hut (zum Gruße) ~* (ʿabnehmen und wieder aufsetzenʾ); *eine Schachfigur, einen Spielstein ~; etw. irgendwohin ~: die Mütze in die Stirn ~; den Faden ins, durch das Nadelöhr ~; die Gardine vor das Fenster, einen Pullover über den Kopf ~; den Ring vom Finger ~* (ANT stecken 2.1); *Perlen auf eine Schnur ~* (SYN ʿreihenʾ) **4.** ⟨hat⟩ **4.1.** /jmd., Tier/ *an etw.* ⟨Dat.⟩ *~* ʾauf etw. (das irgendwo befestigt ist) einen Zug (1.1) ausübenʾ: *an einem Seil, an der Klingelschnur ~; jmdn. am Arm, Ohr, an den Haaren, am Rock ~; der Hund zieht ungeduldig an der Leine* **4.2.** /jmd./ *etw. ~* ʾauf etw. durch einen kräftigen Ruck mit der Hand, den Händen einen Zug (1.1) ausüben, um damit einen Mechanismus auszulösenʾ: *die (Not)bremse ~; die Reißleine des Fallschirms ~; die Leine ~, damit der Motor anspringt* **5.** ⟨hat⟩ /jmd./ *etw. ~* **5.1.** ʿetw. sich lang Erstreckendes herstellenʾ: *(mit einem Bleistift, mit einem Lineal) einen Strich, eine Linie ~; (mit dem Zirkel) einen Kreis ~; jmdm. (mit dem Kamm) einen Scheitel ~; einen Zaun, eine Mauer (um ein Grundstück) ~* **5.2.** ʾetw. Langgestrecktes an beiden Enden irgendwo befestigen und spannen (1)ʾ: *eine elektrische Leitung, Drähte, die Wäscheleine ~* **6.** ⟨hat⟩ **6.1.** /jmd./ *etw. ~* SYN ʿetw. dehnen (1.1)ʾ: *Stoff, Garn ~; Gummi kann man gut ~; nasse Wäschestücke in Form, in die Länge und Breite ~* (ʾindem man daran zieht, in die ursprüngliche Form bringenʾ) **6.2.** /jmd./ *etw. ~* ʿeinen Werkstoff, ein Material durch Dehnen, Strecken formen und dadurch etw. herstellenʾ: *Draht, Rohre, Kerzen ~* **6.3.** /beschränkt verbindbar/ *Honig, Leim zieht Fäden* (ʾbildet beim Fließen dünne fadenförmige Gebildeʾ) **6.4.** /jmd./ /beschränkt verbindbar/ *das Gesicht, die Stirn, Nase kraus/in Falten ~* (ʾdurch Betätigen bestimmter Muskeln in krause Form, in Falten bringen und damit Zweifel, Nachdenken, Unlust ausdrückenʾ); *ein Gesicht, Grimassen ~* (ʾmimisch Ärger, Ablehnung ausdrückenʾ) **7.** ⟨hat⟩ *etw. zieht sich* (ʿerstreckt sichʾ) *irgendwohin:*

die Straße zieht sich (in gerader Linie) durch den ganzen Ort; quer über seine Stirn zieht sich eine lange Narbe **8.** ⟨ist⟩ **8.1.** /meist mehrere (jmd., Tier, etw.)/ *irgendwohin ~* 'sich irgendwohin fortbewegen': *gegen Abend zogen* ('gingen, marschierten') *wir wieder heimwärts; in die Ferne, von Ort zu Ort ~; die Demonstranten zogen zum Marktplatz; die Zugvögel ~* ('fliegen') *nach dem, in den Süden; die Wolken ~ über den Himmel, nach Osten, Westen* **8.2.** /jmd./ *in eine neue Wohnung ~* ('eine neue Wohnung als Wohnsitz nehmen'); *in eine andere Stadt ~* ('übersiedeln'); *am 1. Oktober ~ sie* ('ziehen sie um') **9.** ⟨hat⟩ /jmd./ **9.1.** /beschränkt verbindbar/ *den Atem durch die Nase ~* ('durch die Nase einatmen'); *die frische Luft tief in die Lungen ~* ('einatmen') **9.2.** *an etw.* ⟨Dat.⟩ *~* 'etw. Hohles zwischen die Lippen nehmen und durch Saugen etw. einatmen od. in seinen Mund bringen': *an der Pfeife, Zigarette, an einem Strohhalm ~* **10.** ⟨hat⟩ *etw. zieht irgendwie: die Maschine, der Motor zieht gut, schlecht* ('arbeitet, funktioniert gut, schlecht'); *der Motor zieht* ('funktioniert gut'); *die Bremsen haben gut, zuverlässig, einwandfrei gezogen* **11.** *der Ofen, Schornstein zieht gut, schlecht* ('lässt die nötige Luft gut, schlecht durch') **12.** ⟨hat⟩ /jmd./ *den Kaffee, Tee ~ lassen* ('den Kaffee, Tee so lange in heißem Wasser lassen, bis ihr Aroma, Farbstoff, ihre Wirkstoffe Teil des Wassers sind') **13.** ⟨hat; unpers.⟩ *es zieht* ('es herrscht Zugluft'); *Tür zu, es zieht!* **14.** ⟨hat⟩ *es zieht jmdm. irgendwo* 'jmd. hat plötzlich irgendwo heftige Schmerzen': *es zieht ihm, ihr im Rücken, in allen Gliedern* **15.** ⟨hat⟩ umg. *etw. zieht* 'etw. macht Eindruck, übt eine gewünschte positive Wirkung auf jmdn. aus': *dieser Film, das Buch zieht; diese Ausrede zieht bei mir nicht; das harten Worte haben, das hat gezogen* **16.** ⟨hat⟩ /jmd./ *Pflanzen, Tiere ~* ('züchten') **17.** ⟨hat⟩ /abgeblasst in Verbindung mit best. Subst., z. B./ /jmd., Institution/ ↗ *Nutzen,* ↗ *Vorteile aus etw. ~;* /jmd./ *die* ↗ *Lehren aus etw. ~;* /jmd./ *einen* ↗ *Schluss aus etw. ~;* /jmd./ *etw. in* ↗ *Zweifel ~;* /jmd., Institution/ *jmdn. zur* ↗ *Verantwortung ~* ❖ **Ziehung, beziehen, Beziehung, entziehen, Entzug, gezogen, verziehen, züchten, Zucht, Zug, Zügel, zügeln – abziehen, Abzug, anziehen, Anziehungskraft, Anzug, anzüglich, Atemzug, aufziehen, Aufzug, ausziehen, Auszug, Bettbezug, bevorzugen, beziehungsweise, bezugsfertig, Bezugsperson, -punkt, diesbezüglich, Drahtzieher, durchziehen, D-Zug D-Zug-Zuschlag, einziehen, Einzug, Feldzug, Gesichtszüge, großziehen, Güterzug, Handelsbeziehungen, heranziehen, heraufziehen, herziehen, hineinziehen, hinziehen, hinzuziehen, Hosenanzug, Klimmzug, Korkenzieher, Luftzug, nachziehen, Personenzug, praxisbezogen, Schlafanzug, Schnellzug, Schraubenzieher, Schuhanzieher, Streifzug, Trainingsanzug, überziehen, überzogen, Überzug, umziehen, Umzug, unterziehen, vorziehen, Vorzug, vorzüglich, Winkelzüge, Ziehharmonika, zügellos, Zugluft, -maschine, -tier,** *zurückziehen, zusammenziehen;* vgl. **erziehen, Verzug**

* /jmd./ *etw. auf sich ~* 'etw. auf sich lenken und dadurch zum Mittelpunkt, Ziel von etw. werden': *die (allgemeine) Aufmerksamkeit auf sich ~; das gegnerische Feuer auf sich ~;* **etw. zieht etw. nach sich** 'etw. hat etw. zur Folge': *die Sanierung der Wohnung zieht vermutlich eine Mieterhöhung nach sich*

Zieh|harmonika [ˈtsiːhaʀmoːnika], **die** 'Harmonika mit einer Tastatur an jeder der beiden Seiten': *er kann ~ spielen* ❖ ↗ **ziehen**

Ziehung [ˈtsiː..], **die**; ~, ~en 'Ermittlung der Zahlen, die in einer Lotterie, beim Lotto den Gewinn erzielen': *die ~ ergab folgende Gewinnzahlen: …* ❖ ↗ **ziehen**

Ziel [tsiːl], **das**; ~s/auch ~es, ~e **1.1.** 'Ort (1.2), den jmd. bes. auf einer Reise, Wanderung erreichen will': *das ~ der Reise war ein Ort im Allgäu; am ~ ankommen, anlangen; das, sein ~ erreichen; ohne ~* ('kreuz und quer') *umherlaufen; er ist mit unbekanntem ~ abgereist, losgefahren* ('niemand weiß, wohin er gereist, gefahren ist'); *kurz vor dem ~ umkehren* **1.2.** ⟨vorw. Sg.⟩ 'Stelle an einer Strecke, an der ein Rennen, ein Wettlauf endet'; ↗ FELD VII.3.1: *als Erster, Letzter das ~ erreichen, durch das ~ laufen, rennen, fahren, ins ~ kommen; kurz vor dem ~ aufgeben, stürzen* **2.** ⟨vorw. Sg.⟩ 'Stelle, die beim Werfen, Schießen getroffen werden soll': *ein bewegliches ~ zu treffen versuchen; am ~ vorbeischießen, -werfen; das ~ verfehlen* **3.** 'etw., das jmd. bei seinem Vorhaben erreichen will': *ein klares, lohnendes ~* (vor Augen, vor sich) *haben; hohe, weit gesteckte ~e anstreben, verfolgen; die politischen, militärischen, wirtschaftlichen ~e eines Landes, einer Regierung; sich ein bestimmtes ~ setzen; sich etw. zum ~ setzen; sich etw., einen Doktortitel zum ~ setzen; etw. zum ~ haben; etw. führt zu einem ~; diese Maßnahme hat ihr ~* (SYN Zweck 1) *verfehlt; mit dem ~* ('der Absicht') *studieren, (um) Ingenieur zu werden* ❖ **zielen, erzielen, gezielt – abzielen, Nahziel, zielbewusst, zielbewußt, -los, -strebig**

* /jmd./ *übers ~ hinausschießen* ('bei seiner Tätigkeit, seinem Vorhaben das vernünftige Maß überschreiten und dadurch sein Ziel (3) in Frage stellen')

ziel|bewusst [ˈ..] ⟨Adj.; Steig. reg., ungebr.⟩ 'genau wissend, was man erreichen will; entschlossen ein bestimmtes Ziel (3) verfolgend'; SYN zielstrebig /vorw. auf Personen bez./; ↗ FELD I.2.3: *ein ~er Mensch; ~es Vorgehen; ~ arbeiten, handeln; er war bei allem sehr ~* ❖ ↗ **Ziel,** ↗ **wissen**

zielen [ˈtsiːlən] ⟨reg. Vb.; hat; ↗ auch *gezielt*⟩ **1.** /jmd./ *auf jmdn., etw., ein Tier ~* 'etw., bes. eine Waffe, genau auf jmdn., etw. richten, um ihn, es, das Tier zu treffen'; ↗ FELD V.6.2: *(mit etw., einem Ball, Speer o. Ä.) auf jmdn., etw. ~; auf den Fuchs, das Reh, die Ente ~; auf die Schießscheibe ~; ein gut gezielter Wurf, Schuss; sorgfältig, genau, gut, schlecht ~* **2.** /etw., bes. eine Äußerung/ *auf etw., jmdn. ~* 'sich auf etw., jmdn. beziehen (7), sich gegen etw., jmdn. richten (3.2)': *worauf zielt deine Frage?; seine Kritik, sein Spott zielte auf die Herrschenden des Landes; diese Anspielung war auf den Präsidenten gezielt* ❖ ↗ **Ziel**

ziel ['tsiːl..]|**-los** ⟨Adj.; o. Steig.⟩ **1.1.** ⟨nicht präd.; vorw. bei Vb.⟩ 'ohne festes Ziel (1.1), kreuz und quer'; ↗ FELD I.2.3: *~ durch die Straßen laufen, irren* **1.2.** ⟨vorw. attr.⟩ 'ohne festes Ziel (3)': *ein ~es Leben führen; er lebte ~ in den Tag* ❖ ↗ Ziel, ↗ los; **-strebig** [ʃtʀɛːbɪç] ⟨Adj.; Steig. reg.⟩ 'bewusst und hartnäckig in seinem Handeln auf sein Ziel (3) gerichtet'; SYN zielbewusst /vorw. auf Personen bez./; ↗ FELD I.2.3: *ein ~er junger Mann; sein ~es Handeln hatte Erfolg; jmd. ist ~, arbeitet ~* ❖ ↗ Ziel, ↗ streben

ziemen ['tsiːmən], **sich** ⟨reg. Vb.; hat⟩ *etw. (vorw. das, es) ziemt sich* SYN 'etw. gehört sich, ↗ gehören (5)' /oft verneint/: *ein solches Verhalten ziemt sich nicht; das ziemt sich nicht* ❖ **geziemen**

¹**ziemlich** ['tsiːm..] **I.** ⟨Adj.; o. Steig.; nur attr.⟩ 'von verhältnismäßig großer Menge, großem Ausmaß' /auf Mengen bez./: *er verdient eine ~e Menge Geld; wir mussten eine ~e Weile warten* – **II.** ⟨Adv.; vor Adj., Adv.⟩ 'sehr, aber nicht übermäßig': *ein ~ hohes Alter erreichen; ein ~ großes Paket; heute ist es ~ kalt; er trinkt ~ viel ('recht viel'); er ist mit der Arbeit ~ ('fast') fertig*

²**ziemlich** ⟨Gradpartikel; betont od. unbetont; steht vorw. vor der Bezugsgröße; bezieht sich auf verschiedene Kategorien, vorw. auf Zahlangaben⟩ /schließt andere Sachverhalte nicht aus, betont aber, dass die Bezugsgröße fast erreicht wird/: *es waren wohl so ~ 6000 Zuschauer im Stadion; er hat wohl so ~ zwei Tage daran gearbeitet; er wohnt ~ dicht bei uns*

Zierde ['tsiːʀdə], **die**; ~, ~n geh. **1.1.** ⟨o.Pl.⟩ *zur ~* 'damit es etw. schön erscheinen lässt': *Blumen zur ~ auf den Tisch stellen* **1.2.** *etw. ist eine ~ für etw.,* *eine ~* ⟨+Gen.attr.⟩ 'etw. ziert (1) etw.': *die Rosen(beete) sind eine ~ des Parks/eine ~ für den Park* ❖ ↗ **zieren**

zieren ['tsiːʀən] ⟨reg. Vb.; hat⟩ **1.** geh. *etw. ziert etw.* 'etw. schmückt etw., macht etw. schön': *kostbare Gemälde ~ den Saal; herrliche Blumenrabatten ~ die Anlagen* **2.** /jmd./ *sich* – 'sich vor Angst, Scham, Stolz unnatürlich (2) zurückhalten, wenn etw. von einem erwartet od. wenn einem etw. angeboten wird und man es eigentlich gern tun, haben möchte': *sich beim Essen ~, statt herzhaft zuzulangen; sie zierte sich lange ('ließ sich lange bitten'), ehe sie uns ein Stück auf dem Klavier vorspielte* ❖ **verzieren, Verzierung, Zierde, zierlich**

zierlich ['tsiːʀ..] ⟨Adj.; Steig. reg.⟩ **1.** 'von anmutig kleiner, schlanker und gefälliger Gestalt od. Form'; ANT grob (1.3) /vorw. auf Personen, Gliedmaße bez./: *eine ~e Schrift; sie war klein und ~; die Vase war ~ geformt*; SYN 'feingliedrig': *ein ~es Mädchen; sie hat ~e Hände, Füße* **2.** ⟨vorw. bei Vb.⟩ 'anmutig und graziös' /beschränkt verbindbar/:

sich ~ bewegen, verneigen; ~e Bewegungen; ihre Bewegungen waren ~ ❖ ↗ **zieren**

Ziffer ['tsɪfɐ], **die**; ~, ~n **1.** 'grafisches Zeichen, mit dem eine Zahl schriftlich dargestellt wird': *seine Hausnummer ist eine Zahl mit zwei ~n; eine arabische ~* (z. B. 1,2,3), *römische ~* (z. B. I,II,III); vgl. *Zahl* **2.** ⟨vorw. mit Kardinalzahlen⟩ 'Ziffer (1) vor dem Absatz eines Textes, bes. eines Paragraphen': *Paragraph 8, ~ 6* ⟨vorw. in der ABK: Z.⟩ ❖ **entziffern**

zig [tsɪç] ⟨unbest. Kardinalzahl; indekl.; nur attr.⟩ umg. 'sehr viele': *es waren ~ Leute gekommen; er hat ~ Mark ('eine große Menge Geld') daran verdient* ❖ **zigfach, zigmal**

Zigarette [tsiga'ʀɛtə], **die**; ~, ~n 'kleiner länglicher runder Gegenstand aus fein geschnittenem Tabak, der mit Papier umhüllt ist und zum Rauchen dient' (↗ BILD): *~n/eine ~ rauchen* ❖ ↗ **Zigarre**

Zigarillo [tsiga'ʀɪlo/..'ʀɪljo], **der/das**; ~s, ~s 'kleine, an beiden Enden stumpf endende Zigarre' (↗ BILD): *ein ~ rauchen; er raucht nur ~s* ❖ ↗ **Zigarre**

Zigarre [tsi'gaʀə], **die**; ~, ~n **1.** 'länglicher runder Gegenstand aus zusammengerollten Tabakblättern, der (an beiden Enden) spitz zuläuft und zum Rauchen dient' (↗ BILD): *eine dicke, leichte, starke, gute ~* ❖ **Zigarette, Zigarillo**

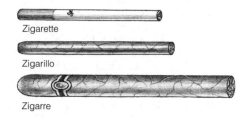

Zigarette

Zigarillo

Zigarre

❖ umg. /jmd./ **jmdm. eine (dicke) ~ verpassen** ('jmdn. hart tadeln'); /jmd./ **eine (dicke) ~ verpasst kriegen** ('hart getadelt werden')

Zigeuner [tsi'gɔɪnɐ], **der**; ~s, ~ oft emot. neg. /Bez. für *Sinti* und *Roma*/: *~ spielen Geige im Restaurant, Café*

zigfach ['tsɪçfax] ⟨Adj.; o. Steig.; nicht präd.⟩ umg. 'sehr viele Male wiederholt': *eine ~e Vergrößerung; etw. ist ~ vergrößert* ❖ ↗ **zig**

zig|mal ['tsɪçmaːl] ⟨Adv.⟩ umg. 'sehr viele Male, immer wieder': *das habe ich dir schon ~ gesagt!* ❖ ↗ **zig**, ↗ **Mal**

Zimmer ['tsɪmɐ], **das**; ~s, ~ **1.** 'Raum (4) in einem Haus, in einer Wohnung'; ↗ FELD V.2.1: *ein geräumiges, helles, sonniges, dunkles ~; ein ~ bewohnen; in einem ~ essen, schlafen, wohnen; ein (leeres, möbliertes) ~ vermieten, mieten; das ~ lüften, heizen, abschließen; ein ~ einrichten, tapezieren, betreten, verlassen; sich in seinem ~ einschließen; eine Wohnung mit drei ~n, Küche und Bad, WC* **2.** 'Raum (4) in einem Hotel zur vorübergehenden Unterkunft, bes. zur Übernachtung': *ein ~ mit Du-*

sche, WC und Fernseher; ein ~ für zwei Personen; ein ~ (in einem Hotel) bestellen; ein ~ für jmdn. reservieren; kein freies ~ mehr haben; auf, in sein ~ gehen ❖ **Badezimmer, Einbettzimmer, Schlafzimmer, Sprechzimmer, Wohnzimmer, Zimmermann, Zweibettzimmer**

Zimmer|mann ['..], **der** ⟨Pl.: -leute/auch -männer⟩ ʼHandwerker, der beim Bauen von Häusern die Teile aus Holz, bes. das Dach, herstellt, montiert'; ↗ FELD I.10: *die Zimmerleute sind mit dem Dachstuhl fertig; die Tracht des ~s* ❖ ↗ **Zimmer**, ↗ **Mann**
* /jmd./ **jmdm. zeigen, wo der ~ das Loch gelassen hat** ʼjmdn. aus dem Zimmer, Haus weisen': *dem werde ich zeigen, wo der ~ das Loch gelassen hat!*

zimperlich ['tsɪmpɐ..] ⟨Adj.⟩ **1.1.** ⟨Steig. reg.⟩ ʼübertrieben empfindlich (2,3), bes. bei Schmerzen': *ein ~es Kind; sie ist eine ~e Person; das tut ja gar nicht weh, sei nicht so ~!; du bist doch sonst nicht so ~!; sie tut, ist sehr ~* (ʼprüde'), *wenn Witze erzählt werden* **1.2.** ⟨nur bei Vb.⟩ *nicht gerade ~* ʼnicht rücksichtsvoll': *sie ist nicht gerade ~ mit ihm verfahren, umgegangen*

Zimt [tsɪmt], **der**; ~s/auch ~es, ⟨o.Pl.⟩ **1.** ʼGewürz aus der getrockneten Rinde eines tropischen Baumes, das meist in Pulverform für Speisen, Backwaren verwendet wird': *Milchreis mit Zucker und ~; ~ über den Reis streuen* **2.** umg. SYN ʼUnsinn (1)': *mach nicht, rede nicht solchen ~!* **3.** SYN ʼKram (1)': *wirf doch den ganzen ~ weg!*

Zink [tsɪŋk], **das**; ~s/auch ~es, ⟨o.Pl.⟩ ʼbläulichweiß glänzendes Schwermetall, das mittels Galvanisierung als Rostschutz dient' /chem. Symb. Zn/; ↗ FELD II.5.1: *eine ~ enthaltende Legierung; ~ enthaltendes Blech*

Zinke ['tsɪŋkə], **die**; ~, ~n ʼeines von zwei od. mehreren gleichartigen, nebeneinander stehenden schmalen, länglichen spitzen Gebilden an einer Gabel, Harke, einem Kamm': *eine Heugabel mit zwei ~n; eine Gabel mit fünf ~n; aus dem Kamm sind ~n herausgebrochen*

Zinn [tsɪn], **das**; ~s/auch ~es, ⟨o.Pl.⟩ ʼsilberweiß glänzendes weiches Schwermetall' /chem. Symb. Sn/; ↗ FELD II.5.1: *Figuren aus ~ gießen*

Zinne ['tsɪnə], **die**; ~, ~n ʼeines von mehreren quaderförmigen Mauerteilen, die sich in kurzen Abständen auf dem oberen Rand von mittlalterlichen Befestigungen befinden': *die ~n der Burg, Stadtmauer*

Zinnober [tsɪ'no:bɐ], **der**; ~s, ⟨o.Pl.⟩ **1.** ʼrötliches Erz, das zur Gewinnung von Quecksilber dient' **2.** ʼgelbrote Farbe' **3.** umg. SYN ʼKram': *wirf den ganzen ~ weg!* **4.** umg. SYN ʼUnsinn (1)': *red' nicht solchen ~!*

Zins [tsɪns], **der**; ~es, ~en ⟨vorw. Pl.⟩ ʼfinanzielle Vergütung, die man für ein Guthaben bei einer Bank bekommt od. die man zahlen muss für (von einer Bank) geliehene Geldmittel': *ein Kapital, eine Anlage, das Vermögen bringt ~/~en; ein Sparvertrag zu fünf Prozent ~en; die Bank fordert für den*

Kredit hohe, niedrige ~en; wieviel ~en musst du dafür zahlen?

Zipfel ['tsɪpfl], **der**; ~s, ~ ʼspitz zulaufendes Ende (an der Ecke) bes. von einem (Taschen)tuch, Kleidungs-, Wäschestück': *die vier ~ einer Decke, des Bettbezugs, Tischtuchs; die ~ zusammenknoten; der ~* (ʼdas Ende') *einer Wurst*

Zirkel ['tsɪrkl], **der**; ~s, ~ **1.** ʼGerät, mit dem man einen Kreis exakt zeichnen kann' (↗ BILD): *mit dem ~ einen Kreis schlagen, ziehen* **2.** ʼkleiner Kreis (2) von Menschen, die bestimmte gemeinsame Interessen haben und oft zusammenkommen': *ein ~ von Fachleuten hatte sich nach der Tagung versammelt; ein ~ gemeinsam musizierender Freunde* ❖ **Zirkulation, zirkulieren**

Zirkulation [tsɪrkula'tsjo:n], **die**; ~, ~en /zu zirkulieren 1.1 u. 1.2/ ʼdas Zirkulieren'; /zu 1.1/: *die ~ des Blutes (im Körper)*; /zu 1.2/: *die ~ des Geldes (in der Wirtschaft)* ❖ ↗ **Zirkel**

zirkulieren [tsɪrku'li:rən], zirkulierte, hat zirkuliert **1.1.** /etw. Flüssiges, Gasförmiges/ ʼsich in einem Bereich in einer Art Kreislauf bewegen': *das Blut zirkuliert im Körper; die Luft konnte in dem Raum nicht ~* **1.2.** /Geld, auch Text/ ʼim Umlauf (2) sein': *in der Stadt zirkuliert Falschgeld, ~ falsche Geldscheine; ein Dokument, eine Information in einem Kreis Interessierter ~ lassen* (ʼvon einem zum anderen weiterreichen lassen') ❖ ↗ **Zirkel**

Zirkus ['tsɪrkʊs], **der**; ~, ~se **1.** ʼUnternehmen, das meist in einem großen Zelt zur Unterhaltung für Zuschauer Vorführungen mit Artisten, Tieren, Clowns darbietet': *jmd. ist (als Akrobat, Dompteur) beim/im ~ (tätig); der berühmte ~ gastiert in unserer Stadt; kommst du mit in den ~* (ʼin die Vorstellung des Zirkus')*?; er geht, will zum ~* (ʼwill eine berufliche Tätigkeit bei einem Zirkus aufnehmen') **2.** ⟨o.Pl.⟩ umg. *das ist vielleicht ein ~* (ʼein aufgeregtes Treiben, Durcheinander') *in dieser Firma!; mach nicht so einen, mach keinen ~* (ʼmach keine Umstände, nicht so viel Aufhebens') *(von dieser Sache)!*

zischen ['tsɪʃn] ⟨reg. Vb.; hat/ist⟩ **1.** ⟨hat⟩ /ein Tier, etw./ ʼein Geräusch hervorbringen, das so ähnlich wie ein scharf gesprochenes ,s', ,sch' klingt': *die Schlange, Gans zischte; das heiße Bügeleisen zischt auf dem feuchten Tuch; das Fett zischt in der Pfanne* **2.** ⟨hat⟩ /jmd./ etw./ ʼetw. sehr ärgerlich in einem eindringlich scharfen und flüsternden Ton sagen'; ↗ FELD VI.1.2: *„Verschwinde von hier!" zischte er; er zischte Flüche* **3.** ⟨ist⟩ /etw./ *irgendwohin ~* ʼsich sehr schnell irgendwohin bewegen (und dabei ein Geräusch wie zischen (1) erzeugen)': *die Silvesterraketen zischten in die Höhe*; /jmd./ *er zischte* (ʼlief, fuhr sehr schnell') *um die Ecke; er zischte auf seinen Skiern zu Tal*

Zitat [tsi'tɑ:t], **das**; ~s/auch ~es, ~e 'wörtlich angeführtes Stück Text aus einer Druckschrift od. Rede': *etw. mit einem/durch ein ~ (aus Goethes 'Faust') belegen; eine Rede mit ~en schmücken; ein ~ von Goethe, Schiller* ❖ ↗ **zitieren**

zitieren [tsi'ti:ʀən], zitierte, hat zitiert **1.** /jmd./ **1.1.** *etw. ~* 'eine Stelle aus einem Text, einer Rede wörtlich wiedergeben'; SYN anführen (4): *etw., einen Satz, Ausspruch ~; aus einem Buch, Roman, aus einer Rede ~; jmdn. ~* 'eine Stelle aus jmds. Text, Rede wörtlich wiedergeben': *Goethe ~; seinen Vorredner ~* **1.2.** *ein Buch, eine Quelle ~* ('ein Buch, eine Quelle für ein Zitat benutzen') **2.** /jmd., bes. Vorgesetzter/ *jmdn. irgendwohin ~* 'jmdm. die Weisung geben, sich an einen bestimmten Ort, zu jmdm. zu begeben': *er wurde zum Chef zitiert; jmdn. zu sich ~; jmdn. vor Gericht ~* ('vorladen') ❖ **Zitat**

Zitrone [tsi'tʀo:nə], **die**; ~, ~n 'rundliche, gelbe, sauer schmeckende Frucht eines subtropischen Baumes'; ↗ FELD I.8.1: *eine ~ auspressen, abreiben; aus dem Saft der ~ eine Limonade machen*
* umg. /jmd./ **jmdn. wie eine ~ ausquetschen** ('jmdn. umfassend, bis zum Überdruss ausfragen'); /jmd./ **mit ~n gehandelt haben** ('bei einem Unternehmen Misserfolg, Pech gehabt haben, sich verkalkuliert haben')

zittern ['tsɪtɐn] ⟨reg. Vb.; hat⟩ **1.** /jmd./ 'infolge Kälte, starker Erregung, großer äußerer Belastung unwillkürlich kurze, schnelle leichte Bewegungen machen': *vor Kälte, Angst, Erregung, Wut ~; beim Heben der schweren Last musste er regelrecht ~; er zitterte am ganzen Körper, an allen Gliedern; etw. zittert jmdm.* 'etw., bes. Arm(e), Hand, Hände, Bein(e), machen unwillkürlich kurze, schnelle Bewegungen': *als er unterschreiben musste, zitterten ihm die Hände; ihm zitterten die Beine; etw. zittert: jmds. Hand zittert, jmds. Hände, Beine ~;* ⟨adj. im Part. I⟩ *etw. mit ~der Hand unterschreiben* **2.** /etw./ 'bes. infolge einer Erschütterung kurze, schnelle leichte Bewegungen machen': *die Kompassnadel zittert; bei der Detonation zitterten die Häuser, Fensterscheiben* **3.** *jmds. Stimme zittert* ('jmds. Stimme klingt nicht fest, sondern vibriert vor Angst, Erregung, Schwäche') **4.** /jmd./; ↗ FELD I.6.2 **4.1.** *vor jmdm., etw.* ⟨Dat.⟩ *~* 'vor jmdm., etw. große Angst haben': *er zitterte vor ihm, vor seinen Drohungen, vor seinem Zorn, vor der Prüfung* **4.2.** *um/für jmdn. ~* 'um jmdn. in Angst, großer Sorge sein': *die Mutter zitterte um/für ihre Kinder; um/für sein Leben ~* ❖ **zittrig**
* **mit Zittern und Zagen** ('voller Furcht, angstvoll': *mit Zittern und Zagen ging er in die Prüfung*

zittrig ['tsɪtʀɪç] ⟨Adj.; Steig. reg., ungebr.⟩ *etw. mit ~er Hand* ('mit einer Hand, die zittert') *unterschreiben; seine Hand war ~; seine Stimme war ~* ('zitterte'); *er sprach ~* ❖ ↗ **zittern**

zivil [tsi'vi:l] ⟨Adj.; o. Steig.; nur attr.⟩ 'nicht zum Militär gehörig'; ANT militärisch: *die ~e Luftfahrt; etw. dient ~en Zwecken; der Hauptmann war*

im ~en Leben, Beruf ein Jurist ❖ **Zivil, Zivilisation, zivilisiert, Zivilist** – **Zivilcourage, -recht**

Zivil, das; ~ ⟨o.Pl.⟩ 'Kleidung, die man trägt, wenn man keine Uniform trägt'; ANT Uniform: *er erschien auf der Feier in ~; er trug selten ~* ❖ ↗ **zivil**

Zivil|courage [..'v..], **die** 'Mut, selbst unter schwierigen od. gefährlichen Umständen seinen Standpunkt, seine Meinung offen zu äußern': *er besaß ~, hat in dieser Situation ~ gezeigt; der hat keine ~!* ❖ ↗ **zivil**, ↗ **Courage**

Zivilisation [tsiviliza'tsi̯o:n], **die**; ~, ⟨o.Pl.⟩ 'die durch den wissenschaftlichen und technischen Fortschritt gestalteten sozialen, materiellen und kulturellen Lebensbedingungen und Lebensformen einer Gesellschaft': *die moderne ~; ein Land mit gering entwickelter ~* ❖ ↗ **zivil**

zivilisiert [tsivili'zi:ɐt] ⟨Adj.; Steig. reg., ungebr.⟩ 'durch Erziehung, Bildung, Menschlichkeit geprägtes Verhalten zeigend' /vorw. auf Personen, Gruppen bez./: *~e Menschen; eine ~e Gesellschaft; diese Taten werden von der ganzen ~en Welt als Verbrechen verurteilt; sich ~* ('gesittet') *benehmen; ein ~es Land* ('Land mit einer entwickelten Zivilisation') ❖ ↗ **zivil**

Zivilist [tsivi'lɪst], **der**; ~en, ~en 'jmd., der nicht zum Militär gehört, keine Militäruniform trägt': *die ~en waren vom Krieg ebenso betroffen wie die Soldaten* ❖ ↗ **zivil**

Zivil|recht [tsi'vi:l..], **das** ⟨o.Pl.⟩ 'Gesamtheit der Rechtsnormen zur Regelung bes. der Vermögensverhältnisse und der Beziehungen zwischen den Bürgern': *er ist Fachmann im ~; etw. wird durch das ~ geregelt;* vgl. *Strafrecht* ❖ ↗ **zivil**, ↗ **Recht**

zog: ↗ **ziehen**

zögern ['tsø:gɐn] ⟨reg. Vb.; hat⟩ /jmd./ 'sich aus Bedenken, Unschlüssigkeit abwartend verhalten und vorläufig nicht handeln'; SYN säumen (3); ↗ FELD I.4.3.2: *er zögerte einen Augenblick, ehe er hineinging; er stimmte nur ~d zu; er sprang, ohne zu ~, ins Wasser, zögerte keinen Augenblick, um zuzugreifen; etw. zögert ~: mit der Antwort, Zusage, dem Kauf ~* ❖ **verzögern**

Zoll [tsɔl], **der**; ~s/auch ~es, Zölle ['tsœlə] **1.** 'vom Staat erhobene Abgabe für bestimmte Güter, bes. für Waren, die über die Grenze gebracht werden': *auf der Ware liegt ein hoher, niedriger ~; auf die Ware wird ~ erhoben; wieviel ~ hast du dafür bezahlen müssen?; die Zölle senken, abschaffen* **2.** ⟨o.Pl.⟩ 'Behörde, die den Zoll (1) erhebt, eintreibt': *er arbeitet beim ~* **3.** 'altes Längenmaß von etwa 3 cm, das bes. in handwerklichen Bereichen noch verwendet wird, bes. für den Durchmesser von Rohren': *ein Rohr von drei ~; ein Nagel von zwei ~* ❖ **zu (1): verzollen, zollen; zu (3): Zollstock**
* /jmd./ *etw.* ⟨Dat.⟩ **seinen ~ entrichten/zahlen** 'sich mit etw. abfinden und es ertragen': *er muss dem Alter seinen ~ entrichten*

zollen ['tsɔlən] ⟨reg. Vb.; hat⟩ /jmd./ *jmdm., etw.* ⟨Dat.⟩ *etw. ~* 'jmdm., einer Sache verdientermaßen etw. zuteil werden lassen' /beschränkt verbindbar/: *jmdm. Hochachtung, Anerkennung, Lob, seinen Dank, den schuldigen Respekt ~; jmdm., der Leistung eines Künstlers Beifall ~* ❖ ↗ **Zoll**

Zoll|stock ['tsɔl..], **der** ⟨Pl.: Zollstöcke⟩ 'zusammenlegbarer Maßstab (1) mit einer Einteilung in Zentimeter und Millimeter (od. Zoll)': *etw. mit dem ~ aus-, abmessen* ❖ ↗ **Zoll**, ↗ **Stock**

Zone ['tso:nə], **die**; ~, ~n 'nach bestimmten Kriterien, z. B. klimatischen Kriterien, begrenztes geografisches Gebiet': *die gemäßigte, tropische, subtropische ~; eine neutrale, kernwaffenfreie ~*

Zoo [tso:], **der**; ~/auch ~s, ~s 'meist großes parkartiges Gelände mit Gehegen, Käfigen und Häusern, in denen exotische und heimische Tiere gehalten werden und von Besuchern betrachtet werden können'; ↗ FELD II.3.1: *in den ~ gehen; die Elefanten, Löwen im ~; im ~ arbeiten* ❖ ↗ **Zoologie**

Zoologie [tsolo'gi:], **die**; ~, ⟨o.Pl.⟩ 'Wissenschaft von den Tieren'; ↗ FELD II.3.1: *~ studieren; ein Lehrbuch der ~*; vgl. *Botanik* ❖ **Zoo, zoologisch**

zoologisch [tso|o'lo:g..] ⟨Adj.; o. Steig.; vorw. attr.; nicht präd.⟩ 'die Zoologie betreffend, mit den Mitteln der Zoologie'; ↗ FELD II.3.3: *~e Studien, Forschungen; der ~e Garten* ('der Zoo'); *der Zoologische Garten in Berlin* ❖ ↗ **Zoologie**

Zopf [tsɔpf], **der**; ~s/auch ~es, Zöpfe ['tsœpfə] 'Gebilde, das aus Haaren geflochten ist und eine Art Frisur darstellt' (↗ BILD): *sie trägt Zöpfe; er trägt hinten einen ~; sie hat lange, dicke Zöpfe; einen ~ flechten*; METAPH *ein ~ aus Bast, Lauchzwiebeln*

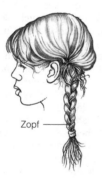

Zopf

Zorn [tsɔʀn], **der**; ~s/auch ~es, ⟨o.Pl.⟩ 'sehr heftiges Gefühl des Ärgers, Missfallens über jmdn., etw., das sich meist in sehr starker Erregung äußert'; SYN *Wut*; ↗ FELD I.6.1: *in blindem ~ auf etw., jmdn. einschlagen; in ohnmächtigem ~ gegen die Entscheidung des Richters vorgehen; er hatte einen mächtigen ~ auf den Direktor; jmdn. packt der ~; jmds. ~ entfesseln, fürchten; leicht in ~ geraten; sich in ~ reden, steigern; etw. erregt jmds. ~; von ~ erfüllt sein; sie weinte vor ~ und Enttäuschung; er war, wurde rot, blass vor ~ (im Gesicht)* ❖ **erzürnen, zornig – Jähzorn, jähzornig**

zornig ['tsɔʀnɪç] ⟨Adj.; Steig. reg.⟩ 'von (starkem) Zorn erfüllt'; SYN *wütend* /bes. auf Mimisches, Sprachliches bez./; ↗ FELD I.6.3: *~e Blicke,*

Worte, Reden; ein ~es Gesicht machen; über die ungerechte Behandlung, seine Schwierigkeiten ~ sein; er war ~ auf seinen Chef; er war ~ wegen der verlorenen Zeit; sie schimpfte ~ ❖ ↗ **Zorn**

Zote ['tso:tə], **die**; ~, ~n 'derber obszöner Witz': *rohe, saftige ~n erzählen; ~n* ↗ *reißen*

zottig ['tsɔtɪç] ⟨Adj.; Steig. reg., ungebr.⟩ 'ungepflegt und struppig' /auf das Haar bez./: *~es Haar haben; ein Pferd mit ~er Mähne; ein ~er Bart*

¹zu [tsu:] ⟨Adv.⟩ **1.** ⟨+ lok. Präp.⟩ 'nach etw. ⟨Dat.⟩ ~, auf etw. ~ 'nach, auf etw., jmdn. gerichtet': *das Zimmer ist nach dem Hof, der Straße ~ gelegen* ('die Fenster des Zimmers gehen, weisen auf den Hof, die Straße'); *weiter nach Norden ~* ('weiter nördlich') *wurde der Regen stärker; der Baum fiel auf die Hütte ~* ('fiel in Richtung der Hütte') **2.** umg. *das Fenster, die Tür ist ~* ('ist geschlossen'; ↗ FELD I.7.8.3); /in barschen Aufforderungen, etw. zu schließen/ *Tür ~!* ('die Tür schließen')!; *Augen ~* ('nicht blicken')! **3.** /in Aufforderungen/ 'weiter so': *nur ~, nur immer ~, macht weiter so!* **4.** ⟨vor Adj., Adv., auch vor *viel, wenig*⟩ /drückt ein Übermaß, die Überschreitung einer Norm in einem nicht mehr akzeptierbaren Maße aus/: *~ laute Musik; das Haus ist (für uns) ~ klein; der Mantel ist mir ~ teuer; er ist ~ alt, gut, dumm; er aß ~ hastig; das Wetter ist ~ kalt für diese Jahreszeit; etw. schmerzt ~ sehr* (vgl. *zu viel, zu wenig*)

MERKE *zu* (4) ist nicht verbindbar mit Adj. o. Steig. od. mit Adj., die superlativischen Charakter haben

²zu ⟨Präp. mit Dat.; vor best. Art. Mask., Fem. häufig *zum, zur*; vorangestellt⟩ **1.** /lokal/ **1.1.** ⟨auch o. Kasusforderung⟩ /gibt die Richtung einer Fortbewegung (und deren Endpunkt) an; vorw. *zum, zur*/: *~ Tal fahren; ~ Boden fallen; zum See laufen; zur Seite springen; ~ den Eltern, zur Mutter fahren; er begleitete uns bis zur Tür;* /in Richtung auf eine Institution/: *zum Finanzamt, zur* (SYN ²*auf* 2.5) *Post, zum Bahnhof gehen, fahren; ⟨+ bis⟩ bis zur nächsten Ecke laufen;* /gibt auch den Zweck an/: *zum Bäcker, Arzt, zur Post, Apotheke gehen; ⟨in Doppelformen; + von; o. Kasusforderung⟩* /gibt die kontinuierliche Wiederholung an/: *von Haus ~ Haus* ('von einem Haus zum anderen') *gehen; von Baum ~ Baum springen; von Stufe ~ Stufe steigen; von Ast ~ Ast klettern* **1.2.** /gibt eine Veranstaltung als Ziel an, an der man teilnehmen will/; SYN ²*auf* (2.4): *zur Versammlung, Chorprobe, zum Vortrag gehen; ~ einem Ball, Fest, Geburtstag, Begräbnis gehen;* /gibt den Ort einer Tätigkeit als Ziel an/: *zur Arbeit, zur Schule gehen* **1.3.** /gibt die Lage irgendwo an/: *er stand ~ ihrer rechten Seite; er saß der Großmutter ~ Füßen; eine Wohnung ~ ebener Erde; er lag krank ~* ('im') *Bett; ⟨o. Kasusforderung; vor Ortsnamen⟩ das Münster ~ Straßburg; der Dom ~ Quedlinburg; ⟨vor dem Namen von Gasthäusern⟩ das Gasthaus 'Zur Grünen Tanne', 'Zum deutschen Hof', 'Zum grünen Kranz'* **1.4.** /gibt ein Hinzufügen an/: *ich habe die Zeitungen ~ den*

übrigen gelegt; die blauen Kugeln ~ den roten tun
2. ⟨auch o. Kasusforderung⟩ /temporal; gibt einen
Zeitpunkt, eine Zeitdauer an/ **2.1.** ⟨vorw. in Ver-
bindung mit Bezeichnungen von (religiösen) Feier-
tagen; *zu* kann auch fakultativ sein⟩: *(~) Ostern,*
(~) Weihnachten/zum vorigen Ostern, Weihnachten
wollten wir verreisen; zum Wochenende geht's ins
Grüne; er kam ~ später Abendstunde; wir haben ~
jeder Tageszeit geöffnet; ~ Beginn der Saison; zum
Ende der Saison, zum Jahresende; ~ Mittag steht
die Sonne am höchsten; ⟨+ *Zeit*⟩ *zur Zeit Friedrich*
II., der Französischen Revolution, der Napoleoni-
schen Kriege; /gibt auch einen zukünftigen Zeit-
punkt an/: *~ Beginn der Saison muss alles vorberei-*
tet sein; zum Jahresende sind die Steuern fällig **2.2.**
⟨steht vor Datumsangaben⟩ *das Geschäft schließt*
zum 1. Oktober; die Arbeit muss (bis) zum 1. Okto-
ber fertig sein; bis ~ seinem 15. Lebensjahr wohnte
er bei seinen Großeltern; bis zum heutigen Tag hat
sich daran nichts geändert; er hat bis zur letzten Mi-
nute gehofft; zum (für den) 15. Mai wird ein Tisch-
ler gesucht **2.3.** ⟨+ *von*⟩ /gibt bei zwei Zeitpunkten
den Endpunkt an/: *es geschah in der Nacht vom 16.*
zum 17. Dezember, vom Montag zum Dienstag; der
Winter von 1928 ~ 1929 war besonders kalt; von
gestern ~ heute ist eine Besserung eingetreten **3.** ⟨in
Verbindung mit Verbalabstrakta od. subst. Inf.⟩ /fi-
nal/ **3.1.** /gibt das Ziel eines Tuns an/: *etw. dient*
jmdm. zur Warnung; etw. zum Spaß sagen; Stoff ~
einem/zum Mantel ('für einen Mantel') kaufen; sich
zum Schlafen hinlegen; sich zum ('für den') Theater-
besuch umziehen; zum Baden an die Ostsee fahren;
jmdn. zum Tanzen auffordern **3.2.** /mit modalem
Charakter/: *jmdm. etw. zum* (SYN 'als') *Andenken*
schenken **4.** /gibt ein Verhältnis an/ **4.1.** ⟨o. Art. vor
endungslosen Ordinalzahlen u. flektierten Kardi-
nalzahlen⟩ /gibt die Gliederung in Gruppen be-
stimmter Größe an/: *sie gingen immer ~ dritt/dreien*
spazieren; wir setzten uns (jeweils) zu zweit/zweien
hintereinander (hin); ~ fünft kommen wir nicht am
Tisch unter; ~ zweien ('zu jeweils zwei Personen
nebeneinander') antreten; in Gruppen zu zweien,
dreien wandern **4.2.** ⟨oft in der Form *zum, zur* vor
Zahlangaben⟩ /gibt ein Maß, eine Menge an/: *etw.*
zur Hälfte, zum Teil beendet haben; ein Päckchen
Kaffee ~ 250 Gramm; Kanister ~ 10 bis 20 Li-
ter(n) Benzin; gestern war ich zum ersten Mal in
diesem Restaurant; /gibt den Preis bei einer Menge
an/: *er kaufte Apfelsinen, das Kilo ~* (SYN á) *drei*
Mark **5.** ⟨o. Kasusforderung⟩ /modal; gibt das Mit-
tel, die Art der Fortbewegung an; beschränkt ver-
bindbar/: *~ Fuß, ~ Pferd kommen; das Manöver*
wird ~ Lande, ~ Wasser und in der Luft durchge-
führt **6.** /konsekutiv; gibt die Folge, das Ergebnis
einer Handlung, Entwicklung an/: *sie haben ihn*
zum Krüppel geschlagen; er will sich nicht zum Nar-
ren machen lassen, will nicht zum Gespött der Leute
werden; ⟨vor Stoffbez., o. Art.⟩ *das Wasser ist ~*
Eis geworden; etw. ist ~ Staub zerfallen, ist ~ Asche
geworden; Äpfel ~ Saft verarbeiten; ⟨+ Verbalab-

strakta od. subst. Inf.; in Verbindung mit *bringen,*
kommen⟩ *es ~ Ansehen bringen; ~ Ansehen kom-*
men; jmdn. zum Reden bringen; jmdn. zur Verzweif-
lung bringen; ⟨zur Umschreibung eines Passivs⟩
etw. kommt zum Einsatz, zur Verhandlung ❖ **Zube-**
hör, zuraten, Zusatz, zusätzlich, zuwider; vgl. **zu/**
Zu-; vgl. **dazu**
MERKE Zum Verhältnis von ²*zu* (1) und *nach* (3):
↗ **nach** (Merke); zum Verhältnis von ²*zu* (2.1) und
²*an:* ↗ ²**an** (Merke)
³**zu** ⟨Partikel; unbetont; steht vor dem Infinitiv⟩ /fügt
nach bestimmten Verben, Adj., Subst. ein Vb. im
Infinitiv an/: *er versuchte ~ schlafen; er ist fähig,*
diese Arbeit ~ bewältigen; er ist alt genug, das selbst
~ entscheiden; es ist eine Lust ~ leben; dies ist die
Gelegenheit, endlich ~ handeln!; die Hoffnung, ~
gewinnen; haben ~ + Inf.: ↗ **haben;** *es bleibt noch,*
gibt noch viel ~ tun: ↗ **bleiben, geben;** ⟨vor attr.
Part. I⟩ *die ~ leistende Arbeit ('die Arbeit, die ge-*
leistet werden muss'); die noch ~ lösenden Aufgaben
❖ **demzufolge;** vgl. **zu/Zu-**
⁴**zu** ⟨als Glied von Konjunktionen⟩ *anstatt … ~:* ↗
anstatt; *um … ~:* ↗ **um**
zu- /bildet mit dem zweiten Bestandteil Verben; be-
tont; trennbar (im Präsens u. Präteritum/ **1.** /drückt
aus, dass mit dem im zweiten Bestandteil Genann-
ten etw. geschlossen od. bedeckt wird/ ANT **auf-**
(3): ↗ z. B. **zumachen, zudecken** (1.1) **2.** ⟨vorw. +
auf⟩ /drückt aus, dass das im zweiten Bestandteil
Genannte in Richtung auf etw., jmdn. erfolgt/: ↗
z. B. *(auf jmdn., etw.)* **zugehen**
Zubehör ['tsu:bəhø:ɐ̯], **das/**auch **der;** ~s, ⟨o.Pl.⟩
'meist mehrere einzelne Gegenstände, Teile, die zur
Ausrüstung od. Ergänzung bes. eines technischen
Gerätes od. der Kleidung gehören': *technisches ~;*
das ~ des, eines Staubsaugers, Fahrrads, Fotoappa-
rats; Gürtel, Tasche und Schal als ~ zu einem Kos-
tüm; modisches ~ ❖ ↗ ²**zu;** vgl. **gehören**
zu/Zu ['tsu:..]|**-bereiten,** bereitete zu, hat zubereitet
/jmd./ *etw. ~* 'Nahrung für den Verzehr vorberei-
ten, zurechtmachen'; SYN **machen** (1.2): *Fleisch,*
Gemüse ~; wie wird das zubereitet?; Salat mit Öl
und Essig ~ (SYN 'anmachen 4') ❖ ↗ **bereit; -billi-**
gen ⟨trb. reg. Vb.; hat⟩ /jmd./ *jmdm. etw. ~* 'jmdm.
etw., bes. ein Recht, einen Vorteil zugestehen (1.2)':
jmdm., einem Verurteilten mildernde Umstände ~;
man hat ihm das Recht zugebilligt, das Grundstück
weiterhin zu nutzen ❖ ↗ **billigen; -bringen,** brachte
zu, hat zugebracht /jmd./ *etw. irgendwo ~* 'eine be-
stimmte Zeit irgendwo verbringen': *eine Nacht in*
einem Hotel, auf der Bahn, im Freien ~ (müssen);
er hat viele Wochen im Krankenhaus, an der See, im
Gefängnis zugebracht ❖ ↗ **bringen; -bringer** [bʀɪŋɐ̯],
der; ~s, ~ **1.** 'Verkehrsmittel, bes. Bus, der Fahr-
gäste zu einer bestimmten Station bringt, von der
aus sie mit einem anderen Verkehrsmittel weiterbe-
fördert werden': *mit dem ~ zum (Flug)hafen fahren*
2. 'Straße, die die Verbindung zu einer Haupt-
straße, Autobahn herstellt': *über den ~ auf die*
Autobahn gelangen ❖ ↗ **bringen**

Zucht [tsʊxt], **die**; ~, ~en **1.** ⟨o.Pl.⟩ /zu *züchten*/ 'das Züchten': *die* ~ *von Blumen, Obstbäumen, Jagdhunden, Zierfischen, Bakterien* **2.** 'Bestand (2) gezüchteter Tiere, Pflanzen': *die Tiere, Pflanzen aus seiner* ~, *aus diesen* ~*en; die gesamte* ~ *dieses Jahres* **3.** ⟨o.Pl.⟩ veraltend SYN 'Disziplin (1)'; ↗ FELD I.2.1: *in seiner Klasse herrscht strenge, keine* ~, *herrschen* ~ *und Ordnung* ❖ ↗ **ziehen**

züchten ['tsʏçtn̩], züchtete, hat gezüchtet /jmd./ *Tiere, Pflanzen* ~ **1.1.** 'Tiere, Pflanzen mit erwünschten Eigenschaften entwickeln und vermehren': *magere Schweine, winterfestes Getreide* ~; *Kühe* ~, *die viel Milch geben* **1.2.** 'Tiere, Pflanzen in großer Anzahl zu wirtschaftlichen Zwecken halten und vermehren': *Bienen, Geflügel, Hunde, Rinder, Schweine, Vieh* ~; *Kakteen, Rosen* ~ **1.3.** *Bakterien* ~ ('nach einem besonderen Verfahren vermehren 1.1') ❖ ↗ **ziehen**

zucken ['tsʊkn̩] ⟨reg. Vb.; hat/ist⟩ **1.** ⟨hat⟩ /jmd., Körperteil, Tier/ 'eine unwillkürliche schnelle ruckartige Bewegung machen': *vor Schmerz, Schreck* ~; *er zuckte, als er den Stich der Injektionsnadel spürte; er ertrug den Schmerz, ohne zu* ~; *ihre Lider, Lippen zuckten (nervös); ein Fisch zuckt noch, zuckt an der Angel; seine Mundwinkel zuckten spöttisch; es zuckt irgendwie um den Mund* 'der Mund verzieht sich kurz irgendwie': *um seinen Mund zuckte es spöttisch, verräterisch, schmerzlich;* ⟨unpers.⟩ *es zuckt jmdm. irgendwo* 'jmd. hat in den Gliedern eine (schmerzhafte) ruckartige Bewegung': *es zuckte mir in den Gliedern, Armen, Beinen;* /jmd./ *mit etw.* ⟨Dat.⟩ ~: *mit den Schultern, Achseln* ~ ('zum Ausdruck von Gleichgültigkeit, Ahnungslosigkeit die Schultern heben und senken') **2.** /etw., bes. etw. Leuchtendes/ **2.1.** ⟨hat⟩ 'plötzlich und kurz hell aufleuchten': *die Blitzlichter der Fotografen* ~; *irgendwo* ~: *Blitze zuckten am Himmel* **2.2.** ⟨ist⟩ *irgendwohin* 'kurz aufleuchten und sich ruckartig irgendwohin bewegen': *ein Blitz zuckte über den Himmel; Flammen* ~ *aus dem Gebälk* **3.** ⟨ist⟩ *seine Hand zuckte* ('griff ruckartig') *automatisch nach dem Geldschein* ❖ **zusammenzucken**

zücken ['tsʏkn̩] ⟨reg. Vb.; hat⟩ oft scherzh. /jmd./ *etw.* ~ 'etw., das man bei sich hat, (schnell) aus etw. herausnehmen, um es zu benutzen'; ↗ FELD I.7.3.2: *die Geldbörse, den Kugelschreiber, ein Notizbuch* ~; *einen Dolch, ein Messer* ~

Zucker ['tsʊkɐ], **der**; ~s, ⟨o.Pl.⟩ 'meist weiße Substanz in kristalliner Form, die zum Süßen von Nahrungs-, Genussmitteln dient': *weißer, brauner* ~; *ein Stück, Würfel, Löffel* ~; ~ *herstellen, aus Rüben gewinnen; etw. schmeckt, ist süß wie* ~; *den Tee mit* ~ *süßen;* ~ *in die Tasse tun, schütten;* ~ *lecken;* ~ *auf den Kuchen streuen* ❖ **zuckern − Puderzucker, Rohrzucker**

Zucker|lecken ['..]

* umg. **etw.** (vorw. *das*) **ist kein** ~ 'etw. ist nicht etwa angenehm, sondern eine ziemlich mühsame, unangenehme Angelegenheit, die man durchstehen

muss': *so eine Dienstreise ist nicht gerade ein* ~, *ist absolut kein* ~; vgl. *Honiglecken*

zuckern ['tsʊkɐn] ⟨reg. Vb.; hat⟩ /jmd./ *etw.* ~ **1.1.** 'ein Nahrungsmittel mit Zucker süßen': *das Kompott* ~ **1.2.** 'ein Nahrungsmittel mit Zucker bestreuen': *die Erdbeeren, Früchte, den Kuchen* ~ ❖ ↗ **Zucker**

zu/Zu ['tsuː..]|-**decken** ⟨trb. reg. Vb.; hat⟩ /jmd./ **1.1.** *etw. mit etw.* ⟨Dat.⟩ ~ 'etw. auf eine Öffnung, auf die Öffnung von etw. legen und sie so verschließen'; ↗ FELD I.7.8.2: *eine Grube, einen Brunnen mit Brettern, ein Fass mit einem Deckel* ~ **1.2.** *jmdn., sich, etw.* ~ 'über jmdn., sich, etw. eine Decke o.Ä. legen, breiten'; ANT aufdecken (1): *die Mutter deckte die Kinder (warm) zu; ein Frühbeet* ~ ❖ ↗ **Decke**; -**dem** [tsuˈdeːm] ⟨Adv.⟩ SYN 'außerdem': *es war ein kalter Tag und abends begann es* ~ *noch zu regnen;* ⟨auch als Konjunktionaladv. mit Inversion des Subj.; schließt an einen vorausgehenden Hauptsatz einen Hauptsatz an⟩ *draußen war es kalt,* ~ *begann es zu regnen* ❖ ↗ **dem**; -**denken**, dachte zu, hat zugedacht /jmd./ *jmdm. etw.* ~ 'bestimmen, wünschen, dass jmd. etw. Bestimmtes bekommt': *ich habe diese Blumen meiner Frau zugedacht; das ist meinen Eltern zugedacht* ❖ ↗ **denken**; -**drehen** ⟨trb. reg. Vb.; hat⟩ **1.** /jmd./ *etw.* ~ 'etw., bes. eine Leitung, dadurch schließen, dass man einen Hahn (2) betätigt'; ANT aufdrehen: *die Wasser-, Gasleitung* ~; *den Ofen* ~ ('die Tür des Ofens durch Betätigen einer Vorrichtung fest verschließen') **2.** /jmd./ *sich, etw. jmdm., etw.* ⟨Dat.⟩ ~ 'sich, einen Teil des Körpers jmdm., einer Sache zuwenden (1)': *er drehte sich ihr zu, drehte uns sein Gesicht, den Rücken zu* ❖ ↗ **drehen**; -**dringlich** ⟨Adj.; Steig. reg.⟩ 'jmdm. lästig fallend': *eine* ~*e Person; ein* ~*er Vertreter; jmd. wird* ~ ('belästigt jmdn. sexuell') ❖ ↗ **dringen**; -**dringlichkeit** [drɪŋlɪç..], **die**; ~, ~en **1.** ⟨o.Pl.⟩ 'das Zudringlichsein (als Wesensart)': *an ihm stört uns nur seine* ~ **2.** 'Handlung, durch die jmd. jmdn. sexuell belästigt': *sie konnte sich seiner* ~*en kaum erwehren* ❖ ↗ **dringen**; -**einander** [tsuaɪnˈandɐ] ⟨Adv.⟩ 'einer, eine, eines zum anderen': *sie, die Möbel passen gut, schlecht* ~; *seid lieb* ~*!* ❖ ↗ ¹**ein**; ~ *anderer*; -**erkennen**, erkannte zu, hat zuerkannt /jmd./ **1.1.** *jmd. etw.* ~ 'festlegen und erklären, dass jmdm. etw. zusteht und gegeben wird': *jmdm. den ersten Preis, ein Recht, eine Entschädigung* ~ **1.2.** *etw.* ⟨Dat.⟩ *etw.* ~: *einer Sache Bedeutung, einen bestimmten Wert* ~ (SYN 'beimessen') ❖ ↗ **kennen**; -**erst** [tsuˈeːrst/..ˈɛrst] ⟨Adv.⟩ **1.** 'in einer zeitlichen Reihenfolge als Erste(r), Erstes'; ANT zuletzt; ↗ FELD VII.1.3: *ich komme* ~ *an die Reihe, war* ~ *da;* ~ ('als Erstes') *müssen wir frühstücken, baden, unsere Arbeit tun;* vgl. ¹*erst* **2.** 'das erste Mal (in einer Reihe weiterer Begegnungen)': *sie haben sich* ~ *an der Universität, Ostsee gesehen, später dann öfter* **3.** SYN 'anfangs': ~ *war er sprachlos, dann aber fasste er sich schnell* ❖ ↗ ¹*erst*; -**fahrt**, **die** 'Weg, Straße, die die Fahrt von einer Straße zu einem davon abseits gelegenen Ziel ermöglicht und dort endet': *die ~ (von der Straße) zum Schloss ist gesperrt* ❖ ↗ fahren; **-fall, der 1.1.** 'das nicht erwartete, nicht vorhersehbare Eintreten eines Ereignisses, Geschehens'; ↗ FELD X.1: *das war ein unglücklicher, glücklicher, merkwürdiger ~; das war reiner, der reinste ~; eine Reihe von Zufällen hat sich ereignet, zugetragen; das ist kein ~* ('das hat sich zwangsläufig ergeben, ist von jmdm. geplant gewesen')!; *etw. durch ~* ('zufällig') *erfahren; etw. dem/einem ~ verdanken; es war kein ~* ('es war vorherzusehen'), *dass das ein schlechtes Ende nahm* **1.2.** /der Zufall (1.1) als ein tätiges Subjekt, als Personifikation/: *der ~ wollte es, dass wir uns gerade vor einem Reisebüro trafen* ('es war eine glückliche Fügung, dass ...'); *der ~ hat mich gestern gerade an diesem Haus vorübergeführt* ('ich bin gestern zufällig an diesem Haus vorübergekommen'); *dies schien ein Spiel des ~s zu sein; dabei kam uns der ~ zu Hilfe* ('dabei ereignete sich etw. zufällig, was uns sehr half') ❖ ↗ Fall (2,3); **-fallen** (er fällt zu), fiel zu, ist zugefallen **1.** *etw. fällt zu* 'etw., bes. eine Tür, ein Deckel, bewegt sich ohne jmds. Zutun so, dass es eine Öffnung schließt': *die Tür, Klappe, der Deckel, das Fenster ist zugefallen; ihr fielen die Augen vor Müdigkeit zu* **2.** *etw. fällt jmdm. zu* 'etw. geht (durch Erbschaft) in jmds. Eigentum über': *das Grundstück ist ihm als Erbteil zugefallen; ihm fiel ein großes Vermögen zu* **3.** *jmdm. fällt etw. zu* 'jmd. muss etw. tun, ausführen': *ihm ist eine schwierige Aufgabe zugefallen; ihr fiel die Rolle zu, als Vermittlerin zu fungieren* **4.** *jmdm. fällt etw., alles von selbst zu* ('jmd. lernt, begreift leicht und schnell, ohne sich anstrengen zu müssen') ❖ ↗ fallen; **-fällig I.** ⟨Adj.; o. Steig.⟩ 'durch einen Zufall bewirkt': *eine ~e Beobachtung, Bekanntschaft; jmdn. ~ treffen, sehen; die Begnung war rein ~; etw. ~ bemerken, entdecken* – **II.** ⟨Satzadv.⟩ 'vielleicht': *wissen Sie ~, wie spät es ist, wie weit es bis zum Bahnhof ist?* ❖ ↗ Fall (2,3); **-fliegen**, flog zu, ist zugeflogen **1.** /etw./ *auf etw., jmdn. ~* 'in Richtung auf etw., jmdn. fliegen und sich ihm nähern': *die Flugzeuge sind auf den Platz, die Stadt zugeflogen* **2.** emot. *das Kind flog auf die Mutter zu* ('lief schnell zur Mutter hin') **3.** *jmdm. ist ein Vogel zugeflogen* 'ein Vogel, bes. ein Wellensittich, Papagei, hat seinen Besitzer verlassen und ist zu jmdm. geflogen und bei ihm geblieben': *uns ist ein Wellensittich zugeflogen, abzuholen bei ...* /Information des Finders/ **4.** umg. *eine Tür, ein Fenster fliegt zu* 'schließt sich ohne jmds. Zutun mit heftigem Knall von selbst, bes. infolge Luftzuges': *durch den Luftzug flog die Tür zu* **5.** *jmdm. fliegen die Ideen, Einfälle (nur so) zu* ('jmdm. kommen ein Leichtigkeit Ideen, Einfälle, ohne dass er sich bemühen muss'): *dem Jungen fliegt alles zu* ('fällt alles zu, ↗ zufallen 4') ❖ ↗ fliegen; **-flucht, die** ⟨o.Pl.⟩ 'Ort, zu dem man in der Not flieht, um sich dort zu verbergen, um dort Schutz und Hilfe zu erhalten': *in einer Scheune vor dem Unwetter ~ finden; jmdm. in seinem Haus ~ bieten, gewähren; bei jmdm.* ('in jmds.

Haus') *(vor etw. ⟨Dat.⟩, jmdm.) ~ suchen, finden* ❖ ↗ fliehen * /jmd./ **~ zu etw.** ⟨Dat.⟩ **nehmen** 'in einer Notlage etw. als letzte Möglichkeit anwenden, tun, als Ausweg benutzen': *er nahm zu einer Notlüge, zum Alkohol ~*; **-folge** [tsuˈfɔlɡə] ⟨Präp. mit Dat.; nachgestellt⟩ vorw. amtsspr. **1.** ⟨vorw. in Verbindung mit Wunsch, Befehl, Vertrag o.Ä.⟩ /kausal/ gibt die Voraussetzung für ein Geschehen, eine Handlung an/: *einer Übereinkunft ~ waren beide Vertragspartner zum Stillschweigen verpflichtet; dem Vertrag ~ muss er eine Anzahlung in Höhe von ... DM leisten* **2.** ⟨vorw. in Verbindung mit einer Verlautbarung, Äußerung⟩ /modal; gibt die Quelle für eine Information an und die daraus resultierende Folgerung/: *einer Meldung ~ sind alle Passagiere ertrunken; einer Äußerung des Ministers ~ soll der Bau der Autobahn bereits im nächsten Jahr beginnen* ❖ ↗ folgen
MERKE Zum Verhältnis von *zufolge* (2), *entsprechend, gemäß, laut, nach:* ↗ entsprechend (Merke)
zufrieden [tsuˈfʀiːdn̩] ⟨Adj.⟩ **1.1.** ⟨Steig. reg.⟩ 'den gegebenen Lebensverhältnissen und -bedingungen, dem Vorhandenen und Erreichten gegenüber ohne weitere wesentliche Wünsche'; ↗ FELD I.6.3: *er ist ein ~er Mensch; er ist (sehr) ~; mit sich (und der Welt), mit dem Leben ~ sein; wir können ~ (damit) sein, dass alles so gekommen ist; bist du jetzt ~* ('hast du jetzt bekommen, erreicht, was du wolltest')?; *er ist nie ~* ('er hat immer wieder neue Wünsche') *er ist mit wenigem ~* ('er ist bescheiden, genügsam'); *sich ~ fühlen; ~ lächeln, aussehen* **1.2.** ⟨Steig. reg., ungebr.; nur präd. (mit *sein*)⟩ /jmd./ *mit etw. ⟨Dat.⟩, jmdm. ~ sein* 'an etw., jmdm. nichts auszusetzen haben': *er ist mit seinem alten Fernseher, mit dem neuen Auto ~; mit seinem neuen Lehrling, mit den Leistungen seiner Kinder ~ sein* ❖ ↗ **Frieden**
zufrieden geben, sich (er gibt sich zufrieden), gab sich zufrieden, hat sich zufrieden gegeben /jmd./ *sich mit etw. ⟨Dat.⟩ ~* 'mit etw., das man bekommen, erreicht hat, zufrieden sein, obgleich es unter den Erwartungen blieb'; ↗ FELD I.6.2: *sich mit dem Erreichten, dem geringen Honorar, der kleinen Wohnung ~; viele wollten sich mit dem Kompromiss nicht ~*; vgl. begnügen
Zufriedenheit [tsuˈfʀiːdn̩..], **die**; ~, ⟨o.Pl.⟩ 'das Zufriedensein (1)': *sie führten ein Leben in Glück und ~; eine Aufgabe zu jmds. ~ erledigen* ❖ ↗ **Frieden**
zufrieden lassen (er lässt zufrieden), ließ zufrieden, hat zufrieden gelassen /jmd./ *jmdn. ~* 'jmdn. ungestört, unbehelligt lassen': *lass mich (endlich) ~ (mit deinen Vorwürfen, deinem ständigen Gerede)!*
zufrieden stellen, stellte zufrieden, hat zufrieden gestellt /jmd./ *jmdn. ~* 'jmdm. geben, zukommen lassen, was er wünscht, benötigt, damit er zufrieden ist': *ich muss meine Kunden, Klienten ~; jmd. ist leicht, schwer zufrieden zu stellen; wir tun alles, um Sie zufrieden zu stellen; oft im Part. I⟩ ~de Leistungen, Ergebnisse*
zu [ˈtsuː..]/**-frieren**, fror zu, ist zugefroren /etw., bes. Gewässer/ 'sich mit einer Schicht aus Eis bede-

cken'; ↗ FELD I.7.8.2 ⟨oft im Perf. od. Zustandspass.⟩ *der See, Fluss, das Fenster ist zugefroren* ❖ ↗ **frieren; -fügen** ⟨trb. reg. Vb.; hat⟩ **1.** /jmd./ *etw.* ⟨Dat.⟩ *etw.* ~ SYN 'etw. zu etw. hinzufügen (1)': *er hat dem Brief einige Bilder zugefügt; der Suppe Salz* ~ **2.** /jmd./ *jmdm. etw.* ~ 'jmdm. etw. antun, das ihm unangenehm ist, ihm schadet': *jmdm. Schmerz, Leid, Unrecht, eine Niederlage, einen Schaden, Verlust* ~; *jmdm. eine Kränkung* ~ ('jmdm. kränken') ❖ ↗ **fügen**

Zug [tsuːk], **der;** ~s/auch ~es, Züge ['tsyːgə] **1.1.** /zu ziehen 4/ 'das Ziehen an etw., um es in Tätigkeit, Gang zu setzen, um dadurch etw. zu bewirken'; ANT Druck (1): *durch einen* ~ *an der Reißleine öffnet sich der Fallschirm; mit einem* ~ *die Gardine öffnen* **1.2.** ⟨o.Pl.⟩ 'Kraft (3), die bewirkt, dass etw. sich in Richtung auf sich selbst zu bewegt'; ↗ FELD I.7.3.1: *ein starker* ~ *zur Seite brachte den Wagen aus dem Gleichgewicht; die Fliehkraft übt einen* ~ (ANT Druck 1) *aus; der* ~ *der Schwerkraft; ein Seil auf* ~ ('auf die Stabilität bei Zug') *prüfen; den* ~ *erhöhen, verringern* **2.** /zu ziehen 3/ 'das Ziehen einer Figur (4) bei einem Brettspiel': *ein guter, schlechter, raffinierter* ~; *einen* ~ *tun; ich bin am* ~ ('bin an der Reihe, eine Figur zu ziehen'); *er war in drei Zügen matt;* METAPH *das war ein geschickter* ~ ('eine geschickte, dem eigenen Interesse dienende Handlung') *von ihm* **3.** ⟨o.Pl.⟩ /zu ziehen 8.1/ 'das Sichbewegen einer Masse, Menge in eine bestimmte Richtung': *der* ~ *der Wolken über den Himmel; der* ~ *der Vögel nach dem Süden* **4.** 'Menge von Menschen, bestimmten Tieren, Fahrzeugen, die sich in dieselbe Richtung vorwärts bewegen'; ↗ FELD II.3.1: *ein festlicher* ~ *(von Menschen und Wagen) bewegte sich durch die Straßen der Stadt; der* ~ *näherte sich dem Marktplatz; die Leute formierten sich zu einem* ~; *ein* ~ *Wildgänse flog am Himmel, über das Land* **5.** /zu ziehen 9/ 'das Einatmen einer bestimmten Menge von Luft od. von Rauch beim Rauchen': *die frische Luft in tiefen Zügen genießen; einen* ~ *(aus einer Zigarette) tun, machen* **6.** SYN 'Schluck': *einen langen, kräftigen* ~ *aus der Flasche nehmen, tun; er trank das Glas auf einen/in einem* ~, *in wenigen Zügen* ('ohne die Flasche zwischendurch vom Mund zu nehmen') *aus* **7.** ⟨o.Pl.⟩ **7.1.** SYN 'Zugluft': *empfindlich sein gegen* ~; *die Tür gegen* ~ *abdichten; im* ~ *stehen* **7.2.** *der Ofen muss* ~ *haben* ('die Luft muss gut durch den Ofen in den Schornstein entweichen können'); *dieser Ofen hat guten, schlechten, keinen* ~ **8.** ⟨o.Pl.⟩ **8.1.** 'Neigung (3), Drang': *er hat einen* ~ *zur Vereinfachung, Melancholie; dem* ~ *seines Herzens folgen; dem* ~ *in die Fremde* ('der Neigung, in die Fremde zu ziehen') *folgen* **8.2.** *etw. hat einen* ~ *in etw.* 'etw. wirkt irgendwie': *der Vorfall hat einen* ~ *ins Lächerliche* **9.** ⟨vorw. Pl.; vorw. mit best. Adj.⟩ 'die eine Schrift, Zeichnung kennzeichnende Linienführung': *etw. mit großen, schönen, klaren Zügen schreiben; etw. mit kräftigen, feinen Zügen zeichnen* **10.1.** ⟨vorw. mit best. Adj.⟩ 'die ein Ge-

sicht kennzeichnenden charakteristischen Formen': *ein Gesicht mit schönen, feinen, strengen, groben Zügen* **10.2.** ⟨+ Attr.⟩ 'bestimmter Ausdruck eines Gesichts': *sein Gesicht bekam einen spöttischen, verträumten* ~; *ein* ~ *von Wehmut, Verachtung spielte um seinen Mund* **10.3.** 'charakteristisches Merkmal': *das ist ein schöner, sympathischer* ~ *an, von ihm* **11.** /beschränkt verbindbar/: *etw. in groben, großen, kurzen Zügen* ('ohne Einzelheiten, nur in Umrissen') *darstellen, erzählen, umreißen* **12.** /beschränkt verbindbar/: *im* ~*e* ⟨+ Gen.attr.⟩ 'im Verlauf von etw.': *im* ~*e der Verhandlungen zeichnete sich Übereinstimmung ab; im* ~*e der Entwicklung* **13.** 'mehrere aneinander gekoppelte Wagen, Waggons mit einer Lokomotive, einem Triebwagen'; ↗ FELD VIII.4.1.1: *mit dem* ~ *fahren; in den* ~ *einsteigen; der* ~ *hält auf freier Strecke; der* ~ *von Berlin nach Paris; einen Wagen an den* ~ *anhängen; der* ~ *ist entgleist;* vgl. *Lastzug* ❖ ↗ **ziehen**
* /jmd./ **einen guten** ~ **haben** ('in einem Zug 6 viel trinken können'); /jmd./ **(nicht) zum** ~**e kommen** ('eine, keine Gelegenheit haben, finden, etw. Entscheidendes durchzusetzen, zu tun'); /jmd./ **am** ~**e sein** ('an der Reihe sein zu handeln'); /etw., vorw. *das*/ **kein schöner** ~ **von jmdm. sein** 'nicht gerade freundlich von jmdm. sein': *dass er uns so lange hat warten lassen, war kein schöner* ~ *von ihm;* ~ **um** ~ 'ohne Unterbrechung in einzelnen aufeinander folgenden Schritten': *er konnte seine Absichten* ~ *um* ~ *verwirklichen;* /jmd./ **etw. in vollen Zügen** ('ausgiebig') **genießen;** verhüll. /jmd./ **in den letzten Zügen liegen** ('im Sterben liegen'); ⟨⟩ umg. **der** ~ **ist abgefahren** ('dafür ist es zu spät')

Zu/zu ['tsuː..]‖**-gabe, die** 'das, was bei einer künstlerischen Veranstaltung am Ende auf Drängen des Publikums zusätzlich zum Programm von einem Künstler, Ensemble dargeboten wird': *eine* ~ *fordern; der Sänger, das Orchester gab, die Schauspieler gaben mehrere* ~*n; das Publikum rief ‚Zugabe!'* ❖ ↗ **geben; -gang, der 1.** ⟨o.Pl.⟩ 'Zutritt (1)': *sich* ⟨Dat.⟩, *jmdm.* ~ *in etw., zu etw.* ⟨Dat.⟩ *verschaffen; jmdm. den* ~ *in die Privaträume, zur Veranstaltung verwehren* **2.** 'Weg, der den Zugang (1) zu einem bestimmten Ziel ermöglicht': *der Park, Saal hat mehrere Zugänge; alle Zugänge zum Werksgelände waren versperrt* **3.** *keinen* ~ *zu etw.* ⟨Dat.⟩ *haben* ('etw. nicht verstehen, weil man nichts damit verbindet') ❖ ↗ **gehen; -gänglich** [gɛŋ..] ⟨Adj.⟩ **1.** ⟨o. Steig.; nicht bei Vb.⟩ 'Zugang (1) bietend, sodass man dahin gehen, etw. betreten kann' /vorw. auf Gelände, Räume bez./: *ein schwer* ~*es Gebirgsdorf; etw. ist für jmdn.* ~: *diese Räume sind nur für die Mitarbeiter* ('dürfen nur von Mitarbeitern betreten werden'); *das Museum ist für jedermann* ~ **2.** ⟨o. Steig.⟩ 'so, dass es auch von anderen (für die fachliche Arbeit) genutzt werden kann' /auf Abstraktes bez./: *die Forschungsergebnisse, diese Dokumente, Arbeiten müssen allen Mitarbeitern* ~ *sein,* ~ *gemacht werden* **3.** ⟨Steig. reg.; nicht bei Vb.⟩ SYN 'aufgeschlossen' /auf Personen bez./: *er ist ein*

~er Mensch, mit dem man leicht in Kontakt kommt; er ist wenig ~ **4.** ⟨vorw. präd. u. bei Vb.⟩ *jmd. ist etw.* ⟨Dat.⟩ *~: er ist Ratschlägen durchaus ~* ('ist durchaus bereit, Ratschläge anzunehmen') ❖ ↗ gehen; **-geben** (er gibt zu), gab zu, hat zugegeben **1.** /jmd./ **1.1.** *etw. ~: du musst noch etwas Salz ~* ('zusätzlich an das Essen tun') **1.2.** *etw. ~* 'etw. als Zugabe darbieten, aufführen': *der Sänger gab noch zwei Lieder zu* **2.1.** /jmd./ *etw. ~* 'etw. Falsches, Dummes, Böses, das man getan hat (aber eine Zeitlang geleugnet, bestritten hatte), gestehen'; SYN einräumen (2); ANT abstreiten, leugnen: *er hat seine Fehler, sein Vergehen, seine Tat, seinen Irrtum schließlich (offen) zugegeben; ich gebe zu/muss ~, dass ich mich geirrt habe; der Angeklagte hat den Diebstahl zugegeben* **2.2.** ⟨im Part. II⟩ *zugegeben ..., aber* /leitet ein Eingeständnis ein, das jedoch durch *aber* wieder eingeschränkt wird/: *zugegeben, ich habe mich dumm benommen, aber in der Situation konnte ich nicht anders* **3.** /jmd./ *etw. ~* 'etw. als zutreffend anerkennen': *du musst ~, dass wir uns darüber längst hätten einigen können; du kannst ruhig ~, dass ich in diesem Punkt Recht habe* ❖ ↗ geben; **-gegen** [tsuˈgeːgṇ] ⟨Adj.; nur präd. (mit sein)⟩ /jmd./ *bei etw.* ⟨Dat.⟩ *~ sein* 'bei etw. anwesend sein': *er war bei dem Vorfall, Streit ~; ich war ~, als das passierte* ❖ ↗ gegen; **-gehen,** ging zu, ist zugegangen **1.** /jmd./ *auf etw., jmdn. ~* 'in Richtung auf etw., jmdn. gehen und sich ihm nähern': *er war geradewegs auf seinen Stuhl, auf sein Haus zugegangen; er ging auf uns zu, blieb aber dann wieder stehen; er ging einige Schritte auf uns zu* **2.** *etw. geht jmdm. zu* 'eine Sendung od. Information wird jmdm. (durch die Post) zugestellt (2)': *der Brief geht Ihnen per Post, durch einen Boten zu; der Bescheid muss Ihnen schon zugegangen sein* **3.1.** *eine Tür, Klappe, ein Fenster geht zu* ('schließt sich von selbst') **3.2.** *der Koffer, die Tür, das Fenster geht (nicht) zu* ('lässt sich schließen, nicht schließen') **4.** /jmd., etw. (nur es)/ *auf etw. ~* 'sich einem bestimmten Zeitpunkt nähern': *er geht auf die Siebzig zu* ('hat ein Alter von über 65 Jahren'); *es geht auf sieben Uhr zu, auf Weihnachten zu* ('es ist kurz vor sieben Uhr, in wenigen Wochen, Tagen wird Weihnachten sein'); /etw./ *etw.* ⟨Dat.⟩ *~* ⟨+ Possessivpron.⟩: *gegen Mitternacht ging das Fest dem/seinem/auf seinen Höhepunkt zu; die Ferien gehen ihrem Ende zu* **5.** /etw. (nur es)/ *irgendwo irgendwie ~* 'irgendwo irgendwie verlaufen'; ↗ FELD X.2: *auf/ bei dem Fest ging es lustig zu; in K ging es beim Karneval turbulent zu; irgendwie ~: das, es müsste doch ganz merkwürdig ~* ('es wäre ein merkwürdiger Zufall'), *wenn wir uns dort treffen sollten* ❖ ↗ gehen; **-gehörig** ⟨Adj.; o. Steig.⟩ **1.** ⟨nur attr.⟩ 'zu etw. gehörend' /auf Sachen bez./: *das Auto mit den ~en Papieren, Werkzeugen abliefern; ein Gerät mit den ~en Ersatzteilen* **2.** ⟨nur bei Vb.⟩ *sich etw.* ⟨Dat.⟩, *jmdm. ~ fühlen* 'sich einer Gruppe, jmdm. verbunden fühlen': *er fühlte sich dem Kreis, dem Verein, dieser Familie* ' *ihm ~* ❖ ↗ gehören; **-gehö-**

rigkeit [ɡəhøːRɪç..], **die**; ~, ⟨o.Pl.⟩: *die ~ zu einer ethnischen Minderheit* ('der Umstand, zu einer ethnischen Minderheit zu gehören') ❖ ↗ gehören

Zügel [ˈtsyːgḷ], **der**; ~s, ~ 'am Zaum befestigter langer Riemen zum Führen und Lenken von Reit-, Zugtieren': *die Pferde am ~ führen; dem Pferd die ~ anlegen* ❖ ↗ **ziehen**
* /jmd./ **die ~ fest in der Hand haben/halten** ('etw. straff leiten, eine Situation unter Kontrolle haben'); /jmd./ **die ~ schleifen lassen** ('nicht mehr so sehr auf Ordnung, Disziplin achten')

zügel|los ['..] ⟨Adj.; o. Steig.⟩ **1.** 'nicht durch moralische Bedenken gehemmt': *seine Leidenschaft ~ ausleben; ~ trinken; jmd. ist von ~em Ehrgeiz besessen;* SYN 'wüst (4)': *eine ~e Orgie; er war ein ~er Kerl* **2.** 'unsachlich und schlimm (3)' /beschränkt verbindbar/: *eine ~e Hetze, Kampagne gegen etw., jmdn. veranstalten* ❖ ↗ **ziehen,** ↗ **los**

zügeln [ˈtsyːgḷn] ⟨reg. Vb.; hat⟩ **1.** /jmd./ *ein Reit-, Zugtier ~* 'die Zügel eines Reit-, Zugtieres an sich ziehen, um seine Geschwindigkeit zu verringern, es zum Stehen zu bringen': *sein Pferd ~* **2.** /jmd./ *etw., sich ~* 'etw., bes. ein Gefühl, zu beherrschen suchen, sich selbst unter Kontrolle zu bekommen suchen': *die tobenden, fröhlichen Kinder, die randalierenden Betrunkenen waren kaum, nur schwer zu ~* (SYN 'zu bändigen 1.2'); SYN 'etw. mäßigen (1,2)': *seine Gefühle, Neugier, Ungeduld, seinen Tatendrang ~; seine Begierde, Eifersucht, seinen Zorn ~; du musst dich ~!* ❖ ↗ **ziehen**

Zu/zu [ˈtsuː..]||**-geständnis, das** ⟨oft im Pl.⟩ 'Anerkennung von Ansprüchen eines anderen, bes. bei Verhandlungen o.Ä., oft unter Verzicht auf eigene Rechte, Vorteile'; SYN Konzession (1): *jmdm. ein ~/~se machen, abringen; zu ~sen bereit sein* ❖ ↗ gestehen; **-gestehen,** gestand zu, hat zugestanden **1.** /jmd./ *jmdm. etw. ~* ANT verweigern **1.1.** 'jmdm. im Hinblick auf etw. ein Zugeständnis machen'; ANT verweigern (1.2): *jmdm. (s)ein Recht auf etw., an etw.* ⟨Dat.⟩ *~; jmdm. den von ihm verlangten Anteil am Erbe ~* **1.2.** 'jmdm. etw. gewähren (1)': *jmdm. eine Bewährungsfrist, genügend Zeit für eine Arbeit ~* **2.** /jmd./ *etw. ~* 'die Richtigkeit von etw. zugeben, eingestehen': ⟨vorw. mit Nebens.⟩ *er wollte nicht ~, dass er sich geirrt hatte; jmdm. etw. ~: jmdm. ~, dass er Recht hat* ❖ ↗ gestehen; **-getan** [ɡətaːn] ⟨Adj.; o. Steig.; nur präd. (mit sein)⟩ /jmd./ *jmdm. ~ sein* 'für jmdn. Sympathie, Zuneigung empfinden': *jmdm. herzlich, in Liebe ~ sein*

zugig [ˈtsuːgɪç] ⟨Adj.; Steig. reg.; nicht bei Vb.⟩ 'so beschaffen, dass man (ständig) der Zugluft ausgesetzt ist' /auf bestimmte Stellen, bes. in Räumen, bez./: *ein ~er Korridor, Bahnsteig, Flur, Platz; hier am Fenster ist es mir zu ~* ❖ ↗ **ziehen**

zügig [ˈtsyːgɪç] ⟨Adj.; Steig. reg.; nicht präd.⟩ 'ohne Unterbrechung und angemessen schnell' /auf Prozesse, Vorgänge bez./: *~er Verkehr ohne Staus; die Arbeiten an der Brücke gehen ~ voran; die Lieferung der Waren, des Materials muss ~ vor sich gehen* ❖ ↗ **ziehen**

zu|gleich [tsu'glaiç] ⟨Adv.⟩; ↗ FELD VII.5.3 **1.** ʻzur gleichen Zeitʼ: *sie sind beide ~ angekommen; beim Autofahren ~ schalten und auf den Verkehr achten* **2.** ʻüberdies, auchʼ; SYN gleichzeitig (2): *dieses Zimmer ist sonnig und ~ kühl;* ⟨auch als Konjunktionaladv.; schließt mit Inversion des Subj. an einen vorausgehenden Hauptsatz einen Hauptsatz an⟩ *es blitzte und donnerte, ~ fing an zu gießen;* ⟨schließt ein Satzglied an; nachgestellt⟩ *er ist Autor und Regisseur ~* ❖ ↗ ¹**gleich**

Zug ['tsuːk..]|**-luft, die** ⟨o.Pl.; vorw. o.Art.⟩ ʻin Räumen, zwischen hohen Häusern od. in Häusern ständig wehender leichter, aber kühler Wind, der als unangenehm empfunden wirdʼ: *hier herrscht ständig ~; er kann ~ nicht vertragen* ❖ ↗ ziehen, ↗ Luft; **-maschine, die** ʻzum Ziehen von Anhängern, speziellen Geräten od. Fahrzeugen dienendes Kraftfahrzeug ohne eigene Ladeflächeʼ; ↗ FELD V.5.1: *er fährt eine ~; mehrere Hänger an die ~ koppeln* ❖ ↗ ziehen, ↗ Maschine

zu/Zu ['tsuː..]|**-greifen**, griff zu, hat zugegriffen **1.** /jmd./ **1.1.** ʻnach etw., jmdm. greifen, um es, ihn festzuhaltenʼ; ↗ FELD I.7.5.2: *du musst kräftig ~, sonst rutscht es dir aus der Hand; ehe er ~ konnte, war die Vase vom Tisch gefallen, der alte Mann zu Boden gestürzt* **1.2.** ʻetw. Angebotenes nehmenʼ: ⟨vorw. in Aufforderungen des Gastgebers⟩ *bitte greifen Sie zu und lassen Sie es sich schmecken; überall hingen reife Äpfel und Birnen an den Bäumen, und man brauchte nur zuzugreifen* **1.3.** ʻetw., das knapp ist, sofort kaufen, ehe es ein anderer kauftʼ: *wenn du das Bild, Buch haben willst, musst du sofort ~, sonst ist es womöglich weg, zu spät* **2.** /jmd./ ʻtüchtig körperlich arbeiten, helfen, damit eine Arbeit rasch geschafft wirdʼ: *wenn alle ~, sind wir bald fertig, ist der Abwasch bald geschafft* ❖ ↗ greifen; **-griff, der** /beschränkt verbindbar/ **1.** *sich dem ~ der Polizei* (ʻder Festnahme durch die Polizeiʼ, ↗ FELD I.7.5.1) *entziehen* **2.** *der ~ auf etw.: der ~ auf jmds. Konto* (ʻdie Möglichkeit od. Berechtigung, jmds. Konto zu benutzenʼ); *jmdm. den ~ auf ein Konto unmöglich machen; jmdm. den ~ auf die Unterlagen verwehren* ❖ ↗ greifen; **-grunde/** auch **zu Grunde** [tsu'grundə] * /jmd./ etw. etw. ⟨Dat.⟩ **~ legen** ʻetw. zur Grundlage, Voraussetzung von etw. machenʼ: *er legte seinen Analysen die modernsten Erkenntnisse der Physik ~;* /etw./ ⟨hat⟩ etw. ⟨Dat.⟩ **~ liegen** ʻGrund, Grundlage für etw. seinʼ: *diesen Analysen liegen die Erkenntnisse der modernen Physik ~;* /jmd., Tier/ **(an etw. ⟨Dat.⟩) ~ gehen (1.** ʻums Leben kommen, an etw. sterbenʼ **2.** /jmd., etw./ ʻdurch etw. zugrunde gerichtet werdenʼ: *die Firma ist an seinen leichtsinnigen Geschäften, er ist an seiner Trunksucht, Spielleidenschaft ~ gegangen*); /jmd., etw./ ⟨hat⟩ **jmdn., etw. ~ richten** ʻjmdn. ins Verderben stürzen, jmds. Leben zerstören, bewirken, dass etw., bes. ein Unternehmen, nicht mehr existieren kannʼ; SYN ruinieren: *die Konkurrenz hat ihn, sein schlechtes Management hat die Firma ~ gerichtet* ❖ ↗ Grund

Zug|tier ['tsuːk..], **das** ʻTier, bes. Pferd, Ochse, das vorw. zum Ziehen (1) eines Wagens o.Ä. dientʼ; ↗ FELD I.7.3.1, II.3.1: *für den Transport ~e einsetzen* ❖ ↗ **ziehen**, ↗ **Tier**

zu|-gunsten/auch **zu Gunsten** [tsu'gunstn] ⟨Präp. mit Gen.; vorangestellt⟩ /final; gibt an, dass der Zweck einer Handlung darauf gerichtet ist, jmdm., einer Institution Gutes zu tun/; ANT zu Ungunsten: *eine Sammlung ~ Obdachloser durchführen; er verzichtete auf das Erbteil ~ seiner Schwester; der Rechtsstreit ist ~ des Angeklagten entschieden worden* ❖ ↗ Gunst; **-gute** ['guːtə] * /jmd./ **jmdm., etw.** ⟨Dat.⟩ **etw. ~ halten** ʻjmdm., einer Sache etw. als mildernden Umstand anrechnenʼ: *wir wollen ihm seine Jugend ~ halten; du musst diese Schwäche seiner Unerfahrenheit ~ halten; man muss ihm ~ halten, dass er das noch nie, zum ersten Mal gemacht hat;* **jmdm. kommt etw. ~** ʻfür jmdn. wirkt sich etw. vorteilhaft ausʼ: *bei dieser Arbeit kommt ihm seine frühere Erfahrung ~;* /jmd./ **jmdm., etw.** ⟨Dat.⟩ **etw. ~ kommen lassen** ʻjmdm., einer Sache etw. zukommen (4.2) lassenʼ: *er hat sein Vermögen seinen Enkeln, einem Tierheim ~ kommen lassen;* /jmd./ **sich etw. auf etw. ~ tun** ʻauf etw. stolz sein, sich auf etw. einbildenʼ: *er tat sich viel auf seine Menschenkenntnis ~ getan* ❖ ↗ gut

Zuhälter ['tsuːhɛltɐ], **der**; ~s, ~ ʻMann, der von den Einkünften einer od. mehrerer Prostituierter lebt und als Gegenleistung einen gewissen Schutz für sie bietetʼ: *er ist ~* ❖ ↗ **halten**

Zuhause [tsu'hauzə], **das**; ~s, ⟨o.Pl.⟩ ʻdas Haus, die Wohnung, der Ort, wo jmd. ständig wohnt und sich heimisch fühltʼ; ↗ FELD V.2.1: ⟨mit best. Adj.⟩ *jmd. hat ein schönes, gemütliches, kein (richtiges) ~; sie hat im Altersheim ein neues, zweites ~ gefunden; man hat ihnen ihr ~ genommen;* vgl. *Haus* (*zu Hause*) ❖ ↗ **Haus**

zu ['tsuː..]|**-hören** ⟨trb. reg. Vb.; hat⟩ /jmd./ **jmdm., etw.** ⟨Dat.⟩ **~** ʻaufmerksam und bewusst auf jmds. Äußerungen, auf etw. Akustisches, bei einer Darbietung, hörenʼ; ↗ FELD I.3.2.2, 4.4.2: *sie hörten dem Konzert, der Rede des Präsidenten zu; ruhig, schweigend, aufmerksam ~* ↗ hören; **-knöpfen** ⟨trb. reg. Vb.; hat⟩ /jmd./ **etw. ~** ʻetw., bes. ein Kleidungsstück, durch Knöpfen schließenʼ: *den Mantel, die Bluse ~* ❖ ↗ Knopf; **-kommen**, kam zu, ist zugekommen **1.** /jmd., etw./ **auf jmdn., etw. ~** ʻsich in Richtung auf jmdn., etw. bewegen und sich ihm nähernʼ: *er kam direkt auf uns, auf den Kiosk zu; sie sahen ihn schon von weitem auf sich ~; das Auto, Boot, Schiff kommt auf uns zu* **2.** /etw., bes. eine Aufgabe/ *auf jmdn., etw. ~* ʻjmdm., etw., bes. einem Unternehmen, bevorstehen (1.2)ʼ: *auf uns, die Firma kommen große Ausgaben zu; auf das Forschungsteam kommen große Probleme, schwere Entscheidungen zu* **3.** *etw. kommt jmdm. zu* ʻetw. steht jmdm. zu* (↗ zustehen)ʼ: *er hat mehr Urlaub, Gehalt verlangt, als ihm zukommt; weil es ihm rechtmäßig zukommt, hat er es verlangt; es kommt ihm nicht zu, darüber zu entscheiden* **4.** /jmd., Institution/ *jmdm. etw. ~ lassen* **4.1.** 'jmdm. etw. senden': *jmdm. einen Bescheid, eine Nachricht ~ lassen* **4.2.** 'jmdm. etw. als Eigentum geben'; ↗ FELD I.15.2: *jmdm. das Haus seiner Eltern, seine Sammlungen ~ lassen; jmdm. Geld, Vergünstigungen ~ lassen* **4.3.** SYN 'jmdm. etw. angedeihen lassen': *jmdm. Fürsorge, Aufmerksamkeit ~ lassen; etw.* ⟨Dat.⟩ *etw. ~ lassen: seinem Auto sorgsame Pflege ~ lassen* ('sein Auto sorgsam pflegen') ❖ ↗ **kommen** * /jmd./ **auf jmdn. ~** 'sich in einer Angelegenheit an jmdn. wenden': *sobald ich Näheres weiß, komme ich (wieder) auf Sie zu;* /jmd./ **etw. auf sich ~ lassen** 'erst abwarten, wie sich etw. entwickelt, ehe man eingreift od. eine Entscheidung trifft': *das lassen wir (ruhig) auf uns ~*

Zukunft ['tsuːkʊnft], **die**; ~, ⟨o.Pl.⟩ ANT Vergangenheit; ↗ FELD VII.6.1 **1.** 'Zeitraum, der noch bevorsteht': *Gegenwart, Vergangenheit und ~; der ~ beruhigt, zuversichtlich entgegensehen; sich eine bessere, friedliche, glückliche ~ (für seine Kinder) wünschen; in der ~ wird es sich erweisen, ob …; das wird sich in naher, nächster ~ ('bald') entscheiden; in ~* 'künftig': *in ~ werden wir das anders machen; in ferner ~* ('in einer noch weit entfernten Zeit') **2.** 'das Leben eines, der Menschen im Zeitraum der Zukunft (1)': *seine, die gemeinsame ~ planen; die ~ der Menschen, Menschheit; die ~ eines Landes; jmdm. steht eine glänzende ~* ('eine erfolgreiche Laufbahn, ein schönes Leben') *bevor;* vgl. *Gegenwart, Vergangenheit* ❖ ↗ **kommen** * **jmd., etw. hat (keine)/etw. hat ohne ~** 'jmd., etw. kann eine, keine günstige Entwicklung, gute Aussichten erwarten, wird erfolgreich, erfolglos sein': *er hat keine ~; der Beruf hat keine ~; der Beruf ist ohne ~; ein Beruf ohne ~*

zukünftig ['tsuːkʏnftɪç] ⟨Adj.; o. Steig.; nicht präd.⟩ ↗ FELD VII.6.3 **1.** ⟨nur attr.⟩ SYN 'künftig (1.1)'; ANT vergangen: *die ~e Entwicklung; ~e Generationen; ~e* (ANT vergangene) *Zeiten, Jahre; sein ~er Beruf, Arbeitsplatz* **2.** ⟨nur bei Vb.⟩ *~* (SYN 'künftig 1.2') *werde ich das berücksichtigen* ❖ ↗ **kommen**

Zukunfts/zukunfts ['tsuːkʏnfts..]|**-musik** * umg. **etw.** (vorw. *das*) **ist ~** ('etw. ist, wenn überhaupt, erst in ferner Zukunft realisierbar'); **-weisend** [vaɪznt̩] ⟨Adj.; o. Steig.⟩ 'auf die Zukunft ausgerichtet'; SYN fortschrittlich (1) /auf Abstraktes bez./: *~e Ideen, Beschlüsse, Entscheidungen; seine Gedanken waren ~* ❖ ↗ **kommen,** ↗ **weisen**

Zu/zu ['tsuː..]|**-lage, die** 'Geldsumme, die zusätzlich zu etw., bes. zum Arbeitslohn, Gehalt, gezahlt wird': *er erhielt, bekam monatlich eine ~ (von 100 Mark); die ~n wurden gestrichen* ❖ ↗ **legen;** **-lassen** (er lässt zu), ließ zu, hat zugelassen **1.** /Institution/ *jmdn. zu etw.* ⟨Dat.⟩ *~* 'jmds. Anwesenheit, Mitwirkung bei etw., bes. bei einem offiziellen Geschehen, gestatten': *zu dieser Verhandlung hatte man die Vertreter der Presse nicht zugelassen; zu einem Manöver Beobachter ~; man hat ihn (als Gutachter) zur Verhandlung nicht zugelassen* **2.** /jmd./ *etw. ~*

'etw. möglich machen': *das, eine solche Ausnahme würde ich nicht ~* (SYN 'dulden 1.1'); ⟨+ dass-Satz⟩: *(nicht) ~, dass jmd. etw. tut, erhält;* vgl. *erlauben (1,2)* **3.** ⟨vorw. verneint⟩ /etw./ *etw. ~* SYN 'etw. ermöglichen': *der Zustand der Straße ließ eine höhere Geschwindigkeit nicht zu; solche kostspieligen Anschaffungen lässt unser Einkommen nicht zu; das lässt das Gesetz (nicht) zu; sein Stolz, Gesundheitszustand ließ es nicht zu, dass …; dieser Text lässt eine, mehrere Auslegungen zu* **4.** /jmd., bes. Institution/ **4.1.** *jmdn. zu etw.* ⟨Dat.⟩, *als etw. ~* 'jmdm. die amtliche Genehmigung für die Teilnahme an etw., für die Ausübung eines Berufs geben': *jmdn. zum Studium, zur Teilnahme (an einer Prüfung) ~; jmdn. als Arzt ~; jmdn. als Rechtsanwalt (an einem Gericht) ~* **4.2.** *etw. für etw., zu etw.* ⟨Dat.⟩ *~* 'die amtliche Genehmigung erteilen, dass etw. für einen, zu einem bestimmten Zweck verwendet werden kann': *ein Auto (für den Verkehr) ~; neue Medikamente (für die Therapie) ~; ein Tier für, zu etw. ~: ein Tier zur Zucht ~* **5.** umg. /jmd./ *etw. ~* 'etw. geschlossen lassen, nicht öffnen'; ANT auflassen (1); ↗ FELD I.7.8.2: *die Kiste, Tür ~; lass bitte das Fenster zu!* ❖ ↗ **lassen;** **-lässig** ⟨Adj.⟩ **1.1.** ⟨nicht bei Vb.⟩ 'gesetzlich, amtlich genehmigt': *etw. zum ~en Preis verkaufen; die ~e (Höchst)geschwindigkeit überschreiten; es ist nicht ~, Rauschgift zu verkaufen; diese Frage ist ~* (ANT unstatthaft) **1.2.** 'von den Voraussetzungen her möglich, vertretbar': *der Arzt hielt eine Reise ins Gebirge für ~; die maximal ~en Werte für die Belastung einer Brücke; diese Werte sind nicht mehr ~* ❖ ↗ **lassen;** **-lasten**/auch **zu Lasten** [tsuːlastn̩] ⟨+ Gen.attr.⟩ 'zu jmds. Nachteil, zum Nachteil einer Sache': *eine Entscheidung ~ der Bürger, des Staates, der Gemeinde; die Kosten gehen ~ des Empfängers;* **-lauf, der** ⟨o.Pl.⟩; ↗ FELD I.7.2.1: *jmd. hat (großen, starken) ~* ('jmd. hat viele Kunden, Klienten, Patienten, Anhänger'); *etw. hat großen ~* ('etw., z. B. eine Kirche, eine Ausstellung, wird von vielen Menschen besucht') ❖ ↗ **laufen;** **-laufen** (er läuft zu), lief zu, ist zugelaufen **1.** /jmd./ *auf etw., jmdn. ~* 'sich laufend in Richtung auf etw., jmdn. bewegen und sich ihm nähern': *er lief mit großen Schritten auf uns zu;* ⟨im Part. II + kommen⟩ *er kam rasch auf sie, auf den Eingang zugelaufen* **2.** umg. /jmd./ ⟨nur im Imp.⟩: *lauf (nur, schon) zu* ('lauf los, beeile dich')! **3.** *jmdm. ist ein Tier zugelaufen* 'ein Tier, bes. ein Hund, eine Katze, hat seinen Besitzer verlassen und ist zu jmdm. gelaufen und bei ihm geblieben': *uns ist eine Katze zugelaufen* **4.** /etw./ *spitz, eng, stumpf ~* 'zu seinem Ende hin spitz, eng, stumpf werden': *ihr Kinn, der Turm läuft spitz zu* **5.** *etw. läuft auf etw. zu* 'etw. erstreckt sich in Richtung auf etw.': *die Straße läuft direkt auf den Marktplatz zu* ❖ ↗ **laufen;** **-legen** ⟨trb. reg. Vb.; hat⟩ **1.** /jmd./ *etw. ~* 'etw. zusätzlich zu etw. legen, hinzufügen': *legen Sie bitte noch ein paar Stück, noch einige Scheiben Wurst zu!; sein Vater hat 100 Mark (zum Fotoapparat) zugelegt* ('aus sei-

ner Tasche beigesteuert') **2.** /jmd./ **2.1.** *sich* ⟨Dat.⟩
etw. ~ ⸢sich etw. kaufen, das einen gewissen reprä-
sentativen Besitz darstellt': *er hat sich einen neuen
Anzug, ein Auto, einen Hund zugelegt* **2.2.** oft
scherzh. *sich* ⟨Dat.⟩ *einen Vollbart* ~ (⸢wachsen las-
sen'); *sich* ⟨Dat.⟩ *jmdn.* ~ (⸢sich einen Freund, eine
Freundin anschaffen') **3.** /jmd./ *zugelegt haben*
(⸢dick, dicker geworden sein') **4.** /jmd./ *irgendwie* ~
⸢sein Tempo bei etw.', bes. beim Laufen, Rennen,
bei der Arbeit, in bestimmter Weise steigern': *wenn
du das noch rechtzeitig schaffen willst, musst du
kräftig, tüchtig* ~; *auf den letzten Metern legten die
Läufer noch einmal mächtig zu* ❖ ↗ *legen*; **-leide/**
auch **zu Leide** [tsuˈlaɪdə] * /jmd./ **jmdm. etw./was ~
tun** ⸢jmdm. ein Leid, eine Verletzung, einen Scha-
den, jmdm. Kummer, Ärger, eine Kränkung zufü-
gen': *er hat ihr was* ~ *getan* ❖ ↗ *Leid*; **-¹letzt** [tsuˈ-
letst] ⟨Adv.⟩ ANT zuerst; ↗ FELD VII.3.3 **1.** ⸢als
Letzte(r), Letztes': *daran würde ich* ~ (⸢als Letztes')
denken; *an sich denkt sie* ~; SYN ⸢endlich (I)': *er
wurde* ~ (⸢als Letzter') *abgefertigt*; *sie kam* ~ (⸢als
Letzte') *an die Reihe*; *das kommt* ~ (⸢als Letztes')
dran **2.** ⸢das letzte Mal': *wann hast du ihn* ~ *gese-
hen?*; ~ *sah ich ihn im Theater* **3.1.** *er hörte lange
zu, wurde aber* ~ (⸢schließlich') *doch ungeduldig* **3.2.**
bis ~: *das beste Stück habe ich mir bis* ~ (⸢bis zum
Schluss') *aufgehoben*; *wir haben bis* ~ (⸢bis zum
Ende, Schluss') *ausgeharrt, gehofft*; *die Hoffnung
bis* ~ (⸢bis zum Tode') *aufrechterhalten*; **-²letzt:**
nicht ~ ⟨Gradpartikel; betont; steht vor der Be-
zugsgröße; bezieht sich auf verschiedene Katego-
rien, bes. auf Subst.⟩ /schließt andere Sachverhalte
nicht aus, hebt aber die Bezugsgröße gegenüber an-
deren vergleichbaren hervor/; SYN ²besonders:
nicht ~ *die moderne Technik ist für diese Um-
weltschäden verantwortlich zu machen*; *zum Gelin-
gen des Festes trug nicht* ~ *das gute Wetter bei*;
-liebe ⟨Präp. mit Dat.; nachgestellt; in Verbindung
mit Personenbez.⟩ /kausal u. final; gibt die Begrün-
dung dafür an, dass der Zweck einer Handlung
darauf gerichtet ist, jmdm. Gutes zu tun/: *die Reise
habe ich doch nur dir* ~, *nur deiner Schwester* ~
mitgemacht; *ich komme dir* ~ *mit*; ⟨selten auf eine
Sache bez.⟩ *seinen Forschungen* ~ *hat er auf man-
che Annehmlichkeit verzichten müssen* ❖ ↗ *zu*
zum [tsʊm] ⟨Verschmelzung von Präp. ²*zu* (Dat.) +
Art. *(der, das)*⟩: ↗ ²*zu*
zu/Zu- [ˈtsuː..]|**-machen** ⟨trb. reg. Vb.; hat⟩ umg. **1.1.**
/jmd./ *etw.* ~ ⸢etw. schließen (1.1)'; ANT aufma-
chen (1); ↗ FELD I.7.8.2: *die Tür, das Fenster, den
Koffer, die Jacke* ~; *mach den Mund zu!* **1.2.** /etw.,
bes. Geschäft, Dienstleistungseinrichtung o.Ä./ *ir-
gendwann* ~ ⸢irgendwann schließen (4.1)': *wann
machen hier die Geschäfte zu?*; *die Post hat schon
um 18 Uhr zugemacht* **2.** /Unternehmen, Unterneh-
mer/ *etw.* ~ ⸢ein Unternehmen, Geschäft aufge-
ben': *die Firma hat die Filiale, den Laden zuge-
macht, weil er nicht mehr rentabel ist, die Konkur-
renz zu groß ist*; *die Firma, der Betrieb hat zuge-
macht* ❖ ↗ *machen*; **-¹mal** [tsuˈmaːl] ⟨Konj.; oft in

Verbindung mit *da*; subordinierend; steht nach dem
Hauptsatz⟩ /kausal; der Sachverhalt des Nebensat-
zes begründet den Sachverhalt des Hauptsatzes
und gibt neben anderen, nicht genannten Gründen
den wichtigsten Grund an/ ⸢besonders weil': *er ge-
wann immer mehr Vorsprung,* ~ *(da) die Kräfte der
Verfolger nachließen*; **-²mal** ⟨Gradpartikel; betont
od. unbetont; steht vor, auch nach der Bezugs-
größe; bezieht sich auf verschiedene Kategorien,
bes. auf Subst., Adv.⟩ /schließt andere Sachverhalte
nicht aus, hebt aber die Bezugsgröße gegenüber an-
deren vergleichbaren hervor/; SYN ²*besonders*: ~
am Morgen/am Morgen ~ *gibt es Staus in der City*;
~ *er/er* ~ *hat sich dabei verdient gemacht*; ~ *im
Herbst nehmen die Unfälle zu*; *heute* ~/~ *heute ist
darauf zu achten!*; **-meist** [tsuˈmaɪst] ⟨Adv.⟩ SYN
⸢²*meist* (3)'; ANT selten (I.2.1), manchmal: *diese
Krankheit verläuft* ~ *gutartig*; ~ *gehen ihre An-
schauungen weit auseinander*; *diese Veranstaltungen
werden* ~ *von Jugendlichen besucht*; ~ *sind es die
Älteren, die in solche Veranstaltungen gehen* ❖ ↗
meist; **-mindest** [tsuˈmɪndəst] ⟨Gradpartikel; betont
od. unbetont; steht überwiegend vor der Bezugs-
größe; bezieht sich auf verschiedene Kategorien,
bes. auf Subst.⟩ /schließt andere Sachverhalte nicht
aus, hebt aber die Bezugsgröße gegenüber anderen
vergleichbaren hervor und kennzeichnet sie gleich-
zeitig als untere Grenze, über die man nach unten
nicht, wohl aber nach oben hinausgehen darf/: *er
will nicht lange bleiben,* ~ *aber bis Ostern*; ~ *wenn
es regnet, solltest du einen Mantel anziehen*; ~
äußerlich war er ruhig; SYN ⸢wenigstens (1)': *du
hättest uns* ~ *besuchen können*; *wenn er auch nicht
geschrieben hat, er hätte* ~ *mal anrufen können* ❖
↗ *minder*; **-mutbar** [muː..] ⟨Adj.; o. Steig.⟩ ⸢so be-
schaffen, dass man es als vertretbar empfinden
kann': ~*e Wohnungen, Aufgaben, Forderungen, An-
sprüche*; *das ist nicht* ~; *etw. als nicht* ~ *empfinden*
❖ ↗ *zumuten*; **-mute/**auch **zu Mute** [tsuˈmuːtə] *
jmdm. ist/wird (es) irgendwie ~ ⸢jmd. empfindet,
fühlt sich irgendwie': *jmdm. ist, wird unbehaglich*
~; *mir ist nicht wohl* ~ *bei dieser Sache* (⸢ich habe
große Bedenken bei dieser Sache'); **jmdm. ist nicht
nach etw.** ⟨Dat.⟩ ~: *mir ist nicht nach Witzen, Essen*
~ (⸢ich bin nicht zu Witzen, zum Essen aufgelegt');
-muten [muː..] ⟨mutete zu, hat zugemutet⟩ **1.1.**
⟨vorw. verneint⟩ /jmd./ *jmdm. etw. (vorw. das)* ~
⸢von jmdm. eine bestimmte, meist unangemessene
od. nicht vertretbare Leistung verlangen (1)': *das
kann man ihm nicht* ~; *er mutete uns zu, den langen
Weg zu Fuß zurückzulegen*; *das ist keinem Menschen
zuzumuten* **1.2.** /jmd./ *sich* ⟨Dat.⟩, *etw.* ⟨Dat.⟩ *zu
viel* ~: *sie hatte sich, ihren Kräften zu viel zugemutet*
(⸢sie hatte sich, ihre Kräfte über Gebühr bean-
sprucht') **1.3.** *etw. mutet etw.* ⟨Dat.⟩ *zu viel zu*: *der
Film mutet dem guten Geschmack der Zuschauer zu
viel zu* (⸢der Film ist im Hinblick auf den guten
Geschmack der Zuschauer unerträglich') ❖ *zumut-
bar, Zumutung*; **-mutung** [muː..], **die**; ~, ~*en* ⸢etw.,
das man anderen nicht zumuten (1.1) darf': *eine* ~,

etw. als ~ zurückweisen, ablehnen, zurücknehmen; der ständige Lärm, Qualm ist eine ~ für alle Anwohner ❖ ↗ zumuten; **-nächst** [tsuˈnɛːçst/..ˈnɛː..] ⟨Adv.⟩ **1.** ʼals Erstes in einer Reihe folgender Tätigkeitenʼ: *~* (SYN ʼ¹erstʼ) *überlegen, dann handeln; ~ wollte er uns mitteilen, dass …; es muss ~ festgestellt werden, dass …, ob … ***2.** SYN ʼvorerstʼ: *das ist ~ nicht vorgesehen, eingeplant gewesen, wurde aber später realisiert* ❖ ↗ ¹nahe; **-nahme** [naːmə], **die**; ~, ~n ⟨vorw. Sg.⟩ /zu zunehmen 1 u. 2/ ʼdas Zunehmenʼ; SYN Anstieg: *die ~ des Drucks;* /zu 2/ ANT Abnahme: *eine geringe, starke ~ des Gewichts/an Gewicht feststellen* ❖ ↗ nehmen; **-name, der** SYN ʼFamiliennameʼ: *wie lautet Ihr ~?; den Vor- und ~n eintragen, angeben* ❖ ↗ Name

zünden [ˈtsʏndn̩], zündete, hat gezündet **1.1.** /etw. Brennbares/ ʼzu brennen anfangenʼ: *nasse Streichhölzer ~ nicht* **1.2.** /etw., bes. Motor/ ʼdurch den Beginn eines Verbrennungsprozesses in Gang kommenʼ: *der Motor, das Triebwerk (der Rakete) hat gezündet* **2.** /jmd./ etw. *~* **2.1.** *eine Bombe, Sprengladung, einen Sprengkörper ~* (ʼzur Explosion bringenʼ); *ein Gas durch einen Funken ~* **2.2.** *eine Rakete ~* (ʼbewirken, dass der Verbrennungsprozess einer Rakete einsetztʼ); *die zweite Stufe einer Rakete ~* **3.** etw. zündet ʼetw., bes. eine Rede od. Darbietung, ruft Begeisterung hervorʼ: *seine Ansprache, der Appell hat (bei den Zuhörern) gezündet;* ⟨vorw. adj. im Part. I⟩ *eine ~de* (ʼbegeisterndeʼ) *Rede; ~de Pointen, Melodien, Rhythmen* ❖ **entzünden, Zünder** – **anzünden, Zündholz, -kerze, -schlüssel**

Zunder [ˈtsʊndɐ]
* *etw. brennt wie* **~** (ʼein Material brennt sehr gut, gerät sehr leicht in Brandʼ); ⟨⟩ umg. /jmd./ **jmdm. ~ geben 1.** ʼjmdn. tüchtig verprügelnʼ: *dem haben sie aber ~ gegeben!* **2.** ʼjmdn. heftig kritisieren, tadelnʼ; /jmd./ **~ kriegen** ʼheftig geprügelt, getadelt werdenʼ: *er hat (von seinen Eltern) ganz schön ~ gekriegt*

Zünder [ˈtsʏndɐ], **der**; ~s, ~ ʼVorrichtung an Sprengkörpern, durch die die Ladung (2) gezündet wirdʼ: *den ~ einer Bombe herausschrauben* ❖ ↗ **zünden**

Zünd [ˈtsʏnt]∥**-holz, das** ⟨Pl.: -hölzer⟩ SYN ʼStreichholzʼ: *ein ~ anstreichen, anreiben* ❖ ↗ zünden, ↗ Holz; **-kerze, die** ʼGegenstand an einem Verbrennungsmotor, der einen Funken erzeugt und so das Gasgemisch im Zylinder entzündetʼ; SYN Kerze; ↗ FELD VIII.4.1.1: *die ~ herausschrauben; die ~ ist verrußt* ❖ ↗ zünden, ↗ Kerze; **-schlüssel, der** ʼSchlüssel, mit dem ein Motor gestartet wirdʼ; ↗ FELD VIII.4.1.1: *den ~ drehen, abziehen; den ~ ins Schloss steckenʼ* ❖ ↗ zünden, ↗ Schlüssel; **-schnur, die** ʼSchnur, die an einem Ende angezündet wird, langsam abbrennt und schließlich eine Sprengladung zur Explosion bringtʼ: *die ~ anstecken* ❖ ↗ zünden, ↗ Schnur

zu/Zu [ˈtsuː..]∥**-nehmen** (er nimmt zu), nahm zu, hat zugenommen **1.** /etw., bes. Mengen, Prozesse/ **1.1.** ʼan Quantität größer werdenʼ; ANT verringern, ab-

nehmen: die Zahl der Unfälle, die Geburtenrate, der Lärm hat zugenommen (SYN ʼist angewachsenʼ, ↗ anwachsen 2ʼ; ANT nachlassen); *die Bevölkerung nimmt ständig zu; im Januar nehmen die Tage wieder zu* (ʼist es am Tage wieder länger hellʼ); ⟨adj. im Part. I⟩ *mit ~dem Alter* (ʼje älter man wirdʼ) *lässt das Gehör nach; der ~de Mond* (ʼder Mond in der Phase, bei der der sichtbare Teil von Tag zu Tag größer wirdʼ; ANT abnehmen) **1.2.** ʼstärker, intensiver werdenʼ: *der Sturm, Wind hat (an Stärke) zugenommen* (ANT nachlassen 1.1); *die Temperatur nimmt zu* (SYN ʼsteigtʼ, ↗ steigen 3.2ʼ; ANT sinkt); *die Kälte hat zugenommen; seine Schmerzen haben wieder zugenommen* (ANT nachgelassen 1.1); *wir bemerkten, dass/wie seine Angst, Sorge, Unruhe zunahm* (SYN ʼstiegʼ, ↗ steigen 1.1ʼ); *in ~dem Maße* ʼständig mehrʼ: *die Zuschauer wurden in ~dem Maße unruhiger* **2.** /jmd./ ʼschwerer werdenʼ; ANT abnehmen (7) /auf das Körpergewicht bez./: *das Baby nimmt regelmäßig zu; er hat stark (an Gewicht), hat drei Kilo zugenommen* ❖ ↗ nehmen; **-neigung, die** ⟨o.Pl.⟩ ʼGefühl der Sympathie, Freundschaft für jmdn.ʼ; SYN Neigung; ↗ FELD I.6.1: *beide verband eine aufrichtige, innige ~; ~ für jmdn., zu jmdm. empfinden; jmdm. seine ~ beweisen, schenken; jmds. ~ erwidern; jmds. ~ zu gewinnen suchen* ❖ ↗ neigen

zünftig [ˈtsʏnftɪç] ⟨Adj.⟩ **1.1.** ⟨o. Steig.; nur attr.⟩ ʼeine Tätigkeit voll beherrschendʼ /auf Personen bez./: *dieses Buch ist eine Anleitung für den ~en Anleger; ein ~er Bergsteiger* **1.2.** ⟨Steig. reg.⟩ ʼbestimmten Erfordernissen entsprechendʼ /beschränkt verbindbar/: *die Ausrüstung war ~; eine ~e Skiausrüstung, Uniform; er war ~ ausgerüstet* **2.** ⟨Steig. reg., ungebr.⟩ umg. ʼso beschaffen, geartet, wie es sein soll, wie man es sich wünschtʼ; SYN ordentlich (4.2) /vorw. auf Feste bez./: *eine ~e Silvesterfeier; ~ Fasching feiern*

Zunge [ˈtsʊŋə], **die**; ~, ~n; ↗ auch *Zünglein* **1.** ʼsehr bewegliches muskulöses Organ im Munde, das bei der Nahrungsaufnahme, beim Schmecken und Schlucken beteiligt ist und dem Menschen beim Sprechen dientʼ; ↗ FELD I.1.1, I.3.4.1: *eine* ↗ *belegte ~ haben; etw. brennt auf der ~; sich (aus Versehen) auf, in die ~ beißen; sich die ~ (an heißer Brühe) verbrennen; er stößt mit der ~ an* (ʼer lispeltʼ); *jmdm. die ~ herausstrecken* /als Zeichen des Spottes, der Missachtung, Schadenfreude/ **2.** ⟨o.Pl.⟩ ʼals Speise dienende Zunge (1) von bestimmten Schlachttierenʼ: *bei uns gibt es heute ~; frische, gepökelte ~; ~ in Rotwein* /als Gericht/ ❖ **doppelzüngig, Landzunge, spitzzüngig**
* ʼBoshaftigkeiten äußernde Menschenʼ: *böse ~n behaupten, dass er das Buch gar nicht selbst verfasst hat;* **etw. liegt jmdm. auf der ~** (ʼjmd. kann etw., bes. ein Wort, nicht äußern, weil es ihm gerade jetzt nicht einfälltʼ); **etw. löst jmdm. die ~** ʼetw., bes. Alkohol, bewirkt, dass jmd., der sonst eher zurückhaltend ist, gesprächig wird, locker und leicht spricht od. unvorsichtig etw. äußertʼ: *der*

Wein, die Geldsumme hat ihm die ~ gelöst; /jmd./ **eine schwere ~ haben** ('unter dem Einfluss von Alkohol od. Drogen od. aus Veranlagung langsam und schwerfällig sprechen'); /jmd./ **eine spitze/ scharfe/lose ~ haben** ('dazu neigen, boshafte, freche Äußerungen zu machen'); /jmd./ **die/seine ~ im Zaum halten/seine ~ zügeln/hüten** ('sich beherrschen und das nicht aussprechen, was unangenehme Folgen haben kann'); *etw.* **zergeht auf der ~** ('ein Nahrungsmittel erweist sich als besonders zart, weich und schmackhaft'); /jmd./ **sich** ⟨Dat.⟩ *etw.* **auf der ~ zergehen lassen** ('in einem Gespräch etw. Treffendes voller Genuss formulieren und aussprechen'); ⟨⟩ umg. **jmdm. klebt die ~ am Gaumen** ('jmd. ist sehr durstig'); **jmdm. hängt die ~ zum Halse heraus** (**1.** 'jmd. ist überaus durstig' **2.** 'jmd. ist völlig erschöpft'); /jmd./ **sich** ⟨Dat.⟩ **die ~ verbrennen** ('unbedacht etw. sagen, das einem große Unannehmlichkeiten einbringt')

Zungen|schlag ['tsʊŋən..]
* **ein falscher ~** ('Äußerung, bei er sich jmd. verspricht, die daher nicht das wiedergibt, was er eigentlich sagen wollte')

Zünglein ['tsʏŋ..] ↗ auch **Zunge**
* /etw., jmd./ **das ~ an der Waage sein** 'bei etw., bes. bei einer kritischen Angelegenheit, eine Entscheidung bewirken': *seine Stimme, er war bei der Abstimmung das ~ an der Waage*

zu|-nichte [tsu'nɪçtə] /vorw. auf Abstraktes bez./ * /jmd./ **etw. ~ machen** 'bewirken, dass etw. sich nicht realisiert': *sein Einspruch, Leichtsinn hat alle unsere Hoffnungen, Absichten ~ gemacht;* **etw. wird ~** 'etw. scheitert od. wird zerstört': *alle seine Pläne, Arbeiten wurden ~; das ist alles ~ geworden* ❖ ↗ ¹**nicht**; **-nutze/auch zu Nutze** [tsu'nʊtsə] /jmd./ **sich** ⟨Dat.⟩ **etw. ~ machen** 'etw. zu seinem Vorteil nutzen': *sich die Errungenschaften von Wissenschaft und Technik ~ machen; sich jmds. Leichtgläubigkeit, Unerfahrenheit ~ machen; die Diebe haben sich die Dunkelheit ~ gemacht* ❖ ↗ **nutzen**; **-oberst** [tsu|'oːbɐʁst] ⟨Adv.⟩ 'an oberste(r) Stelle an einem Stapel, Haufen' ANT **zuunterst**; ↗ FELD IV.1.3: *die Rechnung, die Mütze lag ~; die neueste Zeitung ~ auf den Stapel legen* ❖ ↗ **oben**; **-ordnen** ['tsu:..], ordnete zu, hat zugeordnet **1.1.** /jmd./ *etw., jmdn. etw.* ⟨Dat.⟩ **~** 'etw., jmdn. als einer Klasse, Kategorie, einem System o.Ä. zugehörig betrachten, in etw. einordnen': *ein Kunstwerk, einen Künstler einem bestimmten Stil ~; ein Tier einer bestimmten Art ~* **1.2.** /jmd., bes. Vorgesetzter/ *einen Mitarbeiter einer anderen Abteilung ~* ('in eine andere Abteilung versetzen') ❖ ↗ **ordnen**; **-packen** ['tsu:..] ⟨trb. reg. Vb.; hat⟩ **1.** /jmd./ 'schnell, fest und derb zugreifen (1.1)': *du musst kräftig (mit beiden Händen) ~, sonst rutscht dir die Leine aus der Hand!* **2.** /jmd./ 'bei einer körperlichen Arbeit kräftig mitmachen': *er hat tüchtig, kräftig (beim Umgraben, beim Umzug) zugepackt* ❖ ↗ **packen**

zupfen ['tsʊpfn̩] ⟨reg. Vb.; hat⟩ **1.** /jmd./ **an etw.** ⟨Dat.⟩ **~** 'wiederholt mit leichtem, vorsichtigem

Ruck mit den Fingerspitzen an etw. ziehen (5.1)': *er, sie zupfte verlegen, nervös an der Tischdecke; jmdn., sich an etw.* ⟨Dat.⟩ **~:** *jmdn. am Ärmel, Mantel, an der Jacke ~, um sich bemerkbar zu machen; sich nervös, jmdn. am Bart ~* **2.** /jmd./ *ein Zupfinstrument, die Saiten eines Zupfinstruments ~* 'die Saiten des Instruments mit den Fingern ruckartig ziehen und dadurch einen Ton, Töne hervorbringen': *die Gitarre, Zither ~* **3.** /jmd./ *etw.* **~** 'ruckartig, vorsichtig etw. aus etw. herausziehen': *(sich* ⟨Dat.⟩*) mit der Pinzette die Augenbrauen ~; im Garten Unkraut ~; etw. aus etw.* ⟨Dat.⟩ **~:** *einen Faden aus einem Gewebe ~* ❖ **Zupfinstrument**

Zupf|instrument ['tsʊpf..], **das** 'Musikinstrument, dessen Saiten gezupft (2) werden': *die Gitarre, Zither ist ein ~* ❖ ↗ **zupfen**, ↗ **Instrument**

zur [tsuːɐ] ⟨Verschmelzung von Präp. *zu* (Dat.) + Art. (*der* = Dat. Fem.)⟩: ↗ ²**zu**

zu|rande/auch zu Rande [tsu'ʁandə] * /jmd./ **mit etw.** ⟨Dat.⟩, **jmdm. ~ kommen:** *mit der Aufgabe, den Kindern komme ich schon ~* ('komme ich zurecht, ↗ **zurechtkommen** 1')

zurate/auch zu Rate [tsu'ʁaːtə] * /jmd./ **mit jmdm. über etw. ~ gehen** ('mit jmdm. etw. gemeinsam überlegen, um eine gute Entscheidung für ein Problem zu finden'); auch /zwei od. mehrere (jmd.)/ *sie gingen beide ~;* /jmd./ **mit sich** ⟨Dat.⟩ **~ gehen** ('gründlich über ein Problem nachdenken, um eine gute Entscheidung dafür zu finden'); /jmd./ **jmdn, etw. ~ ziehen** ('jmdn. um Rat fragen, sich Rat aus einem Text, bes. einem Buch, holen')

zu|raten ['tsu:..] (er rät zu), riet zu, hat zugeraten /jmd./ **jmdm. ~, etw. zu tun** 'jmdm. raten, etw. Bestimmtes zu tun'; ANT **abraten:** ⟨vorw. mit Nebens. + Inf. + zu⟩ *er hat mir zugeraten, eine Versicherung abzuschließen; er hat mir zugeraten* ❖ ↗ ²**zu**, ↗ **Rat**

zurechnungs|fähig ['tsu:ʁɛçnʊŋs..] Jur. ⟨Adj.; o. Steig.; nicht bei Vb.; vorw. präd. (mit *sein*)⟩ /jmd./ **~ sein** 'in der Lage sein, für seine Handlungen verantwortlich eintreten und sie beurteilen zu können und sich entsprechend zu verhalten': *jmd. ist (voll, bedingt, vermindert, nicht) ~; das Gericht hat ihn für ~ erklärt* ❖ ↗ **rechnen**, ↗ **fähig**

zurecht [tsu'ʁɛçt..]|**-finden, sich**, fand sich zurecht, hat sich zurechtgefunden **1.** /jmd./ **sich irgendwo ~** 'irgendwo den richtigen Weg finden': *er fand sich im Gebäude, in der fremden Stadt, im Dunkeln (immer gut, nicht mehr) zurecht;* vgl. *durchfinden* (1) **2.** /jmd./ **sich in etw.** ⟨Dat.⟩ **~** 'mit den Gegebenheiten, Bedingungen, Forderungen in einem Bereich, Arbeitsgebiet o.Ä. zurechtkommen (1) und die damit verbundenen Aufgaben, Probleme bewältigen können': *er hat sich in der neuen Stellung (gut, nicht) zurechtgefunden; mit der Zeit fand er sich in der neuen Umgebung (gut) zurecht; er fand sich im Leben nicht zurecht* ('konnte seine Probleme nicht bewältigen') **3.** /jmd./ **sich in, auf etw.** ⟨Dat.⟩ **~** 'in der Lage sein, mit etw. umzugehen, Kenntnisse in Bezug auf etw. besitzen': *sich im Fahrplan, auf der*

Landkarte, im Wörterverzeichnis, in der modernen Physik ~ ❖ ↗ *recht,* ↗ *finden;* **-kommen**, kam zurecht, ist zurechtgekommen **1.** /jmd./ *mit jmdm., etw.* ⟨Dat.⟩ ~ 'mit jmdm., etw. ohne große Schwierigkeiten richtig und zum eigenen Nutzen umgehen' (2.1) können': *sie kam mit den Kollegen, der neuen Maschine, Methode (gut, nicht) zurecht* **2.** /jmd./ 'ein Ziel rechtzeitig, pünktlich erreichen': *wir kamen gerade zurecht (zur Vorstellung); wenn du ein Taxi nimmst, kommst du noch zurecht* ❖ ↗ *recht,* ↗ *kommen;* **-legen** ⟨trb. reg. Vb.; hat⟩ **1.** /jmd./ *etw.* ~ 'etw. in der richtigen, geforderten Weise hinlegen od. an die Stelle legen, an der es für etw. gebraucht wird': *die Bestecke auf dem Tisch* ~; *alles Nötige für die Reise* ~; *sich* ⟨Dat.⟩ *etw.* ~: *der Torwart legte sich den Ball zurecht und schoss* **2.** /jmd./ *sich* ⟨Dat.⟩ *etw.* ~ 'sich vorher genau überlegen, was man später sagen, tun will': *sich einen Plan, eine Entschuldigung, Antwort, eine Ausrede, ein paar Worte für den Anfang* ~; *alles hat so geklappt, wie wir es uns zurechtgelegt hatten* ❖ ↗ *recht,* ↗ *legen;* **-machen** ⟨trb. reg. Vb.; hat⟩ **1.** /jmd./ *etw.* ~ 'etw. (im Haushalt) für einen bestimmten Zweck, für den Gebrauch herrichten': *das Essen, das Frühstück* ~; *das Zimmer, Bett* ~ **2.** /jmd., bes. Frau/ *sich, jmdn., etw.* ~ 'seine Kleidung, sein Äußeres in den Zustand bringen, dass man sich sehen lassen kann': *ich muss mich erst noch* ~; *er ging ins Bad und machte sich zurecht; die Kinder für den Ausflug* ~ ('entsprechend anziehen und versorgen'); *jmdn. für seinen großen Auftritt* ~; *sich für den Abend* ~ (SYN 'putzen 3'); *sich* ⟨Dat.⟩ *das Haar* ~ ('kämmen, frisieren') ❖ ↗ *recht,* ↗ *machen;* **-weisen**, wies zurecht, hat zurechtgewiesen /jmd., Eltern, Vorgesetzter/ *jmdn.* ~ 'jmdn. wegen seines Verhaltens rügen, tadeln': *jmdn. barsch, streng, sanft* ~; *er wurde scharf zurechtgewiesen* ❖ ↗ *recht,* ↗ *weisen*
zu ['tsuː..]|**-reden**, redete zu, hat zugeredet /jmd./ *jmdm.* ~ 'jmdn. mit eindringlichen Worten zu überzeugen versuchen, etw. Bestimmtes zu tun, von dem man glaubt, dass es gut für ihn ist': *man versuchte, ihm zuzureden, doch er lehnte ab; jmdm. irgendwie* ~: *jmdm. gut, aufmunternd, lange* ~; *alles gute Zureden war umsonst, hatte nichts geholfen* ❖ ↗ *reden;* **-reichen** ⟨trb. reg. Vb.; hat⟩ /jmd./ *jmdm. etw.* ~ SYN 'jmdm. etw. reichen (1)': *jmdm. das Werkzeug, die Nägel* ~; *sie reichte uns die Pakete zu* ❖ ↗ *reichen (1);* **-richten**, richtete zu, hat zugerichtet **1.** /jmd./ *etw.* ~ 'etw. für den Gebrauch, für eine weitere Bearbeitung vorbereiten (1.2)': *ein Brett (für das Regal)* ~; *Leder, Bleche für die weitere Bearbeitung* ~; *das Essen* ~ ('zurechtmachen 1') **2.** /jmd./ *jmdn. übel, schlimm* ~ 'jmdn. so schlagen, treten, dass er sehr verletzt ist': *man hat ihn bei der Schlägerei übel, schlimm zugerichtet;* /jmd., Tier/ *etw. übel, schlimm* ~: *man hatte das Lokal übel zugerichtet; die Kaninchen, Wildschweine haben das Feld übel zugerichtet* ❖ ↗ *richten*
zurück [tsu'ʀʏk] ⟨Adv.⟩ **1.** 'wieder in Richtung auf den Ausgangspunkt, -ort': *die Fahrt von Leipzig* ~

nach Berlin war sehr schön; /in den kommunikativen Wendungen/ *mit Dank* ~! ('ich danke Ihnen, dass Sie es mir geliehen haben und gebe es Ihnen hiermit wieder'); *hin und* ~: *bitte einmal Berlin (hin) und* ~ ('bitte geben Sie mir eine Fahrkarte für die Fahrt nach Berlin und für die Rückfahrt') /wird am Fahrkartenschalter gesagt/ **2.** umg. /jmd./ ~ *sein: er ist (von der Reise)* ~ ('zurückgekommen'); *ist er schon (vom Einkauf)* ~? **3.** ⟨einer Zeitangabe nachgestellt⟩ umg. *ein paar Jahre, Wochen, Monate* ~ 'vor ein paar Jahren, Wochen, Monaten': *ein paar Monate* ~ *sah hier noch alles ganz anders aus* **4.** 'zurückgeblieben (↗ zurückbleiben 6)': *er ist körperlich, geistig* ~; *in etw.* ⟨Dat.⟩ ~ *sein: er ist im Fach Deutsch* ~; *dieses Land ist in seiner Entwicklung um Jahrzehnte* ~ ❖ vgl. **zurück/ Zurück-;** vgl. auch **Rücken**
zurück- /bildet mit dem zweiten Bestandteil Verben; betont; trennbar (im Präsens u. Präteritum)/ **1.** /drückt aus, dass durch das im zweiten Bestandteil Genannte eine Größe in Richtung auf ihren Ausgangsort, an ihren früheren Platz gelangt/: ↗ z. B. *zurückkehren* (1) **2.** /drückt aus, dass durch das im zweiten Bestandteil Genannte eine Größe sich rückwärts bewegt/: ↗ z. B. ²*zurückschrecken* (1) MERKE Zum Verhältnis von *zurück-/rück-:* ↗ *rück-* (Merke)
zurück/Zurück [tsu'ʀʏk..]|**-behalten** (er behält zurück), behielt zurück, hat zurückbehalten **1.** /jmd./ *etw.* ~ '(einen Teil von) etw. vorübergehend od. für immer behalten und es einem, der es eigentlich haben sollte, nicht geben': *etw. (vorläufig) als Pfand* ~; *er hat (von der Summe) noch einen Rest zurückbehalten; etw. davon* ~ **2.** /jmd./ *etw. von etw.* ⟨Dat.⟩ ~ 'von etw., von einer Krankheit, einem Unfall o.Ä., einen bleibenden körperlichen Schaden davontragen': *von einer Krankheit einen Herzfehler, von einem Unfall einen Gehfehler, von einer Operation eine Narbe* ~ ❖ ↗ *halten;* **-bekommen**, bekam zurück, hat zurückbekommen /jmd./ *etw.* ~ **1.1.** 'etw., das man nicht mehr im Besitz hatte, wieder erhalten': *ein verliehenes Buch* ~; *das gestohlene Fahrrad* ~ **1.2.** 'beim Kauf das Geld wieder erhalten, weil es über den Kaufpreis hinausgeht': *du bekommst noch zwei Mark zurück; bekomme ich nicht noch etwas zurück?* ❖ ↗ *bekommen;* **-bilden, sich**, bildete sich zurück, hat sich zurückgebildet **1.** *etw. bildet sich zurück* **1.1.** 'etw. geht nach einer (krankhaften) Veränderung allmählich wieder in den ursprünglichen Zustand zurück': *die Gebärmutter bildet sich nach der Geburt zurück* **1.2.** 'etw., bes. eine Entzündung, schwindet allmählich': *die Schwellung, das Geschwür, die Entzündung hat sich zurückgebildet* **2.** *Organe, Muskeln, die zu wenig beansprucht werden, bilden sich zurück* ('werden kleiner und verringern ihre Leistungsfähigkeit') ❖ ↗ *Bild;* **-bleiben**, blieb zurück, ist zurückgeblieben **1.** /jmd./ *irgendwo* ~ 'irgendwo bleiben, während andere diesen Ort, diese Stelle verlassen': *er ist allein (zu Hause) zurückgeblieben; er durfte ausreisen, seine*

Frau und die Kinder aber mussten ~; /in der kommunikativen Wendung/ *Zurückbleiben* (ʼnicht mehr einsteigenʼ)! /Ansage auf Bahnhöfen vor Abfahrt des Zuges/ **2.** *etw. bleibt irgendwo zurück* ʼetw. wird bei Verlassen eines Ortes, einer Stelle nicht mitgenommenʼ: *der schwere Koffer musste vorerst im Hotel, auf dem Flughafen* ~ **3.** *etw. bleibt hinter jmdm. zurück:* *die Stadt blieb immer weiter hinter uns zurück* (ʼwir entfernten uns immer weiter von der Stadtʼ), *als wir nach Norden fuhren* **4.** /jmd., Fahrzeug/ ʼsich langsamer als ein anderer, andere, als ein anderes vorwärts bewegen und dadurch hinter ihm, ihnen bleibenʼ: *wir blieben beim Spaziergang (hinter den anderen) ein wenig zurück, um uns besser, ungestört unterhalten zu können; die Verfolger, die uns verfolgenden Autos waren weit (hinter uns) zurückgeblieben* **5.** *etw. bleibt von, nach etw.* ⟨Dat.⟩ *zurück* ʼetw. bleibt jmdm., bes. nach einer Krankheit, als dauernder Schadenʼ: *nach der Krankheit blieb (ihm) ein Herzfehler zurück; von der Operation ist (ihm) eine große Narbe zurückgeblieben* **6.** /jmd., etw./ *jmd., etw. bleibt zurück* ʼjmd., etw. entwickelt sich langsamer als andere(s), als normalʼ: *er ist hinter den Leistungen der anderen zurückgeblieben; irgendwie* ~: *dieses Land ist industriell, kulturell zurückgeblieben; ein geistig, körperlich zurückgebliebenes Kind* ❖ ↗ **bleiben; -bringen,** brachte zurück, hat zurückgebracht **1.** /jmd./ *jmdm. etw.* ~, *etw. irgendwohin* ʼetw. zu der Person, an den Ort, die Stelle bringen, wo es vorher war (und hingehört)ʼ: *ich bringe dir das Buch morgen zurück; entliehene Bücher (in die Bibliothek)* ~ **2.** /jmd./ *jmdn.* ~ ʼjmdn. dahin bringen, wo er vorher war, wohin er gehörtʼ: *den Häftling in die Zelle* ~; *jmdn. an seinen Platz* ~; *ein Kind in das Heim* ~ ❖ ↗ **bringen; -fahren** (er fährt zurück), fuhr zurück, ist/ hat zurückgefahren **1.** /jmd./ **1.1.** ⟨ist⟩ *irgendwann, irgendwie* ~ ʼirgendwann, irgendwie wieder dahin fahren, von wo man aufgebrochen warʼ: *wann fahrt Ihr zurück?; wir werden morgen* ~; *wir sind (gestern, nach drei Tagen) mit dem Auto, mit der Bahn zurückgefahren* **1.2.** ⟨hat⟩ *jmdn., etw.* ~ ʼjmdn., etw. dahin fahren (3), von wo er, es gekommen istʼ: *er will uns, unsere Koffer mit dem Auto* ~ **1.3.** ⟨ist⟩ ʼmit einem Fahrzeug, bes. einem Auto, rückwärts fahrenʼ: *er fuhr ein Stück zurück, um die Ausfahrt freizumachen* **2.** ⟨ist⟩ /jmd./ ʼeine plötzliche schnelle Bewegung mit dem Körper und ein od. zwei Schritte nach hinten, rückwärts machenʼ: *er fuhr entsetzt zurück, als er die Schlange sah* ❖ ↗ **fahren; -fallen** (er fällt zurück), fiel zurück, ist zurückgefallen **1.** /jmd./ ʼnach hinten, rückwärts fallenʼ /beschränkt verbindbar/: *erschöpft ließ er sich (in den Sessel)* ~ **2.** /Sportler(in)/ **2.1.** ʼin der Leistung nachlassen und gegenüber anderen in Rückstand geratenʼ: *er ist (in seinen Leistungen) zurückgefallen; er ist in der Weltbestenliste vom ersten auf den dritten Platz zurückgefallen* **2.2.** *gegen Ende des Rennens fiel er immer mehr zurück* (ʼwurde er gegenüber den anderen langsamerʼ) **3.** /jmd./ *in etw.*

~ ʼsich nach vorübergehender Besserung wieder so negativ wie vorher verhaltenʼ: *in seinen alten Fehler, seine frühere Lebensweise, in seine üblen Gewohnheiten* ~ **4.** *etw. fällt an jmdn. zurück* ʼetw. kommt wieder in jmds. Besitzʼ: *nach dem Tode der Tante ist der Hof (wieder) an ihn zurückgefallen; das Grundstück, der Besitz, die Sammlung fiel an ihn zurück* **5.** *etw. fällt auf jmdn. zurück* ʼjmdm. werden die Ursachen für etw. Negatives, das ein von ihm irgendwie Abhängiger getan hat, als seine Schuld, Fehler angelastetʼ: *das schlechte Benehmen der Kinder fällt auf die Eltern zurück; der Verdacht fällt auf mich zurück; wenn ihr schlampig arbeitet, so fällt das auf mich zurück* ❖ ↗ **fallen; -fordern** ⟨trb. reg. Vb.; hat⟩ /jmd./ *etw.* ~ ʼvon jmdm. verlangen, dass er etw. zurückgibt (1.1)ʼ: *geborgtes Geld, geliehene Bücher (von jmdm.)* ~ ❖ ↗ **fordern; -geben** (er gibt zurück), gab zurück, hat zurückgegeben **1.** /jmd./ **1.1.** *jmdm. etw.* ~ ʼjmdm. etw. geben, das ihm gehört und das man von ihm (leihweise) bekommen hatteʼ: *ein geliehenes Buch, geborgtes Geld* ~; *gib es mir sofort zurück!* **1.2.** *einem Tier die Freiheit* ~ (ʼes freilassenʼ) **2.** /jmd./ ⟨vorw. im Prät.; meist einer mündlichen Äußerung nachgestellt⟩ geh. /in literarischen Werken/ ʼantworten, erwidernʼ: *„Und wer soll das bezahlen?", gab er zurück; „Wir kommen nicht mit", gab sie zurück* ❖ ↗ **geben; -gehen,** ging zurück, ist zurückgegangen **1.** /jmd./ **1.1.** ʼwieder dahin gehen, woher man gekommen istʼ: *er war sich nicht sicher, ob er das Fenster geschlossen hatte, und ging lieber noch einmal zurück; wir werden auf dem selben Weg* ~, *auf dem wir gekommen sind* **1.2.** *ein paar Schritte* ~ (ʼnach hinten, rückwärts gehenʼ) **1.3.** *irgendwohin* ~: *nach dem Studium will er in seine Heimatstadt* ~ (ʼzurückkommenʼ) **2.** *etw. geht zurück* ʼetw. wird zurück an den Absender od. Hersteller geschicktʼ: *der Brief geht zurück an den Absender; er ließ im Restaurant das Essen* ~ (ʼreklamierte es, ließ es wieder in die Küche zurückbringenʼ) **3.** /etw., bes. Hochwasser od. ein Prozess/ **3.1.** ʼsinken (3), fallen (2.1)ʼ: *das Hochwasser ist zurückgegangen* **3.2.** *die Entzündung, der Schmerz, das Fieber geht zurück* (ʼschwindet allmählichʼ) **3.3.** *die Anzahl der Erkrankungen ist zurückgegangen* (ʼhat abgenommenʼ) **4.** *etw. geht auf etw., jmdn. zurück* ʼetw. hat seinen Ursprung in etw., stammt von jmdm.ʼ: *dieser Brauch geht auf ein historisches Ereignis, auf die Tat eines Volkshelden, auf einen Einwohner zurück* ❖ ↗ **gehen; -gezogen** [gəˈtsoːgn̩] ⟨Adj.; Steig. reg., Superl. ungebr.; nicht präd.; ↗ auch *zurückziehen*⟩ /jmd./ ʼleben (ʼKontakt, gesellschaftlichen Umgang meiden, um ganz für sich allein zu lebenʼ): *ein* ~*es Leben führen* ❖ ↗ **ziehen; -greifen,** griff zurück, hat zurückgegriffen /jmd., Institution/ *auf etw., jmdn.* ~ ʼim Falle, dass Bedarf besteht, etw. Vorhandenes, Vorrätiges od. jmdn., der für den normalen Fall nicht vorgesehen ist, in Anspruch nehmenʼ: *auf seine Ersparnisse* ~; *die Regierung musste auf Lebensmittelreserven* ~; *in der Not auf jmdn.* ~, *der schon pensioniert war* ❖

↗ greifen; **-halten** (er hält zurück), hielt zurück, hat zurückgehalten; ↗ auch *zurückhaltend* **1.1.** /jmd./ *jmdn.* ~ ˈjmdn. (durch Festhalten) daran hindern, wegzugehen, wegzufahren': *er hielt sie (am Arm) zurück, sonst wäre sie in das Auto gelaufen; jmdn. an der Tür, beim Aufbruch* ~, *um ihm noch etw. zu sagen* **1.2.** /etw., bes. Aufgabe/ *jmdn.* ~: *eine wichtige Angelegenheit hatte ihn in Berlin zurückgehalten* ('hatte verhindert, dass er Berlin verlassen konnte') **2.** /jmd., Institution/ *etw.* ~ ˈetw. aus taktischen Gründen (noch) nicht auf den Markt od. in die Öffentlichkeit gelangen lassen': *sie halten die Ware noch zurück, weil sie später einen besseren Preis erzielen können; der Regierung wurde vorgeworfen, sie hätte Informationen zurückgehalten* **3.** /jmd./ **3.1.** *etw.* ~ SYN ˈetw. beherrschen (4)': *mit Mühe konnte er sein Lachen, seinen Zorn, seine Wut* ~ **3.2.** *mit etw.* ⟨Dat.⟩ ~: *er hielt nicht mit seiner Meinung zurück* ('sagte, was er meinte') **3.3.** *sich* ~ SYN ˈsich beherrschen (4)': *er konnte sich nicht länger* ~ *und sagte ihm seine Meinung ins Gesicht; halte dich zurück, sage nicht gleich, was du denkst!; sich beim Essen* ~ ('beim Essen Maß halten') **4.** /jmd./ *jmdn. von etw.* ⟨Dat.⟩ ~ ˈjmdn. hindern, etw. Bestimmtes zu tun (das ihm schaden könnte)': *jmdn. von einem unüberlegten Schritt* ~; *die Tochter von einer schnellen Heirat* ~ ❖ ↗ halten; **-haltend** [haltn̩t] ⟨Adj.; ↗ auch zurückhalten⟩ **1.** ⟨Steig. reg.⟩ ˈsich nicht in den Vordergrund od. Mittelpunkt drängend'; ANT aufdringlich /auf Personen bez./: *er war immer sehr* ~, *sie war mir gegenüber sehr* ~; *sie hatte ein sehr* ~*es Wesen, wirkte* ~ **2.** ⟨Steig. reg., ungebr.; nicht attr.⟩ ˈkaum Begeisterung od. Interesse äußernd': *der Empfang des Gastes, der Beifall war eher* ~; *das Publikum klatschte sehr* ~ *Beifall; er stand der Problematik sehr* ~ *gegenüber;* vgl. *kühl (2)* **3.** ⟨o. Steig.; nur vor Part. II⟩ SYN ˈdezent (2)'; ANT auffällig: *ein* ~ *gemusterter Stoff* ❖ ↗ halten; **-haltung, die**; ~, ⟨o.Pl.⟩ ˈVerhalten, durch das jmd. deutlich macht, dass er seine kritische Meinung, seine kritischen Gefühle in Bezug auf etw. nicht äußern will': ~ *üben, zeigen; jmdn. mit* ~ *begrüßen; etw. mit* ~ *beurteilen; etw. mit großer* ~ *aufnehmen* ❖ ↗ halten; **-kehren** ⟨trb. reg. Vb.; hat⟩ **1.** /jmd./ *irgendwoher, irgendwohin* ~ SYN ˈzurückkommen (1)'; ↗ FELD I.7.2.2: *in die Heimat* ~; *von der Reise, aus dem Urlaub, aus der Fremde* ~ **2.** /jmd./ *zu jmdm.* ~ SYN ˈzu jmdm. zurückkommen (2)': *er ist zu seiner Frau zurückgekehrt* ❖ ↗ kehren (I); **-kommen**, kam zurück, ist zurückgekommen **1.** /jmd./ *irgendwoher, irgendwohin* ~ ˈsich (von irgendwoher) wieder zum Ausgangsort begeben od. dorthin, wo man früher, vorher gelebt hat'; SYN zurückkehren (1); ↗ FELD I.7.2.2: *von einer Reise, aus dem Urlaub, aus der Fremde* ~; *er kam noch einmal zurück, weil er seinen Schirm vergessen hatte; und wie soll ich von dort ohne Auto* ~?; /etw., bes. Sendung/ *der Brief ist zurückgekommen* ('ist wieder beim Absender angelangt, weil er nicht zugestellt werden konnte') **2.** /jmd./ *zu jmdm.* ~ ˈnach der

Trennung wieder mit seiner Frau, seinem Mann zusammenleben'; SYN zurückkehren (2): *er ist zu seiner Frau zurückgekommen* **3.** /jmd./ **3.1.** *auf etw., jmdn.* ~ ˈan ein Gespräch über etw., jmdn. anknüpfen (um ZusätzIiches zu erörtern)': *auf diese Frage, auf deinen Bruder kommen wir später zurück; auf jmds. Angebot* ~ **3.2.** *auf jmdn.* ~: *wir kommen auf euch zurück* ('werden uns an euch wenden'), *wenn wir Hilfe brauchen* ❖ ↗ kommen; **-lassen** (er lässt zurück), ließ zurück, hat zurückgelassen **1.** /jmd./ *etw., jmdn. irgendwo* ~ ˈetw., jmdn. von irgendwo nicht mitnehmen, wenn man weggeht, sich entfernt': *das Gepäck, eine Nachricht für jmdn. im Hotel* ~; *sie ließen ihre Kinder allein zu Hause zurück; sie mussten bei der Flucht fast allen Besitz* ~ **2.** *etw. lässt bei jmdm. etw. zurück* ˈetw. hat bei jmdm. ein bestimmtes Gefühl zur Folge': *der Erfolg ließ bei ihm ein Gefühl der Befriedigung, des Glücks, der Bitterkeit zurück* ❖ ↗ lassen; **-legen** ⟨trb. reg. Vb.; hat⟩ **1.** /jmd./ *etw. irgendwohin* ~ ˈetw. wieder dahin, an den Platz legen, wo es vorher war': *den Schmuck in das Etui* ~; *das Buch in das Regal* ~ **2.** /jmd./ *den Kopf in den Sessel* ~ ('den Kopf nach hinten auf die Lehne legen') **3.** /jmd., bes. Verkaufspersonal/ *jmdm. etw., für jmdn. etw.* ~ ˈetw. nicht weggeben, nicht verkaufen, sondern für jmdn., bes. einen Kunden, der es bestellt hat, aufbewahren, bis es gekauft wird od. holt': *die Verkäuferin hat mir das Kleid (bis 17 Uhr) zurückgelegt/hat das Kleid für mich zurückgelegt; sich* ⟨Dat.⟩ *etw.* ~ *lassen: er ließ sich die Tasche (bis zum Abend), die Eintrittskarte (an der Kasse)* ~ **4.** /jmd./ *etw.* ~ ˈeine Summe Geld sparen': *(etwas) Geld (für die Urlaubsreise)* ~; *sich* ⟨Dat.⟩ *etwas Geld, etwas/was* ~; *ich habe mir was (für Weihnachten) zurückgelegt* **5.** /jmd./ *etw. irgendwohin* ~ ˈeine Strecke irgendwohin gehend, laufend, fahrend, fliegend, schwimmend bewältigen': *wie viele Kilometer musst du täglich bis zur Arbeitsstelle* ~?; *wir legten den Weg bis zum See im Auto, zu Fuß zurück* ❖ ↗ legen; **-nehmen** (er nimmt zurück), nahm zurück, hat zurückgenommen **1.** /jmd., Unternehmen/ *etw.* ~ ˈetw., das man jmdm. gegeben od. verkauft hat, wieder nehmen (und das Geld zurückgeben)': *etw. Verborgtes, das Geld* ~; *der Verkäufer, das Geschäft hat das defekte Gerät anstandslos zurückgenommen* **2.** /jmd./ *etw.* ~ **2.1.** ˈetw., bes. eine Anordnung, als nicht mehr gültig erklären': *eine Anordnung, einen Befehl, Auftrag, eine Klage* ~ **2.2.** ˈeine Äußerung widerrufen und sich dafür entschuldigen': *eine Äußerung, Beleidigung, falsche Behauptung* ~ ❖ ↗ nehmen; **-reichen** ⟨trb. reg. Vb.; hat; vorw. im Präs.⟩ *etw. reicht eine bestimmte Zeit, bis irgendwann zurück* ˈetw., ein Ereignis, Prozess hat seinen Ursprung, seine Anfänge in einer bestimmten, (weit) vor der Gegenwart liegenden Zeit'; ↗ FELD VII.4.2: *das, diese Tradition reicht bis in das Jahr 1000 zurück; die Anfänge dieses Streites reichen 20 Jahre, bis in die 50er Jahre zurück* ❖ ↗ reichen; **-rufen**, rief zurück, hat zurückgerufen **1.** /jmd./ **1.1.** *jmdn.* ~

ˈjmdn. durch Rufen auffordern zurückzukommen (1)ˈ: *wir waren schon auf der Treppe, als er mich noch einmal zurückrief* **1.2.** *jmdn. irgendwohin* ~ ˈjmdn. auffordern, an seinen Ausgangspunkt zurückzukommen (1)ˈ: *jmdn. ins Zimmer* ~ **2.** /Regierung/ *jmdn. von irgendwoher* ~ ˈjmdm. befehlen, in das Land, das ihn entsandt hat, zurückzukommenˈ: *den Botschafter aus N* ~ **3.** *jmd. ruft zurück* ˈjmd. ruft denjenigen an, der ihn zuvor angerufen hatˈ: *ich werde mich erkundigen und rufe dann zurück* **4.** /jmd./ *sich* ⟨Dat.⟩ *etw. ins Gedächtnis* ~ ˈsich wieder an etw. erinnernˈ; ↗ FELD I.5.2, VII.4.2: *sich ein Ereignis ins Gedächtnis* ~ ❖ ↗ rufen; **-schlagen** (er schlägt zurück), schlug zurück, hat zurückgeschlagen **1.** ˈjmd. erwidert den Schlag, die Schläge, die er von jmdm. erhalten hatˈ: *jmd. schlägt zurück; wenn man ihn schlug, schlug er jedesmal heftiger zurück* **2.** /Armee, Truppen/ *den Gegner* ~ (ˈseinem Angriff in der Weise begegnen, dass er sich in seine Ausgangsposition zurückziehen mussˈ: *den Angriff* ~ (ˈabwehrenˈ) **3.** /jmd./ *die Bettdecke, das Bett* ~ (ˈdie Bettdecke aufklappen, sodass ein Teil der Innenseite nach außen zu liegen kommtˈ) ❖ ↗ schlagen; **-schrauben** ⟨trb. reg. Vb.; hat⟩ /jmd./ *etw.* ~: *seine Ansprüche, Erwartungen* ~ (ˈmit weniger zufrieden seinˈ) ❖ ↗ Schraube; **-¹schrecken** ⟨trb. reg. Vb.; hat⟩ /jmd./ *sich durch etw. nicht* ~ *lassen* ˈsich durch etw. nicht abhalten lassenˈ: *er ließ sich auch durch Drohungen nicht* ~ ❖ ↗ Schreck; **-²schrecken**, schreckte/schrak zurück, ist zurückgeschreckt **1.** ˈsich vor Schreck rückwärts bewegenˈ: *er ist bei diesem grässlichen Anblick zurückgeschreckt* **2.** /jmd./ *vor etw.* ⟨Dat.⟩ ~ ˈetw. aus Furcht, Angst, Abscheu nicht tunˈ: *er schreckt vor keiner Arbeit, vor dieser Zumutung zurück* ❖ ↗ Schreck * /jmd./ **vor nichts** ~ ˈkeinerlei Skrupel haben, etw. zu tunˈ: *der schreckt vor nichts zurück!*; **-setzen** ⟨trb. reg. Vb.; hat⟩ /erziehende, leitende Person/ *jmdn.* ~ SYN ˈjmdn. benachteiligen (1)ˈ; ANT vorziehen (1.2): *bei ihm wird niemand vorgezogen oder zurückgesetzt; sich zurückgesetzt fühlen* ❖ ↗ setzen; **-stecken** ⟨trb. reg. Vb.; hat⟩ *jmd. muss* ~ ˈjmd. muss in seinen Forderungen, Erwartungen, Ansprüchen weniger anspruchsvoll seinˈ: *du musst* ~, *sonst wirst du scheitern; in seinen Erwartungen* ~ *müssen* ❖ ↗ stecken; **-stehen**, stand zurück, hat zurückgestanden **1.** *etw. steht hinter etw.* ⟨Dat.⟩ *zurück* ˈein Haus od. Gegenstand steht weiter hinten als anderes, das mit ihm in einer Reihe stehtˈ: *das Buch, Haus steht (hinter den anderen) ein wenig zurück* **2.** /jmd./ *hinter jmdm.* ~ ˈin den Leistungen schlechter als ein anderer seinˈ: *er steht (in seinen Leistungen) (nicht) hinter den anderen zurück* **3.** /jmd./ *hinter jmdm.* ~ ˈgegenüber einem anderen benachteiligt sein, werdenˈ: *er soll nicht hinter seinen Geschwistern* ~ (*müssen*) ❖ ↗ stehen; **-stellen** ⟨trb. reg. Vb.; hat⟩ **1.** /jmd./ *etw.* ~ ˈetw. wieder dahin stellen, wo es vorher gestanden hatˈ: *das Buch (ins Regal)* ~ **2.** /jmd./ *die Uhr* ~ ˈdie Zeiger der Uhr rückwärts drehenˈ: *im Herbst*

wird die Uhr um eine volle Stunde zurückgestellt **3.** ⟨oft im Pass.⟩ /jmd./ *etw.* ~ ˈetw., bes. eine Arbeit, zugunsten von etw. anderem, Wichtigerem zunächst nicht ausführenˈ: *diese Aufgabe, dieses Projekt wird vorerst zurückgestellt; seine persönlichen Interessen* ~ (*müssen*) **4.** /jmd., bes. vom Verkaufspersonal/ *etw. für jmdn.* ~ (ˈeine Ware für jmdn. zurücklegen 3ˈ) **5.** /Institution/ *jmdn.* ~ ˈjmdn. aus bestimmten Gründen für eine Zeit von der Teilnahme an etw. befreienˈ: *er wurde aus gesundheitlichen Gründen (vom Wehrdienst) zurückgestellt; das Kind ist noch ein Jahr zurückgestellt worden* (ˈwird erst ein Jahr später eingeschultˈ) ❖ ↗ stellen; **-treten** (er tritt zurück), trat zurück, ist zurückgetreten **1.** /jmd./ *von etw.* ⟨Dat.⟩ ~ ˈsich ein paar Schritte von etw. nach hinten bewegenˈ: *vom Rand der Schlucht* ~; *von der Bahnsteigkante* ~ **2.** /(Mitglied einer) Institution, Regierung/ ˈdas Amt niederlegenˈ; SYN abtreten (2): *das Kabinett, der Finanzminister ist zurückgetreten* **3.** /jmd., bes. Kunde/ *von etw.* ⟨Dat.⟩ ~ ˈetw., bes. einen Vertrag, Kauf, als nicht mehr gültig erklären, rückgängig machenˈ: *von einer Abmachung* ~; *man kann von diesem Vertrag, Kauf noch nach zehn Tagen* ~ **4.** *etw. tritt hinter, gegenüber anderem zurück* ˈetw. ist gegenüber anderem weniger wichtigˈ: *dieser Vorfall trat hinter den aktuellen Ereignissen zurück; hinter, gegenüber diesem Ereignis tritt alles andere zurück* ❖ ↗ treten; **-weichen**, wich zurück, ist zurückgewichen **1.** /jmd./ *vor jmdm., etw.* ⟨Dat.⟩ ~ ˈsich von jmdm., etw. aus Gründen der Sicherheit nach rückwärts bewegenˈ: *er wich (aus Angst, vor Entsetzen, erschrocken) vor dem brutalen Kerl, vor dem grässlichen Anblick zurück* **2.** /jmd./ *vor einer Schwierigkeit* ~ (ˈkapitulierenˈ) ❖ ↗ ¹weichen; **-weisen**, wies zurück, hat zurückgewiesen **1.** /jmd., Institution/ *jmdn.* ~ ˈjmdm. den Zutritt, Zugang, Eintritt zu etw. verwehrenˈ: *man wies ihn am Eingang zurück; er wurde vom Pförtner (am Eingang) zurückgewiesen; an der Grenze (von den Beamten) zurückgewiesen werden* **2.** /jmd., Institution/ *etw.* ~ SYN ˈetw. ablehnen (1)ˈ /auf Abstraktes bez./: *eine Bitte, Forderung, Beschwerde, einen Antrag* ~ ❖ ↗ weisen; **-werfen** (er wirft zurück), warf zurück, hat zurückgeworfen **1.** /jmd./ *etw.* ~ ˈetw. dahin werfen, von woher es gekommen istˈ: *den Ball* ~ **2.** /etw., bes. eine Oberfläche/ *Strahlen, Wellen* ~ ˈStrahlen, Wellen vom Ort ihres Auftreffens wieder zurück in eine bestimmte, entgegengesetzte Richtung sich bewegen lassenˈ: *der Spiegel wirft die Lichtstrahlen zurück; der Schall wird durch eine/von einer Wand zurückgeworfen* **4.** /Truppen/ *den Gegner* ~ (ˈden angreifenden Gegner durch Kampf, Gegenangriff zurückschlagen 2ˈ) **5.** *etw. wirft jmdn., etw. zurück* ˈetw. verursacht, dass jmd. in seiner Entwicklung, in seinem Schaffen, dass etw. in seinem Prozess behindert wirdˈ: *das Misslingen des Experiments hat die Forscher, Forschung sehr zurückgeworfen; die Krankheit hat ihn beruflich zurückgeworfen* ❖ ↗ werfen; **-zahlen** ⟨trb. reg. Vb.; hat⟩ /jmd., Institution/ *jmdm. etw.* ∼ ˈjmdm. od. einer Bank Geld zahlen, das diese(r) ihm irgendwann geliehen hatteˈ: *(der Bank) den Kredit, ein Darlehen* ∼*; (jmdm.) seine Schulden* ∼ ❖ ↗ Zahl; **-ziehen**, zog zurück, hat zurückgezogen; ↗ auch *zurückgezogen* **1.** /jmd./ *etw.* ∼ ˈetw. nach hinten, zur Seite ziehen (2.1)ˈ: *seine Hand, das Bein, den Stuhl* ∼*; die Vorhänge* ∼*; jmdn.* ∼*: er fasste ihn am Arm und zog ihn zurück* **2.** /militärische Führung/ *Truppen* ∼ (ˈaus einem Gebiet abziehen lassenˈ) **3.** /jmd./ *etw.* ∼ ˈvon etw. zurücktreten (3)ˈ: *eine Klage, seinen Antrag, seine Zusage* ∼ **4.** /jmd./ **4.1.** *sich irgendwohin* ∼ ˈsich aus einem Kreis von Menschen entfernen und irgendwohin gehen, um ungestört zu seinˈ; ↗ FELD I.7.2.2: *gleich nach dem Essen zog er sich auf sein Zimmer zurück* **4.2.** *sich von jmdm.* ∼ ˈdie Beziehung zu jmdm., den Umgang mit ihm aufgebenˈ: *seit er Alkoholiker ist, hat sie sich von ihm zurückgezogen* **4.3.** *sich von, aus etw.* ⟨Dat.⟩ ∼*: sich vom aktiven Sport* ∼ (ˈden aktiven Sport aufgebenˈ); *sich aus dem Berufsleben* ∼ (ˈnicht mehr berufstätig seinˈ); *sich vom Umgang mit jmdm., mit anderen* ∼ (ˈsich von jmdm., von anderen absondernˈ) ❖ ↗ ziehen

zur|zeit [tsuɐ̯ˈtsaɪ̯t] ⟨Adv.⟩ ˈzum jetzigen Zeitpunktˈ: *wir haben* ∼ *schönes Wetter; sie ist* ∼ *krank;* vgl. aber *Zeit (5) (zur Zeit Wilhelm II.)*

Zu/zu [ˈtsuː]**-sage, die**; ∼, ∼n **1.** ˈMitteilung, mit der jmd. jmdm. sagt, dass er seine Einladung annimmt und kommen wirdˈ; ANT Absage (1): *eine* ∼ *geben* (ˈetw. zusagenˈ); *seine* ∼ *einhalten; er ist trotz seiner* ∼ *nicht gekommen* **2.** ˈErklärung, mit der jmd. jmdm. etw. verspricht (1)ˈ: *eine feste, bindende* ∼ *machen; eine* ∼ *erhalten; er hatte die* ∼ *seiner Eltern, dass er die Reise mitmachen dürfe;* vgl. *Versprechen* ❖ ↗ sagen; **-sagen** ⟨trb. reg. Vb.; hat⟩ **1.** ⟨oft im Perf.⟩ *jmd. sagt zu* ˈjmd. teilt mit, dass er jmds. Einladung annimmt und kommen wirdˈ; ANT absagen: *wir sind eingeladen und ich habe bereits zugesagt* **2.** /jmd./ *jmdm. etw.* ∼ ˈjmdm. etw. versprechen (1.1)ˈ: *man hat uns Unterstützung, schnelle Hilfe zugesagt; jmdm. eine Entschädigung* ∼ **3.** /etw./ *jmdm.* ∼ SYN ˈjmdm gefallen (1.1)ˈ: *diese Arbeit, Wohnung sagt mir zu; der Mantel könnte mir* ∼ ❖ ↗ sagen

zusammen [tsuˈzamən] ⟨Adv.⟩ **1.** SYN ˈgemeinsam (3)ˈ; ANT allein; ↗ FELD I.7.6.3: *ich habe viele Jahre mit ihm* ∼/∼ *mit ihm gearbeitet, gelebt; wir müssen alle* ∼ *überlegen, was zu tun ist; sie können nicht ständig* ∼ *sein* **2.** SYN ˈbeieinanderˈ; ANT allein: *wir sind nur noch selten* ∼ **3.** SYN ˈinsgesamtˈ: *alles kostete* ∼ *1000 Mark;* ∼ *waren es etwa 200 Personen* ❖ vgl. **Zusammen/zusammen-**; vgl. **gesamt**

MERKE Zur Getrennt-, Zusammenschreibung von *zusammen* und *sein:* Getrenntschreibung auch im Infinitiv

zusammen- /bildet mit dem zweiten Bestandteil Verben; betont; trennbar (im Präsens u. Präteritum) **1.** /drückt aus, dass durch das im zweiten Bestandteil

Genannte viele einzelne Größen zueinander in räumliche Nähe gelangen und eine Menge bilden/: ↗ z. B. *zusammensetzen (3), zusammenkommen* (1.1) **2.** /drückt aus, dass durch das im zweiten Bestandteil Genannte (viele) einzelne Größen zu einer Einheit, zu einem Ganzen gemacht werden od. aus (vielen) einzelnen Größen eine Einheit, ein Ganzes entsteht/: ↗ z. B. *zusammenfügen*

Zusammen/zusammen [tsuˈzamən..]**]|-arbeit, die** ⟨o.Pl.⟩ ˈdas gemeinschaftliche Arbeiten an einer Aufgabe, an der gleichen Sacheˈ: *die wirtschaftliche, politische* ∼ *innerhalb der Europäischen Gemeinschaft; die* ∼ *zwischen den Kollegen, zwischen verschiedenen Ländern, zwischen Forschung und Technik* ❖ ↗ Arbeit; **-ballung** [bal..], **die** ˈVorgang, bei dem sich eine Masse zu Klumpen formtˈ: *die Schneebälle kommen durch* ∼ *zustande* ❖ ↗ Ball; **-binden**, band zusammen, hat zusammengebunden /jmd./ *zwei od. mehrere Sachen* ∼ ˈzwei od. mehrere Teile, Objekte durch Verknoten eines Bandes miteinander vereinigen, befestigenˈ; ↗ FELD I.7.6.2: *die Enden eines Fadens/zweier Seile, die Schnürsenkel* ∼*; sich* ⟨Dat.⟩ *etw.* ∼*: sich das Kopftuch* (ˈdie Enden des Kopftuchesˈ) *im Nacken* ∼*; sich die Haare (mit einem Band)* ∼ (ˈzu einem Ganzen ordnenˈ) ❖ ↗ binden; **-brechen** (er bricht zusammen), brach zusammen, ist zusammengebrochen **1.** /etw., bes. Gebäude od. Teil eines Gebäudes/ ˈdem Druck nachgeben und einstürzenˈ: *die Brücke war infolge Überlastung zusammengebrochen; das Dach brach unter der Last des Schnees zusammen; bei dem Sturm ist das Gerüst zusammengebrochen* **2.** /etw., bes. eine funktionierende Gesamtheit/ ˈnicht mehr funktionieren, zu einem Stillstand, zum Erliegen kommenˈ: *durch das Unwetter, durch eine Reihe von Unfällen brach der Verkehr auf der Autobahn zusammen; die Stromversorgung, das Telefonnetz, jmds. Kreislauf ist zusammengebrochen* **3.** /jmd./ ˈinfolge einer Überlastung plötzlich seine physischen (und psychischen) Kräfte verlieren (und zu Boden sinken)ˈ: *vor Überanstrengung, Erschöpfung* ∼*; ohnmächtig, tot* ∼ ❖ ↗ brechen; **-bringen**, brachte zusammen, hat zusammengebracht /jmd./ *etw.* ∼ ˈeine bestimmte Menge von etw., bes. Geld, für einen bestimmten Zweck beschaffenˈ: *ich weiß nicht, wie ich das Geld* ∼ *kann, soll; binnen kürzester Frist hatte er alle Ersatzteile, das Werkzeug für die Reparatur zusammengebracht; die nötigen Beweise für etw.* ∼ ❖ ↗ bringen; **-bruch, der** /zu *zusammenbrechen* 2 u. 3/ ˈdas Zusammenbrechenˈ; /zu 1/: *der* ∼ *eines (diktatorischen) Regimes; der wirtschaftliche* ∼ *eines Landes, Unternehmens; es kam zum* ∼*;* vgl. *Ruin (1.2);* /zu 2/: *einen* ∼ *erleiden; sich nach dem* ∼ *nur schwer wieder erholen* ❖ ↗ brechen; **-fallen** (er fällt zusammen), fiel zusammen, ist zusammengefallen **1.** /etw., bes. ein Gebäude/ SYN ˈeinstürzenˈ: *das Haus ist so baufällig, dass es bald* ∼ *wird; in sich* ∼ ˈsich in seine Teile auflösen, nach unten sinken und so völlig zerstört werdenˈ: *das Haus, Gerüst, die Mauer ist in sich zusammengefallen* **2.**

etw. fällt mit etw. ⟨Dat.⟩ *zusammen* ʻein Ereignis geschieht zu gleicher Zeit mit etw. anderemʼ; ↗ FELD VII.5.2: *seine Beförderung fiel mit der Geburt seines ersten Sohnes zusammen; sein Geburtstag fällt dieses Jahr mit Pfingsten zusammen;* /zwei od. mehrere (etw.)/ *beide Veranstaltungen fallen zeitlich zusammen* ❖ ↗ fallen; **-fassen** ⟨trb. reg. Vb.; hat⟩ **1.** /jmd./ *mehrere (etw.)* ~ ʻdie wichtigsten Teile, Inhalte, Gedanken von etw. Gesagtem, Geschriebenem kurz wiedergebenʼ: *die wichtigsten Punkte, Ergebnisse, Thesen, Passagen eines Buches, einer Rede noch einmal* ~; ~*d lässt sich feststellen, dass …* **2.** /jmd./ *mehrere (jmd., etw.) in, zu etw.* ⟨Dat.⟩ ~ ʻPersonen, Sachen, Menschengruppen, Gedanken zu einem Ganzen vereinigenʼ: *Gruppen von Interessierten in, zu einem Verein* ~; *er hat seine Ideen zu einer Theorie zusammengefasst; wenn wir alles* ~, *können wir sagen, dass …* (SYN ʻzusammennehmen 3ʼ); vgl. *zusammenlegen,* ❖ ↗ fassen; **-fügen** ⟨trb. reg. Vb.; hat⟩ /jmd./ *mehrere Sachen* ~ SYN ʻmehrere Sachen zusammensetzen (1)ʼ; ↗ FELD I.7.6.2: *die einzelnen Teile des Gerätes* ~ ❖ ↗ fügen; **-gehören** ⟨trb. reg. Vb.; hat⟩ /mehrere (jmd., etw.)/ ʻzueinander gehören und eine Einheit bildenʼ: *diese drei Geschwister gehören zusammen; die beiden Handschuhe gehören zusammen* ❖ ↗ gehören; **-halten** (er hält zusammen), hielt zusammen, hat zusammengehalten **1.1.** /zwei od. mehrere (etw.)/ ʻdank der Festigkeit der Teile ein solides Ganzes bildenʼ: *die verleimten, miteinander verschraubten Teile werden hoffentlich noch lange* ~ **1.2.** ⟨oft im Pass.⟩ /etw./ *mehrere (etw.), etw.* ~ ʻmehrere Teile od. etw., das aus mehreren Teilen besteht, als ein Ganzes fest verbindenʼ: *die Schrauben halten die Bretter, die Reifen halten das Fass zusammen; die Bretter der Kiste werden durch Nägel zusammengehalten* **1.3.** /zwei od. mehrere (jmd.), eine Gruppe/ ʻeng miteinander verbunden sein (und einander verstehen)ʼ: *die beiden halten brüderlich, seit Jahren zusammen; die Gruppe hält zusammen, seit ich sie kenne* **2.** /jmd./ *mehrere Menschen, Tiere* ~ ʻdafür sorgen, dass eine Gruppe von Menschen, Tieren nicht auseinander geht, sich nicht in der Umgebung zerstreutʼ: *der Lehrer hatte Mühe, die Klasse auf dem Ausflug zusammenzuhalten; der Hirte musste seine Schafe, Herde* ~; /Tiere, bes. Hund/ *der Hund hielt die Herde zusammen* **3.** /jmd./ *sein/das Geld* ~ (ʻachtsam und sparsam mit seinem Geld umgehenʼ) ❖ ↗ halten; **-hang, der** ʻwechselseitige Beziehung, Verbindung zwischen Sachverhaltenʼ: *die historischen, wirtschaftlichen Zusammenhänge der Entwicklungen in einem Lande erforschen; man muss die Zusammenhänge erkennen und zu deuten wissen; den* ~ *zwischen den verschiedenen Sachverhalten, Theorien aufzeigen; etw. steht mit etw. in/im* ~ (ʻhängt mit etw. zusammen; ↗ zusammenhängen 2ʼ); *etw. mit etw.* ⟨Dat.⟩ *in* ~ *bringen* (ʻBeziehungen, Verbindungen zwischen einem und einem anderen Sachverhalt herstellen 2ʼ); *etw., einen Gedanken, einen Satz aus dem* ~ *reißen* (ʻisoliert

betrachtenʼ); *im* ~ *mit etw.* ⟨Dat.⟩: *sein Name fiel im* ~ *mit einem Skandal* (ʻwurde bei einem Skandal erwähntʼ) ❖ ↗ hängen; **-hängen,** hing zusammen, hat zusammengehangen; ↗ auch *zusammenhängend* **1.** /etw./ *irgendwie* ~ ʻirgendwie mit etw. verbunden seinʼ: *die Teile des Spielzeugs, die Blätter des Buches hängen fest, (nur noch) lose zusammen* **2.** *etw. hängt mit etw.* ⟨Dat.⟩ *zusammen* ʻetw. steht mit etw. im Zusammenhangʼ: *dass er sich so entschieden hat, hängt auch mit seinem Charakter zusammen; das hängt damit zusammen, dass …; alles hängt irgendwie mit anderem zusammen; die damit* ~*den* (ʻin Beziehung stehendenʼ) *Fragen müssen geklärt werden* ❖ ↗ hängen; **-hängend** [hɛŋənt] ⟨Adj.; o. Steig.; nicht präd.; ↗ auch *zusammenhängen*⟩ ʻin der richtigen, chronologischen Abfolgeʼ /auf Abstraktes bez./: *eine* ~*e Darstellung der Ergebnisse, des Geschehens geben; er will uns einmal* ~ *davon berichten* ❖ ↗ hängen; **-kommen,** kam zusammen, ist zusammengekommen **1.1.** /zwei od. mehrere (jmd.)/ *irgendwann, irgendwo* ~ ʻsich zu bestimmter Zeit an bestimmtem Ort zu bestimmtem Zweck treffen (um gemeinsam etw. zu tun)ʼ: *wir kommen jede Woche einmal, an jedem Nachmittag zusammen, um gemeinsam Kaffee zu trinken;* /jmd./ *mit jmdm.* ~: *ich komme morgen wieder mit ihm zusammen* **1.2.** /jmd./ *mit jmdm.* ~: *durch seinen Beruf kommt er mit vielen Menschen zusammen* (ʻlernt er viele Menschen kennenʼ) **2.** /eine Menge (etw.)/ ʻsich durch eine Sammlung anhäufenʼ: *bei der Sammlung ist eine Menge Geld zusammengekommen* **3.** /eine Menge (etw.), bes. unangenehme Ereignisse/ ʻzu gleicher Zeit am gleichen Ort geschehenʼ: *an diesem Tag kam aber auch alles (Unangenehme) zusammen* ❖ ↗ kommen; **-kunft** [kʊnft], **die;** ~, **-künfte** [kʏnftə] ʻdas Zusammenkommen (1.1), Treffen einer Anzahl Personenʼ: *eine* ~ *vereinbaren, verabreden; die* ~ *findet jeden Dienstag statt; die wöchentliche* ~ *des Vereins, im Verein* ❖ ↗ kommen; **-leben** ⟨trb. reg. Vb.; hat⟩ /jmd./ *mit jmdm.* ~ ʻmit jmdm. zusammen wohnen und eine Gemeinschaft, Ehe bildenʼ: *sie wollte nicht länger mit ihm* ~; /zwei, auch mehrere (jmd.)/ *sie haben lange zusammengelebt und sich schließlich doch getrennt* ❖ ↗ leben; **-legen** ⟨trb. reg. Vb.; hat⟩ **1.** /jmd./ *etw.* ~ ʻetw. Flächiges, einen Gegenstand aus Papier, Stoff mehrfach so falten, dass schließlich das gewünschte kleinere Format erreicht wirdʼ: *die Zeitung, Tischdecke, den Schlafanzug* ~ **2.** /jmd./ *zwei od. mehrere (etw., jmd.)* ʻzwei od. mehrere Sachen, Gruppen zu einem Ganzen vereinigenʼ: *zwei Lehrgänge, Schulklassen, Abteilungen der Verwaltung, Grundstücke* ~; vgl. *zusammenfassen (2)* **3.** /mehrere (jmd.)/ ʻdurch finanzielle Beteiligung jedes Einzelnen einer Gruppe das für etw. benötigte Geld aufbringenʼ: *wenn wir alle* ~, *können wir das Auto kaufen; für etw.* ~: *wir haben für die Feier zusammengelegt* ❖ ↗ legen; **-nehmen** (er nimmt zusammen), nahm zusammen, hat zusammengenommen **1.** /jmd./ *etw.* ~ ʻseine psychischen und physischen

Kräfte auf ein Ziel, einen Zweck hin konzentrieren, um etw. Bestimmtes bewältigen zu können': *seine Gedanken ~, um keinen Fehler zu machen; er nahm seinen ganzen Mut, Verstand, alle seine Kräfte zusammen, um sich der Aufgabe gewachsen zu zeigen* **2.** /jmd./ *sich* ~ SYN 'sich beherrschen (4)': *er musste sich sehr ~, um nicht laut loszulachen, laut zu schimpfen; nimm dich zusammen (und jammere nicht)!* **3.** /jmd./ *etw. (vorw. alles)* ~ 'viele Details als Ganzes betrachten'; SYN zusammenfassen (2): *wenn wir alles ~, können wir sagen, dass ...;* ⟨im Part. II⟩ *alles zusammengenommen* 'wenn wir alles zusammenfassen od. addieren': *alles zusammengenommen können wir sagen, dass ...* ❖ ↗ nehmen; **-raufen, sich** ⟨trb. reg. Vb.; hat⟩ /zwei od. mehrere (jmd., bes. Eheleute od. Mitarbeiter)/ *sich* ~ 'nach anfänglichen Schwierigkeiten schließlich Übereinstimmung, Harmonie erreichen': *sie haben sich schließlich zusammengerauft;* /jmd./ *sich mit jmdm. ~: er hat sich allmählich mit ihr, mit seinem Chef zusammengerauft* ❖ ↗ raufen; **-reimen** ⟨trb. reg. Vb.; hat⟩ *sich* ⟨Dat.⟩ *etw.* ~ 'sich aus einzelnen Merkmalen, Informationen, (Er)kenntnissen, Erfahrungen den Sinn, Zusammenhang von etw. erklären': *wie soll ich mir das ~!; man kann sich etw., ein Ereignis, den Hergang aus vielen Einzelheiten ~* ❖ ↗ Reim; **-reißen, sich**, riss sich zusammen, hat sich zusammengerissen umg. /jmd./ 'sich gehörig zusammennehmen (2)': *ich musste mich sehr ~; reiß dich zusammen, Junge!* ❖ ↗ reißen; **-schlagen** (er schlägt zusammen), schlug zusammen, hat/ist zusammengeschlagen **1.** ⟨hat⟩ /jmd./ *zwei (etw.)* ~ 'zwei Gegenstände od. Arme, Beine heftig gegeneinander schlagen': *zwei Topfdeckel, die Hände, Hacken ~* **2.** ⟨hat⟩ /jmd./ *etw.* ~ SYN 'etw. mutwillig zerschlagen': *er hat (in seiner Wut) die ganze Einrichtung zusammengeschlagen* **3.** ⟨hat⟩ /jmd./ *jmdn.* ~ 'jmdn. so heftig schlagen, dass er verletzt zusammenbricht': *Rowdys haben, er hat ihn zusammengeschlagen* **4.** ⟨ist⟩ /etw., bes. Wassermassen/ *über etw.* ⟨Dat.⟩, *jmdm.* ~: *die Wellen schlugen über dem Schiff, über ihm zusammen* ('bewegten sich über das Schiff, ihn so, dass es, er unter ihnen verschwand') ❖ ↗ schlagen; **-schließen**, schloss zusammen, hat zusammengeschlossen **1.** /jmd./ *etw. mit etw.* ⟨Dat.⟩ ~: *das Fahrrad mit dem Zaun ~* ('durch ein Schloss mit dem Zaun verbinden'; ↗ FELD I.7.6.2); *zwei Fahrräder ~* ('durch ein Schloss miteinander verbinden') **2.** /zwei od. mehrere (jmd. od. Gruppe, etw.)/ *sich* ~ 'sich zu einer Gemeinschaft, Einheit verbinden (11)': *die beiden Gemeinden, Vereine, Gruppen haben sich zusammengeschlossen; die Gruppen wollen sich* ~ (SYN verbinden 11) *und ihre Aktionen koordinieren;* **-sein, das;** ~s, ⟨o.Pl.⟩ /beschränkt verbindbar/: *zu einem gemütlichen* ~ (SYN 'Beisammensein') *einladen* ❖ ↗ ²sein; **-setzen** ⟨trb. reg. Vb.; hat⟩ **1.** /jmd./ *mehrere Sachen zu etw.* ⟨Dat.⟩ ~ 'zwei od. mehrere einzelne Teile zu einem, dem Ganzen verbinden'; SYN zusammenfügen: *Steine zu einem Mosaik, die Teile*

zu einem Möbelstück ~; er hatte die Uhr auseinander genommen und konnte sie nicht wieder ~ **2.** /etw., Gruppe/ *sich aus zwei od. mehreren Personen, Sachen* ~ 'aus mehreren Teilen, Personen bestehen': *das Gerät setzt sich aus Tausenden von Teilen zusammen; die Delegation setzte sich aus Wissenschaftlern verschiedener Disziplinen zusammen; ein zusammengesetztes Wort* ('ein Kompositum') **3.** /mehrere (jmd.)/ *sich* ~ 'sich treffen, um gemeinsam irgendwo zu sitzen und etw. zu beraten, zu klären, um sich zu unterhalten': *wir müssen uns wieder einmal ~* ❖ ↗ setzen; **-spiel, das** ⟨o.Pl.⟩ **1.** 'die Art und Weise, wie mehrere Personen bei einer gemeinsam ausgeübten Tätigkeit zusammen agieren': *das ~ des Orchesters, der Fußballmannschaft war perfekt* **2.** 'Art und Weise, wie mehrere Organe o.Ä. miteinander agieren, wie Ereignisse aufeinander bezogen sind, aufeinander reagieren': *das ~ von Kunst und Kritik; das ~ der Farben, Klänge; das ~ der Muskeln, Organe* ❖ ↗ spielen; **-stellen** ⟨trb. reg. Vb.; hat⟩ **1.** /jmd./ *zwei od. mehrere Sachen* ~ 'zwei od. mehrere Gegenstände nebeneinander an einen Platz stellen': *die Stühle und Tische des Restaurants wurden nach Feierabend zusammengestellt* **2.** /jmd./ *etw.* ~ 'etw., das sich aus einzelnen Teilen zusammensetzt, für ein in sich geschlossenes Ganzes auswählen und entsprechend anordnen': *eine Stadtrundfahrt, ein Programm, eine Sendung ~; das Menü war gut zusammengestellt; zwei od. mehrere Sachen ~: einmal alle Merkmale, Fakten, Daten für etw. ~* ❖ ↗ stellen; **-stoß, der 1.** 'das Zusammenstoßen (1) zweier od. mehrerer Fahrzeuge im Verkehr (1)': *der ~ der beiden Autos, Züge;* vgl. *Karambolage* **2.** 'heftige (tätliche) Auseinandersetzung': *einen ~ mit seinem Vorgesetzten haben; es kam zu Zusammenstößen zwischen den Randalierern und der Polizei* ❖ ↗ stoßen; **-stoßen** (er stößt zusammen), stieß zusammen, ist zusammengestoßen /zwei od. mehrere Fahrzeuge, Personen/ 'beim Fahren, Gehen gegeneinander geraten (3)': *die beiden Autos stießen an der Kreuzung, beide stießen an der Ecke zusammen; jmd. stößt mit jmdm., ein Fahrzeug stößt mit einem Fahrzeug zusammen: er stieß an der Ecke mit einem Passanten zusammen; das Auto ist mit einer Straßenbahn zusammengestoßen;* vgl. *kollidieren (1)* ❖ ↗ stoßen; **-suchen** ⟨trb. reg. Vb.; hat⟩ /jmd./ *mehrere Sachen* ~ **1.1.** 'Gegenstände, Teile, die für etw. benötigt werden, durch Suchen zusammenbringen (1)': *er musste das Handwerkszeug, die Schrauben und Nägel erst ~* **1.2.** *die verstreuten Sachen* ~ ('suchen, aufnehmen und an einen Ort, Platz bringen') *(müssen)* ❖ ↗ suchen; **-tragen** (er trägt zusammen), trug zusammen, hat zusammengetragen /jmd./ *mehrere Sachen* ~ 'mehrere Sachen von verschiedenen Stellen an eine Stelle bringen und dort als Material, Vorrat aufbewahren': *Holz für den Winter ~; Material für einen Vortrag ~; Vorräte ~* (SYN 'anhäufen 1') ❖ ↗ tragen; **-tun, sich** (er tut sich zusammen), tat sich zusammen, hat sich zusammengetan umg. /jmd./ *sich mit jmdm.* ~

ˈsich mit jmdm. zu einem gemeinsamen Tun verbündenˈ: *er hat sich mit ihr zusammengetan, um die schwierige Aufgabe gemeinsam zu lösen;* /zwei od. mehrere (jmd.)/ *sich* ~: *sie haben sich zu gemeinsamer Arbeit zusammengetan* ❖ ↗ ¹tun; **-wachsen** (er wächst zusammen), wuchs zusammen, ist zusammengewachsen /zwei od. mehrere (etw.)/ ˈdurch Wachsen, Regeneration von Gewebe (wieder) zu einer Einheit werdenˈ; ↗ FELD I.7.6.2: *seine Augenbrauen sind über der Nase zusammengewachsen; die gebrochenen Knochen sind wieder gut zusammengewachsen* ❖ ↗ ¹wachsen; **-zählen** ⟨trb. reg. Vb.; hat⟩ /jmd./ *zwei od. mehrere Sachen* ~ SYN ˈzwei od. mehrere Sachen, bes. Zahlen, Werte, addierenˈ: *die Pfennige, Punkte* ~; *hast du schon einmal zusammengezählt, wie viel du da sparen kannst, wie viel das alles kosten wird?; Zahlen, Beträge, die Kosten* ~ (SYN ˈaddierenˈ) ❖ ↗ Zahl; **-ziehen**, zog zusammen, hat/ist zusammengezogen **1.** ⟨hat⟩ **1.1.** /jmd./ *etw.* ~ ˈdurch Ziehen an einem Faden o.Ä. bewirken, dass etw., bes. eine Öffnung, kleiner, enger od. geschlossen wirdˈ: *das Loch im Strumpf mit einem Faden* ~; *die Schlinge um den Hals* ~ **1.2.** ein Muskel *zieht sich zusammen* (ˈverkürzt sich vorübergehend durch Anspannungˈ) **2.** ⟨hat⟩ /beschränkt verbindbar/ *ein Unwetter, Gewitter zieht sich am Himmel zusammen* (ˈdie Wolken am Himmel ballen sich und künden ein Gewitter anˈ) **3.** /Armeeführung/ *Soldaten, Militär irgendwo* ~ ˈSoldaten, Militär irgendwo konzentrierenˈ: *an der Grenze Truppen* ~ **4.** ⟨hat⟩ /jmd./ *mehrere (etw.)* ~ SYN ˈzwei od. mehrere Sachen, Zahlen addierenˈ: *die einzelnen Beträge* ~ **5.** ⟨ist⟩ /jmd./ *mit jmdm.* ~ ˈmit jmdm. eine gemeinsame Wohnung nehmenˈ: *er ist mit seiner Freundin zusammengezogen;* /zwei od. mehrere (jmd.)/ *die beiden sind zusammengezogen* ❖ ↗ ziehen; **-zucken** ⟨trb. reg. Vb.; ist⟩ /jmd./ ˈvor Schreck eine ruckartige Bewegung mit dem Körper machenˈ: *als es klingelte, donnerte, zuckte er (unwillkürlich) zusammen* ❖ ↗ zucken

Zusatz [ˈtsuː..], **der 1.** ⟨vorw. Sg.⟩ *der* ~ *von etw.* ˈdas Hinzufügen von chemischen Stoffes zu etw.ˈ: *Wasser wird durch/unter* ~ *von Soda enthärtet* **2.** ˈdas, was einer Sache zugesetzt (1) worden istˈ: *ein Getränk mit einem* ~ *von Kohlensäure; die in Margarine, Lebensmitteln enthaltenen Zusätze* **3.** SYN ˈNachtragˈ: *der Vertrag hat noch einen* ~; *einen* ~ *streichen* ❖ ↗ ²zu, ↗ setzen

zusätzlich [ˈtsuːzɛts..] ⟨Adj.; o. Steig.⟩ ˈüber bereits Vorhandenes, Bestehendes hinausgehend, zum bereits Vorhandenem hinzukommendˈ: ~ *noch etw. übernehmen;* ~ *zu etw.* ⟨Dat.⟩, *jmdm.: jmdm. zum Gehalt noch Prämien zahlen;* ~ *zur Mannschaft noch einige Ersatzspieler benennen;* SYN ˈweiter (I)ˈ: *das macht uns (eine Menge)* ~*e Arbeit, Kosten;* ~*e Belastungen* ❖ ↗ ²zu, ↗ setzen

zu/Zu [ˈtsuː..]**-schanden**/auch **zu Schanden** [ˈʃandn̩] * /jmd., etw./ *etw.* ~ **machen** ˈetw., bes. Hoffnungen, Ideale, zunichte machenˈ: *diese Nachricht hat alle unsere Hoffnungen* ~ *gemacht;* emot. **etw. wird** ~

ˈetw., bes. Hoffnungen, Ideale, werden zunichteˈ: *alle seine Ideale waren* ~ *geworden;* /jmd./ emot. **etw.** ~ **fahren** ˈdurch schlechtes Fahren etw., ein Fahrzeug, unbrauchbar machenˈ: *er hat sein Auto* ~ *gefahren* ❖ ↗ Schande; **-schanzen** [ʃantsn̩] ⟨trb. reg. Vb.; hat⟩ umg. /jmd./ *jmdm. etw.* ~ ˈjmdm. (heimlich, auf nicht einwandfreie Art) etw., worauf er eigentlich keinen Anspruch hat, zukommen lassenˈ; SYN zuschieben (2): *jmdm. eine gute Stellung, einen Posten bei der Regierung, einen Auftrag, große Geldsummen* ~; **-schauer** [ʃauɐ], **der;** ~s, ~ **1.1.** ˈjmd., der bei etw., einem Geschehen neugierig zusiehtˈ: *er wollte keine* ~ *bei seiner Arbeit haben; wir brauchen keine* ~ **1.2.** ˈBesucher einer Veranstaltung, bei der es etw. zu sehen gibtˈ: *die* ~ *verfolgten den Wettkampf mit großer Spannung, klatschten Beifall* ❖ ↗ schauen; **-schieben**, schob zu, hat zugeschoben **1.** /jmd./ *einen Kasten, eine Schublade* ~ (ˈdurch Schieben 2 schließenˈ; ↗ FELD I.7.8.2) **2.** /jmd./ *jmdm. etw.* ~ ˈjmdm. (heimlich, auf nicht einwandfreie Art) etw., worauf er eigentlich keinen Anspruch hat, zukommen lassenˈ; SYN zuschanzen: *jmdm. eine Provision, Prämie* ~; ⟨rez. Dat.⟩ *sich (gegenseitig) Aufträge* ~ **3.** /jmd./ *jmdm. die Schuld an etw.* ⟨Dat.⟩, *die Verantwortung für etw.* ~ (ˈjmdm. zu Unrecht die Schuld an etw. geben, die Verantwortung für etw. anlastenˈ) ❖ schieben; **-schießen**, schoss zu, ist/hat zugeschossen **1.** ⟨ist⟩ /jmd., etw./ *auf jmdn., etw.* ~ ˈsich schnell in Richtung auf jmdn., etw. bewegen und sich ihm nähernˈ: *er schoss auf den lange Vermissten zu und umarmte ihn; das Boot schoss auf uns, auf die Felsen zu* **2.** ⟨hat⟩ umg. /jmd., Institution/ *Geld* ~ ˈGeld zu etw., zu einem Projekt, das sonst nicht über genügend Mittel verfügt, dazugebenˈ: *seine Eltern haben eine Menge Geld (zum Kauf seines Autos) zugeschossen; Geld aus öffentlichen Mitteln* ~ ❖ ↗ schießen; **-schlag, der 1.** ˈBetrag, der zusätzlich zu einer Geldsumme, einem Preis, einem Gehalt zu zahlen ist, gezahlt wirdˈ: *einen* ~, *Zuschläge zum Gehalt gezahlt bekommen; für die Benutzung eines Expresszugs muss ein* ~ *gezahlt werden; der* ~ *für den Intercity kostet sechs Mark* **2.** ˈErklärung darüber, dass jmd. bei einer Versteigerung od. bei einer Ausschreibung das Objekt od. den Auftrag erhältˈ: *jmdm. den* ~ *geben; er hat bei der Ausschreibung des Bauprojekts den* ~ *bekommen* ❖ ↗ schlagen; **-schlagen** (er schlägt zu), schlug zu, hat/ist zugeschlagen **1.** ⟨hat⟩ /jmd./ *etw.* ~ ˈetw. mit Schwung schließen, sodass es knalltˈ: *die Tür, das Fenster* ~; *das Buch* ~ (ANT aufschlagen 3.1) **2.** ⟨ist⟩ *etw.*, *bes. eine Tür, ein Fenster, schlägt zu* (ˈschließt sich mit Schwung und einem lauten Knallˈ) **3.** ⟨hat⟩ /jmd./ ˈmit der Hand, einem Gegenstand auf, gegen etw., jmdn. schlagenˈ: *er schlug so kräftig zu, dass sein Gegner sogleich zu Boden fiel; er schlug sofort zu; mit etw.* ⟨Dat.⟩ ~: *er schlug mit der Faust, mit einem Knüppel zu* **4.** ⟨hat⟩ /jmd., Institution/ *jmdm. etw.* ~ ˈerklären, dass jmd., eine Firma einen Auftrag erhält, dass ein Teilnehmer an einer Versteigerung ein Objekt durch Kauf erhält': *ihm wurde bei der Versteigerung das Grundstück, Gemälde zugeschlagen; der Auftrag für den Bau wurde der Firma B zugeschlagen* 5. ⟨hat⟩ /jmd., Unternehmer/ *etw. etw.* ⟨Dat.⟩ ~: *die Transportkosten werden dem Preis zugeschlagen* ('auf den Preis aufgeschlagen') ❖ ↗ schlagen; **-schließen**, schloss zu, hat zugeschlossen /jmd./ *etw.* ~ SYN 'etw. verschließen (1)'; ANT aufschließen (1), öffnen (1.2); ↗ FELD I.7.8.2: *eine Tür, Pforte, einen Schrank, Koffer* ~; *das Zimmer* ('die Tür des Zimmers') ~; **-schneiden**, schnitt zu, hat zugeschnitten 1. /jmd./ 1.1. *etw.* ~ 'das Material für etw., das man herstellen will, mit einem Schneidwerkzeug in die erforderliche Form bringen': *die Bretter (für eine Kiste), die Tapeten* ~ 1.2. 'Teile für ein Kleidungsstück in der erforderlichen Form aus dem vorhandenen Stoff schneiden': *ein Kleid, eine Bluse, einen Anzug* ~ 2. *etw. ist auf jmdn., etw. zugeschnitten* 'eine Darbietung ist jmdm., etw. angepasst, passt für jmdn., etw.': *das Programm, die Sendung, das Theaterstück ist auf Kinder, Senioren, ist auf ihn zugeschnitten* ❖ ↗ schneiden; **-schreiben**, schrieb zu, hat zugeschrieben /jmd./ 1.1. *jmdm., etw.* ⟨Dat.⟩ *etw.* ~ 'glauben, dass jmd., etw. die Ursache für etw. ist': *ich schreibe diesen Unfall der glatten Fahrbahn zu; das hast du dir selbst zuzuschreiben* ('du selbst bist schuld daran'); *einem Ereignis keine Bedeutung* ~ ('ein Ereignis für unwichtig halten') 1.2. *etw. jmdm.* ~ 'glauben, dass jmd. der Schöpfer eines bestimmten künstlerischen Werkes ist, seine Herkunft nicht genau bekannt ist': ⟨oft. im Pass.⟩ *man schreibt diese Komposition Mozart zu; dieses Werk wird Mozart zugeschrieben* ❖ ↗ schreiben; **-schulden**/auch **zu Schulden** [tsuˈʃʊldn̩] * /jmd./ *sich* ⟨Dat.⟩ *etw.* ~ **kommen lassen** 'etw. Gesetzwidriges, Unmoralisches tun': ⟨vorw. verneint⟩ *hat er sich je etw.* ~ *kommen lassen?; während dieser Zeit ließ er sich nichts* ~ *kommen; er hat sich nichts, nie etw.* ~ *kommen lassen;* **-schuss, der** ⟨Pl.: Zuschüsse [..ʃʏsə]⟩ 'vom Staat, von einer Institution, von jmdm. gewählte finanzielle Unterstützung für jmdn., ein Unternehmen, eine Gemeinde o.Ä. für die Finanzierung von etw.': *er hat einen staatlichen* ~ *für die Gründung seines Geschäfts bekommen; der Staat leistet, zahlt einen* ~ *für den Bau; einen* ~ *beantragen, bewilligen* ❖ ↗ schießen; **-sehen** (er sieht zu), sah zu, hat zugesehen 1. /jmd./ *jmdm. bei etw.* ⟨Dat.⟩ ~ 'sich ansehen, wie jmd. etw. tut, etw. vor sich geht': *den Kindern beim Spielen, dem Handwerker bei seiner Arbeit* ~; *(bei) einem Spiel* ~; ~, *wie der Regen fällt* 2. ⟨mit Nebens.⟩ /jmd./ 'versuchen, sich bemühen, etw. Bestimmtes (zu einem bestimmten Termin) zu erreichen': *ich muss* ~, *dass ich die Arbeit noch bis zum Abend schaffe, wie ich damit fertig werde; ich will* ~, *ob ich das noch schaffe; sieh zu, dass du nicht zu spät kommst* /als Aufforderung/; vgl. *sehen (5)* ❖ ↗ sehen; **-sehends** [zeːənts] ⟨Adv.⟩ 'erkennbar, schnell, rasch': *er hat sich nach der Operation* ~ *erholt; es wird* ~ *dunkler, geht* ~ *besser (voran)* ❖

↗ sehen; **-setzen** ⟨trb. reg. Vb.; hat⟩ 1. /jmd./ *etw.* ⟨Dat.⟩ *etw.* ~ 'etw. zu einer Masse, bes. zu einer Speise, hinzufügen': *dem Wein Zucker* ~; *der Suppe noch etwas Salz, dem Mörtel noch etwas Zement, Wasser* ~ 2.1. /jmd./ *jmdm. mit etw.* ⟨Dat.⟩ ~ 'jmdn. mit bestimmten Äußerungen bedrängen (2)': *jmdm. mit Bitten, Fragen, Drohungen* ~ 2.2. *etw. setzt jmdm. zu* 'etw. bereitet jmdm. physische, psychische Beschwerden, ist jmdm. lästig': *die Hitze, das feuchte Klima, der Lärm, Stress setzte ihm sehr zu* 3. ⟨vorw. o. Obj.⟩ /jmd./ *bei etw.* ⟨Dat.⟩ *etw.* ~ 'bei etw., einem Unternehmen, zusätzlich Geld aufbringen müssen, statt Gewinn zu erzielen': *bei diesem Geschäft hat er bisher nur zugesetzt; er hat alle seine Ersparnisse zugesetzt* 4. /jmd./ *nichts zuzusetzen haben* ('so mager sein, dass keine Kraftreserven mehr vorhanden sind') ❖ ↗ setzen; **-spielen** ⟨trb. reg. Vb.; hat⟩ 1. /Spieler bei einem Ballspiel/ *jmdm. den Ball* ~ ('während des Spiels den Ball zu einem Spieler der eigenen Mannschaft werfen, stoßen') 2. /jmd./ *jmdm. etw.* ~ 'jmdm. etw., bes. eine Information, geschickt, wie zufällig zukommen (4.1) lassen': *jmdm. eine Nachricht, Neuigkeit* ~ *lassen; jmdm. in der Diskussion ein Argument* ~ ❖ ↗ spielen; **-spitzen** ⟨trb. reg. Vb.; hat⟩ 1. /jmd./ *etw.* ~ 'etw. aus Holz an einem Ende mit einem Messer, Beil spitz machen': *Pfähle, einen Stock* ~ 2. *etw. spitzt sich zu* 'ein Gegenstand, Bauwerk endet in einer Spitze': *der Obelisk, Turm spitzt sich nach oben zu* 3. /etw./ *sich* ~ 'gefährlich(er) werden': SYN verschärfen (2.2): *der Konflikt, Gegensatz spitzt sich (immer mehr) zu* ❖ ↗ spitz; **-sprechen** (er spricht zu), sprach zu, hat zugesprochen 1. /jmd./ 1.1. *jmdm. irgendwie* ~ 'in einer bestimmten Weise zu jmdm. sprechen, um positiv psychisch auf ihn einzuwirken': *jmdm. freundlich, gut, beruhigend* ~ 1.2. *jmdm. etw.* ~: *jmdm. Mut, Hoffnung, Trost* ~ ('jmdm. durch Zureden Mut, Hoffnung machen, ihn trösten') 2. /jmd., Institution/ *jmdm. jmdn., etw.* ~ 'durch (gerichtlichen) Beschluss jmdm. das Sorgerecht für ein Kind, den Anspruch auf etw. anerkennen': *man hat ihm den Enkel zugesprochen; das Kind wurde bei der Scheidung der Mutter zugesprochen; jmdm. ein Erbe, Recht* ~ 3. /jmd./ *etw.* ⟨Dat.⟩ ~ 'etw. besonders gern und in großer Menge essen od. trinken': *er sprach dem Rotwein kräftig zu; er hatte am Abend zuvor dem Gänsebraten allzu reichlich zugesprochen* ❖ ↗ sprechen; **-spruch, der** ⟨o.Pl.⟩ 1. 'das ermutigende, beruhigende, tröstende Zusprechen (1.1)': *unser* ~ *tat ihm (in seinem Schmerz) gut* 2. *etw., jmd. hat, findet* ~ 'etw., jmd. ist beliebt, gefällt, hat Zulauf': *das Theaterstück, die neue Gaststätte, der Sänger hat, findet viel, großen* ~ ❖ ↗ sprechen

Zustand [ˈtsuːʃtant], **der**; ~s/auch ~es, Zustände [..ˈʃtɛndə] 1. ⟨o.Pl.; mit best. Adj.⟩ *der* ~ *von etw., jmdm.* 'die jeweilige Beschaffenheit von etw., die jeweilige psychische, physische Verfassung von jmdm.': *der bauliche* ~ *eines Hauses; die Straße befindet sich in einem sehr bedenklichen, schlechten* ~;

sein ~ ('sein gesundheitlicher Zustand') *hat sich gebessert; er ist in betrunkenem* ~ ('betrunken') *Auto gefahren* **2.** 'Form, in der ein Stoff in der Natur vorkommt': *der feste, flüssige, gasförmige* ~ *eines Stoffes; das Element kommt in der Natur nur in festem* ~ *vor* **3.** ⟨vorw. Pl.⟩ 'die bestehenden Verhältnisse (4), Gegebenheiten in einem gesellschaftlichen Bereich': *die sozialen, gesellschaftlichen, wirtschaftlichen Zustände in einem Land; die sanitären Zustände in einem Krankenhaus; die Zustände hier sind unerträglich; das sind unhaltbare Zustände!* ❖ **zustande, zuständig**

zustande/auch **zu Stande** [tsu'ʃtandə] * /jmd./ **etw.** ~ **bringen** 'etw. Schwieriges fertig bringen, bewerkstelligen, eine gute Lösung für etw. finden': *er hat eine Versöhnung der beiden zerstrittenen Parteien* ~ *gebracht; das Bügeleisen muss repariert werden, wirst du das* ~ *bringen?;* /etw./ ~ **kommen** 'sich als Ergebnis verwirklichen': *der Vertrag, das Übereinkommen, der Kompromiss ist* ~ *gekommen* ❖ ↗ **Zustand**

zu/Zu ['tsuː..]|**-ständig** ⟨Adj.; o. Steig.⟩: 'für etw. ~ 'zur Ausübung einer bestimmten Tätigkeit, zur Wahrnehmung bestimmter Aufgaben befugt, berechtigt': *den Antrag bei der (dafür)* ~*en Stelle einreichen; er fühlte sich (dafür) nicht* ~*; er ist für die Abrechnung der Spesen* ~*; der dafür* ~*e Angestellte war an dem Tag erkrankt* ❖ ↗ **Zustand;** **-statten** [tsu'ʃtatn] * **etw. kommt jmdm.** ~ 'etw. ist für jmdn. von Vorteil, erweist sich für etw. als günstig': *bei dieser Arbeit kam ihm* ~*, dass er sich schon jahrelang mit diesem Problem befasst hatte; seine langjährige Erfahrung kam ihm (dabei)* ~ ❖ ↗ ³**statt;** **-stehen,** stand zu, hat zugestanden *etw. steht jmdm. zu* 'jmd. hat ein Recht, einen Anspruch auf etw.'; SYN zukommen (3), gebühren: *ihm stehen vier Wochen Urlaub zu; die Hälfte des Erbes steht ihm zu;* **-steigen,** stieg zu, ist zugestiegen /jmd./ 'an einer Haltestelle in ein Verkehrsmittel, bes. Bahn, Bus, einsteigen' /vorw. aus der Sicht desjenigen, der sich bereits im Verkehrsmittel befindet/: *noch nicht abfahren, da will noch jmd.* ~*!; ist noch jmd. zugestiegen?* /Frage des Kontrolleurs an die Fahrgäste, wenn er während der Fahrt die Fahrkarten kontrolliert/; *in N stiegen viele Fahrgäste zu* ❖ ↗ **steigen;** **-stellen** ⟨trb. reg. Vb.; hat⟩ **1.** /jmd./ *etw.* ~ 'etw. vor eine Öffnung, bes. eine Tür, stellen und so den Durchgang verhindern od. verdecken': *die Tür (mit einem Schrank)* ~ **2.1.** /Angestellter der Post/ *etw. (jmdm.)* ~ SYN 'etw. austragen (1)'; *die Post wird, Pakete werden auch am Sonnabend zugestellt; ein Telegramm wird sofort zugestellt* **2.2.** /jmd., Institution/ *jmdm. eine Nachricht, einen Katalog* ~ ('schicken') ❖ ↗ **stellen;** **-stimmen** ⟨trb. reg. Vb.; hat⟩ **1.** /jmd./ *jmdm.* ~ 'jmdm. zu erkennen geben, sagen, dass man mit ihm einer Meinung ist, mit ihm übereinstimmt': *in dieser Sache stimme ich dir zu; er nickte* ~*d* **2.** /jmd./ *etw.* ⟨Dat.⟩ ~ 'mit etw. einverstanden sein'; ANT ablehnen: *einem Vorschlag, Antrag, Projekt, Plan* ~*;* vgl. *billigen* ❖

↗ Stimme; **-stoßen** (er stößt zu), stieß zu, hat/ist zugestoßen **1.** ⟨hat⟩ /jmd./ *etw.* ~ 'etw., bes. eine Tür, Klappe, durch einen Stoß schließen': *die Tür (mit dem Fuß, Ellenbogen)* ~ **2.** ⟨hat⟩ /jmd./ 'einen (spitzen) Gegenstand in Richtung auf jmdn., ein Tier, bewegen, um ihn, es zu stoßen, zu stechen': *er stieß zu, hat (mit einem Stock, Messer) zugestoßen* **3.** ⟨ist⟩ *jmdm. stößt etw. zu* 'jmdm. widerfährt etw. Unangenehmes'; ↗ FELD X.2: *hoffentlich ist ihm nichts zugestoßen; wenn ihm etw.* ~ *würde, wäre sie untröstlich* ❖ ↗ stoßen; **-tage**/auch **zu Tage** [tsu'taːgə] * /jmd., etw./ *etw.* ~ **bringen**: *der Kontrolleur, die Kontrolle der Buchhaltung hat große Unterschlagungen* ~ *gebracht* ('aufgedeckt 3'); *die Entschlüsselung des Codes hat eine Menge bisher unbekannter Tatsachen* ~ *gebracht* ('zum Vorschein gebracht, bekannt gemacht'); /etw./ ~ **kommen/treten** 'offenkundig, erkennbar werden': *jetzt erst sind die Missstände in dieser Verwaltung, Gegend, Gemeinde (offen)* ~ *gekommen/getreten;* /etw./ ~ **liegen** 'leicht für jedermann erkennbar, deutlich sein': *seine Schuld liegt nun offen* ~ ❖ ↗ Tag; **-tat, die** ⟨vorw. Pl.⟩ 'das, woraus ein Lebens-, Genussmittel, eine Speise hergestellt wird': *die Soße ist aus den besten* ~*en hergestellt; die* ~*en für einen Kuchen* ❖ ↗ ¹tun; **-teil** [tsu'taɪl] **jmdm. wird etw.** ~ 'jmd. kommt in die Lage, dass ihm etw. als Eigentum zufällt od. ihm etwas Glück, Ehre widerfährt': *ihm ist das große Ehre, eine Menge Geld* ~ *geworden; ihnen wurde eine gute Behandlung, großes Glück* ~*; ihm ist nur das Pflichtteil an der Erbschaft* ~ *geworden* ❖ ↗ Teil; **-teilen** ⟨trb. reg. Vb.; hat⟩ **1.** /jmd., bes. Vorgesetzter/ *jmdm. etw., jmdn.* ~ 'festlegen, dass jmd. etw. als Aufgabe od. jmdn. als Mitarbeiter erhält'; SYN zuweisen: *die Aufgaben wurden den einzelnen Mitarbeitern zugeteilt; jmdm. eine Arbeit* ~*; sie ist unserer Gruppe (als Mitarbeiterin) zugeteilt worden* **2.** ⟨oft im Pass.⟩ /jmd., Institution/ *jmdm. etw.* ~ 'jmdm. ein bestimmtes Quantum von etw. geben': *während des Krieges wurden die Lebensmittel zugeteilt; jmdm. seine Ration, Portion* ~ ❖ ↗ Teil; **-tiefst** [tiːfst] ⟨Adv.; bei Vb.; bes. vor Part. II; seltener vor Adj., Adv.⟩ emot. 'in höchstem Grade': *er war von ihrer Leistung* ~ *beeindruckt; von einem Vortrag, Geschehen* ~ *ergriffen, erschüttert sein; er war von dieser Lehre* ~ *überzeugt; er war* ~ *beleidigt, gekränkt; ich bedaure, verabscheue das* ~*; ein* ~ *verabscheuungswürdiges Verbrechen* ❖ ↗ tief; **-tragen** (er trägt zu), trug zu, hat zugetragen **1.** /jmd./ *jmdm. etw.* ~ 'jmdm. heimlich etw. mitteilen, was als geheim gilt, aber für ihn wichtig ist': ⟨vorw. im Pass.⟩ *mir ist zugetragen worden, dass …/du hättest …;* vgl. hinterbringen **2.** /etw./ *sich* ~ SYN 'sich ereignen'; ↗ FELD X.2: *wie hat sich das, der Unfall zugetragen?; wo hat sich das zugetragen?;* geh. veraltend /vorw. in literarischen Texten/ *es trug sich zu, dass …; dort hat sich Seltsames, Geheimnisvolles zugetragen* ❖ ↗ tragen; **-träglich** [tʀɛːk../tʀeːk..] ⟨Adj.; Steig. reg., ungebr.; nicht bei Vb.⟩ /etw./ *jmdm., etw.* ⟨Dat.⟩ *(nicht)* ~ *sein* 'so beschaffen sein, dass es jmdm., der Gesundheit (nicht) schadet' /bes. auf Nahrung bez./: *etw. ist jmdm.* ~ (ANT abträglich); *fettreiche Ernährung ist ihm, seiner Gesundheit nicht ~; das feuchte Klima war ihm nicht ~; die Seife ist meiner Haut nicht ~* ❖ ↗ tragen; **-trauen** ⟨trb. reg. Vb.; hat⟩ /jmd./ *jmdm., sich* ⟨Dat.⟩ *etw.* ~ 'annehmen, dass jmd., man selbst fähig ist, etw. Bestimmtes zu leisten od. etw. Böses zu tun': *diese Gemeinheit hätten wir ihm nicht zugetraut; so viel Mut, Ausdauer, Feigheit haben wir ihm nicht zugetraut; das traue ich mir nicht zu* ('ich habe nicht den Mut, das zu tun; ich glaube nicht, dass ich das leisten kann'); *traust du dir das zu?; traust du dir zu, hier runterzuspringen?; er traut sich nichts zu* ('er hat kein Selbstvertrauen') ❖ ↗ trauen (I); **-traulich** [tʀɑu..] ⟨Adj.; Steig. reg.⟩ 'ohne Angst, Scheu vor Menschen' /bes. auf Kinder, auf kleine Haustiere bez./: *eine ~e Katze; die Rehe im Gehege waren recht ~, kamen ~ näher; Eichhörnchen werden oft sehr ~* ❖ ↗ trauen (I); **-treffen** (er trifft zu), traf zu, hat zugetroffen **1.** *etw. trifft zu* 'etw. ist richtig, entspricht dem Sachverhalt, auf den es bezogen ist'; SYN stimmen: ⟨oft im Part. I⟩ *seine Behauptungen, Vorwürfe trafen (nicht) zu; es trifft nicht zu, dass ...; er hat die Situation ~d gekennzeichnet, beschrieben; eine ~de Antwort, Aussage; Zutreffendes unterstreichen, ankreuzen* /Hinweis auf Formularen, nur das zu unterstreichen od. anzukreuzen, was auf einen selbst zutrifft/ **2.** *etw. trifft auf/für jmdn., etw. zu* 'etw. entspricht jmdm., etw.': *die Beschreibung trifft auf/für ihn, den Gegenstand zu; der Vergleich trifft auf/für diesen Fall nicht zu; das trifft auf/für alle Mitarbeiter zu* ❖ ↗ treffen; **-tritt, der** ⟨o.Pl.⟩ **1.1.** 'das Hineingehen in einen Raum, ein Gebiet': *jmdm. den ~ zu etw. verwehren; sich, jmdm. den ~ zu etw. verschaffen; ~ verboten!, kein ~!* /Hinweis auf Schildern, bes. an Türen/ **1.2.** 'Erlaubnis, einen Raum, ein Gebiet zu betreten': *(freien, ungehinderten) ~ zu etw.* ⟨Dat.⟩ *haben* ❖ ↗ treten; **-tun, das** ⟨vorw. o. Art.; vorw. mit Possessivpron.⟩: *durch, mit, ohne jmds.* ~ ('Mitwirkung') *eine Aufgabe bewältigen; ohne sein ~ wären wir nicht vorangekommen; die Entscheidung fiel ganz ohne sein ~* ❖ ↗ ¹tun; **-ungunsten**/auch **zu Ungunsten** [tsu|'ʊngʊnstn̩] ⟨Präp. mit Gen.; vorangestellt⟩ /final; gibt an, dass der Zweck einer Handlung darauf gerichtet ist, jmdm., einer Institution nichts Gutes zu tun/; ANT zugunsten: *das Urteil wurde ~ des Angeklagten kassiert; das Testament fiel ~ der Stieftochter aus* ❖ ↗ Gunst; **-unterst** [tsu|'ʊntɐst] ⟨Adv.⟩ 'an unterste(r) Stelle in einem Stapel, Haufen'; ANT zuoberst; ↗ FELD IV.1.3: *der Schlafanzug lag (ganz) ~ im Koffer; etw. ~ legen* ❖ ↗ ²unter; **-verlässig** [fɐlɛsɪç] ⟨Adj.⟩ **1.** ⟨Steig. reg.⟩ 'von der Art od. Beschaffenheit, dass man sich darauf verlassen kann' /auf Personen, Geräte bez./: *ist das Gerät, er ~?; das Gerät, er arbeitet ~; diese Methode ist ~* (ANT unsicher 1); *das ist ein ~es Auto*, SYN verlässlich (1.1): *er ist ein ~er Freund, Mitarbeiter, Kollege; er gilt als ~* **2.** ⟨Steig. reg., ungebr.;

nicht bei Vb.⟩ SYN 'glaubwürdig' /auf Personen, Informationen bez./: *das weiß ich aus ~er Quelle; ein ~er Zeuge; ist die Nachricht, Mitteilung ~?* ❖ ↗ ²verlassen

Zuversicht ['tsuːfɛʁzɪçt], **die**; ~, ⟨o.Pl.⟩ 'festes Vertrauen, feste Hoffnung, dass – wie erhofft – in der Zukunft etw. Positives eintreten wird': *voller ~* ('Optimismus') *in die Zukunft blicken; er ist voller ~, dass es klappt; ich bin der festen ~, dass es klappen wird; er war von ~ erfüllt; sie strahlte vor ~* ❖ **zuversichtlich**

zuversichtlich ['tsuːfɛʁzɪçt..] ⟨Adj.; Steig. reg.⟩ 'voller Zuversicht, voller Optimismus': *in ~er Stimmung sein; in Bezug darauf bin ich ganz ~; ich glaube ~, dass wir es schaffen* ❖ ↗ **Zuversicht**

¹zu viel ⟨indekl. Indefinitpron.⟩ 'im Übermaß ¹viel (1.1), mehr als nötig, zuträglich'; ANT ¹zu wenig: ⟨adj.⟩ *~ Fleisch, Obst essen; er hat ~ Zucker, Milch in den Kaffee getan; dort waren ~(e) fremde Gäste; beim Festival wurden ~e uninteressante Filme gezeigt;* ⟨subst.⟩ *er weiß ~; lieber ~ als zu wenig; das wäre ~ verlangt*

²zu viel ⟨Adv.⟩ 'im Übermaß ²viel (1,2), mehr als nötig, zuträglich': *~ essen; ich habe ~ in der Sonne gelegen; sie redet ~*

zu|vor [..'foːɐ̯] ⟨Adv.; auch attr.; dem Subst. nachgestellt⟩ 'vorher': *zwei Tage, Wochen ~ haben wir noch mit ihm gesprochen; ich hätte nie ~ an solch eine Wende geglaubt; ~ muss ich noch etw. erledigen* ❖ ↗ ²vor

zuvor [tsuˈfoːɐ̯..]|**-kommen**, kam zuvor, ist zuvorgekommen; ↗ auch *zuvorkommend* /jmd./ **1.1.** *jmdm. ~* 'bei etw. zu seinem Vorteil schneller sein als ein anderer, als andere': *jmdm. bei einem Kauf, mit seinem Angebot ~; er ist mir zuvorgekommen* **1.2.** *allen Gerüchten ~* ('beizeiten begegnen 4') ❖ ↗ ²vor, ↗ kommen; **-kommend** [kɔmənt] ⟨Adj.; Steig. reg.; ↗ auch *zuvorkommen*⟩ 'anderen gegenüber freundlich, höflich und hilfsbereit': *jmdn. ~ behandeln, bedienen; ein ~er Verkäufer, Gastwirt; er war sehr ~* ❖ ↗ ²vor, ↗ kommen

Zu/zu ['tsuː..]|**-wachs, der**; ~es, ⟨o.Pl.⟩ 'Zunahme'; ANT Abnahme: *der jährliche ~ der Bevölkerung in einem Land; der ~ an Mitgliedern in einem Verein; der ~ an Produktivität in einem Betrieb; der Umsatz hatte einen ~ von drei Prozent; ein Kleidungsstück, der Mantel ist auf ~ gekauft, berechnet* ('ist jetzt noch zu groß, soll aber bei dem erwarteten künftigen Wachstum auch noch getragen werden können' ❖ ↗ ¹wachsen * scherzh. *~* ('ein Baby') **erwarten/ bekommen**; **-wege**/auch **zu Wege** [tsuˈveːɡə] * /jmd./ **etw. ~ bringen** 'etw. zustande bringen': *er hat bisher nicht viel ~ gebracht; wir haben es sogar ~ gebracht, dass nichts verloren ging; etw. Nützliches, einen Kompromiss ~ bringen;* /jmd./ **mit etw. ~ kommen** 'mit etw. zurechtkommen': *er kommt mit der Arbeit nicht ~;* **-weilen** [tsuˈvaɪlən] ⟨Adv.⟩ SYN 'manchmal': *ich traf ihn ~ (in der Stadt); ~ besucht er uns* ❖ ↗ Weile; **-weisen**, wies zu, hat zugewiesen /jmd./ *jmdm. etw., jmdn.* ~ SYN 'jmdm. etw., jmdn. zuteilen (1)': *jmdm. eine Arbeit ~; ihm wurde ein größerer Betrag, eine neue Mitarbeiterin zugewiesen* ❖ ↗ weisen; **-wenden**, wandte/wendete zu, hat zugewandt/zugewendet **1.** /jmd./ *sich, etw. jmdm., etw.* ⟨Dat.⟩ ~ 'sich, etw. (bes. das Gesicht, den Rücken) in Richtung auf jmdn., etw. wenden, drehen'; ANT abwenden: *er wandte, wendete sich mir zu, wandte mir sein Gesicht, den Rücken zu; er wandte sich dem Ausgang zu* **2.** /jmd./ *sich etw.* ⟨Dat.⟩ ~ 'sich meist nach einer Unterbrechung wieder mit derselben Sache beschäftigen, sich mit einer neuen Sache befassen, beschäftigen': *sich einem anderen Thema ~; sich wieder seiner Arbeit ~; sie wandte sich ihrer neuen Aufgabe mit großem Interesse zu* **3.** ⟨nur wendete, hat zugewendet⟩ /jmd./ *jmdm. etw.* ~ 'jmdm. etw., bes. Geld, zukommen (4.1) lassen': *er hat ihr jahrelang immer wieder Geld zugewendet; jmdm. seine ganze Aufmerksamkeit, Liebe ~; etw.* ⟨Dat.⟩ *etw. ~: er wendete dieser Aufgabe sein vollstes Interesse zu* ❖ ↗ wenden

¹zu wenig ⟨Indefinitpron.⟩ 'weniger als nötig, als zuträglich'; ANT ¹zu viel: ⟨adj.⟩: ~ *Fleisch essen; er hat ~ Zucker in den Kaffee getan; an der Tagung haben ~e ausländische Wissenschaftler teilgenommen;* ⟨subst.⟩: *er weiß ~ davon*

²zu wenig ⟨Adv.⟩ 'im Übermaß ²wenig'; ANT ¹zu viel: *das Essen ist ~ gewürzt; ich habe heute Nacht ~ geschlafen; ich bin in letzter Zeit ~ spazieren gegangen*

¹zu-wider [tsu'vi:dɐ] ⟨Adv.⟩ /jmd., etw./ *jmdm. ~ sein, werden* ('jmdm. widerwärtig sein, werden'); *etw. ist jmdm., etw.* ⟨Dat.⟩ ~ 'etw. ist jmdm., einer Sache nicht förderlich': *die Umstände waren ihm, seinen Unternehmungen ~* ❖ ↗ wider; MERKE Zur Getrennt-, Zusammenschreibung von *zuwider* und *sein:* Getrenntschreibung auch im Infinitiv; **-²wider** ⟨Präp. mit Dat.; nachgestellt; in Verbindung mit Abstrakta⟩ /adversativ/; SYN ²entgegen. *aller Vernunft ~ ging er auf den Vorschlag ein; allen Versprechungen ~ hat er es doch getan* ❖ ↗ wider **zuwider** [tsu'vi:dɐ..]|-**handeln** ⟨trb. reg. Vb.; hat⟩ /jmd./ *etw.* ⟨Dat.⟩ ~ 'gegen etw., bes. ein Gebot, Verbot, eine Anordnung verstoßen': *einem Gesetz, einer Anordnung ~; er hat den Bestimmungen zuwidergehandelt* ❖ ↗ wider, ↗ handeln; **-laufen** (er läuft zuwider), lief zuwider, ist zuwidergelaufen *etw. läuft etw.* ⟨Dat.⟩ *zuwider* 'etw. steht im Widerspruch, Gegensatz zu etw.': *etw., ein Vorgang, eine Entwicklung läuft aller Erfahrung, den Absichten ~; das läuft der Wahrheit zuwider; das läuft unseren eigenen Interessen zuwider* ❖ ↗ wider, ↗ laufen **zu** ['tsu:..]|-**zahlen** ⟨trb. reg. Vb.; hat⟩ **1.** /jmd./ *etw.* ~ 'einen bestimmten Betrag zusätzlich zu einer Summe zahlen': *für die Benutzung des Expresses mussten wir noch (zwei Mark) ~* **2.** /jmd., Institution/ *etw.* ~ 'sich an den Kosten von etw. beteiligen': ⟨vorw. o. Obj.⟩ *in einem solchen Fall zahlt die Versicherung (etwas) zu* ❖ ↗ Zahl; **-ziehen**, zog zu, hat/ist zugezogen **1.** ⟨hat⟩ /jmd./ *etw ~: die Gardine, einen Vorhang ~* ('durch Ziehen so ausbrei-

ten, dass eine Öffnung, ein Fenster völlig davon bedeckt wird'); ANT aufziehen; ↗ FELD I.7.8.2 **2.** ⟨hat⟩ /jmd., Institution/ *jmdn.* ~ SYN 'jmdn. hinzuziehen': *einen Fachmann, Berater ~; er wurde als Gutachter (zu dem Prozess) zugezogen* **3.** ⟨hat⟩ /jmd./ *sich* ⟨Dat.⟩ *etw.* ~: *sich eine Erkältung ~* ('sich erkälten'); *sich eine Verletzung ~* ('sich verletzen'); *sich jmds. Zorn ~* ('jmds. Zorn gegen sich hervorrufen') **4.** ⟨ist⟩ /jmd./ *von irgendwoher ~* 'seinen Wohnsitz von irgendwo nach hier, an diesen Ort verlegen': ⟨vorw. im Perf.⟩ *viele Einwohner der Stadt sind aus der ländlichen Umgebung zugezogen; aus der Großstadt zugezogene Leute* ❖ ↗ ziehen

zwang: ↗ zwingen

Zwang [tsvaŋ], der; ~s/auch ~es, Zwänge ['tvɛŋə] **1.** 'von Menschen(gruppen) od. Sachverhalten ausgehender Druck auf das Individuum, der (bei Androhung od. Anwendung von Gewalt) ein bestimmtes Verhalten von ihm fordert'; ↗ FELD I.14.1: *auf jmdn. ~ ausüben; jmdm. ~, Zwänge auferlegen; unter (fremdem) ~ handeln müssen, leiden; unter ~ aussagen, etw. tun; das hat er nur unter ~* ('nicht freiwillig') *getan; der jahrzehntelange ~ (unter) der Diktatur hat die Menschen abgestumpft; gegen den ~, die Zwänge einer seelenlosen Bürokratie aufbegehren; gegen die Zwänge von Gesetzen, Verordnungen zu Felde ziehen; der moralische ~ der Gebote* **2.1.** ⟨vorw. Sg.⟩ 'das Verhalten bestimmende Festlegungen, die man sich selbst auferlegt (hat)': *sich, seiner Natur ~ auferlegen; /in der kommunikativen Wendung/ tu dir keinen ~ an* ('benimm dich ungezwungen')! **2.2.** 'aus willentlich nicht steuerbarem Antrieb folgende Motivierung eines Menschen': *unter einem ~, unter Zwängen stehen, leiden; unter innerem ~ handeln* **3.** 'von objektiven (gesellschaftlichen) Gegebenheiten ausgehende Bestimmung des menschlichen Verhaltens': *der ~ der Verhältnisse; gesellschaftlichen, wirtschaftlichen Zwängen ausgesetzt sein; es besteht kein ~ zur Teilnahme an dieser Veranstaltung; der ~ zur Kürze, Kürzung weitschweifiger Texte* **4.** 'von etw., jmdm. ausgehender starker Einfluss, dem man sich nur schwer entziehen kann': *dem ~* ('dem Einfluss'), *den Zwängen der Mode unterliegen, erliegen, seinen Tribut zahlen; von ihr ging ein verführerischer ~ (auf ihn) aus* ❖ ↗ zwingen

zwängen ['tvɛŋən] ⟨reg. Vb.; hat⟩ /jmd./ *etw., jmdn., sich in etw.* ~ 'etw., jmdn., sich mit Mühe, gewaltsam in einen dafür zu kleinen Raum, etw. in ein dafür zu kleines Behältnis pressen, sich in ein zu enges Kleidungsstück pressen': *die Füße in zu kleine Schuhe ~; ein Kleid in den schon vollen Koffer ~; sich, die Kinder in den vollen Bus ~; sich durch die Menschenmenge ~; sich in die Hose ~* ❖ ↗ zwingen

zwang|los ['tsvaŋ..] ⟨Adj.⟩ **1.** ⟨Steig. reg.⟩ SYN 'ungezwungen' /auf Sprechen, Sichbenehmen bez./: *eine ~e Situation, Unterhaltung; hier könnt ihr euch ganz ~ benehmen; dort kann man sich nicht ~ bewegen; die Unterhaltung war ganz ~* **2.** ⟨o. Steig.; nicht präd.⟩ 'an keine feste zeitliche Folge gebunden, nicht regelmäßig' /vorw. auf Publikationen, Darbietungen bez./: *die Zeitschrift erscheint in ~er (Reihen)folge; die Darbietungen waren ~ über den Abend verteilt* ❖ ↗ **zwingen,** ↗ **los**

Zwangs/zwangs ['tsvaŋs..]|**-lage, die** 'schwierige, schlimme Lage (3), die von jmdm. ein bestimmtes Handeln, Verhalten verlangt, ihm keine Wahl lässt': *sich in einer ~ befinden; er hat ihre ~ zu seinem Vorteil ausgenutzt* ❖ ↗ zwingen, ↗ liegen; **-läufig** ⟨Adj.; o. Steig.; nicht präd.⟩ 'durch den Zwang der Umstände keine andere Möglichkeit zulassend'; SYN notwendig (2): *das ist die ~e Folge, Entwicklung dieser Dinge; es kam ~ dazu, dass er kündigen musste; du wirst dich diesen Bedingungen ~ fügen müssen; diese Spekulationen führen ~ zum Ruin der Firma; geht man hiervon aus, so ergibt sich ~ (SYN 'folgerichtig') das Problem, dass ...* ❖ ↗ zwingen; **-weise** ⟨Adj.; o. Steig.; nicht präd.⟩ 'durch amtliche Maßnahmen erzwungen': *die ~ Räumung der Wohnung; eine Schuld ~ eintreiben* ❖ ↗ zwingen

zwanzig ['tsvantsɪç] ⟨Zahladj.; indekl.; nur attr. u. subst.; ↗ TAFEL XII⟩ /die Kardinalzahl 20/; ↗ *dreißig* ❖ **zwanziger, zwanzigste** MERKE ↗ *drei* (Merke)

zwanziger ['tsvantsɪɐ] ⟨Zahladj.; indekl.; nur attr. u. subst.⟩ *in den ~ Jahren* ('im dritten Jahrzehnt') *unseres Jahrhunderts;* auch **Zwanzigerjahre** ❖ ↗ **zwanzig**

zwanzigste ['tsvantsɪçstə] ⟨Zahladj.; nur attr.⟩ /die Ordinalzahl zu *zwanzig* (20.); bezeichnet in einer Reihenfolge die Position „zwanzig"/: *an seinem ~n Geburtstag;* ↗ auch *dreißigste* ❖ ↗ **zwanzig** MERKE ↗ *dritte* (Merke)

zwar [tsvaːʀ] ⟨Adv.⟩ **1.** ⟨in konjunktionaler Verwendung; koordinierend⟩ **1.1.** ⟨steht am Anfang eines Satzes mit Inversion des Subj.; korrespondiert mit *aber, doch, jedoch* im Nachsatz⟩ /weist im Vordersatz auf einen Sachverhalt, der im Gegensatz zum Nachsatz steht und diesen einschränkt; Vorder- und Nachsatz bilden inhaltlich eine Art Ausgleich, geben Vor- und Nachteil an/: *~ ist er noch jung, aber auch schon recht erfahren; ~ trinkt er viel, (je)doch nie zu viel* **1.2.** ⟨verbindet im Sinn von *zwar* (1.1) parallel strukturierte Satzglieder⟩: *der ~ kürzeste, aber dafür beste Aufsatz; dies ist ein ~ guter, aber nicht mehr ganz neuer Anzug* **2.** **und ~ 2.1.** ⟨bestimmt als Einleitung ein Satzglied des Vordersatzes näher⟩: *er stellte uns einen Verwandten vor, und ~ seinen Onkel; er fährt morgen an die Küste, und ~ nach Rostock* **2.2.** ⟨in Verbindung mit einem tempor. Adv., das den vorausgehenden Befehlssatz ergänzt und die Aufforderung unterstreicht⟩: *du gehst jetzt zu Bett, und ~ sofort!; schreib an Onkel Paul, und ~ noch heute!* MERKE Zum Verhältnis von *zwar* und *aber*: *zwar* kann im Vordersatz als Korrelat zu *aber* verwendet werden; in diesem Fall ist der Gegensatz bereits im Voraus angedeutet

Zweck [tsvɛk], **der;** ~s/auch ~es, ~e **1.** ⟨vorw. Sg.⟩ 'das, worauf jmds. Handeln, ein Vorgang gerichtet ist und als Ergebnis angestrebt wird': *etw. hat seinen ~ erfüllt, erreicht; etw. zu einem bestimmten ~ tun; der alte Staubsauger erfüllt noch seinen ~* ('ist noch zu gebrauchen'); *zu welchem ~* ('warum') *tust du das?; zum ~ des besseren Verständnisses* ('damit es besser verstanden wird') *die wichtigsten Punkte des Sachverhalts noch einmal wiederholen; etw., das hat keinen ~* ('ist zwecklos 1'); *es hat keinen ~, noch länger zu warten;* SYN Ziel (3): *einen ~ mit etw., mit seinen Plänen, Forschungen, Umtrieben verfolgen; diese Maßnahme hat ihren ~ verfehlt; ~ dieser Lektion ist es, eure Aufmerksamkeit zu wecken; etw. hat einen ~, dient einem (guten) ~; das war der ~ der Sache* ('das war das, was beabsichtigt war') **2.** 'Ziel (3) der Verwendung, des Gebrauchs von etw.': ⟨vorw. im Pl.; mit best. Adj.⟩ *ein Gerät für medizinische, militärische ~e; die Atomenergie für friedliche ~e nutzen; er hat das Geld der Firma für private ~e verwendet; welchen ~ hat* ('wozu dient') *dieses Gerät?* ❖ **bezwecken, zwecks** – **Selbstzweck, zweckdienlich, -entsprechend, -los, -mäßig**

zweck|dienlich ['..] **I.** ⟨Adj.; Steig. reg.⟩ SYN 'sachdienlich' /vorw. auf Informationen bez./: *er konnte der Polizei ~e Angaben machen, ~e Hinweise geben; die Anschaffung von Ersatzteilen hat sich als sehr ~ erwiesen* – **II.** ⟨Adv.; vorw. vor Part. II⟩ 'der Bestimmung entsprechend': *~ eingerichtete, ausgestattete Arbeitsräume; ~ angelegte Fahrradwege; etw. ~ einrichten, anlegen* ❖ ↗ **Zweck,** ↗ **dienen**

Zwecke ['tsvɛkə], **die;** ~, ~n 'kleiner kurzer Nagel mit breitem flachem Kopf': *mit ~n beschlagene Bergstiefel*

zweck ['tsvɛk..]|**-entsprechend** ⟨Adj.; o. Steig.⟩ 'dem vorgesehenen Zweck entsprechend' /auf Gegenstände, bes. auf Kleidung, Werkzeug bez./: *~es Werkzeug; das Werkzeug ~ verwenden; er hatte sich für den Urlaub ~e Kleidung angeschafft* ❖ ↗ **Zweck,** ↗ entsprechen; **-los** ⟨Adj.; o. Steig.⟩ **1.** ⟨nicht bei Vb.⟩ SYN 'sinnlos (I.1)' /auf Aktionen bez./: *ein ~es Unternehmen; alle Versuche, Bemühungen, ihn zu retten, waren ~; es ist ~, auf Hilfe zu warten;* SYN 'nutzlos': *unsere Mühe, unser Gespräch war völlig ~* **2.** ⟨nur attr.⟩ /auf Gegenständliches bez./: *in dieser Wohnung steht viel ~er* ('unnützer') *Kram herum; ~e Nippes* ❖ ↗ **Zweck,** ↗ los; **-mäßig** ⟨Adj.⟩ **1.1.** ⟨Steig. reg.⟩ 'zur Erreichung des vorgesehenen Zwecks gut geeignet' /auf Aktionen bez./: *sein ~es Vorgehen; das ist sehr ~; diesen Plan, das halte ich für ~* **1.2.** ⟨Steig. reg., ungebr.⟩ 'zweckentsprechend' /bes. auf Kleidung bez./: *~es Schuhwerk; seine Kleidung war ~; sein Bungalow ist ~* ('zweckdienlich II') *eingerichtet* ❖ ↗ Zweck

zwecks [tsvɛks] ⟨Präp. mit Gen.; meist o. erkennbare Kasusforderung; vorangestellt; vorw. in Verbindung mit Verbalabstrakta⟩ vorw. amtsspr. /final/ gibt den Zweck der Handlung an/: *~ Umbau(s)* *bleibt das Geschäft geschlossen;* ~ *Überprüfung der Bilanzen alle Unterlagen anfordern* ❖ ↗ Zweck

zwei [tsvai̯] ⟨Zahladj.; nur attr. u. subst.; flektiert nur im Gen., Dat. ·Pl.; attr. o. Art. im Gen. Pl.: *zweier,* subst. im Dat. Pl.: *zweien;* ↗ TAFEL XII⟩ /die Kardinalzahl 2/: *eins,* ~ *und drei;* ~ *plus* ~ *ist/sind vier;* ~ *Kinder haben; die* ~ *Kinder, die* ~ ('die beiden') *verstehen sich gut;* ~ ('ein Paar') *Augen, Ohren haben; die Interessen* ~*er Käufer/der* ~ *Käufer; sie gehen immer zu* ~*en auf Streife; ich habe das nur* ~*en von ihnen verraten;* ↗ auch *drei* ❖ **zweierlei, zweifach, zweite, zweitens, Zwilling − Zweibettzimmer, zweideutig, -eiig, Zweikampf, zweimal, -malig, Zweireiher, Zwieback, -gespräch, -licht, zwielichtig, Zwiespalt, zwiespältig, Zwietracht;** vgl. *entzwei*
* /jmd./ **für** ~ **arbeiten, essen, trinken** ('mehr als üblich, mehr als andere arbeiten, essen, trinken')

Zweibett|zimmer ['tsvai̯bɛt..], **das** SYN 'Doppelzimmer': *ein* ~ *mieten* ❖ ↗ **zwei,** ↗ **Bett,** ↗ **Zimmer**

zwei|deutig ['tsvai̯dɔi̯tɪç] ⟨Adj.; o. Steig.⟩ **1.** 'zwei Deutungen zulassend'; SYN doppeldeutig (1) /auf Äußerungen bez./: *eine* ~*e Antwort geben, eine* ~*e Bemerkung machen* **2.** 'mit einem zweiten, bes. auf etw. Anstößiges hinweisenden Sinn' /vorw. auf Sprachliches bez./; SYN doppeldeutig (2): ~*e Bemerkungen, Witze machen;* vgl. *anstößig, anzüglich, pikant* ❖ ↗ **deuten; -eiig** [ai̯ɪç] ⟨Adj.; o. Steig.; nicht bei Vb.⟩: ~*e Zwillinge* ('aus zwei Eizellen entstandene Zwillinge') ❖ ↗ **zwei,** ↗ **Ei**

zweierlei ['tsvai̯ɐlai̯] ⟨Zahladj.; indekl.; nur attr.⟩: ↗ *dreierlei (1,2)* ❖ ↗ **zwei**

zweifach ['tsvai̯fax] ⟨Zahladj.; nicht präd.⟩: ↗ *dreifach* ❖ ↗ **zwei**

Zweifel ['tsvai̯fl̩], **der;** ~s, ~ 'das Fehlen der Sicherheit darüber, ob etw., jmd. glaubwürdig ist, ob etw. richtig ist, sich wie angegeben verhält od. ob man richtig handelt, gehandelt hat'; ↗ FELD I.4.3.1: *sie haben, hegen berechtigte* ~ *an seinen Worten, an seiner Verlässlichkeit, an seinen Fähigkeiten; wir haben begründete* ~, *dass er gestehen wird/ob er gestehen wird; ihm kamen* ~ *an der Wahrheit der Aussagen, an der Richtigkeit der Messergebnisse; ihn plagten quälende* ~, *ob er richtig gehandelt habe; es besteht kein* ~*/es gibt keinen* ~, *nicht den geringsten* ~, *dass ...: es gibt keinen* ~, *dass unsere Mannschaft siegen wird; keinen* ~ *an etw.* ⟨Dat.⟩ *lassen* 'etw. deutlich machen': *er ließ keinen Zweifel daran, dass es ihm Ernst war; jmdn. (nicht) im* ~ *über etw. lassen* 'jmdn., etw. (nicht) klar sagen': *er ließ uns im* ~ *(darüber), wie seine Aussichten sind; sich* ⟨Dat.⟩ *im* ~ *über etw. sein* 'sich hinsichtlich einer Angelegenheit noch nicht entscheiden können': *er war sich noch im* ~, *ob er das tun würde oder nicht; er war sich darüber noch im* ~; *etw. unterliegt keinem* ~ 'etw ist zweifelsfrei': *die Echtheit des Gemäldes unterliegt keinem* ~; *etw. in* ~ *ziehen* ('etw. bezweifeln') *etw., jmd. ist über jeden* ~ *erhaben* ('es besteht kein Grund, an etw., jmdm. zu zweifeln') ❖ **verzweifeln, Verzweiflung, zweifelhaft, zweifeln − zweifellos, zweifelsohne**

* **ohne** ~ 'zweifellos': *er hat ohne* ~*/ohne* ~ *hat er die besten Voraussetzungen dafür; das ist ohne* ~ *die beste Lösung/ohne* ~ *ist das die beste Lösung;* **etw.** (vorw. *es, das*) **steht außer** ~ 'etw. ist ganz gewiss, sicher': *es steht außer* ~, *dass er der Täter ist*

zweifelhaft ['tsvai̯fl̩..] ⟨Adj.; Steig. reg.⟩ **1.** ⟨vorw. präd. (mit *sein*)⟩ /etw./ ~ *sein* 'hinsichtlich des Ergebnisses Zweifel zulassen'; SYN fraglich (1.2), fragwürdig (1) /auf Abstraktes bez./; ↗ FELD I.4.3.3: *der Erfolg dieses Projektes, dieser Methode war zunächst sehr* ~; *der* ~*e Ausgang eines Prozesses; es ist, scheint* ~, *ob das alles richtig, erreichbar, machbar ist, ob das alles stimmt* **2.** ⟨nur attr.⟩ 'Zweifel aufkommen lassend, ob etw. dem eigentlichen Sinn entspricht, ob etw. wirklich zutrifft'; SYN fraglich (1.2): *eine* ~*e Aussage, Entscheidung; das war ein* ~*es* ('kein reines') *Vergnügen; ein* ~*es* ('wahrscheinlich nicht echtes') *Kompliment* **3.** ⟨nur attr.⟩ 'Zweifel daran aufkommen lassend, ob etw. rechtmäßig, ob jmd. vertrauenswürdig ist'; SYN fragwürdig (2): *seine* ~*en Geschäfte, Geschäftspraktiken; er ist eine* ~*e Existenz; seine* ~*e Herkunft;* vgl. *faul (3)* ❖ ↗ **Zweifel**

zweifel|los ['tsvai̯fl̩..] ⟨Satzadv.⟩ /drückt die Einstellung des Sprechers zum genannten Sachverhalt aus/ 'ohne dass man daran zweifeln muss'; SYN bestimmt (II), gewiss (II.1.2), selbstverständlich (III): *er hat* ~ *die besten Voraussetzungen dafür;* ~ *hat er Recht; mit dieser Haltung wird er* ~ (SYN 'unfehlbar II') *scheitern* ❖ ↗ **Zweifel,** ↗ **los**

zweifeln ['tsvai̯fl̩n] ⟨reg. Vb.; hat⟩ /jmd./ **an etw.** ⟨Dat.⟩, **jmdm.** ~ 'Zweifel an etw. haben, nicht sicher sein, ob etw. richtig ist, zutrifft, ob jmd. glaubwürdig ist'; ↗ FELD I.4.3.2: *an jmds. Ehrlichkeit* ~; *an jmdm.* ~; *daran ist nicht zu* ~; *an sich* ⟨Dat.⟩ *selbst* ~ ('Zweifel hinsichtlich der eigenen Fähigkeiten haben od. Zweifel daran haben, ob man etw. richtig macht, gemacht hat') ❖ ↗ **Zweifel**

zweifels ['tsvai̯fl̩s..]|**-frei** ⟨Adj.; o. Steig.⟩ 'so beschaffen, dass kein Zweifel an etw. besteht'; ↗ FELD I.4.3.3: *ein* ~*er Beweis; der Beweis ist* ~ (ANT zweifelhaft); *etw.* ~ *feststellen, erkennen; es ist* ~ *erwiesen, dass er der Täter ist* ❖ ↗ Zweifel, ↗ frei; **-ohne** ⟨Satzadv.⟩ /drückt die Einstellung des Sprechers zum genannten Sachverhalt aus/ 'zweifellos'; ↗ FELD I.4.3.3: *das war* ~ *ein Irrtum;* ~ *war das ein Fehler* ❖ ↗ Zweifel, ↗ ²ohne

Zweig [tsvai̯k], **der;** ~s/auch ~es, ~e **1.** 'dünnerer holziger Teil an Bäumen, Sträuchern, aus dem die Blätter od. Nadeln, Blüten hervorwachsen' (↗ TABL Bäume): *verdorrte, dürre, grüne* ~*e; ein blühender* ~ ('Zweig mit Blüten'); ~*e abbrechen, in eine Vase stellen* **2.** ⟨+ Gen.attr.⟩ 'relativ selbständiger Bereich eines größeren Bereichs': *ein* ~ *der Textilindustrie, Elektroindustrie; ein neuer* ~ *der Biologie, Chemie* ❖ **abzweigen, Industriezweig, Zweigstelle**

* umg. /jmd./ **auf keinen grünen** ~ **kommen** ('trotz aller Anstrengungen keinen Erfolg haben, nicht zu Geld od. leidlichem Wohlstand kommen')

Zweig|stelle ['..], **die** ʿeiner Zentrale (1) untergeordneter, örtlich von ihr getrennter Teil eines (großen) Unternehmens, einer Institution, Versicherung od. Bankʾ; SYN Filiale (1.2): *die ~ einer Bank, Sparkasse; eine ~ eröffnen, schließen* ❖ ↗ **Zweig**, ↗ **stellen**

Zwei/zwei ['tsvaɪ..]|-kampf, **der 1.** ʿKampf (1.2) zwischen zwei Menschenʾ: *jmdn. zum ~ herausfordern* **2.** ʿDuell (2)ʾ: *die beiden Sportler lieferten sich einen spannenden ~* ❖ ↗ **zwei**, ↗ **Kampf**; **-mal** [mɑːl] ⟨Adv.⟩ ʿzwei Maleʾ: *~ klopfen, klingeln; ↗ dreimal* ❖ ↗ **zwei**, ↗ **Mal (II)** ** /jmd./ sich ⟨Dat.⟩ etw. nicht ~ sagen lassen* (ʿbei etw. Angebotenem, Vorteilhaftem sofort zuzugreifen, es sofort tun, nehmenʾ); **-malig** [mɑːlɪç] ⟨Zahladj.; nur attr.⟩ ʿzweimal nacheinander geschehenʾ; ↗ **dreimalig** ❖ ↗ **zwei**, ↗ **Mal (II)**; **-reiher** [ʀaɪɐ], **der**; ~s, ~ ʿAnzug od. Mantel mit zwei senkrecht, parallel zueinander verlaufenden Reihen von Knöpfen, von denen eine Reihe zum Knöpfen dientʾ ❖ ↗ **zwei**, ↗ **Reihe**; **-reihig** [ʀaɪ̯ç] ⟨Adj.; nicht bei Vb.⟩ ʿmit zwei Reihen Knöpfenʾ /beschränkt verbindbar/: *ein ~er Anzug, ein ~es Jackett* ❖ ↗ **zwei**, ↗ **Reihe**

zweite ['tsvaɪ̯tə] ⟨Zahladj.; nur attr.⟩ /die Ordinalzahl zu *zwei* (2.)/: *jeder Zweite beteiligte sich; zum Zweiten; er arbeitete wie kein Zweiter; er ging als Zweiter ins Ziel; zu zweit: wir gingen zu zweit* (ʿwir zwei gingen gemeinsamʾ) *ins Kino*; ↗ auch *dritte* ❖ ↗ **zwei**

zweitens ['tsvaɪ̯tn̩s] ⟨Adv.⟩ ʿan zweiter Stelle, als Zweitesʾ: *erstens mag ich ihn nicht und ~ ist er dumm; ↗ drittens* ❖ ↗ **zwei**

Zwerg [tsvɛʀk], **der**; ~s/auch ~es, ~e **1.** ʿin Märchen, Sagen vorkommendes Wesen von sehr kleiner menschlicher Gestaltʾ **2.** ʿMensch von sehr kleinem Wuchsʾ; ANT Riese (2): *er ist ein ~* ❖ **Giftzwerg**

Zwickel ['tsvɪkl̩], **der**; ~s, ~ ʿkeilförmiges Stoffteil, das bes. im Schritt (5) (zur Erweiterung) in Kleidungsstücken eingesetzt istʾ: *eine Strumpfhose mit ~*

zwicken ['tsvɪkn̩] ⟨reg. Vb.; hat⟩ **1.** /jmd./ *jmdn. irgendwo(hin) ~* SYN ʿjmdn. irgendwo kneifen (1)ʾ: *er hat mich in den Arm, Hintern, am Bein gezwickt* **2.** umg. oft scherzh. *etw. zwickt jmdn.* ʿetw. bereitet jmdm. Schmerzenʾ: *das Rheuma zwickte ihn*

Zwick|mühle ['tsvɪk..] ** umg. /jmd./ in eine ~ geraten/in einer ~ sein* (ʿin eine Lage geraten, sich in einer Lage befinden, in der man, wie immer man sich verhält od. man handelt, sich Unannehmlichkeiten zuziehtʾ)

Zwieback ['tsviːbak], **der**; ~s/auch ~es, ~e/Zwiebäcke [..bɛkə] ⟨vorw. Sg.⟩ ʿleicht verdauliche Backware in Form einer Scheibe, die zweimal gebacken wird und sehr haltbar istʾ; ↗ FELD I.8.1: *~ als Diät essen* ❖ ↗ **zwei**, ↗ **backen**

Zwiebel ['tsviːbl̩], **die**; ~, ~n **1.** ʿals Gewürz und Zusatz zu Speisen, bes. Salaten und als Gemüse verwendetes Gewächs, das unterirdisch eine Knolle bildet, die scharf schmeckt und riechtʾ; ↗ FELD II.4.1 (↗ TABL Gemüsearten): *die ~n wachsen gut;*

die Blätter der Zwiebeln heißen ↗ *Lauch; scharfe, milde ~n* **2.** ʿKnolle der Zwiebel (1)ʾ; ↗ FELD I.8.1: *~n ernten; ~n schälen, schneiden; einen Tomatensalat mit ~n anrichten* **3.** ʿder Zwiebel (2) ähnliches knollenförmiges Gebilde, aus dem eine Blütenpflanze wächstʾ: *die ~n der Gladiolen, Tulpen in die Erde stecken*

Zwiegespräch ['tsviː..], **das** ʿUnterhaltung, Gespräch zwischen zwei Personenʾ: *mit jmdm. ein (vertrauliches) ~, ~e führen* ❖ ↗ **zwei**, ↗ **sprechen**

Zwielicht ['tsviː..], **das** ⟨o.Pl.⟩ **1.1.** ʿdurch die Mischung von schwachem Tageslicht und künstlichem Licht entstehende Beleuchtungʾ: *~ schadet den Augen; bei ~ lesen* **1.2.** ʿdas relativ schwache Tageslicht während der Dämmerungʾ: *im ~ konnte er kaum erkennen, was wenige Meter vor ihm geschah* ❖ ↗ **zwei**, ↗ **Licht**
* /jmd./ ins ~ geraten (ʿaufgrund bestimmter Indizien in den Verdacht geraten, an etw. Unrechtmäßigem beteiligt zu seinʾ)

zwielichtig ['tsviːlɪçtɪç] ⟨Adj.; o. Steig.; nicht bei Vb.⟩ ʿzweifelhaft (3)ʾ: *eine ~e Person, Gestalt, Gegend; ~e Geschäfte machen* ❖ ↗ **zwei**, ↗ **Licht**

Zwiespalt ['tsviː..], **der** ⟨o.Pl.⟩ **1.** ʿpsychischer Zustand, in dem man nicht weiß, wie man sich entscheiden soll bei der Wahl zwischen zwei od. mehreren Möglichkeitenʾ: *sich in einem (inneren) ~ befinden; in einen ~ geraten; im ~ der Empfindungen hin und her gerissen werden* **2.** ʿZwietrachtʾ: *in der Gruppe herrschte (ein) ~* ❖ ↗ **zwei**, ↗ **spalten**

zwiespältig ['tsviːʃpɛltɪç] ⟨Adj.; o. Steig.; nicht bei Vb.⟩ **1.** ʿinnerlich mit sich selbst uneins, voller Zwiespalt (1) /auf Personen bez./: *er war ein ~er Mensch, war sehr ~* **2.** SYN ʿwidersprüchlichʾ /auf Psychisches bez./: *seine Empfindungen bei dieser Darstellung waren sehr ~, sehr ~er Art* ❖ ↗ **zwei**, ↗ **spalten**

Zwiesprache ['tsviː..]
* /jmd./ mit sich ⟨Dat.⟩ selbst, mit jmdm. ~ halten (ʿsich in Gedanken mit sich selbst, in Gedanken mit jmdm., bes. mit einer abwesenden Person, unterhaltenʾ)

Zwietracht ['tsviː..], **die**; ~, ⟨o.Pl.⟩ geh. ʿZustand des Streits zwischen Personen, Gruppen, die uneins sindʾ: *~ säen, stiften zwischen, unter Menschen, Freunden; in der Gruppe, im Verein herrscht seit langem ~* ❖ ↗ **zwei**; vgl. **Eintracht**

Zwilling ['tsvɪl..], **der**; ~s, ~e ʿeines von zwei Kindern, die eine Frau gleichzeitig während einer Schwangerschaft ausgetragen und geboren hatʾ: *eineiige, zweieiige ~e; er, sie ist ein ~; sie hat ~e geboren* ❖ ↗ **zwei**

zwingen ['tsvɪŋən], zwang [tsaŋ], hat gezwungen [gə'tsvʊŋən]; ↗ auch *zwingend* **1.** /jmd./ *jmdn. zu etw. ⟨Dat.⟩ ~/jmdn. ~, etw. zu tun* ʿjmdn. durch (Androhung von) Gewalt dazu veranlassen, etw. Bestimmtes zu tun, das er freiwillig nicht täteʾ; SYN nötigen (2); ↗ FELD I.14.2: *jmdn. zu einem Geständnis ~/jmdn. ~, etw. zu gestehen, ein Ge-*

ständnis abzulegen; wir können, wollen dich nicht dazu ~; ich lasse mich nicht (dazu) ~; einen Minister zum Rücktritt, ein Flugzeug zur Landung ~; jmdn. *zu seinem Glück* ~ ('jmdn. mit Nachdruck dazu veranlassen, etw. zu tun, das für ihn vorteilhaft ist') **2.** /jmd./ *sich zu etw.* ⟨Dat.⟩ ~ 'sich selbst mit Anstrengung dazu bringen, etw. zu tun, das einem nicht leicht fällt': *er musste sich immer wieder dazu ~, ruhig zu bleiben; sich zu einem Lächeln, zur Ruhe* ~ **3.** /etw./ jmdn. *zu etw.* ⟨Dat.⟩ ~ 'jmdn. auf Grund der Umstände zu einem Tun veranlassen, das er eigentlich nicht will': *das Wetter zwang uns zur Umkehr/zwang uns umzukehren; die Situation zwang uns zur Eile/zwang uns, uns zu beeilen, rasch eine Entscheidung zu treffen; die Not, der Hunger zwang sie zu unredlichem Vorgehen; wir fühlten uns leider gezwungen, ihr eine Absage zu erteilen; ich bin dazu gezwungen, hier abzubrechen* ❖ **Zwang, zwanghaft, zwangsweise, zwingend, Zwinger − zwanglos, Zwangslage, zwangsläufig**

zwingend ['tsvɪŋənt] ⟨Adj.; Steig. reg., Superl. ungebr.; nicht bei Vb.; ↗ auch *zwingen*⟩ 'sich mit Notwendigkeit ergebend': *es gab keinen ~en Grund für sein Vorgehen; dieser Schluss des Romans ist nicht ~; eine Folgerung mit ~er* ('nicht zu widerlegender') *Logik* ❖ ↗ **zwingen**

Zwinger ['tsvɪŋɐ], der; ~s, ~ 'großer Käfig im Freien, bes. für Hunde': *den ~ öffnen; die Hunde aus dem ~ lassen* ❖ ↗ **zwingen**

zwinkern ['tsvɪŋkɐn] ⟨reg. Vb.; hat⟩ /jmd./ 'die Augenlider wiederholt schnell schließen und öffnen, weil das Licht blendet od. man etw. signalisieren möchte': *sie musste erst eine Weile ~, ehe sie sich an das helle Licht gewöhnt hatte; jmdn. ~d ansehen; nervös (mit den Augen) ~; er zwinkerte, um ihr damit ein Zeichen zu geben;* vgl. *blinzeln*

Zwirn [tsvɪrn], der; ~s, ⟨o.Pl.⟩ 'aus mehreren Fäden gedrehtes festes Garn zum Nähen': *weißer, schwarzer* ~

zwischen ['tsvɪʃn] ⟨Präp. mit Dat. u. Akk.; vorangestellt⟩ **1.** ⟨mit Dat. od. Akk.; in Verbindung mit zwei durch *und* verbundenen Begriffen, die Gegenstände od. Geografisches od. Personen darstellen; auch in Verbindung mit Nomina im Pl.⟩ **1.1.** ⟨mit Dat.⟩ /gibt eine Lage auf einer Fläche, in einem Raum an, die durch zwei od. mehrere Körper begrenzt ist/: *das Bild hängt ~ zwei Regalen; ~ Bett und Wand steht ein Nachttisch; ~ den beiden Bergen liegt ein Tal; er stand ~ den beiden Bäumen; ~ Haus und Garten steht die Garage; er saß ~ meinem Vater und mir; das Lesezeichen lag ~ den Buchseiten; die Bahnstrecke ~ Berlin und Potsdam; die Fährverbindung ~ Rostock und Gjedser* **1.2.** ⟨mit Akk.⟩ /gibt die Richtung einer Bewegung und deren Endpunkt an, der der Lage von *zwischen* (1.1) entspricht/: *ein Lesezeichen ~ die Blätter des Buches legen; er setzte sich ~ seinen Vater und mich; den Tisch ~ den Schrank und das Bett stellen; eine Garage ~ das Haus und den Garten bauen; sie setzte sich ~ die Kinder; wir mischten uns ~* (SYN 'unter

3.2') *die Zuschauer* **2.** ⟨mit Dat.; in Verbindung mit zwei durch *und* verbundenen Zeitbegriffen; vorw. o. Art.⟩ /temporal; gibt eine durch zwei Zeitbegriffe begrenzte unbestimmte Zeitdauer an/: ~ *Weihnachten und Neujahr sind wir verreist; das Unglück ereignete sich* ~ *neun und zehn Uhr; das geschah* ~ *dem 1. und 5. Mai* **3.** ⟨mit Dat.; o. Art. und o. erkennbare Kasusform; in Verbindung mit zwei durch *und* verbundenen Zahlangaben⟩ /modal; gibt eine unbestimmte Menge an, die durch zwei Zahlangaben begrenzt ist/: *er ist* ~ *50 und 60 Jahre alt; der See ist* ~ *40 und 50 Meter tief; am Tage liegt die Temperatur* ~ *20 und 22 Grad* **4.** ⟨mit Dat.; in Verbindung vorw. mit durch *und* verbundenen Personenbez., Ländernamen; auch in Verbindung mit Nomina im Pl.; meist o. Art.⟩ /gibt eine Beziehung an/: *die Handelsbeziehungen* ~ *Deutschland und Schweden; das gute Verhältnis* ~ *unseren beiden Familien; es gibt häufig Streit* ~ *ihnen; der Unterschied* ~ *Mensch und Affe; die Wechselbeziehung* ~ *Theorie und Praxis;* ~ *ihnen beiden wurden ständig Blicke gewechselt;* ~ *Gut und Böse unterscheiden* ❖ **zwischendurch;** vgl. **zwischen/Zwischen-;** vgl. **dazwischen**

zwischen/Zwischen- ['..]‖-**durch** [..'d..] ⟨Adv.⟩ **1.** 'während eines kleinen Zeitraums innerhalb eines größeren Zeitraums od. innerhalb eines Vorgangs, einer Tätigkeit': *wir haben den ganzen Tag auf dem Grundstück gearbeitet und nur ~ gelegentlich eine Pause gemacht; er war längere Zeit im Krankenhaus, durfte aber ~ öfter einige Tage nach Hause; er erzählte sehr lebhaft, fragte nur ~* ('dann und wann') *einmal nach der Zeit* **2.** SYN 'stellenweise': *vor uns lag eine große Wiese, die ~ von kleinen Gruppen von Büschen unterbrochen wurde;* **-fall, der 1.** 'unerwartetes Ereignis, das störend in den Ablauf eines Geschehens, einer Handlung tritt'; ↗ FELD X.1: *am ersten Abend gab es einen bedauerlichen, heiteren, peinlichen ~; die Fahrt verlief ohne Zwischenfälle* **2.** ⟨vorw. im Pl.⟩ *bei der Demonstration kam es zu Zwischenfällen* ('handgreiflichen Auseinandersetzungen') ❖ ↗ Fall (2,3); **-landung, die** 'Landung eines Flugzeugs auf einem Flughafen zwischen Ausgangsort und Ziel, bes. bei Flügen über lange Strecken': *eine ~ zum Auftanken des Flugzeugs; in N gab es eine ~* ❖ ↗ Land; **-menschlich** ⟨Adj.; o. Steig.; nur attr.⟩ 'die Beziehungen zwischen (einzelnen) Menschen betreffend': *~e Beziehungen, Kontakte; jmds. ~es Verhalten* ❖ ↗ Mensch; **-raum, der 1.** *der ~ zwischen zwei od. mehreren (etw.)* 'der räumliche Abstand (1) zwischen zwei od. mehreren Sachen': *genügend ~ zwischen den Wörtern, Zeilen lassen; der ~ zwischen der ersten und letzten Zeile; zwischen den Häusern, Häuserwänden, zwischen dem Haus und der Straße betrug zehn Meter; er schob die Zeitung in den ~ zwischen Tür und Pfosten* **2.** ⟨vorw. mit best. Adj.⟩ 'der zeitliche Abstand (2) zwischen zwei Vorgängen, Handlungen': *die Züge nach N fahren in kurzen Zwischenräumen* ❖ ↗ Raum; **-spiel, das** Mus.

'kleineres Musikstück zwischen zwei Akten im Theater od. als Überleitung zwischen zwei Teilen eines Musikstücks, zwischen zwei Strophen eines Liedes' ❖ ↗ spielen; **-zeit, die** ⟨o.Pl.⟩ *in der ~ 'im Zeitraum, der zwischen zwei Vorgängen, Handlungen, Zeitpunkten liegt'; SYN inzwischen, unterdessen: er hatte sie lange nicht gesehen und staunte, wie sie sich in der ~ entwickelt hatte; er war nur kurz aus dem Hause weggegangen, aber in der ~ musste ein Besucher, Dieb da gewesen sein; in der ~ hat sich hier allerhand verändert* ❖ ↗ Zeit; **-zeitlich** ⟨Adj.; o. Steig.; nicht präd.; vorw. bei Vb.⟩ *'in der Zwischenzeit'; SYN unterdessen, inzwischen: ~ hat sich nichts Neues ergeben* ❖ ↗ Zeit

Zwist [tsvɪst], **der**; ~es/auch ~s, ~e geh. SYN 'Streit'; ↗ FELD I.14.1: *einen ~ mit jmdm. haben, austragen; einen alten ~ begraben, beilegen; zwischen ihnen gab es niemals ~*

zwitschern ['tsvɪtʃɐn] ⟨reg. Vb.; hat⟩ /Vögel/ **1.1.** 'feine hohe, schnell aufeinander folgende, nicht zu laute Töne von sich geben': *die Schwalben, Lerchen zwitscherten (in der Luft)* **1.2.** *etw. ~: die Vögel ~ ihr Lied* ('bringen ihre Töne zwitschernd 1.1 hervor')
* /jmd./ **einen ~** ('ein Glas Schnaps od. Kognak trinken') **(gehen)**

zwölf [tsvœlf] ⟨Zahladj.; nur adj. u. subst.; flektiert nur subst. im Dat. Pl.: zwölfen; ↗ TAFEL XII⟩ /die Kardinalzahl 12/: *~ Stück Kuchen kaufen; ein Jahr hat ~ Monate; er ist mit ~en* ('zwölf Gefährten') *auf Abenteuer losgezogen; ↗ auch drei* ❖ **zwölfte**

zwölfte ['tsvœlftə] ⟨Zahladj.; nur adj.⟩ /die Ordinalzahl zu *zwölf* (12.)/; ↗ auch *dritte* ❖ ↗ **zwölf**

zyklisch ['tsy:kl..] ⟨Adj.; o. Steig.; nicht präd.⟩ **1.** 'in einem Zyklus (1) ablaufend, vor sich gehend': *die ~e Abgabe von Hormonen; etw. läuft ~ ab, verläuft ~; eine ~e* ('in bestimmten Abständen immer wieder auftretende') *Krise* **2.** 'in Form eines Zyklus (2)': *ein ~ angelegter Roman; ~e Grafiken* ❖ ↗ **Zyklus**

Zyklon [tsy'klo:n], **der**; ~s, ~e fachspr. 'in einem Tiefdruckgebiet in tropischen Gebieten auftretender heftiger Wirbelsturm': *in einen ~ geraten; der ~ hat ganze Dörfer verwüstet*

Zyklus [tsy:klʊs], **der**; ~, Zyklen ['tsy:klən] **1.1.** 'sich regelmäßig wiederholender Ablauf eines Vorgangs': *der ~ von Tag und Nacht, der Jahreszeiten; etw. läuft in einem ~ ab* **1.2.** *ein ~ von ...: diese Veranstaltung wird in einem ~ von zwei Wochen* ('alle zwei Wochen') *durchgeführt* **2.** 'mehrere, inhaltlich zusammengehörige, bes. literarische, musikalische Werke': *ein ~ von Sonaten, Liedern* ❖ **zyklisch**

Zylinder [tsi'lɪndɐ], **der**; ~s, ~ **1.** 'hohler od. massiver regelmäßiger Körper mit rundem Querschnitt und einer Grund- und einer Deckfläche'; ↗ FELD III.1.1 (↗ TABL Geom. Figuren) **2.** 'Teil von Maschinen, bes. von Verbrennungsmotoren, in der Form eines meist hohlen Zylinders (1), in dem sich ein Kolben gleitend bewegt': *ein Motor mit vier, sechs ~n* **3.** 'zylindrisch geformtes Glasteil bes. einer Petroleumlampe': *der ~ der Lampe ist verrußt* **4.** 'hohe steife Kopfbedeckung für Männer in Form eines unten offenen hohlen Zylinders (1) mit einer steifen Krempe' (↗ TABL Kopfbedeckungen): *er kam im Frack und trug einen ~* ❖ **zylindrisch**

zylindrisch [tsi'lɪndR..] ⟨Adj.; o. Steig.; vorw. attr. u. bei Vb.⟩ 'in der Form eines Zylinders (1)'; ↗ FELD III.1.3: *ein ~es Glas; etw. ist ~ geformt* ❖ ↗ **Zylinder**

zynisch ['tsy:n..] ⟨Adj.; Steig. reg.⟩ 'von verletzendem Spott und verächtlich' /auf Personen, Mimisches, Sprachliches bez./: *er ist ein ~ Mensch; er hat eine ~e Art zu lächeln, grinsen; ein ~es Lächeln, Grinsen; ~e Bemerkungen machen; eine ~e Antwort* ❖ ↗ **Zynismus**

Zynismus [tsy'nɪsmʊs], **der**; ~, Zynismen [..'nɪsmən] **1.** ⟨o.Pl.⟩ 'verletzender und verächtlicher Spott, verächtliches und herausforderndes Verhalten gegenüber den Regeln der Moral, des Anstands, guten Verhaltens': *er ist für seinen ~ bekannt, berüchtigt; etw. mit unverhohlenem ~ sagen* **2.** ⟨vorw. Pl.⟩ 'zynische Bemerkung': *eine Rede voller Zynismen; viele der Gäste fühlten sich durch seine Zynismen verletzt; vgl. Sarkasmus* ❖ **zynisch**

Zypresse [tsy'pRɛsə], **die**; ~, ~n 'im Mittelmeergebiet vorkommender Nadelbaum mit meist kegelförmiger, schlanker Krone'; ↗ FELD II.4.1 (↗ TABL Bäume)

Wortfelder

(Auswahl)

auf der Basis der im Wörterbuch erscheinenden Stichwörter

Übersicht

Wortfelder I.: Der Mensch

1. Körperteile/Organe (↗ auch 4, 5, 6)
2. Charaktereigenschaften
3. Fähigkeiten der Sinneswahrnehmung
3.1. Gesichtssinn
3.2. Gehörsinn
3.3. Geruchssinn
3.4. Geschmackssinn
3.5. Tastsinn
4. Geistige Tätigkeiten
4.1. Denken
4.2. Urteilen/Diskutieren
4.3. Beweisen/Widerlegen/Zweifeln
4.4. Wissensdrang/Aufmerksamkeit/Sorgfalt
5. Intellektuelle Fähigkeiten
6. Psychische Prozesse
7. Körperliche Tätigkeiten
7.1. Körperliche Ruhelage
7.2. Körperliche Bewegung/Fortbewegung (↗ auch VIII, VI.1.2)
7.3. Das Bewegen eines Objekts
7.4. Sportliche Tätigkeiten/Disziplinen/Sportgeräte
7.5. Greifen/Halten
7.6. Befestigen/Lösen
7.7. Position
7.8. Öffnen/Schließen
7.9. Füllen/Leeren
7.10. Arbeiten mit dem Werkzeug ↗ V. Artefakte
7.11. Produktion/Erzeugung ↗ V. Artefakte
8. Nahrung/Nahrungsaufnahme (↗ auch II.3., II.4)
9. Verwandschaftsbezeichnungen
10. Berufsbezeichnungen
11. Kollektiva
12. Ethik/Moral
13. Mitteilen
14. Gewalt/Kampf/Frieden
15. Besitz/Eigentum
16. Geld/Handel
17. Reichtum/Armut
18. Soziales Verhalten

Wortfelder II: Umwelt

1. Boden/Land
2. Gewässer
3. Tierwelt (↗ auch I.8.1)
4. Pflanzenwelt (↗ auch I.8.1)
5. Stoffe (natürliche, künstliche) (↗ auch V.3)

Wortfelder III: Zustandsformen

1. Oberflächenform
2. Nässe/Trockenheit
3. Glätte/Stumpfheit
4. Festigkeit/Mangelnde Festigkeit
5. Intaktheit/Defekt

Wortfelder IV: Lageverhältnisse

1. hoch/tief
2. waagerecht/schräg/senkrecht
3. seitlich/hinten/vorn

Wortfelder V: Artefakte

1. Kleidung
2. Gebäude
3. Architektur (↗ auch II.5)
4. Möbel/Einrichtung
5. Geräte/Maschinen/Werkzeuge
6. Waffen
7. Gefäße/Behälter
8. Produktion/Erzeugung/Ware

Wortfelder VI: Sinneseindrücke

1. Akustische Sinneseindrücke
2. Optische Sinneseindrücke
3. Sinneseindrücke durch Hautsinn, Kontakt
4. Sinneseindrücke durch den Geruchssinn
5. Temperatur

Wortfelder VII: Zeit

1. Beginn
2. Dauer
3. Ende
4. Vergangenheit/Vorzeitigkeit/Nachzeitigkeit
5. Gleichzeitigkeit/Gegenwart
6. Zukunft
7. Tageszeiten
8. Jahreszeiten

Wortfelder VIII: Bewegung eines Fahrzeugs

1. Bewegung auf dem Land
2. Bewegung in der Luft
3. Bewegung in/auf dem Wasser
4. Fahrzeuge
4.1. Landfahrzeuge

Wortfelder I.: Der Mensch

1. Körperteile/Organe (↗ auch 4, 5, 6)

1.1. Substantive

Kopf, Haupt, Schädel, Gehirn, Hirn, **Haar,** Locke, Pupille, **Auge,** Augenbraue, Wimper, Lid, Schläfe, Stirn, **Gesicht,** Fresse, Antlitz, Backe, Wange, Nase, Ohr, Ohrmuschel, **Mund,** Maul, Schnabel, Zunge, Lippe, Rachen, Gaumen, Schlund, Gurgel, **Zahn,** Backenzahn, Kiefer, Kinn,

Hals, Kehlkopf, Speiseröhre, Luftröhre, Zäpfchen, Nacken, Genick, Adamsapfel, Mandel,

Rumpf, Schulter, Rücken, Buckel, Brust, Brustwarze, Rippe, Wirbelsäule, Leib, Lende, Hüfte, Becken, Kreuz, Achsel, **Bauch,** Magen, Darm, Herz, Lunge, Leber, Niere, Milz, **Unterleib,** Gebärmutter, Scheide; Hoden, Penis, Glied, Sperma; **Gesäß,** Hintern, After, Arsch,

Arm, Oberarm, Unterarm, Ellenbogen,

Hand, Handgelenk, Flosse, Pfote, **Finger,** Fingernagel, Fingerspitze, Daumen, Zeigefinger, Mittelfinger, Ringfinger,

Bein, Oberschenkel, Unterschenkel, Knöchel, Knie,

Fuß, Fußsohle, Sohle, Spann, Hacke(n), Ferse, Zehe,

Ferner: Blut, (Blut)kreislauf, Knochen, Nerv, Gelenk, Sehne, Ader, Aorta, Gefäß, Blutgefäß, Arterie, Schlagader, Haut, Schwiele

1.2. Verben

bluten, verrenken, ausrenken, einrenken, verstauchen, verschlucken, schlucken, rülpsen, knien

1.3. Adjektive/Adverbien

blutig, knochig, sehnig, schwielig

2. Charaktereigenschaften (↗ auch I.6)

2.1. Substantive

Güte, Edelmut, Freundlichkeit, Rücksicht,

Bosheit, Grausamkeit, Gemeinheit, Brutalität, Niederträchtigkeit, Tücke, Unmenschlichkeit, Hass, Neid, Mißgunst, Liebe, Wohlwollen,

Strenge, Schärfe, Disziplin, Selbstdisziplin, Selbstbeherrschung, Zucht, Ernst, Härte, Rücksichtslosigkeit,

Milde, Nachsicht, Langmut, Mitleid, Erbarmen, Toleranz, Intoleranz,

Geiz, Geldgier, Habgier, Habsucht, Schacher,

Sparsamkeit,

Großzügigkeit, Gastfreundschaft,

Mutterwitz, List,

Ehrlichkeit, Treuherzigkeit, Naivität, Offenheit, Wahrheitsliebe, Einfalt, Skepsis, Misstrauen, Argwohn,

Geschicklichkeit, Geschick, Handfertigkeit, Fähigkeit, Begabung,

Starrsinn, Widerspruchsgeist, Widerstandsfähigkeit, Auflehnung, Eigensinn, Trotz, Dickkopf, Dickschädel,

Ausdauer, Tatkraft, Fleiß, Bemühung,

Mutwille, Laune, Leichtsinn, Willkür, Hast, Nervosität,

Gehorsam, Vernunft

2.2. Verben

dulden, nachsehen, schonen, lieben, verzeihen, wohl wollen, **verletzen,** quälen, peinigen, plagen, misshandeln, **sich durchsetzen,** misstrauen, **hassen,** neiden, missgönnen, **sich beherrschen, schachern,** geizen, **sparen,** haushalten, können, meistern, **gehorchen,** folgen, nachgeben, sich fügen, streben, **verschwenden,** vergeuden, **trotzen,** sich widersetzen, meutern, sich auflehnen, **hetzen,** wühlen, **sich drücken,** kneifen

2.3. Adjektive/Adverbien

gütig, edelmütig, gut, freundlich, liebenswürdig, herzlich, milde, **rücksichtsvoll,** entgegenkommend, großherzig, großzügig, großmütig, **nachsichtig,** tolerant, mitleidig, intolerant,

boshaft, böse, böswillig, bösartig, grausam, gemein, brutal, schäbig, fies, infam, niederträchtig, schlecht, übel, rücksichtslos,

starrsinnig, dickfellig, starrköpfig, eigensinnig, bockbeinig, trotzig, widerspenstig, störrisch, rechthaberisch, unnachgiebig, stur, hartnäckig, halsstarrig,

wankelmütig, ziellos, ratlos, **zielbewusst,** zielstrebig, aktiv, strebsam, fleißig, faul,

geschickt, gewandt, fähig, tüchtig, [2]erfahren, begabt, wendig, tauglich, praktisch, beschlagen, bewandert, gewitzt, gewieft, lebenstüchtig,

unbeholfen, linkisch, schwerfällig, hölzern, plump, steif, täppisch, unpraktisch, unfähig,

streng, ernst, entschieden, energisch, nachdrücklich, herrisch, gebieterisch, eisern, hart, unerbittlich, erbarmungslos,

geizig, geldgierig, habgierig, raffgierig, knauserig, knickerig, kleinlich,

sparsam, genügsam, bescheiden, mäßig, anspruchslos,

großzügig, freigebig, wohltätig, hilfsbereit, spendabel, verschwenderisch, maßlos,

ehrlich, einfältig, schlicht, offen, [1]gerade, natürlich, naiv, arglos, treuherzig, leichtgläubig, simpel, aufrichtig, misstrauisch, skeptisch, wahrhaftig, lügnerisch,

launisch, wetterwendisch, mutwillig, leichtsinnig, wankelmütig, willkürlich,

impulsiv, ungestüm, stürmisch, rastlos, hastig,

gehorsam, gefügig, willig, unterwürfig, weich, brav, artig, dienstbeflissen, diensteifrig, kriecherisch, servil

3. Fähigkeiten der Sinneswahrnehmung

3.1. Gesichtssinn (sehen)

3.1.1. Substantive

Sehvermögen, Auge, Blick, Sicht, Scharfblick, Augenmaß, Einblick, Ansicht, Einsicht, Besichtigung, Musterung, Augenschein, Augenzeuge, Blindheit, Beobachter

3.1.2. Verben
sehen, blicken, erblicken, erkennen, entdecken, wahrnehmen, bemerken, ansichtig werden, gewahren, gucken, glotzen, linsen, betrachten, ansehen, aufsehen, sichten, **beobachten**, mustern, prüfen, spähen, ablesen, fernsehen

3.1.3. Adjektive/Adverbien
blind, durchsichtig, transparent, erkennbar

3.2. Gehörsinn
3.2.1. Substantive
Gehör, Ohr, Hörensagen, Hörspiel, Hörer, Vernehmung, Verhör

3.2.2. Verben
hören, horchen, lauschen, vernehmen, verstehen, belauschen, zuhören, aushorchen, anhören, verhören

3.2.3. Adjektive/Adverbien
hörbar, hellhörig, verständlich

3.3. Geruchssinn
3.3.1. Substantive
Witterung, Wahrnehmung

3.3.2. Verben
riechen, wittern, schnüffeln, schnuppern

3.4. Geschmackssinn
3.4.1. Substantive
Geschmack, Gaumen, Zunge, Feinschmecker, Leckerbissen

3.4.2. Verben
schmecken, kosten, probieren

3.4.3. Adjektive/Adverbien
schmackhaft, lecker, würzig, appetitlich

3.5. Tastsinn (vgl. VI.3)
3.5.1. Substantive
Gefühl, Empfindung, Fingerspitzengefühl, Reiz, Kitzel; Fühler

3.5.2. Verben
fühlen, empfinden, spüren; tasten, berühren, anfassen, anfühlen; streicheln, drücken, reiben, streichen, frottieren; kribbeln, prickeln, kitzeln, reizen

3.5.3. Adjektive/Adverbien
spürbar, fühlbar, gefühllos, kitzlig, taub

4. Geistige Tätigkeiten

4.1. Denken
4.1.1. Substantive
Denkvermögen, Verstand, Intellekt, Intelligenz, Gedanke, Bedenken, Gedankengut, Erkenntnis, Grübelei, Studium, Übung, Lesung, Erforschung, Philosophie, Logik, Dialektik, Tiefsinn, Scharfsinn, Bewusstsein, Abstraktion, Einfall, Idee, Unsinn; Leser, Leseratte

4.1.2. Verben
denken, sinnen, überlegen, nachdenken, grübeln, studieren, abstrahieren, philosophieren, begreifen, erwägen, verstehen, erkennen, bedenken, ausdenken, sich konzentrieren, sich sammeln, sich befassen mit, brüten, knobeln, erforschen, lesen, lernen, üben

4.1.3. Adjektive/Adverbien
nachdenklich, bewusst, gedankenvoll, **gedankenverloren**, gedankenlos, geistesabwesend, unbedacht, **begreiflich,** verständlich, unbegreiflich, unbewusst, unsinnig, sinnlos, **intelligent,** klug, gescheit, tiefsinnig, schlau, geistreich, dumm, töricht, **gerissen,** ausgekocht, raffiniert, durchtrieben, abstrakt, logisch, scharfsinnig, instinktiv, widersinnig, absurd

4.2. Urteilen/Diskutieren
4.2.1. Substantive
Urteil, Schluss, Folgerung, Urteilskraft, Schlussfolgerung, Konsequenz, Trugschluss, Irrtum, Vorurteil, Beurteilung, Diagnose, Zensur, Zeugnis, Schätzung, **Kommentar,** Deutung, Kritik, Rezension; Kritiker, Richter,

Diskussion, Meinungsstreit, Meinungsverschiedenheit, Streit, Streitgespräch, Kontroverse, Debatte, Polemik, Argument, Widerspruch, Gutachten, Würdigung, Entscheidung; Rechthaber

4.2.2. Verben
urteilen, schließen, folgern, schlussfolgern, beurteilen, entscheiden, schätzen, taxieren, überschätzen, unterschätzen, veranschlagen, **prüfen,** zensieren, **kritisieren,** rezensieren, kommentieren, **deuten,** auslegen, streiten, **diskutieren,** debattieren, erörtern, argumentieren, widersprechen, polemisieren, würdigen, verkennen, anerkennen

4.2.3. Adjektive/Adverbien
folgerichtig, richtig, logisch, schlüssig, begründet, danach, demnach, somit, deshalb, daher, darum, ¹also,

strittig, polemisch, rechthaberisch, konsequent, diskutabel, widersprüchlich, falsch, unhaltbar, irrtümlich, vorurteilsfrei, vorurteilslos

4.3. Beweisen/Widerlegen/Zweifeln
4.3.1. Substantive
Beweis, Indiz, Bestätigung, Beweismaterial, Probe, **Einspruch,** Protest, Widerspruch,

Zweifel, Skepsis, Bedenken, Misstrauen, Argwohn, Skrupel, Hemmung, Gewissensbisse

4.3.2. Verben
beweisen, begründen, bestätigen, demonstrieren, **widerlegen,** entkräften,

zweifeln, bezweifeln, zögern, säumen, bedenken, **misstrauen**

4.3.3. Adjektive/Adverbien
zweifelhaft, zweifelsohne, zweifelsfrei, fraglich, fragwürdig, anfechtbar

4.4. Wissensdrang/Aufmerksamkeit/Sorgfalt
4.4.1. Substantive
Wissbegier, Wissbegierde, Wissensdurst, Interesse, Neugier, Teilnahmslosigkeit, **Stumpfsinn, Erforschung,** Forschung, Wissenschaft, **Spitzel,** Spion, Spionage, Kundschafter, **Wissenschaftler,** Forscher,

Aufmerksamkeit, Wachsamkeit, Umsicht, Vorsicht, Obacht, Konzentration, Achtung, Beachtung, **Zerstreuung,** Träumer,

Fürsorge, Vorsorge, **Sorgfalt,** Vorbedacht, Sorge, Besorgnis, **Sorglosigkeit,** Fahrlässigkeit, Nachlässigkeit, Vergesslichkeit, **Schlamperei,** Schlendrian, Bummelant, Schlampe

4.4.2. Verben
forschen, erforschen, nachschlagen,
aufpassen, achten, Acht geben, beachten, wachen, zuhören, **belauschen,** spionieren, aushorchen,
übersehen, vergessen, träumen,
bedenken, vorbeugen, vorsorgen, vernachlässigen

4.4.3. Adjektive/Adverbien
wissbegierig, neugierig, rege, forschend, wissenschaftlich, **teilnahmslos,** stumpfsinnig, stupide,
aufmerksam, wachsam, wach, umsichtig, vorsichtig, andächtig, gespannt, **verträumt,** zerstreut,
fürsorglich, sorgfältig, gründlich, vorsorglich, genau, gewissenhaft, umsichtig, behutsam, besonnen, vorsichtig, **sorglos,** fahrlässig, nachlässig, vergesslich, schlampig, unachtsam, flüchtig, unbedacht, oberflächlich

5. Intellektuelle Fähigkeiten

5.1. Substantive
Intelligenz, Klugheit, Verstand, Grips, Logik, Begabung, Talent, Scharfsinn, Geist, Esprit, Geistesgegenwart, Sachlichkeit, **Weisheit,** Weitblick, Vernunft, Umsicht, Mutterwitz,
Genie, Meister, Leuchte, Kenner, Sachverständige, Koryphäe,
Dummheit, Unfähigkeit, Torheit, Unvernunft, Schwachsinn, Einfalt, Eselei,
Tor, Narr, Dummkopf, Schaf, Esel, Ziege, Idiot,
Gedächtnis, Erinnerung, Erinnerungsvermögen, Andenken, Denkzettel, Lesezeichen, Gedenktag,
Vergesslichkeit, Vergessenheit

5.2. Verben
denken, verstehen, begreifen, erkennen, überlegen, urteilen, durchschauen, einsehen, beherrschen, können, meistern,
versagen,
sich erinnern, sich entsinnen, wieder erkennen, gedenken, zurückrufen,
vergessen, verlernen, entfallen, in Vergessenheit geraten

5.3. Adjektive/Adverbien
intelligent, klug, begabt, scharfsinnig, geistreich, gescheit, talentiert, genial, schlagfertig, geistesgegenwärtig, verständig, vernünftig, weise, sinnvoll, begreiflich,
dumm, töricht, blöde, dämlich, doof, borniert, engstirnig, einfältig, geisteskrank, stumpfsinnig, idiotisch, unvernünftig,
erinnerlich, auswendig, vergesslich, zerstreut

6. Psychische Prozesse

6.1. Substantive
Psyche, Seele, Gemüt,
Angst, Furcht, Sorge, Besorgnis, Bammel, Todesangst, Höllenangst, Entsetzen, Panik, Schrecken, Grauen, Bestürzung, Schauder,

Feigheit, Feigling, Mutlosigkeit, Waschlappen, Scheu, Hemmung
Mut, Wagemut, Tapferkeit, Heldentum, Todesverachtung; Held, Kämpfer, Draufgänger,
Liebe, Sympathie, Neigung, Zuneigung, Bewunderung, Hingabe, Leidenschaft, Liebelei, Liebesverhältnis, Liebeskummer, Liebesleben, **Geliebte(r),** Liebhaber, Liebespaar, Verehrer, Freund, Schwarm, Liebling, Kavalier,
Zorn, Wut, Ärger, Empörung, Groll, Entrüstung, Jähzorn, Koller, Tobsucht, Unmut,
Hass, Feindseligkeit, Widerwille, Abneigung, Antipathie, Abscheu, Ungnade, Fluch, Rachsucht,
Trübsal, Trübsinn, Niedergeschlagenheit, Schwermut, Melancholie, Schwarzseherei, Pessimismus, Grübelei, Kummer, Gram, Wehmut, Weltschmerz, Qual, Schmerz,
Missmut, Verdruss, Frust, Giftzwerg,
Trauer, Traurigeit, Klage, Jammer, Seufzer, Stoßseufzer, Leid, Leiden, Trauerkleidung, Trauerkloß,
Neid, Missgunst, Konkurrenz, Rivale,
Eifersucht, Misstrauen, Argwohn,
Langeweile, Einerlei, Monotonie, Stumpfsinn,
Heiterkeit, Fröhlichkeit, Freude, Frohsinn, Lust, Stimmung, Munterkeit, Humor, Gelächter, Glück, Jubel, Vergnügen, Spaß, Entzücken, Übermut,
Zufriedenheit, Behagen, Wohlbehagen, Seelenruhe, Sorglosigkeit, Unzufriedenheit, Unbehagen

6.2. Verben
ängstigen, sich fürchten, Angst haben, befürchten, gruseln, grausen, grauen, ¹erschrecken, entsetzen, beben, zittern, schlottern, beunruhigen, Bange machen, einschüchtern, verzagen, kneifen, scheuen,
ermutigen, durchhalten, wagen, sich getrauen, sich trauen,
lieben, sich verlieben, liebkosen, verehren, lieb haben, achten, schwärmen, schmachten, verführen, betören, bezaubern,
ärgern, erzürnen, empören, sich entrüsten, sich erregen, sich aufregen, toben, rasen, wüten, geifern, platzen, sich fürchten,
hassen, ablehnen, nicht ausstehen können, verabscheuen, verachten,
sich grämen, grübeln, schwarz sehen, schmerzen, frustrieren, deprimieren,
grollen, geifern, keifen, murren, knurren, übel nehmen, verübeln,
trauern, leiden,
neiden, beneiden, missgönnen,
langweilen, die Zeit totschlagen,
erheitern, erfreuen, sich freuen, belustigen, aufheitern, aufmöbeln, aufmuntern, jubeln, lachen,
sich zufrieden geben, sich begnügen

6.3. Adjektive/Adverbien
psychisch, seelisch,
ängstlich, angst, furchtsam, bange, zaghaft, besorgt, Besorgnis erregend, **scheu,** schüchtern, be-

stürzt, **entsetzlich**, gruselig, fürchterlich, furchtbar, haarsträubend, grauenhaft, grauenvoll, schauderhaft, schaurig, schrecklich, unheimlich, scheußlich,

feige, furchtsam, kleingläubig, kleinlaut,

mutig, tapfer, kühn, tollkühn, heldenhaft, heroisch, unerschrocken, verwegen, wagemutig, waghalsig, keck, draufgängerisch, kämpferisch, beherzt, mannhaft, couragiert,

liebevoll, liebenswert, reizend, süß, lieb, erotisch, entzückend, leidenschaftlich, innig, zärtlich, schwärmerisch, herzlich, stürmisch,

zornig, ärgerlich, jähzornig, böse, grimmig, gereizt, bissig, scharf, hitzig, wild, wütend, wutentbrannt, rasend,

gehässig, hämisch, boshaft, bösartig, rachsüchtig, verhasst, unausstehlich, schrecklich,

trübsinnig, trübselig, niedergeschlagen, kleinlaut, trübe, schwermütig, melancholisch, grüblerisch, pessimistisch, lebensmüde, hoffnungslos, trostlos, depressiv,

traurig, weinerlich, herzergreifend, herzzerreißend, jämmerlich, jammerschade, bedauernswert, bedauerlich,

neidisch, missgünstig, scheel, schadenfroh, begehrlich,

eifersüchtig, misstrauisch, argwöhnisch,

langweilig, eintönig, einförmig, öde, stumpfsinnig, monoton,

heiter, vergnügt, fröhlich, freudig, froh, lustig, munter, glücklich, glückselig, humorvoll, humoristisch, ausgelassen, sonnig, übermütig,

zufrieden, sorglos, bescheiden, anspruchslos, genügsam, behaglich, **unzufrieden,** unbehaglich, unwohl

7. Körperliche Tätigkeiten

7.1. Körperliche Ruhelage

7.1.1. Substantive

Stand, Lage, Halt, Stopp, Rast, Stillstand, Ruhe; Stehplatz, Raststätte, Lager, Lagerstätte, Liegestuhl, Liegemöbel

7.1.2. Verben

stillstehen, stehen, liegen, liegen bleiben, liegen lassen, ruhen, sitzen, halten, stoppen, bleiben, rasten, lagern, stocken, anhalten, stehen bleiben, stehen lassen, ausruhen, verweilen, sich aufhalten, stillhalten

7.1.3. Adjektive/Adverbien

bewegungslos, regungslos, still, ¹ruhig, unbeweglich, fest

7.2. Körperliche Bewegung/Fortbewegung (↗ auch VIII)

7.2.1. Substantive

Drehung, Wendung, Wende, Bewegung, Regung, Tanz; Tänzer;

Fortbewegung, Lauf, Gang, Schritt, Trab, Galopp, Spaziergang, Bummel, Wanderung, Marsch,

Marschschritt; Wanderer, Läufer, Schlafwandler, Marschkolonne, Spaziergänger, Ankunft, Rückkehr, Rückweg, Umlauf,

Flucht, Flüchtling, Zulauf, Abzug, Abgang,

Fall, Sturz, Absturz, Untergang, Wasserfall, Senke, Gefälle, Taucher, Schwimmer

Sprung, Absprung, Sprungschanze, Springbrunnen, Kopfsprung,

Strömung, Strom, Flut,

Steigung, Aufschwung

7.2.2. Verben (↗ auch VI.1.2)

sich drehen, sich umdrehen, sich wenden, sich bewegen, sich regen, tanzen, zappeln,

sich fortbewegen, laufen, gehen, durchgehen, durchlaufen, schreiten, traben, galoppieren, **wandern,** spazieren, wandeln, spazieren gehen, marschieren, schlafwandeln, **rennen,** rasen, hetzen, jagen, flitzen, sausen, hasten, latschen, trotten, trippeln, stelzen, **bummeln,** schlendern, streifen, strolchen, irren,

kriechen, durchkriechen, krabbeln, schleichen,

taumeln, torkeln, stolpern, hinken,

kommen, sich nähern, herankommen, heranziehen, heraufziehen, im Anzug sein,

fortgehen, weggehen, weglaufen, sich entfernen, verlassen, verschwinden, entkommen, entfliehen, fliehen, flüchten, türmen, entlaufen, losgehen,

vorangehen, vorankommen, vordringen, vorgehen,

zurückkehren, zurückkommen, sich zurückziehen, umkehren,

fallen, hinfallen, stürzen, hinunterfallen, abstürzen, knien, kippen, umfallen, umkippen, **sich beugen,** sich vorbeugen, niederwerfen, trudeln, **tauchen,** absteigen,

steigen, klettern, aufsteigen, auftauchen,

hüpfen, springen, hopsen,

drängen, drängeln,

schwimmen

7.2.3. Adjektive/Adverbien

beweglich, ruhelos, flüchtig, zapplig, aufwärts, abwärts, bergan, bergauf, bergab

7.3. Das Bewegen eines Objekts

7.3.1. Substantiv

Druck, Zug, Schub, Schubkraft, Stoß, Anziehungskraft, Magnetismus, Magnet, Antrieb, Wurf, Schleudersitz; Zugtier,

Aufzug, Kran, Winde, Rolltreppe, Rollstuhl, **Versenkung**

7.3.2. Verben

ziehen, zücken, zerren, raffen, reißen, anziehen, entreißen,

stoßen, schieben, treiben, antreiben, schubsen,

werfen, schleudern,

drücken, drängen, stemmen, pressen

7.3.3. Adjektive/Adverbien

magnetisch

7.4. Sportliche Tätigkeiten/Disziplinen/Sportgeräte

7.4.1. Substantive

Hochsprung, Leichtathletik,

Lauf, Läufer, Kurzstreckenlauf, Langstreckenlauf, Marathonlauf, Eiskunstlauf, Staffellauf, Hürdenlauf, Hürdenrennen, Start,

Fußball, Handball, Hockey, Eishockey, Federball, Tennis, Tischtennis, Golf,
Gymnastik, Turnen, Geräteturnen, Turner, **Kugelstoßen,** Gewichtheben,
Ringen, Boxen, Ringkampf, Boxer, Ringer, Freistil, **Brustschwimmen,** Kraul, Schmetterlingsschwimmen, Delphin, Freistil, Delphinschwimmen, Schwimmer,
Rodeln,
Rudern, Ruderer, Regatta, Segeln,
Fechten,
Wettkampf, Olympiade, Kür, Training, Turnier, Konkurrenz,
Sportler, Spieler, Sportart, Trainer, Schiedsrichter, **Turngerät,** Pferd, Reck, Kasten, Barren, Spikes, Degen, Säbel, Florett, Diskus, Ski, Bob, Rodelschlitten, Kajak, Kanu, Kanadier, Segelboot, Ball, Schläger, Tor

7.4.2. Verben
laufen, springen, spurten, werfen, stoßen, fechten, turnen, schwimmen, kraulen, ringen, boxen, klettern, rodeln, reiten, Rad fahren, paddeln, rudern, segeln, trainieren, starten, tauchen

7.4.3. Adjektive/Adverbien
sportlich, spurtstark

7.5. Greifen/Halten
7.5.1. Substantive
Griff, Zugriff, Festnahme, Ergreifung, Handschelle
7.5.2. Verben
anfassen, aufgreifen, packen, greifen, zugreifen, ergreifen, festnehmen

7.6 Befestigen/Lösen
7.6.1. Substantive
Montage, Verbindung, Bindung, ¹Bund, Naht, **Bindfaden,** Kupplung, Schnur, Strick, Seil, Leine, Tau, Riemen, Kette, Knoten, Gurt, **Gürtel,** Klemme, Niet, Kleber, Klebstoff; Schweißer, Lösung, Entbindung
7.6.2. Verben
montieren, verbinden, binden, nieten, schweißen, heften, nähen, kleben, befestigen, anbinden, anmachen, annageln, annähen, anschlagen, anschnallen, anschweißen, anstecken, aufhängen, festmachen, zusammenbinden, zusammenfügen, zusammenschließen, zusammenwachsen,
trennen, teilen, kappen, abknöpfen, lösen, ablösen, abmachen, abnehmen, abreißen, absägen, abschneiden, abtrennen, auseinander gehen, entzweigehen, losreißen, loswerden, loskommen, durchbeißen, durchbrechen, durchschlagen, durchschneiden, zerbrechen, brechen, zerfallen, zerlegen, **zerkleinern,** zerschlagen, zerreißen

7.6.3. Adjektive/Adverbien
fest, zusammen, **los,** lose, locker, ¹ab
7.7. Position
7.7.1. Substantive
Stelle, Platz, Ort, Lage, Standort, Position
7.7.2. Verben
setzen, stellen, legen, sitzen, liegen, lagern, stehen, sich befinden, ²sein, ¹hängen, hinlegen, hinsetzen,

hinstellen, niederlegen, niederwerfen, unterbringen, unterkommen, unterstellen
7.8. Öffnen/Schließen
7.8.1. Substantive
Öffnung, Schließfach, Schloss; Lücke, Loch, Bresche, Eingang, Ausgang, **Sperre,** Verschluss; Korken, Büchsenöffner, Korkenzieher, Flaschenöffner, Öffner, Locher, Stöpsel, Pfropf(en), Riegel, Deckel, Hindernis
7.8.2. Verben
öffnen, aufbrechen, aufdecken, auflassen, aufmachen, lochen, aufplatzen, aufreißen, aufschließen, aufsperren, aufziehen, offen stehen,
schließen, verschließen, abschließen, absperren, zudecken, zulassen, zufrieren, zumachen, zuschließen, zuschieben, zuziehen
7.8.3. Adjektive/Adverbien
offen, ¹auf, ¹zu, sperrangelweit, löcherig, undurchdringlich, unzugänglich
7.9. Füllen/Leeren
7.9.1. Substantive
Füllung, Inhalt, Polster, Schüttgut, Füllfederhalter, Ladung, Fracht
7.9.2. Verben
gießen, schütten, füllen, stopfen, pressen, tun, einflößen, einschenken, eingießen, einpacken, einatmen, ausfüllen, beladen, laden, einnehmen,
leeren, ausgießen, ausschütten, auspumpen, ausatmen, ausquetschen, auspacken, ausdrücken, auspressen, ausnehmen, ausschöpfen
7.9.3. Adjektive/Adverbien
voll, leer
7.10. Arbeiten mit dem Werkzeug ↗ V. Artefakte
7.11. Produktion/Erzeugung ↗ V. Artefakte

8. Nahrung/Nahrungsaufnahme (↗ auch II.3, II.4)

8.1. Substantive
Nahrung, Essen, Diät, Lebensmittel, Rohkost, Schonkost, Nahrungsmittel, Kost, Genussmittel, **Backware,** Gebäck, Schwarzbrot, Weißbrot, Pumpernickel, Scheibe Brot, Brötchen, Semmel, Knäckebrot, Zwieback, Butterbrot,
Kuchen, Stolle, Bienenstich, Torte,
Aufstrich, Belag, Honig, Marmelade, Butter, Margarine, Schmalz, Wurst, Schinken, Käse, Quark,
Suppe, Brühe, Bouillon,
Salat,
Fleisch, Rindfleisch, Schweinefleisch, Wild, Hammelfleisch, Hammel, Hackfleisch, Gehackte, Braten, Steak, Beefsteak, Bulette, Kotelett, Schnitzel, Rumpsteak, Bockwurst, Bratwurst, Leberwurst,
Fisch, Hering, Brathering, Dorsch, Aal, Kabeljau, Flunder, Makrele, Hecht, Karpfen, Krabbe, Speisefisch, Krebs, Lachs, Forelle, Sprotte,
Geflügel, Brathähnchen, Ente, Gans, Pute,
Ei, Rührei, Spiegelei,
Gemüse, Kohl, Grünkohl, Rotkohl, Weißkohl, Rosenkohl, Kohlrabi, Spinat, Blumenkohl, Wir-

singkohl, Paprika, Möhre, Karotte, Radieschen, Rettich, Sauerkraut, Kraut, Rote Bete, Bohne, Linse, Erbse, Kartoffel, Spargel, Zwiebel, Porree, Gurke, Grünzeug, Bratkartoffeln, Tomate, Hülsenfrucht,
Gewürz, Senf, Knoblauch, Petersilie, Sellerie, Schnittlauch, Zitrone, Kümmel, Pfeffer, Muskatnuss, Kaper, Anis,
Obst, Apfel, Birne, Pflaume, Kirsche, Apfelsine, Orange, Mandarine, Pfirsich, Aprikose, Banane, Südfrucht, Johannisbeere, Himbeere, Brombeere, Erdbeere, Stachelbeere,
Vorspeise, Nachspeise, Dessert, Hauptgericht, Nachtisch,
Getränk, Trank, Trunk, Mineralwasser, Brause, Limonade, Most, Milch, Vollmilch, Buttermilch, Molke, Joghurt, Kakao, Kaffee, Mokka, Tee, Bohnenkaffee, Bier, Wein, Sekt, Schnaps, ^{2}Korn, Wodka, Weinbrand, Kognak, Likör, Weiße, Weißwein, Rotwein,
Mahl, Mahlzeit, Imbiss, Bissen, Happen, Schluck, Frühstück, ^{2}Mittag, Mittagessen, Abendessen, Abendbrot, Kaffee, Esser, Genießer
8.2. Verben
essen, speisen, futtern, fressen, schlingen, knabbern, nippen, trinken, saufen, schlürfen, schlucken, aufessen, verzehren, löffeln, zu sich nehmen, sich stärken, genießen, hinunterspülen
8.3. Adjektive/Adverbien
essbar, genießbar, ungenießbar, verdaulich, bekömmlich, schmackhaft, gesund, würzig, lecker, pikant, delikat

9. Verwandtschaftsbezeichnungen
9.1. Substantive
Großvater, Großmutter, **Großeltern, Eltern,** Vater, Stiefvater, Mutter, Stiefmutter, Kind, Stiefkind, Enkel, Enkelin, Enkelsohn, Enkeltochter, Bruder, Schwester, Geschwister,
Schwiegereltern, Schwiegervater, Schwiegermutter, Schwiegersohn, Schwiegertochter, Schwager, Schwägerin, Tante, Onkel, Neffe, Nichte, Cousin, Cousine, Vetter, Base; Kleinkind
9.2. Adjektive/Adverbien
elterlich, brüderlich, mütterlich, väterlich, verschwägert, kindlich, kinderreich

10. Berufsbezeichnungen
Facharbeiter, Ingenieur, Architekt, Archivar, Bibliothekar, Wissenschaftler, Lehrer, Biologe, Chemiker, Chirurg, Physiker, Mathematiker, Mediziner, Arzt, Doktor, Facharzt, Zahnarzt, Apotheker, Pharmazeut, Jurist, Justitiar, Rechtsanwalt, Anwalt, Richter, Pfarrer, Geistliche, Techniker, Technologe, Politiker, Polizist, Bauarbeiter, Putzfrau, Raumpflegerin, Maurer, Zimmermann, Fliesenleger, Schornsteinfeger, Glaser, Maler, Lackierer, Tischler, Drechsler, Elektriker, Schuster, Weber, Schneider, Metzger, Schlachter, Fleischer, Bäcker, Müller, Uhrmacher, Schmied, Schlosser, Dreher, Klempner, Gießer, Gärtner, Bauer, Winzer, Beamte, Angestellte, Sekretär(in), Sachbearbeiter, Vertreter, Kaufmann, Verkäufer(in), Künstler, Fabrikant, Unternehmer, Unternehmensberater, Bergmann, Fischer, Jäger, Weidmann, Förster, Imker, Kraftfahrer, Fahrer, Pilot, Seemann, Diener, Magd, Knecht, Funktionär

11. Kollektiva
Familie, Sippe, Klasse, Gruppe, **Gremium,** Vorstand, Kommission, Komitee, Gesellschaft, Gemeinde, Gemeinschaft, Genossenschaft, **Bevölkerung,** Clique, Sippschaft, Generation, Bürgertum,
Organisation, Partei, Gewerkschaft, ^{2}Bund, Verein, Vereinigung, Verband, Sekte, Versammlung, Klub,
Mannschaft, Crew, Besatzung; Kundschaft,
Armee, Kompanie, Regiment, Bataillon,
Personal, Betrieb, Team, Kollektiv, Körperschaft,
^{1}Chor, Orchester, Regierung,
Bande, Gesindel, Haufen, Herde, Masse, Horde, Rotte,
Menschenmenge, Mehrheit, Minderheit

12. Ethik/Moral
12.1. Substantive
Ethik, Moral, Tugend, Ehre, Gewissen, Pflicht, Treue, Humanität, Menschlichkeit, Sitte, Sittlichkeit, Sittlichkeitsverbrechen, Gesinnung, Ehrenwort, Gewissensbisse, Ehrfurcht, Rechenschaft, Schweigepflicht, Verantwortung, Gehorsam, Gebot, Gerechtigkeit, Ehrlichkeit, Edelmut, Verantwortlichkeit, Schuld, Unschuld, Reue, Scham, Schamgefühl, Sünde,
Verbrechen, Vergehen, Verfehlung, Verstoß, Frevel, Untat, Schandtat, Schandfleck, Schande, Unsitte, Seitensprung, Laster
12.2. Verben
bereuen, sündigen, sich vergehen, verstoßen, **ächten,** verachten, verurteilen, ehren, gehorchen, sich verantworten, sich schämen
12.3. Adjektive/Adverbien
ethisch, moralisch, sittlich, verantwortungsbewusst, edelmütig, ehrfürchtig,
rechtschaffen, aufrecht, edel, lauter, fromm, heilig, gut, getreu, treu, gerecht, human, humanitär, humanistisch, vorbildlich, beispielhaft, ehrenhalber, ehrlich,
schuldhaft, schuldig, schuldbewusst, schuldlos, unschuldig, reuig, schamhaft, schlecht, gemein, **verbrecherisch,** frevelhaft, unsittlich, schamlos, leichtlebig, leichtfertig, verantwortungslos, verkommen, morbid

13. Mitteilen
13.1. Substantive
Mitteilung, Information, Bericht, Erzählung, Darstellung, Aussage, Nachricht, Bescheid, Meldung,

Antwort, Frage, Interview, Bemerkung, **Rat,** Ratschlag, Hinweis, Instruktion, Wink, Auskunft, **Anzeige,** Annonce, Inserat, Schreiben, Brief, Berichterstatter

13.2. Verben
mitteilen, informieren, instruieren, unterweisen, berichten, schildern, erzählen, darstellen, benachrichtigen, verständigen, melden, antworten, fragen, interviewen, bemerken, raten, denunzieren, anzeigen, annoncieren

13.3. Adjektive/Adverbien
informativ, mündlich, schriftlich

14. Gewalt/Kampf/Frieden

14.1. Substantive
Gewalttat, Gewalt, Druck, Zwang, Nötigung, Diktatur, Tyrannei; Prügel, Handgemenge, Schlägerei, Reiberei, Zwist, Auseinandersetzung; Raufbold, Schläger,
Kampf, Streit, Fehde, Blutrache, Feldzug, Feindseligkeiten, Aggression, Nahkampf, Waffengewalt, Krieg, Gefecht, Schlacht, Kriegsgefahr, Kriegsgefangenschaft, Kriegshetze, Schlachtfeld, Kampfhandlungen, Blutvergießen, Mobilmachung, Kriegstreiber, Kriegsverbrecher, Aggressor,
Eroberung, Überfall, Angriff,
Friede(n), Eintracht, Neutralität, Pazifismus, Waffenstillstand, Waffenruhe

14.2. Verben
nötigen, zwingen, erpressen, tyrannisieren; prügeln, vergewaltigen, raufen, balgen,
kämpfen, streiten, bekämpfen,
erobern, überfallen, angreifen, einnehmen

14.3. Adjektive/Adverbien
gewaltsam, gewalttätig, tyrannisch, feindselig, aggressiv, totalitär,
friedlich, friedliebend, neutral, unblutig, einträchtig, pazifistisch

15. Besitz/Eigentum

15.1. Substantive
Eigentum, Besitz, Habe, Habseligkeiten, Vermögen, Guthaben, Haushalt, Schulden, Monopol, Anrecht, Einkommen, Anspruch, Kauf,
Immobilie, Grundbesitz, Liegenschaften, Haus, Hof,
Erbschaft, ^{1}Erbe,
Pacht, Miete,
Besitzer, Eigentümer, Inhaber, Mieter, ^{2}Erbe

15.2. Verben
besitzen, haben, verfügen, aneignen, erben, vererben, enterben, vermachen, zukommen lassen, verkaufen, kaufen

15.3. Adjektive/Adverbien
eigen, erblich

16. Geld/Handel

16.1. Substantive
Kapital, Geld, Finanzen, Kredit, Bargeld, **Zahlungsmittel,** Münze, Banknote, Schein, Währung,
Geldbetrag, Betrag, Geldstrafe, Geldgier, Devisen, Schatz,
Aktie, Wertpapier, Aktiengesellschaft, Aktionär, Wechsel, Scheck, Anweisung,
^{2}**Mark,** Pfennig, Zehner, Fünfer, Kleingeld, Wechselgeld,
Bankier, Kassierer, Finanzier, Spekulant, Kapitalist,
Börse, Bank, Sparkasse, Tresor, Safe, Kassette, Kasse, **Konto,** Spareinlage, Sparkonto, Sparbuch, Brieftasche, Portemonnaie; Sparer,
Handel, Import, Export, Einfuhr, Ausfuhr, Tausch, Preis,
Kauf, Bezug, Erwerb, Einkauf, Lieferung, Kundschaft, Käufer, Spekulation, ^{1}Kunde, Abnehmer, Auktion, Versteigerung, Angebot, Nachfrage, Verkäufer, Verkauf, Geschäft, Umsatz, Anschaffung, Besorgung, Ware, Bestellung,
Außenhandel, Binnenhandel, Großhandel, Einzelhandel, Handelsbeziehungen,
Handelspartner, Handelsvertreter,
Geschäftsmann, Kaufmann, Geschäftsführer,
Bankrott, Pleite

16.2. Verben
finanzieren, kassieren, spekulieren, sparen,
kaufen, einkaufen, verkaufen, veräußern, versteigern, liefern, besorgen, beziehen, bestellen, anschaffen, erwerben, hamstern, horten,
handeln, anbieten, feilschen, schachern, unterbieten, überbieten, vermarkten, **importieren,** exportieren, einführen, ausführen, umsetzen, tauschen

16.3. Adjektive/Adverbien
finanzkräftig, finanzschwach, finanziell, käuflich, zahlungsfähig, zahlungsunfähig, geldgierig, bankrott, pleite
kaufmännisch, geschäftlich, geschäftstüchtig, geschäftsführend,
handelseinig, handelsüblich, preislich, erhältlich

17. Reichtum/Armut

17.1. Substantive
Reichtum, Wohlstand; Millionär, Kapitalist,
Armut, Not, Entbehrung, Elend, Hunger, Hungersnot, ^{1}Mangel, Knappheit, Notlage, Bankrott, Pleite; Bettler, Arme, Reiche, Arbeitslose

17.2. Verben
sich bereichern, hungern, betteln, herunterkommen, verkommen, entbehren

17.3. Adjektive/Adverbien
reich, steinreich, wohlhabend, vermögend,
arm, ärmlich, mittellos, kümmerlich, hungrig, abgerissen, schäbig, Not leidend, elend, heruntergekommen, **arbeitslos,** erwerbslos, erwerbsunfähig, bankrott, pleite

18. Soziales Verhalten

18.1. Substantive
Rücksichtslosigkeit, Härte, Strenge, Kälte, Schärfe, Willkür, Rohheit, Taktlosigkeit, Unmenschlichkeit, Barbarei; Barbar, Rüpel, Flegel, Lümmel,

Rücksichtnahme, Rücksicht, Mitleid, Erbarmen, Barmherzigkeit, Wärme, Milde, Takt, Aufmerksamkeit, Achtung, Höflichkeit, Ehrfurcht, Hilfe, Solidarität

18.2. Verben
achten, helfen, sich einsetzen, eintreten, ehren, erbarmen, entgegenkommen, solidarisieren,
missachten, übersehen, ignorieren, herabwürdigen, herabsehen, herabsetzen, diskreditieren, ächten

18.3. Adjektive/Adverbien

rücksichtslos, rüde, hart, streng, scharf, barbarisch, inhuman, eisig, eiskalt, kalt, roh, willkürlich, menschenfeindlich, kaltschnäuzig, frostig, kühl, reserviert, rüpelhaft, flegelhaft, lümmelhaft, schroff, erbarmungslos, taktlos,
rücksichtsvoll, warmherzig, ehrfürchtig, hilfsbereit, mitleidig, milde, barmherzig, einsatzbereit, liebenswürdig, **höflich,** taktvoll, solidarisch, sozial, menschenfreundlich

Wortfelder II.: Umwelt

1. Boden/Land

1.1. Substantive
Boden, Erde, Erdboden, Sand, Lehm, Humus, Mutterboden, Torf, Kies, Schlamm, Staub, Stein, Gestein, Fels,
Acker, Feld, Wald, Weide, Weideland, Wiese, Länderei, **Wüste,** Steppe, Heide, Sumpf, Moor, Garten, ²Flur, Grundstück, Anlage,
Gelände, Gebiet, Land, Landstrich, Landschaft, Areal, Festland, Erdoberfläche, Kontinent, Insel, Landzunge, Landenge, Terrain,
Hoheitsgebiet, Hoheitsgewässer, Bundesland, Staatsgebiet, Territorium, Provinz,
Bodenschätze; Bodenfrost, Erdkruste,
Berg, Gebirge, Hügel, Gipfel, Grat, Kamm, Hochebene, Ebene, Kuppe, Anhöhe,
Tal, Senke, Niederung, Schlucht, Tiefebene, Flachland

1.2. Adjektive, Adverbien
sandig, moorig, sumpfig, schlammig, staubig, lehmig, steinig, gebirgig, hügelig, bergig, steil, ¹eben, flach

2. Gewässer

2.1. Substantive
Meer, Gewässer, Wasser, ¹See, Binnengewässer, Teich, Tümpel, Meerenge, Meerbusen, ¹Golf, Bucht, ²See
Fluss, Strom, Bach, Kanal, Graben,
Tiefe, **Untiefe;** Ebbe, Flut, Hochwasser, Sturmflut; Schleuse

2.2. Verben
strömen, fließen; schleusen

3. Tierwelt (↗ *auch* I.8.1)

3.1. Substantive
Tierreich, Fauna, Kreatur, Zoologie, Tier, Zoo,
Schädling, Ungeziefer,
Herde, Meute, Rudel, Zug, Schwarm,
Wirbeltier, Vogel, Wassertier, Kriechtier,
Haustier, Zugtier, Reittier, Vieh, Huftier, Pferd, Ross, Schimmel, Rappe, Gaul, Hengst, Stute,

Fohlen, Esel, Maulesel, Maultier, ¹Pony, **Wiederkäuer, Rind,** Bulle, Stier, Kuh, Kalb, Ochse,
Schaf, Bock, Lamm, Widder, Hammel, Ziege,
Schwein, Eber, Sau, Ferkel,
Huhn, Hahn, Küken, Glucke, **Gans,** Gänserich,
Ente, Erpel, Enterich, **Pute,** Puter, **Taube,** Pfau,
Hund, Hündin, Pudel, Dogge, Bulldogge, Dackel, Terrier, Köter, Rüde, Welpe; **Katze,** Kater,
Wild, Hirsch, Hirschbulle, Hirschkuh, Kalb,
Reh, Rehbock, Ricke, Kitz, Gemse, **Elch,** Ren, Rentier,
Wildschwein, Keiler, Bache,
Raubtier, Tiger, Löwe, Leopard, Luchs, Hyäne, Wolf, Bär, Eisbär, Marder, Iltis, Fuchs, Nerz, Dachs, ¹Otter,
Robbe,
Nagetier, Hase, Kaninchen, Eichhörnchen, Murmeltier, Maus, Biber, Ratte, Hamster, Meerschweinchen,
Kamel,
Elefant, Nashorn, Affe, Schimpanse, Gorilla,
Schlange, Giftschlange, Riesenschlange, Kreuzotter, ²Otter, Ringelnatter,
Kriechtier, Reptil, Echse, Alligator, Krokodil, Schildkröte, Eidechse,
Frosch, Kröte, Laubfrosch, Lurch, Amphibie, Kaulquappe,
Raubvogel, Adler, Bussard, Habicht, Geier, Falke, Sperber;
Papagei, Kanarienvogel, Fasan; **Wasservogel,** Schwan, Möwe; Kranich, Sperling, Spatz,
Singvogel, Fink, Meise, Amsel, Drossel, Nachtigall, Lerche, Schwalbe, Kuckuck,
Specht, Krähe, Eichelhäher,
Fisch, Karpfen, Hecht, Barsch, Rotbarsch, Forelle, Lachs, Aal, Hering, Makrele, Dorsch, Kabeljau, Sardine, Sprotte, Seefisch,
Insekt, Ameise, Biene, Wespe, Hummel, Hornisse, Fliege, Bremse, Mücke, Floh, Wanze, Laus, Heuschrecke, Schabe, Made, Larve,
Käfer, Maikäfer, Marienkäfer, Kartoffelkäfer,
Schmetterling, Falter, Motte,
Spinne; Skorpion, Milbe,
Krebs, Krabbe, Koralle, Seestern,

Schnecke, Wurm, Egel, Regenwurm, Blutegel, Bandwurm,
Einzeller, Bakterie,
Zelle, Samen, Ei,
Schwanz, Fell, Feder, Kralle, Huf, Stachel, Schuppe, Flosse, Kieme, Schnauze, Rüssel
3.2. Verben
kriechen, laufen, krabbeln, fliegen, schwärmen, bellen, kläffen, brummen, miauen, blöken, gackern, krähen, brüllen, kreischen, beißen, stechen (vgl. auch VI.1.2)
3.3. Adjektive/Adverbien
zoologisch, tierisch, gefiedert

4. Pflanzenwelt (↗ auch I.8.1)

4.1. Substantive
Flora, Botanik, **Pflanze,** Keim, Vegetation, Zelle, Samen, Blüte, **Blütenblatt,** Pollen, Blütenstaub, Spore, Wurzel, Knolle, Stiel, Stengel, Halm, Knospe, Blatt, Ast, Zweig, Nadel, Laub, Baumstamm, Stamm, Rinde, Borke, Baumkrone, Krone, Stachel, Dorn, Zwiebel,
Schössling, Senker, Setzling, ²Reis,
Traube, Dolde, Ähre, Weintraube,
Frucht, Schote, Kern, Weinbeere, Beere, Apfel, Erdbeere, Rhabarber, Kürbis, Brombeere, Himbeere, Ananas, Banane, Birne, Pfirsich, Aprikose, Pflaume, Nuss, Zapfen, Kastanie, Getreide, Buchecker, Eichel, Obst, Schlehe, Heidelbeere, Holunderbeere,
Baum, Strauch, Staude, Kraut, Wald, Forst, Dickicht, Dschungel, Urwald, Gebüsch, Buschwerk, Busch, Gesträuch, Gestrüpp, Gehölz, Hecke, ²Bruch, Unterholz,
Park, Garten, Beet, Anlage,
Laubwald, Nadelwald, Mischwald,
Laubbaum, Ahorn, Birke, Buche, Eiche, Linde, Kastanie, Esche, Erle, Platane, Pappel, Weide, Lorbeerbaum,
Nadelbaum, Nadelhölzer, ²Kiefer, Tanne, Fichte, Lärche, Eibe, Zypresse,
Obstbaum, Apfelbaum, Birnbaum, Kirschbaum, Weinstock, Pflaumenbaum, Pfirsichbaum, Aprikosenbaum, Quitte,
Strauch, Ginster, Wacholder, Schlehe, Flieder, Holunder, Haselstrauch, Himbeerstrauch, Brombeerstrauch, Johannisbeerstrauch, Stachelbeerstrauch, Heidekraut,
Getreide, Korn, Roggen, Weizen, Gerste, Hafer, Mais, ¹Reis,
Gemüse, Gemüsepflanze, Kohl, Weißkohl, Rotkohl, Wirsing, Wirsingkohl, Rosenkohl, Blumenkohl, Kohlrabi, Rübe, Rote Bete, Erbse, Bohne, Linse, Möhre, Karotte, Rettich, Radieschen, Sellerie, Gurke, Spargel, Tomate, Kartoffel, Spinat, Salat, Porree, Paprika, Hülsenfrüchtler,
Gewürzpflanze, Dill, Fenchel, Anis, Kümmel, Muskatnuss, Knoblauch, Zwiebel, Schnittlauch, Petersilie,

Pilz, Giftpilz, Champignon, Steinpilz, Marone,
Flachs, Hanf; Raps, Klee, Lupine,
Blume, Schnittblume, Anemone, Rose, Pfingstrose, Mohn, Wicke, Malve, Nelke, Veilchen, Alpenveilchen, Enzian, Aster, Dahlie, Hyazinthe, Krokus, Tulpe, Narzisse, Maiglöckchen, Schneeglöckchen, Winde, Löwenmaul, Löwenzahn, Primel, Lilie, Distel, Klette, Sonnenblume, Gänseblümchen, Kaktus,
Binse, Schilf,
Farn, Moos,
Gras,
Alge, Tang, Flechte,
Unkraut, Melde, Brennnessel, Schafgarbe,
Kletterpflanze, Ranke, Efeu, Hopfen,
Ernte, Reife, Saat, Aussaat, Schnitt, Mahd, Dünger, Fruchtbarkeit, Ertrag
4.2. Verben
pflanzen, säen, aussäen, bestellen, anbauen,
hacken, harken, jäten, mähen, pflügen, eggen, urbar machen, gießen, begießen, wässern, düngen,
ernten, lesen, dreschen, sprießen, **wachsen,** anwachsen, wuchern, knospen, tragen, blühen, aufblühen, reifen, welken
4.3. Adjektive/Adverbien
pflanzlich, botanisch, fruchtbar, ertragreich, gefiedert, reif, welk, grün, dornig

5. Stoffe (natürliche, künstliche) (↗ auch V.3.1)

5.1. Substantive
Materie, Stoff, Substanz, Material, Mineral, Erz,
Baumaterial, Mauerstein, Ziegel, Beton, Mörtel, Zement, Holz, Balken, Brett, Bohle, Dachziegel, Baustein, Baustoff, Kalk, Kies, Sand, Kachel, Fliese,
Papier, Karton, Pappe,
Metall, Buntmetall, Edelmetall, Leichtmetall, Schwermetall, Stahl, Messing, Bronze, Aluminium, Blei, Eisen, Kupfer, Nickel, Chrom, Silber, Gold, Platin, Zink, Zinn; Kalium, Kalzium, Magnesium, Natrium, Quecksilber, Schwefel, Phosphor, Kohlenstoff, Graphit, Gips, Ton, Salz, Edelstein; **Stein,** Basalt, Granit, Feldspat, Spat, Glimmer, Quarz,
Kohle, Koks, Steinkohle, Braunkohle, Torf,
Öl, Erdöl, Petroleum, Benzin, Dieselkraftstoff,
Kunststoff, Werkstoff, Plastik, Glas, Milchglas, Porzellan
5.2. Verben
verarbeiten, schmelzen, formen, gießen, gipsen, spinnen
5.3. Adjektive/Adverbien
metallen, metallisch, organisch, anorganisch, eisern, steinern, hölzern, kupfern, golden, silbern, stählern, gipsern, ölig

Wortfelder III.: Zustandsformen

1. Oberflächenform

1.1. Substantive
Dreieck, Ellipse, Zylinder, Walze, Würfel, Quader, Kegel, Kugel, Kreis, Prisma, Halbkreis, Halbkugel,
Bogen, Biegung, Krümmung, Kurve, Winkel, **Ecke,** Kante, Knick, Spitze, **Wölbung,** Buckel, Höcker, Bucht, Scheibe, Beule, Vertiefung
1.2. Verben
biegen, sich verbeugen, verbeulen, knicken, wölben, ebnen, kreisen, kurven
1.3. Adjektive/Adverbien
flach, [1]eben, bauchig, eckig, dreieckig, elliptisch, kantig, krumm, schief, spitz, [1]rund, kreisrund, zylindrisch, quadratisch, wellig, [1]gerade, symmetrisch

2. Nässe/Trockenheit

2.1. Substantive
Nässe, Feuchtigkeit, Dunst,
Regen, Schauer, Guss, Wolkenbruch, Schnee, Reif, Hagel, Schneematsch,
Hochwasser, Sturmflut,
Sumpf, Moor, Schlamm, Matsch, Morast,
Trockenheit, Dürre,
Bad, Dusche,
Tropfen, Schwall,
Steppe, Wüste
2.2. Verben
wässern, bewässern, sprengen, gießen, begießen, **nieseln,** regnen, gießen, hageln, schneien, stieben, **duschen,** waschen, baden, sich brausen, triefen, durchnässen; wassern,
trocknen, vertrocknen, verdunsten, dörren, entwässern, trockenlegen
2.3. Adjektive/Adverbien
nass, tropfnass, feucht, dunstig, diesig,
sumpfig, moorig, matschig, schlammig, morastig, **regnerisch,**
trocken, knochentrocken

3. Glätte/Stumpfheit

3.1. Substantive
Glätte, Politur, Glatteis, Eisglätte, Schneeglätte,
Bügeleisen, [2]Mangel, Walze
3.2. Verben
glätten, ebnen, [2]schleifen, hobeln, bohnern, bügeln, mangeln, walzen, polieren,
gleiten, rutschen, glitschen
3.3. Adjektive/Adverbien
glatt, schlüpfrig, glitschig, holperig,
stumpf, rauh, bügelfrei

4. Festigkeit/mangelnde Festigkeit

4.1. Substantive
Festigkeit, Härte,
Fels, Beton, Stahl, Panzer, Diamant, Granit, Stein, Kristall,
Krümel, Brösel, Moder
4.2. Verben
pressen, härten, kristallisieren,
bröckeln, krümeln, lösen, lockern
4.3. Adjektive/Adverbien
fest, hart, steinhart, zäh, kompakt, massiv, starr, steif, eisern, stählern,
morsch, mürbe, moderig, brüchig, bröckelig, krümelig, porös, weich, wacklig, lose, locker

5. Intaktheit/Defekt

5.1. Substantive
Vollständigkeit, Ordnung,
Trümmer, Bruch, Bruchstück, Zerstörung,
[1]**Mangel,** Fehler, Defekt, Stückwerk
5.2. Verben
reparieren, zerfallen, **zerkleinern,** zerreißen, zerschlagen, zerschneiden, zersplittern, zerstören
5.3. Adjektive/Adverbien
vollständig, ganz, heil,
entzwei, kaputt, defekt, mangelhaft, fehlerhaft

Wortfelder IV.: Lageverhältnisse

1. hoch/tief

1.1. Substantive
Höhe, Gipfel, Steigung, Turm, Dach, Himmel, Wolke, Höhepunkt,
Tiefe, Tal, Tiefsee, Grube, Schacht, Krater, Abgrund, Schlucht, Tiefpunkt, Tiefebene
1.2. Verben
ragen, auftauchen, aufsteigen,
sinken, tauchen, versinken, untergehen
1.3. Adjektive/Adverbien

hoch, oben, [1]oberhalb, empor, steil, hinauf, hinan, aufwärts, bergauf, zuoberst, obenauf, obendrauf,
tief, niedrig, unten, hinunter, herunter, hinab, abwärts, herab, zuunterst

2. waagerecht/schräg/senkrecht

2.1. Substantive
Ebene, Horizont, Wasserspiegel, Wasserstand, Meeresspiegel, Tafel, Platte, Plattform, Fläche,
Diagonale, Neigung, Schlagseite, Böschung, Hang, Abhang,

Gefälle

2.2. Verben
ebnen, fällen, neigen

2.3. Adjektive/Adverbien
waagerecht, [1]gerade, horizontal, flach, platt,
schräg, schief, diagonal,
senkrecht, jäh, abschüssig, vertikal

3. seitlich/hinten/vorn

3.1. Substantive
Seite, Flanke, Flügel, Rand, Kante, Hüfte,
Schläfe, Wange, Wand, Nachbar,
Rückseite, Kehrseite, Hinterhof, Heck, Hinter-
mann, Rücken, Rückenlehne, Rückendeckung,

Rucksack, Hintern, Arsch, Ende, Schluss, Hinter-
grund,
Vorderseite, Giebel, Front, Bug, Spitze, Vorder-
mann, Vordergrund

3.2. Verben
vorbeigehen, vorbeilassen, flanken, flankieren,
umdrehen, umkehren, vorangehen

3.3. Adjektive/Adverbien
[1]seitlich, seitwärts, nebenan, nebeneinander,
hinten, [1]hinter, hinterher, hintereinander, rücksei-
tig, rückwärtig, rückwärts, rücklings, hinterrücks,
zuletzt,
[1]vorn, voran, frontal, vorwärts, vorder

Wortfelder V.: Artefakte

1. Kleidung

1.1. Substantive
Oberbekleidung, **Anzug,** Jackett, Oberhemd,
Jacke, Hose, Mantel, Anorak, Pullover, T-Shirt,
Kleidung, Kleidungsstück, Tracht, Mieder,
Kleid, Bluse, Kostüm, Rock, Hemdbluse, Hemd-
blusenkleid,
Unterhemd, Unterhose, Hemd, **Pyjama,** Schlafan-
zug, Schlüpfer, Slip,
[1]Hut, Mütze, Helm, Haube, Schal,
Strumpf, Socke, Strumpfhose,
Schuh, Stiefel, Sandale, **Handschuh,** Fäustling,
Kragen, Ärmel, Krawatte, Schlips, Fliege,
Größe, Weite

1.2. Verben
anziehen, ausziehen, überziehen,
schneidern, nähen, kürzen, weiten, verlängern

1.3. Adjektive/Adverbien
dünn, leicht, warm, dick, [1]wollen,
weit, eng, bequem, knapp, langärmlig,
[1]modern, modisch, strapazierfähig, sportlich, alt-
modisch, hochmodern

2. Gebäude/Bauwerk/Raum

2.1. Substantive
Bau, Bauwerk, Gebäude, Hochhaus, Wohnblock,
Wohnhaus, Wolkenkratzer,
Schloss, Burg, Palast, Villa,
Hotel, Motel, Raststätte,
Schule, Heim, Internat,
Theater, Kirche, Rathaus, Kloster, Kaserne, Uni-
versität, Bahnhof,
Bauernhaus, Stall, Scheune,
Baracke, Laube, Bungalow, Hütte, Pavillon,
Bude, Kiosk,
Zimmer, Raum, Stube, Wohnraum, Wohnzimmer,
Schlafzimmer, Korridor, [1]Flur, Diele, Salon, Bad,
Badezimmer, Toilette, WC, Küche, Keller, Ve-
randa, Loggia, Balkon, Erker, Flügel, Wartezim-
mer, Wartesaal, Anbau, Zuhause,
Brücke, Schleuse

2.2. Verben
wohnen, bewohnen, hausen, vermieten, mieten,
übernachten, unterbringen, kündigen, schließen,
öffnen

2.3. Adjektive/Adverbien
baufällig, offen, wohnlich, anheimelnd, gemütlich,
ungemütlich, unbehaglich

3. Architektur

3.1. Substantive (↗ auch II.5)
Romanik, Gotik, Renaissance, Barock, Klassizis-
mus,
Bauteil, Putz, Tapete,
Wand, Mauer, Decke, Fußboden, Gewölbe, Säule,
Pfeiler, Sims, [2]Chor, Giebel, Fassade,
Portal, Tür, [1]Tor, Pforte, Fenster, Fensterbrett,
Geschoss, Etage, Stockwerk, Stock
Turm, Saal, Halle,
Dach, Dachstuhl, First, **Treppe,** Lift, Fahrstuhl,
Schornstein, Kamin,
Aufbau, Entwurf, Statik, Umzug,
Architektur, Erbauer, Architekt

3.2. Verben
bauen, aufbauen, umbauen, erbauen, errichten,
mauern, fliesen, kacheln, betonieren, abputzen,
anstreichen, tapezieren

3.3. Adjektive/Adverbien
romanisch, gotisch, barock, klassizistisch, baulich,
baufällig

4. Möbel/Einrichtung

4.1. Substantive
Mobiliar, Möbel, Möbelstück, Tisch, **Schrank,**
Kleiderschrank, Wohnzimmer, Schlafzimmer,
Bett, Couch, Kommode, Spind, Schreibtisch, An-
richte, Vitrine, Büffet, Regal, **Sitzmöbel,** Stuhl,
Sessel, Bank, Hocker, Lehnsessel, Liegestuhl,
Schaukelstuhl, Schemel, Pult, Theke, Lampe,
Leuchte, Habseligkeiten, Möbelwagen, Umzug

4.2. Verben

möblieren, betten, schlafen, aufstellen, rücken, umziehen

4.3. Adjektive/Adverbien

bettlägerig, statisch

5. Geräte/Maschinen/Werkzeuge

5.1. Substantive

Gartengerät, Harke, Spaten, Schaufel, Hacke, Gabel,

Werkzeug, Schraubenzieher, Schraubendreher, Schraubenschlüssel, Hammer, Zange, Feile, Axt, Beil, Hobel, Schraubstock, Hebel, Keil, Meißel, Stemmeisen, Ahle, Bohrer, Wasserwaage, Kelle, Spachtel, Spatel, Säge, Pinsel, Pumpe, Schere, Pinzette, Nadel, Nähnadel, Stecknadel, Schneidewerkzeug,

Küchengerät, Reibe, Büchsenöffner, Korkenzieher, Mörser, Topf, Kochtopf, Bratpfanne, Tiegel, Pfanne, Kelle, Messer, Gabel, Kochlöffel, Löffel, Teelöffel, Bügeleisen, Sieb, Durchschlag; **Maschine, Motor,** Dieselmotor, Elektromotor, Dampfmaschine, Zugmaschine, Generator, Dynamo, Turbine, Triebwerk, Drehbank, Nähmaschine, ²Mangel, Waschmaschine, Webstuhl, Schreibgerät, **Schreibmaschine,** Computer, Apparat, Kühlschrank, Mühle, Gerät

5.2. Verben

harken, graben, schaufeln, hacken,

hämmern, meißeln, bohren, hobeln, spachteln, sägen, pumpen, schneiden, nageln, nähen, reiben, bügeln, mangeln, streichen, anstreichen, drehen, löffeln, bedienen, schalten

6. Waffen

6.1. Substantive

Hieb-, Stichwaffe, Bajonett, Säbel, Dolch, Degen, Florett, Schwert, Spieß, Lanze, Speer, Keule, Bumerang,

Schusswaffe, Artillerie, Batterie, Geschütz, Kanone, Pfeil, Bogen,

Handfeuerwaffe, Gewehr, Karabiner, Büchse, Flinte, Knarre, Luftgewehr, Maschinengewehr, Maschinenpistole, Revolver, Pistole,

Munition, Mine, **Geschoss,** Kugel, Patrone, Granate, Handgranate, Torpedo, Bombe, Atombombe,

Festung, Burg,

U-Boot, Zerstörer, Schlachtschiff, Fugzeugträger, Kreuzer,

Bomber, Jäger, Jagdflugzeug, Panzer,

Helm, Stahlhelm, ²Schild,

Rüstung, Bewaffnung; Feuer, Beschuss, Schuss

6.2. Verben

schießen, feuern, zielen, abschießen, versenken, bombardieren, fechten

7. Gefäße/Behälter

7.1. Substantive

Gefäß, Glas, Becher, Kelch, Kognakschwenker,

Flasche, Bierflasche, Milchflasche,

Tasse, Napf, Schale, Schüssel, Teller, Untertasse, Pfanne, Kessel, Topf, Trog,

Eimer, Bottich, Fass, Bierfass, Tonne, Kanister, Tank, Waschbecken, Badewanne, Wanne, Dose, Büchse, Tube,

Behälter, Behältnis, Korb,

Sack, Beutel, Netz, Tüte,

Aktentasche, Mappe, Handtasche, Brieftasche, Portmonee, Etui, Futteral,

Koffer, Gepäck; Kasten, Schachtel, Karton, Kiste, Büchse, Kassette; Briefkasten; Schließfach, Safe; Schublade, Schubfach, Truhe

7.2. Verben

einpacken, auspacken, ausgießen, eingießen, leeren, füllen, austrinken

8. Produktion/Erzeugung/Ware

8.1. Substantive

Produktion, Industrieproduktion, Herstellung, Fabrikation, Erzeugung, Bau; **Erzeuger,** Hersteller, Produzent,

Produkt, Erzeugnis, Fabrikat, Ware, Artikel, Handelsware, Textilie, Schmuck, Rauchwaren, Porzellan, Spielzeug, Buch, Lebensmittel, Getränk, Maschine, Gerät, Waffe, Fahrzeug,

Ladenhüter, Ramsch, Kram, Schund, Ausschuss

8.2. Verben

produzieren, herstellen, erzeugen, anfertigen, fabrizieren

8.3. Adjektive/Adverbien

produktiv

9. Fahrzeuge ↗ VIII.4

Wortfelder VI.: Sinneseindrücke

1. Akustische Sinneseindrücke

1.1. Substantive

Lärm, Krach, Höllenlärm, Klang, Gesang, Musik, Laut, Ton, Knall, **Geschrei,** Schrei, Aufschrei Gebell(e), Geheul(e), Gerede, Gelächter, Jubel, Klage, Seufzer, Pfiff, Ruf, Ausruf, Echo, Hall, Wi-

derhall, Schall, Gebrüll(e), Geräusch, Donner, Missklang, Schuss, Detonation, Salve, Tusch

1.2. Verben (↗ auch I.7.2.2)

lärmen, krachen, schallen, hallen, widerhallen, knallen, tönen, klingen, erklingen, ertönen, klingeln, hupen, tuten, trommeln, pfeifen, flöten, piepen, singen, lachen, auflachen, schreien, aufschreien, grölen, brüllen, jauchzen, heulen, johlen, jodeln, jubeln, jubilieren, rufen, ausrufen, kreischen, zetern, schimpfen, krakeelen, sich räuspern, seufzen, ächzen, schnarchen, **flüstern,** raunen, murmeln, murren, säuseln, lispeln, summen, brummen, zischen, tuscheln, **rattern,** poltern, knattern, klatschen, rascheln, rasseln, prasseln, quietschen, pochen, klopfen, bumsen, donnern, dröhnen, detonieren, schießen, tosen, **rauschen,** sausen, brausen, plätschern, glucksen; knirschen, ticken, knacken, knistern, klirren, **blöken,** kläffen, bellen, jaulen, knurren, winseln, miauen, gackern, krähen, mähen, wiehern, fauchen, krächzen

1.3. Adjektive/Adverbien
[1]laut, leise, lauthals, lautstark, lautlos, tonlos, grell, schrill, hörbar, akustisch, schalldicht

2. Optische Sinneseindrücke

2.1. Substantive
Licht, Schein, Strahl, Glanz, Helligkeit, Schimmer, Beleuchtung, Widerschein, Reflex, Lichtquelle, Blaulicht, **Lichthupe,** Bremslicht, Abblendlicht, Blinkleuchte; Blitzlicht, Leuchtturm, Leuchtreklame,
Leuchte, Glühbirne, Birne, Lampe, Neonlampe, Kerze, Leuchtröhre, Röhre, Scheinwerfer,
Morgenrot, Morgengrauen, **Mond,** Mondlicht, Mondschein, Mondfinsternis, Abendrot, **Sonne,** Sonnenfinsternis, Sonnenstrahl, Sonnenaufgang, Sonnenuntergang, Sonnenlicht, Sonnenschein, Tageslicht, Sternschnuppe,
Blitz, Wetterleuchten,
Feuer, Flamme, Feuerwerk, Funken,
Dunkelheit, Finsternis, Dunkel, Dämmerung, Zwielicht, Halbdunkel,
Farbe, Farbstoff, Farbton, Farbfernsehen, Farbfilm, Farbfoto, Färbung, Bräune, Bläue, Blässe, Grüne
2.2. Verben
leuchten, scheinen, glühen, flammen, schimmern, strahlen, funkeln, glänzen, flimmern, glitzern, blinken, blitzen, lodern, flackern, dämmern, tagen, erhellen,
bräunen, [1,2]bleichen, röten, tünchen, färben,
dunkeln, verdunkeln, verfinstern, erlöschen
2.3. Adjektive/Adverbien
hell, taghell, licht, sonnig, sternklar, heiter, optisch,
feurig, lichterloh, grell,
dämmerig, düster, trübe, grau, fahl, dunstig, wolkig, finster, dunkel, schattig,
farbenfroh, farblich, farbig, bunt, farblos, bleich, blass, farbenblind,
weiß, weißlich, **schwarz,** schwärzlich, kohlrabenschwarz, grau, hellblau, dunkelblau, **blau,** blau-

grau, bläulich, **rot,** rötlich, dunkelrot, rosa, rosig, dunkelblond, **blond,** beige, **braun,** bräunlich, **grün,** grünlich, **gelb,** gelblich, **lila,** violett, orange

3. Sinneseindrücke durch Hautsinn, Kontakt (vgl. I.3.5)

3.1. Substantive
Empfindung, Gefühl, Wahrnehmung, Reiz, Kitzel, Schmerz
3.2. Verben
empfinden, fühlen, spüren,
berühren, reizen, küssen, greifen, anfassen, streifen, streichen, streicheln, liebkosen, drücken, umarmen, reiben, kraulen,
jucken, kratzen, kribbeln, stechen, brennen, beißen, prickeln, schmerzen
3.3. Adjektive/Adverbien
empfindlich, fühlbar, reizbar, gefühllos, taub

4. Sinneseindrücke durch den Geruchssinn

4.1. Substantive
Geruch, Aroma, Bukett, Blume, Duft, Parfüm, Weihrauch,
Gestank, Mief, Moder, Scheiße, Kot, Kacke, Deodorant, Deospray
4.2. Verben
riechen, stinken, duften
4.3. Adjektive/Adverbien
aromatisch, faulig, moderig, muffig, ranzig, stinkig, miefig

5. Temperatur

5.1. Substantive
Wärme, Hitze, Glut, Schwüle, Föhn, Sommer, Sonnenschein, Fieber,
Feuer, Brand, Sonnenbrand, Verbrennungsmotor,
Dampf, Schweiß,
Heizung, Boiler, Hochofen, Ofen, Kachelofen, Herd, Tauchsieder, Entzündung, Thermostat, Kocher, Thermosflasche, Thermometer, Wärmflasche, Wärmequelle, Treibhaus, Feuerzeug, Siedepunkt, Heizer,
Kälte, Kühle, Frische, Frost, Schnee, Eis, Raureif, Kaltluft, Eiszeit, Eisheiligen,
Kühler, Kühlhaus, Kühlschrank
5.2. Verben
wärmen, erwärmen, erhitzen, glühen, fiebern, brennen, dampfen, dämpfen, schwitzen, heizen,
schmelzen, entzünden, anzünden, **kochen,** sieden, braten, dünsten,
kühlen, gefrieren, frieren, frösteln, abkühlen
5.3. Adjektive/Adverbien
warm, heiß, lau, lauwarm, milde, sommerlich, sonnig, tropisch, schwül, fiebrig,
kalt, kühl, frostig, eiskalt, arktisch, eisig, winterlich, eisfrei, rau

Wortfelder VII.: Zeit

1. Beginn

1.1. Substantive
Beginn, Anfang, Auftakt, Aufbruch, Einleitung, Ausgangspunkt, Ansatz, Quelle, Debüt, Start, Ausbruch

1.2. Verben
beginnen, anfangen, anheben, aufbrechen, anbahnen, ausbrechen, entstehen, einweihen, eröffnen, einführen, einleiten, **anbrechen**, anschneiden, **anstellen**, andrehen, einschalten, anschalten, **dämmern**, tagen, debütieren, starten

1.3. Adjektive/Adverbien
anfangs, anfänglich, zuerst, ursprünglich, angehend

2. Dauer

2.1. Substantive
Dauer, Ewigkeit, Länge, Fortsetzung, Weile

2.2. Verben
dauern, andauern, anhalten, bleiben, fortsetzen, währen, verweilen, weilen

2.3. Adjektive/Adverbien
dauernd, permanent, ständig, fortgesetzt, fortlaufend, fortwährend, andauernd, anhaltend, lange, ununterbrochen, unentwegt, unaufhörlich,
endlos, ewig, langwierig, immer, stets, stetig, bleibend, immerzu, jederzeit,
dauerhaft, langlebig, langjährig, beständig, lebenslänglich, immergrün, tagelang

3. Ende

3.1. Substantive
Ende, Schluss, Ausklang, Finale, Ziel, Endstation, Feierabend, Abbruch, Krönung

3.2. Verben
enden, beenden, schließen, vollenden, besiegeln, krönen, **aufhören,** abgehen, abtreten, zurücktreten, ausklingen, erlöschen, ausgehen,
abschalten, abstellen, abdrehen, ausschalten, ausmachen, abbrechen, abblasen, absterben

3.3. Adjektive/Adverbien
endlich, endgültig, [1]schließlich, vorbei, [1]aus, vorüber, fertig, zuletzt

4. Vergangenheit/Vorzeitigkeit/ Nachzeitigkeit

4.1. Substantive
Vergangenheit, Urzeit, Geschichte, Archäologie, Altertum, Historiker, Archäologe, Vorfahr(e), Vorläufer, Ahn(e), Vorgänger,
Vorabend, Vortag, **Voranschlag**, Vorschuss, Vorwort, Vorbedacht, Vorsorge, Vorfreude, Vorspeise, Voraussicht,
Nachfolge(r), Nachkomme, Nachwelt, Nachwirkung, Nachtisch, Nachspeise, [1]Erbe, Spätfolge

4.2. Verben
wachrufen, zurückdatieren, zurückreichen, zurückrufen, **vorwegnehmen,** vorausberechnen, vordatieren, voraussagen, vorausschauen, voraussehen, vorsorgen,
nachfolgen, nachempfinden, nachwirken, nachbilden

4.3. Adjektive/Adverbien
historisch, geschichtlich, veraltet, einst, einstig, [1]einmal, früher, ehemalig, gestern, gestrig, vorgestern, unlängst, kürzlich, altertümlich, vorher, vorherig, vorhin
vorzeitig, voraus, vorweg, eher, davor,
später, nachher, folgend, nachträglich, danach

5. Gleichzeitigkeit/Gegenwart

5.1. Substantive
Gegenwart, Generation, Mitbürger

5.2. Verben
zusammenfallen, synchronisieren

5.3. Adjektive/Adverbien
gegenwärtig, jetzt, jetzig, [1]nun, heute, heutig, heutzutage, momentan, soeben, [2]eben, [1]gerade, zeitgenössisch, derzeitig,
gleichzeitig, simultan, synchron, zugleich

6. Zukunft

6.1. Substantive
Zukunft, Nachwelt, Ahnung, Erwartung, Hoffnung

6.2. Verben
bevorstehen, hoffen, ahnen, drohen, werden, erwarten

6.3. Adjektive/Adverbien
zukünftig, künftig, voraussichtlich, [1]morgen, übermorgen, sofort, sogleich, nachher, einst, [1]einmal, hoffentlich

7. Tageszeiten

7.1. Substantive
Frühe, Vormittag, Morgengrauen, Morgen, Mittag, Nachmittag, Abend, Nacht, Mitternacht, Tag

7.2. Adjektive/Adverbien
früh, morgens, vormittags, mittags, nachmittags, abends, nachts, morgendlich, mittäglich, nachmittäglich, abendlich, nächtlich, mitternächtlich, tags, täglich, tagsüber

8. Jahreszeiten

8.1. Substantive
Frühjahr, Frühling, Lenz, Sommer, Herbst, Winter, Sommerzeit, Winterschlaf, Frühlingsgefühle

8.2. Adjektive/Adverbien
sommerlich, herbstlich, winterlich

Wortfelder VIII.: Bewegung eines Fahrzeugs (vgl. I.7)

1. Bewegung auf dem Land

1.1. Substantive
Fahrt, Abfahrt, Transport, Verkehr, Straßenverkehr, Kraftverkehr, Rückfahrt, Hinfahrt, Herfahrt

1.2. Verben
fahren, gondeln, Rad fahren, (ab)schleppen, transportieren, verkehren, kurven, rollen, sausen, brausen, **rasen**, flitzen, abfahren, fortfahren, losfahren, steuern, wenden, **bremsen**, stoppen, entgleisen

1.3. Adjektive/Adverbien
langsam, schnell, transportabel

2. Bewegung in der Luft

2.1. Substantive
Flug, Abflug, Start, Landung, Notlandung, Absturz, Aufprall, Linienverkehr

2.2. Verben
fliegen, abfliegen, starten, landen, notlanden, wassern, steuern, gleiten, schweben, sinken, (auf)steigen, abstürzen, aufprallen

2.3. Adjektive/Adverbien
startklar

3. Bewegung in/auf dem Wasser

3.1. Substantive
Schifffahrt, Kreuzfahrt, Regatta, Landung

3.2. Verben
segeln, auslaufen, einlaufen, anlaufen, ablegen, anlegen, steuern, manövrieren, kreuzen, schleppen, auflaufen, tauchen, auftauchen

3.3. Adjektive/Adverbien
schiffbar

4. Fahrzeuge

4.1. Landfahrzeuge
4.1.1. Substantive
Kraftfahrzeug, Auto, Kraftwagen, Personenkraftwagen, Wohnwagen, Wohnmobil, Traktor, Möbelwagen, Lastkraftwagen, Lkw, Pkw, ²Laster, Kleinwagen, Limousine, Motorrad, Moped, Omnibus, Bus, Taxi, (An)hänger, Zugmaschine,
Fahrgestell, Motor, Lenkrad, Bremse, Handbremse, Gas, Kupplung, Schaltung, Gang, Gangschaltung, Getriebe, Kurbelwelle, Auspuff, Zündschlüssel, Zündkerze, Rad, Felge, Reifen, Batterie, Sitz,
Schienenfahrzeug, Eisenbahn, Personenzug, Güterzug, Zug, Schnellzug, D-Zug, S-Bahn, U-Bahn, Straßenbahn, Lokomotive, Triebwagen, Kesselwagen, Lore, Waggon, Güterwagen,
Fuhrwerk, Wagen, Kutsche, Karre, Schubkarre, Handwagen, Kinderwagen, Rollstuhl, Schlitten, Rodelschlitten,
Fahrrad, Rad, Lenkstange, Lenker, Kette

4.1.2. Verben
anlassen, starten, bremsen, entgleisen, abschleppen, schieben, ziehen, lenken, anhalten, Gas geben, einsteigen, aussteigen

4.1.3. Adjektive/Adverbien
schienengebunden

4.2. Luftfahrzeuge
Flugzeug, Luftschiff, Ballon, Segelflugzeug, Düsenflugzeug, Wasserflugzeug, Bomber, Jäger, Hubschrauber,
Tragfläche, Flügel, Propeller, Kanzel,
Flughafen, Flugplatz

4.3. Wasserfahrzeuge
4.3.1. Substantive
Schiff, Wasserfahrzeug, Handelsschiff, Frachter, Tanker,
Motorboot, Eisbrecher, Jacht, Schlepper, Rettungsboot, Fähre, Dampfer, Schubschiff, Motorschiff,
Segelschiff, Segelboot,
Boot, Kahn, Ruderboot, Kajak, Kanu, Gondel, Floß,
Bug, Heck, ¹Mast, Kiel, Backbord, Steuerbord, Wrack

4.3.2. Adjektive/Adverbien
leck, seetüchtig

Wortfelder IX.: Veränderung/Stagnation

1. Wechsel/Wandel

1.1. Substantive
Wechsel, Abwechslung, Austausch, Tausch, Wechselbeziehung, Wechselwirkung, Wechselfälle, Wechseljahre,
Wandel, Veränderung, Änderung, Wende, Wendung, Umschwung, Umschlag, Umbruch, Umsturz, Umwälzung, Revolution, Metamorphose, Wetterumschlag, Wettersturz

1.2. Verben
wechseln, sich abwechseln, austauschen, umtauschen, tauschen, wenden,
wandeln, ändern, verändern, umwandeln, verwandeln, umbilden, umgestalten, umstellen, umstürzen, umdenken, umschlagen, umschulen, revolutionieren

1.3. Adjektive/Adverbien
abwechselnd, wechselseitig, wechselweise, gegenseitig, reziprok,
veränderlich, wechselhaft, wetterwendisch, umstürzlerisch, revolutionär

2. Fortbestand/Stagnation

2.1. Substantive
Fortgang, Fortschritt, Wachstum, Fortsetzung, **Stagnation,** Stockung, Stillstand, Flaute, Stau, Stopp, Störung

2.2. Verben
fortsetzen, sich weiterentwickeln, weiterkommen, sich weiterbilden, wachsen, **stagnieren,** stocken, unterbrechen, stoppen, ruhen, hemmen, sich stauen

Wortfeld X.: Ereignis/Vorgang

1. Substantive

Ereignis, Begebenheit, Geschehen, Vorfall, Fall, Vorkommnis, Zwischenfall, Affäre, Episode, Szene, Unfall, Zufall, Erlebnis, **Vorgang,** Ablauf, Verlauf, Gang, Lauf, Prozess, Hergang

2. Verben
sich ereignen, geschehen, sich begeben, sich zutragen, sich abspielen, passieren, vorkommen, statt-finden, eintreten, auftreten, zustoßen, widerfahren, erleben, **ablaufen,** verlaufen, hergehen, zugehen, **schwinden,** vergehen, verfliegen

3. Adjektive/Adverbien
vergänglich

Wortfeld XI.: Leben/Tod

1. Substantive

Leben, Dasein, Existenz, Lebensgefahr, Lebensjahr, Lebensbedingungen, Lebenserwartung, Lebensweg, Lebensweise, **Tod,** Mörder, Selbstmord, Selbstmörder, **Tote,** Leichnam, Gefallene, Verstorbene, Todesfall, Todesfolge, Todesopfer, Todesurteil, Sterblichkeit, Totschlag, **Mord,** Massenmord, Exekution

2. Verben
leben, ²sein, existieren, vegetieren, **sterben,** versterben, verenden, umkommen, fallen, erfrieren, ertrinken, ersticken, verhungern, krepieren, **morden,** umbringen, ermorden, hinrichten, exekutieren

3. Adjektive/Adverbien
lebendig, lebensgefährlich, lebenswichtig, lebenslänglich, lebensmüde, selbstmörderisch, **tot,** sterblich, hin, hinüber, scheintot

Wortfelder XII.: Religion

1. Glaubenslehre

1.1. Substantive
Gott, Gottheit, Prophet, Apostel, Märtyrer, Heilige, Heiligtum, Religion, Theologie, Theologe, Dogma, Glaube, Gläubige, Sünde, Gnade, Frömmigkeit, **Aberglaube,** Atheismus, Atheist, Ketzer

1.2. Verben
glauben, sündigen

1.3. Adjektive/Adverbien
göttlich, gläubig, fromm, heilig, religiös, **abergläubisch,** abtrünnig, ketzerisch, atheistisch

2. Konfession

2.1. Substantive
Christentum, Islam, Buddhismus, Protestantismus, Katholizismus; Christ, Protestant, Katholik, Mohammedaner, Moslem, Buddhist

2.2. Adjektive/Adverbien
christlich, katholisch, evangelisch, protestantisch, jüdisch, buddhistisch, moslemisch, islamisch

3. Gottesdienst

3.1. Substantive
Andacht, Gebet, Beichte, Buße, Predigt, Messe, Abendmahl, Kirche, Kantate, Psalm, Choral, Segen, Bibel, Weihe, Inbrunst, Opfer, Kirchgang, Taufe, Konfirmation, Einsegnung, Gläubige, Konfirmand, Priester

3.2. Verben
beten, segnen, beichten, büßen, taufen, konfirmieren, einsegnen, weihen, predigen, opfern

4. Kirchliche Einrichtungen
Kirche, Kirchturm, Kirchenschiff, Altar, Kreuz, Kanzel, **Geistliche,** Priester, Propst, Bischof, Papst, **Gemeinde,** Diözese, Bistum

5. Kirchliche Feiertage
Karfreitag, Ostern, Himmelfahrt, Pfingsten, Fronleichnam, Buß- und Bettag, Heiligabend, Weihnachten, Silvester

Tafeln
(Übersicht)

Tafel I

Deklination des Substantivs

Typ 1 Starke Deklination (Mask./Neutr.)

Singular	Singular	Singular	Singular
Nom. der Fahrer	Nom. das Zimmer	Nom. der Tag	Nom. das Zeugnis
Akk. den Fahrer	Akk. das Zimmer	Akk. den Tag	Akk. das Zeugnis
Dat. dem Fahrer	Dat. dem Zimmer	Dat. dem Tag(e)	Dat. dem Zeugnis
Gen. des Fahrers	Gen. des Zimmers	Gen. des Tages	Gen. des Zeugnisses

Plural	Plural	Plural	Plural
Nom. die Fahrer	Nom. die Zimmer	Nom. die Tage	Nom. die Zeugnisse
Akk. die Fahrer	Akk. die Zimmer	Akk. die Tage	Akk. die Zeugnisse
Dat. den Fahrern	Dat. den Zimmern	Dat. den Tagen	Dat. den Zeugnissen
Gen. der Fahrer	Gen. der Zimmer	Gen. der Tage	Gen. der Zeugnisse

Singular	Singular	Singular	Singular
Nom. der Mann	Nom. das Haus	Nom. der Hals	Nom. das Floß
Akk. den Mann	Akk. das Haus	Akk. den Hals	Akk. das Floß
Dat. dem Mann(e)	Dat. dem Haus(e)	Dat. dem Hals	Dat. dem Floß
Gen. des Mannes	Gen. des Hauses	Gen. des Halses	Gen. des Floßes

Plural	Plural	Plural	Plural
Nom. die Männer	Nom. die Häuser	Nom. die Hälse	Nom. die Flöße
Akk. die Männer	Akk. die Häuser	Akk. die Hälse	Akk. die Flöße
Dat. den Männern	Dat. den Häusern	Dat. den Hälsen	Dat. den Flößen
Gen. der Männer	Gen. der Häuser	Gen. der Hälse	Gen. der Flöße

Singular	Singular	Singular	Singular
Nom. der Leib	Nom. das Ei	Nom. der Park	Nom. das Deck
Akk. den Leib	Akk. das Ei	Akk. den Park	Akk. das Deck
Dat. dem Leib	Dat. dem Ei	Dat. dem Park	Dat. dem Deck
Gen. des Leibes	Gen. des Ei(e)s	Gen. des Parks	Gen. des Decks

Plural	Plural	Plural	Plural
Nom. die Leiber	Nom. die Eier	Nom. die Parks	Nom. die Decks
Akk. die Leiber	Akk. die Eier	Akk. die Parks	Akk. die Decks
Dat. den Leibern	Dat. den Eiern	Dat. den Parks	Dat. den Decks
Gen. der Leiber	Gen. der Eier	Gen. der Parks	Gen. der Decks

Typ 2 Schwache Deklination (Mask.)

Singular	Singular	Singular
Nom. der Junge	Nom. der Bär	Nom. der Absolvent
Akk. den Jungen	Akk. den Bären	Akk. den Absolventen
Dat. dem Jungen	Dat. dem Bären	Dat. dem Absolventen
Gen. des Jungen	Gen. des Bären	Gen. des Absolventen

Plural	Plural	Plural
Nom. die Jungen	Nom. die Bären	Nom. die Absolventen
Akk. die Jungen	Akk. die Bären	Akk. die Absolventen
Dat. den Jungen	Dat. den Bären	Dat. den Absolventen
Gen. der Jungen	Gen. der Bären	Gen. der Absolventen

Typ 3 Femininum

Singular
Nom. die Frau
Akk. die Frau
Dat. der Frau
Gen. der Frau

Plural
Nom. die Frauen
Akk. die Frauen
Dat. den Frauen
Gen. der Frauen

Typ 4 Gemischte Deklination (Mask./Neutr.)

Singular	Singular
Nom. der Dorn	Nom. das Ohr
Akk. den Dorn	Akk. das Ohr
Dat. dem Dorn	Dat. dem Ohr
Gen. des Dorns	Gen. des Ohrs

Plural	Plural
Nom. die Dornen	Nom. die Ohren
Akk. die Dornen	Akk. die Ohren
Dat. den Dornen	Dat. den Ohren
Gen. der Dornen	Gen. der Ohren

Tafel II

Deklination des substantivisch gebrauchten Adjektivs (Partizips) (Mask./Fem./Neutr.)

I.

1. Adj.: Mit bestimmtem Artikel

Mask., Singular	Fem., Singular	Neutr., Singular
Nom. der Kranke	Nom. die Kranke	Nom. das Kleine
Akk. den Kranken	Akk. die Kranke	Akk. das Kleine
Dat. dem Kranken	Dat. der Kranken	Dat. dem Kleinen
Gen. des Kranken	Gen. der Kranken	Gen. des Kleinen

Mask., Plural	Fem., Plural	Neutr., Plural
Nom. die Kranken	Nom. die Kranken	—
Akk. die Kranken	Akk. die Kranken	
Dat. den Kranken	Dat. den Kranken	
Gen. der Kranken	Gen. der Kranken	

2. Adj.: <u>Mit unbestimmtem Artikel</u> (Mask./Fem./Neutr.)

Mask., Singular	Fem., Singular	Neutr., Singular
Nom. ein Kranker	Nom. eine Kranke	Nom. ein Kleines
Akk. einen Kranken	Akk. eine Kranke	Akk. ein Kleines
Dat. einem Kranken	Dat. einer Kranken	Dat. einem Kleinen
Gen. eines Kranken	Gen. einer Kranken	Gen. eines Kleinen

Mask./Fem. Plural (ohne Artikel)
Nom. Kranke
Akk. Kranke
Dat. Kranken
Gen. Kranker

II.

1. Partizip II: <u>Mit bestimmtem Artikel</u> (Mask./Fem./Neutr.)

Mask., Singular	Fem., Singular	Neutr., Singular
Nom. der Abgeordnete	Nom. die Abgeordnete	Nom. das Gedruckte
Akk. den Abgeordneten	Akk. die Abgeordnete	Akk. das Gedruckte
Dat. dem Abgeordneten	Dat. der Abgeordneten	Dat. dem Gedruckten
Gen. des Abgeordneten	Gen. der Abgeordneten	Gen. des Gedruckten

Mask., Plural	Fem., Plural	
Nom. die Abgeordneten	Nom. die Abgeordneten	–
Akk. die Abgeordneten	Akk. die Abgeordneten	
Dat. den Abgeordneten	Dat. den Abgeordneten	
Gen. der Abgeordneten	Gen. der Abgeordneten	

2. Partizip II: <u>Mit unbestimmtem Artikel</u> (Mask., Fem., Neutr.)

Mask., Singular	Fem., Singular	Neutr., Singular
Nom. ein Abgeordneter	Nom. eine Abgeordnete	Nom. ein Gedachtes
Akk. einen Abgeordneten	Akk. eine Abgeordnete	Akk. ein Gedachtes
Dat. einem Abgeordneten	Dat. einer Abgeordneten	Dat. einem Gedachten
Gen. eines Abgeordneten	Gen. einer Abgeordneten	Gen. eines Gedachten

Mask./Fem., Plural (ohne Artikel)   –
Nom. Abgeordnete
Akk. Abgeordnete
Dat. Angeordneten
Gen. Abgeordneter

Tafel III

Deklination des Adjektivs

1. <u>Mit bestimmtem Artikel</u>

Mask., Singular	Fem., Singular	Neutr., Singular
Nom. der grüne Baum	Nom. die grüne Wiese	Nom. das grüne Kleid
Akk. den grünen Baum	Akk. die grüne Wiese	Akk. das grüne Kleid
Dat. dem grünen Baum	Dat. der grünen Wiese	Dat. dem grünen Kleid
Gen. des grünen Baums	Gen. der grünen Wiese	Gen. des grünen Kleid(e)s

Mask., Plural	Fem., Plural	Neutr., Plural
Nom. die grünen Bäume	Nom. die grünen Wiesen	Nom. die grünen Kleider
Akk. die grünen Bäume	Akk. die grünen Wiesen	Akk. die grünen Kleider
Dat. den grünen Bäumen	Dat. den grünen Wiesen	Dat. den grünen Kleidern
Gen. der grünen Bäume	Gen. der grünen Wiesen	Gen. der grünen Kleider

2. Mit unbestimmtem Artikel

Mask., Singular	Fem., Singular	Neutr., Singular
Nom. ein grüner Baum	Nom. eine grüne Wiese	Nom. ein grünes Kleid
Akk. einen grünen Baum	Akk. eine grüne Wiese	Akk. ein grünes Kleid
Dat. einem grünen Baum	Dat. einer grünen Wiese	Dat. einem grünen Kleid
Gen. eines grünen Baum(e)s	Gen. einer grünen Wiese	Gen. eines grünen Kleid(e)s

Ohne Plural (in allen drei Geschlechtern)

3. Ohne Artikel

Mask., Singular	Fem., Singular	Neutr., Singular
Nom. grüner Baum	Nom. grüne Wiese	Nom. grünes Kleid
Akk. grünen Baum	Akk. grüne Wiese	Akk. grünes Kleid
Dat. grünem Baum	Dat. grüner Wiese	Dat. grünem Kleid
Gen. grünen Baum(e)s	Gen. grüner Wiese	Gen. grünen Kleid(e)s

Mask., Plural	Fem., Plural	Neutr., Plural
Nom. grüne Bäume	Nom. grüne Wiesen	Nom. grüne Kleider
Akk. grüne Bäume	Akk. grüne Wiesen	Akk. grüne Kleider
Dat. grünen Bäumen	Dat. grünen Wiesen	Dat. grünen Kleidern
Gen. grüner Bäume	Gen. grüner Wiesen	Gen. grüner Kleider

Tafel IV

Konjugation (Das regelmäßige Verb)

A. Aktiv, Indikativ   **Aktiv, Konjunktiv**

I. Präsens

Singular	1. Pers.	ich male		Singular	1. Pers.	ich male
	2. Pers.	du malst			2. Pers.	du malest
	3. Pers.	er/sie/es malt			3. Pers.	er/sie/es male
Plural	1. Pers.	wir malen		Plural	1. Pers.	wir malen
	2. Pers.	ihr malt			2. Pers.	ihr malet
	3. Pers.	sie malen			3. Pers.	sie malen

II. Präteritum

Singular	1. Pers.	ich malte		Singular	1. Pers.	ich malte
	2. Pers.	du maltest			2. Pers.	du maltest
	3. Pers.	er/sie/es malte			3. Pers.	er/sie/es malte
Plural	1. Pers.	wir malten		Plural	1. Pers.	wir malten
	2. Pers.	ihr maltet			2. Pers.	ihr maltet
	3. Pers.	sie malten			3. Pers.	sie malten

III. Perfekt

Singular	1. Pers.	ich habe gemalt		Singular	1. Pers.	ich habe gemalt
	2. Pers.	du hast gemalt			2. Pers.	du habest gemalt
	3. Pers.	er/sie/es hat gemalt			3. Pers.	er/sie/es habe gemalt
Plural	1. Pers.	wir haben gemalt		Plural	1. Pers.	wir haben gemalt
	2. Pers.	ihr habt gemalt			2. Pers.	ihr habet gemalt
	3. Pers.	sie haben gemalt			3. Pers.	sie haben gemalt

IV. Plusquamperfekt

Singular	1. Pers.	ich hatte gemalt		Singular	1. Pers.	ich hätte gemalt
	2. Pers.	du hattest gemalt			2. Pers.	du hättest gemalt
	3. Pers.	er/sie/es hatte gemalt			3. Pers.	er/sie/es hätte gemalt
Plural	1. Pers.	wir hatten gemalt		Plural	1. Pers.	wir hätten gemalt
	2. Pers.	ihr hattet gemalt			2. Pers.	ihr hättet gemalt
	3. Pers.	sie hatten gemalt			3. Pers.	sie hätten gemalt

V. Futur I

Singular	1. Pers.	ich werde malen	Singular	1. Pers.	ich werde malen
	2. Pers.	du wirst malen		2. Pers.	du werdest malen
	3. Pers.	er/sie/es wird malen		3. Pers.	er/sie/es werde malen
Plural	1. Pers.	wir werden malen		1. Pers.	wir werden malen
	2. Pers.	ihr werdet malen		2. Pers.	ihr werdet malen
	3. Pers.	sie werden malen		3. Pers.	sie werden malen

VI. Futur II

Singular	1. Pers.	ich werde gemalt haben	Singular	1. Pers.	ich werde gemalt haben
	2. Pers.	du wirst gemalt haben		2. Pers.	du werdest gemalt haben
	3. Pers.	er/sie/es wird gemalt haben		3. Pers.	er/sie/es werde gemalt haben
Plural	1. Pers.	wir werden gemalt haben		1. Pers.	wir werden gemalt haben
	2. Pers.	ihr werdet gemalt haben		2. Pers.	ihr werdet gemalt haben
	3. Pers.	sie werden gemalt haben		3. Pers.	sie werden gemalt haben

B. Passiv, Indikativ

Passiv, Konjunktiv

I. Präsens

Singular	1. Pers.	ich werde gemalt	Singular	1. Pers.	ich werde gemalt
	2. Pers.	du wirst gemalt		2. Pers.	du werdest gemalt
	3. Pers.	er/sie/es wird gemalt		3. Pers.	er/sie/es werde gemalt
Plural	1. Pers.	wir werden gemalt		1. Pers.	wir werden gemalt
	2. Pers.	ihr werdet gemalt		2. Pers.	ihr werdet gemalt
	3. Pers.	sie werden gemalt		3. Pers.	sie werden gemalt

II. Präteritum

Singular	1. Pers.	ich wurde gemalt	Singular	1. Pers.	ich würde gemalt
	2. Pers.	du wurdest gemalt		2. Pers.	du würdest gemalt
	3. Pers.	er/sie/es wurde gemalt		3. Pers.	er/sie/es würde gemalt
Plural	1. Pers.	wir wurden gemalt	Plural	1. Pers.	wir würden gemalt
	2. Pers.	ihr wurdet gemalt		2. Pers.	ihr würdet gemalt
	3. Pers.	sie wurden gemalt		3. Pers.	sie würden gemalt

III. Perfekt

Singular	1. Pers.	ich bin gemalt worden	Singular	1. Pers.	ich sei gemalt worden
	2. Pers.	du bist gemalt worden		2. Pers.	du sei(e)st gemalt worden
	3. Pers.	er/sie/es ist gemalt worden		3. Pers.	er/sie/es sei gemalt worden
Plural	1. Pers.	wir sind gemalt worden	Plural	1. Pers.	wir seien gemalt worden
	2. Pers.	ihr seid gemalt worden		2. Pers.	ihr seiet gemalt worden
	3. Pers.	sie sind gemalt worden		3. Pers.	sie seien gemalt worden

IV. Plusquamperfekt

Singular	1. Pers.	ich war gemalt worden	Singular	1. Pers.	ich wäre gemalt worden
	2. Pers.	du warst gemalt worden		2. Pers.	du wär(e)st gemalt worden
	3. Pers.	er/sie/es war gemalt worden		3. Pers.	er/sie/es wäre gemalt worden
Plural	1. Pers.	wir waren gemalt worden	Plural	1. Pers.	wir wären gemalt worden
	2. Pers.	ihr wart gemalt worden		2. Pers.	ihr wär(e)t gemalt worden
	3. Pers.	sie waren gemalt worden		3. Pers.	sie wären gemalt worden

V. Futur I (I)

Singular	1. Pers.	ich werde gemalt werden	Singular	1. Pers.	ich werde gemalt werden
	2. Pers.	du wirst gemalt werden		2. Pers.	du werdest gemalt werden
	3. Pers.	er/sie/es wird gemalt werden		3. Pers.	er/sie/es werde gemalt werden
Plural	1. Pers.	wir werden gemalt werden	Plural	1. Pers.	wir werden gemalt werden
	2. Pers.	ihr werdet gemalt werden		2. Pers.	ihr werdet gemalt werden
	3. Pers.	sie werden gemalt werden		3. Pers.	sie werden gemalt werden

VI. Futur II

Singular	1. Pers.	ich werde gemalt worden sein	Singular	1. Pers.	ich werde gemalt worden sein
	2. Pers.	du wirst gemalt worden sein		2. Pers.	du werdest gemalt worden sein
	3. Pers.	er/sie/es wird gemalt worden sein		3. Pers.	er/sie/es werde gemalt worden sein

Plural	1. Pers.	wir werden gemalt worden sein	Plural	1. Pers.	wir werden gemalt worden sein
	2. Pers.	ihr werdet gemalt worden sein		2. Pers.	ihr werdet gemalt worden sein
	3. Pers.	sie werden gemalt worden sein		3. Pers.	sie werden gemalt worden sein

Tafel V

Liste der im Wörterbuch dargestellten unregelmäßigen Verben

backen	**bäckt**	**buk**	**gebacken**
befehlen	**befiehlt**	**befahl**	**befohlen**
beginnen		**begann**	**begonnen**
beißen		**biss**	**gebissen**
bergen	**birgt**	**barg**	**geborgen**
bersten	**birst**	**barst**	**geborsten**
bewegen		**bewog**	**bewogen**
biegen		**bog**	**gebogen**
bieten		**bot**	**geboten**
binden		**band**	**gebunden**
bitten		**bat**	**gebeten**
blasen	**bläst**	**blies**	**geblasen**
bleiben		**blieb**	**geblieben**
bleichen		**blich**	**geblichen**
braten	**brät**	**briet**	**gebraten**
brechen	**bricht**	**brach**	**gebrochen**
brennen		**brannte**	**gebrannt**
bringen		**brachte**	**gebracht**
denken		**dachte**	**gedacht**
dreschen	**drischt**	**drosch**	**gedroschen**
dringen		**drang**	**gedrungen**
dürfen	**darf**	**durfte**	**gedurft**
empfangen	**empfängt**	**empfing**	**empfangen**
empfehlen	**empfiehlt**	**empfahl**	**empfohlen**
empfinden		**empfand**	**empfunden**
erlöschen	**erlischt**	**erlosch**	**erloschen**
essen	**isst**	**aß**	**gegessen**
fahren	**fährt**	**fuhr**	**gefahren**
fallen	**fällt**	**fiel**	**gefallen**
fangen	**fängt**	**fing**	**gefangen**
fechten	**ficht**	**focht**	**gefochten**
finden		**fand**	**gefunden**
flechten	**flicht**	**flocht**	**geflochten**
fliegen		**flog**	**geflogen**
fliehen		**floh**	**geflohen**
fließen		**floss**	**geflossen**
fressen	**frisst**	**fraß**	**gefressen**
frieren		**fror**	**gefroren**
gären		**gor**	**gegoren**
gebären	**gebiert**	**gebar**	**geboren**
geben	**gibt**	**gab**	**gegeben**
gedeihen		**gedieh**	**gediehen**
gehen		**ging**	**gegangen**
gelingen		**gelang**	**gelungen**
gelten	**gilt**	**galt**	**gegolten**
genesen		**genas**	**genesen**
genießen		**genoss**	**genossen**
geraten	**gerät**	**geriet**	**geraten**
geschehen	**geschieht**	**geschah**	**geschehen**
gewinnen		**gewann**	**gewonnen**

gießen		goss	gegossen
gleichen		glich	geglichen
gleiten		glitt	geglitten
glimmen		glomm	geglommen
graben	gräbt	grub	gegraben
greifen		griff	gegriffen
haben	hat	hatte	gehabt
halten	hält	hielt	gehalten
hängen		hing	gehangen
hauen		hieb	gehauen
heben		hob	gehoben
heißen		hieß	geheißen
helfen	hilft	half	geholfen
kennen		kannte	gekannt
klimmen		klomm	geklommen
klingen		klang	geklungen
kneifen		kniff	gekniffen
kommen		kam	gekommen
können	kann	konnte	gekonnt
kriechen		kroch	gekrochen
laden	lädt/ladet	lud	geladen
lassen	lässt	ließ	gelassen
laufen	läuft	lief	gelaufen
leiden		litt	gelitten
leihen		lieh	geliehen
lesen	liest	las	gelesen
liegen		lag	gelegen
lügen		log	gelogen
meiden		mied	gemieden
melken		molk	gemolken
messen	misst	maß	gemessen
misslingen		misslang	misslungen
mögen	mag	mochte	gemocht
müssen	muss	musste	gemusst
nehmen	nimmt	nahm	genommen
nennen		nannte	genannt
pfeifen		pfiff	gepfiffen
preisen		pries	gepriesen
quellen	quillt	quoll	gequollen
raten	rät	riet	geraten
reiben		rieb	gerieben
reißen		riss	gerissen
reiten		ritt	geritten
rennen		rannte	gerannt
riechen		roch	gerochen
ringen		rang	gerungen
rinnen		rann	geronnen
rufen		rief	gerufen
saufen	säuft	soff	gesoffen
schaffen		schuf	geschaffen
schallen		scholl	geschollen
scheiden		schied	geschieden
scheinen		schien	geschienen
scheißen		schiss	geschissen
schelten	schilt	schalt	gescholten
scheren		schor	geschoren
schieben		schob	geschoben
schießen		schoss	geschossen

schinden		schund	geschunden
schlafen	**schläft**	schlief	geschlafen
schlagen	**schlägt**	schlug	geschlagen
schleichen		schlich	geschlichen
schleifen		schliff	geschliffen
schließen		schloss	geschlossen
schlingen		schlang	geschlungen
schmeißen		schmiss	geschmissen
schmelzen	**schmilzt**	schmolz	geschmolzen
schnauben		schnob	geschnoben
schneiden		schnitt	geschnitten
schreiben		schrieb	geschrieben
schreien		schrie	geschrie(e)n
schreiten		schritt	geschritten
schweigen		schwieg	geschwiegen
schwellen	**schwillt**	schwoll	geschwollen
schwimmen		schwamm	geschwommen
schwinden		schwand	geschwunden
schwingen		schwang	geschwungen
schwören		schwur/schwor	geschworen
sehen	**sieht**	sah	gesehen
sein	**ist**	war	gewesen
senden		sandte	gesandt
sieden		sott	gesotten
singen		sang	gesungen
sinken		sank	gesunken
sinnen		sann	gesonnen
sitzen		saß	gesessen
speien		spie	gespie(e)n
spinnen		spann	gesponnen
sprechen	**spricht**	sprach	gesprochen
sprießen		sproß	gesprossen
springen		sprang	gesprungen
stechen	**sticht**	stach	gestochen
stecken		stak	gesteckt
stehen		stand	gestanden
stehlen	**stiehlt**	stahl	gestohlen
steigen		stieg	gestiegen
sterben	**stirbt**	starb	gestorben
stieben		stob	gestoben
stinken		stank	gestunken
stoßen	**stößt**	stieß	gestoßen
streichen		strich	gestrichen
streiten		stritt	gestritten
tragen	**trägt**	trug	getragen
treffen	**trifft**	traf	getroffen
triefen		troff	getroffen
trinken		trank	getrunken
trügen		trog	getrogen
tun	**tut**	tat	getan
verderben	**verdirbt**	verdarb	verdorben
verdrießen		verdross	verdrossen
vergessen	**vergisst**	vergaß	vergessen
verlieren		verlor	verloren
verlöschen	**verlischt**	verlosch	verloschen
wachsen	**wächst**	wuchs	gewachsen
waschen	**wäscht**	wusch	gewaschen
weben		wob	gewoben

weichen		**wich**	**gewichen**
weisen		**wies**	**gewiesen**
wenden		**wandte**	**gewandt**
werben	**wirbt**	**warb**	**geworben**
werden	**wird**	**wurde**	**geworden**
werfen	**wirft**	**warf**	**geworfen**
wiegen		**wog**	**gewogen**
winden		**wand**	**gewunden**
wissen	**weiß**	**wusste**	**gewusst**
wollen	**will**	**wollte**	**gewollt**
wringen		**wrang**	**gewrungen**
ziehen		**zog**	**gezogen**
zwingen		**zwang**	**gezwungen**

Tafel VI

Deklination des bestimmten Artikels

<u>Singular</u>

Mask.		Fem.		Neutr.	
Nom.	der	Nom.	die	Nom.	das
Akk.	den	Akk.	die	Akk.	das
Dat.	dem	Dat.	der	Dat.	dem
Gen.	des	Gen.	der	Gen.	des

<u>Plural</u> (in allen drei Geschlechtern gleich)

Nom.	die
Akk.	die
Dat.	den
Gen.	der

Deklinkation des unbestimmten Artikels

<u>Singular</u>

Mask.		Fem.		Neutr.	
Nom.	ein	Nom.	eine	Nom.	ein
Akk.	einen	Akk.	eine	Akk.	ein
Dat.	einem	Dat.	einer	Dat.	einem
Gen.	eines	Gen.	einer	Gen.	eines

ohne <u>Plural</u>

Tafel VII

Deklination der Personalpronomen

<u>Singular</u>

ich		**du**		**er**		**sie**		**es**	
Nom.	ich	Nom.	du	Nom.	er	Nom.	sie	Nom.	es
Akk.	mich	Akk.	dich	Akk.	ihn	Akk.	sie	Akk.	es
Dat.	mir	Dat.	dir	Dat.	ihm	Dat.	ihr	Dat.	ihm
Gen.	meiner	Gen.	deiner	Gen.	seiner	Gen.	ihrer	Gen.	seiner

<u>Plural</u>

wir		**ihr**		**sie**	
Nom.	wir	Nom.	ihr	Nom.	sie
Akk.	uns	Akk.	euch	Akk.	sie
Dat.	uns	Dat.	euch	Dat.	ihnen
Gen.	unser	Gen.	euer	Gen.	ihrer

Tafel VIII

Deklination der Possessivpronomen

mein

Singular

Mask.		Fem.		Neutr.	
Nom.	mein	Nom.	meine	Nom.	mein
Akk.	meinen	Akk.	meine	Akk.	mein
Dat.	meinem	Dat.	meiner	Dat.	meinem
Gen.	meines	Gen.	meiner	Gen.	meines

Plural (in allen drei Geschlechtern gleich)

Nom.	meine
Akk.	meine
Dat.	meinen
Gen.	meiner

Entsprechend werden **dein, sein, ihr, unser, euer** flektiert.

Tafel IX

Deklination der Demonstrativpronomen

Singular

Mask.**der**		Fem.**die**		Neutr.**das**	
Nom.	der	Nom.	die	Nom.	das
Akk.	den	Akk.	die	Akk.	das
Dat.	dem	Dat.	der	Dat.	dem
Gen.	dessen	Gen.	deren	Gen.	dessen

Plural (in allen drei Geschlechtern gleich)

Nom.	die
Akk.	die
Dat.	denen
Gen.	deren/derer

vgl. aber auch *dieser, jener, solcher,* die wie die Artikel *der, die, das* flektiert werden, anders *derjenige:*

Singular	Nom.	derjenige	Plural	Nom.	diejenigen
	Akk.	denjenigen		Akk.	diejenigen
	Dat.	demjenigen		Dat.	denjenigen
	Gen.	desjenigen		Gen.	derjenigen

Tafel X

Deklination der Indefinitpronomen

I. Die auch adjektivisch Verwendeten

all, einige, irgendeiner, jeder, keiner, mancher, mehrere. Sie werden meist wie die Artikel *der, die, das* flektiert; irgendeiner bildet keinen Plural; einige und mehrere sind im Singular eingeschränkt (z. B. *einigen Mut, einiges Geld aufbringen, mehreres (Tun) bedenken).*

II. Die substantivisch Verwendeten (mit eingeschränkter Flexion, ohne Plural)

man		jemand		niemand	
Nom.	man	Nom.	jemand	Nom.	niemand
Akk.	einen	Akk.	jemand/jemanden	Akk.	niemand/niemanden
Dat.	einem	Dat.	jemand/jemandem	Dat.	niemand/niemandem
Gen.	–	Gen.	jemandes	Gen.	niemandes

etwas und nichts sind nicht flektierbar.

Tafel XI

Deklination der Interrogativpronomen

1. Nur substantivisch verwendbar

wer		**was**	
Nom.	wer	Nom.	was
Akk.	wen	Akk.	was
Dat.	wem	Dat.	–
Gen.	wessen	Gen.	wessen

2. Substantivisch und adjektivisch verwendbar

welcher
Singular

Mask.		Fem.		Neutr.	
Nom.	welcher	Nom.	welche	Nom.	welches
Akk.	welchen	Akk.	welche	Akk.	welches
Dat.	welchem	Dat.	welcher	Dat.	welchem
Gen.	welches	Gen.	welcher	Gen.	welches

Plural (in allen drei Geschlechtern gleich)

Nom.	welche
Akk.	welche
Dat.	welchen
Gen.	welcher

Tafel XII

Zahlwörter

1. Kardinalzahlen

0	= null		50	=	fünfzig
1	= eins [adj.: ein]		60	=	sechzig
2	= zwei		70	=	siebzig
3	= drei[1)]		80	=	achtzig
4	= vier		90	=	neunzig
5	= fünf		100	=	[ein]hundert
6	= sechs		101	=	einhundert[und]eins
7	= sieben		.		
8	= acht		.		
9	= neun		.		
10	= zehn		120	=	einhundert[und]zwanzig
11	= elf		121	=	einhundert[und]einundzwanzig
12	= zwölf		.		
13	= dreizehn		.		
.			200	=	zweihundert
.			.		
.			.		
20	= zwanzig		300	=	dreihundert
21	= einundzwanzig		.		
.			.		
.			1 000	=	[ein]tausend
.			2 000	=	zweitausend
30	= dreißig		.		
31	= einunddreißig		.		
.			100 000	=	[ein]hunderttausend
.			1 000 000	=	eine Million
40	= vierzig				

2. Ordinalzahlen

1.	=	erste(ns)
2.	=	zweite(ns)
3.	=	dritte(ns)
4.	=	vierte(ns)
5.	=	fünfte(ns)
6.	=	sechste(ns)
7.	=	siebte(ns)
8.	=	achte(ns)
9.	=	neunte(ns)
10.	=	zehnte(ns)
11.	=	elfte(ns)

12.	=	zwölfte(ns)
13.	=	dreizehnte(ns)
.		
.		
.		
20.	=	zwanzigste
30.	=	dreißigste
.		
.		
100	=	(ein)hundertste

[1] Zur Flexion s. *drei* (Merke)

Tafel XIII

Wochentagsbezeichnungen
Montag
Dienstag
Mittwoch
Donnerstag
Freitag
Sonnabend (Samstag)
Sonntag

Monatsbezeichnungen	
Januar	Juli
Februar	August
März	September
April	Oktober
Mai	November
Juni	Dezember

Tafel XIV

Im Wörterbuch verzeichnete Maße, Gewichte

Längenmaße

1 Kilometer (km)	=	1 000 Meter
1 Meter (m)	=	100 Zentimeter od. 10 Dezimeter
1 Dezimeter (dm)	=	10 Zentimeter
1 Zentimeter (cm)	=	10 Millimeter (mm)

Hohlmaße

1 Hektoliter	=	100 Liter
1 Liter	=	1 000 Milliliter od. 10 Deziliter
1 Viertelliter	=	250 Milliliter
1 Achtelliter	=	125 Milliliter

Gewichte

1 Tonne	=	1 000 Kilo(gramm)
1 Kilo(gramm)	=	1 000 Gramm
1 Gramm	=	1 000 Milligramm
1 Zentner	=	50 Kilo(gramm)
1 Pfund	=	500 Gramm
1 halbes Pfund	=	250 Gramm
1 Viertelpfund	=	125 Gramm

Tafel XV

Liste der im Wörterbuch dargestellten Wortbildungsmittel

ab-	-artig
an-	auf-
-arm	aus-

-bändig
-bank
Bären-
-bereit
-beständig
-bewusst
Bio-/bio-
-blättrig
Blitz-/blitz-
Bomben-
Chef-
durch-
ein-
-fähig
-farben
Fehl-
-feindlich
-fertig
-fest
-förmig
-frei
-freundlich
Gegen-
-gemäß
General-
-gerecht
-getreu
¹grund-
²Grund-
-gut, das
-haarig
-haltig
Haupt-
her-
herab-
heran-
herauf-
heraus-
herbei-
herein-
herüber-
herum-
herunter-
hervor-
hin-
hinab-
hinauf-
hinaus-
hinein-
hinüber-
hinunter-
hinzu-
hoch-
Höllen-
inner-
-killer
Klasse-
-köpfig
-leer

Lieblings-
¹los-
²los-
-lüstern
Mammut-
-mäßig
¹mit-
²Mit-
Mords-
-muffel
nach-
Neben-
Ober-
-pflichtig
-prozentig
Pseudo-
ran-
rauf-
raus-
-reich
-reif
-reihig
rein-
Riesen-
rüber-
rück-
runter-
-scheu
Schlüssel-
-schwach
-seitig
-sicher
Sonder-
-stark
stink-
stock-
-süchtig
-trächtig
-tüchtig
¹über-
²über-
³Über-
um-
umher-
¹unter-
²Unter-
-verdächtig
-voll
vor-
-weise
-wert
-wesen, das
-widrig
wieder-
-würdig
-zeug, das
zu-
zurück-
zusammen-

Tafel XVI

Liste der im Wörterbuch dargestellten Konjunktionen

<u>koordinierende</u>

aber
allein
außer
beziehungsweise
bis
das heißt
denn
doch
entweder ... oder
geschweige denn
jedoch
oder
sondern
sowie
sowohl ... als auch
teils ... teils
und
weder ... noch
wie

<u>subordinierende</u>

als, als dass,
als ob, als wenn
anstatt dass, anstatt zu
auch wenn
auf dass
außer dass, außer wenn
bevor, bevor nicht
da
damit
dass
ehe
falls
indem
indessen
insofern

insoweit
je ... desto/um so, je nachdem
kaum dass
nachdem
nur dass
ob
obgleich
obschon
obwohl
ohne dass
ohne zu
seit, seitdem
so
sobald
sodass
sofern
solange
sooft
sosehr
soviel
soweit
sowenig
sowie
trotzdem
um
um so mehr als
um so weniger als
um ... zu
während
weil
wenn, wenn auch
wenngleich
wie
wo ... doch
wohingegen
zumal

Tafel XVII

Liste der im Wörterbuch dargestellten Präpositionen

<u>Akk.</u>

bis
durch
für
gegen
gen
je (auch ohne erkennbare Forderung)
ohne
per
pro (auch ohne erkennbare Forderung)
um
wider

<u>Dat.</u>

aus
außer
bei
binnen (und Gen.)
dank (auch Gen.)
entgegen
entsprechend
fern
gegenüber
gemäß
mit

mitsamt
nach
nächst
nahe
nebst
samt
seit
von
zu
zufolge
zuliebe
zuwider

Dat./Akk.

an
auf
entlang
hinter
in
neben
über
unter
vor
zwischen

Gen.

abseits
abzüglich (auch ohne erkennbare Forderung)
angesichts
anhand
anlässlich
anstatt
anstelle
ausschließlich (auch ohne erkennbare Forderung)
außerhalb
bar
betreffs
bezüglich

diesseits
einschließlich (auch ohne erkennbare Forderung)
exklusive (auch ohne erkennbare Forderung)
halber
hinsichtlich
infolge
inklusive (auch ohne erkennbare Forderung)
inmitten
innerhalb
jenseits
kraft
längs
laut (auch Dat.)
mangels
mittels
namens
ob
oberhalb
seitens
statt
trotz
um … willen
unfern
ungeachtet
unterhalb
unweit
vermöge
während
wegen
zugunsten
zuungunsten
zwecks (auch ohne erkennbare Forderung)

ohne erkennbare Forderung

à
ab
pro

Tafel XVIII

Liste der im Wörterbuch dargestellten Modalpartikeln

[2]aber
[1]allerdings
[2]also
[3]auch
[2]bloß
[3]denn
[3]doch
[3]eben
[2]eigentlich
[2]einfach
einmal
[2]erst
[1]etwa
[2]gar
genau genommen
[3]gleich

halt
[2]immer
immerhin
[2]ja
jedenfalls
letztlich
mal
[2]man
[3]nicht
[3]noch
[2]nun
[3]nun (nun einmal)
[2]nur
ohnedies
ohnehin
[2]ruhig
[2]schließlich

²schon   ²überhaupt
²sowieso   übrigens
streng genommen   ²vielleicht
überdies   ³wohl

Tafel XIX

Liste der im Wörterbuch dargestellten Gradpartikeln

all (vor allem)   ²hauptsächlich
³allein   höchstens
³an   insbesondere
annähernd   ³ja
⁴auch   ³kaum
ausgerechnet   ²lediglich
ausschließlich   ²maximal
³bald   mindestens
beinahe   nahezu
bereits   ²namentlich
²besonders   ⁴nicht (nicht einmal)
³bloß   ⁴noch
durchweg   ³nur
⁴eben   ³rein
²ebenfalls   ²rund
²ebenso   ³schon
eigens   ²selbst
einmal (nicht einmal)   ³so
²einzig   sogar
³erst   ²speziell
²etwa   ²ungefähr
fast   ³vielleicht
³gar   ²vollends
²genau   vornehmlich
²genauso   ²vorwiegend
²gerade   wenigstens
²geradeso   ²ziemlich
⁴gleich   ²zuletzt
²gleichfalls   zumal
                                                zumindest

Tafel XX

Liste der im Wörterbuch dargestellten militärischen Dienstränge (in der Rangfolge von unten nach oben)

	Landstreitkräfte	Luftstreitkräfte	Seestreitkräfte
General	+	+	Admiral
Oberst	+	+	Kapitän
Major	+	+	−
Hauptmann	+	+	−
Oberleutnant	+	+	+
Leutnant	+	+	+
Feldwebel	+	+	−
Unteroffizier	+	+	−
Gefreite	+	+	+
	Schütze	Flieger	Matrose

Verwendete sprachwissenschaftliche Begriffe

Abstraktum, das, Pl. Abstrakta:
Substantiv, das etw. bezeichnet, das nicht gegenständlich ist.

Adjektiv, das:
vgl. Substantiv, Verb, Adverb
Wortart, die die Eigenschaft, ein Merkmal einer Person, Sache ausdrückt, z. B. *ein freundlicher Mensch, ein riesiges Bauwerk* (freundlich und riesig sind Adjektive). Das Adjektiv ist flektierbar.

vor Adjektiv, Adverb:
s. Adverb

adjektivisch:
als Adjektiv verwendet od. das Adjektiv betreffend.

Adverb, das:
vgl. Pronominaladverb, Konjunktionaladverb, Interrogativadverb; vgl. Verb (bei Verb)
Wortart, die räumliche, zeitliche Beziehungen, die Art und Weise, den Grund, das Mittel u. a. ausdrückt. Adverbien sind nicht flektierbar und können nur beschränkt gesteigert werden, z. B. *er geht oft, öfter ins Kino.*
Der Kommentar *vor Adjektiv, Adverb* kennzeichnet das Adverb in seiner Stellung vor einem Adjektiv od. Adverb, wo es eine steigernde Funktion hat, z. B. *er ging betont langsam* (betont bezieht sich nicht auf gehen, sondern auf langsam).

adverbial:
vgl. Verb (bei Vb.)
als Adverb verwendet od. das Adverb betreffend.

Adverbialbestimmung, die:
Glied im Satz, das den Umstand der Handlung angibt, z. B. *er isst gern; er hat den ganzen Tag geschlafen.*

Adverbialsatz, der:
Nebensatz, der den Umstand der Handlung im Hauptsatz angibt (Beziehungen wie Ort, Zeit, Bedingung, Folge), z. B. *während er im Garten arbeitete, läutete im Haus das Telefon.*

adversativ:
drückt den Gegensatz aus, bes. als Konjunktion: *er ging nicht in die Vorlesung, sondern ins Kino.*

Akkusativ, der:
vgl. auch Genitiv, Dativ, Nominativ
Bezeichnet in der Flexion des Substantivs, Adjektivs, Pronomens den 4. Fall, z. B. *ich habe ihn, meinen Freund gestern gesehen.*

Akkusativobjekt, das:
Objekt (s. dort) im Akkusativ, z. B. *ich gab ihm das Buch.*

Antonym, das:
vgl. Synonym
Wort, das zu einem anderen Wort den Gegensatz bildet, z. B.

alt: neu
alt: jung
groß: klein

Artikel, der:
Wortart, die ein Substantiv hinsichtlich des Genus und des Numerus kennzeichnet. Unterschieden werden der bestimmte (der, die, das) und der unbestimmte (ein, eine) Artikel.

Attribut, das:
Ein Attribut dient im Satz der Kennzeichnung bestimmter Merkmale von Personen, Sachen, z. B. *ein kluger Freund; der Hut dort, die Hochzeit meines Freundes; die Freude über unsere Begegnung.*

attributiv:
vgl. prädikativ
dient zur Charakterisierung eines Adjektivs, wenn dieses bei einem Substantiv steht, z. B. *der freundliche Mensch* (das Adjektiv freundlich wird attributiv, als Attribut, verwendet).

Aufforderungssatz, der:
Satz, mit dem eine angesprochene Person zu einer Handlung aufgefordert wird, z. B. *nun komm endlich!* od. auch Kommando: *Stillgestanden!*

Ausrufesatz, der:
Satz, in dem der Sprecher seine Aussage emotional durch bestimmte Mittel wie Interjektion (s. dort) oder Betonung ausdrückt, z. B. *das ist ja phantastisch!*

Aussagesatz, der:
Satz, der einen Sachverhalt einfach berichtend wiedergibt, z. B. *Fritz hat gestern im Lotto gewonnen.*

Bezugsgröße, die:
Meint das Wort bzw. Satzglied, auf das sich eine Gradpartikel (s. dort) bezieht, z. B. *besonders er hat sich dabei verdient gemacht.*

Dativ, der:
vgl. auch Akkusativ, Genitiv, Nominativ
Bezeichnet in der Flexion des Substantivs, Adjektivs, Pronomens den 3. Fall, z. B. *ich habe ihm das Buch gegeben.*

Dativobjekt, das:
Objekt (s. dort) im Dativ, z. B. *ich gab ihm das Buch.*

Demonstrativpronomen, das:
vgl. Indefinitpronomen, Interrogativpronomen, Personalpronomen, Possessivpronomen, Relativpronomen
Pronomen (s. dort), das deutlich auf etw. verweist, z. B. *dieser, jener, der, die, das.*

elliptisch:
auf die Ersparnis von Redeteilen bezogen, die entbehrlich scheinen, z. B. *Hut ab!; Von der Bahnsteigkante zurücktreten!*

Entscheidungsfrage, die:
Fragesatz (s. dort), der als Antwort eine Entscheidung (ja od. nein) fordert, z. B. *Gehen wir morgen ins Kino?*

Ergänzungsfrage, die:
Fragesatz (s. dort), der als Antwort eine Ergänzung zu einem Sachverhalt fordert, z. B. *Seit wann kennst du ihn?; Warum hast du nicht angerufen?*

fachsprachlich:
im Rahmen einer Fachsprache gebräuchlich.

Femininum, das:
vgl. Maskulinum, Neutrum
Das weibliche Genus (s. dort) bei einem Substantiv, das durch den Artikel die gekennzeichnet ist. Frau, Katze, Wiese, Stadt, Wahrheit sind jeweils ein Femininum.

final:
die Absicht, den Zweck bezeichnend, bes. auf Konjunktionen, Präpositionen bezogen, z. B. *er ist ausgegangen, um sich zu amüsieren.*

Fragesatz, der:
Satz, der eine Entscheidungsfrage (s. dort) od. eine Ergänzungsfrage (s. dort) darstellt.

Fragewort, das:
vgl. Interrogativpronomen
Wort, mit dessen Hilfe eine Frage ausgedrückt wird, z. B. wer, was, welcher, wann, wo.

Futur, das:
vgl. Perfekt, Präsens, Präteritum
Tempus (s. dort) des Verbs (s. dort). Es wird gebildet aus einer Form des Hilfsverbs (s. dort) werden und dem Infinitiv des Verbs (Futur I) od. dem Partizip II des Verbs (Futur II). Das Futur drückt die Zukunft einer Handlung aus, z. B. *ich werde dich morgen besuchen* (aber auch: *ich besuche dich morgen*).

gehoben:
kennzeichnet Wörter, die besonders in feierlichen Sprachsituationen verwendet werden, z. B. *Antlitz, Haupt, verscheiden.*

Genitiv, der:
vgl. auch Akkusativ, Dativ, Nominativ
Bezeichnet in der Flexion des Substantivs, Adjektivs, Pronomens den 2. Fall, z. B. *dies ist der Hut meines Vaters; wir haben seiner gedacht.*

Genus, das:
Das grammatische Geschlecht eines Substantivs, entweder ↗ Femininum, ↗ Maskulinum od. ↗ Neutrum.

Gliedsatz, der:
vgl. Nebensatz
Nebensatz, der für ein Satzglied (s. dort) des Hauptsatzes (s. dort) steht.

Gradpartikel, die:
vgl. Modalpartikel
Wortart, durch die ein Wort, eine Wortgruppe im Satz hervorgehoben wird; gibt einen bestimmten Grad auf einer Skala an, gibt Zusätzliches an, z. B. *besonders, sogar, fast, nahezu.* Gradpartikeln können nicht flektiert und nicht gesteigert werden.

Hauptsatz, der:
vgl. Nebensatz
Satz, der nicht Satzglied eines anderen Satzes ist, von dem aber ein Nebensatz abhängt.

Hilfsverb, das:
Bezeichnung für die Verben haben, sein, werden. Sie sind semantisch entleert und haben z. B. die Funktion, das Perfekt, Plusquamperfekt, Futur und das Passiv zu bilden, z. B. *er hat gegessen, er ist gelaufen, er wurde geschlagen.*

Imperativ, der:
Form des Verbs, die einen Befehl, eine Aufforderung ausdrückt, z. B. *Bleib stehen!, beeil dich!*

Indefinitpronomen, das:
vgl. Demonstrativpronomen, Possessivpronomen, Relativpronomen
Pronomen, das Personen, Sachen in unbestimmter Weise bezeichnet, z. B. jemand, man, mancher.

indeklinabel:
keine Deklination des Substantivs, Adjektivs, (Indefinit)pronomens zulassend, z. B. orange, nichts, etwas.

infinit:
drückt die nicht konjugierte Form des Verbs aus.

Infinitiv, der:
Grundform des Verbs, z. B. gehen, laufen (statt: *er geht, ging, ist gegangen* etc.).

instrumental:
drückt das Mittel aus, bes. als Präposition: *er spaltete den Baum mit einem Beil, mittels eines Beils.*

Interjektion, die:
Wortart, die darauf beschränkt ist, Gefühle, Empfindungen auszudrücken, z. B. oh, au weh, meist in Ausrufen.

Interrogativpronomen, das:
Pronomen, das nach Personen, Sachen fragt, z. B. wer, was, welcher, welches.

Inversion, die:
vgl. Konjunktionaladverb
Umkehrung der normalen Wortfolge im Satz beim Subjekt-Prädikat: statt er geht — geht er.

irrealer Wunschsatz:
s. Wunschsatz

Kardinalzahl, die:
vgl. Ordinalzahl
Beim Zählen od. Rechnen gebrauchte Zahl, z. B. eins, zwei, drei (1, 2, 3)

Kasus, der:
Eine der Formen, die die Flexion eines Substantivs, Adjektivs, Pronomens kennzeichnet, z. B. ↗ Nominativ, ↗ Genitiv, ↗ Dativ, ↗ Akkusativ.

Kasusforderung, die:
Eigenschaft einer Präposition, einen bestimmten Kasus (s. dort) zu fordern od. nicht zu fordern, z. B. ohne (erkennbare) Kasusforderung.

Kategorie, die:
Gruppe, in die ein Wort eingeordnet wird, z. B. Wortart.

kausal:
drückt den Grund aus, bes. als Konjunktion: *er ging nicht spazieren, weil es regnete.*

kommunikative Wendung, die:
Formelhafte Wendung, meist mit Satzcharakter, die dazu dient, die Kommunikation zu steuern, z. B. *einen Augenblick, bitte; es war mir ein Vergnügen; unter uns gesagt, offen gesagt.*

Komparativ, der:
vgl. Positiv, Superlativ
Erste Steigerungsstufe des Adjektivs (Adverbs), z. B. *größer, kleiner, leiser.*

konditional:
drückt die Bedingung aus, bes. als Konjunktion: *wenn du nicht sofort kommst, darfst du nicht ins Kino.*

Konjunktion, die:
Wortart, die Satzglieder (s. dort) und Sätze verbindet, z. B. *ich gehe fort und du bleibst da.* Man unterscheidet der Funktion nach ↗ **koordinierende** und ↗ **subordinierende** Konjunktionen. Der Form nach unterscheidet man **aus einem Wort bestehende** (und, da, wenn, weil) und **zusammengesetzte** (sodass, auf dass) und **mehrgliedrige** (nicht nur ... sondern auch).

Konjunktionaladverb, das:
vgl. Inversion
Adverb, das zusätzlich die Funktion einer Konjunktion hat. Mit ihm verbunden ist die Inversion (s. dort) des Subjekts, z. B. *sie ist fleißig, dagegen ist er faul* (statt: *dagegen er ist faul*).

Konjunktiv, der:
Aussageweise des Verbs, die einen Sachverhalt als nicht wirklich darstellt. Unterschieden werden Konjunktiv I (Präsens) und Konjunktiv II (Präteritum).

konsekutiv:
drückt die Folge aus, bes. als Konjunktion: *er besaß keinen Kompass, sodass er schnell die Orientierung verlor.*

konzessiv:
drückt ein Einräumen aus; gibt an, dass ein Geschehen, auch wenn man es erwarten könnte, ohne Wirkung auf die Handlung ist: *er ging spazieren, obwohl es regnete.*

koordinierend:
vgl. subordinierend
bezogen auf eine Konjunktion, die zwei Hauptsätze, Nebensätze od. Satzglieder verbindet, ohne dass eins von beiden dem jeweils anderen untergeordnet ist (vgl. Konjunktion): *ich laufe und du fährst.*

Korrelat, das:
Element, das mit einem anderen im Satz in einer Wechselbeziehung steht.

landschaftlich:
regional beschränkt verwendet (auf Wörter bezogen).

lokal:
drückt ein örtliches Verhältnis aus, bes. als Präposition: *er fuhr in die Stadt.*

Maskulinum, das:
vgl. Femininum, Neutrum
Das männliche Genus (s. dort) bei einem Substantiv, das durch den Artikel der gekennzeichnet ist. Mann, Hund, Berg, Ort, Glaube sind jeweils ein Maskulinum.

metaphorisch:
im übertragenen Sinne, als Bild verwendet.

modal:
drückt die Art und Weise aus, bes. als Präposition: *aus Seide ein Kleid nähen.*

Modalpartikel, die:
vgl. Gradpartikel
Wortart, durch die die Einstellung des Sprechers zur Aussage ausgedrückt und die Sprechhandlung gesteuert wird, z. B. bloß, eben, halt, ja, mal etc. Modalpartikeln können nicht flektiert und nicht gesteigert werden.

Modalverb, das:
Bezeichnung für die Verben dürfen, können, mögen, müssen, sollen, wollen; es hat die Funktion, in Verbindung mit einem Verb im Infinitiv eine Handlung, einen Zustand zu modifizieren.

Nebensatz, der:
vgl. Hauptsatz
Teilsatz, der ein Satzglied im Hauptsatz vertritt und vom Hauptsatz abhängig ist, z. B. *er ging nicht spazieren, weil es regnete* (das Verb steht am Schluss des Nebensatzes).

Negation, die:
Verneinung, Nichtzutreffen eines Sachverhalts, z. B. *er hat nicht, nie gelogen.*

Neutrum, das:
vgl. Femininum, Maskulinum
Das sächliche Genus (s. dort) bei einem Substantiv, das durch den Artikel das gekennzeichnet ist. Kind, Reh, Tal, Dorf, Verständnis sind jeweils ein Neutrum.

Nominativ, der:
vgl. auch Akkusativ, Dativ, Genitiv
Bezeichnet in der Flexion des Substantivs, Adjektivs, Pronomens den 1. Fall, z. B. *der Reaktor wird stillgelegt; ich habe ihn gesehen.*

Objekt, das:
vgl. Subjekt
Satzglied, das den Sachverhalt charakterisiert, auf den sich eine Handlung richtet (= Ergänzung im 4. od. 3. Fall).

Ordinalzahl, die:
vgl. Kardinalzahl
Beim Angeben einer bestimmten Reihenfolge verwendete Zahl, z. B. erste, zweite, dritte.

Partizip, das:
Form des Verbs, die wie ein Adjektiv dekliniert werden kann. Man unterscheidet das **Partizip I** (Präsenspartizip) und das **Partizip II** (Perfektpartizip), z. B. bleibend (*eine bleibende Erinnerung* = Partizip I) od. zerstört (*eine zerstörte Stadt* = Partizip II).

Passiv, das:
Form des Verbs, die aus dem Hilfsverb <u>werden</u> und dem Partizip II gebildet wird, z. B. *der Schüler wurde vom Lehrer gelobt* (statt: *der Lehrer lobte den Schüler*). Durch das Passiv wird das handelnde Subjekt vom Platz am Satzanfang entfernt.

passivisch:
das Passiv betreffend, ein Passiv bildend, z. B. ein passivischer Satz.

Perfekt, das:
vgl. <u>Futur</u>, <u>Präsens</u>, <u>Präteritum</u>
Tempus (s. dort) des Verbs (s. dort). Es wird gebildet aus einer Form des Hilfsverbs (s. dort) <u>sein</u> od. <u>haben</u> und dem Partizip II des Verbs. Das Perfekt drückt Vergangenes aus, im Unterschied zum <u>Präteritum</u> reicht die Vergangenheit bis in die Gegenwart, z. B. *er hat lange geschlafen; er ist hingefallen.*

Personalpronomen, das
vgl. <u>Demonstrativpronomen</u>, <u>Indefinitpronomen</u>, <u>Interrogativpronomen</u>, <u>Possessivpronomen</u>, <u>Relativpronomen</u>
Pronomen (s. dort), das angibt, von welcher Person, Sache die Rede ist. Es bezeichnet die sprechende und angesprochene Person (<u>ich</u>, <u>wir/du</u>, <u>ihr</u>) od. die Person, Sache, von der die Rede ist (<u>er</u>, <u>sie</u>, <u>es</u>, <u>sie</u>).

Plural, der
vgl. <u>Singular</u>
Wortform, die die Mehrzahl von einer Person, Sache ausdrückt (*das Kind − die Kinder*). Das Wort <u>Kosten</u> ist nur im Plural gebräuchlich.

Positiv, der:
vgl. <u>Komparativ</u>, <u>Superlativ</u>
nicht gesteigerte Stufe (= Grundstufe) des Adjektivs (Adverbs).

Possessivpronomen, das:
vgl. <u>Demonstrativpronomen</u>, <u>Indefinitpronomen</u>, <u>Interrogativpronomen</u>, <u>Personalpronomen</u>, <u>Relativpronomen</u>
Pronomen (s. dort), das den Besitz od. die Zugehörigkeit zu etw., jmdm. angibt: <u>mein</u>, <u>dein</u>, <u>sein</u>, <u>ihr</u>, <u>unser</u>, <u>euer</u>; kann wie ein Adjektiv verwendet werden, z. B. *mein Haus, mein Auto, meine Kinder.*

prädikativ:
vgl. <u>attributiv</u>
dient zur Charakterisierung eines Adjektivs, wenn dieses beim Hilfsverb (s. dort) <u>sein</u>, <u>werden</u> steht, z. B. *er ist froh, traurig, er wurde traurig.*

Prädikativum, das:
Nominaler Teil des Prädikats, bildet mit *sein* das Prädikat, z. B. *er ist froh, Lehrer.*

Präposition, die:
Wortart, die den Kasus des abhängigen Substantivs regiert. Setzt Wörter zueinander in ein bestimmtes Verhältnis, z. B. <u>an</u>, <u>auf</u>, <u>aus</u>, <u>über</u>, <u>unter</u>, <u>zwischen</u>: *er lehnte sich an den Zaun; das Buch lag zwischen den Zeitungen.*

Präpositionalobjekt, das:
Das Objekt, verbunden mit einer Präposition, die den Kasus bestimmt, z. B. *ich hänge an ihr; ich komme zu dir.*

Präpositionalgruppe, die:
Verbindung aus Präposition und einem anderen Wort, bes. einem Substantiv, Adjektiv, Adverb, z. B. *er hat es durch einen Boten geschickt.*

Präsens, das:
vgl. <u>Futur</u>, <u>Perfekt</u>, <u>Präteritum</u>
Tempus (s. dort) des Verbs (s. dort). Drückt die Gegenwart aus, kann auch das <u>Futur</u> ausdrücken.

Präteritum, das:
vgl. <u>Futur</u>, <u>Perfekt</u>, <u>Präsens</u>
Tempus (s. dort) des Verbs (s. dort). Drückt Vergangenes aus. Die Handlung hat keinen Bezug zur Gegenwart, z. B. *er fiel zu Boden; früher trank er nur Tee.*

Pronomen, das:
vgl. <u>Demonstrativpronomen</u>, <u>Indefinitpronomen</u>, <u>Interrogativpronomen</u>, <u>Personalpronomen</u>, <u>Possessivpronomen</u>, <u>Relativpronomen</u>, <u>Reflexivpronomen</u>
Wortart, die auf eine Sache, Person verweist, sie vertritt.

Pronominaladverb, das:
Adverb, das sich aus einer Präposition und <u>da</u>, <u>hier</u>, <u>wo</u> zusammensetzt, z. B. <u>daran</u>, <u>hieran</u>, <u>woran</u>. Sie stehen statt des Pronomens <u>was</u>, <u>das</u> etc. und Präposition; statt *an was denkst du?:* *woran denkst du?*

Reflexivpronomen, das:
vgl. <u>Demonstrativpronomen</u>, <u>Indefinitpronomen</u>, <u>Interrogativpronomen</u>, <u>Personalpronomen</u>, <u>Possessivpronomen</u>, <u>Relativpronomen</u>
Pronomen (s. dort), das sich als Objekt auf das Subjekt bezieht (<u>sich</u>, <u>mich</u>, <u>dich</u>, <u>euch</u>), z. B. *er hat sich gewaschen.*

relativisch:
in der Funktion des Relativpronomens (s. dort).

Relativpronomen, das:
vgl. <u>Demonstrativpronomen</u>, <u>Indefinitpronomen</u>, <u>Interrogativpronomen</u>, <u>Personalpronomen</u>, <u>Possessivpronomen</u>, <u>Reflexivpronomen</u>
Pronomen (s. dort), das einen Nebensatz einleitet, der sich auf ein Satzglied des Hauptsatzes bezieht: <u>der</u>, <u>die</u>, <u>das</u>, <u>wer</u>, <u>was</u>, <u>welcher</u>, <u>welche</u>, <u>welches</u>, z. B. *der Mann, der mich vorhin gegrüßt hat, kommt mir bekannt vor.*

reziprok:
drückt einen wechselseitigen Bezug aus, z. B. *sie haben sich beschimpft* (einer hat den anderen, beide einander beschimpft).

Satzadverb, das:
Wort, mit dem der Sprecher seine Einstellung zum gesamten genannten Sachverhalt ausdrückt, z. B. *er hat sich möglicherweise verirrt* (ich halte es für möglich, dass er sich verirrt hat).

Satzglied, das:
Einzelnes Wort od. Wortgruppe, die im Satz eine bestimmte Funktion hat.

Schimpfwort, das:
Wort, mit dem man in der mündlichen od. schriftlichen Rede jmdn. herabsetzen will, z. B. <u>Schwein</u>, <u>Dummkopf</u>.

Singular, der:

vgl. Plural

Wortform, die die Einzahl von einer Person, Sache ausdrückt (das Kind, die Kinder). Das Wort Obst ist nur im Singular gebräuchlich.

Steigerung, die:

vgl. Positiv, Komparativ, Superlativ

Veränderung des Adjektivs und des (davon abgeleiteten) Adverbs beim Vergleich. Erste Steigerungsstufe = Komparativ (*er ist größer als ich; der um zwei Jahre ältere Bruder; sie lebte länger als ihr Mann*), zweite Steigerungsstufe = Superlativ (*der Januar ist der kälteste Monat des Jahres; im Januar ist es am kältesten*). Der Positiv ist die Grundstufe, sie ist nicht gesteigert.

Subjekt, das:

vgl. Objekt

Satzglied, das Träger der Handlung im Satz ist, z. B. *die Glocke tönt, der Hund bellt; er hat mich nicht gesehen.*

subordinierend:

vgl. koordinierend

bezogen auf eine Konjunktion, die Haupt- und Nebensatz miteinander verbindet (vgl. Konjunktion): *ich gehe heute nicht spazieren, weil es regnet.*

Substantiv, das:

vgl. Adjektiv, Adverb, Verb

Wortart, die Gegenstände, Lebewesen, abstrakte Begriffe bezeichnet, z. B. die Frau, der Mann, das Kind, der Schrank, das Haus, die Wahrheit. Substantive sind flektierbar.

substantiviert:

bezogen auf ein Wort, das nicht Substantiv ist, aber als Substantiv verwendet, gebraucht wird, z. B. das Rauchen, das Gute, das Wenn und Aber etc.

Superlativ, der:

vgl. Komparativ, Positiv

Zweite Steigerungsstufe des Adjektivs (Adverbs), z. B. größte, kleinste/am größten, am kleinsten.

Synonym, das:

vgl. Antonym

Wort, das einem anderen Wort in der Bedeutung gleichwertig oder ähnlich ist, z. B. billig/preiswert, Amt/Behörde, laufen/rennen.

temporal:

drückt ein zeitliches Verhältnis aus, bes. als Konjunktion, Präposition: *er schlief bis zwölf Uhr; er schlief, bis man ihn weckte.*

Tempus, das:

vgl. Futur, Perfekt, Präsens, Präteritum

Grammatische Kategorie des Verbs, die eine Handlung o. Ä. zeitlich bestimmt.

trennbares Verb:

z. B. anfahren: *er fährt an, er fuhr an.*

umgangssprachlich:

Stilistische Kennzeichnung für Wörter und Wendungen, die in einer zwanglosen Sprache des alltäglichen mündlichen oder schriftlichen Gebrauchs verwendet werden, z. B. toll, prima, super etc.

Verb:

vgl. Adjektiv, Adverb, Substantiv

Wortart, die Handlungen, Vorgänge, Prozesse ausdrückt. Man unterscheidet regelmäßige (leben, lebte, gelebt) und unregelmäßige (gehen, ging, gegangen) Verben.

bei Verb: Kennzeichnet den adverbialen Gebrauch des Adjektivs, als Eigenart der Tätigkeit (*er läuft schnell*), aber auch als Eigenart des Subjekts (*er kam krank nach Hause*) und des Objekts (*das lange Stehen hat mich müde gemacht*).

Verbalabstraktum, das:

Ein von einem Verb abgeleitetes Substantiv (meist -ung), das die Bedeutung des Verbs behält, z. B. bearbeiten-Bearbeitung (das Bearbeiten).

Wortfeld, das:

Gruppe von sinnverwandten Wörtern.

Wortnetz das/**Wortfamilie**, die

Bezeichnung für die von einem Wort abgeleiteten Wörter und Komposita, z. B. trinken, *Trinker, Getränk, Trank, Trunk.*

Wunschsatz, der:

Satz, der den Wunsch des Sprechers und die Hoffnung auf seine Realisierung ausdrückt, z. B. *ach, wenn doch nur bald besseres Wetter würde!*

Zahlwort, das:

Wortart, die (Mengen in) Zahlen ausdrückt, z. B. zwei, zweite; viele (vgl. Indefinitpronomen).